go [gəʊ] ⟨*irr* goes, went, gone⟩ . . .
goes [gəʊz] *3. Person Präsens Singular von* go.
went [went] *v s.*
gone [gɒn] **I** *v s.*
gangen; vorbei;
s.o. *sl* in jdn ve
~six o'clock es is
bei; **he is ~** er ist

Unregelmäßige Verbformen sind bei der Grundf
klam-
Prä-
erfekt
m al-
und

good [gʊd] ⟨*Kom*
Superlativ best⟩ . .
bet·ter ['betə(r)] ⟨*K*
good, well⟩ **I** *adj*
(*than* als); **II** *s* . . .
best [best] ⟨*Superlativ von* good, well⟩ **I** *adj* beste(r, s); **II** *s* . . .

for-
ind
ben.
am alphabetischen
Ort aufgeführt und zur Grundform verwiesen.

event [ɪ'vent] **1.** Ereignis, Geschehnis *n,* Begebenheit *f;* **2.** *sport* Veranstaltung *f;* Wettkampf *m;* Disziplin *f* . . .

Bei den **deutschen Substantiven** ist das Geschlecht angegeben; bei mehreren aufeinanderfolgenden, mit Komma voneinander getrennten Substantiven gleichen Geschlechts steht die Geschlechtsangabe hinter dem letzten Substantiv.

angry ['æŋgrɪ] *adj* **1.** ärgerlich, zornig (*at s.th.* über etw; *with s.o.* auf jdn); **2.** *med* entzündet; **3.** *(See)* aufgewühlt; ▶ **be~** sich ärgern, ärgerlich sein; böse sein (*at, with* auf, mit); . . .

Präpositionale Anschlüsse von Verben, Substantiven und Adjektiven werden angegeben.

Die Verwendung des Stichworts und seiner Übersetzungen im Satzzusammenhang wird durch zahlreiche Hinweise erklärt, z. B. durch

mild [maɪld] *adj* **1.** *(Charakter)* mild, sanft; **2.** *(Geschmack)* leicht, schwach; **3.** *(Klima)* mild; **4.** *(Tadel)* leicht; ▶ **~ ale** leichtes dunkles Bier.

● **zusätzliche Erklärungen,**

group [gru:p] **I** *s* **1.** Gruppe *f;* **2.** *aero Br* Geschwader *n; Am* Gruppe *f;* **3.** *com* Konsortium *n;* Unternehmensgruppe *f;* Konzern *m;* **4.** *theat* Ensemble *n;* . . .

● **Sachgebietsangaben,**

fab·ri·cate [ˌfæbrɪkeɪt] *tr* **1.** herstellen, fabrizieren; **2.** *fig* erdichten, erfinden.

● **Kennzeichnung von Wörtern mit übertragener Bedeutung,**

cracked [krækt] *adj* **1.** gesprungen; gebrochen; rissig; **2.** *fam* verrückt.

● **Kennzeichnung von Stilschichten,** die von der Standardsprache abweichen *(fam, sl, lit usw.).*

PONS

Englisch — Deutsch

herausgegeben von Prof. Dr. Erich Weis

Englisch-Deutsch
von Prof. Dr. Erich Weis

Neubearbeitung 1991

Kompaktwörterbuch
Ernst Klett Verlag für Wissen und Bildung
Stuttgart · Dresden

PONS – Kompaktwörterbuch Englisch-Deutsch
herausgegeben von Prof. Dr. Erich Weis

Englisch-Deutsch von Prof. Dr. Erich Weis
unter Mitwirkung und Leitung
der Verlagsredaktion Wörterbücher
Mitarbeit: Cornelia Enz, Veronika Schnorr;
Mitarbeit an der Neubearbeitung:
Hugh Keith, Elisabeth Meyer-Koch

CIP-Titelaufnahme der Deutschen Bibliothek

Pons-Kompaktwörterbuch. – Stuttgart ; Dresden :
Klett, Verlag für Wissen und Bildung.
NE: Kompaktwörterbuch
Englisch-Deutsch, Deutsch-Englisch / von Erich Weis. –
2. Aufl., Neubearb. – 1991.
ISBN 3-12-517101-6
NE: Weis, Erich [Hrsg.]

2. Auflage 1991

Einbandgestaltung: Erwin Poell, Heidelberg.
Fotosatz: KLETT DRUCK H.S. GmbH, Korb.
Druck: Clausen & Bosse, Leck.
Printed in Germany.
ISBN 3-12-517101-6

Vorwort

Das PONS Kompaktwörterbuch Englisch hat sich seit seiner ersten Auflage 1982 als der zuverlässige Wegbegleiter für Schule, Weiterbildung und Beruf erwiesen. Seinem Ruf als universell einsetzbares Hilfsmittel zum Lernen und Nachschlagen wird es dabei durch die bekannten Eigenschaften gerecht, für die der Name PONS steht: Umfassende Berücksichtigung der modernen Hoch- und Umgangssprache und wichtiger Fachsprachen, klare Differenzierung verschiedener Wortbedeutungen und ein hohes Maß an Benutzerfreundlichkeit sind da nur die wichtigsten.

In einer sich ständig verändernden Welt sehen wir alle uns jedoch fast täglich mit neuen Ausdrücken und Sprachverwendungen konfrontiert. Deshalb stand die Aktualisierung des Wortgutes in einem Team deutscher und englischer Muttersprachler bei der Neubearbeitung des Kompaktwörterbuchs im Mittelpunkt.
Mehr als 5000 Neuwörter und -bedeutungen aus allen Sprachbereichen sorgen jetzt für größtmögliche Aktualität. Traditionell haben wir aber auch auf den Bereich der Idiomatik ein besonderes Augenmerk gerichtet, und zwar nicht nur dort, wo Neues hinzukam, sondern auch dort, wo sich Vorhandenes noch verbessern ließ.

Doch Änderungen der Sprache — oft ein Reflex der Veränderung unserer gesellschaftlichen Wirklichkeit — wirken sich keineswegs nur im Entstehen neuer Wörter aus. So haben wir konsequent die Femininformen der Substantive ergänzt. Wenn der Leser/die Leserin nunmehr auch die Ingenieurin oder die Chirurgin im Wörterbuch antrifft, so ist dies wohl mehr als eine nur formale Innovation.
Fast überflüssig zu sagen, daß wir unter dem Aspekt der Benutzerfreundlichkeit auch einige Details in der Gestaltung der Stichwortartikel verbessert haben.

Und so legen wir die Neubearbeitung des Kompaktwörterbuchs Englisch vor — altbewährte Qualität auf den aktuellen Stand gebracht. Wir sind überzeugt, daß es auch weiterhin das zuverlässige Hilfsmittel beim Englischlernen ist.

Stuttgart im Juni 1991

Ernst Klett Verlag
für Wissen und Bildung
Redaktion Wörterbücher

Inhalt

Englisch – Deutsch

Deutsch – Englisch

Anhang

Erläuterungen

I. Schriftarten

Fettdruck	für die Stichworteinträge;
Halbfettdruck	für die Anwendungsbeispiele und Redewendungen der Quellsprache und für die römischen und arabischen Ziffern;
Kursivschrift	für Angaben von Wortart und Genus etc., für Erklärungen, für Bezeichnungen des Sachgebiets und der Sprachebene;
Grundschrift	für die deutschen Übersetzungen der englischen Stichwörter, Anwendungsbeispiele und Redewendungen;
Grundschrift	in ‹. . .› für die Formen der starken und unregelmäßigen englischen Verben, für Unregelmäßigkeiten der Steigerung bei englischen Adjektiven und für unregelmäßige Pluralformen der englischen Substantive.
Beispiel:	**bag** [bæg] **I** *s* **1.** Beutel, Sack *m;* Tasche *f; pl* Handgepäck *n; (paper ~)* Tüte *f; (money ~)* Geldbeutel *m; (hand ~)* Handtasche *f;* **2.** *(game~)* Jagdbeute *f;* **3.** *pl* Hose *f;* ► **~s of** jede Menge; **the whole ~ of tricks** die ganze Trickkiste; **let the cat out of the ~** *fig* die Katze aus dem Sack lassen; **a ~ of bones** Haut u. Knochen; **II** *tr* **1.** in den Sack stecken; *fig* einstecken; **2.** *sl* sich unter den Nagel reißen; **3.** *(Jäger)* erbeuten, erlegen; **III** *itr* sich ausbeulen.

II. Stichwortanordnung und Gliederung der Stichworteinträge

Alle fett gedruckten Stichwörter sind alphabetisch angeordnet.

Die *römischen Ziffern* dienen zur Unterscheidung der verschiedenen Wortarten, denen ein Stichwort angehört, und zur Gliederung der Verben *(tr, itr, refl, impers, mit Präposition).*

Beispiel: **vault**^{2} [vɔ:lt] **I** *s sport* Sprung *m;* **II** *tr* überspringen, springen über; **III** *itr* springen.

Grundlegend verschiedene Bedeutungen eines Stichworts sind durch *arabische Ziffern* differenziert.

Beispiel: **ac·com·plish** [əˈkʌmplɪʃ] *tr* **1.** vollenden; **2.** vollbringen, zustande bringen, leisten; **3.** *(Zweck, Aufgabe)* erfüllen; *(Plan)* verwirklichen, ausführen; *(Arbeit)* verrichten.

III. Tilde ~

Die Tilde ~ ersetzt in Anwendungsbeispielen und Redewendungen das vorhergehende fett gedruckte Stichwort.

Beispiel: **ba·con** [ˈbeɪkən] Speck *m;* ► **save one's ~** *fam* mit heiler Haut davonkommen.

IV. Geschlechtsbezeichnung

Alle deutschen Substantive sind mit der Geschlechtsbezeichnung *(m, f, n)* versehen, wobei nur das letzte von zwei oder mehreren gleichgeschlechtlichen, durch Kommas getrennten Substantiven die Geschlechtsbezeichnung erhält.

Beispiel: **re•jec•tion** [rɪˈdʒekʃn] **1.** Ablehnung, Zurückweisung *f;* **2.** Abweisung *f;* Verwerfen *n;* **3.** *med* Abstoßung *f.*

Männliche Substantive, die wie Adjektive dekliniert werden, sind folgendermaßen gekennzeichnet:

Beispiel: Beamte(r) *m* = der Beamte, ein Beamter

Substantive, die wie Adjektive dekliniert werden und sowohl eine männliche als auch eine weibliche Form haben, sind folgendermaßen gekennzeichnet:

Beispiel: Angestellte(r) *f m* = der Angestellte, ein Angestellter
die Angestellte, eine Angestellte

Substantive, die die weibliche Form mit **-in** bilden, sind folgendermaßen gekennzeichent:

Beispiel: Ingenieur(in) *m (f)*
Chirurg(in) *m (f)*
Agent(in) *m (f)*

Besteht die Übersetzung aus einem Adjektiv und einem Substantiv, wird auf die Geschlechtsangabe verzichtet, da sich das Geschlecht des Substantivs an der deklinierten Form des Adjektivs ersehen läßt.

Beispiel: **va•cancy** [ˈveɪkənsɪ] **1.** Leere *f;* **2.** *(Hotel)* freies Zimmer;
3. offene Stelle; **4.** *fig* geistige Leere; ...

V. Bezeichnung der Ergänzungen des Verbs, des Adjektivs und des Substantivs

Die Präposition, die ein Verb, Substantiv oder Adjektiv oft ergänzt, wird mit ihrer deutschen Entsprechung nach der deutschen Übersetzung in Klammern angegeben.

Beispiel: **re•sult** ... sich ergeben, resultieren (*from* aus)
re•sult•ant ... sich ergebend, resultierend (*from* aus)
re•ac•tion ... Reaktion *f* (*to* auf; *against* gegen)

VI. Phrasal Verbs

Feste Verbindungen von Verb und Präposition im Englischen (Phrasal Verbs) werden in einer eigenen Kategorie zusammengefaßt, die mit einer römischen Ziffer und dem Zusatz *(mit Präposition)* gekennzeichnet ist. Transitiver und intransitiver Gebrauch wird unterschieden, grundlegende

Bedeutungsunterschiede werden mit arabischen Ziffern differenziert. Beispielsätze stehen am Ende des jeweiligen Phrasal-Verb-Eintrags und sind durch das Sonderzeichen ► hervorgehoben. Die Phrasal Verbs sind innerhalb der Kategorie alphabetisch geordnet. Um ein Auffinden des jeweiligen Phrasal Verbs zu erleichtern, ist in jedem neuen Untereintrag das Stichwort ausgeschrieben. In den Beispielsätzen steht für das Verb eine Tilde, die Präposition wird wiederholt.

Beispiel: **close²** [kləʊz] **I** *tr ...;* **II** *itr ...;* **III** *s ...;* **IV** *(mit Präposition)* **close down** *tr* **1.** *(Betrieb)* stillegen; **2.** *(Geschäft)* schließen; **close in** *itr* **1.** näherkommen; **2.** *(Winter)* anbrechen; *(Nacht)* hereinbrechen; **3.** *(Tage)* kürzer werden; *tr* umgeben; ► ~ **in on s.o.** jdm zu Leibe rücken; **close off** *tr* abriegeln, absperren; **close up** *tr* (ver)sperren, blockieren; *itr* **1.** naherücken; **2.** *mil* aufschließen; **close with** schließen mit; ► ~ with s.o. mit jdm zu e-m Kompromiß kommen; ~ **with an offer** ein Angebot annehmen.

VII. Rechtschreibung

Für die Rechtschreibung der deutschen Wörter diente als Grundlage *Duden, Rechtschreibung der deutschen Sprache und der Fremdwörter, 18. Aufl., Mannheim 1980;* für die Rechtschreibung der englischen Wörter der *Advanced Learner's Dictionary of Current English, Oxford University Press, Oxford 1974.*

VIII. Aussprache

Zur Bezeichnung der Aussprache wurden die phonetischen Zeichen der IPA *(International Phonetic Association)* verwendet. Für die Umschrift der einzelnen Wörter wurden *Everyman's English Pronouncing Dictionary, Daniel Jones & A. C. Gimson* und *Advanced Learner's Dictionary of Current English* zu Rate gezogen. Jedes Hauptstichwort hat die volle phonetische Umschrift; teilweise Umschrift wird bei Derivativen angegeben und leitet sich von der vorhergehenden Aussprache ab. Bei zusammengesetzten Wörtern, deren einzelne Teile an anderer Stelle im Wörterbuch mit der Umschrift versehen sind, wird auf die Wiederholung der Ausspracheangabe verzichtet.

IX. Silbentrennung

Die Silbentrennung der englischen Stichwörter ist durch einen Silbentrennpunkt gekennzeichnet. Bei zusammengesetzten Wörtern, deren einzelne Teile an anderer Stelle im Wörterbuch eigene Einträge sind, findet man die mögliche Trennung dort angegeben.

X. Liste der Abkürzungen

a.	auch	*also*
Abk	Abkürzung	*abbreviation*
acc	Akkusativ	*accusative*
adj	Adjektiv	*adjective*
adv	Adverb	*adverb*
aero	Luftfahrt	*aeronautics*
agr	Landwirtschaft	*agriculture*
allg	allgemein	*commonly*
Am	amerikanisches Englisch	*Americanism*
anat	Anatomie	*anatomy*
arch	Architektur	*architecture*
astr	Astronomie, Astrologie	*astronomy, astrology*
attr	attributiv	*attributive*
aux	Hilfsverb	*auxiliary*
bes.	besonders	*particularly*
biol	Biologie	*biology*
bot	Botanik	*botany*
Br	britisches Englisch	*British English*
chem	Chemie	*chemistry*
com	Handel	*commerce, commercial*
conj	Konjunktion	*conjunktion*
dat	Dativ	*dative*
eccl	kirchlich	*ecclesiastical*
EDV	elektronische Datenverarbeitung	*electronic data processing*
e-e, e-m	eine, einem	
e-n, e-r	einen, einer,	*a*
e-s	eines	
el	Elektrizität	*electricity*
etc.	und so weiter	*et cetera*
etw	etwas	*something*
euph	euphemistisch	*euphemistic*
f	Femininum	*feminine gender*
fam	umgangssprachlich	*colloquial*
fig	bildlich	*figurative*
film	Film	*film*
fin	Finanzwesen	*finances*
geog	Geographie	*geography*
geol	Geologie	*geology*
gen	Genitiv	*genitive*
gram	Grammatik	*grammar*
hist	historisch	*historical*
hum	humoristisch	*humorously*
impers	unpersönlich	*impersonal*
inf	Infinitiv	*infinitive*
interj	Interjektion	*Interjection*

iro	ironisch	*ironical*
irr	unregelmäßig	*irregular*
itr	intransitives Verb	*intrasitive verb*
jem *jdm* *jdn* *jds*	jemand(em, en, es)	*someone('s)*
jur	juristisch	*legal*
ling	Linguistik	*linguistics*
lit	literarisch, Literatur	*literary, literature*
m	Maskulinum	*masculine gender*
mar	Seefahrt	*marine*
markt	Marketing	*marketing*
math	Mathematik	*mathematics*
med	Medizin	*medicine*
mete	Meteorologie	*meteorology*
mil	Militärwesen	*military*
min	Mineralogie, Bergbau	*mineralogy, mining*
mot	Auto und Verkehr	*motoring*
mus	Musik	*music(al)*
n	Neutrum	*neuter gender*
num	Zahlwort	*numeral*
obs	veraltet	*obsolete*
od, od	oder	*or*
opt	Optik	*optics*
orn	Vogelkunde	*ornithology*
o.s.	sich	*oneself*
päd	Pädagogik, Schulsprache	*education*
parl	parlamentarisch	*parliamentary*
pej	pejorativ	*pejorative*
philos	Philosophie	*philosophy*
phot	Photographie	*photography*
phys	Physik	*physics*
physiol	Physiologie	*physiology*
pl	Plural	*plural*
pl mit sing	Plural mit Singularkonstruktion	*plural with singular construction*
poet	poetisch	*poetical*
pol	Politik	*politics*
pp	Partizip Perfekt	*past participle*
ppr	Partizip Präsens	*present participle*
pred	prädikativ	*predicative*
pref	Präfix	*prefix*
prep	Präposition	*preposition*
prn	Pronomen	*pronoun*
prov	Sprichwort	*proverb*
psych	Psychologie	*psychology*
radio	Rundfunk	*radio*

rail	Eisenbahnwesen	*railway, railroad*
refl	reflexiv	*reflexive*
rel	Religion	*religion*
S	Sache	*thing*
s	Substantiv	*noun*
s.	siehe	*see*
s-e, s-m	seine, seinem,	*someone's*
s-n, s-r	seinen, seiner	
s-s	seines	
sing	Singular	*singular*
sl	salopp	*slang*
s.o.	jemand(en, em)	*someone*
s.o.'s	jemandes	*someone's*
sport	Sport	*sports*
s.th.	etwas	*something*
tech	technisch	*technical*
tele	Nachrichtentechnik	*telecommunications*
theat	Theater	*theatre*
tr	transitives Verb	*transitive verb*
TV	Fernsehen	*television*
typ	Typographie, Buchdruck	*typography*
u., u.	und	*and*
v	Verb	*verb*
vet	Tiermedizin	*veterinary medicine*
vulg	vulgär	*vulgar*
Wz	Warenzeichen	*trademark*
zoo	Zoologie	*zoology*

XI. Liste der Lautschriftzeichen

Vokale und Diphthonge

[ɑ:]	pl**a**nt, **a**rm, f**a**ther
[aɪ]	l**i**fe
[aʊ]	h**ou**se
[æ]	m**a**n, s**a**d
[e]	g**e**t, b**e**d
[eɪ]	n**a**me, l**a**me
[ə]	**a**go, bett**e**r
[ɜ:]	b**ir**d, h**er**
[eə]	th**ere**, c**are**
[ʌ]	b**u**t, s**o**n
[ɪ]	**i**t, w**i**sh
[i:]	b**ee**, s**ee**, m**e**, b**ea**t, bel**ie**f
[ɪə]	h**ere**
[əʊ]	n**o**, l**ow**
[ɒ]	n**o**t, l**o**ng
[ɔ:]	l**aw**, **a**ll
[ɔɪ]	b**oy**, **oi**l
[ʊ]	p**u**sh, l**oo**k
[u:]	y**ou**, d**o**
[ʊə]	p**oor**, s**ure**

Konsonanten

[b]	**b**een, **b**lind
[d]	**d**o, ha**d**
[ð]	**th**is, fa**th**er
[f]	**f**ather, wol**f**
[g]	**g**o, be**g**
[ŋ]	lo**ng**, si**ng**
[h]	**h**ouse
[j]	**y**outh, Ind**i**an
[k]	**k**eep, mil**k**
[l]	**l**amp, oi**l**, i**ll**
[m]	**m**an, a**m**
[n]	**n**o, ma**nn**er
[p]	**p**a**p**er, ha**pp**y
[r]	**r**ed, d**r**y
[s]	**s**tand, **s**and, ye**s**
[ʃ]	**sh**ip, sta**ti**on
[t]	**t**ell, fa**t**
[tʃ]	**ch**urch, ca**tch**
[v]	**v**oice, li**v**e
[w]	**w**ater, **w**e, **wh**ich
[z]	**z**eal, the**s**e, ga**z**e
[ʒ]	plea**s**ure
[dʒ]	**j**am, ob**j**ect
[θ]	**th**ank, dea**th**

: bezeichnet die Länge des vorausgehenden Vokals.
Das Zeichen ˈ gibt den Hauptton, das Zeichen ˌ den Nebenton an.

Das englische Alphabet

a [eɪ] b [bi:] c [si:] d [di:] e [i:] f [ef] g [dʒi:] h [eɪtʃ] i [aɪ] j [dʒeɪ] k [keɪ] l [el] m [em] n [en] o [əʊ] p [pi:] q [kju:] r [ɑ:] s [es] t [ti:] u [ju:] v [vi:] w [ˈdʌblju:] x [eks] y [waɪ] z [zed, zi:]

A

A, a [eɪ] ⟨*pl* -'s⟩ **1.** *a. mus* A, a *n;* **2.** *(Schule)* eins, sehr gut; ▶ **from A to Z** von A bis Z; **A1** *mar* erstklassig; *fam* 1a.

a [ə, *betont:* eɪ] *(vor Vokal:* **an***)* [ən, *betont:* æn] *unbestimmter Artikel* ein, eine, ein; ▶ **five pounds ~ week** fünf Pfund in der Woche; **in ~ day or two** in ein paar Tagen; **he is an Englishman** er ist Engländer; **he is ~ teacher** er ist Lehrer; **~ Mr. Myer** ein (gewisser) Herr Myer; **in ~ sense** in gewissem Sinne.

aback [ə'bæk] *adv* **be taken ~** verblüfft sein.

aban·don [ə'bændən] **I** *tr* verlassen; aussetzen; aufgeben; verzichten (*s.th.* auf etw); **II** *refl* **~ o.s.** sich hingeben (*to despair* der Verzweiflung); **III** *s* **with ~** leidenschaftlich, mit Leib und Seele; **aban·doned** [ə'bændənd] *adj* **1.** verlassen **2.** *(Leben)* lasterhaft, liederlich.

abashed [ə'bæʃt] *adj* **feel ~** sich schämen.

abate [ə'beɪt] **I** *tr* vermindern; *(Schmerz)* mildern; **II** *itr (Wind)* abnehmen, abflauen, sich legen; **abate·ment** [—mənt] **1.** Abnahme *f;* **2.** *jur* Beseitigung *f* (e-s Übelstandes); ▶ **noise ~** Lärmbekämpfung *f.*

ab·at·toir ['æbətwɑ:(r), *Am* ˌæbə'twɑ:(r)] Schlachthof *m.*

ab·bess ['æbes] Äbtissin *f;* **ab·bey** ['æbɪ] Abtei *f;* **ab·bot** ['æbət] Abt *m.*

ab·brevi·ate [ə'bri:vɪeɪt] *tr* ab-, verkürzen; **ab·brevi·ation** [əˌbri:vɪ'eɪʃn] Abkürzung *f.*

ABC [ˌeɪbi:'si:] **1.** Abc, Alphabet *n;* **2.** *fig* Anfangsgründe *m pl;* **3.** *rail* alphabetischer Fahrplan; **4.** (atomic, biological and chemical) ABC ▶ **ABC weapons** ABC-Waffen *f pl.*

ab·di·cate ['æbdɪkeɪt] **I** *tr* **~ responsibility** sich der Verantwortung entziehen; **~ the throne** abdanken; **II** *itr* abdanken; **ab·di·ca·tion** [ˌæbdɪ'keɪʃn] Abdankung *f.*

ab·do·men ['æbdəmən] **1.** (Unter)Leib, Bauch *m;* **2.** *(Insekt)* Hinterleib *m;* **ab·domi·nal** [æb'dɒmɪnl] *adj* abdominal, Unterleibs-.

ab·duct [æb'dʌkt] *tr* entführen; **ab·duc·tion** [æb'dʌkʃn] Entführung *f.*

ab·er·ra·tion [ˌæbə'reɪʃn] **1.** Abweichung *f;* **2.** Verirrung *f,* Irrweg *m;* **3.** *(mental ~)* geistige Verwirrung.

abet [ə'bet] *tr (Verbrechen)* begünstigen; ▶ **aid and ~ a criminal** e-n Täter begünstigen.

abey·ance [ə'beɪəns] ▶ **in ~** in der Schwebe; **fall into ~** außer Kraft treten.

ab·hor [əb'hɔ:(r)] *tr* verabscheuen; **ab·hor·rence** [əb'hɒrəns] Abscheu *m;* ▶ **hold in ~** verabscheuen.

abide [ə'baɪd] **I** *itr* ▶ **~ by** festhalten an; treu bleiben *dat;* **II** *tr* ▶ **he can't ~ him** er kann ihn nicht ausstehen.

abil·ity [ə'bɪlətɪ] **1.** Fähigkeit *f* (*for* für, zu); **2.** Talent *n,* Klugheit *f;* Können *n;* ▶ **to the best of one's ~** nach besten Kräften.

ab·ject ['æbdʒekt] *adj* **1.** elend, erbärmlich; **2.** verworfen, gemein; ▶ **in ~ poverty** in tiefster Armut.

ablaze [ə'bleɪz] *adv, pred adj* **1.** in Flammen; lodernd; **2.** *fig* glänzend, funkelnd (*with* von, vor); ▶ **set ~** entflammen.

able ['eɪbl] *adj* **1.** fähig, kompetent; **2.** talentiert, begabt; tüchtig, gewandt; ▶ **an ~ teacher** ein talentierter Lehrer; **be ~ to** können, vermögen, in der Lage sein zu; **able-bodied** [—'bɒdɪd] *adj* (körperlich) kräftig, gesund; ▶ **~ seaman** Vollmatrose.

ab·nor·mal [æb'nɔ:ml] *adj* anomal, abnorm; ungewöhnlich; **ab·nor·mal·ity** [ˌæbnə'mælɪtɪ] **1.** Regelwidrigkeit *f;* **2.** *med* Abnormität *f.*

aboard [ə'bɔ:d] *adv, prep* an Bord; *Am* im Zug, Omnibus, Flugzeug; ▶ **go ~** an Bord gehen, sich einschiffen; *(in Zug, Bus, Flugzeug)* einsteigen; **all ~!** alle Mann an Bord! *rail* alles einsteigen!

abode [ə'bəud] Aufenthalt *m;* ▶ **with/of no fixed ~** ohne festen Wohnsitz.

ab·ol·ish [ə'bɒlɪʃ] *tr* abschaffen; **ab·oli·tion** [əbəl'ɪʃn] Abschaffung *f.*

abom·in·able [ə'bɒmɪnəbl] *adj* scheußlich, widerwärtig; **abom·in·ate** [ə'bɒmɪneɪt] *tr* verabscheuen; **abom·in·ation** [əˌbɒmɪ'neɪʃn] **1.** Abscheu *m* (*of* vor); **2.** Greuel *m.*

abo·rig·inal [ˌæbə'rɪdʒənl] **I** *adj* **1.** eingeboren, ursprünglich; **2.** einheimisch; **II** *s* Ureinwohner *m.*

abort [ə'bɔ:t] **I** *tr (Embryo)* abtreiben; *(Schwangerschaft, Mission)* abbrechen; **II** *itr* **1.** abtreiben; **2.** fehlgebären; **abor·tion** [ə'bɔ:ʃn] **1.** *med* Früh-, Fehlgeburt *f;* **2.** Schwangerschaftsabbruch *m,* Abtreibung *f;* **3.** Fehlschlag *m;* **abort·ive** [ə'bɔ:tɪv] *adj* erfolglos.

abound [ə'baund] *itr* **1.** im Überfluß vorhanden sein; reich sein (*in* an); **2.** Überfluß haben an, wimmeln (*with* von).

about [ə'baʊt] **I** *prep* **1.** *(räumlich)* um, um ... herum, über ... hin, auf allen Seiten; ▶ **a fence ~ the garden** ein Zaun um den Garten herum; **2.** nahe bei, nicht weit von; an; **3.** *(Zeit, Maß)* um, ungefähr, etwa, gegen; **(at) ~ five o'clock** gegen fünf Uhr; **it is ~ the same** es ist ungefähr dasselbe; **~ my size** etwa meine Größe; **4.** bei sich, an sich; **have you any money ~ you?** haben Sie Geld bei sich? **5.** in, an; **her hair is the worst thing ~ her** ihr Haar ist das Häßlichste an ihr; **6.** *(hinweisend, bezüglich)* von, über, in bezug auf, betreffend, wegen; **what do you know ~ him?** was wissen Sie über ihn? **what is it all ~?** um was handelt es sich? **how ~ money?** wie steht es mit Geld? **what ~ dinner?** was ist mit dem Abendessen? **II** *adv* **1.** herum, umher; **2.** ringsherum, rundherum, im Kreise; **3.** ungefähr, fast, beinahe, nahezu; gleich; **4.** abwechselnd; ▶ **be ~** sich handeln um; im Begriff sein; auf den Beinen sein; im Umlauf sein, verbreitet sein; **bring ~** zuwege, zustande bringen; **all ~** überall; **round ~** ringsum; **just ~ enough** gerade noch genug; **that will just ~ do** das reicht gerade noch; **about-face, about-turn** [ə'baʊtfeɪs, ə'baʊttɜ:n] **1.** Kehrtwendung *f;* **2.** *fig* (völliger) Umschwung *m.*

above [ə'bʌv] **I** *adv* **1.** oben, droben, oberhalb; aufwärts, hinauf; darüber; **2.** *(Rang, Bedeutung, Stellung)* höher; **3.** stromaufwärts; ▶ **as (mentioned) ~** wie oben erwähnt; **II** *prep* **1.** über; höher als; **2.** mehr als; stärker als; **3.** nördlicher als; ▶ **~ all** vor allem; **over and ~** obendrein; **~ ten minutes** mehr als 10 Minuten; **be ~ s.o.** jdm überlegen sein, jdn übertreffen; **he is ~ it** er steht darüber; **it is ~ me** das geht über meinen Horizont; **III** *adj* obig; obenerwähnt; **IV** *s* ▶ **the ~ is confirmed** Obiges wird bestätigt; **it follows from the ~** aus Vorstehendem ergibt sich; **above board** [ˌ—'bɔ:d] *adv, pred adj* ehrlich, redlich, offen; ▶ **everything is ~** alles ist einwandfrei; **above-men·tioned** [ˌ—'menʃnd] *adj* vorerwähnt.

ab·rasion [ə'breɪʒn] **1.** Abschleifen *n;* **2.** *med* Abschürfung, Schürfwunde *f;* **ab·ras·ive** [ə'breɪsɪv] **I** *s* Schleifmittel *n;* **II** *adj* **1.** (ab)schleifend, schmirgelartig; **2.** *(Person)* scharfzüngig.

abreast [ə'brest] *adv* Seite an Seite; nebeneinander; ▶ **keep ~ of, with** Schritt halten mit.

abridge [ə'brɪdʒ] *tr* **1.** (ab-, ver)kürzen; **2.** *(Buch)* zusammenfassen; **abridg(e)·ment** [—mənt] **1.** (Ab-, Ver)Kürzung *f;* **2.** *(Buch)* Auszug *m.*

abroad [ə'brɔ:d] *adv* **1.** im *od* ins Ausland; **2.** weit umher, (weit) verbreitet; ▶ **from ~** aus dem Ausland; **the news quickly spread ~** die Nachricht breitete sich rasch aus; **at home and ~** im In- u. Ausland.

abrupt [ə'brʌpt] *adj* **1.** plötzlich, unerwartet, abrupt; **2.** *(Verhalten)* schroff, unhöflich, barsch; **3.** *(Fels, Pfad)* sehr steil.

ab·scess ['æbses] *med* Abszeß *m,* Geschwür *n.*

ab·scond [əb'skɒnd] *itr* flüchten (*from* vor); sich davonmachen.

ab·seil ['æbsaɪl] *refl* sich abseilen.

ab·sence ['æbsəns] **1.** Abwesenheit *f* (*from* von); **2.** Fernbleiben *n;* **3.** Fehlen, Nichtvorhandensein *n;* **4.** *(~ of mind)* Zerstreutheit, Unachtsamkeit *f;* ▶ **in ~ of** mangels *gen;* **on leave of ~** auf Urlaub; **ab·sent** ['æbsənt] **I** *adj* **1.** abwesend, fehlend; **2.** geistesabwesend, zerstreut; ▶ **be ~** fehlen, abwesend sein; **be ~ without leave** *mil* sich unerlaubt von der Truppe entfernt haben; **II** *refl* [əb'sent] ▶ **~ o.s. from** fernbleiben von; **ab·sen·tee** [ˌæbsən'ti:] Abwesende(r) *f m;* **ab·sen·tee·ism** [—ɪzəm] **1.** (dauernde) Abwesenheit *f;* **2.** unentschuldigtes Fernbleiben; **ab·sen·tee land·lord** *hist* im Ausland wohnender Landbesitzer; **ab·sent-minded** [ˌæbsənt'maɪndɪd] *adj* zerstreut, geistesabwesend.

ab·so·lute ['æbsəlu:t] **I** *adj* **1.** absolut, völlig, vollkommen; **2.** *chem* unvermischt; **3.** *pol* absolut, unumschränkt; **II** *s* Absolutum; **ab·so·lute·ly** [—lɪ, *alleinstehend:* ˌæbsə'lu:tlɪ] *adv* **1.** völlig; gänzlich, durchaus; **2.** *fam* gewiß! unbedingt! **ab·sol·ution** [ˌæbsə'lu:ʃn] *rel* Absolution *f;* **ab·so·lut·ism** ['æbsəlu:tɪzəm] *pol* Absolutismus *m.*

ab·solve [əb'zɒlv] *tr* **1.** los-, freisprechen; **2.** *(von Versprechen)* entbinden (*from* von).

ab·sorb [əb'sɔ:b] *tr* **1.** ein-, aufsaugen; **2.** *fig* ganz in Anspruch nehmen; **3.** *fig* verdauen, aufnehmen; **ab·sorbed** [əb'sɔ:bd] *adj fig* vertieft; **ab·sorb·ent** [əb'sɔ:bənt] *adj* absorbierend; **ab·sorb·ing** [—ɪŋ] *adj fig* fesselnd, interessant; **ab·sorp·tion** [əb'sɔ:pʃn] **1.** *chem* Absorption *f;* **2.** *fig* Vertieftsein *n;* eindringliche Beschäftigung (*in* mit).

ab·stain [əb'steɪn] *itr* sich enthalten (*from s.th.* e-r S).

ab·stemi·ous [əb'sti:mɪəs] *adj* mäßig; enthaltsam.

ab·sten·tion [əb'stenʃn] **1.** Enthaltung *f* (*from* von); **2.** *pol* Stimmenthaltung *f.*

ab·sti·nence ['æbstɪnəns] Enthaltsamkeit *f* (*from* von).

ab·stract ['æbstrækt] **I** *adj* abstrakt; **II** *s (Buch)* Auszug, Abriß *m;* Zusammenfassung *f;* ▶ **in the ~** abstrakt; **III** *tr* [əb'strækt] **1.** e-n Auszug machen (*from* von); **2.** *fam* entwenden; **ab·stracted** [æb'stræktɪd] *adj fig* geistesabwesend; **ab·strac·tion** [əb'strækʃn] **1.** Abstraktion *f;* **2.** *fig* Zerstreutheit *f;* **3.** Entwendung *f;* **4.** abstrakter Begriff.

ab·struse [əb'stru:s] *adj* schwerverständlich.

ab·surd [əb'sɜ:d] *adj* absurd, unsinnig; **ab·surd·ity** [əb'sɜ:dətɪ] Unsinn *m.*

abun·dance [ə'bʌndəns] Überfluß *m,* Fülle *f* (*of* an); **abun·dant** [ə'bʌndənt] *1.* reich (*in* an); üppig; **2.** reichlich versehen (*with* mit).

abuse [ə'bju:z] **I** *tr* **1.** mißbrauchen; falsch anwenden; **2.** beschimpfen, beleidigen; **II** *s* [ə'bju:s] **1.** Mißbrauch *m;* Mißstand *m;* **2.** Beschimpfung *f;* **abus·ive** [ə'bju:sɪv] *adj* beleidigend; ▶ **~ language** Schimpfworte *n pl.*

abut [ə'bʌt] *itr* (an)grenzen (*on, upon* an).

abys·mal [ə'bɪzməl] *adj* abgrundtief; *fig* entsetzlich (schlecht); ▶ **~ ignorance** grenzenlose Unwissenheit.

abyss [ə'bɪs] Abgrund *m.*

aca·demic [ˌækə'demɪk] **I** *adj* **1.** akademisch; **2.** wissenschaftlich; geistig; ▶ **that is ~** das ist nicht direkt relevant; **II** *s* Akademiker(in) *m (f);* **acad·emy** [ə'kædəmɪ] Akademie *f;* ▶ **riding ~** Reitschule *f;* **~ of music** Musikhochschule *f.*

ac·cede [æk'si:d] *itr* ▶ **he ~d to the office of mayor** er trat das Amt des Bürgermeisters an.

ac·cel·er·ate [ək'seləreɪt] **I** *tr* beschleunigen; **II** *itr* schneller werden; **ac·cel·er·ation** [əkˌselə'reɪʃn] Beschleunigung *f;* **ac·cel·er·ator** [ək'seləreɪtə(r)] **1.** *mot* Gaspedal *n;* **2.** *phys* Beschleuniger *m.*

ac·cent ['æksənt] **I** *s* Ton *m;* Betonung *f;* Akzent *m;* **II** *tr* [æk'sent] betonen; **ac·cen·tu·ate** [ək'sentʃʊeɪt] *tr* betonen, heraus-, hervorheben.

ac·cept [ək'sept] *tr* **1.** annehmen, akzeptieren; in Empfang nehmen; **2.** einverstanden sein (*s.th.* mit etw); glauben (*s.th.* an etw); **3.** *(Tatsache)* anerkennen, gelten lassen; **ac·cept·able** [—əbl] *adj* **1.** annehmbar; **2.** angenehm, zufriedenstellend; **ac·cept·ance** [ək'septəns] **1.** Annahme, Entgegennahme *f;* **2.** Zustimmung, Einwilligung *f;* **3.** *com* Zusage *f.*

ac·cess ['ækses] **I** *s* **1.** Zutritt *m* (*to* zu); **2.** *(~ road)* Zugang(sstraße *f*) *m;* Zufahrt *f;* **3.** *EDV* Zugriff *m;* **II** *tr EDV (Daten)* zugreifen (auf); **ac·cess·ibil·ity** [ækˌsesə'bɪlətɪ] Erreichbarkeit, Zugänglichkeit *f;* **ac·cess·ible** [ək'sesəbl] *adj* zugänglich; erreichbar (*to* für); **ac·ces·sion** [æk'seʃn] *(Bibliothek)* Zugang *m,* Neuerwerbung *f;* ▶ **~ to power** Machtergreifung, -übernahme *f;* **~ to the throne** Thronbesteigung *f.*

ac·ces·sory [ək'sesərɪ] **1.** Mitschuldige(r) *f m;* **2.** Zubehör *n;* ▶ **motor-car accessories** *pl* Autozubehör *n;* **toilet accessories** *pl* Toilettenartikel *m pl.*

ac·ci·dent ['æksɪdənt] **1.** Zufall *m;* **2.** Unglück *n;* Unfall *m;* ▶ **by ~** zufällig; **in an ~** bei e-m Unfall; **without ~** unfallfrei; **meet with an ~** e-n Unfall erleiden; **~ insurance** Unfallversicherung *f;* **~ prevention** Unfallverhütung *f;* **be ~-prone** zu Unfällen neigen; **ac·ci·den·tal** [ˌæksɪ'dentl] *adj* zufällig; unabsichtlich, versehentlich.

ac·claim [ə'kleɪm] *tr* zujubeln (*s.o.* jdm); ▶ **~ s.o. king** jdn zum König ausrufen; **ac·cla·ma·tion** [ˌæklə'meɪʃn] **1.** lauter Beifall, Zustimmung *f;* **2.** *pol* Zuruf *m;* ▶ **elect by ~** durch Akklamation wählen.

ac·cli·mate ['æklɪmeɪt] *Am s. acclimatize;* **ac·cli·ma·tion** [ˌæklaɪ'meɪʃn] *Am s. acclimatization;* **ac·cli·mat·iz·ation** [əˌklaɪmətaɪ'zeɪʃn] *Br* Akklimatisierung *f* (*to* an); **ac·cli·mat·ize** [ə'klaɪmətaɪz] *tr Br* (an)gewöhnen, akklimatisieren (*to* an).

ac·com·mo·date [ə'kɒmədeɪt] *tr* **1.** anpassen (*to* an); **2.** e-n Dienst, e-n Gefallen erweisen (*s.o.* jdm); gefällig sein (*with* mit); **3.** beherbergen, unterbringen; **4.** Platz haben für; **ac·com·mo·dat·ing** [—ɪŋ] *adj* **1.** gefällig; **2.** zuvorkommend; **ac·com·mo·da·tion** [əˌkɒmə'deɪʃn] **1.** Platz *m;* **2.** Einigung, Übereinkunft *f;* **3.** Unterbringung(smöglichkeit), Unterkunft *f;* Hotelzimmer *n.*

ac·com·pani·ment [ə'kʌmpənɪmənt] *mus* Begleitung *f* (*to, for* zu); **ac·com·pan·ist** [ə'kʌmpənɪst] Begleiter(in) *m (f);* **ac·com·pany** [ə'kʌmpənɪ] *tr* **1.** begleiten *a. mus* (*on* auf); **2.** verbinden (*with* mit); ▶ **be accompanied with** verbunden sein mit.

ac·com·plice [ə'kʌmplɪs] Mittäter(in) *m (f),* Komplize *m,* Komplizin *f.*

ac·com·plish [ə'kʌmplɪʃ] *tr* **1.** vollenden; **2.** vollbringen, zustande bringen, leisten; **3.** *(Zweck, Aufgabe)* erfüllen; *(Plan)* verwirklichen, ausführen; *(Arbeit)* verrichten; **ac·com·plished** [ə'kʌmplɪʃt] *adj* **1.** vollendet *a. fig;* **2.** kultiviert, vielseitig; **ac·com·plish·ment** [—mənt] **1.** Durchführung, Realisierung *f;* **2.** *pl* Fähigkeiten, Fertigkeiten *f pl.*

ac·cord [ə'kɔ:d] **I** *itr* übereinstimmen (*with* mit); **II** *tr* gewähren, zugestehen; **III** *s jur* Abkommen *n* (*with* mit; *between* zwischen); ▶ **in ~ with** in Einklang mit; **of one's own ~** aus eigenem Antrieb, von sich aus; **with one ~** einstimmig; **ac·cord·ance** [ə'kɔ:dəns] ▶ **in ~ with** entsprechend; gemäß; **ac-**

cord·ing [əˈkɔ:dɪŋ] *prep* gemäß, laut, entsprechend (*to* dat); ► **~ to all appearances** allem Anschein nach; **~ to schedule** fahrplanmäßig; **ac·cord·ing·ly** [—lɪ] *adv* dementsprechend; danach.

ac·cord·ion [əˈkɔ:dɪən] *mus* Akkordeon *n*, Ziehharmonika *f*.

ac·cost [əˈkɒst] *tr* ansprechen.

ac·count [əˈkaʊnt] **I** *s* **1.** Rechnung, Berechnung *f;* **2.** Konto, Guthaben *n* (*with* bei); **3.** Rechenschaft, Darlegung *f;* Bericht *m;* **4.** *pl com* Buchhaltung, -führung *f;* Bücher *n pl;* ► **of no ~** unwichtig, unbedeutend; **not on any ~, on no ~** auf keinen Fall; **on ~ of** wegen, auf Grund *gen;* **on this ~** aus diesem Grund; **on one's ~** für eigene Rechnung; **call to ~** zur Rechenschaft ziehen (*for* wegen); **give an ~ of s.th.** über etw Bericht erstatten; über etw Rechenschaft ablegen; **open an ~ with the bank** ein Bankkonto eröffnen; **take into ~** in Betracht ziehen, berücksichtigen; **current ~** Girokonto *n;* **II** *itr* **1.** Bericht erstatten (*for* über); erklären (*for s.th.* etw); **2.** Rechenschaft ablegen (*for* über); ► **how do you ~ for that?** wie erklären Sie (sich) das? **that ~s for it** das ist die Erklärung dafür; **there's no ~ing for tastes** über Geschmack läßt sich streiten; **ac·count·able** [—əbl] *adj* verantwortlich (*for* für); **ac·count·ancy** [əˈkaʊntənsɪ] Buchhaltung *f;* **ac·count·ant** [əˈkaʊntənt] Buchhalter *m;* ► **certified public ~** *Am*, **chartered ~** *Br* Buch-, Wirtschaftsprüfer *m*.

ac·credit [əˈkredɪt] *tr* **1.** beglaubigen; *pol* akkreditieren (*to* bei); **2.** zuschreiben (*s.o. with s.th.* jdm etw).

ac·crue [əˈkru:] *itr (Betrag)* an-, zufallen (*to s.o.* jdm); sich ansammeln.

ac·cu·mu·late [əˈkju:mjʊleɪt] **I** *tr* auf-, anhäufen; ansammeln; **II** *itr* sich (an)sammeln, anwachsen; **ac·cu·mu·la·tion** [əˌkju:mjʊˈleɪʃn] Anhäufung, Ansammlung *f;* **ac·cu·mu·la·tor** [əˈkju:mjʊleɪtə(r)] *tech* Akku(mulator) *m*.

ac·cu·racy [ˈækjərəsɪ] Genauigkeit *f;* **ac·cu·rate** [ˈækjərət] *adj* genau, exakt.

ac·cu·sa·tion [ˌækju:ˈzeɪʃn] Anklage *f;* ► **bring an ~ against s.o.** gegen jdn Anklage erheben.

ac·cus·ative [əˈkju:zətɪv] *gram* Akkusativ *m*.

ac·cus·at·ory [ækju:ˈzeitəri] *adj* vorwurfsvoll.

ac·cuse [əˈkju:z] *tr* **1.** anklagen, beschuldigen (*of a crime* e-s Verbrechens; *of having done st.h.* etw getan zu haben); **2.** vorwerfen (*of being s.th.* etw zu sein); **ac·cused** [əˈkju:zd] *sing u. pl* Angeklagte(r) *f m*.

ac·cus·tom [əˈkʌstəm] *tr* gewöhnen (*to* an); **ac·cus·tomed** [əˈkʌstəmd] *adj* gewohnt; ► **be ~** gewohnt sein (*to* an); **get ~** sich gewöhnen (*to* an).

ace [eɪs] **1.** *(Spielkarte)* As *n; (auf Würfeln)* Eins *f;* **2.** *(Experte)* As *n;* ► **serve an ~** ein As spielen; **within an ~** um Haaresbreite.

acet·ate [ˈæsɪteɪt] *chem* Azetat *n;* **acetic** [əˈsi:tɪk] *adj chem* **~ acid** Essigsäure *f;* **acety·lene** [əˈsetəli:n] *chem* Azetylen *n*.

ache [eɪk] **I** *s* ► **~s and pains** *pl* Schmerzen *m pl;* **II** *itr* ► **my foot ~s** mein Fuß tut mir weh.

achieve [əˈtʃi:v] *tr* zustande bringen; erreichen; *(Ziele)* verwirklichen; *(Erfolg)* erzielen; **achieve·ment** [—mənt] **1.** Vollendung, Ausführung *f;* **2.** Leistung *f;* Errungenschaft *f*.

acid [ˈæsɪd] **I** *adj* sauer, herb, scharf, beißend; ► **~ drops** *pl* saure Drops *pl;* **~ rain** saurer Regen; **~ test** *fig* Feuerprobe *f;* **II** *s* **1.** Säure *f;* **2.** *(LSD)* Acid *n;* **acid·ity** [əˈsɪdətɪ] Säuregehalt, -grad *m*.

ac·knowl·edge [əkˈnɒlɪdʒ] *tr* **1.** anerkennen (*s.o. to be s.th.* jdn als etw); **2.** bestätigen; quittieren; **3.** sich erkenntlich zeigen (*s.th. to s.o.* jdm für etw); ► **this is to ~ receipt of** ich bestätige hiermit den Empfang *gen;* **ac·knowl·edg(e)·ment** [—mənt] **1.** Anerkennung *f;* **2.** Bestätigung *f;* ► **in ~ of** zum Zeichen der Anerkennung für.

acne [ˈæknɪ] *med* Akne *f*.

acorn [ˈeɪkɔ:n] *bot* Eichel *f*.

acous·tic [əˈku:stɪk] **I** *adj* akustisch; **II** *s pl* Akustik *f;* **acous·tic coup·ler** [ˈkʌplə(r)] *EDV* Akustikkoppler *m;* **acoustic nerve** Gehörnerv *m*.

ac·quaint [əˈkweɪnt] *tr* bekannt, vertraut machen (*with* mit); ► **be ~ed with s.th.** mit etw bekannt, vertraut sein; **become, get ~ed with s.o.** mit jdm bekannt werden; **ac·quaint·ance** [əˈkweɪntəns] Bekanntschaft *f;* Bekannte(r) *f m;* ► **make s.o.'s ~** jds Bekanntschaft machen.

ac·qui·esce [ˌækwɪˈes] *itr* sich abfinden (*in* mit); **ac·qui·es·cence** [ˌækwɪˈesns] Einwilligung *f* (*in* in); **ac·qui·es·cent** [ˌækwɪˈesnt] *adj* fügsam, nachgiebig.

ac·quire [əˈkwaɪə(r)] *tr* **1.** erlangen; erwerben; **2.** *(Kenntnisse)* sich aneignen; ► **~ a taste for s.th.** Geschmack an etw finden; **caviar is an ~d taste** Kaviar ist etwas für Kenner; **ac·qui·si·tion** [ˌækwɪˈzɪʃn] **1.** Erwerb *m*, Erwerbung *f;* **2.** Anschaffung *f;* **ac·quis·itive** [əˈkwɪzətɪv] *adj* habsüchtig, gierig *(of* auf).

ac·quit [əˈkwɪt] **I** *tr jur* freisprechen (*of a charge* von e-r Anklage); **II** *refl* sich verhalten; ► **~ o.s. well** seine Schuldigkeit tun; **ac·quit·tal** [əˈkwɪtl] *jur* Freispruch *m*.

acre ['eɪkə(r)] Morgen *m (= 160 square poles = 43 560 square feet = 0,40467 ha);* **acre·age** ['eikrədʒ] Fläche *f.*
ac·rid ['ækrɪd] *adj* scharf, ätzend.
ac·ri·moni·ous [ˌækrɪ'məʊnɪəs] *adj fig* scharf, bitter, beißend; **ac·ri·mony** ['ækrɪmənɪ] *fig* Schärfe, Bitterkeit *f.*
ac·ro·bat ['ækrəbæt] Akrobat(in) *m (f);* **ac·ro·batic** [ˌækrə'bætɪk] **I** *adj* akrobatisch; **II** *s pl* Akrobatik *f.*
across [ə'krɒs] **I** *adv* quer durch; jenseits; drüben; **II** *prep* quer über, quer durch; auf der anderen Seite *gen,* jenseits *gen;* über; ► ~ **the board** pauschal; **come** ~ stoßen auf; **come** ~ **as (being) nervous** nervös wirken; **come** ~ **s.o.** jdm begegnen; **put** ~ durchbringen, -drücken; **get s.th.** ~ **to s.o.** jdm etw klarmachen; **just** ~ gerade gegenüber; **right** ~ quer durch; **live** ~ **the street** gegenüber wohnen; **ten metres** ~ zehn Meter breit.
act [ækt] **I** *s* **1.** Handlung, Tat *f;* **2.** *theat* Akt, Aufzug *m;* **3.** *jur* Gesetz *n;* Rechtshandlung *f;* ► **caught in the** ~ auf frischer Tat ertappt; **get your** ~ **together!** reiß dich zusammen! **in the** ~ **of going** gerade dabei, zu gehen; **in on the act** mit von der Partie; **don't put on an** ~**!** spiel doch nicht Komödie! **the A~s (of the Apostles)** die Apostelgeschichte; ~ **of God** höhere Gewalt; **II** *tr* **1.** *theat (e-e Rolle)* spielen; *(Stück)* aufführen; **2.** so tun (*a child* wie ein Kind); **III** *itr* **1.** sich benehmen, sich verhalten (*like* wie); **2.** sich in Szene setzen; **3.** handeln, tun, tätig werden (*as* als); **4.** einwirken (*on* auf), beeinflussen (*on s.th.* etw); ► ~ **for s.o.** in jds Namen, für jdn handeln; ~ **on** (be)folgen; sich richten, handeln nach; ~ **up** *fam* Ärger machen; sich schlecht benehmen; **act·ing** ['æktɪŋ] **I** *adj* stellvertretend, geschäftsführend; **II** *s* Schauspielkunst *f.*
ac·tion ['ækʃn] **1.** Tätigkeit *f;* Handeln *n;* Tat *f;* **2.** Wirkung *f;* **3.** *jur* Klage *f;* Prozeß *m;* **4.** *mil* Kampf(handlung *f*) *m;* **5.** Handlungsweise *f;* ► **for further** ~ zur weiteren Veranlassung; **out of** ~ *tech* außer Betrieb; **bring s.th. into** ~, **put s.th. in** ~ etw in Gang setzen; **take** ~ Schritte unternehmen, Maßnahmen ergreifen; **take, bring an** ~ **against s.o.** gegen jdn e-e Klage einreichen, anhängig machen; **field, sphere of** ~ Tätigkeitsbereich *m;* **actionable** [—əbl] *adj jur* verfolgbar, klagbar; **action replay** *TV* Wiederholung *f.*
ac·ti·vate ['æktɪveɪt] *tr* aktivieren *a. chem;* **ac·tive** ['æktɪv] *adj* **1.** tätig, aktiv, handelnd; **2.** betriebsam; **3.** *(Geist)* beweglich, lebendig; ► **take an** ~ **part in s.th.** an etw regen Anteil nehmen; **ac·tiv·ist** ['æktɪvɪst] Aktivist(in) *m (f);* **ac·tiv·ity** [æk'tɪvətɪ] Tätigkeit *f;* Geschäftigkeit, Aktivität *f;* ► **there is little** ~ es ist wenig los.
ac·tor ['æktə(r)] *theat* Schauspieler *m;* **ac·tress** ['æktrɪs] Schauspielerin *f.*
ac·tual ['æktʃʊəl] *adj* wirklich, tatsächlich (vorhanden); eigentlich; **ac·tual·ly** ['æktʃʊlɪ] *adv* **1.** eigentlich, übrigens; **2.** tatsächlich, wirklich.
actuarial [ˌæktʃʊ'eərɪəl] versicherungsmathematisch; **ac·tu·ary** ['æktʃʊərɪ] Versicherungsmathematiker(in) *m (f).*
ac·tu·ate ['æktʃʊeɪt] *tr* in Gang bringen; auslösen, betätigen.
acu·punc·ture ['ækjʊpʌŋktʃə(r)] *med* Akupunktur *f.*
acute [ə'kju:t] *adj* **1.** spitz; **2.** *(Sinne)* scharf; **3.** *(Frage)* brennend; **4.** *(Ton)* schrill; **5.** *(Winkel)* spitz; **6.** *med* akut.
ad [æd] *s. advertisement.*
AD *Abk:* **Anno Domini** n. Chr.
adagio [ə'dɑ:dʒɪəʊ] *adj, adv* adagio.
Adam ['ædəm] Adam *m;* ► **not to know s.o. from** ~ jdn überhaupt nicht kennen.
ada·mant ['ædəmənt] *adj fig* unnachgiebig (*to* gegenüber).
Adam's apple Adamsapfel *m.*
adapt [ə'dæpt] *tr* **1.** anpassen (*to* an); **2.** *(Roman)* bearbeiten; **adapt·able** [—əbl] *adj* anpassungsfähig (*to* an); **ad·ap·ta·tion** [ˌædæp'teɪʃn] **1.** Anpassung *f* (*to* an); **2.** *theat* Bearbeitung *f;* **adapter, adaptor** [ə'dæptə(r)] **1.** Bearbeiter *m;* **2.** *tech* Adapter *m;* ► **universal** ~ **plug** Sammelstecker *m.*
add [æd] **I** *tr* **1.** hinzusetzen, -tun, -fügen (*to* zu); **2.** *(~ up)* zusammenzählen, addieren; **II** *itr* beitragen (*to* zu), vermehren (*to s.th.* etw); ► ~ **up to** sich belaufen auf; **ad·den·dum** [ə'dendəm] ⟨*pl* -da⟩ [ə'dendə] Zusatz, Nachtrag *m.*
ad·der ['ædə(r)] *zoo* Natter *f.*
ad·dict ['ædɪkt] Süchtige(r); Abhängige(r) *f m;* **ad·dic·ted** [ə'dɪktɪd] *adj* süchtig; ► ~ **to drugs** rauschgiftsüchtig; **ad·dic·tion** [ə'dɪkʃən] Sucht *f.*
ad·ding-ma·chine ['ædɪŋmə'ʃi:n] Addier-, Rechenmaschine *f.*
ad·di·tion [ə'dɪʃn] **1.** Bei-, Zugabe *f;* Beifügung *f;* **2.** Zusatz *m;* **3.** *math* Addition *f;* **4.** *(Familie)* Zuwachs *m;* ► **in** ~ außerdem (noch); dazu; **in** ~ **to** (zusätzlich) zu; **ad·di·tional** [ə'dɪʃənl] *adj* zusätzlich; ergänzend; ► ~ **charge** Preiszuschlag *m;* **ad·di·tion·ally** [ə'dɪʃənəlɪ] *adv* zusätzlich; außerdem; **ad·di·tive** ['ædɪtɪv] Zusatz *m.*
ad·dress [ə'dres] **I** *tr* **1.** *(Brief)* adressieren; **2.** *(Person)* anreden; e-e Ansprache halten an (*a meeting* e-e Versammlung); **3.** *(Anfrage)* richten (*to* an); ► ~ **o.s. to** sich wenden an; ansprechen; **II** *s* [*Am* 'ædres] **1.** Anrede, Ansprache *f;* **2.** Anschrift, Adresse *f;* ► **deliver an** ~ e-e Ansprache halten; **business** ~ Geschäftsadresse *f;* **form of** ~ Anredeform

f; **home, private ~** Privatanschrift *f;* **ad·dressee** [ˌædreˈsiː] Empfänger(in), Adressat(in) *m (f).*

ad·duce [əˈdjuːs] *tr (Beispiel)* anführen; *(Beweis)* erbringen.

ad·en·oids [ˈædɪnɔɪdz] *pl med* Rachenmandeln, Polypen *pl.*

adept [ˈædept] **I** *s* Kenner(in) *m (f),* Sachverständige(r) *f m;* **II** *adj* erfahren; sehr geschickt (*in* in; *at doing s.th.* etw zu tun).

ad·equacy [ˈædɪkwəsɪ] Angemessenheit *f;* **ad·equate** [ˈædɪkwət] *adj* ausreichend (*to* für).

ad·here [ədˈhɪə(r)] *itr* **1.** haften, kleben (*to* an); **2.** *fig* festhalten (*to* an), bleiben (*to* bei); ▶ **~ to an opinion** bei e-r Meinung bleiben; **ad·her·ence** [ədˈhɪərəns] Festhalten *n* (*to* an); **ad·her·ent** [ədˈhɪərənt] Anhänger(in) *m (f).*

ad·hes·ive [ədˈhiːsɪv] **I** *adj* klebend; haftend; ▶ **~ plaster** Heftpflaster *n;* **~ tape** Kleb(e)streifen *m;* **II** *s* Klebstoff *m.*

ad·jac·ent [əˈdʒeɪsnt] *adj* angrenzend, anliegend, anstoßend (*to* an); ▶ **be ~ to** angrenzen an.

ad·jec·tival [ˌædʒɪkˈtaɪvl] *adj* adjektivisch; **ad·jec·tive** [ˈædʒɪktɪv] Adjektiv, Eigenschaftswort *n.*

ad·join [əˈdʒɔɪn] **I** *tr* angrenzen an; sehr nahe liegen bei; **II** *itr* nahe beieinanderliegen; **ad·join·ing** [—ɪŋ] *adj* benachbart.

ad·journ [əˈdʒɜːn] *tr, itr* vertagen (*for a week* um e-e Woche).

ad·just [əˈdʒʌst] **I** *tr* **1.** anpassen, verstellen; abstimmen (*to* auf); *tech* einstellen; **2.** richtigstellen; in Ordnung bringen; *(Rechnung)* berichtigen; **II** *refl* ▶ **~ o.s. to** sich anpassen, sich gewöhnen an; sich einstellen auf; **ad·just·able** [—əbl] *adj* regulierbar; ein-, verstellbar; **ad·just·ment** [—mənt] **1.** Anpassung, Angleichung *f;* **2.** *tech* Einstellung, Regulierung *f;* ▶ **~ range** *mot* Einstellbereich *m.*

ad·ju·tant [ˈædʒʊtənt] Adjutant *m.*

ad-lib [ˌædˈlɪb] **I** *tr, itr* improvisieren; **II** *adv* aus dem Stegreif.

ad-man [ˈædmæn] ⟨*pl* -men⟩ Anzeigen-, Werbefachmann *m;* **ad-mass** [ˈædmæs]durch Werbung leicht zu beeinflussende Menschen *pl.*

ad·min·is·ter [ədˈmɪnɪstə(r)] *tr* **1.** verwalten; *(Amt)* versehen; **2.** *(Trost)* spenden; **3.** *(Medizin)* verabreichen; ▶ **~ justice** Recht sprechen; **the oath was ~ed to him** er wurde vereidigt; **ad·min·is·trate** [ədˈmɪnɪstreɪt] *tr Am* verwalten, kontrollieren; **ad·min·is·tra·tion** [ədˌmɪnɪˈstreɪʃn] **1.** Verwaltung *f;* Amtsführung, -zeit *f;* Behörde *f;* **2.** *pol* Regierung *f;* **3.** *(Medizin)* Eingeben *n;* **4.** *(Sakrament)* Spenden *n;* **5.** *(Eid)* Abnahme *f;* ▶ **~ of justice** Rechtspflege *f;* **ad·min·is·tra·tive** [ədˈmɪnɪstrətɪv] *adj* verwaltungsmäßig; ▶ **through ~ channels** auf dem Verwaltungsweg; **ad·min·is·tra·tor** [ədˈmɪnɪstreɪtə(r)] **1.** Verwalter(in) *m (f);* Leiter(in) *m (f);* **2.** *(~ of an estate)* Nachlaßverwalter(in) *m (f).*

ad·mir·able [ˈædmərəbl] *adj* wunderbar, herrlich; bewundernswert.

ad·miral [ˈædmərəl] *mar zoo* Admiral *m;* **Ad·miral·ty** [ˈædmərəltɪ] *Br* Marineministerium *n;* ▶ **First Lord of the ~** *Br* Marineminister *m.*

ad·mir·ation [ˌædməˈreɪʃn] Bewunderung *f* (*of, for* für); **ad·mire** [ədˈmaɪə(r)] *tr* bewundern (*for* wegen); **ad·mirer** [ədˈmɪərə(r)] Bewunderer *m,* Bewunderin *f.*

ad·miss·ible [ədˈmɪsəbl] *adj* zulässig, statthaft; **ad·mis·sion** [ədˈmɪʃn] **1.** Einlaß, Eintritt, Zutritt *m;* **2.** Eintrittspreis *m,* -geld *n;* **3.** Ein-, Zugeständnis *n;* ▶ **gain ~ to** Zutritt erhalten zu; **~ free** Eintritt frei; **no ~!** Eintritt verboten!

ad·mit [ədˈmɪt] **I** *tr* **1.** hereinlassen (*into a house* in ein Haus); aufnehmen (*to a club* in e-n Klub); **2.** *(Saal)* Raum haben für; **3.** zugeben, ein-, zugestehen; ▶ **~ to the Bar** als Rechtsanwalt zulassen; **II** *itr* gestatten, erlauben (*of no doubt* keinen Zweifel); ▶ **~ of no other meaning** keine andere Bedeutung zulassen; **ad·mit·tance** [ədˈmɪtns] Einlaß, Zutritt *m;* **no ~!** Zutritt verboten! ▶ **no ~ except on business** kein Zutritt für Unbefugte! **ad·mit·ted·ly** [ədˈmɪtɪdlɪ] *adv* zugegebenermaßen.

ad·mon·ish [ədˈmɒnɪʃ] *tr* **1.** ermahnen; **2.** verwarnen; **ad·mo·ni·tion** [ˌædməˈnɪʃn] **1.** Ermahnung *f;* **2.** Warnung *f;* Verwarnung *f.*

ado [əˈduː] ▶ **much ~ about nothing** viel Lärm um nichts; **without further ~** ohne weitere Umstände.

ado·les·cence [ˌædəˈlesns] Jugend *f;* Pubertät *f;* **ado·les·cent** [ˌædəˈlesnt] **I** *adj* jugendlich; **II** *s* Jugendliche(r) *f m.*

adopt [əˈdɒpt] *tr* **1.** *jur* adoptieren, an Kindes Statt annehmen; **2.** *(Bericht)* billigen; *(Gedanken)* übernehmen; *(Maßnahmen)* ergreifen; ▶ **~ a motion** e-n Antrag annehmen; **adop·tion** [əˈdɒpʃn] **1.** Adoption *f;* Annahme *f* an Kindes Statt; **2.** Annahme, Billigung *f.*

ador·able [ˌəˈdɔːrəbl] *adj* **1.** liebenswert; **2.** reizend, entzückend; **ador·ation** [ˌædəˈreɪʃn] Anbetung *f;* Verehrung *f;* **adore** [əˈdɔː(r)] *tr* **1.** anbeten; verehren; **2.** *fam* sehr gern haben; **ador·ing** [əˈdɔːrɪŋ] *adj* bewundernd.

adorn [əˈdɔːn] *tr* (ver)zieren, schmücken, verschönern; **adorn·ment** [—mənt] Schmuck *m;* Verzierung *f.*

ad·ren·alin(e) [əˈdrenəlɪn] Adrenalin *n.*

adrift [ə'drɪft] *adv, pred adj mar* (ab)treibend; ▶ **come adrift** *fig* sich lösen; *(Pläne)* fehlschlagen.

adroit [ə'drɔɪt] *adj* gewandt, geschickt.

adu·la·tion [ˌædjʊ'leɪʃn] Verherrlichung *f.*

adult ['ædʌlt] **I** *adj* erwachsen; ausgewachsen; *fig* reif; **II** *s* **1.** Erwachsene(r) *f m;* **2.** ausgewachsenes Tier; **adult education** Erwachsenenbildung *f;* **adult film** Film *m* nur für Erwachsene.

adul·ter·ate [ə'dʌltəreɪt] *tr* verfälschen; *(Wein)* panschen; **adul·ter·ation** [əˌdʌltə'reɪʃn] (Ver)Fälschung *f.*

adul·terer [ə'dʌltərə(r)] Ehebrecher *m;* **adul·ter·ess** [ə'dʌltərɪs] Ehebrecherin *f;* **adul·ter·ous** [ə'dʌltərəs] *adj* ehebrecherisch; **adul·tery** [ə'dʌltərɪ] Ehebruch *m.*

ad·vance [əd'vɑ:ns] **I** *tr* **1.** vorrücken; **2.** befördern; **3.** *(Meinung)* vorbringen, äußern; *(Grund)* anführen, vortragen; **4.** *(Geld)* vorschießen, -strecken; **II** *itr* **1.** vorgehen, -stoßen, -dringen; **2.** Fortschritte machen; **3.** *(Preise)* steigen; *(Qualität)* besser werden; **III** *s* **1.** Vorrücken *n;* **2.** Fortschritt *m,* Besserung, Aufwärtsentwicklung *f;* **3.** (Preis)Erhöhung *f;* **4.** Vorschuß *m;* An-, Vorauszahlung *f;* Darlehen *n;* **5.** *(Beamter)* Beförderung *f;* ▶ **in ~** im voraus; **be in ~ of one's times** seiner Zeit voraus sein; **be on the ~** *com* im Steigen begriffen sein; **book in ~** vorausbestellen, -belegen; **make ~s to s.o.** *fig* an jdn herantreten; *pej* sich an jdn ranmachen; **ad·vance booking** Vor(aus)bestellung *f;* Vorverkauf *m;* **ad·vanced** [əd'vɑ:nst] *adj* **1.** *(Alter)* vorgeschritten; **2.** fortschrittlich; **ad·vance·ment** [əd'vɑ:nsmənt] Förderung *f; (beruflich)* Beförderung *f;* **advance notice** Voranzeige, Voranmeldung, -kündigung *f;* **ad·vance payment** Vorauszahlung *f.*

ad·van·tage [əd'vɑ:ntɪdʒ] **1.** Vorteil *m a. Tennis;* **2.** Vorzug *m;* Überlegenheit *f* (*over, of* über); **3.** günstige Gelegenheit; ▶ **to s.o.'s ~** zu jds Gunsten; **to the best ~** so vorteilhaft wie möglich; **be of ~** von Nutzen, nützlich sein; **have an ~ over s.o.** jdm gegenüber im Vorteil sein; **take ~ of** übervorteilen (*s.o.* jdn); ausnutzen (*s.th.* etw); **turn to ~** Vorteil, Nutzen ziehen aus; **ad·van·tage·ous** [ˌædvən'teɪdʒəs] *adj* vorteilhaft.

ad·vent ['ædvənt] Anbruch *m;* ▶ **A~** Advent *m.*

ad·ven·ture [əd'ventʃə(r)] Abenteuer *n;* **ad·ven·turer** [əd'ventʃərə(r)] **1.** Abenteurer(in) *m (f);* **2.** Hochstapler(in) *m (f);* **ad·ven·tur·ous** [əd'ventʃərəs] *adj* abenteuerlich.

ad·verb ['ædvɜ:b] Adverb *n;* **ad·verb·ial** [æd'vɜ:bɪəl] *adj* adverbial.

ad·ver·sary ['ædvəsərɪ] Gegner(in) *m (f);* **ad·verse** ['ædvɜ:s] *adj* ungünstig, nachteilig; *(Umstände)* widrig; **ad·versity** [əd'vɜ:sətɪ] Unglück, Mißgeschick *n;* Elend *n,* Not *f.*

ad·ver·tise ['ædvətaɪz] **I** *tr* **1.** anzeigen, ankündigen; **2.** werben für; annoncieren; **II** *itr* **1.** inserieren; annoncieren; **2.** Reklame machen, Werbung betreiben; ▶ **~ for** inserieren nach; durch e-e Zeitungsanzeige suchen; **ad·ver·tise·ment** [əd'vɜ:tɪsmənt, *Am* ˌædvər'taɪzmənt] **1.** (Zeitungs)Anzeige *f,* Inserat *n,* Annonce *f;* **2.** Reklame, Werbung *f;* ▶ **TV ~s** *pl* Werbefernsehen *n;* **ad·ver·tis·ing** ['ædvəˌtaɪzɪŋ] Werbung, Reklame *f;* ▶ **newspaper, radio ~** Zeitungs-, Rundfunkreklame *f;* **ad·ver·tis·ing agency** Werbeagentur *f;* **ad·ver·tis·ing cam·paign** Werbekampagne *f;* **ad·ver·tis·ing media** Werbemittel *n pl;* **ad·ver·tis·ing space** Reklamefläche *f; (Zeitung)* Inseratenteil, Anzeigenteil *m.*

ad·vice [əd'vaɪs] **1.** Rat(schlag) *m;* **2.** Gutachten *n;* **3.** *com* Benachrichtigung *f* (*from* von); ▶ **a piece, a bit of ~** ein Rat; **act on s.o.'s ~** jds Rat befolgen; **ask s.o.'s ~** jdn um Rat fragen; **take medical ~** e-n Arzt aufsuchen; **ad·visable** [əd'vaɪzəbl] *adj* ratsam, empfehlenswert; **ad·vise** [əd'vaɪz] *tr* **1.** raten, empfehlen; **2.** *com* benachrichtigen; ▶ **be well ~d** wohlberaten sein; **adviser** [əd'vaɪzə(r)] Berater(in) *m (f);* **my legal ~** mein(e) Rechtsanwalt (-anwältin) *m (f);* **my medical ~** mein(e) (Haus)Arzt (-Ärztin) *m (f);* **ad·vis·ory** [əd'vaɪzərɪ] *adj* beratend; ▶ **in an ~ capacity** in beratender Eigenschaft; **~ committee** Beratungsausschuß *m;* Beirat *m.*

ad·vo·cate ['ædvəkət] **I** *s* **1.** Fürsprecher(in), Verfechter(in) *m (f);* **2.** Anwalt *m,* Anwältin *f;* **II** *tr* ['ædvəkeɪt] eintreten (*s.th.* für etw), befürworten.

ad-writer ['ædraɪtə(r)] Texter(in) *m (f).*

aegis ['i:dʒɪs] *fig* Schirmherrschaft *f.*

aeon ['i:ən] Ewigkeit *f.*

aer·ate ['eəreɪt] *tr* **1.** lüften; **2.** mit Kohlensäure versetzen.

aer·ial ['eərɪəl] **I** *adj* **1.** Luft-; **2.** *(Kabel)* oberirdisch; **II** *s Br* Antenne *f;* **aerial view** Luftbild *n.*

aero ['eərə] *pref* Luft-, Flug-, Aero-.

aerobics [eə'rəʊbɪks] *pl* Aerobic *n sing.*

aero·drome ['eərədrəʊm] Flugplatz *m;* **aero·dy·nam·ics** [ˌeərəʊdaɪ'næmɪks] *pl mit sing* Aerodynamik *f;* **aero·nautic(al)** ['eərənɔ:tik(l)] *adj* aeronautisch; ▶ **~ engineering** Luftfahrttechnik *f;* **~ medicine** Luftfahrtmedizin *f;* **aero·naut·ics** [ˌeərə'nɔ:tɪks] *pl mit sing* Aeronautik *f;* **aero·plane** ['eərəpleɪn] Flugzeug *n;* **aero·sol** ['eərəsɒl] Sprühdose *f.*

aes·thet·ic(al) [i:sˈθetɪk(l)] *adj* ästhetisch; **aes·thet·ics** [i:sˈθetɪks] *pl mit sing* Ästhetik *f.*

afar [əˈfɑ:(r)] *adv* ▶ **from ~** aus der Ferne.

affa·bil·ity [ˌæfəˈbɪlətɪ] Leutseligkeit, Umgänglichkeit *f;* **af·fable** [ˈæfəbl] *adj* umgänglich.

af·fair [əˈfeə(r)] **1.** Angelegenheit, Sache *f;* **2.** Veranstaltung *f;* **3.** *(love ~)* Verhältnis *n;* **4.** Affäre *f,* Skandal *m;* ▶ **foreign ~s** *pl pol* auswärtige Angelegenheiten *f pl;* **Secretary of State for Foreign A~s** Außenminister(in) *m (f).*

af·fect [əˈfekt] *tr* **1.** beeinflussen, in Mitleidenschaft ziehen; **2.** *med* angreifen, befallen; **3.** e-n tiefen Eindruck machen (*s.o.* auf jdn), bewegen, (be)rühren; **4.** vortäuschen, vorgeben; **af·fec·ta·tion** [ˌæfekˈteɪʃn] **1.** Verstellung *f;* **2.** Künstelei *f;* **af·fected** [əˈfektɪd] *adj* **1.** geziert, affektiert; **2.** in Mitleidenschaft gezogen; angegriffen, erkrankt; **af·fec·tion** [əˈfekʃn] (Zu)Neigung *f;* Liebe *f* (*for, towards* zu); **af·fec·tion·ate** [əˈfekʃənət] *adj* liebevoll, herzlich, zärtlich; ▶ **yours ~ly** mit herzlichen Grüßen.

af·fi·da·vit [ˌæfɪˈdeɪvɪt] *jur* eidesstattliche Versicherung.

af·fili·ate [əˈfɪlɪeɪt] **I** *tr* **1.** angliedern; **2.** *(Mitglied)* aufnehmen (*to, with* in); **II** *itr* eng verbunden sein (*to, with* mit); ein Mitglied sein (*to, with* bei); **III** *s Am* Tochter(gesellschaft) *f;* **af·fili·ation** [əˌfɪlɪˈeɪʃn] **1.** Verbindung *f,* Anschluß *m;* **2.** Angliederung *f.*

af·fin·ity [əˈfɪnətɪ] **1.** Verwandtschaft *f;* **2.** Neigung *f* (*for, to* zu); **3.** *chem* Affinität *f.*

af·firm [əˈfɜ:m] **I** *tr* (nachdrücklich) erklären; versichern, bestätigen; **II** *itr jur* feierlich versichern; **af·firm·ation** [ˌæfəˈmeɪʃn] **1.** Bestätigung, Versicherung *f;* **2.** *jur* Erklärung *f* an Eides Statt; **af·firm·ative** [əˈfɜ:mətɪv] *adj* bejahend; ▶ **answer in the ~** mit „ja" antworten.

af·fix [əˈfɪks] **I** *tr* anheften, anbringen (*to* an); *(Stempel)* aufdrücken; *(Unterschrift)* beifügen; **II** *s gram* [ˈæfɪks] Affix *n.*

af·flict [əˈflɪkt] *tr* betrüben, kränken; heimsuchen; ▶ **~ed with a disease** von einer Krankheit geplagt; **~ed by doubts** von Zweifeln geplagt; **the ~ed** *pl* die Leidenden *pl;* **af·flic·tion** [əˈflɪkʃn] **1.** Leiden *n,* Pein *f;* **2.** Kummer *m,* Betrübnis *f;* **3.** Gebrechen *n.*

af·flu·ence [ˈæflʊəns] Reichtum *m;* Fülle *f;* Überfluß *m;* **af·flu·ent** [ˈæflʊənt] **I** *adj* reich (*in, of, with* an); ▶ **~ society** Wohlstandsgesellschaft *f.*

af·ford [əˈfɔ:d] *tr* **1.** sich erlauben, sich leisten; **2.** *(Vergnügen)* geben, gewähren; *(Gewinn)* einbringen; ▶ **I can't ~ it** ich kann es mir nicht leisten; **you can ~ to laugh** Sie haben gut lachen.

af·for·est [əˈfɒrɪst] *tr* aufforsten; **af·for·est·ation** [əˌfɒrɪˈsteɪʃn] Aufforstung *f.*

af·front [əˈfrʌnt] **I** *tr* beleidigen; **II** *s* Beleidigung *f.*

Af·ghan [ˈæfgæn] **I** *s* **1.** Afghane *m,* Afghanin *f;* **2.** *(Hund)* Afghane *m;* **II** *adj* afghanisch; **Af·ghani·stan** [æfˈgænɪstæn] Afghanistan *n.*

afield [əˈfi:ld] *adv* in die Ferne; fort, weg; ▶ **far ~** weit weg.

aflame [əˈfleɪm] *adv, pred adj* in Flammen.

afloat [əˈfləʊt] *adv, pred adj* **1.** schwimmend; **2.** überflutet; **3.** *fig* in Umlauf; ▶ **set rumours ~** Gerüchte ausstreuen.

afoot [əˈfʊt] *adv, pred adj* im Gange.

afore·men·tioned, afore·said [əˌfɔ:ˈmenʃnd, əˌfɔ:sed] *adj* vorher erwähnt.

afraid [əˈfreɪd] *pred adj* ▶ **be ~** (sich) fürchten, Angst haben (*of* vor); **I am ~ I have to go** ich muß leider gehen; **don't be ~ to ...** scheuen Sie sich nicht zu ...

afresh [əˈfreʃ] *adv* wieder, erneut.

Af·ri·ca [ˈæfrɪkə] Afrika *n;* **Af·ri·can** [ˈæfrɪkən] **I** *s* Afrikaner(in) *m (f);* **II** *adj* afrikanisch.

after [ˈɑ:ftə(r)] **I** *adv* hinterher, darauf, danach, nachher; **II** *prep* **1.** *(räumlich)* hinter, nach, hinter ... her; **2.** *(zeitlich)* nach; **3.** *(Reihenfolge)* hinter; **4.** *(Verhältnis)* entsprechend; **5.** *(Grund)* auf Grund von, infolge; bei; **6.** *(Gegensatz)* trotz; ▶ **day ~ day** Tag für Tag; **the day ~ tomorrow** übermorgen; **one ~ another** einer nach dem andern; **time ~ time** immer wieder; **~ all** schließlich, eben, doch; letzten Endes; **~ hours** nach Geschäftsschluß; **~ that** danach, nachher, daraufhin; **III** *conj* nachdem; **after-care** [ˈɑ:ftəkeə(r)] *med* Nachbehandlung *f;* **after-din·ner** [ˌɑ:ftəˈdɪnə(r)] *adj* nach Tisch; ▶ **~ speech** Tischrede *f;* **after-ef·fect** [ˈɑ:ftərɪˌfekt] Nachwirkung *f;* **after-life** [ˈɑ:ftəlaɪf] Leben *n* nach dem Tod; **after·math** [ˈɑ:ftəmæθ] *fig* Nachwirkungen *f pl;* **after·noon** [ˌɑ:ftəˈnu:n] Nachmittag *m;* ▶ **in the ~** nachmittags, am Nachmittag (*at* um); **this ~** heute nachmittag; **after-sales service** [ˌɑ:ftəˈseilz] Kundendienst *m;* **after·thought** [ˈɑ:ftəθɔ:t] nachträgliche Überlegung; **after·wards** [ˈɑ:ftəwədz] *adv* danach, später.

again [əˈgen] *adv* wieder; noch einmal, nochmals; ▶ **as much ~** noch einmal soviel; **never ~** nie wieder, nie mehr; **now and ~** dann und wann; **over and over ~, time and time ~, ~ and ~** immer wieder.

against [əˈgenst] *prep* gegen, wider;

entgegen(gesetzt zu); ► **be for or ~ s.th.** für oder gegen etw sein; **I'm not ~ it** ich habe nichts dagegen.

ag·ate ['ægət] Achat *m.*

age [eɪdʒ] **I** *s* **1.** Alter *n;* **2.** Zeitalter *n;* Epoche *f;* ► **at the ~ of** im Alter von; **for ~s** *fam* ewig lang; **in ~s to come** in künftigen Zeiten; **over ~** über der Altersgrenze; **under ~** unter 21; minderjährig; **be, take ~s** ewig brauchen; **come of ~** mündig, volljährig werden; **the Ice A~** die Eiszeit; **the Stone A~** die Steinzeit; **the Middle A~s** *pl* das Mittelalter; **II** *itr* alt, reif werden; altern; **III** *tr* alt werden lassen, altern; *(Kleidung)* alt machen; *(Käse, Wein)* lagern, reifen; **age-bracket, age-group** Jahrgang *m;* **aged** [eɪdʒd] **I** *adj* **1.** im Alter von; **2.** ['eɪdʒɪd] bejahrt, betagt; *(Gebäude, Auto)* sehr alt; **II** *s* ['eɪdʒɪd] **the ~** *pl* die alten Leute; **age·ism** ['eɪdʒɪzm] Diskriminierung *f* aufgrund des Alters; **age·less** ['eɪdʒlɪs] *adj* zeitlos; nicht alternd; **age limit** Altersgrenze *f;* **age-long** ['eɪdʒlɒŋ] *adj* ewig dauernd.

agency ['eɪdʒənsɪ] **1.** Geschäftsstelle *f;* Vertretung *f,* Büro *n;* Agentur *f;* *(government ~)* Behörde, Dienststelle *f;* **2.** Tätigkeit, Wirkung *f;* ► **by, through the ~ of** durch Vermittlung von; **tourist, travel ~** Reisebüro *n.*

agenda [ə'dʒendə] Tagesordnung *f;* ► **be on the ~** auf der Tagesordnung stehen; **place, put on the ~** auf die Tagesordnung setzen; **item on the ~** Tagesordnungspunkt *m.*

agent ['eɪdʒənt] **1.** Mittel, Agens *n; chem* Wirkstoff *m;* **2.** Vertreter(in), Repräsentant(in) *m (f),* Beauftragte(r) *f m;* Agent (-in) *m (f);* ► **estate ~** Grundstücks-, Immobilienmakler(in) *m (f);* **forwarding ~** Spediteur *m;* **insurance ~** Versicherungsagent(in), -vertreter(in) *m (f);* **sole ~** Alleinvertreter *m;* **travel ~** Reisebüro *n.*

ag·glom·er·ate [ə'glɒməreɪt] **I** *tr, itr* zusammenballen, (sich) anhäufen; **II** *adj* [ə'glɒmərət] an-, aufgehäuft; zusammengeballt; **III** *s geol* [ə'glɒmərət] Agglomerat *n;* **ag·glom·er·ation** [əˌglɒmə'reɪʃn] Zusammenballung, Anhäufung *f.*

ag·gra·vate ['ægrəveɪt] *tr* **1.** verschlimmern; **2.** ärgern; reizen; **ag·gra·vat·ing** [—ɪŋ] *adj* ärgerlich, lästig; **ag·gra·va·tion** [ˌægrə'veɪʃn] **1.** Verschlimmerung *f;* Erschwerung *f;* **2.** Ärger *m.*

ag·gre·gate ['ægrɪgɪt] **I** *adj* gesamt, ganz; **~ amount** Gesamtbetrag *m;* **~ weight** Gesamtgewicht *n;* **II** *s* **1.** Aggregat *n a. geol;* **2.** Menge, Summe, Masse *f;* Gesamtheit *f;* Gesamtsumme *f;* **III** *tr* ['ægrɪgeɪt] **1.** anhäufen, vereinigen, verbinden (*to* mit); **2.** sich belaufen (*10* auf 10).

ag·gres·sion [ə'greʃn] Aggression *f;* Angriff *m;* **ag·gres·sive** [ə'gresɪv] *adj* aggressiv; **ag·gres·sive·ness** [—nəs] Aggressivität *f;* **ag·gres·sor** [ə'gresə(r)] Angreifer(in) *m (f).*

ag·grieved [ə'gri:vd] *adj* **1.** betrübt (*at, by* über); **2.** verletzt (*at, by* durch); *(Blick, Stimme)* gekränkt; ► **the ~ (party)** *jur* der/die Beschwerte.

aghast [ə'gɑ:st] *pred adj* entsetzt, bestürzt (*at* über).

agile ['ædʒaɪl, *Am* 'ædʒl] *adj* flink, gewandt; beweglich *a. fig;* **agil·ity** [ə'dʒɪlətɪ] Beweglichkeit, Gewandtheit *f.*

agi·tate ['ædʒɪteɪt] **I** *tr* **1.** auf-, erregen, beunruhigen (*about* wegen); **2.** schütteln, rütteln; **II** *itr* agitieren (*against* gegen; *for* für); **agi·ta·tion** [ˌædʒɪ'teɪʃn] **1.** Auf-, Erregung *f;* **2.** Beunruhigung *f;* Agitation *f;* **agi·ta·tor** ['ædʒɪteɪtə(r)] Aufrührer, Agitator *m.*

aglow [ə'gləʊ] *pred adj* **1.** glühend; **2.** *fig* erregt (*with* von, vor).

ag·nos·tic [æg'nɒstɪk] Agnostiker(in) *m (f).*

ago [ə'gəʊ] *adv* vor; ► **three months ~** vor drei Monaten; **a long time ~** schon lange her; **(just) a moment ~** eben noch; **not long ~** vor kurzem, unlängst; **a while ~** vor e-r Weile; **how long ~?** wie lange ist es her?

agog [ə'gɒg] *pred adj* gespannt; ► **be ~ with curiosity** vor Neugier fast platzen; **set s.o. ~** jdn auf die Folter spannen.

ag·on·ize ['ægənaɪz] *itr* sich quälen; **ag·onized** ['ægənaɪzd] *adj* gequält; **ag·on·iz·ing** ['ægənaɪzɪŋ] *adj* quälend; **ag·ony** ['ægənɪ] **1.** Qual *f;* **2.** Todeskampf *m.*

agree [ə'gri:] *itr* **1.** einverstanden sein (*to* mit), einwilligen (*to* in); übereinstimmen (*with* mit); **2.** sich einigen, einig sein (*on* über); **3.** verabreden, vereinbaren (*on s.th.* etw); **4.** *(Speisen)* gut bekommen (*with s.o.* jdm); ► **I don't ~ with children staying up late** ich bin dagegen, daß Kinder lange aufbleiben; **agree·able** [—əbl] *adj* **1.** angenehm; **2.** liebenswürdig; ► **be ~** einverstanden sein (*to* mit); **agree·ment** [—mənt] **1.** Vereinbarung *f,* Übereinkommen *n,* Übereinkunft *f,* Abkommen *n,* Abmachung *f;* Vertrag *m;* **2.** Zustimmung, Verständigung, Einigung *f,* Einverständnis, Einvernehmen *n;* ► **by mutual ~** in gegenseitigem Einverständnis; **come to an ~** zu e-m Übereinkommen gelangen, sich verständigen (*with* mit).

ag·ri·cul·tural [ˌægrɪ'kʌltʃərəl] *adj* landwirtschaftlich; **ag·ri·cul·ture** ['ægrɪkʌltʃə(r)] Landwirtschaft *f.*

aground [ə'graʊnd] *adv, pred adj* gestrandet.

ah [ɑ:] *interj* ach! ah!; **aha** [ɑ:'hɑ:] *interj*

aha!

ahead [ə'hed] *adv* vor, voran, voraus; ▶ ~ **of** vor; **full speed** ~ volle Kraft voraus; ~ **of time** vorzeitig; **be** ~ **of s.o.** jdm voraus sein; **get** ~ vorwärtskommen; **go** ~ voran-, vorausgehen; weitermachen, fortfahren; **go** ~ **and tell her** sag's ihr doch! **straight** ~ geradeaus; **way** ~ weit voraus.

ahem [ə'həm] *interj* hm!

ahoy [ə'hɔɪ] *interj mar* ahoi!

aid [eɪd] I *tr* helfen (*s.o.* jdm; *in* bei); II *s* Hilfe, Unterstützung *f;* ▶ **in** ~ **of** zugunsten, zur Unterstützung von; **give first** ~ Erste Hilfe leisten; **grant in** ~ staatliche Subvention.

Aids, AIDS [eidz] *Abk:* **Acquired Immune Deficiency Syndrome** *med* Aids *n,* Immunschwächekrankheit *f.*

ail [eɪl] I *tr* schmerzen; ▶ **what's ~ing him?** was fehlt ihm? II *itr* kränkeln.

aileron ['eɪlərɒn] *aero* Querruder *n.*

ail·ing ['eɪlɪŋ] *adj* leidend; *fig (Wirtschaft, Industrie)* krank, krankend; **ail·ment** ['eɪlmənt] Gebrechen, Leiden *n;* ▶ **all his little ~s** all seine kleinen Wehwehchen.

aim [eɪm] I *itr, tr* 1. zielen (*at* auf, nach); 2. *(Anstrengungen)* richten (*at* auf; *to do* zu tun); 3. beabsichtigen, bezwecken (*at doing, to do* zu tun); II *s* Ziel *n;* Zweck *m,* Absicht *f;* ▶ **take** ~ **at** zielen auf, aufs Korn nehmen; **aim·less** ['eɪmlɪs] *adj* ziellos.

air [eə(r)] I *s* 1. Luft *f;* Atmosphäre *f a. fig;* 2. *radio* Äther *m;* 3. Miene *f,* Aussehen *n;* ▶ **a breath of fresh** ~ *a. fig* frische Luft; **by** ~ auf dem Luftweg; mit dem Flugzeug; **in the** ~ in der Schwebe, unentschieden; allgemein bekannt; in der Luft liegend; **in the open** ~ unter freiem Himmel; **on the** ~ über den Rundfunk; **be on the** ~ im Rundfunk gesendet werden; **put on ~s, give o.s. ~s** sich wichtig machen; **take some** ~ frische Luft schnappen; **walk on** ~ *fam* überglücklich sein; **open-~(theatre)** Freilichtbühne *f;* **prevention of** ~ **pollution** Reinhaltung *f* der Luft; II *tr* 1. (aus-, durch)lüften; 2. *fig* bekanntmachen; **air bag** *mot* Luftsack, Airbag *m;* **air·borne** ['eəbɔ:n] *adj* in der Luft; Luftlande-; **air·brake** ['eəbreɪk] Luftdruckbremse *f;* **air bubble** Luftblase *f;* **air-con·di·tioned** ['eəkən'dɪʃnd] *adj* klimatisiert; **air-con·di·tion·ing** ['eəkən'dɪʃnɪŋ] Klimatisierung *f;* (~ *plant)* Klimaanlage *f;* **air-cooled** ['eəku:ld] *adj* luftgekühlt; **air corridor** Luftkorridor *m;* **air·craft** ['eəkrɑ:ft] Flugzeug *n;* **air·craft car·rier** Flugzeugträger *m;* **air·craft industry** Flugzeugindustrie *f;* **air·crew** ['eəkru:] (Flugzeug)Besatzung *f;* **air cushion** Luftkissen *n;* **air·drome** ['eədrəʊm] *Am* Flughafen *m;* **air·field** ['eəfi:ld] Flugplatz *m;* **air filter** Luftfilter *m;* **air force** Luftwaffe *f;* **air freight** Luftfracht *f;* **air gun** Luftgewehr *n;* **air hole** Luftloch *n;* **air host·ess** Stewardeß *f;* **air lift** Luftbrücke *f;* **air·line** ['eəlaɪn] Fluglinie, -gesellschaft *f;* **air·liner** ['eəlaɪnə(r)] Verkehrsflugzeug *n;* **air·mail** ['eəmeɪl] I *tr* mit Luftpost senden; II *s* Luftpost *f;* **air·man** ['eəmən] ⟨*pl* -men⟩ Flieger, Flugzeugführer *m;* **air·plane** ['eəpleɪn] *Am* Flugzeug *n;* **air·port** ['eəpɔ:t] Flughafen *m;* **air·raid** Luft-, Fliegerangriff *m;* **air·sick** ['eəsɪk] *adj* luftkrank; **air·sick·ness** ['eə,sɪknɪs] Luftkrankheit *f;* **air space** Luftraum *m;* **air·strip** ['eəstrɪp] Start- und Landebahn *f;* **air terminal** Flughafen(abfertigungsgebäude *n*) *m;* **air ticket** Flugschein *m;* **air·tight** ['eətaɪt] *adj* luftdicht; **air traffic** Flugverkehr *m;* **air-traffic controller** Fluglotse *m;* **air·ways** ['eəweɪ] *pl* Fluglinie *f;* **air·worthi·ness** ['eə,wɜ:ðɪnɪs] Flugtüchtigkeit *f;* **airworthy** ['eə,wɜ:ðɪ] *adj* flugtüchtig.

airy ['eərɪ] *adj* 1. luftig; 2. *fig* lässig, blasiert; *(Versprechen, Theorie)* vage.

airy-fairy ['eərɪ'feərɪ] *adj* versponnen; unausgegoren.

aisle [aɪl] Gang *m;* ▶ **lead a woman down the** ~ eine Frau zum Altar führen.

ajar [ə'dʒɑ:(r)] *adv* halboffen; angelehnt.

akim·bo [ə'kɪmbəʊ] *adv* ▶ **with arms** ~ mit in die Seite gestemmten Armen.

akin [ə'kɪn] *pred adj* verwandt (*to* mit); ähnlich, gleich.

alac·rity [ə'lækrətɪ] Bereitwilligkeit *f.*

alarm [ə'lɑ:m] I *s* 1. Alarm *m;* Warnung *f;* (~ *signal)* Alarmsignal *n;* 2. Beunruhigung *f,* Schreck *m;* 3. (~ *clock)* Wecker *m;* ▶ **give the** ~ Alarm schlagen; II *tr* alarmieren; beunruhigen, erschrecken (*at* über); **alarm·ing** [—ɪŋ] *adj* beunruhigend, alarmierend; **alarm·ist** [—ɪst] I Schwarzseher(in) *m (f);* II *adj* (unnötig) Unheil prophezeiend.

alas [ə'læs] *interj* ach! leider!

Al·ba·nia [æl'beɪnɪə] Albanien; **Al·ba·ni·an** [—n] I *s* 1. (das) Albanisch(e); 2. Alban(i)er(in) *m (f);* II *adj* albanisch.

al·ba·tross ['ælbətrɒs] *zoo* Albatros *m.*

al·bino [æl'bi:nəʊ] ⟨*pl* -binos⟩ Albino *m.*

al·bum ['ælbəm] Album *n.*

al·bu·men ['ælbjʊmɪn] Eiweiß *n; chem* Albumin *n.*

al·co·hol ['ælkəhɒl] Alkohol *m;* ▶ **blood** ~ **level** Blutalkoholkonzentration *f;* **al·co·holic** [,ælkə'hɒlɪk] I *adj* alkoholisch; II *s* Alkoholiker(in) *m (f);* **al·co·hol·ism** [—ɪzəm] Alkoholismus *m.*

al·cove ['ælkəʊv] Alkoven *m;* Nische *f.*

al·der ['ɔ:ldə(r)] *bot* Erle *f.*

al·der·man ['ɔ:ldəmən] ⟨*pl* -men⟩ Ratsherr *m.*

ale [eɪl] Ale, Bier *n;* ▶ **real** ~ biologisch gebrautes Bier.

alert [əˈlɜːt] **I** *adj* lebhaft; aufgeweckt; **II** *s* Alarm *m,* -signal *n;* ▶ **be on the** ~ auf der Hut sein; **III** *tr* alarmieren; warnen.

alga [ˈælgə] ⟨*pl* algae⟩ [ˈældʒiː] *bot* Alge *f.*

al·ge·bra [ˈældʒɪbrə] Algebra *f;* **al·gebra·ic** [ˌældʒɪˈbreɪɪk] *adj* algebraisch.

Al·ge·ria [ælˈdʒɪərɪə] Algerien; **Al·ge·ri·an** [—n] **I** *s* Algerier(in) *m (f);* **II** *adj* algerisch.

alias [ˈeɪlɪəs] **I** *adv* sonst ... genannt, alias; **II** *s* Deckname *m.*

alibi [ˈælɪbaɪ] *jur* Alibi *n.*

alien [ˈeɪlɪən] **I** *s* Ausländer(in) *m (f);* außerirdisches Wesen; **II** *adj* **1.** ausländisch; außerirdisch; **2.** fremd, unbekannt (*to* dat); **alien·ate** [ˈeɪlɪəneɪt] *tr* **1.** befremden; *(Gefühle)* zerstören; **2.** *jur* veräußern; ▶ ~ **o.s. from s.th.** sich e-r S entfremden; **alien·ation** [ˌeɪlɪəˈneɪʃn] **1.** Entfremdung *f* (*from* von); **2.** *(Eigentum)* Veräußerung *f.*

alight¹ [əˈlaɪt] *pred adj* **1.** brennend; **2.** *(Gesicht)* glühend, strahlend; ▶ **be** ~ brennen; in Flammen stehen; **set** ~ in Brand stehen; **keep** ~ nicht ausgehen lassen.

alight² [əˈlaɪt] *itr* **1.** ab-, aussteigen (*from* von); **2.** *(Vogel, Flugzeug)* landen; **3.** zufällig stoßen, treffen (*upon* auf).

align [əˈlaɪn] **I** *tr* in e-e Linie bringen, (aus)richten *a. fig* (*with* nach); **II** *refl* ~ **o.s.** sich anschließen (*with* an); **ali(g)n·ment** [—mənt] **1.** Ausrichtung *f a. fig;* **2.** *fig* Orientierung, Gruppierung *f;* ▶ **out of** ~ nicht richtig ausgerichtet (*with* nach).

alike [əˈlaɪk] **I** *pred adj* ähnlich, gleich; **II** *adv* in gleicher Weise; ohne Unterschied; ▶ **treat** ~ gleich behandeln.

ali·mony [ˈælɪmənɪ] Unterhalt *m;* Alimente *pl.*

aline (*s.* align).

alive [əˈlaɪv] *adj meist pred* **1.** lebend(ig); **2.** tätig, unternehmend; ▶ **be** ~ **to s.th.** sich e-r S bewußt sein; **be** ~ **with s.th.** von etw wimmeln; **keep** ~ am Leben erhalten.

al·kali [ˈælkəlaɪ] *chem* Alkali *n,* Lauge *f;* **al·kal·ine** [ˈælkəlaɪn] *adj* alkalisch.

all [ɔːl] **I** *adj (mit Plural)* alle *(ohne Artikel); (mit Singular)* ganze(r, s); *(mit Possessivpronomen)* all; ▶ ~ **the children** alle Kinder; ~ **the butter** die ganze Butter, all die Butter, alle Butter; ~ **my friends** alle meine Freunde; ~ **my life** mein ganzes Leben (lang); ~ **London** ganz London; **with** ~ **possible speed** so schnell wie möglich; **for** ~ **her beauty** trotz (all) ihrer Schönheit; **II** *prn* alles; alle *pl;* ▶ ~ **of them** sie alle; ~ **of it** alles; ~ **of Germany** ganz Deutschland; ~ **of five minutes** ganze fünf Minuten; **richest of** ~ am reichsten; **I like that best of** ~ das mag ich am meisten; **III** *adv* ganz; ▶ ~ **dirty** ganz schmutzig; ~ **round** rundum; ~ **the same** trotzdem; **not as stupid as** ~ **that** gar nicht so dumm; **I'm** ~ **for it** ich bin ganz dafür; ~ **the hotter** um so heißer; noch heißer; **IV** *s* alles; ▶ **give one's** ~ alles geben; **V** *(Wendungen)* ▶ **above** ~ vor allem, vor allen Dingen; **after** ~ trotzdem; schließlich (und endlich); **at** ~ überhaupt; **for** ~ **that** trotzdem; **from** ~ **over** von überall her; **in** ~ insgesamt; **not at** ~ keineswegs; überhaupt nicht; nicht im geringsten; keine Ursache! **once and for** ~ ein für allemal; ~ **in** ~ alles in allem; im ganzen genommen; ~ **alone** ganz allein; ~ **but** beinahe, nahezu; alle, alles außer; ~ **day, night long** den ganzen Tag, die ganze Nacht hindurch; ~ **at once** plötzlich; ~ **right** in Ordnung; schön; einverstanden; ~ **the same** ganz gleich, ganz einerlei; trotzdem; ~ **of a sudden** auf einmal; ~ **the time** die ganze Zeit; ~ **told** alles zusammengenommen; alles in allem; ~ **over (the place)** überall; ~ **over the world** in der ganzen Welt; **be** ~ **ears** ganz Ohr sein; **be** ~ **there** auf Draht, schlau, gewitzt sein; **tremble** ~ **over** an allen Gliedern zittern; **you of** ~ **people** vor allem du; **in June, of** ~ **times** ausgerechnet im Juni; **he isn't** ~ **there** er ist nicht richtig im Oberstübchen; **is that** ~ **right with you?** ist Ihnen das recht? **don't worry, it'll be** ~ **right** mach dir keine Sorgen, es kommt schon alles in Ordnung; **it's** ~ **over with him** er ist erledigt, fertig, ruiniert; ~ **hands on deck!** alle Mann an Deck! **if that's** ~ **there is to it** wenn's weiter nichts ist; **that's** ~ **I needed** das hat mir gerade noch gefehlt; **our plans are** ~ **set** unsere Pläne stehen fest.

all clear [ˌɔːlˈklɪə(r)] *mil* Entwarnung *f.*

al·le·ga·tion [ˌælɪˈgeɪʃn] Behauptung *f;* **al·lege** [əˈledʒ] *tr* behaupten; **al·leged** [əˈledʒd] *adj,* **al·leged·ly** [əˈledʒɪdlɪ] *adv* angeblich.

al·le·giance [əˈliːdʒəns] Treue *f;* ▶ **oath of** ~ Treueeid *m.*

al·le·goric(al) [ˌælɪˈgɒrɪk(l)] *adj* allegorisch; **al·le·gory** [ˈælɪgərɪ] Allegorie *f.*

al·le·luia [ˌælɪˈluːjə] Hallelujah *n.*

al·ler·gen [ˈælədʒən] *med* Allergen *n;* **al·ler·genic** [æləˈdʒenɪk] *adj med* allergen; **al·ler·gic** [əˈlɜːdʒɪk] *adj med fig* allergisch (*to* gegen); **al·lergy** [ˈælədʒɪ] *med* Allergie *f;* ▶ **he suffers from an** ~ er ist Allergiker.

al·levi·ate [əˈliːvɪeɪt] *tr (Schmerz)* lindern, mildern.

al·ley [ˈælɪ] **1.** Gasse *f;* **2.** *(bowling* ~*)* Kegelbahn *f;* ▶ **blind** ~ Sackgasse *f;*

fig ausweglose Lage.
All Fools' Day [ˌɔ:lˈfu:lzdeɪ] der erste April; **All Hallows'** [ˌɔ:lˈhæləʊz] Allerheiligen *n.*
al·liance [əˈlaɪəns] **1.** Bündnis *n;* **2.** *(Familien)* Verbindung, Verschwägerung *f;* **3.** Zusammenschluß *m.*
al·lied [ˈælaɪd] *adj* **1.** verbündet, alliiert; **2.** verwandt (*to* mit); ▶ **the A~ forces** die Alliierten.
al·li·ga·tor [ˈælɪgeɪtə(r)] *zoo* Alligator *m.*
all-in [ɔ:lˈɪn] *adj* einschließlich, gesamt, global; ▶ **I'm all in** *fam* ich bin völlig erledigt.
al·lo·cate [ˈæləkeɪt] *tr* an-, zuweisen; **al·lo·ca·tion** [ˌæləˈkeɪʃn] **1.** Zuteilung *f;* An-, Zuweisung *f;* **2.** Quote *f;* zugeteilter Betrag.
al·lot [əˈlɒt] *tr* **1.** zu-, anweisen; verteilen; **2.** zubilligen; **al·lot·ment** [—mənt] **1.** Zu-, Verteilung *f;* **2.** An-, Zuweisung *f;* Anteil *m;* **3.** *Br* Parzelle *f;* Schrebergarten *m.*
all-out [ɔ:lˈaʊt] *adj fam* umfassend, total.
allow [əˈlaʊ] **I** *tr* **1.** erlauben, gestatten (*s.o. to do, doing s.th.* jdm etw); zulassen; **2.** bewilligen; anerkennen; **3.** *(Betrag)* einkalkulieren, vorsehen, ansetzen (*for* für); ▶ **will you ~ me?** darf ich? **II** *itr* **1.** erlauben, gestatten, zulassen (*of s.th.* etw); **2.** berücksichtigen, in Betracht ziehen (*for s.th.* etw); **III** *refl* **~ o.s. s.th** sich etw gönnen; sich etw erlauben; **allowable** [—əbl] *adj* statthaft, zulässig; **allow·ance** [əˈlaʊəns] **1.** Bewilligung, Genehmigung *f;* **2.** Zuteilung *f;* Zuschuß *m;* Taschengeld *n;* Beihilfe, Unterstützung *f;* **3.** Nachlaß, Abzug, Rabatt *m;* **4.** *tech* Toleranz *f;* ▶ **make ~(s) for s.th.** etw berücksichtigen; **children's ~** Kindergeld *n;* **daily ~** Tagessatz *m;* **family ~** Familienzulage *f;* **tax ~** Steuerfreibetrag *m.*
alloy [ˈælɔɪ] Legierung *f.*
all-pur·pose [ɔ:lˈpɜ:pəs] *pref* Allzweck-; **all right I** *adj* **1.** anständig, zuverlässig; **2.** in Ordnung, okay; **II** *adv* schon; ganz gut; ▶ **are you feeling ~?** fehlt Ihnen etwas? **all-round** [ˌɔ:lˈraʊnd] *adj* vielseitig; **all-roun·der** [ɔ:lˈraʊndə(r)] Multitalent *n;* **All Saints' Day** Allerheiligen *n;* **All Souls' Day** Allerseelen *n;* **all-time high** [ˌɔ:lˌtaɪmˈhaɪ] Höchstleistung *f,* -stand *m;* **all-time low** [ˌɔ:lˌtaɪmˈləʊ] absoluter Tiefstand.
allude [əˈlu:d] *itr* anspielen (*to* auf).
allure [əˈlʊə(r)] *s* Reiz, Zauber *m;* **alluring** [əˈlʊərɪŋ] *adj* verlockend, verführerisch.
al·lu·sion [əˈlu:ʒn] Anspielung *f* (*to* auf).
all-weather [ˌɔ:lˈweðə(r)] *pref* Allwetter-.
ally [ˈælaɪ] **I** *s* Bundesgenosse, Verbündete(r) *m; hist* Alliierte(r) *m;* **II** *tr* [əˈlaɪ] verbünden; vereinigen (*to, with* mit).
al·ma·nac [ˈɔ:lmənæk] Kalender *m.*
al·mighty [ɔ:lˈmaɪtɪ] **I** *adj* allmächtig; **II** *s* ▶ **the A~** der Allmächtige.
almond [ˈɑ:mənd] *bot* Mandel(baum *m*) *f.*
al·most [ˈɔ:lməʊst] *adv* fast, beinahe.
alone [əˈləʊn] *adv, adj* allein; nur, bloß; ▶ **leave it ~!** lassen Sie es bleiben! **leave me ~!** laß mich in Ruhe! **let ~ ...** ganz abgesehen von ...
along [əˈlɒŋ] **I** *prep* entlang, längs; an ... entlang; **II** *adv* geradeaus, weiter; vorwärts; längs; ▶ **all ~** schon immer; **~ here** in dieser Richtung; **~ with** zusammen mit; **come ~** mitkommen; **get ~** Fortschritte machen (*with* mit); auskommen, fertig werden (*with* mit); durchkommen, leben; **take ~** mitnehmen; **how are you getting ~?** wie geht es Ihnen denn?; **along·side** [əˌlɒŋˈsaɪd] **I** *prp* neben; **II** *adv* Seite an Seite; daneben; *mar* längsseits.
aloof [əˈlu:f] **I** *adv* abseits, entfernt, von weitem, fern; **II** *adj* unnahbar, zurückhaltend; ▶ **stand, hold o.s. ~ from s.th.** sich von etw zurückhalten.
aloud [əˈlaʊd] *adv* laut; ▶ **read ~** vorlesen.
Alps [ælps] *pl* die Alpen *pl.*
al·pha [ˈælfə] Alpha *n;* **al·pha·bet** [ˈælfəbet] Alphabet, Abc *n;* **al·pha·beti·cal** [ˌælfəˈbetɪkl] *adj* alphabetisch; **al·pha·nu·mer·ic** [ˌælfənju:ˈmerɪk] *adj* alphanumerisch; **alpha ray** Alphastrahl *m.*
al·pine [ˈælpaɪn] *adj* alpin.
al·ready [ɔ:lˈredɪ] *adv* schon, bereits.
al·sa·tian [ælˈseɪʃn] *Br* Schäferhund *m;* **Al·sa·tian** *adj* elsässisch.
also [ˈɔ:lsəʊ] *adv* auch, ebenfalls.
al·tar [ˈɔ:ltə(r)] Altar *m.*
al·ter [ˈɔ:ltə(r)] **I** *tr* (ab-, um-, ver)ändern; **II** *itr* sich wandeln, sich (ver)ändern; **al·ter·able** [ˈɔ:ltərəbl] *adj* veränderlich; **al·ter·ation** [ˌɔ:ltəˈreɪʃn] Änderung *f;* *(an Gebäude)* Umbau *m;* ▶ **subject to ~** Änderungen vorbehalten.
al·ter·ca·tion [ˌɔ:ltəˈkeɪʃn] Auseinandersetzung *f.*
al·ter·nate [ɔ:lˈtɜ:nət] **I** *adj* abwechselnd; ▶ **on ~ days** jeden zweiten Tag;**II** *tr* [ˈɔ:ltəneɪt] abwechseln lassen; **III** *itr* [ˈɔ:ltəneɪt] abwechseln (*with* mit); **al·ter·nat·ing** [ˈɔ:ltəneɪtɪŋ] *adj* wechselnd; ▶ **~ current** Wechselstrom *m;* **al·ter·na·tive** [ɔ:lˈtɜ:nətɪv] **I** *adj* alternativ; sich gegenseitig ausschließend; **II** *s* Alternative *f;* ▶ **there is no ~** es gibt keine andere Möglichkeit; **al·ter·na·tive·ly** [—lɪ] *adv* im anderen Falle; **alter·nator** [ˈɔ:ltəneɪtə(r)] *el* Wechselstromgenerator *m; mot* Lichtmaschine

f.

al·though [ɔːlˈðəʊ] *conj* obgleich, wenn auch, obschon.

al·tim·eter [ˈæltɪmiːtə(r)] Höhenmesser *m.*

al·ti·tude [ˈæltɪtjuːd] Höhe *f;* Höhenlage *f;* ▶ **fly at an ~ of ...** in e-r Höhe von ... fliegen.

alto [ˈæltəʊ] ⟨*pl* altos⟩ *mus* Alt *m.*

al·to·gether [ˌɔːltəˈgeðə(r)] *adv* **1.** gänzlich, ganz und gar, völlig; **2.** alles in allem, insgesamt, im ganzen.

al·tru·ism [ˈæltruːɪzəm] Selbstlosigkeit *f,* Altruismus *m;* **al·tru·ist** [ˈæltruːɪst] Altruist *m;* **al·tru·is·tic** [ˌæltruːˈɪstɪk] *adj* altruistisch, selbstlos.

alu·min·ium, *Am* **alu·mi·num** [ˌæljʊˈmɪnɪəm, əˈluːmɪnəm] Aluminium *n.*

al·ways [ˈɔːlweɪz] *adv* **1.** immer, stets, (be)ständig; **2.** von jeher, schon immer.

am [əm, *betont:* æm] *1. Person Singular Präsens von be.*

amal·gam [əˈmælgəm] **1.** *chem* Amalgam *n;* **2.** *fig* Mischung *f;* **amal·ga·mate** [əˈmælgəmeɪt] **I** *tr* vermischen; vereinigen, verschmelzen; **II** *itr* **1.** sich vereinigen, verschmelzen; **2.** *com* fusionieren; **amal·ga·ma·tion** [əˌmælgəˈmeɪʃn] **1.** Amalgamierung *f;* **2.** Vereinigung, Verschmelzung, Fusion *f,* Fusionieren *n.*

amass [əˈmæs] *tr* an-, aufhäufen; zusammentragen, -bringen.

ama·teur [ˈæmətə(r)] Amateur *m;* **ama·teur·ish** [ˈæmətərɪʃ] *adj* dilettantisch.

amaze [əˈmeɪz] *tr* verblüffen, sehr überraschen; ▶ **be ~d at** erstaunt sein über; **amaze·ment** [—mənt] Erstaunen *n,* Verblüffung *f;* **amaz·ing** [—ɪŋ] *adj* erstaunlich.

Am·azon [ˈæməzən] *geog* Amazonas *m.*

am·bas·sa·dor [æmˈbæsədə(r)] Botschafter *m;* **am·bas·sa·dress** [æmˈbæsədrɪs] Botschafterin *f.*

am·ber [ˈæmbə(r)] **I** *s* **1.** Bernstein *m;* **2.** *(Verkehrsampel)* Gelb *n;* **II** *adj* bernsteinfarben.

am·bi·dex·trous [ˌæmbɪˈdekstrəs] *adj* beidhändig.

am·bi·guity [ˌæmbɪˈgjuːətɪ] Mehr-, Doppeldeutigkeit *f;* Zweideutigkeit *f;* **am·bigu·ous** [æmˈbɪgjʊəs] *adj* mehr-, doppel-, zweideutig.

am·bi·tion [æmˈbɪʃn] Ehrgeiz *m;* ▶ **be filled with ~** ehrgeizig sein; **am·bi·tious** [æmˈbɪʃəs] *adj* ehrgeizig.

amble [ˈæmbl] *itr* schlendern.

am·bu·lance [ˈæmbjʊləns] Kranken-, Sanitätswagen *m.*

am·bush [ˈæmbʊʃ] **I** *s* Hinterhalt *m;* ▶ **lie in ~** im Hinterhalt liegen; **II** *tr* aus dem Hinterhalt überfallen.

ameli·or·ate [əˈmiːlɪəreɪt] *tr* verbessern; **ameli·or·ation** [əˌmiːlɪəˈreɪʃn] Verbesserung *f.*

amen [ɑːˈmen, *Am* eɪˈmen] Amen *n.*

amen·able [əˈmiːnəbl] *adj* zugänglich (*to* für).

amend [əˈmend] *tr* **1.** verbessern; **2.** *(Gesetze)* (ab)ändern; **amend·ment** [—mənt] **1.** Verbesserung, Richtigstellung *f;* **2.** Änderung *f.*

amen·ity [əˈmiːnətɪ] **1.** öffentliche Einrichtung; **2.** angenehme Lage; ▶ **close to all amenities** in günstiger (Einkaufs- und Verkehrs)Lage; **a house with every ~** ein Haus mit allem Komfort; **high ~ district** gute Wohngegend.

Ameri·ca [əˈmerɪkə] Amerika; **Ameri·can** [əˈmerɪkən] **I** *s* Amerikaner(in) *m (f);* **II** *adj* amerikanisch; **ameri·can·ism** [—ɪzəm] amerikanischer Ausdruck, Amerikanismus; **ameri·can·ize** [—aɪz] *tr* amerikanisieren.

am·ethyst [ˈæmɪθɪst] *min* Amethyst *m.*

amia·bil·ity [ˌeɪmɪəˈbɪlətɪ] Freundlichkeit, Liebenswürdigkeit *f;* **ami·able** [ˈeɪmɪəbl] *adj* liebenswürdig.

amic·able [ˈæmɪkəbl] *adj* freundschaftlich, friedlich.

amid(st) [əˈmɪd(st)] *prep* mitten unter, inmitten.

amiss [əˈmɪs] **I** *pred adj* in Unordnung, schlecht; mangelhaft; ▶ **there's something ~** da stimmt irgend etwas nicht; **II** *adv* **take s.th. ~** etw übelnehmen.

am·me·ter [ˈæmɪtə(r)] *el* Amperemeter *n.*

am·mo·nia [əˈməʊnɪə] *chem* Ammoniak *n.*

am·mu·ni·tion [ˌæmjʊˈnɪʃn] Munition *f;* **ammunition dump** Munitionslager *n.*

am·nesia [æmˈniːzɪə] *med* Amnesie *f,* Gedächtnisschwund *m.*

am·nesty [ˈæmnəstɪ] Amnestie *f.*

amoeba, *Am* **ameba** [əˈmiːbə] *zoo* Amöbe *f;* **amoebic,** *Am* **amebic** [əˈmiːbɪk] *adj* ▶ **~ dysentery** Amöbenruhr *f.*

amok [əˈmɒk] *s. amuck.*

among(st) [əˈmʌŋ(st)] *prep* **1.** unter, zwischen; in; bei; **2.** zusammen mit; ▶ **~ other things** unter anderem; **be popular ~ them** bei ihnen populär sein; **they agreed ~ themselves** sie kamen untereinander überein; **settle that ~ yourselves!** machen Sie das unter sich aus!

amoral [ˌeɪˈmɒrəl] *adj* amoralisch.

am·or·ous [ˈæmərəs] *adj* amourös.

amor·phous [əˈmɔːfəs] *adj* **1.** *chem min* amorph; **2.** gestaltlos.

amor·ti·za·tion [əˌmɔːtɪˈzeɪʃn] Amortisation, Tilgung *f;* **amor·tize** [əˈmɔːtaɪz] *tr* amortisieren, tilgen.

amount [əˈmaʊnt] **I** *s* **1.** Betrag *m,* Summe *f;* **2.** Menge *f;* ▶ **any ~ of** beliebig viel; **up to the ~ of** bis zum Betrag von; **large ~s** Unmengen; Unsummen *pl* *(of);* **II** *itr* **1.** sich belaufen (*to* auf), (den Betrag) erreichen (*to* von), betragen, ausmachen (*to s.th.* etw); **2.** hinauslaufen (*to* auf); bedeuten (*to s.th.* etw); ▶ ~ **to nothing** belanglos sein; **amount carried forward** *com* Übertrag *m.*

am·pere ['æmpeə(r)] Ampere *n.*

am·phib·ian [æm'fɪbɪən] *zoo* Amphibie *f;* Amphibienfahrzeug *n;* **am·phibi·ous** [æm'fɪbɪəs] *adj* amphibisch.

amphi·theatre ['æmfɪˌθɪətə(r)] Amphitheater *n.*

ample ['æmpl] *adj* **1.** geräumig, ausgedehnt; **2.** reichlich; ausreichend, genügend; ▶ **we've ample time** wir haben reichlich Zeit.

am·pli·fi·ca·tion [ˌæmplɪfɪ'keɪʃn] **1.** Erweiterung, Ausdehnung *f;* **2.** zusätzliche Einzelheiten, weitere Ausführungen *f pl* (*upon* über); **3.** *el* Verstärkung *f;* **am·pli·fier** ['æmplɪfaɪə(r)] *el* Verstärker *m;* **am·plify** ['æmplɪfaɪ] *tr* **1.** verstärken *a. el;* **2.** erweitern, ausdehnen, vergrößern; **3.** *(Thema)* näher ausführen, ausführlich darstellen.

am·pli·tude ['æmplɪtju:d] **1.** Weite, Größe *f,* Umfang *m;* Fülle *f;* **2.** *phys* Amplitude *f.*

am·poule ['æmpu:l] *med* Ampulle *f.*

am·pu·tate ['æmpjʊteɪt] *tr* amputieren; **am·pu·ta·tion** [ˌæmpjʊ'teɪʃn] *med* Amputation *f.*

amuck [ə'mʌk] *adv* ▶ **run** ~ Amok laufen.

amu·let ['æmjʊlɪt] Amulett *n.*

amuse [ə'mju:z] **I** *tr* belustigen, amüsieren; ▶ **be ~d at, by s.th.** sich freuen über etw; **II** *refl* sich die Zeit vertreiben (*by doing s.th.* mit etw); **amu·se·ment** [—mənt] Belustigung, Unterhaltung *f;* Zeitvertreib *m;* Vergnügen *n* (*at* über); **amu·se·ment ar·cade** Spielhalle *f;* **amus·ing** [—ɪŋ] *adj* unterhaltend, belustigend, amüsant (*to* für).

an [ən, *betont:* æn] *unbest. Artikel s. a.*

ana·bol·ic ster·oid [ˌænə'bɒlɪk 'stɪərɔɪd] Anabolikum *n.*

anach·ron·ism [ə'nækrənɪzəm] Anachronismus *m;* **anach·ron·is·tic** [əˌnækrə'nɪstɪk] *adj* anachronistisch.

ana·conda [ˌænə'kɒndə] *zoo* Anakonda *f.*

anae·mia, *Am* **ane·mia** [ə'ni:mɪə] *med* Anämie, Blutarmut *f;* **anaemic,** *Am* **anemic** [ə'ni:mɪk] *adj* blutarm.

an·aes·thesia, *Am* **an·es·thesia** [ˌænɪs'θi:zɪə, *Am* ˌænɪs'θi:ʒə] *med* Narkose, Anästhesie *f;* **an·aes·thetic,** *Am* **an·esthetic** [ˌænɪs'θetɪk] **I** *adj* betäubend; **II** *s* Betäubungsmittel *n;* **an·aes·the·tize,** *Am* **an·es·the·tize** [ə'ni:sθətaɪz] *tr* betäuben, narkotisieren.

ana·gram ['ænəgræm] Anagramm *n.*

anal ['eɪnəl] *adj* anal, Anal-.

an·al·gesic [ˌænæl'dʒi:sɪk] **I** *s* schmerzstillendes Mittel, Analgetikum *n;* **II** *adj* schmerzstillend.

an·a·log ['ænəlɒg] *adj EDV* analog; **anal·og·ic(al)** [ˌænə'lɒdʒɪk(l)] *adj* analog; **anal·og·ous** [ə'næləgəs] *adj* analog, entsprechend; **anal·ogy** [ə'nælədʒɪ] Analogie, Ähnlichkeit *f;* ▶ **on the ~ of** analog zu.

ana·lyse, *Am* **ana·lyze** ['ænəlaɪz] *tr* **1.** analysieren, zergliedern, zerlegen; **2.** *fig* untersuchen; *(Bericht)* auswerten; **analy·sis** [ə'næləsɪs] ‹*pl* -ses› [—si:z] **1.** Analyse *f;* **2.** Untersuchung, Auswertung *f;* **ana·lyst** ['ænəlɪst] Analytiker(in) *m (f);* Psychotherapeut(in) *m (f);* ▶ **food** ~ Lebensmittelchemiker(in) *m (f);* **ana·lyti·c(al)** [ˌænə'lɪtɪkl] *adj* analytisch.

an·archic, an·archi·cal [ə'nɑ:kɪk(l)] *adj* anarchisch; **an·arch·ism** ['ænəkɪzəm] Anarchismus *m;* **an·arch·ist** ['ænəkɪst] Anarchist(in) *m (f);* **an·arch·istic** [ˌænə'kɪstɪk] *adj* anarchistisch; **an·archy** ['ænəkɪ] Anarchie *f.*

ana·tomi·cal [ˌænə'tɒmɪkl] *adj* anatomisch; **ana·to·mize** [ə'nætəmaɪz] *tr* **1.** sezieren; **2.** *fig* in allen Einzelheiten prüfen; **anat·omy** [ə'nætəmɪ] **1.** Anatomie *f;* **2.** *fig* Aufbau *m.*

an·ces·tor ['ænsestə(r)] Vorfahr *m;* **an·ces·tral** [æn'sestrəl] *adj* angestammt, seiner/ihrer Vorfahren; ▶ ~ **home** Stammsitz *m;* **an·ces·try** ['ænsestrɪ] Vorfahren *m pl;* Abstammung *f.*

an·chor ['æŋkə(r)] **I** *s* Anker *m;* ▶ **at** ~ vor Anker; **cast, drop** ~ Anker werfen; **ride at** ~ vor Anker liegen; **weigh** ~ den Anker lichten; **II** *tr* verankern; **III** *itr* ankern; **an·chor·age** ['æŋkərɪdʒ] Liege-, Ankerplatz *m;* Anker-, Liegegebühren *f pl;* **an·chor·man, -woman** ['æŋkəmæn, -wʊmən] ‹*pl* -men, -women› *TV* Koordinator(in) *m (f).*

an·chovy ['æntʃəvɪ] Anschovis, Sardelle *f.*

ancient ['eɪnʃənt] **I** *adj* **1.** alt, aus alter Zeit; antik; **2.** *(Person)* uralt; **II** *s* ▶ **the ~s** *pl* die Menschen des Altertums.

an·cil·lary [æn'sɪlərɪ, *Am* 'ænsəlerɪ] *adj* zusätzlich, ergänzend (*to* für); Neben-, Hilfs-.

and [ən, ənd, *betont:* ænd] *conj* und; und auch; und dazu; ▶ **for days ~ days** tagelang; **years ~ years** jahrelang; **nice ~ warm** schön warm; ~ **so forth, on** und so weiter (usw.); **try ~ do it** versuch's doch mal! **wait ~ see** abwarten.

an·ec·do·tal [ˌænɪk'dəʊtl] *adj* anekdotisch; **an·ec·dote** ['ænɪkdəʊt] Anekdote *f.*

anem·one [ə'nemənɪ] *bot* Anemone *f.*

anew [ə'nju:] *adv* wieder, von neuem.

angel ['eɪndʒl] Engel *m a. fig;* **angelic** [æn'dʒelɪk] *adj* engelhaft.

anger ['æŋgə(r)] **I** *s* Ärger, Zorn *m,* Wut

f (*at* über); ► **in (a moment of)** ~ im Zorn; **II** *tr* wütend machen, ärgern.

angle[1] ['æŋgl] **I** *s* **1.** Winkel *m;* **2.** Ecke *f;* **3.** Seite *f;* **4.** Standpunkt *m,* Position *f;* ► **at an** ~ **of** in e-m Winkel von; **at an** ~ schräg; **consider s.th. from all ~s** etw von allen Seiten betrachten; **II** *tr* **1.** ausrichten, einstellen; **2.** *(Information)* färben.

angle[2] ['æŋgl] *itr* angeln; ► ~ **for** *fig* fischen nach, aus sein auf.

ang·ler ['æŋglə(r)] Angler(in) *m (f).*

Ang·li·can ['æŋglɪkən] **I** *s* Anglikaner(in) *m (f);* **II** *adj* anglikanisch.

ang·li·cism ['æŋglɪsɪzəm] Anglizismus *m;* **ang·li·cist** ['æŋglɪsɪst] Anglist(in) *m (f);* **ang·li·cize** ['æŋglɪsaɪz] *tr* anglisieren.

Anglo [ˌæŋgləʊ] *pref* Anglo-; englisch-; **anglo·phile I** *s* Anglophile(r) *f m,* Englandfreund *m;* **II** *adj* anglophil, englandfreundlich; **anglo·pho·bia** [ˌæŋgləʊ'fəʊbɪə] Englandhaß *m;* **Anglo-Saxon** [ˌæŋgləʊ'sæksən] **I** *s* Angelsachse *m,* Angelsächsin *f;* **II** *adj* angelsächsisch.

an·gora [æŋ'gɔ:rə] Angorawolle *f;* **angora cat** Angorakatze *f.*

angry ['æŋgrɪ] *adj* **1.** ärgerlich, zornig (*at s.th.* über etw; *with s.o.* auf jdn); **2.** *med* entzündet; **3.** *(See)* aufgewühlt; ► **be** ~ sich ärgern, ärgerlich sein; böse sein (*at, with* auf, mit); **what are you** ~ **about?** worüber ärgern Sie sich?

an·guish ['æŋgwɪʃ] Schmerz *m,* Qual *f;* ► **be in** ~ Qualen ausstehen *a. fig.*

angu·lar ['æŋgjʊlə(r)] *adj* **1.** wink(e)lig; eckig; **2.** *(Mensch)* knochig.

ani·mal ['ænɪml] **I** *s* Tier *n;* **II** *adj* tierisch, animalisch; **animal kingdom** Tierreich *n;* **animal husbandry** Viehwirtschaft *f.*

ani·mate ['ænɪmeɪt] **I** *tr* **1.** beleben, mit Leben erfüllen; **2.** aufmuntern, ermutigen, begeistern; **3.** *film* animieren; **II** *adj* ['ænɪmət] belebt, lebendig; **ani·ma·ted** ['ænɪmeɪtɪd] *adj* **1.** lebhaft, rege; angeregt; **2.** beseelt (*by,with* von); ► ~ **cartoon** Trickfilm *m;* **ani·ma·tion** [ˌænɪ'meɪʃn] **1.** Aufmunterung *f;* Lebhaftigkeit *f;* **2.** *film* Animation *f;* **ani·ma·tor** ['ænɪmeɪtə(r)] Animator(in) *m (f).*

ani·mos·ity [ˌænɪ'mɒsətɪ] Feindseligkeit *f;* starke Abneigung (*against* gegen; *between* zwischen).

an·ise ['ænɪs] *bot* Anis *m;* **ani·seed** ['ænɪsi:d] Anis(samen) *m.*

ankle ['æŋkl] Fußknöchel *m;* ► **sprain one's** ~ sich den Fuß verstauchen; **ankle·bone** ['æŋklbəʊn] Sprungbein *n;* **ankle-deep** *adj, adv* knöcheltief, bis zum Knöchel.

an·nal·ist ['ænəlɪst] Chronist(in) *m (f);* **an·nals** ['ænlz] *pl* Annalen *pl;* *(von Verein)* Bericht *m.*

an·neal [ə'ni:l] *tr* kühlen; (aus)glühen, tempern; *fig* stählen.

an·nex ['æneks] **I** *s* **1.** *arch* Anbau *m,* Nebengebäude *n;* **2.** Anhang *m;* Nachtrag *m* (*to* zu); **II** *tr* [ə'neks] **1.** *pol* annektieren; **2.** anhängen, beifügen; **an·nex·ation** [ˌænek'seɪʃn] *pol* Annexion *f.*

an·ni·hi·late [ə'naɪəleɪt] *tr* vernichten; auslöschen; **an·ni·hi·la·tion** [əˌnaɪə'leɪʃn] Vernichtung, Zerstörung, Zerschlagung *f.*

an·ni·ver·sary [ˌænɪ'vɜ:sərɪ] Jahrestag *m;* ► **wedding** ~ Hochzeitstag *m.*

an·no·tate ['ænəteɪt] *tr* mit Anmerkungen versehen, kommentieren; **an·no·ta·tion** [ˌænə'teɪʃn] Anmerkung *f,* Kommentar *m;* **an·no·ta·tor** ['ænəteɪtə(r)] Kommentator(in) *m (f).*

an·nounce [ə'naʊns] *tr* **1.** ankündigen, melden; ansagen, durchgeben; **2.** bekanntgeben, -machen, anzeigen; **an·nounce·ment** [—mənt] **1.** Ankündigung, Anzeige, Bekanntmachung *f;* **2.** *radio* Durchsage, Ansage *f;* **an·noun·cer** [ə'naʊnsə(r)] *radio* Ansager(in) *m (f).*

an·noy [ə'nɔɪ] *tr* ärgern; aufregen; belästigen; ► **be ~ed** sich ärgern (*at s.th.* über etw; *with s.o.* über jdn); **get ~ed** sich aufregen; **an·noy·ance** [—əns] **1.** Ärger *m;* **2.** Belästigung, Plage *f;* **an·noy·ing** [—ɪŋ] *adj* lästig, störend; ärgerlich.

an·nual ['ænjʊəl] **I** *adj* jährlich; ► ~ **general meeting** Jahreshauptversammlung *f;* ~ **salary** Jahresgehalt *n;* **II** *s* **1.** Jahrbuch *n;* **2.** einjährige Pflanze; **an·nual·ly** ['ænjʊəlɪ] *adv* jährlich; ► **twice** ~ zweimal im Jahr, zweimal jährlich.

an·nu·ity [ə'nju:ətɪ] Jahresrente, Annuität *f;* ► **life** ~ Lebens-, Leibrente *f.*

an·nul [ə'nʌl] *tr* annullieren, aufheben, für ungültig erklären; **an·nul·ment** [—mənt] Annullierung, Aufhebung, Nichtigkeitserklärung *f;* Abschaffung *f.*

An·nun·ci·ation [əˌnʌnsɪ'eɪʃn] Mariä Verkündigung *f (25. März).*

an·ode ['ænəʊd] *el* Anode *f.*

ano·dyne ['ænədaɪn] **I** *s* schmerzstillendes Mittel; **II** *adj* schmerzstillend, beruhigend; *fig* harmlos.

anoint [ə'nɔɪnt] *tr* salben *a. rel.*

anom·al·ous [ə'nɒmələs] *adj* unregelmäßig; anomal; **anom·aly** [ə'nɒməlɪ] Anomalie *f.*

ano·nym·ity [ˌænə'nɪmətɪ] Anonymität *f;* **anony·mous** [ə'nɒnɪməs] *adj* anonym.

an·or·ak ['ænəræk] Anorak *m.*

an·or·exia [ˌɑnə'reksɪə] Magersucht, Anorexie *f.*

an·other [ə'nʌðə(r)] **I** *adj* **1.** noch eine(r, s); **2.** ein zweiter; **3.** ein anderer; ► **at ~ time** zu e-r anderen Zeit; **in ~ place** an e-m anderen Ort; **II** *prn* ein anderer; ► **one ~** einander, sich.

answer ['ɑ:nsə(r)] **I** *s* **1.** Antwort *f;* Entgegnung, Erwiderung *f;* **2.** *(Problem)* Lösung *f;* ► **in ~ to** als Antwort auf; **II** *itr* **1.** antworten, erwidern, entgegnen; **2.** geeignet sein, taugen; ► **~ to the name of ...** auf den Namen ... hören; **III** *tr* **1.** beantworten, antworten auf; antworten (*s.o.* jdm); **2.** *(e-r Beschreibung, e-m Zweck)* entsprechen; *(Verpflichtungen)* nachkommen; *(den Anforderungen)* genügen; *(Hoffnung)* erfüllen; *(Gebet)* erhören; *(Bedürfnis)* befriedigen; **3.** *jur* sich verantworten wegen; ► **~ the bell, door** die Tür öffnen; **~ the telephone** ans Telefon gehen; **~ a description** e-r Beschreibung entsprechen; **IV** *(mit Präposition)* **answer back** widersprechen; frech sein; ► **don't ~ back!** keine Widerrede! **~ s.o. back** jdm widersprechen; jdm eine freche Antwort geben; **answer for 1.** verantwortlich sein für, verantworten; **2.** sich verbürgen für; sprechen für; ► **he has a lot to ~ for** er hat einiges auf dem Gewissen; **answer to s.o. for s.th.** jdm für etw Rechenschaft schuldig sein; **~ to the controls** auf die Steuerung ansprechen; **~ to a description** e-r Beschreibung entsprechen; **answer·able** ['ɑ:nsərəbl] *adj* **1.** beantwortbar; **2.** *jur* verantwortlich; ► **be (held) ~ to s.o. for s.th.** für etw gegenüber jdm verantwortlich sein; **answer·ing ma·chine** ['ɑ:nsərɪŋ məˈʃi:n] Anrufbeantworter *m.*

ant [ænt] Ameise *f.*

an·tag·on·ism [ænˈtægənɪzəm] Gegensatz *m;* Feindseligkeit *f;* ► **be in ~ with** im Gegensatz stehen zu; **an·tag·on·is·tic** [æn͵tægəˈnɪstɪk] *adj* feindselig; *(Macht)* gegnerisch, feindlich; *(Interessen)* widerstreitend; **an·tag·on·ize** [ænˈtægənaɪz] *tr* zu seinem Gegner machen.

ant·arc·tic [ænˈtɑ:ktɪk] **I** *s* ► **the A~** die Antarktis; **II** *adj* antarktisch; **Antarctic Circle** Südpolarkreis *m.*

ant-eater ['ænt͵i:tə(r)] Ameisenfresser *m.*

ante·ced·ent [͵æntɪˈsi:dnt] **I** *adj* früher (*to* als); vorangehend; **II** *s pl* Vorleben *n;* Abstammung *f.*

ante·cham·ber ['æntɪʃeɪmbə(r)] Vorzimmer *n.*

ante·di·luvian [͵æntɪdɪˈlu:vɪən] *adj* **1.** vorsintflutlich *a. fig;* **2.** altmodisch.

ante·lope ['æntɪləʊp] *zoo* Antilope *f.*

ante·na·tal [͵æntɪˈneɪtl] *adj* vor der Geburt; ► **~ clinic** Klinik *f* für schwangere Frauen.

an·tenna [ænˈtenə] ⟨*pl* -tennae⟩ [ænˈteni:] **1.** *zoo* Fühler *m;* **2.** *tech* ⟨*pl* -tennas⟩ Antenne *f.*

an·ter·ior [ænˈtɪərɪə(r)] *adj* **1.** *(Ort)* vordere(r, s); **2.** *(Zeit)* vorhergehend, früher (*to* als).

ante·room ['æntɪrʊm] Vor-, Wartezimmer *n.*

an·them ['ænθəm] Hymne *f.*

ant-hill ['ænthɪl] Ameisenhaufen *m.*

an·thol·ogy [ænˈθɒlədʒɪ] Anthologie *f.*

an·thra·cite ['ænθrəsaɪt] *min* Anthrazit *m.*

an·thro·poid ['ænθrəpɔɪd] **I** *adj* menschenähnlich; **II** *s* Menschenaffe *m;* **an·thro·po·logi·cal** [͵ænθrəpəˈlɒdʒɪkl] *adj* anthropologisch; **an·thro·pol·ogy** [͵ænθrəˈpɒlədʒɪ] Anthropologie *f.*

anti ['æntɪ, *Am* 'æntaɪ] *pref* gegen; **anti-air·craft** [͵æntɪˈeəkrɑ:ft] *pref* Flugabwehr-; ► **~ artillery** Flak *f;* **~ defence** Luftverteidigung *f;* **~ fire** Flakfeuer *n;* **~ gun** Flak *f;* **anti·biotic** [͵æntɪbaɪˈɒtɪk] Antibiotikum *n;* **anti·body** ['æntɪbɒdɪ] Antikörper *m.*

an·tic ['æntɪk] *meist pl* dummer Streich, Posse *f.*

Anti·christ ['æntɪkraɪst] Antichrist *m.*

an·tici·pate [ænˈtɪsɪpeɪt] *tr* **1.** erwarten; **2.** *(zeitlich)* vorwegnehmen, zuvorkommen (*s.th.* e-r S); **3.** vorausberechnen, vorhersehen; voraussehen; ahnen; **4.** im voraus bezahlen; im voraus verbrauchen; **an·tici·pa·tion** [æn͵tɪsɪˈpeɪʃn] **1.** Erwartung, Voraussicht, Ahnung *f;* Erwartungshaltung *f;* **2.** Vorwegnahme *f;* Zuvorkommen *n;* **3.** Vorausberechnung *f;* ► **in ~** im voraus; in Erwartung (*of* gen); **an·tici·pa·tory** [æn͵tɪsɪˈpeɪtərɪ] *adj* vorwegnehmend.

anti·cleri·cal [͵æntɪˈklerɪkl] *adj* antiklerikal; **anti-cli·max** [͵æntɪˈklaɪmæks] Enttäuschung *f; lit* Antiklimax *m;* **anti·clock·wise** [͵æntɪˈklɒkwaɪz] *adj, adv* entgegen dem Uhrzeigersinn; **anti·coagu·lant** [͵æntɪkəʊˈægjʊlənt] **I** *s* Antikoagulans *n;* **II** *adj* blutgerinnungshemmend; **anti·cor·ros·ive** [͵æntɪkəˈrəʊsɪv] *adj* Korrosionsschutz-; **anti·cyc·lone** [͵æntɪˈsaɪkləʊn] Hoch (-druckgebiet) *n;* **anti·dazzle** [͵æntɪˈdæzl] *adj* blendfrei; ► **~ mirror** blendfreier Spiegel; **anti·dote** ['æntɪdəʊt] Gegenmittel, Gegengift *n* (*against, for, to* gegen); **anti·freeze** ['æntɪfri:z] Frostschutzmittel *n;* **anti·gen** ['æntɪdʒən] *biol* Abwehrstoff *m;* **anti·his·ta·mine** [͵æntɪˈhɪstə͵mi:n] Antihistamin *n;* **anti·knock** [͵æntɪˈnɒk] *adj (Benzin)* klopffest; **anti-lock braking sys·tem** [æntɪˈlɒk ˈbreɪkɪŋ ˈsɪstəm] *mot* Antiblockiersystem *n.*

anti·mat·ter ['æntɪmætə(r)] Antimaterie *f;* **anti·mis·sile** [͵æntɪˈmɪsaɪl] *adj* Raketenabwehr-.

an·tipa·thy [ænˈtɪpəθɪ] Antipathie, Abneigung *f;* Widerwillen *m* (*to, towards,* *against* gegen).

an·tipo·des [æn'tɪpədi:z] *pl* entgegengesetzte Teile der Erde *m pl.*

anti·quar·ian [ˌæntɪ'kweərɪən] **I** *adj* antiquarisch; **II** *s* Antiquitätenhändler(in) *m (f);* **anti·quary** ['æntɪkwərɪ] **1.** Antiquar(in) *m (f);* **2.** Altertumsforscher(in) *m (f);* **anti·quated** ['æntɪkweɪtɪd] *adj* antiquiert; altmodisch; rückständig; **an·tique** [æn'ti:k] **I** *s* Antiquität *f;* **II** *adj* antik; ► **~ dealer** Antiquitätenhändler(in) *m (f);* **antiquity** [æn'tɪkwətɪ] **1.** Altertum *n;* **2.** *pl* Altertümer *pl.*

anti-rust [ˌæntɪ'rʌst] *adj* Rostschutz-; ► **~ agent** Rostschutzmittel *n;* **~ protection** Rostschutz *m;* **~ paint** Rostschutzfarbe *f;* **anti-Sem·ite** [ˌæntɪ'si:maɪt] Antisemit *m;* **anti-Semitic** [ˌæntɪsɪ'mɪtɪk] *adj* antisemitisch; **anti-Sem·it·ism** [æntɪ'semɪtɪsm] Antisemitismus *m;* **anti·sep·tic** [ˌæntɪ'septɪk] **I** *adj med* antiseptisch, keimtötend; **II** *s* keimtötendes Mittel, Antiseptikum *n;* **anti·so·cial** [ˌæntɪ'səʊʃl] *adj* unsozial; ungesellig; asozial; **anti·static** [ˌæntɪ'stætɪk] *adj* antistatisch; **anti·tank** [ˌæntɪ'tæŋk] *adj* Panzerabwehr-.

an·tith·esis [æn'tɪθəsɪs] ⟨*pl* -eses⟩ [æn'tɪθəsi:z] Antithese *f,* Gegensatz *m;* **anti·theti·cal** [ˌæntɪ'θetɪkl] *adj* gegensätzlich.

anti·toxin [ˌæntɪ'tɒksɪn] Gegengift *n.*

ant·ler ['æntlə(r)] Geweihsprosse *f;* ► **~s** *pl* Geweih *n.*

an·to·nym ['æntənɪm] Antonym, Gegenwort *n.*

anus ['eɪnəs] *anat* After *m.*

an·vil ['ænvɪl] Amboß *m a. anat.*

anxiety [æŋ'zaɪətɪ] **1.** Besorgnis, Angst (-gefühl *n*) *f* (*for, about* um); **2.** (dringender) Wunsch *m,* Verlangen *n* (*for* nach); ► **with ~** angstvoll, besorgt; **anxious** ['æŋkʃəs] *adj* **1.** besorgt, beunruhigt (*about* wegen); **2.** begierig (*for* nach); gespannt (*for* auf); ► **be ~** bestrebt sein (*to do s.th.* etw zu tun); besorgt sein, sich Sorgen machen (*about* um).

any ['enɪ] **I** *adj* **1.** *(in Frage- und verneinenden Sätzen sowie in Bedingungssätzen)* irgendein(e); irgendwelche; etwas; ► **not ~** kein(e); **have you ~ other questions?** haben Sie noch e-e Frage? **do you have ~ money with you?** haben Sie Geld bei sich? **if it's ~ help (at all)** wenn das irgendwie hilft; **2.** jede(r, s) beliebige; alle; ► **come at ~ time** kommen Sie zu jeder (beliebigen) Zeit; **in ~ case** jederzeit; auf jeden Fall; **at ~ rate** auf jeden Fall; **do it ~ way you like** mach es wie du willst; **II** *prn* ein(e), welche(r, s); **III** *adv* **1.** noch; ► **not ~ colder** nicht kälter; **~ more?** noch mehr? **2.** überhaupt.

any·body ['enɪbɒdɪ] *s, prn* **1.** irgend jemand; ► **is ~ ill?** ist jemand krank? **2.** jeder (beliebige), jedermann; ► **~ can do that** jeder kann das; **~ else** (irgend-) ein anderer; **if ~** wenn überhaupt jemand; **not ~** niemand; keine(r, s).

any·how ['enɪhaʊ] *adv* **1.** jedenfalls, trotzdem; ► **~, you can try** du kannst es trotzdem versuchen; **he did it ~** er tat es doch; **2.** irgendwie; ► **he does his work ~** er erledigt seine Arbeit schlecht und recht.

any·one ['enɪwʌn] *s. anybody.*

any·thing ['enɪθɪŋ] **I** *prn* (irgend) etwas, jedes beliebige; alles; ► **is there ~ new?** gibt es etwas Neues? **is ~ left over?** ist noch was übrig? **if ~** womöglich, noch; eher, sogar; **not ~** nichts; **not for ~** um keinen Preis; **scarcely ~** fast nichts; kaum etwas; **~ but** alles andere als; nichts weniger als; **~ else** noch etwas, sonst etwas; **II** *adv* irgendwie, in irgendeiner Art, überhaupt; ► **it isn't ~ like him** das sieht ihm überhaupt nicht ähnlich; **it's not worth ~ like that** es ist bei weitem nicht so viel wert.

any·way ['enɪweɪ] *adv* irgendwie; ohnehin, sowieso; trotzdem; *fam (Satzanfang)* auf jeden Fall; ► **I didn't want to go ~** ich wollte sowieso nicht gehen; **I did it ~** ich tat es trotzdem.

any·where ['enɪweə(r)] *adv* irgendwo(hin); wo ... auch (immer); überall (hin); ► **are you going ~ tomorrow?** gehen Sie morgen irgendwohin? **~ you go** wohin Sie auch gehen; **he'll never get ~** er kommt nie auf e-n grünen Zweig; **that won't get you ~** damit erreichen Sie gar nichts; **it isn't ~ near the truth** es kommt der Wahrheit auch nicht einmal annähernd nahe; **it isn't ~ near as nice** es ist bei weitem nicht so schön; **if ~** wenn überhaupt (irgendwo); **not ~** nirgendwo(hin); nirgends.

aorta [eɪ'ɔ:tə] *anat* Aorta *f.*

apart [ə'pɑ:t] *adv* **1.** auseinander, getrennt; **2.** zur Seite; abseits (*from* von); **3.** abgesehen von; ► **~ from** abgesehen von; **know ~** auseinanderhalten können; **live ~** getrennt leben; **set ~** beiseite legen; **stand ~** beiseite, abseits stehen (*from* von); **take ~** auseinandernehmen, zerlegen; beiseite nehmen; **joking ~!** Scherz beiseite!

apart·heid [ə'pɑ:theɪt] Apartheid *f.*

apart·ment [ə'pɑ:tmənt] **1.** *Am* (Miet)Wohnung, Etagenwohnung *f;* **2.** *Br* Zimmer *n;* Appartement *n;* **apartment house** *Am* Mietshaus *n.*

apa·thetic [ˌæpə'θetɪk] *adj* apathisch, teilnahmslos; **apa·thy** ['æpəθɪ] Apathie, Teilnahmslosigkeit *f* (*to* gegen).

ape [eɪp] **I** *s* Affe *m;* **II** *tr* nachäffen.

ap·er·ture ['æpətʃə(r)] **1.** Öffnung *f;* **2.** *phot* Blende *f.*

apex ['eɪpeks] ⟨*pl* apexes, apices⟩ ['eɪpɪsi:z] Spitze *f a. fig;* Höhepunkt *m.*

aph·or·ism ['æfərɪzəm] Aphorismus *m.*

api·ar·ist ['eɪpɪərɪst] Bienenzüchter(in), Imker(in) *m (f);* **api·ary** ['eɪpɪərɪ] Bienenhaus *n;* **api·cul·ture** ['eɪpɪkʌltʃə(r)] Bienenzucht *f.*

apiece [ə'pi:s] *adv* je Stück; pro Kopf.

apoca·lypse [ə'pɒkəlɪps] Apokalypse *f;* **apoca·lyp·tic** [əˌpɒkə'lɪptɪk] *adj* apokalyptisch; ▶ ~ **mood** Weltuntergangsstimmung *f.*

apo·gee ['æpədʒi:] **1.** *astr* Apogäum *n;* **2.** *fig* Höhepunkt *m.*

apolo·getic [əˌpɒlə'dʒetɪk] *adj,* **apolo·geti·cal·ly** [-əlɪ] *adv* entschuldigend; **apolo·gize** [ə'pɒlədʒaɪz] *itr* sich entschuldigen (*to s.o. for s.th.* bei jdm wegen etw); **apol·ogy** [ə'pɒlədʒɪ] **1.** Entschuldigung *f;* **2.** Rechtfertigung *f;* ▶ **offer s.o. an** ~ jdn um Verzeihung bitten; **make apologies** sich entschuldigen; **an** ~ **for a ...** ein armseliges Exemplar.

apo·plec·tic [ˌæpə'plektɪk] *adj med* apoplektisch.

apostle [ə'pɒsl] Apostel *m.*

apos·trophe [ə'pɒstrəfɪ] Apostroph *m.*

ap·pal, *Am* **ap·pall** [ə'pɔ:l] *tr* erschrekken; entsetzen; **ap·pal·ling** [—ɪŋ] *adj,* **ap·pal·ling·ly** [—ɪŋlɪ] *adv* schrecklich, furchtbar, entsetzlich.

ap·par·atus [ˌæpə'reɪtəs] Apparat *m,* Gerät *n,* Vorrichtung *f.*

ap·parel [ə'pærəl] *Am* Kleidung *f.*

ap·par·ent [ə'pærənt] *adj* **1.** offenbar, offensichtlich; **2.** scheinbar; vermeintlich; **ap·par·ent·ly** [—lɪ] *adv* anscheinend.

ap·par·ition [ˌæpə'rɪʃn] Erscheinung *f;* Gespenst *n;* Geist *m.*

ap·peal [ə'pi:l] **I** *s* **1.** dringende Bitte (*for* um), Aufruf, Appell *m;* **2.** *fig* Anziehungskraft *f;* **3.** *jur* Einspruch *m;* Berufung, Revision *f* (*from* gegen); **4.** Flehen *n;* ▶ **without further** ~ in letzter Instanz; **lodge an** ~ Berufung einlegen (*with* bei); **II** *tr jur* ▶ ~ **the case** Berufung einlegen; **III** *itr* **1.** sich wenden, appellieren (*to* an); anrufen (*to s.o.* jdn); **2.** *fig* zusagen, gefallen (*to s.o.* jdm); Anklang finden (*to* bei); **3.** *jur* Berufung einlegen (*against* gegen); **ap·peal·ing** [—ɪŋ] *adj* **1.** flehentlich; **2.** reizvoll, ansprechend; **ap·peal·ing·ly** [—ɪŋlɪ] *adv* bittend.

ap·pear [ə'pɪə(r)] *itr* **1.** erscheinen *a. jur,* zum Vorschein kommen, sichtbar werden, auftauchen; **2.** scheinen, den Anschein haben; **3.** *(Zeitung)* erscheinen, veröffentlicht werden; *(Buch)* herauskommen; stehen (*in the list* auf der Liste); **4.** *theat* auftreten; ▶ ~ **for s.o.** jdn als Anwalt vor Gericht vertreten; **ap·pear·ance** [ə'pɪərəns] **1.** Erscheinen, Auftauchen *n;* **2.** *(Schauspieler)* Auftritt *m;* **3.** Aussehen *n;* Äußere(s) *n;* **4.** *pl* Anschein, Schein *m;* ▶ ~**s can deceive** der Schein trügt; **by his** ~ seinem Aussehen, seinem Äußeren nach; **to, by, from all** ~**s** allem Anschein nach; **judge by** ~**s** nach dem Äußeren urteilen; **keep up** ~**s** den äußeren Schein wahren; **make an** ~ sich zeigen.

ap·pease [ə'pi:z] *tr* **1.** beruhigen, beschwichtigen; **2.** *(Neugier)* befriedigen; **ap·pease·ment** [—mənt] Beruhigung *f;* Befriedigung *f;* **appeasement policy** Beschwichtigungspolitik *f.*

ap·pel·lant [ə'pelənt] *jur* Berufungskläger(in) *m (f).*

ap·pend [ə'pend] *tr* anhängen; beifügen; **ap·pend·age** [ə'pendɪdʒ] Beifügung *f;* Anhang *m;* **ap·pen·di·ci·tis** [əˌpendɪ'saɪtɪs] Blinddarmentzündung *f;* **ap·pen·dix** [ə'pendɪks] ⟨*pl* -dices⟩ [ə'pendɪsi:z] **1.** Anhang *m;* Zusatz *m* (*to* zu); **2.** *anat* Blinddarm *m.*

ap·per·tain [ˌæpə'teɪn] *itr* **1.** gehören (*to* zu); **2.** betreffen; sich beziehen (*to* auf).

ap·pe·tite ['æpɪtaɪt] Appetit *m;* Lust *f* (*for* auf); Verlangen *n* (*for* nach); ▶ **lose one's** ~ keinen Appetit haben; **appetite suppressant** Appetitzügler *m;* **ap·pe·tizer** ['æpɪtaɪzə(r)] Appetithappen *m;* **ap·pe·tiz·ing** ['æpɪtaɪzɪŋ] *adj* appetitanregend.

ap·plaud [ə'plɔ:d] *itr, tr* Beifall klatschen; applaudieren (*s.o.* jdm); **ap·plause** [ə'plɔ:z] Beifall, Applaus *m.*

apple ['æpl] Apfel *m;* ▶ **the** ~ **of s.o.'s eye** *fig* jds Liebling *m;* **apple-cart:** ▶ **upset the** ~ alles über den Haufen werfen; **apple-juice** Apfelsaft *m;* **apple-pie** gedeckter Apfelkuchen; **apple-sauce** Apfelmus *n;* **apple-tree** Apfelbaum *m.*

ap·pli·ance [ə'plaɪəns] Gerät *n* (*for doing s.th.* um etw zu tun); Apparat *m,* Vorrichtung *f;* ▶ **domestic** ~**s** *pl* Haushaltsgeräte *n pl.*

ap·pli·cable ['æplɪkəbl] *adj* zutreffend, anwendbar (*to* auf); **ap·pli·cant** ['æplɪkənt] Bewerber(in) *m (f)* (*for* um); Antragsteller(in) *m (f);* Kandidat(in) *m (f);* **ap·pli·ca·tion** [ˌæplɪ'keɪʃn] **1.** An-, Verwendung *f,* Gebrauch *m* (*to* für, auf); **2.** Antrag *m* (*for* auf); Gesuch *n;* Bewerbung *f* (*for* um); Bewerbungsschreiben *n;* **3.** *(Verband)* Anlegung *f; (Salbe)* Auftragen *n;* Umschlag *m;* **4.** Fleiß, Eifer *m* (*in* bei); ▶ **on** ~ **to** auf Antrag, auf Ansuchen an; **file an** ~ e-e Bewerbung, e-n Antrag, e-e Anmeldung einreichen (*with* bei); **for external** ~ *med* äußerlich; **this has no** ~ **to** dies findet keine Anwendung auf; **field of** ~ Anwendungsgebiet *n,* -bereich *m;* **letter of** ~ Bewerbungsschreiben *n;* ~ **form** Bewerbungs-, Antragsformular *n.*

ap·plied [əˈplaɪd] *adj* angewandt.
ap·ply [əˈplaɪ] **I** *tr* **1.** anwenden (*to* auf); *(Mittel)* benutzen, verwenden; **2.** *(Farbe)* auftragen; *(Pflaster)* auflegen; **3.** *(Bremse)* betätigen; ▶ ~ **one's mind** seinen Kopf anstrengen; **II** *itr* **1.** sich beziehen, zutreffen (*to* auf), gelten (*to* für); **2.** sich wenden (*to* an); sich bewerben (*for* um); **3.** beantragen (*for s.th.* etw); bitten, nachsuchen (*for* um); ▶ ~ **to** Näheres bei; **III** *refl* sich anstrengen.
ap·point [əˈpɔɪnt] *tr* **1.** ernennen, bestellen, berufen (*s.o. judge* jdn zum Richter); anstellen; **2.** *(Arbeit)* zuteilen; **3.** *(Termin)* verabreden; vereinbaren; **ap·pointed** [—ɪd] *adj* ▶ **well, badly** ~ gut, dürftig ausgestattet; **ap·pointment** [—mənt] **1.** Ernennung *f;* Bestellung *f;* **2.** Stelle, Anstellung *f* (*in a firm* bei e-r Firma); **3.** Termin *m;* Verabredung, Vereinbarung *f;* **4.** *meist pl* Ausstattung *f;* Mobiliar *n;* ▶ **break an** ~ e-e Verabredung nicht einhalten; **have an** ~ e-e Verabredung haben (*with* mit); bestellt sein (*at the dentist's* zum Zahnarzt); **keep an** ~ e-e Verabredung einhalten; **make an** ~ e-e Verabredung treffen; sich anmelden (*with* bei).
ap·por·tion [əˈpɔːʃn] *tr* gleichmäßig, anteilmäßig zu-, verteilen.
ap·po·site [ˈæpəzɪt] *adj* passend; *(Bemerkung)* treffend; **ap·po·si·tion** [ˌæpəˈzɪʃn] *gram* Apposition, Beifügung *f.*
ap·prai·sal [əˈpreɪzl] Schätzung, Bewertung *f;* **ap·praise** [əˈpreɪz] *tr* abschätzen, taxieren (*to* auf).
ap·preci·able [əˈpriːʃəbl] *adj* merkbar, merklich; ▶ **it makes an** ~ **difference** es macht e-n fühlbaren Unterschied; **ap·preci·ate** [əˈpriːʃɪeɪt] **I** *tr* **1.** schätzen, (zu) würdigen (wissen); **2.** gut verstehen, gut begreifen; **3.** anerkennen; dankbar sein (*s.th.* für etw); ▶ **I would** ~ **it, if** es wäre mir lieb, wenn; **I quite** ~ **that** ich verstehe ganz gut, daß; **II** *itr* im Wert steigen; **ap·preci·ation** [əˌpriːʃɪˈeɪʃn] **1.** Ab-, Einschätzung *f;* **2.** Würdigung *f;* Verständnis *n* (*of* für); **3.** Dank *m,* Anerkennung *f;* **4.** *com* Wertzuwachs *m;* **ap·preci·ative** [əˈpriːʃɪətɪv] *adj* **1.** verständnisvoll (*of* für); **2.** dankbar.
ap·pre·hend [ˌæprɪˈhend] *tr* **1.** festnehmen, verhaften; **2.** begreifen, erfassen; **3.** (be)fürchten; **ap·pre·hen·sion** [ˌæprɪˈhenʃn] **1.** Verständnis *n;* **2.** *oft pl* Furcht, Besorgnis *f;* **3.** Festnahme *f;* **ap·pre·hen·sive** [ˌæprɪˈhensɪv] *adj* besorgt (*for* um; *of* wegen).
ap·pren·tice [əˈprentɪs] **I** *s* Lehrling *m,* Auszubildende(r) *f m;* **II** *tr* in die Lehre geben (*to* bei); **ap·pren·tice·ship** [əˈprentɪʃɪp] Lehrzeit *f;* Lehre, Ausbildung *f.*
ap·proach [əˈprəʊtʃ] **I** *itr* sich nähern; **II** *tr* **1.** sich wenden, herantreten (*s.o. about s.th.* an jdn wegen etw); **2.** herangehen (*a problem* an ein Problem); **3.** zugehen auf; **III** *s* **1.** Herannahen, Heranrücken *n;* Annäherung *f;* **2.** Zugang *m a. fig;* (~ *road)* Zufahrt(sstraße) *f;* **3.** *fig* Weg *m,* Methode *f* (*to* zu); Einstellung *f* (*to* zu); **4.** *aero* Landeanflug *m;* ▶ **easy, difficult of** ~ leicht, schwer zugänglich; *fig* leicht, schwer ansprechbar; **make** ~**es to s.o.** an jdn herantreten; Annäherungsversuche machen; **ap·proach·able** [—əbl] *adj* **1.** zugänglich, erreichbar; **2.** umgänglich.
ap·pro·ba·tion [ˌæprəˈbeɪʃn] Billigung *f.*
ap·pro·pri·ate [əˈprəʊprɪət] **I** *adj* passend, geeignet, zweckdienlich (*to, for* für); *(Bemerkung)* angebracht; **II** *tr* [əˈprəʊprɪeɪt] **1.** sich aneignen; **2.** *(Geld)* bestimmen, anweisen, zuteilen (*for* für); **ap·pro·pri·ation** [əˌprəʊprɪˈeɪʃn] **1.** Aneignung *f;* **2.** Verwendung *f;* (~ *of funds)* (Geld)Zuteilung, Zuweisung, Bereitstellung *f.*
ap·pro·val [əˈpruːvl] Zustimmung, Einwilligung, Billigung, Genehmigung *f* (*of s.th.* für, zu etw); ▶ **on** ~ zur Ansicht, auf Probe; **does it meet with your** ~? sind Sie damit einverstanden? **approve** [əˈpruːv] **I** *tr* billigen, genehmigen; **II** *itr* zustimmen (*of* dat), einverstanden sein (*of* mit), billigen (*of s.th.* etw); **approved** [əˈpruːvd] *adj* ▶ **read and** ~ gelesen u. genehmigt; ~ **school** *Br* Erziehungsheim *n;* **ap·prov·ing·ly** [əˈpruːvɪŋlɪ] *adv* zustimmend, billigend.
ap·proxi·mate [əˈprɒksɪmət] **I** *adj* annähernd, ungefähr; **II** *tr, itr* [əˈprɒksɪmeɪt] nahekommen, sich nähern (*to* dat); *(Summe)* ungefähr betragen; **ap·proxi·mate·ly** [əˈprɒksɪmətlɪ] *adv* ungefähr, etwa; **ap·proxi·ma·tion** [əˌprɒksɪˈmeɪʃn] Annäherung *f* (*to* an).
apri·cot [ˈeɪprɪkɒt] Aprikose *f.*
April [ˈeɪprəl] April *m.*
apron [ˈeɪprən] **1.** Schürze *f;* **2.** *aero* Hallenvorfeld *n;* **3.** *theat* (~ *stage)* Vorbühne *f;* **apron-strings** *pl* Schürzenbänder *n pl.*
apse [æps] *arch* Apsis *f.*
apt [æpt] *adj* **1.** fähig (*to do* zu tun); **2.** geeignet, geschickt (*at* in); **3.** *(Bemerkung)* treffend, passend; ▶ **be** ~ **to do s.th.** dazu neigen, etw zu tun; **I'm** ~ **to be out** *Am* es kann sein, daß ich nicht da bin; **ap·ti·tude** [ˈæptɪtjuːd] **1.** Fähigkeit, Tauglichkeit, Eignung *f;* **2.** Begabung *f,* Talent *n* (*for* für); **aptitude test** Eignungsprüfung *f.*
aqua·cul·ture [ˈækwəˌkʌltʃə(r)] Aquakultur *f;* **aqua·lung** [ˈækwəlʌŋ] Tauchgerät *n;* **aqua·mar·ine** [ˌækwəməˈriːn] **I** *s min* Aquamarin *m;* **II** *adj* aquamarin-

blau; **aqua·plan·ing** [ˌækwəˈpleɪnɪŋ] Aquaplaning *n;* **aquarium** [əˈkweərɪəm] Aquarium *n;* **Aquar·ius** [əˈkweərɪəs] *astr* Wassermann *m;* **aqua·tic** [əˈkwætɪk] *adj* im Wasser lebend; Wasser-; ▶ ~ **sports** *pl* Wassersport(arten *f pl*) *m.*

aque·duct [ˈækwɪdʌkt] Aquädukt *m.*

aqui·line [ˈækwɪlaɪn] *adj* Adler-; ▶ ~ **nose** Adlernase *f.*

Arab [ˈærəb] **I** *s* Araber(in) *m (f);* **II** *adj* arabisch; **ara·besque** [ˌærəˈbesk] Arabeske *f;* **Ara·bian** [əˈreɪbɪən] *adj* arabisch; ▶ **the ~ Nights** Tausendundeine Nacht; **Ara·bic** [ˈærəbɪk] **I** *s* (das) Arabisch(e), arabische Sprache; **II** *adj* arabisch.

ar·able [ˈærəbl] *adj* bebaubar, Acker-.

ar·bi·ter [ˈɑːbɪtə(r)] Schiedsrichter(in) *m (f)* (*of* über); **ar·bit·rary** [ˈɑːbɪtrərɪ] *adj* **1.** willkürlich; **2.** tyrannisch; **ar·bi·trate** [ˈɑːbɪtreɪt] **I** *tr* schlichten, schiedsrichterlich entscheiden; **II** *itr* Schiedsrichter sein; **ar·bi·tra·tion** [ˌɑːbɪˈtreɪʃn] Schiedsspruch *m;* Schlichtung *f;* **ar·bi·tra·tor** [ˈɑːbɪtreɪtə(r)] Schiedsrichter(in), Schlichter(in) *m (f).*

ar·bour, *Am* **ar·bor** [ˈɑːbə(r)] Laube *f.*

arc [ɑːk] Bogen *m;* **arc-lamp** Bogenlampe *f;* **arc-weld·ing** (Licht)Bogenschweißung *f.*

ar·cade [ɑːˈkeɪd] Arkade *f;* Bogengang *m.*

arch¹ [ɑːtʃ] **I** *s* **1.** *arch* Bogen *m;* Gewölbe(bogen *m*) *n;* **2.** *(~ of the foot)* Fußrücken *m;* **3.** *(triumphal ~)* Triumphbogen *m;* **II** *tr* wölben; **III** *itr* sich wölben.

arch² [ɑːtʃ] *adj* schelmisch, schalkhaft.

arch³ [ɑːtʃ] *attr adj* Erz-; ▶ ~ **enemy** Erzfeind *m.*

ar·chae·ologi·cal [ˌɑːkɪəˈlɒdʒɪkl] *adj* archäologisch; **ar·chae·ol·ogist** [ˌɑːkɪˈɒlədʒɪst] Archäologe *m,* Archäologin *f;* **ar·chae·ol·ogy** [ˌɑːkɪˈɒlədʒɪ] Archäologie *f.*

ar·chaic [ɑːˈkeɪɪk] *adj* altertümlich; veraltet, archaisch.

arch·angel [ˈɑːkeɪndʒl] Erzengel *m.*

arch·bishop [ˌɑːtʃˈbɪʃəp] Erzbischof *m;* **arch·bishop·ric** [—rɪk] Erzbistum *n;* **arch·deacon** [ˌɑːtʃˈdiːkən] Archidiakon *m;* **arch·dio·cese** [ˌɑːtʃˈdaɪəsɪs] Erzdiözese *f.*

archer [ˈɑːtʃə(r)] Bogenschütze *m;* **archery** [ˈɑːtʃərɪ] Bogenschießen *n.*

arche·type [ˈɑːkɪtaɪp] *psych* Archetyp *m;* Urbild *n.*

archi·pel·ago [ˌɑːkɪˈpeləgəʊ] ⟨*pl* -ago(e)s⟩ Archipel *m,* Inselgruppe *f.*

archi·tect [ˈɑːkɪtekt] Architekt(in) *m (f);* Baumeister(in) *m (f);* **archi·tec·ture** [ˈɑːkɪtektʃə(r)] Baukunst, Architektur *f.*

ar·chives [ˈɑːkaɪvz] *pl* Archiv *n;* **archivist** [ˈɑːkɪvɪst] Archivar(in) *m (f).*

arch·way [ˈɑːtʃweɪ] *arch* Bogengang *m;* gewölbter Eingang.

arc·tic [ˈɑːktɪk] **I** *adj* arktisch; Polar-; **II** *s* Arktis *f;* **Arctic Circle** Polarkreis *m.*

ar·dent [ˈɑːdnt] *adj* leidenschaftlich; enthusiastisch, begeistert; brennend, heftig.

ar·dour, *Am* **ar·dor** [ˈɑːdə(r)] **1.** Eifer *m,* Leidenschaft *f;* große Begeisterung (*for* für); **2.** *fig* Wärme, Glut, Inbrunst *f.*

ar·du·ous [ˈɑːdjʊəs] *adj* anstrengend; mühsam.

are [ə(r), *betont:* ɑː(r)] *2. Person Singular, 1., 2., 3. Person Plural Präsens von be.*

area [ˈeərɪə] **1.** Gebiet *n,* Bereich *m a. fig;* **2.** Teil *m;* Raum *m;* **3.** (Grund-, Boden)Fläche *f;* Flächenraum, -inhalt *m;* **4.** *(Haus)* Vorplatz *m;* ▶ **city ~** Stadtgebiet *n;* **depressed ~** Notstandsgebiet *n;* **goal, penalty ~** *(Fußball)* Tor-, Strafraum *m;* **postal ~** Postbezirk *m;* ~ **of responsibility** Verantwortungsbereich *m;* **area code** *tele* Vorwahl *f.*

arena [əˈriːnə] Arena *f a. fig;* ▶ **boxing-~** Boxkampfarena *f.*

Ar·gen·ti·na [ˌɑːdʒənˈtiːnə] Argentinien *n;* **Ar·gen·tine** [ˈɑːdʒəntaɪn] ▶ **the ~** Argentinien *n;* **Ar·gen·tin·ian** [ˌɑːdʒənˈtɪnɪən] **I** *s* Argentinier(in) *m (f);* **II** *adj* argentinisch.

ar·gu·a·bly [ˈɑːgjuːəblɪ] *adv* wohl; **ar·gue** [ˈɑːgjuː] **I** *itr* **1.** diskutieren, sich auseinandersetzen (*with* mit; *about* über; *against* gegen); **2.** sich streiten (*about* über); **II** *tr* **1.** überreden (*s.o. into doing s.th.* jdn, etw zu tun); **2.** bestreiten; **3.** *(Gesichtspunkt)* ausführen, darlegen; **4.** behaupten (*that* daß); ▶ ~ **s.o. out of s.th.** jdm etw ausreden; **ar·gu·ment** [ˈɑːgjʊmənt] **1.** Argument *n* (*in his favour* zu seinen Gunsten; *against* gegen); **2.** Beweisführung, Erörterung, Debatte *f* (*about* über); **3.** Auseinandersetzung *f;* Wortwechsel *m;* **4.** Thema *n;* Inhaltsangabe *f;* ▶ **he doesn't want an ~ with you** er will nicht mit Ihnen streiten; **have an ~** sich streiten; **ar·gu·men·ta·tive** [ˌɑːgjʊˈmentətɪv] *adj (Person)* streitsüchtig.

aria [ˈɑːrɪə] *mus* Arie *f.*

arid [ˈærɪd] *adj* **1.** trocken, dürr; wasserarm; **2.** *fig* langweilig; reizlos.

Aries [ˈeəriːz] *astr* Widder *m.*

arise [əˈraɪz] ⟨*irr* arose, arisen⟩ [əˈrɪzn] *itr* **1.** hervorkommen, -gehen; entstehen (*from, out of* aus); **2.** *(Schwierigkeiten)* sich zeigen, sich ergeben; *(Problem)* aufkommen, auftauchen; herrühren (*from* von).

ar·is·toc·racy [ˌærɪˈstɒkrəsɪ] Aristokratie *f;* **ar·is·to·crat** [ˈærɪstəkræt] Aristokrat(in) *m (f);* **ar·is·to·cratic** [ˌærɪstəˈkrætɪk] *adj* aristokratisch.

arith·me·tic [əˈrɪθmətɪk] Arithmetik *f,* Rechnen *n;* **ar·ith·meti·cal** [ˌærɪθˈmetɪkl] *adj* arithmetisch.

ark [ɑːk] *rel* Arche *f;* ► **Noah's** ~ die Arche Noah; ~ **of the Covenant** Bundeslade *f.*

arm[1] [ɑːm] **1.** Arm *m;* **2.** Ärmel *m;* **3.** *(~ of the sea)* (Meeres)Arm *m;* **4.** *(Baum)* dicker Ast; ► ~ **in** ~ Arm in Arm; **hold, keep s.o. at ~'s length** sich jdn vom Leibe halten; **welcome s.o. with open ~s** jdn mit offenen Armen empfangen.

arm[2] [ɑːm] **I** *tr* bewaffnen (*with* mit); ► **~ed with patience** mit Geduld gewappnet; **II** *itr* aufrüsten; **III** *s s. arms.*

ar·ma·ment [ˈɑːməmənt] **1.** Bewaffung *f;* Ausrüstung *f;* **2.** Aufrüstung *f;* ► **~s industry** Rüstungsindustrie *f.*

ar·ma·ture [ˈɑːmətʃʊə(r)] *el* Anker *m,* Armatur *f.*

arm·chair [ˈɑːmˌtʃeə(r)] Lehnstuhl *m;* **armchair politician** Stammtischpolitiker(in) *m (f).*

armed [ɑːmd] *adj* bewaffnet; ► ~ **forces** *pl* Streitkräfte *f pl.*

arm·ful [ˈɑːmfʊl] Armvoll *m;* **arm-hole** Armloch *n.*

arm·ing [ˈɑːmɪŋ] Bewaffnung, Ausrüstung *f.*

ar·mis·tice [ˈɑːmɪstɪs] Waffenstillstand *m.*

ar·mour, *Am* **ar·mor** [ˈɑːmə(r)] **1.** Panzer *m;* **2.** *hist* Rüstung *f;* **3.** *mil* Panzertruppe *f;* **ar·mour-clad** [ˈɑːməˈklæd], **armour-plated, ar·moured** [ˈɑːməd] *adj* Panzer-, gepanzert.

arm·pit [ˈɑːmpɪt] Achselhöhle *f;* **armrest** [ˈɑːmrest] Armlehne *f.*

arms [ɑːmz] *pl* **1.** Waffen *f pl;* **2.** Wappen *n;* ► **take up** ~ zu den Waffen greifen; *fig* zum Angriff übergehen; **be up in ~ about s.th.** über etw empört sein; **be under** ~ unter Waffen stehen; **arms control** Rüstungskontrolle *f;* **arms control talks** Rüstungskontrollverhandlungen *f pl;* **arms limitation** Rüstungsbegrenzung *f;* **arms race** Wettrüsten *n,* Rüstungswettlauf *m.*

army [ˈɑːmɪ] **1.** Armee *f;* Heer *n;* Militär *n;* **2.** *fig* Menge, große Zahl *f,* Heer *n;* ► **Salvation A~** Heilsarmee *f;* ~ **headquarters** Armeeoberkommando *n;* **be in the** ~ beim Militär sein; **join the** ~ zum Militär gehen.

aroma [əˈrəʊmə] Aroma *n;* **aro·matic** [ˌærəˈmætɪk] *adj* aromatisch, würzig.

arose [əˈrəʊz] *v s. arise.*

around [əˈraʊnd] **I** *adv* ringsherum, rundherum; nach, auf allen Seiten; überall; *fam* in der Nähe; ► **is he ~?** ist er da? **he's been ~!** der kennt sich aus! **II** *prep* **1.** um ... herum, ringsum; am Rande; **2.** ungefähr, etwa um; ► **somewhere ~ here** irgendwo hierherum.

arouse [əˈraʊz] *tr* **1.** (auf)wecken; **2.** erregen.

ar·range [əˈreɪndʒ] *tr* **1.** (an)ordnen; aufstellen; **2.** verabreden, planen, arrangieren (*to do s.th., for doing s.th.* daß etw getan wird); **3.** *mus* umsetzen, bearbeiten; **4.** *(Streit)* schlichten; ► **as ~d** wie abgesprochen; ~ **it so that** richtenSie es so ein, daß; **ar·range·ment** [—mənt] **1.** Ordnung *f;* Anordnung, Gruppierung *f;* **2.** *pl* Vorkehrungen *f pl;* **3.** Abmachung, Abrede, Vereinbarung, Übereinkunft *f;* **4.** *mus* Bearbeitung *f;* ► **come to an** ~ zu e-r Einigung kommen; **make ~s** Vorbereitungen treffen.

ar·ray [əˈreɪ] **I** *s* **1.** (An)Ordnung, Aufstellung *f;* **2.** *(Kleider)* Staat *m;* **3.** Ansammlung *f;* **II** *tr* (an)ordnen; bereitstellen; *(Truppen)* aufstellen.

ar·rears [əˈrɪəz] *pl* **1.** Rückstände *m pl;* **2.** unerledigte Sachen *f pl;* ► **be in** ~ im Rückstand sein.

ar·rest [əˈrest] **I** *tr* **1.** auf-, anhalten; verhindern, hemmen; **2.** *(Aufmerksamkeit)* fesseln; **3.** *jur* festnehmen, verhaften; **II** *s* Verhaftung, Festnahme *f;* ► **under** ~ in Haft; **grant a warrant of** ~ e-n Haftbefehl erlassen; **ar·rest·ing** [—ɪŋ] *adj* fesselnd, auffallend, interessant.

ar·ri·val [əˈraɪvl] **1.** Ankunft *f;* Eintreffen *n; (Waren)* Eingang *m;* **2.** Ankömmling *m; (Hotel)* neuer Gast; ► **on** ~ bei Ankunft; **~s and departures** *rail* Ankunfts- u. Abfahrtszeiten *f pl;* **ar·rive** [əˈraɪv] *itr* **1.** ankommen (*at, in* in); eintreffen; **2.** *fig* gelangen, kommen (*at a decision* zu e-r Entscheidung); **3.** Erfolg haben; ► ~ **home** nach Hause kommen.

ar·ro·gance [ˈærəgəns] Arroganz *f,* Hochmut *m;* **ar·ro·gant** [ˈærəgənt] *adj* arrogant, überheblich.

ar·row [ˈærəʊ] Pfeil *m;* **ar·row·head** [—hed] Pfeilspitze *f.*

arse [ɑːs] *vulg* Hinterteil *n,* Arsch *m.*

ar·senal [ˈɑːsənl] **1.** Arsenal *n;* **2.** Waffen-, Munitionsfabrik *f.*

ar·senic [ˈɑːsnɪk] *chem* Arsen(ik) *n.*

ar·son [ˈɑːsn] Brandstiftung *f.*

art [ɑːt] **1.** Kunst *f;* **2.** Kunstfertigkeit *f;* Geschicklichkeit *f;* **3.** Verschlagenheit, List *f;* **4.** *pl* Geisteswissenschaften *f pl;* **5.** *pl* Kniffe, Schliche *m pl;* ► **~s and crafts** Kunstgewerbe *n;* **work of** ~ Kunstwerk *n;* ~ **of printing** Druckkunst *f;* **art collection** Kunstsammlung *f;* **art critic** Kunstkritiker(in) *m (f);* **art dealer** Kunsthändler(in) *m (f).*

ar·ter·ial [ɑːˈtɪərɪəl] *adj med* Arterien-, Schlagader-; ► ~ **road** Hauptverkehrsstraße *f;* **ar·terio·scler·osis** [ɑːˌtɪərɪəʊskləˈrəʊsɪs] Arterienverkalkung *f;* **ar·tery** [ˈɑːtərɪ] **1.** *med* Arterie, Schlagader *f;* **2.** Verkehrsader *f.*

ar·tesian well [ɑːˈtiːzɪənˈwel] artesischer Brunnen.

art·ful [ˈɑːtfl] *adj* verschlagen, listig.

ar·thri·tic [ɑːˈθrɪtɪk] *adj* arthritisch; **ar-**

thri·tis [ɑ:ˈθraɪtɪs] Gelenkentzündung, Arthritis *f*.

ar·ti·choke [ˈɑ:tɪtʃəʊk] *bot* Artischocke *f*.

ar·ti·cle [ˈɑ:tɪkl] **I** *s* **1.** Artikel *m a. gram jur com;* Gegenstand *m,* Objekt *n;* **2.** Aufsatz *m; (newspaper ~)* Zeitungsartikel *m;* **3.** *gram* Geschlechtswort *n;* **4.** *jur* Klausel, Bestimmung *f,* Abschnitt, Paragraph *m;* **II** *tr* in die Lehre geben (*to* bei).

ar·ticu·late [ɑ:ˈtɪkjʊlət] **I** *adj* klar, gegliedert; unterteilt; deutlich, artikuliert; **II** *tr* [ɑ:ˈtɪkjʊleɪt] **1.** durch ein Gelenk verbinden; **2.** gliedern; **3.** artikulieren; deutlich aussprechen; ▶ **~d lorry** Sattelschlepper *m;* **~d bus** Gelenkbus *m;* **ar·ticu·la·tion** [ɑ:ˌtɪkjʊˈleɪʃn] **1.** Gelenkverbindung *f;* **2.** *(Sprache)* Aussprache, Artikulation *f*.

ar·ti·fice [ˈɑ:tɪfɪs] **1.** List *f;* **2.** Gewandtheit, Geschicklichkeit *f;* **ar·ti·ficial** [ˌɑ:tɪˈfɪʃl] *adj* **1.** künstlich; **2.** unnatürlich; geziert, gekünstelt, unecht; ▶ **~ ice** Kunsteis *n;* **~ insemination** künstliche Befruchtung; **~ leather** Kunstleder *n;* **~ leg** Beinprothese *f;* **~ manure** Kunstdünger *m;* **~ respiration** künstliche Atmung; **ar·ti·fici·al·ity** [ˌɑ:tɪfɪʃɪˈælətɪ] künstlicher Charakter; Unnatürlichkeit *f*.

ar·til·lery [ɑ:ˈtɪlərɪ] Artillerie *f;* **ar·til·lery·man** [ɑ:ˈtɪlərɪmən] ⟨*pl* -men⟩ Artillerist *m*.

ar·ti·san [ˌɑ:tɪˈzæn] Handwerker(in) *m (f)*.

art·ist [ˈɑ:tɪst] **1.** Künstler(in *f*) *m;* **2.** Könner *m*.

art·iste [ɑ:ˈti:st] Artist(in) *m (f);* Sänger(in) *m (f);* Tänzer(in) *m (f)*.

ar·tis·tic [ɑ:ˈtɪstɪk] *adj* **1.** künstlerisch; geschmackvoll; **2.** kunstverständig; **artistry** [ˈɑ:tɪstrɪ] Kunstsinn *m;* Kunstfertigkeit *f;* künstlerische Fähigkeiten *f pl*.

art·less [ˈɑ:tlɪs] *adj* einfach, natürlich, harmlos.

art·work [ˈɑ:twɜ:k] *(book)* Bildmaterial *n*.

arty [ˈɑ:tɪ] *adj fam* gewollt künstlerisch.

Aryan [ˈeərɪən] **I** *adj* arisch; **II** *s* Arier(in) *m (f)*.

as [əz, *betont:* æz] **I** *adv* wie, als; wie zum Beispiel; **~ ... ~** (eben)so ... wie; ▶ **not so ... ~** nicht so ... wie; **~ long ~** so lang(e) wie; **~ much, many ... ~** ebensoviel(e) ... wie; bis zu .. ; **~ yet** bis jetzt; bisher; **not ~ yet** noch nicht; **~well** auch; **~ well ~** sowie, dazu, (und) außerdem; **~ far ~** bis (zu); soviel; soweit; **I thought ~ much** das dachte ich mir doch; **II** *conj* da, weil; als, während; (in der Art) wie, genauso wie; wie, als; obgleich; als (ob); ▶ **~ it were** sozusagen, gleichsam; **~ if, though** als ob; **~ ... so** wie ..., so; **~ soon ~** sobald (als), sowie; **everything stands ~ it was** alles bleibt beim alten; **III** *prep* als; in der Eigenschaft als; ▶ **~ for, ~ to** was ... anbetrifft; hinsichtlich; **~ to whether** ob; **so ~ to** um zu; **so ~ to be sure** um sicher zu sein; **IV** *prn* welche(r, s); was; wie; ▶ **in proportion ~** in dem Maße, wie.

as·bes·tos [æzˈbestɒs] Asbest *m*.

as·cend [əˈsend] **I** *itr* **1.** auf-, ansteigen, sich erheben (*from* von); **2.** *(Ton)* steigen; **II** *tr* **1.** be-, ersteigen; erklettern; **2.** *(Thron)* besteigen; **as·cend·ancy, as·cend·ency** [—ənsɪ] *fig* Vormachtstellung, Vorherrschaft *f;* **as·cend·ant, as·cend·ent** [—ənt] *adj* aufsteigend; ▶ **in the ~** im Aufgehen; **as·cen·sion** [əˈsenʃn] Aufsteigen *n;* ▶ **A~ Day** Himmelfahrtstag *m;* **as·cent** [əˈsent] Aufsteigen *n;* Aufstieg *m*.

as·cer·tain [ˌæsəˈteɪn] *tr* feststellen, ermitteln, herausfinden.

as·cetic [əˈsetɪk] **I** *adj* asketisch; **II** *s* Asket *m;* **as·ceti·cism** [əˈsetɪsɪzəm] Askese *f*.

As·cot heater [ˈæskət] *Wz el* Durchlauferhitzer *m*.

as·crib·able [əˈskraɪbəbl] *adj* zuzuschreiben; **as·cribe** [əˈskraɪb] *tr* zuschreiben, beimessen (*to s.o.* jdm); **ascrip·tion** [əˈskrɪpʃn] Zuschreiben *n* (*to s.o.* jdm).

asex·ual [ˌeɪˈsekʃʊəl] *adj* geschlechtslos.

ash[1] [æʃ] *bot (~ tree)* Esche *f*.

ash[2] [æʃ] **1.** Asche *f;* **2.** *pl* Asche *f (a. d. Menschen);* sterbliche Überreste *m pl*.

ashamed [əˈʃeɪmd] *pred adj* beschämt; ▶ **be ~** sich schämen (*of s.th.* e-r S; *to do s.th.* etw zu tun); **you ought to be ~ of yourself** du solltest dich schämen.

ash-bin, *Am* **ash-can** [ˈæʃbɪn, ˈæʃkæn] Ascheneimer *m*.

ashore [əˈʃɔ:(r)] *adv* am Ufer, an Land; ▶ **go ~** an Land gehen.

ash-pan [ˈæʃpæn] Aschenkasten *m;* **ash-tray** Aschenbecher *m;* **Ash Wednesday** Aschermittwoch *m*.

Asia [ˈeɪʃə] Asien *n;* **Asia Minor** Kleinasien *n;* **Asian, Asi·atic** [ˈeɪʃn, ˌeɪʃɪˈætɪk] **I** *adj* asiatisch; **II** *s* Asiat(in) *m (f)*.

aside [əˈsaɪd] *adv* beiseite; abseits; auf die Seite; weg, fort; ▶ **~ from** *Am* abgesehen von; außer; **(all) joking ~!** Spaß beiseite! **lay ~** beiseite legen; *(Gewohnheit)* ablegen, aufgeben; **put ~** auf die Seite legen, beiseite legen; *(Waren, Geld)* zurücklegen; **set ~** weg-, beiseite legen; *(Geld)* beiseite legen, zurücklegen; *(Anspruch)* abweisen; *(Einwand)* verwerfen; *(Urteil)* aufheben; **stand, step ~** zur, auf die Seite gehen.

ask [ɑ:sk] **I** *tr* **1.** fragen (*s.o. for s.th., s.o. s.th.* jdn nach etw); *(Frage)* stellen; **2.** einladen; **3.** bitten (*s.th. of s.o.* jdn um etw; *s.o. to do s.th.* jdn, etw zu tun);

erbitten; erwarten, fordern, verlangen; **4.** *(Preis)* verlangen; ▶ **~ s.o.'s advice** jdn um Rat fragen; **~ me another!** frag mich bloß das nicht! **II** *itr* fragen (*for* nach); sich erkundigen (*about, after, for* nach); sich informieren (*about* über); ▶ **~ after** sich erkundigen nach; **~ for permission** um Erlaubnis bitten; **~ for trouble** Schwierigkeiten heraufbeschwören.

askance [ə'skæns] *adv* ▶ **look ~ at s.th.** etw mißtrauisch, mißbilligend betrachten.

askew [ə'skju:] *adv* schief, quer, schräg.

ask·ing ['ɑ:skɪŋ] ▶ **it's yours for the ~** Sie brauchen nur darum zu bitten; **~ price** Verkaufspreis *m.*

aslant [ə'slɑ:nt] **I** *adv* schief, schräg; **II** *prep* quer über, quer durch.

asleep [ə'sli:p] *pred adj* **1.** schlafend; **2.** *(Glieder)* eingeschlafen; ▶ **be ~** schlafen; **fall ~** einschlafen.

as·para·gus [ə'spærəgəs] Spargel *m.*

as·pect ['æspekt] **1.** Aussehen *n,* Erscheinung *f;* Anblick *m;* **2.** *(e-s Problems)* Seite *f,* Aspekt, Stand-, Gesichtspunkt *m;* **3.** *astr gram* Aspekt *m;* **4.** *(Haus)* Seite, Lage, Fläche *f.*

as·per·ity [æ'sperətɪ] **1.** Rauheit, Unebenheit *f;* **2.** *fig* Schroffheit, Strenge, Härte *f.*

as·per·sion [ə'spɜ:ʃn] ▶ **cast ~s on s.o.** jdn verleumden.

as·phalt ['æsfælt] **I** *s* Asphalt *m;* **II** *tr* asphaltieren.

as·phyxia [æs'fɪksɪə] *med* Erstickung, Asphyxie *f;* **as·phyxi·ate** [əs'fɪksɪeɪt] *tr* ersticken; **as·phyxi·ation** [əsˌfɪksɪ'eɪʃn] Erstickung *f.*

as·pir·ant [ə'spaɪərənt] Bewerber(in) *m (f)* (*to, after* um); Anwärter(in) *m (f)* (*to, after* auf); **as·pir·ation** [ˌæspə'reɪʃn] Verlangen, Streben *n,* Sehnsucht *f* (*after, for* nach); **as·pire** [ə'spaɪə(r)] *itr* streben, trachten (*after, at, to* nach).

as·pirin ['æsprɪn] *med* Aspirin *n.*

as·pir·ing [ə'spaɪərɪŋ] *adj* ehrgeizig; strebend (*after, to* nach).

ass [æs] **1.** Esel *m a. fig;* **2.** *fig* Dummkopf *m;* ▶ **make an ~ of o.s.** sich lächerlich machen.

as·sail [ə'seɪl] *tr* angreifen, überfallen; ▶ **~ s.o. with questions** jdn mit Fragen bestürmen; **be ~ed by doubts** von Zweifeln geplagt sein; **as·sail·able** [—əbl] *adj* angreifbar; anfechtbar.

as·sas·sin [ə'sæsɪn] (Meuchel)Mörder(in) *m (f);* **as·sas·sin·ate** [ə'sæsɪneɪt] *tr* ermorden; **as·sas·sin·ation** [əˌsæsɪ'neɪʃn] Ermordung *f,* Attentat *n.*

as·sault [ə'sɔ:lt] **I** *s* **1.** (Sturm)Angriff, Überfall *m* (*upon* auf); **2.** *jur* tätliche Beleidigung; **II** *tr* **1.** angreifen, überfallen; **2.** *jur* angreifen; sich vergehen an; **assault and battery** *jur* Körperverletzung *f.*

as·semble [ə'sembl] **I** *tr* **1.** versammeln; **2.** *tech* montieren; zusammensetzen; **3.** *(Parlament)* einberufen; **II** *itr* sich versammeln; **as·sem·bly** [ə'semblɪ] **1.** Versammlung *f;* Zusammenkunft, Veranstaltung *f;* **2.** *pol* gesetzgebende Körperschaft; **3.** *tech* Montage *f;* Zusammensetzen *n;* ▶ **~ line** Fließ-, Montageband *n;* **~ hall** Aula *f.*

as·sent [ə'sent] **I** *itr* einwilligen (*to* in), zustimmen (*to* dat); billigen (*to s.th.* etw); beipflichten (*to an opinion* e-r Meinung); **II** *s* Zustimmung, Einwilligung, Billigung *f;* ▶ **by common ~** mit Zustimmung aller; **with one ~** einmütig.

as·sert [ə'sɜ:t] **I** *tr* **1.** feststellen; bestehen auf, behaupten; **2.** *(Recht)* geltend machen; beanspruchen; *(Forderung)* durchsetzen; **II** *refl* sich durchsetzen; auf seinem Recht bestehen; **as·ser·tion** [ə'sɜ:ʃn] **1.** Erklärung *f;* Behauptung, Feststellung *f;* **2.** *(Rechte)* Geltendmachung *f;* ▶ **make an ~** e-e Behauptung aufstellen; **as·sert·ive** [ə'sɜ:tɪv] *adj* bestimmt.

as·sess [ə'ses] *tr* **1.** bewerten, den Wert feststellen (*s.th.* e-r S); **2.** festsetzen, feststellen (*at* auf); (ab)schätzen, veranschlagen; **3.** *fig* einschätzen; **as·sess·ment** [—mənt] **1.** Feststellung, Festsetzung *f;* **2.** Ab-, Einschätzung *f;* **3.** Bemessung, Veranlagung *f;* **as·sessor** [ə'sesə(r)] **1.** *(~ of taxes)* Steuerbeamte(r) *m,* -beamtin *f;* **2.** *jur* Beisitzer(in) *m (f).*

as·set ['æset] **1.** *fig* Vorteil *m,* Plus *n;* **2.** *pl* Aktivposten *m pl,* Aktiva *pl,* Vermögensstand *m,* Aktivvermögen *n;* ▶ **capital ~s** *pl* Anlagevermögen *n;* **~s and liabilities** *pl* Aktiva u. Passiva *pl.*

as·si·du·ity [ˌæsɪ'dju:ətɪ] Fleiß, Eifer *m;* **as·sidu·ous** [ə'sɪdjʊəs] *adj* fleißig, eifrig; gewissenhaft.

as·sign [ə'saɪn] *tr* **1.** festlegen, festsetzen, bestimmen; **2.** an-, zuweisen; zuteilen; *(Aufgabe)* beauftragen mit; **3.** *(Ursache)* zuschreiben, bezeichnen (*as* als); *(Bedeutung)* beilegen; **4.** *jur* übertragen, abtreten; **5.** ernennen (*to a post* auf e-n Posten); **as·sign·ment** [—mənt] **1.** Zuteilung *f;* An-, Zuweisung *f;* **2.** zugewiesene Aufgabe, Auftrag *m;* **3.** Ernennung *f;* Posten *m;* **4.** *jur* Übertragung *f.*

as·simi·late [ə'sɪməleɪt] *tr* **1.** aufnehmen, einverleiben, integrieren; **2.** assimilieren; **3.** (geistig) verdauen; **as·simi·la·tion** [əˌsɪmə'leɪʃn] **1.** Angleichung, Assimilation *f;* **2.** Übereinstimmung *f.*

as·sist [ə'sɪst] **I** *tr* **1.** helfen (*s.o.* jdm); unterstützen, behilflich sein (*s.o.* jdm); **2.** mitwirken (*in doing s.th.* etw zu tun; *in* bei); **II** *itr* **1.** Hilfe leisten; **2.** beiwohnen; teilnehmen (*at* an); **as·sist·ance**

[əˈsɪstəns] Hilfe, Unterstützung *f;* **as·sist·ant** [əˈsɪstənt] **I** *s* Assistent(in), Helfer(in), Mitarbeiter(in) *m (f);* **II** *adj* stellvertretend; ▶ **~ director** stellvertretende(r) Direktor(in); **~ physician** Assistenzarzt *m,* -ärztin *f;* **~ professor** außerplanmäßige(r) Professor(in).

as·sizes [əˈsaɪzɪz] *pl* Schwurgerichtssitzungen *f pl* des High Court of Judges.

as·so·ci·ate [əˈsəʊʃɪət] **I** *s* **1.** Mitarbeiter(in) *m (f);* **2.** *com* Partner(in), Teilhaber(in) *m (f);* **II** *adj* verbündet, beigeordnet; ▶ **~ professor** *Am* außerordentliche(r) Professor(in); **III** *tr* [əˈsəʊʃɪeɪt] **1.** vereinigen, verbinden; **2.** hinzufügen; zuordnen; in Zusammenhang bringen (*with* mit); **IV** *itr* [əˈsəʊʃɪeɪt] verkehren (*with s.o.* mit jdm); ▶ **he never did ~ with us very much** er war nie mit uns besonders befreundet; **as·so·ci·ation** [əˌsəʊsɪˈeɪʃn] **1.** Vereinigung *f,* Verein *m;* Gesellschaft *f;* Genossenschaft *f;* **2.** Umgang, Verkehr *m* (*with* mit); Beziehung *f* (*with* zu); **3.** Gedankenverbindung, Assoziation *f;* **4.** *(~ football)* (europäisches) Fußballspiel *n;* ▶ **call up ~s** Erinnerungen wachrufen; **join an ~** e-m Verein beitreten.

as·sorted [əˈsɔːtɪd] *adj* **1.** sortiert; geordnet; **2.** verschiedenartig; gemischt; ▶ **ill-~** schlecht zusammenpassend; **well-~** gut zusammenpassend; **as·sort·ment** [əˈsɔːtmənt] **1.** Sortieren, Klassifizieren *n;* **2.** Auswahl *f,* Sortiment *n.*

as·sume [əˈsjuːm] *tr* **1.** voraussetzen; annehmen, vermuten; **2.** vorgeben, unterstellen; **3.** *(Macht)* sich anmaßen; *(Amt)* antreten; *(Verantwortung)* übernehmen; *(Namen)* annehmen; ▶ **assuming that it is true** angenommen, es stimmt; **as·sumed** [əˈsjuːmd] *adj (Name)* angenommen.

as·sump·tion [əˈsʌmpʃn] **1.** An-, Übernahme *f;* **2.** Aneignung *f;* **3.** Vermutung, Annahme, Voraussetzung *f;* **4.** Anmaßung *f;* Überheblichkeit *f;* ▶ **the A~** (Mariä) Himmelfahrt *f;* **on the ~ that** unter der Annahme, Voraussetzung, daß.

as·sur·ance [əˈʃʊərəns] **1.** Versicherung, Beteuerung, Zusicherung *f;* **2.** Sicherheit, Gewißheit *f,* Vertrauen *n;* Selbstsicherheit *f;* **3.** Überheblichkeit *f;* **4.** *com* Versicherung *f;* ▶ **life ~** Lebensversicherung *f;* **as·sure** [əˈʃʊə(r)] *tr* **1.** versichern (*s.o. of s.th.* jdm etw), beteuern; **2.** garantieren; bürgen für; zusichern; **3.** beruhigen; **4.** *com* versichern; **as·sur·ed·ly** [əˈʃʊərɪdlɪ] *adv* sicherlich.

as·ter·isk [ˈæstərɪsk] *typ* Sternchen *n.*

astern [əˈstɜːn] *adv mar* achtern.

as·ter·oid [ˈæstərɔɪd] *astr* Asteroid *m.*

asthma [ˈæsmə] *med* Asthma *n;* **asth·matic** [æsˈmætɪk] *adj* asthmatisch.

as·ton·ish [əˈstɒnɪʃ] *tr* in Erstaunen setzen, überraschen; ▶ **be ~ed** erstaunt, überrascht sein; sich wundern (*at* über); **as·ton·ish·ing** [—ɪŋ] *adj* erstaunlich, verwunderlich; ▶ **it's ~ to me** das überrascht mich; **as·ton·ish·ment** [—mənt] Erstaunen *n,* Verwunderung *f* (*at* über).

astound [əˈstaʊnd] *tr* erstaunen.

astray [əˈstreɪ] *adj* ▶ **go, lead ~** in die Irre gehen, vom rechten Weg abführen.

astride [əˈstraɪd] *adv, prep, pred adj* rittlings (*of* auf).

as·trin·gent [əˈstrɪndʒənt] *adj* **1.** adstringierend; **2.** *fig (Humor)* ätzend.

as·trol·oger [əˈstrɒlədʒə(r)] Astrologe *m,* -login *f;* **as·tro·logi·cal** [ˌæstrəˈlɒdʒɪkl] *adj* astrologisch; **as·trol·ogy** [əˈstrɒlədʒɪ] Astrologie *f;* **as·tro·naut** [ˈæstrənɔːt] Astronaut(in) *m (f);* **as·tro·naut·ics** [ˌæstrəˈnɔːtɪks] *pl mit sing* Astronautik, Raumfahrt *f;* **as·tron·omer** [əˈstrɒnəmə(r)] Astronom(in) *m (f);* **as·tro·nomi·cal** [ˌæstrəˈnɒmɪkl] *adj a. fig* astronomisch; **as·tron·omy** [əˈstrɒnəmɪ] Astronomie *f.*

as·tute [əˈstjuːt] *adj* schlau; scharfsinnig; **as·tute·ness** [—nɪs] **1.** Schlauheit, List *f;* **2.** Scharfsinn *m.*

asy·lum [əˈsaɪləm] Asyl *n;* (Irren)Anstalt *f;* ▶ **ask, apply for ~** um Asyl bitten, Asyl beantragen.

at [ət] *prep* **1.** *(Ort)* in, bei, an, auf, zu; ▶ **~ Oxford** in Oxford; **~ a distance** in e-r Entfernung; **~ school** in der Schule; **~ the office** im Büro; **~ the dentist's** beim Zahnarzt; **~ work** bei der Arbeit; **~ the sight** beim Anblick (*of* gen); **~ the next corner** an der nächsten Ecke; **~ the station** auf dem Bahnhof; **~ home** zu Hause; **2.** *(Art u. Weise)* in, zu; **be ~ a loss** in Verlegenheit sein; **~ his request** auf seine Bitte (hin); **3.** *(zeitlich)* um; in; zu; **~ midnight** um Mitternacht; **~ night** in der Nacht; **~ noon** mittags; **~ the age of** im Alter von; **~ Christmas** zu Weihnachten; **4.** *(Zustand)* in; **~ peace** im Frieden; **~ rest** in Ruhe; **I feel ~ ease** mir ist wohl zumute; **5.** *(Richtung)* nach, gegen, zu, an, auf; **aim ~** zielen nach; **arrive ~ a decision** zu e-r Entscheidung kommen; **be astonished ~** erstaunt sein über; **he is mad ~ me** er ist wütend auf mich; **6.** *(bei Zahlangabe)* zu; **buy ~ a pound** zu e-m Pfund kaufen; **7.** *(Wendungen)* **~ all** überhaupt; **not ~ all** gar nicht, durchaus nicht; **~ best** bestenfalls; **~ first** zuerst; **~ last** endlich; **~ least** mindestens, wenigstens; **~ most** höchstens; **(all) ~ once** sofort; auf einmal.

ata·vism [ˈætəvɪzəm] Atavismus *m;* **ata·vis·tic** [ˌætəˈvɪstɪk] *adj* atavistisch.

ate [et, *Am* eɪt] *v s. eat.*
athe·ism [ˈeɪθɪɪzəm] Atheismus *m;* **athe·ist** [ˈeɪθɪɪst] Atheist *m;* **athe·is·tic** [ˌeɪθɪˈɪstɪk] *adj* atheistisch.
ath·lete [ˈæθliːt] Athlet(in) *m (f); Leicht*athlet(in) *m (f);* Sportler(in) *m (f);* **ath·letic** [æθˈletɪk] **I** *adj* sportlich; athletisch; **II** *s pl a. mit sing* (Leicht)Athletik *f.*
At·lan·tic [ətˈlæntɪk] **I** *s* Atlantischer Ozean, Atlantik *m;* **II** *adj* atlantisch.
at·las [ˈætləs] *geog* Atlas *m.*
at·mos·phere [ˈætməsfɪə(r)] Atmosphäre *f a. fig;* **at·mos·pheric** [ˌætməsˈferɪk] *adj* atmosphärisch; ▶ ~ **conditions** *pl* Witterung(sbedingungen *f pl*) *f;* ~ **pollution** Luftverschmutzung, Luftbelastung *f;* ~ **pressure** Luftdruck *m;* ~ **resistance** Luftwiderstand *m;* **at·mos·pher·ics** [ˌætməsˈferɪks] *pl tech* atmosphärische Störungen *f pl.*
atoll [ˈætɒl] *geog* Atoll *n.*
atom [ˈætəm] **1.** *chem* Atom *n;* **2.** *fig* winzige Kleinigkeit; **atom bomb** Atombombe *f;* **atomic** [əˈtɒmɪk] *adj* atomar; Atom-; ▶ ~ **energy** Atomenergie *f;* ~ **fission** Atomspaltung *f;* ~ **nucleus** Atomkern *m;* ~ **power** Atomkraft *f;* ~ **reactor** Atomreaktor *m;* ~ **weight** Atomgewicht *n;* **at·om·ize** [ˈætəmaɪz] *tr* atomisieren; zerstäuben; **at·om·izer** [ˈætəmaɪzə(r)] Zerstäuber *m.*
atone [əˈtəʊn] *itr* sühnen (*for* für); **atone·ment** [—mənt] Sühne, Buße *f.*
atro·cious [əˈtrəʊʃəs] *adj* **1.** grausam; **2.** *fam* abscheulich, scheußlich; **atro·city** [əˈtrɒsətɪ] **1.** Grausamkeit *f;* **2.** Greueltat *f.*
atro·phy [ˈætrəfɪ] **I** *s med* Atrophie *f;* **II** *itr* verkümmern; **III** *tr* verkümmern lassen.
at·tach [əˈtætʃ] *tr* **1.** anheften, befestigen (*to* an); *(e-m Schriftstück)* beifügen; **2.** *(Bedeutung)* beilegen, beimessen; **3.** *mil* abkommandieren; ▶ ~ **o.s. to** sich anschließen an; *(Partei)* beitreten *dat;* **be ~ed** eng verbunden sein (*to* mit); hängen (*to* an); ~ **value to** Wert legen auf.
at·taché [əˈtæʃeɪ] *pol* Attaché *m;* **at·taché case** Aktentasche *f.*
at·tach·ment [əˈtætʃmənt] **1.** Befestigung, An-, Beifügung *f;* **2.** Bei-, Anlage *f;* **3.** *fig* Zuneigung *f;* **4.** *tech* Zusatzvorrichtung *f,* -gerät *n.*
at·tack [əˈtæk] **I** *tr* **1.** angreifen *a. chem;* sich stürzen (*s.th.* auf etw); **2.** *(Aufgabe)* anpacken, in Angriff nehmen; **3.** *(Krankheit)* befallen; **II** *s* **1.** Angriff *m* (*on* auf, gegen); **2.** *(Arbeit)* Inangriffnahme *f;* **3.** *(Krankheit)* Anfall *m;* ▶ **heart** ~ Herzanfall *m;* Herzinfarkt *m.*
at·tain [əˈteɪn] **I** *tr* erreichen, erlangen; vollenden; ▶ ~ **power** an die Macht gelangen; **II** *itr* gelangen (*to* bis zu); ▶ ~ **a very great age** sehr alt werden;
at·tain·able [—əbl] *adj* erreichbar; **at·tain·ment** [—mənt] **1.** *(Ziel)* Erreichen *n;* Erlangung *f;* **2.** *pl* Kenntnisse, Fähigkeiten, Fertigkeiten *f pl.*
at·tempt [əˈtempt] **I** *tr* versuchen; wagen; sich bemühen (*to do, at doing s.th.* etw zu tun); **II** *s* **1.** Versuch *m* (*at* mit); **2.** Anschlag *m;* ▶ **make an ~ on s.o.'s life** auf jdn e-n Anschlag verüben.
at·tend [əˈtend] **I** *tr* **1.** *(Schule)* besuchen; beiwohnen (*a meeting* e-r Versammlung); *(Vorlesung)* hören; **2.** betreuen, bedienen, pflegen; *(Arzt)* behandeln; **3.** *fig* begleiten; **II** *itr* **1.** anwesend, zugegen sein (*at* bei); **2.** aufpassen, sich konzentrieren, hören, achtgeben (*to* auf); **3.** beachten, einhalten (*to s.th.* etw); **4.** sich befassen (*to* mit); sorgen (*to* für), sich kümmern (*to* um); besorgen, erledigen (*to s.th.* etw); **5.** erfüllen (*to one's duties* seine Pflicht); ausführen (*to an order* e-n Auftrag); **6.** bedienen (*to a customer* e-n Kunden); **at·tend·ance** [əˈtendəns] **1.** Anwesenheit *f;* Besuch *m;* **2.** (Zu)Hörerschaft *f* (*at* bei); Beteiligung *f* (*at* bei, an); **3.** Dienerschaft, Begleitung *f;* **4.** *tech* Wartung *f;* **5.** *med* Behandlung *f;* ▶ **be in ~** Dienst haben (*at* bei); **the ~ at the meeting was poor** die Versammlung war schwach besucht; **medical ~** ärztliche Behandlung; ~ **at school** Schulbesuch *m;* ~ **list, book** Anwesenheitsliste *f;* **at·tend·ant** [əˈtendənt] **I** *adj* **1.** begleitend, dazugehörig; **2.** anwesend; ▶ ~ **circumstances** *pl* Begleitumstände *m pl;* **II** *s* **1.** Diener(in) *m (f);* Wärter(in) *m (f);* Aufseher(in) *m (f);* **2.** Begleiter(in) *m (f);* **3.** Anwesende(r) *f m.*
at·ten·tion [əˈtenʃn] **1.** Aufmerksamkeit *f;* **2.** Berücksichtigung, Beachtung *f;* **3.** *mil* Habachtstellung *f;* ▶ **~!** *mil* stillgestanden! **without attracting ~** unauffällig; **attract ~** Aufmerksamkeit erregen; **call, draw s.o.'s ~ to s.th.** jdn auf etw hinweisen; ▶ **(for the) ~ of** *(Brief)* zu Händen von; **pay ~** achtgeben, aufpassen; **pay ~ to s.o.** jdm aufmerksam zuhören; **pay ~ to s.th.** etw beachten, auf etw achten; **at·tent·ive** [əˈtentɪv] *adj* **1.** aufmerksam (*to* auf); **2.** zuvorkommend, gefällig (*to* gegenüber).
at·tenu·ate [əˈtenjʊeɪt] *tr* **1.** verdünnen; schwächen; **2.** verkleinern, verringern; **3.** *fig* abschwächen.
at·test [əˈtest] **I** *tr* **1.** bestätigen; beweisen; klarlegen; **2.** beglaubigen, bescheinigen, beurkunden; **II** *itr* bezeugen (*to s.th.* etw); **at·tes·ta·tion** [ˌæteˈsteɪʃn] **1.** Bescheinigung, Bestätigung *f;* Beurkundung, Beglaubigung *f;* **2.** Beweis *m.*
at·tic [ˈætɪk] Dachboden, Speicher *m.*
at·ti·tude [ˈætɪtjuːd] Haltung *f;* Verhalten *n,* Einstellung *f* (*towards* gegenüber); ▶ **adopt an ~** e-e Haltung ein-

nehmen; **strike an ~** sich affektiert benehmen.

at·tor·ney [əˈtɜːnɪ] *jur* **1.** Bevollmächtigte(r) *f m;* **2.** *Am* Rechtsanwalt *m,* -anwältin *f;* ► **letter, power of ~** Vollmacht *f.*

at·tract [əˈtrækt] *tr* **1.** anziehen *a. fig;* **2.** *(Aufmerksamkeit)* erregen, auf sich lenken; **3.** *fig* fesseln, reizen, anlocken; ► **without ~ing attention** unauffällig; **at·trac·tion** [əˈtrækʃn] **1.** Anziehung *f a. phys; (power of ~)* Anziehungskraft *f;* **2.** Reiz, Zauber *m;* **3.** *theat* Attraktion, Zugnummer *f;* **at·tract·ive** [əˈtræktɪv] *adj* **1.** fesselnd, anziehend; **2.** *fig* verlokkend, attraktiv.

at·tri·bute [əˈtrɪbjuːt] **I** *tr* zuschreiben, beimessen (*to s.th.* e-r S); **II** *s* [ˈætrɪbjuːt] **1.** Eigenschaft *f,* Merkmal, Attribut *n a. gram;* **2.** Kennzeichen *n;* **at·tribu·tive** [əˈtrɪbjʊtɪv] **I** *adj gram* attributiv; **II** *s gram* Attribut *n.*

at·tri·tion [əˈtrɪʃn] Abnutzung *f,* Verschleiß *m; fig* Zermürbung *f;* ► **war of ~** Zermürbungskrieg *m.*

au·burn [ˈɔːbən] *adj* kastanienbraun.

auc·tion [ˈɔːkʃn] **I** *s* Auktion, (öffentliche) Versteigerung *f;* ► **buy by ~** ersteigern; **sell by ~** versteigern; **II** *tr (~ off)* versteigern; **auc·tion·eer** [ˌɔːkʃəˈnɪə(r)] Auktionator(in) *m (f).*

aud·acious [ɔːˈdeɪʃəs] *adj* **1.** kühn, wagemutig; **2.** frech, dreist; **aud·ac·ity** [ɔːˈdæsətɪ] **1.** Kühnheit *f,* Wagemut *m;* **2.** Dreistigkeit *f.*

aud·ible [ˈɔːdəbl] *adj* hörbar; vernehmlich.

audi·ence [ˈɔːdɪəns] **1.** Publikum *n;* Zuhörer(schaft *f*) *m pl; TV* Zuschauer *m pl; radio* Hörer *m pl;* **2.** Audienz *f* (*with* bei).

audio [ˌɔːdɪəʊ] *pref* Ton-, Radio-, Hör-; ► **~-visual aids** *pl* Anschauungsmaterial *n;* audiovisuelle Hilfsmittel *n pl.*

au·dit [ˈɔːdɪt] **I** *s* Buchprüfung *f; (~ of accounts)* Rechnungsprüfung *f;* **II** *tr* prüfen.

aud·ition [ɔːˈdɪʃn] **I** *s* **1.** (Zu-, An)Hören *n;* **2.** *theat* Sprech-, Hörprobe *f;* **II** *tr* vorsprechen, vorsingen lassen.

au·di·tor [ˈɔːdɪtə(r)] **1.** Wirtschafts-, Buchprüfer(in) *m (f);* **2.** *Am (Universität)* Gasthörer(in) *m (f).*

au·di·tor·ium [ˌɔːdɪˈtɔːrɪəm] **1.** Hörsaal *m,* Auditorium *n;* **2.** Vortrags-, Konzertsaal *m.*

aug·ment [ɔːgˈment] **I** *tr* vermehren, vergrößern; **II** *itr* zunehmen, sich vergrößern; **aug·men·ta·tion** [ˌɔːgmenˈteɪʃn] Vermehrung, Steigerung, Vergrößerung *f;* Zunahme *f.*

au·gur [ˈɔːgə(r)] **I** *tr* weissagen, vorhersagen; **II** *itr* ein Vorzeichen sein; ► **~ ill, well** ein schlechtes, ein gutes Vorzeichen sein (*for* für); **au·gury** [ˈɔːgjʊrɪ] Vorzeichen *n.*

au·gust [ɔːˈgʌst] *adj* erhaben.

Au·gust [ˈɔːgəst] August *m;* ► **in ~** im August.

aunt [ɑːnt, *Am* ænt] Tante *f.*

aura [ˈɔːrə] Aura *f.*

au·ral [ˈɔːrəl] *adj* Ohr-; ► **~ surgeon** Ohrenarzt *m.*

aur·icle [ˈɔːrɪkl] **1.** *(Herz)* Vorhof *m;* **2.** Ohrmuschel *f;* **aur·icu·lar** [ɔːˈrɪkjʊlə(r)] *adj* Ohr-.

aur·ora [ɔːˈrɔːrə] ► **~ borealis, australis** Nordlicht, Südlicht *n.*

aus·pices [ˈɔːspɪsɪz] *pl* ► **under the ~ of s.o.** unter jds Schirmherrschaft; **aus·pi·cious** [ɔːˈspɪʃəs] *adj* erfolgversprechend.

aus·tere [ɔːˈstɪə(r)] *adj* **1.** streng; **2.** schmucklos, einfach; **aus·ter·ity** [ɔːˈsterətɪ] **1.** Strenge *f;* Ernst *m;* **2.** Schmucklosigkeit, strenge Einfachheit *f;* **3.** *com* Sparmaßnahmen *f pl.*

Aus·tralia [ɒˈstreɪlɪə] Australien *n;* **Aus·tral·ian** [ɒˈstreɪlɪən] **I** *s* Australier(in) *m (f);* **II** *adj* australisch.

Aus·tria [ˈɒstrɪə] Österreich *n;* **Aus·trian** [ˈɒstrɪən] **I** *s* Österreicher(in) *m (f);* **II** *adj* österreichisch.

auth·en·tic [ɔːˈθentɪk] *adj* authentisch; echt; verbürgt; **auth·en·ti·cate** [ɔːˈθentɪkeɪt] *tr* **1.** beglaubigen; **2.** die Echtheit nachweisen (*s.th.* gen); **auth·en·ti·ca·tion** [ɔːˌθentɪˈkeɪʃn] Beglaubigung *f;* **auth·en·tic·ity** [ˌɔːθənˈtɪsətɪ] Echtheit *f.*

author [ˈɔːθə(r)] **1.** Autor(in), Verfasser(in) *m (f);* Schriftsteller(in) *m (f);* **2.** Urheber(in) *m (f);* **author·ess** [ˈɔːθərɪs] Schriftstellerin *f.*

auth·ori·tar·ian [ɔːˌθɒrɪˈteərɪən] *adj* autoritär; **auth·ori·tat·ive** [ɔːˈθɒrɪtətɪv] *adj* **1.** maßgebend; zuverlässig; **2.** gebieterisch; entschieden; **auth·or·ity** [ɔːˈθɒrətɪ] **1.** (Amts-, Befehls)Gewalt *f;* **2.** Befugnis, Vollmacht *f;* **3.** Ansehen *n,* Autorität *f,* **4.** Kapazität, Autorität *f,* Experte *m,* Expertin *f* (*on* auf dem Gebiet *gen*); **5.** zuverlässige Quelle, Nachweis *m;* **6.** *meist pl* Behörde(n) *f (pl);* ► **from competent ~** von maßgebender Seite; **on one's own ~** auf eigene Verantwortung; **under the ~ of** im Auftrag von; **without ~** unbefugt, unberechtigt; **apply to the proper ~** sich an die zuständige Stelle wenden; **have ~** befugt, ermächtigt sein (*to do* zu tun); **parental ~** elterliche Gewalt.

auth·or·iz·ation [ˌɔːθəraɪˈzeɪʃn] Ermächtigung *f;* ► **give s.o. ~** jdn ermächtigen (*to do* zu tun; *for* zu); **auth·or·ize** [ˈɔːθəraɪz] *tr* **1.** bevollmächtigen, ermächtigen; die Befugnis erteilen (*s.o.* jdm); **2.** genehmigen, bewilligen; ► **through ~d channels** auf dem Dienstweg; **be ~d** befugt, ermächtigt, autorisiert sein (*to* zu); **~d to sign** zeichnungsberechtigt.

author·ship ['ɔ:θəʃɪp] **1.** Verfasserschaft *f;* **2.** Schriftstellerberuf *m.*

auto ['ɔ:təʊ] ‹*pl* autos› **I** *s Am fam* Auto *n;* **II** *pref* selbst(tätig); Auto-, auto-.

auto·bio·graphi·cal [ˌɔ:təbaɪə'græfɪkl] *adj* autobiographisch; **au·to·bi·ogra·phy** [ˌɔ:təbaɪ'ɒgrəfɪ] Autobiographie *f.*

au·toc·racy [ɔ:'tɒkrəsɪ] Autokratie, Selbstherrschaft *f;* **au·to·crat** ['ɔ:təkræt] Autokrat(in) *m (f);* **au·to·cratic** [ˌɔ:tə'krætik] *adj* autokratisch.

au·to·cue ['ɔ:təˌkju:] *TV* Teleprompter *m.*

au·to·graph ['ɔ:təgrɑ:f] **I** *s* Autogramm *n;* **II** *tr* signieren.

au·to·mate ['ɔ:təmeɪt] *tr* automatisieren; **au·to·matic** [ˌɔ:tə'mætɪk] **I** *adj* **1.** automatisch, selbsttätig; **2.** *fig* mechanisch; ► **~ choke** Startautomatik *f;* **~ pilot** Autopilot *m;* **~ dialling** *tele* Wählautomatik *f;* **~ exposure** *phot* Belichtungsautomatik *f;* **~ gear change** *mot* Automatikschaltung *f;* **~ rewind** *(Kamera, Video etc)* Rückspulautomatik *f;* **II** *s* Maschinenwaffe *f;* Automatikwagen *m;* Waschautomat *m;* **au·to·ma·tion** [ˌɔ:tə'meɪʃn] Automatisierung *f;* **automa·ton** [ɔ:'tɒmətən] Automat, Roboter *m.*

au·to·mo·bile ['ɔ:təməbi:l] Auto(mobil) *n;* **auto·mo·tive** [ˌɔ:tə'məʊtɪv] *adj* selbstbeweglich; mit Selbstantrieb; Kfz-.

au·ton·omous [ɔ:'tɒnəməs] *adj* autonom; **au·ton·omy** [ɔ:'tɒnəmɪ] Autonomie *f.*

au·topsy ['ɔ:tɒpsɪ] *med* Autopsie *f.*

au·tumn ['ɔ:təm] Herbst *m a. fig;* ► **in ~** im Herbst; **au·tum·nal** [ɔ:'tʌmnəl] *adj* herbstlich.

aux·ili·ary [ɔ:g'zɪlɪərɪ] **I** *adj* Hilfs-; zusätzlich; **II** *s* **1.** *(~ verb)* Hilfszeitwort *n;* **2.** *pl mil* Hilfstruppen *f pl.*

avail [ə'veɪl] **I** *refl* (*of* von) Gebrauch machen; **II** *itr* helfen; **III** *s* ► **of no ~** nutzlos; erfolglos; **to no ~, without ~** vergeblich; **be of little ~** von geringem Nutzen sein (*to* für); **avail·able** [ə'veɪləbl] *adj* **1.** verfügbar; **2.** *com* lieferbar, erhältlich; ► **by all ~ means** mit allen verfügbaren Mitteln; **no longer ~** *(Buch)* vergriffen; *(Ware)* nicht mehr lieferbar; **be ~** erhältlich sein.

ava·lanche ['ævəlɑ:nʃ] Lawine *f a. fig.*

avant-garde [ˌævɒŋ'gɑ:d] *adj* avantgardistisch.

av·ar·ice ['ævərɪs] Habsucht *f;* Geiz *m;* **av·ar·icious** [ˌævə'rɪʃəs] *adj* habsüchtig; geizig.

avenge [ə'vendʒ] **I** *tr* rächen; strafen; **II** *refl* sich rächen (*on* an).

av·enue ['ævənju:] **1.** Allee *f;* **2.** *fig* Weg, Zugang *m* (*to* zu).

av·er·age ['ævərɪdʒ] **I** *s* Durchschnitt *m;* ► **on (an) ~** durchschnittlich, im Durchschnitt; **be above (below) (the) ~** über (unter) dem Durchschnitt liegen; **II** *adj* durchschnittlich, Durchschnitts-; **III** *tr* **1.** im Durchschnitt betragen; **2.** den Durchschnitt nehmen von; im Durchschnitt ausmachen, im Mittel ergeben; **3.** durchschnittlich verdienen *od* leisten.

averse [ə'vɜ:s] *adj* abgeneigt (*to* dat); zuwider; **aver·sion** [ə'vɜ:ʃn] **1.** Widerwille *m,* Abneigung *f* (*to* gegen); Widerstreben *n;* **2.** Greuel *m.*

avert [ə'vɜ:t] *tr* **1.** abwenden (*from* von); **2.** verhindern, verhüten.

avi·ary ['eɪvɪərɪ] Vogelhaus *n.*

avi·ation [ˌeɪvɪ'eɪʃn] Luftfahrt *f,* Fliegen, Flugwesen *n;* ► **civil, commercial ~** Zivil-, Verkehrsluftfahrt *f;* **~ fuel** Flugbenzin *n.*

avid ['ævɪd] *adj* gierig (*for, of* nach); begierig (*for* auf; *of* nach); **avid·ity** [ə'vɪdətɪ] Begierde *f;* Gier *f* (*of, for* nach).

avoid [ə'vɔɪd] *tr* **1.** meiden, aus dem Wege gehen (*s.o.* jdm); ausweichen (*s.o.* jdm); **2.** vermeiden (*doing s.th.* etw zu tun); *(Schaden)* verhüten; **avoid·able** [—əbl] *adj* vermeidbar; **avoid·ance** [—əns] (Ver)Meiden *n;* Verhütung *f;* ► **tax ~** die Umgehung von Steuern.

avow [ə'vaʊ] *tr* anerkennen, zugeben, eingestehen; **avowal** [ə'vaʊəl] Eingeständnis *n;* **avow·ed·ly** [ə'vaʊɪdlɪ] *adv* zugegebener-, eingestandenermaßen.

AWACS ['eɪwæks] *Abk:* **Airborne Warning and Control System** Frühwarnsystem, AWACS *n.*

await [ə'weɪt] *tr* **1.** erwarten, warten auf; **2.** abwarten.

awake [ə'weɪk] ‹*irr* awoke, awoken *od* awaked› **I** *tr* aufwecken; **II** *itr* aufwachen; **III** *pred adj* wach, munter; ► **be ~** wach sein; **be ~ to s.th.** sich e-r S bewußt sein; **wide ~** hellwach; **awaken** [ə'weɪkən] **I** *tr* aufwecken; **II** *itr* aufwachen; **awaken·ing** [ə'weɪknɪŋ] Erwachen *n a. fig.*

award [ə'wɔ:d] **I** *s* **1.** Preis *m;* Auszeichnung *f;* **2.** *jur* Urteilsspruch *m;* (Sachverständigen)Gutachten *n;* **3.** Stipendium *n;* **II** *tr* **1.** zuerkennen, zusprechen; **2.** *(Preis)* verleihen (*s.o.* jdm).

aware [ə'weə(r)] *pred adj* bewußt; ► **I'm ~ of that** ich bin mir dessen bewußt; **aware·ness** [ə'weənɪs] Bewußtsein *n.*

away [ə'weɪ] *adv* **1.** weg, fort; **2.** entfernt, abseits; **3.** abwesend; ► **far ~** weit weg; **far and ~** bei weitem; **right, straight ~** auf der Stelle; sofort; **do ~ with** abschaffen; beseitigen; **give ~** verschenken (*s.th.* etw); **give o.s. ~** sich verraten; **go ~** weg-, fortgehen; **take ~** weg-, fortnehmen; **work ~** unablässig arbeiten; **away match** *sport* Auswärtsspiel.

awe [ɔ:] **I** *s* Ehrfurcht *f;* Scheu *f;* ▶ **keep s.o. in ~** jdm imponieren; **stand, be in ~ of s.o.** jdn fürchten; **strike s.o. with ~** jdm Furcht einflößen; **II** *tr* Ehrfurcht einflößen (*s.o.* jdm); ▶ **be ~d** eingeschüchtert sein; **awe-in·spir·ing** ['ɔ:ɪnˌspaɪərɪŋ], **awe·some** ['ɔ:səm] *adj* ehrfurchtgebietend; **awe·struck** ['ɔ:strʌk] *adj* tief beeindruckt.

aw·ful ['ɔ:fl] *adj* **1.** furchtbar; **2.** *fam* scheußlich; **aw·fully** ['ɔ:flɪ] *adv* **1.** schrecklich; **2.** *fam* furchtbar, schrecklich; äußerst, sehr.

awk·ward ['ɔ:kwəd] *adj* **1.** linkisch, unpraktisch, ungeschickt; **2.** *(Situation)* peinlich, unangenehm; *(Frage)* schwierig; peinlich; ▶ **~ age** schwieriges Alter.

awn·ing ['ɔ:nɪŋ] **1.** Plane *f;* **2.** *mar* Sonnensegel *n;* **3.** Markise *f.*

awoke, awoken [ə'wəʊk, ə'wəʊkən] *v s. awake.*

awry [ə'raɪ] *pred adj, adv* schief, krumm; ▶ **go ~** schiefgehen.

axe, *Am* **ax** [æks] **I** *s* Axt *f;* Beil *n;* Hacke *f;* ▶ **get the ~** *fam* entlassen, hinausgeworfen werden; **have an ~ to grind** persönliche Interessen verfolgen; **II** *tr fig* stark beschneiden, kürzen, abbauen, streichen.

ax·iom ['æksɪəm] Axiom *n,* Grundsatz *m.*

axis ['æksɪs] ⟨*pl* axes⟩ ['æksi:z] **1.** *phys pol* Achse *f;* **2.** *math* Mittellinie *f.*

axle ['æksl] (Rad)Achse, Welle *f.*

ay·a·tol·lah [ˌaɪjə'tɔlə] Ajatollah *m.*

ay(e) [aɪ] **I** *interj* jawohl! **II** *s parl* Jastimme *f;* ▶ **the ~s have it** die Mehrzahl ist dafür.

aza·lea [ə'zeɪlɪə] *bot* Azalee *f.*

az·ure ['æʒə(r)] **I** *s* Himmelblau *n;* **II** *adj* himmelblau.

B

B, b [bi:] ⟨*pl* -'s⟩ **1.** B, b *n;* **2.** *mus* H, h *n;* **3.** *(Schule)* gut.

baa [bɑ:] *itr (Schaf)* blöken.

babble ['bæbl] **I** *tr, itr* **1.** stammeln, lallen, plappern; schwatzen; **2.** *(Wasser)* murmeln, plätschern; **II** *s* Geplapper *n;* Geschwätz *n.*

babe [beɪb] **1.** *poet* Kind *n;* **2.** *fam* netter Käfer, Puppe *f;* ▶ ~ **in arms** Säugling *m.*

babel ['beɪbl] Wirrwarr *m,* Durcheinander *n.*

ba·boon [bə'bu:n] *zoo* Pavian *m.*

baby ['beɪbɪ] **I** *s* **1.** Säugling *m,* Kind *n;* **2.** *fam* Schätzchen *n;* **3.** *sl* Sache *f;* ▶ **carry, hold the** ~ *fam* die Sache am Hals haben; **II** *tr* verzärteln, verhätscheln; **baby carriage** *Am* Kinderwagen *m;* **baby·hood** ['beɪbɪhʊd] Säuglingsalter *n;* **baby-sit·ter** ['beɪbɪˌsɪtə(r)] Babysitter(in) *m (f).*

bach·elor ['bætʃələ(r)] **1.** Bakkalaureus *m (unterster akad. Grad);* **2.** Junggeselle *m.*

ba·cil·lus [bə'sɪləs] ⟨*pl* -li⟩ [bə'sɪlaɪ] Bazillus *m.*

back [bæk] **I** *s* **1.** Rücken *m a. fig;* **2.** Rückgrat *n;* **3.** Rücklehne *f;* **4.** *mot* Rücksitz *m;* **5.** Rückseite *f;* Hintergrund *m;* **6.** *fig* Kehrseite *f;* **7.** *(Fußball)* Verteidiger *m;* ▶ **get s.o.'s ~ up** jdn auf die Palme bringen; **put one's ~ into s.th.** *fam* sich in e-e S hineinknien; **~ of a book, hill** Buch-, Bergrücken *m;* **~ of the hand** Handrücken *m;* **~ to ~** Rükken an Rücken; **at the ~ of** hinter; *fig* hinter dem Rücken von; **behind s.o.'s ~** *fig* hinter jds Rücken; **with one's ~ to the wall** *fig* in der Klemme; **II** *adj* **1.** rückwärtig; hinter; **2.** *(Betrag)* rückständig; **3.** abgelegen, fern; **III** *adv* rückwärts; zurück (*from* von); hinten; wieder; **5 years ~** vor fünf Jahren; **~ and forth** hin u. her; **answer ~** frech antworten; **stand, keep ~!** zurück(bleiben)! **go ~ on one's word** sein Versprechen nicht halten; **IV** *tr* **1.** (unter)stützen; **2.** *(~ up)* den Rücken decken, beistehen (*s.o.* jdm); **3.** zurückschieben; *mot* zurückstoßen; **4.** wetten (*s.th.* auf etw); **V** *(mit Präposition)* **back away** *itr* zurückweichen; **back down** *itr* klein beigeben; **back on to** hinten angrenzen an; **back out of** *fig* aussteigen aus; *mot* rückwärts herausfahren aus; **back up** *itr mot* zurückstoßen; *tr* **1.** unterstützen; *(Geschichte)* bestätigen; *(Theorie)* untermauern; **2.** *mot* zurückfahren; **3.** *EDV* sichern.

back-bencher [ˌbæk'bentʃə(r)] *parl* Hinterbänkler(in) *m (f);* **back·bit·ing** ['bækˌbaɪtɪŋ] Verleumdung *f;* **back-bone** ['bækbəʊn] Rückgrat *n a. fig;* **back·cloth** ['bækˌklɒθ] *theat* Hintergrund(vorhang) *m;* **back·door** [ˌbæk'dɔ:(r)] **I** *adj fig* heimlich, verstohlen; **II** *s* Hintertür *f a. fig.*

backer ['bækə(r)] **1.** Helfer(in), Förderer(in) *m (f);* **2.** *com* Geldgeber(in) *m (f);* **3.** Wettende(r) *f m.*

back·fire [ˌbæk'faɪə(r)] **I** *s mot* Fehlzündung *f;* **II** *itr* **1.** fehlzünden; **2.** schiefgehen; *fam* ins Auge gehen; **back·gammon** [bæk'gæmən] Backgammon *n (Spiel).*

back·ground ['bækgraʊnd] **1.** Hintergrund *m a. fig;* Umwelt *f,* Milieu *n;* **2.** *fig* berufliche Erfahrung, Aus-, Vorbildung *f;* **3.** Vorgeschichte *f;* **4.** Zusammenhänge *m pl;* ▶ **keep in the ~** im Hintergrund bleiben.

back·hand ['bækhænd] **I** *s (Tennis)* Rückhand *f;* **II** *adj* Rückhand-.

back·ing ['bækɪŋ] **1.** Stütze, Unterstützung, Hilfe *f;* Rückhalt *m;* **2.** *mus* Begleitung *f;* **3.** Rücken(verstärkung *f*) *m.*

back·lash ['bæklæʃ] **1.** *tech* Gegenschlag *m;* **2.** Gegenreaktion *f;* **back·log** ['bæklɒg] *com* Rückstände *m pl;* **back-number** **1.** *(Zeitung)* alte Nummer; **2.** *fam fig* altmodischer Mensch; **back-pack** ['bækpæk] *Am* Rucksack *m;* **back·packer** *Am* Rucksacktourist(in) *m (f);* **back·packing** Rucksacktourismus *m;* **back pay** Nachzahlung *f;* **back·seat** [bæk'si:t] Rücksitz *m;* ▶ **take a ~** sich zurückhalten; **back-seat driver** *fig* Besserwisser(in) *m (f);* **back·side** ['bæksaɪd] *fam* Hintern *m;* **back·space** ['bækspeɪs] *itr EDV* zurücksetzen; **back·stage** [bæk'steɪdʒ] *adj, adv* hinter der Bühne; **back·stairs** [ˌbæk'steəz] *pl* Hintertreppe *f;* **back-stroke** ['bækstrəʊk] Rückenschwimmen *n;* **back·talk** ['bæktɔ:k] *Am* unverschämte Antwort; **back·track** ['bæktræk] *itr* umkehren; sich zurückziehen; **back-up** ['bækʌp] **1.** Unterstützung; **2.** *EDV* Sicherung *f;* **back-up copy** *EDV* Sicherungskopie *f.*

back·ward ['bækwəd] *adj* **1.** rückwärtig; rückwärts gerichtet; **2.** zurückgeblieben, rückständig, spät entwickelt; **back·wards** ['bækwədz] *adv* rückwärts, zurück; ▶ ~ **and forwards** hin u.

her.

back·wash ['bækwɒʃ] **1.** Rückstau *m;* zurücklaufende Strömung; **2.** *fig* Nach-, Rückwirkung *f;* **back·water** ['bæk,wɔ:tə(r)] **1.** Rückstau *m;* Stauwasser *n;* **2.** *fig* Stillstand *m;* Stagnation *f;* **3.** rückständiges Nest; **back·woods** ['bækwʊdz] *pl* abgelegene Gegend; **back·woods·man** ['bækwʊdzmən] Hinterwäldler *m;* **back·yard** [,bæk'jɑ:d] Hinterhof *m.*

ba·con ['beɪkən] Speck *m;* ▶ **save one's ~** *fam* mit heiler Haut davonkommen.

bac·teri·ol·ogist [bæk,tɪərɪ'ɒlədʒɪst] Bakteriologe *m,* -login *f;* **bac·ter·ium** [bæk'tɪərɪəm] ⟨*pl* -ia *a. sing*⟩ [—rɪə] Bakterie *f.*

bad [bæd] ⟨*Komparativ* worse, *Superlativ* worst⟩ **I** *adj* **1.** schlecht; **2.** übel; **3.** böse, schlimm; **4.** *(Fehler)* schwer; **5.** widerlich, -wärtig, ärgerlich; **6.** unanständig; ungezogen; **7.** verdorben; *(Ei)* faul; **8.** unpäßlich; krank; ▶ **~ debt** uneinbringliche Forderung; **from ~ to worse** immer schlimmer; **in ~ faith** wider Treu u. Glauben; **in a ~ temper** wütend; verärgert; **not (half) ~** *fam* nicht übel; **go ~** schlecht werden, verderben; **I feel ~** mir ist nicht wohl; **he feels very ~ about it** es tut ihm sehr leid; **that is too ~!** das ist zu dumm! **~ luck** Pech *n;* **II** *s* (das) Böse, Schlechte.

bad(e) [bæd] *v s. bid*[2].

badge [bædʒ] Abzeichen *n;* Kennzeichen, Merkmal *n.*

badger ['bædʒə(r)] **I** *s* Dachs *m;* **II** *tr* plagen.

bad·ly ['bædlɪ] ⟨*Komparativ* worse, *Superlativ* worst⟩ *adv* **1.** schlecht, schlimm; **2.** arg, dringend; ▶ **come off ~** schlecht wegkommen; **be ~ off** finanziell schlecht dran sein; **want ~** dringend brauchen *od* benötigen; **~ beaten** vernichtend geschlagen.

bad·min·ton ['bædmɪntən] Federball, Badminton *n.*

baffle ['bæfl] **I** *tr* **1.** vor den Kopf stoßen; aus dem Konzept bringen; **2.** verblüffen, verwirren; **3.** *(Pläne)* durchkreuzen, vereiteln; ▶ **I am completely ~d** ich stehe vor einem Rätsel; **II** *s mot* Umlenkblech *n;* **baf·fling** [—ɪŋ] *adj* **1.** verwirrend; unverständlich; **2.** rätselhaft.

bag [bæg] **I** *s* **1.** Beutel, Sack *m;* Tasche *f; pl* Handgepäck *n; (paper ~)* Tüte *f; (money ~)* Geldbeutel *m; (hand ~)* Handtasche *f;* **2.** *(game-~)* Jagdbeute *f;* **3.** *pl* Hose *f;* ▶ **~s of** jede Menge; **the whole ~ of tricks** die ganze Trickkiste; **let the cat out of the ~** *fig* die Katze aus dem Sack lassen; **a ~ of bones** Haut u. Knochen; **II** *tr* **1.** in den Sack stecken; *fig* einstecken; **2.** *sl* sich unter den Nagel reißen; **3.** *(Jäger)* erbeuten, erlegen; **III** *itr* sich ausbeulen.

bag·gage ['bægɪdʒ] (Reise)Gepäck *n;* **baggage car** *Am* Gepäckwagen *m;* **baggage-check** *Am* Gepäckkontrolle *f;* **baggage claim** Gepäckrückgabe *f;* **bag·gage rack** Gepäcknetz *n;* **baggage room** Gepäckaufbewahrung *f.*

baggy ['bægɪ] *adj* bauschig; ausgebeult; sackartig.

bag·lady ['bæqleɪdɪ] *Am* Wohnsitzlose *f.*

bag·piper ['bægpaɪpə(r)] Dudelsackpfeifer(in) *m (f);* **bag·pipes** ['bægpaɪps] *pl* Dudelsack *m.*

bail[1] [beɪl] **I** *s jur* Bürgschaft, Kaution *f;* ▶ **out on ~** auf freiem Fuß gegen Sicherheitsleistung; **go ~ for** Bürgschaft leisten für; **II** *tr* **~ out** gegen Bürgschaft freibekommen; *fig* retten.

bail[2] [beɪl] *(Kricket)* Querholz *n.*

bail[3] [beɪl] *itr* **1.** *(Wasser)* schöpfen; **2.** *s. bale*[2].

bail·iff ['beɪlɪf] **1.** Gerichtsvollzieher(in) *m (f);* Gerichtsdiener(in) *m (f);* **2.** (Guts-) Verwalter(in) *m (f).*

bait [beɪt] **I** *tr* **1.** mit e-m Köder versehen; *(Pferd)* füttern (u. tränken); **2.** (mit Hunden) hetzen; **3.** *(Menschen)* quälen; **II** *itr (Tier)* fressen; **III** *s* Köder *m; fig* (Ver)Lockung, Versuchung *f;* ▶ **rise to the ~** anbeißen, sich ködern lassen.

bake [beɪk] **I** *tr* **1.** backen; **2.** *(durch Hitze)* härten; dörren; *(Ziegel)* brennen; **II** *itr* backen; braten *a. fig;* **baker** ['beɪkə(r)] Bäcker(in) *m (f);* **bak·ery** ['beɪkərɪ] Bäckerei *f;* **bak·ing** ['beɪkɪŋ] **I** *s* Backen *n;* Brennen *n;* **II** *adj* glühendheiß; **baking powder** Backpulver *n.*

bal·ance ['bæləns] **I** *s* **1.** Waage *f a. fig;* **2.** Gleichgewicht *n;* **3.** (innere) Ausgeglichenheit *f;* Gleichmut *m;* **4.** *com* Überschuß *m;* Saldo *m;* Guthaben *n;* Bilanz *f;* Rechnungs-, Kontenabschluß *m;* **5.** Rest, Überschuß *m;* ▶ **in the ~** in der Schwebe; **on ~** alles in allem; **be (thrown) off ~** das Gleichgewicht verloren haben; **draw, make up, strike the ~** die Bilanz ziehen; **hold the ~** das Zünglein an der Waage bilden; **lose one's ~** das Gleichgewicht, den Kopf verlieren; **credit ~** Habensaldo *m;* **cash ~** Kassenbestand *m;* **~ of payments** Zahlungsbilanz *f;* **II** *tr* **1.** ins Gleichgewicht bringen; **2.** *com* ausgleichen; *(Rechnung)* abschließen; **3.** *tech* auswuchten; **III** *itr* **1.** sich im Gleichgewicht halten *a. fig;* **2.** *com* sich ausgleichen; **bal·anced** ['bælənst] *adj* ab-, ausgeglichen, ausgewogen; **bal·ance sheet** *com* Bilanz *f.*

bal·cony ['bælkənɪ] Balkon *m.*

bald [bɔ:ld] *adj* **1.** *(Kopf)* kahl *a. fig;* *(Stil)* knapp.

bald-head ['bɔ:ldhed] Kahlkopf *m;* **bald-headed** [,bɔ:ld'hedɪd] *adj* kahlköpfig; **bald·ly** [bɔ:ldlɪ] *adv* frei heraus, unverblümt; **bald·ness** ['bɔ:ldnɪs] **1.** Kahlköpfigkeit *f;* **2.** *fig* Dürftigkeit, Knappheit *f.*

bale[1] [beɪl] **I** *s com* Ballen *m;* Bündel *n;* **II** *tr* bündeln.

bale[2] [beɪl] *tr s. bail[3];* ▶ ~ **out** *aero* abspringen.

bale·ful [beɪlfʊl] *adj* unheilvoll; übel, böse.

balk, baulk [bɔ:k] **I** *s* **1.** Balken *m;* **2.** Hindernis *n;* Hemmschuh *m;* **II** *tr* vereiteln, hemmen; **III** *itr* zurückschrekken (*at* vor); *(Pferd)* scheuen (*at* vor *dat*).

Balkan States ['bɔlkən steɪts] *pl* Balkanländer *n pl.*

ball[1] [bɔ:l] **1.** Kugel *f;* Knäuel *m* od *n;* **2.** *sport* (Spiel)Ball *m;* **3.** *(~ of the thumb, of the foot)* Hand-, Fußballen *m;* ▶ **on the** ~ *fam* auf Draht; **keep the ~ rolling** das Gespräch in Gang halten; **play** ~ *fam* mitmachen, zusammenarbeiten; **set the ~ rolling** den Stein ins Rollen bringen; **the ~ is with him, the ~ is in his court** er ist am Ball.

ball[2] [bɔ:l] (Tanz)Ball *m.*

bal·lad ['bæləd] Ballade *f.*

bal·last ['bæləst] **I** *s* **1.** Ballast *m;* **2.** Schotter *m;* **II** *tr* mit Ballast beladen.

ball-bear·ing [ˌbɔ:l'beərɪŋ] *tech* Kugellager *n.*

bal·let ['bæleɪ] Ballett *n.*

ball field ['bɔ:lfi:ld] *Am* Baseballplatz *m;* **ball game** Ballspiel *n; Am* Baseballspiel *n.*

bal·lis·tic [bə'lɪstɪk] **I** *adj* ballistisch; ▶ ~ **missile** Flugkörper *m;* **II** *s pl meist mit sing* Ballistik *f.*

bal·loon [bə'lu:n] **1.** Ballon *m;* **2.** Sprechblase *f;* **bal·loon·ist** [— ɪst] Ballonfahrer(in) *m (f).*

bal·lot ['bælət] **I** *s* **1.** Stimmzettel *m;* **2.** (Geheim)Abstimmung *f;* Stimmen (-zahl *f*) *f pl;* ▶ **take a** ~ (geheim) abstimmen; **~-box** Wahlurne *f;* **II** *itr* (geheim) abstimmen (*for* über).

ball player ['bɔ:lˌpleɪə(r)] Ballspieler(in) *m (f); Am* Baseballspieler(in) *m (f);* **ball·point-pen** [ˌbɔ:lpɔɪnt'pen] Kugelschreiber *m.*

ball·room ['bɔ:lrʊm] Ballsaal *m.*

balls-up ['bɔ:lzʌp] *Br sl* Durcheinander *n.*

balm [bɑ:m] Balsam *m;* **balmy** ['bɑ:mɪ] *adj* **1.** balsamisch; **2.** mild; lindernd, heilend; **3.** *sl* bekloppt.

bal·us·trade [ˌbælə'streɪd] Balustrade *f.*

bam·boo [bæm'bu:] Bambus(rohr *n*) *m.*

bam·boozle [bæm'bu:zl] *tr fam* beschwindeln (*out of s.th.* um etw); verblüffen; hereinlegen.

ban [bæn] **I** *s* Verbot *n;* Bann *m;* ▶ **place, put under a** ~ verbieten; **II** *tr* **1.** verbieten; **2.** *sport* sperren.

ba·nal [bə'nɑ:l] *adj* banal, abgedroschen; **ba·nal·ity** [bə'nælətɪ] Banalität *f;* Gemeinplatz *m.*

ba·nana [bə'nɑ:nə] Banane *f;* **banana republic** Bananenrepublik *f.*

band [bænd] **I** *s* **1.** Band *n;* **2.** Ring, Streifen *m;* Leiste *f;* Binde *f;* Gurt *m;* **3.** *radio anat* Band *n;* **4.** Bande, Schar *f;* **5.** (Musik)Kapelle *f;* **II** *tr, itr* zusammenbinden *a. fig;* ▶ ~ **together** sich zusammenschließen.

ban·dage ['bændɪdʒ] **I** *s* Bandage, Binde *f;* Verband *m;* **II** *tr* verbinden.

ban·dit ['bændɪt] Bandit, Räuber *m.*

band·master ['bændmɑ:stə(r)] Kapellmeister *m;* **bands·man** ['bændzmən] ⟨*pl* -men⟩ Musiker *m;* **band·stand** ['bændstænd] Musikpavillon *m.*

band·wagon ['bændwægən] *Am* Festwagen *m* mit Musikkapelle; ▶ **climb** *od* **jump on the** ~ sich dranhängen, zur siegreichen Partei übergehen.

bandy ['bændɪ] **I** *tr (Worte, Blicke, Schläge)* tauschen, wechseln; ▶ ~ **about** *(Nachricht)* verbreiten, herumerzählen; *(Gerüchte)* unter die Leute bringen; **II** *adj* krumm; **~-legged** O-beinig.

bang [bæŋ] **I** *s* **1.** (heftiger) Schlag *m;* **2.** (lauter) Knall *m;* ▶ **go off with a** ~ ein Bombenerfolg sein; **II** *tr* **1.** heftig schlagen (*on s.th.* an etw); **2.** *(Tür)* zuschlagen; ▶ **he ~ed his fist on the table** er schlug mit der Faust auf den Tisch; **III** *itr* **1.** (laut) knallen; **2.** heftig stoßen (*against* gegen); **IV** *adv* heftig, mit lautem Knall; ▶ **go** ~ knallen; **V** *interj* peng! bums!

banger ['bæŋə(r)] **1.** (Brat)Wurst *f;* **2.** *fam* Klapperkiste *f.*

bangle ['bæŋgl] Arm-, Fußring *m.*

ban·ish ['bænɪʃ] *tr* **1.** ausweisen *a. fig* (*from* aus); verbannen; **2.** *(Gedanken)* vertreiben; **ban·ish·ment** [—mənt] Verbannung, Ausweisung *f.*

ban·is·ter ['bænɪstə(r)] *a. pl* Treppengeländer *n.*

banjo ['bændʒəʊ] ⟨*pl* banjo(e)s⟩ *mus* Banjo *n.*

bank[1] [bæŋk] **I** *s* **1.** (Fluß-, See)Ufer *n;* Böschung *f;* **2.** Damm, Deich *m;* **3.** *(sand~)* (Sand)Bank *f;* *(~ of snow)* (Schnee)Verwehung *f;* *(cloud ~)* (Wolken)Bank *f;* **II** *tr* aufschütten, anhäufen; **III** *itr aero* in die Kurve gehen; **IV** *(mit Präposition)* ~ **up** *tr* aufhäufeln; *itr (Schnee)* sich anhäufen; *(Wolken)* sich auftürmen.

bank[2] [bæŋk] **I** *s* **1.** Bank(haus, -geschäft *n*) *f;* **2.** *(Spiel)* Bank *f;* **3.** *med (blood ~)* (Blut)Bank *f;* **4.** Reserven *f pl;* **II** *tr (Geld)* auf die Bank bringen, einzahlen; **III** *itr* **1.** ein Bankkonto haben; **2.** *(Spiel)* die Bank halten; ▶ ~ **with s.o.** bei jdm ein Konto haben; ~ **(up)on** sich verlassen auf, rechnen mit, zählen auf.

bank[3] [bæŋk] **1.** Ruderbank *f;* **2.** Reihe *f.*
bank ac·count ['bæŋkəkaʊnt] Bankkonto *n;* **bank-book** Sparbuch *n;* **bank balance** Kontostand *m;* **bank charges** *pl* Bankgebühren *pl;* **bank code (number)** Bankleitzahl *f;* **bank clerk** Bankangestellte(r) *f m;* **banker** ['bæŋkə(r)] Bankier *m;* ▶ **~'s order** Zahlungsauftrag *m;* **bank holiday** *Br* Feiertag *m; Am* Bankfeiertag *m;* **banking** ['bæŋkɪŋ] **1.** Bankwesen *n;* **2.** *aero* Schräglage; **banking hall** Schalterhalle *f;* **banking hours** *pl* Schalterstunden *pl;* **bank manager** Bankdirektor(in) *m (f);* **bank·note** ['bæŋknəʊt] Banknote *f;* **bank-rate** Diskontsatz *m;* **bank robber** Bankräuber(in) *m (f);* **bank robbery** Banküberfall *m.*
bank·rupt ['bæŋkrʌpt] **I** *s* Bankrotteur *m a. fig;* Gemein-, Konkursschuldner(in) *m (f);* **II** *adj* bankrott *a. fig;* zahlungsunfähig; ▶ **go, become ~** in Konkurs gehen; **III** *tr* zugrunde richten; **bankruptcy** ['bæŋkrəpsɪ] **1.** Bankrott, Konkurs *m;* **2.** *fig* Schiffbruch, Ruin *m;* **bankruptcy proceedings** *pl* Konkursverfahren *n.*
bank statement [bæŋksteɪtmənt] Kontoauszug *m;* **bank transfer** Banküberweisung *f.*
ban·ner ['bænə(r)] **1.** Banner *n;* Fahne *f a. fig;* **2.** Spruch-, Reklametafel *f;* Spruchband *n;* **banner headlines** *pl (Zeitung)* Schlagzeilen *f pl.*
banns [bænz] *pl* (kirchliches) Aufgebot *n.*
ban·quet ['bæŋkwɪt] Bankett, Festessen *n;* **banquet-hall** Speise-, Festsaal *m.*
ban·tam ['bæntəm] Zwerghuhn *n;* ▶ **~ weight** *(Boxen)* Bantamgewicht *n.*
ban·ter ['bæntə(r)] **I** *s* Geplänkel *n;* **II** *itr* Spaß, Ulk machen, scherzen (*with* mit).
bap·tism ['bæptɪzəm] Taufe *f a. fig;* **bap·tize** [bæp'taɪz] taufen *a. fig.*
bar [bɑ:(r)] **I** *s* **1.** Stange *f;* **2.** *(Schokolade)* Tafel *f;* **3.** Querriegel *m;* Schlagbaum *m;* Schranke, Barriere *f;* (Straßen)Sperre *f;* **4.** Sandbank *f;* **5.** *fig* Hindernis *n* (*to* für); Schranke *f;* **6.** Querstrich *m;* Querstreifen *m;* **7.** *mus* Taktstrich *m;* **8.** Gerichtsschranke *f;* Gericht *n;* **9.** Ausschank, Schanktisch *m;* Büfett *n;* Bar, Theke *f;* Tresen *m;* ▶ **the B~** der Anwaltsberuf, der Stand der Barrister; **at the B~** vor Gericht; **prisoner at the B~** Angeklagte(r) *f m;* **be called to the B~** als Anwalt vor Gericht zugelassen werden; **read for the B~** Jura studieren; **parallel ~s** *pl sport* Barren *m;* **toll ~** Zollschranke *f;* **II** *tr* **1.** *(Tür, Fenster)* verriegeln, ab-, ver-, zusperren; zumachen, schließen; **2.** *(Weg)* (ver)sperren; **3.** *fig* verbieten, untersagen; *(Person)* hindern (*from* an); **III** *prep fam s. barring* abgesehen von, außer; ▶ **~ none** ohne Ausnahme; **~ one** außer einem.
barb [bɑ:b] **1.** *(Angel, Pfeil)* Widerhaken *m;* **2.** *fig* Schärfe, Spitze *f.*
bar·bar·ian [bɑ:'beərɪən] **I** *s* Barbar(in) *m (f);* **II** *adj* barbarisch; roh, ungesittet; **bar·baric** [bɑ:'bærɪk] *adj* barbarisch, roh; **bar·bar·ity** [bɑ:'bærətɪ] Barbarei *f;* Unmenschlichkeit, Roheit *f;* **bar·barous** ['bɑ:bərəs] *adj* barbarisch, unmenschlich, grausam.
bar·be·cue ['bɑ:bɪkju:] **I** *s* **1.** Grill *m;* **2.** Grillfleisch *n;* Grillparty *f;* **II** *tr* auf dem Rost braten, grillen.
barbed [bɑ:bd] *adj* mit Widerhaken; ▶ **~ wire** Stacheldraht *m.*
bar·ber ['bɑ:bə(r)] (Herren)Friseur *m;* **barber('s) shop** Frisiersalon *m.*
bar·bitu·rate [bɑ:'bɪtjʊrɪt] Barbiturat *n.*
bar code ['bɑ:kəʊd] Strichcode *m;* **bar code scanner** Strichcodeleser *m.*
bare [beə(r)] **I** *adj* **1.** nackt, bloß; **2.** kahl; ohne, entblößt (*of* von); **3.** *(Raum)* unmöbliert, leer; **4.** schmucklos; **5.** *fig* unverhüllt, offen; *(Tatsachen)* nackt; **6.** *(Mehrheit)* knapp; **7.** bloß, nur ..., ... allein; ▶ **lay ~** entblößen; aufdecken, offen darlegen; **a ~ ten people** nur zehn Leute, gerade zehn Leute; **II** *tr* **1.** entblößen; aufdecken; **2.** *fig* enthüllen, bloßlegen; ▶ **~ one's heart** sein Herz ausschütten; **bare·back** ['beəbæk] *adj, adv (Pferd)* ohne Sattel; **bare·faced** ['beəfeɪst] *adj* unverfroren, unverschämt; **bare·foot** ['beəfʊt] *adv* barfuß; **bare·footed** [ˌbeə'fʊtɪd] *adj* barfuß; **bare·headed** [ˌbeə'hedɪd] *adj* barhäuptig; **bare·ly** ['beəlɪ] *adv* **1.** kaum, knapp; **2.** dürftig, spärlich; **bare·ness** ['beənɪs] **1.** Nacktheit, Blöße *f;* **2.** Ärmlichkeit, Dürftigkeit *f.*
bar·gain ['bɑ:gɪn] **I** *s* **1.** Handel *m;* Geschäft(sabschluß *m*) *n;* **2.** günstiges Angebot, Gelegenheitskauf *m;* ▶ **into the ~** obendrein, noch dazu; **drive a hard ~** hart handeln; **make the best of a bad ~** *fig* sich so gut wie möglich aus der Affäre ziehen; **make a good ~** ein gutes Geschäft machen; **it's a ~!** abgemacht! **it's a ~ at that price!** das ist geschenkt zu dem Preis! **a ~'s a ~!** abgemacht ist abgemacht! **II** *itr* **1.** handeln, feilschen (*with s.o. for s.th.* mit jdm um etw); **2.** verhandeln; abmachen (*with s.o. for s.th., to do* mit jdm, etw zu tun); ▶ **~ away** mit Verlust verkaufen; verspielen; veräußern; **~ for** handeln, feilschen um; rechnen mit, zählen auf, erwarten; **bargain-counter** *(Warenhaus)* Sonderangebotstisch *m;* **bargain price** Sonderpreis *m;* **bargain sale** Ausverkauf *m.*
barge [bɑ:dʒ] **I** *s* **1.** Last-, Schleppkahn *m;* Barke *f;* **2.** Hausboot *n;* **II** *itr fam* ▶ **~ about** herumtrampeln; **~ in** dazwischenplatzen, sich einmischen; **~ into**

hineinrennen in, hineinplatzen.

bari·tone ['bærɪtəʊn] Bariton *m.*

bark[1] [bɑ:k] **I** *s (Baum)* Rinde, Borke *f;* **II** *tr* **1.** ab-, entrinden; **2.** wund reiben, wund scheuern.

bark[2] [bɑ:k] **I** *s* Bellen *n;* ▶ **his ~ is worse than his bite** *prov* Hunde, die bellen, beißen nicht; **II** *itr* **1.** bellen, kläffen; **2.** anfahren (*at s.o.* jdn); ▶ **~ up the wrong tree** auf dem Holzweg sein.

bar·keeper ['bɑ:ki:pə(r)] Barmann *m;* Gastwirt *m.*

bar·ley ['bɑ:lɪ] Gerste *f.*

bar·maid ['bɑ:meɪd] Bardame *f;* Bedienung *f;* **bar·man** ['bɑ:mən] ⟨*pl* -men⟩ Barmann *m;* Kellner *m.*

barn [bɑ:n] Scheune, Scheuer *f; Am* Stall *m;* **barn-yard** (Bauern)Hof *m.*

ba·rom·eter [bə'rɒmɪtə(r)] Barometer *n a. fig;* **baro·met·ric(al)** [ˌbærə'metrɪk(l)] *adj* barometrisch; ▶ **~ pressure** Luftdruck *m.*

bar·on ['bærən] **1.** Baron *m a. fig;* **2.** *fig* Magnat *m;* **bar·on·ess** ['bærənɪs] Baronin *f;* **bar·onet** ['bærənɪt] Baronet *m;* **bar·o·nial** [bə'rəʊnɪəl] *adj* freiherrlich; großartig, prächtig.

ba·roque [bə'rɒk] **I** *adj (Kunst)* barock; **II** *s* Barock(stil *m*) *n* od *m.*

bar·rack ['bærək] **I** *s meist pl* **1.** *mil* Kaserne *f;* **2.** (Miets)Kaserne *f;* **II** *tr* **1.** kasernieren; **2.** *sport* auspfeifen.

bar·rage ['bærɑ:ʒ] **1.** Damm *m;* Talsperre *f;* **2.** *(~ fire)* Sperrfeuer *n;* **3.** *fig* Flut *f* (*of questions* von Fragen); ▶ **tidal ~** Gezeitensperrmauer *f.*

bar·rel ['bærəl] **1.** Faß *n;* **2.** *tech* Tank *m;* **3.** (Kanonen)Rohr *n;* (Gewehr)Lauf *m;* **4.** *(Maßeinheit für Öl)* Barrel *n;* **barrel-organ** Drehorgel *f.*

bar·ren ['bærən] *adj* **1.** *(Land)* unfruchtbar; **2.** dürr, karg; steril *a. fig;* **3.** *fig* unergiebig, unproduktiv, unrentabel; **bar·ren·ness** [—nɪs] **1.** Unfruchtbarkeit *f;* **2.** *fig* Dürftigkeit *f;* Unergiebigkeit *f;* Unproduktivität *f.*

bar·ri·cade [ˌbærɪ'keɪd] **I** *s* Barrikade *f;* **II** *tr (Straße)* verbarrikadieren.

bar·rier ['bærɪə(r)] **1.** Schranke, Sperre *f;* Barriere *f;* **2.** *fig* Schranke *f;* Hindernis *n* (*to* für); **barrier cream** (Haut)Schutzcreme *f.*

bar·ring ['bɑ:rɪŋ] *prep* außer *dat,* ausgenommen *acc,* abgesehen von.

bar·ris·ter ['bærɪstə(r)] *(~-at-law)* (vor Gericht auftretende(r)) Anwalt *m,* Anwältin *f.*

bar·row ['bærəʊ] *(hand-~)* (Trag)Bahre *f; (wheel-~)* Schubkarren *m.*

bar·ten·der ['bɑ:tendə(r)] Barkeeper *m.*

bar·ter ['bɑ:tə(r)] **I** *tr* (aus-, ein)tauschen (*against, for* gegen); ▶ **~ away** verspielen; **II** *itr* Tauschhandel treiben; **III** *s* Tausch(handel) *m.*

ba·salt ['bæsɔ:lt] *geol* Basalt *m.*

base [beɪs] **I** *s* **1.** Basis *f a. math;* Grundlinie, Grundfläche *f;* Grundzahl *f;* **2.** Fundament *n; arch* Fuß, Sockel *m;* **3.** *(~ plate)* Grundplatte *f;* **4.** Grund (-lage *f*) *m,* Basis *f;* Ausgangspunkt *m;* **5.** *mil* Basis *f;* Stützpunkt *m;* **6.** *sport* Mal *n;* Standlinie *f;* **7.** *tech* Grundstoff *m;* **8.** *chem* Base *f;* **II** *adj* **1.** niedrig; gewöhnlich, gemein; **2.** gering-, minderwertig; *(Münze)* falsch, unecht; *(Metall)* unedel; **III** *tr* basieren, gründen, stützen (*on* auf); ▶ **~ o.s. on** sich stützen auf.

base·ball ['beɪsbɔ:l] Baseball *m;* **base-camp** ['beiskæmp] Basis-, Versorgungslager *n.*

base·less ['beɪslɪs] *adj* grundlos, unbegründet.

base·ment ['beɪsmənt] **1.** *arch* Fundament *n;* **2.** Kellergeschoß *n.*

base·ness ['beɪsnɪs] **1.** Niedrigkeit *f;* Gemeinheit, Niedertracht *f;* **2.** Minderwertigkeit *f;* **3.** Unechtheit *f.*

base rate ['beisreit] *fin* Leitzins *m.*

bash [bæʃ] **I** *tr fam* heftig schlagen; **II** *s* heftiger Schlag.

bash·ful ['bæʃfl] *adj* **1.** scheu, schüchtern; **2.** verlegen, befangen; **bash·ful·ness** ['bæʃfʊlnɪs] Schüchternheit *f;* Befangenheit *f.*

basic ['beɪsɪk] *adj* **1.** grundsätzlich (wichtig), prinzipiell; fundamental, elementar; **2.** *chem* basisch; **ba·si·cally** [—lɪ] *adv* im Grunde; **basic idea** Grund-, Leitgedanke *m;* **basic pay** Grundgehalt *n;* Grundlohn *m;* **basic research** Grundlagenforschung *f;* **basic vocabulary** Grundwortschatz *m;* **basic wage(s)** *(a. pl)* Grundlohn *m.*

ba·sil·ica [bə'zɪlɪkə] *arch* Basilika *f.*

basin ['beɪsn] **1.** Schale, Schüssel *f;* Waschbecken *n;* **2.** *geog* Becken *n;* **3.** Bucht *f;* Hafenbecken *n.*

basis ['beɪsɪs] ⟨*pl* bases⟩ ['beɪsi:z] **1.** Basis, Grundlage *f;* Fundament *n;* **2.** Grund *m;* ▶ **on the ~ of** auf Grund *gen;* auf der Grundlage *gen;* **serve as a ~** als Grundlage dienen.

bask [bɑ:sk] *itr* sich sonnen *a. fig;* ▶ **~ in the sun** ein Sonnenbad nehmen.

bas·ket ['bɑ:skɪt] Korb *m;* ▶ **clothes-~** Wäschekorb *m;* **basket-ball** *sport* Basketball *m.*

bass[1] [bæs] *zoo* Flußbarsch *m.*

bass[2] [beɪs] *mus* Baß *m.*

bas·soon [bə'su:n] *mus* Fagott *n.*

bas·tard ['bɑ:stəd] **I** *s* **1.** Bastard *m a. bot zoo;* **2.** *sl* Schweinehund *m;* **II** *adj* unehelich.

baste [beɪst] *tr* **1.** heften; **2.** *(bratendes Fleisch)* mit Fett begießen; **3.** verprügeln; beschimpfen.

bas·tion ['bæstɪən] Bastion *f.*

bat[1] [bæt] Fledermaus *f;* ▶ **blind as a ~** stockblind.

bat[2] [bæt] *sport* **I** *s* Schlagholz *n;* ▶ **off**

one's own ~ auf eigene Faust; **II** *tr* (mit dem Schlagholz) schlagen.
bat³ [bæt] *tr* ▶ **not to** ~ **an eyelid** nicht mal mit der Wimper zucken.
batch [bætʃ] **1.** *(Bäckerei)* Schub *m;* **2.** Haufen, Stoß, Stapel *m;* **batch processing** *EDV* Stapelverarbeitung *f.*
bated ['beɪtɪd] *adj* ▶ **with** ~ **breath** mit angehaltenem Atem, voller Spannung.
bath [bɑ:θ] **I** *s* **1.** Bad *n a. chem phot;* **2.** Badewanne *f;* Badezimmer *n;* **3.** *pl* (Stadt)Bad *n;* Badeanstalt *f;* **4.** Kurort *m;* ▶ **have, take a** ~ ein Bad nehmen; **II** *tr* baden.
bathe [beɪð] **I** *tr* baden *a. itr;* befeuchten, benetzen; ▶ **go bathing** schwimmen, baden gehen; **II** *s* Baden *n;* Schwimmen *n;* **bather** ['beɪðə(r)] Badende(r) *f m;* **bath·ing** ['beɪðɪŋ] Baden *n;* **bathing-cap** Badehaube *f;* **bathing-costume** Badeanzug *m;* **bathing-trunks** *pl* Badehose *f.*
bath·robe ['bɑ:θrəʊb] Bademantel *m;* **bath·room** ['bɑ:θru:m] Badezimmer *n;* **bath towel** Badetuch *n;* **bath·tub** ['bɑ:θtʌb] Badewanne *f.*
ba·tik [bə'ti:k] *(Textil)* Batik(druck) *m.*
baton ['bætən] **1.** Kommando-, Marschallstab *m;* **2.** Taktstock *m.*
bats·man ['bætsmən] ⟨*pl* -men⟩ *sport* Schlagmann *m.*
bat·tal·ion [bə'tælɪən] *mil* Bataillon *n.*
bat·ten ['bætn] **I** *s* Leiste, Latte *f;* **II** *tr* (~ *down)* mit Brettern verstärken; **III** *itr* ~ **on** schmarotzen bei.
bat·ter ['bætə(r)] **I** *tr, itr* **1.** heftig, wiederholt schlagen, verprügeln; **2.** (~ *down, in)* nieder-, einschlagen; **3.** trommeln (*at the door* gegen die Tür); **4.** böse zurichten; **II** *s* **1.** *(Spiel)* Schlagmann *m;* **2.** Teig *m (aus Eiern, Milch u. Mehl);* **bat·tered** ['bætəd] *adj* **1.** stark mitgenommen, abgenutzt; **2.** *fig* ausgemergelt, abgezehrt; mißhandelt; ▶ ~ **babies** *pl* mißhandelte Kinder *n pl;* ~ **wives** *pl* verprügelte Frauen *f pl;* **bat·ter·ing** ['bætərɪŋ] Schläge *m pl;* ▶ **child** ~ Kindesmißhandlung *f;* **battering ram** ['bætərɪŋræm] *hist* Sturmbock *m.*
bat·tery ['bætərɪ] **1.** *mil el* Batterie *f;* **2.** Reihe, Serie *f;* **3.** *jur* tätlicher Angriff; Tätlichkeiten *f pl;* **battery charger** *el* Ladegerät *n;* **battery powered** *adj* batteriebetrieben.
bat·ting ['bætɪŋ] (Baumwoll)Watte *f.*
battle ['bætl] **I** *s* **1.** Schlacht *f* (*of* bei); Gefecht *n a. fig* (*for* um); **2.** *fig* Kampf *m* (*for* um); ▶ **give, offer** ~ sich zum Kampf stellen; **II** *itr* sich schlagen, kämpfen, streiten (*for* um; *with* mit); **battle-axe 1.** Streitaxt *f;* **2.** Hausdrachen *m;* **battle-cry** Schlachtruf *m;* **battle·dress** ['bætldres] Kampfanzug *m;* **battle·field, battle·ground** ['bætlfi:ld, 'bætlgraʊnd] Schlachtfeld *n;* **battle·ments** [—mənts] *pl arch mil hist* Zinnen *f pl;* **battle·ship** ['bætlʃɪp] Schlachtschiff *n.*
baulk [bɔ:k] *s. balk.*
baux·ite ['bɔ:ksaɪt] *min* Bauxit *m.*
bawdy ['bɔ:dɪ] *adj* derb, obszön.
bawl [bɔ:l] **I** *tr* (~ *out)* herausschreien, brüllen; **II** *itr* brüllen, grölen; anschreien (*at s.o.* jdn).
bay¹ [beɪ] Lorbeer(baum) *m.*
bay² [beɪ] Bucht, Bai *f.*
bay³ [beɪ] **1.** Erker *m;* **2.** *rail* Abstellgleis *n;* **3.** *aero* Schacht *m.*
bay⁴ [beɪ] **I** *s* Bellen *n;* ▶ **at** ~ *(Wild)* gestellt; *fig* ohne Ausweg; **hold, keep at** ~ in Schach halten; **II** *itr* bellen.
bay⁵ [beɪ] *adj (Pferd)* rotbraun.
bay·onet ['beɪənɪt] Bajonett, Seitengewehr *n.*
bay win·dow [ˌbeɪ'wɪndəʊ] Erkerfenster *n.*
ba·zaar [bə'zɑ:(r)] **1.** Basar *m;* **2.** Kaufhaus *n;* **3.** (Wohltätigkeits)Basar *m.*
be [bi:] ⟨*irr* am, are, is, are, being, was, were, been⟩ *aux itr* **1.** sein, existieren, leben, vorhanden sein; sich befinden; **2.** *(Zustand)* herrschen; bleiben; **3.** *(bes. beruflich)* sein; *(in Zukunft)* werden; **4.** stattfinden, geschehen, sich ereignen; **5.** gehören; **6.** betragen, ausmachen; kosten; **7.** bedeuten; gelten (*to s.o.* jdm); **8.** müssen, sollen (*to do* tun); *(verneint)* nicht dürfen; **9.** *(Passiv)* werden; ▶ ~ **about** in der Nähe sein; ~ **about to do s.th.** im Begriff sein, etw zu tun; ~ **after s.th.** hinter etw her sein; ~ **at s.th.** bei, an etw sein; ~ **at s.o.** an jdm herumnörgeln; ~ **behind** im Rückstand, zu spät dran sein; ~ **by s.o.** jdm zur Seite stehen; ~ **doing** gerade tun; ~ **down** schlecht dran sein; niedergeschlagen sein; ~ **for** eintreten für; *mar* bestimmt sein nach; ~ **in** zu Hause sein; *parl* e-n Sitz im Parlament haben; *fig* am Ruder sein; ~ **in for** sich beteiligen an; zu erwarten haben; ~ **long** viel Zeit brauchen; ~ **off** weggehen; ~ **on to s.o.** jdm auf die Schliche gekommen sein; ~ **out** nicht zu Hause sein; *parl* seinen Sitz im Parlament verlieren; Unrecht haben, auf dem Holzweg sein; ~ **out for s.th.** auf der Suche nach etw sein; ~ **up** aufgestanden sein, aufsein; ~ **up to s.o.** jds Aufgabe sein; ~ **up to s.th.** etw im Schilde führen; etw bewältigen können; **it is me** das bin ich; **as it is** wie die Dinge liegen; **here you are!** siehst du! sehen Sie! **how is he?** wie geht es ihm? **how is it that ...?** wie kommt es, daß ...? **how much will that** ~? wieviel macht das? **let it** ~! laß sein! **that is his** das gehört ihm; **that is to say** das heißt; **there is, are** es gibt; **there you are!** da haben Sie's! da sind Sie ja! **when is that**

to ~? wann soll das sein? ~ **that as it may!** wie dem auch sei! ~ **off with you!** fort mit euch *od* dir! raus! **his wife to** ~ seine Zukünftige.

beach [bi:tʃ] **I** *s* Strand *m;* **II** *tr (Schiff)* auf den Strand setzen; **beach·comber** ['bi:tʃkəʊmə(r)] **1.** Strandwelle *f;* **2.** *fam* Strandguträuber(in) *m (f);* **beach·head** ['bi:tʃhed] *mil* Landekopf *m;* **beach·wear** ['bi:tʃweə(r)] Strandkleidung *f.*

bea·con ['bi:kən] **1.** Leuchtfeuer, Lichtsignal *n;* **2.** *aero mar* Bake *f;* **3.** Verkehrs-, Warnsignal *n.*

bead [bi:d] **1.** Perle *f;* **2.** (Tau-, Schweiß)Tropfen *m;* ► **tell one's ~s** den Rosenkranz beten; **bead·ing** ['bi:dɪŋ] Perlschnur *f;* Perlstab *m;* **beady** ['bi:dɪ] *adj* ► ~ **eyes** Kulleraugen *n pl;* **cast one's ~ eyes on s.th.** sich etw (gut) ansehen.

beak [bi:k] **1.** Schnabel *m;* **2.** *sl* Kadi *m.*

beaker ['bi:kə(r)] Becherglas *n.*

beam [bi:m] **I** *s* **1.** Balken *m;* **2.** *(~ of balance)* Waagebalken *m;* **3.** *(Schiff)* Deck-, Querbalken *m;* **4.** *mar aero* (größte) Breite *f;* **5.** *(~ of light)* (Licht-) Strahl *m;* **6.** *radio* Leit-, Richtstrahl *m;* **7.** *fig* strahlender Blick; ► **off** ~ vom Kurs abgekommen; **on** ~ auf Kurs; **be on one's ~-ends** *fig* aus dem letzten Loch pfeifen; **broad in the** ~ breit gebaut *(Mensch);* **II** *tr TV* ausstrahlen, senden; **III** *itr* (übers ganze Gesicht) strahlen (*with joy* vor Freude); **beam·ing** ['—ɪŋ] *adj (Mensch)* strahlend (*with* vor).

bean [bi:n] **1.** Bohne *f;* **2.** *sl* Birne *f;* ► **spill the ~s** *fam* nicht dichthalten; **I haven't a** ~ *fam* ich bin (völlig) abgebrannt; **full of ~s** in guter Laune, übermütig; **bean-feast** Festessen *n.*

bear[1] [beə(r)] **I** *s* **1.** Bär *m;* **2.** *fig* (grober) Klotz *m;* **3.** *com* Baissespekulant *m;* **II** *itr* auf Baisse spekulieren.

bear[2] [beə(r)] ⟨*irr* bore, borne⟩ **I** *tr* **1.** tragen; *(Namen, Waffe)* führen, tragen; *(Zeichen)* tragen; **2.** *(Amt)* ausüben, innehaben; **3.** *(Gefühl)* hegen (*against* gegen); **4.** *(Frucht)* tragen, (hervor)bringen; *(Zinsen, Geld)* (ein)bringen, eintragen; **5.** *fig* (v)ertragen, aushalten, erdulden, leiden; **6.** ertragen, dulden, zulassen, gestatten; **7.** *(Menschen)* ausstehen, leiden (können); ► ~ **comparison** e-m Vergleich standhalten (*with* mit); ~ **s.o. a grudge** jdm grollen, jdm böse sein; ~ **s.o. in mind** an jdn denken; ~ **s.th. in mind** etw berücksichtigen; ~ **s.o. out** jds Aussagen bestätigen; ~ **(a) resemblance to** gleichen *dat;* ähneln, ähnlich sein *dat;* ~ **witness** Zeugnis ablegen (*to* für); **II** *itr* **1.** sich wenden, sich halten (*to the right* rechts, nach rechts); eine Richtung einschlagen (*to* nach); **2.** sich stützen, sich drücken; **3.** *fig* lasten (*on* auf); **4.** e-n Einfluß haben (*on* auf); sich beziehen (*on* auf); ► **bring pressure to** ~ Druck ausüben (*on* auf); **III** *(mit Präposition)* **bear down** *itr* sich stürzen, losgehen (*on* auf); *fig* belasten (*on s.o.* jdn); **bear off, bear away** *tr* davontragen; entfernen; *fig* gewinnen; **bear up** *itr* sich tapfer zeigen; standhaft bleiben; **bear upon** Bezug haben auf; Bedeutung haben für; **bear with** Geduld haben mit.

bear·able ['beərəbl] *adj* erträglich.

beard [bɪəd] *s* Bart *m;* **bearded** ['—ɪd] *adj* bärtig; **beard·less** ['—lɪs] *adj* bartlos.

bearer ['beərə(r)] **1.** Träger(in) *m (f);* **2.** *com* Überbringer(in) *m (f).*

bear·ing ['beərɪŋ] **1.** Ertragen, Dulden, Aushalten *n;* **2.** Verhalten, Auftreten, Benehmen *n;* **3.** Bezeichnung *f;* Bezug *m* (*on* auf); **4.** Tragweite *f;* Wirkung *f;* Einfluß *m* (*on* auf); **5.** *pl* Lage *f;* Kompaßkurs *m;* **6.** *tech* Lager(ung *f*) *n;* ► **beyond, past all** ~ unerträglich; **have a ~ upon** von Bedeutung sein für, Einfluß haben auf; **have lost one's ~s** sich verlaufen haben; *fig* nicht mehr aus noch ein wissen; **take one's ~s** sich orientieren.

bear·skin ['beəskɪn] Bärenfellmütze *f.*

beast [bi:st] **1.** (wildes) Tier *n;* **2.** *fig* Biest *n;* **beast·ly** ['—lɪ] *adj* **1.** *fig* viehisch; **2.** *fam* gräßlich, abscheulich.

beat [bi:t] ⟨*irr* beat, beat(en)⟩ **I** *tr* **1.** schlagen; *(Pfad)* trampeln; *(Weg)* bahnen; *(Teppich)* klopfen; *(Regen)* peitschen (*the trees* gegen die Bäume); schlagen (*the windows* an die Fenster); *(Eier, Feind)* schlagen; **2.** *(Wild)* aufstöbern; **3.** *(den Takt)* schlagen; **4.** hauen, verhauen, prügeln; *fam* verdreschen; **5.** *(Gegend)* absuchen; **6.** *mil sport* schlagen, besiegen; ► ~ **s.th. into s.o.** jdm etw einbleuen; ~ **s.o. to s.th.** jdm bei etw zuvorkommen; ~ **a retreat** das Weite suchen; ~ **time** den Takt schlagen; ~ **it!** hau ab! **II** *itr* **1.** schlagen (*on* an, gegen); klopfen *(a. Herz);* pochen (*at* an); **2.** stürmen, tosen; **3.** *(Regen)* prasseln, klatschen (*on* an, auf); **4.** *mar* lavieren, kreuzen; **III** *s* **1.** Schlag(en *n*) *m;* Klopfen, Pochen *n;* **2.** (Herz)Schlag *m;* **3.** Takt *m;* **4.** *(~ music)* Beat *m;* **5.** Rundgang *m;* Runde *f;* (Jagd)Revier *n;* **IV** *adj sl* ausgepumpt, geschafft, fertig; ► **dead** ~ *fam (Mensch)* völlig erledigt, total kaputt; **V** *(mit Präposition)* **beat about, beat around** *itr* um sich schlagen; ► ~ **about the bush** wie die Katze um den heißen Brei herumgehen; **beat back** *tr* zurückschlagen; **beat down** *tr* ein-, niederschlagen; *(Preis)* drücken; **beat in** *tr (Tür, Wand)* einschlagen, -stoßen; **beat off** *tr* abwehren; **beat up** *tr (Küche)* kräftig verrühren;

(Menschen) verdreschen.

beaten ['bi:tn] **I** *v s. beat;* **II** *adj* **1.** geschlagen; **2.** *(Weg)* ausgetreten; **3.** *fig* geschlagen; ▶ **off the ~ track** *fig* weit abgelegen; **beater** ['bi:tə(r)] **1.** Schläger, Klopfer *m;* **2.** *(Jagd)* Treiber(in) *m (f).*

bea·tif·ic [bɪə'tɪfɪk] *adj* (glück)selig; **beati·fi·ca·tion** [bɪˌætɪfɪ'keɪʃn] *rel* Seligsprechung *f;* **be·atify** [bɪ'ætɪfaɪ] *tr rel* seligsprechen.

beat·ing ['bi:tɪŋ] Schlagen *n;* Prügel *pl;* ▶ **give s.o. a good ~** jdm e-e tüchtige Tracht Prügel geben.

beat·nik ['bi:tnɪk] Beatnik *m.*

beau·tician [bju:'tɪʃn] Kosmetiker(in) *m (f);* **beau·ti·ful** ['bju:tɪfl] *adj* schön; herrlich, wundervoll; **beau·tify** ['bju:tɪfaɪ] *tr* verschönern; **beauty** ['bju:tɪ] **1.** Schönheit *f;* **2.** Prachtexemplar *n;* ▶ **a ~** etw Schönes; **~ is only skin-deep** der äußere Schein kann trügen; **the Sleeping B~** Dornröschen *n;* **beauty contest** Schönheitswettbewerb *m;* **beauty parlo(u)r, beauty salon** Schönheitssalon *m;* **beauty-spot** Schönheitspflästerchen *n;* schöne Gegend.

bea·ver ['bi:və(r)] *zoo* Biber *m;* ▶ **eager ~** Streber(in); Enthusiast(in) *m (f).*

be·calmed [bɪ'kɑ:md] *adj* ▶ **be ~** *(Schiff)* in e-e Flaute geraten sein.

be·came [bɪ'keɪm] *v s. become.*

be·cause [bɪ'kɒz] **I** *conj* weil, da; **II** *prep* ▶ **~ of** wegen, infolge *gen;* **~ of her, him** ihret-, seinetwegen.

beck [bek] ▶ **be at s.o.'s ~ and call** nach jds Pfeife tanzen.

beckon ['bekən] *tr* (zu)winken (*s.o.* jdm).

be·come [bɪ'kʌm] ⟨*irr* became, become⟩ **I** *itr* werden; **II** *tr* **1.** (gut) stehen (*s.o.* jdm), kleiden, passen (*s.o.* jdm); **2.** sich schicken für; **be·com·ing** [—ɪŋ] *adj* kleidsam; ▶ **be ~ to s.o.** jdm sehr gut stehen; sich für jdn schicken.

bec·querel ['bekərel] Becquerel *n.*

bed [bed] **I** *s* **1.** Bett *n;* **2.** (Blumen)Beet *n;* **3.** *(river ~)* Flußbett *n;* Meeresboden *m;* **4.** *tech* Unterbau *m,* -lage *f;* ▶ **get out of ~** aufstehen; **go to ~** zu Bett, schlafen gehen; **put to ~** zu Bett bringen; **take to one's ~** sich ins Bett legen (müssen); **double ~** Doppelbett *n;* **II** *tr* setzen, pflanzen; **III** *(mit Präposition)* **bed down** *tr* das Bett machen für; **bed in** *tr* einbetten; **bed and breakfast** Zimmer *n* mit Frühstück.

be·daubed [bɪ'dɔ:bd] *adj* beschmiert (*with* mit).

bed-clothes ['bedkləʊðz] *pl* Bettwäsche *f,* -zeug *n;* **bed·ding** ['bedɪŋ] **1.** Bettzeug *n,* -wäsche *n;* **2.** Streu *f.*

be·deck [bɪ'dek] *tr* schmücken, zieren.

be·dev·il [bɪ'devl] *tr* ▶ **be ~(l)ed** durcheinandergebracht, gestört sein.

bed-fellow ['bedˌfeləʊ] Schlafkamerad(in) *m (f); fig* Freund(in) *m (f).*

bed·lam ['bedləm] *fig* Tollhaus, Chaos *n.*

bed·linen ['bedˌlɪnɪn] Bettwäsche *f.*

Bed·ouin ['bedʊɪn] **I** *s* Beduine *m,* Beduinin *f;* **II** *adj* beduinisch.

be·drag·gled [bɪ'drægld] *adj* beschmutzt.

bed·ridden ['bedˌrɪdn] *adj* bettlägerig; **bed-rock** ['bedrɒk] **1.** *geol* gewachsener Fels; **2.** *fig* Grundlage *f;* **bed·room** ['bedrʊm] Schlafzimmer *n;* **bed·side** ['bedsaɪd] ▶ **have a good ~ manner** *(Arzt)* gut mit Kranken umzugehen verstehen; **sit at s.o.'s ~** an jds Bett sitzen; **bedside lamp** Nacht(tisch)lampe *f;* **bedside rug** Bettvorleger *m;* **bedside table** Nachttisch *m;* **bed·sit·ting-room, bed·sit·ter** [ˌbed'sɪtɪŋrʊm, ˌbed'sɪtə(r)] Wohn-Schlaf-Zimmer *n;* möbliertes Zimmer; **bed·sore** ['bedsɔ:(r)] wundgelegene Stelle; **bed-spread** ['bedspred] Tagesdecke *f;* **bed·stead** ['bedsted] Bettgestell *n;* **bed·time** ['bedtaɪm] Schlafenszeit *f.*

bee [bi:] **1.** Biene *f;* **2.** *Am* Zirkel *m,* Kränzchen *n;* ▶ **busy as a ~** fleißig wie e-e Biene; **have a ~ in one's bonnet** e-n Tick haben; **queen ~** Bienenkönigin *f.*

Beeb [bi:b] *fam* BBC *f.*

beech [bi:tʃ] Buche(nholz *n*) *f;* **beech-nut** ['bi:tʃnʌt] Buchecker *f.*

beef [bi:f] ⟨*pl* beeves⟩ [bi:vz] **I** *s* **1.** Rindfleisch *n;* **2.** *fam (Mensch)* (Muskel-) Kraft *f;* **II** *itr sl* meckern (*about* über); **beef·eater** ['bi:fˌi:tə(r)] Tower-Wärter *m;* **beef·steak** [ˌbi:f'steɪk] Beefsteak *n;* **beefy** ['bi:fɪ] *adj* fleischig.

bee·hive ['bi:haɪv] Bienenstock *m;* **bee-keeper** ['bi:ˌki:pə(r)] Imker(in), Bienenzüchter(in) *m (f);* **bee-line** ▶ **make a ~ for** gerade(wegs) zugehen auf.

been [bi:n] *v s. be.*

beer [bɪə(r)] Bier *n;* **beery** ['bɪərɪ] *adj* in Bierlaune, bierselig.

bees·wax ['bi:zwæks] Bienenwachs *n.*

beet [bi:t] Rübe *f;* ▶ **red ~** rote Rübe, Beete; **sugar ~** Zuckerrübe *f.*

beetle¹ ['bi:tl] Ramme *f;* Stampfer *m.*

beetle² ['bi:tl] **I** *s* Käfer *m;* **II** *itr* überhängen, hervorragen, überstehen; ▶ **~ off** abschwirren, abziehen.

beet·root ['bi:tru:t] rote Bete; **beet sugar** Rübenzucker *m.*

be·fall [bɪ'fɔ:l] ⟨*irr* befell, befallen⟩ [bɪ'fel, bɪ'fɔ:lən] *tr* widerfahren (*s.o.* jdm); ▶ **what has befallen him?** was ist ihm zugestoßen?

be·fit [bɪ'fɪt] *tr* angebracht, passend sein (*the occasion* für die Gelegenheit); **be·fit·ting** [—ɪŋ] *adj* angemessen, schicklich.

be·fore [bɪ'fɔ:(r)] **I** *prep (zeitlich, räumlich, fig)* vor; ▶ **the day ~ yesterday**

vorgestern; ~ **long** bald, in Bälde; **business ~ pleasure** *prov* erst die Arbeit, dann das Vergnügen; **II** *adv* vorn; voran; voraus; *(zeitlich)* (schon) früher, vorher, zuvor; ehemals; ► **the day ~** am Tag vorher; **long ~** lange vorher, viel früher; **III** *conj* bevor, eher; ehe; **be·fore·hand** [bɪˈfɔːhænd] *adv* im voraus, (schon) vorher.

be·friend [bɪˈfrend] *tr* als Freund behandeln; helfen, unterstützen.

beg [beg] **I** *tr* erbitten; bitten um; ► **~ a favour of s.o.** jdn um etw bitten; **~ leave to** um Erlaubnis bitten zu; **I ~ your pardon** Verzeihung! wie bitte? **we ~ to inform you** *(com, obs)* wir gestatten uns, Ihnen mitzuteilen; **II** *itr* **1.** bitten (*for* um); **2.** betteln (gehen) (*for* um); ► **it is going ~ging** es ist noch zu haben.

be·gan [bɪˈgæn] *v s. begin.*

be·get [bɪˈget] ⟨*irr* begot, begot(ten)⟩ *tr*(er)zeugen, hervorbringen.

beg·gar [ˈbegə(r)] **I** *s* **1.** Bettler(in) *m (f);* **2.** *fam* Bürschchen *n,* Kerl(chen *n*) *m;* **II** *tr* an den Bettelstab bringen, ruinieren; **beg·gar·ly** [ˈbegəlɪ] *adj* ärmlich, arm(selig), dürftig *a. fig.*

be·gin [bɪˈgɪn] ⟨*irr* began, begun⟩ **I** *tr* beginnen, anfangen; starten; **II** *itr* **1.** seinen Anfang nehmen; entstehen; beginnen; **2.** ausgehen (*at* von); ► **~ again** (wieder) von vorn anfangen; **to ~ with** erstens; zunächst; **he began by saying** zuerst sagte er; **be·gin·ner** [bɪˈgɪnə(r)] Anfänger(in) *m (f);* **be·gin·ning** [—ɪŋ] **1.** Beginn *m;* Anfang *m;* **2.** Ausgangspunkt, Ursprung *m;* ► **at the very ~** ganz am Anfang; **from the ~** von Anfang an; **from ~ to end** von Anfang bis Ende; **in the ~** anfangs, am Anfang.

be·gonia [bɪˈgəʊnɪə] *bot* Begonie *f.*

be·got, be·got·ten [bɪˈgɒt, bɪˈgɒtn] *v s. beget.*

be·grudge [bɪˈgrʌdʒ] *tr* beneiden (*s.o. s.th.* jdn um etw), nicht gönnen (*s.o. s.th.* jdm etw); ► **~ doing s.th.** etw widerwillig tun.

be·guile [bɪˈgaɪl] *tr* **1.** täuschen, betrügen; **2.** verführen, verleiten (*into doing s.th.* etw zu tun); **3.** *(Zeit)* vertreiben.

be·gun [bɪˈgʌn] *v s. begin.*

be·half [bɪˈhɑːf] ► **on ~ of** im Interesse, zugunsten, im Sinne von; für; im Namen von.

be·have [bɪˈheɪv] **I** *itr* **1.** sich betragen, sich (gut) benehmen; **2.** *(Sache)* gehen, laufen, funktionieren; ► **he doesn't know how to ~** er weiß sich nicht zu benehmen; **II** *refl* sich benehmen; **~ yourself!** benimm dich!; **be·hav·iour,** *Am* **be·hav·ior** [bɪˈheɪvɪə(r)] Verhalten, Betragen, Benehmen *n* (*to, towards* gegen); ► **be on one's best ~** sich von seiner besten Seite zeigen; **behaviour pattern** Verhaltensweise *f;* **be·hav·iour·ism** [—ɪzəm] Behaviorismus *m (psychol. Richtung).*

be·head [bɪˈhed] *tr* enthaupten.

be·hind [bɪˈhaɪnd] **I** *prep* hinter *(a. zeitlich, Reihenfolge); (Rangfolge)* unter; ► **he has s.o. ~ him** hinter ihm steht jem; **who's ~ that scheme?** wer steckt hinter dem Plan? **~ time** zu spät; **be ~ the times** hinter seiner Zeit zurück sein; **II** *adv* hinten; nach hinten, zurück; dahinter *a. fig;* hinterher; rückständig (*with, in* mit); ► **be ~ in, with s.th.** mit e-r S zurück, im Rückstand sein; **fall ~** zurückbleiben; **my watch is ten minutes ~** meine Uhr geht zehn Minuten nach; **III** *s fam* Hintern *m;* **be·hind·hand** [bɪˈhaɪndhænd] *adv* zurück, im Rückstand (*with* mit).

beige [beɪʒ] *adj* beige.

be·ing [ˈbiːɪŋ] **I** *ppr von be;* **II** *s* **1.** Dasein *n;* **2.** Wesen *n,* Natur *f;* Existenz *f;* **3.** (Lebe)Wesen, Geschöpf *n;* ► **in ~** existierend, vorhanden; **this ~ so** da dies (nun einmal) so ist; **the time ~** zum gegenwärtigen Zeitpunkt; zur Zeit; **for the time ~** einstweilen; **come into ~** entstehen.

be·lated [bɪˈleɪtɪd] *adj* verspätet.

belch [beltʃ] **I** *itr* rülpsen, aufstoßen; **II** *tr* von sich geben, ausstoßen, auswerfen; **III** *s* **1.** Aufstoßen *n;* **2.** *(Vulkan)* Ausbruch *m.*

be·leaguer [bɪˈliːgə(r)] *tr* belagern.

bel·fry [ˈbelfrɪ] Glockenturm *m.*

Bel·gian [ˈbeldʒən] **I** *s* Belgier(in) *m (f);* **II** *adj* belgisch; **Bel·gium** [ˈbeldʒəm] Belgien *n.*

be·lie [bɪˈlaɪ] *tr* **1.** belügen, hintergehen; **2.** Lügen strafen.

be·lief [bɪˈliːf] **1.** Glaube(n) *m* (*in* an) *a. rel;* Vertrauen *n* (*in* zu), Zuversicht *f;* **2.** Meinung, Überzeugung *f;* ► **beyond, past all ~** unglaublich; **to the best of one's ~** nach bestem Wissen u. Gewissen; **be·liev·able** [bɪˈliːvəbl] *adj* glaubhaft, glaubwürdig; **be·lieve** [bɪˈliːv] **I** *itr* **1.** glauben (*in* an); vertrauen (*in* auf); überzeugt sein (*in* von); **2.** der Meinung sein (*that* daß); ► **~ in** Vertrauen haben zu; **I ~ so** ich glaube ja; **I ~ not** ich glaube nein; **II** *tr* **1.** glauben; **2.** denken, meinen; **3.** halten für; ► **would you ~ it!** hätten Sie das für möglich gehalten! **be·liever** [bɪˈliːvə(r)] *rel* Gläubige(r) *f m;* ► **he is a great ~** er glaubt fest (*in* an).

be·little [bɪˈlɪtl] *tr* herabsetzen, -würdigen, schmälern.

bell [bel] **1.** Glocke *f;* Schelle, Klingel *f;* **2.** Läuten *n;* **3.** (Blüten)Kelch *m;* **4.** *mar* Schiffsglocke *f;* ► **answer the ~** die (Haus)Tür öffnen; **this rings a ~** das kommt mir bekannt vor; **sound as a ~**

gesund u. munter.

bella·donna [ˌbelədɒnə] *bot* Tollkirsche *f.*

bell·boy ['belbɔɪ] Page *m;* **bell-flower** Glockenblume *f.*

bel·li·cose ['belɪkəʊs] *adj* kriegerisch.

bel·liger·ent [bɪ'lɪdʒərənt] *adj* kriegführend; *(Mensch)* aggressiv.

bel·low ['beləʊ] **I** *itr* brüllen; *(vor Schmerz)* heulen; **II** *s* Gebrüll *n.*

bel·lows ['beləʊz] *pl* Blasebalg *m.*

bell-push ['belpʊʃ] Klingelknopf *m.*

belly ['belɪ] **1.** Bauch *m;* **2.** Magen *m;* Unterleib *m;* **3.** Ausbauchung *f.;* **belly-ache I** *s* Leibschmerzen *m pl; fam* Bauchweh *n;* **II** *itr* mächtig jammern, klagen; **belly button** *fam* Bauchnabel *m;* **belly dancer** Bauchtänzerin *f;* **belly landing** Bauchlandung *f.*

be·long [bɪ'lɒŋ] *itr* **1.** gehören (*to s.o.* jdm); **2.** *(e-r Gemeinschaft)* angehören (*to* dat); dazugehören; **3.** zukommen, gebühren (*to s.o.* jdm); ► ~ **here** hergehören, am rechten Platz sein; **I ~ here** ich bin von hier; **where does that ~?** wohin gehört das?; **be·long·ings** [—ɪŋz] *pl* Eigentum *n,* Habe *f,* Sachen *f pl;* ► **my ~** meine Habseligkeiten *f pl.*

be·loved [bɪ'lʌvɪd] **I** *adj* (innig) geliebt, (heiß)geliebt (*of, by* von); **II** *s* Geliebte(r) *f m;* Liebling *m.*

be·low [bɪ'ləʊ] **I** *prep (Ort, Rang, Wert)* unter; unterhalb *gen;* niedriger; geringer; ► ~ **him** unter seiner Würde; ~ **the mark** von geringer Qualität; **II** *adv* unten; nach unten, abwärts; hinunter, hinab; niedriger im Rang; ► **see ~** siehe unten; **go ~** unter Deck gehen.

belt [belt] **I** *s* **1.** Gürtel *m;* Riemen *m;* Gurt *m;* **2.** *sport* Gürtellinie *f;* **3.** Zone *f,* (Anbau)Gebiet *n;* **4.** *tech* Treibriemen *m;* ► **below the ~** unter der Gürtellinie; *fig* unfair; **hit s.o. below the ~** jdm e-n Tiefschlag versetzen; **tighten one's ~** den Gürtel enger schnallen *a. fig;* **fasten your seat ~s!** anschnallen! **green ~** Grüngürtel *m (e-r Stadt);* **safety ~** Sicherheitsgurt *m;* **II** *tr* **1.** um-, anschnallen; **2.** verdreschen, verprügeln; **III** *(mit Präposition)* **belt out** *tr fam* schmettern; **belt up** *itr sl* die Klappe halten.

be·moan [bɪ'məʊn] *tr* beklagen, bedauern.

be·mused [bɪ'mju:zd] *adj* verwirrt.

bench [bentʃ] **1.** (Sitz)Bank *f;* **2.** Richteramt *n;* Richter *m pl;* Gericht *n;* **3.** Werkbank *f;* ► **be on the ~** Richter sein; **be raised to the ~** zum Richter bestellt werden; **carpenter's ~** Hobelbank *f.*

bend [bend] ‹*irr* **bent, bent**› **I** *tr* **1.** biegen, beugen, knicken, krümmen; abbiegen (*from* von); *(Bogen)* spannen; *(Kopf)* wenden (*towards us* uns zu); **2.** unterwerfen (*s.o. to one's will* jdn seinem Willen); ► ~ **s.th. out of shape** etwas verbiegen; ~ **the law** das Gesetz beugen; **II** *itr* **1.** sich biegen, sich beugen, sich neigen; sich krümmen; **2.** *fig* sich unterwerfen; **3.** *(Fluß, Straße, Bahn)* e-e Biegung machen; **III** *s* Biegung, Krümmung *f;* Kurve *f;* ► **round the ~** *fam* verrückt; **IV** *(mit Präposition)* **bend back** *itr* sich zurückbiegen; **bend down** *itr* sich bücken; **bended** ['bendɪd] *adj* gebeugt; ► **on one's ~ knees** kniefällig.

be·neath [bɪ'ni:θ] **I** *prep (Ort u. Rang)* unter, unterhalb; ► **that's ~ him** das ist unter seiner Würde; **II** *adv* (weiter) unten, tiefer.

bene·dic·tion [ˌbenɪ'dɪkʃn] Segen(sspruch) *m;* Segnung *f.*

bene·fac·tion [ˌbenɪ'fækʃn] **1.** Wohltat *f;* **2.** (Geld)Spende *f;* **bene·fac·tor, bene·fac·tress** ['benɪfæktə(r), —trɪs] Wohltäter(in) *m (f);* Förderer *m,* Förderin *f.*

be·nefi·cence [bɪ'nefɪsns] Mildtätigkeit, Wohltätigkeit *f;* **be·nefi·cent** [bɪ'nefɪsnt] *adj* wohltätig.

bene·fi·cial [ˌbenɪ'fɪʃl] *adj* **1.** nützlich; wohltuend, gesund; **2.** *jur* nutznießend; **bene·fi·ci·ary** [ˌbenɪ'fɪʃərɪ] *jur* Begünstigte(r) *f m,* Nutznießer(in) *m (f).*

bene·fit ['benɪfɪt] **I** *s* **1.** Wohltat *f;* Gunst *f;* Hilfe *f;* **2.** Nutzen, Vorteil, Gewinn *m;* **3.** *(finanziell)* Unterstützung, Beihilfe *f;* **4.** *theat* Benefizvorstellung *f;* ► **for the ~ of** zum Nutzen von; **for the public ~** im öffentlichen Interesse; **sickness ~** Krankengeld *n;* **unemployment ~** Arbeitslosenunterstützung *f;* **II** *tr* guttun, nützen (*s.o.* jdm); **III** *itr* Nutzen ziehen (*by* aus), begünstigt sein (*by* durch).

ben·ev·ol·ence [bɪ'nevələns] Güte *f;* Wohltätigkeit *f;* **ben·ev·ol·ent** [bɪ'nevələnt] *adj* wohlwollend; wohltätig, hilfsbereit; ► ~ **fund** Unterstützungsfonds *m.*

be·nign [bɪ'naɪn] *adj* **1.** gütig, hilfsbereit, gefällig; **2.** *(Klima)* mild, gesund; **3.** *med* gutartig.

bent [bent] **I** *v s. bend;* **II** *s fig* Neigung *f,* Hang *m;* Begabung *f* (*for* zu, für); ► **follow one's ~** seinen Neigungen nachgehen; **III** *adj* versessen (*on* auf); ► **be ~ on doing s.th.** entschlossen sein, etw zu tun.

be·numbed [bɪ'nʌmd] *adj* **1.** steif(gefroren), starr, erstarrt (*with cold* vor Kälte); **2.** *fig* benommen, wie gelähmt.

ben·zene ['benzi:n] *chem* Benzol *n;* **ben·zine** ['benzi:n] Benzin *n (bes. Reinigungsmittel).*

be·queath [bɪ'kwi:ð] *tr* vererben; **be·quest** [bɪ'kwest] Hinterlassenschaft *f.*

be·rate [bɪ'reɪt] *tr* ausschimpfen.

be·reave [bɪ'ri:v] ‹*irr* **bereft, bereft**› [bɪ'reft] *tr* **1.** berauben (*of* gen); **2.** rauben, nehmen (*s.o. of s.o.* jdm jdn); ► **the**

~d *pl* die Hinterbliebenen *pl;* **be·reave·ment** [—mənt] Trauerfall *m;* schmerzlicher Verlust.

berry ['beri] *bot* Beere *f.*

ber·serk [bə'sɜ:k] *adj* ▶ **go ~** rabiat werden.

berth [bɜ:θ] **I** *s* **1.** *mar* Koje *f; rail* Schlafwagenplatz *m;* **2.** Liege-, Ankerplatz *m;* ▶ **give s.th. a wide ~** e-n weiten Bogen um etw machen; **II** *itr (Schiff)* anlegen.

be·seech [bɪ'si:tʃ] ⟨*irr* **beseeched** *od* **besought, beseeched** *od* **besought**⟩ *tr (Person)* ersuchen, anflehen (*for* um); **be·seech·ing** [—ɪŋ] *adj* flehentlich.

be·set [bɪ'set] ⟨*irr* **beset, beset**⟩ *tr* bedrängen, heimsuchen; ▶ **~ with difficulties** mit Schwierigkeiten überhäuft; **be·set·ting** [—ɪŋ] *adj* ▶ **~ sin** Gewohnheitslaster *n.*

be·side [bɪ'saɪd] *prep* **1.** *(örtlich)* neben, (nahe) an, bei, dicht bei; **2.** *fig* neben, verglichen mit; ▶ **be ~ oneself** außer sich sein; **that is ~ the point, question** das hat nichts mit der Sache zu tun.

be·sides [bɪ'saɪdz] **I** *prep* außer, neben; abgesehen von; **II** *adv* außerdem, ferner, (noch) dazu, überdies, sonst.

be·siege [bɪ'si:dʒ] *tr* **1.** *mil* belagern *a. fig;* **2.** *fig* bestürmen (*with questions* mit Fragen).

be·smirch [bɪ'smɜ:tʃ] *tr* beschmutzen, besudeln *(meist fig).*

be·sot·ted [bɪ'sɒtɪd] *adj* **1.** betrunken, betäubt (*with* von); **2.** vernarrt (*with* in).

be·sought [bɪ'sɔ:t] *v s. beseech.*

best [best] ⟨*Superlativ von* **good, well**⟩ **I** *adj* beste(r, s); **II** *s* ▶ **the ~** der, die, das beste; **III** *adv* am besten; am meisten; **IV** *tr fam* übertreffen, übertrumpfen; **V** *(Wendungen)* ▶ **at ~** bestenfalls, höchstens; **~ before date** Haltbarkeitsdatum *n;* **in one's (Sunday) ~** im Sonntagsstaat; **to the ~ of one's belief, of one's knowledge** nach bestem Wissen; **to the ~ of one's power, ability** so gut man kann; **with the ~ of them** so gut wie nur einer; **be at one's ~** ganz auf der Höhe sein; **do one's ~** sein Bestes, möglichstes tun; **make the ~ of it** das Beste aus der Sache machen; **put one's ~ foot forward** *fig* sein Bestes tun; **the ~ part of s.th.** das meiste von e-r S; **like ~** am liebsten mögen; **you had ~ ...** du würdest am besten, du solltest ...

bes·tial ['bestɪəl] *adj* tierisch; unmenschlich; bestialisch; **bes·ti·al·ity** [ˌbestɪ'ælətɪ] **1.** Bestialität, Brutalität *f;* **2.** Perversität *f.*

be·stir [bɪ'stɜ:(r)] *refl* sich rühren, sich regen.

be·stow [bɪ'stəʊ] *tr* verleihen (*s.th. on s.o.* jdm etw); **be·stowal** [bɪ'stəʊəl] Verleihung, Übertragung *f.*

best-seller ['bestselə(r)] Bestseller *m.*

bet [bet] ⟨*irr* **bet** *od* **betted, bet** *od* **betted**⟩ **I** *itr, tr* wetten; ▶ **I ~ five pounds on that horse** ich setze fünf Pfund auf das Pferd; **he ~ me five pounds** er wettete mit mir um fünf Pfund; **you ~!** *fam* aber sicher! **you can ~ your bottom dollar** *fam* darauf können Sie Gift nehmen! **I ~ you (ten to one) that** ich wette mit Ihnen (zehn gegen eins), daß; **II** *s* Wette *f;* Wetteinsatz *m;* ▶ **that's your best ~!** das ist Ihre beste Chance!

beta-blocker ['bi:tə'blɒkə(r)] *med* Betablocker *m.*

be·tray [bɪ'treɪ] *tr* **1.** verraten (*to* an); **2.** *(Geheimnis)* preisgeben; *(Vertrauen)* mißbrauchen; *(Versprechen)* nicht halten; **3.** untreu werden (*s.o.* jdm); ▶ **~ o.s.** sich verraten; **be·trayal** [bɪ'treɪəl] Verrat *m* (*of* an).

bet·ter ['betə(r)] ⟨*Komparativ von* **good, well**⟩ **I** *adj* besser; mehr (*than* als); **II** *s* ▶ **the ~** der, die, das Bessere; **one's ~s** Höhergestellte *pl;* **III** *adv* besser; **IV** *tr* (ver)bessern; übertreffen; ▶ **~ o.s.** sich (beruflich) verbessern; vorwärtskommen; **V** *(Wendungen)* ▶ **for ~ for worse** in Freud u. Leid; **change for the ~** sich zum Besseren wenden; **get the ~ of s.o.** jdn übertreffen; **I am getting ~ now** es geht mir (gesundheitlich) (wieder) besser; **I know ~** da lasse ich mir nichts vormachen; **he thought ~ of it** er überlegte es sich noch einmal; **all the ~, so much the ~** um so, desto besser; **~ off** besser dran; wohlhabender, reicher; **the sooner the ~** je eher, desto besser; **the ~ part, half of** der größere Teil *gen,* mehr als die Hälfte; **~ and ~** immer besser; **like ~** lieber haben, vorziehen; **you had ~ go, you ~ go now** du tätest besser daran, jetzt zu gehen; **you had ~ not!** das will ich dir nicht geraten haben!

bet·ter, bet·tor ['betə(r)] Wettende(r) *f m.*

bet·ter·ment ['betəmənt] **1.** Verbesserung *f;* **2.** (Wert)Steigerung *f,* Zuwachs *m.*

bet·ting ['betɪŋ] Wetten *n;* **betting office** Wettbüro *n.*

be·tween [bɪ'twi:n] **I** *prep (zeitlich, der Menge, dem Grad nach)* zwischen, unter; dazwischen, darunter; ▶ **far ~** in großen Abständen; **few and far ~** *fig* dünn gesät; **in ~** dazwischen; inmitten; **~ you and me** unter uns (gesagt); **II** *adv* dazwischen, darunter; mittendrin.

bevel ['bevl] **I** *s tech* Abschrägung *f;* **II** *tr (Kante)* abschrägen.

bev·er·age ['bevərɪdʒ] Getränk *n.*

be·wail [bɪ'weɪl] *tr* beklagen.

be·ware [bɪ'weə(r)] *itr (nur im Imperativ u. inf)* sich in acht nehmen; ▶ **~ what you say!** gib acht auf das, was du sagst! ~ **of the dog!** Achtung, bissiger Hund! ~ **of pickpockets!** vor Taschendieben wird gewarnt!

be·wil·der [bɪˈwɪldə(r)] *tr* verwirren; verblüffen; **be·wil·dered** [bɪˈwɪldəd] *adj* verwirrt; verblüfft; **be·wil·der·ing** [—ɪŋ] *adj* verwirrend; verblüffend; **be·wil·der·ment** [—mənt] Verwirrung *f;* Verblüffung *f;* **be·witch** [bɪˈwɪtʃ] *tr* bezaubern, verhexen; **be·witch·ing** [—ɪŋ] *adj* bezaubernd, hinreißend.

be·yond [bɪˈjɒnd] **I** *prep* **1.** jenseits *gen,* über ... hinaus *a. fig;* außerhalb *gen;* weiter als; **2.** *(örtlich)* nach; **3.** *(zeitlich)* länger als (bis), später als; **4.** mehr als; außer, neben; ► ~ **belief** unglaublich; ~ **control** unkontrollierbar; ~ **hope** hoffnungslos; ~ **imagination** unvorstellbar; **be ~ s.o.** jdn übertreffen; **live ~ one's income** über seine Verhältnisse leben; **he is ~ help** ihm ist nicht (mehr) zu helfen; **that is ~ me** das ist mir zu hoch; **II** *adv* jenseits; darüber hinaus; **III** *s* ► **the ~** das Jenseits.

bi- [ˌbaɪ] *pref* Zwei-, Doppel-; **bi·an·nual** [ˌbaɪˈænjʊəl] *adj* halbjährlich.

bias [ˈbaɪəs] **I** *s fig* **1.** Neigung *f,* Hang *m* (*towards* zu), Vorliebe *f* (*towards* für); **2.** Voreingenommenheit *f;* **II** *adj* schräg; quer verlaufend; **III** *tr* **1.** beeinflussen, in e-e bestimmte Richtung lenken; **2.** einnehmen (*towards the plan* für den Plan); **bias(s)ed** [ˈbaɪəst] *adj* **1.** *fig* voreingenommen (*against* gegen); **2.** *jur* befangen.

bib [bɪb] **1.** Lätzchen *n;* **2.** (Schürzen-) Latz *m.*

Bible [ˈbaɪbl] Bibel *f;* **bib·li·cal** [ˈbɪblɪkl] *adj* biblisch.

bib·li·ogra·pher [ˌbɪblɪˈɒgrəfə(r)] Bibliograph(in) *m (f);* **bib·li·ogra·phic(al)** [ˌbɪblɪɒˈgræfɪk(l)] *adj* bibliographisch; **bib·li·ogra·phy** [ˌbɪblɪˈɒgrəfɪ] Bibliographie *f;* **bib·lio·phile** [ˈbɪblɪəfaɪl] Bibliophile(r) *f m,* Bücherfreund(in) *m (f).*

bi·car·bon·ate [ˌbaɪˈkɑːbənət] *chem* ► ~ **of soda** Natron *n.*

bi·cen·ten·ary [ˌbaɪsenˈtiːnərɪ] Zweihundertjahrfeier *f.*

bi·ceps [ˈbaɪseps] *anat* Bizeps *m.*

bicker [ˈbɪkə(r)] *itr* (sich herum)zanken; **bicker·ing** [—ɪŋ] Gezänk *n.*

bi·cycle [ˈbaɪsɪkl] Fahrrad *n;* ► **ride a ~** radfahren.

bid¹ [bɪd] ⟨*irr* bid, bid⟩ **I** *tr* **1.** bieten (*for* auf); **2.** *(Kartenspiel)* reizen; **II** *itr* bieten; **III** *s* **1.** *(Auktion)* Gebot *n;* **2.** Preisangebot *n;* **3.** *(Karten)* Reizen *n;* **4.** Versuch *m,* Bewerbung, Bemühung *f* (*for* um); ► **make a ~ for power** nach der Macht greifen.

bid² [bɪd] ⟨*irr* bad(e), bidden⟩ [ˈbɪdn] *tr* *(Gruß)* entbieten (*s.o.* jdm); ► ~ **s.o. farewell** jdm Lebewohl sagen.

bid·der [ˈbɪdə(r)] *(Auktion)* Bieter *m;* **bid·ding** [ˈbɪdɪŋ] **1.** *(Auktion)* Gebot *n;* **2.** Geheiß *n,* Befehl *m.*

bide [baɪd] *tr* ► ~ **one's time** seine Zeit, Gelegenheit abwarten.

bi·en·nial [baɪˈenɪəl] *adj* zweijährig.

bier [bɪə(r)] (Toten)Bahre *f.*

bi·focals [baɪˈfəʊklz] *pl* Bifokalbrille *f.*

big [bɪg] **I** *adj* **1.** groß, dick; **2.** groß, erwachsen; **3.** groß, bedeutend, wichtig; **4.** großzügig, -mütig; **5.** hochmütig, anmaßend; ► **have ~ ideas** große Pläne haben; ~ **with** voller, voll von; **II** *adv* aufgeblasen, großspurig; ► **talk ~** *fam* große Töne reden, spucken.

big·am·ist [ˈbɪgəmɪst] Bigamist *m;* **bigamy** [ˈbɪgəmɪ] Bigamie *f.*

big busi·ness [ˌbɪgˈbɪznɪs] Großkapital *n;* **big game** Hochwild *n.*

bigot [ˈbɪgət] **1.** engstirniger Mensch; **2.** *rel* Frömmler(in) *m (f);* **bigoted** [—ɪd] *adj* engstirnig; bigott; **bigotry** [—rɪ] **1.** Engstirnigkeit *f;* Fanatismus *m;* **2.** Bigotterie *f.*

big shot [ˈbɪgʃɒt] *fam* Bonze *m;* **big top** *(Zirkus)* Hauptzelt *n;* **big·wig** [ˈbɪgwɪg] *sl* großes Tier.

bike [baɪk] *fam* (Fahr)Rad *n.*

bi·kini [bɪˈkiːnɪ] Bikini *m.*

bi·lat·eral [ˌbaɪˈlætərəl] *adj* bilateral, zweiseitig.

bil·berry [ˈbɪlbərɪ] Heidel-, Blaubeere *f.*

bile [baɪl] **1.** *med* Galle *f;* **2.** *fig* schlechte Laune.

bi·lin·gual [baɪˈlɪŋgwəl] *adj* zweisprachig.

bil·ious [ˈbɪlɪəs] *adj* **1.** Gallen-; **2.** *fig (Mensch)* gallig, reizbar; ► ~ **attack** Gallenkolik *f.*

bill¹ [bɪl] Schnabel *m.*

bill² [bɪl] **I** *s* **1.** Rechnung *f;* **2.** Anschlag(zettel) *m,* Plakat *n;* **3.** (Theater-, Konzert)Programm *n;* **4.** *parl* Gesetzesvorlage *f,* -entwurf *m;* **5.** *com (~ of exchange)* Wechsel *m;* **6.** *Am* Banknote *f,* Geldschein *m;* ► **cash, honour a ~** e-n Wechsel einlösen; **draw a ~ on s.o.** e-n Wechsel auf jdn ziehen; **fit, fill the ~** *fig* passen; **foot the ~** *fam* dafür aufkommen; **pass a ~** ein Gesetz verabschieden; **stick a ~** e-n Zettel, ein Plakat ankleben; **post, stick no ~s!** Plakate ankleben verboten! **the ~, please!** bitte zahlen! ~ **of lading** Seefrachtbrief *m;* ~ **of entry** Zolleinfuhrerklärung, -deklaration *f;* ~ **of fare** Speisekarte *f;* ~ **of health** Gesundheitsbescheinigung *f,* -paß *m;* ~ **of sale** Kaufurkunde *f;* **II** *tr* **1.** *(durch Anschlag)* bekanntmachen, -geben; anschlagen; **2.** *(~ for)* in Rechnung stellen.

bill·board [ˈbɪlbɔːd] Anschlag-, Plakattafel *f.*

bil·let¹ [ˈbɪlɪt] **I** *s* **1.** *mil* Quartierschein *m;* (Privat)Quartier *n;* **2.** *fam* Stellung,

Arbeit *f;* **II** *tr* einquartieren, unterbringen (*on s.o.* bei jdm; *in, at* in).

bil·let² ['bɪlɪt] (Holz)Scheit *n.*

bill·fold ['bɪlfəʊld] *Am* Brieftasche *f.*

bil·liards ['bɪlɪədz] *pl mit sing* Billard(spiel) *n;* ▶ **a game of ~** e-e Partie Billard.

bil·lion ['bɪlɪən] Billion *f; Am* Milliarde *f.*

bil·low ['bɪləʊ] **I** *s lit* Woge *f;* **II** *itr* **1.** wogen; **2.** sich (auf)türmen; **bil·lowy** ['bɪləʊɪ] *adj* wogend.

bill-poster, bill-sticker ['bɪl,pəʊstə(r), 'bɪl,stɪkə(r)] Plakat-, Zettelankleber *m;* **bill·post·ing** ['bɪl,pəʊstɪŋ] Plakatankleben *n.*

billy ['bɪlɪ] *(~-can)* Kochgeschirr *n;* **billy-goat** Ziegenbock *m.*

bi-month·ly [,baɪ'mʌnθlɪ] *adj* zweimonatlich.

bin [bɪn] Behälter *m;* ▶ **dust ~** Abfalleimer *m.*

bi·nary ['baɪnərɪ] *adj* binär; **binary code** *EDV* Binärcode *f.*

bind [baɪnd] ⟨*irr* bound, bound⟩ **I** *tr* **1.** binden *(a. Buch);* **2.** befestigen (*to, on* an); **3.** *(Küche)* binden; **4.** verbinden; **5.** einfassen (*with* mit); **6.** *fig* binden, verpflichten; ▶ **~ o.s. to s.th.** sich zu etw verpflichten; **~ over** rechtlich verpflichten; **~ together** zusammenbinden; *fig* verbinden; **~ up** an-, hoch-, zu-, zusammenbinden; **II** *itr* fest, hart werden; **binder** ['baɪndə(r)] **1.** (Buch)Binder(in) *m (f);* **2.** Band *n;* Binde *f;* **3.** Aktendekkel *m;* **4.** *agr* Mähbinder *m;* **5.** *tech* Bindemittel *n;* **bind·ery** ['baɪndərɪ] Buchbinderei *f;* **bind·ing** ['baɪndɪŋ] **I** *adj* bindend, verbindlich, verpflichtend (*on* für); ▶ **be ~ for s.o.** für jdn rechtsverbindlich sein; **legally ~** rechtsverbindlich; **not ~** unverbindlich; **II** *s* **1.** *(Buch)* Einband *m;* **2.** Besatz *m;* Saum *m;* **3.** *(Ski)* Bindung *f.*

bind·weed ['baɪndwi:d] *bot* Winde *f.*

binge [bɪndʒ] *sl* Sauferei *f.*

bingo ['bɪŋgəʊ] Bingo *n (Spiel).*

bin·ocu·lars [bɪ'nɒkjʊləz] ▶ **pair of ~** Fernglas *n.*

bi·nomial [baɪ'nəʊmɪəl] *adj math* binomisch.

bio [,baɪəʊ] *pref* Bio-, Lebens-; **bio-chemi·cal** [,baɪəʊ'kemɪkl] *adj* biochemisch; **bio·chem·ist** [,baɪəʊ'kemɪst] Biochemiker(in) *m (f);* **bio·chem·is·try** [,baɪəʊ'kemɪstrɪ] Biochemie *f;* **bio-degrade** [,baɪəʊdɪ'greid] *itr* sich (biologisch) abbauen; **bio·degrad·able** [—əbl] *adj* biologisch abbaubar; **bio-dy·nam·ic** [,baɪəʊdainæmik] *adv* biodynamisch; **bio·graphi·cal** [,baɪə'græfɪkl] *adj* biographisch; **bi-ogra·phy** [baɪ'ɒgrəfɪ] Biographie, Lebensbeschreibung *f.*

bio·logi·cal [,baɪə'lɒdʒɪkl] *adj* biologisch; **bi·ol·ogist** [baɪ'ɒlədʒɪst] Biologe *m,* Biologin *f;* **bi·ol·ogy** [baɪ'ɒlədʒɪ] Biologie *f.*

bio·mass [,baiəmæs] Biomasse *f;* **bio-physics** [,baɪəʊ'fɪzɪks] *pl mit sing* Biophysik *f;* **bio·rhythm** ['baɪəriðəm] *meist pl* Biorhythmus *m;* **bio·sphere** ['baɪəsfi:ə(r)] Biosphäre *f;* **bio·tech-no·lo·gy** [,baɪəʊtek'nɒlədʒɪ] Biotechnik *f;* **bio·tope** ['baɪətəʊp] Biotop *n.*

bi·par·ti·san [,baɪpɑ:tɪ'zæn] *adj pol* Zweiparteien-.

bi·ped ['baɪped] *zoo* Zweifüßler *m.*

bi·plane ['baɪpleɪn] *aero* Doppeldecker *m.*

birch [bɜ:tʃ] **I** *s* **1.** Birke(nholz *n*) *f;* **2.** *(~-rod)* (Birken)Rute *f;* **II** *tr* mit der Rute schlagen.

bird [bɜ:d] **1.** Vogel *m;* **2.** *sl* Puppe, Biene *f;* **3.** *fam* Kauz *m;* ▶ **kill two ~s with one stone** *fig* zwei Fliegen mit einer Klappe schlagen; **~s of a feather flock together** *prov* gleich und gleich gesellt sich gern; **a ~ in the hand is worth two in the bush** *prov* der Spatz in der Hand ist besser als die Taube auf dem Dach; **early ~** Frühaufsteher(in) *m (f);* **~ of passage** Zugvogel *m a. fig;* **~ of prey** Raub-, Greifvogel *m;* **bird-cage** Vogelkäfig *m,* -bauer *n;* **birdie** ['bɜ:dɪ] Vögelchen *n;* **bird·seed** ['bɜ:dsi:d] Vogelfutter *n;* **bird's-eye view** [,bɜ:dzaɪ'vju:] Vogelperspektive *f;* **bird's-nest** Vogelnest *n.*

birth [bɜ:θ] **1.** Geburt *f a. fig;* **2.** Abstammung, Herkunft *f,* Ursprung *m;* **3.** Entstehung *f,* Aufkommen *n;* Ausgangspunkt, Anbruch *m;* ▶ **at ~** bei der Geburt; **by ~** von Geburt; **from his ~** von Geburt an; **give ~ to** zur Welt bringen; *fig* ins Leben rufen; **date, place of ~** Geburtsdatum *n,* -ort *m;* **premature ~** Frühgeburt *f;* **birth certificate** Geburtsurkunde *f;* **birth-control** Geburtenregelung, -kontrolle *f;* **birth·day** ['bɜ:θdeɪ] Geburtstag *m;* **birthday party** Geburtstagsfeier, -party *f;* **birth-day present** Geburtstagsgeschenk *n;* **birthday suit** *hum* Adamskostüm *n;* **birth-mark** Muttermal *n;* **birth·place** Geburtsort *m,* -haus *n;* **birth·rate** Geburtenziffer *f;* ▶ **falling ~** Geburtenrückgang *m.*

bis·cuit ['bɪskɪt] Keks *m; Am* Brötchen *n.*

bi·sect [baɪ'sekt] *tr* in zwei Teile teilen, halbieren; **bi·sec·tion** [baɪ'sekʃn] Halbierung *f.*

bi·sex·ual [,baɪ'sekʃʊəl] **I** *adj* bisexuell; **II** *s* Bisexuelle(r) *f m.*

bishop ['bɪʃəp] **1.** *rel* Bischof *m;* **2.** *(Schach)* Läufer *m;* **bishop·ric** [—rɪk] Bistum *n.*

bi·son ['baɪsn] Wisent *m; Am* Bison *m.*

bit¹ [bɪt] **1.** *(Pferd)* Gebiß *n;* **2.** Bohrer *m;* ▶ **take the ~ between one's teeth**

fig sich ins Zeug legen.

bit² [bɪt] Bissen *m;* Stückchen *n;* ▶ **a ~** ein bißchen; ein Weilchen; **a ~ at a time, ~ by ~** Stück für Stück, schrittweise; **not a ~** kein bißchen, nicht im geringsten; **do one's ~** seine Pflicht tun; **smash to ~s** kurz u. klein schlagen; **he's a ~ better** es geht ihm etwas besser; **I'm going to sleep for a ~** ich gehe e-e Weile schlafen.

bit³ [bɪt] *EDV* Bit *n.*

bit⁴ [bɪt] *v s. bite.*

bitch [bɪtʃ] **1.** Hündin *f;* **2.** *sl pej* Weibsstück *n.*

bite [baɪt] ⟨*irr* **bit, bitten**⟩ **I** *tr* **1.** beißen; **2.** *(Insekt)* stechen; **3.** *tech* ätzen, zerfressen; ▶ **~ the dust, ground** *fam* ins Gras beißen; **~ one's lips** sich auf die Lippen beißen; **~ one's nails** an den Nägeln kauen; **~ off** abbeißen; **once bitten twice shy** *prov* ein gebranntes Kind scheut das Feuer; **II** *itr* **1.** (hinein-, zu)beißen (*into, at* in); schnappen (*at s.th.* nach etw); **2.** brennen, stechen; **3.** *tech* eingreifen (*in* in); **4.** *(Fisch)* anbeißen *a. fig;* **III** *s* **1.** Biß(wunde *f*) *m;* Stich *m;* **2.** *(Angel)* Anbiß *m;* **3.** Happen, Imbiß *m;* **4.** *tech* Eingreifen *n;* Ätzen *n;* Fassen *n;* **5.** *fig* Schärfe, Bitterkeit *f;* **bit·ing** [ˈ—ɪŋ] *adj* **1.** *(Wind, Kälte)* schneidend; **2.** *fig (Worte)* scharf, beißend.

bit·ten [ˈbɪtn] *v s. bite.*

bit·ter [ˈbɪtə(r)] **I** *adj* **1.** bitter *a. fig;* **2.** *fig* schmerzlich, hart, schwer; **3.** sarkastisch, scharf, heftig; **4.** *(Wind)* scharf, rauh; *(Kälte)* streng; ▶ **to the ~ end** bis zum bitteren Ende; **a ~ pill to swallow** e-e bittere Pille; **II** *s* dunkles Bier; **bit·ter·ly** [—lɪ] *adv* bitterlich; **bit·ter·ness** [—nɪs] **1.** Bitterkeit, Herbheit *f;* **2.** *fig* Verbitterung *f.*

bitu·men [ˈbɪtjʊmən] Bitumen *n;* **bit·umi·nous** [bɪˈtju:mɪnəs] *adj geol* bituminös; ▶ **~ coal** Fettkohle *f.*

bi·valve [ˈbaivælv] zweischalige Muschel.

biv·ouac [ˈbɪvʊæk] *mil* Biwak *n.*

bi-week·ly [ˌbaɪˈwi:klɪ] *adj* vierzehntägig.

bi·zarre [bɪˈzɑ:(r)] *adj* bizarr.

blab [blæb] **I** *itr* schwatzen, plappern; **II** *tr* ausplaudern.

black [blæk] **I** *adj* **1.** schwarz *a. fig;* **2.** dunkel, düster, finster; **3.** schmutzig, dreckig; **4.** dunkel(häutig); **5.** *fig* unheimlich, unheilvoll, drohend; **6.** ärgerlich, mürrisch; böse, abscheulich; ▶ **~ ice** Glatteis *n;* **give s.o. a ~ look** jdn finster anblicken; **have s.th. down in ~ and white** etw schwarz auf weiß haben; **he is not so ~ as he is painted** er ist nicht so schlecht wie sein Ruf; **II** *s* **1.** Schwarz *n,* schwarze Farbe, Schwärze *f;* **2.** *(Neger)* Schwarze(r) *f m;* ▶ **in the ~** *fin* in den schwarzen Zahlen; **III** *tr* schwarz machen, schwärzen; *(Schuhe)* wichsen; **IV** *(mit Präposition)* **black out** *tr* verdunkeln; *itr* ohnmächtig werden; **black·ball** [ˈblækbɔ:l] *tr* stimmen gegen; **black·berry** [ˈblækbərɪ] *bot* Brombeere *f;* **black·bird** [ˈblækbɜ:d] Amsel *f;* **black·board** [ˈblækbɔ:d] Wandtafel *f;* ▶ **write on the ~** an die Tafel schreiben; **black book** ▶ **be in s.o.'s ~s** bei jdm auf der schwarzen Liste stehen; **black·cur·rant** [ˌblækˈkʌrənt] schwarze Johannisbeere; **blacken** [ˈblækən] **I** *tr* **1.** schwarz machen, schwärzen; **2.** *fig* anschwärzen, schlecht sprechen von; **II** *itr* schwarz, dunkel werden; **black·eye** blaues Auge.

black·guard [ˈblægɑ:d] **I** *s* Schuft, Schurke, Lump *m;* **II** *tr* schlecht-, heruntermachen (*s.o.* jdn).

black·head [ˈblækhed] Mitesser *m;* **black·ing** [ˈblækɪŋ] schwarze Schuhcreme, -wichse *f;* **black·ish** [ˈblækɪʃ] *adj* schwärzlich; **black·jack** [ˈblækˌdʒæk] *Am* Totschläger *m (Waffe);* **black-lead** [ˌblækˈled] Graphit *m;* **black·leg** [ˈblækleg] *Br* **I** *s* Streikbrecher *m;* **II** *itr* Streikbrecher sein; **black·list** [ˈblæklɪst] **I** *s* schwarze Liste; **II** *tr* auf die schwarze Liste setzen; **black·mail** [ˈblækmeɪl] **I** *s* Erpressung *f;* **II** *tr* erpressen; **black·mailer** [ˈblækmeɪlə(r)] Erpresser(in) *m (f);* **black mark** *fig* Minuspunkt *m,* schlechte Note; **black market** schwarzer Markt; **black mar·ke·teer** [ˌblækˌmɑ:kɪˈtɪə(r)] Schwarzhändler(in) *m (f).*

black·ness [ˈblæknɪs] Schwärze *f.*

black·out [ˈblækaʊt] **1.** Stromausfall *m;* Blackout *m;* Verdunkelung *f;* **2.** Bewußtlosigkeit *f;* **3.** *(Zensur)* Streichung, Nachrichtensperre *f;* **black pudding** Blutwurst *f;* **black sheep** *fig* schwarzes Schaf; **black·smith** [ˈblæksmɪθ] (Grob)Schmied *m;* **black·thorn** [ˈblækθɔ:n] *bot* Schwarzdorn *m.*

blad·der [ˈblædə(r)] *anat* Blase *f.*

blade [bleɪd] **1.** Klinge *f;* **2.** (Ruder-, Säge)Blatt *n;* (Turbinen)Schaufel *f;* (Propeller)Flügel *m;* **3.** *(shoulder-~)* (Schulter)Blatt *n;* **4.** *bot* Halm *m.*

blah [blɑ:] *fam* Quatsch *m,* Geschwafel *n.*

blame [bleɪm] **I** *tr* **1.** tadeln (*for* wegen); **2.** die Schuld geben (*s.o. for s.th.* jdm an e-r S); **3.** Vorwürfe machen (*s.th. on s.o.* jdm wegen etw); vorwerfen (*s.th. on s.o.* jdm etw); ▶ **be to ~ (for)** schuld sein (an); **I'm not blaming you for anything** ich werfe Ihnen nichts vor; **II** *s* **1.** Tadel *m,* Rüge *f,* Verweis *m;* **2.** Schuld *f* (*on, for* an); ▶ **bear the ~** Schuld haben; **lay the ~ for s.th. on s.o.** jdm die Schuld an etw geben; **take the ~ for s.th.** die Schuld für etw auf sich nehmen; **blame-**

less ['bleɪmlɪs] *adj* untadelig; schuldlos; **blame·worthy** ['bleɪmwɜ:ðɪ] *adj* tadelnswert.

blanch [blɑ:ntʃ] **I** *tr* **1.** weiß machen, bleichen; **2.** *(durch Brühen)* schälen, enthülsen; *(Küche)* blanchieren; **II** *itr* erbleichen, erblassen.

blanc·mange [blə'mɒnʒ] Pudding *m.*

bland [blænd] *adj* **1.** freundlich, umgänglich, angenehm, nett; **2.** *(Klima)* mild; **3.** nichtssagend; **bland·ish·ment** ['blændɪʃmənt] Schmeichelei *f.*

blank [blæŋk] **I** *adj* **1.** weiß, leer, unbeschrieben, unausgefüllt; **2.** ausdruckslos; inhaltsleer; **3.** verblüfft; ► **~ cheque** Blankoscheck *m;* **~ form** unausgefülltes Formular, Vordruck *m;* **~ space** freier Raum, freigelassene Stelle; **~ verse** Blankvers *m;* **II** *s* **1.** *(Buch, Blatt, Papier)* leere Stelle, freier Raum; **2.** *(Lotterie)* Formblatt, Formular *n* zum Ausfüllen, Vordruck *m;* **3.** *(~ cartridge)* Platzpatrone *f;* ► **draw a ~** e-e Niete ziehen.

blan·ket ['blæŋkɪt] **I** *s* (Woll)Decke *f;* ► **wet ~** Spiel-, Spaßverderber(in) *m (f);* **~ of snow** Schneedecke *f;* **II** *attr adj* allgemein, umfassend, pauschal; **III** *tr* be-, über-, zudecken; einhüllen.

blare [bleə(r)] **I** *tr, itr* **1.** *(Trompete)* schmettern; **2.** grölen; **II** *s* Schmettern *n;* Lärm *m.*

blas·pheme [blæs'fi:m] **I** *tr (Gott)* lästern; **II** *itr* fluchen; lästern (*against* gegen); **blas·phemer** [blæs'fi:mə(r)] Gotteslästerer *m,* -lästerin *f;* **blas·phem·ous** ['blæsfəməs] *adj (Mensch)* lästernd; **blas·phemy** ['blæsfəmɪ] Gotteslästerung *f.*

blast [blɑ:st] **I** *s* **1.** Windstoß *m;* **2.** Knall *m,* Druckwelle, Explosion *f;* **3.** Trompetenstoß *m;* Hornsignal *n;* ► **in, at full ~** in vollem Betrieb, auf vollen Touren; **II** *tr* **1.** sprengen; **2.** verdorren; erfrieren lassen; vernichten; **III** *itr (~ off)* starten *(Rakete);* **IV** *interj sl* **~ it!** verflucht! **blasted** ['blɑ:stɪd] *adj sl* verflixt, verdammt; **blast-furnace** Hochofen *m;* **blast-off** ['blɑ:stɒf] *(Rakete)* Abschuß *m;* **blast wave** Druckwelle *f.*

bla·tant ['bleɪtnt] *adj* **1.** geräuschvoll, laut; aufdringlich; **2.** *(Unrecht)* kraß, schreiend, offensichtlich.

blaze[1] [bleɪz] **I** *s* **1.** (lodernde) Flamme, Glut *f;* **2.** Feuer *n,* Brand *m;* **3.** heller Schein; **II** *itr (Sonne)* brennen; **III** *(mit Präposition)* **blaze away** *itr* drauflos feuern (*at* auf); **blaze up** *itr* aufflammen.

blaze[2] [bleɪz] **I** *s (Pferd, Rind)* Blesse *f;* **II** *tr (Baum)* markieren; ► **~ a trail** e-n Weg bezeichnen.

blazer ['bleɪzə(r)] Blazer *m,* leichte Sportjacke.

blaz·ing ['bleɪzɪŋ] *adj* **1.** brennend; lodernd; auffallend; **2.** *(Lüge)* offenkundig; ► **in the ~ sun** in der prallen Sonne; **~ hot** glühend heiß.

bleach [bli:tʃ] **I** *s* Bleichmittel *n;* **II** *tr* bleichen; **bleach·ers** ['bli:tʃəz] *pl Am sport* Zuschauersitze *m pl (im Freien);* **bleach·ing** [—ɪŋ] Bleichen *n.*

bleak [bli:k] *adj* **1.** kahl, öde; **2.** kalt, rauh; **3.** *fig* unfreundlich, trostlos, trübe.

bleary ['blɪərɪ] *adj* unscharf, undeutlich, verschwommen; *(Auge)* trüb; **bleary-eyed** [ˌblɪərɪ'aɪd] *adj* trübäugig.

bleat [bli:t] **I** *itr* **1.** *(Schaf)* blöken; *(Ziege)* meckern; **2.** weinerlich reden; **II** *s* Blöken, Meckern *n.*

bleed [bli:d] ⟨*irr* **bled, bled**⟩ [bled] **I** *itr* **1.** bluten (*from* von); **2.** *bot* Saft verlieren; **3.** *fig (~ for)* leiden (mit); ► **~ to death** verbluten; **II** *tr* **1.** zur Ader lassen; **2.** *fig* schröpfen; **3.** *tech* entlüften; ► **~ s.o. white** *fam* jdn total ausnehmen; **bleeder** ['bli:də(r)] *med* Bluter(in) *m (f);* ► **a cheeky little ~** *fam* ein frecher Lümmel; **bleed·ing** ['—ɪŋ] **I** *adj sl* verdammt; **II** *s* **1.** Blutung *f;* Aderlaß *m;* **2.** *tech* Entlüften *n.*

bleeper ['blɪ:pə(r)] *tele* Piepser *m.*

blem·ish ['blemɪʃ] **I** *s* Fehler, Mangel, Makel *m;* **II** *tr* entstellen, verunstalten, beflecken.

blench [blentʃ] *itr* bleich werden.

blend [blend] **I** *tr* **1.** *(Tee, Kaffee, Tabak)* mischen; *(Wein)* verschneiden; **2.** übergehen lassen (*into* in); **II** *itr* **1.** sich (ver)mischen (*with* mit); **2.** *(bes. Farben)* harmonieren (*with* mit); **III** *s* Mischung *f;* **blender** [blendə(r)] Mixer *m.*

bless [bles] ⟨*poet a. irr* **blest, blest**⟩ [blest] *tr* **1.** segnen; **2.** preisen; beglückwünschen; ► **be ~ed with** gesegnet sein mit; **blessed** ['blesɪd] *adj* **1.** gesegnet, (glück)selig, glücklich; **2.** *rel* selig; **3.** glückbringend; **4.** *sl* verdammt, verflixt; **bless·ing** ['—ɪŋ] Segen *m;* Gnade *f a. fig* (*to* für); Wohltat *f;* ► **a ~ in disguise** Glück *n* im Unglück.

blew [blu:] *v s. blow.*

blight [blaɪt] **I** *s* **1.** *bot* Mehltau *m;* **2.** schädlicher Einfluß; **II** *tr fig* vereiteln, zunichte machen; **blighter** ['blaɪtə(r)] *sl* Ekel *n;* Kerl *m.*

bli·mey ['blaɪmɪ] *interj sl* verdammt!

blind [blaɪnd] **I** *adj* **1.** blind *a. fig* (*to* für); **2.** *fig* uneinsichtig, verständnislos (*to* gegenüber); **3.** planlos; sinnlos; **4.** *(Kurve)* unübersichtlich; ► **be ~ in one eye** auf e-m Auge blind sein; **II** *s* Blende *f;* Markise *f;* Rollo *n;* **the ~** *pl* die Blinden *m pl;* **III** *tr* **1.** blind machen (*to* für); blenden; **2.** *fig* verblenden; **blind alley** Sackgasse *f a. fig;* ► **that's leading up a ~** das führt in e-e Sackgasse; **blind·er** ['blaɪndə(r)] *Am* Scheuklappe *f;* **blind flying** *aero* Blindflug *m;* **blind·fold** ['blaɪndfəʊld] **I** *tr* die Augen verbinden (*s.o.* jdm); **II** *adj* mit verbundenen Augen; **III** *s* Augenbinde *f;* **blind landing** *aero* Blindlandung *f;* **blind-man's buff** [ˌblaɪndmænzˈbʌf] Blindekuh(spiel *n) f;* **blind·ness** [ˈ—nɪs] Blindheit *f a. fig* (*to* gegen); **blind spot** *anat* blinder Fleck; **blind·worm** [ˈblaɪndwɜːm] *zoo* Blindschleiche *f.*

blink [blɪŋk] **I** *tr, itr* **1.** blinzeln, zwinkern (*one's eyes* mit den Augen); **2.** *(Licht, Stern)* flimmern; *(Licht)* blinken; **3.** *fig* nicht sehen wollen, übergehen (*at s.th.* etw); **II** *s* Blinzeln *n;* **blink·ers** [ˈblɪŋkəz] *pl* Scheuklappen *f pl;* **blink·ing** [ˈ—ɪŋ] *adj sl* verflixt.

bliss [blɪs] (Glück)Seligkeit *f;* **bliss·ful** [ˈblɪsfl] *adj* (glück)selig, überglücklich.

blis·ter [ˈblɪstə(r)] **I** *s med* Blase *f;* Bläschen *n;* **II** *tr* Blasen bilden auf; **III** *itr* Blasen bekommen, *tech* werfen.

blith·er·ing [ˈblɪðərɪŋ] *adj fam* blöde, dämlich; ▶ **a ~ idiot** ein Vollidiot.

blitz [blɪts] **I** *s* Blitzkrieg *m;* Luftangriff *m;* **II** *tr* heftig bombardieren; ▶ **~ed town** zerbombte Stadt.

bliz·zard [ˈblɪzəd] Schneesturm *m.*

bloated [ˈbləʊtɪd] *adj* aufgedunsen (*with* von).

bloater [ˈbləʊtə(r)] *zoo* Bückling *m.*

blob [blɒb] Tropfen, Klecks *m.*

bloc [blɒk] *pol* Block *m.*

block [blɒk] **I** *s* **1.** (Holz)Klotz *m;* (Fels)Block *m;* Hack-, Hauklotz *m;* **2.** Richtblock *m;* **3.** Wohnblock *m; Am* Häuserblock *m;* **4.** *(writing ~)* Schreibblock *m;* **5.** (Verkehrs)Hindernis *n,* Sperre *f;* **6.** *tech* Flaschenzug *m;* **7.** *typ* (Druck)Stock *m,* Klischee *n;* **8.** *(Spielzeug)* Bauklotz *m;* **9.** *fig* Block *m,* geschlossene Gruppe, Satz *m;* ▶ **~ of flats** Mietskaserne *f;* **II** *tr* **1.** blockieren, verstopfen, aufhalten, (ver)sperren *a. fig;* **2.** *(Ball)* abfangen; **III** *(mit Präposition)* **block off** *tr* abschirmen, absperren; **block up** *tr* einsperren; zumauern; versperren.

block·ade [blɒˈkeɪd] **I** *s* Blockade *f;* **II** *tr* blockieren; (ver)sperren.

block·house [ˈblɒkhaʊs] Blockhaus *n;* **block letters** *pl* Blockschrift *f.*

bloke [bləʊk] *sl* Kerl, Bursche *m.*

blond [blɒnd] *adj (Mann)* blond; **blonde** [blɒnd] **I** *adj (Frau)* blond; **II** *s* Blondine *f.*

blood [blʌd] **1.** Blut *n a. fig;* **2.** Abstammung, Herkunft *f;* Rasse *f;* ▶ **in cold ~** kaltblütig; **make bad ~ between** Unfrieden stiften zwischen; **my ~ ran cold, froze** ich war starr vor Schrecken; **his ~ was up** er war sehr erregt; **it made my ~ boil** ich kochte vor Wut; **circulation of the ~** Blutkreislauf *m;* **my own flesh and ~** mein eigenes Fleisch u. Blut; **blood alcohol** Blutalkohol *m;* **blood bank** *med* Blutbank *f;* **blood clot** Blutgerinnsel *n;* **blood-curd·ling** [ˈblʌdˌkɜːdlɪŋ] *adj* haarsträubend; **blood-donor** Blutspender(in) *m (f);* **blood-group** Blutgruppe *f;* **blood-hound** [ˈblʌdhaʊnd] Bluthund *m.*

blood·less [ˈblʌdlɪs] *adj* **1.** blutleer; bleich; **2.** unblutig.

blood-poison·ing [ˈblʌdˌpɔɪznɪŋ] Blutvergiftung *f;* **blood pressure** Blutdruck *m;* **blood-relation** Blutsverwandte(r) *f m;* **blood·shed** [ˈblʌdʃed] Blutvergießen *n;* **blood·shot** [ˈblʌdʃɒt] *adj* blutunterlaufen; **blood·stained** [ˈblʌdsteɪnd] *adj* blutbefleckt *a. fig;* **blood-stock** Vollblutpferde *n pl;* **blood stream** *med* Blutstrom *m;* **blood-sucker** **1.** *zoo* Blutegel *m;* **2.** *fig* Blutsauger *m;* **blood sugar** Blutzucker *m;* **blood test** Blutprobe; Blutuntersuchung *f;* **blood-thirsty** [ˈblʌdˌθɜːstɪ] *adj* blutdurstig; **blood-transfusion** Blutübertragung *f;* **blood-vessel** *anat* Blutgefäß *n.*

bloody [ˈblʌdɪ] **I** *adj* **1.** blutig, blutend; **2.** *vulg* verdammt, verflucht; **II** *adv vulg* sehr; **bloody-minded** [ˌblʌdɪˈmaɪndɪd] *adj fam* stur.

bloom [bluːm] **I** *s* **1.** Blüte *a. fig,* Blume *f;* **2.** Schimmer *m;* ▶ **in (full) ~** in (voller) Blüte; **II** *itr* blühen *a. fig.*

bloomer [ˈbluːmə(r)] *sl* Bock, Schnitzer *m.*

bloom·ing [ˈbluːmɪŋ] *adj* **1.** blühend *a. fig;* **2.** *sl* verflixt, verteufelt.

blos·som [ˈblɒsəm] **I** *s* (*bes.* Baum)Blüte *f;* ▶ **in ~** in (voller) Blüte; **II** *itr* **1.** (auf)blühen; **2.** *(~ out) fig* erblühen, sich entwickeln, sich entfalten (*into* zu).

blot [blɒt] **I** *s* **1.** Fleck, Klecks *m;* **2.** *fig* Makel, Schandfleck *m;* **II** *tr* **1.** e-n Klecks machen (*s.th.* auf etw); **2.** ablöschen; ▶ **~ out** unleserlich machen, verdecken *a. fig.*

blotch [blɒtʃ] Klecks, Fleck *m;* **blotchy** [ˈblɒtʃɪ] *adj* fleckig.

blot·ter [ˈblɒtə(r)] **1.** Löscher *m;* **2.** *Am* Kladde *f;* **blot·ting** [ˈblɒtɪŋ] *adj* ▶ **~-pad** Schreibunterlage *f;* **~-paper** Löschpapier *n.*

blotto [ˈblɒtəʊ] *adj sl* sternhagelvoll.

blouse [blaʊz] Bluse *f.*

blow[1] [bləʊ] ⟨*irr* **blew, blown**⟩ **I** *itr* **1.** *(Wind)* wehen, blasen, pfeifen; stürmen; **2.** *(im Wind)* wegfliegen; **3.** *(Blasinstrument)* ertönen; **4.** heftig atmen, keuchen, blasen, pusten; **5.** *el (Sicherung)* durchbrennen; **II** *tr* **1.** blasen, wehen; **2.** *(Feuer)* anblasen, anfachen; **3.** *mus (Instrument)* blasen; **4.** *sl (Geld)* verpulvern; ▶ **~ dry** fönen; **~ the horn** *mot* hupen; **~ hot and cold** nicht wissen, was man will; **~ one's nose** sich die Nase putzen; **~ it!** verdammt noch mal! **~ the expense!** egal, was es kostet! **III** *s* Blasen *n;* ▶ **go for a ~** an die (frische) Luft gehen; **IV** *(mit Präposition)* **blow**

down *tr (Sturm)* umwerfen; **blow off, away** *itr (im Wind)* wegfliegen; *tr* wegwehen, -blasen, -fegen; **blow out** *itr (Reifen)* platzen; *tr (Streichholz)* ausblasen; ► ~ **one's brains out** sich e-e Kugel durch den Kopf jagen; **blow over** *itr* vorbei-, vorübergehen; **blow up** *tr* **1.** aufblasen, -pumpen; **2.** sprengen, in die Luft jagen; **3.** *phot* vergrößern; *itr* **1.** explodieren *a. fig;* **2.** *fam* anpfeifen.

blow[2] [bləʊ] Schlag, Stoß *m a. fig;* ► **at a, one** ~ auf einen Schlag; **without striking a** ~ ohne jede Gewalt; **come to ~s** sich in die Haare geraten; **strike a ~ for s.th.** e-r Sache einen großen Dienst erweisen.

blower [ˈbləʊə(r)] **1.** Bläser *m;* **2.** Gebläse *n.*

blow·fly [ˈbləʊflaɪ] Schmeißfliege *f;* **blow·hole** [ˈbləʊhəʊl] **1.** *(Wal)* Nasenloch *n;* **2.** Luftloch *n;* **blow·lamp** [ˈbləʊlæmp] Schweißbrenner *m;* **blown** [bləʊn] *v s. blow*[1]*;* **blow·out** [ˈbləʊaʊt] **1.** *el* Durchschmelzen *n;* **2.** *mot* Reifenpanne *f;* **3.** *sl* Schlemmerei *f;* **blow·pipe** [ˈbləʊpaɪp] **1.** Lötrohr *n;* **2.** Blasrohr *n;* **blow·torch** [ˈbləʊtɔːtʃ] Schweißbrenner *m;* **blow-up** [ˈbləʊʌp] **1.** Explosion *f;* **2.** *fam* Zornesausbruch *m;* **3.** *phot* Vergrößerung *f.*

blub·ber [ˈblʌbə(r)] **I** *s* Walfischspeck *m;* **II** *itr* weinen, heulen.

bludgeon [ˈblʌdʒən] **I** *s* Knüppel *m;* **II** *tr* **1.** niederknüppeln; **2.** zwingen (*into doing s.th.* etw zu tun).

blue [bluː] **I** *adj* **1.** blau; **2.** *fig* trübsinnig, schwermütig, niedergeschlagen; **3.** unanständig, zweideutig; ► **dark, light** ~ dunkel-, hellblau; **once in a ~ moon** alle Jubeljahre (einmal); **II** *s* **1.** Blau *n,* blaue Farbe; **2.** *pol* Konservative(r) *f m;* **3.** *pl* Trübsinn *m,* Schwermut *f;* ► **out of the** ~ aus heiterem Himmel, unerwartet; **have the ~s** *Am* Trübsal blasen; **a bolt from the** ~ *fig* ein Blitz aus heiterem Himmel; **blue·berry** [ˈbluːbərɪ] Blau-, Heidelbeere *f;* **blue·bottle** [ˈbluːˌbɒtl] *zoo* Schmeißfliege *f;* **blue-pencil** *tr* ausstreichen, korrigieren; zensieren; **blue·print** [ˈbluːprɪnt] **1.** Blaupause *f;* **2.** Plan, Entwurf *m;* **blues** [bluːz] *mus* Blues *m.*

bluff[1] [blʌf] **I** *s* Steilufer *n;* Klippe *f;* **II** *adj* **1.** *(Klippe)* schroff, abschüssig; **2.** *fig* rauh, aber herzlich.

bluff[2] [blʌf] **I** *itr* bluffen; **II** *s* Bluff *m;* ► **I'd call his** ~ ich würde ihn auf die Probe stellen.

bluffer [ˈblʌfə(r)] Angeber(in) *m (f).*

blu·ish [ˈbluːɪʃ] *adj* bläulich.

blun·der [ˈblʌndə(r)] **I** *itr* **1.** stolpern (*on, against* gegen; *into* in); **2.** *(~ in)* hineingeraten; **3.** e-n Bock schießen; **II** *s* (dummer) Fehler, Schnitzer *m;* **blun·derer** [ˈblʌndərə(r)] Tölpel, Stümper(in) *m (f).*

blunt [blʌnt] **I** *adj* **1.** stumpf; **2.** geradeheraus, unverblümt; **II** *tr* **1.** stumpf machen; **2.** *fig* abstumpfen; **blunt·ly** [—lɪ] *adv* ganz offen, freiheraus, unverblümt; **blunt·ness** [—nɪs] **1.** Stumpfheit *f a. fig;* **2.** *fig* Unverblümtheit *f.*

blur [blɜː(r)] **I** *tr* **1.** trüben; **2.** trübe, undeutlich, unscharf, verschwommen machen; **3.** verwischen, verschmieren; **II** *s* **1.** undeutliches, verschwommenes Bild; **2.** Trübung, Verschwommenheit *f;* **3.** Fleck *m.*

blurb [blɜːb] Waschzettel, Klappentext *m.*

blurred [blɜːd] *adj* verschwommen, unscharf.

blurt [blɜːt] *tr* ► ~ **out** herausplatzen (*s.th.* mit e-r S).

blush [blʌʃ] **I** *itr* **1.** erröten; (scham)rot werden (*with, for* vor); **2.** sich schämen; **II** *s* Schamröte *f;* Erröten *n;* ► **at (the) first** ~ auf den ersten Blick; **blush·ing** [—ɪŋ] *adj* errötend.

blus·ter [ˈblʌstə(r)] **I** *itr* **1.** brausen, toben; **2.** schimpfen, poltern; **II** *s* **1.** Toben, Heulen *n;* **2.** Wutgeheul, -geschrei *n.*

boa [ˈbəʊə] *zoo* Boa *f.*

boar [bɔː(r)] Eber *m;* Keiler *m.*

board [bɔːd] **I** *s* **1.** Brett *n;* Diele, Planke *f;* **2.** Karton *m,* Pappe *f;* **3.** (Anschlag-, Wand)Tafel *f;* **4.** Spielbrett *n;* **5.** Platte *f;* **6.** Kost, Verpflegung *f;* **7.** Ausschuß *m;* Kommission *f;* Behörde *f;* Ministerium *n;* Vorstand *m;* **8.** *mar* Bord *m;* Deck *n;* ► **the ~s** *pl theat* die Bretter *n pl;* **above** ~ offen, ehrlich; **on ~ (a) ship** an Bord e-s Schiffes; **be a member of the** ~ Mitglied des Vorstandes sein; **go by the** ~ *fig* fallengelassen werden; **go on ~ ship** sich einschiffen; **sweep the** ~ *fig* alle Preise gewinnen; **advisory, arbitration** ~ Beratungs-, Schlichtungsausschuß *m;* **bulletin** ~ *Am* Schwarzes Brett; **chess-~** Schachbrett *n;* **examination** ~ Prüfungskommission *f;* **school** ~ Schulbehörde *f;* **B~ of Admiralty, of Trade** Marine-, Wirtschaftsministerium *n;* ~ **of directors** Vorstand *m;* Aufsichtsrat *m;* **II** *tr* **1.** verschalen, dielen; **2.** an Bord gehen (*a ship* e-s Schiffes); besteigen, einsteigen (*the train* in den Zug); **III** *itr* **1.** in Pension sein (*with* bei); **2.** Internatsschüler(in) sein; **3.** *aero* die Maschine besteigen; ► **flight LH 283 now ~ing** Aufruf für Passagiere des Fluges LH 283; ~ **out** in Pension wohnen; **boarder** [ˈbɔːdə(r)] **1.** Kostgänger(in) *m (f);* **2.** Internatsschüler(in) *m (f);* **board·ing** [ˈ—ɪŋ] **1.** Täfelung *f,* Dielen *f pl;* **2.** Verpflegung, Kost *f;* **boarding-card** *aero* Bordkarte *f;* **boarding house** **1.** Pension *f;* **2.** Wohngebäude *n* eines Internats; **boarding-school** Internat *n;* **board meeting** Vorstandssitzung *f;* **board·room** [ˈbɔːdrʊm] Sitzungssaal *m;* **board·walk** ['bɔ:dwɔ:k] *Am* Holzsteg *m.*

boast [bəʊst] **I** *s* **1.** Prahlerei *f;* **2.** Stolz *m;* **II** *itr* prahlen (*of* mit); **III** *tr* **1.** sich rühmen (*s.th.* e-r S); **2.** prahlen; **boaster** ['bəʊstə(r)] Aufschneider, Prahlhans *m;* **boast·ful** ['bəʊstfl] *adj* prahlerisch.

boat [bəʊt] **1.** Boot *n;* Kahn *m;* **2.** Schiff *n;* Dampfer *m;* **3.** *(gravy ~)* Soßenschüssel *f;* ▶ **in the same ~** *fig* in der gleichen Lage; **cargo ~** Frachtdampfer *m;* **motor-~** Motorboot *n;* **rowing ~** Ruderboot *n;* **sailing ~** Segelboot *n;* **~s for hire** Bootsverleih *m;* **boat-hook** Bootshaken *m;* **boat-house** Bootshaus *n;* **boat·ing** ['bəʊtɪŋ] Bootfahren *n;* **boat·man** ['bəʊtmən] ‹*pl* -men› **1.** Bootsverleiher *m;* **2.** Ruderer *m;* **boat-people** ['bəʊtpɪ:pl] *pl* Bootsflüchtlinge *m pl;* **boat-race** (Ruder)Regatta; **boat·swain** ['bəʊsn] *mar* Bootsmann *m.*

boat-train ['bəʊtˌtreɪn] Zug *m* mit Schiffsanschluß; **boat trip** Schiffsreise *f.*

bob[1] [bɒb] **I** *itr* **1.** sich auf u. ab bewegen; **2.** knicksen; ▶ **~ up** auftauchen; **II** *tr* nicken mit; **III** *s* **1.** Knicks *m;* **2.** Nicken *n.*

bob[2] [bɒb] Bubikopf(frisur *f*) *m.*

bob[3] [bɒb] *sport* Bob *m;* Kufe *f;* ▶ **two-man ~** Zweierbob *m.*

bob[4] [bɒb] *Br fam* Shilling *m.*

bob·bin ['bɒbɪn] (Garn)Spule *f;* Rolle *f.*

bobby ['bɒbɪ] *Br fam* Polizist *m;* **bobby pin** Haarklemme *f;* **bobby-socks** *pl Am fam* Söckchen *n pl;* **bobby-soxer** ['bɐbɪˌsɐksə(r)] *Am* Teenager *m.*

bob·sled, bob·sleigh ['bɒbsled, 'bɒbsleɪ] *sport* Bob *m.*

bob·tail ['bɒbteɪl] Stutzschwanz *m.*

bode [bəʊd] *tr* ▶ **~ ill** ein schlechtes (Vor)Zeichen sein (*for* für).

bod·ice ['bɒdɪs] Mieder, Leibchen *n;* Oberteil *n.*

-bodied ['bɒdɪd] *adj Suffix* gebaut.

bodi·less ['bɒdɪlɪs] *adj* körperlos.

bod·ily ['bɒdəlɪ] **I** *adj* körperlich, leiblich; ▶ **grievous ~ harm** *jur* schwere Körperverletzung; **II** *adv* **1.** in Person, persönlich; leibhaftig; **2.** geschlossen; im ganzen, als Ganzes; **3.** gewaltsam.

body ['bɒdɪ] **1.** Körper, Leib *m;* **2.** Rumpf *m;* **3.** *(dead ~)* Leiche *f;* Leichnam *m;* **4.** *fam* Person *f,* Mensch *m;* **5.** *jur* Körperschaft *f;* Gremium *n;* Organ *n;* **6.** *mil* (Truppen)Verband *m;* **7.** (Menschen)Gruppe, Ansammlung, Masse *f;* **8.** Komplex *m;* Material *n;* Masse *f;* **9.** *mot* Karosserie *f;* **10.** *fig* Gehalt *m;* Stärke, Güte *f;* **11.** *phys* Körper *m;* ▶ **in a ~** im ganzen, zusammen, insgesamt; **governing ~** Direktion, Leitung *f;* **heavenly ~** Himmelskörper *m;* **legislative ~** gesetzgebende Körperschaft; **body-bag** Leichensack *m;* **body-building** Bodybuilding *n;* **body·guard** ['bɒdɪgɑ:d] Leibwache *f;* **body language** Körpersprache *f;* **body lotion** Körperlotion *f;* **body politic** Staat(swesen *n*) *m;* **body·work** ['bɒdɪwɜ:k] *mot* Karosserie *f.*

bog [bɒg] **I** *s* **1.** Sumpf, Morast *m;* Moor *n;* **2.** *Br fam* Klo *n;* ▶ **peat ~** Torfmoor *n;* **II** *(mit Präposition)* **bog down** *tr* **be ~ged down** feststecken; *fig* sich festgefahren haben; **get ~ged down** steckenbleiben; *fig* sich festfahren.

boggle ['bɒgl] *itr* sprachlos sein; ▶ **the mind ~s** das ist ja Wahnsinn.

boggy ['bɒgɪ] *adj* sumpfig.

bo·gie ['bəʊgɪ] *rail* Drehgestell *n.*

bo·gus ['bəʊgəs] *adj* falsch; unecht.

bogy, bo·gey ['bəʊgɪ] Kobold *m; fig* Schreckgespenst *n.*

Bo·he·mi·an [bəʊ'hi:mɪən] **1.** *geog* Böhme *m,* Böhmin *f;* **2.** ▶ **b~** Bohemien, Künstlertyp *m.*

boil [bɔɪl] **I** *itr, tr* **1.** kochen, sieden; **2.** *fig (vor Wut)* kochen, schäumen (*with* vor); **3.** *(Fluten)* wogen, toben; ▶ **make s.o.'s blood ~** jdn rasend machen; **II** *s* Siedepunkt *m;* ▶ **be on the ~** kochen; **come to the ~** zu kochen anfangen; **bring s.th. to the ~** etw aufkochen lassen; **III** *(mit Präposition)* **boil away** *itr* verkochen, verdampfen; weiterkochen; **boil down** *tr* einkochen; *itr* dickflüssig werden; ▶ **~ down to s.th.** *fig* auf etw hinauslaufen; **boil over** *itr* überkochen; *fig* sich zuspitzen; *(Mensch)* explodieren; **boil up** *itr* aufkochen; *fig (Wut)* sich steigern; **boiler** ['bɔɪlə(r)] **1.** Warmwasserbereiter, Boiler *m;* **2.** *mar* Kessel *m;* **3.** *(Küche)* Suppenhuhn *n;* **boiler-house** *mar* Kesselhaus *n;* **boiler·man** ['bɔɪləmən] ‹*pl* -men› Heizer *m;* **boiler-room** Kesselraum *m;* Heizungskeller *m;* **boiler-suit** Overall *m,* blauer Anton; **boil·ing** [—ɪŋ] *adj* kochend, siedend; ▶ **~ hot** *fam* kochend, siedend, glühend heiß; **~-point** Siedepunkt *m a. fig.*

bois·ter·ous ['bɔɪstərəs] *adj* **1.** heftig, stürmisch; **2.** lärmend, laut, ausgelassen.

bold [bəʊld] *adj* **1.** kühn, tapfer, mutig; **2.** forsch; keck; gewagt; dreist; **3.** *(Farbe, Muster)* kräftig; fest umrissen; *(Stil)* ausdrucksvoll; **4.** *typ* fett; halbfett; ▶ **make (so) ~** es wagen (*as to* zu); sich erkühnen; **as ~ as brass** frech wie Oskar; **bold·ness** [—nɪs] **1.** Kühnheit, Tapferkeit *f;* **2.** Unverfrorenheit *f;* **3.** *fig* Kräftigkeit *f;* Ausdruckskraft *f.*

bole [bəʊl] (Baum)Stamm *m.*

bol·ster ['bəʊlstə(r)] **I** *s* Nackenrolle *f;* **II** *tr (~ up)* unterstützen, Mut machen (*s.o.* jdm); *(Währung)* stützen; *(Stellung, Ansehen)* aufbessern.

bolt [bəʊlt] **I** *s* **1.** (Tür)Riegel *m;* **2.** Bolzen *m;* **3.** Blitz(strahl) *m a. fig;* **4.** *(Stoff)* Ballen *m;* **5.** *fam* Satz *m,* plötzlicher Sprung; ▶ **make a ~ for it** Fersengeld geben; **a ~ from the blue** ein Blitz aus heiterem Himmel; **II** *itr* **1.** davonstürzen, abhauen; **2.** *(Pferd)* durchgehen; **III** *tr* **1.** *(~ down) (Speise)* hinunterschlingen; **2.** verriegeln; **3.** ver-, festschrauben; **bolt-hole** Schlupfloch *n;* **bolt upright** *adv* kerzengerade.

bomb [bɒm] **I** *s* Bombe *f;* ▶ **go like a ~** *sl* ein Renner sein; **II** *tr* bombardieren; ▶ **~ out** ausbomben.

bom·bard [bɒmˈbɑ:d] *tr* **1.** bombardieren *a. fig;* **2.** *fig* bestürmen, überschütten; **bom·bard·ment** [bɒmˈbɑ:dmənt] Bombardierung *f.*

bom·bast [ˈbɒmbæst] Schwulst, Bombast *m;* **bom·bas·tic** [bɒmˈbæstɪk] *adj* bombastisch, schwülstig.

bomb cra·ter [ˈbɒmˌkreɪtə(r)] Bombenkrater *m;* **bombed** [bɒmd] *adj sl* besoffen, high; **bomber** [ˈbɒmə(r)] **1.** Bomber *m,* Bombenflugzeug *n;* **2.** Bombenattentäter(in) *m (f);* **bombing** [—ɪŋ] Bombenabwurf *m;* **bombproof** *adj* bombensicher; **bomb·shell** [ˈbɒmʃel] *fig* Überraschung *f;* ▶ **the news came like a ~** die Nachricht schlug ein wie e-e Bombe.

bona fide [ˌbəʊnəˈfaɪdɪ] *adj jur* bona fide, ehrlich, aufrichtig, gutgläubig.

bon·anza [bəˈnænzə] **I** *s Am* Goldgrube *f;* ▶ **oil ~** Ölboom *m;* **II** *attr adj* ergiebig, ertragreich, Boom-.

bond [bɒnd] **I** *s* **1.** Übereinkommen *n;* **2.** (Ver)Bindung *f,* Band *n;* **3.** *com* Verbindlichkeit, Verpflichtung *f;* **4.** Pfandbrief *m,* Obligation *f;* festverzinsliches Wertpapier; **5.** Zollverschluß *m;* **6.** Haftfestigkeit *f;* **7.** *pl* Fesseln *f pl;* ▶ **in ~** unter Zollverschluß; **II** *tr* **1.** verpfänden; **2.** unter Zollverschluß nehmen *od* legen.

bond·age [ˈbɒndɪdʒ] Knechtschaft *f.*

bonded [ˈbɒndɪd] *adj* ▶ **~ warehouse** Zollspeicher *m;* **bond-holder** [ˈbɒndˌhəʊlde(r)] Inhaber(in) *m (f)* von Wertpapieren.

bone [bəʊn] **I** *s* **1.** Knochen *m;* **2.** *(Fisch)* Gräte *f;* **3.** *(Substanz)* Bein *n;* **4.** *pl* Gebeine *n pl;* ▶ **to the ~** bis auf die Knochen, völlig; **be nothing but skin and ~s** nur noch Haut u. Knochen sein; **have a ~ to pick with s.o.** mit jdm ein Hühnchen zu rupfen haben; **as dry as a ~** knochentrocken; **II** *tr* **1.** entbeinen; *(Fisch)* entgräten; **2.** *sl* klauen, mopsen; **III** *itr sl* ▶ **~ up on** büffeln; **bone fracture** Knochenbruch *m;* **bonehead** *sl* Dummkopf *m;* **bone-lazy** *adj sl* stinkfaul; **bone·less** [ˈ—lɪs] *adj* ohne Knochen *od* Gräten; **bone·shaker** [ˈbəʊnˌʃeɪkə(r)] *fam* Klapperkasten *m.*

bon·fire [ˈbɒnfaɪə(r)] Freudenfeuer *n;* Feuer *n* im Freien.

bon·net [ˈbɒnɪt] **1.** Haube *f;* **2.** *mot* Motorhaube *f.*

bonny [ˈbɒnɪ] *adj* schön, gut aussehend.

bo·nus [ˈbəʊnəs] **1.** Bonus *m,* Gratifikation, Prämie *f;* **2.** *com* Sonderdividende *f;* ▶ **Christmas ~** Weihnachtsgratifikation *f;* **cost-of-living ~** Teuerungszulage *f.*

bony [ˈbəʊnɪ] *adj* **1.** voller Knochen *od* Gräten; **2.** knochig; **3.** knochendürr.

boo [bu:] **I** *interj* bah! pah! buh! **II** *tr* auspfeifen, -buhen; **III** *itr* buhen.

boob [bu:b] **I** *s* **1.** *fam* Schnitzer *m;* **2.** *fam pl* Brüste *pl;* **II** *itr* e-n Schnitzer machen; **booby** [ˈbu:bɪ] Tölpel, Trottel *m;* **booby prize** Trostpreis *m.*

book [bʊk] **I** *s* **1.** Buch *n;* **2.** Heft *n;* Block *m;* **3.** *pl com* Bücher *n pl;* **4.** Wettliste *f;* **5.** *(~ of matches)* (Streichholz)Heftchen *n;* **6.** *mus* Textbuch *n;* ▶ **balance the ~s** die Bücher abschließen; **be in s.o.'s black, good ~s** bei jdm schlecht, gut angeschrieben sein; **keep ~s** Bücher führen; **~ of stamps** Briefmarkenheft *n;* **~ of tickets** Fahrscheinheft *n;* **the (good) B~** das Buch der Bücher; **II** *tr* **1.** buchen; **2.** auf-, niederschreiben; notieren; vormerken; **3.** *(Platz)* (vor)bestellen, buchen, belegen; *(Karte)* bestellen; *(Gepäck)* aufgeben; *(Fahrkarte)* lösen; **III** *(mit Präposition)* **book in** *tr* sich eintragen; absteigen (*at* in); *tr* **1.** eintragen; **2.** reservieren lassen (*s.o.* jdm); **book through** *itr* direkt lösen (*to* bis); **book up** *itr* buchen; *tr* reservieren lassen; ▶ **be ~ed up** ausgebucht sein; ausverkauft sein; **book·able** [—əbl] *adj* im Vorverkauf erhältlich; **book·binder** [ˈbʊkˌbaɪndə(r)] Buchbinder(in) *m (f);* **book-bind·ing** [ˈbʊkˌbaɪndɪŋ] Buchbinderei *f;* **book·case** [ˈbʊkkeɪs] Bücherschrank *m;* **book-club** Buchklub *m;* Lesering *m;* **book-end** Bücherstütze *f.*

bookie [ˈbʊkɪ] *sl* Buchmacher *m.*

book·ing [ˈbʊkɪŋ] Buchung, Bestellung *f;* Reservierung *f;* **booking clerk** Fahrkartenverkäufer(in) *m (f);* **booking office** Fahrkartenschalter *m;* Vorverkaufsstelle *f.*

book·ish [ˈbʊkɪʃ] *adj* **1.** lesefreudig; **2.** gelehrt; **3.** *(Stil)* papieren.

book·keeper [ˈbʊkˌki:pə(r)] Buchhalter(in) *m (f);* **book·keep·ing** [ˈbʊkˌki:pɪŋ] Buchhaltung, -führung *f.*

book·let [ˈbʊklɪt] Broschüre *f.*

book·maker [ˈbʊkˌmeɪkə(r)] Buchmacher(in) *m (f);* **book·mark** [ˈbʊkmɑ:k] Lesezeichen *n;* **book·plate** [ˈbʊkpleɪt] Exlibris *n;* **book review** Buchbesprechung *f;* **book reviewer** Kritiker(in) *m (f);* **book·seller** [ˈbʊkˌselə(r)] Buchhändler(in) *m (f);* **book-shelf** ⟨*pl* -shelves⟩ Bücherregal, -bord *n;* **book-**

shop Buchhandlung *f;* **book-stall** ['bʊkstɔ:l] Buchverkaufsstand *m;* Zeitungskiosk *m;* **book·store** ['bʊkstɔ:(r)] *Am* Buchhandlung *f;* **book token** Büchergutschein *m;* **book trade** Buchhandel *m;* **book·worm** ['bʊkwɜ:m] Bücherwurm *m a. fig.*

boom¹ [bu:m] *tech* **1.** *(derrik ~)* Ladebaum *m;* Ausleger *m;* **2.** Sperre *f;* **3.** Galgen *m* für Mikrophon.

boom² [bu:m] **I** *s* Brausen, Donnern *n;* ► **~ boom** *aero* Schallknall *m;* **II** *itr* brausen, hallen, dröhnen; **III** *tr* ► **~ out** dröhnen.

boom³ [bu:m] **I** *s com* Boom, Aufschwung *m;* Hochkonjunktur *f;* **II** *itr* e-n Aufschwung nehmen; in die Höhe schnellen; ► **be ~ing** florieren, im Aufschwung begriffen sein, boomen *fam.*

boom·er·ang ['bu:məræŋ] Bumerang *m a. fig.*

boon [bu:n] *s* Wohltat *f,* Segen *m.*

boor [bʊə(r)] Rüpel *m;* **boor·ish** [—ɪʃ] *adj* rüpel-, lümmelhaft.

boost [bu:st] **I** *tr* **1.** *(Preise)* in die Höhe treiben; **2.** ankurbeln; **3.** *el (Strom, Leistung)* verstärken; **II** *s* **1.** Auftrieb *m;* **2.** *el* Verstärkung *f;* ► **that was a ~ to my ego** das hat mir Auftrieb gegeben; **booster** [bu:stə(r)] **1.** *med* Wiederholungsimpfung *f;* **2.** *el* Puffersatz *m; radio* Zusatzverstärker *m; mot* Kompressor *m;* Gebläse *n;* **3.** *aero* Zusatztriebwerk *n;* **booster rocket** Start-, Trägerrakete *f.*

boot [bu:t] **I** *s* **1.** Stiefel *m;* **2.** *mot Br* Kofferraum *m;* ► **die with one's ~s on** in den Sielen sterben; **get the ~** *sl* rausgeschmissen werden; **give s.o. the ~** *sl* jdn rausschmeißen; **the ~ is on the other foot** *fig* es ist gerade andersherum; **II** *tr* **1.** einen Fußtritt geben (*s.th.* e-r S); *(Ball)* kicken; **2.** *EDV* urladen, hochladen; **III** *(mit Präposition)* **boot out** *tr fam* rausschmeißen; **boot·black** ['bu:tblæk] Schuhputzer *m.*

bootee ['bu:ti:] **1.** Halbstiefel *m;* **2.** gestrickter Babyschuh.

booth [bu:ð] (Markt)Bude *f;* Messestand *m;* ► **interpreter's ~** Dolmetscherkabine *f;* **polling, voting ~** Wahlzelle *f;* **telephone ~** Fernsprech-, Telefonzelle *f.*

boot·jack ['bu:tdʒæk] Stiefelknecht *m;* **boot·lace** ['bu:tleɪs] Schnürsenkel *m;* **boot·leg** ['bu:tleg] *tr* schwarz brennen; **boot·licker** ['bu:tlɪkə(r)] Speichellecker(in) *m (f);* **boot-maker** Schuhmacher(in) *m (f).*

booty ['bu:tɪ] Beute *f. a. fig.*

booze [bu:z] *fam* **I** *itr* saufen; **II** *s* **1.** Alkohol *m;* **2.** *(~-up)* Sauferei *f;* **boozer** ['bu:zə(r)] *fam* **1.** Säufer(in) *m (f);* **2.** *sl* Kneipe *f;* **boozy** ['bu:zɪ] *adj fam* be-, versoffen.

bor·der ['bɔ:də(r)] **I** *s* **1.** Kante *f;* Rand(streifen) *m;* **2.** (Landes)Grenze *f;* **3.** Saum *m;* Einfassung *f;* **4.** *(Garten)* Rabatte *f;* **II** *tr* begrenzen; einfassen; **III** *itr* ► **~ on, upon** grenzen an *a. fig;* **bor·derer** ['bɔ:dərə(r)] Grenzbewohner *m;* **bor·der·ing** [—ɪŋ] *adj* angrenzend (*on* an); **bor·der·land** ['bɔ:dəlænd] Grenzgebiet *n;* **bor·der·line** ['bɔ:dəlaɪn] Grenzlinie *f;* **border·line case** Grenzfall *m.*

bore¹ [bɔ:(r)] **I** *tr* **1.** ausbohren, -höhlen; **2.** *(~ through)* durchbohren; **3.** *(Loch)* bohren; **II** *itr* bohren (*for* nach); **III** *s* **1.** Kaliber *n;* lichte Weite; Durchmesser *m;* **2.** *(~-hole)* Bohrloch *n.*

bore² [bɔ:(r)] **I** *tr* langweilen; ► **~ s.o. to death** jdn zu Tode langweilen; **be ~d** sich langweilen; **II** *s* langweiliger Mensch.

bore³ [bɔ:(r)] *v s. bear²*.

bore·dom ['bɔ:dəm] Langeweile *f.*

borer ['bɔ:rə(r)] *tech* Bohrer *m.*

boric ['bɔ:rɪk] *adj* Bor-; ► **~ acid** Borsäure *f.*

bor·ing ['bɔ:rɪŋ] *adj* langweilig.

born [bɔ:n] *adj* geboren; ► **be ~** geboren werden; *fig* entstehen; **where were you ~?** wo sind Sie geboren? **he was ~ in the year 1940** er wurde im Jahre 1940 geboren; **he was ~ blind** er ist von Geburt blind.

borne [bɔ:n] *v s. bear²*.

boron ['bɔ:rɒn] *chem* Bor *n.*

bor·ough ['bʌrə] Bezirk *m;* Stadt(gemeinde) *f.*

bor·row ['bɒrəʊ] *tr* borgen, (aus-, ent)leihen, entlehnen *a. fig* (*of, from* von); **bor·rower** ['bɒrəʊə(r)] **1.** Borger(in), (Ent)Leiher(in) *m (f);* **2.** *com* Kreditnehmer *m;* **bor·row·ing** [—ɪŋ] Ausborgen *n;* Anleihe *f.*

bosom ['bʊzəm] **1.** Busen *m a. fig;* **2.** *(Kleid)* Brustteil *m;* **3.** *fig* (das) Innere; ► **in the ~ of one's family** im Schoße der Familie; **~ friend** Busenfreund(in) *m (f).*

boss¹ [bɒs] **I** *s fam* Boß, Chef *m;* **II** *tr* arrangieren, leiten; ► **~ around** herumkommandieren.

boss² [bɒs] Knauf, Buckel *m.*

bossy ['bɒsɪ] *adj fam* herrschsüchtig; rechthaberisch.

bo'sun ['bəʊsn] *s. boatswain.*

bot·an·ical [bə'tænɪkl] *adj* botanisch; **bot·an·ist** ['bɒtənɪst] Botaniker(in) *m (f);* **bot·any** ['bɒtənɪ] Botanik, Pflanzenkunde *f.*

botch [bɒtʃ] **I** *s* Flickwerk *n,* Pfuscherei *f;* **II** *tr (~ up)* verpfuschen; **botcher** ['bɒtʃə(r)] Stümper(in), Pfuscher(in) *m (f).*

both [bəʊθ] **I** *adj u. prn* beide; beides; ► **we ~ can go, we can ~ go** wir beide können gehen; **~ (the) brothers** beide

Brüder; **on ~ sides** auf beiden Seiten; **II** *adv* ► **~ . . . and** sowohl . . . als auch.

bother ['bɒðə(r)] **I** *s* **1.** Mühe, Schererei, Schwierigkeit *f;* **2.** Plage *f;* **II** *tr* **1.** lästig sein *od* fallen (*s.o.* jdm), belästigen; plagen, quälen; **2.** aufregen, aus der Ruhe bringen; **III** *itr* sich Sorgen machen (*about* um); sich kümmern (*about* um); ► **~ (it)!** zum Kuckuck! **don't ~!** bemühen Sie sich nicht! **bother·ation** [ˌbɒðə'reɪʃn] *interj* verflixt! **bother·some** ['bɒðəsəm] *adj* ärgerlich, lästig.

bottle ['bɒtl] **I** *s* Flasche *f;* **II** *tr* in Flaschen füllen; ► **~ up** *fig* in sich hineinfressen; **bottle bank** Altglascontainer *m;* **bottled** ['bɒtld] *adj* in Flaschen; **bottle-green** *adj* flaschengrün; **bottle-neck** ['bɒtlnek] Engpaß *m a. fig.*

bot·tom ['bɒtəm] **I** *s* **1.** Boden, Grund *m* *(a. e-s Gewässers);* **2.** Basis *f;* unteres Ende, Fuß *m (bes. e-s Berges);* **3.** Schiffsboden *m;* **4.** Sitz *m;* Sitzfläche *f;* **5.** *fig* Grundlage *f;* Kern *m;* Ursache *f;* ► **at ~** *fig* im Grunde; **from top to ~** von oben bis unten; **from the ~ of my heart** aus tiefstem Herzen; **be at the ~ of s.th.** hinter etw stecken; **get to, search the ~ of s.th.** e-r S auf den Grund gehen; **knock the ~ out of s.th.** etw widerlegen; **II** *attr adj* letzte(r, s), unterste(r, s), niedrigste(r, s); **III** *itr* **~ out** den tiefsten Stand erreichen; **bot·tom·less** [—lɪs] *adj* **1.** grundlos; ohne Boden; **2.** *fig* unergründlich; ► **a ~ pit** ein Faß ohne Boden.

botu·lism ['bɒtjʊlɪzəm] Lebensmittelvergiftung *f.*

bough [baʊ] Ast, Zweig *m.*

bought [bɔːt] *v s. buy.*

boul·der ['bəʊldə(r)] Felsblock *m.*

bounce [baʊns] **I** *itr* **1.** auf-, zurückprallen; **2.** springen; stürzen; **3.** hochschnellen; **4.** *fam (Scheck)* platzen; ► **~ back** *fig* sich nicht unterkriegen lassen; **II** *tr* **1.** aufprallen lassen; **2.** *sl* an die Luft setzen; **III** *s* **1.** Rückprall, -stoß *m;* **2.** Elastizität *f;* **3.** Aufprall *m;* **bouncer** ['baʊnsə(r)] *fam* Rausschmeißer *m;* **bounc·ing** ['—ɪŋ] *adj fam* stramm, drall.

bound¹ [baʊnd] **I** *s* Grenze *f a. fig;* ► **in, out of ~s** Betreten erlaubt, verboten *(im Lokal);* **within the ~s** innerhalb der Grenzen; **II** *tr* begrenzen.

bound² [baʊnd] **I** *s* Sprung, Satz *m;* **II** *itr* springen, e-n Satz machen.

bound³ [baʊnd] *pred adj* ► **be ~ for** auf dem Weg sein nach; gehen nach; **homeward ~** auf der Heimreise, -fahrt; **outward ~** auf der Ausreise.

bound⁴ [baʊnd] **I** *v s. bind;* **II** *adj* verpflichtet, gebunden; ► **be ~ to do s.th.** etw bestimmt tun; **it's ~ to happen** das muß so kommen; **~ up in** sehr interessiert an; **be ~ up with** ganz in Anspruch genommen sein von.

bound·ary ['baʊndrɪ] Grenze, Trennungslinie *f.*

bound·less ['baʊndlɪs] *adj* grenzen-, maßlos; unbeschränkt.

boun·te·ous ['baʊntɪəs] *s. bountiful;* **boun·ti·ful** ['baʊntɪfl] *adj* freigebig, großzügig; **bounty** ['baʊntɪ] **1.** Freigebigkeit, Großzügigkeit *f;* **2.** großzügige Gabe; **3.** Zulage *f.*

bou·quet [bʊ'keɪ] **1.** Bukett *n,* (Blumen)Strauß *m;* **2.** Bukett *n;* Blume *f (des Weines).*

bout [baʊt] **1.** *med* Anfall *m;* **2.** Runde *f (Boxen).*

bov·ine ['bəʊvaɪn] *adj* **1.** Rind(er)-, Ochsen-; **2.** *fig* blöd(e), doof, dumm; ► **~ spongiform encephalopathy (BSE)** *vet (Rinderkrankheit)* Bovine-Spongiform-Enzephalopathie *f.*

bow¹ [baʊ] *mar* Bug *m.*

bow² [bəʊ] **I** *s* **1.** *(Waffe)* Bogen *m;* **2.** *mus* Geigenbogen *m;* **3.** *(rain~)* Regenbogen *m;* **4.** Knoten *m;* Schleife *f;* ► **have two strings to one's ~** *fig* zwei Eisen im Feuer haben; **II** *itr* den Bogen führen.

bow³ [baʊ] **I** *s* Verbeugung *f;* **II** *itr* **1.** sich verbeugen, sich verneigen; **2.** sich biegen; **3.** *fig* sich beugen; ► **have a ~ing acquaintance** sich nur flüchtig kennen; **~ out** sich verabschieden; **III** *tr* **~ one's head** den Kopf senken.

bowd·ler·ize ['baʊdləraɪz] *tr (Buch)* von anstößigen Stellen säubern.

bowel ['baʊəl] *meist pl* Eingeweide *pl;* **bowel movement** Stuhl(gang) *m;* ► **the ~s of the earth** das Erdinnere.

bower ['baʊə(r)] Gartenhaus *n.*

bowl¹ [bəʊl] **1.** Schüssel *f;* Napf *m;* Schale *f;* **2.** Schöpfteil *m;* **3.** *Am* Sportplatz *m,* Stadion *n.*

bowl² [bəʊl] **I** *s* (schwere) Holzkugel *f;* **II** *tr sport (Ball)* werfen; *(Kugel)* schieben, rollen; ► **~ over** umwerfen, -stoßen; *fig* aus dem Konzept bringen; **be ~ed over** sprachlos sein; **III** *itr* Bowling spielen; ► **~ along** (dahin)rollen.

bow-legged [ˌbəʊ'legd] *adj* O-beinig.

bowler ['bəʊlə(r)] **1.** *(Kricket)* Ballmann, Werfer *m;* **2.** *(~ hat)* Melone *f (Hut).*

bowl·ing ['bəʊlɪŋ] **1.** Bowlingspiel *n;* **2.** *(Kricket)* Werfen *n* des Balles; **bowling alley** Kegelbahn *f;* **bowling-green** Rasenplatz *m* für Bowling.

bowman ['bəʊmən] ⟨*pl* -men⟩ Bogenschütze *m;* **bow·string** ['bəʊstrɪŋ] Bogensehne *f;* **bow tie** Fliege *f;* **bow window** Erkerfenster *n.*

bow-wow [ˌbaʊ'waʊ] **I** *interj* wauwau! **II** *s (Kindersprache)* ['baʊwaʊ] Wauwau *m.*

box¹ [bɒks] *bot* Buchsbaum *m.*

box² [bɒks] **I** *s* **1.** Schachtel *f;* **2.** Kiste *f;*

Kasten, Behälter *m;* Karton *m;* **3.** Etui, Futteral *n;* **4.** Koffer *m;* **5.** (Wahl)Urne *f;* **6.** Fach *n;* Feld *n;* Rubrik *f;* **7.** *(letter-~)* Briefkasten *m;* **8.** *(money-~)* Kasse, Geldkassette *f;* **9.** *tech* Gehäuse *n;* **10.** *theat* Loge *f;* **11.** *jur* Zeugenstand *m;* **12.** *(Stall, Garage)* Box *f;* **13.** *Am* Postfach *n;* **II** *tr* in e-e Schachtel pakken; **III** *(mit Präposition)* **box off** *tr* unterteilen; **box in** *tr* einklemmen, einengen *a. fig;* **box up** *tr* einschließen.

box³ [bɒks] **I** *tr, itr* boxen; ▶ **~ s.o.'s ears** jdn ohrfeigen; **II** *s* Stoß, Schlag *m;* ▶ **~ on the ear** Ohrfeige *f.*

box calf ['bɒkskɑ:f] Boxkalf *n (Leder).*

boxer ['bɒksə(r)] Boxer *m;* **box·ing** ['bɒksɪŋ] Boxen *n,* Boxsport *m;* **Boxing Day** zweiter Weihnachtsfeiertag; **boxing-gloves** *pl* Boxhandschuhe *m pl;* **boxing-match** Boxkampf *m.*

box-num·ber ['bɒksnʌmbə(r)] Chiffre (-nummer) *f;* **box-office** **1.** (Theater)Kasse *f;* **2.** Kassen-, Publikumserfolg *m.*

boy [bɔɪ] **1.** Knabe, Junge *m;* **2.** Bursche *m;* ▶ **my ~!** *fam* mein Lieber! **old ~!** *fam* alter Junge! **oh, ~!** Junge! Junge!

boy·cott ['bɔɪkɒt] **I** *s com pol* Boykott *m;* **II** *tr* boykottieren.

boy·friend ['bɔɪfrend] Freund *m;* **boyhood** ['bɔɪhʊd] Knabenalter *n;* **boyish** ['bɔɪɪʃ] *adj* knaben-, jungenhaft; **boy scout** Pfadfinder *m.*

bra [brɑ:] Büstenhalter *m.*

brace [breɪs] **I** *s* **1.** Klammer *f;* **2.** *tech* Strebe, Stütze *f,* Stützbalken *m,* Versteifung *f;* **3.** *(~ and bit)* Bohrer *m;* **4.** Klammer, Spange *f (für Zähne);* **5.** *pl Br (pair of ~s)* Hosenträger *m pl;* **6.** geschweifte Klammer; **II** *tr* **1.** verklammern; befestigen; (ver)spannen; (ab)stützen, verstreben; **2.** festigen, stärken *a. fig;* **III** *(mit Präposition)* **brace up** *itr* sich zusammenreißen, -nehmen.

brace·let ['breɪslɪt] Armband *n.*

bracket ['brækɪt] **I** *s* **1.** Träger, Arm *m;* Konsole *f;* **2.** *typ* Klammer *f;* **3.** *fig* (Einkommens)Klasse, Gruppe, Schicht *f;* ▶ **in ~s** in Klammern; **income ~** Einkommensgruppe *f;* **round, square ~** runde, eckige Klammer; **II** *tr* **1.** einklammern; **2.** (zu e-r Gruppe *od* Klasse) zusammenstellen.

brack·ish ['brækɪʃ] *adj* brackig.

brag [bræg] **I** *itr* prahlen (*of, about s.th.* mit e-r S); angeben; **II** *s* Prahlerei *f;* **brag·gart** ['brægət] Prahler(in), Aufschneider(in) *m (f).*

braid [breɪd] **I** *s* **1.** Litze, Kordel, Tresse, Borte *f;* **2.** (Band, Haar)Flechte *f;* **II** *tr* **1.** mit Litze besetzen; **2.** *(Litze, Haar)* flechten.

braille [breɪl] Blinden-, Brailleschrift *f.*

brain [breɪn] **1.** Gehirn *n;* **2.** *fig (meist pl)* Geist, Verstand *m;* Intelligenz *f;* Fähigkeiten *f pl;* Grips *fam m;* ▶ **rack one's ~(s)** sich den Kopf zerbrechen; **blow one's ~s out** sich e-e Kugel durch den Kopf jagen; **have ~s** Köpfchen haben, intelligent sein; **have s.th. on the ~** auf etw versessen, erpicht sein; **pick s.o.'s ~** jds Ideen stehlen; **brain-child** Geistesprodukt *n;* Idee *f;* **brain dead** *adj med* hirntot; **brain death** *med* Hirntod *m;* **brain drain** Abwanderung *f* von Wissenschaftlern; **brain fever** Hirnhautentzündung *f;* **brain·less** ['—lɪs] *adj* gedankenlos; dumm; **brain scan** *med* Brain-, Gehirnscan *n;* **brainstorm** **1.** verrückte Idee; geistige Verwirrung; **2.** *Am fam* Geistesblitz *m;* **brain·storm·ing** ['breɪnstɔ:mɪŋ] Brainstorming *n;* **brains trust** Podiumsdiskussion *f;* **brain tumo(u)r** *med* Gehirntumor *m;* **brain·wash·ing** ['breɪnwɒʃɪŋ] Gehirnwäsche *f;* **brainwave** ['breɪnweɪv] Geistesblitz *m;* **brain-worker** Kopf-, Geistesarbeiter(in) *m (f);* **brainy** ['breɪnɪ] *adj* klug.

braise [breɪz] *tr (Küche)* schmoren.

brake¹ [breɪk] Unterholz *n.*

brake² [breɪk] **I** *s tech* Bremse *f;* ▶ **put on the ~s** die Bremsen betätigen, bremsen; **brake block, shoe** Bremsklotz, -schuh *m;* **II** *tr, itr* bremsen; **brake fluid** *mot* Bremsflüssigkeit *f.*

brak·ing ['breɪkɪŋ] Bremsen *n;* **braking distance** Bremsweg *m.*

bramble ['bræmbl] Brombeerstrauch *m;* Brombeere *f.*

bran [bræn] Kleie *f.*

branch [brɑ:ntʃ] **I** *s* **1.** Zweig, Ast *m;* **2.** Nebenfluß *m;* (Fluß)Arm *m;* **3.** *(Straße, rail)* Abzweigung, Nebenstrecke *f;* **4.** *fig* Zweig *m;* Abschnitt *m;* **5.** *com* Branche *f,* Zweig *m;* **II** *itr* sich gabeln; **III** *(mit Präposition)* **branch off** *itr* abzweigen, auseinandergehen; **branch out** *itr* sein Geschäft erweitern, vergrößern; **branch line** *rail* Zweiglinie, Nebenstrecke *f;* **branch office** Zweigstelle *f,* -geschäft *n,* Filiale *f.*

brand [brænd] **I** *s* **1.** Marke *f;* Warenzeichen *n;* **2.** Brandmal *n;* **II** *tr* **1.** brandmarken *a. fig;* ein Zeichen einbrennen (*the cattle* dem Vieh); **2.** mit dem Waren-, Gütezeichen versehen.

bran·dish ['brændɪʃ] *tr* schwingen.

brand name ['brændneɪm] *com* Markenname *m;* Marke *f.*

brand-new [ˌbrænd'nju:] *adj* (funkel)nagelneu.

brandy ['brændɪ] Weinbrand *m;* **brandy snap** Ingwerwaffel *f.*

brash [bræʃ] *adj* naßforsch, frech; unverschämt.

brass [brɑ:s] **I** *s* **1.** Messing *n;* **2.** *(the ~) mus* Blasinstrumente *n pl;* **3.** *sl* Geld *n,* Zaster *m;* **II** *adj* Messing-, aus Messing; **brass band** Blaskapelle *f;* **brass hat** *sl* *mil* hohes Tier.

brass·iere ['bræsɪə(r)] Büstenhalter *m*.

brass plate [ˌbrɑːs'pleɪt] Messing-, Türschild *n;* **brass-ware** Messingwaren *f pl;* **brassy** ['brɑːsɪ] *adj* **1.** messingartig; **2.** *(Ton)* blechern; **3.** *fam* frech.

brat [bræt] *pej* ungezogenes Kind.

bra·vado [brə'vɑːdəʊ] forsches Auftreten, Draufgängertum *n*.

brave [breɪv] **I** *adj* tapfer, mutig, unerschrocken, furchtlos; **II** *tr* mutig entgegentreten, trotzen (*s.th.* e-r S); ► ~ **it out** mutig die Stirn bieten; **brav·ery** ['breɪvərɪ] Tapferkeit *f;* (Wage)Mut *m*.

bravo [ˌbrɑː'vəʊ] ⟨*pl* bravo(e)s⟩ **I** *interj* bravo! **II** *s* Bravo *n*.

brawl [brɔːl] **I** *s* Schlägerei *f;* **II** *itr* **1.** sich zanken, streiten; **2.** *(Fluß)* rauschen, tosen.

brawn [brɔːn] **1.** Muskeln *m pl;* **2.** *fig* (Muskel)Kraft *f;* **3.** Sülze *f;* **brawny** ['brɔːnɪ] *adj* muskulös; kräftig.

bray [breɪ] **I** *s* Iahen *n;* **II** *itr (Esel)* iahen.

brazen ['breɪzn] **I** *adj* **1.** ehern; metallen; **2.** *(~-faced)* schamlos, unverschämt; **II** *tr* ► ~ **it out** frech leugnen.

braz·ier ['breɪzɪə(r)] Kohlenbecken *n*.

Bra·zil [brə'zɪl] Brasilien *n;* **Bra·zil·ian** [brə'zɪlɪən] **I** *s* Brasilianer(in) *m (f);* **II** *adj* brasilianisch.

breach [briːtʃ] **I** *s* **1.** *fig* Bruch *m;* **2.** *fig* Verstoß *m,* Verletzung *f;* **3.** Lücke *f; mil* Bresche *f;* ► **commit ~ of contract** vertragsbrüchig werden; **stand in the ~, step into the ~** in die Bresche springen; **~ of promise** Bruch *m* des Eheversprechens; **~ of the peace** öffentliche Ruhestörung, Friedensbruch *m;* **II** *tr* e-e Bresche schlagen in, durchbrechen.

bread [bred] **I** *s* **1.** Brot *n;* **2.** Lebensunterhalt *m;* ► **earn one's ~** seinen Lebensunterhalt verdienen; **know which side one's ~ is buttered** wissen, wo man seinen Vorteil hat; **the daily ~** das tägliche Brot; **a loaf, a slice, a piece of ~** ein Laib, e-e Scheibe, ein Stück Brot; **II** *tr* panieren; **bread and butter 1.** Butterbrot *n;* **2.** *fam* Lebensunterhalt *m;* **bread-basket 1.** Brotkorb *m;* **2.** *sl* Magen *m;* **bread·bin** ['bredbɪn] Brotkapsel *f;* **bread·crumb** ['bredkrʌm] **1.** Brotkrume *f;* **2.** *pl* Paniermehl *n;* **breadth** ['bretθ] **1.** Breite *f;* Weite *f;* **2.** *fig* Großzügigkeit *f;* ► **in ~** breit, in der Breite; **~ of mind** Weitherzigkeit *f*.

bread·win·ner ['bredˌwɪnə(r)] Ernährer(in) *m (f)*.

break [breɪk] ⟨*irr* broke, broken⟩ **I** *tr* **1.** (zer)brechen, zerreißen, zerstoßen, aufschlagen; **2.** ruinieren, zugrunde richten; kaputtmachen; **3.** *(Fensterscheibe)* einschlagen; **4.** *fig (Gesetz)* übertreten; *(sein Wort, Versprechen)* nicht halten; *(Verabredung)* nicht einhalten; *(Vertrag)* verletzen; **5.** *(Verlobung)* auflösen; **6.** unter-, abbrechen; **7.** *(Rekord)* brechen; **8.** *el* abschalten; **9.** *(Tier)* zähmen, abrichten; **10.** abgewöhnen (*s.o. of s.th.* jdm etw); **11.** *(Weg)* bahnen; **12.** mitteilen, eröffnen; *fam* beibringen; **13.** *(Banknote)* kleinmachen; ► **be broken** kaputt, ruiniert sein; **~ camp** das Lager abbrechen; **~ one's neck** sich den Hals brechen; **~ the news** die Nachricht eröffnen; **II** *itr* **1.** (zer)brechen, zu Bruch gehen; zerreißen; **2.** *(Tag)* anbrechen, beginnen; **3.** *(Unwetter)* aus-, los-, hereinbrechen; **4.** *(Wetter)* sich ändern, wechseln; **5.** aufhören, zu Ende gehen; ► **my heart ~s** es tut mir in der Seele weh; **III** *s* **1.** Bruch(stelle *f*) *m;* Sprung, Riß, Knick *m;* **2.** Lücke *f;* Nische *f;* Lichtung *f;* **3.** Unterbrechung *f;* Pause *f;* Urlaub *m;* **4.** Absatz *m (in Schrift u. Druck);* **5.** Anbruch, Beginn *m;* **6.** Wechsel *m,* Umschwung *m,* Wende *f;* (Wetter)Umbruch *m;* ► **without a ~** ununterbrochen; **at ~ of day** bei Tagesanbruch; **bad ~** Pech *n;* **IV** *(mit Präposition)* **break away** *itr* **1.** ab-, ausbrechen; abreißen; **2.** sich losreißen, sich trennen, sich lossagen (*from* von); **3.** *(Gewohnheiten)* aufgeben (*from s.th.* etw); **break down** *tr* **1.** abbrechen, zusammenschlagen; auseinandernehmen, abmontieren; **2.** *fig (Widerstand)* brechen; **3.** *(Kosten, Rechnung)* aufgliedern; *itr* **1.** aufhören zu funktionieren; betriebsunfähig werden, kaputtgehen; **2.** *mot* e-e Panne haben; **3.** *fig* versagen, ausfallen; *(Mensch)* zusammenbrechen; **break even** *com* die Ertragsschwelle erreichen; **break forth** *itr* **1.** ausbrechen (*in cheers* in Hochrufe); **2.** hervorbrechen; **break in** *tr* **1.** aufbrechen; **2.** abrichten, dressieren; **3.** *(Person)* einarbeiten; **4.** *(Schuhe)* einlaufen; *itr* **1.** einbrechen; **2.** unterbrechen; **break into** *itr* **1.** einbrechen in; **2.** plötzlich beginnen mit; **3.** *(Geld)* anbrechen; **break loose** *tr* los-, abbrechen; *itr* ausbrechen; **break off** *tr* **1.** abbrechen; **2.** *fig (Verlobung)* aufheben, lösen; *itr (in der Rede)* aufhören, abbrechen; **break out** *itr* **1.** *(Gefangener, Feuer, Krieg)* ausbrechen; **2.** *med (~ out in a rash)* e-n Ausschlag bekommen; **3.** *fig* losplatzen; **break through** *tr* durchstoßen, -brechen; **break up** *tr* **1.** auf-, er-, zerbrechen, zerstören; **2.** *tech* auseinandernehmen; **3.** *fig (Veranstaltung)* abbrechen, aufheben; *(Versammlung)* auflösen; **4.** unterteilen (*into* in), aufschlüsseln, aufgliedern; *itr* **1.** in Stükke gehen, zerschellen; **2.** *fig* nachlassen, abnehmen, zusammenfallen; **3.** in die Ferien gehen.

break·able ['breɪkəbl] *adj* zerbrechlich; **break·age** ['breɪkɪdʒ] **1.** Bruch(stelle *f*) *m;* **2.** Bruch(schaden) *m;* **break-away** ['breɪkəweɪ] *pol* Absplitterung *f;*

break·down ['breɪkdaʊn] **1.** Versagen *n;* Ausfall *m;* (Betriebs)Störung *f; mot* Panne *f;* **2.** *fig* Versagen, Scheitern *n;* **3.** *med* Zusammenbruch *m;* **4.** listenmäßige Aufstellung; Aufgliederung, Aufschlüsselung *f;* **breakdown lorry** Abschleppwagen *m;* **breakdown service** Pannendienst *m.*

breaker ['breɪkə(r)] *(Welle)* Brecher *m.*

break·fast ['brekfəst] **I** *s* Frühstück *n;* ► **have ~** frühstücken; **II** *itr* frühstükken.

break·ing ['breɪkɪŋ] Bruch *m;* **breaking-off** Abbruch *m;* **breaking-test** Bruch-, Zerreißprobe *f;* **break·neck** ['breɪknek] *adj* halsbrecherisch; **breakthrough** ['breɪkθru:] Durchbruch *m;* **break·up** ['breɪkʌp] **1.** Auf-, Zerbrechen, Zerreißen *n;* **2.** Zerfall *m,* Auflösung *f a. fig;* **3.** Zusammenbruch *m;* **4.** *(Ehe)* Zerrüttung *f; (zwischen Freunden)* Bruch *m;* **break·water** ['breɪkwɔ:tə(r)] Wellenbrecher *m.*

breast [brest] **I** *s* Brust *f a. fig;* Busen *m;* ► **make a clean ~ of s.th.** sich etw vom Herzen reden; **II** *tr* **1.** die Stirn bieten, trotzen *(s.th.* e-r S); **breast·bone** ['brestbəʊn] *anat* Brustbein *n;* **breast cancer** *med* Brustkrebs *m;* **breast-feed** ['brestfi:d] *irr tr s. feed (Säugling)* stillen; ► **breast-fed child** Brustkind *n;* **breast pocket** Brusttasche *f;* **breast screening** *med* Vorsorge-, Reihenuntersuchung *f* auf Brustkrebs; **breaststroke** ['breststrəʊk] Brustschwimmen *n.*

breath [breθ] **1.** Atem(zug *m,* -luft *f*) *m;* **2.** (Luft)Hauch *m;* **3.** *fig* Spur *f,* Anflug *m;* ► **bad ~** Mundgeruch *m;* **below, under one's ~** leise, flüsternd; **out of ~** außer Atem, atemlos; **catch one's ~** verschnaufen; **gasp for ~** nach Luft schnappen; **save one's ~** sich seine Worte sparen; **waste one's ~** seine Worte verschwenden; **take ~** Atem holen; **take a deep ~** tief Luft holen; **it took my ~ away** *fig* es verschlug mir den Atem.

breath·alyzer ['breθəlaɪzə(r)] *mot* Alkoholtest *m;* Promillemesser *m;* **breathalyze** ['breθəlɑɪz] *tr med* jdm eine Atemprobe abnehmen.

breathe [bri:ð] **I** *itr* **1.** atmen; **2.** Luft holen; ► **~ again, freely** tief aufatmen; von e-r Last befreit sein; **II** *tr* **1.** einatmen; **2.** atmen; **3.** flüstern; ► **~ one's last** den letzten Atemzug tun; **don't ~ a word on ...** verrate kein Wort über ...; **breather** ['bri:ðə(r)] Atem-, Verschnaufpause *f;* ► **take a ~** verschnaufen; **breath·ing** ['—ɪŋ] Atmung *f;* **breathing apparatus** Sauerstoffgerät *n;* **breathing-space** Atem-, Ruhepause *f;* **breath·less** ['breθlɪs] *adj* **1.** außer Atem, atemlos; **2.** *fig* atemberaubend; **breath·tak·ing** ['breθteɪkɪŋ] *adj* atemberaubend; **breath test** *s breathalyzer.*

bred [bred] *v s. breed.*

breech [bri:tʃ] **I** *s (Gewehr)* Verschluß *m;* **II** *attr adj med* Steiß-.

breeches ['brɪtʃɪz] *pl* Kniehose *f.*

breed [bri:d] ⟨*irr* **bred, bred**⟩ **I** *itr* **1.** sich fortpflanzen, sich vermehren; **2.** Junge bekommen *od* werfen; **II** *tr* **1.** *agr* züchten; **2.** *fig* hervorbringen, erzeugen, die Ursache sein *gen;* **III** *s* Zucht *f;* Rasse *f;* Art *f;* **breeder** ['bri:də(r)] **1.** Züchter(in) *m (f);* **2.** *phys* Brüter *m;* **breed·ing** ['—ɪŋ] **1.** Fortpflanzung *f;* Brüten *n a. phys;* **2.** *agr* Zucht *f a. fig;* **3.** *fig* Erziehung *f;* **4.** Benehmen *n;* Bildung *f.*

breeze [bri:z] **I** *s* Brise *f;* ► **there's not a ~ stirring** es weht kein Lüftchen; **II** *(mit Präposition)* **breeze in** *itr* fröhlich hereinschneien; **breeze block** [brɪ:z blɒk] Ytong *Wz m;* **breezy** ['bri:zɪ] *adj* **1.** (leicht) windig; *(Platz)* luftig; **2.** *fig* lebhaft, flott; keß.

breth·ren ['breðrən] *pl rel* Brüder *m pl.*

brevi·ary ['bri:vɪərɪ] *rel* Brevier *n.*

brev·ity ['brevətɪ] Kürze *f.*

brew [bru:] **I** *tr* **1.** *(Bier)* brauen; **2.** *(Getränk)* zubereiten; **3.** *fig* zustande bringen; ausbrüten, -hecken; **II** *itr* **1.** brauen; **2.** *fig* sich zusammenbrauen, im Anzug sein, in der Luft liegen; **III** *s* Gebräu *n;* **brewer** ['bru:ə(r)] Brauer(in) *m (f);* **brew·ery** ['brʊərɪ] Brauerei *f.*

briar ['braɪə(r)] *s. brier.*

bribe [braɪb] **I** *s* Schmier-, Bestechungsgeld *n;* **II** *tr* **1.** bestechen; **2.** *fig* verleiten, verführen; **bri·bery** ['braɪbərɪ] Bestechung *f;* ► **attempt at ~** Bestechungsversuch *m;* **(not) open to ~** (un)bestechlich.

bric-a-brac ['brɪkəbræk] Nippes, Nippsachen *pl.*

brick [brɪk] **I** *s* **1.** Ziegel, Backstein *m;* **2.** Block, Riegel *m;* **3.** Bauklotz *m (Spielzeug);* ► **drop a ~** *fam* ins Fettnäpfchen treten; **II** *(mit Präposition)* **brick in, up** *tr* zu-, vermauern; **brick·layer** ['brɪk,leɪə(r)] Maurer(in) *m (f);* **brickwork** ['brɪkwɜ:k] Maurerarbeit *f;* Mauern *f pl;* **brick·works, brick·yard** ['brɪkwɜ:ks, 'brɪkjɑ:d] Ziegelei *f.*

bri·dal ['braɪdl] *adj* Braut-; hochzeitlich; **bride** ['braɪd] Braut *f;* **bride·groom** ['braɪdgrʊm] Bräutigam *m;* **bridesmaid** ['braɪdzmeɪd] Brautjungfer *f.*

bridge [brɪdʒ] **I** *s* **1.** Brücke *f a. el sport;* **2.** *mar* Kommandobrücke *f;* **3.** *(Geige, Brille)* Steg *m;* **4.** Nasenrücken *m;* **5.** *(Zahnprothese)* Brücke *f;* **6.** *(Kartenspiel)* Bridge *n;* **II** *tr* **1.** e-e Brücke schlagen *od* bauen über *acc;* **2.** *fig* überbrücken; **bridg·ing loan** ['brɪdʒɪŋ'ləʊn] Überbrückungskredit *m.*

bridle ['braɪdl] **I** *s* Zaum(zeug *n*) *m;* **II** *tr*

1. (auf)zäumen; 2. *fig* im Zaum halten, zügeln; **III** *itr* 1. den Kopf hoch tragen; 2. sich entrüstet wehren (*at* gegen); **bridle-path** Reitweg *m.*

brief [bri:f] **I** *s* 1. *jur* Auftrag *m;* Unterlagen *f pl* zu e-m Fall; 2. *com* Auftrag *m;* 3. *mil aero* Flugbesprechung *f;* **II** *tr* 1. e-n Auftrag geben (*s.o.* jdm); 2. einweisen, instruieren, unterrichten; **III** *adj* 1. kurz; 2. kurzgefaßt, knapp, gedrängt; ► **in** ~ in Kürze, kurz *adv;* **be** ~ sich kurz fassen; **brief·case** ['bri:fkeıs] Aktentasche, -mappe *f;* **brief·ing** ['—ıŋ] 1. Einsatzbesprechung *f;* 2. Einweisung, Instruktion *f;* **brief·ly** ['—lı] *adv* kurz; in Kürze, mit wenigen Worten; **brief-ness** ['—nıs] Kürze *f;* Gedrängtheit *f.*

briefs [bri:fs] *pl* Damenschlüpfer, Slip *m.*

brier, briar ['braıə(r)] Dornstrauch *m;* Heckenrose *f.*

brig·ade [brı'geıd] 1. *mil* Brigade *f;* 2. Kolonne *f;* Trupp *m;* ► **fire** ~ Feuerwehr *f.*

bright [braıt] *adj* 1. leuchtend, strahlend, hell; 2. *(Wetter)* heiter; klar; 3. glücklich, freudig; 4. aufgeweckt, gescheit, klug; **brighten (up)** ['braıtn (ʌp)] **I** *tr* 1. hell, glänzend machen, aufhellen, (auf)polieren; 2. aufheitern, glücklich machen; **II** *itr* 1. *(Himmel)* sich aufhellen; 2. *(Gesicht)* aufleuchten; **bright·ness** ['—nıs] 1. Glanz *m;* Klarheit, Helligkeit *f;* 2. *fig* Aufgewecktheit *f.*

bril·liance, bril·liancy ['brılıəns, 'brılıənsı] 1. heller Glanz, Leuchtkraft *f;* 2. *fig* geistige Wendigkeit; Brillanz *f;* **bril·liant** ['brılıənt] *adj* 1. hell leuchtend; 2. *fig* glänzend, brillant; *(Mensch)* geistreich.

brim [brım] **I** *s* 1. Rand *m (e-s Gefäßes);* 2. *(Hut)* Krempe *f;* ► **full to the** ~ randvoll; **II** *itr* voll sein; ► ~ **over** überfließen (*with* mit) *a. fig;* **brim·ful** [ˌbrım'fʊl] *adj* randvoll; ► **he is** ~ **of new ideas** er steckt voller Ideen.

brine [braın] Lake, Sole *f.*

bring [brıŋ] ⟨*irr* **brought, brought**⟩ **I** *tr* 1. (mit-, her)bringen; 2. mitführen, bei sich haben; 3. im Gefolge haben; 4. verschaffen, schenken, geben; 5. *(Gründe)* vorbringen; *(Gewinn)* einbringen; *(Preis)* erzielen; 6. *(Person)* dazu bringen, veranlassen, bewegen; ► ~ **upon o.s.** sich zuziehen; sich zuzuschreiben haben; sich aufladen; ~ **an action against s.o.** gegen jdn e-e Klage einreichen; ~ **to bear** anwenden (*on* auf); anbringen (*on* bei); geltend machen; ~ **to an end** beenden; ~ **home to s.o.** jdm verständlich machen; jdn überzeugen; ~ **to light** ans Licht bringen; ~ **into the open** an die Öffentlichkeit bringen; ~ **into play** ins Spiel bringen; ins Feld führen; ~ **s.o. to his senses** jdn zur Vernunft bringen; **II** *(mit Präposition)* **bring about** *tr* verursachen; zustande, zuwege bringen; **bring along** *tr* mitbringen; **bring back** *tr* 1. ins Gedächtnis (zurück)rufen; 2. *(Gegenstand)* zurückbringen; ► ~ **s.o. back to health** jdn wieder gesund machen; **bring down** *tr* 1. herunterbringen, -holen; 2. *(Preis)* herabsetzen; 3. *(Tier)* zur Strecke bringen; ► ~ **down the house,** ~ **the house down** *theat* die Zuschauer mitreißen; **bring forth** *tr* 1. zur Welt, hervorbringen; 2. verursachen; **bring forward** *tr* 1. vorbringen; 2. vorverlegen; 3. zur Sprache bringen; 4. *com* über-, vortragen; **bring in** *tr* 1. *(finanziell)* einbringen, abwerfen; 2. hereinbringen; 3. einführen; 4. *(Gesetzesvorlage)* einbringen; **bring off** *tr* 1. retten, wegbringen; 2. zustande, zuwege bringen; **bring on** *tr* 1. verursachen, bewirken; 2. zur Sprache bringen; 3. fördern, weiterbringen; **bring out** *tr* 1. klar, deutlich machen; 2. *(Standpunkt)* vorbringen; 3. *(Buch)* herausbringen; 4. *(Ware)* auf den Markt bringen; ► ~ **s.o. out of himself** jdm die Hemmungen nehmen; **bring over** *tr* umstimmen, überzeugen; **bring round** *tr* 1. wieder zu Bewußtsein bringen; 2. umstimmen; 3. bringen (*to* auf); **bring through** *tr (Kranken)* durchbringen; **bring to** *tr* 1. *(Ohnmächtigen)* wieder zu sich bringen; 2. *mar* beidrehen; **bring under** *tr* 1. unterwerfen; 2. bringen unter; **bring up** *tr* 1. auf-, erziehen; 2. zum Stillstand bringen; 3. zur Sprache bringen; 4. erbrechen; 5. *(Truppen)* einsetzen; ► ~ **up the rear** als letzter kommen.

brink [brıŋk] Rand *m a. fig;* ► **on the** ~ **of disaster** am Rande des Abgrunds.

briny ['braını] *adj* salz(halt)ig.

bri·quet(te) [brı'ket] Brikett *m.*

brisk [brısk] *adj* 1. lebhaft, munter; 2. schnell, rasch, flott; 3. belebend, anregend, feurig; **brisk·ness** [—nıs] Lebhaftigkeit *f.*

bristle ['brısl] **I** *s* Borste *f;* **II** *itr* 1. *(Haar)* (sich) sträuben; 2. strotzen *a. fig* (*with* von); 3. (~ **with anger**) zornig werden; **brist·ly** ['brıslı] *adj* stachelig; struppig.

Brit·ain ['brıtn] Großbritannien *n;* **Bri·tan·nic** [brı'tænık] *adj* ► **Her, His** ~ **Majesty** Ihre, Seine Britannische Majestät; **Brit·ish** ['brıtıʃ] *adj* britisch; **Briton** ['brıtn] Brite *m,* Britin *f.*

brittle ['brıtl] *adj* 1. zerbrechlich, spröde; 2. *fig* reizbar.

broach [brəʊtʃ] *tr* 1. anzapfen, -stechen; 2. *(Thema)* anschneiden.

broad [brɔ:d] **I** *s Am sl* Frau *f;* **II** *adj* 1. breit; weit; 2. allgemein, umfassend; 3. grob, vage; 4. großzügig, tolerant; 5. klar, deutlich, unmißverständlich 6. *(Sprache)* breit; ► **in** ~ **outline** in groben Zügen; ~ **hint** deutlicher Wink;

~ **daylight** helles Tageslicht; **III** *s* ► **the ~ of the back** die Schultergegend.
broad·cast ['brɔ:dkɑ:st] ⟨*irr* broadcast, broadcast⟩ **I** *s* Rundfunk-, Fernsehübertragung *f;* **II** *tr* **1.** senden, übertragen, im Rundfunk, Fernsehen übertragen; **2.** an die große Glocke hängen, ausposaunen; **III** *itr* **1.** senden; **2.** im Rundfunk, Fernsehen auftreten; **broad·caster** ['brɔ:dkɑstə(r)] Fernseh-, Rundfunksprecher(in) *m (f);* ► **news ~** Nachrichtensprecher(in) *m (f);* **broad·casting** [—ɪŋ] Rundfunk-, Fernsehübertragung *f;* **broadcasting station** Sender *m.*
broaden ['brɔ:dn] **I** *itr* sich verbreitern, sich erweitern; **II** *tr* verbreitern, erweitern.
broad·ly ['brɔ:dlɪ] *adv* **1.** allgemein; **2.** beträchtlich; ► **~ speaking** ganz allgemein gesprochen.
broad-minded [ˌbrɔ:d'maɪndɪd] *adj* tolerant; **broad·sheet** ['brɔ:dʃi:t] Flugblatt; **broad·side** ['brɔ:dsaɪd] **1.** *mar* Breitseite *f;* **2.** *fam* Schimpfkanonade *f.*
bro·cade [brə'keɪd] Brokat *m.*
broc·coli ['brɒkəlɪ] *bot* Spargelkohl *m,* Brokkoli *pl.*
bro·chure ['brəʊʃə(r)] Broschüre *f.*
brogue [brəʊg] derber (Arbeits)Schuh.
broil [brɔɪl] *tr* auf dem Rost braten, grillen; **broiler** ['brɔɪlə(r)] **1.** Brathuhn *n;* **2.** Grill *m.*
broke [brəʊk] **I** *v s. break;* **II** *adj sl* abgebrannt, pleite; ► **go ~** pleite gehen; **bro·ken** ['brəʊkn] **I** *v s. break;* **II** *adj* **1.** kaputt, gebrochen, zerbrochen; **2.** *(Stimmung)* gedrückt; *(Gesundheit)* zerrüttet; **3.** *(Gelände)* uneben; ► **~-down** *adj (Maschine)* nicht betriebs-, gebrauchsfähig; **~ English** gebrochenes Englisch; **~-hearted** *adj* mit gebrochenem Herzen; **~ sleep** unterbrochener Schlaf.
bro·ker ['brəʊkə(r)] **1.** Makler(in), Agent(in), Vermittler(in) *m (f);* **2.** Gerichtsvollzieher(in) *m (f);* ► **real estate ~** Grundstücksmakler(in) *m (f);* **bro·ker·age** ['brəʊkərɪdʒ] **1.** Maklergeschäft *n;* **2.** Maklergebühr, Courtage *f.*
brolly ['brɒlɪ] *Br fam* Schirm *m.*
bro·mide ['brəʊmaɪd] **1.** *chem* Bromid *n;* **2.** Beruhigungsmittel *n;* **3.** *fam* Banalität *f.*
bron·chi ['brɒŋkaɪ] ⟨*sing* bronchus⟩ [—kəs] *pl anat* Bronchien *f pl;* **bronchial** ['brɒŋkɪəl] *adj* Bronchial-; **bron·chi·tis** [brɒŋ'kaɪtɪs] Bronchitis *f,* Bronchialkatarrh *m.*
bronze [brɒnz] **I** *s* Bronze *f;* **II** *adj* bronzen; bronzefarben; **Bronze Age** Bronzezeit *f.*
brooch [brəʊtʃ] Brosche *f.*
brood [bru:d] **I** *s* Brut *f a. pej;* **II** *itr* brüten *a. fig* (*on, over* über); **broody** ['bru:dɪ] *adj* brütend *a. fig.*
brook¹ [brʊk] Bach *m.*
brook² [brʊk] *tr (meist verneint)* ertragen, dulden.
broom [bru:m] **1.** *bot* Ginster *m;* **2.** Besen *m;* ► **a new ~ sweeps clean** neue Besen kehren gut; **broom·stick** ['bru:mstɪk] Besenstiel *m.*
broth [brɒθ] (Fleisch)Brühe *f.*
brothel ['brɒθl] Bordell *n.*
brother ['brʌðə(r)] **1.** Bruder *m a. fig rel;* **2.** *pl com* Gebrüder *m pl;* ► **~(s) and sister(s)** Geschwister *pl;* **brother·hood** [—hʊd] **1.** Brüderschaft *f;* **2.** Brüderlichkeit *f;* **brother-in-law** ['brʌðərɪnlɔ:] ⟨*pl* brothers-in-law⟩ Schwager *m;* **brother·ly** ['—lɪ] *adj* brüderlich; ► **~ love** Nächstenliebe *f.*
brought [brɔ:t] *v s. bring.*
brow [braʊ] **1.** Augenbraue *f;* **2.** Stirn *f a. fig;* **3.** Vorsprung *m;* (Berg)Kuppe *f;* ► **knit one's ~s** die Stirn runzeln; **brow·beat** ['braʊbi:t] ⟨*irr* browbeat, browbeaten⟩ *tr* unter Druck setzen (*into doing s.th.* etw zu tun).
brown [braʊn] **I** *adj* braun; **II** *s* Braun *n;* **III** *tr* bräunen; braun braten *od* backen; ► **I'm ~ed off** *sl* das hängt mir zum Halse raus; **IV** *itr* braun werden; **brown bread** Graubrot *n.*
brownie ['braʊnɪ] Wichtel *m.*
brown paper ['braʊn'peɪpə(r)] Packpapier *n;* **brown·stone** ['braʊnstəʊn] *Am* brauner Sandstein.
browse [braʊz] *itr* **1.** weiden; **2.** *fig (in Büchern)* (herum)schmökern.
bruise [bru:z] **I** *s med* Quetschung *f;* blauer Fleck; **II** *tr* **1.** quetschen; stoßen; **2.** grün u. blau schlagen; **III** *itr* blaue Flecke bekommen; **bruiser** ['bru:zə(r)] Schläger *m.*
brunch [brʌntʃ] *fam* Frühstück u. Mittagessen *n* zugleich.
bru·nette [bru:'net] **I** *adj* brünett; **II** *s* Brünette *f.*
brunt [brʌnt] ► **bear the ~ of s.th.** die Hauptlast e-r S tragen.
brush [brʌʃ] **I** *s* **1.** Bürste *f;* **2.** Pinsel *m;* **3.** Abbürsten *n;* **4.** (Fuchs)Schwanz *m;* **5.** Gestrüpp, Unterholz *n;* **6.** Zusammenstoß *m;* **II** *tr* **1.** bürsten; **2.** fegen, kehren; **3.** streifen; ► **~ one's teeth** sich die Zähne putzen; **III** *(mit Präposition)* **brush aside** *tr* zur Seite schieben, abtun; **brush away** *tr* abbürsten; **brush off** *tr* **1.** abbürsten; **2.** *fam* abblitzen lassen; **brush up** *tr* **1.** aufkehren; **2.** *fig* auffrischen; **brush-off** ['brʌʃɒf] Abfuhr *f;* ► **give sb the ~** *fam* jdm eine Abfuhr erteilen; **brush·wood** ['brʌʃwʊd] Unterholz, Dickicht *n.*
brusque [bru:sk] *adj* brüsk, barsch; **brusque·ness** [—nɪs] Schroffheit *f.*
Brus·sels ['brʌslz] Brüssel *n;* **Brussels sprouts** *pl* Rosenkohl *m.*

brutal ['bru:tl] *adj* roh, brutal; **bru·tal·ity** [bru:'tæləti] Roheit, Brutalität *f;* **brutal·ize** ['bru:təlaiz] *tr* brutal behandeln.

brute [bru:t] **I** *s* **1.** Tier, Vieh *n;* **2.** Rohling *m;* **II** *adj* viehisch, grausam, brutal; roh; stumpf, gefühllos; ▶ **by ~ force** mit roher Gewalt; **brut·ish** ['bru:tiʃ] *adj* tierisch, viehisch; roh.

bubble ['bʌbl] **I** *s* **1.** (Luft, Seifen)Blase *f;* **2.** *fig* Schwindel *m;* **bubble bath** Schaumbad *n;* **bubble gum** Bubblegum *m;* **II** *itr* sprudeln, blubbern, schäumen; **III** *(mit Präposition)* **bubble over** *itr* überfließen, -sprudeln; **bub·bly** ['bʌbli] **I** *adj* sprudelnd; **II** *s fam* Schampus *m.*

bu·bonic [bju:'bɒnik] *adj* ▶ **~ plague** Beulenpest *f.*

buc·ca·neer [,bʌkə'niə(r)] Seeräuber *m.*

buck [bʌk] **I** *s* **1.** Bock *m (Reh- u. Steinwild); (Hase)* Rammler *m;* **2.** *(old ~)* Geck, Stutzer *m;* **3.** *Am sl* Dollar *m;* ▶ **earn a fast ~** schnelles Geld machen; **pass the ~** die Verantwortung abschieben (*to* auf); **II** *itr* **1.** *(Pferd)* bocken; **2.** *(Mensch)* bocken, sich sträuben; **III** *(mit Präposition)* **buck up** *itr fam* sich beeilen; *tr* Dampf machen (*s.o.* jdm).

bucket ['bʌkit] **I** *s* **1.** Eimer, Kübel *m;* **2.** *tech* Schaufel *f;* ▶ **kick the ~** *sl* ins Gras beißen **II** *tr (Pferd)* zuschanden reiten; **bucket·ful** [—fʊl] Eimer *m.*

buckle ['bʌkl] **I** *s* Schnalle, Spange *f;* **II** *tr* **1.** an-, um-, zuschnallen; **2.** *tech* (ver-) biegen, krümmen; **III** *itr tech* sich werfen; sich verziehen; ▶ **~ down to s.th.** etw ernsthaft in Angriff nehmen.

buck·shot ['bʌkʃɒt] Rehposten *m;* **buck·skin** ['bʌkskin] Wildleder *n.*

buck·wheat ['bʌkwi:t] Buchweizen *m.*

bud [bʌd] **I** *s* Knospe *f;* ▶ **in (the) ~** voller Knospen; **nip in the ~** *fig* im Keim ersticken; **II** *itr* knospen, keimen *a. fig;* **bud·ding** [—iŋ] *adj fig* angehend.

buddy ['bʌdi] *sl* Kumpel *m.*

budge [bʌdʒ] *tr* ▶ **I can't ~ it** ich kann es nicht von der Stelle bringen; **it won't ~** es läßt sich nicht bewegen.

bud·geri·gar ['bʌdʒəriga:(r)] Wellensittich *m.*

budget ['bʌdʒit] **I** *s* Etat, Finanzplan *m,* Budget *n;* **II** *itr* haushalten; ▶ **~ for s.th.** etw im Haushaltsplan vorsehen; **budget·ary** ['bʌdʒitəri] *adj* Haushalts-, Budget-.

buff [bʌf] **I** *s* **1.** dickes, weiches Leder; **2.** *fam* bloße Haut; **3.** stumpfes Gelbbraun; ▶ **in the ~** im Adamskostüm; **II** *adj* lederfarben.

buf·falo ['bʌfələʊ] ⟨*pl* **-falo(e)s**⟩ Büffel *m;* Bison *m.*

buf·fer ['bʌfə(r)] **1.** *tech* Puffer, Prellbock *m;* **2.** *EDV* Puffer, Zwischenspeicher *m.*

buf·fet¹ ['bʌfit] **I** *s* Schlag *m a. fig;* **II** *tr* hin u. her werfen.

buf·fet² ['bʊfei] **1.** Büfett *n;* Theke, Bar *f;* **2.** kaltes Büfett.

buf·foon [bə'fu:n] Possenreißer, Clown *m.*

bug [bʌg] **I** *s* **1.** Wanze *f;* **2.** *Am* Insekt *n;* Käfer *m;* **3.** *fam* Bazillus *m;* **4.** *sl* Bock, Fehler, Defekt *m;* **5.** *(big ~)* hohes Tier; **6.** *(Abhörgerät)* Wanze *f;* **II** *tr* **1.** e-e Wanze einbauen in; **2.** *fam* ärgern.

bug·bear ['bʌgbeə(r)] Schreckgespenst *n.*

bug·ger ['bʌgə(r)] *sl* **I** *s* (Sau)Kerl, Strolch *m;* **II** *itr* Unzucht treiben; **III** *(mit Präposition)* **bugger off** *itr sl* abhauen; **bugger up** *tr sl* vermasseln; **bug·gery** ['bʌgəri] Sodomie *f.*

bugging ['bʌgiŋ] (~operation) Abhöraktion *f;* **bugging system** Abhörsystem *n.*

buggy ['bʌgi] **1.** Buggy *m;* **2.** *Am* Kinderwagen *m.*

bugle ['bju:gl] *mus* Waldhorn *n;* **bugler** ['bju:glə(r)] Hornist(in) *m (f).*

build [bild] ⟨*irr* **built, built**⟩ **I** *tr* **1.** bauen (*of* aus) *a. fig;* **2.** auf-, erbauen, errichten; **II** *itr* (ein Haus) bauen; **III** *s* Körperbau *m;* Figur *f;* **IV** *(mit Präposition)* **build in** *tr* einbauen, einplanen; **build on** *tr* anbauen; **build up** *tr* **1.** aufbauen, aufbessern; **2.** steigern, erhöhen, kräftigen; **3.** bebauen; *itr* **1.** entstehen, zunehmen; **2.** sich verdichten.

builder ['bildə(r)] **1.** Erbauer(in) *m (f);* **2.** Baumeister(in) *m (f);* **3.** Bauunternehmer(in) *m (f);* **4.** *fig* (Be)Gründer(in) *m (f).*

build·ing ['bildiŋ] **1.** Bau *m,* Bauen *n;* Baukunst *f;* **2.** Bau(werk *n*) *m,* Gebäude *n;* **building-contractor** Bauunternehmer(in) *m (f);* **building site** Baustelle *f;* **building-society** Bausparkasse *f.*

build-up ['bildʌp] **1.** Reklame; Propaganda *f;* **2.** Steigerung *f;* ▶ **give s.o. a ~** jdn aufbauen.

built [bilt] *v s. build;* **built-in** ['bilt'in] *adj* eingebaut; **built-up** ['biltʌp] *adj* ▶ **~ area** bebautes Gelände; geschlossene Ortschaft.

bulb [bʌlb] **1.** (Blumen)Zwiebel, Knolle *f;* **2.** (Glas)Kolben *m;* **3.** (Glüh)Birne *f;* **bul·bous** ['bʌlbəs] *adj bot* zwiebelförmig; knollig *a. fig.*

Bul·garia [bʌl'geəriə] Bulgarien *n;* **Bul·gar·ian** [bʌl'geəriən] **I** *s* Bulgare *m,* Bulgarin *f;* **II** *adj* bulgarisch.

bulge [bʌldʒ] **I** *s* **1.** Ausbuchtung *f;* Rundung *f;* Beule *f;* **2.** Zunahme *f;* **II** *itr* anschwellen, sich wölben; e-n Wulst bilden; **bulg·ing** [—iŋ] *adj* prall gefüllt.

bul·imia [bʊli:miə] *med* Bulimie *f.*

bulk [bʌlk] **I** *s* **1.** Masse *f;* Umfang *m;* Volumen *n;* Größe *f;* **2.** Hauptteil *m;* Mehrzahl *f* (*of* gen); ▶ **in ~** unverpackt, lose; im ganzen, in großer Menge; **the ~ of** der größte Teil *gen;* **II** *itr* ▶ **~ large** bedeutend erscheinen; **bulk buying** Großeinkauf *m.*

bulk·head ['bʌlkhed] *mar* Schott *n.*

bulky ['bʌlkɪ] *adj* **1.** umfangreich, massig; **2.** unhandlich; sperrig.

bull¹ [bʊl] **I** *s* **1.** Stier, Bulle *m a. fig;* **2.** *com* Haussespekulant *m;* ▶ **like a ~ in a china shop** wie ein Elefant im Porzellanladen *m;* **take the ~ by the horns** *fig* den Stier bei den Hörnern packen; **II** *itr com* auf Hausse spekulieren; **III** *tr* die Kurse in die Höhe treiben.

bull² [bʊl] *rel* Bulle *f.*

bull·dog ['bʊldɒg] Bulldogge *f.*

bull·doze ['bʊldəʊz] *tr* planieren; ▶ **~ s.o. into doing s.th.** jdn zwingen, etw zu tun; **bull·dozer** ['bʊldəʊzə(r)] Planierraupe *f.*

bul·let ['bʊlɪt] Gewehrkugel *f;* Geschoß *n;* **bullet-proof** *adj* kugelsicher.

bull·etin ['bʊlətɪn] **1.** amtlicher Bericht, Bulletin *n;* **2.** Tages-, Krankenbericht *m;* **bulletin board** *Am* Schwarzes Brett.

bull-fight ['bʊlfaɪt] Stierkampf *m;* **bull-fighter** ['bʊlfaɪtə(r)] Stierkämpfer *m;* **bull·finch** ['bʊlfɪntʃ] Dompfaff *m;* **bull-headed** [ˌbʊl'hedɪd] *adj* starrsinnig, starrköpfig.

bul·lion ['bʊlɪən] Gold-, Silberbarren *m.*

bull-neck ['bʊlnek] Stiernacken *m.*

bul·lock ['bʊlək] *zoo* Ochse *m.*

bull·ring ['bʊlrɪŋ] Stierkampfarena *f;* **bull's-eye** ['bʊlzaɪ] Scheibenmittelpunkt *m.*

bull·shit I *s vulg* Unsinn *m;* Angeberei *f;* **II** *itr vulg* Unsinn reden; angeben.

bully¹ ['bʊlɪ] **I** *s* Angeber(in) *m (f);* Tyrann(in) *m (f);* **II** *tr* einschüchtern; schikanieren; fertigmachen.

bully² ['bʊlɪ] *(~ beef)* Corned beef *n.*

bully³ ['bʊlɪ] *interj fam* prima! ▶ **~ for you!** gratuliere!

bul·rush ['bʊlrʌʃ] *bot* Binse *f.*

bul·wark ['bʊlwək] **1.** Bollwerk *n;* **2.** *mar* Schanzkleid *n.*

bum¹ [bʌm] *fam* Gesäß *n,* Hintern *m.*

bum² [bʌm] *sl* **I** *s* Landstreicher, Stromer *m;* **II** *adj* mies, erbärmlich, schlecht; **III** *itr* **1.** (herum)bummeln, vagabundieren; **2.** *sl* schnorren.

bumble-bee ['bʌmblbi:] *zoo* Hummel *f.*

bumf [bʌmf] *sl* Papierkram *m.*

bump [bʌmp] **I** *tr* **1.** stoßen (*s.th.* gegen etw); rammen; **2.** auffahren; **II** *itr* **1.** stoßen, bumsen (*against, into* gegen, an); **2.** *(Wagen)* rumpeln, holpern; **III** *s* **1.** Stoß, Puff, Bums *m;* **2.** Beule *f* (*on the head* am Kopf); **3.** *aero* Bö *f;* **4.** *(Straße)* Unebenheit *f;* **IV** *adv* mit e-m Ruck.

bum·per ['bʌmpə(r)] **I** *s* Stoßstange *f;* **II** *adj* ▶ **~ crop** Rekordernte *f.*

bump·kin ['bʌmpkɪn] Tölpel *m.*

bump·tious ['bʌmpʃəs] *adj* überheblich, anmaßend.

bumpy ['bʌmpɪ] *adj* holp(e)rig.

bun [bʌn] **1.** *(England)* süßes Brötchen; **2.** (Haar)Knoten *m.*

bunch [bʌntʃ] **I** *s* **1.** Büschel, Bündel *n;* **2.** *(Blumen)* Strauß *m;* **3.** *fam* Haufen *m,* Gruppe *f;* Trupp, Schwarm *m;* ▶ **the best of the ~** das Beste an der ganzen Sache; **a ~ of people** eine Menschengruppe; **~ of grapes** Weintraube *f;* **~ of keys** Schlüsselbund *m;* **II** *tr* **~ together** zusammenfassen; **III** *itr* sich bauschen.

bundle ['bʌndl] **I** *s* Bündel *n a. fig;* Paket *n;* **II** *tr* **1.** (zusammen)bündeln, zusammenbinden; **2.** (unordentlich) (hinein-)stopfen (*into* in); **3.** *(Menschen)* verfrachten; ▶ **~ away, off, out** (schnell) weg-, fort-, hinausbefördern; **~ s.o. off to bed** jdn ins Bett packen.

bung [bʌŋ] **I** *s* Spund *m;* **II** *tr* verspunden; ▶ **~ up** verstopfen; **~ed-up** geschwollen; verstopft.

bun·ga·low ['bʌŋgələʊ] Bungalow *m.*

bung-hole ['bʌŋhəʊl] Spundloch *n.*

bungle ['bʌŋgl] **I** *itr* pfuschen, stümpern; **II** *tr* verpfuschen; **III** *s* Pfuscherei, Pfuscharbeit *f;* **bung·ler** ['bʌŋglə(r)] Pfuscher(in), Stümper(in) *m (f);* **bungling** ['—ɪŋ] *adj* stümperhaft.

bunk¹ [bʌŋk] Koje *f;* **bunk bed** Stockbett *n.*

bunk² [bʌŋk] ▶ **do a ~** *sl* türmen.

bunker ['bʌŋkə(r)] **I** *s* **1.** *mar* Kohlenbunker *m;* **2.** *mil* Bunker *m;* **3.** *(Golf)* Bunker *m,* Hindernis *n;* **II** *tr* ▶ **be ~ed** in der Klemme sein, sitzen.

bun·kum ['bʌŋkəm] Blödsinn *m.*

bunny ['bʌnɪ] *(Kindersprache)* Kaninchen *n.*

bunt·ing ['bʌntɪŋ] Fahnentuch *n.*

buoy [bɔɪ] **I** *s* **1.** *mar* Boje, Bake *f;* **2.** *(life-~)* Rettungsring *m;* **II** *tr (~ out)* durch Bojen bezeichnen; ▶ **~ up** über Wasser halten; *fig* Auftrieb geben, Mut zusprechen (*s.o.* jdm); **buoy·ancy** ['bɔɪənsɪ] **1.** *(Wasser)* Tragfähigkeit *f; (Gegenstand)* Schwimmfähigkeit *f;* **2.** *fig* Spannkraft *f,* Schwung, Lebensmut *m;* **buoy·ant** ['bɔɪənt] *adj* **1.** *(Wasser)* tragend; *(Gegenstand)* schwimmend; **2.** *fig* schwungvoll; **3.** *com* steigend; lebhaft.

bur, burr [bɜ:(r)] **1.** *bot* Klette *f a. fig;* **2.** *tech* Grat *m.*

burble ['bɜ:bl] **I** *itr* **1.** murmeln, plätschern; gurgeln; **2.** *fam* daherquasseln; **II** *s* Plätschern *n.*

bur·den ['bɜ:dn] **I** *s* **1.** Last *f a. fig;* **2.** *(Schiff)* Tragkraft *f,* Tonnengehalt *m;* **3.** Kehrreim, Refrain *m;* **4.** Leitgedanke *m;* ▶ **be a ~ on s.o.** jdm zur Last fallen; **~ of proof** Beweislast *f;* **II** *tr* belasten *a. fig;* **bur·den·some** [—səm] *adj* lästig, beschwerlich.

bureau ['bjʊərəʊ] **1.** Schreibtisch *m;*

2. Büro *n;* 3. *Am* Kommode *f;* ▶ **information** ~ Auskunft *f;* **tourist** ~ Reisebüro *n.*

bureau·cracy [bjʊəˈrɒkrəsɪ] Bürokratie *f;* **bureau·crat** [ˈbjʊərəkræt] Bürokrat(in) *m (f);* **bureau·cratic** [ˌbjʊərəˈkrætɪk] *adj* bürokratisch.

bur·geon [ˈbɜːdʒən] *itr lit* knospen, keimen, sprießen.

bur·glar [ˈbɜːglə(r)] Einbrecher(in) *m (f);* **bur·glar·ize** [ˈbɜːgləraɪz] *tr* einbrechen (*a house* in ein Haus); **bur·glary** [ˈbɜːglərɪ] Einbruch(sdiebstahl) *m;* **burgle** [ˈbɜːgl] *tr* einbrechen in.

burial [ˈberɪəl] Begräbnis *n,* Bestattung, Beerdigung *f;* **burial-ground** Friedhof *m;* **burial place** Grabstätte *f;* **burial service** Trauerfeier *f.*

bur·lesque [bɜːˈlesk] **I** *s* **1.** Burleske, Posse *f;* **2.** *Am* Varieté *n;* **II** *adj* possenhaft.

burly [ˈbɜːlɪ] *adj* stämmig, kräftig.

burn [bɜːn] ⟨*irr* burnt *od* burned, burnt *od* burned⟩ **I** *tr* **1.** verbrennen; **2.** anbrennen, anzünden, in Brand stecken; *(ein Loch in e-e S)* brennen; **3.** *(Kohle)* verfeuern; *(Ziegel)* brennen; **4.** sich *(den Mund, die Finger)* verbrennen *a. fig;* **5.** *(Speise)* anbrennen lassen; **6.** *(Hitze)* versengen, verdorren lassen, ausdörren; ▶ ~ **one's fingers** sich die Finger verbrennen; **II** *itr* **1.** brennen, in Flammen stehen; **2.** *(Licht)* brennen, eingeschaltet sein; **3.** *(Speise)* anbrennen; **4.** *fig* darauf brennen (*to* zu); **5.** *(vor Wut)* kochen, schäumen; **III** *s* Brandwunde, Verbrennung *f;* **IV** *(mit Präposition)* **burn away** *itr* ab-, aus-, verbrennen; **burn down** *tr, itr* ab-, niederbrennen; **burn out** *tr, itr* **1.** völlig aus-, verbrennen, ausgehen; **2.** *el* durchbrennen; ▶ ~ **o.s. out** sich kaputtmachen; **burn up** *tr* **1.** verbrennen; **2.** *fig* verzehren; *itr* **1.** in Flammen aufgehen; wieder aufflammen; **2.** verglühen; **burner** [ˈbɜːnə(r)] Brenner *m;* **burn·ing** [ˈbɜːnɪŋ] *adj* **1.** brennend *a. fig,* glühend; **2.** *fig* leidenschaftlich, feurig; **3.** *(Schmach)* empörend; ▶ ~ **hot** glühend heiß; ~ **issue, question** brennende Frage.

bur·nish [ˈbɜːnɪʃ] *tr* polieren.

burnt [bɜːnt] **I** *v s. burn;* **II** *adj* verbrannt; ▶ **have a** ~ **taste** angebrannt schmecken.

burp [bɜːp] *itr fam* rülpsen.

burr [bɜː(r)] *s. bur.*

bur·row [ˈbʌrəʊ] **I** *s* (Fuchs)Bau *m;* **II** *tr (Bau)* graben; **III** *itr* **1.** sich einwühlen, -graben; **2.** *fig* sich vergraben (*into* in).

bur·sar [ˈbɜːsə(r)] Schatzmeister(in), Quästor(in) *m (f);* **bur·sary** [ˈbɜːsərɪ] **1.** Quästur *f;* **2.** Stipendium *n.*

burst [bɜːst] ⟨*irr* burst, burst⟩ **I** *itr* **1.** bersten, (zer)platzen, reißen, zerspringen; explodieren; **2.** *(Knospe)* aufbrechen; *(Sturm)* ausbrechen; *(Gewitter)* sich entladen; **3.** bersten, platzen (*with* vor) *a. fig;* ▶ ~ **open** aufbrechen; **be** ~**ing with health** vor Gesundheit strotzen; **be** ~**ing to** darauf brennen zu; ~ **into tears** in Tränen ausbrechen; **II** *tr* sprengen; bersten, platzen lassen; ▶ ~ **one's side(s) with laughter** vor Lachen platzen; **III** *s* **1.** Bersten, Zerspringen *n;* **2.** *mil (~ of fire)* Feuerstoß *m;* **3.** *fig* Ausbruch, Anfall *m;* ▶ ~ **of applause** Beifallssturm *m;* **IV** *(mit Präposition)* **burst forth** *itr* ausbrechen (*into* in); **burst in** *itr* **1.** hereinstürzen; **2.** dazwischenplatzen; **burst out** *itr* ausbrechen in, ausrufen, (plötzlich) schreien; ▶ ~ **out crying** in Tränen ausbrechen; ~ **out laughing** sich vor Lachen nicht halten können.

bury [ˈberɪ] *tr* **1.** begraben, beerdigen; **2.** ein-, vergraben; **3.** verbergen; **4.** *fig* vergessen, auf sich beruhen lassen; ▶ ~ **o.s. in one's books** sich in seinen Büchern vergraben; **buried in thought** gedankenversunken.

bus [bʌs] ⟨*pl* buses, *Am* busses⟩ **I** *s* **1.** Bus, Omnibus, Autobus *m;* **2.** *fam mot* Kiste *f;* ▶ **go by** ~ mit dem Bus fahren; **miss the** ~ *fam* den Anschluß verpassen; **II** *tr* mit dem Bus befördern; **bus driver** Busfahrer(in) *m (f).*

bush [bʊʃ] **1.** Busch, Strauch *m;* Gebüsch *n;* **2.** Busch *m (in Afrika);* **3.** Haarschopf *m;* ▶ **beat about the** ~ *fig* wie die Katze um den heißen Brei herumgehen.

bushel [ˈbʊʃl] Scheffel *m (36,37 l);* ▶ **hide one's light under a** ~ *prov* sein Licht unter den Scheffel stellen.

bush·man [ˈbʊʃmən] ⟨*pl* -men⟩ Buschmann *m;* **bushy** [ˈbʊʃɪ] *adj* buschig.

busi·ly [ˈbɪzɪlɪ] *adv* geschäftig, eifrig.

busi·ness [ˈbɪznɪs] **1.** Geschäftsleben *n,* Handel *m,* Gewerbe *n;* **2.** geschäftliches Unternehmen, Geschäftsbetrieb *m,* gewerblicher Betrieb; **3.** Aufgabe *f;* Angelegenheit, Sache *f;* **4.** Problem *n;* ▶ **in** ~ im Geschäftsleben; **on** ~ geschäftlich; **be in** ~ Geschäftsmann sein; **do** ~ Geschäfte machen; **have no** ~ **to** kein Recht haben zu; **get down to** ~ zur Sache kommen; **mean** ~ es ernst meinen; **retire from** ~ sich aus dem Geschäftsleben zurückziehen; **set up in** ~ ein Geschäft anfangen; **mind your own** ~**!** kümmern Sie sich um Ihre eigenen Angelegenheiten! **send s.o. about his** ~ jdn in seine Schranken weisen; **that's none of your** ~**!** das geht Sie nichts an! **what's his** ~**?** was macht, wovon lebt er? **what's your** ~ **(with me)?** was führt Sie zu mir? **what** ~ **is he in?** in welcher Branche arbeitet er? **business address** Geschäftsadresse *f;* **business**

card Visitenkarte *f;* **business end** scharfes Ende; **business hours** *pl* Geschäftszeit(en) *f (pl);* **business letter** Geschäftsbrief *m;* **busi·ness·like** [—laɪk] *adj* **1.** geschäftstüchtig; **2.** praktisch (veranlagt), gewandt; **busi·ness·man** [—mæn] ⟨*pl* -men⟩ Geschäftsmann *m;* **business transaction** Geschäftsvorfall *m;* **business trip** Geschäftsreise *f;* **busi·ness·woman** [—wʊmən] ⟨*pl* -women⟩ [—wɪmɪn] Geschäftsfrau *f.*

busker [ˈbʌskə(r)] Straßensänger(in), -spieler(in) *m (f).*

bus·load [ˈbʌsləʊd] Busladung *f;* ► **by the ~, in ~s** busweise; **busman's holiday** Fortsetzung *f* der Berufsarbeit in den Ferien; **bus service** Busverbindung *f;* **bus station** Busbahnhof *m;* **bus stop** Bushaltestelle *f.*

bust[1] [bʌst] **1.** Busen *m;* **2.** *(Kunst)* Büste *f.*

bust[2] [bʌst] *Am* Razzia *f.*

bust[3] [bʌst] **I** *tr* **1.** kaputtmachen; **2.** *Am* e-e Razzia durchführen (in); ► **II** *itr* kaputtgehen; ► **go ~** pleite gehen.

bustle [ˈbʌsl] **I** *itr* sich geschäftig bewegen, sich tummeln; ► **~ about** sehr geschäftig tun; **II** *s* Geschäftigkeit, Eile, Hetze *f.*

bust-up [ˈbʌstʌp] *sl* Krach, Streit *m.*

busy [ˈbɪzɪ] **I** *adj* **1.** beschäftigt; **2.** bewegt, belebt; **3.** *(Straße)* verkehrsreich, belebt; *(Tag)* voll ausgefüllt; *(Mensch)* ausgelastet; **4.** *tele* besetzt; ► **be ~ doing s.th.** gerade etw tun; **II** *refl* sich beschäftigen (*with* mit); **busy·body** [ˈbɪzɪˌbɒdɪ] Gschaftlhuber(in), Wichtigtuer(in) *m (f).*

but [bʌt] **I** *conj* **1.** aber, dennoch, (je)doch, indessen, nichtsdestoweniger, andererseits; **2.** sondern; außer daß; ohne daß, ohne zu; wenn nicht; **3.** *(nach Verneinung)* daß; ► **~ that** außer daß, ohne daß; **not only ... ~ also** nicht nur ..., sondern auch; **II** *prep* außer; ► **anything ~** nichts weniger als; **nothing ~** nichts als; **the last ~ one** der vorletzte; **all ~ one** alle bis auf einen; **~ for** ohne; **III** *adv* nur, bloß; ► **all ~** beinahe, fast, nahezu; **~ then** dafür aber; **IV** *prn (nach verneintem Hauptsatz)* ► **there was not one ~ was wounded** es war nicht einer da, der nicht verwundet war; **V** *s* Aber *n.*

bu·tane [ˈbju:teɪn] Butan(gas) *n.*

butcher [ˈbʊtʃə(r)] **I** *s* **1.** Metzger(in), Fleischer(in), Schlachter(in) *m (f);* **2.** *fig* Schlächter *m;* ► **~'s shop** Fleischerei, Metzgerei *f;* **at the ~'s** beim Fleischer; **II** *tr (Menschen)* (hin)schlachten, niedermetzeln; **butchery** [ˈbʊtʃərɪ] **1.** Metzgerhandwerk *n;* **2.** *fig* Gemetzel *n.*

but·ler [ˈbʌtlə(r)] Butler *m.*

butt[1] [bʌt] **1.** großes Faß; **2.** Tonne *f;* **3.** (**~-end**) stumpfes Ende.

butt[2] [bʌt] **1.** (Gewehr)Kolben *m;* **2.** Zigarettenstummel *m.*

butt[3] [bʌt] **1.** Schießscheibe *f;* **2.** *pl* Kugelfang *m;* **3.** *fig* Zielscheibe *f.*

butt[4] [bʌt] **I** *tr* **1.** mit dem Kopf stoßen; **II** *itr fam* ► **~ in** sich einmischen; **~ into** dazwischenplatzen.

but·ter [ˈbʌtə(r)] **I** *s* Butter *f;* ► **peanut-~** Erdnußbutter *f;* **II** *tr* mit Butter bestreichen; ► **~ up** schmeicheln (*s.o.* jdm); **but·ter·cup** [ˈbʌtəkʌp] *bot* Butterblume *f,* Hahnenfuß *m;* **butter-dish** Butterdose *f;* **but·ter·fingers** [ˈbʌtəˌfɪŋgəz] *sing* Schussel *m.*

but·ter·fly [ˈbʌtəflaɪ] *zoo* **1.** Schmetterling *m a. fig;* **2.** Delphinschwimmen *n.*

but·ter·milk [ˈbʌtəmɪlk] Buttermilch *f;* **butter mountain** *(EG)* Butterberg *m.*

but·tery [ˈbʌtərɪ] **1.** Speisekammer *f;* **2.** Cafeteria *f.*

but·tock [ˈbʌtək] **1.** Hinterbacke *f;* **2.** *meist pl* Hinterteil, Gesäß *n.*

but·ton [ˈbʌtn] **I** *s* **1.** Knopf *m;* **2.** junger Champignon; **3.** *el* Klingel-, Schaltknopf *m;* **4.** *pl mit sing fam* Page *m;* ► **press the ~** auf den Knopf drücken *a. fig;* **II** *tr* zuknöpfen; **III** *itr* sich knöpfen lassen; **~ up** (zu)knöpfen; *fam (Aufgabe)* erledigen, fertigbringen; **but·ton·hole** [—həʊl] **I** *s* **1.** Knopfloch *n;* **2.** Sträußchen *n* im Knopfloch; **II** *tr fig* sich schnappen.

but·tress [ˈbʌtrɪs] **I** *s* **1.** *arch* Strebepfeiler *m;* **2.** *fig* Stütze *f;* **II** *tr fig (~ up)* stützen.

buxom [ˈbʌksəm] *adj* drall, von Gesundheit strotzend.

buy [baɪ] ⟨*irr* **bought, bought**⟩ **I** *tr* **1.** kaufen; erwerben, erstehen; **2.** *(Fahrkarte)* lösen; **3.** *fig* erkaufen (*with* mit); ► **~ at an auction** ersteigern; **~ at a loss, profit** mit Verlust, Gewinn kaufen; **~ s.th.** *fig* etw akzeptieren; etw glauben; **II** *s fam* (guter) Kauf; **III** *(mit Präposition)* **buy back** *tr* zurückkaufen; **buy in** *tr* einkaufen; **buy off** *tr fam* bestechen; **buy out** *tr* auszahlen; aufkaufen; *(Gefangene)* freikaufen; **buy up** *tr* aufkaufen; **buyer** [ˈbaɪə(r)] **1.** Käufer(in), Abnehmer(in) *m (f);* **2.** Einkäufer(in) *m (f);* ► **~'s market** Käufermarkt *m.*

buzz [bʌz] **I** *itr* summen, surren, schwirren, brausen, brummen; **II** *tr* **1.** durch Summer herbeirufen; **2.** *aero* niedrig fliegen (*a field* über ein Feld); **III** *s* **1.** Summen, Brausen, Brummen *n;* **2.** Gemurmel, Stimmengewirr *n;* **3.** *tele fam* Anruf *m;* **IV** *(mit Präposition)* **buzz about** *itr* herumschwirren; **buzz off** *itr sl* abhauen; **buzz word** Schlagwort *n.*

buz·zard [ˈbʌzəd] Bussard *m.*

buzzer [ˈbʌzə(r)] *tech* Summer *m.*

by [baɪ] **I** *prep* **1.** *(örtlich)* bei, an, neben; ▶ ~ **the sea** an der See; **close ~ the river** dicht am Fluß; **sit ~ me** setz dich zu mir, neben mich; **2.** *(örtlich)* durch, über; ▶ **I went ~ Paris** ich bin über Paris gefahren; **3.** *(örtlich)* an ... vorbei; ▶ **I walked ~ the post-office** ich bin an der Post vorbeigegangen; **4.** *(zeitlich)* während, in, an; ▶ ~ **day** bei, am Tage, tagsüber; **5.** *(zeitlich)* vor, bis (zu), spätestens an, um; ▶ ~ **tomorrow** bis morgen; ~ **now** bisher, bis jetzt; ~ **then** bis dahin; **6.** *(pro)* ▶ ~ **the day** am Tag, täglich, pro Tag; ~ **the pound** pfundweise **7.** *(Ausdehnung)* ▶ **four feet ~ six** vier zu sechs Fuß; **8.** von, durch, mit, (ver)mittels, an; ▶ **a tragedy ~ Shakespeare** e-e Tragödie von Shakespeare; ~ **car, rail, train, tram, bus, boat, plane** mit dem Wagen, der Bahn, dem Zug, der Straßenbahn, dem Bus, dem Schiff, im Flugzeug; ~ **land, sea, air** zu Lande, zu Wasser, auf dem Luftwege; **live ~ bread** von Brot leben; **9.** nach *(e-r S urteilen);* ▶ **swear ~ s.th.** *fig* auf etw schwören; **what do you mean ~ that?** was meinen Sie damit? was wollen Sie damit sagen? **judge ~ appearances** nach dem Äußeren urteilen; **II** *(Wendungen)* ▶ **(all) ~ o.s.** (ganz) allein; ohne Hilfe; **day ~ day** Tag für Tag, täglich; **little ~ little** nach u. nach, langsam, allmählich, stufen-, schrittweise; **one ~ one** einer nach dem andern; **step ~ step** Schritt für Schritt, schrittweise; ~ **chance** zufällig; ~ **degrees** stufenweise; ~ **the dozen** dutzendweise, im Dutzend; ~ **far** bei weitem, (sehr) viel; ~ **all, no means** auf jeden, keinen Fall; ~ **name** dem Namen nach; ~ **the name of** unter dem Namen *gen;* ~ **nature** von Natur (aus); ~ **right** von Rechts wegen; ~ **the way** beiläufig, nebenbei (gesagt); **III** *adv* vorbei; ▶ **I can't get ~** ich kann, komme nicht vorbei; **in days gone ~** in vergangener, früherer Zeit; **stand ~** in der Nähe, bereit sein; **put, lay ~** auf die Seite legen, sparen; ~ **and ~** nach und nach; ~ **and large** im großen und ganzen.

bye [baɪ] **1.** etw Nebensächliches; **2.** *(Kricket)* angerechneter Lauf für e-n vorbeigelassenen Ball.

bye-bye ['baɪ'baɪ] **I** *s (Kindersprache)* Heia *f,* Bettchen *n;* **II** *interj* auf Wiedersehen!

by(e)-law ['baɪlɔ:] Statut *n,* Satzung *f;* **by-elec·tion** ['baɪɪlekʃn] *parl* Nachwahl *f;* **by·gone** ['baɪgɒn] **I** *adj* vergangen; **II** *s* ▶ **let ~s be ~s** laßt die Vergangenheit begraben sein; **by-pass** ['baɪpɑ:s] **I** *s* Umgehung(sstraße) *f;* **II** *tr* **1.** umfahren, herumfahren um, umleiten; **2.** *fig* umgehen; **by-pass operation** *med* Bypaß-Operation *f;* **by·path** ['baɪpɑ:θ] Neben-, Seitenweg *m a. fig;* **by·play** ['baɪpleɪ] Nebenhandlung *f;* **by-prod·uct** ['baɪprɒdʌkt] Nebenprodukt *n;* **by-road** ['bəɪrəʊd] Neben-, Seitenstraße *f;* **by·stander** ['baɪstændə(r)] Zuschauer(in) *m (f);* **byte** [baɪt] *EDV* Byte *n;* **by-way** ['baɪweɪ] Seitenweg *m;* **by·word** ['baɪwɜ:d] Inbegriff *m;* ▶ **become a ~ for** gleichbedeutend werden mit.

C

C, c [siː] ⟨*pl* -'s⟩ **1.** *a. mus* C, c *n;* **2.** *(Schule)* Befriedigend *n.*
cab [kæb] **1.** *(taxi-~)* Taxe *f,* Taxi *n;* **2.** *rail* Führerstand *m (a. Kran, Bagger);* **3.** *(Lastkraftwagen)* Führerhaus *n;* ▶ **go by** ~ mit der Taxe fahren.
cab·aret ['kæbəreɪ] Kabarett *n.*
cab·bage ['kæbɪdʒ] **1.** Kohl *m;* **2.** *fam* geistiger Krüppel.
cabby ['kæbɪ] *fam* Taxifahrer(in) *m (f).*
cabin ['kæbɪn] **1.** Hütte *f; Am* Wochenendhaus *n;* **2.** *mar* Kabine, Kajüte *f;* **3.** Führerhaus *n; aero* Kanzel *f;* **cabin-class** *mar* zweite Klasse; **cabin cruiser** Motorboot *n* mit Kabine.
cabi·net ['kæbɪnɪt] **1.** Glasschrank *m,* Vitrine *f;* **2.** Schrank *m;* Kasten *m;* **3.** *(bes. radio)* Gehäuse *n;* **4.** *pol (meist C~)* Kabinett *n;* ▶ **filing** ~ Aktenschrank *m;* **shadow** ~ Schattenkabinett *n;* **cabi·net-maker** [—ˌmeɪkə(r)] Möbeltischler(in), -schreiner(in) *m (f).*
cable ['keɪbl] **I** *s* **1.** Tau *n;* (Draht)Seil *n;* **2.** Ankertau *n,* -kette *f;* Trosse *f;* **3.** *tele* Kabel *n;* Kabelnachricht *f;* **4.** *el* Kabel *n;* Leitung *f;* ▶ **by** ~ durch Kabel, telegraphisch; **II** *tr, itr tele* kabeln; **cable-car** Wagen *m* e-r (Draht)Seilbahn, Straßenbahn; **cable·gram** ['keɪblgræm] Kabel *n;* **cable network** Kabelnetz *n;* **cable-railway** Drahtseilbahn *f;* **cable television** Kabelfernsehen *n.*
ca·boodle [kə'buːdl] ▶ **the whole** ~ *fam* der ganze Kram; der ganze Haufen.
cab-rank, cab-stand ['kæbræŋk, 'kæbstænd] Taxenstand *m.*
cab·rio·let [ˌkæbrɪəʊ'leɪ] *mot* Kabriolett *n.*
ca·cao [kə'kɑːəʊ] **1.** *(~ bean)* Kakaobohne *f;* **2.** *(~-tree)* Kakaobaum *m.*
cache [kæʃ] **I** *s* Versteck *n;* versteckter Vorrat; **II** *tr* verstecken, verbergen.
ca·chet ['kæʃeɪ] **1.** (Qualitäts-, Herkunfts)Stempel *m;* **2.** *med* Kapsel *f.*
cackle ['kækl] **I** *s* Gegacker *n; fig* Gekicher *n;* **II** *itr* gackern; *fig* plappern; kichern.
ca·coph·ony [kæ'kɒfənɪ] Mißklang *m.*
cac·tus ['kæktəs] ⟨*pl* -tuses, -ti⟩ ['kæktaɪ] Kaktus *m.*
CAD *Abk:* **computer aided design** CAD *n.*
ca·daver [kə'deɪvə(r)] Kadaver *m;* **cadaver bag** *Am* Leichensack *m.*
caddie ['kædi] Golfjunge *m.*
caddy ['kædɪ] Teebüchse *f.*
ca·dence ['keɪdns] **1.** Kadenz *f;* **2.** Rhythmus *m;* **3.** Tonfall *m.*
ca·det [kə'det] *mil* Kadett *m.*
cadge [kædʒ] *itr, tr* schnorren; **cad·ger** ['kædʒə(r)] Bettler(in), Schnorrer(in) *m (f).*
cad·mium ['kædmjəm] Cadmium *n.*
cadre ['kɑːdə(r)] Kader *m.*
Caesar·ian [sɪ'zeərɪən] *s, adj* ▶ ~ **section** *med* Kaiserschnitt *m.*
cae·sium ['sɪːzjəm] Cäsium *n.*
café ['kæfeɪ] **1.** *(England)* Café *n;* Restaurant *n;* **2.** *Am* Bar *f;* **cafe·teria** [ˌkæfɪ'tɪərɪə] Selbstbedienungsrestaurant *n,* Cafeteria *f;* **caf·fein(e)** ['kæfiːn] Koffein *n.*
cage [keɪdʒ] **I** *s* **1.** Käfig *m;* **2.** *(Aufzug)* Kabine *f;* **3.** *min* Förderkorb *m;* **4.** *(Hockey)* Tor *n;* **II** *tr* in e-n Käfig sperren; **cagey** ['keɪdʒɪ] *adj* **1.** *fam* zurückhaltend; **2.** berechnend; **3.** *Am* gerissen.
ca·hoots [kə'huːts] *fam* ▶ **be in** ~ **with s.o.** mit jdm unter einer Decke stecken.
cairn [keən] Steinpyramide *f.*
ca·jole [kə'dʒəʊl] *tr* schmeicheln (*s.o.* jdm); ▶ ~ **s.o. into, out of doing s.th.** jdn dazu bringen, etw zu tun, zu (unter-)lassen; ~ **s.th. out of s.o.** jdm etw abbetteln.
cake [keɪk] **I** *s* **1.** Kuchen *m;* **2.** Stück *n* (*of soap* Seife); Riegel *m;* Tafel *f* (*of chocolate* Schokolade); **3.** *tech* Masse *f,* Klumpen *m;* ▶ **be a piece of** ~ *fam* kinderleicht sein; **II** *itr* zusammenbakken, e-n Klumpen bilden.
ca·lam·ity [kə'læmətɪ] **1.** Unglück *n;* Schicksalsschlag *m;* **2.** Not *f,* Elend *n.*
cal·ci·fer·ous [kæl'sɪfərəs] *adj* kalkhaltig; **cal·cify** ['kælsɪfaɪ] *tr, itr* verkalken; **cal·cium** ['kælsɪəm] *chem* Kalzium *n;* ▶ ~ **carbide** Kalziumkarbid *n.*
cal·cu·lable ['kælkjʊləbl] *adj* berechenbar; kalkulierbar; **cal·cu·late** ['kælkjʊleɪt] **I** *itr* rechnen (*on* mit) *a. fig; fig* sich verlassen (*on* auf); **II** *tr* **1.** aus-, be-, errechnen; veranschlagen, kalkulieren; **2.** *Am fam* meinen, annehmen; ▶ **be ~d to** *(mit inf)* darauf berechnet, zugeschnitten sein, zu, daß; **cal·cu·lated** [—ɪd] *adj* berechnet, vorbedacht, absichtlich; ▶ **take a** ~ **risk** ein kalkulierbares Risiko eingehen; **cal·cu·lat·ing** [—ɪŋ] *adj* berechnend; überlegt; ▶ ~ **error** Rechenfehler *m;* **~-machine** Rechenmaschine *f;* **cal·cu·la·tion** [ˌkælkjʊ'leɪʃn] **1.** Kalkulation, (Be)Rech-

nung *f;* **2.** Überschlag, Voranschlag *m;* **3.** Überlegung *f;* ▶ ~ **of cost** Kostenberechnung *f;* **cal·cu·la·tor** ['kælkjʊleɪtə(r)] **1.** Kalkulator *m;* **2.** Rechner *m;* Rechentabelle *f;* **3.** Taschenrechner *m;* **cal·cu·lus** ['kælkjʊləs] ⟨*pl* -li⟩ [—li:] **1.** *med* Stein *m;* **2.** *math* Rechnungsart *f;* Differentialrechnung *f.*

cal·en·dar ['kælɪndə(r)] **1.** Kalender *m;* **2.** Verzeichnis, Register *n,* Liste *f;* **3.** *jur* Terminkalender *m;* ▶ ~ **of events** Veranstaltungskalender *m;* **calendar month** Kalendermonat *m.*

calf[1] [kɑ:f] ⟨*pl* **calves**⟩ [kɑ:vz] **1.** Kalb *n;* **2.** *(Mensch)* Ochse, Esel *m;* **3.** *(~-skin)* Kalbleder *n;* **4.** Eisscholle *f;* ▶ **in, with** ~ *(Kuh)* trächtig.

calf[2] [kɑ:f] ⟨*pl* **calves**⟩ [kɑ:vz] Wade *f.*

calf-love ['kɑ:flʌv] Jugendliebe *f.*

cali·brate ['kælɪbreɪt] *tr* kalibrieren; *(Meßgerät)* eichen; **cal·ibre,** *Am* **caliber** ['kælɪbə(r)] **1.** Kaliber *n;* **2.** *fig* Format *n,* Bedeutung *f,* Kaliber *n (e-s Menschen).*

cal·ico ['kælɪkəʊ] ⟨*pl* -ico(e)s⟩ Kaliko *m; Am* Kattun *m.*

call [kɔ:l] **I** *tr* **1.** rufen *a. radio;* anrufen *a. tele; (Namen)* aufrufen; *(Schauspieler vor den Vorhang)* herausrufen; **2.** *(Arzt, Taxe)* holen, rufen; **3.** wecken; **4.** nennen; bezeichnen; **5.** betrachten, ansehen als, halten für; **6.** *(in ein Amt)* berufen; **7.** *(Versammlung)* einberufen; **8.** *(Pause)* einlegen; ▶ **be ~ed** heißen, genannt werden (*after s.o.* nach jdm); ~ **to account** zur Rechenschaft ziehen; ~ **attention to** aufmerksam machen auf; ~ **into being** ins Leben rufen; ~ **it a day** Feierabend machen; ~ **to mind** sich erinnern an; ~ **s.o. names** jdn be-, ausschimpfen; ~ **to order** zur Ordnung rufen; ~ **in question** in Frage stellen; **II** *itr* **1.** rufen; **2.** kurz besuchen, vorsprechen; **3.** *tele* anrufen; **III** *s* **1.** Ruf *m;* **2.** *tele* Anruf *m,* (Telefon)Gespräch *n;* **3.** (dringende) Bitte, Aufforderung *f;* **4.** Abruf *m;* Aufruf *m;* **5.** An-, Nachfrage *f* (*for* nach); **6.** Anspruch *m* (*for, on* auf); **7.** *theat fig* Vorhang *m;* **8.** *jur* Aufruf *m* (*of a case* e-r Sache); **9.** (kurzer) Besuch *m;* **10.** *(Fahrzeug, a. rail)* Aufenthalt, Halt *m;* **11.** *mar aero* Zwischenlandung *f;* **12.** Signal *n;* **13.** *(meist verneint)* Notwendigkeit, Gelegenheit *f,* Grund *m,* Ursache *f* (*for, to* zu); ▶ **at** ~ bereit; verfügbar, greifbar; **at, on** ~ *fin* auf tägliche Kündigung; **on** ~ auf Abruf, auf Anforderung; in Bereitschaft; **within** ~ in Ruf-, Hörweite; **give s.o. a** ~ *tele* jdn anrufen; **local** ~ *tele* Ortsgespräch *n;* **roll** ~ namentlicher Aufruf; **trunk** ~, **long-distance** ~ Ferngespräch *n;* ~ **for help** Hilferuf *m;* ~ **to order** Ordnungsruf *m;* **IV** *(mit Präposition)* **call at** *itr* **1.** vorsprechen bei, in *(e-m Haus);* halten in *(e-m Ort) a. rail;* **2.** *mar (e-n Hafen)* anlaufen; **3.** *aero* anfliegen; **call away** *tr* ab-, wegrufen; **call back** *tr, itr* zurückrufen; **call down** *tr* **1.** herunterrufen; **2.** *(Zorn)* auf sich ziehen; **3.** *Am fam* ausschimpfen, herunterputzen; **call for** *tr* **1.** fragen nach, (dringend) verlangen; **2.** benötigen, erfordern; **3.** *(Konferenz)* einberufen, ansetzen; **4.** *(Menschen)* abholen; **5.** *Am (Wetterbericht)* voraussagen; ▶ **to be ~ed for** postlagernd; **call forth** *tr* **1.** einsetzen, anwenden; **2.** hervorbringen; **3.** erfordern; ▶ ~ **forth all one's energy** seine ganze Kraft zusammennehmen; **call in** *tr* **1.** hereinrufen; herbeirufen, -holen; **2.** *(e-n Arzt)* holen, zuziehen; **3.** *(Geld)* zurückfordern; einziehen; *itr* vorsprechen (*on* bei); **call off** *tr* **1.** ab-, wegrufen; **2.** *(Veranstaltung)* absagen, abblasen, abbrechen; **call on** *itr* **1.** auf-, besuchen (*at s.o.'s home, office* in jds Heim, Büro); vorsprechen bei; **2.** sich wenden an; **3.** auffordern (*s.o.* jdn); **call out** *tr* **1.** herausrufen; **2.** in Aktion bringen; **3.** *(Namen)* (auf)rufen; **4.** *(Haltestelle)* ausrufen; **5.** *(Truppen)* einsetzen; **6.** *Am (Schauspieler)* herausrufen; **7.** *(Feuerwehr)* herbeirufen; **8.** zum Streiken auffordern; *itr* (laut) aufschreien; **call up** *tr* **1.** aufrufen; **2.** *tele* anrufen; **3.** ins Gedächtnis rufen; **4.** *fig* hervorrufen, wachrufen; aufwecken; **5.** *mil* einberufen.

call-box ['kɔ:lbɒks] Telefonzelle *f;* **called** [kɔ:ld] *adj* genannt; ▶ **many are** ~ *rel* viele sind berufen; **caller** ['kɔ:lə(r)] **1.** Besucher(in) *m (f);* **2.** *tele* Anrufer(in) *m (f);* **call-girl** ['kɔ:lgɜ:l] Callgirl *n.*

cal·ligra·phy [kə'lɪgrəfɪ] Kalligraphie *f.*

call·ing ['kɔ:lɪŋ] *rel* Berufung *f;* **calling card** Visitenkarte *f.*

cal·lous ['kæləs] *adj* **1.** schwielig; **2.** *fig* gefühllos, abgestumpft (*to* gegen).

call-sign ['kɔ:lsaɪn] *radio* Sendezeichen *n;* **call-up** ['kɔ:lʌp] Einberufung *f.*

cal·lus ['kæləs] Schwiele *f.*

calm [kɑ:m] **I** *s* **1.** Ruhe, Stille *f;* **2.** Windstille, Flaute *f;* **3.** *fig* (innere) Ruhe *f;* **II** *adj* **1.** ruhig; **2.** (wind)still; **3.** *fig* ruhig, friedlich; **III** *tr* beruhigen; ▶ ~ **down** sich beruhigen; *(Wind)* abflauen; **calm·ness** [—nɪs] (innere) Ruhe *f;* Stille *f.*

cal·oric ['kælərɪk] *adj* kalorisch; Wärme-; **cal·orie** ['kælərɪ] Kalorie *f;* **cal·or·if·ic** [ˌkælər'ɪfək] *adj* wärmeerzeugend; ▶ ~ **value** Heizwert *m.*

cal·umny ['kæləmnɪ] Verleumdung *f.*

Cal·vary ['kælvərɪ] *rel* Golgatha *n;* Kalvarienberg *m.*

calve [kɑ:v] *itr* kalben *(a. Eisberg, Gletscher).*

Cal·vin·ism ['kælvɪnɪzəm] Kalvinismus *m;* **Cal·vin·ist** ['kælvɪnɪst] Kalvinist(in) *m (f).*

cam [kæm] *tech* Nocken, Mitnehmer, Daumen *m.*

cam·ber ['kæmbə(r)] **I** *s* **1.** Wölbung, Schweifung *f;* **2.** *mot* Radsturz *m;* **II** *tr* wölben.

Cam·bo·dia [kæm'bəʊdɪə] Kambodscha *n;* **Cam·bo·dian** [kæm'bəʊdɪən] **I** *adj* kambodschanisch; **II** *s* Kambodschaner(in) *m (f).*

cam·cor·der ['kæmkɔdə(r)] Camcorder *m.*

came [keɪm] *v s. come.*

camel ['kæml] Kamel *n a. mar;* **camel-hair** Kamelhaar *n.*

cameo ['kæmɪəʊ] Kamee *f.*

cam·era ['kæmərə] Kamera *f;* Fotoapparat *m;* ► **in ~** *jur* unter Ausschluß der Öffentlichkeit; **camera angle** Blickwinkel *m;* **cam·era·man** ⟨*pl* -men⟩, **cam·era·wo·man 1.** *film* Kameramann *m,* Kamerafrau *f;* **2.** Pressefotograf(in), Bildberichter(in) *m (f);* **camera shot** Einstellung *f;* **camera -shy** *adj* kamerascheu.

camo·mile ['kæməmaɪl] *bot* Kamille *f.*

cam·ou·flage ['kæməˌflɑ:ʒ] **I** *s mil* Tarnung *f;* **II** *tr mil* tarnen.

camp¹ [kæmp] **I** *s* **1.** (Zelt)Lager *n;* Lagerplatz *m;* **2.** *fig* (Partei)Lager *n;* ► **break up, strike ~** das Lager abbrechen; **training ~** Ausbildungslager *n;* **II** *itr* lagern; kampieren; *(~ out)* zelten.

camp² [kæmp] **I** *adj* **1.** schwul; **2.** tuntenhaft; 3. übertrieben; manieriert; **II** *tr* ► **~ up** übertrieben darstellen; *fam* aufmotzen; **~ it up** übertreiben; sich weibisch benehmen.

cam·paign [kæm'peɪn] **I** *s* **1.** Feldzug *m a. fig;* **2.** *(electoral ~)* Wahlkampf *m;* **3.** *tech* Kampagne *f;* ► **advertising ~** Werbefeldzug *m;* **II** *itr* **1.** an e-m Feldzug teilnehmen; **2.** *fig* agitieren, sich einsetzen *(for* für); **cam·paigner** [kæm'peɪnə(r)] **1.** Feldzugsteilnehmer(in); Kämpfer(in) *m (f);* **2.** Befürworter(in) *m (f);* Gegner(in) *m (f);* Wahlhelfer(in) *m (f).*

camp-bed ['kæmpˌbed] Feldbett *n;* Campingliege *f;* **camp-chair** Campingstuhl *m;* **camper** ['kæmpə(r)] **1.** Camper(in) *m (f);* **2.** Campingbus *m,* Wohnmobil *n;* **camp-fever** *med* Typhus *m;* **camp-fire** Lagerfeuer *n;* **camp-follower** ['kæmpˌfɒləʊə(r)] **1.** Schlachtenbummler(in) *m (f);* **2.** *mil* Marketender(in) *m (f);* **3.** *pol* Mitläufer(in) *m (f);* **camp·ground** ['kæmpgraʊnd] *Am* **camp·site** ['kæmpsait] Camping-, Lager-, Zeltplatz *m.*

cam·phor ['kæmfə(r)] *med* Kampfer *m.*

camp·ing ['kæmpɪŋ] Zelten, Camping *n;* ► **go ~** zelten; **~-ground** Camping-, Zeltplatz *m;* **camp-stool** Campingstuhl *m.*

cam·pus ['kæmpəs] Universitätsgelände *n,* Campus *m.*

cam·shaft ['kæmʃɑ:ft] Nocken-, Steuerwelle *f.*

can¹ [kæn] **I** *s* **1.** Kanne *f;* Behälter *m;* **2.** (Konserven)Dose, Büchse *f;* **3.** Kanister *m;* **4.** Mülleimer *m;* **5.** *Am sl* Kittchen *n;* **6.** *Am sl* Klosett *n;* ► **carry the ~** *fam* den Kopf hinhalten; **II** *tr* **1.** eindosen; **2.** *Am sl* aufhören mit.

can² [kən, *betont:* kæn] ⟨*irr* could⟩ *aux* können; ► **you can't go** du darfst nicht gehen; **could I look at it?** darf ich es mir ansehen? **I could have kissed her** ich hätte sie küssen können.

Cana·da ['kænədə] Kanada *n;* **Ca·na·dian** [kə'neɪdɪən] **I** *adj* kanadisch; **II** *s* Kanadier(in) *m (f).*

ca·nal [kə'næl] **1.** Kanal *m;* **2.** *anat* Röhre *f,* Gang *m;* **ca·nal·iz·ation** [ˌkænəlaɪ'zeɪʃn] Kanalisierung *f;* **ca·nal·ize** ['kænəlaɪz] *tr* **1.** kanalisieren; **2.** *fig* lenken *(into* in); dirigieren.

ca·nary [kə'neərɪ] **I** *s* Kanarienvogel *m;* **II** *adj* hellgelb; **canary seed** (Kanarien)Vogelfutter *n.*

ca·nasta [kə'næstə] Kanasta *n (Kartenspiel).*

can·cel ['kænsl] **I** *tr* **1.** (aus-, durch)streichen; ungültig machen; **2.** *(Briefmarke)* entwerten; **3.** rückgängig machen, abbestellen; widerrufen, annullieren; *com* stornieren; **4.** *(Veranstaltung)* absagen; **5.** *(Vertrag)* lösen; **6.** *(Anordnung)* zurückziehen; **7.** *math (in e-m Bruch, e-r Gleichung)* streichen, kürzen; **8.** *EDV* abbrechen, löschen; **II** *itr* absagen; stornieren; sich (gegenseitig) aufheben; **can·cel·la·tion** [ˌkænsə'leɪʃn] **1.** Streichung *f;* **2.** Entwertung *f;* **3.** Absage *f;* **4.** Kündigung *f;* **5.** Annullierung *f;* Abbestellung *f;* *com* Stornierung *f;* ► **~ clause** Rücktrittsklausel *f.*

can·cer ['kænsə(r)] **1.** *med* Krebs *m;* **2.** *fig* Krebsgeschwür, Übel *n;* **3.** *astr* Krebs *m;* **cancer check-up** Krebsvorsorge(untersuchung) *f;* **cancer clinic** Krebsklinik *f;* **can·cer·ous** ['kænsərəs] *adj* krebsartig; **cancer research** Krebsforschung *f.*

can·de·la·brum [ˌkændɪ'lɑ:brəm] ⟨*pl* -bra⟩ [ˌkændɪ'lɑ:brə] Kandelaber *m.*

can·did ['kændɪd] *adj* **1.** aufrichtig, ehrlich; **2.** unvoreingenommen; **3.** freimütig; **4.** *phot* unbemerkt aufgenommen.

can·di·dacy ['kændɪdəsɪ] Kandidatur *f;* **can·di·date** ['kændɪdət] Kandidat(in), Bewerber(in), Anwärter(in) *m (f);* Prüfling *m;* **can·di·da·ture** ['kændɪdətʃə(r)] *Brit* Bewerbung, Kandidatur *f.*

can·died ['kændɪd] *adj (Früchte)* kandiert, überzuckert.

candle ['kændl] Kerze *f;* ► **light a ~** e-e Kerze anzünden; **burn the ~ at both ends** *fig* sich keine Ruhe gönnen; **it is not worth the ~** es lohnt sich nicht; **candle-light** Kerzenlicht *n;* **Candle-mas** ['kændlməs] *rel* Lichtmeß *f;* **candle-power** Licht-, Kerzenstärke *f (Lichteinheit);* **candle-stick** Leuchter *m;* **candle·wick** ['kændl,wɪk] Kerzendocht *m.*

can·dour, *Am* **can·dor** ['kændə(r)] Aufrichtigkeit, Offenheit, Ehrlichkeit *f.*

candy ['kændɪ] **I** *s* **1.** *(sugar-~)* Kandis(zucker) *m;* **2.** *Am* Bonbon *m* od *n; pl* Süßigkeiten, Süßwaren *f pl;* **II** *tr* **1.** *(Früchte)* kandieren, überzuckern; **2.** *(Zucker)* kristallisieren; **candy floss** ['kændɪ,flɒs] *Br* Zuckerwatte *f;* **candy store** *Am* Süßwarenhandlung *f.*

cane [keɪn] **I** *s* **1.** *bot* (Schilf-, Zucker-) Rohr *n;* **2.** (Spazier-, Rohr)Stock *m;* **II** *tr* **1.** (ver)prügeln; **2.** das Rohr einziehen in *(e-n Stuhlrahmen);* ► **~ s.th. into s.o.** jdm etw einbleuen; **cane chair** Rohrstuhl *m;* **cane sugar** Rohrzucker *m.*

can·is·ter ['kænɪstə(r)] Kanister *m,* Blechbüchse, -dose *f.*

can·na·bis ['kænəbɪs] **1.** *bot* Hanf *m;* **2.** Cannabis *m.*

can·ned [kænd] *adj* **1.** eingemacht, eingedost; Büchsen-; **2.** mechanisch konserviert, Konserven-; **3.** serienmäßig hergestellt; **4.** *sl* besoffen; ► **~ meat** Büchsenfleisch *n;* **~ milk** Büchsenmilch *f;* **~ music** *fam* Musikberieselung *f;* **canner** ['kænə(r)] Konservenfabrikant, -arbeiter *m;* **can·nery** ['kænərɪ] Konservenfabrik *f.*

can·ni·bal ['kænɪbl] **I** *s* Kannibale *m;* **II** *adj* kannibalisch; **can·ni·bal·ism** ['kænɪbəlɪzəm] Kannibalismus *m;* **can·ni·bal·ize** ['kænɪbəlaɪz] *tr mot* ausschlachten.

can·ning ['kænɪŋ] *adj* ► **~ factory** Konservenfabrik *f;* **~ industry** Konservenindustrie *f.*

can·non ['kænən] **I** *s kollektiv meist sing* **1.** Kanone *f,* Geschütz *n;* **2.** *tech* Zylinder *m;* **3.** *Br (Billard)* Karambolage *f;* **II** *itr* **1.** karambolieren; **2.** *fig* zusammenstoßen (*into s.th.* mit etw); **cannon-ball** Kanonenkugel *f;* **can·non-fod·der** ['kænənfɒdə(r)] Kanonenfutter *n.*

can·not ['kænɒt] *verneinte Form von can.*

canny ['kænɪ] *adj* **1.** schlau, pfiffig; **2.** vorsichtig; **3.** sparsam.

ca·noe [kə'nu:] **I** *s* Kanu, Paddelboot *n;* **II** *itr* Kanu fahren; paddeln; **ca·noe-ing** [—ɪŋ] Kanufahren *n;* **ca·noe·ist** [—ɪst] Kanufahrer(in) *m (f).*

canon·iz·ation [,kænənaɪ'zeɪʃn] Heiligsprechung *f;* **canon·ize** ['kænənaɪz] *tr* heiligsprechen.

can opener ['kæn,əupənə(r)] Büchsenöffner *m.*

can·opy ['kænəpɪ] **1.** Baldachin *m;* Betthimmel *m;* **2.** *arch* Vordach *n;* **3.** Überdachung *f;* **4.** *aero* Kabinendach *n.*

can't [kɑ:nt] = *cannot.*

cant[1] [kænt] **I** *s* **1.** geneigte Fläche; Schräglage *f;* **2.** *(Straße)* Kurvenüberhöhung *f;* **II** *tr* **1.** abschrägen; **2.** verkanten; **III** *itr* sich verkanten, umkippen.

cant[2] [kænt] **1.** Zunftsprache *f;* Jargon *m;* **2.** Gaunersprache *f;* **3.** Geschwätz *n;* **4.** Heuchelei, Scheinheiligkeit *f;* **5.** Redensart *f.*

can·tank·er·ous [kæn'tæŋkərəs] *adj* zänkisch, streitsüchtig; rechthaberisch.

can·tata [kæn'tɑ:tə] *mus* Kantate *f.*

can·teen [kæn'ti:n] **1.** Kantine *f;* **2.** *mil* Feldflasche *f;* Kochgeschirr *n;* **3.** Besteckkasten *m.*

can·ter ['kæntə(r)] **I** *s* Handgalopp *m;* **II** *itr* Handgalopp reiten.

can·ti·lever ['kæntɪli:və(r)] **I** *s arch* Frei-, Konsol-, Kragträger *m; (Brückenbau)* Ausleger *m;* **II** *adj* freitragend.

can·vas ['kænvəs] **1.** Kanevas *m;* **2.** Segeltuch *n;* **3.** Zeltbahn *f,* -tuch *n;* **4.** Packleinwand *f;* **5.** *(Malerei)* Leinwand *f.*

can·vass ['kænvəs] **I** *tr* **1.** *(Kunden, Wähler)* werben, besuchen; **2.** *(Wahlstimmen)* werben; **3.** Wahlwerbung machen in *(e-m Gebiet);* **II** *itr* **1.** *com pol* werben (*for* für); sich um Aufträge bemühen; **2.** e-n Wahlfeldzug führen; **3.** sich bewerben (*for* um); **III** *s* **1.** (Stimmen-, Kunden)Werbung *f;* **2.** Werbe-, Wahlfeldzug *m;* **3.** *Am* Wahlprüfung *f;* **can·vasser** ['kænvəsə(r)] **1.** (Kunden-, Abonnenten)Werber(in) *m (f);* **2.** *pol* Propagandist(in) *m (f);* **3.** *Am* Wahlprüfer(in) *m (f);* **can·vass·ing** [—ɪŋ] **1.** (Stimmen-, Kunden)Werbung *f;* (Wahl)Propaganda *f;* **2.** *com* Werbefeldzug *m;* ► **~ for votes** Stimmenfang *m.*

can·yon ['kænjən] Cañon *m;* Schlucht *f.*

cap [kæp] **I** *s* **1.** Mütze, Kappe, Haube *f;* Barett *n;* (Sport-, Klub)Mütze *f;* **2.** *tech* Aufsatz, Deckel *m;* Kappe, Haube *f;* **3.** Kapsel *f (a. e-r Flasche),* Verschluß *m;* **4.** Spreng-, Zündkapsel *f;* **5.** Gipfel *m,* Spitze *f;* **6.** *(Empfängnisverhütung)* Pessar *n;* ► **set one's ~ at s.o.** *fam* jdn angeln; **II** *tr* **1.** e-e Mütze aufsetzen (*s.o.* jdm); **2.** mit e-m Deckel, e-r Kappe versehen; **3.** *fig* übertreffen; **4.** e-n akademischen Grad verleihen (*s.o.* jdm); ► **~ everything** alles übertreffen.

ca·pa·bil·ity [,keɪpə'bɪlətɪ] **1.** Fähigkeit *f* (*of* zu); **2.** *pl* Begabung *f;* **ca·pable** ['keɪpəbl] *adj* **1.** fähig, tüchtig; **2.** befähigt; geeignet; **3.** *pej* fähig (*of* zu); ► **be ~ of** imstande sein zu; können (*singing* singen); **~ of earning** erwerbsfähig; **~**

of work arbeitsfähig; **he is ~ of anything** er ist zu allem fähig.
ca·pac·ity [kəˈpæsətɪ] **1.** Inhalt *m,* Volumen *n;* **2.** Fassungskraft *f,* -vermögen *n a. fig;* **3.** *fig* Umfang *m;* **4.** Fähigkeit *f;* geistige Fähigkeiten *f pl;* **5.** *tech* Leistung(sfähigkeit) *f;* Tragkraft *f;* Produktionsvermögen *n;* **6.** *mot* Hubraum *m;* **7.** *el* Kapazität *f;* **8.** *jur* Befugnis *f;* **9.** Funktion, Aufgabe, Stellung *f;* ▶ **in my ~ as** in meiner Eigenschaft als; **buying ~** Kaufkraft *f;* **filled to ~** *theat* voll (besetzt); **have a seating ~ of 600** 600 Sitzplätze haben.
cape[1] [keɪp] Umhang *m,* Cape *n.*
cape[2] [keɪp] Kap, Vorgebirge *n.*
ca·per[1] [ˈkeɪpə(r)] Kapernstrauch *m; pl (Gewürz)* Kapern *f pl.*
ca·per[2] [ˈkeɪpə(r)] **I** *s* Luftsprung *m; fig meist pl* Kapriolen *f pl;* Streiche *m pl;* **II** *itr (cut ~s, a ~)* Luftsprünge machen, herumtollen; *fig* Kapriolen machen; *fam* ein Ding drehen.
cap·il·lary [kəˈpɪlərɪ] **I** *adj* haarfein; Kapillar-; **II** *s anat* Kapillargefäß *n.*
capi·tal [ˈkæpɪtl] **I** *s* **1.** Kapital, Vermögen *n;* **2.** Hauptstadt *f;* **3.** großer Anfangs-, Blockbuchstabe *m;* **4.** *arch* Kapitell *n;* ▶ **federal ~** Bundeshauptstadt *f;* **fixed ~** Anlagekapital *n;* **II** *adj* **1.** *(Strafe, Urteil)* Todes-; *(Verbrechen)* todeswürdig, schwer; **2.** verhängnisvoll; **3.** hauptsächlich; Haupt-; **4.** *fam* glänzend, prächtig, tadellos, famos; **5.** *(Buchstabe)* groß; **6.** Kapital-; **capital assets** *pl* Anlagevermögen *n;* **capital crime** Kapitalverbrechen *n;* **capital gains tax** Kapitalertragssteuer *f;* **capital investment** Kapitalanlage *f;* **capital investment company** Kapitalbeteiligungsgesellschaft *f.*
capi·tal·ism [ˈkæpɪtəlɪzəm] Kapitalismus *m;* **capi·tal·ist** [ˈkæpɪtəlɪst] **I** *s* Kapitalist(in) *m (f);* **II** *adj* kapitalistisch; **capi·tal·is·tic** [ˌkæpɪtəˈlɪstɪk] *adj* kapitalistisch.
capi·tal·iz·ation [ˌkæpɪtəlaɪˈzeɪʃn] **1.** Kapitalisierung *f;* **2.** Großschreibung *f;* **capi·tal·ize** [ˈkæpɪtəlaɪz] **I** *itr* Nutzen ziehen (*on* aus); **II** *tr* **1.** kapitalisieren; **2.** groß schreiben.
capi·tal let·ter [ˈkæpɪtl ˈletə(r)] großer Anfangsbuchstabe; **capital punishment** Todesstrafe *f.*
ca·pitu·late [kəˈpɪtʃʊleɪt] *itr* kapitulieren (*to* vor); **ca·pitu·la·tion** [kəˌpɪtʃʊˈleɪʃn] Kapitulation, Übergabe *f.*
ca·price [kəˈpriːs] Laune *f;* (lustiger, launiger) Einfall *m;* **ca·pri·cious** [kəˈprɪʃəs] *adj* launisch, launenhaft.
Cap·ri·corn [ˈkæprɪkɔːn] *astr* Steinbock *m.*
cap·size [kæpˈsaɪz] **I** *itr (Schiff)* kentern; **II** *tr* kentern lassen.
cap·stan [ˈkæpstən] *mar* Gangspill *n,* Ankerwinde *f.*
cap·sule [ˈkæpsjuːl] **1.** *anat bot med* Kapsel *f;* **2.** *bot* Hülse *f;* **3.** (Flaschen-) Kapsel *f.*
cap·tain [ˈkæptɪn] **I** *s* **1.** *mil* Hauptmann *m (a. Am Feuerwehr, Polizei);* **2.** *mar* Kapitän *m;* **3.** *aero* Flugzeugführer, -kapitän *m;* **4.** Führer(in), Leiter(in) *m (f);* **5.** *Am* Oberkellner *m;* **6.** *sport* Spiel-, Mannschaftsführer(in) *m (f);* **7.** *(Schule)* Sprecher(in) *m (f);* **II** *tr* **1.** *sport (die Mannschaft)* führen; **2.** *mar* befehligen.
cap·tion [ˈkæpʃn] **I** *s* **1.** *(Buch)* Kapitel-, *(Zeitung)* Beitrags-, Artikelüberschrift *f;* **2.** Titel, Kopf *m,* Schlagzeile *f;* **3.** (Bild)Erklärung *f;* Bildunterschrift *f;* **4.** *film* Untertitel, (erläuternder) Zwischentext *m;* **II** *tr* mit e-r Überschrift versehen.
cap·ti·vate [ˈkæptɪveɪt] *tr fig* fesseln, faszinieren, bezaubern; **cap·tive** [ˈkæptɪv] **I** *adj* gefangen; **II** *s* Gefangene(r) *f m;* ▶ **hold ~** gefangenhalten; **take ~** gefangennehmen; **cap·tiv·ity** [kæpˈtɪvətɪ] Gefangenschaft, Haft *f;* **cap·ture** [ˈkæptʃə(r)] **I** *s* **1.** Gefangennahme *f;* **2.** *mar* Prise *f;* **3.** Eroberung *f;* Beute *f,* Raub *m;* **4.** Fang *m;* **II** *tr* **1.** gefangennehmen; **2.** *(Tier, Augenblick, Atmosphäre)* einfangen; **3.** *(Stadt)* einnehmen; *(Schatz)* erobern; *(Schiff)* kapern; **4.** *(Preis, Stimmen)* erbeuten; *(Aufmerksamkeit)* an sich reißen; **5.** *EDV* erfassen.
car [kɑː(r)] **1.** (Kraft)Wagen *m,* Auto(mobil) *n;* **2.** (Straßenbahn)Wagen *m; Am* (Eisenbahn)Wagen, Waggon *m;* **3.** *(Ballon)* Gondel *f;* **4.** *(Aufzug)* Fahrstuhl *m;* ▶ **by ~** mit dem Wagen, Auto; **drive a ~** e-n Wagen fahren, Auto fahren; **put a ~ into the garage** ein Auto in die Garage fahren; **car accessories** *pl* Ersatzteile *pl;* **car aerial** Autoantenne *f.*
cara·mel [ˈkærəmel] **1.** Karamel(zucker) *m;* **2.** Karamelbonbon *m* od *n.*
carat [ˈkærət] Karat *n.*
cara·van [ˈkærəvæn] **1.** Karawane *f;* **2.** *Br mot* Wohnwagen *m;* **3.** Zigeuner-, Zirkus-, Wanderschauwagen *m;* **cara·van·sary, cara·van·serai** [ˌkærərˈvænsərɪ] Karawanserei *f.*
cara·way [ˈkærəweɪ] *bot* Kümmel *m;* **caraway seeds** *pl (Gewürz)* Kümmel *m.*
car·bide [ˈkɑːbaɪd] *chem* Karbid *n.*
car·bine [ˈkɑːbaɪn] Karabiner *m.*
car body [ˈkɑːbɒdɪ] Karosserie *f.*
carbo·hy·drate [ˌkɑːbəʊˈhaɪdreɪt] Kohlehydrat *n;* **car·bolic** [kɑːˈbɒlɪk] *adj chem* Karbol-; ▶ **~ acid** Karbolsäure *f,* Phenol *n.*
car bomb [ˈkɑːbɒm] Autobombe *f.*
car·bon [ˈkɑːbən] **1.** *chem* Kohlenstoff *m;* **2.** *el* Kohlestift *m (für Bogenlicht);*

3. *(~ paper)* Kohlepapier *n;* 4. *(~ copy)* Durchschlag *m,* -schrift *f;* **car·bon·ated** ['kɑ:bəneɪtɪd] *adj* mit Kohlensäure; **carbon copy** Durchschlag *m; fig* Ebenbild *n;* **carbon-copy crime** Nachahmungstat *f;* **carbon dating** Kohlenstoffdatierung *f;* **carbon dioxide** *chem* Kohlendioxyd *n;* **car·bonic** [kɑ:'bɒnɪk] *adj chem* Kohlen-; ► **~ acid** Kohlensäure *f;* **~ oxide** Kohlenoxyd *n;* **car·bon·ize** ['kɑ:bənaɪz] *tr* 1. verkohlen; 2. *(Kohle)* verkoken; **carbon monoxide** Kohlenmonoxyd *n;* **carbon paper** Kohle-, Durchschreibepapier *n.*

car·buncle ['kɑ:bʌŋkl] 1. *min* Karfunkel *m;* 2. *med* Karbunkel *m.*

car·bu·ret ['kɑ:bjʊˌret] *tr* 1. *chem* karburieren; 2. *mot* vergasen; **car·bu·ret(t)or** [ˌkɑ:bjʊ'retə(r)] Vergaser *m.*

car·cass, car·case ['kɑ:kəs] 1. Leiche *f;* Tierleiche *f,* Kadaver *m;* 2. *(Metzgerei)* Rumpf *m;* 3. *(Haus, Schiff)* Gerippe *a. pej,* Skelett *n;* Rohbau *m;* 4. *(Reifen)* Karkasse *f;* 5. *fig* Trümmer *pl.*

car·ci·no·gen ['ka:sinəˌdʒen] Karzinogen *n;* **car·ci·no·gen·ic** [—ɪk] *adj* karzinogen, krebserzeugend.

car·ci·noma [ˌkɑ:sɪ'nəʊmə] *med* Karzinom *n,* Krebs(geschwulst) *m (f).*

card[1] [kɑ:d] **I** *s* Krempel *m;* **II** *tr* krempeln, streichen.

card[2] [kɑ:d] 1. (Spiel-, Post-, Besuchs-) Karte *f;* 2. *sport* Programm(nummer *f*) *n;* 3. Pappe *f;* 4. *pl* (Arbeits)Papiere *n pl;* 5. *fam* (komischer) Kerl *m;* ► **in, on the ~s** wahrscheinlich, möglich, zu erwarten; **have a ~ up one's sleeve** etw in petto haben; **play (at) ~s** Karten spielen; **put, lay one's ~s on the table** seine Karten aufdecken; **game of ~s** Kartenspiel *n;* **picture post-~** Ansichtskarte *f;* **reply ~** Antwortkarte *f;* **visiting-~, calling-~** Visitenkarte *f;* **card·board** ['kɑ:dbɔ:d] Pappe *f;* ► **~ box** Pappschachtel *f,* -karton *m.*

car·diac ['kɑ:dɪæk] *adj med* Herz-; ► **~ arrest** Herzstillstand *m.*

car·di·gan ['kɑ:dɪgən] Wolljacke, -weste *f.*

car·di·nal ['kɑ:dɪnl] **I** *adj* 1. hauptsächlich; Haupt-; 2. hochrot; **II** *s rel* Kardinal *m a. zoo;* **cardinal number** Kardinalzahl *f;* **cardinal points** *pl* Himmelsrichtungen *f pl.*

card in·dex ['kɑ:dˌɪndeks] Kartei, Kartothek *f.*

car·dio·gram ['kɑ:dɪəʊgræm] Kardiogramm *n.*

car door ['kɑ:dɔ:(r)] Wagentür *f.*

card·phone ['kɑ:dfəʊn] Kartentelefon *n;* **card punch** ['kɑ:dˌpʌntʃ] Lochkartenmaschine *f;* **card reader** Lesemaschine *f;* **card table** Kartenspieltisch *m.*

care [keə(r)] **I** *s* 1. Sorgfalt, Achtsamkeit *f;* 2. Pflege *f;* Wartung *f;* 3. Fürsorge *f;* 4. Obhut *f;* 5. Anteilnahme *f,* Interesse *n;* 6. Sorge, Besorgnis *f; meist pl* Sorgen *f pl,* Not *f,* Kummer *m;* ► **free from ~s** ohne Sorgen, sorgenfrei, sorglos; **in, under s.o.'s ~** in jds Obhut; **(in) ~ of** (= *c/o*) bei, per Adresse; **take ~** vorsichtig sein, sich hüten, aufpassen; sorgen (*of* für), sich kümmern (*of* um); schonen, achtgeben (*of* auf; *to* inf; *that* daß); erledigen (*of s.th.* etw); aufbewahren (*of s.th.* etw); **take ~ of o.s.** sich pflegen; **that takes ~ of that** damit wäre das erledigt; **II** *itr, tr* sich Sorgen, sich Gedanken machen (*about* über); ► **~ about** Interesse haben an, Lust haben zu; sich kümmern um; **~ for** sorgen für, aufpassen auf, sich kümmern um; pflegen; *(fragend u. verneint)* gern haben, mögen, Interesse haben an; wünschen, haben wollen; **be ~d for** versorgt, aufgehoben sein; **~ to** *(fragend u. verneint)* Lust haben zu; **not to ~ a rap** sich keinen Deut kümmern (*whether* ob; *for* um); **I don't ~** das ist mir gleich; **what do I ~!** was geht's mich an! **who ~s?** wen interessiert das schon? **would you ~ to ...?** macht es Ihnen etwas aus zu *od* wenn Sie ...? würden Sie vielleicht gerne ...?

ca·reer [kə'rɪə(r)] **I** *s* 1. Laufbahn, Karriere *f;* Beruf *m;* 2. voller Galopp; ► **in full ~** in vollem Galopp; **enter upon a ~** e-e Laufbahn einschlagen; **II** *itr* laufen, eilen, rennen, rasen; ► **~ about, along, over, through** umher-, entlang-, hinüber-, hindurchrasen; **ca·reer·ist** [kə'rɪərɪst] Karrieremacher(in); Streber(in) *m (f);* **career woman** Karrierefrau *f.*

care·free ['keəfri:] *adj* ohne Sorgen, sorglos; **care·ful** ['keəfl] *adj* sorgfältig; achtsam; sorgsam; ► **be ~** vorsichtig sein, aufpassen; **I was ~ not to go** ich habe mich gehütet zu gehen; **care·ful·ness** [—nɪs] Sorgfalt *f;* Achtsamkeit, Um-, Vorsicht *f;* **care·less** ['keəlɪs] *adj* 1. sorglos; gleichgültig, gedankenlos; achtlos; 2. unachtsam (*of* gegen); unvorsichtig; nachlässig; 3. sorgenfrei; **care·less·ness** [—nɪs] Sorglosigkeit *f;* Unachtsamkeit *f;* Nachlässigkeit *f.*

ca·ress [kə'res] **I** *s* Liebkosung *f;* **II** *tr* liebkosen, streicheln.

care·taker ['keəˌteɪkə(r)] 1. Verwalter, Aufseher *m;* 2. Hausmeister *m;* **care·worn** ['keəwɔ:n] *adj* erschöpft, ausgemergelt.

car ferry Autofähre *f.*

cargo ['kɑ:gəʊ] ⟨*pl* -go(e)s⟩ *aero mar* Fracht, (Schiffs)Ladung *f;* **cargo aircraft, cargo plane** Transportflugzeug *n;* **cargo boat** Frachtschiff *n.*

Car·ib·bean [ˌkærɪ'bi:ən, *Am* ˌkæ'rɪbi:ən] **I** *adj* karibisch; **II** *s* Karibik *f.*

cari·ca·ture ['kærɪkətjʊə(r)] **I** *s* Karikatur *f;* **II** *tr* karikieren; **cari·ca·tur·ist** [—ɪst] Karikaturist(in), Karikaturenzeichner(in) *m (f).*

car·ies ['keəri:z] *med* Karies *f;* ▶ **dental** ~ Zahnfäule *f.*

car insurance ['kɑ:ɪn͵ʃʊərəns] Kraftfahrzeug-, Autoversicherung *f.*

car·nal ['kɑ:nl] *adj* fleischlich; sinnlich, geschlechtlich.

car·na·tion [kɑ:'neɪʃn] *bot* Nelke *f.*

car·ni·val ['kɑ:nɪvl] **1.** Karneval, Fasching *m;* **2.** Lustbarkeit *f,* (Fest)Rummel *m;* Volksfest *n.*

car·ni·vore ['kɑ:nɪvɔ:(r)] *zoo* Fleischfresser *m;* **car·ni·vor·ous** [kɑ:'nɪvərəs] *adj zoo bot* fleischfressend.

carol ['kærəl] **I** *s* **1.** frohes Lied; **2.** *(Christmas ~)* Weihnachtslied *n;* **II** *itr* jubilieren; **carol singers** *pl* Sternsinger *pl.*

car owner ['kɑ:rəʊnə(r)] Autobesitzer(in) *m (f).*

carp[1] [kɑ:p] Karpfen *m.*

carp[2] [kɑ:p] *itr* nörgeln, etwas auszusetzen haben (*at* an).

car-park ['kɑ:pɑ:k] Parkplatz *m;* ▶ **multistorey, underground** ~ Parkhaus *n,* Tiefgarage *f.*

car·pen·ter ['kɑ:pəntə(r)] **I** *s* Zimmermann *m,* Tischler(in) *m (f);* **II** *tr, itr* zimmern; **car·pen·try** ['kɑ:pəntrɪ] Zimmerhandwerk *n,* -arbeit *f.*

car·pet ['kɑ:pɪt] **I** *s* Teppich *m a. fig,* Läufer *m;* ▶ **be on the** ~ zur Debatte, zur Diskussion stehen; **have s.o. on the** ~ *fam* sich jdn vorknöpfen, -nehmen; **sweep s.th. under the** ~ *fig* etw unter den Teppich kehren; **II** *tr* **1.** mit e-m Teppich, e-m Läufer belegen; **2.** *fam* herunterputzen; **car·pet-bag** ['kɑ:pɪtbæg] Reisetasche *f;* **car·pet-bag·ger** ['kɑ:pɪt͵bægə(r)] *Am* politischer Abenteurer; Schwindler *m;* **car·pet·ing** ['kɑ:pɪtɪŋ] Teppich, Teppichboden *m;* Teppiche *m pl;* **car·pet-sweeper** ['kɑ:pɪt͵swi:pə(r)] Teppichkehrmaschine *f.*

car pool ['kɑ:pu:l] **1.** *Am* Fahrgemeinschaft *f;* **2.** Fuhrpark *m.*

car·riage ['kærɪdʒ] **1.** *(Personen-, bes. Güter)* Transport *m;* Beförderung *f;* **2.** Fracht *f;* **3.** Transportgebühr *f,* Frachtkosten *pl,* Fuhrlohn *m,* Rollgeld *n;* **4.** Wagen *m;* Waggon *m;* (Eisenbahn-, Personen)Wagen *m;* Kutsche *f;* **5.** Wagengestell, Laufwerk *n;* Laufkatze *f;* **6.** *mil (gun-~)* Lafette *f;* **7.** *tech* Wagen *(a. d. Schreibmaschine),* Schlitten *m; aero (under~)* Fahrgestell *n;* **8.** (Körper)Haltung *f;* Auftreten *n;* Verhalten, Betragen *n;* ▶ ~ **free,** ~ **paid** *adv* frachtfrei; ~ **by air, by rail, by sea** Luft-, Bahn-, Seetransport *m;* **carriage-return** *(Schreibmaschine)* Wagenrücklauf *m;* **carriage·way** ['kærɪdʒ'weɪ] Fahrbahn *f;* ▶ **dual** ~ Schnellstraße *f.*

car·rier ['kærɪə(r)] **1.** (Last-, Gepäck-, Aus)Träger *a. el,* Bote *m;* **2.** Fuhrmann *m;* Fuhrunternehmer, Spediteur *m;* **3.** *med* Bazillenträger(in) *m (f);* **4.** *tech* Mitnehmer, Schlitten *m;* **5.** Tragnetz, -gestell *n;* **6.** *(Fahrrad)* Gepäckständer, -träger *m;* **7.** *(aircraft ~)* Flugzeugträger *m;* **8.** *(~-pigeon)* Brieftaube *f;* **carrier-bag** Tragetasche *f.*

car·rion ['kærɪən] Aas *n;* **carrion crow** Aaskrähe *f.*

car·rot ['kærət] **1.** *bot* Mohrrübe, Karotte *f;* **2.** *pl fam* rote Haare *n pl;* Rotkopf *m;* ▶ **the stick and the** ~ *fig* Zuckerbrot u. Peitsche; **car·roty** ['kærətɪ] *adj* rötlich, rot(haarig).

carry ['kærɪ] **I** *tr* **1.** tragen *a. fig;* fahren, befördern, transportieren; (über)bringen; **2.** *(Wasser, Strom, Öl)* leiten, führen; **3.** (bei sich) haben, (*about one* mit sich) führen, tragen; **4.** *(Kopf, Körper)* halten; **5.** *arch tech* halten, stützen, tragen; *(Gewicht, Last)* aushalten; **6.** *(Buchung)* über-, vortragen; **7.** *(den Sieg)* davontragen; *(Preis)* gewinnen; *(Argument)* (erfolgreich) behaupten; **8.** *(Menschen)* für sich einnehmen, gewinnen, überzeugen, mitreißen; **9.** *parl (Antrag)* durchbringen; **10.** *Am (Ware)* führen, auf Lager haben; **11.** *(Nachrichten in Zeitungen)* drucken, bringen; ▶ ~ **the baby** *fig* es ausbaden müssen; ~ **coals to Newcastle** *fig* Eulen nach Athen tragen; ~ **consequences** Folgen haben; ~ **conviction** überzeugend wirken; ~ **current** Strom führen; ~ **interest** Zins(en) tragen; ~ **one's point** seine Ansicht durchdrücken; ~ **weight** Gewicht haben, von (ausschlaggebender) Bedeutung sein; **be carried** *(Antrag)* durchgehen, angenommen werden; **II** *itr (bis zu e-r bestimmten Entfernung)* reichen, gehen, tragen, dringen; **III** *s* **1.** Trag-, Reichweite *f;* **2.** *(Golf)* Flug(strecke *f*) *m (des Balles);* **3.** *Am* Tragen *n* e-s Bootes; **IV** *(mit Präposition)* **carry along, carry away** *tr* **1.** wegtragen, -bringen, -schaffen; **2.** *fig* mitreißen, begeistern; **carry forward** *tr* **1.** fortsetzen; **2.** *(Buchung)* vor-, übertragen; ▶ **(amount) carried forward** Übertrag *m;* **carry off** *tr* **1.** wegschleppen, weg-, mitnehmen, entführen; **2.** *(Preis)* gewinnen; ▶ ~ **it off well** e-e Schwierigkeit glänzend meistern; **carry on** *tr* **1.** fortsetzen, weiterführen; **2.** *(Gespräch, Krieg)* führen; **3.** *(Geschäft)* betreiben; **4.** *(Beruf)* ausüben; *itr* **1.** weitermachen; **2.** *fam* sich aufregen; die Nerven verlieren; verrückt spielen, den wilden Mann markieren; **3.** unaufhörlich reden; **4.** es haben (*with* mit); **carry out** *tr* aus-, durchführen; *(Versprechen)* halten; *(Drohung)* wahrmachen; **carry over** *tr* **1.** *(Buchung)* vor-, übertragen; **2.** vertagen; **carry through** *tr* **1.** durchführen, zu Ende bringen; **2.** durchhelfen (*s.o.* jdm).

carry-cot ['kærɪˌkɒt] Tragbettchen *n;* **carry-forward** [ˌkærɪ'fɔ:wəd] *com* Saldovortrag *m;* **carry·ing** ['kærɪɪŋ] **1.** Beförderung *f,* Transport *m,* Fracht *f;* Spedition *f;* **2.** *(~ fees)* Transportkosten *pl,* Fracht *f;* **3.** *(Gesetzesvorlage)* Annahme *f;* ▶ **~s-on** *pl fam* Getue *n;* Lärm *m;* Treiben *n;* **carrying agent** Spediteur *m;* **carrying capacity** Tragfähigkeit *f;* Nutzlast *f;* Platzzahl *f;* **carrying trade** Fuhrunternehmen *n;* **carry-over** [ˌkærɪ'əʊvə(r)] *com* **1.** Übertrag *m;* **2.** Rest *m;* **3.** Prolongation(sgeschäft *n*) *f.*

cart [kɑ:t] **I** *s* Karren *m;* (zweirädriger) Wagen *m;* ▶ **put the ~ before the horse** *fig* das Pferd am Schwanz aufzäumen; **II** *tr* befördern, transportieren.

car·tel [kɑ:'tel] **1.** *fin* Kartell *n,* Ring *m;* **2.** *(~ agreement)* Kartellvertrag *m.*

car·ter ['kɑ:tə(r)] Fuhrmann *m;* **cart-horse** ['kɑ:tˌhɔ:s] Zugpferd *n.*

car·ti·lage ['kɑ:tɪlɪdʒ] *anat* Knorpel *m.*

cart-load ['kɑ:tˌləʊd] Fuhre *f.*

car·togra·pher [kɑ:'tɒgrəfə(r)] Kartograph(in) *m (f);* **car·togra·phy** [kɑ:'tɒgrəfɪ] Kartographie *f.*

car·ton ['kɑ:tn] Karton *m,* Pappschachtel *f; (Milch)* Tüte *f; (Zigaretten)* Stange *f.*

car·toon [kɑ:'tu:n] **1.** *(Kunst)* Karton, Entwurf *m;* **2.** (politische) Karikatur *f,* Cartoon *m;* **3.** (Zeichen)Trickfilm *m;* Trickzeichnung *f,* -bild *n;* **car·toon·ist** [—ɪst] (Karikaturen-, Trickfilm)Zeichner(in) *m (f).*

car·tridge ['kɑ:trɪdʒ] **1.** *mil* Patrone *f;* **2.** *phot* Kassette *f; (Füllfederhalter)* Patrone *f;* **3.** *(Plattenspieler)* Tonabnehmer *m;* **cartridge-case** Patronenhülse *f;* **cartridge-paper** (starkes) Zeichenpapier *n.*

cart-wheel ['kɑ:tˌwi:l] Wagenrad *n;* ▶ **turn a ~** *sport* radschlagen.

carve [kɑ:v] *tr* **1.** (*on* od *in(to), out of wood* in, aus Holz) schnitzen; (*on, in(to) stone* in Stein) meißeln; (*out of stone* aus Stein) hauen; **2.** (*one's name on a tree* seinen Namen in e-n Baum) (ein-) ritzen, (ein)schneiden; **3.** *(zubereitetes Fleisch)* (zer)schneiden, tranchieren, zerlegen; **4.** *(~ up)* einteilen; in Stücke schneiden; ▶ **~ out** *fig* erkämpfen, erarbeiten; **carver** ['kɑ:və(r)] **1.** Bildschnitzer(in) *m (f);* **2.** Tranchiermesser *n; pl* Tranchierbesteck *n;* **carv·ing** [—ɪŋ] Schnitzerei *f;* **carving-knife** Tranchiermesser *n.*

car·wash ['kɑ:wɒʃ] Autowäsche *f;* Autowaschanlage *f.*

cas·cade [kæ'skeɪd] **I** *s* **1.** Kaskade *f,* Wasserfall *m;* **2.** *tech (~ connection)* Stufen-, Kaskadenschaltung *f;* **II** *itr* in Kaskaden herunterfallen.

case[1] [keɪs] **1.** Fall *m;* **2.** *gram* Fall, Kasus *m;* **3.** (Rechts)Fall *m,* Sache *f;* Prozeß *m;* **4.** (Krankheits)Fall *m;* Kranke(r) *f m,* Patient(in) *m (f);* Betroffene(r) *f m;* **5.** *fam* sonderbarer Mensch; ▶ **(just) in ~** im Falle, für den Fall daß; **in ~ of** im Fall *gen;* **in ~ of doubt** im Zweifelsfall; **in ~ of emergency** im Notfall; **in any ~** auf jeden Fall; **close the ~** die Beweisaufnahme schließen; **make out one's ~ for** seine Gründe darlegen für; **put the ~ that** den Fall annehmen, daß; **that's not the ~** das ist nicht der Fall; **as the ~ stands** so wie die Dinge liegen.

case[2] [keɪs] **I** *s* **1.** Behälter *m;* **2.** Hülle, Hülse, Kapsel *f;* **3.** Etui, Futteral *n,* Scheide *f;* **4.** Gehäuse *n;* Fach *n;* Tasche *f,* Beutel, Sack *m;* Mappe *f;* **5.** Schachtel *f,* Kästchen *n,* Kasten *m,* Kiste *f;* **6.** *(glass ~)* Glas-, Schaukasten *m;* **7.** *tech* Be-, Umkleidung *f,* Mantel *m;* **II** *tr* **1.** in e-n Behälter stecken; **2.** *(~ up, over) tech* überziehen, be-, umkleiden.

case-book ['keɪsˌbʊk] Patientenbuch *n;* Buch *n,* in dem die Fälle aufgezeichnet werden; **case law** ['keisˌlɔ:] Fallrecht *n;* **case study** ['keɪsˌstʌdɪ] Fallstudie *f.*

cash [kæʃ] **I** *s* Bargeld *n;* Kasse *f;* Barzahlung *f;* Sofortzahlung *f;* ▶ **against, for, in ~, in ready ~, ~ down** (gegen, in) bar; **in ~** bei Kasse; **out of ~** nicht bei Kasse, ohne Geld; **~ on delivery** per Nachnahme; **buy for ~** (gegen) bar kaufen; **pay (in) ~** bar (be)zahlen; **I have no ~ with me** ich habe kein Geld bei mir; **~ in, on hand** Bar-, Kassenbestand *m;* **discount for ~** Diskont *m* bei Barzahlung; **II** *tr* **1.** einwechseln; *(Scheck)* einlösen; **2.** (ein)kassieren, einziehen; **III** *(mit Präposition)* **cash down, over** *tr Am fam* das Geld auf den Tisch legen für; **cash in** *tr* einlösen; *itr sl* abkratzen, ins Gras beißen (müssen); **cash in on** profitieren von; nach Kräften ausnutzen.

cash-and-carry [ˌkæʃn'kærɪ] Cash-and-Carry, Abhol-, Mitnahme-, Verbrauchermarkt *m;* **cash balance** Kassenbestand *m;* ▶ **adverse ~** Kassendefizit *n;* **cash box** (Geld)Kassette *f;* **cash dispenser** [di'spensə] Geldautomat *m.*

ca·shew ['kæʃu:] Nierenbaum *m;* Cashewnuß *f.*

cash flow ['kæʃˌfləʊ] Summe *f* aus Gewinn und Abschreibungen.

cash·ier[1] [kæ'ʃɪə(r)] Kassierer(in) *m (f).*

cash·ier[2] [kæ'ʃɪə(r)] *tr* entlassen.

cash·mere ['kæʃmɪə] Kaschmir(schal, -stoff) *m.*

cash pay·ment ['kæʃˌpeɪmənt] Barzahlung *f;* **cash register** Registrierkasse *f;* **cash sale** Barverkauf *m.*

cas·ing ['keɪsɪŋ] **1.** *tech* Be-, Umkleidung, Umhüllung, Hülle *f*, Futteral *n*, Mantel *m;* **2.** Überzug *m;* Gehäuse *n;* **3.** *arch* (Ver)Schalung *f;* Auskleidung *f;* **4.** Tür-, Fensterrahmen *m;* **5.** *mot* (Reifen)Mantel *m;* **6.** *pl* Därme *m pl (als Wursthüllen).*
ca·sino [kəˈsiːnəʊ] ⟨*pl* -sinos⟩ Kasino *n.*
cask [kɑːsk] Faß *n;* Tonne *f;* **cas·ket** ['kɑːskɪt] **1.** (Schmuck)Kästchen *n;* **2.** Urne *f;* **3.** *Am* Sarg *m.*
cas·ser·ole ['kæsərəʊl] Kasserolle *f*, Schmortopf *m.*
cas·sette [kəˈset] (Film-, Tonband-, Video)Kassette *f;* **cassette deck** Kassettendeck *n;* **cassette recorder** Kassettenrecorder *m.*
cast [kɑːst] ⟨*irr* **cast, cast**⟩ **I** *tr* **1.** (ab-, weg)werfen; *(Netze, Angel)* auswerfen; **2.** *(Zahn, Huf)* verlieren; **3.** *(Junge)* werfen; **4.** *tech* gießen; **5.** formen, gestalten; **6.** *(Schauspieler)* einteilen (*for* für); *(Rolle)* besetzen (*to* mit); ▶ ~ **anchor** Anker werfen; ~ **dice** würfeln; ~ **an eye, a glance, a look at, on, over s.th.** e-n Blick auf etw werfen; ~ **a horoscope, a nativity** ein Horoskop stellen; ~ **light, a shadow on** Licht, seinen Schatten werfen auf; ~ **lots** Lose ziehen; das Los entscheiden lassen; ~ **one's skin** *zoo* sich häuten; ~ **a spell on s.o.** jdn verhexen; ~ **a vote, a ballot** seine (Wahl)Stimme abgeben **II** *itr* **1.** *(Holz)* sich werfen, sich verziehen; **2.** würfeln; **3.** die Angel auswerfen; **4.** die Rollen besetzen; **III** *s* **1.** Wurf(weite *f*) *m;* Auswerfen *n (Angel, Netz);* **2.** Wurf *m (beim Würfeln);* **3.** *zoo* (das) Abgeworfene; *(Raubvogel)* Gewölle *n;* **4.** *tech* Gußform *f;* Abguß *m;* **5.** *(plaster ~)* Gipsverband *m;* **6.** *theat* (Rollen-)Besetzung *f;* Ensemble *n;* **7.** *fig* Neigung, Anlage, Eigenart *f;* **8.** (Farb)Nuance, Schattierung *f*, Schimmer, Anstrich *m;* **9.** Eigenschaft *f*, Charakter, Wesenszug *m;* *(~ of features)* Gesichtszüge *m pl;* *(~ of mind)* Geistes-, Wesensart *f;* **IV** *(mit Präposition)* **cast about** *itr* (herum)suchen (*for* nach); (hin u. her) überlegen (*to inf; how* wie); **cast aside** *tr* wegwerfen; *fig* ablegen; *(Person)* fallenlassen; **cast away** wegwerfen; ▶ **be ~ away** gestrandet sein *a. fig;* **cast down** *tr* **1.** niederwerfen; **2.** *(Augen)* senken; **3.** *fig* niederschmettern, deprimieren; ▶ **be ~ down** niedergeschlagen, traurig sein; **cast in** *tr fig* teilen (*one's lot with s.o.* sein Los mit jdm); **cast off** *tr* **1.** *(alte Kleider)* ablegen; **2.** *(Masche beim Stricken)* abketten; **3.** *typ (Manuskript)* be-, ausrechnen *(in Druckseiten);* **4.** *fig* verstoßen; *itr* in See stechen; **cast on** *tr (Maschen)* anschlagen; **cast out** *tr* hinauswerfen; vertreiben; **cast up** *tr* **1.** hochwerfen; **2.** *(die Augen)* nach oben richten; *(den Kopf)* hochwerfen; **3.** *(an den Strand)* anspülen; **4.** vorhalten (*to s.o.* jdm).
cast·an·ets [kæstəˈnets] *pl* Kastagnetten *pl.*
cast·away ['kɑːstəweɪ] **I** *s* **1.** Verworfene(r), Ausgestoßene(r) *f m;* **2.** Schiffbrüchige(r) *f m a.fig;* **II** *adj* **1.** verstoßen; unnütz; **2.** schiffbrüchig, gestrandet *a.fig.*
caste [kɑːst] **1.** *rel* Kaste *f;* **2.** Kaste, Gesellschaftsschicht *f;* **3.** soziale Stellung, Rang *m.*
cas·ter ['kɑːstə(r)] **1.** *tech* Gießer *m;* **2.** Streuer *m;* **3.** Rolle *f.*
cas·ti·gate ['kæstɪgeɪt] *tr* **1.** züchtigen; **2.** *fig* heruntermachen; **cas·ti·ga·tion** [ˌkæstɪˈgeɪʃn] **1.** Züchtigung *f;* **2.** heftiger Tadel.
cast·ing ['kɑːstɪŋ] **1.** Guß *m;* **2.** *a. pl* Gußeisen *n;* Abguß *m;* **3.** *theat* Rollenverteilung *f;* **4.** roher Bewurf; **5.** Auswerfen *n* der Angel; **6.** *(~ of votes)* Stimmabgabe *f;* **casting vote** *parl* entscheidende Stimme; ▶ **the chairman has the ~** die Stimme des Vorsitzenden entscheidet.
cast iron [ˌkɑːstˈaɪən] **I** *s* Gußeisen *n;* **II** *adj* **(cast-iron)** gußeisern; *fig* hart, unbeugsam; *(Wille)* eisern.
castle ['kɑːsl] **I** *s* **1.** Burg *f;* (festes) Schloß *n;* **2.** *(Schach)* Turm *m;* ▶ **~s in the air, in Spain** Luftschlösser *pl;* **II** *itr (Schach)* rochieren.
cast-off [ˌkɑːstˈɒf] **I** *s* **1.** Verstoßene(r) *f m;* **2.** (das) Weggeworfene; **3.** *pl* abgelegte Kleider *n pl;* **4.** Umfangsberechnung *f;* **II** *adj* abgelegt.
castor ['kɑːstə(r)] **1.** Laufrolle *f;* **2.** (Salz-)Streuer *m;* **castor oil** *med* Rizinusöl *n;* **castor stand** *Am* Menage *f;* **castor sugar** Sandzucker *m;* Raffinade *f.*
cas·trate [kæˈstreɪt] *tr* kastrieren.
cas·ual ['kæʒʊəl] **I** *s* **1.** Gelegenheitsarbeiter(in) *m (f);* **2.** *pl* Freizeitkleidung *f;* Slipper *m pl;* **II** *adj* **1.** zufällig, unerwartet; **2.** gelegentlich; **3.** *(Bekanntschaft)* flüchtig; **4.** zwanglos; **5.** lässig; **casual labour(er), casual work(er)** Gelegenheitsarbeit(er *m*) *f.*
casu·alty ['kæʒʊəltɪ] **1.** Un(glücks)fall *m;* **2.** Verunglückte(r), Verletzte(r) *f m;* *(Krieg)* Gefallene(r) *f m;* Opfer *n;* **3.** *pl mil* Ausfälle, Verluste *m pl;* Opfer *n pl;* **4.** *(~ list)* Verlustliste *f;* ▶ ~ **insurance** Schadensversicherung *f;* ~ **report** Verlustmeldung *f;* ~ **ward** Unfallstation *f (Krankenhaus).*
cat [kæt] **1.** *zoo* Katze *f;* **2.** *mot fam (catalytic converter)* Katalysator *m;* **3.** Raupenschlepper *m;* ▶ **let the ~ out of the bag** *fig* die Katze aus dem Sack lassen; **there is not room to swing a ~** man kann sich dort nicht umdrehen; **it's raining ~s and dogs** es regnet in Strö-

men; **cat litter** Katzenstreu *f.*
cata·combs ['kætəku:mz] *pl* Katakomben *f pl.*
cata·log(ue) ['kætəlɒg] **I** *s* **1.** Katalog *m,* Verzeichnis *n; (price ~)* Preisliste *f;* Prospekt *m;* **2.** *Am* Vorlesungsverzeichnis *n;* **II** *tr* katalogisieren.
ca·ta·ly·sis [kə'tæləsɪs] *chem* Katalyse *f;* **cata·lyst** ['kætəlɪst] **1.** *chem* Katalysator *m;* **2.** *fig* beschleunigender Faktor; **ca·ta·ly·tic** *adj* katalytisch; ► ~ **converter** Katalysator *m.*
cata·maran [ˌkætəmə'ræn] **1.** Floß *n;* **2.** Auslegerboot *f.*
cat·a·pult ['kætəpʌlt] **I** *s aero* Katapult *n;* **II** *tr (~ off) aero* katapultieren; (heraus)schleudern.
cata·ract ['kætərækt] **1.** Katarakt *m;* Wasserfall *m;* **2.** *med* grauer Star.
ca·tarrh [kə'tɑ:(r)] *med* Katarrh *m.*
ca·tas·trophe [kə'tæstrəfɪ] Katastrophe *f a. theat;* Schicksalsschlag *m,* großes Unglück; **cata·strophic** [ˌkætə'strɒfɪk] *adj* katastrophal.
cat·call ['kætkɔ:l] **I** *s theat* Pfeifen, Zischen *n;* **II** *tr* auspfeifen, -zischen.
catch [kætʃ] ⟨*irr* caught, caught⟩ **I** *tr* **1.** (auf-, ein)fangen; **2.** ergreifen, packen, schnappen; **3.** (fest)halten; *(Finger)* einklemmen; **4.** treffen (*on* auf); einholen, erreichen; **5.** *(Ball)* abfangen; **6.** *(Menschen, Zug, Bahn, Bus)* (noch) erreichen, *fam* kriegen, erwischen; **7.** ertappen, erwischen (*at* bei); **8.** hängenbleiben (*a coat* mit e-m Mantel); **9.** erlangen, erhalten, bekommen, *fam* kriegen; **10.** *(Krankheit)* sich holen, sich zuziehen; *(Gewohnheit)* annehmen; **11.** mitkriegen, hören, verstehen, begreifen; **12.** auf sich ziehen *od* lenken; **13.** für sich gewinnen, bezaubern; ► ~ **in the act, red-handed** auf frischer Tat ertappen; ~ **(a) cold** sich e-n Schnupfen holen; ~ **s.o.'s eye** jds Blick, Aufmerksamkeit auf sich ziehen; ~ **fire** Feuer fangen; ~ **hold of** ergreifen, packen, anfassen; ~ **it** *fam* eins abkriegen; ausgeschimpft, bestraft werden; ~ **the Speaker's eye** *parl* das Wort erhalten; **I caught my breath** mir stockte der Atem; ~ **me!** denkste! das fällt mir nicht im Traum ein! **II** *itr* **1.** sich verfangen (*on a nail* an e-m Nagel), sich einklemmen, eingeklemmt werden; **2.** *(Schloß, Riegel)* einschnappen, einrasten; **3.** *(Schlag)* treffen (*on the nose* auf die Nase); **4.** in Brand geraten, Feuer fangen; **5.** *med* anstecken(d sein); **III** *s* **1.** Fang *m a. fig;* **2.** *(Ball)* Fangen *n;* **3.** Beute *f,* Fang *m;* **4.** *sport* Fangball *m;* **5.** *phot* Verschluß *m;* **6.** *tech* Anschlag *m,* Arretierung, Sperre *f;* **7.** (Tür)Klinke *f;* (Fenster)Griff *m;* **8.** *fig* Haken, Nachteil *m; (~ question)* Fangfrage *f;* **9.** *(Frau)* Partie *f;* ► **there is a ~ in it** die Sache hat e-n Haken; **~-22 situation** Zwickmühle *f;* **IV** *(mit Präposition)* **catch at** *itr* greifen, fassen, haschen nach; **catch away** *tr* wegschnappen; **catch on** *itr* **1.** begreifen, verstehen; **2.** Anklang finden, Mode werden; **catch out** *tr* **1.** *(beim Kricket den Schläger)* aus dem Spiel bringen; **2.** *fig* ertappen; erwischen; **catch up** *tr***1.** *(Gewohnheit)* annehmen; **2.** *(Redenden)* unterbrechen; **3.** aufholen (*s.o., with s.o.* jdn), ein-, *sport* überholen.
catch·all ['kætʃɔ:l] **1.** *Am* Rumpelkammer *f;* **2.** (~ *phrase*) allgemeine Bezeichnung; **catcher** ['kætʃə(r)] Fänger *m a. sport;* **catch·ing** ['kætʃɪŋ] *adj* **1.** *fig* anziehend, einnehmend; **2.** *med* ansteckend; **3.** verfänglich; täuschend; **catch·ment** ['kætʃmənt] (Wasser)Stauung *f;* Reservoir *n; (~ area)* Einzugsgebiet *n;* ► **~-basin** Staubecken *n;* **catch phrase** Schlagwort *n;* **catch question** Fangfrage *f;* **catch·up** ['kætʃəp] *Am s. ketchup* **catch·word** ['kætʃˌwɜ:d] **1.** Schlagwort *n;* **2.** Stichwort *n;* **catchy** ['kætʃɪ] *adj* **1.** eingängig; anziehend, einnehmend, gefällig; **2.** verfänglich; **3.** schwierig.
cat·echism ['kætɪkɪzəm] *rel* Katechismus *m;* ► **put s.o. through his ~** *fig* jdn genau ausfragen.
cat·egori·cal [ˌkætɪ'gɒrɪkl] *adj* kategorisch; **cat·egory** ['kætɪgərɪ] Kategorie *f;* Klasse *f.*
cater ['keɪtə(r)] *itr* **1.** be-, heranschaffen, liefern (*for* für); für Verpflegung sorgen; **2.** *etw* bringen, beschaffen, geben (*to* dat); ► ~ **for** beliefern; sorgen für; *(Bedürfnisse)* befriedigen; **caterer** ['keɪtərə(r)] Lieferfirma *f* für Speisen und Getränke; **cater·ing** ['keɪtərɪŋ] Versorgung *f* mit Speisen und Getränken; Party-Service *m.*
cat·er·pil·lar ['kætəpɪlə(r)] *zoo tech* Raupe *f;* **caterpillar tractor** Raupenschlepper *m.*
cat·er·waul ['kætəwɔ:l] **I** *itr* miauen; **II** *s* Miauen *n.*
cat·gut ['kætgʌt] Darmsaite *f.*
ca·the·dral [kə'θi:drəl] Kathedrale *f.*
cath·erine-wheel ['kæθərɪnˌwi:l] **1.** *arch* Rosette *f;* **2.** *(Feuerwerk)* Feuerrad *n.*
cath·eter ['kæθɪtə(r)] *med* Katheter *m.*
cath·ode ['kæθəʊd] *el* Kathode *f;* **cathode ray** Kathodenstrahl *m.*
cath·olic ['kæθəlɪk] *adj* **1.** universal, allgemein; **2.** verständnisvoll, tolerant; **Cath·olic** ['kæθəlɪk] **I** *adj* katholisch; **II** *s* Katholik(in) *m (f);* **Ca·tholi·cism** [kə'θɒləsɪzəm] Katholizismus *m.*
cat·kin ['kætkɪn] *bot* Kätzchen *n;* **catnap** ['kætˌnæp] kurzes Schläfchen; **cat's-eye** ['kætsaɪ] *mot* Katzenauge *n.*
cattle ['kætl] Rind(vieh) *n;* ► **raise ~** Vieh züchten; **10 (head of) ~** 10 Stück

Rindvieh; **cattle-breeder** Viehzüchter(in) *m (f)*; **cattle-breeding** Rinderzucht *f*; **cattle-car** *rail* Viehwagen *m*; **cattle-thief** Viehdieb *m*; **cattle range** Weidegründe *m pl*.

cat·ty ['kætɪ] *adj* **1.** katzenhaft; **2.** *fig* giftig, boshaft, gehässig; **cat-walk** ['kætˌwɔ:k] Laufsteg *m*.

cau·cus ['kɔ:kəs] *Am* **1.** Parteiführerversammlung *f*; **2.** Partei-, Wahlausschuß *m*; **3.** Clique *f*.

caught [kɔ:t] *v s. catch*.

caul·dron ['kɔ:ldrən] großer Kessel.

cauli·flower ['kɒlɪflaʊə(r)] Blumenkohl *m*.

caulk [kɔ:k] *tr* abdichten; *mar* kalfatern.

causal ['kɔ:zl] *adj* ursächlich; kausal; **causal·ity** [kɔ:'zælətɪ] Kausalzusammenhang *m*; **cau·sa·tive** ['kɔ:zətɪv] *adj* **1.** verursachend; **2.** *gram* kausativ.

cause [kɔ:z] **I** *s* **1.** Ursache *f*; **2.** Veranlassung *f*; Grund, Anlaß *m* (*for* zu); **3.** Sache, Angelegenheit *f*; **4.** *jur* Prozeß, Streitfall *m*; ▶ **be the ~ of s.th.** Anlaß zu etw sein; **make common ~ with s.o.** mit jdm gemeinsame Sache machen; **plead a ~** e-e Sache *(vor Gericht)* vertreten; **~ of divorce** Scheidungsgrund *m*; **II** *tr* **1.** verursachen; *(Schaden)* zufügen, anrichten; **2.** veranlassen; **3.** *(Überraschung)* hervorrufen, erregen.

cause·way ['kɔ:zˌweɪ] (Straßen)Damm *m*.

caus·tic ['kɔ:stɪk] **I** *adj* **1.** ätzend; **2.** *fig* beißend, scharf, sarkastisch; ▶ **~ lime, potash, soda** Ätzkalk *m*, -kali, -natron *n*; **II** *s* Ätzmittel *n*.

cau·ter·ize ['kɔ:təraɪz] *tr* **1.** *med* ausbrennen, ätzen; **2.** *fig* abstumpfen.

cau·tion ['kɔ:ʃn] **I** *s* **1.** Vorsicht, Bedachtsamkeit, Umsicht *f*; **2.** *jur* Verwarnung *f*; **II** *tr* **1.** warnen (*against* vor); **2.** verwarnen; **cau·tious** ['kɔ:ʃəs] *adj* vorsichtig, umsichtig.

cav·al·cade [ˌkævl'keɪd] Kavalkade *f*; **cav·alry** ['kævlrɪ] Reiterei, Kavallerie *f*; **cav·alry·man** [—mən] ⟨*pl* -men⟩ Kavallerist *m*.

cave [keɪv] **I** *s* **1.** Höhle *f*; **2.** *Br pol* Parteispaltung *f*; **II** *tr* aushöhlen; **III** *itr* **1.** *pol* sich abspalten; **2.** zusammensacken; **3.** *(~ in)* einsinken, -stürzen; **cave-dweller** Höhlenbewohner(in) *m (f)*; **cave·man** [—mæn] ⟨*pl* -men⟩ Höhlenmensch *m*; *fig* primitiver Mensch; **cave painting** Höhlenmalerei *f*; **caver** ['keɪvə(r)] Höhlenforscher(in) *m (f)*.

cav·ern ['kævən] (große) Höhle *f*; **cav·ern·ous** [—əs] *adj* **1.** höhlenreich; **2.** porös; **3.** *(Augen)* hohl, tief(liegend); *(Wangen)* eingefallen; **4.** *(Dunkelheit)* tief.

caviar(e) ['kævɪɑ:(r)] Kaviar *m*.

cav·ity ['kævɪtɪ] **1.** Hohlraum *m*, Höhlung *f*; **2.** *(Zahn)* Loch *n*; ▶ **abdominal ~** Bauchhöhle *f*.

ca·vort [kə'vɔ:t] *itr fam* herumtollen.

caw [kɔ:] **I** *itr (Rabe, Krähe)* krächzen; **II** *s* Krächzen *n*.

cay·enne [keɪ'en] *(~ pepper)* Cayennepfeffer *m*.

CB *Abk:* **citizens' band radio** CB-Funk.

CD *Abk:* **compact disc** CD *f*; **CD-player** CD-Gerät *n*, CD-Spieler *m*; **CD-ROM** *Abk:* **compact disc read-only memory** CD-ROM *f*.

cease [si:s] **I** *itr* **1.** aufhören; **2.** ablassen (*from* von); **II** *tr* einstellen, aufhören mit; ▶ **~ payment** *fin* die Zahlungen einstellen; **~ work** die Arbeit(en) einstellen; **cease-fire** [ˌsi:s'faɪə(r)] *mil* Feuereinstellung *f*; Waffenruhe *f*; **ceaseless** ['si:slɪs] *adj* unaufhörlich, pausenlos.

cedar ['si:də(r)] *bot* Zeder *f*; *(~-wood)* Zedernholz *n*.

cede [si:d] *tr* abtreten, überlassen (*to* an).

ceil·ing ['si:lɪŋ] **1.** (Zimmer)Decke *f*; **2.** *(Schiffbau)* Innenbeplankung *f*; **3.** *aero* untere Wolkengrenze; **4.** *aero* Gipfelhöhe *f*; **5.** *fin* oberste Grenze; Höchstpreis *m*; Plafond *m*.

cel·ebrate ['selɪbreɪt] *itr, tr* **1.** *rel* zelebrieren; **2.** feiern; **cel·ebrated** [—ɪd] *adj* gefeiert; berühmt (*for* für, wegen); **cel·ebra·tion** [ˌselɪ'breɪʃn] Feier *f*; **celeb·rity** [sɪ'lebrətɪ] Berühmtheit *f (a. Person)*.

ce·leriac [sə'lerɪæk] (Knollen)Sellerie *f*; **ce·le·ry** ['selərɪ] Stangensellerie *m* od *f*.

ce·les·tial [sɪ'lestɪəl] *adj* **1.** *astr* Himmels-; **2.** himmlisch; **celestial body** Himmelskörper *m*.

celi·bacy ['selɪbəsɪ] Ehelosigkeit *f*, Zölibat *n* od *m*; **celi·bate** ['selɪbət] **I** *adj bes. rel* ehelos; **II** *s* Ehelose(r) *f m*.

cell [sel] **1.** Zelle *f a. biol pol*; **2.** *el* Element *n*.

cel·lar ['selə(r)] **I** *s* Keller *m*; ▶ **keep a good ~** e-n guten Tropfen (im Keller) haben; **II** *tr* einkellern.

cell nu·cleus ['selˌnju:klɪəs] Zellkern *m*.

cello ['tʃeləʊ] ⟨*pl* cellos⟩ *mus* Cello *n*.

cel·lo·phane ['seləfeɪn] Zellophan *n*.

cel·lu·lar ['seljʊlə(r)] *adj* **1.** *biol* zellular; **2.** netzförmig; ▶ **~ telephone** Funktelefon *n*; **~ therapy** Frischzellentherapie *f*.

cel·lu·loid ['seljʊlɔɪd] Zelluloid *n*.

cel·lu·lose ['seljʊləʊs] Zellulose *f*, Zellstoff *m*.

Celt [kelt, selt] Kelte *m*, Keltin *f*; **Celtic** ['keltɪk, 'seltɪk] **I** *s* (das) Keltisch(e); **II** *adj* keltisch.

ce·ment [sɪ'ment] **I** *s* **1.** Zement *m*; **2.** Kitt *m*; Bindemittel *n*; **3.** *fig* Band *n*; **II** *tr* **1.** (aus)zementieren; (ver)kitten, kleben; **2.** *fig* festigen, zusammenhalten; **cement mixer** Betonmischmaschine *f*.

cem·etery ['semətrɪ] Friedhof *m*.

cen·ser ['sensə(r)] *rel* Weihrauchfaß *n.*
cen·sor ['sensə(r)] **I** *s* Zensor *m;* **II** *tr* zensieren; prüfen; **cen·sori·ous** [sen'sɔ:rɪəs] *adj* kritisch; **cen·sor·ship** [—ʃɪp] Zensur *f;* **cen·sus** ['sensəs] (Volks)Zählung *f,* Zensus *m.*
cent [sent] *Am* Cent *m;* ► **I don't care a ~** das ist mir völlig egal; **per ~** von Hundert; **cen·ten·ar·ian** [ˌsentɪ'neərɪən] **I** *adj (Mensch)* hundertjährig; **II** *s* Hundertjährige(r) *f m;* **cen·ten·ary** [sen'ti:nərɪ], **cen·ten·nial** [sen'tenɪəl] **I** *adj* hundertjährig; **II** *s* Jahrhundert *n;* Hundertjahrfeier *f.*
cen·ter *Am s. centre.*
cen·ti·grade ['sentɪgreɪd] *adj (Thermometer)* Celsius-; ► **degree ~** Grad *m* Celsius; **cen·ti·gram(me)** ['sentɪgræm] Zentigramm *n;* **cen·ti·metre,** *Am* **cen·ti·meter** ['sentɪˌmi:tə(r)] Zentimeter *n* od *m;* **cen·ti·pede** ['sentɪpi:d] *zoo* Tausendfüß(l)er *m.*
cen·tral ['sentrəl] **I** *adj* in der Mitte gelegen, zentral *a. fig;* Haupt-; ► **~ corridor, gangway** *rail* Mittelgang *m;* **~ heating** Zentralheizung *f;* **~ locking** *mot* Zentralverriegelung *f;* **~ processor** *EDV* Zentraleinheit *f;* **~ reserve** Mittel-, Grünstreifen *m (auf Autobahn);* **~ station** Hauptbahnhof *m; el* Kraftwerk *n;* **II** *s Am tele* Zentrale, Vermittlung *f; Am* Vermittler(in) *m (f);* **cen·tral·iz·ation** [ˌsentrəlaɪ'zeɪʃn] Zentralisierung *f;* **cen·tral·ize** ['sentrəlaɪz] *tr* zentralisieren.
centre, *Am* **cent·er** ['sentə(r)] **I** *s* **1.** Mittelpunkt *m,* Zentrum *n;* Mitte *f;* **2.** Zentrale, Zentralstelle *f;* **3.** Sitz, Herd *m;* **4.** *(~ forward) sport* Mittelstürmer *m;* ► **business ~** Geschäftszentrum *n;* **shopping ~** Einkaufszentrum *n;* **~ of gravity, of mass** Schwerpunkt *m;* **~ half** *sport* Mittelläufer *m;* **~-line** Mittellinie *f;* **II** *itr* **1.** seinen Mittelpunkt haben (*in* in), beruhen (*on* auf); **2.** sich drehen (*round* um); **3.** sich konzentrieren (*on* auf); **III** *tr* **1.** in den Mittelpunkt stellen; **2.** konzentrieren; **3.** *sport* zur Mitte abspielen; **4.** *EDV* zentrieren; ► **be ~ed on** sich drehen, kreisen um.
cen·tri·fu·gal [sen'trɪfjʊgl] *adj* zentrifugal; ► **~ force** Fliehkraft *f;* **cen·tri·fuge** ['sentrɪfju:dʒ] Zentrifuge *f;* **cen·tri·pe·tal** [sen'trɪpɪtl] *adj* zentripetal.
cen·tury ['sentʃərɪ] **1.** Jahrhundert *n;* **2.** *(Kricket)* 100 Läufe *m pl.*
ce·ramic [sɪ'ræmɪk] **I** *adj* keramisch; **II** *s* **1.** *pl mit sing* Keramik *f;* **2.** *pl* Töpferwaren *f pl;* ► **~ hob** Kochfeld *n.*
cer·eal ['sɪərɪəl] **I** *adj* Getreide-; **II** *s a. pl* Getreide *n;* Getreideflocken *f pl.*
cer·ebel·lum [ˌserɪ'beləm] Kleinhirn *n;* **cer·ebral** ['serɪbrəl] *adj* Gehirn-; **cer·ebrum** ['serɪbrəm] Großhirn *n.*
cer·emo·nial [ˌserɪ'məʊnɪəl] **I** *adj* **1.** zeremoniell, feierlich; **2.** förmlich; **II** *s* Zeremoniell *n;* **cer·emo·ni·ous** [ˌserɪ'məʊnɪəs] *adj* **1.** feierlich; **2.** rituell; **3.** zeremoniös, steif; **cer·e·mo·ny** ['serɪmənɪ] Zeremonie *f;* Feierlichkeit *f;* Förmlichkeit *f;* ► **without ~** zwanglos; **stand (up)on ~** auf Äußerlichkeiten Wert legen; **no ~, please!** bitte keine Umstände!
cert [sɜ:t] *sl* todsichere Sache.
cer·tain ['sɜ:tn] *adj* **1.** bestimmt; gewiß; sicher; **2.** verläßlich, zuverlässig; **3.** überzeugt (*of doing, to do, that* daß man tut); sicher (*of* gen; *that* daß); ► **a ~** ein(e) gewisse(r, s); **for ~** bestimmt, (ganz) sicher *adv;* **to a ~ extent** bis zu e-m gewissen Grade; **under ~ circumstances** unter bestimmten Umständen; **make ~** sich vergewissern; **cer·tain·ly** [—lɪ] *adv* sicher(lich), gewiß, wirklich, bestimmt; ► **I ~ won't do it** ich tue es bestimmt nicht; **cer·tain·ty** [—tɪ] **1.** Gewißheit, Sicherheit, Bestimmtheit *f;* **2.** unbestrittene Tatsache; ► **to, for a ~** ohne jeden Zweifel.
cer·ti·fi·able [ˌsɜ:tɪ'faɪəbl] *adj* **1.** feststellbar; **2.** *fam* unzurechnungsfähig.
cer·ti·fi·cate [sə'tɪfɪkət] **I** *s* Zeugnis *n,* Bescheinigung *f,* Attest *n;* Urkunde *f;* ► **birth, marriage ~** Geburts-, Heiratsurkunde *f;* **school ~** Schulzeugnis *n;* **~ of origin** Ursprungszeugnis *n;* **II** *tr* [sə'tɪfɪˌkeɪt] bescheinigen, beurkunden; e-e Bescheinigung ausstellen (*s.o.* jdm); **cer·ti·fi·ca·tion** [ˌsɜ:tɪfɪ'keɪʃn] **1.** Bescheinigung *f;* **2.** Beglaubigung, Beurkundung *f.*
cer·tify ['sɜ:tɪfaɪ] *tr* **1.** bestätigen; bescheinigen; **2.** beurkunden; ► **this is to ~** hiermit wird bescheinigt; **certified copy** beglaubigte Abschrift; **certified public accountant** *Am* Wirtschaftsprüfer(in) *m (f).*
cer·ti·tude ['sɜ:tɪtju:d] Gewißheit *f.*
cer·vical ['sɜ:vɪkl, sɜ:'vaɪkl] *adj* zervikal, Gebärmutterhals-; ► **~ smear** Abstrich *m;* **cer·vix** ['sɜ:vɪks] ⟨*pl* -vixes, -vices⟩ ['sɜ:vɪsi:z] Gebärmutterhals *m.*
cesium *s. caesium.*
ces·sa·tion [se'seɪʃn] Aufhören *n;* Stillstand *m.*
cess·pit, cess·pool ['sespɪt, 'sespu:l] **1.** Senkgrube *f;* **2.** *fig* (Sünden)Pfuhl *m.*
Cey·lon [sɪ'lɒn] Ceylon *n;* **Cey·lo·nese** [sɪlɒ'ni:z] **I** *adj* ceylonesisch; **II** *s* Ceylonese *m,* Ceylonesin *f.*
Chad [tsæd] Tschad *m.*
chafe [tʃeɪf] **I** *tr* **1.** wundreiben, wundscheuern; **2.** reizen, ärgern; **II** *itr* **1.** sich reiben (*on, against* an); sich wundscheuern; **2.** sich auf-, erregen, sich ärgern; **3.** aufgeregt, -gebracht sein, toben; **III** *s* wundgeriebene Stelle.
chafer ['tʃeɪfə(r)] *zoo* **1.** (Mai)Käfer *m;*

2. *(rose-~)* Rosenkäfer *m.*

chaff[1] [tʃɑːf] *agr* 1. Spreu *f;* 2. Häcksel *n* od *m;* 3. Abfall, Plunder *m.*

chaff[2] [tʃɑːf] I *s* Neckerei *f;* II *tr* necken.

chaf·finch ['tʃæfɪntʃ] Buchfink *m.*

chain [tʃeɪn] I *s* 1. Kette *f;* 2. Schmuck-, Halskette *f;* 3. *fig* (Gedanken)Kette, Folge, Reihe *f;* 4. *pl* Ketten, Fesseln *f pl* *a. fig;* 5. *com* Ladenkette *f;* ▶ **in ~s** in Ketten; **~ of mountains** Bergkette *f;* II *tr* (an)ketten, fesseln *a. fig; (~ up)* anketten, an die Kette legen; **chain-mail** [ˌtʃeɪn'meɪl] *hist* Panzerhemd *n;* **chain reaction** Kettenreaktion *f;* **chain·smoker** Kettenraucher(in) *m (f).*

chair [tʃeə(r)] I *s* 1. Stuhl *m;* Sessel *m;* 2. *fig* Lehrstuhl *m;* 3. Vorsitzende(r) *f m;* Vorsitz *m;* 4. *Am (electric ~)* elektrischer Stuhl; ▶ **with Mr. X in the ~** unter dem Vorsitz von Herrn X; **leave the ~** die Sitzung beenden; **take a ~** Platz nehmen; **take the ~** den Vorsitz übernehmen; die Sitzung eröffnen; II *tr* 1. den Vorsitz führen bei; 2. im Triumph umhertragen; **chair lift** Sessellift *m;* **chair·man** ['tʃeəmən] ⟨*pl* -men⟩ Vorsitzende(r) *m;* ▶ **act as ~** den Vorsitz führen; **chair·man·ship** ['tʃeəmənʃɪp] Vorsitz *m;* **chair·per·son** Vorsitzende(r) *f m;* **chair·woman** ['tʃeəwʊmən] ⟨*pl* -women⟩ [—wɪmɪn] Vorsitzende *f.*

chalet ['ʃæleɪ] 1. Sennhütte *f;* 2. Schweizerhaus *n;* 3. Ferienhaus *n.*

chalk [tʃɔːk] I *s* 1. Kreide *f;* 2. *(Spiel)* Punkt *m;* ▶ **as like as ~ and cheese** grundverschieden, sehr ungleich; **by a long ~** bei weitem; II *tr* mit Kreide zeichnen, markieren; III *(mit Präposition)* **chalk out** *tr* skizzieren, entwerfen; **chalk up** *tr* ankreiden (*against s.o.* jdm); **chalky** ['tʃɔːkɪ] *adj* kreidehaltig; voll Kreide, Kalk.

chal·lenge ['tʃælɪndʒ] I *s* 1. Aufforderung *f;* Anruf *m (durch e-n Posten);* 2. *(Jagd)* Anschlagen *n (der Hunde);* 3. Herausforderung *f;* 4. Anzweifeln, Infragestellen *n;* 5. Wettstreit *m;* Probe *f;* 6. lockende Aufgabe; Problem *n,* Schwierigkeit *f;* 7. Ablehnung *f* (*of a juror* e-s Geschworenen); Anfechtung *f;* II *tr* 1. auffordern; 2. *(Posten)* anrufen; 3. herausfordern; 4. beanspruchen, verlangen; 5. in Frage stellen, bezweifeln, bestreiten, anfechten; 6. *(Aufgabe)* reizen; 7. Einwendungen machen gegen, e-n Einwand erheben gegen; *jur* (als befangen) ablehnen; ▶ **I ~ anybody else to do that!** das soll mir jemand nachmachen! **chal·len·ger** ['tʃælɪndʒə(r)] Herausforderer(in) *m (f);* Konkurrent(in) *m (f);* Gegner(in) *m (f);* **chal·leng·ing** [—ɪŋ] *adj* 1. herausfordernd; 2. *fig* lockend; faszinierend; 3. schwierig.

cham·ber ['tʃeɪmbə(r)] 1. *pol* Kammer *f;* gesetzgebende Körperschaft; (Handels-) Kammer *f;* 2. *pl jur* Richterzimmer *n;* 3. *tech (Schußwaffe)* Kammer *f;* 4. Zimmer *n;* 5. *pl jur* Rechtsanwaltskanzlei *f;* **cham·ber·lain** ['tʃeɪmbəlɪn] Kammerherr *m;* **cham·ber·maid** ['tʃeɪmbəmeɪd] Zimmermädchen *n;* **chamber music** Kammermusik *f;* **chamber-pot** Nachttopf *m.*

cha·mel·eon [kə'miːlɪən] *zoo* Chamäleon *n a. fig.*

cham·ois ['ʃæmwɑː, *Am* 'ʃæmɪ] ⟨*pl* -⟩ 1. *zoo* Gemse *f;* 2. *(~-leather)* Sämisch-, Fensterleder *n.*

champ [tʃæmp] I *tr, itr* geräuschvoll kauen; II *itr* 1. mit den Zähnen knirschen; 2. sich ungeduldig gebärden; III *s sl* Meister *m;* Sportkanone *f.*

cham·pagne [ʃæm'peɪn] Champagner *m.*

cham·pion ['tʃæmpɪən] I *s* 1. Verfechter(in) *m (f);* 2. *sport* Meister(in) *m (f);* II *adj* Meister-; Preis-; beste(r, s), erste(r, s); III *tr* sich einsetzen für, verfechten; verteidigen; **cham·pion·ship** [—ʃɪp] 1. Eintreten (*of* für), Verfechten *n;* 2. *sport* Meisterschaft *f; pl* Meisterschaftskämpfe *m pl.*

chance [tʃɑːns] I *s* 1. Zufall *m;* 2. Möglichkeit, Aussicht, Chance *f;* Gelegenheit *f;* Glück(sfall *m) n;* 3. Wagnis, Risiko *n;* 4. Los *n;* ▶ **by ~** zufällig, durch Zufall; **on the ~ of** im Falle *gen;* in der Hoffnung auf, zu; **give s.o. a ~** jdm e-e Chance geben; **give s.o. a fair ~** jdm jede Möglichkeit geben; **stand a (good, fair) ~** Aussichten, Chancen haben; **take a ~** es darauf ankommen lassen; **take one's ~** sein Glück versuchen; **the ~s are against it** da ist nichts zu machen; **not a ~!** keine Spur! **~ of winning** Gewinnaussichten, -chancen *f pl;* II *adj* zufällig; III *itr* zufällig geschehen; ▶ **~ (up)on** stoßen auf, zufällig finden; **I ~d to be** zufällig war ich; IV *tr* ▶ **~ it** es riskieren, wagen; es darauf ankommen lassen; **chance acquaintance** Zufallsbekanntschaft *f;* **chance hit** Zufallstreffer *m.*

chan·cel·lor ['tʃɑːnsələ(r)] Kanzler(in) *m (f);* ▶ **C~ of the Exchequer** Schatzkanzler *m;* **chan·çel·lory** ['tʃɑːnsəlrɪ] Kanzlei *f (e-s Konsulats, e-r Botschaft);* Kanzleramt *n.*

chancy ['tʃɑːnsɪ] *adj fam* riskant.

chan·de·lier [ˌʃændə'lɪə(r)] Kronleuchter *m.*

change ['tʃeɪndʒ] I *s* 1. (Ver)Änderung *f;* (Ver)Wandlung *f;* 2. Wandel, Wechsel, Umschwung *m;* 3. Abwechs(e)lung *f;* Unterschied *m;* 4. frische Wäsche, Kleidung *f;* 5. Kleingeld, Wechselgeld *n;* Wechselkurs *m;* 6. Börse *f;* ▶ **for a ~**

zur Abwechs(e)lung; **bring about a ~** Wandel schaffen; **give ~ for** herausgeben auf; **ring the ~s** *fig* dasselbe immer wieder in anderer Form tun *od* sagen; **many ~s have taken place** es hat sich viel verändert; **can you give me ~ (for a pound note)?** können Sie (e-e Pfundnote) wechseln? **~ for the better** Besserung *f;* **~ of direction** Richtungsänderung *f; fig* Kurswechsel *m;* **~ of leadership** *pol* Führungswechsel *m;* **~ of life** Wechseljahre *n pl;* **~ in values** Wertewandel *m;* **~ in the weather** Wetterwechsel, -umschwung *m;* **II** *tr* **1.** (ab-, um-, ver)ändern; um-, verwandeln (*into* in); **2.** (aus-, um)tauschen; *(Geld)* (um)wechseln; **3.** *(Bett)* frisch überziehen; *(andere Kleider)* anziehen; **4.** *tech* umschalten; ▶ **~ hands** den Besitzer wechseln; **~ one's mind** sich e-s anderen besinnen, seine Meinung ändern; **I've ~d my mind** ich hab's mir anders überlegt; **III** *itr* **1.** sich (ver)ändern, anders werden, sich (ver)wandeln; **2.** *(trains, buses)* umsteigen; **3.** sich umziehen; ▶ **~ over** die Stellung wechseln; **~ up, down** *mot* in e-n höheren, niederen Gang schalten; **~ for the better** sich verbessern; **~ for the worse** sich verschlechtern; **all ~!** *rail* alles aussteigen! **change·able** ['tʃeɪndʒəbl] *adj* **1.** veränderlich; **2.** wankelmütig; **change machine** ['tʃeɪndʒmaˌʃɪn] (Geld)Wechselautomat *m;* **change-over** ['tʃeɪndʒəʊvə(r)] Umstellung, -schaltung *f;* Übergang, Wechsel *m;* **chang·ing** ['tʃeɪndʒɪŋ] ▶ **~ cubicle** Umkleidekabine *f;* **~ of the guard** Wachablösung *f;* **~ room** Umkleideraum *m.*

chan·nel ['tʃænl] **I** *s* **1.** *mar* Kanal *m;* **2.** Fluß-, Kanalbett *n;* Fahrrinne *f;* **3.** Rinne *f,* Graben *m;* **4.** *arch* Hohlkehle *f;* **5.** *radio* Kanal *m;* **6.** *fig* Weg *m,* Verbindung, Vermittlung, Übertragung *f;* ▶ **through official ~s** auf dem Dienstweg; **~ of communication** Nachrichtenverbindung *f;* **~ of distribution** Absatzweg *m;* **the (English) C~** der (Ärmel)Kanal; **II** *tr* **1.** *(Rinne)* graben; **2.** *arch* auskehlen; **3.** hinleiten (*to* zu); **Channel Tunnel** (Ärmel)Kanaltunnel *m.*

chant [tʃɑːnt] **I** *s* **1.** Gesang *m;* **2.** Singsang *m;* **II** *tr, itr* **1.** singen; **2.** *pej* (herunter-, her)leiern.

chan·te·relle [ˌtʃæntəˈrel] *bot* Pfifferling *m.*

chaos ['keɪɒs] Chaos *n,* völliges Durcheinander, Wirrwarr *m;* **Chaos Theory** *phys* Chaostheorie *f;* **cha·otic** [keɪˈɒtɪk] *adj* chaotisch, wirr.

chap[1] [tʃæp] **1.** Riß, Sprung *m;* **2.** *meist pl* Kinnbacken *m (bes. d. Tiere).*

chap[2] [tʃæp] *fam* Kerl, Bursche, Junge *m.*

chapel ['tʃæpl] **1.** *rel* Kapelle *f;* (nichthochkirchliches) Gotteshaus *n (in Großbritannien);* **2.** betriebliche Druckergewerkschaft.

chap·er·on ['ʃæpərəʊn] Anstandsdame *f.*

chap·lain ['tʃæplɪn] (Haus)Kaplan *m.*

chap·ter ['tʃæptə(r)] **1.** Kapitel *n;* **2.** *fig* Stück *(e-r Erzählung),* (ausgewähltes) Kapitel, Thema *n;* **3.** *rel* Domkapitel *n;* **4.** *Am* Ortsgruppe *f;* ▶ **give ~ and verse for s.th.** etw genau belegen; **chapter-house 1.** Domstift *n;* **2.** *Am* Klubhaus *n.*

char [tʃɑː(r)] **I** *tr* verkohlen; schwärzen; **II** *itr* reinemachen, putzen; **III** *s (~woman)* Reinemache-, Putzfrau *f.*

char·ac·ter ['kærəktə(r)] **1.** Kennzeichen *n;* **2.** Anlage, Natur *f,* Wesen(sart *f*) *n;* Charakter *m; psych* Verhaltensweise *f;* **3.** Persönlichkeit, Person *f;* **4.** *theat* (handelnde) Person, Rolle *f;* **5.** Stellung *f,* Rang, Stand *m;* **6.** Zeugnis *n,* Empfehlung *f (e-s Arbeitgebers);* **7.** Name, Ruf (*of, for* gen), guter Ruf *m;* **8.** Schriftzeichen *n,* Buchstabe *m;* Ziffer *f;* ▶ **in the ~ of** in der Eigenschaft als; **it is out of ~** es paßt nicht; **char·ac·ter·is·tic** [ˌkærəktəˈrɪstɪk] **I** *adj* charakteristisch, be-, kennzeichnend, typisch (*of* für); **II** *s* Kennzeichen, Merkmal *n,* Besonderheit *f;* **char·ac·ter·is·ti·cally** [ˌkærəktəˈrɪstɪklɪ] *adv* bezeichnenderweise; **char·ac·ter·iz·ation** [ˌkærəktəraɪˈzeɪʃən] Charakterisierung, Beschreibung *f;* **char·ac·ter·ize** ['kærəktəraɪz] *tr* **1.** charakterisieren, beschreiben (als); **2.** kennzeichnen.

char·coal ['tʃɑːkəʊl] **1.** Holzkohle *f;* **2.** Kohlestift *m;* **charcoal-burner** Köhler *m.*

charge [tʃɑːdʒ] **I** *s* **1.** Ladung *f; tech* Beschickung, Füllung *f;* Einsatz *m;* **2.** *(oft pl)* Lasten *f pl,* Kosten *pl,* Preis *m;* **3.** *(Konto)* Belastung *f;* Lastschrift *f;* Gebühr, Taxe *f;* **4.** Amt *n,* Pflicht, Verpflichtung, Verantwortung *f;* **5.** Auftrag, Befehl *m;* **6.** (*a.* Polizei)Aufsicht *f,* Gewahrsam *m;* Überwachung, Obhut, Fürsorge *f;* **7.** anvertraute Person *od* Sache; Schützling *m,* Mündel *n;* **8.** *rel* Schafe *n pl,* Herde *f;* **9.** anvertrautes Gut; **10.** Ermahnung, Anweisung *f;* Vorwurf *m,* Beschuldigung, Anklage(punkt *m*) *f;* **11.** *jur* Rechtsbelehrung *f (der Geschworenen);* **12.** *mil* Angriff(ssignal *n*), Sturm *m;* ▶ **at s.o.'s ~** zu jds Lasten; auf jds Kosten; **under s.o.'s ~** unter jds Aufsicht; **be in ~ of s.th.** die Aufsicht über, die Verantwortung für etw haben; **bring a ~ against s.o.** jdn anklagen; **have ~ of s.th.** für etw verantwortlich sein; **take ~ of s.th.** für etw die Verantwortung übernehmen; **there's no ~** es kostet nichts; Eintritt frei; **free of ~**

gebührenfrei; gratis; **overhead ~s** *pl* allgemeine Unkosten *pl;* **travelling ~s** *pl* Reisekosten *pl;* **II** *tr* **1.** (be)laden; belasten (*with* mit); **2.** *(Schußwaffe, el)* laden; *(Batterie)* aufladen; **3.** *chem* sättigen; **4.** *tech* beschicken; **5.** *com (Preis)* fordern, verlangen; rechnen für *(e-e Ware, Arbeit);* berechnen (*too much* zuviel); *(~ upon, against s.o.)* jdm aufrechnen; **6.** *(Abnehmer)* belasten mit; **7.** *(~ off)* abschreiben, abbuchen; **8.** anvertrauen (*s.o. with s.th.* jdm etw); beauftragen; **9.** anweisen, befehlen (*s.o.* jdm); **10.** ermahnen; **11.** zur Last legen, vorwerfen (*s.o. with s.th., s.th. on s.o.* jdm etw), beschuldigen, anklagen; **12.** angreifen (*s.o., at s.o.* jdn); anstürmen; *sport* (an)rempeln; ▶ **~ to s.o.'s account** auf jds Rechnung setzen; **III** *itr* **1.** (e-n Preis) fordern; berechnen (*for s.th.* etw); **2.** sich stürzen (*at* auf *acc*); angreifen (*at s.o.* jdn); **charge·able** ['tʃɑ:dʒəbl] *adj* **1.** zu Lasten (*to* von); **2.** gebührenpflichtig; **3.** strafbar; ▶ **to whom is this ~?** wer soll das bezahlen? **charge account** Kunden(kredit)konto *n;* **charge card** Kunden(kredit)karte *f.*

chargé d'affaires [ˌʃɑ:ʒeɪdæ'feə(r)] *pol* Geschäftsträger *m.*

chari·table ['tʃærɪtəbl] *adj* **1.** wohl-, mildtätig; **2.** nachsichtig; **char·ity** ['tʃærətɪ] **1.** Nächstenliebe *f;* **2.** Wohltätigkeit *f;* **3.** Almosen *n pl.*

charm [tʃɑ:m] **I** *s* **1.** Zauber *m;* **2.** Amulett *n;* **3.** Anmut *f,* Reiz, Zauber, Charme *m;* **II** *tr* **1.** verzaubern; **2.** bezaubern, entzücken; ▶ **~ s.th. out of s.o.** jdm etw entlocken; **III** *itr* reizend sein; **charmer** ['tʃɑ:mə(r)] **1.** *fig* Zauberer *m;* Charmeur *m;* **2.** bezaubernde Frau; ▶ **snake ~** Schlangenbeschwörer *m;* **charm·ing** [—ɪŋ] *adj* berückend, betörend; bezaubernd, entzückend, reizend, charmant.

chart [tʃɑ:t] **I** *s* **1.** *mar* Seekarte *f;* **2.** Schaubild *n,* graphische Darstellung, Diagramm *n;* **3.** Tabelle *f;* **4.** *pl* Hitliste *f;* **II** *tr* **1.** in e-r Karte darstellen; **2.** entwerfen, skizzieren.

char·ter ['tʃɑ:tə(r)] **I** *s* **1.** Grundgesetz *n,* Verfassungsurkunde *f;* **2.** bewilligtes Recht, Vorrecht, Privileg *n;* **3.** *mar aero* Charter(vertrag) *m;* **II** *tr* **1.** ein (Vor-) Recht verleihen (*s.o.* jdm); **2.** *(Schiff, Flugzeug)* chartern; **charter company** *aero* Chartergesellschaft *f;* **char·ter·ed** ['tʃɑ:təd] *adj* ▶ **~ accountant** (vereidigte(r)) Wirtschaftsprüfer(in) *m (f);* **char·terer** ['tʃɑ:tərə(r)] Befrachter *m;* **charter flight** *aero* Charterflug *m.*

chary ['tʃeərɪ] *adj* **1.** vorsichtig; **2.** zurückhaltend (*of* gegenüber).

chase [tʃeɪs] **I** *s* **1.** Verfolgung *f;* **2.** Jagd *f;* **3.** verfolgtes Schiff; **II** *tr* **1.** verfolgen; (nach)jagen (*s.o.* jdm; *s.th.* e-r S); **2.** hetzen; **3.** *(~ away)* weg-, verjagen, vertreiben; **III** *itr* herrennen (*after s.o.* hinter jdm), nachlaufen (*after s.o.* jdm); *(~ about)* herumrennen.

chasm ['kæzəm] **1.** (Erd)Spalt, Abgrund *m;* **2.** *fig* Lücke *f.*

chas·sis ['ʃæsɪ] ⟨*pl* -⟩ Fahrgestell, Chassis *n.*

chaste [tʃeɪst] *adj* **1.** keusch; **2.** *fig* streng, einfach.

chas·ten ['tʃeɪsn] *tr* **1.** züchtigen *fig;* **2.** mäßigen; **3.** reinigen; vereinfachen.

chas·tise [tʃæ'staɪz] *tr* züchtigen, strafen.

chas·tity ['tʃæstətɪ] **1.** Keuschheit *f;* **2.** Reinheit, Unberührtheit *f.*

chat [tʃæt] **I** *s* Geplauder *n;* **II** *itr* plaudern, sich unterhalten; ▶ **~ s.o. up** *fam* anquatschen.

chat·tel ['tʃætl] *meist pl* ▶ **goods and ~s** *pl* Hab u. Gut *n.*

chat·ter ['tʃætə(r)] **I** *itr* **1.** *(Menschen)* schnattern, plappern, quasseln; **2.** *(Zähne)* klappern *a. tech;* **II** *s* Geschnatter, Geplapper *n;* ▶ **~-box** Plappermaul *n;* **chatty** ['tʃætɪ] *adj* **1.** redselig, geschwätzig; **2.** familiär, formlos.

chauf·feur ['ʃəʊfə(r)] Chauffeur(in), Fahrer(in) *m (f).*

chau·vin·ism ['ʃəʊvɪnɪzəm] Chauvinismus *m;* **chau·vin·ist** ['ʃəʊvɪnɪst] Chauvinist *m;* ▶ **male ~ (pig)** *fam* Chauvi *m.*

cheap [tʃi:p] *adj, adv* **1.** billig; preiswert; **2.** verbilligt; **3.** minderwertig, schlecht; **4.** kitschig; **5.** schäbig, gemein; ▶ **on the ~** sehr billig; **feel ~** sich schäbig vorkommen; **get off ~** billig davonkommen; **hold ~** geringschätzen; **dirt ~** *fam* spottbillig; **cheapen** ['tʃi:pən] **I** *tr* verbilligen, herabsetzen; **II** *itr* billiger werden; **cheap-jack** ['tʃi:pdʒæk] *adj* Ramsch-; **cheap·ness** ['tʃi:pnɪs] Billigkeit *f;* Minderwertigkeit *f;* Schäbigkeit *f;* **cheap·skate** ['tʃi:pˌskeɪt] *Am sl* Knicker, Knauser *m.*

cheat [tʃi:t] **I** *tr* betrügen (*of, out of* um); ▶ **~ s.o. out of s.th.** jdn um etw bringen, betrügen, prellen; **II** *itr* mogeln, betrügen; **III** *s* **1.** Betrug, Schwindel *m;* **2.** Betrüger(in), Schwindler(in) *m (f).*

check [tʃek] **I** *tr* **1.** zum Stillstand bringen, Einhalt gebieten (*s.th.* e-r S); hindern, zurückhalten, unterbinden; **2.** eindämmen, hemmen; *tech* drosseln; **3.** tadeln, e-n Verweis erteilen (*s.o.* jdm); **4.** (nach-, über)prüfen, kontrollieren, nachrechnen; (prüfend) vergleichen (*by* mit); **5.** anstreichen, markieren, abhaken; **6.** *(Gepäck)* ab-, aufgeben; *(Hut)* an der Garderobe abgeben; **7.** Schach bieten *a. fig* (*s.o.* jdm); **II** *itr* **1.** übereinstimmen; **2.** *Am* e-n Scheck ausstellen (*for, against an amount* über e-n Betrag; *upon s.o.* auf jdn); **III** *s* **1.** Schach *n;* **2.** Stillstand, Aufschub, Rückschlag *m;* **3.** Mißerfolg *m, fam* Schlappe *f;* **4.** Hindernis *n*, Widerstand *m;* **5.** (Nach-, Über)Prüfung *f;* Kontrolle *f* (*on* über); Probe *f;* (prüfender) Vergleich *m;* **6.** Prüf-, Kontrollzeichen *n*,-marke *f*, Haken *m;* **7.** *Am* Gepäckschein *m;* Garderobenmarke *f;* **8.** *(Textil)* Karo *n (Muster);* karierter Stoff; **9.** *Am* Rechnung *f (in e-m Restaurant);* **10.** *Am s. cheque;* ▶ **act as a ~ on** hemmend, nachteilig wirken auf; **keep, hold in ~** *fig* in Schach halten; **spot ~** Stichprobe *f;* **IV** *(mit Präposition)* **check in** *itr (Hotel)* sich eintragen, ankommen; *aero* einchecken; **check off** *tr* abhaken, ankreuzen; (nach)zählen; **check out** *itr (Hotel)* die Rechnung bezahlen und abreisen; *(Gepäck)* abholen; weggehen; **check through** *tr (Gepäck)* **1.** durchsehen, durchgehen; **2.** *(Gepäck)* durchchecken; **check up** *itr* im einzelnen nachprüfen, genau vergleichen (*on s.th.* etw).

check·book ['tʃek,bʊk] *Am s. chequebook.*

checker·board ['tʃekə(r),bɔ:d] *Am* Schach-, Damebrett *n;* **check·ered** ['tʃekə(r)d] *Am s. chequered;* **checkers** ['tʃekəz] *pl mit sing Am* Dame(spiel *n*) *f.*

check-in desk ['tʃekin,desk] *aero* Abfertigungsschalter *m;* **check-in time** ['tʃekin,taim] *aero* Eincheckzeit *f.*

check·ing ['tʃekɪŋ] Kontrolle *f;* **checking account** *Am* Girokonto *n;* **checking form, slip** Kontrollzettel, -abschnitt *m.*

check-list ['tʃek,lɪst] **1.** Kontrolliste *f;* **2.** *pol* Wahlliste *f.*

check·mate ['tʃekmeɪt] **I** *s* (Schach) Matt *n; fig* hoffnungslose Lage; **II** *tr* matt setzen.

check·out *(Supermarkt)* Kasse *f.*

check·point ['tʃekpɔɪnt] Überwachungs-, Kontrollstelle *f;* **check room** *Am* **1.** Garderobe *f;* **2.** *rail* Gepäckaufbewahrung *f*, -schalter *m;* **3.** *(Hotel)* Gepäckraum *m;* **check·up** ['tʃekʌp] **1.** genaue Prüfung, Kontrolle *f;* **2.** *med* gründliche Untersuchung; **3.** *tech* Nachuntersuchung *f.*

cheek [tʃi:k] **I** *s* **1.** Backe, Wange *f a. tech;* **2.** *fig fam* Unverschämtheit, Frechheit *f;* ▶ **he said that tongue in ~** das hat er nicht ernst gemeint; **II** *tr* frech sein gegen; **cheek·bone** ['tʃi:kbəʊn] Backenknochen *m;* **cheeky** ['tʃi:kɪ] *adj fam* frech, unverschämt.

cheep [tʃi:p] *itr* piepen.

cheer [tʃɪə(r)] **I** *s* **1.** (gute) Stimmung *f;* Frohsinn *m*, Freude *f;* **2.** Hoch, Hurra(ruf *m*) *n;* **3.** Jubel, Beifall(sruf) *m;* **4.** Ermutigung *f;* ▶ **be of good ~** guten Mutes, voller Hoffnung sein; **give three ~s for s.o.** ein dreifaches Hoch auf jdn ausbringen; **give s.o. a ~** jdn hochleben lassen; **three ~s** ein dreifaches Hoch (*for* für); **cheers!** prosit! tschüs! danke! **II** *tr* **1.** in gute Stimmung versetzen; **2.** *(a. ~ up)* auf-, ermuntern, ermutigen; **3.** zujubeln (*s.o.* jdm); laut Beifall zollen (*s.o.* jdm); **4.** *(Nachricht)* freudig begrüßen; **III** *itr* hurra schreien, jubeln (*at the news* bei der Nachricht); ▶ **~ up** froh werden; Mut fassen, Hoffnung schöpfen; **~ up!** Kopf hoch! **cheer·ful** ['tʃɪəfʊl] *adj* **1.** froh, freudig; **2.** gut aufgelegt; aufgeräumt; **3.** erfreulich, angenehm; **4.** gefällig, entgegenkommend; **cheer·ful·ness, cheeri·ness** [—nɪs, 'tʃɪərɪnɪs] Heiterkeit *f;* **cheer·io** [,tʃɪərɪ'əʊ] *interj fam* mach's gut! prost! **cheer leader** *Am* Leiter(in) *m (f)* des organisierten Beifalls bei College-Sportwettkämpfen; **cheery** ['tʃɪərɪ] *adj* heiter.

cheese [tʃi:z] Käse *m;* ▶ **hard ~!** Pech! **cheese·cake 1.** Käsekuchen *m;* **2.** *sl* leichtbekleidetes Mädchen *(bes. in Zeitschrift);* **cheese·cloth** ['tʃi:zklɒθ] indische Baumwolle; **cheesed-off** [,tʃi:zd'ɒf] *adj fam* angeödet; **cheese-paring** ['tʃi:z,peərɪŋ] Knauserei *f.*

chee·tah ['tʃi:tə] Gepard *m.*

chef [ʃef] Küchenchef *m;* Koch *m.*

chemi·cal ['kemɪkl] **I** *adj* chemisch; ▶ **~ warfare** chemische Kriegführung; **~ weapons** *pl* Chemiewaffen *pl;* **II** *s pl* Chemikalien *f pl;* **chem·ist** ['kemɪst] **1.** Chemiker(in) *m (f);* **2.** *Br* Drogist(in) *m (f); (dispensing ~)* Apotheker(in) *m (f);* ▶ **~'s shop** Drogerie *f;* Apotheke *f;* **chem·is·try** ['kemɪstrɪ] Chemie *f.*

chemo·thera·py *med* Chemotherapie *f.*

cheque, *Am* check [tʃek] Scheck *m* (*for* auf); ▶ **cash a ~** e-n Scheck einlösen; **give a blank ~ to s.o.** jdm einen Blankoscheck geben; *fig* jdm Blankovollmacht geben, (völlig) freie Hand lassen; **make out a ~** e-n Scheck ausstellen; **crossed ~** Verrechnungsscheck *m;* **traveller's ~** Reisescheck *m;* **cheque-account** Girokonto *n;* **cheque-book** Scheckbuch *n;* **cheque card** Scheckkarte *f.*

chequ·ered, *Am* check·ered ['tʃekəd] *adj* **1.** kariert; **2.** abwechslungsreich; ▶ **a ~ career** e-e bewegte Karriere.

cher·ish ['tʃerɪʃ] *tr* **1.** hegen (u. pflegen); **2.** hängen an, (großen) Wert legen auf.

che·root [ʃə'ru:t] Stumpen *m (Zigarre).*

cherry ['tʃerɪ] **I** *s bot* Kirsche *f; (~-tree)* Kirschbaum *m;* **II** *adj* kirschrot; **cherry-blossom** Kirschblüte *f;* **cherry brandy** Kirschlikör *m;* **cherry-stone** Kirschkern *m.*

cherub ['tʃerəb] **1.** ⟨*pl* cherubim⟩ ['tʃerəbɪm] Cherub *m (Engel);* **2.** *(Kunst)* ⟨*pl* -s⟩ Putte *f;* Engelskopf *m.*

chess [tʃes] Schach(spiel) *n;* ▶ **play (at) ~** Schach spielen; **chess-board** Schachbrett *n;* **chess·man** ['tʃesmæn]

⟨*pl* -men⟩ Schachfigur *f.*
chest [tʃest] **1.** Kiste *f,* Kasten, Behälter *m;* **2.** Brust(kasten *m*) *f;* ▶ **that's a load off my ~** da fällt mir ein Stein vom Herzen; **~ of drawers** Kommode *f.*
chest·nut ['tʃesnʌt] **I** *s* **1.** Kastanie *f;* **2.** *(~-tree, -wood)* Kastanie(nbaum *m,* -nholz *n*) *f;* **3.** Braune(r) *m (Pferd);* **4.** *fam* alte Geschichte; **II** *adj* kastanienbraun.
chesty ['tʃestɪ] *adj* **1.** *fam* erkältet; *(Husten)* rauh, tief; **2.** *(Frau)* mit großen Brüsten.
chew [tʃu:] **I** *tr, itr* **1.** kauen; **2.** nachdenken, -sinnen (*upon, over* über); **II** *s* Kauen *n;* Priem *m;* **chew·ing-gum** ['tʃu:ɪŋgʌm] Kaugummi *m.*
chic [ʃi:k] *adj* schick, elegant.
chi·cane [ʃɪ'kein] *sport* Schikane; **chi·can·ery** [ʃɪ'keɪnərɪ] Schikane *f.*
chick [tʃɪk] **1.** Küken *n;* junger Vogel; **2.** *fam* Kind(chen) *n;* **3.** *Am (girl)* Mädchen *n;* **chicken** ['tʃɪkɪn] **I** *s* **1.** Huhn *n;* Küken *n;* Hähnchen, Hühnchen *n;* **2.** *fig* Gänschen *n;* **3.** *sl* Feigling *m;* ▶ **I'm no ~** ich bin (doch) kein Kind mehr; **she is no ~** sie ist nicht mehr die Jüngste; **II** *(mit Präposition)* **chicken out** *itr fam* kneifen; **chicken-broth** Hühnersuppe *f;* **chicken-farm** Hühnerfarm *f;* **chicken-feed** lächerliche Summe, Lappalie *f;* **chicken-hearted, chicken-livered** [ˌtʃɪkɪn'hɑ:tɪd, ˌtʃɪkɪn'lɪvəd] *adj* bange, feige; **chicken-pox** Windpocken *pl;* **chicken-run** *Br,* **chicken-yard** *Am* Hühnerhof *m.*
chick-pea ['tʃɪkpi:] *bot* Kichererbse *f.*
chic·ory ['tʃɪkərɪ] *bot* Chicorée *m* od *f;* Zichorie *f.*
chief [tʃi:f] ⟨*pl* -s⟩ **I** *s* **1.** Chef *m,* (Ober-) Haupt *n;* (An)Führer(in), Leiter(in) *m (f);* Vorgesetzte(r) *f m;* **2.** Häuptling *m (e-s Stammes);* **II** *adj* erste(r, s), oberste(r, s); führend, leitend; **chief clerk** Büro-, Kanzleivorsteher(in) *m (f);* **chief editor** Hauptschriftleiter(in) *m (f);* **chief justice** Gerichtspräsident(in) *m (f);* **chief·ly** [—lɪ] *adv* hauptsächlich, besonders.
chil·blain ['tʃɪlbleɪn] Frostbeule *f.*
child [tʃaɪld] ⟨*pl* children⟩ Kind *n a. fig;* ▶ **give birth to a ~** ein Kind zur Welt bringen; **children's allowance, clothing** Kinderzulage *f,* -kleidung *f;* **child abuse** ['tʃaildəbju:s] Kindesmißhandlung *f;* **child-bear·ing** ['tʃaɪldbeərɪŋ] **I** *s* Mutterschaft *f;* **II** *adj (Alter)* gebärfähig; *(Becken)* gebärfreudig; **child-birth** ['tʃaɪldbɜ:θ] Entbindung, Niederkunft *f,* Kindbett *n;* **child-hood** ['tʃaɪldhʊd] Kindheit *f;* **childish** ['tʃaɪldɪʃ] *adj* kindlich; kindisch; **child-less** ['tʃaɪldlɪs] *adj* kinderlos; **child-like** ['tʃaɪlaɪk] *adj* kindlich; einfach; **child minder** Tagesmutter *f;* **child-proof** *adj* kindersicher; **child·ren** ['tʃɪldrən] *pl von child;* **child-resistant** *adj* kindersicher; **child's play** Kinderspiel *n.*
chill [tʃɪl] **I** *s* **1.** Frost *m,* Kälte *f;* **2.** Kältegefühl, Frösteln *n;* **3.** Erkältung *f;* **4.** *fig* abgekühlte Atmosphäre; **5.** *tech* Gußform, Kokille *f;* **II** *adj* **1.** kühl; **2.** *fig* (gefühls)kalt, frostig; **III** *tr* **1.** kühlen; **2.** *(Blut)* erstarren lassen; **3.** *fig (Atmosphäre, Begeisterung)* abkühlen; **4.** *tech* abschrecken.
chilli ['tʃɪlɪ] *bot* Peperoni *f; (Gewürz)* Chili *m.*
chill(i)·ness ['tʃɪl(ɪ)nɪs] Kälte *f a. fig.*
chilly ['tʃɪlɪ] *adj* **1.** frostig, fröstelnd; **2.** *fig* kühl; ▶ **feel ~** frösteln.
chime [tʃaɪm] **I** *s* Geläut, Glockenspiel *n;* **II** *tr* **1.** *(die Glocken)* läuten; **2.** *(Stunde)* schlagen; **III** *itr* **1.** *(Glocke)* schlagen, läuten; **2.** ertönen; **3.** *(~ in, together)* in Einklang sein, übereinstimmen (*with* mit); ▶ **~ in** sich einschalten.
chim·ney ['tʃɪmnɪ] Rauchfang, Kamin *m (a. im Hochgebirge);* Schornstein *m;* **chimney pot** Schornsteinaufsatz *m;* **chimney stack** Fabrikschornstein *m;* **chimney-sweep(er)** [—ˌswi:pə(r)] Schornsteinfeger(in) *m (f).*
chim·pan·zee [ˌtʃɪmpæn'zi:] *zoo* Schimpanse *m.*
chin ['tʃɪn] *s* Kinn *n;* **~ up!** Kopf hoch!
china ['tʃaɪnə] **I** *s (~-ware)* Porzellan *n;* **II** *adj* Porzellan-.
China ['tʃaɪnə] China *n.*
chin·chil·la [tʃɪn'tʃɪlə] Chinchilla *f.*
Chi·nese [tʃaɪ'ni:z] **I** *adj* chinesisch; **II** *s* **1.** Chinese *m,* Chinesin *f;* **2.** (das) Chinesisch(e); **Chinese lantern** Lampion *m;* **Chinese mushroom** Austernpilz *m;* **Chinese restaurant** Chinarestaurant *n.*
chink [tʃɪŋk] **I** *s* **1.** Ritze *f,* Spalt, Schlitz *m;* **2.** Klang *m;* **II** *tr, itr* klingen lassen, *fam* klimpern mit; *(Gläser)* anstoßen.
Chink [tʃɪŋk] *sl pej* Chinese *m.*
chintz [tʃɪnts] Chintz *m.*
chin·wag ['tʃɪnˌwæg] *sl* Schwatz *m.*
chip [tʃɪp] **I** *s* **1.** Splitter *m;* Span *m;* Scherbe *f;* **2.** *(Porzellan, Glas)* lädierte Stelle; **3.** Pommes frites *pl; Am* Kartoffelchip *m;* **4.** Spielmarke *f;* **5.** *EDV* Chip *n;* ▶ **carry a ~ on one's shoulder** einen Komplex haben; **he is a ~ off the old block** *prov* der Apfel fällt nicht weit vom Stamm; **II** *tr* **1.** *(Holz)* zerhacken, spalten; **2.** *(Geschirr)* anschlagen, lädieren, ausbrechen (*off, from* aus); **III** *itr (Porzellan, Glas)* (leicht) angestoßen, beschädigt werden; ▶ **~ in** *fam* ins Wort fallen; *fam* Geld (her)geben *(für e-e Sache);* beitragen (zu etw); **chip-basket** Fritiersieb *n;* **chip·munk** ['tʃɪpmʌŋk] *zoo* Chipmunk *m (nordamerik. Erdhörnchen);* **chip-pan** Friteuse

f; **chipped** ['tʃɪpt] *adj (Porzellan, Glas)* angestoßen, angeschlagen; **chip·ping** ['tʃɪpɪŋ] **1.** *Am* Einschnitt *m;* **2.** *pl* Splitter *m pl;* Späne *m pl;* (Straßen)Schotter *m;* **chippy** ['tʃɪpɪ] **I** *adj* **1.** trocken, langweilig; **2.** reizbar; **II** *s fam* Fisch- u. Pommes frites-Bude *f.*

chi·rop·odist [kɪ'rɒpədɪst] Fußpfleger(in) *m (f);* **chi·rop·ody** [kɪ'rɒpədɪ] Fußpflege *f.*

chirp [tʃɜ:p] **I** *itr, tr* zirpen, zwitschern; *(Lied)* trällern; **II** *s* Gezirp, Gezwitscher *n;* **chirpy** ['tʃɜ:pɪ] *adj* lebhaft, munter.

chir·rup ['tʃɪrəp] *itr* zwitschern, zirpen.

chisel ['tʃɪzl] **I** *s* Meißel *m;* **II** *tr* **1.** (aus)meißeln; **2.** *sl* begaunern, betrügen (*out of* um).

chit [tʃɪt] **1.** *fam* Kindchen *n;* **2.** *pej* junges, freches Ding; **3.** Notiz *f,* Zettel *m;* abgezeichnete Rechnung *(bes. des Kellners);* **chit-chat** ['tʃɪt,tʃæt] Geplauder *n.*

chiv·al·rous ['ʃɪvlrəs] *adj* ritterlich; **chiv·al·ry** ['ʃɪvlrɪ] **1.** Rittertum *n;* **2.** Ritterlichkeit *f.*

chives [tʃaɪvz] *pl bot* Schnittlauch *m.*

chlor·ide ['klɔ:raɪd] Chlorid *n;* **chlor·in·ate** ['klɔ:rɪneɪt] *tr* chlorieren, chloren; **chlor·ine** ['klɔ:ri:n] Chlor *n;* **chloro·fluoro·carbon** ['klɔrə,flu:ərə,kɑ:bən] *chem* Fluorchlorkohlenwasserstoff *m;* **chloro·form** ['klɒrəfɔ:m] **I** *s* Chloroform *n;* **II** *tr* chloroformieren; **chloro·phyll** ['klɒrəfɪl] *bot* Chlorophyll, Blattgrün *n;* **chlo·rous** ['klɔ:rəs] *adj* chlorig.

choc-ice ['tʃɒk,aɪs] Schokoladeneis *n.*

chock [tʃɒk] **I** *s (~-block)* Bremsklotz, -schuh *m;* **II** *tr (~ up)* verkeilen; **chock-a-block, chock-full** [,tʃɒkə'blɒk, tʃɒk'fʊl] *adj fam* gerammelt, gedrängt voll (*with* von).

choc·olate ['tʃɒklət] **I** *s* **1.** Schokolade *f;* **2.** Praline *f;* ► **bar of ~** Tafel *f* Schokolade, Schoko(laden)riegel *m;* **II** *adj* schokoladenbraun.

choice ['tʃɔɪs] **I** *s* **1.** (Aus)Wahl *f;* **2.** (das) Beste, (die) Auslese; ► **at ~** nach Belieben, nach Wunsch; **by, for ~** vorzugsweise; **have no ~** keine andere Wahl haben; **make a ~** e-e (Aus)Wahl treffen; **I have no ~** es bleibt mir nichts anderes übrig; **he is my ~** ich habe ihn gewählt (*for* als); **a large ~** e-e große Auswahl; **ladies' ~** Damenwahl *f;* **II** *adj* vorzüglich, ausgezeichnet; (aus)gewählt, ausgesucht.

choir ['kwaɪə(r)] **1.** *mus* (Kirchen)Chor *m;* **2.** *arch* Chor *m;* **choir·mas·ter** ['kwaɪə,mɑ:stə(r)] Chordirigent *m;* **choir stalls** *pl* Chorgestühl *n.*

choke [tʃəʊk] **I** *tr* **1.** (er)würgen, erstikken *a. fig;* **2.** *(~ up)* verstopfen, versperren, vollpfropfen (*with* mit); **3.** *(Gefühl)* unterdrücken, ersticken; **4.** *tech* (ab-)drosseln; **II** *itr* (zu) ersticken (drohen), keine Luft bekommen; würgen; **III** *s* **1.** Würgen *n;* **2.** *mot* Choke, Starterzug *m;* **IV** *(mit Präposition)* **choke back** *tr* unterdrücken, herunterschlucken (*the tears* die Tränen); **choke down** *tr* hinunterwürgen *a. fig; (Gefühl)* unterdrükken; **choke off** *tr fig* anschnauzen; abschrecken; **choke up** *tr* verstopfen, ersticken; **choker** ['tʃəʊkə(r)] Halsreif *m.*

chol·era ['kɒlərə] *med* Cholera *f.*

chol·eric ['kɒlərɪk] *adj* cholerisch, jähzornig.

cho·les·terol [kə'lestərɒl] Cholesterin *n.*

choose [tʃu:z] ⟨*irr* chose, chosen⟩ **I** *tr* **1.** (aus)wählen, aussuchen; **2.** vorziehen, lieber wollen, sich entscheiden für; **II** *itr* wählen; ► **have to ~ between** die Wahl haben zwischen; **I cannot ~ but** mir bleibt nichts anderes übrig als zu; **choos(e)y** ['tʃu:zɪ] *adj fam* wählerisch.

chop [tʃɒp] **I** *tr* **1.** (zer)hacken; *(Holz)* spalten; **2.** *(~ up)* zerkleinern; *fig (Wort, Satz)* zerhacken; **II** *itr* hacken, hauen, schlagen (*at* nach); ► **~ and change** wechseln, schwanken, unbeständig sein; **III** *s* **1.** Hieb, Schnitt *m;* Schlag *m;* **2.** Kotelett *n;* **3.** *pl* Kiefer *m pl; fig* Rachen *m;* **4.** *(Indien, China)* Siegel *n,* Stempel *m;* ► **first-, second-~** erster, zweiter Güte *od* Qualität; **get the ~** *sl* rausgeschmissen werden; **IV** *(mit Präposition)* **chop away** *tr* wegschneiden, -hacken; **chop down** *tr* umhacken, -legen; *(Baum)* fällen; **chop off** *tr* abhakken, -schneiden, -hauen; *und itr (Wind)* umschlagen; **chop-chop** *interj fam* dalli, dalli! **chop·per** ['tʃɒpə(r)] Hackmesser *n; fam* Helikopter *m;* **chop·ping** [—ɪŋ] ► **~ block** Hackklotz *m;* Block *m;* **~ board** Hackbrett *n;* **choppy** ['tʃɒpɪ] *adj* **1.** unbeständig; **2.** *(See)* kabbelig; **3.** *(Worte, Sätze)* abgehackt; **chop-sticks** ['tʃɒpstɪks] *pl* Eßstäbchen *n pl.*

chop·suey [,tʃɒp 'su:ɪ] *chinesisches Gericht.*

choral ['kɔ:rəl] **I** *adj* Chor-; **II** *s* Choral *m.*

chord ['kɔ:d] **1.** *anat* Band *n;* **2.** *math* Sehne *f;* **3.** *mus poet fig* Saite *f;* **4.** *mus* Akkord *m;* **5.** *tech* Gurt(ung *f*) *m;* ► **strike the right ~** *fig* die richtige Saite anklingen lassen; **does that strike a ~?** erinnert dich das an etwas? **spinal ~** Rückenmark *n;* **vocal ~** Stimmband *n.*

chore [tʃɔ:(r)] *meist pl* **1.** unangenehme Arbeit; **2.** Hausarbeit *f.*

chor·eogra·pher [,kɒrɪ'ɒgrəfə(r)] Choreograph(in) *m (f);* **chor·eogra·phy** [,kɒrɪ'ɒgrəfɪ] Choreographie *f;* Tanz-, Ballettkunst *f.*

chor·is·ter ['kɒrɪstə(r)] Chorsänger(in) *m (f);* Chorknabe *m;* **chorus** ['kɔ:rəs] **I** *s* **1.** Chor *m a. theat;* **2.** Chorgesang *m;* **3.** Refrain *m;* **4.** *(Revue)* Tanzgruppe *f;*

► **in** ~ im Chor, alle zusammen; ~ **girl** Revuetänzerin *f;* **II** *tr, itr* im Chor singen, (auf)sagen, sprechen.

chose, chosen [tʃəʊz, 'tʃəʊzn] *v s. choose.*

chow [tʃaʊ] **1.** *(~-~)* Chow-Chow *m (Hunderasse);* **2.** *sl* Futter *n;* Fraß *m.*

chow·der ['tʃaʊdə(r)] *Am* Fischgericht *n.*

Christ [kraɪst] **I** *s* Christus *m;* **II** *interj* Herrgott! **christen** ['krɪsn] *tr* taufen; **Christen·dom** ['krɪsndəm] die Christenheit; **christen·ing** ['krɪsnɪŋ] Taufe *f.*

Chris·tian ['krɪstʃən] **I** *adj* christlich; **II** *s* Christ(in) *m (f);* **Christian burial** kirchliches Begräbnis; **Christian era** christliche Zeitrechnung; **Chris·ti·an·ity** [ˌkrɪstɪ'ænətɪ] das Christentum; **Chris·tian·ize** ['krɪstʃənaɪz] *tr* christianisieren; **Christian name** Vorname *m;* **Christian Science** *rel* Christliche Wissenschaft.

Christ·mas, Xmas ['krɪsməs] Weihnacht(en *n* od *f pl*) *f;* ► **at** ~ an Weihnachten; **merry** ~! frohe Weihnachten! **Father** ~ der Weihnachtsmann; **Christmas carol** Weihnachtslied *n;* **Christmas Day** der 1. Weihnachtstag *(25. Dez.);* **Christmas Eve** der Heilige Abend *(24. Dez.);* **Christmas pudding** Plumpudding *m;* **Christmas tree** Weihnachts-, Christbaum *m.*

chro·matic [krəʊ'mætɪk] *adj phys mus* chromatisch; **chrome** [krəʊm] *chem* Chrom *n;* **chro·mium** ['krəʊmɪəm] *chem* Chrom *n.*

chro·mo·some ['krəʊməsəʊm] *biol* Chromosom *n.*

chronic ['krɒnɪk] *adj* **1.** *med* chronisch; **2.** dauernd, (be)ständig; **3.** *sl* widerlich.

chron·icle ['krɒnɪkl] Chronik *f;* **chron·icler** ['krɒnɪklə(r)] Chronist(in) *m (f);* **chro·no·logi·cal** [ˌkrɒnə'lɒdʒɪkl] *adj* chronologisch; ► **in** ~ **order** in zeitlicher Folge; ~ **chart** Zeittafel *f;* **chro·no·logy** [krə'nɒlədʒɪ] Chronologie *f;* chronologische Übersicht.

chry·sa·lis ['krɪsəlɪs] *zoo* Puppe *f.*

chry·san·the·mum [krɪ'sænθəməm] *bot* Chrysantheme *f.*

chubby ['tʃʌbɪ] *adj* pausbäckig.

chuck [tʃʌk] **I** *tr* **1.** wegwerfen; **2.** loswerden; ► ~ **s.o. under the chin** jdn ans Kinn schlagen; ~ **it!** *fam* laß das! **II** *s* **1.** Schlag *m* ans Kinn; **2.** Wurf *m;* **3.** *sl* Entlassung *f,* Hinauswurf *m;* **III** *(mit Präposition)* **chuck away** *tr (Gelegenheit)* verpassen, versäumen; **chuck out** *tr (Menschen)* hinauswerfen; **chuck up** *tr* wegwerfen; *(Arbeitsplatz)* aufgeben; **chucker-out** [ˌtʃʌkər'aʊt] *sl* Rausschmeißer *m.*

chuckle ['tʃʌkl] **I** *itr* **1.** kichern; *(~ to o.s.)* in sich hineinlachen; **2.** *(Henne)* glucksen; **II** *s* Gekicher, Glucksen *n.*

chug [tʃʌg] **I** *s* Blubbern, Tuckern *n;* **II** *itr (Motor)* blubbern, tuckern; *(Maschine)* stampfen; ► ~ **along** entlangzockeln; *(Schiff)* entlangtuckern; *fig fam* (gut) vorankommen.

chum [tʃʌm] **I** *s* (Schul)Kamerad *m; fam* Kumpel *m;* **II** *(mit Präposition)* **chum up** *(Am* **around***)* **with** *fam* sich (eng) anschließen an; **chummy** ['tʃʌmɪ] *adj fam* eng befreundet.

chump [tʃʌmp] **1.** (Holz)Klotz *m;* **2.** Keule *f (bes. Küche).*

chunk [tʃʌŋk] **1.** Brocken *m;* Klumpen *m;* (Holz)Klotz *m;* **2.** ziemlich hoher Betrag; **chunky** ['tʃʌŋkɪ] *adj fam* untersetzt; dick.

church [tʃɜ:tʃ] **1.** Kirche *f;* **2.** Gottesdienst *m;* **3.** (die) Christen *m pl;* **4.** Geistlichkeit *f;* ► **at, in** ~ in der Kirche, beim Gottesdienst; **in the** ~ in der Kirche; **go to** ~ in die Kirche gehen, den Gottesdienst besuchen; **church·goer** ['tʃɜ:tʃˌgəʊə(r)] Kirchgänger(in) *m (f);* **church·war·den** [ˌtʃɜ:tʃ'wɔ:dn] Kirchenvorsteher, -älteste(r) *m;* **church·yard** [ˌtʃɜ:tʃ'jɑ:d] Kirchhof *m.*

churl·ish ['tʃɜ:lɪʃ] *adj* **1.** flegelhaft; **2.** filzig, knauserig; **3.** mürrisch.

churn [tʃɜ:n] **I** *s* **1.** Butterfaß *n;* **2.** *Br* große Milchkanne; **II** *tr* **1.** zu Butter verarbeiten; **2.** *(~ up)* auf-, umwühlen; **III** *itr* **1.** buttern; **2.** schäumen; **3.** sich heftig bewegen.

chute [ʃu:t] **1.** Stromschnelle *f;* **2.** Rutsche *f;* **3.** *sport* Rutschbahn *f;* **4.** *fam* Fallschirm *m.*

chut·ney ['tʃʌtnɪ] Chutney *m.*

cider ['saɪdə(r)] Apfelwein, Most *m.*

cigar [sɪ'gɑ:(r)] Zigarre *f;* **cigar·box** [sɪ'gɑ:bɒks] Zigarrenkiste *f;* **cigar-case** Zigarrenetui *n;* **cigar-cutter** Zigarrenabschneider *m.*

ciga·rette [ˌsɪgə'ret, *Am* 'sɪgəret] Zigarette *f;* **cigarette-case** Zigarettenetui *n;* **cigarette-end** Zigarettenstummel *m, fam* Kippe *f;* **cigarette-holder** Zigarettenspitze *f;* **cigarette paper** Zigarettenpapier *n.*

ciga·rillo [sɪgə'rɪləʊ] Zigarillo *m* od *n.*

cin·der ['sɪndə(r)] **1.** Schlacke *f;* **2.** verkohltes Stück Holz; **3.** *pl* Asche *f;* ► **~-track** *sport* Aschenbahn *f.*

Cin·de·rella [ˌsɪndə'relə] Aschenbrödel, -puttel *n.*

cine ['sɪnɪ] *pref* Film-, Kino-; **cine-camera** Filmkamera *f;* **cine-film** Schmalfilm *m;* **cin·ema** ['sɪnəmə] Kino, Film-, Lichtspieltheater *n;* **cinema goer** Kinobesucher(in) *m (f);* **Cin·ema·scope** ['sɪnɪməˌskəʊp] *Wz* Breit-(lein)wand *f;* **cin·ema·tic** [ˌsɪnə'mætɪk] *adj* Film-; **cine-pro·jec·tor** ['sɪnɪprəˌdʒektə(r)] Filmvorführapparat *m.*

cin·na·mon ['sɪnəmən] Zimt *m.*
cipher, cypher ['saɪfə(r)] **I** *s* **1.** *math* Ziffer, Zahl *f;* Null(zeichen *n*) *f;* **2.** *fig* Null *f,* völlig unbedeutender Mensch; **3.** Chiffre *f;* Chiffrierverfahren *n;* **4.** *(~-key)* Schlüssel *m (e-r Geheimschrift);* **II** *tr* verschlüsseln, chiffrieren; **cipher code** Chiffrierschlüssel *m.*
circle ['sɜːkl] **I** *s* **1.** *math* Kreis *m;* **2.** *astr* Kreisbahn *f;* **3.** Ring *m;* Reif *m;* **4.** *sport* Rundlauf *m;* **5.** *theat* Rang *m;* **6.** Kreis *m,* Gebiet *n;* **7.** *(~ of friends)* Freundes-, Bekanntenkreis *m;* **8.** Wirkungskreis *m,* (Einfluß)Sphäre *f;* Spielraum, Bereich *m;* ▶ **full ~** rundherum, im Kreise; **square the ~** *fig* das Unmögliche versuchen; **dress ~** *theat* 1. Rang *m;* **II** *tr* umkreisen; sich bewegen um; umfahren, umgeben; **III** *itr* fahren, segeln, fliegen (*round, about s.th.* um etw); sich im Kreis bewegen; *(Vogel, aero)* kreisen.
cir·cuit ['sɜːkɪt] **I** *s* **1.** Umkreis, Umfang *m;* **2.** Gebiet *n,* Bezirk *m;* **3.** Runde *f,* Rundgang *m,* -fahrt *f,* -flug *m* (*of* um); Rundreise *f;* **4.** *jur* Rundreise *f* (e-s Richters); Gerichtsbezirk *m;* **5.** *Am (methodistischer)* (Kirchen)Sprengel *m;* **6.** Ring *m;* Kreislauf *m;* Periode *f;* **7.** Theater-, Kinoring *m;* **8.** *sport* Rennbahn *f;* Turnierrunde *f;* **9.** *el* Stromkreis *m;* Schaltung *f;* ▶ **short ~** *el* Kurzschluß *m;* **II** *tr* umfahren, -schiffen, -segeln, -fliegen; **III** *itr* e-e Runde, Rundfahrt, -reise machen; sich im Kreis bewegen; **circuit board** *el* Schaltplatte *f;* **circuit breaker** *el* Stromkreisunterbrecher *m;* **circuit diagram** *el* Schaltplan *m;* **cir·cu·itous** [sɜː'kjuːɪtəs] *adj* weitschweifig; weitläufig; umständlich.
cir·cu·lar ['sɜːkjʊlə(r)] **I** *adj* kreisförmig, rund; **II** *s* Rundschreiben *n;* **circular letter** Rundschreiben *n;* **circular saw** Kreissäge *f;* **circular ticket** Rundreisekarte *f;* **circular tour, trip** Rundreise, -fahrt *f;* **cir·cu·late** ['sɜːkjʊleɪt] **I** *itr* **1.** zirkulieren *(a. Blut),* umlaufen; **2.** die Runde machen; **3.** herumreisen; **II** *tr* in Umlauf setzen; **cir·cu·lat·ing** [—ɪŋ] *adj fin* umlaufend; ▶ **~ capital** Umlaufkapital *n;* **cir·cu·la·tion** [ˌsɜːkjʊ'leɪʃn] **1.** (*bes.* Blut)Zirkulation *f,* Kreislauf *m;* **2.** *(Zeitung)* Verbreitung *f;* Auflage(nhöhe, -ziffer) *f;* **3.** (Geld)Umlauf *m;* ▶ **out of ~** außer Kurs; **with a wide ~** mit hoher Auflage; **be in ~** in Umlauf sein; **put into ~** in Umlauf setzen, in Verkehr bringen; **withdraw from ~** außer Kurs setzen; **cir·cu·la·tory** [ˌsɜːkjʊ'leɪtərɪ] *adj* Kreislauf-; ▶ **~ system** Blutkreislauf *m.*
cir·cum ['sɜːkəm] *pref* (her)um-; Um-; **cir·cum·cise** ['sɜːkəmsaɪz] *tr rel med* beschneiden; **cir·cum·ci·sion** [ˌsɜːkəm'sɪʒn] Beschneidung *f;* **cir·cum·fer·ence** [sə:'kʌmfərəns] *math* Umfang *m,* Peripherie *f;* **cir·cum·lo·cu·tion** [ˌsɜːkəmlə'kjuːʃn] Umschreibung *f;* Weitschweifigkeit *f;* **cir·cum·navi·gate** [ˌsɜːkəm'nævɪgeɪt] *tr* umschiffen, -segeln; **cir·cum·navi·ga·tion** [ˌsɜːkəmˌnævɪ'geɪʃn] Umschiffung, Umsegelung *f;* **cir·cum·scribe** ['sɜːkəmskraɪb] *tr* **1.** *math (Figur)* einen Kreis beschreiben um; **2.** begrenzen, einschränken; **3.** definieren; **cir·cum·scrip·tion** [ˌsɜːkəm'skrɪpʃn] **1.** *math* Umschreibung *f;* **2.** Ab-, Begrenzung, Beschränkung *f;* **3.** *(Münze)* Umschrift *f;* **cir·cum·spect** ['sɜːkəmspekt] *adj* umsichtig; bedachtsam, vorsichtig.
cir·cum·stance ['sɜːkəmstəns] **1.** Umstand *m,* Tatsache *f;* Sachverhalt *m;* **2.** *pl* Einzelheiten, Gegebenheiten *f pl,* Verhältnisse *n pl;* Fall *m;* ▶ **in, under the ~s** unter diesen Umständen; **in, under no ~s** auf keinen Fall; **in all ~s** unter allen Umständen; **in easy, good** od **flourishing ~s** in angenehmen, guten Verhältnissen; **in bad, reduced** od **straitened ~s** in schlechten, beschränkten Verhältnissen; **the ~ that** der Umstand, daß; **that depends on ~s** das kommt darauf an; **aggravating, extenuating ~s** *jur* erschwerende, mildernde Umstände *m pl;* **cir·cum·stan·tial** [ˌsɜːkəm'stænʃl] *adj* **1.** genau, eingehend, ausführlich; **2.** zufällig, nebensächlich; ▶ **~ evidence** *jur* Indizienbeweis *m.*
cir·cum·vent [ˌsɜːkəm'vent] *tr* umgehen.
cir·cus ['sɜːkəs] **1.** Zirkus *m;* **2.** *Br* runder Platz.
cir·rho·sis [sɪ'rəʊsɪs] *med* Leberzirrhose *f.*
cir·rus ['sɪrəs] ⟨*pl* -ri⟩ ['sɪraɪ] **1.** *bot* Ranke *f;* **2.** *(~ cloud)* Zirrus(wolke *f*) *m,* Federwolke *f.*
cissy ['sɪsɪ] *s. sissy.*
cis·tern ['sɪstən] Zisterne *f; (Toilette)* Spülkasten *m.*
cita·del ['sɪtədəl] Zitadelle *f.*
ci·ta·tion [saɪ'teɪʃn] **1.** *jur* (Vor)Ladung *f;* **2.** Anführung *f;* Zitat *n;* **3.** *mil* ehrenvolle Erwähnung; **cite** [saɪt] *tr* **1.** *jur* vorladen (*before* vor); **2.** zitieren, anführen; sich berufen (*s.th.* auf etw).
citi·zen ['sɪtɪzn] **1.** Bürger(in) *m (f);* **2.** Städter(in) *m (f);* **3.** Staatsangehörige(r) *f m;* **citi·zens' band** CB-Funk *m;* **citi·zen·ship** [—ʃɪp] Bürgerrecht *n;* Staatsangehörigkeit *f.*
cit·ric ['sɪtrɪk] *adj* ▶ **~ acid** Zitronensäure *f;* **cit·rus** ['sɪtrəs] *(~ fruit)* Zitrusfrucht *f.*
city ['sɪtɪ] **1.** (große, bedeutende) Stadt *f;* **2.** Stadtgemeinde *f;* **3.** Zentrum *n,* Altstadt *f,* Geschäftsviertel *n,* City *f;* **city-father** Stadtrat *m; pl* Stadtväter *m pl;* **city hall** Rathaus *m;* **city planner** *Am*

Stadtplaner(in) *m (f)*.
civic ['sɪvɪk] **I** *adj* (staats)bürgerlich; städtisch; **II** *s pl mit sing* Staatsbürgerkunde *f*.
civies *s. civvies*.
civil ['sɪvl] *adj* **1.** (staats)bürgerlich; **2.** zivil(rechtlich); **3.** zivil, bürgerlich; **4.** höflich, gesittet; **civil defence** Zivilschutz *m;* **civil disobedience** passiver Widerstand, ziviler Ungehorsam; **civil engineer** Bauingenieur(in) *m (f)*.
ci·vil·ian [sɪ'vɪlɪən] **I** *s* Zivilist(in) *m (f);* **II** *adj* bürgerlich.
ci·vil·ity [sɪ'vɪlətɪ] Höflichkeit *f*.
civi·li·za·tion [ˌsɪvəlaɪ'zeɪʃn] Zivilisation, Kultur *f;* **civi·lize** ['sɪvəlaɪz] *tr* zivilisieren.
civil law ['sɪvl'lɔː] bürgerliches Recht; **civil marriage** standesamtliche Trauung; **civil population** Zivilbevölkerung *f;* **civil rights** *pl* Bürgerrechte, bürgerliche Ehrenrechte *n pl;* **civil servant** (Staats)Beamte(r) *f m;* **civil service** Staatsdienst *m;* **civil war** Bürgerkrieg *m*.
civ·vies ['sɪvɪz] *pl sl* Zivilkleidung *f*.
clack [klæk] **I** *s* **1.** Klappern *n;* **2.** Plappern *n;* **3.** Ventil(klappe *f*) *n;* **II** *itr* **1.** klappern; **2.** *fam* schwatzen.
claim [kleɪm] **I** *s* **1.** Anspruch *m* (*to* auf); **2.** Forderung *f* (*on s.o.* gegen jdn); **3.** Behauptung *f;* **4.** Anrecht *n;* **5.** *min* (beanspruchte) Parzelle *f;* Mutung *f;* Kux *m;* **6.** *jur* Schadenssumme *f;* Klage, Mängelrüge, Reklamation *f;* ► **baggage ~** *aero* Gepäckrückgabe *f;* **lay ~ to, make a ~ to** Anspruch erheben auf; **~ for damages** Schadensanspruch *m;* **II** *tr* **1.** *(Person)* Anspruch erheben auf; **2.** *(Unterstützung)* beantragen; beanspruchen; **3.** verlangen, fordern, geltend machen; **4.** behaupten, versichern; ► **~ attention** Aufmerksamkeit erfordern; **where do I ~ my baggage?** wo bekomme ich mein Gepäck? **III** *itr* Schadensersatz verlangen; ► **~ for s.th.** sich etw erstatten lassen; **claim·ant** ['kleɪmənt] Antragsteller(in) *m (f);* Anspruchsberechtigte(r) *f m;* Kläger(in) *m (f)*.
clair·voy·ance [kleə'vɔɪəns] Hellsehen *n;* **clair·voy·ant** [kleə'vɔɪənt] Hellseher(in) *m (f)*.
clam [klæm] **I** *s* **1.** *zoo* Venusmuschel *f;* **2.** *Am sl* maulfauler Mensch; **II** *(mit Präposition)* **clam up** *itr* das Maul halten.
clam·ber ['klæmbə(r)] *itr* (mühsam) klettern.
clam chow·der ['klæmˌtʃaʊdə(r)] *Am* Suppe *f* mit Muscheln.
clammy ['klæmɪ] *adj* feucht(kalt).
clam·or·ous ['klæmərəs] *adj* lärmend, schreiend; **clam·our,** *Am* **clam·or** ['klæmə(r)] **I** *s* Geschrei *n*, Lärm *m;* **II** *itr* schreien, lärmen; **III** *itr, tr* laut fordern; rufen (*s.th., for s.th.* nach etw); laut protestieren (*s.th., against s.th.* gegen etw).
clamp [klæmp] **I** *s* **1.** (Eisen)Klammer *f;* Klemme, (Schraub)Zwinge *f; (Kabel)* Schelle *f;* **2.** *(Ski)* Strammer *m;* **II** *tr* (ver)klammern; festklemmen; (ein)spannen; **III** *(mit Präposition)* **clamp down** *itr fam* strenger vorgehen (*on s.o.* gegen jdn).
clan [klæn] **1.** *(Schottland)* Clan *m;* **2.** Sippschaft *f;* Clique *f*.
clan·des·tine [klæn'destɪn] *adj* heimlich, geheim.
clang [klæŋ] **I** *s* Klang *m*, Klirren, Rasseln *n;* **II** *itr* klingen, klirren, rasseln; **III** *tr* klappern lassen; *(Glocke)* läuten; **clanger** ['klæŋgə(r)] *Br fam* Fauxpas, Schnitzer *m* ► **drop a ~** ins Fettnäpfchen treten; **clang·our,** *Am* **clan·gor** ['klæŋə(r)] Klirren *n*, Schall *m; (Trompete)* Geschmetter *n*.
clank [klæŋk] **I** *s* Geklirr, Gerassel *n;* **II** *itr* klirren, rasseln; **III** *tr* klirren lassen.
clap [klæp] **I** *tr* **1.** (zusammen)schlagen; **2.** e-n Klaps geben (*s.o.* jdm); **3.** beklatschen, Beifall spenden (*s.o.* jdm); ► **~ eyes on s.o.** jdn erblicken; **~ one's hands** in die Hände klatschen; **~ s.o. on the shoulder** jdm (freundschaftlich) auf die Schulter klopfen; **he ~ped his hat on** er setzte rasch seinen Hut auf; **II** *itr* (Beifall) klatschen; **III** *s* **1.** (lauter) Schlag *m;* **2.** (Hände)Klatschen *n;* Beifall, Applaus *m;* **3.** Klaps, leichter Schlag *m;* **4.** *vulg* Tripper *m;* ► **~ of thunder** Donnerschlag *m;* **clapped-out** [ˌklæpt'aʊt] *adj fam* **1.** erschöpft; **2.** *(Auto)* klapprig; **clap·per** ['klæpə(r)] **1.** *(Glocke)* Klöppel *m;* **2.** (Vogel)Klapper *f;* ► **run like the ~s** mit einer Affengeschwindigkeit rennen; **clap·trap** ['klæptræp] Geschwätz *n;* Unsinn *m*.
claret ['klærət] roter Bordeauxwein.
clari·fi·ca·tion [ˌklærɪfɪ'keɪʃn] **1.** Klärung *f a. fig;* **2.** Klarstellung, Verdeutlichung *f;* **clar·ify** ['klærɪfaɪ] **I** *tr* **1.** abklären, läutern *a. fig;* reinigen; **2.** aufklären; **II** *itr* **1.** sich klären *a. fig;* **2.** *fig* sich aufklären.
clari·net [ˌklærɪ'net] *mus* Klarinette *f*.
clar·ity ['klærətɪ] Klarheit, Deutlichkeit *f*.
clash [klæʃ] **I** *itr* **1.** klirren, rasseln; **2.** (zusammen-, aufeinander)prasseln, -prallen (*with* mit); **3.** aneinander-, zusammenstoßen, kollidieren *a. fig;* **4.** *fig* (zeitlich) zusammenfallen; **5.** sich widersprechen; **6.** nicht zusammen-, zueinanderpassen (*with* mit); **7.** *(Farben)* sich beißen; **8.** sich streiten; **II** *s* **1.** Klirren *n;* **2.** Zusammenprall, -stoß *m a. fig;* **3.** *fig* Widerstreit *m;* Disharmonie, Diskre-

panz *f;* **4.** Kollision *f;* **5.** (zeitliches) Zusammentreffen *n.*

clasp [klɑːsp] **I** *tr* **1.** fest-, an-, einhaken; **2.** umklammern, umfassen; fassen, (er)greifen; fest drücken (*to* an); ▶ ~ **s.o. in one's arms** jdn in die Arme schließen; ~ **s.o.'s hand** jdm die Hand drücken; ~ **one's hands** die Hände falten; **II** *s* **1.** Haken *m* (u. Öse *f*); Klammer *f;* Schnalle *f;* Spange *f;* **2.** Umklammerung *f;* Umarmung *f;* Händedruck *m;* **clasp knife** ⟨*pl* -knives⟩ Klappmesser *n.*

class [klɑːs] **I** *s* **1.** Klasse *f;* **2.** (Gesellschafts)Klasse, Schicht *f;* **3.** *rail, (Schule)* Klasse *f;* Unterrichts-, Schulstunde *f;* Vorlesung *f,* Kolleg *n,* Kurs *m;* **4.** *Br (Universität)* Klassifizierung *f* im Examen; **5.** *Am* Jahrgang *m;* **6.** Qualität, Klasse, Güte, Sorte *f;* ▶ **in a** ~ **by itself** von besonderer Qualität; einzigartig; **not to be in the same** ~ **with** sich nicht messen können mit; **II** *tr* **1.** einstufen, in Gruppen einteilen; einordnen; **2.** betrachten (*as* als); **class-conscious** *adj* klassenbewußt; **class distinctions** *pl* Klassenunterschiede *m pl.*

classic [ˈklæsɪk] **I** *adj* klassisch; **II** *s* Klassiker *m;* **clas·si·cal** [ˈklæsɪkl] *adj* **1.** klassisch; **2.** *(Bildung)* humanistisch; **3.** *arch* klassizistisch; **clas·si·cism** [ˈklæsɪsɪzəm] Klassik *f;* Klassizismus *m;* **clas·si·cist** [ˈklæsɪsɪst] Altphilologe *m;* **clas·sics** [ˈklæsɪks] *pl mit sing* Altphilologie *f.*

clas·si·fi·ca·tion [ˌklæsɪfɪˈkeɪʃn] Klassifizierung, Einteilung *f;* **clas·si·fied** [ˈklæsɪfaɪd] *adj* **1.** *mil* geheim; **2.** in Klassen eingeteilt; ▶ ~ **ad(vertisement)** Kleinanzeige *f;* ~ **directory** Branchenverzeichnis *n;* **clas·sify** [ˈklæsɪfaɪ] *tr* klassifizieren, einteilen.

class·less [ˈklɑːʃlɪs] *adj* klassenlos; **class·mate** [ˈklɑːsmeɪt] Klassen-, Schulkamerad, Schulfreund *m;* **class·room** [ˈklɑːsrʊm] Klassenzimmer *n;* **class-struggle** Klassenkampf *m.*

classy [ˈklɑːsɪ] *adj fam* Klasse, prima, in Ordnung.

clat·ter [ˈklætə(r)] **I** *s* **1.** Klappern, Rasseln, Rattern *n;* **2.** Lärm, Tumult *m;* **II** *itr* klappern, rasseln, rattern; ▶ ~ **along** dahinrattern, -rasseln; **III** *tr* klappern, rattern, rasseln mit.

clause [klɔːz] **1.** Satz *m;* **2.** *jur* Vertragsbestimmung, Klausel *f;* Absatz, Paragraph *m;* ▶ **jurisdiction** ~ Gerichtsstandklausel *f;* **main, subordinate** ~ Haupt-, Nebensatz *m.*

claus·tro·pho·bia [ˌklɔːstrəˈfəʊbɪə] Platzangst *f.*

clav·icle [ˈklævɪkl] *anat* Schlüsselbein *n.*

claw [klɔː] **I** *s* **1.** Kralle, Klaue *a. tech f;* Tatze, Pfote *f a. pej;* (Krebs)Schere *f;* **2.** *tech* Haken *m;* **II** *tr* **1.** packen; **2.** zerkratzen; **3.** reißen (*a hole* ein Loch); **III** *itr* greifen (*at* nach); zerren (*at* an).

clay [kleɪ] Lehm *m;* Ton *m;* **clay pigeon** Tontaube *f.*

clean [kliːn] **I** *adj* **1.** rein, sauber *a. fig;* reinlich; **2.** frisch, neu, unbenutzt; **3.** *(Papier)* weiß, unbeschrieben; **4.** *fig* einwand-, fehlerfrei, tadellos, anständig; fair; **5.** unschuldig; **6.** vorbehaltlos, uneingeschränkt; *(Wechsel)* einwandfrei; **7.** *(Bruch, Schnitt)* sauber; *(Linien)* klar; **8.** umweltschonend; **9.** geschickt, gewandt, *fam* gekonnt; ▶ **have** ~ **hands, a** ~ **slate** *fig* e-e reine Weste haben; **have a** ~ **record** e-e tadellose Vergangenheit haben; **keep** ~ sauberhalten; **make a** ~ **breast of s.th.** sich etw vom Herzen reden; **make a** ~ **copy of s.th.** etw ins reine schreiben; **make a** ~ **sweep of s.th.** mit e-r S vollständig aufräumen; **II** *adv* **1.** vollkommen, -ständig, völlig, ganz; **2.** sauber, rein; **III** *tr* **1.** reinigen, säubern, putzen; **2.** *(Fisch, Geflügel)* ausnehmen; **IV** *(mit Präposition)* **clean down** *tr* abwischen, -bürsten; gründlich abwaschen; **clean out** *tr* beseitigen, aus-, aufräumen; *(Geld)* aufbrauchen; ▶ ~ **s.o. out** *fam* jdn ausnehmen; **be** ~**ed out** *fam* blank sein, kein Geld mehr haben; **clean up** *tr* **1.** rein machen, saubermachen, aufräumen, aufwischen; **2.** *fam* fertigmachen; **3.** *sl (als Gewinn)* einstecken-, in die Tasche stecken; *itr* seine Arbeit zu Ende bringen; sich zurechtmachen, sich waschen.

clean-cut [ˌkliːnˈkʌt] *adj* **1.** wohlgeformt; gut aussehend; **2.** scharf umrissen; **3.** *fig* klar; **cleaner** [ˈkliːnə(r)] **1.** Reiniger *m;* **2.** Putzfrau *f;* ▶ **dry-**~**'s** chemische Reinigung *f (Geschäft);* **take s.o. to the** ~**'s** *fam* jdn übers Ohr hauen, reinlegen; **clean·ing** [kliːnɪŋ] Reinigung, Säuberung *f;* **cleaning lady, woman** Putzfrau *f;* **clean·li·ness** [ˈklenlɪnɪs] Reinlichkeit, Sauberkeit *f;* **clean·ly** [ˈklenlɪ] **I** *adv* sauber; **II** *adj* reinlich, sauber; **cleanse** [ˈklenz] *tr* reinigen, säubern; *(Bibel) (vom Aussatz)* heilen, rein machen; *fig* läutern; *(von Sünde)* frei machen; **cleanser** [ˈklenzə(r)] Reinigungsmittel *n;* **clean-shaven** [ˈkliːnˈʃeɪvn] *adj* glattrasiert; **clean-up** [ˈkliːnʌp] **1.** Reine-, Saubermachen *n;* **2.** *fam* Säuberungsaktion *f;* **3.** *sl* Profit, Gewinn *m.*

clear [klɪə(r)] **I** *adj* **1.** klar; hell, rein; **2.** deutlich, scharf, fest umrissen; **3.** verständlich; eindeutig; **4.** *(Straße)* frei; *(Weg)* offen; frei (*of* von); **5.** sicher, zuversichtlich, entschlossen (*of, on* in, hinsichtlich); **6.** frei von Schuld, unschuldig; **7.** *(Zeit, Summe)* voll; schuldenfrei; **8.** *(Gewinn)* Rein-; Netto-; **9.** *(Himmel)* wolkenlos; **II** *adv* **1.** (voll u.) ganz, völlig, vollständig; **2.** *fam* geradeswegs, mitten durch; **III** *s* **1.** Klartext *m;* **2.** *Am* Lichtung *f;* **3.** lichte Weite; **IV** *tr* **1.** klar, hell, deutlich machen; auf-, erhellen; **2.** *(Straße)* frei machen; räumen; **3.** *(Wald)* roden; **4.** *(Weg)* bahnen; **5.** *(Konto)* ausgleichen; *(Schuld)* bereinigen, begleichen; **6.** säubern; *(Tisch)* abräumen; aufräumen; **7.** *EDV* löschen; **8.** *com (Lager)* räumen; **9.** überholen, springen über, vorbeikommen an; **10.** *fig* frei machen, befreien (*of, from* von); **11.** *jur* entlasten, freisprechen (*of* von); **12.** für unbedenklich erklären; genehmigen; freigeben; **13.** *fin* bezahlen, begleichen; einlösen; *(Grundstück)* von Belastungen frei machen; **14.** (rein) gewinnen, einnehmen; **15.** *radio (Sendezeit)* kaufen; **16.** *(Ware)* verzollen; zollamtlich abfertigen; **17.** *tech* entstören; *(Störung)* beseitigen; *(Aufnahme)* löschen; **V** *itr* **1.** klar, hell, deutlich werden; **2.** *(Himmel)* (*~ up*) aufklaren; **3.** *(Schiff)* absegeln, -fahren; klarkommen; *(~ in, out)* Hafengebühren bezahlen; **VI** *(Wendungen)* ▶ **in the ~** aus allem heraus; **come out of a ~ sky** aus heiterem Himmel kommen; **get ~ of s.th.** etw loswerden; **keep ~ of s.th.** etw meiden; **make o.s. ~** sich verständlich machen; **~ the hurdle** die Schwierigkeiten überwinden; **~ one's throat** sich räuspern; **all ~!** Gefahr vorbei! **~ the decks!** *mar* klar Deck! **a ~ conscience** ein reines Gewissen; **three ~ days** drei volle Tage. **~ profit, gain** Reingewinn *m;* **VII** *(mit Präposition)* **clear away** *tr* **1.** ab-, wegräumen; **2.** *fig (Zweifel)* beseitigen; **3.** *(Schwierigkeiten)* überwinden; **clear off** *tr* wegbringen, beseitigen, weg-, fortschaffen; *itr fam* abhauen, türmen; **clear out** *tr* säubern, reinigen; ausräumen; *itr* sich aus dem Staub machen; **clear up** *tr* aufräumen; ins reine, in Ordnung bringen; (auf)klären.

clear·ance ['klɪərəns] **1.** (Auf)Räumung(sarbeiten *f pl*), Beseitigung *f;* **2.** *com* Räumung *f* des Lagers; **3.** *fin* Tilgung *f;* Deckungsbestätigung *f (von Scheck);* **4.** Rodung *f;* **5.** *(Brücke)* lichte Höhe; **6.** *tech* Spiel(raum *m*) *n,* Abstand, Zwischenraum, freier Raum *m;* **7.** Genehmigung, Erlaubnis *f;* **8.** Verzollung, Zollabfertigung, Freigabe, Abfertigung *f a. aero;* **9.** *(bill of ~)* Zoll(abfertigungs)schein *m;* **10.** *aero* Starterlaubnis, -freigabe *f;* **clearance-sale** Räumungs-, Ausverkauf *m.*

clear-cut ['klɪə'kʌt] *adj* **1.** scharf geschnitten; **2.** *fig* klar, eindeutig; **clear film** Klarsichtfolie *f;* **clear-headed** [ˌklɪə'hedɪd] *adj* einsichtig, verständig.

clear·ing ['klɪərɪŋ] **1.** Ab-, Verrechnung *f,* Clearing *n;* **2.** Rodung *f;* Lichtung *f;* **clearing-house** Verrechnungsstelle *f;* **clearing office** Ausgleichs-, Ab-, Verrechnungsstelle *f.*

clear·ly ['klɪəlɪ] *adv* **1.** klar (und deutlich); **2.** eindeutig, offensichtlich; **clearness** ['klɪənɪs] *s. clarity;* **clear-sighted** [ˌklɪə'saɪtɪd] *adj* **1.** klar sehend; **2.** scharfsichtig.

cleav·age ['kli:vɪdʒ] **1.** (Auf)Spaltung *f a. fig;* Spalte *f;* **2.** Dekolleté *n;* **cleave** [kli:v] ⟨*irr* **clove** *od* **cleft** *od* **cleaved, cleft** *od* **cloven**⟩ **I** *tr* **1.** (auf)spalten, zerhacken, auseinander-, zerbrechen; **2.** *(Weg)* bahnen; **3.** *(Menschen)* trennen; **II** *itr* sich spalten.

clef [klef] *mus* (Noten)Schlüssel *m.*

cleft [kleft] **I** *v s. cleave;* **II** *s* Spalte *f,* Riß *m;* Kluft *f a. fig.*

cle·ma·tis ['klemətɪs] *bot* Klematis *f;* Waldrebe *f.*

clem·ency ['klemənsɪ] Milde *f;* Nachsicht *f;* **clem·ent** ['klemənt] *adj* milde; nachsichtig.

clench [klentʃ] *tr* **1.** (fest) zusammendrücken, -pressen; **2.** ergreifen, packen.

clergy ['klɜ:dʒɪ] *sing mit pl* Klerus *m,* Geistlichkeit *f;* **clergy·man** [—mən] ⟨*pl* -men⟩ Geistliche(r) *m.*

cleri·cal ['klerɪkl] *adj* **1.** geistlich; **2.** *pol* klerikal; **3.** Büro-, Schreib-; **clerical error** Schreibfehler *m;* **clerical staff** Büropersonal *n;* **clerical work** Büroarbeit *f.*

clerk [klɑ:k, *Am* klɜ:rk] **1.** Büroangestellte(r) *f m;* Sekretär(in) *m (f);* **2.** Buchhalter(in) *m (f);* Kontorist(in) *m (f);* **3.** *Am* Verkäufer(in *f*) *m;* **4.** Leiter(in), Vorsteher(in) *m (f).*

clever ['klevə(r)] *adj* **1.** klug, gescheit *(a. Rede, Schrift);* **2.** begabt, talentvoll; **3.** geschickt, gewandt (*at* in); **4.** tüchtig; **5.** gewieft, raffiniert; **clever dick** *fam* Besserwisser *m;* **clever·ness** [—nɪs] **1.** Klugheit *f;* **2.** Geschicklichkeit, Gewandtheit *f;* **3.** Raffinesse *f.*

cliché ['kli:ʃeɪ] **1.** Klischee *n;* **2.** *fig* (abgedroschene) Redensart *f,* Gemeinplatz *m.*

click [klɪk] **I** *s* **1.** Klicken *n;* Knacken *n;* Schnalzen *n;* **2.** Sperrhaken *m,* -klinke *f;* **II** *itr* **1.** klicken; knacken; zuschnappen; **2.** *sl* zusammenpassen; erfolgreich ankommen (*for* bei); **3.** *fam* sich verknallen; **III** *tr* schnalzen (*one's tongue* mit der Zunge); ▶ **~ one's heels** die Hakken zusammenschlagen.

cli·ent ['klaɪənt] **1.** Klient(in), Mandant(in) *m (f) (e-s Rechtsanwalts);* **2.** Patient(in) *m (f);* **3.** Kunde *m,* Kundin *f;* **cli·en·tele** [ˌkli:ɒn'tel] **1.** Kundschaft *f;* **2.** *jur* Klientel *f;* **3.** *med* Patienten *pl.*

cliff [klɪf] Klippe *f;* **cliff-hanger** ['klɪfhæŋə(r)] *spannender Schluß ohne Lösung des Rätsels.*

cli·mac·ter·ic [klaɪ'mæktərɪk] **I** *adj* **1.** kritisch, entscheidend; **2.** *physiol* klimakterisch; **II** *s* **1.** Wechseljahre *n pl;* **2.** *fig* kritische Zeit; **cli·mac·tic**

[ˌklaɪˈmæktɪk] *adj* ▶ **a ~ scene** ein Höhepunkt *m.*

cli·mate [ˈklaɪmɪt] **1.** Klima *n a. fig;* **2.** *fig* Stimmung, Atmosphäre *f;* **cli·mat·ic** [klaɪˈmætɪk] *adj* klimatisch; **cli·ma·tol·ogist** [ˌklaɪməˈtɔlədʒist] Klimatologe *m,* Klimatologin *f,* Klimaforscher(in) *m (f);* **cli·ma·tol·ogy** [ˌklaɪməˈtɒlədʒɪ] Klimatologie *f.*

cli·max [ˈklaɪmæks] **I** *s* **1.** Höhepunkt *m;* **2.** Orgasmus *m;* **II** *itr* seinen Höhepunkt erreichen.

climb [klaɪm] **I** *tr* **1.** ersteigen, erklimmen *a. fig,* erklettern; **2.** steigen, klettern (*the tree* auf den Baum); **II** *itr* **1.** klettern; **2.** *(Straße)* steigen; (empor-, auf)steigen; **3.** rasch hineinschlüpfen (*into* in); **III** *s* **1.** Klettern *n;* Steigung *f;* Steigen *n;* **2.** Aufstieg *m;* **3.** Kletterpartie *f;* **IV** *(mit Präposition)* **climb down** *itr* hinab-, hinunterklettern, -steigen; *fig* nachgeben; zurücktreten; **climber** [ˈklaɪmə(r)] **1.** Kletterer *m;* Bergsteiger *m;* **2.** *(social ~)* Aufsteiger *m;* **3.** Kletterpflanze *f;* **climb·ing** [ˈklaɪmɪŋ] **1.** Klettern *n;* Bergsteigen *n;* **2.** *aero* Steigflug *m.*

clinch [klɪntʃ] **I** *tr* **1.** *(Boxkampf)* umklammern; festhalten; **2.** *(Nagel)* krumm schlagen; **3.** *mar (Tau)* festmachen; **4.** *fig* fest abmachen; *(Geschäft)* abschließen; **II** *s* **1.** *(Boxen), fig* Clinch *m;* **2.** *sl* Umarmung *f;* ▶ **have s.th. in a ~** etw fest in der Hand haben; **clincher** [ˈklɪntʃə(r)] entscheidendes Argument; **that's a ~** damit ist der Fall erledigt.

cling [klɪŋ] ⟨*irr* **clung, clung**⟩ *itr* **1.** haften, sich klammern (*to* an); **2.** *fig* hängen, festhalten (*to* an); ▶ **~ together** (fest) zusammenhalten; **cling-film** [ˈkliŋfilm] *Wz* Frischhaltefolie *f;* **cling·ing** [—ɪŋ] *adj* **1.** *(Kleidung)* enganliegend; **2.** *fig* (sehr) anhänglich.

cli·nic [ˈklɪnɪk] **1.** *med* klinisches Praktikum; **2.** Klinik *f;* Poliklinik *f;* ▶ **speech ~** Beratungsstelle *f* für Sprachgestörte; **cli·ni·cal** [ˈklɪnɪkl] *adj* **1.** klinisch; **2.** *fig* kühl, unpersönlich; steril; ▶ **~ thermometer** Fieberthermometer *n.*

clink [klɪŋk] **I** *itr* klirren, klinge(l)n; **II** *tr* klirren lassen; klimpern mit; ▶ **~ glasses** anstoßen; **III** *s* **1.** Klirren *n;* **2.** *sl* Kittchen *n.*

clinker [ˈklɪŋkə(r)] **1.** Klinker *m;* **2.** Schlacke *f;* **3.** *Am sl* Fehler *m.*

clip¹ [klɪp] **I** *s* **1.** Halter *m;* Klammer *f;* Spange *f;* **2.** *(paper ~)* Büroklammer *f;* *(laundry ~)* Wäscheklammer *f;* **3.** *(Rohr)* Schelle *f;* **4.** *rail* Lasche *f;* **5.** *mil* Ladestreifen *m;* **6.** (Ohr)Klips *m;* **II** *tr* festklammern, -klemmen, -halten; **clip·board** [ˈklipbɔːd] Klemmbrett *n.*

clip² [klɪp] **I** *tr* **1.** *(Haar)* schneiden; *(Hund)* scheren; **2.** stutzen; kappen; *(Hecke)* beschneiden; **3.** *(Fahrschein)* knipsen; **4.** *(aus e-r Zeitung)* ausschneiden; **5.** *fig (Laut, Silbe)* verschlucken; **II** *s* **1.** (Schaf)Schur *f;* Schneiden *n;* Stutzen *n;* **2.** Klaps, Schlag *m;* **3.** (Film-)Ausschnitt *m;* **4.** *fam* hohes Tempo.

clip·per [ˈklɪpə(r)] **1.** Klipper, Schnellsegler *m;* **2.** *aero* Verkehrsflugzeug *n;* **3.** *pl* Schere *f;* ▶ **nail-~s** *pl* Nagelzwicker *m.*

clip·ping [ˈklɪpɪŋ] **1.** (Zeitungs)Ausschnitt *m;* **2.** *pl* Abfälle *m pl.*

clique [kliːk] Clique *f,* Klüngel *m;* **cliquish, cliquy** [ˈkliːkɪʃ, ˈkliːkɪ] *adj* cliquenhaft.

clit·oris [ˈklɪtərɪs] *anat* Klitoris *f.*

cloak [kləʊk] **I** *s* **1.** Umhang, (weiter) Mantel *m;* **2.** *fig* Deckmantel, Vorwand *m* (*for* für); ▶ **under the ~ of** unter dem Vorwand, im Schutz von; **~ and dagger operation** Nacht-und-Nebel-Aktion *f;* **II** *tr fig* verbergen, bemänteln; **cloak·room** [ˈkləʊkrʊm] **1.** Garderobe *f;* **2.** *Br* Toilette *f.*

clob·ber [ˈklɒbə(r)] **I** *s sl* **1.** Kram *m;* **2.** Kleider *n pl;* **II** *tr fam* **1.** (vollkommen) erledigen, fertigmachen; **2.** verprügeln.

clock [klɒk] **I** *s* **1.** *(Wand-, Turm-)* Uhr *f;* **2.** *fam* Tacho(meter) *m;* ▶ **it is ten o'~** es ist 10 Uhr; **round the ~** rund um die Uhr; **put the ~ back** die Uhr zurückstellen, *fig* -drehen; **alarm-~** Wecker *m;* **cuckoo ~** Kuckucksuhr *f;* **II** *tr* mit der Stoppuhr messen, abstoppen; *(Zeit)* registrieren **III** *(mit Präposition)* **clock in, out** *itr* (ein-, aus)stempeln; **clock up** *tr* **1.** *(Entfernung)* zurücklegen; **2.** *(Geschwindigkeit)* erreichen; **3.** *(Schulden)* machen; **4.** *(Erfolg)* verbuchen; **clock-face** Zifferblatt *n;* **clock·wise** [ˈklɒkwaɪz] *adj, adv* im Uhrzeigersinn; **clock·work** [ˈklɒkwɜːk] Uhrwerk *n;* ▶ **like ~** *fig* wie am Schnürchen; **~ toy** mechanisches Spielzeug.

clod [klɒd] **1.** (Erd)Klumpen *m;* **2.** *(Mensch)* Trottel *m;* Trampel *m* od *f.*

clog [klɒg] **I** *s* **1.** (Holz)Klotz *m;* **2.** *fig* Klotz *m* am Bein, Hindernis *n;* **3.** Holzschuh *m;* **II** *tr* **1.** *fig* hemmen **2.** *tech* verstopfen, verschmieren; blockieren; ▶ **be ~ged up** verstopft sein; **III** *itr* **1.** sich (zusammen)ballen; **2.** verstopfen; blockiert werden; **clog-dance** [ˈklɒgdɑːns] Holzschuhtanz *m.*

clois·ter [ˈklɔɪstə(r)] **I** *s* **1.** Kloster *n;* **2.** Kreuzgang *m;* **II** *tr* ins Kloster stekken; **III** *refl* ▶ **~ o.s. (away)** sich von der Welt verschließen.

clone [kləʊn] **I** *s* Klon *m;* **II** *tr* klonen; **clon·ing** [ˈkləʊniŋ] Klonen *n.*

close¹ [kləʊs] **I** *adj* **1.** *(örtlich, zeitlich)* nahe; **2.** (ab-, ein)geschlossen; eingeengt, beengt, eng(anliegend); **3.** knapp; **4.** *(Deckel)* dicht schließend; **5.** *(Gelände)* bedeckt, bewachsen; **6.** *fig* beschränkt, begrenzt; **7.** dicht(gedrängt), eng(stehend), eng aneinandergerückt;

8. *fig* scharf, streng (bewacht); **9.** vertraut, eng befreundet; (eng) zusammenhängend; **10.** voll(ständig), völlig, vollkommen; **11.** genau, sorgfältig; **12.** sparsam, geizig; **13.** verborgen, geheim; **14.** zurückhaltend, verschlossen; **15.** *pol* in scharfem Wettbewerb befindlich; **16.** *(Luft)* verbraucht, schlecht, stickig, drückend, schwül; **17.** *(Übersetzung)* getreu, genau; **18.** *(Aufmerksamkeit)* gespannt; **19.** *Am fam* tüchtig; **II** *adv* dicht, nahe (*by* dabei); dicht, eng zusammen; **III** *(Wendungen)* ▶ ~ **by** in der Nähe; ~ **on** nahezu; beinahe; ~ **to** dicht, nahe bei; ~ **up to** dicht heran an; **from ~ up** aus der Nähe; ~ **together** dicht zu-, beisammen; ~ **to the ground** dicht am Boden; **after ~ consideration** nach reiflicher Überlegung; **at ~ quarters** in nächster Nähe; **in ~ confinement** unter strenger Bewachung; **in ~ contact** in enger Berührung; **come ~r together** zusammenrücken; **cut ~** glatt abschneiden; **drive up ~** dicht heranfahren; **have a ~ shave** *fig* mit knapper Not davonkommen; **press s.o. ~** jdn streng halten *od* behandeln; **sit ~** eng beieinandersitzen; **stick ~ to s.o.** sich eng an jdn halten; **that was a ~ call, thing!** das war knapp! **he is a ~ friend of mine** er und ich, wir sind eng miteinander befreundet.

close² [kləʊz] **I** *tr* **1.** (zu-, ver)schließen, zumachen; *(Straße)* sperren; **2.** in Verbindung, Berührung bringen; *el (Stromkreis)* schließen; **3.** beenden, ab-, beschließen; *(Versammlung, Sitzung)* schließen; **4.** *(Fabrik)* stillegen; **5.** *com* abschließen, saldieren, liquidieren; **6.** *(Hypothek)* löschen; ▶ ~ **a deal** ein Geschäft abschließen; ~ **one's eyes** *fig* die Augen verschließen (*to* vor); **II** *itr* **1.** schließen; sich schließen; **2.** aufhören, zu Ende gehen; **3.** zumachen; *(Betrieb)* stillgelegt werden; **4.** sich nähern; **III** *s* **1.** (Ab)Schluß *m*, Ende *n;* **2.** Handgemenge *n;* ▶ **bring to a ~** zu Ende bringen; **draw to ~** zu Ende gehen; **IV** *(mit Präposition)* **close down** *tr* **1.** *(Betrieb)* stillegen; **2.** *(Geschäft)* schließen; **close in** *itr* **1.** näherkommen; **2.** *(Winter)* anbrechen; *(Nacht)* hereinbrechen; **3.** *(Tage)* kürzer werden; *tr* umgeben; ▶ ~ **in on s.o.** jdm zu Leibe rücken; **close off** *tr* abriegeln, absperren; **close up** *tr* (ver)sperren, blockieren; *itr* **1.** naherücken; **2.** *mil* aufschließen; **close with** schließen mit; ▶ ~ **with s.o.** mit jdm zu e-m Kompromiß kommen; ~ **with an offer** ein Angebot annehmen.

closed [kləʊzd] *adj* **1.** geschlossen; gesperrt; **2.** *el* eingeschaltet, geschlossen; ▶ **declare (a debate, a meeting) ~** (e-e Aussprache, e-e Sitzung) für beendet erklären; **road ~!** Straße gesperrt! **~-circuit television** interne Fernsehanlage *f;* Fernsehüberwachungsanlage *f;* **~-shop system** Gewerkschaftszwang *m;* **close-down** [ˈkləʊzdaʊn] **1.** Betriebsstillegung *f;* **2.** *radio* Ende *n (der Sendung);* **close-knit** [ˌkləʊsˈnɪt] *adj fig* eng zusammengehörig; **close·ly** [ˌkləʊslɪ] *adv* **1.** dicht, eng; **2.** streng; **3.** genau; **close·ness** [ˈkləʊsnɪs] **1.** Enge, Knappheit *f;* **2.** Nähe *f;* **3.** Schärfe, Strenge *f;* **4.** Lückenlosigkeit *f;* Vollständigkeit, Genauigkeit, Sorgfalt *f;* **5.** Schwüle *f;* **close season** *(Jagd)* Schonzeit *f.*

closet [ˈklɒzɪt] **I** *s* **1.** eingebauter (Wand)Schrank; **2.** *(water-~)* WC *n,* Abort *m;* **II** *tr, refl* ~ **o.s.** sich zurückziehen (*with* mit); **III** *adj* ▶ **a ~ liberal** ein heimlicher Liberaler; **be ~ed** e-e vertrauliche Besprechung haben.

close-up [ˈkləʊsʌp] *film* Nah-, Großaufnahme *f.*

clos·ing [ˈkləʊzɪŋ] Schließung, Beendigung *f;* (Ab)Schluß *m;* ▶ **early ~ day** Tag *m* mit frühem Ladenschluß; ~ **of an account** Abschluß *m* e-s Kontos; **clos·ing date** Schlußtermin *m;* **clos·ing down** *(Firma)* Schließung *f;* **clos·ing-down sale** Räumungsverkauf *m;* **clos·ing price** *(Börse)* Schlußkurs *m;* **clos·ing time, hour** Geschäfts-, Ladenschluß *m;* Polizeistunde *f.*

clo·sure [ˈkləʊʒə(r)] **1.** (Ver)Schließen *n;* Schließung *f;* **2.** *tech* (Ver)Schluß *m;* **3.** *parl* Schluß *m* der Debatte; ▶ **apply (the) ~ to a debate** e-e Debatte schließen; **move the ~** Antrag auf Schluß der Debatte stellen.

clot [klɒt] **I** *s* **1.** Klümpchen *n;* Blutgerinnsel *n;* **2.** *sl* Depp *m;* **II** *itr* gerinnen; **III** *tr* gerinnen lassen.

cloth [klɒθ] **1.** Tuch *n,* Stoff *m;* **2.** Tuch *n,* Lappen *m;* **3.** Geistlichkeit *f.*

clothe [kləʊð] *tr* **1.** kleiden, mit Kleidung versorgen; **2.** ankleiden, anziehen; **3.** *fig* (ein)hüllen; **4.** *fig (Gedanken)* einkleiden.

clothes [kləʊðz] *pl* **1.** Kleider *n pl,* Kleidung *f;* **2.** Wäsche *f;* ▶ **put on, take off one's ~** sich an-, ausziehen; **bed-~** Bettwäsche *f;* **clothes hanger** Kleiderbügel *m;* **clothes-horse** Wäscheständer *m;* **clothes-line** Wäscheleine *f;* **clothes-moth** *zoo* Kleidermotte *f;* **clothes·peg, clothes-pin** Wäscheklammer *f.*

cloth·ing [ˈkləʊðɪŋ] Kleidung *f;* **cloth·ing industry** Bekleidungsindustrie *f.*

cloud [klaʊd] **I** *s* **1.** Wolke *f a. fig;* **2.** trüber Fleck, Schleier *m;* **3.** *(Vögel)* Schwarm *m;* **4.** *(Pfeile)* Hagel *m;* **5.** *fig* Schatten *m,* Drohung *f;* ▶ **on a ~** *fam* im sieb(en)ten Himmel; **be on ~ nine, have one's head in the ~s** überglücklich sein; *fig* in den Wolken schweben, (mit den Gedanken) ganz woanders sein; **there's more ~ today than yesterday** es ist heute wolkiger als gestern; **~ of dust** Staubwolke *f;* **~ of flies**Fliegenschwarm *m;* **II** *tr, itr* **1.** *(~ over, up)* (sich) bewölken; **2.** *tech* trüben; **3.** *fig* (sich) umwölken, (sich) umschatten, (sich) verdüstern; **cloud-burst** Wolkenbruch *m;* **cloud-capped** ['klaʊdkæpt] *adj (Berggipfel)* in Wolken gehüllt; **cloud-cuckoo·land** [klaʊd'kʊku:lænd] Wolkenkuckucksheim *n;* **clouded** ['klaʊdɪd] *adj* **1.** bewölkt, bedeckt, wolkig; **2.** *fig* trübe; **cloud·less** ['klaʊdlɪs] *adj* wolkenlos; ungetrübt; **cloudy** ['klaʊdɪ] *adj* **1.** wolkig, bewölkt; **2.** trübe; **3.** verschwommen, unklar; **4.** düster.

clout [klaʊt] **I** *s* **1.** Lappen *m;* **2.** *fam* Schlag *m;* **3.** *sl* Kleidungsstück *n;* **4.** *Am pol* Einfluß *m;* **II** *tr fam* schlagen.

clove[1] [kləʊv] **1.** (Gewürz)Nelke *f;* **2.** *bot* Brutzwiebel *f;* ▶ **~ of garlic** Knoblauchzehe *f.*

clove[2] [kləʊv] *v s. cleave;* **clo·ven** ['kləʊvn] **I** *v s. cleave;* **II** *adj* gespalten; ▶ **~ hoof** gespaltener Huf.

clo·ver ['kləʊvə(r)] *bot* Klee *m;* ▶ **be, live in ~** wie die Made im Speck, wie Gott in Frankreich leben; **clover-leaf** ⟨*pl* -leaves⟩ Kleeblatt *n.*

clown [klaʊn] **I** *s* **1.** Clown *m,* dummer August; **2.** Tölpel *m;* **II** *itr* **1.** *(Clown)* seine Späße machen; **2.** *fig* sich dumm benehmen; **clown·ish** ['klaʊnɪʃ] *adj* **1.** tölpelhaft, ungeschliffen; **2.** töricht, dumm.

club [klʌb] **I** *s* **1.** Keule *f;* **2.** (Golf)Schläger *m;* **3.** (Gummi)Knüppel *m;* **4.** Klub, Verein *m,* Gesellschaft *f;* *(~-house, -rooms)* Klub-, Vereinshaus *n,* Klubräume *m pl;* **5.** *pl (Spielkarten)* Kreuz, Treff *n,* Eichel(n *pl*) *f;* ▶ **Indian ~s** *pl sport* Keulen *f pl;* **join the ~!** ach, du auch! **II** *tr* **1.** mit der Keule, mit dem Gewehrkolben schlagen; **2.** beisteuern, -tragen; **3.** *(Geld)* zusammenlegen; **III** *itr (~ together)* sich zusammentun; **club-foot** ⟨*pl* -feet⟩ Klumpfuß *m.*

clue [klu:] **I** *s* **1.** Anhaltspunkt, Schlüssel *m* (*to* zu); **2.** (roter) Faden, Verlauf *m (der Ereignisse);* ▶ **he hasn't a ~** er hat keine Ahnung; **II** *(mit Präposition)* **clue up** *tr* informieren; ▶ **all ~d up** bestens informiert; **clue·less** ['klu:lɪs] *adj fam* ahnungslos.

clump [klʌmp] **I** *s* **1.** (Erd)Klumpen *m;* (Holz)Klotz *m;* **2.** (Baum)Gruppe *f;* **3.** *(~-sole)* Doppelsohle *f;* **4.** schwerer Tritt; **5.** Bakterien *f pl;* **II** *itr* schwer auftreten; **III** *tr* **1.** zusammenballen; anhäufen; **2.** *(Bäume, Büsche)* massieren; **3.** *(Schuhe)* doppelt sohlen.

clum·si·ness ['klʌmzɪnɪs] **1.** Schwerfälligkeit *f;* Ungeschicktheit *f;* **2.** Taktlosigkeit *f;* **clumsy** ['klʌmzɪ] *adj* **1.** plump, schwerfällig; **2.** unelegant; ungeschickt; **3.** taktlos.

clung [klʌŋ] *v s. cling.*

clus·ter ['klʌstə(r)] **I** *s* **1.** *bot* Traube *f,* Büschel, Bündel *n;* **2.** Gruppe *f,* Schwarm *m; itr* **1.** in Trauben wachsen; **2.** *(~ together)* sich scharen um.

clutch [klʌtʃ] **I** *s* **1.** fester Griff; **2.** *tech* Klaue *f;* **3.** *mot* Kupplung *f;* **4.** Gelege *n (Eier),* Brut *f;* **5.** *pl fig* Hände, Klauen *f pl,* Gewalt *f;* ▶ **fall into s.o.'s ~es** jdm in die Hände fallen; **let in, disengage the ~** *mot* ein-, auskuppeln; **slip the ~** *mot* die Kupplung schleifen lassen; **II** *tr* (er)greifen, packen, festhalten, umklammern; **III** *itr* greifen, schnappen (*at* nach); ▶ **~ at a straw** sich an e-n Strohhalm klammern.

clut·ter ['klʌtə(r)] **I** *s* Wirrwarr *m,* Unordnung *f;* ▶ **be in a ~** in Unordnung sein; **II** *tr* **1.** anhäufen; **2.** *(~ up)* in Unordnung bringen.

coach [kəʊtʃ] **I** *s* **1.** Kutsche *f;* *(stage-~)* Postkutsche *f;* **2.** (Eisenbahn)Wagen *m;* **3.** Reise(omni)bus *m;* **4.** Einpauker, Repetitor *m;* **5.** *sport* Trainer *m;* **II** *tr* **1.** aufs Examen vorbereiten; **2.** trainieren; **coach·builder** ['kəʊtʃbɪldə(r)] Karosseriebauer *m;* **coach·ing** [—ŋ] Trainieren *n;* **coach·man** ['kəʊtʃmən] ⟨*pl* -men⟩ Kutscher *m;* **coach-work** *mot* Karosserie *f.*

co·agu·late [kəʊ'ægjʊleɪt] **I** *itr* gerinnen; **II** *tr* gerinnen lassen; **co·agu·lation** [kəʊˌægjʊ'leɪʃn] Gerinnen *n;* Verdichtung *f.*

coal [kəʊl] **I** *s* (Stein)Kohle(n *pl*) *f;* ▶ **haul s.o. over the ~s** jdm die Leviten lesen; **carry ~s to Newcastle** *fig* Eulen nach Athen tragen; **heap ~s of fire on s.o.'s head** *fig* feurige Kohlen auf jds Haupt sammeln; **II** *tr mar* mit Kohlen versorgen; **III** *itr mar* Kohlen einnehmen; **coal-bed, -seam** Kohlenflöz *n;* **coal-box** Kohlenkasten *m;* **coal-bunker** Kohlenbunker *m;* **coal-face** Streb *m* ▶ **at the ~** im Streb; *fig* vor Ort; **coal-fired power station** Kohlekraftwerk *n.*

co·ali·tion [ˌkəʊə'lɪʃn] **1.** Vereinigung *f;* **2.** *pol* Koalition *f.*

coal-mine, -pit ['kəʊlmaɪn, -pɪt] Kohlenbergwerk *n,* -grube, Zeche *f;* **coal-miner** Bergmann *m;* **coal-mining** Kohlenbergbau *m;* **coal-tar** ['kəʊltɑ:(r)] Steinkohlenteer *m;* ▶ **~ soap** Teerseife *f.*

coarse [kɔ:s] *adj* **1.** rauh, grob; **2.** (ganz) gewöhnlich, sehr einfach; **3.** grob(körnig); **4.** *fig* roh, ungebildet, unfein, unanständig; **coarsen** ['kɔ:sn] *tr, itr* grob machen *od* werden; **coarse·ness** ['kɔ:snɪs] Grobheit, Roheit *f.*

coast [kəʊst] **I** *s* **1.** Küste *f;* Meeresufer *n;* Küstenlandstrich *m;* **2.** *Am* Rodelbahn *f;* (Ski)Abfahrt *f;* ▶ **on the ~** an der Küste; **the ~ is clear** *fig* die Luft ist rein; **II** *itr* **1.** *mar* an der Küste entlang fahren; **2.** (hinunter)rodeln; **3.** *mot* im Leerlauf fahren; ausrollen; **4.** sich ziellos bewegen; **coastal** ['kəʊstl] *adj* Küsten-; ▶ **~ navigation, trade** Küstenschiffahrt *f,* -handel *m;* **~ waters** *pl* Küstengewässer *n pl;* **coaster** ['kəʊstə(r)] **1.** *mar* Küstenfahrzeug *n;* **2.** *Am* Rodelschlitten *m;* **3.** *(Glas)* Untersetzer *m;* **4.** *Am* Berg-und Tal-Bahn *f;* **coast-guard** Küstenwache *f;* **coast-line** Küstenlinie *f.*

coat [kəʊt] **I** *s* **1.** Jacke *f;* **2.** Mantel *m;* **3.** *zoo* Fell *n,* Pelz *m;* **4.** Hülle *f,* Überzug *m,* Decke *f;* Anstrich *m;* ▶ **cut one's ~ according to one's cloth** sich nach der Decke strecken; **~ of arms** Wappen *n;* **~ of paint** Anstrich *m;* **II** *tr* **1.** bestreichen (*with* mit); **2.** mit e-m Überzug versehen; (ein)hüllen (*with* in); umkleiden; **coated** ['kəʊtɪd] *adj* **1.** überzogen; **2.** bedeckt (*with* mit); **3.** beschichtet; **4.** *med* belegt; **coat-hanger** Kleiderbügel *m;* **coat·ing** ['kəʊtɪŋ] **1.** Jacken-, Mantelstoff *m;* **2.** Überzug *m,* Hülle *f;* (äußere) Schicht *f;* **3.** Belag *m;* Anstrich *m;* (Ver)Putz *m.*

coax [kəʊks] *tr* **1.** überreden, im guten dahin bringen (*s.o. to do, into doing s.th.* daß jem etw tut); beschwatzen; **2.** schmeicheln (*s.o.* jdm); ▶ **~ s.th. out of** *od* **from s.o.** jdm etw abschmeicheln, entlocken.

cob [kɒb] **1.** (männlicher) Schwan *m;* **2.** *zoo* kurzbeiniges Pferd; **3.** *(~-nut)* (große) Haselnuß *f;* **4.** Stück, Klümpchen *n;* **5.** *(corn on the ~)* Maiskolben *m.*

co·balt ['kəʊbɔ:lt] **1.** *chem* Kobalt *n;* **2.** *(~-blue)* Kobaltblau *n.*

cobble ['kɒbl] **I** *s* **1.** Kopfstein *m;* **2.** *pl* Eier-, Nußkohlen *f pl;* **II** *tr* ▶ **~ together** *fam* zusammenschustern.

cob·bler ['kɒblə(r)] **1.** Flickschuster *m;* **2.** *fig* Stümper *m;* **3.** *(Getränk)* Cobbler *m;* ▶ **a load of old ~s** *sl* Unsinn *m.*

cobble·stone ['kɒblstəʊn] Pflaster-, Kopfstein *m;* ▶ **~ pavement** Kopfsteinpflaster *n.*

co·bra ['kəʊbrə] *zoo* Kobra *f.*

cob·web ['kɒbweb] **1.** Spinn(en)gewebe *n,* -faden *m;* **2.** *fig* Hirngespinst *n;* ▶ **blow the ~s away** sich e-n klaren Kopf schaffen.

coca ['kəʊkə] *bot* Koka(strauch *m*) *f;* **Coca-Cola** [ˌkəʊkə'kəʊlə] *Wz* Coca-Cola *n;* **co·caine** [kəʊ'keɪn] Kokain *n.*

cock [kɒk] **I** *s* **1.** *zoo* Hahn *m;* **2.** (Vogel)Männchen *n;* **3.** (An)Führer *m;* **4.** (Wasser)Hahn *m;* **5.** *(Gewehr)* Abzug *m;* **6.** *(weather ~)* Wetterfahne *f;* **7.** Aufrichten *n;* **8.** *(Augen)* Zwinkern *n;* **9.** Neigung, Schräglage *f;* **10.** *sl* Mensch, Kamerad *m;* **11.** *sl* Penis *m;* **12.** Heuhaufen *m;* ▶ **go off at half ~** ohne genügende Vorbereitung handeln; **II** *tr* **1.** *(~ up)* aufrichten; **2.** *(Gewehr)* spannen; ▶ **~ one's ears** die Ohren spitzen; **~ one's eye at s.o.** jdm zublinzeln; **~ one's hat** den Hut schief aufsetzen; **~ one's nose** die Nase rümpfen; **he knocked all my plans into a ~ed hat** *sl* er machte alle meine Pläne zur Sau.

cock·ade [kɒ'keɪd] Kokarde *f.*

cock-a-doodle-doo [ˌkɒkəˌdu:dl'du:] Kikeriki *n;* Hahn *m;* **cock-a-hoop** [ˌkɒkə'hu:p] *adj, adv* außer sich vor Freude; frohlockend; *Am* in Unordnung.

cock-and-bull story [ˌkɒkən'bʊlˌstɔ:rɪ] Lügengeschichte *f.*

cocka·too [ˌkɒkə'tu:] *zoo* Kakadu *m.*

cock·chafer ['kɒktʃeɪfə(r)] Maikäfer *m.*

cock-crow ['kɒkkrəʊ] **1.** Hahnenschrei *m;* **2.** (Morgen)Dämmerung *f.*

cocker ['kɒkə(r)] *(~ spaniel)* Cockerspaniel *m.*

cock·erel ['kɒkərəl] Hähnchen *n;* **cock-eyed** ['kɒkaɪd] *adj* **1.** schieläugig; **2.** schief; **3.** doof; **cock·fight(ing)** Hahnenkampf *m;* **cocki·ness** ['kɒkɪnɪs] Keckheit, Frechheit, Arroganz *f.*

cockle ['kɒkl] **1.** *(corn-~) bot* Kornrade *f;* **2.** *(~-shell) zoo* Herzmuschel *f;* **3.** *(~boat)* Nußschale *f;* Jolle *f;* ▶ **warm, delight the ~s of s.o.'s heart** jdm e-e Freude machen.

cock·ney ['kɒknɪ] Cockney *m,* (gebürtige(r)) Londoner(in) *m (f).*

cock·pit ['kɒkpɪt] **1.** (Hahnen)Kampfplatz *m;* **2.** *aero* Cockpit *n,* Kanzel *f;* **3.** *(Rennwagen)* Fahrersitz *m;* **4.** *(Jacht)* Kabinenvorraum *m.*

cock·roach ['kɒkrəʊtʃ] *zoo* Küchenschabe *f.*

cocks·comb ['kɒkskəʊm] **1.** Kamm *m (des Hahnes);* **2.** *bot* Hahnenkamm *m;* **cock·sure** [ˌkɒk'ʃʊə(r)] *adj* **1.** todsicher; **2.** felsenfest überzeugt (*of, about* von); **3.** von sich überzeugt; **cock·tail** ['kɒkteɪl] Cocktail *m;* **cock-up** ['kɒkʌp] *sl* völliges Durcheinander; **cocky** ['kɒkɪ] *adj* keck, dreist, frech.

coco ['kəʊkəʊ] ‹*pl* cocos› *(~(nut) tree)* Kokospalme *f.*

co·coa ['kəʊkəʊ] Kakao(pulver *n*) *m;* Kakaobohne *f.*

coco·nut ['kəʊkənʌt] Kokosnuß *f;* **coco(-nut) butter** Kokosbutter *f;* **coco-nut matting** Kokosmatte *f;* **coco-nut milk** Kokosmilch *f.*

cod [kɒd] ‹*pl* -› *(~fish)* Kabeljau, Dorsch *m;* ▶ **dried ~** Stockfisch *m;* **~-liver oil** Lebertran *m.*

COD ['si:əʊ'di:] *Abk:* **cash** od **collect on**

delivery per Nachnahme.

coddle ['kɒdl] *tr* **1.** verweichlichen; verhätscheln, verwöhnen; **2.** *(Ei)* pochieren.

code [kəʊd] **I** *s* **1.** Kodex *m,* Gesetzbuch *n;* **2.** Chiffre *f,* Code, Kode *m;* **3.** Telegraphenschlüssel *m;* **4.** *EDV* Code *m;* ► ~ **of honour** Ehrenkodex *m;* **II** *tr* (ver)schlüsseln, chiffrieren; **code name** Deckname *m;* **code number, word** Kennummer *f,* -wort *m.*

codi·fy ['kəʊdɪfaɪ] *tr* kodifizieren.

co-ed ['kəʊed] **1.** *Am* Studentin, Schülerin *f;* **2.** *Br* gemischte Schule; **co-edu·ca·tion** [ˌkaʊˌedʒʊ'keɪʃn] Koedukation *f.*

co-ef·fi·cient [ˌkəʊɪ'fɪʃnt] *math phys* Koeffizient *m,* Kennzahl *f.*

co·erce [kəʊ'ɜ:s] *tr* **1.** *(Person)* zwingen, nötigen (*into doing* zu tun); **2.** *(Verhalten)* erzwingen; unterdrücken; **co·ercion** [kəʊ'ɜ:ʃn] Zwang *m,* Gewalt *f;* ► **under** ~ unter Zwang, gezwungenermaßen.

co·exist [ˌkəʊɪg'zɪst] *itr* gleichzeitig, zusammen (vorhanden) sein, bestehen (*with* mit); **co·exist·ence** [ˌkəʊɪg'zɪstəns] *pol* Koexistenz *f;* **co·exist·ent** [ˌkəʊɪg'zɪstənt] *adj* gleichzeitig (bestehend, vorhanden).

cof·fee ['kɒfɪ] Kaffee *m;* **coffee bar** (kleines) Café *n;* **coffee-bean** Kaffeebohne *f;* **coffee break** Kaffeepause *f;* **coffee-cup** Kaffeetasse *f;* **coffee-grinder, -mill** Kaffeemühle *f;* **coffee-grounds** *pl* Kaffeesatz *m;* **coffee-machine** Kaffeemaschine *f;* **coffee-pot** Kaffeekanne *f;* **coffee-set** Kaffeeservice *n;* **coffee table** Kaffeetisch *m.*

cof·fer ['kɒfə(r)] **1.** Koffer *m,* Kiste *f,* Kasten *m (für Wertsachen);* **2.** Kasse *f,* Geldschrank *m;* **3.** *tech* Caisson *m;* **4.** *pl* Tresor(raum) *m.*

cof·fin ['kɒfɪn] Sarg *m;* ► **drive a nail into s.o.'s** ~ jds Untergang sein.

cog [kɒg] **1.** *tech* (Rad)Zahn *m;* **2.** *fig (~ in the machine)* Rädchen *n (Mensch).*

co·gency ['kəʊdʒənsɪ] Stichhaltigkeit *f;* **co·gent** ['kəʊdʒənt] *adj* **1.** *(Beweis)* zwingend; **2.** *(Grund)* triftig.

cogi·tate ['kɒdʒɪteɪt] *itr* (tief) nachdenken, nachsinnen (*upon* über); **cogi·tation** [ˌkɒdʒɪ'teɪʃn] **1.** (Nach)Denken, Nachsinnen *n;* **2.** *pl* Überlegungen *f pl.*

cog·nac ['kɒnjæk] Kognak *m.*

cog·nate ['kɒgneɪt] **I** *adj* verwandt *a. fig;* **II** *s* **1.** Verwandte(r) *m;* **2.** verwandtes Wort.

cog·ni·tion [kɒg'nɪʃn] Erkenntnis(vermögen *n*) *f;* **cog·ni·tive** ['kɒgnɪtɪv] *adj* kognitiv.

cog·no·men [kɒg'nəʊmən] Zu-, Bei-, Spitzname *m.*

cog-wheel ['kɒgwi:l] Zahnrad *n.*

co·habit [kəʊ'hæbɪt] *itr* ehelich zusammenwohnen; **co·habi·ta·tion** [ˌkəʊhæbɪ'teɪʃn] **1.** eheliches Zusammenwohnen; **2.** Beischlaf *m.*

co·here [kəʊ'hɪə(r)] *itr* **1.** (miteinander) verbunden sein; **2.** zusammenhängen; **co·her·ence** [kəʊ'hɪərəns] Stimmigkeit; Kohärenz *f;* **co·her·ent** ['kəʊ'hɪərənt] *adj* **1.** zusammenhängend, innerlich verbunden; **2.** klar gegliedert u. verständlich; **3.** *(Argument)* stimmig; **cohe·sion** [kəʊ'hi:ʒn] **1.** *phys* Kohäsion *f;* **2.** *fig* Zusammenhalt *m;* **co·he·sive** [kəʊ'hi:sɪv] *adj* **1.** *phys* Kohäsions-; **2.** *fig* geschlossen.

coil [kɔɪl] **I** *s* **1.** Spirale *f;* Spule *f;* **2.** *med* Spirale; **3.** Windung *f;* **II** *tr (~ up)* (auf)wickeln, -rollen; **III** *itr* sich winden, sich zusammenrollen.

coin [kɔɪn] **I** *s* **1.** Münze *f;* **2.** Metall-, Hartgeld *n;* ► **pay s.o. back in his own** ~ *fig* jdm mit gleicher Münze heimzahlen; **II** *tr* **1.** *(Geld, Wort)* prägen; **2.** *fig* ausdenken, ersinnen; ► **be ~ing money** *fig fam* das Geld scheffeln; **coin·age** ['kɔɪnɪdʒ] **1.** Prägen *(des Geldes),* Ausmünzen *n;* **2.** *fig* Erfindung, Prägung *f (neuer Wörter);* **coin-box telephone** Münzfernsprecher *m.*

co·incide [ˌkəʊɪn'saɪd] *itr* **1.** *(räumlich)* sich decken; **2.** *(zeitlich)* zusammenfallen; **3.** *fig* übereinstimmen; **co·inci·dence** [kəʊ'ɪnsɪdəns] **1.** Zusammentreffen *n;* **2.** Übereinstimmung *f;* **3.** Zufall *m;* ► **what a** ~ welch ein Zufall; **co·inci·dent** [kəʊ'ɪnsɪdənt] *adj* **1.** gleichzeitig; zusammentreffend; **2.** übereinstimmend; **co·inci·den·tal** [kəʊˌɪnsɪ'dentl] *adj* **1.** zufällig; **2.** übereinstimmend.

co·itus ['kəʊɪtəs] Beischlaf, Koitus *m.*

coke [kəʊk] **1.** Koks *m;* **2.** *sl* Kokain *n.*

Coke [kəʊk] *Wz fam* Coca-Cola *n.*

col·an·der ['kɒləndə(r)] (Küchen)Sieb *n.*

cold [kəʊld] **I** *adj* **1.** kalt; **2.** *fig* kühl, leidenschaftslos; zurückhaltend; **3.** *(Empfang)* eisig, frostig; **4.** *sl* besinnungslos; **5.** frigid; ► **be, feel** ~ frieren; **I am** ~ ich friere, mir ist kalt; **be ~ to s.o.** kühl zu jdm sein; **in ~ blood** kaltblütig; **get ~ feet** *fig* es mit der Angst (zu tun) kriegen; **give s.o. the ~ shoulder** jdm die kalte Schulter zeigen; ~ **sweat** Angstschweiß *m;* **II** *adv* ► **refuse** ~ rundweg ablehnen; **make s.o.'s blood run** ~ jdn erschaudern lassen; **come ~ to s.th.** unvorbereitet an etw herangehen; **stop** ~ plötzlich stehenbleiben, anhalten; **III** *s* **1.** Kälte *f;* **2.** Erkältung *f,* Schnupfen *m;* ► **(shivering) with** ~ (zitternd) vor Kälte; **be left out in the** ~ links liegengelassen werden; **catch (a)** ~ sich erkälten, sich e-n Schnupfen holen; **suffer from the** ~ unter der Kälte leiden; **cold-blooded** [ˌkəʊld'blʌdɪd] *adj* **1.** *zoo fig* kaltblütig; **2.** *fig* gefühl-, herzlos; **cold**

cream Cold Cream *f;* **cold cuts** *pl* kalter Aufschnitt, kalte Platte; **cold front** *mete* Kaltfront *f;* **cold-hearted** [ˌkəʊld'hɑ:tɪd] *adj* gefühl-, herzlos; kaltherzig; **cold·ish** ['kəʊldɪʃ] *adj* etwas kalt, kühl; **cold·ness** ['kəʊldnɪs] Kälte *f;* **cold start** *EDV mot* Kaltstart *m;* **cold storage** Lagerung *f* im Kühlraum; ► **put in** ~ *fig* auf Eis legen; **cold store** Kühlhaus *n;* **cold turkey** *adj sl* ► ~ **(cure)** *sl (Drogen)* totale Entziehung; **cold war** kalter Krieg; **cold wave** *mete* Kältewelle *f.*

cole-slaw ['kəʊlslɔ:] Krautsalat *m.*

colic ['kɒlɪk] Kolik *f.*

col·lab·or·ate [kə'læbəreɪt] *itr* zusammenarbeiten (*with* mit); **col·lab·or·ation** [kəˌlæbə'reɪʃn] Zusammenarbeit *f; mil* Kollaboration *f;* ► **in** ~ **with** in Zusammenarbeit mit; **col·lab·or·ator** [kə'læbəreɪtə(r)] Mitarbeiter *m; mil* Kollaborateur *m.*

col·lapse [kə'læps] **I** *s* **1.** Einsturz *m;* **2.** *fig* Zusammenbruch *m a. med;* **3.** *med* Kollaps, Nervenzusammenbruch *m;* **4.** *(Börse)* Krach, Sturz *m;* **II** *itr* **1.** zusammen-, einstürzen, zusammenbrechen *a. fig;* **2.** e-n (Nerven)Zusammenbruch haben; **col·laps·ible** [—əbl] *adj* zusammenlegbar, zusammenklappbar; ► ~ **boat** Faltboot *n;* ~ **chair** Klappstuhl *m.*

col·lar ['kɒlə(r)] **I** *s* **1.** Kragen *m;* **2.** *(Hund)* Halsband *n;* **3.** *(Pferd)* Kum(me)t *n;* **4.** *tech* Ring, Reif(en) *m,* Manschette, Muffe *f;* ► **hot under the** ~ *fam* aufgeregt; **white-**~ **worker** Büroangestellte(r) *f m;* **II** *tr* **1.** beim Kragen nehmen; **2.** festhalten; **3.** *sl* sich unter den Nagel reißen; **collar-bone** *anat* Schlüsselbein *n.*

col·lat·eral [kə'lætərəl] **I** *adj* **1.** seitlich; **2.** parallel; **3.** zusätzlich; **4.** entsprechend; **II** *s* **1.** (Seiten)Verwandte(r) *f m;* **2.** Sicherheit, Deckung *f;* **col·lat·eral loan** *fin* Lombardkredit *m;* **col·lat·erally** [kə'lætərəlɪ] *adv* in der Seitenlinie; zusätzlich.

col·league ['kɒli:g] Kollege *m,* Kollegin *f.*

col·lect [kə'lekt] **I** *tr* **1.** (ein)sammeln; zusammentragen, zusammenfassen; **2.** beschaffen; abholen, mitnehmen; *(Geld)* einkassieren; **3.** *(Briefmarken, Gedanken)* sammeln; ► ~ **information** sich orientieren; ~ **the mail** den Briefkasten, die Briefkästen leeren; **II** *itr* **1.** sich (an-) sammeln; zusammenkommen; **2.** Geld einziehen; **III** *s rel* ['kɒlekt] Kollekte *f;* **IV** *adj, adv Am* ► **telephone** ~ ein R-Gespräch führen; ~ **on delivery (COD)** gegen Nachnahme; **collect call** *Am* R-Gespräch *n;* **col·lected** [kə'lektɪd] *adj fig* gefaßt; **col·lec·tion** [kə'lekʃn] **1.** Sammlung *f;* Sammeln *n;* Ansammlung *f;* **2.** Abholung *f;* (Briefkasten)Leerung *f;* **3.** Einziehung *f,* Einkassieren *n; (Steuer)* Erhebung *f;* **4.** *(Nachrichten)* Beschaffung *f;* **5.** *com* Kollektion *f;* **6.** (Geld-, Spenden)Sammlung *f; rel* Kollekte *f;* ► **stamp** ~ Briefmarkensammlung *f;* ~ **agent** Inkassobevollmächtigte(r) *f m;* **col·lec·tive** [kə'lektɪv] **I** *adj* gemeinsam, gemeinschaftlich; vereint, kollektiv; ► ~ **agreement** Kollektivvertrag *m;* ~ **bargaining** Tarifverhandlungen *f pl;* ~ **consignment** Sammelladung *f;* ~ **farm** Kolchos(e *f*) *m;* ~ **ownership** Gemeineigentum *n;* ~ **responsibility** gemeinsame Verantwortung; **II** *s* **1.** Sammelbegriff *m;* **2.** *pol* Kollektiv *n;* **3.** Gruppe, Gemeinschaft *f;* **col·lec·tor** [kə'lektə(r)] **1.** Kassierer, Einnehmer *m;* **2.** *el* Stromabnehmer *m;* ► ~**'s item** Liebhaberstück *n.*

col·lege ['kɒlɪdʒ] **1.** College *n;* **2.** (kleinere) Universität, Akademie *f;* (Fach-) Hochschule *f;* **3.** Universitäts-, Schulgebäude *n;* **4.** Kolleg(ium) *n;* **col·le·giate** [kə'li:dʒɪət] *adj* College-, Universitäts-.

col·lide [kə'laɪd] *itr* **1.** kollidieren, zusammenstoßen, -prallen *a. fig* (*with* mit); **2.** *fig* in Widerspruch stehen (*with* zu).

col·lie ['kɒlɪ] Collie, schottischer Schäferhund *m.*

col·lier ['kɒlɪə(r)] **1.** Bergmann *m;* **2.** Kohlenschiff *n;* **col·liery** ['kɒlɪərɪ] (Kohlen)Grube, Zeche *f.*

col·li·sion [kə'lɪʒn] **1.** Zusammenstoß, -prall *m a. fig;* **2.** *fig* Widerspruch, Konflikt *m.*

col·lo·quial [kə'ləʊkwɪəl] *adj* umgangssprachlich, familiär; **col·lo·quial·ism** [—ɪzəm] umgangssprachlicher Ausdruck; **col·lo·quy** ['kɒləkwɪ] Gespräch *n,* Konferenz *f;* Kolloquium *n.*

col·lu·sion [kə'lu:ʒn] geheimes Einverständnis.

co·lon ['kəʊlən] **1.** *anat* Dickdarm *m;* **2.** *typ* Doppelpunkt *m.*

co·lo·nel ['kɜ:nl] Oberst *m.*

co·lo·nial [kə'ləʊnɪəl] *adj* kolonial; **co·lo·nial·ism** [—ɪzəm] Kolonialismus *m;* **col·on·ist** ['kɒlənɪst] Kolonist(in), Siedler(in) *m (f);* **col·on·iz·ation** [ˌkɒlənaɪ'zeɪʃn] Kolonisation, Besiedlung *f;* **col·on·ize** ['kɒlənaɪz] **I** *tr* kolonisieren; **II** *itr* e-e Kolonie gründen; (sich an)siedeln; **col·on·izer** ['kɒlənaɪzə(r)] Kolonisator *m;* **col·ony** ['kɒlənɪ] **1.** Kolonie, (An)Siedlung *f;* **2.** Kolonie *f (e-r Landsmannschaft);* **3.** *zoo* Kolonie *f a. bot,* Volk *n;* ► ~ **of ants** Ameisenvolk *n;* ~ **of artists** Künstlerkolonie *f.*

color ['kʌlə(r)] *Am s. colour.*

Colo·rado beetle [ˌkɒlə'rɑ:dəʊ'bi:tl] *zoo* Kartoffelkäfer *m.*

col·ora·tion [ˌkʌlə'reɪʃn] Färbung *f.*
co·los·sal [kə'lɒsl] *adj* kolossal, gewaltig, gigantisch; **co·los·sus** [kə'lɒsəs] ⟨*pl* -suses, -si⟩ [-'lɒsaɪ] Koloß *m.*
col·our, *Am* **color** ['kʌlə(r)] **I** *s* **1.** Farbe *f;* **2.** *meist pl* Farbe *f,* Farbstoff *m;* **3.** Haut-, Gesichtsfarbe *f;* **4.** (Farb)Ton *m,* Färbung *f;* **5.** *fig* Anstrich, (An)Schein *m,* Ausrede, -flucht *f;* **6.** *fig* Wesen *n,* Charakter *m;* Eigenart *f;* **7.** Schattierung *f,* Kolorit *n;* **8.** *pl* Farben *f pl (als Kennzeichen);* **9.** *pl* Fahne, Flagge *f;* ▶ **be off ~** *fam* sich nicht wohl fühlen; **change ~** die Farbe *(im Gesicht)* wechseln; rot werden; **give, lend ~ to** *fig* unterstreichen; wahrscheinlich, glaubhaft machen; **lose ~** blaß werden; **paint in bright, dark ~s** *fig* in glänzenden, trüben Farben malen; **see s.th. in its true ~s** *fig* etw im rechten Licht sehen; **what ~ is it?** was für e-e Farbe hat es? **II** *tr* **1.** färben, (an-, be)malen, (an)streichen, tönen, schattieren; **2.** *fig* e-n Anstrich geben (*s.th* e-r S), färben; **3.** *fig* entstellen; ▶ **~ in** anmalen; **III** *itr* sich (ver)färben; erröten; **colo(u)r-bar** Rassenschranke *f;* **colo(u)r-blind** *adj* farbenblind; **colo(u)r-blindness** Farbenblindheit *f;* **col·o(u)red** ['kʌləd] *adj* farbig; ▶ **~ pencil** Farbstift *m;* **~ people** *pl* (die) Farbigen *m pl;* **colo(u)r·fast** ['kʌlə(r)fɑːst] *adj* farbecht; **col·o(u)rful** ['kʌləfl] *adj* **1.** farbenreich, -prächtig *a. fig;* **2.** *fig* farbig, bunt, lebendig; **col·o(u)r·ing** ['kʌlərɪŋ] **1.** Färbung *f,* Farbton *m,* Schattierung *f;* **2.** (Gesichts-, Augen-, Haar)Farbe *f;* **3.** *fig* Färbung, Darstellungsweise *f;* Schein *m;* **col·o(u)r·less** ['kʌləlɪs] *adj* farblos *a. fig;* **colo(u)r line** *Am* Rassentrennung *f;* **colo(u)r scheme** Farbgebung, Farbzusammenstellung *f;* **colo(u)r slide** Farbdia *n;* **colo(u)r television** Farbfernsehen *n;* *(~ set)* Farbfernseher *m.*
colt [kəʊlt] Fohlen *n.*
col·umn ['kɒləm] **1.** Säule *f a. fig;* **2.** *typ* Spalte *f;* **3.** regelmäßig erscheinender Zeitungsartikel; **4.** *mil* Kolonne *f a. math;* ▶ **~ of figures** Zahlenreihe *f;* **~ of mercury** Quecksilbersäule *f;* **~ of smoke** Rauchsäule *f;* **col·um·nist** ['kɒləmnɪst] Kolumnist(in) *m (f).*
coma ['kəʊmə] *med* Koma *n,* tiefe Bewußtlosigkeit; **coma·tose** ['kəʊmətəʊs] *adj* im Koma befindlich.
comb [kəʊm] **I** *s* **1.** Kamm *m;* **2.** *tech (Textil)* (Hechel)Kamm *m;* **3.** *zoo* (Hahnen)Kamm *m;* **4.** *fig* (Berg-, Wellen-) Kamm *m;* **5.** *(honey~)* Honigwabe *f;* ▶ **your hair needs a good ~** du solltest dich kämmen; **II** *tr* **1.** kämmen; *(Pferd)* striegeln; **2.** *(Textil)* hecheln, (aus)kämmen; **3.** *fig* durchkämmen, -suchen; ▶ **~ out** auskämmen.
com·bat ['kɒmbæt] **I** *s* Kampf *m;* Gefecht *n;* Einsatz *m;* ▶ **close ~** Nahkampf *m;* **II** *itr* kämpfen; **III** *tr* bekämpfen, kämpfen gegen; **com·bat·ant** ['kɒmbətənt] **I** *adj* kämpfend; **II** *s* Kämpfer(in) *m (f).*
com·bi·na·tion [ˌkɒmbɪ'neɪʃn] **1.** Zusammensetzung, Verbindung *a. chem,* Vereinigung, Kombination *f a. math;* **2.** gemeinsames Handeln, gemeinsame Aktion, Zusammenwirken *n;* **3.** *pol com* (Interessen)Verband *m;* Kartell *n;* **4.** *(~ lock)* Kombinationsschloß *n;* **5.** Motorrad *n* mit Beiwagen; **6.** *pl* Hemdhose *f;* **com·bine** [kəm'baɪn] **I** *tr* **1.** zusammenstellen; (miteinander) verbinden, vereinigen, zusammenschließen; verknüpfen; vermischen; **2.** *chem* verbinden; **3.** kombinieren; **II** *itr* **1.** sich verbinden *a. chem,* sich vereinigen, sich zusammenschließen (*with* mit); **2.** zusammenarbeiten, zusammenwirken; **III** *s* ['kɒmbaɪn] **1.** Verband, Ring *m,* Kartell *n,* Trust *m;* **2.** Finanzgruppe *f;* **3.** *Am* Mähdrescher *m;* **com·bined** [kəm'baɪnd] *adj* zusammengefaßt, gemeinsam; kombiniert; ▶ **~ board** vermischter Ausschuß.
com·bust·ible [kəm'bʌstəbl] **I** *adj* **1.** brennbar; entzündlich; **2.** *fig* erregbar; **II** *s meist pl* Brennmaterial *n;* **com·bus·tion** [kəm'bʌstʃən] Verbrennung *f;* **combustion chamber** Brennkammer *f.*
come [kʌm] ⟨*irr* came, come⟩ **I** *itr* **1.** (an-, her-, herbei)kommen; **2.** erreichen (*to s.th.* etw); **3.** sich belaufen (*to* auf), hinauslaufen (*to* auf); **4.** *(der Ordnung nach)* kommen, folgen; **5.** geschehen, sich ereignen, stattfinden; **6.** die Folge sein (*of doing* davon daß, wenn man tut); **7.** sich zeigen, sich erweisen als; ▶ **~ of age** mündig werden; **~ to an agreement** zu e-r Vereinbarung kommen *od* gelangen; **~ to blows** handgemein werden; **~ to a decision** sich entscheiden; **~ to s.o.'s ear(s)** jdm zu Ohren kommen; **~ into effect, force** in Kraft treten; **~ to an end** zu Ende kommen, aufhören; **~ into fashion, style** Mode, modern werden; **~ to grief, harm** zu Schaden kommen, Schaden (er)leiden; **~ to grips with** klarkommen mit; **~ into s.o.'s head** jdm in den Kopf kommen, einfallen; **~ home** heimkommen, nach Hause kommen; **~ home to s.o.** jdm einleuchten; **~ to s.o.'s knowledge, notice** jdm zur Kenntnis gelangen; **~ to light** ans Licht kommen; **~ to nothing** ins Wasser fallen *fig,* fehlschlagen; **~ to pass** sich ereignen, geschehen; **~ and see, ~ to see** besuchen; **~ short of** nicht erreichen, nicht befriedigen, hinter den Ansprüchen zurückbleiben; **~ into sight** in Sicht kommen, auftau-

chen; ~ **to a standstill** od **stop** zum Stillstand kommen; ~ **to terms with s.o.** mit jdm einig werden; ~ **true** wahr, Wirklichkeit werden, sich verwirklichen; in Erfüllung gehen; **how ~s it that ...?** wie kommt es, daß ...? ~ **what may!** komme, was (da) wolle! **I don't know whether I'm coming or going** *fig* ich weiß nicht, wo mir der Kopf steht; ~! hör mal! hör zu! ~, ~! komm, mach keinen Unsinn! **II** *(mit Präposition)* **come about** *itr* sich ereignen, geschehen, passieren; **come across** *itr* **1.** (zufällig) treffen, begegnen (*s.o.* jdm); stoßen auf; **2.** *(Rede)* gut ankommen; **3.** den Eindruck machen (*as* ... daß ...); ▶ ~ **across with** *fam* blechen für, bezahlen; **come again** *itr* wieder-, zurück-, noch (ein)mal kommen; ▶ ~ **again!** sag es noch mal! **come along** *itr* **1.** mitkommen, -gehen (*with s.o.* mit jdm); **2.** *(Gelegenheit)* sich zufällig ergeben; **3.** gesünder werden; **4.** *(Arbeit)* vorangehen, gedeihen; ▶ ~ **along!** los! mach zu! vorwärts! **everything's coming along fine** alles geht gut; **come apart** *itr* auseinandergehen, in Stücke gehen; **come around** *itr* **1.** (zufällig) vorbeikommen, hereinschauen; gelegentlich wiederkommen; **2.** *(e-r Auffassung)* sich anschließen (*to* dat); **3.** nachgeben, einlenken; **4.** sich wieder erholen, wieder auf die Beine kommen; **come at** *itr* **1.** kommen, gelangen zu, erreichen; **2.** herfallen über, anfallen, -greifen; **come away** *itr* **1.** weggehen; **2.** abgehen, sich loslösen; **come back** *itr* **1.** zurückkehren, wiederkommen; **2.** wieder einfallen; **3.** es heimzahlen; die passende Antwort geben; **come by** *itr* **1.** kommen zu; **2.** vorbei-, vorübergehen; **come down** *itr* **1.** herunterkommen; heruntergehen, -reichen (*to* bis); **2.** mit dem Preis heruntergehen; **3.** *(durch Überlieferung)* kommen (*to* auf); **4.** (ein)stürzen, fallen; **5.** *fig (sozial)* (ab)sinken; ▶ ~ **down (up)on s.o.** jdn tadeln, bestrafen, zur Rechenschaft ziehen; sich auf jdn stürzen; ~ **down with influenza** sich die Grippe geholt haben; ~ **down in favour of s.o.** jdn unterstützen; **come forward** *itr* **1.** vortreten; **2.** sich freiwillig melden; **come from** *itr* (her)kommen von; abstammen von; **come in** *itr* **1.** hereinkommen, nähertreten; **2.** *(Geld)* hereinkommen; **3.** aufkommen, Mode, modern werden; ▶ ~ **in for** erhalten *(Erbschaft);* ~ **in handy, useful** nützlich sein; ~ **in second** *sport* Zweiter werden, den zweiten Platz belegen; **he came in on the plan** er machte bei dem Projekt mit; **where do I ~ in?** und was ist mit mir? ~ **in!** herein! **come into** *tr* erben; ~ **into one's own** zu seinem Recht kommen; **come of** *itr* **1.** die Folge sein *gen;* **2.** stammen aus; **come off** *itr* **1.** *(Knopf)* ab-, *(Haare)* ausgehen; **2.** sich ereignen, stattfinden; **3.** eintreten, in Erfüllung gehen; **4.** Erfolg haben, ins Schwarze treffen; ▶ ~ **off (it)!** das ist doch nicht dein Ernst! **come on** *itr* **1.** an die Reihe kommen; **2.** nachkommen; **3.** anfangen, beginnen; *(Dunkelheit)* hereinbrechen; **4.** vorankommen, fortschreiten; **5.** *(Frage)* sich erheben, sich ergeben; **6.** *theat* auftreten; ▶ ~ **on!** los! vorwärts! sachte! Unsinn! **come out** *itr* **1.** herauskommen; **2.** *(Fleck)* herausgehen; **3.** hervorgehen *(aus e-m Examen);* an den Tag treten, sich zeigen, bekanntwerden, offenkundig werden; **4.** *(Zeitung, Druckschrift)* erscheinen, herauskommen; **5.** *(als junge Dame)* in die Gesellschaft eingeführt werden; **6.** in (den) Streik treten; ▶ ~ **out against** sich erklären gegen; ~ **out with** gestehen; herausrücken mit; veröffentlichen; auf den Markt bringen; **he came out third** er wurde Dritter; **come over** *itr* **1.** herüberkommen; **2.** übergehen (*to* zu); **3.** *(Gefühle)* überkommen; ▶ **what's ~ over you?** was ist in dich gefahren? **come round** *itr* **1.** außen herum kommen; **2.** zu Besuch vorbeikommen; **3.** wieder zu sich kommen; **4.** sich eines anderen belehren lassen; ▶ ~ **round to doing s.th.** dazu kommen, etw zu tun; **come through** *itr* **1.** durchkommen, das Ziel erreichen; **2.** überstehen; **3.** den Erwartungen entsprechen; **come to** *itr* **1.** dazu kommen (*to do* zu tun); führen zu; **2.** (wieder) zu sich kommen; **3.** sich belaufen auf; **come under** *itr* **1.** fallen unter; **2.** unter Aufsicht kommen *gen;* **come up** *itr* **1.** heraufkommen; **2.** *(Gewitter)* im Anzug sein; **3.** in die Stadt kommen; **4.** die Universität beziehen; **5.** *fig (Mode)* aufkommen; **6.** *(Gedanke)* zur Sprache kommen; ▶ ~ **up against** stoßen auf; ~ **up to** sich belaufen auf; *(den Erwartungen)* entsprechen; *(seinen Platz)* ausfüllen; ~ **up with** erreichen, einholen; vorschlagen, zur Sprache bringen; **something has ~ up** es ist etwas dazwischengekommen; **come upon** *tr* **1.** überfallen, überraschen; **2.** in Anspruch nehmen; **3.** zufällig treffen, stoßen auf; **come·back** ['kʌmbæk] **1.** Wieder-, Rückkehr *f;* **2.** *theat film* Comeback *n;* **3.** Antwort *f.*

com·edian [kə'mi:dɪən] Komiker *m,* **com·edienne** [kəˌmi:di'en] Komikerin *f.*

come-down ['kʌmdaʊn] **1.** *fig* Abstieg *m;* **2.** Reinfall *m.*

com·edy ['kɒmədɪ] **1.** Lustspiel *n,* Komödie *f;* **2.** komische Geschichte *od* Sache.

come·li·ness ['kʌmlɪnɪs] Anmut *f;* **come·ly** ['kʌmlɪ] *adj (Mensch)* gutaussehend, hübsch.

come-on ['kʌmɒn] **1.** Lockmittel *n;* **2.** Einladung, Aufforderung *f.*
comet ['kɒmɪt] *astr* Komet *m.*
com·fort ['kʌmfət] **I** *s* **1.** Trost *m,* Beruhigung *f* (*to* für); **2.** Stütze, Hilfe *f;* **3.** Zufriedenheit, Ausgeglichenheit *f;* **4.** Bequemlichkeit *f,* Komfort *m;* ▶ **live in ~** in angenehmen Verhältnissen leben; **II** *tr* trösten, beruhigen; **com·fort·able** ['kʌmftəbl] *adj* **1.** bequem, behaglich, gemütlich; **2.** komfortabel, gut eingerichtet; **3.** auskömmlich; **4.** sorgenfrei; **5.** *(Patient)* ohne Beschwerden; ▶ **make yourself ~** machen Sie sich's bequem! **com·fort·ably** ['kʌmftəblɪ] *adv* ▶ **be ~ off** wohlhabend sein; **~ warm** angenehm warm; **com·forter** ['kʌmfətə(r)] **1.** Tröster *m;* **2.** Schnuller *m;* **3.** wollenes Halstuch; **4.** *Am* Steppdecke *f;* Deckbett *n;* **com·fort·ing** ['kʌmfətɪŋ] *adj* tröstlich; **com·fort·less** ['kʌmfətlɪs] *adj* ohne Komfort; unbehaglich, ungemütlich; **comfort station** *Am fam* öffentliche Bedürfnisanstalt; **comfy** ['kʌmfɪ] *adj fam* behaglich.
comic ['kɒmɪk] **I** *adj* **1.** komisch; **2.** spaßig, lustig; **II** *s* **1.** Komiker *m;* **2.** *pl* Comics *m pl; (Zeitung)* Witzecke *f;* **comi·cal** ['kɒmɪkl] *adj* **1.** amüsant, lustig; **2.** drollig, komisch; **comic book** Heft *n* mit Comic strips.
coming ['kʌmɪŋ] **I** *adj* kommend, (zu)künftig; **II** *s* Kommen *n;* Ankunft *f;* ▶ **~s and goings** *pl* Kommen *n* und Gehen *n;* **~ of age** Mündigwerden *n;* **III** *interj* ja! (ich) komme gleich! sofort!
comma ['kɒmə] Komma *n.*
com·mand [kə'mɑːnd] **I** *s* **1.** Befehl *m;* **2.** Befehlsgewalt *f,* Oberbefehl *m;* **3.** Führung, Leitung *f;* **4.** Beherrschung *f;* Überblick *m,* Übersicht *f;* **5.** Herrschaft *f* (*of* über); **6.** *mil* Befehlsbereich *m;* ▶ **at my ~** zu meiner Verfügung; **by ~** auf Befehl (*of* gen); **under s.o.'s ~** unter jds Befehl; **be in ~** die Befehlsgewalt, das Kommando haben (*of* über); **have a good ~ of s.th.** etw beherrschen; **take ~ of** die Befehlsgewalt, das Kommando übernehmen über; **II** *tr* **1.** befehlen (*s.o. to do s.th.* jdm etw zu tun); **2.** kommandieren; **3.** verfügen über; beherrschen, herrschen über; **4.** *fig (Gefühl)* beherrschen, in der Gewalt haben; **5.** *(Achtung)* fordern, gebieten; *(Mitgefühl)* verdienen; **6.** *(Preis)* erzielen; **III** *itr* **1.** befehlen; herrschen; **2.** *mil* kommandieren; **com·man·dant** [ˌkɒmən'dænt] *mil* Kommandant *m;* Befehlshaber *m;* **com·mander** [kə'mɑːndə(r)] *mil* **1.** *(Einheit)* Kommandeur *m;* (Truppen)Führer, Führer *m* e-r Einheit; **2.** *mar* Fregattenkapitän *m;* **3.** *(Panzer, aero)* Kommandant *m;* ▶ **~-in-chief** Oberbefehlshaber *m;* **com·mand·ing** [kə'mɑːndɪŋ] *adj* **1.** kommandierend; befehlshabend; **2.** *(Anhöhe, Stellung)* beherrschend; **3.** *fig* gebieterisch; **com·mand·ment** [kə'mɑːndmənt] Gebot *n;* Vorschrift *f;* ▶ **the Ten C~s** *pl* die Zehn Gebote *n pl;* **command module** *(Raumschiff)* Kommandokapsel *f;* **com·mando** [kə'mɑːndəʊ] ⟨*pl* -mandos⟩ Kommando-, Sabotagetrupp *m;* **command post** Gefechtsstand *m.*
com·mem·or·ate [kə'meməreɪt] *tr* **1.** gedenken (*s.o., s.th.* jds, e-r S); feiern; **2.** *(Sache)* erinnern an; **com·mem·or·ation** [kəˌmemə'reɪʃn] Gedenk-, Gedächtnisfeier *f a. rel;* ▶ **in ~ of s.o.** zur Erinnerung an jdn; **com·mem·or·ative** [kə'memərətɪv] *adj* erinnernd (*of* an); ▶ **~ plaque** Gedenktafel *f.*
com·mence [kə'mens] *tr, itr* beginnen, anfangen (*to do* od *doing s.th.* etw zu tun); **com·mence·ment** [—mənt] **1.** Anfang, Beginn *m;* **2.** Promotion(stag *m,* -feier) *f.*
com·mend [kə'mend] *tr* **1.** anvertrauen; (an)empfehlen; **2.** empfehlen, loben; **com·mend·able** [—əbl] *adj* empfehlens-, lobenswert; **com·men·da·tion** [ˌkɒmen'deɪʃn] **1.** Empfehlung *f;* **2.** Lob *n,* Preis *m;* **com·men·da·tory** [kə'mendətrɪ] *adj* empfehlend; ▶ **~ letter** Empfehlungsschreiben *n.*
com·men·sur·able [kə'menʃərəbl] *adj* vergleichbar (*with, to* mit, *dat*); **com·men·sur·ate** [kə'menʃərət] *adj* **1.** angemessen, entsprechend (*with, to* dat); **2.** im richtigen, rechten Verhältnis (*with, to* zu).
com·ment ['kɒment] **I** *s* **1.** Bemerkung *f;* **2.** Kommentar *m,* Stellungnahme *f;* **3.** Erklärung, Erläuterung *f;* ▶ **no ~!** ich habe nichts dazu zu sagen! kein Kommentar! **II** *itr* **1.** kommentieren (*on s.th.* etw); **2.** seine Meinung äußern (*on* über); **com·men·tary** ['kɒməntrɪ] Kommentar *m* (*on* zu); **com·men·tate** ['kɒmənteɪt] *tr* kommentieren; **com·men·ta·tor** ['kɒmənteɪtə(r)] Kommentator(in) *m (f).*
com·merce ['kɒmɜːs] Handel *m;* (Geschäfts)Verkehr *m;* **com·mer·cial** [kə'mɜːʃl] **I** *adj* **1.** geschäftlich, kaufmännisch, kommerziell, Handels-; **2.** gewerbsmäßig; **3.** auf Gewinn aus; gewinnbringend; ▶ **~ building** Geschäftsgebäude *n;* **~ company** Handelsgesellschaft *f;* **~ correspondence** Handelskorrespondenz *f;* **~ firm, house** Handelshaus *n;* **~ interests** *pl* Geschäftsinteressen *n pl;* **~ television** Privatfernsehen *n;* **~ vehicle** Nutzfahrzeug *n;* **II** *s* Funk-, Fernsehwerbung *f;* **com·mer·ciali·zation** [kəˌmɜːʃəlaɪ'zeɪʃn] Vermarktung, Kommerzialisierung *f;* **com·mer·cial·ize** [kə'mɜːʃəlaɪz] *tr* kommer-

zialisieren.

com·miser·ate [kəˈmɪzəreɪt] *itr* Mitleid haben (*with* mit); **com·miser·ation** [kəˌmɪzəˈreɪʃn] Mitleid *n.*

com·mis·sion [kəˈmɪʃn] **I** *s* **1.** Auftrag *m,* Instruktion *f;* **2.** Amt *n,* Funktion *f;* **3.** Indienststellung *f (e-s Schiffes);* **4.** (Offiziers)Patent *n;* **5.** Kommission *f,* Ausschuß *m;* **6.** *com* Bestellung *f,* Auftrag *m,* Order *f;* **7.** Kommission *f;* Provision *f;* **8.** *jur* Begehung, Verübung *f;* ▶ **by** ~ im Auftrag; **in** ~ in Betrieb; **in, on** ~ *com* gegen Provision; **on** ~, **by way of** ~ *com* in Kommission, im Auftrag; **out of** ~ außer Betrieb; **appoint a** ~ e-e Kommission einsetzen; **carry out a** ~ e-n Auftrag ausführen; **give, take in** ~ *com* in Kommission geben, nehmen; **II** *tr* **1.** beauftragen, den Auftrag erteilen (*s.o.* jdm); **2.** ermächtigen, bevollmächtigen; **3.** *(Schiff)* in Dienst stellen; **4.** *mil* (zum Offizier) befördern; **5.** *com* bestellen; **com·mis·sion·aire** [kəˌmɪʃəˈneə(r)] (uniformierter) Portier *m;* **com·mis·sioned** [kəˈmɪʃnd] *adj* ▶ ~ **officer** (durch Patent bestallter) Offizier *m;* **com·mis·sioner** [kəˈmɪʃənə(r)] **1.** Beauftragte(r), Bevollmächtigte(r) *f m;* **2.** Kommissions-, Ausschußmitglied *n;* **3.** Regierungsvertreter(in) *m (f);* ▶ ~ **for oaths** *Br* Notar(in) *m (f).*

com·mit [kəˈmɪt] **I** *tr* **1.** übergeben, anvertrauen; **2.** e-m Ausschuß überweisen; **3.** *(Verbrechen)* begehen, verüben; ▶ ~ **to earth, to the flames** der Erde, den Flammen übergeben; ~ **to memory** dem Gedächtnis einprägen; ~ **to paper, to print, to writing** niederschreiben; ~ **to prison** ins Gefängnis einliefern, festnehmen; **II** *refl* sich festlegen (*on* auf); ▶ ~ **o.s. to do s.th., to doing s.th.** sich verpflichten, etw zu tun; **com·mit·ment** [—mənt] **1.** Verpflichtung, Bindung *f;* **2.** *fin* Verbindlichkeit *f;* **3.** Überweisung *f* (*parl* an e-n Ausschuß); **4.** Einlieferung *f (ins Gefängnis);* **5.** Einweisung *f* (*to* in); **6.** Inhaftierung *f;* ▶ **without** ~ unverbindlich.

com·mit·tee [kəˈmɪtɪ] Ausschuß *m,* Kommission *f;* ▶ **appoint, set up a** ~ e-n Ausschuß, e-e Kommission einsetzen; **be, sit on a** ~ e-m Ausschuß, e-r Kommission angehören; **arbitration** ~ Schlichtungsausschuß *m;* ~ **of experts** Fach-, Sachverständigenausschuß *m.*

com·mode [kəˈməʊd] **1.** Kommode *f;* **2.** *Am* Waschtisch *m;* **3.** *(night-~)* Nachtstuhl *m;* **4.** *Am* Toilette *f;* **commodi·ous** [kəˈməʊdɪəs] *adj* geräumig; **com·mod·ity** [kəˈmɒdətɪ] **1.** (Gebrauchs)Artikel *m;* **2.** *pl* Waren *f pl,* Produkte, Verbrauchsgüter *n pl;* ▶ ~ **exchange** Warenbörse *f;* ~ **market** Waren-, Rohstoffmarkt *m;* Rohstoffbörse *f.*

com·mo·dore [ˈkɒmədɔː(r)] **1.** *mar* Flottillenadmiral *m;* **2.** *(dienstältester)* Kapitän *m (a. e-r Schiffahrtslinie);* **3.** Präsident *m* e-s Jachtklubs.

com·mon [ˈkɒmən] **I** *adj* **1.** gemein(sam, -schaftlich); **2.** öffentlich; allgemein, (weit)verbreitet; **3.** häufig, alltäglich, abgedroschen; **4.** ordinär, vulgär, niedrig; ▶ **by** ~ **consent** mit Zustimmung aller; **for the** ~ **good** im allgemeinen Interesse; für das allgemeine Wohl; **be** ~ **practice** allgemein üblich sein; **make** ~ **cause with** gemeinsame Sache machen mit; **it is** ~ **knowledge that** es ist allgemein bekannt, daß; **II** *s* **1.** Gemeindeland *n,* -weide *f;* **2.** *pl* (das) gemeine Volk, (die) Bürgerschichten *f pl;* **3.** Gemeinschaftsverpflegung *f;* ▶ **the (House of) C~s** das Unterhaus; **have s.th. in** ~ etw gemein haben; **have interests in** ~ gemeinsame Interessen haben; **common denominator** *math* gemeinsamer Nenner; **com·moner** [ˈkɒmənə(r)] Bürgerliche(r) *f m;* **common ground** gemeinsame Diskussions-, Verhandlungsgrundlage; **common land** Gemeindeland *n;* **common law** Gewohnheitsrecht *n;* **common·law wife** in eheähnlicher Gemeinschaft lebende Frau; **common·ly** [ˈkɒmənlɪ] *adv* gewöhnlich; (im) allgemein(en); **Common Market** Gemeinsamer Markt, EG *f;* **com·mon-or-gar·den** [ˌkɒmənəˈgɑːdn] *adj* ganz gewöhnlich; **com·mon·place** [ˈkɒmənpleɪs] **I** *s* Gemeinplatz *m,* Banalität *f;* alltägliche Sache; **II** *adj* alltäglich; uninteressant; **common-room** Gemeinschaftsraum *m;* **common sense** gesunder Menschenverstand; **common stock** *fin* Stammaktien *f pl;* **com·mon·wealth** [ˈkɒmənwelθ] Gemeinwesen *n;* ▶ **the C~ of Nations** das Commonwealth.

com·mo·tion [kəˈməʊʃn] **1.** (heftige) Erregung, Erschütterung *f;* **2.** Tumult, Aufruhr *m.*

com·mu·nal [ˈkɒmjʊnl] *adj* **1.** Gemeinde-, Kommunal-; kommunal; gemeindeeigen; **2.** Gemeinschafts-; öffentlich.

com·mune¹ [kəˈmjuːn] *itr* **1.** sich vertraulich unterhalten (*with* mit; *together* miteinander); **2.** *Am rel* kommunizieren.

com·mune² [ˈkɒmjuːn] Kommune *f.*

com·muni·cable [kəˈmjʊːnikəbl] *adj (Idee, Gefühle)* vermittelbar; *(Krankheit)* übertragbar; **com·muni·cate** [kəˈmjuːnɪkeɪt] **I** *tr* **1.** mitteilen; **2.** übertragen *a. phys med* (*to* auf); **3.** *(Gefühl, Botschaft)* rüberbringen *fam;* **II** *itr* **1.** *rel* das Abendmahl empfangen; **2.** in Verbindung stehen (*with* mit); sich besprechen (*with* mit); **3.** *(Zimmer)* durch e-e Tür miteinander verbunden sein; **com·muni·ca·tion** [kəˌmjuːnɪˈkeɪʃn]

1. Mitteilung *f* (*to* an); **2.** *phys med* Übertragung *f;* **3.** Verbindung *f,* Verkehr *m;* **4.** Unterredung, Besprechung *f;* Mitteilung, Nachricht *f;* **5.** Verbindung (-sweg *m*) *f,* Verkehr(sweg *m,* -mittel *n*) *m;* **6.** Fernmeldewesen *n;* Fernmeldeeinrichtungen *f pl;* ▶ **~(s) centre** *mil* Nachrichtensammelstelle *f;* Fernmeldezentrale *f;* **~ cord** *rail* Notbremse *f;* **~ line** Verbindungslinie *f;* **~ satellite** Kommunikations-, Nachrichtensatellit *m;* **com·muni·cat·ive** [kə'mju:nɪkətɪv] *adj* mitteilsam, gesprächig.

com·mu·nion [kə'mju:nɪən] **1.** Gemeinschaft *f;* **2.** enge Beziehungen *f pl;* Gedankenaustausch *m;* **3.** Glaubensgemeinschaft *f;* **4.** *(Holy ~)* (heilige) Kommunion *f;* Abendmahl *n;* ▶ **go to ~** zur Kommunion, zum Abendmahl gehen.

com·mu·niqué [kə'mju:nɪkeɪ] Kommuniqué *n,* amtliche Mitteilung.

com·mu·nism ['kɒmjʊnɪzəm] Kommunismus *m;* **com·mu·nist** ['kɒmjʊnɪst] **I** *s* Kommunist(in) *m (f);* **II** *adj* kommunistisch.

com·mu·nity [kə'mju:nətɪ] **1.** Gemeinschaft *f;* **2.** Gemeinwesen *n;* **3.** Gemeinsamkeit *f;* (Interessen)Gemeinschaft *f;* **4.** *rel* Gemeinde *f;* **5.** *biol* Lebensgemeinschaft *f;* ▶ **the ~** die Allgemeinheit, die Öffentlichkeit, der Staat; **community centre** Gemeindehaus, -zentrum *n;* **community charge** *Br* Gemeinde-, Kopfsteuer *f;* **community singing** gemeinschaftliches Liedersingen; **community worker** Sozialarbeiter(in) *m (f).*

com·mut·able [kə'mju:təbl] *adj* umwandelbar; **com·mu·ta·tion** [ˌkɒmju:'teɪʃn] **1.** (Aus-, Um)Tausch *m;* **2.** Ablösung(ssumme) *f;* **3.** (Straf)Umwandlung, Herabsetzung *f;* Benutzung *f* e-r Zeitkarte; ▶ **~ ticket** *Am* Zeitkarte *f;* **com·mute** [kə'mju:t] **I** *tr* **1.** (aus-, ein-, um)tauschen (*for* gegen); **2.** *fin* ablösen; **3.** *jur (Strafe)* umwandeln, herabsetzen (*to, into* in); **II** *itr* pendeln; **com·muter** [kɒ'mju:tə(r)] Pendler(in) *m (f);* **commuter belt** städtischer Einzugsbereich; **commuter train** Pendler-, Vorort(s)zug *m.*

com·pact¹ ['kɒmpækt] **1.** *(powder ~)* Puderdose *f;* **2.** *Am* Kompaktwagen *m.*

com·pact² ['kɒmpækt] Vertrag *m,* Abkommen *n.*

com·pact³ [kəm'pækt] **I** *adj* **1.** kompakt; **2.** *(Stil)* gedrängt; **3.** *(Schnee, Masse)* fest; **II** *tr* fest zusammenpressen, -drängen; ▶ **be ~ed of** sich zusammensetzen aus; **~ camera** Kompaktkamera *f;* **~ disk** Compact-Disk, CD *f;* **~ disk player** CD-Spieler *m;* **com·pact·ness** [kəm'pæktnɪs] **1.** *fig* Knappheit *f;* Gedrängtheit *f;* **2.** Festigkeit, Dichte *f.*

com·pan·ion [kəm'pænɪən] **1.** Begleiter(in) *m (f);* Genosse *m,* Genossin *f;* Gefährte *m,* Gefährtin *f;* **2.** Gesellschafterin *f;* **3.** Gegenstück, Pendant *n;* **4.** Ratgeber, Leitfaden *m (Buch);* ▶ **travelling ~** Reisebegleiter(in), -gefährte *m,* -gefährtin *f,* Mitreisende(r) *f m;* **com·pan·ion·able** [—əbl] *adj* gesellig, umgänglich; **com·pan·ion·ship** [—ʃɪp] Gesellschaft *f;* **com·pan·ion·way** [—weɪ] Kajütentreppe *f.*

com·pany ['kʌmpənɪ] **1.** Gesellschaft, Begleitung *f;* Umgang, Verkehr *m;* **2.** Gäste *m pl,* Besuch *m;* **3.** (*bes.* Handels)Gesellschaft, Firma *f;* **4.** (Schauspieler)Truppe *f;* **5.** *(ship's ~)* Besatzung *f;* **6.** *mil* Kompanie *f;* ▶ **for ~** zur Gesellschaft; **in ~** zusammen, gemeinsam; **be good, bad** od **poor ~** ein guter, schlechter Gesellschafter sein; **keep ~ with** verkehren mit; **part ~** sich trennen (*with* von).

com·par·able ['kɒmpərəbl] *adj* vergleichbar; ähnlich; entsprechend; **com·para·tive** [kəm'pærətɪv] **I** *adj* **1.** vergleichend; **2.** verhältnismäßig, relativ; **II** *s (~ degree) gram* Komparativ *m;* **com·para·tive·ly** [—lɪ] *adv* vergleichsweise; verhältnismäßig; **com·pare** [kəm'peə(r)] **I** *tr* **1.** *(prüfend)* vergleichen (*with, to* mit); **2.** gleichstellen, auf eine Stufe stellen (*to* mit); **3.** *gram* steigern; **II** *itr* sich vergleichen (lassen) (*with* mit); ▶ **~ favo(u)rably with** bei e-m Vergleich günstig abschneiden mit; **III** *s* **beyond, past, without ~** unvergleichlich *adv;* **com·pari·son** [kəm'pærɪsn] **1.** Vergleich *m* (*to, with* mit); **2.** Gegenüberstellung *f;* **3.** *gram* Steigerung *f;* **4.** *EDV* Abgleich *m;* ▶ **by ~** vergleichsweise, verhältnismäßig *adv;* **in ~ with** im Vergleich zu; **bear, stand ~ with** sich vergleichen lassen, den Vergleich aushalten mit; **there is no ~ between them** sie lassen sich nicht vergleichen.

com·part·ment [kəm'pɑ:tmənt] **1.** Abteilung *f;* **2.** Fach, Feld *n;* **3.** *rail* Abteil *n;* **4.** *mar* Schott *n.*

com·pass ['kʌmpəs] **1.** Umfang, -kreis *m;* **2.** Um-, Einfassung, Begrenzung *f;* **3.** Bezirk *m,* Gebiet *n,* Bereich *m;* **4.** *mus* Stimmumfang *m;* **5.** *(mariner's ~)* (Schiffs)Kompaß *m;* **6.** *pl (pair of ~es)* Zirkel *m (Gerät).*

com·pas·sion [kəm'pæʃn] Mitleid, -gefühl *n* (*for* mit); ▶ **have, take ~ on** Mitleid haben mit; **com·pas·sion·ate** [kəm'pæʃənət] *adj* mitleid(s)voll, mitfühlend; ▶ **~ leave** *mil Br* Sonderurlaub *m* aus familiären Gründen.

com·pati·bil·ity [kəmˌpætə'bɪlətɪ] **1.** Vereinbarkeit *f;* **2.** Verträglichkeit *f;* **3.** Kompatibilität *f;* **com·pat·ible** [kəm'pætəbl] *adj* **1.** vereinbar, verträglich (*with* mit); in Übereinstimmung (*with* mit); **2.** angemessen (*with s.th.* e-r S); **3.** kompatibel.

com·patriot [kəm'pætrɪət] Landsmann *m,* -männin *f.*

com·pel [kəm'pel] *tr* **1.** zwingen (*to do* zu tun); **2.** erzwingen (*from* von); **com·pel·ling** [—ɪŋ] *adj* **1.** zwingend; **2.** *fig* verlockend; unwiderstehlich.

com·pen·dium [kəm'pendɪəm] ⟨*pl* -diums, -dia⟩ [kəm'pendɪə] **1.** Zusammenfassung, Übersicht *f;* **2.** Grundriß, Leitfaden *m.*

com·pen·sate ['kɒmpənseɪt] **I** *tr* **1.** ausgleichen, ersetzen; aufwiegen; **2.** *psych tech* kompensieren; **3.** *fin* entschädigen; **4.** *(Schaden)* ersetzen; vergüten; **II** *itr* **1.** ausgleichen (*for s.th.* etw); **2.** wiedergutmachen (*for s.th.* etw); Ersatz leisten; **com·pen·sa·tion** [ˌkɒmpen'seɪʃn] **1.** Ausgleich, Ersatz *m;* **2.** *psych tech biol* Kompensation *f;* **3.** *fin* Entschädigung *f,* Schadenersatz *m;* Vergütung *f;* **4.** *Am* (Be)Zahlung, Entlohnung *f;* Lohn *m,* Gehalt *n;* ▶ **as ~, by way of ~ for** als Ersatz, als Entschädigung für.

com·pere ['kɒmpeə(r)] **I** *s* Ansager(in) *m (f);* **II** *tr* ansagen.

com·pete [kəm'pi:t] *itr* **1.** sich mitbewerben (*for* um); **2.** teilnehmen (*in a contest* an e-m Wettbewerb); **3.** wetteifern (*with s.o. for s.th.* mit jdm um etw); konkurrieren, sich messen (*against s.o. in a race* mit jdm bei e-m Rennen).

com·pet·ence ['kɒmpɪtəns] **1.** Kompetenz *f;* Können, Geschick *n;* Befähigung, Qualifikation *f* (*for s.th.* zu etw); **2.** *jur* Zuständigkeit *f;* **com·pet·ent** ['kɒmpɪtənt] *adj* **1.** kompetent; geschickt, fähig; befähigt, qualifiziert (*for s.th.* zu etw; *to do* zu tun); **2.** genügend, ausreichend, entsprechend; **3.** *jur* zuständig; *(Zeuge, Beweise)* zulässig.

com·pe·ti·tion [ˌkɒmpə'tɪʃn] **1.** Wettbewerb, -streit, -kampf *m* (*for* um); **2.** *com* Konkurrenz(kampf *m*) *f;* **3.** Preisausschreiben *n;* ▶ **be in ~ with** im Wettbewerb stehen mit; **enter into ~ with** in Wettbewerb treten mit; **keen ~** scharfer Wettbewerb; **com·peti·tive** [kəm'petətɪv] *adj* **1.** konkurrierend; **2.** konkurrenzfähig; ▶ **~ spirit** Wettbewerbs-, Konkurrenzgeist *m;* Kampfgeist *m;* **com·peti·tive·ness** [kəm'petətivnəs] Wettbewerbsfähigkeit *f;* **com·peti·tor** [kəm'petɪtə(r)] **1.** Mitbewerber(in) *m (f);* **2.** *com* Konkurrent(in) *m (f);* **3.** *sport* Wettkämpfer(in), Teilnehmer(in) *m (f)* (*for* um).

com·pi·la·tion [ˌkɒmpɪ'leɪʃn] Auf-, Zusammenstellung *f;* Kompilation *f;* **com·pile** [kəm'paɪl] *tr* **1.** *(Material)* zusammentragen; **2.** *(Liste)* zusammenstellen; **com·pil·er** [ˌkɒm'pɪlə(r)] *EDV* Compiler *m.*

com·pla·cence, com·pla·cency [kəm'pleɪsns(ɪ)] Selbstzufriedenheit, -gefälligkeit *f;* **com·pla·cent** [kəm'pleɪsnt] *adj* selbstzufrieden, -gefällig.

com·plain [kəm'pleɪn] *itr* **1.** klagen, sich beklagen (*of* über); **2.** sich beschweren (*of, about* über; *to* bei); **3.** jammern; **4.** *com* reklamieren; **com·plain·ant** *jur* Kläger(in) *m (f);* **com·plaint** [kəm'pleɪnt] **1.** Klage, Beschwerde, Beanstandung *f;* **2.** *com* Reklamation, Mängelrüge *f;* **3.** *jur* Klage, Strafanzeige *f* (*against* gegen); **4.** *med* Beschwerden *f pl,* Leiden *n;* ▶ **make, lodge a ~ against s.o.** sich über jdn beschweren; **~ book** Beschwerdebuch *n.*

com·plais·ance [kəm'pleɪzəns] Gefälligkeit *f;* **com·plais·ant** [kəm'pleɪzənt] *adj* gefällig, entgegenkommend, willfährig.

com·ple·ment ['kɒmplɪmənt] **I** *s* **1.** Ergänzung *f a. math gram;* **2.** *mar* Bemannung *f;* **3.** *mil* Sollstärke *f;* **4.** *aero* volle Besatzung; **II** *tr* ['kɒmplɪment] ergänzen, vervollständigen; **com·ple·ment·ary** [ˌkɒmplɪ'mentrɪ] *adj* Ergänzungs-; sich ergänzend; ▶ **~ colours** *pl* Komplementärfarben *f pl.*

com·plete [kəm'pli:t] **I** *adj* **1.** vollständig, -kommen, völlig, ganz; **2.** vollendet, fertig(gestellt), zu Ende (gebracht), abgeschlossen; ▶ **~ with** mitsamt, komplett mit; **II** *tr* **1.** vervollständigen, vollständig machen, abschließen; **2.** *(Formular)* ausfüllen; **3.** beenden, fertigstellen, -machen; **com·plete·ly** [—lɪ] *adv* völlig, ganz (u. gar), vollständig, vollkommen; **com·plete·ness** [—nɪs] Vollständigkeit *f;* Vollkommenheit *f;* **com·ple·tion** [kəm'pli:ʃn] **1.** Vervollständigung *f;* **2.** Abschluß *m,* Erledigung, Fertigstellung, Vollendung *f a. jur;* **3.** Ergänzung, Vervollständigung *f;* **4.** Ausfüllung *f (e-s Formulars);* **5.** *(Vertrag)* Erfüllung *f;* ▶ **on ~ of** bei Beendigung *gen;* **be nearing ~** vor dem Abschluß stehen.

com·plex ['kɒmpleks] **I** *adj* **1.** komplex; vielschichtig, vielseitig; **2.** kompliziert, verwickelt; **II** *s* (das) Ganze; Komplex *m a. psych.*

com·plexion [kəm'plekʃn] **1.** (Haut-, Gesichts)Farbe *f,* Aussehen *n;* **2.** *fig* Aspekt, Anstrich *m.*

com·plex·ity [kəm'pleksətɪ] Komplexität *f;* Kompliziertheit *f.*

com·pli·ance [kəm'plaɪəns] **1.** *(Gesetz)* Befolgung *f;* **2.** Einverständnis *n,* Willfährigkeit *f;* ▶ **in ~ with** in Übereinstimmung mit; entsprechend, gemäß *dat;* **com·pliant** [kəm'plaɪənt] *adj* nachgiebig; willfährig.

com·pli·cate ['kɒmplɪkeɪt] *tr* komplizieren, (noch) verwickelter, schwieriger machen; ▶ **that ~s matters** das macht die Sache noch schwieriger; **com·pli·cated** [—ɪd] *adj* kompliziert; verwikkelt; **com·pli·ca·tion** [ˌkɒmplɪˈkeɪʃn] Komplikation *f.*

com·plic·ity [kəmˈplɪsətɪ] Mitschuld (*in* an), Mittäterschaft *f* (*in* bei).

com·pli·ment [ˈkɒmplɪmənt] **I** *s* **1.** Kompliment *n;* **2.** Anerkennung *f,* Lob *n;* **3.** Ehrenerweisung *f;* **4.** *pl (in Briefen)* Grüße *m pl,* Gruß *m;* Empfehlung *f;* ► **angle, fish for ~s** Komplimente hören wollen; **pay a ~ to s.o.** jdm ein Kompliment machen; **with the ~s of the season** mit den besten Wünschen zum Fest; **II** *tr* [ˈkɒmplɪment] **1.** ein Kompliment machen (*s.o.* jdm); **2.** beglückwünschen (*on* zu); **com·pli·men·tary** [ˌkɒmplɪˈmentrɪ] *adj* **1.** höflich, artig; **2.** Ehren-; Gratis-; ► **~ copy** Widmungs-, Freiexemplar *n;* **~ ticket** Frei-, Ehrenkarte *f;* **compliment slip** (Firmen)Begleitkarte *f.*

com·ply [kəmˈplaɪ] *itr* **1.** Folge leisten (*with* dat); **2.** einwilligen (*with* in); zustimmen (*with* dat); **3.** *(Wunsch, Bedingung, Bitte)* erfüllen (*with s.th.* etw).

com·po·nent [kəmˈpəʊnənt] **I** *adj* einzeln; Einzel-, Teil-; **II** *s* Bestandteil *m;* ► **additional ~** *mot* Nachrüstsatz *m;* **component parts** *pl* Zubehör-, Einzelteile *n pl.*

com·pose [kəmˈpəʊz] **I** *tr* **1.** zusammensetzen; **2.** (an)ordnen, bilden; **3.** ab-, verfassen, aufsetzen, dichten; **4.** *mus* komponieren; **5.** *typ* setzen; **6.** *(Streit)* (gütlich) beilegen, schlichten, (glücklich) beenden; **7.** *(Gedanken)* sammeln; ► **be ~d of** bestehen aus; **II** *itr* **1.** schriftstellern; dichten; **2.** *mus* komponieren; **III** *refl* sich beruhigen, sich fassen; **com·posed** [kəmˈpəʊzd] *adj* gefaßt, ruhig, gelassen; **com·poser** [kəmˈpəʊzə(r)] **1.** *mus* Komponist(in) *m (f);* **2.** Verfasser(in) *m (f);* **com·pos·ite** [ˈkɒmpəzɪt] *adj* zusammengesetzt; vielfältig; ► **~ photograph** Fotomontage *f;* **com·po·si·tion** [ˌkɒmpəˈzɪʃn] **1.** Zusammensetzung, (An)Ordnung, Anlage, Bildung *f;* **2.** Abfassung *f;* **3.** *mus* Komposition *f;* **4.** *typ* (Schrift)Satz *m;* **5.** (Schul)Aufsatz *m;* **6.** Übersetzung *f;* **7.** Zusammensetzung *f,* (Auf)Bau *m;* **8.** *psych* Anlage, Art *f,* Wesen *n;* **9.** *jur* Verständigung *f,* Vergleich *m;* **com·po·si·tor** [kəmˈpɒzɪtə(r)] *typ* (Schrift)Setzer(in) *m (f).*

com·post [ˈkɒmpɒst] Kompost *m.*

com·po·sure [kəmˈpəʊʒə(r)] Fassung, Gelassenheit, (Gemüts)Ruhe *f.*

com·pound [ˈkɒmpaʊnd] **I** *adj* **1.** zusammengesetzt; aus einzelnen Teilen bestehend; **2.** gemischt; **3.** *tech* Verbund-; **II** *s* **1.** Zusammensetzung *f;* Mischung *f;* **2.** *(chemische)* Verbindung *f;* **3.** *gram* (*~ word)* zusammengesetztes Wort; **4.** eingefriedeter Platz; **III** *tr* [kəmˈpaʊnd] **1.** zusammensetzen; verbinden; mischen; **2.** *(Streit)* beilegen; **3.** *(Schuld)* tilgen; in Raten abzahlen; **4.** *(Zinsen)* kapitalisieren; **5.** verschlimmern; ► **this only ~s our difficulties** das erschwert unsere Lage noch zusätzlich; **IV** *itr* **1.** sich vergleichen, sich einigen, sich verständigen (*with* mit); **2.** pauschalieren (*for s.th.* etw); **compound fracture** *med* komplizierter Bruch; **compound interest** *fin* Zinseszins *m.*

com·pre·hend [ˌkɒmprɪˈhend] *tr* **1.** verstehen, einsehen; **2.** umfassen, einschließen.

com·pre·hen·sible [ˌkɒmprɪˈhensəbl] *adj* verständlich, begreiflich; **com·pre·hen·sion** [ˌkɒmprɪˈhenʃn] **1.** Verstehen, Begreifen *n;* **2.** Verständnis *n* (*of* für), Einsicht *f;* Fassungs-, Begriffsvermögen *n;* **3.** (Bedeutungs-, Begriffs)Umfang *m;* ► **beyond ~** unbegreiflich.

com·pre·hen·sive [ˌkɒmprɪˈhensɪv] *adj* umfassend; ► **~ school** Gesamtschule *f.*

com·press[1] [kəmˈpres] *tr* zusammendrücken, (zusammen)pressen, komprimieren.

compress[2] [ˈkɒmpres] *med* Kompresse *f.*

com·pressed [kəmˈprest] *adj* zusammengedrückt; zusammengepreßt; ► **~ air** Preßluft *f;* **com·pres·sor** [kəmˈpresə(r)] *tech* Kompressor *m.*

com·prise [kəmˈpraɪz] *tr* **1.** umfassen; bestehen aus; **2.** einschließen (*within* in).

com·pro·mise [ˈkɒmprəmaɪz] **I** *s* Kompromiß *m;* Übereinkunft *f,* Vergleich *m;* **II** *itr* e-n Kompromiß, e-n Vergleich schließen (*on* über); **III** *tr* **1.** kompromittieren; *(Ruf)* schaden (*s.th.* e-r S); **2.** gefährden.

comp·trol·ler [kənˈtrəʊlə(r)] Rechnungsprüfer(in) *m (f).*

com·pul·sion [kəmˈpʌlʃn] Zwang *m;* ► **under ~** unter Zwang; **com·pul·sive** [kəmˈpʌlsɪv] *adj* Zwangs-; zwingend; **com·pul·sory** [kəmˈpʌlsərɪ] *adj* obligatorisch; zwingend, bindend; ► **~ auction** Zwangsversteigerung *f;* **~ education** Schulpflicht *f;* **~ insurance** Pflichtversicherung *f;* **~ subject** *(Schule)* Pflichtfach *n.*

com·punc·tion [kəmˈpʌŋkʃn] Schuldgefühl *n;* Gewissensbisse *m pl,* Reue *f;* ► **with no ~** ohne sich schuldig zu fühlen.

com·pu·ta·tion [ˌkɒmpjʊˈteɪʃn] (Be-, Er)Rechnung *f;* Überschlag *m,* Schätzung *f;* **com·pute** [kəmˈpju:t] *tr, itr* **1.** (aus-, be-, er)rechnen; **2.** überschlagen, schätzen, veranschlagen (*at* auf); **com·puter** [kəmˈpju:tə(r)] Computer *m;* Rechner *m;* Datenverarbeitungsanlage *f;* ► **digital ~** digitale Rechenanlage; **personal ~** PC *m;* **~ aided** rechnergestützt; **computer centre** Rechenzentrum *n;* **computer crime** Computerkriminalität *f;* **computer freak** [fri:k] Computerfreak *m;* **computer game** Computerspiel *n;* **computer graphics** *pl* Computergraphik *f;* **com·puter·ize** [kəm'pju:təraɪz] *tr* **1.** auf Computer umstellen; **2.** in e-n Computer eingeben; **computer network** Rechnerverbund *m;* **computer science** Informatik *f;* **computer scientist** Informatiker(in) *m (f);* **computer search** Rasterfahndung *f;* **computer tomography** Computertomographie *f;* **computer virus** Computervirus *m;* **computer work-station** Computerarbeitsplatz *m.*

com·rade ['kɒmreɪd] **1.** Kamerad(in) *m (f);* **2.** *pol* Genosse *m,* Genossin *f;* **com·rade·ship** ['kɒmreɪdʃɪp] Kameradschaft *f.*

con[1] [kɒn] **I** *tr* betrügen (*out of* um); **II** *s* Schwindel, Betrug *m.*

con[2] [kɒn] ▶ **pros and ~** Für *n* und Wider *n.*

con·cat·ena·tion [kɒnˌkætɪ'neɪʃn] Verkettung *f;* Kette, Folge *f.*

con·cave ['kɒnkeɪv] *adj* konkav; **con·cav·ity** [kən'kævɪtɪ] Konkavität *f.*

con·ceal [kən'si:l] *tr* verstecken, verbergen; verheimlichen (*from* vor); **con·ceal·ment** [—mənt] **1.** Verbergen *n;* Verheimlichung *f;* **2.** Geheimhaltung *f;* **3.** Versteck *n.*

con·cede [kən'si:d] **I** *tr* **1.** einräumen, zugeben, anerkennen (*that* daß); **2.** zugestehen; **3.** nachgeben (*a point* in e-m Punkt); **4.** *sport (Punkte)* vorgeben; **5.** *sport sl* verlieren; ▶ **~ defeat** die Niederlage eingestehen; **II** *itr* sich geschlagen geben.

con·ceit [kən'si:t] Selbstgefälligkeit, Einbildung *f;* **con·ceited** [—ɪd] *adj* eingebildet.

con·ceiv·able [kən'si:vəbl] *adj* denkbar, vorstellbar; **con·ceive** [kən'si:v] **I** *tr* **1.** aus-, erdenken, ersinnen; **2.** *(Gedanken)* fassen; in Worte fassen; **3.** sich denken, sich vorstellen, meinen; **4.** begreifen, verstehen; **5.** *(Kind)* empfangen; **II** *itr* **1.** schwanger werden, empfangen *(with acc);* **2.** sich e-e Vorstellung bilden (*of* von).

con·cen·trate ['kɒnsəntreɪt] **I** *tr* **1.** konzentrieren; **2.** *chem* verdichten, eindikken, kondensieren; **3.** *(Strahlen)* bündeln; **II** *itr* sich sammeln; sich konzentrieren (*upon, on* auf); seine Gedanken zusammennehmen; **III** *s* Konzentrat *n;* **con·cen·trated** [—ɪd] *adj* **1.** konzentriert; **2.** *fig* stark; **con·cen·tra·tion** [ˌkɒnsn'treɪʃn] **1.** Ansammlung *f;* **2.** Konzentration *f;* ▶ **lacking in ~** unkonzentriert; **concentration camp** Konzentrationslager *n.*

con·cen·tric [kən'sentrɪk] *adj* konzentrisch.

con·cept ['kɒnsept] Begriff *m;* Vorstellung, Idee *f;* **con·cep·tion** [kən'sepʃn] **1.** (geistige) Gestaltungskraft *f;* Vorstellungsvermögen *n,* Fassungskraft *f;* **2.** Begriff *m;* Auffassung, Vorstellung, Idee *f;* Gedanke *m;* **3.** Plan, Entwurf *m;* **4.** *physiol* Empfängnis *f;* **con·cep·tual** [kən'septjʊəl] *adj* Begriffs-; **con·cep·tua·lize** [kən'septjʊəlaɪz] *tr* sich e-e Vorstellung machen von; e-n Plan fassen von.

con·cern [kən'sɜ:n] **I** *tr* **1.** betreffen, angehen, interessieren; wichtig sein für; **2.** beunruhigen; ▶ **be ~ed about** sich Gedanken, Sorgen machen um; **~ o.s. about** sich bemühen, sich Mühe machen um; **~ o.s. with** sich befassen, zu tun haben, sich abgeben mit; **as ~s** was ... betrifft, betreffend, betreffs; **as far as I am ~ed** was mich angeht, von mir aus; **to whom it may ~** an die zuständige Stelle; **II** *s* **1.** Beziehung *f,* Bezug *m;* **2.** Interesse *n,* Anteil *m;* **3.** Sorge, Besorgnis, Beunruhigung *f* (*over* wegen); **4.** Angelegenheit, Sache *f;* **5.** Geschäft, Unternehmen *n,* Betrieb *m;* **6.** *fam* Kram, Plunder, Dreck *m;* ▶ **with deep ~** sehr besorgt *adv;* **have a ~ in** interessiert sein, Anteil haben an; **that is no ~ of yours** das geht Sie nichts an; **business ~s** *pl* Geschäftsinteressen *n pl;* **going ~** gutgehendes Geschäft, Unternehmen; **con·cerned** [kən'sɜ:nd] *adj* **1.** betroffen (*in* von), beteiligt (*in* an); **2.** besorgt, in Unruhe (*at, for s.o.* um jdn; *about s.th.* wegen e-r S); ▶ **all ~** *pl* alle Beteiligten *m pl;* **the persons ~** *pl* die Interessenten *m pl;* die Betroffenen *m pl;* **con·cern·ing** [—ɪŋ] *prep* betreffend, betreffs; bezüglich, in bezug auf.

con·cert[1] ['kɒnsət] Konzert *n;* ▶ **in ~** im Chor; gemeinsam; live; **work in ~ with** zusammenarbeiten mit.

con·cert[2] [kən'sɜ:t] *tr (Kräfte)* vereinigen; **con·certed** [kən'sɜ:tɪd] *adj* gemeinsam; *pol* konzertiert.

con·cert grand ['kɒnsət grænd] Konzertflügel *m;* **con·cer·tina** [ˌkɒnsə'ti:nə] Ziehharmonika *f;* **con·cert·mas·ter** [ˌkɒnsət'mæstə(r)] Konzertmeister *m;* **con·certo** [kən'tʃeətəʊ] ⟨*pl* -certos⟩ Konzert *n;* **concert pitch** *mus* Kammerton *m.*

con·ces·sion [kən'seʃn] **1.** (behördliche) Bewilligung, Genehmigung, Konzession *f;* **2.** Einräumung *f,* Zugeständnis, Entgegenkommen *n;* ▶ **grant a ~** e-e Konzession erteilen; **make ~s** Zugeständnisse machen.

con·cili·ate [kən'sɪlɪeɪt] *tr* **1.** beschwichtigen, besänftigen; **2.** in Übereinstimmung, in Einklang bringen; ▶ **~ s.o.** jds

Wohlwollen gewinnen; **con·cili·ation** [kən,sɪlɪ'eɪʃn] Ausgleich *m;* Einigung *f;* Schlichtung *f;* **conciliation board** Schlichtungskommission *f;* **con·cili·atory** [kən'sɪlɪətərɪ] *adj* versöhnlich, vermittelnd, ausgleichend.

con·cise [kən'saɪs] *adj* kurz (u. bündig), knapp, gedrängt, prägnant; **con·cise·ness, con·cision** [kən'saɪsnɪs, kən'sɪʒən] Kürze, Knappheit, Prägnanz *f.*

con·clave ['kɒnkleɪv] *rel* Konklave *n;* ▶ **sit in ~** e-e Geheimsitzung abhalten.

con·clude [kən'klu:d] **I** *tr* **1.** beenden, (be-, ab)schließen, zu Ende führen; **2.** *(Vertrag)* (ab)schließen; **3.** *Am* beschließen, entscheiden; **II** *itr* **1.** schließen, den Schluß ziehen, folgern (*that* daß; *from* aus); **2.** enden, aufhören; **3.** zu e-m Entschluß, zu e-m Ergebnis kommen; **con·clud·ing** [—ɪŋ] *adj* abschließend, Schluß-.

con·clusion [kən'klu:ʒn] **1.** Beendigung *f;* (Ab)Schluß *m;* **2.** Abschluß *m (e-s Vertrages);* **3.** Beschluß, Entscheid(ung *f*) *m;* **4.** Schluß(folgerung *f*) *m,* Folgerung *f;* **5.** Ende, Ergebnis *n;* ▶ **in ~** zuletzt, schließlich; zum Schluß; **bring to a ~** zum Abschluß bringen; **come to a ~** zu e-r Ansicht, Überzeugung kommen; **draw the ~ from** den Schluß, die Folgerung ziehen aus; **jump to ~s** voreilige Schlüsse ziehen; **con·clus·ive** [kən'klu:sɪv] *adj* **1.** abschließend, endgültig; entscheidend; **2.** *(Beweis)* schlüssig.

con·coct [kən'kɒkt] *tr* **1.** zusammenbrauen; **2.** *fig* austüfteln, aushecken; **con·coc·tion** [kən'kɒkʃn] **1.** Zusammenbrauen *n;* **2.** Gebräu *n;* **3.** *fig* Aushecken *n;* Erfindung, Idee *f.*

con·course ['kɒŋkɔ:s] **1.** Zusammentreffen *n;* **2.** (Menschen)Auflauf *m,* Gewühl, Gedränge *n;* Menge, Masse *f;* **3.** *Am* Aufmarschgelände *n;* (großer) freier Platz, breite Straße, Durchfahrt *f; rail* Bahnhofshalle *f.*

con·crete[1] ['kɒnkri:t] *adj* **1.** fest (geworden), (ver)dicht(et), kompakt; **2.** real, wirklich; konkret, gegenständlich; **3.** *(Zahl)* benannt.

con·crete[2] ['kɒnkri:t] **I** *s* Beton *m;* **II** *adj* Beton-; **III** *tr* betonieren; **concrete mixer** Betonmischmaschine *f.*

con·cu·bine ['kɒŋkjʊbaɪn] Konkubine *f;* Nebenfrau *f.*

con·cur [kən'kɜ:(r)] *itr* **1.** zusammenkommen, -treffen, -fallen; **2.** zusammen-, mitwirken, (mit) dazu beitragen (*to do s.th.* etw zu tun); **3.** beipflichten, -stimmen (*with s.o.* jdm); **4.** übereinstimmen (*with* mit); **con·cur·rence** [kən'kʌrəns] **1.** Zusammentreffen, -fallen *n;* **2.** Zusammenwirken *n,* Mitwirkung *f;* **3.** Einverständnis *n;* **con·cur·rent** [kən'kʌrənt] **I** *adj* **1.** gleichzeitig; zusammentreffend, -fallend; **2.** mitwirkend; **3.** übereinstimmend; **II** *s* Begleitumstand *m.*

con·cuss [kən'kʌs] *tr* erschüttern; **con·cus·sion** [kən'kʌʃn] Gehirnerschütterung *f;* Erschütterung *f.*

con·demn [kən'dem] *tr* **1.** verurteilen, mißbilligen, ablehnen; **2.** *jur* für schuldig erklären, verurteilen (*to* zu); **3.** für abbruchreif erklären; für nicht mehr seetüchtig erklären; **4.** *(Kranken)* aufgeben; **5.** *Am* beschlagnahmen; enteignen; **con·dem·na·tion** [,kɒndem'neɪʃn] **1.** Mißbilligung, Ablehnung *f;* **2.** *jur* Verurteilung *f;* **3.** *Am* Beschlagnahme *f;* Enteignung *f.*

con·den·sa·tion [,kɒnden'seɪʃn] **1.** Verdichtung, Kondensation *f;* **2.** Kondensat *n;* Schwitzwasser *n;* **3.** *fig* Zusammenfassung, Straffung *f;* **con·dense** [kɒn'dens] **I** *itr* kondensieren, sich niederschlagen; **II** *tr* **1.** kondensieren; **2.** *fig* zusammenfassen; ▶ **~d milk** Kondens-, Büchsenmilch *f;* **con·denser** [kɒn'densə(r)] **1.** *chem* Kühler *m;* **2.** *opt el radio* Kondensator *m.*

con·de·scend [,kɒndɪ'send] *itr* sich herablassen (*to do* zu tun); **con·de·scend·ing** [—ɪŋ] *adj* herablassend.

con·di·ment ['kɒndɪmənt] Gewürz *n,* Würze *f;* Zutat *f.*

con·di·tion [kən'dɪʃn] **I** *s* **1.** Bedingung, Voraussetzung *f* (*of* für); **2.** Zustand *m,* Beschaffenheit *f;* **3.** Stand *m,* Stellung *f,* Rang *m;* Personenstand *m;* **4.** *sport* gute Form; **5.** *jur* Vorbehalt *m,* Klausel *f;* **6.** *pl* Umstände *m pl,* Gegebenheiten *f pl,* Lage *f;* ▶ **in good ~** in gutem Zustand, gut erhalten; *sport* in Form; **on ~ (that)** unter der Voraussetzung *od* Bedingung(, daß); **on, under no ~** unter keinen Umständen, auf keinen Fall; unter keiner Bedingung; **out of ~** in schlechter Verfassung, *sport* Form; **under favo(u)rable ~s** unter günstigen Umständen; **answer, comply with, fulfil a ~** e-e Bedingung erfüllen; **be in no ~ to** nicht in der Lage sein zu; **keep in good ~** gut im Stande halten; **make s.th. a ~** etw zur Voraussetzung machen; **II** *tr* **1.** zur Bedingung machen (*to do* zu tun); an e-e Bedingung knüpfen; **2.** in e-n guten Zustand versetzen, *fam* in Form bringen; **3.** regeln, bestimmen; **4.** gewöhnen (*to* an); **5.** *tech* konditionieren; **6.** *fig* programmieren (*to, for* auf); **7.** *com (Waren)* prüfen; **con·di·tional** [kən'dɪʃənl] *adj* **1.** an e-e Bedingung geknüpft; **2.** bedingt (*on* durch), abhängig (*on* von); **con·di·tional·ly** [kən'dɪʃənəlɪ] *adv* bedingt, unter gewissen Bedingungen; **con·di·tioned** [kən'dɪʃənd] *adj* **1.** bedingt; abhängig (*upon* von); **2.** beschaffen, geartet;

3. *tech* klimatisiert; 4. *psych* gewöhnt (*to* an), konditioniert; **con·di·tion·er** [kən'dɪʃənə(r)] 1. *(für Wäsche)* Weichspüler *m;* 2. *(für Haare)* Spülung *f.*
con·dol·ence [kən'dəʊləns] *meist pl* Beileid *n.*
con·dom ['kɒndəm] Kondom *n.*
con·do·min·ium [ˌkɒndə'mɪnɪəm] 1. *Am* Eigentumswohnung *f;* 2. *pol* Kondominium *n;* Kondominat *n.*
con·done [kən'dəʊn] *tr* 1. verzeihen; 2. (mit Absicht) nicht beachten; 3. *(Fehler)* stillschweigend dulden.
con·duc·ive [kən'dju:sɪv] *adj* dienlich, zuträglich (*to* für).
con·duct [kən'dʌkt] **I** *tr* 1. führen; leiten; 2. *(Unternehmen)* (durch)führen, leiten; 3. *(Geschäft)* führen; 4. *(Orchester, Chor)* leiten; dirigieren; **II** *refl* sich betragen, sich benehmen; **III** *s* ['kɒndʌkt] 1. Führung, Leitung, Verwaltung *f;* 2. Handhabung *f;* 3. Verhalten, Betragen, Benehmen *n;* Führung *f;* **con·duc·tive** [kən'dʌktɪv] *adj phys el* leitend; **con·duc·tor** [kən'dʌktə(r)] 1. Führer(in), Leiter(in) *m (f);* Direktor(in) *m (f);* 2. *mus* Dirigent(in) *m (f);* 3. Schaffner(in) *m (f); Am* Zugführer(in) *m (f);* 4. *phys el* (Wärme)Leiter *m;* Blitzableiter *m;* 5. *(Kabel)* Ader *f;* **con·duc·tress** [kən'dʌktrɪs] Schaffnerin *f.*
cone [kəʊn] 1. *math* Kegel *m;* Konus *m;* 2. (Berg)Kegel *m;* 3. Eistüte *f;* 4. *bot* Zapfen *m;* 5. *(Verkehr)* Pylon *m;* ▶ ~ **of light** Lichtkegel *m.*
con·fec·tion [kən'fekʃn] Konfekt *n;* **con·fec·tioner** [kən'fekʃnə(r)] Konditor(in) *m (f);* **con·fec·tion·ery** [kən'fekʃənərɪ] 1. Süßwaren *f pl;* 2. Süßwarenhandlung, Konditorei *f.*
con·fed·er·acy [kən'fedərəsɪ] 1. Bund *m,* Bündnis *n;* 2. Verschwörung *f;* **con·fed·er·ate** [kən'fedərət] **I** *adj* konföderiert; verbündet; **II** *s* 1. Bundesgenosse, Alliierte(r) *m;* 2. Komplice, Verschwörer *m;* ▶ **the C~s** *pl Am hist* die Konföderierten *m pl;* **con·fed·er·ation** [kənˌfedə'reɪʃn] Bund *m,* Bündnis *n;* Staatenbund *m.*
con·fer [kən'fɜ:(r)] **I** *tr* verleihen, übertragen (*on, upon s.o.* jdm); **II** *itr* sich beraten, verhandeln (*with* mit); **con·fer·ence** ['kɒnfərəns] 1. Tagung, Konferenz *f;* 2. Besprechung, Unterredung, Verhandlung *f;* ▶ **be in** ~ bei e-r Besprechung sein.
con·fess [kən'fes] **I** *tr* 1. bekennen, (ein-, zu)gestehen (*to have, to having* zu haben); 2. *rel* beichten; 3. die Beichte abnehmen (*s.o.* jdm); ▶ **I must** ~ ich muß zugeben; **II** *itr* 1. seine Schuld, seinen Fehler eingestehen; 2. ein Geständnis ablegen; **con·fess·ed·ly** [—ɪdlɪ] *adv* zugestandenermaßen; **con·fes·sion** [kən'feʃn] 1. Bekenntnis, Geständnis *n;* 2. *rel* Beichte *f;* 3. Bekenntnis *n,* Konfession *f;* ▶ **make a full** ~ ein volles Geständnis ablegen; **con·fes·sional** [kən'feʃənl] Beichtstuhl *m;* **con·fes·sor** [kən'fesə(r)] Beichtvater *m.*
con·fetti [kən'fetɪ] *pl mit sing* Konfetti *n.*
con·fi·dant [ˌkɒnfɪ'dænt] Vertraute(r) *m;* **con·fi·dante** [ˌkɒnfɪ'dænt] Vertraute *f;* **con·fide** [kən'faɪd] **I** *tr* anvertrauen (*to s.o.* jdm); **II** *itr* 1. vertrauen (*in s.o.* jdm); 2. sich verlassen (*in s.o.* auf jdn); **con·fi·dence** ['kɒnfɪdəns] 1. Vertrauen (*in* auf), Zutrauen *n* (*in* zu); 2. Zuversicht, Überzeugung *f;* Selbstsicherheit *f;* 3. vertrauliche Mitteilung, Geheimnis *n;* ▶ **in strict** ~ streng vertraulich; **place** ~ **in s.o.** in jdn Vertrauen setzen; **take s.o. into** ~ jdn ins Vertrauen ziehen; **question of** ~ *pol* Vertrauensfrage *f;* ~ **trick** Schwindel *m;* ~ **trickster, man** Schwindler *m;* **con·fi·dent** ['kɒnfɪdənt] *adj* 1. sicher, überzeugt (*of* von); 2. zuversichtlich; 3. selbstsicher; 4. überheblich.
con·fi·den·tial [ˌkɒnfɪ'denʃl] *adj* 1. *(Mitteilung)* vertraulich, geheim; 2. vertraut, eingeweiht; **con·fid·en·tial·ly** [ˌkɒnfɪ'denʃəlɪ] *adv* im Vertrauen; **con·fid·ing** [kən'faɪdɪŋ] *adj* vertrauensvoll.
con·fine ['kɒnfaɪn] **I** *s meist pl* Grenze, Grenzlinie *f,* -streifen *m,* -gebiet *n fig;* **II** *tr* [kən'faɪn] 1. begrenzen, beschränken (*to* auf); 2. einsperren, gefangenhalten (*in, to* in); ▶ **be ~d** niederkommen, entbunden werden; **be ~d to one's bed** ans Bett gefesselt sein; **be ~d to one's room** das Zimmer nicht verlassen können; ~ **o.s. to** sich beschränken auf; **con·fine·ment** [kən'faɪnmənt] 1. Einschränkung, Beschränkung *f;* 2. Haft *f;* Einsperren *n;* Einweisung *f;* Gefangenschaft *f;* 3. Niederkunft *f,* Wochenbett *n.*
con·firm [kən'fɜ:m] *tr* 1. bestätigen; 2. *(Entschluß)* bekräftigen (*in* in); (be-)stärken, festigen; 3. *rel* konfirmieren; firmen; **con·fir·ma·tion** [ˌkɒnfə'meɪʃn] 1. Bestätigung, Bekräftigung *f;* 2. Festigung *f;* 3. *rel* Konfirmation *f;* Firmung *f;* **con·firmed** [kən'fɜ:md] *adj* 1. eingefleischt; 2. *med* chronisch; 3. unverbesserlich.
con·fis·cate ['kɒnfɪskeɪt] *tr* beschlagnahmen.
con·flict ['kɒnflɪkt] **I** *s* 1. Zusammenstoß, Kampf *m;* 2. Streit, Konflikt *m;* Meinungsverschiedenheit *f;* Widerstreit *m (der Gefühle);* ▶ **in** ~ **with** im Gegensatz zu; ~ **of interests** Interessenkonflikt *m;* **II** *itr* [kən'flɪkt] 1. im Widerspruch stehen (*with* zu); kollidieren (*with* mit); 2. sich widersprechen; **con·flict·ing** [kən'flɪktɪŋ] *adj (Gefühle)* widerstreitend; widersprechend.

con·form [kən'fɔ:m] **I** *tr* in Übereinstimmung bringen (*to* mit), anpassen (*to* an); **II** *itr* **1.** übereinstimmen (*to* mit); entsprechen (*to* dat); **2.** sich anpassen (*to* an); **con·form·ist** [kən'fɔ:mɪst] Anpasser(in), Konfirmist(in) *m (f)*; **con·form·ity** [kən'fɔ:mɪtɪ] **1.** Übereinstimmung *f* (*with* mit); **2.** Anpassung *f* (*to* an); ▶ **in ~ with** gemäß, übereinstimmend mit.

con·found [kən'faʊnd] *tr* **1.** verwechseln (*with* mit); **2.** durcheinanderbringen, -werfen; **3.** verwirren, aus der Fassung bringen; **4.** zunichte machen; ▶ **~ it!** verdammt (noch mal)!; **con·founded** [—ɪd] *adj fam* verdammt, verflixt; abscheulich.

con·front [kən'frʌnt] *tr* **1.** gegenüberstellen (*with* dat), konfrontieren (*with* mit); **2.** gegenüber-, entgegentreten (*s.th.* e-r S); ins Auge sehen (*danger* der Gefahr); **con·fron·ta·tion** [ˌkɒnfrʌn'teɪʃn] Konfrontation *f.*

con·fuse [kən'fju:z] *tr* **1.** durcheinanderbringen, -werfen; **2.** verwechseln (*with* mit); ▶ **be, become, get ~d** in Verwirrung, aus der Fassung geraten; **con·fused** [kən'fju:zd] *adj* **1.** verwirrt; **2.** in Verlegenheit; **3.** verworren, unklar; **con·fusion** [kən'fju:ʒn] **1.** Verwirrung *f,* Durcheinander *n;* **2.** Aufruhr, Tumult *m;* **3.** Verworrenheit *f;* **4.** Verwirrtheit, Bestürzung *f;* **5.** Verwechs(e)lung *f.*

con·geal [kən'dʒi:l] **I** *tr (Kälte)* erstarren lassen; **II** *itr* **1.** (vor Kälte) erstarren, steif werden; **2.** *(Flüssigkeit)* fest werden, (ge)frieren; **3.** gerinnen.

con·gen·ial [kən'dʒi:nɪəl] *adj* **1.** geistesverwandt (*with, to s.o.* jdm); **2.** freundlich, sympathisch; **3.** *(Sache)* angenehm, zusagend; **4.** passend, angemessen (*to* dat).

con·gested [kən'dʒestɪd] *adj* **1.** überfüllt; übervölkert; **2.** sehr dicht besiedelt; **3.** *(Straßen)* verstopft; **4.** *med* mit Blutandrang; **con·ges·tion** [kən'dʒestʃən] **1.** *med* Blutandrang *m;* **2.** Überfüllung *f;* **3.** *(~ of traffic)* (Verkehrs)Stauung, Stockung, Verstopfung *f;* **4.** *(~ of population)* Übervölkerung *f.*

con·glom·er·ate [kən'glɒmərət] **I** *adj* zusammengewürfelt; *(Sprache)* Misch-; **II** *s* Konglomerat *n; fig* zusammengewürfelte Masse; *com* (Misch)Konzern *m;* **III** *itr* [kən'glɒməreɪt] sich zusammenballen, verschmelzen; **con·glom·er·ation** [kənˌglɒmə'reɪʃn] Zusammenballung, Anhäufung *f;* Konglomerat *n.*

con·gratu·late [kən'grætʃʊleɪt] *tr* Glück wünschen (*s.o.* jdm), gratulieren (*s.o.* jdm; *on* zu); ▶ **~ o.s. on s.th.** sich über etw freuen, über etw froh sein; **con·gratu·lation** [kənˌgrætʃʊ'leɪʃn] *meist pl* Glückwunsch *m,* Gratulation *f;* ▶ **~s on passing the exam!** ich gratuliere zum bestandenen Examen!

con·gre·gate ['kɒŋgrɪgeɪt] *itr* zusammenkommen, sich versammeln (*round* um *acc*); **con·gre·ga·tion** [ˌkɒŋgrɪ'geɪʃn] **1.** Ansammlung *f;* Zusammenkunft, Versammlung *f;* **2.** *rel* Gemeinde *f;* **con·gre·ga·tional** [ˌkɒŋgrɪ'geɪʃənl] *adj rel* Gemeinde-.

con·gress ['kɒŋgres] Zusammenkunft, Tagung *f;* Kongreß *m;* Parteitag *m;* **C~** *Am* der Kongreß; **Con·gress·man** [—mən] ⟨*pl* -men⟩ Kongreßabgeordnete(r) *m;* **Con·gress·woman** [—wʊmən] ⟨*pl* -women⟩ [—wɪmɪn] Kongreßabgeordnete *f.*

con·gru·ence ['kɒŋgrʊəns] **1.** Übereinstimmung *f a. gram;* **2.** *math* Kongruenz *f;* **con·gru·ent** ['kɒŋgrʊənt] *adj* **1.** übereinstimmend *a. gram* (*with* mit); **2.** entsprechend, gemäß (*with* dat), passend (*with* zu); **3.** *math* kongruent.

conical ['kɒnɪkl] *adj* konisch, kegelförmig.

coni·fer ['kɒnɪfə(r)] *bot* Nadelbaum *m;* **co·nif·erous** [kə'nɪfərəs] *adj bot* zapfentragend; ▶ **~ tree** Nadelbaum *m.*

con·jec·tural [kən'dʒektʃərəl] *adj* mutmaßlich; **con·jec·ture** [kən'dʒektʃə(r)] **I** *s* Vermutung, Mutmaßung *f;* **II** *tr* mutmaßen, vermuten; **III** *itr* Vermutungen anstellen.

con·ju·gal ['kɒndʒʊgl] *adj* ehelich.

con·ju·gate ['kɒndʒʊgeɪt] **I** *tr gram* konjugieren; **II** *itr biol* sich paaren; **con·ju·ga·tion** [ˌkɒndʒʊ'geɪʃn] **1.** *biol* Paarung *f;* **2.** *gram* Konjugation *f.*

con·junc·tion [kən'dʒʌŋkʃn] **1.** Verbindung *f;* **2.** Zusammentreffen, -fallen *n;* **3.** *gram astr* Konjunktion *f;* ▶ **in ~ with** in Verbindung mit.

con·junc·ti·vitis [kənˌdʒʌŋktɪ'vaɪtɪs] *med* Bindehautentzündung *f.*

con·jure ['kʌndʒə(r)] **I** *tr, itr* zaubern; **II** *(mit Präposition)* **conjure away** *tr* wegzaubern; **conjure up** *tr* hervorzaubern; *fig* heraufbeschwören; *(Geist)* beschwören; **con·jurer** *s. conjuror;* **con·jur·ing** [—ɪŋ] Zaubern *n;* Zauberei *f;* **conjuring trick** Zauberkunststück *n;* **con·juror** ['kʌndʒərə(r)] **1.** Zauberkünstler(in), Taschenspieler(in) *m (f);* **2.** Zauberer *m,* Zauberin *f.*

conk [kɒŋk] *itr* **1.** *fam (~ out)* versagen; *mot* stehenbleiben; **2.** *(Mensch)* umkippen; sterben.

conker ['kɒŋkə(r)] Roßkastanie *f.*

con·man ['kɒnmæn] ⟨*pl* -men⟩ Schwindler, Hochstapler *m.*

con·nect [kə'nekt] **I** *tr* **1.** verbinden (*with* mit) *a. fig tele;* anschließen (*with* an) *a. tele;* **2.** *tech* koppeln, kuppeln (*with* mit); an-, einschalten; **3.** *fig* miteinander in Verbindung, in Zusammenhang bringen; ▶ **~ through** *tele* durchschalten; **be ~ed with** in Verbindung stehen mit; **be well ~ed** gute Beziehungen haben; **II** *itr* **1.** in Verbindung stehen (*with* mit); **2.** *(Zug)* Anschluß haben (*with* an); **3.** landen (*with a blow* e-n Schlag); **con·nec·ted** [—ɪd] *adj* **1.** verbunden; **2.** verwickelt (*with* in); **3.** verwandt; **4.** *fig* zusammenhängend, logisch aufgebaut; **con·nect·ing** [—ɪŋ] *adj* ▶ ~ **flight** Anschlußflug *m;* ~ **link** Zwischen-, Bindeglied *n;* ~ **train** Anschlußzug *m;* ~ **rod** Pleuelstange *f.*

con·nec·tion, con·nex·ion [kəˈnekʃn] **1.** Verbindung *f a. tele;* Anschluß *m a. tele rail;* **2.** Zusammenhang *m;* **3.** *(a. pl)* Beziehungen *f* (*with* zu), Verbindungen *f pl;* **4.** Kundenkreis *m,* Kundschaft *f;* **5.** Bekanntschaft *f;* Bekanntenkreis *m;* Verwandtschaft *f;* ▶ **in this** ~ in diesem Zusammenhang; **in** ~ **with** im Zusammenhang mit; in bezug auf; **with good** ~**s** mit guten Beziehungen; **establish a** ~ sich e-n Kundenkreis schaffen; **what is the** ~ **between ...?** welcher Zusammenhang besteht zwischen, wie hängen ... zusammen? **parallel** ~ *el* Parallelschaltung *f;* **rail, train** ~ Bahn-, Zugverbindung *f;* **telephone** ~ Fernsprechverbindung *f;* ~ **by air, by sea** Flug-, Schiffsverbindung *f;* **con·nect·or** [kəˈnektə(r)] *el* Lüsterklemme *f.*

con·niv·ance [kəˈnaɪvəns] (sträfliche) Nachsicht (*at, in* mit), Begünstigung *f;* **con·nive** [kəˈnaɪv] *itr (Unrecht)* mit Absicht übersehen (*at s.th.* etw); stillschweigend dulden (*at s.th.* etw); Vorschub leisten (*at s.th.* e-r S).

con·nois·seur [ˌkɒnəˈsɜː(r)] Kenner *m.*

con·no·ta·tion [ˌkɒnəˈteɪʃn] **1.** Nebenbedeutung, Assoziation *f; ling* Konnotation *f.*

con·quer [ˈkɒŋkə(r)] **I** *tr* **1.** erobern; **2.** besiegen, überwältigen, überwinden *a. fig (Schwierigkeit);* **3.** *fig* Herr werden über; **II** *itr* siegen, siegreich sein; **con·queror** [ˈkɒŋkərə(r)] Eroberer *m,* Eroberin *f;* Sieger(in) *m (f).*

con·quest [ˈkɒŋkwəst] **1.** Eroberung *f a. fig;* **2.** *jur* Errungenschaft *f.*

con·science [ˈkɒnʃəns] Gewissen *n;* ▶ **in all** ~ *fam* alles, was recht ist; **in, upon my** ~ *fam* sicher, bestimmt; **have on one's** ~ auf dem Gewissen haben; **have no** ~ gewissenlos sein; **con·scien·tious** [ˌkɒnʃɪˈenʃəs] *adj* gewissenhaft; **con·scien·tious·ness** [—nɪs] Gewissenhaftigkeit *f;* **conscientious objector** Kriegs-, Wehrdienstverweigerer *m.*

con·scious [ˈkɒnʃəs] *adj* **1.** bewußt; **2.** absichtlich, wissentlich; vorsätzlich; **3.** *med* bei Bewußtsein; ▶ **be** ~ **of s.th.** sich über etw im klaren sein; **con·scious·ness** [ˈkɒnʃəsnɪs] **1.** Bewußtsein *n* (*of* gen; *that* daß); **2.** Wissen *n* (*of* um), Kenntnis *f* (*of* von).

con·script [kənˈskrɪpt] **I** *tr mil* einziehen, einberufen; **II** *s* [ˈkɒnskrɪpt] Wehrdienstpflichtige(r) *m;* **con·scrip·tion** [kənˈskrɪpʃn] **1.** Einberufung *f;* **2.** Wehrpflicht *f.*

con·se·crate [ˈkɒnsɪkreɪt] *tr* **1.** *rel* weihen, konsekrieren; **2.** widmen; **3.** heiligen; **con·se·cra·tion** [ˌkɒnsɪˈkreɪʃn] **1.** *rel* Weihe, Konsekration *f;* **2.** Hingabe *f* (*to* an).

con·secu·tive [kənˈsekjʊtɪv] *adj* aufeinander folgend, fortlaufend; ▶ ~ **clause** *gram* Konsekutivsatz *m;* ~ **interpreting** Konsekutivdolmetschen *n;* **con·secu·tive·ly** [—lɪ] *adv* nacheinander; fortlaufend.

con·sen·sus [kənˈsensəs] **1.** Übereinstimmung *f;* **2.** *(~ of opinion)* übereinstimmende Meinung, allgemeine Ansicht.

con·sent [kənˈsent] **I** *itr* einwilligen (*to* in), einverstanden sein (*to* mit); **II** *s* Einwilligung *f* (*to* in); Einverständnis *n* (*to* mit); Zustimmung *f* (*to* zu); ▶ **by mutual** ~ in gegenseitigem Einvernehmen; **give one's** ~ **to** seine Zustimmung erteilen zu.

con·se·quence [ˈkɒnsɪkwəns] **1.** Folge, Konsequenz *f;* Ergebnis *n;* **2.** Folgerung *f,* Schluß *m;* **3.** Bedeutung, Wichtigkeit *f,* Einfluß *m;* ▶ **in** ~ folglich; **in** ~ **of** infolge *gen;* **of** ~ bedeutend, wichtig (*to* für); **of no** ~ unwichtig, unbedeutend; **be the** ~ **of s.th.** die Folge e-r S sein; **have serious** ~**s** ernste Folgen haben; **take, bear the** ~**s** die Folgen tragen; **that's of no further** ~ das fällt nicht weiter ins Gewicht; **con·se·quent** [ˈkɒnsɪkwənt] *adj* folgend (*upon* auf), sich ergebend (*upon* aus); **conse·quen·tial** [ˌkɒnsɪˈkwenʃl] *adj* **1.** sich ergebend (*on* aus); **2.** dünkelhaft; **3.** folgerichtig; **con·se·quent·ly** [ˈkɒnsɪkwəntlɪ] *adv* folglich.

con·ser·va·tion [ˌkɒnsəˈveɪʃn] **1.** Erhaltung, Bewahrung *f;* Schutz *m;* **2.** Umweltschutz *m;* **3.** Konservierung *f;* ▶ **soil** ~ Bodenmelioration *f;* ~ **area** Naturschutzgebiet *n;* Gebiet *n* unter Denkmalschutz; **con·ser·va·tion·ist** [ˌkɒnsəˈveɪʃənɪst] Umweltschützer(in) *m (f);* Denkmalpfleger(in) *m (f);* **conservation technology** Umweltschutztechnik *f.*

con·ser·va·tism [kənˈsɜːvətɪzəm] *bes. pol* Konservat(iv)ismus *m;* **con·ser·va·tive** [kənˈsɜːvətɪv] **I** *adj* **1.** konservativ *a. pol;* **2.** vorsichtig, zurückhaltend; **II** *s pol* Konservative(r) *f m.*

con·ser·va·toire [kənˈsɜːvətwɑː(r)] *Br* Musikhochschule *f.*

con·ser·va·tory [kənˈsɜːvətrɪ] **1.** Treibhaus *n;* Wintergarten *m;* **2.** *mus* Konservatorium *n,* Musik(hoch)schule *f.*

con·serve [kənˈsɜːv] **I** *tr* **1.** erhalten, bewahren; **2.** sparsam umgehen mit; **3.** konservieren, einmachen, -kochen;

II *s meist pl* (das) Eingemachte.

con·sider [kən'sɪdə(r)] I *tr* 1. betrachten, erwägen, bedenken; 2. reiflich überlegen, prüfen; 3. berücksichtigen, Rücksicht nehmen auf; 4. ansehen, betrachten als, halten für; ▶ **all things ~ed** wenn man alles in Betracht zieht; **I ~** ich bin der Auffassung (*that* daß); **II** *itr* nachdenken, überlegen; **con·siderable** [kən'sɪdərəbl] *adj* 1. bedeutend; 2. beachtlich, beträchtlich; **con·siderate** [kən'sɪdərət] *adj* rücksichtsvoll, aufmerksam, zuvorkommend (*of* gegen); ▶ **be ~ of** Rücksicht nehmen auf; **con·sider·ation** [kənˌsɪdə'reɪʃn] 1. Überlegung, Erwägung *f;* 2. Gesichtspunkt *m;* 3. Beweggrund, Anlaß *m;* Umstand *m;* 4. Rücksicht(nahme), Aufmerksamkeit, Zuvorkommenheit *f* (*of* gegenüber); 5. Vergütung *f,* Entgelt *n;* Gegenleistung *f;* ▶ **after long ~** nach reiflicher Überlegung; **in ~ of** in Anbetracht *gen,* im Hinblick, mit Rücksicht auf; **for a ~** entgeltlich; **of no ~ (at all)** (völlig) belanglos, unerheblich; **on, under no ~** auf keinen Fall, unter keinen Umständen; **on further ~** bei näherer Überlegung; **out of ~ for** mit Rücksicht auf; in Anbetracht *gen;* **be (still) under ~** noch nicht entschieden sein; **come into ~** in Frage, in Betracht kommen; **give careful ~ to s.th.** etw sorgfältig erwägen, überdenken; **take into ~** in Betracht, in Erwägung ziehen; berücksichtigen; **con·sidered** [kən'sɪdəd] *adj* überlegt; ▶ **your ~ opinion** Ihre geschätzte Meinung; **con·sider·ing** [kən'sɪdərɪŋ] I *prep* in Anbetracht *gen;* in Hinblick auf; **II** *adv fam* den Umständen nach; **III** *conj* da.

con·sign·ment [kən'saɪnmənt] 1. Versand *m,* Zustellung, Aushändigung *f;* 2. (Waren)Sendung *f;* 3. Kommission *f;* Konsignation *f.*

con·sist [kən'sɪst] *itr* bestehen, sich zusammensetzen (*of* aus); ▶ **~ in** bestehen in; **con·sist·ency** [kən'sɪstənsɪ] 1. Dichte, Festigkeit, Konsistenz *f;* 2. Übereinstimmung *f;* 3. logische Folge, Zusammenhang *m,* Folgerichtigkeit *f;* 4. Beständigkeit, Einheitlichkeit *f;* **consist·ent** [kən'sɪstənt] *adj* 1. in Übereinstimmung, in Einklang, vereinbar (*with* mit); 2. beständig, gleichbleibend; 3. konsequent (*about s.th.* in etw).

con·so·la·tion [ˌkɒnsə'leɪʃn] Trost *m;* **consolation prize** Trostpreis *m;* **consola·tory** [kən'sɒlətərɪ] *adj* tröstend.

con·sole[1] ['kɒnsəʊl] 1. Konsole *f;* 2. Wandgestell *n;* 3. Musiktruhe *f;* 4. *radio* Gehäuse *n;* 5. *tech* Steuerpult *n.*

con·sole[2] [kən'səʊl] *tr* trösten (*for* über).

con·soli·date [kən'sɒlɪdeɪt] *tr* 1. stärken, festigen; 2. miteinander verbinden, vereinigen, zusammenschließen; zusammenlegen *a. fin;* 3. *fin* fundieren, konsolidieren; **con·soli·dated** [—ɪd] *adj* 1. *fin* fundiert, konsolidiert; 2. *com Am* gemeinsam, für mehrere Betriebe arbeitend; **con·soli·da·tion** [kənˌsɒlɪ'deɪʃn] 1. Stärkung, Festigung *f;* 2. Verbindung, Vereinigung *f,* Zusammenschluß *m,* Fusion *f;* Zusammenlegung *f a. fin;* 3. *fin* Konsolidierung *f.*

con·sommé [kən'sɒmeɪ] (klare) Fleischbrühe *f.*

con·son·ant ['kɒnsənənt] I *adj* 1. übereinstimmend (*with* mit); 2. harmonisch; 3. *gram* konsonantisch; **II** *s gram* Konsonant *m.*

con·sort [kən'sɔ:t] I *itr* 1. Umgang haben, verkehren (*with* mit); 2. in Einklang stehen, harmonieren (*with* mit); **II** *s* ['kɒnsɔ:t] 1. Gemahl(in *f*) *m;* 2. *mar* Begleitschiff *n;* ▶ **prince ~** Prinzgemahl *m;* **con·sor·tium** [kən'sɔ:tɪəm] Konsortium *n.*

con·spicu·ous [kən'spɪkjʊəs] *adj* 1. deutlich sichtbar; 2. auffällig, auffallend; 3. bemerkenswert (*by, for* durch, wegen); ▶ **be ~ by one's absence** durch Abwesenheit glänzen; **make o.s. ~** sich auffällig benehmen.

con·spir·acy [kən'spɪrəsɪ] Verschwörung *f;* **con·spira·tor** [kən'spɪrətə(r)] Verschwörer(in) *m (f);* **con·spire** [kən'spaɪə(r)] *itr* 1. sich verschwören (*against* gegen) *a. fig;* 2. *fig* zusammenwirken.

con·stable ['kʌnstəbl] Polizist(in) *m (f);* **con·sta·bu·lary** [kən'stæbjʊlərɪ] Polizei *f.*

con·stancy ['kɒnstənsɪ] 1. Standhaftigkeit, Beständigkeit *f;* 2. Treue *f;* 3. Stabilität *f;* Dauerhaftigkeit *f.*

con·stant ['kɒnstənt] I *adj* 1. standhaft, beständig; 2. ununterbrochen, fortwährend, dauernd; 3. gleichbleibend, konstant; **II** *s math phys* Konstante *f;* **constant·ly** [—lɪ] *adv* (be)ständig, immer(zu), unaufhörlich.

con·stel·la·tion [ˌkɒnstə'leɪʃn] Sternbild *n,* Konstellation *f a. fig.*

con·ster·na·tion [ˌkɒnstə'neɪʃn] Bestürzung, Fassungslosigkeit *f.*

con·sti·pate ['kɒnstɪpeɪt] *tr med* verstopfen; ▶ **be ~d** Verstopfung haben; **con·sti·pa·tion** [ˌkɒnstɪ'peɪʃn] Verstopfung *f.*

con·sti·tu·ency [kən'stɪtjʊənsɪ] 1. Wähler(schaft *f*) *m pl (e-s Wahlbezirks);* 2. Wahlbezirk, -kreis *m;* **consti·tu·ent** [kən'stɪtjʊənt] I *adj* 1. wählend; 2. verfassunggebend; 3. *(Teil)* einzeln; **II** *s* 1. Wähler(in) *m (f);* 2. Auftrag-, Vollmachtgeber(in), Mandant(in) *m (f);* 3. *(~ part)* Grundbestandteil *m;* Bauteil *m;* Komponente *f;* Satzteil *m.*

con·sti·tute ['kɒnstɪtju:t] *tr* **1.** *(Person)* einsetzen, ernennen; **2.** *(Körperschaft)* konstituieren, begründen; *(Ausschuß)* bilden; *(Einrichtung)* schaffen; **3.** *(Gesetz)* in Kraft setzen; **4.** *(ein Ganzes)* ausmachen, bilden, darstellen; **5.** *(Summe)* betragen.

con·sti·tu·tion [ˌkɒnstɪ'tju:ʃn] **1.** Errichtung, Begründung, Konstituierung *f;* Einsetzung *f;* Schaffung, Bildung *f;* **2.** (Auf)Bau *m,* Struktur *f;* **3.** *(Mensch)* Konstitution *f;* **4.** Wesensart *f,* Charakter *m;* **5.** Gesellschafts-, Staats-, Regierungsform *f;* **6.** Verfassung *f,* (Staats) Grundgesetz *n;* Satzung *f;* **con·sti·tu·tional** [ˌkɒnstɪ'tju:ʃənl] **I** *adj* **1.** Verfassungs-; *(Monarchie)* konstitutionell; *(Regierung, Vorgang)* verfassungsmäßig; **2.** *med* konstitutionell, der Veranlagung entsprechend; *(Abneigung)* naturgegeben; **it's not ~** das ist verfassungswidrig; **II** *s* Spaziergang *m.*

constrain [kən'streɪn] *tr* (er)zwingen; nötigen; ► **be ~ed by circumstances** Sachzwängen unterliegen; **find o.s. ~ed** sich gezwungen, genötigt sehen; **constraint** [kən'streɪnt] **1.** Zwang *m;* **2.** Verlegenheit, Befangenheit *f;* Zurückhaltung *f;* **3.** Einschränkung *f;* ► **under ~** unter Zwang, zwangsweise; **be under ~** sich in e-r Zwangslage befinden.

con·struct [kən'strʌkt] **I** *tr* **1.** (auf-, er)bauen, errichten, konstruieren; **2.** *fig* aus-, erdenken, ersinnen; *(Theorie)* entwickeln; **3.** *gram (Satz)* konstruieren; **II** ['kɒnstrʌkt] *s* Gedankengebäude *n;* **con·struc·tion** [kən'strʌkʃn] **1.** Bau *m,* Erbauung, Errichtung *f;* Konstruktion *f;* **2.** Gestaltung, Konstruktion *f;* Bauart, -weise, Ausführung *f;* Aufbau *m;* **3.** Gebäude *n,* Bau(werk *n*) *m,* Anlage *f;* **4.** *fig* Deutung, Erklärung, Auslegung *f;* **5.** *gram* Konstruktion *f;* Satzbau *m;* ► **under ~, in the course of ~** im Bau; **put a (good, wrong) ~ on** (günstig, falsch) auslegen; **~ material** Baumaterial *n;* **~ supervision** Bauaufsicht *f;* **construc·tional** [kən'strʌkʃnl] *adj* baulich; ► **~ drawing** Konstruktionszeichnung *f;* **~ element** Bauelement *n;* **construc·tive** [kən'strʌktɪv] *adj* **1.** *fig* aufbauend, konstruktiv, positiv; **2.** *(Mensch)* schöpferisch, erfinderisch; **3.** *jur* hypothetisch; **con·structor** [kən'strʌktə(r)] Erbauer *m;* Konstrukteur *m.*

con·strue [kən'stru:] **I** *tr* **1.** *(Satz)* konstruieren; **2.** wörtlich übersetzen; **3.** erklären, deuten, auslegen; **II** *itr (Satz)* sich konstruieren lassen.

con·sul ['kɒnsl] Konsul *m;* **con·su·lar** ['kɒnsjʊlə(r)] *adj* konsularisch; **con·sulate** ['kɒnsjʊlət] Konsulat *n;* **consul general** ‹*pl* -s-› Generalkonsul *m;* **consulate general** Generalkonsulat *n.*

con·sult [kən'sʌlt] **I** *tr* **1.** um Rat fragen, zu Rate ziehen, konsultieren; **2.** *(Buch)* nachschlagen in; **3.** beachten, berücksichtigen, bedenken; **II** *itr* sich beraten (*with s.o. about s.th.* mit jdm über etw); **con·sul·tan·cy** [kən'sʌltənsɪ] Beratung *f;* Beratungsbüro *n;* **con·sul·tant** [kən'sʌltənt] **I** *adj* beratend; **II** *s* **1.** Berater(in) *m (f);* (Rechts)Konsulent(in) *m (f);* **2.** *med* Spezialist(in); Facharzt *m,* -ärztin *f;* **con·sul·ta·tion** [ˌkɒnsʌl'teɪʃn] **1.** Befragung, Konsultation, Beratung *f* (*with* mit); **2.** Konferenz (*on* über), Sitzung *f;* ► **on ~ with** nach Rücksprache mit; **~ hour** Sprechstunde *f;* **con·sult·ing** [kən'sʌltɪŋ] *adj* beratend; ► **~-room** *med* Sprechzimmer *n.*

con·sume [kən'sju:m] *tr* **1.** verzehren, konsumieren; **2.** ver-, aufbrauchen; **3.** *(Geld, Zeit, Kraft)* verbrauchen; **4.** *(Zeit)* in Anspruch nehmen; **5.** zerstören, vernichten; *(Feuer)* verzehren; **con·sumer** [kən'sju:mə(r)] Verbraucher(in), Konsument(in), Abnehmer(in) *m (f);* ► **~-friendly** verbraucherfreundlich; **~ resistance** Kaufunlust *f;* **~ society** Konsumgesellschaft *f;* **~ durables** *pl* Gebrauchsgüter *n pl;* **~-goods** *pl* Konsum-, Verbrauchsgüter *pl;* **~ protection** Verbraucherschutz *m;* **~ advice centre** Verbraucherzentrale *f;* **consumer·ism** [—ɪzəm] Konsumsteigerung *f;* Konsumverhalten *n.*

con·sum·mate ['kɒnsəmeɪt] **I** *tr* **1.** vollenden; **2.** *jur (Ehe)* vollziehen; **II** *adj* [kən'sʌmət] vollständig, vollkommen, vollendet; **con·sum·ma·tion** [ˌkɒnsə'meɪʃn] **1.** Vollendung *f;* Abschluß *m a. com,* Ende *n;* **2.** *jur* Vollziehung *f (d. Ehe);* **3.** *fig* Höhepunkt *m;* Erfüllung *f.*

con·sump·tion [kən'sʌmpʃn] **1.** Verbrauch, Konsum *m* (*of* an); Absatz *m;* **2.** *med* Schwindsucht *f;* ► **~ of energy, fuel, materials, water** Energie-, Brennstoff-, Material-, Wasserverbrauch *m;* **con·sump·tive** [kən'sʌmptɪv] *adj* schwindsüchtig, tuberkulös.

con·tact ['kɒntækt] **I** *s* **1.** Kontakt *m;* Berührung *f a. el; el* Kontakt *m;* **2.** *fig* Verbindung (*with* mit), Beziehung *f* (*with* zu); Kontaktperson *f;* Verbindungsmann *m;* **3.** *med* Kontaktperson *f;* **4.** Ansprechpartner(in) *m (f);* ► **be in ~ with** in Verbindung stehen mit; **make ~** Verbindung anknüpfen (*with* mit); *el* Kontakt herstellen; **II** *tr* Fühlung nehmen, in Verbindung treten mit; sich wenden an; ► **~ by telephone** sich telefonisch in Verbindung setzen mit, anrufen; **try to ~ s.o.** versuchen, jdn zu erreichen; **contact-breaker** *el* Unterbrecher *m;* **contact lens** Kontaktlinse *f;* **contact man** ⟨*pl* -men⟩ Verbindungsmann *f;* **contact print** *phot* Kontaktabzug *m.*

con·tagion [kən'teɪdʒən] **1.** *med* Ansteckung, Übertragung *f;* ansteckende Krankheit, Seuche *f;* **2.** *fig* verderblicher Einfluß; **con·tagious** [kən'teɪdʒəs] *adj* ansteckend *a. fig.;* übertragbar.

con·tain [kən'teɪn] **I** *tr* **1.** enthalten; **2.** (um)fassen, einschließen, in sich begreifen; **3.** *(Gefühl)* beherrschen, zügeln; **4.** begrenzen, einschließen; **II** *refl* sich beherrschen, sich in der Gewalt haben, sich zurückhalten; **con·tainer** [kən'teɪnə(r)] **1.** Behälter *m;* Gefäß *n;* (Benzin)Kanister *m;* **2.** *com* Container *m;* **con·tainer·ize** [kən'teɪnəraɪz] *tr* **1.** auf Containerbetrieb umstellen; **2.** in Containern transportieren; **container ship** Containerschiff *n;* **con·tainment** [kən'teinmənt] **1.** *mil* Abwehr *f;* In-Schach-Halten *n;* **2.** *(in Kernkraftwerk)* Sicherheitsbehälter *m.*

con·tami·nate [kən'tæmɪneɪt] *tr* **1.** verschmutzen, verunreinigen; **2.** *med* verseuchen *a. mil (Gelände);* (radioaktiv) verseuchen; **3.** *fig* verderben; ► **~ed by radiation** strahlenverseucht; **con·tami·na·tion** [kən,tæmɪ'neɪʃn] **1.** Verschmutzung, Verunreinigung *f;* **2.** (radioaktive) Verseuchung *f;* **3.** Ansteckung *f;* verderblicher Einfluß; **4.** *gram* Kontamination *f.*

con·tem·plate ['kɒntempleɪt] **I** *tr* **1.** betrachten, beschauen; **2.** nachdenken, (nach)sinnen über; **3.** ins Auge fassen, vorhaben, beabsichtigen; **4.** erwarten, rechnen mit; **II** *itr* (nach)sinnen, meditieren (*on* über); **con·tem·pla·tion** [,kɒntem'pleɪʃn] **1.** Betrachtung *f;* **2.** Nachdenken, (Nach)Sinnen *n;* **3.** Beschaulichkeit *f;* **4.** Absicht *f;* **5.** Erwartung *f;* **con·tem·pla·tive** [kən'templətɪv] *adj* nachdenklich, besinnlich, beschaulich.

con·tem·por·ary [kən'temprərɪ] **I** *adj* **1.** gleichzeitig (*with* mit); **2.** zeitgenössisch; **3.** gleichaltrig; **II** *s* Zeit-, Altersgenosse *m,* -genossin *f.*

con·tempt [kən'tempt] **1.** Verachtung, Geringschätzung *f;* **2.** Schande *f;* **3.** *(~ of court)* Mißachtung *f* des Gerichts; Beeinflussung *f* der Rechtspflege; **contempt·ible** [kən'temptəbl] *adj* verächtlich, verachtenswert; **con·temptu·ous** [kən'temptʃʊəs] *adj* verächtlich, geringschätzig.

con·tend [kən'tend] **I** *itr* **1.** kämpfen, ringen; **2.** sich bewerben (*for* um); **3.** streiten, disputieren (*with s.o. about s.th.* mit jdm über etw); ► **~ with s.o., s.th.** mit jdm, etw fertigwerden; **II** *tr* verfechten; behaupten (*that* daß).

con·tent¹ ['kɒntent] *meist pl* **1.** Rauminhalt *m,* Volumen, Fassungsvermögen *n;* **2.** Inhalt *m;* **3.** Inneneinrichtung *f;* **4.** *fig* Gehalt *m;* ► **table of ~s** *(Buch)* Inhaltsverzeichnis *n.*

con·tent² [kən'tent] **I** *adj* **1.** zufrieden (*with* mit); **2.** geneigt, bereit, gewillt (*to do* zu tun); **II** *s* Zufriedenheit *f;* ► **to one's heart's ~** nach Herzenslust; **III** *tr* zufriedenstellen, befriedigen; ► **~ o.s. with** zufrieden sein, sich begnügen mit; **con·tented** [kən'tentɪd] *adj* zufrieden (*with* mit).

con·ten·tion [kən'tenʃn] **1.** Streit, Zank *m;* **2.** Disput *m,* Wortgefecht *n,* Kontroverse *f;* **3.** Streitpunkt *m;* **4.** *jur* Behauptung *f;* **con·ten·tious** [kən'tenʃəs] *adj* **1.** streitsüchtig; **2.** *jur* streitig; *(Sache)* strittig, umstritten.

con·tent·ment [kən'tentmənt] Zufriedenheit *f.*

con·test [kən'test] **I** *tr* **1.** umkämpfen, kämpfen um; **2.** sich bemühen, sich bewerben, wetteifern um; **3.** bestreiten, in Frage stellen; *(Wahl)* anfechten; ► **~ a seat in Parliament** für e-n Sitz im Unterhaus kandidieren; **II** *itr* streiten, kämpfen (*with, against s.o.* mit jdm); **III** *s* ['kɒntest] **1.** Kampf, Streit *m;* **2.** Wettkampf, -streit, -bewerb *m* (*for* um); **con·testant** [kən'testənt] **1.** Wettkämpfer(in) *m (f);* **2.** Kandidat(in) *m (f);* **3.** Bewerber(in) *m (f).*

con·text ['kɒntekst] **1.** (Satz-, Sinn)Zusammenhang *m;* **2.** Milieu *n;* Umgebung *f;* Rahmen *m;* ► **in this ~** in diesem Zusammenhang; **con·tex·tual** [kən'tekstʃʊəl] *adj* Kontext-; **con·tex·tual·ize** [—ɑɪz] *tr* in einen Zusammenhang setzen.

con·ti·nent¹ ['kɒntɪnənt] *adj* **1.** zurückhaltend; enthaltsam; keusch; **2.** *med* fähig, Stuhl u. Harn zurückzuhalten.

con·ti·nent² ['kɒntɪnənt] Festland *n;* Kontinent *m;* ► **the C~** (Kontinental)Europa *n;* **con·ti·nen·tal** [,kɒntɪ'nentl] **I** *adj* kontinental, europäisch; ► **~ climate** Landklima *n;* **~ quilt** Steppdecke; **II** *s* Bewohner(in) *m (f)* des Kontinents; (Festlands)Europäer(in) *m (f).*

con·tin·gency [kən'tɪndʒənsɪ] **1.** Möglichkeit *f;* **2.** Zufälligkeit *f;* Zufall *m;* Eventualität *f;* **3.** *pl* unvorhergesehene Ausgaben *f pl;* ► **be prepared for all contingencies** für alle Eventualitäten vorbereitet sein; **~ plan** Ausweichplan *m;* **con·tin·gent** [kən'tɪndʒənt] **I** *adj* **1.** möglich, eventuell; unsicher, ungewiß; zufällig; **2.** abhängig (*on, upon* von); bedingt; **II** *s* Kontingent *n,* Quote *f,* Anteil *m.*

con·tin·ual [kən'tɪnjʊəl] *adj* **1.** wiederholt, ständig wiederkehrend; **2.** fortwährend, beständig, dauernd; **con·tin·ual·ly** [—lɪ] *adv* immer wieder; ohne Unterbrechung; **con·tinu·ation**

[kənˌtɪnjʊˈeɪʃn] **1.** Fortsetzung, Weiterführung *f;* **2.** Fortdauer *f,* -bestehen *n,* -bestand *m;* **3.** Beibehaltung *f;* **4.** Erweiterung *f,* Zusatz *m;* Verlängerung *f;* **5.** *com* Prolongation *f;* **con·tinue** [kənˈtɪnjuː] **I** *tr* **1.** fortsetzen, fortfahren, weitermachen mit; **2.** verlängern, ausdehnen; **3.** wiederaufnehmen; **4.** (bei)behalten; **5.** *jur* vertagen; ▶ ~ **to do s.th.** etw weiterhin tun; ~ **to read, sing** weiterlesen, -singen; **to be ~d** Fortsetzung folgt; **II** *itr* **1.** fortfahren, weitermachen; fortdauern, anhalten; **2.** (ver)bleiben; weiterhin sein, sich weiterhin befinden; **3.** weitergehen, fortgeführt werden; **4.** sich fortsetzen, sich (weiter) erstrecken; **5.** wieder anfangen, fortfahren; ▶ ~ **on (one's way)** weiterfahren, -reisen; **con·ti·nu·ity** [ˌkɒntɪˈnjuːətɪ] **1.** (Fort)Dauer, Beständigkeit, Stetigkeit *f;* **2.** natürliche Folge, Zusammenhang *m;* **3.** *film* Anschluß *m;* **4.** *radio* Ansagen *f pl;* **5.** *fig* roter Faden; ▶ **in** ~ im Zusammenhang, in der richtigen Reihenfolge; **out of** ~ nicht im Zusammenhang; ~ **of programme** Sendefolge *f;* ~ **girl** Scriptgirl *n;* **con·tinu·ous** [kənˈtɪnjʊəs] *adj* **1.** zusammenhängend, durchgehend, -laufend; **2.** stetig, beständig; fortlaufend; ununterbrochen, dauernd; **3.** kontinuierlich; ▶ ~ **current** *el* Gleichstrom *m;* ~ **paper,** ~ **stationery** *EDV* Endlospapier *n;* ~ **performance** *film* durchgehende Vorstellung; **present, past** ~ Verlaufsform *f* Präsens, Vergangenheit.

con·tort [kənˈtɔːt] *tr* **1.** verdrehen, verzerren *a. fig;* **2.** *tech* verformen; **con·tor·tion** [kənˈtɔːʃn] **1.** Verzerrung *f;* Krümmung *f;* **2.** *tech* Verformung *f;* **3.** Verrenkung *f;* **con·tor·tion·ist** [kənˈtɔːʃənɪst] Schlangenmensch *m.*

con·tour [ˈkɒntʊə(r)] **I** *tr* **1.** umreißen; **2.** *tech* formen, profilieren; **3.** *geog* e-r Höhenlinie folgen lassen; **II** *s* Umriß(linie *f*) *m;* **contour line** *geog* Höhenlinie *f;* **contour map** Höhenschichtkarte *f.*

contra·band [ˈkɒntrəbænd] **1.** Schmuggel *m;* **2.** Schmuggelware *f.*

contra·cep·tion [ˌkɒntrəˈsepʃn] Empfängnisverhütung *f;* **contra·cep·tive** [ˌkɒntrəˈseptɪv] **I** *adj* empfängnisverhütend; **II** *s* Verhütungsmittel *n.*

con·tract¹ [kənˈtrækt] **I** *tr* **1.** zusammenziehen, verkürzen; **2.** enger machen, einengen; **3.** *(Pupille)* verengen; **4.** *(Schulden)* ansammeln; **5.** *(Krankheit)* erkranken (an); entwickeln; **II** *itr* **1.** sich zusammenziehen; zusammenschrumpfen; einlaufen; **2.** enger werden, sich verenge(r)n.

contract² [ˈkɒntrækt] **I** *s* **1.** Vertrag *m,* Abkommen *n,* Kontrakt *m;* **2.** Übereinkunft, Vereinbarung *f;* **3.** (Liefer-, Werk)Vertrag *m;* **4.** *(Bridge)* Kontrakt *m;* ▶ **by** ~ vertraglich; **enter into, make a** ~ e-n Vertrag abschließen; **breach of** ~ Vertragsbruch *m;* **marriage** ~ Ehevertrag *m;* ~ **of carriage** Frachtvertrag *m;* ~ **of employment** Arbeits-, Anstellungsvertrag *m;* **II** *adj* vertraglich festgelegt, vereinbart; **III** *tr* [kənˈtrækt] **1.** *(Schulden)* machen; **2.** *(Krankheit)* sich zuziehen, bekommen; **3.** *(Angewohnheit, Laster)* annehmen; *(Vorliebe)* entwickeln; **4.** *(Freundschaft)* schließen; *(Ehe)* eingehen; *(Bekanntschaft)* machen; **5.** *(Verpflichtung)* übernehmen; **IV** *itr* [kənˈtrækt] **1.** sich vertraglich verpflichten; **2.** sich verbünden; **V** *(mit Präposition)* **contract in** *itr* sich anschließen; *(e-r Versicherung)* beitreten; **contract out** *itr* austreten (*of* aus); *tr (Arbeit)* (außer Haus) vergeben.

con·trac·tion [kənˈtrækʃn] **1.** Zusammenziehung *f; (Pupille)* Verengung *f;* **2.** *gram* Verkürzung *f;* **3.** *med* Wehe *f; (von Krankheit)* Erkrankung *f* (*of* an).

con·tractor [kənˈtræktə(r)] **1.** Vertragschließende(r) *f (m);* Lieferant(in) *m (f);* **2.** (Bau)Unternehmer(in) *m (f);* **con·trac·tual** [kənˈtræktʃʊəl] *adj* vertraglich.

con·tra·dict [ˌkɒntrəˈdɪkt] *tr* **1.** widersprechen (*s.o.* jdm); **2.** für unrichtig erklären; **3.** im Widerspruch stehen (*s.o., s.th.* zu jdm, zu e-r S), unvereinbar sein (*s.th.* mit e-r S); **con·tra·dic·tion** [ˌkɒntrəˈdɪkʃn] **1.** Widerspruch *m,* Widerrede *f;* **2.** Unvereinbarkeit *f;* **con·tra·dic·tory** [ˌkɒntrəˈdɪktərɪ] *adj* (sich) widersprechend, widerspruchsvoll.

con·tralto [kənˈtræltəʊ] ⟨*pl* -traltos⟩ Alt(stimme *f*) *m;* Altistin *f.*

con·trap·tion [kənˈtræpʃn] *fam pej* Apparat *m;* komisches Ding(s).

con·trary¹ [ˈkɒntrərɪ] **I** *adj* **1.** entgegengesetzt, gegenteilig; gegensätzlich; **2.** ungünstig; **3.** entgegen, gegen; ▶ ~ **to** entgegen *dat,* gegen; ▶ ~ **to expectations** wider Erwarten; ~ **to order, to rule** befehls-, regelwidrig; **II** *s* Gegenteil *n* (*to* von); ▶ **on the** ~ im Gegenteil; **to the** ~ im entgegengesetzten Sinn; **proof to the** ~ Gegenbeweis *m.*

con·trary² [kənˈtreərɪ] *adj* widerspenstig, bockig.

con·trast [kənˈtrɑːst] **I** *tr* vergleichen (*with* mit); gegenüberstellen (*with* dat), in Gegensatz stellen (*with* zu); **II** *itr* sich (stark) abheben (*with* von), abstechen (*with* von, gegen), kontrastieren; im Widerspruch stehen (*with* zu); **III** *s* [ˈkɒntrɑːst] Gegensatz *m* (*to* zu); Kontrast *m;* ▶ **by** ~ **with** im Vergleich zu; **in** ~ **to** im Gegensatz zu; **contrast control** *TV EDV* Kontrastregelung *f;* Kontrastregler *m.*

con·tra·vene [ˌkɒntrəˈviːn] *tr* **1.** zuwiderhandeln (*s.th.* e-r S); verstoßen (*a* *law* gegen ein Gesetz); *(Bestimmung, Vorschrift)* nicht beachten; **2.** widersprechen (*s.th.* e-r S); in Abrede stellen, Stellung nehmen (*s.th.* gegen etw); **3.** im Widerspruch stehen (*s.th.* zu e-r S); **con·tra·ven·tion** [ˌkɒntrəˈvenʃn] Zuwiderhandlung *f,* Verstoß *m;* ► **in ~ of the rules** entgegen den Vorschriften.

con·trib·ute [kənˈtrɪbju:t] **I** *tr* **1.** geben (*to* für); beitragen, beisteuern *a. fig;* **2.** *(e-n Beitrag)* liefern; **II** *itr* **1.** mitwirken, helfen (*to* bei); **2.** beitragen (*to* zu); ► **~ to a newspaper** für e-e Zeitung schreiben; **con·tri·bu·tion** [ˌkɒntrɪˈbju:ʃn] **1.** Mitwirkung *f;* **2.** Beitrag *m* (*to* zu); **3.** Spende *f;* Beitragsleistung, Beisteuer *f;* **4.** *com* Einlage *f;* **con·tribu·tor** [kənˈtrɪbju:tə(r)] *(Zeitschrift)* Mitarbeiter(in) *m (f); (Geld)* Spender(in) *m (f);* **con·tribu·tory** [kənˈtrɪbjʊtrɪ] *adj* **1.** beitragend (*to* zu); **2.** mitwirkend (*to* an); mitverursachend.

con·trite [ˈkɒntraɪt] *adj* zerknirscht; reumütig; **con·trition** [kənˈtrɪʃn] **1.** Zerknirschung *f,* Schuldbewußtsein *n;* **2.** Reue *f.*

con·triv·ance [kənˈtraɪvəns] **1.** Erfindung(sgabe) *f;* **2.** Plan, Entwurf, Gedanke *m,* Idee *f;* **3.** Kunstgriff, Kniff, Dreh *m;* **4.** Erfindung, Vorrichtung *f,* Apparat *m;* **con·trive** [kənˈtraɪv] **I** *tr* **1.** ausdenken, ersinnen; **2.** erfinden; planen, entwerfen; **3.** zustande, zuwege bringen, bewerkstelligen; **II** *itr* ► **he ~d to escape** es gelang ihm zu fliehen; **she ~d to shock me** sie brachte es fertig, mich zu schockieren.

con·trol [kənˈtrəʊl] **I** *tr* **1.** beherrschen, in seiner Gewalt haben; **2.** e-n beherrschenden, entscheidenden Einfluß haben auf; **3.** leiten, lenken, dirigieren, steuern; **4.** in Schranken halten; zügeln, mäßigen, einschränken; **5.** beaufsichtigen, überwachen; prüfen, kontrollieren; **6.** *tech* regulieren, regeln, steuern; **II** *s* **1.** Herrschaft, Gewalt, Macht *f* (*of* über); **2.** Beherrschung *f,* beherrschender, entscheidender Einfluß (*of* auf); **3.** Leitung, Lenkung, Führung, Steuerung *f;* **4.** Bewirtschaftung *f;* **5.** Zurückhaltung, Zügelung, Mäßigung, Einschränkung *f;* **6.** Aufsicht (*of, over* über), Beaufsichtigung, Überwachung *f;* Kontrolle *f;* **7.** *tech* Regulierung, Steuerung, Betätigung, Bedienung *f;* Schaltung *f;* Regler *m; aero meist pl* Steuerung *f;* **8.** *(~ room)* Zentrale *f; (~ tower)* Kontrollturm *m;* ► **out of ~** herren-, führerlos; **under ~** unter Aufsicht *od* Kontrolle; **gain, get ~ of, over** die Herrschaft gewinnen über; **get, bring under ~** unter Kontrolle bringen; **lose ~ of, over** die Gewalt, die Herrschaft verlieren über; **remote ~** Fernlenkung, -steuerung *f;* **volume ~** *radio* Lautstärkeregler *m;* **control board** Schalttafel *f;* **control centre** Schaltzentrale *f;* Kontrollzentrum *n;* **control character** *EDV* Steuerzeichen *n;* **control column** Steuersäule *f;* **control desk** Schaltpult *n; TV* Regiepult *n;* **con·trol·lable** [–əbl] *adj* **1.** lenkbar; regulierbar; **2.** kontrollierbar; **con·trol·led** [kənˈtrəʊld] *adj* beherrscht; kontrolliert; *(Preise)* gebunden; **con·trol·ler** [kənˈtrəʊlə(r)] **1.** Leiter(in) *m (f);* Aufseher(in) *m (f),* Aufsichtführende(r) *f m;* **2.** Rechnungsprüfer(in) *m (f);* **3.** Kontrolleur(in) *m (f);* **4.** *el* Steuer-, Fahrschalter, Regler *m;* **control lever** Schalthebel *m;* **control light** Kontrollampe *f;* **control panel** Schalttafel *f; aero TV* Bedienungsfeld *n; mot* Armaturenbrett *n; EDV* Betriebs-, Steuerpult *n;* **control point** Kontrollpunkt *m,* -stelle *f;* **control switch** Kontrollschalter *m;* **control tower** *aero* Kontrollturm *m;* **control unit** *EDV* Steuer-, Leitwerk *n.*

con·tro·ver·sial [ˌkɒntrəˈvɜ:ʃl] *adj* **1.** strittig, umstritten; **2.** polemisch, streitlustig; ► **~ issue** Reizthema, umstrittenes Thema *n;* **be highly ~** stark umstritten sein; **con·tro·versy** [ˈkɒntrəvɜ:sɪ, kənˈtrɒvəsɪ] **1.** Streitfrage *f;* Kontroverse *f;* **2.** (Wort)Streit, Disput *m,* (erregte) Debatte *f;* Polemik *f;* ► **beyond ~** unumstritten.

con·tusion [kənˈtju:ʒn] Quetschung, Prellung *f.*

co·nun·drum [kəˈnʌndrəm] Scherzfrage *f;* knifflige Frage.

con·ur·ba·tion [ˌkɒnɜ:ˈbeɪʃn] Ballungsraum *m.*

con·va·lesce [ˌkɒnvəˈles] *itr* genesen, (wieder) gesund werden; ► **he is convalescing** es geht ihm (wieder) besser; **con·va·les·cence** [ˌkɒnvəˈlesns] Genesung, Rekonvaleszenz *f;* **con·va·les·cent** [ˌkɒnvəˈlesnt] **I** *adj* genesend; **II** *s* Rekonvaleszent(in) *m (f).*

con·vec·tion *phys* Konvektion *f;* **convection oven** Heißluftherd *n.*

con·vec·tor (heater) [kənˈvektə(r) ˈhi:tə(r)] Heizstrahler *m.*

con·vene [kənˈvi:n] **I** *itr* zusammenkommen, sich versammeln; **II** *tr* **1.** zusammenkommen lassen; *(e-e Versammlung)* einberufen; **2.** *jur* (vor)laden; **con·vener** [kənˈvi:nə(r)] Einberufende(r) *f m.*

con·veni·ence [kənˈvi:nɪəns] **1.** Bequemlichkeit, Annehmlichkeit *f;* Vorteil *m;* **2.** *meist pl* Bequemlichkeiten *f pl,* Komfort *m;* **3.** Waschgelegenheit *f;* Klosett *n;* ► **at your earliest ~** möglichst bald; **at your (own) ~** wenn es Ihnen recht ist *od* paßt; **make a ~ of s.o.** jdn ausnutzen; **(public) ~** öffentliche Toilette; **with all modern ~s** mit allem modernen Komfort; **con·veni·ent** [kən'vi:nɪənt] *adj* **1.** passend, geeignet; *(Zeit)* gelegen; **2.** *(Werkzeug, Gerät)* praktisch, leicht zu handhaben(d); ▶ **if it is ~ for you** wenn es Ihnen recht ist.

con·vent ['kɒnvənt] (Nonnen)Kloster *n.*

con·ven·tion [kən'venʃn] **1.** Versammlung *f;* Tagung *f,* Kongreß *m; Am pol* Parteitag *m;* **2.** Übereinkommen, Abkommen *n;* Vereinbarung, Konvention *f;* Vertrag *m;* **3.** Sitte *f,* Brauch *m,* Gewohnheit *f;* **con·ven·tional** [kən'venʃənl] *adj* **1.** konventionell, förmlich; **2.** üblich, herkömmlich, traditionell.

con·verge [kən'vɜ:dʒ] *itr* konvergieren, zusammenlaufen; **con·ver·gence** [kən'vɜ:dʒəns] **1.** *math* Konvergenz (-punkt *m*) *f;* **2.** Annäherung *f;* **con·ver·gent** [kən'vɜ:dʒent] *adj* zusammenlaufend; konvergent.

con·ver·sant [kən'vɜ:snt] *adj* **1.** vertraut, bekannt (*with* mit); **2.** erfahren (*with* in).

con·ver·sa·tion [ˌkɒnvə'seɪʃn] Gespräch *n,* Unterhaltung *f;* ▶ **make ~** sich unterhalten; **in ~ with** im Gespräch mit; **enter into a ~** ein Gespräch anknüpfen; **con·ver·sa·tional** [ˌkɒnvə'seɪʃənl] *adj* **1.** gesprächig; im Plauderton; **2.** *(Sprache)* Umgangs-, gesprochen; **con·ver·sa·tional·ly** [—lɪ] *adv* im Plauderton.

con·verse¹ [kən'vɜ:s] *itr* sprechen, sich unterhalten (*with s.o. on, about s.th.* mit jdm über etw).

con·verse² ['kɒnvɜ:s] **I** *adj* entgegengesetzt, umgekehrt; **II** *s* Gegenteil *n.*

con·ver·sion [kən'vɜ:ʃn] **1.** Umwandlung *f* (*from* von; *into* in); Umbau *m;* Umstellung *f;* Umrüstung *f;* **2.** *tech* Umformung *f;* **3.** *math fin* Umrechnung *f;* **4.** *rel* Bekehrung *f,* Übertritt *m;* ▶ **~ table** Umrechnungstabelle *f.*

con·vert [kən'vɜ:t] **I** *tr* **1.** ver-, umwandeln (*into* in); **2.** umbauen, umrüsten; umstellen; **3.** *math fin* umrechnen; **4.** *rel* bekehren (*to* zu); **5.** *tech* umformen, umsetzen (*into* in); **II** *s rel* ['kɒnvɜ:t] Konvertit *m;* Bekehrte(r) *m;* **con·verter** [kən'vɜ:tə(r)] **1.** Konverter *m,* Bessemerbirne *f;* **2.** *el* Umformer *m;* Gleichrichter *m;* **3.** *mot (catalytic ~)* Katalysator *m;* **con·vert·ible** [kən'vɜ:təbl] **I** *adj* **1.** umwandelbar; **2.** *fin* konvertierbar; einlösbar (*into* in); **II** *s mot* Kabrio(lett) *n.*

con·vex ['kɒnveks] *adj* konvex.

con·vey [kən'veɪ] *tr* **1.** befördern, transportieren, verfrachten; **2.** (über-, weg)bringen, hinschaffen; **3.** mitteilen; **4.** *(Nachricht)* übermitteln; **5.** *(Sinn, Gedanken)* vermitteln; **6.** *(Trost)* spenden; **7.** *(Eigentum, Vermögen)* übertragen, abtreten, übereignen (*to* an); **con·vey·ance** [kən'veɪəns] **1.** Beförderung *f,* Transport *m,* Spedition *f;* **2.** *tech* Zuführung, Leitung *f;* **3.** Übermitt(e)lung, Mitteilung *f;* **4.** *jur* Übertragung, Abtretung *f;* ▶ **~ of passengers** Personenbeförderung *f;* **conveyancing** [—ɪŋ] *jur* (Eigentums)Übertragung *f;* **con·veyor** [kən'veɪə(r)] **1.** Übermittler, Beförderer *m;* **2.** Fuhrunternehmer, Spediteur *m;* **3.** *tech* Förderband *n,* -anlage *f;* ▶ **~ belt** Fließ-, Förderband *n.*

con·vict ['kɒnvɪkt] **I** *s* Sträfling *m,* Strafgefangene(r) *f m;* **II** *tr* [kən'vɪkt] **1.** überführen (*of a crime* e-s Verbrechens); **2.** für schuldig befinden *od* erklären; verurteilen (*on a criminal charge* wegen e-r strafbaren Handlung; *of murder* wegen Mords); **con·vic·tion** [kən'vɪkʃn] **1.** *jur* Überführung *f;* Verurteilung *f;* **2.** (feste) Überzeugung *f;* ▶ **by ~** aus Überzeugung; **carry ~** überzeugend wirken; **have a previous ~** vorbestraft sein (*for* wegen).

con·vince [kən'vɪns] *tr* überzeugen (*of* von); ▶ **be ~d (of)** überzeugt sein (von); **~ o.s. (of)** sich überzeugen (von); **con·vinc·ing** [—ɪŋ] *adj* überzeugend; *(Beweis)* schlagend.

con·voy ['kɒnvɔɪ] **I** *tr bes. mar* geleiten, eskortieren; **II** *s* Konvoi *m;* Geleit *n.*

con·vulse [kən'vʌls] *tr* **1.** erschüttern *a. fig;* **2.** *(Gesicht)* verzerren; **con·vul·sion** [kən'vʌlʃn] **1.** Erschütterung *f a. fig;* **2.** (Nerven)Zuckung *f;* Verkrampfung *f;* ▶ **~s of laughter** Lachanfall, -krampf *m;* **con·vul·sive** [kən'vʌlsɪv] *adj* krampfhaft, konvulsivisch; ▶ **~ laughter** Lachkrämpfe *m pl.*

cony, coney ['kəʊnɪ] *Am zoo* Kaninchen *n.*

coo [ku:] **I** *itr (Taube)* gurren; **II** *s* Gurren *n.*

cook [kʊk] **I** *tr, itr* kochen; sich kochen lassen; ▶ **what's ~ing?** *fam Am* was gibt's Neues? **II** *tr* **1.** *(Essen)* zubereiten; braten, backen; **2.** *(~ up) fam* zusammenbrauen, aushecken, -brüten; **3.** verfälschen, (auf)frisieren; *(Konten)* frisieren; **III** *s* Koch *m,* Köchin *f;* **cook-book** ['kʊkbʊk] *Am* Kochbuch *n;* **cooker** ['kʊkə(r)] **1.** Kocher, Kochapparat *m;* Herd *m;* **2.** *pl* Kochobst *n;* **cook·ery** ['kʊkərɪ] Kochen *n,* Kochkunst, Küche *f;* **cookery book** Kochbuch *n;* **cookie, cooky** ['kʊkɪ] *Am* **1.** Plätzchen *n;* **2.** *(Mensch)* Typ, Kerl *m;* ▶ **that's the way the ~ crumbles** so ist das nun mal; **cook·ing** ['kʊkɪŋ] **1.** Kochen *n;* **2.** Küche *f,* Essen *n.*

cool [ku:l] **I** *adj* **1.** kühl, frisch; **2.** *fig* kühl; zurückhaltend; ablehnend; **3.** kaltblütig; **4.** *sl* prima, klasse; ▶ **a ~ ...** *fam (vor e-r Zahlenangabe)* lausige, lumpige, bloß(e), nur; rund ... **keep ~** Ruhe bewahren; **play it** ~ die Nerven nicht verlieren; **II** *s* Kühle *f;* **blow, lose one's** ~ die Nerven verlieren; **III** *tr (~ off)* abkühlen (lassen); ~ **it!** *sl* nun mach mal halb lang! **IV** *itr* kühl werden, abkühlen; ~ **down, off** *fig* ruhiger werden; **cooler** ['ku:lə(r)] **1.** Kühler *m;* **2.** *sl* Gefängnis *n,* Bau *m;* **cool-headed** [ˌku:l'hedɪd] *adj* besonnen; **cool·ing** ['ku:lɪŋ] (Ab)Kühlung *f;* ▶ **~-off period** Zeitraum für Schlichtungsverhandlungen *f;* **cooling tower** Kühlturm *m;* **cool·ness** ['ku:lnɪs] **1.** Kühle *f;* **2.** *fig* Kaltblütigkeit *f.*

coop [ku:p] **I** *s* Hühnerstall *m;* **II** *tr (~ in, up)* einsperren, einschließen.

cooper ['ku:pə(r)] Küfer, Böttcher *m.*

co-op·er·ate [kəʊ'ɒpəreɪt] *itr* **1.** zusammenarbeiten (*with* mit); **2.** mitarbeiten, -wirken, -helfen (*in* an); **co-op·er·ation** [kəʊˌɒpə'reɪʃn] **1.** Zusammenarbeit, Mitwirkung *f;* **2.** Zusammenschluß *m; com* Genossenschaft *f;* ▶ **in ~ with** in Zusammenarbeit mit; **co-op·er·ative** [kəʊ'ɒpərətɪv] **I** *adj* **1.** zusammenarbeitend, mitwirkend; **2.** hilfsbereit, kooperativ; **3.** genossenschaftlich; **II** *s* Genossenschaft *f;* ▶ **building** ~ Baugenossenschaft *f;* **distributive, marketing** ~ Absatzgenossenschaft *f;* ~ **shop, store** Konsum(vereinsladen) *m.*

co-opt [kəʊ'ɒpt] *tr* hinzuwählen, kooptieren.

co-or·di·nate [ˌkəʊ'ɔ:dɪnət] **I** *adj* **1.** gleichrangig, -gestellt, -geordnet; **2.** bei-, zugeordnet; **II** *s* **1.** (das) Zugeordnete; **2.** *math* Koordinate *f;* **III** *tr* [ˌkəʊ'ɔ:dɪneɪt] **1.** gleichstellen; bei-, zuordnen, koordinieren; **2.** (aufeinander) abstimmen, einander angleichen; **co-or·di·na·tion** [ˌkəʊˌɔ:dɪ'neɪʃn] Gleichstellung *f;* Zuordnung *f;* Koordinierung *f.*

coot [ku:t] *zoo* Wasserhuhn *n;* ▶ **as bald as a** ~ *fam* ratzekahl.

cop [kɒp] **I** *s* **1.** *sl* Polizist *m;* **2.** *sl* Verhaftung *f;* ▶ **no great** ~ wertlos; **it's a fair** ~ man hat mich erwischt; **II** *tr sl* erwischen, schnappen (*at* bei); ▶ ~ **it** Prügel bekommen; bestraft werden.

co-part·ner ['kəʊ'pɑ:tnə(r)] Teilhaber *m;* **co·part·ner·ship** ['kəʊ'pɑ:tnəʃɪp] **1.** Teilhaberschaft *f;* **2.** Beteiligung *f;* **3.** Mitbestimmung *f.*

cope [kəʊp] *itr* sich messen (können) (*with* mit); gewachsen sein (*with* dat); es aufnehmen (*with* mit).

Copenhagen [ˌkəʊpən'heɪgən] Kopenhagen *n.*

copier ['kɒpɪə(r)] Kopierer *m;* Kopiergerät *n.*

co-pilot ['kəʊ'paɪlət] *aero* Kopilot(in) *m (f).*

copi·ous ['kəʊpɪəs] *adj* **1.** reich(lich), massenhaft, in Mengen; **2.** weitschweifig; **3.** *fig* viel produzierend.

cop·per ['kɒpə(r)] **I** *s* **1.** Kupfer *n;* **2.** Kupfermünze *f;* **3.** Kupferkessel *m;* **4.** Kupferfarbe *f;* **5.** *sl* Polizist(in) *m (f);* **II** *adj* kupfern; **copper beech** *bot* Blutbuche *f;* **copper-ore** Kupfererz *n;* **copperplate** ['kɒpəpleɪt] *typ* Kupferstichplatte *f;* Kupferstich *m;* **coppersmith** Kupferschmied(in) *m (f).*

cop·pice ['kɒpɪs] Dickicht *n; (~ wood)* Unterholz *n.*

copu·late ['kɒpjʊleɪt] *itr* sich paaren; **copu·la·tion** [ˌkɒpjʊ'leɪʃn] Paarung, Begattung *f.*

copy ['kɒpɪ] **I** *s* **1.** Nachbildung, -ahmung *f;* **2.** Kopie, Abschrift *f;* **3.** Durchschrift *f,* -schlag *m;* Ausfertigung *f;* **4.** *phot* Abzug *m;* **5.** (Druck)Manuskript *n;* (Werbe)Text *m;* **6.** *(Buch, Druck)* Exemplar *n; (Zeitung, Zeitschrift)* Nummer *f;* **7.** *(Presse)* Stoff *m;* Artikel *m;* **8.** Muster, Modell *n;* ▶ **clean, fair** ~ Reinschrift *f;* **rough** ~ Konzept *n;* **specimen** ~ Probenummer *f;* **II** *tr, itr* **1.** nachahmen, -machen; imitieren; nachbilden; **2.** *(~ down)* kopieren, abschreiben; **3.** vervielfältigen; durchpausen; ab-, nachzeichnen; *(EDV)* kopieren; **4.** *phot* e-n Abzug machen von; ▶ ~ **out** ab-, ins reine schreiben; **copy-book I** *s* Schreibheft *n;* ▶ **blot one's** ~ sich etwas zuschulden kommen lassen; **II** *adj* mustergültig; **copy-cat** *fam* Nachahmer(in) *m (f);* **copy desk** Redaktionstisch *m;* **copy editor** Redakteur(in) *m (f);* **copy·ing** [—ɪŋ] *adj* **copying ink** Kopiertinte *f;* **copying paper** Durchschlagpapier *n;* **copying pencil** Kopierstift *m;* **copy-protection** *EDV* Kopierschutz *m;* **copy·right** ['kɒpɪraɪt] **I** *s* Urheber-, Verlagsrecht *n* (*in* an); ▶ ~ **reserved** Nachdruck verboten; **II** *tr* urheberrechtlich schützen; **copy·writer** ['kɒpɪraɪtə(r)] Texter(in) *m (f).*

coral ['kɒrəl] **I** *s* Koralle *f;* **II** *adj (~-red)* korallenrot; **coral island** Koralleninsel *f;* **coral-reef** Korallenriff *n.*

cord [kɔ:d] **1.** Seil *n,* Strick *m;* **2.** Bindfaden *m; (österreichisch)* Spagat *m;* **3.** Leine, Kordel *f;* Litze *f;* **4.** *el* Schnur *f,* Kabel *n;* **5.** *anat* Band *n,* Strang *m; (umbilical ~)* Nabelschnur *f;* **6.** Klafter *m* od *n;* **7.** Kordsamt *m.*

cor·dial ['kɔ:dɪəl] **I** *adj* **1.** *fig* freundlich; **2.** *med* (herz)stärkend; **II** *s* **1.** herzstärkendes Mittel; **2.** Fruchtlikör *m;* Fruchtsaftkonzentrat *n;* **cor·dial·ity** [ˌkɔ:dɪ'ælətɪ] Freundlichkeit *f.*

cord·less *adj* drahtlos, schnurlos; ▶ ~ **telephone** drahtloses Telefon *n.*

cor·don ['kɔ:dn] **I** *s* **1.** Polizei-, Absperrkette *f,* Kordon *m;* **2.** Ordensband *n;* **3.** Spalierbaum *m;* **II** *tr (~ off)* absperren, -riegeln.

cor·du·roy ['kɔ:dərɔɪ] **I** *s* **1.** Kordsamt

m; **2.** *pl* Kordsamthose *f;* **II** *adj* Kord(samt)-.
core [kɔ:(r)] **I** *s* **1.** *bot* Kerngehäuse, -haus *n;* **2.** *el* Eisenkern *m;* (Kabel)Ader, Seele *f;* **3.** *fig* Kern(stück *n*) *m,* Herz, Mark, (das) Inner(st)e; **4.** *(Atomanlage)* Reaktorkern *n;* ▶ **to the ~** durch u. durch, voll u. ganz; **II** *tr (Apfel)* entkernen; **core memory** *EDV* Kernspeicher *m;* **core time** Kern(arbeits)zeit *f.*
cork [kɔ:k] **I** *s* **1.** Kork *m;* (~ *oak)* Korkeiche *f;* **2.** Pfropfen, Stöpsel *m;* **3.** Angelkork, Schwimmer *m;* **II** *tr* (~ *up)* ver-, zukorken; **cork·age** ['kɔkədʒ] Korkengeld *n;* **cork·screw** ['kɔ:kskru:] **I** *s* Korkenzieher *m;* **II** *adj* spiralig; *(Locken)* Korkenzieher-.
corn¹ [kɔ:n] **1.** Korn, Getreide *n; (England meist)* Weizen *m; (Schottland, Irland meist)* Hafer *m; (Am meist)* Mais *m (Indian ~);* **2.** Korn(schnaps) *m.*
corn² [kɔ:n] *med* Hühnerauge *n;* ▶ **tread on s.o.'s ~s** *fig* jdm auf die Füße treten.
corn³ [kɔ:n] *fam* Schmalz, Kitsch *m.*
corn-cob Maiskolben *m.*
cor·nea ['kɔ:nɪə] *anat* Hornhaut *f.*
cor·ner ['kɔ:nə(r)] **I** *s* **1.** Ecke *f;* Winkel *m; (street-~)* (Straßen)Ecke *f;* **2.** *mot* Kurve *f;* **3.** (finsterer, heimlicher) Winkel *m,* (abgelegene) Gegend *f;* **4.** *(tight ~)* Klemme, schwierige Lage *f;* **5.** *com* (spekulative) Aufkäufe *m pl;* **6.** *(~ kick) sport* Eckball *m;* ▶ **in every nook and ~** in allen Ecken u. Winkeln; **just round the ~** gleich um die Ecke; **cut ~s** Kurven schneiden; *fig* das Verfahren abkürzen; **turn the ~** *fig* es überstehen, über den Berg kommen; **he's in a ~** er sitzt in der Patsche; **II** *tr* **1.** in die Enge treiben *a. fig;* **2.** *com* aufkaufen; **III** *itr* **1.** e-e Ecke bilden; **2.** *mot* um e-e Kurve biegen; **cor·nered** ['kɔ:nəd] *adj fig* in der Klemme; **corner house** Eckhaus *n;* **corner seat** Eckplatz *m;* **corner shop** Tante-Emma-Laden *m;* **cor·ner·stone** ['kɔ:nəstəʊn] **1.** Eck-, Grundstein *m;* **2.** *fig* Grundlage *f,* Fundament *n.*
cor·net ['kɔ:nɪt] *mus* Kornett *n.*
corn-flakes ['kɔ:nfleɪks] *pl* Cornflakes *pl Wz;* **corn-flower** *bot* Kornblume *f.*
cornice ['kɔ:nɪs] Gesims *n.*
corn-poppy *bot* Klatschmohn *m;* **corny** ['kɔ:nɪ] *adj* **1.** kornreich; **2.** *fam* altmodisch, abgedroschen; rührselig; kitschig; *(Witz)* doof.
cor·oll·ary [kər'ɒlərɪ] *math* Korollar *n;* logische Folgerung *f.*
cor·on·ary ['kɒrənrɪ] **I** *adj med* koronar; ▶ **~ thrombosis** Herzinfarkt *m;* **II** *s* Herzinfarkt *m.*
cor·on·ation [ˌkɒrə'neɪʃn] Krönung(sfeierlichkeiten *f pl*) *f.*
cor·oner ['kɒrənə(r)] (amtlicher) Leichenbeschauer *m;* ▶ **~'s inquest** *(bei Todesfall)* amtliche Untersuchung.
cor·poral ['kɔ:pərəl] **I** *adj* körperlich, leiblich; ▶ **~ punishment** körperliche Züchtigung; **II** *s* Ober-, Hauptgefreite(r) *f m.*
cor·por·ate ['kɔ:pərət] *adj* **1.** vereinigt, zusammengeschlossen; **2.** körperschaftlich, gesellschaftlich, korporativ; **3.** gemeinsam, gemeinschaftlich; ▶ **~ body** Körperschaft *f;* **cor·por·ation** [ˌkɔ:pə'reɪʃn] **1.** Körperschaft *f;* juristische Person; **2.** Innung, Gilde *f;* **3.** Gemeindevertretung *f,* -rat *m;* **4.** *Am* Aktiengesellschaft *f;* **corporation bus** städtischer Bus; **corporation tax** Körperschaftssteuer *f.*
corps [kɔ:(r)] **1.** *mil* (Armee)Korps *n;* Truppe *f;* **2.** Körperschaft *f;* Korps *n;* ▶ **medical ~** Sanitätstruppe *f;* **~ de ballet** [ˌkɔ:də'bæleɪ] Ballettgruppe *f.*
corpse [kɔ:ps] Leiche *f,* Leichnam *m.*
cor·pus ['kɔ:pəs] ⟨*pl* -pora⟩ ['kɔ:pərə] **1.** *med* Körper *m;* **2.** *fin* Kapitalbetrag *m;* **3.** geschlossenes Ganze(s); **4.** Korpus *n,* (Gesetzes)Sammlung *f;* **Corpus Christi** *rel* Fronleichnam(sfest) *n.*
cor·puscle ['kɔ:pʌsl] **1.** *phys* Korpuskel, Masseteilchen *n;* **2.** *physiol* Blutkörperchen *n.*
cor·ral [kə'rɑ:l] **I** *s* **1.** Umzäunung *f,* Pferch *m;* **2.** Wagenburg *f;* **II** *tr (Vieh)* in e-n Pferch einsperren, einpferchen.
cor·rect [kə'rekt] **I** *adj* **1.** richtig, korrekt, genau; **2.** *(Antwort)* zutreffend; **3.** *(Verhalten)* einwandfrei; *(Kleidung)* vorschriftsmäßig, korrekt; **II** *tr* **1.** (ver-)bessern, korrigieren, richtigstellen; **2.** *(Uhr)* stellen; *(Fehler)* ausschalten, abstellen; **3.** zurechtweisen, tadeln, (be)strafen; **4.** ausgleichen; **cor·rec·tion** [kə'rekʃn] **1.** Verbesserung, Korrektur, Berichtigung, Richtigstellung *f;* **2.** Zurechtweisung *f,* Tadel *m;* **3.** Strafe, Züchtigung *f;* **correction fluid** Korrekturflüssigkeit *f;* **cor·rect·ly** [kə'rektlɪ] *adv* mit Recht; richtig; **cor·rect·ness** [kə'rektnɪs] Richtigkeit, Korrektheit *f.*
cor·re·late ['kɒrəleɪt] **I** *tr* (miteinander) in Beziehung, in Zusammenhang bringen; aufeinander abstimmen; **II** *itr* in Wechselbeziehung stehen (*to, with* zu), sich gegenseitig bedingen; **cor·re·la·tion** [ˌkɒrə'leɪʃn] Wechselbeziehung *f.*
cor·re·spond [ˌkɒrɪ'spɒnd] *itr* **1.** entsprechen (*to* dat); übereinstimmen, in Einklang stehen (*with, to* mit); **2.** den Anforderungen genügen (*to* gen); **3.** in Briefwechsel stehen, korrespondieren (*with* mit); **cor·re·spon·dence** [ˌkɒrɪ'spɒndəns] **1.** Übereinstimmung *f,* Einklang *m* (*with* mit; *between* zwischen); **2.** Entsprechung *f;* Verbindung *f;* Zusammenhang *m;* **3.** Schriftverkehr, Briefwechsel *m,* Korrespondenz *f;*

Post(sachen *f pl*) *f;* **4.** *(Zeitung)* Briefkasten *m,* Leserbriefe *m pl;* (~ *column)* Eingesandt *n;* ▶ **take care of the** ~ die Post erledigen; **be in** ~ **with** in Briefwechsel stehen, korrespondieren mit; ~ **clerk** Korrespondent(in) *m (f);* ~ **course** Fernunterricht *m;* ~ **school** Fernlehrinstitut *n;* **cor·re·spon·dent** [ˌkɒrɪˈspɒndənt] **I** *adj* entsprechend; **II** *s* **1.** Briefpartner(in) *m (f);* **2.** *(com, Zeitung)* Korrespondent(in) *m (f);* Berichterstatter(in) *m (f);* Einsender(in) *m (f);* **3.** Geschäftsfreund(in) *m (f);* ▶ **foreign** ~ Auslandskorrespondent(in) *m (f);* **cor·re·spond·ing** [ˌkɒrɪˈspɒndɪŋ] *adj* **1.** entsprechend (*to* dat); in Einklang (*with* mit); **2.** korrespondierend.

cor·ri·dor [ˈkɒrɪdɔ:(r)] **1.** Gang, Korridor *a. pol,* Flur *m;* **2.** *(air* ~*)* Luftkorridor *m,* Flugschneise *f.*

corrie [ˈkɒrɪ] *geol* Kar *n.*

cor·rob·or·ate [kəˈrɒbəreɪt] *tr* bestätigen, bekräftigen, erhärten; **cor·rob·or·ation** [kəˌrɒbəˈreɪʃn] Bestätigung, Bekräftigung *f;* **cor·rob·or·at·ive** [kəˈrɒbərətɪv] *adj* bestätigend, bekräftigend.

cor·rode [kəˈrəʊd] **I** *tr* **1.** zerfressen, -nagen, -setzen; angreifen, ätzen *a. fig;* **2.** *fig* verderben, schädigen, beeinträchtigen; **II** *itr* sich zersetzen; korrodieren, rosten; **cor·rosion** [kəˈrəʊʒn] **1.** Zerfressen *n,* Korrosion *f,* Rosten *n;* **2.** Zerstörung *f;* **cor·ros·ive** [kəˈrəʊsɪv] *adj* **1.** zerfressend, -setzend; **2.** *fig* nagend, bohrend, quälend.

cor·ru·gated [ˈkɒrəgeɪtɪd] *adj* gerillt, geriefelt, gewellt; ▶ ~ **cardboard, paper** Wellpappe *f;* ~ **iron** Wellblech *n.*

cor·rupt [kəˈrʌpt] **I** *adj* **1.** verdorben, verrottet, faul; **2.** *fig* (sittlich) verkommen; schlecht, böse; **3.** unredlich, unehrenhaft; **4.** bestechlich, käuflich; korrupt; **5.** *(Text)* entstellt, verfälscht; **II** *tr* **1.** verderben; **2.** anstecken, ungünstig beeinflussen, untergraben; **3.** bestechen; **4.** *(Text)* entstellen, verfälschen; **III** *itr* **1.** verderben, (ver)faulen; **2.** *fig* verkommen; **cor·rup·tion** [kəˈrʌpʃn] **1.** Fäulnis, Verwesung *f;* **2.** (Sitten)Verderbnis *f;* Verkommenheit, Verdorbenheit *f;* Verführung *f;* **3.** Bestechung *f;* Käuflichkeit *f;* Korruption *f;* **4.** *(Text)* Entstellung, Verfälschung *f.*

cor·set [ˈkɔ:sɪt] *a. pl (pair of* ~*s)* Korsett *n.*

co-signa·tory [ˌkəʊˈsɪgnətərɪ] Mitunterzeichner(in) *m (f).*

cosi·ness [ˈkəʊzɪnɪs] Gemütlichkeit *f.*

cos·metic [kɒzˈmetɪk] **I** *adj* kosmetisch; **II** *s* **1.** Schönheitsmittel *n;* **2.** *pl* Kosmetik *f;* **cos·me·tician** [ˌkɒzməˈtɪʃn] Kosmetiker(in) *m (f).*

cos·mic [ˈkɒzmɪk] *adj* **1.** kosmisch; **2.** riesig, gewaltig, ungeheuer; **3.** (wohl-)geordnet, harmonisch; **cos·mo·logy** [kɒzˈmɒlədʒɪ] Kosmologie *f;* **cos·mo·naut** [ˈkɒzmənɔ:t] Kosmonaut(in) *m (f);* **cos·mo·poli·tan** [ˌkɒzməˈpɒlɪtən] **I** *adj* weltbürgerlich, kosmopolitisch; **II** *s* Weltbürger *m;* **cos·mos** [ˈkɒzmɒs] Kosmos *m,* Weltall *n.*

cost [kɒst] ⟨*irr* cost, cost⟩ **I** *tr* **1.** kosten *a. fig;* zu stehen kommen; **2.** *fig (Zeit, Mühe)* (er)fordern; **3.** *(Schaden, Ärger)* einbringen, machen; **4.** *com* kalkulieren, den Kostenpreis festsetzen; ▶ **that will** ~ **him dearly** das wird ihn teuer zu stehen kommen; **II** *s* **1.** Preis *m,* Kosten *pl;* Selbstkostenpreis *m;* **2.** Ausgaben, -lagen *f pl;* **3.** *fig* Einsatz *m;* Schaden, Nachteil, Verlust *m,* Opfer *n;* **4.** *pl* Kosten *pl;* Gerichtskosten *pl;* ▶ **at** ~ zum Selbstkostenpreis; **at the** ~ **of** auf Kosten *gen;* **at all** ~**s, at any** ~ um jeden Preis; **without** ~ kostenlos, gratis; **bear, pay the** ~ die Kosten tragen; **carry** ~**s** Kosten nach sich ziehen; **spare no** ~ keine Kosten scheuen; **overhead, operating, running, working** ~**s** *pl* Betriebs(un)kosten *pl;* ~**-benefit analysis** Kosten-Nutzen-Analyse *f;* ~**-effective** kostendeckend; ~**-effectiveness** Preis-Leistungsverhältnis *n;* ~ **of living** Lebenshaltungskosten *pl;* ~**-of-living bonus** Teuerungszulage *f;* ~**-of-living index** Lebenshaltungsindex *m.*

co-star [ˌkəʊˈstɑ:(r)] **I** *itr* e-e zweite Hauptrolle spielen; **II** *s* zweite(r) Hauptdarsteller(in).

costly [ˈkɒstlɪ] *adj* **1.** kostspielig, teuer; **2.** wertvoll, kostbar.

cost price [ˈkɒstˌpraɪs] Einkaufs-, Selbstkostenpreis *m.*

cos·tume [ˈkɒstju:m] **1.** Tracht *f;* **2.** Kostüm *n;* ▶ ~ **jewel(le)ry** Modeschmuck *m.*

cosy [ˈkəʊzɪ] **I** *adj* gemütlich, behaglich, mollig; **II** *s (tea-*~*)* Tee-, Kaffeewärmer *m;* ▶ **egg-**~ Eierwärmer *m.*

cot [kɒt] **1.** *Br* Kinderbett *n;* **2.** *Am* Klapp-, Feldbett *n;* **cot death** Krippentod *m.*

cot·tage [ˈkɒtɪdʒ] **1.** Bauernhaus *n;* **2.** kleines Landhaus; Ferien-, Sommerhaus *n;* **cottage-cheese** Hüttenkäse *m;* **cottage industry** Heimindustrie *f.*

cot·ton [ˈkɒtn] **I** *s* **1.** Baumwolle *f;* **2.** (~ *yarn)* Baumwollgarn *n;* **3.** *(absorbent* ~*)* Watte *f;* **II** *adj* baumwollen; **III** *(mit Präposition)* **cotton on** *fam itr* es kapieren; **cotton-grower** Baumwollpflanzer *m;* **cotton mill** Baumwollspinnerei *f;* **cotton-seed** Baumwollsamen *m;* **cotton-wool 1.** *Br* Watte *f;* **2.** *Am* Rohbaumwolle *f.*

couch [kaʊtʃ] **I** *s* **1.** Couch *f,* Liegesofa *n;* **2.** Bett *n;* **II** *tr (Gedanken)* ausdrücken; abfassen (*in* in); **III** *itr (Tiere)* (nieder)kauern; **couch·ette** [ku:ˈʃet] *rail*

Liegewagen *m;* Liegeplatz *m.*

cough [kɒf] **I** *s* Husten *m;* ► **have a bad ~** einen schlimmen Husten haben; **II** *itr* husten; **III** *(mit Präposition)* **cough out** *tr* aushusten; **cough up** *tr sl (Geld)* herausrücken; **cough-drop** Hustenpastille *f;* **cough mixture** Hustensaft *m.*

could [kʊd] *v s. can*[2].

coun·cil [ˈkaʊnsl] **1.** Rat(sversammlung *f*) *m;* beratende Versammlung; Beratung *f;* **2.** *(church ~)* Kirchenrat *m;* **3.** Vorstand, Ausschuß *m;* ► **be in ~** beraten; **meet in ~** e-e Sitzung abhalten; **cabinet ~** Kabinetts-, Ministerrat *m;* **municipal ~** Stadtrat *m;* **council flat, council house** Sozialwohnung *f;* **council housing** sozialer Wohnungsbau; **Council of Europe** Europarat *m;* **Council of Ministers** Ministerrat *m;* **coun·cil·lor,** *Am* **coun·cil·or** [ˈkaʊnsələ(r)] Rat(smitglied *n*) *m;* Stadtrat *m,* -rätin *f.*

coun·sel [ˈkaʊnsl] **I** *s* **1.** Beratung *f;* Entschließung, Empfehlung *f;* **2.** Plan *m,* Absicht, Meinung *f;* **3.** Rat(schlag) *m;* **4.** (Rechts)Anwalt, Rechtsbeistand *m; pl (ohne s)* Anwaltschaft *f;* ► **~ for the defence** Verteidiger *m;* **~ for the prosecution** Staatsanwalt *m;* **II** *tr (Sache)* raten, empfehlen; *(Person)* beraten; **coun·sel·lor,** *Am* **coun·sel·or** [ˈkaʊnsələ(r)] **1.** Berater(in), Ratgeber(in) *m (f);* **2.** *(Irland, Amerika)* (Rechts)Anwalt *m,* Anwältin *f.*

count[1] [kaʊnt] Graf *m.*

count[2] [kaʊnt] **I** *tr* **1.** zählen; *(~ up)* zusammenzählen, -rechnen; *(Geld)* (nach)zählen; **2.** *(~ in)* (mit)rechnen, einschließen; **3.** halten für, ansehen als; in Rechnung stellen; **II** *itr* **1.** (mit)zählen; rechnen; **2.** ins Gewicht fallen, wichtig sein; ► **that doesn't ~** das macht nichts; das gilt nicht; **III** *s* **1.** (Zusammen)Zählung *f;* (Be)Rechnung *f;* **2.** Gesamtzahl *f;* Summe *f,* Ergebnis *n;* **3.** *jur* (An)Klagepunkt *m;* ► **on all ~s** in jeder Beziehung; **take no ~ of s.th.** etw nicht berücksichtigen; **take the ~** *(Boxen)* ausgezählt werden; **IV** *(mit Präposition)* **count against s.o.** sich gegen jdn auswirken; **count me in** ich mache mit; **count off** *tr* abzählen; **count out** *tr* **1.** nicht rechnen mit; **2.** *(Geldstücke)* zusammenzählen; **3.** *(Boxen)* auszählen.

count-down [ˈkaʊntdaʊn] Countdown *m* od *n.*

coun·ten·ance [ˈkaʊntɪnəns] **I** *s* **1.** Gesicht(sausdruck *m*) *n,* Miene *f;* **2.** innere Haltung, Fassung *f;* **3.** Unterstützung, Ermunterung *f;* ► **change (one's) ~** den Gesichtsausdruck wechseln; **give ~ to** billigen, unterstützen; **keep (one's) ~** Haltung, die Fassung bewahren; **lose ~** die Fassung verlieren; **II** *tr* **1.** billigen, gutheißen; **2.** unterstützen, ermutigen.

counter [ˈkaʊntə(r)] **I** *s* **1.** Zähler *m;* Zählapparat *m,* -werk *n;* **2.** Spielmarke *f;* **3.** Laden-, Zahltisch *m;* Theke *f,* Büfett *n;* (Bank)Schalter *m;* **4.** *(Fechten)* Parade *f; (Boxen)* Konter *m;* **5.** Erwiderung *f;* ► **at the ~** an der Theke; **under the ~** unter dem Ladentisch, heimlich; **II** *adv* entgegen, zuwider; ► **~ to s.th.** gegen etw, entgegen e-r S; **~ measure** Gegenmaßnahme *f;* **III** *adj* entgegengesetzt; **IV** *tr* **1.** entgegenarbeiten; **2.** entgegnen (*s.o.* jdm); **3.** (*s.th.* e-r S) entgegen-, zuwiderhandlen; durchkreuzen; **V** *itr* kontern.

counter·act [ˌkaʊntərˈækt] *tr* **1.** entgegen-, zuwiderhandeln, entgegenarbeiten (*s.o.* jdm; *s.th* e-r S); **2.** neutralisieren; unwirksam machen; **counter·ac·tive** [ˌkaʊntərˈæktɪv] *adj* entgegenwirkend; ► **~ measure** Gegenmaßnahme *f;* **counter-at·tack** [ˈkɑːntərətæk] **I** *s* Gegenangriff *m;* **II** *itr* e-n Gegenangriff machen; **III** *tr* e-n Gegenangriff machen auf; kontern; **counter·bal·ance** [ˈkaʊntəbæləns] **I** *s* Gegengewicht *n a. fig* (*to* gegen); **II** *tr* ein Gegengewicht bilden (*s.th.* zu etw); aufwiegen, ausgleichen, kompensieren; **counter·charge** [ˈkaʊntətʃɑːdʒ] **1.** *jur* Gegenklage *f;* **2.** Gegenangriff *m;* **counter·check** [ˈkauntətʃek] Gegenkontrolle *f;* **counter-clock·wise** [ˌkaʊntəˈklɒkwaɪz] *adj, adv* gegen den Uhrzeigersinn; **counter-espion·age** [ˌkaʊntərˈespɪənɑːʒ] (Spionage)Abwehr *f;* **counter-espionage service** militärischer Abschirmdienst *m.*

counter·feit [ˈkaʊntəfɪt] **I** *adj* **1.** gefälscht;
2. falsch; ► **~ money** Falschgeld *n;* **II** *s* Fälschung *f;* **III** *tr* **1.** fälschen; **2.** vortäuschen, heucheln.

counter·foil [ˈkaʊntəfɔɪl] (Kontroll)Abschnitt *m.*

counter-in·tel·li·gence [ˌkaʊntərɪnˈtelɪdʒəns] (Spionage)Abwehr *f.*

counter·mand [ˌkaʊntəˈmɑːnd] *tr* **1.** *(Befehl)* widerrufen; *(Anordnung)* aufheben; *(Bestellung)* zurückziehen; **2.** abbestellen; absagen.

counter·part [ˈkaʊntəpɑːt] **1.** Gegenstück *n* (*of* zu); **2.** Gegenüber *n;* **3.** Ergänzung *f* (*of* gen); **4.** Ebenbild *n;* **counter·point** [ˈkaʊntəpɔɪnt] *mus* Kontrapunkt *m;* **counter·poise** [ˈkaʊntəpɔɪz] Gegengewicht *n* (*to* zu) *a. fig;* Gleichgewicht(szustand *m,* -lage *f*) *n;* **counter-pro·duc·tive** [ˌkaʊntəprəˈdʌktɪv] *adj* unsinnig, das Gegenteil bewirkend, destruktiv; **counter-rev·ol·ution** [ˌkaʊntəˌrevəˈluːʃn] Gegenrevolution *f;* **counter·sign** [ˈkaʊntəsaɪn] **I** *s* **1.** Gegenzeichnung *f;* **2.** *mil* Losung, Parole *f;* **II** *tr* **1.** gegenzeichnen; **2.** *fig* bestätigen;

counter·sink ['kaʊntəsɪŋk] **I** *s tech* Versenker *m;* **II** *tr irr s. sink (Schraube)* versenken; *(Loch)* senken.
counter-terrorism Terrorismusbekämpfung *f.*
count·ess ['kaʊntɪs] Gräfin *f.*
count·less ['kaʊntlɪs] *adj* zahllos, unzählig.
coun·try ['kʌntrɪ] **1.** Land *n;* **2.** Heimat(land *n*) *f,* Vaterland *n;* Staat *m;* Volk *n;* **3.** *ohne pl* Land(strich *m*) *n,* Gegend(en *pl*) *f,* Gebiet *n a. fig;* ▶ **the** ~ das Land *(im Gegensatz zur Stadt);* die Nation; **from all over the** ~ aus allen Teilen des Landes; **in the** ~ auf dem Land; **go to the** ~ *Br parl* Neuwahlen ausschreiben; **industrial** ~ Industriestaat *m;* **member** ~ Mitgliedstaat *m;* ~ **of destination** *(Post)* Bestimmungsland *n;* ~ **of origin** Herkunfts-, Ursprungsland *n;* **country bumpkin** Bauerntrampel *m,* Bauerntölpel *m,* Hinterwäldler(in) *m (f),* Landpomeranze *f;* **country club** Klub *m* auf dem Lande (für Städter); **country-dance** Volkstanz *m;* **country-folk** Landvolk *n;* **country-house** Landhaus *n;* **coun·try·man** ['kʌntrɪmən] ⟨*pl* -men⟩ **1.** Landsmann *m;* **2.** Landmann *m;* **country road** Landstraße *f;* **coun·try·side** ['kʌntrɪsaɪd] Landschaft, Gegend *f;* Land *n;* ▶ **in the** ~ auf dem Lande; **country-wide** *adj* über das ganze Land; landesweit; **coun·try·woman** ['kʌntrɪwʊmən] ⟨*pl* -women⟩ [—wɪmɪn] **1.** Landfrau *f;* **2.** Landsmännin *f.*
county ['kaʊntɪ] *Br* Grafschaft *f,* (Land)Kreis *m; Am* (Verwaltungs-, Regierungs)Bezirk *m (e-s Staates);* **county borough** *etwa* kreisfreie Stadt, Stadtkreis *m;* **county council** *etwa* Kreis-, Bezirkstag *m;* **county court** *etwa* Amtsgericht *n;* **county seat** *Am* Kreisstadt *f;* **county town** *Br* Bezirkshauptstadt *f.*
coup [ku:] Coup, Putsch *m;* **coup de grace** [ˌku:də'grɑ:s] Gnadenstoß *m;* Gnadenschuß *m;* **coup d'état** [ˌku:deɪ'tɑ:] *pol* Staatsstreich *m.*
coupé ['ku:peɪ] *mot* Schrägheck, Coupé *n.*
couple ['kʌpl] **I** *s* **1.** Paar *n;* **2.** *(married* ~*)* Ehepaar *n;* ▶ **a** ~ **of** *fam* zwei; ein paar; **II** *tr* **1.** (ver)koppeln; **2.** verheiraten; **3.** *fig* verbinden, in Verbindung bringen (*with* mit); **4.** *tech* kuppeln, koppeln; **III** *itr* sich paaren; heiraten.
coup·let ['kʌplɪt] Reimpaar *n.*
coup·ling ['kʌplɪŋ] **1.** Verbindung *f;* **2.** *tech rail mot* Kupp(e)lung *f;* **3.** *radio chem* Kopp(e)lung *f;* **4.** Paarung *f.*
cou·pon ['ku:pɒn] **1.** Abschnitt, Coupon *m;* **2.** Zinsschein *m;* **3.** Gutschein *m;* **4.** Wettschein *m;* ▶ **reply** ~ Antwortschein *m.*
cour·age ['kʌrɪdʒ] Mut *m;* Unerschrokkenheit *f;* Tapferkeit *f;* ▶ **lose** ~ den Mut verlieren; **pluck up, muster up, take** ~ Mut, sich ein Herz fassen; **courageous** [kə'reɪdʒəs] *adj* mutig, tapfer, furchtlos, unerschrocken.
cour·gettes [kʊə'ʒet] *pl* Zucchini *pl.*
cour·ier ['kʊrɪə(r)] **1.** Kurier, (Eil)Bote *m;* **2.** Reiseleiter(in) *m (f);* ▶ **by** ~ durch Boten.
course[1] [kɔ:s] **1.** Gang, Lauf *m a. fig,* Fahrt *f;* **2.** *fig* Ablauf *m;* Fortschritt *m;* **3.** Verlauf *m (e-r Linie, e-r Straße); (Fluß)* Lauf *m;* **4.** Kurs *m,* Richtung, Strecke *f;* **5.** *fig* Weg *m,* Möglichkeit *f;* (Verhaltens-, Lebens)Weise *f;* **6.** *(Mahlzeit)* Gang *m;* **7.** Reihe, Folge *f;* **8.** *(~ of instruction)* Kurs(us), Lehrgang *m;* **9.** *sport* Bahn *f,* Sportplatz *m;* **10.** *arch* (Stein)Lage *f;* ▶ **in the** ~ **of** im Verlauf *gen,* während *gen;* **in due** ~ zu seiner, zu gegebener Zeit; **in** ~ **of construction** im Bau (befindlich); **in the** ~ **of time** im Laufe der Zeit; **of** ~ natürlich, selbstverständlich; gewiß, sicher *adv;* **run its** ~ seinen Gang gehen, seinen Verlauf nehmen; **set the** ~ **for s.th.** etw ansteuern; **stay the** ~ *fig* nicht aufgeben; **take its** ~ seinen Verlauf nehmen; **a matter of** ~ e-e Selbstverständlichkeit; **as a matter of** ~ selbstverständlich *adv;* ~ **of a disease** Krankheitsverlauf *m;* **the** ~ **of events** der Gang der Ereignisse; **the** ~ **of life** der Lauf des Lebens.
course[2] [kɔ:s] **I** *tr (Wild)* hetzen, jagen; **II** *itr* **1.** strömen, fließen; **2.** jagen.
court [kɔ:t] **I** *s* **1.** Hof *m;* Lichthof *m;* **2.** *sport* (Tennis)Platz *m;* Spielfeld *n;* **3.** (Fürsten)Hof *m;* Hofstaat *m;* Empfang *m* bei Hof; **4.** Aufwartung, Aufmerksamkeit *f;* **5.** Werben *n,* Werbung *f;* **6.** Gericht(shof *m*) *n;* Gerichts-, Justizgebäude *n;* Gerichtssitzung *f;* ▶ **at** ~ bei Hof; **in** ~ vor, bei Gericht; **bring to** ~ vor Gericht bringen; **represent s.o. in** ~ jdn vor Gericht vertreten; **the** ~ **is sitting** das Gericht tagt; **juvenile** ~ Jugendgericht *n;* ~ **of arbitration** Schiedsgericht *n;* **II** *tr* **1.** den Hof machen (*s.o.* jdm), werben um; **2.** *fig* sich bemühen um; **3.** *(Gelegenheit)* erspähen; *(Gefahr, Unheil)* herausfordern; **III** *itr* jung verliebt sein; auf Freiersfüßen gehen; ▶ **when we were ~ing** als wir jung verliebt waren.
cour·teous ['kɜ:tɪəs] *adj* höflich, gesittet; aufmerksam, gefällig, freundlich, nett; **cour·tesy** ['kɜ:təsɪ] **1.** Höflichkeit, Freundlichkeit *f;* **2.** Gefälligkeit *f;* ▶ **by** ~ **of** mit freundlicher Genehmigung von; **courtesy bus** gebührenfreier Bus; **courtesy light** *mot* Innenleuchte *f;* **courtesy title** Höflichkeitstitel *m.*
court hear·ing [ˌkɔ:t'hɪərɪŋ] Gerichtstermin *m;* **court house** Gerichtsgebäude

n.
court·ier ['kɔ:tɪə(r)] Höfling *m.*
court-mar·tial [ˌkɔ:t'mɑ:ʃl] **I** *tr* vor ein Kriegsgericht stellen; **II** *s* Kriegsgericht *n;* **court room** Gerichtssaal *m;* **court·yard** ['kɔ:tjɑ:d] Hof(raum) *m;* ► **in the ~** auf dem Hof.
cousin ['kʌzn] Vetter *m,* Cousin(e) *m (f).*
cove [kəʊv] **1.** kleine Bucht; **2.** Schlupfwinkel, Unterschlupf *m;* **3.** *arch* Wölbung *f.*
cov·en·ant ['kʌvənənt] **I** *s* **1.** (feierlicher) Vertrag, Pakt *m;* Ab-, Übereinkommen *n;* **2.** Vertragsklausel *f;* **3.** *rel* Bund *m;* **II** *tr, itr* **1.** e-n Vertrag schließen; übereinkommen, vereinbaren (*with* mit); **2.** sich (vertraglich) verpflichten (*with s.o.* jdm gegenüber).
Cov·en·try ['kɒvntrɪ] ► **send s.o. to ~** jdn schneiden.
cover ['kʌvə(r)] **I** *tr* **1.** be-, zudecken; be-, überziehen (*with* mit), ausbreiten über; **2.** sich verbreiten, sich erstrecken über; **3.** einschlagen, einwickeln, umhüllen (*with* mit), einhüllen (*with* in); **4.** abschirmen, schützen, decken; verdecken, verbergen; **5.** *(finanziell)* sichern, decken, ausreichen für; **6.** *(Strecke)* zurücklegen; **7.** *mil, sport, (Schach)* decken; **8.** *(Radar)* erfassen; *(mit Feuer)* belegen; *(Waffe)* richten auf (*with s.th.* etw), in Schach halten (*with* mit); *(Person)* decken, Feuerschutz geben (*s.o.* jdm); **9.** *(Tier)* decken, bespringen; **10.** *fig* umfassen, einbeziehen, einschließen, decken; vorhersehen; **11.** e-n Bericht zusammenstellen, berichten über; **II** *s* **1.** Decke *f;* Deckel *m;* Überzug *m;* (Schutz)Hülle *f,* Umschlag *m,* Futteral *n;* **2.** *(Buch)* Einband(decke *f,* -deckel) *m;* **3.** (Brief)Umschlag *m;* Verpackung *f;* **4.** Deckung *f,* Schutz *m;* Zuflucht *f,* Unterschlupf *m,* Obdach *n;* **5.** Gebüsch, Dickicht, Unterholz *n;* **6.** *g* Schutz-, Deckmantel, Vorwand *m;* Tarnung *f;* **7.** *fin* Deckung, Sicherheit *f;* **8.** Gedeck *n;* ► **from ~ to ~** *(Buch)* von Anfang bis Ende; **under the ~ of** im Schutz (von) *gen;* **under the same ~** beiliegend, als Anlage; **under separate ~** mit gleicher Post; **without ~** *fin* ungedeckt; **break ~** die Deckung verlassen; **take ~** in Dekkung gehen, Schutz suchen; **III** *(mit Präposition)* **cover for** *tr* einspringen für; **cover in** *tr (mit Erde)* auffüllen; überdachen; **cover over** *tr* abdecken, -dichten; zudecken; **cover up** *tr* **1.** zudecken, verhüllen; **2.** *fig* verbergen, vertuschen; *itr* **1.** sich warm einwickeln, anziehen; **2.** alles vertuschen; ► **~ up for s.o.** jdn decken.
cover·age ['kʌvərɪdʒ] **1.** Geltungs-, Anwendungsbereich *m;* **2.** Umfang *m* des Versicherungsschutzes; **3.** *(Zeitung)* Berichterstattung *f* (*of* über); **4.** Erfassung *f;* **5.** *tele radio* Empfangs-, Sendebereich *m;* Reichweite *f.*
cover charge ['kʌvətʃɑ:dʒ] Preis *m* e-s Gedecks, Gedeck *n.*
covered ['kʌvəd] *adj* **1.** bedeckt; überdacht; **2.** *tech* umsponnen; isoliert; ► **period ~** Berichtszeit *f;* **~ wagon** Planwagen *m.*
cover girl ['kʌvəgɜ:l] Titelblattmädchen *n (auf Illustrierten).*
cover·ing ['kʌvərɪŋ] **1.** Decke, Hülle *f;* Verkleidung *f;* Überdachung *f;* **2.** *tech* Verschalung *f;* Überzug *m;* **3.** *(Fußboden)* Belag *m;* **covering letter** Begleitbrief *m,* -schreiben *n.*
cover note ['kʌvənəʊt] vorläufiger Versicherungsschein; Versicherungsdoppelkarte *f;* **cover story** Titelgeschichte *f.*
cov·ert ['kʌvət] **I** *adj fig* versteckt, verborgen, verschleiert, heimlich; **II** *s* Versteck *n.*
cover-up ['kʌvərʌp] Verschleierung, Vertuschung *f.*
covet ['kʌvɪt] *tr* (heftig) begehren; versessen sein auf.
cow¹ [kaʊ] *zoo* **1.** Kuh *f;* **2.** Weibchen *n (Elefant, Wal);* **3.** *pej (Frau)* blöde Kuh; gemeine Ziege; ► **wait till the ~s come home** warten bis man schwarz wird.
cow² [kaʊ] *tr* einschüchtern, verängstigen.
cow·ard ['kaʊəd] Feigling *m;* **cow·ard·ice** ['kaʊədɪs] Feigheit, Angst *f;* **cow·ard·ly** ['kaʊədlɪ] *adj* feige.
cow·boy ['kaʊbɔɪ] **1.** Cowboy *m;* **2.** *fig fam* Gauner, Schwindler *m;* **cow·dung** Kuhmist *m.*
cower ['kaʊə(r)] *itr* (nieder-, zusammen)kauern, sich ducken.
cow·herd ['kaʊhɜ:d] Kuhhirt *m;* **cow·hide** ['kaʊhaɪd] **1.** Kuhhaut *f,* -leder *n;* **2.** *Am* Ochsenziemer *m.*
cowl [kaʊl] **1.** (Mönchs)Kutte *f;* **2.** Kapuze *f;* **3.** Kaminkappe *f;* **cowl·ing** [—ɪŋ] *aero* Getriebe-, Motorhaube *f.*
cow·man ['kaʊmən] ⟨*pl* -men⟩ **1.** *Am* Rinder-, Viehzüchter *m;* **2.** Stallknecht *m;* **cow·shed** ['kaʊʃed] Kuhstall *m;* **cow·slip** ['kaʊslɪp] *bot* **1.** *Br* Schlüsselblume, Primel *f;* **2.** *Am* Sumpfdotterblume *f.*
cox, cox·swain ['kɒksn] **1.** Boots-, Steuermann *m;* **2.** Bootsführer *m.*
coy [kɔɪ] *adj* **1.** schüchtern; zurückhaltend; **2.** *(Frau)* verschämt; spröde.
coy·ote [kɔɪ'əʊt, *Am* kaɪ'əʊtɪ] *zoo* Steppenwolf, Kojote *m.*
CPU *Abk:* **central processing unit** *EDV* Zentraleinheit, CPU *f.*
crab¹ [kræb] **1.** Krabbe *f;* Taschenkrebs *m;* **2.** *tech* Hebezeug *n;* Winde *f;* **3.** *(~ louse)* Filzlaus *f;* **4.** *sport* Brücke *f.*
crab² [kræb] **I** *s* Miesmacher *m;* Nörgler *m;* **II** *itr fam* meckern, nörgeln, schimpfen; **III** *tr Am* verderben.

crab (apple) ['kræbˌæpl] Holzapfel *m;* **crab·bed** ['kræbɪd] *adj* **1.** mürrisch, griesgrämig; **2.** kompliziert, schwierig; **3.** schwerverständlich, schlecht lesbar; **crabby** ['kræbɪ] *adj* mürrisch, sauertöpfisch; querköpfig; **crab louse** ‹*pl* -lice› *zoo* Filzlaus *f.*

crack [kræk] **I** *itr* **1.** rissig werden; *(Glas)* springen; **2.** (auf)platzen, bersten, brechen; **3.** knallen, krachen; **4.** *(Stimme)* brechen; umschlagen, überschnappen; **5.** zusammenklappen, -brechen; **6.** rasen; ► **get ~ing!** *fam* los! voran! **II** *tr* **1.** (zer)brechen; beschädigen, zerstören; **2.** *(Nuß, sl: Geldschrank)* knakken; *(Ei)* aufschlagen; *(Öl)* kracken; **3.** knallen lassen; **4.** herausschreien; *(die Stimme)* überschnappen lassen; **5.** *fam* eine knallen (*s.o.* jdm); **6.** *fam* rauskriegen, klären, lösen; **7.** *fam (Stellung)* bekommen, erringen; **8.** *Am fam* ohne Eintrittskarte, uneingeladen besuchen; **9.** *(Geld)* wechseln; ► **~ a bottle** e-r Flasche den Hals brechen; **~ a joke** *fam* e-n Witz reißen; **he didn't ~ a smile** er verzog keine Miene; **III** *s* **1.** Sprung, Riß, Spalt *m;* Ritze *f;* **2.** Knall, Krach, (Donner)Schlag *m;* Schlag, Stoß *m;* **3.** *(Stimme)* Überschnappen *n; (Peitsche)* Knallen *n;* **4.** *sl* Versuch *m;* **5.** *fam* Moment, Augenblick *m,* Sekunde *f;* **6.** *sl* Pfunds-, Prachtkerl *m;* hervorragender Spieler, Schütze; **7.** *sl* Witz, Spaß *m;* bissige Bemerkung; **8.** *(Droge)* Crack; ► **at the ~ of dawn** bei Tagesanbruch; beim Morgengrauen; **in a ~** im Nu; **have a ~ at s.th.** etw versuchen; **IV** *adj fam* großartig; prachtvoll, phantastisch; prima; **V** *interj* krach! **VI** *(mit Präposition)* **crack down** *itr fam* fest anpacken, scharf anfassen (*on s.o.* jdn), vorgehen (*on* gegen); **crack up** *itr fam* durchdrehen; zusammenbrechen; *tr fam* herausstreichen, hochjubeln.

crack-down ['krækdaʊn] scharfes Vorgehen (*on* bei); **cracked** [krækt] *adj* **1.** gesprungen; gebrochen; rissig; **2.** *fam* verrückt.

cracker ['krækə(r)] **1.** Knall-, Feuerwerkskörper *m;* **2.** *(dünner, harter)* Keks *m;* **3.** Knallbonbon *n;* **4.** *pl* Nußknacker *m;* **5.** *fam* tolle Frau *n;* **crackers** ['krækəz] *adj fam* übergeschnappt.

crackle ['krækl] *itr* knistern, prasseln, knattern; **crack·ling** ['kræklɪŋ] **1.** Geknister, Geprassel *n;* **2.** knusprige Kruste *(des Schweinebratens).*

crack·pot ['krækpɒt] **1.** Spinner(in) *m (f);* **2.** *adj* verrückt, irre; **crack-up** ['krækʌp] Zusammenbruch, Kollaps *m.*

cradle ['kreɪdl] **I** *s* **1.** Wiege *f a. fig;* **2.** *fig* Kindheit *f;* Ursprung *m;* **3.** *tech* Gestell *n;* Schlitten *m;* Telefongabel *f;* ► **from the ~** von klein auf; **in the ~** in frühester Jugend; **II** *tr* **1.** an sich drücken, halten; **2.** *(auf den Armen)* wiegen.

craft [krɑ:ft] **1.** Geschick(lichkeit *f*) *n,* (Hand-, Kunst)Fertigkeit *f;* **2.** Handwerk, Gewerbe, Kunstgewerbe *n;* *(~-guild)* Zunft, Innung *f;* **3.** Schiff(e *pl*)*n;* Flugzeug(e *pl*) *n;* **4.** *fig* Verschlagenheit, List *f;* **crafti·ness** ['—ɪnɪs] Schlauheit, List *f;* **craft·shop** ['krɑ:ftʃɒp] Kunstgewerbeladen *m;* **crafts·man** ['krɑ:ftsmən] ‹*pl* -men› Handwerker *m;* **crafty** ['krɑ:ftɪ] *adj* listig, schlau, gerissen.

crag [kræg] Felsspitze *f;* Klippe *f;* **craggy** ['krægɪ] *adj* zerklüftet; steil, schroff; *(Gesicht)* kantig.

cram [kræm] **I** *tr* **1.** hineinstopfen; (voll)stopfen, vollpfropfen (*s.th. into s.th* etw mit e-r S); **2.** stopfen, nudeln, mästen; **3.** *fam* einpauken; **II** *itr* **1.** pauken, ochsen, büffeln; **2.** verschlingen; **cram-full** [ˌkræm'fʊl] *adj* vollgepfropft; **cram·mer** ['kræmə(r)] **1.** Büffler *m;* **2.** Einpauker *m;* **3.** Paukbuch *m;* **4.** Paukschule *f.*

cramp[1] [kræmp] **I** *s med* Krampf *m;* **II** *tr* **1.** zusammenpferchen; **2.** *med* Krämpfe verursachen in; **3.** *fig* hindern, hemmen, be-, einengen; ► **~ s.o.'s style** jdm hinderlich sein.

cramp[2] [kræmp] **I** *s* Krampe, Klammer *f;* **II** *tr* klammern; **cram·pons** ['kræmpɒnz] *pl* Steigeisen *n pl.*

cran·berry ['krænbərɪ] Preiselbeere *f.*

crane [kreɪn] **I** *s* **1.** *zoo* Kranich *m;* **2.** *tech* Kran *m;* **II** *tr, itr* (den Hals) recken (*for* nach); **crane·fly** ['kreɪnflaɪ] Schnake *f.*

cran·ium ['kreɪnɪəm] ‹*pl* -ia› ['kreɪnɪə] *anat* Schädel *m.*

crank[1] ['kræŋk] **1.** Verrückte(r) *f m;* **2.** Griesgram *m.*

crank[2] [kræŋk] **I** *s tech* Kurbel *f;* **II** *tr (~ up) (Motor)* ankurbeln; **crank·case** ['kræŋkkeɪs] Kurbelgehäuse *n,* -wanne *f;* **crank·shaft** ['kræŋkʃɑ:ft] Kurbelwelle *f.*

cranky ['kræŋkɪ] *adj* **1.** *tech* nicht in Ordnung; **2.** *fam* komisch; **3.** *Am* schlecht-, übelgelaunt.

cranny ['krænɪ] Riß *m,* Ritze *f,* Spalt(e *f*) *m.*

crap [kræp] **I** *s* **1.** *sl* Unsinn, Schwindel *m;* Käse, Mist *m;* **2.** *vulg* Kacke *f;* **II** *tr sl (~ up) (Arbeit)* versauen; **III** *itr vulg* scheißen.

crape [kreɪp] **1.** Krepp, Flor *m;* **2.** *(~ of mourning)* Trauerflor *m.*

crappy ['kræpɪ] *adj sl* beschissen.

crash [kræʃ] **I** *itr* **1.** zusammenbrechen, (zusammen)krachen; **2.** *aero EDV* abstürzen; **3.** krachen, stürzen (*against* gegen); **4.** *mot* einen Unfall haben; **5.** brechen (*through* durch); einbrechen (*into* in); **6.** (wirtschaftlich, finanziell) zusammenbrechen; **II** *tr* **1.** zerschmettern; **2.** *aero* zum Absturz bringen; *mot* einen Unfall haben mit; **3.** *sl* eindringen, sich einschleichen in *(e-e Veranstaltung);* **4.** *sl* pennen; **III** *s* **1.** Krachen *n;* Krach *m;* **2.** Zusammenbrechen *n,* (Ein)Sturz *m;* **3.** Zusammenstoß *m;* **4.** *aero* Absturz *m; mot* Unfall *m; EDV* Programm-, Systemabsturz *m;* **5.** *fin* Zusammenbruch, Krach *m;* ▶ ~ **of thunder** Donnerschlag *m;* **IV.** *adj* gewaltsam; unter Einsatz aller Kräfte; **V** *adv* mit e-m Krach; **crash barrier** Leitplanke *f;* **crash course** Intensivkurs *m;* **crash diet** Radikalkur *f;* **crash-helmet** *mot* Sturzhelm *m;* **crash·ing** [—ɪŋ] *adj fam* fürchterlich; **crash-land** [ˌkræʃ'lænd] *itr aero* bruchlanden; **crash-land·ing** [ˌkræʃ'lændɪŋ] *aero* Bruchlandung *f;* **crash programme** Intensivprogramm *n.*

crass [kræs] *adj* grob; kraß; absolut.

crate [kreɪt] **1.** Lattenkiste *f;* **2.** Packkorb *m;* **3.** *fam (Auto, Flugzeug)* Kiste *f.*

cra·ter ['kreɪtə(r)] **1.** *geol* Krater *m;* **2.** Granat-, Bombentrichter *m.*

cra·vat [krə'væt] Halstuch *n.*

crave [kreɪv] **I** *tr* erbitten, erflehen; **II** *itr* sich sehnen (*for* nach); sehnlichst wünschen (*for s.th.* etw); **crav·ing** ['kreɪvɪŋ] Verlangen *n,* Sehnsucht *f* (*for* nach).

crawl [krɔ:l] **I** *itr* **1.** kriechen *a. fig* (*to* vor); krabbeln; schleichen; **2.** *(Ort)* wimmeln (*with* von); **3.** *(Haut)* kribbeln; **4.** *sport* kraulen; **II** *s* **1.** Kriechen *n;* **2.** *sport* Kraul *n;* **3.** *sl* Sauftour *f;* ▶ **go at a** ~ im Schneckentempo gehen; **crawler** ['krɔ:lə(r)] **1.** *sport* Kraulstilschwimmer *m;* **2.** *fig* Kriecher(in), Speichellecker(in), Schleimer(in) *m (f);* **3.** Spielanzug *m;* **crawler lane** *mot* Kriechspur *f.*

cray·fish ['kreɪfɪʃ] **1.** (Fluß)Krebs *m;* **2.** Languste *f.*

crayon ['kreɪən] **I** *s* Zeichen-, Pastellstift *m;* **II** *tr* **1.** mit Kreide zeichnen; **2.** *fig* skizzieren.

craze [kreɪz] **I** *tr* **1.** den Verstand rauben (*s.o.* jdm); **2.** *(Glasur)* krakelieren; **II** *s* Manie, fixe Idee *f;* Hobby *n;* Fimmel *m;* **be the** ~ sehr beliebt sein; **the latest** ~ der letzte Schrei; **crazed** [kreɪzd] *adj* wahnsinnig, verrückt (*with* vor); **craziness** ['kreɪzɪnɪs] Wahnsinn *m,* Verrücktheit *f;* **crazy** ['kreɪzɪ] *adj* **1.** wahnsinnig; verrückt (*with* vor; *about* nach); **2.** versessen (*about* auf), wild (*about* nach); **3.** fetzig *fam;* ▶ ~ **paving** mit unregelmäßigen Platten belegter Weg; **drive, send s.o.** ~ jdn wahnsinnig machen; **go** ~ verrückt werden; **at a** ~ **angle** völlig schief.

creak [kri:k] **I** *itr* knarren; quietschen; **II** *s* Knarren *n;* Quietschen *n;* **creaky** ['kri:kɪ] *adj* knarrend; quietschend.

cream [kri:m] **I** *s* **1.** Sahne *f,* Rahm *m;* **2.** Krem, Schaum-, Süßspeise *f;* **3.** (Haut)Creme *f;* ▶ **the** ~ das Beste, die Spitze, die Auslese; **II** *adj* cremefarben; **III** *itr* sahnig *od* schaumig werden; **IV** *tr* **1.** entrahmen; **2.** eincremen; **3.** *fig (off)* das Beste abschöpfen von; **4.** Sahne tun an, in; **5.** schaumig schlagen; **cream cheese** Frisch-, Rahmkäse *m;* **cream-colo(u)red** *adj* cremefarben; **cream·ery** ['kri:mərɪ] **1.** Molkerei *f;* **2.** Milchgeschäft *n;* Butter- u. Käsehandlung *f;* **creamy** ['kri:mɪ] *adj* sahnig.

crease [kri:s] **I** *s* **1.** Falte *f;* Kniff *m;* **2.** Bügelfalte *f;* **3.** Eselsohr *n;* **4.** *sport* (Tor)Linie *f;* **II** *tr* **1.** falten; **2.** *(Hose)* bügeln; **3.** zerknittern; **III** *itr* knittern.

cre·ate [kri:'eɪt] **I** *tr* **1.** (er)schaffen; **2.** hervorbringen, herstellen, machen; **3.** ins Leben rufen; hervorrufen, verursachen, bewirken; **4.** machen, ernennen (*s.o. s.th.* jdn zu etw); **5.** gründen, errichten; **6.** *theat (Rolle)* zum erstenmal spielen; **II** *itr sl* Theater, Tamtam machen (*about* um); **cre·ation** [kri:'eɪʃn] **1.** Erschaffung *f;* **2.** Werk *n;* Kreation, Modeschöpfung *f;* **3.** Erzeugung, Hervorbringung, Herstellung *f;* **4.** Verursachung, Bewirkung *f;* Schaffung, Bildung, Gestaltung *f;* **5.** (Be)Gründung, Errichtung *f;* **6.** Ernennung *f;* **7.** *theat* Kreieren *n (e-r Rolle);* ▶ **the C~** die Schöpfung; **cre·ative** [kri:'eɪtɪv] *adj* kreativ, schöpferisch; produktiv (*of* in); ▶ ~ **writing** dichterisches Schreiben; **creator** [kri:'eɪtə(r)] Schöpfer, Erzeuger, Hersteller *m;* Modeschöpfer *m;* ▶ **the C~** der Schöpfer, Gott *m.*

crea·ture ['kri:tʃə(r)] **1.** Geschöpf *n,* Krea- tur *f;* **2.** *meist pej (Mensch)* Geschöpf *n,* Kreatur *f;* ▶ **living** ~ Lebewesen *n;* **lovely** ~ herrliches Geschöpf; **creature comfort(s** *pl***)** leibliches Wohl.

crèche [kreɪʃ] Kinderhort *m.*

cre·dence ['kri:dns] ▶ **give** ~ **to** Glauben schenken *dat;* **cre·den·tials** [krɪ'denʃlz] *pl* **1.** Empfehlungs-, Beglaubigungsschreiben *n;* **2.** Zeugnisse *n pl;* (Ausweis)Papiere *n pl.*

credi·bil·ity [ˌkredɪ'bɪlətɪ] Glaubwürdigkeit *f;* **cred·ible** ['kredəbl] *adj* glaubwürdig, zuverlässig.

credit ['kredɪt] **I** *s* **1.** Glaube(n) *m,* Vertrauen *n;* **2.** Glaubens-, Vertrauenswürdigkeit *f;* **3.** Ansehen *n,* Geltung *f,* (guter) Name, (guter) Ruf *m;* **4.** Verdienst *n,* Ehre *f,* Ruhm *m;* Einfluß *m;* **5.** Namensnennung, Quellenangabe *f;* **6.** *Am (~ point)* Gutpunkt *m;* **7.** *fin* Kredit *m;* Guthaben *n,* -schrift *f;* **8.** *com* Haben *n;* ▶ **on** ~ auf Kredit; **to s.o.'s** ~ zu jds Gunsten; **allow, give, grant, open** ~ **to s.o.** jdm Kredit gewähren, einräumen, eröffnen; **do** ~ Ehre machen; **give s.o.** ~

for s.th. jdm etw zutrauen, -schreiben; jdm etw zugute halten; **give s.th. on ~** etw auf Kredit geben, kreditieren; **II** *tr* **1.** glauben, Glauben schenken, (ver)trauen (*s.o., s.th.* jdm, e-r S); **2.** Anerkennung bringen (*s.o.* jdm); (ehrenvoll) erwähnen; **3.** *Am (Universität)* anrechnen; **4.** *fin* Kredit geben (*s.o.* jdm); *com* gutschreiben, kreditieren; ► **~ s.th. to s.o., ~ s.o. with s.th.** jdm etw zutrauen, -schreiben; **credi·table** ['kredɪtəbl] *adj* rühmlich, anerkennenswert (*to* für); **credit agency** Kreditschutzverein *m;* **credit card** Kreditkarte *f;* **credit department** Kreditabteilung *f;* **credit facilities** *pl* Kreditmöglichkeiten *f pl;* **credit limit** Kredit-, Verfügungsrahmen *m;* **credit note** Gutschrift(sanzeige) *f;* **credi·tor** ['kredɪtə(r)] Gläubiger(in) *m (f);* **creditor bank** Gläubigerbank *f;* **credit page** Herausgeber-, Mitarbeiterseite *f;* **credit rating** Kreditwürdigkeit *f;* **credit-side** Habenseite *f;* ► **on his ~** zu seinen Gunsten; **credit terms** *pl* Kreditbedingungen *f pl;* **creditworthy** ['kredɪtwɜ:ðɪ] *adj* kreditwürdig.

cre·du·lity [krɪ'dju:lətɪ] Leichtgläubigkeit *f;* **credu·lous** ['kredjʊləs] *adj* leichtgläubig.

creed [kri:d] **1.** (Glaubens)Bekenntnis *n;* **2.** Überzeugung *f.*

creek [kri:k] **1.** *Br* kleine Bucht; **2.** *Am* Flüßchen *n;* ► **be up the ~** aufgeschmissen sein; sich völlig vertan haben.

creep [kri:p] ⟨*irr* crept, crept⟩ **I** *itr* **1.** kriechen *a. fig (Zeit);* **2.** schleichen; **3.** *(Pflanze)* sich ranken; **4.** *(Haut)* kribbeln; ► **it makes my flesh ~** da bekomme ich eine Gänsehaut; **II** *(mit Präposition)* **creep into** *fig* sich einschleichen in; **creep up** *itr* heranschleichen, sich heranarbeiten (*to* an); **III** *s* **1.** Kriechen *n;* **2.** *fam* widerlicher Mensch; **3.** *pl* Kribbeln *n,* Schauder *m;* ► **it gave me the ~s** es überlief mich (eis)kalt, ich bekam e-e Gänsehaut; **creeper** ['kri:pə(r)] **1.** Kriechtier *n;* **2.** Kletterpflanze *f;* **3.** *pl* Steigeisen *n pl;* **4.** *pl* Schuhe *m pl* mit Kreppsohlen; **5.** *Am* Strampelhöschen *n;* **creep·ing** [—ɪŋ] *adj (Krankheit)* schleichend; **creepy** ['kri:pɪ] *adj* schaurig; gruselig.

cre·mate [krɪ'meɪt] *tr (Leiche)* einäschern; **cre·ma·tion** [krɪ'meɪʃn] Einäscherung, Feuerbestattung *f;* **cre·ma·tor·ium** [ˌkremə'tɔ:rɪəm] Krematorium *n;* **cre·ma·tory** ['kremətərɪ] *Am* Krematorium *n.*

crept [krept] *v s. creep.*

cres·cent ['kresnt] **1.** Mondsichel *f;* Halbmond *m;* **2.** *Br* bogenförmig geschwungene Häuserreihe.

cress [kres] *bot* Kresse *f.*

crest [krest] **1.** *(Hühner)* Kamm *m;* **2.** *orn* Feder-, *zoo* Haarbüschel *n (auf dem Kopf); orn* Haube *f; zoo* Schopf *m; (Pferd, Löwe)* Mähne *f;* **3.** Helmbusch *m;* Federbusch *m;* **4.** *(mountain ~)* Bergkamm, -rücken *m;* **5.** *(~ of a wave)* Wellenkamm *m;* **6.** *arch* Bekrönung *f;* **7.** *fig* Höchst-, Scheitelpunkt, Gipfel *m;* ► **on the ~ of the wave** *fig* auf dem Gipfel des Glücks; **crest-fallen** ['krestˌfɔ:lən] *adj fig* tief enttäuscht.

Crete [kri:t] Kreta *n.*

cre·tin ['kretɪn] **1.** Kretin, Schwachsinnige(r) *m;* **2.** *sl* Idiot *m.*

cre·vasse [krɪ'væs] tiefer Riß, Spalt(e *f*) *m, bes.* Gletscherspalte *f;* **crev·ice** ['krevɪs] enge Spalte, Ritze *f.*

crew [kru:] **I** *s* **1.** *mar aero* Besatzung *f;* Mannschaft *f;* Belegschaft *f;* **2.** Gruppe *f;* **II** *itr* der Vorschotmann sein; **III** *die Mannschaft sein von;* **crew-cut** Bürstenschnitt *m;* **crew-member** Besatzungsmitglied *n.*

crib [krɪb] **I** *s* **1.** Krippe *f;* **2.** *Am* Kinderbett *n;* **3.** Lachsreuse *f;* **4.** *Am* Behälter *m (für Mais);* **5.** *fam* Plagiat *n;* **6.** *(Schule)* Spickzettel *m;* **II** *tr, itr* **1.** *fam* plagiieren; **2.** *(Schule)* abschreiben.

crib·bage ['krɪbɪdʒ] *(Kartenspiel)* Cribbage *n.*

crick [krɪk] ► **have a ~ in the neck** e-n steifen Hals haben.

cricket[1] ['krɪkɪt] *zoo* Grille *f.*

cricket[2] ['krɪkɪt] *sport* Kricket *n;* ► **not ~** *fam* unfair; **cricket-bat** (Krikket)Schläger *m;* **cricketer** ['krɪkɪtə(r)] Kricketspieler(in) *m (f);* **cricket-field, -ground, -pitch** Kricketplatz *m.*

crier ['kraɪə(r)] **1.** Schreihals *m;* **2.** Ausrufer *m;* Gerichtsdiener *m.*

crime [kraɪm] **1.** Verbrechen *n a. fig;* **2.** Sünde, Schande *f;* Frevel *m;* ► **commit a ~** ein Verbrechen begehen; **crime prevention** präventive Verbrechensbekämpfung; **crime wave** Welle *f* von Verbrechen.

crimi·nal ['krɪmɪnl] **I** *adj* **1.** verbrecherisch, kriminell; strafbar; **2.** *fam* schändlich; ► **~ assault** Körperverletzung *f;* **C~ Investigation Department (CID)** Kriminalpolizei *f;* **~ code** Strafgesetzbuch *n;* **~ law** Strafrecht *n;* **have a ~ record** vorbestraft sein; **II** *s* Verbrecher(in) *m (f);* **crimi·nali·ty** [ˌkrɪmɪ'nælətɪ] Kriminalität; **crimi·nol·og·ist** [krɪmɪ'nɒlədʒɪst] Kriminologe *m;* Kriminologin *f;* **crimi·nol·ogy** [ˌkrɪmɪ'nɒlədʒɪ] Kriminologie *f.*

crimp [krɪmp] *tr* **1.** fälteln; **2.** *(Haar)* wellen.

crim·son ['krɪmzn] **I** *adj* purpurrot; blutrot; **II** *tr* rot färben; **III** *itr* rot werden; erröten.

cringe [krɪndʒ] *itr* **1.** zurückschrecken (*at*

vor); **2.** *fig* schaudern, sich schütteln; **3.** kriechen, katzbuckeln; ► **make s.o.** ~ jdn schaudern lassen, jdm weh tun.

crinkle ['krɪŋkl] **I** *itr* faltig werden; knittern; **II** *tr* zerknittern; **crin·kly** ['krɪŋklɪ] *adj* wellig, faltig; zerknittert.

cripple ['krɪpl] **I** *s* Krüppel *m;* **II** *tr* **1.** zum Krüppel machen; **2.** *fig* lähmen; schwächen, behindern.

cri·sis ['kraɪsɪs] ⟨*pl* -ses⟩ ['kraɪsi:z] Krise, Krisis *f;* Wendepunkt, entscheidender Augenblick *m;* ► **bring to a** ~ zu e-r Entscheidung bringen; **pass through a** ~ e-e Krise durchmachen; **financial** ~ Finanzkrise *f;* **crisis management** Krisenmanagement *n.*

crisp [krɪsp] **I** *adj* **1.** knusp(e)rig; **2.** *(Luft)* frisch; **3.** *(Stil)* lebendig; **4.** *(Benehmen)* entschieden, klar; **5.** kraus; wellig, faltig; **II** *s pl Br* Kartoffelchips *m pl;* **III** *tr* **1.** knusp(e)rig machen; **2.** kräuseln; **crispy** ['krɪspɪ] *adj* **1.** knusp(e)rig; **2.** kraus.

criss-cross ['krɪskrɒs] **I** *adj* sich kreuzend, gekreuzt; **II** *adv* kreuzweise; durcheinander; **III** *tr* kreuzweise durchziehen.

cri·terion [kraɪ'tɪərɪən] ⟨*pl* -teria⟩ [—'tɪərɪə] **1.** Kriterium *n;* **2.** Merkmal, Kennzeichen *n.*

critic ['krɪtɪk] **1.** Kunstkenner(in) *m (f),* -sachverständige(r) *f m;* **2.** Kritiker(in) *m (f);* **criti·cal** ['krɪtɪkl] *adj* **1.** kritisch; *(Augenblick)* entscheidend; ernst, bedenklich; **2.** tadelsüchtig (*of s.o.* jdm gegenüber); ► **at the** ~ **moment** im entscheidenden Augenblick; **in a** ~ **situation** in e-r schwierigen Lage; **criticism** ['krɪtɪsɪzəm] **1.** Kritik *f* (*of* an, über); **2.** Besprechung *f;* **3.** negative Beurteilung; **criti·cize** ['krɪtɪsaɪz] *tr* **1.** kritisieren; **2.** sich kritisch äußern über; tadeln; **cri·tique** [krɪ'ti:k] Kritik, Besprechung, Rezension *f.*

croak [krəʊk] **I** *s* Quaken *n;* Krächzen *n;* **II** *itr* **1.** *(Frosch)* quaken; **2.** *(Rabe)* krächzen; **3.** *sl* abkratzen.

cro·chet ['krəʊʃeɪ] **I** *tr, itr* häkeln; **II** *s (~-work)* Häkelarbeit *f;* **crochet-hook** Häkelnadel *f.*

crock [krɒk] **1.** Topf *m,* -scherbe *f;* **2.** *fam mot* alte Kiste; **3.** *(Mensch)* Klappergestell *n;* **crock·ery** ['krɒkərɪ] Töpferware *f;* Geschirr *n.*

croco·dile ['krɒkədaɪl] *zoo* Krokodil *n;* ► **walk in a** ~ *Br* zwei und zwei hintereinandergehen; **crocodile tears** *pl* Krokodilstränen *f pl.*

cro·cus ['krəʊkəs] *bot* Krokus *m.*

croft [krɒft] **1.** eingefriedetes Feld; **2.** kleiner Bauernhof; **crofter** ['krɒftə(r)] Kleinpächter(in) *m (f).*

crois·sant ['krwɑ:sɒŋ] Hörnchen, Croissant *n.*

crook [krʊk] **I** *s* **1.** Haken *m;* **2.** Hirten-, *rel* Krummstab *m;* **3.** *(Fluß)* Krümmung, Biegung *f;* *(Arm)* Beuge *f;* **4.** *fam* Schwindler, Gauner *m;* **II** *tr* krümmen, biegen; **III** *adj* **1.** *fam* unehrlich; **2.** *(Australien)* krank; kaputt; schlecht; wütend; **crooked** ['krʊkɪd] *adj* **1.** gekrümmt, gebeugt; **2.** krumm, schief; **3.** buck(e)lig; **4.** *fig (Wege)* krumm; **5.** unehrlich.

croon [kru:n] *tr, itr* schmalzig singen; **crooner** ['kru:nə(r)] Schlager-, Schnulzensänger(in) *m (f).*

crop [krɒp] **I** *s* **1.** *(Vogel)* Kropf *m;* **2.** Feldfrüchte *f pl;* Getreide *n;* **3.** Ertrag *m,* Ernte *f;* Ausbeute *f;* **4.** Haufen *m,* Menge *f;* **5.** Peitschenstiel *m;* Reitpeitsche *f;* **6.** kurzer Haarschnitt; ► ~ **rotation** Fruchtwechsel *m;* **II** *tr* **1.** kurz abschneiden, stutzen, scheren; **2.** ab-, kahlfressen, abgrasen; **III** *(mit Präposition)* **crop out** *itr* auftauchen; *geol* zutage treten; **crop up** *itr* auftauchen; *fam* aufkreuzen; dazwischenkommen.

crop·per ['krɒpə(r)] **1.** Kropftaube *f;* **2.** *(Mensch)* Anbauer *m;* **3.** *fam* furchtbarer Sturz; **4.** *fam* Mißerfolg, Reinfall *m;* ► **be a good, bad** ~ *agr* gut, schlecht tragen; **come a** ~ *fam* furchtbar (hin)fallen; versagen; *(im Examen)* durchsausen, -rasseln.

cro·quet ['krəʊkeɪ] *sport* Krocket *n.*

cross[1] [krɒs] **I** *s* **1.** Kreuz *n a. fig;* **2.** Querstrich *m (z. B. beim t);* **3.** *fig* Kreuz, Leiden *n;* **4.** Ordenskreuz *n;* **5.** *biol* (Rassen)Kreuzung *f;* **6.** *el* Überbrückung *f;* ► **the C**~ *rel* das Kreuz (Christi); **the sign of the C**~ das Kreuzzeichen; **bear one's** ~ *fig* sein Kreuz auf sich nehmen; **II** *adj* **1.** quer verlaufend, schräg; sich überschneidend; **2.** entgegengesetzt, im Widerspruch (*to* zu); **III** *tr* **1.** kreuzen, durch-, überqueren, überschreiten; **2.** das Kreuz machen (*s.th.* über etw); **3.** *(die Beine)* kreuzen, übereinanderschlagen; **4.** *(Brücke)* überspannen, hinüberführen (*s.th.* über etw); **5.** mit e-m Querstrich versehen; **6.** übersetzen (*s.th.* über); überfliegen; **7.** *(~ off, ~ out)* (durch)streichen; **8.** *(Scheck)* zur Verrechnung ausstellen; **9.** *(Plan)* durchkreuzen, vereiteln; **10.** *(Person)* in den Weg, entgegentreten (*s.o.* jdm); begegnen (*s.o.* jdm); **11.** *biol (Rassen)* kreuzen; ► ~ **s.o.'s mind** jdm in den Sinn kommen, einfallen; ~ **s.o.'s path** jds Weg kreuzen, jdm begegnen; ~ **one's t's and dot one's i's** *fig* es (ganz) genau nehmen, (sehr) genau sein; ~ **your heart!** Hand aufs Herz! **I'll keep my fingers ~ed** *fig* ich halte den Daumen! **IV** *itr* **1.** hinüberfahren (*from ... to* von ... nach); (die Straße) überqueren; **2.** sich treffen, sich begegnen, sich kreuzen; **3.** sich überschneiden; **4.** *(Briefe)* sich kreuzen; **V** *refl rel* sich bekreuzigen; **VI** *(mit Präposition)* **cross off, out** *tr* (aus-, durch)streichen; **cross over** *itr* hinübergehen; überwechseln (*to* zu).

cross² [krɒs] *adj* ärgerlich, wütend, böse; ► **be ~ with s.o.** mit jdm, auf jdn böse sein.

cross·bar ['krɒsbɑ:(r)] **1.** Querholz *n,* -balken *m,* -stange *f;* **2.** *sport* Torlatte *f;* **cross·beam** ['krɒsbi:m] Querbalken *m; sport* Schwebebalken *m;* **cross-bow** ['krɒsbəʊ] *hist* Armbrust *f;* **cross·breed** ['krɒsbri:d] **I** *s biol* Kreuzung *f;* Mischrasse *f;* Mischling *m;* **II** *tr irr s. breed* kreuzen; **cross-check I** *tr* doppelt kontrollieren; **II** *s* Gegenprobe *f;* **cross-coun·try** [ˌkrɒs'kʌntrɪ] **I** *adj* **1.** querfeldein; **2.** *mot* geländegängig; ► **~ ski** Langlauf-, Tourenski *m;* **~ skiing** Skilanglauf *m;* **~ skier** Skilangläufer(in) *m (f);* **~ ski run** (Langlauf)Loipe *f;* **~ flight** *aero* Überlandflug *m;* **~ race** Querfeldeinrennen *n;* **II** *adv* querfeldein; **III** *s* Querfeldeinrennen *n;* **cross-current** Gegenströmung *f;* **cross-examination** Kreuzverhör *n;* **cross-examine** *tr* ins Kreuzverhör nehmen; **cross-eyed** ['krɒsaɪd] *adj* schielend; ► **be ~** schielen; **cross-fertilization** Fremdbestäubung *f; fig* gegenseitige Befruchtung; **cross·fire** ['krɒsfaɪə(r)] Kreuzfeuer *n a. fig;* **cross-grained** [ˌkrɒs'greɪnd] *adj* **1.** quer gemasert; **2.** *fig* eigensinnig; widerborstig, mürrisch; **cross·ing** ['krɒsɪŋ] **1.** Kreuzung *f;* **2.** Kreuz-, Schnittpunkt *m;* **3.** Überquerung *f,* -gang *m,* -fahrt *f;* **4.** *rail* Überführung *f;* (Fußgänger)Überweg *m;* **5.** *arch* Vierung *f;* ► **level ~** schienengleicher Bahnübergang; **cross-legged** [ˌkrɒs'legd] *adj* mit übergeschlagenen Beinen; **cross·over** ['krɒsəʊvə(r)] **1.** Kreuzungsstelle *f;* **2.** Überführung *f;* **cross-pur·poses** [ˌkrɒs'pɜ:pəsɪz] *pl* ► **be at ~ with s.o.** mit jdm e-e Meinungsverschiedenheit haben; **talk at ~** aneinander vorbeireden; **cross-reference** *(Buch)* Verweis *m;* **cross-roads** ['krɒsrəʊdz] *sing* od *pl* Wege-, Straßenkreuzung *f;* ► **at the ~** *fig* am Scheideweg; **cross-section** Querschnitt *m a. fig;* **cross·talk** ['krɒstɔ:k] Wortgefecht *n; tele* Nebensprechen *n;* **cross-walk** Überweg *m* für Fußgänger; **cross-ways** ['krɒsweɪz] *adv* quer; **cross-wind** ['krɒswɪnd] *aero* Seitenwind *m;* **cross-wise** ['krɒswaɪz] *adv* quer hinüber; kreuzweise; **cross·word (puzzle)** ['krɒswɜ:d(pʌzl)] Kreuzworträtsel *n.*

crotch [krɒtʃ] **1.** Gabel(ung) *f;* **2.** *(Hose)* Schritt *m.*

crotchet ['krɒtʃɪt] **1.** *mus* Viertelnote *f;* **2.** *fig* Marotte, Schrulle *f;* ► **~ rest** *mus* Viertelpause *f.*

crotchety ['krɒtʃɪtɪ] *adj* schrullenhaft; schlecht gelaunt; quengelig.

crouch [kraʊtʃ] **I** *itr* sich ducken, sich (nieder)kauern; **II** *s* geduckte Stellung.

croup [kru:p] **1.** *med* Krupp *m,* Halsbräune *f;* **2.** *(Pferd)* Kruppe *f.*

crou·pier ['kru:pɪeɪ] Croupier *m.*

crow¹ [krəʊ] **1.** Krähe *f;* **2.** *(~-bar)* Brecheisen *n;* ► **as the ~ flies** in der Luftlinie; **eat ~** *Am fam* klein beigeben.

crow² [krəʊ] **I** *s* Krähen, Krächzen *n; (Säugling)* Krähen, Juchzen *n;* **II** *itr* **1.** krächzen, krähen; **2.** jubeln, frohlokken, triumphieren (*over* über); **3.** *(Kind)* krähen, juchzen.

crow·bar ['krəʊbɑ:(r)] Brecheisen *n.*

crowd [kraʊd] **I** *s* **1.** (Menschen)Menge *f,* Menschenmassen *f pl;* **2.** Gedränge, Gewühl, Gewimmel *n;* **3.** (die) große Masse, (das) gemeine Volk; **4.** *fam* Gruppe *f,* Haufen, Verein *m,* Gesellschaft *f;* **5.** Haufen, Berg, Stoß, Stapel *m (Sachen);* ► **follow the ~** *fig* dem Haufen folgen, mitlaufen; **II** *itr (~ round)* sich ansammeln, zusammenströmen; (sich) drängen (*round* um; *into* in); *(~ forward)* vorwärtsdrängen, -stürmen; **III** *tr* **1.** drängen, stoßen, schieben; **2.** vollstopfen, -pfropfen; **3.** *fam (Menschen)* unter Druck setzen, auf den Leib rücken (*s.o.* jdm); ► **be ~ed with** wimmeln von; **IV** *(mit Präposition)* **crowd out** *tr* ausschließen, wegdrängen, verdrängen; **crowd up** *tr Am (Preise)* in die Höhe treiben; **crowded** [—ɪd] *adj* gedrängt, zum Brechen voll (*with* von); zusammengepfercht; **~ to capacity** bis auf den letzten Platz gefüllt; **crowd-puller** *fam* Publikumsmagnet *m.*

crown [kraʊn] **I** *s* **1.** Krone *f a. fig pol;* **2.** (Sieger)Kranz *m;* **3.** Krone *f,* Fünfshillingstück *n;* **4.** oberer Teil, Krone *f,* Gipfel *m;* **5.** Scheitel, Schädel *m;* **6.** Scheitelpunkt *m;* (Dach)First *m;* (Straßen)Kuppe *f;* **7.** (Zahn)Krone *f;* **8.** (Baum)Krone *f;* **9.** *fig* Höhepunkt *m,* Krone *f,* Gipfel *m,* Krönung *f;* **II** *tr* **1.** krönen *a. fig;* **2.** *fig* die Krone aufsetzen (*s.th.* e-r S); vollenden; **3.** *(Zahn)* mit e-r Krone versehen; **4.** *sl* eins aufs Dach geben (*s.o.* jdm); ► **to ~ it all** um der Sache die Krone aufzusetzen; ► **~ s.o. king** jdn zum König krönen; **crown colony** Kronkolonie *f;* **crown cork, crown cap** Kronkorken *m;* **crowning** [—ɪŋ] *adj* krönend; **crown jewels** *pl* Kronjuwelen *pl;* **crown prince** Kronprinz *m;* **crown witness** Kronzeuge *m,* Zeuge *m* der Anklage.

crow's feet ['krəʊzfi:t] *pl* Krähenfüße *m pl (im Gesicht);* **crow's nest** *mar* Mastkorb *m.*

cru·cial ['kru:ʃl] *adj* entscheidend, kritisch, ernst; ► **at the ~ moment** im entscheidenden Augenblick; **put to a ~ test** e-r entscheidenden Prüfung unter-

ziehen.
cru·cible ['kru:sɪbl] **1.** Schmelztiegel *m;* **2.** *fig* Feuer-, Bewährungsprobe *f.*
cru·ci·fix ['kru:sɪfɪks] Kruzifix *n;* **cru·ci·fixion** [ˌkru:sɪ'fɪkʃn] Kreuzigung *f (a. Kunst);* **cru·cify** ['kru:sɪfaɪ] *tr* **1.** kreuzigen *a. fig;* **2.** *fig* fertigmachen, keinen guten Faden lassen an.
crude [kru:d] *adj* **1.** roh *a. fig;* **2.** *fig* ungeformt, unfertig; primitiv, unreif, nicht durchdacht; **3.** *(Mensch)* grob, ungeschliffen, ungebildet; **4.** geschmacklos; ▶ ~ **iron, oil** Roheisen, -öl *n;* **crudity** ['kru:dətɪ] **1.** Roheit *f;* **2.** grobe Bemerkung, rohes Benehmen.
cruel [krʊəl] *adj* **1.** grausam; unmenschlich, erbarmungs-, mitleid(s)los, herzlos (*to* gegen); **2.** *fig (Wind, Schicksal)* heftig; schrecklich; furchtbar; **cruelty** ['krʊəltɪ] Grausamkeit *f;* Unmenschlichkeit, Herzlosigkeit *f;* ▶ ~ **to animals** Tierquälerei *f.*
cruise [kru:z] **I** *itr* **1.** *mar* kreuzen; **2.** umherfahren; **3.** mit Reisegeschwindigkeit fahren, fliegen; **II** *s* Kreuz-, Vergnügungsfahrt, Schiffsreise *f;* ▶ **go on, for a** ~ e-e Vergnügungsfahrt machen; **cruise missile** *mil* Marschflugkörper *m;* **cruiser** ['kru:zə(r)] **1.** *mar* Kreuzer *m;* **2.** Jacht *f;* Motorboot *n;* **3.** *Am* Funkstreifenwagen *m;* **cruis·ing** [—ɪŋ] *adj* ▶ ~ **speed** Reisegeschwindigkeit *f.*
crumb [krʌm] **1.** Stück(chen) *n,* Krume *f,* Krümel *m;* **2.** *fig* Fetzen *m,* Stück *n,* Brocken *m;* **3.** *sl* Blödmann *m;* Lump *m;* **4.** kleine Geldsumme; ▶ **a** ~ **of** ein bißchen ..., ein wenig ...
crumble ['krʌmbl] **I** *tr, itr* zerkrümeln, zerbröckeln; **II** *itr* **1.** zer-, verfallen; **2.** *fig* einstürzen, zusammenbrechen; **3.** *(Preise)* abbröckeln; **crum·bly** ['krʌmblɪ] *adj* krüm(e)lig, bröckelig.
crummy ['krʌmɪ] *adj sl* **1.** schäbig, dürftig, elend; **2.** krank, angeschlagen.
crum·pet ['krʌmpɪt] **1.** runder Teekuchen; **2.** *sl* Birne *f,* Kopf *m.*
crumple ['krʌmpl] **I** *tr* zerknittern, faltig machen; zusammenknüllen; eindrücken; **II** *itr* **1.** knittern; **2.** *(~ up) fam* zusammenbrechen, zusammensacken; **3.** zusammengedrückt werden; **crumple zone** *mot* Knautschzone *f.*
crunch [krʌntʃ] **I** *tr* knacken, zerbeißen; mampfen; knackend zertreten; **II** *itr* knirschen; krachen; **III** *s* **1.** Knacken, Knirschen *n;* **2.** *fam* Zusammenstoß *m;* **3.** *sl* Krise *f;* **4.** Knackpunkt *m;* ▶ **when it comes to the** ~ wenn es darauf ankommt.
cru·sade [kru:'seɪd] **I** *s hist* Kreuzzug *m a. fig* (*against* gegen; *for* für); **II** *itr* sich an e-m Kreuzzug beteiligen; **cru·sader** [kru'seɪdə(r)] Kreuzfahrer *m.*
crush [krʌʃ] **I** *tr* **1.** (zer-, zusammen)drükken, pressen, (zer)quetschen, zermalmen, zerschmettern; **2.** zerkleinern; **3.** (zer)knüllen, zerknittern; **4.** *fig* zerstören, vernichten, überwältigen, niederschmettern; unterdrücken; **5.** vernichten; **II** *itr* **1.** sich drängen, sich stürzen; **2.** zerquetscht werden; **III** *s* **1.** (starker) Druck, Stoß *m;* **2.** Gedränge *n,* (Menschen)Menge *f,* Massen *f pl;* **3.** *fam* große Gesellschaft, Haufen *m;* **4.** *sl* große Liebe; Verknalltheit *f;* ▶ **get, have a** ~ **on** *sl* sich verlieben in, für jdn schwärmen; **IV** *(mit Präposition)* **crush down** *tr* niederdrücken; zerkleinern; *fig* unterdrücken; **crush out** *tr (Frucht)* auspressen, -drücken; *fig* auslöschen, völlig vernichten; **crush up** *tr* zermahlen, zerstampfen; **crush barrier** Absperrung *f;* **crush·ing** [—ɪŋ] *adj* überwältigend, erdrückend; niederschmetternd.
crust [krʌst] **I** *s* **1.** (Brot)Kruste, Rinde *f;* **2.** Stück *n* trockenes Brot; **3.** Kruste *f a. med geol;* **4.** *med* Schorf *m;* **5.** *bot zoo* Schale *f;* **6.** Ablagerung *f;* Weinstein *m;* **7.** *sl* Unverschämtheit *f;* **II** *itr* verkrusten; *(Schnee)* verharschen; ▶ ~ **over** zufrieren; verkrusten; **crus·ta·cean** [krʌ'steɪʃn] Krebs-, Schalentier *n;* **crusty** ['krʌstɪ] *adj* **1.** verkrustet; **2.** knusprig; **3.** *fig* mürrisch.
crutch [krʌtʃ] **1.** Krücke *f a. fig;* **2.** *fig* Stütze *f;* ▶ **go on ~es** an Krücken gehen.
crux [krʌks] **1.** Crux *f,* Haken *m;* **2.** schwieriges Problem.
cry [kraɪ] **I** *itr* **1.** schreien (*with* vor; *for* nach); **2.** verlangen (*for* nach); **3.** weinen (*for* um), heulen, jammern (*over* über); **4.** *(Hund)* anschlagen; ▶ ~ **for the moon** Unmögliches verlangen; ~ **o.s. to sleep** sich in den Schlaf weinen; ~ **over spilt milk** Vergangenem nachweinen; ~ **(for) vengeance** nach Rache schreien; **II** *tr* **1.** (aus)rufen, schreien; **2.** verkünden; ▶ ~ **one's eyes, heart out** sich die Augen aus dem Kopf weinen; **III** *s* **1.** Schrei, Ruf *m;* **2.** Geschrei *n* (*for* nach); **3.** Ausrufen, Verkünden *n;* **4.** Parole *f,* Schlachtruf *m;* **5.** Weinen, Heulen, Geheul *n;* **6.** *(Tier)* Gebell *n; (Jagdhunde)* Anschlag *m;* **7.** Koppel, Meute *f;* ▶ **a far, long** ~ ein weiter Weg (*from* von); **in full** ~ in vollem Eifer; **within** ~ in Rufweite (*of* gen); **follow in the** ~ mit der großen Masse mitlaufen; **have a good** ~ sich ausweinen; **IV** *(mit Präposition)* **cry down** *tr* herabsetzen, schlechtmachen; niederschreien; **cry for** *tr* dringend gebrauchen, benötigen; verlangen nach; **cry off** *tr* widerrufen; es sich anders überlegen; sich zurückziehen; **cry out against** *tr* scharf protestieren gegen; **cry out for** *tr* schreien nach; dringend verlangen; **cry·ing** ['kraɪɪŋ] **I** *adj* (himmel)schreiend; dringend; ▶ **a** ~ **shame** jammerschade; **II** *s* Weinen *n;*

Schreien *n.*
crypt [krɪpt] *arch* Krypta *f.*
cryp·tic ['krɪptɪk] *adj* geheim, verborgen; hintergründig, rätselhaft.
crys·tal ['krɪstl] **1.** Kristall *m;* **2.** *(~ glass)* Kristall(glas) *n;* **3.** *Am* Uhrglas *n;* **crystal ball** Glaskugel *f (des Hellsehers);* **crystal-clear** *adj* glasklar; **crys·tal·line** ['krɪstəlaɪn] *adj* kristallinisch; **crys·tal·li·za·tion** [ˌkrɪstəlaɪ'zeɪʃn] Kristallbildung *f;* Kristallisierung *f;* **crys·tal·lize** ['krɪstəlaɪz] **I** *tr* **1.** kristallisieren, auskristallisieren; **2.** *fig* e-e endgültige Gestalt geben *(s.th.* e-r S); **II** *itr* **1.** Kristalle bilden; **2.** *fig* sich herauskristallisieren; feste Form annehmen.
cub [kʌb] **1.** Junge(s) *n (e-s Raubtieres);* **2.** *(Pfadfinder)* Wölfling *m;* **3.** Neuling, Anfänger *m.*
Cuba ['kju:bə] Kuba *n.*
cubby-hole ['kʌbɪhəʊl] Kämmerchen *n;* Fach *n.*
cube [kju:b] **I** *s* **1.** Würfel *m;* **2.** *math* Kubikzahl *f;* dritte Potenz; ▶ ~ **root** *math* Kubikwurzel *f;* **II** *tr* **1.** *math* in die dritte Potenz erheben; **2.** in Würfel schneiden; **cu·bic** ['kju:bɪk] *adj* würfelförmig; kubisch; Raum-, Kubik-; ▶ ~ **metre** Kubikmeter *m;* ~ **capacity** Fassungsvermögen *n; mot* Hubraum *m.*
cu·bicle ['kju:bɪkl] Kabine *f.*
cuckoo ['kʊku:] **I** *s* Kuckuck(sruf) *m;* **II** *adj sl* verrückt, blöd; **cuckoo-clock** Kuckucksuhr *f.*
cu·cum·ber ['kju:kʌmbə(r)] Gurke *f;* ▶ **as cool as a** ~ kalt wie e-e Hundeschnauze.
cud [kʌd] ▶ **chew the** ~ wiederkäuen; *fig* gründlich überlegen.
cuddle ['kʌdl] **I** *tr* hätscheln, liebkosen; **II** *itr (~ up)* sich (zusammen)kuscheln; **III** *s* Umarmung *f;* ▶ **give s.o. a** ~ jdn umarmen, mit jdm schmusen.
cud·gel ['kʌdʒəl] **I** *s* Keule *f,* Knüppel *m;* ▶ **take up the ~s for s.o.** für jdn Partei ergreifen; **II** *tr* (ver)prügeln.
cue [kju:] **1.** *theat* Stichwort *n;* **2.** Fingerzeig, Hinweis *m;* **3.** Billardstock *m,* Queue *n;* ▶ **give s.o. his** ~ jdm nahelegen, was er zu tun hat; **take one's** ~ **from s.o.** sich nach jdm richten.
cuff [kʌf] **I** *s* **1.** Manschette *f;* **2.** Ärmel-, *Am* Hosenaufschlag *m;* **3.** *meist pl* Handschellen *f pl;* **4.** Schlag *m,* Ohrfeige *f;* ▶ **off the** ~ *sl* aus dem Stegreif; **II** *tr* schlagen, ohrfeigen; **cuff-link** ['kʌflɪnk] Manschettenknopf *m.*
cui·sine [kwɪ'zi:n] Küche, Kochkunst *f.*
cul-de-sac ['kʌldəsæk] Sackgasse *f a. fig.*
cu·li·nary ['kʌlɪnərɪ] *adj* kulinarisch.
cull [kʌl] **I** *tr* **1.** *(Blumen)* pflücken; **2.** *fig* auslesen, -suchen, -wählen; aussortieren; ▶ ~ **seals** Robbenschlag betreiben; **II** *s* **1.** Ausmerzen *n;* Robbenschlag *m;* **2.** Auslese *f;* Ausschuß *m.*
cul·mi·nate ['kʌlmɪneɪt] *itr* **1.** *astr fig* kulminieren; **2.** *fig* seinen Höhepunkt erreichen, gipfeln *(in* in); **cul·mi·na·tion** [ˌkʌlmɪ'neɪʃn] **1.** *astr* Kulmination *f;* **2.** *fig* Höhepunkt, Gipfel *m.*
cu·lottes [kju:'lɒts] *pl* Hosenrock *m.*
culp·able ['kʌlpəbl] *adj* strafbar, schuldhaft; ▶ ~ **negligence** *jur* grobe Fahrlässigkeit; ~ **homicide** fahrlässige Tötung; **cul·prit** ['kʌlprɪt] **1.** Angeklagte(r) *f (m);* **2.** Missetäter(in), Übeltäter(in) *m (f).*
cult [kʌlt] **1.** *rel* Kult(us) *m a. allg;* **2.** Verehrung *f;* ▶ **make a ~ out of s.th.** einen Kult mit etw treiben; **cult figure** Kultfigur *f.*
cul·ti·vate ['kʌltɪveɪt] *tr* **1.** *agr* kultivieren, an-, bebauen; **2.** *fig* kultivieren, pflegen; **cul·ti·vated** [—ɪd] *adj* **1.** *agr* bebaut; gezüchtet; **2.** *fig* gebildet, kultiviert; **cul·ti·va·tion** [ˌkʌltɪ'veɪʃn] **1.** *agr* Kultur *f,* Anbau *m;* **2.** Pflege, Förderung *f;* **3.** Kultiviertheit *f;* **cul·ti·va·tor** ['kʌltɪveɪtə(r)] **1.** Landwirt(in) *m (f);* **2.** *agr* Kultivator(in) *m (f);* ▶ **a ~ of the fine arts** jem, der die schönen Künste pflegt.
cul·tural ['kʌltʃərəl] *adj* kulturell; **cul·ture** ['kʌltʃə(r)] **1.** *agr* Bebauung *f,* Anbau *m;* Zucht *f;* **2.** *fig* Pflege, Förderung *f;* Bildung, Kultur *f;* Zivilisation *f;* **3.** *biol* (Bakterien)Kultur *f;* ▶ **physical** ~ Körperkultur *f;* ~ **medium** Nährboden *m;* **cul·tured** ['kʌltʃəd] *adj* **1.** gebildet, kultiviert; **2.** gezüchtet; ▶ ~ **pearl** Zuchtperle *f;* **culture vulture** *pej* Kulturfanatiker(in); Kulturkonsument(in) *m (f).*
cum·ber·some, cum·brous ['kʌmbəsəm, 'kʌmbrəs] *adj* **1.** lästig, beschwerlich, mühsam; **2.** sperrig, schwerfällig.
cumin ['kʌmɪn] Kümmel *m.*
cumu·lat·ive ['kju:mjʊlətɪv] *adj* **1.** sich (an)häufend, zunehmend; **2.** kumulativ; **cumu·lus** ['kju:mjʊləs] ⟨*pl* -li⟩ ['kju:mjʊlaɪ] Haufenwolke *f.*
cun·ning ['kʌnɪŋ] **I** *adj* schlau, listig, *fam* gerissen; **II** *s* Schläue, Gerissenheit *f.*
cup [kʌp] **1.** (Ober)Tasse *f;* **2.** Becher *m;* Behälter *m;* **3.** Pokal *m a. sport;* **4.** *rel fig* Kelch *m (des Leidens);* **5.** *bot (~ of a flower)* Blumenkelch *m;* **6.** *(egg-~)* Eierbecher *m;* ▶ **that's not my ~ of tea** *fam* das ist nicht nach meinem Geschmack; **in one's ~s** angezecht; **cup·board** ['kʌbəd] Schrank *m;* Büfett *n;* **cup final** Pokalendspiel *n;* **cup·ful** ['kʌpfʊl] Tasse(voll) *f.*
cu·pola ['kju:pələ] *arch* Kuppel *f.*
cuppa ['kʌpə] *fam* Tasse *f* Tee.
cup-tie ['kʌptaɪ] *sport* Pokalspiel *n.*
cur [kɜ:(r)] **1.** Köter *m;* **2.** *fig* gemeiner Kerl.
cura·bil·ity [ˌkjʊərə'bɪlətɪ] Heilbarkeit *f;*

cur·able ['kjʊərəbl] *adj* heilbar.
curb [kɜ:b] **I** *s* **1.** *(Pferd)* Kandare *f;* **2.** *fig* Zügel *m pl;* **3.** *Am* Bordstein *m;* **II** *tr* **1.** an die Kandare nehmen; **2.** *fig (put, keep a ~ on)* zügeln, im Zaum halten; bändigen; ► **~ one's temper** sich im Zaum halten; **curb·stone** ['kɜ:bstəʊn] Bordstein *m.*
curd [kɜ:d] *oft pl* dicke Milch, Quark *m;* **curdle** [kɜ:dl] **I** *tr* gerinnen (lassen); **II** *itr* gerinnen, sauer werden; ► **my blood ~d** es durchlief mich eiskalt.
cure ['kjʊə(r)] **I** *s* **1.** *med* Heilung(sprozeß *m) f;* Heilmittel, -verfahren *n,* -methode *f;* **2.** Kur *f (for* gegen); **3.** *fig* Mittel *n (for* gegen), Abhilfe *f (for* für); **4.** Pfarrstelle *f;* Seelsorge *f;* ► **past ~** unheilbar; **~ of souls** Seelsorge *f;* **there is no ~ for** es gibt kein Mittel gegen; **II** *tr* **1.** heilen; **2.** *fig* abhelfen *(s.th.* e-r S), beheben; **3.** pökeln, einsalzen; räuchern; konservieren, haltbar machen; **4.** *tech* vulkanisieren; **cure-all** ['kjʊərɔ:l] Allheilmittel *n.*
cur·few ['kɜ:fju:] Sperrstunde *f;* Ausgehverbot *n,* -sperre *f.*
curi·os·ity [ˌkjʊərɪ'ɒsətɪ] **1.** Neugier(de) *f;* Wissensdurst *m;* **2.** Seltenheit, Rarität *f;* ► **~ shop** Kuriositätengeschäft *n;* **~ killed the cat** *prov* man soll nicht so neugierig sein; **curi·ous** ['kjʊərɪəs] *adj* **1.** neugierig; wißbegierig; **2.** seltsam, eigenartig, ungewöhnlich; **3.** *fam* komisch; ► **be ~ about s.th.** auf etw gespannt sein.
curl [kɜ:l] **I** *s* **1.** Locke *f;* **2.** Kräuselung *f;* ► **in ~s** gekräuselt; gelockt; **~s of smoke** Rauchwölkchen *n pl;* **II** *tr* kräuseln; **III** *itr* sich kräuseln *a. fig;* ► **~ up** (sich) zusammenrollen; **curlers** ['kɜ:ləz] *pl* Lockenwickler *m pl.*
cur·lew ['kɜ:lju:] *zoo* Brachvogel *m.*
curl·ing ['kɜ:lɪŋ] **1.** Kräuselung *f;* **2.** *sport* Curling *n;* **curly** ['kɜ:lɪ] *adj* gewellt, gekräuselt, gelockt.
cur·rant ['kʌrənt] **1.** Korinthe *f;* **2.** Johannisbeere *f.*
cur·rency ['kʌrənsɪ] **1.** *fin* Währung *f,* Zahlungsmittel *n,* Geldsorte, Valuta *f;* **2.** Laufzeit, Gültigkeit *f;* **3.** (Geld-, Noten)Umlauf *m;* ► **gain ~** in Umlauf, in Gebrauch kommen; **~ control** Devisenkontrolle *f;* **~ depreciation, devaluation** Geldentwertung, Geldabwertung *f;* **~ reform** Währungsreform *f;* **current** ['kʌrənt] **I** *adj* **1.** laufend; im Umlauf befindlich; **2.** gebräuchlich, üblich, gangbar; **3.** (allgemein)gültig, landläufig; **II** *s* **1.** Strom *m,* Strömung *f;* Luftzug *m;* **2.** *el* Strom *m;* **3.** Ab-, Verlauf *m; fig* Tendenz, Richtung *f;* **current account** Girokonto *n;* **current events** *pl* Tagesgeschehen *n;* **current expenses** *pl* laufende Ausgaben *f pl;* **cur·rent·ly** [—lɪ] *adv* gegenwärtig, jetzt; **current opinion** öffentliche Meinung; **current rate** (Tages-, laufender) Kurs *m.*
cur·ricu·lum [kə'rɪkjʊləm] ⟨*pl* -la⟩ [kə'rɪkjʊlə] Studien-, Lehrplan *m;* **curricu·lum vitae** ['kə'rɪkjʊləm 'vi:taɪ] Lebenslauf *m.*
curry ['kʌrɪ] **I** *s (~ powder)* Curry *m* od *n;* **II** *tr* **1.** *(Pferd)* striegeln; **2.** *(Leder)* zurichten; **3.** prügeln; ► **~ favour with s.o.** sich bei jdm einzuschmeicheln suchen.
curse [kɜ:s] **I** *s* **1.** Verwünschung *f;* **2.** Fluch, Unsegen *m,* Unglück *n (to* für); **3.** Fluch(wort *n) m;* **II** *tr* verfluchen, verdammen, fluchen *(s.o.* jdm, auf jdn); **III** *itr* fluchen; **cursed** ['kɜ:sɪd] *adj* **1.** verflucht; **2.** *fam* verflixt.
cursor ['kɜ:sə(r)] *EDV* Cursor *m.*
cur·sory ['kɜ:sərɪ] *adj* flüchtig, oberflächlich.
curt [kɜ:t] *adj* **1.** kurz, knapp; **2.** barsch *(to* gegen).
cur·tail [kɜ:'teɪl] *tr* **1.** kürzen; **2.** *(Rechte)* schmälern; **3.** *(Lohn)* herabsetzen; **curtail·ment** [—mənt] **1.** (Ab)Kürzung, Verkleinerung *f;* **2.** Einschränkung, Schmälerung *f.*
cur·tain ['kɜ:tn] **I** *s* **1.** Gardine *f,* Vorhang *m a. theat;* **2.** *fig* Schleier *m;* ► **behind the ~** *fig* hinter den Kulissen; **draw a ~ over s.th.** *fig* über etw nicht mehr sprechen; **lift the ~** *fig* den Schleier lüften; **the ~ rises, falls** *theat* der Vorhang geht auf, fällt; **it will be ~s** *sl* dann ist es endgültig aus; **II** *tr* mit e-m Vorhang versehen; ► **~ off** mit e-m Vorhang abteilen; **curtain-call** *theat fig* Vorhang *m;* **curtain-raiser** **1.** *theat* Eröffnungseinakter *m;* **2.** *film* Vorspann *m.*
curt·s(e)y ['kɜ:tsɪ] **I** *s* Knicks *m;* **II** *itr u.* ► **drop a ~** e-n Knicks machen *(to* vor).
cur·va·ture ['kɜ:vətʃə(r)] Krümmung *f a. math;* ► **~ of the spine** Rückgrat(ver)krümmung *f;* **curve** [kɜ:v] **I** *s* Kurve *a. math,* Biegung, Krümmung *f;* **II** *tr (itr)* (sich) biegen; (sich) wölben, (sich) krümmen.
cushion ['kʊʃn] **I** *s* **1.** Kissen *a. tech,* Polster *n a. fig;* **2.** *tech* Puffer *m;* **3.** *(Billard)* Bande *f;* **II** *tr* **1.** polstern; **2.** abschirmen, -decken; **3.** *tech* (ab)federn; *(Stoß)* abfangen; **4.** *(Billard)* auf Bande spielen.
cushy ['kʊʃɪ] *adj sl* bequem, leicht.
cuss [kʌs] Fluch *m;* ► **not worth a tinker's ~** keinen Heller wert.
cus·tard ['kʌstəd] Vanillesoße *f.*
cus·tod·ian [kʌ'stəʊdɪən] **1.** Kustos *m;* **2.** Verwalter(in), Treuhänder(in), Pfleger(in) *m (f);* Hüter(in) *m (f);* **3.** Aufseher(in) *m (f);* **cus·tody** ['kʌstədɪ] **1.** Obhut, Verwahrung *f;* **2.** Aufsicht(spflicht) *f (of* über *acc);* **3.** *jur* Sorgerecht *n;* **4.** *jur* Gewahrsam *m;*

Haft *f;* ► **release from** ~ aus der Haft entlassen; **take into** ~ verhaften.

cus·tom ['kʌstəm] **I** *s* **1.** Sitte *f,* Brauch *m,* Gewohnheit *f;* **2.** *jur* Gewohnheitsrecht *n;* **3.** *(commercial, trade ~)* Handelsbrauch *m,* Usance *f;* **4.** *com* Kundschaft *f;* Kundenkreis *m;* Klientel *f;* **5.** *pl* Zoll(verwaltung *f,* -gebühren *f pl*) *m;* ► **pass through** ~**s** den Zoll passieren; **it is his** ~ **to do** er pflegt zu tun; **II** *adj Am (Kleidung)* Maß-; **cus·tom·ary** ['kʌstəmərı] *adj* üblich, gebräuchlich, gewöhnlich; **custom clothes** *pl Am* Maßkleidung *f.*

cus·tomer ['kʌstəmə(r)] **1.** Kunde, Käufer, Abnehmer *m;* **2.** *fam* Kauz, Kunde, Kerl *m;* ► **a queer** ~ *fam* ein komischer Kauz; **regular** ~ Stammkunde *m;* **stray** ~ Laufkunde *m;* **customer number** Kundennummer *f;* **customer service** Kundendienst *m.*

cus·tom·ize ['kʌstəmaız] *tr mot* individuell aufmachen; **customized** [—d] **1.** *mot* individuell aufgemacht, getunt; **2.** *EDV* kundenspezifisch.

cus·tom-made ['kʌstəm'meıd] *adj* nach Maß angefertigt, spezialangefertigt.

cus·toms bar·rier ['kʌstəmz'bærıə(r)] Zollschranke *f;* **customs clearance** Zollabfertigung *f;* **customs declaration** Zollerklärung *f;* **customs documents** *pl* Zollbegleitpapiere *pl;* **customs dues, duties** *pl* Zollgebühren *f pl;* **customs examination** Zollkontrolle *f;* **custom(s)house** Zollamt *n;* **customs investigation** Zollfahndung *f;* **customs investigator** Zollfahnder(in) *m (f);* **customs officer** Zollbeamter *m,* -beamtin *f.*

cut [kʌt] ⟨*irr* cut, cut⟩ **I** *tr* **1.** (ab-, durch-, zer)schneiden; **2.** *(Hecke)* stutzen; **3.** *(Gras)* (ab)mähen; **4.** *(Holz)*hacken, spalten; **5.** trennen, (zer)teilen; (auf)schlitzen; abhauen; **6.** *(Tier)* verschneiden, kastrieren; **7.** *(Stoff)* zuschneiden; *(Film)* schneiden; **8.** schnitzen, (ein)gravieren; **9.** *(Karten)* abheben; **10.** *sport (Ball)* schneiden; **11.** *(Getränk)* verschneiden, verdünnen; **12.** *fig* beschneiden, verringern, verkleinern; *(Gehalt)* kürzen; *(Preise)* herabsetzen, ermäßigen, reduzieren; **13.** *fam (Menschen)* schneiden, nicht sehen wollen; **14.** *fam (Schule)* schwänzen; sich drükken vor; **15.** *sl* stoppen, Schluß machen, aufhören mit; ► ~ **corners** *Am* einsparen (*on* bei); ~ **a figure** Eindruck schinden *od* machen; ~ **a tooth** zahnen; ~ **one's teeth on s.th.** sich mit etw versuchen; ~ **it fine** *fam* es gerade (so) schaffen; ~ **the ground from under s.o., s.o.'s feet** *fig* jdm den Boden unter den Füßen wegziehen; ~ **no ice, not much ice** *fam* nicht viel ausrichten; ~ **the record** den Rekord brechen; ~ **a record, a disc** e-e Schallplattenaufnahme machen (*of* von); ~ **both ways** *fig* ein zweischneidiges Schwert sein; für beide gelten; **II** *itr* **1.** scharf sein, schneiden; **2.** *(Wind)* schneiden; (~ *through)* pfeifen durch; **3.** *fam* abhauen; *(Schule)* schwänzen; **4.** *(Karten)* abheben; ► ~ **and run** *fam* abhauen; ~ **loose** *mar* losmachen; *fig* sich freimachen; *Am* loslegen; **III** *adj* **1.** (ab-, aus-, ein)geschnitten; be-, zerschnitten; behauen; **2.** beschnitten, kastriert; **3.** *fig* verkleinert, verringert, reduziert, gekürzt; **IV** *s* **1.** Schnitt, Hieb, Schlag, Stoß, Stich *m;* **2.** (Ein)Schnitt *m;* (Schnitt)Wunde *f;* Schnittfuge *f;* **3.** *(Fleisch)* abgeschnittenes Stück, Scheibe *f;* **4.** *(Schafe)* Schur *f;* **5.** Durchstich, Graben *m;* **6.** (Druck)Platte *f;* (Kupfer-, Stahl)Stich, Holzschnitt *m;* **7.** *(Kleidung)* (Zu)Schnitt *m,* Fasson *f;* **8.** *(Karten)* Abheben *n;* **9.** *(short ~)* (Weg)Abkürzung *f;* **10.** *fig* Verringerung, Verkleinerung, Verminderung, Kürzung *f;* ► **a** ~ **above** *fam* ein bißchen, etwas besser als; **salary** ~ Gehaltskürzung *f,* -abbau *m;* **wage** ~ Lohnkürzung *f;* ~ **in prices** Preissenkung *f,* -nachlaß *m;* **V** *(mit Präposition)* **cut across** *tr* quer gehen, laufen über, überqueren; widersprechen (*s.th.* e-r S); **cut away** *tr* weg-, abschneiden; **cut back** *tr* **1.** zurück-, beschneiden; **2.** einschränken; ab-, unterbrechen; *itr* **1.** *film* zurückblenden; **2.** *(Ausgaben, Essen)* sich einschränken; **cut down** *tr* **1.** ab-, umhauen; *(Baum)* fällen; **2.** niederhauen, -schlagen; **3.** *fig (~ down on)* kleiner machen, verkleinern, (ver)kürzen, verringern; herabsetzen, einschränken; **4.** herunterhandeln; *itr* sich einschränken; **cut in** *itr* **1.** unterbrechen, in die Rede fallen; **2.** *mot* nach dem Überholen zu rasch einbiegen; **3.** *(beim Tanzen)* abklatschen; ► ~ **in on s.o.'s market** jdm Konkurrenz machen; ~ **s.o. in on s.th.** jdn bei etw beteiligen; **cut into** *tr* **1.** anschneiden; **2.** *(Gespräch)* sich einschalten in; **3.** *(Verkehr)* sich hineindrängeln in; **4.** *fig (Reserven)* angreifen; **cut off** *tr* **1.** abschneiden, -hauen, -trennen; **2.** plötzlich unterbrechen; *tele* unterbrechen; **3.** *(Gas, el Strom)* abstellen; **4.** enterben; **cut out** *tr* **1.** ausschneiden; wegschneiden, entfernen; **2.** streichen, weg-, auslassen; **3.** *(Weg)* bahnen; **4.** *(Stoff)* zuschneiden; **5.** *(Rivalen)* ausstechen; übertrumpfen, verdrängen; **6.** *(das Rauchen)* aufgeben; *itr tech* aussetzen; ► **be** ~ **out for** geschaffen sein für; ~ **it out!** hör auf damit! **have one's work** ~ **out** alle Hände voll zu tun haben; **cut short** *tr* **1.** abkürzen, unterbrechen; **2.** plötzlich beenden; **cut under** *tr* unterbieten; **cut up** *tr* **1.** zerschneiden, -legen; **2.** vernichten; **3.** *(seelisch)* mitnehmen, aufwühlen, *fam* fertigmachen; **4.** heftig kritisieren, herunterreißen; **5.** *Am sl* dumme Witze machen, schwätzen, diskutieren; ▶ ~ **up rough** massiv werden; ~ **up well** reich sterben.

cut-and-dried [ˌkʌtnˈdraɪd] *adj* eindeutig, fix und fertig; *(Meinung)* vorgefaßt; **cut·away** [ˈkʌtəweɪ] **I** *adj tech* aufgeschnitten; ▶ ~ **drawing** Schnittzeichnung *f;* ~ **model** Schnittmodell *n;* **cut-back** [ˈkʌtbæk] **1.** Kürzung, Verminderung *f;* Einschränkung *f;* **2.** *film* Rückblende *f.*

cute [kjuːt] *adj* **1.** gewitzt, helle; **2.** *fam* nett, hübsch, reizend, entzückend, süß; **cut(e)y** [ˈkjuːtɪ] *Am sl* fesches Mädel.

cut flowers [ˌkʌtˈflaʊəz] *pl* Schnittblumen *f pl.*

cu·ticle [ˈkjuːtɪkl] *anat bot* Oberhaut *f;* Nagelhaut *f.*

cut·lass [ˈkʌtləs] Entermesser *n.*

cut·lery [ˈkʌtlərɪ] Besteck *n.*

cut·let [ˈkʌtlɪt] Schnitzel *n;* Hacksteak *n.*

cut-off [ˈkʌtɒf] **1.** *Am* (Weg)Abkürzung *f;* **2.** *tech* Ausschaltung *f;* **cut-out** [ˈkʌtaʊt] **1.** Ausschnitt *m;* **2.** Ausschneidemodell *n;* Ausschneidepuppe *f;* **3.** *el* Schalter *m;* (~ *switch)* Unterbrecher *m;* **4.** *tech* Aussetzen *n;* **cut-price** *adj* zu Schleuderpreisen, billig; **cut-rate** *adj* verbilligt; **cut-sheet feed** *EDV* Einzelblatteinzug *m.*

cut·ter [ˈkʌtə(r)] **1.** Schneidende(r), Schneider(in) *m (f);* Zuschneider(in) *m (f);* **2.** *film* Schnittmeister(in), Cutter(in) *m (f);* **3.** *tech* Schneidwerkzeug *n;* **4.** *mar* Kutter *m;* Beiboot *n; Am* Küstenschutzboot *n.*

cut-throat [ˈkʌtθrəʊt] **I** *s* Mörder(in) *m (f);* **II** *adj* mörderisch.

cut·ting [ˈkʌtɪŋ] **I** *s* **1.** Schneiden *n,* Schnitt *m;* **2.** Einschnitt *m;* Durchstich *m (für e-e Straße);* **3.** *film* Schnitt *m;* **4.** *Br* (*bes.* Zeitungs)Ausschnitt *m;* **5.** *agr* Ableger *m;* **6.** *pl* Abfälle *m pl;* **II** *adj* **1.** *(Kälte, Wind)* schneidend; **2.** *(Messer, Kante)* scharf; **3.** *fig* beißend, verletzend.

cuttle·fish [ˈkʌtlfɪʃ] *zoo* Tintenfisch *m.*

CV *Abk:* **curriculum vitae** Lebenslauf *m.*

cy·an·ide [ˈsaɪənaɪd] *chem* Zyanid *n;* ▶ **potassium** ~ Zyankali *n.*

cy·ber·net·ics [ˌsaɪbəˈnetɪks] *pl mit sing* Kybernetik *f.*

cyc·la·men [ˈsɪkləmən] *bot* Alpenveilchen *n.*

cycle [ˈsaɪkl] **I** *s* **1.** Kreis(lauf), Zyklus *m;* **2.** Periode *f;* **3.** Arbeitsgang *m;* **4.** *astr* (Kreis)Bahn *f;* **5.** *lit* Sagen-, Legendenkreis *m;* **6.** *fam* (Fahr)Rad *n;* **II** *itr* radfahren, radeln.

cyc·lic(al) [ˈsaɪklɪk(l)] *adj* **1.** zyklisch, periodisch; **2.** *com* konjunkturbedingt.

cyc·ling [ˈsaɪklɪŋ] Radfahren *n;* **cyc·list** [ˈsaɪklɪst] Radfahrer(in) *m (f).*

cyc·lone [ˈsaɪkləʊn] Wirbelsturm, Zyklon *m.*

cyg·net [ˈsɪgnɪt] junger Schwan.

cyl·in·der [ˈsɪlɪndə(r)] **1.** *math tech mot* Zylinder *m;* **2.** *tech* Walze, Trommel, Rolle *f;* **cylinder block** *mot* Zylinderblock *m;* **cylinder capacity** *mot* Hubraum *m;* **cylinder head** *mot* Zylinderkopf *m;* **cy·lin·dri·cal** [sɪˈlɪndrɪkl] *adj* zylindrisch, walzenförmig.

cym·bals [ˈsɪmblz] *pl mus* Becken *n.*

cynic [ˈsɪnɪk] **I** *s* Zyniker(in) *m (f);* **II** *adj* zynisch; **cyni·cal** [ˈsɪnɪkl] *adj* zynisch; **cyni·cism** [ˈsɪnɪsɪzəm] Zynismus *m;* zynische Bemerkung.

cypher [ˈsaɪfə(r)] *s. cipher.*

cy·press [ˈsaɪprəs] *bot* Zypresse *f.*

Cyp·ri·ot [ˈsɪprɪət] **I** *adj* zypriotisch, zyprisch; **II** *s* Zypriot(in), Zyprer(in) *m (f);* **Cy·prus** [ˈsaɪprəs] Zypern *n.*

cyst [sɪst] *med* Zyste *f;* **cys·ti·tis** [sɪsˈtaɪtɪs] *med* Blasenentzündung *f.*

czar [zɑː(r)] *s. tsar;* **czar·ina** [zɑːˈriːnə] *s. tsarina.*

Czech [tʃek] **I** *adj* **1.** tschechisch; **II** *s* **1.** Tscheche *m,* Tschechin *f;* **2.** (das) Tschechisch(e); **Czecho·slo·va·kia** [ˌtʃekəʊsləˈvækɪə] Tschechoslowakei *f.*

D

D, d [diː] ⟨*pl* -'s⟩ D, d *n a. mus.*
dab[1] [dæb] **I** *tr* **1.** leicht berühren; **2.** ab-, betupfen (*with s.th.* mit etw); **II** *s* **1.** Klecks *m;* **2.** Tupfer *m.*
dab[2] [dæb] *adj fam* ▶ **be a ~ hand at doing s.th.** sich darauf verstehen, etw zu tun.
dabble ['dæbl] **I** *tr* plantschen; **II** *itr* ▶ **~ in s.th.** sich nebenbei mit etw beschäftigen.
daddy ['dædɪ] *fam* Papi, Vati *m.*
daddy-long·legs [ˌdædɪ'lɒŋlegz] *sing* Schnake *f; Am* Weberknecht *m.*
dae·mon ['diːmən] *s. demon.*
daf·fo·dil ['dæfədɪl] *bot* Narzisse *f.*
daft [dɑːft] *adj fam* dumm, blöd.
dag·ger ['dægə(r)] **1.** Dolch *m;* **2.** *typ* Kreuz *n;* ▶ **be at ~s drawn with s.o.** mit jdm auf Kriegsfuß stehen; **look ~s at** feindselige Blicke werfen auf.
dah·lia ['deɪlɪə] *bot* Dahlie *f.*
daily ['deɪlɪ] **I** *adj, adv* täglich; Tages-; ▶ **~ dozen** Morgengymnastik *f;* **one's ~ bread** das tägliche Brot; **II** *s* **1.** *(~ paper)* Tageszeitung *f;* **2.** *fam* Zugehfrau *f.*
dainti·ness ['deɪntɪnɪs] **1.** Zierlichkeit, Zartheit *f;* **2.** Anmutigkeit *f;* **dainty** ['deɪntɪ] **I** *adj* **1.** *(Person)* zierlich; anmutig; **2.** wählerisch (*about* in); **3.** appetitlich; **4.** zerbrechlich; **II** *s pl* Leckerbissen *m pl.*
dairy ['deərɪ] **1.** Molkerei *f;* **2.** Milchgeschäft *n;* **dairy cattle** *pl* Milchvieh *n;* **dairy-man** [—mən] ⟨*pl* -men⟩ Melker *m,* Molkereiangestellte(r) *f m;* **dairy produce** Molkereiprodukte *n pl.*
dais ['deɪɪs] Podium *n.*
daisy ['deɪzɪ] *bot* Gänseblümchen *n;* ▶ **push up the daisies** *sl* die Radieschen von unten begucken; **daisy wheel** Typenrad *n;* **daisy-wheel typewriter** Typenradschreibmaschine *f.*
dally ['dælɪ] *itr* **1.** tändeln, flirten (*with* mit); **2.** die Zeit vertrödeln (*over one's work* bei der Arbeit).
dam [dæm] **I** *s* **1.** Damm *m;* Talsperre *f;* **2.** Stausee *m;* **II** *tr* **1.** *(~ in, up)* stauen, eindämmen; **2.** *fig (~ back)* unterdrükken; *(~ up)* aufstauen.
dam·age ['dæmɪdʒ] **I** *s* **1.** Schaden *m;* **2.** *pl* Schadensersatz *m;* ▶ **what's the ~?** *fam* was kostet der Spaß? **II** *tr* **1.** beschädigen; **2.** schaden (*s.th.* e-r S).
dam·ask ['dæməsk] Damast *m.*
dame [deɪm] **1.** (Titel *m* e-r) Ordensinhaberin *f;* **2.** *obs* Dame *f;* **3.** *Am sl* Weib(sbild) *n.*
damn [dæm] **I** *tr* **1.** verdammen *a. rel;* **2.** verurteilen; verreißen; ▶ **~ it!** verdammt! **~ it all!** zum Donnerwetter! **I'll be ~ed if I go** ich denk' nicht dran zu gehen; **II** *s* ▶ **not to care, not to give a ~** sich e-n Dreck daraus machen; **III** *adj, adv fam* verdammt; **dam·nable** ['dæmnəbl] *adj* abscheulich; **dam·na·tion** [dæm'neɪʃn] **I** *s* Verdammung *f a. rel;* **II** *interj* verdammt! **damned** [dæmd] **I** *adj* verdammt; **II** *adv* äußerst, sehr; **III** *s* ▶ **the ~** *pl* die Verdammten *m pl.*
damp [dæmp] **I** *adj* feucht; **II** *s* **1.** Feuchtigkeit *f;* **2.** *(fire ~)* schlagende Wetter *n pl;* **III** *tr* **1.** an-, befeuchten; **2.** *(~ down) phys tech* drosseln; **3.** *el* dämpfen *a. fig;* **damp-course** *arch* Isolierschicht *f;* **dampen** ['dæmpən] *tr* drosseln, dämpfen; **damper** ['dæmpə(r)] Dämpfer *m* (*to* für); ▶ **cast a ~ over** entmutigen; **damp·ness** ['dæmpnɪs] Feuchtigkeit *f.*
dance [dɑːns] **I** *itr, tr* **1.** tanzen (*with* mit); **2.** hüpfen (*for, with* vor); ▶ **~ attendance on s.o.** sich um jdn unablässig bemühen; **II** *s* **1.** Tanz *m;* **2.** Tanzparty *f;* ▶ **lead s.o. a pretty ~** jdm Scherereien machen; **dance band** Tanzkapelle *f;* **dance music** Tanzmusik *f;* **dancer** ['dɑːnsə(r)] Tänzer(in) *m (f);* **danc·ing** [—ɪŋ] **I** *s* Tanzen *n;* **II** *adj attr* Tanz-; **dancing master** Tanzlehrer *m;* **dancing partner** Tanzpartner(in) *m (f);* **dancing shoes** *pl* Ballschuhe *m pl.*
dan·de·lion ['dændɪlaɪən] *bot* Löwenzahn *m.*
dan·druff ['dændrʌf] Kopfschuppen *f pl.*
dandy ['dændɪ] **I** *s* Dandy *m;* **II** *adj fam* prima.
Dane [deɪn] Däne *m,* Dänin *f.*
dan·ger ['deɪndʒə(r)] Gefahr *f* (*to* für); ▶ **in ~** in Gefahr; **out of ~** außer Gefahr; **be a ~ to** e-e Gefahr bilden für; **be in ~ of losing** Gefahr laufen zu verlieren; **caution! ~** Achtung, Lebensgefahr! **danger area** Gefahrenzone *f;* **danger money** Gefahrenzulage *f;* **dan·ger·ous** ['deɪndʒərəs] *adj* gefährlich (*to* für).
dangle ['dæŋgl] **I** *tr* **1.** baumeln lassen; **2.** *fig* in Aussicht stellen (*before s.o.* jdm); **II** *itr* baumeln.

Dan·ish ['deɪnɪʃ] **I** *adj* dänisch; **II** *s* (das) Dänisch(e).
dank [dæŋk] *adj* naßkalt.
Danube ['dænju:b] Donau *f*.
dap·per ['dæpə(r)] *adj* elegant; gepflegt.
dapple ['dæpl] *tr* sprenkeln.
dare [deə(r)] **I** *itr* es wagen, sich trauen; ► **don't you ~ !** unterstehen Sie sich! **II** *tr* **1.** wagen, riskieren (*to do s.th.* etw zu tun); **2.** trotzen, herausfordern; ► **I ~ say** ich könnte mir denken; vermutlich; **III** *s* Herausforderung *f;* ► **do s.th. for a ~** etw als Mutprobe tun; **dare-devil** ['deə,devl] Draufgänger(in) *m (f).*
dar·ing ['deərɪŋ] **I** *adj* (toll)kühn, waghalsig, gewagt; **II** *s* Wagemut *m.*
dark [dɑ:k] **I** *adj* **1.** dunkel, finster; **2.** *(Farbe, Haut, Haare)* dunkel; **3.** *fig* verborgen, versteckt; **4.** mutlos, niedergeschlagen, traurig; **5.** düster; ► **~ horse** unbekannte Größe; **II** *s* **1.** Dunkelheit, Finsternis *f;* **2.** *fig* Dunkel *n;* ► **before, after ~** vor, nach Einbruch der Dunkelheit; **be in the ~ about s.th.** keine Ahnung haben von etw; **the Dark Ages** *pl* das Mittelalter; **the Dark Continent** der Schwarze Kontinent; **darken** ['dɑ:kən] **I** *tr* dunkel machen; ver-, abdunkeln; ► **~ s.o.'s door** zu jdm auf Besuch kommen; **II** *itr* dunkel werden; **darkly** ['dɑ:klɪ] *adv* dunkel; finster; **dark·ness** ['dɑ:knɪs] **1.** Dunkelheit, Finsternis *f;* **2.** *fig* Düsterkeit *f;* **dark-room** *phot* Dunkelkammer *f;* **dark-skinned** [,dɑ:k'skɪnd] *adj* dunkelhäutig.
dar·ling ['dɑ:lɪŋ] **I** *s* Liebling *m;* Schatz *m;* **II** *adj* lieb, reizend.
darn[1] [dɑ:n] **I** *tr (Strümpfe)* stopfen; **II** *s* gestopfte Stelle.
darn[2] [dɑ:n] *tr* ► **~ it!** zum Kuckuck noch mal! **well I'll be ~ed!** zum Donnerwetter!
darn·ing ['dɑ:n:ɪŋ] Stopfen *n;* **darning-needle** ['dɑ:nɪŋni:dl] Stopfnadel *f.*
dart [dɑ:t] **I** *tr* **1.** *(Blick)* werfen; **2.** mit e-m Pfeil schießen; **II** *itr* sausen, flitzen; schnellen; **III** *s* **1.** Sprung, Satz *m;* **2.** Pfeil *m;* **3.** *pl mit sing sport* Darts, Pfeilwurfspiel *n;* **4.** *(Textil)* Abnäher *m;* **dart board** Dartscheibe *f.*
dash [dæʃ] **I** *tr* **1.** schleudern; (zer)schlagen; **2.** *fig* zunichte machen; **3.** *(~ off) (Brief)* rasch hinwerfen; ► **~ it!** *fam* verdammt! **II** *itr* schlagen, prallen (*against* gegen); **III** *s* **1.** Jagd *f;* **2.** Schuß *m;* Spritzer *m;* etwas, ein bißchen; **3.** *fig* Schwung, Elan *m;* **4.** Gedankenstrich *m;* **5.** *(Morsealphabet)* Strich *m;* ► **at a ~** wie der Wind; **make a ~** losstürzen; **the ~** der Kurzstreckenlauf; **at one ~** in e-m Zug; **cut a ~** e-e schneidige Figur machen; **dash·board** ['dæʃbɔ:d] *mot* Armaturenbrett *n;* **dash·ing** ['dæʃɪŋ] *adj* **1.** schwungvoll; **2.** lebhaft; schneidig.
das·tard·ly ['dæstədlɪ] *adj* hinterhältig, gemein.
data ['deɪtə] *pl oft sing* **1.** Einzelheiten, Tatsachen, Gegebenheiten *f pl;* **2.** Daten *pl;* Angaben *f pl;* **data bank** *EDV* Datenbank *f;* **data base** *EDV* Datenbasis *f,* Datenbestand *m;* **data carrier** *EDV* Datenträger *m;* **data network** *EDV* Datennetz *n,* Datenverbund *m;* **data processing** *EDV* Datenverarbeitung *f;* **data protection** Datenschutz *m;* Datensicherheit *f;* **data retrieval** *EDV* Datenabruf *m;* **data transfer** *EDV* Datentransfer *m,* Datenübertragung *f.*
date[1] [deɪt] **I** *s* **1.** Datum *n,* Zeitangabe *f;* Jahreszahl *f;* **2.** Termin, Zeitpunkt *m;* **3.** *fam* Verabredung *f;* ► **at that ~** zu jener Zeit; damals; **of recent ~** neueren Datums; **out-of-~** überholt, veraltet, altmodisch; **up-to-~** auf dem neuesten Stand, aktuell; **up to ~** modisch, aktuell; **out of ~** aus der Mode **fix, set a ~** e-e Frist festlegen; e-n Zeitpunkt bestimmen; **have, make a ~** sich verabreden; **what is the ~ of ... ?** wann war ... ? **what is the ~ today?** welches Datum, den Wievielten haben wir heute? **to ~** bis heute; **~ of birth** Geburtsdatum *n;* **II** *tr* **1.** datieren; zeitlich festlegen; **2.** ausgehen (*s.o.* mit jdm); **III** *itr* ► **~ from, ~ back to** stammen aus, zurückgehen auf.
date[2] [deɪt] *bot* Dattel *f.*
dated ['deɪtɪd] *adj* altmodisch; **date-line** *geog* Datumsgrenze *f;* **date-stamp** Datumsstempel *m.*
daub [dɔ:b] **I** *tr* (be)schmieren; (be)sudeln; **II** *s* **1.** Schmiererei *f;* **2.** *arch* Bewurf *m.*
daugh·ter ['dɔ:tə(r)] Tochter *f a. fig;* **daughter-in-law** ['dɔ:tərɪnlɔ:] ⟨*pl* -s-in-law⟩ Schwiegertochter *f.*
daunt [dɔ:nt] *tr* entmutigen; ► **nothing ~ed** unverzagt; **daunt·less** ['dɔ:ntlɪs] *adj* unerschrocken.
dawdle ['dɔ:dl] **I** *itr* (herum)trödeln, -bummeln; **II** *tr* ► **~ away** *(Zeit)* vertrödeln, -bummeln; **daw·dler** ['dɔ:dlə(r)] Trödler(in) *m (f).*
dawn [dɔ:n] **I** *s* **1.** (Morgen)Dämmerung *f,* Tagesanbruch *m;* **2.** *fig* Beginn *m;* ► **at ~** bei Tagesanbruch; **II** *itr* **1.** dämmern; **2.** *fig* heraufkommen, beginnen, anbrechen; **3.** *(Sinn)* dämmern (*on, upon s.o.* jdm).
day [deɪ] **1.** Tag *m;* **2.** Termin *m;* **3.** Epoche, (Blüte)Zeit *f;* **4.** *pl* Zeiten *f pl;* ► **(three times) a ~** (dreimal) täglich; **all ~** den ganzen Tag; **by ~** am Tag(e), bei Tage; **at the present ~** gegenwärtig; **at this time of ~** zu dieser Stunde; **every ~** jeden Tag, täglich; **from ~ to ~** von Tag zu Tag; **these ~s** heute, heutzutage; **in those ~s** damals; **in my young ~s** in meiner Jugendzeit; **in ~s to come** in Zukunft; **one ~** eines Tages; einmal;

one of these ~s in den nächsten Tagen; einmal; **the other ~** kürzlich, neulich; **the present ~** die Gegenwart; **the ~ after tomorrow** übermorgen; **this ~ week, month, year** heute in acht Tagen, vier Wochen, einem Jahr; **up to this ~** bis heute; **~ after ~, ~ by ~** Tag für Tag; **the ~ before** der, am Vortag; **~ in, ~ out** tagein, tagaus; **call it a ~** Feierabend, Schluß machen; **have a nice ~!** (ich wünsche Ihnen) einen schönen Tag! **that'll be the ~** das möcht' ich sehen; **those were the ~s** das waren noch Zeiten; **what ~ of the week is it?** welchen Wochentag haben wir? **business ~** Werk-, Arbeitstag *m;* Markt-, Börsentag *m;* **present-~** heutig, von heute; **rainy ~** Regentag *m;* **~ of arrival** Ankunftstag *m;* **~ of birth, of death** Geburts-, Sterbetag *m;* **day·break** ['deɪbreɪk] Tagesanbruch *m;* ► **at ~** bei Tagesanbruch; **day·dream** ['deɪdri:m] **I** *s* Tagtraum *m;* **II** *itr irr s. dream* mit offenen Augen träumen; **day·light** ['deɪlaɪt] Tageslicht *n a. fig;* ► **by ~** bei Tageslicht; **in broad ~** am hellichten Tage; **see ~** *fam* kapieren; **~saving time** *Am* Sommerzeit *f;* **day nursery** Tagesheim *n* für Kleinkinder; Kindertagesstätte *f;* **day release** *tageweise Freistellung von Angestellten zur Weiterbildung;* **day return** (Tages)Rückfahrkarte *f;* **day-school** Tagesschule *f;* **day shift** Tagschicht *f;* **day-time** ► **during, in the ~** bei Tage; **day trip** Kaffeefahrt *f;* Tagesausflug *m.*

daze [deɪz] **I** *tr* benommen machen; **II** *s* Benommenheit *f;* ► **in a ~** ganz benommen.

dazzle ['dæzl] **I** *tr* blenden *a. fig;* **II** *s* Blenden *n.*

DC *s. direct current.*

dea·con ['di:kən] *rel* Diakon *m;* **dea·con·ess** ['di:kənɪs] Diakonissin *f.*

dead [ded] **I** *adj* **1.** tot, verstorben; **2.** *(Materie)* unbelebt; **3.** *(Glieder)* taub, abgestorben; **4.** *(Sprache)* tot; **5.** *(Maschine)* nicht in Betrieb; **6.** reg(ungs)los; **7.** öde, langweilig, leblos; **8.** *(Schlaf)* tief; **9.** *(Wasser)* stehend; **10.** *(Feuer)* erloschen; **11.** *(Zigarre)* ausgegangen; **12.** *el* spannungslos; **13.** unproduktiv, unergiebig; ► **shoot s.o. ~** jdn erschießen; **strike s.o. ~** jdn erschlagen; **he is ~ to pity** er kennt kein Mitleid; **~ to the world** *fig* vollkommen weggetreten; **be in a ~ faint** völlig bewußtlos sein; **come to a ~ stop** völlig zum Stillstand kommen; **II** *adv* **1.** genau; **2.** total, völlig; ► **~ tired** todmüde; **~drunk** *fam* stockvoll; **~ against** völlig dagegen; **~ on target** genau ins Ziel; **~ slow!** Schritt fahren! **III** *s* ► **the ~** *pl* die Toten *m pl;* **in the ~ of night** mitten in der Nacht; **in the ~ of winter** mitten im Winter; **dead-beat** [ˌded'bi:t] *adj* völlig kaputt, erschöpft; **dead centre** Mittelpunkt *m.*

deaden ['dedn] *tr* mildern, abschwächen; abstumpfen (*to* gegen).

dead end [ˌded'end] Sackgasse *f;* ► **come to a ~** *fig* in eine Sackgasse geraten; **dead-end** ['dedend] *adj* ► **~ street** Sackgasse *f;* **~ job** Arbeitsplatz *m* ohne Aufstiegsmöglichkeit; **dead heat** *sport* totes Rennen; **dead·line** ['dedlaɪn] letzter Termin; Einsendeschluß *m;* ► **fix, set a ~** eine Frist setzen; **meet the ~** den Termin einhalten; **dead·lock** ['dedlɒk] völliger Stillstand; ► **come to a ~, reach ~** auf den toten Punkt gelangen, sich festfahren.

deadly ['dedlɪ] **I** *adj* **1.** tödlich; **2.** Tod-; **3.** *fam* todlangweilig; **II** *adv* ► **~ pale** totenbleich.

dead·pan [ˌded'pæn] **I** *s* ausdrucksloses Gesicht; **II** *adj* unbewegt; **Dead Sea** das Tote Meer; **dead·wood** ['dedˌwʊd] **1.** morsches Holz; **2.** *fig* Ballast *m.*

deaf [def] *adj* taub *a. fig* (*to* für, gegen); ► **be ~ in one ear** auf e-m Ohr taub sein; **turn a ~ ear to** nichts hören wollen von; **~ and dumb** taubstumm; **deaf-aid** Hörapparat *m;* **deafen** ['defn] *tr* taub machen; **deafen·ing** ['defnɪŋ] *adj* ohrenbetäubend; **deaf-mute** [ˌdef'mju:t] Taubstumme(r) *f m;* **deaf·ness** ['defnɪs] Taubheit *f a. fig* (*to* für, gegen).

deal[1] [di:l] ‹*irr* dealt, dealt› **I** *tr* *(~ out)* aus-, verteilen; ausgeben; ► **~ s.o. a blow** jdm einen Schlag versetzen; **II** *itr* **1.** *(Karten)* geben; **2.** *(Drogen)* dealen; ► **~ well, badly by s.o.** jdn gut, schlecht behandeln; **III** *s* **1.** Handel *m,* Geschäft *n;* Abmachung *f;* **2.** (Karten)Geben *n;* ► **make a good ~** ein gutes Geschäft machen; **give s.o. a square ~** jdn fair behandeln; **who's ~ is it?** wer ist am Geben? **IV** *(mit Präposition)* **deal in** *tr* handeln mit; **deal out** *tr* verteilen; **deal with** *tr* **1.** verhandeln mit; **2.** sich kümmern um; sich befassen mit; fertigwerden mit; **3.** handeln von.

deal[2] [di:l] **I** *s* Menge *f;* ► **a good, great ~** eine Menge, viel; **II** *adj* ► **a good ~** ziemlich viel.

dealer ['di:lə(r)] **1.** Händler(in) *m (f)* (*in* mit); **2.** *(mit Drogen)* Dealer(in) *m (f);* **3.** *Am (Börse)* Makler(in) *m (f);* **4.** Kartengeber(in) *m (f);* ► **wholesale ~** Großhändler(in), Grossist(in) *m (f);* **deal·ing** ['di:lɪŋ] **1.** Handel *m, (Drogen a.)* Dealen *n* (*in* mit); **2.** *Am* Effektenhandel *m;* **3.** *pl* Geschäfte *n pl;* Umgang *m;* ► **have ~s with s.o.** mit jdm in (Geschäfts)Verbindung stehen; **dealt** [delt] *v s. deal*[1].

dean [di:n] **1.** *(rel, Universität, College)* Dekan *m;* **2.** *pol* Doyen *m.*

dear [dɪə(r)] **I** *adj* **1.** lieb, teuer *a. fig;* **2.**

kostspielig, teuer; 3. *(in der Briefanrede)* liebe(r); sehr geehrte(r); ▶ **D ~ Sir** sehr geehrter Herr X! **II** *s* Liebling, Schatz *m;* ▶ **give it to me, there's a ~** gib es mir, sei so lieb; **III** *adv* teuer; **IV** *interj* ▶ **oh, ~! ~ me! ~, ~!** ach du liebe Zeit! **dear·ly** [—lɪ] *adv* 1. teuer; 2. von ganzem Herzen; **dear·ness** [—nɪs] hoher Preis.

dearth [dɜ:θ] Mangel *m* (*of* an).

deary, dearie ['dɪərɪ] *fam* Liebling *m.*

death [deθ] 1. Tod *m;* Todesfall *m;* 2. *fig* Ende *n,* Vernichtung *f;* ▶ **at ~'s door** an der Schwelle des Todes; **on pain of ~** bei Todesstrafe; **be burnt, frozen, starved to ~** verbrennen, erfrieren, verhungern; **die a natural, a violent ~** e-s natürlichen, e-s gewaltsamen Todes sterben; **he'll be the ~ of me yet** er bringt mich noch ins Grab; **put s.o. to ~** jdn hinrichten; **death-bed** Totenbett *n a. fig;* **death-blow** Todesstoß *m* (*to* für); **death-certificate** Totenschein *m;* **death-duties** *pl* Erbschaftssteuer *f;* **deathly** *adj, adv* tödlich; **death penalty** Todesstrafe *f;* **death-rate** Sterblichkeit(sziffer), Sterberate *f;* **death sentence** Todesurteil *n;* **death squad** Todesschwadron *f,* Todeskommando *n;* **death-trap** Todesfalle *f.*

de·bacle [deɪ'bɑ:kl] *fig* Untergang *m,* Debakel *n.*

de·bar [dɪ'bɑ:(r)] *tr* ausschließen (*from doing s.th.* etw zu tun).

de·base [dɪ'beɪs] *tr* 1. entwürdigen, erniedrigen; 2. *(Münze)* den Wert mindern.

de·bat·able [dɪ'beɪtəbl] *adj* 1. umstritten; 2. strittig; **de·bate** [dɪ'beɪt] **I** *s* Debatte, Diskussion *f;* ▶ **open the ~** *parl* die Debatte eröffnen; **II** *itr* diskutieren, debattieren (*with s.o. on s.th.* mit jdm über etw); **III** *tr* debattieren, diskutieren; **de·bater** [dɪ'beɪtə(r)] Debattierer(in) *m (f).*

de·bauch [dɪ'bɔ:tʃ] **I** *s* Ausschweifung, Orgie *f;* **II** *tr* verderben; **de·bauch·ery** [dɪ'bɔ:tʃərɪ] Ausschweifung *f.*

de·ben·ture [dɪ'bentʃə(r)] 1. (kurzfristiger) Schuldschein *m;* 2. *com* Rückzollschein *m;* **debenture stock** Schuldverschreibung *f; Am* Vorzugsaktie *f.*

de·bili·tate [dɪ'bɪlɪteɪt] *tr* schwächen, entkräften; entnerven; **de·bil·ity** [dɪ'bɪlətɪ] Schwäche *f a. fig.*

debit ['debɪt] **I** *s* Debet, Soll *n,* Lastschrift *f;* ▶ **~ and credit** Soll und Haben *n;* **II** *tr* belasten; ▶ **~ s.o.'s account with s.th.** jds Konto mit etw belasten; **debit-side** Passivseite *f.*

deb·on·air [ˌdebə'neə(r)] *adj* umgänglich, freundlich.

de·bris ['deɪbri:] 1. Schutt *m;* 2. *geol* Geröll *n.*

debt [det] *com* Schuld *f;* ▶ **out of ~** schuldenfrei; **be in ~** verschuldet sein; **run, get into ~** Schulden machen; **pay off a ~** e-e Schuld abzahlen; **debt-collecting agency** Inkassobüro *n;* **debt-collector** Inkassobeauftragte(r) *f m;* **debtor** ['detə(r)] Schuldner(in) *m (f);* **debtor nation** Schuldnerstaat *m;* **debt servicing** *fin* Schuldendienst *m.*

de·bug [ˌdi:'bʌg] *tr* 1. *tech* den Defekt beheben (*s.th.* bei etw); 2. *fig* entwanzen.

de·bunk [di:'bʌŋk] *tr* den Nimbus nehmen (*s.o.* jdm).

debut ['deɪbju:] Debüt *n;* **debu·tante** ['debju:tɑ:nt] Debütantin *f.*

dec·ade ['dekeɪd] Dekade *f,* Jahrzehnt *n.*

deca·dence ['dekədəns] Dekadenz *f;* **deca·dent** ['dekədənt] *adj* dekadent.

de·caf·fein·ated [ˌdi:'kæfɪneɪtɪd] *adj* koffeinfrei, entkoffeiniert.

de·camp [dɪ'kæmp] *itr* sich (auf und) davon-, sich aus dem Staub(e) machen.

de·cant [dɪ'kænt] *tr* umfüllen; **de·canter** [dɪ'kæntə(r)] Karaffe *f.*

de·capi·tate [dɪ'kæpɪteɪt] *tr* enthaupten; **de·capi·ta·tion** [dɪˌkæpɪ'teɪʃn] Enthauptung *f.*

de·cath·lete [dɪ'kæθli:t] *sport* Zehnkämpfer(in) *m (f);* **de·cath·lon** [dɪ'kæθlən] *sport* Zehnkampf *m.*

de·cay [dɪ'keɪ] **I** *itr* 1. sich zersetzen, verfaulen; schlecht werden; 2. verwittern; verblühen, vergehen; 3. verfallen *a. fig;* 4. *fig* untergehen, auseinandergehen; verkümmern; **II** *s* 1. Zersetzung *f;* Verfall, Zerfall *m;* 2. Niedergang, Verfall *m;* ▶ **tooth-~** Zahnfäule, Karies *f.*

de·cease [dɪ'si:s] Ableben *n,* Tod *m;* **de·ceased** [dɪ'si:st] **I** *adj* verstorben; **II** *s* ▶ **the ~** der, die Verstorbene.

de·ceit [dɪ'si:t] Täuschung *f,* Betrug *m;* **de·ceit·ful** [dɪ'si:tfl] *adj* 1. unaufrichtig, betrügerisch; 2. irreführend.

de·ceive [dɪ'si:v] **I** *tr* täuschen, irreführen, hintergehen; **II** *itr* trügen; **de·ceiver** [dɪ'si:və(r)] Betrüger(in) *m (f).*

de·cel·er·ate [di:'seləreɪt] *tr, itr* langsamer werden; verlangsamen.

De·cem·ber [dɪ'sembə(r)] Dezember *m;* ▶ **in ~** im Dezember.

de·cency ['di:snsɪ] Anstand *m,* Anständigkeit, Schicklichkeit *f;* **de·cent** ['di:snt] *adj* 1. anständig; 2. *fam* ganz nett, (ganz) ordentlich; annehmbar.

de·cen·tra·liz·ation [ˌdi:ˌsentrəlaɪ'zeɪʃn] Dezentralisation, Dezentralisierung *f;* **de·cen·tra·lize** [ˌdi:'sentrəlaɪz] *tr* dezentralisieren; **de·cen·tra·lized** *adj* [—d] dezentral.

de·cep·tion [dɪ'sepʃn] Irreführung, Täuschung *f;* Betrug *m;* ▶ **practise ~ on s.o.** jdn irreführen; **de·cep·tive** [dɪ'septɪv] *adj* täuschend, trügerisch, irreführend.

deci·bel ['desɪbel] *tech* Dezibel *n.*

de·cide [dɪˈsaɪd] **I** *tr* (sich) entscheiden (*between* zwischen; *for, in favour of* zugunsten; *against* gegen); ► ~ **s.o.'s fate** jds Schicksal bestimmen; ~ **s.o. to do s.th.** jdn veranlassen, etw zu tun; **II** *itr* sich entscheiden, sich entschließen; ► ~ **on** sich entscheiden für; **de·cided** [dɪˈsaɪdɪd] *adj* **1.** entschieden; deutlich; **2.** entschlossen, bestimmt.

de·cidu·ous [dɪˈsɪdjʊəs] *adj* jährlich die Blätter abwerfend; ► ~ **tree** Laubbaum *m.*

deci·mal [ˈdesɪml] *adj* Dezimal-; ► ~ **fraction** Dezimalbruch *m;* ~ **point** Komma *n;* ~ **system** Dezimalsystem *n;* **deci·mal·ize** [ˈdesɪməlaɪz] *tr* auf das Dezimalsystem umstellen.

deci·mate [ˈdesɪmeɪt] *tr* dezimieren.

de·cipher [dɪˈsaɪfə(r)] *tr* entziffern.

de·ci·sion [dɪˈsɪʒn] **1.** Entscheidung *f* (*over* über); **2.** Entschluß *m;* Beschluß *m;* **3.** Entschlußkraft, Entschlossenheit *f;* ► **make a** ~ e-e Entscheidung treffen; **arrive at, come to a** ~ e-e Entscheidung treffen; **de·ci·sive** [dɪˈsaɪsɪv] *adj* **1.** entscheidend, ausschlaggebend (*for* für); **2.** entschieden, entschlossen.

deck [dek] **I** *s* **1.** *mar* Deck *n;* **2.** Verdeck *n;* **3.** Spiel *n* Karten; ► **on** ~ auf Deck; **clear the ~s** *fig* sich bereit machen; **II** *tr* schmücken, verzieren; ► ~ **o.s. out** sich herausputzen (*with* mit); **deck chair** Liegestuhl *m.*

de·claim [dɪˈkleɪm] **I** *tr* vortragen; **II** *itr* deklamieren; ► ~ **against s.th.** gegen etw wettern; **dec·la·ma·tion** [ˌdekləˈmeɪʃn] Deklamation, Tirade *f;* **de·clama·tory** [dɪˈklæmətərɪ] *adj* deklamatorisch, pathetisch.

dec·lar·ation [ˌdekləˈreɪʃn] **1.** Erklärung, Aussage *f;* **2.** *(Zoll)* Deklaration *f;* ► **give, make a** ~ e-e Erklärung abgeben; ~ **of intent** Absichtserklärung *f;* ~ **of love** Liebeserklärung *f;* **de·clare** [dɪˈkleə(r)] **I** *tr* **1.** erklären; bekanntgeben; **2.** *(Zoll)* angeben, deklarieren; **3.** beteuern, erklären; ► **have you anything to ~?** haben Sie etwas zu verzollen? ~ **war (on s.o.)** (jdm) den Krieg erklären; **I ~ this meeting closed** ich erkläre die Sitzung für geschlossen; **II** *itr* sich erklären, sich entscheiden (*against, for* gegen, für).

de·cline [dɪˈklaɪn] **I** *itr* **1.** verfallen; verblassen; **2.** nachlassen, abnehmen; geringer werden; **3.** *(Preise)* zurückgehen, sinken, fallen; **4.** ablehnen; **5.** *gram* deklinieren; ► **in declining health** bei schlechter werdender Gesundheit; **II** *tr* ablehnen, ausschlagen (*doing, to do* zu tun); **III** *s* **1.** Rückgang *m;* Abnahme *f;* Niedergang, Verfall *m;* **2.** Schwächung *f (der Gesundheit);* ► **be on the** ~ abnehmen; *(Preise)* fallen; ~ **of the birthrate** Geburtenrückgang *m.*

de·clutch [ˌdiːˈklʌtʃ] *itr tech* auskuppeln.

de·code [ˌdiːˈkəʊd] *tr* entschlüsseln; **decoder** [diːˈkəʊdə(r)] *EDV* Decoder *m.*

de·coke [ˌdiːˈkəʊk] *tr tech fam* entkohlen.

de·com·pose [ˌdiːkəmˈpəʊz] **I** *tr* zerlegen, aufspalten; **II** *itr* sich zersetzen; **de·com·po·si·tion** [ˌdiːkɒmpəˈzɪʃn] **1.** Aufspaltung, Zerlegung *f;* **2.** Zersetzung, Fäulnis *f.*

de·com·press [ˌdiːkəmˈpres] *tr* den Druck *gen* vermindern; **de·com·pres·sion** [ˌdiːkəmˈpreʃn] Druckminderung *f;* **decompression chamber** Unterdruckkammer *f.*

de·con·tami·nate [ˌdiːkənˈtæmɪneɪt] *tr* entgiften, entseuchen; **de·con·tami·na·tion** [ˌdiːkənˌtæmɪˈneɪʃn] Entseuchung, Entgiftung *f.*

de·con·trol [ˌdiːkənˈtrəʊl] *tr* die Preisüberwachung aufheben; freigeben.

dec·or·ate [ˈdekəreɪt] *tr* **1.** dekorieren, schmücken, verzieren; **2.** *(Wände)* bemalen; tapezieren; **3.** *(mit e-m Orden)* auszeichnen (*with* mit); **dec·ora·tion** [ˌdekəˈreɪʃn] **1.** Verzierung, Dekoration *f;* **2.** Auszeichnung *f,* Orden *m;* **dec·or·ative** [ˈdekərətɪv] *adj* dekorativ; **dec·or·ator** [ˈdekəreɪtə(r)] Maler(in); Tapezierer(in), Dekorateur(in) *m (f).*

dec·or·ous [ˈdekərəs] *adj* anständig, schicklich; **de·corum** [dɪˈkɔːrəm] Anstand *m,* Schicklichkeit *f.*

de·coy [ˈdiːkɔɪ] **I** *s* **1.** Lockvogel *m a. fig;* **2.** *fig* Köder *m;* **II** *tr* (ver)locken (*into doing s.th.* etw zu tun).

de·crease [dɪˈkriːs] **I** *itr* **1.** abnehmen, nachlassen; zurückgehen; ► **in decreasing order of importance** in der Reihenfolge ihrer Bedeutung; **II** *tr* verringern, reduzieren, herabsetzen; **III** *s* [ˈdiːkriːs] Abnahme, Verringerung *f,* Rückgang *m* (*in* an); ► **on the** ~ im Abnehmen; ~ **in population** Bevölkerungsrückgang *m.*

de·cree [dɪˈkriː] **I** *s* **1.** Erlaß *m,* Verordnung, Verfügung *f;* **2.** Gerichtsbeschluß, -entscheid *m;* Urteil *n;* ► **issue a** ~ e-e Verordnung erlassen; ~ **nisi** [—ˈnaɪsaɪ] *jur* vorläufiges Scheidungsurteil; **II** *tr* anordnen, verfügen.

de·crepit [dɪˈkrepɪt] *adj* altersschwach; *fig (Strukturen)* verkrustet; **de·crepitude** [dɪˈkrepɪtjuːd] Altersschwäche, Verkrustung *f.*

de·cry [dɪˈkraɪ] *tr* anprangern; schlechtmachen.

dedi·cate [ˈdedɪkeɪt] *tr* **1.** *rel* weihen *a. fig;* **2.** *(Buch)* widmen *a. fig;* ► ~ **one's life to s.th.** sein Leben e-r Sache widmen; **dedi·ca·tion** [ˌdedɪˈkeɪʃn] **1.** Einweihung *f* (*to* an); **2.** *(Buch)* Widmung *f;* **3.** Hingabe *f.*

de·duce [dɪˈdjuːs] *tr* **1.** ab-, herleiten (*from* von); **2.** folgern, schließen (*from*

aus); **de·duc·ible** [dɪˈdju:səbl] *adj* ableitbar.
de·duct [dɪˈdʌkt] *tr* **1.** abziehen (*from* von); **2.** *(Betrag)* einbehalten; **de·duct·ible** [dɪˈdʌktəbl] *adj* absetzbar; abziehbar; **de·duc·tion** [dɪˈdʌkʃn] **1.** Abzug *m;* **2.** *com* Rabatt, Nachlaß *m;* **3.** Schlußfolgerung *f;* ▶ **after ~ of** nach Abzug von; **de·duct·ive** [dɪˈdʌktɪv] *adj* deduktiv, zu folgern(d), sich ergebend.
deed [di:d] **I** *s* **1.** Tat, Handlung *f;* **2.** Leistung *f;* **3.** *jur* Übertragungsurkunde *f;* ▶ **in word and ~** in Wort und Tat; **~ of convenant** Vertragsurkunde *f;* **II** *tr Am* notariell übertragen; **deed poll** *jur* einseitige Erklärung.
deem [di:m] *tr* ▶ **~ s.o. s.th.** jdn für etw erachten.
deep [di:p] **I** *adj* **1.** tief *a. fig;* **2.** *(Schlaf)* tief; **3.** (tief)sinnig, tiefgründig; **4.** schwerverständlich; ▶ **take a ~ breath** tief atmen; **a two-metre ~ trench** ein zwei Meter tiefer Graben; **go off the ~ end** *fig* aufbrausen; **II** *adv* tief; ▶ **still waters run ~** *prov* stille Wasser sind tief; **~ into the night** bis tief in die Nacht hinein; **~ in debt** tief verschuldet; **~ in love** sehr verliebt; **III** *s* ▶ **the ~** das Meer; **in the ~ of winter** mitten im tiefsten Winter.
deepen [ˈdi:pən] **I** *tr* **1.** vertiefen; **2.** *(Farben)* verdunkeln; **II** *itr* sich vergrößern.
deep-freeze [ˌdi:pˈfri:z] **I** *s* Tiefkühlschrank *m;* Tiefkühltruhe *f;* **II** *tr irr s. freeze* einfrieren; **deep-frozen** [ˌdi:pˈfreʊzn] *adj* tiefgefroren; **deep-frozen foods** *pl* Tiefkühlkost *f;* **deep-fry** *tr* im Fett schwimmend braten; **deep·ly** [ˈdi:plɪ] *adv* (zu)tief(st); gründlich; ▶ **~ hurt** schwer gekränkt; **deepness** [ˈdi:pnɪs] **1.** Tiefe *f;* **2.** *fig* Scharfsinn *m,* Tiefsinnigkeit *f;* **deep-rooted** [ˌdi:pˈru:tɪd] *adj* tief verwurzelt; **deep-sea** *adj* Tiefsee-, Hochsee-; ▶ **~ fishing** Hochseefischerei *f;* **deep-seated** [ˌdi:pˈsi:tɪd] *adj* tiefsitzend.
deer [dɪə(r)] ‹*pl* deer› Hirsch *m;* Reh *n;* ▶ **red ~** Rotwild *n;* **deer-stalker** [ˈdɪəˌstɔ:kə(r)] **1.** *(Person)* Jäger auf der Pirsch; **2.** *(Hut)* Sherlock-Holmes-Mütze *f.*
de·face [dɪˈfeɪs] *tr* verunstalten.
defa·ma·tion [ˌdefəˈmeɪʃn] Verleumdung, Diffamierung *f;* **de·fama·tory** [dɪˈfæmətrɪ] *adj* verleumderisch, beleidigend; **de·fame** [dɪˈfeɪm] *tr* verleumden.
de·fault [dɪˈfɔ:lt] **I** *s* **1.** Nichteinhaltung, Nichterfüllung *f;* Versäumnis *n;* **2.** Nichterscheinen, Ausbleiben *n;* ▶ **in ~ of** in Ermangelung *gen;* **judgement by ~** Versäumnisurteil *n;* **II** *itr* **1.** säumig sein; **2.** vor Gericht nicht erscheinen; **3.** *sport* nicht antreten; ▶ **~ in one's payments** seinen Zahlungverpflichtungen nicht nachkommen.
de·feat [dɪˈfi:t] **I** *tr* **1.** besiegen, schlagen; **2.** *(Plan)* vereiteln, zunichte machen; **II** *s* **1.** Sieg *m;* **2.** Ablehnung *f;* **3.** Vereitelung *f;* **4.** Niederlage *f;* ▶ **suffer a ~** e-e Niederlage erleiden; **de·feat·ist** [—ɪst] **I** *adj* defätistisch; **II** *s* Defätist, Miesmacher *m.*
de·fe·cate [ˈdefəkeɪt] *itr* den Darm entleeren; **def·eca·tion** [ˌdefəˈkeɪʃn] *med* Darmentleerung *f.*
de·fect¹ [ˈdi:fekt] Fehler, Defekt *m* (*in* an); ▶ **physical ~** körperlicher Schaden.
de·fect² [dɪˈfekt] *itr* sich absetzen, abfallen; ▶ **~ to the enemy** zum Feind übergehen, überlaufen; **de·fec·tion** [dɪˈfekʃn] Abfall *m,* Überlaufen *n* (*from* von).
de·fec·tive [dɪˈfektɪv] **I** *adj* **1.** fehlerhaft, schadhaft, defekt; **2.** geistesgestört; **II** *s* Geistesgestörte(r) *f m.*
de·fence, *Am* **de·fense** [dɪˈfens] **1.** Verteidigung *f a. sport;* **2.** Befestigung, Schutzmaßnahme *f;* **3.** *jur* Verteidigung *f;* ▶ **body's ~s** Abwehrkräfte (des Körpers); **in s.o.'s ~** zu jds Rechtfertigung; **come to s.o.'s ~** jdn verteidigen; **speak, say in s.o.'s ~** für jdn sprechen; jdn verteidigen; **de·fence·less** [—lɪs] *adj* schutzlos; **defence minister** Verteidigungsminister(in) *m (f).*
de·fend [dɪˈfend] *tr* **1.** verteidigen *a. jur* (*against* gegen); **2.** rechtfertigen; **de·fend·ant** [dɪˈfendənt] Angeklagte(r), Beklagte(r) *f m.*
de·fense [dɪˈfens] *Am s. defence;* **de·fens·ible** [dɪˈfensəbl] *adj* zu verteidigen; vertretbar; **de·fens·ive** [dɪˈfensɪv] **I** *adj* defensiv; ▶ **~ measures** *pl* Schutzmaßnahmen *f pl;* **~ weapon** Verteidigungswaffe *f;* **II** *s* Defensive *f;* ▶ **on the ~** in der Defensive.
de·fer¹ [dɪˈfɜ:(r)] *tr* auf-, hinaus-, verschieben (*doing s.th.* etw zu tun); verlegen.
de·fer² [dɪˈfɜ:(r)] *itr* sich fügen (*to s.o.* jdm; *to s.th.* in etw).
de·fer·ence [ˈdefərəns] Achtung *f,* Respekt *m;* ▶ **in, out of ~ to** aus Achtung vor; **pay ~ to s.o.** jdm Achtung erweisen; **de·fer·en·tial** [ˌdefəˈrenʃl] *adj* ehrerbietig (*to* gegenüber).
de·ferred [dɪˈfɜ:d] *adj* ▶ **~ terms** *pl* Teilzahlung *f;* **~ payment** Ratenzahlung *f.*
de·fiance [dɪˈfaɪəns] Trotz *m* (*of* gegenüber); Mißachtung *f;* ▶ **in ~ of** trotz, ungeachtet *gen;* **de·fiant** [dɪˈfaɪənt] *adj* **1.** herausfordernd; **2.** aufsässig, trotzig.
de·fi·ciency [dɪˈfɪʃnsɪ] **1.** Mangel *m;* **2.** *com* Defizit *n,* Fehlbetrag *m;* **3.** Fehlbestand *m;* **de·fi·cient** [dɪˈfɪʃnt] *adj* unzulänglich; fehlerhaft; ▶ **be ~ in** Mangel haben an; **mentally ~** schwachsin-

nig.

defi·cit ['defɪsɪt] Defizit *n;* ► **show a ~** ein Defizit aufweisen.

de·file[1] [dɪ'faɪl] *tr* be-, verschmutzen; schänden.

de·file[2] ['di:faɪl] **I** *s* Hohlweg *m;* **II** *itr* hintereinander marschieren.

de·fine [dɪ'faɪn] *tr* **1.** scharf abgrenzen; näher bestimmen, festlegen; **2.** klarlegen, -stellen; definieren; ► **be ~d against** sich abheben von, gegen; **~ one's position** seinen Standpunkt darlegen.

defi·nite ['defɪnət] *adj* **1.** definitiv; fest; **2.** klar, deutlich, unmißverständlich; **3.** bestimmt, sicher; ► **it's ~ that** es ist sicher, daß; **for a ~ period** für e-e bestimmte Zeit; **defi·nite·ly** [—lɪ] *adv* **1.** fest, definitiv; **2.** sicherlich, zweifellos.

defi·ni·tion [ˌdefɪ'nɪʃn] **1.** Definition *f;* **2.** scharfe Abgrenzung; Festlegung *f;* **3.** (Bild-, Ton)Schärfe *f.*

de·fini·tive [dɪ'fɪnətɪv] *adj* **1.** entscheidend; maßgeblich; **2.** endgültig, definitiv.

de·flate [dɪ'fleɪt] **I** *tr* **1.** (die) Luft lassen aus; **2.** *(bes. Notenumlauf)* verringern, vermindern; **II** *itr fin* eine Deflation herbeiführen; **de·fla·tion** [dɪ'fleɪʃn] *fin* Deflation *f;* **de·fla·tion·ary** [ˌdɪ'fleɪʃnərɪ] *adj* deflationistisch.

de·flect [dɪ'flekt] *tr* um-, ablenken (*from* von); **de·flec·tion** [dɪ'flekʃn] Ablenkung *f.*

de·foli·ant [ˌdi:'fəʊlɪənt] Entlaubungsmittel *n;* **de·foli·ate** [ˌdi:'fəʊlɪeɪt] *tr* entlauben.

de·for·est [ˌdi:'fɒrɪst] *tr* abholzen; **de·for·est·ation** [di:ˌfɒrɪ'steɪʃn] Abholzung *f.*

de·form [dɪ'fɔ:m] *tr* **1.** deformieren, verformen; **2.** entstellen, verunstalten; **de·form·ation** [ˌdi:fɔ:'meɪʃn] **1.** Deformation *f;* **2.** *tech* Verformung *f;* **de·form·ity** [dɪ'fɔ:mətɪ] **1.** Mißbildung, Entstellung *f;* **2.** Abartigkeit *f.*

de·fraud [dɪ'frɔ:d] *tr* betrügen, hintergehen (*s.o. of s.th* jdn um etw).

de·fray [dɪ'freɪ] *tr (Kosten)* bestreiten, tragen.

de·frost [ˌdi:'frɒst] *tr* **1.** enteisen; **2.** auftauen.

deft [deft] *adj* gewandt, geschickt.

de·funct [dɪ'fʌŋkt] *adj* verstorben.

defy [dɪ'faɪ] *tr* **1.** sich widersetzen, trotzen (*s.o.* jdm); **2.** widerstehen, trotzen, spotten (*s.th.* e-r S); **3.** herausfordern.

de·gen·er·ate [dɪ'dʒenərət] **I** *adj* degeneriert, entartet; **II** *s* degenerierter Mensch; **III** *itr* [dɪ'dʒenəreɪt] degenerieren, entarten (*into* in, zu); **de·gen·er·ation** [dɪˌdʒenə'reɪʃn] Entartung, Degeneration *f.*

de·grade [dɪ'greɪd] *tr* **1.** degradieren; **2.** *fig* erniedrigen; **3.** *geol* abtragen; **4.** *chem* abbauen.

de·gree [dɪ'gri:] **1.** *math phys* Grad *m a. allg;* **2.** Maß *n;* **3.** akademischer Grad; **4.** Rang, Stand *m;* ► **by ~s** nach und nach, allmählich; **to a certain ~** bis zu e-m gewissen Grade; **to some ~** einigermaßen; **to such a ~** in solchem Maße, dermaßen; **drop five ~s** um fünf Grad fallen; **study for a ~** studieren; **get one's ~** seinen akademischen Grad erhalten; **first, second ~ murder** Mord *m,* Totschlag *m;* **~ of development** Entwicklungsstufe *f;* **~ of latitude, longitude** Breiten-, Längengrad *m;* **degree course** *Studiengang m, der zu einem akademischen Grad führt.*

de·hu·man·ize [ˌdi:'hju:mənaɪz] *tr* entmenschlichen.

de·hy·drate [ˌdi:'haɪdreɪt] *tr* Wasser entziehen (*s.th.* e-r S); **de·hy·drated** [ˌdi:haɪ'dreɪtɪd] *adj* Trocken-; pulverisiert; ausgetrocknet; ► **be ~** Nachdurst haben; **de·hy·dra·tion** [ˌdi:haɪ'dreɪʃn] Austrocknung; Dehydration *f.*

de-ice [ˌdi:'aɪs] *tr mot aero* enteisen.

deign [deɪn] *tr* ► **~ to do s.th.** geruhen, sich herablassen, etw zu tun.

de·ism ['di:ɪzəm] Deismus *m.*

de·ity ['di:ɪtɪ] Gottheit *f.*

de·ject [dɪ'dʒekt] *tr* deprimieren; **de·ject·ed** [—ɪd] *adj* bedrückt, niedergeschlagen; **de·jec·tion** [dɪ'dʒekʃn] Niedergeschlagenheit *f.*

de·lay [dɪ'leɪ] **I** *tr* **1.** ver-, aufschieben (*doing s.th.* etw zu tun); **2.** aufhalten; ► **he ~ed writing the letter** er schob den Brief auf; **II** *itr* **~ in doing s.th.** es verschieben, etw zu tun; **don't ~!** verlieren Sie keine Zeit! **III** *s* **1.** Aufenthalt *m;* **2.** *(Verkehr)* Stockung *f;* **3.** *(Zug)* Verspätung *f;* ► **without ~** sofort, unverzüglich; **admit of no ~** keinen Aufschub dulden; **have a ~** aufgehalten werden; **a two-hour ~** e-e zweistündige Verspätung; **delayed-action** *adj (Bombe)* mit Zeitzünder; ► **~ shutter release** *phot* Selbstauslöser *m;* **de·lay·ing** [—ɪŋ] *adj* hinhaltend; ► **~ tactics** *pl* Verzögerungstaktik *f.*

de·lec·table [dɪ'lektəbl] *adj* köstlich; **de·lec·ta·tion** [ˌdi:lek'teɪʃn] Vergnügen *n;* ► **for your ~** um Ihnen e-e Freude zu machen.

del·egate **I** *tr* ['delɪgeɪt] **1.** delegieren; **2.** *(Vollmacht)* erteilen; *(Befugnisse)* übertragen (*to s.o.* jdm); **II** *s* ['delɪgət] Delegierte(r) *f m,* bevollmächtigte(r) Vertreter(in) *m f;* **del·ega·tion** [ˌdelɪ'geɪʃn] Abordnung, Delegation *f.*

de·lete [dɪ'li:t] *tr* **1.** streichen (*from* aus); **2.** *EDV* löschen; **de·le·tion** [dɪ'li:ʃn] Streichung *f.*

de·lib·er·ate [dɪ'lɪbəreɪt] **I** *itr* nachdenken (*on, upon* über); sich beraten; **II** *tr* bedenken, erwägen; **III** *adj* [dɪ'lɪbərət] **1.** bewußt, absichtlich; **2.** (wohl)überlegt; bedächtig; **de·lib·er·ation** [dɪˌlɪbəˈreɪʃn] **1.** Überlegung *f;* **2.** Beratungen *f pl* (*on* über); **3.** Bedächtigkeit *f;* ▶ **after due ~** nach reiflicher Überlegung.

deli·cacy [ˈdelɪkəsɪ] **1.** Feinheit, Zartheit *f;* **2.** Anfälligkeit *f;* **3.** Zart-, Feingefühl *n;* **4.** Delikatesse *f;* ▶ **of great ~** heikel, schwierig; **deli·cate** [ˈdelɪkət] *adj* **1.** fein, zart; empfindlich; **2.** *med* empfindlich, anfällig; **3.** *(Situation)* heikel, schwierig; **4.** *(Instrument)* empfindlich; **5.** *fig* feinfühlig, zartfühlend; **6.** *(Essen)* delikat; **deli·ca·tessen** [ˌdelɪkəˈtesn] Delikatessengeschäft *n.*

de·li·cious [dɪˈlɪʃəs] *adj* **1.** herrlich, wunderbar; **2.** *(Essen)* schmackhaft, delikat.

de·light [dɪˈlaɪt] **I** *tr* erfreuen; **II** *itr* seine Freude, seinen Spaß haben (*in doing s.th.* etw zu tun); **III** *s* Freude *f,* Vergnügen *n;* ▶ **to my ~** zu meiner Freude; **take ~** Freude, Spaß haben (*in doing s.th.* etw zu tun); **give s.o. ~** jdn erfreuen; **de·light·ful** [dɪˈlaɪtfl] *adj* entzükkend, reizend, bezaubernd.

de·limit [di:ˈlɪmɪt] *tr* abgrenzen.

de·lin·eate [dɪˈlɪnɪeɪt] *tr* **1.** skizzieren, entwerfen; **2.** beschreiben, schildern.

de·lin·quency [dɪˈlɪŋkwənsɪ] **1.** Pflichtvergessenheit *f,* Versäumnis *n;* **2.** Kriminalität *f;* ▶ **juvenile ~** Jugendkriminalität *f;* **de·lin·quent** [dɪˈlɪŋkwənt] **I** *adj* **1.** straffällig; **2.** *(Steuern)* rückständig; **II** *s* Delinquent *m.*

de·liri·ous [dɪˈlɪrɪəs] *adj* **1.** im Delirium, phantasierend; **2.** *fig* außer sich (*with* vor); **de·liri·ous·ly** [—lɪ] *adv* ▶ **~ happy** überglücklich; **de·lirium** [dɪˈlɪrɪəm] **1.** Delirium *n;* **2.** *fig* Taumel *m.*

de·liver [dɪˈlɪvə(r)] *tr* **1.** (ab-, aus)liefern, übergeben, zustellen; **2.** *(Post)* austragen, zustellen; **3.** befreien (*from* von); **4.** *(Rede, Vortrag)* halten; **5.** *med* zur Welt bringen; **6.** aushändigen, übergeben; **7.** *(Schlag)* versetzen; ▶ **be ~ed of** entbunden werden von; **~ed free** frei Haus; **~ the goods** *fig* es bringen, schaffen; **de·liver·ance** [dɪˈlɪvərəns] Befreiung, Erlösung *f* (*from* von); **de·liverer** [dɪˈlɪvərə(r)] **1.** *com* Lieferant(in) *m (f);* **2.** Erlöser(in) *m (f);* **de·liv·ery** [dɪˈlɪvərɪ] **1.** (Aus)Lieferung *f;* Zustellung *f;* **2.** *med* Entbindung *f;* **3.** Vortrag *m,* Vortragsweise *f;* **4.** Wurf *m (e-s Balles);* ▶ **on ~** bei Lieferung; **take ~ of** in Empfang nehmen; **cash on ~** gegen Nachnahme; **delivery note** Lieferschein *m;* **delivery room** Kreißsaal *m;* **delivery service** Zustelldienst *m;* **delivery van** *Br* Lieferwagen *m.*

delta [ˈdeltə] (Fluß)Delta *n.*

de·lude [dɪˈlu:d] *tr* täuschen, irreführen; ▶ **~ s.o. into thinking s.th.** jdn dazu verleiten, etw zu glauben; **~ o.s.** sich etwas vormachen.

del·uge [ˈdelju:dʒ] **I** *s* **1.** Überschwemmung *f;* **2.** *fig* Flut *f,* Schwall *m;* ▶ **the D~** die Sintflut; **II** *tr* überfluten, überschwemmen (*with* mit) *a. fig.*

de·lusion [dɪˈlu:ʒn] **1.** Täuschung, Irreführung *f;* **2.** Wahn *m;* ▶ **be under a ~** in einem Wahn leben; **~s of grandeur** Größenwahn *m.*

de luxe [dɪˈlʌks] *adj* Luxus-.

delve [delv] *itr* sich vertiefen (*into, among* in); durchforschen (*into s.th.* etw).

dema·gogic [ˌdeməˈgɒgɪk] *adj* demagogisch; **dema·gogue,** *Am* **dema·gog** [ˈdeməgɒg] Demagoge *m;* **dema·gogy** [ˈdeməgɒgɪ] Demagogie *f.*

de·mand [dɪˈmɑ:nd] **I** *tr* **1.** *(Person)* fordern, verlangen, beanspruchen; **2.** *(Sache)* erfordern, verlangen, beanspruchen; **II** *s* **1.** Forderung *f;* Verlangen *n* (*for* nach); **2.** *com* Bedarf *m,* Nachfrage *f* (*for* nach); ▶ **on ~** auf Verlangen; bei Sicht; **be in great ~** sehr gefragt sein; **create a ~ for s.th.** e-e Nachfrage für etw schaffen; **demand note** Zahlungsaufforderung *f.*

de·mar·cate [ˈdi:mɑ:keɪt] *tr* abgrenzen (*from* von, gegen); **de·mar·ca·tion** [ˌdi:mɑ:ˈkeɪʃn] Abgrenzung *f;* **demarcation line** Demarkationslinie *f.*

de·mean [dɪˈmi:n] *refl* sich erniedrigen.

de·mean·our, *Am* **de·mean·or** [dɪˈmi:nə(r)] Benehmen, Betragen *n.*

de·mented [dɪˈmentɪd] *adj* wahnsinnig, verrückt.

de·merit [di:ˈmerɪt] Fehler, Mangel *m.*

de·mesne [dɪˈmeɪn] Grundbesitz *m.*

demi [ˈdemɪ] *pref* halb-; ▶ **~ god** Halbgott *m.*

de·mili·tar·ize [ˌdi:ˈmɪlɪtəraɪz] *tr* entmilitarisieren.

de·mise [dɪˈmaɪz] Tod *m,* Ableben *n.*

de·mist [ˌdi:ˈmɪst] *tr mot (Windschutzscheibe)* freimachen; **de·mist·er** [—ə(r)] *mot* Gebläse *n.*

de·mo·bil·ize [di:ˈməʊbəlaɪz] *tr* demobilisieren.

democ·racy [dɪˈmɒkrəsɪ] Demokratie *f;* **demo·crat** [ˈdeməkræt] Demokrat(in) *m (f);* **demo·cratic** [ˌdeməˈkrætɪk] *adj* demokratisch; **de·moc·ra·tize** [dɪˈmɒkrətaɪz] *tr* demokratisieren; **de·moc·ra·ti·za·tion** [—eɪʃn] Demokratisierung *f.*

de·mol·ish [dɪˈmɒlɪʃ] *tr* **1.** *(Gebäude)* abbrechen, niederreißen; **2.** *fig* zunichte machen; **demo·li·tion** [ˌdeməˈlɪʃn] Abbruch *m.*

de·mon [ˈdi:mən] **1.** Dämon *m;* **2.** *fam* Besessene(r) *f m;* ▶ **~ for work** Arbeitstier *n;* **de·mon·iac** [dɪˈməʊnɪæk], **de·monic** [di:ˈmɒnɪk] *adj* dämonisch.

de·mon·strable [ˈdemənstrəbl] *adj*

nachweisbar, offensichtlich; **dem·on·strate** ['demənstreɪt] **I** *tr* **1.** be-, nachweisen; zeigen; **2.** vorführen, demonstrieren; **II** *itr pol* demonstrieren; **dem·on·stra·tion** [ˌdemən'streɪʃn] **1.** Beweis(führung *f*) *m;* Vorführung *f;* **2.** *pol* Kundgebung, Demonstration *f;* ▶ **give a ~** etw demonstrieren; **hold a ~** e-e Demonstration veranstalten; **demonstration model** Vorführmodell *n;* **de·mon·stra·tive** [dɪ'mɒnstrətɪv] *adj* **1.** demonstrativ; **2.** *(Mensch)* offen; **dem·on·stra·tor** ['demənstreɪtə(r)] **1.** *com* Vorführer(in) *m (f);* **2.** *pol* Demonstrant(in) *m (f).*

de·moral·ize [dɪ'mɒrəlaɪz] *tr* demoralisieren, entmutigen.

de·mote [ˌdiː'məʊt] *tr* degradieren (*to* zu).

de·mure [dɪ'mjʊə(r)] *adj* **1.** ernst, gesetzt; **2.** spröde.

den [den] **1.** Höhle *f;* **2.** (Räuber)Höhle *f;* **3.** *fam* Bude *f.*

de·nation·al·ize [ˌdiː'næʃənəlaɪz] *tr (Industrie)* entnationalisieren, reprivatisieren.

de·nial [dɪ'naɪəl] **1.** Leugnen *n;* Dementi *n;* **2.** Ablehnung *f,* abschlägige Antwort; **3.** Verleugnung *f;* ▶ **give an official ~** offiziell dementieren (*to s.th.* etw).

deni·grate ['denɪgreɪt] *tr* verunglimpfen.

denim ['denɪm] **1.** Zwil(li)ch, Köper *m;* **2.** *pl* Jeans *pl.*

deni·zen ['denɪzn] Bewohner *m a. zoo bot.*

Den·mark ['denmɑːk] Dänemark *n.*

de·nomi·na·tion [dɪˌnɒmɪ'neɪʃn] **1.** *rel* Konfession *f;* **2.** Benennung, Bezeichnung *f;* **3.** *com* Nennbetrag *m;* **4.** Klasse, Gruppe *f;* **de·nomi·na·tional** [dɪˌnɒmɪ'neɪʃənl] *adj* konfessionell.

de·nomi·na·tor [dɪ'nɒmɪneɪtə(r)] *math* Nenner *m;* ▶ **(lowest) common ~** gemeinsamer Nenner.

de·nota·tion [ˌdiːnəʊ'teɪʃn] Begriffsumfang *m,* Denotation *f;* **de·note** [dɪ'nəʊt] *tr* **1.** be-, kennzeichnen; benennen; **2.** bedeuten.

de·nounce [dɪ'naʊns] *tr* **1.** heftig kritisieren, anprangern; **2.** *jur* anzeigen, denunzieren; **3.** *(Abkommen)* kündigen.

dense [dens] *adj* **1.** dicht, eng; **2.** *fig* schwer von Begriff, beschränkt; **dense·ly** [—lɪ] *adv* dicht; ▶ **~ populated** dicht bevölkert, dicht besiedelt; **den·sity** ['densətɪ] Dichte *f;* ▶ **~ of population** Bevölkerungs-, Besiedlungsdichte *f;* **~ of traffic** Verkehrsdichte *f;* **single/double ~ disk** *EDV* Diskette *f* mit einfacher/doppelter Schreibdichte.

dent [dent] **I** *s* Beule, Delle *f;* ▶ **a ~ in one's pride** *fig* verletzter Stolz; **II** *tr* eindrücken, -beulen.

den·tal ['dentl] **I** *adj* **1.** Zahn-; **2.** *gram* dental; ▶ **~ floss** Zahnseide; **~ plate** Zahnprothese *f;* **II** *s* Zahnlaut *m;* **den·tist** ['dentɪst] Zahnarzt *m,* -ärztin *f;* ▶ **at the ~('s)** beim Zahnarzt; **den·tistry** ['dentɪstrɪ] Zahnmedizin *f;* **den·ti·tion** [den'tɪʃn] Zahnen *n;* **den·tures** ['dentʃəz] *pl* Gebiß *n.*

de·nude [dɪ'njuːd] *tr* **1.** entblößen, bloßlegen (*of* von), freilegen; **2.** *fig* berauben (*of* gen).

de·nunci·ation [dɪˌnʌnsɪ'eɪʃn] **1.** *jur* Anzeige, Denunziation *f;* **2.** Kündigung *f (e-s Vertrages);* **3.** Verurteilung *f.*

deny [dɪ'naɪ] *tr* **1.** (ver)leugnen, bestreiten; **2.** ablehnen, -schlagen, verweigern (*to* zu); ▶ **~ o.s.** sich selbst verleugnen; **~ all responsibility** jede Verantwortung ablehnen; **~ a request** e-e Bitte abschlagen.

de·odor·ant [diː'əʊdərənt] **I** *adj* desodorierend; ▶ **~ spray** Deospray *n;* **II** *s* Deodorant *n;* ▶ **roll-on ~** Deoroller *m;* **de·odor·ize** [diː'əʊdəraɪz] *tr* desodorieren.

de·part [dɪ'pɑːt] *itr* **1.** abreisen, -fahren; wegfahren; **2.** *fig* abgehen, abweichen (*from* von); ▶ **~ from the truth** von der Wahrheit abweichen; **be ready to ~** startbereit sein; **de·parted** [—ɪd] **I** *adj* verstorben; **II** *s* ▶ **the ~** der, die Verstorbene.

de·part·ment [dɪ'pɑːtmənt] **1.** Abteilung *f;* Ressort *n;* **2.** Fach, Gebiet *n;* ▶ **men's clothing ~** Abteilung *f* für Herrenkleidung; **department store** Waren-, Kaufhaus *n;* **de·part·mental** [ˌdiːpɑːt'mentl] *adj* Abteilungs-.

de·par·ture [dɪ'pɑːtʃə(r)] **1.** Aufbruch *m a. fig;* Weg-, Abgang *m;* **2.** Abreise, -fahrt *f,* -flug *m;* **3.** Abweichen *n* (*from* von); **4.** *fig* Richtung *f;* Ansatz *m;* **departure gate** *aero* Flugsteig *m;* **departure lounge** *aero* Abflughalle; **departure time** Abfahrts-, Abflugzeit *f.*

de·pend [dɪ'pend] *itr* **1.** abhängen, abhängig sein (*on* von); **2.** sich verlassen (*on, upon* auf); ▶ **~ upon it!** verlassen Sie sich darauf! **that ~s, it all ~s** das kommt drauf an, je nachdem; **de·pend·abil·ity** [dɪˌpendə'bɪlətɪ] Zuverlässigkeit *f;* **de·pend·able** [dɪ'pendəbl] *adj* zuverlässig; **de·pend·ant, de·pend·ent** [dɪ'pendənt] Abhängige(r) *f m; pl* Familienangehörige *pl;* **de·pend·ence** [dɪ'pendəns] **1.** Abhängigkeit *f* (*on, upon* von); **2.** Vertrauen *n* (*on* auf); **de·pend·ent** [dɪ'pendənt] **I** *adj* abhängig (*on* von); ▶ **be ~ on** abhängen von; abhängig sein von; **II** *s s. dependant.*

de·pict [dɪ'pɪkt] *tr* **1.** abbilden; **2.** schildern, beschreiben; **de·pic·tion** [dɪ'pɪkʃn] Schilderung, Beschreibung *f.*

de·pila·tory [dɪ'pɪlətrɪ] Enthaarungsmittel *n;* **depilatory cream** Enthaarungscreme *f.*

de·plete [dɪˈpliːt] *tr* (aus-, ent)leeren; erschöpfen, vermindern; **de·ple·ted** [—d] *adj* **1.** entleert; erschöpft; **2.** *(Uran)* abgereichert; **de·ple·tion** [dɪˈpliːʃn] Erschöpfung; Verminderung *f.*

de·plor·able [dɪˈplɔːrəbl] *adj* bedauerns-, beklagens-, bejammernswert; **de·plore** [dɪˈplɔː(r)] *tr* bedauern, beklagen.

de·ploy [dɪˈplɔɪ] **I** *tr mil* einsetzen *a. fig;* aufmarschieren lassen, stationieren; **II** *itr* sich aufstellen; **de·ploy·ment** [—mənt] *mil a. fig* Einsatz *m;* Stationierung *f.*

de·popu·late [ˌdiːˈpɒpjʊleɪt] *tr* entvölkern.

de·port [dɪˈpɔːt] **I** *tr* ausweisen, abschieben, deportieren; **II** *refl* sich benehmen; **de·port·ation** [ˌdiːpɔːˈteɪʃn] Deportation, Abschiebung *f;* **de·portee** [ˌdiːpɔːˈtiː] Ausgewiesene(r), Deportierte(r) *f m;* **de·port·ment** [dɪˈpɔːtmənt] **1.** Betragen, Benehmen *n;* **2.** Haltung *f.*

de·pose [dɪˈpəʊz] **I** *tr* aus dem Amt entfernen, absetzen (*from* von); **II** *itr jur* unter Eid aussagen.

de·posit [dɪˈpɒzɪt] **I** *tr* **1.** hinlegen; hinstellen; **2.** *(Geld)* deponieren (*with* bei); **3.** *com* einzahlen, hinterlegen (*at the bank* bei der Bank); **4.** *geol* ablagern (*on* auf); **II** *s* **1.** Einlage *f,* Guthaben *n;* **2.** *com* Anzahlung *f;* Sicherheit, Kaution *f;* **3.** *geol* Ablagerung *f;* ▶ **have money on ~** ein Guthaben haben; **put down a ~** e-e Anzahlung leisten; **leave, pay a ~** e-e Anzahlung machen; **deposit account** Spar-, Depositenkonto *n;* **de·posi·tion** [ˌdepəˈzɪʃn] **1.** Entthronung *f;* Absetzung *f;* **2.** *jur* Aussage *f* unter Eid; **3.** *geol* Ablagerung *f;* **4.** *rel (Kunst)* ▶ **~ from the cross** Kreuzabnahme *f;* **de·posi·tor** [dɪˈpɒzɪtə(r)] Einleger(in), Einzahler(in) *m (f).*

depot [ˈdepəʊ] **1.** (Waren)Lager, Depot, Magazin *n;* **2.** *Am* Bahnhof *m.*

de·prave [dɪˈpreɪv] *tr* verderben; **de·praved** [—d] *adj* verworfen; verderbt; **de·prav·ity** [dɪˈprævətɪ] Verderbtheit, Sittenlosigkeit *f.*

dep·re·cate [ˈdeprəkeɪt] *tr* mißbilligen, ablehnen; **dep·re·cat·ing** [—ɪŋ] *adj* **1.** mißbilligend; **2.** abwehrend; **dep·reca·tion** [ˌdeprəˈkeɪʃn] Mißbilligung *f;* **dep·re·ca·tory** [ˌdeprəˈkeɪtərɪ] *s. deprecating.*

de·pre·ci·ate [dɪˈpriːʃɪeɪt] **I** *tr* **1.** im Wert mindern, ent-, abwerten; **2.** herabsetzen; **II** *itr* an Wert verlieren; **de·pre·ci·ation** [dɪˌpriːʃɪˈeɪʃn] **1.** Entwertung, Wertminderung *f,* -verlust *m;* **2.** Herabsetzung *f;* ▶ **~ of money** Geldentwertung *f.*

dep·re·da·tion [ˌdeprəˈdeɪʃn] *oft pl* Verheerung, Verwüstung *f.*

de·press [dɪˈpres] *tr* **1.** nieder-, herunterdrücken; **2.** deprimieren, entmutigen; **3.** *(im Preis)* herabsetzen; **de·pres·sant** [dɪˈpresnt] **I** *s* Beruhigungsmittel *n;* **II** *adj* beruhigend; **de·pressed** [dɪˈprest] *adj* **1.** *fig* deprimiert, niedergeschlagen; **2.** *com* flau; notleidend; ▶ **~ area** Notstandsgebiet *n;* **de·press·ing** [—ɪŋ] *adj* bedrückend, deprimierend; **de·press·ion** [dɪˈpreʃn] **1.** Depression *f a. med;* **2.** Vertiefung, Senke, Mulde *f;* **3.** *com* Flaute, Krise *f;* **4.** *mete* Tief(druckgebiet) *n;* **de·press·ive** [dɪˈpresɪv] *adj* depressiv.

depri·va·tion [ˌdeprɪˈveɪʃn] **1.** Beraubung *f;* Verlust *m;* Entzug *m;* **2.** Entbehrung *f,* Mangel *m;* **de·prive** [dɪˈpraɪv] *tr* ▶ **~ s.o. of s.th.** jdm etw entziehen; jdn um etw bringen; **~ o.s. of s.th.** sich etw nicht gönnen; **de·prived** [dɪˈpraɪv] *adj* benachteiligt.

depth [depθ] **1.** Tiefe *f;* **2.** *fig* Kraft, Tiefe *f;* ▶ **~s** *pl fig* Tiefen *f pl;* **at a ~ of** in e-r Tiefe von; **get out of one's ~** *fig* den Boden unter den Füßen verlieren; **with great ~ of feeling** sehr gefühlvoll; **~ of field** *phot* Tiefenschärfe, Schärfentiefe *f;* **in ~** eingehend, intensiv; **in the ~s of winter** mitten im Winter; **depth charge** Wasserbombe *f.*

depu·ta·tion [ˌdepjʊˈteɪʃn] Abordnung *f;* **de·pute** [dɪˈpjuːt] *tr* **1.** abordnen, delegieren; **2.** *(Befugnisse)* übertragen (*to s.o.* jdm); **depu·tize** [ˈdepjʊtaɪz] **I** *tr* ernennen; **II** *itr* vertreten (*for s.o.* jdn); **dep·uty** [ˈdepjʊtɪ] **1.** Stellvertreter(in) *m (f);* **2.** *pol* Delegierte(r) *f m.*

de·rail [dɪˈreɪl] **I** *tr* entgleisen lassen; **II** *itr* entgleisen; **de·rail·ment** [dɪˈreɪlmənt] Entgleisung *f.*

de·range [dɪˈreɪndʒ] *tr* **1.** verrückt machen; **2.** *(Plan)* durcheinanderbringen; **de·ranged** [dɪˈreɪndʒd] *adj* gestört, verwirrt; ▶ **be mentally ~** geistesgestört sein; **de·range·ment** [—mənt] **1.** Geistesgestörtheit *f;* **2.** Unordnung *f.*

Derby [ˈdɑːbɪ, *Am* ˈdɜːrbɪ] **1.** Derbyrennen *n* in Epsom, England; **2.** Pferderennen *n;* ▶ **local ~** Lokalderby *n.*

der·el·ict [ˈderəlɪkt] **I** *adj* **1.** baufällig, verfallen; **2.** verlassen; **II** *s* Wrack *n a. fig;* **der·el·ic·tion** [ˌderəˈlɪkʃn] Verfall *m;* ▶ **~ of duty** Pflichtversäumnis *n.*

de·ride [dɪˈraɪd] *tr* sich lustig machen über, verhöhnen; **de·rision** [dɪˈrɪʒn] Spott, Hohn *m;* ▶ **object of ~** Zielscheibe *f* des Spottes; **de·ris·ive** [dɪˈraɪsɪv] *adj* spöttisch; **de·ris·ory** [dɪˈraɪsərɪ] *adj (Angebot)* lächerlich.

deri·va·tion [ˌderɪˈveɪʃn] **1.** *(Wort, Sprache)* Ableitung *f;* **2.** Herkunft *f,* Ursprung *m;* **de·riva·tive** [dɪˈrɪvətɪv] **I** *adj* abgeleitet; nachgeahmt; **II** *s* Ableitung *f;* Derivat *n;* **de·rive** [dɪˈraɪv] **I** *tr* **1.** ab-, herleiten (*from* von); **2.** *(Gefallen)* gewinnen, erhalten (*from* von);

▶ ~ **benefit, profit from** Nutzen, Vorteile ziehen aus; **II** *itr* ▶ ~ **from** sich ableiten von; herkommen von.

der·ma·ti·tis [ˌdɜːməˈtaɪtɪs] Hautentzündung *f;* **der·ma·tol·ogist** [ˌdɜːməˈtɒlədʒɪst] Dermatologe *m,* Dermatologin *f,* Hautarzt *m,* -ärztin *f;* **der·ma·tol·ogy** [ˌdɜːməˈtɒlədʒɪ] Dermatologie *f.*

dero·gate [ˈderəgeɪt] *itr* beeinträchtigen (*from s.th.* etw), schaden (*from s.o.* jdm); **dero·ga·tion** [ˌderəˈgeɪʃn] Beeinträchtigung *f,* Abbruch *m;* **de·roga·tory** [dɪˈrɒgətrɪ] *adj* nachteilig, abträglich (*to* für); abfällig.

der·rick [ˈderɪk] **1.** (Lade)Kran *m;* **2.** Bohrturm *m.*

de·scale [ˌdiːˈskeɪl] *tr* entkalken.

des·cant [ˈdeskænt] **I** *s mus* Diskant *m;* **II** *itr* [dɪˈskænt] sich (lobend) auslassen (*on, upon* über).

de·scend [dɪˈsend] **I** *itr* **1.** herab-, hinabsteigen, herabkommen; hinunterfahren; heruntergehen; **2.** abstammen (*from* von); **3.** *(Eigentum)* übergehen (*from* von; *to* auf); vererbt werden; **4.** herfallen (*on, upon* über); überfallen (*on s.o.* jdn); hereinbrechen (*on* über); **5.** sich erniedrigen, herablassen (*to* zu); ▶ ~ **to details** in die Einzelheiten gehen; **II** *tr (Treppe)* hinuntergehen, -steigen; **de·scend·ant** [—ənt] Nachkomme, Abkömmling *m;* **de·scent** [dɪˈsent] **1.** Abstieg *m;* Hinuntergehen, Absteigen *n;* Abfall *m;* **2.** Abstammung, Herkunft *f;* **3.** Vererbung, Übertragung *f* (*to* auf); **4.** Überfall *m* (*on, upon* auf) *a. fig;* **5.** *fig* Niedergang, Verfall *m.*

de·scribe [dɪˈskraɪb] *tr* **1.** beschreiben; schildern, darstellen; **2.** bezeichnen (*as* als); **3.** *(Kreis)* beschreiben; **de·scrip·tion** [dɪˈskrɪpʃn] **1.** Beschreibung *f;* Schilderung *f;* **2.** Bezeichnung *f;* **3.** *fam* Art, Sorte *f;* ▶ **beyond** ~ unbeschreiblich; **of every** ~ jeder Art; **answer to a** ~ e-r Beschreibung entsprechen; **de·scrip·tive** [dɪˈskrɪptɪv] *adj* **1.** beschreibend; **2.** anschaulich; ▶ ~ **writing** Beschreibung *f.*

des·ecrate [ˈdesɪkreɪt] *tr rel* entweihen; **des·ecra·tion** [ˌdesɪˈkreɪʃn] Entweihung *f.*

de·seg·re·gate [ˌdiːˈsegrɪgeɪt] *tr* die Rassentrennung aufheben in; **de·seg·re·ga·tion** [ˌdiːˈsegrɪgeɪʃn] Aufhebung *f* der Rassentrennung, Desegregation *f.*

de·sen·si·tize [ˌdiːˈsensɪtaɪz] *tr* **1.** *phot* lichtunempfindlich machen; **2.** *med* desensibilisieren.

de·sert¹ [dɪˈzɜːt] **I** *tr* verlassen, im Stich lassen; ▶ ~**ed street** verlassene Straße; **II** *itr* desertieren.

des·ert² [ˈdezət] **I** *s* Wüste *f;* **II** *adj* **1.** unfruchtbar; Wüsten-; **2.** unbewohnt.

de·serter [dɪˈzɜːtə(r)] Deserteur *m;* **de·ser·ti·fi·ca·tion** [dɪˈzɜːtɪfɪkeɪʃn] *geog* Versteppung *f.*

de·ser·tion [dɪˈzɜːʃn] **1.** (böswilliges) Verlassen *n;* **2.** Desertion, Fahnenflucht *f.*

de·serts [dɪˈzɜːts] *pl* Verdienste *n pl;* verdiente Belohnung; ▶ **according to one's** ~ nach seinen Verdiensten; **get one's (just)** ~ das bekommen, was man verdient hat.

de·serve [dɪˈzɜːv] *tr* verdienen; ▶ **he** ~**s to be punished** er verdient es, bestraft zu werden; **de·serv·ed·ly** [dɪˈzɜːvɪdlɪ] *adv* verdientermaßen, gebührend; **de·serv·ing** [dɪˈzɜːvɪŋ] *adj* verdienstvoll.

de·sign [dɪˈzaɪn] **I** *s* **1.** Zeichnung, Skizze *f;* **2.** Entwurf, Plan *m;* **3.** Konstruktion *f;* **4.** Design *n;* Muster *n;* **5.** *fig* Absicht *f,* Vorhaben *n;* ▶ **by** ~ mit Absicht, absichtlich; **at the** ~ **stage** im Stadium der Konstruktion; **have** ~**s on, against** etw im Schilde führen gegen; **II** *tr* skizzieren; entwerfen; konstruieren; ▶ ~ **for s.th.** für etw vorsehen; **III** *itr* planen.

des·ig·nate [ˈdezɪgneɪt] **I** *tr* **1.** be-, kennzeichnen; **2.** bestimmen, ernennen (*s.o. as s.th.* jdn zu etw); **II** [ˈdezɪgnɪt] *adj (nach Substantiven)* designiert; **des·ig·na·tion** [ˌdezɪgˈneɪʃn] **1.** Bezeichnung *f;* Name *m;* Kennzeichnung *f;* **2.** Bestimmung, Ernennung *f.*

de·sign·ed·ly [dɪˈzaɪnɪdlɪ] *adv* absichtlich; vorsätzlich.

de·signer [dɪˈzaɪnə(r)] **1.** Designer(in) *m (f);* **2.** Konstrukteur(in) *m (f);* **3.** *theat* Dekorateur(in) *m (f);* **de·sign·ing** [dɪˈzaɪnɪŋ] **I** *adj* intrigant; verschlagen; **II** *s* Entwerfen *n;* Planen, Konstruieren *n.*

de·sir·able [dɪˈzaɪərəbl] *adj* **1.** wünschens-, begehrens-, erstrebenswert; **2.** *(Haus)* reizvoll, attraktiv; **de·sire** [dɪˈzaɪə(r)] **I** *tr* **1.** wünschen; **2.** begehren, verlangen nach; ▶ **it leaves much to be** ~**d** das läßt viel zu wünschen übrig; **II** *s* **1.** Wunsch *m;* Sehnsucht *f;* **2.** Verlangen, Begehren *n* (*for* nach); **de·sir·ous** [dɪˈzaɪərəs] *adj* ▶ **be** ~ **of** den Wunsch haben zu.

de·sist [dɪˈzɪst] *itr* Abstand nehmen (*from* von).

desk [desk] **1.** Schreibtisch *m;* **2.** *(Geschäft)* Kasse *f;* **3.** *(Presse)* Ressort *n;* **4.** *(Hotel)* Empfang *m;* ▶ **ask at the information** ~ sich bei der Auskunft erkundigen; **desk·top pub·lish·ing** [ˈdesktɒp ˈpʌblɪʃɪŋ] *EDV* Desktop-Publishing *n;* **desk work** Büroarbeit *f.*

deso·late [ˈdesəleɪt] **I** *tr* untröstlich machen, sehr betrüben; **II** *adj* [ˈdesələt] **1.** verwüstet, verlassen, trostlos; **2.** *(Mensch)* tieftraurig, zu Tode betrübt; **deso·la·tion** [ˌdesəˈleɪʃn] **1.** Verwüstung *f;* **2.** Öde, Trostlosigkeit *f;* **3.** Verlassenheit, Einsamkeit *f.*

des·pair [dɪˈspeə(r)] **I** *itr* verzweifeln (*of* an); ► **~ of s.th.** alle Hoffnung auf etw aufgeben; **II** *s* Verzweiflung, Hoffnungslosigkeit *f* (*at* über); ► **in ~** verzweifelt; **give up in ~** verzweifeln, aufgeben; **be the ~ of s.o.** jdn zur Verzweiflung bringen; **des·pair·ing** [—ɪŋ] *adj* verzweifelt.

des·per·ado [ˌdespəˈrɑːdəʊ] ‹*pl* -ado(e)s› Bandit, Desperado *m*.

des·per·ate [ˈdespərət] *adj* **1.** verzweifelt; **2.** zum Äußersten entschlossen; **3.** *(Lage)* hoffnungslos, ausweglos; **4.** *fig* extrem; ► **get ~** verzweifeln; **des·per·ation** [ˌdespəˈreɪʃn] Verzweiflung *f*; ► **in ~** aus Verzweiflung; **drive to ~** zur Verzweiflung bringen.

des·pic·able [dɪˈspɪkəbl] *adj* verabscheuungswürdig, widerwärtig.

des·pise [dɪˈspaɪz] *tr* verachten, verschmähen.

des·pite [dɪˈspaɪt] *prep* trotz.

de·spoil [dɪˈspɔɪl] *tr* berauben (*of s.th.* e-r S); plündern.

de·spon·dent [dɪˈspɒndənt] *adj* mut-, hoffnungslos, niedergeschlagen.

des·pot [ˈdespɒt] Despot *m a. fig*; **des·potic** [dɪˈspɒtɪk] *adj* despotisch, tyrannisch; **des·pot·ism** [ˈdespətɪzəm] Despotismus *m*, Tyrannei *f*.

des·sert [dɪˈzɜːt] Nachtisch *m*, Dessert *n*; **des·sert·spoon** [dɪˈzɜːtˌspuːn] Dessertlöffel *m*.

de·sta·bil·iz·ation [ˌdiːˈsteɪbəlaɪzˈeɪʃn] Destabilisierung *f*; **de·sta·bil·ize** [ˌdiːˈsteɪbəlaɪz] *tr* destabilisieren.

des·ti·na·tion [ˌdestɪˈneɪʃn] Bestimmung(sort *m*) *f*; Reiseziel *n*; ► **port of ~** Bestimmungshafen *m*.

des·tine [ˈdestɪn] *tr* ausersehen (*for* für, zu); bestimmen; ► **be ~d to do s.th.** dazu bestimmt sein, etw zu tun; **it was ~d to happen** es sollte so kommen.

des·tiny [ˈdestɪnɪ] Schicksal, Geschick, Los *n*; ► **it was his ~** es war sein Schicksal.

des·ti·tute [ˈdestɪtjuːt] *adj* **1.** notleidend; mittellos; **2.** bar (*of* gen); **des·ti·tu·tion** [ˌdestɪˈtjuːʃn] Not *f*; Mittellosigkeit *f*.

de·stroy [dɪˈstrɔɪ] *tr* **1.** zerstören, vernichten; ruinieren; kaputtmachen; **2.** *(Tier)* einschläfern; **de·stroyer** [dɪˈstrɔɪə(r)] Zerstörer *m a. mar*.

de·struc·tible [dɪˈstrʌktəbl] *adj* zerstörbar; **de·struc·tion** [dɪˈstrʌkʃn] **1.** Zerstörung, Vernichtung *f*; **2.** *fig* Verwüstung *f*; **de·struc·tive** [dɪˈstrʌktɪv] *adj* zerstörerisch; destruktiv; **de·struc·tive·ness** [—nɪs] zerstörende Wirkung, Destruktivität *f*.

de·sul·phur·iz·ation [diːˌsʌlfəraɪˈzeɪʃn] *chem* Entschwefelung *f*.

des·ul·tory [ˈdesəltrɪ] *adj* flüchtig; halbherzig; vereinzelt.

de·tach [dɪˈtætʃ] *tr* **1.** losmachen; abtrennen; herausnehmen (*from* aus); **2.** *mil* (ab)kommandieren; ► **~ o.s. from a group** sich von e-r Gruppe lösen; **de·tach·able** [—əbl] *adj* ablösbar, abtrennbar, abnehmbar (*from* von); **de·tached** [dɪˈtætʃt] *adj* **1.** distanziert, unvoreingenommen, kühl; **2.** *(Haus)* freistehend; **de·tach·ment** [dɪˈtætʃmənt] **1.** Ablösung, Abtrennung *f*; Herausnehmen *n*; **2.** *fig* Distanz *f*, Abstand *m*; **3.** *mil* Abordnung *f*.

de·tail [ˈdiːteɪl] **I** *s* **1.** Detail *n*; Einzelheit *f*; Ausschnitt *m*; **2.** unwichtige Einzelheit; **3.** *mil* Sondertrupp *m*; ► **in ~** im einzelnen, im Detail; **in every ~** Punkt für Punkt; **go into ~s** auf Einzelheiten eingehen; **II** *tr* **1.** genau erzählen, berichten; **2.** *mil* abkommandieren (*for* zu); **de·tailed** [ˈdiːteɪld] *adj* ausführlich, detailliert.

de·tain [dɪˈteɪn] *tr* **1.** *(Person)* zurückhalten, aufhalten; **2.** *jur* inhaftieren; festnehmen; **de·tainee** [ˌdiːteɪˈniː] Häftling *m*.

de·tect [dɪˈtekt] *tr* **1.** entdecken; feststellen; **2.** ausfindig machen; wahrnehmen; **de·tect·able** [—əbl] *adj* feststellbar; **de·tec·tion** [dɪˈtekʃn] **1.** Auf-, Entdekkung *f*; Feststellung *f*; **2.** Ermittlung *f*; ► **escape ~** nicht gefaßt werden; **de·tec·tive** [dɪˈtektɪv] Kriminalbeamte(r) *m*, -beamtin *f*; Detektiv(in) *m (f)*; **detective story** Kriminalroman *m*; **de·tector** [dɪˈtektə(r)] *radio* Detektor *m*.

de·ten·tion [dɪˈtenʃn] **1.** *jur* Haft *f*, Gewahrsam *m*; **2.** *(Schule)* Nachsitzen *n*; **3.** *fig* Verzögerung *f*; **detention centre** *Br* Jugendstrafanstalt *f*.

de·ter [dɪˈtɜː(r)] *tr* **1.** abhalten, hindern (*from* an); **2.** abschrecken.

de·ter·gent [dɪˈtɜːdʒənt] Reinigungsmittel *n*; Waschmittel *n*; Waschpulver *n*.

de·terio·rate [dɪˈtɪərɪəreɪt] *itr* **1.** sich verschlechtern, sich verschlimmern; **2.** verfallen; **de·terio·ra·tion** [dɪˌtɪərɪəˈreɪʃn] **1.** Verschlechterung, Verschlimmerung *f*; **2.** Verfall *m*.

de·ter·min·able [dɪˈtɜːmɪnəbl] *adj* bestimmbar; **de·ter·mi·nant** [dɪˈtɜːmɪnənt] **I** *adj* determinierend; **II** *s* entscheidender Faktor, Determinante *f*; **de·ter·mi·nate** [dɪˈtɜːmɪnət] *adj* bestimmt, begrenzt, festgelegt; **de·ter·mi·na·tion** [dɪˌtɜːmɪˈneɪʃn] **1.** Entschlossenheit *f*; Entschlußkraft *f*; **2.** Bestimmung *f* (*of* von); Festlegung *f*; **de·ter·mine** [dɪˈtɜːmɪn] **I** *tr* **1.** bestimmen, entscheiden; **2.** *(Preis)* festlegen, -setzen; **3.** ermitteln; **4.** *(Person)* veranlassen; **5.** beschließen; **6.** *(Vertrag)* (auf)lösen; **II** *itr* **~ on** sich entschließen zu; **de·ter·mined** [dɪˈtɜːmɪnd] *adj* entschlossen (*to do* zu tun).

de·ter·rence [dɪˈterəns] *mil* Abschrekkung *f;* **de·ter·rent** [dɪˈterənt] **I** *adj* abschreckend; **II** *s* Abschreckungsmittel *n.*

de·test [dɪˈtest] *tr* verabscheuen, hassen; **de·test·able** [—əbl] *adj* abscheulich, scheußlich; **de·tes·ta·tion** [ˌdi:teˈsteɪʃn] Abscheu *m.*

de·throne [ˌdi:ˈθrəʊn] *tr* entthronen.

det·on·ate [ˈdetəneɪt] **I** *itr* zünden, detonieren; **II** *tr* explodieren lassen; **det·on·ation** [ˌdetəˈneɪʃn] Zündung, Detonation *f;* **det·on·ator** [ˈdetəneɪtə(r)] Zündkapsel *f.*

de·tour [ˈdi:tʊə(r)] **I** *s* Abstecher, Umweg *m;* Umleitung *f;* **II** *tr* umleiten.

de·tract [dɪˈtrækt] *itr* ► ~ **from s.th.** etw beeinträchtigen, e-r S Abbruch tun; **de·tract·or** [dɪˈtræktə(r)] Kritiker(in) *m (f);* Gegner(in) *m (f).*

det·ri·ment [ˈdetrɪmənt] Nachteil, Schaden *m* (*to* für); ► **to s.o.'s** ~ zu jds Nachteil, Schaden; **without** ~ **to** ohne Schaden für; **det·ri·men·tal** [ˌdetrɪˈmentl] *adj* nachteilig, ungünstig, schädlich (*to* für).

de·tri·tus [dɪˈtraɪtəs] Geröll *n;* Schutt *m.*

deuce [dju:s] **1.** *(Spielkarten, Würfel)* Zwei *f;* **2.** *(Tennis)* Einstand *m.*

de·val·u·ate [ˌdi:ˈvæljʊeɪt] *s. devalue;* **de·valu·ation** [ˌdi:væljʊˈeɪʃn] *com* Abwertung *f;* **de·value** [ˌdi:ˈvælju:] *tr* abwerten.

dev·as·tate [ˈdevəsteɪt] *tr* verwüsten, verheeren; **dev·as·tat·ing** [—ɪŋ] *adj* **1.** *fig* verheerend, vernichtend; **2.** *fam* umwerfend; **dev·as·ta·tion** [ˌdevəˈsteɪʃn] Verwüstung *f.*

de·vel·op [dɪˈveləp] **I** *tr* **1.** entwickeln *a. phot u. fig;* **2.** *(Idee)* entfalten, ausweiten, ausbauen; **3.** *(Boden)* erschließen; **4.** *(Haus)* erweitern, ausbauen; sanieren; **5.** *fig* ausarbeiten, auswerten; **6.** *(Krankheit)* sich zuziehen; **II** *itr* **1.** sich entwickeln (*from* aus; *into* zu); **2.** *(Talent)* sich entfalten; **3.** entstehen; **4.** sich herausstellen, sich zeigen, bekanntwerden; **de·vel·oper** [dɪˈveləpə(r)] Entwickler *m a. phot;* **de·vel·op·ing** [dɪˈveləpɪŋ] *adj* aufkommend, entstehend; ► ~ **country** Entwicklungsland *n;* **de·vel·op·ment** [dɪˈveləpmənt] **1.** Entwicklung *f;* Wachstum *n;* **2.** Ausführung *f;* Entfaltung *f;* **3.** Nutzbarmachung, Erschließung *f,* Ausbau *m;* ► ~ **area** Erschließungs-, Fördergebiet *n.*

de·vi·ate [ˈdi:vɪeɪt] *itr* abweichen, abkommen (*from* von); **de·vi·ation** [ˌdi:vɪˈeɪʃn] **1.** *fig phys* Abweichung *f;* **2.** *(vom Kurs)* Abkommen *n;* **de·vi·ation·ist** [—ɪst] *pol* Abweichler *m.*

de·vice [dɪˈvaɪs] **1.** Gerät *n,* Vorrichtung *f;* **2.** Kunstgriff, Trick *m;* ► **leave s.o. to his own** ~**s** jdn sich selbst überlassen.

devil [ˈdevl] **I** *s* **1.** Teufel *m a. fig;* **2.** Teufelskerl *m;* ► **between the** ~ **and the deep (blue) sea** in der Klemme; **like the** ~ wie ein Verrückter; **play the** ~ **with** ruinieren; **go to the** ~ **!** geh zum Teufel! **run like the** ~ wie ein geölter Blitz sausen; **work like the** ~ wie ein Pferd schuften; **what the** ~**?** was zum Teufel? **there'll be the** ~ **to pay** das dicke Ende kommt noch; **II** *tr* scharf gewürzt grillen; **III** *itr* Handlangerdienste tun (*for* für); **devil·ish** [ˈdevəlɪʃ] **I** *adj* teuflisch, niederträchtig, gemein; **II** *adv fam* verdammt, mächtig, sehr; **devil-may-care** [ˌdevlmeɪˈkeə(r)] *adj* leichtsinnig; **devil·ment** [ˈdevlmənt] grober Unfug; ► **full of** ~ voller Übermut; **dev·ilry** [ˈdevlrɪ] grober Unfug; Teufelei *f.*

de·vi·ous [ˈdi:vɪəs] *adj* **1.** indirekt, gewunden; **2.** *fig* krumm; **3.** *(Mensch)* unaufrichtig, verschlagen; ► **by** ~ **ways** auf krummen Wegen; **take a** ~ **route** e-n Umweg machen.

de·vise [dɪˈvaɪz] *tr* **1.** sich ausdenken; **2.** *jur* vermachen, hinterlassen.

de·void [dɪˈvɔɪd] *adj* ohne; ► ~ **of fear** furchtlos.

de·vol·ution [ˌdi:vəˈlu:ʃn] **1.** Übertragung *f* (*from* ... *to* von ... auf); **2.** *pol* Dezentralisierung *f;* **de·volve** [dɪˈvɒlv] **I** *tr* übertragen (*on* auf); **II** *itr* übergehen (*to, (up)on* auf).

de·vote [dɪˈvəʊt] *tr* **1.** widmen (*to* dat); **2.** verwenden (*to* für); **de·voted** [dɪˈvəʊtɪd] *adj* **1.** voller Hingabe (*to* an); **2.** ergeben, treu; ► **be** ~ **to s.o.** sehr an jdm hängen; **devo·tee** [ˌdevəˈti:] Verehrer(in), Anhänger(in), Liebhaber(in) *m (f);* **de·vo·tion** [dɪˈvəʊʃn] **1.** Hingabe *f* (*to* an); Ergebenheit *f* (*to* gegenüber); **2.** Verwendung *f;* **3.** *pl* Andacht *f;* ► ~ **to duty** Pflichteifer *m;* **de·vo·tional** [dɪˈvəʊʃənl] *adj* religiös.

de·vour [dɪˈvaʊə(r)] *tr* **1.** ver-, hinunterschlingen; **2.** *fig* verschlingen; ► **be** ~**ed** erfüllt sein, verzehrt sein (*by hate* von Haß); **de·vour·ing** [—ɪŋ] *adj fig* verzehrend.

de·vout [dɪˈvaʊt] *adj* **1.** fromm, religiös; **2.** aufrichtig, echt.

dew [dju:] Tau *m a. fig;* **dew drop** Tautropfen *m;* **dewy** [ˈdju:ɪ] *adj* taufeucht; ► ~**-eyed** schmachtend; naiv.

dex·ter·ity [ˌdekˈsterətɪ] Geschicklichkeit, Gewandtheit *f a. fig;* **dex·ter·ous, dex·trous** [ˈdekstrəs] *adj* geschickt, gewandt.

dex·trose [ˈdekstrəʊz] Traubenzucker *m.*

dia·betes [ˌdaɪəˈbi:tɪz] *med* Diabetes *m;* **dia·betic** [ˌdaɪəˈbetɪk] **I** *s* Diabetiker(in) *m (f);* **II** *adj* zuckerkrank.

dia·bolic(al) [ˌdaɪəˈbɒlɪk(l)] *adj* **1.** teuflisch; **2.** *fam* widerlich, abscheulich.

dia·dem [ˈdaɪədem] Diadem *n.*

di·ag·nose [ˈdaɪəgnəʊz] *tr med* diagnostizieren; **di·ag·nosis** [ˌdaɪəgˈnəʊsɪs] ‹*pl* -noses› [daɪəgˈnəʊsi:z] Diagnose *f;* **di·ag·nos·tic** [ˌdaɪəgˈnɒstɪk] *adj* diagnostisch.

di·ag·onal [daɪˈægənl] **I** *adj* diagonal; **II** *s math* Diagonale *f.*

dia·gram [ˈdaɪəgræm] graphische Darstellung; Schaubild, Diagramm *n.*

dial [ˈdaɪəl] **I** *s* **1.** Zifferblatt *n;* **2.** Skala *f;* **3.** *tele* Wählscheibe *f;* **4.** *radio* Einstellskala *f;* **5.** *sl* Fresse *f;* Gesicht *n;* **II** *tr tele* wählen; ► ~ **direct** direkt wählen.

dia·lect [ˈdaɪəlekt] Dialekt *m,* Mundart *f;* **dia·lectal** [ˌdaɪəˈlektl] *adj* mundartlich, dialektal.

dia·lec·ti·cal [ˌdaɪəˈlektɪkl] *adj* dialektisch.

dial·ling [ˈdaɪəlɪŋ] ► ~ **code** Vorwahlnummer *f;* ~ **tone** Amtszeichen *n.*

dia·logue, *Am* **dia·log** [ˈdaɪəlɒg] Dialog *m a. fig.*

di·al·ys·is [daɪˈæləsɪs] *med* Dialyse *f.*

di·am·eter [daɪˈæmɪtə(r)] Durchmesser *m;* ► **be one metre in** ~ e-n Durchmesser von einem Meter haben; **dia·metri·cal·ly** [ˌdaɪəˈmetrɪklɪ] *adv* diametral; ► ~ **opposed** genau entgegengesetzt.

dia·mond [ˈdaɪəmənd] **1.** Diamant *m;* **2.** *math* Rhombus *m;* **3.** *(Spielkarten)* Karo *n;* **4.** *(Baseball)* Innenfeld *n;* ► **rough** ~ Rohdiamant *m; fig Mensch m mit gutem Kern in rauher Schale;* **diamond cutter** Diamantschleifer *m;* **diamond wedding** diamantene Hochzeit.

dia·per [ˈdaɪəpə(r)] *Am* Windel *f.*

di·apha·nous [daɪˈæfənəs] *adj* durchscheinend, durchsichtig.

dia·phragm [ˈdaɪəfræm] **1.** *anat phys chem* Diaphragma *n;* **2.** *anat* Zwerchfell *n;* **3.** *phys* Membran *f;* **4.** *phot* Blende *f;* **5.** Pessar *n.*

dia·rist [ˈdaɪərɪst] Tagebuchschreiber(in) *m (f).*

di·ar·rhoea, *Am* **di·ar·rhea** [ˌdaɪəˈrɪə] *med* Durchfall *m.*

diary [ˈdaɪərɪ] **1.** Tagebuch *n a. com;* **2.** Terminkalender *m.*

dia·tonic [ˌdaɪəˈtɒnɪk] *adj mus* diatonisch.

dia·tribe [ˈdaɪətraɪb] Schmährede *f.*

dice [daɪs] ‹*sing* die› **I** *s pl* od *fam a. sing* Würfel *m;* ► **play** ~ Würfel spielen; **II** *itr* würfeln; ► ~ **with death** mit dem Tod(e) spielen; **III** *tr* in Würfel schneiden.

dicey [ˈdaɪsɪ] *adj fam* riskant.

di·chot·omy [daɪˈkɒtəmɪ] Trennung *f.*

dick [dɪk] *vulg* Penis, Schwanz *m;* ► **clever** ~ *fam* Schlaumeier *m.*

dick·ens [ˈdɪkɪnz] ► **what the** ~! was zum Teufel!

dicky [ˈdɪkɪ] *adj fam* angeknackst.

dic·ta·phone [ˈdɪktəfəʊn] Diktaphon *n.*

dic·tate [dɪkˈteɪt] **I** *tr* diktieren *a. fig;* **II** *itr* ► ~ **to s.o.** jdm diktieren, Vorschriften machen; **III** *s* [ˈdɪkteɪt] *meist pl* Diktat; Gebot *n;* **dic·ta·tion** [dɪkˈteɪʃn] Diktat *n;* ► **take a** ~ ein Diktat aufnehmen.

dic·ta·tor [dɪkˈteɪtə(r)] Diktator(in) *m (f);* **dic·ta·torial** [ˌdɪktəˈtɔ:rɪəl] *adj* diktatorisch; **dic·ta·tor·ship** [—ʃɪp] Diktatur *f.*

dic·tion [ˈdɪkʃn] Ausdruck(sweise *f*) *m,* Diktion *f.*

dic·tion·ary [ˈdɪkʃənrɪ] Wörterbuch *n.*

did [dɪd] *v s. do.*

di·dac·tic [dɪˈdæktɪk] *adj* didaktisch.

diddle [ˈdɪdl] *tr fam* beschwindeln, übers Ohr hauen.

didn't [dɪdnt] = *did not.*

die[1] [daɪ] **I** *itr* **1.** sterben (*of* an); *(im Krieg)* fallen; **2.** *(Liebe)* vergehen, erlöschen; **3.** *(Sitte)* aussterben; untergehen; ► ~ **of hunger** vor Hunger sterben; **be dying** im Sterben liegen; **be dying to do s.th.** darauf brennen, etw zu tun; ~ **hard** nicht totzukriegen sein; ~ **in one's bed** e-s natürlichen Todes sterben; **II** *(mit Präposition)* **die away** *itr* nachlassen; schwächer werden; **die back** *itr* absterben; **die down** *itr* **1.** nachlassen; herunterbrennen; **2.** *(Lärm)* schwächer werden; **3.** *(Aufregung)* sich legen; **die off** *itr* wegsterben; **die out** *itr* aussterben.

die[2] [daɪ] **1.** ‹*pl* dice› Würfel *m;* ► **the** ~ **is cast** die Würfel sind gefallen; **2.** ‹*pl* dies› [daɪz] Gußform *f;* Prägestempel *m.*

die·hard [ˈdaɪhɑ:d] zäher Kämpfer.

die·sel [ˈdi:zl] Dieselöl *n;* **diesel engine** Dieselmotor *m;* **diesel oil** Dieselkraftstoff *m.*

diet[1] [ˈdaɪət] **I** *s* **1.** Nahrung *f;* **2.** Diät *f;* Abmagerungskur *f;* ► **keep to a strict** ~ strenge Diät einhalten; **put s.o. on a** ~ jdm e-e Diät verordnen; **he is on a** ~ er lebt diät; er macht eine Abmagerungskur; **II** *itr* diät leben; eine Abmagerungskur machen.

diet[2] [ˈdaɪət] Abgeordnetenversammlung *f.*

die·tary [ˈdaɪətərɪ] *adj* diätetisch; **die·tet·ic** [ˌdaɪəˈtetɪk] *adj* diätetisch; **die·tet·ics** [ˌdaɪəˈtetɪks] *pl mit sing* Diätetik *f;* **die·ti·cian** [ˌdaɪəˈtɪʃn] Diätist(in) *m (f).*

dif·fer [ˈdɪfə(r)] *itr* **1.** verschieden sein (*in, as to* in); **2.** sich unterscheiden, abweichen (*from* von); **3.** verschiedener, entgegengesetzter Meinung sein (*on, about, over* über); ► **agree to** ~ verschiedene Meinungen zugestehen; **I beg to** ~ Verzeihung, da bin ich anderer Ansicht.

dif·fer·ence [ˈdɪfrəns] **1.** Unterschied *m* (*between* zwischen); Differenz *f a. math;* Verschiedenheit *f;* **2.** *pl* Meinungsverschiedenheiten *f pl;* ► **with**

the ~ that mit dem Unterschied, daß; **settle one's ~s** die Meinungsverschiedenheiten beilegen; **split the ~** *fig* sich auf halbem Wege einigen; **I can't see much ~** ich sehe keinen großen Unterschied; **make a ~ to s.th.** e-n Unterschied bei etw machen; **does it make any ~ if ...?** macht es was aus, wenn ...? **what's the ~?** was macht das schon? **pay the ~** den Rest bezahlen; **~ in age** Altersunterschied *m.*

dif·fer·ent ['dɪfrənt] *adj* **1.** andere(r, s); anders (*from, to* als); **2.** verschieden, unterschiedlich; ▶ **that's a ~ matter** das ist etwas anderes; **in what way are they ~?** wie unterscheiden sie sich?

dif·fer·en·tial [ˌdɪfə'renʃl] **I** *adj* unterschiedlich, verschieden; ▶ **~ calculus** Differentialrechnung *f;* **II** *s* **1.** Unterschied *m;* **2.** *math* Differential *n;* **3.** *mot* Differential-, Ausgleichsgetriebe *n;* ▶ **wage, salary ~** Lohn-, Gehaltsunterschiede *m pl.*

dif·fer·en·ti·ate [ˌdɪfə'renʃɪeɪt] **I** *tr* **1.** unterscheiden, trennen; **2.** differenzieren *a. math;* **II** *itr* sich unterscheiden (*from* von); **dif·fer·en·ti·ation** [ˌdɪfərenʃɪ'eɪʃn] Differenzierung, Unterscheidung *f.*

dif·fi·cult ['dɪfɪkəlt] *adj* **1.** schwer, schwierig; **2.** *(Mensch)* schwierig; anspruchsvoll; **3.** *(Lage)* schwierig, heikel; ▶ **it's ~ to know whether** es ist schwer zu sagen, ob; **dif·fi·culty** ['dɪfɪkəltɪ] **1.** Schwierigkeit *f* (*in walking* beim Gehen); **2.** schwierige Angelegenheit; ▶ **with ~** mit Mühe; **be in difficulties** Schwierigkeiten haben; **get into difficulties** in Schwierigkeiten geraten; **work under difficulties** unter schwierigen Umständen arbeiten.

dif·fi·dent ['dɪfɪdənt] *adj* zaghaft, schüchtern; ▶ **be ~** kein Selbstvertrauen haben (*about doing s.th.* etw zu tun).

dif·fract [dɪ'frækt] *tr (Licht)* brechen, beugen.

dif·fuse [dɪ'fju:z] **I** *tr* **1.** ausstrahlen, verbreiten; **2.** *(Flüssigkeit)* ausgießen; **3.** *(Parfüm)* verbreiten *a. fig;* **II** *itr* **1.** ausstrahlen, sich ausbreiten; **2.** *phys* diffundieren; **3.** *fig* sich verbreiten; **III** *adj* [dɪ'fju:s] **1.** diffus; **2.** *fig* weitschweifig, langatmig, wortreich; **dif·fu·sion** [dɪ'fju:ʒn] *opt* Diffusion *f;* Streuung *f.*

dig [dɪg] ‹*irr* dug, dug› **I** *tr* **1.** (aus-, um)graben; **2.** *(Graben)* ausheben; **3.** stoßen, schubsen; **4.** *sl* stehen auf; ▶ **~ s.o. in the ribs** jdn in die Rippen stoßen; **II** *itr* **1.** graben (*for* nach); **2.** stöbern, suchen (*for* nach); **3.** *tech* schürfen; **4.** *fam* wohnen, hausen; **III** *s* **1.** Puff, Stoß *m;* **2.** *fig* Seitenhieb *m* (*at* auf); **3.** Ausgrabung *f;* **IV** *(mit Präposition)* **dig at** *itr* anmeckern; **dig in** *itr* **1.** *(beim Essen)* zugreifen; **2.** *mil* sich eingraben; *tr* eingraben; ▶ **~ one's heels in** *fig* sich sperren gegen; **dig into** *tr* **1.** wühlen in; **2.** *fam* herfallen über; **dig out** *tr* ausgraben; **dig up** *tr* **1.** *(Erde)* aufwühlen, umgraben; **2.** *fig* ausgraben, ausfindig machen.

di·gest [dɪ'dʒest, daɪ'dʒest] **I** *tr* **1.** verdauen; **2.** *fig* geistig verarbeiten; **II** *itr* verdauen; **III** *s* ['daɪdʒest] Zusammenfassung *f,* Abriß *m;* **di·gest·ible** [dɪ'dʒestəbl] *adj* verdaulich; **di·ges·tion** [dɪ'dʒestʃən] Verdauung *f;* **di·ges·tive** [dɪ'dʒestɪv] *adj* verdauungsfördernd; ▶ **~ trouble** Verdauungsstörungen *f pl.*

dig·ger ['dɪgə(r)] **1.** Goldgräber(in) *m (f);* **2.** Bagger *m.*

digit ['dɪdʒɪt] **1.** Finger *m;* Zehe *f;* **2.** *math* Ziffer *f;* **digi·tal** ['dɪdʒɪtl] *adj* digital; ▶ **~ computer** Digitalrechner *m;* **~ technology** Digitaltechnik *f;* **~ watch, clock** Digitaluhr *f;* **digi·tal·ize** ['dɪdʒɪtəlaɪz] *tr* digitalisieren.

dig·ni·fied ['dɪgnɪfaɪd] *adj* würdig; würdevoll; **dig·nify** ['dɪgnɪfaɪ] *tr* ehren, herausstreichen.

dig·ni·tary ['dɪgnɪtərɪ] Würdenträger(in) *m (f);* **dig·nity** ['dɪgnətɪ] **1.** Würde *f;* **2.** Rang *m;* Stellung *f;* ▶ **beneath s.o.'s ~** unter jds Würde; **stand (up)on one's ~** förmlich sein.

di·gress [daɪ'gres] *itr* abschweifen (*from* von); **di·gress·ive** *adj* abschweifend, abweichend.

dike, dyke [daɪk] **I** *s* **1.** (Wasser)Graben *m;* **2.** Deich, Damm *m a. fig;* **II** *tr* eindeichen.

dil·api·dated [dɪ'læpɪdeɪtɪd] *adj* verfallen, baufällig.

di·late [daɪ'leɪt] **I** *tr* weiten, erweitern; dehnen; **II** *itr* sich weiten, sich erweitern; **di·la·tion** [daɪ'leɪʃn] **1.** Ausdehnung *f;* **2.** *med* Erweiterung *f.*

dila·tory ['dɪlətərɪ] *adj* **1.** hinhaltend; **2.** *(Person)* langsam.

di·lemma [dɪ'lemə, daɪ'lemə] Dilemma *n,* Verlegenheit *f;* ▶ **place s.o. in a ~** jdn in e-e Klemme bringen.

dil·et·tante [ˌdɪlɪ'tæntɪ] ‹*pl* -tanti› [ˌdɪlɪ'tæntɪ] Dilettant(in) *m (f).*

dili·gence ['dɪlɪdʒəns] **1.** Fleiß *m;* **2.** Sorgfalt *f;* **dili·gent** ['dɪlɪdʒənt] *adj* **1.** fleißig; **2.** sorgfältig, gewissenhaft.

dill [dɪl] *bot* Dill *m.*

dilly-dally ['dɪlɪdælɪ] *itr fam* (herum)trödeln, bummeln.

di·lute [daɪ'lju:t] **I** *tr* **1.** verdünnen (*to* auf); **2.** verwässern *a. fig;* **3.** *fig* abschwächen, mildern; **II** *adj* verdünnt; **di·lu·tion** [daɪ'lju:ʃn] **1.** Verdünnung *f;* Verwässerung *f a. fig;* **2.** *fig* Abschwächung *f.*

dim [dɪm] **I** *adj* **1.** trübe, matt; **2.** *(Lampe)* schwach, dunkel; **3.** undeutlich, verschwommen; **4.** *(Erinnerung)* blaß, verschwommen; **5.** *fam fig* schwer von Begriff; ▶ **take a ~ view of s.th.** nicht viel von etw halten; **II** *itr (Licht)* schwächer werden; **III** *tr* **1.** verdunkeln; **2.** *(Licht)* abblenden; **3.** *(Sinn)* trüben.

dime [daɪm] *Am* Zehncentstück *n.*

di·men·sion [dɪ'menʃn, daɪ'menʃn] **1.** Dimension *f a. math;* **2.** Abmessung *f,* Maß *n;* Ausdehnung *f,* Umfang *m,* Größe *f;* **3.** *pl* Ausmaße *n pl;* ▶ **of great ~s** sehr groß; **-di·men·sional** [dɪ'menʃənl, daɪ'menʃənl] *adj Suffix* -dimensional.

dim·in·ish [dɪ'mɪnɪʃ] **I** *itr* **1.** sich vermindern, sich verringern; **2.** abnehmen (*in* an); **3.** nachlassen; **II** *tr* **1.** vermindern, verringern; **2.** herabsetzen; **3.** *fig* dämpfen; **dim·in·ution** [ˌdɪmɪ'nju:ʃn] **1.** Verminderung, Verringerung *f;* **2.** Abnahme *f* (*in* an); **3.** *fig* Nachlassen *n;* **dim·inu·tive** [dɪ'mɪnjʊtɪv] **I** *adj* sehr klein, winzig; **II** *s gram* Verkleinerungsform *f.*

dim·mer ['dɪmə(r)] Abblendschalter *m,* -vorrichtung *f;* Dimmer *m;* **dim·ness** ['dɪmnɪs] **1.** Mattheit *f;* Schwäche *f;* Trübheit *f;* **2.** *fig* Undeutlichkeit, Verschwommenheit *f.*

dimple ['dɪmpl] Grübchen *n.*

din [dɪn] **I** *s* Lärm *m,* Getöse *n,* Tumult *m;* **II** *tr* **~ s.th. into s.o.** jdm etw einbleuen; **III** *itr* lärmen, toben, dröhnen (*in the ears* in den Ohren).

dine [daɪn] **I** *itr* (zu) Mittag essen; speisen; ▶ **~ out** auswärts (zu Mittag) essen; **II** *tr* bewirten; **diner** ['daɪnə(r)] **1.** Speisende(r) *f m;* **2.** *rail* Speisewagen *m;* **3.** *Am* Speiselokal *n.*

din·ghy ['dɪŋgɪ] Ding(h)i *n;* ▶ **collapsible ~** Schlauchboot *n.*

din·go ['dɪŋgəʊ] ⟨*pl* -goes⟩ australischer Wildhund, Dingo *m.*

dingy ['dɪndʒɪ] *adj* schmuddelig.

dining ['daɪnɪŋ] ▶ **~ car** Speisewagen *m,* Zugrestaurant *n;* **~ room** Eß-, Speisezimmer *n;* **~ table** Eßtisch *m.*

dinkies *pl fam Abk:* **double income no kids** Doppelverdiener *pl* ohne Kinder; *fam* Dinks *pl.*

dinky ['dɪŋkɪ] *adj fam* hübsch, nett, reizend.

din·ner ['dɪnə(r)] Hauptmahlzeit *f;* (Mittag-, Abend)Essen *n;* ▶ **after ~** nach Tisch; **at ~** beim Essen; **be having one's ~** zu Abend, Mittag essen; **for ~** zum (Mittag-, Abend)Essen; **ask to ~** zum (Mittag-, Abend)Essen einladen; **~ is served** bitte zu Tisch! **dinner-jacket** Smoking *m;* **dinner-party** Abendgesellschaft *f;* **dinner-service** Eßservice, Tafelgeschirr *n;* **dinner-table** Tafel *f;* **dinner time** Essenszeit *f.*

dino·saur ['daɪnəsɔ:(r)] *zoo* Dinosaurier *m.*

dint [dɪnt] ▶ **by ~ of** (ver)mittels, mit Hilfe *gen,* durch.

dio·cese ['daɪəsɪs] Diözese *f.*

di·ox·ide [daɪ'ɒksaɪd] *chem* Dioxyd *n;* ▶ **carbon ~** Kohlendioxyd *n.*

di·oxin [daɪ'ɒksɪn] *chem* Dioxin *n.*

dip [dɪp] **I** *tr* **1.** (ein)tauchen, (ein)tunken (*in* in); **2.** *(Hand)* stecken; **3.** *mar (Fahne)* dippen; **4.** *mot (Licht)* abblenden; **5.** *(Kerzen)* ziehen; **II** *itr* **1.** *(Preise)* fallen; **2.** *(~ down)* sich neigen, sich senken; ▶ **the sun ~ped below the horizon** die Sonne verschwand hinter dem Horizont; **III** *s* **1.** (Ein-, Unter)Tauchen *n;* **2.** (Wasser-, Farb)Bad *n;* Desinfektionslösung *f;* **3.** Senke, Mulde *f;* **4.** *mar* Dippen *n;* **have, take, go for a ~** baden gehen; **IV** *(mit Präposition)* **dip into** *itr* **1.** greifen in; **2.** e-n kurzen Blick werfen in; ▶ **~ into one's pocket** tief in die Tasche greifen; **~ into one's savings** seine Ersparnisse angreifen.

diph·teria [dɪf'θɪərɪə] *med* Diphterie *f.*

diph·thong ['dɪfθɒŋ] Diphthong *m.*

di·ploma [dɪ'pləʊmə] Diplom *n* (*in* in).

di·plo·macy [dɪ'pləʊməsɪ] *pol* Diplomatie *f a. allg;* **diplo·mat** ['dɪpləmæt] Diplomat(in) *m (f);* **diplo·matic** [ˌdɪplə'mætɪk] *adj (adv: ~ally)* diplomatisch; ▶ **the ~ corps** das Diplomatische Korps; **~ answer** diplomatische Antwort; **di·ploma·tist** [dɪ'pləʊmətɪst] *s. diplomat.*

dip·per ['dɪpə(r)] **1.** Schöpflöffel *m,* Kelle *f;* **2.** *mot* Abblendschalter *m;* **3.** *orn* Wasseramsel *f;* ▶ **the Big, Little D~** *Am astr* der Große, Kleine Bär; **big ~** Achterbahn *f.*

dip·so·mania [ˌdɪpsə'meɪnɪə] Trunksucht *f;* **dip·so·maniac** [ˌdɪpsə'meɪnɪæk] Trunksüchtige(r) *f m.*

dip-stick ['dɪpstɪk] *mot* Ölmeßstab *m;* **dip-switch** *mot* Abblendschalter *m.*

dire ['daɪə(r)] *adj* **1.** schrecklich, furchtbar; **2.** äußerste(r, s); ▶ **be in ~ need** in großer Verlegenheit sein.

di·rect [dɪ'rekt, daɪ'rekt] **I** *adj* **1.** direkt; **2.** unmittelbar; **3.** *(Zug)* durchgehend; **4.** *(Bemerkung)* gerade, offen, deutlich; ▶ **be a ~ descendant of s.o.** ein direkter Nachkomme von jdm sein; **~-mail advertising** Postwurfsendung *f;* **II** *adv* direkt, gerade, unmittelbar; **the flight goes ~ to Paris** es ist ein Direktflug nach Paris; **III** *tr* **1.** richten (*towards* auf); **2.** lenken, leiten; **3.** *(Verkehr)* regeln; **4.** anweisen, anordnen (*s.o. to do s.th* jdn etw zu tun); befehlen; **5.** *(Worte)* richten (*to* an); **6.** *(Brief)* adressieren, schicken (*to* an); **7.** *(Orchester)* dirigieren, leiten; **8.** *(Film)* Regie führen bei; ▶ **~ one's remark(s) to s.o.** jdn anreden; **~ one's steps to s.th.** auf etw zugehen; **~ s.o.'s attention to s.th.** jds Aufmerksamkeit auf etw lenken; **as ~ed** *med* wie verordnet; **~ a play** Regie führen; **direct action** direkte Aktion;

direct current *el* Gleichstrom *m;* **direct hit** Volltreffer *m.*

di·rec·tion [dɪˈrekʃn] **1.** Richtung *f;* **2.** Leitung, Führung *f;* **3.** *theat film* Regie *f;* **4.** *pl* Anweisungen *f pl;* Angaben *f pl;* Gebrauchsanweisung *f;* ▶ **by ~ of** auf Anweisung, Anordnung *gen;* **in the opposite ~** in entgegengesetzter Richtung; **under the ~ of** unter Leitung von; **sense of ~** Orientierungssinn *m;* **directional** [dɪˈrekʃənl] *adj* gerichtet; ▶ **~ microphone** Richtmikrofon *n.*

di·rec·tive [dɪˈrektɪv] Weisung, Direktive, Richtlinie *f.*

di·rect·ly [dɪˈrektlɪ] **I** *adv* **1.** direkt, unmittelbar *a. fig;* **2.** sofort, gleich; **II** *conj* sobald wie.

di·rec·tor [dɪˈrektə(r)] **1.** Direktor(in), Leiter(in) *m (f);* **2.** *theat film* Regisseur(in) *m (f);* ▶ **board of ~s** Verwaltungsrat *m;* Vorstand *m;* **~ general** Generaldirektor(in) *m (f);* **di·rec·tor·ate** [dɪˈrektərət] **1.** Direktorenstelle *f;* **2.** Aufsichtsrat *m;* **di·rec·tor·ship** [—ʃɪp] Direktorstelle *f.*

di·rec·tory [dɪˈrektərɪ] **1.** Adreßbuch, Verzeichnis *n;* **2.** *(telephone ~)* Telefonbuch *n;* ▶ **trade ~** Branchenverzeichnis *n;* **directory enquiries** *pl* Telefonauskunft *f.*

dirt [dɜːt] **1.** Schmutz, Dreck *m;* **2.** Unrat, Kehricht *m;* **3.** *fig* Schmutz *m;* schmutzige Wäsche; ▶ **treat s.o. like ~** jdn wie Dreck behandeln; **eat ~** sich widerspruchslos demütigen lassen; **fling, throw ~ at s.o.** jdn in den Schmutz ziehen; **dirt-cheap** [ˌdɜːtˈtʃiːp] *adj* spottbillig; **dirt road** unbefestigte Straße; **dirt track** Feldweg *m; sport* Aschenbahn *f;* **dirty** [ˈdɜːtɪ] **I** *adj* **1.** schmutzig, verschmutzt; **2.** *fig* unflätig, zotig; **3.** *fig* niederträchtig, gemein; **4.** *(Wetter)* stürmisch, windig; ▶ **give s.o. a ~ look** jdm e-n bösen Blick zuwerfen; **play a ~ trick on s.o.** jdm e-n üblen Streich spielen; **~ weather** Dreckwetter *n;* **~ work** Schmutzarbeit *f;* **II** *tr* schmutzig machen, verschmutzen; **III** *s* ▶ **do the ~ on s.o.** jdn reinlegen.

dis·abil·ity [ˌdɪsəˈbɪlətɪ] **1.** Unfähigkeit *f,* Unvermögen *n;* **2.** Behinderung *f;* Invalidität *f;* ▶ **~ for work** Arbeitsunfähigkeit *f;* **dis·able** [dɪsˈeɪbl] *tr* **1.** unfähig, untauglich, unbrauchbar machen; **2.** *jur* für unfähig erklären *(from doing s.th.* etw zu tun); **dis·abled** [dɪsˈeɪbld] **I** *adj* **1.** behindert; **2.** unbrauchbar; **3.** *jur* nicht rechtsfähig; ▶ **~ person** Behinderte(r) *f m;* **seriously ~** schwerbeschädigt; **II** *s* **the ~** *pl* die Behinderten *pl;* **dis·able·ment** [—mənt] Behinderung *f.*

dis·abuse [ˌdɪsəˈbjuːz] *tr* ▶ **~ s.o. of s.th.** jdn von etw befreien.

dis·ad·van·tage [ˌdɪsədˈvɑːntɪdʒ] **I** *tr* benachteiligen; **II** *s* **1.** Nachteil *m;* **2.** Schaden *m;* ▶ **at a ~** im Nachteil; **to s.o.'s ~** zu jds Nachteil; **put at a ~** benachteiligen; **sell at a ~** mit Verlust verkaufen; **dis·ad·van·tage·ous** [ˌdɪsˌædvənˈteɪdʒəs] *adj* nachteilig, ungünstig, unvorteilhaft (*to* für).

dis·af·fected [ˌdɪsəˈfektɪd] *adj* unzufrieden; entfremdet; **dis·af·fec·tion** [ˌdɪsəˈfekʃn] Unzufriedenheit *f;* Entfremdung *f.*

dis·agree [ˌdɪsəˈgriː] *itr* **1.** nicht übereinstimmen (*with* mit); nicht einverstanden sein; **2.** e-e Meinungsverschiedenheit haben; **3.** schlecht bekommen, unzuträglich sein (*with s.o.* jdm); **dis·agree·able** [ˌdɪsəˈgriːəbl] *adj* **1.** unangenehm, widerwärtig; **2.** *(Wetter)* häßlich; **3.** *(Mensch)* unsympathisch; **dis·agree·ment** [ˌdɪsəˈgriːmənt] **1.** Unstimmigkeit *f;* Uneinigkeit *f;* **2.** Meinungsverschiedenheit *f,* Streit *m.*

dis·al·low [ˌdɪsəˈlaʊ] *tr* nicht gelten lassen, nicht anerkennen.

dis·ap·pear [ˌdɪsəˈpɪə(r)] *itr* ent-, verschwinden (*from* von, aus); **dis·ap·pear·ance** [ˌdɪsəˈpɪərəns] Verschwinden *n.*

dis·ap·point [ˌdɪsəˈpɔɪnt] *tr* **1.** enttäuschen; **2.** *(Absicht, Plan)* durchkreuzen, zunichte machen; **dis·ap·pointed** [ˌdɪsəˈpɔɪntɪd] *adj* **1.** enttäuscht (*in s.o.* von jdm); **2.** *(Hoffnung)* getäuscht; **dis·ap·point·ing** [—ɪŋ] *adj* enttäuschend; **dis·ap·point·ment** [ˌdɪsəˈpɔɪntmənt] Enttäuschung *f.*

dis·ap·pro·ba·tion [ˌdɪsˌæprəˈbeɪʃn] Mißbilligung *f.*

dis·ap·prove [ˌdɪsəˈpruːv] **I** *tr* mißbilligen; **II** *itr* dagegen sein; ▶ **~ of s.th.** etw mißbilligen.

dis·arm [dɪsˈɑːm] **I** *tr* entwaffnen *a. fig;* **II** *itr* abrüsten; **dis·arma·ment** [dɪsˈɑːməmənt] Abrüstung *f;* **disarmament talks** *pl* Abrüstungsverhandlungen *f pl;* **dis·arm·ing** [dɪsˈɑːmɪŋ] *adj fig* entwaffnend.

dis·ar·range [ˌdɪsəˈreɪndʒ] *tr* durcheinanderbringen.

dis·ar·ray [ˌdɪsəˈreɪ] **I** *s* Unordnung *f;* **II** *tr* in Unordnung bringen.

dis·as·ter [dɪˈzɑːstə(r)] **1.** Katastrophe *f;* **2.** Unglück *n;* Fiasko *n;* ▶ **~ area** Katastrophengebiet *n;* **dis·as·trous** [dɪˈzɑːstrəs] *adj* katastrophal, verheerend.

dis·be·lief [ˌdɪsbɪˈliːf] Zweifel *m;* Ungläubigkeit *f;* **dis·be·lieve** [ˌdɪsbɪˈliːv] *tr* an-, bezweifeln; nicht glauben; **dis·be·liever** [ˌdɪsbɪˈliːvə(r)] Ungläubige(r) *f m.*

dis·burse [dɪsˈbɜːs] *tr* aus(be)zahlen; **dis·burse·ment** [—mənt] Auszahlung *f.*

disc, disk [dɪsk] **1.** Scheibe *f;* **2.** *anat* Bandscheibe *f;* **3.** (Schall)Platte *f;* **4.**

EDV Platte *f.*
dis·card [dɪ'skɑ:d] **I** *tr* **1.** *(Karte, Kleider)* ablegen, abwerfen; **2.** *fam* ausrangieren; **II** *s* ['dɪskɑ:d] **1.** abgelegte Karten *f pl;* **2.** Ausschußware *f.*
disc brake ['dɪskbreɪk] *mot* Scheibenbremse *f.*
dis·cern [dɪ'sɜ:n] *tr* **1.** deutlich sehen, wahrnehmen; **2.** klar erkennen; **dis·cern·ible** [—əbl] *adj* wahrnehmbar; klar erkennbar; **dis·cern·ing** [—ɪŋ] *adj* **1.** anspruchsvoll; **2.** *(Auge)* fein; **dis·cern·ment** [—mənt] **1.** Urteilskraft, -fähigkeit *f;* **2.** Wahrnehmung *f;* Erkennen *n.*
dis·charge [dɪs'tʃɑ:dʒ] **I** *tr* **1.** entladen; *(Ladung, Last)* ab-, ausladen; *mar* löschen; **2.** *el* entladen; **3.** *(Schuß)* abfeuern; **4.** *(Gas)* ausströmen lassen; **5.** *(Eiter)* ausscheiden; **6.** *(Patienten)* entlassen; **7.** *(Angeklagten)* freisprechen; **8.** *(Schuld)* begleichen; **9.** *(Pflicht)* erfüllen; **II** *itr* *(Wunde)* eitern; **III** *s* ['dɪstʃɑ:dʒ] **1.** Ab-, Entladen *n; mar* Löschen *n;* **2.** *el* Entladung *f;* **3.** *(Gas)* Aus-, Entströmen *n;* **4.** *med* Ausfluß *m;* Absonderung *f;* **5.** *(Patient)* Entlassung *f;* **6.** *jur* Freispruch *m;* **7.** *(Schuld)* Begleichung *f;* **8.** *(Pflicht)* Erfüllung *f.*
dis·ciple [dɪ'saɪpl] **1.** Anhänger(in) *m (f);* **2.** *rel lit* Jünger *m.*
dis·ci·plin·ary ['dɪsɪplɪnərɪ] *adj* disziplinarisch; ► ~ **measures** *pl* disziplinarische Maßnahmen *f pl;* **dis·ci·pline** ['dɪsɪplɪn] **I** *s* **1.** Disziplin *f,* Lehrfach *n;* **2.** Zucht, Disziplin *f;* **3.** disziplinarische Maßnahmen *f pl;* ► **keep, maintain** ~ die Disziplin aufrechterhalten; **II** *tr* **1.** disziplinieren; unter Kontrolle halten; **2.** bestrafen.
disc jockey ['dɪskdʒɒkɪ] Diskjockey *m.*
dis·claim [dɪs'kleɪm] *tr* **1.** abstreiten; von sich weisen; **2.** *jur* verzichten auf; ► ~ **all responsibility** jede Verantwortung von sich weisen; **dis·claimer** [dɪs'kleɪmə(r)] Dementi *n;* ► **issue a** ~ e-e Gegenerklärung abgeben.
dis·close [dɪs'kləʊz] *tr* **1.** enthüllen; **2.** bekanntmachen, mitteilen; **dis·closure** [dɪs'kləʊʒə(r)] Enthüllung *f;* Mitteilung *f.*
disco ['dɪskəʊ] ‹*pl* discos› Disko *f.*
dis·col·our, *Am* **dis·color** [dɪs'kʌlə(r)] **I** *tr* verfärben; **II** *itr* sich verfärben.
dis·com·fit [dɪs'kʌmfɪt] *tr* Unbehagen verursachen (*s.o.* jdm); **dis·com·fiture** [dɪs'kʌmfɪtʃə(r)] Unbehagen *n.*
dis·com·fort [dɪs'kʌmfət] **1.** Un-, Mißbehagen *n;* **2.** Beschwerden *f pl.*
dis·con·cert [ˌdɪskən'sɜ:t] *tr* aus der Fassung bringen.
dis·con·nect [ˌdɪskə'nekt] *tr* **1.** trennen (*from, with* von); **2.** *tech* auskuppeln; **3.** *el* aus-, abschalten; **4.** *(Wasser)* abstellen; **dis·con·nected** [—ɪd] *adj* **1.** unzusammenhängend; **2.** abgeschaltet, abgestellt.
dis·con·so·late [dɪs'kɒnsələt] *adj* untröstlich; niedergeschlagen.
dis·con·tent [ˌdɪskən'tent] Unzufriedenheit *f* (*at, with* mit); **dis·contented** [—ɪd] *adj* unzufrieden (*with, about* mit); **dis·con·tent·ment** [—mənt] Unzufriedenheit *f.*
dis·con·tinue [ˌdɪskən'tɪnju:] *tr* **1.** unterbrechen, aussetzen mit, aufhören (*doing* zu tun); **2.** *(Geschäft)* aufgeben; **3.** *jur (Klage)* einstellen; ► **~d line** *com* ausgelaufene Serie; **dis·con·ti·nuity** [ˌdɪskəntɪ'nju:ɪtɪ] Diskontinuität *f;* **dis·con·tinu·ous** [ˌdɪskən'tɪnjʊəs] *adj* nicht kontinuierlich.
dis·cord ['dɪskɔ:d] **1.** Uneinigkeit *f;* **2.** *mus* Mißklang *m,* Dissonanz *f;* **dis·cordant** [dɪ'skɔ:dənt] *adj* **1.** nicht übereinstimmend, widersprechend; **2.** *mus* disharmonisch.
dis·co·theque ['dɪskətek] Diskothek *f.*
dis·count ['dɪskaʊnt] **I** *s* **1.** Nachlaß, Skonto, Rabatt *m* (*on* auf); **2.** (~ *rate, rate of* ~) Diskontsatz *m;* ► **at a** ~ auf Rabatt; **give a** ~ **on s.th.** Rabatt auf etw geben; ~ **for cash** Skonto bei Barzahlung; **bank** ~ Bankdiskont *m;* **trade** ~ Händlerrabatt *m;* **II** *tr* [dɪs'kaʊnt] **1.** e-n Rabatt gewähren (*s.th.* für etw); **2.** *(Rechnung)* diskontieren; **3.** *fig* unberücksichtigt lassen; **discount store** Discountladen *m.*
dis·cour·age [dɪ'skʌrɪdʒ] *tr* **1.** entmutigen, mutlos machen; **2.** abraten (*s.o. from s.th.* jdm von etw); **3.** abhalten, abschrecken (*from* von); zu verhindern suchen; ► **become ~d** den Mut verlieren; **dis·cour·age·ment** [—mənt] **1.** Mutlosigkeit *f;* **2.** Abraten *n;* **3.** Verhinderung *f;* **dis·cour·ag·ing** [—ɪŋ] *adj* entmutigend.
dis·course ['dɪskɔ:s] **I** *s* **1.** Diskurs *m,* Rede *f;* **2.** Vorlesung *f;* **3.** Abhandlung *f;* **II** *itr* **1.** e-n Vortrag, e-e Vorlesung halten; **2.** abhandeln (*upon s.th.* etw).
dis·cour·teous [dɪs'kɜ:tɪəs] *adj* unhöflich; **dis·cour·tesy** [dɪs'kɜ:təsɪ] Unhöflichkeit *f.*
dis·cover [dɪ'skʌvə(r)] *tr* **1.** entdecken; finden; **2.** *fig* ausfindig machen; **discoverer** [dɪ'skʌvərə(r)] Entdecker(in) *m (f);* **dis·covery** [dɪ'skʌvərɪ] Entdekkung *f.*
dis·credit [dɪs'kredɪt] **I** *tr* **1.** an-, bezweifeln; keinen Glauben schenken (*s.o.* jdm); **2.** in Mißkredit bringen (*with* bei); **II** *s* **1.** Zweifel *m;* Mißtrauen *n;* **2.** Mißkredit *m;* ► **bring** ~ **on s.o.** jdn in Mißkredit bringen; **be a** ~ **to s.o.** e-e Schande für jdn sein; **dis·credit·able** [—əbl] *adj* schändlich, diskreditierend.
dis·creet [dɪ'skri:t] *adj* diskret, rücksichtsvoll.

dis·crep·ancy [dɪ'skrepənsɪ] Diskrepanz *f* (*between* zwischen).
dis·cre·tion [dɪ'skreʃn] **1.** Diskretion *f;* **2.** Ermessen *n;* ► **be at s.o.'s ~** in jds Ermessen stehen; **leave to s.o.'s ~** jdm anheimstellen; **it is within your own ~** es liegt bei Ihnen.
dis·crimi·nate [dɪ'skrɪmɪneɪt] **I** *tr* unterscheiden (*from* von); **II** *itr* **1.** kritisch sein; **2.** Unterschiede machen; ► **~ between** unterscheiden zwischen; **~ in favour of s.o.** jdn bevorzugen; **~ against s.o.** jdn benachteiligen; **dis·crimi·nat·ing** [—ɪŋ] *adj* urteilsfähig, kritisch; **dis·crimi·na·tion** [dɪˌskrɪmɪ'neɪʃn] **1.** Unterscheidungsvermögen *n;* **2.** unterschiedliche Behandlung; Diskriminierung; Ungleichbehandlung *f;* ► **racial ~** Rassendiskriminierung *f;* **dis·crimi·na·tory** [dɪ'skrɪmɪnətərɪ] *adj* diskriminierend.
dis·cur·sive [dɪ'skɜ:sɪv] *adj* weitschweifig.
dis·cus ['dɪskəs] *sport* Diskus *m;* **discus thrower** Diskuswerfer(in) *m (f).*
dis·cuss [dɪ'skʌs] *tr* diskutieren, erörtern, besprechen; ► **~ a question with s.o.** mit jdm e-e Frage erörtern; **discussion** [dɪ'skʌʃn] **1.** Diskussion *f;* **2.** Besprechung, Beratung *f;* ► **open, close a ~** e-e Diskussion eröffnen, schließen; **be under ~** zur Diskussion stehen; **after much ~** nach langen Diskussionen.
dis·dain [dɪs'deɪn] **I** *tr* **1.** verachten; **2.** verschmähen (*to do* zu tun); **II** *s* Geringschätzung *f;* **dis·dain·ful** [—fʊl] *adj* verächtlich.
dis·ease [dɪ'zi:z] Krankheit *f;* **diseased** [dɪ'zi:zd] *adj* krank.
dis·em·bark [ˌdɪsɪm'bɑ:k] **I** *tr* ausschiffen; **II** *itr* von Bord gehen; **dis·em·bar·ka·tion** [ˌdɪsˌembɑ:'keɪʃn] Landung *f.*
dis·en·chant [ˌdɪsɪn'tʃɑ:nt] *tr* ernüchtern, enttäuschen.
dis·en·fran·chise [ˌdɪsən'fræntʃɑɪz] *s. disfranchise.*
dis·en·gage [ˌdɪsɪn'geɪdʒ] **I** *tr* **1.** losmachen, lösen; **2.** auskuppeln, -rücken, -klinken; **3.** *mil* abziehen; **II** *itr mil* auseinanderrücken; **dis·en·gage·ment** [—mənt] **1.** (Los)Lösung *f;* **2.** *pol* Disengagement *n;* Abrücken *n.*
dis·en·tangle [ˌdɪsɪn'tæŋgl] *tr* **1.** los-, freimachen, befreien (*from* von); **2.** entwirren, ordnen.
dis·favour, *Am* **dis·favor** [ˌdɪs'feɪvə(r)] **1.** Mißfallen *n;* **2.** Ungnade *f;* ► **fall into ~ with** in Ungnade fallen bei; **look with ~ on s.th.** etw mißbilligend betrachten.
dis·figure [dɪs'fɪgə(r)] *tr* entstellen, verunstalten; **dis·fig·ure·ment** [dɪs'fɪgə(r)mənt] Entstellung, Verunstaltung *f.*
dis·fran·chise [dɪs'fræntʃaɪz] *tr* die bürgerlichen Ehrenrechte aberkennen (*s.o.* jdm).
dis·gorge [dɪs'gɔ:dʒ] **I** *tr* **1.** ausspeien; **2.** *fig* herausrücken; **II** *itr (Fluß)* sich ergießen (*into* in).
dis·grace [dɪs'greɪs] **I** *s* **1.** Ungnade *f;* **2.** Schande *f* (*to* für); ► **bring ~ on s.o.** jdm Schande machen; **be in ~** in Ungnade sein; **II** *tr* Schande bringen über; **III** *refl* sich blamieren; ► **be ~d** blamiert sein; **dis·grace·ful** [dɪs'greɪsfl] *adj* schändlich; skandalös.
dis·gruntled [dɪs'grʌntld] *adj* verstimmt (*at* über; *with s.o.* mit jdm).
dis·guise [dɪs'gaɪz] **I** *tr* verstellen, tarnen; **II** *refl* sich verkleiden (*as* als); **III** *s* Verkleidung *f;* Verstellung *f;* ► **in ~** verkleidet, maskiert.
dis·gust [dɪs'gʌst] **I** *s* Ekel *m* (*at* vor); Widerwille *m;* ► **go away in ~** sich voller Empörung abwenden; **II** *tr* anekeln, anwidern; ► **be ~ed with s.o.** über jdn empört sein; **dis·gust·ing** [—ɪŋ] *adj* ekelhaft, widerlich.
dish [dɪʃ] **I** *s* **1.** Schüssel, Schale *f;* **2.** Gericht *n,* Speise *f;* **3.** *pl* Geschirr *n;* **4.** *sl* duftes Mädchen; ► **do the ~es** das Geschirr spülen; **II** *tr* **1.** anrichten; **2.** *(Plan)* verpatzen; **III** *(mit Präposition)* **dish out** *tr* austeilen; **dish up** *tr* **1.** auftragen; **2.** *fig* auftischen.
dis·har·moni·ous [ˌdɪshɑ:'məʊnɪəs] *adj* disharmonisch; **dis·har·mony** [dɪs'hɑ:mənɪ] Disharmonie *f.*
dish·cloth ['dɪʃklɒθ] Geschirrtuch *n.*
dis·hearten [dɪs'hɑ:tn] *tr* entmutigen.
di·shev·elled, *Am* **di·shev·eled** [dɪ'ʃevld] *adj* **1.** *(Kleidung)* in Unordnung; **2.** *(Haare)* zerzaust.
dis·hon·est [dɪs'ɒnɪst] *adj* **1.** unredlich, unehrlich; **2.** *fig* unsauber; **dis·hon·esty** [dɪs'ɒnɪstɪ] **1.** Unredlichkeit, Unehrlichkeit *f;* **2.** Unlauterkeit *f.*
dis·hon·our, *Am* **dis·honor** [dɪs'ɒnə(r)] **I** *s* Schande, Unehre *f;* ► **bring ~ upon s.o.** Schande über jdn bringen; **II** *tr* **1.** Schande bringen über; **2.** *(Wechsel)* nicht einlösen; **dis·hon·our·able,** *Am* **dis·honor·able** [—əbl] *adj* unehrenhaft.
dish-pan ['dɪʃpæn] Spül-, Abwaschschüssel *f;* **dish·proof** [dɪʃpru:f] *adj* spülmaschinenfest; **dish-towel** *Am* Geschirrtuch *n;* **dish·washer 1.** Tellerwäscher(in) *m (f);* **2.** Geschirrspülmaschine *f;* **dish-water** Spül-, Abwaschwasser *n.*
dis·il·lusion [ˌdɪsɪ'lu:ʒn] **I** *tr* desillusionieren; **II** *s* Desillusion *f;* **dis·il·lusion·ment** [—mənt] Desillusionierung *f.*
dis·in·cli·na·tion [ˌdɪsɪnklɪ'neɪʃn] Abneigung *f* (*for* gegen); **dis·in·clined** ['dɪsɪn'klaɪnd] *adj* abgeneigt.
dis·in·fect [ˌdɪsɪn'fekt] *tr med* desinfi-

zieren; **dis·in·fec·tant** [ˌdɪsɪnˈfektənt] Desinfektionsmittel *n;* **dis·in·fec·tion** [ˌdɪsɪnˈfekʃn] Desinfektion *f.*
dis·in·genu·ous [ˌdɪsɪnˈdʒenjʊəs] *adj* unaufrichtig.
dis·in·herit [ˌdɪsɪnˈherɪt] *tr* enterben.
dis·in·te·grate [dɪsˈɪntɪgreɪt] **I** *tr* auflösen, zersetzen *a. fig;* **II** *itr* **1.** zerfallen; **2.** *geol* verwittern; **dis·in·te·gra·tion** [dɪsˌɪntɪˈgreɪʃn] Auflösung, Zersetzung *f,* Zerfall *m.*
dis·in·ter·ested [dɪsˈɪntrəstɪd] *adj* **1.** uneigennützig, selbstlos; **2.** unparteiisch, unvoreingenommen.
dis·jointed [dɪsˈdʒɔɪntɪd] *adj* zusammenhanglos.
disk [dɪsk] **1.** *s. disc;* **2.** *EDV* Diskette *f;* ▶ **hard** ~ Festplatte; **single/double-sided** ~ einseitig/beidseitig beschreibbare Diskette; **disk drive** Diskettenlaufwerk *n;* **diskette** [dɪsˈkæt] Diskette *f.*
dis·like [dɪsˈlaɪk] **I** *tr* nicht leiden können, nicht gern haben; ▶ ~ **doing s.th.** etw ungern tun; **II** *s* Abneigung *f,* Widerwille *m,* Antipathie *f* (*of, for* gegen); ▶ **take a** ~ **to** e-e Abneigung fassen, e-n Widerwillen bekommen gegen.
dis·lo·cate [ˈdɪsləkeɪt] *tr* **1.** *med* aus-, verrenken; **2.** *fig* durcheinanderbringen; **dis·lo·ca·tion** [ˌdɪsləˈkeɪʃn] **1.** *med* Verrenkung *f;* **2.** *fig* Durcheinanderbringen *n.*
dis·lodge [dɪsˈlɒdʒ] *tr* **1.** *(Stein)* entfernen, lösen; **2.** herausstochern.
dis·loyal [dɪsˈlɔɪəl] *adj* nicht loyal (*to* gegen).
dis·mal [ˈdɪzməl] *adj* **1.** düster, trübe; **2.** *fig* pessimistisch.
dis·mantle [dɪsˈmæntl] *tr* **1.** leer machen, ausräumen; **2.** auseinandernehmen, zerlegen; demontieren.
dis·may [dɪsˈmeɪ] **I** *s* Bestürzung *f;* ▶ **in** ~ bestürzt; **II** *tr* bestürzen.
dis·mem·ber [dɪsˈmembə(r)] *tr* **1.** zerstückeln; **2.** *(Gebiet)* aufteilen.
dis·miss [dɪsˈmɪs] *tr* **1.** *(aus e-r Stellung)* entlassen; **2.** *(Thema)* fallenlassen; abtun; **3.** *jur* abweisen; **dis·missal** [dɪsˈmɪsl] **1.** Entlassung *f;* Kündigung *f;* Abschied *m;* **2.** Abtun *n;* **3.** *jur* Abweisung *f.*
dis·mount [ˌdɪsˈmaʊnt] **I** *tr (Reiter)* abwerfen; **II** *itr* absteigen.
dis·obedi·ence [ˌdɪsəˈbiːdjəns] Ungehorsam *m;* ▶ **civil** ~ ziviler Ungehorsam; **dis·obedi·ent** [ˌdɪsəˈbiːdjənt] *adj* ungehorsam (*to* gegen).
dis·obey [ˌdɪsəˈbeɪ] *tr* **1.** nicht gehorchen (*s.o.* jdm); **2.** sich widersetzen (*an order* e-m Befehl).
dis·oblige [ˌdɪsəˈblaɪdʒ] *tr* keinen Gefallen tun (*s.o.* jdm); **dis·oblig·ing** [—ɪŋ] *adj* ungefällig, unhöflich.
dis·order [dɪsˈɔːdə(r)] **I** *s* **1.** Unordnung *f,* Durcheinander *n;* **2.** *med* Funktionsstörung *f;* **3.** *pl pol* Unruhen *f pl;* ▶ **mental** ~ Geistesgestörtheit *f;* **in** ~ durcheinander; **II** *tr* **1.** in Unordnung bringen; **2.** *med* angreifen; **dis·order·ly** [dɪsˈɔːdəlɪ] *adj* **1.** unordentlich, unaufgeräumt; **2.** *(Menge)* aufrührerisch; **3.** *(Benehmen)* ungehörig; ▶ ~ **house** Bordell *n.*
dis·or·gan·ize [ˌdɪsˈɔːgənaɪz] *tr* desorganisieren, durcheinanderbringen.
dis·orient, dis·orien·tate [dɪsˈɔːrɪənt, dɪsˈɔːrɪənteɪt] *tr* verwirren.
dis·own [dɪsˈəʊn] *tr* ab-, verleugnen; nichts zu tun haben wollen mit.
dis·par·age [dɪˈspærɪdʒ] *tr* herabsetzen, -würdigen; **dis·par·age·ment** [—mənt] Herabsetzung *f;* **dis·par·ag·ing** [—ɪŋ] *adj* geringschätzig.
dis·par·ate [ˈdɪspərət] *adj* verschiedenartig, ungleich; **dis·par·ity** [dɪˈspærətɪ] Ungleichheit *f;* ▶ ~ **in age, rank** Alters-, Rangunterschied *m.*
dis·pas·sion·ate [dɪˈspæʃənət] *adj* unparteiisch.
dis·patch [dɪˈspætʃ] **I** *tr* **1.** abschicken, -senden; aufgeben; **2.** *(Zug)* abfertigen; **3.** schnell erledigen; **4.** töten; **II** *s* **1.** Abschicken, Absenden, Aufgeben *n;* **2.** Abfertigung, Erledigung *f;* **3.** Telegramm *n,* Depesche *f;* ▶ **with** ~ prompt; **dispatch note** Versandanzeige *f,* -auftrag *m.*
dis·pel [dɪˈspel] *tr* vertreiben, zerstreuen, auflösen.
dis·pens·able [dɪˈspensəbl] *adj* entbehrlich.
dis·pens·ary [dɪˈspensərɪ] **1.** Apotheke *f;* **2.** Arzneiausgabe(stelle) *f.*
dis·pen·sa·tion [ˌdɪspenˈseɪʃn] **1.** Aus-, Verteilung *f;* **2.** *rel* Befreiung *f* (*from* von); **3.** Fügung *f (des Schicksals);* **4.** Glaubenssystem *n.*
dis·pense [dɪˈspens] **I** *tr* **1.** ausgeben, aus-, verteilen; **2.** *(Arznei)* zubereiten, ausgeben; **3.** *rel* spenden; **4.** befreien, dispensieren (*from* von); **II** *itr* ▶ ~ **with** verzichten auf; **dis·penser** [dɪˈspensə(r)] **1.** Apotheker(in) *m (f);* **2.** *(Automat)* Spender *m;* ▶ **cash** ~ Geldautomat *m.*
dis·per·sal [dɪˈspɜːsl] Zerstreuung, Auflösung *f;* **dis·perse** [dɪˈspɜːs] **I** *tr* **1.** ver-, zerstreuen *a. fig;* **2.** *(Nebel)* auflösen; **3.** *(Licht)* streuen; **4.** *fig* verbreiten; **II** *itr* sich zerstreuen, auseinandergehen; **dis·per·sion** [dɪˈspɜːʃn] **1.** Zerstreuung, Auflösung *f;* **2.** *opt* Dispersion, Streuung *f.*
dis·pirit·ed [dɪˈspɪrɪtɪd] *adj* mutlos, niedergedrückt.
dis·place [dɪsˈpleɪs] *tr* **1.** versetzen, -legen, -lagern, -schieben; **2.** ablösen, ersetzen; ▶ ~**d person** Verschleppte(r) *f m;* **dis·place·ment** [dɪsˈpleɪsmənt] **1.** Verschiebung *f;* Verlagerung *f;* **2.** *(Ar-*

beitskräfte) Freisetzung *f;* **3.** Ablösung *f,* Ersatz *m;* **4.** *psych* Verdrängung *f;* **5.** *mar* Wasserverdrängung *f;* ▶ ~ **of labour** Freisetzung *f* von Arbeitskräften.

dis·play [dɪ'spleɪ] **I** *tr* **1.** (offen) zeigen, zur Schau stellen; ausstellen; **2.** *(Macht)* demonstrieren; **3.** *(Kleider)* vorführen; **4.** *EDV* anzeigen; **II** *s* **1.** Zeigen *n;* Zurschaustellung *f;* **2.** *fig* Demonstration *f;* **3.** Ausstellung *f;* **4.** *com* Auslage *f;* **5.** *typ* Hervorhebung *f;* **6.** *EDV* Display *n;* Anzeige *f;* ▶ **be on** ~ ausgestellt sein; **display case** Vitrine *f;* **display window** Schaufenster *n.*

dis·please [dɪs'pli:z] *tr* **1.** mißfallen (*s.o.* jdm); **2.** verstimmen, verärgern; ▶ **be ~d with s.o.** über jdn verärgert sein; **dis·pleas·ing** [—ɪŋ] *adj* unangenehm, lästig; **dis·pleasure** [dɪs'pleʒə(r)] Mißfallen *n* (*at* über).

dis·pos·able [dɪ'spəʊzəbl] *adj* **1.** wegwerfbar; Papier-; Einweg-; Wegwerf-; **2.** verfügbar; ▶ ~ **income** verfügbares Einkommen; ~ **nappy** Wegwerfwindel *f;* **dis·posal** [dɪ'spəʊzl] **1.** Loswerden *n;* Beseitigung *f;* Veräußerung *f;* **2.** Verfügung(sgewalt) *f* (*of* über); **3.** Anordnung *f,* Arrangement *n;* ▶ **be at s.o.'s** ~ zu jds Verfügung stehen; **waste-**~ **unit** Müllschlucker *m;* **dis·pose** [dɪ'spəʊz] **I** *tr* (an)ordnen; aufstellen; ▶ ~ **s.o. to do s.th.** jdn geneigt machen, etw zu tun; **II** *itr* ▶ ~ **of** loswerden; beseitigen; veräußern; erledigen; *(Zeit)* verfügen über; **dis·posed** [dɪ'spəʊzd] *adj* bereit; ▶ **be well, ill** ~ **towards s.o.** jdm wohlwollen, übelwollen; **dis·po·si·tion** [ˌdɪspə'zɪʃn] **1.** (An)Ordnung *f;* Aufstellung *f;* **2.** Veranlagung *f;* Neigung *f,* Hang *m;* **3.** Verfügungsgewalt *f;* ▶ **her cheerful** ~ ihre freundliche Art.

dis·pos·sess [ˌdɪspə'zes] *tr* enteignen.

dis·pro·por·tion·ate [ˌdɪsprə'pɔ:ʃənət] *adj* ▶ **be** ~ in keinem (richtigen) Verhältnis stehen (*to* zu).

dis·prove [ˌdɪs'pru:v] *tr* widerlegen.

dis·put·able [dɪ'spju:təbl] *adj* anfechtbar; zweifelhaft; **dis·pu·ta·tion** [ˌdɪspju:'teɪʃn] Disput, Streit *m;* **dis·pu·ta·tious** [ˌdɪspju:'teɪʃəs] *adj* streitsüchtig; **dis·pute** [dɪ'spju:t] **I** *itr* disputieren, streiten (*with, against* mit; *on, about* über); **II** *tr* **1.** bestreiten, anfechten; **2.** *(Frage)* sich streiten über; **3.** streitig machen (*s.th. to s.o.* jdm etw); **III** [*a.* 'dɪspju:t] *s* Kontroverse, Meinungsverschiedenheit *f;* Streit *m;* ▶ **beyond, past** ~ unbestritten; **without** ~ zweifellos; **in** ~ strittig; fraglich; **settle a** ~ e-n Streit beilegen; **wages** ~ Tarifauseinandersetzungen *f pl.*

dis·quali·fi·ca·tion [dɪsˌkwɒlɪfɪ'keɪʃn] **1.** Disqualifizierung *f;* **2.** Untauglichkeit, Unfähigkeit *f;* **3.** *sport* Ausschluß *m;*

dis·qual·ify [dɪs'kwɒlɪfaɪ] *tr* **1.** untauglich machen (*from* für); **2.** *sport* disqualifizieren; ▶ ~ **s.o. from driving** jdm den Führerschein entziehen.

dis·quiet [dɪs'kwaɪət] **I** *tr* beunruhigen; **II** *s* Unruhe, Besorgnis *f;* **dis·quiet·ing** [—ɪŋ] *adj* beunruhigend.

dis·re·gard [ˌdɪsrɪ'gɑ:d] **I** *tr* **1.** nicht beachten, ignorieren; **2.** *(Gefahr)* mißachten; **II** *s* **1.** Nichtbeachtung *f;* **2.** Mißachtung *f;* **3.** Geringschätzung *f.*

dis·re·pair [ˌdɪsrɪ'peə(r)] Baufälligkeit *f;* ▶ **fall into** ~ verfallen; **in a state of** ~ baufällig.

dis·repu·table [dɪs'repjʊtəbl] *adj* verrufen; anrüchig; **dis·re·pute** [ˌdɪsrɪ'pju:t] schlechter Ruf; ▶ **fall into** ~ in Verruf kommen.

dis·re·spect [ˌdɪsrɪ'spekt] Respektlosigkeit *f* (*to* gegenüber); **dis·re·spect·ful** [—fʊl] *adj* respektlos.

dis·rupt [dɪs'rʌpt] *tr* stören; unterbrechen; **dis·rup·tion** [dɪs'rʌpʃn] Störung *f;* Unterbrechung *f;* **dis·rup·tive** [dɪs'rʌptɪv] *adj* störend.

dis·sat·is·fac·tion [ˌdɪsˌsætɪs'fækʃn] Unzufriedenheit *f* (*with* mit); **dis·sat·is·fied** [dɪs'sætɪsfaɪd] *adj* unzufrieden (*with* mit).

dis·sect [dɪ'sekt] *tr* **1.** *anat* sezieren; **2.** *fig* zergliedern; **dis·sec·tion** [dɪ'sekʃn] **1.** *anat* Sektion *f;* **2.** *fig* Zergliederung *f.*

dis·semble [dɪ'sembl] *tr (Gedanken, Gefühle, Absichten)* verbergen, verhehlen.

dis·semi·nate [dɪ'semɪneɪt] *tr fig* verbreiten; **dis·semi·na·tion** [dɪˌsemɪ'neɪʃn] Verbreitung *f.*

dis·sen·sion [dɪ'senʃn] Meinungsverschiedenheit, Differenz *f;* **dis·sent** [dɪ'sent] **I** *itr* **1.** anderer Ansicht sein (*from* als); **2.** *rel* sich weigern, die Staatskirche anzuerkennen; **II** *s* andere Ansicht; ▶ **express one's** ~ erklären, daß man (mit etw) nicht übereinstimmt; **dis·senter** [dɪ'sentə(r)] **1.** Dissident(in) *m (f);* **2.** *rel* Dissenter(in) *m (f).*

dis·ser·ta·tion [ˌdɪsə'teɪʃn] Dissertation *f* (*on* über).

dis·ser·vice [dɪs'sɜ:vɪs] ▶ **do s.o. a** ~ jdm e-n schlechten Dienst erweisen.

dis·si·dent ['dɪsɪdənt] **I** *adj* dissident, regimekritisch; **II** *s* Dissident(in) *m (f).*

dis·simi·lar [dɪ'sɪmɪlə(r)] *adj* unterschiedlich, verschieden (*to* von); **dis·simi·lar·ity** [ˌdɪsɪmɪ'lærətɪ] Unterschiedlichkeit, Verschiedenheit *f.*

dis·simu·la·tion [dɪˌsɪmjʊ'leɪʃn] Verstellung, Heuchelei *f.*

dis·si·pate ['dɪsɪpeɪt] **I** *tr* **1.** zerstreuen; auflösen; **2.** *(Energie)* verschwenden, vergeuden; **II** *itr* **1.** sich auflösen; **2.** *fig* sich zerstreuen; **dis·si·pated** ['dɪsɪpeɪtɪd] *adj* zügellos, ausschweifend; leichtlebig; **dis·si·pa·tion**

[ˌdɪsɪˈpeɪʃn] **1.** Zerstreuung, Auflösung *f;* **2.** *(Energie)* Verschwendung *f;* **3.** Ausschweifung *f.*

dis·so·ci·ate [dɪˈsəʊʃɪeɪt] *tr* **1.** trennen (*from* von); **2.** *chem* dissoziieren; ▶ **~ o.s. from s.o.** sich von jdm distanzieren; **dis·so·cia·tion** [dɪˌsəʊsɪˈeɪʃn] **1.** Trennung *f;* **2.** *chem* Spaltung *f.*

dis·so·lute [ˈdɪsəlju:t] *adj* ausschweifend, zügellos; **dis·so·lu·tion** [dɪsəlˈju:ʃn] Auflösung *f.*

dis·solve [dɪˈzɒlv] **I** *tr* **1.** verflüssigen; auflösen *a. fig;* **2.** *(Ehe)* scheiden; **3.** *(Versammlung)* aufheben; **4.** *film* überblenden; **II** *itr* **1.** sich (auf)lösen; **2.** *fig* sich in nichts auflösen; ▶ **~ into tears** in Tränen zerfließen.

dis·son·ance [ˈdɪsənəns] Mißklang *m,* Dissonanz *f;* **dis·son·ant** [ˈdɪsənənt] *adj* **1.** unharmonisch; **2.** *(Meinung)* unvereinbar.

dis·suade [dɪˈsweɪd] *tr* ausreden (*s.o. from s.th.* jdm etw), abbringen (*from doing s.th.* etw zu tun).

dis·tance [ˈdɪstəns] **I** *s* **1.** Abstand *m,* Entfernung *f;* Distanz *f;* **2.** Zeitraum *m;* **3.** *fig* Unterschied *m;* ▶ **at, from a ~** von fern, von weitem; **at some ~** in einiger Entfernung; **in the ~** in der Ferne; **it's no ~** es ist nur ein Katzensprung; **it's within walking ~** es ist zu Fuß erreichbar; **cover a ~** e-e Strecke zurücklegen; **keep one's ~** Abstand halten; **what is the ~ to ...?** wie weit ist es nach ...? **keep s.o. at a ~** jdn auf Distanz halten; **~ runner** Langstreckenläufer(in) *m (f);* **II** *tr sport* hinter sich lassen; *(beim Rennen)* abhängen; **dis·tant** [ˈdɪstənt] *adj* **1.** weit entfernt, fern; **2.** *fig* weit zurückliegend; **3.** *(Verwandter)* weitläufig, entfernt; **4.** *fig* zurückhaltend; ▶ **have a ~ view of s.th.** etw in der Ferne sehen; **in the ~ future** in ferner Zukunft; **dis·tant·ly** [—lɪ] *adv* **1.** entfernt, fern; **2.** *fig* kühl, zurückhaltend; ▶ **~ related** entfernt, weitläufig verwandt.

dis·taste [dɪsˈteɪst] Abneigung *f,* Widerwille *m* (*for* gegen); **dis·taste·ful** [dɪsˈteɪstfl] *adj* widerwärtig; zuwider, unangenehm.

dis·temper[1] [dɪˈstempə(r)] *vet* Staupe *f.*

dis·temper[2] [dɪˈstempə(r)] Temperafarbe *f.*

dis·tend [dɪˈstend] *itr* sich blähen; **dis·ten·sion** [dɪˈstenʃn] *(Magen)* Blähung *f.*

dis·til, *Am* **dis·till** [dɪˈstɪl] **I** *itr* **1.** sich herausdestillieren; **2.** langsam heraustropfen; **II** *tr* **1.** destillieren; brennen; **2.** tropfenweise absondern; **dis·til·la·tion** [ˌdɪstɪˈleɪʃn] Destillation *f;* Brennen *n;* Destillat *n;* **dis·til·ler** [dɪˈstɪlə(r)] Destillateur *m;* Whisky-, Branntweinbrenner *m;* **dis·til·lery** [dɪˈstɪlərɪ] Whisky-, Branntweinbrennerei *f.*

dis·tinct [dɪˈstɪŋkt] *adj* **1.** deutlich, klar; ausgeprägt; merklich; **2.** verschieden; **3.** *fig* eigen, individuell; ▶ **as ~ from** im Unterschied zu; **dis·tinc·tion** [dɪˈstɪŋkʃn] **1.** Unterscheidung *f;* Unterschied *m;* **2.** Rang *m;* Vornehmheit *f;* **3.** Auszeichnung *f;* ▶ **of ~** ausgezeichnet, von Rang; **without ~** ohne Unterschied; **award s.o. academic ~s** jdm akademische Auszeichnungen verleihen; **draw a ~ between** e-n Unterschied machen zwischen; **make ~s** Unterschiede machen, unterscheiden; **dis·tinc·tive** [dɪˈstɪŋktɪv] *adj* kennzeichnend, charakteristisch; unverwechselbar.

dis·tin·guish [dɪˈstɪŋgwɪʃ] **I** *tr* **1.** unterscheiden; **2.** erkennen, wahrnehmen, bemerken; **3.** auseinanderhalten, unterscheiden (*from* von); **II** *itr* unterscheiden (*between, among* zwischen); **III** *refl* sich auszeichnen, sich hervortun; **dis·tin·guish·able** [—əbl] *adj* **1.** unterscheidbar; **2.** zu erkennen, erkennbar; **dis·tin·guished** [dɪˈstɪŋgwɪʃt] *adj* **1.** von hohem Rang; hervorragend; **2.** vornehm.

dis·tort [dɪˈstɔ:t] *tr* **1.** verdrehen *a. fig;* **2.** verzerren *a. fig;* **3.** entstellen; **dis·tor·tion** [dɪˈstɔ:ʃn] Verzerrung, Entstellung *f a. fig.*

dis·tract [dɪˈstrækt] *tr* ablenken (*from* von); **dis·tracted** [dɪˈstræktɪd] *adj* besorgt, beunruhigt; außer sich (*with* vor); **dis·trac·tion** [dɪˈstrækʃn] **1.** Unaufmerksamkeit *f;* **2.** Ablenkung *f;* Zerstreuung, Unterhaltung *f;* **3.** *fig* Zerstreutheit, Verwirrung *f;* ▶ **to ~** bis zur Raserei, aufs äußerste.

dis·traught [dɪˈstrɔ:t] *adj* verzweifelt, außer sich.

dis·tress [dɪˈstres] **I** *s* **1.** Kummer *m;* Verzweiflung *f;* **2.** Not *f,* Elend *n;* **3.** Notlage *f;* ▶ **in ~** *(Schiff)* in Seenot; **be in great ~** sehr leiden; **II** *tr* Kummer machen, Sorge bereiten (*s.o.* jdm); **dis·tressed** [dɪˈstrest] *adj* bekümmert; ▶ **~ area** Notstandsgebiet *n;* **dis·tress·ing** [—ɪŋ] *adj* besorgniserregend; betrüblich.

dis·trib·ute [dɪˈstrɪbju:t] *tr* **1.** ver-, aus-, zuteilen; **2.** *(Film)* verleihen; **3.** *(Dividende)* ausschütten; **4.** *com* vertreiben, absetzen; **dis·tribu·tion** [ˌdɪstrɪˈbju:ʃn] **1.** Ver-, Zuteilung *f;* **2.** *(Film)* Verleih *m;* **3.** *(Dividende)* Ausschüttung *f;* **4.** *com* Vertrieb, Absatz *m;* ▶ **distribution area** Absatzgebiet *n;* **distribution channel** Absatzweg *m;* **distribution rights** *pl com* Vertriebsrechte *n pl;* **dis·tribu·tive** [dɪˈstrɪbjʊtɪv] *adj* verteilend; **dis·tribu·tor** [dɪˈstrɪbjʊtə(r)] **1.** Verteiler *m a. mot;* **2.** *com* Großhändler *m;* **3.** Filmverleiher *m.*

dis·trict [ˈdɪstrɪkt] **1.** Gebiet, Land(strich

m) n; **2.** (Stadt)Viertel *n;* **3.** (Verwaltungs)Bezirk *m;* ▶ **electoral, polling ~** Wahlbezirk *m;* **postal ~** Post-, Zustellbezirk *m;* **rural ~** Landbezirk *m;* **district council** *Br* Bezirksregierung *f;* **district court** *Am* Bezirksgericht *n.*

dis·trust [dɪsˈtrʌst] **I** *s* Mißtrauen *n* (*of, towards* gegen); **II** *tr* mißtrauen (*s.o.* jdm); **dis·trust·ful** [—fʊl] *adj* mißtrauisch (*of* gegenüber).

dis·turb [dɪˈstɜ:b] *tr* **1.** stören; unterbrechen; **2.** beunruhigen, verwirren; **3.** *fig* aufwirbeln; durcheinanderbringen; **dis·turb·ance** [dɪˈstɜ:bəns] **1.** Störung *f;* **2.** *pl pol* Unruhen *f pl;* ▶ **cause a ~** e-e Ruhestörung verursachen; **dis·turbed** [dɪˈstɜ:bd] *adj* **1.** geistig gestört; **2.** beunruhigt.

dis·unite [ˌdɪsju:ˈnaɪt] *tr* spalten, entzweien; **dis·unity** [dɪsˈju:nətɪ] Uneinigkeit *f.*

dis·use [dɪsˈju:s] ▶ **fall into ~** außer Gebrauch kommen; **dis·used** [dɪsˈju:zd] *adj* **1.** außer Gebrauch; **2.** *(Bergwerk)* stillgelegt.

ditch [dɪtʃ] **I** *s* Graben *m;* **II** *tr sl* abservieren; wegschmeißen.

dither [ˈdɪðə(r)] **I** *itr fam* zaudern, schwanken; **II** *s fam* ▶ **be all of a ~** ganz aufgeregt sein; ganz verdattert sein.

ditto [ˈdɪtəʊ] ▶ **I'd like tea — ~** ich möchte Tee — ich auch.

ditty [ˈdɪtɪ] Liedchen *n.*

di·ur·nal [daɪˈɜ:nl] *adj* Tages-.

di·van [dɪˈvæn] Diwan *m;* **divan bed** Liege *f.*

dive [daɪv] ⟨*Am irr* **dove, dove**⟩ **I** *itr* **1.** springen; e-n Kopfsprung machen; **2.** tauchen; **3.** *(U-Boot)* untertauchen; **4.** *fig* plötzlich verschwinden (*into* in); ▶ **~ in** hineinspringen; **he ~d into his pocket** er fischte in seiner Tasche; **II** *s* **1.** Sprung *m;* Kopfsprung *m;* **2.** Tauchen *n;* **3.** *fam* Spelunke *f;* ▶ **make a ~ for s.th.** sich auf etw stürzen; **diver** [ˈdaɪvə(r)] Taucher(in) *m (f).*

di·verge [daɪˈvɜ:dʒ] *itr* auseinandergehen; divergieren; abweichen (*from* von); **di·ver·gence** [daɪˈvɜ:dʒəns] Abweichung *f;* Divergenz *f;* **di·ver·gent** [daɪˈvɜ:dʒənt] *adj* divergierend; abweichend.

di·verse [daɪˈvɜ:s] *adj* verschieden(artig); **di·ver·si·fi·ca·tion** [daɪˌvɜ:sɪfɪˈkeɪʃn] **1.** *com* Diversifikation *f;* Streuung *f;* **2.** Abwechslung *f;* **di·ver·sify** [daɪˈvɜ:sɪfaɪ] *tr* **1.** *com* diversifizieren; auffächern; **2.** verschieden(artig), abwechslungsreich gestalten.

di·ver·sion [daɪˈvɜ:ʃn] **1.** Umleitung *f;* **2.** *fig* Unterhaltung *f;* Ablenkung, Zerstreuung *f.*

di·ver·sity [daɪˈvɜ:sətɪ] Mannigfaltigkeit, Vielfalt *f.*

di·vert [daɪˈvɜ:t] *tr* **1.** *(Verkehr)* umleiten; **2.** ablenken (*from* von); **3.** *fig* ablenken; zerstreuen; **di·vert·ing** [—ɪŋ] *adj* unterhaltsam, amüsant.

di·vest [daɪˈvest] **I** *tr* **1.** entkleiden; **2.** berauben (*s.o. of s.th.* jdn e-r S); **II** *refl* sich trennen (*of* von).

di·vide [dɪˈvaɪd] **I** *tr* **1.** trennen; **2.** teilen (*into* in); **3.** *(Geld)* auf-, verteilen; **4.** *math* dividieren; **5.** *fig* entzweien; ▶ **~ the House** *Br parl* durch Hammelsprung abstimmen lassen; **II** *itr* **1.** sich teilen, sich gliedern (*into* in); **2.** *math* sich dividieren lassen; **III** *s* Wasserscheide *f;* **IV** *(mit Präposition)* **divide off** *itr* sich abtrennen; **divide out** *tr* aufteilen (*among* unter); **divide up** *itr* sich teilen; **di·vid·ed** [dɪˈvaɪdɪd] *adj* **1.** getrennt; **2.** *fig* gespalten; geteilt; ▶ **be ~ on a question** in e-r Frage geteilter Meinung sein.

divi·dend [ˈdɪvɪdend] **1.** *fin* Dividende *f;* **2.** *math* Dividend *m;* ▶ **pay a ~** e-e Dividende ausschütten.

di·vid·ing [dɪˈvaɪdɪŋ] *adj* ▶ **~ line** Trenn(ungs)linie *f;* **~ wall** Trennwand *f.*

div·i·na·tion [ˌdɪvɪˈneɪʃn] Weissagung, Prophezeiung *f;* **di·vine** [dɪˈvaɪn] **I** *tr* **1.** weissagen, prophezeien; **2.** vermuten, erraten; **II** *s* Geistliche(r) *f m;* **III** *adj* göttlich; ▶ **~ service** Gottesdienst *m;* **di·viner** [dɪˈvaɪnə(r)] Wahrsager(in) *m (f).*

div·ing [ˈdaɪvɪŋ] Tauchen *n;* **div·ing-bell** [ˈdaɪvɪŋbel] Taucherglocke *f;* **div·ing-board** [ˈdaɪvɪŋbɔ:d] Sprungbrett *n;* **div·ing-suit** [ˈdaɪvɪŋsju:t] Taucheranzug *m.*

di·vin·ing-rod [dɪˈvaɪnɪŋˈrɒd] Wünschelrute *f.*

di·vin·ity [dɪˈvɪnətɪ] **1.** Göttlichkeit *f;* **2.** Gottheit *f;* **3.** Theologie *f.*

di·vis·ible [dɪˈvɪzəbl] *adj* teilbar *a. math* (*by* durch).

di·vi·sion [dɪˈvɪʒn] **1.** (Ein-, Ver)Teilung *f;* **2.** *math* Division *f;* **3.** Abteilung *f;* Sparte *f;* Fach *n;* Kategorie *f;* **4.** *mil* Division *f;* **5.** Trennungsstrich *m;* Trennlinie, Grenze *f;* **6.** *parl* Abstimmung *f* durch Hammelsprung; **7.** *fig* Uneinigkeit, Spaltung *f.*

di·vorce [dɪˈvɔ:s] **I** *s* **1.** (Ehe)Scheidung *f;* **2.** *fig* Trennung *f;* ▶ **apply, sue, petition for a ~** die Scheidungsklage einreichen; **~ proceedings** *pl* Scheidungsprozeß *m;* **II** *tr* **1.** sich scheiden lassen von; **2.** *fig* trennen (*from* von); ▶ **get ~d** sich scheiden lassen; **he ~d his wife** er ließ sich von seiner Frau scheiden; **they have been ~d** sie haben sich scheiden lassen; **di·vor·cee** [dɪˌvɔ:ˈsi:] Geschiedene(r) *f m.*

di·vulge [daɪˈvʌldʒ] *tr* bekanntmachen, veröffentlichen.

DIY *Abk: s. do-it-yourself.*

diz·zi·ness ['dızınıs] Schwindel(anfall) *m;* **dizzy** ['dızı] *adj* **1.** schwind(e)lig; **2.** *(Höhe)* schwindelerregend; **3.** verrückt; ▶ ~ **spell** Schwindelanfall *m;* **feel** ~ schwindlig sein.

DNA *Abk:* **desoxyribonucleic acid** DNS *f.*

do [du:] ⟨*irr* does, did, done⟩ **I** *tr* **1.** tun, machen; ▶ **what are you ~ing now?** was machst du nun? **I will ~ what I can** ich werde tun, was ich kann; **I have nothing to ~** ich habe nichts zu tun; **2.** *(ausführen)* machen; ▶ ~ **a play** ein Stück aufführen; ~ **the housework** die Hausarbeit tun; ~ **the shopping** einkaufen gehen, die Einkäufe erledigen; **what can I ~ for you?** was kann ich für Sie tun? **what do you want me to ~?** und was soll ich da tun? **3.** *(Schule)* durchnehmen, behandeln; **4.** lösen; **5.** *(richten)* ▶ ~ **one's hair** sich frisieren; ~ **one's nails** sich die Nägel schneiden; ~ **the shoes** die Schuhe putzen; **6.** *(beim Friseur)* ▶ **I will ~ you next, sir** Sie kommen als Nächster an die Reihe; **7.** *(vollenden)* ▶ **the work's done now** die Arbeit ist gemacht; **8.** *(Museum)* besuchen; **9.** *(Geschwindigkeit)* fahren, machen; **10.** passen (*s.o.* jdm); **11.** *theat* spielen; **12.** übers Ohr hauen; ▶ **you've been done!** du bist reingelegt worden; **13.** *(bearbeiten)* ▶ **we don't ~ letters** wir können keine Briefe annehmen; **14.** *(Essen)* machen, kochen; **15.** *(ermüden)* ▶ **he's absolutely done!** er ist völlig geschafft! **II** *aux* **1.** *(zur Bildung von Frage- und verneinten Sätzen)* ▶ ~ **you understand?** verstehen Sie? **I ~ not, don't understand** ich verstehe nicht; **2.** *(zur Betonung)* ▶ ~ **stop the noise!** hör' mit dem Lärm auf! **but I ~ like it** aber es gefällt mir wirklich; **3.** *(um die Wiederholung des Verbs zu vermeiden)* ▶ **you speak better than I ~** Sie sprechen besser als ich; **4.** *(zur Bestätigung)* ▶ **he lives in London, doesn't he?** er lebt doch in London? **so you know him, ~ you?** Sie kennen ihn also, oder? **5.** *(um bei Antworten das Verb zu ersetzen)* ▶ **they speak English — ~ they really?** sie sprechen Englisch — wirklich? **may I come in? — ~!** darf ich hereinkommen? — ja, bitte; **III** *itr* **1.** handeln; ▶ **he did right** er hat richtig gehandelt; **2.** *(Mensch, Lage, Geschäfte)* ▶ **how are you ~ing?** wie geht es Ihnen? **the business is ~ing well** das Geschäft geht gut; **3.** *(Essen)* fertig sein; **4.** gehen; ▶ **that will never ~!** das geht nicht! **nothing ~ing** nichts zu machen; **5.** reichen; ▶ **that'll ~!** jetzt reicht's aber! **IV** *s* **1.** *sl* Schwindel *m;* **2.** *fam* Veranstaltung, Fete *f;* **3.** Sitte *f;* ▶ **the ~s and don'ts** was man tun und nicht tun sollte; **fair ~s** *sl* gleiches Recht; **V** *(mit Präposition)* **do away with** *tr* **1.** abschaffen; vernichten; **2.** *(Menschen)* aus dem Wege räumen, erledigen; **do by** *itr* ▶ ~ **well, badly by s.o.** jdn gut, schlecht behandeln; **do down** *tr fam* schlechtmachen; **do for** *itr* **1.** *(Person)* fertigmachen; **2.** putzen für; ▶ **be done for** erledigt sein; **do in** *tr sl* umlegen, killen; ▶ **be done in** fertig, geschafft sein; **do out** *tr* aufräumen, reinigen, putzen; ▶ ~ **s.o. out of his job** jdn um e-e Stelle bringen; **do over** *tr* **1.** neu be-, überziehen; **2.** *sl* zusammenschlagen; **do up** *tr* **1.** zumachen; **2.** *(Waren)* zusammenpacken; einwickeln; **3.** neu herrichten; ▶ ~ **o.s. up** sich zurechtmachen; **do with** *tr* **1.** brauchen; **2.** vertragen; ▶ **he can't be ~ing with this noise** er kann den Lärm nicht ausstehen; **what has that got to ~ with it?** was hat das damit zu tun? **I could ~ with a cup of tea** ich könnte e-e Tasse Tee vertragen; **she didn't know what to ~ with herself** sie wußte nichts mit sich anzufangen; **do without** *tr* nicht brauchen, nicht nötig haben, auskommen ohne.

doc·ile ['dəusaıl, *Am* 'dɒsl] *adj* **1.** sanftmütig; **2.** gelehrig; **do·cil·ity** [dəu'sılətı] **1.** Sanftmut *f;* **2.** Gelehrigkeit *f.*

dock[1] [dɒk] **I** *s* **1.** *mar* Dock *n;* Kai *m;* **2.** *pl* Hafen *m;* **II** *tr* docken; **III** *itr mar* anlegen.

dock[2] [dɒk] *jur* Anklagebank *f;* ▶ **stand in the ~** auf der Anklagebank sitzen.

dock[3] [dɒk] **I** *tr* **1.** *(Schwanz)* stutzen; **2.** *(Lohn)* kürzen; **II** *s* gestutzter Schweif.

dock[4] [dɒk] *bot* Ampfer *m.*

docker ['dɒkə(r)] Hafenarbeiter *m.*

docket ['dɒkıt] **I** *s* **1.** *jur* Urteilsregister *n;* **2.** *com* Bestell-, Lieferschein *m;* Laufzettel *m;* **3.** Zollquittung *f;* **II** *tr* **1.** *jur* zusammenfassen; **2.** *com* etikettieren.

dock·ing ['dɒkıŋ] *(Raumfahrt)* Ankoppelung *f.*

dock yard ['dɒkjɑ:d] Werft *f.*

doc·tor ['dɒktə(r)] **I** *s* **1.** *(akad Grad)* Doktor *m;* **2.** Doktor(in) *m (f),* Arzt *m,* Ärztin *f;* ▶ **take one's ~'s degree** promovieren; **lady, woman ~** Ärztin *f;* **II** *tr* **1.** *(Erkältung)* behandeln; **2.** *fig* manipulieren, zurechtbiegen; *(Dokumente)* frisieren, fälschen; **doc·tor·ate** ['dɒktərət] Doktorgrad *m.*

doc·tri·naire [ˌdɒktrı'neə(r)] *adj* doktrinär; **doc·trine** ['dɒktrın] Doktrin *f,* Grundsatz *m.*

docu·ment ['dɒkjʊmənt] **I** *s* Urkunde *f,* Dokument *n;* **II** *tr* **1.** beurkunden; **2.** mit Papieren versehen; **docu·men·tary** [ˌdɒkjʊ'mentərı] **I** *adj* urkundlich, dokumentarisch; **II** *s* Dokumentarfilm *m;* **docu·men·ta·tion** [ˌdɒkjʊmen'teıʃn]

Dokumentation *f.*

dod·dery ['dɒdərɪ] *adj* vertrottelt.

dodge [dɒdʒ] **I** *tr* **1.** schnell ausweichen (*s.th.* e-r S); **2.** *fig* sich drücken vor; **II** *itr* ausweichen; **III** *s* **1.** Sprung *m* zur Seite, rasches Ausweichen; **2.** Trick *m;* ► **be up to all the** ~**s** mit allen Wassern gewaschen sein; **dodger** ['dɒdʒə(r)] Schlaumeier, Schlawiner *m.*

dodgy ['dɒdʒɪ] *adj fam* **1.** *(Situation)* vertrackt; **2.** *(Maschine)* nicht einwandfrei.

doe [dəʊ] **1.** Reh *n,* Hirschkuh *f;* **2.** Häsin *f.*

doer ['du:ə(r)] *fam* Macher *m;* aktiver Mensch.

does [dʌz] *3. Person Singular Präsens von do.*

doe·skin ['dəʊskɪn] Rehleder *n.*

doesn't ['dʌznt] = *does not.*

dog [dɒg] **I** *s* **1.** Hund, Rüde *m;* **2.** *fam* Kerl *m;* **3.** *pl* Hunderennen *n;* **4.** *tech* Klammer *f;* ► **a** ~**'s dinner,** ~**'s breakfast** *fam* Schlamassel *m;* **die like a** ~ im Elend sterben; **lead a** ~**'s life** ein Hundeleben führen; **go to the** ~**s** vor die Hunde gehen; **give a** ~ **a bad name** wer einmal in Verruf kommt; ~ **in the manger** Spielverderber(in) *m (f);* **every** ~ **has his day** jeder hat einmal Glück; **let sleeping** ~**s lie** *prov* man soll schlafende Hunde nicht wecken; **hot** ~ Hot dog *n* od *m;* **lucky** ~ Glückspilz *m;* **dirty** ~ gemeiner Hund; **II** *tr* ► ~ **s.o.** jdm hart auf den Fersen sein; **dog-biscuit** Hundekuchen *m;* **dog-collar 1.** Hundehalsband *n;* **2.** weißer Stehkragen *(e-s Geistlichen);* **dog-days** *pl* Hundstage *m pl;* **dog-eared** ['dɒg,ɪərd] *adj (Buch)* mit Eselsohren.

dog·ged ['dɒgɪd] *adj* verbissen, hartnäkkig.

dog·gerel ['dɒgərəl] Knittelvers *m.*

dogma ['dɒgmə] Dogma *n,* Glaubens-, Lehrsatz *m;* **dog·matic** [dɒg'mætɪk] *adj* dogmatisch; **dog·ma·tism** ['dɒgmətɪzəm] Dogmatismus *m.*

dogs·body ['dɒgz,bɒdɪ] Mädchen *n* für alles; **dog-tired** [,dɒg'taɪəd] *adj* hundemüde.

do·ing ['du:ɪŋ] Tun *n;* ► **this is your** ~ das ist dein Werk; **it was none of my** ~ ich hatte nichts damit zu tun; **do·ings** ['du:ɪŋz] *pl fam* Handlungen, Taten *f pl.*

do-it-your·self ['du:ɪtjɔ:'self] **I** *s* Heimwerken *n;* **II** *adj* Bastler-, Hobby-.

dol·drums ['dɒldrəmz] *pl* ► **be in the** ~ Trübsal blasen; *com* in einer Flaute stecken.

dole [dəʊl] **I** *s* Stempelgeld *n;* ► **go, be on the** ~ stempeln gehen; **II** *tr* ► ~ **out** austeilen.

dole·ful ['dəʊlfl] *adj* traurig, trübselig.

doll [dɒl] **I** *s* **1.** Puppe *f (a. Mädchen);* **2.** *Am* lieber Kerl; ► ~**'s house** Puppenhaus *n;* **II** *tr* ~ **up** *fam* herausputzen.

dol·lar ['dɒlə(r)] Dollar *m.*

dol·lop ['dɒləp] *fam* Schlag *m.*

dolly ['dɒlɪ] **1.** *(Kindersprache)* Püppchen *n;* **2.** *film* Kamerawagen *m;* **dollybird** *fig fam* Puppe *f.*

dol·phin ['dɒlfɪn] *zoo* Delphin *m.*

dolt [dəʊlt] Tölpel *m.*

do·main [dəʊ'meɪn] **1.** Domäne *f;* **2.** *fig* Gebiet *n,* Bereich *m.*

dome [dəʊm] *arch* Kuppel *f a. fig.*

do·mes·tic [də'mestɪk] **I** *adj* **1.** häuslich; **2.** *pol com* Innen-; Inland-; Binnen-; einheimisch; **3.** *zoo* Haus-; ► ~ **animal** Haustier *n;* ~ **refuse,** ~ **rubbish** Hausmüll *m;* ~ **science** Hauswirtschaftslehre; ~ **servant** Hausangestellte(r) *f m;* **do·mes·ti·cate** [də'mestɪkeɪt] *tr* **1.** ans Haus gewöhnen; **2.** *(Tiere)* zähmen.

domi·cile ['dɒmɪsaɪl] **I** *s* **1.** Wohnsitz *m;* **2.** *fin* Zahlungsort *m;* **II** *tr* **1.** unterbringen (*with* bei); **2.** *fin* domizilieren.

domi·nance ['dɒmɪnəns] Vorherrschaft, Dominanz *f;* **domi·nant** ['dɒmɪnənt] *adj* **1.** (be)herrschend, bestimmend; dominierend; **2.** *(Gesichtszug)* hervorstechend; **3.** *mus* dominant; **domi·nate** ['dɒmɪneɪt] **I** *tr* beherrschen *a. fig;* **II** *itr* dominieren; **domi·na·tion** [,dɒmɪ'neɪʃn] (Vor)Herrschaft *f.*

domi·neer [,dɒmɪ'nɪə(r)] *itr* den Ton angeben; ► ~ **over** beherrschen, tyrannisieren; **domi·neer·ing** [—ɪŋ] *adj* **1.** tonangebend, herrisch; **2.** tyrannisch.

do·min·ion [də'mɪnɪən] **1.** Herrschaft, Souveränität *f* (*over* über); **2.** Herrschaftsgebiet *n,* -bereich *m.*

dom·ino ['dɒmɪnəʊ] ⟨*pl* -inoes⟩ **1.** Domino(stein) *m;* **2.** *(Kostüm)* Domino *m;* ► **play** ~**es** Domino spielen.

do·nate [dəʊ'neɪt] *tr* spenden; stiften; **do·na·tion** [dəʊ'neɪʃn] **1.** Spenden *n;* Stiften *n;* **2.** Spende *f.*

done [dʌn] **I** *v s. do;* **II** *adj* **1.** getan; erledigt; abgemacht; **2.** fertig; gar; **3.** *fam* erschöpft, kaputt.

do·ner ke·bab ['dəʊnə(r)kə'bæb] Dönerkebab *m.*

don·key ['dɒŋkɪ] Esel *m a. fig;* ► ~**'s years** e-e Ewigkeit; **don·key-jacket** ['dɒŋki,dʒækət] dicke (gefütterte) Jacke; **donkey-work** Routinearbeit; *pej* Dreckarbeit *f.*

do·nor ['dəʊnə(r)] **1.** *jur* Stifter(in) *m (f);* **2.** *med* Spender(in) *m (f).*

don't [dəʊnt] = *do not.*

doodle ['du:dl] **I** *itr* Männchen malen; **II** *s* Gekritzel *n.*

doom [du:m] **I** *s* Verhängnis, Schicksal *n;* ► **go to one's** ~ seinem Verhängnis entgegengehen; **II** *tr* verurteilen, verdammen; ► **be** ~**ed** verloren sein; ~**ed to die** dem Tode geweiht; **dooms·day** ['du:mzdeɪ] der Jüngste Tag.

door [dɔ:(r)] **1.** Tür *f;* Eingang *m;* **2.** *fig* Weg *m* (*to* zu); ▶ **go from ~ to ~** von Tür zu Tür gehen; **live two ~s away** zwei Häuser weiter wohnen; **next ~** nebenan; **next ~ to** *fig* beinahe, fast; **open the ~ to s.th.** e-r S Tür und Tor öffnen; **lay s.th. at s.o.'s ~** *fig* jdm etw zum Vorwurf machen; **show s.o. the ~** jdn vor die Tür setzen; **back ~** Hintertür *f;* **front ~** Haustür *f;* **door·bell** ['dɔ:bel] Türklingel *f;* **door-frame** Türrahmen *m;* **door-keeper** Portier *m;* **door-knob** Türknopf *m;* **door·man** ['dɔ:mən] ⟨*pl* -men⟩ Pförtner, Portier *m;* **door-mat** Türvorleger *m;* **door-nail** ▶ **~ dead as a ~** mausetot; **door-plate** Türschild *n;* **door·step** ['dɔ:step] Türstufe *f;* **door-to-door** [ˌdɔ:tə'dɔ:(r)] *adj* ▶ **~ sales** *pl* Haustürgeschäft *n;* **~ salesman** Vertreter *m;* **door·way** ['dɔ:weɪ] **1.** Eingang *m;* **2.** *fig* Weg *m.*

dope [dəʊp] **I** *s* **1.** Rauschgift *n,* Stoff *m;* **2.** *sl* Information *f,* Tip *m;* **3.** *sl* Trottel *m;* **4.** Lack *m;* **II** *tr* **1.** *(Pferde, Sportler)* dopen; **2.** Aufputschmittel, Dopingmittel geben (*s.o.* jdm); **dope peddler, pusher** Drogenhändler(in), Dealer(in) *m (f);* **dopey, dopy** ['dəʊpɪ] *adj fam* **1.** bekloppt, blöd; **2.** benommen, benebelt.

dor·mant ['dɔ:mənt] *adj* **1.** *bot* ruhend; **2.** *(Vulkan)* untätig; **3.** *(Energie)* verborgen, latent; ▶ **lie ~** *fig* schlummern.

dor·mer(-win·dow) ['dɔ:mə(r)(wɪndəʊ)] Mansardenfenster *n.*

dor·mi·tory ['dɔ:mɪtrɪ] **1.** Schlafsaal *m;* **2.** *Am* (Studenten)Wohnheim *n;* ▶ **~ town** Schlafstadt *f;* **dor·mo·bile** ['dɔ:məʊbi:l] *Wz* Wohnmobil *n.*

dor·mouse ['dɔ:maʊs] ⟨*pl* -mice⟩ Haselmaus *f.*

dor·sal ['dɔ:sl] *adj anat* Rücken-; ▶ **~ fin** Rückenflosse *f.*

DOS [dɒs] *Abk:* **Disk Operating System** *EDV* Diskettenbetriebssystem, DOS *n.*

dos·age ['dəʊsɪdʒ] Dosis *f;* Dosierung *f;* **dose** [dəʊs] **I** *s* Dosis *f a. fig;* **II** *tr* Arznei geben (*s.o.* jdm); ▶ **~ o.s.** Medikamente schlucken.

doss [dɒs] *itr sl* pennen; **dos·ser** ['dɒsə(r)] *Br sl* Penner(in) *m (f);* **doss-house** *Br sl* billige Unterkunft.

dos·sier ['dɒsɪeɪ] Dossier *n.*

dot [dɒt] **I** *s* **1.** Punkt *m;* **2.** Pünktchen *n;* ▶ **on the ~** auf die Minute; **II** *tr* **1.** punktieren; **2.** *fig* übersäen (*with* mit); ▶ **~ an i** einen i-Punkt setzen; **~ one's i's and cross one's t's** *fig* peinlich genau sein; **sign on the ~ted line** *fig* formell zustimmen.

dote [dəʊt] *itr* ▶ **~ on** vernarrt sein in; **dot·ing** ['dəʊtɪŋ] *adj* vernarrt, heftig verliebt (*on* in).

dot-matrix print·er ['dɒt'meɪtrɪks 'prɪntə(r)] *EDV* Matrixdrucker *m.*

dotty ['dɒtɪ] *adj fam* schrullig.

double ['dʌbl] **I** *adj* **1.** doppelt, zweifach; **2.** Doppel-; **3.** *(Blume)* gefüllt; **4.** *fig* zweideutig; scheinheilig; ▶ **have a ~ meaning** doppeldeutig sein; **lead a ~ life** ein Doppelleben führen; **II** *adv* doppelt, noch einmal so(viel); ▶ **see ~** doppelt sehen; **he's ~ your age** er ist doppelt so alt wie du; **III** *s* **1.** (das) Doppelte, (das) Zweifache; **2.** Ebenbild *n;* Doppelgänger(in *f*) *m;* **3.** *theat film* Double *n;* **4.** *mil* Laufschritt *m;* **5.** *(Tennis)* Doppel(spiel) *n;* ▶ **~ or quits** doppelt oder nichts; **at the ~** im Laufschritt; **IV** *tr* **1.** verdoppeln; **2.** *(Papier)* (einmal) falten; **3.** *theat film* das Double sein (*s.o.* jds); **4.** *mar* umschiffen; **5.** *(Kartenspiel)* verdoppeln; **V** *itr* **1.** sich verdoppeln; **2.** *mus* zwei Instrumente spielen; ▶ **~ for s.o.** *theat film* jds Double sein; **VI** *(mit Präposition)* **double back** *itr* kehrtmachen, zurückgehen; **double up** *itr* **1.** sich krümmen, sich biegen (*with laughter* vor Lachen); **2.** *(Zimmer)* sich teilen, gemeinsam benutzen; *tr (Papier)* falten, knicken.

double-bar·rel·led [ˌdʌbl'bærəld] *adj* **1.** *(Gewehr)* doppelläufig; **2.** *(Nachname)* Doppel-; **double-bass** Kontrabaß *m;* **double-bed** Doppelbett *n;* **double-breasted** [—'brestɪd] *adj (Jacke)* zweireihig; **double-check** *tr* doppelt prüfen; **double chin** Doppelkinn *n;* **double-cross** *fam* **I** *tr* ein Doppelspiel treiben mit; **II** *s* Doppelspiel *n;* **double-crosser** *fam* falscher Hund; **double-dealer** Betrüger(in) *m (f);* **double-dealing I** *s* Betrügerei *f;* **II** *adj* betrügerisch; **double-decker** Doppeldecker *(a. Brötchen);* **double-dutch** *fam* Kauderwelsch *n;* **double-edged** [—'edʒd] *adj* zweischneidig *a. fig;* **double-entry book-keeping** doppelte Buchführung; **double feature** Programm *n* mit zwei Hauptfilmen; **double-glaze** *tr* doppelt verglasen; **double-glazing** Doppelverglasung *f,* Doppelfenster *n pl;* **double-jointed** [—'dʒɔɪntɪd] *adj* sehr gelenkig; **double-park** *itr* in der zweiten Reihe parken; **double-quick I** *adv* sehr schnell; **II** *adj* ▶ **in ~ time** im Nu; **double-sided** *adj* doppelseitig.

doubles ['dʌblz] *sing* od *pl sport* Doppel *n.*

double-take [ˌdʌbl'teɪk] *fig fam* Spätzündung *f;* ▶ **do a ~** zweimal hingukken (müssen); **double-talk** doppeldeutiges Gerede; **double-think** widersprüchliches Denken; **double time** doppelter Lohn.

doubly ['dʌblɪ] *adv* doppelt.

doubt [daʊt] **I** *s* Zweifel *m* (*of, about* an); ▶ **be in great ~ as to s.th.** schwere Bedenken hinsichtlich e-r S haben; **I am in ~ as to whether ...** ich habe so meine Zweifel, ob ... **in ~** zweifelhaft; **cast ~ on s.th.** etw in Zweifel ziehen; **no ~ he will come tomorrow** höchstwahrscheinlich kommt er morgen; **without (a) ~** ohne Zweifel; **beyond (all) ~** ohne (jeden) Zweifel; **II** *tr* bezweifeln; anzweifeln, Zweifel haben an; **I ~ whether he will come** ich bezweifle, daß er kommen wird; **III** *itr* Zweifel haben; **doubt·ful** ['daʊtfl] *adj* **1.** unsicher, zweifelhaft; ungewiß; **2.** *(Charakter)* zweifelhaft; zwielichtig; ► **be ~ about s.th.** e-r S gegenüber Zweifel hegen; **look ~** skeptisch aussehen; **doubt·less** ['daʊtlɪs] *adv* ohne Zweifel, zweifellos.

dough [dəʊ] **1.** Teig *m;* **2.** *sl* Moneten *pl;* **dough·nut** ['dəʊnʌt] Berliner (Pfannkuchen) *m;* **doughy** ['dəʊɪ] *adj* **1.** teigig; **2.** *fam* käsig, bleich.

dour [dʊə(r)] *adj* **1.** mürrisch; **2.** *(Kampf)* hart.

douse [daʊs] *tr* **1.** eintauchen; Wasser gießen über; **2.** *fam (Licht)* auslöschen.

dove[1] [dəʊv] *Am v s. dive.*

dove[2] [dʌv] Taube *f a. fig;* **dove-cot(e)** ['dʌvkəʊt] Taubenschlag *m.*

dove·tail ['dʌvteɪl] **I** *s tech* Schwalbenschwanz *m;* **II** *tr* **1.** *tech* (ver)zinken, verschwalben; **2.** *fig* koordinieren (*with* mit); **III** *itr (Pläne)* übereinstimmen.

dowa·ger ['daʊədʒə(r)] adlige Witwe.

dowdy ['daʊdɪ] *adj* schlampig; schlecht gekleidet.

dowel ['daʊəl] Dübel *m.*

down[1] [daʊn] Daunen *f pl;* Flaum *m.*

down[2] [daʊn] *meist pl* Hügelland *n.*

down[3] [daʊn] **I** *adv* **1.** her-, hinunter; nach unten; **2.** *(statische Position)* unten; **3.** *(an e-n anderen Punkt)* ► **on the way ~ from London** auf dem Weg von London hierher; **~ South** im Süden; **go ~ to the sea** an die See fahren; **4.** *(im Volumen, in der Menge)* ► **be worn ~** abgetragen sein; **the wind died ~** der Wind nahm ab; **the fire is burning ~** das Feuer erlischt; **the tyres are ~** die Reifen sind platt; **the price of fruit is ~** der Obstpreis ist gefallen; **5.** *(Schreiben)* ► **write s.th. ~** etw aufschreiben; **get s.th. ~** etw notieren; **be ~ for the next race** für das nächste Rennen gemeldet sein; **6.** *(zeitlich)* ► **from 1900 ~ to the present** seit 1900 bis zur Gegenwart; **~ through the ages** von jeher; **7.** *(Wendungen)* **fall ~** herunterfallen; **~ there** da unten; **he's ~ with flu** er liegt mit Grippe im Bett; **the sun is ~** die Sonne ist untergegangen; **head ~** mit dem Kopf nach unten; **pay s.th. ~** etw anzahlen; **up and ~** hin und her; auf und ab; **be ~ on s.o.** auf jdn sauer sein; **be ~ in the mouth** niedergeschlagen sein; **II** *prep* **1.** her-, hinunter; **2.** nach unten; ► **go ~ the hill** den Berg hinuntergehen; **he lives ~ the street** er wohnt ein Stückchen weiter die Straße entlang; **he was walking ~ the street** er ging die Straße entlang; **she's ~ the shops** sie ist einkaufen gegangen; **~ the ages** durch die Jahrhunderte (hindurch); **ups and ~s** gute und schlechte Zeiten; **III** *tr* niederschlagen; ► **~ tools** die Arbeit niederlegen; **~ a glass of beer** ein Glas Bier runterkippen.

down-and-out ['daʊnənaʊt] **I** *s* Penner(in) *m (f);* **II** *adj* heruntergekommen; **down·cast** ['daʊnkɑ:st] *adj* **1.** niedergedrückt; **2.** *(Augen)* niedergeschlagen; **down·fall** ['daʊnfɔ:l] **1.** Sturz *a. fig,* Fall *m;* **2.** *fig* Ruin *m;* Untergang *m;* **3.** *(Regen)* Regenschauer, Platzregen *m;* **down·grade** [ˌdaʊn'greɪd] *tr (Arbeit)* herunterstufen; degradieren; **down-hearted** [ˌdaʊn'hɑ:tɪd] *adj* niedergeschlagen, gedrückt; **down·hill** [ˌdaʊn'hɪl] *adv* bergab, abwärts; ► **go ~** bergab gehen; *fig* auf dem absteigenden Ast sein; **down payment** Anzahlung *f;* **down·pour** ['daʊnpɔ:(r)] Platzregen *m;* **down·right** ['daʊnraɪt] **I** *adj* **1.** *(Lüge)* glatt; **2.** *(Lügner)* ausgesprochen; **II** *adv (unhöflich)* ausgesprochen.

Down's Syn·drome ['daʊnz'sɪndrəʊm] *med* (Morbus-)Down-Syndrom *n.*

down·stairs [ˌdaʊn'steəz] **I** *adv* die Treppe hinunter; nach unten; **II** *adj* Parterre-; ► **the ~ rooms** die unteren Zimmer; **III** *s* Parterre *m;* **down-stream** [ˌdaʊn'stri:m] *adv* stromabwärts *a. fig;* **down-to-earth** [ˌdaʊntə'ɜ:θ] *adj* praktisch veranlagt; wirklichkeitsnah; nüchtern; **down-town** ['daʊntaʊn] **I** *adv* ► **go ~** in die Innenstadt gehen; **live ~** im Zentrum wohnen; **II** *adj* ► **~ district** Zentrum *n; Am* Geschäftsviertel *n;* **III** *s (~ town)* Geschäftsviertel *n;* **down·trod·den** ['daʊntrɒdn] *adj (Volk)* unterdrückt; **down·turn** ['daʊntɜ:n] *com* Abflauen *n;* **down·ward** ['daʊnwəd] **I** *adj* **1.** abwärtsführend, geneigt; **2.** *fig* absteigend; **II** *adv (a. downwards)* abwärts, bergab; ► **from the 10th century ~** seit dem 10. Jahrhundert.

downy ['daʊnɪ] *adj* flaumig.

dowry ['daʊərɪ] Aussteuer, Mitgift *f.*

dowse[1] [daʊs] *s. douse.*

dowse[2] [daʊs] *itr* mit der Wünschelrute suchen; **dows·er** ['daʊsə(r)] Rutengänger(in) *m (f);* **dows·ing** ['daʊsɪŋ] Rutengehen *n.*

doyen ['dɔɪən] Doyen *m.*

doze [dəʊz] **I** *itr* (vor sich hin) dösen; ► **~ off** einnicken; **II** *s* Nickerchen *n.*

dozen ['dʌzn] Dutzend *n;* ► **~s of times** x-mal, tausendmal; **talk nineteen to the ~** unaufhörlich reden.

dozy ['dəʊzɪ] *adj* schläfrig.

drab [dræb] *adj* **1.** graubraun; **2.** *fig* trüb(e), düster.

dra·co·nian [drəˈkəʊnɪən] *adj* drakonisch.

draft [drɑːft] **I** *s* **1.** Skizze *f,* Entwurf *m;* **2.** *fin* Wechsel *m;* **3.** *mil* Sonderkommando *n;* **4.** *Am mil* Rekruten *m pl;* Einberufung zum Wehrdienst; **5.** *Am s. draught;* **II** *tr* **1.** skizzieren, entwerfen; **2.** *Am mil* rekrutieren, einberufen; ▶ ~ **s.o. to do s.th.** *fig* jdn beauftragen, etw zu tun; **draft·ee** [ˌdrɑːˈftiː] *Am mil* Einberufene(r), Wehrpflichtige(r) *f m.*

drag [dræg] **I** *s* **1.** Schlepp-, Baggernetz *n;* **2.** Hemmklotz *m;* **3.** *fig* Hemmschuh *m,* Hindernis *n* (*on s.o.* für jdn); **4.** *aero* Luftwiderstand *m;* **5.** *sl (Zigarette)* Zug *m;* **6.** *sl* Frauenkleidung *f* (von Männern getragen); ▶ **what a ~!** *fam* Mann, ist das langweilig; so'n Mist; **II** *tr* **1.** (hinter sich her)ziehen, schleppen; **2.** *(Gewässer)* absuchen (*for* nach); ▶ ~ **one's feet** schlurfen; ~ **anchor** vor Anker treiben; **III** *itr* **1.** schleifen, schlurfen; **2.** hinterherhinken; **3.** *(Zeit)* sich hinziehen; sich in die Länge ziehen; **IV** *(mit Präposition)* **drag along** *tr* mitschleppen; **drag away** *tr* wegschleppen, -ziehen; **drag behind** *itr* zurück sein, hinterherhinken; **drag down** *tr* herunterziehen *a. fig;* **drag in** *tr* hineinziehen; **drag off** *tr* wegzerren; **drag on** *itr* sich in die Länge ziehen; sich hinschleppen; **drag out** *tr* in die Länge ziehen; **drag up** *tr* **1.** *(Skandal)* ausgraben; **2.** *fam (Kind)* mehr schlecht als recht aufziehen.

dragon [ˈdrægən] Drache *m a. fig.*

drag·on·fly [ˈdrægənflaɪ] Libelle *f.*

dra·goon [drəˈguːn] **I** *s* Dragoner *m;* **II** *tr* zwingen (*into doing* zu tun).

drain [dreɪn] **I** *s* **1.** Rohr *n;* Abflußrohr *n;* **2.** *pl* Kanalisation *f;* **3.** *fig* Belastung *f;* ▶ **go down the ~** vor die Hunde gehen; **brain ~** Abwanderung *f* von Wissenschaftlern, Brain-Drain *m;* **II** *tr* **1.** drainieren *a. med,* entwässern, trockenlegen; **2.** *(Gemüse)* abgießen; **3.** *(Boiler)* das Wasser ablassen von; **4.** *(Glas)* leeren; ▶ ~ **s.o. of strength** an jds Kräften zehren; ~ **s.o. dry** jdn ausnehmen; **III** *itr* **1.** *(Gemüse)* abtropfen; **2.** *(Land)* entwässert werden; **IV** *(mit Präposition)* **drain away** *itr* ablaufen; *fig* dahinschwinden; **drain off** *tr* abgießen; abtropfen lassen; **drain·age** [ˈdreɪnɪdʒ] **1.** Entwässerung, Dränage *f;* **2.** Entwässerungssystem *n;* Kanalisation *f;* **3.** Abwasser *n;* **drainage basin** *geog* Einzugsgebiet *n;* **drain·ing board** [ˈdreɪnɪŋˈbɔːd] Ablauf *m;* **drain-pipe** Abflußrohr *n;* **drain-pipe trousers** *pl* Röhrenhose *f.*

drake [dreɪk] Enterich, Erpel *m.*

dram [dræm] Schluck *m (Schnaps).*

drama [ˈdrɑːmə] Drama *n a. fig;* **drama school** Schauspielschule *f;* **dra·matic** [drəˈmætɪk] *adj* dramatisch *a. allg;* schauspielerisch; **dra·mat·ics** [drəˈmætɪks] *pl mit sing* theatralisches Getue; **drama·tis per·sonae** [ˌdræmətɪspɜːˈsəʊnaɪ] *pl* Personen *f pl* der Handlung; **drama·tist** [ˈdræmətɪst] Dramatiker(in) *m (f);* **drama·tiz·ation** [ˌdræmətaɪˈzeɪʃn] Dramatisierung *f;* **drama·tize** [ˈdræmətaɪz] *tr* dramatisieren.

drank [dræŋk] *v s. drink.*

drape [dreɪp] *tr* **1.** drapieren; mit Vorhängen versehen; **2.** hüllen; ▶ ~ **s.th. over s.th.** etw über etw drapieren; **draper** [ˈdreɪpə(r)] *Br* Textilkaufmann *m,* -kauffrau *f;* **dra·pery** [ˈdreɪpərɪ] **1.** Tuch *n,* Stoff *m;* **2.** *(Geschäft)* Stoffladen *m.*

dras·tic [ˈdræstɪk] *adj* **1.** drastisch, durchgreifend; **2.** bedrohlich.

drat [dræt] *interj fam* zum Teufel mit ...!

draught, *Am* **draft** [drɑːft] **1.** (Luft)Zug *m,* Zugluft *f;* **2.** Schluck, Zug *m;* **3.** *(von Fischen)* Fischzug *m;* **4.** *mar* Tiefgang *m;* **5.** Faßbier *n;* **6.** *pl Br* Damespiel *n;* ▶ **drink at a, one ~** in einem Zug, auf einmal austrinken; **beer on ~** Bier vom Faß, Faßbier *n;* **draught board** *Br* Damebrett *n;* **draughts·man,** *Am* **drafts·man** [ˈdrɑːftsmən] ⟨*pl* -men⟩ **1.** Zeichner *m;* Verfasser *m;* **2.** *Br* Damestein *m;* **draughty,** *Am* **drafty** [ˈdrɑːftɪ] *adj* zugig.

draw[1] [drɔː] ⟨*irr* drew, drawn⟩ *tr* zeichnen; (*Linie*) ziehen.

draw[2] ⟨*irr* drew, drawn⟩ **I** *tr* **1.** (an-, herab-, heran-, zu)ziehen (*from* aus); zurückschieben; **2.** *(Zahn)* ziehen; **3.** holen; **4.** *(Interesse)* erregen; **5.** *(Menge)* anlocken; **6.** einatmen; **7.** *fig* herausbringen; **8.** *(Schluß)* ziehen; **9.** *mar* Tiefgang haben; **10.** *(Tier)* ausnehmen; **11.** *(Fuchs)* aufstöbern; ▶ ~ **one's belt tighter** den Gürtel enger schnallen; ~ **a bath** Badewasser einlassen; ~ **money from the bank** Geld abheben; ~ **first prize** den ersten Preis gewinnen; ~ **comfort from s.th.** sich mit etw trösten; **feel ~n towards s.o.** sich zu jdm hingezogen fühlen; ~ **s.o. into s.th.** jdn in etw hineinziehen; ~ **a deep breath** tief Luft holen; ~ **conclusions** Schlüsse ziehen; ~ **a match** unentschieden spielen; ~ **s.th. to a close** etw beenden; **II** *itr* **1.** *(Zeit, Person)* kommen; **2.** *(Pfeife, Tee)* ziehen; **3.** *sport* unentschieden spielen; ▶ ~ **round the table** sich um den Tisch versammeln; ~ **to a close** dem Ende zugehen; ~ **nearer** näher kommen; **III** *s* **1.** *(Lotterie)* Ziehung *f;* **2.** *sport* Unentschieden *n;* **3.** *(Film)* Schlager *m;* ▶ **be quick on the ~** *fig* schlagfertig sein; **IV** *(mit Präposition)* **draw apart** *itr* sich lösen; sich auseinanderleben; **draw aside** *tr* beiseite nehmen; **draw away** *itr*

1. losfahren; 2. *(Läufer)* davonziehen; 3. *(Person)* sich entfernen; *tr* weglocken; **draw down** *tr (Vorhang)* herunterlassen; **draw in** *itr* 1. *(Zug)* einfahren; 2. *(Tage)* kürzer werden; *tr* 1. *(Luft)* einziehen; 2. *fig* anziehen; **draw off** *tr* ausziehen; *itr* losfahren; **draw on** *tr* sich stützen auf; *tr (Schuhe)* anziehen; ► **as the night drew on** mit fortschreitender Nacht; **draw out** *tr* 1. herausziehen; 2. ziehen; in die Länge ziehen; *itr* 1. *(Tag)* länger werden; 2. *rail* abfahren; ► ~ **s.o. out** jdn aus der Reserve locken; **draw together** *tr* miteinander verknüpfen; **draw up** *itr* anhalten; *tr* 1. *(Plan)* entwerfen, ausarbeiten; 2. *(Stuhl)* heranziehen; 3. *(Truppen)* aufstellen; 4. *(Dokumente)* ausstellen; ► ~ **o.s. up** sich aufrichten.

draw·back ['drɔ:bæk] Nachteil *m;* **draw·bridge** ['drɔ:brɪdʒ] Zugbrücke *f.*

drawer ['drɔ:(r)] 1. Schublade *f;* 2. Zeichner(in) *m (f);* 3. *fin* Aussteller(in) *m (f);* 4. *pl obs* Unterhosen *f pl.*

draw·ing ['drɔ:ɪŋ] Zeichnung *f;* **drawing-board** Reißbrett *n;* ► **go back to the** ~ *fam* wieder von vorne anfangen; **drawing-pin** *Br* Reißzwecke *f;* **drawing-room** Wohnzimmer *n;* Salon *m.*

drawl [drɔ:l] I *s* schleppende Sprache; II *itr* schleppend sprechen.

drawn [drɔ:n] I *v s. draw;* II *adj* 1. abgespannt; 2. *(Spiel)* unentschieden.

dread [dred] I *tr* (be)fürchten, Angst haben vor; ► **he ~s going to the dentist** er hat Angst, zum Zahnarzt zu gehen; II *s* Furcht *f;* Grauen *n (of* vor); ► **live in ~ of** in ständiger Angst leben vor; **dread·ful** ['dredfl] *adj* furchtbar, schrecklich; **dread·fully** ['dredfəlɪ] *adv fam* sehr, schrecklich.

dream [dri:m] ⟨*irr* dreamed *od* dreamt, dreamed *od* dreamt⟩ I *s* 1. Traum *m;* 2. Wunsch(bild *n*) *m;* 3. *fig* Traum *m,* Gedicht, Wunder *n;* ► **have a bad** ~ schlecht träumen; **have a ~ about s.th.** von etw träumen; **lost in ~s** traumverloren; **go into a** ~ zu träumen anfangen; II *itr* träumen (*of* von); III *tr* erträumen, träumen von; IV *(mit Präposition)* **dream away** *tr* verträumen; **dream up** *tr* sich einfallen lassen, ausdenken; **dreamer** ['dri:mə(r)] Träumer(in) *m (f);* **dream·land** ['dri:mlænd] Traumland *n;* **dream·less** ['dri:mlɪs] *adj* traumlos; **dream·like** ['dri:mlaɪk] *adj* traumähnlich; traumhaft; **dreamt** [dremt] *v s. dream;* **dreamy** ['dri:mɪ] *adj* 1. verträumt; 2. *(Musik)* zum Träumen; 3. traumhaft.

dreary ['drɪərɪ] *adj* eintönig; trüb.

dredge[1] [dredʒ] I *s* 1. Schleppnetz *n;* 2. Bagger *m;* II *tr (~ for)* 1. mit dem Schleppnetz fischen; 2. ausbaggern; ► ~ **up** ausbaggern; *fig* ausgraben.

dredge[2] [dredʒ] *tr (Küche)* bestreuen (*over* über); panieren (*with* mit).

dredger[1] ['dredʒə(r)] 1. Schleppnetzfischer *m;* 2. Baggerschiff *n;* Bagger *m.*

dredger[2] ['dredʒə(r)] Streubüchse *f.*

dregs [dregz] *pl* 1. Bodensatz *m;* 2. *fig* Abschaum *m.*

drench [drentʃ] *tr* ► **be ~ed to the skin** bis auf die Haut durchnäßt sein.

dress [dres] I *tr* 1. (an-, be)kleiden, anziehen; 2. mit Kleidung versorgen; 3. schmücken; (heraus)putzen, dekorieren *(a. Schaufenster);* 4. *(Wunde)* verbinden; 5. her-, zurichten, vorbereiten; 6. *(Salat)* anmachen; 7. *(Geflügel)* putzen, rupfen u. ausnehmen; 8. *mil (Front)* ausrichten; 9. *mar* beflaggen; ► **~ed to kill** in Schale, herausgeputzt; ~ **in one's (Sunday) best** seinen Sonntagsstaat anziehen; II *itr* 1. sich anziehen, -kleiden; 2. Abendkleidung anziehen; III *s* 1. Kleidung *f,* Kleider *n pl;* 2. (Damen)Kleid *n;* ► **in full** ~ in Gala; IV *(mit Präposition)* **dress down** *fam tr* abkanzeln; *(Pferd)* striegeln; *itr* sich unauffällig anziehen; **dress up** *itr* 1. Gesellschaftskleidung anziehen; sich fein machen; 2. sich verkleiden; *tr fig (Tatsachen)* ausschmücken; interessant machen; frisieren; **dress circle** *theat* erster Rang; **dress coat** Frack *m;* **dresser** ['dresə(r)] 1. *theat* Ankleidefrau *f;* 2. *med* Assistent(in) *m (f);* 3. (Schaufenster)Dekorateur(in) *m (f);* 4. Anrichte *f,* (Küchen)Büfett *n;* 5. *Am* Frisierkommode *f;* ► **be an elegant** ~ sich elegant kleiden.

dress·ing ['dresɪŋ] 1. Ankleiden *n;* 2. Verbinden *n;* Verband *m;* Verbandszeug *n;* 3. Putzen *n;* Zurichten *n;* 4. *agr* Düngung *f;* 5. *(Textil)* Appretur *f;* 6. (Salat)Soße *f;* 7. *(Geflügel)* Füllung *f;* 8. *fam* Prügel *pl;* **dressing-down** [ˌdresɪŋ'daʊn] 1. *fam* Rüffel *m;* 2. *fam* Tracht *f* Prügel; **dressing-gown** Morgenrock *m;* **dressing-room** Ankleidezimmer *n;* *theat* Garderobe *f;* *sport* Umkleidekabine *f;* **dressing-table** Frisierkommode *f.*

dress·maker ['dresˌmeɪkə(r)] (Damen)Schneider(in) *m (f);* **dress·making** ['dresmeɪkɪŋ] Damenschneiderei *f;* **dress rehearsal** *theat* Generalprobe *f;* **dress-shirt** Frackhemd *n;* **dress-suit** Gesellschaftsanzug *m;* **dress uniform** Galauniform *f;* **dressy** ['dresɪ] *adj* 1. geschniegelt; 2. *(Kleidung)* fein, elegant, fesch.

drew [dru:] *v s. draw.*

dribble ['drɪbl] I *tr* tröpfeln, rinnen lassen; II *itr* 1. sabbern, geifern; 2. tröpfeln, rinnen; 3. *sport* dribbeln; III *s* 1. Tröpfchen *n;* 2. Rinnsal *n;* 3. *sport* Dribbeln *n.*

drib·let ['drɪblɪt] ► **a** ~ ein bißchen, ein wenig, etwas; **in ~s** nach und nach.

dribs [drɪbz] *pl* ► **pay in ~ and drabs** abstottern; in kleinen Beträgen zahlen; **in ~ and drabs** kleckerweise.

dried [draɪd] *adj* getrocknet; ► **~ fruit** Dörr-, Backobst *n;* **~ milk** Milchpulver *n;* **dried-up** [ˌdraɪdˈʌp] *adj fig* eingetrocknet.

drier, dryer [ˈdraɪə(r)] **1.** Trockenapparat *m;* **2.** Trockenmittel *n;* ► **hair-~** Fön *m.*

drift [drɪft] **I** *s* **1.** Strömung *f;* **2.** Fahrtrichtung *f;* Abtrift *f;* **3.** Tendenz *f; (Ereignisse)* Gang *m;* Absicht *f;* Einfluß *m;* **4.** (Schnee)Verwehung *f;* **5.** *geol* Geschiebe *n;* **6.** Treibsand *m;* **7.** *fig* Ziellosigkeit *f;* ► **~ from the land** Landflucht *f;* **II** *itr* **1.** getrieben werden; verweht werden; **2.** *aero* vom Kurs abweichen; **3.** *fig* sich treiben lassen; *(~ along)* plan-, ziellos umherwandern; ► **let things ~** die Dinge laufenlassen; **III** *tr* (zusammen)treiben; aufhäufen; **IV** *(mit Präposition)* **drift apart** *itr fig* sich auseinanderleben; **drift in** *itr* im Vorbeigehen besuchen, *fam* hereinschneien; **drift off** *itr fam* sich verkrümeln; **drifter** [ˈdrɪftə(r)] **1.** Logger *m;* Treibnetzfischer *m;* **2.** Gammler, Tunichtgut *m;* **drift-ice** Treibeis *n;* **drift-sand** Treibsand *m;* **drift-wood** Treibholz *n.*

drill[1] [drɪl] **I** *s* **1.** Bohrer *m;* **2.** *mil* Drill *m;* **II** *tr, itr* **1.** bohren; **2.** drillen; **3.** einpauken; ► **~ for oil** nach Öl bohren.

drill[2] [drɪl] **1.** *agr* Furche, Rille *f;* **2.** *(Textil)* Drillich *m.*

drink [drɪŋk] ⟨*irr* **drank, drunk**⟩ **I** *tr* **1.** trinken; **2.** *(Tier)* saufen; **3.** *(~ off)* austrinken, leeren; **4.** auf-, einsaugen, absorbieren; ► **~ s.o.'s health** auf jds Gesundheit trinken; **II** *itr* trinken; saufen; **III** *s* **1.** Trunk *m (Wasser);* Schluck *m;* **2.** Getränk *n;* Drink *m;* ► **the ~** *sl* der große Teich *(Ozean);* **have a ~** ein Gläschen trinken; **take to ~** sich dem Trunk, *fam* Suff ergeben; **IV** *(mit Präposition)* **drink in** *tr fig* begierig aufnehmen; **drink to s.o.** jdm zutrinken; **drink to s.th.** auf etw trinken; **drinkable** [—əbl] *adj* trinkbar; **drinker** [ˈdrɪŋkə(r)] Trinker(in) *m (f).*

drink·ing [ˈdrɪŋkɪŋ] Trinken *n;* **drinking-fountain** Trinkwasserspender *m;* **drinking-song** Trinklied *n;* **drinking-straw** Trinkhalm *m;* **drinking-water** Trinkwasser *n;* **drinking-water supply** Trinkwasserversorgung *f.*

drip [drɪp] **I** *itr* **1.** tropfen, tröpfeln *(from* von); **2.** *fig* triefen *(with* von); **II** *tr* ► **~ sweat** von Schweiß triefen; **III** *s* **1.** Tropfen, Tröpfeln *n;* **2.** Tropfgeräusch *n;* **3.** *sl* doofer Kerl; **drip-dry** [ˌdrɪpˈdraɪ] **I** *adj* bügelfrei; **II** *tr* tropfnaß aufhängen; **drip·ping** [ˈdrɪpɪŋ] **I** *adj* **1.** *(~ wet)* patschnaß; **2.** *(Hahn, Baum)* tropfend; **II** *s* **1.** *a. pl* Bratenfett *n;* **2.** Tröpfeln, Tropfen *n.*

drive [draɪv] ⟨*irr* **drove, driven**⟩ **I** *tr* **1.** (an-, be)treiben *a. fig;* **2.** stoßen, jagen, hetzen; **3.** *(Auto, Passagier)* fahren; **4.** *(Regen)* peitschen; **5.** *(Wolken)* jagen; **6.** *(Pfahl)* einrammen; **7.** *fig* drängen, an-, aufstacheln, aufhetzen; **8.** zwingen, veranlassen *(to do* zu tun); **9.** hineinschlagen *(into* in); **10.** *(Sache)* energisch betreiben, durchsetzen, -führen, zum Abschluß bringen; ► **~ a hard bargain** hart verhandeln; **~ into a corner** *fig* in die Enge treiben; **~ home** nach Hause, heimfahren; *fig* nahelegen; *(Nagel)* einschlagen; **~ one's point home** seinen Standpunkt überzeugend darlegen; **~ crazy, mad** verrückt machen; **II** *itr* **1.** eilen, stürmen, jagen; **2.** *(im Wind)* treiben; **3.** *(Fahrzeug, Fahrer)* fahren; **4.** schwer arbeiten *(at* an); ► **can you ~?** können Sie Auto fahren? **III** *s* **1.** Fahren *n;* **2.** (Spazier)Fahrt *f;* **3.** Fahrstraße *f,* -weg *m;* **4.** Auf-, Ausfahrt *f;* **5.** *mot tech* Antrieb *m,* Triebwerk *n;* **6.** *sport* heftiger Schlag, Stoß; **7.** *psych* Trieb *m;* Schwung, Unternehmungsgeist *m,* Energie, Tatkraft *f;* **8.** Kampagne *f,* (Werbe-, Propaganda)Feldzug *m (against* gegen); **9.** *EDV* Laufwerk; ► **go for a ~** spazierenfahren; **IV** *(mit Präposition)* **drive at** *tr* hinauswollen auf; ► **what are you driving at?** worauf wollen Sie denn hinaus? **drive in** *tr* einbleuen *(s.o. s.th.* jdm etw); **drive off** *itr* wegfahren; wegjagen; **drive out** *itr* hinausfahren *(into the country* aufs Land); **drive up** *tr* hinauf-, in die Höhe treiben; hinauffahren (auf); *itr* vorfahren *(to* bei, vor); hinauffahren.

drive-in [ˈdraɪvɪn] Restaurant *n* mit Bedienung am Auto; **drive-in bank** Bank *f* mit Autoschalter; **drive-in cinema** Autokino *n.*

drivel [ˈdrɪvl] **I** *itr* faseln; **II** *s* Unsinn *m.*

driven [ˈdrɪvn] *v s. drive.*

driver [ˈdraɪvə(r)] **1.** (Auto)Fahrer(in) *m (f);* Chauffeur(in) *m (f);* **2.** *(Golf)* Schläger *m;* ► **~'s cab** Führerstand *m,* -haus *n;* **~'s license, permit** Führerschein *m;* **~'s seat** Fahrersitz *m.*

driving [ˈdraɪvɪŋ] **I** *adj* **1.** *tech* treibend; **2.** heftig, stark; ► **~ rain** peitschender Regen; **II** *s* Fahren *n;* **driving ban** Führerscheinentzug *m;* **driving force** Trieb-, treibende Kraft *f;* **driving instructor** Fahrlehrer(in) *m (f);* **driving lessons** *pl* Fahrstunden *f pl;* **driving licence** Führerschein *m;* **driving pool** Fahrgemeinschaft *f;* **driving school** Fahrschule *f;* **driving test** Fahrprüfung *f.*

drizzle [ˈdrɪzl] **I** *itr* nieseln; **II** *s* Sprühregen *m;* **driz·zly** [ˈdrɪzlɪ] *adj* feucht u. neblig.

droll [drəʊl] *adj* drollig, ulkig; komisch.

drom·edary ['drɒmədərɪ] Dromedar *n.*
drone [drəʊn] **I** *s* **1.** *zoo* Drohne *f a. fig;* **2.** Summen, Brummen *n;* **II** *itr* **1.** summen, brummen; **2.** monoton reden; **3.** faulenzen.
drool [dru:l] *s. drivel.*
droop [dru:p] **I** *itr* **1.** herabsinken; herunterhängen (*over* über); **2.** kraftlos, welk werden; **3.** *(Preise)* fallen; *(Kurse)* nachgeben; **4.** *fig* den Kopf hängen lassen; **II** *tr* hängen lassen.
drop [drɒp] **I** *s* **1.** Tropfen *m;* **2.** ein bißchen, ein wenig, etwas; **3.** Sinken, Fallen *n;* Fall, (Ab)Sturz *m;* **4.** *com* Rückgang *m; (Börse)* Baisse *f;* **5.** Vorhang *m;* ▶ **~ of blood** Blutstropfen *m;* **a ~ in the bucket, in the ocean** ein Tropfen auf den heißen Stein; **~ in prices** Preissturz *m;* **~ in production** Produktionsrückgang *m;* **~ in performance** Leistungsabfall *m;* **~ of rain** Regentropfen *m;* **~ in the temperature** Temperatursturz *m;* **II** *itr* **1.** (herab)tropfen, tröpfeln; **2.** (herab-, herunter)fallen (*out of the window* aus dem Fenster); **3.** hineingeraten (*into* in); stoßen (*into* auf); **4.** hin-, umfallen; zusammenbrechen, tot umfallen (*from exhaustion* vor Erschöpfung); **5.** schwächer werden, nachlassen; *(Wind)* abflauen; **6.** *(Temperatur)* fallen, sinken; **III** *tr* **1.** tropfen, tröpfeln; besprengen; **2.** fallen lassen; *fig* fallenlassen; (hin-) werfen; **3.** *(Arbeit)* niederlegen; **4.** *(Bomben)* abwerfen; **5.** *(Geld)* verlieren; **6.** *(Fahrgäste)* absetzen; **7.** zu Boden strecken; abschießen; **8.** *(Äußerung)* fallenlassen; **9.** *(Thema)* auf sich beruhen lassen; **10.** *(Gewohnheit)* aufgeben; **11.** *(Buchstaben, Wort)* auslassen; **12.** *(Brief)* einwerfen (*in the letterbox* in den Briefkasten); **13.** *(Junge)* werfen; ▶ **let ~** fallenlassen, aufgeben; **~ anchor** den Anker werfen; **~ a brick, clanger** *fam* e-e Dummheit machen; **~ a hint** e-e Andeutung fallenlassen; **~ a line** ein paar Zeilen schreiben; **not to be ~ped!** nicht stürzen! **~ it!** laß das! **IV** *(mit Präposition)* **drop across** *tr fam* treffen; in die Arme laufen (*s.o.* jdm); **drop behind** *itr* zurückbleiben (hinter); **drop down** *itr* niedersinken; herunterfallen; **drop in** *itr* besuchen; **drop in at, on, upon s.o.** bei jdm unerwartet vorsprechen; *fam* bei jdm auf e-n Sprung vorbeikommen; *(Aufträge)* bei jdm eingehen; **drop off** *itr* **1.** sich zurückziehen; **2.** nachlassen, zurückgehen; ▶ **~ s.th. off** etw abgeben (*at* bei); **~ s.o. off** jdn aussteigen lassen; **drop out** *itr* **1.** nicht mehr teilnehmen (*of* an); **2.** (aus der Gesellschaft) aussteigen; **3.** aussfallen; **4.** ausscheiden.
drop-kick ['drɒpkɪk] *sport* Prellstoß *m;* **drop·let** ['drɒlɪt] Tröpfchen *n;* **drop-out** ['drɒpaʊt] Aussteiger(in) *m (f); pej* Asoziale(r) *f m;* Studienabbrecher(in) *m (f);* **drop·per** ['drɒpə(r)] Pipette *f;* Tropfer *m;* **drop·pings** ['drɒpɪŋz] *pl* Dung, Dünger, Mist *m.*
dross [drɒs] **1.** (Metall)Schlacken *f pl;* **2.** *fig* Tand *m.*
drought [draʊt] Trockenheit *f;* Dürre(periode, -zeit) *f.*
drove[1] [drəʊv] *v s. drive.*
drove[2] [drəʊv] **1.** Herde *f (Vieh);* **2.** Menschenmenge, Masse *f;* ▶ **they came in ~s** sie kamen in Scharen; **drover** ['drəʊvə(r)] Viehtreiber *m.*
drown [draʊn] **I** *tr* **1.** ertränken; **2.** überfluten; **3.** einweichen; **4.** *fig* übertönen; ersticken *(a. in Tränen); (Kummer)* betäuben; ▶ **be ~ed** ertrinken; **II** *itr* ertrinken.
drowse [draʊz] **I** *s* Schläfrigkeit *f;* Halbschlaf *m;* **II** *itr* schläfrig sein; dösen; ▶ **~ off** eindösen; **drowsy** ['draʊzɪ] *adj* **1.** schläfrig; **2.** einschläfernd; **3.** *fig* schlafmützig.
drudge [drʌdʒ] **I** *s fig* **1.** *(Mensch)* Arbeitstier *n;* **2.** *(Arbeit)* Schufterei *f;* **II** *itr* sich placken, sich (ab)schinden; **drudgery** ['drʌdʒərɪ] Plackerei *f.*
drug [drʌg] **I** *s* Medikament *n;* Droge *f,* Rauschgift *n;* ▶ **be on ~s** Medikamente einnehmen; drogensüchtig sein; **~ on the market** Ladenhüter *m;* **II** *tr* **1.** *(Speise, Getränk)* etwas zusetzen (*s.th.* e-r S); **2.** betäuben, narkotisieren; **3.** *(Patienten)* Medikamente geben (*s.o.* jdm); **drug abuse** Medikamenten-, Drogenmißbrauch *m;* **drug addict** Rauschgiftsüchtige(r) *f m;* **drug addiction** Rauschgiftsucht, Drogenabhängigkeit *f;* **drug consumption** Drogenkonsum *m;* **drug culture** Drogenkultur *f;* **drug dependency** Medikamenten-, Drogensucht, Medikamenten-, Drogenabhängigkeit *f;* **drug·gist** ['drʌgɪst] *Am* Drogist(in) *m (f);* **drug manufacturer** Pharmahersteller *m;* **drug pusher** Pusher, Dealer *m;* **drug squad** Rauschgiftdezernat *n;* Drogenfahndungsbehörde *f;* **drug·store** ['drʌgstɔ:(r)] *Am* Drugstore *m;* **drug taking** Einnehmen *n* von Drogen, Rauschgift; **drug traffic, drug trafficking** Drogen-, Rauschgifthandel *m.*
druid ['dru:ɪd] *rel hist* Druide *m.*
drum [drʌm] **I** *s* **1.** Trommel *f a. tech;* **2.** *anat (ear-~)* Trommelfell *n;* **II** *itr, tr* **1.** trommeln (*s.th., on s.th.* auf etw); **2.** *(~ up)* ausfindig machen; zusammentrommeln; **3.** einhämmern (*s.th. into s.o.* jdm etw); **4. erfinden;** ▶ **~ up business** die Werbetrommel rühren; **drum·beat** ['drʌmbi:t] Trommeln *n;* **drum brake** Trommelbremse *f;* **drum·head** ['drʌmhed] Trommelfell *n;* **drum-major** Tambourmajor *m;* **drum·mer**

['drʌmə(r)] **1.** Trommler(in) *m (f);* Schlagzeuger(in) *m (f);* **drum·stick** ['drʌmstɪk] **1.** Trommelstock *m;* **2.** *(Geflügel)* Schlegel *m.*

drunk [drʌŋk] **I** *v s. drink;* **II** *adj* **1.** betrunken; **2.** *fig* trunken (*with* vor); ▶ **get ~** sich betrinken; **~ as a lord** sternhagelvoll; **III** *s* Betrunkene(r) *f m;* Säufer(in) *m (f);* **drunk·ard** ['drʌŋkəd] Trinker(in) *m (f);* **drunken** ['drʌŋkən] *adj* betrunken; trunksüchtig; feuchtfröhlich; **drunken·ness** ['drʌŋkənɪs] Trunkenheit *f,* Rausch *m a. fig.*

dry [draɪ] **I** *adj* **1.** trocken; **2.** *(Holz)* dürr; **3.** ausgetrocknet; **4.** *fig* trocken, langweilig; **5.** *(Wein)* herb, trocken; **6.** durstig(machend); ▶ **(as) ~ as dust** todlangweilig; **keep ~!** vor Feuchtigkeit zu schützen; **II** *tr* (ab)trocknen; **III** *itr* trocknen, trocken werden; **IV** *(mit Präposition)* **dry up** *itr* austrocknen, -dörren *a. fig; theat* steckenbleiben; ▶ **~ up!** *sl* halt's Maul! **dryad** ['draɪəd] Dryade *f.*

dry cell ['draɪˌsel] *el* Trockenelement *n;* **dry cell battery** Trockenbatterie *f;* **dry-clean** *tr* reinigen; **dry cleaner's** chemische Reinigung *(Geschäft);* **dry cleaning** chemische Reinigung *(Vorgang);* **dry dock** *mar* Trockendock *n.*

dryer ['draɪə(r)] *s. drier.*

dry goods ['draɪ'gʊdz] *pl Am* Manufakturwaren *f pl,* Textilien *pl,* Kurzwaren *f pl;* **dry ice** Trockeneis *n;* **dry land** fester Boden; **dry measure** Trockenmaß *n;* **dry·ness** ['draɪnɪs] Trockenheit *f;* **dry rot 1.** *bot* Trockenfäule *f;* **2.** *fig* Verfall *m,* Entartung *f;* **dry-shod** ['draɪʃɒd] *adj* trockenen Fußes.

dual ['dju:əl] *adj* zweifach, doppelt; **dual carriageway** *Br* vierspurige Straße, Schnellstraße *f;* **dual·ism** ['djʊəlɪzəm] Dualismus *m.*

dub [dʌb] *tr* **1.** zum Ritter schlagen; **2.** e-n Spitznamen geben (*s.o.* jdm); **3.** *film* synchronisieren; **dub·bing** ['dʌbɪŋ] *film* Synchronisation *f.*

du·bious ['dju:bɪəs] *adj* **1.** zweifelhaft, fraglich; **2.** verdächtig; **3.** *(Zukunft, Ergebnis)* ungewiß; **4.** unsicher, im Zweifel (*of, about* über).

duch·ess ['dʌtʃɪs] Herzogin *f;* **duchy** ['dʌtʃɪ] Herzogtum *n.*

duck [dʌk] **I** *s* **1.** Ente *f;* **2.** *fam* Liebling *m;* ▶ **like a ~ takes to water** *fig* mit der größten Selbstverständlichkeit; **like water off a ~'s back** wirkungs-, eindruckslos; **II** *itr* **1.** sich ducken; **2.** (kurz) untertauchen; **III** *tr* **1.** *(den Kopf)* schnell einziehen; **2.** ins Wasser tauchen; **3.** *sl* aus dem Wege gehen (*s.o.* jdm; *s.th.* e-r S); **duck·boards** ['dʌkbɔ:dz] *pl* Lattenrost *m;* **duck·ling** ['dʌklɪŋ] Entchen *n;* ▶ **roast ~** Entenbraten *m;* **ducky** ['dʌkɪ] *fam* Liebling *m.*

duct [dʌkt] **1.** Rohr(leitung *f*) *n;* **2.** *anat* Gang *m;* Kanal *m.*

dud [dʌd] **1.** *sl* Versager(in) *m (f);* **2.** *(Bombe)* Blindgänger *m;* **3.** *sl* ungedeckter Scheck.

dude [dju:d] *Am* **1.** Städter *m;* **2.** feiner Pinkel; **3.** *fam* Kerl *m.*

due [dju:] **I** *adj* **1.** *(Gelder, Arbeit)* fällig; **2.** zahlbar; **3.** *(Verkehrsmittel)* planmäßig ankommend, fällig (*at noon* um 12 Uhr mittags); **4.** gebührend, gehörig; **5.** zu verdanken(d), zuzuschreiben(d) (*to* dat); zurückzuführend (*to* auf); ▶ **after ~ consideration** nach reiflicher Überlegung; **in ~ course** im rechten Augenblick; **in ~ form** ordnungsgemäß; **in ~ time** zu gegebener Zeit; **when ~** *fin* bei Fälligkeit; **when is the baby ~?** wann kommt das Kind? **when is the train ~?** wann soll der Zug ankommen? **~ east** *mar* genau Ost; **be ~ to** sollen, müssen; *Am* im Begriff sein zu; **be ~ to s.o.** jdm zustehen, gebühren; **be ~ to s.th.** auf etw beruhen; **become, fall ~** fällig werden; **the train is ~ at...** die planmäßige Ankunft(szeit) des Zuges ist ... **the plane is already ~** das Flugzeug müßte schon dasein; **II** *s* **1.** *ohne pl* (das) Geschuldete; (das) Zustehende; **2.** *pl* Abgaben, Gebühren *f pl;* Zoll(gebühren *f pl*) *m;* (Mitglieds)Beitrag *m.*

duel ['dju:əl] **1.** Duell *n;* **2.** *fig* Kampf, Streit *m.*

duet [dju:'et] *mus* Duett *n;* Duo *n.*

duf·fel bag ['dʌflbæg] Matchsack *m;* **duffel coat** Dufflecoat *m.*

duf·fer ['dʌfə(r)] Dummkopf *m.*

dug[1] [dʌg] Zitze *f.*

dug[2] [dʌg] *v s. dig;* **dug-out** ['dʌgaʊt] **1.** *mil* Schützengraben *m;* **2.** *(Boot)* Einbaum *m.*

duke [dju:k] Herzog *m.*

dull [dʌl] **I** *adj* **1.** schwerfällig, langsam; **2.** langweilig; **3.** *(Person)* lustlos; **4.** *(Licht)* trüb; matt; **5.** *(Wetter)* grau; **6.** *(Schmerz)* dumpf; **7.** *com* flau, lustlos; ▶ **as ~ as ditch water** sterbenslangweilig; **II** *tr* **1.** *(Sinne)* abstumpfen; **2.** *(Schmerz)* lindern; **3.** *(Lärm)* dämpfen; **dull·ard** ['dʌləd] Dummkopf *m;* **dull·ness** ['dʌlnɪs] **1.** Schwerfälligkeit, Langsamkeit *f;* **2.** Langweiligkeit *f;* **3.** Lustlosigkeit *f;* **4.** Trübheit, Mattheit *f;* **5.** Grauheit *f;* **6.** Dumpfheit *f;* **7.** Flauheit *f.*

duly ['dju:lɪ] *adv* **1.** entsprechend; gebührend, ordnungsgemäß; **2.** zur rechten Zeit, rechtzeitig.

dumb [dʌm] *adj* **1.** stumm; **2.** schweigend, sprachlos (*with* vor); **3.** *Am fam* doof, dumm; ▶ **be struck ~** sprachlos sein.

dumb-bell ['dʌmbel] *sport* Hantel *f.*

dumb·found, *Am* **dum·found**

[dʌm'faʊnd] *tr* verblüffen; ► **be ~ed** sprachlos sein.

dumb-show ['dʌmʃəʊ] Pantomime *f.*

dumb-waiter [ˌdʌm'weɪtə(r)] **1.** Serviertisch *m;* **2.** *Am* Speisenaufzug *m.*

dummy ['dʌmɪ] **I** *s* **1.** Attrappe *f;* Schaufensterpuppe *f;* Blindband *m;* **2.** *(für Babys)* Schnuller *m;* **3.** *(Kartenspiel)* Strohmann *m;* **4.** *Am fam* Dummkopf *m;* **II** *attr adj* unecht; ► **~ run** Probe *f.*

dump [dʌmp] **I** *tr* **1.** *(Abfall)* (hin)werfen, abladen; **2.** *(Last)* ausladen, auskippen; **3.** *com* zu Dumpingpreisen verkaufen; **II** *s* **1.** Schutthaufen *m;* Müllkippe *f;* **2.** *mil* Depot *n;* **3.** *sl* Dreckloch *n;* Bruchbude *f;* ► **be down in the ~s** deprimiert sein; **dumper** ['dʌmpə(r)] Kipper *m;* **dump·ing** [—ɪŋ] **1.** *com* Dumping *n;* **2.** *tech (Abfallstoffe)* Verklappung *f* ► **"no ~"** „Schuttabladen verboten".

dump·ling ['dʌmplɪŋ] **1.** Knödel, Kloß *m;* **2.** *(apple ~)* Apfel *m* im Schlafrock; **3.** *fam* Dickerchen *n.*

dumpy ['dʌmpɪ] *adj* pummelig.

dun[1] [dʌn] *adj* graubraun.

dun[2] *tr* mahnen.

dunce [dʌns] langsame(r) Schüler(in) *m f;* Dummkopf *m.*

dune [dju:n] Düne *f.*

dung [dʌŋ] Dung, Mist *m.*

dunga·rees [ˌdʌŋgə'ri:z] *pl* Latzhosen *f pl.*

dun·geon ['dʌndʒən] Verlies *n.*

dung-hill ['dʌŋhɪl] Misthaufen *m.*

dunk [dʌŋk] *tr* (ein)tunken.

duo ['dju:əʊ] ‹*pl* duos› Duo *n.*

duo·denum [ˌdju:ə'di:nəm] Zwölffingerdarm *m.*

dupe [dju:p] **I** *s* Betrogene(r) *(m)f;* **II** *tr* betrügen.

du·plex ['dju:pleks] *adj* doppelt; ► **~ apartment** *Am* zweistöckige Wohnung.

du·pli·cate ['dju:plɪkət] **I** *adj* doppelt, zweifach; ► **~ key** Zweitschlüssel *m;* **II** *s* Duplikat *n,* Kopie *f;* ► **in ~** in doppelter Ausfertigung; **III** *tr* ['dju:plɪkeɪt] **1.** kopieren; vervielfältigen; **2.** e-e Zweitschrift anfertigen von; **du·pli·ca·tor** ['dju:plɪkeɪtə(r)] Vervielfältigungsapparat *m;* **du·plic·ity** [dju:'plɪsətɪ] Doppelspiel *n.*

dura·bil·ity [ˌdjʊərə'bɪlətɪ] Dauer *f;* Haltbarkeit *f;* Widerstandsfähigkeit *f;* **dur·able** ['djʊərəbl] *adj* dauerhaft, haltbar; widerstandsfähig.

dur·ation [djʊ'reɪʃn] Dauer, Laufzeit *f;* ► **for the ~** für die Dauer.

dur·ess [djʊ'res] Zwang *m,* Nötigung *f.*

dur·ing ['djʊərɪŋ] *prep* während.

dusk [dʌsk] (Abend)Dämmerung *f;* ► **at ~** bei Einbruch der Dunkelheit; **dusky** ['dʌskɪ] *adj* dunkel, schwärzlich.

dust [dʌst] **I** *s* Staub *m;* ► **throw ~ in s.o.'s eyes** jdm Sand in die Augen streuen; **give s.th. a ~** etw abstauben; **II** *tr* **1.** abstauben; **2.** *(Kuchen)* pudern; **III** *itr* Staub wischen; **dust·bin** ['dʌstbɪn] *Br* Mülleimer *m;* **dust-cart** *Br* Müllwagen *m;* **dust-coat** Kittel *m;* **dust-cover** Schutzumschlag *m.*

duster ['dʌstə(r)] Staubtuch *n.*

dust·man ['dʌstmən] ‹*pl* -men› Müllmann *m;* **dust-pan** Kehrschaufel *f;* **dust storm** Sandsturm *m;* **dust-up** ['dʌstʌp] *fam* Streit *m.*

dusty ['dʌstɪ] *adj* staubig; verstaubt.

Dutch [dʌtʃ] **I** *adj* holländisch, niederländisch; ► **go ~** getrennte Kasse machen; **~ courage** angetrunkener Mut; **II** *s* **1.** (das)Holländisch(e), Niederländisch(e); **2.** *(Menschen)* ► **the ~** *pl* die Holländer, Niederländer *m pl;* **Dutch·man** [dʌtʃmən] ‹*pl* -men› Holländer, Niederländer *m;* ► **the Flying ~** der Fliegende Holländer; **Dutch·woman** ['dʌtʃˌwʊmən] ‹*pl* -women› [—ˌwɪmɪn] Holländerin, Niederländerin *f.*

duti·able ['dju:tɪəbl] *adj* zollpflichtig.

duti·ful ['dju:tɪfl] *adj* pflichtgetreu, -bewußt; gehorsam.

duty ['dju:tɪ] **1.** Pflicht *f;* **2.** Aufgabe, Obliegenheit *f;* **3.** *fin* Zoll *m;* ► **do one's ~** seine Pflicht tun; **as in ~ bound** pflichtgemäß; **free from ~** zollfrei; **off ~** außer Dienst; dienstfrei; **on ~** im Dienst; **duty call** Höflichkeitsbesuch *m;* **duty·free** *adj* zollfrei; ► **~ shop** Duty-free-shop *m;* **duty roster** Dienstplan *m.*

dwarf [dwɔ:f] ‹*pl* dwarves› [dwɔ:vz] **I** *s* Zwerg *m;* **II** *tr* klein erscheinen lassen; **III** *adj* zwergenhaft.

dwell [dwel] ‹*irr* dwelt, dwelt› *itr* wohnen, leben; ► **~ on** verweilen, sich länger aufhalten bei; **dweller** ['dwelə(r)] Bewohner(in) *m (f);* **dwell·ing** [—ɪŋ] Wohnsitz *m;* **dwelling house** Wohnhaus *n;* **dwelt** [dwelt] *v s. dwell.*

dwindle ['dwɪndl] *itr* abnehmen; schwinden; zurückgehen.

dye [daɪ] **I** *s* Farbstoff *m;* ► **hair ~** Haarfärbemittel *n;* **II** *tr* färben; **dyed-in-the-wool** *adj fig* durch-und-durch; **dye-works** *pl* Färberei *f.*

dy·ing ['daɪɪŋ] *adj* **1.** sterbend; **2.** *(Rasse)* aussterbend; **3.** *(Zivilisation)* untergehend.

dy·namic [daɪ'næmɪk] *adj* dynamisch *a. fig;* **dy·namics** [daɪ'næmɪks] *pl mit sing* Dynamik *f a. fig.*

dyna·mite ['daɪnəmaɪt] **I** *s* Dynamit *n;* **II** *tr* sprengen.

dy·namo ['daɪnəməʊ] ‹*pl* -namos› Dynamo(maschine *f*) *m.*

dyn·asty ['dɪnəstɪ] Dynastie *f.*

dys·en·tery ['dɪsəntrɪ] *med* Ruhr *f.*

dys·pep·sia [dɪs'pepsɪə] Verdauungsstörung *f.*

E

E, e [i:] ⟨*pl* -'s⟩ **1.** *a. mus* E, e *n;* **2.** *(Schule)* mangelhaft.
each [i:tʃ] **I** *adj, prn* jede(r, s) (einzelne); ► ~ **and every one** jede(r, s) einzelne; **II** *adv* je; **each other** einander, sich (gegenseitig); ► **with** ~ miteinander.
eager ['i:gə(r)] *adj* **1.** eifrig; **2.** begierig (*about, after, for* auf, nach); ► **be** ~ begierig sein; darauf brennen (*to do* zu tun); **eager beaver** *fam* Streber(in) *m (f);* **eager·ness** [—nɪs] Eifer *m;* Ungeduld *f.*
eagle ['i:gl] Adler *m;* **eagle-eyed** ['i:glaɪd] *adj* **1.** scharfsichtig; **2.** *fig* sehr aufmerksam.
ear¹ [ɪə(r)] **1.** Ohr *n;* **2.** Gehör *n* (*for* für); ► **be all** ~**s** ganz Ohr sein; **be out on one's** ~ *fam* plötzlich seinen Job los sein; **have one's** ~ **to the ground** Augen u. Ohren offenhalten; **play it by** ~ *fig* improvisieren; **his** ~**s must be burning** *fig* seine Ohren müssen ihm klingen; **I pricked up my** ~**s** ich spitzte die Ohren.
ear² [ɪə(r)] *(Getreide)* Ähre *f.*
ear·ache ['ɪəreɪk] Ohrenschmerzen *m pl;* **ear-drum** Trommelfell *n;* **ear infection** Ohrenentzündung *f.*
earl [ɜ:l] (englischer) Graf *m.*
ear·lobe ['ɪələʊb] Ohrläppchen *n.*
early ['ɜ:lɪ] **I** *adv* früh(zeitig); bald; ► **as** ~ **as May** schon im Mai; **very** ~ **on** zu sehr früher Zeit; ~ **in life** in jungen Jahren; **II** *adj* früh(zeitig); baldig; ► **at your earliest convenience** sobald wie möglich; **at the earliest possible date** zum frühest möglichen Zeitpunkt; **in** ~ **summer** im Frühsommer; ~ **closing (day)** halber Geschäftstag; ~ **retirement** vorzeitige Pensionierung; vorgezogener Ruhestand; ~ **retirement scheme** Vorruhestandsregelung *f;* ~ **warning system** *mil* Frühwarnsystem *n.*
ear·mark ['ɪəmɑ:k] **I** *s* **1.** Eigentumszeichen *n* am Ohr *(e-s Haustieres);* **2.** *fig* Kennzeichen *n;* **II** *tr* reservieren, zurücklegen, bereitstellen; ► ~**ed funds** *pl* zweckgebundene Mittel *n pl;* **ear-muffs** *pl* Ohrenschützer *m pl.*
earn [ɜ:n] *tr* **1.** (sich) verdienen; (sich) erwerben *a. fig;* **2.** *(Zinsen)* bringen; **earned income** ['ɜ:nd'ɪnkʌm] Einkünfte *pl* aus Erwerbstätigkeit.
ear·nest ['ɜ:nɪst] **I** *adj* **1.** ernsthaft; ernst; **2.** aufrichtig, ehrlich; **II** *s* ► **in** ~ im Ernst; **in dead** ~ in vollem Ernst; **are you in** ~? ist das Ihr Ernst? **ear·nest·ly** [—lɪ] *adv* ernstlich; inständig.
earn·ing ['ɜ:nɪŋ] *adj* ► ~ **capacity, power** Erwerbs-, Ertragsfähigkeit *f;* **earn·ings** [—ɪŋz] *pl* Einkommen *n;* Einkünfte *pl,* Einnahme(n *pl*) *f;* Arbeitslohn *m;* **earnings-related** *adj* gehalts-, lohnbezogen.
ear·phones ['ɪəfəʊnz] *pl tele radio* Kopfhörer *m pl;* **ear·piece** ['ɪəpi:s] *tele* Hörer *m;* **ear·plug** Ohrenstöpsel *m;* Oropax *n Wz.;* **ear·ring** ['ɪərɪŋ] Ohrring *m;* **ear·shot** ['ɪəʃɒt] ► **out of/within** ~ außer/in Hörweite.
earth [ɜ:θ] **I** *s* **1.** Erde *f;* **2.** (festes) Land *n;* (Erd)Boden *m;* Erde *f;* **3.** (Fuchs-, Dachs)Bau *m;* ► **on** ~ auf der Erde; auf Erden; **to (the)** ~ auf die Erde, zu Boden; **be down to** ~ mit beiden Beinen in der Welt stehen; **come back, come down to** ~ *fig* auf den Boden der Wirklichkeit zurückkehren; **move heaven and** ~ Himmel u. Hölle, alle Hebel in Bewegung setzen; **it cost the** ~ es kostete e-n Haufen Geld; **down to** ~ praktisch; nüchtern; sachlich; **why on** ~ warum auch; **II** *tr* **1.** *el radio* erden; **2.** *(~ up) (Kartoffeln)* häufeln; **earth-bound** ['ɜ:θbaʊnd] *adj* erdgebunden; ► ~ **journey** Flug *m* zur Erde; **earthenware** ['ɜ:θnweə(r)] Tongeschirr *n;* **earthi·ness** ['ɜ:θɪnɪs] Derbheit *f;* **earth·ling** ['ɜ:θlɪŋ] *pej* Erdenwurm *m;* **earthly** ['ɜ:θlɪ] **I** *adj* irdisch, weltlich; ► **of no** ~ **use** völlig unnütz; **II** *s fam* ► **he hasn't an** ~ er hat nicht die geringste Chance; **earth-orbit** ['ɜ:θɔ:bɪt] Erdumlaufbahn *f;* **earth·quake** ['ɜ:θkweɪk] Erdbeben *n;* **earthquake zone** Erdbebengürtel *m;* **earth·work** ['ɜ:θwɜ:k] Erdarbeiten *f pl; mil* Schanze *f;* **earth·worm** ['ɜ:θwɜ:m] Regenwurm *m;* **earthy** ['ɜ:θɪ] *adj* erdig; *fig (Mensch, Humor)* derb.
ear·wax ['ɪəwæks] Ohrenschmalz *n;* **ear·wig** ['ɪəwɪg] Ohrwurm *m.*
ease [i:z] **I** *s* **1.** Bequemlichkeit *f;* Behagen *n;* **2.** Leichtigkeit, Mühelosigkeit *f;* ► **at** ~ frei, ungezwungen; behaglich; **(stand) at** ~! *mil* rührt euch! **with** ~ mit Leichtigkeit; mühelos; **be (ill) at** ~ sich (nicht) wohl fühlen; **live at** ~ in angenehmen Verhältnissen leben; **take one's** ~ es sich bequem machen; **II** *tr* **1.** entlasten, befreien (*of* von); **2.** *(Schmerz)* lindern; **3.** erleichtern; **4.** ermäßigen, herabsetzen; **5.** *(~ down)* verlangsamen; **6.** vorsichtig, behutsam bewegen; lockern; **III** *itr* **1.** *(Börsenkurse)* nachge-

ben; **2.** *(Lage)* sich entspannen; **IV** *(mit Präposition)* **ease off, up** *itr* **1.** langsamer werden; sich verlangsamen; **2.** *(Lage)* sich entspannen; **3.** *(Geschäfte)* ruhiger werden; **4.** *(Schmerz, Regen)* nachlassen.

easel ['i:zl] Staffelei *f.*

eas·ily ['i:zəlɪ] *adv* **1.** leicht, mühelos; **2.** zweifellos; bestimmt, bei weitem; **easiness** ['i:zɪnɪs] Leichtigkeit *f.*

east ['i:st] **I** *s* **1.** Ost(en) *m;* **2.** Ostwind *m;* ► **the E~** der Osten, der Orient; **to the ~** im Osten, östlich (*of* von); **II** *adj* östlich; Ost-; **III** *adv* ostwärts, nach Osten; **east-bound** ['i:stbaʊnd] *adj* in Richtung Osten.

Easter ['i:stə(r)] Ostern *n;* ► **at ~** an, zu Ostern; **Easter Day, Sunday** Ostersonntag *m;* **Easter egg** Osterei *n;* **Easter holidays** *pl* Osterferien *pl;* **Easter Islands** *pl* Osterinseln *f pl.*

east·er·ly ['i:stəlɪ] **I** *adj* östlich; **II** *adv* nach, von Osten; **east·ern** ['i:stən] *adj* östlich; ► **(the) ~ (states of) Germany** die neuen, östlichen Bundesländer; **east·erner** ['i:stənə(r)] *bes. Am* Bewohner(in) *m (f)* der Oststaaten; **east·ern·most** ['i:stənməʊst] *adj* östlichste(r, s).

East Ger·ma·ny [ˌi:st'dʒɜ:mənɪ] Ostdeutschland *n, pol hist* DDR.

east·ward ['i:stwəd] *adj* östlich; **east·ward(s)** ['i:stwəd(z)] *adv* ostwärts, nach Osten.

easy ['i:zɪ] **I** *adj* **1.** leicht *(zu tun),* nicht schwer, nicht schwierig; **2.** frei von Schmerzen; **3.** sorglos, unbekümmert; **4.** angenehm, behaglich; **5.** *(Kleidung)* bequem; **6.** zwanglos; **7.** *(Geld)* leicht verdient; **8.** *(Börse)* freundlich; **9.** *(Zahlungsbedingungen)* günstig; ► **in ~ circumstances,** *Am* **on ~ street** in angenehmen Verhältnissen; **on ~ terms** *com* zu günstigen Bedingungen; **~ on the eye, ear** angenehm zu sehen, zu hören; **I'm ~** *fam* mir ist es eigentlich egal; **it's ~ for you to talk** Sie haben gut reden; **II** *adv* ► **~! ~ does it!** (immer) sachte! **take things ~** sich schonen; **take it ~!** immer mit der Ruhe! nimm's nicht so tragisch! **go ~ on s.th, with s.th.** mit etw sparsam umgehen; **go ~ on s.o.** jdn nicht zu streng behandeln; **easy-care** *adj (Textilien)* pflegeleicht; **easy-chair** Lehnstuhl *m;* **easy-go·ing** ['i:zɪˌgəʊɪŋ] *adj fig* gelassen, lässig; großzügig.

eat [i:t] ⟨*irr* ate, eaten⟩ **I** *tr* **1.** essen; *(~ up)* aufessen, verzehren; **2.** *(~ into)* zerfressen; sich hineinfressen in; **3.** *(~ away, up)* aufessen; verbrauchen; vernichten; **4.** *(Feuer)* verzehren; **5.** *(Wasser)* fortspülen; **6.** *(Kilometer)* verschlingen, fressen; ► **~ dirt** *fam* e-e Beleidigung hinunterschlucken; **~ humble pie,** klein beigeben müssen; **~ one's heart out** sich in Kummer verzehren; **~ one's words** das Gesagte zurücknehmen; **what's ~ing you?** *fam* was hast du denn? **II** *itr* essen; speisen; ► **~ out** zum Essen ausgehen; **III** *s pl fam* Essen *n;* Eßwaren *f pl;* **eat·able** [—əbl] **I** *adj* eß-, genießbar; **II** *s meist pl* Essen *n;* Nahrung(smittel *n pl*) *f;* **eat-by date** ['i:tbaɪˌdeɪt] Haltbarkeitsdatum *n;* **eaten** ['i:tn] *v s. eat;* **eater** ['i:tə(r)] **1.** Esser(in) *m (f);* **2.** Tafelobst *n;* ► **a big, poor ~** ein starker, schwacher Esser; **eat·ing** ['i:tɪŋ] Essen *n.*

eaves [i:vz] *pl* Dachvorsprung *m*

eaves·drop ['i:vzdrɒp] *itr* horchen, lauschen; ► **~ on s.th.** etw belauschen; **eaves·drop·per** ['i:vzdrɒpə(r)] Horcher(in) *m (f).*

ebb [eb] **I** *s* **1.** *(~-tide)* Ebbe *f;* **2.** *fig* Tiefstand *m;* ► **at a low ~** auf e-m Tiefstand; **II** *itr* **1.** zurückfluten (*from* von); verebben *a. fig;* **2.** *fig (~ away)* nachlassen.

eb·ony ['ebənɪ] Ebenholz *n.*

ebul·lient [ɪ'bʌlɪənt] *adj fig* übersprudelnd (*with* von); enthusiastisch, überschwenglich.

EC [i:'si:] *Abk:* **European Community** EG *f.*

ec·cen·tric [ɪk'sentrɪk] **I** *adj* exzentrisch *a. fig;* **II** *s* **1.** Exzentriker(in) *m (f);* **2.** *tech* Exzenter *m;* **ec·cen·tric·ity** [ˌeksen'trɪsətɪ] *fig* Überspanntheit *f.*

ec·clesi·as·tic [ɪˌkli:zɪ'æstɪk] Geistliche(r) *f m;* **ec·clesi·as·ti·cal** [ɪˌkli:zɪ'æstɪkl] *adj* kirchlich; geistlich.

eche·lon ['eʃəlɒn] **1.** Gliederung, Staffelung *f;* **2.** *fig* Ebene *f;* ► **the higher ~s** die höheren Ränge.

echo ['ekəʊ] ⟨*pl* echoes⟩ **I** *s* Echo *n a. fig; fig* Anklang *m;* **II** *itr* widerhallen (*with* von); **III** *tr* **1.** *(Schall)* zurückwerfen; **2.** *fig* wiederholen; **echo chamber** Hallraum *m;* **echo-sounder** ['ekəʊˌsaʊndə(r)] Echolot *n.*

eclipse [ɪ'klɪps] **I** *s* **1.** *astr* Verfinsterung *f;* Finsternis *f;* **2.** *fig* Verdunkelung *f;* (Ver)Schwinden *n;* ► **~ of the sun, moon** Sonnen-, Mondfinsternis *f;* **II** *tr* **1.** verfinstern; **2.** *fig* in den Schatten stellen.

eco·logi·cal [ˌi:kə'lɒdʒɪkl] *adj* ökologisch, Öko-; ► **~ disaster** Umweltkatastrophe f; **eco·logi·cally** [ˌɪ:kə'lɒdʒɪklɪ] *adv* ► **~ harmless** *(Produkte, Stoffe)* umweltverträglich; **ecol·ogist** [i:'kɒlədʒɪst] Ökologe *m,* Ökologin *f;* **ecol·ogy** [i:'kɒlədʒɪ] Ökologie *f;* **ecology movement** Ökologiebewegung *f;* **ecology party** Öko-Partei *f;* **ecology tax** Umweltsteuer *f.*

econ·omic [ˌi:kə'nɒmɪk] *adj* ökonomisch, (volks)wirtschaftlich; Wirtschafts-; ► **~ adviser** Wirtschaftsberater(in) *m (f);* **~ agreement** Handels-,

Wirtschaftsabkommen *n;* ~ **aid** Wirtschaftshilfe *f;* ~ **boom** Konjunkturaufschwung *m;* ~ **commission** Wirtschaftskommission *f;* ~ **conditions** *pl,* **situation** Wirtschaftslage *f;* ~ **control** Wirtschaftslenkung *f;* **(world)** ~ **crisis** (Welt)Wirtschaftskrise *f;* ~ **cycle** Konjunkturzyklus *m;* ~ **downswing, downturn** Konjunkturabschwung *m;* ~ **feasibility study** Wirtschaftlichkeitsanalyse *f;* ~ **fluctuations** *pl* Konjunkturschwankungen *f pl;* ~ **growth** Wirtschaftswachstum *n;* ~ **planning** gesamtwirtschaftliche Planung; ~ **policy** Wirtschaftspolitik *f;* ~ **profit** Grenzkostenergebnis *n;* ~ **recovery** Wirtschaftsbelebung *f;* ~ **refugee** Wirtschaftsflüchtling *m;* ~ **structure** Wirtschaftsstruktur *f;* ~ **union** Wirtschaftsunion *f;* ~ **upswing** Konjunkturaufschwung *m;* **econ·omi·cal** [ˌi:kəˈnɒmɪkl] *adj* wirtschaftlich, sparsam (*with* mit); **econ·omics** [ˌi:kəˈnɒmɪks] **1.** *pl mit sing* Wirtschaftswissenschaften *f pl;* Volkswirtschaft(slehre) *f;* **2.** *mit pl* Wirtschaftlichkeit *f;* **econ·om·ist** [ɪˈkɒnəmɪst] Wirtschaftswissenschaftler(in); Volkswirt(in) *m (f);* **econ·om·ize** [ɪˈkɒnəmaɪz] *itr* sparsam sein (*in, on* mit); **econ·omy** [ɪˈkɒnəmɪ] **1.** Wirtschaft *f;* **2.** Wirtschaftlichkeit; Sparsamkeit *f;* **3.** Sparmaßnahme, Einsparung *f;* ▶ **make economies** sparen; **the state of the** ~ die Wirtschafts-, Konjunkturlage *f;* **controlled, planned** ~ Planwirtschaft *f;* **market** ~ Marktwirtschaft *f;* **national** ~ Volkswirtschaft *f;* **world** ~ Weltwirtschaft *f;* ~ **class** *aero* Touristenklasse *f;* ~ **drive** Sparaktion *f;* ~ **price** Sparpreis *m;* ~ **size** Sparpackung *f;* ~ **study** Wirtschaftlichkeitsberechnung *f.*

eco·sys·tem [ˈi:kəʊsɪstəm] Ökosystem *n.*

ec·stasy [ˈekstəsɪ] **1.** Verzückung, Ekstase *f a. rel;* **2.** Begeisterung(staumel *m*) *f;* **ec·static** [ɪkˈstætɪk] *adj* ekstatisch; begeistert, verzückt, hingerissen.

ecu·meni·cal [ˌi:kju:ˈmenɪkl] *s. oecumenical.*

ECU [ˈeɪkju:, ˈi:kju:] *Abk:* **European Currency Unit** ECU *m.*

ec·zema [ˈeksɪmə] *med* Ausschlag *m.*

eddy [ˈedɪ] **I** *s* Wirbel, Strudel *m;* **II** *itr* wirbeln, strudeln.

Eden [ˈi:dn] *rel* ▶ **the Garden of** ~ das Paradies *a. fig.*

edge [edʒ] **I** *s* **1.** *(Klinge)* Schneide *f;* **2.** Kante *f;* **3.** *(Buch)* Schnitt *m;* **4.** Rand *m;* **5.** Ufer *n;* **6.** *fam* Vorteil *m* (*on* vor); ▶ **at the** ~ **of** am Rande *gen;* **on** ~ hochkant; *fig* nervös, ungeduldig; **have the** ~ **on s.o.** *fam* jdm gegenüber im Vorteil , besser sein; **set s.o.'s teeth on** ~ jdm unangenehm sein; **take the** ~ **off** abschwächen; **II** *tr* **1.** (um)säumen, einfassen; **2.** *(Messer)* schleifen; **3.** schieben, rücken; ▶ ~ **one's way through** sich zwängen durch; **III** *itr* sich e-n Weg bahnen; sich schieben, vorrücken; **IV** *(mit Präposition)* **edge away** *itr* sich davonmachen; ▶ ~ **away from s.o.** von jdm abrücken; **edge forward** *itr* sich vorschieben, vorrücken; **edge off** *itr* ab-, wegrücken; **edge·ways, edge·wise** [ˈedʒweɪz, ˈedʒwaɪz] *adv* **1.** seitwärts, von der Seite; **2.** hochkant; ▶ **get a word in** ~ zu Worte kommen.

edg·ing [ˈedʒɪŋ] Rand, Saum *m;* Borte *f.*

edgy [ˈedʒɪ] *adj fig* nervös, gereizt.

ed·ible [ˈedɪbl] **I** *adj* eß-, genießbar; **II** *s pl* Lebensmittel *n pl.*

edict [ˈi:dɪkt] Erlaß *m;* Edikt *n.*

edi·fi·ca·tion [ˌedɪfɪˈkeɪʃn] *fig* Erbauung *f.*

edi·fice [ˈedɪfɪs] Bauwerk *n a. fig.*

edify [ˈedɪfaɪ] *tr* (geistig) erbauen; **edify·ing** [—ɪŋ] *adj* erbaulich.

edit [ˈedɪt] *tr* **1.** *(Buch)* herausgeben; **2.** *(Zeitung)* redigieren; **3.** *film* zusammenstellen; **4.** *EDV (Daten)* edi(ti)eren, aufbereiten; **edi·tion** [ɪˈdɪʃn] **1.** *(Buch)* Ausgabe *f;* **2.** Auflage *f;* ▶ **morning, evening** ~ Morgen-, Abendausgabe *f;* **pocket** ~ Taschenausgabe *f;* **edi·tor** [ˈedɪtə(r)] **1.** Herausgeber(in) *m (f);* **2.** Redakteur(in), Schriftleiter(in) *m (f);* **3.** *EDV* Editor *m;* **4.** *(Film)* Cutter(in) *m (f);* ▶ **chief** ~, ~ **in chief** Chefredakteur(in) *m (f);* **letter to the** ~ Leserbrief *m;* **edi·tor·ial** [ˌedɪˈtɔ:rɪəl] **I** *adj* redaktionell; ▶ ~ **assistent** Redaktionsassistent(in) *m (f);* ~ **staff** Redaktionsstab *m;* **II** *s (Zeitung)* Leitartikel *m.*

edu·cate [ˈedʒʊkeɪt] *tr* erziehen, (aus-, heran)bilden; **edu·ca·ted** [ˈedʒʊkeɪtɪd] *adj* gebildet; ▶ ~ **guess** auf Tatsachen beruhende Vermutung; **edu·ca·tion** [ˌedʒʊˈkeɪʃn] **1.** *(Prozeß)* Erziehung, (Aus-, Heran)Bildung *f;* **2.** *(Fachgebiet)* Erziehungswissenschaft, Pädagogik *f;* ▶ **adult** ~ Erwachsenenbildung *f;* **compulsory** ~ Schulpflicht *f;* **general** ~ Allgemeinbildung *f;* **ministry of** ~ Kultusministerium *n;* **edu·ca·tional** [ˌedʒʊˈkeɪʃənl] *adj* **1.** erzieherisch; **2.** pädagogisch; **3.** *(Film, Spiel)* Lehr-; **4.** Lehrbuch-; ▶ ~ **experience** lehrreiche Erfahrung; ~ **background** Bildungsgang *m;* Vorbildung *f;* ~ **establishment** Bildungsanstalt *f;* ~ **leave** Bildungsurlaub *m;* **edu·ca·tion(·al)·ist** [ˌedʒʊˈkeɪʃən(əl)ɪst] Pädagoge *m,* Pädagogin *f;* Erziehungswissenschaftler(in) *m (f);* **edu·ca·tor** [ˈedʒʊkeɪtə(r)] Erzieher(in) *m (f).*

EEC [i:i:ˈsi:] *Abk:* **European Economic Community** *hist* EWG *f.*

eel [i:l] Aal *m.*

eerie, eery [ˈɪərɪ] *adj* schaurig, gespenstisch.

ef·face [ɪˈfeɪs] **I** *tr* **1.** ausradieren; **2.** auslöschen, streichen, tilgen *a. fig;* **II** *refl* sich zurückhalten.

ef·fect [ɪˈfekt] **I** *s* **1.** Wirkung *f* (*on* auf); **2.** Folge *f,* Ergebnis *n* (*of* gen); **3.** Eindruck, Effekt *m;* **4.** *jur* Gültigkeit *f;* **5.** *tech* (Nutz)Effekt *m;* Leistung *f;* **6.** *pl* Gegenstände *n pl;* Sachen *f pl;* Besitz *m,* (bewegliches) Eigentum *n,* Habe *f;* Effekten *pl;* ▶ **in ~** in Wirklichkeit; *(Gesetz)* gültig, in Kraft; **of no ~** wirkungslos; **to this ~** zu dem Zweck; **a letter to the ~** ein Brief des Inhalts; **words to that ~** etwas in diesem Sinne; **with ~ from ...** mit Wirkung vom ... **come, go into, take ~** in Kraft treten; **put into ~** in Kraft setzen; **II** *tr* **1.** bewirken; zustande bringen; **2.** aus-, durchführen; **ef·fec·tive** [ɪˈfektɪv] *adj* **1.** wirksam; **2.** wirkungs-, eindrucksvoll; **3.** tatsächlich, effektiv; ▶ **cost ~** kostenwirksam; **~ immediately** mit sofortiger Wirkung; **be ~** gelten; **become ~** in Kraft treten; **ef·fec·tive·ness** [—nɪs] Wirksamkeit *f;* ▶ **cost ~** Kostenwirksamkeit *f;* **ef·fec·tual** [ɪˈfektʃʊəl] *adj* wirksam; gültig, in Kraft; ▶ **be ~** die gewünschte Wirkung haben; **ef·fec·tuate** [ɪˈfektʃʊeɪt] *tr* bewirken, zustande bringen.

ef·femi·nacy [ɪˈfemɪnəsɪ] *pej* Unmännlichkeit *f;* **ef·femi·nate** [ɪˈfemɪnət] *adj pej* unmännlich, weibisch.

ef·fer·vesce [ˌefəˈves] *itr* **1.** perlen, sprudeln, moussieren; aufbrausen, -wallen; **2.** *fig* überschäumen; **ef·fer·ves·cent** [ˌefəˈvesnt] *adj* **1.** sprudelnd, aufbrausend; **2.** *fig* überschäumend; **ef·fer·ves·cence** [ˌefəˈvesns] **1.** Sprudeln, Aufwallen *n;* **2.** *fig* Munterkeit, Lebhaftigkeit *f.*

ef·fete [ɪˈfiːt] *adj* schwach; saft- und kraftlos.

ef·fi·ca·cious [ˌefɪˈkeɪʃəs] *adj* wirksam; **ef·fi·cacy** [ˈefɪkəsɪ] Wirksamkeit, Wirkungskraft *f.*

ef·fi·ciency [ɪˈfɪʃnsɪ] **1.** Leistungsfähigkeit, Effizienz *f;* **2.** Tüchtigkeit *f;* **3.** *tech* Wirkungsgrad *m;* **4.** Produktivität *f;* **5.** Wirtschaftlichkeit *f;* Rentabilität *f;* ▶ **~ bonus** Leistungszulage *f;* **~-minded** leistungsorientiert; **ef·fi·cient** [ɪˈfɪʃnt] *adj* **1.** wirksam, effizient; **2.** rationell, wirtschaftlich; **3.** leistungsfähig, ergiebig; **4.** *(Mensch)* tüchtig, fähig.

ef·fort [ˈefət] **1.** Anstrengung, Mühe *f;* **2.** Kraftaufwand *m;* **3.** *tech* Leistung *f;* **4.** Bemühung *f;* **5.** Werk *n,* Tat, Leistung *f;* ▶ **without ~** mühelos; **be worth the ~** der Mühe wert sein; **make every ~** sich alle Mühe geben; **spare no ~** keine Mühe scheuen; **ef·fort·less** [—lɪs] *adj* mühelos.

ef·front·ery [ɪˈfrʌntərɪ] Unverschämtheit, Frechheit *f.*

ef·fu·sion [ɪˈfjuːʒn] Erguß *m a. fig;* **ef·fu·sive** [ɪˈfjuːsɪv] *adj fig* überschwenglich.

EFTA [ˈeftə] *Abk:* **European Free Trade Association** EFTA *f.*

egg [eg] **I** *s* **1.** (Hühner)Ei *n;* **2.** *biol* Ei(zelle *f*) *n;* ▶ **have ~ on one's face** *fam* sich blamieren; **put all one's ~s in one basket** *fig* alles auf eine Karte setzen; **teach one's grandmother to suck ~s** das Ei will klüger sein als die Henne; **a bad ~** *sl* ein Strolch, ein Taugenichts; **scrambled, boiled, fried ~s** *pl* Rührei *n,* gekochte Eier, Spiegeleier *n pl;* **II** *(mit Präposition)* **egg on** *tr* aufstacheln, -hetzen; aufmuntern; **egg cell** *biol* Eizelle *f;* **egg-cup** Eierbecher *m;* **egg-head** [ˈeghed] *fam* Intellektuelle(r) *f m;* **egg·plant** *bot* Aubergine *f;* **egg-shell** Eierschale *f;* **egg spoon** Eierlöffel *m;* **egg yolk** Eidotter *m,* Eigelb *n.*

ego [ˈegəʊ, *Am* ˈiːgəʊ] ‹*pl* egos› Ich *n;* Selbstbewußtsein *n;* **ego·cen·tric** [ˌegəʊˈsentrɪk] *adj* egozentrisch; **ego·ism** [ˈegəʊɪzəm] Egoismus *m;* **ego·ist** [ˈegəʊɪst] Egoist(in) *m (f);* **ego·istic(al)** [ˌegəʊˈɪstɪk(l)] *adj* egoistisch; **ego·tism** [ˈegəʊtɪzəm] Ichbezogenheit *f;* **ego·tist** [ˈegəʊtɪst] ichbezogener Mensch, Egozentriker(in) m (f); **ego·tis·tic(al)** [ˌegəˈtɪstɪk(l)] *adj* geltungsbedürftig; überheblich; **ego·trip** [ˈegəʊtrɪp] *fam* Egotrip *m;* ▶ **be on an ~** sich selbst beweihräuchern.

Egypt [ˈiːdʒɪpt] Ägypten *n;* **Egyp·tian** [ɪˈdʒɪpʃn] **I** *adj* ägyptisch; **II** *s* Ägypter(in) *m (f).*

eh [eɪ] *interj* **1.** nanu? hm! **2.** *(unhöflich)* was?

eider [ˈaɪdə(r)] *(~ duck)* Eiderente *f;* **eider·down** [ˈaɪdədaʊn] Daunendecke *f;* Federbett *n.*

eight [eɪt] **I** *adj* acht; **II** *s* Acht *f;* ▶ **have had one over the ~** *sl* einen sitzen haben; **eight·een** [ˌeɪˈtiːn] *adj* achtzehn; **eighth** [eɪtθ] **I** *adj* achte(r, s); **eight-hour day** Achtstundentag *m;* **eight·ieth** [ˈeɪtɪəθ] **I** *adj* achtzigste(r, s); **II** *s* Achtzigstel *n;* Achtzigste(r, s); **eighty** [ˈeɪtɪ] **I** *adj* achtzig; **II** *s* Achtzig *f;* ▶ **the eighties** *pl* die achtziger Jahre.

either [ˈaɪðə(r)] **I** *prn, adj u.* ▶ **~ one** eine(r, s), jede(r, s) von beiden, beide(s); **not ...** keine(r, s) von beiden; **II** *adv (mit Verneinung)* auch nicht; ▶ **I shall not go ~** ich gehe auch nicht; **III** *conj* ▶ **~ ... or** entweder ... oder; **it's an ~-or decision** hier gibt es nur ein Entweder-Oder.

ejacu·late [ɪˈdʒækjʊleɪt] *tr* **1.** *(Wort)* ausstoßen; **2.** *physiol* ejakulieren; **ejacu·la·tion** [ɪˌdʒækjʊˈleɪʃn] **1.** *physiol* Samenerguß *m;* **2.** (Auf)Schrei *m.*

eject [ɪˈdʒekt] **I** *tr* **1.** *(Menschen)* hinauswerfen (*from* aus); **2.** *jur* exmittieren; **3.** *(Flammen, Rauch)* ausstoßen; *(Patrone)* auswerfen; **4.** *tech* auswerfen; *(Piloten)* herausschleudern; **II** *itr (Pilot)* den Schleudersitz betätigen; **ejec·tor** [ɪˈdʒektə(r)] *tech* Auswerfer *m;* **ejector seat** *aero* Schleudersitz *m.*

eke out [iːk aʊt] *tr* **1.** verlängern, abrunden (*with, by* durch); **2.** *(Vorrat)* strekken; ► ~ **a living** sich mühsam durchschlagen.

elab·or·ate [ɪˈlæbərət] **I** *adj* **1.** sorgfältig, genau ausgearbeitet; **2.** ausführlich; **3.** kunstvoll; **4.** vielgestaltig; **II** *tr* [ɪˈlæbəreɪt] sorgfältig ausarbeiten; **III** *itr* [ɪˈlæbəreɪt] genauere Einzelheiten (an)geben (*on, upon* über); näher ausführen (*on, upon s.th.* etw); **elab·or·ation** [ɪˌlæbəˈreɪʃn] genauere Angaben *f pl;* Einzelheiten *f pl.*

elapse [ɪˈlæps] *itr (Zeit)* vergehen, verfließen, verstreichen.

elas·tic [ɪˈlæstɪk] **I** *adj* **1.** biegsam, dehnbar; **2.** elastisch *a. fig;* ► ~ **band** Gummiband *n;* ~ **stockings** *pl* Gummistrümpfe *m pl;* **II** *s* Gummiband *n;* **elas·tic·ity** [ˌelæˈstɪsətɪ] **1.** Elastizität *f;* **2.** *fig* Spannkraft *f;* **3.** Anpassungsfähigkeit *f.*

elate [ɪˈleɪt] *tr* ► **be ~d** stolz, froh, begeistert sein; **ela·tion** [ɪˈleɪʃn] Begeisterung, Freude *f;* Stolz *m.*

el·bow [ˈelbəʊ] **I** *s* **1.** Ellbogen *m;* **2.** *tech* Knie(stück) *n;* ► **at one's ~** bei der Hand, dicht dabei; **rub ~s with s.o.** mit jdm in nähere Berührung kommen; **II** *tr* sich bahnen (*one's way through* e-n Weg durch); ► ~ **s.o. out of the way** jdn zur Seite drängen; **elbow grease** *hum* **1.** (körperliche) Kraft *f;* **2.** Schufterei *f;* **elbow room** Bewegungsfreiheit *f;* Spielraum *m.*

el·der¹ [ˈeldə(r)] **I** *attr adj (unter Verwandten)* älter; **II** *s* ► **my ~s** *pl* ältere Leute als ich.

el·der² [ˈeldə(r)] *bot* Holunder *m.*

el·der·ly [ˈeldəlɪ] *adj* ältlich, ältere(r).

el·der·berry [ˈeldəberɪ] Holunderbeere *f;* **elderberry wine** Holunderbeerwein *m.*

el·dest [ˈeldɪst] *attr adj (unter Verwandten)* älteste(r, s).

elect [ɪˈlekt] **I** *adj (nachgestellt)* designiert, zukünftig; **II** *s rel* Auserwählte(r) *f m;* **III** *tr* wählen (*president* zum Präsidenten); **elec·tion** [ɪˈlekʃn] Wahl *f;* ► **hold an ~** e-e Wahl durchführen; **stand for ~** kandidieren; **election address, speech** Wahlrede *f;* **election booth** Wahlzelle *f;* **election campaign** Wahlkampf *m;* **election commission, committee** Wahlausschuß *m;* Wahlkomitee *n;* **election defeat** Wahlniederlage *f;* **election day** Wahltag *m;* **elec·tion·eer** [ɪˌlekʃəˈnɪə(r)] *itr* Wahlpropaganda treiben; **elec·tion·eer·ing** [ɪˌlekʃəˈnɪərɪŋ] Wahlpropaganda *f;* Wahlkampf *m;* **election manifesto** Wahlprogramm *n;* **election meeting** Wahlversammlung *f;* **election platform, program(me)** Wahlprogramm *n;* **election poster** Wahlplakat *n;* **election results, returns** *pl* Wahlergebnis *n.*

elec·tive [ɪˈlektɪv] **I** *adj* **1.** Wahl-; **2.** *(Schule) Am* wahlfrei; **II** *s (Schule) Am* Wahlfach *n.*

elec·tor [ɪˈlektə(r)] **1.** *Br* Wähler(in) *m (f);* **2.** *Am* Wahlmann *m;* ► **E~** *hist* Kurfürst *m;* **elec·toral** [ɪˈlektərəl] *adj* Wahl-; ► ~ **ballot** Wahl-, Abstimmungsergebnis *n;* ~ **campaign** Wahlkampf *m;* ~ **college** Wahlkollegium *n; Am* Wahlmänner *m pl;* ~ **commission, committee** Wahlausschuß *m;* Wahlkomitee *n;* ~ **defeat** Wahlniederlage *f;* ~ **district** Wahlbezirk *m;* ~ **list, register, roll** Wählerliste *f;* ~ **rally** Wahlversammlung *f;* ~ **register, roll** Wählerliste *f;* ~ **system** Wahlsystem *n;* **elec·tor·ate** [ɪˈlektərət] Wähler(schaft *f*) *m pl.*

elec·tric [ɪˈlektrɪk] *adj* **1.** elektrisch; **2.** *fig* elektrisierend; ► ~ **arc** Lichtbogen *m;* ~ **blanket** Heizdecke *f;* ~ **light bulb** Glühbirne *f;* ~ **chair** elektrischer Stuhl; ~ **cooker** Elektroherd *m;* ~ **current** elektrischer Strom; ~ **motor** Elektromotor *m;* ~ **razor** elektrischer Rasierapparat; ~ **shock** elektrischer Schlag; *med* Elektroschock *m;* ~ **shock treatment** *med* Elektroschockbehandlung *f;* **elec·tri·cal** [ɪˈlektrɪkl] *adj* elektrisch; ► ~ **appliances** *pl* Elektrogeräte *n pl;* ~ **engineer** Elektroingenieur(in) *m (f);* ~ **engineering** Elektrotechnik *f;* ~ **shop** Elektrowerkstatt *f;* **elec·tri·cian** [ɪˌlekˈtrɪʃn] Elektriker(in) *m (f);* **elec·tric·ity** [ɪˌlekˈtrɪsətɪ] Elektrizität *f;* Strom *m;* ► ~ **cut** Stromsperre *f;* Stromausfall *m;* ~ **meter** Stromzähler *m;* ~ **supply** Stromversorgung *f;* ~ **works** *pl* Elektrizitätswerk *n.*

elec·tri·fi·ca·tion [ɪˌlektrɪfɪˈkeɪʃn] Elektrifizierung *f;* **elec·trify** [ɪˈlektrɪfaɪ] *tr* **1.** elektrisieren *a. fig;* **2.** elektrifizieren; **3.** unter Strom setzen.

elec·tro·analy·sis [ɪˌlektrəʊəˈnælɪsɪs] Elektrolyse *f;* **elec·tro·cardio·gram** [ɪˌlektrəʊˈkɑːdɪəʊgræm] Elektrokardiogramm, EKG *n;* **elec·tro·cute** [ɪˈlektrəkjuːt] *tr* auf dem elektrischen Stuhl hinrichten; durch elektrischen Strom töten; **elec·tro·cu·tion** [ɪˌlektrəˈkjuːʃn] Tod *m* durch Stromschlag; Hinrichtung *f* durch den elektrischen Stuhl; **elec·trode** [ɪˈlektrəʊd] Elektrode *f;* **elec·tro·en·cepha·lo·gram** [ɪˌlektrəʊenˈsefələˌgræm] Elektroenzephalogramm, EEG *n;* **elec·tro·ly·sis** [ɪˌlekˈtrɒləsɪs] Elektrolyse *f;*

elec·tro·mag·net [ɪˈlektrəʊˈmægnɪt] Elektromagnet *m;* **elec·tro·mag·netic** [ɪˌlektrəʊmægˈnetɪk] *adj* elektromagnetisch; **elec·tron** [ɪˈlektrɒn] Elektron *n;* **elec·tronic** [ˌɪlekˈtrɒnɪk] **I** *adj* elektronisch; ▶ ~ **brain** Elektronen(ge)hirn *n;* ~ **data processing, EDP** elektronische Datenverarbeitung; ~ **mail** *EDV* elektronische Post; ~ **mailbox** *EDV* elektronischer Briefkasten; ~ **music** elektronische Musik; **II** *s pl mit sing* Elektronik *f;* **elec·tronics** [ˌɪlekˈtrɒniks] Elektronik *f;* **electron microscope** Elektronenmikroskop *n;* **elec·tro·plate** [ɪˈlektrəʊpleɪt] *tr* galvanisieren; **elec·tro·scope** [ɪˈlektrəʊˌskəʊp] Elektroskop *n;* **elec·tro·ther·apy** [ɪˌlektrəʊˈθerəpɪ] Elektrotherapie *f.*

el·egance [ˈelɪgəns] Eleganz *f;* **el·egant** [ˈelɪgənt] *adj* elegant.

el·egiac [ˌelɪˈdʒaɪək] **I** *adj* elegisch; **II** *s pl* elegische Verse *m pl;* **el·egy** [ˈelədʒɪ] Elegie *f.*

el·ement [ˈelɪmənt] **1.** Element *n a. math chem el;* Grundstoff *m;* **2.** Bestandteil *m;* **3.** Faktor, Umstand *m;* **4.** *jur* Tatbestandsmerkmal *n;* **5.** *tech* Bauelement, -teil *n;* ▶ **the** ~**s** *pl* die Elemente *n pl;* Anfangsgründe *m pl;* Grundlagen *f pl (e-r Wissenschaft);* die Natur(gewalten *pl*) *f;* **in, out of one's** ~ in seinem, nicht in seinem Element; ~ **of surprise** Überraschungsmoment *n;* **el·emen·tal** [ˌelɪˈmentl] *adj* **1.** elementar; **2.** urgewaltig; **3.** einfach; **ele·men·tary** [ˌelɪˈmentərɪ] *adj* **1.** elementar; einführend; **2.** einfach; ▶ ~ **particle** Elementarteilchen *n;* ~ **school** Volks-, Grundschule *f;* ~ **training** Grundausbildung *f.*

el·eph·ant [ˈelɪfənt] Elefant *m;* ▶ **white** ~ nutzloser Gegenstand; Fehlinvestition *f;* **el·ephan·ti·asis** [ˌelɪfənˈtaɪəsɪs] *med* Elefantiasis *f;* **ele·phan·tine** [ˌelɪˈfæntaɪn] *adj fig* schwerfällig; **elephant's ear** *bot* Begonie *f.*

el·ev·ate [ˈelɪveɪt] *tr* **1.** (hoch)heben; **2.** *(Person)* befördern (*to* zu); **3.** *fig* erbauen; **4.** auf e-e höhere Stufe heben; **el·ev·ated** [ˈelɪveɪtɪd] *adj* erhaben, würdevoll, würdig; gehoben; ▶ ~ **railway** Hochbahn *f;* ~ **motorway** *Br* Hochstraße *f;* **el·ev·ation** [ˌelɪˈveɪʃn] **1.** Erhebung *f;* **2.** Anhöhe *f;* **3.** Hoheit, Würde *f;* Erhabenheit *f;* **4.** *geog* Höhe *f* über dem Meeresspiegel; **5.** *arch* Aufriß *m;* ▶ **front** ~ Vorderansicht *f;* **el·ev·ator** [ˈelɪveɪtə(r)] **1.** *aero* Höhenruder *n;* **2.** *tech* Winde *f;* **3.** *Am* Aufzug, Fahrstuhl *m;* **4.** *Am* (Getreide)Silo *n.*

eleven [ɪˈlevn] **I** *adj* elf; **II** *s a. sport* Elf *f;* **elev·enses** [ɪˈlevnzɪz] *pl Br fam* zweites Frühstück; **elev·enth** [ɪˈlevnθ] **I** *adj* elfte(r, s); ▶ **at the** ~ **hour** in letzter Minute; **II** *s* Elftel *n;* Elfte(r, s).

elf [elf] ⟨*pl* elves⟩ [elvz] Elfe *f;* Kobold *m;* **elf·ish** [ˈelfɪʃ] *adj* **1.** elfenhaft; **2.** koboldhaft, schelmisch.

eli·cit [ɪˈlɪsɪt] *tr* ent-, hervorlocken, herausholen (*from* aus); entlocken.

el·igi·bil·ity [ˌelɪdʒəˈbɪlətɪ] **1.** Wählbarkeit *f;* **2.** Berechtigung *f;* **eli·gible** [ˈelɪdʒəbl] *adj* **1.** wählbar; **2.** (teilnahme)berechtigt (*for* für); geeignet; ▶ **be** ~ in Frage kommen; ~ **bachelor** gute Partie *fam.*

elim·in·ate [ɪˈlɪmɪneɪt] *tr* **1.** entfernen; **2.** ausscheiden, -schalten, -lassen, beseitigen (*from* aus); **3.** ausschließen; **4.** *math* eliminieren; **5.** *(Feind, Gegner)* ausschalten, eliminieren; **elim·in·ation** [ɪˌlɪmɪˈneɪʃn] **1.** Ausschaltung *f;* **2.** Ausmerzung, Beseitigung *f;* Streichung *f;* Nichtberücksichtigung *f;* **3.** *med sport* Ausscheidung *f;* **elimination contest** Ausscheidungswettbewerb *m.*

elite [eɪˈliːt] Elite *f;* **elit·ism** [eiˈliːtɪsm] Elitedenken *n;* **elit·ist** [eiˈliːtɪst] *adj* elitär.

elixir [ɪˈlɪksə(r)] Elixier *n.*

elk [elk] **1.** Elch *m;* **2.** *Am* Wapiti *m.*

el·lipse [ɪˈlɪps] *math* Ellipse *f;* **el·liptic(al)** [ɪˈlɪptɪk(l)] *adj* elliptisch.

elm [elm] *(~ tree)* Ulme *f.*

elo·cu·tion [ˌeləˈkjuːʃn] Vortragskunst, -weise *f;* Sprecherziehung *f.*

elon·gate [ˈiːlɒŋgeɪt] **I** *tr* verlängern; **II** *itr* länger werden; sich strecken.

elope [ɪˈləʊp] *itr* auf u. davon gehen.

elo·quent [ˈeləkwənt] *adj* **1.** beredsam, redegewandt; **2.** vielsagend, ausdrucksvoll (*of* für).

else [els] *adv* **1.** sonst, weiter, außerdem, noch; **2.** andere(r, s); ▶ **anybody** ~? sonst noch jemand? **anything** ~? sonst noch etwas? **everybody** ~ alle anderen; **everything** ~ alles andere; **nobody** ~ sonst niemand; **nothing** ~ nichts weiter; **or** ~ sonst, andernfalls; **somebody** ~ jemand anders; **somewhere** ~ woanders; woandershin; **what** ~? was noch? was sonst? was weiter? **else·where** [ˌelsˈweə(r)] *adv* **1.** anders-, sonstwo, woanders; **2.** anderswohin.

elu·ci·date [ɪˈluːsɪdeɪt] *tr* erklären, erläutern.

elu·sive [ɪˈluːsɪv] *adj* **1.** ausweichend; **2.** schwer zu begreifen(d), zu (er)fassen(d).

elv·ish [ˈelvɪʃ] *s. elfish.*

em·aci·ated [ɪˈmeɪʃɪeɪtɪd] *adj* abgemagert.

ema·nate [ˈeməneɪt] *itr* **1.** ausfließen, -strömen; **2.** ausstrahlen, ausgehen (*from* von); **3.** *fig* herrühren, herstammen (*from* von).

eman·ci·pate [ɪˈmænsɪpeɪt] *tr* **1.** emanzipieren; **2.** befreien; **eman·ci·pated** [—ɪd] *adj* **1.** emanzipiert; **2.** *(Sklave)* frei(gelassen); **eman·ci·pa·tion** [ɪˌmænsɪˈpeɪʃn] Emanzipation *f.*

em·balm [ɪm'bɑ:m] *tr* (ein)balsamieren.
em·bank·ment [ɪm'bæŋkmənt] **1.** Ufermauer *f,* Damm *m;* **2.** Uferstraße *f.*
em·bargo [ɪm'bɑ:gəʊ] ‹*pl* -bargoes› **1.** Embargo *n;* **2.** *fig* Sperre *f;* ► **under an ~** mit einem Embargo belegt; **lay, put an ~ on** ein Embargo verhängen über; **export, import ~** Aus-, Einfuhrsperre *f.*
em·bark [ɪm'bɑ:k] **I** *tr* einschiffen; verladen (*for* nach); an Bord nehmen; **II** *itr* **1.** sich einschiffen (*for* nach); **2.** abreisen, -fahren (*for* nach); **3.** *fig* anfangen (*upon* mit); **em·bar·ka·tion** [ˌembɑ:'keɪʃn] Einschiffung *f;* Verladung *f.*
em·bar·rass [ɪm'bærəs] *tr* **1.** in Verlegenheit, aus der Fassung bringen; **2.** (be)hindern; lästig sein (*s.o.* jdm); **3.** in finanzielle Schwierigkeiten bringen; **em·bar·rassed** [ɪm'bærəst] *adj* **1.** in Verlegenheit; verlegen; **2.** in Geldverlegenheit; **em·bar·rass·ing** [—ɪŋ] *adj* peinlich, unangenehm; **em·bar·rass·ment** [—mənt] **1.** Verlegenheit *f;* **2.** Geldverlegenheit *f;* ► **be an ~ to s.o.** jdn blamieren.
em·bassy ['embəsɪ] *pol* Botschaft *f.*
em·bed [ɪm'bed] *tr* einbetten, einlagern; ► **be ~ded** eingebettet, *fig* fest verankert sein (*in* in); **~ in concrete** einbetonieren.
em·bel·lish [ɪm'belɪʃ] *tr* verschönern, ausschmücken *a. fig.*
em·ber ['embə(r)] verglühendes Stück Holz *od* Kohle; *pl* Glut *f.*
em·bezzle [ɪm'bezl] *tr* unterschlagen; **em·bezzle·ment** [—mənt] Unterschlagung *f;* **em·bezzler** [ɪm'bezlə(r)] Veruntreuer(in) *m (f).*
em·bit·ter [ɪm'bɪtə(r)] *tr* verbittern; *(Verhältnis)* vergiften.
em·blem ['embləm] Sinnbild, Symbol, Emblem *n.*
em·bodi·ment [ɪm'bɒdɪmənt] Verkörperung *f;* **em·body** [ɪm'bɒdɪ] *tr* **1.** verkörpern; Gestalt geben (*s.th.* e-r S); **2.** ausdrücken; **3.** enthalten, einschließen.
em·bo·lism ['embəlɪsm] *med* Embolie *f.*
em·boss [ɪm'bɒs] *tr* **1.** erhaben arbeiten; **2.** *(dünnes Metall, Leder)* bossieren, prägen.
em·brace [ɪm'breɪs] **I** *tr* **1.** umarmen; **2.** *(Gelegenheit, Beruf)* ergreifen; **3.** *(Glauben, Angebot)* annehmen; **4.** *(Hoffnung)* hegen; **5.** umgeben, einschließen *a. fig;* **6.** *fig* enthalten, umfassen; **II** *s* Umarmung *f.*
em·bro·ca·tion [ˌembrə'keɪʃn] Einreibemittel *n.*
em·broider [ɪm'brɔɪdə(r)] *tr* **1.** besticken; **2.** *fig* ausschmücken; **em·broidery** [ɪm'brɔɪdərɪ] **1.** Stickerei *f;* **2.** *fig* Ausschmückung *f.*
em·bryo ['embrɪəʊ] ‹*pl* -bryos› Embryo *m;* ► **in ~** *fig* in den Anfängen; **em·bry·onic** [ˌembrɪ'ɒnɪk] *adj* **1.** *physiol* embryonal; **2.** *fig* (noch) unentwickelt.
emend [ɪ'mend] *tr* verbessern, berichtigen.
em·er·ald ['emərəld] **I** *s* Smaragd *m;* **II** *adj* smaragdgrün.
emerge [ɪ'mɜ:dʒ] *itr* **1.** auftauchen; **2.** entstehen (*from, out of* aus); **3.** *fig* in Erscheinung treten, sichtbar werden; bekannt werden.
emerg·ency [ɪ'mɜ:dʒənsɪ] Dringlichkeits-, Notfall *m;* Notlage *f;* ► **in an ~, in case of ~** im Not-, im Ernstfall; **provide for emergencies** für Notfälle Vorsorge treffen; **state of ~** Notstand *m;* **~ aid** Soforthilfe *f;* **~ brake** Notbremse *f;* **~ call** Notruf *m;* **~ door, exit** Notausgang *m;* **~ dressing** Notverband *m;* **~ landing** *aero* Notlandung *f;* **~ measure** Notmaßnahme *f;* **~ power** *el* Notstrom *m;* **~ power generator** *el* Notstromaggregat *n;* **~ ration** eiserne Ration; **~ sale** Notverkauf *m;* **~ seat** Notsitz *m;* **~ service** Not-, Hilfsdienst *m;* **~ stop** Vollbremsung *f;* **~ tank** Reservetank *m;* **~ telephone** Notrufsäule *f.*
emerg·ent [ɪ'mɜ:dʒənt] *adj (Land)* aufstrebend.
em·ery ['emərɪ] *min* Schmirgel *m;* **emery board** Papiernagelfeile *f;* **emery paper** Schmirgelpapier *n.*
em·etic [ɪ'metɪk] Brechmittel *n.*
emi·grant ['emɪgrənt] Auswanderer *m,* -wand(r)erin *f,* Emigrant(in) *m (f);* **emi·grate** ['emɪgreɪt] *itr* auswandern, emigrieren (*from* aus; *to* nach); **emi·gra·tion** [ˌemɪ'greɪʃn] Auswanderung, Emigration *f.*
emi·nence ['emɪnəns] **1.** (An)Höhe *f;* **2.** Ansehen *n,* Berühmtheit *f;* ► **E~** *rel* Eminenz *f;* **emi·nent** ['emɪnənt] *adj* hervorragend, bedeutend, ausgezeichnet (*in* in; *for* durch); *(Person)* angesehen, berühmt; **emi·nent·ly** [—lɪ] *adv* in hohem Maße.
em·iss·ary ['emɪsərɪ] Bote *m,* Botin *f,* Abgesandte(r) *f m.*
emission [ɪ'mɪʃn] **1.** *fin* Ausgabe, Emission *f;* **2.** *phys* Emission, Ausstrahlung *f;* *(Wärme, Schall)* Abgabe *f;* **3.** Ausströmen *n;* Ausfluß, Austritt *m;* **4.** (Samen)Erguß *m.*
emit [ɪ'mɪt] *tr* **1.** ausströmen, ausfließen lassen; ausstrahlen; abgeben; **2.** *(Gebrüll)* ausstoßen; **3.** *fin* in Umlauf setzen.
emo·tion [ɪ'məʊʃn] **1.** Erregung, (innere) Bewegung, Erregtheit *f;* **2.** (starkes) Gefühl *n;* **emo·tional** [ɪ'məʊʃənl] *adj* **1.** gefühlsbetont; **2.** (leicht) erregbar; **3.** gefühlvoll; **emo·tion·less** [—lɪs] *adj* gefühllos.
emot·ive [ɪ'məʊtɪv] *adj* gefühlserre-

gend.
em·pa·thy ['empəθɪ] Einfühlung(svermögen *n*) *f*.
em·peror ['empərə(r)] Kaiser *m*.
em·pha·sis ['emfəsɪs] Nachdruck *m*, Betonung *f* (*on* auf); ▶ **put, lay ~ on s.th.** großes Gewicht auf etw legen; **em·pha·size** ['emfəsaɪz] *tr* Nachdruck legen auf; hervorheben, unterstreichen; **em·phatic** [ɪm'fætɪk] *adj* **1.** emphatisch; nachdrücklich, betont; **2.** eindeutig; **3.** entscheidend, auffallend; ▶ **be ~ about s.th.** etw nachdrücklich betonen.
em·pire ['empaɪə(r)] **1.** Reich *n*; **2.** Macht *f*; **3.** *fig* Imperium *n*.
em·piri·cal [ɪm'pɪrɪkl] *adj* empirisch; erprobt.
em·ploy [ɪm'plɔɪ] *tr* **1.** gebrauchen, benutzen; an-, verwenden; **2.** beschäftigen (*in* mit); **3.** *(Arbeitskraft)* an-, einstellen; einsetzen; ▶ **be ~ed in doing s.th.** damit beschäftigt sein, etw zu tun; **be ~ed part-time** teilzeitbeschäftigt sein; **em·ployee** [ˌɪmplɔɪ'i:] Arbeitnehmer(in) *m (f)*; Angestellte(r) *f m*; **em·ployer** [ɪm'plɔɪə(r)] Unternehmer(in); Arbeitgeber(in) *m (f)*; ▶ **~'s contribution** Arbeitgeberanteil *m*; **em·ploy·ment** [ɪm'plɔɪmənt] **1.** Beschäftigung *f*; **2.** Verwendung *f*; **3.** Arbeit(sverhältnis *n*), Stellung *f*; ▶ **out of ~** arbeits-, stellungslos; **full ~** Vollbeschäftigung *f*; **full-time ~** Ganztagsbeschäftigung *f*; **permanent ~** Dauerbeschäftigung *f*, feste(s) Anstellung(sverhältnis *n*) *f*; **~ agency, bureau** Arbeitsvermittlung *f*; **~ contract** Arbeitsvertrag *m*; **~ exchange** Arbeitsamt *n*; **~ freeze** Einstellungssperre *f*, Einstellungsstopp *m*.
em·por·ium [ɪm'pɔ:rɪəm] **1.** Handelsplatz *m*; Markt *m*; **2.** Warenhaus *n*.
em·power [ɪm'paʊə(r)] *tr* berechtigen, ermächtigen (*to do* zu tun).
em·press ['emprɪs] Kaiserin *f*.
emp·ti·ness ['emptɪnɪs] Leere *f*; **empty** ['emptɪ] **I** *adj* **1.** leer; leerstehend; **2.** *fig* inhaltslos, leer; ▶ **on an ~ stomach** auf nüchternen Magen; **feel ~** Hunger haben; sich innerlich leer fühlen; **~ of** ohne; **II** *s pl* Leergut *n*; **III** *tr (~ out)* (aus-, ent)leeren; **IV** *itr* **1.** sich leeren; **2.** *(Fluß)* sich ergießen, münden (*into* in); **empty-handed** [ˌemptɪ'hændɪd] *adj* mit leeren Händen; **empty-headed** [ˌemptɪ'hedɪd] *adj* hohlköpfig; **empty phrase** Leerformel *f*; **empty weight** Eigen-, Leergewicht *n*.
emu·late ['emjʊleɪt] *tr* nacheifern (*s.o.* jdm); wetteifern (*s.o.* mit jdm); **emu·la·tion** [ˌemjʊ'leɪʃn] Nacheiferung *f*; Wetteifer *m*.
emul·si·fier [ɪ'mʌlsifaɪə(r)] Emulgator *m*; **emul·sify** [ɪ'mʌlsɪfaɪ] *tr* emulgieren; **emul·sion** [ɪ'mʌlʃn] **1.** Emulsion *f*; **2.** *(~ paint)* Emulsionsfarbe *f*.
en·able [ɪ'neɪbl] *tr* **1.** in den Stand setzen, befähigen (*to do* zu tun); **2.** ermöglichen, möglich machen (*s.o. to* jdm zu); **3.** berechtigen, ermächtigen (*to* zu); ▶ **be ~d to** in der Lage sein zu; **enabling act** *jur* Ermächtigungsgesetz *n*.
en·act [ɪ'nækt] *tr* **1.** verfügen, verordnen; *(Gesetz)* erlassen; **2.** *theat* aufführen; *(Rolle)* spielen; **en·act·ment** [—mənt] Erlaß *m (e-s Gesetzes)*.
en·amel [ɪ'næml] **I** *s* **1.** Emaille *f*; Glasur *f*; Nagellack *m*; **2.** (Zahn)Schmelz *m*; **II** *tr* emaillieren.
en·amour [ɪ'næmə(r)] *tr* ▶ **be, become ~ed of** verliebt sein, sich verlieben in; versessen sein, werden auf.
en·camp [ɪn'kæmp] **I** *tr* (in e-m Lager) unterbringen; **II** *itr* ein Lager aufschlagen; **en·camp·ment** [—mənt] (Zelt)Lager *n*; Lagern *n*.
en·case [ɪn'keɪs] *tr* ▶ **be ~d in** eingehüllt sein in.
en·cepha·li·tis [ˌensefə'laɪtɪs] Gehirnentzündung, Enzephalitis *f*.
en·chant [ɪn'tʃɑ:nt] *tr* verzaubern; ▶ **be ~ed** entzückt sein (*by, with* über); **en·chanter** [ɪn'tʃɑ:ntə(r)] Zauberer *m*; **en·chant·ing** [—ɪŋ] *adj* faszinierend; bezaubernd, entzückend; **en·chant·ment** [—mənt] **1.** Zauber *m*; **2.** Entzükken *n*; **en·chant·ress** [ɪn'tʃa:ntrɪs] **1.** Zauberin *f*; **2.** bezaubernde Frau.
en·cipher [ɪn'saɪfə(r)] *tr* verschlüsseln.
en·circle [ɪn'sɜ:kl] *tr* **1.** ein-, umschließen; **2.** umgeben (*with* mit); **3.** umzingeln, umfassen; **en·circle·ment** [—mənt] Einkesselung *f*; Einkreisung *f*.
en·close [ɪn'kləʊz] *tr* **1.** umgeben, einschließen (*in* in); **2.** *(e-m Brief)* beilegen; **en·closed** [ɪn'kləʊzd] *adj* ▶ **please find ~** in der Anlage erhalten Sie; **~ area** umbauter Raum; **en·clos·ure** [ɪn'kləʊʒə(r)] **1.** Einzäunung *f*; **2.** Gehege; **3.** *(Brief)* Anlage *f*.
en·code [ɪn'kəʊd] *tr* verschlüsseln.
en·compass [ɪn'kʌmpəs] *tr* **1.** ein-, umschließen; **2.** umfassen.
en·core ['ɒŋkɔ:(r)] Dakapo *n*; Zugabe *f*.
en·coun·ter [ɪn'kaʊntə(r)] **I** *tr* **1.** (unerwartet) treffen; **2.** *(Schwierigkeiten)* stoßen auf; **II** *s* **1.** Begegnung *f*; **2.** Gefecht *n*; ▶ **~ group** Selbsterfahrungsgruppe *f*.
en·cour·age [ɪn'kʌrɪdʒ] *tr* **1.** ermutigen; **2.** bestärken (*in* in); unterstützen, helfen (*s.o.* jdm); **3.** begünstigen, fördern; **en·cour·age·ment** [—mənt] **1.** Ermutigung *f*; **2.** Unterstützung, Förderung *f*; **3.** Ansporn *m* (*to* für); **en·cour·ag·ing** [ɪn'kʌrɪdʒɪŋ] *adj* ermutigend; vielversprechend.
en·croach [ɪn'krəʊtʃ] *itr* **1.** (unberechtigt) übergreifen (*on, upon* auf); eingreifen (*on, upon* in); **2.** beeinträchtigen,

verletzen (*on, upon s.th.* etw); **en·croach·ment** [—mənt] **1.** Über-, Eingriff *m;* **2.** Beeinträchtigung *f.*

en·cum·ber [ɪnˈkʌmbə(r)] *tr* **1.** (be)hindern, belasten; **2.** *fig (Grundstück mit e-r Hypothek)* belasten; ▶ **be ~ed** überfüllt sein (*with* mit); belastet sein (*with debts* mit Schulden).

en·cy·clo·p(a)edia [ɪnˌsaɪkləˈpiːdɪə] Enzyklopädie *f;* **en·cy·clo·p(a)edic** [ɪnˌsaɪkləˈpiːdɪk] *adj* enzyklopädisch.

end [end] **I** *s* **1.** Ende *n;* Schluß *m;* **2.** Ende *n,* Rest *m;* Stummel *m;* **3.** Zweck *m,* Ziel *n,* Absicht *f;* **4.** Ergebnis *n,* Folge, Konsequenz *f;* ▶ **at the ~** am Ende; **at an ~** beendet; **a few loose ~s** einige Kleinigkeiten; **for, to this ~** zu diesem Zweck; **in the ~** schließlich, am Ende; **no ~ of** unendlich viel(e) ...; sehr groß; endlos; **on ~** aufrecht, aufgerichtet; *(Kiste)* hochkant; ohne Unterbrechung; **~ on** mit dem Ende voran; **to the ~ that** zu dem Zweck, daß; damit; **without ~** endlos; **be at an ~** zu Ende sein; **be at a loose ~** *fam* gerade nichts (Besonderes) vorhaben; **come to an ~** zu Ende gehen; **keep one's ~ up** seinen Mann stehen; **put an ~ to** ein Ende, Schluß machen mit; **make ~s meet** gerade (mit seinem Geld) auskommen; **stand on ~** *(Haare)* zu Berge stehen, sich sträuben; **there is no ~ to it** es nimmt kein Ende; **the ~ justifies the means** *prov* der Zweck heiligt die Mittel; **~ of the month** Monatsende *n;* **~-of-season sale** Saisonschlußverkauf *m;* **~-of-year adjustment** Rechnungsabgrenzung *f;* **II** *tr* beenden; beschließen; **III** *itr* **1.** enden; zu Ende sein, gehen; Schluß machen; **2.** sein Leben beschließen; ▶ **~ in s.th.** mit etw enden; **IV** *(mit Präposition)* **end off** *tr* zum Abschluß bringen; **end up** *itr* landen; schließlich werden zu; enden; ▶ **~ up doing s.th.** schließlich etw tun; **~ up with the wrong thing** schließlich das Falsche haben.

en·dan·ger [ɪnˈdeɪndʒə(r)] *tr* gefährden.

en·dear·ing [ɪnˈdɪərɪŋ] *adj* gewinnend, einnehmend; **en·dear·ment** [ɪnˈdɪəmənt] **1.** Zärtlichkeit *f;* **2.** *(term of ~)* Kosewort *n.*

en·deav·our, *Am* **en·dea·vor** [ɪnˈdevə(r)] **I** *itr* sich bemühen, sich anstrengen; **II** *s* Anstrengung *f* (*to do, at doing* etw zu tun).

en·demic [enˈdemɪk] *adj* endemisch.

end·ing [ˈendɪŋ] **1.** Ende *n;* Ausgang *m;* **2.** *gram* Endung *f.*

en·dive [ˈendɪv, *Am* ˈendaɪv] *bot* Endivie *f,* Endiviensalat *m.*

end·less [ˈendlɪs] *adj* **1.** endlos, ohne Ende *a. pej tech;* **2.** unendlich; ▶ **~ belt** Transport-, Förderband *n.*

en·dorse [ɪnˈdɔːs] *tr* **1.** indossieren; **2.** *(auf dem Führerschein)* einen Strafvermerk eintragen; **3.** billigen, zustimmen, beipflichten (*s.th.* e-r S); **4.** unterstützen, sich anschließen (*s.th.* an etw); **en·dorsee** [ɪnˌdɔːˈsiː] *fin* Indossat(ar) *m;* **en·dorse·ment** [—mənt] **1.** *fin* Indossament *n;* **2.** *(im Führerschein)* Strafvermerk *m;* **3.** Bestätigung, Billigung, Zustimmung *f;* **4.** *(Versicherung)* Nachtrag *m;* **en·dorser** [ɪnˈdɔːsə(r)] Indossant *m.*

en·dow [ɪnˈdaʊ] *tr* **1.** ausstatten; **2.** stiften; ▶ **be ~ed with** begabt sein mit; **en·dow·ment** [—mənt] **1.** Ausstattung, Dotierung *f;* **2.** Stiftung *f;* **3.** Begabung *f,* Talent *n,* Anlage *f;* ▶ **~ fund** Stiftungsvermögen *n;* **~ insurance** Erlebensversicherung *f;* **~ mortgage** Versicherungsdarlehen *n.*

end-paper [ˈendpeɪpə(r)] Vorsatzpapier, -blatt *n;* **end product** Endprodukt *n;* **end result** Endergebnis *n.*

en·dur·able [ɪnˈdjʊərəbl] *adj* erträglich; **en·dur·ance** [ɪnˈdjʊərəns] Ausdauer, Geduld *f;* (Stand)Festigkeit *f;* ▶ **past, beyond ~** nicht auszuhalten(d), unerträglich; **~ test** Belastungsprobe *f;* **endure** [ɪnˈdjʊə(r)] **I** *tr* **1.** ertragen, aushalten; **2.** durchmachen; *(verneint)* ausstehen; **II** *itr* Bestand haben; durchhalten.

en·ema [ˈenɪmə] *med* **1.** Einlauf *m,* Klistier *n;* **2.** Klistierspritze *f.*

en·emy [ˈenəmɪ] Feind *m;* ▶ **make enemies** sich Feinde machen; **he is his own worst ~** er schadet sich selbst am meisten.

en·er·getic [ˌenəˈdʒetɪk] *adj* energisch, tatkräftig, energiegeladen; **en·er·gize** [ˈenədʒaɪz] *tr* **1.** Energie verleihen (*s.o.* jdm); **2.** *el* Energie liefern an; **en·ergy** [ˈenədʒɪ] **1.** Arbeitskraft, Tatkraft, Energie *f;* **2.** *phys* Kraft, Energie *f;* **3.** *pl* (persönliche) Kraft *f,* Kräfte *f pl;* ▶ **~ conscious** energiebewußt; **~ consumption** Energieverbrauch *m;* **~ crisis** Energiekrise *f;* **~ demand** Energiebedarf *m;* **~ gap** Energielücke *f;* **~ policy** Energiepolitik *f;* **~ saving** energiesparend; **~ shortage** Energieknappheit *f;* **~ supplies** *pl* Energievorräte *m pl;* **~ supply company** Energieversorgungsunternehmen *n.*

en·er·vate [ˈenəveɪt] *tr* schwächen; entnerven; **en·er·va·ting** [—ɪŋ] *adj* nervenaufreibend.

en·feeble [ɪnˈfiːbl] *tr* ▶ **be ~d by** geschwächt sein durch.

en·force [ɪnˈfɔːs] *tr* **1.** erzwingen (*upon s.o.* von jdm); Geltung verschaffen (*s.th.* e-r S); **2.** durchsetzen, durchführen; **3.** *jur* vollstrecken; **en·force·able** [—əbl] *adj* vollstreckbar, erzwingbar, einklagbar; **en·force·ment** [—mənt] **1.** Erzwingung *f;* (gewaltsame) Durchsetzung *f;* **2.** *(Urteil)* Vollstreckung *f;* **3.**

(Forderung) Geltendmachung *f;* ► ~ **order** Vollstreckungsbescheid *m.*

en·fran·chise [ɪn'fræntʃaɪz] *tr* **1.** befreien *a. fig;* **2.** das Bürgerrecht, Wahlrecht zuerkennen (*s.o.* jdm).

en·gage [ɪn'geɪdʒ] **I** *tr* **1.** verpflichten; **2.** *(sein Wort)* verpfänden; **3.** an-, einstellen, engagieren; **4.** *(Zimmer)* sich nehmen; **5.** *(in e-e S)* verwickeln, dazu bringen; **6.** in Anspruch nehmen; *(die Aufmerksamkeit)* fesseln; **7.** *(Truppen)* einsetzen; **8.** *tech* einrücken, kuppeln; ► ~ **a gear** einen Gang einlegen; ~ **the clutch** kuppeln; ~ **o.s. to do s.th.** sich verpflichten, etw zu tun; **II** *itr* **1.** sich verpflichten (*to do* zu tun); **2.** sich einlassen (*in* auf), sich abgeben (*with* mit); sich beschäftigen, sich befassen (*with* mit); **3.** *tech* ineinandergreifen; **engaged** [ɪn'geɪdʒd] *adj* **1.** verlobt; **2.** beschäftigt, nicht zu sprechen; **3.** *(Platz)* belegt; **4.** *tele* besetzt; **5.** *tech* gekuppelt; ► **be** ~ **1.** damit beschäftigt sein (*in doing s.th.* etw zu tun); **2.** verlobt sein; **become** ~ **to s.o.** sich mit jdm verloben; ~ **couple** Verlobte *pl;* ~ **signal, tone** *tele* Besetztzeichen *n;* **en·gage·ment** [ɪn'geɪdʒmənt] **1.** Verpflichtung *f;* **2.** Verlobung *f* (*to* mit); **3.** Abmachung, Vereinbarung *f;* **4.** Verabredung *f;* Termin *m;* **5.** Beschäftigung, (An)Stellung, Stelle *f,* Engagement *n;* **6.** *tech* Einkuppeln *n;* **7.** *mil* Gefecht *n;* **8.** *meist pl fin com* (finanzielle) Verpflichtungen, Verbindlichkeiten *f pl;* ► **meet, carry out one's** ~**s** seinen Verpflichtungen nachkommen; **I have a previous** ~ ich bin schon verabredet; **engagement book, diary** Terminkalender *m;* **engagement ring** Verlobungsring *m;* **en·gag·ing** [ɪn'geɪdʒɪŋ] *adj* gewinnend, gefällig; reizend, reizvoll.

en·gen·der [ɪn'dʒendə(r)] *tr* hervorrufen, verursachen, erzeugen.

en·gine ['endʒɪn] **1.** Maschine *f;* Motor *m;* Triebwerk *n;* **2.** *rail* Lokomotive *f;* ► **start, shut off the** ~ den Motor anlassen, abstellen; ~ **block** Motorblock *m;* ~ **bonnet,** *Am* **hood** Motorhaube *f;* ~ **driver** Lok(omotiv)führer(in) *m (f);* ~ **failure** *tech* Maschinenschaden *m; mot* Motorschaden *m;* ~ **room** *mar* Maschinenraum *m;* ~ **trouble** Motorstörung *f;* **en·gin·eer** [ˌendʒɪ'nɪə(r)] **I** *s* **1.** Ingenieur(in), Techniker(in) *m (f);* Maschinist(in) *m (f);* **2.** *mil* Pionier *m;* **3.** *Am* Lok(omotiv)führer(in) *m (f);* **II** *tr* **1.** planen, konstruieren, bauen; **2.** *fig fam* geschickt einfädeln, organisieren; **en·gin·eer·ing** [ˌendʒɪ'nɪərɪŋ] **1.** Ingenieurwesen *n;* Technik *f;* **2.** *(mechanical* ~*)* Maschinenbau *m;* **3.** *fam* Manipulation *f;* Organisation *f;* ► **civil** ~ Hoch- und Tiefbau *m;* **electrical** ~ Elektrotechnik *f;* ~ **and design department** technische Abteilung und Konstruktionsbüro; **human** ~ *Anwendung f psychologischer Erkenntnisse auf betriebliche menschliche Probleme;* **industrial** ~ Fertigungstechnik *f;* ~ **manager** technische(r) Direktor(in) *m f;* **engineering works** *mit sing* od *pl* Maschinenfabrik *f.*

Eng·land ['ɪŋglənd] England *n;* **English** ['ɪŋglɪʃ] **I** *adj* englisch; ► **the** ~ **Channel** der Ärmelkanal; **he's** ~ er ist Engländer; **II** *s* (das) Englisch(e), die englische Sprache; ► **the** ~ *pl* die Engländer *m pl;* **in plain** ~ schlicht u. einfach (ausgedrückt); *fig* unverblümt; **Eng·lish·man** [—mən] ⟨*pl* -men⟩ Engländer *m;* **Eng·lish·woman** [—wʊmən] ⟨*pl* -women⟩ [—wɪmɪn] Engländerin *f.*

en·grave [ɪn'greɪv] *tr* **1.** (ein)gravieren (*on* in); **2.** *fig* fest einprägen (*on, upon* in); **en·graver** [ɪn'greɪvə(r)] Graveur(in), Stecher(in), Radierer(in), (Holz)Schneider(in) *m (f);* **en·grav·ing** [ɪn'greɪvɪŋ] **1.** Gravieren, Radieren *n;* **2.** (Kupfer-, Stahl)Stich *m,* Radierung *f;* **3.** *(wood* ~*)* Holzschnitt *m.*

en·gross [ɪn'grəʊs] *tr* ganz in Anspruch nehmen; ausschließlich beschäftigen; ► **be** ~**ed** ganz vertieft sein (*in* in); ausschließlich beschäftigt sein (*in* mit).

en·gulf [ɪn'gʌlf] *tr* verschlingen.

en·hance [ɪn'hɑ:ns] *tr* **1.** steigern; erhöhen, vergrößern; **2.** verschönern.

enigma [ɪ'nɪgmə] Rätsel *n fig;* **enigmatic(al)** [ˌenɪg'mætɪk(l)] *adj* rätselhaft, unerklärlich, mysteriös.

en·joy [ɪn'dʒɔɪ] **I** *tr* genießen; sich erfreuen (*s.th.* an etw, e-r S); sich freuen (*seeing* zu sehen); ► **how are you** ~**ing London?** wie gefällt es Ihnen in London? **II** *refl* sich gut unterhalten, sich amüsieren; ► ~ **yourself!** viel Vergnügen! **en·joy·able** [—əbl] *adj* angenehm; unterhaltsam; **en·joy·ment** [ɪn'dʒɔɪmənt] **1.** Freude *f,* Spaß *m;* **2.** *jur* Genuß *m.*

en·large [ɪn'lɑ:dʒ] **I** *tr* vergrößern; verbreitern; ausweiten, ausdehnen; erweitern; **II** *itr* sich vergrößern; sich ausdehnen; sich erweitern; ► ~ **(up)on** näher eingehen auf; **en·large·ment** [—mənt] Vergrößerung *f bes. phot;* Erweiterung, Ausdehnung *f.*

en·lighten [ɪn'laɪtn] *tr fig* aufklären, belehren (*on, as to* über); **en·lightened** [ɪn'laɪtnd] *adj* aufgeklärt; **en·lightenment** [—mənt] Aufklärung *f;* ► **the E**~ *hist* die Aufklärung.

en·list [ɪn'lɪst] **I** *tr* **1.** *mil* anwerben; *mar* anmustern; **2.** *(Hilfe)* in Anspruch nehmen; **3.** interessieren (*for* an); **II** *itr* **1.** sich freiwillig melden (*in the navy* zur Marine); **2.** eintreten (*in* für).

en·liven [ɪn'laɪvn] *tr* **1.** beleben, aufmuntern; **2.** *fig* er-, aufheitern.

en·mesh [ɪnˈmeʃ] *tr fig* ▶ **be ~ed in** verstrickt sein in.

en·mity [ˈenmətɪ] Feindschaft *f.*

en·noble [ɪˈnəʊbl] *tr* adeln *a. fig,* in den Adelsstand erheben.

enor·mity [ɪˈnɔːmətɪ] **1.** Ungeheuerlichkeit *f;* **2.** Greuel *m;* **3.** *fig* großer Umfang; **enor·mous** [ɪˈnɔːməs] *adj* riesig, enorm, gewaltig, ungeheuer.

enough [ɪˈnʌf] **I** *adv* genug, genügend; ▶ **good ~!** sehr gut! **likely ~** sehr wahrscheinlich, höchstwahrscheinlich; **true ~** nur zu wahr; **sure ~** freilich, gewiß, allerdings; **surprisingly ~** überraschenderweise; **well ~** ziemlich *od* ganz gut; nicht schlecht; **be kind ~ to come** sei so gut und komm! **he's good ~ in his way** er ist nicht übel; **II** *adj* aus-, hinreichend, hinlänglich, genügend; ▶ **more than ~** mehr als genug; **be ~** genug sein, genügen, langen; **I had ~ to do** ich hatte genug, alle Hände voll zu tun; **that's quite ~** mir langt's jetzt.

en·quire, en·quiry [ɪnˈkwaɪə(r), ɪnˈkwaɪərɪ] *s. inquire, inquiry.*

en·rage [ɪnˈreɪdʒ] *tr* wütend, rasend machen; **en·raged** [ɪnˈreɪdʒd] *adj* wütend, aufgebracht, entrüstet (*at, by, with* über).

en·rap·ture [ɪnˈræptʃə(r)] *tr* hinreißen, bezaubern.

en·rich [ɪnˈrɪtʃ] *tr* **1.** reicher machen *a. fig;* **2.** *fig* bereichern, befruchten; **3.** anreichern.

en·rol, *Am* **en·roll** [ɪnˈrəʊl] **I** *tr* **1.** eintragen, registrieren; **2.** anwerben; **II** *itr* **1.** sich einschreiben, sich immatrikulieren lassen; **2.** Mitglied werden; **en·rol·ment,** *Am* **en·roll·ment** [—mənt] **1.** Beitrittserklärung *f;* **2.** Hörer-, Schülerzahl *f.*

en route [ˌɒnˈruːt] *adj* auf dem Weg (*to, for* nach).

en·semble [ɒnˈsɒmbl] Ensemble *n.*

en·sign [ˈensən] **1.** Fahne, Flagge *f;* **2.** *Am* Leutnant *m* zur See.

en·slave [ɪnˈsleɪv] *tr* **1.** versklaven; knechten; **2.** unterdrücken.

en·snare [ɪnˈsneə(r)] *tr* **1.** *(in e-r Schlinge)* fangen; **2.** *fig* verstricken, umgarnen.

en·sue [ɪnˈsjuː] *itr* **1.** (unmittelbar) folgen; **2.** sich ergeben (*from* aus); **en·suing** [—ɪŋ] *adj* (darauf) folgend; nächste(r, s).

en·sure [ɪnˈʃʊə(r)] *tr* **1.** (ver)sichern, sicherstellen (*against, from* gegen); **2.** garantieren (*s.th.* etw); **3.** schützen (*against* gegen).

en·tail [ɪnˈteɪl] *tr* **1.** zur Folge haben, mit sich bringen (*on* für); **2.** *jur* als Erbgut vererben (*on s.o.* jdm).

en·tangle [ɪnˈtæŋgl] *tr* **1.** verwickeln; **2.** hineinziehen (*in* in); verstricken (*in* in); ▶ **~ o.s., get ~d** sich verwickeln, sich verfangen (*in* in); **en·tangle·ment** [—mənt] *fig* Verwick(e)lung *f.*

en·ter [ˈentə(r)] **I** *tr* **1.** betreten; **2.** eindringen in, durchbohren; **3.** einschreiben, -tragen, auf die Liste setzen; **4.** zu Protokoll geben; **5.** *com* buchen; **6.** *EDV (Daten)* eingeben; **7.** Mitglied werden *gen od* in, aufgenommen werden in; ▶ **~ one's name** sich eintragen, -schreiben (lassen); **~ a protest** Einspruch, Protest erheben; **it never ~ed my head** das ist mir nie in den Sinn gekommen; **II** *itr* **1.** eintreten, hereinkommen; einsteigen; **2.** eindringen; **3.** *(Schiff)* einlaufen; ▶ **~ into details** auf Einzelheiten eingehen; **~ for an examination** sich e-r Prüfung unterziehen; **~ for** sich melden für; **III** *(mit Präposition)* **enter into 1.** sich einlassen auf; eingehen auf; teilnehmen an; **2.** e-n Teil bilden *gen;* e-e Rolle spielen bei; **3.** *(Vereinbarung)* treffen; **4.** *(Geschäft)* (ab)schließen; **5.** *(Vergleich)* eingehen; ▶ **~ into correspondence with** in Briefwechsel treten mit; **~ into an engagement** e-e Verpflichtung übernehmen; **~ into relations with** in Beziehung treten zu; **enter up** *tr* eintragen; **enter (up)on** *tr* **1.** anfangen, beginnen, in Angriff nehmen; **2.** *(Laufbahn)* einschlagen; **3.** *(Besitz, Erbe)* antreten; **4.** *(Sache)* eingehen auf; *(Thema a.)* anschneiden.

en·ter key *EDV* Enter-Taste, Eingabetaste *f.*

en·ter·prise [ˈentəpraɪz] **1.** Unternehmen, Vorhaben *n,* Pläne *m pl;* **2.** Unternehmen *n,* Unternehmung *f,* Geschäft *n,* Betrieb *m;* **3.** *(spirit of ~)* Unternehmungsgeist *m;* ▶ **free, private ~** Privatunternehmen *n;* Privatwirtschaft *f;* freies Unternehmertum; **en·ter·pris·ing** [—ɪŋ] *adj* unternehmungslustig, einfallsreich.

en·ter·tain [ˌentəˈteɪn] *tr* **1.** unterhalten, belustigen; **2.** bewirten; einladen; **3.** *(Verdacht)* hegen; **4.** *(Ansicht)* haben, vertreten; **5.** *(Vorschlag)* in Erwägung ziehen; ▶ **they ~ a great deal** sie haben sehr oft Gäste; **en·ter·tainer** [ˌentəˈteɪnə(r)] Unterhaltungskünstler(in) *m (f);* **en·ter·tain·ing** [—ɪŋ] *adj* unterhaltend, unterhaltsam; **en·ter·tain·ment** [—mənt] **1.** Unterhaltung *f;* Vergnügen *n;* **2.** Darbietung *f;* **3.** Bewirtung *f;* ▶ **~ allowance** Aufwandspauschale *f;* **~ expenses** *pl* Bewirtungsspesen *pl.*

en·thral(l) [ɪnˈθrɔːl] *tr fig* fesseln.

en·throne [ɪnˈθrəʊn] *tr* auf den Thron setzen.

en·thuse [ɪnˈθjuːz] *itr* begeistert sein; schwärmen (*about* für, von); **en·thusi·asm** [ɪnˈθjuːzɪæzəm] Begeisterung *f,* Enthusiasmus *m;* **en·thusi·ast** [ɪnˈθjuːzɪæst] Enthusiast(in) *m (f);*

begeisterte(r) Anhänger(in) *m f;* **en·thusi·astic** [ɪnˌθju:zɪˈæstɪk] *adj* begeistert (*at, about* von).

en·tice [ɪnˈtaɪs] *tr* (an-, ver)locken, verführen, verleiten (*into s.th.* zu etw; *to do, into doing* zu tun); ▶ ~ **away** abspenstig machen (*from* von); *com* abwerben; **en·tice·ment** [—mənt] **1.** Verführung *f;* (Ver)Lockung *f;* **2.** Abwerbung *f;* **en·tic·ing** [—ɪŋ] *adj* verlockend, verführerisch.

en·tire [ɪnˈtaɪə(r)] *adj* **1.** ganz; vollständig; **2.** völlig, gesamt, total; **3.** *(Zustimmung)* uneingeschränkt; **en·tire·ly** [—lɪ] *adv* gänzlich; ▶ ~ **different** grundverschieden; **en·tirety** [ɪnˈtaɪə(r)ətɪ] Gesamtheit *f;* ▶ **in its** ~ in seiner Gesamtheit, in vollem Umfang.

en·title [ɪnˈtaɪtl] *tr* **1.** betiteln; **2.** berechtigen (*to* zu); **en·titled** [ɪnˈtaɪtld] *adj* ▶ **be** ~ **to** Anspruch haben auf, berechtigt sein zu; ~ **to inherit, to a pension, to vote** erb-, pensions-, stimmberechtigt; **en·title·ment** [—mənt] Berechtigung *f;* Anspruch *m.*

en·tity [ˈentətɪ] Wesen *n;* ▶ **legal** ~ juristische Person.

ento·mol·ogy [ˌentəˈmɒlədʒɪ] Insektenkunde *f.*

en·trails [ˈentreɪlz] *pl* Eingeweide *n pl.*

en·train [enˈtreɪn] *tr (Truppen)* verladen.

en·trance[1] [ˈentrəns] **1.** Eingang *m;* **2.** *theat* Auftritt *m;* **3.** Zugang *m* (*into* zu); Eingang(stür *f*) *m;* **4.** Einfahrt *f,* Tor *n;* **5.** Eintritt(sgeld *n*) *m;* ▶ **make one's** ~ eintreten; **no** ~! Eintritt verboten! **no** ~ **except on business** Unbefugten ist der Eintritt verboten.

en·trance[2] [ɪnˈtrɑ:ns] *tr* hin-, mitreißen (*with* vor); ▶ **be** ~**d by** entzückt sein von.

en·trance exam·in·ation [ˈentrəns ɪgˌzæmɪˈneɪʃn] Aufnahmeprüfung *f;* **entrance fee** Eintrittsgeld *n;* Aufnahme-, Einschreib(e)gebühr *f;* **entrance form** Anmeldeformular *n;* **entrance hall** Vorhalle *f;* Hausflur *m;* **entrance visa** Einreisevisum *n.*

en·trant [ˈentrənt] **1.** Berufsanfänger(in) *m (f);* **2.** *(Wettkampf)* Teilnehmer(in) *m (f).*

en·treat [ɪnˈtri:t] *tr* dringend bitten, ersuchen (*for* um); **en·treaty** [ɪnˈtri:tɪ] dringende Bitte.

en·trench [ɪnˈtrentʃ] *tr* verschanzen (*behind* hinter) *a. fig;* ▶ **be** ~**ed** sich eingebürgert haben.

entre·pre·neur [ˌɒntrəprəˈnɜ:(r)] Unternehmer(in) *m (f).*

en·trust [ɪnˈtrʌst] *tr* **1.** betrauen (*s.o. with s.th.* jdn mit e-r S); **2.** anvertrauen (*s.th. to s.o.* jdm etw).

en·try [ˈentrɪ] **1.** Eintritt *m;* Einfahrt *f;* Einreise *f;* **2.** *Am* Einfahrt *f;* Eingang(stür *f*) *m;* **3.** Eingangshalle *f,* Flur *m;* **4.** *theat* Auftritt *m;* **5.** Eintrag(ung *f*) *m; (Lexikon)* Stichwort *n;* **6.** Anmeldung *f;* **7.** Aufnahme *f;* **8.** Antritt *m;* **9.** Namensliste *f;* **10.** *(bei e-m Wettkampf)* Bewerber(in) *m (f);* ▶ **as per** ~ laut Eintrag; **make an** ~ **of s.th.** etw buchen; **make an** ~ **in** eintragen in; **no** ~ kein Zugang! **credit, debit** ~ Gut-, Lastschrift *f;* **entry fee** Eintritts-, *sport* Nenngeld *n;* **entry form** Anmelde-, *sport* Nennungs-, Antragsformular *n;* **entry permit** Einreiseerlaubnis *f;* **entry·phone** [ˈentrɪfəʊn] Türsprech-, Wechselsprechanlage *f;* **entry regulations** *pl* Einreisebestimmungen *f pl;* **entry test** Zulassungsprüfung *f.*

en·twine [ɪnˈtwaɪn] *tr* **1.** umschlingen, umwinden (*with* mit); **2.** winden (*about, around* um).

enu·mer·ate [ɪˈnju:məreɪt] *tr* (auf)zählen; einzeln aufführen; **enu·mer·ation** [ɪˌnju:məˈreɪʃn] (Auf)Zählung *f.*

enun·ci·ate [ɪˈnʌnsɪeɪt] **I** *tr* **1.** klar formulieren; **2.** aussprechen; **3.** *(Behauptung)* aufstellen; **II** *itr* deutlich sprechen.

en·velop [ɪnˈveləp] *tr* **1.** einwickeln, -hüllen; verhüllen; **2.** einschließen.

en·vel·ope [ˈenvələʊp] **1.** Decke, Hülle *f;* **2.** (Brief)Umschlag *m.*

en·vi·able [ˈenvɪəbl] *adj* beneidens-, begehrenswert; **en·vi·ous** [ˈenvɪəs] *adj* mißgünstig, neidisch (*of* auf).

en·vi·ron·ment [ɪnˈvaɪərənmənt] **1.** Umgebung *f;* **2.** *biol* Umwelt *f;* **3.** *psych* Milieu *n;* **en·vi·ron·mental** [ɪnˌvaɪərənˈmentl] *adj* ▶ ~ **awareness, consciousness** Umweltbewußtsein *n;* ~ **conditions, factors** *pl* Umweltbedingungen *f pl,* -faktoren *m pl;* ~ **influences** *pl* Umwelteinflüsse *m pl;* ~ **pollutant** Umweltgift *n;* ~ **pollution** Umweltverschmutzung *f;* **en·vi·ron·ment·alist** [ɪnˌvaɪərənˈmentəlɪst] Umweltschützer(in) *m (f);* **en·virons** [ɪnˈvaɪərənz] *pl* Umgebung, Umgegend *f.*

en·vis·age [ɪnˈvɪzɪdʒ] *tr fig* im Geiste sehen, sich vorstellen.

en·voy [ˈenvɔɪ] *pol* Gesandte(r) *f m.*

envy [ˈenvɪ] **I** *s* Neid *m* (*at, of s.o., s.th.* auf jdn, über etw); Mißgunst *f;* ▶ **out of** ~ aus Neid; **be the** ~ **of s.o.** jds Neid erregen; **II** *tr* beneiden (*s.o. s.th.* jdn um etw); mißgönnen (*s.o. s.th.* jdm etw).

en·zyme [ˈenzaɪm] *chem* Enzym *n.*

ephem·er·al [ɪˈfemərəl] *adj* kurzlebig.

epic [ˈepɪk] **I** *s* Epos *n;* **II** *adj* **1.** episch; **2.** heldenhaft.

epi·centre, *Am* **epi·cen·ter** [ˈepɪsentə(r)] Epizentrum *n.*

epi·cycle [ˈepɪsaɪkl] Epizykel *m.*

epi·demic [ˌepɪˈdemɪk] **I** *adj* epidemisch; **II** *s* Epidemie, Seuche *f.*

epi·der·mis [ˌepɪˈdɜ:mɪs] *anat* Epider-

mis, Oberhaut *f*.
epi·gram ['epɪgræm] Epigramm *n*.
epi·lepsy ['epɪlepsɪ] Epilepsie *f;* **epi·lep·tic** [ˌepɪ'leptɪk] **I** *adj* epileptisch; **II** *s* Epileptiker(in) *m (f)*.
epi·log(ue) ['epɪlɒg] Epilog *m*.
Epiph·any [ɪ'pɪfənɪ] *rel* Dreikönigsfest *n*.
epis·co·pacy [ɪ'pɪskəpəsɪ] Episkopat *n* od *m;* **epis·co·pal** [ɪ'pɪskəpl] *adj* bischöflich; **Epis·co·pa·lian** [ɪˌpɪskə'peɪlɪən] Anhänger(in) *m (f)* der Episkopalkirche.
epi·sode ['epɪsəʊd] Episode *f;* Fortsetzung *f;* **epi·sodic** [ˌepɪ'sɒdɪk] *adj* episodisch.
epistle [ɪ'pɪsl] *rel* Epistel *f;* **epis·tol·ary** [ɪ'pɪstələrɪ] *adj* Brief-.
epi·taph ['epɪtɑ:f] Grabschrift *f*.
epi·thet ['epɪθet] Beiwort, Epitheton *n*.
epit·ome [ɪ'pɪtəmɪ] ► **be the ~ of s.th.** die Verkörperung von etw sein; **epit·om·ize** [ɪ'pɪtəmaɪz] *tr fig* verkörpern.
ep·och ['i:pɒk] Epoche *f*, Zeitabschnitt *m;* **ep·och-mak·ing** ['i:pɒkˌmeɪkɪŋ] *adj* aufsehenerregend, umwälzend, bahnbrechend.
equabil·ity [ekwə'bɪlɪtɪ] *fig* (innere) Ausgeglichenheit *f*, Gleichmut *m;* **equable** ['ekwəbl] *adj* **1.** gleichmäßig, gleichförmig; **2.** *fig* (innerlich) ausgeglichen.
equal ['i:kwəl] **I** *adj* **1.** gleich; **2.** gleichgestellt; ebenbürtig (*to* dat); **3.** *pol* gleichberechtigt (*to, with s.o.* jdm); **4.** gewachsen (*to s.th.* e-r S); in der Lage, fähig, imstande *(to doing* zu tun); ► **in ~ parts** zu gleichen Teilen; **on ~ terms** zu gleichen Bedingungen; **be ~ to the occasion** der Lage gewachsen sein; **II** *s* Gleichgestellte(r) *(m)f;* **be the ~ of s.th., s.o.'s ~** e-r S, jdm gleich sein; **my ~s** meinesgleichen; **he has no ~** er hat nicht seinesgleichen; **III** *tr* **1.** gleichen, gleich sein (*s.o., s.th.* jdm, e-r S); **2.** *(Leistung)* erreichen; gleichkommen (*s.o.* jdm); *sport* gleichziehen (*s.th.* mit etw); **equal·ity** [ɪ'kwɒlətɪ] **1.** Gleichheit *f;* Gleichsetzung *f;* **2.** *pol* Gleichberechtigung *f;* ► **~ of opportunity** Chancengleichheit *f;* **equal·iz·ation** [ˌi:kwəlaɪ'zeɪʃn] Ausgleich *m;* **equal·ize** ['i:kwəlaɪz] *tr* ausgleichen; angleichen; ► **the equalizing goal** das Ausgleichstor; **equal·izer** ['i:kwəlaɪzə(r)] **1.** *sport* Ausgleich *m;* Ausgleichstor *n;* **2.** *el* Equalizer *m;* **equally** ['i:kwəlɪ] *adv* **1.** gleich; **2.** ebenso, genauso; **equal(s) sign** *math* Gleichheitszeichen *n*.
equa·nim·ity [ˌekwə'nɪmətɪ] Gleichmut *m;* Ausgeglichenheit *f*.
equate [ɪ'kweɪt] *tr* gleichsetzen *a. math*, -stellen (*to, with* mit); **equa·tion** [ɪ'kweɪʒn] **1.** *math chem* Gleichung *f;* **2.** Gleichsetzung, -stellung *f*.
equa·tor [ɪ'kweɪtə(r)] Äquator *m;* **equa·tor·ial** [ˌekwə'tɔ:rɪəl] *adj* äquatorial.
eques·trian [ɪ'kwestrɪən] *adj* Reiter-; Reit-; ► **~ statue** Reiterstandbild *n*.
equi·dis·tant [ˌi:kwɪ'dɪstənt] *adj* gleich weit entfernt; **equi·lat·eral** [ˌi:kwɪ'lætərəl] *adj math* gleichseitig.
equi·lib·rium [ˌi:kwɪ'lɪbrɪəm] ⟨*pl* -riums, -ria⟩ [—rɪə] Gleichgewicht *n a. fig;* ► **in ~** im Gleichgewicht.
equi·noc·tial [ˌi:kwɪ'nɒkʃl] *adj* Äquinoktial-; **equi·nox** ['i:kwɪnɒks] Tagundnachtgleiche *f*.
equip [ɪ'kwɪp] *tr* **1.** ausrüsten, -statten; **2.** vorbereiten (*to* zu); ► **be well ~ped for a job** das nötige Rüstzeug für einen Beruf haben; **equip·ment** [—mənt] **1.** Ausstattung, Ausrüstung *f;* **2.** Einrichtung *f;* **3.** Ausrüstung(sgegenstände *m pl*) *f*, Gerät(schaften *pl*) *n;* **4.** Anlage *f*, Rüstzeug *n;* **5.** *com* Investitionsgüter *n pl;* ► **camping ~** Campingausrüstung *f;* **office ~** Büroeinrichtung *f*.
equi·table ['ekwɪtəbl] *adj* gerecht; **equity** ['ekwətɪ] **1.** Billigkeit, Gerechtigkeit *f;* **2.** *com* Eigenkapital *n;* **3.** *jur* Billigkeitsrecht *n*.
equiv·al·ence [ɪ'kwɪvələns] Gleichwertigkeit *f a. chem;* Entsprechung *f;* **equiv·al·ent** [ɪ'kwɪvələnt] **I** *adj* **1.** gleich(wertig); **2.** gleichbedeutend (*to* mit); **3.** entsprechend; ► **be ~ to s.th.** e-r S gleichkommen; e-r S entsprechen; **II** *s* **1.** Gegenwert *m;* Äquivalent *n a. chem el;* **2.** Gegenstück *n* (*of, to* zu).
equivo·cal [ɪ'kwɪvəkl] *adj* **1.** mehrdeutig; **2.** fragwürdig; unsicher; zweifelhaft *a. pej;* **equivo·cate** [ɪ'kwɪvəkeɪt] *itr* zweideutig reden; **equivo·ca·tion** [ɪˌkwɪvə'keɪʃn] Zwei-, Mehrdeutigkeit *f*.
era ['ɪərə] Ära *f*, Zeitalter *n a. geol*.
eradi·cate [ɪ'rædɪkeɪt] *tr* ausrotten, völlig vernichten.
erase [ɪ'reɪz] *tr* **1.** ausradieren; **2.** vertilgen, entfernen; **3.** *fig* auslöschen (*from* aus); **4.** *(Tonband) (EDV)* löschen; ► **~ key** *EDV* Löschtaste *f;* **eraser** [ɪ'reɪzə(r)] **1.** Radiergummi *m;* **2.** Tafelwischer *m;* **eras·ure** [ɪ'reɪʒə(r)] **1.** Radieren *n;* **2.** radierte Stelle.
erect [ɪ'rekt] **I** *adj* **1.** aufrecht, senkrecht; **2.** aufgerichtet; **3.** *physiol* erigiert; **II** *tr* **1.** *(Gebäude)* errichten; aufrichten; **2.** senkrecht stellen; **3.** *(Maschine)* montieren; **erec·tile** [ɪ'rektaɪl] *adj physiol* erektil, erigibel; **erec·tion** [ɪ'rekʃn] **1.** Errichtung *f*, Bau *m;* **2.** Montage *f;* **3.** Bau(werk *n*) *m*, Gebäude *n;* **4.** *physiol* Erektion *f*.
erg [ɜ:g] *phys (Arbeitseinheit)* Erg *n*.
ergo·nom·ic [ˌɜgə'nɒmɪk] *adj* ergonomisch; **ergo·nom·ics** [ˌɜ:gə'nɒmɪks] *pl mit sing* Ergonomie *f*.
er·mine ['ɜ:mɪn] *zoo* Hermelin *n*.
erode [ɪ'rəʊd] *tr* **1.** zerfressen, -nagen; **2.** *geol (~ away)* auswaschen.

erogen·ous [ɪˈrɒdʒənəs] *adj physiol* erogen.
ero·sion [ɪˈrəʊʒn] **1.** *geol* Erosion *f;* **2.** *fig* langsamer Verlust (*of* an).
erotic [ɪˈrɒtɪk] *adj* erotisch; **eroti·cism** [ɪˈrɒtɪsɪzəm] Erotik *f.*
err [ɜ:(r)] *itr* **1.** (sich) irren (*in* in); **2.** *rel* fehlen.
er·rand [ˈerənd] Botengang *m,* Besorgung *f;* ▶ **run ~s** Botengänge, (kleine) Besorgungen machen; **errand-boy** Laufbursche *m.*
er·rant [ˈerənt] *adj* **1.** umherstreifend; **2.** sündig; fehlgeleitet; ▶ **knight ~** fahrender Ritter.
er·ratic [ɪˈrætɪk] *adj* **1.** unberechenbar; **2.** *(Denken)* sprunghaft; **3.** *(Arbeit)* ungleichmäßig; **4.** *geol* erratisch.
er·ratum [eˈrɑ:təm] ⟨*pl* -rata⟩ [eˈrɑ:tə] Schreib-, Druckfehler *m; pl* Druckfehler(verzeichnis *n*) *m pl.*
er·ron·eous [ɪˈrəʊnɪəs] *adj* irrig, falsch; ▶ **~ judg(e)ment** Fehlurteil *n.*
er·ror [ˈerə(r)] Irrtum *m;* Fehler *m,* Versehen *n;* ▶ **by trial and ~** durch Ausprobieren; **in ~, through an ~** versehentlich, irrtümlich; **be in ~** im Irrtum sein; **free from ~** fehlerfrei, -los; **error message** *EDV* Fehleranzeige, Fehlermeldung *f;* **error-prone** [ˈerə(r)prəʊn] *adj* fehleranfällig; **error rate** Fehlerquote *f.*
eru·dite [ˈeru:daɪt] *adj* gelehrt; **eru·di·tion** [ˌeru:ˈdɪʃn] Gelehrsamkeit *f.*
erupt [ɪˈrʌpt] *itr* **1.** hervorbrechen; **2.** *(Vulkan, Streit, Krieg)* ausbrechen; **3.** *(Haut)* e-n Ausschlag bekommen; **4.** *(Person)* explodieren; **erup·tion** [ɪˈrʌpʃn] **1.** Ausbruch *m;* **2.** (Haut)Ausschlag *m.*
es·ca·late [ˈeskəleɪt] **I** *itr* **1.** *(Preise)* ansteigen; **2.** *pol* sich ausweiten; **II** *tr* **1.** ausweiten, eskalieren; **2.** *(Preise)* sprunghaft steigen lassen; **es·ca·la·tion** [ˌeskəˈleɪʃn] Eskalation *f;* **es·ca·la·tor** [ˈeskəleɪtə(r)] Rolltreppe *f.*
es·ca·lope [ˈeskələp] Schnitzel *n.*
es·ca·pade [ˌeskəˈpeɪd] toller, dummer Streich.
es·cape [ɪˈskeɪp] **I** *itr* **1.** entfliehen, flüchten, entweichen, entkommen (*from* aus); **2.** entgehen (*from s.th.* e-r S), davonkommen (*with* mit); **3.** *(Flüssigkeit, Gas)* ausströmen, auslaufen (*from* aus); **4.** entschlüpfen, entschwinden (*from* dat); **II** *tr* **1.** entfliehen (*s.th.* e-r S); ausweichen (*s.th.* e-r S), vermeiden; **2.** *(Name)* entfallen (*s.o.* jdm); **III** *s* **1.** Flucht *f;* Entkommen *n;* **2.** Rettung *f* (*from* von); **3.** Fluchtweg *m;* **4.** *tech* undichte Stelle; ▶ **have a narrow ~** mit knapper Not davonkommen; **~ attempt** Fluchtversuch *m;* **~ chute** *aero* Notrutsche *f;* **~ notice** unbemerkt bleiben; **~ -valve** Sicherheitsventil *n;* **~ velocity** Fluchtgeschwindigkeit *f* *(aus dem Schwerefeld);* **es·capee** [ɪˌskeɪˈpi:] entwichene(r) Gefangene(r) *f m;* **es·cap·ism** [ɪˈskeɪpɪzəm] Flucht *f* aus der Wirklichkeit, Eskapismus *m;* **es·cap·ist** [—ɪst] Aussteiger(in) *m (f).*
es·carp·ment [ɪˈskɑ:pmənt] Steilabhang *m;* Böschung *f.*
es·chew [ɪsˈtʃu:] *tr* **1.** (ver)meiden, ausweichen (*s.th.* e-r S); **2.** unterlassen; sich enthalten (*s.th.* e-r S).
es·cort [ˈeskɔ:t] **I** *s* **1.** Begleiter *m;* **2.** Begleitschutz *m;* **II** *tr* [ɪˈskɔ:t] **1.** begleiten; **2.** decken, eskortieren.
es·cutcheon [ɪˈskʌtʃən] Wappen(schild) *n;* ▶ **have a blot on one's ~** *fig* keine reine Weste haben.
Es·kimo [ˈeskɪməʊ] ⟨*pl* -kimo(e)s⟩ Eskimo *m,* Eskimofrau *f.*
esopha·gus [i:ˈsɒfəgəs] *s. oesophagus.*
eso·teric [ˌesəʊˈterɪk] *adj* esoterisch.
es·pecial [ɪˈspeʃl] *adj* **1.** besondere(r, s); **2.** un-, außergewöhnlich; **es·pecial·ly** [ɪˈspeʃəlɪ] *adv* (ganz) besonders, vor allem.
espion·age [ˈespɪənɑ:ʒ] Spionage *f;* ▶ **industrial ~** Werkspionage *f.*
es·pla·nade [ˌespləˈneɪd] Esplanade, (Ufer)Promenade *f.*
es·pousal [ɪˈspaʊzl] Parteiergreifung, -nahme *f* (*of* für); **es·pouse** [ɪˈspaʊz] *tr* Partei ergreifen, eintreten für.
es·presso [eˈspresəʊ] ⟨*pl* -pressos⟩ Espresso *m.*
Esq., Es·quire [ɪˈskwaɪə(r), *Am* ˈeskwaɪər] *(Höflichkeitsfloskel nach dem Namen auf Briefen),* Herrn.
es·say[1] [eˈseɪ] **I** *tr* versuchen; erproben; **II** *s* Versuch *m* (*at s.th.* an e-r S; *at doing s.th.* etw zu tun).
es·say[2] [ˈeseɪ] Essay *m* od *n;* Aufsatz *m;* **es·say·ist** [—ɪst] Essayist(in) *m (f).*
es·sence [ˈesns] **1.** Wesen *n (e-r Sache);* **2.** (das) Wesentliche; **3.** Essenz *f;* ▶ **in ~** (im) wesentlich(en); **be of the ~** sehr wesentlich, wichtig sein; **es·sen·tial** [ɪˈsenʃl] **I** *adj* **1.** wesentlich (*to* für); **2.** unentbehrlich; (lebens)notwendig, unerläßlich; ▶ **~ goods** *pl* Güter *n pl* des täglichen Bedarfs; **not ~** nicht unbedingt erforderlich; **II** *s* (das) Wesentliche, Wichtigste, Notwendigste; Hauptsache *f;* wesentliche Umstände *m pl;* ▶ **~s of life** *pl* das Lebensnotwendige; **es·sen·tial·ly** [ɪˈsenʃəlɪ] *adv* (im) wesentlich(en), in der Hauptsache.
es·tab·lish [ɪˈstæblɪʃ] **I** *tr* **1.** er-, einrichten, gründen; **2.** *(Geschäft)* eröffnen; **3.** *(Regelung)* einführen; *(Verbindung)* herstellen, aufnehmen; **4.** *(Theorie)* aufstellen; **5.** *(Ordnung)* herstellen; **6.** *(Frieden)* stiften; **7.** *(Autorität)* sich verschaffen; **8.** *(Regierung)* bilden; **9.** *(Rekord)* aufstellen; **10.** *(Ausschuß)* einsetzen; **11.** be-, nachweisen, begründen; **12.**

(Fakten) ermitteln; **13.** Geltung verschaffen (*s.th.* e-r S); **II** *refl* sich niederlassen, sich selbständig machen (*as a grocer* als Lebensmittelhändler); ein Geschäft gründen; **es·tab·lished** [ɪ'stæblɪʃt] *adj* **1.** feststehend; **2.** *(Ruf)* gesichert; **3.** *(Brauch)* althergebracht; **4.** *(Gesetze)* geltend; *(Ordnung)* bestehend; ► **E~church** Staatskirche *f;* **es·tab·lish·ment** [ɪ'stæblɪʃmənt] **1.** Er-, Einrichtung, Gründung *f;* Eröffnung *f;* **2.** *(Regierung)* Bildung *f;* **3.** Fest-, Klarstellung *f;* Begründung *f;* Beweis *m;* **4.** Haus(halt *m*) *n,* Wohnung *f;* **5.** Geschäft(shaus) *n,* Firma *f,* Unternehmen *n,* Betrieb *m;* **6.** Anstalt, Institution *f;* **7.** (Verwaltungs-, Beamten)Apparat, Personalbestand *m;* Truppenstärke *f;* **8.** *Br* (das) Establishment; ► **educational ~** Lehranstalt *f;* **industrial ~** Industrieunternehmen *n.*

es·tate [ɪ'steɪt] **1.** Besitz *m,* Eigentum, Vermögen *n;* **2.** Grund-, Landbesitz *m,* (Land)Gut *n,* Besitzung *f;* **3.** Besitzrecht *n;* **4.** Nachlaß *m,* Hinterlassenschaft, Erbmasse *f;* **5.** *(bankrupt's ~)* Konkursmasse *f;* **6.** Stand, Rang *m;* ► **family ~** Familienbesitz *m;* **housing ~** Wohnsiedlung *f;* **leasehold ~** Pachtgrundstück *n;* **real ~** Grundbesitz *m;* Immobilien *pl;* **estate agent** Grundstücksmakler(in) *m (f);* **estate car** Kombi(wagen) *m;* **estate duty,** *Am* **tax** Erbschaftssteuer *f.*

es·teem [ɪ'sti:m] **I** *tr* **1.** hochschätzen, sehr schätzen; **2.** ansehen als, erachten für; **II** *s* (Hoch)Achtung *f* (*for, of* vor); Wertschätzung *f* (*for, of* gen); Ansehen *n.*

es·ti·mable ['estɪməbl] *adj* schätzens-, achtenswert; abschätzbar.

es·ti·mate ['estɪmeɪt] **I** *tr* **1.** (ab-, ein)schätzen; taxieren; **2.** veranschlagen (*at* auf); **3.** beurteilen; **II** *itr* schätzen; **III** *s* ['estɪmət] **1.** (Ab)Schätzung, Bewertung *f;* **2.** Kostenvoranschlag *m;* **3.** *(Lage)* Beurteilung *f;* **4.** statistische Meßzahl; ► **at, on a rough ~** grob überschlagen; **rough ~** Überschlag *m;* **~ of damages** Schadensberechnung *f;* **es·ti·ma·ted** ['estɪmeɪtɪd] *adj* **1.** geschätzt; **2.** voraussichtlich; ► **~ cost** Sollkosten *pl;* **~ time of arrival, ETA** *aero* voraussichtliche Ankunftszeit; **~ useful life** geschätzte Nutzungsdauer; **~ value** Taxwert *m;* **es·ti·ma·tion** [ˌestɪ'meɪʃn] **1.** Beurteilung *f;* **2.** Ansicht, Meinung *f;* **3.** Hochschätzung, Achtung *f,* Respekt *m;* ► **in my ~** meines Erachtens.

es·trange [ɪ'streɪndʒ] *tr* entfremden (*from s.o.* jdm); ► **become ~d from s.o.** sich jdm entfremden; **es·trange·ment** [—mənt] Entfremdung *f.*

es·tro·gen ['i:strəʊdʒən] *Am* Östrogen *n.*

es·tu·ary ['estʃʊərɪ] Mündung *f.*

et cet·era [ɪt'setərə] *(etc.)* und so weiter, und so fort *(usw.).*

etch [etʃ] *tr, itr* **1.** *(Kunst)* radieren; **2.** ätzen (*on* auf); **3.** *fig* einprägen (*in* in); **etcher** ['etʃə(r)] Radierer(in) *m (f);* **etch·ing** [—ɪŋ] Radierung *f;* Kupferstich *m.*

eter·nal [ɪ'tɜ:nl] *adj* ewig; immerwährend; **eter·nal·ly** [ɪ'tɜ:nəlɪ] *adv* **1.** für immer; **2.** *fam* ununterbrochen; **eter·nity** [ɪ'tɜ:nətɪ] Ewigkeit *f a. fam fig.*

ether ['i:θə(r)] Äther *m;* **eth·ereal** [ɪ'θɪərɪəl] *adj fig* ätherisch.

ethi·cal ['eθɪkl] *adj* moralisch, ethisch; **eth·ics** ['eθɪks] *pl a. mit sing* Ethik, Moral *f.*

Ethio·pia [ˌi:θɪ'əʊpɪə] Äthiopien *n;* **Ethio·pian** [ˌi:θɪ'əʊpɪən] **I** *adj* äthiopisch; **II** *s* **1.** Äthiopier(in) *m (f);* **2.** (das) Äthiopisch(e).

ethnic ['eθnɪk] *adj* **1.** ethnisch; **2.** *(Atmosphäre)* urtümlich; 3. *(Restaurant)* folkloristisch; **eth·nol·ogy** [eθ'nɒlədʒɪ] Ethnologie *f.*

ethos ['i:θɒs] Ethos *n.*

ethyl ['eθɪl] *chem* Äthyl *n.*

eti·quette ['etɪket] Etikette *f;* ► **breach of professional ~** standeswidriges Verhalten.

ety·mo·logi·cal [ˌetɪmə'lɒdʒɪkl] *adj* etymologisch; **ety·mol·ogy** [ˌetɪ'mɒlədʒɪ] Etymologie *f.*

euca·lyptus [ˌju:kə'lɪptəs] Eukalyptus *m;* **eucalyptus oil** Eukalyptusöl *n.*

Eu·char·ist ['ju:kərɪst] (das) heilige Abendmahl.

eu·logize ['ju:lədʒaɪz] *tr* übermäßig loben; **eu·logy** ['ju:lədʒɪ] Lobrede *f,* hohes Lob.

eu·nuch ['ju:nək] Eunuch *m.*

eu·phem·ism ['ju:fəmɪzəm] Euphemismus *m;* **eu·phem·is·tic** [ˌju:fə'mɪstɪk] *adj* euphemistisch, beschönigend.

eu·phony ['ju:fənɪ] Wohlklang *m.*

eu·phoria [ju:'fɔ:rɪə] Euphorie *f;* **euphoric** [ju:'fɒrɪk] *adj* euphorisch.

Eur·asia [jʊə'reɪʒə] Eurasien *n;* **Eurasian** [jʊə'reɪʒn] **I** *adj* eurasisch; **II** *s* Eurasier(in) *m (f).*

Eur·at·om [jʊə'rætəm] *Abk:* **European Atomic Energy Community** Euratom *f.*

eu·rhyth·mics [ju:'rɪðmɪks] *pl mit sing* Eurhythmie *f.*

Euro·cheque ['jʊrətʃek] Euroscheck *m;* **Euro·crat** ['jʊərəʊkræt] Eurokrat(in) *m f;* **Euro·dol·lar** ['jʊərəʊdɒlə(r)] Eurodollar *m.*

Europe ['jʊərəp] Europa *n;* ► **the Council of ~** der Europarat; **Euro·pean** [ˌjʊərə'pɪən] **I** *adj* europäisch; ► **~ Communities** *pl* Europäische Gemeinschaften *f pl;* **~ Coal and Steel Community** Montanunion *f;* **~ Council** Europäischer Rat, **~ (Economic)**

Community Europäische (Wirtschafts)Gemeinschaft, E(W)G *f;* ~ **elections** *pl* Europawahlen *f pl;* ~ **Intercity Train** EuroCity(-Zug), EC *m;* ~ **Monetary Agreement** Europäisches Währungsabkommen; ~ **Monetary System, EMS** Europäisches Währungssystem, EWS *f;* ~ **Parliament** Europaparlament *n;* **II** *s* Europäer(in) *m (f).*

eu·tha·nasia [ˌjuːθəˈneɪzɪə] Euthanasie *f.*

evacu·ate [ɪˈvækjʊeɪt] *tr* **1.** räumen; *(Bevölkerung)* evakuieren; **2.** *(Darm)* entleeren; **evacu·ation** [ɪˌvækjʊˈeɪʃn] **1.** Räumung *f a. mil;* Evakuierung *f;* **2.** (Darm)Entleerung *f;* **evacuee** [ɪˌvækjuːˈiː] Evakuierte(r) *f m.*

evade [ɪˈveɪd] *tr* **1.** aus dem Wege gehen, ausweichen (*s.th.* e-r S); **2.** sich entziehen (*s.th.* e-r S); **3.** umgehen, vermeiden (*doing s.th.* etw zu tun); **4.** *(Steuern)* hinterziehen.

evalu·ate [ɪˈvæljʊeɪt] *tr* **1.** (ab)schätzen, bewerten, taxieren; **2.** auswerten; **3.** beurteilen; **evalu·ation** [ɪˌvæljʊˈeɪʃn] **1.** Abschätzung, Taxierung *f;* **2.** Wertberechnung, -bestimmung, Bewertung *f.*

evan·geli·cal [ˌiːvænˈdʒelɪkl] *adj* evangelisch; **evan·gel·ist** [ɪˈvændʒəlɪst] **1.** Evangelist(in) *m (f);* **2.** (Wander)Prediger(in) *m (f);* **evan·gelize** [ɪˈvændʒəlaɪz] **I** *tr* bekehren; **II** *itr* das Evangelium predigen.

evap·or·ate [ɪˈvæpəreɪt] **I** *tr* **1.** verdampfen lassen; **2.** *(Milch)* kondensieren; ▶ **~d milk** Dosen-, Kondensmilch *f;* **II** *itr* **1.** verdampfen, verdunsten; sich verflüchtigen; **2.** *fig* (dahin)schwinden, vergehen.

evas·ion [ɪˈveɪʒn] **1.** Ausweichen *n;* Umgehen, Vermeiden *n* (*of* gen); **2.** Ausflucht, Ausrede *f;* **3.** *(Steuer)* Hinterziehung *f;* **evas·ive** [ɪˈveɪsɪv] *adj* **1.** ausweichend; **2.** *(Bedeutung)* schwer zu fassen(d); ▶ **he is so ~** er weicht dauernd aus.

eve [iːv] Vorabend *m;* ▶ **on the ~ of** am Vorabend *gen;* (unmittelbar) vor; am Tage vor.

even [ˈiːvn] **I** *adj* **1.** eben, flach, glatt; **2.** gleichmäßig; gleichförmig; regelmäßig; **3.** *(Mensch)* ausgeglichen, ruhig; **4.** gleich (groß); **5.** *(Zahl)* gerade; **6.** *(Maßangabe)* genau; ▶ **be ~ with s.o.** mit jdm quitt sein; **break ~** sein Geld wieder herausbekommen; **get ~** abrechnen (*with s.o.* mit jdm); **make s.th. ~** etw ebnen; etw glätten; **~ score** unentschieden; **I'm ~ with you** wir beide sind quitt; **odd or ~** gerade oder ungerade; **II** *tr* **1.** einebnen, gleichmachen; **2.** gleichstellen; **III** *itr* **1.** eben, auf gleicher Ebene sein; **2.** gleich sein; **IV** *(mit Präposition)* **even out** *itr* **1.** eben werden; **2.** *(Preise)* sich einpendeln; *tr* **1.** ausgleichen; **2.** glätten; eben machen; **3.** gleichmäßig verteilen; **even up** *tr* ausgleichen; aufrunden; *(Schulden)* bezahlen; **V** *adv* **1.** sogar, selbst; **2.** gerade, genau; **3.** noch, sogar *(mit Komparativ);* **4.** nämlich; gleich; ▶ **never ~ ...** nie auch nur ... **not ~** nicht einmal; selbst ... nicht; **~ if, though** selbst wenn; wenn ... auch; **~ now** sogar jetzt; gerade jetzt; **~ so** trotzdem.

even·ing [ˈiːvnɪŋ] **1.** Abend *m;* **2.** Abend(veranstaltung, -gesellschaft *f*) *m;* ▶ **in the ~** am Abend; **on Sunday ~** Sonntag abend; **one ~** eines Abends; **this, yesterday, tomorrow ~** heute, gestern, morgen abend; **evening class** Abendschule *f;* Abendkurs *m;* **evening dress** Abendkleid *n;* Abendanzug *m;* **evening paper** Abendzeitung *f;* **evening star** Abendstern *m.*

even·ly [ˈiːvənlɪ] *adv* **1.** gleichmäßig; **2.** ruhig, gelassen; **even·ness** [ˈiːvnnɪs] **1.** Ausgeglichenheit *f,* Gleichmut *m;* **2.** Ebenheit *f;* **3.** Gleichmäßigkeit *f;* Regelmäßigkeit *f;* **evens** *pl* ▶ **it's ~ that** es steht 50:50, daß.

event [ɪˈvent] **1.** Ereignis, Geschehnis *n,* Begebenheit *f;* **2.** *sport* Veranstaltung *f;* Wettkampf *m;* Disziplin *f;* ▶ **at all ~s, in any ~** auf alle Fälle, jedenfalls, sowieso; **in the ~ of** im Falle *gen;* bei; **in either ~** in dem einen oder anderen Falle; **athletic ~s** *pl* Leichtathletikkämpfe *m pl.*

even-tem·pered [ˈiːvənˈtempəd] *adj* ausgeglichen.

event·ful [ɪˈventfl] *adj* ereignisreich.

event·ual [ɪˈventʃʊəl] *adj* schließlich; **event·ual·ity** [ɪˌventʃʊˈælətɪ] Möglichkeit, Eventualität *f,* Fall *m;* **event·ual·ly** [ɪˈventʃʊəlɪ] *adv* schließlich.

ever [ˈevə(r)] *adv* **1.** je(mals); **2.** immer; **3.** *fam* zum Kuckuck; unheimlich; ▶ **as ~** wie immer; **for ~ (and ~)** für alle Zeiten; für immer; **hardly, scarcely ~** kaum je, fast nie; **not ... ~** noch nie; **~ after, since** seitdem (immer); **~ and again** immer wieder; **~ so kind** unheimlich nett; **what~, wherever, who~ ...** ? was, wo, wer ... bloß?

ever·glade [ˈevəgleɪd] *Am* Sumpf *m;* **ever·green** [ˈevəgriːn] **1.** *bot* immergrüne Pflanze; **2.** *mus* Evergreen *m;* **ever·last·ing** [ˌevəˈlɑːstɪŋ] *adj* **1.** beständig, dauernd; **2.** unverwüstlich; **ever·more** [ˌevəˈmɔː(r)] *adv* immer; ▶ **for ~** für immer.

every [ˈevrɪ] *adj* **1.** jede(r, s) (mögliche); **2.** alle; ▶ **each and ~ one** jede(r, s) einzelne; **~ bit** genauso; **~ now and then, now and again** ab und zu, von Zeit zu Zeit; **~ one of them** sie alle ohne Ausnahme; **~ other day** jeden zweiten Tag; **~ other week** alle vierzehn Tage; **he has ~ reason** er hat allen

Grund; ~ **time** jedesmal; **in** ~ **way** in jeder Hinsicht; **every·body, every·one** ['evrɪbɒdɪ, 'evrɪwʌn] *prn* jeder, alle; jedermann; **everybody else** alle anderen, alle übrigen; **every·day** ['evrɪdeɪ] *attr adj* alltäglich, gewöhnlich; **every·one** ['evrɪwʌn] *s. everybody;* **every·thing** ['evrɪθɪŋ] *prn* alles; ▶ **she is** ~ **to him** sie ist sein ein und alles; ~ **new** alles Neue; **money is** ~ das Geld ist das Wichtigste; **every·where** ['evrɪweə(r)] *adv* überall; wo(hin) auch immer; ▶ ~ **I tried** wo ich es auch versucht habe.

evi·dence ['evɪdəns] **1.** Beweis *m;* **2.** Anhaltspunkt, Nachweis *m;* **3.** *jur* Beweismaterial *n;* Beweisstück *n;* Zeugenaussage *f;* ▶ **for lack of** ~ aus Mangel an Beweisen; **in** ~ deutlich sichtbar, offenkundig; *fig* im Vordergrund; *jur* als Beweis; **be in** ~ auffallen; **call s.o. in** ~ jdn als Zeugen aufrufen; **furnish** ~ den Beweis erbringen (*of* für); **give** ~ e-e Aussage machen (*for* für; *against* gegen); **give, bear** ~ **of** Zeugnis ablegen für; deutliche Anzeichen zeigen von; **offer, tender** ~ den Beweis antreten; **produce** ~ Beweise erbringen; **King's, Queen's,** *Am* **State's** ~ Belastungsmaterial *n;* ~ **to the contrary** Gegenbeweis *m.*

evi·dent ['evɪdənt] *adj* offenkundig, augenscheinlich.

evil ['i:vl] **I** *adj* **1.** schlecht, böse; **2.** übel, schlimm; **II** *adv* schlecht, übel; **III** *s* **1.** (das) Böse; Übel *n;* **2.** Schlechtigkeit *f;* **3.** Unheil *n;* ▶ **wish s.o.** ~ jdm Böses wünschen; **deliver us from** ~ erlöse uns von dem Bösen; **the lesser** ~ das kleinere Übel; **evil-doer** [ˌi:vl'du:ə(r)] Übeltäter(in) *m (f);* **evil-minded** [ˌi:vl'maɪndɪd] *adj* **1.** boshaft; **2.** *(Bemerkung)* hämisch; **evil-tem·pered** [ˌi:vl'tempəd] *adj* schlechtgelaunt.

evince [ɪ'vɪns] *tr* an den Tag legen; zur Schau tragen.

evoca·tive [ɪ'vɒkətɪv] *adj* ▶ **be** ~ **of s.th.** an etw erinnern; **evoke** [ɪ'vəʊk] *tr* hervorrufen, wachrufen, erinnern an.

evol·ution [ˌi:və'lu:ʃn] **1.** Entwicklung *f;* **2.** Entfaltung, Evolution *f.*

evolve [ɪ'vɒlv] **I** *tr* **1.** entwickeln, entfalten (*into* zu); **2.** *(Plan)* ausarbeiten; **II** *itr* **1.** sich entwickeln; **2.** entstehen (*from* aus).

ewe [ju:] (Mutter)Schaf *n.*

ewer ['ju:ə(r)] Wasserkrug *m,* -kanne *f.*

ex [eks] **I** *prep fin com* **1.** ohne, ausschließlich; frei von; **2.** ab; ▶ **price** ~ **works** Preis ab Werk; **II** *pref* ehemalige(r, s), frühere(r, s); **III** *s fam* Verflossene(r) *f m.*

ex·acer·bate [ɪg'zæsəbeɪt] *tr* **1.** verschärfen, verschlimmern; **2.** verbittern, verärgern.

exact [ɪg'zækt] **I** *adj* **1.** genau, exakt; **2.** pünktlich; **3.** gewissenhaft; **II** *tr* **1.** *(Forderung)* eintreiben; **2.** *(Geld)* erpressen (*from, of* von); **3.** fordern, verlangen; **exact·ing** [—ɪŋ] *adj* anspruchsvoll; ▶ **be** ~ es sehr genau nehmen; viel verlangen; **exacti·tude** [ɪg'zæktɪtju:d] Genauigkeit *f;* **exact·ly** [ɪg'zæktlɪ] *adv* **1.** so ist es, allerdings; **2.** genau, ganz; ▶ **not** ~ **friendly** nicht gerade freundlich; **not** ~ **sure** nicht ganz sicher; **exact·ness** [ɪg'zæktnɪs] **1.** Genauigkeit *f;* **2.** Pünktlichkeit *f.*

exag·ger·ate [ɪg'zædʒəreɪt] *tr, itr* übertreiben; **exag·ger·ated** [ɪg'zædʒəreɪtɪd] *adj* übertrieben; **exag·ger·ation** [ɪgˌzædʒə'reɪʃn] Übertreibung *f.*

ex·alt [ɪg'zɔ:lt] *tr* **1.** *fig* erhöhen; *(in e-n Stand)* erheben (*to* in); **2.** preisen; **exal·ta·tion** [ˌegzɔ:l'teɪʃn] Begeisterung *f;* **ex·alted** [ɪg'zɔ:ltɪd] *adj* **1.** hoch; **2.** überschwenglich, exaltiert.

exam [ɪg'zæm] Prüfung *f;* **exam·in·ation** [ɪgˌzæmɪ'neɪʃn] **1.** Prüfung *f,* Examen *n* (*in* in); **2.** Untersuchung, Überprüfung *f;* Kontrolle *f;* **3.** *jur* Vernehmung *f;* ▶ **(up)on** ~ bei näherer, eingehender Prüfung; **be under** ~ geprüft, vernommen, untersucht werden; **fail (in) an** ~ bei e-r Prüfung durchfallen; **pass an** ~ e-e Prüfung bestehen; **undergo an** ~ *med* sich e-r Untersuchung unterziehen; ~ **of accounts** Rechnungsprüfung *f;* ~ **of the books** Bücherrevision *f;* ~ **paper** (schriftliche) Prüfungsarbeit *f;* ~ **question** Prüfungsfrage *f;* ~ **of witnesses** Zeugenverhör *n;* **exam·ine** [ɪg'zæmɪn] *tr* **1.** prüfen; **2.** untersuchen; **3.** besichtigen; **4.** verhören, vernehmen; **exam·inee** [ɪgˌzæmɪ'ni:] Prüfling *m;* (Examens)Kandidat(in) *m (f);* **exam·iner** [ɪg'zæmɪnə(r)] **1.** Prüfer(in) *m (f);* **2.** Revisor(in) *m (f);* **3.** *jur* vernehmende(r) Richter(in) *m f;* **exam·in·ing** [ɪg'zæmɪnɪŋ] *adj* ▶ ~ **body** Prüfungsausschuß *m,* -kommission *f;* ~ **magistrate** Untersuchungsrichter *m.*

example [ɪg'zɑ:mpl] **1.** Beispiel *n;* **2.** Muster *n* (*of* für); **3.** Vorbild *n;* **4.** warnendes Beispiel; ▶ **beyond, without** ~ beispiellos; **for** ~ zum Beispiel; **be an** ~ **to s.o.** für jdn ein Beispiel sein; **give, set an** ~**, a good** ~ ein Beispiel geben, mit gutem Beispiel vorangehen; **make an** ~ **of** ein Exempel statuieren an.

exas·per·ate [ɪg'zɑ:spəreɪt] *tr* verzweifeln lassen, zur Verzweiflung bringen; **exas·per·ating** [ɪg'zɑ:spəreɪtɪŋ] *adj* ärgerlich; ▶ **he can be** ~ er kann einen zur Verzweiflung bringen; **exas·per·ation** [ɪgˌzɑ:spə'reɪʃn] **1.** Erbitterung *f;* **2.** Ärger *m;* ▶ **in** ~ verzweifelt.

ex·ca·vate ['ekskəveɪt] *tr* ausbaggern, -graben; **ex·ca·va·tion** [ˌekskə'veɪʃn] **1.** Ausschachtung, Ausbaggerung *f;* **2.** Höhlung, Höhle *f;* **3.** Ausgrabung *f;* **ex-**

ca·vator ['ekskəveɪtə(r)] Trockenbagger *m.*
ex·ceed [ɪk'si:d] *tr* **1.** überschreiten; übersteigen; **2.** übertreffen *(s.o.'s expectations* jds Erwartungen); **ex·ceed·ing·ly** [—ɪŋlɪ] *adv* äußerst, (ganz) besonders, außerordentlich.
ex·cel [ɪk'sel] **I** *tr* übertreffen, überragen (*in* in); ► ~ **o.s.** sich selbst übertreffen; **II** *itr* sich auszeichnen, sich hervortun (*at* bei; *in* in; *as* als); **ex·cel·lence** ['eksələns] **1.** Vorzüglichkeit *f;* **2.** Fähigkeit *f;* hervorragende Leistung (*at, in* in); **Ex·cel·lency** ['eksələnsɪ] *(Titel)* Exzellenz *f;* **ex·cel·lent** ['eksələnt] *adj* ausgezeichnet, hervorragend.
ex·cept [ɪk'sept] **I** *tr* **1.** ausnehmen, ausschließen (*from* aus); **2.** e-e Ausnahme machen mit; **II** *prep* außer, ausgenommen; ► ~ **for** bis auf; mit Ausnahme *gen;* **III** *conj fam* (je)doch; **ex·cept·ing** [—ɪŋ] *prep* außer, ausgenommen; **ex·cep·tion** [ɪk'sepʃn] **1.** Ausnahme *f* (*to* von); **2.** Einwand *m;* Einwendung *f;* Beanstandung *f;* **3.** *jur* Einrede *f;* **4.** Anstoß *m;* ► **as an ~, by way of an ~** als Ausnahme; ausnahmsweise; **with the ~ of, that** mit Ausnahme *gen;* mit der Ausnahme, daß; **with certain ~s** mit bestimmten Ausnahmen; **without ~** ausnahmslos; **be an ~ to s.th.** e-e Ausnahme von etw bilden; **make an ~ to s.th.** von etw e-e Ausnahme machen; **take ~** Anstoß nehmen (*to* an); beanstanden (*to s.th.* etw); Einwendungen erheben (*to* gegen); **the ~ proves the rule** *prov* Ausnahmen bestätigen die Regel; **ex·cep·tion·able** [ɪk'sepʃənəbl] *adj* anfechtbar; **ex·cep·tional** [ɪk'sepʃənl] *adj* außergewöhnlich; ► ~ **case** Ausnahmefall *m;* **ex·cep·tion·ally** [ɪk'sepʃnəlɪ] *adv* außergewöhnlich, ungewöhnlich.
ex·cerpt ['eksɜ:pt] Auszug *m,* Exzerpt *n.*
ex·cess [ɪk'ses] **I** *s* **1.** Übermaß *n* (*of* an); **2.** Überschuß *m;* **3.** *pl* Exzesse *m pl;* Ausschweifungen *f pl; pol* Ausschreitungen *f pl;* ► **in ~ of** mehr als, über ... hinaus; **be in ~ of** hinausgehen über, überschreiten; **carry to ~** übertreiben; über das Ziel hinausschießen (*s.th.* mit etw); ~ **of exports** Exportüberschuß *m;* ~ **of population** Bevölkerungsüberschuß *m;* ~ **of purchasing power** Kaufkraftüberhang *m;* **II** *adj* überschüssig; **excess amount** Mehrbetrag, Überschuß *m;* **excess baggage** Übergewicht *n (Gepäck);* **excess charge** zusätzliche Gebühr; *(Post)* Nachporto *n;* **excess expenditure** Mehrausgaben *f pl;* **ex·cess·ive** [ɪk'sesɪv] *adj* übermäßig, übertrieben; **excess production** Produktionsüberschuß *m;* **excess supply** Überangebot *n.*
ex·change [ɪk'stʃeɪndʒ] **I** *tr* **1.** (aus-, ein-, um)tauschen (*with* mit); **2.** (aus-, ein-, um)wechseln (*for* gegen); ► ~ **blows** sich schlagen; ~ **words** einen Wortwechsel haben; **II** *s* **1.** (Aus-, Um)Tausch *m;* Tauschgeschäft *n;* **2.** (Geld)Wechseln *n;* Wechselstube *f;* **3.** *(foreign ~)* Valuta *f,* Devisen *pl,* ausländische Zahlungsmittel *n pl;* **4.** Börse *f;* **5.** *tele* Vermittlung *f;* Zentrale *f;* Fernamt *n;* **6.** Wortwechsel *m;* ► **in ~ for** im Tausch gegen, für; als Entschädigung für; **give in ~** in Tausch geben, einwechseln; **obtain, receive in ~ for s.th.** im Tausch gegen etw erhalten; **bill of ~** Wechsel *m;* Tratte *f;* **corn, cotton ~** Getreide-, Baumwollmarkt *m,* -börse *f;* **labo(u)r ~** Arbeitsamt *n;* **rate of ~, ~ rate** Wechselkurs *m;* **stock ~** Börse *f;* ~ **of goods** Güter-, Warenaustausch *m;* ~ **of letters** Briefwechsel *m;* ~ **of views** Meinungsaustausch *m;* **III** *attr adj* **1.** Austausch-; **2.** Börsen-; Wechsel-; Devisen-; **ex·change·able** [ɪk'stʃeɪndʒəbl] *adj* austauschbar; umtauschbar; **exchange broker, dealer** Devisenmakler(in) *m (f);* **exchange control** Devisenkontrolle *f;* **exchange market** Devisenmarkt *m;* **exchange rate** Wechselkurs *f;* **exchange regulations** *pl* Devisenbestimmungen *f pl;* Börsenordnung *f;* **exchange restrictions** *pl* Devisenbeschränkungen *f pl;* **exchange student, teacher** Austauschstudent(in), -lehrer(in) *m (f);* **exchange value** Tausch-, Gegenwert *m.*
ex·chequer [ɪks'tʃekə(r)] **1.** Staatskasse *f,* Fiskus *m;* **2.** *fam* Geldmittel *n pl;* ► **the E~** *(Großbritannien)* das Schatzamt, das Finanzministerium; **the Chancellor of the E~** der Schatzkanzler, der Finanzminister.
ex·cise[1] ['eksaɪz] **1.** *(~ tax)* Verbrauchssteuer *f;* **2.** *Br* Abteilung *f* für indirekte Steuern; ► **~-man, officer** Steuereinnehmer *m.*
ex·cise[2] [ek'saɪz] *tr* (her)ausschneiden.
ex·cit·able [ɪk'saɪtəbl] *adj* erregbar; reizbar; **ex·cite** [ɪk'saɪt] *tr* **1.** hervorrufen, erregen; **2.** aufregen, nervös machen; **3.** begeistern; **4.** *physiol* reizen, erregen; **ex·cit·ed** [ɪk'saɪtɪd] *adj* aufgeregt; erregt; ► **get ~** sich aufregen (*over* über); **be ~ about prospects, ideas** Aussichten aufregend finden, von Ideen begeistert sein; **ex·cite·ment** [ɪk'saɪtmənt] Aufregung *f;* Erregung *f;* Reizung *f;* **ex·cit·ing** [ɪk'saɪtɪŋ] *adj* aufregend; spannend; erregend.
ex·claim [ɪk'skleɪm] *tr, itr* **1.** (aus)rufen; **2.** (auf)schreien (*in pain* vor Schmerz); **ex·cla·mation** [ˌekskləˈmeɪʃn] Ausruf *m;* ► ~ **mark,** *Am* **point** Ausrufungszeichen *n.*
ex·clude [ɪk'sklu:d] *tr* ausschließen; ausgrenzen (*from* aus); ► ~ **all possibility of doubt** jeden Zweifel ausschließen; **be**

~**d** nicht zugelassen, ausgeschlossen sein (*from* von); **ex·clud·ing** [ɪk'sklu:dɪŋ] *adj* nicht inbegriffen; ausgenommen; **ex·clu·sion** [ɪk'sklu:ʒn] Ausschluß *m;* Ausgrenzung *f;* ▶ **to the ~ of** unter Ausschluß *gen;* ~**s** *pl* **from gross income** steuerfreie Einkünfte *f pl;* **ex·clus·ive** [ɪk'sklu:sɪv] *adj* **1.** ausschließend, ausschließlich; **2.** exklusiv; **3.** vornehm, elegant; **4.** *fam (Laden)* teuer; ▶ ~ **of** ausschließlich *gen;* **be mutually ~** sich gegenseitig ausschließen; ~ **agent** Alleinvertreter(in) *m (f);* ~ **report** Exklusivbericht *m;* ~ **right** Exklusivrecht *n* (*to* auf).

ex·com·muni·cate [ˌekskə'mju:nɪkeɪt] *tr* exkommunizieren; **ex·com·muni·ca·tion** [ˌekskəˌmju:nɪ'keɪʃn] Exkommunikation *f.*

excre·ment ['ekskrəmənt] Kot *m,* Ausscheidung *f; pl* Fäkalien *pl.*

ex·cres·cence [ɪk'skresns] Auswuchs *m a. fig;* Wucherung *f.*

ex·creta [ɪk'skri:tə] *pl* Exkremente *n pl;* **ex·crete** [ɪk'skri:t] *tr physiol* ausscheiden, absondern; **ex·cre·tion** [ɪk'skri:ʃn] Ausscheidung, Absonderung *f;* Exkret *n.*

ex·cru·ciat·ing [ɪk'skru:ʃɪeɪtɪŋ] *adj* qualvoll, schmerzhaft.

ex·cur·sion [ɪk'skɜ:ʃn] **1.** Ausflug *m;* **2.** Rundfahrt, -reise *f;* **3.** (~ *trip)* Gesellschaftsfahrt *f;* ▶ **go on, make an ~** e-n Ausflug machen; **excursion ticket** verbilligte Karte; verbilligtes Ticket; **excursion train** Sonderzug *m.*

ex·cus·able [ɪk'skju:zəbl] *adj* verzeihlich; **ex·cuse** [ɪk'skju:z] **I** *tr* **1.** entschuldigen (*for* wegen; *for being late* für das Zuspätkommen); **2.** verzeihen (*s.o.* jdm); **3.** Nachsicht üben gegen, in Schutz nehmen; **4.** rechtfertigen, verteidigen; **5.** erlassen (*s.o. from s.th.* jdm etw); befreien (*from* von); ▶ ~ **me!** entschuldigen Sie! **you may be ~d now** Sie können jetzt gehen; **II** *refl* sich entschuldigen; **III** *s* [ɪk'skju:s] Entschuldigung *f;* Rechtfertigung *f;* Ausrede *f;* ▶ **in ~ of** als, zur Entschuldigung *gen;* **without ~** unentschuldigt; **make, offer an ~** sich entschuldigen (*to* bei); **make ~s for s.o.** jdn entschuldigen; **make s.th. one's ~** etw zur Entschuldigung vorbringen.

ex-di·rec·tory [ˌeksdɪ'rektərɪ] *adj* nicht im Telefonbuch eingetragen.

ex·ecrable ['eksɪkrəbl] *adj* abscheulich, gräßlich; **ex·ecrate** ['eksɪkreɪt] *tr* **1.** verfluchen, verwünschen; **2.** verabscheuen.

ex·ecute ['eksɪkju:t] *tr* **1.** *(Arbeit)* ausführen; *(Auftrag)* durchführen, erledigen; *(Verkauf)* tätigen; **2.** *(Gesetz)* anwenden; *(Amt)* ausüben; **3.** *(Urteil)* vollstrecken; *(Verbrecher)* hinrichten; **4.** *(Dokumente)* unterzeichnen; *(Vertrag)* ausfertigen; *(Testament)* vollstrecken; **5.** *mus* vortragen; *theat* darstellen, aufführen; **ex·ecu·tion** [ˌeksɪ'kju:ʃn] **1.** Aus-, Durchführung, Erledigung *f;* **2.** *jur* Vollstreckung *f;* Pfändung *f;* **3.** Hinrichtung *f;* **4.** Unterzeichnung, Ausfertigung *f;* **5.** *(Kunst)* Ausführung, Technik *f,* Vortrag *m,* Darstellung *f,* Spiel *n;* ▶ **carry into ~, put in(to) ~** vollenden, aus-, durchführen, bewerkstelligen; ~ **of contract** Vertragserfüllung *f;* **ex·ecu·tioner** [ˌeksɪ'kju:ʃnə(r)] Scharfrichter *m.*

execu·tive [ɪg'zekjʊtɪv] **I** *adj* **1.** *pol* ausführend, exekutiv; **2.** *com* geschäftsführend; *(Stellung)* leitend; ▶ ~ **ability** Führungsqualität *f;* ~ **(brief)case** Aktentasche *f,* -koffer *m;* ~ **committee** Vorstand *m;* ~ **suite** Vorstandsetage *f;* ~ **functions** *pl* Führungsaufgaben *f pl;* ~ **staff** leitende Angestellte *m pl;* **II** *s* **1.** *pol* vollziehende Gewalt; (~ *branch)* Exekutive *f;* **2.** leitende(r) Angestellte(r) *f m;* Geschäftsführer(in) *m (f);* ▶ **top ~** Spitzenkraft *f.*

execu·tor [ɪg'zekjʊtə(r)] Testamentsvollstrecker(in) *m (f).*

exemp·lary [ɪg'zemplərɪ] *adj* **1.** musterhaft, -gültig; **2.** abschreckend, exemplarisch.

exemp·lifi·ca·tion [ɪgˌzemplɪfɪ'keɪʃn] (Erläuterung *f* durch ein) Beispiel *n;* **exemp·lify** [ɪg'zemplɪfaɪ] *tr* **1.** durch ein Beispiel erläutern; **2.** *Am* e-e beglaubigte Abschrift anfertigen von.

exempt [ɪg'zempt] **I** *tr* befreien, freistellen (*from* von); **II** *adj* befreit, ausgenommen (*from* von); ▶ ~ **from charges** spesen-, kostenfrei; ~ **from duty** gebühren-, abgaben-, zollfrei; ~ **from postage** portofrei; ~ **from taxation** steuerfrei; von den Steuern befreit; **exemp·tion** [ɪg'zempʃn] **1.** Befreiung, Freistellung *f* (*from* von); **2.** *com* Steuerfreibetrag *m;* ▶ ~ **from duty** Gebühren-, Abgabenfreiheit *f;* ~ **from liability** Haftungsausschluß *m;* ~ **from taxation** Steuerfreiheit *f.*

ex·er·cise ['eksəsaɪz] **I** *s* **1.** Übung *f; mus* Etude *f; (Schule)* (Schul)Aufgabe *f;* **2.** Bewegung *f; pl* (Leibes)Übungen *f pl;* **3.** *mil* Übung *f;* **4.** Anwendung *f,* Gebrauch *m;* Ausübung *f;* **5.** *pl Am* Feierlichkeiten *f pl;* **II** *tr* **1.** üben; *mil* exerzieren; *(Hund)* spazierenführen; **2.** praktizieren; ausüben; gebrauchen; **3.** *(Geduld)* aufbringen; **4.** *(Pflichten)* erfüllen; **5.** ausbilden, einexerzieren; **III** *itr* sich üben (*in* in); sich Bewegung verschaffen; **exercise book** Heft *n;* **ex·er·ciser** ['eksəsaɪzə(r)] Trainingsgerät *n,* Heimtrainer *m.*

exert [ɪg'zɜ:t] **I** *tr* **1.** anwenden; **2.** *(Druck)* ausüben; **3.** *(Einfluß)* aufbieten; zur Geltung bringen; **II** *refl* sich anstrengen; **exer·tion** [ɪg'zɜ:ʃn] **1.** Anstrengung *f;* **2.** Anwendung *f;* Ausübung *f;* Aufbietung *f.*

ex·ha·la·tion [ˌekshəˈleɪʃn] **1.** Ausatmung *f,* -atmen *n;* **2.** Ausdünstung *f;* Dunst *m;* **ex·hale** [eksˈheɪl] *itr, tr* ausatmen.

ex·haust [ɪgˈzɔːst] **I** *tr* **1.** erschöpfen; **2.** aufbrauchen; **3.** *(Thema)* erschöpfen(d behandeln); **II** *s tech mot* **1.** Auspuff(rohr *n*) *m;* **2.** Abgas *n;* **3.** Abdampf *m;* **ex·hausted** [—ɪd] *adj* **1.** aufgebraucht; **2.** erschöpft; ▶ **be ~** erschöpft sein; **exhaust fumes** *pl* Abgase *n pl;* **ex·haust·ing** [—ɪŋ] *adj* mühsam, anstrengend, ermüdend; **ex·haus·tion** [ɪgˈzɔːstʃn] **1.** Verbrauchen *n;* **2.** Erschöpfung, Ermattung *f;* **ex·haus·tive** [ɪgˈzɔːstɪv] *adj* erschöpfend; vollständig; **exhaust pipe** Auspuffrohr *n;* **exhaust system** Auspuff *m.*

ex·hibit [ɪgˈzɪbɪt] **I** *tr* **1.** zeigen, sehen lassen, zur Schau stellen; **2.** ausstellen; *(Ware)* auslegen; **3.** *(Papiere)* vorzeigen, -legen; einreichen; **4.** *jur (Klage)* ein-, vorbringen; **II** *itr* ausstellen; **III** *s* **1.** Ausstellungsstück *n,* -gegenstand *m;* **2.** *jur* Beweisstück *n;* **ex·hi·bi·tion** [ˌeksɪˈbɪʃn] **1.** Ausstellung *f; com (Waren)* Auslage *f;* **2.** Vorlage, Einreichung *f;* **3.** Vorführung *f;* **4.** *Br* Stipendium *n;* ▶ **make an ~ of o.s.** sich lächerlich machen; **put on an ~** e-e Ausstellung veranstalten; **art ~** Kunstausstellung *f;* **universal ~** Weltausstellung *f;* **~ hall** Ausstellungshalle *f;* **~ of paintings** Gemäldeausstellung *f;* **~ room** Ausstellungsraum *m.*

ex·hi·bi·tion·ism [ˌeksɪˈbɪʃnɪzəm] **1.** Angeberei *f;* **2.** *med* Exhibitionismus *m;* **ex·hi·bi·tion·ist** [ˌeksɪˈbɪʃnɪst] **1.** Angeber(in) *m (f);* **2.** *med* Exhibitionist(in) *m (f).*

ex·hibi·tor [ɪgˈzɪbɪtə(r)] Aussteller(in) *m (f).*

ex·hil·ar·at·ing [ɪgˈzɪləreɪtɪŋ] *adj* erhebend; **ex·hil·aration** [ɪgˈzɪləreɪʃn] erhebendes Gefühl.

ex·hort [ɪgˈzɔːt] *tr* ermahnen, mahnen; **ex·hor·ta·tion** [ˌeksɔːˈteɪʃn] (Er)Mahnung *f.*

ex·hu·ma·tion [ˌekshjuːˈmeɪʃn] Exhumierung *f;* **ex·hume** [eksˈhjuːm] *tr* exhumieren.

exi·gence, exi·gency [ˈeksɪdʒəns, ˈekzɪdʒənsɪ] **1.** Dringlichkeit *f;* **2.** Notwendigkeit, Notlage *f;* dringendes Bedürfnis, Erfordernis *n;* **exi·gent** [ˈeksɪdʒənt] *adj* dringend; streng.

exigu·ous [egˈzɪgjʊəs] *adj* **1.** klein, winzig; **2.** dürftig.

exile [ˈeksaɪl] **I** *s* **1.** Verbannung *f,* Exil *n;* **2.** Verbannte(r) *(m)f;* ▶ **live in ~** im Exil leben; **II** *tr* verbannen (*from* aus).

exist [ɪgˈzɪst] *itr* **1.** bestehen, existieren; **2.** leben (*on* von); auskommen (*on* mit); **3.** vorkommen, vorhanden sein; ▶ **does that ~?** gibt es das?; **exist·ence** [ɪgˈzɪstəns] **1.** Dasein *n,* Existenz *f;* **2.** Leben(sweise *f*) *n;* Vorhandensein *n;* ▶ **be in ~** bestehen; **bring, call into ~** ins Leben rufen; **come, spring into ~** (plötzlich) auftreten; **exist·ent** *adj* bestehend, vorhanden; **exis·ten·tial** [ˌegzɪˈstenʃl] *adj* existentiell; **exis·ten·tial·ism** [ˌegzɪˈstenʃəlɪzəm] Existentialismus *m;* **exist·ing** [ɪgˈzɪstɪŋ] *adj* bestehend, vorhanden; ▶ **under ~ circumstances** unter den gegebenen Umständen.

exit [ˈeksɪt] **I** *s* **1.** *theat* Abgang *m;* **2.** Ausreise *f;* **3.** Ausgang *m (aus e-m Gebäude);* **II** *itr* **1.** hinausgehen; **~** (er, sie geht) ab *(Bühnenanweisung);* **2.** *EDV* Programm beenden; **exit documents** *pl* Ausreisepapiere *n pl;* **exit permit** Ausreisegenehmigung *f;* **exit visa** Ausreisevisum *n.*

ex·odus [ˈeksədəs] Auszug *m;* Abwanderung *f* (*of, from* aus); *bibl, fig* Exodus *m;* ▶ **mass ~** Massenabwanderung *f;* **~ of capital** Kapitalflucht *f.*

ex of·fi·cio [ˌeks əˈfɪʃɪəʊ] *adj, adv* von Amts wegen, dienstlich.

exon·er·ate [ɪgˈzɒnəreɪt] *tr* **1.** *jur* entlasten; **2.** *(von e-r Verbindlichkeit)* befreien, entbinden (*from* von); **exon·er·ation** [ɪgˌzɒnəˈreɪʃn] **1.** Entlastung *f;* **2.** Befreiung *f* (*from* von).

exor·bi·tance [ɪgˈzɔːbɪtəns] Übermaß *n;* Maßlosigkeit *f;* **exor·bi·tant** [ɪgˈzɔːbɪtənt] *adj* übertrieben, maßlos; ▶ **~ price** Wucherpreis *m.*

ex·or·cism [ˈeksɔːsɪzəm] Exorzismus *m;* **ex·or·cist** [ˈeksɔːsɪst] Exorzist *m;* **ex·or·cize** [ˈeksɔːsaɪz] *tr* exorzieren; *(e-n bösen Geist)* austreiben (*from, out of* aus).

exotic [ɪgˈzɒtɪk] *adj* fremdartig, exotisch.

ex·pand [ɪkˈspænd] **I** *tr* **1.** ausbreiten; (aus)dehnen; **2.** vergrößern; **3.** erweitern (*into* zu); **II** *itr* **1.** sich ausdehnen (*with heat* durch Hitze); **2.** sich (aus)weiten; sich erweitern, sich verbreitern; zunehmen; **3.** gesprächig werden; **4.** sich näher auslassen (*on* über); **ex·pand·able** [ɪkˈspændəbl] *adj* erweiterbar; ausdehnbar; **ex·pander** [ɪkˈspændə(r)] Expander *m;* **ex·panse** [ɪkˈspæns] (große) Ausdehnung *f;* weiter Raum; **ex·pan·sion** [ɪkˈspænʃn] **1.** Ausdehnung *f;* Erweiterung *f a. math;* Ausweitung *f;* **2.** *pol* Expansion *f;* **ex·pan·sion·ism** [ɪkˈspænʃənɪzəm] Expansionspolitik *f;* **ex·pan·sive** [ɪkˈspænsɪv] *adj* **1.** dehnbar, expansiv; **2.** mitteilsam.

ex·patri·ate [eksˈpætrɪeɪt] **I** *tr* ausbürgern; **II** *adj* [eksˈpætrɪət] im Ausland lebend; **III** *s* [eksˈpætrɪət] im Ausland Lebende(r) *f m.*

ex·pect [ɪkˈspekt] *tr* **1.** erwarten; rechnen mit; **2.** zumuten (*from s.o.* jdm); **3.**

annehmen, meinen, vermuten; ► **be ~ing** in andern Umständen sein; **~ s.o. to do s.th.** von jdm erwarten, daß er etw tut; **I ~ed as much** das habe ich erwartet; **I can't be ~ed** man kann nicht von mir erwarten; **ex·pect·ancy** [—ənsɪ] Erwartung *f;* ► **life ~** Lebenserwartung *f;* **ex·pect·ant** [—ənt] *adj* (er)wartend; ► **~ mother** werdende Mutter; **ex·pec·ta·tion** [ˌekspekˈteɪʃn] **1.** *oft pl* Erwartung, Aussicht(en *pl*) *f;* **2.** Anwartschaft *f* (*of* auf); ► **against, contrary to ~(s)** wider Erwarten; **beyond ~(s)** über Erwarten; **in ~ of** in Erwartung *gen;* **answer, come up to, meet s.o.'s ~s** jds Erwartungen entsprechen; **fall short of s.o.'s ~s** jds Erwartungen nicht entsprechen; **~ of life** Lebenserwartung *f.*

ex·pec·tor·ate [ɪkˈspektəreɪt] *tr, itr* ausspeien.

ex·pedi·ence, ex·pedi·ency [ɪkˈspiːdɪəns, ɪkˈspiːdɪənsɪ] **1.** Zweckmäßigkeit *f;* **2.** eigenes Interesse; **ex·pedi·ent** [ɪkˈspiːdɪənt] **I** *adj* angebracht, zweckmäßig (*to* für); **II** *s* Ausweg *m;* (Not)Behelf *m.*

ex·pedite [ˈekspɪdaɪt] *tr* **1.** beschleunigen; **2.** absenden; **ex·pedit·ing** [—ɪŋ] Terminüberwachung *f.*

ex·pedi·tion [ˌekspɪˈdɪʃn] Expedition *f;* Forschungsreise *f;* Feldzug *m;* ► **go on an ~** auf (eine) Expedition gehen.

ex·pedi·tious [ˌekspɪˈdɪʃəs] *adj* eilig, prompt; flink.

ex·pel [ɪkˈspel] *tr* **1.** ausweisen; **2.** ausschließen (*from* aus); **3.** *(Gas, Flüssigkeit)* ausstoßen.

ex·pen·di·ture [ɪkˈspendɪtʃə(r)] **1.** Ausgabe(n *pl*) *f;* Aufwendung *f;* **2.** Aufwand *m* (*of* an); ► **administrative ~** Verwaltungskosten *pl;* **capital ~** Investitionsaufwendungen *f pl;* **cash ~** Geld-, Barausgabe *f;* **social ~** Soziallasten *f pl.*

ex·pense [ɪkˈspens] **1.** Kosten *pl;* Auslagen, Aufwendungen *f pl;* **2.** *pl* (Un)Kosten *pl,* Lasten *f pl;* **3.** *pl* Auslagen *f pl,* Spesen *pl;* ► **at s.o.'s ~** auf jds Kosten *a. fig;* **free of ~** kosten-, spesenfrei; **bear, meet, pay the ~(s)** die Kosten tragen; **go to great ~** sich in Unkosten stürzen; **spare no ~** keine Kosten scheuen; **travelling ~s** *pl* Reisekosten *pl;* **expense account** Spesenkonto *n;* **expense allowance** Aufwandsentschädigung *f;* **ex·pens·ive** [ɪkˈspensɪv] *adj* kostspielig, teuer.

ex·peri·ence [ɪkˈspɪərɪəns] **I** *s* **1.** Erfahrung *f* (*in, of* in); **2.** Praxis, Sachkenntnis *f;* **3.** Erlebnis *n;* **4.** *com* Kenntnisse, praktische Fertigkeiten *f pl;* ► **from ~** aus Erfahrung; **gain ~** Erfahrungen sammeln; **have (a) wide ~** über umfangreiche Erfahrungen verfügen; **learn by ~** aus der Erfahrung lernen; **business ~** Geschäftserfahrung *f;* **driving ~** Fahrpraxis *f;* **professional ~** Berufserfahrung *f;* **II** *tr* **1.** erfahren; erleben; **2.** mit-, durchmachen; **3.** *(Verluste)* erleiden; **4.** *(Schwierigkeiten)* stoßen (auf); **ex·peri·enced** [ɪkˈspɪərɪənst] *adj* erfahren, sachkundig; *com* versiert.

ex·peri·ment [ɪkˈsperɪmənt] **I** *s* Versuch *m,* Experiment *n;* **II** *itr* Versuche anstellen; experimentieren (*on* an; *with* mit); ► **animal ~** Tierversuch *m;* **conduct an ~** einen Versuch durchführen; **ex·peri·men·tal** [ɪkˌsperɪˈmentl] *adj* experimentell; ► **for ~ purposes** zu Versuchszwecken; **~ farm** Versuchsfarm *f;* **~ stage** Versuchsstadium *n;* **ex·peri·men·ta·tion** [ɪkˌsperɪmenˈteɪʃn] Experimentieren *n.*

ex·pert [ˈekspɜːt] **I** *adj* **1.** sachkundig, -verständig; **2.** geübt, geschickt (*in, at* in; *with* an); ► **be ~ at driving** ein ausgezeichneter Fahrer sein; **II** *s* **1.** Sachverständige(r) *f m;* Experte *m,* Expertin *f,* Fachmann *m,* Fachfrau *f* (*in a field* auf e-m Gebiet); **2.** Gutachter(in) *m (f);* **expert advice** fachmännischer Rat; **ex·pert·ise** [ˌekspɜːˈtiːz] Expertise *f;* **expert knowledge** Sachkenntnis *f,* Fachwissen *n;* **expert opinion** Sachverständigengutachten *n;* **experts** *pl* Fachwelt *sing f;* **expert system** *EDV* Expertensystem *n;* **expert witness** *jur* sachverständiger Zeuge.

ex·pi·ate [ˈekspɪeɪt] *tr* sühnen, büßen (für); **ex·pi·ation** [ˌekspɪˈeɪʃn] Sühne *f.*

ex·pir·ation [ˌekspɪˈreɪʃn] **1.** Ende *n,* Ablauf *m;* **2.** *fin* Verfall *m;* ► **at the ~ of** nach Ablauf *gen;* **upon ~** bei Verfall; **ex·pire** [ɪkˈspaɪə(r)] *itr* enden; ablaufen; ungültig werden; **ex·piry** [ɪkˈspaɪərɪ] Ablauf *m;* **expiry date** Ablauftermin *m;* Verfallsdatum *n.*

ex·plain [ɪkˈspleɪn] **I** *tr* **1.** erklären, erläutern; **2.** begründen, rechtfertigen; ► **~ away** rechtfertigen; **II** *refl* seine Gründe angeben, sich rechtfertigen; **ex·pla·na·tion** [ˌekspləˈneɪʃn] **1.** Erklärung, Erläuterung *f;* **2.** Begründung *f* (*of* für); ► **in ~ of** zur Erklärung *gen;* **ex·plana·tory** [ɪkˈsplænətrɪ] *adj* erklärend, erläuternd.

ex·ple·tive [ɪkˈspliːtɪv] Füllwort *n;* Ausruf *m;* Kraftausdruck *m.*

ex·plic·able [ekˈsplɪkəbl] *adj* erklärbar; **ex·pli·cate** [ˈeksplɪkeɪt] *tr* erklären.

ex·plicit [ɪkˈsplɪsɪt] *adj* **1.** eindeutig, klar; **2.** ausdrücklich; **3.** *(Sprache, Filmszene)* unverhüllt; ► **be ~ about s.th.** detaillierte Angaben über etw machen.

ex·plode [ɪkˈspləʊd] **I** *itr* **1.** explodieren *a. fig,* (zer)platzen; **2.** ausbrechen (*with laughter* in Gelächter); **3.** *(Mensch)* bersten (*with* vor); **II** *tr* **1.** in die Luft jagen, sprengen; **2.** *fig* zerstören; **ex·plod·ed** [ɪkˈspləʊdɪd] *adj* ► **~ view** Ansicht *f* der Einzelteile.

ex·ploit ['eksplɔɪt] **I** *s* Heldentat *f;* **II** *tr* [ɪks'plɔɪt] **1.** aus-, benutzen; verwerten; **2.** *min* abbauen; **3.** *pej* ausbeuten; **ex·ploi·ta·tion** [ˌeksplɔɪ'teɪʃn] **1.** Nutzung *f;* Verwertung *f;* **2.** *min* Abbau *m;* **3.** Ausnutzung *f;* Ausbeutung *f.*

ex·plo·ra·tion [ˌeksplə'reɪʃn] **1.** Erforschung *f;* **2.** Untersuchung *f a. med;* **ex·plora·tory** [ɪk'splɒrətrɪ] *adj* Forschungs-, Untersuchungs-; ▶ ~ **talks** Sondierungsgespräche *pl;* **ex·plore** [ɪk'splɔ:(r)] *tr* **1.** erforschen; **2.** untersuchen *a. med;* ▶ ~ **every possibility** jede Möglichkeit genau prüfen; **ex·plorer** [ɪk'splɔ:rə(r)] Forschungsreisende(r) *f m.*

ex·plosion [ɪk'spləʊʒn] **1.** Explosion *f;* **2.** *fig* Ausbruch *m;* ▶ ~ **of laughter** Lachanfall *m;* ~ **of wrath** Zornesausbruch *m;* **ex·plos·ive** [ɪk'spləʊsɪv] **I** *adj* **1.** explosiv *a. fig;* **2.** *fig* jähzornig; aufbrausend; **II** *s* **1.** Sprengstoff *m;* **2.** *gram* Verschlußlaut *m.*

ex·po·nent [ɪk'spəʊnənt] **1.** Vertreter(in) *m (f);* **2.** *math* Exponent *m;* **ex·po·nen·tial curve** [ˌekspəʊ'nenʃəl 'kɜ:v] Exponentialkurve *f.*

ex·port [ɪk'spɔ:t] **I** *tr* ausführen, exportieren; **II** *s* ['ekspɔ:t] Ausfuhr *f,* Export *m; pl* Ausfuhrgüter *n pl;* (Gesamt)Ausfuhr *f;* ▶ **invisible** ~**s** *pl* unsichtbare Ausfuhren *f pl;* **ex·port·able** [ɪk'spɔ:təbl] *adj* exportfähig; **ex·por·ta·tion** [ˌekspɔ:'teɪʃn] Ausfuhr *f,* Export *m* (*from* aus; *of* von); **export business** Exportgeschäft *f;* **ex·porter** [ɪk'spɔ:tə(r)] Exporteur(in) *m (f);* **export goods** *pl* Exportwaren *f pl;* **export marketing** Auslandsmarketing *n;* **export regulations** *pl* Ausfuhrbestimmungen *f pl;* **export surplus** Exportüberschuß *m;* **export trade** Exporthandel *m.*

ex·pose [ɪk'spəʊz] *tr* **1.** *(Kind)* aussetzen *a. fig* (*to a danger* e-r Gefahr); **2.** entblößen; freilegen; **3.** *fig* enthüllen, aufdecken; **4.** *(Person)* bloßstellen, entlarven (*as* als); **5.** *phot* belichten; **6.** *com* ausstellen, -legen, feilbieten; ▶ **be** ~**d for sale** zum Verkauf ausliegen; ~ **to ridicule** der Lächerlichkeit preisgeben; **ex·posed** [ɪk'spəʊzd] *adj* **1.** exponiert, gefährdet; ungeschützt; **2.** *(Waren)* ausgestellt; *(Teile)* sichtbar; **3.** *phot* belichtet; ▶ ~ **to the weather** dem Wetter ausgesetzt; **ex·po·si·tion** [ˌekspə'zɪʃn] **1.** Darlegung, -stellung *f;* Erklärung *f;* **2.** *com* Ausstellung, Schau *f.*

ex·postu·late [ɪk'spɒstjʊleɪt] *itr* protestieren; disputieren (*with s.o.* mit jdm).

ex·po·sure [ɪk'spəʊʒə(r)] **1.** Ausgesetztsein *n* (*to the rain* dem Regen); **2.** *fig* Enthüllung, Bloßstellung *f;* **3.** Lage *f (e-s Gebäudes);* **4.** *phot* Belichtung(szeit) *f;* **5.** Publicity *f;* ▶ **die of** ~ erfrieren; **indecent** ~ Exhibitionismus *m;* Erregung *f* öffentlichen Ärgernisses; **southern** ~ Südlage *f;* **time** ~ *phot* Zeitaufnahme *f;* **exposure meter** *phot* Belichtungsmesser *m.*

ex·pound [ɪk'spaʊnd] *tr* ausführlich erörtern; erläutern.

ex·press [ɪk'spres] **I** *tr* **1.** ausdrücken, zum Ausdruck bringen, äußern; **2.** *(Zeichen)* bedeuten; **3.** durch Eilboten, als Eilgut schicken; **4.** *(Orange)* auspressen; **II** *refl* sich ausdrücken, sich verständlich machen; **III** *adj* **1.** ausdrücklich; bestimmt, unmißverständlich; **2.** Eil-, Schnell-, Expreß-; **IV** *adv (by ~)* durch Eilboten; als Eilgut; **V** *s* **1.** Eilbote *m;* **2.** *(~ train)* Schnell-, D-Zug *m;* **3.** *(~ bus)* durchfahrender Bus; **4.** *(~ delivery) Br* Eilgutzustellung, -beförderung *f;* **5.** *(~ company) Am* Speditionsgesellschaft *f;* **express highway** *Am* Autobahn *f.*

ex·press·ion [ɪk'spreʃn] **1.** Ausdruck *m;* Redewendung *f;* **2.** Äußerung *f;* **3.** *math* Formel *f;* ▶ **beyond, past** ~ unaussprechlich, unbeschreiblich; **facial** ~ Gesichtsausdruck *m;* **find** ~ **in** zum Ausdruck kommen in; **give** ~ **to** zum Ausdruck bringen.

ex·press·ion·ism [ɪk'spreʃənɪzəm] Expressionismus *m;* **ex·press·ion·ist** [ɪk'spreʃənɪst] Expressionist(in) *m (f).*

ex·press·ion·less [ɪk'spreʃənlɪs] *adj* ausdruckslos; **ex·press·ive** [ɪk'spresɪv] *adj* **1.** ausdrucksvoll; **2.** ausdrückend (*of s.th.* etw).

ex·press·ly [ɪk'spreslɪ] *adv* ausdrücklich (*for* für).

ex·press·way [ɪk'spresweɪ] *Am* Schnellstraße *f.*

ex·pro·pri·ate [eks'prəʊprɪeɪt] *tr* enteignen; **ex·pro·pri·ation** [eks'prəʊprɪeɪʃn] Enteignung *f.*

ex·pul·sion [ɪk'spʌlʃn] **1.** Vertreibung *f;* Ausweisung *f;* **2.** Ausschluß *m* (*from* aus).

ex·quis·ite ['ekskwɪzɪt] *adj* **1.** fein (gearbeitet); **2.** ausgezeichnet, herrlich; **3.** feinfühlig, empfindlich; **4.** *(Schmerz)* stechend.

ex-ser·vice·man [ˌeks'sɜ:vɪsmən] ⟨*pl* -men⟩ Veteran, ehemaliger Soldat *m.*

ex·tant [ek'stænt] *adj* noch vorhanden.

ex·tem·por·aneous [ekˌstempə'reɪnɪəs] *adj* unvorbereitet, aus dem Stegreif; **ex·tem·pore** [ek'stempərɪ] *adj, adv* aus dem Stegreif; improvisiert; **ex·tem·po·rize** [ɪk'stempəraɪz] **I** *itr* aus dem Stegreif sprechen; **II** *tr* improvisieren.

ex·tend [ɪk'stend] **I** *tr* **1.** (aus)dehnen, -strecken, verlängern; **2.** erweitern, verbreitern, ausbreiten; **3.** *(Geschäft, Gebäude)* ausbauen; *(Haus)* anbauen (an); **4.** *(Hand)* ausstrecken, hinhalten; **5.** *(Sympathie)* zeigen; **6.** *(Freundlichkeit)* erweisen; **7.** *(Glückwünsche, Einladung)* aussprechen; **8.** *com* prolongieren; Frist verlängern *gen;* **9.** *(Kredit)* gewähren; **10.** *(Saldo)* vor-, übertragen; **11.** *(Urkunde)* ausfertigen; **12.** *(Küche)* verlängern, strecken; **13.** zur Höchstleistung anspornen; **II** *itr* sich erstrecken, (hinaus)reichen (*beyond* über; *to* bis); **ex·tend·ed** [—ɪd] *adj* verlängert; *com* prolongiert; ▶ ~ **coverage** erweiterter Versicherungsschutz.

ex·ten·sion [ɪk'stenʃn] **1.** Ausdehnung, Verlängerung *f (a. zeitlich);* **2.** Erweiterung, Vergrößerung *f;* An-, Ausbau *m;* **3.** Bedeutungsumfang *m (e-s Wortes);* **4.** *(Wechsel)* Prolongation *f;* Fristverlängerung *f;* **5.** *tele* (Neben)Anschluß, Apparat *m, (österreichisch)* Klappe *f;* **6.** An-, Erweiterungsbau *m;* ▶ ~ **of business** Geschäftserweiterung, -ausweitung *f;* ~ **of credit** Kreditgewährung *f;* ~ **of leave** Nachurlaub *m;* ~ **of time** Nachfrist *f;* ~ **for payment** Stundung *f;* ~ **3295** Apparat 3295; **extension cable, cord, flex** *Br el* Verlängerungskabel *n,* -schnur *f;* **extension course** **1.** *Br* weiterführender Kurs; **2.** *Am* Fernlehrgang *m;* **extension ladder** Ausziehleiter *f.*

ex·ten·sive [ɪk'stensɪv] *adj* **1.** ausgedehnt; **2.** *fig* umfassend; **3.** *agr* extensiv.

ex·tent [ɪk'stent] **1.** Ausdehnung, Größe *f,* Umfang *m a. fig;* **2.** Grad *m;* Ausmaß *n;* ▶ **to a certain** ~ bis zu e-m gewissen Grad; **to such an** ~ **that** in solchem Maße, daß; **to the full** ~ in vollem Umfang; **to a great** ~ in hohem Maße; **to some** ~ bis zu e-m gewissen Grad; **to what** ~? inwieweit? **to the** ~ **of** bis zu.

ex·tenu·ate [ɪk'stenjʊeɪt] *tr* abschwächen, mildern; **ex·tenu·ating** [—ɪŋ] *adj* ▶ ~ **circumstances** *jur* mildernde Umstände *m pl;* **ex·tenu·ation** [ɪkˌstenjʊ'eɪʃn] ▶ **in** ~ **of** zur Entschuldigung *gen.*

ex·terior [ɪk'stɪərɪə(r)] **I** *adj* **1.** äußere(r, s); **2.** außerhalb gelegen (*to s.th.* e-r S); **3.** auswärtig, fremd; **II** *s* **1.** (das) Äußere; Außenseite *f;* Außenansicht *f;* **2.** (äußerer) Schein *m;* **3.** *film* Außenaufnahme *f.*

ex·ter·mi·nate [ɪk'stɜ:mɪneɪt] *tr* vertilgen, ausrotten; **ex·ter·mi·na·tion** [ɪkˌstɜ:mɪ'neɪʃn] Vertilgung, Ausrottung *f.*

ex·ter·nal [ɪk'stɜ:nl] **I** *adj* **1.** äußere(r, s); **2.** *med* äußerlich; **3.** *com* außerbetrieblich; **4.** auswärtig; **5.** *(Prüfung, Kandidat)* extern; **II** *s pl* Äußerlichkeiten *f pl;* **ex·ter·nal·ize** [ɪk'stɜ:nəlaɪz] *tr* Ausdruck geben (*s.th.* e-r S); **external world** *psych* Außenwelt *f.*

ex·ter·ri·tor·ial [ˌeksˌterɪ'tɔ:rɪəl] *adj pol* exterritorial.

ex·tinct [ɪk'stɪŋkt] *adj* **1.** *(Vulkan)* erloschen *a. fig;* **2.** *(Tier)* ausgestorben; **3.** *fig* abgeschafft; erloschen; ▶ **become** ~ erlöschen; aussterben; **ex·tinc·tion** [ɪk'stɪŋkʃn] **1.** *(Feuer)* Löschen *n;* **2.** Aussterben *n;* **3.** Vernichtung *f;* ▶ ~ **of species** Artenschwund *m.*

ex·tin·guish [ɪk'stɪŋgwɪʃ] *tr* **1.** *(Feuer)* (aus)löschen; **2.** *el* abschalten; **3.** auslöschen, vernichten; **4.** *(Schuld)* tilgen; **ex·tin·guisher** [ɪk'stɪŋgwɪʃə(r)] Feuerlöscher *m.*

ex·tir·pate ['ekstəpeɪt] *tr* ausrotten, ausmerzen; beseitigen.

ex·tol [ɪk'stəʊl] *tr* preisen, rühmen.

ex·tort [ɪk'stɔ:t] *tr* erpressen (*from* von); **ex·tor·tion** [ɪk'stɔ:ʃn] Erpressung *f;* **ex·tor·tion·ate** [ɪk'stɔ:ʃənət] *adj* erpresserisch, wucherisch.

extra ['ekstrə] **I** *adj* zusätzlich; übrig, Reserve-; Außer-; ▶ **a few** ~ **books** ein paar Bücher mehr; ~**-parliamentary** außerparlamentarisch; **II** *adv* besonders; extra; ▶ **be charged** ~ **for** gesondert berechnet werden; **III** *s* **1.** Zuschlag *m;* Sonderleistung *f;* Extra *n;* **2.** zusätzliche Arbeitskraft; *film, theat* Statist *m;* **3.** Extrablatt *n,* Sondernummer *f;* **4.** *pl* Nebenausgaben, -einnahmen *f pl;* **5.** *pl (Küche)* Beilagen *f pl;* **extra allowance** Sondervergütung *f;* **extra charge** Aufschlag *m; rail* Zuschlag *m.*

ex·tract [ɪk'strækt] **I** *tr* **1.** (her)ausziehen, herauslösen; **2.** *(Zahn), math (Wurzel)* ziehen; **3.** *(Saft)* auspressen; **4.** herausnehmen (*from* aus); **5.** herausbekommen (*from s.o.* aus jdm); **6.** *(Geständnis)* erpressen (*from* von); **7.** *(Zitat)* entnehmen (*from a book* e-m Buch); e-n Auszug machen (*from* aus); **II** *s* ['ekstrækt] **1.** *(Küche)* Extrakt *m;* **2.** *(Buch)* Auszug *m;* **ex·trac·tion** [ɪk'strækʃn] **1.** Ausziehen *n;* **2.** (Zahn)Ziehen *n;* **3.** Auszug, Extrakt *m;* **4.** Herkunft, Abstammung *f;* **5.** *tech* Gewinnung *f;* **6.** *fig* Herauslocken *n.*

extra·cur·ricu·lar [ˌekstrəkə'rɪkjʊlə(r)] *adj* außerhalb des Lehrplans; ▶ ~ **activity** Arbeitsgemeinschaft *f.*

ex·tra·dite ['ekstrədaɪt] *tr (Person)* ausliefern; **ex·tra·dition** [ekstrə'dɪʃn] Auslieferung *f.*

extra·mari·tal [ˌekstrə'mærɪtl] *adj* außerehelich.

extra·mural [ˌekstrə'mjʊərəl] *adj;* ▶ ~ **course** Universitätskurs *m* für Nicht-Studenten; Volkshochschulkurs *m.*

ex·traneous [ɪk'streɪnɪəs] *adj* **1.** fremd; **2.** nicht gehörig (*to* zu).

extra·ordi·nary [ɪk'strɔ:dnrɪ] *adj* **1.** außerordentlich; **2.** außer-, ungewöhnlich; **3.** merkwürdig, seltsam; **4.** außerplanmäßig.

extra pay ['ekstrəˌpeɪ] *(Lohn)* Zulage *f.*

ex·trapo·late [ek'stræpəleɪt] *tr* extrapolieren.

extra·sen·sory [ˌekstrəˈsensərɪ] *adj* ▶ ~ **perception** außersinnliche Wahrnehmung.

extra·ter·res·trial [ˈekstrətɪˈrestrɪəl] *adj* außerirdisch.

extra time [ˈekstrətaɪm] *sport* Verlängerung *f*.

extra·terri·tor·ial [ˌekstrəˌterɪˈtɔːrɪəl] *adj pol* exterritorial.

ex·trava·gance [ɪkˈstrævəgəns] **1.** Luxus *m;* **2.** Verschwendung *f;* **3.** Ausgefallenheit *f;* Übertriebenheit *f;* **4.** Extravaganz *f;* **ex·trava·gant** [ɪkˈstrævəgənt] *adj* **1.** übertrieben, übermäßig; **2.** überspannt, extravagant; **3.** verschwenderisch; **ex·trava·gan·za** [ɪkˌstrævəˈgænzə] *theat* Ausstattungsstück *n*.

ex·treme [ɪkˈstriːm] **I** *adj* **1.** äußerste(r, s); **2.** höchste(r, s), größte(r, s); **3.** extrem, radikal; ▶ **at the ~ end** am äußersten Ende (*of* gen); **resort to ~ measures** zu den äußersten Maßnahmen greifen; **the ~ left** *pol* die äußerste Linke; **the E~ Unction** *rel* die Letzte Ölung; **II** *s* **1.** Extrem *n;* **2.** höchster Grad; **3.** (das) Äußerste; ▶ **in the ~** im höchsten Grade; **go to ~s** bis zum Äußersten gehen; **ex·treme·ly** [—lɪ] *adv* äußerst, höchst; **ex·trem·ism** [ɪkˈstriːmɪzəm] Extremismus *m;* **ex·trem·ist** [ɪkˈstriːmɪst] Extremist(in) *m (f);* **ex·trem·ity** [ɪkˈstremətɪ] **1.** äußerstes Ende; **2.** höchster Grad; **3.** höchste Not; **4.** *pl* äußerste Maßnahmen *f pl;* **5.** *pl* Extremitäten *f pl;* ▶ **be in ~** in höchster Not sein; **drive to extremities** auf die Spitze, bis zum Äußersten treiben; **go to, proceed to extremities** aufs Äußerste, aufs Ganze gehen.

ex·tri·cate [ˈekstrɪkeɪt] *tr* **1.** befreien (*from* aus, von); **2.** losmachen, freimachen.

ex·tro·vert [ˈekstrəvɜːt] *adj* extrovertiert.

ex·trude [eksˈtruːd] **I** *tr* ausstoßen; herauspressen; **II** *itr* herausragen, -stehen.

ex·uber·ance [ɪgˈzjuːbərəns] **1.** Lebendigkeit *f;* **2.** Überschwang *m;* **3.** Überfluß *m;* **ex·uber·ant** [ɪgˈzjuːbərənt] *adj* **1.** übersprudelnd; lebendig; **2.** überschwenglich.

ex·ude [ɪgˈzjuːd] *tr* **1.** absondern; **2.** *fig* ausstrahlen, -strömen.

ex·ult [ɪgˈzʌlt] *itr* jubeln (*at, over, in* über); **ex·ult·ant** [—ənt] *adj* jubelnd, triumphierend; **ex·ul·ta·tion** [ˌegzʌlˈteɪʃn] Jubel, Triumph *m*.

eye [aɪ] **I** *s* **1.** Auge *n;* **2.** Gesicht(ssinn *m*) *n;* **3.** Auge *n (an e-r Kartoffel);* **4.** Knospe *f;* **5.** Pfauenauge *n (auf der Feder);* **6.** Öhr *n,* Öse, Schlinge *f;* **7.** (Sturm)Kern *m;* ▶ **in s.o.'s ~s** nach jds Ansicht; **under the very ~s of s.o.** direkt unter jds Augen; **up to the ~s** bis über die Ohren; **with an ~ to** mit Rücksicht auf; in der Hoffnung auf; in der Absicht zu; **with the naked ~** mit bloßem Auge; **be all ~s** aufpassen wie ein Luchs; große Augen machen; **be in the public ~** im Brennpunkt des öffentlichen Interesses stehen; **catch s.o.'s ~** jds Blick auf sich ziehen; jds Aufmerksamkeit auf sich lenken; **catch the Speaker's ~** *parl* das Wort erhalten; **clap, lay, set ~s on s.o.** jdn anblicken, anschauen; **close, shut one's ~s to** nicht sehen wollen; **have an ~ for** ein Auge haben für; **have an ~ on s.th.** auf etw ein (wachsames) Auge haben; **keep an ~ on** *fig* im Auge behalten; **make ~s at s.o.** jdm verliebte Blicke zuwerfen; **open s.o.'s ~s** *fig* jdm die Augen öffnen; **run an ~ over s.th.** etw überfliegen; **see ~ to ~ with s.o.** mit jdm einer Meinung sein; **see s.th. in one's mind's ~** sich etw vorstellen können; **black ~** blaues Auge; **II** *tr* mustern; anstarren; ▶ **~ up** begutachten; **~ up and down** von oben bis unten mustern; **eye-ball** Augapfel *m;* ▶ **~ to ~** Auge in Auge (*with* mit); **eye·brow** [ˈaɪbraʊ] Augenbraue *f;* ▶ **raise one's ~s** *fig* die Stirne runzeln; **~ pencil** Augenbrauenstift *m;* **eye-catcher** [ˈaɪkætʃə(r)] Blickfang *m;* **eye contact** Blick-, Sichtkontakt *m;* **eye-ful** [ˈaɪfʊl] *sl* ▶ **get an ~** etwas Hübsches sehen; **I had an ~** ich hatte genug gesehen; **eye·glass** [ˈaɪglɑːs] **1.** *opt* Linse *f;* **2.** *pl* Augengläser *n pl;* Brille *f;* **eye·lash** [ˈaɪlæʃ] Wimper *f;* **eye·let** [ˈaɪlɪt] Öhr *n,* Öse *f;* **eye·lid** [ˈaɪlɪd] Augenlid *n;* **eye liner** [ˈaɪlaɪnə(r)] Eyeliner, Lidstrich *m;* **eye-opener** [ˈaɪˌəʊpnə(r)] *fam* Überraschung *f* (*to* für); **eye·piece** [ˈaɪpiːs] Okular *n;* **eye-shadow** [ˈaɪˌʃædəʊ] Lidschatten *m;* **eye-sight** [ˈaɪsaɪt] Sehkraft, -schärfe *f;* ▶ **bad ~** schlechte Augen *n pl;* **eye-sore** [ˈaɪsɔː(r)] Schandfleck *m;* ▶ **it's an ~** das tut den Augen weh; **eye-strain** Ermüdung *f* der Augen; **eye-tooth** ⟨*pl* -teeth⟩ Eckzahn *m;* **eye·wash** [ˈaɪwɒʃ] **1.** *med* Augenwasser *n;* **2.** *fam* fauler Zauber; Augenwischerei *f;* **eye-witness** Augenzeuge *m*.

eyrie, eyry [ˈeərɪ] Horst *m*.

F

F, f [ef] ⟨*pl* -'s⟩ **1.** F, f *n a. mus;* **2.** *Am (Schule)* ungenügend.

fable ['feɪbl] **1.** Fabel *f;* **2.** Märchen *n;* Sage *f;* **fabled** ['feɪbld] *adj* sagenhaft.

fab·ric ['fæbrɪk] **1.** Gewebe *n,* Stoff *m;* **2.** Struktur *f,* Gefüge *n.*

fab·ri·cate ['fæbrɪkeɪt] *tr* **1.** herstellen, fabrizieren; **2.** *fig* erdichten, erfinden.

fabu·lous ['fæbjʊləs] *adj* **1.** sagenhaft, legendär; **2.** *fig* phantastisch; unglaublich.

fa·cade [fə'sɑ:d] *arch* Fassade *f a. fig.*

face [feɪs] **I** *s* **1.** Gesicht *n;* **2.** Gesichtsausdruck *m;* **3.** Zifferblatt *n;* **4.** Vorderseite *f;* ▶ ~ **to** ~ Auge in Auge; **come** ~ **to** ~ **with s.o.** jdn treffen; **look s.o. in the** ~ jdn ansehen; **in the** ~ **of** angesichts; **make, pull a** ~ das Gesicht verziehen; **set one's** ~ **against s.o.** sich gegen jdn stemmen; **save one's** ~ das Gesicht wahren; **have the** ~ **to do s.th.** die Stirn haben, etw zu tun; **II** *tr* **1.** gegenüberstehen, -liegen; **2.** *(Fenster)* gehen nach; **3.** *(Raum)* liegen nach; **4.** *fig* rechnen müssen mit; **5.** *(Gefahr)* sich stellen (*s.th.* e-r S); **6.** *(Karten)* aufdecken; ▶ **be** ~**d with s.th.** sich e-r S gegenübersehen; ~ **the facts** den Tatsachen ins Auge blicken; ~ **doing s.th.** es fertigbringen, etw zu tun; **III** *itr* sehen, blicken *(to, towards* nach); **IV** *(mit Präposition)* **face up to** *tr* ins Gesicht sehen; sich abfinden mit; **face-cloth** Waschlappen *m;* **face-cream** Gesichtscreme *f;* **face-lift** Gesichtsstraffung *f;* **face-pack** Gesichtspackung *f;* **face-powder** (Gesichts)Puder *m.*

facet ['fæsɪt] **1.** Facette *f;* **2.** *fig* Seite *f,* Aspekt *m.*

fa·cetious [fə'si:ʃəs] *adj* scherzend, scherz-, spaßhaft, spaßig.

face-to-face ['feɪstə'feɪs] *adj* ▶ ~ **discussion, talk** Vier-Augen-Gespräch *n.*

face value ['feɪsvælju:] *fin* Nennwert *m;* ▶ **take at** ~ wörtlich, für bare Münze nehmen.

facile ['fæsaɪl] *adj* **1.** leicht, mühelos; **2.** *(Stil)* gewandt; **3.** oberflächlich.

fa·cili·tate [fə'sɪlɪteɪt] *tr* erleichtern; **fa·cil·ity** [fə'sɪlətɪ] **1.** Leichtigkeit, Mühelosigkeit *f;* **2.** Einrichtung *f;* ▶ **cooking facilities** *pl* Kochgelegenheit *f;* **offer facilities** Möglichkeiten bieten; ~ **in learning** leichte Auffassungsgabe.

facing ['feɪsɪŋ] **1.** Besatz(stoff) *m;* **2.** *arch* Verputz *m.*

fac·sim·ile [fæk'sɪməlɪ] Faksimile *n;* Telefax *n,* Fern-, Telekopie *f;* **facsimile machine terminal** Telefaxgerät *n.*

fact [fækt] **1.** Tatsache *f;* Umstand *m;* **2.** Wirklichkeit, Realität *f;* **3.** *pl jur* Tatbestand *m;* ▶ **as a matter of** ~ in Wirklichkeit, tatsächlich; **in** ~ eigentlich; **stick to the** ~**s** sachlich bleiben; **founded on** ~ auf Tatsachen beruhend; **hard** ~**s** *pl* nackte Tatsachen *f pl;* **matter-of-**~ sachlich; ~**s of the case** Sachverhalt *m;* ~ **of life** Tatsache *f;* **the** ~**s of life** sexuelle Aufklärung; **teach s.o. the** ~**s of life** jdn aufklären; **fact-finding** ['fæktfaɪndɪŋ] *adj* Untersuchungs-; Erkundungs-.

fac·tion ['fækʃn] **1.** Gruppe f; Splittergruppe *f;* **2.** interne Unstimmigkeiten *f pl.*

fac·tor ['fæktə(r)] **1.** Faktor *m;* **2.** *biol* Erbfaktor *m;* **3.** *com* Makler(in) *m (f).*

fac·tory ['fæktərɪ] Fabrik(anlage) *f;* Werk *n;* ▶ **F**~ **Act** Arbeitsschutzgesetz *n;* ~ **building** Fabrikgebäude *n;* ~ **hand, worker** Fabrikarbeiter(in) m (f); ~ **inspector** Gewerbeaufsichtsbeamte(r) *m.*

fac·to·tum [fæk'təʊtəm] Mädchen *n* für alles, Faktotum *n.*

fac·tual ['fæktʃʊəl] *adj* sachlich; tatsächlich.

fac·ulty ['fækltɪ] **1.** Fähigkeit *f,* Vermögen *n;* Begabung *f,* Talent *n;* **2.** *(Universität)* Fakultät *f;* **3.** *Am (Schule)* Lehrkörper *m;* ▶ **have a** ~ **for doing s.th.** ein Talent dafür haben, etw zu tun.

fad [fæd] Laune *f,* Tick *m;* ▶ **latest** ~ letzter Schrei; **faddish** ['fædɪʃ] **faddy** ['fædɪ] *adj* wählerisch.

fade [feɪd] **I** *itr* **1.** verblassen; verbleichen; **2.** *(Blume)* (ver)welken; **3.** *fig* schwächer werden; verblassen; **4.** *TV* aus-, überblenden; **5.** *(Bremsen)* nachlassen; **II** *tr* ausbleichen; **III** *(mit Präposition)* **fade away** *itr* schwinden, verblassen; verklingen; **fade in, out, up** *film radio TV* ein-, ab-, aufblenden.

faeces, *Am* **feces** ['fi:si:z] *pl* Kot *m.*

fag [fæg] **I** *itr* **1.** schuften, sich abrakkern; **2.** *(Schüler)* Burschendienste tun; **II** *tr (~ out)* erschöpfen, schlauchen; **III** *s* **1.** Schufterei *f;* **2.** *Br sl* Kippe *f;* **fag-end 1.** *fig* letztes Ende; **2.** *sl* Kippe *f.*

fag·got, *Am* **fagot** ['fægət] **1.** Reisigbündel *n;* **2.** *(Küche)* Frikadelle *f;* **3.** *Am sl* Schwule(r) *m.*

fail [feɪl] **I** *itr* **1.** versagen (*of* in); keinen Erfolg haben; **2.** *(Plan)* fehlschlagen, scheitern, mißlingen; **3.** *(Ernte)* schlecht ausfallen; **4.** *(im Examen)* durchfallen; **5.** *(Gesundheit)* sich verschlechtern; schwächer werden; **6.** *tech* ausfallen; versagen; ▶ **I ~ed** es gelang mir nicht; **~ in one's duty** seine Pflicht nicht tun; **if all else ~s** wenn alle Stricke reißen; **II** *tr* **1.** *(Prüfung)* durchfallen lassen; **2.** *fig* im Stich lassen; ▶ **~ to do s.th.** etw nicht tun; **III** *s* ▶ **without ~** ganz bestimmt; **fail·ing** ['feɪlɪŋ] **I** *s* Fehler *m;* Schwäche *f;* **II** *prep* in Ermangelung *gen,* ohne, mangels; ▶ **~ this** sonst; **fail-safe** ['feɪlseɪf] *adj* (ab)gesichert; **fail·ure** ['feɪljə(r)] **1.** Mißerfolg *m;* Fehlschlag *m;* Scheitern *n;* **2.** *(Mensch)* Versager(in) *m (f),* Niete *f;* **3.** *tech* Ausfall *m,* Versagen *n;* **4.** *com* Bankrott *m;* ▶ **end in ~** mit e-m Mißerfolg enden; **he is a ~** er taugt nicht viel; **~ of crops** Mißernte *f;* **~ to answer** nicht erfolgte Antwort.

faint [feɪnt] **I** *adj* **1.** schwach; kraftlos; **2.** *(Hoffnung)* gering; **3.** *(Farbe)* matt; **4.** *(Ton)* schwach; leise; ▶ **he looked ~** er schien einer Ohnmacht nahe; **I haven't the ~est idea** ich habe keine Ahnung; **II** *s* Ohnmacht *f;* **III** *itr* ohnmächtig werden (*from, with hunger* vor Hunger); **faint-hearted** [ˌfeɪnt'hɑ:tɪd] *adj* zaghaft.

fair[1] [feə(r)] **I** *adj* **1.** gerecht, fair; **2.** ganz ordentlich; ziemlich; **3.** *(Wetter)* schön, heiter, sonnig; **4.** *(Haare)* blond; hell; ▶ **a ~ amount** ziemlich viel; **be ~ to, on s.o.** jdm gegenüber gerecht sein; **~ enough!** na schön! **that's only ~** das ist nur recht und billig **II** *adv* den Regeln entsprechend, fair; ▶ **play ~** fair spielen; **~ and square** offen und ehrlich.

fair[2] [feə(r)] **1.** (Jahr)Markt *m;* **2.** *com* Messe *f.*

fair copy [ˌfeə'kɒpɪ] Reinschrift *f;* **fair game 1.** jagdbares Wild; **2.** *fig* Freiwild *n.*

fair-ground ['feəgraʊnd] Rummelplatz *m.*

fair·ly ['feəlɪ] *adv* **1.** gerecht; **2.** ziemlich.

fair-minded [ˌfeə'maɪndɪd] *adj* gerecht; **fair·ness** ['feənɪs] **1.** Gerechtigkeit, Fairneß *f;* **2.** *(Haar)* Blondheit *f;* **fair play** faires Verhalten, Fair play *n.*

fair·way ['feəweɪ] **1.** *mar* Fahrrinne *f;* **2.** *(Golf)* Spielfläche *f.*

fairy ['feərɪ] **1.** Fee *f;* **2.** *sl* Homosexuelle(r) *m;* **fairy-lamps** *pl* bunte Lichter *n pl;* **fairy·land** ['feərɪlænd] Wunderland, Zauberreich *n;* **fairy-tale** Märchen *n a. fig.*

faith [feɪθ] **1.** *rel* Glaube(n) *m* (*in* an); **2.** Vertrauen *n* (*in* zu); **3.** Treue *f;* ▶ **have ~ in s.o.** auf jdn vertrauen; **faith cure** Gesundbeten *n;* **faith·ful** ['feɪθfl] **I** *adj* **1.** treu, ergeben (*to s.o.* jdm); **2.** *(Abschrift)* genau; **II** *s* ▶ **the ~** *pl* die Gläubigen *pl;* **faith·fully** ['feɪθfəlɪ] *adv* treu; ▶ **yours ~** hochachtungsvoll; **faith healer** Gesundbeter(in) *m (f);* **faith·less** ['feɪθlɪs] *adj* treulos (*to* gegenüber).

fake [feɪk] **I** *tr* fälschen; erfinden; vortäuschen; **II** *s* Fälschung *f.*

fakir ['feɪkɪə(r)] Fakir *m.*

fal·con ['fɔ:lkən] Falke *m.*

Falk·land Is·lands *pl* Falkland-Inseln, Malvinas *pl.*

fall [fɔ:l] ⟨*itr* **fell, fallen**⟩ **I** *itr* **1.** (herab-, hinunter)fallen; stürzen; **2.** *(im Kampf)* fallen; **3.** sich senken (*a. Stimme);* **4.** *(Wind)* sich legen; **5.** *(Temperatur, Preise)* sinken, fallen; **6.** *(Land)* eingenommen werden; **7.** *(Nacht)* hereinbrechen; **8.** *(auf e-n Tag)* fallen (*on* auf); **9.** *(Preis, Gewinn)* fallen (*to s.o.* auf jdn); **10.** zerfallen, eingeteilt sein (*into* in); ▶ **his face fell** er machte ein langes Gesicht; **~ in battle** fallen; **the blame for that ~s on him** ihn trifft die Schuld daran; **~ asleep** einschlafen; **~ ill** krank werden; **~ in love with** sich verlieben in; **~ silent** still werden; **~ into despair** verzweifeln; **~ to pieces** verfallen; aus den Fugen geraten; **II** *s* **1.** Fall, Sturz *m;* **2.** Einnahme, Eroberung *f;* **3.** *(der Nacht)* Einbruch *m;* **4.** *(der Preise)* Sinken, Fallen *n;* **5.** *(Sitte)* Verfall *m;* **6.** *(Hang)* Gefälle *n;* **7.** *Am* Herbst *m;* **8.** *meist pl* Wasserfall *m;* ▶ **~ in the birthrate** Geburtenrückgang *m;* **~ in price** Preisrückgang *m;* **~ in prices** *fin (Börse)* Kursrückgang *m;* **~ of rain, of snow** Regen-, Schneefall *m;* **III** *(mit Präposition)* **fall about** *itr* sich krank lachen; **fall away** *itr* abbröckeln; abfallen *a. fig;* **fall back** *itr* zurückweichen; **fall back on** *tr* zurückgreifen auf; **fall behind** *itr* **1.** zurückbleiben; **2.** *(mit Zahlungen)* im Rückstand bleiben (*with* mit); **fall down** *itr* **1.** hinfallen; herunterfallen; **2.** *(Treppe)* hinunterfallen; **3.** *fig* versagen; **fall for** *tr fam* **1.** sich vergaffen in; **2.** hereinfallen auf; **fall in** *itr* **1.** hineinfallen; **2.** einstürzen; **3.** *mil* antreten; **fall in with** *tr* **1.** sich anschließen (*s.o.* jdm); **2.** mitmachen bei; **fall off** *itr* zurückgehen, schwächer werden, nachlassen, abnehmen; **fall on** *tr* **1.** herfallen über; **2.** *(Verantwortung)* zufallen (*s.o.* jdm); **fall out** *itr* **1.** herausfallen; **2.** sich streiten (*with* mit); **3.** sich ergeben; ▶ **it fell out that** es geschah, daß; **fall over** *itr* **1.** *(Person)* hinfallen; **2.** fallen über; ▶ **~ over backwards, ~ over o.s. to do s.th.** sich die größte Mühe geben, etw zu tun; **fall through** *itr fig* fehlschlagen, ins Wasser fallen; **fall to** *itr* **1.** beginnen, anfangen; reinhauen; **2.** zufallen, obliegen (*s.o.* jdm).

fal·lacious [fə'leɪʃəs] *adj* trügerisch; irreführend; **fal·lacy** ['fæləsɪ] Irrtum *m;* Trugschluß *m.*

fallen ['fɔ:lən] **I** *v s. fall;* **II** *adj* gefallen; **III** *s* ► **the F~** *pl* die Gefallenen *pl;* **fall guy** *Am* armes Opfer; Sündenbock *m.*
fal·lible ['fæləbl] *adj* fehlbar.
fall·ing star ['fɔ:lɪŋ'stɑ:(r)] Sternschnuppe *f.*
fall·out ['fɔ:laʊt] radioaktiver Niederschlag, Fallout *m;* **fallout shelter** Atombunker *m.*
fal·low ['fæləʊ] *adj agr* brach *a. fig;* ► **lie ~** brachliegen.
fal·low-deer ['fæləʊdɪə(r)] Damwild *n.*
false [fɔ:ls] *adj* **1.** falsch; treulos; **2.** unrichtig, unwahr; ► **put s.o. in a ~ position** jdn in e-e Position drängen, die er sonst nicht vertritt; **sail under ~ colours** unter falscher Flagge segeln; **a ~ bottom** ein doppelter Boden; **II** *adv* ► **play s.o. ~** mit jdm ein falsches Spiel treiben; **false alarm** blinder Alarm; **false·hood** ['fɔ:lshʊd] **1.** Unwahrheit *f;* **2.** Lügen *n;* **false·ness** ['fɔ:lsnɪs] **1.** Falschheit *f;* **2.** Treulosigkeit *f;* **false start** Fehlstart *m;* **false teeth** *pl* (künstliches) Gebiß *n.*
fal·setto [fɔ:l'setəʊ] ‹*pl* -settos› Fistelstimme *f;* Falsett *n.*
falsi·fi·ca·tion [ˌfɔ:lsɪfɪ'keɪʃn] (Ver)Fälschung *f;* **fals·ify** ['fɔ:lsɪfaɪ] *tr* **1.** (ver)fälschen; **2.** widerlegen.
fals·ity ['fɔ:lsətɪ] **1.** Falschheit *f;* **2.** Unrichtigkeit *f.*
fal·ter ['fɔ:ltə(r)] *itr* **1.** (sch)wanken; stolpern; **2.** *(Stimme)* stocken; **fal·ter·ing** ['fɔ:ltərɪŋ] *adj* stockend.
fame [feɪm] Ruhm *m;* **famed** ['feɪmd] *adj* berühmt (*for* wegen, durch).
fam·il·iar [fə'mɪlɪə(r)] **I** *adj* **1.** vertraut; gewohnt, bekannt; **2.** vertraulich, familiär; **3.** *(Freunde)* eng; ► **be ~ with s.th.** sich in etw auskennen; **make o.s. ~ with s.th.** sich mit etw vertraut machen; **II** *s* Vertraute(r) *f m;* **fam·ili·ar·ity** [fəˌmɪlɪ'ærətɪ] **1.** Vertrautheit *f;* **2.** Vertraulichkeit, Intimität *f;* **3.** *meist pl* Aufdringlichkeit *f;* **fam·il·iar·ize** [fə'mɪlɪəraɪz] *refl* ► **~ o.s. with s.th.** sich mit etw vertraut, bekannt machen.
fam·ily ['fæməlɪ] **1.** Familie *f;* **2.** Verwandtschaft *f;* **3.** Abstammung *f;* ► **of good ~** aus gutem Hause; **it runs in the ~** das liegt in der Familie; **family allowance** Kindergeld *n;* **family doctor** Hausarzt *m,* Hausärztin *f;* **family man** häuslicher Mensch; **family name** Familienname *m;* **family planning** Familienplanung *f;* **family tree** Stammbaum *m.*
fam·ine ['fæmɪn] Hungersnot *f;* **fam·ish** ['fæmɪʃ] *itr* verhungern; **fam·ished** ['fæmɪʃt] *adj fam* ver-, ausgehungert.
fa·mous ['feɪməs] *adj* berühmt (*for* durch, wegen); **fa·mous·ly** [—lɪ] *adv fam* prima, erstklassig.
fan[1] [fæn] **I** *s* **1.** Fächer *m;* **2.** Ventilator *m;* **3.** *mot* Gebläse *n;* **II** *tr* **1.** (an)fächeln; **2.** *(Feuer, Leidenschaft)* an-, entfachen (*into* zu); ► **~ out** fächerförmig ausbreiten; **III** *itr (~ out) mil* ausschwärmen.
fan[2] [fæn] *fam* Fan, Verehrer(in) *m (f).*
fa·natic [fə'nætɪk] **I** *adj* fanatisch; **II** *s* Fanatiker(in) *m (f);* **fa·nati·cism** [fə'nætɪsɪzəm] Fanatismus *m.*
fan belt ['fænbelt] Keilriemen *m.*
fan·cied ['fænsɪd] *adj* eingebildet.
fan·cier ['fænsɪə(r)] Liebhaber(in) *m (f).*
fan·ci·ful ['fænsɪfl] *adj* **1.** phantasiebegabt, einfallsreich; **2.** *(Idee)* phantastisch.
fan club ['fænklʌb] Fanclub *m;* **fanzine** ['fænzi:n] *fam Zeitschrift* f *für Anhänger eines Fußballteams.*
fancy ['fænsɪ] **I** *s* **1.** Einbildungskraft, Phantasie *f;* **2.** Vorliebe, Neigung *f;* **3.** Laune *f,* Einfall *m;* ► **a passing ~** nur so eine Laune; **take a ~ to** Gefallen, Geschmack finden an; **take, catch s.o.'s ~** jdm gefallen; **II** *adj* **1.** kunstvoll; ausgefallen; **2.** *(Idee)* überspannt; seltsam; **3.** *Am* Delikateß-; ► **~ prices** gepfefferte Preise; **a ~ big car** ein toller Schlitten; **III** *tr* **1.** sich vorstellen; **2.** meinen, sich einbilden; ► **~ doing that!** so was zu tun! **~ him doing that** nicht zu fassen, daß er das getan hat; **~ that!** denk mal an! **he fancies that car, woman** das Auto, die Frau gefällt ihm; **he fancies doing that** er möchte das gern tun; **IV** *refl* von sich eingenommen sein; sich halten für; **fancy dress** Maskenkostüm *n;* **fancy-free** *adj* ungebunden, frei; **fancy goods** *pl* Geschenkartikel *m pl;* **fancy man** ‹*pl* -men› Liebhaber *m.*
fan·fare ['fænfeə(r)] Fanfare *f.*
fang [fæŋ] **1.** Fangzahn *m;* **2.** *(Schlange)* Giftzahn *m.*
fan light ['fænlaɪt] Oberlicht *n.*
fan mail ['fænmeɪl] Verehrerpost *f.*
fan·tasia [fæn'teɪzɪə] Fantasie *f;* **fan·tas·tic** [fæn'tæstɪk] *adj* **1.** phantastisch; **2.** unwahrscheinlich; **3.** *fam* toll; **fan·tasy** ['fæntəsɪ] **1.** Phantasie, Einbildung *f;* **2.** Hirngespinst *n.*
far [fɑ:(r)] ‹*Komparativ* farther, further, *Superlativ* farthest, furthest› **I** *adj* **1.** weiter entfernt; hintere(r,s); **2.** weit entfernt; ► **the ~ end of the room** das andere Ende des Zimmers; **in the ~ distance** in weiter Ferne; **it's a ~ cry from ...** das ist etwas ganz anderes als ...; **in the ~ future** in der fernen Zukunft; **II** *adv* **1.** weit (weg, entfernt), in weiter Ferne; weit her; weit weg; **2.** lange hin, lange her; **3.** bei weitem, beträchtlich, (sehr) viel; ► **~ and wide** weit und breit; **~ away** weit entfernt; **as ~ back as 1900** schon 1900; **~ better** weit besser; **as ~ as I am concerned** was mich betrifft; **by ~** bei weitem;

from ~ von weitem; von weit her; **in so** ~ **as** insofern; **so** ~, **thus** ~ so weit, bis dahin, bis hierher; bis jetzt; **so** ~ **so good** so weit, so gut; ~ **afield** weit weg; **get** ~ **from a subject** von e-m Gegenstand weit abschweifen; ~ **and away** bei weitem; ~ **and near** überall; nah u. fern; ~ **from** alles andere als; ~ **from it** weit davon entfernt; ~ **into the night** bis spät in die Nacht hinein; **go** ~ lange reichen; *fig* es weit bringen; **that's going too** ~ das geht zu weit; **I am** ~ **from doing it** ich denke nicht daran, es zu tun; **I wouldn't carry things too** ~ ich würde die Sache nicht auf die Spitze treiben.

far-away ['fɑ:rəweɪ] *adj* **1.** weit entfernt, abgelegen; **2.** verträumt, (geistes)abwesend.

farce [fɑ:s] Farce *f;* **far·ci·cal** ['fɑ:sɪkl] *adj* possenhaft; *fig* absurd.

fare [feə(r)] **I** *itr* ► **he** ~**d well** es ging ihm gut; **II** *s* **1.** Fahrgeld *n,* -preis *m;* **2.** Fahrgast *m;* ► ~, **please!** noch jemand zugestiegen? **have your** ~**s ready** Fahrgeld bereithalten! **what's the** ~? was kostet die Fahrt? **bill of** ~ Speisekarte *f.*

Far East [ˌfɑ:(r)'i:st] Ferner Osten.

fare·well [ˌfeə'wel] **I** *s* Abschied *m;* ► **make one's** ~**s** sich verabschieden; **II** *interj* lebe(n Sie) wohl!

fare zone ['feə(r)zəʊn] Tarifzone *f.*

far-fetched [ˌfɑ:'fetʃt] *adj* weit hergeholt *fig;* **far-flung** [ˌfɑ:'flʌŋ] *adj* **1.** weit ausgedehnt; **2.** abgelegen.

farm [fɑ:m] **I** *s* Bauern-, Gutshof *m;* Farm *f;* **II** *tr (Land)* bestellen; bewirtschaften; **III** *itr* Landwirtschaft betreiben; **IV** *(mit Präposition)* **farm out** *tr (Arbeit)* vergeben; **farmer** ['fɑ:mə(r)] **1.** Bauer *m,* Bäuerin *f,* Landwirt(in) *m (f);* **2.** Pächter(in) *m (f);* ► ~**'s wife** Bäuerin *f;* ~**s' cooperative** landwirtschaftliche Genossenschaft; **farm-hand** Landarbeiter(in) *m (f);* **farm-house** Bauernhaus *n;* **farm·ing** ['fɑ:mɪŋ] Landwirtschaft *f;* Ackerbau *m;* **farm·stead** ['fɑ:msted] Bauernhof *m;* **farm·yard** ['fɑ:mjɑ:d] Hof *m.*

far-off ['fɑ:rɒf] *adj* (weit) entfernt.

far-reach·ing [ˌfɑ:'ri:tʃɪŋ] *adj* weitreichend; **far-see·ing** [ˌfɑ:'si:ɪŋ] *adj* weitblickend; **far-sighted** [ˌfɑ:'saɪtɪd] *adj* **1.** weitsichtig; **2.** *fig* weitblickend, vorausschauend.

fart [fɑ:t] *vulg* **I** *s* Furz *m;* **II** *itr* furzen.

far·ther ['fɑ:ðə(r)] ⟨*Komparativ von* far⟩ **I** *adj* weiter entfernt; **II** *adv* weiter (weg); **far·thest** ['fɑ:ðɪst] ⟨*Superlativ von* far⟩ **I** *adj* entfernteste(r, s), weiteste(r, s); am weitesten weg; **II** *adv* am weitesten entfernt, weg.

far·thing ['fɑ:ðɪŋ] *obs* Viertelpenny *m.*

fas·cia ['feɪʃə] Armaturenbrett *n.*

fas·ci·nate ['fæsɪneɪt] *tr* fesseln, faszinieren, begeistern; **fas·ci·nat·ing** [—ɪŋ] *adj* faszinierend, spannend, fesselnd; **fas·ci·na·tion** [ˌfæsɪ'neɪʃn] Faszination *f;* Zauber *m.*

fas·cism ['fæʃɪzəm] Faschismus *m;* **fas·cist** ['fæʃɪst] **I** *s* Faschist(in) *m (f);* **II** *adj* faschistisch.

fashion ['fæʃn] **I** *s* **1.** Art und Weise *f;* **2.** Mode *f;* **3.** Sitte *f,* Brauch *m;* ► **after, in a** ~ in gewisser Weise; **in the usual** ~ wie üblich; **in** ~ in Mode, modern; **out of** ~ aus der Mode, unmodern; **come into** ~ Mode werden; **go out of** ~ unmodern werden; **set the** ~ den Ton angeben; **a man of** ~ ein modischer Herr; **II** *tr* formen, gestalten; **fashionable** ['fæʃnəbl] *adj* modern, modisch; elegant, schick; **fashion-designer** Modezeichner(in), —designer(in) *m (f);* **fashion-parade, -show** Mode(n)schau *f.*

fast[1] [fɑ:st] **I** *adj* **1.** fest; **2.** *(Material)* farbecht; **3.** *(Freundschaft)* gut; **II** *adv* fest; ► **stick** ~ festsitzen; **stand** ~ standhaft bleiben; **play** ~ **and loose with s.o.** mit jdm ein doppeltes Spiel treiben; **be** ~ **asleep** tief schlafen.

fast[2] [fɑ:st] **I** *adj* **1.** schnell; **2.** *phot* hochempfindlich; lichtstark; **3.** *(Mensch, Lebenswandel)* locker; ► ~ **breeder (reactor)** schneller Brüter; ~ **developing nation** Schwellenland *n;* ~ **food** Schnellimbiß *m;* Fast Food *n;* ~ **food restaurant** Schnellgaststätte *f;* ~ **forward** *(Tonband)* Schnellvorlauf *m;* ~ **lane** Überholspur *f;* ~ **rewind** *(Tonband)* Schnellrücklauf *m;* **be** ~ *(Uhr)* vorgehen; **II** *adv* schnell; ► **live** ~ locker leben.

fast[3] [fɑ:st] **I** *itr* fasten; **II** *s* Fasten *n;* Fastenzeit *f;* ► **break one's** ~ das Fasten brechen; ~ **day** Fasttag *m.*

fas·ten ['fɑ:sn] **I** *tr* **1.** befestigen; anbinden (*to* an); **2.** *(Knopf)* zumachen; **3.** *fig* zuwenden (*on s.o.* jdm); ► ~ **the blame on s.o.** jdm die Schuld zuschieben; ~ **one's seat-belt** sich anschnallen; **II** *itr* sich schließen lassen; **III** *(mit Präposition)* **fasten down** *tr* festmachen; **fasten in** *tr* festschnallen; **fasten on** *tr* befestigen, festmachen; *fig* herumhacken auf; **fasten up** *tr* zumachen.

fas·tener ['fɑ:snə(r)] Verschluß *m;* ► **zip** ~ Reißverschluß *m.*

fas·tid·ious [fə'stɪdɪəs] *adj* heikel, wählerisch, anspruchsvoll.

fast·ness ['fɑ:stnɪs] **1.** Feste *f;* **2.** Farbechtheit *f.*

fat [fæt] **I** *adj* **1.** dick, fett; **2.** dick, umfangreich; **3.** *(Gewinn)* üppig, *fam* fett; **4.** *(Land)* fett; ► **get** ~ dick werden; **a** ~ **lot of good you are!** Sie sind ja 'ne schöne Hilfe! *iro;* **II** *s* Fett *n a. chem;* ► **live off the** ~ **of the land** wie Gott in Frankreich leben; **the** ~ **is in the fire** jetzt ist der Teufel los; **vegetable** ~

Pflanzenfett *n.*
fatal ['feɪtl] *adj* **1.** verhängnisvoll, fatal (*to* für); **2.** tödlich, vernichtend (*to* für).
fatal·ism ['feɪtəlɪzəm] Fatalismus *m;* **fatal·ist** ['feɪtəlɪst] Fatalist(in) *m (f).*
fatal·ity [fə'tælətɪ] **1.** Unglück(sfall *m*) *n,* Tod(esfall) *m;* **2.** Unabwendbarkeit *f;* **fatal·ly** ['feɪtəlɪ] *adv* tödlich.
fate [feɪt] **1.** Schicksal, Los *n;* **2.** Untergang, Tod *m;* ▶ **as sure as ~** todsicher; **fated** ['feɪtɪd] *adj* unglückselig; vom Schicksal bestimmt; **be ~ to fail** zum Scheitern verurteilt sein; **fate·ful** ['feɪtfl] *adj* verhängnisvoll; entscheidend.
fat head ['fæthed] Dummkopf *m.*
fa·ther ['fɑ:ðə(r)] **I** *s* **1.** Vater *m a. fig;* **2.** *pl* Väter *pl,* Vorfahren *pl;* **3.** (Be)Gründer *m;* **4.** *rel* Pfarrer *m;* Pater *m;* ▶ **F~** *rel* Vater, Gott *m;* **II** *tr* zeugen; Urheber sein von; **Father Christmas** Weihnachtsmann *m;* **father figure** *psych* Vaterfigur *f;* **fa·ther·hood** ['fɑ:ðəhʊd] Vaterschaft *f;* **fa·ther-in-law** ['fɑ:ðərɪnlɔ:] ⟨*pl* -s-in-law⟩ Schwiegervater *m;* **father·land** ['fɑ:ðəlænd] Vaterland *n;* **fa·ther·less** ['fɑ:ðəlɪs] *adj* vaterlos; **fa·ther·ly** ['fɑ:ðəlɪ] *adj* väterlich.
fathom ['fæðəm] **I** *s (Längenmaß)* Faden *m;* **II** *tr* **1.** *(die Wassertiefe)* loten; **2.** *fig* ergründen, erfassen; ▶ **I can't ~ him** ich verstehe ihn überhaupt nicht; **fathom·less** [—lɪs] *adj* unergründlich *a fig.*
fa·tigue [fə'ti:g] **I** *s* **1.** Ermüdung, Erschöpfung *f;* **2.** *mil* Arbeitsdienst *m;* **3.** *(Metall)* Ermüdung *f;* **II** *tr* ermüden, strapazieren; **fatigue dress, fatigues** *pl* Arbeitsanzug *m.*
fat·less ['fætlɪs] *adj* fettlos; **fat stock** Mastvieh *n;* **fatted** ['fætɪd] *adj* ▶ **kill the ~ calf** e-n Willkommensschmaus veranstalten; **fatten** ['fætn] **I** *tr* mästen; **II** *itr* fett, dick werden; **fat·ten·ing** ['fætnɪŋ] *adj* dick machend; **fatty** ['fætɪ] **I** *adj* fett(ig); fetthaltig; ▶ **~ degeneration** *med* Verfettung *f;* **II** *s fam* Dickerchen *n.*
fa·tu·ity [fə'tju:ətɪ] Albernheit *f;* **fatu·ous** ['fætʃʊəs] *adj* albern.
fau·cet ['fɔ:sɪt] *Am* (Wasser)Hahn *m.*
fault [fɔ:lt] **I** *s* **1.** Fehler *m;* Mangel *m;* Defekt *m;* **2.** Schuld *f;* Verschulden *n;* **3.** *geol* Verwerfung *f;* ▶ **at ~** im Irrtum; **to a ~** im Übermaß, **without one's ~** ohne Verschulden; **find ~ with** etw auszusetzen haben; **the ~ lies with** die Schuld liegt bei; **it's not my ~** es ist nicht meine Schuld; **II** *tr* Fehler finden an, etw auszusetzen haben an; **III** *itr geol* sich verwerfen; **fault-finder** Krittler(in) *m (f);* **fault-finding** Nörgelei, Meckerei *f;* **fault-indicator** ['fɔ:lt'ɪndɪkeɪtə(r)] *tech* Störungsanzeige *f;* **fault·less** ['fɔ:ltlɪs] *adj* fehlerfrei, untadelig, tadellos; **faulty** ['fɔ:ltɪ] *adj* fehler-, mangelhaft; defekt; ▶ **~ circuit** *el* Fehlschaltung *f.*
faun [fɔ:n] Faun *m.*
fauna ['fɔ:nə] Fauna *f.*
fa·vour, *Am* **fa·vor** ['feɪvə(r)] **I** *s* **1.** Gunst *f,* Wohlwollen *n;* **2.** Vergünstigung *f;* **3.** Gefallen *m,* Gefälligkeit *f;* **4.** Schleife *f;* ▶ **win s.o.'s ~** jds Gunst erlangen; **find ~ with s.o.** bei jdm Anklang finden; **be in ~ with s.o.** bei jdm gut angeschrieben sein; **be out of ~** in Ungnade fallen; nicht mehr beliebt sein; **be in ~ of s.th.** für etw sein; **ask a ~ of s.o.** jdn um e-n Gefallen bitten; **do s.o. a ~** jdm e-n Gefallen tun; **as a ~ to him** ihm zuliebe; **II** *tr* **1.** für gut halten; bevorzugen; **2.** begünstigen; **3.** beehren; **4.** ähnlich sehen (*s.o.* jdm); ▶ **I don't ~ the idea** ich halte nichts von der Idee.
fa·vour·able, *Am* **fa·vorable** ['feɪvərəbl] *adj* **1.** günstig, vorteilhaft (*to* für); **2.** *(Antwort)* positiv.
fa·voured, *Am* **fa·vored** ['feɪvəd] *adj* ▶ **a ~ few** einige Auserwählte; **a ~ friend** ein besonderer Freund.
fa·vour·ite, *Am* **fa·vor·ite** ['feɪvərɪt] **I** *s* **1.** Liebling *m;* Günstling *m;* **2.** *sport* Favorit(in) *m (f);* ▶ **this one is my ~** das habe ich am liebsten; **II** *attr adj* Lieblings-; **fa·vour·it·ism,** *Am* **fa·vor·it·ism** [—ɪzəm] Vetternwirtschaft *f.*
fawn[1] [fɔ:n] **I** *s* **1.** Rehkitz, Hirschkalb *n;* **2.** Beige *n;* **II** *adj* beige.
fawn[2] [fɔ:n] *itr* **1.** mit dem Schwanz wedeln; **2.** *(Mensch)* schmeicheln (*on, upon s.o.* jdm); **fawn·ing** ['fɔ:nɪŋ] *adj* kriecherisch.
fax [fæx] **I** *tr* fernkopieren, (tele)faxen; **II** *s* **1.** *(Gerät)* Telefax *n;* **2.** Telekopie, Fernkopie *f;* **fax machine** Telefax(gerät) *n;* **fax subscriber** Telefax-Teilnehmer(in) *m (f).*
fear [fɪə(r)] **I** *s* **1.** Angst, Furcht *f;* Schreck *m;* **2.** Scheu, Ehrfurcht *f;* ▶ **for ~ that** aus Angst, daß; **go in ~ of s.o.** Angst vor jdm haben; **no ~!** (nur) keine Angst! **in ~ and trembling** mit schlotternden Knien; **without ~ or favour** ganz gerecht; **II** *tr* **1.** (be)fürchten; **2.** Ehrfurcht haben vor; **III** *itr* ▶ **~ for** fürchten um; **fear·ful** ['fɪəfl] *adj* **1.** furchtbar, schrecklich; **2.** ängstlich (*of* vor); ▶ **be ~ for one's life** um sein Leben fürchten; **fear·less** ['fɪəlɪs] *adj* furchtlos (*of* vor); **fear·some** ['fɪəsəm] *adj* furchterregend.
feasi·bil·ity [ˌfi:zə'bɪlətɪ] **1.** Aus-, Durchführbarkeit *f;* **2.** Wahrscheinlichkeit *f;* **feasibility study** Machbarkeitsstudie *f;* **feas·ible** ['fi:zəbl] *adj* **1.** machbar, durchführbar; realisierbar; **2.** *(Entschuldigung)* glaubhaft, plausibel.
feast [fi:st] **I** *s* **1.** *rel* Fest *n;* **2.** Festmahl,

-essen, Bankett *n;* **II** *tr* festlich bewirten; ► **~ one's eyes on** seine Augen weiden an; **III** *itr* **1.** (ein Fest) feiern; **2.** sich ergötzen (*on* an).

feat [fi:t] Leistung *f;* Kunststück *n.*

feather ['feðə(r)] **I** *s* Feder *f;* Gefieder *n;* ► **as light as a ~** federleicht; **they are birds of a ~** sie sind vom gleichen Schlag; **show the white ~** Angst verraten; **a ~ in one's cap** Leistung *f,* auf die man stolz sein kann; **II** *tr* **1.** mit Federn versehen *od* schmücken; **2.** *(Ruder)* flach werfen; ► **~ one's nest** sein Schäfchen ins trockene bringen; **feather-bed I** *s* mit Federn gefüllte Matratze; **II** *tr* verhätscheln; unnötig subventionieren; **feather-brained** ['feðəbreɪnd] *adj* dumm; leichtsinnig; **feather·weight** ['feðəweɪt] **1.** *(Boxen)* Federgewicht *n;* **2.** *fig* Leichtgewicht *n;* **feathery** ['feðərɪ] *adj* federleicht.

fea·ture ['fi:tʃə(r)] **I** *s* **1.** (Gesichts)Zug *m;* **2.** Charakterzug *m,* Kennzeichen, Merkmal *n;* **3.** Charakteristikum *n;* **4.** *TV* Dokumentarbericht *m,* Feature *n;* **5.** *(Zeitung)* Sonderbericht *m;* ► **a ~ of his style is ...** sein Stil ist durch ... gekennzeichnet; **make a ~ of s.th.** etw besonders hervorheben; **II** *tr* **1.** *(Geschichte)* bringen; **2.** *(Rolle)* spielen, darstellen; **feature film** Spielfilm; **feature·less** ['fi:tʃəlɪs] *adj* ohne besondere Merkmale; **feature story** Sonderbericht *m.*

feb·rile ['fi:braɪl] *adj* fieberhaft, fiebernd.

Feb·ru·ary ['febrʊərɪ] Februar *m.*

feces ['fi:si:z] *Am s. faeces.*

feck·less ['feklɪs] *adj* nutzlos.

fed [fed] *v s. feed.*

fed·eral ['fedərəl] *adj* bundesstaatlich; förderativ; ► **F~ Bureau of Investigation (FBI)** *Am* Bundeskriminalamt *n;* **the F~ Republic of Germany** die Bundesrepublik Deutschland; **~ state 1.** *Am* (Einzel)Staat *m; (BRD)* (Bundes)Land *n;* **2.** Bundesstaat *m;* **fed·eral·ism** ['fedərəlɪzəm] Föderalismus *m;* **fed·eral·ist** ['fedərəlɪst] Föderalist(in) *m (f);* **fed·er·ate** ['fedəreɪt] **I** *tr* sich zu e-m Bund zusammenschließen; **II** *itr* sich zu e-m Bund zusammenschließen; **fed·er·ation** [ˌfedə'reɪʃn] **1.** Zusammenschluß *m;* **2.** Föderation *f,* Bund *m.*

fed up [ˌfed'ʌp] *adj* ► **I'm ~** ich habe die Nase voll; **I'm ~ with it** es hängt mir zum Hals heraus.

fee [fi:] **1.** Gebühr *f;* **2.** Honorar *n;* **3.** *(Schauspieler)* Gage *f,* Bezüge *pl;* ► **on payment of a small ~** gegen e-e geringe Gebühr; **school ~s** *pl* Schulgeld *n.*

feeble ['fi:bl] *adj* **1.** schwach; **2.** *(Stimme)* matt; **feeble-minded** [—'maɪndɪd] *adj* dümmlich; **feeble·ness** ['fi:blnɪs] Schwäche *f.*

feed [fi:d] ⟨*irr* **fed, fed**⟩ **I** *s* **1.** Füttern *n,* Fütterung *f;* **2.** *(e-s Babys)* Mahlzeit *f,* Essen *n;* **3.** *(e-s Tieres)* Futter *n;* **4.** *tech* Beschickung *f;* Versorgung *f;* Eingabe *f;* **II** *tr* **1.** verpflegen; ernähren; **2.** *(Person, Tier)* füttern; *(Baby a.)* stillen; **3.** *tech* versorgen; beschicken; füttern; **4.** Geld einwerfen in; **5.** *fig* Nahrung geben *dat,* nähren; ► **~ o.s.** sich selbst verpflegen; **~ an animal** e-m Tier zu fressen geben; **~ s.o. with information** jdn mit Informationen versorgen; **III** *itr (Tier)* fressen; **IV** *(mit Präposition)* **feed back** *tr* zurückleiten; rückkoppeln; **feed in** *tr* einführen, -geben, -speisen; **feed on** *itr* sich (er)nähren von; *tr* füttern mit; **feed up** *tr* mästen.

feed·back ['fi:dbæk] Rückkopp(e)lung *f;* Feedback *n,* Rückmeldung *f;* ► **~ of information** Rückinformation *f;* **feeder** ['fi:də(r)] **1.** Versorger *m;* **2.** (Saug)Flasche *f;* **3.** *tech* Zuführung(svorrichtung), Speiseleitung *f;* **4.** *(Verkehr)* Zubringer *m;* ► **~ road** Zubringerstraße *f.*

feel [fi:l] ⟨*irr* **felt, felt**⟩ **I** *tr* **1.** (be)fühlen, betasten; **2.** spüren, empfinden *a. fig;* **3.** leiden unter; empfinden; **4.** glauben; ► **~ one's way** sich vortasten; **what do you ~ about it?** was halten Sie davon? **II** *itr* **1.** sich fühlen; sich anfühlen; **2.** meinen; ► **~ well** sich wohl fühlen; **~ hungry** hungrig sein; **I ~ hot** mir ist heiß; **~ hard** sich hart anfühlen; **how do you ~ about him?** was halten Sie von ihm? **~ like** Lust haben auf; **~ like doing s.th.** Lust haben, etw zu tun; **I ~ as if** mir ist, als ob; **I'm ~ing much better** es geht mir viel besser; **III** *s* Gefühl *n;* Gefühlseindruck *m;* ► **have a ~ for s.th.** ein Gefühl für etw haben; **IV** *(mit Präposition)* **feel about** *itr* umhertasten; **feel for** *itr* fühlen mit.

feeler ['fi:lə(r)] *zoo* Fühler *m a fig;* ► **put out ~s** seine Fühler ausstrecken.

feel·ing ['fi:lɪŋ] **1.** Gefühl *n;* **2.** Empfindung *f;* **3.** Mitgefühl *n;* **4.** Meinung, Ansicht *f;* ► **bad, ill ~** Ablehnung, Bitterkeit *f;* **I have a ~ that ...** ich habe das Gefühl, daß ... **I hope you haven't any hard ~s** ich hoffe, Sie sind (mir) nicht böse; **hurt s.o.'s ~s** jdn verletzen.

feet [fi:t] *pl von foot.*

feign [feɪn] *tr* **1.** heucheln, simulieren; **2.** *(Krankheit)* vortäuschen; **feigned** ['feɪnd] *adj* vorgetäuscht, simuliert, geheuchelt.

feint [feɪnt] Finte *f;* ► **make a ~ of doing** so tun, als ob man tut.

fel·ici·ta·tion [fəˌlɪsɪ'teɪʃn] *meist pl* Glückwunsch *m* (*on, upon* zu).

fel·ici·tous [fə'lɪsɪtəs] *adj (Ausdruck)* treffend; **fel·ic·ity** [fə'lɪsətɪ] Glück *n,* Glückseligkeit *f.*

fe·line ['fi:laɪn] *adj* Katzen-; katzenartig.

fell[1] [fel] *v s. fall.*

fell[2] [fel] Fell *n.*

fell[3] [fel] *adj lit* fürchterlich.
fell[4] [fel] *tr* **1.** *(Baum)* fällen; **2.** *(Mensch)* niederschlagen.
fell[5] [fel] Berg *m;* Moorland *n.*
fel·low ['feləʊ] **1.** Bursche, Kerl *m;* **2.** Gefährte, Kamerad, Kollege *m;* **3.** *F*~ Mitglied *n* e-s College; **4.** Gegenstück *n;* ▶ **my dear, my good** ~! mein lieber Mann! **old** ~! alter Junge! **poor** ~! armer Junge! **school-**~ Schulkamerad *m;* **fellow being** Mitmensch *m;* **fellow-citizen** Mitbürger(in) *m (f);* **fellow-countryman** Landsmann *m,* -männin *f;* **fellow-countrymen** *pl* Landsleute *pl;* **fellow-feeling** Mitgefühl *n,* Sympathie *f;* **fellow-member** Klubkamerad(in) *m (f);* **fellow-passenger** Mitreisende(r) *f m;* **fel·low·ship** ['feləʊʃɪp] **1.** Kameradschaft *f;* Gemeinschaft *f;* **2.** Gesellschaft *f;* **3.** Forschungsstipendium *n;* **fellow-traveller 1.** Mitreisende(r) *f m;* **2.** *pol* Mitläufer *m;* **fellow-worker** Kollege *m,* Kollegin *f.*
felon ['felən] (Schwer)Verbrecher(in) *m (f);* **fel·oni·ous** [fɪ'ləʊnɪəs] *adj* verbrecherisch; **fel·ony** ['felənɪ] Verbrechen *n.*
felt[1] [felt] *v s. feel.*
felt[2] [felt] Filz *m;* **felt-tip (pen)** Filzschreiber, Filzstift *m.*
fe·male ['fi:meɪl] **I** *adj* weiblich; ▶ ~ **screw** Schraubenmutter *f;* **II** *s* **1.** *zoo* Weibchen *n;* **2.** *pej* Weib *n;* **female suffrage** Frauenstimmrecht *n.*
femi·nine ['femənɪn] *adj* feminin, weiblich; **fem·i·nin·ity** [ˌfemə'nɪnətɪ] Weiblichkeit *f;* **fem·in·ism** ['femɪnɪzəm] Feminismus *m;* **fem·in·ist** ['femɪnɪst] **I** *adj* feministisch, Frauen-; **II** *s* Feminist(in), Frauenrechtler(in) *m (f).*
fe·mur ['fi:mə(r)] *anat* Oberschenkelknochen *m.*
fen [fen] Moorland *n.*
fence [fens] **I** *s* **1.** Zaun *m;* Hindernis *n;* **2.** *sl* Hehler *m;* ▶ **sit on the** ~ neutral bleiben; **II** *tr* **1.** *(~ in)* ein-, umzäunen; **2.** *sl* hehlen; ▶ ~ **off** absperren; **III** *itr* **1.** *sport* fechten; **2.** *fig* ausweichen (*with a question* e-r Frage); **3.** *sl* Hehlerei treiben; **fencer** ['fensə(r)] Fechter(in) *m (f);* **fenc·ing** ['fensɪŋ] **1.** *sport* Fechten *n;* **2.** Zaun *m,* Umzäunung *f.*
fend [fend] **I** *itr* ▶ ~ **for o.s.** für sich sorgen; **II** *(mit Präposition)* **fend off** *tr* abwehren.
fend·er ['fendə(r)] **1.** Kamingitter *n;* **2.** *mar* Fender *m;* **3.** *Am mot* Kotflügel *m.*
fen·nel ['fenl] *bot* Fenchel *m.*
feoff [fi:f] *s. fief.*
fer·ment [fə'ment] **I** *tr* **1.** gären lassen, vergären; **2.** *fig* anwachsen lassen; **II** *itr* gären *a. fig;* **III** *s* ['fɜ:ment] **1.** Ferment *n;* **2.** Gärung *f a. fig;* **3.** *fig* Unruhe, Erregung *f;* **fer·men·ta·tion** [ˌfɜ:men'teɪʃn] **1.** Gärung *f a. fig;* **2.** *fig* Erregung, Unruhe *f.*
fern [fɜ:n] Farn(kraut *n*) *m.*
fer·ocious [fə'rəʊʃəs] *adj* wild, grimmig, heftig; **fer·oc·ity** [fə'rɒsətɪ] Wildheit, Grimmigkeit *f.*
fer·ret ['ferɪt] **I** *s zoo* Frettchen *n;* **II** *itr* **1.** mit dem Frettchen jagen; **2.** *(~ about)* herumstöbern, -schnüffeln; ▶ ~ **out** aufstöbern.
fer·ro·con·crete [ˌferəʊ'kɒŋkri:t] Eisenbeton *m.*
fer·rous ['ferəs] *adj* eisenhaltig.
fer·rule ['feru:l] Metallring *m.*
ferry ['ferɪ] **I** *s* Fähre *f;* **II** *tr* **1.** (mit der Fähre) übersetzen; **2.** transportieren; **ferry-boat** Fähre *f;* **ferry-man** ⟨*pl* -men⟩ Fährmann *m.*
fer·tile ['fɜ:taɪl] *adj* **1.** fruchtbar, ertragreich; **2.** reich (*of, in* an); **fer·til·ity** [fə'tɪlətɪ] Fruchtbarkeit *f;* Ergiebigkeit *f;* **fer·ti·liz·ation** [ˌfɜ:təlaɪ'zeɪʃn] **1.** Düngung *f;* **2.** *biol.* Befruchtung *f;* **fer·til·ize** ['fɜ:təlaɪz] *tr* **1.** düngen; **2.** *biol* befruchten; **fer·ti·lizer** ['fɜ:təlaɪzə(r)] Dünger *m.*
fer·vent ['fɜ:vənt] *adj* **1.** heiß, glühend; **2.** *(Wunsch)* inbrünstig; leidenschaftlich; **fer·vid** ['fɜ:vɪd] *adj* leidenschaftlich; **fer·vour,** *Am* **fer·vor** ['fɜ:və(r)] **1.** Glut, Hitze *f;* **2.** Inbrunst, Leidenschaft *f.*
fes·ter ['festə(r)] *itr* **1.** eitern; **2.** *fig (Ärger)* fressen, nagen (*in* in).
fes·ti·val ['festɪvl] **1.** Fest *n;* Feier *f;* **2.** *mus theat* Festspiele *n pl;* ▶ **music** ~ Musikfestspiele *n pl;* **Church** ~**s** *pl* Feiertage *m pl;* **fes·tive** ['festɪv] *adj* festlich; **fes·tiv·ity** [fe'stɪvətɪ] **1.** Fest *n,* Feier *f;* **2.** *pl* Festlichkeiten, Feierlichkeiten *f pl.*
fes·toon [fe'stu:n] **I** *s* Girlande *f;* **II** *tr* mit Girlanden verzieren.
fetal ['fi:tl] *Am s. foetal.*
fetch [fetʃ] **I** *tr* **1.** holen, bringen; **2.** *(Schrei)* ausstoßen; **3.** *(Geld)* einbringen; ▶ ~ **s.o. a blow** jdm eine langen; **II** *itr* ▶ ~ **and carry for s.o.** bei jdm Mädchen für alles sein; **fetch·ing** ['fetʃɪŋ] *adj fam* bezaubernd.
fête [feɪt] **I** *s* (Garten)Fest *n;* **II** *tr* feiern.
fetid ['fetɪd] *adj* übelriechend.
fet·ish ['fetɪʃ] *rel psych* Fetisch *m;* **fet·ish·ism** ['fetɪʃɪzəm] Fetischismus *m;* **fet·ish·ist** ['fetɪʃɪst] Fetischist(in) *m (f).*
fet·ter ['fetə(r)] **I** *s* **1.** *pl* (Fuß)Fesseln *f pl;* **2.** *fig* Fesseln *f pl;* **II** *tr* **1.** fesseln; **2.** *fig* in Fesseln legen.
fettle ['fetl] ▶ **in fine, in good** ~ in guter Verfassung.
fe·tus ['fi:təs] *Am s. foetus.*
feud [fju:d] **I** *s* Fehde *f;* **II** *itr* sich befehden.
feu·dal ['fju:dl] *adj* feudal; Feudal-, Lehns-; **feu·dal·ism** [—ɪzəm] Lehnswesen *n.*

fe·ver ['fi:və(r)] **1.** Fieber *n;* **2.** *fig* Erregung *f;* ▶ **be at ~ pitch** in höchster Erregung sein; **be in a ~ of excitement** in fieberhafter Aufregung sein; **fe·ver·ish** ['fi:vərɪʃ] *adj* **1.** fiebernd; **2.** *fig* fieberhaft.

few [fju:] **I** *adj* wenige; ▶ **~ and far between** dünn gesät; **as ~ as** genauso wenig wie; **a ~** ein paar; **a ~ times** ein paar Male; **quite a ~** ziemlich viele; **every ~ days** alle paar Tage; **II** *prn* wenige; **a ~** ein paar; **quite a ~** e-e ganze Menge; **a ~ more** ein paar mehr; **fewer** ['fju:ə(r)] ⟨*Komparativ von* few⟩ *adj, prn* weniger; ▶ **no ~ than** nicht weniger als; **fewest** ['fju:ɪst] ⟨*Superlativ von* few⟩ *adj, prn* die wenigsten.

fi·ancé [fɪ'ɒnseɪ] Verlobte(r) *m;* **fiancée** [fɪ'ɒnseɪ] Verlobte *f.*

fi·asco [fɪ'æskəʊ] ⟨*pl* fiascos, *Am* fiascoes⟩ Fiasko *n.*

fib [fɪb] **I** *s fam* Schwindelei *f;* **II** *itr* flunkern, schwindeln; **fib·ber** ['fɪbə(r)] Flunkerer *m.*

fibre, *Am* **fiber** ['faɪbə(r)] **1.** Faser *f;* **2.** *fig* Charakter *m,* Wesen *n;* ▶ **cotton ~** Baumwollfaser *f;* **glass ~** Glasfiber, -faser *n;* **moral ~** Charakterstärke *f.*

fibre·glass ['faɪbəglɑ:s] Fiberglas *n.*

fibre op·tic cable ['faɪbə(r)'ɒptɪk'keɪbl] Glasfaserkabel *n;* **fibre optics** ['faɪbə(r)ɒptɪks] *pl* Glasfaseroptik *f.*

fib·ula ['fɪbjʊlə] *anat* Wadenbein *n.*

fickle ['fɪkl] *adj* wankelmütig, unbeständig.

fic·tion ['fɪkʃn] **1.** Fiktion *f a. jur;* **2.** Erzähl-, Prosaliteratur *f;* **fic·tion·al** ['fɪkʃənl] *adj* erfunden, erdichtet.

fic·ti·tious [fɪk'tɪʃəs] *adj* **1.** fiktiv, frei erfunden; **2.** falsch.

fiddle ['fɪdl] **I** *s* **1.** Fiedel, Geige *f;* **2.** *sl* Schiebung *f;* ▶ **be fit as a ~** gesund und munter sein; **play first, second ~** *fig* die erste, die zweite Geige spielen; **II** *itr* **1.** *mus* fiedeln; **2.** herumspielen; ▶ **~ about** herumspielen, -fummeln; **III** *tr (Bilanz)* frisieren; manipulieren; **fid·dler** ['fɪdlə(r)] **1.** Geiger(in) *m (f);* **2.** *sl* Gauner(in) *m (f);* **fid·dling** ['fɪdlɪŋ] *adj fam* läppisch; **fid·dly** ['fɪdlɪ] *adj fam* knifflig.

fi·del·ity [fɪ'delətɪ] **1.** Treue *f;* **2.** Genauigkeit *f;* ▶ **high ~** Klangtreue *f.*

fidget ['fɪdʒɪt] **I** *s fam* Zappelphilipp *m;* **II** *itr* nervös sein; zappeln; **fidgety** ['fɪdʒɪtɪ] *adj* zappelig; nervös.

fief, feoff [fi:f] Lehen *n.*

field [fi:ld] **I** *s* **1.** Feld *n,* Acker *m;* Wiese *f;* Weide *f;* **2.** Platz *m;* **3.** *mil* Feld *n;* **4.** *fig* (Fach)Gebiet *n,* Bereich, Sektor *m;* **5.** *com* Außendienst *m;* **6.** *sport* Feld *n; (Baseball)* Fängerpartei *f;* ▶ **in this ~** *fig* auf diesem Gebiet, in diesem Bereich; **working in the ~** auf dem Feld arbeiten; **wheat ~** Weizenfeld *n;* **~ of battle** Schlachtfeld *n;* **~ of vision** Blick-, Gesichtsfeld *n;* **magnetic ~** Magnetfeld *n;* **take the ~** *sport* das Spiel eröffnen; **~ of activity** Tätigkeits-, Wirkungsbereich *m;* Arbeitsgebiet *n;* **II** *tr* **1.** *(Kricket, Baseball) (den Ball)* auffangen und zurückwerfen; **2.** *(Spieler)* als Fänger im Ausfeld einsetzen; **III** *itr* als Fänger spielen; **field day 1.** *mil* Manöver *n;* **2.** *fig* großer Tag; **field-events** *pl sport* Hoch- u. Weitsprung *m,* Stoßen u. Werfen *n;* **field glasses** *pl* Feldstecher *m;* **field mouse** ⟨*pl* -mice⟩ Feldmaus *f;* **fields·man** ['fi:ldzmən] ⟨*pl* -men⟩ *(Baseball, Kricket)* Fänger, Spieler *m* im Ausfeld; **field sports** *pl* Jagd *f,* Schießen *n,* Fischfang *m;* **field·work** ['fi:ldwɜ:k] **1.** Arbeit *f* im Gelände; **2.** *(von Soziologen)* Feldforschung *f;* **field·worker** ['fi:ldwɜ:kə(r)] Praktiker(in) *m (f).*

fiend [fi:nd] **1.** Unhold, Satan *m;* **2.** *fam* Fanatiker(in) *m (f);* ▶ **fresh-air, jazz ~** Frischluft-, Jazzfanatiker(in) *m (f);* **fiend·ish** ['fi:ndɪʃ] *adj* teuflisch.

fierce [fɪəs] *adj* **1.** *(Erscheinung)* wild; **2.** *(Blick)* böse; **3.** *(Hund)* scharf; **4.** *(Kampf)* heftig; **5.** *(Konkurrenz)* erbittert; **fierce·ness** ['fɪəsnɪs] Wildheit *f;* Heftigkeit *f;* Grimmigkeit *f;* Schärfe *f.*

fiery ['faɪərɪ] *adj* **1.** feurig, glühend, heiß *a. fig;* **2.** *fig* erregt, aufwühlend.

fife [faɪf] *mus* Querpfeife *f.*

fif·teen [ˌfɪf'ti:n] *adj* fünfzehn; **fif·teenth** [ˌfɪf'ti:nθ] *adj* fünfzehnte(r,s).

fifth [fɪfθ] **I** *adj* fünfte(r, s); **II** *s* Fünftel *n;* Fünfte(r, s).

fif·ti·eth ['fɪftɪəθ] *adj* fünfzigste(r, s); **fifty** ['fɪftɪ] *adj* fünfzig; ▶ **go ~-~ with s.o.** mit jdm halbe-halbe machen.

fig [fɪg] Feige *f;* ▶ **I don't care a ~** *fam* ich kümmere mich e-n Dreck darum.

fight [faɪt] ⟨*irr* fought, fought⟩ **I** *s* **1.** Kampf m a.fig; Gefecht *n;* **2.** Kampfkraft *f,* -geist *m;* ▶ **have a ~ with s.o.** sich mit jdm schlagen; **put up a ~** sich zur Wehr setzen; **II** *itr* kämpfen; sich streiten; **~ for one's life** um sein Leben kämpfen; **~ shy of s.th.** e-r S aus dem Weg gehen; **III** *tr* **1.** kämpfen mit; **2.** bekämpfen; ankämpfen gegen; **IV** *(mit Präposition)* **fight back** *itr* zurückschlagen; sich wehren; **fight off** *tr* abwehren; ankämpfen gegen; **fight on** *itr* weiterkämpfen.

fighter ['faɪtə(r)] **1.** Kämpfer(in) *m (f);* **2.** *aero* Jagdflugzeug *n;* **fight·ing** ['faɪtɪŋ] Kampf *m,* Gefecht *n.*

fig·ment ['fɪgmənt] Einbildung, Erfindung *f;* ▶ **a ~ of the imagination** pure Einbildung.

figu·rat·ive ['fɪgjərətɪv] *adj* bildlich, übertragen; **figu·rat·ive·ly** [—lɪ] *adv* in übertragener Bedeutung.

fig·ure ['fɪgə(r)] **I** *s* **1.** Zahl, Ziffer *f;* **2.** Figur, Form, Gestalt *f;* **3.** Persönlichkeit *f;* **4.** *(Modell)* Figur *f;* **5.** *(Tanz)* Figur *f;* **6.** *pl* Rechnen *n;* ► **be good at ~s** ein guter Rechner sein; **she has a good ~** sie hat e-e gute Figur; **~-hugging** figurbetont; **~ of fun** Witzfigur *f;* **~ of speech** Redensart *f;* **II** *tr* **1.** formen, gestalten; (figürlich) darstellen; **2.** sich vorstellen; **3.** *Am* meinen, glauben; **III** *itr* in Erscheinung treten; ► **he ~d in a play** er trat in einem Stück auf; **IV** *(mit Präposition)* **figure on** *tr Am* rechnen mit; **figure out** *tr* begreifen, verstehen; ausrechnen.

fig·ure·head ['fɪgəhed] *a. fig* Galionsfigur *f.*

fig·ure-skat·ing ['fɪgəˌskeɪtɪŋ] Eiskunstlauf *m.*

fila·ment ['fɪləmənt] **1.** *bot* Staubfaden *m;* **2.** *el* Glüh-, Heizfaden *m.*

filch [fɪltʃ] *tr fam* mausen, stibitzen.

file[1] [faɪl] **I** *s* Feile *f;* **II** *tr* feilen *a. fig;* ► **~ smooth** glattfeilen.

file[2] [faɪl] **I** *s* **1.** Aktenhefter, Aktenordner *m;* **2.** Akte *f* (*on s.o.* über jdn); **3.** *EDV* Datei *f;* ► **on ~** aktenkundig; **keep a ~ on s.o.** e-e Akte über jdn führen; **II** *tr* **1.** ablegen, abheften; **2.** *jur* einreichen; ► **~ away** zu den Akten legen.

file[3] [faɪl] **I** *s* Reihe *f;* ► **in Indian, single ~** im Gänsemarsch; **II** *(mit Präposition)* **file in** *itr* hereinmarschieren; **file out** *itr* hinausgehen.

file name *EDV* Dateiname *m.*

fil·ial ['fɪlɪəl] *adj* Kindes-; ► **~ duty** Kindespflicht *f.*

fili·bus·ter ['fɪlɪbʌstə(r)] **I** *s parl* Obstruktionspolitiker *m;* **II** *itr parl* Obstruktion treiben.

fili·gree ['fɪlɪgri:] Filigran(arbeit *f*) *n.*

fil·ing ['faɪlɪŋ] **1.** Ablegen, Abheften *n;* **2.** *jur* Einreichnung *f;* **filing cabinet** Aktenschrank *m.*

fil·ings ['faɪlɪŋz] *pl* Späne *m pl.*

fill [fɪl] **I** *tr* **1.** füllen, stopfen; **2.** *(Zahn)* füllen, plombieren; **3.** *(Loch)* zustopfen; **4.** erfüllen; **5.** *(Stelle)* besetzen, einnehmen, innehaben; ► **~ed with anger** von Zorn erfüllt; **II** *itr* voll werden, sich füllen; **III** *s* ► **drink one's ~** seinen Durst löschen; **have had one's ~** gut satt sein; **I've had my ~ of it** ich habe davon die Nase voll; **IV** *(mit Präposition)* **fill in** *tr* **1.** *(Loch)* auffüllen; **2.** *(Formular)* ausfüllen; **3.** *(Namen)* einsetzen; ► **~ in for s.o.** für jdn einspringen; **~ s.o. in on s.th.** jdn über etw ins Bild setzen; **fill out** *itr* sich blähen; dicker werden; *tr Am (Formular)* ausfüllen; **fill up** *tr* **1.** vollfüllen; volltanken; **2.** *(Formular)* ausfüllen; *itr* sich (an)füllen, voll werden.

fill·er ['fɪlə(r)] **1.** Trichter *m;* **2.** Spachtelmasse *f;* **3.** *chem* Füllstoff *m;* **filler cap** Tankdeckel *m.*

fil·let ['fɪlɪt] **I** *s* **1.** Stirnband *n;* **2.** *(Küche)* Filet, Lendenstück *n;* **II** *tr (Fleisch, Fisch)* in Filets schneiden.

fill·ing ['fɪlɪŋ] **I** *s* Plombe, Füllung *f;* **II** *adj* sättigend; **filling station** Tankstelle *f.*

fil·lip ['fɪlɪp] Ansporn *m,* Aufmunterung *f.*

film [fɪlm] **I** *s* **1.** Film *m,* Schicht *f;* Schleier *m;* Belag *m;* **2.** *phot film* Film *m;* ► **make, shoot a ~** e-n Film drehen; **II** *tr* (ver)filmen; **III** *itr* sich verfilmen lassen; **film camera** Filmkamera *f;* **film-star** Filmstar *m;* **film studio** Filmatelier, -studio *n.*

fil·ter ['fɪltə(r)] **I** *s* Filter *m;* **II** *tr* filtern; **III** *itr* **1.** durch-, einsickern; **2.** *Br* sich einordnen; **IV** *(mit Präposition)* **filter in** *itr* langsam eindringen; einsickern; **filter out** *tr* herausfiltern; *itr* langsam herausgehen; **filter through** *itr* durchsickern *a. fig.*

fil·ter lane Abbiegerspur *f;* **filter pad** Filtereinsatz *m;* **filter paper** Filterpapier *n;* **filter tip** Filtermundstück *n,* Filter *m.*

filth [fɪlθ] **1.** Schmutz, Dreck *m;* **2.** *fig* Schweinerei *f;* **filthy** ['fɪlθɪ] *adj* **1.** schmutzig, dreckig; **2.** *fig* unanständig, schweinisch; ► **~ rich** *fam* stinkreich.

fin [fɪn] **1.** Flosse *f a. aero, mar;* **2.** *(Heizkörper)* Rippe *f.*

fi·nal ['faɪnl] **I** *adj* **1.** letzte(r, s); Schluß-; **2.** letztendlich; **3.** endgültig; ► **~ word** letztes Wort; **II** *s pl* **1.** (Ab)Schlußprüfung *f;* **2.** *sport* Endspiel *n;* **3.** *(Zeitung)* Spätausgabe *f.*

fi·nale [fɪ'nɑ:lɪ] *mus* Finale *n;* Schlußszene *f.*

fi·nal·ist ['faɪnəlɪst] *sport* Teilnehmer(in) *m (f)* an der Schlußrunde.

fi·nal·ity [faɪ'nælətɪ] **1.** Endgültigkeit *f;* **2.** Entschiedenheit *f.*

fi·nal·ize ['faɪnəlaɪz] *tr* abschließen; fertigmachen, beenden.

fi·nal·ly ['faɪnəlɪ] *adv* **1.** endlich, schließlich; **2.** endgültig, unwiderruflich.

fi·nance ['faɪnæns] **I** *s* **1.** Finanzwesen *n;* **2.** *pl* Finanzen *f pl;* ► **~ company** Finanzierungsgesellschaft *f;* **II** *tr* finanzieren; **fi·nan·cial** [faɪ'nænʃl] *adj* finanziell; Finanz-; ► **the ~ year** das Rechnungsjahr; **fin·an·cier** [faɪ'nænsɪə(r)] Finanzier *m.*

finch [fɪntʃ] *zoo* Fink *m.*

find [faɪnd] ⟨*irr* found, found⟩ **I** *tr* **1.** finden; **2.** besorgen; **3.** (heraus)finden, ausfindig machen; **4.** bemerken, gewahr werden; **5.** halten für, ansehen als; **6.** *jur* befinden (*guilty* für schuldig); ► **it is not to be found** es läßt sich nicht finden; **~ one's feet** sich zurechtfinden; **~ fault with** etw auszusetzen haben an; ~

one's voice, tongue die Sprache wiederfinden; ~ **one's way** seinen Weg finden; **this tree is found everywhere** diesen Baum findet man überall; ~ **o.s. unable** sich außerstande sehen; **he found himself in hospital** er fand sich im Krankenhaus wieder; **II** *itr* ▶ ~ **for the accused** den Angeklagten freisprechen; **III** *s* Fund *m;* **IV** *(mit Präposition)* **find out** *tr* **1.** herausfinden; **2.** *(Person)* erwischen; *itr* dahinterkommen.

finder ['faɪndə(r)] Finder(in) *m (f);* **finding** ['faɪndɪŋ] **1.** *pl* Ergebnis *n,* Befund *m;* Feststellung *f;* **2.** *jur* Urteil *n.*

fine[1] [faɪn] **I** *adj* **1.** fein, schön *(a. Wetter);* **2.** ausgezeichnet, hervorragend, prächtig; **3.** *(Material)* fein, zart; **4.** gesund; **5.** in Ordnung, gut; **6.** fein, scharf, spitz; ▶ **one** ~ **day** eines schönen Tages; **that's a** ~ **excuse** das ist ja e-e schöne Ausrede; ~ **clothes** feine Kleider; ~ **dust** feiner Staub; **that's** ~! das ist prima! ~ **feelings** *pl* Feingefühl *n;* **II** *adv fam* sehr gut, prima; ▶ **chop s.th. up** ~ etw fein zerhacken; **that will suit me** ~ das paßt mir gut; **I'm feeling** ~ mir geht's bestens; **you're looking very** ~ **today** du siehst heute gut aus; **III** *(mit Präposition)* **fine down** *tr* abfeilen; straffen; reduzieren.

fine[2] [faɪn] **I** *s jur* Bußgeld *n,* Geldstrafe *f;* **II** *tr* mit e-r Geldstrafe belegen.

fine art [ˌfaɪn'ɑ:t] *meist pl* schöne Künste *f pl.*

fine·ness ['faɪnnɪs] **1.** Schönheit *f;* **2.** Güte *f;* Feinheit *f;* **3.** *(Material)* Zartheit *f;* **4.** *(Sand)* Feinheit *f;* **5.** Dünnheit *f.*

fin·ery ['faɪnərɪ] **1.** Putz, Staat *m;* **2.** *tech* Frischofen *m.*

fi·nesse [fɪ'nes] **1.** Geschicklichkeit *f;* **2.** *(Karten)* Schneiden *n.*

fine-tooth comb [ˌfaɪn'tu:θkəʊm] ▶ **go through s.th. with a** ~ etw genau unter die Lupe nehmen.

fin·ger ['fɪŋgə(r)] **I** *s* Finger *m;* ▶ **cut one's** ~ sich in den Finger schneiden; **burn one's** ~**s** *fig* sich die Finger verbrennen; **have a** ~ **in the pie** die Hand im Spiel haben; **lay a** ~ **on s.o.** jdn berühren; **let s.th. slip through one's** ~**s** sich etw entgehen lassen; **twist s.o. around one's (little)** ~ jdn um den kleinen Finger wickeln; **put the** ~ **on s.o.** *sl* jdn verpfeifen; **II** *tr* **1.** befühlen, betasten; **2.** *mus* mit dem Fingersatz bezeichnen; **finger-mark** Fingerabdruck *m;* **finger-nail** Fingernagel *m;* **finger-print** ['fɪŋgəprɪnt] **I** *s* Fingerabdruck *m;* **II** *tr* e-n Fingerabdruck nehmen (*s.o.* von jdm); **fin·ger·tip** ['fɪŋgətɪp] Fingerspitze *f;* ▶ **have s.th. at one's** ~**s** etw aus dem Effeff kennen.

fin·icky ['fɪnɪkɪ] *adj* wählerisch, verwöhnt (*about* in).

fin·ish ['fɪnɪʃ] **I** *s* **1.** Ende *n,* Schluß *m;* **2.** *sport* Endkampf *m;* **3.** Schliff *m;* Verarbeitung *f;* Vollendung *f;* **4.** *tech* Oberflächenbehandlung *f;* ▶ **be in at the** ~ *fig* beim Ende dabei sein; **fight to the** ~ bis zum letzten Augenblick kämpfen; **his manners lack** ~ seinen Manieren fehlt der Schliff; **II** *tr* **1.** beenden; aufhören (*doing s.th.* etw zu tun); **2.** *(Arbeit)* erledigen, vollenden; **3.** fertigstellen, den letzten Schliff geben (*s.th.* e-r S); ▶ **have** ~**ed doing s.th.** mit etw fertig sein; ~ **writing** fertigschreiben; **III** *itr* **1.** zu Ende sein; fertig sein; aufhören; **2.** *sport* das Ziel erreichen (*with* mit); **IV** *(mit Präposition)* **finish off** *itr* aufhören, Schluß machen; *tr* **1.** fertigmachen; **2.** *(Essen)* aufessen; **3.** *(Tier)* den Gnadenschuß geben *dat;* **4.** *fig* den Rest geben (*s.o.* jdm); **finish up** *tr* aufessen; ▶ ~ **up with a brandy** zum Abschluß e-n Brandy trinken; **finish with** *tr* **1.** nicht mehr brauchen; *fig* fertig sein mit, nichts mehr zu tun haben wollen.

fin·ished ['fɪnɪʃt] *adj* **1.** fertig; bearbeitet; **2.** *(Erscheinung)* vollendet; ▶ **be** ~ fertig, erledigt sein; ~ **goods** *pl* Fertigerzeugnisse *n pl;* **a** ~ **performance** e-e makellose Aufführung.

fi·nite ['faɪnaɪt] *adj* **1.** begrenzt; endlich *a. math;* **2.** *gram* finit.

Fin·land ['fɪnlənd] Finnland *n.*

Finn [fɪn] Finne *m,* Finnin *f;* **Finn·ish** ['fɪnɪʃ] **I** *adj* finnisch; **II** *s* (das) Finnisch(e).

fiord [fɪ'ɔ:d] Fjord *m.*

fir [fɜ:(r)] **1.** Tanne *f;* **2.** Tanne(nholz *n*), Fichte(nholz *n*) *f;* **fir-cone** Tannenzapfen *m.*

fire ['faɪə(r)] **I** *s* **1.** Feuer *n;* Brand *m;* **2.** Kaminfeuer *n;* **3.** *mil* Feuer *n;* **4.** Erregung, Leidenschaft *f;* ▶ **between two** ~**s** zwischen zwei Feuern; **on** ~ in Brand; **be on** ~ in Flammen stehen; **come under** ~ unter Beschuß geraten; **catch** ~ Feuer fangen; **go through** ~ **and water for s.o.** für jdn durchs Feuer gehen; **play with** ~ *fig* mit dem Feuer spielen; **set** ~ **to, set on** ~ in Brand stecken; anzünden; **danger of** ~ Brandgefahr *f;* **liable to catch** ~ feuergefährlich; **II** *tr* **1.** anzünden, in Brand stecken; **2.** *(Ofen)* befeuern; **3.** *(Ziegel)* brennen; **4.** *fig* anfeuern; beflügeln; entzünden; **5.** *(Feuerwaffe, Geschoß)* abfeuern; **6.** *fam* feuern, entlassen; **III** *itr* **1.** *(Schuß)* feuern, schießen; **2.** *(Maschine)* zünden; **IV** *(mit Präposition)* **fire away** *itr fam* losschießen; **fire off** *tr* abschießen.

fire-alarm ['faɪərəˌlɑ:m] **1.** Feueralarm *m;* **2.** Feuermelder *m;* **fire-arm** Feuer-, Schußwaffe *f;* **fire·ball** ['faɪəbɔ:l] *(Atom)* Feuerball *m;* **fire·brand** ['faɪəbrænd] **1.** Feuerbrand *m;* **2.** *fig* Unruhestifter(in) *m (f);* **fire·break**

['faɪəbreɪk] Feuerschneise *f;* **fire-brigade** Feuerwehr *f;* **fire-cracker** Knallkörper *m;* **fire-damp** *min* Grubengas *n;* schlagende Wetter *n pl;* **fire department** *Am* Feuerwehr *f;* **fire-eater** Feuerfresser(in) *m (f);* **fire-engine** Feuerwehrauto *n;* **fire-escape** Feuertreppe, Feuerleiter *f;* **fire-extinguisher** Feuerlöscher *m;* **fire-fighter** Feuerwehrmann *m;* **fire·fly** ['faɪəflaɪ] Leuchtkäfer *m;* **fire-guard** Ofenschirm *m;* **fire hazard** Feuersgefahr *f;* **fire house** *Am* Feuerwache *f;* **fire-insurance** Feuerversicherung *f;* **fire-irons** *pl* Kaminbesteck *n;* **fire·man** ['faɪəmən] ⟨*pl* -men⟩ **1.** Feuerwehrmann *m;* **2.** Heizer *m;* **fire·place** ['faɪəpleɪs] Kamin *m;* **fire plug** *Am* Hydrant *m;* **fire-proof** *adj* feuerfest, -sicher; **fire-raiser** ['faɪəreɪsə(r)] Brandstifter(in) *m (f);* **fire-raising** ['faɪəreɪsɪŋ] Brandstiftung *f;* **fire·side** ['faɪəsaɪd] Platz *m* um den Kamin; ► **by the ~** am Kamin; **fire-water** *fam* Feuerwasser *n;* **fire-woman** ['faɪəwʊmən] ⟨*pl* women⟩ [—wɪmɪn] Feuerwehrfrau *f;* **fire·wood** ['faɪəwʊd] Brennholz *n;* **fire-work 1.** Feuerwerkskörper *m;* **2.** *meist pl* Feuerwerk *n a. fig.*

firing ['faɪrɪŋ] *mil* Feuern *n;* **firing-line** Feuer-, Schußlinie *f;* **firing-squad** Exekutionskommando *n.*

firm[1] [fɜ:m] **I** *adj* **1.** fest; hart; stabil; **2.** *(Freundschaft)* beständig, unaufhörlich; **3.** *(Basis)* standhaft, unerschütterlich; **4.** *com* fest, stabil; **II** *itr* fest werden; **III** *adv* ► **stand ~ on s.th.** fest bei etw bleiben.

firm[2] [fɜ:m] Firma *f,* Unternehmen *n.*

fir·ma·ment ['fɜ:məmənt] Firmament *n.*

firm·ness ['fɜ:mnɪs] Festigkeit *f;* Beständigkeit *f.*

first [fɜ:st] **I** *adj* erste(r, s); ► **at ~ hand** aus erster Hand; **at ~ sight** auf den ersten Blick; **for the ~ time** zum erstenmal; **~ things ~** eins nach dem anderen; **not to know the ~ thing about s.th.** keinen blassen Schimmer von etw haben; **in the ~ place** an erster Stelle; zunächst; **II** *adv* **1.** zuerst, als erste(r, s); **2.** als erstes, zunächst; **3.** zum erstenmal; **4.** (zu)erst; **5.** eher, lieber; ► **~ of all, ~ and foremost** zuallererst; **~ come, ~ served** *prov* wer zuerst kommt, mahlt zuerst; **come in ~** das Rennen gewinnen; **I must finish this ~** ich muß das erst fertigmachen; **III** *s* **1.** *(the ~)* der, die, das Erste; **2.** *(Schule)* Eins *f;* **3.** *mot* erster Gang; ► **at ~** zuerst, zunächst; **from ~ to last** von Anfang bis Ende; **first aid** *med* Erste Hilfe; ► **~ box** Verbandskasten *m;* **~ station** Sanitätswache *f;* **first-born** ['fɜ:stbɔ:n] *adj* erstgeboren; **first-class** [ˌfɜ:st'klɑ:s] **I** *adj* erstklassig; ► **~ compartment** Abteil *n* erster Klasse; **II** *adv* erster Klasse; **first-hand** [ˌfɜ:st'hænd] *adj, adv* aus erster Hand; **First Lady** *Am* Gemahlin *f* des Präsidenten der USA.

first·ly ['fɜ:stlɪ] *adv* erstens.

first name ['fɜ:st neɪm] Vorname *m;* ► **be on ~ terms** sich mit dem Vornamen anreden, sich duzen; **first night** *theat* Erstaufführung *f;* **first offender** *jur* Ersttäter(in) *m (f),* Nichtvorbestrafte(r) *f m;* **first-rate** [ˌfɜ:st'reɪt] *adj* **1.** erstrangig, -klassig; **2.** *fam* prima, großartig; **first strike** *mil (Atomwaffen)* Ersteinsatz, Erstschlag *m.*

firth [fɜ:θ] Meeresarm *m,* Förde *f.*

fis·cal ['fɪskl] *adj* fiskalisch; Finanz-.

fish [fɪʃ] ⟨*pl* fish *od* fishes⟩ **I** *s* Fisch *m;* ► **the F~es** *astr* die Fische *pl;* **feel like a ~ out of water** sich fehl am Platze vorkommen; **have other ~ to fry** wichtigere Dinge zu tun haben; **neither ~ nor fowl** weder Fisch noch Fleisch; **a pretty kettle of ~** *iro* eine schöne Bescherung; **~ and chips** *pl* Fisch und Pommesfrites; **II** *itr* **1.** fischen; **2.** angeln *a. fig* (*for* nach); ► **~ in troubled waters** im trüben fischen; **III** *tr* fischen, angeln in; **~ out** herausfischen *a. fig;* **~ up** herausziehen; hervorkramen; **fishbone** ['fɪʃbəʊn] Fischgräte *f;* **fishcake** ['fɪʃkeɪk] Fischfrikadelle *f.*

fisher·man ['fɪʃəmən] ⟨*pl* -men⟩ Fischer, Angler *m.*

fish·ery ['fɪʃərɪ] **1.** Fischerei *f,* Fischfang *m;* **2.** Fischereizone *f;* ► **inshore, deepsea ~** Küsten-, Hochseefischerei *f.*

fish fin·ger [ˌfɪʃ'fɪŋgə(r)] Fischstäbchen *n;* **fish-hook** Angelhaken *m.*

fish·ing ['fɪʃɪŋ] Fischen *n;* Angeln *n;* **fishing-grounds** *pl* Fischgründe *m pl;* **fishing-line** Angelschnur *f;* **fishing-rod** Angelrute *f;* **fishing-tackle** Angelgerät *n.*

fish·mon·ger ['fɪʃmʌŋgə(r)] *Br* Fischhändler(in) *m (f);* **fish-pond** Fischteich *m.*

fishy ['fɪʃɪ] *adj* **1.** fischartig; **2.** *fam* verdächtig, faul.

fis·sile ['fɪsaɪl] *adj* spaltbar; **fis·sion** ['fɪʃn] **1.** *biol* (Zell)Teilung *f;* **2.** *phys* (Kern)Spaltung *f;* **fis·sion·able** [—əbl] *adj* spaltbar; **fission material** Spaltmaterial *n.*

fis·sure ['fɪʃə(r)] Spalt(e *f*) *m,* Kluft *f.*

fist [fɪst] Faust *f;* ► **shake one's ~ at s.o.** jdm mit der Faust drohen.

fit[1] [fɪt] *med* Anfall *m a. fig;* ► **by, in ~s and starts** ruck-, stoßweise; **give s.o. a ~** *fam* jdm e-n Schrecken einjagen; **~ of anger** Wutanfall *m;* **~ of coughing** Hustenanfall *m;* **~ of laughter** Lachkrampf *m.*

fit[2] [fɪt] **I** *adj* **1.** geeignet; günstig; **2.** passend, ratsam, angebracht; **3.** gesund; in Form; ► **be ~** geeignet, tauglich sein;

be ~ **to be seen** sich sehen lassen können; **keep** ~ in Form bleiben; ~ **to drink** trinkbar; ~ **for a position** für e-e Stelle geeignet; ~ **for work** arbeitsfähig; **II** *tr* **1.** passen auf; passen in; **2.** *(Kleid)* passen (*s.o.* jdm); **3.** anbringen; montieren; einbauen; **4.** *(Tatsachen)* entsprechen (*s.th.* e-r S); ▶ ~ **a dress on s.o.** jdm ein Kleid anprobieren; ~ **a key in a lock** e-n Schlüssel ins Schloß stecken; **III** *itr* **1.** passen; **2.** zusammenpassen; **IV** *s* Paßform *f;* **V** *(mit Präposition)* **fit in** *tr* **1.** unterbringen; **2.** *tech* einbauen; *itr* **1.** passen (*with* zu); **2.** in Einklang, in Übereinstimmung sein (*with* mit); **3.** harmonieren; **fit out** *tr* ausrüsten, ausstatten; **fit together** *itr* zusammenpassen; **fit up** *tr* **1.** *(Haus)* einrichten, möblieren; **2.** ausrüsten (*with* mit); **3.** *(Maschine)* montieren.

fit·ful ['fɪtfl] *adj* **1.** unregelmäßig; unbeständig; **2.** *(Schlaf)* unruhig.

fit·ment ['fɪtmənt] Einrichtungsgegenstand *m;* Möbel(stück) *n.*

fit·ness ['fɪtnɪs] **1.** Tauglichkeit, Geeignetheit *f;* **2.** Gesundheit *f;* Fitneß, Kondition *f.*

fit·ted ['fɪtɪd] *adj* **1.** eingerichtet, ausgestattet (*with* mit); **2.** *(Person)* geeignet; **3.** *(Hemd)* tailliert; ▶ ~ **carpet** Teppichboden *m;* ~ **kitchen** Einbauküche *f;* ~ **sheet** Spannbettuch *n.*

fit·ter ['fɪtə(r)] **1.** Schneider(in) *m (f);* **2.** *tech* Monteur(in), Schlosser(in) *m (f);* **3.** Installateur(in) *m (f).*

fit·ting ['fɪtɪŋ] **I** *adj* angebracht, angemessen, geeignet; **II** *s* **1.** *(Kleider)* Anprobe *f;* **2.** Zubehörteil *n;* ▶ ~**s** *pl* Ausstattung *f;* Einrichtung *f;* **go in for a** ~ zur Anprobe gehen.

five [faɪv] *adj* fünf; ▶ ~**-day week** Fünftagewoche *f;* ~**fold** fünffach; ~**-speed gearbox** *mot* Fünfganggetriebe *n;* **fiver** ['faɪvə(r)] *fam* Fünfpfundnote *f.*

fix [fɪks] **I** *tr* **1.** festmachen, befestigen (*to* an); anbringen; **2.** *(Bild)* aufhängen; **3.** heften, richten (*one's eyes* den Blick; *on, upon* auf); **4.** *(Preis)* festsetzen, festlegen (*at* auf); **5.** *(Aufmerksamkeit)* fesseln; **6.** vereinbaren, abmachen; **7.** *(Besprechung)* ansetzen, anberaumen; **8.** *chem phot* fixieren; **9.** in Ordnung bringen; **10.** *fam* drehen, schieben, manipulieren; ▶ ~ **the blame on s.o.** die Schuld auf jdn schieben; ~ **s.th. in one's mind** sich etw fest einprägen; ~ **a date** ein Treffen vereinbaren; ~ **(up) one's face** *sl* sich schminken; ~ **one's hair** sich frisieren; ~ **the meal** das Essen fertigmachen; **I'll** ~ **him!** ich werde es ihm schon geben! **II** *s* **1.** *fam* Klemme *f;* **2.** *sl (Drogen)* Fix *m;* **3.** *mar aero* Standortbestimmung *f;* ▶ **in a** ~ in e-r Klemme; **III** *(mit Präposition)* **fix down** *tr* befestigen; **fix on** *tr* festmachen; anstecken; *itr* sich entscheiden für; **fix up** *tr* **1.** anbringen; **2.** arrangieren, festmachen; ▶ ~ **s.o. up for the night** jdn für die Nacht unterbringen; ~ **s.o. up with s.th.** jdm etw besorgen.

fix·ation [fɪk'seɪʃn] Fixierung *f.*

fixed [fɪkst] *adj* **1.** fest; **2.** *(Idee)* fix; **3.** *(Lächeln)* starr; ▶ ~ **interest securities** *pl fin* Rentenwerte *pl;* ~ **term deposit** *fin* Termingeld *n;* ~ **rate of interest** *fin* Festzins(satz) *m;* **fix·ed·ly** ['fɪksɪdlɪ] *adv* starr, unbeweglich.

fixer ['fɪksə(r)] **1.** *phot* Fixiermittel *n;* **2.** *(Drogen)* Fixer(in) *m (f);* **fix·ing bath** ['fɪksɪŋˌbɑ:θ] Fixierbad *n.*

fix·ity ['fɪksətɪ] ▶ ~ **of purpose** Zielstrebigkeit *f.*

fix·ture ['fɪkstʃə(r)] **1.** Ausstattung *f,* unbewegliches Inventar; **2.** *sport* Spiel *n;* ▶ **lighting** ~ elektrische Anschlüsse *m pl;* **be a** ~ *hum* zum Inventar gehören.

fizz [fɪz] **I** *itr* zischen; sprudeln, moussieren; **II** *s* **1.** Zischen *n;* **2.** Sprudel *m.*

fizzle ['fɪzl] *itr* zischen, spucken; ▶ ~ **out** verpuffen; im Sand verlaufen.

fizzy ['fɪzɪ] *adj* zischend; sprudelnd.

fjord [fɪ'ɔ:d] *s. fiord.*

flab·ber·gast ['flæbəgɑ:st] *tr fam* verblüffen, umhauen.

flabby ['flæbɪ] *adj* **1.** schlaff, schlapp; **2.** *fig* saft- und kraftlos.

flac·cid ['flæksɪd] *adj* lose hängend; schlaff.

flag[1] [flæg] **I** *s* Flagge *f;* Fahne *f;* ▶ ~ **of convenience** *com mar* Billigflagge *f;* **keep the** ~ **flying** die Stellung halten; **show the** ~ seine Anwesenheit dokumentieren; **II** *tr* beflaggen; ▶ ~ **down** anhalten; ~ **up** markieren.

flag[2] [flæg] *(~stone)* Steinplatte *f.*

flag[3] [flæg] *bot* Schwertlilie *f.*

flag[4] [flæg] *itr* **1.** *(Pflanze)* welken; **2.** *fig* ermatten, nachlassen.

flag day ['flægdeɪ] *Br Tag* m, *an dem e-e Sammlung für karitative Zwecke durchgeführt wird;* ▶ **F~ D~** *Am* 14. Juni, *Gedenktag der Einführung der amerikanischen Nationalflagge.*

flagel·late ['flædʒəleɪt] *tr* geißeln.

flagon ['flægən] bauchige Kanne.

flag·pole ['flægpəʊl] Fahnenstange *f.*

fla·gran·cy ['fleɪgrənsɪ] eklatante Offensichtlichkeit; Unverhohlenheit *f;* **flagrant** ['fleɪgrənt] *adj* **1.** *(Verbrechen)* himmelschreiend, empörend; **2.** skandalös, eklatant.

flag·staff ['flægstɑ:f] Fahnenstange *f,* -mast *m.*

flail [fleɪl] **I** *s* Dreschflegel *m;* **II** *tr* dreschen.

flair [fleə(r)] Gespür *n;* Fingerspitzengefühl *n;* ▶ **have a** ~ **for s.th.** e-e Nase für etw haben.

flake [fleɪk] **I** *s* **1.** Flocke *f;* **2.** *(Metall)* Span *m;* **3.** *(Rost)* Splitter *m;* **II** *tr (Scho-*

kolade) raspeln; **III** *itr* abbröckeln; abblättern; **IV** *(mit Präposition)* **flake out** *itr fam* abschlaffen; **flaky** ['fleɪkɪ] *adj* flockig; schuppig; ► ~ **pastry** Blätterteig *m.*

flam·boy·ant [flæm'bɔɪənt] *adj* prunkvoll, (farben)prächtig; üppig.

flame [fleɪm] **I** *s* **1.** Flamme *f;* **2.** *fig* Leidenschaft *f;* **3.** *fam* Geliebte, Flamme *f;* ► **be in ~s** in Flammen stehen; **burst into ~s** in Flammen aufgehen; **II** *itr* flammen, lodern; ► ~ **up** auflodern; *fig* in Wut geraten; **flam·ing** ['fleɪmɪŋ] *adj* **1.** flammend, lodernd; glühend; **2.** *sl* verdammt.

fla·mingo [flə'mɪŋgəʊ] ⟨*pl* -mingo(e)s⟩ Flamingo *m.*

flam·mable ['flæməbl] *adj* leicht brennbar.

flan [flæn] Obstkuchen *m.*

flange [flændʒ] **1.** *tech* Flansch *m;* **2.** *(am Rad)* Spurkranz *m.*

flank [flæŋk] **I** *s* **1.** *anat* Flanke *f;* **2.** *mil* Seite, Flanke *f;* **II** *tr* **1.** flankieren; **2.** *mil* umgehen.

flan·nel ['flænl] **I** *s* **1.** Flanell *m;* **2.** Waschlappen *m;* **3.** *pl* Flanellhose *f;* **4.** *sl* Geschwafel *n;* **II** *itr fig* schwafeln; **flan·nel·ette** [ˌflænə'let] Baumwollflanell *m.*

flap [flæp] **I** *s* **1.** Klappe *f;* **2.** *(~ of skin)* Hautlappen *m;* **3.** Klaps *m,* Schlagen *n;* **4.** *aero* Landeklappe *f;* **5.** *sl* Aufregung , Nervosität *f;* ► **get into a ~** in helle Aufregung geraten; **II** *itr* **1.** schlagen; flattern; **2.** in heller Aufregung sein; ► **his ears were ~ping** er spitzte die Ohren; ~ **away** davonfliegen; **III** *tr* ► ~ **its wings** mit den Flügeln schlagen; **flap·jack** ['flæpdʒæk] *Am* Pfannkuchen *m.*

flare [fleə(r)] **I** *itr* **1.** aufflackern, auflodern; **2.** *(Hose)* ausgestellt sein; ► ~ **up** aufflackern; *fig* aufbrausen; **II** *s* **1.** Aufleuchten *n;* Aufflackern *n;* **2.** Leuchtkugel, Leuchtrakete *f;* Leuchtsignal *n;* **3.** *(Mode)* ausgestellter Schnitt; **flare-up** ['fleərʌp] **1.** Aufflackern *n;* **2.** *fig* Wutausbruch *m.*

flash [flæʃ] **I** *itr* **1.** (auf)blitzen, blinken, funkeln *a. fig* (*with anger* vor Zorn); **2.** *fig* sausen, flitzen; ► ~ **in and out** rein und raus sausen; **a smile ~ed across his face** ein Lächeln huschte über sein Gesicht; ~ **by** vorbeisausen; **the time ~ed past** die Zeit verflog im Nu; **the idea ~ed through my mind** es fuhr mir durch den Sinn; ~ **back** zurückblenden; **II** *tr* **1.** aufblitzen, aufleuchten lassen **2.** *(Ring)* blitzen lassen; **III** *s* **1.** Aufblinken *n;* Blitzen *n;* **2.** *phot* Blitz(licht *n*) *m;* **3.** *mot* Lichthupe *f;* **4.** *(news ~)* Kurzmeldung *f;* **5.** *mil* Abzeichen *n;* **6.** *Am* Taschenlampe *f;* **7.** *pl* Szenen *f pl* aus e-m Film; ► ~ **of lightning** Blitz *m;* **a ~ in the pan** ein Strohfeuer *n;* **a ~ of wit** ein Geistesblitz *m;* **in a ~** im Nu; **as quick as a ~** blitzschnell; **flash·back** ['flæʃbæk] *film* Rückblende *f;* **flash-bulb** ['flæʃbʌlb] *phot* Blitzbirne *f;* **flash cube** *phot* Blitz(licht)würfel *m;* **flasher** ['flæʃə(r)] **1.** *mot* Lichthupe *f;* **2.** Exhibitionist *m;* **flash·gun** ['flæʃgʌn] Blitzlichtgerät *n;* **flash·light** ['flæʃlaɪt] **1.** Blinklicht *n;* **2.** *Am* Taschenlampe *f;* **3.** *phot* Blitzlicht *n;* **flash·point** ['flæʃpɔɪnt] Flammpunkt *m;* **flashy** ['flæʃɪ] *adj* auffallend, auffällig.

flask [flɑːsk] **1.** Flachmann *m;* **2.** *chem* Glaskolben *m.*

flat¹ [flæt] **I** *adj* **1.** flach, platt, eben; **2.** *fig* fade, matt, stumpf; **3.** *(Absage)* glatt, deutlich; **4.** *com* pauschal; **5.** *mus* zu tief; ► ~ **fish** Plattfisch *m;* ~ **screen** *TV* Flachbildschirm *m;* **II** *adv (Ablehnung)* rundweg, kategorisch; ► **sing ~** zu tief singen; **he told me ~ that ...** er sagte mir klipp und klar, daß ... ~ **broke** *fam* total pleite; ~ **out** total erledigt; **work ~ out** auf Hochtouren arbeiten; **III** *s* **1.** Fläche *f;* flache Seite; **2.** *geog* Ebene *f;* **3.** *mus* Erniedrigungszeichen *n;* **4.** platter Reifen; **5.** *theat* Kulisse *f.*

flat² [flæt] *Br* Wohnung *f.*

flat-bot·tomed [ˌflæt'bɒtəmd] *adj (Kahn)* flach; **flat feet** *pl* Plattfüße *m pl;* **flat-footed** [—'fʊtɪd] *adj* plattfüßig.

flat·let ['flætlɪt] *Br* Kleinwohnung *f.*

flat·ness ['flætnɪs] **1.** Flachheit, Plattheit *f;* **2.** Fadheit, Abgedroschenheit *f.*

flat·ten ['flætn] **I** *tr* **1.** planieren; zu Boden drücken; umwerfen; **2.** *(Stadt)* dem Erdboden gleichmachen; **II** *itr* flach(er) werden.

flat·ter ['flætə(r)] *tr* schmeicheln (*s.o.* jdm); ► **feel ~ed** sich geschmeichelt fühlen; ~ **o.s. that ...** sich einbilden, daß ..; **flat·terer** ['flætərə(r)] Schmeichler(in) *m (f);* **flat·ter·ing** [—ɪŋ] *adj* schmeichelhaft; **flat·tery** ['flætərɪ] Schmeichelei *f.*

flatu·lence ['flætjʊləns] *physiol* Blähung *f.*

flaunt [flɔːnt] *tr* zur Schau stellen; prahlen, großtun mit.

flaut·ist ['flɔːtɪst] Flötist(in) *m (f).*

fla·vour, *Am* **fla·vor** ['fleɪvə(r)] **I** *s* **1.** Geschmack *m;* Aroma *n;* **2.** *fig* Beigeschmack *m;* **II** *tr* würzen *a. fig;* **fla·vour·ing,** *Am* **fla·vor·ing** [—ɪŋ] Aroma *n;* Aromastoff *m;* ► **artificial ~** künstlicher Aromastoff *m.*

flaw [flɔː] **1.** Sprung, Riß *m;* **2.** (Material)Fehler, Defekt, Mangel *m;* **flaw·less** ['flɔːlɪs] *adj* fehlerlos, makellos.

flax [flæks] Flachs *m;* **flaxen** ['flæksn] *adj* flachsfarben; ► ~ **hair** Flachshaar *n.*

flay [fleɪ] *tr* **1.** die Haut abziehen (*s.o.*

jdm); **2.** *fig* keinen guten Faden lassen an.

flea [fli:] Floh *m;* ▶ **send s.o. off with a ~ in his ear** jdn wie e-n begossenen Pudel abziehen lassen; **flea-bite 1.** Flohbiß *m;* **2.** *fig* Bagatelle *f;* **flea-bitten** ['fli:bɪtn] *adj fig* vergammelt; **flea market** Flohmarkt *m.*

fleck [flek] **I** *s* **1.** Fleck(en), Tupfen *m;* **2.** Teilchen *n;* **II** *tr* sprenkeln.

fled [fled] *v s. flee.*

fledged [fledʒd] *adj* flügge; ▶ **fully ~** *fig* vollentwickelt; **fledg(e)·ling** ['fledʒlɪŋ] **1.** Jungvogel *m;* **2.** *fig* Grünschnabel *m.*

flee [fli:] ⟨*irr* **fled, fled**⟩ **I** *itr* entfliehen, flüchten (*from* vor); **II** *tr* fliehen vor, aus; entfliehen.

fleece [fli:s] **I** *s* Vlies, Schaffell *n;* **II** *tr* **1.** scheren; **2.** *fig* übers Ohr hauen; schröpfen (*of* um).

fleet[1] [fli:t] **1.** Flotte *f;* Geschwader *n;* **2.** Wagenpark *m.*

fleet[2] [fli:t] *adj* schnell, flink.

fleet·ing ['fli:tɪŋ] *adj* flüchtig, vergänglich.

flesh [fleʃ] **1.** Fleisch *n;* **2.** *(von Obst)* (Frucht)Fleisch *n;* ▶ **in the ~** leibhaftig; in Person; **go the way of all ~** den Weg allen Fleisches gehen; **one's own ~ and blood** sein eigenes Fleisch und Blut; **have one's pound of ~** alles auf Heller und Pfennig bekommen; **flesh-colo(u)red** *adj* fleischfarben; **flesh-pots** *pl fig* Fleischtöpfe *m pl;* **flesh-wound** Fleischwunde *f;* **fleshy** ['fleʃɪ] *adj* fleischig; fett.

flew [flu:] *v s. fly*[2], *fly*[3].

flex [fleks] **I** *tr* biegen, beugen; **II** *s el* Kabel *n.*

flexi·bil·ity [ˌfleksə'bɪlətɪ] **1.** Elastizität, Biegsamkeit *f;* **2.** *fig* Anpassungsfähigkeit, Flexibilität *f;* **flex·ible** ['fleksəbl] *adj* **1.** biegsam, elastisch; **2.** *fig* anpassungsfähig, flexibel; **flexi·time** ['fleksɪtaɪm] gleitende Arbeitszeit, Gleitzeit *f.*

flick [flɪk] **I** *s* **1.** (Peitschen)Knall *m;* **2.** *(mit Fingern)* Schnipsen *n;* **II** *tr* **1.** schnalzen, knallen mit; **2.** wegschnippen.

flicker ['flɪkə(r)] **I** *itr* **1.** flattern; **2.** *(Flamme)* flackern; flimmern; zucken; **II** *s* Flackern, Flimmern, Zucken *n;* ▶ **~ of hope** Hoffnungsschimmer *m.*

flick knife ['flɪknaɪf] ⟨*pl* -knives⟩ Klappmesser *n.*

flier ['flaɪə(r)] *s. flyer.*

flight[1] [flaɪt] **1.** Flug *m,* Fliegen *n;* **2.** Flugstrecke *f;* **3.** *(Vögel)* Schar *f,* Schwarm *m;* **4.** *fig* Höhenflug *m;* **5.** *(~ of stairs)* Treppenflucht *f;* ▶ **in ~** im Flug; **in the first ~** *fig* an der Spitze.

flight[2] [flaɪt] Flucht *f;* ▶ **put to ~** in die Flucht schlagen; **take (to) ~** die Flucht ergreifen; **~ of capital** Kapitalflucht *f.*

flight attendant Flugbegleiter(in) *m (f);* **flight controller** Fluglotse *m,* -lotsin *f;* **flight deck** ['flaɪtdek] Flugdeck *n;* **flight engineer** Bordmechaniker(in) *m (f);* **flight·less** [—lɪs] *adj (Vogel)* flugunfähig; **flight number** Flugnummer *f.*

flighty ['flaɪtɪ] *adj* flatterhaft.

flim·si·ness ['flɪmzɪnɪs] **1.** Dünne *f;* Leichtigkeit *f;* Dürftigkeit *f;* **2.** *fig* Fadenscheinigkeit *f;* **flimsy** ['flɪmzɪ] **I** *adj* **1.** dünn; leicht; düftig; nicht stabil; **2.** *(Ausrede)* fadenscheinig; **II** *s* Durchschlagpapier *n.*

flinch [flɪntʃ] *itr* **1.** zurückzucken; **2.** *fig* zurückschrecken (*from* vor); ▶ **without ~ing** ohne e-e Miene zu verziehen.

fling [flɪŋ] ⟨*irr* **flung, flung**⟩ **I** *s* **1.** Wurf *m,* Schleudern *n;* **2.** *fig* Versuch, Anlauf *m;* ▶ **have a ~ at** sich versuchen an; **have one's ~** sich austoben; **II** *tr* schleudern; ▶ **~ the window open** das Fenster aufstoßen; **~ s.th. at s.o.** jdm etw an den Kopf werfen; **~ into prison** ins Gefängnis werfen; **~ o.s. into a chair** sich in e-n Sessel werfen; **III** *(mit Präposition)* **fling away** *tr* wegwerfen; **fling off** *tr* abwerfen; abschütteln; **fling on** *tr (Kleider)* schnell überwerfen; **fling open** *tr (Tür)* aufreißen; **fling out** *tr* hinauswerfen.

flint [flɪnt] Feuerstein *m.*

flip [flɪp] **I** *tr* **1.** *(~ off)* wegschnippen; **2.** *(~ over) (Pfanne)* wenden; **II** *itr* **1.** schnipsen; **2.** *sl* den Verstand verlieren, *sl* ausflippen; **flip·chart** Flip-Chart *n;* **III** *adj fam* schnippisch; **IV** *s* **1.** Schnipser *m;* **2.** Rundflug *m;* **3.** *(Getränk)* Flip *m.*

flip-flop ['flɪpflɒp] **1.** *el* Flipflop *m;* **2.** *fam* Latsche, Sandale *f.*

flip·pancy ['flɪpənsɪ] Keckheit *f;* **flip-pant** ['flɪpənt] *adj* leichtfertig, schnoddrig.

flip·per ['flɪpə(r)] *zoo* Flosse *f; pl* (Schwimm)Flossen *pl.*

flip side ['flɪpsaɪd] *(Schallplatte)* Rückseite *f.*

flirt [flɜ:t] **I** *itr* flirten; ▶ **~ with an idea** mit e-m Gedanken spielen; **II** *s* ▶ **he is just a ~** er will nur flirten; **flir·ta·tion** [flɜ:'teɪʃn] Flirt *m;* **flir·ta·tious** [flɜ:'teɪʃəs] *adj* kokett.

flit [flɪt] *itr* **1.** *(Vögel)* flattern, huschen; **2.** *fig* bei Nacht und Nebel ausziehen.

float [fləʊt] **I** *s* **1.** *tech* Schwimmer *m;* Schwimmkork *m;* **2.** *(Fisch)* Schwimmblase *f;* **3.** *aero* Schwimmwerk *n;* **4.** Festzugswagen *m;* **II** *itr* **1.** schwimmen; treiben; schweben; **2.** *com* floaten; **III** *tr* **1.** flottmachen; **2.** *com* in Umlauf bringen; *(Anleihe)* auflegen; *(Handelsgesellschaft)* gründen; *(Wechselkurs)* freigeben; **IV** *(mit Präposition)* **float around** *itr* im Umlauf sein; herumschweben; **float off** *itr* abtreiben; davonschweben; **float·ing** ['fləʊtɪŋ] *adj* **1.** schwimmend, schwebend; **2.** *(Bevölkerung)* fluktuierend; **3.** *com* freigegeben; ▶ ~ **capital** Umlaufvermögen *n;* ~ **dock** Schwimmdock *n;* ~ **kidney** *med* Wanderniere *f;* ~ **voter** Wechselwähler(in) *m (f).*

flock¹ [flɒk] **I** *s* **1.** Herde *f;* **2.** *(Vögel)* Schwarm *m;* **3.** *(von Personen)* Schar *f,* Haufen *m;* **4.** *rel* Herde *f;* **II** *itr* in Scharen kommen; ▶ ~ **in** hineinströmen; ~ **together** zusammenströmen; ~ **around s.o.** sich um jdn scharen.

flock² [flɒk] Flocke *f.*

floe [fləʊ] Treibeis *n,* Eisscholle *f.*

flog [flɒg] *tr* **1.** (aus)peitschen, verprügeln; **2.** *sl* verschachern; ▶ **you're ~ing a dead horse** Sie verschwenden Ihre Zeit; **flog·ging** [—ɪŋ] Tracht *f* Prügel.

flood [flʌd] **I** *s* **1.** Hochwasser *n,* Überschwemmung *f;* **2.** *mar* Flut *f;* **3.** *fig* Flut, Schwall *m;* ▶ **the F~** die Sintflut; **II** *tr* **1.** überschwemmen, überfluten *a. fig;* **2.** *fig* überschütten (*with* mit); ~ **out** überfluten, unter Wasser setzen; ~ **the market** den Markt überschwemmen; **be ~ed out** durch das Hochwasser vertrieben werden; **III** *itr (Fluß)* über die Ufer treten; ▶ ~ **in** hereinstürmen; hineinströmen; **flood·light** ['flʌdlaɪt] **I** *s* Scheinwerfer(licht *n*) *m,* Flutlicht *n;* **II** *tr* anstrahlen, beleuchten.

floor [flɔ:(r)] **I** *s* **1.** Fußboden *m;* Tanzboden *m;* **2.** Stockwerk *n;* **3.** *(von Preisen)* Minimum *n;* **4.** *parl* Sitzungssaal *m;* ▶ **give s.o. the** ~ jdm das Wort erteilen; **take the** ~ auf den Tanzboden gehen; *parl* das Wort ergreifen; **wipe the** ~ **with s.o.** *fam* jdn am Boden zerstören; **may I have the ~?** *parl* ich bitte ums Wort; **II** *tr* **1.** *(Haus)* mit e-m Fußboden versehen; **2.** zu Boden strekken, niederschlagen; **3.** *fig* die Sprache verschlagen (*s.o.* jdm), verblüffen; **floor-board** ['flɔ:bɔ:d] Diele *f;* **floor·ing** [—ɪŋ] Fußbodenbelag *m;* **floor lamp** Stehlampe *f;* **floor polish** Bohnerwachs *n;* **floor show** Nachtklubvorstellung *f;* **floor-walker** Abteilungsleiter(in) *m (f) (in Warenhaus).*

flop [flɒp] **I** *itr* **1.** fallen; sich fallenlassen; **2.** *theat* durchfallen; nicht ankommen; ▶ ~ **down on the bed** sich auf das Bett fallenlassen; **II** *s* **1.** Plumps *m;* **2.** *fam* Reinfall, Mißerfolg *m;* **floppy** ['flɒpɪ] *adj* schlaff; schlapp *a. fig;* ▶ ~ **disk** *EDV* Floppy Disk, Diskette *f.*

flora ['flɔ:rə] Flora *f;* **floral** ['flɔ:rəl] *adj* Blumen-; geblümt.

florid ['flɒrɪd] *adj* **1.** *(Aussehen)* blühend, rosig; **2.** *(Kunst)* überladen; blumig, schwülstig.

flor·ist ['flɒrɪst] Blumenhändler(in) *m (f);* ▶ **~'s shop** Blumenladen *m.*

flo·tilla [flə'tɪlə] Flottille *f.*

flot·sam ['flɒtsəm] Treibgut *n;* ▶ ~ **and jetsam** Strandgut *n a. fig.*

flounce¹ [flaʊns] **I** *itr* stolzieren; ▶ ~ **in** hereinstolzieren; **II** *s* ▶ **leave the room with a** ~ aus dem Zimmer stolzieren.

flounce² [flaʊns] **I** *s* Volant *m;* **II** *tr* mit e-m Volant besetzen.

floun·der¹ ['flaʊndə(r)] Flunder *f.*

floun·der² ['flaʊndə(r)] *itr* sich abstrampeln, sich abzappeln *a. fig; fig* ins Schwimmen kommen.

flour ['flaʊə(r)] **I** *s* Mehl *n;* **II** *tr (Küche)* mit Mehl bestreuen.

flour·ish ['flʌrɪʃ] **I** *itr* **1.** sich gut entwikkeln, gedeihen; **2.** *fig* e-e Blütezeit haben; erfolgreich sein; **II** *tr (Fahne)* schwenken; **III** *s* **1.** Schnörkel *m,* Floskel *f a. fig;* **2.** *mus* Fanfare *f;* **3.** schwungvolle Bewegung; **flour·ish·ing** ['flʌrɪʃɪŋ] *adj* blühend, florierend.

flour-mill ['flaʊəmɪl] Getreidemühle *f;*

floury ['flaʊərɪ] *adj* mehlig.

flout [flaʊt] *tr* sich hinwegsetzen über, mißachten.

flow [fləʊ] **I** *itr* **1.** fließen, strömen *a. fig;* **2.** münden (*into the lake* in den See); **3.** *(Tränen)* rinnen; **4.** *(Flut)* steigen; **5.** *(Haar)* fließen, wallen; ▶ ~ **down** *(Haar)* herunterhängen; ~ **in** hereinströmen; **II** *s* **1.** Fließen, Strömen *n;* **2.** Fluß, Strom *m;* **3.** *fig* Redefluß *m;* ▶ ~ **of business** Geschäftsgang *m;* ~ **of traffic** Verkehrsstrom *m;* **flow chart** Flußdiagramm *n.*

flower ['flaʊə(r)] **I** *s* **1.** Blume, Blüte *f;* **2.** *fig* Blüte *f;* ▶ **in** ~ in Blüte; **say it with ~s** laßt Blumen sprechen; **in the** ~ **of youth** in der Blüte der Jugend; **II** *itr* blühen *a. fig;* **flower arrangement** Blumengesteck *n;* **flower·bed** ['flaʊəbed] Blumenbeet *n;* **flow·ered** ['flaʊəd] *adj* geblümt; **flower garden** Blumengarten *m;* **flower-pot** ['flaʊəpɒt] Blumentopf *m;* **flower show** Blumenschau *f;* **flower tub** Blumenkübel *m;* **flowery** ['flaʊərɪ] *adj* **1.** blumenreich, blumig; **2.** *(Stil)* bilderreich.

flown [fləʊn] *v s. fly², fly³.*

flu [flu:] *fam* Grippe *f.*

fluc·tu·ate ['flʌktʃʊeɪt] *itr* schwanken *a. fig;* fluktuieren; **fluc·tu·ation** [ˌflʌktʃʊ'eɪʃn] Schwanken *n,* Schwankung *f;* Fluktuation *f;* ▶ ~ **of prices, of temperature** Preis-, Temperaturschwankungen *f pl.*

flue [flu:] Rauchfang, -abzug *m;* **flue gas** Rauchgas *n;* ▶ ~ **desulphurization** Rauchgasentschwefelung *f.*

flu·ency ['flu:ənsɪ] (Rede)Gewandtheit *f;* **flu·ent** ['flu:ənt] *adj* **1.** *(Stil)* flüssig; **2.** *(Redner)* gewandt; ▶ **speak** ~ **English** fließend Englisch sprechen.

fluff [flʌf] **I** *s* **1.** (Staub)Flocke *f;* **2.** Flaum *m;* **II** *tr* **1.** (~ *out)* aufplustern; **2.** *(Auf-*

tritt) verpfuschen; **fluffy** ['flʌfɪ] *adj* flaumig.

fluid ['flu:ɪd] **I** *adj* **1.** flüssig; **2.** *fig* veränderlich, ungewiß; **II** *s chem* Flüssigkeit *f.*

flung [flʌŋ] *v s. fling.*

flunk [flʌŋk] *fam* **I** *tr* durchfallen lassen; **II** *itr* durchfallen.

flu·or·escence [flʊə'resns] Fluoreszenz *f;* **flu·or·escent** [flʊə'resnt] *adj* fluoreszierend; ▶ ~ **tube** Neonröhre *f.*

flu·ori·da·tion [ˌflʊərɪ'deɪʃn] *(Trinkwasser)* Fluoridbehandlung *f;* **flu·or·ide** ['flʊəraɪd] *chem* Fluorid *n;* **flu·or·ine** ['flʊəri:n] *chem* Fluor *n;* **flu·oro·car·bon** [ˌflʊərə'kɑ:bən] *chem* Fluorkohlenwasserstoff *m.*

flurry ['flʌrɪ] **I** *s* **1.** *(~ of wind)* Windstoß *m;* **2.** Schneegestöber *n;* **3.** *fig* plötzliches Durcheinander, Aufregung *f;* ▶ **in a ~ (of alarm, of excitement)** in (großer) Aufregung; **II** *tr* verwirrt machen, aufregen.

flush¹ [flʌʃ] **I** *itr* rot werden, rot anlaufen **II** *tr* **1.** (aus-, durch)spülen; **2.** *(Gesicht)* röten; ▶ ~ **out** *(Dieb)* aufstöbern, aufspüren; **III** *s* **1.** (Wasser)Guß *m,* Spülung *f;* **2.** Auf-, Erblühen *n;* Blüte *f;* **3.** Erregung *f,* Aufwallen *n;* **4.** Röte *f;* ▶ **in the first ~ of victory** im ersten Siegestaumel.

flush² [flʌʃ] *pred adj* in gleicher Ebene; bündig; ▶ **be ~** gut bei Kasse sein.

flush³ [flʌʃ] *tr (Vögel)* aufscheuchen.

flush⁴ [flʌʃ] *(Poker)* Flush *m.*

flushed ['flʌʃt] *adj* rot; gerötet.

flus·ter ['flʌstə(r)] **I** *tr* nervös machen; **II** *s* Verwirrung, Nervosität *f;* ▶ **all in a ~** ganz verwirrt.

flute [flu:t] **I** *s* Querflöte *f;* **II** *tr (Pfeiler)* kannelieren; **flut·ing** [—ɪŋ] *arch* Kannelierung *f;* **flut·ist** ['flu:tɪst] *Am s. flautist.*

flut·ter ['flʌtə(r)] **I** *itr* **1.** flattern *a med;* **2.** *(Person)* tänzeln; **II** *tr* flattern mit; wedeln mit; **III** *s* **1.** Flattern *n a. med;* **2.** Erregung, Unruhe, Aufregung *f;* ▶ **have a ~** *fam* sein Glück beim Wetten versuchen; **in a ~** in heller Aufregung.

flu·vial ['flu:vɪəl] *adj* Fluß-.

flux [flʌks] **1.** Fluß *m,* Fließen *n;* **2.** *med* Ausfluß *m;* **3.** *tech* Flußmittel *n;* ▶ **be in a state of ~** sich ständig ändern.

fly¹ [flaɪ] Fliege *f;* ▶ **a ~ in the ointment** ein Haar in der Suppe; **there are no flies on him** *fig* ihn legt man nicht so leicht rein.

fly² [flaɪ] ⟨*irr* **flew, flown**⟩ **I** *itr* **1.** fliegen; **2.** *(Zeit)* verfliegen; sausen; **3.** *(Fahne)* wehen; ▶ ~ **past** vorbeisausen; ~ **into rage** e-n Wutanfall bekommen; ~ **at s.o.** auf jdn losgehen; **the door flew open** die Tür flog auf; ~ **in the face of reason** sich über jede Vernunft hinwegsetzen; jeder Vernunft entbehren; **II** *tr* **1.** fliegen lassen; **2.** *(Drachen)* steigen lassen; **3.** *(Flugzeug)* fliegen; überfliegen; **4.** *(Flagge)* wehen lassen; **III** *s* ▶ **go for a ~** fliegen; **IV** *(mit Präposition)* **fly away** *itr* wegfliegen; abfliegen; **fly in** *tr* einfliegen; **fly off** *itr* abfliegen; wegfliegen; **fly out** *itr* ausfliegen; *tr* hinfliegen.

fly³ [flaɪ] ⟨*irr* **flew, flown**⟩ **I** *itr* fliehen, flüchten; **II** *tr* ▶ ~ **the country** aus dem Land flüchten.

fly⁴ [flaɪ] **1.** (Hosen)Schlitz *m;* **2.** *(Zelt)* Überdach *n.*

fly⁵ [flaɪ] *adj sl* clever, gerissen.

fly·away ['flaɪəweɪ] *adj* flatternd, wehend; **fly-by-night** ['flaɪbaɪnaɪt] **I** *s* flüchtiger Schuldner; Windhund *m;* **II** *adj* **1.** unzuverlässig; **2.** *com* windig, zweifelhaft; **fly·catcher** ['flaɪˌkætʃə(r)] **1.** *(Vogel)* Fliegenschnäpper *m;* **2.** Fliegenfänger *m.*

flyer ['flaɪə(r)] **1.** Flieger(in) *m (f);* **2.** Schnellzug *m;* **3.** fliegender Start; ▶ **high~** *fam* Senkrechtstarter *m.*

fly·ing ['flaɪɪŋ] Fliegen *n;* **flying-fish** fliegender Fisch; **flying saucer** fliegende Untertasse; **flying start** fliegender Start; ▶ **he's got off to a ~** er hat e-n hervorragenden Start; **flying time** Flugzeit *f.*

fly·leaf ['flaɪli:f] ⟨*pl* **-leaves**⟩ *(Buch)* Vorsatzblatt *n;* **fly·over** ['flaɪəʊvə(r)] *(Straße)* Überführung *f;* **fly-paper** Fliegenfänger *m;* **fly·past** ['flaɪpɑ:st] Flugparade *f;* **fly-sheet** *(Zelt)* Überdach *n;* **fly-trap** Fliegenfalle *f;* **fly·weight** ['flaɪweɪt] *(Boxen)* Fliegengewicht *n;* **fly·wheel** ['flaɪwi:l] *tech* Schwungrad *n.*

foal [fəʊl] Fohlen, Füllen *n;* ▶ **in ~** *(Stute)* trächtig.

foam [fəʊm] **I** *s* Schaum *m;* Gischt *f;* **II** *itr* schäumen (*with rage* vor Wut); **foam rubber** Schaumgummi *m;* **foamy** ['fəʊmɪ] *adj* schäumend.

fob [fɒb] **I** *s* Uhrtasche *f;* **II** *tr* ▶ ~ **s.o. off** jdn abspeisen; ~ **s.th. off on s.o.** jdm etw andrehen.

fo·cal ['fəʊkl] *adj* im Brennpunkt; ▶ ~ **length** Brennweite *f;* ~ **point** Brennpunkt *m a. fig;* **fo·cus** ['fəʊkəs] ⟨*pl* **-cuses, -ci**⟩ ['fəʊsaɪ] **I** *s* **1.** *math opt* Brennpunkt *m;* **2.** *fig* Brennpunkt, Herd *m,* Zentrum *n;* ▶ **in (out of) ~** (un)scharf eingestellt; **bring into ~** scharf einstellen; **II** *tr* **1.** *opt phot* einstellen (*on* auf); **2.** *fig* konzentrieren (*on* auf).

fod·der ['fɒdə(r)] Futter *n a. fig.*

foe·tal, *Am* **fe·tal** ['fi:tl] *adj* fötal; **foe·tus,** *Am* **fe·tus** ['fi:təs] Fötus *m.*

fog [fɒg] **I** *s* **1.** Nebel *m;* **2.** *phot film* (Grau)Schleier *m;* **II** *tr* **1.** *(~ up) (Glas)* beschlagen; **2.** *fig* trüben, verdunkeln; **3.** *phot* verschleiern; **III** *itr* **1.** sich beschlagen; **2.** *phot* e-n Grauschleier bekommen; **fog·bank** ['fɒgbæŋk] Nebelbank *f;* **fog·bound** ['fɒgbaʊnd] *adj mar aero* durch Nebel behindert.

fogey, *Am* **fogy** ['fəʊgɪ] ▶ **old** ~ alter Kauz.

foggy ['fɒgɪ] *adj* **1.** neb(e)lig; **2.** *fig* undeutlich, verwirrt; ▶ **I haven't the foggiest (idea)** ich habe nicht die mindeste Ahnung; **fog·horn** ['fɒghɔ:n] *mar* Nebelhorn *n;* **fog·lamp** ['fɒglæmp] *mot* Nebellampe *f;* ▶ **rear** ~ Nebelschlußleuchte *f.*

fogy *Am s. fogey.*

foible ['fɔɪbl] *fig* Eigenheit *f.*

foil[1] [fɔɪl] *tr* **1.** e-n Strich durch die Rechnung machen (*s.o. in s.th.* jdm bei e-r S); **2.** *(Plan)* durchkreuzen.

foil[2] [fɔɪl] Florett *n.*

foil[3] [fɔɪl] **1.** Folie *f;* **2.** *fig* Hintergrund *m* (*to* für); ▶ **aluminium, cooking** ~ Alufolie *f.*

foist [fɔɪst] *tr* ▶ ~ **s.th. off on s.o.** jdm etw andrehen; ~ **o.s. on s.o.** sich jdm aufdrängen.

fold[1] [fəʊld] **I** *s* **1.** Falte *f,* Falz, Kniff *m;* **2.** *geol* Bodenfalte *f;* **II** *tr* **1.** zusammenfalten, -legen, -klappen; **2.** *(die Arme)* kreuzen, verschränken; **3.** *(die Hände)* falten; **4.** *(~ in one's arms)* in die Arme schließen; **5.** einhüllen, -wickeln, -schlagen; **III** *itr* **1.** sich zusammenlegen, zusammengelegt werden; **2.** *(Geschäft)* eingehen; **IV** *(mit Präposition)* **fold up** *itr (Geschäft)* eingehen; abgesetzt werden.

fold[2] [fəʊld] **1.** Pferch *m;* **2.** *rel* Herde, Gemeinde *f;* ▶ **return to the** ~ *fig* in den Schoß der Gemeinde zurückkehren.

folder ['fəʊldə(r)] **1.** Schnellhefter, Aktendeckel *m;* **2.** Merkblatt *n.*

fold·ing ['fəʊldɪŋ] *adj* zusammenklappbar; ▶ ~ **boat** Faltboot *n;* ~ **chair** Klappstuhl *m;* ~ **doors** *pl* Falttür *f;* ~ **table** Klapptisch *m.*

fo·li·age ['fəʊlɪɪdʒ] Blätter *n pl,* Laubwerk *n.*

fo·lio ['fəʊlɪəʊ] ⟨*pl* folios⟩ **1.** Folio *n;* **2.** Foliant *m.*

folk [fəʊk] *pl* Leute *pl;* ▶ **my ~s** *fam* meine Leute; **a lot of ~ think ...** viele denken ..; **folk-dance** Volkstanz *m;* **folk·lore** ['fəʊklɔ:(r)] Folklore *f;* **folk music** Volksmusik *f;* **folk song** Volkslied *n;* **folksy** ['fəʊksɪ] *adj fam* volkstümlich.

fol·low ['fɒləʊ] **I** *tr* **1.** folgen, nachkommen (*s.o.* jdm); **2.** sich anschließen (*s.o.* jdm); **3.** verfolgen; **4.** *(e-m Weg)* folgen; **5.** *(Beruf)* ausüben, nachgehen; **6.** *(Mode)* mitmachen, folgen; **7.** *(Serie)* verfolgen; sich interessieren für; ▶ **have s.o. ~ed** jdn verfolgen lassen; ~ **one's nose** der Nase nach gehen; **do you ~ me?** können Sie mir folgen? **II** *itr* **1.** (er)folgen, sich ergeben (*from* aus); **2.** folgen (*on s.th.* auf etw); ▶ **as ~s** wie folgt; folgendermaßen; **it ~s that** daraus folgt, es ergibt sich, daß; **III** *(mit Präposition)* **follow on** *itr* später folgen, nachkommen; sich ergeben; **follow out** *tr* zu Ende verfolgen, durchziehen; **follow through** *tr* zu Ende führen; **follow up** *tr* **1.** nachgehen; **2.** sich näher beschäftigen mit; weiterverfolgen; **3.** *(Erfolg)* fortsetzen, ausbauen; **4.** *(Vorteil)* (aus)nutzen.

fol·lower ['fɒləʊə(r)] **1.** Anhänger(in) *m (f);* **2.** *pej* Mitläufer(in) *m (f);* **fol·low·ing** ['fɒləʊɪŋ] **I** *adj* folgend, weiter, im Anschluß an; ▶ ~ **wind** Rückenwind *m;* **II** *s* Anhängerschaft *f;* Anhang *m;* ▶ **he said the** ~ er sagte folgendes; **fol·low-up** ['fɒləʊˌʌp] **1.** Weiterverfolgen *n;* **2.** *(Brief)* Nachfaßschreiben *n;* **3.** *med* Nachuntersuchung *f;* **4.** Nachfolge-.

folly ['fɒlɪ] Torheit, Narrheit *f.*

fond [fɒnd] *adj* **1.** zärtlich, liebevoll; **2.** vernarrt (*of* in); **3.** zu nachsichtig; ▶ **be ~ of** gern haben, mögen; lieben; **be ~ of doing s.th.** etw gern tun; **~est regards** mit lieben Grüßen.

fondle ['fɒndl] *tr* (zärtlich, liebevoll) streicheln; hätscheln.

fond·ness ['fɒndnɪs] **1.** Begeisterung *f;* **2.** Vorliebe *f* (*for* für); **3.** Zuneigung *f.*

font [fɒnt] **1.** Taufstein *m;* **2.** *s. fount.*

food [fu:d] **1.** Essen *n;* Futter *n;* Nahrung *f;* **2.** Nahrungsmittel *n pl;* **3.** *fig* Nahrung *f;* **food chain** Nahrungskette *f;* **food poisoning** Lebensmittelvergiftung *f;* **food processor** Küchenmaschine *f;* **food-stuff** Nahrungs-, Lebensmittel *n pl.*

fool [fu:l] **I** *s* Dummkopf, Narr *m;* ▶ **be a ~ for one's pains** sich umsonst geplagt haben; **live in a ~'s paradise** in e-m Traumland leben; **make a ~ of o.s.** sich lächerlich machen; **make a ~ of s.o.** jdn zum besten haben; **go on a ~'s errand** e-n nutzlosen Gang tun; **All F~s' Day** der 1. April; **April F~!** April April! **II** *adj Am fam* dumm, doof; **III** *itr* herumalbern; Blödsinn machen; ▶ **stop ~ing!** laß den Blödsinn! ~ **about,** ~ **around** herumtrödeln, die Zeit totschlagen; herumalbern; **IV** *tr* **1.** zum Narren haben, halten; seinen Spaß haben mit; **2.** hereinlegen, betrügen; **fool-hardy** ['fu:lhɑ:dɪ] *adj* tollkühn; **fool-ish** ['fu:lɪʃ] *adj* dumm, töricht, unklug; **fool·proof** ['fu:lpru:f] *adj* narrensicher, idiotensicher.

fools·cap ['fu:lskæp] Akten-, Kanzleipapier *n.*

foot [fʊt] ⟨*pl* feet⟩ **I** *s* **1.** Fuß *m;* **2.** unterer Teil, Ende *n;* **3.** Fußende *n;* **4.** Versfuß *m;* ▶ **at the ~ of the page** unten auf der Seite; **on ~** zu Fuß; **under ~** unter den Füßen; auf dem Boden; **be on one's**

feet *(nach e-r Krankheit)* wieder auf den Beinen sein; *(finanziell)* auf eigenen Füßen stehen; **put one's ~ down** ein Machtwort sprechen; es strikt verbieten; **put one's best ~ forward** die Beine unter den Arm nehmen; *fig* sich anstrengen; **put one's ~ in it** ins Fettnäpfchen treten; **have one ~ in the grave** mit e-m Bein im Grab(e) stehen; **find one's feet** sich eingewöhnen; **II** *tr (~ it)* (zu Fuß) gehen; ► **~ the bill** *fam* für die Rechnung aufkommen.

foot-and-mouth dis·ease ['fʊtænd-'maʊðdɪ'zi:z] Maul- und Klauenseuche *f.*

foot·ball ['fʊtbɔ:l] **1.** Fußball *m;* **2.** amerikanischer Fußball, Football *m;* **football hooligan** Fußballrowdy *m;* **football pools** *pl* Fußballtoto *n;* **footbridge** ['fʊtbrɪdʒ] Fußgängerbrücke *f;* **foothills** *pl* Gebirgsausläufer *m pl;* **foot·hold** ['fʊthəʊld] **1.** Halt *m a. fig;* **2.** *fig* fester Stand.

foot·ing ['fʊtɪŋ] **1.** Stand, Halt *m;* **2.** *fig* Grundlage, Basis *f;* **3.** Beziehungen *f pl;* ► **be on a friendly ~ with s.o.** mit jdm auf freundschaftlichem Fuß(e) stehen; **be on the same ~ with s.o.** mit jdm auf gleichem Fuß stehen; **lose one's ~** den Halt verlieren.

foot·lights ['fʊtlaɪts] *pl* **1.** *theat* Rampenlicht *n;* **2.** *fig* die Bretter *pl,* Bühne *f.*

foot·ling ['fu:tlɪŋ] *adj* läppisch; albern.

foot-loose ['fʊtlu:s] *adj* ► **~ and fancy-free** frei und ungebunden; **foot·man** [—mən] ⟨*pl* -men⟩ Lakai, Diener *m;* **foot·note** ['fʊtnəʊt] Fußnote, Anmerkung *f;* **foot·path** ['fʊtpɑ:θ] Fuß-, Gehweg *m;* **foot·print** ['fʊtprɪnt] Fußabdruck *m.*

footsie ['fʊtsɪ] ► **play ~ with s.o.** mit jdm füßeln.

foot-slog ['fʊtslɒg] *itr fam* latschen; **foot·sore** ['fʊtsɔ:(r)] *adj* ► **be ~** wunde Füße haben; **foot·step** ['fʊtstep] Schritt, Tritt *m;* ► **follow in s.o.'s ~s** in jds Fußstapfen treten; **foot·stool** ['fʊtstu:l] Fußschemel *m;* **foot·wear** ['fʊtweə(r)] Schuhwerk *n;* **foot·work** ['fʊtwɜ:k] *sport* Beinarbeit *f.*

for [fɔ:(r)] **I** *prep* **1.** für; zu; nach; ► **go ~ a walk** spazierengehen; **make ~ home** sich auf den Heimweg machen; **the train ~ Glasgow** der Zug nach Glasgow; **the struggle ~ existence** der Kampf ums Dasein; **what ~?** zu welchem Zweck? **2.** für; ► **it's not ~ me to say** es steht mir nicht zu, mich dazu zu äußern; **a letter ~ you** ein Brief für dich; **are you ~ or against it?** sind Sie dafür oder dagegen; **3.** *(betreffend)* ► **anxious ~ s.o.** um jdn besorgt; **as ~ him** was ihn betrifft; **4.** *(Grund)* aus; ► **~ this reason** aus diesem Grund; **shout ~ joy** vor Freude jauchzen; **5.** trotz; ► **~ all her money** trotz all ihres Geldes; **~ all that** trotzdem; **6.** *(im Austausch)* für; **7.** *(zeitlich)* seit; für; ► **I haven't been there ~ three years** ich bin seit drei Jahren nicht dort gewesen; **I'm going to be here ~ three weeks** ich bin für drei Wochen hier; **8.** *(Entfernung)* ► **we walked ~ two miles** wir sind zwei Meilen weit gelaufen; **9.** *(in Verbverbindung)* ► **hope ~ news** auf Nachrichten hoffen; **wait ~ s.o.** auf jdn warten; **10.** *(Wunsch)* ► **a weakness ~** e-e Schwäche für; **11.** *(mit Infinitivkonstruktion)* ► **~ this to be possible** damit dies möglich wird; **the best would be ~ you to go** das beste wäre, wenn Sie weggingen; **12.** ► **~ example** zum Beispiel; **he is in ~ it** er ist dran, fällig; **II** *conj* denn.

for·age ['fɒrɪdʒ] **I** *s* Futter *n;* **II** *itr* nach Futter suchen.

foray ['fɒreɪ] (Raub)Überfall *m.*

for·bad(e) [fə'bæd] *v s. forbid.*

for·bear [fɔ:'beə(r)] ⟨*irr* forbore, forborne⟩ *itr* ► **we begged him to ~** wir baten ihn, darauf zu verzichten; **for·bear·ance** [fɔ:'beərəns] Nachsicht *f.*

for·bears, *Am* **fore·bears** ['fɔ:beəz] *pl* Vorfahren, Ahnen *m pl.*

for·bid [fə'bɪd] ⟨*irr* forbad(e), forbidden⟩ *tr* **1.** verbieten (*s.o. s.th.* jdm etw); **2.** verhindern; ► **God ~!** Gott bewahre! **it is ~den to ...** es ist verboten, zu ..; **for·bidden** [fə'bɪdn] **I** *v s. forbid;* **II** *adj* verboten; ► **~ fruit** verbotene Früchte *pl;* **for·bid·ding** [fə'bɪdɪŋ] *adj* bedrohlich; unfreundlich; grauenhaft.

for·bore, for·borne [fɔ:'bɔ:(r), fɔ:'bɔ:n] *v s. forbear.*

force [fɔ:s] **I** *s* **1.** Stärke, Kraft *f;* **2.** Gewalt *f;* Zwang, Druck *m;* **3.** Überzeugungskraft *f;* Eindringlichkeit *f;* **4.** Macht *f;* **5.** *jur* Gültigkeit *f;* ► **the ~s** die Streitkräfte *pl;* **by ~** mit Gewalt; **in ~** in voller Stärke; **in full ~** in voller Stärke; vollzählig; **come into ~, be in ~** rechtskräftig werden, sein; **join ~s** sich zusammentun; **resort to, use ~** Gewalt anwenden; **~ of character** Charakterstärke *f;* **~ of gravity** Schwerkraft *f;* **the ~ of habit** die Macht der Gewohnheit; **II** *tr* **1.** zwingen; Zwang antun (*s.o.* jdm); **2.** erzwingen, mit Gewalt verschaffen; **3.** *(~ open)* aufbrechen; **4.** aufzwingen, -drängen, -nötigen (*on s.o.* jdm); **5.** überfordern, -anstrengen; **6.** *(Pflanzen)* zu beschleunigtem Wachstum anregen; **7.** *(Preise)* in die Höhe treiben; ► **~ the issue** die Entscheidung erzwingen; **~ the pace** den Schritt beschleunigen; **~ one's way through** sich gewaltsam e-n Weg bahnen; **~ an entry** sich gewaltsam Zutritt verschaffen; **~ s.th. upon s.o.** jdm etw aufdrängen, aufzwingen; **he was ~d to resign** er wurde gezwungen zurückzutreten; **you can't ~ things**

das läßt sich nicht übers Knie brechen; **III** *(mit Präposition)* **force into** *tr* hineindrücken, -pressen; **force off** *tr* mit Gewalt abmachen; **force on, upon** *tr* aufdrängen (*s.th. on s.o.* jdm etw); **force out** *tr* hinausdrängen.

forced [fɔ:st] *adj* **1.** erzwungen; **2.** *(Lächeln)* gezwungen; ► ~ **landing** Notlandung *f;* ~ **march** Gewaltmarsch *m;* **force-feed** ['fɔ:sfi:d] *tr irr s. feed* zwangsernähren; **force·ful** ['fɔ:sfl] *adj* kraftvoll, energisch; stark; eindringlich.

for·ceps ['fɔ:seps] *pl u. sing med* Zange *f;* **forceps delivery** Zangengeburt *f.*

forc·ible ['fɔ:səbl] *adj* **1.** gewaltsam, erzwungen; **2.** *(Stil)* eindringlich, überzeugend; **forc·ib·ly** ['fɔ:səblɪ] *adv* zwangsweise, gewaltsam.

ford [fɔ:d] **I** *s* Furt *f;* **II** *tr* durchwaten.

fore [fɔ:(r)] **I** *adv mar* vorn; ► ~ **and aft** *mar* längsschiffs; **II** *adj* vordere(r, s); **III** *s* Vorderteil *n;* ► **to the** ~ *fig* im Vordergrund, an der Spitze; **come to the** ~ ins Blickfeld geraten.

fore·arm[1] ['fɔ:rɑ:m] Unterarm *m.*

fore·arm[2] [ˌfɔ:r'ɑ:m] *tr* vorbereiten; ► ~ **o.s.** sich wappnen.

fore·bear [fɔ:'beə(r)] *Am s. forbear.*

fore·bears ['fɔ:beəz] *Am s. forbears.*

fore·bode [fɔ:'bəʊd] *tr* ein Zeichen sein für, deuten auf; **fore·bod·ing** [—ɪŋ] Vorahnung *f,* Vorgefühl *n.*

fore·cast ['fɔ:kɑ:st] ⟨*irr* forecast *od* forecasted, forecast *od* forecasted⟩ **I** *tr* vorausplanen; vorhersehen; vorhersagen; **II** *s* **1.** Vorhersage, Prognose *f;* **2.** *mete* (Wetter)Voraus-, Vorhersage *f;* **fore·cast·er** [—ə(r)] *mete* Meteorologe *m,* Meteorologin *f.*

fore·castle ['fəʊksl] *mar* Vorschiff *n.*

fore·close [fɔ:'kləʊz] *tr (Darlehen)* kündigen.

fore·court ['fɔ:kɔ:t] Vorhof *m.*

fore·father ['fɔ:fɑ:ðə(r)] Ahnherr, Vorfahr *m.*

fore·fin·ger ['fɔ:fɪŋgə(r)] Zeigefinger *m.*

fore·foot ['fɔ:fʊt] ⟨*pl* -feet⟩ Vorderfuß *m.*

fore·front ['fɔ:frʌnt] ► **in the** ~ im Vorfeld.

fore·go [fɔ:'gəʊ] ⟨*irr* forewent, foregone⟩ verzichten auf; **fore·go·ing** ['fɔ:gəʊɪŋ] *adj* vorausgehend, vorangehend; **fore·gone** [fɔ:'gɒn] **I** *v s. forego;* **II** *adj* ['fɔ:gɒn] ► **be a** ~ **conclusion** von vornherein feststehen.

fore·ground ['fɔ:graʊnd] Vordergrund *m;* ► **in the** ~ im Vordergrund.

fore·hand ['fɔ:hænd] *(Pferd, Tennis)* Vorhand *f.*

fore·head ['fɒrɪd] Stirn *f a. fig.*

foreign ['fɒrən] *adj* **1.** fremd, nicht (da)zugehörig; **2.** auswärtig, ausländisch; ► ~ **person** Ausländer(in) *m (f);* **foreign affairs** *pl pol* Außenpolitik *f;* **foreign correspondent** Auslandskorrespondent(in) *m (f);* **foreign currency** Devisen *f pl;* Fremdwährung *f;* **foreigner** ['fɒrənə(r)] Ausländer(in) *m (f);* **foreign language** Fremdsprache *f;* **Foreign Office** *Br* Außenministerium *n;* **Foreign Secretary** *Br* Außenminister(in) *m (f).*

fore·knowl·edge [ˌfɔ:'nɒlɪdʒ] vorherige Kenntnis *f.*

fore·man ['fɔ:mən] ⟨*pl* -men⟩ Vorarbeiter, Meister, Polier *m.*

fore·most ['fɔ:məʊst] **I** *adj* **1.** vorderste(r, s); **2.** *fig* führend; **II** *adv* zuerst; ► **first and** ~ in erster Linie.

fore·name ['fɔ:neɪm] Vorname *m.*

for·en·sic [fə'rensɪk] *adj* gerichtsmedizinisch; forensisch; ► ~ **medicine** Gerichtsmedizin *f.*

fore·or·dain [ˌfɔ:rɔ:'deɪn] *tr* vorherbestimmen (*to* zu).

fore·play ['fɔ:pleɪ] Vorspiel *n.*

fore·run·ner ['fɔ:rʌnə(r)] **1.** Vorläufer, -reiter *m;* **2.** Vorbote *m,* -zeichen *n.*

fore·sail ['fɔ:seɪl] Focksegel *n.*

fore·see [fɔ:'si:] ⟨*irr* foresaw, foreseen⟩ [fɔ:'sɔ:, fɔ:'si:n] *tr* vorhersehen; **fore·see·able** [—əbl] *adj* vorhersehbar, absehbar; ► **in the** ~ **future** in absehbarer Zeit.

fore·shadow [fɔ:'ʃædəʊ] *tr* ahnen lassen, andeuten.

fore·sight ['fɔ:saɪt] Voraussicht *f;* Weitsicht *f.*

fore·skin ['fɔ:skɪn] *anat* Vorhaut *f.*

for·est ['fɒrɪst] Wald, Forst *m;* **forest ranger** *Am* Förster(in) *m (f).*

fore·stall [fɔ:'stɔ:l] *tr* zuvorkommen (*s.o., s.th.* jdm, e-r S); vorbeugen; vorwegnehmen.

for·ester ['fɒrɪstə(r)] Förster(in) *m (f);* **for·estry** ['fɒrɪstrɪ] Forstwirtschaft *f.*

fore·taste ['fɔ:teɪst] Vorgeschmack *m.*

fore·tell [fɔ:'tel] *tr irr s. tell* vorhersagen.

for·ever [fə'revə(r)] *adv* **1.** immer, ewig, ständig; **2.** *Am* = *Br for ever* (für) immer.

fore·warn [fɔ:'wɔ:n] *tr* vorher warnen (*of* vor).

fore·went [fɔ:'went] *v s. forego.*

fore·woman ['fɔ:wʊmən] ⟨*pl* -women⟩ ['fɔ:wɪmɪn] Meisterin, Vorarbeiterin *f.*

fore·word ['fɔ:wɜ:d] Vorwort *n.*

for·feit ['fɔ:fɪt] **I** *s* **1.** Strafe, Buße *f;* **2.** *fig* Einbuße *f;* **3.** *pl* Pfänderspiel *n;* **II** *adj jur* ► **be** ~ verfallen sein; **III** *tr* **1.** *jur* verwirken; verlustig gehen (*s.th.* e-r S); **2.** *fig* einbüßen; **for·feit·ure** ['fɔ:fɪtʃə(r)] Verwirkung *f;* Verlust *m a. fig.*

for·gather [fɔ:'gæðə(r)] *itr* sich begegnen, zusammentreffen.

for·gave [fə'geɪv] *v s. forgive.*

forge [fɔ:dʒ] **I** *s* Schmiede *f;* **II** *tr* **1.** schmieden *a. fig;* **2.** *(Banknote)* nachmachen, fälschen; **III** *itr* ► ~ **ahead**

Fortschritte machen; vorwärtskommen; *sport* vorstoßen; **forger** ['fɔ:dʒə(r)] Fälscher(in) *m (f)*; **forg·ery** ['fɔ:dʒərɪ] Fälschung *f*; Fälschen *n*; ▶ ~ **of documents** Urkundenfälschung *f*.

for·get [fə'get] ⟨*irr* forgot, forgotten⟩ **I** *tr* vergessen (*to do, about doing s.th.* etw zu tun); verlernen; **II** *itr* es vergessen; **III** *refl* sich vergessen, aus der Rolle fallen; **for·get·ful** [fə'getfl] *adj* vergeßlich; **forget-me-not** [fə'getmɪnɒt] *bot* Vergißmeinnicht *n*.

for·give [fə'gɪv] ⟨*irr* forgave, forgiven⟩ **I** *tr* **1.** vergeben, verzeihen (*s.o. s.th.* jdm etw); **2.** *(Schuld)* erlassen; ▶ ~ **and forget** vergeben und vergessen; **forgiven** [fə'gɪvn] *v s. forgive*; **for·giv·ing** [—ɪŋ] *adj* nachsichtig; versöhnlich.

forgo [fɔ:'gəʊ] ⟨*irr* forwent, forgone⟩ *v s. forego*.

for·got [fə'gɒt] *v s. forget*; **for·got·ten** [fə'gɒtn] *v s. forget*.

fork [fɔ:k] **I** *s* **1.** Gabel *f*; **2.** Gabelung, Abzweigung *f*; **II** *itr* **1.** sich gabeln; **2.** abbiegen (*left* nach links); **III** *tr* mit e-r Gabel aufladen; ▶ ~ **out, up** *fam* (aus)zahlen, blechen; **forked** [fɔ:kt] *adj* **1.** gegabelt; **2.** *(Zunge)* gespalten; **3.** *(Blitz)* zickzackförmig; **fork-lift truck** Gabelstapler *m*.

for·lorn [fə'lɔ:n] *adj* **1.** verlassen; **2.** *(Versuch)* verzweifelt; ▶ ~ **hope** aussichtsloses Unternehmen.

form [fɔ:m] **I** *s* **1.** Form, Gestalt, Figur *f*; **2.** (An)Ordnung *f*, Schema *n*; **3.** *gram* Form *f*; **4.** Umgangsform *f*; **5.** Formblatt, Formular *n*, Vordruck *m*; **6.** *sport* Form, (körperliche) Verfassung *f*; **7.** *Br* Bank (ohne Lehne) *f*; **8.** *Br* (Schul)Klasse *f*; ▶ **in due** ~ vorschriftsmäßig; **without** ~ formlos; **be in good** ~ in guter Verfassung sein; **be out of** ~ nicht in Form sein; **fill in, out a** ~ ein Formular ausfüllen; **application** ~ Antragsformular *n*; **that is good (bad)** ~ das gehört sich (nicht); **a (mere) matter of** ~ e-e (bloße) Formsache; **II** *tr* **1.** formen, bilden, gestalten; **2.** *(Idee)* entwickeln; annehmen; **3.** *(Freundschaft)* schließen; **4.** *(Eindruck)* gewinnen; **5.** bilden, konstituieren, organisieren; *(Gesellschaft)* gründen; *(Regierung)* bilden; ▶ ~ **an idea, a plan** e-n Gedanken, e-n Plan fassen; ~ **a judg(e)ment, an opinion** sich ein Urteil, e-e Meinung bilden; **III** *itr* sich bilden, sich entwickeln; (feste) Gestalt annehmen; ▶ ~ **up** (sich) aufstellen.

for·mal ['fɔ:ml] *adj* **1.** formell, förmlich; **2.** offiziell; **3.** *(Unterschied)* formal; ▶ **make a** ~ **apology** sich in aller Form entschuldigen; ~ **dress** Gesellschaftskleidung *f*; **for·mal·ity** [fɔ:'mælətɪ] **1.** Förmlichkeit *f*; **2.** Formalität, Formsache *f*; ▶ **as a** ~ der (bloßen) Form wegen; **it's a mere** ~ es ist e-e reine Formsache; **for·mal·ize** ['fɔ:məlaɪz] *tr* formalisieren; zur Formsache machen.

for·mat ['fɔ:mæt] **I** *s (Buch)* Format *n*; Aufmachung *f*; **II** *tr EDV* formatieren.

for·ma·tion [fɔ:'meɪʃn] **1.** Bildung *f*; Gestalt(ung) *f*; **2.** Struktur, (An)Ordnung, Gliederung *f*, Aufbau *m*; **3.** *(Gesellschaft)* Gründung *f*; **4.** *geol* Formation *f*; ▶ **battle** ~ Gefechtsaufstellung *f*; **formation dancing** Formationstanzen *n*.

for·ma·tive ['fɔ:mətɪv] **I** *adj* bildend, gestaltend, plastisch; Bildungs-; ▶ ~ **years** *pl* entscheidende Jahre *n pl*; **II** *s* Wortbildungselement *n*.

for·mer ['fɔ:mə(r)] **I** *adj* **1.** früher, ehemalig; **2.** erstere(r, s), erstgenannte(r, s); ▶ **in** ~ **times** früher; **II** *s* ▶ **the** ~ der, die das erstere.

for·mer·ly ['fɔ:məlɪ] *adv* früher, ehemals.

form feed *EDV* Formularvorschub *m*.

for·mic acid ['fɔ:mɪk'æsɪd] Ameisensäure *f*.

for·mi·dable ['fɔ:mɪdəbl] *adj* **1.** furchtbar; **2.** *(Gegner)* fürchterlich, schrecklich, entsetzlich; **3.** *fam* gewaltig, riesig.

form·less ['fɔ:mlɪs] *adj* formlos.

for·mal·de·hyde [fɔ:'mældɪhaɪd] *chem* Formaldehyd *n*.

for·mula ['fɔ:mjʊlə] ⟨*pl* -mulas, -mulae⟩ ['fɔ:mjʊli:] **1.** Formel *f*; **2.** *(Medikament)* Rezept *n*.

for·mu·late ['fɔ:mjʊleɪt] *tr* formulieren; **for·mu·la·tion** [ˌfɔ:mjʊ'leɪʃn] Formulierung *f*.

for·ni·cate ['fɔ:nɪkeɪt] *itr* Unzucht treiben.

for·sake [fə'seɪk] ⟨*irr* forsook, forsaken⟩ [fə'sʊk, fə'seɪkən] *tr* sich trennen von; verlassen; aufgeben.

for·swear [fɔ:'sweə(r)] ⟨*irr* forswore, forsworn⟩ [fə'swɔ:(r), fə'swɔ:n] *tr* **1.** abschwören (*s.th.* e-r S); **2.** unter Eid verneinen.

for·sythia [fɔ:'saɪθɪə] *bot* Forsythie *f*.

fort [fɔ:t] Fort *n*; ▶ **hold the** ~ *fig* die Stellung halten.

forte ['fɔ:teɪ] starke Seite.

forth [fɔ:θ] *adv* ▶ **and so** ~ und so weiter; **back and** ~ vor und zurück, hin und her; **from this day** ~ von heute an.

forth·com·ing [ˌfɔ:θ'kʌmɪŋ] *adj* **1.** (unmittelbar) bevorstehend; **2.** *(Buch)* in Kürze erscheinend; **3.** *fig* mitteilsam; ▶ ~ **books** *pl* Neuerscheinungen *f pl*; **the money, help is** ~ das Geld, Hilfe kommt.

forth·right ['fɔ:θraɪt] *adj* **1.** offen, aufrichtig; **2.** *(Antwort)* unverblümt.

forth·with [ˌfɔ:θ'wɪθ] *adv* sofort, umgehend.

for·ti·eth ['fɔ:tɪəθ] *adj* vierzigste(r, s).

for·ti·fi·ca·tion [ˌfɔ:tɪfɪ'keɪʃn] Befestigung *f;* Festungsanlagen *f pl;* **for·tify** ['fɔ:tɪfaɪ] *tr* **1.** *fig* bestärken, bekräftigen; **2.** *mil* befestigen; **3.** *(Nahrungsmittel)* anreichern.

for·ti·tude ['fɔ:tɪtju:d] innere Kraft, Stärke.

fort·night ['fɔ:tnaɪt] vierzehn Tage, zwei Wochen; ► **for a ~** für, auf 14 Tage; **today, tomorrow, next Monday ~** heute, morgen, Montag in 14 Tagen; **fort·night·ly** [—lɪ] **I** *adj* vierzehntägig; halbmonatlich; **II** *adv* alle 14 Tage (stattfindend, erscheinend).

for·tress ['fɔ:trɪs] Festung *f.*

for·tu·itous [fɔ:'tju:ɪtəs] *adj* zufällig.

for·tu·nate ['fɔ:tʃənət] *adj* glücklich; ► **be ~ in s.th.** bei etw Glück haben; **it was ~ that...** es war ein Glück, daß ...; **for·tu·nate·ly** [—lɪ] *adv* glücklicherweise.

for·tune ['fɔ:tʃu:n] **1.** Geschick, Schicksal *n;* Zufall *m;* **2.** *(Geld)* Wohlstand, Reichtum *m,* Vermögen *n;* ► **by good ~** glücklicherweise; **have good (bad) ~** (kein) Glück haben; **the ~s of war** das Auf und Ab des Krieges; **have one's ~ told** sich die Zukunft sagen lassen; **make a ~** ein Vermögen verdienen; **marry a ~** e-e gute Partie machen; **come into a ~** ein Vermögen erben; **fortune hunter** Mitgiftjäger *m;* **fortune teller** Wahrsager(in) *m (f).*

forty ['fɔ:tɪ] *adj* vierzig; ► **have ~ winks** *fam* ein Nickerchen machen.

fo·rum ['fɔ:rəm] Forum *n a. fig.*

for·ward ['fɔ:wəd] **I** *adj* **1.** vordere(r, s); **2.** *(zeitlich)* früh-, vorzeitig; Voraus-; fortgeschritten; **3.** dreist; **4.** *com* auf Ziel; Termin-; ► **~ gear** Vorwärtsgang *m;* **II** *adv (a. ~s)* **1.** vorwärts, nach vorn; **2.** in die Zukunft; ► **from that, this time ~** seitdem; **bring ~** vorbringen; **step ~** vortreten; **come ~** sich melden; **III** *s sport* Stürmer(in) *m (f);* **IV** *tr* **1.** *(Plan)* voran-, weiterbringen; fördern, unterstützen; **2.** *(Waren)* befördern, schicken; **3.** *(Brief)* nachschicken; ► **please ~!** bitte nachsenden!

for·ward·ing ['fɔ:wədɪŋ] Beförderung *f;* Versand *m,* Spedition *f;* ► **~ address** Nachsendeanschrift *f;* **~ agent** Spediteur *m;* **~ instructions** *pl* Lieferanweisungen *f pl.*

for·ward-look·ing ['fɔ:wəd,lʊkɪŋ] *adj* fortschrittlich; vorausblickend; **for·ward·ness** ['fɔ:wədnɪs] Dreistigkeit *f;* **for·wards** ['fɔ:wədz] *adv s. forward.*

for·went [fɔ:'went] *v s. forgo.*

fos·sil ['fɒsl] **I** *s* Fossil *n;* **II** *adj* versteinert; **fos·sil·ized** ['fɒsəlaɪzd] *adj* versteinert; *fig* verknöchert.

fos·ter ['fɒstə(r)] *tr* **1.** *(Kind)* in Pflege nehmen; **2.** *fig* fördern, begünstigen; **3.** *(Idee)* hegen; **foster-brother** Pflegebruder *m;* **foster-child** ⟨*pl* -children⟩ Pflegekind *n;* **foster-father** Pflegevater *m;* **foster-mother** Pflegemutter *f;* **foster-sister** Pflegeschwester *f.*

fought [fɔ:t] *v s. fight.*

foul [faʊl] **I** *adj* **1.** übel, schlecht; **2.** *(Essen)* übelriechend; verdorben; **3.** *(Luft)* verbraucht; **4.** *(Person)* gemein, fies; **5.** *(Wetter)* schlecht; **6.** *(Wind)* ungünstig, widrig; **7.** *(Sprache)* anstößig, gemein; **8.** *sport* unfair; ungültig; **9.** verwickelt; ► **fall, run ~ of s.o.** mit jdm in Konflikt geraten; **~ play** *sport* Foul *n;* **II** *s sport* Foul *n;* **III** *tr* **1.** *(Luft)* verpesten; **2.** *(Kamin)* verstopfen; **3.** *(Ruf)* lädieren; **4.** rammen; **5.** *sport* verstoßen gegen; ► **~ up a chance** e-e Chance vermasseln; **IV** *itr* **1.** *(Seil)* sich verwickeln; **2.** *sport* foulen; **foul-mouthed** ['faʊlmaʊðd] *adj* unflätig, vulgär; **foul·ness** ['faʊlnɪs] **1.** Verdorbenheit *f;* Fauligkeit *f;* **2.** Unflätigkeit *f.*

found[1] [faʊnd] *tr* gründen; errichten; ► **~ s.th. on s.th.** etw auf etw gründen, stützen.

found[2] [faʊnd] *tr (Metall)* schmelzen und gießen.

found[3] [faʊnd] *v s. find.*

foun·da·tion [faʊn'deɪʃn] **1.** Gründung *f;* Errichtung *f;* **2.** Schenkung, Stiftung *f;* **3.** *pl* Grundmauer *f,* Fundament *n;* **4.** *fig* Grundlage, Basis *f;* **foundation cream** Grundierungscreme *f;* **foundation stone** Grundstein *m.*

foun·der[1] ['faʊndə(r)] Gründer(in), Stifter(in) *m (f).*

foun·der[2] ['faʊndə(r)] *itr* **1.** sinken, untergehen; **2.** *(Pferd)* straucheln; **3.** *(Plan)* scheitern.

foun·der[3] ['faʊndə(r)] *(Metall)* Gießer(in) *m (f).*

foun·dry ['faʊndrɪ] Gießerei *f.*

fount [faʊnt] **1.** *lit* Born *m;* Quelle *f;* **2.** *(a. font)* Schriftsatz *m.*

foun·tain ['faʊntɪn] **1.** Springbrunnen *m;* Fontäne *f;* **2.** *(drinking ~)* (Trinkwasser)Brunnen *m;* **fountain-pen** Füller, Füllfederhalter *m.*

four [fɔ:(r)] *adj* vier; ► **on all ~s** auf allen vieren; **four-door car, model** ['fɔ:(r)dɔ:(r) kɑ:] **four·fold** ['fɔ:fəʊld] *adj, adv* vierfach, -fältig; **four-footed** [,fɔ:'fʊtɪd] *adj* vierfüßig; **four-handed** [,fɔ:'hændɪd] *adj* vierhändig *a. mus;* **four-leaf clover** vierblättriges Kleeblatt; **four-letter word** unanständiges Wort; **four·some** ['fɔ:səm] Quartett *n;* Viererspiel *n;* **four·square** ['fɔ:skweə(r)] *adj* **1.** viereckig; **2.** *(Entscheidung)* entschlossen, unnachgiebig; **four·teen** [,fɔ:'ti:n] *adj* vierzehn; **four·teenth** [,fɔ:'ti:nθ] *adj* vierzehnte(r, s); **fourth** [fɔ:θ] **I** *adj* vierte(r, s); **II** *s* Viertel *n;* Vierte(r, s).

fowl [faʊl] Geflügel *n;* **fowl·pest** ['faʊlpest] Hühnerpest *f.*

fox [fɒks] **I** *s* **1.** Fuchs *m a. fig;* **2.** Fuchspelz *m;* **II** *tr* täuschen, hereinlegen; verblüffen; **fox·glove** ['fɒksglʌv] *bot* Fingerhut *m;* **fox·hunt** ['fɒkshʌnt] **I** *s* Fuchsjagd *f;* **II** *itr* auf die Fuchsjagd gehen; **fox-terrier** Foxterrier *m;* **fox-trot** ['fɒkstrɒt] Foxtrott *m;* **foxy** ['fɒksɪ] *adj* schlau, listig.

foyer ['fɔɪeɪ] *theat* Foyer *n;* Empfangshalle *f.*

fra·cas ['frækɑ:] ⟨*pl* fracas⟩ ['frækɑ:z] Aufruhr, Tumult *m.*

frac·tion ['frækʃn] **1.** *fig* Bruchteil *m;* **2.** *math* Bruch *m;* **frac·tional** ['frækʃənl] *adj* **1.** *fig* geringfügig; **2.** *math* Bruch-.

frac·tious ['frækʃəs] *adj* mürrisch, verdrießlich.

frac·ture ['fræktʃə(r)] **I** *s* **1.** Bruch *m;* **2.** *med* Bruch *m,* Fraktur *f;* ► **~ of the skull** Schädelbruch *m;* **II** *tr, itr* brechen.

frag·ile ['frædʒaɪl] *adj* **1.** zerbrechlich, empfindlich; **2.** *tech* brüchig; **3.** *med* anfällig, schwach; **fra·gil·ity** [frə'dʒɪlətɪ] Zerbrechlichkeit *f.*

frag·ment ['frægmənt] **I** *s* Bruchstück *n,* -teil *m;* Scherbe *f;* **II** *itr* [fræg'ment] zersplittern, zerbrechen, in Stücke brechen; **III** *tr* [fræg'ment] in Teile zerlegen; in Stücke schlagen; **frag·men·tary** ['frægməntrɪ] *adj* bruchstückhaft, fragmentarisch.

fra·grance ['freɪgrəns] Duft *m;* **fra·grant** ['freɪgrənt] *adj* wohlriechend.

frail [freɪl] *adj* **1.** zart; zerbrechlich; **2.** *fig* gering; schwach; **frailty** ['freɪltɪ] Zartheit *f;* Zerbrechlichkeit *f;* Schwäche *f.*

frame [freɪm] **I** *tr* **1.** *(Bild)* rahmen; **2.** entwerfen, ausarbeiten, formulieren; **3.** *(Gesicht)* ein-, umrahmen; **4.** *(Wort)* bilden, formen; **5.** *sl* fälschlich bezichtigen; **II** *itr* sich entwickeln; **III** *s* **1.** Gerüst *n;* Gestell *n;* Rahmen *m;* **2.** Fassung *f;* **3.** Körperbau *m,* Figur, Gestalt *f;* **4.** (Auf)Bau *m,* Konstruktion *f;* Anordnung, Gestaltung *f;* **5.** *(~ of mind)* Veranlagung *f;* Temperament *n;* **6.** *(Gärtnerei)* Frühbeet *n;* **7.** *phot film* (Einzel)Aufnahme *f;* **8.** *mot* Rahmen *m;* **9.** *(Statistik)* Erhebungsgrundlage *f;* **frame-up** ['freɪmʌp] *fam* Komplott *n,* Machenschaften *f pl;* **frame·work** ['freɪmwɜ:k] **1.** Gerüst, Gerippe *n;* **2.** *fig* Gefüge *n,* Struktur *f,* Rahmen *m;* ► **within the ~ of** im Rahmen von.

France [frɑ:ns] Frankreich *n.*

fran·chise ['fræntʃaɪz] **1.** Wahlrecht *n;* **2.** *com* Konzession *f.*

Fran·cis·can [fræn'sɪskən] *rel* Franziskaner(in) *m (f).*

Franco ['fræŋkəʊ] *pref* Französisch-; ► **~-German** deutsch-französisch.

frank[1] [fræŋk] *adj* **1.** frei(mütig), offen; **2.** *(Meinung)* ehrlich, aufrichtig; ► **to be ~** aufrichtig gesagt, offen gestanden.

frank[2] [fræŋk] *tr* frankieren.

frank·furter ['fræŋkfɜ:tə(r)] Frankfurter (Würstchen *n*) *f.*

frank·in·cense ['fræŋkɪnsens] Weihrauch *m.*

frank·ing-ma·chine ['fræŋkɪŋmə'ʃi:n] Frankiermaschine *f.*

fran·tic ['fræntɪk] *adj* **1.** verzweifelt; rasend; **2.** *(Person)* außer Fassung; ► **go ~** außer sich geraten; **be ~ with pain** vor Schmerz fast wahnsinnig sein; **drive s.o. ~** jdn zur Verzweiflung treiben.

fra·ter·nal [frə'tɜ:nl] *adj* brüderlich; **fra·ter·nity** [frə'tɜ:nətɪ] **1.** Brüderlichkeit *f;* **2.** *rel* Bruderschaft *f;* **3.** *Am* (studentische) Verbindung *f;* **frat·er·niz·ation** [ˌfrætənaɪ'zeɪʃn] Verbrüderung *f;* **frat·er·nize** ['frætənaɪz] *itr* sich verbrüdern; **frat·ri·cide** ['frætrɪsaɪd] **1.** Brudermord *m;* **2.** Brudermörder(in) *m (f).*

fraud [frɔ:d] **1.** Betrug *m;* Schwindel *m;* **2.** Betrüger(in) *m (f);* **fraudu·lence** ['frɔ:djʊləns] Betrügerei *f;* **fraudu·lent** ['frɔ:djʊlənt] *adj* betrügerisch.

fraught [frɔ:t] *adj* geladen (*with* mit); ► **~ with danger** gefahrvoll.

fray[1] [freɪ] Schlägerei *f;* Kampf *m;* ► **eager for the ~** kampflustig.

fray[2] [freɪ] **I** *tr* ausfransen; **II** *itr* **1.** ausfransen; sich durchscheuern; **2.** *fig* sich erregen.

freak [fri:k] **I** *s* **1.** Laune *f,* Einfall *m;* **2.** Mißbildung *f,* Monstrum *n;* **3.** *fam* verrückter Kerl; **II** *adj* ungewöhnlich; abnorm; verrückt; **III** *itr* ► **~ out** *sl* ausflippen.

freckle ['frekl] Sommersprosse *f;* **freckled** ['frekld] *adj* sommersprossig.

free [fri:] **I** *adj* **1.** frei (*from, of* von); **2.** unabhängig; **3.** frei beweglich, lose, lokker; **4.** ungehindert, zwanglos, ungebunden; **5.** *(Platz, Zimmer)* frei, nicht besetzt; **6.** *(Bewegung)* ungezwungen, leicht, anmutig; **7.** freigebig, großzügig (*with* mit); **8.** gratis, kostenlos, umsonst; ► **~ from pain** schmerzfrei; **~ of s.th.** frei von etw; **~ of chemical weapons** chemiewaffenfrei; **get s.th. ~** etw umsonst bekommen; **give s.o. a ~ hand** jdm freie Hand lassen; **you're ~ to choose** die Wahl steht Ihnen frei; **make, set ~** freilassen; **admission ~** Eintritt frei; **~ delivery** freier Versand; **(nuclear) weapon-~ zone** (atom)waffenfreie Zone; **~ sample** Gratisprobe *f;* **~ and easy** ungezwungen; **~ on board** frei an Bord; **have one's hands ~** *fig* freie Hand haben; **be ~ with one's money** großzügig mit seinem Geld umgehen; **II** *tr* **1.** freilassen, befreien; **2.** *(Straße)* (wieder) frei machen; **3.** *(Knoten)* lösen; **free·bie** ['fri:bi:] *Am fam* kostenloser Gegenstand; **free·booter** ['fri:bu:tə(r)] Freibeuter *m;* **free collective bargaining** Tarifautonomie *f.*

free·dom ['fri:dəm] **1.** Freiheit *f;* **2.** Unabhängigkeit, Ungebundenheit *f;* 3. Offenheit, Aufrichtigkeit *f;* ▶ **give s.o. the ~ of one's house** jdm sein Haus zur freien Verfügung stellen; **~ of action** Handlungsfreiheit *f;* **~ of assembly** Versammlungsfreiheit; **~ of opinion** Meinungsfreiheit *f;* **~ of the press** Pressefreiheit *f;* **~ of religion** Religionsfreiheit *f;* **the ~ of the city** die Ehrenbürgerrechte *n pl.*

free en·ter·prise [ˌfrɪːˈentəpraɪz] freie Marktwirtschaft; **free fall** freier Fall; **free-for-all** [ˈfriːfərˌɔːl] Gerangel *n;* **free·hold** [ˈfriːhəʊld] (freier) Grundbesitz; **free·holder** [ˈfriːhəʊldə(r)] Grundeigentümer(in) *m (f);* **free kick** *sport* Freistoß *m;* **free labour** nicht organisierte Arbeiter *m pl.*

free·lance [ˈfriːlɑːns] **I** *s* **1.** Freiberufler(in) *m (f),* Freischaffende(r) *f m;* **II** *itr* freiberuflich tätig sein; **III** *adv, adj* freiberuflich.

free·load [ˈfriːləʊd] *itr Am fam* schmarotzen; **free·loader** *Am* Schmarotzer(in) *m (f).*

free·ly [ˈfriːlɪ] *adv* **1.** reichlich, großzügig; **2.** frei; ungehindert.

free·man [ˈfriːmən] ‹*pl* -men› (Ehren)Bürger *m;* **free market economy** freie Marktwirtschaft; **Free·ma·son** [ˈfriːmeɪsn] Freimaurer *m;* **free port** Freihafen *m;* **free-range** *adj* **1.** *(Huhn)* freilaufend; **2.** *(Ei)* aus Bodenhaltung *f;* **free speech** Redefreiheit *f;* **free-spoken** [ˌfriːˈspəʊkən] *adj* freimütig; **free-stand·ing** [ˌfriːˈstændɪŋ] *adj* frei stehend; **free·style** [ˈfriːstaɪl] *sport* Freistil *m;* **free-thinker** Freidenker, -geist *m;* **free-thinking** *adj* freidenkerisch; **free trade** Freihandel *m;* **free-way** [ˈfriːweɪ] *Am* (gebührenfreie) Autobahn *f;* **free-wheel** *(Fahrrad)* **I** *itr* im Freilauf fahren; **II** *s* Freilauf *m;* **free will** freier Wille; ▶ **of one's own ~** aus freien Stücken.

freeze [friːz] ‹*irr* froze, frozen› **I** *itr* **1.** (ge)frieren; **2.** anfrieren (*to* an); **3.** *(Wasserleitung)* einfrieren; **4.** *(Blut)* erstarren; **5.** *fig* starr werden (*with* vor); **6.** *(Flüssigkeit)* dick, steif werden; ▶ **it is freezing hard** es herrscht starker Frost; **~ onto** *fam* sich anklammern an; **~ over** überfrieren; **~ up** zufrieren; **make s.o.'s blood ~** jdm das Blut in den Adern erstarren lassen; **I'm freezing** ich friere, mich friert; **II** *tr* **1.** gefrieren lassen; einfrieren; **2.** *(Lohn)* einfrieren, stoppen; **3.** *(Wunde)* vereisen; ▶ **~ s.o. with a look** jdm e-n eisigen Blick zuwerfen; **~ out** *Am* herausekeln; **III** *s* **1.** *mete* Frost(periode *f*) *m;* **2.** Lohn-, Preisstopp *m;* **freezer** [ˈfriːzə(r)] Tiefkühltruhe *f;* Gefrierschrank *m;* **freeze-up** [ˈfriːzʌp] Dauerfrost *m;* **freez·ing** [ˈfriːzɪŋ] **I** *adj* eisig, eiskalt; **II** *s* Einfrieren *n;* ▶ **below ~** unter dem Gefrierpunkt; **~-point** Gefrierpunkt *m.*

freight [freɪt] **I** *s* **1.** *mar aero* Frachtgut *n;* **2.** Frachtkosten *pl;* ▶ **~ charges** *pl* Frachtkosten *pl;* **II** *tr* **1.** *(Waren)* verfrachten; **2.** *(Boot)* beladen; **freight car** *Am* Güterwagen *m;* **freighter** [ˈfreɪtə(r)] **1.** Frachtschiff *n,* Frachter *m;* **2.** Transportflugzeug *n;* **freight train** *Am* Güterzug *m.*

French [frentʃ] **I** *adj* französisch; **II** *s* (das) Französisch(e); ▶ **the ~** *pl* die Franzosen *m pl;* **French bean** grüne Bohne; **French chalk** Schneiderkreide *f;* **French dressing** Salatdressing *n;* **French fried potatoes, French fries** *pl* Pommes frites *pl;* **French horn** *mus* Waldhorn *n;* **French leave** ▶ **take ~** sich auf französisch empfehlen; **French letter** Kondom *n* od *m;* **French·man** [ˈfrentʃmən] ‹*pl* -men› Franzose *m;* **French window** Balkontür *f;* **French-woman** [ˈfrentʃwʊmən] ‹*pl* -women› [—wɪmɪn] Französin *f.*

fren·etic [frəˈnetɪk] *adj* frenetisch, rasend.

fren·zied [ˈfrenzɪd] *adj* wahnsinnig; rasend; **frenzy** [ˈfrenzɪ] Raserei *f;* Wahnsinn *m;* ▶ **in a ~ of despair** in wilder Verzweiflung; **rouse to ~** in Raserei versetzen.

fre·quency [ˈfriːkwənsɪ] **1.** Häufigkeit *f;* **2.** *el* Frequenz *f;* **frequency band** Frequenzband *n;* **fre·quent** [ˈfriːkwənt] **I** *adj* häufig; landläufig; **II** *tr* [frɪˈkwent] häufig besuchen.

fresco [ˈfreskəʊ] ‹*pl* fresco(e)s› Freskomalerei *f,* -gemälde *n.*

fresh [freʃ] **I** *adj* **1.** frisch; **2.** neu; **3.** *Am fam* frech; **4.** kühl, erfrischend; ▶ **~ water** Süßwasser *n;* **in the ~ air** an der frischen Luft; **make a ~ start** neu anfangen; **a ~ arrival** ein Neuankömmling; **II** *adv* frisch; ▶ **~ from the oven** ofenfrisch; **freshen** [ˈfreʃn] *itr (Wind)* auffrischen; ▶ **~ up** sich auffrischen; **fresh·man** [ˈfreʃmən] ‹*pl* -men› Student *m* im ersten Studienjahr; **freshness** [ˈfreʃnɪs] Frische *f.*

fret[1] [fret] **I** *tr* nagen an; **II** *itr* sich Sorgen machen; unruhig sein; **III** *s* ▶ **be in a ~** beunruhigt, besorgt sein.

fret[2] [fret] *tr* laubsägen.

fret[3] [fret] *mus* Griffleiste *f.*

fret·ful [ˈfretfl] *adj* in Sorge; unruhig.

fret·saw [ˈfretsɔː] Laubsäge *f;* **fret-work** [ˈfretwɜːk] Laubsägearbeit *f.*

friar [ˈfraɪə(r)] Mönch *m.*

frica·tive [ˈfrɪkətɪv] Reibelaut *m.*

fric·tion [ˈfrɪkʃn] **1.** Reibung *f a. tech;* **2.** *fig* Reibungen, Spannungen *f pl.*

Fri·day [ˈfraɪdɪ] Freitag *m;* ▶ **on ~s** freitags; **Good ~** Karfreitag *m.*

fridge [frɪdʒ] *Br fam* Kühlschrank *m.*

fried [fraɪd] *adj* gebraten; **fried**

chicken gebratenes Hühnchen; **fried egg** Spiegelei *n.*

friend [frend] **1.** Freund(in) *m (f);* **2.** Bekannte(r) *f m;* ► **F~** *rel* Quäker(in) *m (f);* **be ~s with** befreundet sein mit; **be great ~s** eng miteinander befreundet sein; **make ~s with** sich anfreunden mit; **make ~s again** sich wieder vertragen, sich (wieder) versöhnen; **friend·less** [—lɪs] *adj* ohne Freunde; **friend·ly** [ˈfrendlɪ] *adj* **1.** freundschaftlich; **2.** freundlich; angenehm; ► **be on ~ terms with s.o.** mit jdm auf freundschaftlichem Fuß stehen; **friend·ship** [ˈfrendʃɪp] Freundschaft *f.*

frieze [fri:z] **1.** Zierstreifen *m;* **2.** *arch* Fries *m;* **3.** *(schwerer Wollstoff)* Fries *m.*

frig·ate [ˈfrɪgət] *mar* Fregatte *f.*

fright [fraɪt] **1.** Schreck(en) *m;* **2.** *(Person)* Vogelscheuche *f;* ► **get off with a bad ~** mit dem Schrecken davonkommen; **give s.o. a ~** jdn erschrecken; **take ~** erschrecken; **frighten** [ˈfraɪtn] **I** *tr* erschrecken; Angst machen (*s.o.* jdm); ängstigen; ► **~ away** abschrecken; **~ s.o. into doing s.th.** jdn dazu treiben, daß er etw tut; **be ~ed of s.th.** vor etw Angst haben; **be ~ed by s.th.** vor etw erschrecken; **in a ~ed voice** mit angsterfüllter Stimme; **II** *itr* ► **she doesn't ~ easily** so leicht fürchtet sie sich nicht; **fright·ful** [ˈfraɪtfl] *adj* schrecklich, fürchterlich.

frigid [ˈfrɪdʒɪd] *adj* **1.** (eis)kalt; frostig; **2.** *fig* frostig, kühl; **3.** *physiol* frigid(e); **frigid·ity** [frɪˈdʒɪdətɪ] **1.** Kühle *f;* **2.** *physiol* Frigidität *f.*

frill [frɪl] **1.** Manschette *f;* Rüsche *f;* **2.** *zoo* Kragen *m;* ► **with all the ~s** mit allem Drum und Dran.

fringe [frɪndʒ] **I** *s* **1.** Franse *f;* **2.** *fig* Rand *m;* **3.** *pl* Pony(frisur *f*) *m;* **II** *tr* mit Fransen besetzen; **fringe benefits** *pl* zusätzliche Nebenleistungen *f pl;* **fringe group** Randgruppe *f.*

frip·pery [ˈfrɪpərɪ] Tand *m,* Kinkerlitzchen *pl.*

frisk [frɪsk] **I** *itr* herumtollen; **II** *tr fam* abtasten, durchsuchen; **frisky** [ˈfrɪskɪ] *adj* verspielt.

frit·ter[1] [ˈfrɪtə(r)] Beignet *m.*

frit·ter[2] [ˈfrɪtə(r)] *tr (~ away)* vergeuden; verschwenden.

friv·ol·ity [frɪˈvɒlətɪ] Frivolität *f;* **friv·ol·ous** [ˈfrɪvələs] *adj* **1.** frivol; **2.** *(Mensch)* leichtfertig, -sinnig.

frizzy [ˈfrɪzɪ] *adj* kraus, gekräuselt.

fro [frəʊ] *adv* ► **to and ~** hin und her, auf und ab.

frock [frɒk] **1.** (Mönchs)Kutte *f;* **2.** Kleid *n.*

frog [frɒg] **1.** Frosch *m;* **2.** Schnürverschluß *m;* ► **have a ~ in one's throat** e-n Frosch im Hals haben; **frog·man** [ˈfrɒgmən] ⟨*pl* -men⟩ Froschmann *m;* **frog·march** [ˈfrɒgmɑ:tʃ] *tr* abschleppen; wegschleifen; **frog-spawn** Froschlaich *m.*

frolic [ˈfrɒlɪk] ⟨*ppr* frolicking, *pp* frolicked⟩ **I** *s* Herumtollen *n;* Ausgelassenheit *f;* **II** *itr* umhertoben; **frolic·some** [ˈfrɒlɪksəm] *adj* lustig, ausgelassen.

from [frɒm] *prep* **1.** *(Ausgangspunkt)* von; aus; **2.** *(zeitlich)* seit; ab, von ... an; **3.** *(Entfernung)* von ... weg; von ... entfernt; **4.** *(wegnehmen)* von; aus; **5.** *(Quellenangabe)* von; aus; **6.** *(Modell)* nach; **7.** *(unterste Grenze angebend)* ab; **8.** *(Grund)* wegen; infolge; ► **~ house to house** von Haus zu Haus; **where are you ~ ?** wo sind Sie her? **~ his childhood** von Kindheit an; **~ time to time** von Zeit zu Zeit; **go away ~ home** von zu Hause weggehen; **steal s.th. ~ s.o.** jdm etw stehlen; **quotations ~ Shakespeare** Zitate nach Shakespeare; **judge ~ appearances** nach dem Äußeren urteilen; **drink ~ a glass** aus e-m Glas trinken; **translated ~ the English** aus dem Englischen übersetzt; **painted ~ life** nach dem Leben gemalt; **~ the age of 18 upwards** von 18 Jahren aufwärts; **escape ~ prison** aus dem Gefängnis entkommen; **go ~ bad to worse** immer schlimmer werden; **weak ~ hunger** schwach vor Hunger; **~ experience** aus Erfahrung; **~ what I heard** nach dem, was ich gehört habe; **prevent s.o. ~ doing s.th.** jdn daran hindern, etw zu tun; **~ inside** von innen; **~ beneath s.th.** unter etw hervor; **~ among the trees** zwischen den Bäumen hervor.

front [frʌnt] **I** *s* **1.** Stirn-, Vorderseite, Vorderfront *f a. arch;* **2.** *mil pol mete* Front *f;* **3.** Uferpromenade *f;* **4.** Fassade *f a. fig;* **5.** Hemdbrust *f;* **6.** *theat* Zuschauerraum *m;* **7.** Strohmann *m;* **8.** *lit* Stirn *f;* ► **in ~ of s.o.** vor jdm; **in ~** vorne; **at the ~ of** vorn; an der Spitze von; **be in ~** vorne sein; **be sent to the ~** an die Front geschickt werden; **cold ~** *mete* Kaltluftfront *f;* **come to the ~** *fig* hervortreten, bekannt werden; **put on a bold ~** e-e tapfer Miene zur Schau stellen; **II** *itr* ► **the windows ~ onto the street** die Fenster gehen auf die Straße hinaus; **III** *adj* vorderste(r, s); erste(r, s); ► **~ garden** Vorgarten *m;* **IV** *adv* ► **up ~** vorne (*upon, towards* nach).

front·age [ˈfrʌntɪdʒ] *arch* Vorderfront, Frontseite *f.*

frontal [ˈfrʌntl] *adj* Frontal-; Stirn-.

front bench [ˌfrʌntˈbentʃ] *parl* Regierungsbank *f;* **front door** Haustür *f.*

fron·tier [ˈfrʌntɪə(r)] Grenze, Landesgrenze *f;* Grenzgebiet *n;* **frontier district** Grenzgebiet *n,* -bezirk *m;* **frontier police** Grenzpolizei *f;* **frontier station** Grenzbahnhof *m;* **fron·tiers-**

man [ˈfrʌntɪəzmən] ⟨*pl* -men⟩ Grenzbewohner *m.*
front·is·piece [ˈfrʌntɪspiːs] *(Buch)* Titelbild *n.*
front line [ˌfrʌntˈlaɪn] *mil* Front *f a. fig;* **front page I** *s (Zeitung)* Titel-, Vorderseite *f;* **II** *adj* ▶ **front-page** auf der ersten Seite; **III** *tr Am (in der Zeitung)* groß herausstellen; **front rank:** ▶ **be in the ~** *fig* zur Spitze zählen; **front runner** Läufer(in) *m (f)* an der Spitze; *fig* Spitzenreiter(in) *m (f);* **front spoiler** [ˌfrʌntˈspɔɪlə(r)] *mot* Frontspoiler *m;* **front-wheel drive** Vorderradantrieb *m.*
frost [frɒst] **I** *s* **1.** Frost, Rauhreif *m;* **2.** *fig* Kühle, Kälte *f;* **3.** *fam* Reinfall *m;* Versager *m;* **II** *tr* **1.** *(Glas)* mattieren; **2.** mit Reif überziehen; **3.** *(Kuchen)* glasieren; **frost-bite** Frostbeulen *f pl;* **frost-bitten** [ˈfrɒstbɪtn] *adj* erfroren; **frost-bound** [ˈfrɒstbaʊnd] *adj* festgefroren; **frosted** [ˈfrɒstɪd] *adj* **1.** mit Zuckerguß überzogen; **2.** *(Essen)* tiefgekühlt; **3.** *(Pflanzen)* erfroren; ▶ **~ glass** Milchglas *n;* **frost·ing** [ˈfrɒstɪŋ] Zuckerguß *m;* Glasur *f;* **frosty** [ˈfrɒstɪ] *adj* kalt; frostig, eisig *a. fig.*
froth [frɒθ] **I** *s* **1.** Schaum *m;* **2.** *fig* leeres Gerede; ▶ **the dog has ~ at the mouth** der Hund hat Schaum vor dem Maul; **II** *itr* schäumen; **frothy** [ˈfrɒθɪ] *adj* **1.** schaumig, schäumend; **2.** *(Gerede)* hohl, albern.
frown [fraʊn] **I** *itr* die Stirn runzeln (*at* über); ▶ **~ on** mißbilligen; **II** *s* Stirnrunzeln *n.*
frowzy [ˈfraʊzɪ] *adj* schmutzig, schlampig.
froze [frəʊz] *v s. freeze;* **frozen** [ˈfrəʊzn] **I** *v s. freeze;* **II** *adj* **1.** (zu)gefroren, vereist; **2.** *(Körper)* erfroren; **3.** eisig, sehr kalt; **4.** *fig* eiskalt; **5.** *(Löhne)* eingefroren, blockiert, gesperrt; ▶ **I'm ~** mir ist eiskalt; **~ foods** *pl* Tiefkühlkost *f;* **~ meat** Gefrierfleisch *n;* **~ assets** *pl fin* festliegendes Kapital.
fru·gal [ˈfruːgl] *adj* **1.** sparsam, genügsam; **2.** *(Essen)* einfach, schlicht, frugal; **fru·gal·ity** [fruːˈgælətɪ] Sparsamkeit *f;* Einfachheit *f.*
fruit [fruːt] **I** *s* **1.** Frucht *f;* **2.** *fig* Ergebnis *n,* Folge *f;* ▶ **the ~s** *pl* **of the earth** die Früchte *pl* des Feldes; **bear ~** Früchte tragen; **II** *itr* Früchte tragen; **fruit-cake** englischer Kuchen; **fruit·erer** [ˈfruːtərə(r)] Obsthändler(in) *m (f);* **fruit·ful** [ˈfruːtfl] *adj a. fig* fruchtbar, ertragreich.
fru·ition [fruːˈɪʃn] Verwirklichung, Erfüllung *f;* ▶ **bring to ~** verwirklichen; **his hopes came to ~** seine Hoffnungen erfüllten sich.
fruit knife [ˈfruːtnaɪf] ⟨*pl* -knives⟩ Obstmesser *n;* **fruit·less** [ˈfruːtlɪs] *adj* **1.** unfruchtbar; **2.** *fig* fruchtlos, ergebnislos; **fruit salad** Obstsalat *m.*
fruity [ˈfruːtɪ] *adj* **1.** fruchtartig; fruchtig; **2.** *fam (Geschichte)* gesalzen; **3.** *(Stimme)* rauchig.
frump [frʌmp] *fig* Vogelscheuche *f.*
frus·trate [frʌˈstreɪt] *tr* **1.** *(Hoffnung)* zunichte machen; **2.** *(Plan)* durchkreuzen; **3.** *psych* frustieren; **frus·trated** [frʌˈstreɪtɪd] *adj* frustriert; **frus·tration** [frʌˈstreɪʃn] **1.** Zerschlagung *f;* **2.** *psych* Frustration *f.*
fry[1] [fraɪ] **I** *tr* in der Pfanne braten, backen; ▶ **fried eggs** *pl* Spiegeleier *n pl;* **fried potatoes** *pl* Bratkartoffeln *f pl;* **II** *itr* braten.
fry[2] [fraɪ] kleine Fische *m pl.*
fry·ing-pan [ˈfraɪŋpæn] Bratpfanne *f;* ▶ **out of the ~ into the fire** vom Regen in die Traufe.
fuchsia [ˈfjuːʃə] *bot* Fuchsie *f.*
fuck [fʌk] *vulg* **I** *tr, itr* ficken; ▶ **~ about** verarschen; **~ off** sich verpissen; **II** *s* ▶ **not to care a ~** sich e-n Dreck kümmern um; **III** *interj* verdammte Scheiße! **fucker** [ˈfʌkə(r)] Arschloch *n.*
fuddled [ˈfʌdld] *adj* verwirrt; beschwipst.
fuddy-duddy [ˈfʌdɪdʌdɪ] *fam* altmodischer Kauz.
fudge [fʌdʒ] **I** *s* **1.** Fondant *m;* **2.** *(Zeitung)* Spalte *f* für letzte Meldungen; **II** *tr* sich aus den Fingern saugen.
fuel [ˈfjuːəl] **I** *s* **1.** Heiz-, Brennmaterial *n;* Brennstoff *m;* **2.** Kraftstoff *m;* Benzin *n;* **3.** *fig* Nahrung *f;* ▶ **add ~ to the flames** *fig* Öl ins Feuer gießen; **II** *tr* mit Brenn-, Kraftstoff versorgen; **III** *itr* tanken; **fuel element** Brennelement *n;* **fuel gauge** Benzinuhr *f;* **fuel-injection engine** *mot* Einspritzmotor, Einspritzer *fam m;* **fuel oil** Heizöl *n;* **fuel pump** Benzinpumpe *f;* **fuel rod** Brennstab *m.*
fug [fʌg] Mief *m;* **fuggy** [ˈfʌgɪ] *adj* muffig.
fu·git·ive [ˈfjuːdʒətɪv] **I** *adj* **1.** flüchtig, entflohen; **2.** *fig* vergänglich; **II** *s* Flüchtling *m.*
fugue [fjuːg] *mus* Fuge *f.*
ful·fil, *Am* **ful·fill** [fʊlˈfɪl] *tr* **1.** *(Wunsch)* erfüllen; **2.** *(Aufgabe)* ausführen; **3.** *(Versprechen)* einlösen; **4.** *(Verpflichtung)* einhalten; ▶ **~ o.s.** sich selbst verwirklichen; **ful·fil·ment,** *Am* **ful·fill·ment** [—mənt] Erfüllung *f.*
full [fʊl] **I** *adj* **1.** voll, (voll)gefüllt; **2.** *(Bericht)* vollständig; **3.** *(Sympathie)* vollste(r, s); **4.** wimmelnd (*of* von); **5.** *(Figur)* füllig; **6.** *(Segel)* gebläht; ▶ **be ~ of ...** voller, voll von ... sein; **~ house** *theat* ausverkauft; **~ up** vollbesetzt; **I'm ~ up** ich bin satt; **at ~ speed** in voller Fahrt; **fall ~ length** der Länge nach hinfallen; **in ~ bloom** in voller Blüte; **~**

sail mit vollen Segeln *a. fig;* ~ **steam ahead** Volldampf voraus; ~ **to overflowing** bis zum Überlaufen voll; **be in ~ swing** in vollem Gange sein; **come to a ~ stop** plötzlich stehenbleiben; **pay in ~** voll bezahlen; **II** *adv* ► **I know it ~ well** ich weiß es sehr wohl; **look s.o. ~ in the face** jdm voll in die Augen sehen; **III** *s* ► **in ~** ganz, vollständig; **write one's name in ~** seinen Namen ausschreiben; **to the ~** vollständig; **full-back** ['fʊlbæk] *sport* Verteidiger(in) *m (f);* **full-blooded** [ˌfʊl'blʌdɪd] *adj* **1.** kräftig; **2.** Vollblut-; **full-blown** [ˌfʊl'bləʊn] *adj* **1.** *bot* voll aufgeblüht; **2.** *fig* ausgewachsen; **full-bodied** [ˌfʊl'bɒdɪd] *adj (Wein)* würzig, schwer; **full-cream milk** [ˌfʊl'kri:m] Vollmilch *f;* **full-dress** *adj* **1.** Gala-; **2.** *fig* wichtig; **full-faced** [ˌfʊl'feɪst] *adj* rundgesichtig; **full(y)-fledged** [ˌfʊl'fledʒd] *adj* **1.** flügge; **2.** *fig* voll entwickelt; **full-frontal** [ˌfʊl'frʌntl] *adj* oben und unten ohne; **full-grown** [ˌfʊl'grəʊn] *adj* voll ausgewachsen; **full-length** *adj* **1.** *(Portrait)* lebensgroß; **2.** *(Film)* abendfüllend; **full moon** Vollmond *m.*

full·ness ['fʊlnɪs] Vollständigheit *f;* Sattheit *f;* ► **in the ~ of time** zu gegebener Zeit.

full-page [ˌfʊl'peɪdʒ] *adj* ganzseitig; **full-scale** *adj* in Lebensgröße; **full stop** Punkt *m;* **full-time** *adj* ganztägig; vollberuflich.

fully ['fʊlɪ] *adv* **1.** völlig, ganz; **2.** *(bei Zahlangabe)* mindestens, mehr als; ► ~ **fashioned** mit Paßform; ~ **qualified** voll qualifiziert.

ful·mi·nate ['fʌlmɪneɪt] *itr fig* donnern, wettern (*against* gegen).

ful·some ['fʊlsəm] *adj (Lob, Schmeichelei)* übertrieben.

fumble ['fʌmbl] **I** *itr (~ about)* umhertasten, -tappen; **II** *tr* vermasseln; **fumbler** ['fʌmblə(r)] Stümper(in) *m (f).*

fume [fju:m] **I** *s meist pl* Rauch, Dampf *m;* Abgase *n pl;* **II** *itr* **1.** rauchen, dampfen; **2.** *fig* aufgebracht, wütend sein (*about, over* über).

fu·mi·gate ['fju:mɪgeɪt] *tr* ausräuchern.

fun [fʌn] Spaß *m;* Vergnügen *n,* Belustigung *f;* ► **for, in ~** im Scherz; spaßeshalber; **he is great ~** man hat mit ihm viel zu lachen; **make ~ of s.o., poke ~ at s.o.** sich über jdn lustig machen; **he's ~** er ist ein lustiger Kerl.

func·tion ['fʌŋkʃn] **I** *s* **1.** Funktion, Tätigkeit *f;* **2.** Aufgaben, Pflichten *f pl;* **3.** Veranstaltung *f;* Feier *f;* **4.** *math* Funktion *f;* **II** *itr* funktionieren, laufen; arbeiten; ► ~ **as** fungieren als; **func·tional** ['fʌŋkʃənl] *adj* **1.** *physiol* funktionsfähig; **2.** funktionell; zweckmäßig; **func·tion·ary** ['fʌŋkʃənərɪ] Funktionär(in) *m (f);* **function key** *EDV* Funktionstaste *f.*

fund [fʌnd] **I** *s* **1.** Vorrat, Schatz *m;* **2.** *fin* Fonds *m;* **3.** *pl* Gelder, Geldmittel *n pl;* **4.** *pl* Staatspapiere *n pl;* ► **the public ~s** *pl* die öffentlichen Mittel *n pl;* **no ~s** ohne Deckung; **be in ~s** zahlungsfähig sein; **raise ~s** Mittel aufbringen; **II** *tr* **1.** *(Geld)* anlegen, investieren; **2.** *(Schuld)* ausgleichen, bezahlen.

fun·da·men·tal [ˌfʌndə'mentl] **I** *adj* **1.** grundlegend, fundamental; **2.** wesentlich (*to* für); **3.** hauptsächlich; elementar; ► ~ **tone** *mus* Grundton *m;* ~ **research** Grundlagenforschung *f;* **II** *s meist pl* Grundlage, Basis *f;* **fun·da·men·tal·ist** [ˌfʌndə'mentəlɪst] **I** *adj* fundamentalistisch **II** *s* **1.** Fundamentalist(in) *m (f);* **2.** *pol fam* Fundi; **fun·da·men·tal·ly** [ˌfʌndə'mentəlɪ] *adv* grundlegend; im Grunde genommen, im wesentlichen.

fu·neral ['fju:nərəl] Beerdigung *f,* Begräbnis *n,* Beisetzung *f;* ► **that's his ~** *fig* das ist sein Problem; **funeral director** Beerdigungsunternehmer(in) *m (f);* **funeral march** Trauermarsch *m;* **funeral parlour** Leichenhalle *f;* **funeral pyre** Scheiterhaufen *m.*

fu·ner·eal [fju:'nɪərɪəl] *adj* traurig, trübselig.

fun·fair ['fʌnfeə(r)] Rummelplatz *m.*

fun·gi·cide ['fʌŋgɪsaɪd] Pilzvernichtungsmittel *n;* **fun·gus** ['fʌŋgəs] ⟨*pl* -gi⟩ ['fʌŋgaɪ] Pilz *m.*

fu·nicu·lar [fju:'nɪkjʊlə(r)] *(~ railway)* Seilbahn *f.*

funk [fʌŋk] **I** *s fam* Schiß *m,* Mordsangst *f* (*of* vor); ► **he is in a ~** ihm schlottern die Knie; **II** *tr fam* sich drücken vor; **funky** ['fʌŋkɪ] *adj* **1.** *fam* feige; **2.** *sl (Musik)* irre.

funnel ['fʌnl] **I** *s* **1.** Trichter *m;* **2.** *mar rail* Schornstein *m;* **II** *tr (Flüssigkeit)* leiten; schleusen.

funnies ['fʌnɪz] *pl fam* Witze *m pl;* Witzseite *f;* **funny** ['fʌnɪ] *adj* **1.** lustig, komisch; **2.** seltsam, komisch; **3.** unwohl; **funny-bone** *anat* Musikantenknochen *m.*

fur [fɜ:(r)] **I** *s* **1.** Fell *n;* Pelz *m;* **2.** *med* Belag *m;* **3.** Kesselstein *m;* **4.** *pl* Pelzwaren *f pl;* ► **make the ~ fly** *fig* e-n Streit vom Zaun brechen; **II** *itr* ► ~ **up** Kesselstein ansetzen; pelzig werden.

fur·bish ['fɜ:bɪʃ] *tr* **1.** blank putzen, polieren; **2.** aufpolieren *a. fig.*

furi·ous ['fjʊərɪəs] *adj* **1.** wütend; **2.** *(See)* stürmisch, wild; **3.** *(Geschwindigkeit)* rasant; ► **fast and ~** wild, toll, ausgelassen.

furl [fɜ:l] *tr* **1.** *(Flagge)* aufrollen; **2.** *(Schirm)* zusammenrollen.

fur·long ['fɜ:lɒŋ] Achtelmeile *f (201 m).*

fur·lough ['fɜ:ləʊ] *mil* Urlaub *m;* ► **on ~** auf Urlaub.

fur·nace ['fɜ:nɪs] Hochofen *m;* Schmelzofen *m.*

fur·nish ['fɜ:nɪʃ] *tr* **1.** *(Haus)* einrichten **2.** *(Informationen)* liefern, geben; ▶ ~ **s.o. with s.th.** jdn mit etw versorgen, jdm etw liefern; ~**ed room** möbliertes Zimmer; **fur·nish·ings** ['fɜ:nɪʃɪŋz] *pl* Einrichtung *f;* Mobiliar *n.*

fur·ni·ture ['fɜ:nɪtʃə(r)] Möbel *pl;* ▶ **a piece of** ~ ein Möbelstück *n;* **furniture van** *Br* Möbelwagen *m.*

fur·rier ['fʌrɪə(r)] Kürschner(in) *m (f).*

fur·row ['fʌrəʊ] **I** *s* **1.** (Acker)Furche *f;* **2.** Furche, Runzel *f;* **II** *tr* **1.** (zer)furchen; pflügen; **2.** runzeln.

furry ['fɜ:rɪ] *adj* Pelz-; belegt, pelzig.

fur·ther ['fɜ:ðə(r)] ‹*Komparativ von* far› **I** *adj* weiter (entfernt), hintere(r, s); ▶ **till** ~ **notice** bis auf weiteres; ~ **particulars** weitere Einzelheiten; ~ **education** Weiter-, Fortbildung *f;* **II** *adv* **1.** weiter, ferner; **2.** darüber hinaus; überdies; ▶ ~ **on** weiter; ~ **back** weiter zurück; früher; **get** ~ **and** ~ **away** sich immer weiter entfernen; **and** ~ ... und darüber hinaus; **until you hear** ~ bis auf weiteres; **III** *tr* fördern, unterstützen; **fur·ther·ance** ['fɜ:ðərəns] Förderung, Unterstützung *f;* **fur·ther·more** [ˌfɜ:ðə'mɔ:(r)] *adv* überdies; ferner; **fur·ther·most** ['fɜ:ðəməʊst] *adj* äußerste(r, s).

fur·thest ['fɜ:ðɪst] ‹*Superlativ von* far› **I** *adj* ▶ **the** ~ **way round** den längsten Weg; **II** *adv* am weitesten weg; ▶ **he went the** ~ er ging am weitesten.

fur·tive ['fɜ:tɪv] *adj* verstohlen, heimlich; **fur·tive·ness** [—nɪs] Heimlichkeit *f.*

fury ['fjʊərɪ] **1.** Wut, Raserei *f;* Heftigkeit *f;* **2.** Wutanfall, -ausbruch *m;* ▶ **be in a** ~ wütend sein; **fly into a** ~ in Wut geraten; **like** ~ wie verrückt.

fuse, *Am* **fuze** [fju:z] **I** *tr* **1.** verschmelzen; **2.** *fig* vereinigen, verbinden; ▶ ~ **the lights** die Sicherung durchbrennen lassen; **II** *itr* **1.** sich verbinden; **2.** *el* durchbrennen; **III** *s* **1.** *el* Sicherung *f;* **2.** Zündschnur *f;* ▶ **blow the** ~ die Sicherung durchbrennen lassen.

fu·sel·age ['fju:zəlɑ:ʒ] *aero* Rumpf *m.*

fusion ['fju:ʒn] **1.** Verschmelzung *f a. fig;* Fusion *f;* **2.** *phys* Kernfusion *f;* **fusion bomb** Wasserstoffbombe *f;* **fusion reactor** *tech* Fusionsreaktor *m.*

fuss [fʌs] **I** *s* Theater *n;* Umstände *pl;* Wirbel *m;* Getue *n;* ▶ **make a** ~, **kick up a** ~ Krach schlagen; **make a** ~ **about s.th.** viel Aufhebens um etw machen; **don't make so much** ~ mach kein Theater! **be in a** ~ Zustände haben; **II** *itr* **1.** sich aufregen (*about, over* über); **2.** Umstände machen; ▶ ~ **over s.o.** jdn bemuttern; ~ **around** herumfuhrwerken; ~ **with s.th.** nervös an etw herummachen; **III** *tr fam* nervös, verrückt machen; **fuss·pot** ['fʌspɒt] Umstandskrämer *m;* **fussy** ['fʌsɪ] *adj* **1.** kleinlich, pingelig; **2.** *(Kleid)* verspielt; ▶ **be** ~ **about s.th.** mit etw heikel, wählerisch sein.

fusty ['fʌstɪ] *adj* muffig *a. fig.*

fu·tile ['fju:taɪl] *adj* **1.** sinnlos, nutzlos, vergeblich; **2.** unerheblich, nebensächlich; **fu·til·ity** [fju:'tɪlətɪ] **1.** Sinnlosigkeit, Nutzlosigkeit *f;* **2.** Vergeblichkeit *f.*

fu·ture ['fju:tʃə(r)] **I** *adj* (zu)künftig, kommend, bevorstehend; **II** *s* **1.** Zukunft *f;* Aussichten *f pl;* **2.** *gram* Zukunft *f,* Futur *n;* ▶ **for the** ~, **in the** ~ in Zukunft; **in the near** ~ in naher Zukunft; ~ **prospects** *pl* Zukunftsperspektive *f sing;* **futures market** *fin* Terminbörse *f;* **fu·tur·ism** ['fju:tʃərɪzəm] Futurismus *m;* **fu·tur·istic** [ˌfju:tʃə'rɪstɪk] *adj* futuristisch.

fuze [fju:z] *Am s. fuse.*

fuzz [fʌz] **1.** Flaum *m;* **2.** Wuschelkopf *m;* **3.** *sl (Polizei)* Bulle *m;* **fuzzy** ['fʌzɪ] *adj* **1.** *(Bild)* unklar; **2.** *(Haar)* kraus.

G

G, g [dʒiː] ⟨*pl* -'s⟩ G, g *n a. mus.*
gab [gæb] Gequassel *n;* ► **have the gift of the** ~ *fam* ein gutes Mundwerk haben.
gab·ar·dine [ˌgæbəˈdiːn] Gabardine *m.*
gabble [ˈgæbl] *itr* **1.** plappern; **2.** *(Gänse)* schnattern.
gable [ˈgeɪbl] Giebel *m.*
gad·about [ˈgædəbaʊt] *fam* Herumtreiber(in) *m (f);* **gad about, around** [gæd əˈbaʊt, əˈraʊnd] *itr* umherschweifen.
gad·fly [ˈgædflaɪ] Viehbremse *f.*
gadget [ˈgædʒɪt] *fam* **1.** Gerät *n,* Apparatur *f;* Vorrichtung *f;* **2.** Dingsda *n;* **gadgetry** [ˈgædʒɪtrɪ] Apparate *m pl;* technische Spielereien *f pl.*
Gaelic [ˈgeɪlɪk] **I** *adj* gälisch; ► ~ **coffee** Irish coffee *m;* **II** *s* (das) Gälisch(e).
gaff [gæf] Fischhaken *m;* ► **blow the** ~ *sl* nicht dichthalten.
gaffe [gæf] Fauxpas *m;* Taktlosigkeit *f.*
gaffer [ˈgæfə(r)] **1.** *fam* Chef *m;* Vorarbeiter *m;* **2.** alter Mann.
gag [gæg] **I** *s* **1.** Knebel *m;* **2.** *fig* Maulkorb *m;* **3.** witziger Einfall; Gag *m;* **II** *tr* **1.** knebeln; **2.** *fig* mundtot machen; **III** *itr* **1.** e-n Witz, Spaß machen; **2.** würgen (*on s.th.* an etw).
gaga [ˈgɑːgɑː] *adj fam* plemplem, meschugge; ► **go** ~ senil werden; **go** ~ **over s.o.** in jdn vernarrt sein.
gage [geɪdʒ] *Am s. gauge.*
gaggle [ˈgægl] **I** *s* Gänseschar *f a. fig;* **II** *itr (Gans)* schnattern.
gai·ety [ˈgeɪətɪ] **1.** Heiterkeit *f;* **2.** *meist pl* Festlichkeiten *f pl;* **gaily** [ˈgeɪlɪ] *adv s. gay.*
gain [geɪn] **I** *s* **1.** Gewinn *m;* Vorteil *m;* **2.** Steigerung, Zunahme *f;* **3.** *pl* Gewinn(e *pl*) *m;* Verdienst *m;* ► **for** ~ aus Berechnung; des Geldes wegen; ~ **in weight** (Gewichts)Zunahme *f;* **II** *tr* gewinnen; (sich) erwerben; erlangen; erreichen; ► ~ **a footing** festen Fuß fassen; ~ **ground** *fig* Fortschritte machen; sich durchsetzen; ~ **the upper hand** die Oberhand gewinnen; ~ **speed** schneller werden; **III** *itr* **1.** *(an Gewicht)* zunehmen; **2.** vorankommen, Fortschritte machen; **3.** näherkommen (*on, upon* an); **4.** e-n Vorteil erlangen (*on* über); **5.** Vorsprung gewinnen (*on, upon* vor); **6.** *(Uhr)* vorgehen; **7.** *mot* aufholen; **gain·ful** [ˈgeɪnfl] *adj* einträglich, gewinnbringend; ► ~ **employment** Erwerbstätigkeit *f;* **gain·ings** [ˈgeɪnɪŋz] *pl* Gewinn (e *pl*) *m.*
gait [geɪt] Gang *m;* Haltung *f.*
gai·ter [ˈgeɪtə(r)] Gamasche *f.*
gala [ˈgɑːlə] Fest(lichkeit *f*) *n,* Feier *f;* Galaveranstaltung *f.*
ga·lac·tic [gəˈlæktɪk] *adj astr* galaktisch.
gal·axy [ˈgæləksɪ] **1.** *astr* Sternsystem *n;* **2.** *fig* Schar *f.*
gale [geɪl] Sturm *m;* ► **it is blowing a** ~ es stürmt; ~**-force wind** stürmischer Wind; ~**s of laughter** schallendes Gelächter; **gale warning** Sturmwarnung *f.*
gall [gɔːl] **I** *s* **1.** Galle *f;* **2.** *fig* Bitterkeit *f,* Groll *m;* **3.** Wunde, wundgeriebene Stelle *f;* **4.** Gallapfel *m;* **5.** *fam* Frechheit *f;* **II** *tr* **1.** wund reiben; **2.** *fig* ärgern.
gal·lant [ˈgælənt] *adj* **1.** prächtig; stattlich; tapfer; **2.** galant; **gal·lantry** [ˈgæləntrɪ] **1.** Tapferkeit *f;* **2.** Ritterlichkeit *f.*
gall blad·der [ˈgɔːlblædə(r)] Gallenblase *f.*
gal·leon [ˈgælɪən] *mar hist* Galeone *f.*
gal·lery [ˈgælərɪ] **1.** *(Kunst)* Galerie *f;* **2.** *theat* oberster Rang, Galerie *f;* **3.** Tribüne *f;* Empore *f;* Galerie *f;* **4.** Säulenhalle *f;* Korridor, Gang *m;* **5.** *mil* Schießstand *m;* **6.** Stollen *m;* ► **play to the** ~ *theat a. fig* Effekthascherei treiben.
gal·ley [ˈgælɪ] **1.** *hist* Galeere *f;* **2.** Kombüse *f;* **3.** *typ* Setzschiff *n;* **gal·ley-proof** [ˈgælɪpruːf] *typ* Fahnenabzug *m,* Fahne *f.*
gal·li·vant [ˌgælɪˈvænt] *itr* sich herumtreiben.
gal·lon [ˈgælən] Gallone *f (4,54 l, Am 3,78 l).*
gal·lop [ˈgæləp] **I** *s (Pferd)* Galopp *m a. fam allg;* ► **at a** ~ im Galopp; **II** *itr* ► **ride at a** ~ galoppieren; ~**ing inflation** galoppierende Inflation.
gal·lows [ˈgæləʊz] *pl meist mit sing* Galgen *m.*
gall·stone [ˈgɔːlstəʊn] Gallenstein *m.*
Gal·lup poll [ˈgæləp pəʊl] Meinungsumfrage *f.*
ga·lore [gəˈlɔː(r)] *adv* in Hülle und Fülle.
ga·loshes [gəˈlɒʃɪz] *pl* Gummi-, Überschuhe *m pl.*
ga·lumph [gəˈlʌmf] *itr fam* trapsen.
gal·van·ize [ˈgælvənaɪz] *tr* **1.** galvanisieren; **2.** *fig* aufschrecken.
Gambia [ˈgæmbɪə] Gambia *n.*
gam·bit [ˈgæmbɪt] **1.** *(Schach)* Gambit *n;* **2.** *fig* Schachzug *m.*

gamble ['gæmbl] **I** *itr* **1.** (um Geld) spielen; zocken *fam;* **2.** *fig* etw riskieren, wagen; spekulieren (*on* auf); ▶ **~ with s.th** etw aufs Spiel setzen; **II** *tr (~ away)* verspielen; **III** *s* gewagtes Spiel, Risiko *n;* **gam·bler** ['gæmblə(r)] Spieler(in) *m (f);* Spekulant(in) *m (f);* Spielernatur *f;* Zocker(in) *m (f) fam;* **gamb·ling** [–ɪŋ] **1.** Spielen *n;* **2.** gewagtes Spiel; **3.** Spekulieren *n;* **gambling debts** *pl* Spielschulden *pl;* **gambling den** Spielhölle *f.*

gam·bol ['gæmbl] **I** *s* Luftsprung *m;* **II** *itr* umherspringen, -tollen.

game[1] [geɪm] **I** *s* **1.** Spiel *n;* **2.** *sport* Sportart *f;* Spiel *n;* Runde, Partie *f; pl (Schule)* Sport *m;* **3.** *fig* Vorhaben *n,* Plan *m;* **4.** Wild(bret) *n;* ▶ **be on (off) one's ~** (nicht) in Form sein; **give the ~ away** *fam* alles verraten; **play the ~** fair spielen; **the ~ is up** *fig* das Spiel ist aus; **two can play at that ~** wie du mir, so ich dir; **big ~** Großwild *n;* **the Olympic G~s** *pl* die Olympischen Spiele *n pl;* **~ of chance, of skill** Glücks-, Geschicklichkeitsspiel *n;* **a ~ of chess** e-e Partie Schach.

game[2] [geɪm] *adj* mutig; ▶ **be ~** mitmachen; **be ~ for anything** für alles zu haben sein; **be ~ to do s.th.** bereit sein, etw zu tun.

game[3] [geɪm] *adj* lahm.

game-cock ['geɪmkɒk] Kampfhahn *m;* **game·keeper** ['geɪm,ki:pə(r)] Wildhüter(in) *m (f).*

gaming ['geɪmɪŋ] (Glücks)Spiel *n (um Geld);* **gaming-table** Spieltisch *m.*

gamma rays ['gæmə'reɪz] *pl* Gammastrahlen *m pl.*

gam·mon ['gæmən] gesalzener, geräucherter Schinken; Speckseite *f.*

gammy ['gæmɪ] *adj fam* lahm.

gamut ['gæmət] **1.** Tonleiter *f;* **2.** *fig* Skala *f.*

gan·der ['gændə(r)] **1.** Gänserich *m;* **2.** *sl* Blick *m.*

gang [gæŋ] **I** *s* **1.** *(Menschen)* Gruppe *f;* **2.** *(Arbeiter)* Rotte, Kolonne *f;* **3.** *(Gefangene)* Trupp *m;* **4.** *(Verbrecher)* Bande *f;* **II** *itr (~ up)* sich zusammentun; ▶ **~ up on s.o.** auf jdn losgehen; sich gegen jdn verschwören; **ganger** ['gæŋə(r)] Vorarbeiter *m.*

gan·gling ['gæŋglɪŋ] *adj* schlacksig.

gan·glion ['gæŋglɪən] ‹*pl* -glia› [–lɪə] **1.** *med* Ganglion *n;* **2.** *fig* Kräftezentrum *n.*

gang·plank ['gæŋplæŋk] Laufplanke *f.*

gan·grene ['gæŋgri:n] *med* Brand *m;* **gan·gren·ous** ['gæŋgrɪnəs] *adj med* brandig.

gang·ster ['gæŋstə(r)] Gangster *m,* Verbrecher(in) *m (f).*

gang·way ['gæŋweɪ] **1.** Gang *m (zwischen Sitzreihen);* Korridor *m;* **2.** Landungsbrücke *f;* **3.** *aero mar* Gangway *f;* ▶ **clear the ~** Platz machen.

gan·try ['gæntrɪ] *tech* Gerüst *n,* Bock *m;* Abschußrampe *f;* Schilderbrücke *f.*

gaol [dʒeɪl] *s. jail.*

gap [gæp] **1.** Lücke *f,* Spalt(e *f*) *m,* Loch *n;* **2.** Abstand *m;* **3.** (Gebirgs)Schlucht *f;* **4.** Lücke, Unterbrechung *f;* **5.** *(Ansichten)* Auseinandergehen, -klaffen *n;* ▶ **bridge, fill, stop a ~** e-e Lücke schließen.

gape [geɪp] **I** *itr* anstarren (*at s.o.* jdn); ▶ **~ open** aufklaffen; auseinandergehen; **II** *s* **1.** Loch *n;* geplatzte Stelle; **2.** Starren *n;* **gap·ing** *adj (Wunde)* klaffend; *(Loch)* gähnend.

gar·age ['gærɑ:ʒ, *Am* gə'rɑ:ʒ] **I** *s* **1.** Garage *f;* **2.** Autoreparaturwerkstatt *f;* Tankstelle *f;* **II** *tr* in die Garage stellen.

garb [gɑ:b] **I** *s* Tracht, Kleidung *f;* **II** *tr* kleiden (*in* in).

gar·bage ['gɑ:bɪdʒ] **1.** Abfälle *m pl,* Müll *m;* **2.** *fig* Schund *m;* Unsinn *m;* **garbage-can** *Am* Mülleimer *m,* -tonne *f;* **garbage chute, disposer** Müllschlukker *m;* **garbage collector** *Am* Müllkutscher *m;* **garbage truck** *Am* Müllauto *n.*

garble ['gɑ:bl] *tr (Bericht)* durcheinanderbringen, entstellen.

gar·den ['gɑ:dn] **I** *s* **1.** Garten *m a. fig;* **2.** *pl* Anlagen *f pl,* Park *m;* ▶ **lead s.o. up the ~ path** *fam* jdn an der Nase herumführen; **market ~** Handelsgärtnerei *f;* **vegetable ~** Gemüsegarten *m;* **II** *itr* im Garten arbeiten; **garden city** Gartenstadt *f;* **gar·dener** ['gɑ:dnə(r)] Gärtner(in) *m (f).*

gar·denia [gɑ:'di:nɪə] *bot* Gardenie *f.*

gar·den·ing ['gɑ:dnɪŋ] Gartenarbeit *f;* **garden party** Gartenfest *n,* -party *f.*

gar·gan·tuan [gɑ:'gæntjʊən] *adj* riesig, gewaltig.

gargle ['gɑ:gl] **I** *itr* gurgeln (*with* mit); **II** *s* Mundwasser *n.*

gar·goyle ['gɑ:gɔɪl] *arch* Wasserspeier *m.*

gar·ish ['geərɪʃ] *adj (Farbe)* grell, schreiend.

gar·land ['gɑ:lənd] **I** *s* Kranz *m;* Girlande *f;* **II** *tr* bekränzen.

gar·lic ['gɑ:lɪk] *bot* Knoblauch *m;* **garlic press** Knoblauchpresse *f.*

gar·ment ['gɑ:mənt] Kleidungsstück *n.*

gar·net ['gɑ:nɪt] *min* Granat *m.*

gar·nish ['gɑ:nɪʃ] **I** *tr (Küche)* garnieren; **II** *s (Küche)* Garnierung *f.*

gar·ret ['gærət] Dachkammer *f.*

gar·ri·son ['gærɪsn] **I** *s mil* **1.** Garnison *f,* Standort *m;* **2.** *(~ town)* Garnison(sstadt) *f;* **II** *tr* mit e-r Garnison belegen; *(Soldaten)* in Garnison legen.

gar·ru·lous ['gærələs] *adj* schwatzhaft.

gar·ter ['gɑ:tə(r)] **1.** Strumpfband *n;* **2.** *Am* Strumpf-, Sockenhalter *m;* ▶ **(the Order of) the G~** der Hosenbandorden.

gas [gæs] **I** *s* **1.** Gas *n;* **2.** *Am* Benzin *n;* **3.** *fig sl* leeres Gerede; tolle Geschichte; ► **cook by ~** auf Gas kochen; **step on the ~** *Am fam mot* Gas geben *a. fig;* **turn on, off the ~** den Gashahn auf-, zudrehen; **II** *tr* vergasen; **III** *itr sl* faseln; **gas-bag** *fig pej* Schwätzer *m;* **gas chamber** Gaskammer *f;* **gas-cooker** Gaskocher *m;* **gas·eous** ['gæsɪəs] *adj* gasförmig; **gas field** Erdgasfeld *n;* **gas fire** Gasofen *m;* **gas-fitter** Installateur(in), Rohrleger(in) *m (f).*

gash [gæʃ] **I** *s* klaffende Wunde; tiefe Kerbe; Schlitz *m;* **II** *tr* aufschlitzen; e-e tiefe Wunde beibringen (*s.o.* jdm).

gas heat·ing ['gæshi:tɪŋ] Gasheizung *f;* **gas-holder** Gasometer *m;* **gas lighter** Gasfeuerzeug *n.*

gas·ket ['gæskɪt] **1.** *tech* Dichtung *f;* **2.** *mar* Zeising *n.*

gas lamp ['gæslæmp] Gaslampe *f;* Gaslaterne *f;* **gas·man** ['gæsmən] ⟨*pl* -men⟩ Gasmann *m;* **gas·mask** Gasmaske *f.*

gaso·line, gaso·lene ['gæsəli:n] *Am* Benzin *n;* **gasoline gauge** Benzinuhr *f;* **gasoline tank** Benzintank *m.*

gas·ometer [gə'sɒmɪtə(r)] *Br* Gasometer *m.*

gasp [gɑ:sp] **I** *itr* keuchen; nach Luft schnappen; ► **~ for breath** nach Luft schnappen; **I ~ed in surprise** mir stockte der Atem vor Überraschung (*at* über); **II** *tr (~ out) (Worte)* mühsam hervorbringen; **III** *s* Keuchen, schweres Atmen *n;* ► **at one's last ~** in den letzten Zügen.

gas pipe ['gæspaɪp] Gasrohr *n,* -leitung *f;* **gas pump** ['gæspʌmp] *Am* Zapfsäule *f;* **gas ring** ['gæsrɪŋ] Gasbrenner *m;* **gas station** ['gæssteɪʃn] *Am* Tankstelle *f;* **gas station operator** Tankwart *m;* **gas-stove** Gasherd *m;* **gassy** ['gæsɪ] *adj fam* geschwätzig.

gas·tric ['gæstrɪk] *adj* ► **~ acid** Magensäure *f;* **~ juice** *physiol* Magensaft *m;* **~ ulcer** Magengeschwür *n;* **gas·tri·tis** [gæ'straɪtɪs] Gastritis *f.* **gas·tro·en·ter·itis** [ˌgæstrəʊˌentə'raɪtɪs] Magen-Darm-Katarrh *m.*

gas·tron·omic [ˌgæstrə'nɒmɪk] *adj* gastronomisch; **gas·tron·omy** [gæ'strɒnəmɪ] Gastronomie *f.*

gas-works ['gæswɜ:ks] *pl mit sing* Gaswerk *n.*

gate [geɪt] **I** *s* **1.** *fig* Tor *n,* Zugang *m* (*to* zu); **2.** (enge) Durchfahrt *f,* Durchlaß *m;* **3.** Sperre *f;* (Bahn)Schranke *f;* **4.** *aero* Flugsteig *m;* **5.** Schleusentor *n;* **6.** *(Fußball)* Besucherzahl *f*; Gesamteinnahme *f;* **II** *tr* ► **be ~d** Ausgangsverbot erhalten; **gate·crash** ['geɪtkræʃ] *itr, tr* ungebeten erscheinen (*in* bei); **gatecrasher** ['geɪtkræʃə(r)] ungebetener Gast; **gate-house** Tor-, Pförtnerhaus *n;* **gate-keeper 1.** Torwärter(in), Pförtner(in) *m (f);* **2.** *Am* Bahnwärter(in) *m (f);* **gate-legged table** [ˌgeɪtlegd 'teɪbl] Klapptisch *m;* **gate money** Eintrittsgeld *n;* **gate·post** Torpfosten *m;* ► **between you, me and the ~** in strengstem Vertrauen, unter uns gesagt; **gate·way** ['geɪtweɪ] **1.** Torweg *m,* Einfahrt *f;* **2.** *fig* Weg *m* (*to* zu).

gather ['gæðə(r)] **I** *tr* **1.** versammeln; **2.** zusammenbringen, anhäufen; **3.** *(Ernte)* einbringen; **4.** *(Geld)* einziehen, kassieren; **5.** *(Eindruck)* gewinnen; **6.** schließen (*from* aus), den Schluß ziehen (*that* daß); **7.** zunehmen an *(Kraft, Umfang);* **8.** fälteln, kräuseln; ► **~ information** Erkundigungen einziehen; **~ speed** an Geschwindigkeit zunehmen; **II** *itr* **1.** sich versammeln, zusammenkommen; **2.** *(Wolken)* sich zusammenziehen; **3.** *(Wunde)* eitern; **4.** *(Stirn)* sich in Falten legen; **III** *s* Falte *f;* **gather·ing** [—ɪŋ] Versammlung *f.*

GATT *Abk:* **General Agreement on Tariffs and Trade** GATT *n.*

gauche [gəʊʃ] *adj* unbeholfen, ungeschickt; linkisch.

gaudy ['gɔ:dɪ] *adj* geschmacklos, protzig.

gauge, *Am* **gage** [geɪdʒ] **I** *s* **1.** Meßgerät *n;* Eichmaß *n;* **2.** *tech* Lehre *f; (für Ring)* Ringmaß *n; (für Wasser)* Pegel *m;* **3.** *(Draht, Blech)* Dicke, Stärke *f;* **4.** *rail* Spurweite *f;* **5.** *fig* Maß(stab *m*) *n;* ► **narrow ~** Schmalspur *f;* **standard ~** Normalspur *f;* **pressure ~** Druckmesser *m;* **petrol ~** Benzinuhr *f;* **temperature ~** Temperaturanzeiger *m;* **II** *tr* **1.** messen; **2.** beurteilen, (ab)schätzen.

gaunt [gɔ:nt] *adj* **1.** hager; hohlwangig; **2.** finster, trostlos.

gaunt·let ['gɔ:ntlɪt] **1.** *hist* Fehdehandschuh *m;* **2.** Stulpenhandschuh *m;* ► **throw down the ~** herausfordern (*to s.o.* jdn); **pick, take up the ~** die Herausforderung annehmen; **run the ~** Spießruten laufen *a. fig.*

gauze [gɔ:z] **1.** Gaze *f,* (Verbands)Mull *m;* **2.** feines Drahtgeflecht; **gauzy** ['gɔ:zɪ] *adj* hauchdünn, -zart, durchscheinend.

gave [geɪv] *v s. give.*

gavel ['gævl] (kleiner) Hammer *m.*

gawk [gɔ:k] *itr* blöde starren; **gawky** ['gɔ:kɪ] *adj* ungeschickt, linkisch.

gay [geɪ] **I** *adj* **1.** lustig, vergnügt, fröhlich; **2.** lebenslustig; **3.** farbenfroh, bunt; **4.** schwul; **II** *s* Schwule(r) *m.*

gaze [geɪz] **I** *itr* starren, glotzen (*at, on, upon* auf); **II** *s* starrer Blick.

ga·zelle [gə'zel] *zoo* Gazelle *f.*

ga·zette [gə'zet] **I** *s* Amtsblatt *n;* Zeitung *f;* **II** *tr* amtlich bekanntgeben; **ga·zet·teer** [ˌgæzə'tɪə(r)] geographisches Namensverzeichnis.

ga·zump [gəˈzʌmp] *(Hauskauf)* den Preis nachträglich heraufsetzen.

GB [dʒiːˈbiː] *Abk:* **Great Britain** GB.

GDR [ˌdʒiːdiːˈɑː(r)] *Abk:* **German Democratic Republic** *hist* DDR *f.*

gear [gɪə(r)] **I** *s* **1.** Gerät *n;* Ausrüstung *f; fam* Sachen *f pl,* Zeug *n;* **2.** *tech* Getriebe *n;* **3.** *mot* Gang *m;* **4.** *(Fahrrad)* Übersetzung *f;* ► **landing** ~ Fahrgestell *n;* **go, shift into low** ~ *mot* den ersten Gang einlegen; **shift, change** ~ *mot* schalten; **low, second, top, reverse** ~ *mot* erster, zweiter, vierter Gang, Rückwärtsgang *m;* **II** *tr* **1.** *tech* mit e-m Getriebe versehen; einkuppeln; **2.** *fig* ausrichten (*to* auf); **III** *itr tech* ineinandergreifen; eingreifen (*into* in); **gearbox, gear·case** [ˈgɪəbɒks, ˈgɪəkeɪs] *mot* Getriebe *n;* **geared** [ˈgɪəd] *adj* **1.** eingestellt (*to* auf); **2.** gerüstet (*to* für); ► **I was all** ~ **up** ich war ganz gespannt; **gearing** [ˈgɪərɪŋ] *(Gänge)* Auslegung *f;* **gear lever,** *Am* **gear shift, gear stick** Schaltknüppel *m;* Schalthebel *m;* **gear-wheel** Zahnrad *n.*

gee [ˈdʒiː] *interj* **1.** *fam* Mensch, Mann! **2.** *(zu Pferd)* hü! ► ~ **whizz!** Mensch Meier!

geezer [ˈgiːzə(r)] *sl* Typ, Kerl *m;* ► **old** ~ Mummelgreis *m.*

geisha [ˈgeɪʃə] Geisha *f.*

gela·tine [ˌdʒeləˈtiːn] Gelatine *f;* **gel·ati·nous** [dʒɪˈlætɪnəs] *adj* gallert(art)ig.

geld [geld] *tr* kastrieren; **geld·ing** [—ɪŋ] Wallach *m.*

gem [dʒem] **1.** (geschliffener) Edelstein *m;* **2.** *fig* Perle *f,* Prachtstück *n.*

Gem·ini [ˈdʒemɪnɪ] *astr* Zwillinge *m pl.*

gen [dʒen] **I** *s Br fam* Information *f;* **II** *(mit Präposition)* **gen up** informieren.

gen·der [ˈdʒendə(r)] *gram* Geschlecht *n.*

gene [dʒiːn] *biol* Gen *n;* **gene bank** Genbank *f.*

ge·nea·logi·cal [ˌdʒiːnɪəˈlɒdʒɪkl] *adj* genealogisch; ► ~ **tree** Stammbaum *m;* **ge·nealo·gist** [ˌdʒiːnɪˈælədʒɪst] Genealoge *m,* Genealogin *f,* Stammbaumforscher(in) *m (f);* **ge·neal·ogy** [ˌdʒiːnɪˈælədʒɪ] Genealogie *f.*

gen·eral [ˈdʒenrəl] **I** *adj* **1.** allgemein; **2.** üblich, gewöhnlich, normal; **3.** unbestimmt, allgemein gehalten; ► **as a** ~ **rule, in** ~ im allgemeinen; **consul(ate)** ~ Generalkonsul(at *n*) *m;* **secretary** ~ Generalsekretär(in) *m (f);* **II** *s mil* General *m;* **general agency** Generalvertretung *f;* **general agent 1.** Generalagent *m;* **2.** Generalbevollmächtigte(r) *f m;* **general anaesthetic** Vollnarkose *f;* **general assembly** Voll-, Generalversammlung *f;* **general director, manager** Generaldirektor(in) *m (f);* **general editor** Hauptschriftleiter(in) *m (f);* **general election** Parlamentswahlen *f pl;* **general endorsement** Blankoindossament *n;* **general headquarters** *pl oft mit sing mil* großes Hauptquartier.

gen·er·al·ity [ˌdʒenəˈrælətɪ] Allgemeingültigkeit *f;* ► **the** ~ **of** die Masse, Mehrheit, Mehrzahl *gen.*

gen·er·al·iz·ation [ˌdʒenərəlaɪzˈeɪʃn] Verallgemeinerung *f;* **gen·er·al·ize** [ˈdʒenərəlaɪz] *tr* verallgemeinern; allgemein verbreiten.

gen·eral·ly [ˈdʒenrəlɪ] *adv* (im) allgemein(en), gemeinhin, gewöhnlich; ganz allgemein.

gen·eral man·age·ment [ˈdʒenrəl ˈmænɪdʒmənt] Geschäftsleitung *f;* **general partnership** offene Handelsgesellschaft; **General Post Office** Hauptpost *f;* **general practitioner** praktischer Arzt, praktische Ärztin, Arzt *m,* Ärztin *f* für Allgemeinmedizin; **general staff** *mil* Generalstab *m;* **general store** Gemischtwarengeschäft *n;* **general strike** Generalstreik *m;* **general view** Gesamtbild *n,* -ansicht *f,* Überblick *m.*

gen·er·ate [ˈdʒenəreɪt] *tr* **1.** *biol* (er-)zeugen; **2.** hervorbringen, -rufen; **3.** *tech* erzeugen; **4.** *fig* verursachen; **generating station** [ˈdʒenəreɪtɪŋ ˌsteɪʃn] Kraftwerk *n;* **gen·er·ation** [ˌdʒenəˈreɪʃn] **1.** Generation *f;* **2.** *biol* Zeugung *f;* **3.** *tech* Erzeugung *f;* **gen·er·at·ive** [ˈdʒenərətɪv] *adj* **1.** *gram* generativ; **2.** *biol* Zeugungs-; **3.** *el* Erzeugungs-; **gen·er·ator** [ˈdʒenəreɪtə(r)] Generator *m.*

gen·eric [dʒɪˈnerɪk] **I** *adj* ► ~ **term** Gattungsbegriff *m;* **II** *s (~ drug) med* Generikum *n.*

gen·er·os·ity [ˌdʒenəˈrɒsətɪ] **1.** Großmut *f;* **2.** Großzügigkeit *f;* **gen·er·ous** [ˈdʒenərəs] *adj* **1.** großmütig (*to* gegenüber); **2.** großzügig, freigebig (*of, with* mit); **3.** *(Boden)* fruchtbar; **4.** reichlich.

gen·esis [ˈdʒenəsɪs] ⟨*pl* -eses⟩ [ˈdʒenɪsiːz] Entstehung *f.*

gen·etic [dʒɪˈnetɪk] **I** *adj* genetisch; ► ~ **engineering** Gentechnologie *f;* ~ **heritage** Erbanlage *f;* ~ **information** Erbinformation *f;* ~ **research** Genforschung *f;* ~ **transfer** Gentransfer *m;* **II** *s pl mit sing* Genetik *f;* **gen·eti·cist** [dʒɪˈnetɪsɪst] Genetiker(in) *m (f).*

ge·nial [ˈdʒiːnɪəl] *adj* **1.** angenehm, heiter, froh; **2.** *(Mensch)* freundlich, leutselig; **3.** *(Klima)* mild, warm; **ge·nial·ity** [ˌdʒiːnɪˈælətɪ] **1.** Heiterkeit *f,* Frohsinn *m;* **2.** Freundlichkeit, Herzlichkeit *f;* **3.** *(Wetter)* Milde *f.*

genie [ˈdʒiːnɪ] dienstbarer Geist.

geni·tals [ˈdʒenɪtlz] *pl* Genitalien *pl.*

geni·tive [ˈdʒenətɪv] *(a. ~ case) gram* Genitiv *m.*

gen·ius [ˈdʒiːnɪəs] ⟨*pl* -iuses, -ii⟩ [ˈdʒiːnɪaɪ] **1.** Schutzgeist *m;* **2.** Genius *m,*

Anlage *f;* Fähigkeit *f* (*for, to* zu); **3.** Genie *n,* genialer Mensch.
genned-up [ˌdʒendˈʌp] *adj fam* gut informiert (*about* über).
geno·cide [ˈdʒenəsaɪd] Völkermord *m.*
genre [ˈʒɑːnrə] *lit (Kunst)* Gattung *f;* **genre-painting** Genremalerei *f.*
gent [dʒent] *fam* Gentleman *m;* ▶ **the Gents** die Herrentoilette.
gen·teel [dʒenˈtiːl] *adj* vornehm; affektiert.
gen·tian [ˈdʒenʃn] *bot* Enzian *m.*
Gen·tile [ˈdʒentaɪl] **I** *adj* nicht jüdisch; **II** *s* Nichtjude *m,* -jüdin *f.*
gentle [ˈdʒentl] *adj (adv: gently)* **1.** sanft;mild; **2.** wohlerzogen; gebildet; **gentle·folk** [ˈdʒentlfəʊk] *pl* feine Leute *pl;* **gentle·man** [ˈdʒentlmən] ⟨*pl* -men⟩ Herr *m;* Ehrenmann *m;* ▶ **(Ladies and) Gentlemen!** meine (Damen und) Herren! **gentlemen's agreement** stillschweigendes Abkommen; **~-farmer** Gutsbesitzer *m;* **gentle·man·ly** [ˈdʒentlmənlɪ] *adj* höflich, zuvorkommend; **gentle·ness** [ˈdʒentlnɪs] Sanftheit *f;* Zartheit *f;* Freundlichkeit *f;* **gentle·woman** [ˈdʒentlwʊmən] ⟨*pl* -women⟩ [—wɪmɪn] Dame *f;* Hofdame *f;* Zofe *f.*
gen·try [ˈdʒentrɪ] niederer Adel.
genu·ine [ˈdʒenjʊɪn] *adj* **1.** echt; unverfälscht; **2.** aufrichtig, ehrlich.
ge·nus [ˈdʒiːnəs] ⟨*pl* -nera⟩ [ˈdʒenərə] *zoo bot* Gattung *f.*
geo·cen·tric [ˌdʒiːəʊˈsentrɪk] *adj* geozentrisch.
geo·des·ic [ˌdʒɪːəʊˈdesɪk] *adj* geodätisch; ▶ **~ dome** Traglufthalle *f.*
ge·ogra·pher [dʒɪˈɒgrəfə(r)] Geograph(in) *m (f);* **geo·graphic(al)** [ˌdʒɪəˈgræfɪk(l)] *adj* geographisch; **ge·ogra·phy** [dʒɪˈɒgrəfɪ] Erdkunde, Geographie *f;* ▶ **economic ~** Wirtschaftsgeographie *f.*
geo·logi·cal [ˌdʒɪəˈlɒdʒɪkl] *adj* geologisch; **ge·ol·ogist** [dʒɪˈɒlədʒɪst] Geologe *m,* Geologin *f;* **ge·ol·ogy** [dʒɪˈɒlədʒɪ] Geologie *f.*
geo·met·ric(al) [ˌdzɪəˈmetrɪk(l)] *adj* geometrisch; **ge·ometry** [dʒɪˈɒmətrɪ] Geometrie *f.*
geo·physi·cal [ˌdʒɪəˈfɪzɪkl] *adj* geophysikalisch; **geo·phys·ics** [ˌdʒiːəʊˈfɪzɪks] *pl mit sing* Geophysik *f.*
ger·anium [dʒəˈreɪnɪəm] *bot* Geranie *f.*
geria·tri·cian [ˌdʒerɪəˈtrɪʃn] Facharzt *m,* -ärztin *f* für Geriatrie; **geri·atrics** [ˌdʒerɪˈætrɪks] *pl mit sing* Geriatrie *f.*
germ [dʒɜːm] **I** *s* **1.** *biol med fig* Keim *m;* **2.** Bakterie *f;* ▶ **in ~** *fig* im Keim; **free from ~s** keimfrei; **II** *itr fig* keimen.
Ger·man [ˈdʒɜːmən] **I** *adj* deutsch; **II** *s* **1.** (das) Deutsch(e); **2.** Deutsche(r) *f m* ▶ **do you speak ~?** sprechen Sie Deutsch? **translated into ~** ins Deutsche übersetzt; **~ Democratic Republic** *hist* Deutsche Demokratische Republik.
ger·mane [dʒəˈmeɪn] *adj* von Belang (*to* für).
Ger·manic [dʒəˈmænɪk] *adj* germanisch; **German measles** *pl med* Röteln *pl;* **German shepherd** *Am* deutscher Schäferhund; **Ger·ma·ny** [ˈdʒɜːmənɪ] Deutschland *n;* ▶ **Federal Republic of ~** Bundesrepublik Deutschland; **the two Germanies** *hist* die zwei, beiden deutschen Staaten.
germ·free [ˈdʒɜːmfriː] *adj* keimfrei; **ger·mi·cid·al** [ˌdʒɜːmɪˈsaɪdəl] *adj* keimtötend; **ger·mi·cide** [ˈdʒɜːmɪsaɪd] Desinfektionsmittel *n;* **ger·mi·nal** [ˈdʒɜːmɪnəl] *adj fig* im Anfangsstadium (befindlich); **ger·mi·nate** [ˈdʒɜːmɪneɪt] **I** *itr* keimen; **II** *tr* keimen lassen; **ger·mi·na·tion** [ˌdʒɜːmɪˈneɪʃn] Keimen *n;* **germ warfare** bakteriologische Kriegsführung.
ger·on·tol·ogist [ˌdʒerɒnˈtɒlədʒɪst] Gerontologe *m,* Gerontologin *f;* **ger·on·tol·ogy** [ˌdʒerɒnˈtɒlədʒɪ] Gerontologie *f.*
gerry·man·der [ˈdʒerɪmændə(r)] **I** *tr pol (Wahlkreis)* willkürlich neu einteilen; **II** *itr* Wahlkreisschiebungen vornehmen.
ger·und [ˈdʒerənd] *gram* Gerundium *n.*
ges·ta·tion [dʒeˈsteɪʃn] **1.** Trächtigkeit *f;* **2.** Schwangerschaft *f.*
ges·ticu·late [dʒeˈstɪkjʊleɪt] *itr* gestikulieren; **ges·ticu·la·tion** [dʒeˌstɪkjʊˈleɪʃn] Gestikulieren *n.*
ges·ture [ˈdʒestʃə(r)] Gebärde *f;* Geste *f.*
get [get] ⟨*irr* got, got *od Am* gotten⟩ **I** *tr* **1.** bekommen, erhalten, empfangen; **2.** verdienen, gewinnen, erwerben; **3.** besorgen, beschaffen; **4.** (zu) fassen (kriegen), schnappen; **5.** verstehen, begreifen; **6.** veranlassen, überreden, (dazu) bewegen; bringen (*to* zu); **7.** *(Essen)* (fertig)machen; **8.** *fam* drankriegen; fertigmachen; totschlagen; **9.** *fam* nicht aus dem Sinn gehen (*s.o.* jdm); **10.** *(Junge)* werfen; ▶ **have got** *fam* haben, besitzen; *fam* müssen (*to do* tun); **II** *itr* **1.** kommen (*from* von; *at* zu; *to* nach); **2.** gelangen (*to* nach); **3.** erreichen (*to* acc); **4.** herankönnen (*at* an); **5.** *(in e-e Lage)* kommen, versetzt werden, gelangen, geraten; **III** *(Wendungen)* ▶ **~ s.o.'s back up** jdn auf die Palme bringen; **~ the better of s.o.** jdn kleinkriegen; **~ the boot** *fam* entlassen werden; **~ to the bottom** auf den Grund gehen; **~ done with** fertig werden mit; **~ even with s.o.** mit jdm abrechnen; **~ going** in Gang setzen; **~ one's hair cut** sich die Haare schneiden lassen; **~ hold of** zu fassen kriegen; **~ home** heimkommen, nach Hause kommen; *fig* zum springen-

den Punkt kommen; ~ **to know** in Erfahrung bringen; ~ **married** sich verheiraten; ~ **there** *fam* sein Ziel erreichen; ~ **one's own way** seinen Kopf durchsetzen; ~ **the worst of it** am schlechtesten wegkommen; **it's ~ting warmer** es wird wärmer; **I ~ it** ich begreife schon; **I've got it!** ich hab's! **I'll ~ him for that!** dem werde ich es besorgen! **IV** *(mit Präposition)* **get about** *itr* **1.** (viel) herumkommen; **2.** *(Nachricht)* sich verbreiten; **get across** *tr* **1.** hinüberbringen; hinüberkommen über; **2.** *fig* verständlich machen; *(Witz)* ankommen mit; *itr* **1.** hinüberkommen; **2.** *fig* sich verständlich machen; *(Witz)* ankommen; **get ahead** *itr* vorwärts-, vorankommen; überholen, -treffen, -runden (*of s.o.* jdn); **get along** *itr* **1.** weiter-, voran-, vorwärtskommen (*with* mit); **2.** auskommen, fertig werden, sich vertragen (*with s.o.* mit jdm); ► **how are you ~ting along?** wie kommen Sie zurecht? ~ **along with you!** das mach anderen weis! **get around 1.** *tr* herumkriegen, gewinnen; **2.** *itr s. get about* ► ~ **around s.o.** um jdn herumkommen; ~ **around to doing s.th.** dazu kommen, etw zu tun; **get at s.o.** *sl* jdn erreichen; jdn beeinflussen, auf seine Seite ziehen; auf jdm herumhacken; **get at s.th. 1.** an etw herankommen; etw herausfinden; **2.** *fig* hinauswollen *(auf)* ► **stop ~ting at me!** laß mich endlich in Ruhe! **what are you ~ting at?** worauf willst du hinaus? **get away** *tr* entfernen; wegbringen; *itr* sich aus dem Staube machen; ► ~ **away from s.o.** von jdm loskommen; ~ **away with s.th.** sich etw erlauben können; **get back** *tr* zurückbekommen; *itr* zurückkehren, -kommen; ► ~ **back at s.o.** *fam* es jdm heimzahlen; **get behind 1.** *Am* unterstützen; **2.** *(in der Arbeit)* zurückfallen; **get by** *itr* **1.** vorbeigehen; **2.** *fam* durchkommen; **3.** *(mit Geld)* auskommen; **4.** noch den Anforderungen entsprechen; **get down** *tr* **1.** hinunterbringen; schlucken; **2.** *fig* entmutigen; *itr* hinuntersteigen (*from* von); ► ~ **down to** sich konzentrieren auf; ~ **s.o. down** jdn deprimieren; **get in** *tr* hinein-, *(Ernte)* einbringen; hereinbekommen; *itr* **1.** hineinkommen, -gelangen; **2.** *(Zug, Flug)* ankommen; *(Zug)* einfahren; **3.** sich einlassen (*with* mit); **4.** *parl* gewählt werden (*for* in); ► ~ **in on s.th.** *fig* bei etw einsteigen; **he doesn't let you ~ a word in edgeways** er läßt einen überhaupt nicht zu Wort kommen; **get into 1.** *(Gewohnheit)* annehmen; **2.** *(Schule)* zugelassen werden zu; **3.** *(Auto)* einsteigen in; ► ~ **into a temper** wütend werden; **I'll ~ into the way of things** ich werde mich schon daran gewöhnen; **what's got into him?** was ist mit ihm los? **get off** *tr (Brief)* abschicken; *itr* **1.** herunter-, ab-, aussteigen; **2.** weggehen; **3.** davonkommen; **4.** *(~ off work)* mit der Arbeit aufhören; ► **tell s.o. where to ~ off** jdm die Meinung sagen; ~ **off with s.o.** mit jdm anbandeln; **get on** *tr (Kleidung)* anziehen; *itr* **1.** aufsitzen; **2.** auf-, einsteigen; **3.** weiterführen (*with s.th.* etw); **4.** weiterkommen, Erfolg haben; **5.** es gut verstehen (*with* mit); auskommen (*with* mit); ► ~ **on for eighty** auf die Achtzig zugehen; **they don't ~ on** sie verstehen sich nicht; **get out** *tr* **1.** herausbringen, -bekommen; **2.** vorbereiten, ausarbeiten; **3.** veröffentlichen; **4.** herausbekommen (*out of s.th.* aus etw); *itr* **1.** aussteigen; **2.** weggehen; **3.** entkommen (*of s.th.* e-r S); **4.** *(Geheimnis)* herauskommen; ► ~ **that out of your head!** schlagen Sie sich das aus dem Kopf! **get over** *tr* hinwegkommen über; fertig werden mit; *itr* durchkommen; **get round** *tr (Sache)* umgehen; *(Person)* umstimmen; **get straight** *tr* in Ordnung bringen; sich im klaren sein über; **get through** *tr* **1.** durchkriegen, -bringen; **2.** *(Geld)* ausgeben; *itr* **1.** durchkommen; **2.** *tele* Anschluß bekommen; **get together** *tr* zusammenbringen; *itr* **1.** zusammenkommen, sich treffen; **2.** einig werden (*on* über); **get up** *tr* **1.** zuwege bringen; **2.** zurechtmachen, aufputzen; inszenieren; **3.** verstärken, erhöhen (*speed* die Geschwindigkeit); **4.** durcharbeiten; *itr* **1.** aufstehen; **2.** Fortschritte machen; **3.** *(Wind)* auffrischen; **4.** *(bei der Lektüre)* kommen (*to* bis); ► ~ **o.s. up** sich kostümieren; ~ **up to 1.** gelangen bis; **2.** anstellen ► **what have you been ~ting up to?** was hast du getrieben?.

get-at-able [ˌget'ætəbl] *adj fam* (leicht) erreichbar, zugänglich; **get-away** ['getəweɪ] Entkommen *n;* **get-away car** Fluchtwagen *m;* **get-to·gether** ['gettə'geðə(r)] (zwangloses) Treffen *n,* Zusammenkunft *f;* **get-up** ['getʌp] **1.** Aufmachung, Ausstattung *f;* **2.** *(Kleidung)* Aufzug *m.*

gey·ser ['gi:zə(r)] **1.** Geysir *m;* **2.** *Br* Durchlauferhitzer, Boiler *m.*

ghast·ly ['gɑ:stlɪ] *adj* **1.** gespenstisch; **2.** entsetzlich, schrecklich; gräßlich.

gher·kin ['gɜ:kɪn] Essig-, Gewürzgurke *f.*

ghetto ['getəʊ] ⟨*pl* **ghettos**⟩ G(h)etto *n a. fig;* **ghetto blaster** ['getəʊblɑ:stə(r)] tragbares Stereogerät *n,* Ghettoblaster *m.*

ghost [gəʊst] **I** *s* **1.** Geist *m (e-s Verstorbenen),* Gespenst *n a. fig;* **2.** Schatten *m,* Spur *f;* ► **give up the ~** den Geist aufgeben; **not a ~ of a chance** nicht die geringsten Aussichten *f pl* (*with s.o.* bei jdm); **II** *itr fam* für e-n anderen Reden aufsetzen, Artikel schreiben; **III** *tr (Buch, Rede)* für e-n anderen schreiben;

ghost·ly ['gəʊstlɪ] *adj* geisterhaft; **ghost·writer** Ghostwriter *m.*
ghoul [gu:l] **1.** Ghul *m;* **2.** *fig* Mensch mit schaurigen Gelüsten.
G.I. [ˌdʒi:'aɪ] *fam* amerikanischer Soldat.
gi·ant ['dʒaɪənt] **I** *s* Riese *m;* **II** *adj* riesig ▶ **a ~ packet** ein Riesenpaket; **gi·ant·ess** ['dʒaɪəntes] Riesin *f.*
gib·ber ['dʒɪbə(r)] *itr* schnattern; brabbeln; **gib·ber·ish** ['dʒɪbərɪʃ] Quatsch *m;* Kauderwelsch *n.*
gib·bet ['dʒɪbɪt] Galgen *m.*
gib·bon ['gɪbən] Gibbon *m (Affe).*
gibe [dʒaɪb] **I** *itr* verspotten (*at s.o.* jdn); **II** *s* Spott *m;* Stichelei *f.*
gib·lets ['dʒɪblɪts] *pl* Geflügelinnereien *f pl.*
giddy ['gɪdɪ] *adj* **1.** schwind(e)lig (*with* von, vor); **2.** *(Höhe)* schwindelerregend; **3.** leichtfertig, leichtsinnig.
gift [gɪft] **1.** Geschenk *n;* Gabe *f;* Spende *f;* **2.** *fig* Gabe, Veranlagung, Anlage *f,* Talent *n* (*for* zu); **3.** *jur* Schenkung *f;* **4.** *com (free ~)* Werbegeschenk *n;* ▶ **I wouldn't take that as a ~** das möchte ich nicht geschenkt haben; **it's a ~!** es ist geschenkt! **the ~ of the gab** ein gutes Mundwerk; **gifted** ['gɪftɪd] *adj* begabt, talentiert; **gift-horse** ['gɪfthɔ:s] ▶ **don't look a ~ in the mouth** *prov* einem geschenkten Gaul schaut man nicht ins Maul; **gift shop** Geschenkartikelladen *m;* **gift token, voucher** Geschenkgutschein *m.*
gi·gan·tic [dʒaɪ'gæntɪk] *adj* riesig; ungeheuer, gewaltig.
giggle ['gɪgl] **I** *itr* kichern; **II** *s* Kichern, Gekicher *n;* ▶ **do s.th. for a ~** etw zum Spaß tun.
gild [gɪld] ⟨*irr* **gilded** *od* **gilt, gilded** *od* **gilt**⟩ *tr* vergolden *a. fig.*
gill[1] [dʒɪl] Viertelpint *n (0,14 l, Am 0,12 l).*
gill[2] [gɪl] **1.** *zoo* Kieme *f;* **2.** *pl (Pilz)* Lamellen *f pl;* ▶ **go green about the ~s** sehr schlecht aussehen.
gilt [gɪlt] **I** *v s. gild;* **II** *s* Vergoldung *f;* ▶ **take the ~ off the gingerbread** der Sache den Reiz nehmen; **gilt-edged** [ˌgɪlt'edʒd] *adj* ▶ **~ securities** *pl* mündelsichere Wertpapiere *n pl.*
gim·crack ['dʒɪmkræk] *adj fam* billig, minderwertig.
gim·let ['gɪmlɪt] (Hand)Bohrer *m;* **gimlet-eyed** [ˌgɪmlɪt'aɪd] *adj* mit stechenden Augen.
gim·mick ['gɪmɪk] Trick, Knüller *m;* Spielerei *f;* effekthaschender Gag; **gimmicky** ['gɪmɪkɪ] *adj* werbewirksam.
gin[1] [dʒɪn] Wacholderschnaps, Gin *m;* ▶ **~ and tonic** Gin Tonic *m.*
gin[2] [dʒɪn] **1.** Schlinge *f,* Netz *n,* Falle *f;* **2.** *(cotton ~)* Entkörnmaschine *f.*
gin·ger ['dʒɪndʒə(r)] **I** *s* **1.** Ingwer *m;* **2.** Schwung, Schneid *m;* **II** *tr (~ up)* aufmöbeln, in Schwung bringen; **III** *adj* rötlich; **ginger-ale** Ginger Ale *n;* **ginger beer** Ingwerlimonade *f;* **ginger·bread** ['dʒɪndʒəbred] Pfefferkuchen *m;* **ginger group** *pol* Aktionsgruppe *f;* **ginger-haired** ['dʒɪndʒə(r)heə(r)d] *adj* rothaarig; **ginger·ly** ['dʒɪndʒəlɪ] *adj adv* vorsichtig, behutsam; **ginger-nut, ginger-snap** Ingwerkeks *m.*
gin·gi·vi·tis [ˌdʒɪndʒɪ'vaɪtɪs] Zahnfleischentzündung *f.*
gin·seng ['dʒɪnseŋ] Ginseng *m.*
gipsy, gypsy ['dʒɪpsɪ] Zigeuner(in) *m (f).*
gi·raffe [dʒɪ'rɑ:f] *zoo* Giraffe *f.*
girder ['gɜ:də(r)] Träger, Binder *m.*
girdle ['gɜ:dl] **I** *s* **1.** Gurt, Gürtel *m a. fig;* **2.** Hüftgürtel *m;* **II** *tr (~ about, in, round)* umgürten; umgeben, einfassen.
girl [gɜ:l] **1.** Mädchen *n;* **2.** Tochter *f;* **3.** (junge) Frau *f;* **4.** Angestellte, Arbeiterin, Verkäuferin *f;* **5.** Hausgehilfin *f;* **girl Friday** Allround-Sektretärin *f;* **girlfriend** ['gɜ:lfrend] Freundin *f;* **Girl Guide** *Br* Pfadfinderin *f;* **girl·hood** ['gɜ:lhʊd] Mädchenzeit *f,* -jahre *n pl;* **girlie** ['gɜ:lɪ] Mädchen; **girlie magazine** *fam* Zeitschrift *f* mit Fotos von nackten Mädchen; **girl·ish** ['gɜ:lɪʃ] *adj* mädchenhaft; **Girl Scout** *Am* Pfadfinderin *f.*
giro ['dʒaɪrəʊ] Giro-, Postgiroverkehr *m;* **giro account** Giro-, Postgirokonto *n;* **giro system** Giro-, Postgiroverkehr *m;* **giro transfer** Giro-, Postüberweisung *f.*
girth [gɜ:θ] **1.** Sattelgurt *m;* **2.** Umfang *m.*
gist [dʒɪst] *jur* Haupt-, Kernpunkt *m;* (das) Wesentliche; ▶ **the ~ of the matter** der Kern der Sache.
give [gɪv] ⟨*irr* **gave, given**⟩ **I** *tr* **1.** (ab-, über)geben; übermitteln; **2.** schenken; übertragen; **3.** bewilligen; **4.** spenden; **5.** hervorbringen, liefern; **6.** veranlassen, verursachen; **7.** einräumen, ein-, zugestehen; **8.** vorbringen; **9.** *(Grund)* angeben; **10.** *theat mus* aufführen; ▶ **~ o.s. airs** sich aufspielen; **~ birth to** das Leben schenken *dat;* **~ credit** Glauben schenken (*to* dat); zugute halten (*for s.th.* etw); **~ an example to s.o.** jdm ein Beispiel geben; **~ ground** sich zurückziehen *a. mil;* **~ s.o. a hand** jdm helfen; **~ it to s.o.** jdm gehörig die Meinung sagen; **~ s.o. a lift** *mot* jdn mitnehmen; **~ notice** ankündigen; **~ place** Platz machen (*to* für); das Feld überlassen (*to* an); Ursache sein (*to* für); **~ a report** e-n Bericht erstatten; **~ rise to** veranlassen; erzeugen, hervorbringen; **~ s.o. trouble** jdm Unannehmlichkeiten bereiten; **~ to understand** zu verstehen geben; **~ voice** Ausdruck verleihen *(to* dat); ~

way weichen; nachgeben; *(Preis)* fallen; ~ **her my regards** bestellen Sie ihr Grüße von mir; **I don't ~ a damn** ich scher' mich den Teufel darum; **nobody's going to ~ a hoot about that** kein Hahn wird danach krähen; **II** *itr* **1.** (gern) geben; **2.** elastisch sein; sich dehnen; **3.** nachgeben; *(Schnur)* reißen; *(Kraft, Stimme)* versagen; **4.** *fam* ▶ **what ~s?** was gibt's?; **III** *s* Elastizität *f;* **IV** *(mit Präposition)* **give away** *tr* **1.** weggeben, verschenken; **2.** *(Gelegenheit)* verpassen; **3.** preisgeben, verraten; ▶ **~ o.s. away** sich verraten; **~ away one's daughter** die Hand seiner Tochter geben (*to s.o.* jdm); **give back** *tr* **1.** zurückgeben; **2.** widerhallen; **give in** *tr* **1.** einreichen; **2.** *(Name)* eintragen; *itr* nachgeben; **give off** *tr* **1.** von sich geben; **2.** *(Licht)* ausstrahlen; **3.** *(Geruch)* ausströmen; **give out** *tr* **1.** ausgeben, verteilen; **2.** veröffentlichen; **3.** ausströmen; *itr* **1.** zu Ende gehen; **2.** sich erschöpfen, nachlassen, ermatten; **3.** müde, erschöpft sein; ▶ **~ o.s. out for, as, to be** sich ausgeben für, als; **give over** *tr* **1.** übergeben, aushändigen, abliefern; **2.** aufgeben; *itr* aufhören; es aufgeben (*doing s.th.* etw zu tun); ▶ **do ~ over!** hör endlich auf! **be given over** gänzlich verfallen sein (*to s.th.* e-r S); **give up** *tr* aufgeben; *itr* **1.** aufgeben; aufhören **2.** sich abgewöhnen (*doing s.th.* etw zu tun); **3.** verzichten (auf); ▶ **~ o.s. up** sich stellen; **I don't ~ up that easily** so leicht werfe ich die Flinte nicht ins Korn; **I ~ up on you** Sie sind ein hoffnungsloser Fall.

give-and-take [ˌgɪvən'teɪk] gegenseitiges Entgegenkommen; Kompromiß(bereitschaft *f*) *m.*

give-away ['gɪvəweɪ] **1.** unbeabsichtigte Preisgabe, Verplappern *n;* **2.** *com* Gratisprobe *f;* ▶ **~ articles** *pl* Werbegeschenke *n pl;* **~ price** Schleuderpreis *m;* **~ show** *Am radio TV Am* Preisrätselsendung *f;* **be a real ~** sich verraten.

given ['gɪvn] **I** *v s. give;* **II** *adj* **1.** gegeben, ausgefertigt (*at* zu); **2.** festgesetzt, bestimmt; ▶ **be ~ to doing s.th.** die Gewohnheit haben, etw zu tun; **~ that** vorausgesetzt, angenommen, daß; **(if) ~ the chance** sofern sich die Möglichkeit ergibt; **~ name** *Am* Vorname *m.*

giver ['gɪvə(r)] Geber(in) *m (f).*

glacé ['glæseɪ] *adj* **1.** glasiert; kandiert; **2.** *(Leder)* Glacé-.

gla·cial ['gleɪsɪəl] *adj* **1.** eiszeitlich; **2.** eisig *a. fig;* ▶ **~ epoch, era** Eiszeit *f;* **gla·cier** ['glæsɪə(r)] Gletscher *m.*

glad [glæd] *adj* **1.** froh; glücklich (*about, at, of* über; *that* daß); **2.** erfreulich, angenehm; **3.** gern bereit (*to do* zu tun); ▶ **be ~** sich freuen; dankbar sein (*of* für); **give s.o. the ~ eye** jdm verliebte Blicke zuwerfen; **I am so ~** das freut mich; **~ to meet you!** sehr angenehm! **glad·den** ['glædn] *tr* erfreuen.

glade [gleɪd] **1.** Lichtung *f;* **2.** *Am* Sumpfland *n,* -niederung *f.*

gladi·ator ['glædɪeɪtə(r)] *hist* Gladiator *m.*

gladi·olus [ˌglædɪ'əʊləs] ⟨*pl* -oluses, -oli⟩ [ˌglædɪ'əʊlaɪ] Gladiole *f.*

glad·ly ['glædlɪ] *adv* gern(e); **glad·ness** ['glædnɪs] Freude *f;* frohe, freudige Stimmung, Fröhlichkeit *f;* **glad rags** *pl fam* Sonntagsstaat *m.*

glamor·ize ['glæməraɪz] *tr* idealisieren; besonders reizvoll erscheinen lassen; **glamor·ous** ['glæmərəs] *adj* zauberhaft, blendend; **glam·our,** *Am* **glamor** ['glæmə(r)] Glamour, Zauber, Reiz *m;* **glamour boy** Schönling; **glamour girl** Glamourgirl *n.*

glance [glɑ:ns] **I** *s* (flüchtiger) Blick *m;* ▶ **at a ~** auf e-n Blick; **give s.o. an angry ~** jdm e-n wütenden Blick zuwerfen; **II** *itr* sehen, blicken; ▶ **~ at s.o., s.th.** jdn, etw kurz ansehen; **~ over s.th.** etw überfliegen; **~ round** sich umsehen; **~ at a problem** ein Problem (nur) streifen; **III** *(mit Präposition)* **glance off** *itr* abprallen; abgleiten; *(Licht)* reflektiert werden.

gland [glænd] *anat* Drüse *f;* **glandu·lar** ['glændjʊlə(r)] *adj* Drüsen-; ▶ **~ fever** Drüsenfieber *n;* **~ secretion** Drüsensekretion *f.*

glare [gleə(r)] **I** *itr* **1.** hell glänzen; **2.** (an)starren (*at s.o.* jdn); **3.** wütend, böse anblicken (*at s.o.* jdn); **4.** *fig* ins Auge springen (*at s.o.* jdm); **II** *s* **1.** blendender Glanz; grelles Licht; **2.** wütender, starrer Blick; **glar·ing** [—ɪŋ] *adj* **1.** blendend hell, grell; **2.** glänzend, strahlend; **3.** auffällig, auffallend; eklatant; ▶ **a ~ error** ein grober Fehler.

glass [glɑ:s] **1.** Glas *n;* **2.** Glaswaren *f pl;* **3.** (Trink)Glas *n;* **4.** *(pane of ~)* (Fenster)Scheibe *f;* **5.** *(looking-~)* Spiegel *m;* **6.** (Vergrößerungs-, Fern)Glas *n;* **7.** Wetterglas *n;* **8.** *pl (eye-~es)* Brille *f;* **glass-blower** Glasbläser(in) *m (f);* **glass-cutter** Glasschneider(in) *m (f);* Glasschleifer(in) *m (f);* **glass fibre** Glasfaser *f;* **glass·ful** ['glɑ:sfʊl] Glasvoll *n;* **glass·house** ['glɑ:shaʊs] Treib-, Gewächshaus *n;* ▶ **sit in a ~** *fig* im Glashaus sitzen; **glass·ware** ['glɑ:sweə(r)] Glaswaren *f pl;* **glass-works** ['glɑsw3:ks] *pl* Glashütte *f;* **glassy** ['glɑ:sɪ] *adj* **1.** gläsern; **2.** *(Augen)* glasig; **3.** *(Wasser)* klar.

glau·coma [glɔ:'kəʊmə] *med* grüner Star, Glaukom *n;* **glau·cous** ['glɔ:kəs] *adj* **1.** blaugrün; **2.** *bot* bereift.

glaze [gleɪz] **I** *tr* **1.** verglasen; **2.** glasieren; **3.** mit Zuckerguß bestreichen; ▶ **~d paper** Glanzpapier *n;* **~d tile** Kachel, Fliese *f;* **II** *itr* glasig, trübe werden;

III *s* **1.** Glasur *f;* **2.** Politur *f;* **3.** Satinierung *f;* **glazer** ['gleɪzə(r)] Glaser(in) *m (f);* ► **~'s putty** Glaserkitt *m.*

gleam [gli:m] **I** *s* **1.** Lichtschein, Schimmer *m a. fig;* **2.** *fig (~ of hope)* Hoffnungsschimmer *m;* **II** *itr* **1.** strahlen, leuchten, schimmern; **2.** blinken, aufleuchten.

glean [gli:n] **I** *itr* Ähren lesen; **II** *tr* **1.** *(Ähren)* lesen; **2.** sammeln; **3.** *fig* erfahren (*from* von); **glean·ings** [—ɪŋz] *pl* Nachlese *f;* (das) Gesammelte, Ausbeute *f.*

glee [gli:] **1.** Freude *f;* **2.** *pej* Schadenfreude *f;* **3.** *mus* mehrstimmiges Lied; **glee club** *Am* Chor *m;* **glee·ful** ['gli:fəl] *adj* **1.** fröhlich; **2.** *pej* schadenfroh, hämisch.

glen [glen] enges Tal.

glib [glɪb] *adj* **1.** glatt; (rede)gewandt; **2.** oberflächlich, wenig überzeugend.

glide [glaɪd] **I** *itr* **1.** gleiten; schweben; **2.** *aero* im Gleitflug niedergehen; segeln; **II** *s* Gleiten *n;* Schweben *n;* Gleitflug *m;* **glider** ['glaɪdə(r)] Segelflugzeug *n;* **glider pilot** Segelflieger(in) *m (f);* **gliding** ['glaɪdɪŋ] Segelfliegen *n;* **gliding club** Segelflugverein *m.*

glim·mer ['glɪmə(r)] **I** *itr* flimmern; schimmern; **II** *s* Flimmern *n;* Schimmer *m a. fig;* ► **a ~ of interest** e-e Spur von Interesse.

glimpse [glɪmps] **I** *s* **1.** flüchtiger Einblick; **2.** kurzer Blick; ► **catch a ~ of s.th.** etw flüchtig zu sehen bekommen; **II** *tr* im Vorübergehen sehen; **III** *itr* ► **~ at s.o., s.th.** e-n Blick auf jdn, etw werfen.

glint [glɪnt] **I** *itr* glitzern, funkeln; **II** *s* Schimmer *m;* Glanz *m.*

glis·ten ['glɪsn] *itr* glänzen, schimmern, funkeln.

glit·ter ['glɪtə(r)] **I** *itr* glitzern, funkeln; **II** *s* **1.** Schimmer, Glanz *m,* Funkeln *n;* **2.** *fig* Pracht *f;* **glit·ter·ing** [—ɪŋ] *adj* **1.** glitzernd; **2.** *fig* glänzend.

glitz [glɪts] Pomp *m,* Glitzerwelt *f;* **glitzy** [glɪtsɪ] *adj* glamourös.

gloat [gləʊt] *itr* **1.** sich hämisch freuen, sich weiden (*on, upon, over* an); **2.** sich großtun; sich brüsten (*over* mit).

glo·bal ['gləʊbl] *adj* **1.** weltweit; **2.** umfassend, global; ► **~ sum** Gesamtsumme *f;* **~ warming** globaler Temperaturanstieg; **globe** [gləʊb] **1.** Kugel *f;* **2.** Erdball *m;* Globus *m;* **3.** Kugelglas *n;* Glaskugel *f;* **4.** (runder) Lampenschirm *m;* **globe-trotter** Weltenbummler(in) *m (f).*

glob·ule ['glɒbju:l] Kügelchen *n;* Tröpfchen *n.*

gloom [glu:m] **1.** Dunkel(heit *f*) *n;* **2.** *fig* Traurigkeit, Schwermut *f;* ► **an atmosphere of ~** eine düstere, gedrückte Stimmung; **cast a ~ over** e-n Schatten werfen auf; **gloomi·ness** ['glu:mɪnəs] Düsterkeit *f;* **gloomy** ['glu:mɪ] *adj* **1.** dunkel, düster, trüb(e); **2.** verdrießlich, trübselig; melancholisch; **3.** hoffnungslos.

glori·fi·ca·tion [ˌglɔ:rɪfɪ'keɪʃn] **1.** Verherrlichung *f;* **2.** *rel* Lobpreisung *f;* **glor·ify** ['glɔ:rɪfaɪ] *tr* **1.** rühmen, preisen; **2.** verherrlichen; **3.** herausstreichen; ► **a glorified hut** e-e bessere Hütte; **glori·ous** ['glɔ:rɪəs] *adj* **1.** ruhmreich; **2.** prächtig, majestätisch; **3.** *fam* großartig, pfundig; **glory** ['glɔ:rɪ] **I** *s* **1.** Ruhm *m;* **2.** *a. rel* Ehre *f;* **3.** Herrlichkeit *f,* Glanz *m;* **4.** *fig* Stolz *m;* **II** *itr* **1.** sehr stolz sein; **2.** frohlocken (*in* über); ► **~ in one's ability** auf sein Können stolz sein; **~ in s.o.'s success** sich in jds Erfolg sonnen; **glory-hole** *fam* Rumpelkammer *f.*

gloss[1] [glɒs] **I** *s* **1.** Glanz *m;* **2.** *fig* äußerer Schein; **II** *tr fig (~ over)* beschönigen, bemänteln.

gloss[2] [glɒs] Glosse, Fußnote *f;* **glossary** ['glɒsərɪ] Glossar *n.*

gloss paint Glanzlack *m.*

glossy ['glɒsɪ] *adj* **1.** glänzend; **2.** *(Papier)* Glanz-; ► **be ~** glänzen; **~ (magazine)** (Hochglanz)Magazin *n.*

glot·tal stop ['glɒtl'stɒp] Knacklaut *m;* **glot·tis** ['glɒtɪs] *anat* Stimmritze *f.*

glove [glʌv] Handschuh *m;* ► **fit like a ~** wie angegossen sitzen; **with the ~s off** schonungslos; **handle with (kid) ~s** *fig* mit Glacéhandschuhen, seidenen Handschuhen anfassen; **throw down the ~ to s.o.** jdm den Fehdehandschuh hinwerfen; **he is hand in ~ with her** er und sie sind ein Herz und eine Seele; **boxing ~** Boxhandschuh *m;* **rubber ~** Gummihandschuh *m;* **glove-compartment** Handschuhfach *n;* **glover** ['glʌvə(r)] Handschuhmacher(in) *m (f).*

glow [gləʊ] **I** *itr* **1.** glühen; **2.** leuchten (*with* vor) *a. fig;* **3.** rot werden, erröten; **II** *s* **1.** Glut *f;* helles Licht; **2.** *(Farben)* Lebhaftigkeit, Frische *f;* **3.** *fig* Glut, Heftigkeit *f (des Gefühls).*

glower ['glaʊə(r)] *itr* böse anstarren, wütend anblicken (*at s.o.* jdn).

glow-worm ['gləʊwɜ:m] Glühwürmchen *n.*

glu·cose ['glu:kəʊs] Traubenzucker *m.*

glue [glu:] **I** *s* Klebstoff *m;* Leim *m;* **II** *tr* **1.** leimen; kleben (*on* auf; *to* an); **2.** *fig* heften (*to* auf); ► **be ~d to s.o.** jdm nicht von der Seite weichen; **his eyes were ~d to the screen** er sah wie gebannt auf die Leinwand; **as if ~d to the spot** wie angewurzelt; **glue-sniffing** *fam* Schnüffeln, Sniefen *n.*

glum [glʌm] *adj* **1.** verdrießlich, mürrisch; **2.** niedergedrückt.

glut [glʌt] **I** *tr fig (den Markt)* überschwemmen; ► **~ o.s. with, on** sich vollstopfen mit; **II** *s com* Schwemme *f*, Überangebot *n*.

glu·ten [ˈgluːtən] Gluten *n*, Kleber *m*; **glu·ti·nous** [ˈgluːtɪnəs] *adj* klebrig.

glut·ton [glʌtn] **1.** Vielfraß *m*; **2.** unersättlicher Mensch; **3.** *zoo* Vielfraß *m*; ► **be a ~ for work** von der Arbeit nicht genug kriegen können; **a ~ for punishment** ein Masochist; **glut·ton·ous** [ˈglʌtənəs] *adj* **1.** gefräßig; **2.** gierig (*of* nach); **glut·tony** [ˈglʌtənɪ] Gefräßigkeit *f*.

gly·cer·in(e) [ˈglɪsəriːn] Glyzerin *n*.

gly·col [ˈglaɪkɒl] *chem* Glykol *n*.

gnarled [nɑːld] *adj* knorrig, knotig.

gnash [næʃ] *tr* knirschen (*one's teeth* mit den Zähnen).

gnat [næt] *Br* (Stech)Mücke *f*; ► **strain at a ~** über Kleinigkeiten nicht hinwegkommen.

gnaw [nɔː] **I** *tr* (zer)nagen; (zer)fressen; **II** *itr* nagen, fressen (*at, on* an); **gnaw·ing** [—ɪŋ] *adj (Schmerz)* nagend; *fig* quälend.

gneiss [naɪs] *min* Gneis *m*.

gnome [nəʊm] Gnom, Zwerg *m*.

gnu [nuː] *zoo* Gnu *n*.

go [gəʊ] ⟨*irr* goes, went, gone⟩ **I** *itr* **1.** gehen; **2.** *(~ on horseback)* reiten; **3.** fahren (*by train* mit dem Zug); **4.** *(~ by air)* fliegen; reisen; **5.** *(Maschine)* in Betrieb sein; funktionieren; **6.** sich erstrecken, reichen (*to* bis zu); **7.** *(Weg)* führen (*to* nach); **8.** darauf hinausgehen, -laufen (*to* zu); **9.** übergehen (*to* auf); **10.** zuteil werden (*to s.o.* jdm); *(Preis)* zufallen, gehen (*to* an); **11.** verlaufen; **12.** *(Zeit)* verstreichen; **13.** (um)laufen, kursieren; **14.** *(örtlich)* kommen, gehören (*into* in); **15.** sich befinden; leben (*in fear* in dauernder Furcht); **16.** sich richten (*by, upon* nach); **17.** weggehen, aufbrechen, abreisen; **18.** verschwinden; **19.** *(Ware)* weggehen, verkauft werden; **20.** *(Material, Maschine)* kaputtgehen; *(Augen, Gesundheit)* schlechter werden; *(Bremsen)* versagen; **21.** *(blind, verrückt)* werden; **22.** *(Bewegung, Geräusch)* machen; **II** *aux (zur Futurbildung)* werden, wollen; ► **I am ~ing to write soon** ich werde bald schreiben; **he was ~ing to do it** er wollte es machen; **III** *tr (Weg, Strecke)* gehen; fahren; ► **~ it alone** selbständig vorgehen; **~ it strong** energisch auftreten; **IV** *s* ⟨*pl* goes⟩ **1.** Schwung, Schneid *m*, Tatkraft, Energie *f*; **2.** Versuch *m*; ► **all systems ~** *aero* wir sind startklar; **on the ~** immer auf Trab; **from the word ~** *fam* von Anfang an; **have a ~ at s.th.** *fam* etw versuchen; **it's all ~** *fam* es ist immer was los; **it's no ~** *fam* da ist nichts zu machen; **is it a ~?** *fam* abgemacht? **let me have a ~** *fam* laß mich mal! **V** *(Wendungen)* **let ~** laufenlassen; aufgeben; **let o.s. ~** sich gehenlassen; **let s.o. ~** jdn laufenlassen; **~ on the air** *radio* senden *itr*; **~ bad** schlecht werden, verderben; **~ from bad to worse** immer schlechter werden; **~ for a drive** ausfahren; **~ into effect** in Kraft treten; **~ halves, shares** ehrlich teilen; **~ off one's head** den Verstand verlieren; **~ to law** den Rechtsweg beschreiten; **~ mad** verrückt werden; **~ to pieces** in Stücke gehen, zerbrechen; **~ to see** besuchen; **~ shopping** einkaufen gehen; **~ to sleep** einschlafen; **~ for a song** für ein Butterbrot weggehen; **~ for a swim** schwimmen gehen; **~ with the time, tide** mit der Zeit gehen; **~ unnoticed** unbemerkt bleiben; **~ on a visit** e-n Besuch machen; **~ for a walk** spazierengehen; ausgehen; **~ to waste** in den Abfall kommen; **~ wrong** schiefgehen; sich irren; **as things ~** wie die Dinge nun einmal liegen; **we'll let it ~ at that** wir wollen es dabei belassen; **just ~ and try!** versuchen Sie es nur! **let ~!** *fam* los! **~ easy!** übernimm dich nicht! **where do you want it to ~?** wo soll es hin(gestellt werden)? **here ~es!** nun los! **who ~es there?** wer da? **one, two, three ~!** *sport* Achtung — fertig — los! **VI** *(mit Präposition)* **go about 1.** (umher)gehen; **2.** sich umwenden; **3.** *(Gerücht)* im Umlauf sein; **4.** sich befassen mit; **5.** anfassen, behandeln; **6.** herangehen an; **go abroad** *itr* **1.** *(Gerücht)* sich verbreiten; **2.** ins Ausland gehen; **go after** *fam* nachsteigen (*s.o.* jdm); **go against 1.** widerstreben; ungünstig sein für; ► **the case went against him** es wurde gegen ihn entschieden; **go ahead** *itr* **1.** anfangen; **2.** vorangehen; **3.** Fortschritte machen; **4.** weitermachen; ► **~ ahead!** vorwärts! los! **go along** *itr* **1.** weitermachen; **2.** Fortschritte machen; **3.** begleiten (*with s.o.* jdn); unterstützen (*with s.o.* jdn); **go around** *itr* **1.** herumgehen; **2.** (aus)reichen; ► **there's enough bread to ~ around** es ist genug Brot für alle da; **go at 1.** losgehen (*s.o.* auf jdn); **2.** anpacken (*s.th.* etw); **3.** verkauft werden zu; **go away** *itr* weggehen; abreisen; **go back** *itr* **1.** zurückkehren; zurückgehen; **2.** nachlassen, schwächer werden; **3.** *(zeitlich)* sich zurückführen lassen (*to* auf); ► **~ back on one's word** sein Wort brechen; **~ back on s.o.** jdn im Stich lassen; **go between** *itr* vermitteln; **go beyond** *itr* hinausgehen über; **go by** *itr* **1.** vorüber-, vorbeigehen *(a. Zeit)*; **2.** *(Zeit)* vergehen; **3.** sich richten nach; **4.** *(Namen)* führen; **go down** *itr* **1.** hinab-, hinuntergehen; **2.** *med* sich hinlegen (*with flu* mit Grippe); **3.** *(Schiff, Sonne)* untergehen; **4.** unterliegen (*before s.o.* jdm); **5.** an Qualität verlieren; **6.** *(Wind, Preise)* nachlassen; **7.** *(Universität)* abgehen; **8.** Beifall finden (*with* bei); **9.** zurückgehen (*to* bis auf); ▶ **~ down in history** in die Geschichte eingehen; **that won't ~ down with me** das lasse ich mir nicht gefallen; **that didn't ~ down too well** das kam nicht so gut an; **go far** *itr* **1.** es zu etwas bringen; **2.** viel beitragen (*towards s.th.* zu etw); ▶ **not to ~ far** nicht weit reichen; **go for** *itr* **1.** holen (*s.th.* etw); **2.** *sl* sich interessieren für; **3.** gelten als; **4.** hinauslaufen auf; **5.** *sl* losgehen (*s.o.* auf jdn); ▶ **~ for a drive** ausfahren; **~ for nothing** umsonst sein; **how much did it ~ for?** für wieviel wurde es verkauft? **go in** *itr* **1.** hineingehen; **2.** sich interessieren (*for* für); Spaß haben (*for* an); **3.** studieren (*for s.th.* etw); **4.** teilnehmen (*in an exam* an e-r Prüfung); **go into** *itr* **1.** untersuchen (*s.th.* etw); **2.** eingehen auf; **3.** einsteigen in; **4.** gehen, fahren zu; **go off** *itr* **1.** weg-, hinausgehen; **2.** stattfinden, sich ereignen, verlaufen; **3.** einschlafen; das Bewußtsein verlieren; **4.** *(Veranstaltung)* zu Ende gehen; **5.** *(Licht, Heizung)* ausgehen; **6.** *(Ware)* weg-, abgehen, Absatz finden; **7.** *(Zug)* (ab)gehen; **8.** losgehen, sich entladen; explodieren; **9.** nachlassen, schlechter werden; **10.** *(Lebensmittel)* schlecht werden; ▶ **~ off well (badly)** (keinen) Beifall, Anklang finden, (nicht) gefallen; **~ off into a fit of laughter** laut loslachen; **~es off** *theat* ab; **go on** *itr* **1.** weitermachen, fortfahren (*with* mit); **2.** *(Zeit)* vorrücken, weitergehen; fortfahren (*talking* zu reden); **3.** vor sich gehen, geschehen, stattfinden, sich ereignen; **4.** *fam* meckern; **5.** sich aufführen, sich benehmen; **6.** sich stützen auf; ▶ **~ on to do** als nächstes tun; **~ on the road** *com* auf die Reise, *theat* auf Tournee gehen; **be ~ing on (for) fifty** auf die Fünfzig zugehen; **this can't ~ on any longer** das kann nicht mehr so weitergehen; **~ on, do it** tu's doch; **what's ~ing on?** was ist los? **he went on and on about it** er hat unentwegt davon geredet; **go out** *itr* **1.** hinausgehen; **2.** auswandern (*to* nach); **3.** *(zum Vergnügen)* ausgehen; **4.** *pol (~ out of office)* zurücktreten; **5.** *(on strike)* streiken; **6.** *(Feuer, Licht)* ausgehen; **7.** *(~ out of fashion)* aus der Mode kommen; **8.** *(Jahr)* zu Ende gehen, ausgehen; **9.** *Am* zusammenbrechen; **10.** *(Herz)* sich hängen (*to* an); **11.** sich bemühen (*for* um), wollen (*for s.th.* etw); ▶ **~ out of one's way** sich besonders anstrengen; **~ out to work** arbeiten gehen; **my heart went out to him** ich habe mit ihm mitgefühlt; **go over** *itr* **1.** durchgehen, -sehen, (über)prüfen, untersuchen; **2.** wiederholen; **3.** übergehen (*to the other party* zur anderen Partei) hinübergehen (*to* zu); **4.** *fam* Erfolg haben; *(Rede)* gut ankommen; *(Theaterstück)* einschlagen; ▶ **~ over the figures** nachrechnen; **go through 1.** durchgehen, -sehen; **2.** durchführen; **3.** *(Gesuch, Gesetz)* durchgehen, angenommen werden; **4.** durchmachen, erleiden; **5.** zu Ende führen, vollenden (*with s.th.* etw); ▶ **~ through ten editions** *(Buch)* zehn Auflagen erleben; **go to** zufallen (*s.o.* jdm); ▶ **~ to the country** Neuwahlen ausschreiben; **~ to court** vor Gericht gehen; **~ to expense** sich in Unkosten stürzen; **go together** *itr* **1.** zusammenpassen; sich (gut) vertragen; **2.** *fam (Verliebte)* zusammen gehen; **go under** *itr* **1.** untergehen, sinken; **2.** zugrunde gehen, eingehen; *tr (Namen)* führen; **go up** *itr* **1.** hinaufgehen; hinaufsteigen; **2.** *(im Preis)* steigen; **3.** in die Luft fliegen; **4.** die Universität beziehen; ▶ **~ up in the air** *fig* wütend werden; **~ up in flames, in smoke** in Flammen, in Rauch aufgehen; **go with** *itr* **1.** gehen mit; Hand in Hand gehen mit; **2.** gehören zu; **3.** passen zu; **go without** *itr* **1.** nicht haben; **2.** sich behelfen müssen ohne, entbehren müssen; ▶ **that goes without saying** das versteht sich von selbst; **~ without food** nichts essen; **I'll have to ~ without it** darauf werde ich verzichten müssen.

goad [gəʊd] **I** *s* **1.** *fig* Stachel, Ansporn, Antrieb *m;* **2.** *(für Tiere)* Stachelstock *m;* **II** *tr fig* aufreizen; ▶ **~ on** *fig* antreiben, anstacheln.

go-ahead [ˈgəʊəhed] **I** *s* freie Bahn; ▶ **give s.o. the ~** jdm grünes Licht geben; **II** *adj* **1.** unternehmungslustig; **2.** fortschrittlich.

goal [gəʊl] **1.** *sport* Tor *n;* **2.** *fig* Ziel *n;* ▶ **score a ~** ein Tor schießen; **win by three ~s to one** 3 : 1 gewinnen; **keep ~, play in ~** Torwart sein; **~ area** Torraum *m;* **goalie** [ˈgəʊlɪ] *fam* Torwart(in) *m (f);* **goal-keeper** Torwart(in), -hüter(in) *m (f);* **goal-line** Torlinie *f;* **goal-post** Torpfosten *m.*

goat [gəʊt] **1.** Ziege *f;* **2.** *(he-~)* (Ziegen)Bock *m;* **3.** *fig* geiler Bock; ▶ **the G~** *astr* der Steinbock; **get s.o.'s ~** *sl* jdn auf die Palme bringen; **play the giddy ~** *fam* sich albern benehmen; **goat·ee** [gəʊˈtiː] Spitzbart *m.*

gobble [ˈgɒbl] **I** *itr (Puter)* kollern; **II** *tr (~ down)* hinunter-, verschlingen; **gobble·dy·gook** [ˈgɒbldɪguːk] *fam* Kauderwelsch *n.*

go-be·tween [ˈgəʊbɪtwiːn] Vermittler(in) *m (f).*

gob·let [ˈgɒblɪt] Pokal *m;* Kelch(glas *n*) *m.*

gob·lin [ˈgɒblɪn] Kobold *m.*

go-cart 1. Seifenkiste *f;* Go-kart *m;* **2.** *Am* Laufstuhl *m;* (Kinder)Sportwagen *m.*

god [gɒd] **1.** (heidnischer) Gott *m,* Gottheit *f;* **2.** *fig* Abgott, Götze *m;* ▶ **G~** Gott *m;* **make a ~ of s.o., s.th.** jdn, etw zu seinem (Ab)Gott machen, vergötzen; **G~ willing** so Gott will; **G~ forbid** Gott bewahre; **G~ knows who** weiß der Himmel, wer; **for G~'s sake!** um Gottes, Himmels willen! **shut up, for G~'s sake!** sei doch endlich mal still!; **god·aw·ful** ['gɒd'ɔ:fl] *adj Am sl* fürchterlich, beschissen; **god·child** ['gɒdtʃaɪld] ⟨*pl* -children⟩ Patenkind *n;* **god-dam(ned)** ['gɒd'dæm(d)] *adj Am sl* Scheiß-, beschissen; **god·daughter** ['gɒd,dɔ:tə(r)] Patentochter *f;* **god·dess** ['gɒdɪs] Göttin *f;* **god·father** ['gɒd,fɑ:ðə(r)] Pate *m;* **god-fear·ing** ['gɒdfɪərɪŋ] *adj* gottesfürchtig; **god·for·saken** ['gɒdfə,seɪkən] *adj fam* gottverlassen; **god·head** ['gɒdhed] Gottheit *f;* **god·less** ['gɒdlɪs] *adj* gottlos; **god·like** ['gɒdlaɪk] *adj* göttlich; erhaben; **god·ly** ['gɒdlɪ] *adj* fromm; **god·mother** ['gɒd,mʌðə(r)] Patin *f;* **god·parent** ['gɒd,peərənt] Pate *m,* Patin *f;* **god·send** ['gɒdsend] **1.** Retter *m* in der Not; **2.** unerwartetes Glück; **god·son** ['gɒdsʌn] Patensohn *m.*

goer ['gəʊə(r)] **1.** Geher *m;* **2.** unternehmender Mensch; ▶ **my car is a nice ~** mein Wagen läuft gut; **goes** [gəʊz] *3. Person Singular Präsens von go.*

go-get·ter [,gəʊ'getə(r)] Tatmensch *m;* Ellbogentyp *pej m.*

goggle ['gɒgl] *itr* glotzen, starren (*at* auf); **goggle-box** *sl* Glotze *f;* **goggle-eyed** ['gɒglaɪd] *adj* glotzäugig; **goggles** ['gɒglz] *pl* Schutzbrille *f.*

go-go dancer ['gəʊgəʊ'dɑ:nsə(r)] Go-go-Girl *n,* Go-go-Tänzerin *f;* **go-go dancing** Go-Go *n.*

go·ing ['gəʊɪŋ] **I** *adj* **1.** in Gang; funktionierend; **2.** in Tätigkeit, in Betrieb; **3.** vorhanden, erhältlich; **4.** gängig; **5.** *(Unternehmen)* florierend; **6.** *(Leben)* üblich; ▶ **get ~** *fam* in Gang kommen; **set (a-)~** in Gang bringen; **~! ~! gone!** *(Versteigerung)* zum ersten! zum zweiten! zum dritten! **II** *s* **1.** Ab-, Weggang *m;* Aufbruch *m;* **2.** Abreise, -fahrt *f;* **3.** Gang(art *f*) *m,* Geschwindigkeit *f;* **4.** Fortbewegung *f,* Weiterkommen *n;* **going price 1.** Marktpreis *m;* **2.** Tageskurs *m;* **go·ings-on** [,gəʊɪŋz'ɒn] *pl* ▶ **such ~** derartige Betätigungen, Zustände.

goitre, *Am* **goi·ter** ['gɔɪtə(r)] *med* Kropf *m.*

go-kart ['gəʊkɑ:t] Go-Kart *m.*

gold [gəʊld] **I** *s* Gold *n a. fig;* ▶ **be as good as ~** sehr brav sein; **II** *adj* **1.** golden; **2.** gold(farb)en; **gold-brick** *Am fam* Schwindel *m;* **gold bullion** Goldbarren *m;* **gold coin** Goldmünze *f;* **gold content** Goldgehalt *m;* **gold-digger 1.** Goldsucher(in) *m (f);* **2.** *fig pej (Frau)* eine, die aufs Geld aus ist; **gold-dust** Goldstaub *m;* **golden** ['gəʊldən] *adj* **1.** golden; **2.** gold(farb)en; **3.** *(Gelegenheit)* günstig; ▶ **the ~ age** das Goldene Zeitalter; **the ~ calf** das Goldene Kalb; **~ handshake** großzügige Abfindung bei Entlassung; **the ~ mean** die goldene Mitte; **~ wedding** goldene Hochzeit; **gold·finch** ['gəʊldfɪntʃ] Distelfink *m;* **gold·fish** ['gəʊldfɪʃ] Goldfisch *m;* **gold foil** Goldfolie *f;* **gold leaf** Blattgold *n;* **gold medal** Goldmedaille *f;* **gold-mine** ['gəʊldmaɪn] Goldgrube *f a. fam fig;* **gold-nugget** Goldklumpen *m;* **gold plating** Vergoldung *f;* **gold reserves** *pl* Goldreserven *f pl;* **gold-smith** ['gəʊldsmɪθ] Goldschmied *m;* **gold standard** Goldwährung *f.*

golf [gɒlf] **I** *s* Golf(spiel) *n;* **II** *itr (go ~ing)* Golf spielen; **golf ball** *sport* Golfball *m; (Schreibmaschine)* Kugelkopf *m;* **golf-ball typewriter** Kugelkopfschreibmaschine *f;* **golf-club 1.** Golfschläger *m;* **2.** Golfklub *m;* **golf-course, golf-links** *pl* Golfplatz *m;* **golfer** ['gɒlfə(r)] Golfspieler(in), Golfer(in) *m (f).*

Gol·iath [gə'laɪəθ] *fig* Riese, Goliath *m.*

gol·li·wog ['gɒlɪwɒg] Negerpuppe *f.*

golly ['gɒlɪ] *interj* Donnerwetter!

go·loshes [gə'lɒʃɪz] *s. galoshes.*

gon·dola ['gɒndələ] **1.** Gondel *f a. aero;* **2.** *Am* flaches Flußboot; **3.** *Am rail* Niederbordwagen *m;* **gon·do·lier** [,gɒndə'lɪə(r)] Gondoliere *m.*

gone [gɒn] **I** *v s. go;* **II** *adj* **1.** vergangen; vorbei; **2.** tot; ▶ **be ~ on s.o.** *sl* in jdn verknallt sein; **it's ~ six o'clock** es ist sechs Uhr vorbei; **he is ~** er ist fort; **goner** ['gɒnə(r)] *sl* hoffnungsloser Fall.

gong [gɒŋ] **1.** Gong *m;* **2.** *sl* Blech *n,* Orden *m.*

gon·or·rh(o)ea [,gɒnə'rɪə] *med* Tripper *m,* Gonorrhö(e) *f.*

goo [gu:] *fam* **1.** Papp *m;* **2.** *fig* Schmalz *m.*

good [gʊd] ⟨*Komparativ* better, *Superlativ* best⟩ **I** *adj* **1.** gut; **2.** ausgezeichnet, vorteilhaft; günstig; **3.** geeignet, passend (*for* für); **4.** ausreichend, genügend; **5.** *(Nahrungsmittel)* frisch; bekömmlich; **6.** kräftig, stark; **7.** tüchtig, geschickt, gewandt; **8.** brauchbar, zuverlässig; pflichtbewußt; **9.** artig, wohlerzogen; **10.** wohlwollend, freundlich; **11.** erfreulich, angenehm, glücklich; **12.** *(Kaufmann)* kredit-, zahlungsfähig; ▶ **a ~ deal** ziemlich viel, *fam* eine Menge; **a ~ many** ziemlich viele, *fam* eine Menge; **all in ~ time** alles zu seiner Zeit; **as ~ as** so gut wie; **for ~** für immer; endgültig; **for ~ and all** ein für allemal; **in ~ faith** in gutem Glauben, gutgläubig *adv;* **no ~**

nichts wert, unbrauchbar; ~ **and ...** *fam* mächtig, sehr; recht, (voll und) ganz; **be** ~ gelten, gültig sein; **be** ~ **enough to** so gut sein und; **be** ~ **at figures** gut im Rechnen sein; **have** ~ **looks** gut aussehen; **have a** ~ **time** sich gut unterhalten; **make** ~ es schaffen; bewerkstelligen; wiedergutmachen; bestätigen; *(Versprechen)* erfüllen; Erfolg haben; sich durchsetzen; aufkommen für, gutmachen; ~ **for you!** gut so! bravo! ~ **gracious!** ach du meine Güte! **is it any** ~ **trying? what** ~ **is it?** hat es Sinn, Zweck? **a** ~ **half** die gute Hälfte; **a** ~ **hour** e-e gute Stunde; **too much of a** ~ **thing** zuviel des Guten; **that's a** ~ **one** das ist ein guter Witz; wer's glaubt, wird selig; ~ **fortune, nature** Glück *n*, Gutmütigkeit *f;* **feel** ~ sich wohl fühlen; **that's not** ~ **enough** so geht das nicht; **be a** ~ **boy!** sei brav, artig! ~ **morning, evening!** guten Morgen, Abend! ~ **to see you** schön, dich zu sehen; **II** *s* **1.** (das) Gute; **2.** Wohl *n;* ► **the** ~ *pl* die Guten *pl;* **the common** ~ das allgemeine Wohl; **that's all to the** ~ um so besser.

good·bye, *Am* **good·by** [ˌgʊdˈbaɪ] **I** *s* Lebewohl *n;* ► **bid, say** ~ **to s.o.** jdm Lebewohl sagen; **II** *interj* auf Wiedersehen! **good-for-no·thing** [ˈgʊdfəˌnʌθɪŋ] Taugenichts *m;* **Good Friday** Karfreitag *m;* **good-hu·moured,** *Am* **good-hu·mored** [ˌgʊdˈhju:məd] *adj* gutgelaunt, gutmütig; **good-look·ing** [ˌgʊdˈlʊkɪŋ] *adj* gutaussehend; **good looks** *pl* gutes Aussehen; **good·ly** [ˈgʊdlɪ] *adj* ziemlich, beträchtlich; ► **a** ~ **number** viele; **good-na·tured** [ˌgʊdˈneɪtʃəd] *adj* gutmütig; freundlich, entgegenkommend; **good·ness** [ˈgʊdnɪs] **1.** Güte *f;* Gütigkeit *f;* **2.** *(von Nahrungsmitteln)* Nährgehalt *m;* ► **would you have the** ~ **to do that** hätten Sie die Güte, das zu tun; ~ **gracious,** ~ **me!** (ach) du meine Güte! **for** ~ **sake** um Gottes, um Himmels willen!

goods [gʊdz] *pl* **1.** Güter *pl;* Waren *f pl; rail* Fracht *f;* **2.** Sachen *f pl*, (bewegliche) Habe *f;* ► ~ **and chattels** *pl* bewegliche Habe; **leather, knitted** ~ Leder-, Strickwaren *f pl;* **goods traffic** Güter-, Frachtverkehr *m;* **goods station** *Br* Güterbahnhof *m;* **goods train** *Br* Güterzug *m.*

good-sized [ˌgʊdˈsaɪzd] *adj* ziemlich groß; **good-tem·pered** [ˌgʊdˈtempəd] *adj* umgänglich; freundlich; **good·will** [ˌgʊdˈwɪl] **1.** guter Wille, Verständigungsbereitschaft *f;* **2.** *pol com* Goodwill *m;* **goody** [ˈgʊdɪ] **I** *s* **1.** (~-~) Tugendbold *m;* **2.** *pl* Süßigkeiten, Leckereien *f pl;* **II** *interj* prima!

gooey [ˈgu:ɪ] *adj* **1.** klebrig; pappig; **2.** *fig* sentimental, schmalzig.

goof [gu:f] **I** *s fam* **1.** Depp *m;* **2.** Dummheit *f*, Schnitzer *m;* **II** *itr fam* Mist machen; **III** *(mit Präposition)* **goof up** *tr fam* vermurksen.

goofy [ˈgu:fɪ] *adj* **1.** doof, dämlich; **2.** *(Zähne)* vorstehend.

goon [gu:n] *fam* **1.** komischer Kauz; **2.** *Am sl* Schläger *m.*

goose [gu:s] ⟨*pl* geese⟩ [gi:s] **1.** Gans *f;* **2.** dumme Person; ► **be unable to say boo to a** ~ ein Angsthase sein; **cook s.o.'s** ~ *fam* jds Pläne durchkreuzen; **all his geese are swans** bei ihm ist alles so viel besser; **goose·berry** [ˈgʊzbərɪ] Stachelbeere *f;* ► **play** ~ den Anstandswauwau spielen; **goose-flesh, goose-pimples** *pl* Gänsehaut *f;* **goose-step** Stechschritt *m;* **goos·ey, goosy** [ˈgu:sɪ] *adj* dumm, blöd(e).

gore[1] [gɔ:(r)] Blut *n.*

gore[2] [gɔ:(r)] Zwickel *m.*

gore[3] [gɔ:(r)] *tr (mit den Hörnern)* durchbohren, aufspießen.

gorge [gɔ:dʒ] **I** *s* Schlucht, Klamm *f;* ► **my** ~ **rises** mir wird übel (*at* bei); **II** *refl* schlingen, gierig essen; schlemmen; **III** *tr* vollstopfen; hinunter-, verschlingen; ► **be** ~**d** satt sein; vollgefressen sein.

gorg·eous [ˈgɔ:dʒəs] *adj* **1.** prächtig, prachtvoll; **2.** *fam* fabelhaft, großartig.

gor·illa [gəˈrɪlə] *zoo* Gorilla *m.*

gorm·less [ˈgɔ:mlɪs] *adj fam* stupid.

gorse [gɔ:s] *bot* (Stech)Ginster *m.*

gory [ˈgɔ:rɪ] *adj* blutig; blutrünstig.

gosh [gɒʃ] *interj* Donnerwetter!

gos·ling [ˈgɒzlɪŋ] Gänschen *n a. fig.*

go-slow [ˈgəʊsləʊ] Bummelstreik *m.*

gos·pel [ˈgɒspl] Evangelium *n a. fig;* ► **it's the** ~ **truth** das ist die reine Wahrheit.

gos·sa·mer [ˈgɒsəmə(r)] **1.** feine Gaze; **2.** Altweibersommer *m*, Marienfäden *m pl.*

gos·sip [ˈgɒsɪp] **I** *s* **1.** Klatschbase *f;* **2.** Klatsch *m;* **II** *itr* klatschen; **gossip column** Klatschspalte *f;* **gos·sipy** [ˈgɒsɪpɪ] *adj* geschwätzig, klatschhaft.

got [gɒt] *v s. get.*

Gothic [ˈgɒθɪk] **I** *adj* gotisch; ► ~ **arch** Spitzbogen *m;* ~ **novel** Schauerroman *m;* **II** *s* **1.** Gotik *f;* **2.** *typ* Fraktur *f.*

gotten [ˈgɒtən] *Am v s. get.*

gouge [gaʊdʒ] **I** *tr* bohren; ► ~ **s.o.'s eyes out** jdm die Augen ausstechen; **II** *s* Hohlmeißel *m.*

gou·lash [ˈgu:læʃ] Gulasch *n.*

gourd [gʊəd] Kürbis *m;* Kürbisflasche *f.*

gour·mand [ˈgʊəmənd] Schlemmer(in) *m (f);* **gour·met** [ˈgʊəmeɪ] Feinschmecker(in) *m (f).*

gout [gaʊt] Gicht *f.*

gov·ern [ˈgʌvn] *tr* **1.** regieren *a. gram;* **2.** leiten, lenken; **3.** bestimmen; **4.** *fig* beherrschen, zügeln; ► **be** ~**ed by** sich leiten lassen von; geregelt werden durch; **gov·er·ness** ['gʌvənɪs] Gouvernante *f;* **gov·ern·ing** [—ɪŋ] *adj* regierend; führend, leitend; ▶ ~ **body** Direktion *f,* Vorstand *m;* Führungsgremium *n;* ~ **idea** Leitgedanke *m;* **gov·ern·ment** ['gʌvənmənt] **1.** Regierung *f;* **2.** Regierungsform *f;* **3.** Staat *m;* **4.** Führung, Leitung *f;* ▶ **form a** ~ e-e Regierung bilden; **overthrow a** ~ e-e Regierung stürzen; **the** ~ **has resigned** die Regierung ist zurückgetreten; **coalition** ~ Koalitionsregierung *f;* **local** ~ Gemeindeverwaltung *f;* ~ **bond** Staatsanleihe *f;* Bürgschaft *f* der Regierung; ~ **borrowing** Kreditaufnahme *f* der öffentlichen Hand; ~ **expenditure** Staatsausgaben *f pl;* ~ **monopoly** Staatsmonopol *n;* ~ **revenue** Staatseinnahmen *f pl;* ~ **securities** *pl Br* Wertpapiere *n pl* der öffentlichen Hand; ~ **spending** öffentliche Ausgaben *f pl;* ~ **spokesman** Regierungssprecher(in) *m (f);* **gov·ern·mental** [ˌgʌvn'mentl] *adj* Regierungs-, behördlich; ▶ ~ **budget** öffentlicher Haushalt; **gov·ernor** ['gʌvənə(r)] **1.** Gouverneur *m;* **2.** Leiter, Direktor *m;* **3.** *fam* Chef *m;* **4.** *tech* Regler *m.*

gown [gaʊn] **1.** Kleid *n;* Robe *f;* Talar *m;* **2.** *(dressing-~)* Morgenrock *m;* **3.** *(night-~)* Nachthemd *n.*

GP [dʒi:'pi:] *Abk:* **General Practitioner** praktischer Arzt, praktische Ärztin.

GPO [ˌdzi:pi:'əʊ] *Abk:* **General Post Office** *Br* Hauptpostamt *n.*

grab [græb] **I** *tr* **1.** packen, schnappen; **2.** an sich reißen; ▶ **how does that music** ~ **you?** wie gefällt Ihnen diese Musik? **II** *itr* die Hand legen (*at* auf); greifen (*at* nach); ▶ **the brakes are grabbing** die Bremsen greifen; **III** *s tech* Greifer *m;* ▶ **be up for** ~**s** zu haben sein; **make a** ~ **at s.th.** nach etw greifen.

grace [greɪs] **I** *s* **1.** Anmut, Grazie *f,* Charme *m;* **2.** Anstand *m;* **3.** Gefälligkeit *f,* Entgegenkommen *n;* **4.** *rel* Gnade *f;* Tischgebet *n;* **5.** *fin* Aufschub *m,* Nachfrist *f;* ▶ **give s.o. a day's** ~ jdm e-n Tag Aufschub gewähren; **say** ~ das Tischgebet sprechen; **do s.th. with good/bad** ~ etw anstandslos/widerwillig tun; **Your G**~ Euer Gnaden; **II** *tr* **be** ~**d with** geehrt sein durch; **grace·ful** ['greɪsfl] *adj* anmutig; reizend; **grace·less** ['greɪslɪs] *adj* **1.** schwerfällig, ungeschickt; **2.** unpassend, unangebracht.

gra·cious ['greɪʃəs] *adj* **1.** gütig; gefällig; **2.** gnädig; ▶ **(good)** ~, ~ **me!** ach du liebe Güte!

gra·da·tion [grə'deɪʃn] **1.** Stufenfolge *f;* Abstufung *f;* **2.** Übergang *m;* Schattierung, Tönung *f;* **grade** [greɪd] **I** *s* **1.** Stufe *f,* Schritt *m;* **2.** Grad *m;* Rang *m;* **3.** (Güte)Klasse, Sorte, Qualität *f;* **4.** *Am* (Schul)Klasse *f;* Zensur *f;* **5.** *Am (Straße)* Steigung, Neigung *f,* Gefälle *n;* ▶ **at** ~ *Am* auf gleicher Höhe; **on the upgrade, downgrade** steigend, fallend; **up to** ~ *fig* dem Standard entsprechend; **make the** ~ *fig* die Schwierigkeiten überwinden; es schaffen; ~ **crossing** *Am* schienengleicher Bahnübergang; ~ **school** *Am* Grundschule *f;* **II** *tr* **1.** ab-, einstufen, sortieren; **2.** bewerten; **3.** staffeln; einteilen, klassifizieren; **4.** *Am (Schule)* zensieren; **5.** *Am* abflachen, (ein)ebnen; ▶ ~ **up** verbessern; in e-e höhere Gruppe einstufen; **gradi·ent** ['greɪdɪənt] Steigung, Neigung *f,* Gefälle *n;* **grad·ing** ['greɪdɪŋ] **1.** Einstufung, Eingruppierung, Staffelung, Klassi(fizi)erung *f;* **2.** *com* Güteklasseneinteilung *f.*

grad·ual ['grædʒʊəl] *adj* **1.** graduell, stufen-, schrittweise; **2.** allmählich; **grad·ual·ly** ['grædʒʊlɪ] *adv* stufen-, schrittweise; allmählich.

grad·uate ['grædʒʊət] **I** *s* **1.** *(Universität, Am a. Schule)* Absolvent(in) *m (f);* **2.** Graduierte(r) *f m;* **II** *itr* ['grædʒʊeɪt] **1.** e-n Grad erlangen; promovieren; **2.** absolvieren (*from high school* die höhere Schule); **III** *tr* ['grædʒʊeɪt] **1.** graduieren, promovieren, e-n Grad verleihen (*s.o.* jdm); **2.** *(Meßgerät)* einteilen; **gradu·ated** ['grædʒʊeɪtɪd] *adj* Meß-; mit Meßeinteilung; abgestuft; ▶ ~ **price** Staffelpreis *m;* ~ **tariff** Staffeltarif *m;* **gradu·ation** [ˌgrædʒʊ'eɪʃn] **1.** Erlangung *f* eines akademischen Grades; **2.** Universitäts-, *Am* Schul-, Lehrgangsabschluß *m;* **3.** (Grad)Einteilung *f.*

graf·fiti [grə'fi:tɪ] *pl* Kritzeleien *f pl* an den Wänden, Graffiti *n.*

graft [grɑ:ft] **I** *s* **1.** Pfropfreis *n;* **2.** *med* Transplantat *n;* **3.** *Am* Bestechung *f;* Schmiergelder *n pl;* **4.** *fam* Schufterei *f;* ▶ **hard** ~ Knochenarbeit *f;* **II** *tr* **1.** (auf)pfropfen (*in* in; *on* auf), okulieren; **2.** *med* verpflanzen; **3.** *(Bestechungsgelder)* erhalten, annehmen; **III** *itr fam* schuften; **grafter** ['grɑ:ftə(r)] **1.** *Am* bestechlicher Beamte(r) *m;* **2.** *fam* Arbeitstier *n,* Malocher *m.*

grail [greɪl] ▶ **the Holy G**~ der Heilige Gral.

grain [greɪn] **1.** (Samen-, Getreide)Korn *n;* **2.** Getreide, Korn *n;* **3.** (Sand-, Salz)Korn *n;* **4.** Gran *n (0,065 g);* **5.** *(Holz)* Struktur, Maserung *f;* **6.** *(Fleisch)* Faser *f;* **7.** *(Leder)* Narbe *f;* ▶ **a** ~ **of** ein (kleines) bißchen; **against the** ~ gegen den Strich; **be without a** ~ **of sense** nicht ein Fünkchen Vernunft haben; **it is, goes against my** ~ das geht mir gegen den Strich; **a** ~ **of truth** ein Körnchen Wahrheit; **grain elevator** *Am* Getreidesilo *m;* **grain export** Getreideausfuhr *f;* **grain market** Getreidemarkt *m.*

gram·mar ['græmə(r)] Grammatik *f;* ▶ **his ~ is awful** er drückt sich grammat(ikal)isch völlig falsch aus; **grammar book** Grammatik *f,* Sprachlehrbuch *n;* **gram·mar·ian** [grə'meərıən] Grammatiker(in) *m (f);* **grammar school** Gymnasium *n;* **gram·mati·cal** [grə'mætıkl] *adj* grammat(ikal)isch.

gram(me) [græm] **1.** *(Masse)* Gramm *n;* **2.** *(Kraft)* Pond *n.*

gramo·phone ['græməfəʊn] Plattenspieler *m.*

gram·pus ['græmpəs] *zoo* Schwertwal *m;* ▶ **wheeze like a ~** *fam* wie ein Walroß schnauben.

gran [græn] *fam* Oma *f.*

gran·ary ['grænərı] **1.** Getreide-, Kornspeicher *m;* **2.** *fig* Kornkammer *f;* **granary loaf** Mehrkornbrot *n.*

grand [grænd] **I** *adj* **1.** groß; bedeutend; berühmt; **2.** prächtig, prachtvoll; **3.** *fam* großartig, phantastisch; **4.** vollständig, endgültig; **II** *s* **1.** *(~ piano)* Flügel *m;* **2.** *sl* tausend Dollar *m pl,* tausend Pfund *n pl.*

grand·child ['grænt∫aıld] ‹*pl* -children› Enkelkind *n;* **grand·(d)ad** ['grændæd] Opa, Opi *m;* **grand·daughter** ['græn,dɔ:tə(r)] Enkelin *f.*

gran·dee [græn'di:] Grande *m.*

gran·deur ['grændʒə(r)] **1.** Größe, Erhabenheit *f;* **2.** Würde *f;* ▶ **delusions of ~** Größenwahn *m.*

grand·father ['grænd,fɑ:ðə(r)] Großvater *m;* ▶ **~('s) clock** Standuhr *f.*

gran·dilo·quent [græn'dıləkwənt] *adj* hochtrabend, prahlerisch.

gran·di·ose ['grændıəʊs] *adj* bombastisch, hochtrabend.

grand jury [,grænd 'dʒʊərı] *Am* Großes Geschworenengericht; **grand larceny** *jur* schwerer Diebstahl; **grand·ma** ['grænmɑ:] Oma *f;* **grand master** Großmeister *m;* **grand·mother** ['græn,mʌðə(r)] Großmutter *f;* **grandpa** ['grænpɑ:] Opa *m;* **grand·parents** ['græn,peərənts] *pl* Großeltern *pl;* **grand piano** *mus* Flügel *m;* **grandson** ['grænsʌn] Enkel *m;* **grand·stand** Haupttribüne *f;* **grand total** Gesamt-, Endsumme *f.*

grange [greındʒ] Bauernhof *m,* -haus *n.*

gran·ite ['grænıt] *min* Granit *m.*

granny, gran·nie ['grænı] *fam* Oma *f.*

grant [grɑ:nt] **I** *tr* **1.** bewilligen, gewähren; **2.** *(Bescheinigung)* ausstellen; **3.** *(Eigentum)* übertragen; **4.** *(e-m Gesuch)* entsprechen; **5.** zugeben, einräumen; ▶ **take for ~ed** (fest) annehmen; als selbstverständlich voraussetzen; **~ed (that)** angenommen, zugegeben (daß); **II** *s* **1.** Bewilligung, Gewährung, Erteilung *f;* **2.** Verleihung *f;* Übertragung *f;* **3.** Konzession *f;* **4.** bewilligte Gelder *n pl;* Stipendium *n;* ▶ **~-aided** gefördert, subventioniert; **~-in-aid** staatliche Beihilfe, Zuschuß *m.*

granu·lar ['grænjʊlə(r)] *adj* körnig, granulös; **granu·lated** ['grænjʊleıtıd] *adj* gekörnt, granuliert; ▶ **~ sugar** Kristallzucker *m;* **gran·ule** ['grænju:l] Körnchen *n.*

grape [greıp] **1.** Weinbeere *f;* **2.** *pl* Weintrauben *f pl;* **grape-fruit** ['greıpfru:t] Grapefruit, Pampelmuse *f;* **grape juice** Traubensaft *m;* **grapevine** Weinstock *m;* ▶ **hear s.th. on the ~** etw gerüchteweise hören.

graph [grɑ:f] **I** *s* graphische Darstellung, Schaubild *n;* Graph *m;* **graph paper** Millimeterpapier *n;* **II** *tr* graphisch darstellen; **graphic** ['græfık] *adj* **1.** graphisch; **2.** anschaulich; ▶ **~ art(s)** *sing* od *pl* Graphik *f;* **~ artist** Graphiker(in) *m (f);* **graphics** ['græfıks] *pl* Graphik *f;* **graphics card** *EDV* Graphikkarte *f;* **graphics screen** *EDV* Graphikbildschirm *m;* ▶ **~orient(at)ed** graphikorientiert.

graph·ite ['græfaıt] *min* Graphit *m.*

graph·ol·ogist [græ'fɒlədʒıst] Graphologe *m;* Graphologin *f;* **graph·ol·ogy** [græ'fɒlədʒı] Graphologie *f.*

grapple ['græpl] *itr* **1.** raufen, ringen; **2.** *fig* sich herumschlagen (*with* mit); **grap·pling** [—ıŋ] ▶ **~-iron, -hook** Enterhaken *m.*

grasp [grɑ:sp] **I** *tr* **1.** (er)greifen, fassen, packen; **2.** *fig* begreifen, verstehen; **II** *itr* **1.** greifen, trachten; **2.** streben (*at* nach); **3.** schnappen (*at* nach); **III** *s* **1.** (Zu)Griff *m;* **2.** *fig* Reichweite, Gewalt *f;* **3.** Verständnis *n;* ▶ **within s.o.'s ~** in jds Gewalt; greifbar nahe; **have a good ~ of s.th.** etw sehr gut beherrschen; **lose one's ~** loslassen; **grasp·ing** [—ıŋ] *adj* habgierig.

grass [grɑ:s] **I** *s* **1.** Gras *n;* **2.** Rasen *m;* Weide(land *n*) *f;* **3.** *sl* Spitzel *m;* **4.** *sl (Marihuana)* Gras *n;* ▶ **out at ~** auf der Weide; **go to ~** weiden (gehen); *fig* sich ausruhen; **put out to ~** auf die Weide treiben; *(altem Pferd)* das Gnadenbrot geben; *fig (Menschen)* aufs Abstellgleis schieben; **the ~ is always greener on the other side** *prov* man will immer das haben, was man nicht hat; **let the ~ grow under one's feet** sich Zeit lassen; **keep off the ~** Betreten des Rasens verboten! **II** *tr* mit Gras einsäen; **III** *itr sl* singen; ▶ **~ on s.o.** jdn verpfeifen; **grass·hop·per** ['grɑ:shɒpə(r)] Heuschrecke *f;* **grassroots** [,grɑ:s'ru:ts] **I** *s pl* gewöhnliches Volk *n; pol* Basis *f;* ▶ **get down to ~** zum Kern der Sache kommen; **II** *adj* volksnah; ▶ **at ~ level** an der Basis; **~ democracy** Basisdemokratie *f;* **grasssnake** Ringelnatter *f;* **grass widow** Strohwitwe *f;* **grass widower** Strohwitwer *m;* **grassy** ['grɑːsɪ] *adj* grasbewachsen.

grate[1] [greɪt] **I** *tr* **1.** kratzen, reiben, schaben; **2.** *(Küche)* reiben; raspeln; **3.** knirschen (*one's teeth* mit den Zähnen); **4.** reizen, ärgern; **II** *itr* **1.** kratzen; knirschen; quietschen; streifen; **2.** reizen, aufregen (*on s.o.* jdn); ► **~ on s.o.'s nerves** an jds Nerven zerren.

grate[2] [greɪt] **1.** (Fenster-, Tür)Gitter *n;* **2.** (Feuer)Rost *m.*

grate·ful ['greɪtfl] *adj* dankbar (*to s.o.* jdm).

grater ['greɪtə(r)] Reibeisen *n;* Raspel *f.*

grati·fi·ca·tion [ˌgrætɪfɪ'keɪʃn] Genugtuung, Befriedigung *f* (*at* über); **grat·ify** ['grætɪfaɪ] *tr* **1.** erfreuen, befriedigen; **2.** *(Wunsch)* erfüllen; ► **be gratified** sich freuen; **grat·ify·ing** [—ɪŋ] *adj* erfreulich, angenehm (*to* für).

grat·ing ['greɪtɪŋ] Gitter *n.*

gra·tis ['greɪtɪs] *adv, adj* gratis, umsonst; kostenlos, unentgeltlich.

grati·tude ['grætɪtjuːd] Dankbarkeit *f* (*to* gegenüber; *for* für); ► **in ~ for** aus Dankbarkeit für.

gra·tu·itous [grə'tjuːɪtəs] *adj* **1.** überflüssig, unnötig; **2.** unerwünscht.

gra·tu·ity [grə'tjuːətɪ] **1.** Trinkgeld *n;* **2.** Gratifikation *f;* ► **no gratuities!** kein Trinkgeld!

grave[1] [greɪv] *adj* **1.** ernst(haft); besorgniserregend; **2.** wichtig, schwerwiegend.

grave[2] [greɪv] Grab *n a. fig;* ► **from the cradle to the ~** von der Wiege bis zur Bahre; **dig one's own ~** sein eigenes Grab schaufeln; **have one foot in the ~** *fig* mit e-m Fuß im Grabe stehen; **silent as the ~** totenstill; **turn in one's ~** sich im Grabe umdrehen; **s.o. is walking over my ~** mich *od* mir schaudert; **grave-digger** Totengräber *m.*

gravel ['grævl] **I** *s* **1.** Kies *m;* **2.** *med* Harngrieß *m;* **II** *tr* mit Kies bestreuen; **gravel-pit** Kiesgrube *f;* **gravel-stone** Kieselstein *m.*

grave mound ['greɪvmaʊnd] Grabhügel *m;* **grave robber** Grabschänder *m;* **grave·stone** ['greɪvstəʊn] Grabstein *m;* **grave·yard** ['greɪvjɑːd] Friedhof *m.*

grav·ing dock ['greɪvɪŋˌdɒk] Trockendock *n.*

gravi·tate ['grævɪteɪt] *itr* **1.** angezogen werden (*to(wards)* von); **2.** *fig* tendieren, streben (*to, towards* zu); **3.** *chem* sich setzen; **gravi·ta·tion** [ˌgrævɪ'teɪʃn] Schwerkraft, Gravitation *f;* **gravi·ta·tional** [ˌgrævɪ'teɪʃənl] *adj* Gravitations-; ► **~ field** Schwerefeld *n;* **~ force** Schwerkraft *f;* **~ pull** Anziehungskraft *f;* **grav·ity** ['grævətɪ] **1.** Ernst *m;* **2.** *phys* Anziehungs-, Schwerkraft *f;* ► **specific ~** spezifisches Gewicht.

gra·vure [grə'vjʊə(r)] Gravüre *f.*

gravy ['greɪvɪ] **1.** Fleischsaft *m;* **2.** (Braten)Soße *f;* **3.** *Am sl* Spesen *pl;* Schmiergelder *n pl;* ► **get on the ~ train** auch ein Stück vom Kuchen abbekommen; **gravy·boat** Soßenschüssel *f.*

gray [greɪ] *Am s. grey.*

graze[1] [greɪz] **I** *tr* **1.** *(Vieh)* weiden lassen; **2.** *(Gras, Weide)* abweiden lassen; **II** *itr* grasen, weiden.

graze[2] [greɪz] **I** *tr* **1.** streifen; **2.** *med* (ab)schürfen; **II** *s* Schramme, Schürfwunde *f.*

grease [griːs] **I** *s* **1.** Fett *n;* **2.** Schmierfett *n;* **II** *tr* **1.** (ein)fetten; **2.** *tech* schmieren; ► **like ~d lightning** wie ein geölter Blitz; **~ s.o.'s palm** jdm Schmiergelder zahlen; **grease-gun** Fettpresse *f;* **grease mark** Fettfleck *m;* **grease-paint** *theat* Schminke *f;* **grease-proof paper** Butterbrotpapier *n;* **grease spot** Fettfleck *m;* **greasy** ['griːsɪ] *adj* **1.** fettig, ölig; schmierig; **2.** glitschig, schlüpfrig; **3.** *fig* aalglatt.

great [greɪt] **I** *adj* **1.** groß; **2.** beträchtlich, ausgedehnt; **3.** *(Zeit)* lange, lange dauernd; **4.** mächtig, gewaltig; **5.** hervorragend, bedeutend; **6.** eindrucksvoll; **7.** *(Freund)* eng, intim; **8.** *fam* (ganz) groß (*in* in); geschickt (*at* bei, in); beschlagen (*at* in); interessiert (*on* an); **9.** *fam* großartig, prima; gewaltig, herrlich, mächtig; ► **a ~ deal** e-e (ganze) Menge, viel; **a ~ many** sehr viele; **no ~ matter** nichts von Bedeutung; **that's ~!** das ist (ja) prima! **II** *s fam* **the ~** *pl* die Großen *m pl;* **great-aunt** Großtante *f;* **the Great Bear** *astr* der Große Bär; **Great Britain** Großbritannien *n;* **great·coat** ['greɪtkəʊt] (Winter)Mantel *m;* **Greater Lon·don** ['greɪtə 'lʌndən] Groß-London *n;* **great-grandchild** ⟨*pl* -children⟩ Urenkel(in) *m (f);* **great-grandparents** *pl* Urgroßeltern *pl;* **great-great-grandchild** ⟨*pl* -children⟩ Ururenkel(kind *n*) *m;* **great-great-grandparents** *pl* Ururgroßeltern *pl;* **great·ly** ['greɪtlɪ] *adv* sehr; in hohem Grade; **great-nephew** Großneffe *m;* **great·ness** ['greɪtnɪs] Größe, Bedeutung *f;* **great-niece** Großnichte *f;* **great-uncle** Großonkel *m.*

Gre·cian ['griːʃn] *s. Greek;* **Greece** [griːs] Griechenland *n.*

greed, greedi·ness [griːd, 'griːdɪnɪs] **1.** Gier *f* (*for* nach); **2.** Habgier *f;* **3.** Gefräßigkeit *f;* **greedy** ['griːdɪ] *adj* **1.** gierig (*for* nach); **2.** gefräßig; ► **be ~ for s.th.** auf etw begierig sein, nach etw gieren.

Greek [griːk] **I** *adj* griechisch; **II** *s* **1.** Grieche *m,* Griechin *f;* **2.** (das) Griechisch(e); ► **it's all ~ to me** das sind für mich böhmische Dörfer.

green [griːn] **I** *adj* **1.** grün (*with* vor); **2.** unreif; **3.** unerfahren (*at* in); ► **give s.o. the ~ light** jdm freie Fahrt geben *a. fig;*

he was ~ with envy er platzte vor Neid; **II** *s* **1.** Grün *n,* grüne Farbe; **2.** Grünfläche *f,* Rasen *m;* **3.** *pl* grünes Gemüse; **green·back** ['gri:nbæk] *Am sl* Geldschein *m;* **green belt** Grüngürtel *m;* **green card** *mot* grüne Versicherungskarte *f;* **greenery** ['gri:nərı] (das) Grün *(in der Natur);* **green-eyed** [ˌgri:n'aıd] *adj fig* eifersüchtig; ► **the ~ monster** der Neid; **green fingers** *pl* gärtnerisches Geschick; **green·fly** ['gri:nflaı] grüne Blattlaus; **green·gage** ['gri:ngeıdʒ] Reineclaude *f;* **green-grocer** ['gri:nˌgrəʊsə(r)] (Obst- u.) Gemüsehändler(in) *m (f);* **green·horn** ['gri:nhɔ:n] Grünschnabel *m;* Anfänger(in) *m (f);* **green·house** ['gri:nhaʊs] Gewächs-, Treibhaus *n;* **greenhouse effect** *mete* Treibhauseffekt *m;* **green-ish** ['gri:nıʃ] *adj* grünlich.

Green·land ['gri:nlənd] Grönland *n;* **Green·lander** ['gri:nləndə(r)] Grönländer(in) *m (f).*

green pep·per [ˌgri:n'pepə(r)] (grüne) Paprikaschote; **green thumb** *Am s. green fingers.*

Green·wich ['grınıtʃ] *(Vorort von London);* **Greenwich mean time, G.M.T** westeuropäische Zeit.

green·wood ['gri:nwʊd] Laubwald *m.*

greet [gri:t] *tr* **1.** (be)grüßen (*on behalf of* im Namen von); **2.** empfangen, entgegenkommen (*s.o.* jdm); **3.** sich darbieten (*her eyes* ihren Augen); **greet·ing** [—ıŋ] Begrüßung *f;* Gruß *m; Am (Brief)* Anrede *f;* ► **~s-card** Glückwunschkarte *f.*

greg·ari·ous [grı'geərıəs] *adj* **1.** *zoo* in Herden lebend; **2.** *(Mensch)* gesellig.

gre·nade [grı'neıd] (Hand)Granate *f;* **grena·dier** [ˌgrenə'dıə(r)] Grenadier *m.*

grew [gru:] *v s. grow.*

grey, *Am* **gray** [greı] **I** *adj* **1.** grau; **2.** trüb(e), düster *a. fig;* **3.** grauhaarig; ► **turn ~** grau werden; **II** *s* Grau *n; (Pferd)* Grauschimmel *m;* **grey·beard** ['greıˌbıəd] Graubart *m;* **grey·hound** ['greıhaʊnd] Windhund *m;* **grey·ish** ['greııʃ] *adj* gräulich; **grey matter.1.** *anat* graue Hirnsubstanz; **2.** *fam* graue Zellen *f pl.*

grid [grıd] **1.** Gitter *n a. radio;* **2.** *el* Stromnetz *n;* Leitungsnetz *n;* **3.** *(Karte)* Gitter *n;* **4.** *mot* Start(platz) *m;* **5.** *theat* Schnürboden *m;* **6.** *tech* Netz *n.*

griddle ['grıdl] (rundes) Kuchenblech *n;* **griddle-cake** Pfannkuchen *m.*

grid·iron ['grıdaıən] **1.** (Brat)Rost, Grill *m;* **2.** *Am (Fußball)* Spielfeld *n;* **grid square** Planquadrat *n.*

grief [gri:f] Kummer, Gram *m,* Leid *n;* ► **come to ~** zu Schaden kommen; *(Plan)* scheitern.

griev·ance ['gri:vns] **1.** Beschwerde(grund *m*) *f;* **2.** Mißstand *m;* ► **nurse a ~ against s.o.** gegen jdn e-n Groll haben; **grieve** [gri:v] **I** *tr* **1.** bekümmern, betrüben; **2.** traurig stimmen; ► **it ~s me** es stimmt mich traurig; **II** *itr* **1.** bekümmert sein; **2.** trauern (*at, for, over* um); **griev·ous** ['gri:vəs] *adj* **1.** schmerzlich; **2.** bedauerlich; **3.** *(Fehler)* schwer; ► **~ bodily harm** *jur* schwere Körperverletzung.

grif·fin, grif·fon, gry·phon ['grıfın, 'grıfən] Greif *m (Fabeltier);* **grif·fon** ['grıfən] **1.** Gänsegeier *m;* **2.** Affenpinscher *m.*

grill [grıl] **I** *s* **1.** Grill *m;* **2.** gegrilltes Fleisch; **3.** *(~room)* Grillroom *m;* **II** *tr* **1.** grillen; **2.** *fam fig* streng verhören; **III** *itr* **1.** *(Fleisch)* grillen; **2.** *(von der Sonne)* sich braun brennen lassen.

grille [grıl] Gitter *n.*

grilling ['grılıŋ] strenges Verhör; ► **give s.o. a ~** jdn in die Zange nehmen.

grim [grım] *adj* **1.** grimmig, erbarmungslos; **2.** hart, streng; **3.** abschreckend, abstoßend; ► **hold on like ~ death** nicht lockerlassen.

gri·mace [grı'meıs] **I** *s* Grimasse *f;* **II** *itr* Grimassen schneiden.

grime [graım] **I** *s* Ruß *m;* Schmutz *m;* **II** *tr* verschmutzen; **grimy** ['graımı] *adj* schmutzig, verschmutzt.

grin [grın] **I** *itr* grinsen (*with pleasure* vor Vergnügen); ► **~ from ear to ear** über das ganze Gesicht grinsen; **I had to ~ and bear it** ich mußte gute Miene zum bösen Spiel machen; **II** *s* **1.** Grinsen *n;* **2.** gezwungenes Lächeln; ► **wipe that ~ off your face!** lach mich nicht aus!

grind [graınd] ⟨*irr* **ground, ground**⟩ **I** *tr* **1.** (zer)mahlen, zerstoßen, zerreiben; **2.** schleifen, wetzen; **3.** *(Absatz)* bohren (*into the earth* in die Erde); **4.** *(Kaffeemühle, Leierkasten)* drehen; **5.** *fig* quälen, bedrücken, plagen; ► **~ one's teeth** mit den Zähnen knirschen (*in anger* vor Wut); **II** *itr* **1.** sich mahlen lassen; **2.** *fam* pauken, büffeln, ochsen; sich abplagen; **III** *s* **1.** *fam* Schinderei, Plackerei *f;* **2.** Paukerei, Büffelei *f;* **3.** *Am fam* Büffler *m;* **IV** *(mit Präposition)* **grind down** *tr* unterdrücken; **grind out** *tr* mühsam hervorbringen; fabrizieren; **grinder** ['graındə(r)] **1.** Schleifer *m;* Schleifmaschine *f;* Schleifstein *m;* **2.** Mühle *f;* Fleischwolf *m;* **3.** Backenzahn *m;* **grind-stone** ['graındstəʊn] Schleifstein *m;* ► **keep, put one's nose to the ~** schuften; büffeln.

grin·go ['grıŋgəʊ] ⟨*pl* -gos⟩ (Nord)Amerikaner, Gringo *m.*

grip [grıp] **I** *s* **1.** (fester, Zu)Griff *m;* **2.** Greifen, Packen *n;* **3.** *fig* Fassungskraft *f;* Verständnis *n;* **4.** Herrschaft *f* (*of, on* über); **5.** *tech* Greifer *m;* **6.** Handgriff *m;* **7.** Haarklemmchen *n;* **8.** *mot* Griffigkeit *f;* **9.** Reisetasche *f;* ► **come to ~s** handgemein werden; aneinandergeraten; **come to ~s with** *fig* in den Griff bekommen; **get a ~ on o.s.** sich wieder beherrschen; **lose one's ~** den Halt verlieren; *fig* nachlassen; **lose one's ~ on the situation** die Situation nicht mehr unter Kontrolle haben; **II** *tr* **1.** (er)greifen, packen, fassen, festhalten; **2.** *(die Aufmerksamkeit)* fesseln.

gripe [graɪp] **I** *tr Am fam* ärgern; **II** *itr* **1.** Magenschmerzen haben; **2.** *fam* mekkern; **III** *s* **1.** *fam* Beschwerde *f;* **2.** *pl fam* Magenschmerzen *m pl;* Kolik *f.*

grip·ping ['grɪpɪŋ] *adj (Buch)* spannend, fesselnd.

gris·ly ['grɪzlɪ] *adj* gräßlich, schrecklich.

grist [grɪst] ► **it's all ~ to his mill** er kann alles brauchen; das ist Wasser auf seine Mühle.

gristle ['grɪsl] Knorpel *m.*

grit [grɪt] **I** *s* **1.** Staub *m;* (feiner) Kies *m;* Streusand *m;* **2.** *fam* Mut, Schneid *m,* Entschlossenheit *f;* **3.** *pl Am* Hafergrütze *f;* **II** *tr* mit Sand, Kies bestreuen; ► **~ one's teeth** die Zähne zusammenbeißen.

grizzle ['grɪzl] **I** *s* graues Haar; Grau *n;* **II** *itr fam (Kind)* flennen, quengeln; **grizzled** ['grɪzld] *adj* grau(meliert); **grizzly** ['grɪzlɪ] **I** *adj* grau, gräulich; **II** *s (~ bear)* Grisly-, Graubär *m.*

seufzen, stöhnen, ächzen (*with* vor); **2.** brummen, murren; **3.** (zu) leiden (haben), seufzen (*under* unter); **II** *tr (~ out)* stöhnend hervorbringen, erzählen; **III** *s* **1.** Seufzen *n;* **2.** Ächzen *n.*

groats [grəʊts] *pl* (Hafer)Grütze *f;* Schrot *m.*

grocer ['grəʊsə(r)] Lebensmittelhändler(in) *m (f);* **grocery** ['grəʊsərɪ] **1.** Lebensmittelgeschäft *n;* **2.** *pl* Lebensmittel *n pl.*

grog [grɒg] Grog *m.*

groggy ['grɒgɪ] *adj* **1.** benommen, schwindlig; **2.** wack(e)lig; **3.** *sport fam* groggy.

groin[1] [grɔɪn] **1.** *anat* Leiste(ngegend) *f;* **2.** *arch* Grat *m;* Gewölberippe *f.*

groin[2], **groyne** [grɔɪn] *mar* Buhne *f.*

groom [gru:m] **I** *s* **1.** Stallbursche *m;* **2.** Bräutigam *m;* **II** *tr* **1.** *(Pferd)* pflegen; **2.** *(Menschen, Frisur, Kleidung)* pflegen; **3.** vorbereiten (*for* für); ► **well ~ed** gepflegt.

groove [gru:v] **I** *s* **1.** Furche, Rille, Nut, Rinne *f;* **2.** Tonspur *f;* **3.** *fig* Routine, Gewohnheit *f;* **II** *tr* auskehlen, riefeln, nuten.

groovy ['gru:vɪ] *adj sl* toll, klasse; modisch.

grope [grəʊp] **I** *tr fam* befummeln; **II** *itr* **1.** *(~ about)* (herum)tappen; **2.** suchen *a. fig* (*for* nach); ► **~ in the dark** im dunkeln tappen; **~ one's way** tastend den Weg suchen; **grop·ing·ly** ['grəʊpɪŋlɪ] *adj* **1.** tastend; **2.** *fig* unsicher.

gross[1] [grəʊs] Gros *n,* 12 Dutzend *pl.*

gross[2] [grəʊs] **I** *adj* **1.** dick, fett, korpulent; **2.** schwer(fällig), plump; **3.** grob, rauh, roh, unfein; **4.** vulgär, unanständig; **5.** *(Fehler)* schwer, grob; *(Ungerechtigkeit)* kraß, ungeheuer(lich); *(Fehler, Nachlässigkeit)* grob; **6.** *(Vegetation)* üppig; **7.** *(Essen)* unappetitlich; **8.** *com* brutto; **II** *tr* e-n Bruttogewinn haben von; **gross amount** Bruttobetrag *m;* **gross cash flow** Brutto-Cashflow *m (einschließlich Abschreibung);* **gross domestic product** Bruttoinlandsprodukt *n;* **gross income, receipts** *pl* Bruttoverdienst *m,* -einkommen *n,* -gewinn *m;* **gross·ly** ['grəʊslɪ] *adv* **1.** sehr stark, stark, schwer; **2.** *(sich benehmen)* derb; ► **eat ~** *sl* essen wie ein Schwein; **gross national product** Bruttosozialprodukt *n;* **gross negligence** grobe Fahrlässigkeit; **gross pay** Bruttolohn *m;* **gross profit** Bruttogewinn, Rohgewinn *m;* **gross ton** Bruttoregistertonne *f (= 2240 pounds).*

gro·tesque [grəʊ'tesk] **I** *adj* **1.** grotesk, bizarr, phantastisch; **2.** komisch, lächerlich; **II** *s* **1.** (das) Groteske; **2.** Groteske *f a. typ.*

grotto ['grɒtəʊ] ⟨*pl* grotto(e)s⟩ Grotte *f.*

grouch [graʊtʃ] **I** *itr fam* meckern; nörgeln; **II** *s* **1.** Meckerer *m,* Nörgler(in) *m (f);* **2.** Grund *m* zur Klage; **grouchy** ['graʊtʃɪ] *adj fam* meckerig, brummig, mürrisch.

ground[1] [graʊnd] *v s. grind.*

ground[2] [graʊnd] **I** *s* **1.** Grund *m;* Boden *m;* **2.** Meeresboden *m;* **3.** (Erd)Boden *m,* Erde *f;* Land *n;* **4.** Grund und Boden *m;* **5.** Gebiet *n a. fig;* **6.** *(Kunst)* Untergrund *m,* Grundierung *f;* **7.** *fig* Grundlage, Basis *f;* **8.** (Beweg)Grund *m* (*for* für, zu); Motiv *n,* Ursache *f,* Anlaß *m;* **9.** *pl* Grundstück *n;* Gelände *n;* **10.** *pl* Anlagen *f pl,* Gärten *m pl;* **11.** *pl* (Boden)Satz *m;* (Kaffee)Satz *m;* **12.** (Rechts)Grund *m;* Begründung *f;* ► **above ~** über der Erde; über Tage; am Leben; **below ~** unter der Erde; unter Tage; tot; **down to the ~** *fam* voll und ganz; **on the ~s of** auf Grund *gen,* wegen; **on one's own ~** zu Hause *a. fig;* **on firm ~** *fig* auf festem Boden; **be on common ~** *fig* auf gleichem Boden stehen; **be forbidden ~** *fig* tabu sein; **break fresh ~** *fig* in Neuland vorstoßen; **cover (much) ~** e-e (große) Strecke zurücklegen; (gute) Fortschritte machen; viel umfassen; **cut the ~ from under s.o.'s feet** *fig* jdm den Boden unter den Füßen wegziehen; **fall to the ~** *fig (Plan)* scheitern; **gain ~** *fig* um sich greifen; an Boden gewinnen; **get off the ~** *fig* e-n guten Anfang machen;

give ~ nachgeben, weichen; **hold, keep, stand one's ~** seinen Platz behaupten; seinen Mann stehen; **keep one's feet on the ~** mit den Füßen auf festem Boden bleiben; **lose ~** an Boden verlieren; **that suits me down to the ~** genau das wollte ich; das paßt mir ausgezeichnet; **coffee-~s** *pl* Kaffeesatz *m;* **fishing-~s** *pl* Fischgründe *m pl;* **~ for divorce** Scheidungsgrund *m;* **~ for suspicion** Verdachtsmoment *n;* **II** *tr* **1.** *(Schiff)* auf Grund auflaufen lassen; **2.** *aero* nicht starten lassen; **3.** *el* erden; **4.** *fig* begründen; basieren (*on* auf); **5.** die Grundlagen beibringen (*s.o.* jdm; *in* in); ► **be well ~ed in** gute Vorkenntnisse haben in; **III** *itr (Schiff)* auflaufen; **ground control** Bodenkontrolle *f;* **ground crew** Bodenpersonal *n;* **ground-floor** Erdgeschoß *n;* ► **get in on the ~** *fig fam* gleich zu Beginn einsteigen; **ground fog** Bodennebel *m;* **ground frost** Bodenfrost *m;* **ground·ing** ['graʊndɪŋ] **1.** Grundkenntnisse *f pl;* **2.** *aero* Startverbot *n;* Hinderung *f* am Start; *(Pilot)* Sperren *n;* ► **give s.o. a ~ in German** jdm die Grundlagen des Deutschen beibringen; **ground keeper** *sport* Platzwart *m;* **ground·less** ['graʊndlɪs] *adj* grundlos, unbegründet, ungerechtfertigt; **ground-nut** Erdnuß *f;* **ground·sheet** ['graʊndʃi:t] Zeltboden *m;* **grounds·man** ['graʊndzmən] ⟨*pl* -men⟩ Platzwart *m;* **ground staff** *aero* Bodenpersonal *n;* **ground-station** *aero* Bodenstation *f;* **ground-swell** ['graʊndswel] Dünung *f; fig* Anschwellen *n,* Zunahme *f;* **ground-to-air missile** Boden-Luft-Rakete *f;* **ground-to-ground missile** Boden-Boden-Flugkörper *m;* **ground·work** ['graʊndwɜ:k] *fig* Grundlage, Basis *f.*

group [gru:p] **I** *s* **1.** Gruppe *f;* **2.** *aero Br* Geschwader *n; Am* Gruppe *f;* **3.** *com* Konsortium *n;* Unternehmensgruppe *f;* Konzern *m;* **4.** *theat* Ensemble *n;* **II** *tr* gruppieren; anordnen; **group captain** *mil (Luftwaffe)* Oberst *m;* **group dynamics** *pl* Gruppendynamik *f.*

groupie ['gru:pɪ] (weiblicher) Fan *m;* Groupie *n.*

group·ing ['gru:pɪŋ] (Ein)Gruppierung, (An)Ordnung *f.*

group prac·tice ['gru:pˌpræktɪs] *med* Gemeinschaftspraxis *f;* **group therapy** *med* Gruppentherapie *f;* **group ticket** Sammelfahrschein *m.*

grouse[1] [graʊs] ⟨*pl* -⟩ Moorhuhn *n.*

grouse[2] [graʊs] **I** *s* Klage *f;* ► **have a ~** sich beklagen; **II** *itr* meckern, nörgeln, murren (*about* über).

grove [grəʊv] Wäldchen *n;* ► **olive ~** Olivenhain *m.*

grovel ['grɒvl] *itr* **1.** liegen (*at s.o.'s feet* jdm zu Füßen; *before s.o.* vor jdm); **2.** kriechen *a. fig* (*in the dirt, dust* im Staube).

grow [grəʊ] ⟨*irr* grew, grown⟩ **I** *itr* **1.** wachsen *a. fig;* **2.** *fig* zunehmen, sich entwickeln; **3.** sich ausdehnen; sich vergrößern; sich vermehren; **4.** werden (*into* zu); erwachsen (*from* aus); ► **~into fashion** Mode werden; **~ into a habit** zur Gewohnheit werden; **~ on s.o.** jdm ans Herz wachsen; **~ out of fashion, use** aus der Mode, aus dem Gebrauch kommen; **II** *tr* **1.** züchten; **2.** (an)bauen; **3.** *(Bart)* sich wachsen lassen; **III** *(mit Präposition)* **grow away from** *itr* sich entfremden von; **grow down** *itr* zurückgehen, abnehmen; **grow into** *itr* **1.** heranwachsen zu; **2.** hineinwachsen in; **grow out of** *itr* **1.** herauswachsen aus *a. fig;* **2.** *(e-e Gewohnheit)* verlieren; **3.** *fig* entstehen aus; herrühren von; **grow up** *itr* **1.** auf-, heranwachsen; **2.** *fig* sich entwickeln; ► **~ up!** sei nicht kindisch; **grow worse** *itr* sich verschlimmern.

grower ['grəʊə(r)] Züchter(in) *m (f);* Erzeuger(in) *m (f);* **grow·ing** ['grəʊɪŋ] *adj* wachsend; steigend; **growing pains** *pl* Wachstumsschwierigkeiten *f pl; fig* Kinderkrankheiten *f pl.*

growl [graʊl] **I** *s* **1.** Brummen *n;* **2.** *(Hund)* Knurren *n;* **3.** *(Donner)* Rollen *n;* **II** *itr* **1.** knurren; brummen, murren; **2.** *(Donner)* grollen; ► **~ at s.o.** *(Hund)* jdn anknurren; **III** *tr (~ out)* hervorstoßen.

grown [grəʊn] **I** *v s. grow;* **II** *adj* **1.** herangewachsen; **2.** bewachsen (*with* mit); **grown-up** ['grəʊnʌp] **I** *adj* erwachsen; **II** *s* Erwachsene(r) *f m.*

growth [grəʊθ] **1.** Wachstum *n;* **2.** Heranwachsen *n;* Entwicklung *f a. fig;* **3.** Züchtung, Erzeugung *f;* Ernte *f;* **4.** *fig* Zunahme *f,* Zuwachs *m* (*in* an); **5.** *med* Tumor *m,* Gewächs *n;* **growth industries** *pl* Wachstumsindustrien, -branchen *f pl;* **growth rate** Wachstumsrate *f;* **growth stock** *fin* Wachstumsaktie *f.*

groyne [grɔɪn] *s. groin*[2].

grub [grʌb] **I** *itr* **1.** graben; **2.** (herum)wühlen, stöbern; **II** *tr* ausgraben, -roden; ► **~ out, up** ausgraben; **III** *s* **1.** Larve, Made *f;* **2.** *sl* Fraß *m,* Futter *n;* **grubby** ['grʌbɪ] *adj* schmutzig, unsauber.

grudge [grʌdʒ] **I** *tr* nicht gönnen (*s.o. s.th* jdm etw); ► **not ~ s.o. s.th.** jdm etw gönnen; **~ doing s.th.** etw ungern, widerwillig tun; **I ~ the time** es ist mir leid um die Zeit; **II** *s* **1.** Groll *m;* **2.** Neid *m;* ► **bear, owe s.o. a ~** jdm etw nachtragen; **grudg·ing·ly** ['grʌdʒɪŋlɪ] *adv* (nur) ungern, widerwillig.

gruel ['gru:əl] Haferschleim *m.*

gruel·ling ['gru:əlɪŋ] *adj* zermürbend, aufreibend.

grue·some ['gru:səm] *adj* grausig, schauerlich, schaurig.
gruff [grʌf] *adj* **1.** bärbeißig, schroff; **2.** grob, barsch; **3.** *(Stimme)* rauh.
grumble ['grʌmbl] **I** *itr* **1.** brummen; nörgeln, murren (*at, about, over* über); **2.** *(Donner)* (g)rollen; **II** *tr* murrend sagen; **III** *s* **1.** Murren *n;* Nörgeln *n;* **2.** Grollen *n.*
grumpy ['grʌmpɪ] *adj* verdrießlich, mürrisch, reizbar.
grunt [grʌnt] **I** *itr* **1.** grunzen; **2.** *(Mensch)* stöhnen; **II** *tr (~ out)* brummend sagen; **III** *s* **1.** Grunzen *n;* **2.** Stöhnen *n.*
gry·phon ['grɪfən] *s. griffin.*
G-string ['dʒi:strɪŋ] **1.** *mus* G-Saite *f;* **2.** Minislip *m.*
guar·an·tee [ˌgærən'ti:] **I** *s* **1.** Garantie *f;* Bürgschaft *f;* Gewähr(leistung) *f;* Kaution *f;* **2.** Beweis *m,* Sicherheit, *fam* Garantie *f;* **3.** Garant(in) *m (f);* Bürge *m,* Bürgin *f;* Gewährsmann *m;* ► **conditional ~** Ausfallbürgschaft *f;* **joint ~** Mitgarant, -bürge *m;* **~ of a bill of exchange** Wechselbürgschaft *f,* -bürge *m;* **~ deposit** Kaution *f;* **II** *tr* garantieren, gewährleisten, bürgen für; Garantie leisten für; ► **he can't ~ that** dafür kann er nicht garantieren; **guar·an·teed** [ˌgærən'ti:d] *adj* garantiert; gesichert; ► **~ annual wages** garantierter Jahreslohn; **~ mortgage** Hypothekenpfandbrief *m;* **guar·an·tor** [ˌgærən'tɔ:(r)] Garant(in) *m (f);* Bürge *m,* Bürgin *f;* ► **stand as ~ for s.o.** für jdn Bürgschaft leisten; **guar·an·ty** ['gærəntɪ] *jur* Garantie *f;* Kaution, Bürgschaft *f;* ► **~ of collection** Ausfallbürgschaft *f.*
guard [gɑ:d] **I** *tr* **1.** wachen über; bewachen; **2.** behüten, beschützen (*from, against* vor); **3.** *(Gefangene)* bewachen; **4.** beaufsichtigen; **II** *s* **1.** Wache *f;* **2.** Wachsamkeit, Vorsicht *f;* **3.** Wache, Wachmannschaft *f;* Wachmann, Posten *m;* **4.** (Gefangenen)Wärter(in) *m (f);* **5.** *rail* Schaffner(in), Zugführer(in) *m (f); Am* Bahnwärter(in) *m (f);* ► **be on (off) one's ~** (nicht) auf der Hut sein; **mount, go on ~** auf Wache ziehen; **stand ~** Posten stehen; **his ~ was up (down)** er war (nicht) auf der Hut; **III** *(mit Präposition)* **guard against** **1.** sich in acht nehmen vor; sich hüten vor; **2.** *(Krankheit, Mißverständnis)* vorbeugen (*s.th.* e-r S); **3.** *(Unfall)* verhüten; **guard dog** Wachhund *m;* **guard duty** Wachdienst *m;* ► **be on ~** Wache haben, auf Wache sein; **guarded** ['gɑ:dɪd] *adj* **1.** zurückhaltend; **2.** *(Antwort)* vorsichtig; **guard·house** Wache *f.*
guard·ian ['gɑ:dɪən] **1.** Wächter(in), Wärter(in) *m (f);* **2.** Vormund *m;* Pfleger(in) *m (f);* **guardian angel** Schutzengel *m;* **guard·ian·ship** [—ʃɪp] Vormundschaft *f;* Pflegschaft *f;* ► **place under ~** unter Vormundschaft stellen.
guard-rail ['gɑ:dreɪl] Geländer *n;* **guard-room** Wachraum *m,* -stube *f;* **guards·man** ['gɑ:dsmən] ⟨*pl* -men⟩ Gardist *m.*
guer·(r)illa [gə'rɪlə] Guerilla *m* od *f;* Guerillakämpfer(in) *m (f);* Freischärler(in) *m (f);* **guerilla warfare** Guerillakrieg *m.*
guess [ges] **I** *tr* **1.** (er)raten; schätzen; vermuten, ahnen; **2.** *Am fam* annehmen, glauben, meinen; **II** *itr* **1.** raten; **2.** schätzen (*at s.th.* etw); ► **I ~** *Am fam* ich glaube; **I ~ so** vermutlich! **III** *s* Vermutung, Annahme *f;* Schätzung *f;* ► **at a ~, by ~** aufs Geratewohl; schätzungsweise; **make a ~ at s.th.** etw raten; über etw Vermutungen äußern; **have a ~!** rate mal! **I'll give you three ~es** dreimal darfst du raten; **it's anybody's ~** niemand weiß etwas Genaues; **your ~ is as good as mine** ich weiß so wenig wie Sie; **gues·sing game** ['gesɪŋˌgeɪm] Ratespiel *n; fig* Raterei *f;* **guess·ti·mate** ['gestɪmɪt] grobe Schätzung; **guess-work** Vermutung, Mutmaßung *f.*
guest [gest] **I** *s* Gast *m;* ► **paying ~** Pensionsgast *m;* **be my ~!** bitte sehr! **II** *itr* als Gast mitwirken; **guest-house** (Privat)Pension *f,* Gästehaus *n;* **guest-room** Gäste-, Fremdenzimmer *n.*
guf·faw [gə'fɔ:] **I** *s* schallendes Gelächter *n;* **II** *itr* schallend lachen.
guid·ance ['gaɪdns] **1.** Anleitung *f;* Beratung *f;* **2.** Studienberatung *f;* ► **for s.o.'s ~** zu jds Orientierung; **under s.o.'s ~** unter jds Leitung; **spiritual ~** geistiger Rat; **pray for ~** um Erleuchtung beten; **~ system** Steuerungssystem *n (an Rakete);* **vocational ~** Berufsberatung *f.*
guide [gaɪd] **I** *s* **1.** (Fremden)Führer(in) *m (f);* **2.** Ratgeber(in) *m (f);* Vorbild *n;* **3.** *(~-book)* Reiseführer *m (Buch);* **4.** Leitfaden *m (Buch);* **5.** Anhaltspunkt, Hinweis *m;* **6.** *G~ Br* Pfadfinderin *f;* **II** *tr* **1.** führen, leiten, lenken; **2.** beraten; **3.** Anweisungen geben (*s.o.* jdm); **4.** *tech* (fern)steuern; **guided** ['gaɪdɪd] *adj tech* (fern)gelenkt, gesteuert; ► **be ~ by** sich leiten lassen von; **~ missile** ferngelenktes Geschoß; **~ tour** Führung *f;* **guide-dog** Blindenhund *m;* **guide-line** Richtlinie *f;* Richtwert *m;* **guide-posts** *pl* Wegweiser *m pl;* **guide-rope** Schlepptau *n;* **guid·ing hand** ['gaɪdɪŋ 'hænd] leitende Hand; **guid·ing prin·ciple** ['gaɪdɪŋ 'prɪnsəpl] Leitmotiv *n.*
guild [gɪld] **1.** Gilde, Zunft, Innung *f;* **2.** Vereinigung *f.*
guilder ['gɪldə(r)] (holländischer) Gulden *m.*

guile [gaɪl] Hinterlist *f;* **guile·ful** ['gaɪlfl] *adj* arg-, hinterlistig; **guile·less** ['gaɪllɪs] *adj* arglos, (frei und) offen.
guillo·tine ['gɪləti:n] **I** *s* **1.** Fallbeil *n,* Guillotine *f;* **2.** Papierschneidemaschine *f;* **3.** *parl* Befristung *f* der Debatten; **II** *tr* **1.** mit dem Fallbeil hinrichten; **2.** *parl (Debatten)* abkürzen.
guilt [gɪlt] Schuld *f;* ► **admit one's ~** sich schuldig bekennen; **guilt·less** [—lɪs] *adj* schuldlos, unschuldig (*of* an); **guilty** ['gɪltɪ] *adj* schuldig; *(Blick)* schuldbewußt; ► **plead ~** sich schuldig bekennen.
Guinea ['gɪnɪ] Guinea *n.*
guinea ['gɪnɪ] Guinee *f (21 Shilling);* **guinea-fowl** Perlhuhn *n;* **guinea-pig** **1.** Meerschweinchen *n;* **2.** *fig* Versuchskaninchen *n.*
guise [gaɪz] ► **in a new ~** *fig* in neuem Gewand(e); **in the ~ of** in der Maske *gen;* in Gestalt von.
guitar [gɪ'tɑ:(r)] Gitarre *f;* **guitar·ist** [gɪ'tɑ:rɪst] Gitarrist(in), Gitarrenspieler(in) *m (f).*
gulch [gʌltʃ] *Am* Schlucht, Klamm *f.*
gulf [gʌlf] **1.** Meerbusen, Golf *m;* **2.** Kluft *f,* Abgrund *m a. fig;* ► **the G~ Stream** der Golfstrom; **the Persian G~** der Persische Golf; **the G~ War** der Golfkrieg.
gull [gʌl] **I** *s* **1.** *(sea~)* Möwe *f;* **2.** *fig* Gimpel *m;* **II** *tr* **1.** hereinlegen, betrügen; **2.** verleiten (*into* zu).
gul·let ['gʌlɪt] Speiseröhre *f.*
gull·ible ['gʌləbl] *adj* leichtgläubig.
gully ['gʌlɪ] **1.** (tiefe) (Wasser)Rinne *f;* **2.** Schlucht *f;* **3.** Abzugsgraben *m;* (Abzugs)Kanal *m.*
gulp [gʌlp] **I** *tr* **1.** *(~ down)* hinunter-, verschlingen; **2.** *(~ back) (Seufzer)* unterdrücken; **3.** *(Getränk)* hinunterstürzen; **II** *itr* würgen; **III** *s* (großer) Schluck *m;* ► **empty at one ~** in einem Zug leeren.
gum[1] [gʌm] **I** *s* **1.** Kautschuk *m;* **2.** Gummi(lösung *f*), Klebstoff *m;* **3.** *Am* Radiergummi *m;* **4.** *Am* Kaugummi *m;* **5.** *pl Am* Gummi-, Überschuhe *m pl;* **II** *tr* **1.** gummieren; **2.** ankleben (*to* an); **III** *(mit Präposition)* **gum up** verkleben; ► **~ up the works** alles verkleben; *fig* alles durcheinanderbringen; **be ~med up** *(Pläne)* undurchführbar sein.
gum[2] [gʌm] Zahnfleisch *n;* **gum·boil** ['gʌmbɔɪl] Zahngeschwür *n.*
gum·drop ['gʌmdrɒp] Geleebonbon *m* od *n;* **gummy** ['gʌmɪ] *adj* klebrig.
gump·tion ['gʌmpʃn] *fam* **1.** Pfiffigkeit *f,* Grips *m;* **2.** Unternehmungsgeist *m.*
gum-shield ['gʌmʃi:ld] Zahnschutz *m.*
gum·shoe ['gʌmʃu:] **1.** Gummi-, Überschuh *m;* **2.** Turnschuh *m;* **3.** *fam* Detektiv(in), Schnüffler(in) *m (f);* **gum-tree** ['gʌmtri:] Gummibaum *m;* ► **be up a ~** *sl* in der Patsche sitzen, in der Klemme sein.
gun [gʌn] **I** *s* **1.** Kanone *f,* Geschütz *n;* Gewehr *n;* **2.** *fam* Pistole *f,* Revolver *m;* **3.** *tech* Spritzpistole *f;* Fettpresse *f;* **4.** Schütze *m;* Pistolenheld *m;* ► **jump the ~** voreilig sein; **spike s.o.'s ~s** *fig* jdn matt setzen; **stick to one's ~s** *fig* durchhalten; bei der Stange bleiben; **carry a ~** bewaffnet sein; **draw a ~ on s.o.** jdn mit der Waffe bedrohen; **big ~** *fig* hohes Tier; **be going great ~s** gut in Schuß sein; **II** *tr (~ down)* erschießen; abschießen; **III** *itr sl* sausen, schießen; ► **he's ~ning for you** *fig* er hat dich auf dem Korn; **gun barrel** Kanonenrohr *n;* Gewehrlauf *m;* Pistolenlauf *m;* **gunfight** Schießerei *f;* Schußwechsel *m;* **gun-fire** Schüsse *m pl;* Geschützfeuer *n;* **gun-licence** Waffenschein *m;* **gunman** ['gʌnmən] ⟨*pl* -men⟩ Bewaffnete(r) *m;* **gun·ner** ['gʌnə(r)] **1.** Kanonier *m;* **2.** *aero* Bordschütze *m;* **gun-powder** ['gʌnˌpaʊdə(r)] Schießpulver *n;* **gunrunner** Waffenschmuggler *m;* **gunrunning** Waffenschmuggel *m;* **gunshot** ['gʌnʃɒt] **1.** Schuß *m;* **2.** *(Entfernung)* Schußweite *f;* **gunshot wound** Schußwunde *f;* **gun-slinger** ['gʌnˌslɪŋə(r)] Revolverheld *m.*
gurgle ['gɜ:gl] **I** *itr* glucksen; gurgeln; **II** *s* Gluckern *n;* Gurgeln *n.*
guru ['gʊru] Guru *m.*
gush [gʌʃ] **I** *itr* **1.** herausspritzen, -sprudeln; **2.** sich ergießen (*from* aus); **3.** überfließen (*with* von); **4.** *fig* schwärmen (*over* von); **II** *s* **1.** Guß *m;* **2.** *fig* Erguß *m,* Schwärmerei *f;* **gusher** ['gʌʃə(r)] **1.** (sprudelnde) Ölquelle *f;* **2.** *fig* Schwärmer(in) *m (f);* **gush·ing** [—ɪŋ] *adj* **1.** sprudelnd; **2.** *fig* schwärmerisch; überspannt, überschwenglich; **gushy** ['gʌʃɪ] *adj* schwärmerisch.
gus·set ['gʌsɪt] **1.** Zwickel *m;* **2.** Eckblech *n.*
gust [gʌst] **1.** Windstoß *m,* Bö *f;* **2.** Ausbruch *m.*
gusto ['gʌstəʊ] **1.** Genuß *m;* Vorliebe *f* (*for* für); **2.** Vergnügen *n;* ► **do s.th. with ~** etw mit Begeisterung tun.
gusty ['gʌstɪ] *adj* stürmisch.
gut [gʌt] **I** *s* **1.** Darm *m;* **2.** Darmsaite *f;* **3.** *pl fam* Eingeweide *n pl;* **4.** *pl* Mut *m;* **5.** *pl mot* Bestandteile *m pl* e-s Motors; ► **hate s.o.'s ~s** *fam* jdn nicht ausstehen können; **have the ~s to do something** den Mut haben, etw zu tun; **work one's ~s out** *fam* wie verrückt schuften; **~ reaction** gefühlsmäßige Reaktion; **II** *tr* **1.** ausweiden, -nehmen; **2.** im Innern völlig zerstören; ► **be ~ted by fire** ausgebrannt sein; **gut·less** [—lɪs] *adj* feige; **gutsy** ['gʌtsɪ] *adj* **1.** *fam* mutig; **2.** *fam* verfressen.
gut·ter ['gʌtə(r)] **I** *s* **1.** Dachrinne *f;* **2.** Rinnstein *m,* Gosse *f a. fig;* **II** *itr (Kerze)*

tropfen; **gutter journalism** Kloakenjournalismus *m;* **gutter press** Skandalpresse *f.*
gut·tural ['gʌtərəl] *adj* guttural.
guy[1] [gaɪ] **1.** *mar* Backstag *m;* Geitau *n;* **2.** *(~-rope)* Haltetau *n;* Halterung *f;* Zeltleine *f.*
guy[2] [gaɪ] **I** *s* **1.** *fam* Kerl, Typ, Bursche *m;* **2.** Guy-Fawkes-Puppe *f; fig* Schießbudenfigur *f;* **II** *tr* lächerlich machen.
guzzle ['gʌzl] *itr, tr* saufen; fressen.
gym [dʒɪm] **1.** *fam* Turnhalle *f;* **2.** Turnen *n,* Turnstunde *f.*
gym·khana [dʒɪm'kɑːnə] Reiterfest *n.*
gym·nasium [dʒɪm'neɪzɪəm] Turnhalle *f;* **gym·nast** ['dʒɪmnæst] Turner(in), (Leicht)Athlet(in) *m (f);* **gym·nas·tic** [dʒɪm'næstɪk] *adj* turnerisch, (leicht)athletisch, gymnastisch; **gym·nas·tics** [dʒɪm'næstɪks] *pl meist mit sing* Turnen *n;* Leibesübungen *f pl;* **gym shoes** *pl* Turnschuhe *m pl;* **gym shorts** *pl* Turnhose *f.*
gyn(a)e·co·logi·cal [ˌgaɪnɪkə'lɒdʒɪkl] *adj* gynäkologisch; **gyn(a)e·colo·gist** [ˌgaɪnɪ'kɒlədʒɪst] Frauenarzt *m,* -ärztin *f,* Gynäkologe *m,* Gynäkologin *f;* **gyn(a)e·col·ogy** [ˌgaɪnɪ'kɒlədʒɪ] Gynäkologie *f.*
gyp [dʒɪp] **I** *s sl* Schwindel *m,* Gaunerei *f;* ► **give s.o. ~** *fam* jdn fertigmachen; **II** *tr sl* beschwindeln, begaunern.
gyp·sum ['dʒɪpsəm] Gips *m.*
gypsy ['dʒɪpsɪ] *s. gipsy.*
gy·rate [ˌdʒaɪ'reɪt] *itr* **1.** rotieren; **2.** sich drehen, wirbeln (*round* um); **gy·ra·tion** [ˌdʒaɪ'reɪʃn] **1.** Rotation, Kreisbewegung *f;* **2.** Wirbel *m;* **gy·ro·com·pass** ['dʒaɪrəʊ'kʌmpəs] Kreiselkompaß *m;* **gyro·scope** ['dʒaɪrəskəʊp] Gyroskop *n.*

H

H, h [eɪtʃ] ⟨*pl* -'s⟩ H, h *n.*
ha [hɑ:] *interj* ha! ah!
ha·beas cor·pus [ˌheɪbɪəs'kɔ:pəs] *(writ of ~) jur* Vorführungsbefehl *m.*
hab·er·dasher ['hæbədæʃə(r)] **1.** *Br* Kurzwarenhändler(in) *m (f);* **2.** *Am* Inhaber(in) *m (f)* e-s Herrenartikelgeschäfts; **hab·er·dashery** [ˌhæbə'dæʃərɪ] **1.** *Br* Kurzwaren(handlung *f*) *f pl;* **2.** *Am* Herrenartikel(geschäft *n*) *m pl.*
habit ['hæbɪt] **1.** Angewohnheit, Gewohnheit(ssache) *f;* **2.** Gewand *n;* (kirchliche) Tracht *f;* ▶ **from, out of ~** aus Gewohnheit; **be in the ~** die Gewohnheit haben, pflegen (*of doing s.th.* etw zu tun); **~s** *pl* **of consumption** Verbraucher-, Konsumgewohnheiten *f pl;* **get into the ~ of doing s.th.** sich etw angewöhnen; **get out of the ~ of doing s.th.** sich etw abgewöhnen.
hab·it·able ['hæbɪtəbl] *adj (Haus)* bewohnbar.
habi·tat ['hæbɪtæt] *biol* Standort *m;* Verbreitungsgebiet *n.*
habi·ta·tion [ˌhæbɪ'teɪʃn] (Be)Wohnen *n;* ▶ **fit for ~** bewohnbar.
ha·bit·ual [hə'bɪtʃʊəl] *adj* **1.** gewohnt, üblich; **2.** gewohnheitsmäßig; ▶ **~ criminal, drunkard** Gewohnheitsverbrecher(in), -trinker(in) *m (f);* **ha·bitu·ate** [hə'bɪtʃʊeɪt] *tr* gewöhnen (*to* an; *to do, doing* daran, zu tun).
hack[1] [hæk] **I** *tr* **1.** (zer)hacken (*to pieces* in Stücke); **2.** *(Fußball)* vors Schienbein treten (*s.o.* jdm); **II** *itr* trokken husten; ▶ **~ing cough** trockener Husten; **III** *s* **1.** Hieb *m;* **2.** Tritt *m* vors Schienbein.
hack[2] [hæk] **I** *s* **1.** Schindmähre *f;* **2.** *pej* Schreiberling *m;* **3.** *Am* Taxi *n;* **II** *itr* **1.** über Land reiten; **2.** *Am* ein Taxi fahren.
hack[3] [hæk] *tr EDV* hacken; ▶ **~ into a programme, system** ein Programm knacken; in ein System eindringen; **hacker** [—ə(r)] *EDV* Hacker(in) *m (f); (Enthusiast)* Computer-Freak *m.*
hackie ['hækɪ] *Am fam* Taxifahrer *m.*
hackles ['hæklz] *pl* Nackenfedern *f pl;* ▶ **with his ~ up** mit gesträubten Federn; *fig* kampfbereit; **get s.o.'s ~ up** jdn verärgern.
hack·ney ['hæknɪ] Reit-, Kutschpferd *n;* **hackney carriage** (Pferde)Droschke *f;* Taxi *n;* **hack·neyed** ['hæknɪd] *adj* abgedroschen.
had [həd, *betont:* hæd] *v s. have.*
had·dock ['hædək] ⟨*pl* -⟩ Schellfisch *m.*
hadn't ['hædnt] = *had not.*
hae·ma·tite, *Am* **he·ma·tite** ['hemətaɪt] *min* Roteisenstein *m;* Roteisenerz *n;* **hae·mo·glo·bin,** *Am* **he·mo·glo·bin** [ˌhi:mə'gləʊbɪn] Hämoglobin *n,* roter Blutfarbstoff; **hae·mo·philia,** *Am* **he·mo·philia** [ˌhi:mə'fɪlɪə] Bluterkrankheit *f;* **hae·mo·phil·iac,** *Am* **he·mo·phil·iac** [ˌhi:məʊ'fɪlɪæk] Bluter *m;* **hae·mor·rhage,** *Am* **he·mor·rhage** ['hemərɪdʒ] **I** *s* (schwere) Blutung *f;* Blutsturz *m;* **II** *itr* stark bluten; **hae·mor·rhoids,** *Am* **he·mor·rhoids** ['hemərɔɪdz] *pl med* Hämorrhoiden *f pl.*
haft [hɑ:ft] Griff *m,* Heft *n,* Stiel *m.*
hag [hæg] Hexe *f.*
hag·gard ['hægəd] *adj* hohläugig, -wangig; abgespannt; verhärmt.
haggle ['hægl] *itr* **1.** sich auseinandersetzen, streiten; **2.** feilschen (*about, over, with* über, um).
haha ['hɑ:hɑ:] **I** *interj* ha-ha! **II** *s* versenkter Grenzzaun.
hail[1] [heɪl] **I** *s* Hagel *m a. fig* (*of* von); **II** *itr* hageln; **III** *tr fig* (*~ down*) hageln, niederprasseln, -gehen lassen (*on, upon* auf).
hail[2] [heɪl] **I** *tr* **1.** zujubeln (*s.o.* jdm); **2.** begrüßen (*as winner* als Sieger); **3.** zurufen (*s.o.* jdm); ▶ **~ a taxi** ein Taxi rufen; **II** *itr* **1.** *mar* ein Signal geben; **2.** *(Schiff, fam a. Mensch)* (her)stammen (*from* aus, von); **hail-fellow-well-met** *adj* sich anbiedernd, plumpvertraulich; ▶ **be ~** mit allen gut Freund sein.
hair [heə(r)] **1.** Haar *n a. bot;* **2.** (die) Haare *pl;* **3.** Behaarung *f;* ▶ **by a ~'s breadth** um Haaresbreite; **do one's ~** sich frisieren; **get s.o. by the short ~s** *fam* jdn kleinkriegen; **get in s.o.'s ~** jdn ärgern; **have one's ~ cut** sich die Haare schneiden lassen; **let one's ~ down** *fig* aus sich herausgehen; **split ~s** Haarspalterei treiben; **his ~ stood on end** die Haare standen ihm zu Berge; **it turned on a ~** es hing an e-m Faden; **hair·brush** ['heəbrʌʃ] Haarbürste *f;* **hair·cut** ['heəkʌt] Haarschnitt *m;* ▶ **have a ~** sich die Haare schneiden lassen; **hair·do** ['heədu:] ⟨*pl* -dos⟩ Frisur *f;* **hair·dresser** ['heəˌdresə(r)] Friseur *m;* Friseurin, Friseuse *f;* **hair·dress·ing** ['heədresɪŋ] Frisieren *n;* **hairdressing saloon** *Am* Frisiersalon *m;* **hair-dryer** ['heədraɪə(r)] Fön *m;* **hair grip** Haar-

klammer *f;* **hair·less** ['heəlɪs] *adj* kahl; **hair-line 1.** Haaransatz *m;* **2.** haarfeine Linie; senkrechter Strich; *pl* Fadenkreuz *n;* **hair·net** ['heənet] Haarnetz *n;* **hair·piece** ['heəpi:s] Haarteil *n;* Toupet *n;* **hair·pin** ['heəpɪn] Haarnadel *f;* **hairpin bend** Haarnadelkurve *f;* **hair-rais·ing** ['heəreɪzɪŋ] *adj* haarsträubend; **hair re·mover** ['heərɪˌmu:və(r)] Haarentfernungsmittel *n;* **hair restorer** ['heərɪˌstɔ:rə(r)] Haarwuchsmittel *n;* **hair-split·ting** ['heəsplɪtɪŋ] Haarspalterei, Wortklauberei *f;* **hair-spray** ['heəspreɪ] Haarspray *m* od *n;* **hair·style** ['heəstaɪl] Frisur *f;* **hairy** ['heərɪ] *adj* **1.** behaart; haarig; **2.** *fig* haarsträubend; **3.** riskant.

Hai·ti ['heɪtɪ] Haiti *n;* **Hai·tian** ['heɪʃən] **I** *adj* hait(ian)isch; **II** *s* **1.** Haitianer(in) *m (f);* **2.** (das) Haitisch(e).

hake [heɪk] ⟨*pl* -⟩ Hechtdorsch *m.*

hale [heɪl] *adj* ▶ ~ **and hearty** gesund und munter.

half [hɑ:f] ⟨*pl* **halves**⟩ ['hɑ:vz] **I** *s* **1.** Hälfte *f;* **2.** *sport* Halbzeit *f;* **3.** *(~-back)* Läufer *m;* **4.** *rail* Abschnitt *m* der Fahrkarte; Fahrkarte *f* zum halben Preis; **II** *adj* halb; die Hälfte *gen; (in Zusammensetzungen)* Halb-; **III** *adv* halb; zur Hälfte; **IV** *(Wendungen)* ~ **an hour** e-e halbe Stunde; **at ~ the price, for ~ price** zum halben Preis; **too good by ~** viel zu gut; **in ~, into halves** in zwei gleiche Teile; **not ~** sehr; **not ~ bad** *fam* gar nicht (mal) so schlecht; ~ **as much again** noch mal soviel; ~ **asleep** halb im Schlaf; ~ **past three** halb vier; **cut in ~, in(to) halves** halbieren; **go halves** halbe halbe machen (*with s.o. in s.th.* mit jdm in e-r S); **not do things by halves** keine halben Sachen machen; **half-back** *(Fußball)* Läufer *m;* **half-baked** [ˌhɑ:f'beɪkt] *adj* unfertig; unreif, unerfahren; **half-breed, half-caste** Halbblut *n,* Mischling *m;* **half-brother** Halbbruder *m;* **half cock:** ▶ **go off at ~** eine Pleite sein; **half-crown** [ˌhɑ:f'kraʊn] *(silbernes)* Zweieinhalbschillingstück *n;* **half-dozen** halbes Dutzend; **half-empty** *adj* halb leer; **half fare** halber Fahrpreis; **half-full** *adj* halb voll; **half-hearted** [ˌhɑ:f'hɑ:tɪd] *adj* wenig interessiert; ohne Schwung; **half-mast:** ▶ **at ~** (auf) halbmast; **half moon** Halbmond *m;* **half note** *Am mus* halbe Note; **half-pence** ['hɑ:fˌpens, *alt:* heɪpəns] halber Penny; Halbpennymünze *f;* **half-penny** ['heɪpnɪ] ⟨*pl (Münze)* **-pennies,** *(Summe)* **-pence**⟩ **1.** Halbpennystück *n;* **2.** halber Penny; **half-price** halber Preis; ▶ **at ~** zum halben Preis; **half rest** *Am mus* halbe Pause; **half-sister** Halbschwester *f;* **half-tim·bered** [ˌhɑ:f'tɪmbəd] *adj* Fachwerk-; **half-time** [ˌhɑ:f'taɪm] **1.** *sport* Halbzeit *f;* **2.** *(Industrie)* Kurzarbeit *f;* ▶ **at ~** *sport* bei Halbzeit; **half-tone** Halbton *m;* **half-way I** *adj* **1.** auf halbem Wege liegend; **2.** *fig* unvollständig, halb; **II** *adv* **1.** halbwegs *a. fig;* **2.** *fig* (nur) halb, *fam* (auch nur) einigermaßen; ▶ **meet s.o. ~** *fig* jdm entgegenkommen; **half-wit** *pej* Einfaltspinsel *m;* **half-yearly** *adj, adv* halbjährlich.

hali·but ['hælɪbət] ⟨*pl* -⟩ Heilbutt *m.*

hali·tosis [ˌhælɪ'təʊsɪs] übler Mundgeruch.

hall [hɔ:l] **1.** Halle *f,* Saal *m;* **2.** *(in e-m College)* Speisesaal *m;* **3.** (Eingangs)Halle *f,* Flur, Korridor *m;* **4.** Herrensitz *m;* **5.** Gutshaus *n;* **6.** Versammlungs-, Sitzungssaal *m;* ▶ **booking ~** Schalterhalle *f;* **city ~** Rathaus *n;* **music ~** Varieté *n; Am* Konzertsaal *m;* ~ **of residence** Wohnheim *n.*

hal·le·lu·jah [ˌhælɪ'lu:jə] **I** *interj* halleluja! **II** *s* Halleluja *n.*

hall·mark ['hɔ:lmɑ:k] **I** *s* **1.** *(Edelmetall)* (Feingehalts)Stempel *m;* **2.** *fig* (untrügliches) Kennzeichen *n;* **II** *tr* stempeln; kennzeichnen.

hallo [hə'ləʊ] *interj* hallo!

hal·low ['hæləʊ] *tr* heiligen; weihen; **Hal·low·e'en** [ˌhæləʊ'i:n] Abend *m* vor Allerheiligen *(31. Okt.).*

hal·luci·nate [hə'lu:sɪneɪt] *itr* halluzinieren; **hal·luci·na·tion** [həˌlu:sɪ'neɪʃn] Halluzination, Wahnvorstellung *f;* **hal·luci·no·genic** [həˌlu:sɪnə'dʒenɪk] *adj* Halluzinationen hervorrufend, halluzinogen.

halo ['heɪləʊ] ⟨*pl* **halo(e)s**⟩ **1.** *astr* Hof *m;* **2.** Heiligenschein *m a. fig.*

halo·gen ['heɪləʊdʒɪn] Halogen *n;* **halogen bulb** *el* Halogenbirne *f;* **halogen lamp** *el* Halogenlampe *f; mot* Halogenscheinwerfer *m.*

halt [hɔ:lt] **I** *s* **1.** kurze Rast; **2.** (Bus)Haltestelle *f; rail* Haltepunkt *m;* ▶ **come to a ~** (an)halten, stehenbleiben, zum Stillstand kommen; **II** *itr* (an)halten; **III** *tr* halten lassen, stoppen; ▶ ~ **sign** Stoppschild *n.*

hal·ter ['hɔ:ltə(r)] **1.** Halfter *m* od *n;* **2.** Schlinge *f;* **halter-neck** *adj* rückenfrei und zum Binden im Nacken.

halt·ing ['hɔ:ltɪŋ] *adj fig* unsicher; zögernd.

halve [hɑ:v] *tr* **1.** halbieren; **2.** *(Zeit)* um die Hälfte verkürzen; **3.** teilen (*with* mit).

ham [hæm] **I** *s* **1.** Schinken *m;* **2.** *sl* übertreibend spielender Schauspieler; **3.** *sl* Funkamateur(in) *m (f);* ▶ ~ **and eggs** Schinken *m* mit Ei; **II** *tr sl (Rolle)* übertreibend spielen; ▶ ~ **up** *fig* übertreiben; dick auftragen.

ham·burger ['hæmbɜ:gə(r)] Hamburger *m;* Frikadelle *f.*

ham-fisted, ham-handed [ˌhæm'fɪstɪd, ˌhæm'hændɪd] *adj* täppisch, ungeschickt.
ham·let ['hæmlɪt] Weiler *m.*
ham·mer ['hæmə(r)] **I** *s* Hammer *m;* ▶ **~ and tongs** *adv* mit aller Kraft; **bring under the ~** unter den Hammer bringen; **throwing the ~** *sport* Hammerwerfen *n;* **~ and sickle** *pol hist* Hammer u. Sichel; **II** *tr* **1.** hämmern (auf), schlagen; **2.** *fig* (*s.th. into s.o.* jdm etw) einhämmern, einbleuen; **3.** *fig* besiegen, schlagen; **III** *itr* **1.** hämmern (*at the door* gegen die Tür); **2.** *(~ away)* angestrengt, unermüdlich arbeiten (*at* an); **3.** ununterbrochen reden (*at* über); **IV** *(mit Präposition)* **hammer in** *tr (Nagel)* einschlagen; *fig* einhämmern; **hammer out** *tr* herausschlagen; *fig* (her)ausarbeiten, klarstellen.
ham·mock ['hæmək] Hängematte *f.*
ham·per¹ ['hæmpə(r)] (großer) Deckelkorb *m;* Geschenkkorb *m.*
ham·per² ['hæmpə(r)] *tr* **1.** hindern; **2.** *fig* behindern; hinderlich sein (*s.o.* jdm).
ham·ster ['hæmstə(r)] *zoo* Hamster *m.*
ham·string ['hæmstrɪŋ] ⟨*irr* **hamstrung, hamstrung**⟩ ['hæmstrʌŋ] **I** *s anat* Kniesehne *f; (Tier)* Achillessehne *f;* **II** *tr* **1.** verkrüppeln; **2.** *fig* lähmen, hemmen.
hand [hænd] **I** *s* **1.** Hand *f;* **2.** Seite *f;* Richtung *f;* **3.** Hilfeleistung *f;* **4.** Handfertigkeit *f,* Geschick *n;* **5.** Einfluß *m;* Macht *f;* **6.** Arbeiter *m;* Mann *m; (Schiff)* Besatzungsmitglied *n;* **7.** Experte, Kenner *m, fam* Kapazität *f;* **8.** Handschrift *f;* **9.** *fam theat* Beifall, Applaus *m;* **10.** *(Kartenspiel)* Hand *f,* Karten *f pl (e-s Spielers);* Spieler *m;* **11.** (Uhr)Zeiger *m;* ▶ **at ~** zur Hand, greifbar, in Reichweite; *(zeitlich)* in greifbarer Nähe; **at one's right, left ~** rechter Hand, rechts; linker Hand, links; **at first, second ~** aus erster, zweiter Hand; **in ~** zur Verfügung; in Arbeit; unter Kontrolle; **off ~ 1.** *adj (Benehmen)* lässig, wurstig; **2.** *adv* aus dem Stegreif; **on ~** in Reichweite; *com* auf Lager, vorrätig; **on either ~** auf beiden Seiten; **on all ~s** auf allen Seiten; **out of ~** außer Kontrolle; **lend s.o. a ~** jdm helfen (*in, with* bei); **change ~s** in andere Hände übergehen; **force s.o.'s ~** *fig* jdn zwingen, mit offenen Karten zu spielen; **get the upper ~ of** die Oberhand gewinnen über; **give s.o. a ~** jdm Beifall spenden; jdm behilflich sein (*with* bei); **have s.th. on one's ~s** *fig* etw am Hals haben; **lay ~s on s.o. 1.** jdn schlagen; jdn zu fassen kriegen; **2.** *rel* jdm die Hand auflegen, jdn segnen; **play a good ~** ein guter Spieler sein; **play into s.o.'s ~s** *fig* jdm in die Hände spielen; **second ~ 1.** *adj* gebraucht, aus zweiter Hand; Gebraucht-; **2.** *adv* gebraucht, aus zweiter Hand; indirekt; **shake s.o.'s ~, shake ~s with s.o.** jdm die Hand drücken; jdm die Hand geben; **show one's ~** *fig* seine Karten aufdecken; **take a ~ in** mitarbeiten, -wirken an, bei; **take in ~** in die Hand, in Angriff nehmen; **win ~s down** leichtes Spiel haben; **he can turn his ~ to anything** er ist in allen Sätteln gerecht; er kennt sich in allen Gebieten aus; **the matter is out of his ~s** er kann in der Sache nichts mehr tun; **keep your ~s off that!** laß die Finger davon! **~s off!** Hände weg! **~s up!** Hände hoch! **all ~s** die ganze Mannschaft; **minute ~** Minutenzeiger *m;* **II** *tr* **1.** aus-, einhändigen, übergeben; **2.** ausliefern; ▶ **~ it to s.o.** jdm etw zugestehen, *sl* zutrauen; **III** *(mit Präposition)* **hand around** *tr* herumreichen; **hand back** *tr* zurückgeben; **hand down** *tr* **1.** hinunterreichen, -geben; **2.** *fig* überliefern; vererben; **3.** *Am* öffentlich bekanntgeben; **hand in** *tr* abliefern, abgeben; *(Gesuch)* einreichen; **hand on** *tr* weitergeben; übergeben; **hand out** *tr* **1.** ausgeben, verteilen; **2.** *(Rat)* geben; **3.** *(Strafe)* verhängen; **hand over** *tr* weitergeben; abgeben; aushändigen; übergeben; *itr* die Regierung, das Amt übergeben; *TV* übergeben; **hand round** *tr* herumreichen; austeilen.
hand·bag ['hændbæg] Handtasche *f;* **hand·ball** ['hændbɔːl] Handball(spiel *n*) *m;* **hand-bar·row** ['hændˌbærəʊ] Schubkarre, Handkarre *f;* **hand·bill** ['hændbɪl] Reklamezettel *m;* Handzettel *m;* Flugblatt *n;* **hand·book** ['hændbʊk] Handbuch *n;* Reiseführer *m* (*to* für); **hand·brake** ['hændbreɪk] Handbremse *f;* **hand·cart** ['hændkɑːt] Handwagen *m;* **hand·cuff** ['hændkʌf] **I** *s meist pl* Handschellen *f pl;* **II** *tr* Handschellen anlegen (*s.o.* jdm); **handful** ['hændfʊl] Handvoll *f; (Leute)* ein paar; ▶ **they're a real ~** sie halten einen ganz schön in Trab; **hand-grenade** Handgranate *f.*
handi·cap ['hændɪkæp] **I** *s* **1.** *sport* Handikap *n;* Vorgabe *f;* Vorgaberennen *n;* **2.** Behinderung *f; fig* Benachteiligung *f,* Handikap *n* (*to* für); **II** *tr* **1.** behindern; **2.** *fig* benachteiligen; ▶ **~ped people** *pl* Behinderte *pl;* **mentally, physically ~ped** geistig, körperlich behindert.
handi·craft ['hændɪkrɑːft] **1.** Handfertigkeit *f;* **2.** (Kunst)Handwerk *n.*
handi·work ['hændɪwɜːk] **1.** Handarbeit *f;* eigene Arbeit; **2.** *fig* Werk *n.*
hand·ker·chief ['hæŋkətʃɪf] Taschentuch *n.*
handle ['hændl] **I** *s* **1.** Griff *m;* (Tür)Klinke *f;* **2.** *(Besen, Kamm, Topf)* Stiel *m;* **3.** *(Korb, Tasse)* Henkel *m;* **4.** (Pumpen)Schwengel *m;* **5.** *mot* Kurbel *f;* **6.** *fig* Handhabe *f* (*against* gegen); **7.** (gu-

te) Gelegenheit *f;* **8.** Vorwand *m;* **9.** *fam (~ to one's name)* Titel *m;* ► **fly off the ~** *fam* aufbrausen, wütend werden; **II** *tr* **1.** anfassen; handhaben *a. fig;* **2.** manipulieren; **3.** *fig* in die Hand nehmen, erledigen; **4.** *(Sache)* behandeln, sich befassen mit; **5.** *(Geschäft)* erledigen; **6.** *(Thema)* abhandeln; handeln von; **7.** *(Verkehr)* abwickeln; **8.** *com* handeln mit; *(Waren)* führen; **9.** *(Menschen)* behandeln, umgehen mit; ► **glass! ~ with care!** Vorsicht, Glas!; **handle·bar(s)** ['hændlbɑ:(z)] *(pl) (Fahrrad)* Lenkstange *f;* **han·dling** ['hændlɪŋ] **1.** Handhabung, Manipulation *f;* Behandlung *f;* **2.** Bearbeitung *f;* **3.** (Waren)Umschlag *m;* **handling charge, fee** Bearbeitungsgebühr *f.*

hand-made [ˌhænd'meɪd] *adj* handgearbeitet; **hand-me-down** ['hændmɪdaʊn] *fam* abgelegtes Kleidungsstück; **hand-operated** *adj* handbedient; **hand·out** ['hændaʊt] **1.** Almosen *n;* Geldzuwendung *f;* **2.** Handzettel *m;* Flugblatt *n;* Zusammenfassung *f;* **hand-picked** [ˌhænd'pɪkt] *adj* erlesen, ausgesucht; **hand·rail** ['hændreɪl] Geländer *n;* **hand saw** Fuchsschwanz *m;* **hand·shake** ['hændʃeɪk] Händedruck *m.*

hand·some ['hænsəm] *adj* **1.** stattlich, gutaussehend; **2.** großzügig; **3.** ansehnlich, beträchtlich, bedeutend.

hand·stand ['hændstænd] Handstand *m;* **hand-to-mouth** *adj* von der Hand in den Mund (lebend); **hand·work** ['hændwɜ:k] Handarbeit *f;* **hand-writing** ['hændˌraɪtɪŋ] Handschrift *f.*

handy ['hændɪ] *adj* **1.** geschickt, praktisch; **2.** günstig gelegen; in nächster Nähe; **3.** praktisch; handlich; ► **come in ~** sich als nützlich erweisen; **handy-man** ['hændɪmæn] ⟨*pl* -men⟩ Faktotum *n,* Mädchen *n* für alles; Bastler *m.*

hang [hæŋ] ⟨*irr* **hung, hung**⟩ **I** *tr* **1.** (auf)hängen (*by* an); **2.** *(Tür)* einhängen (*on* in); **3.** *(frisch geschlachtetes Tier)* abhängen lassen; **4.** *(Wand)* behängen (*with* mit); **5.** *(~ with paper)* tapezieren; **6.** *(Tapete)* ankleben; **7.** ⟨**hanged, hanged**⟩ hängen, henken, aufhängen; ► **~ o.s.** sich erhängen; **~ s.th. from s.th.** etw an etw aufhängen; **~ one's head** den Kopf hängen lassen; **~ fire** das Feuer einstellen; *fig* zögern, abwarten **~ it!** verdammt noch mal! **II** *itr* **1.** hängen; aufgehängt sein; **2.** *(Kleidungsstück)* fallen; **3.** *(Verbrecher)* gehenkt, gehängt werden; ► **~ by a thread** *fig* an e-m (seidenen) Faden hängen; **III** *s* Sitz *m (e-s Kleidungsstückes);* ► **get the ~ of s.th.** *fam* etw herauskriegen; **I don't give a ~** das ist mir ganz egal; **IV** *(mit Präposition)* **hang about, hang around** *itr* **1.** sich herumtreiben; sich herumdrücken; **2.** warten; ► **he doesn't ~ about** er ist ganz schön schnell; **hang back** *itr* zögern; sich zurückhalten; **hang behind** *itr* zurückbleiben, bummeln; **hang on** *itr* **1.** sich (fest)halten (*to* an); **2.** warten; durchhalten; **3.** *tele* am Apparat bleiben; ► **~ on s.o.'s lips** *fig* an jds Lippen hängen; **~ on to s.th.** etw halten; etw behalten; **hang out** *itr* **1.** heraushängen; **2.** hinauslehnen; **3.** *fam* wohnen; zu finden sein; **4.** nicht aufgeben; ► **let it all ~ out** *sl* die Sau rauslassen; **hang over 1.** übriggeblieben sein (*from the old days* aus früheren Zeiten); **2.** drohen, bevorstehen (*s.o.* jdm); **hang together** *itr* **1.** zusammenhängen, ein Ganzes bilden, zusammenpassen; **2.** *(Menschen)* zusammenhalten; **hang up** *tr, itr* **1.** aufhängen; **2.** *tele* (den Hörer) auflegen; ► **be hung up on, about** *sl* e-n Komplex haben wegen; **he hung up on me** er legte einfach auf.

hang·ar ['hæŋə(r)] (Flugzeug)Halle *f,* Hangar *m.*

hang·dog ['hæŋdɒg] *adj* trübsinnig; beschämt.

hang·er ['hæŋə(r)] **1.** Aufhänger *m;* **2.** Kleiderbügel *m;* **hanger-on** [ˌhæŋər'ɒn] ⟨*pl* hangers-on⟩ *pl* Gefolge *n.*

hang-glider ['hæŋglaɪdə(r)] *sport* Drachen *m;* Drachenflieger(in) *m (f);* **hang-glid·ing** ['hæŋglaɪdɪŋ] *sport* Drachenfliegen *n.*

hang·ing ['hæŋɪŋ] **1.** Erhängen *n,* Hinrichtung *f;* **2.** *pl* Vorhänge *m pl* und Tapeten *f pl.*

hang·man ['hæŋmən] ⟨*pl* -men⟩ Henker *m;* **hang·out** ['hæŋaʊt] *sl* **1.** Stammkneipe *f,* -lokal *n;* **2.** Wohnung *f;* **hang-over** ['hæŋˌəʊvə(r)] **1.** Überbleibsel *n,* Rest *m;* **2.** *sl* Katzenjammer, Kater *m;* **hang·up** ['hæŋʌp] *fam* Komplex *m;* Fimmel *m.*

hank [hæŋk] *(Garn)* Strähne *f.*

han·ker ['hæŋkə(r)] *itr* sich sehnen (*after, for* nach); **han·ker·ing** [—ɪŋ] Sehnsucht *f,* Verlangen *n* (*after, for* nach).

hankie, hanky ['hæŋkɪ] *fam* Taschentuch *n.*

hanky-panky [ˌhæŋkɪ'pæŋkɪ] *fam* **1.** Hokuspokus *m;* **2.** Schwindel *m;* **3.** Techtelmechtel *n;* **4.** Fummelei *f,* Geknutsche *n.*

hap·haz·ard [hæp'hæzəd] *adj* ganz zufällig; planlos, aufs Geratewohl.

ha'p'orth ['heɪpəθ] *Abk:* **halfpenny-worth** für einen halben Penny.

hap·pen ['hæpən] *itr* sich ereignen, geschehen; ► **~ to s.o.** jdm zustoßen; **~ to do** zufällig tun; **~ (up)on s.o., s.th.** zufällig auf jdn, etw stoßen; **how does it ~ that ...?** wie kommt es, daß ...? **he ~ed to be there** er war zufällig(erweise) dort; **it never ~ed** es geschah nie;

(Spiel, Party) es fand nie statt; **hap·pen·ing** ['hæpənɪŋ] **1.** Ereignis *n,* Vorfall *m;* **2.** Happening *n.*
hap·pily ['hæpɪlɪ] *adv* **1.** glücklicherweise; **2.** glücklich; **hap·pi·ness** ['hæpɪnɪs] Glück *n;* **happy** ['hæpɪ] *adj* **1.** glücklich; **2.** zufrieden (*about* mit); **3.** gelungen, glücklich (gewählt), passend, treffend, geschickt; ▶ **feel ~ about s.th.** über etw erfreut sein; **~ medium** goldener Mittelweg; **~ birthday!** herzlichen Glückwunsch zum Geburtstag! **~ Christmas!** frohe Weihnachten! **happy-go-lucky** *adj* sorglos, unbekümmert.
har·ass ['hærəs] *tr* beunruhigen, aufreiben, quälen; nicht zur Ruhe kommen lassen; **har·assed** ['hærəst] *adj* abgespannt; von Sorgen gequält; geplagt; **har·ass·ment** ['hærəsmənt] **1.** Belästigung *f;* **2.** Schikane *f;* **3.** Kleinkrieg *m.*
har·bin·ger ['hɑ:bɪndʒə(r)] **1.** Herold *m;* **2.** *fig* Vorbote *m.*
har·bour, *Am* **har·bor** ['hɑ:bə(r)] **I** *s* **1.** Hafen *m;* **2.** *fig* Unterschlupf *m;* **II** *tr* **1.** Unterschlupf gewähren (*s.o.* jdm); **2.** *fig (Groll)* hegen.
hard [hɑ:d] **I** *adj* **1.** hart; **2.** fest, starr, widerstandsfähig, unnachgiebig; **3.** kräftig, stark, robust; **4.** *(Schlag, Stoß)* stark, heftig, kraftvoll; **5.** anstrengend, mühsam; **6.** schwierig, verzwickt; **7.** hart, schwer (zu ertragen); *(Winter)* streng; *(Zeiten)* schlecht; **8.** hart(herzig), gefühllos, streng, unerbittlich; **9.** energisch, tüchtig, fleißig; **10.** *(Wasser)* hart; **11.** *(alkoholisches Getränk)* stark, berauschend; **12.** *com* fest, beständig; ▶ **be ~ to sell** schwer verkäuflich sein; **be ~ (up)on s.o.** mit jdm streng sein; **be ~ on s.th.** etw strapazieren; **do s.th. the ~ way** nicht den einfachen Weg wählen; **drive a ~ bargain** viel verlangen; **he is ~ to deal with** mit ihm ist schlecht Kirschen essen; **~ to believe** kaum zu glauben; **a ~ drinker** ein Säufer *m;* **the ~ facts** *pl* die harten Tatsachen *f pl;* **~ and fast** *(Brauch)* streng; *(Regel)* starr, unumstößlich; **a ~ fight** ein schwerer Kampf; **~ luck, lines** kein Glück; Pech *n;* **a ~ nut to crack** *fig* e-e harte Nuß, ein schweres Problem; **~ to please** schwer zu befriedigen, zufriedenzustellen; **II** *adv* **1.** heftig, kräftig; **2.** unverdrossen, unermüdlich, zäh; ▶ **~ by** dicht dabei; **~ up** in arger Bedrängnis, in großer Not; **~ upon** dicht auf den Fersen; kurz danach; **be ~ put to s.th.** mit etw seine Schwierigkeiten haben; **be ~ up** sehr knapp sein (*for* an); **die ~** ein zähes Leben haben; **run s.o. ~** jdm dicht auf den Fersen sein; **try ~** sich große Mühe geben; **work ~** schwer, tüchtig arbeiten; **it will go ~** es wird Schwierigkeiten geben; **it comes ~ to ...** es ist schwierig zu ... **it goes ~ with him** es fällt ihm schwer zu; **she's taking it ~** sie trägt es schwer; **~ of hearing** schwerhörig; **~ hit** schwer be-, getroffen.
hard-back ['hɑ:dbæk] *typ* gebundene Ausgabe; **hard-bit·ten** [ˌhɑ:d'bɪtn] *adj* abgebrüht; **hard·board** ['hɑ:dbɔ:d] Preßspanplatte *f;* **hard-boiled** [ˌhɑ:d'bɔɪld] *adj* **1.** *(Ei)* hartgekocht; **2.** *fig fam* hartgesotten, kalt berechnend; nüchtern; **hard core** **1.** Schotter *m;* **2.** *fig* harter Kern; **3.** harter Porno; **hard currency** harte Währung; **hard disk** *EDV* Festplatte *f;* **hard drink, liquor** scharfes Getränk; **hard drinker** starke(r) Trinker(in); **hard drug** harte Droge; **hard-earned** [ˌhɑ:d'ɜ:nd] *adj (Lohn)* sauer verdient; *(Sieg)* hart erkämpft.
harden ['hɑ:dn] **I** *tr* **1.** härten; **2.** *(Zement)* abbinden; **3.** abhärten, stählen; **4.** *fig* stärken, festigen; **5.** hart, streng, unerbittlich machen; ▶ **become ~ed** abgehärtet werden (*to* gegen); **~ed criminal** Gewohnheitsverbrecher(in) *m (f);* **II** *itr* **1.** hart werden *a. fig;* **2.** *fig* streng, unerbittlich werden; **3.** *(Preise)* anziehen.
hard feel·ings [ˌhɑ:d'fi:lɪŋz] *pl* ▶ **no ~** nichts für ungut; **hard-fought** [ˌhɑ:d'fɔ:t] *adj* erbittert; hart; **hard-hearted** [ˌhɑ:d'hɑ:tɪd] *adj* hartherzig; **hard labour** Zwangsarbeit *f;* **hard line** unnachgiebige, harte Haltung; ▶ **take a ~** e-n harten Kurs einschlagen; **hard-liner** [ˌhɑ:d'laɪnə(r)] Hardliner *m.*
hard·ly ['hɑ:dlɪ] *adv* **1.** (nur) mit Mühe; **2.** kaum, fast nicht; ▶ **~ any** fast kein; **~ ever** kaum je(mals), fast nie.
hard·ness ['hɑ:dnɪs] **1.** Härte *f;* **2.** Strenge *f;* **3.** Schwierigkeit *f.*
hard sell ['hɑ:dˌsel] aggressive Verkaufstaktik; Hardsell *m.*
hard·ship ['hɑ:dʃɪp] **1.** Mühsal, Plage, Härte *f;* **2.** Not(lage), Bedrängnis, schwierige Lage *f;* **3.** *pl* schwierige Umstände *m pl.*
hard shoul·der [ˌhɑ:d'ʃəʊldə(r)] *Br (Autobahn)* Rand-, Seitenstreifen *m;* **hard·top** ['hɑ:dtɒp] *mot* Hardtop *n* od *m;* **hard·ware** ['hɑ:dweə(r)] **1.** Eisen-, Stahlwaren *f pl;* **2.** *EDV* Hardware *f;* **hard-wear·ing** [ˌhɑ:d'weərɪŋ] *adj* strapazierfähig; **hard·wood** ['hɑ:dwʊd] Hartholz *n;* **hard-work·ing** [ˌhɑ:d'wɜ:kɪŋ] *adj* arbeitsam, emsig, fleißig.
hardy ['hɑ:dɪ] *adj* **1.** ausdauernd, zäh, unempfindlich, abgehärtet; mutig; **2.** *bot* winterfest.
hare [heə(r)] Hase *m;* ▶ **be mad as a (March) ~** *fam* total verrückt sein; **run with the ~ and hunt with the hounds** *prov* auf beiden Schultern Wasser tragen; **hare-brained** ['heəbreɪnd] *adj*

verrückt; **hare·lip** ['heəlɪp] *med* Hasenscharte *f.*
harem ['hɑ:ri:m] Harem *m.*
hark [hɑ:k] *itr* lauschen; ▶ ~! horch! ~ **at s.o.** jdn anhören; ~ **back to** *fig* zurückdenken, -gehen auf.
harm [hɑ:m] **I** *s* **1.** Schaden *m;* Verletzung *f;* **2.** Nachteil *m;* ▶ **do** ~ Schaden anrichten; **do** ~ **to s.o.** jdn verletzen; jdm schaden; **mean no** ~ es nicht böse meinen; **there's no** ~ **in trying** es kann nichts schaden, wenn man's mal versucht; **II** *tr* **1.** verletzen; **2.** Schaden zufügen (*s.o.* jdm); **harm·ful** ['hɑ:mfl] *adj* schädlich, nachteilig; **harm·less** [—lɪs] *adj* harmlos, unschädlich.
har·monic [hɑ:'mɒnɪk] **I** *adj* harmonisch *a. mus;* **II** *s mus* Oberton *m;* **har·monica** [hɑ:'mɒnɪkə] Mundharmonika *f;* **har·moni·ous** [hɑ:'məʊnɪəs] *adj* harmonisch; **har·mo·nium** [hɑ:'məʊnɪəm] Harmonium *n;* **har·mon·ize** ['hɑ:mənaɪz] **I** *tr* **1.** harmonisieren; **2.** in Einklang, *fig* auf einen Nenner bringen; **II** *itr* in Einklang sein; harmonisieren; übereinstimmen; **har·mony** ['hɑ:mənɪ] Harmonie *f a. mus,* Einklang *m;* ▶ **be in** ~ in Einklang stehen; auskommen (*with* mit).
har·ness ['hɑ:nɪs] **I** *s* **1.** (Pferde)Geschirr *n;* **2.** Gurtwerk *n;* Laufgurt *m;* ▶ **be back in** ~ wieder bei der Arbeit sein; **II** *tr* **1.** *(Pferd)* anschirren; **2.** *(Naturkraft)* nutzbar machen.
harp [hɑ:p] **I** *s* Harfe *f;* **II** *itr fig* herumreiten (*on, upon* auf); jammern, lamentieren.
har·poon [hɑ:'pu:n] **I** *s* Harpune *f;* **II** *tr* harpunieren.
har·row ['hærəʊ] Egge *f;* **har·row·ing** [—ɪŋ] *adj* erschütternd, grauenhaft.
harsh [hɑ:ʃ] *adj* **1.** rauh; **2.** grell; **3.** schrill; **4.** roh; hart.
hart [hɑ:t] Hirsch *m.*
harum-scarum [ˌheərəm'skeərəm] *adj, adv* eilig; Hals über Kopf.
har·vest ['hɑ:vɪst] **I** *s* **1.** Ernte(zeit) *f;* **2.** Ernte *f,* (Ernte)Ertrag *m;* ▶ **bad** ~ Mißernte *f;* **II** *tr* ernten, einbringen; **III** *itr* ernten *a. fig;* **har·vester** ['hɑ:vɪstə(r)] **1.** Mähmaschine *f; (combine ~)* Mähdrescher *m;* **2.** Erntearbeiter(in) *m (f);* **harvest festival** Erntedankfest *n;* **harvest moon** Vollmond *m (im September).*
has [həz, *betont:* hæz] *3. Person Singular Präsens von have;* **has-been** ['hæzbi:n] *fam* Größe *f* von gestern.
hash [hæʃ] **I** *tr (Fleisch)* hacken; ▶ ~ **up** durcheinanderbringen; **II** *s* **1.** Haschee *n;* **2.** *fam fig* aufgewärmte Geschichte; **3.** Durcheinander *n;* ▶ **make (a)** ~ **of** vermasseln.
hash·ish ['hæʃi:ʃ] Haschisch *n.*
hasn't ['hæznt] = *has not.*
has·sle ['hæsl] **I** *tr* ärgern, belästigen; **II** *s* **1.** Auseinandersetzung *f;* **2.** *fam* Mühe *f;* ▶ **it's such a** ~ das ist so mühsam.
haste [heɪst] Hast, Eile *f;* ▶ **make** ~ sich beeilen; **more** ~ **less speed** *prov* eile mit Weile; **hasten** ['heɪsn] **I** *tr* beschleunigen; ▶ **he ~ed to say** er sagte schnell; **II** *itr* (sich be)eilen; **hasty** ['heɪstɪ] *adj* **1.** eilig, schnell; **2.** hastig, überhastet, voreilig; **3.** hitzig.
hat [hæt] Hut *m;* ▶ **keep s.th. under one's** ~ etw für sich behalten; **pass round the** ~ Geld (ein)sammeln (*for* für); **take one's** ~ **off** den Hut abnehmen (*to* vor); **talk through one's** ~ *fam* Unsinn reden; **I'll eat my** ~ **if ...** ich fresse einen Besen, wenn ... **my** ~! glaubste!
hatch[1] [hætʃ] **I** *tr* **1.** ausbrüten *a. fig;* **2.** *fig* ausdenken, *pej* aushecken; **II** *itr* **1.** brüten; **2.** *(aus dem Ei)* ausschlüpfen; **III** *s* **1.** Brüten *n;* **2.** Brut *f.*
hatch[2] [hætʃ] **1.** Klapp-, Falltür *f a. mar;* **2.** *(Flugzeug)* Einstieg *m;* Luke *f;* **3.** Durchreiche *f;* ▶ **down the** ~! *fam* hoch die Tassen!
hatch[3] [hætʃ] *tr* schraffieren.
hatch·back ['hætʃbæk] *mot* Fließheck-, Schrägheckmodell *n;* Hecktür *f.*
hatchet ['hætʃɪt] Beil *n;* ▶ **bury the** ~ *fig* das Kriegsbeil begraben; **hatchet-face** scharfgeschnittenes Gesicht; **hatchet man** ⟨*pl* -men⟩ gedungener Mörder; *fig* Vollstreckungsbeamte(r) *m.*
hatch·ing ['hætʃɪŋ] Schraffur, Schraffierung *f.*
hate [heɪt] **I** *tr* **1.** hassen, verabscheuen; **2.** nicht mögen; ▶ ~ **to do, doing s.th.** etw nicht gern, ungern tun; etw mit Bedauern tun; einem sehr peinlich sein, etw zu tun; **II** *s* Haß *m;* ▶ **he is my pet** ~ ich kann ihn auf den Tod nicht ausstehen; **hate·ful** ['heɪtfl] *adj* ekelhaft; **hatred** ['heɪtrɪd] **1.** Haß *m;* **2.** Abscheu, Ekel *m* (*of* vor).
hat·ter ['hætə(r)] Hutmacher(in) *m (f);* ▶ **as mad as a** ~ total verrückt.
hat-trick ['hættrɪk] *sport* Hattrick, Hat-Trick *m.*
haughty ['hɔ:tɪ] *adj* stolz, hochmütig, anmaßend.
haul [hɔ:l] **I** *tr* **1.** ziehen, zerren (*at, upon* an); **2.** (be)fördern, transportieren; **3.** *min* fördern; **4.** *mar* den Kurs ändern (*a ship* e-s Schiffes); ▶ ~ **s.o. over the coals** jdn abkanzeln; **II** *s* **1.** Ziehen, Zerren *n;* **2.** Fisch-, Beutezug *m;* **3.** Fang *m,* Beute *f;* **4.** Transportweg *m;* ▶ **make a good** ~ reiche Beute machen; **short, long** ~ kurzer, weiter Weg (*to* nach); **short, long, medium** ~ **aircraft** Kurz-, Lang-, Mittelstreckenflugzeug *n;* **III** *(mit Präposition)* **haul away** *itr* kräftig ziehen (*at* an); ▶ ~ **away!** hau ruck! **haul down** *tr* **1.** *(Flagge)* ein-

ziehen, niederholen; **2.** herunterziehen; **haul off** *itr mar* abdrehen; **haul up** *tr* **1.** hochziehen; *(Segel)* hissen; **2.** *fig* schleppen (*before* vor).

haul·age ['hɔ:lɪdʒ] **1.** Beförderung *f,* Transport *m;* **2.** *min* Förderung *f;* **3.** Beförderungs-, Transportkosten *pl;* Rollgeld *n;* **haulage business, firm** Transportunternehmen *n,* Speditionsfirma *f;* **haulage contractor** Transportunternehmer *m.*

hauler, haul·ier ['hɔ:lə(r), 'hɔ:lɪə(r)] Spediteur *m.*

haunch [hɔ:ntʃ] **1.** Hüftpartie *f;* Gesäß *n;* **2.** Lendenstück *n,* Keule *f.*

haunt [hɔ:nt] **I** *tr* **1.** häufig besuchen; **2.** (dauernd) verfolgen; **3.** *(Erinnerung)* haften an; **4.** *(Gespenst)* umgehen in; **II** *s* häufig besuchter Ort; gewöhnlicher Aufenthalt(sort); **haunt·ed** [—əd] *adj* ► **a ~ house** ein Spukhaus *n,* ein Haus, in dem es spukt; **a ~ look** ein gequälter Blick; **haunt·ing** [—ɪŋ] *adj* quälend; *(Melodie, Dichtung)* eindrucksvoll.

have [həv, *betont:* hæv] ⟨*irr* has, had, had⟩ **I** *tr* **1.** haben (*about one* bei sich; *on one* bei, an sich); **2.** haben, wissen (*from* von); **3.** haben, besitzen; **4.** wissen, können, verstehen; **5.** versichern, behaupten; **6.** bekommen, erhalten, *fam* kriegen; **7.** lassen, zulassen, erlauben, gestatten; **8.** betrügen, reinlegen; ► **~ a bath** ein Bad nehmen; **~ a cold** erkältet sein; **~ to do with s.o., s.th.** mit jdm, e-r S zu tun haben; **~ no doubt** nicht (be)zweifeln; **~ a game** ein Spiel machen; **~ it** (beim Spiel) gewonnen haben; sich erinnern; **~ it in for s.o.** jdn auf dem Kieker haben; **~ a look** mal sehen, schauen, gucken; **~ a swim** schwimmen, baden; **~ tea** Tee trinken; **~ a walk** spazierengehen; **you ~ it** so ist's; **you've been had!** *fam* da hat man dich über's Ohr gehauen! **let him ~ it!** *fam* gib's ihm! **he's had it** er ist erledigt; **thank you for having me** vielen Dank für Ihre Gastfreundschaft; **II** *aux* **1.** *(zur Bildung der Vergangenheit)* haben; *(bei Verben der Bewegung)* sein; **2.** *(modal, mit Infinitiv)* müssen; ► **he has seen, gone** er hat gesehen, er ist gegangen; **~ been** gewesen sein; **he has been living there** er hat da gewohnt; **~ done** fertig sein; **~ got** haben; **you ~ taken it, haven't you?** du hast das doch genommen, oder? **you haven't taken it, ~ you?** du hast es doch nicht genommen, oder? **you ~ to do it** du mußt das machen; **I don't ~ to if I don't want to** wenn ich nicht will, muß ich es nicht machen; **you had better go** du gehst jetzt besser; **what would you ~ me do?** was soll(te) ich denn machen? **III** *(mit Präposition)* **have around** *tr* zu Besuch haben; einladen; ► **you are a good person to ~ around** es ist praktisch, wenn du da bist; **have back** *tr* zurückbekommen; **have in** *tr* **1.** hereinholen; **2.** hineintun; **3.** im Haus haben; ► **~ it in for s.o.** jdn auf dem Kieker haben; **have off** *tr* **1.** wegbringen, -schaffen; **2.** auswendig gelernt haben; ► **~ it off with s.o.** *sl* mit jdm schlafen; **have on 1.** *(Kleidung)* anhaben; **2.** *(Radio)* anhaben; **3.** vorhaben; **4.** *sl* beschummeln; auf den Arm nehmen; ► **~ s.th. on s.o.** gegen jdn eine Handhabe haben; **have out** *tr* herausnehmen lassen; hinausschaffen; ► **~ it out with s.o.** sich mit jdm aussprechen; **have over** *itr* zu Besuch haben; einladen; **have up** *itr* **be had up** vor den Richter kommen (*for* wegen).

ha·ven ['heɪvn] *fig* Zufluchtsort *m,* Oase *f.*

have-not ['hævnɒt] *fam* Habenichts *m.*

haven't ['hævnt] = *have not.*

haves [hævz] *pl fam* Betuchte, reiche Leute *pl.*

havoc ['hævək] Chaos *n;* ► **wreak ~ on, make ~ of, play ~ with** verheerend wirken auf; durcheinanderbringen.

haw [hɔ:] *s. hum.*

Ha·waii [hə'waɪi:] Hawaii *n;* **Ha·wai·ian** [hə'waɪjən] **I** *adj* hawaiisch, Hawaii-; **II** *s* **1.** Hawaiianer(in) *m (f);* **2.** (das) Hawaiisch(e).

hawk[1] [hɔ:k] **1.** Habicht *m;* Sperber *m;* Falke *m;* **2.** *fig pol* Falke *m.*

hawk[2] [hɔ:k] *tr* hausieren mit; feilbieten; ausschreien; ► **~ about** verbreiten, ausposaunen.

hawker ['hɔ:kə(r)] Straßenhändler(in); Hausierer(in); Marktschreier(in) *m (f).*

hawk-eyed [ˌhɔ:k'aɪd] *adj* mit scharfen Augen; scharfsichtig.

haw·ser ['hɔ:zə(r)] *mar* Tau, Kabel *n,* Trosse *f.*

haw·thorn ['hɔ:θɔ:n] *bot* Weiß-, Hagedorn *m.*

hay [heɪ] Heu *n;* ► **make ~** Heu machen; **hit the ~** *fam* schlafen gehen; **make ~ while the sun shines** *prov* das Eisen schmieden, solange es heiß ist; **hay·cock, hay·rick, hay·stack** ['heɪkɒk, 'heɪrɪk, 'heɪstæk] Heuhaufen *m;* **hay fever** Heuschnupfen *m;* **hay·wire** ['heɪwaɪə(r)] *adj* ► **be ~** durcheinander sein; **go ~** durcheinandergeraten; *(Mensch)* durchdrehen, wahnsinnig werden; *(Maschine)* verrückt spielen.

haz·ard ['hæzəd] **I** *s* **1.** Risiko *n,* Gefahr *f;* **2.** *sport* Hindernis *n;* ► **at all ~s** unter allen Umständen; **by ~** durch Zufall; **occupational ~** Berufsrisiko *n;* **II** *tr* aufs Spiel setzen (*s.th. on* etw für); wagen, riskieren; ► **~ a guess** wagen, eine Vermutung anstellen; **haz·ard·ous** ['hæzədəs] *adj* gewagt, gefährlich, riskant; **hazard (warning) lights** *pl mot* Warnlichtanlage *f.*

haze [heɪz] **1.** Dunst, leichter Nebel *m;* **2.** *fig* Verwirrtheit *f;* Unklarheit *f.*

hazel ['heɪzl] **I** *s* Haselnuß(strauch *m*) *f;* **II** *adj* nußbraun; **hazel·nut** ['heɪzlnʌt] Haselnuß *f.*

hazy ['heɪzɪ] *adj* **1.** dunstig, diesig; **2.** verschwommen, vage, unklar (*about* über).

he [hi:] **I** *prn* er; ► **~ who** derjenige, welcher; **II** *s* Männchen *n;* ► **the baby is a ~** das Baby ist ein Junge; **he'll** [hi:l] = *he shall; he will;* **he's** [hi:z] = *he is; he has.*

head [hed] **I** *s* **1.** Kopf *m;* **2.** *fig* Vernunft *f,* Verstand, Kopf *m;* **3.** *(pl ~) (Vieh)* Stück *n;* **4.** Haupt *n,* (An)Führer(in), Chef(in), Direktor(in) *m (f);* **5.** Führung, Leitung, führende Stellung, Spitze *f (e-r Organisation);* **6.** ober(st)er Teil, oberes Ende, Spitze *f,* Gipfel *m;* **7.** (Baum)Wipfel *m,* Krone *f;* **8.** Schaum(krone *f*) *m (auf dem Bier);* **9.** (Kohl-, Salat)Kopf *m;* **10.** (Stecknadel)Kopf *m; (Nagel)* Kopf *m;* **11.** vorderes Ende, Spitze *f; (Schiff)* Bug *m; (Bett)* Kopfende *n;* **12.** Landspitze *f,* Kap, Vorgebirge *n;* **13.** Quelle *f;* Mühlteich *m;* Wasserstand *m;* **14.** Schlagzeile *f;* (Kapitel)Überschrift *f;* **15.** Rubrik, Kategorie *f;* **16.** Abschnitt *m,* Kapitel *n,* Hauptteil *m;* **17.** Thema *n,* (Haupt)Punkt *m;* **18.** *fig* Höhe-, Wendepunkt *m,* Krisis *f;* **19.** *sl* Junkie *m sl;* ► **a, per ~** pro Kopf; **at the ~ of** an der Spitze *gen;* oben, am oberen Ende *gen;* **by a short ~** *(Pferderennen a. fig)* um e-e Kopflänge; **~ first, foremost** kopfüber; **~ over heels** kopfüber; *fig* bis über die Ohren *(verliebt);* Hals über Kopf; **be off, out of one's ~** aus dem Häuschen sein; den Verstand verloren haben; **be ~ and shoulders above s.o.** *fig* weit über jdm stehen; **bring to a ~** zur Entscheidung bringen; **come to a ~** *(Geschwür)* reif werden; *fig* sich zuspitzen; zum Krach kommen; **go to the ~** *(Getränk)* zu Kopf steigen *a. fig;* **go over s.o.'s ~** über jds Kopf hinweg handeln; **have a ~ for business** einen guten Geschäftssinn haben; **have a ~ for figures** mathematisch begabt sein; **have a ~ for heights** schwindelfrei sein; **have a poor ~ for** keine Begabung haben für; **keep one's ~ above water** sich über Wasser halten; **put one's ~s together** *fig* die Köpfe zusammenstekken; **lose one's ~** *fig* den Kopf verlieren; **be unable to make ~ or tail of** nicht schlau werden aus; **put s.th. into s.o.'s ~** jdm etw in den Kopf setzen; **put s.th. out of one's, s.o.'s ~** sich etw aus dem Kopf schlagen; jdn von etw abbringen; **shake one's ~** den Kopf schütteln (*at* zu); **take the ~** die Führung übernehmen; **take it into one's ~** sich etw in den Kopf setzen; **laugh one's ~ off** sich fast totlachen; **talk one's ~ off** sich dumm u. dämlich reden; **turn s.o.'s ~** *fig* jdm den Kopf verdrehen; **my ~ is spinning** mir dreht sich alles; **~(s) or tail(s)?** Kopf oder Wappen *(e-r Münze);* **top of the ~** Scheitel *m;* **~ of the department** Abteilungsleiter(in) *m (f);* **~ of the government** Regierungschef(in) *m (f);* **~ of hair** (Haar)Schopf *m;* **~ of a letter** Briefkopf *m;* **II** *adj* hauptsächlich; Haupt-, Ober-; Spitzen-; **III** *tr* **1.** (an)führen, an der Spitze stehen *od* gehen (*s.th.* e-r S); vorstehen (*s.th.* e-r S); **2.** als erster stehen (*a list* auf e-r Liste); der Erste sein (*a class* in e-r Klasse); **3.** steuern, lenken; **4.** mit e-r Überschrift versehen; **5.** *sport (Ball)* köpfen; **IV** *itr* sich bewegen, fahren (*for* in Richtung auf); ► **where are you ~ed?** wo wollen Sie hin? **V** *(mit Präposition)* **head back** *itr* zurückgehen, -fahren; **head for** *itr* **1.** *(Schiff)* Kurs halten auf; **2.** *a. fig* auf dem Weg sein zu, zusteuern auf; **head off** *tr* abfangen; *fig* abwenden; ablenken; **head up** *tr* leiten, führen.

head·ache ['hedeɪk] **1.** Kopfweh *n,* Kopfschmerzen *m pl a. fam fig;* **2.** *fam* Sorgen *f pl;* Schwierigkeit *f;* ► **have a bad ~** schlimme Kopfschmerzen haben; **head·band** ['hedbænd] Stirnband *n;* **head·dress** ['heddres] Kopfputz *m;* **header** ['hedə(r)] **1.** *(Fußball)* Kopfball *m;* **2.** Kopfsprung *m;* **3.** *EDV* Kopfzeile *f;* **head·first** ['hed'fɜ:st] *adv* **1.** mit dem Kopf voraus; **2.** *fig* geradewegs; **head-hunter** Kopfjäger *m.*

head·ing ['hedɪŋ] **1.** *typ* Titel *m,* Überschrift *f,* Kopf *m;* **2.** *com* Posten *m,* Position *f;* **3.** *sport* Köpfen *n.*

head·land ['hedlənd] Landzunge *f;* **head·less** ['hedlɪs] *adj* kopflos; **head·light, head·lamp** ['hedlaɪt, 'hedlæmp] Scheinwerfer *m;* **head-land** [ˌhedlænd] Landspitze *f;* **head-line** ['hedlaɪn] **1.** *typ* Schlagzeile *f;* **2.** *pl* (das) Wichtigste in Schlagzeilen; ► **hit, make the ~s** Schlagzeilen machen; **head·long** ['hedlɒŋ] *adj, adv* **1.** kopfüber; **2.** überstürzt, übereilt; **head-mas·ter** [ˌhed'mɑ:stə(r)] *(Schule)* (Di)Rektor, Schulleiter *m;* **head·mis-tress** [ˌhed'mɪstrɪs] *(Schule)* (Di)Rektorin, Schulleiterin *f;* **head-of-state** [ˌhedəf'steɪt] Staatsoberhaupt *n;* **head-office** Hauptbüro *n,* Zentrale *f;* **head-on** [ˌhed'ɒn] *adj, adv* **1.** *(Zusammenstoß)* frontal, Frontal-; **2.** *(Konfrontation)* direkt; ► **~ collision** Frontalzusammenstoß *m;* **head-phones** ['hedfəʊnz] *pl* Kopfhörer *m pl;* **head-quar·ters** [ˌhed'kwɔ:təz] *pl oft mit sing* **1.** Hauptquartier *n;* **2.** Zentrale *f,* Stammhaus *n;* Hauptgeschäftsstelle *f;* **3.** Parteizentrale *f;* ► **police ~** Polizeidirektion *f;* **head·rest** ['hedrest], **head-re·straint** ['hedrɪˌstreɪnt] Kopfstütze *f;* **head·room** ['hedrʊm] lichte Höhe; *mot* Kopfraum *f;* **head·scarf** [ˌhedskɑ:f] ‹*pl* —scarves› [—skɑ:vz] Kopftuch *n;* **head·set** ['hedset] Kopfhörer *m pl;* **head·ship** [ˌhedʃɪp] Schulleiterstelle *f;* **head·shrinker** ['hedˌʃrɪŋkə(r)] *sl* Psychiater *m;* **head start** *fig* Vorsprung *m;* **head·stone** ['hedstəʊn] Grabstein *m;* **head·strong** ['hedstrɒŋ] *adj* eigenwillig; **head waiter** Oberkellner *m;* **head·way** ['hedweɪ] ▶ **make** ~ vorwärts-, vorankommen *a. fig; fig* Fortschritte machen; **head·wind** ['hedwɪnd] Gegenwind *m;* **head·word** ['hedwɜ:d] *(Wörterbuch)* Stichwort *n.*

heady ['hedɪ] *adj* **1.** eigenwillig, impulsiv; **2.** *(Getränk)* berauschend *a. fig.*

heal [hi:l] **I** *tr* **1.** heilen; befreien *(von Kummer, Ärger);* **2.** *(Streit)* beilegen; **II** *itr (~ over)* (zu)heilen.

health [helθ] Gesundheit(szustand *m*) *f;* ▶ ~ **and safety regulations** *pl* Arbeitsschutzvorschriften *pl;* ~ **and safety standards** *pl* Arbeitsschutz *m;* **be in poor** ~ kränklich sein; **drink (to) s.o.'s** ~ auf jds Wohl trinken; **your** ~, **good** ~! zum Wohl! **health centre** Ärztezentrum *n;* **health certificate** ärztliches Attest; **health club** Fitness-Center *n;* **health food** Natur-, Reformkost *f;* **health food shop** Naturkostladen *m;* **health hazard** Gefahr *f* für die Gesundheit; **health insurance** Krankenversicherung *f;* **health resort** Kurort *m;* **Health Service** *Br* (das) Gesundheitswesen; **healthy** ['helθɪ] *adj* **1.** gesund; **2.** zuträglich; **3.** natürlich.

heap [hi:p] **I** *s* Haufen *m;* ▶ **a** ~ **of,** ~**s** *fam* ein Haufen, e-e Menge, viel (*of money* Geld); **in** ~**s** in Haufen, haufenweise; ~**s of times** *fam* mächtig oft; **be struck, be knocked all of a** ~ *fam* (völlig) platt, ganz verblüfft sein; **II** *tr* **1.** *(~ up, together)* an-, aufhäufen; **2.** *fig* überhäufen (*with praise* mit Lob).

hear [hɪə(r)] ‹*irr* heard, heard› [hɜ:d] **I** *tr* **1.** hören (*of* von; *doing, do* tun); **2.** anhören; **3.** zuhören (*s.th.* e-r S); **4.** achtgeben auf; zur Notiz, zur Kenntnis nehmen; **5.** erfahren; **6.** *jur* verhandeln; *(Zeugen)* vernehmen; verhören; ▶ ~ **out** bis zu Ende anhören; **II** *itr* **1.** (zu)hören; **2.** erfahren (*of, about* von); **3.** Bescheid bekommen (*from* von); ▶ ~! ~! *parl* hört! hört! ausgezeichnet! bravo! **he won't** ~ **of it** er will davon nichts wissen; **let me** ~ **from you** lassen Sie von sich hören; **hear·ing** ['hɪərɪŋ] **1.** Gehör(sinn *m*) *n;* **2.** (An)Hören *n;* Anhörung *f;* **3.** *jur* Verhör *n,* Vernehmung *f;* Verhandlung *f;* **4.** Hörweite *f;* ▶ **within, out of** ~ in, außer Hörweite; **hard of** ~ schwerhörig; **gain, get a** ~ sich Gehör verschaffen; **his** ~ **is poor** er hört schlecht; **hearing-aid** Hörgerät *n;* **hear·say** ['hɪəseɪ] Gerede, Gerücht *n;* ▶ **by, from** ~ vom Hörensagen.

hearse [hɜ:s] Leichenwagen *m.*

heart [hɑ:t] **1.** Herz *n a. fig;* **2.** *fig* Brust *f,* Busen *m;* **3.** (das) Innere, tiefste Gefühle *n pl,* Gedanken *m pl;* **4.** Mut *m,* Energie, Kraft *f;* **5.** Liebling, Schatz *m;* **6.** Mittelpunkt *m;* Hauptsache *f;* (das) Wesentliche, (der) Kern; **7.** *pl (Kartenspiel)* Herz *n;* ▶ **after one's own** ~ nach Herzenslust; **at** ~ im Innersten; im Grunde genommen; **by** ~ auswendig; **to one's** ~**'s content** nach Herzenslust; **with all one's** ~ von ganzem Herzen; **be near to s.o.'s** ~ jdm am Herzen liegen; **eat one's** ~ **out** vor Kummer vergehen; **get to the** ~ **of s.th.** e-r S auf den Grund kommen; **have a** ~ *fig* ein Herz haben; Verständnis haben; **not to have the** ~ **to** es nicht übers Herz bringen zu; **set one's** ~ **on** sein Herz hängen an; **take to** ~ sich zu Herzen nehmen; **wear one's** ~ **on one's sleeve** das Herz auf der Zunge haben; **he had his** ~ **in his mouth, boots** das Herz fiel ihm in die Hose; **don't lose** ~! verlier den Mut nicht! **heart·ache** ['hɑ:teɪk] Kummer *m;* **heart attack** *med* Herzanfall *m;* Herzinfarkt *m;* **heart·beat** ['hɑ:tbi:t] *physiol a. fig* Puls-, Herzschlag *m;* **heart·break** ['hɑ:tbreɪk] großer Kummer, Leid *n;* **heart·break·ing** ['hɑ:tbreɪkɪŋ] *adj* herzzerreißend; **heart·broken** ['hɑ:tˌbrəʊkən] *adj* untröstlich; **heart-burn** ['hɑ:tbɜ:n] Sodbrennen *n;* **heart disease** Herzleiden *n,* -krankheit *f;* **heart-failure** *med* Herzversagen *n;* **heart·felt** ['hɑ:tfelt] *adj* aufrichtig; tief empfunden.

hearth [hɑ:θ] **1.** Feuerstelle *f;* Kamin *m;* **2.** *fig* (häuslicher) Herd *m;* ▶ ~ **and home** Haus und Herd; **hearth-rug** Kaminvorleger *m.*

heart·ily ['hɑ:tɪlɪ] *adv* herzhaft, tüchtig; sehr; **heart·less** ['hɑ:tlɪs] *adj* herzlos; **heart-rend·ing** ['hɑ:tˌrendɪŋ] *adj* herzzerreißend; **heart·strings** ['hɑ:tstrɪŋz] *pl* ▶ **tug at s.o.'s** ~ jdn zutiefst bewegen, jdn rühren; **heart-throb** *fam* Schwarm *m;* **heart-to-heart I** *adj* offenherzig; **II** *s* freimütiges Gespräch; **heart transplant** *med* Herztransplantation *f;* **heart-warm·ing** ['hɑ:tˌwɔ:mɪŋ] *adj* tröstlich; erfreulich; **hearty** ['hɑ:tɪ] *adj* **1.** herzlich; **2.** tüchtig, gesund; **3.** *(Essen)* reichlich; **4.** *fam* lärmend, lustig.

heat [hi:t] **I** *s* **1.** Hitze *f; phys* Wärme *f; (von Speise)* Schärfe *f;* **2.** *fig* Erregung *f,* Eifer *m,* Leidenschaft *f;* **3.** *fam* Druck *m;* Gefahr *f;* **4.** Brunst, Brunft *f;* **5.** (Vor)Runde, Vorentscheidung *f;* ▶ **in,**

on ~ brünstig, läufig; **in the ~ of the debate** in der Hitze, im Eifer des Gefechts; **dead ~** unentschiedenes Rennen; **final ~** *sport* Ausscheidungskampf *m;* **II** *tr* erhitzen *a. fig;* heiß, warm machen; heizen; beheizen; **III** *(mit Präposition)* **heat up** *tr* erwärmen; warm machen; *fig* anheizen; *itr* warm werden; *(Motor)* heißlaufen; **heat·ed** ['hi:tɪd] *adj* **1.** geheizt; beheizt; **2.** *fig* hitzig, erregt; ▶ **get ~** sich erhitzen; **heat·ed·ly** ['hi:tɪdlɪ] *adv* in Erregung, hitzig; **heater** ['hi:tə(r)] Ofen *m;* Heizkörper *m; (Auto)* Heizung *f;* **heat exchanger** ['hi:təks,tʃeɪndʒə(r)] *tech* Wärmetauscher *m;* **heat pump** *tech* Wärmepumpe *f;* **heat shield** *tech* Hitzeschutzschild *m.*

heath [hi:θ] Heide *f.*

hea·then ['hi:ðn] **1.** Heide *m;* **2.** *fam* Barbar *m;* **hea·then·ish** ['hi:ðənɪʃ] *adj* heidnisch.

heather ['heðə(r)] Heide(kraut *n*), Erika *f.*

heat·ing ['hi:tɪŋ] **1.** Heizung *f;* **2.** (Be)Heizen *n; (Materien)* Erwärmung *f;* **heating engineer** Heizungsinstallateur(in) *m (f);* **heating system 1.** Heizungssystem *n;* **2.** Heizungsanlage *f.*

heat-re·sis·tant, heat-re·sisting ['hi:trɪ,zɪstənt] *adj* hitzebeständig; **heat shield** Hitzeschild *m;* **heat·stroke** ['hi:tstrəʊk] Hitzschlag *m;* **heat treatment** *tech med* Wärmebehandlung *f;* **heat·wave** ['hi:tweɪv] Hitzewelle *f.*

heave [hi:v] ⟨*mar irr* hove, hove⟩ **I** *tr* **1.** (an-, hoch)heben; schleppen; **2.** *mar* hieven; **3.** *(den Anker)* lichten; **4.** *(Brust)* dehnen, weiten; **5.** *(Seufzer)* ausstoßen; **6.** *(Stein)* werfen; **II** *itr* **1.** ziehen; **2.** sich heben und senken, wogen; **3.** hieven (*at* an); **4.** *(Magen)* sich umdrehen; **5.** *(Körper)* sich krümmen; **6.** *mar (~ alongside)* längsseit gehen; **III** *s* **1.** Heben *n;* **2.** Wogen, Anschwellen *n;* **3.** *geol* Verschiebung *f;* **IV** *(mit Präposition)* **heave to** *mar* beidrehen; abstoppen; **heave up** *itr* sich übergeben; *tr* **1.** hochhieven; hochstemmen; **2.** *physiol* von sich geben.

heaven ['hevn] **1.** *rel* Himmel *m;* **2.** *pl* Firmament *n;* ▶ **H~** der Himmel, Gott *m;* **in ~** im Himmel; **in (one's seventh) ~** im siebten Himmel; **move ~ and earth** Himmel und Hölle in Bewegung setzen; **for ~'s sake!** um Himmels *od* Gottes willen! **good ~s!** du meine Güte! **thank ~!** Gott sei Dank! **heav·en·ly** ['hevnlɪ] *adj* **1.** *rel* himmlisch *a. fig;* **2.** *fig* wunderbar; ▶ **~ bodies** *pl* Himmelskörper *m pl;* **heav·en-sent** ['hevn,sent] *adj* ideal, wie gerufen, ein Geschenk des Himmels.

heavy ['hevɪ] **I** *adj* **1.** schwer; **2.** gewichtig, stark, fest; **3.** heftig; stark; **4.** grob, dick, massiv; **5.** schwer (zu ertragen), drückend, lästig, unangenehm, unerfreulich; **6.** schwer (zu tun), anstrengend; **7.** niedergedrückt, (tief) bekümmert; **8.** *(Schlaf)* tief; **9.** *(Speise)* schwer; **10.** *(Geruch)* durchdringend; **11.** *(Himmel)* bedeckt; **12.** *(Regen)* heftig; **13.** *(Boden)* schwer; **14.** *(Straße)* schlammig, schwer passierbar; **15.** *(Verkehr)* stark; **16.** schwerfällig; **17.** *com (Absatz)* lebhaft; **18.** *(Geldstrafe, Verluste, Steuern)* hoch; **19.** *Am sl* prima; ▶ **with a ~ heart** schweren Herzens; **be ~ on oil** *mot tech* viel Öl verbrauchen; **make ~ weather of s.th.** etw unnötig erschweren; **a ~ sea** e-e schwere See; **II** *adv* schwer; **lie ~** *fig* schwer liegen, lasten (*on* auf); **time hangs ~ on his hands** die Zeit schleicht für ihn dahin; **III** *s* **1.** *theat* Bösewicht *m;* **2.** *fam* Schläger *m;* **heavy-duty** *adj* strapazierfähig; Hochleistungs-; **heavy-going** *adj* **1.** mühsam; **2.** nicht gesprächig; **heavy goods vehicle** Lastkraftwagen *m;* **heavy-handed** [,hevɪ'hændɪd] *adj* unbeholfen, ungeschickt; **heavy-hearted** [,hevɪ'hɑ:tɪd] *adj* traurig, (nieder)gedrückt; **heavy water** schweres Wasser; **heavy-weight** ['hevɪweɪt] **I** *s* **1.** *sport* Schwergewichtler *m;* **2.** *fig fam* hohes Tier; **II** *adj* **1.** *sport* Schwergewichts-; **2.** *fig* einflußreich.

He·brew [hi:'bru:] **I** *adj* hebräisch; **II** *s* **1.** Hebräer(in) *m (f);* **2.** (das) Hebräisch(e).

Heb·ri·des ['hebrɪdi:z] *pl* Hebriden *pl.*

heck [hek] *interj fam* verflixt!

heckle ['hekl] *tr* durch Zwischenrufe stören; **heck·ler** ['heklə(r)] Zwischenrufer(in) *m (f).*

hec·tic ['hektɪk] *adj* hektisch; ▶ **have a ~ time** keinen Augenblick Ruhe haben.

hecto·litre, *Am* **hecto·liter** ['hektəʊ,li:tə(r)] Hektoliter *m.*

he'd [hi:d] = *he had; he would.*

hedge [hedʒ] **I** *s* **1.** Hecke *f;* **2.** *fig* Schutz *m;* **II** *tr* **1.** mit e-r Hecke umgeben; **2.** *fig* absichern; **III** *itr* ausweichen; **IV** *(mit Präposition)* **hedge about, around** *tr* **1.** mit einer Hecke umgeben; **2.** *fig* erschweren; einengen; **hedge in** *tr* **1.** mit e-r Hecke umgeben; **2.** *fig* behindern; in seiner Freiheit einengen; **hedge·hog** ['hedʒhɒg] Igel *m;* **hedge·row** ['hedʒrəʊ] Hecke *f.*

heebie-jeebies ['hi:bɪ'dʒi:bɪz] *pl fam* Angst *f;* ▶ **give s.o. the ~** jdm angst und bange machen.

heed [hi:d] **I** *tr (give, pay ~ to, take ~ of)* beachten; hören auf; **II** *s* Beachtung *f;* **heed·ful** ['hi:dfl] *adj* aufmerksam, behutsam; ▶ **be ~ of s.th.** auf etw achten, hören; **heed·less** [—lɪs] *adj* sorglos, leichtsinnig.

hee·haw ['hi:hɔ:] **I** *s* Iah *n (des Esels);* **II** *itr* iahen.

heel [hi:l] **I** *s* **1.** Ferse *f;* **2.** *(Schuh)* Absatz *m;* unterster Teil; **3.** *sl* Schuft *m;* ▶ **at, (up)on s.o.'s ~s** jdm auf den Fersen; **down at ~** schäbig, heruntergekommen; **bring to ~** zum Gehorsam zwingen, *fam* kleinkriegen; **come to ~** klein beigeben; **cool, kick one's ~s** *fam* sich die Beine in den Leib, Bauch stehen; warten müssen; Däumchen drehen; **kick up one's ~s** vor Freude tanzen; **show a clean pair of ~s** Fersengeld geben; **turn on one's ~(s)** sich plötzlich umdrehen; **II** *tr* **1.** mit Absätzen versehen; **2.** auf den Fersen folgen (*s.o.* jdm); **heel bar** Absatzbar *f.*

hef·ty ['heftı] *adj* **1.** schwer; **2.** stämmig.

heifer ['hefə(r)] Färse *f.*

height [haıt] **1.** Höhe *f a. geog astr fig;* **2.** (Körper)Größe *f;* **3.** *fig* Höhepunkt *m;* **4.** (An)Höhe, Erhebung *f;* ▶ **at its ~** auf seinem, ihrem Höhepunkt; **he is six feet in ~** er ist 6 Fuß groß; **~ of fashion** neueste Mode; **the ~ of folly** der Gipfel der Torheit; **heighten** ['haıtn] *tr meist fig* erhöhen; verstärken.

hei·nous ['heınəs] *adj* abscheulich; schändlich.

heir [eə(r)] Erbe *m* (*to, of s.o.* jds) *a. fig;* ▶ **appoint s.o. one's ~** jdn als Erben einsetzen; **become s.o.'s ~** jdn beerben; **sole, universal ~** Alleinerbe *m;* **heir·ess** ['eərıs] Erbin *f;* **heir·loom** ['eəlu:m] Erbstück *n.*

heist [haıst] *Am sl* Raubüberfall *m.*

held [held] *v s. hold.*

heli·cop·ter ['helıkɒptə(r)] Hubschrauber, Helikopter *m.*

Heli·go·land ['helıgəʊlænd] Helgoland *n.*

heli·port ['helıpɔ:t] Hubschrauber-Landeplatz *m.*

he·lium ['hi:lıəm] *chem* Helium *n.*

hell [hel] **I** *s* Hölle *f a. fig;* ▶ **go to ~!** scher dich zum Teufel! **what the ~ are you doing here?** was zum Teufel machen Sie denn hier? **a ~ of a noise** ein Höllenlärm; **for the ~ of it** *fam* nur zum Spaß; **like ~** verdammt, sehr; nicht im mindesten; **~ for leather** wie ein Wilder; **give s.o. ~** jdm die Hölle heiß machen; **play ~ with s.o.** *sl* jdm übel mitspielen; auf jdn wütend sein; **he suffers ~ on earth** ihm ist das Leben zur Hölle geworden; **II** *interj* verdammt (noch mal)! ▶ **oh, ~!** verdammte Schweinerei!

he'll [hi:l] = *he will; he shall.*

hell-bent [ˌhel'bent] *adj sl* **1.** versessen, erpicht (*on, for* auf); **2.** verrückt (*on, for* nach); **hell-fire** Höllenfeuer *n; (Strafe)* Höllenqualen *f pl;* **hell·ish** ['helıʃ] *adj* **1.** höllisch, teuflisch; **2.** *fam* entsetzlich; **hell·ish·ly** [—lı] *adv fam* verteufelt, verdammt.

hello [hə'ləʊ] *interj* hallo! ▶ **say ~ to your mother** grüße deine Mutter von mir.

helm [helm] **1.** Steuer(rad, -ruder) *n a. fig;* **2.** *fig* Ruder *n.*

hel·met ['helmıt] **1.** Helm *m a. fig;* **2.** *(beim Fechten)* Maske *f;* ▶ **crash ~** Sturzhelm *m.*

helms·man ['helmzmən] ⟨*pl* -men⟩ Steuermann *m.*

help [help] **I** *tr* **1.** helfen, behilflich sein (*s.o.* jdm); **2.** förderlich sein (*s.th.* e-r S); fördern; ▶ **~ s.o. to food** *(bei Tisch)* jdn bedienen; **I can't ~ it** ich kann nichts dafür; ich kann nichts daran ändern; **can I ~ you?** womit kann ich Ihnen dienen? kann ich Ihnen behilflich sein? **I can't ~ smiling** ich muß lächeln; **that can't be ~ed** das läßt sich nicht ändern; **so ~ me God!** so wahr mir Gott helfe! **II** *refl* sich selbst helfen; sich bedienen; wegnehmen; ▶ **~ yourself!** bedienen Sie sich! **III** *itr* helfen; behilflich sein; nützlich sein; **IV** *s* **1.** Hilfe, Unterstützung *f;* **2.** Bedienung *f;* **3.** Hilfe *f* im Haushalt; **4.** Personal *n;* **V** *(mit Präposition)* **help out** *itr* aushelfen (*with* bei); *tr* helfen (*s.o.* jdm; *with* mit); **helper** ['helpə(r)] Helfer(in) *m (f);* **help·ful** ['helpfl] *adj* **1.** behilflich; **2.** nützlich; **help·ing** ['helpıŋ] **I** *s* Portion *f;* ▶ **take a second ~** sich noch einmal nehmen; **II** *adj* helfend, hilfreich; ▶ **give s.o. a ~ hand** jdm helfen; **help·less** ['helplıs] *adj* hilflos.

hel·ter-skel·ter [ˌheltə'skeltə(r)] **I** *adv* Hals über Kopf; **II** *s* **1.** Durcheinander *n;* **2.** *Br* Rutschbahn *f.*

hem [hem] **I** *s* Saum *m;* ▶ **take the ~ up** *(Kleid)* kürzer machen; **II** *tr* säumen; **III** *(mit Präposition)* **hem about, hem in** *tr* einschließen, einkesseln; *fig* einengen.

he-man ['hi:mæn] ⟨*pl* -men⟩ echter Mann, männlicher Typ.

hemi·sphere ['hemısfıə(r)] Hemisphäre *f.*

hem·line ['hemlaın] Rocklänge *f.*

hem·lock ['hemlɒk] *bot* Schierling *m.*

hemo . . . *Am s. haemo . . .*

hemp [hemp] **1.** Hanf *m;* **2.** Cannabis *m.*

hen [hen] **1.** Henne *f,* Huhn *n;* **2.** (Vogel)Weibchen *n;* **hen battery** Legebatterie *f.*

hence [hens] *adv* also; folglich, deshalb; ▶ **two years ~** in zwei Jahren; **hence·forth, hence·for·ward** [ˌhens'fɔ:θ, ˌhens'fɔ:wəd] *adv* nunmehr, in Zukunft.

hench·man ['hentʃmən] ⟨*pl* -men⟩ *pej* Kumpan *m.*

henna ['henə] **I** *s* **1.** *bot* Hennastrauch *m;* **2.** *(Haarfärbemittel)* Henna *f;* **II** *tr* mit Henna färben.

hen-party ['henpɑ:tı] *fam* Damenkränzchen *n; pej* Kaffeeklatsch *m;* **hen·peck** ['henpek] *tr* unter dem Pantoffel haben; ▶ **be ~ed** unter dem Pantoffel stehen;

a ~ed husband ein Pantoffelheld *m.*
hepa·ti·tis [ˌhepəˈtaɪtɪs] Hepatitis *f.*
her [hɜ:(r)] *prn* **1.** sie *acc;* ihr *dat;* **2.** *(adjektivisch)* ihr; ► **with ~ children around ~** mit ihren Kindern um sich; **it's ~** sie ist es.
her·ald [ˈherəld] **I** *s* **1.** Herold *m;* **2.** *fig* (Vor)Bote *m;* **II** *tr* ankündigen.
her·al·dic [heˈrældɪk] *adj* heraldisch; **her·aldry** [ˈherəldrɪ] Wappenkunde *f.*
herb [hɜ:b] (Heil)Kraut *n;* **her·ba·ceous** [hɜ:ˈbeɪʃəs] *adj* krautig; ► **~ border** Staudenrabatte *f;* **herb·al·ist** [ˈhɜ:bəlɪst] Kräuterhändler(in) *m (f);* Naturheilkundige(r) *f m;* **herbi·cide** [ˈhɜ:bɪsaɪd] Herbizid *n.*
her·cu·lean [ˌhɜ:kjʊˈli:ən] *adj* herkulisch; ► **a ~ task** eine Herkulesarbeit.
herd [hɜ:d] **I** *s* **1.** Herde *f,* Rudel *n;* **2.** *fig pej* breite Masse, Menge *f;* **II** *tr* **1.** *(Vieh)* hüten, weiden; **2.** (hinein)treiben (*into* in); **III** *(mit Präposition)* **herd together** *itr* sich zusammendrängen; *tr* zusammentreiben; **herd instinct** Herdentrieb *m;* **herds·man** [ˈhɜ:dzmən] ⟨*pl* -men⟩ Hirt *m.*
here [hɪə(r)] **I** *adv* **1.** hier(her); her; **2.** *(zeitl.)* an dieser Stelle, jetzt, nun; ► **~ and there** hier(hin) und dort(hin); hier u. da; **~, there and everywhere** vielerorts; **neither ~ nor there** unwichtig, unbedeutend; **come ~!** komm her! **look ~!** sieh, schau mal (her)! hör zu! **~ he comes!** da kommt er (ja)! **~ you are!** bitteschön! da sind Sie ja! da haben Sie es! **~ goes!** auf! **~'s to Peter!** auf Peters Wohl! **II** *interj* hier! **here·abouts** [ˌhɪərəˈbaʊts] *adv* hier herum; **here·after** [hɪərˈɑ:ftə(r)] *adv* von jetzt an; später; in Zukunft; ► **the ~** das Jenseits; **here·by** [hɪəˈbaɪ] *adv* hiermit.
her·ed·itary [hɪˈredɪtrɪ] *adj* **1.** (ver)erblich; **2.** *fig* überkommen; ► **~ disease** Erbkrankheit *f;* **her·ed·ity** [hɪˈredətɪ] Erblichkeit *f a. biol;* Vererbung *f.*
here·in [ˌhɪərˈɪn] *adv* hierin; **here·of** [hɪərˈɒv] *adv* hiervon.
her·esy [ˈherəsɪ] *rel* Ketzerei *f;* **her·etic** [ˈherətɪk] Ketzer(in) *m (f);* **her·eti·cal** [hɪˈretɪkl] *adj* ketzerisch.
here·upon [ˌhɪərəˈpɒn] *adv* hierauf; **here·with** [ˌhɪəˈwɪð] *adv* hiermit.
heri·tage [ˈherɪtɪdʒ] Erbschaft *f;* Erbgut, Erbe *n;* Erbrecht *n.*
her·maph·ro·dite [hɜ:ˈmæfrədaɪt] **I** *s* Zwitter *m a. bot* **II** *adj* zwittrig.
her·metic [hɜ:ˈmetɪk] *adj* hermetisch (abgeschlossen); luftdicht; ► **~ally sealed** hermetisch abgeschlossen.
her·mit [ˈhɜ:mɪt] Einsiedler, Eremit *m;* **her·mit·age** [—ɪdʒ] Einsiedelei *f;* **hermit crab** Einsiedlerkrebs *m.*
her·nia [ˈhɜ:nɪə] *med* Bruch *m.*
hero [ˈhɪərəʊ] ⟨*pl* heroes⟩ Held *m;* **her·oic** [hɪˈrəʊɪk] *adj* **1.** heroisch; heldenhaft; heldenmütig; **2.** hochtrabend.
her·oin [ˈherəʊɪn] Heroin *n;* **heroin addict** Heroinsüchtige(r) *f m.*
hero·ism [ˈherəʊɪzəm] Heldenhaftigkeit *f,* -mut *m.*
heron [ˈherən] Reiher *m.*
her·pes [ˈhɜ:pi:z] *med* Herpes *m.*
her·ring [ˈherɪŋ] ⟨*pl* -ring(s)⟩ Hering *m;* ► **red ~** *fig* Ablenkungsmanöver *n;* **that's a red ~** das führt vom Thema ab; **her·ring·bone** [ˈherɪŋbəʊn] **1.** Fischgrätenmuster *n;* **2.** *arch* Zickzackband *n;* **herring gull** Silbermöwe *f.*
hers [hɜ:z] *prn* ihre(r, s); der, die, das ihre, ihrige; ► **a friend of ~** e-r ihrer Freunde, ein Freund von ihr; **the book is ~** das Buch gehört ihr.
her·self [hɜ:ˈself] *prn* **1.** sich *acc* u. *dat;* **2.** *(betont)* (sie) selbst; ► **(all) by ~** (ganz) allein; ohne Hilfe; **she's not ~ today** sie ist heute nicht wie sonst; **she'll do it ~** sie macht das selbst; **she ~ said it** sie hat es selbst gesagt.
he's [hi:z] = *he is; he has.*
hesi·tant [ˈhezɪtənt] *adj* zögerlich; **hesi·tant·ly** *adv* [—lɪ] zögerlich; **hesi·tate** [ˈhezɪteɪt] *itr* **1.** stocken; zaudern, zögern (*about doing, to do* zu tun); **2.** unsicher, unentschlossen, unschlüssig sein (*about, over* wegen); **hesi·ta·tion** [ˌhezɪˈteɪʃn] **1.** Unschlüssigkeit, Unentschlossenheit *f;* **2.** Zögern *n;* ► **without a moment's ~** ohne e-n Augenblick zu zögern; **have no ~** keine Bedenken tragen (*in doing s.th.* etw zu tun).
hes·sian [ˈhesɪən, *Am* ˈheʃn] Rupfen *m,* Sackleinwand *f.*
het·ero·gen·eous [ˌhetərəˈdʒi:nɪəs] *adj* verschiedenartig; heterogen.
het·ero·sex·ual [ˌhetərəˈsekʃʊəl] **I** *adj* heterosexuell; **II** *s* Heterosexuelle(r) *f m.*
het-up [ˌhetˈʌp] *adj fam* aufgeregt, erregt.
hew [hju:] ⟨*irr* hewed, hewed *od* hewn⟩ *tr* **1.** hauen, schlagen; **2.** *(~ down)* *(Baum)* fällen; ► **~ to pieces** in Stücke schlagen; **~ one's way** sich e-n Weg bahnen; **hewer** [ˈhju:ə(r)] **1.** (Holz-)Hauer *m;* **2.** *min* Häuer *m;* **hewn** [ˈhju:n] *v s. hew.*
hex [heks] **I** *s Am sl* Zauber, Fluch *m;* ► **put a ~ on s.th.** etw verhexen; **II** *tr* verhexen.
hexa·gon [ˈheksəgən] Sechseck *n;* **hex·ag·onal** [heksˈægənl] *adj* sechseckig; **hex·am·eter** [heksˈæmɪtə(r)] Hexameter *m.*
hey [heɪ] *interj* he! hei! hallo!
hey-day [ˈheɪdeɪ] Höhepunkt *m,* Glanzzeit *f;* ► **in his ~** in der Blüte seines Lebens.
hey presto [ˈheɪˈprestəʊ] *adv* plötzlich; sofort.

hi [haɪ] *interj fam* hallo!
hi·ber·nate ['haɪbəneɪt] *itr* Winterschlaf halten; **hi·ber·na·tion** [ˌhaɪbə'neɪʃn] Winterschlaf *m.*
hi·bis·cus [hɪ'bɪskəs] *bot* Hibiskus, Eibisch *m.*
hic·cup, hic·cough ['hɪkʌp] **I** *itr* den Schluckauf haben; **II** *s* Schluckauf *m.*
hick [hɪk] *Am sl pej* Tölpel, Simpel *m.*
hidden ['hɪdn] **I** *v s. hide*[1]; **II** *adj* verborgen; versteckt; verdeckt; ► ~ **assets** *pl* stille Rücklagen *f pl.*
hide[1] [haɪd] ⟨*irr* hid, hidden⟩ [hɪd, 'hɪdn] **I** *tr* **1.** verstecken, verbergen (*from* vor); **2.** verheimlichen (*from* vor); **II** *itr* sich verbergen, sich verstecken; **III** *s* Versteck *n (des Jägers);* **IV** *(mit Präposition)* **hide away** *itr* sich verstecken; *tr* verstecken; **hide out, up** *itr* sich verstecken; sich verborgen, versteckt halten.
hide[2] [haɪd] Haut *f,* Fell *n;* ► **save one's own** ~ die eigene Haut retten.
hide-and-seek [ˌhaɪdn'si:k] Versteckspiel *n;* ► **play (at)** ~ Versteck spielen; **hide-away** ['haɪdəweɪ] Unterschlupf *m.*
hid·eous ['hɪdɪəs] *adj* scheußlich, gräßlich; abscheulich, widerlich.
hide-out ['haɪdaʊt] Versteck *n,* Schlupfwinkel, Unterschlupf *m.*
hid·ing[1] ['haɪdɪŋ] ► **go into, be in** ~ sich versteckt halten.
hid·ing[2] ['haɪdɪŋ] *fam* Tracht *f* Prügel.
hi·er·archic(al) [ˌhaɪə'rɑ:kɪk(l)] *adj* hierarchisch; **hi·er·archy** ['haɪərɑ:kɪ] Hierarchie *f.*
hi·ero·glyph ['haɪərəglɪf] Hieroglyphe *f.*
hi-fi [ˌhaɪ'faɪ] **I** *adj* Hi-Fi-; **II** *s* Hi-Fi-Gerät *n;* Hi-Fi-Anlage *f.*
hig·gledy-pig·gledy [ˌhɪgldɪ'pɪgldɪ] *adv, adj* drunter und drüber, durcheinander.
high [haɪ] **I** *adj* **1.** hoch; **2.** *fig* hoch, erhaben (*above* über); **3.** *(Ton)* hoch, schrill, scharf; **4.** *fig* hochgestellt; überragend; **5.** vornehm; **6.** mächtig, gewaltig; **7.** intensiv; **8.** *(Fleisch)* leicht angegangen; **9.** kostspielig, teuer; **10.** *sl* angeheitert, im Drogenrausch, high; ► **in** ~ **favo(u)r** in hoher Gunst; **in** ~ **spirits** in guter Laune; ~ **and dry** *mar* gestrandet; *fig* hilflos, sich selbst überlassen; **be on one's** ~ **horse** *fig* auf dem hohen Roß sitzen; **it is** ~ **time** es ist höchste Zeit; ~ **and mighty** *fam* hochnäsig, übermütig; **II** *adv* **1.** hoch, stark, sehr; **2.** in hohem Maße; ► ~ **and low** überall; **feelings ran** ~ es herrschte eine gereizte Stimmung; **III** *s* **1.** Höchststand *m;* Rekord(höhe *f*) *m;* ► **on** ~ im Himmel; **2.** *mete* Hoch(druckgebiet) *n;* **3.** *sl (Drogen)* ► **have, be on a** ~ high sein.
high·ball ['haɪbɔ:l] Whisky *m* (mit) Soda; **high beam** *mot* Fernlicht *n;* **high·boy** ['haɪbɔɪ] *Am* Kommode *f;* **high·brow** ['haɪbraʊ] **1.** *adj* intellektuell, hochgestochen; **II** *s* Intellektuelle(r) *f m;* **high-chair** ['haɪtʃeə(r)] Hochstuhl *m (für Kinder);* **High Church** (anglikanische) Hochkirche *f;* **high court** oberster Gerichtshof; **higher-up** ['haɪərʌp] *fam* Höhergestellte(r) *f m;* **high-falu·tin** [ˌhaɪfə'lu:tn] *adj fam* geschwollen, hochtrabend; **high-fidelity** High-Fidelity, Tontreue *f;* **high-flier** [ˌhaɪ'flaɪə(r)] *fig* Senkrechtstarter *m,* Hochbegabte(r) *f m;* **high-flown** ['haɪfləʊn] *adj* hochfliegend; hochgesteckt; hochtrabend; **high frequency I** *s el* Hochfrequenz *f;* **II** *adj* Hochfrequenz-; **High German** (das) Hochdeutsch(e); **high-handed** [ˌhaɪ'hændɪd] *adj* anmaßend; willkürlich; **high·jack** ['haɪdʒæk] *s. hijack;* **high jump** *sport* Hochsprung *m;* **high-lands** ['haɪləndz] *pl* Hochland *n;* **high-level** *adj (Gespräche)* auf höchster Ebene; *(Straße, Bahn)* Hoch-; **high life** Leben *n* in großem Stil; Highlife *n;* **high·light** ['haɪlaɪt] **I** *s* **1.** Glanzlicht *n;* **2.** *(im Haar)* Strähne *f;* **3.** *fig* Glanz-, Höhepunkt *m;* **II** *tr* (stark) hervorheben, herausstellen; **high·light·er** [—ə(r)] Leucht-, Markierstift *m.*
high·ly ['haɪlɪ] *adv* in hohem Maße, stark, sehr, äußerst; ► **speak** ~ **of s.o.** von jdm in den höchsten Tönen reden; **think** ~ **of s.o.** große Stücke auf jdn halten; ~ **strung** überreizt, nervös.
high·ness ['haɪnɪs] **1.** Höhe *f;* **2.** *(a. Anrede)* Hoheit *f;* **high performance** *adj* Hochleistungs-; **high-pitched** [haɪ'pɪtʃt] *(Stimme)* hoch, schrill, hell; **high-powered** [ˌhaɪ'paʊəd] *adj* **1.** *(Auto)* mit starkem Motor; **2.** *fig* Spitzen-; sehr anspruchsvoll, hochintellektuell; **high-pressure** *adj* Hochdruck-; ► ~ **area** Hochdruckgebiet *n;* ~ **sales talk** aggressives Verkaufsgespräch; **high priest** Hohepriester *m a. fig;* **high-rank·ing** ['haɪˌræŋkɪŋ] *adj* von hohem Rang; **high-res·ol·ution** [ˌhaɪrezə'lu:ʃən] *adj (Bildschirm)* hochauflösend; **high-rise building, flats** *pl* Hochhaus *n;* **high school** *Am* weiterführende Schule; **high seas** *pl* hohe See; **high season** Hochsaison *f;* **high-security wing** *(in Gefängnis)* Hochsicherheitstrakt *m;* **high society** bessere Gesellschaft, High-Society *f;* **high-sound·ing** ['haɪˌsaʊndɪŋ] *adj* klangvoll; **high-speed train** Hochgeschwindigkeitszug *m;* **high-spirited** [ˌhaɪ'spɪrɪtɪd] *adj* **1.** temperamentvoll; **2.** *(Pferd)* feurig; **high spirits** *pl* gehobene Stimmung; **high spot** Höhepunkt *m;* ► **hit the ~s** sich gründlich amüsieren; **high street** Hauptstraße *f;* **high-strung** [ˌhaɪ'strʌŋ] *adj Am* nervös; **high summer** Hochsommer *m;* **high-tail** ['haɪteɪl] *itr Am sl* abhauen; **high**

tea (Fünfuhr)Tee *m* mit Imbiß; **high-tech** [ˌhaɪˈtek] **I** *adj* High-Tech-; **II** *s* High Tech *n;* **high technology** Hoch-, Spitzentechnologie *f;* **high-tension** *el* Hochspannung *f;* **high tide** Flut *f;* **high time** höchste Zeit; schöne, herrliche Zeit; **high treason** Hochverrat *m;* **high-up** [ˈhaɪʌp] **I** *s* hochgestellte Persönlichkeit; **II** *adj* hochgestellt; **high water** Hochwasser *n;* ▶ **come hell or ~** komme, was da wolle; **high-water mark** Hochwasserstand *m; fig* Höchststand *m;* **high·way** [ˈhaɪweɪ] Landstraße *f;* Haupt(durchgangs)straße *f;* **high·way code** Straßenverkehrsordnung *f;* **high·way·man** [ˈhaɪweɪmən] ⟨*pl* -men⟩ Straßenräuber, Wegelagerer *m;* **highway robbery** Straßenraub *m; fig* Wucher, Nepp *m.*

hi·jack [ˈhaɪdʒæk] **I** *tr* **1.** *aero* entführen; **2.** überfallen; berauben; **II** *s* **1.** (Flugzeug) Entführung *f;* **2.** Überfall *m;* **hi·jacker** [ˈhaɪdʒækə(r)] **1.** Luftpirat(in), Flugzeugentführer(in) *m (f);* **2.** Räuber(in) *m (f);* **hi·jack·ing** [—ɪŋ] Flugzeugentführung *f.*

hike [haɪk] **I** *s* Wanderung *f;* **II** *itr* **1.** wandern; **2.** *Am (Preise)* steigen; **hiker** [ˈhaɪkə(r)] Wanderer *m,* Wanderin *f;* **hik·ing** [ˈhaɪkɪŋ] Wandern *n.*

hil·ari·ous [hɪˈleərɪəs] *adj* fröhlich, lustig, vergnügt, heiter; **hil·ar·ity** [hɪˈlærətɪ] Lustigkeit, Fröhlichkeit *f.*

hill [hɪl] Hügel, Berg *m;* (An)Höhe *f;* ▶ **as old as the ~s** steinalt; **be over the ~** seine beste Zeit hinter sich haben.

hill·billy [ˈhɪlbɪlɪ] *Am fam* Hinterwäldler(in) *m (f).*

hill·ock [ˈhɪlək] (kleiner) Hügel *m.*

hill·side [ˈhɪlsaɪd] (Berg-, Ab)Hang *m;* **hill·top** [ˈhɪltɒp] Berggipfel *m;* **hilly** [ˈhɪlɪ] *adj* hüg(e)lig, bergig.

hilt [hɪlt] Griff *m,* Heft *n;* ▶ **(up) to the ~** bis an den Hals; völlig, gänzlich.

him [hɪm] *prn* ihn *acc;* ihm *dat;* ▶ **it's ~** er ist es; **with his pupils around ~** mit seinen Schülern um sich.

him·self [hɪmˈself] *prn* **1.** sich *acc* u. *dat;* **2.** *(betont)* (er) selbst; ▶ **(all) by ~** (ganz) allein; ohne (fremde) Hilfe; **he is quite beside ~** er ist ganz außer sich; **he's not ~ today** er ist heute nicht wie sonst; **he'll do it ~** er macht es selbst; **he ~ said it** er hat es selbst gesagt.

hind[1] [haɪnd] Hindin, Hirschkuh *f.*

hind[2] [haɪnd] *adj* hinter, Hinter-.

hin·der [ˈhɪndə(r)] *tr* **1.** verhindern; verhüten; **2.** hindern (*from* an).

Hindi [ˈhɪndiː] Hindi *n (Sprache).*

hind legs [ˌhaɪndˈlegz] *pl* Hinterbeine *n pl;* ▶ **get up on one's ~** den Mund aufmachen; **talk the ~ off a donkey** reden wie ein Buch; **hind·most** [ˈhaɪndməʊst] *adj* hinterste(r, s); **hind·quar·ters** [ˌhaɪndˈkwɔːtəz] *pl (Pferd)* Hinterhand *f.*

hin·drance [ˈhɪndrəns] **1.** Behinderung *f;* **2.** Hemmnis, Hindernis *n* (*to* für).

Hin·du [ˈhɪnduː] **I** *adj* hinduistisch; **II** *s* Hindu *m;* **Hin·duism** [ˈhɪnduːɪzəm] *rel* Hinduismus *m.*

hinge [hɪndʒ] **I** *s* **1.** (Tür)Angel *f;* Scharnier *n;* Gelenk *n;* **2.** *fig* Angelpunkt *m;* **II** *tr* **1.** drehbar aufhängen; **2.** *fig* abhängig machen (*upon* von); **III** *itr* **1.** *fig* abhängen (*on, upon* von); **2.** sich drehen (*on, upon* um).

hint [hɪnt] **I** *s* **1.** Hinweis, Wink, Fingerzeig *m;* **2.** Andeutung, Anspielung *f* (*at* auf); ▶ **drop a ~** e-e Bemerkung fallenlassen; **take a ~** es sich gesagt sein lassen; **a broad ~** ein Wink mit dem Zaunpfahl; **II** *tr* andeuten, anspielen auf; **III** *itr* Andeutungen, Anspielungen machen (*at* auf).

hip[1] [hɪp] *anat* Hüfte *f.*

hip[2] [hɪp] Hagebutte *f.*

hip[3] [hɪp] *interj* ▶ **~, ~, hooray!** hipp, hipp, hurra!

hip[4] [hɪp] *adj fam* auf dem laufenden; modern.

hip·bone [ˈhɪpˌbəʊn] Hüftbein *n,* Hüftknochen *m;* **hip-flask** Taschenflasche *f, fam* Flachmann *m.*

hip·pie [ˈhɪpɪ] *s. hippy.*

hip·po [ˈhɪpəʊ] ⟨*pl* -pos⟩ *fam* Nilpferd *n.*

hip·po·pota·mus [ˌhɪpəˈpɒtəməs] ⟨*pl* -muses, -mi⟩ [—ˈpɒtəmaɪ] Fluß-, Nilpferd *n.*

hip·py, hip·pie [ˈhɪpɪ] Hippie *m.*

hire [ˈhaɪə(r)] **I** *s* **1.** Miete *f;* Leihen *n;* **2.** Mietpreis *m;* **3.** Einstellen *n;* **4.** (Arbeits)Lohn *m; mar* Heuer *f;* ▶ **for ~** zu vermieten; *(Taxi)* frei; **let (out) on ~** vermieten; **take (out) on ~** mieten; **II** *tr* **1.** mieten; *(Auto, Anzug)* leihen; **2.** engagieren, ein-, anstellen; ▶ **~d car** Mietwagen *n;* **~d assassin** gedungener Mörder; **~d hand** Lohnarbeiter *m;* **III** *(mit Präposition)* **hire out** *tr* vermieten; verleihen; *itr Am* sich verdingen; **hire purchase** Ratenkauf, Teilzahlungskauf *m;* ▶ **on ~** auf Raten, auf Abzahlung; **hire purchase agreement** Teilzahlungs(kauf)vertrag *m.*

his [hɪz] *prn* **1.** sein(e, r); der, die, das seine, seinige; **2.** *(adjektivisch)* sein; ▶ **a friend of ~** e-r seiner Freunde, ein Freund von ihm; **the book is ~** das Buch gehört ihm.

hiss [hɪs] **I** *itr* zischen; *(Katze)* fauchen; **II** *tr (~ at, off)* auszischen, -pfeifen; **III** *s* Zischen *n;* Fauchen *n.*

his·ta·mine [ˈhɪstəmiːn] *med* Histamin *n.*

his·tor·ian [hɪˈstɔːrɪən] Historiker(in); Geschichtsschreiber(in) *m (f);* **his·toric** [hɪˈstɒrɪk] *adj a. gram* historisch; **his·tori·cal** [hɪˈstɒrɪkl] *adj* historisch, geschichtlich; ▶ **~ novel** historischer Roman; **his·tory** ['hıstrı] **1.** Geschichte *f;* **2.** *(life ~)* Lebensgeschichte *f,* Werdegang *m;* **3.** *med psych* Vorgeschichte *f;* ▶ **ancient, medi(a)eval, modern ~** Alte, Mittlere, Neuere Geschichte; **~ of art** Kunstgeschichte *f;* **~ of literature** Literaturgeschichte *f;* **make ~** Geschichte machen.

hit [hıt] ⟨*irr* hit, hit⟩ **I** *tr* **1.** schlagen; **2.** aufschlagen auf; **3.** treffen; **4.** *fig (Ziel)* erreichen; **5.** *(in e-r Stadt)* ankommen; **6.** *(Schicksalsschlag)* treffen; in Mitleidenschaft ziehen; **7.** *(jds Geschmack)* treffen; *(e-m Wunsch)* genau entsprechen; **8.** *(s.o.)* (jdm) auffallen; (jdm) aufgehen; **9.** *sl* töten, umlegen; **10.** *Am fam* anpumpen (*for* um); ▶ **be hard ~** schwer in Mitleidenschaft gezogen werden; **~ s.o. where it hurts** jdn an der schwachen Stelle angreifen; **~ s.o. below the belt** *(Boxen)* jdm e-n Tiefschlag versetzen *a. fig;* **~ the bottle** *fam* zur Flasche greifen; **~ one's head against s.th.** mit dem Kopf gegen etw schlagen, stoßen; mit dem Kopf auf etw aufschlagen; **~ the ceiling** *fig* aus der Haut fahren; **it ~s you in the eye** das springt einem ins Auge; **~ the road** sich auf den Weg machen; auf die Reise gehen; **you've ~ it!** du hast es getroffen; **he ~ the nail on the head** er hat den Nagel auf den Kopf getroffen; **~ the papers** Schlagzeilen machen; **II** *itr* **1.** schlagen; **2.** zusammenstoßen; **3.** *fig* losschlagen; **III** *s* **1.** Schlag *m;* **2.** Treffer *m;* **3.** *fig* Erfolg *m; mus* Schlager, Hit *m;* **4.** *sl* Mord *m;* ▶ **that's a ~ at me** das galt mir, das war auf mich gemünzt; **make, be a ~ with s.o.** bei jdm gut ankommen; **IV** *(mit Präposition)* **hit back** *itr* zurückschlagen; **hit off** *tr* ▶ **~ it off** sich gut verstehen (*with* mit); **hit out** *itr* losschlagen (*at s.o.* auf jdn); *fig* angreifen (*at s.o.* jdn); **hit (up)on** stoßen auf.

hit-and-run [ˌhıtən'rʌn] *adj (Fahrer)* unfallflüchtig, fahrerflüchtig; ▶ **~ accident** Unfall *m* mit Fahrerflucht; **~ raid** Blitzüberfall *m.*

hitch [hıtʃ] **I** *itr* **1.** hängenbleiben, sich (ver)fangen (*to* an); **2.** per Anhalter fahren (*across Europe* durch Europa); **II** *tr* an-, festhaken, befestigen (*to* an; *round* um); ▶ **get ~ed** *fam* heiraten; **~ a lift, ride** per Anhalter fahren; **III** *s* **1.** Ruck, Stoß *m,* Ziehen *n;* **2.** Hindernis *n;* **3.** Schwierigkeit *f;* Haken *m;* **4.** Knoten *m;* ▶ **without a ~** ohne Störung, reibungslos, glatt; **technical ~** technisches Versagen; **IV** *(mit Präposition)* **hitch up** *tr* **1.** *(Pferde)* anspannen; *(Hose)* hochziehen; **hitcher** ['hıtʃər] *fam* Anhalter(in), Tramper(in) *m (f);* **hitch·hike** ['hıtʃhaık] *itr* per Anhalter fahren; Autostopp machen; trampen; **hitch-hiker** ['hıtʃhaıkə(r)] Anhalter(in), Tramper(in) *m (f);* **hitch-hik·ing** [—ıŋ] Autostopp *m,* Trampen *n.*

hither ['hıðə(r)] *adv* hierher, -hin; ▶ **~ and thither** hierhin und dorthin; **hither-to** [ˌhıðə'tu:] *adv* bisher, bis jetzt.

hit·man ['hıtmæn] ⟨*pl* -men⟩ *sl* Killer *m;* **hit-or-miss** *adj* aufs Geratewohl; *pej (Planung)* schlampig; **hit parade** Schlagerparade, Hitparade *f.*

hive [haıv] **I** *s* **1.** *(bee~)* Bienenstock, -korb *m;* Bienenvolk *n,* -schwarm *m;* **2.** *fig* (Menschen)Menge *f;* belebte Gegend; **II** *(mit Präposition)* **hive off** *itr* weggehen, verschwinden; *tr com* absondern; verselbständigen.

hives [haıvz] *pl* Nesselsucht *f,* -fieber *n.*

ho [həʊ] *interj* oh! oha! he! holla! heda! ▶ **westward ~!** auf nach Westen!

hoar [hɔ:(r)] Reif *m.*

hoard [hɔ:d] **I** *s* (stille) Reserve *f,* Vorrat *m;* Schatz *m;* **II** *tr, itr* hamstern, horten.

hoard·ing[1] ['hɔ:dıŋ] Hamstern, Horten *n.*

hoard·ing[2] ['hɔ:dıŋ] *Br* **1.** Bau, Bretterzaun *m;* **2.** Reklametafel, -fläche *f.*

hoar·frost [ˌhɔ:'frɒst] (Rauh)Reif *m.*

hoarse [hɔ:s] *adj* rauh; heiser; **hoarse-ness** [—nıs] Rauheit *f;* Heiserkeit *f.*

hoary ['hɔ:rı] *adj* **1.** grau-, weißhaarig; altersgrau; **2.** *fig* uralt.

hoax [həʊks] **I** *s* Scherz, Ulk *m;* Streich *m;* blinder Alarm; **II** *tr* e-n Possen spielen (*s.o.* jdm); **hoaxer** [—ə(r)] *jem, der einen blinden Alarm auslöst.*

hobble ['hɒbl] **I** *itr* humpeln; **II** *tr* e-e Fußfessel anlegen (*a horse* e-m Pferd).

hobby ['hɒbı] Hobby, Steckenpferd *n;* **hobby-horse** ['hɒbıhɔ:s] **1.** Steckenpferd *n a. fig;* Schaukelpferd *n;* **2.** *fig* Lieblingsthema *n.*

hob·gob·lin [ˌhɒb'gɒblın] Kobold *m.*

hob·nob ['hɒbnɒb] *itr* **1.** zusammen sitzen (*with* mit); **2.** auf du und du stehen (*with* mit).

hobo ['həʊbəʊ] ⟨*pl* hobo(e)s⟩ *Am* **1.** Wanderarbeiter *m;* **2.** *pej* Landstreicher, Penner *m.*

Hob·son's choice [ˌhɒbsnz'tʃɔıs] ▶ **take ~** keine Wahl haben.

hock[1] [hɒk] *(Pferd)* Sprunggelenk *n.*

hock[2] [hɒk] (weißer) Rheinwein *m.*

hock[3] [hɒk] **I** *s sl* Pfand *n;* ▶ **in ~** verpfändet; **II** *tr* verpfänden, versetzen.

hockey ['hɒkı] *sport* Hockey *n;* ▶ **ice ~** Eishockey *n;* **hockey stick** Hockeyschläger *m.*

ho·cus-po·cus [ˌhəʊkəs'pəʊkəs] Hokuspokus, Schwindel *m,* Gaunerei *f;* fauler Zauber.

hodge·podge ['hɒdʒpɒdʒ] *s. hotchpotch.*

hoe [həʊ] **I** *s agr* Hacke *f;* **II** *tr, itr* hacken.

hog [hɒg] **I** *s* **1.** (Mast)Schwein *n;* **2.** *fig pej fam* Schwein *n;* schmutziger, gefräßiger Kerl; Saukerl *m;* ► **go the whole ~** *sl* aufs Ganze gehen; **road ~** rücksichtslose(r) Fahrer(in); **II** *tr fam* an sich reißen; ► **~ the road** in der Mitte der Straße fahren.

Hog·ma·nay ['hɒgmәneɪ] *(schottisch)* Silvester(abend *m*) *n.*

hogs·head ['hɒgzhed] großes Faß *(238* od *245 l);* **hog·wash** ['hɒgwɒʃ] **1.** Schweinefutter *n;* **2.** *fam* Gewäsch, (dummes) Gerede *n.*

hoi pol·loi [ˌhɔɪpә'lɔɪ] Pöbel, Plebs *m.*

hoist [hɔɪst] **I** *tr* **1.** auf-, hochziehen, -winden; **2.** *mar* hissen; **II** *s* **1.** Auf-, Hochziehen *n;* **2.** Aufzug *m,* Winde *f,* Flaschenzug *m;* (Lade)Kran *m.*

hoity-toity [ˌhɔɪtɪ'tɔɪtɪ] *adj* anmaßend, arrogant.

ho·kum ['hәʊkәm] *Am fam* **1.** Quatsch *m;* **2.** Kitsch *m.*

hold [hәʊld] ⟨*irr* **held, held**⟩ **I** *tr* **1.** (fest)halten; nicht fallen lassen, tragen *a. arch;* **2.** besitzen, innehaben, einnehmen, bekleiden; **3.** *(Funktion, Amt)* ausüben, innehaben; **4.** *(Versammlung)* abhalten; **5.** *(Gespräch)* führen; **6.** *(Stellung)* halten, behaupten; **7.** enthalten; *(Raum, Gefäß)* fassen; **8.** *fig* im Sinne haben; betrachten als, halten für; **9.** der Ansicht sein; meinen, glauben (*that* daß); **10.** *(Ansicht, Meinung)* vertreten; **11.** *jur* entscheiden; vertraglich verpflichten; **12.** *com (Waren)* zurücklegen; ► **~ s.o.'s attention** jds Aufmerksamkeit fesseln; **be left ~ing the baby,** *Am* **the bag** *fig* für den Schaden einstehen müssen; **~ one's breath** den Atem anhalten; **~ cheap** geringachten; keinen Wert legen auf; **~ dear** wertschätzen; **~ one's ground, ~ one's own** sich behaupten; **~ hands** sich an der Hand halten; Händchen halten; **~ the line** *tele* am Apparat bleiben; **~ office** *(Partei)* an der Macht, im Amt sein; **~ the record** den Rekord halten (*for the high jump* im Hochsprung); **~ the road well** *mot* e-e gute Straßenlage haben; **~ water** wasserdicht sein; *fig* stichhaltig sein; **there's no ~ing him** er ist nicht zu halten; **~ it!** halt! **he can't ~ his liquor** er verträgt nichts; **II** *itr* **1.** festhalten, sich halten (*by, to* an); **2.** halten, nicht reißen, nicht brechen; **3.** *(Preise, Wetter)* sich halten; **4.** *(Recht)* Geltung haben, in Kraft sein; **5.** übereinstimmen (*with* mit); **6.** billigen (*with s.th.* etw); ► **~ good, true** zutreffen, gelten, sich bewähren; **III** *s* **1.** Griff *m;* **2.** Halt *m;* **3.** *fig* Gewalt, Macht *f,* starker Einfluß (*on* auf); **4.** *mar* Laderaum *m;* ► **catch, get, lay, take ~ of s.th.** etw fassen, packen, ergreifen; etw in seine Gewalt bringen; **get a ~ of o.s.** sich in den Griff bekommen; **keep ~ of s.th.** etw festhalten; **let go one's ~, lose ~ of s.th.** etw los-, fahrenlassen; **miss one's ~** fehlgreifen; **IV** *(mit Präposition)* **hold against** *tr* verübeln (*s.o.* jdm); **hold back** *tr* **1.** zurückhalten; unter Kontrolle halten; **2.** geheimhalten; **3.** hindern (*from* an); *itr* **1.** sich zurückhalten (*from* von); **2.** zögern; **hold down** *tr* **1.** nieder-, unter Kontrolle, zurückhalten; unterdrücken; **2.** *(Preise)* niedrig halten; **3.** *(Stelle)* halten; behalten; **hold forth** *itr* reden (*on* über); **hold in** *tr (Bauch)* einziehen; *(Gefühle)* unterdrücken, beherrschen; **hold off** *tr* **1.** ab-, fernhalten; abwehren; **2.** *(Entscheidung)* verschieben; *itr* **1.** sich abseits halten, sich fernhalten; **2.** warten; nicht angreifen; **3.** *(Regen)* nicht anfangen, ausbleiben; **hold on** *itr* **1.** (sich) festhalten (*to* an); **2.** durchhalten, ausdauern; **3.** warten; **4.** *tele* am Apparat bleiben; **hold out** *itr* **1.** Bestand haben, sich halten, ausdauern, bleiben; **2.** standhalten, aushalten; sich behaupten (*against* gegen); **3.** *(Vorräte)* reichen; **4.** abwarten (*for s.th.* etw); *tr* **1.** *(Hand)* ausstrecken; **2.** (dar-, an)bieten; **3.** *(Angebot, Hoffnung)* machen; ► **~ out on s.o.** *fam* jdm etw verschweigen; **hold over** *tr* **1.** auf-, verschieben; **2.** reservieren; **3.** *(Film)* verlängern; **4.** *(Waren)* zurücklegen; **5.** *(Wechsel)* prolongieren; **hold to** *itr* festhalten an; **hold together** *tr, itr* zusammenhalten; **hold under** *tr (Volk)* unterdrücken; **hold up** *tr* **1.** hoch, aufrecht halten, stützen; **2.** hochhalten, hochheben; **3.** zeigen, preisgeben (*to ridicule* der Lächerlichkeit); **4.** *Am* als Kandidaten aufstellen; **5.** anhalten; aufhalten; verzögern; **6.** überfallen (und ausrauben); *itr* **1.** stehen bleiben; halten; **2.** *fig* standhalten; sich halten lassen; ► **be held up** aufgehalten werden; **hold with** *itr* übereinstimmen mit, billigen.

hold-all ['hәʊldɔ:l] Reisetasche *f.*

holder ['hәʊldә(r)] **1.** Inhaber(in), Besitzer(in), Pächter(in) *m (f);* **2.** *(Gegenstand)* Halter *m;* (Zigaretten)Spitze *f;* Übertopf *m;* ► **~ of shares** Aktionär(in) *m (f).*

hold·ing ['hәʊldɪŋ] **1.** Pachtgut *n;* **2.** *meist pl* (Grund)Besitz *m,* Grundstück *n;* **3.** Guthaben *n,* (Kapital)Einlage, (Aktien)Beteiligung *f;* **4.** *(Boxen)* Festhalten *n;* ► **~ capacity** Fassungsvermögen *n;* **~ company** Holdinggesellschaft *f;* **~ of stocks** Lagerhaltung *f;* Wertpapierbesitz *m.*

hold·over ['hәʊldәʊvә(r)] *Am* **1.** *fam* Überbleibsel *n;* **2.** *(Schule)* Wiederholer *m;* **hold-up** ['hәʊldʌp] **1.** Verzögerung *f;* **2.** *(traffic ~)* Verkehrsstörung, -stokkung *f;* **3.** (bewaffneter) Raubüberfall *m.*

hole [hәʊl] **I** *s* **1.** Loch *n a. Golf;* Lücke *f;* Öffnung *f;* **2.** Höhle *f;* Bau *m;* **3.** Elendsquartier *n; fam* Loch *n;* **4.** *(Ort)* Kaff *n;* **5.** *fam* Patsche, Klemme, schwierige Situation *f;* ▶ **make a ~ in s.th.** *fig* ein (großes) Loch in etw reißen; **pick ~s in s.th.** *fig* an etw herumkritisieren; **II** *tr* **1.** durchlöchern; **2.** (aus)höhlen; **3.** durchbohren; **4.** *(Ball)* in ein Loch spielen; **III** *(mit Präposition)* **hole up** *itr* sich verkriechen; sich verstecken; sich verschanzen.

holi·day ['hɒlədeɪ] **I** *s* **1.** Feiertag *m;* **2.** arbeitsfreier Tag, Ruhetag *m;* **3.** *pl* Ferien *pl;* Urlaub *m;* ▶ **on ~** in Urlaub; in den Ferien; **be on ~** in Urlaub sein; Ferien haben, machen; **take a ~** Urlaub nehmen; in Urlaub gehen; **bank ~** Bankfeiertag *m;* **public ~** gesetzlicher Feiertag; **~s with pay** bezahlter Urlaub; **II** *itr* die Ferien verbringen; **holiday address** Ferienanschrift *f;* **holiday camp** Ferienlager, -dorf *n;* **holiday course** Ferienkurs *m;* **holiday destination** Reiseziel *n;* **holiday entitlement** Urlaubsanspruch *m;* **holiday flat** Ferienwohnung *f;* **holiday house** Ferienhaus *n;* **holiday-maker** Feriengast *m,* Urlauber(in) *m (f);* **holiday mood** Ferienstimmung *f;* **holiday resort** Ferienort *m.*

holi·ness ['həʊlɪnɪs] Heiligkeit *f.*

Holland ['hɒlənd] Holland *n.*

hol·ler ['hɒlə(r)] *fam* **I** *s* Schrei *m;* **II** *itr, tr* schreien, brüllen.

hol·low ['hɒləʊ] **I** *adj* **1.** hohl; **2.** *(Wangen)* eingefallen; **3.** *fig* leer, hohl, falsch, unaufrichtig; ▶ **beat ~** *fam* völlig besiegen *n;* **II** *s* Höhlung, Vertiefung *f;* Loch *n,* Grube *f;* **III** *tr (~ out)* aushöhlen; vertiefen.

holly ['hɒlɪ] *bot* Stechpalme *f.*

holly·hock ['hɒlɪhɒk] *bot* Rosenmalve *f.*

holm oak ['həʊm,əʊk] Steineiche *f.*

holo·caust ['hɒləkɔ:st] **1.** Brandkatastrophe *f,* Inferno *n;* **2.** Massenvernichtung *f,* -mord *m;* **3.** *hist* Holocaust *m.*

holo·gram ['hɒləgræm] Hologramm *n.*

hol·ster ['həʊlstə(r)] (Pistolen)Halfter *n* od *f.*

holy ['həʊlɪ] *adj* **1.** heilig; geweiht; **2.** gottgefällig; ▶ **a ~ terror** ein entsetzlicher Mensch; **Holy See** (der) Heilige Stuhl; **Holy Week** (die) Karwoche.

hom·age ['hɒmɪdʒ] Huldigung *f;* Ehrerbietung *f;* ▶ **do, pay ~** huldigen (*to s.o.* jdm).

home [həʊm] **I** *s* **1.** Heim *n,* Wohnung *f;* **2.** Heimat *f;* **3.** Haus *n;* Familie *f;* Haushalt *m;* **4.** Anstalt *f;* Heim *n;* **5.** *zoo bot* Standort *m;* ▶ **at ~** daheim, zu Hause; **not at ~** nicht zu Hause (*to* für); **at ~ and abroad** im In- u. Ausland; **be, feel at ~** *fig* zu Hause sein, sich zu Hause fühlen; **make o.s. at ~** es sich bequem machen; **his ~ is in Vienna** er ist in Wien zu Hause; **away from ~** von zu Hause weg; **II** *adj* **1.** einheimisch, inländisch; **2.** häuslich; **III** *adv* heim, nach Hause; zu Hause, daheim; ▶ **bring** *od* **get s.th. ~ to s.o.** jdm etw klarmachen; **drive ~** *(Nagel)* einschlagen; **drive s.o. home** jdn (mit dem Auto) nach Hause bringen; **drive s.th. ~ to s.o.** jdm etw beibringen; **go ~** nach Hause, heimgehen; **see s.o. ~** jdn nach Hause begleiten; **it has come ~ to me** ich bin mir darüber im klaren; **nothing to write ~ about** nichts Besonderes; **IV** *itr* heimfinden; **V** *tr (Rakete)* automatisch ins Ziel steuern; **VI** *(mit Präposition)* **home in** *itr mil* sich ausrichten (*on* auf); ▶ **~ in on a target** ein Ziel ansteuern; **~ in on a point** *fig* einen Punkt herausgreifen; **home-address** Heimatanschrift *f;* Privatanschrift *f;* **home-affairs** *pl Br pol* innere Angelegenheiten *f pl;* **home-baked** [,həʊm'beɪkt] *adj* selbstgebakken; **home-brew** [,həʊm'bru:] selbstgebrautes Bier; **home·com·ing** ['həʊm,kʌmɪŋ] Heimkehr *f;* **home computer** Heimcomputer *m;* **home exercise machine** Heimtrainer *m;* **home-grown** [,həʊm'grəʊn] *adj* selbstgezogen; ▶ **~ produce** einheimisches Erzeugnis; **home help** Haushaltshilfe *f;* **home·land** ['həʊmlænd] Heimat(land *n*) *f;* **home·less** ['həʊmlɪs] *adj* obdachlos; heimatlos; **home·like** ['həʊmlaɪk] *adj* heimelig, behaglich; **home·ly** ['həʊmlɪ] *adj* **1.** häuslich, heimisch; **2.** einfach, schlicht; **3.** *Am* unansehnlich; ▶ **~ fare** bürgerliche Küche; **home-made** [,həʊm'meɪd] *adj* selbstgemacht, -gebacken; **home-maker** ['həʊm,meɪkə(r)] *Am* Hausfrau *f;* **home market** *Br* Inlandsmarkt *m.*

ho·meo . . . ['həʊmɪə] *Am s. homoeo . . .*

Home Of·fice ['həʊm'ɒfɪs] *Br* Innenministerium *n;* **home plate** *(Baseball)* Schlagmal *n;* **Home Rule** *pol* Selbstverwaltung *f;* **home run** *(Baseball)* Vier-Mal-Lauf *m;* **Home Secretary** *Br* Innenminister *m;* **home·sick** ['həʊmsɪk] *adj* ▶ **be ~** Heimweh haben; **home·sick·ness** ['həʊmsɪknɪs] Heimweh *n;* **home·spun** ['həʊmspʌn] *adj* **1.** selbst-, handgesponnen; **2.** *fig* einfach; *pej* hausbacken; **home·stead** ['həʊmsted] **1.** Heimstätte *f;* **2.** *Am* zugewiesenes Freiland *(160 acres);* **home straight; stretch** *sport* Zielgerade *f;* ▶ **we are on the ~** *fig* wir haben's bald geschafft; **home town** Geburts-, Heimatstadt *f;* **home truth** bittere Wahrheit; **home·ward** ['həʊmwəd] *adj* Heim-, Nachhause-, Rück-; **home·wards** ['həʊmwədz] *adv* heim, nach Hause, zurück; **home·work** ['həʊmwɜ:k] **1.** Heimarbeit *f;* **2.** *(Schule)* Hausaufgaben *f pl;* ▶ **do one's ~** seine Hausaufgaben machen; *fig* sich mit der Materie vertraut machen.

homey ['həʊmɪ] *adj Am fam* behaglich,

heimelig.

homi·cidal [ˌhɒmɪˈsaɪdl] *adj* gemeingefährlich; ► **in a ~ mood** in Mordstimmung; **a ~ maniac** ein gemeingefährlicher Verbrecher; **homi·cide** [ˈhɒmɪsaɪd] **1.** Totschlag *m;* Mord *m;* **2.** Mörder *m.*

hom·ing [ˈhəʊmɪŋ] *adj* **1.** heimkehrend; **2.** *mil* zielsuchend; **homing pigeon** Brieftaube *f.*

ho·moeo·path, *Am* **ho·meo·path** [ˈhəʊmɪəpæθ] Homöopath(in) *m (f);* **ho·moeo·pathic,** *Am* **ho·meo·pathic** [ˌhəʊmɪəˈpæθɪk] *adj* homöopathisch; **ho·moe·opathy,** *Am* **ho·me·opathy** [ˌhəʊmɪˈɒpəθɪ] Homöopathie *f.*

ho·mo·gene·ous [ˌhɒməˈdʒiːnɪəs] *adj* gleichartig, homogen; **hom·ogen·ize** [həˈmɒdʒɪnaɪz] *(Milch)* homogenisieren.

homo·graph [ˈhɒməgrɑːf] Homograph *n;* **homo·nym** [ˈhɒmənɪm] Homonym *n;* **homo·phone** [ˈhɒməfəʊn] Homophon *n.*

homo·sex·ual [ˌhɒməˈsekʃʊəl] **I** *adj* homosexuell; **II** *s* Homosexuelle(r) *f m;* **homo·sex·ual·ity** [ˌhɒməsekʃʊˈælətɪ] Homosexualität *f.*

hone [həʊn] **I** *tr (Messerklinge)* (fein)schleifen; *fig* schärfen; **II** *s* Schleifstein *m.*

hon·est [ˈɒnɪst] *adj* **1.** ehrlich, aufrichtig; **2.** zuverlässig, vertrauenswürdig; **3.** anständig; ehrenhaft; **hon·est·ly** [—lɪ] *adv* **1.** auf ehrliche Weise; **2.** wirklich, tatsächlich; ► **to tell you ~** offen gestanden; **hon·est-to-good·ness** [ˈɒnɪsttəˈgʊdnɪs] *adj fam* echt, natürlich; unvermischt; **hon·esty** [ˈɒnɪstɪ] **1.** Ehrlichkeit, Aufrichtigkeit *f;* **2.** Zuverlässigkeit *f.*

honey [ˈhʌnɪ] **1.** Honig *m;* **2.** *fig* Schätzchen *n;* **3.** *Am* Pfundssache *f;* **honey·bee** [ˈhʌnɪbiː] Honigbiene *f;* **honey·comb** [ˈhʌnɪkəʊm] Honigwabe *f;* **honey·dew melon** [ˈhʌnɪdjuː ˈmelən] Honigmelone *f;* **honey·moon** [ˈhʌnɪmuːn] **I** *s* Flitterwochen *f pl;* **II** *itr* die Flitterwochen verbringen; **honey·suckle** [ˈhʌnɪsʌkl] *bot* Geißblatt *n.*

honk [hɒŋk] **I** *s* **1.** Schrei *m* der Wildgans; **2.** *mot* Hupen *n;* **II** *itr* **1.** *(Wildgans)* schreien; **2.** *mot* hupen.

hon·or·ary [ˈɒnərərɪ] *adj* ehrenamtlich; Ehren-; ► **~ member** Ehrenmitglied *n.*

hon·our, *Am* **honor** [ˈɒnə(r)] **I** *s* **1.** Ehre *f;* Auszeichnung *f;* **2.** Unbescholtenheit *f;* **3.** *pl* öffentliche Ehrungen *f pl;* **4.** *pl (Schule)* Auszeichnung *f; (Universität) dem Staatsexamen vergleichbarer Abschluß;* ► **Your H~** Euer Gnaden *(Anrede für e-n Richter);* **do s.o. the ~ of coming** jdm die Ehre erweisen zu kommen; **do the ~s** die Honneurs machen; **take ~s in** *(Universität)* sich spezialisieren in; **in ~ bound** moralisch verpflichtet; **guest of ~** Ehrengast *m;* **man of ~** Ehrenmann *m;* **word of ~** Ehrenwort *n;* **~ where ~ is due** *prov* Ehre, wem Ehre gebührt; **II** *tr* **1.** ehren; (hoch)achten, hochschätzen; **2.** e-e Ehrung zuteil werden lassen (*s.o.* jdm); **3.** *fin* honorieren, einlösen; **hon·o(u)r·able** [ˈɒnərəbl] *adj* ehrenhaft, -voll, -wert; ► **my H~ friend the member for ...** *Br parl* der Abgeordnete für ..; **honours degree** *etwa* Staatsexamen *n;* **honours list 1.** *Br pol* Liste *f* der verliehenen Titel; **2.** *(Universität) Liste der Kandidaten, die den „honours degree" erworben haben.*

hood [hʊd] **1.** Kapuze *f;* **2.** *tech* Haube, Kappe *f,* Aufsatz *m;* **3.** *mot* Verdeck *n;* **4.** *Am mot* Motorhaube *f;* **5.** *orn* Kamm *m,* Haube *f;* **6.** *sl* Gangster *m.*

hood·lum [ˈhuːdləm] *sl* Rowdy *m.*

hood·wink [ˈhʊdwɪŋk] *tr fig* Sand in die Augen streuen (*s.o.* jdm); täuschen; betrügen.

hooey [ˈhuːɪ] *Am sl* Quatsch *m.*

hoof [huːf] ⟨*pl* hoofs, hooves⟩ **I** *s* Huf *m;* ► **on the ~** *(Vieh)* lebend; **II** *tr, itr (~ it) fam* latschen.

hoo-ha [ˈhuːhɑː] *Br fam* Krach *m.*

hook [hʊk] **I** *s* **1.** Haken *m;* Kleider-, *(fish~)* Angelhaken *m;* **2.** Sichel *f;* **3.** gekrümmte Landspitze, -zunge; **4.** *(Boxen)* Haken *m;* ► **by ~ or by crook** ganz gleich, gleichgültig, wie; mit allen Mitteln; **off the ~** *sl* aus den Schwierigkeiten heraus; **leave the phone off the ~** nicht auflegen; **~, line, and sinker** *fam* vollkommen, -ständig *adv;* **~ and eye** Haken *m* u. Öse *f;* **II** *tr* **1.** an-, fest-, zuhaken; **2.** fangen; angeln *a. fig;* **3.** *(Wagen)* anhängen (*on to* an); **4.** hakenförmig biegen; **5.** *sport (Ball)* e-n Haken schlagen lassen; **6.** *(Boxen)* e-n Haken versetzen (*s.o.* jdm); ► **get, be ~ed** *sl* abhängig werden, sein; toll finden (*on s.th.* etw); **be ~ed on an idea** von e-r Idee besessen sein; **~ it** *sl* abhauen; **III** *itr* **1.** (hakenförmig) gekrümmt sein; **2.** mit (e-m) Haken befestigt sein; **IV** *(mit Präposition)* **hook on** *itr* angehängt, angehakt werden; sich festhaken; *tr* anhaken; anhängen; mit e-m Haken befestigen; **hook up** *itr* **1.** mit e-m Haken zugemacht werden; **2.** *radio TV* gemeinsam ausstrahlen; *tr* **1.** zuhaken; **2.** *(Anhänger)* ankoppeln, anhängen; **3.** *radio TV* anschließen (*with* an).

hooked [hʊkt] *adj* **1.** hakenförmig, krumm; **2.** mit Haken versehen; **3.** süchtig; **hooker** [ˈhʊkə(r)] *Am sl* Prostituierte *f;* **hook-up** [ˈhʊkʌp] *radio* Sendergruppe, Ringsendung *f;* **hooky** [ˈhʊkɪ] ► **play ~** *Am fam* die Schule schwänzen.

hoo·li·gan [ˈhuːlɪgən] Rowdy *m;* **hoo·li·gan·ism** [—ɪzm] Rowdytum *n.*

hoop [hu:p] **I** *s* **1.** Reif(en) *m;* Bügel, Ring *m;* **2.** *sport* (Krocket)Tor *n;* ▶ **go through the ~s** *fam* e-e schwere Zeit durchmachen; **II** *tr* die Reifen auftreiben (*a barrel* auf ein Faß).

hoot [hu:t] **I** *itr* **1.** schreien; **2.** hupen; **3.** johlen; sich kaputtlachen; **II** *tr* ausbuhen; **III** *s* **1.** Ruf, Schrei *m;* **2.** *pl* Gejohle *n;* **3.** *tech* Hupen *n;* ▶ **I don't care a ~** das ist mir völlig egal; **he's a ~** er ist zum Schreien komisch; **IV** *(mit Präposition)* **hoot down** *tr* niederschreien; **hooter** ['hu:tə(r)] **1.** *tech* Sirene *f;* **2.** *mot* Hupe *f;* **3.** *sl* Nase *f.*

hoov·er ['hu:və(r)] *Wz* **I** *tr* staubsaugen; **II** *s* Staubsauger *m.*

hop[1] [hɒp] **I** *itr* **1.** hüpfen; **2.** e-e kurze Reise machen; **II** *tr* springen über; ▶ **~ it!** hau ab! **III** *s* **1.** Sprung *m;* **2.** *fam* Tänzchen *n;* **3.** *aero fam* kurzer Flug; ▶ **catch s.o. on the ~** *fam* jdn unvorbereitet erwischen, treffen; **on the ~** fleißig; in Bewegung; **~, step, and jump** *sport* Dreisprung *m;* **IV** *(mit Präposition)* **hop about, around** *itr* umherhüpfen; **hop in, out** *itr* hinein-, heraushüpfen; *fam* einsteigen, aussteigen.

hop[2] [hɒp] **1.** Hopfen *m (Pflanze);* **2.** *pl* Hopfen *m (Bierzusatz).*

hope [həʊp] **I** *s* **1.** Hoffnung *f* (*of* auf); **2.** Vertrauen *n* (*in* zu); Zuversicht *f;* ▶ **past, beyond ~** hoffnungslos; **hold out a ~** Hoffnung haben; **live in ~ of s.th.** auf etw hoffen; **there's no ~ of that** da braucht man sich keine Hoffnungen zu machen; **what a ~!** schön wär's! **II** *tr* hoffen auf; erhoffen; ersehnen; **III** *itr* **1.** hoffen (*for* auf), erhoffen (*for s.th.* etw); **2.** vertrauen (*in* auf); ▶ **I ~ so** hoffentlich! **I ~ not** hoffentlich nicht! **~ against ~** trotz allem die Hoffnung nicht aufgeben; **hope·ful** ['həʊpfl] **I** *adj* hoffnungsvoll; vielversprechend; ▶ **be ~** sich Hoffnungen machen, hoffen; **II** *s* ▶ **a young ~** ein hoffnungsvoller junger Mensch; ein vielversprechendes Talent; **hope·ful·ly** ['həʊpfəlɪ] *adv* **1.** hoffnungsvoll; **2.** hoffentlich; **hope·less** ['həʊplɪs] *adj* **1.** hoffnungslos; **2.** aussichtslos; **3.** nutzlos; **4.** unverbesserlich; **hope·less·ly** [—lɪ] *adv* hoffnungslos.

hop-picker ['hɒpˌpɪkə(r)] Hopfenpflükker(in) *m (f).*

hopper ['hɒpə(r)] *tech* Einfüll-, Speisetrichter *m.*

hop·ping mad ['hɒpɪŋ 'mæd] *adj fam* wütend.

hop·pole ['hɒpˌpəʊl] Hopfenstange *f.*

hop·scotch ['hɒpskɒtʃ] Himmel u. Hölle-Spiel *n.*

horde [hɔ:d] Horde *f;* Menge *f.*

hor·izon [hə'raɪzn] Horizont *m a. fig;* **hori·zon·tal** [ˌhɒrɪ'zɒntl] *adj* horizontal, waagerecht; ▶ **~ bar** *sport* Reck *n;* **~ hold** *TV* Zeilenfang *m.*

hor·mone ['hɔ:məʊn] Hormon *n.*

horn [hɔ:n] **I** *s* **1.** Horn *n;* **2.** *(Schnecke)* Fühler *m;* **3.** (Trink)Horn *n;* **4.** Füllhorn *n;* **5.** *mus* Horn *n;* **6.** *mot* Hupe *f; mar* Signalhorn *n;* **7.** *(Mondsichel)* Spitze *f;* ▶ **~s** *pl* Hörner *n pl a. fig,* Geweih *n;* **be caught on the ~s of a dilemma** in e-r Zwickmühle sitzen; **blow, honk the ~** *mot* hupen; **~ of plenty** Füllhorn *n;* **II** *(mit Präposition)* **horn in** *itr* mitmachen; sich einmischen; ▶ **~ in on a conversation** sich in e-e Unterhaltung einmischen.

hor·net ['hɔ:nɪt] Hornisse *f;* ▶ **stir up a ~'s nest** *fig* in ein Wespennest stechen.

horn·less ['hɔ:nlɪs] *adj* hornlos; **horn-rimmed** ['hɔ:nrɪmt] *adj* ▶ **~ spectacles** *pl* Hornbrille *f;* **horny** ['hɔ:nɪ] *adj* **1.** horn(art)ig; **2.** schwielig; **3.** *sl* scharf, spitz, geil.

horo·scope ['hɒrəskəʊp] Horoskop *n;* ▶ **cast a ~** ein Horoskop stellen.

hor·ren·dous [hɒ'rendəs] *adj* **1.** *(Verbrechen)* entsetzlich; **2.** *(Preise, Lüge)* horrend.

hor·rible ['hɒrəbl] *adj* **1.** schrecklich, furchtbar, entsetzlich; **2.** ekelhaft, unfreundlich; **hor·rid** ['hɒrɪd] *adj* abscheulich, ekelhaft; abstoßend; **horrific** [hə'rɪfɪk] *adj* schrecklich; **hor·rify** ['hɒrɪfaɪ] *tr* **1.** entsetzen; Schrecken einjagen (*s.o.* jdm); **2.** *fam* schockieren (*at, by* von); **hor·ror** ['hɒrə(r)] **1.** Schrecken *m,* Entsetzen, Grauen *n;* **2.** Abscheu, Ekel *m* (*of* vor); **3.** *(Person)* Ekel *n;* **4.** *pl* Grausen *n;* ▶ **~ film** Horrorfilm *m;* **it gives me the ~s** es läuft mir kalt über den Rücken; **hor·ror-stricken, hor·ror-struck** ['hɒrəstrɪkn, 'hɒrəstrʌk] *adj* von Entsetzen gepackt.

hors d'œuvre [ɔ:'dɜ:v(r)] Hors d'œuvre *n,* Vorspeise *f.*

horse [hɔ:s] **1.** Pferd *n a. sport;* **2.** Ständer *m,* Gestell *n;* ▶ **straight from the ~'s mouth** *fig* direkt von der Quelle; **wild ~s would not drag me there** dahin würden mich keine zehn Pferde bringen; **back the wrong ~** *fig* aufs falsche Pferd setzen; **eat like a ~** fressen wie ein Scheunendrescher; **flog a dead ~** *fig* seine Zeit verlieren; **put the cart before the ~** *fig* das Pferd beim Schwanz aufzäumen; **work like a ~** arbeiten wie ein Tier; **a dark ~** *fig* ein unbeschriebenes Blatt; *sport* ein Außenseiter *m;* **horse-back** ['hɔ:sbæk] ▶ **on ~** zu Pferde; **be, go on ~** reiten; **get on ~** aufsitzen; **horse·box** ['hɔ:sbɒks] *rail* Pferdetransportwagen *m;* **horse-chestnut** Roßkastanie *f;* **horse-drawn** ['hɔ:sdrɔ:n] *adj* von Pferden gezogen; **horse·fly** ['hɔ:sflaɪ] Pferdebremse *f;* **horse·hair** ['hɔ:sheə(r)] Roßhaar *n;* **horse-laugh** ['hɔ:slɑ:f] wieherndes

Gelächter; **horse·man** ['hɔːsmən] ⟨*pl* -men⟩ Reiter *m;* **horse·man·ship** ['hɔːsmənʃɪp] Reitkunst *f;* **horse-play** grober Unfug; **horsepower** ['hɔːspaʊə(r)] Pferdestärke *f;* **horse-race** Pferderennen *n;* **horse-radish** Meerrettich *m;* **horse-sense** *fam* gesunder Menschenverstand; **horse-shoe** ['hɔːsʃuː] Hufeisen *n;* **horse trading** *fig* Kuhhandel *m;* **horsewhip** ['hɔːswɪp] Reitpeitsche *f;* **horse-woman** ['hɔːsˌwʊmən] ⟨*pl* -women⟩ [—wɪmɪn] Reiterin *f.*

hors(e)y ['hɔːsɪ] *adj* **1.** pferdeartig; **2.** pferdeliebend.

hor·ti·cul·tural [ˌhɔːtɪ'kʌltʃərəl] *adj* ▶ ~ **exhibition** Gartenschau *f;* **hor·ti·cul·ture** ['hɔːtɪkʌltʃə(r)] Gartenbau *m.*

ho·sanna [həʊ'zænə] **I** *s* Hosianna *n;* **II** *interj* hosianna!

hose[1] [həʊz] **I** *tr* abspritzen; **II** *s* (Gummi)Schlauch *m.*

hose[2] [həʊz] **1.** *(Sammelbegriff)* Strumpfwaren *f pl;* **2.** *(historisch)* Kniehose *f;* **ho·sier** ['həʊzɪə(r)] Strumpfwarenhändler(in) *m (f);* **ho·siery** ['həʊzɪərɪ] Strumpf-, Wirkwaren *f pl.*

hos·pit·able [hɒ'spɪtəbl] *adj* gastlich, gastfreundlich.

hos·pi·tal ['hɒspɪtl] Klinik *f,* Krankenhaus *n;* ▶ **be in** ~ im Krankenhaus sein; **hospital train, ship** Lazarettzug *m,* -schiff *n.*

hos·pi·tal·ity [ˌhɒspɪ'tælətɪ] Gastlichkeit *f;* Gastfreundschaft *f.*

hos·pi·tal·iz·ation [ˌhɒspɪtəlaɪ'zeɪʃn] **1.** Einlieferung *f* in ein Krankenhaus; **2.** Krankenhausaufenthalt *m;* **hos·pi·tal·ize** ['hɒspɪtlaɪz] *tr* in ein Krankenhaus einliefern.

host[1] [həʊst] **I** *s* **1.** Gastgeber *m* (*to* für); **2.** *biol* Wirt(stier *n*) *m;* **II** *tr* Gastgeber sein bei.

host[2] [həʊst] ▶ **a** ~ **of,** ~**s of** ... e-e Unzahl ...; sehr viel ...

Host [həʊst] *rel* Hostie *f.*

hos·tage ['hɒstɪdʒ] Geisel *f;* ▶ **take s.o.** ~ jdn als Geisel nehmen.

host country ['həʊstˌkʌntrɪ] Gastland *n.*

hos·tel ['hɒstl] Wohnheim *n;* ▶ **youth** ~ Jugendherberge *f;* **hos·tel·ler** ['hɒstələ(r)] Heimbewohner(in) *m (f);* (Jugend)Herbergsgast *m.*

host·ess ['həʊstɪs] **1.** Gastgeberin *f;* Dame *f* des Hauses; **2.** Empfangsdame *f;* Hosteß *f;* **3.** *aero* Stewardeß *f.*

hos·tile ['hɒstaɪl] *adj* **1.** feindlich; **2.** feindselig (*to* gegen); **hos·til·ity** [hɒ'stɪlətɪ] **1.** Feindschaft *f* (*to, towards, against* gegen); **2.** *pl* Feindseligkeiten *f pl.*

hot [hɒt] **I** *adj* **1.** heiß; *(Wasserhahn, Mahlzeit)* warm; **2.** brennend, beißend; **3.** stark gewürzt, scharf; **4.** *fig* heiß(blütig), feurig, leicht erregbar; **5.** (hell) begeistert; leidenschaftlich; **6.** *fam* erpicht, scharf (*on,* auf); **7.** *sl* lüstern; sexuell erregend; **8.** *(Kampf)* heiß, heftig; **9.** *(Motor)* heißgelaufen; **10.** radioaktiv; **11.** *mus* heiß; **12.** *sport* geschickt, gewandt; **13.** *(Spur)* heiß; **14.** *fam (Mensch)* fähig, gut; *(Sache)* toll; **15.** *sl* gestohlen, heiß; ▶ **not so** ~ *fam* ergebnislos; wirkungslos; nicht gerade umwerfend; ~ **and bothered** beunruhigt; **blow** ~ **and cold** nicht wissen, was man will; **get** ~ **under the collar** verärgert, erregt werden; **get into** ~ **water** *fig* in Teufels Küche kommen; **make a place, things** ~ **for s.o.** jdm die Hölle heiß machen; **I'm** ~ **on his trail** ich bin ihm dicht auf den Fersen; **it's too** ~ **to handle** das ist ein heißes Eisen; **II** *(mit Präposition)* **hot up** *itr* an Intensität zunehmen; gefährlich werden.

hot air [ˌhɒt'eə(r)] **1.** Heißluft *f;* **2.** *fam* leeres Gerede, Angeberei *f;* **hot·bed** ['hɒtbed] **1.** Mistbeet *n;* **2.** *fig* Brutstätte *f;* **hot-blooded** [ˌhɒt'blʌdɪd] *adj* heißblütig, feurig.

hotch·potch ['hɒtʃpɒtʃ] **1.** Eintopf *m;* **2.** *fig* Mischmasch *m.*

hot dog [ˌhɒt'dɒg] heißes Würstchen, Hot dog *n* od *m.*

ho·tel [həʊ'tel] Hotel *n;* **hotel accommodation** Unterbringung *f* im Hotel; **hotel bill** Hotelrechnung *f;* **ho·tel·ier** [hɒ'teljeɪ] Hotelier *m;* **hotel industry** Hotelgewerbe *n;* **hotel keeper** Hotelbesitzer(in) *m (f);* **hotel register** Hotelverzeichnis *n;* **hotel staff** Hotelpersonal *n.*

hot·foot ['hɒtfʊt] **I** *adv* in aller Eile; **II** *tr, itr (~ it)* schnell gehen, sich beeilen; **hot·head** ['hɒthed] Hitzkopf *m;* **hot-headed** [ˌhɒt'hedɪd] *adj* hitzköpfig; **hot·house** ['hɒthaʊs] Treibhaus *n;* **hot jazz** Hot Jazz *m;* **hot line** *pol* heißer Draht; **hot·ly** ['hɒtlɪ] *adv* ▶ ~ **contested, disputed** heißumkämpft; ~**debated** heißumstritten; ~ **denied** heftig bestritten; **hot metal** *typ* Blei *n;* Bleisatz *m;* **hot pants** *pl* Hot Pants *pl;* **hot·plate** ['hɒtpleɪt] Heiz-, Kochplatte *f;* Warmhalteplatte *f;* **hot potato** *fig fam* heißes Eisen; **hot·rod** ['hɒtrɒd] *mot* Auto *n* mit frisiertem Motor; **hot seat 1.** *fig* Schleudersitz *m;* schwierige Position; **2.** *Am sl* elektrischer Stuhl; **hot·shot** ['hɒtʃɒt] *sl* Kanone *f,* As *n;* **hot spot** *sl* **1.** Nachtlokal *n;* **2.** *pol* Krisenherd *m;* **hot stuff** *sl* **1.** tolles Ding; tolle Frau; **2.** Zündstoff *m;* **hot-tempered** [ˌhɒt'tempə(r)d] *adj* jähzornig; **hot-water bottle** Wärm-, Bettflasche *f.*

hound [haʊnd] **I** *s* **1.** Jagdhund *m;* **2.** *fig* Schurke, Hund *m;* ▶ **ride to** ~**s** mit der Meute jagen; **II** *tr* (beständig) hetzen; **III** *(mit Präposition)* **hound down** *tr*

Jagd machen auf; erjagen; erwischen.

hour ['aʊə(r)] **1.** Stunde *f;* **2.** Zeit *f;* Zeitpunkt *m;* **3.** Uhr(zeit) *f;* ▶ **after ~s** nach Geschäftsschluß; *(Kneipe)* nach der Polizeistunde; *(Arzt)* außerhalb der Sprechstunde; **at all ~s** zu jeder Stunde; **at the eleventh ~** in letzter Minute; **by the ~** stundenweise; **for ~s** stundenlang; **every ~ on the ~** jeweils zur vollen Stunde; **keep late ~s** spät zu Bett gehen; **the rush ~** die Hauptgeschäfts-, Hauptverkehrs-, Stoßzeit *f;* **opening ~s** *pl* Geschäftszeiten *f pl;* Öffnungszeiten *f pl;* Schalterstunden *f pl;* Sprechstunde *f;* **the small ~s** die frühen Morgenstunden *f pl;* **working ~s** *pl* Arbeitszeit *f;* Dienststunden *f pl;* **his ~ has come** seine Stunde ist gekommen; sein letztes Stündchen hat geschlagen; **hour hand** Stundenzeiger *m;* **hour·ly** ['aʊəlɪ] *adj, adv* stündlich; ▶ **~ wage** Stundenlohn *m.*

house [haʊs] ‹*pl* houses› ['haʊzɪz] **I** *s* **1.** Haus *n;* **2.** Dynastie *f;* **3.** Geschäft(shaus) *n,* Firma *f;* **4.** *theat* Vorstellung *f,* Publikum, Theater *n;* **5.** *(Univ.)* College *n;* Wohngebäude *n (e-s Internats);* **6.** (Abgeordneten)Haus, Parlament *n;* ▶ **on the ~** auf Kosten der Firma, des Hauses; **like a ~ on fire** *fam* bestens; **bring the ~ down** *theat* großen Beifall ernten; **keep ~** haushalten (*for s.o.* jdm); **set one's ~ in order** reinen Tisch machen; **apartment-~** Mietshaus *n;* **boarding-~** Pension *f;* **~ of cards** *fig* Kartenhaus *n;* **the H~ of Commons** *Br parl* das Unterhaus; **the H~ of Lords** *Br parl* das Oberhaus; **the H~s of Parliament** *Br* das Parlamentsgebäude; **Lower, Upper H~** Unter-, Oberhaus *n;* **the H~ of Representatives** *Am* das Repräsentantenhaus; **II** *tr* unterbringen; verstauen; **house·boat** ['haʊsbəʊt] Hausboot *n;* **house·breaker** ['haʊsˌbreɪkə(r)] Einbrecher(in) *m (f);* **house·break·ing** ['haʊsˌbreɪkɪŋ] Einbruch *m;* **house·coat** ['haʊskəʊt] Morgenrock *m;* Hauskleid *n;* **house-fly** ['haʊsflaɪ] Stubenfliege *f.*

house·hold ['haʊshəʊld] Haushalt *m;* ▶ **~ articles** *pl* Haushaltsgegenstände *m pl;* **it's a ~ name, word** das ist ein Begriff; **house·holder** ['haʊshəʊldə(r)] Haus-, Wohnungsinhaber(in) *m (f).*

house-hunt ['haʊshʌnt] *itr* auf Wohnungssuche sein, gehen; **house-husband** ['haʊshʌzbənd] Hausmann *m;* **house·keeper** ['haʊsˌki:pə(r)] Haushälterin *f; (Institution)* Wirtschaftsleiterin *f;* **house·keep·ing** ['haʊsˌki:pɪŋ] Führung *f* e-s Haushalts, Haushalten *n;* ▶ **~ money** Haushaltsgeld *n;* **house-maid** ['haʊsmeɪd] Hausgehilfin *f;* ▶ **~'s knee** *med* Schleimbeutelentzündung *f;* **houseman** ['haʊsmən] *Br* Medizinalassistent *m;* **house physician** Anstaltsarzt *m,* -ärztin *f;* **house·proud** ['haʊspraʊd] *adj* auf (die) Ordnung im Haus bedacht; **house·room** ['haʊsrʊm] *Br* ▶ **I would not give it ~** das möchte ich nicht geschenkt haben; **house rules** *pl* Hausordnung *f;* **house surgeon** Krankenhauschirurg(in) *m (f);* **house-to-house** *adj* ▶ **~ collection** Haussammlung *f;* **~ search** Suche *f* von Haus zu Haus; **~ selling** Direktverkauf *m* an der Haustür, Haustürgeschäft *n;* **house·top** ['haʊstɒp] (Haus)Dach *n;* ▶ **shout s.th. from the ~s** etw ausposaunen; **house·trained** ['haʊstreɪnd] *adj (Tier)* stubenrein; **house-warming** ['haʊsˌwɔ:mɪŋ] Einzugsfest *n.*

house·wife[1] ['haʊswaɪf] ‹*pl* -wives› Hausfrau *f;* Haushälterin, Wirtschafterin *f.*

house·wife[2] ['hʌsɪf] ‹*pl* -wives› ['hʌsɪvz] Nähzeug *n.*

house·work ['haʊswɜ:k] Hausarbeit *f.*

hous·ing ['haʊzɪŋ] **1.** Unterbringung, Unterkunft, Wohnung *f;* **2.** Wohnungsbeschaffung *f;* **3.** *(Waren)* (Ein)Lagerung *f;* **4.** *tech* Gehäuse *n;* **housing benefit** Wohnbeihilfe *f,* Wohngeld *n;* **housing conditions** *pl* Wohnverhältnisse *n pl;* **housing development** *Am,* **housing estate** *Br* (Wohn)Siedlung *f;* **housing problem** Wohnungsproblem *n;* **housing programme** Wohnungsbeschaffungsprogramm *n;* **housing scheme 1.** (Wohn)Siedlung *f;* **2.** Siedlungsbauvorhaben *n;* **housing shortage** Wohnraummangel *m.*

hove [həʊv] *mar v s. heave.*

hovel ['hɒvl] *pej* Bruchbude *f,* Loch *n.*

hover ['hɒvə(r)] *itr* **1.** schweben (*about, over* über); **2.** herumlungern, sich herumtreiben (*about, near* in der Nähe *gen*); **3.** *fig* schwanken (*between* zwischen); **4.** *fig* schweben (*between life and death* zwischen Leben u. Tod); **hover·craft** ['hɒvəkrɑ:ft] Luftkissenfahrzeug, Hovercraft *n;* **hover·port** ['hɒvəpɔ:t] Hafen *m* für Luftkissenfahrzeuge; **hover·train** ['hɒvətreɪn] Schwebebahn *f.*

how [haʊ] *adv* **1.** wie; wieso; **2.** *fam* was? warum? ▶ **and ~!** *sl* und wie! **~ about . . .?** wie steht, wäre es mit . . .? **~ come . . .?** *sl,* **~ is it . . .?** wie kommt es . . .? **~ many?** wie viele? **~ much?** wieviel? **~ are you? ~ do you do?** wie geht's? guten Tag! *(bei e-r Vorstellung)* sehr erfreut! **how-d'ye-do** ['haʊdjədu:] *fam* Theater *n,* Krach *m.*

how·ever [haʊ'evə(r)] **I** *adv* wie auch immer; ▶ **~ big, intelligent** wie groß, intelligent auch immer; **II** *conj* indessen; jedoch, aber; trotzdem.

howl [haʊl] **I** *itr* **1.** heulen; **2.** brüllen,

schreien; **II** *s* Geheul *n;* **III** *(mit Präposition)* **howl down** *tr* niederbrüllen, -schreien; **howler** ['haʊlə(r)] *fam* Schnitzer, dummer Fehler *m;* **howl·ing** [—ɪŋ] **I** *s* Gebrüll, Geschrei *n;* Heulen *n;* **II** *adj* **1.** heulend; **2.** *fam* gewaltig; *(Ungerechtigkeit)* schreiend; *(Erfolg)* toll.

HP, hp [ˌeɪtʃ'pi:] **1.** *Abk: s. hire purchase;* **2.** *Abk: s. horse power.*

hub [hʌb] **1.** *(Rad)* Nabe *f;* **2.** *fig* Mittelpunkt *m.*

hub·bub ['hʌbʌb] Stimmengewirr *n;* Tumult *m.*

hub·cap ['hʌbkæp] *mot* Radkappe *m.*

huckle·berry ['hʌklbərɪ] amerikanische Heidelbeere.

huck·ster ['hʌkstə(r)] **1.** (Straßen)Händler(in) *m (f);* **2.** *Am fam pej* Reklamefritze *m.*

huddle ['hʌdl] **I** *itr* **1.** sich drängen, sich drücken; **2.** sich schmiegen (*to* an); **II** *s* Durcheinander *n;* **III** *(mit Präposition)* **huddle down** *itr* sich hinkuscheln; **huddle together** *itr* sich aneinanderschmiegen; **huddle up** *itr* sich zusammenkauern; ▶ ~ **up against** sich kauern an.

hue [hju:] **1.** Farbe *f;* Färbung *f;* **2.** Farbton *m;* Schattierung *f;* ▶ ~ **and cry** lautes Geschrei; **raise a ~ and cry against s.o.** gegen jdn heftig protestieren.

huff [hʌf] **I** *itr* blasen, pusten; **II** *s* Groll *m;* ▶ **go into a ~** schmollen, beleidigt sein; **huffy** ['hʌfɪ] *adj* leicht beleidigt, empfindlich, *fam* eingeschnappt.

hug [hʌg] **I** *tr* **1.** umarmen; **2.** sich dicht halten (*the shore* am Ufer); **3.** *fig* hängen an, festhalten an; **II** *refl* stolz sein (*over* auf); **III** *s* **1.** Umarmung *f;* **2.** *sport* Griff *m.*

huge [hju:dʒ] *adj* riesig, gewaltig; ungeheuer; **huge·ly** [—lɪ] *adv* ungeheuer; **huge·ness** [—nɪs] gewaltige Größe.

hulk [hʌlk] **1.** (Schiffs)Rumpf *m;* **2.** schwerfälliger Mensch, Klotz, Trampel *m;* **hulk·ing** [—ɪŋ] *adj* unförmig; plump.

hull[1] [hʌl] **I** *s bot* Hülse, Schale *f;* Schote *f;* **II** *tr* enthülsen, schälen.

hull[2] [hʌl] Schiffskörper *m;* Flugzeugrumpf *m.*

hul·la·ba·loo [ˌhʌləbə'lu:] Lärm, Tumult *m.*

hullo [hə'ləʊ] *interj* hallo! nanu!

hum [hʌm] **I** *itr* **1.** summen; **2.** (er)dröhnen (*with* von); **3.** *fam* geschäftig, betriebsam sein; **4.** *sl* stinken; ▶ **make things ~** *fam* den Laden in Schwung bringen; ~ **and haw** herumdrucksen; **things are always ~ming** es ist immer Betrieb; **II** *tr (Melodie)* summen (*to o.s.* vor sich hin); **III** *s* Summen, Brummen *n.*

hu·man ['hju:mən] **I** *adj* menschlich; ▶ **to err is ~** *prov* Irren ist menschlich; **I'm only ~** ich bin auch nur ein Mensch; ~ **chain** Menschenkette *f;* ~ **rights** *pl* Menschenrechte *n pl;* **II** *s (~ being)* Mensch *m;* **hu·mane** [hju:'meɪn] *adj* menschlich, human; **hu·man·ism** ['hju:mənɪzəm] Humanismus *m;* **hu·man·istic** [ˌhju:mə'nɪstɪk] *adj* humanistisch; **hu·mani·tar·ian** [hju:ˌmænɪ'teərɪən] *adj* menschenfreundlich; humanitär; **hu·man·ity** [hju:'mænətɪ] **1.** die Menschheit; **2.** Menschlichkeit *f;* ▶ **the humanities** *pl* die Geisteswissenschaften *pl;* **hu·man·ize** ['hju:mənaɪz] *tr* humanisieren; **hu·man·ly** ['hju:mənlɪ] *adv* ▶ ~ **possible** menschenmöglich.

humble ['hʌmbl] **I** *adj* **1.** demütig; **2.** bescheiden; **3.** unbedeutend; ▶ **eat ~ pie** zurückstecken, klein beigeben; **II** *tr* demütigen; **humble·ness** [—nɪs] Bescheidenheit *f;* Einfachheit *f;* Demut *f.*

hum·bug ['hʌmbʌg] **1.** Schwindel, Humbug *m;* **2.** Quatsch *m;* **3.** Schwindler(in), Hochstapler(in) *m (f);* **4.** *Br* Pfefferminzbonbon *m* od *n.*

hum·drum ['hʌmdrʌm] *adj* eintönig, monoton, langweilig.

hu·mid ['hju:mɪd] *adj* feucht; **hu·mid·ifier** [hju:mɪdɪfaɪə(r)] Verdunster *m;* Luftbefeuchtungsanlage *f;* **hu·mid·ify** [hju:'mɪdɪfaɪ] *tr* an-, befeuchten; **hu·mid·ity** [hju:'mɪdətɪ] Feuchtigkeit *f.*

hu·mili·ate [hju:'mɪlɪeɪt] *tr* demütigen; **hu·mili·ation** [hju:ˌmɪlɪ'eɪʃn] Demütigung *f;* **hu·mil·ity** [hju:'mɪlətɪ] Demut *f;* Bescheidenheit *f.*

hum·ming·bird ['hʌmɪŋbɜ:d] *zoo* Kolibri *m.*

hum·mock ['hʌmək] (kleiner) Hügel *m.*

hu·mor·ist ['hju:mərɪst] Humorist(in) *m (f);* **hu·mor·ous** ['hju:mərəs] *adj* humorvoll, amüsant, komisch; **hu·mour,** *Am* **hu·mor** ['hju:mə(r)] **I** *s* **1.** *(sense of ~)* Humor *m;* **2.** Stimmung, Laune *f;* ▶ **be out of ~** nicht in Stimmung, schlecht aufgelegt sein; **II** *tr* nachgeben (*s.o.* jdm gegenüber), den Willen lassen (*s.o.* jdm); **hu·mour·less** [—lɪs] *adj* humorlos, trocken.

hump [hʌmp] **I** *s* **1.** *(Kamel)* Höcker *m;* **2.** *(Mensch)* Buckel *m;* **3.** Hügel *m;* **4.** schlechte Laune, Ärger, Verdruß *m;* ▶ **be over the ~** *fig* über den Berg sein; **II** *tr* **1.** krümmen; **2.** schleppen; auf die Schulter nehmen; **hump·back** ['hʌmpbæk] **1.** Buckel *m;* **2.** Bucklige(r) *f m;* **hump·backed** ['hʌmpbækt] *adj* bucklig; ▶ ~ **bridge** gewölbte Brücke.

humph [hʌmpf, mm] *interj* hm!

Hun [hʌn] **1.** *hist* Hunne *m,* Hunnin *f;* **2.** *pej* Deutsche(r) *f m.*

hunch [hʌntʃ] **I** *tr* wölben, krümmen; ▶ ~ **one's back** e-n Buckel machen; **II** *s fam* (Vor)Ahnung *f;* ▶ **have a ~** e-e Ahnung haben; **play one's ~** einer Intuition folgen; **hunch·back** ['hʌntʃbæk] **1.** Buckel *m;* **2.** Bucklige(r) *f m;* ▶ **be a ~** bucklig sein, e-n Buckel haben.

hun·dred ['hʌndrəd] **I** *adj* hundert; **II** *s* (das) Hundert; ▶ **a ~** hundert; **one ~** einhundert; **~s of ...** Hunderte von .. ; **hun·dred·fold** ['hʌndrədfəʊld] *adj, adv* hundertfach; hundertfältig; **hundredth** ['hʌndrədθ] **I** *adj* hundertste(r, s); **II** *s* Hundertstel *n;* Hundertste(r, s); **hun·dred·weight** ['hʌndrədweɪt] Zentner *m = 112 Pfund bzw. 50,8 kg, Am = 100 Pfund bzw. 45,36 kg).*

hung [hʌŋ] *v s. hang.*

Hung·ari·an [hʌŋ'geərɪən] **I** *adj* ungarisch; **II** *s* **1.** *(Mensch)* Ungar(in) *m (f);* **2.** *(Sprache)* (das) Ungarisch(e); **Hungary** ['hʌŋgərɪ] Ungarn *n.*

hun·ger ['hʌŋgə(r)] **I** *s* **1.** Hunger *m;* **2.** *fig* Verlangen *n* (*for, after* nach); ▶ **die of ~** verhungern; **feel ~** hungrig sein; **~ strike** Hungerstreik *m;* **II** *itr* sich sehnen, (heftig) verlangen (*for, after* nach); **hun·gry** ['hʌŋgrɪ] *adj* **1.** hungrig; **2.** verlangend, (be)gierig (*for* nach); **3.** *(Boden)* mager; ▶ **be ~** Hunger haben, hungrig sein.

hunk [hʌŋk] *fam* dickes Stück, Ranken *m (bes. Brot).*

hunt [hʌnt] **I** *tr* **1.** jagen; hetzen; **2.** verfolgen; **3.** eifrig suchen; **4.** durchjagen, -streifen; **II** *itr* **1.** auf die Jagd gehen, jagen; **2.** suchen, forschen (*for* nach); ▶ **go ~ing** auf die Jagd gehen; **III** *s* **1.** Jagd *f;* Fuchsjagd *f;* **2.** *fig* Jagd, Suche *f* (*for* nach); **IV** *(mit Präposition)* **hunt down** *tr* zur Strecke bringen; **hunt out** *tr* ausfindig machen; **hunt up** *tr* aufstöbern; **hunter** ['hʌntə(r)] **1.** Jäger *m;* **2.** Jagdpferd *n;* **hunt·ing** [—ɪŋ] **1.** Jagen *n,* Jagd *f;* **2.** Suche *f;* **hunt·ing-ground** Jagdgründe *m pl;* **hunt·ing-licence** Jagdschein *m;* **hunt·ing-season** Jagdzeit *f;* **hunt·ress** ['hʌntrɪs] Jägerin *f;* **hunts·man** ['hʌntsmən] ⟨*pl* -men⟩ **1.** Jäger *m;* **2.** Aufseher *m* der Jagdhunde.

hurdle ['hɜ:dl] **1.** *agr sport* Hürde *f;* **2.** *fig* Hindernis *n,* Hürde *f;* ▶ **~s** *pl sport* Hürdenlauf *m;* **hundred meters ~s** 100-m-Hürden(lauf); **hur·dler** ['hɜ:dlə(r)] Hürdenläufer(in) *m (f);* **hurdle-race** Hürdenlauf *m,* Hindernisrennen *n.*

hurdy-gurdy ['hɜ:dɪgɜ:dɪ] Leierkasten *m;* Drehorgel *f.*

hurl [hɜ:l] **I** *tr* **1.** schleudern; **2.** hinausbrüllen, -schreien; **3.** *(Worte)* ausstoßen (*at* gegen); **II** *s* Schleudern, Stoßen *n.*

hurly-burly ['hɜ:lɪbɜ:lɪ] Lärm, Tumult *m.*

hur·rah, hur·ray [hʊ'rɑ:, hʊ'reɪ] **I** *interj* hurra! **II** *s* Hurra(ruf *m*) *n.*

hur·ri·cane ['hʌrɪkən] Wirbelsturm, Orkan *m a. fig;* **hurricane lamp** Sturmlaterne *f;* **hurricane warning** Sturmwarnung *f.*

hur·ried ['hʌrɪd] *adj* **1.** hastig; eilig; **2.** übereilt.

hurry ['hʌrɪ] **I** *s* **1.** Eile, Hast *f;* **2.** Übereilung, Überstürzung *f;* **3.** Drängen *n,* Ungeduld *f;* ▶ **in a ~** in (großer) Eile; überstürzt; **in no ~** *fam* nicht von sich aus, nicht ohne Not, nicht freiwillig; **be in a ~** es sehr eilig haben (*to do s.th.* etw zu tun); **there is no ~** damit hat's keine Eile; **why (all) this ~?** warum diese Eile? **II** *itr* sich beeilen; **don't ~** immer mit der Ruhe! **III** *tr* **1.** *(~ up)* beschleunigen; antreiben; **2.** *(Person)* rasch schikken (*to* zu); **IV** *(mit Präposition)* **hurry along** *itr* sich beeilen; *tr* drängen; zur Eile antreiben; vorantreiben; **hurry away, hurry off** *itr* forteilen; *tr* schnell wegbringen; **hurry on** *itr* schnell weitergehen, weiterreden, weiterlesen; *tr* antreiben; **hurry up** *itr* sich beeilen; *tr* zur Eile antreiben; vorantreiben.

hurt [hɜ:t] ⟨*irr* **hurt, hurt**⟩ **I** *tr* **1.** weh tun (*s.o.* jdm); **2.** verletzen, verwunden; **3.** schaden, Schaden zufügen (*s.o.* jdm); **4.** *fig* verletzen, kränken, weh tun (*s.o.* jdm); ▶ **be, feel ~** sich verletzt, beleidigt, gekränkt fühlen; **~ s.o.'s feelings** jdn kränken, verletzen; **II** *itr* weh tun; **that won't ~** das schadet nichts; **III** *s* **1.** Schmerz *m;* **2.** Verletzung, Verwundung *f;* **3.** *fig* Kummer *m,* Leid *n;* **4.** Schaden, Nachteil *m* (*to* für); **hurt·ful** ['hɜ:tfl] *adj* **1.** verletzend; **2.** schädlich, nachteilig (*to* für).

hus·band ['hʌzbənd] **I** *s* (Ehe)Mann, Gatte *m;* ▶ **~ and wife** Eheleute *pl;* **II** *tr* sparsam umgehen mit.

hus·bandry ['hʌzbəndrɪ] Landwirtschaft *f;* ▶ **animal ~** Viehzucht *f.*

hush [hʌʃ] **I** *tr* zum Schweigen bringen; **II** *itr* verstummen; **III** *s* Stille *f;* **IV** *interj* still! Ruhe (da)! **V** *(mit Präposition)* **hush up** *tr* vertuschen, verheimlichen; **hush-hush** [ˌhʌʃ'hʌʃ] *adj* streng (vertraulich und) geheim; **hush-money** ['hʌʃmʌnɪ] Schweigegeld *n.*

husk [hʌsk] **I** *s* **1.** *bot* Hülse, Schote *f;* **2.** *fig* Schale *f;* **II** *tr* enthülsen, schälen.

husky[1] ['hʌskɪ] *adj* **1.** *(Stimme)* belegt; **2.** *fam* kräftig, stämmig.

husky[2] ['hʌskɪ] Eskimohund *m.*

hussy ['hʌsɪ] **1.** *pej* Flittchen *n;* **2.** *(brazen ~)* freches Ding.

hustle ['hʌsl] **I** *tr* **1.** drängen (*into* zu); **2.** *Am (Kunden)* fangen; **II** *itr* **1.** sich beeilen, eilen; **2.** sich e-n Weg bahnen (*through* durch); **3.** *Am fam* wie toll schuften; **4.** *Am sl* betteln, stehlen; **III** *s* Gedränge *n;* Hetze *f;* ▶ **~ and bustle** reges Treiben, Betriebsamkeit *f;* **hustler** ['hʌslə(r)] **1.** Strichmädchen *n;* Strichjunge *m;* **2.** *Am fam* Arbeitstier *n;* **hustling** ['hʌslɪŋ] Prostitution *f,* Strich *m fam.*

hut [hʌt] Hütte *f;* Baracke *f.*

hutch [hʌtʃ] Käfig *m;* (Kaninchen)Stall *m.*

hya·cinth ['haɪəsɪnθ] *bot* Hyazinthe *f.*

hy·aena [haɪ'i:nə] *s. hyena.*

hy·brid ['haɪbrɪd] **1.** *bot* Hybride, Kreuzung *f;* **2.** *zoo* Kreuzung *f;* **3.** *fig* Mischung *f.*

hy·drangea [haɪ'dreɪndʒə] *bot* Hortensie *f.*

hy·drant ['haɪdrənt] Hydrant *m.*

hy·drate ['haɪdreɪt] *chem* Hydrat *n.*

hy·drau·lic [haɪ'drɒlɪk] *adj* hydraulisch; **hy·drau·lics** [—] *pl a. mit sing* Hydraulik *f.*

hy·dro·car·bon [ˌhaɪdrə'kɑ:bən] Kohlenwasserstoff *m;* **hy·dro·chloric** [ˌhaɪdrə'klɒrɪk] *adj* ▶ ~ **acid** Salzsäure *f;* **hy·dro·elec·tric** [ˌhaɪdrəʊɪ'lektrɪk] *adj* hydroelektrisch ▶ ~ **power-station** Wasserkraftwerk *n;* **hy·dro·foil** ['haɪdrəfɔɪl] Tragflächen-, Tragflügelboot *n.*

hy·dro·gen ['haɪdrədʒən] Wasserstoff *m;* **hydrogen bomb** Wasserstoffbombe *f;* **hydrogen peroxide** Wasserstoffsuperoxyd *n;* **hydrogen sulphide** Schwefelwasserstoff *m.*

hy·dro·pho·bia [ˌhaɪdrə'fəʊbɪə] **1.** Wasserscheu *f;* **2.** *med* Tollwut *f.*

hy·ena [haɪ'i:nə] Hyäne *f.*

hy·giene ['haɪdʒi:n] Gesundheitspflege, Hygiene *f;* ▶ **personal** ~ Körperpflege *f;* **hy·gienic** [haɪ'dʒi:nɪk] *adj* hygienisch.

hy·gro·meter [haɪ'grɒmɪtə(r)] Feuchtigkeitsmesser *m;* **hy·gro·scope** ['haɪgrəskəʊp] Hygroskop *n.*

hymn [hɪm] Hymne *f;* Loblied *n;* **hymnal, hymn·book** ['hɪmnəl, 'hɪmbʊk] Gesangbuch *n.*

hy·per·ac·tive [ˌhaɪpə'æktɪv] sehr aktiv; hyperaktiv.

hy·per·bola [haɪ'pɜ:bələ] *math* Hyperbel *f;* **hy·per·bole** [haɪ'pɜ:bəlɪ] *(stilistische)* Übertreibung, Hyperbel *f;* **hy·per·bolic** [haɪpə'bɒlɪk] *adj* **1.** *(Stil)* übertreibend; **2.** *math* Hyperbel-.

hy·per·criti·cal [ˌhaɪpə'krɪtɪkl] *adj* überstreng urteilend; schwer zu befriedigen(d).

hy·per·market ['haɪpəmɑ:kɪt] *Br* Groß-, Verbrauchermarkt *m.*

hy·per·sen·si·tive [ˌhaɪpə'sensətɪv] *adj* überempfindlich.

hy·phen ['haɪfn] **1.** Bindestrich *m;* **2.** Trennstrich *m; typ* Divis *n;* **hy·phenate** ['haɪfəneɪt] *tr* mit e-m Bindestrich schreiben.

hyp·no·sis [hɪp'nəʊsɪs] ⟨*pl* -ses⟩ [—'nəʊsi:z] Hypnose *f;* **hyp·notic** [hɪp'nɒtɪk] *adj* hypnotisch; **hyp·notist** ['hɪpnətɪst] Hypnotiseur(in) *m (f);* **hyp·not·ize** ['hɪpnətaɪz] *tr* hypnotisieren.

hy·po·chon·dria [ˌhaɪpə'kɒndrɪə] Hypochondrie *f,* Einbildung *f,* krank zu sein; **hy·po·chon·driac** [ˌhaɪpə'kɒndrɪæk] **I** *adj* hypochondrisch; **II** *s* Hypochonder *m.*

hy·poc·risy [hɪ'pɒkrəsɪ] Heuchelei *f;* **hyp·ocrite** ['hɪpəkrɪt] Heuchler(in) *m (f);* Scheinheilige(r) *f m;* **hy·po·criti·cal** [ˌhɪpə'krɪtɪkl] *adj* heuchlerisch.

hy·po·der·mic [ˌhaɪpə'dɜ:mɪk] *adj* subkutan; ▶ ~ **syringe** (Subkutan)Spritze *f.*

hy·pot·en·use [ˌhaɪ'pɒtənju:z] *math* Hypotenuse *f.*

hy·po·ther·mia [ˌhaɪpə'θɜ:mɪə] Unterkühlung *f;* Kältetod *m.*

hy·poth·esis [haɪ'pɒθəsɪs] ⟨*pl* -eses⟩ [—əsi:z] Hypothese *f;* **hy·po·theti·cal** [ˌhaɪpə'θetɪkl] *adj* hypothetisch.

hys·ter·ec·to·my [ˌhɪstə'rektəmɪ] Totaloperation, Hysterektomie *f.*

hys·teria [hɪ'stɪərɪə] Hysterie *f;* **hys·ter·ic** [hɪ'sterɪk] **I** *adj* hysterisch; **II** *s* Hysteriker(in) *m (f);* ▶ **go into ~s, have a fit of ~s** e-n hysterischen Anfall, hysterische Zustände bekommen, haben; *fig fam* sich totlachen; **hys·teri·cal** [hɪ'sterɪkl] *adj* **1.** hysterisch; **2.** *fam* irrsinnig komisch.

I

I, i [aɪ] ⟨*pl* -'s⟩ I, i *n*.
I [aɪ] *prn* ich; **it is ~** ich bin es.
ibex ['aɪbeks] *zoo* Steinbock *m*.
ice [aɪs] **I** *s* **1.** Eis *n;* **2.** Speiseeis *n;* ▶ **be skating on thin ~** *fig* sich aufs Glatteis begeben; **break the ~** *fig* das Eis brechen; **cut no ~** keine Wirkung haben; **put on ~** *fig* auf Eis legen, aufschieben; **II** *tr* **1.** tiefkühlen; **2.** mit Eis kühlen; **3.** *(Kuchen)* glasieren; **III** *itr* *(~ up, ~ over)* zufrieren, vereisen *a. aero;* **Ice Age** Eiszeit *f;* **ice-axe** Eispickel *m;* **ice·berg** ['aɪsbɜ:g] Eisberg *m a. fig;* **ice·bound** ['aɪsbaʊnd] *adj* (ein-, zu)gefroren; **ice·box** ['aɪsbɒks] **1.** *Am* Kühlschrank *m;* **2.** *Br* Eisfach *n;* **ice-breaker** ['aɪs,breɪkə(r)] Eisbrecher *m;* **ice·cap** ['aɪskæp] *geog* Eiskappe *f;* **ice-cold** *adj* eiskalt; **ice-cream** Eis *n,* Eiscreme *f;* **ice-cream parlour** Eisdiele *f,* Eiscafé *n;* **ice-cube** ['aɪskju:b] Eiswürfel *m;* **iced** [aɪst] *adj* **1.** eisgekühlt; **2.** glasiert; ▶ **~ coffee** Eiskaffee *m;* **ice-floe** ['aɪsfləʊ] Treibeisscholle *f;* **ice hockey** Eishockey *n*.
Ice·land ['aɪslənd] Island *n;* **Ice·lander** ['aɪsləndə(r)] Isländer(in) *m (f);* **Ice·landic** [aɪs'lændɪk] **I** *adj* isländisch; **II** *s* (das) Isländisch(e).
ice-lolly [,aɪs'lɒlɪ] *Br* Eis *n* am Stil; **ice-pack** ['aɪspæk] **1.** *geog* Packeis *n;* **2.** *med* Eisbeutel *m;* **ice·rink** ['aɪsrɪŋk] Eis-, Schlittschuhbahn *f;* **ice-skate I** *itr* Schlittschuh laufen; **II** *s* Schlittschuh *m;* **ice-skat·ing** ['aɪskeɪtɪŋ] Eislauf *m,* Schlittschuhlaufen *n*.
icicle ['aɪsɪkl] Eiszapfen *m*.
icing ['aɪsɪŋ] **1.** Zuckerguß *m,* Glasur *f;* **2.** *aero rail* Eisbildung, Vereisung *f*.
icon ['aɪkɒn] *rel* Ikone *f*.
icono·clast [aɪ'kɒnəklæst] Bilderstürmer *m a. fig;* **icono·clast·ic** [aɪ,kɒnə'klæstɪk] *adj fig* bilderstürmerisch.
icy ['aɪsɪ] *adj* **1.** *(Straße)* vereist; gefroren; **2.** *fig* eisig.
I'd [aɪd] = *I had; I would*.
idea [aɪ'dɪə] **1.** Gedanke *m,* Idee *f;* **2.** Begriff *m;* **3.** Auffassung, Meinung *f;* Vorstellung *f;* **4.** Ahnung *f;* ▶ **form an ~** sich e-e Vorstellung machen (*of* von); **get ~s into one's head** sich trügerischen Hoffnungen hingeben; **I have an ~ that** mir ist (so), als ob; **I have no ~** ich habe keine Ahnung; **I haven't the faintest, slightest ~** ich habe nicht die leiseste, geringste Ahnung; **that's the ~** darum dreht es sich; **what an ~!** was für e-e Idee! **according to his ~** seiner Meinung nach; **a man of ~s** ein Denker *m*.
ideal [aɪ'dɪəl] **I** *adj* ideal, vorbildlich; **II** *s* Ideal *n;* **ideal·ism** [aɪ'dɪəlɪzəm] Idealismus *m;* **ideal·ist** [aɪ'dɪəlɪst] Idealist(in) *m (f);* **ideal·ist·ic** [,aɪdɪə'lɪstɪk] *adj* idealistisch; **ideal·ize** [aɪ'dɪəlaɪz] *tr* idealisieren.
ident·ical [aɪ'dentɪkl] *adj* identisch, völlig gleich; ▶ **~ twins** *pl* eineiige Zwillinge *m pl*.
identi·fi·able [aɪ'dentɪ,faɪəbl] *adj* erkennbar; identifizierbar; **identi·fi·ca·tion** [aɪ,dentɪfɪ'keɪʃn] **1.** Identifizierung *f;* **2.** Ausweispapiere *n pl,* Legitimation *f;* **3.** Identifikation *f;* **identification papers** *pl* Ausweispapiere *n pl*.
ident·ify [aɪ'dentɪfaɪ] *tr* **1.** identifizieren; **2.** *(Gegenstand)* wiedererkennen; **3.** *(Pflanzen)* kennzeichnen; **4.** gleichsetzen (*with* mit); ▶ **~ o.s.** sich ausweisen; **~ o.s. with s.o.** sich mit jdm identifizieren; **iden·ti·kit** [aɪ'dentɪkɪt] *(~ picture)* Phantombild *n;* **ident·ity** [aɪ'dentətɪ] **1.** Identität *f;* **2.** Gleichheit, Übereinstimmung *f;* ▶ **prove one's ~** sich ausweisen; **identity card** (Personal)Ausweis *m*.
ideo·logi·cal [,aɪdɪə'lɒdʒɪkl] *adj* ideologisch; **ideolo·gist** [,aɪdɪ'ɒlədʒɪst] Ideologe *m,* Ideologin *f;* **ideol·ogy** [,aɪdɪ'ɒlədʒɪ] Ideologie, Weltanschauung *f*.
idi·ocy ['ɪdɪəsɪ] **1.** *med* Schwachsinn *m;* **2.** Dummheit *f,* Unsinn *m*.
id·iom ['ɪdɪəm] **1.** idiomatische Redewendung; **2.** Sprache *f;* Sprech-, Ausdrucksweise *f;* **idio·matic** [,ɪdɪə'mætɪk] *adj* idiomatisch.
idio·syn·crasy [,ɪdɪəʊ'sɪŋkrəsɪ] Eigenart, Eigenheit *f;* **idio·syn·crat·ic** [,ɪdɪəʊsɪŋ'krætɪk] *adj* eigenartig.
id·iot ['ɪdɪət] **1.** *med* Schwachsinnige(r) *f m;* **2.** Idiot, Dummkopf *m;* **idi·otic** [,ɪdɪ'ɒtɪk] *adj* blöd(sinnig), idiotisch.
idle ['aɪdl] **I** *adj* **1.** müßig, untätig; **2.** faul, träge; **3.** unbeschäftigt; stillstehend; **4.** *tech* nicht in Betrieb; **5.** *(Worte)* leer; nutzlos, vergeblich; ▶ **lie ~** *(Geld)* nicht arbeiten; **stand ~** stillstehen, außer Betrieb sein; **~ fear** unbegründete Angst; **~ wish** Wunschtraum *m;* **II** *itr* **1.** *(~ about)* müßiggehen, faulenzen; untätig sein; **2.** *tech* leerlaufen; **III** *tr* *(~ away)* *(Zeit)* vertun, vertrödeln; **idler**

['aɪdlə(r)] Müßiggänger(in) *m (f)*.

idol ['aɪdl] **1.** Götter-, Götzenbild *n;* **2.** Idol *n a. fig;* **idol·atrous** [aɪ'dɒlətrəs] *adj* **1.** Götzen verehrend; **2.** *fig* leidenschaftlich ergeben; **idolatry** [aɪ'dɒlətrɪ] **1.** Götzendienst *m;* **2.** *fig* Vergötterung *f;* **idol·ize** ['aɪdəlaɪz] *tr fig* vergöttern.

idyll ['ɪdɪl] **1.** *lit* Idylle *f;* **2.** *fig* Idyll *n;* **idyl·lic** [ɪ'dɪlɪk] *adj* idyllisch.

if [ɪf] **I** *conj* wenn, falls; für den Fall, daß ...; ob; ► **I wonder ~ he'll come** ich bin gespannt, ob er kommt; **as ~** als ob, als wenn; **as ~ by chance** wie zufällig; **~ so** wenn ja; **~ not** falls nicht; **and ~ ...!** und ob ...! **even ~** auch wenn; **~ only** wenn doch nur; **II** *s* Wenn *n;* ► **~s and buts** Wenn und Aber; **iffy** ['ɪfɪ] *adj fam* **1.** (Sache) fraglich, zweifelhaft; **2.** *(Person)* skeptisch (*about* gegenüber).

ig·loo ['ɪglu:] Iglu *m od n.*

ig·neous ['ɪgnɪəs] *adj geol* vulkanisch; ► **~ rocks** *pl* Eruptivgestein *n.*

ig·nite [ɪg'naɪt] **I** *tr* entzünden; **II** *itr* sich entzünden; **ig·ni·tion** [ɪg'nɪʃn] **1.** Entzünden *n;* **2.** *mot* Zündung *f;* **ignition coil** *mot* Zündspule *f;* **ignition key** Zündschlüssel *m.*

ig·noble [ɪg'nəʊbl] *adj* gemein, schändlich.

ig·nom·ini·ous [ˌɪgnə'mɪnɪəs] *adj* schändlich, schmachvoll; **ig·nom·iny** ['ɪgnəmɪnɪ] Schmach, Schande *f.*

ig·nor·amus [ˌɪgnə'reɪməs] Ignorant(in) *m (f);* **ig·nor·ance** ['ɪgnərəns] Unwissenheit *f;* Mangel *m* an Bildung, Ignoranz *f;* Unkenntnis *f;* ► **~ (of the law) is no excuse** Unkenntnis schützt vor Strafe nicht; **ig·nor·ant** ['ɪgnərənt] *adj* **1.** unwissend, ungebildet; **2.** nicht informiert (*in* über); ► **be ~ of** nicht wissen, nicht kennen; **ig·nore** [ɪg'nɔ:(r)] *tr* ignorieren; hinwegsehen über; nicht beachten.

iguana [ɪ'gwɑ:nə] *zoo* Leguan *m.*

ilk [ɪlk] *s:* ► **of that ~** von der Art; solche(r, s).

ill [ɪl] **I** *adj* **1.** krank; **2.** schlecht, schlimm, übel; ► **fall, be taken ~** erkranken (*with s.th.* an etw), krank werden; **feel ~** sich unwohl fühlen; **~ feeling** böses Blut; **~ humo(u)r** schlechte Laune; **~ nature** Übellaunigkeit *f;* **II** *adv* schlecht; **III** *s* **1.** Übel *n,* (das) Böse; **2.** *pl* Mißstände, Übel *pl;* ► **speak, think ~ of s.o.** Schlechtes über jdn sagen, denken.

I'll [aɪl] = *I will; I shall.*

ill-ad·vised [ˌɪləd'vaɪzd] *adj* unklug, unvernünftig; **ill-as·sorted** [ˌɪlə'sɔ:tɪd] *adj* nicht zusammenpassend; **ill-at-ease** [ˌɪlət'i:z] *adj* unbehaglich; **ill-bred** [ˌɪl'bred] *adj* ungezogen, schlecht erzogen; **ill-breed·ing** [ˌɪl'bri:dɪŋ] schlechte Erziehung *f.*

il·legal [ɪ'li:gl] *adj* unerlaubt; ungesetzlich, illegal; **il·legal·ity** [ˌɪlɪ'gælətɪ] Gesetzwidrigkeit *f;* Illegalität *f.*

il·leg·ible [ɪ'ledʒəbl] *adj* unleserlich.

il·legit·imate [ˌɪlɪ'dʒɪtɪmət] *adj* **1.** *(Kind)* unehelich; **2.** *jur* unrechtmäßig, ungesetzlich; **3.** *(Argument)* unzulässig.

ill-fated [ˌɪl'feɪtɪd] *adj* unglücklich; unglückselig; **ill-fa·voured,** *Am* **ill-fa·vored** [ˌɪl'feɪvəd] *adj* unschön; **ill-gotten gains** *pl* unrechtmäßiger Gewinn.

il·lib·eral [ɪ'lɪbərəl] *adj* **1.** unduldsam, intolerant; **2.** geizig, knauserig.

il·licit [ɪ'lɪsɪt] *adj* unerlaubt, verboten; ► **~ trade** Schwarzhandel *m.*

il·limit·able [ɪ'lɪmɪtəbl] *adj* grenzenlos, unbeschränkt; unermeßlich.

ill-in·formed ['ɪlɪnˌfɔ:md] *adj* schlecht informiert; wenig sachkundig.

il·lit·er·acy [ɪ'lɪtərəsɪ] Analphabetentum *n;* **illiteracy rate** Analphabetismus *m;* **il·lit·er·ate** [ɪ'lɪtərət] **I** *adj* des Schreibens und Lesens unkundig; **II** *s* Analphabet(in) *m (f).*

ill-man·nered [ˌɪl'mænəd] *adj* schlecht erzogen; **ill-na·tured** [ˌɪl'neɪtʃəd] *adj (Mensch)* launisch.

ill·ness ['ɪlnɪs] Krankheit *f.*

il·logi·cal [ɪ'lɒdʒɪkl] *adj* unlogisch; **il·logi·cal·ity** [ɪˌlɒdʒɪ'kælɪtɪ] mangelnde Logik, Unlogik *f.*

ill-omened [ˌɪl'əʊmend] *adj* von schlechten Vorzeichen begleitet; **ill-starred** [ˌɪl'stɑ:d] *adj* unter e-m ungünstigen Stern geboren; **ill-tem·pered** [ˌɪl'tempəd] *adj* launisch, launenhaft; **ill-timed** [ˌɪl'taɪmd] *adj* ungelegen, unpassend, unangebracht; **ill-treat** [ˌɪl'tri:t] *tr* mißhandeln; **ill-treat·ment** [ˌɪl'tri:tmənt] Mißhandlung *f.*

il·lumi·nate [ɪ'lu:mɪneɪt] *tr* **1.** be-, erleuchten, erhellen; **2.** *fig* erklären, erläutern; **3.** illuminieren, festlich beleuchten; ► **~d display** Leuchtanzeige *f;* **il·lumi·nat·ing** [ɪ'lu:mɪneɪtɪŋ] *adj fig* aufschlußreich; **il·lumi·na·tion** [ɪˌlu:mɪ'neɪʃn] **1.** Aus-, Beleuchtung *f;* **2.** *fig* Erläuterung, Erklärung *f;* **3.** Festbeleuchtung *f.*

il·lu·sion [ɪ'lu:ʒn] **1.** Illusion *f;* trügerische Hoffnung; **2.** (Sinnes)Täuschung *f;* ► **have no ~s about** keine falschen Vorstellungen haben von; **be under the ~ that ...** sich einbilden, daß ...; **il·lu·sion·ist** [ɪ'lu:ʒənɪst] Illusionist(in) *m (f);* **il·lu·sive, il·lu·sory** [ɪ'lu:sɪv, ɪ'lu:sərɪ] *adj* illusorisch, trügerisch.

il·lus·trate ['ɪləstreɪt] *tr* **1.** *fig* erklären, erläutern, veranschaulichen; **2.** *(Buch)* illustrieren, bebildern; **il·lus·tra·tion** [ˌɪlə'streɪʃn] **1.** Erklärung *f;* **2.** Abbildung, Illustration *f;* ► **by way of ~** als Beispiel; **il·lus·tra·tive** ['ɪləstrətɪv] *adj* erklärend, erläuternd; anschaulich; **il·lus·tra·tor** ['ɪləstreɪtə(r)] Illustrator(in) *m (f).*

il·lus·tri·ous [ɪˈlʌstrɪəs] *adj* berühmt, gefeiert.

I'm [aɪm] = *I am.*

im·age [ˈɪmɪdʒ] **1.** Bild *n;* **2.** Bildwerk, Standbild *n;* **3.** Ebenbild, Abbild *n;* **4.** Vorstellung, Auffassung, Idee *f;* **5.** Verkörperung, Versinnbildlichung *f,* Sinnbild *n;* **6.** Inbegriff *m;* ► **be the spitting ~ of s.o.** jdm aus dem Gesicht geschnitten sein; **speak in ~s** in Bildern sprechen; **im·agery** [ˈɪmɪdʒərɪ] Metaphorik *f.*

im·agin·able [ɪˈmædʒɪnəbl] *adj* vorstellbar; ► **everything ~** alles Erdenkliche.

im·agin·ary [ɪˈmædʒɪnərɪ] *adj* unwirklich, imaginär *a. math.*

im·agin·ation [ɪˌmædʒɪˈneɪʃn] Einbildung, Phantasie *f;* **im·agin·ative** [ɪˈmædʒɪnətɪv] *adj* phantasievoll, schöpferisch, einfallsreich.

im·ag·ine [ɪˈmædʒɪn] *tr* **1.** sich vorstellen, sich ausdenken; **2.** sich denken, annehmen, glauben; ► **just ~!** denken Sie nur (mal)! **I ~ so** ich glaube schon.

im·bal·ance [ˌɪmˈbæləns] Ungleichgewicht *n;* Unausgeglichenheit *f.*

im·be·cile [ˈɪmbəsiːl] **I** *adj* schwachsinnig; **II** *s* Schwachsinnige(r) *f m;* **im·be·cil·ity** [ˌɪmbəˈsɪlətɪ] Schwachsinn *m.*

im·bibe [ɪmˈbaɪb] *tr* **1.** auf-, einsaugen; **2.** *fig (geistig)* aufnehmen.

im·bro·glio [ɪmˈbrəʊlɪəʊ] ⟨*pl* -glios⟩ Verwirrung *f;* verwickelte Lage.

im·bue [ɪmˈbjuː] *tr* durchdringen, erfüllen; ► **be ~d with** erfüllt sein mit.

IMF [ˌaɪemˈef] *Abk:* **International Monetary Fund** IWF *m.*

imi·tate [ˈɪmɪtəɪt] *tr* **1.** nachahmen, -machen; imitieren; **2.** kopieren; fälschen; **imi·ta·tion** [ˌɪmɪˈteɪʃn] **I** *s* Nachahmung, Imitation *f;* ► **in ~ of** nach dem Vorbild *gen;* **II** *adj* unecht, künstlich, falsch; ► **~ leather** Kunstleder *n;* **imi·tat·ive** [ˈɪmɪtətɪv] *adj* nachgeahmt, imitierend; **imi·ta·tor** [ˈɪmɪtətə(r)] Imitator(in), Nachahmer(in) *m (f).*

im·macu·late [ɪˈmækjʊlət] *adj* **1.** fleckenlos, rein; **2.** fehlerlos, untadelig.

im·ma·nence [ˈɪmənəns] *philos* Immanenz *f;* **im·ma·nent** [ˈɪmənənt] *adj* immanent.

im·ma·terial [ˌɪməˈtɪərɪəl] *adj* **1.** *philos* immateriell; **2.** *(Fragen)* unwesentlich, unerheblich, unwichtig.

im·ma·ture [ˌɪməˈtjʊə(r)] *adj* **1.** unreif; unentwickelt; **2.** *(Ideen)* unausgegoren; **im·ma·tur·ity** [ˌɪməˈtjʊərətɪ] Unreife *f.*

im·measur·able [ɪˈmeʒərəbl] *adj* unermeßlich; unmeßbar.

im·medi·acy [ɪˈmiːdɪəsɪ] Unmittelbarkeit, Unvermitteltheit *f;* **im·medi·ate** [ɪˈmiːdɪət] *adj* **1.** unmittelbar, unvermittelt, direkt; **2.** *(Nachbarn)* nächste(r, s); **3.** *(Antwort)* umgehend, prompt; **im·medi·ate·ly** [—lɪ] **I** *adv* direkt, unmittelbar; unverzüglich, sofort; ► **~ after** unmittelbar danach; **II** *conj* sobald, sowie.

im·mem·or·ial [ˌɪməˈmɔːrɪəl] *adj* unvordenklich; ► **from time ~** seit undenklichen Zeiten.

im·mense [ɪˈmens] *adj* ungeheuer (groß), gewaltig; immens; **im·men·sity** [ɪˈmensətɪ] Unermeßlichkeit *f.*

im·merse [ɪˈmɜːs] *tr* **1.** ein-, untertauchen; **2.** *fig* sich stürzen (*in* in); ► **be ~d in one's work** in seine Arbeit vertieft sein; **be ~d in water** unter Wasser sein; **im·mer·sion** [ɪˈmɜːʃn] **1.** Ein-, Untertauchen *n;* **2.** *fig* Versunkenheit *f;* **immersion heater** **1.** *Br* Boiler, Heißwasserspeicher *m;* **2.** Tauchsieder *m.*

im·mi·grant [ˈɪmɪgrənt] **I** *attrib adj* ► **~ worker** ausländische(r) Arbeitnehmer(in) *m f;* Gastarbeiter(in) *m (f);* **II** *s* Einwanderer *m,* Einwanderin *f;* **im·mi·grate** [ˈɪmɪgreɪt] *itr* einwandern (*into* in, nach); **im·mi·gra·tion** [ˌɪmɪˈgreɪʃn] Einwanderung *f;* **immigration country** Einwanderungsland *n.*

im·mi·nence [ˈɪmɪnəns] nahes Bevorstehen; **im·mi·nent** [ˈɪmɪnənt] *adj* nahe bevorstehend; ► **be ~** nahe bevorstehen.

im·mo·bile [ɪˈməʊbaɪl] *adj* unbeweglich; reglos, immobil; **im·mo·bil·ity** [ˌɪməˈbɪlətɪ] Unbeweglichkeit *f;* **im·mo·bi·lize** [ɪˈməʊbəlaɪz] *tr* **1.** *(Verkehr)* lahmlegen; **2.** *(Geld)* festlegen; **3.** *(Armee)* bewegungsunfähig machen; **4.** *(Auto, Arm)* stillegen.

im·mod·er·ate [ɪˈmɒdərət] *adj* unmäßig, maßlos, übertrieben, unvernünftig.

im·mod·est [ɪˈmɒdɪst] *adj* **1.** unbescheiden; **2.** unverschämt; **3.** unanständig.

im·mo·late [ˈɪməleɪt] *tr rel* opfern.

im·moral [ɪˈmɒrəl] *adj* **1.** unmoralisch; **2.** *(Person a.)* sittenlos; **3.** *(Benehmen a.)* unsittlich.

im·mor·tal [ɪˈmɔːtl] *adj* **1.** unsterblich; **2.** *(Ruhm)* unvergänglich; **im·mor·tal·ity** [ˌɪmɔːˈtælətɪ] **1.** Unsterblichkeit *f;* **2.** Unvergänglichkeit *f;* **im·mor·tal·ize** [ɪˈmɔːtəlaɪz] *tr* unsterblich machen *bes. fig.*

im·mov·able [ɪˈmuːvəbl] *adj* **1.** unbeweglich; unüberwindlich; **2.** *(Mensch)* fest, beharrlich.

im·mune [ɪˈmjuːn] *adj* **1.** *med* immun (*against, to* gegen); **2.** *fig* unempfindlich; sicher (*from* vor); ► **~ defence** *med* Immunabwehr *f;* **~ system** Immunsystem *n;* **im·mun·ity** [ɪˈmjuːnətɪ] **1.** *med* Immunität *f;* **2.** *jur* Immunität, Straffreiheit *f;* **3.** *fig* Unempfindlichkeit *f;* Sicherheit *f;* **im·mu·nize** [ˈɪmjʊnaɪz] *tr* immunisieren (*against* gegen); **im·mu·no-** [ˈɪmjʊnəʊ] *adj med* Immun-; ► **~deficiency** Immunschwäche *f;* **~**

deficiency syndrome Immunschwächekrankheit *f;* **im·mu·no·logi·cal** [ˌɪmjʊnəʊˈlɒdʒɪkl] *adj* immunologisch; **im·mu·no·logist** [ˌɪmjʊˈnɒlədʒɪst] Immunologe *m,* Immunologin *f.*
im·mure [ɪˈmjʊə(r)] *tr* einkerkern; ▶ ~ **o.s.** sich vergraben (*in* in).
im·mut·able [ɪˈmju:təbl] *adj* unveränderlich, unwandelbar.
imp [ɪmp] Kobold *m;* kleiner Schelm.
im·pact [ˈɪmpækt] **1.** Stoß *m;* Aufschlag, -prall *m;* **2.** *fig* (Aus)Wirkung *f,* Eindruck, Einfluß *m;* **3.** Einschlag *m.*
im·pair [ɪmˈpeə(r)] *tr* **1.** *(Gehör)* verschlechtern, verschlimmern; **2.** beeinträchtigen.
im·pale [ɪmˈpeɪl] *tr* durchbohren.
im·pal·pable [ɪmˈpælpəbl] *adj* **1.** unfühlbar; **2.** *fig* unbegreiflich, unfaßbar.
im·part [ɪmˈpɑ:t] *tr* **1.** verleihen (*s.o. s.th* jdm etw); **2.** *(Information)* mitteilen; **3.** *(Geheimnis)* preisgeben.
im·par·tial [ɪmˈpɑ:ʃl] *adj* unparteiisch; vorurteilslos; **im·par·tial·ity** [ˌɪmˌpɑ:ʃɪˈælətɪ] Unparteilichkeit, Unvoreingenommenheit *f.*
im·pass·able [ɪmˈpɑ:səbl] *adj* unpassierbar.
im·passe [ˈæmpɑ:s, *Am* ˈɪmpæs] Sackgasse *f bes. fig.*
im·pas·sioned [ɪmˈpæʃnd] *adj* leidenschaftlich.
im·pass·ive [ɪmˈpæsɪv] *adj* gelassen.
im·pa·tience [ɪmˈpeɪʃns] **1.** Ungeduld *f;* **2.** Unduldsamkeit *f* (*of* gegen); **im·pa·tient** [ɪmˈpeɪʃnt] *adj* **1.** ungeduldig; **2.** unduldsam (*of* gegen).
im·peach [ɪmˈpi:tʃ] *tr* **1.** *jur* anklagen; **2.** *(Motiv)* in Zweifel ziehen; **im·peach·ment** [—mənt] Anklage *f (wegen e-s Amtsvergehens).*
im·pec·cable [ɪmˈpekəbl] *adj* untadelig.
im·pe·cuni·ous [ˌɪmpɪˈkju:nɪəs] *adj* mittellos, unbemittelt.
im·pede [ɪmˈpi:d] *tr* **1.** verhindern; **2.** *(Erfolg)* behindern, erschweren; **im·pedi·ment** [ɪmˈpedɪmənt] **1.** Hindernis *n;* **2.** *med* Behinderung *f.*
im·pel [ɪmˈpel] *tr* zwingen, veranlassen.
im·pend [ɪmˈpend] *itr* bevorstehen.
im·pen·etrable [ɪmˈpenɪtrəbl] *adj* **1.** undurchdringlich; undurchlässig; **2.** *fig* unerforschlich, unverständlich.
im·peni·tent [ɪmˈpenɪtənt] *adj* reuelos, ohne Reue.
im·pera·tive [ɪmˈperətɪv] **I** *adj* **1.** gebieterisch; **2.** *(Wunsch)* dringend, unerläßlich; **II** *s gram* Imperativ *m.*
im·per·cep·tible [ˌɪmpəˈseptəbl] *adj* nicht wahrnehmbar, unmerklich.
im·per·fect [ɪmˈpɜ:fɪkt] **I** *adj* **1.** unvollständig, unvollkommen; **2.** *(Fehler)* mangelhaft; **3.** *(Wettbewerb)* ungleich; **II** *s gram* Imperfekt *n;* **im·per·fec·tion** [ˌɪmpəˈfekʃn] Mangel, Fehler *m;* Unvollkommenheit *f.*
im·perial [ɪmˈpɪərɪəl] *adj* **1.** Reichs-; kaiserlich; **2.** *(des British Empire)* Empire-; **3.** *(Gewichte, Maße)* englisch; **im·peri·al·ism** [ɪmˈpɪərɪəlɪzəm] Imperialismus *m;* **im·per·ial·is·t(ic)** [ɪmˈpɪərɪəlɪst, ɪmˌpɪərɪəˈlɪstɪk] *adj* imperialistisch.
im·peril [ɪmˈperəl] *tr* gefährden.
im·peri·ous [ɪmˈpɪərɪəs] *adj* gebieterisch.
im·per·ish·able [ɪmˈperɪʃəbl] *adj fig* unvergänglich.
im·per·ma·nent [ɪmˈpɜ:mənənt] *adj* unbeständig.
im·per·me·able [ɪmˈpɜ:mɪəbl] *adj* undurchlässig (*to* für).
im·per·sonal [ˌɪmˈpɜ:sənl] *adj* unpersönlich; sachlich.
im·per·son·ate [ɪmˈpɜ:səneɪt] *tr* **1.** *theat* darstellen; **2.** nachahmen, -machen; **im·per·son·ator** [—ə(r)] Imitator(in), Nachahmer(in) *m (f).*
im·per·ti·nent [ɪmˈpɜ:tɪnənt] *adj* **1.** ungehörig, unverschämt; **2.** irrelevant.
im·per·turb·able [ˌɪmpəˈtɜ:bəbl] *adj* unerschütterlich.
im·per·vi·ous [ɪmˈpɜ:vɪəs] *adj* **1.** undurchdringlich, undurchlässig (*to* für); **2.** *fig (Mensch)* unzugänglich (*to* für).
im·petu·ous [ɪmˈpetʃʊəs] *adj* **1.** ungestüm, heftig; **2.** *(Entscheidung)* übereilt, impulsiv.
im·pe·tus [ˈɪmpɪtəs] **1.** Wucht *f;* Schwung *m;* **2.** *fig* Impuls *m;* ▶ **give an ~ to s.th.** e-r S Impulse geben.
im·pi·ety [ɪmˈpaɪətɪ] **1.** Gottlosigkeit *f;* **2.** Respektlosigkeit *f.*
im·pinge [ɪmˈpɪndʒ] *itr* sich auswirken (*on, upon* auf).
im·pi·ous [ˈɪmpɪəs] *adj* **1.** gottlos; **2.** respektlos.
imp·ish [ˈɪmpɪʃ] *adj* **1.** koboldhaft; **2.** *(Lächeln)* spitzbübisch.
im·plac·able [ɪmˈplækəbl] *adj* unversöhnlich; **im·plac·ably** [—ɪ] adv ▶ **he was ~ opposed to the idea** er war ein erbitterter Gegner der Idee.
im·plant [ɪmˈplɑ:nt] **I** *tr* **1.** *med* einpflanzen, übertragen; **2.** *fig* einprägen; **II** *s* [ˈɪmplɑ:nt] Implantat *n.*
im·ple·ment [ˈɪmplɪmənt] **I** *s* Gerät, Werkzeug *n;* **II** *tr* [ɪmplɪˈment] **1.** aus-, durchführen; **2.** *(Vertrag)* erfüllen; **3.** *(Gesetz)* vollziehen; **im·ple·men·ta·tion** [ˌɪmplɪmenˈteɪʃn] Aus-, Durchführung *f;* Erfüllung *f;* Vollzug *m.*
im·pli·cate [ˈɪmplɪkeɪt] *tr* ▶ **~ s.o. in s.th.** jdn in etw verwickeln; **im·pli·ca·tion** [ˌɪmplɪˈkeɪʃn] **1.** Verwicklung *f;* **2.** Bedeutung *f;* **3.** *(von Gesetzen)* Auswirkung *f;* ▶ **by ~** implizit.
im·pli·cit [ɪmˈplɪsɪt] *adj* **1.** stillschweigend, implizit; **2.** *(Drohung)* indirekt, unausgesprochen; **3.** *(Gehorsam)* unbedingt.

im·plied [ɪmˈplaɪd] *adj* **1.** stillschweigend; **2.** indirekt.
im·plore [ɪmˈplɔː(r)] *tr* anflehen; dringend bitten (*for* um).
im·ply [ɪmˈplaɪ] *tr* **1.** andeuten, implizieren; **2.** schließen lassen auf; **3.** bedeuten.
im·po·lite [ˌɪmpəˈlaɪt] *adj* unhöflich; **im·po·lite·ness** [—nɪs] Unhöflichkeit *f*.
im·poli·tic [ɪmˈpɒlətɪk] *adj* unklug.
im·pon·der·able [ɪmˈpɒndərəbl] **I** *adj fig* unwägbar; **II** *s* unberechenbare Größe; ► **~s** *pl* Imponderabilien *pl*.
im·port [ɪmˈpɔːt] **I** *tr* **1.** *com* einführen, importieren (*into, in* nach); **2.** *fig* bedeuten; **II** *s* [ˈɪmpɔːt] **1.** *com* Einfuhr *f*, Import *m;* **2.** *pl* Einfuhr-, Importartikel *m pl;* **3.** *fig* Bedeutung *f*, Sinn *m*.
im·port·ance [ɪmˈpɔːtns] **1.** Wichtigkeit *f;* **2.** Grund *m*, Bedeutung *f;* ► **of no ~** bedeutungs-, belanglos; **attach ~ to s.th.** e-r S Bedeutung beimessen; **im·port·ant** [ɪmˈpɔːtnt] *adj* **1.** wichtig (*to* für); **2.** einflußreich; **im·port·ant·ly** [—lɪ] *adv* **1.** *pej* wichtigtuerisch; **2.** entscheidend.
im·port·ation [ˌɪmpɔːˈteɪʃn] *com* Einfuhr *f*, Import *m;* **import duty** Einfuhrzoll *m*.
im·por·tu·nate [ɪmˈpɔːtʃʊnət] *adj* auf-, zudringlich; **im·por·tune** [ˌɪmpəˈtjuːn] *tr* mit Bitten belästigen; bestürmen.
im·pose [ɪmˈpəʊz] **I** *tr* **1.** *(Steuer)* erheben (*on* auf); **2.** *(Bedingungen)* auferlegen, aufzwingen (*on s.o.* jdm); **3.** aufzwingen, aufdrängen (*on, upon s.o.* jdm); **II** *itr* ausnützen; zur Last fallen (*on s.o.* jdm); **im·pos·ing** [—ɪŋ] *adj* eindrucksvoll, imponierend, imposant; **im·po·si·tion** [ˌɪmpəˈzɪʃn] **1.** Steuer *f;* **2.** Auferlegung *f;* Aufzwingen *n;* **3.** Zumutung *f*.
im·possi·bil·ity [ɪmˌpɒsəˈbɪlətɪ] Unmöglichkeit *f;* **im·poss·ible** [ɪmˈpɒsəbl] *adj* **1.** unmöglich; **2.** *fam* unausstehlich, unerträglich.
im·pos·tor [ɪmˈpɒstə(r)] Betrüger(in) *m (f);* Hochstapler(in) *m (f);* **im·pos·ture** [ɪmˈpɒstʃə(r)] Betrug, Schwindel *m*.
im·po·tence [ˈɪmpətəns] **1.** Schwäche, Machtlosigkeit *f;* **2.** *med* Impotenz *f;* **im·po·tent** [ˈɪmpətənt] *adj* **1.** schwach, unfähig; **2.** *med* impotent.
im·pound [ɪmˈpaʊnd] *tr* **1.** *(Vieh)* einsperren, -schließen; **2.** *(Waren)* beschlagnahmen; in Verwahrung nehmen.
im·pov·er·ish [ɪmˈpɒvərɪʃ] *tr* **1.** arm machen; **2.** *(Kultur)* verkümmern lassen; **3.** *(Boden)* erschöpfen; ► **be ~ed** verarmen.
im·prac·ti·cable [ɪmˈpræktɪkəbl] *adj* **1.** impraktikabel; nicht anwendbar; praxisfern, praxisfremd; **2.** *(Straße)* ungangbar, unwegsam.
im·prac·ti·cal [ɪmˈpræktɪkl] *adj* unpraktisch.
im·pre·ca·tion [ˌɪmprɪˈkeɪʃn] Verwünschung *f*, Fluch *m;* ► **hurl ~s at s.o.** jdn verwünschen, verfluchen.
im·pre·cise [ˌɪmprɪˈsaɪs] *adj* ungenau.
im·preg·nable [ɪmˈpregnəbl] *adj* uneinnehmbar.
im·preg·nate [ˈɪmpregneɪt] *tr* **1.** *(Ei)* befruchten; **2.** *fig* durchdringen, erfüllen; **3.** tränken.
im·pre·sario [ˌɪmprɪˈsɑːrɪəʊ] ⟨*pl* -sarios⟩ Impresario *m*.
im·press [ɪmˈpres] **I** *tr* **1.** (ein)drücken, (ein)prägen (*on* auf); **2.** imponieren (*s.o.* jdm), beeindrucken; **3.** einschärfen (*on s.o.* jdm); **4.** *(Meinung)* aufzwingen (*on s.o.* jdm); **II** *s* [ˈɪmpres] Abdruck *m;* **im·pres·sion** [ɪmˈpreʃn] **1.** Prägung, Abdruck *m;* **2.** *fig* Eindruck *m;* **3.** Ahnung *f*, unbestimmtes Gefühl; **4.** *(e-s Buches)* Nachdruck *m;* ► **give the ~** den Eindruck erwecken; **be under the ~** den Eindruck haben; **im·pres·sion·able** [ɪmˈpreʃənəbl] *adj* leicht zu beeindrucken.
im·pres·sion·ism [ɪmˈpreʃnɪzəm] Impressionismus *m;* **im·pres·sion·ist** [ɪmˈpreʃnɪst] Impressionist(in) *m (f);* **im·pres·sion·is·tic** [ɪmˌpreʃəˈnɪstɪk] *adj* impressionistisch.
im·pres·sive [ɪmˈpresɪv] *adj* eindrucksvoll.
im·print [ɪmˈprɪnt] **I** *tr* **1.** (auf)drücken auf; prägen; bedrucken; **2.** einprägen (*on s.o.'s memory* in jds Gedächtnis); **II** *s* [ˈɪmprɪnt] **1.** Abdruck *m;* Aufdruck *m;* **2.** *typ* Impressum *n*, Druckvermerk *m*.
im·prison [ɪmˈprɪzn] *tr* einsperren; gefangenhalten; inhaftieren; **im·prison·ment** [—mənt] Inhaftierung *f;* Gefangenschaft *f;* ► **sentence s.o. to one year's ~** jdn zu e-m Jahr Gefängnis verurteilen; **life ~** lebenslängliche Freiheitsstrafe.
im·prob·abil·ity [ɪmˌprɒbəˈbɪlətɪ] Unwahrscheinlichkeit *f;* **im·prob·able** [ɪmˈprɒbəbl] *adj* unwahrscheinlich.
im·promptu [ɪmˈprɒmptjuː] **I** *adj, adv* aus dem Stegreif; improvisiert; **II** *s mus* Impromptu *n*.
im·proper [ɪmˈprɒpə(r)] *adj* **1.** unpassend, unangebracht (*to* für); **2.** unrichtig, unzutreffend; **3.** unanständig; **im·pro·pri·ety** [ˌɪmprəˈpraɪətɪ] **1.** Unangebrachtheit *f;* **2.** Ungehörigkeit *f;* **3.** Unanständigkeit *f*.
im·prove [ɪmˈpruːv] **I** *tr* **1.** (ver)bessern, (an)heben; **2.** *com* veredeln; **3.** *(Beziehungen)* ausbauen; **4.** *(Essen)* verfeinern; **II** *itr* sich bessern; schöner werden; sich erhöhen; ► **~ (up)on** übertreffen, überbieten; besser machen; **~ on acquaintance** bei näherer Bekanntschaft gewinnen; **im·prove·ment** [—mənt] **1.** Verbesserung *f;* **2.** *com* Vered(e)lung *f;* **3.** Steigerung, Anhebung, Vervollkommnung *f;* **4.** *(Gehalt)*

Aufbesserung *f;* **5.** *(Preise)* Anziehen *n;* **6.** Fortschritt *m* (*on, over* gegenüber); ▶ **an ~ in pay** e-e Gehaltsaufbesserung; **make ~s** Verbesserungen erzielen; **carry out ~s** Ausbesserungsarbeiten vornehmen.

im·provi·dent [ɪmˈprɒvɪdənt] *adj* leichtsinnig, sorglos.

im·pro·vis·ation [ˌɪmprəvaɪˈzeɪʃn] Improvisation *f,* Improvisieren *n;* **im·pro·vise** [ˈɪmprəvaɪz] *tr, itr* improvisieren.

im·prud·ent [ɪmˈpru:dnt] *adj* unklug, unüberlegt.

im·pu·dence [ˈɪmpjʊdəns] Unverschämtheit, Frechheit *f;* **im·pu·dent** [ˈɪmpjʊdənt] *adj* unverschämt, frech.

im·pugn [ɪmˈpju:n] *tr* bestreiten, anfechten; angreifen.

im·pulse [ˈɪmpʌls] **1.** Anstoß, Antrieb, Impuls *m;* **2.** *psych* Trieb, Drang *m;* ▶ **act on ~** impulsiv handeln; **~ buy(ing)** Impulskauf *m;* **im·pul·sion** [ɪmˈpʌlʃn] Antrieb, Drang *m;* Antriebskraft *f;* **im·pul·sive** [ɪmˈpʌlsɪv] *adj* impulsiv, spontan.

im·pun·ity [ɪmˈpju:nətɪ] Straflosigkeit *f;* ▶ **with ~** straflos.

im·pure [ɪmˈpjʊə(r)] *adj* **1.** unrein *a. rel;* **2.** *(Motiv)* unsauber; **3.** *(Essen)* verunreinigt; **im·pur·ity** [ɪmˈpjʊərətɪ] **1.** Unreinheit *f;* **2.** *tech* Verunreinigung *f.*

im·pu·ta·tion [ˌɪmpjʊˈteɪʃn] **1.** Unterstellung *f;* **2.** Be-, Anschuldigung *f* (*on* gegen); **im·pute** [ɪmˈpju:t] *tr* zuschreiben, zur Last legen (*to* dat).

in [ɪn] **I** *prep* **1.** *(räumlich)* in; ▶ **~ the house** im Hause; **~ the street** auf der Straße; **sitting ~ the window** am Fenster sitzend; **~ bed** im Bett; **2.** *(zeitlich)* in; während; ▶ **~ 1981** 1981; **~ July** im Juli; **~ the morning, afternoon, evening** morgens, nachmittags, abends; **~ the beginning** am Anfang; **3.** *(Zukunft)* in; innerhalb von; ▶ **~ a week** in e-r Woche; **4.** *(Art, Zustand)* ▶ **speak ~ a loud voice** laut, mit lauter Stimme sprechen; **speak ~ German** Deutsch reden; **~ this way** so; **~ anger** im Zorn; **~ black** in Schwarz gekleidet; **write ~ ink** mit Tinte schreiben; **5.** *(Ausmaß)* ▶ **~ some measure** in gewisser Weise; **~ part** teilweise; **6.** *(betreffend)* ▶ **a rise ~ prices** ein Preisanstieg; **II** *adv* daheim, zu Hause; ▶ **the train is ~** der Zug ist angekommen; **strawberries are ~ now** es ist Erdbeerzeit; **the Liberal candidate is ~** der liberale Kandidat ist gewählt; **the fire is still ~** das Feuer brennt noch; **green is ~** Grün ist in; **be ~ for s.th.** etw zu erwarten, zu befürchten haben; **be ~ on s.th.** an einer Sache beteiligt sein; über etw Bescheid wissen; **be ~ with s.o.** mit jdm auf gutem Fuße stehen; **now you are ~ for it!** jetzt geht's dir aber schlecht! **are you ~ on it, too?** sind Sie auch dabei? **III** *adj* innen befindlich; *(Tür)* nach innen gehend; **IV** *s:* ▶ **know the ~s and outs of a matter** in, bei e-r S genau Bescheid wissen.

in·abil·ity [ˌɪnəˈbɪlətɪ] Unfähigkeit *f,* Unvermögen *n;* ▶ **~ to pay** Zahlungsunfähigkeit *f.*

in·ac·cess·ible [ˌɪnækˈsesəbl] *adj* unzugänglich *a. fig* (*to* für).

in·ac·cur·acy [ɪnˈækjʊrəsɪ] Unrichtigkeit, Ungenauigkeit *f;* **in·ac·cur·ate** [ɪnˈækjərət] *adj* unrichtig, ungenau.

in·ac·tion [ɪnˈækʃn] Untätigkeit *f,* Nichtstun *n;* **in·ac·tive** [ɪnˈæktɪv] *adj* **1.** untätig; **2.** *(Mensch)* müßig; **3.** *(Kapital)* brachliegend; **4.** *(Vulkan)* erloschen; **in·ac·tiv·ity** [ˌɪnækˈtɪvətɪ] **1.** Untätigkeit *f;* **2.** *com* Flaute *f.*

in·ad·equacy [ɪnˈædɪkwəsɪ] **1.** Unangemessenheit *f;* **2.** Unzulänglichkeit *f;* **in·ad·equate** [ɪnˈædɪkwət] *adj* **1.** unangemessen; **2.** unzulänglich; **3.** unzureichend, ungenügend; **4.** nicht geeignet; ▶ **feel ~** sich nicht gewachsen fühlen (*for s.th, to do s.th.* e-r S).

in·ad·miss·ible [ˌɪnədˈmɪsəbl] *adj* unzulässig.

in·ad·ver·tent [ˌɪnədˈvɜ:tənt] *adj* unbeabsichtigt, ungewollt.

in·ad·vis·able [ˌɪnədˈvaɪzəbl] *adj* unratsam, nicht zu empfehlen.

in·alien·able [ɪnˈeɪlɪənəbl] *adj* unveräußerlich.

in·ane [ɪˈneɪn] *adj* **1.** dumm; **2.** *fam (Vorschlag)* hirnverbrannt.

in·ani·mate [ɪnˈænɪmət] *adj* **1.** leblos; **2.** *(Natur)* unbelebt.

in·an·ity [ɪˈnænətɪ] **1.** Dummheit *f;* **2.** Hirnverbranntheit *f.*

in·ap·pli·cable [ɪnˈæplɪkəbl] *adj* unzutreffend; nicht anwendbar (*to* auf).

in·ap·pro·pri·ate [ˌɪnəˈprəʊprɪət] *adj* **1.** unangemessen, unangebracht; **2.** *(Zeit)* unpassend, ungelegen.

in·apt [ɪnˈæpt] *adj* **1.** unpassend; **2.** ungeschickt; **in·ap·ti·tude** [ɪnˈæptɪtju:d] **1.** Unfähigkeit *f;* **2.** Untauglichkeit *f;* **3.** Ungeschicktheit *f.*

in·ar·ticu·late [ˌɪnɑ:ˈtɪkjʊlət] *adj* **1.** undeutlich; schlecht ausgedrückt; **2.** *zoo* nicht gegliedert; ▶ **he is very ~** er kann sich nur schlecht ausdrücken.

in·ar·tis·tic [ˌɪnɑ:ˈtɪstɪk] *adj* unkünstlerisch.

in·as·much [ˌɪnəzˈmʌtʃ] *adv* ▶ **~ as** da, weil.

in·at·ten·tion [ˌɪnəˈtenʃn] Unaufmerksamkeit *f* (*to* gegenüber); **in·at·ten·tive** [ˌɪnəˈtentɪv] *adj* unaufmerksam (*to* gegenüber).

in·aud·ible [ɪnˈɔ:dəbl] *adj* unhörbar.

in·aug·ural [ɪˈnɔ:gjʊrəl] **I** *adj* Antritts-, Eröffnungs-; **II** *s* (*~ address, lecture*) Antrittsrede, -vorlesung *f;* **in·au·gur·ate** [ɪˈnɔ:gjʊreɪt] *tr* **1.** (ins Amt) einsetzen; **2.** *(Gebäude)* eröffnen, einweihen; **3.** *(Ära)* einleiten; **in·aug·ur·ation** [ɪˌnɔːgjʊˈreɪʃn] **1.** Amtseinführung *f;* **2.** Einweihung *f;* Eröffnung *f;* **3.** Beginn, Anfang *m.*

in·aus·pi·cious [ˌɪnɔːˈspɪʃəs] *adj* unheilverheißend.

in·board [ˈɪnbɔːd] **I** *adj* Innenbord-; **II** *s* Innenbordmotor *m.*

in·born [ˌɪnˈbɔːn] *adj* angeboren.

in·bred [ˌɪnˈbred] *adj* **1.** angeboren; **2.** aus Inzucht hervorgegangen; **in·breed·ing** [ˌɪnˈbriːdɪŋ] Inzucht *f.*

in·cal·cu·lable [ɪnˈkælkjʊləbl] *adj* **1.** *(Charakter)* unberechenbar; **2.** *(Betrag)* unschätzbar; unabsehbar; **3.** *math* nicht berechenbar.

in·can·descent [ˌɪnkænˈdesnt] *adj* **1.** weißglühend; **2.** *fig* leuchtend; ▶ ~ **bulb** Glühbirne *f.*

in·can·ta·tion [ˌɪnkænˈteɪʃn] **1.** Beschwörung *f;* **2.** Zauberspruch *m.*

in·capa·bil·ity [ɪnˌkeɪpəˈbɪlətɪ] Unfähigkeit *f;* Unvermögen *n;* **in·capable** [ɪnˈkeɪpəbl] *adj* **1.** unfähig, nicht imstande, nicht in der Lage (*of doing* zu tun); **2.** untauglich, ungeeignet (*of* für); ▶ ~ **of working** arbeitsunfähig; **drunk and** ~ volltrunken.

in·ca·paci·tate [ˌɪnkəˈpæsɪteɪt] *tr* **1.** unfähig machen (*for* für; *from doing* zu tun); **2.** disqualifizieren; ▶ **physically** ~**d** körperlich behindert; **in·ca·pac·ity** [ˌɪnkəˈpæsətɪ] **1.** Unfähigkeit *f;* **2.** *jur* mangelnde Berechtigung.

in·car·cer·ate [ɪnˈkɑːsəreɪt] *tr* einkerkern.

in·car·nate [ɪnˈkɑːneɪt] **I** *adj* verkörpert, personifiziert, leibhaftig; **II** *tr* verkörpern; Gestalt geben; **in·car·na·tion** [ˌɪnkɑːˈneɪʃn] **1.** *rel* Fleisch-, Menschwerdung *f;* **2.** *fig* Verkörperung *f,* Inbegriff *m;* Inkarnation *f.*

in·cau·tious [ɪnˈkɔːʃəs] *adj* unvorsichtig; unbedacht.

in·cen·di·ary [ɪnˈsendɪərɪ] **I** *adj* **1.** aufrührerisch; **2.** Brand-; ▶ ~ **bomb** Brandbombe *f;* **II** *s* **1.** Brandstifter(in) *m (f);* **2.** *fig* Aufwiegler(in) *m (f).*

in·cense[1] [ˈɪnsens] Weihrauch *m.*

in·cense[2] [ɪnˈsens] *tr* wütend machen, erbosen.

in·cen·tive [ɪnˈsentɪv] Anreiz *m* (*to* zu); **incentive scheme** *(Industrie)* leistungsabhängiges Schema.

in·cer·ti·tude [ɪnˈsɜːtɪtjuːd] Unsicherheit *f.*

in·cess·ant [ɪnˈsesnt] *adj* unablässig, unaufhörlich.

in·cest [ˈɪnsest] Blutschande *f;* **in·ces·tuous** [ɪnˈsestjʊəs] *adj* blutschänderisch, inzestuös.

inch [ɪntʃ] **I** *s* **1.** Zoll *m (= 2,54 cm);* **2.** ein bißchen, (ein) wenig; ▶ ~ **by** ~ Zentimeter um Zentimeter; **the car missed me by** ~**es** das Auto hat mich um Haaresbreite verfehlt; **he is every** ~ **a soldier** er ist jeder Zoll ein Soldat; **within an** ~ **of** um ein Haar, beinahe; **II** *tr* (langsam) schieben; **III** *itr* sich (langsam) bewegen.

in·ci·dence [ˈɪnsɪdəns] **1.** Vorkommen *n,* Verbreitung, Häufigkeit *f;* **2.** *opt* Einfall *m;* **in·ci·dent** [ˈɪnsɪdənt] **I** *adj* **1.** verbunden (*to* mit); **2.** *opt* einfallend; **II** *s* **1.** Vorfall *m,* Ereignis, Geschehen *n;* **2.** Zwischenfall *m.*

in·ci·den·tal [ˌɪnsɪˈdentl] **I** *adj* **1.** zufällig, beiläufig; **2.** nebensächlich; **3.** verbunden (*to* mit); ▶ ~ **music** Begleitmusik *f;* ~ **expenses** *pl* Nebenkosten *pl;* **II** *s pl* Nebenausgaben *f pl;* **in·ci·den·tally** [ˌɪnsɪˈdentlɪ] *adv* übrigens, nebenbei gesagt.

in·cin·er·ate [ɪnˈsɪnəreɪt] *tr* einäschern, verbrennen; **in·cin·er·ator** [ɪnˈsɪnəreɪtə(r)] Verbrennungsofen *m;* *(Müll)* Verbrennungsanlage *f.*

in·cipi·ent [ɪnˈsɪpɪənt] *adj* anfangend, beginnend; *(Probleme)* einsetzend.

in·cise [ɪnˈsaɪz] *tr* **1.** (ein)schneiden in; **2.** einritzen; einschnitzen; **in·ci·sion** [ɪnˈsɪʒn] Einschnitt *m a. med.*

in·cis·ive [ɪnˈsaɪsɪv] *adj* **1.** *(Verstand)* scharf; ausgeprägt; **2.** *(Bemerkung)* beißend; scharfsinnig.

in·cisor [ɪnˈsaɪzə(r)] *anat* Schneidezahn *m.*

in·cite [ɪnˈsaɪt] *tr* aufwiegeln, aufhetzen (*to* zu); **in·cite·ment** [—mənt] Aufwiegelung, Aufhetzung *f* (*to* zu).

in·civ·il·ity [ˌɪnsɪˈvɪlətɪ] Unhöflichkeit *f.*

in·clem·ent [ɪnˈklemənt] *adj* *(Wetter)* rauh, streng.

in·cli·na·tion [ˌɪnklɪˈneɪʃn] **1.** Neigung *f,* Hang *m a. fig;* **2.** *fig* Vorliebe *f* (*for* für); **3.** Gefälle *n;* ▶ **she follows her** ~**s** sie tut das, wozu sie Lust hat; **in·cline** [ˈɪnklaɪn] **I** *s* (Ab)Hang *m,* Gefälle *n;* **II** *itr* [ɪnˈklaɪn] **1.** *(Fläche)* sich neigen; abfallen; **2.** neigen; ▶ **he** ~**s to leanness** er neigt zu Magerkeit; **III** *tr* [ɪnˈklaɪn] **1.** *(Dach)* neigen; **2.** *fig* veranlassen, bewegen; **in·clined** [ɪnˈklaɪnd] *adj* geneigt *a. fig;* ▶ **be** ~ **to do s.th.** Lust haben, etw zu tun; dazu neigen, etw zu tun; **I am** ~ **to think that ...** ich neige zu der Ansicht, daß ... **be well** ~ **towards s.o.** jdm gewogen sein.

in·close [ɪnˈkləʊz] *s. enclose.*

in·clude [ɪnˈkluːd] *tr* einschließen, umfassen, enthalten; einbeziehen (*in* in); ▶ **the children** ~**d** einschließlich der Kinder; **in·clud·ing** [ɪnˈkluːdɪŋ] *prep* einschließlich, inklusive, inbegriffen; **in·clu·sion** [ɪnˈkluːʒn] Aufnahme *f;* Einbeziehung *f;* **in·clus·ive** [ɪnˈkluːsɪv] *adj* eingerechnet, einschließlich, inklusive; ▶ **be** ~ **of** einschließen; **Monday to Friday** ~ von Montag bis einschließlich

Freitag; ~ **terms** *pl* Pauschalpreis *m.*
in·cog·nito [ˌɪnkɒgˈniːtəʊ] **I** *adv* inkognito; **II** *s* Inkognito *n.*
in·co·her·ent [ˌɪnkəʊˈhɪərənt] *adj* **1.** zusammenhanglos; unzusammenhängend; **2.** *(Rede)* wirr.
in·come [ˈɪŋkʌm] Einkommen *n,* Einkünfte *pl* (*from* aus); ► **live within one's** ~ seinen Verhältnissen entsprechend leben; **income group** Einkommensklasse *f;* **income-tax** Lohnsteuer *f;* Einkommensteuer *f.*
in·com·ing [ˈɪnˌkʌmɪŋ] *adj* **1.** hereinkommend; **2.** *(Zug)* einfahrend; *(Schiff)* einlaufend; **3.** nachfolgend; ► ~ **tide** Flut *f.*
in·com·ings [ˈɪnˌkʌmɪŋz] *pl* Einkünfte, Einnahmen *pl.*
in·com·men·sur·ate [ˌɪnkəˈmenʃərət] *adj* unzureichend; ► **be** ~ **with s.th.** in keinem Verhältnis zu etw stehen.
in·com·muni·cado [ˌɪnkəˌmjuːnɪˈkɑːdəʊ] *adj* ohne Verbindung zur Außenwelt; nicht zu sprechen.
in·com·par·able [ɪnˈkɒmprəbl] *adj* nicht vergleichbar (*to, with* mit); unvergleichlich.
in·com·pati·bil·ity [ˌɪnkəmˌpætəˈbɪlɪtɪ] Unvereinbarkeit *f;* Unverträglichkeit *f;* **in·com·pat·ible** [ˌɪnkəmˈpætəbl] *adj* **1.** unvereinbar (*with* mit); nicht zueinander passend; **2.** *(Farben)* unverträglich.
in·com·pe·tence, in·com·pe·tency [ɪnˈkɒmpɪtəns(ɪ)] **1.** Unfähigkeit *f;* Untauglichkeit *f;* **2.** *jur* Unzuständigkeit *f;* **in·com·pe·tent** [ɪnˈkɒmpɪtənt] *adj* **1.** unfähig; untauglich; **2.** *jur* unzuständig (*to* für).
in·com·plete [ˌɪnkəmˈpliːt] *adj* unvollständig, unvollkommen.
in·com·pre·hen·sible [ˌɪnˌkɒmprɪˈhensəbl] *adj* unverständlich, unbegreiflich.
in·con·ceiv·able [ˌɪnkənˈsiːvəbl] *adj* **1.** unvorstellbar, undenkbar; **2.** unfaßbar.
in·con·clus·ive [ˌɪnkənˈkluːsɪv] *adj* nicht überzeugend, nicht schlüssig; unbestimmt; ergebnislos.
in·con·gru·ity [ˌɪnkɒŋˈgruːətɪ] **1.** Unvereinbarkeit *f;* **2.** Mißverhältnis *n;* **3.** Unstimmigkeit *f;* **in·con·gru·ous** [ɪnˈkɒŋgrʊəs] *adj* **1.** nicht zusammenpassend, unvereinbar; **2.** fehl am Platz.
in·con·sequent [ɪnˈkɒnsɪkwənt] *adj* **1.** inkonsequent, unlogisch; **2.** *(Bemerkung)* nicht zur Sache gehörend; **in·con·sequen·tial** [ɪnˌkɒnsɪˈkwenʃl] *adj* beziehunglos; belanglos, unwichtig.
in·con·sider·able [ˌɪnkənˈsɪdrəbl] *adj* unbedeutend, belanglos.
in·con·sider·ate [ˌɪnkənˈsɪdərət] *adj* **1.** unaufmerksam; **2.** rücksichtslos.
in·con·sist·ency [ˌɪnkənˈsɪstənsɪ] **1.** Widersprüchlichkeit *f;* **2.** Unbeständigkeit *f;* **in·con·sist·ent** [ˌɪnkənˈsɪstənt] *adj* **1.** widersprüchlich; **2.** *(Arbeit)* unbeständig, ungleich; ► **be** ~ **with s.th.** mit etw nicht übereinstimmen.
in·con·sol·able [ˌɪnkənˈsəʊləbl] *adj* untröstlich.
in·con·spicu·ous [ˌɪnkənˈspɪkjʊəs] *adj* unauffällig; unscheinbar.
in·con·stant [ɪnˈkɒnstənt] *adj* **1.** unbeständig; **2.** schwankend; **3.** *(Wetter)* wechselhaft.
in·con·test·able [ˌɪnkənˈtestəbl] *adj* unbestreitbar, unanfechtbar.
in·con·ti·nent [ɪnˈkɒntɪnənt] *adj* **1.** *(Wünsche)* zügellos; **2.** *med* inkontinent.
in·con·tro·vert·ible [ɪnˌkɒntrəˈvɜːtəbl] *adj* unbestreitbar, unleugbar.
in·con·ven·ience [ˌɪnkənˈviːnɪəns] **I** *s* Unannehmlichkeit *f;* ► **put s.o. to great** ~ jdm große Umstände bereiten; **II** *tr* Umstände bereiten (*s.o.* jdm); **in·con·ven·ient** [ˌɪnkənˈviːnɪənt] *adj* **1.** ungelegen, ungünstig; **2.** unbequem, unpraktisch.
in·cor·por·ate [ɪnˈkɔːpəreɪt] *tr* **1.** aufnehmen, einbauen, integrieren; **2.** vereinigen, enthalten; **3.** *jur* gesellschaftlich organisieren; ► ~ **a company** *Am* als Aktiengesellschaft eintragen; **~d company** *Am* Aktiengesellschaft *f;* **in·cor·por·ation** [ɪnˌkɔːpəˈreɪʃn] **1.** Aufnahme-, Integration *f;* **2.** Verbindung, Vereinigung *f;* **3.** *jur* Gründung *f.*
in·cor·por·eal [ˌɪnkɔːˈpɔːrɪəl] *adj* unkörperlich, immateriell.
in·cor·rect [ˌɪnkəˈrekt] *adj* **1.** falsch; fehlerhaft; unzutreffend; **2.** inkorrekt.
in·cor·rupt·ible [ˌɪnkəˈrʌptəbl] *adj* **1.** unbestechlich; **2.** *(Substanz)* unzerstörbar.
in·crease [ɪnˈkriːs] **I** *itr* **1.** (an)wachsen, (an)steigen, zunehmen; **2.** sich vergrößern; sich vermehren, sich erhöhen (*to* auf); ► ~ **in volume** umfangreicher werden; ~ **in height** höher werden; **II** *tr* **1.** vergrößern, erhöhen; **2.** *(Freude)* vermehren; **3.** *(Bemühung)* verstärken; **4.** *(Firma)* erweitern; **5.** *(Preis)* erhöhen; ► **~d demand** verstärkte Nachfrage; **~d standard of living** höherer Lebensstandard; **III** *s* [ˈɪŋkriːs] **1.** Wachstum *n,* Vergrößerung *f;* **2.** Erhöhung, Steigerung *f* (*on* gegenüber); **3.** Zunahme *f;* Zuwachs *m;* **4.** Anwachsen *n;* ► **be on the** ~ ständig zunehmen; ~ **in population** Bevölkerungszunahme *f;* ~ **in value** Wertsteigerung *f,* -zuwachs *m;* **in·creas·ing** [—ɪŋ] *adj* zunehmend, steigend.
in·cred·ible [ɪnˈkredəbl] *adj* **1.** unglaubhaft; **2.** unglaublich.
in·cred·ul·ity [ˌɪnkrɪˈdjuːlətɪ] Ungläubigkeit *f;* **in·credu·lous** [ɪnˈkredjʊləs] *adj* ungläubig, skeptisch.
in·crement [ˈɪŋkrəmənt] **1.** Zuwachs *m,* Zunahme *f* (*of* an); **2.** Gehaltserhöhung

f.
in·crimi·nate [ɪnˈkrɪmɪneɪt] *tr* belasten.
in·cu·bate [ˈɪnkjʊbeɪt] **I** *tr* **1.** ausbrüten; **2.** *fig* ausreifen lassen; **II** *itr* **1.** ausgebrütet werden; **2.** *fig* reifen; **in·cu·ba·tion** [ˌɪnkjʊˈbeɪʃn] **1.** Ausbrüten *n;* **2.** *fig* Ausreifen *n;* **incubation period** *med* Inkubationszeit *f;* **in·cu·ba·tor** [ˈɪŋkjʊbeɪtə(r)] Brutapparat, -kasten *m.*
in·cul·cate [ˈɪnkʌlkeɪt] *tr* einschärfen (*in s.o.* jdm).
in·cur [ɪnˈkɜː(r)] *tr* sich zuziehen, auf sich laden; ▶ ~ **debts** Schulden machen; ~ **heavy expenses** sich in große Unkosten stürzen; ~ **a loss** e-n Verlust erleiden; ~ **a risk** ein Risiko eingehen; **heavy costs can be ~red** hohe Kosten können entstehen.
in·cur·able [ɪnˈkjʊərəbl] **I** *adj* unheilbar; **II** *s* unheilbar Kranke(r) *f m.*
in·cur·sion [ɪnˈkɜːʃn] plötzlicher Angriff; Einfall *m.*
in·debted [ɪnˈdetɪd] *adj* **1.** *com* verschuldet (*to* bei); **2.** *fig* verpflichtet; ▶ **be ~ to s.o. for s.th.** jdm für etw zu Dank verpflichtet sein; **in·debted·ness** [—nɪs] **1.** Verpflichtung *f;* **2.** *com* Verschuldung *f.*
in·de·cen·cy [ɪnˈdiːsənsɪ] Unanständigkeit *f;* **in·de·cent** [ɪnˈdiːsnt] *adj* **1.** *jur* unsittlich; **2.** anstößig, unanständig; ▶ ~ **assault** Notzucht *f;* **with ~ haste** mit ungebührlicher Eile.
in·de·cipher·able [ˌɪndɪˈsaɪfrəbl] *adj* nicht zu entziffern.
in·de·ci·sion [ˌɪndɪˈsɪʒn] Unentschlossenheit *f;* **in·de·cis·ive** [ˌɪndɪˈsaɪsɪv] *adj* **1.** unentschlossen, unschlüssig; **2.** *(Entscheidung)* ergebnislos.
in·dec·or·ous [ɪnˈdekərəs] *adj* unschicklich.
in·deed [ɪnˈdiːd] *adv* in der Tat, tatsächlich, wirklich; ▶ **thank you very much ~** vielen herzlichen Dank; **who is she, ~?** wer mag sie wohl sein? **what ~!** was wohl! **~?** ach so? **if ~ ...** falls ... wirklich; **are you pleased? — yes, ~!** bist du zufrieden? — oh ja, natürlich sehr!
in·de·fati·gable [ˌɪndɪˈfætɪgəbl] *adj* unermüdlich.
in·de·fens·ible [ˌɪndɪˈfensəbl] *adj* **1.** unhaltbar *a. fig;* **2.** *fig (Benehmen)* unentschuldbar.
in·defin·able [ˌɪndɪˈfaɪnəbl] *adj* unbestimmbar, undefinierbar.
in·defi·nite [ɪnˈdefɪnət] *adj* **1.** *(Zeit)* unbegrenzt; unbestimmt; **2.** *fig* unklar.
in·del·ible [ɪnˈdeləbl] *adj* **1.** *(Schrift, Farbe)* nicht zu entfernen, dauerhaft; **2.** *fig* unauslöschlich; ▶ **~ink** Wäschetinte *f;* ~ **pencil** Tintenstift *m.*
in·dem·nify [ɪnˈdemnɪfaɪ] *tr* **1.** entschädigen, Schaden(s)ersatz leisten (*for* für); *(Kosten)* erstatten; **2.** versichern (*against, from* gegen); **in·dem·nity** [ɪnˈdemnətɪ] **1.** Schaden(s)ersatz *m,* Entschädigung *f;* Abfindung *f;* **2.** Versicherung *f;* ▶ **pay full ~ to s.o.** jdm den Schaden in voller Höhe ersetzen.
in·dent [ɪnˈdent] **1.** (ein)kerben, auszakken; **2.** *(Zeile)* einrücken; **in·den·ta·tion** [ˌɪndenˈteɪʃn] **1.** Einkerbung, Auszackung *f;* **2.** Ausbuchtung *f;* **3.** *typ* Einrückung *f;* Absatz *m.*
in·de·pen·dence [ˌɪndɪˈpendəns] Unabhängigkeit *f* (*from* von); ▶ **I~ Day** *Am* Unabhängigkeitstag *m (4. Juli 1776);* **in·de·pen·dent** [ˌɪndɪˈpendənt] **I** *adj* **1.** unabhängig (*of* von); selbständig; autonom; **2.** *pol* parteilos; ▶ ~ **suspension** *mot* Einzelradaufhängung *f;* **II** *s pol* Parteilose(r) *f m;* Autonome(r) *f m;* Unabhängige(r) *f m.*
in·de·scrib·able [ˌɪndɪˈskraɪbəbl] *adj* unbeschreiblich.
in·de·struct·ible [ˌɪndɪˈstrʌktəbl] *adj* unzerstörbar.
in·de·ter·min·able [ˌɪndɪˈtɜːmɪnəbl] *adj* unbestimmbar; **in·de·ter·mi·nate** [ˌɪndɪˈtɜːmɪnət] *adj* **1.** unbestimmt; **2.** *(Konzept)* unklar, vage.
in·dex [ˈɪndeks] **I** *s* **1.** ⟨*pl* indexes⟩ Register *n,* Index *m;* Quellenverzeichnis *n;* Katalog *m;* **2.** ⟨*pl* indices⟩ [ˈɪndɪsiːz] Hinweiszeichen *n;* Anzeiger *m;* **3.** ⟨*pl* indexes *od* indices⟩ Index *m,* Meßzahl *f;* **4.** *math* ⟨*pl* indices⟩ Exponent *m;* ▶ **be an ~ of s.th.** ein Gradmesser für etw sein; **cost-of-living ~** Lebenshaltungsindex *m;* **II** *tr* mit e-m Register versehen; registrieren, katalogisieren; **index card** Karteikarte *f;* **index finger** Zeigefinger *m;* **index-linked** *adj (Rente)* dynamisch; der Inflationsrate angeglichen.
In·dia [ˈɪndɪə] Indien *n;* **In·dian** [ˈɪndɪən] **I** *adj* **1.** indisch; **2.** indianisch; **II** *s* **1.** Inder(in) *m (f);* **2.** Indianer(in) *m (f);* **Indian club** *sport* Keule *f;* **Indian corn** *Am* Mais *m;* **Indian file:** ▶ **in ~** im Gänsemarsch; **Indian ink** Tusche *f;* **Indian Ocean** Indischer Ozean; **Indian summer** Altweiber-, Nachsommer *m;* **India paper** Chinapapier *n;* **India-rubber 1.** Kautschuk *m;* **2.** Radiergummi *m.*
in·di·cate [ˈɪndɪkeɪt] *tr* **1.** hinweisen, zeigen, deuten auf; **2.** *(Gefühle)* andeuten; zum Ausdruck bringen; **3.** *tech* anzeigen; *mot* blinken; **4.** angezeigt, ratsam, nützlich erscheinen lassen; **5.** *med* indizieren; **in·di·ca·tion** [ˌɪndɪˈkeɪʃn] **1.** Hinweis *m,* Andeutung *f,* Anzeichen *n;* **2.** Anzeigen, Erkennenlassen *n;* **3.** Kennzeichen, Merkmal *n;* **4.** *med* Indikation, Anzeige *f* (*of* für); **in·dica·tive** [ɪnˈdɪkətɪv] *adj* hinweisend (*of* auf); bezeichnend (*of s.th.* für etw); ▶ **be ~ of** ein Hinweis sein für; **in·di·cator** [ˈɪndɪkeɪtə(r)] **1.** Anzeiger *m;* **2.** *com* Indikator *m a. chem;* **3.** *mot* Fahrtrich-

tungsanzeiger, Blinker *m;* **4.** *fig* Anzeichen *n.*

in·di·ces ['ındısi:z] *pl von index.*

in·dict [ın'daıt] *tr jur* anklagen (*for* wegen); **in·dict·able** [ın'daıtəbl] *adj (Person)* strafrechtlich verfolgbar; *(Vergehen)* strafbar; **in·dict·ment** [—mənt] *jur* Anklageschrift *f.*

in·dif·fer·ence [ın'dıfrəns] Gleichgültigkeit *f* (*to, towards* gegen); Interesselosigkeit *f;* **in·dif·fer·ent** [ın'dıfrənt] *adj* **1.** gleichgültig (*to, towards* gegenüber); **2.** desinteressiert, interesselos; **3.** mittelmäßig, durchschnittlich.

in·digen·ous [ın'dıdʒınəs] *adj* **1.** *bot zoo* eingeboren; **2.** einheimisch (*to* in); **3.** Landes-.

in·di·gest·ible [ˌındı'dʒəstəbl] *adj* unverdaulich *a. fig;* **in·di·ges·tion** [ˌındı'dʒəstʃən] Magenverstimmung *f.*

indig·nant [ın'dıgnənt] *adj* aufgebracht, entrüstet, empört (*at, over, about* über etw); **in·dig·na·tion** [ˌındıg'neıʃn] Entrüstung, Empörung *f* (*at, over, about* über).

in·direct [ˌındı'rekt] *adj* **1.** indirekt; mittelbar; **2.** *gram* indirekt; ► **by ~ means** auf Umwegen; **~ speech** *gram* indirekte Rede; **indirect taxes** *pl* indirekte Steuern *f pl.*

in·dis·cern·ible [ˌındı'sɜ:nəbl] *adj* nicht wahrnehmbar, unmerklich.

in·dis·ci·pline [ın'dısıplın] Mangel *m* an Disziplin.

in·dis·creet [ˌındı'skri:t] *adj* indiskret; taktlos; **in·dis·cre·tion** [ˌındı'skreʃn] Indiskretion *f;* Taktlosigkeit *f.*

in·dis·crimi·nate [ˌındı'skrımınət] *adj* unterschiedslos; wahllos; kritiklos; willkürlich.

in·dis·pens·able [ˌındı'spensəbl] *adj* unbedingt notwendig; unentbehrlich.

in·dis·posed [ˌındı'spəʊzd] *adj* **1.** unpäßlich, unwohl; **2.** abgeneigt (*to* dat); **in·dis·po·sition** [ˌındıspə'zıʃn] **1.** Unpäßlichkeit *f;* **2.** Abneigung *f* (*to, towards* gegen).

in·dis·put·able [ˌındı'spju:təbl] *adj* unbestreitbar, unstreitig.

in·dis·tinct [ˌındı'stıŋkt] *adj* **1.** undeutlich, unscharf, verschwommen; **2.** *(Geräusch)* schwach.

in·dis·tin·guish·able [ˌındı'stıŋgwıʃəbl] *adj* nicht zu unterscheiden; nicht erkennbar.

in·di·vid·ual [ˌındı'vıdʒʊəl] **I** *adj* **1.** einzeln, getrennt; **2.** persönlich, individuell, eigen; ► **give ~ help** jedem einzeln helfen; **II** *s* Individuum *n;* Einzelne(r) *f m;* Person *f;* **individual case** Einzelfall *m.*

in·di·vid·ual·ism [ˌındı'vıdʒʊəlızəm] Individualismus *m;* **in·di·vid·ual·ist** [ˌındı'vıdʒʊəlıst] Individualist(in) *m (f);* **in·di·vid·ual·is·tic** [ˌındıˌvıdʒʊə'lıstık] *adj* individualistisch.

in·di·vidu·al·ity [ˌındıˌvıdʒʊ'ælətı] Individualität *f;* **in·di·vid·ual·ize** [ˌındı'vıdʒʊəlaız] *tr* **1.** individualisieren; **2.** einzeln, gesondert betrachten; **3.** e-e persönliche Note verleihen (*s.th.* e-r S).

in·di·vis·ible [ˌındı'vızəbl] *adj* unteilbar.

Indo- ['ındəʊ-] *pref* Indo-; ► **~-China** Indochina *n.*

in·doc·tri·nate [ın'dɒktrıneıt] *tr* indoktrinieren; **in·doc·tri·nat·ion** [ınˌdɒktrı'neıʃn] Indoktrination *f.*

in·do·lent ['ındələnt] *adj* träge, arbeitsscheu, faul.

in·domi·table [ın'dɒmıtəbl] *adj* unbezähmbar, unbezwingbar.

Indo·nesia [ˌındəʊ'ni:zıə] Indonesien *n;* **Indo·nesian** [—n] **I** *adj* indonesisch; **II** *s* **1.** Indonesier(in) *m (f);* **2.** *(Sprache)* (das) Indonesisch(e).

in·door ['ındɔ:(r)] *adj* Innen-, Haus-; ► **~ aerial** Zimmerantenne *f;* **~ games** *pl sport* Hallenspiele *n pl;* **~ swimming-pool** Hallenbad *n;* **in·doors** [ˌın'dɔ:z] *adv* im, zu Hause; drinnen; ► **stay ~** zu Hause bleiben.

in·dubi·table [ın'dju:bıtəbl] *adj* unzweifelhaft; **in·dubi·tab·ly** [ın'dju:bıtəblı] *adv* zweifellos, zweifelsohne.

in·duce [ın'dju:s] *tr* **1.** veranlassen, überreden; **2.** *(Reaktion)* herbeiführen, bewirken, hervorrufen, verursachen; **3.** die Folgerung ziehen (*from* von, aus); **4.** *phys el* induzieren; **5.** *med (Geburt)* einleiten; ► **~ed sleep** künstlicher Schlaf; **in·duce·ment** [—mənt] **1.** Veranlassung *f;* Überredung *f;* **2.** *(Motiv)* Anreiz, Ansporn *m.*

in·duc·tion [ın'dʌkʃn] **1.** (Amts)Einsetzung *f;* **2.** *Am mil* Einberufung *f;* **3.** *philos* Induktion *f;* **4.** Veranlassung, Herbeiführung *f;* **induction coil** *el* Induktionsspule *f;* **induction course** Einführungskurs *m;* **in·duc·tive** [ın'dʌktıv] *adj* induktiv.

in·dulge [ın'dʌldʒ] **I** *tr* **1.** nachgeben (*a desire* e-m Verlangen); **2.** nachsichtig sein mit; verwöhnen; **3.** *fin* Zahlungsaufschub gewähren; **II** *itr* ► **~ in s.th.** sich etw gönnen; sich e-r S hingeben; sich (den Luxus) erlauben (*in* zu); **in·dul·gence** [ın'dʌldʒəns] **1.** Nachsicht *f;* Nachgiebigkeit *f;* **2.** Verwöhnung *f;* **3.** Genuß *m;* Luxus *m;* **4.** Einwilligung *f;* **5.** *rel* Ablaß *m;* **in·dul·gent** [ın'dʌldʒənt] *adj* **1.** nachsichtig; nachgiebig (*to* gegen); **2.** gutmütig.

in·dus·trial [ın'dʌstrıəl] *adj* gewerblich, industriell; Industrie-; Arbeits-; Betriebs-; ► **~ action** Streikmaßnahmen *f pl;* **~ democracy** Demokratie *f* im Betrieb; **~ dispute** Auseinandersetzung *f* zwischen Arbeitgebern und Arbeitnehmern; **~ estate** Industriegelände *n,* -park *m;* **~ fair** Industriemesse *f;* **~**

injury Arbeitsunfall *m;* ~ **insurance** Unfallversicherung *f;* ~ **relations** *pl* Arbeitgeber-Arbeitnehmer-Beziehungen *f pl;* **I~ Revolution** Industrielle Revolution; ~ **robot** Industrieroboter *m;* ~ **tribunal** Arbeitsgericht *n;* ~ **union** Industriegewerkschaft *f;* ~ **waste** Industriemüll *m;* **indus·trial·ism** [ɪnˈdʌstrɪəlɪzəm] Industrie *f;* **in·dus·trial·ist** [—ɪst] Industrielle(r) *f m;* **in·dus·triali·zation** [ɪnˌdʌstrɪəlaɪˈzeɪʃn] Industrialisierung *f;* **in·dus·trial·ize** [ɪnˈdʌstrɪəlaɪz] *tr* industrialisieren; ► **~d country** Industrieland *n,* -nation *f.*

in·dus·tri·ous [ɪnˈdʌstrɪəs] *adj* arbeitsam, betriebsam, fleißig.

in·dus·try [ˈɪndəstrɪ] **1.** Industrie *f;* gewerbliche Wirtschaft; **2.** Industrie-, Wirtschaftszweig *m;* Branche *f;* **3.** Fleiß *m;* ► **automobile** ~ Auto-, Kraftfahrzeugindustrie *f;* **heavy** ~ Schwerindustrie *f;* **hotel** ~ Hotelgewerbe *n;* **light** ~ Leichtindustrie *f;* **tourist** ~ Tourismusbranche, Touristik *f.*

in·ebri·ate [ɪˈni:brɪeɪt] **I** *tr* betrunken machen, berauschen *a. fig;* **II** *adj* [ɪˈni:brɪət] betrunken.

in·ed·ible [ɪnˈedəbl] *adj* ungenießbar.

in·ed·uc·able [ɪnˈedʒʊkəbl] *adj* bildungsunfähig.

in·ef·fable [ɪnˈefəbl] *adj* unaussprechlich.

in·ef·fec·tive [ˌɪnɪˈfektɪv] *adj* **1.** unwirksam, wirkungslos; **2.** *(Person)* untauglich, unfähig.

in·ef·fec·tual [ˌɪnɪˈfektʃʊəl] *adj* ineffektiv.

in·ef·fi·cien·cy [ˌɪnɪˈfɪʃənsɪ] Unfähigkeit, Ineffizienz *f;* **in·ef·fic·ient** [ˌɪnɪˈfɪʃnt] *adj* **1.** *(Person)* unfähig; inkompetent; **2.** *(Maschine)* unrentabel, unwirtschaftlich; **3.** *(Betrieb)* unrationell.

in·el·egant [ˌɪnˈelɪgənt] *adj* **1.** unelegant; **2.** *(Stil)* schwerfällig, ungeschliffen.

in·eli·gible [ɪnˈelɪdʒəbl] *adj* **1.** nicht wählbar; **2.** *(für ein Amt)* ungeeignet; nicht qualifiziert; **3.** *(für Leistungen)* nicht berechtigt.

in·ept [ɪˈnept] *adj* **1.** untauglich, unfähig (*at s.th.* für etw); **2.** *(Bemerkung)* unangebracht, unpassend.

in·equal·ity [ˌɪnɪˈkwɒlətɪ] Ungleichheit *f a. math;* Unterschied *m.*

in·equi·table [ɪnˈekwɪtəbl] *adj* ungerecht; **in·equity** [ɪnˈekwətɪ] Ungerechtigkeit *f.*

in·eradi·cable [ˌɪnɪˈrædɪkəbl] *adj* unausrottbar.

in·ert [ɪˈnɜ:t] *adj* **1.** träge *a. phys;* unbeweglich; **2.** *chem* inaktiv; ► ~ **gas** Edelgas *n;* **in·er·tia** [ɪˈnɜ:ʃə] Trägheit *f a. fig;* **inertia (reel) seat belt** *mot* Automatikgurt *m.*

in·es·cap·able [ˌɪnɪˈskeɪpəbl] *adj* unentrinnbar, unvermeidbar.

in·es·sen·tial [ˌɪnɪˈsenʃl] *adj* unwesentlich, unwichtig.

in·es·ti·mable [ɪnˈestɪməbl] *adj* unschätzbar.

in·evi·table [ɪnˈevɪtəbl] *adj* unvermeidbar; zwangsläufig.

in·ex·act [ˌɪnɪgˈzækt] *adj* ungenau.

in·ex·cus·able [ˌɪnɪkˈskju:zəbl] *adj* unentschuldbar, unverzeihlich.

in·ex·haust·ible [ˌɪnɪgˈzɔ:stəbl] *adj* unerschöpflich.

in·exor·able [ˌɪnˈeksərəbl] *adj* unerbittlich.

in·ex·pedi·ency [ˌɪnɪkˈspi:dɪənsɪ] Unzweckmäßigkeit *f;* **in·ex·pedi·ent** [ˌɪnɪkˈspi:dɪənt] *adj* unzweckmäßig.

in·ex·pen·sive [ˌɪnɪkˈspensɪv] *adj* billig, preiswert.

in·ex·pe·ri·enced [ˌɪnɪkˈspɪərɪənst] *adj* unerfahren.

in·ex·pert [ɪnˈekspɜ:t] *adj* **1.** *(Behandlung)* unsachgemäß; **2.** unfachmännisch, laienhaft.

in·ex·plic·able [ˌɪnɪkˈsplɪkəbl] *adj* unerklärlich, unfaßlich.

in·ex·tri·cable [ˌɪnɪkˈstrɪkəbl] *adj* **1.** unentwirrbar; **2.** *(Schwierigkeiten)* unlösbar.

in·fal·lible [ɪnˈfæləbl] *adj* **1.** unfehlbar; **2.** *(Methoden)* zuverlässig.

in·fa·mous [ˈɪnfəməs] *adj* **1.** berüchtigt; **2.** schändlich; niederträchtig; **in·famy** [ˈɪnfəmɪ] **1.** Verrufenheit *f;* **2.** Niedertracht *f.*

in·fancy [ˈɪnfənsɪ] **1.** frühe Kindheit; **2.** *jur* Minderjährigkeit *f;* **3.** *fig* Anfänge *m pl;* ► **flying was still in its** ~ die Fliegerei steckte noch in den Kinderschuhen.

in·fant [ˈɪnfənt] **1.** Kleinkind *n;* Säugling *m;* **2.** *jur* Minderjährige(r) *f m;* ► ~ **mortality** Säuglingssterblichkeit *f.*

in·fan·ti·cide [ɪnˈfæntɪsaɪd] **1.** Kindesmord *m;* **2.** Kindesmörder(in) *m (f).*

in·fan·tile [ˈɪnfəntaɪl] *adj* **1.** kindisch, infantil; **2.** *med* Kinder-.

in·fan·try [ˈɪnfəntrɪ] Infanterie *f;* **in·fan·try·man** [—mən] ⟨*pl* -men⟩ Infant(e)rist *m.*

in·fatu·ated [ɪnˈfætʃʊeɪtɪd] *adj* verblendet; vernarrt, verknallt (*with* in); ► **become** ~ **with s.o.** sich in jdn unsterblich verlieben.

in·fect [ɪnˈfekt] *tr* **1.** *med* infizieren; anstecken (*with* mit); **2.** *(Wasser)* verseuchen, verunreinigen; **3.** *(Essen)* verderben; **4.** *fig* anstecken; ► **become, get ~ed** angesteckt werden (*by, with* von); **in·fec·tion** [ɪnˈfekʃn] **1.** Ansteckung, Infektion *f;* **2.** Verseuchung *f;* Verunreinigung *f;* ► **spread of** ~ Durchseuchung *f;* **in·fec·tious** [ɪnˈfekʃəs] *adj* ansteckend *a. fig;* infektiös; ► ~ **disease** Infektionskrankheit *f.*

in·fe·lici·tous [ˌɪnfɪˈlɪsɪtəs] *adj* unglücklich, unpassend.

in·fer [ɪnˈfɜ:(r)] *tr* **1.** folgern, ableiten, entnehmen (*from* aus); **2.** darauf schließen lassen; andeuten; **in·fer·ence** [ˈɪnfərəns] Folgerung *f*, Schluß *m*.

in·ferior [ɪnˈfɪərɪə(r)] **I** *adj* **1.** (rang)niedriger, untergeordnet (*to* dat); **2.** gering(wertig)er, weniger wert (*to* als); **3.** *(Qualität)* minderwertig; ▶ **be ~ to s.o.** jdm unterlegen sein; jdm untergeordnet sein; **II** *s* Untergebene(r) *f m*; **in·feriority** [ɪnˌfɪərɪˈɒrətɪ] Minderwertigkeit *f;* Unterlegenheit *f;* **inferiority complex** Minderwertigkeitskomplex *m*.

in·fer·nal [ɪnˈfɜ:nl] *adj* **1.** höllisch; Höllen-; **2.** *fig* infernalisch; **in·ferno** [ɪnˈfɜ:nəʊ] ⟨*pl* -fernos⟩ Hölle *f*, Inferno *n*.

in·fer·tile [ɪnˈfɜ:taɪl] *adj* unfruchtbar; **in·fer·til·ity** [ˌɪnfəˈtɪlətɪ] Unfruchtbarkeit *f*.

in·fest [ɪnˈfest] *tr* herfallen über; befallen; heimsuchen; überschwemmen *fig;* ▶ **be ~ed with rats** mit Ratten verseucht sein; **be ~ed** mit Ungeziefer verseucht sein.

in·fi·del [ˈɪnfɪdəl] Ungläubige(r) *f m*.

in·fi·del·ity [ˌɪnfɪˈdelətɪ] Untreue *f*.

in·fil·trate [ˈɪnfɪltreɪt] *tr* **1.** einsickern in, durchdringen; **2.** *pol* unterwandern; sich einschleusen (*into* in); **in·fil·tra·tor** [—ə(r)] Eindringling; Unterwanderer *m*.

in·fi·nite [ˈɪnfɪnət] *adj* **1.** unendlich *a. math*, unbegrenzt; **2.** *(Vergnügen)* grenzenlos.

in·fini·tesi·mal [ˌɪnfɪnɪˈtesɪml] *adj* unendlich klein; ▶ **~ calculus** Infinitesimalrechnung *f*.

in·fini·tive [ɪnˈfɪnətɪv] *gram* Infinitiv *m*.

in·fin·ity [ɪnˈfɪnətɪ] **1.** Unendlichkeit *f;* **2.** *math* das Unendliche.

in·firm [ɪnˈfɜ:m] *adj* schwach, gebrechlich; **in·firm·ary** [ɪnˈfɜ:mərɪ] **1.** Krankenhaus *n;* **2.** *(in Schulen)* Krankenstube *f;* **in·firm·ity** [ɪnˈfɜ:mətɪ] **1.** Schwäche, Gebrechlichkeit *f;* **2.** Gebrechen *n*.

in·flame [ɪnˈfleɪm] *tr* **1.** *med* entzünden; **2.** *(Person)* erzürnen, aufbringen; **3.** *(Ärger)* erregen ▶ **~d with passion** von glühender Leidenschaft erfaßt.

in·flam·mable [ɪnˈflæməbl] *adj* **1.** leicht entzündbar, feuergefährlich; **2.** *fig* leicht erregbar, reizbar.

in·flam·ma·tion [ˌɪnfləˈmeɪʃn] *med* Entzündung *f*.

in·flam·ma·tory [ɪnˈflæmətrɪ] *adj fig* aufreizend, aufrührerisch.

in·flat·able [ɪnˈfleitəbl] *adj* aufblasbar; *(Boot)* Schlauch-; **in·flate** [ɪnˈfleɪt] *tr* **1.** aufblasen, -blähen; **2.** aufpumpen; **3.** *(Geldumlauf)* steigern; **4.** *(Preise)* überhöhen; **in·flated** [ɪnˈfleɪtɪd] *adj* **1.** aufgebläht; **2.** inflationär; **3.** *fig* geschwollen, bombastisch; **in·fla·tion** [ɪnˈfleɪʃn] **1.** Aufblähung *f;* **2.** *fin* Inflation *f;* **in·fla·tion·ary** [ɪnˈfleɪʃnrɪ] *adj* inflationär, inflationistisch.

in·flect [ɪnˈflekt] *tr* **1.** *(Stimme)* modulieren; **2.** *gram* flektieren, beugen.

in·flexi·bil·ity [ɪnˌfleksəˈbɪlətɪ] **1.** Steifheit, Starre *f;* **2.** *fig* Unbeugsamkeit *f;* **in·flex·ible** [ɪnˈfleksəbl] *adj* **1.** steif, starr; **2.** *fig* halsstarrig, unnachgiebig, starr.

in·flict [ɪnˈflɪkt] *tr* **1.** *(Schmerz)* zufügen; **2.** *(Strafe)* auferlegen (*on, upon s.o.* jdm); ▶ **~ s.th. on s.o.** jdm etw aufdrängen; **in·flic·tion** [ɪnˈflɪkʃn] **1.** Zufügen *n;* **2.** *(Strafe)* Auferlegung, Verhängung *f;* **3.** Plage *f*, Kreuz *n*.

in·flu·ence [ˈɪnflʊəns] **I** *s* Einfluß *m* (*over* auf); ▶ **be a good ~** einen guten Einfluß haben; **bring one's ~ to bear on s.o.** seinen Einfluß bei jdm geltend machen; **under the ~ (of alcohol)** unter Alkoholeinfluß; **II** *tr* beeinflussen; **in·flu·ential** [ˌɪnflʊˈenʃl] *adj* einflußreich.

in·flu·enza [ˌɪnflʊˈenzə] Grippe *f*.

in·flux [ˈɪnflʌks] Einfluß, Zustrom *m;* Zufuhr *f;* ▶ **~ of visitors** Besucherstrom *m*.

in·form [ɪnˈfɔ:m] **I** *tr* **1.** informieren, unterrichten (*about* über); in Kenntnis setzen (*of* von); **2.** Nachricht, Bescheid geben, Mitteilung machen (*s.o. of s.th.* jdm von e-r S); ▶ **be better ~ed** einen Informationsvorsprung haben; **keep s.o. ~ed** jdn auf dem laufenden halten; **II** *itr* anzeigen, denunzieren (*against s.o., s.th.* jdn, etw).

in·for·mal [ɪnˈfɔ:ml] *adj* **1.** informell; inoffiziell; **2.** *(Party)* form-, zwanglos; **in·for·mal·ity** [ˌɪnfɔ:ˈmælətɪ] Form-, Zwanglosigkeit, Ungezwungenheit *f;* inoffizieller Charakter.

in·form·ant [ɪnˈfɔ:mənt] Gewährsmann *m;* Informant(in) *m (f)*.

in·for·ma·tion [ˌɪnfəˈmeɪʃn] Nachricht, Auskunft *f;* Information *f;* ▶ **a piece of ~** e-e Auskunft; **for s.o.'s ~** zur Kenntnisnahme; **get ~ about s.o.** sich über jdn informieren; **lack of ~** Informationsdefizit *n;* **so far as my ~ goes** soviel ich weiß; **information content** Informationsgehalt *m;* **information retrieval** *EDV* Datenabruf *m;* **information storage** Datenspeicherung *f;* **information science(s)** *(a. pl)* Informatik *f;* **information technology** Informationstechnologie *f;* **in·forma·tive** [ɪnˈfɔ:mətɪv] *adj* belehrend, informativ; aufschlußreich; **in·former** [ɪnˈfɔ:mə(r)] Denunziant(in) *m (f);* Spitzel *m*.

infra·dig [ˌɪnfrəˈdɪg] *adj fam* unter meiner/seiner *etc.* Würde.

in·fra-red [ˈɪnfrəˈred] *adj phys* infrarot.

in·fra·struc·ture [ˈɪnfrəˌstrʌktʃə(r)] Infrastruktur *f*.

in·fre·quent [ɪnˈfri:kwənt] *adj* gelegentlich.

in·fringe [ɪnˈfrɪndʒ] **I** *tr (Gesetz)* verstoßen gegen; verletzen, übertreten; **II** *itr* ein-, übergreifen (*upon s.o.'s rights* in jds Rechte); **in·fringe·ment** [—mənt] Übertretung, Verletzung *f;* Verstoß *m* (*of* gegen); ► ~ **of a contract** Vertragsbruch *m.*

in·furi·ate [ɪnˈfjʊərɪeɪt] *tr* wütend, rasend machen.

in·fuse [ɪnˈfju:z] **I** *tr* **1.** *(Tee)* aufgießen, -brühen; **2.** *fig* einflößen (*into s.o.* jdm); **II** *itr (Tee)* ziehen; **in·fu·sion** [ɪnˈfju:ʒn] **1.** Aufguß *m;* **2.** Einflößung *f;* **3.** *med* Infusion *f.*

in·geni·ous [ɪnˈdʒi:nɪəs] *adj* **1.** scharfsinnig, genial; **2.** erfinderisch; **3.** *(Sache)* sinnreich, originell; **in·ge·nuity** [ˌɪndʒɪˈnju:ətɪ] **1.** Scharfsinn *m,* Genialität *f;* **2.** Erfindungsgabe *f.*

in·genu·ous [ɪnˈdʒenjʊəs] *adj* **1.** aufrichtig, gerade; **2.** naiv.

ingle-nook [ˈɪŋglnʊk] Kaminecke *f.*

in·glori·ous [ɪnˈglɔ:rɪəs] *adj* schimpflich, unehrenhaft.

in·going [ˈɪngəʊɪŋ] *adj (Post)* eingehend, einlaufend.

in·got [ˈɪŋgət] Barren *m.*

in·grained [ˌɪnˈgreɪnd] *adj* **1.** *fig* (fest) eingewurzelt; eingefleischt; **2.** *(Schmutz)* tiefsitzend.

in·grati·ate [ɪnˈgreɪʃɪeɪt] *refl* sich einschmeicheln (*with s.o.* bei jdm).

in·grati·tude [ɪnˈgrætɪtju:d] Undank(barkeit *f*) *m.*

in·gredi·ent [ɪnˈgri:dɪənt] **1.** Bestandteil *m;* Ingredienz *f;* **2.** *(Küche)* Zutat *f.*

in-group [ˈɪngru:p] maßgebliche Leute *pl,* Spitze *f.*

in·grow·ing [ˈɪngrəʊɪŋ] *adj* ► ~ **toenail** eingewachsener Zehennagel.

in·habit [ɪnˈhæbɪt] *tr* bewohnen; leben in; **in·hab·it·able** [—əbl] *adj* bewohnbar; **in·habit·ant** [ɪnˈhæbɪtənt] Be-, Einwohner(in) *m (f).*

in·hale [ɪnˈheɪl] **I** *tr* einatmen, inhalieren; **II** *itr* e-n Lungenzug machen; **in·haler** [ɪnˈheɪlə(r)] *med* Inhalator *m.*

in·har·moni·ous [ˌɪnhɑ:ˈməʊnɪəs] *adj* unharmonisch.

in·here [ɪnˈhɪə(r)] *itr* ► ~ **in s.th.** e-r S innewohnen; **in·herent** [ɪnˈhɪərənt] *adj* innewohnend, inhärent.

in·herit [ɪnˈherɪt] *tr, itr* erben (*s.th. from s.o.* etw von jdm); **in·her·it·able** [—əbl] *adj jur biol* erblich, vererbbar; **in·herit·ance** [ɪnˈherɪtəns] Erbschaft *f,* Erbe *n;* ► **come into an** ~ e-e Erbschaft machen.

in·hibit [ɪnˈhɪbɪt] *tr* **1.** unterdrücken, verhindern; **2.** *psych* hemmen; ► ~ **s.o. from doing s.th.** jdn daran hindern, etw zu tun; **in·hi·bi·tion** [ˌɪnɪˈbɪʃn] *psych* Hemmung *f.*

in·hos·pi·table [ˌɪnhɒˈspɪtəbl] *adj* **1.** ungastlich; **2.** *(Gegend)* unwirtlich.

in·hu·man [ɪnˈhju:mən] *adj* unmenschlich, gefühllos; menschenverachtend; **in·hu·mane** [ˌɪnhju:ˈmeɪn] *adj* inhuman; menschenunwürdig; **in·hu·man·ity** [ˌɪnhju:ˈmænətɪ] Unmenschlichkeit *f.*

in·imi·cal [ɪˈnɪmɪkl] *adj* **1.** feindselig; **2.** nachteilig (*to* für).

in·imi·table [ɪˈnɪmɪtəbl] *adj* unnachahmlich.

in·iqui·tous [ɪˈnɪkwɪtəs] *adj* ungeheuerlich; **in·iquity** [ɪˈnɪkwətɪ] Ungeheuerlichkeit *f.*

in·itial [ɪˈnɪʃl] **I** *adj* anfänglich; ► ~ **letter** Anfangsbuchstabe *m;* **II** *s* Initiale *f;* Anfangsbuchstabe *m;* **III** *tr* abzeichnen; *(pol)* paraphieren; **in·itial·ly** [ɪˈnɪʃəlɪ] *adv* anfangs, am Anfang; **in·iti·ate** [ɪˈnɪʃɪeɪt] **I** *tr* **1.** einweihen, -führen (*into* in); **2.** (feierlich) aufnehmen; **3.** den Anstoß geben zu, initiieren; **II** *s* Eingeweihte(r) *f m;* Neuaufgenommene(r) *f m;* **in·iti·ation** [ɪˌnɪʃɪˈeɪʃn] **1.** Einführung, Einweihung *f* (*into* in); **2.** Aufnahme *f;* **3.** Einleitung *f;* **in·iti·at·ive** [ɪˈnɪʃətɪv] Initiative *f;* ► **on one's own** ~ aus eigenem Antrieb; **take the** ~ die Initiative ergreifen.

in·ject [ɪnˈdʒekt] *tr* **1.** *med* einspritzen (*into* in); **2.** *(Bemerkung)* ein-, dazwischenwerfen; ► ~ **s.o. with s.th.** jdm etw injizieren; **in·jec·tion** [ɪnˈdʒekʃn] Einspritzung, Injektion, Spritze *f;* ► **fuel** ~ *mot* (Benzin)Einspritzung *f;* **engine with fuel** ~ Einspritzmotor *m;* ~ **of money** Finanzspritze *f;* **injection moulding** *tech* Spritzguß *m.*

in·ju·di·cious [ˌɪndʒu:ˈdɪʃəs] *adj* unklug.

in·junc·tion [ɪnˈdʒʌŋkʃn] Anordnung *f;* gerichtliche Verfügung.

in·jure [ˈɪndʒə(r)] *tr* **1.** verletzen; **2.** *fig* kränken, Unrecht tun (*s.o.* jdm); ► **the ~d party** *jur* der, die Geschädigte; **in·jury** [ˈɪndʒərɪ] **1.** Verletzung *f* (*to* an); **2.** Kränkung *f,* Unrecht *n;* ► **do s.o. an** ~ jdn verletzen.

in·jus·tice [ɪnˈdʒʌstɪs] **1.** Ungerechtigkeit *f;* **2.** Unrecht *n;* ► **do s.o. an** ~ jdm Unrecht tun.

ink [ɪŋk] **1.** Tinte *f;* **2.** Tusche *f;* **3.** Stempelfarbe *f;* **4.** *(printer's ~)* Druckerschwärze *f;* ► **in** ~ mit Tinte; **ink-bottle** Tintenfaß *n;* **ink-jet** [ˈɪŋkdʒet] Tintenstrahl *m;* **ink-jet printer** Tintenstrahldrucker *m.*

ink·ling [ˈɪŋklɪŋ] Wink *m,* dunkle Ahnung; ► **have no** ~ **of s.th.** von etw keine Ahnung haben.

ink-pad [ˈɪŋkpæd] Stempelkissen *n;* **ink-stain** [ˈɪŋksteɪn] Tintenfleck *m;* **inky** [ˈɪŋkɪ] *adj* **1.** (tief)schwarz; **2.** tintenbeschmiert.

in·laid [ˌɪnˈleɪd] **I** *v s. inlay;* **II** *adj* eingelegt; ► ~ **work** Einlegearbeit *f.*

in·land [ˈɪnlənd] **I** *adj* **1.** Binnen-; **2.**

inländisch; einheimisch; Inland(s)-; **II** *adv* landeinwärts; **Inland Revenue** *Br* Finanzamt *n;* **inland trade** Binnenhandel *m.*

in-laws ['ɪnlɔ:z] *pl fam* angeheiratete Verwandte *pl;* Schwiegereltern *pl.*

in·lay [ˌɪn'leɪ] ⟨*irr* inlaid, inlaid⟩ **I** *tr* einlegen; **II** *s* **1.** Einlegearbeit *f;* **2.** Plombe *f (im Zahn).*

in·let ['ɪnlet] **1.** Meeres-, Flußarm *m;* **2.** Öffnung *f;* **3.** *tech* Zuleitung *f.*

in·mate ['ɪnmeɪt] Insasse *m,* Insassin *f.*

inn [ɪn] Gast-, Wirtshaus *n;* Herberge *f.*

in·nards ['ɪnədz] *pl* Innereien *pl,* Eingeweide *pl.*

in·nate [ɪ'neɪt] *adj* angeboren.

in·ner ['ɪnə(r)] *adj* **1.** innere(r, s); Innen-; **2.** *fig* innere(r, s); verborgen; Seelen-; ▶ ~ **circle of friends** engster Freundeskreis; **the ~ man** das Innere; **in·ner·most** ['ɪnəməʊst] *adj* innerste(r, s) geheimste(r, s); **inner tube** *mot* Schlauch *m.*

in·nings ['ɪnɪŋz] *sing* od *pl sport* Am-Spiel-Sein *n;* ▶ **have one's ~** *fig* an der Reihe sein; **have a good ~** *fig* ein langes, ausgefülltes Leben haben.

in·no·cence ['ɪnəsns] Unschuld *f;* **in·no·cent** ['ɪnəsnt] **I** *adj* **1.** unschuldig; unabsichtlich; **2.** naiv, ahnungslos; ▶ **as ~ as a new-born babe** unschuldig wie ein Lamm; **II** *s* Unschuld *f.*

in·nocu·ous [ɪ'nɒkjʊəs] *adj* harmlos.

in·no·vate ['ɪnəveɪt] *itr* Neuerungen einführen; **in·no·va·tion** [ˌɪnə'veɪʃn] Innovation *f;* Neuerung *f;* **in·no·va·tive** ['ɪnəvətɪv] *adj* innovativ.

in·nu·endo [ˌɪnju:'endəʊ] ⟨*pl* -endoes⟩ versteckte Andeutung.

in·numer·able [ɪ'nju:mərəbl] *adj* unzählig; **in·numer·ate** [ɪ'nju:mərət] *adj* ▶ **be ~** nicht rechnen können.

in·ocu·late [ɪ'nɒkjʊleɪt] *tr med (Menschen)* impfen (*against* gegen); **in·ocu·la·tion** [ɪˌnɒkjʊ'leɪʃn] *med* Impfung *f.*

in·of·fen·sive [ˌɪnə'fensɪv] *adj* harmlos.

in·op·er·able [ˌɪn'ɒpərəbl] *adj* **1.** *med* nicht operierbar; **2.** *(Plan)* nicht durchführbar.

in·op·er·at·ive [ˌɪn'ɒpərətɪv] *adj* **1.** außer Kraft, ungültig; **2.** *(Maschine)* außer Betrieb.

in·op·por·tune [ˌɪn'ɒpətju:n] *adj* ungelegen; inopportun; unpassend.

in·or·di·nate [ɪ'nɔ:dɪnət] *adj* unmäßig, maßlos.

in·or·ganic [ˌɪnɔ:'gænɪk] *adj chem* anorganisch.

in-pa·tient ['ɪnpeɪʃnt] stationär behandelter Patient.

in·put ['ɪnpʊt] **1.** *tech* Energiezufuhr *f;* **2.** *EDV* Input *m;* **3.** *com* Investition *f;* **4.** Arbeitsaufwand *m;* **input data** *pl EDV* Eingabedaten *pl;* **input device** *EDV* Eingabegerät *n.*

in·quest ['ɪnkwest] gerichtliche Untersuchung.

in·quire, en·quire [ɪn'kwaɪə(r)] **I** *itr* sich erkundigen (*about, after* nach); fragen (*about* nach); ▶ **~ for** fragen nach; **~ into** untersuchen; **II** *tr* sich erkundigen nach, fragen nach; ▶ **~ s.th. of s.o.** sich bei jdm nach etw erkundigen; **in·quiry, enquiry** [ɪn'kwaɪərɪ] **1.** Anfrage *f* (*about* über); **2.** Erkundigung *f* (*about* über); **3.** Untersuchung *f;* ▶ **on ~** auf Anfrage; **make inquiries** Erkundigungen einziehen; Nachforschungen anstellen (*about s.o.* über jdn); **court of ~** Untersuchungskommission *f;* **hold an ~ into s.th.** e-e Untersuchung über etw durchführen.

in·qui·si·tion [ˌɪnkwɪ'zɪʃn] Untersuchung *f a. jur;* Inquisition *f.*

in·quisi·tive [ɪn'kwɪzətɪv] *adj* wißbegierig; neugierig.

in·road ['ɪnrəʊd] **1.** Ein-, Überfall *m* (*into* in); **2.** *fig* Eingriff *m* (*on* in); ▶ **make ~s on the market** in den Markt eindringen; **make ~s upon s.o.'s savings** ein Loch in jds Ersparnisse reißen.

in·rush ['ɪnrʌʃ] Zustrom *m.*

in·sa·lubri·ous [ˌɪnsə'lu:brɪəs] *adj (Klima)* unzuträglich.

in·sane [ɪn'seɪn] *adj* geisteskrank, wahnsinnig.

in·sani·tary [ɪn'sænɪtrɪ] *adj* unhygienisch.

in·san·ity [ɪn'sænətɪ] **1.** Geisteskrankheit *f;* **2.** *fig* Wahnsinn *m.*

in·sa·tiable [ɪn'seɪʃəbl] *adj* unersättlich.

in·scrip·tion [ɪn'skrɪpʃn] **1.** Aufschrift *f;* Inschrift *f;* **2.** Widmung *f.*

in·scru·table [ɪn'skru:təbl] *adj* unergründlich, unerklärlich.

in·sect ['ɪnsekt] Insekt *n;* **in·sec·ti·cide** [ɪn'sektɪsaɪd] Insektenbekämpfungsmittel, Insektengift *n.*

in·se·cure [ˌɪnsɪ'kjʊə(r)] *adj* **1.** unsicher; **2.** *(Gebäude)* nicht sicher; **in·se·cur·ity** [ˌɪnsɪ'kjʊərətɪ] Unsicherheit *f.*

in·semi·nate [ɪn'semɪneɪt] *tr* befruchten; besamen; **in·semi·na·tion** [ɪnˌsemɪ'neɪʃn] Befruchtung *f;* Besamung *f.*

in·sen·sible [ɪn'sensəbl] *adj* **1.** bewußtlos; unempfindlich; **2.** unempfänglich (*of, to* für); **3.** unmerklich.

in·sen·si·tive [ɪn'sensətɪv] *adj* **1.** unempfindlich, gefühllos (*to* gegen); **2.** unempfänglich.

in·sep·ar·able [ɪn'seprəbl] *adj* unzertrennlich; untrennbar.

in·sert [ɪn'sɜ:t] **I** *tr* **1.** einsetzen, -fügen, -schalten; **2.** hineinstecken; **3.** *(Münze)* einwerfen; ▶ **~ an advertisement in a paper** e-e Anzeige in e-e Zeitung setzen; **II** *s* ['ɪnsɜ:t] Beilage *f;* Inserat *n;* Einlage *f;* **in·ser·tion** [ɪn'sɜ:ʃn] **1.** Einfügung, -schaltung *f;* **2.** *(in e-m Kleid)* Einsatz *m;* **3.** Inserat *n,* Anzeige *f;* **4.** *(Münze)* Einwurf *m;* **5.** Hineinstecken *n.*

in-service [ˈɪnsɜvɪs] *adj attr* ▶ ~ **training** innerbetriebliche Fortbildung.

in·shore [ˌɪnˈʃɔ:(r)] **I** *adj* Küsten-; **II** *adv* in Küstennähe.

in·side [ɪnˈsaɪd] **I** *s* **1.** (das) Innere; Innenseite *f;* **2.** *fam* Eingeweide *pl;* ▶ **the wind blew her umbrella** ~ **out** der Wind hat ihren Schirm umgestülpt; **turn s.th.** ~ **out** *fig* etw auf den Kopf stellen; **know s.th.** ~ **out** etw in- und auswendig kennen; **II** *adj* [ˈɪnsaɪd] innere(r, s); Innen-; ▶ **an** ~ **job** *fig* ein Werk von Insidern; ~ **track** *sport* Innenbahn *f;* ~ **left** *sport* Halblinke(r) *m;* **III** *adv* innen, im Innern; drin(nen); ▶ **come** ~! kommen Sie herein! **be** ~ *sl* (im Gefängnis) sitzen; **IV** *prep* **1.** innen in; in; **2.** *(zeitlich)* innerhalb *gen;* ▶ **go** ~ **the house** ins Haus gehen; **in·sider** [ɪnˈsaɪdə(r)] Insider *m,* Eingeweihte(r) *f m.*

in·sidi·ous [ɪnˈsɪdɪəs] *adj* hinterhältig, heimtückisch.

in·sight [ˈɪnsaɪt] **1.** Verständnis *n;* **2.** Einsicht *f,* Einblick *m* (*into* in).

in·sig·nia [ɪnˈsɪgnɪə] *pl* Insignien *pl.*

in·sig·nifi·cance [ˌɪnsɪgˈnɪfɪkəns] Bedeutungslosigkeit *f;* **in·sig·nifi·cant** [ˌɪnsɪgˈnɪfɪkənt] *adj* **1.** bedeutungslos; **2.** *(Summe)* unerheblich, geringfügig.

in·sin·cere [ˌɪnsɪnˈsɪə(r)] *adj* unaufrichtig, falsch.

in·sinu·ate [ɪnˈsɪnjʊeɪt] *tr* andeuten, anspielen auf; ▶ **what is he insinuating?** was will er damit sagen? ~ **o.s. into s.o.'s favo(u)r** jds Gunst erschleichen; **in·sinu·ation** [ɪnˌsɪnjʊˈeɪʃn] Anspielung *f.*

in·sipid [ɪnˈsɪpɪd] *adj* **1.** fade; **2.** *fig* geistlos.

in·sist [ɪnˈsɪst] *tr, itr* bestehen, beharren, großen Wert legen (*on, upon* auf); ▶ ~ **on one's innocence** auf seiner Unschuld bestehen; **if you** ~ wenn Sie darauf bestehen; ~ **on a point** auf e-m Punkt beharren; ~ **on doing s.th.** darauf bestehen, etw zu tun; **in·sist·ence** [ɪnˈsɪstəns] Bestehen *n* (*on* auf); ▶ **I did it at her** ~ ich tat es auf ihr Drängen; **in·sist·ent** [ɪnˈsɪstənt] *adj* **1.** beharrlich, hartnäckig; **2.** eindringlich, eindrucksvoll; ▶ **be** ~ darauf bestehen (*that* daß); **he was most** ~ er hat nicht lockergelassen.

in·so·far [ˌɪnsəˈfɑ:(r)] *adv* ▶ ~ **as** soweit.

in·sole [ˈɪnsəʊl] Brand-, Einlegesohle *f.*

in·so·lence [ˈɪnsələns] Unverschämtheit, Frechheit *f;* **in·so·lent** [ˈɪnsələnt] *adj* unverschämt, frech.

in·sol·uble [ɪnˈsɒljʊbl] *adj* **1.** un(auf)löslich; **2.** *(Problem)* unlösbar.

in·sol·vency [ɪnˈsɒlvənsɪ] Zahlungsunfähigkeit, Insolvenz *f;* **in·sol·vent** [ɪnˈsɒlvənt] *adj* zahlungsunfähig, insolvent.

in·som·nia [ɪnˈsɒmnɪə] Schlaflosigkeit *f;* **in·som·niac** [ɪnˈsɒmnɪæk] *jem, der an Schlaflosigkeit leidet.*

in·so·much [ˌɪnsəʊˈmʌtʃ] *adv* ▶ ~ **as** (in)sofern, soweit.

in·spect [ɪnˈspekt] *tr* **1.** kontrollieren, prüfen; **2.** *mil* inspizieren; **in·spec·tion** [ɪnˈspekʃn] **1.** Prüfung, Kontrolle *f;* **2.** *mil* Inspektion *f;* ▶ **on** ~ bei näherer Betrachtung; **for your** ~ zur Einsicht; **customs** ~ Zollkontrolle *f;* ~ **copy** Ansichtsexemplar *n;* **in·spec·tor** [ɪnˈspektə(r)] **1.** Kontrolleur(in) *m (f);* Prüfungs-, Aufsichtsbeamte(r) *m;* **2.** Inspektor(in) *m (f);* ▶ **customs** ~ Zollinspektor(in) *m (f);* **police** ~ Polizeikommissar(in) *m (f).*

in·spi·ra·tion [ˌɪnspəˈreɪʃn] Eingebung, Inspiration *f a. rel;* ▶ **have a sudden** ~ e-e plötzliche Erleuchtung haben; **inspire** [ɪnˈspaɪə(r)] *tr* **1.** inspirieren *a. rel;* **2.** *(Gefühl)* wecken; hervorrufen; einflößen (*into s.o.* jdm); ▶ ~ **s.o. with hope** jdn mit Hoffnung erfüllen.

in·sta·bil·ity [ˌɪnstəˈbɪlətɪ] Instabilität *f;* Unbeständigkeit *f;* Labilität *f.*

in·stall [ɪnˈstɔ:l] *tr* **1.** *(in ein Amt)* einsetzen; **2.** *tech* installieren, einbauen; anschließen; ▶ ~ **o.s.** sich einrichten, sich niederlassen; **in·stal·la·tion** [ˌɪnstəˈleɪʃn] **1.** Amtseinsetzung *f;* **2.** Einrichtung, Installation *f;* **3.** Anlage *f;* **4.** Auf-, Einbau *m.*

in·stal·ment, *Am* **in·stall·ment** [ɪnˈstɔ:lmənt] **1.** Raten-, Teilzahlung *f;* **2.** *(Veröffentlichung)* Fortsetzung *f;* Sendefolge *f;* ▶ **by, in** ~**s** auf Raten; **appear in** ~**s** in Fortsetzungen erscheinen; **monthly** ~ Monatsrate *f;* **installment plan** *Am* Teilzahlungsgeschäft *n.*

in·stance [ˈɪnstəns] **I** *s* **1.** Beispiel *n;* Fall *m;* **2.** Ersuchen *n;* **3.** *jur* Instanz *f;* ▶ **at s.o.'s** ~ auf jds Veranlassung; **for** ~ zum Beispiel; **in the first** ~ in erster Linie, vor allem, zunächst; **II** *tr* (als Beispiel) anführen.

in·stant [ˈɪnstənt] **I** *adj* **1.** unmittelbar; **2.** *(Essen)* Instant-; **3.** *com* dieses Monats; ▶ ~ **coffee** Pulver-, Instantkaffee *m;* ~ **food** Fertiggerichte *n pl;* **an** ~ **success** ein sofortiger Erfolg; **II** *s* Augenblick, Moment *m;* ▶ **at this** ~ in diesem Augenblick; **in an** ~ im Augenblick; im Nu.

in·stan·ta·neous [ˌɪnstənˈteɪnɪəs] *adj* augenblicklich, sofortig, unmittelbar; ▶ **death was** ~ der Tod trat sofort ein; **in·stan·ta·neous·ly** [—lɪ] *adv* unverzüglich, sofort.

in·stant·ly [ˈɪnstəntlɪ] *adv* sofort, augenblicklich.

in·stead [ɪnˈsted] **I** *adv* statt dessen, dafür; **II** *prep* ~ **of** statt, anstelle von; ~

of doing ... statt ... zu tun.
in·step [ˈɪnstep] *anat* Spann, Rist *m.*
in·sti·gate [ˈɪnstɪgeɪt] *tr* **1.** anspornen, aufhetzen (*to* zu); **2.** anstiften (*to a crime* zu e-m Verbrechen); **3.** veranlassen; **in·sti·ga·tion** [ˌɪnstɪˈgeɪʃn] Anstiftung *f;* ▶ **at his ~** auf sein Betreiben.
in·stil, *Am* **in·still** [ɪnˈstɪl] *tr fig* nahebringen, beibringen.
in·stinct [ˈɪnstɪŋkt] Instinkt *m;* ▶ **by, from ~** instinktiv; **have an ~ for** e-n Instinkt haben für; **in·stinc·tive** [ɪnˈstɪŋktɪv] *adj* instinktiv.
in·sti·tute [ˈɪnstɪtju:t] **I** *tr* **1.** aufstellen, einrichten, (be)gründen; **2.** *jur* einleiten, in die Wege leiten; ▶ **~ divorce proceedings** die Scheidung einreichen; **II** *s* Einrichtung *f;* Institut *n.*
in·sti·tu·tion [ˌɪnstɪˈtju:ʃn] **1.** Einrichtung, Institution *f;* **2.** Errichtung, Gründung *f;* **3.** Institut *n,* Anstalt *f;* **4.** *fam* altbekannte Person; **in·sti·tu·tional** [ˌɪnstɪˈtju:ʃənl] *adj* institutionell; ▶ **~ advertising** *Am* Prestigewerbung *f;* **in·sti·tu·tional·ize** [ˌɪnstɪˈtju:ʃənəlaɪz] *tr* institutionalisieren.
in·struct [ɪnˈstrʌkt] *tr* **1.** unterrichten, belehren; **2.** anleiten, unterweisen; **3.** die Anweisung geben (*s.o.* jdm); **4.** unterrichten, informieren (*of s.th.* von e-r S); **in·struc·tion** [ɪnˈstrʌkʃn] **1.** Unterricht *m,* Schulung *f;* **2.** Belehrung, Instruktion *f;* **3.** Anordnung, Anweisung, Vorschrift *f;* ▶ **~s for use** Gebrauchsanweisung, -anleitung *f;* **according to ~s** auftrags-, weisungsgemäß; **instruction book** Bedienungs-, Gebrauchsanweisung *f;* **instruction leaflet** Beipackzettel *n;* **in·struc·tive** [ɪnˈstrʌktɪv] *adj* instruktiv; **in·struc·tor** [ɪnˈstrʌktə(r)] **1.** Lehrer(in) *m (f);* **2.** *Am* Dozent(in) *m (f);* ▶ **driving ~** Fahrlehrer(in) *m (f);* **in·struc·tress** [ɪnˈstrʌktrɪs] **1.** Lehrerin *f;* **2.** *Am* Dozentin *f.*
in·stru·ment [ˈɪnstrʊmənt] **1.** Werkzeug, Instrument *n;* Gerät *n;* **2.** (Musik)Instrument *n;* **3.** *fig* Mittel, Werkzeug *n;* **4.** *jur* Urkunde *f,* Dokument *n.*
in·stru·men·tal [ˌɪnstrʊˈmentl] *adj* **1.** brauchbar, förderlich; behilflich; **2.** *mus* instrumental; Instrumental-; ▶ **be ~ in s.th.** bei e-r S behilflich sein; zu e-r S beitragen; **~ music** Instrumentalmusik *f.*
in·stru·men·ta·tion [ˌɪnstrʊmenˈteɪʃn] *mus* Instrumentation *f.*
in·sub·or·di·nate [ˌɪnsəˈbɔ:dɪnət] *adj* ungehorsam; widersetzlich.
in·sub·stan·tial [ˌɪnsəbˈstænʃl] *adj* **1.** unwirklich, imaginär; wenig substantiell; **2.** *(Anklage)* gegenstandslos.
in·suf·fer·able [ɪnˈsʌfrəbl] *adj* unerträglich.
in·suf·fi·ciency [ˌɪnsəˈfɪʃnsɪ] **1.** Mangel *m* (*of* an); **2.** Unzulänglichkeit *f;* **in·suf·fi·cient** [ˌɪnsəˈfɪʃnt] *adj* **1.** ungenügend; **2.** unzulänglich.
in·su·lar [ˈɪnsjʊlə(r)] *adj* **1.** insular; Insel-; **2.** *fig* engstirnig; **in·su·lar·ity** [ˌɪnsjʊˈlærətɪ] **1.** insulare Lage, Insellage *f;* **2.** *fig* Engstirnigkeit *f.*
in·su·late [ˈɪnsjʊleɪt] *tr* **1.** isolieren, absondern (*from* von); **2.** *el* isolieren (*from, against* gegen); **in·su·lat·ing** [ˈɪnsjʊleɪtɪŋ] *adj el* isolierend; nichtleitend; ▶ **~ tape** Isolierband *n;* **in·su·la·tion** [ˌɪnsjʊˈleɪʃn] **1.** *el* Isolation, Isolierung *f;* Isoliermaterial *n;* **2.** *fig* Geschütztheit *f* (*from* gegen).
in·su·lin [ˈɪnsjʊlɪn] Insulin *n.*
in·sult [ˈɪnsʌlt] **I** *s* **1.** Beleidigung *f;* **2.** Verunglimpfung *f* (*to s.o.* jds); **II** *tr* [ɪnˈsʌlt] **1.** beleidigen; **2.** verunglimpfen.
in·sup·er·able [ɪnˈsju:prəbl] *adj* unüberwindlich.
in·sup·port·able [ˌɪnsəˈpɔ:təbl] *adj* unerträglich.
in·sur·ance [ɪnˈʃʊərəns] **1.** Versicherung *f;* **2.** Versicherungssumme *f;* ▶ **take out an ~** e-e Versicherung abschließen; **insurance agent** Versicherungsvertreter(in) *m (f);* **insurance broker** Versicherungsmakler(in) *m (f);* **insurance company** Versicherungsgesellschaft *f;* **insurance policy** Versicherungspolice, -schein *m,* Police *f;* **in·sure** [ɪnˈʃʊə(r)] *tr* versichern (*against fire* gegen Feuer); **in·sured** [ɪnˈʃʊəd] **I** *adj* versichert; **II** *s* Versicherte(r) *f m;* Versicherungsnehmer(in) *m (f);* **in·surer** [ɪnˈʃʊərə(r)] Versicherer *m.*
in·sur·mount·able [ˌɪnsəˈmaʊntəbl] *adj* unüberwindlich.
in·sur·rec·tion [ˌɪnsəˈrekʃn] Aufstand *m,* Revolte *f.*
in·tact [ɪnˈtækt] *adj* unbeschädigt; unversehrt, intakt.
in·take [ˈɪnteɪk] **1.** *(von Wasser)* Aufnahme *f;* aufgenommene Menge; **2.** Zuflußrohr *n;* **3.** *mil* Rekrutierung *f;* Aufnahme *f;* ▶ **air ~** Luftzufuhr *f;* **food ~** Nahrungsaufnahme *f.*
in·tan·gible [ɪnˈtændʒəbl] *adj* **1.** nicht greifbar; **2.** *(Gefühle)* unbestimmbar; ▶ **~ assets** *pl* immaterielle Werte *m pl.*
in·te·ger [ˈɪntɪdʒə(r)] *math* ganze Zahl.
in·te·gral [ˈɪntɪgrəl] *adj* wesentlich; vollständig, ganz; ▶ **~ calculus** Integralrechnung *f.*
in·te·grate [ˈɪntɪgreɪt] **I** *tr* integrieren, eingliedern; **II** *itr Am* auch für Schwarze zugänglich werden; **in·te·grated** [ˈɪntɪgreɪtɪd] *adj* **1.** einheitlich; ein Ganzes bildend; **2.** ohne Rassentrennung; ▶ **~ circuit** integrierter Schaltkreis; **~ system** Verbundsystem *n;* **in·te·gra·tion** [ˌɪntɪˈgreɪʃn] **1.** Integration *f a. fig math;* Einbindung *f;* Eingliederung *f;* **2.** *Am* Aufhebung *f* der Rassenschranken.
in·teg·rity [ɪnˈtegrətɪ] **1.** Integrität *f;* **2.** Einheit *f.*

in·tel·lect ['ɪntəlekt] **1.** Verstand, Intellekt *m;* **2.** *(Mensch)* großer Geist; **in·tel·lec·tual** [ˌɪntə'lektʃʊəl] **I** *adj* intellektuell; **II** *s* Intellektuelle(r) *f m.*

in·tel·li·gence [ɪn'telɪdʒəns] **1.** Intelligenz, Auffassungsgabe *f;* **2.** Nachricht, Information, Auskunft *f;* **3.** Nachrichten-, Geheimdienst *m;* **intelligence quotient, IQ** Intelligenzquotient *m;* **intelligence service** Nachrichten-, Geheimdienst *m;* **intelligence test** Intelligenztest *m;* **in·tel·li·gent** [ɪn'telɪdʒənt] *adj* intelligent, klug; **in·tel·li·gent·sia** [ɪnˌtelɪ'dʒentsɪə] die Intellektuellen *pl,* Intelligenz *f.*

in·tel·li·gible [ɪn'telɪdʒəbl] *adj* verständlich, klar (*to s.o.* jdm).

in·tend [ɪn'tend] *tr* **1.** beabsichtigen; wollen; **2.** fest vorhaben, beabsichtigen (*to do* zu tun); ▶ **we ~ him to go with us** wir haben vor, ihn mitzunehmen; er soll mit uns mitkommen; **what do you ~ doing today?** was haben Sie heute vor? **he is ~ed for the medical profession** er soll einmal den Arztberuf ergreifen; **this book is ~ed for you** dieses Buch ist für dich bestimmt; **he ~s to win** er hat fest vor zu gewinnen; **in·tended** [ɪn'tendɪd] *adj* **1.** beabsichtigt, geplant; **2.** *(Ehemann, -frau)* zukünftig.

in·tense [ɪn'tens] *adj* **1.** intensiv; *(Angst, Freude etc)* äußerst groß; **2.** ernsthaft; **in·ten·sify** [ɪn'tensɪfaɪ] **I** *tr* **1.** verstärken, intensivieren; **2.** *(Beziehungen)* vertiefen; **II** *itr* sich steigern, zunehmen; **in·ten·sity** [ɪn'tensətɪ] Intensität *f;* **in·ten·sive** [ɪn'tensɪv] *adj* intensiv; ▶ **~ course** Intensivkurs *m;* **~ livestock farming** Massentierhaltung *f.*

in·tent [ɪn'tent] **I** *adj* **1.** *(Blick)* durchdringend; **2.** fest entschlossen (*on* zu); **II** *s* Absicht *f;* Vorsatz, Zweck *m;* ▶ **to this ~** in dieser Absicht; **to the ~ that** in der Absicht, daß; **to all ~s and purposes** in jeder Hinsicht; **with ~** absichtlich; mit der Absicht (*to* zu); **in·ten·tion** [ɪn'tenʃn] Absicht *f,* Vorhaben *n;* ▶ **with the best of ~s** in der besten Absicht; **in·ten·tional** [ɪn'tenʃənl] *adj* absichtlich, vorsätzlich.

in·ter·act [ˌɪntər'ækt] *itr* aufeinander wirken; **in·ter·ac·tion** [ˌɪntər'ækʃn] gegenseitige Beeinflussung, Wechselwirkung *f; psych* Interaktion *f.*

in·ter·breed [ˌɪntə'bri:d] *irr s. breed* **I** *tr* kreuzen; **II** *itr* sich kreuzen.

in·ter·cede [ˌɪntə'si:d] *itr* sich einsetzen (*with, for* für).

in·ter·cept [ˌɪntə'sept] *tr* abfangen; **in·ter·cep·tion** [ˌɪntə'sepʃn] Abfangen *n;* **in·ter·cep·tor** [ˌɪntə'septə(r)] *aero* Abfangjäger *m.*

in·ter·ces·sion [ˌɪntə'seʃn] Fürsprache *f.*

in·ter·change [ˌɪntə'tʃeɪndʒ] **I** *tr* austauschen; vertauschen; **II** *s* ['ɪntətʃeɪndʒ] **1.** Austausch *m;* **2.** *(von Straßen)* Kreuzung *f;* ▶ **motorway ~** Autobahnkreuz *n;* **in·ter·change·able** [ˌɪntə'tʃeɪndʒəbl] *adj* austauschbar, auswechselbar.

inter·city [ˌɪntə'sɪtɪ] *adj:* ▶ **~ train** Intercity-Zug, IC *m;* **~ supplement** IC-Zuschlag *m.*

in·ter·com ['ɪntəkɒm] Gegensprechanlage *f;* **in·ter·com·mu·ni·cate** [ˌɪntəkə'mju:nɪkeɪt] *itr* miteinander in Verbindung stehen.

in·ter·con·ti·nen·tal [ˌɪntəˌkɒntɪ'nentl] *adj* interkontinental; ▶ **~ ballistic missile** Interkontinentalrakete *f.*

in·ter·course ['ɪntəkɔ:s] Verkehr, Umgang *m* (*with* mit); ▶ **commercial ~** Handelsbeziehungen *f pl;* **sexual ~** Geschlechtsverkehr *m.*

in·ter·de·nomi·na·tional [ˌɪntədɪˌnɒmɪ'neɪʃənl] *adj* interkonfessionell.

in·ter·de·part·mental ['ɪntəˌdi:pɑ:t'mentl] *adj* mehrere Abteilungen betreffend.

in·ter·de·pen·dence [ˌɪntədɪ'pendəns] Interdependenz *f,* wechselseitige Abhängigkeit; **in·ter·de·pen·dent** [ˌɪntədɪ'pendənt] *adj* gegenseitig, voneinander abhängig.

in·ter·dict [ˌɪntə'dɪkt] **I** *tr* **1.** verbieten, untersagen (*from doing* zu tun); **2.** *rel* suspendieren; **II** *s* ['ɪntədɪkt] **1.** Verbot *n;* **2.** *rel* Interdikt *n.*

in·ter·est ['ɪntrəst] **I** *s* **1.** Interesse *n* (*in* für); **2.** *com* Anrecht *n,* Anteil *m;* **3.** Bedeutung, Wichtigkeit *f;* **4.** *fin* Zinsen *m pl;* ▶ **take, feel an ~ in s.o.** sich für jdn interessieren; **in the ~ of** im Interesse *gen;* **of public ~** von öffentlichem Interesse; **rate of ~** Zinssatz *m;* **bear, bring, carry ~** Zinsen tragen; **have an ~ in** beteiligt sein, Anteil haben an; **pay ~ for s.th.** etw verzinsen; **this is of no ~ to me** das interessiert mich nicht; **sphere of ~** Interessengebiet *n,* -sphäre *f;* **II** *tr* interessieren (*in* für, an); **in·ter·ested** ['ɪntrəstɪd] *adj* **1.** interessiert (*in* an); **2.** beteiligt; **in·ter·esting** [—ɪŋ] *adj* interessant, fesselnd.

inter·face ['ɪntəfeɪs] *EDV* Schnittstelle *f,* Interface *n.*

in·ter·fere [ˌɪntə'fɪə(r)] *itr* **1.** sich einmischen (*in* in); sich zu schaffen machen; **2.** stören, beeinträchtigen (*with s.th.* etw); **in·ter·fer·ence** [ˌɪntə'fɪərəns] **1.** Einmischung, Intervention *f;* **2.** *a. radio* Störung; Beeinträchtigung *f* (*with* gen).

in·terim ['ɪntərɪm] **I** *s* Zwischenzeit *f;* **II** *adj* vorläufig, einstweilig; Interims-; ▶ **~ report** Zwischenbericht *m.*

in·terior [ɪn'tɪərɪə(r)] **I** *adj* Innen-; Binnen-; **II** *s* **1.** (das) Innere; **2.** *(Kunst)* Interieur *n;* **3.** *phot* Innenaufnahme *f;* ▶ **the Department of the I~** *Am* das Innenministerium; **interior decoration**

Raumausstattung *f;* **interior designer** Innenarchitekt(in) *m (f).*

in·ter·ject [ˌɪntəˈdʒekt] *tr (Frage)* ein-, dazwischenwerfen; **in·ter·jec·tion** [ˌɪntəˈdʒekʃn] *gram* Interjektion *f.*

in·ter·lace [ˌɪntəˈleɪs] **I** *tr* verflechten; verbinden; **II** *itr* sich miteinander verflechten.

in·ter·locu·tor [ˌɪntəˈlɒkjʊtə(r)] Gesprächspartner(in) *m (f).*

in·ter·lo·per [ˈɪntələʊpə(r)] Eindringling *m.*

in·ter·lude [ˈɪntəlu:d] **1.** *theat mus* Zwischenspiel *n;* Intermezzo *n;* **2.** Pause *f;* **3.** Unterbrechung *f* (*of* durch).

in·ter·marry [ˌɪntəˈmærɪ] *itr* **1.** untereinander heiraten; **2.** *(nahe Verwandte)* sich heiraten.

in·ter·medi·ary [ˌɪntəˈmi:dɪərɪ] **I** *adj* vermittelnd; **II** *s* Vermittler(in) *m (f);* Mittelsmann *m;* Makler(in) *m (f).*

in·ter·medi·ate [ˌɪntəˈmi:dɪət] *adj* dazwischen liegend; zwischen-; ► ~ -**range missile** Mittelstreckenrakete *f;* ~ **stage** Zwischenstadium *n.*

in·ter·mezzo [ˌɪntəˈmetsəʊ] ⟨*pl* -mezzos⟩ *mus* Intermezzo *n.*

in·ter·mi·nable [ɪnˈtɜ:mɪnəbl] *adj* endlos.

in·ter·mis·sion [ˌɪntəˈmɪʃn] Unterbrechung, Pause *f;* ► **without** ~ pausenlos, ununterbrochen.

in·ter·mit·tent [ˌɪntəˈmɪtnt] *adj* periodisch auftretend; ► ~ **fever** Wechselfieber *n.*

in·tern[1] [ɪnˈtɜ:n] *tr* internieren.

in·tern[2] [ˈɪntɜ:n] *Am* Medizinalassistent(in) *m (f).*

in·ter·nal [ɪnˈtɜ:nl] *adj* **1.** innere(r, s); innerlich; intern; **2.** *(Handel)* inländisch, (ein)heimisch; ► ~ **affairs** *pl pol* innere Angelegenheiten *f pl;* ~-**combustion engine** Verbrennungsmotor *m;* ~ **medicine** Innere Medizin; ~ **trade** Binnenhandel *m.*

in·ter·na·tional [ˌɪntəˈnæʃnəl] **I** *adj* international; **II** *s sport* Länderspiel *n;* Nationalspieler(in) *m (f);* ► ~ **law** Völkerrecht *n;* ~ **Monetary Fund** Weltwährungsfonds *m;* ~ **reply coupon** internationaler Postantwortschein; **in·ter·na·tional·ize** [ˌɪntəˈnæʃnəlaɪz] *tr* internationalisieren.

in·ternee [ˌɪntɜ:ˈni:] Internierte(r) *f m.*

in·tern·ist [ɪnˈtɜ:nɪst] *Am* Internist(in) *m (f).*

in·tern·ment [ɪnˈtɜ:nmənt] Internierung *f;* **internment camp** Internierungslager *n.*

in·ter·pel·la·tion [ɪnˌtɜ:pəˈleɪʃn] *parl* Interpellation *f.*

in·ter·phone [ˈɪntəfəʊn] *Am s. intercom.*

in·ter·plan·etary [ˌɪntəˈplænɪtrɪ] *adj* interplanetarisch.

in·ter·play [ˈɪntəpleɪ] Wechselspiel *n.*

In·ter·pol [ˈɪntəpɒl] Interpol *f.*

in·ter·po·late [ɪnˈtɜ:pəleɪt] *tr (Text)* einschieben, -schalten; **in·ter·po·la·tion** [ɪnˌtɜ:pəˈleɪʃn] Einschaltung, -schiebung *f.*

in·ter·pret [ɪnˈtɜ:prɪt] *tr* **1.** erklären, darlegen, interpretieren; **2.** dolmetschen; **in·ter·pre·ta·tion** [ɪnˌtɜ:prɪˈteɪʃn] **1.** Interpretation, Deutung, Auslegung *f;* **2.** Dolmetschen *n;* ► **consecutive, simultaneous** ~ Konsekutiv-, Simultandolmetschen *n;* **in·ter·preter** [ɪnˈtɜ:prɪtə(r)] Dolmetscher(in) *m (f);* **in·ter·pret·ing** [ɪnˈtɜ:prɪtɪŋ] *s. interpretation 2.*

inter-rail [ˈɪntəreɪl] *adj* ► ~**ticket** Interrail-Karte *f.*

in·ter·re·late [ˌɪntərɪˈleɪt] *tr* zueinander in Beziehung bringen, setzen; ► ~**d facts** *pl* zusammenhängende Tatsachen *f pl.*

in·ter·ro·gate [ɪnˈterəgeɪt] *tr* verhören, vernehmen; **in·ter·ro·ga·tion** [ɪnˌterəˈgeɪʃn] Verhör *n,* Vernehmung *f;* **interrogation mark** Fragezeichen *n;* **in·ter·roga·tive** [ˌɪntəˈrɒgətɪv] **I** *adj* fragend; **II** *s gram* Frage(für)wort *n;* **in·ter·ro·ga·tor** [ɪnˈterəgeɪtə(r)] Vernehmungsbeamte(r) *m;* **in·ter·roga·tory** [ˌɪntəˈrɒgətrɪ] *adj* fragend.

in·ter·rupt [ˌɪntəˈrʌpt] *tr* **1.** unterbrechen; **2.** ins Wort fallen (*s.o.* jdm); **3.** *(Arbeit)* stören; hindern; **in·ter·rupter** [ˌɪntəˈrʌptə(r)] *el* Unterbrecher *m;* **in·ter·rup·tion** [ˌɪntəˈrʌpʃn] **1.** Unterbrechung *f;* **2.** (Betriebs)Störung *f;* ► **without** ~ ununterbrochen.

in·ter·sect [ˌɪntəˈsekt] **I** *tr* **1.** durchschneiden; **2.** *math* schneiden; **II** *itr* sich (über)schneiden, sich kreuzen; **in·ter·sec·tion** [ˌɪntəˈsekʃn] **1.** *math* Schnittpunkt *m;* **2.** *(Straße, rail)* Kreuzung *f;* *(Autobahn)* Kreuz *n.*

in·ter·sperse [ˌɪntəˈspɜ:s] *tr* einstreuen (*between, among* unter); ► ~**d with s.th.** mit etw dazwischen.

in·ter·state [ˌɪntəˈsteɪt] *adj Am* zwischenstaatlich; ► ~ **highway** *Autobahn f, die mehrere Bundesstaaten verbindet.*

in·ter·stel·lar [ˌɪntəˈstelə(r)] *adj* interstellar.

in·ter·stice [ɪnˈtɜ:stɪs] **1.** Zwischenraum *m;* **2.** Lücke *f,* Spalt(e *f*) *m.*

in·ter·twine [ˌɪntəˈtwaɪn] *tr* verflechten; verknoten (*with* mit).

inter·ur·ban [ˌɪntəˈɜ:bən] *adj* städteverbindend.

in·ter·val [ˈɪntəvl] **1.** Zwischenraum, Abstand *m;* **2.** *theat* Pause *f a. theat;* **3.** *mus* Intervall *n;* ► **after a week's** ~ eine Woche später; **at** ~**s** in Abständen; **sunny** ~**s** *mete* Aufheiterungen *pl;* **in·ter·val switch** Intervallschalter *m,* -schaltung *f.*

in·ter·vene [ˌɪntəˈvi:n] *itr* **1.** eingreifen,

einschreiten, intervenieren; **2.** *(Ereignis)* eintreten, sich ereignen; **in·ter·ven·tion** [ˌɪntəˈvenʃn] **1.** Eingreifen *n;* **2.** *pol* Einmischung, Intervention *f;* **in·ter·ven·tion·ist** [—ɪst] **I** *s pol* Interventionist(in) *m (f);* **II** adj interventionistisch.

in·ter·view [ˈɪntəvjuː] **I** *s* **1.** Unterredung *f;* Vorstellungsgespräch *n;* **2.** Interview *n,* Befragung *f;* ▶ **give an ~** ein Interview geben; **II** *tr* **1.** ein Vorstellungsgespräch führen mit; **2.** interviewen; **in·ter·viewee** [ˌɪntəvjuːˈiː] *(Bewerbung)* Kandidat(in) *m (f); (TV radio)* Interviewte(r) *f m;* **in·ter·viewer** [ˈɪntəvjuːə(r)] Interviewer(in) *m (f).*

in·ter·weave [ˌɪntəˈwiːv] *tr irr s. weave* **1.** verweben; **2.** ineinanderschlingen.

in·tes·tate [ɪnˈtesteɪt] *adj* ▶ **die ~** ohne Testament sterben.

in·tes·tine [ɪnˈtestɪn] *meist pl* Darm *m;* ▶ **large, small ~** Dick-, Dünndarm *m.*

in·ti·macy [ˈɪntɪməsɪ] Vertraulichkeit *f;* Intimität *f.*

in·ti·mate¹ [ˈɪntɪmət] **I** *adj* **1.** vertraut, intim, innig; **2.** persönlich, privat; **3.** *(Wissen)* gründlich; **II** *s* Vertraute(r) *f m.*

in·ti·mate² [ˈɪntɪmeɪt] *tr* ankündigen, andeuten, zu verstehen geben, nahelegen; **in·ti·ma·tion** [ˌɪntɪˈmeɪʃn] Andeutung *f,* Wink *m.*

in·timi·date [ɪnˈtɪmɪdeɪt] *tr* einschüchtern *(into doing s.th* etw zu tun); **in·timi·da·tion** [ɪnˌtɪmɪˈdeɪʃn] Einschüchterung *f.*

into [ˈɪntʊ] *prep* in; gegen; ▶ **he's ~ jazz** *sl* er steht auf Jazz; **three ~ six goes twice** sechs durch drei gibt zwei; **work late ~ the night** bis tief in die Nacht arbeiten.

in·tol·er·able [ɪnˈtɒlərəbl] *adj* unerträglich; **in·tol·er·ance** [ɪnˈtɒlərəns] Unduldsamkeit, Intoleranz *f a. med (of* gegenüber); **in·tol·er·ant** [ɪnˈtɒlərənt] *adj* intolerant *(of* gegenüber).

in·ton·ation [ˌɪntəˈneɪʃn] Intonation *f;* Tonfall *m;* Stimmlage *f;* **in·tone** [ɪnˈtəʊn] *tr* anstimmen.

in·toxi·cant [ɪnˈtɒksɪkənt] Rauschmittel *n;* **in·toxi·cate** [ɪnˈtɒksɪkeɪt] *tr* berauschen *a. fig;* **in·toxi·ca·tion** [ɪnˌtɒksɪˈkeɪʃn] Trunkenheit *f;* Rausch *m a. fig.*

in·trac·table [ˌɪnˈtræktəbl] *adj (Mensch)* eigenwillig, halsstarrig; *(Problem)* hartnäckig.

in·tra·mural [ˌɪntrəˈmjʊərəl] *adj* innerhalb der Universität.

in·tran·si·gence [ɪnˈtrænsɪdʒəns] Unnachgiebigkeit *f;* **in·tran·si·gent** [ɪnˈtrænsɪdʒənt] *adj* unnachgiebig.

in·tran·si·tive [ɪnˈtrænsətɪv] *adj gram* intransitiv.

intra-uter·ine [ˌɪntrəˈjuːtəraɪn] *adj:* ▶ **~ decive** Intrauterinpessar *n.*

in·tra·venous [ˌɪntrəˈviːnəs] *adj: med* intravenös.

in·trepid [ɪnˈtrepɪd] *adj* unerschrocken.

in·tri·cacy [ˈɪntrɪkəsɪ] Kompliziertheit, Schwierigkeit *f;* **in·tri·cate** [ˈɪntrɪkət] *adj* kompliziert, schwierig.

in·trigue [ɪnˈtriːg] **I** *itr* intrigieren; **II** *tr* neugierig machen; fesseln; **III** *s* [ˈɪntriːg] Intrige *f;* **in·trigu·ing** [ɪnˈtriːgɪŋ] *adj* sehr spannend; höchst interessant.

in·trin·sic [ɪnˈtrɪnsɪk] *adj* wesentlich, eigentlich, wirklich.

in·tro·duce [ˌɪntrəˈdjuːs] *tr* **1.** einführen; **2.** *(Menschen)* vorstellen *(to s.o.* jdm); **3.** vertraut machen mit; **4.** zur Sprache bringen; *(Thema)* anschneiden; **5.** einleiten, beginnen, eröffnen; **6.** *parl (Vorlage)* einbringen *(into* in); **7.** *tech* einführen, hineinstecken; ▶ **~ into the market** auf den Markt bringen; **in·tro·duc·tion** [ˌɪntrəˈdʌkʃn] **1.** Einführung, Einleitung *f (a. e-s Buches);* **2.** *mus* Introduktion *f;* **3.** Vorstellung *f (e-s Menschen);* **4.** *parl* Einbringung *f;* **in·tro·duc·tory** [ˌɪntrəˈdʌktərɪ] *adj* einführend, -leitend.

in·tro·spec·tion [ˌɪntrəˈspekʃn] Selbstbeobachtung *f;* **in·tro·spec·tive** [ˌɪntrəˈspektɪv] *adj* selbstbeobachtend.

in·tro·vert [ˌɪntrəˈvɜːt] **I** *tr* nach innen richten, einwärts kehren; **II** *s* [ˈɪntrəvɜːt] Introvertierte(r) *f m;* **in·tro·vert·ed** [—əd] *adj* introvertiert.

in·trude [ɪnˈtruːd] **I** *itr* sich eindrängen *(into* in); **II** *tr (Bemerkung)* einwerfen; ▶ **~ on s.o.** jdn stören; **~ on a conversation** sich in eine Unterhaltung einmischen; **~ s.th. upon s.o.** jdm etw aufdrängen; **in·truder** [ɪnˈtruːdə(r)] Eindringling *m;* **in·tru·sion** [ɪnˈtruːʒn] **1.** Aufdrängen *n;* **2.** Störung *f;* Verletzung *f.*

in·tu·ition [ˌɪntjuːˈɪʃn] **1.** Intuition *f;* **2.** Ahnung *f;* **in·tu·itive** [ɪnˈtjuːɪtɪv] *adj* intuitiv.

in·un·date [ˈɪnʌndeɪt] *tr* überschwemmen, -fluten *a. fig;* **in·un·da·tion** [ˌɪnʌnˈdeɪʃn] Überschwemmung, -flutung *f a. fig.*

in·ure [ɪˈnjʊə(r)] *tr* gewöhnen *(to* an).

in·vade [ɪnˈveɪd] *tr* **1.** *mil* einmarschieren in; **2.** *fig* überfallen, heimsuchen; **3.** eindringen in; **in·vader** [ɪnˈveɪdə(r)] Eindringling *m.*

in·valid¹ [ˈɪnvəlɪd] **I** *s* Invalide *m;* Körperbehinderte(r) *f m;* **II** *adj* krank; invalide; **III** *tr* ▶ **~ out** dienstuntauglich erklären.

in·valid² [ɪnˈvælɪd] *adj jur* ungültig; nicht zulässig.

in·vali·date [ɪnˈvælɪdeɪt] *tr* für ungültig, nichtig erklären, annullieren; **in·val·id·ity** [ˌɪnvəˈlɪdətɪ] *jur* Ungültigkeit, Nichtigkeit *f.*

in·valu·able [ɪnˈvæljʊəbl] *adj* unschätzbar.

in·vari·able [ɪnˈveərɪəbl] *adj* unveränderlich, ständig.

in·vasion [ɪnˈveɪʒn] **1.** Invasion *f* (*of* in); Einmarsch *m* (*of* in); **2.** *jur* Eingriff *m* (*of* in).

in·vec·tive [ɪnˈvektɪv] Schmähung, Beschimpfung *f.*

in·veigle [ɪnˈveɪgl] *tr* verführen, -leiten, -locken (*into doing s.th* etw zu tun).

in·vent [ɪnˈvent] *tr* **1.** erfinden; **2.** erdichten; **in·ven·tion** [ɪnˈvenʃn] Erfindung *f;* **in·ven·tive** [ɪnˈventɪv] *adj* erfinderisch, einfallsreich; **in·ven·tive·ness** [ɪnˈventɪvnɪs] Erfindungsgabe *f,* -reichtum *n;* **in·ven·tor** [ɪnˈventə(r)] Erfinder(in) *m (f).*

in·ven·tory [ˈɪnvəntrɪ] **I** *s* Inventar *n,* Bestandsaufnahme *f;* ► **make, take an ~** Inventar aufnehmen; **II** *tr com* inventarisieren.

in·verse [ɪnˈvɜːs] **I** *adj* umgekehrt *a. math;* entgegengesetzt; **II** *s* [ˈɪnvɜːs] Gegenteil *n;* **in·ver·sion** [ɪnˈvɜːʃn] Umkehrung, Inversion *f.*

in·vert [ɪnˈvɜːt] *tr* auf den Kopf stellen; umkehren; ► **~ed commas** *pl* Anführungszeichen *n pl.*

in·vert·ebrate [ɪnˈvɜːtɪbrət] **I** *adj zoo* wirbellos; **II** *s* wirbelloses Tier, Invertebrat *m.*

in·vest [ɪnˈvest] **I** *tr* **1.** *(feierlich)* in ein Amt einführen, einsetzen; **2.** *(Geld)* anlegen, investieren; **II** *itr* investieren, Geld anlegen; ► **~ s.o. with s.th.** jdm etw verleihen.

in·ves·ti·gate [ɪnˈvestɪgeɪt] **I** *tr* **1.** erforschen, untersuchen; **2.** *(Forderung)* überprüfen; **II** *itr* Ermittlungen anstellen; ermitteln; **in·ves·ti·ga·tion** [ɪnˌvestɪˈgeɪʃn] **1.** Erforschung, Untersuchung *f;* **2.** *jur* Ermittlung *f;* **3.** Forschung *f;* ► **make ~s** Nachforschungen, Erhebungen anstellen; **preliminary ~** Voruntersuchung *f;* **be under ~** überprüft werden; **in·ves·ti·ga·tive** [ɪnˈvestɪgətɪv] *adj* ► **~ journalism** Enthüllungsjournalismus *m;* **in·ves·ti·ga·tor** [ɪnˈvestɪgeɪtə(r)] Ermittlungsbeamte(r) *m;* Ermittler(in) *m (f).*

in·vest·ment [ɪnˈvestmənt] **1.** (Amts)Einführung *f;* **2.** *com* Anlage, Investition *f;* ► **make an ~** investieren; **investment fund** Investmentfonds *m;* **investment trust** Investmentgesellschaft *f.*

in·vet·er·ate [ɪnˈvetərət] *adj* **1.** eingewurzelt; **2.** *(Feind)* unversöhnlich; **3.** *(Raucher)* Gewohnheits-; unverbesserlich.

in·vidi·ous [ɪnˈvɪdɪəs] *adj* **1.** *(Bemerkung)* gehässig; **2.** *(Benehmen)* gemein; ungerecht.

in·vigi·late [ɪnˈvɪdʒɪleɪt] **I** *tr* Aufsicht führen (bei); **II** *itr* Aufsicht führen.

in·vig·or·ate [ɪnˈvɪgəreɪt] *tr* stärken, kräftigen.

in·vin·cible [ɪnˈvɪnsəbl] *adj* unbesiegbar, unüberwindlich.

in·vis·ible [ɪnˈvɪzəbl] *adj* unsichtbar, nicht wahrnehmbar (*to* für); ► **~ ink** Geheimtinte *f;* **~ exports, imports** *pl com* unsichtbare Aus-, Einfuhren *f pl.*

in·vi·ta·tion [ˌɪnvɪˈteɪʃn] Einladung *f;* **in·vite** [ɪnˈvaɪt] *tr* **1.** einladen; **2.** bitten, ersuchen um; **3.** auffordern, ermuntern zu; **4.** *(Kritik)* herausfordern; ► **~ s.o. to do s.th** jdn auffordern, etw zu tun; **in·vit·ing** [ɪnˈvaɪtɪŋ] *adj* (ver)lockend; einladend.

in vitro [ɪnˈviːtrəʊ] *adj med:* ► **~ fertilisation** In-vitro-Fertilisation *f.*

in·vo·ca·tion [ˌɪnvəˈkeɪʃn] Beschwörung *f.*

in·voice [ˈɪnvɔɪs] **I** *s* (Waren)Rechnung, Faktura *f;* **II** *tr* fakturieren, in Rechnung stellen.

in·vol·un·tary [ɪnˈvɒləntrɪ] *adj* **1.** unbeabsichtigt, ungewollt; **2.** *physiol* unwillkürlich.

in·volve [ɪnˈvɒlv] *tr* **1.** einbeziehen; verwickeln; **2.** mit sich bringen, bedingen, zur Folge haben, nach sich ziehen; **3.** bedeuten; ► **~ s.o. in a quarrel** jdn in e-n Streit verwickeln; **~ much expense** große Kosten verursachen; **be ~d in s.th.** in etw verwickelt sein; **get ~d in s.th.** in etw verwickelt werden, sich in e-r S engagieren; **in·volved** [ɪnˈvɒlvd] *adj* **1.** verwickelt, engagiert; **2.** kompliziert, schwierig.

in·vul·ner·able [ɪnˈvʌlnərəbl] *adj* **1.** unverwundbar; **2.** *fig* unantastbar, unanfechtbar.

in·ward [ˈɪnwəd] *adj* **1.** innere(r, s) innerlich; **2.** *(Kurve)* nach innen gehend; **in·ward·ly** [—lɪ] *adv* innerlich; im Herzen; **in·ward·ness** [—nɪs] Innerlichkeit *f;* **in·wards** [ˈɪnwədz] *adv* nach innen.

iod·ine [ˈaɪədiːn] Jod *n.*

ion [ˈaɪən] *phys* Ion *n.*

Ionic [aɪˈɒnɪk] *adj* ionisch.

iota [aɪˈəʊtə] Jota *n;* ► **not an ~** nicht das Geringste.

IOU [ˌaɪəʊˈjuː] *Abk:* **I owe you** Schuldschein *m.*

IRA [ˌaɪərˈeɪ] *Abk:* **Irish Republican Army** IRA *f.*

Iran [ɪˈrɑːn] Iran *m;* **Ira·nian** [ɪˈreɪnjən] **I** *adj* iranisch; **II** *s* **1.** Iraner(in) *m (f);* **2.** (das) Iranisch(e).

Iraq [ɪˈrɑːk] Irak *m;* **Ira·qi** [ɪˈrɑːkɪ] **I** *adj* irakisch; **II** *s* **1.** Iraker(in) *m (f);* **2.** (das) Irakisch(e).

iras·cible [ɪˈræsəbl] *adj* jähzornig.

irate [aɪˈreɪt] *adj* wütend, erzürnt, zornig.

Ire·land [ˈaɪələnd] Irland *n;* ► **Northern ~** Nordirland *n;* **Republic of ~** Republik *f* Irland.

iri·des·cent [ˌɪrɪˈdesnt] *adj* schillernd, irisierend.
iris [ˈaɪərɪs] **1.** *anat* Regenbogenhaut, Iris *f;* **2.** *bot* Schwertlilie *f.*
Irish [ˈaɪərɪʃ] **I** *adj* irisch; **II** *s (Sprache)* (das) Irisch(e); ► **the** ~ *pl* die Iren *m pl;* **Irish·man** [ˈaɪərɪʃmən] ⟨*pl* -men⟩ Ire *m;* **Irish·woman** [ˈaɪərɪʃwʊmən] ⟨*pl* -women⟩ [—wɪmɪn] Irin *f.*
irk [ɜːk] *tr* ärgern, verdrießen; **irk·some** [ˈɜːksəm] *adj* lästig.
iron [ˈaɪən] **I** *s* **1.** Eisen *n;* **2.** *(flat* ~*)* Bügeleisen *n;* **3.** *pl* Ketten, Fesseln *f pl;* ► **have too many ~s in the fire** zu viele Eisen im Feuer haben; **rule with a rod of** ~ *fig* mit eiserner Faust regieren; **a man of** ~ ein stahlharter Mann; **strike while the ~ is hot** *prov* das Eisen schmieden, solange es heiß ist; **cast** ~ Gußeisen *n;* **wrought** ~ Schmiedeeisen *n;* **II** *adj* **1.** *chem* eisern; **2.** *fig* eisern; unbarmherzig, streng; **III** *tr* bügeln, plätten; ► ~ **out** *fig* ausbügeln; ins reine, in Ordnung bringen; **Iron Age** *hist* Eisenzeit *f;* **Iron Curtain** *hist* Eiserner Vorhang.
ironic(al) [aɪˈrɒnɪk(el)] *adj* **1.** ironisch, spöttisch; **2.** *fig* paradox, verrückt.
iron·ing [ˈaɪənɪŋ] Bügeln, Plätten *n;* **ironing board** Bügelbrett *n.*
iron lung [ˌaɪənˈlʌŋ] *med* eiserne Lunge; **iron·monger** [ˈaɪənmʌŋgə(r)] *Br* Eisenhändler(in) *m (f);* **iron·mongery** [ˈaɪənmʌŋgərɪ] Eisenhandel *m,* -handlung *f,* -waren *f pl;* **iron ore** Eisenerz *n;* **iron rations** *pl* eiserne Ration; **iron·work** [ˈaɪənwɜːk] Eisen *n;* Eisenbeschläge *m pl;* **iron·works** [ˈaɪənwɜːks] *pl mit sing* Eisenhütte *f.*
irony [ˈaɪərənɪ] Ironie *f.*
ir·ra·di·ate [ɪˈreɪdɪeɪt] *tr* **1.** ausstrahlen; **2.** bestrahlen.
ir·ra·tional [ɪˈræʃənl] *adj* **1.** unvernünftig, irrational *a. fig;* **2.** unsinnig, absurd.
ir·rec·on·cil·able [ɪˌrekənˈsaɪləbl] *adj* **1.** unversöhnlich; **2.** *(Glaube)* unvereinbar (*to, with* mit).
ir·re·cover·able [ˌɪrɪˈkʌvərəbl] *adj* **1.** nicht wiederzuerlangen; **2.** unwiderruflich verloren; **3.** *jur* uneinbringlich.
ir·re·deem·able [ˌɪrɪˈdiːməbl] *adj* **1.** *(Währung)* nicht einlösbar; *(Wertpapiere)* untilgbar; **2.** *(Verlust)* uneinbringlich; **3.** *(Fehler)* unverbesserlich.
ir·re·fut·able [ˌɪrɪˈfjuːtəbl] *adj* unwiderlegbar.
ir·regu·lar [ɪˈregjʊlə(r)] *adj* **1.** unregelmäßig; ungleichmäßig; **2.** unvorschriftsmäßig; **3.** *mil* irregulär; **4.** *gram* unregelmäßig; **ir·regu·lar·ity** [ɪˌregjʊˈlærətɪ] **1.** Unregelmäßigkeit *f;* Ungleichmäßigkeit *f;* Uneinheitlichkeit *f;* **2.** Unvorschriftsmäßigkeit *f.*
ir·rel·evance, ir·rel·evancy [ɪˈreləvəns, ɪˈreləvənsɪ] Belanglosigkeit *f;* Nebensächlichkeit *f;* Irrelevanz *f;* **irrel·evant** [ɪˈreləvənt] *adj* unerheblich, belanglos; nebensächlich; irrelevant.
ir·re·medi·able [ˌɪrɪˈmiːdɪəbl] *adj (Fehler)* nicht wiedergutzumachen(d).
ir·rep·ar·able [ɪˈrepərəbl] *adj* nicht wiedergutzumachen(d); irreparabel.
ir·re·place·able [ˌɪrɪˈpleɪsəbl] *adj* unersetzlich.
ir·re·press·ible [ˌɪrɪˈpresəbl] *adj* nicht zurückzuhalten(d); unbezähmbar; unerschütterlich.
ir·re·proach·able [ˌɪrɪˈprəʊtʃəbl] *adj* untadelig, einwandfrei.
ir·re·sist·ible [ˌɪrɪˈzɪstəbl] *adj* unwiderstehlich.
ir·res·ol·ute [ɪˈrezəluːt] *adj* unentschlossen, unschlüssig.
ir·re·spec·tive [ˌɪrɪˈspektɪv] *adj* ► ~ **of** ohne Rücksicht auf; unabhängig von; ungeachtet *(gen).*
ir·re·spon·sible [ˌɪrɪˈspɒnsəbl] *adj* unverantwortlich; verantwortungslos.
ir·re·triev·able [ˌɪrɪˈtriːvəbl] *adj* nicht wiederzuerlangen(d), unwiederbringlich; unersetzlich.
ir·rev·er·ence [ɪˈrevərəns] Respektlosigkeit *f;* **ir·rev·er·ent** [ɪˈrevərənt] *adj* respektlos.
ir·re·vers·ible [ˌɪrɪˈvɜːsəbl] *adj* **1.** *(Entscheidung)* unumstößlich; **2.** unabänderlich, unwiderruflich.
ir·revo·cable [ɪˈrevəkəbl] *adj* unwiderruflich.
ir·ri·gate [ˈɪrɪgeɪt] *tr* **1.** bewässern; **2.** *med* ausspülen; **ir·ri·ga·tion** [ˌɪrɪˈgeɪʃn] **1.** Bewässerung *f;* **2.** *med* Spülung *f;* **irrigation plant** Bewässerungsanlage *f.*
ir·ri·table [ˈɪrɪtəbl] *adj* reizbar; gereizt; **ir·ri·tant** [ˈɪrɪtənt] **I** *adj* Reiz-; **II** *s* Reizstoff *m;* **ir·ri·tate** [ˈɪrɪteɪt] *tr* **1.** reizen, ärgern; **2.** irritieren, nervös machen; **3.** *med* reizen; **ir·ri·ta·tion** [ˌɪrɪˈteɪʃn] **1.** Ärger *m;* Verärgerung *f* (*at, against* über); **2.** *med* Reizung *f.*
is [ɪz] *3. Person Singular Präsens von be.*
Is·lam [ɪzˈlɑːm] Islam *m;* **Is·lamic** [ɪzˈlæmɪk] *adj* islamisch.
is·land [ˈaɪlənd] Insel *f a. fig;* **is·lander** [ˈaɪləndə(r)] Inselbewohner(in) *m (f);* **isle** [aɪl] *poet* Eiland *n;* **is·let** [ˈaɪlɪt] Inselchen *n.*
isn't [ˈɪznt] = *is not.*
iso·bar [ˈaɪsəbɑː(r)] *mete* Isobare *f.*
iso·late [ˈaɪsəleɪt] *tr* **1.** aus-, absondern, trennen (*from* von); **2.** isolieren *a. tech;* **3.** *(Problem)* herauskristallisieren; **iso·lated** [ˈaɪsəleɪtɪd] *adj* **1.** isoliert; abgesondert; abgeschnitten; **2.** einzeln; ► ~ **case** Einzelfall *m;* **iso·la·tion** [ˌaɪsəˈleɪʃn] **1.** Absonderung, Isolierung *f;* **2.** Isoliertheit, Abgeschnittenheit *f;* **isolation hospital** Isolierspital *n;* **iso·la·tion·ism** [ˌaɪsəˈleɪʃnɪzəm] Isolationismus *m.*

iso·therm ['aɪsəθɜ:m] *mete* Isotherme *f.*
iso·tope ['aɪsətəʊp] *chem* Isotop *n.*
Is·ra·el ['ɪzreɪl] Israel *n;* **Is·rae·li** [ɪz'reɪlɪ] **I** *adj* israelisch; **II** *s* Israeli *m f;* **Is·rael·ite** ['ɪzrɪəlaɪt] Israelit(in) *m (f).*
issue ['ɪʃu:] **I** *s* **1.** Frage *f;* Problem *n,* Angelegenheit *f;* **2.** Ergebnis *n;* **3.** *(von Banknoten)* Ausgabe, Emission *f;* **4.** Ausgabe *f;* Lieferung *f;* **5.** *(Zeitschrift)* Ausgabe, Nummer, Auflage *f;* **6.** *jur* Nachkommenschaft *f;* ► **at ~** zur Debatte stehend; strittig; **be the ~** sich handeln um; **die without ~** kinderlos sterben; **force an ~** e-e Entscheidung erzwingen; **bring s.th. to an ~** e-e Entscheidung in etw herbeiführen; **take ~ with s.o. over s.th.** jdm in etw widersprechen; **make an ~ of s.th.** etw aufbauschen; **date of ~** Ausgabetag *m;* **place of ~** Ausstellungsort *m;* **II** *itr* hervorkommen, -dringen; (her)ausfließen, -strömen (*from* aus); **III** *tr* **1.** *com* ausgeben; **2.** *(Dokument)* ausfertigen; ausstellen; **3.** *(Bücher)* herausgeben, in Umlauf setzen, veröffentlichen; **4.** *(Anleihe)* auflegen, begeben; emittieren; ► **the issuing authorities** *pl* die ausstellende Behörde; **~ s.o. with a visa** jdm ein Visum ausstellen; **~ s.th. to s.o.** etw an jdn ausgeben.
isth·mus ['ɪsməs] Landenge *f,* Isthmus *m.*
it [ɪt] **I** *prn* **1.** er, sie, es; *acc* ihn, sie, es; *dat* ihm, ihr, ihm; **2.** es; *acc* es; *dat* ihm; ► **of ~** davon; **who is ~? — ~'s me** wer ist da? — ich bin's; **what is ~?** was ist das? **~'s raining** es regnet; **~ was him who asked her** er hat sie gefragt; **that's ~!** ja, genau! **II** *s* ► **you're ~!** du bist's! **this is really ~!** das ist genau das richtige; **the cat's an ~** die Katze ist kastriert.
Ital·ian [ɪ'tæljən] **I** *adj* italienisch; **II** *s* **1.** Italiener(in) *m (f);* **2.** (das) Italienisch(e).
ital·ic [ɪ'tælɪk] **I** *adj* kursiv; **II** *s pl* Kursivschrift *f;* **itali·cize** [ɪ'tælɪsaɪz] *tr* kursiv drucken.
Italy ['ɪtəlɪ] Italien *n.*
itch [ɪtʃ] **I** *itr* **1.** jucken; **2.** *fig* darauf brennen (*to do s.th.* etw zu tun); ► **my back ~es** mein Rücken juckt mich; **II** *s* **1.** Jucken *n,* Juckreiz *m;* **2.** Lust *f* (*for* auf); ► **I have an ~ to do s.th.** es reizt mich, etw zu tun; **itchy** ['ɪtʃɪ] *adj* juckend.
item ['aɪtəm] **I** *s* **1.** Gegenstand, Artikel *m;* Punkt *m;* **2.** *com* Buchung *f,* Posten *m;* **3.** *(einzelne)* Nachricht, Mitteilung, Information *f;* ► **a short news ~** e-e Kurzmeldung; **item·ize** ['aɪtəmaɪz] *tr* einzeln aufführen, aufgliedern, spezifizieren.
i·tin·er·ant [aɪ'tɪnərənt] *adj* wandernd, umherziehend; **i·tin·er·ary** [aɪ'tɪnərərɪ] **1.** Reise-, Wanderweg *m;* **2.** Straßenkarte *f.*
it'll ['ɪtl] = *it will; it shall.*
its [ɪts] *prn* seine(r, s); ihre(r, s); seine(r, s); der, die, das seine.
it's [ɪts] = *it is.*
it·self [ɪt'self] *prn* **1.** *(reflexiv)* sich *acc* u. *dat;* **2.** *(betont)* selbst; ► **by ~** allein; von selbst; selbsttätig.
IUD [ˌaɪju:'di:] *Abk med:* **intra-uterine device** Intrauterinpessar *n.*
I've [aɪv] = *I have.*
ivory ['aɪvərɪ] **1.** Elfenbein *n;* **2.** *pl* Würfel *m pl;* Billardkugeln *f pl;* (Klavier)Tasten *f pl;* **Ivory Coast** Elfenbeinküste *f;* **ivory tower** *fig* Elfenbeinturm *m.*
ivy ['aɪvɪ] Efeu *m.*

J

J, j [dʒeɪ] ⟨*pl* -'s⟩ J, j *n.*
jab [dʒæb] **I** *tr* (hinein)stechen, stecken, stoßen (*into* in); **II** *itr* stoßen (*with* mit); **III** *s* **1.** Stich, (kurzer) Stoß *m;* **2.** *(Boxen)* (kurze) Gerade; **3.** *fam* Spritze *f.*
jabber ['dʒæbə(r)] **I** *itr, tr* **1.** daherreden, faseln; **2.** schwätzen, quasseln; **II** *s* Gefasel *n;* Geplapper *n;* **jabber·ing** [-iŋ] *s. jabber II.*
jack [dʒæk] **I** *s* **1.** Hebevorrichtung *f; mot* Wagenheber *m;* **2.** *(Kartenspiel)* Bube *m;* **3.** *mar* Gösch *f;* **4.** *(Bowling)* Zielkugel *f;* **II** *(mit Präposition)* **jack in** *tr sl* aufgeben; Schluß machen mit; **jack up** *tr mot* aufbocken; *fam (Preise, Löhne)* in die Höhe treiben.
Jack [dʒæk] *fam* Hans; ► **I'm all right** ~ *fam* das kann mich überhaupt nicht jucken; **the Union** ~ die britische Nationalflagge; ~ **Frost** der Winter; **every man** ~ jeder einzelne; **before you could say** ~ **Robinson** im Handumdrehen; ~ **of all trades** Alleskönner *m;* Hansdampf *m* in allen Gassen *fam.*
jackal ['dʒækɔ:l] *zoo* Schakal *m.*
jack·ass ['dʒækæs] **1.** Eselhengst *m;* **2.** *fig* blöder Kerl.
jack-boot ['dʒækbu:t] Schaftstiefel *m.*
jack·daw ['dʒækdɔ:] Dohle *f.*
jacket ['dʒækɪt] **1.** Jacke *f;* Jackett *n;* Schwimmweste *f;* **2.** *(Kartoffel)* Pelle, Schale *f;* **3.** *tech* Mantel *m;* **4.** *(Buch)* Schutzumschlag, Hülle *f;* **jacket potato** (in der Schale) gebackene Kartoffel; *m;* ► **potatoes in the** ~ *s. jacket potato.*
jack-in-the-box ['dʒækɪnðəbɒks] *(Spielzeug)* Springteufel *m;* **jack-knife** ['dʒæknaɪf] ⟨*pl* -knives⟩ **I** *s* **1.** (großes) Taschenmesser *n;* **2.** *(~ dive)* Hechtsprung *m;* **II** *itr (Lastwagen)* sich quer über die Straße stellen; **jack-o'-lantern** ['dʒækəʊˌlæntən] Kürbislaterne *f;* Irrlicht *n a. fig.*
jack·pot ['dʒækpɒt] *(Spiel)* (Haupt-) Treffer *m;* ► **hit the** ~ den Hauptgewinn bekommen; *fig* das große Los ziehen.
jade [dʒeɪd] *min* Jade *m;* Nephrit *m.*
jaded ['dʒeɪdɪd] *adj* abgehetzt; erschöpft; stumpfsinnig; übersättigt; verlebt.
jag [dʒæg] Zacke *f;* **jag·ged, jaggy** ['dʒægɪd, 'dʒægɪ] *adj* **1.** zackig; gezahnt, gekerbt; **2.** eingerissen; **3.** zerklüftet; schartig.
jag·uar ['dʒægjʊə(r)] *zoo* Jaguar *m.*
jail, gaol [dʒeɪl] Gefängnis *n;* ► **in** ~ im Gefängnis; **jail-bird** *fam obs* Zuchthäusler *m;* **jail-break** Ausbruch *m* aus dem Gefängnis; **jail-breaker** Ausbrecher(in) *m (f);* **jailer, jailor, gaoler** ['dʒeɪlə(r)] Gefangenenaufseher(in), -wärter(in) *m (f);* **jail house** *Am* Gefängnis *n.*
ja·lopy [dʒə'lɒpɪ] *sl mot* Kiste *f,* Klapperkasten *m; aero* alte Mühle.
jam[1] [dʒæm] **I** *tr* **1.** ein-, festklemmen, einkeilen; **2.** hinein-, durchzwängen; **3.** quetschen, drücken, pressen (*against* gegen); **4.** stoßen, schieben, drängen; **5.** *(Straße)* versperren, verstopfen; **6.** *tech (Maschine)* blockieren; **7.** *radio (durch Störsender)* stören; ► **be ~med** gestopft voll sein; ~ **on the brakes** mit aller Kraft bremsen; **II** *itr* **1.** klemmen; sich festfressen; **2.** nicht mehr funktionieren; **3.** *sl (Jazz)* improvisieren; **III** *s* **1.** Gewühl, Gedränge *n;* **2.** Verstopfung *f;* Verkehrsstockung *f;* **3.** *tech* Verklemmung *f;* **4.** *fam* Klemme, Patsche, schwierige Lage *f.*
jam[2] [dʒæm] Marmelade, Konfitüre *f.*
Ja·maica [dʒə'meɪkə] Jamaika *n;* **Jamaican** [-n] **I** *adj* jamaikanisch, jamaikisch; **II** *s* Jamaik(an)er(in) *m (f).*
jamb [dʒæm] *(Tür)* Pfosten *m.*
jam·boree [ˌdʒæmbə'ri:] **1.** Pfadfindertreffen *n;* **2.** Fest *n* (im Freien).
jam-jar ['dʒæmdʒɑ:(r)] Marmelade(n)glas *n.*
jam·my ['dʒæmɪ] *adj Br sl (Examen)* leicht; ► ~ **fellow** Glückspilz *m.*
jam·packed [ˌdʒæm'pækt] *adj fam* gestopft voll; **jam session** *(Jazzimprovisation)* Jam Session *f.*
jangle ['dʒæŋgl] **I** *itr* **1.** klimpern; klirren; **2.** *(Glocken)* bimmeln; **II** *tr* **1.** klimpern mit; klirren mit; **2.** bimmeln lassen.
jani·tor ['dʒænɪtə(r)] Hausmeister(in) *m (f);* Hauswart(in) *m (f).*
Jan·uary ['dʒænjʊərɪ] Januar *m;* ► **in** ~ im Januar.
Jap [dʒæp] *fam* Japaner *m.*
ja·pan [dʒə'pæn] **I** *s* Japanlack *m;* **II** *tr* lackieren.
Ja·pan [dʒə'pæn] Japan *n;* **Japa·nese** [ˌdʒæpə'ni:z] **I** *adj* japanisch; **II** *s* **1.** (das) Japanisch(e); **2.** Japaner(in) *m (f);* ► **the** ~ *pl* die Japaner *m pl.*
jar[1] [dʒɑ:(r)] **I** *itr* **1.** knarren, quietschen; **2.** *fig* unangenehm berühren (*on s.o.* jdn); auf die Nerven gehen (*on s.o.* jdm);

3. in Mißklang stehen (*against, with* zu); nicht harmonieren; **II** *tr* **1.** rütteln an, erschüttern; **2.** *fig* aufrütteln, einen Schock versetzen (*s.o.* jdm); **III** *s* **1.** Erschütterung *f;* Ruck *m;* **2.** *fig* Schock *m.*

jar[2] [dʒɑ:(r)] **1.** Krug *m;* Steintopf *m;* **2.** Einmachglas *n;* **3.** *fam* Glas *n* Bier.

jar·gon ['dʒɑ:gən] Jargon *m;* Fachsprache *f.*

jas·mine ['dʒæsmɪn] *bot* Jasmin *m.*

jas·per ['dʒæspə(r)] *min* Jaspis *m.*

jaun·dice ['dʒɔ:ndɪs] Gelbsucht *f;* **jaundiced** ['dʒɔ:ndɪst] *adj* **1.** gelbsüchtig; **2.** *fig* verbittert, gehässig; neidisch.

jaunt [dʒɔ:nt] Wanderung *f,* Ausflug *m;* Spritztour *f.*

jaunty ['dʒɔ:ntɪ] *adj* **1.** flott; **2.** munter; übermütig; sorgenfrei.

javelin ['dʒævlɪn] *sport* Speer *m;* ▶ **throwing the ~** Speerwerfen *n.*

jaw [dʒɔ:] **I** *s* **1.** *anat* Kiefer *m;* **2.** *fig fam* Geschwätz *n;* Moralpredigt(en *pl*) *f;* **3.** *tech* (Klemm)Backe, Klaue *f;* ▶ **~s** *pl* Kiefer *m;* Rachen *m,* Maul *n; fig* Öffnung *f; (des Todes)* Klauen *f pl;* **II** *itr sl* tratschen, schwatzen; **jaw·bone** Kieferknochen *m;* **jaw·breaker** *(Wort)* Zungenbrecher *m.*

jay [dʒeɪ] Eichelhäher *m.*

jay-walk ['dʒeɪwɔ:k] *itr* verkehrswidrig, unachtsam die Straße überqueren; **jay-walker** ['dʒeɪwɔ:kə(r)] unachtsamer Fußgänger; **jay-walk·ing** ['dʒeɪwɔ:kɪŋ] unachtsames Überqueren der Straße.

jazz [dʒæz] **I** *s* **1.** Jazz *m;* **2.** *fig fam* Unsinn *m;* ▶ **all that ~** *fam* und der ganze Kram *fam;* **II** *itr* Jazz spielen; **III** *(mit Präposition)* **jazz up** *tr* modernisieren, in Schwung bringen; aufpeppen *fam;* **jazzy** ['dʒæzɪ] *adj* **1.** jazzartig; **2.** *fig* toll; **3.** *(Kleid)* in die Augen fallend.

jeal·ous ['dʒeləs] *adj* **1.** eifersüchtig (*of* auf); **2.** neidisch; **3.** eifrig bedacht (*of* auf); **jeal·ousy** ['dʒeləsɪ] **1.** Eifersucht *f* (*of* auf); **2.** Neid *m* (*of* auf).

jeans [dʒi:nz] *pl* Jeans *pl.*

jeep [dʒi:p] Jeep *m.*

jeer [dʒɪə(r)] **I** *tr* verhöhnen; **II** *itr* sich lustig machen (*at* über); **III** *s* **1.** Spott, Hohn *m;* **2.** höhnische Bemerkung.

Je·ho·vah [dʒɪ'həʊvə] Jehova *m;* ▶ **~'s Witnesses** *pl* die Zeugen *m pl* Jehovas.

jell [dʒel] *itr* **1.** *(Küche)* gelieren; **2.** *fig fam* feste Form annehmen; sich herauskristallisieren; klappen; **jel·lied** ['dʒelɪd] *adj (Küche)* in Gelee; **jelly** ['dʒelɪ] **I** *s* Gallerte, Sülze *f;* Gelee *n;* **II** *tr* gelieren lassen; **III** *itr* gelieren; **jelly-baby** ['dʒelɪbeɪbɪ] *Br* Gummibärchen *n;* **jelly·bean** ['dʒelɪbi:n] Geleebonbon *m* od *n;* **jelly-fish** Qualle *f.*

jemmy ['dʒemɪ] Brech-, Stemmeisen *n.*

jenny ['dʒenɪ] **1.** *(spinning-~)* Spinnmaschine *f;* **2.** Eselin *f;* ▶ **~ wren** Zaunkönigweibchen *n.*

jeop·ard·ize ['dʒepədaɪz] *tr* gefährden; aufs Spiel setzen; **jeop·ardy** ['dʒepədɪ] Gefahr *f;* ▶ **put s.th. in ~** etw gefährden.

jerk [dʒɜ:k] **I** *tr* (heftig) ziehen (an), reißen, stoßen; **II** *itr* ruckweise fahren; **III** *s* **1.** Ruck *m;* **2.** Zusammenfahren, -zucken *n;* **3.** *med* Zuckung *f;* **4.** *sl* Trottel *m;* ▶ **by ~s** ruck-, stoßweise; **with a ~** mit e-m Ruck; **physical ~s** *pl fam* Leibesübungen *f pl,* Sport *m;* **IV** *(mit Präposition)* **jerk off** *vulg* sich einen runterholen; **jerk out** *tr (Worte)* hervorstoßen, -sprudeln.

jer·kin ['dʒɜ:kɪn] Wams *n.*

jerk·water town ['dʒɜ:kˌwɔ:tə 'taʊn] *Am sl* Kaff, (Provinz)Nest *n.*

jerky ['dʒɜ:kɪ] *adj* sprunghaft; ruckartig.

jerry-built ['dʒerɪˌbɪlt] *adj* billig gebaut; **jerry·can** ['dʒerɪkæn] großer Kanister.

jer·sey ['dʒɜ:zɪ] **1.** Pullover *m;* **2.** *sport* Trikot *n;* **3.** *(Stoff)* Jersey *m.*

jest [dʒest] **I** *s* Witz, Spaß *m;* ▶ **in ~** im, zum Spaß; **II** *itr* Witze, Spaß machen (*about* über); ▶ **don't ~ with me!** treiben Sie mit mir keinen Spaß! **jest·er** ['dʒestə(r)] Witzbold *m;* Hofnarr *m;* **jest·ing** [—ɪŋ] *adj* scherzhaft.

Jesuit ['dʒezjʊɪt] *rel* Jesuit *m;* **Jesuitical** [ˌdʒezjʊ'ɪtɪkl] *adj* jesuitisch, Jesuiten-.

Jesus ['dʒi:zəs] **I** *s* Jesus *m;* ▶ **the Society of ~** der Jesuitenorden; **II** *interj* Menschenskind!

jet[1] [dʒet] **I** *itr* **1.** hervor-, heraussprudeln, aus-, entströmen (*from, out of* aus); **2.** *aero fam* jetten; **II** *s* **1.** *(Flüssigkeit)* Strahl *m;* **2.** Öffnung *f;* Düse *f;* **3.** *aero* Düsenflugzeug *n.*

jet[2] [dʒet] **I** *s* Gagat *m,* Pechkohle *f;* **II** *adj* glänzend schwarz.

jet en·gine ['dʒetˌendʒɪn] Düsenmotor *m,* Düsentriebwerk *n;* **jet fighter** Düsenjäger *m;* **jet·lag** ['dʒetlæg] *Anpassungsschwierigkeiten f pl bei weiten Flugreisen;* **jet plane** Düsenflugzeug *n;* **jet-pro·pelled** [ˌdʒetprə'peld] *adj* mit Düsenantrieb; **jet propulsion** Düsenantrieb *m.*

jet·sam ['dʒetsəm] ▶ **flotsam and ~** Strandgut *n a. fig.*

jet set ['dʒetset] Jet-Set *m,* vornehme Gesellschaft.

jet·ti·son ['dʒetɪsn] *tr mar aero* über Bord werfen *a. fig.*

jetty ['dʒetɪ] **1.** Hafendamm *m,* Mole *f;* **2.** Landungsbrücke *f,* Landesteg *m.*

Jew [dʒu:] Jude *m,* Jüdin *f.*

jewel ['dʒu:əl] **I** *s* Edelstein *m,* Juwel *n a. fig;* Schmuckstück *n; (in Uhr)* Stein *m;* **II** *tr* mit Edelsteinen besetzen; **jeweller,** *Am* **jeweler** ['dʒu:ələ(r)] Juwelier *m;* **jewel·lery,** *Am* **jewelry** ['dʒu:əlrɪ]

Juwelen *n pl*, Schmuck *m*.
Jew·ess ['dʒu:es] Jüdin *f*.
Jew·ish ['dʒu:ɪʃ] *adj* jüdisch; **Jew·ry** ['dʒu:rɪ] die Juden *pl*, das jüdische Volk, Judentum *n*; **Jew's harp** *mus* Brummeisen *n*, Maultrommel *f*.
jib[1] [dʒɪb] **1.** Kranbalken, Ladebaum, Ausleger *m*; **2.** *mar* Klüver *m*; ▶ **the cut of s.o.'s** ~ *fam* die äußere Erscheinung.
jib[2] [dʒɪb] *itr* **1.** störrisch sein, bocken, scheuen (*at* vor); **2.** *fig* abgeneigt sein (*at* dat).
jibe [dʒaɪb] *s. gibe*.
jiffy ['dʒɪfɪ] *fam* ▶ **in a** ~ im Nu; **just a** ~ einen Augenblick bitte.
jig [dʒɪg] **I** *s* **1.** Gigue *f (Tanz)*; **2.** *tech* Montagegestell *n*; Spannvorrichtung *f*; **II** *itr* **1.** Gigue tanzen; **2.** hin u. her hüpfen.
jig·ger ['dʒɪgə(r)] **1.** *tech* Schüttelsieb *n*; **2.** *Am* Meßbecher *m*; **3.** *zoo* Sandfloh *m*; **jig·gered** ['dʒɪgəd] *adj fam* todmüde; ▶ **I'll be** ~ mich laust der Affe; **jiggery-po·kery** [ˌdʒɪgərɪ'pəʊkərɪ] *Br fam* Tricks *m pl*, Schwindel *m*.
jig·gle ['dʒɪgl] *tr* rütteln, schütteln; wakkeln mit.
jig·saw ['dʒɪgsɔ:] **1.** Tischler-Bandsäge *f*; **2.** (~ *puzzle*) Puzzle *n*.
jilt [dʒɪlt] *tr (den Liebhaber)* sitzenlassen.
Jim Crow [ˌdʒɪm'krəʊ] *Am* **1.** *pej (Schwarze(r))* Nigger *pej*; **2.** *fam* Rassendiskriminierung *f*.
jim-jams ['dʒɪmdʒæmz] *sl* **1.** Säuferwahn *m*; **2.** Angst(zustände *m pl*) *f*.
jimmy ['dʒɪmɪ] *Am s. jemmy*.
jingle ['dʒɪŋgl] **I** *itr* klingeln; klirren; klimpern; bimmeln; **II** *tr* klirren lassen; klimpern mit; **III** *s* **1.** Klirren, Geklirr *n*; **2.** Werbespruch *m*; Merkvers *m*.
jingo·ism ['dʒɪŋgəʊɪzəm] Chauvinismus *m*; **jingo·is·tic** [ˌdʒɪŋgəʊ'ɪstɪk] *adj* chauvinistisch.
jinks [dʒɪŋks] *fam*: ▶ **be in high** ~ tolle Laune habe, übermütig sein.
jinx [dʒɪŋks]: ▶ **put a** ~ **on s.th.** etw verhexen.
jit·ter·bug ['dʒɪtəbʌg] **1.** *(Tanz)* Jitterbug *m*; **2.** *fig* Nervenbündel *n*.
jit·ters ['dʒɪtəz] *pl sl* Nervosität *f*; Angst *f*; ▶ **give s.o. the** ~ jdn nervös machen; **have the** ~ *fam* die Hosen voll haben; **jit·tery** ['dʒɪtərɪ] *adj sl* **1.** nervös, durchgedreht; hibbelig *fam*; **2.** verdattert, ängstlich.
jiu·jit·su [ˌdʒu:'dʒɪtsu:] *s. ju-jitsu*.
jive [dʒaɪv] **I** *s (Tanz)* Swing *m*; **II** *itr* swingen, Swing tanzen.
job [dʒɒb] **I** *s* **1.** Arbeit *f*; Beschäftigung, Tätigkeit *f*; **2.** Arbeitsaufgabe *f*; **3.** Arbeitsplatz *m*, Stellung *f*, Posten *m*; **4.** Arbeitsvorgang *m*, Operation *f*; **5.** Aufgabe, Pflicht *f*; **6.** *fam* schwierige Sache; **7.** *sl (Straftat)* Ding *n*; ▶ **on the** ~ *fam* bei der Arbeit; *sl* am Ball; **out of a** ~ arbeitslos; **just the** ~ genau das richtige; **do a good, bad** ~ seine Sache gut, schlecht machen; **do a** ~ **of work** gute Arbeit leisten; **do odd** ~**s** Gelegenheitsarbeiten verrichten; **it's quite a** ~ das ist ganz schön viel Arbeit; **know one's** ~ sein Handwerk verstehen; **that should do the** ~ das müßte hinhauen; **I had a** ~ **doing it** es war nicht leicht; **make the best of a bad** ~ das Beste aus e-r schlechten Sache machen; **pull a** ~ *sl* ein Ding drehen; **that's a good, bad** ~ das ist gut, dumm; **put-up** ~ abgekartete Sache; **II** *itr* **1.** Gelegenheitsarbeiten verrichten; **2.** als Makler tätig sein; **3.** schieben, spekulieren; **III** *tr* vermitteln; *(Arbeit)* vergeben; **job advertisement** Stellenausschreibung *f*; **job analysis** Arbeitsanalyse, Arbeitsplatzbewertung *f*; **job·ber** ['dʒɒbə(r)] **1.** Gelegenheitsarbeiter(in) *m (f)*; **2.** Börsenmakler(in) *m (f)*; **3.** *fam* Schieber *m*; **job centre** Arbeitsvermittlung(sstelle) *f*; **job counsellor** *Am* Berufsberater(in) *m (f)*; **job creation** Arbeitsplatzbeschaffung *f*; **job creation scheme** Arbeitsbeschaffungsmaßnahme *f*, Beschäftigungsprogramm *n*; **job cuts** *pl* Arbeitsplatzabbau *m*; **job description** Arbeitsplatz-, Stellenbeschreibung *f*; **job evaluation** Arbeitsplatzbewertung *f*; **job hunt** Stellensuche *f*; **job interview** Bewerbungs-, Vorstellungsgespräch *n*; **job·less** ['dʒɒblɪs] **I** *adj* arbeitslos; **II** *s pl* Arbeitslose *pl*; **jobless figures** *pl* Arbeitslosenzahlen *pl*, -ziffer *f*; **job market** Arbeitsmarkt *m*; **job-oriented** ['dʒɒbˌɔ:rɪəntɪd] *adj* projektorientiert; **job printer** Akzidenzdrucker *m*; **job production** Einzelfertigung *f*; **job rating** Arbeitsplatzbewertung *f*; **job sharing** Arbeitsplatzteilung *f*, Job-Sharing *n*.
jockey ['dʒɒkɪ] **I** *s* Jockei, Jockey *m*, Rennreiter(in) *m (f)*; **II** *tr* **1.** zuwege bringen, fertigbringen, dazu bringen (*into doing* zu tun); **2.** davon abhalten (*out of doing* zu tun); ▶ **III** *itr*: ~ **for position** um eine gute Position, die richtige Stellung rangeln.
jo·cose [dʒəʊ'kəʊs] *adj* scherzhaft, spaßig.
jocu·lar ['dʒɒkjʊlə(r)] *adj* scherzhaft, spaßig, witzig.
joc·und ['dʒɒkənd] *adj* fröhlich, heiter.
jog [dʒɒg] **I** *tr* **1.** anstoßen, antippen; **2.** *(das Gedächtnis)* auffrischen; **II** *itr* dahinschlendern, -trotten; aufbrechen; *sport* Dauerlauf machen, joggen; **III** *s* **1.** leichtes Schütteln, Rütteln; **2.** Stoß *m*, Antippen *n*; **3.** (~*-trot*) Trotten *n*; *sport* Dauerlauf *m*; **IV** *(mit Präposition)* **jog**

along, **jog on** *itr* sich fortschleppen; *fig* fort-, weiterwursteln; **jog·ger** ['dʒɒgə(r)] Dauerläufer(in), Jogger(in) *m (f);* **jogging** ['dʒɒgɪŋ] Dauerlauf *m,* Joggen, Jogging *n.*

joggle ['dʒɒgl] **I** *tr, itr* **1.** leicht, etwas schütteln; rütteln; **2.** verschränken, verzahnen; **II** *s* **1.** leichtes Schütteln, Rütteln; **2.** Verschränkung, Verzahnung *f.*

john [dʒɒn] *Am fam* Klo *n.*

John [dʒɒn]: ▶ **~ the Baptist** Johannes der Täufer; **~ Bull** England *n;* Engländer *m;* **~ Doe** *Am* Otto Normalverbraucher, der einfache Mann.

john·ny, john·nie ['dʒɒnɪ] **1.** Kerl, Bursche *m;* **2.** *sl (Kondom)* Pariser *m.*

join [dʒɔɪn] **I** *tr* **1.** verbinden *a. math,* vereinigen (*to, onto* mit); **2.** sich gesellen (*s.o.* zu jdm), sich anschließen (*s.o.* jdm); eintreten in *(e-n Verein);* **3.** sich vereinigen, sich verbinden mit, aufgehen in, verschmelzen mit; **4.** münden in; ▶ **~ company with s.o.** sich an jdn anschließen; **~ forces with s.o.** sich mit jdm zusammenschließen; mit jdm zusammenarbeiten; **~ hands with s.o.** jdm die Hand geben; *fig* mit jdm gemeinsame Sache machen; **II** *itr* **1.** sich begegnen, sich treffen, zusammenkommen; **2.** angrenzen (*to* an); **3.** *(Wege)* zusammenlaufen; **4.** sich verbinden, sich vereinigen (*with, to* mit); **5.** sich beteiligen, teilnehmen (*in* an); **6.** einstimmen (*in* in); ▶ **everybody ~ in the chorus!** alles im Chor! **III** *s* Verbindungsstelle, Fuge, Naht *f.*

joiner ['dʒɔɪnə(r)] (Bau)Tischler(in), Schreiner(in) *m (f);* ▶ **~'s bench** Hobelbank *f;* **joinery** ['dʒɔɪnərɪ] **1.** Tischlerei, Schreinerei *f;* **2.** Tischler-, Schreinerarbeit *f.*

joint [dʒɔɪnt] **I** *s* **1.** Berührungspunkt *m,* Verbindungsstelle *f;* **2.** Naht, Fuge *f;* **3.** Scharnier *n;* **4.** *anat* Gelenk *n;* **5.** *(Küche)* Stück Fleisch *n,* Keule *f;* **6.** *bot* Gelenkknoten *m;* **7.** *sl* Kneipe *f,* Spielhölle *f;* **8.** *sl (Marihuana)* Joint *m;* ▶ **out of ~** ver-, ausgerenkt; *fig* aus den Fugen; **put, throw out of ~** aus-, verrenken; **put s.o.'s nose out of ~** *fig* jdn ausstechen; **II** *adj* gemeinschaftlich, gemeinsam; Gemeinschafts-; Mit-; ▶ **during their ~ lives** zu ihren Lebzeiten; **take ~ action** gemeinsam vorgehen; **III** *tr* **1.** durch ein Gelenk miteinander verbinden; **2.** *tech* (ver)fugen; **joint account** gemeinschaftliches (Bank-)Konto *n;* **joint committee** Arbeitgeber-Arbeitnehmer-Ausschuß *m;* **joint debtor** Mitschuldner *m;* **joint effort** Gemeinschaftsarbeit *f;* **joint·ed** ['dʒɔɪntəd] *adj* gegliedert; **joint·ly** ['dʒɔɪntlɪ] *adv* gemeinsam, zusammen; **joint owner, ownership** Miteigentümer(in) *m (f),* Miteigentum *n;* **joint property** Miteigentum *n;* gemeinsames Vermögen; **joint stock** Aktienkapital *n;* **joint stock company** Aktiengesellschaft *f; Am (etwa)* Kommanditgesellschaft *f* auf Aktien; **joint venture** *com* Joint-venture *n;* Gemeinschaftsunternehmen *n.*

joist [dʒɔɪst] Träger, Querbalken *m.*

joke [dʒəʊk] **I** *s* Spaß, Scherz *m;* ▶ **in ~** (nur) zum Spaß, im Scherz; **carry the ~ too far** den Scherz zu weit treiben; **make a ~ of s.th.** etw ins Lächerliche ziehen; **play a ~ on s.o.** jdm e-n Streich spielen; **he cannot take a ~** er versteht keinen Spaß; **I don't see the ~** was soll daran lustig sein? **the ~'s on s.o.** da lacht sich jemand ins Fäustchen; **it is no ~** das ist kein Spaß; **a practical ~** ein Streich; **II** *itr* Spaß, Witze machen; ▶ **you must be joking** das kann doch wohl nicht dein Ernst sein; **I was only joking** ich habe das nicht ernst gemeint; **joker** ['dʒəʊkə(r)] **1.** Witzbold *m;* **2.** *sl* Kerl, Bursche *m;* **3.** *(Kartenspiel)* Joker *m;* **jok·ing** ['dʒəʊkɪŋ] **I** *adj* scherzhaft; ▶ **he is not in a ~ mood** ihm ist nicht nach Scherzen zumute; **II** *s* Scherze, Witze *m pl;* ▶ **~ apart!** Scherz beiseite! **jok·ing·ly** [—lɪ] *adv* im Spaß.

jol·li·fi·ca·tion [ˌdʒɒlɪfɪˈkeɪʃn] *fam* Festivität *f.*

jol·lity ['dʒɒlətɪ] Ausgelassenheit, fröhliche Stimmung *f;* **jolly** ['dʒɒlɪ] **I** *adj* **1.** fröhlich, lustig, heiter; **2.** angeheitert; **3.** *fam* prächtig, prachtvoll; **II** *adv fam* mächtig, sehr; ▶ **it was a ~ good thing** es war e-e prima Sache; **a ~ good fellow** ein Pfundskerl; **~ well** aber todsicher; **III** *tr (~ along) fam* gut zureden (*s.o.* jdm); aufmuntern, aufheitern; ▶ **~ s.o. into doing s.th.** jdn dazu bringen, etw zu tun.

jolt [dʒəʊlt] **I** *tr* **1.** (auf-, durch)rütteln; **2.** *fig* erschüttern; **II** *itr* holpern; **III** *s* plötzlicher Stoß; Schock *m.*

josh [dʒɒʃ] *tr Am sl* verulken.

joss-stick ['dʒɒsstɪk] Räucherstäbchen *n.*

jostle ['dʒɒsl] **I** *tr* schubsen, anrempeln; **II** *itr* drängeln; **III** *s* Gedränge *n.*

jot [dʒɒt] **I** *s:* ▶ **not a ~** nicht das geringste, nicht im geringsten; kein Fünkchen; **II** *tr (~ down)* (sich) (kurz) notieren; **jot·ter** ['dʒɒtə(r)] Notizbuch *n;* **jot·tings** ['dʒɒtɪŋz] *pl* Notizen *f pl.*

joule [dʒu:l] Joule *n.*

jour·nal ['dʒɜ:nl] **1.** Tagebuch *n;* **2.** *com* Journal *n;* **3.** *mar* Logbuch *n;* **4.** (Tages)Zeitung *f;* Zeitschrift *f,* Magazin *n;* **5.** *EDV* Bericht *m;* **jour·nal·ese** [ˌdʒɜ:nəˈli:z] Zeitungsstil, Pressejargon *m;* **jour·nal·ism** ['dʒɜ:nlɪzəm] Journalismus *m;* **jour·nal·ist** ['dʒɜ:nlɪst] Journalist(in) *m (f);* **jour·nal·is·tic** [ˌdʒɜ:nəˈlɪstɪk] *adj* journalistisch.

jour·ney ['dʒɜ:nɪ] **I** *s* Reise *f;* ▶ **break**

one's ~ die Reise unterbrechen; **go on a ~** verreisen; **a day's ~** e-e Tagesreise; **II** *itr* reisen.

jour·ney·man ['dʒɜ:nɪmən] ‹*pl* -men› Geselle *m;* **journeyman baker** Bäkkergeselle *m.*

joust [dʒaʊst] *hist* Turnier *n.*

jov·ial ['dʒəʊvɪəl] *adj* heiter, fröhlich, jovial; **jov·ial·ity** [ˌdʒəʊvɪ'ælətɪ] Heiterkeit *f;* Fröhlichkeit *f,* Frohsinn *m.*

jowl [dʒaʊl] Kinnbacken *m;* ▶ **cheek by ~** (ganz) dicht beieinander.

joy [dʒɔɪ] Freude *f* (*in, of* an; *at* über), Vergnügen *n* (*at* an); ▶ **for, with ~** vor Freude; **to the ~ of s.o.** zu jds Freude, Vergnügen; **with ~** mit Vergnügen, mit Freude; **I didn't have any ~** *fam* ich hatte keinen Erfolg; **joy·ful** ['dʒɔɪfl] *adj* **1.** voller Freude; **2.** freudig, froh, glücklich; **joy·less** [—lɪs] *adj* freudlos, traurig, trüb; **joy·ous** ['dʒɔɪəs] *adj* freudig, froh, glücklich; **joy-ride** *Fahrt f in einem gestohlenen Auto;* **joy-stick** **1.** *aero* Steuerknüppel *m;* **2.** *EDV* Steuerknüppel, Joystick *m.*

ju·bi·lant ['dʒu:bɪlənt] *adj* frohlockend, triumphierend; überglücklich; **ju·bi·la·tion** [ˌdʒu:bɪ'leɪʃn] Jubel *m;* **ju·bi·lee** ['dʒu:bɪli:] Jubiläum *n;* ▶ **silver, diamond ~** 25-, 60jähriges Jubiläum.

jud·der ['dʒʌdə(r)] *itr* heftig schütteln; vibrieren; zucken.

judge [dʒʌdʒ] **I** *s* **1.** Richter(in) *m (f)* (*of* über); **2.** Schieds-, Preisrichter(in) *m (f);* **3.** Kenner(in) *m (f);* Sachverständige(r) *f m* (*of* in); ▶ **be a (no) ~ of s.th.** sich in etw (nicht) auskennen; **as God is my ~!** so wahr mir Gott helfe! **II** *tr* **1.** die Verhandlung führen über; *(Fall)* verhandeln; *rel* richten; **2.** *(Wettbewerb)* die Entscheidung treffen in; **3.** beurteilen, urteilen über; **4.** halten für, ansehen als; (ab)schätzen; **III** *itr* **1.** Recht sprechen, richten; das Urteil fällen; **2.** entscheiden; urteilen (*of* über; *by, from* nach); **3.** vermuten, annehmen; ▶ **as far as I can ~** soweit ich das beurteilen kann.

judg(e)·ment ['dʒʌdʒmənt] **1.** Urteil *n* (*on* über); **2.** Urteils-, Richterspruch *m;* **3.** *fig* Meinung, Ansicht *f,* Urteil *n;* **4.** Urteilsvermögen *n,* gesunder Menschenverstand; ▶ **according to my ~** meiner Meinung nach; **against one's better ~** gegen die eigene Überzeugung; **in my ~** meines Erachtens; meiner Ansicht nach; **to the best of my ~** soweit ich das beurteilen kann; **pass ~** ein Urteil fällen (*on* über); **sit in ~** zu Gericht sitzen (*on* über); **the Day of J~** das Jüngste Gericht.

ju·di·ca·ture ['dʒu:dɪkətʃə(r)] **1.** Rechtspflege *f;* **2.** Rechtsprechung *f;* **3.** Richter *m pl.*

ju·di·cial [dʒu:'dɪʃl] *adj* rechtlich, richterlich; gerichtlich; ▶ **take ~ proceedings** gerichtliche Schritte unternehmen; **~ decision** Gerichtsentscheid *m;* **~ error** Justizirrtum *m;* **~ inquiry** gerichtliche Untersuchung; **~ power** richterliche Gewalt; **~ (sale)** *Am* Zwangsversteigerung *f;* **ju·dici·ary** [dʒu:'dɪʃərɪ] **1.** Rechtswesen *n;* **2.** Richter *m pl.*

ju·di·cious [dʒu:'dɪʃəs] *adj* urteilsfähig, verständig, einsichtig.

judo ['dʒu:dəʊ] Judo *n.*

jug [dʒʌg] **I** *s* **1.** Krug *m;* Kanne *f;* **2.** *sl* Knast *m;* **II** *tr* schmoren, dämpfen.

jug·ger·naut ['dʒʌgənɔ:t] **1.** Moloch *m;* **2.** *Br* Schwerlaster *m.*

juggle ['dʒʌgl] **I** *tr* **1.** manipulieren; *(Bilanz)* frisieren; *(Tatsachen)* fälschen; **2.** *(mit Bällen etc)* jonglieren; **II** *itr* jonglieren; **jug·gler** ['dʒʌglə(r)] **1.** Jongleur(in) *m (f);* **2.** *fig* Schwindler(in) *m (f).*

Ju·go·slav ['ju:gəʊˌslɑ:v] **I** *adj* jugoslawisch; **II** *s* Jugoslawe *m,* Jugoslawin *f;* **Ju·go·sla·via** [ˌju:gəʊ'slɑ:vɪə] Jugoslawien *n.*

jugu·lar ['dʒʌgjʊlə(r)] *adj:* ▶ **~ vein** *anat* Hals-, Drosselvene *f.*

juice [dʒu:s] **1.** Saft *m;* **2.** *fig* Gehalt *m,* Wesen *n;* **3.** *sl* Benzin *n;* **4.** *sl el* Strom *m;* ▶ **gastric ~** *physiol* Magensaft *m;* **juicy** ['dʒu:sɪ] *adj* **1.** saftig; **2.** interessant, pikant; **3.** gewinnbringend.

ju-jit·su [ˌdʒu:'dʒɪtsu:] *sport* Jiu-Jitsu *n.*

juke-box ['dʒu:kbɒks] Musikautomat *m.*

ju·lep ['dʒu:lɪp] *(mint ~)* Pfefferminzlikör *m.*

July [dʒu:'laɪ] Juli *m;* ▶ **in ~** im Juli.

jumble ['dʒʌmbl] **I** *tr* **1.** (ver)mischen; **2.** *fig* durcheinanderbringen; **II** *s* Mischmasch *m;* Durcheinander *n;* **jumble-sale** Flohmarkt *m;* Wohltätigkeitsbasar *m.*

jumbo ['dʒʌmbəʊ] **I** *adj* riesig; **II** *s aero (~ jet)* Jumbo (Jet) *m.*

jump [dʒʌmp] **I** *itr* **1.** springen; **2.** auf-, hochfahren; zusammenzucken; **3.** *rail* entgleisen; **4.** *fig (Preise)* in die Höhe schnellen; **5.** sich stürzen (*at* auf); **6.** eifrig ergreifen (*at s.th.* etw); **7.** anfahren, angreifen (*on, upon s.o.* jdn); ▶ **~ to it** *fam* sich beeilen; **~ to conclusions** voreilige Schlüsse ziehen; **II** *tr* **1.** (hinweg)springen über; **2.** *(Buchseite)* überspringen; **3.** *fam* sich stürzen auf; ▶ **~ bail** seine Kaution verfallen lassen; **~ the gun** *sport* Frühstart machen; *fig* vorher anfangen; **~ the queue** sich vordrängeln; **~ the rails, the track** entgleisen; **III** *s* **1.** Sprung *m a. sport;* **2.** Auffahren *n,* Zuckung *f;* **3.** *(Preise)* plötzliches Ansteigen; **4.** (Gedanken)Sprung *m;* ▶ **the ~s** *pl sl* höchste Nervosität, das große Flattern *fam;* **on the ~** *fam* eifrig im Gange, sehr beschäftigt; zerfahren, nervös; **get, have the ~ on s.o.**

sl jdm gegenüber im Vorteil sein; **broad** *od* **long, high, pole** ~ *sport* Weit-, Hoch-, Stabhochsprung *m;* **IV** *(mit Präposition)* **jump about** *itr* herumhüpfen; **jump at** *tr* sich stürzen auf; *(Gelegenheit)* ergreifen; **jump down** *itr* hinab-, hinunter-, herunterspringen (*from* von); ▶ ~ **down s.o.'s throat** *fam* jdn anfahren, anschnauzen; **jump in, out** *itr* hinein-, hinausspringen; **jump off** *itr* herabspringen; **jump on** *itr* **1.** aufspringen (*to* auf); **2.** anschnauzen; **jump up** *itr* auf-, hochspringen.

jumped-up ['dʒʌmptʌp] *adj fam* eingebildet; hochnäsig.

jumper ['dʒʌmpə(r)] **1.** Springer *m;* **2.** *Br* Pullover *m;* **3.** *Am* Trägerkleid *n;* ▶ **high** ~ Hochspringer(in) *m (f).*

jump·ing jack ['dʒʌmpɪŋ'dʒæk] Hampelmann *m;* **jump·ing-off place** [ˌdʒʌmpɪŋ'ɒfpleɪs] *fig* Ausgangspunkt *m; (Beruf)* Sprungbrett *n; Am* abgelegener Ort.

jump jet ['dʒʌmpdʒet] *mil* Senkrechtstarter *m;* **jump leads** ['dʒʌmpˌli:dz] *pl mot* Starthilfekabel *n;* **jump seat** Notsitz *m;* **jump suit** Overall *m.*

jumpy ['dʒʌmpɪ] *adj fam* nervös; schreckhaft.

junc·tion ['dʒʌŋkʃn] **1.** Verbindung, Vereinigung *f;* **2.** Schnittpunkt *m;* **3.** *(road ~)* (Straßen)Kreuzung *f;* (Verkehrs-) Knotenpunkt *m;* Treffpunkt *m;* **4.** *rail* Eisenbahnknoten(punkt) *m;* **5.** *el* Anschlußstelle *f;* **junction box** *el* Verteiler-, Kabelkasten *m.*

junc·ture ['dʒʌŋktʃə(r)] : ▶ **at this** ~ bei dieser Lage der Dinge; in diesem Augenblick.

June [dʒu:n] Juni *m;* ▶ **in** ~ im Juni.

jungle ['dʒʌŋgl] Dschungel, Urwald *m.*

jun·ior ['dʒu:nɪə(r)] **I** *adj* **1.** jünger; **2.** von geringerem Dienstalter; von niedrigerem Rang (*to* als); **3.** *(nach e-m Namen)* junior; **4.** *com (Hypothek)* nachrangig; **II** *s* **1.** Jüngere(r) *f m;* **2.** Rangniedrigere(r) *f m;* **3.** *Am Schüler(in), Student(in) m (f) im 3. Schul- bzw Studienjahr;* ▶ **be s.o.'s** ~ jünger als jem sein (*by two years* zwei Jahre); **junior college** *Am College für die beiden ersten Studienjahre;* **junior high school** *Am Schule, die das 8. u. 9. Schuljahr umfaßt;* **junior school** *Br* Grundschule *f.*

ju·ni·per ['dʒu:nɪpə(r)] *bot* Wacholder *m.*

junk¹ [dʒʌŋk] **I** *s* **1.** Abfall *m,* Gerümpel *n;* **2.** Ramsch, Schund *m;* **3.** *sl* Rauschgift *n,* Stoff *m;* Heroin *n;* **II** *tr fam* ausrangieren, wegwerfen.

junk² [dʒʌŋk] Dschunke *f.*

junket ['dʒʌŋkɪt] **1.** Sahnequark *m;* Dickmilch *f;* **2.** *(~ing)* Bankett, Fest *n;* **3.** Exkursion *f (auf Staatskosten).*

junk fax [ˌdʒʌŋk'fæks] Müllfax *n;* **junk food** [ˌdʒʌŋk'fu:d] minderwertige Kost.

junkie ['dʒʌŋkɪ] *sl* Rauschgiftsüchtige(r) *f m,* Junkie *m.*

junk·pile, junk·yard ['dʒʌŋkpaɪl, 'dʒʌŋkjɑ:d] **1.** Schrottplatz *m;* **2.** Autofriedhof *m;* **junk room** Rumpelkammer *f;* **junk-shop** Trödelladen *m.*

junta ['dʒʌntə, *Am* 'hʊntə] *pol* (Militär)Junta *f.*

ju·ridi·cal [dʒʊə'rɪdɪkl] *adj* gerichtlich; juristisch.

ju·ris·dic·tion [ˌdʒʊərɪs'dɪkʃn] **1.** Gerichtsbarkeit *f,* -bezirk *m;* **2.** Zuständigkeit *f;* Gerichtsstand *m;* ▶ **come under the** ~ unter die Zuständigkeit fallen (*of* von); **have** ~ **over** zuständig sein für.

ju·ris·pru·dence [ˌdʒʊərɪs'pru:dns] Rechtswissenschaft, Jurisprudenz *f;* ▶ **medical** ~ Gerichtsmedizin *f.*

jur·ist ['dʒʊərɪst] **1.** Jurist(in), Rechtswissenschaftler(in) *m (f);* **2.** *Am* Anwalt *m,* Anwältin *f.*

juror ['dʒʊərə(r)] **1.** Geschworene(r) *f m;* Schöffe *m,* Schöffin *f;* **2.** Preisrichter(in) *m (f),* Jury-Mitglied *n.*

jury ['dʒʊərɪ] **1.** Schwurgericht *n;* **2.** (die) Geschworenen, (die) Schöffen *m pl;* **3.** Jury *f;* ▶ **trial by** ~ Schwurgerichtsverhandlung *f;* **jury·man** [—mən] ⟨*pl* -men⟩ Geschworene(r) *m.*

just¹ [dʒʌst] *adj* **1.** gerecht; redlich; **2.** angemessen; **3.** rechtmäßig; verdient; **4.** berechtigt, begründet.

just² [dʒʌst] *adv* **1.** genau, gerade; **2.** gerade noch, mit knapper Not; gerade (so) eben; **3.** nur (so), bloß; **4.** mal; **5.** *fam* ganz, recht, einfach, wirklich, eigentlich; ▶ **but** ~, ~ **now** eben erst, im Augenblick; gerade eben; **only** ~ gerade noch; ~ **about** beinahe; ungefähr; ~ **as** ebenso, geradeso; ~ **as well** auch gut; ~ **then** gerade in diesem Augenblick; **that's** ~ **it!** das ist ja das Problem; ganz recht (so)! ~ **the same** *fam* macht nichts! ~ **a moment!** einen Augenblick, bitte! ~ **in case** für alle Fälle; für den Fall, daß; ~ **let me see!** laß doch bitte mal sehen! ~ **so** ganz richtig; genauso; ~ **shut the door!** mach doch bitte die Tür zu! ~ **tell me!** sag doch mal! ~ **for that** nun gerade.

jus·tice ['dʒʌstɪs] **1.** Gerechtigkeit *f;* **2.** Recht(swesen *n,* -pflege *f*) *n,* Gerichtsbarkeit *f;* **3.** Richter(in) *m (f);* ▶ **administer, dispense** ~ Recht sprechen; **do s.o.** ~ jdm Gerechtigkeit widerfahren lassen; **court of** ~ Gericht(shof *m*) *n;* **J~ of the Peace** Friedensrichter(in) *m (f).*

jus·ti·fi·able [ˌdʒʌstɪ'faɪəbl] *adj* zu rechtfertigen(d); vertretbar; ▶ ~ **defence** Notwehr *f;* **jus·ti·fi·ca·tion** [ˌdʒʌstɪfɪ'keɪʃn] Rechtfertigung *f;* ▶ **in** ~ zur Rechtfertigung (*of* von); **jus·tify**

['dʒʌstɪfaɪ] *tr* **1.** begründen; rechtfertigen *a. rel* (*to* vor); **2.** *typ* justieren; ► **be justified** recht haben (*in doing s.th.* etw zu tun).

just·ly ['dʒʌstlɪ] *adv* verdientermaßen; gerechterweise.

jut [dʒʌt] *itr (~ out, forth)* vorspringen, hervorstehen, -ragen.

jute [dʒu:t] Jute *f.*

ju·ven·ile ['dʒu:vənaɪl] **I** *adj* **1.** jugendlich, jung; **2.** unreif; **II** *s* **1.** Jugendliche(r) *f (m);* **2.** *(~ book)* Jugendbuch *n;* **juvenile court** Jugendgericht *n;* **juvenile delinquency** Jugendkriminalität *f.*

jux·ta·pose [ˌdʒʌkstə'pəʊz] *tr* nebeneinanderstellen; **jux·ta·po·si·tion** [ˌdʒʌkstəpə'zɪʃn] Nebeneinanderstellung *f.*

K

K, k [keɪ] ‹*pl* 's› K, k *n.*
kale, kail [keɪl] Grün-, Krauskohl *m.*
ka·leido·scope [kəˈlaɪdəskəʊp] Kaleidoskop *n a. fig.*
ka·mi·ka·ze [ˌkæmɪˈkɑːzɪ] *hist* Kamikaze(flieger) *m;* **kamikaze attack** Kamikaze-Angriff *m.*
Kam·puchea [ˌkæmpʊˈtʃɪə] Kambodscha, Kamputschea *n;* **Kam·puchean I** *adj* kambodschanisch; **II** *s* **1.** (das) Kambodschanisch(e); **2.** Kambodschaner(in) *m (f).*
kan·ga·roo [ˌkæŋgəˈruː] ‹*pl* -roos› **1.** Känguruh *n;* **2.** *parl (~ closure)* Schluß *m* der Debatte *(durch Überspringen von Anträgen);* **kangaroo court** Femegericht *n.*
kao·lin [ˈkeɪəlɪn] Porzellanerde *f,* Kaolin *n* od *m.*
Ka·posi's sar·coma [kæˈpəʊzɪz sɑːˈkəʊmə] *med* Kaposi-Sarkom *n.*
ka·rate [kəˈrɑːtɪ] Karate *n;* **karate chop** Karateschlag *m.*
kayak [ˈkaɪæk] Kajak *m* od *n.*
ke·bab [kəˈbæb] Kebab, Schaschlik *m.*
keel [kiːl] **I** *s mar* Kiel *m;* ► **on an even ~** ohne zu schwanken; *fig* gleichmäßig, ruhig *adv;* **II** *(mit Präposition)* **keel over** *itr* kentern; *fig* umkippen; **keel·haul** [ˈkiːlˌhɔːl] *tr mar* kielholen.
keen [kiːn] *adj* **1.** *(Messer, Verstand)* scharf; **2.** *(Wind)* schneidend; **3.** *(Kälte)* durchdringend, streng; **4.** *(Ton)* schrill; **5.** *(Schmerz)* stechend, heftig; **6.** *(Appetit)* stark, groß; **7.** *(Interesse)* lebhaft, stark; **8.** *(Wettstreit)* heftig; **9.** *(Mensch)* stark interessiert (*on* an); erpicht, *fam* scharf (*on* auf; *to do, on doing* darauf, zu tun); eifrig (*on* in); **10.** *Am sl* toll; ► **she is ~ on riding** sie ist e-e leidenschaftliche Reiterin.
keep [kiːp] ‹*irr* kept, kept› **I** *tr* **1.** (be)halten; **2.** *(Gesetz, Regeln)* einhalten, befolgen; **3.** aufbewahren; für sich behalten; **4.** unterhalten, versorgen; **5.** (be)hüten; **6.** *(Vieh)* halten; **7.** *(Personal)* beschäftigen; **8.** *(Waren, Tagebuch)* führen; **9.** *(Fest)* feiern; **10.** *(Hotel)* betreiben; **11.** *(Zeitung)* halten; **12.** *(~ waiting)* warten lassen; **13.** *com* vorrätig haben; **14.** auf-, zurück-, festhalten; hindern, abhalten (*from* von); **15.** *(Versammlung)* abhalten, veranstalten; **16.** verheimlichen, verschweigen (*from s.o.* jdm); ► **~ one's bed** das Bett hüten; **~ a close check on s.th.** etw scharf überwachen; **~ s.o. company** jdm Gesellschaft leisten; **~ under control** in Schranken halten; **~ cool** kühl aufbewahren; **~ (your) cool!** reg' dich nicht auf! **~ goal** *sport* Torwart sein; **~ going** *fig* nicht einschlafen lassen; **~ one's head** die Ruhe bewahren; **~ hold of s.th.** etw festhalten; **~ early hours** früh (zu Bett) gehen; **~ house** haushalten; **~ in mind** im Auge behalten; sich merken; **~ a promise** ein Versprechen halten; **~ in (good) repair** in gutem Zustand (er)halten; **~ one's seat** sitzen bleiben; **~ a shop** e-n Laden führen; **~ silence** Stillschweigen bewahren; **~ in suspense** in der Schwebe, im ungewissen lassen; **~ one's temper** ruhig bleiben; **~ time** *(Uhr)* richtiggehen; Takt, Schritt halten; pünktlich sein; **~ track of s.th.** sich etw merken; **~ in view** *fig* im Auge behalten; **~ watch** aufpassen; **~ your hands off!** nehmen Sie Ihre Hände weg! **~ your seat** bleiben Sie doch sitzen; **II** *itr* **1.** bleiben; fortfahren, weitermachen; **2.** *(Lebensmittel)* sich halten; **3.** sich befinden; *Am fam* sich aufhalten, wohnen; ► **~ doing s.th.** immer wieder etw tun; **~ talking!** reden Sie weiter! **~ (to the) left** sich links halten; *mot* links fahren; **~ calm, cool, quiet** ruhig bleiben, still sein; **how is he ~ing?** wie geht es ihm? **~ fit** fit bleiben; **that can ~** das kann warten; **~ smiling!** Kopf hoch! **III** *s* **1.** (Lebens)Unterhalt *m;* Unterhaltskosten *pl;* **2.** *hist* Bergfried *m;* Burgverlies *n;* ► **earn one's ~** den Lebensunterhalt verdienen; **for ~s** *fam* für immer; **IV** *(mit Präposition)* **keep ahead** *itr* vorne bleiben; ► **~ ahead of the others** in Führung, an der Spitze bleiben; **keep at** *itr* festhalten an; weitermachen mit; herumnörgeln an; ► **~ at it!** nicht aufgeben! **keep away** *itr* wegbleiben; *tr* fernhalten; ► **he can't ~ away from it** er kann die Finger nicht davon lassen; **keep back** *itr* zurückbleiben; *tr* **1.** zurückhalten; **2.** *(Geld)* zurückbehalten; **3.** verschweigen; **4.** aufhalten; behindern; **keep down** *tr* **1.** unten lassen; *(Kopf)* einziehen; **2.** *(Ausgaben)* einschränken; *(Steuern, Preise)* niedrig halten; **3.** *fig* unterdrücken; bezähmen; *itr* sich nicht aufrichten; **keep from** *tr* **1.** abhalten von; bewahren vor; **2.** verschweigen; *itr* sich fernhalten von; ► **~ from doing s.th.** etw unterlassen, etw vermeiden; **keep in** *tr* **1.** zurückhalten, am Ausgehen hindern; **2.** *(Feuer)* nicht ausgehen

lassen; **3.** *(Schüler)* nachsitzen lassen; **4.** *(Kunden)* pflegen; **5.** *(Gefühle)* zügeln; **6.** *(Bauch)* einziehen; *itr* **1.** nicht aus-, weggehen; **2.** *(Feuer)* nicht ausgehen; **3.** *fam* auf gutem Fuß stehen (*with* mit); **keep off** *itr* weg-, fernbleiben; *tr* **1.** ab-, fernhalten; **2.** *(Jacke)* auslassen; *(Hut)* abbehalten; ▶ **~ off (the grass)!** Betreten (des Rasens) verboten! **keep on** *tr* **1.** *(Hut)* aufbehalten; **2.** *(Personen)* weiterbeschäftigen; **3.** behalten; *itr* **1.** fortfahren (*doing* zu tun); **2.** weitergehen, -fahren; ▶ **~ on at s.o.** jdn nicht in Ruhe lassen; **~ on about s.th.** dauernd von etw reden; **~ on talking** weiterreden (*about* über); **keep out** *tr* **1.** nicht hereinlassen; abhalten; **2.** fernhalten (*of* von); *itr* draußen bleiben; nicht betreten sich fernhalten (*of* von); ▶ **~ out!** Eintritt verboten! **keep to** *itr* **1.** verbleiben bei; **2.** sich halten an; **3.** bleiben in; *tr* sorgen für; ▶ **~ o.s. to o.s.** für sich bleiben; **keep together** *tr* zusammenhalten; zusammen lassen; *itr* zusammenbleiben; zusammenhalten; **keep under** *tr* **1.** unter Kontrolle behalten; **2.** unterdrücken; **3.** *med* unter Narkose halten; **keep up** *tr* **1.** aufrecht halten; über Wasser halten; **2.** fortfahren mit, weitermachen; **3.** aufrechterhalten; **4.** *(Geschäft)* fortführen; **5.** *(Haus)* unterhalten; *(Straße)* instand halten; **6.** nicht schlafen lassen; **7.** auf dem laufenden halten; *itr* **1.** stehen bleiben; aufbleiben; **2.** andauern; *(Wetter)* schön bleiben; **3.** *(Preise)* sich behaupten; **4.** ausharren; ▶ **~ up with** Schritt halten mit; **~ up appearances** den Schein wahren; **~ up with the Jones's** hinter den Nachbarn nicht zurückbleiben; **~ it up** so weitermachen; **~ it up!** nur so weiter! nicht nachgeben!

keeper ['ki:pə(r)] *(park-~)* (Park)Wächter(in) *m (f);* (Gefangenen-, Tier)Wärter(in) *m (f);* Pfleger(in) *m (f);* ▶ **goal-~** Torwart *m;* **shop-~** Ladeninhaber(in) *m (f).*

keep·ing ['ki:pɪŋ] **1.** Einhalten, Befolgen *n;* **2.** Aufbewahrung *f;* Verwahrung *f;* **3.** *com (Bücher)* Führung *f;* **4.** *(~ of a motor vehicle)* Halten *n* (e-s Kraftfahrzeugs); ▶ **in ~ with** in Übereinstimmung, in Einklang mit; **for safe ~** zur sicheren Aufbewahrung; **~ house** Haushaltsführung *f.*

keep·sake ['ki:pseɪk] Andenken *n,* Erinnerung *f (an den Geber);* ▶ **as, for a ~** als Andenken.

keg [keg] Fäßchen *n;* **keg beer** *Br* Bier vom Faß, Faßbier *n.*

kelp [kelp] (See)Tang *m.*

ken [ken] *:* ▶ **beyond, outside our ~** außerhalb unserer Kenntnis *f.*

ken·nel ['kenl] **I** *s* **1.** Hundehütte *f;* **2.** *pl* Hundezwinger *m;* Hundezucht *f;* Hundeheim *n;* **II** *tr* in Pflege geben, in ein Hundeheim bringen.

Ken·ya ['kenjə] *s* Kenia *n;* **Ken·yan** ['kenjən] **I** *adj* kenianisch; **II** *s* Kenianer(in) *m (f).*

kept [kept] **I** *v s. keep;* **II** *adj:* ▶ **~ woman** Mätresse *f;* **she's a ~ woman** *fam* sie läßt sich aushalten.

kerb, *Am* **curb** [kɜ:b] Bordkante *f;* **kerb drill** *Br* Verkehrserziehung *f;* **kerb·stone** ['kɜ:bstəʊn] Bordstein *m.*

ker·chief ['kɜ:tʃɪf] Hals-, Kopftuch *n.*

ker·fuf·fle [kə'fʌfl] *Br fam* **1.** Durcheinander *n,* Panik *f;* **2.** Aufruhr, Streit *m,* Unruhe *f.*

ker·nel ['kɜ:nl] Kern *m a. fig; fig* Kernpunkt *m,* Hauptsache *f.*

kero·sene ['kerəsi:n] Kerosin *n.*

kes·trel ['kestrəl] Turmfalke *m.*

ketch [ketʃ] *mar* Ketsch *f.*

ketch·up, *Am* **catch·up** ['ketʃəp] Ketchup *m* od *n.*

kettle ['ketl] Kessel *m;* ▶ **put the ~ on** Wasser aufstellen, -setzen; **a pretty ~ of fish!** e-e schöne Bescherung! **kettle·drum** ['ketldrʌm] *mus* Kesselpauke *f.*

key [ki:] **I** *s* **1.** Schlüssel *m a. fig;* **2.** *fig* Lösung *f* (*of* für); **3.** *mus (a. Schreibmaschine)* Taste *f;* **4.** *(Blasinstrument)* Klappe *f;* **5.** *mus* Tonart *f;* **6.** Ausdrucksweise *f;* **7.** Zeichenerklärung *f;* ▶ **the ~ to the mystery** des Rätsels Lösung; **sing off ~** falsch singen; **II** *attr adj* Schlüssel-, wichtigste(r, s); ▶ **~ man** Schlüsselfigur *f;* **~ industry** Schlüsselindustrie *f;* **~ point** springender Punkt; **~ position** Schlüsselposition, -stellung *f;* **III** *tr* **1.** *fig* abstimmen; **2.** *typ* eintasten; **IV** *(mit Präposition)* **key in** *tr typ EDV* eingeben, eintasten; **key up** *tr* aufregen; ▶ **be ~ed up** aufgedreht sein; **~ s.o. up for s.th.** jdn auf etw einstimmen.

key·board ['ki:bɔ:d] **I** *s* Klaviatur *f;* Manual *n;* Tastatur *f;* **II** *tr EDV (Information)* eingeben; *typ* setzen; **keyboard operator** Maschinensetzer(in) *m (f);* **key·hole** ['ki:həʊl] Schlüsselloch *n;* **key money** Kaution; Provision *f;* **key·note** ['ki:nəʊt] **I** *s* **1.** *mus* Grundton *m;* **2.** *fig* Grundgedanke *m;* **keynote speech, address** *pol* programmatische Rede; Grundsatzreferat *n;* **II** *tr* das Programm festlegen für; nachdrücklich betonen; in den Mittelpunkt stellen; **key·noter** ['ki:nəʊtə(r)] *pol* Programmatiker *m;* **key punch** Tastenlocher *m;* **key ring** Schlüsselring, -bund *m;* **key signature** *mus* Tonartbezeichnung *f;* **key·stone** ['ki:stəʊn] **1.** *arch* Schlußstein *m;* **2.** *fig* Grundlage *f,* -gedanke *m;* **key stroke** Anschlag *m;* **key word** Schlüsselwort *n.*

khaki ['kɑ:kɪ] *adj* khakifarben.

kib·butz [kɪ'bʊts] ⟨*pl* -butzim⟩ [kɪbʊ'tsi:m] Kibbuz *m.*

kick [kɪk] **I** *tr* **1.** treten, mit dem Fuß

stoßen; 2. *(Fußball)* kicken; *(Tor)* schießen; ► **I could have ~ed myself** *fam* ich hätte mich selber in den Hintern treten können; **~ a habit** *sl* es aufgeben; **~ heroin** *sl* vom Heroin runterkommen; **II** *itr* **1.** *(mit den Füßen)* strampeln; treten; **2.** *(Pferd)* ausschlagen; **3.** *(Feuerwaffe)* zurückschlagen; **4.** *(Ball)* hochfliegen; **III** *s* **1.** (Fuß)Tritt, Stoß *m;* **2.** *(Fußball)* Schuß *m;* **3.** *(Feuerwaffe)* Rückstoß *m;* **4.** *fam* Schwung *m;* **5.** *fam* Spaß, Jux *m;* ► **get a big ~ out of s.th.** viel Spaß an etw haben; **do s.th. for ~s** etw zum Spaß tun; **live for ~s** nur zu seinem Vergnügen leben; **IV** *(mit Präposition)* **kick about, around** *tr fam* **1.** schlecht behandeln; **2.** *(Ball)* herumkikken; *itr* herumbummeln; herumliegen; **kick against** *itr* treten gegen; sich wehren gegen; **kick at** *itr* treten gegen; **kick away** *tr* wegstoßen; **kick back** *itr fam* **1.** zurückschlagen; **2.** zurückprallen; *tr* wegstrampeln; zurückschießen; **kick downstairs** *tr* die Treppe hinunterwerfen; **kick in** *tr* einstoßen, -treten; ► **~ s.o.'s teeth in** jdm die Zähne einschlagen; **kick off** *tr* wegschleudern; *itr* **1.** *(Fußball)* anspielen; **2.** *fam* beginnen; **kick out** *tr fam* **1.** rauswerfen, -schmeißen; **2.** *(Fußball)* ins Aus schießen; *itr* ausschlagen; um sich treten; **kick over** *itr* ► **~ over the traces** über die Stränge schlagen; **kick up** *tr* hochschleudern; ► **~ up a fuss, row, shindy, stink** *fig* Krach schlagen; **kick upstairs** *tr* (durch Beförderung) kaltstellen.

kick·back ['kɪkbæk] *fam* Schmiergelder *n pl;* Nebeneinnahme *f;* Auswirkung *f;* **kick·down** ['kɪkdaʊn] *mot* Kickdown *m;* **kick·er** ['kɪkə(r)] **1.** Fußballspieler, Kicker *m;* **2.** Schläger *m (Pferd);* **kick-off** ['kɪkɒf] **1.** *(Fußball)* Anstoß *m a. fig,* Anspiel *n;* **2.** *fig* Anlaß *m;* **3.** *fam* Anfang *m;* ► **for a ~** zunächst (einmal); **kick-starter** *mot* Kickstarter *m;* **kick-turn** ['kɪktɜ:n] *(Skilaufen)* Kehre *f.*

kid [kɪd] **I** *s* **1.** Zicklein, Kitz *n;* *(~skin)* Ziegenleder *n;* **2.** *fam* Kind *n;* ► **when you were a ~** als du klein warst; **that's ~'s stuff** das ist etwas für kleine Kinder; das ist kinderleicht; **listen ~** hör mal zu, Kleiner; **you are some ~** du bist toll; **II** *itr fam* Spaß machen; **III** *tr fam (~ on)* verulken; ► **don't ~ yourself** mach dir doch nichts vor; **IV** *attr adj* jünger, kleiner; ► **~ sister, brother** jüngere Schwester, jüngerer Bruder; **kiddy** ['kɪdɪ] *fam* Kind *n;* Kleine(r) *f m.*

kid glove ['kɪdglʌv] Glacéhandschuh *m;* ► **handle with ~s** *fig* mit Glacéhandschuhen anfassen.

kid·nap ['kɪdnæp] *tr* entführen; **kid·nap·per** ['kɪdnæpə(r)] Kidnapper(in), Entführer(in) *m (f);* **kid·nap·ping** [—ɪŋ] Entführung *f.*

kid·ney ['kɪdnɪ] **1.** *anat* Niere *f;* **2.** *fig* Veranlagung *f;* ► **of the right ~** vom rechten Schlag; **kidney bean** weiße Bohne; **kidney dish** Nierenschale *f;* **kidney donor** Nierenspender(in) *m (f);* **kidney failure** Nierenversagen *n;* **kidney machine** künstliche Niere; **kidney-shaped** ['kɪdnɪˌʃeɪpt] *adj* nierenförmig; **kidney stone** *med* Nierenstein *m.*

kill [kɪl] **I** *tr* **1.** töten; totschlagen, umbringen, erschlagen; **2.** schlachten; erlegen; **3.** vernichten, zerstören, ruinieren; **4.** vereiteln; **5.** widerrufen, für ungültig erklären; *fam* unter den Tisch fallen lassen; **6.** *(Gesetzesvorlage)* zu Fall bringen; **7.** *(Motor)* abwürgen; *(Maschine)* anhalten, zum Stehen bringen; *el* ausschalten; **8.** *(Fußball)* stoppen; **9.** erdrücken; um seine Wirkung bringen; ► **be ~ed in action** *mil* im Kampf fallen; **~ two birds with one stone** *fig* zwei Fliegen mit einer Klappe schlagen; **~ with kindness** vor Liebe umbringen (wollen); **~ time** die Zeit totschlagen; **my feet are ~ing me** meine Füße tun mir (wahnsinnig) weh; **II** *itr* **1.** töten; den Tod herbeiführen; **2.** *fam* e-n tollen Eindruck machen; ► **be dressed to ~** toll gekleidet sein; **thou shalt not ~** du sollst nicht töten; **III** *s* **1.** Tötung *f;* **2.** (Jagd)Beute *f;* **3.** *mil (Schiff)* Versenkung *f;* *(Flugzeug, Rakete)* Abschuß *m;* ► **be in at the ~** *fig* am Schluß dabeisein; **IV** *(mit Präposition)* **kill off** *tr* vernichten; ausrotten; abschlachten; **killer** ['kɪlə(r)] **1.** Mörder(in) *m (f);* **2.** *(~-whale) zoo* Schwertwal *m;* **3.** *sl* Frauenheld *m;* **4.** tolle Frau; **killer cell** *physiol* Killerzelle *f;* **killer disease** mörderische Krankheit *f;* **killer fog** lebensgefährlicher Nebel; **killer instinct** Tötungsinstinkt *m;* **kill·ing** ['kɪlɪŋ] **I** *adj* **1.** tödlich; **2.** mörderisch; ermüdend; **3.** *fam* wahnsinnig komisch; **II** *s* **1.** Töten *n;* Mord *m;* **2.** *(Tiere)* Abschlachten *n;* Erlegen *n;* ► **make a ~** *fam* auf einmal viel verdienen; e-n Reibach machen; **kill·joy** ['kɪldʒɔɪ] Spielverderber(in) *m (f).*

kiln ['kɪln] *tech* (Brenn)Ofen *m;* Röstofen *m;* Trockenofen *m;* Darre *f.*

kilo ['ki:ləʊ] ⟨*pl* kilos⟩ Kilo(gramm) *n;* **kilo·byte** ['kɪləbaɪt] Kilobyte *n;* **kilocycle** ['kɪləsaɪkl] Kilohertz *n;* **kilogramme,** *Am* **kilo·gram** ['kɪləgræm] Kilogramm *n;* **kilo·joule** ['kɪlədʒu:l] Kilojoule *n;* **kilo·metre,** *Am* **kilometer** ['kɪləmi:tə(r)] Kilometer *m;* **kilowatt** ['kɪləwɒt] Kilowatt *n;* **kilowatt hour** Kilowattstunde *f.*

kilt [kɪlt] Kilt, Schottenrock *m.*

ki·mo·no [kɪ'məʊnəʊ] Kimono *m.*

kin [kɪn] Verwandtschaft *f;* ► **the next of ~** die nächsten Angehörigen *pl.*

kind¹ [kaɪnd] **1.** Art, Gattung *f;* **2.** Sorte, Klasse *f;* ► **a ~ of** e-e Art (von); **~ of** *fam* irgendwie; gewissermaßen, sozusagen; **the same ~** von derselben Sorte; **in ~** in gleicher, auf gleiche Weise; *com* in natura; **payment in ~** Natural-, Sachleistung *f;* **what ~ of ...?** was für ein(e) ...? **I am not that ~ of person** so bin ich nicht; **they are two of a ~** sie sind vom gleichen Schlag; **this ~ of thing** so etwas; **something of the ~** so etwas ähnliches; **it was ~ of funny** es war irgendwie witzig.

kind² [kaɪnd] *adj* freundlich, nett, entgegenkommend (*to s.o.* jdm gegenüber); **with ~ regards** mit freundlichen Grüßen; **would you be so ~ as to ...?** wären Sie so freundlich und würden ...?

kin·der·gar·ten [ˈkɪndəgɑːtn] Kindergarten *m.*

kind-hearted [ˌkaɪndˈhɑːtɪd] *adj* gutmütig, gütig.

kindle [ˈkɪndl] **I** *tr* **1.** anstecken, anzünden; **2.** *fig* erwecken, erregen; **II** *itr* Feuer fangen, sich entzünden; aufleuchten (*with* vor); **kind·ling** [ˈkɪndlɪŋ] Anmachholz *n.*

kind·ly [ˈkaɪndlɪ] **I** *adj* **1.** gütig, freundlich; **2.** gefällig, entgegenkommend, nett, liebenswürdig; **II** *adv* liebenswürdigerweise; gefälligst; ► **~ put it back** bitte seien Sie so freundlich und stellen Sie es zurück; **take ~ to s.o.** sich mit jdm befreunden; jdn liebgewinnen; **kindness** [ˈkaɪndnɪs] **1.** Güte, Freundlichkeit, Liebenswürdigkeit *f;* **2.** Gefälligkeit *f.*

kin·dred [ˈkɪndrɪd] **I** *s* (Bluts)Verwandtschaft *f;* Verwandte *pl;* **II** *adj* verwandt, ähnlich; ► **~ spirit** Gleichgesinnte(r) *f m.*

kin·etic [kɪˈnetɪk] **I** *adj* kinetisch; **II** *s pl mit sing* Kinetik *f.*

kin·folk [ˈkɪnfəʊk] *pl* Verwandte *pl.*

king [kɪŋ] **1.** König *m;* **2.** *(Damespiel)* Dame *f;* **king·cup** [ˈkɪŋkʌp] *bot* **1.** Hahnenfuß *m;* **2.** (Sumpf)Dotterblume *f;* **king·dom** [ˈkɪŋdəm] (König)Reich *n a. fig;* ► **the animal, vegetable, mineral ~** das Tier-, das Pflanzen-, das Mineralreich; **~ of heaven** Himmelreich *n;* **the United K~** das Vereinigte Königreich; **king·fisher** [ˈkɪŋˌfɪʃə(r)] Eisvogel *m;* **king·ly** [ˈkɪŋlɪ] *adj, adv* königlich; **king·pin** [ˈkɪŋpɪn] **1.** *tech* Drehzapfen *m; mot* Achsschenkelbolzen *m;* **2.** *fig* Hauptperson, -sache *f;* **King's Bench** *jur* Erste Kammer *f* des High Court; **king-size** [ˈkɪŋsaɪz] *adj fam* besonders groß; *(Zigarette)* King-size-.

kink [kɪŋk] **1.** Knoten *m,* Schleife *f;* **2.** Kräuselung *f; (Haar)* Welle *f;* **3.** *fig* Schrulle *f,* Spleen *m;* **kinky** [ˈkɪŋkɪ] *adj* **1.** *(Haar)* wellig; **2.** *sl* verrückt; **3.** abartig, pervers.

kins·folk [ˈkɪnzfəʊk] *pl* Verwandte *pl;* **kin·ship** [ˈkɪnʃɪp] Verwandtschaft *f a. fig;* **kins·man** [ˈkɪnzmən] ⟨*pl* -men⟩ Verwandte(r) *m;* **kins·woman** [ˈkɪnzwʊmən] ⟨*pl* -women⟩ [—wɪmɪn] Verwandte *f.*

kiosk [ˈkiːɒsk] Kiosk *m,* Bude *f;* ► **telephone ~** *Br* Telefonzelle *f.*

kip [kɪp] **I** *s fam* Schläfchen *n;* ► **get some ~** *fam* eine Runde pennen; **II** *itr* (*~ down*) schlafen.

kip·per [ˈkɪpə(r)] Räucherhering *m.*

kirk [kɜːk] *(schottisch)* Kirche *f.*

kiss [kɪs] **I** *itr* (sich) küssen; **II** *tr* **1.** küssen; **2.** leicht berühren; **III** *s* Kuß *m;* ► **~ of death** Todesstoß *m;* **~ of life** Mund-zu-Mund-Beatmung *f;* **kisser** [ˈkɪsə(r)] *vulg* Fresse *f;* **kiss-off** [ˈkɪsɒf] *Am sl* Abfuhr *f;* **kiss-proof** *adj* kußecht.

kit [kɪt] **I** *s* **1.** Ausrüstung *f;* **2.** Handwerkszeug *n;* **3.** *fam* Satz *m,* Kollektion *f;* **4.** Gepäck *n;* **II** *tr* (*~ up, out*) ausrüsten, ausstaffieren; **kit-bag** *mil mar* (See)Sack *m.*

kit·chen [ˈkɪtʃɪn] Küche *f;* **kit·chenette** [ˌkɪtʃɪˈnet] Kochnische *f;* **kitchen foil** Haushalts-, Alufolie *f;* **kitchen-garden** Gemüsegarten *m;* **kit·chen-maid** [ˈkɪtʃɪnmeɪd] Küchenmädchen *n;* **kitchen range** Küchen-, Kochherd *m;* **kitchen scissors** *pl* Küchenschere *f;* **kitchen sink** Spüle *f,* Ausguß *m;* ► **he arrived here with everything but the ~** er kam mit Sack und Pack an; **kitchen table** Küchentisch *m;* **kitchen towel** Küchentuch *n;* **kitchen unit** Küchenschrank.

kite [kaɪt] **1.** *(Vogel)* Gabelweih *m;* **2.** (Papier)Drachen *m;* **3.** *fin* Kellerwechsel *m;* ► **fly a ~** e-n Drachen, *fig* e-n Versuchsballon steigen lassen; *com* e-n Gefälligkeitswechsel ziehen.

kith [kɪθ]: ► **~ and kin** Blutsverwandte *pl;* **with ~ and kin** mit Kind und Kegel.

kitsch [kɪtʃ] Kitsch *m;* **kitsch(y)** [—ɪ] *adj* kitschig.

kit·ten [ˈkɪtn] Kätzchen *n a. fig;* ► **have ~s** *fig fam* Junge, Zustände kriegen; **kit·ten·ish** [—ɪʃ] *adj* verspielt.

kitty [ˈkɪtɪ] **1.** Kätzchen *n;* **2.** gemeinsame Kasse.

kiwi [ˈkiːwiː] **1.** *(Vogel)* Kiwi *m;* **2.** *bot* Kiwi *f.*

klaxon [ˈklæksn] Hupe *f.*

Kleen·ex [ˈkliːneks] *Wz* Tempotaschentuch *Wz n.*

klep·to·mania [ˌkleptəˈmeɪnɪə] Kleptomanie *f;* **klep·to·maniac** [ˌkleptəˈmeɪnɪæk] **I** *s* Kleptomane *m,* Kleptomanin *f;* **II** *adj* kleptomanisch.

knack [næk] **1.** Kniff, Trick, Kunstgriff *m;* **2.** Geschicklichkeit, Fertigkeit *f* (*at, of* in); ► **have the ~ of it** *fam* den Bogen raushaben; **there's a ~ in it** man muß den Dreh kennen.

knacker ['nækə(r)] *Br* **1.** Abdecker *m;* **2.** Abbruchunternehmen *n.*

knackered ['nækəd] *adj sl* todmüde.

knap·sack ['næpsæk] Rucksack *m; mil* Tornister *m.*

knead [ni:d] *tr* **1.** kneten; **2.** massieren.

knee [ni:] **I** *s* **1.** Knie *n;* **2.** *tech* Kniestück, -rohr *n;* ▶ **bring s.o. to his ~s** jdn in die Knie zwingen; **go on one's ~s** kniefällig bitten; **on one's ~s** auf den Knien; *fig* kniefällig; **~ jerk reflex** *med* Kniesehnenreflex *m;* **~-jerk reaction** *fig pej* spontane (Abwehr)Reaktion; **II** *tr* mit dem Knie stoßen; **knee breeches** *pl* Kniehose *f;* **knee·cap** ['ni:ˌkæp] **1.** *anat* Kniescheibe *f;* **2.** Knieschützer *m;* **knee-cap·ping** [—ɪŋ] Knieschuß *m;* **knee-deep, knee-high** [ˌni:'di:p, ˌni:'haɪ] *adj* knietief; **knee-joint** Kniegelenk *n.*

kneel [ni:l] ‹*irr* knelt, knelt› *itr (~ down)* (nieder)knien (*to* vor).

knell [nel] Totenglocke *f.*

knelt [nelt] *v s. kneel.*

knew [nju:] *v s. know.*

knicker·bock·ers ['nɪkəbɒkəz] *pl* Knikkerbocker *pl.*

knickers ['nɪkəz] **I** *s pl* (Damen)Schlüpfer *m;* ▶ **get one's ~ in a twist** verärgert, aufgeregt werden; **II** *interj sl* verflixt! Quatsch!

knick-knack ['nɪknæk] **1.** Kleinigkeit *f;* **2.** Nippsache *f.*

knife [naɪf] ‹*pl* knives› [naɪvz] **I** *s* Messer *n a. tech;* ▶ **knives and forks** *pl* Besteck *n;* **get one's ~ into s.o.** *fig* jdn nicht ausstehen können; **go under the ~** unters Messer kommen; **II** *tr* stechen; erdolchen; **knife-edge** (Messer-) Schneide *f a. tech;* ▶ **on a ~** *fig* auf Messers Schneide; **knife sharpener** Messerschärfer *m;* **knif·ing** ['naɪfɪŋ] Messerstecherei *f.*

knight [naɪt] **I** *s* **1.** Ritter *m a. fig;* **2.** *(Schach)* Springer *m;* **II** *tr* zum Ritter schlagen; **knight-errant** [ˌnaɪt'erənt] ‹*pl* knights-errant› fahrender Ritter; **knight·hood** ['naɪthʊd] **1.** Ritterwürde *f,* -stand *m;* **2.** Rittertum *n;* **knight·ly** ['naɪtlɪ] *adj* ritterlich.

knit [nɪt] ‹*irr* knit *od* knitted, knit *od* knitted› **I** *tr* **1.** stricken; **2.** *fig* (miteinander) verknüpfen, verbinden, zusammenfügen; ▶ **~ one, purl one** eins rechts, eins links; **~ one's brow** die Stirn runzeln; **II** *itr* **1.** stricken; **2.** zusammenwachsen; **III** *(mit Präposition)* **knit together** *tr* zusammenstricken; (miteinander) verbinden; **knit up** *tr* stricken; *fig* eng verbinden; *itr (Knochen)* zusammenwachsen; **knit·ter** ['nɪtə(r)] **1.** Stricker(in) *m (f);* **2.** Strickmaschine *f;* **knitting** [—ɪŋ] Strickarbeit *f,* -zeug *n;* Stricken *n;* **knitting-needle** Stricknadel *f;* **knitting-yarn** Strickgarn *n;* **knitwear** ['nɪtweə(r)] Strickwaren *f pl;* Strickkleidung *f.*

knob [nɒb] **1.** Schwellung, Beule *f;* **2.** (Griff)Knopf *m;* Knauf *m;* **3.** rundes Stück; **4.** *sl* Kopf *m;* ▶ **with ~s on** *sl* allerdings! **knob·bly** ['nɒblɪ] *adj* **1.** knorrig; **2.** knopfartig, rund; **knob·by** ['nɒbɪ] *adj* knorrig.

knock [nɒk] **I** *itr* **1.** schlagen, stoßen, prallen (*on, against* gegen); **2.** klopfen, pochen (*at* an); **3.** *mot* klopfen; **II** *tr* **1.** schlagen, stoßen, treffen; **2.** umstoßen; **3.** überraschen; stark beeindrucken; **4.** *fam* meckern über, heruntermachen; ▶ **that ~s you sideways** *fam* das haut dich um; **III** *s* **1.** Schlag, Stoß *m;* **2.** (An)Klopfen, Pochen *n* (*at the door* an der Tür); **3.** *mot* Klopfen *n;* **4.** *fam* Tiefschlag *m;* Kritik *f;* ▶ **take a ~** *fam* einen Tiefschlag erleben; erschüttert werden; e-n schweren finanziellen Verlust erleiden; **IV** *(mit Präposition)* **knock about, knock around** *itr* sich herumtreiben, -reisen (*with s.o.* mit jdm); herumliegen; *tr* herumstoßen, mißhandeln; verprügeln; ramponieren; **knock back** *tr fam* **1.** *(Getränk)* hinunterstürzen; **2.** kosten; **3.** überraschen, erschüttern; **4.** zurückweisen; **knock down** *tr* **1.** umstoßen, -werfen; **2.** zu Boden werfen; umfahren; **3.** *(Gebäude)* abbrechen; **4.** *(Auktion)* zuschlagen (*to s.o.* jdm); **5.** *(im Preis)* herabsetzen; *(Person)* herunterhandeln; **6.** *(Möbel, Maschine)* zerlegen; **knock into** *tr* **1.** einbleuen (*s.o.* jdm); **2.** unerwartet treffen; ▶ **~ into shape** in Form bringen; **knock off** *itr fam* Schluß, Feierabend machen (*with one's work* mit der Arbeit); *tr* **1.** weg-, abschlagen; **2.** *(Arbeit)* einstellen; **3.** *fam* hinhauen, rasch erledigen; **4.** *(von e-m Preis)* ablassen; herunterhandeln; abziehen; **5.** *sl* stehlen; **6.** *sl (Menschen)* erledigen; **knock out** *tr* **1.** *(Pfeife)* ausklopfen; **2.** *(Boxen)* k.o.-schlagen; **3.** *fam* fertigmachen; **4.** *fam* verblüffen; schocken; **5.** eliminieren; **knock over** *tr* **1.** umwerfen; **2.** umfahren; überfahren; **knock together** *itr* aneinanderstoßen; *tr* **1.** aneinanderschlagen; **2.** *fam (Arbeit)* schnell hinhauen; ▶ **~ people's heads together** die Leute zur Vernunft bringen; **knock up** *itr* **1.** *Br sport* sich einspielen; **2.** *Am sl* bumsen; *tr* **1.** hochschlagen; **2.** rasch bauen; zusammenzimmern; **3.** *(Essen)* rasch zubereiten; **4.** *Br* wecken; **5.** *Br sl* fertigmachen; **6.** *sl* ein Kind anhängen (*a woman* e-r Frau).

knock-about ['nɒkəbaʊt] *adj* **1.** *(Kleidung)* strapazierfähig; **2.** lärmend; derb, rauh; ▶ **~ comedy** Klamaukstück *n;*

knock-down ['nɒkdaʊn] **I** *adj* **1.** *fig* niederschmetternd; **2.** *(Preis)* Schleuder-, äußerst niedrig; **II** *s (Boxen)* Niederschlag *m;* **knocker** ['nɒkə(r)] **1.** Türklopfer *m;* **2.** *fam* Meckerer, Nörgler, Miesmacher *m;* **knock-kneed** [ˌnɒk'ni:d] *adj* X-beinig; **knock-out** ['nɒkaʊt] **I** *adj (Schlag)* K.o.-; **II** *s* **1.** *(~ blow)* K.o.-Schlag *m;* **2.** *fig* vernichtende Niederlage; **3.** *sl* Pfundskerl *m,* -weib *n;* **4.** Ausscheidung(srunde) *f;* **knock-up** ['nɒkʌp] *Br sport* Trainingsspiel *n.*

knoll [nəʊl] Hügel *m.*

knot [nɒt] **I** *s* **1.** Knoten *m;* Schleife *f;* **2.** Gruppe *f;* **3.** *fig* einigendes Band; **4.** Knorren, Ast *m (im Holz);* **5.** *mar* Knoten *m (1,853 km/h);* ► **cut the ~** *fig* den Knoten durchhauen; **stand about in ~s** in Gruppen herumstehen; **tie o.s. (up) in ~s, get into ~s** in Schwierigkeiten geraten; **II** *tr* **1.** (e-n) Knoten machen in; verknoten, verschnüren; **2.** miteinander verknüpfen; ► **get ~ted!** laß mich in Ruh(e)! **III** *itr* sich verknoten; sich verwirren; **knotty** ['nɒtɪ] *adj* **1.** knotig, knorrig; **2.** *fig* verwickelt, schwierig.

know [nəʊ] ‹*irr* knew, known› **I** *tr* **1.** wissen, kennen; **2.** sich auskennen in, vertraut sein mit; verstehen (*how to do* zu tun); können; **3.** erkennen; erfahren; **4.** kennenlernen; unterscheiden (*from* von); ► **be known** bekannt sein (*to s.o.* jdm; *as* als); **come to ~** in Erfahrung bringen; **come to be known** bekannt werden; **let s.o. ~** jdn wissen lassen, jdm Bescheid geben; **make o.s. known** sich bekannt machen; **~ one's own business,** *sl* **~ one's onions,** *fam* **~ the ropes, ~ a thing or two, ~ what's what** Bescheid wissen; **~ how to do s.th.** etw können; **II** *itr* **1.** wissen (*about, of s.th.* über, von etw); **2.** verstehen (*about* von); ► **~ better** es besser wissen; **not that I ~ of** nicht, daß ich wüßte; **he wouldn't ~** er ist dafür nicht zuständig; **III** *s:* ► **be in the ~** im Bilde sein.

know-all ['nəʊɔ:l] Besserwisser(in) *m (f);* **know-how** ['nəʊhaʊ] Erfahrung *f,* (Fach)Wissen, Können, Know-how *n;* **know·ing** ['nəʊɪŋ] *adj* **1.** informiert, unterrichtet; **2.** wissend; klug, einsichtig; **3.** schlau; verständnisvoll; ► **there's no ~** man kann nie wissen; **know·ing·ly** [—lɪ] *adv* **1.** mit Bewußtsein, bewußt; absichtlich; wissentlich; **2.** *(Lächeln)* wissend; **know-it-all** ['nəʊɪtɔ:l] *Am* Besserwisser(in) *m (f).*

knowl·edge ['nɒlɪdʒ] **1.** Kenntnis *f* (*of* von); **2.** Wissen *n;* Kenntnisse *f pl;* **3.** Bekanntschaft, Vertrautheit *f* (*of* mit); **4.** Verständnis *n;* ► **to (the best of) my ~** soviel ich weiß; **to the best of my ~ and belief** nach bestem Wissen und Gewissen; **without my ~** ohne mein Wissen; **working ~** praktisch verwertbare Grundkenntnisse *f pl;* **knowl·edge·able** [—əbl] *adj* kenntnisreich, bewandert (*about* in); intelligent.

known [nəʊn] **I** *v s. know;* **II** *adj* bekannt; anerkannt.

knuckle ['nʌkl] **I** *s* **1.** Knöchel *m;* **2.** *(Schlachtvieh)* Haxe *f;* ► **rap s.o.'s ~s, give s.o. a rap on, over the ~s** jdm auf die Finger klopfen; **near the ~** an der Grenze des Anständigen; **II** *(mit Präposition)* **knuckle down** *itr* sich dahinterklemmen; ► **~ down to work** sich eifrig an die Arbeit machen; **knuckle under** *itr* sich fügen; **knuckle-duster** Schlagring *m.*

KO [ˌkeɪ'əʊ] **I** *s* K.o.-Schlag *m;* **II** *tr* k.o.-schlagen.

ko·ala [kəʊ'ɑ:lə] Koala(bär) *m.*

Ko·ran [kə'rɑ:n] Koran *m.*

Ko·rea [kə'rɪə] Korea *n;* **Ko·rean** [kə'rɪən] **I** *s* **1.** Koreaner(in) *m (f);* **2.** (das) Koreanisch(e); **II** *adj* koreanisch.

ko·sher ['kəʊʃə(r)] *adj* **1.** *rel* koscher; **2.** *sl* in Ordnung; ► **there's something not quite ~ about it** da ist etwas faul dran.

kow·tow [ˌkaʊ'taʊ] *itr fig* kriechen (*to s.o.* vor jdm).

Krem·lin ['kremlɪn] Kreml *m.*

ku·dos ['kju:dɒs] Ansehen *n.*

Ku Klux Klan ['ku:'klʌks'klæn] *Am* Ku-Klux-Klan *m.*

Kurd [kɜ:d] Kurde *m,* Kurdin *f;* **Kur·dish** [—ɪʃ] **I** *adj* kurdisch; **II** *s* (das) Kurdisch(e).

Ku·wait [kʊ'weɪt] Kuwait *n;* **Kuwaiti** [—ɪ] **I** *adj* kuwaitisch; **II** *s* Kuwaiter(in) *m (f).*

L

L, l [el] ⟨*pl* -'s⟩ L, l *n.*
lab [læb] *fam* Labor *n.*
label ['leɪbl] **I** *s* **1.** Etikett(e *f*), Schildchen, Label *n;* (Anhänge)Zettel *m;* **2.** Beschriftung, Aufschrift *f;* Kennzeichnung *f;* **3.** *fig* Bezeichnung, Klassifikation *f;* **II** *tr* **1.** etikettieren; **2.** beschriften, kennzeichnen; markieren; **3.** *fig* bezeichnen, benennen, klassifizieren; **label·ling,** *Am* **label·ing** ['leɪblɪŋ] **1.** Etikettierung *f;* **2.** Markierung *f;* **3.** (Preis)Auszeichnung *f.*
lab·ora·tory [lə'bɒrətrɪ, *Am* 'læbrəˌtɔ:rɪ] Labor(atorium) *n;* **laboratory assistant** Laborant(in) *m (f);* **laboratory findings** *pl* Laborbefund *m;* **laboratory results** *pl* Laborwerte *pl;* **laboratory stage** Versuchsstadium *n;* **laboratory test** Laborversuch *m.*
la·bori·ous [lə'bɔ:rɪəs] *adj* **1.** *(Arbeit)* anstrengend, mühsam; **2.** *(Mensch)* arbeitsam, fleißig; **3.** *(Stil)* schwerfällig.
la·bour, *Am* **la·bor** ['leɪbə(r)] **I** *s* **1.** Arbeit *f;* **2.** Anstrengung, Mühe, Mühsal *f;* **3.** Aufgabe *f;* **4.** Arbeiter(schaft *f*) *m pl;* Arbeitskräfte *f pl;* Arbeitnehmer *m pl;* **5.** *med* Wehen *f pl;* ► **L~** *Br pol* die Labour Party; **casual ~** Gelegenheitsarbeit *f;* **hard ~** Zwangsarbeit *f;* **manual ~** Handarbeit *f;* **skilled ~** Facharbeit *f;* Facharbeiter *m pl;* **unskilled ~** ungelernte Arbeiter *m pl;* **be in ~** *med* Wehen haben; **II** *itr* **1.** arbeiten (*at* an); **2.** sich anstrengen, sich (ab)mühen (*for* um); **3.** *(~ along)* sich mühsam (vorwärts)bewegen; **4.** *(Schiff)* stampfen, schlingern; ► **~ up a hill** sich mühsam den Berg hinaufkämpfen; **III** *tr* ausführlich eingehen auf; breitwalzen; **labo(u)r camp** Arbeitslager *n;* **labo(u)r cost** Arbeitskosten *pl;* **Labo(u)r Day** Tag *m* der Arbeit *(Br 1. Mai, Am 1. Montag im September);* **labo(u)r disputes** *pl* Arbeitskämpfe *m pl;* **la·bo(u)rer** ['leɪbərə(r)] Arbeiter(in) *m (f);* ► **casual ~** Gelegenheitsarbeiter(in) *m (f);* **farm ~, agricultural ~** Landarbeiter(in) *m (f);* **industrial ~** Industriearbeiter(in) *m (f);* **(un)skilled ~** (un)gelernte(r) Arbeiter(in) *m (f);* **Labour Exchange** *Br* Arbeitsamt *n;* **labo(u)r force** **1.** Belegschaft *f;* **2.** Beschäftigte *m pl;* **Labour·ite** ['leɪbəraɪt] *Br* Anhänger(in) *m (f)* der Labour Party; **labo(u)r market** Arbeitsmarkt *m;* **labo(u)r movement** Arbeiterbewegung *f;* **labo(u)r pains** *pl med* Wehen *f pl;* **Labour Party** *Br* Labour Party *f;* **labo(u)r relations** *pl* Arbeitgeber-Arbeitnehmer-Beziehungen *f pl;* **labo(u)r-sav·ing** ['leɪbəˌseɪvɪŋ] *adj* arbeitssparend; **labo(u)r shortage** Arbeitskräftemangel *m;* **labo(u)r troubles** *pl* Arbeiterunruhen *f pl;* **labo(u)r ward** *med* Kreißsaal *m.*
lab·ra·dor ['læbrədɔ:r] Labradorhund *m.*
la·bur·num [lə'bɜ:nəm] *bot* Goldregen *m.*
lab·y·rinth ['læbərɪnθ] Labyrinth *n.*
lace [leɪs] **I** *s* **1.** Schnur *f;* (Schnür-, Schuh)Senkel *m;* **2.** Tresse, Litze, Borte *f;* **3.** *(Textil)* Spitze *f;* **II** *tr* **1.** *(~ up)* (zu)schnüren; **2.** (ver)flechten; **3.** e-n Schuß *(Alkohol)* zugeben *(e-m Getränk);* **III** *(mit Präposition)* **lace into s.o.** über jdn herfallen; jdm eine Zigarre verpassen; **lace up** *tr* schnüren.
lac·er·ate ['læsəraɪt] *tr* **1.** zerreißen; zerfleischen; **2.** *fig (Gefühle)* verletzen; **lac·er·ation** [ˌlæsə'reɪʃn] **1.** Riß *m;* **2.** *med* Fleischwunde *f.*
lace-ups ['leɪsʌps] *pl* Schnürschuhe *m pl.*
lach·ry·mal ['lækrɪml] *adj* ► **~ duct, gland, sac** Tränengang *m,* -drüse *f,* -sack *m;* **lach·ry·mose** ['lækrɪməʊs] *adj* weinerlich; tränenreich.
lack [læk] **I** *s* Mangel *m* (*of* an); ► **~ of capital** Kapitalmangel *m;* **for ~ of** aus Mangel an; **II** *itr* **1.** fehlen; **2.** Mangel haben (*of, in* an); ► **they ~ for nothing** es fehlt ihnen an nichts; **III** *tr* nicht genug haben; brauchen, benötigen; ► **he ~s talent** ihm fehlt es an Talent; **you ~ confidence** Ihnen fehlt das Selbstvertrauen.
lacka·daisi·cal [ˌlækə'deɪzɪkl] *adj* interesselos, lustlos; nachlässig.
lackey ['lækɪ] Lakai *m a. fig.*
lack·ing ['lækɪŋ] *adj* **1.** fehlend; **2.** *fam* dumm; ► **be ~** fehlen; **lack-lustre** ['lækˌlʌstə(r)] *adj* glanzlos, trübe.
la·conic [lə'kɒnɪk] *adj* **1.** *(Worte)* lakonisch; **2.** *(Mensch)* wortkarg; **3.** *(Stil)* knapp.
lac·quer ['lækə(r)] **I** *s* **1.** (Farb)Lack, Firnis *m;* **2.** Haarspray *m* od *n;* **3.** Nagellack *m;* **II** *tr* lackieren.
la·cuna [lə'kju:nə] ⟨*pl* -cunae⟩ [lə'kju:ni:] Lücke *f,* Zwischenraum *m.*
lad [læd] Junge *m;* Bursche *m;* ► **a bit of a ~** ein toller Kerl.
lad·der ['lædə(r)] **I** *s* **1.** Leiter *f;* **2.** *Br*

Laufmasche *f;* **3.** *fig* Stufenleiter *f;* Weg *m;* **II** *itr Br* Laufmaschen bekommen.

lad·die ['lædɪ] *(schottisch)* Junge, Bub *m.*

laden ['leɪdn] *adj* **1.** beladen (*with* mit); **2.** *fig* bedrückt (*with sorrows* von Sorgen).

la-di-da [ˌlɑ:dɪ'dɑ:] *adj fam* affektiert, geziert.

lad·ing ['leɪdɪŋ] Verladen *n;* Fracht *f;* ▶ **bill of ~** Seefrachtbrief *m,* Konnossement *n.*

ladle ['leɪdl] **I** *s* **1.** Schöpflöffel *m;* **2.** Kelle *f;* **3.** Baggerschaufel *f;* **II** *tr (~ out) fig* großzügig verteilen.

lady ['leɪdɪ] Dame *f;* Frau *f;* ▶ **L~** Lady *f (Adelsprädikat);* **Ladies and Gentlemen** meine Damen und Herren; **Ladies (room)** Damentoilette *f;* **the ~ of the house** die Dame des Hauses; **lady·bird,** *Am* **lady·bug** ['leɪdɪbɜ:d, 'leɪdɪbʌg] Marienkäfer *m;* **lady-in-waiting** [ˌleɪdɪɪn'weɪtɪŋ] Hofdame *f;* **lady-killer** ['leɪdɪˌkɪlə(r)] *fam* Schürzenjäger *m;* **lady·like** ['leɪdɪlaɪk] *adj* damenhaft; **lady·ship** ['leɪdɪʃɪp] *Br* ▶ **your, her ~** Ihre Ladyschaft; **lady's man** Frauenheld *m.*

lag[1] [læg] **I** *itr* **1.** bummeln; **2.** *(Zeit)* langsam vergehen; **3.** *(~ behind)* zurückbleiben; **II** *s (time ~)* Verzögerung *f;* Zeitabstand *m.*

lag[2] [læg] *tr tech* isolieren.

la·ger ['lɑ:gə(r)] helles (Lager)Bier; **lager lout** jugendlicher (alkoholisierter) Randalierer.

lag·ging ['lægɪŋ] *tech* (Wärme)Isolierung *f.*

la·goon [lə'gu:n] Lagune *f.*

laid [leɪd] *v s. lay*[1]*;* **laid-off** [ˌleɪd'ɒf] *adj* (vorübergehend) arbeitslos.

lain [leɪn] *v. s. lie*[1]*.*

lair [leə(r)] **1.** Lager *n (e-s wilden Tieres);* **2.** Höhle *f;* Bau *m.*

laird [leəd] *(schottisch)* Gutsbesitzer *m.*

laissez-faire ['leɪseɪ'feə(r)] Laisser-faire *n.*

laity ['leɪətɪ] Laien *m pl.*

lake [leɪk] See *m;* **lake dwellings** *pl* Pfahlbauten *m pl.*

lam[1] [læm] **I** *tr sl* verdreschen, verprügeln; **II** *itr sl* ▶ **~ into s.o.** jdn fertigmachen.

lam[2] [læm] *Am sl* eilige Flucht; ▶ **take it on the ~** *fam* türmen, stiftengehen; **on the ~** auf der Flucht.

lama ['lɑ:mə] *rel* Lama *m.*

lamb [læm] **I** *s* **1.** Lamm *n;* **2.** Lammfleisch *n;* **3.** *fig* Unschuldslamm *n;* lieber Mensch; **II** *itr (Schaf)* lammen.

lam·bast [læm'bæst], **lam·baste** [læm'beɪst] *tr* **1.** vermöbeln, verdreschen, verprügeln; **2.** den Kopf waschen (*s.o.* jdm), runterputzen.

lamb·like ['læmlaɪk] *adj* **1.** (lamm-)fromm; **2.** unschuldig, sanft; **lamb·skin** ['læmskɪn] Lammfell *n;* **lambs·wool** ['læmzwʊl] Lammwolle *f.*

lame [leɪm] **I** *adj* **1.** lahm (*of, in* auf) *a. fig;* **2.** *fig* schwach, nicht überzeugend; **3.** *(Ausrede)* faul; ▶ **~ duck** Niete *f;* Versager *m; Am* nicht wiedergewähltes Kongreßmitglied; **II** *tr* lähmen; **lame·ness** [—nɪs] **1.** Lahmheit *f a. fig;* **2.** *fig* Schwäche *f.*

la·ment [lə'ment] **I** *itr* **1.** trauern, klagen (*for s.o.* um jdn); **2.** beklagen (*over s.o.'s death* jds Tod); **II** *tr* betrauern, beklagen; **III** *s* **1.** Wehklage *f;* **2.** Klagelied *n;* **lam·en·table** ['læməntəbl] *adj* **1.** beklagens-, bejammerns-, bedauernswert; **2.** erbärmlich; **lam·en·ta·tion** [ˌlæmen'teɪʃn] Klagen *n;* Wehklage *f.*

lami·nate ['læmɪnət] Schichtstoff *m;* **lami·nated** ['læmɪneɪtɪd] *adj* beschichtet; laminiert; ▶ **~ glass** Verbundglas *n;* **~ plastic** Resopal *n Wz;* **~ sheet** Schichtstoffplatte *f.*

lamp [læmp] **1.** Lampe *f;* Laterne *f;* **2.** *fig (Mensch)* Leuchte *f;* ▶ **rear ~** *mot* Rücklicht *n;* **sun ~** Höhensonne *f.*

lam·poon [læm'pu:n] **I** *s* Schmähschrift *f;* **II** *tr* verunglimpfen, verspotten.

lamp-post ['læmppəʊst] Laternenpfahl *m.*

lam·prey ['læmprɪ] *zoo* Lamprete *f.*

lamp·shade ['læmpʃeɪd] Lampenschirm *m.*

lance [lɑ:ns, *Am* læns] **I** *s* Lanze *f;* Speer *m;* **II** *tr med* aufschneiden.

lan·cet ['lɑ:nsɪt, *Am* 'lænsɪt] *med* Lanzette *f;* **lancet arch** *arch* Spitzbogen *m;* **lancet window** Spitzbogenfenster *n.*

land [lænd] **I** *s* **1.** (Fest)Land *n;* **2.** Land *n,* Staat *m;* **3.** Bereich *m,* Gebiet *n;* **4.** Landschaft *f;* Gelände *n;* **5.** *(Acker-, Wald-)* Land *n;* Grund u. Boden *m;* **6.** Ländereien *f pl;* Land-, Grundbesitz *m;* ▶ **by ~** zu Land(e); auf dem Landweg(e); **on the ~** auf dem Land; **over ~ and sea** über Land und Meer; **see how the ~ lies** sehen, wie die Dinge liegen; **pasture ~** Weideland *n;* **waste ~** Brach-, Ödland *n;* **II** *tr* **1.** an(s) Land bringen; ausladen, löschen; **2.** *(Fische)* fangen; **3.** *(Flugzeug)* landen; **4.** *fig* bringen (*in, at* nach, in, zu); absetzen (*in, on* in, auf); **5.** *fam* einheimsen, einstecken; *(Preis)* erringen; *(Stelle)* bekommen; **6.** *fam* erreichen; **7.** *fam (Schlag)* verpassen, versetzen; ▶ **~ o.s. in** hineingeraten in; **III** *itr* **1.** *(Schiff)* landen, anlegen; an Land gehen; **2.** *aero* landen; **3.** ankommen, ans Ziel gelangen; **land-based** ['lændbeɪst] *adj mil* landgestützt; **landed** ['lændɪd] *adj* grundbesitzend; ▶ **~ property** Grundbesitz *m;* **~ proprietor** Grundbesitzer(in) *m (f);* **land·fall** ['lændfɔ:l] Sichten *n* von Land; ▶ **make ~** Land sichten; **land forces**

pl Landstreitkräfte *pl;* **land-holder** ['lænd,həʊldə(r)] Gutsbesitzer(in) *m (f);* Grundpächter(in) *m (f).*

land·ing ['lændɪŋ] **1.** *mar aero* Landen *n,* Landung *f;* **2.** *(Fracht)* Löschen *n;* **3.** Treppenabsatz *m;* **4.** Flur, Korridor *m;* ▶ **make a safe ~** glücklich landen; **emergency, forced ~** Notlandung *f;* **landing craft** Landungsboot *n;* **landing field** Landeplatz *m;* **landing gear** *aero* Fahrgestell *n;* **landing net** Ke(t)scher *m;* **landing stage** *mar* Landungssteg *m,* -brücke *f;* **landing strip** Landebahn *f.*

land·lady ['læn,leɪdɪ] (Haus-, Gast)Wirtin *f;* **land·less** ['lændlɪs] *adj* unbegütert; **land·locked** ['lændlɒkt] *adj (Land)* ohne Zugang zum Meer, landumschlossen; **land·lord** ['lænlɔ:d] Grundbesitzer *m;* Hauseigentümer *m;* Gastwirt *m;* **land-lub·ber** ['lænd,lʌbə(r)] *mar pej* Landratte *f;* **land·mark** ['lændmɑ:k] **1.** Grenzstein *m;* **2.** *mar* Seezeichen *n;* **3.** *fig* Markstein *m,* Wahrzeichen *n;* Wendepunkt *m;* **land office** *Am* Grundbuchamt *n;* **land·owner** ['lænd,əʊnə(r)] Grund-, Gutsbesitzer(in) *m (f);* **land reform** Bodenreform *f.*

land·scape ['lændskeɪp] **I** *s* Landschaft *f;* **landscape architect** Landschaftsarchitekt(in) *m (f);* **landscape architecture** Landschaftsgestaltung *f;* **landscape gardener** Landschaftsgärtner(in) *m (f);* **landscape gardening** Landschaftsgärtnerei *f;* **landscape painter** Landschaftsmaler(in) *m (f);* **II** *tr* landschaftlich, gärtnerisch gestalten.

land·slide ['lændslaɪd] **1.** Erdrutsch *m a. fig pol;* **2.** überwältigender (Wahl)Sieg, Erdrutschsieg *m;* **3.** Umschwung *m;* **land·slip** ['lændslɪp] Erdrutsch *m;* **land tax** Grundsteuer *f;* **land·ward** ['lændwəd] *adj* land(ein)wärts gerichtet; **land·ward(s)** ['lændwəd(z)] *adv* land(ein)wärts.

lane [leɪn] **1.** Gasse *f;* Pfad *m;* schmale Landstraße; **2.** *sport* (Renn)Bahn *f;* **3.** Schneise *f;* **4.** *mar* Fahrrinne *f;* **5.** *mot* Spur *f;* ▶ **shipping ~s** *pl* Schiffahrtswege *m pl;* **~ of approach** *aero* Einflugschneise *f;* **get in ~!** *mot* bitte einordnen!

lan·guage ['læŋgwɪdʒ] **1.** Sprache *f a. fig;* **2.** Ausdrucks-, Redeweise *f;* ▶ **bad ~** unanständige Ausdrücke *m pl;* **foreign ~** Fremdsprache *f;* **language acquisition** Spracherwerb *m;* **language laboratory** Sprachlabor *n;* **language learning** Erlernen einer Sprache *f.*

lan·guid ['læŋgwɪd] *adj* **1.** kraftlos, matt, schwach; **2.** *fig* lust-, interesselos.

lan·guish ['læŋgwɪʃ] *itr* **1.** ermatten, schwach werden; **2.** dahinsiechen; **3.** sich sehnen (*for* nach); **lan·guish·ing** [—ɪŋ] *adj* sehnsüchtig.

lan·guor ['læŋgə(r)] **1.** Kraftlosigkeit, Mattigkeit *f;* **2.** Interesselosigkeit, Gleichgültigkeit *f;* **3.** Sehnsucht *f;* **4.** Schwüle *f;* **lan·guor·ous** ['læŋgərəs] *adj* **1.** kraftlos, matt; **2.** gleichgültig, stumpf; **3.** schwül, drückend.

lank [læŋk] *adj* **1.** schlank, mager; **2.** *(Haar)* glatt; **lanky** ['læŋkɪ] *adj* schlacksig.

lano·lin ['lænəlɪn] Lanolin *n.*

lan·tern ['læntən] Laterne *f a. arch.*

lan·yard ['lænjəd] *mar* **1.** Schnur *f;* **2.** kurzes Tau, Taljereep *n.*

Laos [laʊs] Laos *n.*

lap¹ [læp] Schoß *m;* ▶ **in the ~ of luxury** im Luxus; **~ and diagonal seat belt** Dreipunktgurt *m.*

lap² [læp] **I** *s* **1.** *tech* Überlappung *f;* **2.** *(Buchbinderei)* Falz *m;* **II** *tr* **1.** falten (*on* auf; *over* über); **2.** übereinanderlegen; überlappen; **III** *itr* sich überlappen.

lap³ [læp] **I** *s sport* Runde *f; fig* Etappe *f;* Abschnitt *m;* ▶ **~ of honour** Ehrenrunde *f;* **II** *tr* überrunden; **III** *itr* seine Runden drehen.

lap⁴ [læp] **I** *tr, itr* **1.** *(Hund)* saufen; schlecken; **2.** plätschern (*at, against* an; *on* gegen, auf); **II** *s* **1.** Saufen *n;* Lecken *n;* **2.** Plätschern *n;* **III** *(mit Präposition)* **lap up** *tr* auflecken, -schlecken; *fig* eifrig zuhören; gedankenlos akzeptieren.

lap-dog ['læp,dɒg] Schoßhund *m.*

la·pel [lə'pel] *(Jackett)* Aufschlag *m.*

lap·is la·zuli [,læpɪs'læzjʊlɪ] Lapislazuli *m.*

Lap·land ['læplænd] Lappland *n;* **Lap·lander, Lapp** ['læplændə(r), læp] Lappländer(in) *m (f),* Lappe *m,* Lappin *f.*

lapse [læps] **I** *s* **1.** Versehen *n,* Irrtum, Fehler *m;* **2.** Entgleisung *f;* Versäumnis *n;* **3.** *(Zeit)* Vergehen, Verstreichen *n;* **4.** *(~ of time)* Zeitspanne *f,* -raum *m;* **5.** *jur* Erlöschen *n;* Verfall *m;* Heimfall *m;* **II** *itr* **1.** *(Zeit)* vergehen, verstreichen; **2.** *jur* verfallen, erlöschen, hinfällig werden; **3.** einen Fehler machen; **4.** verfallen; **lapsed** [læpst] *adj* **1.** *jur* verfallen; **2.** *rel* vom Glauben abgefallen.

lap·wing ['læpwɪŋ] Kiebitz *m.*

lar·ceny ['lɑ:sənɪ] Diebstahl *m;* ▶ **petty ~** Bagatelldiebstahl *m.*

larch [lɑ:tʃ] *bot* Lärche *f.*

lard [lɑ:d] **I** *s* (Schweine)Schmalz *n;* **II** *tr* **1.** einfetten, schmieren; **2.** *fig* ausschmücken (*with* mit).

lar·der ['lɑ:də(r)] Speisekammer *f;* Vorratsschrank *m.*

large [lɑ:dʒ] *adj* **1.** groß; **2.** weit, geräumig, umfangreich; **3.** ausgedehnt, umfassend, weitreichend; ▶ **at ~** auf freiem Fuß; in der Gesamtheit; planlos, ziellos; **as ~ as life** wie er leibt und lebt; in voller Größe; **by and ~** im großen und ganzen; **talk ~** großspurig reden; **large-hearted** [ˌlɑ:dʒˈhɑ:tɪd] *adj Br* großzügig, gutmütig; **large·ly** [ˈlɑ:dʒlɪ] *adv* allgemein; größtenteils; **large-minded** [ˌlɑ:dʒˈmaɪndɪd] *adj* tolerant; **large·ness** [—nɪs] **1.** Größe, Weite *f;* **2.** Bedeutung *f;* Umfang *m;* **3.** Großzügigkeit *f;* **large-scale** [ˈlɑ:dʒskeɪl] *adj* in großem Maßstab; groß angelegt; Groß-; ▶ **~ advertising** Massenwerbung *f;* **~ order** Großauftrag *m;* **~ production** Massenproduktion *f.*

lar·gesse, *Am a.* **lar·gess** [lɑ:ˈdʒes] Freigebigkeit *f.*

lar·iat [ˈlærɪət] Strick *m;* Lasso *n* od *m.*

lark¹ [lɑ:k] *(Vogel)* Lerche *f.*

lark² [lɑ:k] **I** *s* Spaß, Ulk, Scherz *m;* ▶ **for a ~** zum Spaß; **what a ~!** zum Schießen! **II** *itr* **1.** sich vergnügen, lustig sein; **2.** *(~ about)* herumalbern.

lark·spur [ˈlɑ:kspɜ:(r)] *bot* Rittersporn *m.*

larva [ˈlɑ:və] ⟨*pl* larvae⟩ [ˈlɑ:vi:] Larve *f.*

lar·yn·gi·tis [ˌlærɪnˈdʒaɪtɪs] Kehlkopfentzündung *f;* **lar·ynx** [ˈlærɪŋks] Kehlkopf *m.*

las·civ·ious [ləˈsɪvɪəs] *adj* wollüstig.

laser [ˈleɪzə(r)] Laser *m;* **laser beam** Laserstrahl *m;* **laser printer** *typ* Laserdrucker *m;* **laser show** Lasershow *f;* **laser weapon** Laserwaffe *f.*

lash¹ [læʃ] (Augen)Wimper *f.*

lash² [læʃ] **I** *s* **1.** Peitsche(nschnur) *f;* **2.** Peitschenhieb *m;* **3.** Peitschen *n* (*of the waves* der Wellen); **II** *tr* **1.** (aus)peitschen; **2.** (heftig) schlagen (*the rocks* an die Felsen); **3.** *fig* heftig angreifen; **4.** binden (*on, to* an); *mar* (fest)zurren; **III** *itr* schlagen, peitschen, prasseln (*at* gegen); **IV** *(mit Präposition)* **lash about, lash around** *itr* um sich schlagen; **lash back** *tr* festbinden; **lash down** *tr* festbinden; *itr (Regen)* niederprasseln; **lash into s.o.** jdn abkanzeln; auf jdn einschlagen; **lash out** *itr* **1.** *(Pferd)* ausschlagen; **2.** *fig* ausfallend werden (*at* gegen); **3.** viel Geld ausgeben (*on a new car* für e-n neuen Wagen); **lash·ing** [ˈlæʃɪŋ] **1.** Schlagen, Peitschen *n;* Prügel *pl;* **2.** *mar* Laschung *f;* Verschnürung *f;* Fesseln *f pl;* **3.** *pl fam* e-e Menge.

lass, las·sie [læs, ˈlæsɪ] **1.** Mädchen *n;* **2.** Freundin *f.*

lassi·tude [ˈlæsɪtju:d] Abgespanntheit, Mattigkeit, Schlaffheit *f.*

lasso [læˈsu:] ⟨*pl* lassos⟩ **I** *s* Lasso *n* od *m;* **II** *tr* mit dem Lasso (ein)fangen.

last¹ [lɑ:st, *Am* læst] **I** *adj* **1.** letzte(r, s); **2.** späteste(r, s); jüngste(r, s); neueste(r, s); **3.** vorig, vergangen; **4.** äußerste(r, s), höchste(r, s); **5.** geringste(r, s), niedrigste(r, s); ▶ **for the ~ time** zum letzten Mal; **~ night** gestern abend; heute nacht; **~ week** in der letzten, vorigen Woche; **~ but one** vorletzte(r, s); **the week before ~** vorletzte Woche; **I've said my ~ word on the matter** ich habe dem nichts mehr hinzuzufügen; **that's the ~ thing I should do** das wäre das letzte, was ich täte; **the L~ Judg(e)ment** *rel* das Jüngste Gericht; **~ quarter** *(Mond)* letztes Viertel; **the L~ Supper** *rel* das Abendmahl; **the ~ word** *fam* der letzte Schrei; **~ but not least** nicht zuletzt, last not least; **II** *adv* zuletzt, zum Schluß, am Ende; zum letzten Mal; **~ of all** zuallerletzt; **III** *s* **1.** (der, die, das) Letzte, Jüngste, Neueste, Modernste; **2.** Schluß *m;* Ende *n;* ▶ **at ~** schließlich, endlich, zuletzt; **at long ~** zu guter Letzt, schließlich; **to the ~** bis zum letzten *od* äußersten; **breathe one's ~** den letzten Atemzug tun.

last² [lɑ:st, *Am* læst] **I** *itr* **1.** andauern, (an)halten; **2.** *(~ out)* ausdauern, aushalten; **3.** sich (gut) halten; **4.** (aus)reichen (*for* für); **II** *tr* reichen (*s.o.* jdm); ▶ **the coat has ~ed me five years** ich habe den Mantel schon fünf Jahre.

last³ [lɑ:st, *Am* læst] (Schuh)Leisten *m.*

last-ditch [ˌlɑ:stˈdɪtʃ] *adj* allerletzte(r, s); ▶ **~ effort** letzte Anstrengung.

last·ing [ˈlɑ:stɪŋ] *adj* dauernd, bleibend; beständig.

last·ly [ˈlɑ:stlɪ] *adv* zuletzt, schließlich.

last-minute [ˌlɑ:stˈmɪnɪt] *adj* allerletzte(r,s); ▶ **we've had a ~ change of plan** wir haben unsere Pläne in letzter Minute geändert.

latch [lætʃ] **I** *s* **1.** (Tür)Drücker *m;* Sperrklinke *f;* **2.** Schnappschloß *n;* **3.** (Fenster)Riegel *m;* ▶ **on the ~** nur angelehnt; **II** *tr* verriegeln; **III** *(mit Präposition)* **latch on 1.** *itr* sich festhalten (*to s.th.* an e-r S); **2.** sich anschließen (*to s.o.* jdm); **3.** *fam* kapieren (*to s.th.* etw); **latch·key** [ˈlætʃki:] Hausschlüssel *m;* **latchkey child** Schlüsselkind *n.*

late [leɪt] *adj, adv* **1.** spät; **2.** verspätet, zu spät; **3.** jüngste(r, s), bisherig; **4.** (jüngst) verstorben; ▶ **as ~ as** erst, noch; **at a ~ hour** zu später Stunde; **of ~** (erst) kürzlich; **be ~ for s.th.** zu etw zu spät kommen; **make s.o. ~** jdn aufhalten; jdn zu spät kommen lassen; **~ potatoes, programme, shift** Spätkartoffeln *f pl;* Spätprogramm *n;* Spätschicht *f;* **keep ~ hours** lange aufbleiben; **~ show** Spätvorstellung *f;* **~ starter** *fig fam* Spätzünder *m;* **late·comer** [ˈleɪtˌkʌmə(r)] Spätkommende(r) *f m;* Nachzügler(in) *m (f);* **late·ly** [ˈleɪtlɪ] *adv* neulich, kürzlich; **late·ness** [ˈleɪtnɪs] Zuspätkommen *n;* Verspätung *f;* ▶ **the ~ of the hour** die späte Stunde.

latent [ˈleɪtnt] *adj* latent; ▶ **~ defect** versteckter Mangel; **~ reserves** *pl* stille Reserven *f pl.*

later [ˈleɪtə(r)] ⟨*Komparativ von* late⟩ *adj, adv* später; ▶ **one day ~** einen Tag darauf; ~ **on** später *adv;* **sooner or** ~ früher oder später; **see you** ~ bis später! auf Wiedersehen!

lat·eral ['lætərəl] *adj* seitlich; ▶ ~ **thinking** laterales Denken; ~ **view** Seitenansicht *f;* ~ **wind** Seitenwind *m.*

lat·est ['leɪtɪst] ⟨*Superlativ von* late⟩ **I** *adj* späteste(r, s); neueste(r, s), letzte(r, s); **II** *adv* zuletzt; **III** *s* ▶ **the** ~ das Allerneueste; **at the** ~ spätestens.

lath [lɑːθ] **1.** Latte *f;* Leiste *f;* **2.** *pl* Lattenwerk *n.*

lathe [leɪð] Drehbank *f;* **lathe operator** Dreher(in) *m (f).*

lather ['lɑːðə(r)] **I** *s* **1.** Schaum *m;* **2.** *(Pferd)* Schweiß *m;* ▶ **in a** ~ außer Atem; erregt (*about s.th.* über etw); **II** *tr* einseifen; **III** *itr* schäumen.

Latin ['lætɪn] **I** *adj* **1.** lateinisch; römisch; **2.** romanisch; südländisch; **II** *s* **1.** (das) Latein(ische); **2.** Südländer(in) *m (f);* **Latin America** Lateinamerika *n;* **Latin American I** *adj* lateinamerikanisch; **II** *s* Lateinamerikaner(in) *m (f).*

lat·ish ['leɪtɪʃ] *adj, adv* etwas spät.

lati·tude ['lætɪtjuːd] **1.** *fig* Spielraum *m;* **2.** *geog* Breite *f;* **3.** *pl* Breiten, Gegenden, Regionen *f pl.*

la·trine [lə'triːn] Latrine *f.*

lat·ter ['lætə(r)] *adj* spätere(r, s), neuere(r, s); letztere(r, s); ▶ **in these** ~ **days** in der jüngsten Zeit; **lat·ter·ly** [—lɪ] *adv* in der letzten Zeit.

lat·tice ['lætɪs] Gitter(werk) *n.*

Latvia ['lætvɪə] Lettland *n;* **Latvian** [—n] **I** *adj* lettisch; **II** *s* **1.** (das) Lettisch(e); **2.** Lette *m,* Lettin *f.*

laud·able ['lɔːdəbl] *adj* lobenswert.

lauda·num ['lɔːdənəm] Opiumpräparat *n.*

lauda·tory ['lɔːdətərɪ] *adj* lobend.

laugh [lɑːf, *Am* læf] **I** *itr* **1.** lachen (*at* über; *over* bei); **2.** auslachen (*at s.o.* jdn); ▶ ~ **in s.o.'s face** jdm ins Gesicht lachen; ~ **on the wrong side of one's face** enttäuscht sein; ~ **up one's sleeve** sich ins Fäustchen lachen; **II** *tr* lachend sagen; **III** *s* **1.** Lachen, Gelächter *n;* **2.** Spaß *m;* ▶ **have the last** ~ schließlich doch gewinnen; **IV** *(mit Präposition)* **laugh away, laugh off** *tr* sich lachend hinwegsetzen über; **laugh·able** [—əbl] *adj* lächerlich, lachhaft; **laugh·ing** [—ɪŋ] **I** *adj* lachend; ▶ **it's no** ~ **matter** das ist nicht zum Lachen; **make a** ~ **stock of s.o.** jdn lächerlich machen; **II** *s* Lachen *n;* **laugh·ter** ['lɑːftə(r), *Am* 'læftə(r)] Gelächter *n;* ▶ **shake with** ~ sich vor Lachen schütteln.

launch [lɔːntʃ] **I** *tr* **1.** schleudern, werfen (*at, against* gegen); **2.** *(Schiff)* vom Stapel lassen; **3.** *(Boot)* aussetzen; **4.** *(Rakete)* abschießen; **5.** gründen; beginnen, starten; in die Wege leiten; **6.** *(Menschen, Film)* lancieren; *(Buch)* herausbringen; **7.** *(Produkt)* einführen, auf den Markt bringen; **8.** *(Angriff)* unternehmen, starten; **II** *s* **1.** Stapellauf *m;* Abschuß *m;* **2.** Gründung *f;* Einführung *f;* Start *m;* **3.** Barkasse *f;* **III** *(mit Präposition)* **launch into** *tr* sich stürzen auf; angreifen; anpacken; **launch out** *itr* **1.** sich aufmachen, starten; **2.** sich verlegen (*in* auf); **3.** sich in Unkosten stürzen; **4.** anfangen (*into* mit); **launch·ing** ['lɔːntʃɪŋ] **1.** *(Anleihe)* Emission *f;* **2.** *(Produkt)* Einführung *f;* **3.** *mar* Stapellauf *m;* **4.** *(Rakete)* Abschuß *m;* **launching pad** Start-, Abschußrampe *f; fig* Sprungbrett *n;* **launching site** Abschußbasis *f.*

launder ['lɔːndə(r)] **I** *tr* waschen (u. bügeln); **II** *itr* sich waschen lassen; ▶ ~ **money** Geld waschen; **laun·der·ette** [lɔːn'dret] Waschsalon *m;* **laun·dry** ['lɔːndrɪ] **1.** Waschen *n;* **2.** Wäsche *f;* **3.** Waschküche *f;* **4.** Wäscherei *f;* **laundry basket** Wäschekorb *m.*

laur·eate ['lɒrɪət] *(poet* ~*)* Hofdichter *m.*

laurel ['lɒrəl, *Am* 'lɔːrəl] **1.** Lorbeer *m;* **2.** Lorbeerkranz *m;* ▶ **rest on one's** ~**s** auf seinen Lorbeeren ausruhen.

lava ['lɑːvə] *geol* Lava *f.*

lava·tory ['lævətrɪ] Toilette *f;* Klosett *n;* **lavatory seat** Toilettensitz *m,* Brille *f.*

lav·en·der ['lævəndə(r)] *bot* Lavendel *m.*

lav·ish ['lævɪʃ] **I** *adj* **1.** verschwenderisch (*of* mit; *in doing s.th.* bei etw); **2.** reich, üppig; großzügig; **II** *tr* verschwenden (*on* für); ▶ ~ **s.th. on s.o.** jdn mit etw überschütten.

law [lɔː] **1.** Gesetz *n;* Recht *n;* **2.** Jura, Rechtswissenschaft *f;* **3.** Gericht *n;* **4.** Juristenberuf *m;* **5.** *math gram* (Spiel)Regel *f;* **6.** *fam* Polizei *f;* ▶ **according to** ~ nach dem Gesetz, gesetzmäßig; **at** ~ vor Gericht; **by** ~ von Rechts wegen; **contrary to** ~ rechtswidrig; **under the** ~ nach dem Gesetz; **become** ~ Gesetzeskraft erlangen; **go to** ~ den Rechtsweg beschreiten; **lay down the** ~ gebieterisch auftreten; **lay down the** ~ **to s.o.** jdm Vorschriften machen; **practice** ~ e-e Rechtsanwaltspraxis haben; **read, go in for** ~ Rechtswissenschaft studieren; **industrial** ~ Arbeitsrecht *n;* **international** ~ Völkerrecht *n;* **private** ~ Privatrecht *n;* **public** ~ öffentliches Recht; **maintenance of** ~ **and order** Aufrechterhaltung *f* der öffentlichen Sicherheit; ~ **of inheritance, of succession,** *Am* **of descent** Erbrecht *n;* ~ **of nations** Völkerrecht *n;* ~ **of supply and demand** Gesetz *n* von Angebot und Nachfrage.

law-abid·ing ['lɔːə,baɪdɪŋ] *adj* gesetzestreu; ordnungsliebend; **law-breaker** Rechtsbrecher(in) *m (f);* **law court** Gerichtshof *m;* **law·ful** ['lɔːfl] *adj* **1.** gesetz-, rechtmäßig; **2.** legitim; **law·ful-**

ness [—nɪs] Recht-, Gesetzmäßigkeit *f;* **law·giver** [ˈlɔːˌgɪvə(r)] Gesetzgeber *m;* **law·less** [ˈlɔːlɪs] *adj* **1.** gesetzlos, -widrig; **2.** zügellos.

lawn¹ [lɔːn] Rasen *m.*

lawn² [lɔːn] Batist *m.*

lawn·mower [ˈlɔːnˌməʊə(r)] Rasenmäher *m;* **lawn tennis** (Rasen)Tennis *n.*

law school [ˈlɔːˌskuːl] *Am* juristische Fakultät; **law student** Jurastudent(in) *m (f);* **law·suit** [ˈlɔːˌs(j)uːt] **1.** Rechtsstreit, (Zivil)Prozeß *m;* **2.** Klage *f;* ▶ **be involved, entangled in a ~** in e-n Prozeß verwickelt sein; **law·yer** [ˈlɔːjə(r)] **1.** Jurist(in) *m (f);* **2.** Rechtsanwalt *m,* -anwältin *f.*

lax [læks] *adj* **1.** lose, locker, schlaff; **2.** *fig* (nach)lässig, lax, ungenau; ▶ **~ bowels** *pl* Durchfall *m;* **laxa·tive** [ˈlæksətɪv] Abführmittel *n;* **lax·ity, laxness** [ˈlæksətɪ, ˈlæksnɪs] **1.** Lockerheit, Schlaffheit *f;* **2.** (Nach)Lässigkeit, Ungenauigkeit, Laxheit *f.*

lay¹ [leɪ] ⟨*irr* **laid, laid**⟩ **I** *s* Lage, Situation *f;* ▶ **the ~ of the land** die Beschaffenheit des Geländes; *fig* die Lage; **II** *itr (Henne)* (Eier) legen; **III** *tr* **1.** (hin-, nieder-, um)legen (*on* auf; *in* in); **2.** setzen, stellen; **3.** *(Linoleum, Eier)* legen; **4.** *fig (Wert, Nachdruck)* legen (*on* auf); **5.** *(Wette)* abschließen; **6.** *(den Schauplatz)* (ver)legen (*in* nach); **7.** *fig* mäßigen, beruhigen, befriedigen; **8.** *(Furcht)* beseitigen; **9.** beilegen, -messen, zuschreiben (*s.th. to s.o.* jdm etw); **10.** belasten (*s.o. with s.th.* jdn mit e-r S); **11.** festlegen, festsetzen (*at* auf); **12.** *(Feuer)* herrichten; **13.** *(den Tisch)* decken; **14.** *sl* aufs Kreuz legen; ▶ **~ bare** bloßlegen, enthüllen, zeigen; **~ the blame on s.o.** jdm die Schuld zuschieben; **~ claim to** Anspruch erheben auf; **~ s.th. at s.o.'s door** jdm etw zur Last legen, in die Schuhe schieben; **~ eyes on** erblikken, sehen; **~ hands on** in seinen Besitz bringen; *rel* die Hände auflegen (*s.o.* jdm); **~ hold of** ergreifen; bekommen; **~ great, little store upon** großen *od* viel, wenig Wert legen auf; **~ stress, emphasis on** betonen, herausstellen; **~ the table** den Tisch decken; **IV** *(mit Präposition)* **lay about** *itr* um sich schlagen; **lay aside, lay away** *tr* **1.** auf die Seite legen; sparen; **2.** ab-, weglegen; **lay back** *tr* **1.** zurücklegen; **2.** *(Ohren)* anlegen; **lay before** *tr* **1.** *(Plan)* unterbreiten (*s.o.* jdm); **2.** *(Klage)* vorbringen (*s.o.* bei jdm); **lay by** *tr* beiseite legen; **lay down** *tr* **1.** hin-, niederlegen; **2.** (ein)lagern, einkellern; **3.** *(Bedingung)* festlegen; **4.** *(Preise)* festsetzen; **5.** *(Kaution)* hinterlegen; **lay in** *tr* e-n Vorrat anlegen von, einkellern, stapeln; **lay into** *tr fam* verdreschen; fertigmachen; **lay off** *tr* **1.** (vorübergehend) entlassen, abbauen; **2.** *(Arbeit)* einstellen; *itr fam* aufhören; **lay on** *tr* **1.** *(Farbe)* auftragen; **2.** *fig* sorgen für; veranstalten; *(Busse)* einsetzen; *(Wasser, Elektrizität)* anschließen; ▶ **~ it on thick, with a trowel** *fam* übertreiben, aufschneiden; **lay open** *tr* **1.** bloß-, freilegen; **2.** *fig* aufdecken; ▶ **~ o.s. open** sich bloßstellen; **~ one's heart open to s.o.** jdm sein Herz ausschütten; **~ one's head open** sich den Kopf aufschlagen; **lay out** *tr* **1.** zurechtlegen; auslegen, ausbreiten, zur Schau stellen; **2.** aufbahren; **3.** entwerfen, planen; *(Gärten)* anlegen, gestalten; *(Gebäude)* aufteilen; *(Buch)* gestalten; **4.** *(Geld)* ausgeben; **5.** *sl (Menschen)* erledigen; ▶ **~ o.s. out** sich Mühe geben, sich bemühen; **lay over** *itr Am* zwischenlanden; **lay to** *itr (Schiff)* beidrehen; **lay up** *tr* **1.** aufheben, aufbewahren; lagern; ansammeln; **2.** *(Schiff)* auflegen; **3.** *(Auto)* einmotten; ▶ **be laid up** das Bett hüten (müssen) (*with* wegen).

lay² [leɪ] *adj* weltlich; Laien-; ▶ **~ opinion** die öffentliche Meinung; **a ~ opinion** die Meinung eines Laien.

lay³ [leɪ] *v s. lie¹.*

lay·about [ˈleɪəˌbaʊt] *Br* Faulenzer(in) *m (f).*

lay·by [ˈleɪbaɪ] *Br mot* Parkbucht *f;* Rastplatz *m.*

layer [ˈleɪə(r)] **1.** Schicht *f;* Lage *f;* **2.** *bot* Ableger *m; agr* Setzling *m;* **3.** Legehenne *f;* ▶ **arrange in ~s** schichtweise anordnen; **layered** [—d] *adj* ▶ **~ cut** *(Haare)* Stufenschnitt *m.*

lay·ette [leɪˈet] Babyausstattung *f.*

lay·man [ˈleɪmən] ⟨*pl* **-men**⟩ Laie *m;* Laien(welt *f*) *m pl.*

lay-off [ˈleɪɒf] **1.** Arbeitsunterbrechung, -pause *f;* **2.** Entlassung *f;* ▶ **~ notice** Entlassungsschreiben *n;* **lay·out** [ˈleɪaʊt] **1.** Anlage *f;* Plan *m;* Anordnung, Ausgestaltung *f;* **2.** Grundriß *m;* **3.** *typ* Layout *n;* ▶ **~ of rooms** Raumverteilung *f;* **lay·over** [ˈleɪəʊvə(r)] *Am* Fahrtunterbrechung *f;* **lay·woman** [ˈleɪwʊmən] Laie *m.*

laze [leɪz] **I** *itr* faulenzen, bummeln; **II** *tr (~ away)* verbummeln, vertrödeln; **III** *s* erholsame Pause; ▶ **have a ~** faulenzen; **lazi·ness** [ˈleɪzɪnɪs] Faulheit, Trägheit *f;* **lazy** [ˈleɪzɪ] *adj* **1.** faul, träge; **2.** langsam, schwerfällig.

LCD [ˌelsiːˈdiː] *Abk:* **liquid crystal display** Flüssigkristallanzeige, LCD *f.*

lead¹ [liːd] ⟨*irr* **led, led**⟩ **I** *tr* **1.** führen, leiten; **2.** vorangehen (*s.o.* jdm); *(den Weg)* zeigen; **3.** veranlassen (*to* zu); **4.** anführen; an der Spitze stehen (*s.th.* gen); **5.** *mus* dirigieren; **6.** *(ein Leben)* führen; **7.** *(Kartenspiel)* ausspielen; ▶ **~ the way** vorangehen; *fig* führend sein; **~ a party** Parteivorsitzender sein; **~ s.o. to do s.th.** jdn dazu bringen, etw zu tun;

~ **s.o. astray** jdn auf Abwege bringen; ~ **s.o. up the garden path** jdn an der Nase herumführen, jdn betrügen; **it ~s me to think** es läßt mich meinen; **II** *itr* **1.** vorangehen, (an)führen; **2.** (hin)führen (*to* zu); **3.** herbeiführen (*to s.th.* etw); **4.** führend sein, an der Spitze stehen; **5.** *sport* in Führung sein; **6.** *(Kartenspiel)* ausspielen; ► ~ **nowhere** zu nichts führen, keinen Sinn, Zweck haben; ~ **to trouble** zu Schwierigkeiten führen; **what will it ~ to?** wohin soll das führen? **III** *s* **1.** Führung, Leitung *f;* **2.** Beispiel *n;* **3.** Hinweis, Fingerzeig *m;* **4.** erste Stelle; **5.** leitende Idee, Leitbild *n;* **6.** *theat* Hauptrolle *f;* Hauptdarsteller *m;* **7.** *sport* Vorsprung *m;* **8.** (Hunde)Leine *f;* **9.** *el* Leitung(sdraht *m*) *f;* Kabel *n;* ► **be in the ~** führend sein; an der Spitze sein; e-n Vorsprung haben (*by* von); **have the ~** die Führung haben; den Ton angeben; **the police have a ~** die Polizei hat eine Spur; **take the ~** die Führung übernehmen; **it's my ~** *(Kartenspiel)* ich spiele aus; **IV** *(mit Präposition)* **lead along** *tr* führen; **lead aside** *tr* beiseite nehmen; **lead away** *tr* wegführen; abführen; *itr* wegführen; (vom Thema) abführen; **lead off** *tr* abführen; *itr* **1.** den Anfang machen; **2.** *sport* anspielen; **3.** *(Straße)* abgehen; **lead on** *tr* **1.** weiterführen; **2.** aufziehen, necken; **3.** täuschen; **lead to** *itr* zur Folge haben; **lead up** *itr* **1.** hinführen, lenken (*to* auf); **2.** hinauswollen (*to* auf).

lead² [led] **1.** Blei *n;* **2.** Lot *n;* **3.** *(Bleistift)* Blei(mine *f*) *n;* **4.** *pl* Bleifassung *f;* **leaded** ['ledəd] *(Kraftstoff)* verbleit; **leaden** ['ledn] *adj* **1.** bleiern; bleifarben; **2.** drückend, schwül; **3.** *fig* schwerfällig.

leader ['li:də(r)] **1.** Führer(in), Leiter(in) *m (f);* Vorsitzende(r) *f m;* Anführer(in) *m (f);* **2.** *(Zeitung)* Leitartikel *m;* **3.** *mus* Konzertmeister(in) *m (f);* erste(r) Geiger(in) *m (f);* **4.** *com* Schlager, Lockvogel *m;* **5.** *pl (Börse)* Spitzenwerte *m pl;* ► **industrial, labo(u)r, party ~** Wirtschafts-, Arbeiterführer(in) *m (f);* Parteivorsitzende(r) *f m;* **leader·ship** [—ʃɪp] Führung, Leitung *f.*

lead-free ['ledfri:] *adj (Kraftstoff)* unverbleit, bleifrei.

lead·ing ['li:dɪŋ] *adj* **1.** führend, leitend; **2.** erste(r, s), vorderste(r, s); ► **in a ~ position** in führender Position; **leading article** Leitartikel *m;* **leading lady** *theat* Hauptdarstellerin *f;* **leading light** *fig* einflußreiche Persönlichkeit; **leading man** *theat* Hauptdarsteller *m;* **leading question** Suggestivfrage *f.*

lead pencil ['led,pensl] Bleistift *m.*

lead singer ['li:d,sɪŋə(r)] Leadsänger(in) *m (f);* **lead story** ['li:d,stɔ:rɪ] Hauptartikel *m;* **lead time 1.** Vorlauf-, Entwicklungszeit *f;* **2.** Beschaffungszeit *f.*

lead-up ['li:dʌp] Vorbereitungsphase *f.*

leaf [li:f] ⟨*pl* leaves⟩ [li:vz] **I** *s* **1.** *bot* Blatt *n;* **2.** *(Buch)* Blatt *n;* **3.** (Metall)Blättchen *n;* Metallfolie *f;* **4.** Tischklappe *f;* Türflügel *m;* ► **come into ~** *bot* grün werden, ausschlagen; **take a ~ out of s.o.'s book** jds Beispiel folgen; sich ein Beispiel an jdm nehmen; **turn over a new ~** e-n neuen Anfang machen; **II** *itr (~ through)* durchblättern; **leaf·less** [—lɪs] *adj* blattlos.

leaf·let ['li:flɪt] **1.** Blättchen *n;* **2.** Prospekt *m;* Flug-, Merk-, Faltblatt *n.*

leafy ['li:fɪ] *adj* belaubt; grün.

league¹ [li:g] **1.** Bund *m,* Bündnis *n;* **2.** Vereinigung, Union *f;* **3.** *sport* Liga, Tabelle *f;* ► **in ~** verbündet (*with* mit); **they are not in the same ~** sie sind nicht gleichwertig.

league² [li:g] Wegstunde *f (= 4,8 km).*

leak [li:k] **I** *itr* **1.** leck, undicht sein; **2.** *(Wasserhahn)* tropfen; **3.** *(~ out)* durchsickern *a. fig;* auslaufen; **4.** *fig (~ out)* bekanntwerden; **II** *tr* **1.** durchlassen; **2.** *fig (Informationen)* weitergeben (*to* an); ► ~ **to the press** an die Presse durchsickern lassen; **III** *s* Leck *n;* undichte Stelle *a. fig;* ► **a ~ to the press** eine Indiskretion der Presse gegenüber; **spring a ~** ein Leck bekommen, undicht werden; **leak·age** ['li:kɪdʒ] **1.** Leck(-sein) *n;* Auslaufen *n;* **2.** durchsickernde Flüssigkeit; **3.** *com* Leckage *f;* **4.** *fig* Durchsickern *n;* **leaky** ['li:kɪ] *adj* leck, undicht.

lean¹ [li:n] ⟨*irr* leant *od* leaned, leant *od* leaned⟩ **I** *itr* **1.** sich neigen; **2.** sich (an)lehnen (*against* gegen, an; *on* auf); **3.** *fig* sich stützen (*on, upon* auf); **4.** e-e Vorliebe haben (*to* für); ► ~ **over backward(s)** *fig fam* sich mächtig anstrengen; ~ **towards s.th.** *fig* zu etw hinneigen; **II** *tr* **1.** *(~ over)* schräg stellen; **2.** lehnen (*against* an); **3.** (auf)stützen; **III** *s* Neigung *f* (*to* nach); Schrägstellung *f;* **IV** *(mit Präposition)* **lean back** *itr* sich zurücklehnen; **lean forward** *itr* sich vorbeugen; **lean on s.o. 1.** sich auf jdn verlassen; **2.** *fam* auf jdn Druck ausüben; **lean out** *itr* sich hinauslehnen; **lean over** *itr* **1.** sich neigen; **2.** sich vorbeugen.

lean² [li:n] **I** *adj* **1.** mager *(a. Fleisch);* **2.** hager, dürr; **II** *s* mageres Fleisch.

lean·ing ['li:nɪŋ] Neigung *f a. fig; fig* Hang *m* (*towards* zu); **leant** [lent] *v s. lean¹;* **lean-to** ['li:ntu:] *arch (~ roof)* Pultdach *n;* Anbau *m.*

leap [li:p] ⟨*irr* leapt *od* leaped, leapt *od* leaped⟩ **I** *itr* **1.** springen, hüpfen; **2.** *fig* sich stürzen (*at* auf); ► ~ **for joy** Freudensprünge machen; **II** *tr* springen über; überspringen; **III** *s* **1.** Sprung(weite *f*) *m;* **2.** *fig* Sprung *m;* ► **a ~ in the dark** *fig* ein Sprung ins Ungewisse; **by ~s and bounds** sprunghaft *adv;* **IV** *(mit Präposition)* **leap at** sich stürzen auf; ► **~ at an opportunity** eine Gelegenheit (beim Schopf) ergreifen; **leap out** *itr* **1.** hinausspringen; **2.** *fig* ins Auge springen; **leap up** *itr* **1.** hochspringen; **2.** *(Preise)* in die Höhe schnellen; **leap-frog I** *s* Bockspringen *n;* **II** *itr* bockspringen; ► **~ one's way to success** eine Blitzkarriere machen; **leapt** [lept] *v s. leap;* **leap-year** Schaltjahr *n.*

learn [lɜ:n] ‹*irr* learnt *od* learned, learnt *od* learned› **I** *tr* **1.** (er)lernen; **2.** erfahren, hören (*from* von); **3.** entnehmen (*from* aus); ► **~ by heart** auswendig lernen; **II** *itr* lernen, erfahren (*of* von); **learned** ['lɜ:nɪd] *adj* gelehrt; wissenschaftlich; akademisch; **learner** ['lɜ:nə(r)] **1.** Anfänger(in) *m (f);* Lernende(r) *f m;* Lerner(in) *m (f);* **2.** *mot (~ driver)* Fahrschüler(in) *m (f);* ► **be a slow ~** schwer lernen; **learn·ing** ['lɜ:nɪŋ] **1.** Bildung *f;* **2.** Wissen *n;* Gelehrsamkeit *f;* **learning disability** Lernbehinderung *f;* **learning disabled** *adj* lernbehindert; **learnt** [lɜ:nt] *v s. learn.*

lease [li:s] **I** *s* **1.** Pacht *f;* Miete *f;* **2.** Verpachtung *f;* Vermietung *f* (*to* an); **3.** Pacht-, Mietvertrag *m;* ► **on ~, by way of ~** pacht-, mietweise; **give, let (out) on ~** verpachten, in Pacht geben; vermieten; **take on ~, take a ~ of** in Pacht nehmen, pachten; mieten; **a new ~ of life** neuer Auftrieb, Schwung; **II** *tr* **1.** *(~ out)* verpachten; vermieten (*to* an); **2.** pachten; mieten; **lease·hold** ['li:shəʊld] **1.** gemietete Sache; **2.** *(~ property)* Pachtgrundstück *n;* **leaseholder** ['li:shəʊldə(r)] Pächter *m.*

leash [li:ʃ] (Hunde)Leine *f;* ► **keep on the ~** an der Leine führen.

leasing ['li:sɪŋ] Leasing *n;* **leasing company** Leasing-Gesellschaft *f.*

least [li:st] **I** *adj* kleinste(r, s), geringste(r, s), wenigste(r, s); **II** *adv* am wenigsten; ► **~ of all** am allerwenigsten; **III** *s* **1.** (der, die, das) Kleinste, Geringste; **2.** (das) wenigste, mindeste; ► **at (the) ~** wenigstens, mindestens; **last but not ~** last not least; **not in the ~** nicht im geringsten; **to say the ~** gelinde gesagt.

leather ['leðə(r)] **I** *s* Leder *n;* **II** *adj* Leder-, ledern; **III** *tr* **1.** mit Leder polieren; **2.** *fam* verdreschen; **leather·ing** [—ɪŋ] Tracht *f* Prügel; **leather·neck** ['leðənek] *Am fam* Marineinfanterist *m;* **leathery** ['leðərɪ] *adj* ledern; zäh.

leave[1] [li:v] ‹*irr* left, left› **I** *tr* **1.** verlassen; abreisen, abfahren, abfliegen von; **2.** lassen; hinterlassen; **3.** *(in einem Zustand)* lassen; **4.** liegenlassen, stehenlassen; **5.** *(Erbe)* hinterlassen; **6.** übriglassen (*s.o.* jdm); **7.** überlassen (*up to s.o.* jdm); ► **~ home** von zu Hause weggehen; **~ one's job** seine Stelle aufgeben; **left until called for** wird abgeholt; *(Brief)* postlagernd; **~ open** offenlassen; **~ s.o. alone** jdn in Ruhe lassen; **~ it at that** es dabei bewenden lassen; **~ s.o. in the lurch** jdn im ungewissen lassen; **it ~s much to be desired** es läßt viel zu wünschen übrig; **how much is left?** wieviel ist übrig? **all he has left** alles, was er noch hat; **nothing was left for him but to go** da konnte er nur noch gehen; **let's ~ this for now** lassen wir das jetzt; **II** *itr* **1.** fort-, weggehen, -fahren; **2.** abfahren, -reisen (*for* nach); **3.** kündigen, (die Stelle) aufgeben; **4.** abgehen (*school* von der Schule); **III** *(mit Präposition)* **leave behind** *tr* zurücklassen; hinter sich lassen; **leave off** *itr* aufhören; Schluß, ein Ende machen; *tr* **1.** *(Tätigkeit)* aufgeben; **2.** *(Kleidungsstück)* nicht anziehen; **leave on** *tr* **1.** *(Mantel)* anbehalten; **2.** *(Radio, Licht)* anlassen; **leave out** *tr* **1.** auslassen; übersehen; **2.** (dr)außen lassen; ► **~ s.o. out of the picture** *fig* jdn ausschalten; **leave over** *tr* **1.** übriglassen; **2.** verschieben.

leave[2] [li:v] **1.** Erlaubnis *f;* **2.** *mil* Urlaub *m;* **3.** Abschied *m;* ► **on ~** auf Urlaub; **beg ~** um Erlaubnis bitten; **go on ~** in Urlaub gehen; **take one's ~** Abschied nehmen.

leaven ['levn] **I** *s* **1.** Treibmittel *n;* Sauerteig *m;* **2.** *fig* Auflockerung *f;* **II** *tr* **1.** treiben; **2.** *fig* durchsetzen (*with* mit).

leave-tak·ing ['li:vteɪkɪŋ] Abschied *m;* **leav·ing** ['li:vɪŋ] Weggang *m;* **leaving certificate** Abschlußzeugnis *n;* **leaving party** Abschiedsparty *f;* **leav·ings** ['li:vɪŋz] *pl* (Über)Reste *pl.*

lecher ['letʃə(r)] Lüstling, Wüstling *m;* **lech·er·ous** ['letʃərəs] *adj* geil; wollüstig; **lech·ery** ['letʃərɪ] Geilheit *f.*

lec·tern ['lektən] Lesepult *n.*

lec·ture ['lektʃə(r)] **I** *s* **1.** Vorlesung *f;* Vortrag *m* (*on* über; *to* vor); **2.** Strafpredigt *f;* ► **give a ~** e-n Vortrag halten; **lecture room, theatre** Vortrags-, Hörsaal *m;* **lecture tour** Vortragsreise *f;* **II** *itr* e-e Vorlesung halten; einen Vortrag halten (*on* über; *to s.o.* vor jdm); **III** *tr* **1.** einen Vortrag halten (*s.o.* jdm); **2.** abkanzeln; **lec·turer** ['lektʃərə(r)] **1.** Vortragende(r) *f m,* Redner(in) *m (f);* **2.** *(Universität)* Lehrbeauftragte(r) *f m;* Dozent(in) *m (f).*

led [led] *v s. lead*[1]*.*

LED [ˌeli:'di:] *Abk:* **light-emitting diode** Leuchtdiode *f;* **LED-display** Leuchtdiodenanzeige *f.*

ledge [ledʒ] **1.** Leiste *f;* vorspringende Kante; Sims *m* od *n;* **2.** (Felsen)Riff *n.*

ledger ['ledʒə(r)] *com (general ~)* Hauptbuch *n;* **ledger line** *mus* Hilfslinie *f.*

lee [li:] **1.** (Wind)Schutz *m;* **2.** *mar* Lee(seite) *f.*
leech [li:tʃ] **1.** *zoo* Blutegel *m;* **2.** *fig* Schmarotzer(in) *m (f).*
leek [li:k] Lauch, Porree *m.*
leer [lɪə(r)] **I** *s* anzüglicher Blick; **II** *itr* **1.** lüstern blicken (*at* auf); **2.** schielen (*at* nach).
lee·ward ['li:wəd] Leeseite *f.*
lee·way ['li:weɪ] **1.** *mar aero* Abdrift *f;* **2.** *fig* Zeitverlust, Rückstand *m;* **3.** *fig* Spielraum *m;* ► **make up** ~ den Rückstand aufholen.
left[1] [left] **I** *adj* linke(r, s) *a. pol;* **II** *s* **1.** linke Seite; **2.** *(Boxen)* Linke *f;* ► **the** ~ *pol* die Linke; **on the** ~ links; **to the** ~ nach links; links (*of* von); **keep to the** ~ links fahren, gehen; **III** *adv* (nach) links; ► **turn** ~ links abbiegen.
left[2] [left] *v s. leave[1].*
left-hand ['lefthænd] *adj* linke(r, s); ► ~ **drive** Linkssteuerung *f;* **take the** ~ **turn** links abbiegen; **left-handed** [ˌleft'hændɪd] *adj* **1.** linkshändig; **2.** für Linkshänder; **3.** unaufrichtig, zweifelhaft; ► **be** ~ Linkshänder(in) sein; **left-hander** Linkshänder(in) *m (f);* **left·ist** ['leftɪst] **I** *s pol* Anhänger(in) *m (f)* der Linken; **II** *adj pol* linksgerichtet.
left-lug·gage [ˌleft'lʌgɪdʒ] *adj* ► ~ **office** *rail* Gepäckaufbewahrung *f;* ~ **locker** Gepäckschließfach *n;* ~ **ticket** Gepäckschein *m;* **left·overs** ['leftˌəʊvəz] *pl* Reste, Überbleibsel *pl.*
left wing [ˌleft'wɪŋ] *pol sport* linker Flügel; **left-wing** ['leftwɪŋ] *adj* linksstehend; **left-winger** [—ə(r)] Anhänger(in) *m (f)* der Linken.
leg [leg] **I** *s* **1.** Bein *n;* **2.** *(Küche)* Keule *f;* **3.** Strumpf-, Hosenbein *n;* **4.** (Stiefel)Schaft *m;* **5.** Tisch-, Stuhlbein *n;* **6.** Stütze *f;* **7.** *(Zirkel)* Schenkel *m a. math;* **8.** *aero* Strecke, Etappe *f;* ► **on one's ~s** auf den Beinen; stehend; **be all ~s** *(Mensch)* hoch aufgeschossen sein; **be on one's last ~s** *fam* aus dem letzten Loch pfeifen; **give s.o. a ~ up** *fig* jdm unter die Arme greifen; **not to have a ~ to stand on** etw nicht belegen können; keine Ausrede haben; **pull s.o.'s** ~ *fam* jdn auf den Arm nehmen; **shake a** ~ *fam* sich sputen; **stand on one's own ~s** auf eigenen Füßen stehen; **stretch one's ~s** sich die Beine vertreten; **II** *tr fam* ~ **it** zu Fuß gehen.
leg·acy ['legəsɪ] Erbe *n a. fig.*
legal ['li:gl] *adj* **1.** gesetz-, rechtmäßig; **2.** rechtlich; juristisch; ► **take** ~ **action, measures** den Rechtsweg beschreiten, prozessieren; **take** ~ **steps against s.o.** gerichtlich gegen jdn vorgehen; ~ **advice** Rechtsberatung *f;* ~ **adviser** Rechtsberater(in) *m (f),* -beistand *m;* ~ **aid** Rechtshilfe *f;* ~ **charges** *pl* Anwaltsgebühren *f pl;* Gerichtskosten *pl;* ~ **claim** Rechtsanspruch *m;* ~ **costs** *pl* Rechtskosten *pl;* ~ **currency** gesetzliches Zahlungsmittel; ~ **department** Rechtsabteilung *f;* ~ **entity, person** juristische Person; ~ **force** Rechts-, Gesetzeskraft *f;* ~ **holiday** gesetzlicher Feiertag; ~ **proceedings** *pl* Gerichtsverfahren *n,* Prozeß *m;* ~ **protection** Rechtsschutz *m;* ~ **representative** gesetzlicher Vertreter; ~ **tender** gesetzliches Zahlungsmittel; ~ **validity** Rechtsgültigkeit *f;* **legal·ity** [li:'gælətɪ] Gesetz-, Rechtmäßigkeit *f;* **legal·iz·ation** [ˌli:gəlaɪ'zeɪʃn] Legalisierung *f;* **legalize** ['li:gəlaɪz] *tr* legalisieren; **legal·ly** ['li:gəlɪ] *adv* **1.** legal; **2.** *(verheiratet)* rechtmäßig; **3.** *(verankert)* gesetzlich; **4.** *(beraten)* juristisch; ► ~ **speaking** vom rechtlichen Standpunkt aus; ~ **valid** rechtsgültig.
leg·ate ['legɪt] *rel* Legat *m.*
leg·ation [lɪ'geɪʃn] Gesandtschaft *f.*
leg·end ['ledʒənd] **1.** Legende *f;* **2.** *(Münze)* Aufschrift *f;* **3.** Bilderklärung *f,* Bildtext *m;* Legende *f;* **leg·end·ary** ['ledʒəndrɪ] *adj* legendär.
leger·de·main [ˌledʒədə'meɪn] (Taschenspieler)Kunststück *n;* Trick *m.*
leg·gings ['legɪŋz] *pl* (lange) Gamaschen; Leggings *f pl;* **leggy** ['legɪ] *adj* langbeinig.
leg·ible ['ledʒəbl] *adj* lesbar; leserlich.
legion ['li:dʒən] Legion *f a. fig;* ► **the Foreign L~** die Fremdenlegion; **legion·ary** ['li:dʒənərɪ] Legionär *m.*
legis·late ['ledʒɪsleɪt] *itr* Gesetze erlassen; ► ~ **for s.th.** etw berücksichtigen; **legis·la·tion** [ˌledʒɪs'leɪʃn] Gesetzgebung *f;* **legis·lat·ive** ['ledʒɪslətɪv] *adj* gesetzgebend; ► ~ **reform** Gesetzesreform *f;* **legis·la·tor** ['ledʒɪsleɪtə(r)] Gesetzgeber *m;* **legis·la·ture** ['ledʒɪsleɪtʃə(r)] Legislative *f.*
le·git·imacy [lɪ'dʒɪtɪməsɪ] **1.** Gesetzmäßigkeit, Legitimität *f;* **2.** Ehelichkeit *f;* **le·git·imate** [lɪ'dʒɪtɪmət] *adj* **1.** recht-, gesetzmäßig; **2.** legitim; **3.** ehelich; **le·git·imize** [lɪ'dʒɪtɪˌmaɪz] *tr* **1.** legitimieren; **2.** für ehelich erklären.
leg·room ['legrʊm] Beinfreiheit *f,* Platz *m* für die Beine.
leg·ume ['legju:m] **1.** Hülse(nfrucht) *f;* **2.** *pl* Gemüse *n;* **leg·umin·ous** [lɪ'gju:mɪnəs] *adj* Hülsen-.
lei·sure ['leʒə(r)] Muße, Freizeit *f* (*for* zu); ► **at** ~ unbeschäftigt, frei; in (aller) Ruhe; **at one's** ~ wenn man Zeit hat; wenn es einem paßt; **gentleman of** ~ Privatier *m;* **lady of** ~ nicht berufstätige Frau; **leisure activities** *pl* Freizeitgestaltung *f;* **lei·sured** ['leʒəd] *adj* ► **the** ~ **classes** die feinen Leute; **leisure hours** *pl* Mußestunden *f pl;* **lei·sure·ly** ['leʒəlɪ] **I** *adj* gemächlich, ruhig; **II** *adv* ohne Eile; in (aller) Ruhe; **leisure time**

Freizeit *f;* **leisure wear** Freizeitkleidung *f.*

lem·ming ['lemɪŋ] Lemming *m.*

lemon ['lemən] **I** *s* **1.** Zitrone *f;* **2.** *(~ tree)* Zitronenbaum *m;* **3.** *fig* Niete *f;* **II** *adj* zitronengelb; **lemon·ade** [ˌlemə'neɪd] Limonade *f;* **lemon curd, cheese** *Br* Zitronenmus *n;* **lemon juice** Zitronensaft *m;* **lemon-peel, lemon-rind** Zitronenschale *f;* **lemon squash** *Br* Sodawasser *n* mit Zitrone; Zitronensirup *m;* **lemon squeezer** Zitronenpresse *f.*

lend [lend] ⟨*irr* lent, lent⟩ *tr* **1.** (aus-, ver)leihen (*at interest* auf Zinsen); **2.** zur Verfügung stellen; **3.** *(Eigenschaft)* geben, verleihen; ▶ **~ o.s. to s.th** sich zu etw hergeben, etw mitmachen; **~ itself to** sich eignen zu, für; **~ a (helping) hand** behilflich sein; **lender** ['lendə(r)] Aus-, Verleiher *m;* **lend·ing** ['lendɪŋ] **1.** (Aus-, Ver)Leihen *n;* **2.** Darlehens-, Kreditgewährung *f;* Darlehen *n;* ▶ **~ business** Kreditgeschäft *n;* **~-library** Leihbibliothek, -bücherei *f.*

length [leŋθ] **1.** Länge *f;* Strecke *f;* **2.** Dauer *f;* **3.** *(Stoff)* Stück *n;* *(Tapete)* Bahn *f;* **4.** *sport* (Pferde-, Boots)Länge *f;* ▶ **at ~** schließlich, endlich; ausführlich; ungekürzt; **by a ~** *sport* um e-e Länge; **full ~** der Länge nach; **three feet in ~** drei Fuß lang; **go to any ~** vor nichts zurückschrecken; **go to great ~s** *fig* sehr weit gehen; alles Erdenkliche tun; **keep s.o. at arm's ~** Abstand zu jdm wahren, jdn auf Distanz halten; **lengthen** ['leŋθən] **I** *tr* verlängern; **II** *itr* länger werden; **length·ways, length·wise** ['leŋθweɪz, 'leŋθwaɪz] *adv* der Länge nach; **lengthy** ['leŋθɪ] *adj* weitschweifig, langatmig, langweilig; ziemlich lang.

leni·ence, leni·ency ['li:nɪəns(ɪ)] Milde, Nachsicht *f;* **leni·ent** ['li:nɪənt] *adj* mild(e), nachsichtig (*towards* gegen).

lens [lenz] **1.** Linse *f;* **2.** (Brille) Glas *n;* **3.** *phot* Objektiv *n.*

lent [lent] *v s. lend.*

Lent [lent] Fastenzeit *f.*

len·til ['lentl] *bot* Linse *f.*

Leo ['li:əʊ] *astr* Löwe *m;* **leo·nine** ['lɪənaɪn] *adj* Löwen-.

leop·ard ['lepəd] *zoo* Leopard *m.*

leo·tard ['li:ətɑ:d] Trikot *n;* Gymnastikanzug *m.*

leper ['lepə(r)] Leprakranke(r), Aussätzige(r) *f m;* **lep·rosy** ['leprəsɪ] Lepra *f,* Aussatz *m;* **lep·rous** ['leprəs] *adj* leprakrank, aussätzig.

les·bian ['lezbɪən] **I** *adj* lesbisch; **II** *s* Lesbierin *f.*

lese-maj·esty [ˌleɪz'mædʒɪstɪ] Majestätsbeleidigung *f;* Hochverrat *m.*

lesion ['li:ʒn] **1.** *med* Verletzung *f;* **2.** *jur* Schädigung *f.*

less [les] **I** *adj* kleiner, geringer, weniger; **II** *adv* weniger, in geringerem Maße; **III** *s* (der, die das) Kleinere, Geringere, Wenigere; kleinerer Betrag; **IV** *prep* abzüglich *gen,* weniger; **V** *(Wendungen)* **for ~** für weniger; **no ~, nothing ~** nicht wenig (*than* als); **no ~ than** ebensogut wie; **none the ~** nichtsdestoweniger.

les·sen ['lesn] **I** *tr* **1.** vermindern; **2.** herabsetzen, verkleinern; **II** *itr* **1.** weniger werden; **2.** abnehmen, nachlassen.

les·ser ['lesə(r)] *attr adj* kleiner, geringer; ▶ **to a ~ extent** in geringerem Maße; **the ~ crime** das weniger schlimme Verbrechen.

les·son ['lesn] **1.** *(Schule)* Übung, Aufgabe, Lektion *f;* **2.** Schularbeit *f;* **3.** Lehr-, Unterrichtsstunde *f;* **4.** Lehre *f;* Denkzettel *m;* **5.** *pl* Kurs(us) *m;* Unterricht *m;* ▶ **give s.o. a ~** jdm e-e Lehre erteilen; **give ~s** Unterricht geben; **let this be a ~ to you!** laß dir das e-e Lehre sein!

lest [lest] *conj* **1.** aus Furcht, daß; **2.** damit, daß nicht; **3.** im Fall, daß; falls; **4.** daß.

let[1] [let] ⟨*irr* let, let⟩ **I** *tr* **1.** lassen; **2.** *mit inf* zulassen, daß; erlauben zu, daß; **3.** einweihen (*into a secret* in ein Geheimnis); ▶ **~ s.o. do s.th.** jdn etw tun lassen; **we cannot ~ that happen** wir dürfen nicht zulassen, daß das passiert; **~ me help you** kann ich Ihnen helfen? **~ s.o. know** jdm Bescheid sagen; **~ s.o. alone** jdn in Ruhe lassen; **~ alone** geschweige denn, gar nicht zu reden von; **~ be** in Ruhe lassen; **~ blood** einen Aderlaß machen; **~ drop, fall** fallen lassen; **~ fly** werfen, feuern; schleudern; *fig* vom Stapel lassen; loswettern; **~ go** gehen lassen; loslassen; bleibenlassen; vernachlässigen; **~ o.s. go** sich gehenlassen; **~ it go at that** es dabei bewenden lassen; **~ pass** übersehen, nicht beachten; durchlassen; **~ slip** loslassen; *(Gelegenheit)* sich entgehen lassen, verpassen; *(Tatsache)* ausplaudern; **~'s go!** gehen wir! **~'s talk it over** laß uns darüber reden; **~ us pray** lasset uns beten; **~ us suppose ...** nehmen wir an ...; **~ me know** laß es mich wissen! **~ me think ...** warte mal ...; **II** *(mit Präposition)* **let by** *tr* vorbeilassen; **let down** *tr* **1.** herunterlassen; **2.** im Stich lassen; enttäuschen; **3.** *(Reifen)* die Luft herauslassen (aus); ▶ **~ one's hair down** *fig* aus sich herausgehen; **let in** *tr* **1.** hinein-, hereinlassen; **2.** *(Wasser)* durchlassen; **3.** einweihen (*on* in); **4.** *(Nähen)* einsetzen; ▶ **~ o.s. into the house** die Haustür aufschließen; **~ o.s. in for s.th.** sich etw einbrocken; **~ s.o. in on s.th.** jdn in etw einweihen; **let off** *tr* **1.** *(Dampf)* ablassen; **2.** *(Gewehr)* abfeuern; *(Pfeil)* abschießen; *(Bombe)* hochgehen lassen; **3.** aus-, absteigen lassen, absetzen (*s.o.* jdn); **4.** entwischen lassen; ► **~ s.o. off s.th.** jdm etw erlassen; **let on** *tr fam* durchblicken lassen; ► **not to ~ on** sich nichts anmerken lassen; **let out** *tr* **1.** heraus-, hinauslassen; **2.** *(Flüssigkeit)* auslaufen lassen; **3.** *(Kleidungsstück, Saum)* auslassen; **4.** aussteigen lassen; absetzen; **5.** *(Gefangenen)* entlassen; **6.** ausplaudern, verraten; **7.** *(Schrei)* ausstoßen; ► **~ the cat out of the bag** die Katze aus dem Sack lassen; **that ~s him out of it** da kommt er schon mal nicht in Frage; **let up** *itr* nachlassen; aufhören; ► **~ up on s.o.** jdm etw nachsehen.

let² ['let] **I** *s* Vermietung *f;* ► **look for a ~** eine Wohnung suchen; **have a house on a ~** ein Haus gemietet haben; **II** *tr (~ out)* vermieten; ► **to ~!** zu vermieten!

let³ ['let] **1.** *(Tennis)* Netzball *m;* **2.** ► **without ~ or hindrance** *jur* ungehindert.

let-down ['letdaʊn] *fam* Enttäuschung *f.*

lethal ['li:θl] *adj* tödlich.

leth·argic [lɪ'θɑ:dʒɪk] *adj* träge; energielos; interesselos; lethargisch; **leth·argy** ['leθdʒɪ] Energielosigkeit *f;* Interesselosigkeit *f;* Lethargie *f.*

let·ter ['letə(r)] **I** *s* **1.** Buchstabe *m;* **2.** *typ* Letter, Type *f;* **3.** Brief *m;* Schreiben *n* (*to* an); **4.** *pl* Literatur *f;* Schrifttum *n;* ► **by ~** brieflich; **to the ~** ganz genau; **capital ~** Großbuchstabe *m;* **man of ~s** Literat, Schriftsteller *m;* **~ of application** Bewerbungsschreiben *n;* **~ of thanks** Dankschreiben *n;* **II** *tr* beschriften; **letter bomb** Briefbombe *f;* **letter-box** *Br* Briefkasten *m;* **letter-card** Briefkarte *f;* **let·ter·head** ['letəhed] Briefkopf *m;* **let·ter·ing** ['letərɪŋ] Beschriftung *f;* **let·ter·press** ['letəpres] Buch-, Hochdruck *m;* **letter quality** *EDV* Briefqualität *f;* **letter quality printer** Schönschreibdrucker *m.*

let·tuce ['letɪs] *bot* Lattich *m;* Kopfsalat *m.*

let-up ['letʌp] **1.** Nachlassen *n;* **2.** Pause *f.*

leu·co·cyte, leu·ko·cyte ['lu:kəsaɪt] weißes Blutkörperchen, Leukozyt *m;* **leu·k(a)e·mia** [lu:'ki:mɪə] *med* Leukämie *f.*

level ['levl] **I** *s* **1.** Ebene *f a. fig;* **2.** gleiche Höhe; **3.** Pegel *m;* (Meeres)Höhe *f;* **4.** Niveau *n a. fig,* Stand *m;* **5.** *(Gebäude)* Geschoß *n;* **6.** Libelle, Wasserwaage *f;* **7.** Anteil *m;* Alkoholspiegel *m;* **8.** *fig* Platz, Stand *m;* Stufe *f;* ► **on a ~ with** auf gleicher Höhe, *fig* Stufe mit, wie; **on the ~** *fam* offen und ehrlich, gerade; **on a high, low ~** auf hohem, niedrigem Niveau; **peak ~** Höhepunkt *m;* Preisspitze *f;* **price ~** Preisniveau *n;* **salary ~** Gehaltsstufe *f;* **sea ~** Meeresspiegel *m;* **above/below sea ~** über/unter dem Meeresspiegel; **subsistence ~** Existenzminimum *n;* **wage ~** Lohnniveau *n;* **~ of activity** Beschäftigungsgrad *m;* **~ of employment** Beschäftigungsgrad *m;* **~ of performance** Leistungsniveau *n;* **~ of production** Produktionsniveau *n;* **II** *adj* **1.** eben, flach; waagerecht; **2.** gleich hoch; **3.** *fig* von gleicher Bedeutung; gleich(wertig); gleich gut; **4.** ruhig, vernünftig, ausgeglichen; ► **be ~ with s.th.** so hoch sein wie etw; **do one's ~ best** sein möglichstes tun; **have a ~ head** ausgeglichen sein; **he keeps a ~ head** er behält e-n klaren Kopf; **III** *adv* auf gleicher Ebene (*with* wie); **IV** *tr* **1.** planieren, ebnen; **2.** *(~ off)* einebnen, nivellieren; **3.** *(Gebäude)* einreißen; **4.** *(Stadt)* dem Erdboden gleichmachen; **5.** *(Schlag)* versetzen (*at s.o.* jdm); **6.** *(Gewehr)* anlegen, in Anschlag bringen (*at* auf); **7.** *fig (Anklage, Blick)* richten (*at, against* gegen); **V** *(mit Präposition)* **level down** *tr* **1.** einebnen; **2.** *fig* erniedrigen; **3.** *(Preis)* senken; herabsetzen; **4.** nach unten ausgleichen; **level off, level out** *tr* **1.** einebnen, planieren; **2.** *fig* ausgleichen; *itr* **1.** *(Gelände)* eben, flach werden; **2.** *fig* sich einpendeln; **3.** *aero* das Flugzeug abfangen; *(Flugzeug)* sich fangen; horizontal fliegen; **level up** *tr* erhöhen; nach oben ausgleichen; **level with** *sl* offen reden mit.

level cross·ing [ˌlevl'krɒsɪŋ] *Br* schienengleicher Bahnübergang; **level-headed** [ˌlevl'hedɪd] *adj* ausgeglichen; vernünftig, überlegt; **level·ling,** *Am* **level·ing** ['levlɪŋ] **1.** Planieren *n;* **2.** *(~ of incomes)* Einkommensnivellierung *f;* **3.** Ausgleich *m;* **level peg·ging** [ˌlevl'pegɪŋ] *adj* **1.** *sport* punktgleich; **2.** *fig* gleichgestellt.

lever ['li:və(r), *Am* 'levə(r)] **I** *s* **1.** Hebel *m;* **2.** Brechstange *f;* **3.** *fig* Druckmittel *n;* **II** *tr* mit e-r Brechstange, einem Hebel heben; **III** *(mit Präposition)* **lever out** *tr* **1.** herausstemmen; **2.** *(aus einer Stellung)* verdrängen; **lever·age** [—ɪdʒ] **1.** Hebelansatz *m,* -wirkung *f;* **2.** *fig* Macht *f,* Einfluß *m.*

lev·eret ['levərɪt] Häschen *n.*

lev·ia·than [lɪ'vaɪəθən] Monstrum *n.*

levi·tate ['levɪteɪt] **I** *itr* (frei) schweben; **II** *tr* zum Schweben bringen.

lev·ity ['levətɪ] Leichtfertigkeit *f.*

levy ['levɪ] **I** *s* **1.** Abgabe, Steuer *f;* **2.** Steuereintreibung *f;* **3.** *(~ of execution)* Zwangsvollstreckung *f;* **4.** *fin com* Abschöpfung *f;* **5.** *mil* Aushebung, Rekrutierung *f;* **II** *tr* **1.** *(Steuer)* erheben; **2.** *(Geldstrafe)* auferlegen (*on s.o.* jdm); **3.** *(Pfändung)* betreiben, vornehmen; **4.** *mil* ausheben, rekrutieren; **5.** *(Güter)* einziehen; **6.** *(Krieg)* beginnen (*on* gegen).

lewd [lju:d] *adj* geil; anzüglich; unanständig; **lewd·ness** [—nɪs] Lüsternheit *f;* Anzüglichkeit *f;* Unanständigkeit *f.*

lexi·cal ['leksɪkl] *adj* lexikalisch; **lexi·cogra·pher** [ˌleksɪ'kɒgrəfə(r)] Lexikograph(in) *m (f);* **lexi·cogra·phy** [ˌleksɪ'kɒgrəfɪ] Lexikographie *f;* **lexi·col·ogy** [ˌleksɪ'kɒlədʒɪ] Lexikologie *f;* **lexi·con** ['leksɪkən] **1.** Wörterbuch, Lexikon *n;* **2.** Fachwörterbuch *n;* **3.** Morpheme *n pl* e-r Sprache; **lexis** ['leksɪs] Gesamtwortschatz *m.*

lia·bil·ity [ˌlaɪə'bɪlətɪ] **1.** Haftung *f;* **2.** Belastung *f;* **3.** Pflicht *f;* **4.** Anfälligkeit *f* (*to* für); **5.** *pl* Verbindlichkeiten *f pl;* Passiva *n pl;* ▶ **without ~** unverbindlich; **~ for tax** Steuerpflicht *f;* **assets and liabilities** *pl* Aktiva u. Passiva *pl;* **~ for damages** (Schaden)Ersatzpflicht *f;* **~ for defects** Mängelhaftung *f;* **~ insurance** Haftpflichtversicherung *f;* **li·able** ['laɪəbl] *adj* **1.** verpflichtet (*for* zu); haftbar (*for* für); **2.** ausgesetzt, unterworfen (*to s.th.* e-r S); **3.** neigend (*to* zu); ▶ **be ~ for s.th.** für etw haften; e-r S unterliegen; **~ for damages, tax** schadenersatzpflichtig, steuerpflichtig; **he is ~ to change his mind** es kann durchaus sein, daß er es sich anders überlegt; **the car is ~ to break down** man muß mit einer Autopanne rechnen; **it's ~ to happen** das ist durchaus möglich.

li·aise [lɪ'eɪz] *itr* Verbindung aufnehmen (*with* mit); Verbindungsmann sein (*with* zu); **li·aison** [lɪ'eɪzn] **1.** Verbindung *f;* **2.** Verbindungsmann *m;* **3.** (Liebes)Verhältnis *n,* Liaison *f;* **4.** *gram* Bindung *f;* **liaison officer** Verbindungsperson *f.*

li·ana, li·ane [lɪ'ɑ:nə] *bot* Liane *f.*

liar ['laɪə(r)] Lügner(in) *m (f).*

lib [lɪb] ▶ **women's ~** *fam* Frauenbewegung *f.*

li·bel ['laɪbl] **I** *s* (öffentliche) Verleumdung *f;* Beleidigung *f* (*upon* gen); ▶ **be a ~ on s.o.** für jdn beleidigend sein; **action for ~** Verleumdungsklage *f;* **II** *tr* (öffentlich) verleumden; **li·bel·lous,** *Am* **li·bel·ous** ['laɪbələs] *adj* verleumderisch, beleidigend.

lib·eral ['lɪbərəl] **I** *adj* **1.** freigebig, großzügig (*of* mit); **2.** aufgeschlossen, tolerant; **3.** *a. pol* liberal; **II** *s* Liberale(r) *f m;* **liberal arts** *pl* Geisteswissenschaften *f pl;* **liberal education** Unterricht *m* in den allgemeinbildenden Fächern; **lib·eral·ism** [—ɪzəm] Liberalismus *m;* **lib·er·al·ity** [ˌlɪbə'rælətɪ] **1.** Freigebigkeit, Großzügigkeit *f;* **2.** Aufgeschlossenheit *f;* **lib·eral·iz·ation** [ˌlɪbrəlaɪ'zeɪʃn] Liberalisierung *f;* **lib·eral·ize** ['lɪbrəlaɪz] *tr* liberalisieren.

lib·er·ate ['lɪbəreɪt] *tr* **1.** freilassen, befreien (*from* von); **2.** emanzipieren; **3.** *chem* freimachen; **lib·er·ation** [ˌlɪbə'reɪʃn] Befreiung, Freilassung *f;* ▶ **women's ~ movement** Frauenbewegung *f;* **liberation organization** Befreiungsorganisation *f;* **lib·er·ator** ['lɪbəreɪtə(r)] Befreier(in) *m (f).*

lib·er·tine ['lɪbəti:n] Wüstling *m.*

liberty ['lɪbətɪ] **1.** Freiheit *f;* **2.** *oft pl* (Vor)Recht(e *pl*) *n;* Freiheiten *f pl;* ▶ **at ~** frei; unbenützt; **be at ~** frei sein; **be at ~ to do** freie Hand haben zu tun; **set at ~** freilassen; **take the ~ of doing, to do** sich die Freiheit herausnehmen zu tun; **take liberties** sich Freiheiten herausnehmen (*with s.o.* gegen jdn); **I take the ~** ich erlaube mir; **you are at ~ to leave** Sie können gehen; **civil liberties** *pl* bürgerliche (Ehren)Rechte *n pl;* **~ of action** Handlungsfreiheit *f;* **~ of conscience** Gewissensfreiheit *f;* **~ of trade** Gewerbefreiheit *f.*

li·bid·in·ous [lɪ'bɪdɪnəs] *adj* wollüstig; unzüchtig, obszön; **li·bido** [lɪ'bi:dəʊ] Geschlechtstrieb *m,* Libido *f.*

Libra ['li:brə] *astr* Waage *f;* **Lib·ran** ['li:brən] *astr* Waage(mensch *m*) *f.*

li·brar·ian [laɪ'breərɪən] Bibliothekar(in) *m (f);* **li·brary** ['laɪbrərɪ] Bibliothek, Bücherei *f;* Sammlung *f;* ▶ **reference ~** Präsenzbibliothek *f.*

li·bretto [lɪ'bretəʊ] ⟨*pl* -brettos⟩ *mus* Text(buch *n*) *m.*

li·cence, *Am* **li·cense** ['laɪsns] **1.** Erlaubnis, Bewilligung, Genehmigung *f;* **2.** Lizenz *f;* **3.** Konzession *f;* Gewerbeschein *m;* **4.** Führerschein *m;* Jagdschein *m;* Waffenschein *m;* **5.** Rundfunk-, Fernsehgenehmigung *f;* **6.** Hundemarke *f;* **7.** Freiheit *f;* **8.** Zügellosigkeit *f;* ▶ **under ~ from** mit Erlaubnis, Genehmigung *gen;* **give, grant a ~** e-e Lizenz, e-e Konzession erteilen; **requiring a ~, subject to a ~** genehmigungs-, konzessionspflichtig; *Am* **driver's,** *Br* **driving ~** Führerschein *m;* **licence number** *mot* (Kraftfahrzeug)Kennzeichen *n;* Zulassungsnummer *f;* **licence plate** *mot* Nummernschild *n;* **li·cense** ['laɪsəns] **I** *s Am s. licence;* **II** *tr* **1.** erlauben, gestatten, genehmigen; **2.** e-e Lizenz, e-e Konzession erteilen (*s.o.* jdm); ▶ **~ a car** Kraftfahrzeugsteuer bezahlen; **be ~d to do s.th** die Genehmigung haben, etw zu tun; **li·censed** ['laɪsnst] *adj* konzessioniert; ▶ **fully ~** mit voller Schankerlaubnis; **~ victualler** Inhaber *m* e-r Konzession zum Verkauf von Alkohol; **li·cen·see** [ˌlaɪsən'si:] Lizenznehmer(in) *m (f);* Konzessionsinhaber(in) *m (f);* **li·cens·er** ['laɪsnsə(r)] Lizenz-, Konzessionsgeber(in) *m (f);* **li·cens·ing** ['laɪsənsɪŋ] *adj* Konzessions-; Lizenz-; **licensing hours** *pl* Ausschankzeiten *f pl;* **licensing laws** *pl* Schankgesetze *n pl.*

li·cen·tiate [laɪ'senʃɪət] Lizentiat *m.*

li·cen·tious [laɪ'senʃəs] *adj* ausschwei-

fend.
li·chen ['laɪkən] *bot* Flechte *f.*
lick [lɪk] **I** *tr* **1.** (auf-, ab-, be)lecken; **2.** *fam* verdreschen; **3.** *fam (Menschen)* fertigmachen; besiegen; ▶ **~ one's lips** *fig* sich die Lippen lecken; **~ into shape** *fam* auf Hochglanz, in Form bringen; **~ s.o.'s boots** *fig* vor jdm kriechen; **II** *itr (Flamme)* züngeln; **~ at s.th.** an etw lecken; **III** *s* **1.** Lecken *n;* **2.** ein bißchen; Schuß, Spritzer *m;* **3.** *(salt-~)* Salzlecke *f;* **4.** *fam* tolles Tempo; ▶ **at full ~** *sl* mit Höchstgeschwindigkeit; **a ~ and a promise** Katzenwäsche *f;* **lick·ing** [—ɪŋ] **1.** (Ab)Lecken *n;* **2.** *fam* Niederlage *f;* **3.** *fam* Dresche *f.*
licor·ice ['lɪkərɪs] *s. liquorice.*
lid [lɪd] **1.** Deckel *m;* **2.** (Augen)Lid *n;* **3.** *sl* Deckel, Hut *m;* ▶ **take the ~ off** *fig* enthüllen; **with the ~ off** unverhüllt, ohne Beschönigung.
lido ['li:dəʊ] ⟨*pl* lidos⟩ Strand-, Freibad *n.*
lie[1] [laɪ] ⟨*irr* lay, lain⟩ **I** *itr* **1.** liegen *a. fig;* **2.** *(Straße)* führen, verlaufen; **3.** (begraben) liegen, ruhen; **4.** obliegen (*on s.o.* jdm); **5.** *fig* beruhen (*in* auf); **6.** bestehen (*in* in); ▶ **~ in ambush** auf der Lauer liegen; **~ at anchor** vor Anker liegen; **~ in bed** im Bett liegen; **~ idle** müßig sein, nichts tun; stilliegen, nicht benützt werden; **~ low** am Boden liegen; *sl* nichts verlauten lassen; **~ open to s.th.** e-r S ausgesetzt sein; **take s.th. lying down** *(Beleidigung)* etw wortlos schlucken; **everything that ~s in my power** alles, was in meiner Macht steht; **II** *s* Lage *f;* ▶ **the ~ of the land** die Beschaffenheit des Geländes; *fig* die Lage; **III** *(mit Präposition)* **lie about** *itr* herumliegen; **lie back** *itr* **1.** sich zurücklegen; sich zurücklehnen; **2.** *fig* nichts tun; sich ausruhen; **lie behind** *itr fig* dahinterliegen; **lie down** *itr* sich hinlegen; ▶ **~ down under s.th.** etw widerspruchslos hinnehmen; **~ down on the job** *Am fam* e-e ruhige Kugel schieben; **lie in** *itr* bis spät in den Morgen hinein im Bett bleiben; **lie off** *itr mar* in geringer Entfernung liegen; **lie over** *itr* aufgeschoben sein; ▶ **let ~ over** aufschieben, liegenlassen; **lie to** *itr mar* beiliegen; **lie under** *itr* unterstehen; ▶ **~ under an obligation** e-e Verpflichtung haben; **lie up** *itr* sich zurückziehen; verschwinden; das Zimmer hüten (müssen); unbenutzt sein.
lie[2] [laɪ] **I** *itr* **1.** lügen; **2.** e-n falschen Eindruck erwecken, täuschen; ▶ **~ to s.o.** jdn anlügen; **~ through one's teeth** lügen wie gedruckt; **II** *tr* ▶ **~ o.s., one's way out of** sich herauslügen aus; **III** *s* Lüge, Unwahrheit *f;* ▶ **act a ~ to s.o.** falsche Vorstellungen in jdm erwecken; **give s.o. the ~** jdn Lügen strafen; **give s.th. the ~** etw widerlegen; **tell a ~** lügen; **lie-detector** Lügendetektor *m.*
lie-down [ˌlaɪ'daʊn] *Br* kurze (Bett)Ruhe *f;* **lie-in** [ˌlaɪ'ɪn] Bettruhe *f* bis tief in den Morgen hinein; ▶ **have a ~** ausschlafen.
lieu [lu:] ▶ **in ~ of** anstatt, an Stelle *gen.*
lieu·ten·ant [lef'tenənt, *Am* lu:'tenənt] **1.** Leutnant *m; Br* Oberleutnant; *mar Br* Kapitänleutnant *m;* **2.** Statthalter *m;* ▶ **flight ~** *aero Br* Hauptmann *m.*
life [laɪf] ⟨*pl* lives⟩ [laɪvz] **1.** Leben *n;* **2.** Lebenszeit *f;* **3.** Lebensgeschichte, Biographie *f;* **4.** Lebensweise, -führung *f;* **5.** Lebensdauer *f a. tech;* **6.** Schwung *m,* Lebenskraft *f;* **7.** *jur* Geltungsdauer *f;* Laufzeit *f;* ▶ **as large as ~** in Lebensgröße; *fam* in Person; **for ~** auf Lebenszeit; lebenslänglich; **for dear ~** um sein Leben *(laufen);* **not on your ~!** todsicher nicht! **late in ~** in vorgerücktem Alter; **in the prime of one's ~** im besten Alter, in den besten Jahren; **to the ~** lebenswahr, -echt *adv;* **bring to ~** ins Leben rufen; beleben; *fam* in Schwung bringen; **bring back to ~** wiederbeleben; **come to ~** in Schwung kommen; wieder zu sich kommen; **take s.o.'s, one's own ~** jdm, sich das Leben nehmen; **he had the time of his ~** er amüsierte sich bestens; **danger of ~** Lebensgefahr *f;* **(mean) duration of ~** (mittlere) Lebensdauer *f;* **economic ~** Nutzungsdauer *f;* **expectation of ~** Lebenserwartung *f;* **experience in ~** Lebenserfahrung *f;* **family ~** Familienleben *n;* **this is a matter of ~ and death** hier geht es um Leben und Tod; **life annuity** Leibrente *f;* **life·belt** ['laɪfbelt] Rettungsring *m;* **life·boat** ['laɪfbəʊt] Rettungsboot *n;* **life·buoy** ['laɪfbɔɪ] Rettungsboje *f;* **life expectancy** **1.** Lebenserwartung *f;* **2.** geschätzte Nutzungsdauer; **life·guard** ['laɪfgɑ:d] **1.** Leibwache *f;* **2.** Rettungsschwimmer *m;* **3.** Bademeister *m;* **life history** Lebensgeschichte *f;* **life insurance, assurance** Lebensversicherung *f;* **life jacket** Schwimmweste *f;* **life·less** ['laɪflɪs] *adj* **1.** leblos; unbelebt; **2.** *fig* matt, flau, trüb; **life·like** ['laɪflaɪk] *adj* echt; naturgetreu; **life·line** ['laɪflaɪn] *mar* **1.** Rettungsleine *f;* **2.** Lebenslinie *f (in der Hand);* **3.** lebenswichtige Versorgungs-, Verbindungslinie; **life·long** ['laɪflɒŋ] *adj* auf Lebenszeit; **life preserver** **1.** *Am* Rettungsring, Schwimmgürtel *m,* -weste *f;* **2.** *Br* Totschläger *m;* **lifer** ['laɪfə(r)] *sl* Lebenslängliche(r) *f m;* **life-raft** Rettungsfloß *n;* **life-saver** Lebensretter(in) *m (f);* Rettungsschwimmer(in) *m (f); fig* rettender Engel; **life-sentence** lebenslängliche Freiheitsstrafe; **life-size(d)** ['laɪfsaɪz(d)] *adj* lebensgroß, in Lebensgröße; **life-span** **1.** *com* Lebensdauer *f;* **2.** *(Mensch)* Lebenserwartung *f;* **3.**

Laufzeit *f;* **life support system** *med* Lebenserhaltungssystem *n;* **life·time** ['laɪftaɪm] Lebenszeit *f;* ► **the chance of a ~** eine einmalige Chance; **in, during s.o.'s ~** zu jds Lebzeiten; **once in a ~** einmal im Leben; einmalig; **life·work** [ˌlaɪf'wɜːk] Lebenswerk *n.*

lift [lɪft] **I** *tr* **1.** (auf-, in die Höhe) heben; **2.** *(Augen)* aufschlagen; nach oben erheben; **3.** hochhalten, in die Höhe halten; **4.** *(Hut)* ziehen; **5.** *fig* befördern, erhöhen *(a. Preis);* **6.** *(Stimme)* erheben; **7.** *(Stimmung)* heben; **8.** *(Gesicht, Busen)* liften; **9.** *(Kartoffeln)* ernten, roden; **10.** *(Sperre)* aufheben; **11.** *fam* abschreiben, plagiieren; klauen; **12.** *sl* verhaften; ► **not to ~ a finger** *fig* keinen Finger rühren, krümmen; **~ one's hand** die Hand *(zum Schwur)* erheben; **~ one's hand against s.o.** die Hand gegen jdn erheben; **II** *itr* **1.** sich erheben, steigen; **2.** *(Rakete, Flugzeug)* abheben; **3.** *(Nebel)* sich auflösen, sich heben; **III** *s* **1.** Hochheben *n;* **2.** Auftrieb *m a. fig, aero;* **3.** *tech* Hub *m;* **4.** *Br* Aufzug, Fahrstuhl *m;* **5.** Mitnahme *f (im Auto);* Mitfahrgelegenheit *f;* ► **give s.o. a ~** jdn mitnehmen, mitfahren lassen; **IV** *(mit Präposition)* **lift down** *tr* herunterheben; **lift off** *itr* abheben; **lift up** *tr* hochheben; **lift-off** ['lɪftɒf] **1.** *(Rakete)* Start *m;* **2.** *aero* Abheben *n;* ► **have ~** abheben.

liga·ment ['lɪgəmənt] *anat* Band *n.*

liga·ture ['lɪgətʃə(r)] **1.** Binden *n;* Band *n;* **2.** *med* Binde *f;* **3.** *typ mus* Ligatur *f.*

light[1] [laɪt] ⟨*irr* **lit** *od* **lighted, lit** *od* **lighted**⟩ **I** *s* **1.** Licht *n a. fig;* **2.** Beleuchtung, Helligkeit *f;* **3.** Lichtquelle *f,* -schein *m;* **4.** *(für Zigarette)* Feuer *n;* **5.** Tag(eslicht *n*) *m;* **6.** *fig* Licht *n,* Beleuchtung *f;* **7.** Aspekt, Gesichtspunkt *m;* **8.** *pl* Geistesgaben, Fähigkeiten *f pl;* **9.** *pl* Erkenntnisse *f pl,* Einsicht *f;* ► **according to his ~s** seinen Fähigkeiten entsprechend; **in the ~ of** im Licht *gen,* angesichts *gen,* im Hinblick auf; **in a favo(u)rable ~** in günstigem Licht; **in a new ~** mit anderen Augen; **bring to ~** an den Tag, ans Licht bringen; **come to ~** an den Tag kommen; **see the ~ (of day)** das Licht (der Welt) erblicken; bekanntwerden; verstehen, begreifen; **shed, throw ~ on s.th.** *fig* Licht in etw bringen; **may I trouble you for a ~?** darf ich Sie um Feuer bitten? **that throws a different ~ on the matter** die Sache bekommt dadurch ein anderes Gesicht, erscheint dadurch in e-m anderen Licht; **green ~** grünes Licht *a. fig;* freie Fahrt; *fig* freie Hand; **~ and shade** *fig* Licht *n* u. Schatten *m;* **II** *adj* **1.** licht, hell, leuchtend; **2.** hell(häutig, -haarig), blond; **III** *tr* **1.** *(Feuer, Licht)* anzünden, -machen; **2.** *(mit Scheinwerfern)* anstrahlen; be-, erleuchten; *(Flugplatz)* befeuern; **3.** leuchten (*s.o.* jdm); **IV** *(mit Präposition)* **light up** *itr* **1.** aufleuchten; **2.** Pfeife, Zigarette anzünden; *tr* **1.** beleuchten; **2.** *(Lampe)* anmachen; **3.** *(Zigarette)* anzünden; **light (up)on** entdecken.

light[2] [laɪt] **I** *adj* **1.** leicht; **2.** zu leicht; **3.** leichtfüßig, flink; **4.** leicht(lebig, -sinnig); **5.** leicht(verdaulich); **6.** *(Erde)* lokker; **7.** *(Wein, Musik)* leicht; ► **~ opera** Operette *f;* **~ reading** Unterhaltungslektüre *f;* **make ~ of s.th.** etw nicht ernst nehmen; **~ water reactor** *el* Leichtwasserreaktor *m;* **II** *adv* leicht.

light bulb ['laɪtbʌlb] elektrische Birne.

lighten[1] ['laɪtn] **I** *tr* **1.** erleuchten, erhellen; **2.** *fig* aufhellen; **II** *itr* **1.** sich erhellen, aufleuchten; **2.** blitzen.

lighten[2] ['laɪtn] **I** *tr* **1.** entlasten, erleichtern; **2.** *fig* erleichtern; **3.** *mar* löschen, leichtern; **II** *itr* leichter werden.

lighter ['laɪtə(r)] **1.** Anzünder *m;* **2.** Feuerzeug *n.*

light-fin·gered [ˌlaɪt'fɪŋgəd] *adj* **1.** diebisch; **2.** fingerfertig; **light-footed** [ˌlaɪt'fʊtɪd] *adj* leichtfüßig; **light-headed** [ˌlaɪt'hedɪd] *adj* **1.** schwindlig, benommen; **2.** gedankenlos; **light-hearted** [ˌlaɪt'hɑːtɪd] *adj* sorglos, unbeschwert; **light heavyweight** *(Boxen)* Halbschwergewicht(ler *m*) *n.*

light·house ['laɪthaʊs] Leuchtturm *m;* **light·ing** ['laɪtɪŋ] Beleuchtung *f;* ► **emergency ~** Notbeleuchtung *f;* **~-equipment** Beleuchtungsanlage *f;* **~ up** *mot* Einschalten *n* der Beleuchtung.

light·ly ['laɪtlɪ] *adv* **1.** leicht; **2.** unbesonnen; **3.** geringschätzig.

light meter ['laɪtmiːtə(r)] *phot* Belichtungsmesser *m.*

light·ness[1] ['laɪtnɪs] Helligkeit *f.*

light·ness[2] ['laɪtnɪs] **1.** Leichtigkeit *f;* **2.** Heiterkeit *f,* Frohsinn *m;* **3.** Leichtsinn *m,* Leichtfertigkeit *f.*

light·ning ['laɪtnɪŋ] Blitz *m;* ► **flash of ~** Blitz, Blitzschlag *m;* **with ~ speed** wie der Blitz; **struck by ~** vom Blitz getroffen; **lightning attack** Überraschungs-, Blitzangriff *m;* **lightning-conductor,** *Am* **rod** Blitzableiter *m;* **lightning strike** spontaner Streik.

light pen ['laɪtpen] *EDV* Lichtgriffel, Lichtstift *m.*

lights [laɪts] *pl* Tierlunge *f.*

light·weight ['laɪtweɪt] **I** *s* **1.** *(Boxen)* Leichtgewicht(ler *m*) *n;* **2.** *fig* Leichtgewicht *n;* **II** *adj* **1.** *sport* Leichtgewichts-; **2.** leicht; *fig* schwach.

light year ['laɪtjɜː(r), —jɪə(r)] Lichtjahr *n.*

lig·neous ['lɪgnɪəs] *adj* holzig; **lig·nite** ['lɪgnaɪt] Braunkohle *f;* Lignit *m.*

lik·able ['laɪkəbl] *adj* liebenswert, gefällig; anziehend.

like[1] [laɪk] **I** *adj* ähnlich, gleich; **II** *prep* ähnlich *dat;* wie; **III** *adv* dergleichen;

wie; **IV** *conj fam* wie; als ob; **V** *s* Gleiche(r) *f m;* **VI** *(Wendungen)* **be ~ s.o.** wie jem sein, jdm ähnlich sein; **what is he ~?** was ist er für ein Mensch? **what is it ~?** wie ist es? wie sieht es aus? **it was ~ him to do that** das sieht ihm ähnlich; **that's not ~ her** das ist nicht ihre Art; **they are very ~ each other** sie sehen sich sehr ähnlich; **they are as ~ as two peas** sie gleichen sich wie ein Ei dem anderen; **something ~ that** so etwas ähnliches; **there is nothing ~ ...** es geht nichts über ... **I don't feel ~ work(ing) today** ich bin heute nicht zum Arbeiten aufgelegt; **it looks ~ rain(ing)** es sieht nach Regen aus; **as ~ as not, ~ enough** *fam* wahrscheinlich; **~ mad** wie verrückt; **the ~s of him** seinesgleichen; **the ~s of you** *fam* Leute wie Sie, Ihresgleichen.

like² [laɪk] **I** *tr* **1.** mögen, gern haben; **2.** wollen, gerne mögen; ▶ **I ~ it** das gefällt mir, das mag ich; **he ~s classical music** er mag klassische Musik; **how do you ~ Stuttgart?** wie gefällt Ihnen Stuttgart? **would you ~ a cup of tea?** hätten Sie gerne eine Tasse Tee? **well how do you ~ that?** wie findest du denn das? **I should ~ a little bit more time** ich hätte gerne etwas mehr Zeit; **I should ~ to know** ich wüßte gern; **II** *itr* wollen; **III** *s* Geschmack *m;* Vorliebe *f;* ▶ **she knows his ~s and dislikes** sie weiß, was er mag und was er nicht mag;

like·able ['laɪkəbl] *s. likable.*

like·li·hood ['laɪklɪhʊd] Wahrscheinlichkeit *f;* ▶ **in all ~** höchstwahrscheinlich.

like·ly ['laɪklɪ] **I** *adj* **1.** wahrscheinlich; **2.** aussichtsreich, (viel)versprechend; **3.** passend, geeignet; ▶ **he is ~ to come** es ist wahrscheinlich, daß er kommt; **it's ~ to cause problems** das wird wahrscheinlich Probleme mit sich bringen; **a ~ story!** das soll mal einer glauben! **II** *adv* ▶ **as ~ as not** höchstwahrscheinlich; **not ~** schwerlich, kaum; **very, most ~** höchstwahrscheinlich, sehr wahrscheinlich; **that's more ~** das ist eher möglich.

like-minded [ˌlaɪk'maɪndɪd] *adj* gleichgesinnt.

liken ['laɪkən] *tr* vergleichen (*to* mit).

like·ness ['laɪknɪs] Ähnlichkeit *f;* Bild *n;* ▶ **in the ~ of** in Gestalt *gen.*

like·wise ['laɪkwaɪz] *adv* ebenso; ebenfalls, auch.

lik·ing ['laɪkɪŋ] Zuneigung *f;* Vorliebe *f;* ▶ **have a ~ for** mögen; **to s.o.'s ~** nach jds Geschmack.

li·lac ['laɪlək] **1.** Flieder *m;* **2.** Lila *n.*

Lil·li·pu·tian [ˌlɪlɪ'pju:ʃn] *adj* winzig; sehr klein.

li·lo ['laɪləʊ] ⟨*pl* lilos⟩ *Br Wz* Luftmatratze *f.*

lilt [lɪlt] **I** *tr, itr* trällern; **II** *s* beschwingte Melodie; singender Tonfall.

lily ['lɪlɪ] Lilie *f;* ▶ **water ~** Seerose *f;* **~ of the valley** Maiglöckchen *n;* **lily-livered** ['lɪlɪˌlɪvəd] *adj* feige.

limb [lɪm] **1.** (Körper)Glied *n;* **2.** Ast *m;* **3.** *pl* Gliedmaßen *pl;* ▶ **out on a ~** isoliert; in einer prekären Lage.

lim·ber ['lɪmbə(r)] **I** *adj* geschmeidig; beweglich; **II** *(mit Präposition)* **limber up** *itr* **1.** *sport* Lockerungsübungen machen; **2.** *fig* sich vorbereiten.

limbo ['lɪmbəʊ] ⟨*pl* limbos⟩ Vorhölle *f; fig* Übergangsstadium *n;* ▶ **be in ~** in der Schwebe sein.

lime¹ [laɪm] **I** *s* **1.** *(burnt, caustic ~)* (gebrannter) Kalk *m;* **2.** *(bird-~)* Vogelleim *m;* **II** *tr* mit Kalk düngen.

lime² [laɪm] *bot* Limonelle, Limone *f.*

lime³ [laɪm] *bot* Linde *f.*

lime·light ['laɪmlaɪt] *theat u. fig* Rampen-, Scheinwerferlicht *n;* ▶ **in the ~** *fig* im Mittelpunkt des Interesses; **bring into the ~** *fig* ans Licht der Öffentlichkeit bringen.

lim·er·ick ['lɪmərɪk] Limerick *m.*

lime·stone ['laɪmstəʊn] Kalkstein *m.*

limit ['lɪmɪt] **I** *s* **1.** Grenze, Beschränkung *f;* **2.** Endpunkt *m;* Höchstgrenze, -zahl *f;* **3.** *math* Grenzwert *m;* **4.** *com* Limit *n;* Preisgrenze *f;* **5.** Frist *f;* Termin *m;* ▶ **with ~s** in Grenzen; **without ~** unbegrenzt, unbeschränkt; **speed ~** Geschwindigkeitsbegrenzung *f;* **exceed the ~** *fig* die Grenze überschreiten; **that's the ~!** *fam* das ist doch die Höhe! **you're the ~!** das ist unerhört (von Ihnen)! **off ~s!** Zutritt verboten! (*to* für); **II** *tr* **1.** begrenzen; be-, einschränken (*to* für); **2.** *(Preis)* limitieren; **limi·ta·tion** [ˌlɪmɪ'teɪʃn] **1.** Begrenzung *f;* Beschränkung *f;* Einschränkung *f;* **2.** *jur* Verjährung *f;* **3.** *com* Kontingentierung *f;* ▶ **know one's ~s** seine Grenzen kennen; **~ of liability** Haftungsbeschränkung *f;* **~ period** Verjährungsfrist *f;* **limited** ['lɪmɪtɪd] *adj* **1.** begrenzt; **2.** *com* beschränkt (*to* auf); limitiert; mit beschränkter Haftung; ▶ **in a ~ sense** in gewissem Sinne; **~ (liability) company (Ltd)** Gesellschaft *f* mit beschränkter Haftung (GmbH); **~ partnership** Kommanditgesellschaft (KG) *f; Am* Gesellschaft *f* mit beschränkter Haftung; **limit·less** ['lɪmɪtlɪs] *adj* grenzenlos.

limou·sine ['lɪməzi:n] *mot* Limousine *f.*

limp¹ [lɪmp] **I** *itr* hinken; **II** *s* Hinken *n;* ▶ **walk with a ~** hinken, humpeln.

limp² [lɪmp] *adj* **1.** schlaff; weich; **2.** *fig* schwach; matt.

lim·pet ['lɪmpɪt] Napfschnecke *f;* ▶ **hold on, cling like a ~** *fig* wie e-e Klette hängen (*to* an).

lim·pid ['lɪmpɪd] *adj* hell, klar, durchsichtig.

limy ['laɪmɪ] *adj* kalkig.

linch·pin ['lɪntʃpɪn] **1.** Splint *m;* Achsnagel *m;* **2.** *fig* lebenswichtiger Teil, Angelpunkt *m.*

lin·den ['lɪndən] *(~-tree)* Linde *f.*

line[1] [laɪn] **I** *s* **1.** Leine *f;* **2.** (Angel)Schnur *f;* **3.** Telefon-, Telegraphenleitung *f;* **4.** Linie *f a. sport;* Strich *m;* **5.** Handlinie *f;* Falte, Runzel *f;* **6.** Grenzlinie *f;* **7.** Verkehrslinie *f;* Bahn-, Flugstrecke *f;* **8.** Fahrbahn *f;* **9.** *Am* (Menschen)Schlange *f;* **10.** Reihe *f;* Häuserzeile *f;* **11.** Zeile *f;* Vers *m;* **12.** kurze Nachricht, Brief *m;* **13.** Ahnenreihe *f;* Familie *f,* Geschlecht *n;* **14.** Richtung *f;* Verlauf *m;* (Gedanken)Gang *m;* **15.** Vorgehen *n;* Handlungsweise *f;* **16.** Beschäftigung *f,* Beruf *m,* Fach *n;* Geschäft(szweig *m*) *n,* Branche *f;* **17.** (Fach-, Interessen)Gebiet *n,* Fachrichtung *f;* **18.** *com* Artikel *m,* Ware *f,* Posten *m;* Kollektion *f;* Marke *f;* **19.** *geog* Meridian, Breitenkreis *m;* **20.** *mil* Linie *f;* Front *f;* **21.** *pl* Zeilen *f pl,* (kurzes) Schreiben *n;* **22.** *theat pl* (Text *m* e-r) Rolle *f;* **23.** *pl* Richtlinien *f pl,* Grundsätze *m pl;* ► **all along the ~** auf der ganzen Linie; **in ~** in Reih und Glied; in Linie; *fig* in Einklang (*with* mit); **a bad ~** *tele* eine schlechte Verbindung; **be in ~ for a job** e-e Stelle wahrscheinlich bekommen; **bring into ~** *(Menschen)* auf Linie bringen; zum Mitmachen bewegen; **come into ~, fall in ~** sich anschließen, sich einfügen (*with* in); *fam* mitmachen (*with* mit); *fam* nicht aus der Reihe tanzen; **draw the ~** *fig* e-e Grenze ziehen (*at* bei); **drop s.o. a ~** jdm ein paar Zeilen schreiben; **get a ~ on s.th.** *fam* etw herausfinden; **hold the ~** *tele* am Apparat bleiben; **keep in ~** in Reih und Glied, *fam* bei der Stange bleiben; **step out of ~** aus der Reihe tanzen; **reach the end of the ~** *fig* das bittere Ende erreicht haben; **read between the ~s** zwischen den Zeilen lesen; **shoot a ~** angeben, sich wichtig tun; **stand in ~** *Am* sich anstellen, Schlange stehen (*for* um); **take a strong ~** entschlossen vorgehen; **toe the ~** sich einfügen, sich nach den anderen richten; **hard ~s!** Pech für Sie! **that's not in my ~** das schlägt nicht in mein Fach; **~ engaged!** *Am* **~ busy!** *tele* besetzt! **bus ~** Buslinie *f;* **catch ~** Schlagzeile *f;* **main ~** Hauptverkehrslinie *f; tele* Hauptanschluß *m;* **marriage ~s** *pl* Trauschein *m;* **party ~** *pol* Programm *n; tele* gemeinsamer Anschluß; **shipping ~** Schiffahrtslinie *f;* **~ of action** Handlungsweise *f,* Vorgehen *n;* **~ of argument** Beweisführung *f;* **~ of business** Geschäftszweig *m;* **~ of production** Produktionszweig *m;* **~ of vision** Blickrichtung *f;* **II** *tr* **1.** liniieren, linieren; **2.** entlang stehen an, säumen; ► **a face ~d from worries** ein sorgengezeichnetes Gesicht; **~d with trees** baumbestanden; **III** *(mit Präposition)* **line up** *tr* **1.** aufstellen; **2.** planen; sorgen für; vorhaben; *itr* **1.** sich aufstellen; **2.** *Am* Schlange stehen; **3.** Stellung beziehen (*against* gegen); sich zusammentun (*with* mit); ► **be ~d up** anstehen (*in front of* vor).

line[2] [laɪn] *tr* **1.** *(Kleidungsstück)* füttern; **2.** das Futter bilden (*s.th.* e-r S); **3.** *tech* auskleiden; ► **~ one's purse, pocket** *fam* Geld scheffeln.

lin·eage ['lɪnɪɪdʒ] Abstammung *f;* Geschlecht *n;* **lin·eal** ['lɪnɪəl] *adj (Nachkomme)* in direkter Linie.

lin·ea·ment ['lɪnɪəmənt] Gesichtszug *m.*

lin·ear ['lɪnɪə(r)] *adj* linear; ► **~ B** Linear B *f;* **~ measure** Längenmaß *n.*

linen ['lɪnɪn] **1.** Leinen *n;* **2.** Wäsche *f;* Bett-, Tischwäsche *f;* ► **wash one's dirty ~ in public** *fig* seine schmutzige Wäsche in der Öffentlichkeit waschen; **linen basket** Wäschekorb *m.*

liner ['laɪnə(r)] **1.** *mar* Personen-, Passagierdampfer *m;* **2.** *(air-~)* Verkehrsflugzeug *n.*

lines·man ['laɪnzmən] ‹*pl* -men› **1.** Telefon-, Telegraphenarbeiter *m;* **2.** *rail* Streckenwärter *m;* **3.** *sport* Linienrichter *m;* **line-up** ['laɪnʌp] **1.** Aufstellung *f a. sport;* **2.** *theat* Besetzung *f;* **3.** *fig* Gruppierung *f;* **4.** *Am* (Warte)Schlange *f.*

lin·ger ['lɪŋgə(r)] *itr* **1.** zögern; **2.** sich nicht trennen können; **3.** *(~ about)* bleiben; sich (noch) herumdrücken; **4.** *(~ on)* sich lange halten; sich hinschleppen; verweilen (*on, upon, over* an, bei).

linge·rie ['lænʒəri:] Damenunterwäsche *f.*

lin·ger·ing ['lɪŋgərɪŋ] *adj* **1.** schleppend; langwierig; **2.** *(Krankheit)* schleichend; **3.** *(Ton)* nachklingend.

lingo ['lɪŋgəʊ] ‹*pl* lingoes› *hum pej* Sprache *f.*

lin·guist ['lɪŋgwɪst] Linguist(in), Sprachwissenschaftler(in) *m (f);* ► **be a good ~** sprachbegabt sein; **lin·guis·tic** [lɪŋ'gwɪstɪk] **I** *adj* linguistisch; **II** *s pl mit sing* Sprachwissenschaft, Linguistik *f.*

lin·iment ['lɪnɪmənt] Einreibemittel *n.*

lin·ing ['laɪnɪŋ] **1.** Futter *n;* Futterstoff *m;* **2.** Auskleidung *f;* **3.** (Brems)Belag *m.*

link [lɪŋk] **I** *s* **1.** (Ketten)Glied *n;* Ring *m;* **2.** Lasche *f;* Verbindungsstück *n;* **3.** *fig* (Binde)Glied *n;* Verbindung *f;* **II** *tr (~ together)* verbinden; anschließen (*to* an); *EDV* vernetzen; ► **~ hands** einander die Hände geben; **III** *itr* **1.** *(~ up)* verbunden sein; **2.** sich anschließen (*to, with* an).

links [lɪŋks] *pl* **1.** *(Ufer)* sandiges Gelände, Dünen *f pl;* **2.** Golfplatz *m.*

link-up ['lɪŋkʌp] Verbindung *f;* Zusammenschluß *m; (Raumschiff)* Koppelung(smanöver *n) f.*

lin·net ['lɪnɪt] *zoo* Hänfling *m.*

lin·oleum [lɪ'nəʊlɪəm] Linoleum *n.*

lino·type ['laɪnəʊtaɪp] *Wz* Linotype *f.*

lin·seed ['lɪnsi:d] Leinsamen *m;* **linseed oil** Leinöl *n.*

lint [lɪnt] **1.** Scharpie *f,* Mull *m;* **2.** *Am* Fluse *f.*

lin·tel ['lɪntl] *arch* **1.** Sturz *m;* **2.** Oberschwelle *f.*

lion ['laɪən] **1.** *zoo* Löwe *m;* **2.** *fig* Held *m* des Tages; Prominenz *f;* **lion·ess** [laɪə'nes] Löwin *f;* **lion-hearted** ['laɪən'hɑ:tɪd] *adj* heldenhaft; **lion·ize** ['laɪənaɪz] *tr* (als Helden des Tages) feiern; **lion's share** Löwenanteil *m.*

lip [lɪp] **1.** Lippe *f a. bot;* **2.** Rand *m,* Schnauze *f (e-s Gefäßes);* **3.** *fam* Unverschämtheit *f;* ► **hang on s.o.'s ~s** an jds Lippen hängen; **keep a stiff upper ~** die Ohren steifhalten; **none of your ~!** sei nicht unverschämt! **lip·read** ['lɪpri:d] *tr, itr irr s. read* vom Mund, von den Lippen ablesen; **lip-service** Lippenbekenntnis *n;* ► **pay ~ (to)** ein Lippenbekenntnis ablegen (zu); **lip·stick** ['lɪpstɪk] Lippenstift *m.*

liquefy ['lɪkwəfaɪ] *tr* ► **liquefied petroleum gas** Autogas *n.*

li·queur [lɪ'kjʊə(r)] Likör *m.*

liquid ['lɪkwɪd] **I** *adj* **1.** flüssig *a. fin;* **2.** *(Töne)* perlend; **3.** *(Augen)* hell u. glänzend; **4.** *fin* liquid; ► **~ crystal display** Flüssigkristallanzeige *f;* **II** *s* Flüssigkeit *f.*

liqui·date ['lɪkwɪdeɪt] *tr* **1.** *fin* liquidieren; **2.** *(Geschäft)* auflösen; **3.** *(Schuld)* ablösen, tilgen, begleichen; **4.** *(Wertpapiere)* flüssigmachen; **5.** *pol (Menschen)* liquidieren, beseitigen; **liqui·da·tion** [ˌlɪkwɪ'deɪʃn] **1.** Liquidation, Abwicklung *f;* **2.** Abrechnung *f;* **3.** Flüssigmachen *n* von Vermögenswerten; **4.** *(Schulden)* Tilgung, Begleichung, Bezahlung *f;* **5.** *pol* Liquidierung *f;* ► **go into ~** Konkurs machen, anmelden.

liq·uid·ity [lɪ'kwɪdətɪ] *fin* Liquidität *f;* flüssige Mittel *n pl.*

liquid·ize ['lɪkwɪdaɪz] *tr* im Mixer pürieren; **liquid·izer** ['lɪkwɪdaɪzə(r)] Mixer *m.*

liquor ['lɪkə(r)] **1.** Saft *m;* Flüssigkeit *f;* **2.** Spirituosen *pl;* Alkohol *m.*

liquor·ice, licor·ice ['lɪkərɪs, *Am* 'lɪkərɪʃ] Lakritze *f.*

lisp [lɪsp] *itr, tr (speak with a ~)* lispeln.

lis·som(e) ['lɪsəm] *adj* geschmeidig, gelenk(ig); gewandt, flink.

list[1] [lɪst] **I** *s* **1.** Liste *f,* Verzeichnis *n;* Aufstellung *f;* **2.** *(Börse)* Kursblatt *n;* **3.** *(shopping ~)* Einkaufszettel *m;* ► **be on a ~** auf e-r Liste stehen; **draw up, make out a ~** e-e Liste aufstellen; **enter in a ~** in e-e Liste eintragen; **put on a ~** auf e-e Liste setzen; **strike off (from) a ~** von e-r Liste streichen; **attendance ~** Anwesenheitsliste *f;* **price ~** Preisliste *f;* **wine ~** Weinkarte *f;* **~ of applicants** Bewerberliste *f;* **~ of members** Mitgliederverzeichnis *n;* **II** *tr* **1.** *(in e-e Liste)* eintragen, -schreiben; verzeichnen; **2.** registrieren; katalogisieren; **3.** *(Posten)* aufführen; **4.** *(Börse)* einführen; **5.** aufführen; aufschreiben; aufzählen; ► **~ed building** *Br* Gebäude *n* unter Denkmalschutz.

list[2] [lɪst] **I** *s mar* Schlagseite *f;* **II** *itr* Schlagseite haben.

lis·ten ['lɪsn] **I** *itr* **1.** horchen, hören (*to* auf); **2.** aufpassen (*for* auf); **3.** zuhören (*to s.o.* jdm); ► **~ to s.o.** jdm zuhören; **don't ~ to him** hören Sie nicht auf ihn! **~ to the radio** Radio hören; **~ for s.th.** auf etw horchen; **II** *(mit Präposition)* **listen in** *itr tele* mithören (*to a conversation* ein Gespräch); Radio hören; ► **~ in to a program(me), to a speech, to London** ein Programm, e-e Rede, London hören; **lis·tener** ['lɪsnə(r)] **1.** Zuhörer(in) *m (f);* **2.** *radio* Hörer(in) *m (f);* ► **not to be a good ~** nicht zuhören können; **lis·ten·ing** [—ɪŋ] Radiohören *n;* ► **good ~!** gute Unterhaltung! **~ post** Horchposten *m.*

list·ing ['lɪstɪŋ] **1.** Anfertigung *f* e-r Liste, Aufstellung *f* e-s Verzeichnisses; **2.** Katalogisierung *f;* **3.** *(Börse)* Zulassung, Notierung *f.*

list·less ['lɪstlɪs] *adj* lustlos; teilnahmslos.

lists [lɪsts] *pl* Turnier-, *fig* Kampfplatz *m;* ► **enter the ~** in die Schranken treten (*against* gegen).

lit [lɪt] *v s. light*[1].

lit·any ['lɪtənɪ] Litanei *f.*

liter ['li:tə(r)] *Am* Liter *m* od *n.*

lit·er·acy ['lɪtərəsɪ] Kenntnis *f* des Lesens u. Schreibens.

lit·eral ['lɪtərəl] **I** *adj* **1.** wörtlich, wortgetreu; **2.** *(Sinn)* eigentlich; **II** *s* Schreib-, Druck-, Tippfehler *m;* **lit·erally** ['lɪtərəlɪ] *adv* **1.** wörtlich, wortgetreu, Wort für Wort; **2.** buchstäblich.

lit·er·ary ['lɪtərərɪ] *adj* literarisch; ► **~ editor** Feuilletonredakteur(in) *m (f);* **~ supplement** Literaturbeilage *f.*

lit·er·ate ['lɪtərət] *adj* **1.** des Lesens u. Schreibens kundig; **2.** gebildet.

lit·er·ature ['lɪtrətʃə(r)] **1.** Literatur *f;* **2.** Schrifttum *n* (*of* über).

lithe [laɪð] *adj* geschmeidig, gelenkig.

lith·ium ['lɪθɪəm] Lithium *n.*

litho·graph ['lɪθəgrɑ:f] **I** *s* Lithographie *f;* Steindruck *m,* -zeichnung *f;* **II** *tr* lithographieren; **lith·ogra·phy** [lɪ'θɒgrəfɪ] (Kunst der) Lithographie *f.*

Lithuania [ˌlɪθjʊ'eɪnɪə] Litauen *n;* **Lithuanian** [—n] **I** *adj* litauisch; **II** *s* **1.** (das) Litauisch(e); **2.** Litauer(in) *m (f).*

liti·gant ['lɪtɪgənt] prozeßführende Partei; **liti·gate** ['lıtıgeıt] *itr* prozessieren; **liti·ga·tion** [ˌlıtı'geıʃn] Prozeß, Rechtsstreit *m;* **lit·igious** [lı'tıdʒəs] *adj* prozeßsüchtig.

lit·mus ['lıtməs] *chem* Lackmus *m* od *n;* **litmus paper** Lackmuspapier *n.*

litre ['li:tə(r)] *Br* Liter *m* od *n.*

lit·ter[1] ['lıtə(r)] Sänfte *f;* Tragbahre, Trage *f.*

lit·ter[2] ['lıtə(r)] **I** *s* **1.** Abfall *m;* **2.** *(Hunde)* Wurf *m;* **3.** Streu *f;* Stroh *n;* **II** *tr* **1.** verstreuen, umherwerfen, in Unordnung bringen; **2.** *(Junge)* werfen; ► **be ~ed with** übersät sein von; **litter-lout,** *Am* **litter-bug** Mensch *m,* der Papier auf der Straße wegwirft.

little ['lıtl] **I** *adj* **1.** klein; **2.** niedrig, gering; **3.** kurz; **4.** wenig; **5.** gemein; ► **in a ~ while** in kurzer Zeit; **II** *adv, s* **1.** wenig, nicht viel; kaum; **2.** schwerlich; ► **I go there very ~** ich gehe sehr selten dorthin; **III** *s* ► **a ~** ein (klein) wenig, ein bißchen, e-e Kleinigkeit; **after a ~** nach einer Weile; **~ by ~** nach u. nach, allmählich; **for a ~** für ein Weilchen; **not a ~** nicht wenig; **make ~ of** wenig halten von; **I think ~ of it** davon halte ich nicht viel; **little·ness** [—nıs] **1.** Kleinheit *f;* **2.** Geringfügigkeit *f;* ► **~ of mind** Beschränktheit *f.*

li·turgi·cal [lı'tз:dʒıkl] *adj rel* liturgisch; **lit·urgy** ['lıtədʒı] Liturgie *f.*

liv·able, live·able ['lıvəbl] *adj* **1.** *(Leben)* lebenswert; **2.** auszuhalten(d); zu ertragen(d); **3.** *(Raum)* wohnlich.

live[1] [lıv] **I** *itr* **1.** leben; **2.** am Leben bleiben, über-, weiterleben; **3.** dauern, bestehen, aushalten; **4.** sein Leben führen; **5.** sein Auskommen haben, leben (*on* von); **6.** auskommen (*on* mit); **7.** wohnen (*with* bei; *at* in); ► **~ to see** erleben; **~ beyond one's means** über seine Verhältnisse leben; **have barely enough to ~ (on)** kaum genug zum Leben haben; **II** *tr* **1.** *(ein Leben)* leben, führen; **2.** vorleben, in die Tat umsetzen; **III** *(mit Präposition)* **live apart** *itr* getrennt leben; **live down** *tr* wiedergutmachen; vergessen lassen; ► **I'll never ~ that down** das werde ich noch lange zu hören kriegen; **live for s.th.** für etw leben; **~ for the day when ...** den Tag nicht erwarten können, wenn ... **live in** *itr* im Hause schlafen; **live off** seinen Lebensunterhalt beziehen von; sich ernähren von; **live on** *itr* weiterleben; leben von; **live out** *itr* außerhalb des Hauses schlafen; *tr* (das Ende *gen*) erleben; **live through** *tr* überleben; **live together** *itr* zusammenleben; **live up to** *tr* in Einklang leben mit; gemäß e-r S leben; *(Erwartungen)* erfüllen.

live[2] [laıv] **I** *adj* **1.** lebend(ig); **2.** lebhaft, lebensprühend; **3.** *(Thema)* aktuell; **4.** *(Kohlen)* glühend *a. fig;* **5.** *(Diskussion)* lebhaft; **6.** *(Geschoß)* scharf; **7.** *el* stromführend; **8.** *radio* live; direkt übertragen; ► **a real ~ dog** ein echter Hund; **~ broadcast** Originalübertragung, Live-Sendung *f;* **II** *adv radio* live, direkt.

live·able ['lıvəbl] *s. livable.*

live·li·hood ['laıvlıhʊd] Lebensunterhalt *m;* ► **earn, make, gain a ~** seinen Lebensunterhalt verdienen.

live·li·ness ['laıvlınıs] Lebendigkeit, Lebhaftigkeit *f;* **live·ly** ['laıvlı] *adj* **1.** lebendig, lebhaft; **2.** *(Beschreibung)* lebendig, lebensecht; **3.** energisch, kraftvoll; **4.** aufregend; **5.** *(Interesse)* stark.

liven up ['laıvn 'ʌp] **I** *tr* **1.** aufmuntern, beleben; **2.** in Stimmung bringen; **II** *itr* **1.** lebhaft, munter werden; **2.** in Stimmung kommen.

liver[1] ['lıvə(r)] ► **fast ~** Lebemann *m;* **loose ~** liederlicher Mensch; **plain ~** einfacher Mensch.

liver[2] ['lıvə(r)] Leber *f;* **liver complaint** Leberleiden *n;* **liver·ish** ['lıvərıʃ] *adj fam* leberkrank; **liver-sausage,** *Am* **liver·wurst** ['lıvəwз:st] Leberwurst *f.*

liv·ery ['lıvrı] Livree *f.*

live·stock ['laıvstɒk] Vieh *n;* Viehbestand *m.*

livid ['lıvıd] *adj* **1.** bleifarben; **2.** aschgrau, leichenblaß; **3.** *fam* wütend.

liv·ing ['lıvıŋ] **I** *adj* **1.** lebend, lebendig *a. fig;* **2.** leibhaftig; **3.** *(Fels)* gewachsen; ► **within ~ memory** seit Menschengedenken; **knock the ~ daylights out of s.o.** jdn windelweich schlagen; **scare the ~ daylights out of s.o.** jdn zu Tode erschrecken; **II** *s* **1.** (Lebens)Unterhalt *m;* Auskommen *n;* Existenz *f;* **2.** Leben *n;* ► **the ~** *pl* die Lebenden *pl;* **make a ~** sein Auskommen haben (*as* als; *out of* durch); **art of ~** Lebenskunst *f;* **standard of ~** Lebensstandard *m;* **loose ~** lockerer Lebenswandel; **living conditions** *pl* Lebensbedingungen *f pl;* Wohnverhältnisse *n pl;* **living quarters** *pl* Wohnbereich *m;* **living room** Wohnzimmer *n;* **living-space 1.** Lebensraum *m;* **2.** Wohnfläche *f;* **living wage** Existenzminimum *n.*

liz·ard ['lızəd] Eidechse *f;* Echse *f.*

llama ['lɑ:mə] *zoo* Lama *n.*

load [ləʊd] **I** *s* **1.** (Trag)Last, Ladung, Fuhre *f;* **2.** Fracht *f;* **3.** Belastung, Last *f a. fig;* **4.** *el* Leistung *f;* Spannung *f;* **5.** *fig* Bürde *f;* ► **a ~ of nonsense, rubbish!** *fam* Quatsch! Blödsinn! **get a ~ of s.th.** *fam* etw mitkriegen; etw kapieren; sich etw anhören; **that's a ~ off my mind** mir fällt ein Stein vom Herzen ...; **~s of** e-e Menge *od* Masse ... **peak ~** Spitzenbelastung *f;* **safe ~** zulässige Belastung; **II** *itr* **1.** laden; Ladung übernehmen; **2.** *(Gewehr)* laden; **3.** *(Kamera)* einen Film einlegen; **4.** *(Börse)* stark kaufen; **III** *tr* **1.** *(Transportmittel)* (be)laden; *(Ladung)* verladen; **2.** überladen, überlasten *a. fig;* **3.** *fig* überhäufen; **4.** *(Feuerwaffe)* laden; **5.** *(Fotoapparat)* e-n Film einlegen in; **6.** *(Würfel)* fälschen; **7.** *(Ofen)* beschicken; **IV** *(mit Präposition)* **load down** *tr* **1.** schwer beladen; **2.** *fig* überlasten; **load up** *itr* aufladen; *tr* beladen; aufladen; **loaded** ['ləʊdɪd] *adj* **1.** beladen; belastet; **2.** *(Gewehr)* geladen; **3.** *(Würfel)* präpariert; ► **he's ~** er hat Geld wie Heu; er ist besoffen; **~ to capacity** voll beladen; **~ question** Fangfrage *f;* **load line** *mar* Lade-, *tech* Belastungskennlinie *f.*

load·star ['ləʊdstɑ:] *s. lodestar;* **load·stone** ['ləʊdstəʊn] *min* Magneteisenstein *m.*

loaf[1] [ləʊf] ‹*pl* loaves› ['ləʊvz] **1.** Laib *m;* Brot *n;* **2.** *(meat ~)* Hackbraten *m;* **3.** *(sugar-~)* (Zucker)Hut *m;* ► **use your ~!** *sl* streng deinen Grips an!

loaf[2] [ləʊf] *itr* herumbummeln, faulenzen; ► **~ about the house** im Haus herumgammeln; **loafer** ['ləʊfə(r)] **1.** *Br* Faulenzer *m;* **2.** *Am* Halbschuh *m.*

loam [ləʊm] Lehm(boden) *m;* **loamy** ['ləʊmɪ] *adj* lehmig.

loan [ləʊn] **I** *s* **1.** Anleihe *f;* Darlehen *n;* **2.** Leihgabe *f;* ► **as a ~** als Leihgabe; **on ~** leihweise; ausgeliehen; **ask for the ~ of s.th** bitten, etw ausleihen zu dürfen; **give s.o. the ~ of s.th** jdm etw (aus)leihen; **have s.th. on ~** etw geliehen haben; **contract a ~** e-e Anleihe aufnehmen; **grant a ~** ein Darlehen gewähren (*to s.o.* jdm); **II** *tr* (aus-, ver)leihen; als Darlehen geben (*to* an); **loan·word** ['ləʊnwɜ:d] Lehnwort *n.*

loath, loth [ləʊθ] *adj* ► **be ~ to do s.th.** etw nur mit Widerwillen tun.

loathe [ləʊð] *tr* verabscheuen, hassen; **loath·ing** [—ɪŋ] Ekel *m* (*at* vor); Haß *m;* **loath·some** [—səm] *adj* ekelhaft, abscheulich.

lob [lɒb] **I** *itr, tr sport* lobben; **II** *s sport* Hochball, Lob *m.*

lobby ['lɒbɪ] **I** *s* **1.** (Vor)Halle *f;* Wandelhalle *f;* Foyer *n;* **2.** *pol* Lobby, Interessengruppe *f;* **II** *tr pol (Abgeordnete)* beeinflussen; ► **~ through** *(Gesetzesantrag)* mit Hilfe e-r Lobby durchzubringen versuchen; **lobby·ist** [—ɪst] Lobbyist *m.*

lobe [ləʊb] **1.** *anat* Ohrläppchen *n;* **2.** *(Lunge, Gehirn) bot* Lappen *m;* ► **~ of the ear** Ohrläppchen *n.*

lob·ster ['lɒbstə(r)] Hummer *m.*

lo·cal ['ləʊkl] **I** *adj* **1.** örtlich; **2.** ortsansässig; hiesig; ► **~ anaesthetic** örtliche Betäubung, Lokalanästhesie *f;* **~ people** *pl* Ortsansässige *pl;* **~ opinion** die Meinung vor Ort; **II** *s* **1.** Ortsansässige(r) *f m;* **2.** *fam* Lokal *n* in der Nachbarschaft; Stammlokal *n;* **local authorities** *pl* Ortsbehörden *f pl;* **local branch** Zweigstelle, Filiale *f;* **local call** *tele* Ortsgespräch *n;* **local charge** *tele* Ortstarif *m;* **local colo(u)r** Lokalkolorit *n.*

lo·cale [ləʊ'kɑ:l] Örtlichkeit *f;* Schauplatz *m.*

lo·cal elec·tions [ˌləʊkl ɪ'lekʃnz] *pl* Kommunalwahlen *f pl;* **local government** Gemeinde-, Kommunalverwaltung *f.*

lo·cal·ity [ləʊ'kælətɪ] Örtlichkeit, Lokalität *f;* Lage *f.*

lo·cal·iz·ation [ˌləʊkəlaɪ'zeɪʃn] Lokalisierung *f;* **lo·cal·ize** ['ləʊkəlaɪz] *tr* lokalisieren (*to* auf).

lo·cal news [ˌləʊkl 'nju:z] *pl mit sing* Lokalnachrichten *f pl;* **local paper** Lokalzeitung *f;* **local traffic** Ortsverkehr *m;* **local train** Zug *m* im Nahverkehr.

lo·cate [ləʊ'keɪt, *Am* 'ləʊkeɪt] **I** *tr* **1.** (örtlich) festlegen, abstecken, abgrenzen; **2.** ausfindig machen, feststellen; **3.** *(Firma, Gebäude)* errichten; einrichten; ► **be ~d** liegen, sich befinden; **II** *itr Am fam* sich niederlassen, sich ansiedeln; **lo·ca·tion** [ləʊ'keɪʃn] **1.** Absteckung, Abgrenzung *f;* **2.** Lage *f;* Standort *m;* **3.** Orts-, Lagebestimmung *f;* Ortsangabe *f;* **4.** Platz *m* (*for* für); **5.** Ansiedlung *f;* **6.** *Am jur* Vermietung *f;* **7.** *film* Drehort *m;* Außenaufnahmen *f pl.*

loch [lɒx] *(schottisch)* See *m;* Meeresarm *m.*

lock[1] [lɒk] (Haar)Locke *f.*

lock[2] [lɒk] **I** *s* **1.** (Tür)Schloß *n;* **2.** Verschluß *m (a. e-r Feuerwaffe);* Sperre *f;* **3.** *(Ringen)* Fesselung *f;* **4.** *mar* Schleuse *f;* Staustufe *f;* **5.** *mot* Wendekreis *m;* ► **under ~ and key** hinter Schloß und Riegel; **~, stock, and barrel** alles zusammen, *fam* der ganze Kram; **II** *tr* **1.** *(~ up)* ver-, zuschließen, -sperren; **2.** einschließen, ein-, absperren (*in, into* in); **3.** *(die Arme)* verschränken; **4.** fest umschlingen, -fassen, -spannen; **5.** bremsen; versperren, abriegeln, blockieren; **III** *itr* **1.** *(Schloß)* zuschnappen; **2.** verschließbar sein; ineinandergreifen; **IV** *(mit Präposition)* **lock away** *tr* wegschließen; einsperren; **lock in** *tr* einschließen, -sperren; **lock on** *itr* gekoppelt werden; sich einstellen (*to* auf); ► **the missile ~s on to its target** die Rakete richtet sich auf das Ziel; **lock out** *tr* aussperren *(a. bei Streik);* **lock up** *tr* **1.** zu-, verschließen, -sperren; **2.** einschließen, -sperren; **3.** *(Geld)* wegschließen; **4.** *(Kapital)* fest anlegen.

locker ['lɒkə(r)] Schließfach *n;* Spind *m* od *n;* ► **go to Davy Jones's ~** im Meer ertrinken; **~ room** Raum *m* mit Schließfächern; *sport* Umkleideraum *m.*

locket ['lɒkɪt] Medaillon *n.*

lock·jaw ['lɒkdʒɔ:] *med* Wundstarrkrampf *m.*

lock-keeper ['lɒk,ki:pə(r)] Schleusenwärter(in) *m (f)*.
lock·out ['lɒkaʊt] Aussperrung *f (bei Streik)*; **lock·smith** ['lɒksmɪθ] Schlosser(in) *m (f)*; **lock·up** ['lɒkʌp] **1.** Gefängnis *n;* **2.** *com* Laden *m*, Geschäft *n;* **3.** *mot* Einzelgarage *f.*
loco·mo·tion [,ləʊkə'məʊʃn] Bewegung *f;* **loco·mo·tive** [,ləʊkə'məʊtɪv] **I** *adj* Fortbewegungs-; **II** *s* Lokomotive *f.*
locum tenens [,ləʊkəm'ti:nenz] (Stell-) Vertreter *m.*
lo·cus ['ləʊkəs] ⟨*pl* -ci⟩ ['ləʊsaɪ] *math* geometrischer Ort.
lo·cust ['ləʊkəst] **1.** (Wander)Heuschrecke *f;* **2.** *(~-tree)* Robinie *f.*
loc·ution [lə'kju:ʃn] **1.** Rede-, Sprechweise *f;* **2.** Redensart *f*, Ausdruck *m.*
lode [ləʊd] *min* Erzader *f;* **lode·star** ['ləʊdstɑ:(r)] **1.** Leit-, Polarstern *m;* **2.** *fig* Leitstern *m*, Vorbild *n;* **lode·stone** ['ləʊdstəʊn] *s. loadstone.*
lodge [lɒdʒ] **I** *s* **1.** Häuschen *n;* **2.** (Pförtner-, Jagd)Haus *n;* **3.** Pförtner-, Portiersloge *f;* **4.** (Freimaurer)Loge *f;* **5.** Lager *n (e-s wilden Tieres);* Biberbau *m;* **6.** Wigwam *m;* **II** *tr* **1.** unterbringen, einquartieren; beherbergen; **2.** *(Wertsachen)* hinterlegen, deponieren (*with s.o.* bei jdm); **3.** *jur (Forderung)* erheben, anmelden; *(Anspruch)* geltend machen; **4.** *(Berufung, Beschwerde)* einlegen, einreichen; **5.** *(Einwand, Klage)* erheben; **6.** *(Kugel)* jagen (*in* in); **7.** *(Schlag)* versetzen; **III** *itr* **1.** wohnen (*with* bei); **2.** *(Kugel)* steckenbleiben (*in* in); **lodger** ['lɒdʒə(r)] Untermieter(in) *m (f);* **lodging** ['lɒdʒɪŋ] **1.** Unterbringung, Beherbergung *f;* **2.** Wohnung, Unterkunft *f;* **3.** *jur (Berufung)* Einlegen *n;* **4.** *pl* möbliertes Zimmer, möblierte Wohnung; ► **board and ~** Kost und Logis; **live in ~s** möbliert wohnen; **lodging house** *Br* Pension *f.*
lo·ess ['ləʊes] *geol* Löß *m.*
loft [lɒft] **I** *s* **1.** (Dach-, Heu)Boden, Speicher *m;* **2.** (Orgel)Chor *m;* **3.** *arch* Empore, Galerie *f;* **II** *tr* hochschlagen.
lofty ['lɒftɪ] *adj* **1.** hoch(ragend); **2.** edel, vornehm; **3.** eingebildet, arrogant.
log[1] [lɒg] (Holz)Klotz, Block *m;* Holzscheit *n;* ► **sleep like a ~** wie ein Murmeltier schlafen.
log[2] [lɒg] **I** *s* **1.** *mar* Log *n;* **2.** *(~-book)* Log-, Schiffstagebuch *n;* **3.** *mot* Fahrtenbuch *n;* **4.** *aero* Bordbuch *n;* **5.** *tech (~ sheet)* (Zustands)Bericht *m;* Betriebsprotokoll *n;* **II** *tr* **1.** Buch führen über; **2.** *mar* ins Logbuch eintragen; **3.** *(Entfernung)* zurücklegen.
log[3] [lɒg] *math* Logarithmus *m.*
lo·gan·berry ['ləʊgənberɪ] Kreuzung *f* von Himbeere und Brombeere.
log·ar·ithm ['lɒgərɪðəm] *math* Logarithmus *m;* **loga·rith·mic** [,lɒgə'rɪðmɪk] *adj* logarithmisch.
log book ['lɒgbʊk] *s. log*[2].
log-cabin [,lɒg'kæbɪn] Blockhaus *n;* **logger** ['lɒgə(r)] Holzfäller *m.*
log·ger·heads ['lɒgəhedz] ► **I was at ~s with him** wir lagen uns in den Haaren; **be at ~ with s.th.** mit etw auf dem Kriegsfuß stehen.
logic ['lɒdʒɪk] Logik *f;* **logi·cal** ['lɒdʒɪkl] *adj* logisch; **lo·gis·tics** [lə'dʒɪstɪks] *pl* Logistik *f.*
log jam ['lɒgdʒæm] *fig Am* unüberwindliche Schwierigkeit; **log·rol·ling** ['lɒgrəʊlɪŋ] **1.** *parl* gegenseitige Unterstützung *(der Parteien);* **2.** *pej* politischer Kuhhandel.
logo ['lɒgəʊ] (Firmen)Logo *n.*
loin [lɔɪn] Lende *f;* **loin·cloth** ['lɔɪnklɒθ] Lendenschurz *m.*
loi·ter ['lɔɪtə(r)] **I** *itr (~ about)* **1.** herumbummeln; **2.** herumlungern; **II** *tr (~ away) (Zeit)* vertrödeln; **loi·terer** ['lɔɪtərə(r)] *fam* Herumlungerer *m;* Bummelant(in) *m (f).*
loll [lɒl] *itr* **1.** sich (bequem) ausstrecken, sich rekeln; **2.** sich zurück-, sich anlehnen; ► **~ out** *(Zunge)* heraushängen.
lol·li·pop ['lɒlɪpɒp] Lutscher *m;* Eis *n* am Stiel; **lollipop man, woman** ⟨*pl* -men, -women⟩ *Br Mann, Frau zur Verkehrsregelung für Schulkinder.*
lol·lop ['lɒləp] *itr Br fam* hin u. her schlenkern, watscheln, torkeln.
lolly ['lɒlɪ] **1.** *fam* Lutscher *m;* **2.** *sl* Geld *n;* ► **ice(d) ~** Eis *n* am Stiel.
lone [ləʊn] *adj* einsam; ► **play a ~ hand** etw im Alleingang tun; **~ wolf** Einzelgänger(in) *m (f);* **lone·li·ness** ['ləʊnlɪnɪs] Einsamkeit *f;* **lone·ly** ['ləʊnlɪ] *adj* **1.** einsam; vereinsamt; **2.** sich einsam fühlend; **lon·er** ['ləʊnə(r)] Einzelgänger(in) *m (f);* **lone·some** ['ləʊnsəm] *adj* **1.** einsam; **2.** verlassen, öde.
long[1] [lɒŋ] **I** *adj* **1.** lang; **2.** *(Weg)* weit; **3.** *fin* langfristig; mit langer Laufzeit; ► **in the ~ run** auf die Dauer; **be ~ (in) doing s.th.** viel Zeit zu etw brauchen; **not to be ~ for ...** nicht lange dauern, bis ... **take a ~ time** viel Zeit brauchen; **take the ~ view** auf lange Sicht planen; **don't be ~!** beeil dich! **II** *adv* lange; ► **as, so ~ as** solange; vorausgesetzt, daß; wenn nur; **at (the) ~est** höchstens; längstens; **before ~** in kurzem; **no ~er** nicht mehr; **~ after, before** lange nachher, viel später; lange vorher, viel früher; **~ ago** vor langer Zeit; **so ~!** *fam* bis später! **III** *s* **1.** lange Zeit; **2.** *(Phonetik, Prosodie)* Länge *f;* ► **the ~ and the short of it** langer Rede kurzer Sinn; kurz (gesagt).
long[2] [lɒŋ] *itr* sich sehnen (*for* nach).
long·boat ['lɒŋbəʊt] *mar* großes Beiboot, Pinasse *f;* Wikingerboot *n;* **long-**

distance *adj* ▶ ~ **call** Ferngespräch *n;* ~ **express train** Fernexpress *m;* ~ **lorry driver** Fernfahrer(in) *m (f);* ~ **flight** Langstreckenflug *m;* ~ **traffic** Fernverkehr *m;* **long drink** Longdrink *m,* verdünntes alkoholisches Getränk.

lon·gev·ity [lɒnˈdʒevətɪ] Langlebigkeit *f.*

long-haired [ˌlɒŋˈheəd] *adj* langhaarig; **long·hand** [ˈlɒŋhænd] Langschrift *f;* **long haul** *Am* **1.** *aero* Langstrecken-, Nonstopflug *m;* **2.** *fig* schwieriger Lebensabschnitt.

long·ing [ˈlɒŋɪŋ] **I** *adj* sehnsüchtig; sich sehnend (*for* nach); **II** *s* Sehnsucht *f,* Verlangen *n* (*for* nach).

long·ish [ˈlɒŋgɪʃ] *adj* ziemlich lang.

longi·tude [ˈlɒŋgɪtju:d] (geographische) Länge *f;* **longi·tudi·nal** [ˌlɒŋgɪˈtju:dɪnl] *adj* längslaufend, Längs-.

long johns [ˈlɒŋdʒɒnz] *pl* lange Unterhosen *f pl;* **long jump** *sport* Weitsprung *m;* **long-life milk** [ˈlɒŋlaɪf] H-Milch *f;* **long-lived** [ˌlɒŋˈlɪvd] *adj* langlebig; dauerhaft; **long-lost** [ˈlɒŋlɒst] *adj* längst verloren geglaubt; **long odds** *pl* geringe Gewinnchancen *f pl;* **long-playing record** Langspielplatte *f;* **long-range** *adj* **1.** weitreichend; **2.** *(Rakete, Flugzeug)* Langstrecken-; **3.** weit vorausschauend; ▶ ~ **forecast** Langzeitprognose *f;* ~ **planning** langfristige Planung; **long shot** riskantes Unternehmen; ▶ **not by a** ~ nicht im Traum; **long-sighted** [ˌlɒŋˈsaɪtɪd] *adj* weitsichtig; **long-stand·ing** [ˌlɒŋˈstændɪŋ] *adj* langdauernd, anhaltend; **long-suffering** *adj* schwer geprüft; **long-term** *adj* langfristig; ▶ ~ **damage** Spätschaden *m;* ~ **effect** Langzeitwirkung *f;* ~ **planning** langfristige Planung *f;* ~ **test** Dauertest *m;* ~ **unemployed (person)** Langzeit-, Dauerarbeitslose(r) *f m;* **long vac** *fam,* **long vacation** große Ferien *pl;* Sommersemesterferien *pl;* **long wave** *radio* Langwelle *f;* **long-wave** *adj* ▶ ~ **band** Langwellenbereich *m;* **long·ways, long·wise** [ˈlɒŋweɪz, —waɪz] *adv* der Länge nach; **long-winded** [ˌlɒŋˈwɪndɪd] *adj* langatmig.

loo [lu:] *Br fam* Klo *n.*

look [lʊk] **I** *itr* **1.** sehen, schauen, blicken (*at, on, upon* auf, nach); **2.** ansehen, -schauen (*at, on s.o., s.th.* jdn, etw); **3.** achtgeben, aufpassen (*to* auf); **4.** seinen Blick richten (*towards* auf); **5.** suchen, nachsehen; **6.** *(Fenster)* gehen nach; **7.** aussehen, scheinen; ▶ **it ~s like rain** es sieht nach Regen aus; ~ **sharp!** dalli, dalli! ~ **here!** sieh her!; hör mal gut zu! ~ **and see** nachsehen; **II** *tr* **1.** sehen (*s.o. in the face* jdm ins Gesicht); **2.** zum Ausdruck bringen, Ausdruck geben (*s.th.* e-r S); ▶ **he ~s his age** man sieht ihm sein Alter an; **III** *s* **1.** Blick *m* (*at* auf, nach); **2.** *pl* Aussehen *n;* Anblick *m;* Erscheinung *f;* ▶ **cast, throw a** ~ e-n Blick werfen (*at* auf); **give s.o. a dirty** ~ jdm einen vernichtenden Blick zuwerfen; **have a** ~ **at s.th.** etwas angucken; **I don't like the** ~ **of it** es gefällt mir nicht; **IV** *(mit Präposition)* **look about** *itr* sich umsehen, sich umschauen (*for* nach); **look after** *tr* **1.** sich kümmern um; aufpassen auf; **2.** überwachen, aufpassen auf; sehen nach; **3.** nachsehen *dat;* **look ahead** *itr* **1.** nach vorne sehen; **2.** die Zukunft planen, vorausschauen; **look around** *itr* sich umsehen (*for* nach); **look at** *tr* ansehen; sich ansehen, überprüfen; betrachten; überlegen; **look away** *itr* wegsehen; **look back** *itr* **1.** zurückschauen, -blicken (*on, upon* auf); **2.** unsicher werden; **look down** *itr* hochmütig herabsehen (*on* auf); **look for** *tr* **1.** suchen; **2.** erwarten; **look forward** *itr* sich freuen (*to* auf); **look in** *itr* e-n kurzen Besuch abstatten (*on s.o.* jdm); **look into** *tr* untersuchen, nachgehen (*s.th.* e-r S); **look on, upon** *itr* **1.** ansehen, betrachten (*as* als); **2.** zusehen; **look onto** *itr* hinausschauen auf; **look out** *itr* **1.** aufpassen, achtgeben (*for* auf); **2.** hinaussehen, -gehen (*on* auf); *tr* sich aussuchen; ▶ ~ **out!** aufpassen! Achtung! Vorsicht! **look over** *tr* mustern; prüfen; **look round** *itr* sich umsehen; **look through** *tr* **1.** durchsehen; **2.** prüfen; **3.** *fig* durchschauen; **look to** *itr* **1.** sich kümmern um; **2.** sich verlassen auf, vertrauen auf; ▶ ~ **to it that** sehen Sie zu, daß; **look up** *itr* **1.** aufblicken, -schauen, -sehen (*at* auf); **2.** *(Lage)* sich bessern; **3.** *(Preise)* steigen; *tr* **1.** *(Wort)* nachschlagen; **2.** *fam* besuchen; ▶ ~ **up to s.o.** zu jdm aufsehen; **things are ~ing up** es geht besser, bergauf; **look up and down** *tr* genau untersuchen.

looker [ˈlʊkə(r)] ▶ **she's a real** ~ sie sieht phantastisch aus; **looker-on** [ˈlʊkərɒn] ‹*pl* lookers-on› Zuschauer(in) *m (f)* (*at* bei); **look-in** [ˈlʊkɪn] **1.** flüchtiger Blick; **2.** kurzer Besuch; ▶ **have a** ~ *fam bes. sport* Aussichten, Chancen haben; **look·ing glass** [ˈlʊkɪŋˈglɑ:s] Spiegel *m;* **look·out** [ˈlʊkˌaʊt] **1.** Ausblick *m;* **2.** Ausguck, *mar* Mastkorb *m;* ▶ **be on the** ~ Ausschau halten (*for* nach); **that is his** ~ *fam* das ist seine Sache; **that's not my** ~ das geht mich nichts an; **look-over** [ˈlʊkəʊvə(r)] Überprüfung *f;* ▶ **give s.th. a** ~ sich etw ansehen.

loom¹ [lu:m] Webstuhl *m.*

loom² [lu:m] *itr* **1.** (~ *up*) allmählich, undeutlich sichtbar werden; **2.** drohend aufragen; ▶ ~ **large** sehr wichtig sein.

loony [ˈlu:nɪ] *adj sl* verrückt.

loop [lu:p] **I** *s* **1.** Schlinge, Schleife *f;* **2.** Windung *f;* Öse *f;* **3.** *med* Spirale *f;* **4.** *aero* Looping *m;* **5.** *radio* Rahmenantenne *f;* **6.** *EDV* Schleife *f;* **II** *tr* **1.** in Schleifen legen; **2.** winden (*around* um); ▶ **~ the ~** *aero* einen Looping machen; **III** *itr* **1.** Schleifen bilden; **2.** sich schlingen.

loop·hole ['lu:phəʊl] **1.** Schießscharte *f;* **2.** *fig* Ausweg *m;* ▶ **a ~ in the law** e-e Gesetzeslücke.

loose [lu:s] **I** *adj* **1.** lose, frei, ungebunden; **2.** *com* lose, unverpackt; **3.** lose, locker; **4.** *(Kleidung)* weit; **5.** locker, aufgelockert; **6.** *(Bedeutung)* ungenau; **7.** *(Übersetzung)* frei; **8.** *(Lebenswandel)* locker; ▶ **at a ~ end** ohne Beschäftigung; **~ change** Kleingeld *n;* **have a ~ tongue** ein loses Mundwerk haben; **II** *adv* **1.** frei, ungebunden, ungezwungen; **2.** lose, locker; ▶ **break ~** ausbrechen; **come ~** *(Band, Knoten)* aufgehen; *(Knopf)* abgehen; **cut ~** *tr, itr* (sich) losreißen; *itr* loslegen, außer Rand u. Band geraten; **work ~** *(Schraube)* sich lockern; **III** *tr* **1.** los-, freilassen; lockern; **2.** befreien; **IV** *s* ▶ **on the ~** frei, ungebunden; übermütig; **be on the ~** sich amüsieren; **loose connection** *el* Wakkelkontakt *m;* **loose-leaf book** Ringbuch *n;* **loosely** ['lu:slɪ] *adv* locker, lose; ▶ **~ speaking** grob gesagt; **loosen** ['lu:sn] **I** *tr* **1.** befreien; **2.** *(Zunge)* lösen; **3.** losmachen; **4.** lockern; **II** *itr* **1.** frei werden, sich lösen; **2.** sich lockern; ▶ **~ up** *sport* Lockerungsübungen machen; *fig* lockerer werden.

loot [lu:t] **I** *s* Beute *f;* **II** *tr* plündern; **looting** [—ɪŋ] Plünderung *f.*

lop [lɒp] *tr* **1.** *(Baum)* beschneiden, stutzen; **2.** *(~ off)* abhacken.

lope [ləʊp] **I** *itr* **1.** galoppieren, traben; **2.** (in leichten Sprüngen) rennen; **II** *s* ▶ **at a ~** im Galopp.

lop-sided [ˌlɒp'saɪdɪd] *adj* **1.** einseitig, unsymmetrisch; schief; **2.** *mar* mit Schlagseite.

lo·qua·cious [lə'kweɪʃəs] *adj* redselig.

lord [lɔ:d] **I** *s* **1.** Herr *m;* Herrscher *m* (*of* über); **2.** *Br* Lord *m;* ▶ **(Our) L~** der Herr (Jesus); **as drunk as a ~** volltrunken; **the House of L~s** das (brit.) Oberhaus; **the L~'s Prayer** das Vaterunser; **the L~'s Supper** das heilige Abendmahl; **L~ only knows** weiß der Himmel (*where* wo); **II** *tr* ▶ **~ it** den Herrn spielen; **lord·ly** ['lɔ:dlɪ] *adj* **1.** würdig, hoheitsvoll; **2.** hochmütig; **3.** stolz, gebieterisch; **Lord Mayor** Oberbürgermeister *m;* **lord·ship** ['lɔ:dʃɪp] ▶ **Your, His L~** Eure, Seine Lordschaft; **Lords Spiritual, Lords Temporal** *pl* geistliche, weltliche Herren *m pl (im brit. Oberhaus).*

lore [lɔ:(r)] Lehre, Kunde *f.*

lorry ['lɒrɪ] *Br* Last(kraft)wagen, Lkw, Laster *m;* **lorry driver** Last(kraft)wagenfahrer(in), Lkw-Fahrer(in) *m (f).*

lose [lu:z] ‹*irr* lost, lost› **I** *tr* **1.** verlieren; einbüßen; **2.** sich entgehen lassen, nicht mitbekommen; **3.** *(Gelegenheit)* versäumen; **4.** *(Verfolger)* abschütteln; **5.** *(Gelerntes)* vergessen; **6.** *(Uhr)* nachgehen; **7.** verschwenden, vergeuden; **8.** bringen (*s.o. s.th.* jdn um etw), kosten (*s.o. s.th.* jdn etw); ▶ **be lost** verloren sein; verschwunden sein; **I'm lost** ich verstehe nichts mehr; **the child got lost** das Kind hatte sich verirrt; **get lost!** verschwinde! hau ab! **~ o.s.** sich verirren; sich verlieren (*in* in); **~ ground** den Boden unter den Füßen, den Halt verlieren; **~ one's head** *fig* den Kopf verlieren; **~ one's life** ums Leben kommen; **~ one's temper** die Geduld verlieren; heftig werden; **~ track of ...** jede Spur *gen* aus den Augen verlieren; **~ one's way** sich verirren, sich verlaufen; **II** *itr* **1.** verlieren; **2.** *(~ out)* verlieren, unterliegen, *fam* den kürzeren ziehen (*to* gegen); *com* große Verluste erleiden (*on a deal* bei einem Geschäft); **3.** *(Uhr)* nachgehen; **loser** ['lu:zə(r)] Verlierer(in) *m (f);* ▶ **come off a, the ~** den kürzeren ziehen; **los·ing** ['lu:zɪŋ] *adj* **1.** *com* unrentabel; verlustbringend; **2.** *(Mannschaft)* Verlierer-; **3.** *fig* aussichtslos; ▶ **~ business** Verlustgeschäft *n;* **~ game** aussichtsloses Spiel.

loss [lɒs] **1.** Verlust *m;* **2.** Einbuße *f,* Nachteil, Schaden, Ausfall *m* (*in* an); Schadensfall *m;* ▶ **at a ~** in Verlegenheit (*for* um); *com* mit Verlust; **be at a ~ how to do s.th.** nicht wissen, wie man etw anfangen soll; **be at a ~ for s.th.** um etw verlegen sein; **be a dead ~** nutzlos, unbrauchbar sein; **sell at a ~** mit Verlust verkaufen; **suffer heavy ~es** schwere Verluste erleiden; **he is no great ~** an ihm ist nicht viel verloren; **~ of appetite** Appetitlosigkeit *f;* **~ of blood** Blutverlust *m;* **~ of confidence** Vertrauensschwund *m;* **~ of earnings** Ertragsausfall *m;* **~ on exchange** Wechselkursverlust *m;* **~ by fire** Brandschaden *m;* **~ of life** Verluste *m pl* an Menschenleben; **~ of civil rights** Aberkennung *f* der bürgerlichen Ehrenrechte; **~ of time** Zeitverlust *m;* **~ of wages** Lohnausfall *m;* **~ in weight** Gewichtsverlust *m;* **loss-leader** Lockartikel *m;* **loss-making** ['lɒsmeɪkɪŋ] *adj (Transaktion)* verlustbringend; *(Firma)* in den roten Zahlen stehend.

lost [lɒst] **I** *v s. lose;* **II** *adj* **1.** verloren; *(Gewinn)* entgangen; **2.** vergessen; **3.** verirrt; **4.** abhanden gekommen; in Verlust geraten; ▶ **be ~ upon s.o.** auf jdn keinen Eindruck machen; **be ~ in thought** in Gedanken versunken sein; **a ~ cause** e-e aussichtslose Sache; **lost property** Fundsachen *pl;* **lost-property office** Fundbüro *n.*

lot [lɒt] **1.** Los *n a. fig,* Schicksal, Geschick *n;* **2.** (Gewinn)Anteil *m;* **3.** Parzelle *f;* **4.** Gruppe *f;* Leute *pl;* **5.** *com* Partie *f,* Posten *m;* ▶ **a ~ of, ~s of** viele, eine Menge; **the ~** alles; alle; **you ~** ihr (alle); **by ~** durch das Los; **cast, throw in one's ~ with s.o.** jds Schicksal teilen; **a bad ~** *fam* e-e miese Person; **building ~** Bauplatz *m;* **parking ~** Parkplatz *m.*

loth [ləʊθ] *s. loath.*

lo·tion ['ləʊʃn] Lotion *f;* ▶ **shaving ~** Rasierwasser *n.*

lot·tery ['lɒtərɪ] **1.** Lotterie, Verlosung *f;* **2.** *fig* Glücksspiel *n;* **lottery-number** Losnummer *f.*

lo·tus ['ləʊtəs] Lotos(blume *f*) *m;* **lotus-eater** ['ləʊtəsˌi:tə(r)] Lotosesser(in) *m (f); fig* Müßiggänger(in) *m (f);* **lotus position** Lotussitz *m.*

loud [laʊd] **I** *adj* **1.** laut; **2.** geräuschvoll; **3.** *fig* auffallend; auffällig; **II** *adv* laut; **loud·hailer** [ˌlaʊd'heɪlə(r)] Megaphon *n;* **loud mouth** *fam* Großmaul *n;* **loudness** [—nɪs] Lautstärke *f;* Auffälligkeit *f;* Aufdringlichkeit *f;* **loud·speaker** [ˌlaʊd'spi:kə(r)] Lautsprecher *m.*

lounge [laʊndʒ] **I** *itr* **1.** herumsitzen, -stehen; **2.** faulenzen; **II** *s (Hotel)* Gesellschaftsraum *m; (Flughafen)* Warteraum *m; (Haus)* Wohnzimmer *n;* vornehmer Teil einer Gaststätte; **lounge-bar** (vornehme) Bar *f;* **lounge-chair** Klubsessel *m;* **lounge lizard** Salonlöwe *m;* **lounge-suit** *Br* Straßenanzug *m.*

lour, lower ['laʊə(r)] *itr* **1.** finster, drohend blicken (*on, upon, at* auf); **2.** *(Himmel)* finster, schwarz, drohend aussehen; sich verfinstern; *(Wolken)* sich türmen.

louse [laʊs] ⟨*pl* lice⟩ [laɪs] **I** *s* **1.** Laus *f;* **2.** *sl* gemeiner Kerl; **II** *tr* ▶ **~ up** *sl* versauen; ruinieren; **lousy** ['laʊzɪ] *adj* **1.** verlaust; **2.** *sl* lausig, gemein, ekelhaft; miserabel; ▶ **~ with** *sl* voll von, übersät mit; **~ with money** *fam* stinkreich.

lout [laʊt] Lümmel, Flegel *m;* **lout·ish** ['laʊtɪʃ] *adj* flegelhaft.

louvre, lou·ver ['lu:və(r)] **1.** Jalousie *f;* **2.** Belüftungsklappe *f;* ▶ **~ door** Lamellen-, Louvretür *f.*

lov·able ['lʌvəbl] *adj* liebenswert.

love [lʌv] **I** *s* **1.** Liebe, Zuneigung *f* (*of, for, to, towards s.o.* zu jdm); **2.** Vorliebe *f* (*of, for s.th.* für etw); **3.** Geliebte(r), Liebste(r) *f m;* **4.** *fam* etw Reizendes; **5.** *(Anrede)* meine Liebe, mein Lieber, mein Liebes; Schätzchen *n;* **6.** Grüße *m pl;* **7.** *sport (bes. Tennis)* null; ▶ **for ~** zum Spaß *od* Vergnügen; **for the ~ of** aus Liebe zu, *dat* zuliebe; **not for ~ nor money** nicht für Geld und gute Worte; **be in ~ with s.o.** in jdn verliebt sein; **fall in ~** sich verlieben; **make ~** sich lieben; **make ~ to s.o.** mit jdm schlafen; **send one's ~ to s.o.** jdn grüßen lassen; **give him my ~** grüßen Sie ihn von mir; **there's no ~ lost between them** sie können sich nicht ausstehen; **II** *tr* **1.** lieben; liebhaben, gern haben; **2.** (gern) mögen *(a. Speisen);* ▶ **~ to do** gern tun; **I'd ~ to go** ich würde (liebend) gern gehen; **III** *itr* lieben; verliebt sein; **love affair** Liebschaft *f,* Verhältnis *n;* **love-bird** ['lʌvbɜ:d] *zoo* Unzertrennliche(r), Sperlingspapagei *m; fig* Turteltaube *f;* **love game** *(Tennis)* Zu-Null-Spiel *n;* **love-hate relationship** Haßliebe *f;* **love·less** [lʌvlɪs] *adj* ohne Liebe; lieblos; **love letter** Liebesbrief *m;* **love life** Liebesleben *n.*

love·li·ness ['lʌvlɪnɪs] Liebreiz *m;* **love·ly** ['lʌvlɪ] *adj* **1.** lieblich; schön, hübsch; **2.** *fam* herrlich, großartig.

love-mak·ing ['lʌvˌmeɪkɪŋ] **1.** Zärtlichkeiten *f pl;* **2.** Geschlechtsverkehr *m.*

lover ['lʌvə(r)] Liebhaber *m (auch allg);* Freund(in) *m (f),* Geliebte(r) *f m;* ▶ **~ of horses** Pferdeliebhaber *m;* **a ~ of good music** ein Freund guter Musik; **be a ~ of good wine** e-n guten Tropfen lieben; **they are ~s** sie sind ein Liebespaar.

love·sick ['lʌvsɪk] *adj* liebeskrank; ▶ **be ~** Liebeskummer haben; **love song** Liebeslied *n;* **love story** Liebesgeschichte *f;* **lov·ey** [lʌvɪ] *sl* Schätzchen *n;* **lov·ing** ['lʌvɪŋ] *adj* liebend; liebevoll, zärtlich.

low¹ [ləʊ] **I** *itr* muhen; **II** *s* Muhen *n.*

low² [ləʊ] **I** *adj* **1.** niedrig; **2.** tief, tief(er)liegend; **3.** *(Gewässer)* flach, seicht; **4.** *(~-necked) (Kleid, Bluse)* tief ausgeschnitten; **5.** *(Verbeugung)* tief; **6.** *fig* schwach, kraft-, energielos; **7.** *(Stimmung)* gedrückt; niedergedrückt, -geschlagen; **8.** klein, gering(fügig, -wertig); **9.** einfach, niedrig, nieder *(a. Herkunft, Stand, Rang);* **10.** niedrig, niederträchtig, gemein; **11.** *(Meinung)* gering, schlecht; **12.** *(Preis, Kosten, Kurs, Lohn, Gehalt, Temperatur)* niedrig; **13.** *(Puls)* schwach; **14.** *(Vorrat)* erschöpft, zusammengeschmolzen; **15.** *fam* knapp bei Kasse; **16.** *(Verpflegung)* dürftig; **17.** *(Kost)* schmal; **18.** *(Gesundheit)* schwach, schlecht; **19.** *(biol, Kultur)* primitiv, unentwickelt; **20.** *(Stimme, Laut)* schwach, leise; tief; **21.** *mot (Gang)* niedrig; ▶ **as ~ as** so niedrig, so tief wie; hinunter bis zu; **in ~ water** *fam* knapp bei Kasse; **be ~** *(Preise etc)* niedrig stehen; **be, feel ~** sich elend fühlen; **have a ~ opinion of s.o.** nicht viel von jdm halten; **lay ~** umstoßen, -werfen; umlegen, -bringen; **be laid ~** ans Bett gefesselt sein; **lie ~** flach, lang ausgestreckt liegen; *fig* sich nicht sehen lassen; **run ~** *(Vorrat)* zu Ende gehen; **II** *adv* **1.** niedrig, tief; nach unten; **2.** leise *(sprechen);* **3.** tief *(singen);* **4.** billig *(kaufen, verkaufen);* **III** *s* **1.** (das) Niedrige; **2.** *mot* niedriger Gang; **3.** *fam* Tiefstand *m;* **4.** *mete* Tief(druckgebiet) *n.*

low·born [ˌləʊˈbɔːn] *adj* von niederer Herkunft; **low·bred** [ˌləʊˈbred] *adj* ungebildet, roh; **low·brow** [ˈləʊbraʊ] kulturell Unbedarfte(r) *f m;* **low-calorie** *adj* kalorienarm; **low comedy** Schwank *m,* Posse *f;* **low-cut** [ləʊˈkʌt] *adj (Kleid)* tiefausgeschnitten; **low demand** geringe Nachfrage; **low-down** [ˈləʊdaʊn] **I** *s sl* Information *f;* **II** *adj Am* gemein.

lower[1] [ˈləʊə(r)] ⟨*Komparativ von* low⟩ *adj* **1.** tiefer, niedriger; **2.** tiefer gelegen.

lower[2] [ˈləʊə(r)] **I** *tr* **1.** hinunter-, herunterlassen, senken; **2.** *(die Augen)* niederschlagen; **3.** *(die Stimme)* senken; **4.** *(Preis)* herabsetzen, ermäßigen; **5.** *(Stellung, Rang)* herabsetzen; erniedrigen, demütigen; **6.** *aero (Fahrgestell)* ausfahren; **II** *itr* **1.** sich senken; **2.** *(Preise)* sinken, fallen; **3.** abnehmen, nachlassen; sich vermindern; **III** *refl* sich erniedrigen; sich herablassen.

lower[3] [laʊə(r)] *s. lour.*

low-key [ˌləʊˈkiː] *adj* **1.** maßvoll; nicht übertrieben; **2.** unwillig; schwach; **lowland** [ˈləʊlənd] *meist pl* Tief-, Unterland *n;* **low level** Tiefpunkt *m;* ▶ **on a ~** auf niedriger Stufe; **low-level radiation** Niedrigstrahlung *f.*

low·ly [ˈləʊlɪ] *adj, adv* schlicht; bescheiden.

Low Mass [ˌləʊ ˈmæs] *rel* einfache Messe; **low-minded** [ˌləʊˈmaɪndɪd] *adj* niedriggesinnt, gemein; **low-necked** [ˌləʊˈnekt] *adj (Kleid)* (tief) ausgeschnitten.

low·ness [ˈləʊnɪs] **1.** Niedrigkeit *f a. fig;* **2.** Tiefe *f (a. Stimme);* ▶ **~ of spirits** Niedergeschlagenheit *f.*

low-noise [ˌləʊˈnɔɪz] *adj* rauschfrei; *mot* laufruhig; **low-pitched** [ˌləʊˈpɪtʃt] *adj* **1.** *(Stimme)* tief; **2.** *(Dach)* mit geringer Neigung; **low-pollution** [ˌləʊpəlˈuːʃn] *adj mot* schadstoffarm; **low pressure** *mete* Tiefdruck *m;* **low-pressure area** Tiefdruckgebiet *n;* **low profile:** ▶ **keep a ~** *fig* sich im Hintergrund halten; **low season** Neben-, Zwischensaison *f;* **low-spirited** [ˌləʊˈspɪrɪtɪd] *adj* niedergeschlagen, (nieder)gedrückt; **Low Sunday** der Weiße Sonntag; **low tide 1.** Ebbe *f;* **2.** *fig* Tiefstand *m;* **low water** Niedrigwasser *n;* Ebbe *f.*

loyal [ˈlɔɪəl] *adj* treu; loyal; zuverlässig; **loyal·ist** [—ɪst] Regierungstreue(r) *f m;* **loyalty** [ˈlɔɪəltɪ] **1.** Treue *f;* Loyalität *f (to* zu, gegen); **2.** Zuverlässigkeit *f.*

loz·enge [ˈlɒzɪndʒ] **1.** *math* Rhombus *m,* Raute *f;* **2.** *(Arznei)* Tablette *f.*

LP [elˈpiː] *Abk:* **long playing (record)** LP *f.*

LSD [elesˈdiː] *Abk:* **lysergic acid diethylamide** LSD *n.*

lu·bri·cant [ˈluːbrɪkənt] Schmiermittel *n;* **lu·bri·cate** [ˈluːbrɪkeɪt] *tr* **1.** (ein-, ab)schmieren, (ein)ölen; **2.** *fig* schmieren; **lu·bri·ca·tion** [ˌluːbrɪˈkeɪʃn] (Ab-, Ein)Schmieren *n;* (Ein)Ölen *n;* **lu·bri·ca·tor** [ˈluːbrɪˌkeɪtə] Schmierbüchse *f,* -nippel *m.*

lu·cerne [luːˈsɜːn] *bot* Luzerne *f.*

lu·cid [ˈluːsɪd] *adj* **1.** klar, verständlich; **2.** (geistig) normal; ▶ **~ moments** *pl* lichte Momente *m pl.*

luck [lʌk] **1.** Glück(sfall *m*) *n;* **2.** Zufall *m,* Schicksal *n;* ▶ **for ~** als Glückbringer; **in ~** glücklich; **out of ~** unglücklich; **worse ~** unglücklicherweise, leider; **be down on one's ~** *fam* Pech haben; **try one's ~** sein Glück versuchen; **just my ~! tough ~!** *fam* so ein Pech! **good, bad ~** Glück, Unglück *n;* **~ of the devil** *fam* wahnsinniges Glück; **luck·less** [—lɪs] *adj* glücklos; erfolglos; **lucky** [ˈlʌkɪ] *adj* **1.** glücklich; **2.** glückbringend, günstig; ▶ **be ~** Glück haben; **that's ~** das ist ein Glück; **~ shot** Glückstreffer *m;* **~ dip** Glückstopf *m;* **I should be so ~** das möchte ich mal erleben; **~ you!** du Glückliche(r)!

lu·cra·tive [ˈluːkrətɪv] *adj* einträglich, gewinnbringend.

lucre [ˈluːkə(r)] *hum* Mammon *m.*

lu·di·crous [ˈluːdɪkrəs] *adj* fürchterlich; grotesk; lächerlich; absurd.

ludo [ˈluːdəʊ] *(Spiel)* Mensch, ärgere dich nicht *n.*

lug [lʌg] *tr* schleppen, (hinter sich her)ziehen, zerren (*at* an).

lug·gage [ˈlʌgɪdʒ] *Br* (Reise)Gepäck *n;* ▶ **have one's ~ registered** sein Gepäck aufgeben; **personal ~** Handgepäck *n;* **luggage-rack** *(Zug)* Gepäcknetz *n; (Auto)* Dachgepäckträger *m;* **luggage van** *Br rail* Packwagen *m.*

lug·ger [ˈlʌgə(r)] *mar* Logger, Lugger *m.*

lug(-hole) [ˈlʌghəʊl] *Br sl* Ohr *n.*

lu·gu·bri·ous [ləˈguːbrɪəs] *adj* tieftraurig, schmerzlich.

luke·warm [ˌluːkˈwɔːm] *adj* **1.** *(Flüssigkeit)* lauwarm; **2.** *fig* lau, gleichgültig.

lull [lʌl] **I** *tr* **1.** einlullen, beruhigen; **2.** beschwichtigen, besänftigen; ▶ **~ to sleep** in den Schlaf wiegen; **II** *itr* **1.** sich beruhigen *(a. die See);* **2.** *(Sturm)* sich legen; **III** *s* **1.** Windstille *f;* **2.** (kurze) Ruhe(pause) *f;* (kurze) Unterbrechung *f;* Stillstand *m;* **3.** *com* Flaute *f;* **lull·aby** [ˈlʌləbaɪ] Wiegenlied *n.*

lum·bago [lʌmˈbeɪgəʊ] *med* Hexenschuß *m.*

lum·ber[1] [ˈlʌmbə(r)] **I** *s* **1.** Gerümpel *n;* **2.** Bau-, Nutzholz *n;* **II** *tr* **1.** *(mit Gerümpel)* vollstopfen, -pfropfen; **2.** *(Bäume)* fällen, schlagen, zu Nutzholz sägen;

► ~ **s.o. with s.th.** jdm etw aufhängen; ~ **o.s. with s.th.** sich etw aufhalsen.

lum·ber² ['lʌmbə(r)] *itr* schwerfällig gehen; rumpeln; trampeln; ► ~ **along** dahinrumpeln.

lum·ber·jack ['lʌmbədʒæk] **1.** Holzfäller *m;* **2.** *(a. lumberjacket)* Lumberjack *m;* **lum·ber·man** ['lʌmbəmæn] ⟨*pl* -men⟩ Holzfäller *m;* **lum·ber·room** ['lʌmbərʊm] Rumpelkammer *f;* **lumber-trade** Holzhandel *m;* **lumber-yard** ['lʌmbəjɑ:d] *Am* Holzlager *n.*

lu·min·ary ['lu:mɪnərɪ] *fig* Leuchte *f;* **lu·min·os·ity** [ˌlu:mɪ'nɒsətɪ] Helligkeit *f;* **lu·mi·nous** ['lu:mɪnəs] *adj* **1.** leuchtend, Leucht-; **2.** *fig* verständlich; ► ~ **paint** Leuchtfarbe *f.*

lump [lʌmp] **I** *s* **1.** Klumpen *m;* **2.** Stück *n (Zucker);* **3.** *fig* Haufen *m,* Masse, Menge *f;* **4.** *med* Beule *f;* Knoten *m;* **5.** *fam* Klotz *m;* ► **have a ~ in one's throat** e-n Kloß im Hals haben; **II** *tr* **1.** *(~ together)* fassen (*under a title* unter e-r Überschrift); **2.** *(~ in)* in e-n Topf werfen (*with* mit); ► ~ **it** *fam fig* etw schlucken; sich damit abfinden; ~ **together** zusammenfassen; **if he doesn't like it he can ~ it** wenn's ihm nicht paßt, kann er's ja bleiben lassen; **III** *itr* klumpen; **lump payment** Pauschalbezahlung *f;* **lump sugar** Würfelzucker *m;* **lump sum 1.** Pauschalbetrag *m;* **2.** Kapitalabfindung *f;* **lumpy** ['lʌmpɪ] *adj* **1.** klumpig; **2.** *(Figur)* pummelig.

lu·nacy ['lu:nəsɪ] Wahnsinn *m.*

lu·nar ['lu:nə(r)] *adj* ► ~ **vehicle** Mondfahrzeug *n;* ~ **module** Mondfähre *f.*

lu·na·tic ['lu:nətɪk] **I** *adj* blödsinnig, verrückt; ► ~ **fringe** *pol* Extremisten *pl;* **II** *s* Wahnsinnige(r) *(m)f;* **lunatic asylum** *fam pej* Irrenhaus *n.*

lunch [lʌntʃ], **luncheon** ['lʌntʃən] **I** *s* Mittagessen *n;* Mittagspause *f;* **II** *itr* (zu) Mittag essen; ► ~ **out** auswärts zu Mittag essen; **lunch break** Mittagspause *f;* **luncheon meat** Dosenfleisch *n;* **luncheon voucher** Essensbon *m,* -marke *f;* **lunch hour** Mittagspause *f;* **lunch·time** ['lʌntʃtaɪm] Mittag(szeit *f*) *m.*

lung [lʌŋ] *a. pl* Lunge *f;* ► **his right ~** sein rechter Lungenflügel; ~ **power** Stimmkraft *f;* **at the top of his ~s** aus vollem Halse; **iron ~** *med* eiserne Lunge; **lung cancer** Lungenkrebs *m.*

lunge [lʌndʒ] **I** *s* **1.** *(Fechten)* Ausfall *m;* **2.** plötzlicher Satz *(nach vorn);* **II** *itr* **1.** sich stürzen (*at* auf); **2.** *(Fechten)* einen Ausfall machen.

lu·pin, *Am* **lu·pine** ['lu:pɪn] *bot* Lupine *f.*

lurch [lɜ:tʃ] **I** *s* **1.** Ruck *m;* **2.** *mar* Schlingern *n;* ► **leave in the ~** im Stich lassen; **give a ~** rucken; schlingern; torkeln; **II** *itr* **1.** rucken; taumeln; **2.** *mar* schlingern.

lure [lʊə(r)] **I** *s* **1.** Köder *m a. fig;* **2.** *fig* Zauber, Reiz *m;* **II** *tr* **1.** *(~ on)* ködern *a. fig;* **2.** *fig* anlocken, -ziehen; **3.** verlokken (*into* zu).

lu·rid ['lʊərɪd] *adj* **1.** grell; schreiend; **2.** reißerisch; grausig; sensationslüstern.

lurk [lɜ:k] *itr* lauern.

luscious ['lʌʃəs] *adj* **1.** wohlschmeckend; **2.** köstlich *a. fig;* **3.** *(Obst)* saftig; **4.** *fig* sinnlich anziehend.

lush [lʌʃ] **I** *adj* **1.** saftig; üppig; **2.** luxuriös; **II** *s Am sl* Säufer(in) *m (f).*

lust [lʌst] **I** *s* **1.** Verlangen *n,* Drang *m,* Gier *f;* **2.** *(geschlechtliche)* Begierde *f* (*for* nach); **3.** Wollust *f;* **II** *itr* verlangen, gierig sein (*after, for* nach); **lust·ful** ['lʌstfl] *adj* begehrlich; lüstern.

lustre, *Am* **lus·ter** ['lʌstə] **1.** Glanz, Schimmer *m;* **2.** Ruhm *m;* ► **add ~ to s.th.** *fig* e-r S Glanz verleihen; **lustreless** [—lɪs] *adj* glanzlos, matt, stumpf.

lusty ['lʌstɪ] *adj* **1.** kraftvoll, kräftig, stark; **2.** jugendfrisch; vital.

lute [lu:t] Laute *f.*

Lu·theran ['lu:θərən] **I** *adj* lutherisch; **II** *s* Lutheraner(in) *m (f).*

Lux·em·bourg ['lʌksəmbɜ:g] Luxemburg *n;* **Lux·em·bourg·ian** [—ɪən] *adj* luxemburgisch.

lux·ur·iant [lʌg'ʒʊərɪənt] *adj* **1.** üppig; wuchernd; **2.** *fig* überschwenglich; **lux·ur·iate** [lʌg'ʒʊərɪeɪt] *itr* schwelgen (*in* in); **lux·ur·ious** [lʌg'ʒʊərɪəs] *adj* luxuriös; feudal; üppig; **lux·ury** ['lʌkʃərɪ] **1.** Luxus *m;* **2.** Luxus(gegenstand) *m;* **3.** Extravaganz *f;* ► ~ **flat** Luxuswohnung *f;* ~ **goods** *pl* Luxusgüter *n pl;* **lead a life of ~** ein Luxusleben führen.

lye [laɪ] *chem* Lauge *f.*

ly·ing¹ ['laɪɪŋ] *ppr von lie¹.*

ly·ing² ['laɪɪŋ] **I** *ppr von lie²;* **II** *adj* lügnerisch, unaufrichtig; **III** *s* Lügen *n;* ► **that would be ~** das wäre gelogen.

lymph [lɪmf] *anat* Lymphe *f;* **lymph gland** Lymphdrüse *f;* **lym·phatic** [lɪm'fætɪk] **I** *adj anat* lymphatisch, Lymph-; **II** *s anat* Lymphgefäß *n;* **lymph node** Lympfknoten *m.*

lynch [lɪntʃ] *tr* lynchen.

lynx [lɪŋks] Luchs *m;* **lynx-eyed** [ˌlɪŋks'aɪd] *adj* ► **be ~** Luchsaugen haben.

lyre ['laɪə(r)] Leier, Lyra *f.*

lyric ['lɪrɪk] **I** *adj* lyrisch *a. mus;* **II** *s* **1.** lyrisches Gedicht; **2.** *pl* Lyrik *f;* **3.** Text *m (e-s Liedes);* **lyri·cal** ['lɪrɪkl] *adj* **1.** lyrisch; **2.** *fam* begeistert; ► **become ~ over s.th.** in Begeisterung für etw geraten; **lyri·cism** ['lɪrɪˌsɪzəm] **1.** Lyrik *f;* **2.** Gefühlsüberschwang *m;* **lyri·cist** ['lɪrɪsɪst] Schlagerdichter, -texter *m.*

M

M, m [em] ⟨*pl* -'s⟩ M, m *n.*
ma [mɑ:] *fam* Mama, Mutti *f.*
ma'am [mæm] gnädige Frau.
mac [mæk] *fam s. mackintosh.*
ma·cabre [mə'kɑ:brə] *adj* makaber.
ma·cadam [mə'kædəm] Schotter, Makadam *m;* **macadam road** Schotterstraße *f.*
maca·roni [ˌmækə'rəʊnɪ] Makkaroni *pl.*
mace¹ [meɪs] (Amts)Stab *m;* Keule *f.*
mace² [meɪs] Muskatblüte *f.*
Mach [mɑ:k] *phys* Mach *n;* **Mach number** Mach-Zahl *f.*
ma·chine [mə'ʃi:n] **I** *s* **1.** Maschine *f a. fig;* **2.** *(vending ~)* Automat *m;* **3.** Apparat, Automat *m;* **4.** *pol* Parteiapparat *m;* ▶ **operate a ~** e-e Maschine bedienen; **calculating ~** Rechenmaschine *f;* **duplicating ~** Vervielfältigungsmaschine *f;* **II** *tr* maschinell herstellen *od* bearbeiten; **machine-gun** Maschinengewehr, MG *n;* **machine language** *EDV* Maschinensprache *f;* **machine-made** *adj* maschinell hergestellt; **machine-readable** [mə'ʃi:n'ri:dəbl] *adj EDV* computerlesbar, maschinenlesbar; **ma·chinery** [mə'ʃi:nərɪ] **1.** Maschinerie *f;* Maschinen *f pl;* **2.** *fig* Apparat *m;* **machine tool** Werkzeugmaschine *f;* **ma·chinist** [mə'ʃi:nɪst] **1.** Maschinist(in) *m (f);* **2.** Maschinenschlosser(in) *m (f).*
macho ['mætʃəʊ] *fam pej* **I** *adj* Macho-; **II** *s* Macho *m.*
mack·erel ['mækrəl] *zoo* Makrele *f.*
mack·in·tosh ['mækɪntɒʃ] Regenmantel *m.*
mac·ro- ['mækrəʊ] *pref* Makro-, makro-; **mac·ro·bi·otic** [ˌmækrəʊbaɪ'ɒtɪk] *adj* makrobiotisch.
mac·ro·cosm ['mækrəʊkɒzəm] Makrokosmos *m.*
mad [mæd] **I** *adj* **1.** wahnsinnig, verrückt; **2.** böse, sauer; **3.** sinnlos, unvernünftig; **4.** wahnsinnig; **5.** tollwütig; ▶ **go ~** verrückt werden; **drive s.o. ~** jdn wahnsinnig machen; **as ~ as a March hare, as a hatter** total meschugge; **be ~ about s.th.** über etw wütend sein; **be ~ on s.th.** auf etw versessen sein; **II** *adv* ▶ **like ~** wie verrückt.
madam ['mædəm] gnädige Frau.
mad·den ['mædn] *tr* verrückt machen; ärgern; **mad·den·ing** [—ɪŋ] *adj* höchst ärgerlich; unerträglich; ▶ **it is ~** es ist zum Verrücktwerden.
made [meɪd] *v s. make;* **made-to-measure** [meɪdtə'meʒə(r)] *adj* maßgeschneidert; ▶ **~ suit** Maßanzug *m;* **made-up** ['meɪdʌp] *adj* **1.** *(Geschichte)* erfunden; **2.** *(Gesicht)* geschminkt.
mad·house ['mædhaʊs] *fam* Irrenhaus *n;* **mad·ly** ['mædlɪ] *adv* **1.** wie verrückt; wild; **2.** *fam* wahnsinnig; ▶ **it's ~ exciting** es ist unglaublich aufregend; **mad·man** ['mædmən] ⟨*pl* -men⟩ Irre(r), Verrückte(r) *m;* **mad·ness** ['mædnɪs] Wahnsinn *m;* **mad·woman** ['mædˌwʊmən] ⟨*pl* -women⟩ Irre, Verrückte *f.*
mael·strom ['meɪlstrəm] **1.** Strudel *m;* **2.** *fig* Wirbel, Sog *m.*
Mafia ['mæfiə] Mafia *f.*
mag [mæg] Zeitschrift *f;* Magazin *n;* **maga·zine** [ˌmægə'zi:n, *Am* 'mægəzi:n] **1.** *mil* Magazin *n;* **2.** *(im Gewehr)* Magazin *n;* **3.** Zeitschrift *f,* Magazin *n.*
mag·got ['mægət] *zoo* Made *f;* **maggoty** ['mægətɪ] *adj* madig.
Magi ['meɪdʒaɪ] ▶ **the ~** *pl* die Weisen aus dem Morgenland, die Heiligen Drei Könige *m pl.*
magic ['mædʒɪk] **I** *s* **1.** Magie, Zauberei, Zauberkunst *f;* **2.** *fig* Zauber *m;* ▶ **as if by ~** wie durch ein Wunder; **II** *adj* Zauber-; magisch; ▶ **the ~ word** das Stichwort; das Zauberwort; **magi·cal** ['mædʒɪkl] *adj* magisch; **magi·cal·ly** ['mædʒɪklɪ] *adv* wunderbar; **magic carpet** fliegender Teppich; **magic eye** magisches Auge; **ma·gician** [mə'dʒɪʃn] Magier(in) *m (f),* Zauberer *m,* Zauberin *f.*
magis·terial [ˌmædʒɪ'stɪərɪəl] *adj* **1.** *(Macht)* e-s Friedensrichters; **2.** gebieterisch; **magis·trate** ['mædʒɪstreɪt] Friedensrichter(in) *m (f).*
mag·na·nim·ity [ˌmægnə'nɪmətɪ] Großmut *f;* **mag·nani·mous** [mæg'nænɪməs] *adj* großmütig.
mag·nate ['mægneɪt] Magnat *m.*
mag·nesia [mæg'ni:ʃə] *chem* Magnesia *f;* **mag·nesium** [mæg'ni:zɪəm] *chem* Magnesium *n.*
mag·net ['mægnɪt] Magnet *m a. fig;* **mag·net·ic** [mæg'netɪk] *adj* **1.** magnetisch; **2.** *fig* faszinierend; ▶ **~ card** Magnetkarte *f;* **~ disc** *EDV* Magnetplatte *f;* **~ field** Magnetfeld *n;* **~ memory** Magnetspeicher *m;* **~ needle** Magnetnadel *f;* **~ pole** Magnetpol *m;* **~ railway** Magnetbahn *f;* **~ strip** Magnetstreifen *m;* **~ tape** Magnetband *n;* **mag·net·ism** ['mægnɪtɪzəm] **1.** Magnetismus *m;*

2. *fig* Faszination *f;* **mag·net·ize** ['mægnıtaız] *tr* **1.** magnetisieren; **2.** *fig* faszinieren; **mag·neto** [mæg'ni:təʊ] ⟨*pl* -netos⟩ *mot* Magnetzünder *m.*

mag·ni·fi·ca·tion [ˌmægnıfı'keıʃn] *opt phot* Vergrößerung *f.*

mag·nifi·cence [mæg'nıfısəns] **1.** Pracht *f,* Glanz *m;* **2.** Großartigkeit *f;* **mag·nifi·cent** [mæg'nıfısnt] *adj* **1.** prächtig, prunkvoll; **2.** großartig, glänzend *a. fig.*

mag·nify ['mægnıfaı] *tr opt phot* vergrößern; ▶ **~ing glass** Vergrößerungsglas *n.*

mag·ni·tude ['mægnıtju:d] **1.** Ausmaß *n,* Größe *f;* **2.** Bedeutung, Wichtigkeit *f;* **3.** *astr* Größenklasse *f.*

mag·no·lia [mæg'nəʊlıə] *bot* Magnolie *f.*

mag·pie ['mægpaı] Elster *f.*

Ma·ha·ra·ja(h) [ˌmɑ:hə'rɑ:dʒə] Maharadscha *m;* **Ma·ha·ra·nee** [ˌmɑ:hə'rɑ:ni:] Maharani *f.*

ma·hog·any [mə'hɒgənı] Mahagoni *n.*

maid [meıd] **1.** Dienstmädchen *n,* Hausangestellte *f;* **2.** *obs* Jungfer *f;* ▶ **~ of hono(u)r** Brautjungfer *f.*

maiden ['meıdn] **I** *s lit* Mädchen *n;* **II** *adj* Jungfern-; **maiden·hair** ['meıdnheə(r)] *bot* Frauenhaar *n;* **maiden name** Mädchenname *m;* **maiden speech** Jungfernrede *f.*

mail[1] [meıl] **I** *s* Post *f;* ▶ **send by, via air ~** mit Luftpost verschicken; **II** *tr* mit der Post (ver)senden; abschicken, aufgeben.

mail[2] [meıl] *hist* (Ketten)Panzer *m.*

mail·bag ['meılbæg] Postsack *m;* **mail·box** ['meılbɒks] **I** *Am* Briefkasten *m;* **2.** *EDV* Mailbox *f;* **mailing list** Anschriftenliste *f;* **mail·man** ['meılmæn] ⟨*pl* -men⟩ *Am* Briefträger *m;* **mail-order catalogue** Versandhauskatalog *m;* **mail-order house** Versandhaus *n.*

maim [meım] *tr* verstümmeln *a. fig;* zum Krüppel machen.

main [meın] **I** *attr adj* Haupt-; ▶ **~ idea** Hauptgedanke *m;* **~ thing** Hauptsache *f;* **II** *s* **1.** Hauptleitung *f;* Haupthahn *m;* Hauptschalter *m;* **2.** *pl* Versorgungsnetz *n;* Stromnetz *n;* ▶ **in the ~** im großen und ganzen; **~s operated** für Netzbetrieb; **main·frame** ['meınfreım] (*~ computer*) Groß-, Zentralrechner *m;* **main·land** ['meınlænd] Festland *n;* **main·line** ['meınlaın] **I** *s* Hauptstrecke *f;* **II** *itr sl* fixen; **main·lining** [—ıŋ] *sl* Fixen *n;* **main·ly** ['meınlı] *adv* hauptsächlich, in erster Linie; **main road** Haupt(verkehrs)straße *f;* **main·spring** Triebfeder *f a. fig;* **main·stay** ['meınsteı] *fig* Hauptstütze *f;* **main·stream** ['meınstri:m] Hauptrichtung *f.*

main·tain [meın'teın] *tr* **1.** aufrechterhalten; beibehalten; erhalten; **2.** *(Maschine)* in gutem Zustand (er)halten, instand halten, pflegen, warten; **3.** *(Straße, Familie, Beziehungen)* unterhalten; **4.** *(Stellung)* halten, behaupten; **5.** *(mit Worten)* behaupten, stützen, verteidigen.

main·ten·ance ['meıntənəns] **1.** Aufrechterhaltung *f;* Beibehaltung *f;* Erhaltung *f;* **2.** Instandhaltung, Wartung *f;* **3.** Unterhalt *m;* ▶ **~ costs** *pl* Unterhaltskosten *pl.*

mai·son·nette [ˌmeızə'net] Appartment *n,* Maisonette(-Wohnung) *f.*

maize [meız] Mais *m.*

ma·jes·tic [mə'dʒestık] *adj* **1.** majestätisch; **2.** *(Proportionen)* stattlich; **maj·esty** ['mædʒəstı] Majestät *f a. fig;* ▶ **His, Her M ~** Seine, Ihre Majestät.

ma·jor ['meıdʒə(r)] **I** *adj* **1.** größer; Haupt-; bedeutend(er); **2.** *mus (nachgestellt)* Dur; ▶ **~ road** Hauptverkehrsstraße *f;* **a ~ operation** e-e größere Operation; **A flat ~** As-Dur; **Smith ~** Smith der Ältere; **II** *s* **1.** *mil* Major *m;* **2.** *mus* Dur *n;* **3.** *Am* Hauptfach *n;* ▶ **become a ~** volljährig werden; **III** *itr Am* im Hauptfach studieren (*in s.th.* etw); **ma·jor-gen·eral** [ˌmeıdʒə'dʒenərəl] Generalmajor *m.*

ma·jor·ity [mə'dʒɒrətı] **1.** Mehrheit *f;* **2.** *jur* Volljährigkeit, Mündigkeit *f;* ▶ **attain one's ~, reach the age of ~** volljährig, mündig werden; **the ~ of cases** die Mehrzahl der Fälle; **be in a ~** in der Mehrzahl sein; **a two-thirds ~** eine Zweidrittelmehrheit; **(by) ~ of votes** (mit) Stimmenmehrheit *f;* **~ decision** Mehrheitsbeschluß *m.*

make ⟨*irr* made, made⟩ **I** *tr* **1.** machen (*from, of* aus; *into* zu); herstellen, anfertigen; **2.** (zu)bereiten, fertigmachen, ausführen; **3.** hervorbringen, (er)schaffen, bilden; **4.** konstruieren, zusammenstellen; **5.** ausdenken, formulieren; **6.** *(Urkunde)* ausfertigen; **7.** herbeiführen, bewirken, veranlassen, bewerkstelligen, zustande bringen; **8.** ernennen zu; **9.** machen, erscheinen lassen; **10.** berühmt machen; **11.** sich belaufen auf; **12.** *(Distanz)* schätzen auf; **13.** erwerben, verdienen; **14.** *(Gewinn)* einstreichen, einstecken; **15.** *(Verlust)* erleiden; **16.** *(Zug)* noch erreichen; **17.** *(Arbeit)* erledigen; **18.** *(Entfernung)* zurücklegen; **19.** *(Geschwindigkeit)* fahren; **20.** *(Spiel)* gewinnen; ▶ **~ bread** Brot backen; **made in Germany** in Deutschland hergestellt; **~ s.o. a present of s.th.** jdm etw schenken; **~ s.o. happy** jdn glücklich machen; **it ~s no difference to me** es ist mir gleich; **~ s.o. laugh** jdn zum Lachen bringen; **~ s.o. do s.th.** jdn dazu bringen, etw zu tun; **~ s.o. understand** jdm etw verständlich machen; **~ port** in den Hafen einlaufen; **~ it with s.o.** *fam* mit jdm schlafen; **we've made it!** wir haben es geschafft! **he's a made man** er ist ein gemachter Mann; **1 plus 1 ~s 2** 1 und 1 ist 2; **she made him a good wife** sie war ihm e-e gute Frau; **what time do you ~ it?** wie spät hast du es? **II** *itr* ▶ **~ towards a place** auf e-n Ort zuhalten; **~ as if to do s.th.** Anstalten machen, etw zu tun; **~ on a deal** bei e-m Geschäft verdienen; **III** *refl* ▶ **~ o.s. useful** sich nützlich machen; **~ o.s. comfortable** es sich bequem machen; **~ o.s. do s.th.** sich dazu zwingen, etw zu tun; **IV** *s* Marke *f,* Fabrikat *n;* ▶ **on the ~** *sl* profitgierig; mit Zukunft; **V** *(mit Präposition)* **make away** *itr* sich davonmachen; **make for** *itr* **1.** zuhalten auf; zuströmen auf; losgehen auf; **2.** führen zu; den Grund legen für; **make of** *itr* halten von; **make off** *itr* sich aus dem Staub machen (*with* mit); **make out** *tr* **1.** ausfindig machen, herausbekommen, entziffern; **2.** *(Liste)* aufstellen; **3.** *(Formular)* ausfüllen; **4.** *(Rechnung, Scheck)* ausstellen; **5.** behaupten; *itr* **1.** weiter-, vorwärtskommen *a. fig;* Erfolg haben; **2.** auskommen; zurechtkommen (*with* mit); ▶ **~ out that ...** es so hinstellen, als ob ... **~ s.o. out to be clever** jdn als klug hinstellen; **~ out a case for s.th.** für etw argumentieren; **make over** *tr* **1.** *(Haus)* umbauen; **2.** um-, überarbeiten; **3.** *(Eigentum)* übertragen, vermachen; **make up** *tr* **1.** zusammenstellen, -legen, -setzen, -nähen; **2.** erfinden, ausdenken; **3.** vollenden, vervollständigen; **4.** schminken; **5.** *(Streit)* beilegen; **6.** *(Schaden)* ersetzen; **7.** *(Schulden)* bezahlen; **8.** *(Rechnung)* begleichen; **9.** *(Liste)* zusammenstellen; *itr* **1.** *(Stoff)* sich verarbeiten lassen; **2.** sich wieder aus-, versöhnen (*with* mit); **3.** wiedergutmachen, ersetzen; **4.** *(verlorene Zeit)* wieder aufholen; ▶ **~ up one's mind** sich entschließen; **it was all made up** alles war nur erfunden; **~ it up to s.o.** jdn entschädigen; **~ up for lost time** verlorene Zeit aufholen; **~ up for s.th.** etw ausgleichen; **make up to** *itr* sich heranmachen an; **make with** *itr* loslegen, anfangen mit.

make-be·lieve ['meɪkbɪˌli:v] **I** *s* Phantasie *f;* **II** *attr adj* imaginär; Schein-; **III** *tr* sich vorstellen; **maker** ['meɪkə(r)] Hersteller(in) *m (f);* ▶ **our M~** unser Schöpfer; **make·shift** ['meɪkʃɪft] **I** *s* Notbehelf *m,* Übergangslösung *f;* **II** *adj* behelfsmäßig; improvisiert; **make-up** ['meɪkʌp] **1.** Make-up *n;* Schminke *f;* Maske *f;* **2.** Zusammenstellung *f;* Veranlagung *f;* **3.** *typ* Umbruch *m;* **make-up artist** Visagist(in) *m (f).*

mak·ing ['meɪkɪŋ] **1.** Herstellung, Fertigung, Fabrikation, Produktion *f;* **2.** *oft pl* Fähigkeiten *f pl,* Talent *n,* Anlage(n *pl*) *f;* ▶ **be in the ~** in der Entwicklung, in der Herstellung sein; **have the ~s of** das Zeug haben zu.

mal·adjusted [ˌmælə'dʒʌstɪd] *adj psych* milieugestört; verhaltensgestört.

mal·ad·min·is·tra·tion ['mæləd,mɪnɪ'streɪʃn] schlechte Verwaltung.

mal·adroit ['mælədrɔɪt] *adj* ungeschickt, unbeholfen, linkisch.

mal·aise [mæ'leɪz] **1.** *fig* Unbehagen *n;* **2.** Unwohlsein *n.*

mala·prop·ism ['mæləprɒpɪzəm] (komische) Wortverwechs(e)lung *f,* Malapropismus *m.*

ma·laria [mə'leərɪə] Malaria *f.*

male [meɪl] **I** *adj* **1.** männlich; **2.** Mann-; ▶ **~ chauvinism** Chauvinismus *m;* **~ chauvinist pig** *fam* Chauvi, Chauvinist *m;* **~ child** Junge *m;* **~ screw** Schraube *f;* **~ plug** Stecker *m;* **II** *s* **1.** Mann *m;* **2.** *zoo* Männchen *n.*

mal·edic·tion [ˌmælɪ'dɪkʃn] Verwünschung *f.*

ma·levo·lent [mə'levəlnt] *adj* boshaft (*to* gegen).

mal·for·ma·tion [ˌmælfɔ:'meɪʃn] Mißbildung *f;* **mal·func·tion** [ˌmæl'fʌŋkʃn] **I** *s* Funktionsstörung *f;* Defekt *m;* Störfall *m;* **II** *itr* nicht richtig funktionieren.

mal·ice ['mælɪs] Bosheit *f;* Böswilligkeit *f;* ▶ **with ~ afore-thought** in böswilliger Absicht, vorsätzlich; **bear s.o. no ~** jdm nicht grollen; **ma·licious** [mə'lɪʃəs] *adj* böswillig; arglistig; gehässig.

ma·lign [mə'laɪn] **I** *tr* verleumden; schlechtmachen; **II** *adj* **1.** *(Worte)* boshaft, böswillig; **2.** *(Einfluß)* unheilvoll; **ma·lig·nancy** [mə'lɪgnənsɪ] Bösartigkeit *f a. med;* **ma·lig·nant** [mə'lɪgnənt] *adj* böswillig, bösartig *a. med.*

ma·linger [mə'lɪŋgə(r)] *itr* sich krank stellen, simulieren; **ma·lingerer** [mə'lɪŋgərə(r)] Drückeberger(in) *m (f).*

mal·leable ['mælɪəbl] *adj* **1.** *(Metall)* formbar; **2.** *fig* nachgiebig, anpassungsfähig, geschmeidig.

mal·let ['mælɪt] **1.** Holzhammer *m;* **2.** (Krocket-, Polo)Schläger *m.*

mal·nu·tri·tion [ˌmælnju:'trɪʃn] Fehl-, Unterernährung *f.*

mal·odor·ous [ˌmæl'əʊdərəs] *adj* übelriechend.

mal·practice [ˌmæl'præktɪs] *jur* Berufsvergehen *n;* Amtsvergehen *n.*

malt [mɔ:lt] **I** *s* Malz *n;* **II** *tr* mälzen.

mal·treat [ˌmæl'tri:t] *tr* mißhandeln; **mal·treat·ment** [—mənt] Mißhandlung *f.*

mam·mog·raphy [mæ'mɒgrəfi] *med* Mammographie *f.*

mam·mal ['mæml] Säugetier *n.*

mam·mon ['mæmən] Mammon *m.*

mam·moth ['mæməθ] **I** *s zoo* Mammut *n;* **II** *adj fig* gewaltig, kolossal.

man [mæn] ⟨*pl* men⟩ [men] **I** *s* **1.** Mann *m;* **2.** *(ohne Artikel)* der Mensch; **3.** man; **4.** *sl interj* Mensch, Mann; **5.** *mil* Mann *m;* **6.** *(Schach)* Figur *f; (Damespiel)* Stein *m;* ▶ **a ~ of the world** ein Mann von Welt; **~ and boy** von Kindheit an; **make a ~ out of s.o.** e-n Mann aus jdm machen; **no ~** niemand; **any ~** jeder; **to a ~** bis auf den letzten Mann; **he is not a ~ to ...** er ist nicht der Typ, der ... **the ~ in the street** der Mann auf der Straße; **he's a ~ about town** er kennt sich aus; **II** *tr (Schiff)* bemannen; *(Festung)* besetzen; *(Telefon)* bedienen.

man·age ['mænɪdʒ] **I** *tr* **1.** *(Betrieb)* leiten; verwalten; in Ordnung halten; **2.** zurechtkommen mit; **3.** *(Aufgabe)* bewältigen; schaffen; *fam* managen; ▶ **he ~d it very well** er hat das sehr gut gemacht; **~ to do s.th.** es schaffen, etw zu tun; **can you ~ another slice of cake?** kannst du noch ein Stück Kuchen vertragen? **II** *itr* es schaffen, zurechtkommen; ▶ **~ without s.th.** ohne etw auskommen; **man·age·able** [—əbl] *adj* **1.** *(Kind)* folgsam; **2.** *(Arbeit)* zu bewältigen; **3.** *(Haar)* leicht frisierbar; **4.** *(Auto)* leicht zu handhaben.

man·age·ment ['mænɪdʒmənt] **1.** Leitung *f;* Führung *f;* Verwaltung *f;* **2.** Management *n;* Unternehmensleitung *f;* Betriebsleitung *f;* ▶ **crisis ~** Krisenmanagement *n;* **management consultant** Unternehmensberater(in) *m (f);* **management studies** Betriebswirtschaft *f;* **man·ager** ['mænɪdʒə(r)] **1.** *com* (Unternehmens)Leiter, Geschäftsführer, Manager *m;* **2.** Abteilungsleiter *m;* Betriebsleiter *m;* **3.** *theat* Intendant, Regisseur *m;* ▶ **business ~** Verwaltungsdirektor *m;* **department ~** Abteilungsleiter *m;* **sales ~** Verkaufsleiter *m;* **man·ager·ess** [ˌmænɪdʒə'res] Leiterin, Geschäftsführerin, Managerin *f;* **mana·gerial** [ˌmænɪ'dʒɪərɪəl] *adj* führend, leitend; *(Probleme etc)* Management-; ▶ **in a ~ capacity** in leitender Stellung; **man·aging di·rec·tor** ['mænɪdʒɪŋdɪ'rektə(r)] leitende(r) Direktor(in) *m f.*

man-at-arms [ˌmænət'ɑ:mz] ⟨*pl* men-at-arms⟩ Soldat *m.*

man·da·rin ['mændərɪn] **1.** *(in China)* Mandarin *m;* **2.** *fig* Bonze *m;* **3.** *(Sprache)* (das) Hochchinesisch(e); **4.** *bot* Mandarine *f.*

man·date ['mændeɪt] **I** *s* **1.** Auftrag *m;* **2.** *pol* Mandat *n;* **II** *tr* ▶ **~ a territory to s.o.** ein Gebiet als Mandat an jdn vergeben; **man·da·tory** ['mændətrɪ] *adj* zwingend, verbindlich, obligatorisch; *pol* mandatorisch.

man·dible ['mændɪbl] **1.** *anat* Unterkiefer *m;* **2.** *(von Insekten)* Mundwerkzeuge *n pl.*

man·do·lin(e) ['mændəlɪn] Mandoline *f.*

mane [meɪn] Mähne *f.*

man-eater ['mæni:tə(r)] Menschenfresser *m.*

ma·neu·ver *Am s. manoeuvre.*

man·ga·nese ['mæŋgəni:z] *chem* Mangan *n.*

mange [meɪndʒ] Räude *f.*

man·gel(-wur·zel) ['mæŋgl(wɜ:zl)] *bot* Futterrübe *f.*

manger ['meɪndʒə(r)] Krippe *f.*

mangle¹ ['mæŋθl] *tr* übel zurichten.

mangle² ['mæŋgl] **I** *tr (Wäsche)* mangeln; **II** *s* (Wäsche)Mangel *f.*

mango ['mæŋgəʊ] ⟨*pl* mango(e)s⟩ **1.** Mangobaum *m;* **2.** *(Frucht)* Mango *f.*

man·grove ['mæŋgrəʊv] *bot* Mangrove(n)baum *m.*

mangy ['meɪndʒɪ] *adj* **1.** räudig; **2.** *fig* schmutzig, schäbig.

man-handle ['mænhændl] *tr* rauh, derb anpacken; **man·hole** ['mænhəʊl] Einsteigloch *n;* Kanalschacht *m;* **man-hood** ['mænhʊd] **1.** Mannesalter *n;* **2.** Männlichkeit *f;* **man-hour** ['mænaʊə(r)] Arbeitsstunde *f;* **man-hunt** ['mænhʌnt] Fahndung *f.*

mania ['meɪnɪə] **1.** *psych* Manie *f;* **2.** *fig* Manie, Sucht, Besessenheit *f* (*for* nach); ▶ **have a ~ for** verrückt sein auf; **maniac** ['meɪnɪæk] **I** *s* **1.** Geisteskranke(r) *f m;* **2.** *fig* Verrückte(r) *f m;* **II** *adj* wahnsinnig; **ma·nia·cal** [mə'naɪəkl] *adj* wahnsinnig, verrückt; **manic-de-press·ive** [ˌmænɪkdɪ'presɪv] *adj psych* manisch-depressiv.

mani·cure ['mænɪkjʊə(r)] **I** *s* Maniküre *f;* **II** *tr* maniküren.

mani·fest ['mænɪfest] **I** *adj* (offen-) sichtlich, offenbar, -kundig; **II** *tr* offenbaren, kundtun; **III** *refl* sich zeigen, sich manifestieren; **IV** *s mar* Manifest *n;* **mani·fes·ta·tion** [ˌmænɪfe'steɪʃn] **1.** Ausdruck *m,* Manifestierung *f;* **2.** Anzeichen *n;* **3.** *(Geist)* Erscheinen *n;* **mani-festly** ['mænɪfestlɪ] *adv* offenkundig.

mani·festo [ˌmænɪ'festəʊ] ⟨*pl* -festo(e)s⟩ Manifest *n.*

mani·fold ['mænɪfəʊld] **I** *adj* mannigfaltig, verschiedenartig; **II** *s mot* Auspuffrohr *n;* **III** *tr* vervielfältigen.

ma·nipu·late [mə'nɪpjʊleɪt] *tr* **1.** *(Maschine)* handhaben, bedienen; **2.** *fig* beeinflussen, manipulieren; **ma·nipu·la·tion** [məˌnɪpjʊ'leɪʃn] Manipulation, Beeinflussung *f;* **ma·nipu·la·tor** [mə'nɪpjʊleɪtə(r)] Manipulator *m.*

man·kind [ˌmæn'kaɪnd] die Menschheit; **man·ly** ['mænlɪ] *adj* männlich; **man-made** ['mænmeɪd] *adj* künstlich (hergestellt), Kunst-.

manned [mænd] *adj (Satellit)* bemannt.

man·ne·quin ['mænɪkɪn] **1.** Mannequin *n;* **2.** Glieder-, Schneiderpuppe *f.*

man·ner ['mænə(r)] **1.** Art, Weise, Art

und Weise *f;* **2.** Benehmen *n;* **3.** *pl* Manieren *f pl;* Umgangsformen *f pl;* Sitten *f pl;* ► **all ~ of** jede Art *gen;* **after this ~** auf diese Art und Weise; **no ~ of** nicht der (die, das) geringste ... gar kein ... **a teacher as to the ~ born** der geborene Lehrer; **by all ~ of means** selbstverständlich, auf jeden Fall; **not by any ~ of means** auf keinen Fall; **in a ~** gewissermaßen; **in a ~ of speaking** sozusagen; **he has no ~s** er weiß sich nicht zu benehmen; **it's bad ~s** es schickt sich nicht.

man·ner·ism ['mænərɪzəm] **1.** Angewohnheit, Eigenheit *f;* **2.** *(Stil)* Maniertheit *f.*

ma·noeuvr·able, *Am* **ma·neu·ver·able** [mə'nu:vrəbl] *adj* manövrierfähig; **ma·noeuvre,** *Am* **ma·neu·ver** [mə'nu:və(r)] **I** *s* **1.** *pl mil* Manöver *n,* Truppenübung *f;* **2.** *fig* Schachzug *m,* List *f;* **II** *tr* manövrieren; ► **~ s.o. into doing s.th.** jdn dazu bringen, etw zu tun; **III** *itr* **1.** manövrieren; ein Manöver durchführen; **2.** *fig* es geschickt einfädeln.

manor ['mænə(r)] Landgut *n;* ► **lord of the ~** Gutsherr *m;* **~-house** Herrenhaus *n.*

man·power ['mænpaʊə(r)] Leistungs-, Arbeitspotential *n;* Arbeitskräfte *pl.*

manse [mæns] *(schottisch)* Pfarrhaus *n.*

man·ser·vant ['mænsɜ:vənt] ‹*pl* menservants› Diener *m.*

man·sion ['mænʃn] Villa *f;* Herren-, Landhaus *n.*

man·slaughter ['mænslɔ:tə(r)] Totschlag *m.*

man·tel·piece ['mæntlpi:s] Kaminsims *m.*

man·ual ['mænjʊəl] **I** *adj* manuell; körperlich; ► **~ labourer** Schwerarbeiter(in) *m (f);* **~ skill** Handwerk *n;* **~ transmission** *mot* Schaltgetriebe *n;* **~ worker** (Hand)Arbeiter(in) *m (f);* **II** *s* Handbuch *n.*

manu·fac·ture [ˌmænjʊ'fæktʃə(r)] **I** *s* **1.** Herstellung, Fabrikation, Fertigung, Produktion *f;* **2.** Erzeugnis, Produkt, Fabrikat *n;* **II** *tr* **1.** herstellen, fabrizieren, produzieren; **2.** *fig* erfinden; **manu·fac·turer** [ˌmænjʊ'fækʃərə(r)] Hersteller, Produzent, Fabrikant *m;* **manu·fac·tur·ing** [ˌmænjʊ'fæktʃərɪŋ] **I** *adj* Herstellungs-; ► **~ capacity** Produktionskapazität *f;* **~ industry** verarbeitende Industrie; **II** *s* Fertigung, Fabrikation *f.*

ma·nure [mə'njʊə(r)] **I** *s* Dünger *m;* **II** *tr* düngen.

manu·script ['mænjʊskrɪpt] **1.** *(alte)* Handschrift *f;* **2.** *typ* Manuskript *n;* ► **in ~** handschriftlich.

many ['menɪ] ‹*Komparativ* more, *Superlativ* most› **I** *adj* viele; ► **~ a** manche(r, s), manch ein(e, r); **~ a man** manch einer; **~ a time** manchesmal; **as ~** ebenso viele; **as ~ again** noch mal so viele; **as ~ as 100** sage und schreibe 100; **a good ~, a great ~** sehr viele; **there's one too ~** einer ist zuviel; **II** *s* e-e ganze Menge; ► **the ~** die große Masse; **many-sided** [ˌmenɪ'saɪdɪd] *adj* vielseitig.

map [mæp] **I** *s* **1.** (Land)Karte *f;* **2.** Stadtplan *m;* ► **be off the ~** *fam* hinter dem Mond liegen; **put on the ~** Bedeutung verleihen, herausstreichen; **road ~** Straßenkarte *f;* **II** *tr* **1.** vermessen; e-e Karte anfertigen von; **2.** *(~ out)* entwerfen, kartieren; *fig* ausarbeiten.

maple ['meɪpl] *bot* Ahorn *m;* **maple-leaf** ‹*pl* -leaves› Ahornblatt *n;* **maple sugar** Ahornzucker *m.*

mar [mɑ:(r)] *tr* **1.** trüben; mindern; **2.** verderben.

mara·thon ['mærəθən] **1.** *sport* Marathonlauf *m;* **2.** *fig* Marathon *n.*

ma·raud [mə'rɔ:d] *itr, tr* marodieren, plündern; **ma·rauder** [—ə(r)] Plünderer *m,* Plünderin *f.*

marble ['mɑ:bl] **I** *s* **1.** Marmor *m;* **2.** Murmel *f;* **II** *adj* marmorartig.

March [mɑ:tʃ] März *m.*

march [mɑ:tʃ] **I** *itr* marschieren; ► **~ in** einmarschieren; **time ~es on** die Zeit bleibt nicht stehen; **~ out** abmarschieren; **~ past s.o.** an jdm vorbeimarschieren; **II** *tr* marschieren lassen; ► **~ s.o. off** jdn abführen; **III** *s* **1.** *mil mus* Marsch *m;* **2.** Weg *m;* **3.** (Ver)Lauf, Gang *m (der Ereignisse);* ► **on the ~** auf dem Marsch; **steal a ~ on s.o.** jdm zuvorkommen; **forced ~** Gewaltmarsch *m;* **march·ing or·ders** ['mɑ:tʃɪŋˌɔ:dəz] *pl* **1.** *mil* Marschbefehl *m;* **2.** Entlassung *f.*

mare ['meə(r)] *zoo* Stute *f;* **mare's nest** Schwindel *m;* (Zeitungs)Ente *f;* Reinfall *m.*

mar·gar·ine, *fam* **marge** [ˌmɑ:dʒə'ri:n, mɑ:dʒ] Margarine *f.*

mar·gin ['mɑ:dʒɪn] **1.** Rand *m;* **2.** *fig* Spielraum *m,* Spanne *f;* **3.** *com* Gewinnspanne *f;* Verdienstspanne *f;* ► **in the ~** am Rande; **allow, reserve a ~** Spielraum lassen; **by a narrow ~** knapp; **~ of error** Fehlerspielraum *m;* **it's within the safety ~** das ist noch sicher; **mar·ginal** ['mɑ:dʒɪnl] *adj fig* **1.** Rand-; **2.** geringfügig, unwesentlich; **mar·gin·al·ize** [—aɪz] *tr fig (meist Passiv)* **1.** *(Person)* an den Rand drängen; **2.** *(Sachverhalt)* eine niedrigere Priorität verleihen.

mar·guer·ite [ˌmɑ:gə'ri:t] *bot* Margerite *f.*

mari·gold ['mærɪgəʊld] Tagetes *f.*

mari·juana, mari·huana [ˌmærɪ'wɑ:nə] Marihuana *n.*

ma·rina [mə'ri:nə] Jachthafen *m.*

mari·nade [ˌmærɪˈneɪd] Marinade *f;* **mari·nate** [ˈmærɪneɪt] *tr* marinieren.

mar·ine [məˈriːn] **I** *adj* See-, Meer(es)-; **II** *s* **1.** Marine *f;* **2.** Marineinfanterist *m;* ▶ ~ **biologist** Meeresbiologe *m,* -biologin *f;* ~ **biology** Meeresbiologie *f;* **tell that to the ~s** das mach anderen weis! **mari·ner** [ˈmærɪnə(r)] Seemann, Matrose *m.*

mari·on·ette [ˌmærɪəˈnet] Marionette *f a. fig.*

mari·tal [ˈmærɪtl] *adj* ehelich; **marital status** Familienstand *m.*

mari·time [ˈmærɪtaɪm] *adj* seemännisch; See-.

mar·joram [ˈmɑːdʒərəm] Majoran *m.*

mark¹ [mɑːk] *fin* Mark *f.*

mark² [mɑːk] **I** *s* **1.** Spur *f,* Mal *n;* Fleck *m;* **2.** (Kenn)Zeichen *n;* **3.** Stempel *m,* Siegel *n;* Etikett *n,* Auszeichnung *f;* **4.** Schutz-, Handelsmarke *f;* **5.** *fig* Merkmal *n;* **6.** Note, Zensur *f;* **7.** Abzeichen *n;* **8.** Auszeichnung *f;* **9.** Eindruck, Einfluß *m;* **10.** Markierung *f;* ▶ **make a ~ on s.th.** e-n Fleck auf etw machen; **good ~s** *pl* gute Noten *f pl;* **he gets full ~s for geography** in Geographie verdient er e-e Eins; **be quick off the ~** *sport* e-n guten Start haben; *fig* blitzschnell handeln; **be up to the ~** den Erwartungen entsprechen; **hit the ~** ins Schwarze treffen; **leave one's ~** e-r S seinen Stempel aufdrücken; **make one's ~** sich e-n Namen machen; es zu etwas bringen; **be wide of the ~** danebentreffen; sich verhauen; **birth-~** Muttermal *n;* **punctuation ~** Satzzeichen *n;* **II** *tr* **1.** bezeichnen, kennzeichnen, (aus)zeichnen, markieren; **2.** notieren, anstreichen; **3.** (auf)zeigen, herausstellen; **4.** charakterisieren; heraus-, hervorheben, auszeichnen; **5.** bewerten, zensieren; **6.** *(Ware mit Preis)* auszeichnen; **7.** auf-, verzeichnen; **8.** beachten; achten, achtgeben, aufpassen auf; ▶ **his death ~ed the end of an era** mit seinem Tod ging e-e Ära zu Ende; **~ed with grief** von Schmerz gezeichnet; **~ a candidate** e-m Kandidaten e-e Note geben; **~ my words** eins kann ich dir sagen; **~ time** auf der Stelle treten; **III** *itr* schmutzig werden; **IV** *(mit Präposition)* **mark down** *tr* **1.** notieren; **2.** *(Preise)* herabsetzen; **mark off** *tr* kennzeichnen, markieren; abgrenzen; **mark out** *tr* **1.** abstecken; **2.** *(Note)* bestimmen; vorsehen (*for* für); **mark up** *tr (Preise)* heraufsetzen.

marked [mɑːkt] *adj (Unterschied)* merklich, auffällig; spürbar; deutlich; **marked·ly** [ˈmɑːkədlɪ] *adv* merklich.

marker [ˈmɑːkə(r)] **1.** Marke *f;* Wendepunkt *m;* **2.** Schild *n,* Wegweiser *m;* **3.** Lesezeichen *n;* **4.** (Prüfung) Korrektor(in) *m (f).*

mar·ket [ˈmɑːkɪt] **I** *s* **1.** Markt *m;* **2.** Marktplatz *m,* -halle *f;* **3.** Absatzgebiet *n;* Absatzmarkt *m;* **4.** Börse *f;* ▶ **at the ~** auf dem Markt; **go to ~** zum Markt gehen; **be on the ~** auf dem Markt sein; **find a ready ~** guten Absatz finden; **play the ~** spekulieren; **put on the ~** auf den Markt bringen; **II** *tr* vertreiben; **III** *itr* sich verkaufen, Absatz finden; **mar·ket·able** [ˈmɑːkɪtəbl] *adj* marktfähig, gängig, absatzfähig; **market-garden** Gärtnerei *f;* **mar·ket·ing** [ˈmɑːkɪtɪŋ] Marketing *n;* Vertrieb, Absatz *m;* **market leader** Markt-, Branchenführer *m;* **market niche** Marktnische *f;* **market-place** Markt(platz) *m;* **market research** Marktforschung *f;* **market-town** Markt(flecken) *m.*

mark·ing [ˈmɑːkɪŋ] **1.** Be-, Kennzeichnung, Markierung *f;* **2.** *zoo* Zeichnung, Färbung *f;* **3.** Korrektur *f.*

marks·man [ˈmɑːksmən] ⟨*pl* -men⟩ Scharfschütze *m;* **marks·man·ship** [ˈmɑːksməˌʃɪp] Treffsicherheit *f.*

mark-up [ˈmɑːkʌp] Preiserhöhung *f;* **mark-up price** Verkaufspreis *m.*

mar·ma·lade [ˈmɑːməleɪd] Marmelade *f* aus Zitrusfrüchten.

mar·mot [ˈmɑːmət] *zoo* Murmeltier *n.*

ma·roon¹ [məˈruːn] *tr* aussetzen.

ma·roon² [məˈruːn] **I** *adj* kastanienbraun; **II** *s* **1.** Kastanienbraun *n;* **2.** Leuchtkugel *f.*

mar·quee [mɑːˈkiː] Festzelt *n.*

mar·riage [ˈmærɪdʒ] **1.** Ehe *f;* **2.** Heirat, Hochzeit, Eheschließung *f* (*to* mit); ▶ **give s.o. in ~ to s.o.** jdn jdm zur Frau geben; **civil ~** standesamtliche Trauung; **mar·riage·able** [—əbl] *adj* heiratsfähig; ▶ **of ~ age** im heiratsfähigen Alter; **marriage bureau** Eheanbahnungsinstitut *n;* **marriage ceremony** Trauung *f;* **marriage guidance** Eheberatung *f;* **marriage lines** *pl* Heiratsurkunde *f.*

mar·ried [ˈmærɪd] *adj* verheiratet (*to* mit); ▶ **get ~** (sich ver)heiraten; **~ couple** Ehepaar *n.*

mar·row [ˈmærəʊ] **1.** (Knochen)Mark *n;* **2.** *fig* (das) Innerste, Kern *m;* ▶ **chilled to the ~** völlig durchgefroren; **mar·row·bone** [ˈmærəʊbəʊn] Markknochen *m.*

marry [ˈmærɪ] **I** *tr* **1.** trauen, vermählen (*to s.o.* mit jdm); **2.** heiraten (*s.o.* jdn); **3.** *(~ off)* verheiraten (*to* an, mit); **II** *itr* heiraten, sich verheiraten; ▶ **~ into money** reich heiraten.

marsh [mɑːʃ] Marsch(land *n*) *f,* Sumpf *m.*

mar·shal [ˈmɑːʃl] **I** *s* **1.** *mil* Marschall *m;* **2.** *Am* Bezirkspolizeichef *m;* **II** *tr* **1.** *(Feier)* leiten; **2.** *fig* (an)ordnen, arrangieren, disponieren; **mar·shal·ling-yard** [ˈmɑːʃlɪŋjɑːd] Verschiebebahnhof *m.*

marsh·land [ˈmɑːʃlænd] Feuchtgebiet *n;*

marshy ['mɑːʃɪ] *adj* sumpfig, morastig.
mar·su·pial [mɑː'suːpɪəl] Beuteltier *n.*
mar·ten ['mɑːtɪn] Marder(fell *n*) *m.*
mar·tial ['mɑːʃl] *adj* kriegerisch; tapfer; ▶ ~ **arts** *pl* Kampfsportarten *pl;* **court** ~ Kriegs-, Militärgericht *n;* **martial law** Kriegsrecht *n;* ▶ **be under** ~ unter dem Kriegsrecht stehen.
Mar·tian ['mɑːʃn] Marsbewohner(in) *m (f).*
mar·tin ['mɑːtɪn] Mauerschwalbe *f.*
mar·ti·net [ˌmɑːtɪ'net] Zuchtmeister *m.*
mar·tyr ['mɑːtə(r)] **I** *s* Märtyrer(in) *m (f) a. fig;* ▶ **make a** ~ **of o.s.** sich opfern; **II** *tr* martern; foltern; **mar·tyr·dom** [—dəm] Martyrium *n a. fig.*
mar·vel ['mɑːvl] **I** *s* Wunder *n;* ▶ **she's a** ~ **of patience** sie ist ein Wunder an Geduld; **II** *itr* staunen (*at* über); **mar·vel·lous,** *Am* **mar·vel·ous** ['mɑːvələs] *adj* wunderbar; phantastisch.
Marx·ism ['mɑːksɪzm] Marxismus *m;* **Marx·ist** ['mɑːksɪst: **I** *adj* marxistisch; **II** *s* Marxist(in) *m (f).*
mar·zi·pan ['mɑːzɪpæn] Marzipan *n.*
mas·cara [mæ'skɑːrə] Wimperntusche *f.*
mas·cot ['mæskət] Maskottchen *n,* Talisman *m.*
mas·cu·line ['mæskjʊlɪn] **I** *adj* männlich *a. gram;* **II** *s gram* Maskulinum *n.*
mash [mæʃ] **I** *s* **1.** *(Brauerei)* Maische *f;* **2.** *agr* Futterbrei *m;* **3.** Püree *n;* **II** *tr* zerstampfen; ▶ ~**ed potatoes** *pl* Kartoffelbrei *m.*
mask [mɑːsk] **I** *s* Maske *f a. fig;* ▶ **throw off one's** ~ *fig* sein wahres Gesicht zeigen; **death-, gas-, oxygen** ~ Toten-, Gas-, Sauerstoffmaske *f;* **II** *tr* **1.** maskieren; verdecken; **2.** *fig* verhüllen, verschleiern.
maso·chism ['mæsəkɪzəm] Masochismus *m;* **maso·chist** ['mæsəkɪst] Masochist(in) *m (f).*
ma·son ['meɪsn] **1.** Steinmetz *m;* **2.** *(free~)* Freimaurer *m;* **ma·sonic** [mə'sɒnɪk] *adj* freimaurerisch; **ma·sonry** ['meɪsnrɪ] **1.** Mauerwerk *n;* **2.** Freimaurerei *f.*
mas·quer·ade [ˌmɑːskə'reɪd] **I** *s* Maskerade *f;* **II** *itr* sich ausgeben (*as* als).
mass[1] [mæs] *rel* Messe *f;* ▶ **go to** ~ zur Messe gehen; **hear** ~ die Messe feiern; **say** ~ die Messe lesen; **high** ~ Hochamt *n.*
mass[2] [mæs] **I** *s* **1.** Masse *f a. phys;* **2.** *(von Menschen)* Menge *f;* ▶ **in the** ~ im ganzen; **the** ~**es** *pl* die Masse; **we have** ~**es of time** *fam* wir haben jede Menge Zeit; **II** *tr* massieren, anhäufen, konzentrieren; **III** *itr* **1.** sich ansammeln, sich anhäufen; **2.** *(Wolken)* sich zusammenballen.
mass·acre ['mæsəkə(r)] **I** *s* Blutbad *n;* **II** *tr* niedermetzeln, massakrieren.
mass·age ['mæsɑːʒ] **I** *s* Massage *f;* **II** *tr* massieren; **massage parlour** Massagesalon *m; euph* Bordell *n;* **mass·eur** [mæ'sɜː(r)] Masseur *m;* **mass·euse** [mæ'sɜːz] **1.** Masseurin *f;* **2.** *euph (Prostituierte)* Masseuse *f.*
mass·ive ['mæsɪv] *adj* **1.** massiv, massig, solide, fest; **2.** *(Stirn)* wuchtig, breit; **3.** *(Aufgabe)* gewichtig.
mass me·dia [ˌmæs'miːdɪə] *pl* Massenmedien *pl;* **mass meeting** Massenversammlung *f;* **mass murderer** Massenmörder(in) *m (f);* **mass-produce** ['mæsprəˌdjuːs] *tr* serienmäßig herstellen; **mass production** Massenproduktion, -fertigung *f;* **mass psychology** Massenpsychologie *f;* **mass unemployment** Massenarbeitslosigkeit *f.*
mast[1] [mɑːst] **1.** *mar* Mast *m;* **2.** Sendeturm *m.*
mast[2] [mɑːst] *agr* Mast *f.*
mas·ter ['mɑːstə(r)] **I** *s* **1.** Herr *m;* Meister *m;* **2.** Hausherr *m;* **3.** Kapitän *m;* **4.** (Handwerks)Meister *m;* **5.** Lehrer *m;* **6.** Leiter, Rektor *m;* ▶ **be one's own** ~ sein eigener Herr sein; **be** ~ **in one's own house** Herr im Hause sein; ~**'s certificate** Kapitänspatent *n;* **be** ~ **of s.th.** etw beherrschen; **be** ~ **of the situation** Herr der Lage sein, die Situation im Griff haben; **dancing** ~ Tanzlehrer *m;* **II** *tr* **1.** unter Kontrolle bringen; **2.** *(Aufgabe)* bewältigen; **3.** *(Fähigkeit)* beherrschen; **mas·ter-at-arms** [ˌmɑːstəræt'ɑːmz] *mar* Bootsmann *m* mit Polizeibefugnis; **master builder** Baumeister *m;* **master copy** Original *n;* **master data** *pl* Stammdaten *pl;* **mas·ter·ful** ['mɑːstəfl] *adj* meisterhaft; gebieterisch; **master-key** Hauptschlüssel *m;* **mas·ter·ly** ['mɑːstəlɪ] *adj* meisterhaft; ausgezeichnet; **mastermind** ['mɑːstəmaɪnd] **I** *s* führender Kopf, Kapazität *f;* **II** *tr* geschickt lenken; **Master of Arts, Science** Magister *m* der philosophischen, naturwissenschaftlichen Fakultät; **master of ceremonies** Zeremonienmeister *m;* Conférencier *m;* **master·piece** ['mɑːstəpiːs] Meisterstück, -werk *n;* **mas·ter·stroke** ['mɑːstəstrəʊk] Glanzstück *n.*
mas·tery ['mɑːstərɪ] **1.** (Vor)Herrschaft, Vormacht(stellung) *f* (*of, over* über); **2.** *(e-s Instruments)* Beherrschung *f* (*of* gen); ▶ **gain the** ~ die Oberhand gewinnen.
mas·ti·cate ['mæstɪkeɪt] *tr* (zer)kauen; **mas·ti·ca·tion** [ˌmæstɪ'keɪʃn] Kauen *n.*
mas·tiff ['mæstɪf] Bulldogge *f.*
ma·sti·tis [mæ'staɪtɪs] *med* Brust(drüsen)entzündung *f.*
mas·tur·bate ['mæstəbeɪt] *itr* mastur-

bieren, onanieren; **mas·tur·ba·tion** [ˌmæstəˈbeɪʃn] Masturbation, Onanie, Selbstbefriedigung *f*.

mat¹ [mæt] **I** *s* **1.** Matte *f a. sport;* **2.** *(door ~)* Türvorleger *m;* **3.** Untersetzer *m,* Unterlage *f;* **4.** *(von Haaren)* Gewirr *n;* **II** *itr* verfilzen.

mat² [mæt] *s. matt.*

match¹ [mætʃ] **I** *s* **1.** dazu Passendes; **2.** Gegenstück, Pendant *n;* **3.** Heirat *f;* **4.** Wettkampf *m;* Match *n;* ▶ **be a good ~** gut zusammenpassen; **be a ~ for s.o.** sich mit jdm messen können; jdm gewachsen sein; **meet one's ~** seinen Meister finden; **he's a good ~** er ist e-e gute Partie; **a boxing ~** ein Boxkampf *m;* **II** *tr* **1.** gleichkommen, gleich(wertig), ebenbürtig sein (*s.th.* e-r S); **2.** passen zu, entsprechen (*s.o.* jdm); **3.** vergleichen; *(im Wettstreit)* messen (*with, against* mit); ▶ **the two boxers were well ~ed** die beiden Boxer waren einander ebenbürtig; **no one can ~ him in geography** niemand kann ihm in Geographie das Wasser reichen; **be ~ed against s.o.** gegen jdn antreten; **~ one's strength against s.o.** seine Kräfte mit jdm messen; **the carpets should ~ the curtains** die Teppiche sollten zu den Vorhängen passen; **III** *itr* zusammenpassen (*with* zu); ▶ **it doesn't ~** das paßt nicht zusammen.

match² [mætʃ] Streich-, Zündholz *n;* **match-box** Streich-, Zündholzschachtel *f*.

match·ing [ˈmætʃɪŋ] *adj* passend; **match·less** [ˈmætʃlɪs] *adj* unerreicht, unübertroffen; **match·maker** [ˈmætʃmeɪkə(r)] Ehestifter(in) *m (f); pej* Kuppler(in) *m (f);* ▶ **she tried to play the ~ between the two** sie versuchte, die beiden zu verkuppeln; **match point** Matchball *m*.

mate¹ [meɪt] **I** *s* **1.** Arbeitskollege, Kumpel *m;* **2.** Freund(in), Kamerad(in) *m (f);* **3.** *(Tiere)* Männchen, Weibchen *n;* **4.** *mar* Maat *m;* **II** *tr* paaren; **III** *itr* sich paaren.

mate² [meɪt] **I** *s (Schach)* Matt *n;* **II** *tr* matt setzen.

ma·terial [məˈtɪərɪəl] **I** *adj* **1.** materiell; **2.** wesentlich, grundlegend; **3.** *jur* erheblich; **II** *s* **1.** Material *n,* Stoff *m* (*for* für); **2.** Baustoff *m;* **3.** Stoff *m,* Gewebe *n;* ▶ **raw ~s** *pl* Rohstoffe *m pl;* **building ~s** *pl* Baustoffe *m pl;* **writing ~s** *pl* Schreibzeug *n*.

ma·teri·al·ism [məˈtɪərɪəlɪzəm] Materialismus *m;* **ma·teri·al·ist** [məˈtɪərɪəlɪst] Materialist(in) *m (f);* **ma·teri·al·is·tic** [məˌtɪərɪəˈlɪstɪk] *adj* materialistisch.

ma·teri·al·ize [məˈtɪərɪəlaɪz] *itr* **1.** *(Idee)* sich verwirklichen; wahr werden; **2.** *(Geist)* erscheinen; auftauchen.

ma·ternal [məˈtɜːnl] *adj* mütterlich; ▶ **~ grandfather** Großvater mütterlicherseits; **~ instincts** *pl* Mutterinstinkte *m pl;* **ma·tern·ity** [məˈtɜːnətɪ] Mutterschaft *f;* **maternity clinic** Entbindungsklinik *f;* **maternity dress** Umstandskleid *n;* **maternity hospital, home** Entbindungsheim *n;* **maternity leave** Mutterschaftsurlaub *m;* **maternity ward** Entbindungsstation *f*.

matey [ˈmeɪtɪ] *adj* freundlich; kameradschaftlich (*with* mit).

math·emat·ical [ˌmæθəˈmætɪkl] *adj* mathematisch; **math·ema·tician** [ˌmæθəməˈtɪʃn] Mathematiker(in) *m (f);* **mathe·mat·ics** [ˌmæθəˈmætɪks] *pl mit sing* Mathematik *f;* **maths** [mæθs] *pl mit sing Br fam* Mathe *f*.

mati·née [ˈmætɪneɪ] Matinee; *(nachmittags a.)* Frühvorstellung *f*.

mat·ing [ˈmeɪtɪŋ] *zoo* Paarung *f*.

ma·tri·archy [ˈmeɪtrɪɑːkɪ] Matriarchat *n*.

ma·tricu·late [məˈtrɪkjʊleɪt] **I** *itr* sich immatrikulieren; **II** *tr* immatrikulieren; **ma·tricu·la·tion** [məˌtrɪkjʊˈleɪʃn] Immatrikulation *f*.

mat·ri·mo·nial [ˌmætrɪˈməʊnɪəl] *adj* ehelich; **mat·ri·mony** [ˈmætrɪmənɪ] Ehe *f,* Ehestand *m*.

ma·trix [ˈmeɪtrɪks] ⟨*pl* -trices, -trixes⟩ [ˈmeɪtrɪsiːz] **1.** Matrize *f;* Mater *f;* **2.** *geol* Matrix *f;* **3.** *biol* Gebärmutter *f*.

ma·tron [ˈmeɪtrən] **1.** Matrone *f;* **2.** *(im Krankenhaus)* Oberin *f;* **ma·tronly** [ˈmeɪtrənlɪ] *adj* matronenhaft.

matt [mæt] *adj* matt, mattiert.

mat·ted [ˈmætɪd] *adj (Haar)* verfilzt.

mat·ter [ˈmætə(r)] **I** *s* **1.** *phys* Materie, Substanz *f,* Stoff *m;* **2.** Stoff *m;* **3.** *med* Eiter *m;* **4.** *typ* Manuskript *n;* **5.** Inhalt *m;* **6.** Sache, Angelegenheit *f;* Thema *n,* Stoff *m;* **7.** *pl* Angelegenheiten *f pl;* ▶ **for that ~** eigentlich; **in the ~ of ...** was ... anbelangt; **that's quite another ~** das ist etwas ganz anderes; **no ~ what he does** ganz gleich, einerlei, was er tut; **the ~ in hand** die vorliegende Angelegenheit; **as ~s stand** wie die Dinge liegen; **to make ~s worse** zu allem Unglück; **no ~!** macht nichts! **what's the ~?** was ist (denn) los? **it's no laughing ~** das ist nicht zum Lachen; **it's a ~ of life and death** es geht um Leben und Tod; **business ~s** *pl* geschäftliche Angelegenheiten *f pl;* **printed ~** Drucksache *f;* **s.th. is the ~ with s.o.** etw ist mit jdm los; **II** *itr* von Belang, von Bedeutung, von Wichtigkeit sein (*to* für); ▶ **it doesn't ~** es macht nichts; **it doesn't ~ to me what you do** es ist mir egal, was du machst; **what does it ~?** was macht das (schon)? **matter-of-fact** [ˌmætərəvˈfækt] *adj* sachlich, nüchtern.

mat·ting [ˈmætɪŋ] Mattenbelag *m;* Matten *f pl.*

mat·tock ['mætək] Hacke, Haue *f.*

mat·tress ['mætrıs] Matratze *f.*

ma·ture [mə'tjʊə(r)] **I** *adj* **1.** reif *a. fig;* **2.** *fig* ausgereift; durchdacht; **3.** *fin* fällig; **II** *itr* **1.** reifen; reif werden; **2.** *fin* fällig werden; **III** *tr* reifen lassen; **ma·tur·ity** [mə'tjʊərətı] **1.** Reife *f a. fig;* **2.** *fin* Fälligkeit(stermin *m*) *f;* ▶ **reach** ~ erwachsen werden.

maud·lin ['mɔ:dlın] *adj* rührselig, weinerlich.

mau·so·leum [ˌmɔ:sə'li:əm] Mausoleum *n.*

mauve [məʊv] *adj* malvenfarben.

mav·er·ick ['mævərık] **1.** *fig* Einzelgänger(in) *m (f);* **2.** Abtrünnige(r) *f m.*

mawk·ish ['mɔ:kıʃ] *adj* **1.** kitschig, rührselig; **2.** *(Geschmack)* süßlich.

maxi ['mæksı] *pref* Maxi-.

maxim ['mæksım] Grundsatz *m,* Maxime *f.*

maxim·al ['mæksıml] *adj* maximal; **maxi·mize** ['mæksımaız] *tr* maximieren; **maxi·mum** ['mæksıməm] ⟨*pl* -mums, -ma⟩ ['mæksımə] **I** *s* Maximum *n;* **II** *adj* Höchst-; maximal; ▶ ~ **load** Höchstbelastung *f;* ~ **speed** Höchstgeschwindigkeit *f.*

may [meı] ⟨*irr* might⟩ *itr* **1.** können; **2.** dürfen; ▶ **it ~, might rain** es könnte regnen; **it ~ be that . . .** vielleicht . . . **you ~ be right** Sie könnten recht haben; **~ I go now?** darf ich jetzt gehen? **~ I have the pleasure of the next dance?** darf ich Sie zum nächsten Tanz auffordern? **I hope he ~ succeed** ich hoffe, daß es ihm gelingt; **we ~, might as well go** ich glaube, wir können gehen; **~ you both be happy!** ich wünsche euch beiden viel Glück.

May [meı] Mai *m;* ▶ **in ~** im Mai; **~ Day** der 1. Mai, Maifeiertag *m.*

may·be ['meıbi:] *adv* vielleicht.

may·day ['meıdeı] *mar aero* internationaler Notruf.

may·hem ['meıhem] *Am jur* schwere Körperverletzung.

may·on·naise [ˌmeıə'neız] Mayonnaise *f.*

mayor [meə(r)] Bürgermeister(in) *m (f);* **mayor·ess** [meə'res] **1.** Bürgermeistersfrau *f;* **2.** Bürgermeisterin *f.*

may·pole ['meıpəʊl] Maibaum *m.*

maze [meız] **1.** Irrgarten *m,* Labyrinth *n;* **2.** *fig* Wirrwarr *m,* Gewirr *n;* ▶ **be in a ~** bestürzt, ratlos, verlegen sein.

MCP [ˌemsi:'pi:] *Abk:* **male chauvinist pig** *pej* Chauvi *m.*

me [mi:] *prn* **1.** mich *acc;* mir *dat;* **2.** *fam* ich; ▶ **its ~** ich bin's.

meadow ['medəʊ] Wiese *f.*

meagre, *Am* **mea·ger** ['mi:gə(r)] *adj* **1.** mager, dünn, dürr; **2.** *fig* spärlich, dürftig.

meal[1] [mi:l] Mahl(zeit *f*) *n;* Essen *n;* ▶ **go for a ~** essen gehen.

meal[2] [mi:l] Schrot(mehl *n*) *m.*

meal·time ['mi:ltaım] Essenszeit *f.*

mealy ['mi:lı] *adj* mehlig; **mealy-mouthed** ['mi:lımaʊðd] *adj* **1.** unaufrichtig; **2.** schönfärberisch; ▶ **be ~** drum herumreden *fam.*

mean[1] [mi:n] ⟨*irr* meant, meant⟩ *tr* **1.** meinen, denken; **2.** vorhaben, beabsichtigen (*to do* zu tun); **3.** ernst meinen; **4.** sagen wollen (*by* mit); **5.** *(Wort)* bedeuten; ▶ **what do you ~ by that?** was willst du damit sagen? **~ to do s.th.** etw tun wollen; **be meant for s.o.** für jdn bestimmt sein; **I meant it as a joke** das sollte ein Witz sein; **this picture is meant for me** dieses Bild ist für mich bestimmt; **he ~s no harm** er meint es nicht böse; **~ well by s.o.** es gut mit jdm meinen.

mean[2] [mi:n] *adj* **1.** geizig, knauserig; **2.** gemein; **3.** *(Motive)* niedrig; **4.** schäbig, armselig; **5.** bösartig; gehässig; ▶ **feel ~** *fam* sich genieren, sich schämen; *Am* sich nicht wohl fühlen.

mean[3] [mi:n] **I** *adj* mittlere(r, s); **II** *s* Durchschnitt *m a. math;* Mittelwert *m,* -maß *n.*

me·ander [mı'ændə(r)] *itr* **1.** *(Fluß)* sich dahinwinden; **2.** *fig* wirr sein; vom Thema abschweifen; **me·ander·ings** [mı'ændərıŋz] *pl* Windungen *f pl;* Abschweifungen *f pl.*

mean·ing ['mi:nıŋ] **I** *s* Sinn *m,* Bedeutung *f;* ▶ **what's the ~ of . . . ?** was . . . heißt? **mistake s.o.'s ~** jdn mißverstehen; **do you get my ~?** haben Sie mich verstanden? **II** *adj* vielsagend, bedeutsam; **mean·ing·ful** ['mi:nıŋfl] *adj* bedeutungs-, sinnvoll; **mean·ing·less** [—lıs] *adj* bedeutungs-, sinnlos.

mean·ness ['mi:nnıs] **1.** Geiz *m;* **2.** Gemeinheit *f;* **3.** niedrige Gesinnung; **4.** Bösartigkeit *f;* **5.** Schäbigkeit *f.*

means [mi:nz] **1.** *sing* Möglichkeit *f;* Mittel *n;* **2.** *pl* Mittel *n pl,* Gelder *n pl;* ▶ **there is no ~ of doing it** es ist unmöglich, das zu tun; **by ~ of s.th** durch etw, mittels e-r S; **by this ~** dadurch; **by some ~ or other** auf irgendeine Art und Weise; **by no ~** keineswegs; **a man of ~** ein vermögender Mann; **live beyond one's ~** über seine Verhältnisse leben.

meant [ment] *v s. mean[1].*

mean·time ['mi:ntaım] **I** *adv* inzwischen; **II** *s* Zwischenzeit *f;* ▶ **in the ~** in der Zwischenzeit.

mean·while ['mi:nwaıl] *adv* inzwischen, unterdessen.

measles ['mi:zlz] *pl mit sing med* Masern *pl.*

measly ['mi:zlı] *adj fam* lumpig, kümmerlich, schäbig.

measur·able ['meʒərəbl] *adj* meßbar;

erkennbar.

measure ['meʒə(r)] **I** *s* **1.** Maß *n;* **2.** Maßeinheit *f,* -system *n;* **3.** *fig* Maßstab *m* (*of* für); **4.** Menge *f;* **5.** Ausmaß *n,* Grad, Umfang *m;* **6.** Maßnahme, -regel *f,* Schritt(e *pl*) *m;* **7.** Versmaß *n;* **8.** *mus* Takt *m;* ▶ **a ~ of length** ein Längenmaß; **give s.o. full ~** richtig ausschenken; **in some ~** in gewisser Hinsicht; **to a large ~** in hohem Maße; **take ~s to do s.th.** Maßnahmen ergreifen, um etw zu tun; **II** *tr* **1.** messen; **2.** *(~ off, ~ out)* ab-, aus-, vermessen; **3.** Maß nehmen (*s.o.* jdm); **4.** *fig* abwägen, beurteilen; ▶ **~ one's length** der Länge nach hinfallen; **III** *itr* messen; **measured** ['meʒəd] *adj fig* gemessen, bedächtig, wohlüberlegt; **measure·ment** ['meʒəmənt] **1.** (Ver)Messung *f;* **2.** Maß *n;* **3.** *fig* Maßstab *m;* ▶ **take s.o.'s ~s** bei jdm Maß nehmen.

meat [mi:t] **1.** Fleisch *n;* **2.** *fig* Inhalt *m;* Substanz *f;* ▶ **cold ~** kalter Braten; **meat·ball** ['mi:tbɔ:l] Fleischklößchen *n;* **meat products** *pl* Fleisch- und Wurstwaren *f pl.*

mech·anic [mɪ'kænɪk] Mechaniker(in) *m (f);* **mech·an·ical** [mɪ'kænɪkl] *adj* **1.** mechanisch; **2.** *fig* automatisch; ▶ **~ engineering** Maschinenbau *m.*

mech·an·ism ['mekənɪzəm] Mechanismus *m a. fig;* **mech·an·ize** ['mekənaɪz] *tr* mechanisieren.

medal ['medl] **1.** Medaille *f;* **2.** Orden *m;* **me·dal·lion** [mɪ'dælɪən] Medaillon *n;* **medal·list,** *Am* **medal·ist** ['medəlɪst] Medaillengewinner(in) *m (f).*

meddle ['medl] *itr* sich einmischen (*with, in* in); **meddle·some** [—səm] *adj* aufdringlich; neugierig.

media ['mi:dɪə] *pl* Medien *pl.*

medi·aeval *s. medieval.*

me·diate ['mi:dɪeɪt] **I** *itr* vermitteln (*between* zwischen); **II** *tr* aushandeln; **me·di·ation** [ˌmi:dɪ'eɪʃn] Vermittlung *f;* **me·di·ator** ['mi:dɪeɪtə(r)] (Ver)Mittler(in) *m (f),* Mittelsmann *m.*

medi·cal ['medɪkl] **I** *adj* medizinisch; ärztlich; Medizin-; Gesundheits-; ▶ **~ examination** ärztliche Untersuchung; **~ ward** innere Abteilung *(e-r Klinik);* **II** *s* ärztliche Untersuchung; **medic·ament** [mɪ'dɪkəmənt] Medikament *n;* **medi·cate** ['medɪkeɪt] *tr* medizinisch behandeln; **medi·ca·tion** [ˌmedɪ'keɪʃn] **1.** medizinische Behandlung; **2.** Arznei *f;* **med·ici·nal** [mɪ'dɪsɪnl] *adj* heilkräftig, heilend; ▶ **for ~ purposes** zu Heilzwecken; **medi·cine** ['medsn, *Am* 'medɪsn] **1.** Medizin, Heilkunde *f;* **2.** Arznei *f;* ▶ **practice ~** den Arztberuf ausüben; **give s.o. a taste of his own ~** *fig* es jdm mit gleicher Münze heimzahlen; **medicine-ball** ['medsnˌbɔ:l] Medizinball *m;* **medicine-chest** ['medsnˌtʃest] Hausapotheke *f;* **medicine-man** ['medsnˌmen] Medizinmann *m.*

medi·eval [ˌmedɪ'i:vl] *adj* mittelalterlich.

me·di·ocre [ˌmi:dɪ'əʊkə(r)] *adj* mittelmäßig, durchschnittlich; **me·di·oc·rity** [ˌmi:dɪ'ɒkrətɪ] **1.** Mittelmäßigkeit *f;* **2.** Durchschnittsmensch *m.*

medi·tate ['medɪteɪt] **I** *itr* nachdenken (*on, upon* über); meditieren; **II** *tr* ▶ **~ revenge** auf Rache sinnen; **medi·ta·tion** [ˌmedɪ'teɪʃn] Nachdenken *n;* Meditation *f.*

Medi·ter·ra·nean [ˌmedɪtə'reɪnɪən] **I** *adj* mediterran; südländisch; **II** *s* Mittelmeer *n.*

me·dium ['mi:dɪəm] ⟨*pl* -diums, -dia⟩ ['mi:dɪə] **I** *s* **1.** Mittel, Werkzeug *n;* **2.** Ausdrucksmittel *n;* **3.** *(Spiritismus) TV, radio* Medium *n;* **4.** *phys* Träger *m;* Element *n;* **5.** Mitte *f;* ▶ **the happy ~** der goldene Mittelweg; **advertising ~** Werbeträger *m;* **II** *adj* mittlere(r, s); durchschnittlich; mittel-; ▶ **of ~ height** mittelgroß; **me·dium-sized** [ˌmi:dɪəm'saɪzd] *adj* mittelgroß; **medium wave** *radio* Mittelwelle *f.*

med·ley ['medlɪ] **1.** Gemisch, Durcheinander *n;* **2.** *mus* Potpourri *n.*

meek [mi:k] *adj* **1.** sanft(mütig), lammfromm; **2.** duldsam, geduldig; ▶ **as ~ as a lamb** sanft wie ein Lamm.

meet [mi:t] ⟨*irr* met, met⟩ **I** *tr* **1.** treffen, begegnen; stoßen auf; **2.** bekannt werden mit, kennenlernen; sich treffen mit; **3.** abholen; **4.** treffen auf; sich vereinigen mit; **5.** *(Fluß)* münden in; **6.** *(Erwartung)* erfüllen; entsprechen (*s.th.* e-r S); *(e-r Verpflichtung)* nachkommen; *(Schuld)* bezahlen; *(Defizit)* decken; *(Wunsch)* erfüllen; ▶ **~ the deadline** den Termin einhalten; **~ demands** Ansprüche befriedigen; **~ expenses** Ausgaben bestreiten; **~ s.o.'s eye** jdm zu Gesicht kommen; mit jdm e-n Blick tauschen; **arrange to ~ s.o.** sich mit jdm verabreden; **pleased to ~ you!** sehr angenehm! **I'll ~ your train** ich hole dich vom Zug ab; **II** *itr* **1.** sich begegnen, sich treffen; **2.** sich kennenlernen; bekannt gemacht werden; **3.** *(Gesellschaft)* sich versammeln; sich vereinigen; **4.** *sport* aufeinandertreffen; **5.** *fig* sich vereinigen; aufeinanderstoßen; **6.** *(Blicke)* sich treffen; ▶ **~ half-way** e-n Kompromiß schließen; **our eyes met** unsere Blicke trafen sich; **III** *s* **1.** *Am sport* Sportfest *n;* **2.** *Br* Jagdgesellschaft *f;* **IV** *(mit Präposition)* **meet with** *tr* **1.** stoßen auf; *(Unfall)* erleiden; *(Tod)* finden; **2.** *(Mensch)* zusammenkommen mit.

meet·ing ['mi:tɪŋ] **1.** Zusammentreffen *n;* Begegnung *f;* Besprechung *f;* **2.** Versammlung, Sitzung, Tagung *f;* **3.** *sport* Veranstaltung *f;* **4.** *(Fluß)* Zusammenfluß *m;* ▶ **at a ~** auf e-r Versammlung; **~-place** Treffpunkt *m;* **~ point** Schnittpunkt *m;* Zusammenfluß *m.*

mega·byte ['megəbaɪt] *EDV* Megabyte *n;* **mega·hertz** *el* Megahertz *n.*

mega·lo·ma·nia [ˌmegələ'meɪnɪə] Größenwahn *m;* **mega·lo·ma·niac** [ˌmegələ'meɪnɪæk] *adj* größenwahnsinnig.

mega·phone ['megəfəʊn] Megaphon *n.*

mel·an·cholia [ˌmelən'kəʊlɪə] Melancholie *f;* **mel·an·cholic** [ˌmeləŋ'kɒlɪk] *adj* melancholisch; **mel·an·choly** ['meləŋkɒlɪ] **I** *s* Melancholie, Schwermut *f,* Trübsinn *m;* **II** *adj* **1.** melancholisch, schwermütig; **2.** düster, traurig.

mel·low ['meləʊ] **I** *adj* **1.** *(Frucht)* reif, weich, saftig, süß; **2.** *(Wein)* vollmundig, ausgereift; **3.** *(Farbe)* warm; **4.** *(Licht)* wohltuend; **5.** *(Ton)* voll; **6.** *(Mensch)* abgeklärt; **7.** *fig* angeheitert; **II** *tr* **1.** zur Reife bringen; **2.** weich, süß machen; **3.** *fig* mildern; **III** *itr* **1.** reifen; reif, weich, süß werden; **2.** *fig* sich abklären.

mel·odi·ous [mɪ'ləʊdɪəs] *adj* wohlklingend, melodiös.

melo·drama ['melədrɑːmə] Melodrama *n;* **melo·dram·atic** [ˌmelədrə'mætɪk] *adj* melodramatisch.

mel·ody ['melədɪ] Melodie *f.*

melon ['melən] Melone *f.*

melt [melt] **I** *tr* **1.** schmelzen, auftauen; zerlassen; **2.** *(Zucker)* auflösen; **3.** *fig* erweichen; ▶ **~ down** einschmelzen; **II** *itr* **1.** schmelzen, zergehen; **2.** sich lösen; **3.** *fig* dahinschmelzen; ▶ **~ away** wegschmelzen; verfliegen; sich auflösen; **meltdown** ['meltdaʊn] *(Atomkraftwerk)* Kernschmelze *f;* **melting pot** ['meltɪŋpɒt] Schmelztiegel *m.*

mem·ber ['membə(r)] **1.** Mitglied *n;* Angehörige(r) *f m;* **2.** *pol* Abgeordnete(r) *f m;* **3.** *tech* Glied *n;* ▶ **M~ of Parliament, M.P.** *Br* Abgeordnete(r) *f m* des Unterhauses; **~ of the family** Familienmitglied *n;* **the ~ countries** *pl* die Mitgliedsstaaten *m pl;* **mem·ber·ship** [—ʃɪp] **1.** Mitgliedschaft *f;* **2.** Mitgliederzahl *f.*

mem·brane ['membreɪn] *phys anat zoo* Membran(e) *f.*

mem·ento [mɪ'mentəʊ] ⟨*pl* -ento(e)s⟩ Andenken *n* (*of* an).

memo ['meməʊ] ⟨*pl* memos⟩ Notiz; Mitteilung *f.*

mem·oir ['memwɑː(r)] **1.** Kurzbiographie *f;* **2.** *pl* Memoiren *pl.*

memo pad Notizblock *m.*

mem·or·able ['memərəbl] *adj* **1.** denkwürdig; **2.** unvergeßlich.

mem·or·an·dum [ˌmemə'rændəm] ⟨*pl* -da⟩ [ˌmemə'rændə] **1.** Notiz *f,* Vermerk *m;* kurze Mitteilung; **2.** *pol* Memorandum *n.*

mem·or·ial [mɪ'mɔːrɪəl] **I** *s* **1.** Denkmal *n,* Gedenkstätte *f;* **2.** *pol* Denkschrift *f;* **II** *adj* Gedenk-; **Memorial Day** *Am* Heldengedenktag *m (30. Mai).*

mem·or·ize ['meməraɪz] *tr* sich einprägen.

mem·ory ['memərɪ] **1.** Gedächtnis *n;* Erinnerungsvermögen *n;* **2.** Andenken *n,* Erinnerung *f* (*of* an); **3.** *EDV* Speicher *m;* ▶ **from, by ~** auswendig; **in ~ of** zur Erinnerung an; **to the best of my ~** soweit ich mich erinnern kann; **within living ~** seit Menschengedenken; **call to ~** sich ins Gedächtnis zurückrufen; **commit to ~** auswendig lernen; **memory bank** Datenbank *f;* **memory protection** *EDV* Speicherschutz *n.*

men [men] *pl von man.*

men·ace ['menəs] **I** *s* (Be)Drohung *f* (*to* gen); drohende Gefahr; **II** *tr* bedrohen; **men·acing** [—ɪŋ] *adj,* **men·acing·ly** [—ɪŋlɪ] *adv* bedrohlich; drohend.

mend [mend] **I** *tr* **1.** ausbessern, reparieren, flicken; **2.** *(Strümpfe)* stopfen; **3.** verbessern, berichtigen; ▶ **~ one's ways** sich bessern; **II** *itr* wieder gesund werden; **III** *s* ausgebesserte Stelle; Flickstelle *f;* ▶ **on the ~** auf dem Wege der Besserung.

men·da·cious [men'deɪʃəs] *adj* lügnerisch, verlogen; **men·dac·ity** [men'dæsətɪ] Verlogenheit, Falschheit *f.*

mend·ing ['mendɪŋ] Flickarbeit *f.*

me·nial ['miːnɪəl] **I** *adj* untergeordnet, niedrig; **II** *s pej* Dienstbote *m.*

men·in·gi·tis [ˌmenɪn'dʒaɪtɪs] Hirnhautentzündung, Meningitis *f.*

meno·pause ['menəpɔːz] *physiol* Wechseljahre *pl,* Menopause *f.*

men·strual ['menstrʊəl] *adj* Menstruations-; **men·stru·ate** ['menstrʊeɪt] *itr* s-e Regel haben; **men·stru·ation** [ˌmenstrʊ'eɪʃn] Menstruation *f.*

men·tal ['mentl] *adj* geistig; seelisch; ▶ **~ age** geistiger Entwicklungsstand; **~ arithmetic** Kopfrechnen *n;* **~ deficiency** Schwachsinn *m;* **~ health** Geisteszustand *m;* **~ home** Nervenheilanstalt *f;* **~ hospital** Nervenklinik *f;* **~ illness** Geisteskrankheit *f.*

men·tal·ity [men'tælətɪ] Geistesverfassung, Mentalität *f.*

men·tal·ly ['mentəlɪ] *adv* geistig; ▶ **~ handicapped** geistig behindert.

men·thol ['menθɒl] Menthol *n.*

men·tion ['menʃn] **I** *s* Erwähnung *f;* ▶ **get a ~** erwähnt werden; **it's not worth a ~** es ist nicht erwähnenswert; **II** *tr* erwähnen; ▶ **not to ~, without ~ing** abgesehen von, ganz zu schweigen von; **don't ~ it!** keine Ursache! gern geschehen! **that's not worth ~ing** das ist nicht der Rede wert.

menu ['menjuː] Speisekarte *f;* Menü *n, a. EDV;* **menu-driven** ['menjuːˌdrɪvn] *adj*

EDV menügesteuert.

mer·cen·ary ['mɜ:sɪnərɪ] **I** *adj* gewinnsüchtig; geldgierig; **II** *s* Söldner *m.*

mer·chan·dise ['mɜ:tʃəndaɪz] Ware(n *pl*) *f.*

mer·chant ['mɜ:tʃənt] **1.** (Groß)Kaufmann *m;* **2.** *sl* auf etw versessener Kerl; ▶ **wine-~** Weinhändler(in) *m (f);* **merchant bank** Handelsbank *f;* **merchant·man** ['mɜ:tʃəntmən] ⟨*pl* -men⟩ Handelsschiff *n;* **merchant navy** Handelsmarine *f;* **merchant ship** Handelsschiff *n.*

mer·ci·ful ['mɜ:sɪfl] *adj* gnädig; **mer·ci·less** ['mɜ:sɪlɪs] *adj* unbarmherzig, erbarmungs-, mitleidlos (*to* gegen).

mer·cur·ial [mɜ:'kjʊərɪəl] *adj* **1.** quecksilberhaltig; **2.** *fig* lebhaft, lebendig, sprunghaft; **mer·cury** ['mɜ:kjʊrɪ] Quecksilber *n.*

Mer·cury ['mɜ:kjʊrɪ] Merkur *m.*

mercy ['mɜ:sɪ] **1.** Gnade *f,* Erbarmen *n;* Barmherzigkeit *f;* **2.** Wohltat *f,* Segen *m,* Glück *n;* ▶ **be at the ~ of s.o.** jdm ausgeliefert sein; **at the ~ of the elements** dem Spiel der Elemente preisgegeben; **beg for ~** um Gnade bitten; **show s.o. ~** Erbarmen mit jdm haben; **without ~** erbarmungs-, mitleidlos.

mere [mɪə(r)] *adj* bloß, nichts als; rein; ▶ **she's a ~ child** sie ist bloß ein Kind; **a ~ trifle** bloß e-e Lappalie; **mere·ly** ['mɪəlɪ] *adv* bloß, nur, lediglich.

merge [mɜ:dʒ] **I** *itr* **1.** ineinander übergehen; verschmelzen (*in* mit); **2.** *(Straßen)* ineinander einmünden; **3.** *com* fusionieren; ▶ **~ into s.th.** in etw übergehen; **II** *tr* **1.** miteinander verbinden; ineinander übergehen lassen (*into* mit); **2.** *com* zusammenschließen, fusionieren; ▶ **they were ~d with ...** sie haben mit ... fusioniert; **merger** ['mɜ:dʒə(r)] *com* Fusion *f.*

mer·id·ian [mə'rɪdɪən] **1.** *geog astr* Meridian *m;* **2.** *fig* Höhepunkt *m.*

me·ringue [mə'ræŋ] Meringe *f,* Baiser *n.*

merit ['merɪt] **I** *s* **1.** Verdienst *n,* Leistung *f;* **2.** Vorzug *m;* ▶ **judged on ~** nach Leistung beurteilt; **on the ~s of the case** nach Lage der Dinge; **inquire into the ~s of s.th.** etw auf seine Vorzüge untersuchen; **II** *tr* verdienen, wert sein; **meri·toc·racy** [ˌmerɪ'tɒkrəsɪ] Leistungsgesellschaft *f.*

mer·maid ['mɜ:meɪd] Nixe, Meerjungfrau *f;* **mer·man** ['mɜ:mən] ⟨*pl* -men⟩ Wassermann, Triton *m.*

mer·ri·ment ['merɪmənt] Fröhlichkeit, Ausgelassenheit, Heiterkeit *f;* **merry** ['merɪ] *adj* **1.** lustig, ausgelassen, fröhlich; **2.** vergnügt, heiter, in Stimmung; **3.** *fam* beschwipst; ▶ **make ~** ausgelassen, lustig, vergnügt sein; **M~ England** das gute alte England; **M~ Christmas!** Fröhliche Weihnachten; **merry-go-round** ['merɪgəʊˌraʊnd] Karussell *n.*

mesh [meʃ] **I** *s* **1.** Masche *f;* **2.** *pl* Netz(werk) *n;* Maschendraht *m;* **3.** *pl fig* Schlingen *f pl,* Falle *f;* **4.** *tech* Ineinandergreifen *n* der Zahnräder; ▶ **in ~** *tech* im Eingriff; **entangle s.o. in one's ~es** jdn umgarnen; **II** *itr* **1.** *tech* eingreifen; **2.** *fig* sich vereinen lassen.

mes·meric [mez'merɪk] *adj* hypnotisch; **mes·mer·ism** ['mezmərɪzəm] hypnotische Wirkung; **mes·mer·ize** ['mezməraɪz] *tr* hypnotisieren; faszinieren.

me·son ['mi:sən] *phys* Meson *n.*

mess¹ [mes] **I** *s* **1.** Unordnung *f,* Durcheinander *n;* **2.** Schmutz, *fam* Dreck *m;* **3.** schwierige Lage, Schlamassel *m;* ▶ **be in a ~** unordentlich sein; ein Durcheinander sein; **make a ~ of** verpfuschen; durcheinanderbringen; **that's a fine ~** das ist e-e schöne Bescherung! **II** *tr* **1.** *(~ about)* herumpfuschen an; durcheinanderbringen; an der Nase herumführen; **2.** *(~ up)* durcheinander, in Unordnung bringen; kaputtmachen; verpfuschen; **III** *itr (~ about, around)* herumalbern, -gammeln, -pfuschen, -basteln, -hantieren.

mess² [mes] **I** *s mil* Kasino *n;* **II** *itr* das Essen einnehmen.

mess·age ['mesɪdʒ] **1.** Mitteilung, Nachricht, Benachrichtigung *f;* Funkspruch *m;* **2.** *(moralisch)* Botschaft *f;* ▶ **take a ~ to s.o.** jdm e-e Nachricht überbringen; **send a ~ to s.o.** jdn benachrichtigen; **get the ~** *sl* kapieren.

mess·en·ger ['mesɪndʒə(r)] **1.** Bote *m,* Botin *f;* **2.** *mil* Kurier *m;* ▶ **~ boy** Laufbursche *m.*

Mess·iah [mɪ'saɪə] (der) Messias.

mess-up ['mesʌp] Durcheinander *n;* **messy** ['mesɪ] *adj* **1.** unordentlich; **2.** schmutzig, dreckig.

met [met] *v s. meet.*

meta·bolic [ˌmetə'bɒlɪk] *adj biol* Stoffwechsel-; metabolisch; **me·tab·olism** [mɪ'tæbəlɪzəm] *biol* Stoffwechsel, Metabolismus *m.*

metal ['metl] **I** *s* **1.** Metall *n;* **2.** Asphalt *m;* **3.** *pl* Schienen *f pl;* **II** *tr* asphaltieren; **me·tal·lic** [mɪ'tælɪk] *adj* metallisch; **me·tal·lurgy** [mɪ'tælədʒɪ] Metallurgie *f;* **metal-work** Metall *n;* **metal-worker** Metallarbeiter(in) *m (f).*

meta·mor·pho·sis [ˌmetə'mɔ:fəsɪs] ⟨*pl* -ses⟩ [ˌmetə'mɔ:fəsi:z] Metamorphose *f.*

meta·phor ['metəfə(r)] Metapher *f;* **meta·phori·cal** [ˌmetə'fɒrɪkl] *adj* metaphorisch.

meta·phys·ical [ˌmetə'fɪzɪkl] *adj* metaphysisch; **meta·phys·ics** [ˌmetə'fɪzɪks] *pl mit sing* Metaphysik *f.*

me·tas·ta·sis [mɪ'tæstəsɪs] ⟨*pl* -ses⟩ [mɪ'tæstəsi:z] Metastasenbildung *f.*

mete [mi:t] *tr* ▶ ~ **out** zuteil werden lassen (*to s.o.* jdm).
me·teor ['mi:tɪə(r)] Meteor *m;* **me·teoric** [ˌmi:tɪ'ɒrɪk] *adj* **1.** meteorisch; **2.** *fig* kometenhaft; **me·teor·ite** ['mi:tɪəraɪt] Meteorit *m.*
me·teoro·logi·cal [ˌmi:tɪərə'lɒdʒɪkl] *adj* meteorologisch; ▶ ~ **office** Wetterwarte *f;* **me·teor·ol·ogist** [ˌmi:tɪə'rɒlədʒɪst] Meteorologe *m,* Meteorologin *f;* **me·teor·ol·ogy** [ˌmi:tɪə'rɒlədʒɪ] Meteorologie *f.*
me·ter[1] ['mi:tə(r)] **I** *s* Zähler *m;* ▶ **gas-~** Gasuhr *f;* **parking-~** Parkuhr *f;* **exposure-~** Belichtungsmesser *m;* **II** *tr* messen.
me·ter[2] ['mi:tə(r)] *Am s. metre.*
metha·done ['meθədəʊn] *(Arznei)* Methadon *n.*
meth·ane ['mi:θeɪn] *chem* Methan *n.*
method ['meθəd] **1.** Methode *f,* Verfahren(sweise *f*) *n,* Prozeß *m;* **2.** *(Essen)* Zubereitung *f;* ▶ ~ **of calculation** Berechnungsart *f;* **there's ~ in his madness** sein Wahnsinn hat Methode; **methodi·cal** [mɪ'θɒdɪkl] *adj* methodisch; **method·ol·ogy** [ˌmeθə'dɒlədʒɪ] Methodik *f.*
Me·thuse·lah [mɪ'θju:zələ] Methusalem *m;* ▶ **as old as ~** so alt wie Methusalem.
methyl al·co·hol ['meθɪl'ælkəhɒl] *chem* Methylalkohol *m;* **methyl·ated spirits** ['meθɪleɪtɪdˌspɪrɪts] *pl mit sing* Brennspiritus *m.*
me·ticu·lous [mɪ'tɪkjʊləs] *adj* peinlich genau, (äußerst) gewissenhaft.
metre, *Am* **me·ter** ['mi:tə(r)] **1.** Meter *n* od *m;* **2.** *poet* Versmaß *n;* **met·ric** ['metrɪk] *adj* metrisch; ▶ **the ~ system** das metrische Maßsystem; das Dezimalsystem; **metri·cal** ['metrɪkl] *adj poet* metrisch.
met·ro·nome ['metrənəʊm] Metronom *n.*
me·trop·olis [mə'trɒpəlɪs] Metropole *f;* Hauptstadt *f;* **metro·poli·tan** [ˌmetrə'pɒlɪtən] **I** *adj* **1.** weltstädtisch, weltoffen; **2.** der Hauptstadt; **3.** erzbischöflich; **II** *s* **1.** Weltbürger(in) *m (f);* Großstädter(in) *m (f);* **2.** *(orthodoxe Kirche)* Metropolit *m.*
mettle ['metl] **1.** Courage *f,* Stehvermögen *n;* **2.** *(Temperament)* Feuer *n;* ▶ **put s.o. on his ~** jdn fordern; **a man of ~** ein Mann von echtem Schrot und Korn; **be on one's ~** auf dem Posten sein; **mettle·some** [—səm] *adj* couragiert; feurig.
mew [mju:] *itr* miauen.
Mexi·can ['meksɪkən] **I** *adj* mexikanisch; **II** *s* Mexikaner(in) *m (f);* **Mexi·co** ['meksɪkəʊ] Mexiko *n.*
mi·aow [mi:'aʊ] *s. mew.*
mica ['maɪkə] *min* Glimmer *m.*
mice [maɪs] *pl von mouse.*
Michael·mas ['mɪklməs] *(~ Day)* Michaelis(tag *m*) *n (29. Sept.).*
mickey ['mɪkɪ] ▶ **take the ~ out of s.o.** *sl* jdn auf den Arm nehmen.
microbe ['maɪkrəʊb] Mikrobe *f.*
micro·bi·ol·ogy [ˌmaɪkrəʊbaɪ'ɒlədʒɪ] Mikrobiologie *f;* **micro·chip** ['maikrəʊˌtʃɪp] Mikrochip *m;* **micro climate** *mete* Mikroklima *n;* **micro·computer** ['maikrəʊkəm'pju:tə(r)] Mikrocomputer; **micro·cosm** ['maɪkrəʊkɒzəm] Mikrokosmos *m a. fig;* **mic·ro·elec·tron·ics** [ˌmaɪkrəʊɪlek'trɒnɪks] *pl mit sing* Mikroelektronik *f;* **micro·fiche** ['maɪkrəʊfi:ʃ] Mikrofilmblatt *n,* -fiche *m;* **micro·film** ['maɪkrəʊfɪlm] **I** *s* Mikrofilm *m;* **II** *tr* auf Mikrofilm aufnehmen; **mi·crom·eter** [maɪ'krɒmɪtə(r)] Mikrometer *n.*
mi·cron ['maɪkrɒn] Mikron, My *n.*
micro-or·gan·ism [ˌmaɪkrəʊ'ɔ:gənɪzəm] Mikroorganismus *m.*
micro·phone ['maɪkrəfəʊn] Mikrofon *n;* **micro·pro·cess·or** [ˌmaɪkrə'prəʊsesə(r)] Mikroprozessor *m.*
micro·scope ['maɪkrəskəʊp] Mikroskop *n;* **micro·scopic** [ˌmaɪkrə'skɒpɪk] *adj* mikroskopisch.
micro·wave ['maɪkrəʊweɪv] *el* Mikrowelle *f;* **microwave oven** Mikrowellenherd *m.*
mid [mɪd] *adj* Mittel-; ▶ **in ~ morning** am Vormittag; **from ~ May to ~ June** von Mitte Mai bis Mitte Juni; **in ~ air** in der Luft; **in ~ course** mittendrin.
mid·day [ˌmɪd'deɪ] **I** *s* Mittag *m;* **II** *attr adj* mittäglich; ▶ ~ **meal** Mittagsmahlzeit *f.*
middle I *s* **1.** Mitte *f;* mittlerer Teil; (das) Innere; **2.** Taille *f;* ▶ **in the ~ of the night** mitten in der Nacht; **in the ~ of reading** gerade beim Lesen; **down the ~** in der Mitte; **II** *adj* mittlere(r, s); Mittel-; **middle age** mittleres Lebensalter; **middle-aged** [ˌmɪdl'eɪdʒd] *adj* in den mittleren Jahren, mittleren Alters; **Middle Ages** *pl* Mittelalter *n;* **middle-brow** ['mɪdlbraʊ] **I** *adj* Durchschnitts-; **II** *s* (geistiger) Normalverbraucher; **middle-class** [ˌmɪdl'klɑ:s] *adj* bürgerlich, spießig; **middle class(es** *pl***)** Mittelstand *m;* **middle ear** Mittelohr *n;* **Middle East** Naher Osten; **middle-man** ['mɪdlmæn] ⟨*pl* -men⟩ **1.** Mittelsmann *m;* **2.** *com* Zwischenhändler *m;* **middle name** zweiter Vorname; **middle-of-the road** *adj* gemäßigt; **middle·weight** ['mɪdlweɪt] *sport* Mittelgewicht *n.*
mid·dling ['mɪdlɪŋ] **I** *adj* **1.** mittlere(r, s); **2.** (mittel)mäßig, leidlich; **II** *adv fam* einigermaßen, leidlich.

midge [mɪdʒ] Mücke *f.*
midget ['mɪdʒɪt] **I** *s* kleiner Mensch, Liliputaner *m;* **II** *adj* winzig.
mid·night ['mɪdnaɪt] Mitternacht *f;* ▶ **at** ~ um Mitternacht; **burn the ~ oil** bis tief in die Nacht arbeiten; ~ **sun** Mitternachtssonne *f.*
mid·point ['mɪdpɔɪnt] *math* Mittelpunkt *m.*
mid·riff ['mɪdrɪf] *anat* Taille *f.*
mid·ship·man ['mɪdʃɪpmən] ⟨*pl* -men⟩ Fähnrich *m* zur See; **mid·ships** ['mɪdʃɪps] *adv* mittschiffs.
midst [mɪdst] Mitte *f;* ▶ **in the ~ of** mitten in.
mid·sum·mer [ˌmɪd'sʌmə(r)] Hochsommer *m;* ▶ **M~ day** Sommersonnenwende *f;* ~ **madness** heller Wahnsinn; *fam* Sommerkoller *m;* **mid-term** *adj* mitten im Trimester *od* Schulhalbjahr; **mid·way** [ˌmɪd'weɪ] *adv* auf halbem Weg(e) (*between* zwischen).
mid·wife ['mɪdwaɪf] ⟨*pl* -wives⟩ [—waɪvz] Hebamme *f;* **mid·wifery** ['mɪdwɪfrɪ] Geburtshilfe *f.*
mid·winter [ˌmɪd'wɪntə(r)] tiefster Winter.
might[1] [maɪt] *v s. may;* ▶ **how old ~ she be?** wie alt sie wohl ist? ~ **I open the window?** dürfte ich wohl das Fenster öffnen?
might[2] [maɪt] Macht, Stärke, Kraft *f;* ▶ **with ~ and main** mit aller Macht; **with all one's ~** mit aller Kraft; **mightily** ['mɑɪtɪlɪ] *adv* gewaltig, kräftig; mit aller Macht; **mighty** ['maɪtɪ] **I** *adj* mächtig, gewaltig; **II** *adv* sehr, riesig, gewaltig.
mi·graine ['mi:greɪn] Migräne *f.*
mi·grant ['maɪgrənt] **1.** *zoo* Zugvogel *m;* **2.** Wanderarbeiter(in) *m (f);* Gastarbeiter(in) *m (f);* Saisonarbeiter(in) *m (f);* **mi·grate** [maɪ'greɪt] *itr* **1.** abwandern; **2.** *(Vögel)* nach Süden ziehen; **mi·gration** [maɪ'greɪʃn] **1.** (Aus-, Ab)Wanderung *f;* **2.** (Vogel)Zug *m;* **mi·gra·tory** ['maɪgrətrɪ] *adj* umherziehend, nomadisch; ▶ ~ **bird** Zugvogel *m;* ~ **worker** Wanderarbeiter(in) *m (f).*
mike [maɪk] *fam* Mikrophon *n.*
mild [maɪld] *adj* **1.** *(Charakter)* mild, sanft; **2.** *(Geschmack)* leicht, schwach; **3.** *(Klima)* mild; **4.** *(Tadel)* leicht; ▶ ~ **ale** leichtes dunkles Bier.
mil·dew ['mɪldju:] **I** *s* **1.** *bot* Mehltau *m;* **2.** Schimmel *m;* **II** *itr* verschimmeln.
mild·ly ['maɪdlɪ] *adv* leicht; milde; ▶ **to put it** ~ gelinde gesagt; **mild·ness** ['maɪldnɪs] Milde *f;* Sanftmut *f.*
mile [maɪl] Meile *f (1,61 km);* ▶ **nautical** ~ Seemeile *f (1,852 km);* **~s and ~s** meilenweit; **a 30 ~ journey** e-e Fahrt von 30 Meilen; **feel ~s better** sich erheblich besser fühlen; **walk for ~s** meilenweit gehen; **mile·age** ['maɪlɪdʒ] **1.** Entfernung *f,* zurückgelegte Strecke; **2.** *(~ allowance)* Kilometergeld *n;* **mile·om·eter** [maɪ'lɒmɪtə(r)] Meilen-, Kilometerzähler *m;* **mile·post** ['maɪlpəʊst] Wegweiser *m* mit Entfernungsangabe; **mile·stone** ['maɪlstəʊn] Meilenstein *m a. fig.*
mili·tant ['mɪlɪtənt] **I** *adj* militant; **II** *s* militantes Mitglied.
mili·tar·ism ['mɪlɪtərɪzəm] Militarismus *m;* **mili·tar·ist** ['mɪlɪtərɪst] Militarist(in) *m (f);* **mili·tar·istic** [ˌmɪlɪtə'rɪstɪk] *adj* militaristisch; **mili·tar·ize** ['mɪlɪtəraɪz] *tr* militarisieren; **mili·tary** ['mɪlɪtrɪ] **I** *adj* militärisch; ▶ ~ **academy** Militärakademie *f;* ~ **police** Militärpolizei *f;* ~ **service** Militär-, Wehrdienst *m;* **II** *s* ▶ **the** ~ das Militär.
mil·itia [mɪ'lɪʃə] Miliz, Bürgerwehr *f.*
milk [mɪlk] **I** *s* Milch *f a. bot;* ▶ **no use crying over spilt ~** man soll Verlorenem nicht nachtrauern; **II** *tr* melken *a. fig;* **III** *itr* Milch geben; **milk·bar** ['mɪlkbɑ:(r)] Milchbar *f;* **milk chocolate** Milchschokolade *f;* **milk float** Milchwagen *m;* **milk·ing ma·chine** ['mɪlkɪŋməˌʃi:n] Melkmaschine *f;* **milkmaid** ['mɪlkmeɪd] Milchmädchen *n;* **milk·man** ['mɪlkmən] ⟨*pl* -men⟩ Milchmann *m;* **milk-powder** Milchpulver *n;* **milk-shake** ['mɪlkʃeɪk] Milchshake *m;* **milk·sop** ['mɪlksɒp] Milchgesicht *n;* Muttersöhnchen *n;* **milk-tooth** ['mɪlktu:θ] ⟨*pl* -teeth⟩ Milchzahn *m;* **milky** ['mɪlkɪ] *adj* milchig *a. bot;* ▶ **the M~ Way** *astr* die Milchstraße.
mill [mɪl] **I** *s* **1.** Mühle *f;* **2.** *(Textil)* Fabrik *f;* **3.** *(spinning ~)* Spinnerei *f;* Weberei *f;* **4.** *(rolling ~)* Walzwerk *n;* ▶ **go through the** ~ e-e harte Schule durchmachen; **put s.o. through the** ~ jdn durch e-e harte Schule schicken; **coffee-~** Kaffeemühle *f;* **paper-~** Papierfabrik *f;* **pepper-~** Pfeffermühle *f;* **saw-~** Sägemühle *f,* -werk *n;* **water-, wind-~** Wasser-, Windmühle *f;* **II** *tr* **1.** *(Korn, Kaffee)* mahlen; **2.** *tech* walzen; fräsen; **III** *itr (~ about, around)* ziellos herumlaufen.
mil·len·nium [mɪ'lenɪəm] ⟨*pl* -nia⟩ [mɪ'lenɪə] **1.** Jahrtausend *n;* **2.** Tausendjähriges Reich; **mil·le·pede** ['mɪlɪpi:d] *zoo* Tausendfüßler *m.*
mil·ler ['mɪlə(r)] Müller *m.*
mil·let ['mɪlət] Hirse *f.*
mil·li·ard ['mɪlɪɑ:d] *Br* Milliarde *f.*
mil·li·bar ['mɪlɪbɑ:(r)] *mete* Millibar *n;* **mil·li·gram(me)** ['mɪlɪgræm] Milligramm *n.*
mil·liner ['mɪlɪnə(r)] Hut-, Putzmacherin, Modistin *f;* **mil·linery** [-n] Modewaren *pl.*
mil·lion ['mɪlɪən] Million *f;* ▶ **two ~ people** zwei Millionen Menschen; **mil·lion·aire** [ˌmɪlɪə'neə(r)] Millionär(in) *m*

(f).

mill-pond ['mɪlpɒnd] Mühlteich *m;* **mill-race** Mühlbach *m;* **mill·stone** ['mɪlstəʊn] Mühlstein *m;* ▶ **be a ~ round s.o.'s neck** für jdn ein Klotz am Bein sein; **mill-wheel** ['mɪlwi:l] Mühlrad *n.*

milt [mɪlt] *(Fisch)* Milch *f.*

mime [maɪm] **I** *s* **1.** *theat* Pantomime *f;* **2.** Pantomime *m;* **II** *tr* pantomimisch darstellen.

mimic ['mɪmɪk] **I** *s* Imitator *m;* **II** *tr* nachahmen, -machen; kopieren; **mimicry** ['mɪmɪkrɪ] Nachahmung *f; biol* Mimikry *f.*

mim·osa [mɪ'məʊzə] *bot* Mimose *f.*

min·aret [ˌmɪnə'ret] Minarett *n.*

mince [mɪns] **I** *tr (Fleisch)* (zer)hacken, zerkleinern; ▶ **not to ~ matters, one's words** kein Blatt vor den Mund nehmen; **II** *itr fig* affektiert sprechen *od* gehen; **III** *s Br* Hackfleisch *n;* ▶ **~meat** Pasteten-, Gebäckfüllung *f;* **make ~meat of s.o.** jdn zur Schnecke machen; **make ~meat of s.th.** keinen guten Faden an etw lassen; **mince pie** gefüllte (süße) Pastete; **mincer** ['mɪnsə(r)] Fleischwolf *m;* **minc·ing** ['mɪnsɪŋ] *adj* geziert, affektiert.

mind [maɪnd] **I** *s* **1.** Geist, Verstand *m;* **2.** *(Mensch)* Geist, Kopf *m;* **3.** Denkweise *f;* **4.** Gedanken *m pl;* **5.** Gedächtnis *n;* **6.** Absicht *f,* Wille, Wunsch *m,* Neigung *f;* **7.** Meinung, Ansicht *f;* ▶ **in my ~'s eye** vor meinem geistigen Auge; **it's all in the ~** das ist alles Einbildung; **have a good ~** ein heller Kopf sein; **to my ~** nach meiner Meinung; **be in two ~s** nicht wissen, was man will; **be of one ~** ein Herz und e-e Seele sein; **be of s.o.'s ~** jds Ansicht sein; **be of the same ~** derselben Meinung sein; **be out of one's ~** den Verstand verloren haben; von Sinnen sein; **bear, keep in ~** nicht vergessen; **change one's ~** seine Meinung ändern; **give s.o. a piece, a bit of one's ~** jdm (gründlich) die Meinung sagen; **go, pass out of s.o.'s ~** bei jdm in Vergessenheit geraten; **have in ~ to do s.th.** vorhaben, etw zu tun; **have half a ~ to do s.th.** Lust haben, etw zu tun; **keep one's ~ on** achten, aufpassen auf; **know one's own ~** wissen, was man will; **make up one's ~** zu e-m Entschluß kommen; **put s.o. in ~ of s.th.** jdn an etw erinnern; **set one's ~ on s.th.** sich etw in den Kopf setzen; **speak one's ~** offen seine Meinung sagen; **take one's ~ off** nicht mehr denken an, sich nicht mehr kümmern um; **that'll take your ~ off things** das wird Sie auf andere Gedanken bringen; **II** *tr* **1.** achten, aufpassen auf; **2.** sich kümmern um; etw haben gegen; ▶ **~ what you're doing!** paß doch auf! **~ your temper** nimm dich zusammen; **~ the step!** Vorsicht Stufe! **~ the dog!** Warnung vor dem Hund! **~ your own business!** kümmern Sie sich um Ihre (eigenen) Angelegenheiten! **... if you don't ~ my asking** ... wenn ich fragen darf; **I don't ~ the cold** die Kälte macht mir nichts aus; **do you ~ my smoking?** macht es Ihnen etwas aus, wenn ich rauche? **~ one's P's and Q's** *fam* sich anständig benehmen; **would you ~ opening the window?** würden Sie bitte das Fenster öffnen? **I wouldn't ~ a glass of beer now** ich hätte jetzt Lust auf ein Glas Bier; **III** *itr* **1.** aufpassen, bei der Sache sein, sich Mühe geben; **2.** sich kümmern um; **3.** etwas dagegen haben; ▶ **~ you** allerdings; ▶ **do you ~?** macht es Ihnen etwas aus? **never ~** macht nichts, ist doch egal, mach dir nichts draus; **never ~ about that now!** laß das doch jetzt.

mind-bend·ing ['maɪndbendɪŋ] *adj fam* irre; **mind-blow·ing** ['maɪndbləʊɪŋ] *adj fam* irre; **mind-bogg·ling** ['maɪndbɒglɪŋ] *adj fam* irrsinnig.

minded ['maɪndɪd] *adj* gesonnen, gewillt, geneigt (*to do* zu tun); ▶ **bloody-~** *fam* stur; **politically ~** politisch gesinnt.

mind·ful ['maɪndfl] *adj* ▶ **be ~ of s.th.** etw berücksichtigen, bedenken; **mindless** ['maɪndlɪs] *adj* **1.** unverständig, hirnlos; **2.** *(Verbrechen)* sinnlos; **3.** geistlos, unbeseelt; **mind-reader** Gedankenleser *m.*

mine[1] [maɪn] *prn* meine(r, s); der, die, das meine, meinige; ▶ **~ is better** meine(r, s) ist besser; **this is ~** das gehört mir; **a friend of ~** e-r meiner Freunde, ein Freund von mir.

mine[2] [maɪn] **I** *s* **1.** Bergwerk *n,* Grube, Zeche *f;* **2.** *fig* Quelle, Fundgrube *f* (*of* an); **3.** *mil mar* Mine *f;* ▶ **~ of information** Informationsquelle *f;* **II** *itr* Bergbau treiben; graben (*for* nach); **III** *tr* **1.** *(Bodenschätze)* abbauen, schürfen; *(Kohle)* fördern; **2.** *mil* verminen; e-e Mine befestigen an; **mine-detector** Minensuchgerät *n;* **mine·field** ['maɪnfi:ld] *a. fig* Minenfeld *n;* **mine-layer** Minenleger *m;* **mine·sweeper** ['maɪnˌswi:pə(r)] Minensuchboot *n.*

miner ['maɪnə(r)] Bergmann, Kumpel *m;* ▶ **~'s lamp** Grubenlampe *f.*

min·eral ['mɪnərəl] **I** *s* Mineral *n;* **II** *adj* mineralisch; ▶ **~ ores** *pl* Erze *n pl;* **min·er·alog·ical** [ˌmɪnərə'lɒdʒɪkl] *adj* mineralogisch; **min·er·al·ogist** [ˌmɪnə'rælədʒɪst] Mineraloge *m,* Mineralogin *f;* **min·er·al·ogy** [ˌmɪnə'rælədʒɪ] Mineralogie *f;* **mineral oil** Mineralöl *n;* **mineral water** Mineralwasser *n.*

mingle ['mɪŋgl] **I** *tr* (ver)mischen, mengen; **II** *itr* **1.** sich (ver)mischen; **2.** *fig* sich mischen (*among, with* unter).

mini ['mɪnɪ] *pref* Mini-.

minia·ture ['mɪnɪtʃə(r)] **1.** Miniatur(bild, -gemälde *n*) *f;* **2.** Miniaturausgabe *f;* ▶ **in ~** en miniature; im kleinen, in kleinem Maßstab; **miniature camera** Kleinbildkamera *f;* **miniature railway** Modelleisenbahn *f.*

mini bus ['mɪnɪbʌs] Klein-, Minibus *m;* **mini·cab** ['mɪnɪkæb] Kleintaxi *n.*

minim ['mɪnɪm] *mus* halbe Note.

mini·mal ['mɪnɪml] *adj* minimal, kleinste(r, s); **mini·mize** ['mɪnɪmaɪz] *tr* **1.** auf ein Minimum herabsetzen, reduzieren; **2.** *fig* schlechtmachen, herabsetzen; **mini·mum** ['mɪnɪməm] **I** *s* Minimum *n;* ▶ **reduce to a ~** auf ein Minimum reduzieren; **II** *attr adj* Mindest-; ▶ **~ lending rate** *fin* Eckzins, Mindestzinssatz *m;* **~ temperature** Tiefsttemperatur *f;* **~ wage** Mindestlohn *m.*

min·ing ['maɪnɪŋ] Bergbau *m;* ▶ **open-cast ~** Tagebau *m;* **mining disaster** Grubenunglück *n;* **mining engineer** Bergbauingenieur(in) *m (f);* **mining industry** Bergbau *m.*

min·ion ['mɪnɪən] Speichellecker(in) *m (f).*

mini·skirt ['mɪnɪskɜ:t] Minirock *m.*

min·ister ['mɪnɪstə(r)] **I** *s* **1.** *pol* Minister *m;* **2.** *rel* Pfarrer, Pastor *m;* **II** *itr* ▶ **~ to s.o.** sich um jdn kümmern; **~ to s.o.'s needs** jds Bedürfnisse befriedigen.

min·is·ter·ial [ˌmɪnɪ'stɪərɪəl] *adj* ministeriell; ▶ **~ crisis** Regierungskrise *f;* **~ post** Ministerposten *m.*

min·is·tra·tion [ˌmɪnɪ'streɪʃn] *meist pl* Pflege, Fürsorge *f.*

min·is·try ['mɪnɪstrɪ] **1.** *pol* Ministerium *n;* **2.** Sendungsbewußtsein *n;* **3.** *rel* geistliches Amt; ▶ **enter the ~** Geistlicher werden; **M~ of Commerce** Handelsministerium *n;* **M~ of the Environment** Umweltministerium *n;* **M~ of Finance** Finanzministerium *n;* **M~ of Foreign, of Home Affairs** Außen-, Innenministerium *n.*

mink [mɪŋk] *zoo* Nerz *m.*

mi·nor ['maɪnə(r)] **I** *adj* **1.** kleiner, gering(fügig)er; unbedeutend, unwichtig; **2.** *(Zahl, Betrag)* niedriger; **3.** *(Verletzung)* leicht; **4.** *(Planet)* klein; **5.** *(hinter Familiennamen)* der Jüngere; **6.** *mus* Moll; ▶ **a ~ role** e-e Nebenrolle; **~ third** kleine Terz; **II** *s* **1.** *jur* Minderjährige(r) *f m;* **2.** *Am* Nebenfach *n;* **3.** *mus* Moll *n;* **III** *itr Am* im Nebenfach studieren (*in s.th.* etw); **mi·nor·ity** [maɪ'nɒrətɪ] **I** *s* **1.** Minderheit *f;* **2.** *jur* Minderjährigkeit, Unmündigkeit *f;* ▶ **be in a ~** in der Minderheit sein; **II** *attr adj* Minderheits-; ▶ **~ group** Minderheit *f.*

min·strel ['mɪnstrəl] *hist* Spielmann, Minnesänger *m.*

mint¹ [mɪnt] **I** *s* Münzanstalt *f;* ▶ **in ~ condition** in tadellosem Zustand; **earn a ~ of money** *fam* ein Heidengeld verdienen; **II** *tr (Geld)* prägen, münzen.

mint² [mɪnt] **1.** *bot* Minze *f;* **2.** *fam* Pfefferminzbonbon *n* od *m.*

minus ['maɪnəs] **I** *prep* **1.** weniger, minus; **2.** *fam* ohne; **II** *adj* negativ; Minus-; **III** *s (~ sign)* Minuszeichen *n.*

min·us·cule ['mɪnəskju:l] *adj* winzig.

min·ute¹ ['mɪnɪt] **I** *s* **1.** Minute *f;* **2.** Augenblick *m;* **3.** Note, Denkschrift *f;* **4.** *pl* Protokoll *n,* Niederschrift *f;* ▶ **at this very ~** gerade jetzt; **in a ~** sofort; **any ~** jeden Augenblick; **at the last ~** in letzter Minute; **to the ~** genau, pünktlich; **keep the ~s, take ~s** das Protokoll führen; **II** *tr* protokollieren.

mi·nute² [maɪ'nju:t] *adj* **1.** winzig; **2.** minuziös, ganz genau.

min·ute-hand ['mɪnɪthænd] Minutenzeiger *m.*

mi·nute·ly [maɪ'nju:tlɪ] *adv* **1.** ganz geringfügig; **2.** genauestens.

mi·nu·tiae [maɪ'nju:ʃɪi:] *pl* genaue Einzelheiten *f pl.*

minx [mɪŋks] freches Ding.

mir·acle ['mɪrəkl] Wunder *n a. fig;* ▶ **work ~s** Wunder wirken; **by a ~** wie durch ein Wunder; **miracle play** geistliches Drama; **mir·acu·lous** [mɪ'rækjʊləs] *adj* wunderbar, übernatürlich.

mi·rage ['mɪrɑ:ʒ] **1.** Luftspiegelung, Fata Morgana *f;* **2.** *fig* Illusion *f.*

mire ['maɪə(r)] Schlamm, Morast *m;* ▶ **drag s.o. through the ~** *fig fam* jdn durch den Dreck ziehen.

mir·ror ['mɪrə(r)] **I** *s* **1.** Spiegel *m a. fig;* **2.** *fig* Spiegelbild *n;* **II** *tr* (wider)spiegeln *a. fig;* **mirror image** Spiegelbild *n.*

mirth [mɜ:θ] Freude *f;* Heiterkeit *f;* **mirth·ful** ['mɜ:θfl] *adj* fröhlich, heiter; **mirth·less** [—lɪs] *adj* freudlos.

mis·ad·ven·ture [ˌmɪsəd'ventʃə(r)] Mißgeschick *n,* Unfall *m;* ▶ **death by ~** Tod *m* durch Unfall.

mis·al·liance [ˌmɪsə'laɪəns] Mißheirat *f.*

mis·an·thrope ['mɪsnθrəʊp] Misanthrop, Menschenfeind *m;* **mis·an·thropic** [ˌmɪsn'θrɒpɪk] *adj* menschenfeindlich; **mis·an·thropy** [mɪs'ænθrəpɪ] Menschenfeindlichkeit *f.*

mis·apply [ˌmɪsə'plaɪ] *tr* **1.** falsch anwenden; **2.** *(Gelder)* mißbrauchen.

mis·ap·pre·hend [ˌmɪsæprɪ'hend] *tr* mißverstehen; **mis·ap·pre·hen·sion** [ˌmɪsæprɪ'henʃn] Mißverständnis *n;* ▶ **be under the ~ that ...** irrtümlich annehmen, daß ...

mis·ap·pro·pri·ate [ˌmɪsə'prəʊprɪeɪt] *tr* **1.** entwenden; **2.** *(Geld)* veruntreuen, unterschlagen; **mis·ap·pro·pri·ation** [ˌmɪsəˌprəʊprɪ'eɪʃn] **1.** Entwendung *f;* **2.** *(Geld)* Veruntreuung, Unterschlagung *f.*

mis·be·have [ˌmɪsbɪˈheɪv] *itr* sich schlecht, ungebührlich benehmen; **mis·be·hav·iour,** *Am* **mis·be·hav·ior** [ˌmɪsbɪˈheɪvɪə(r)] schlechtes Benehmen.

mis·cal·cu·late [ˌmɪsˈkælkjʊleɪt] **I** *tr* falsch (be)rechnen; **II** *itr* sich verrechnen; **mis·cal·cu·la·tion** [ˌmɪsˌkælkjʊˈleɪʃn] Rechen-, Kalkulationsfehler *m.*

mis·car·riage [ˌmɪsˈkærɪdʒ] **1.** Irrtum *m;* **2.** *(Post)* Fehlleitung *f;* **3.** *med* Fehlgeburt *f;* ► ~ **of justice** Justizirrtum *m;* **mis·carry** [ˌmɪsˈkærɪ] *itr* **1.** fehlschlagen, mißlingen; **2.** *(Post)* fehlgeleitet werden; **3.** *med* e-e Fehlgeburt haben.

mis·cel·lan·eous [ˌmɪsəˈleɪnɪəs] *adj* **1.** ge-, vermischt; verschiedenerlei; **2.** *(Menge)* bunt; ► ~ Verschiedenes; **mis·cel·lany** [mɪˈselənɪ] **1.** Gemisch *n;* Vielfalt *f;* **2.** *oft pl* vermischte Schriften *f pl.*

mis·chance [ˌmɪsˈtʃɑːns] unglücklicher Zufall; ► **by** ~ unglücklicherweise.

mis·chief [ˈmɪstʃɪf] **1.** Unheil *n,* Schaden, Nachteil *m;* **2.** Bosheit, Ungezogenheit *f,* Übermut *m;* **3.** Schlawiner *m;* **4.** Schalk *m,* Verschmitztheit *f;* ► **do s.o. a** ~ jdm schaden; **make** ~ Unfrieden stiften; **make** ~ **for s.o.** jdm Unannehmlichkeiten bereiten; **he's up to some** ~ er führt etwas im Schilde; **~-maker** Unruhestifter(in) *m (f);* **~-making** Unruhestiftung *f;* **mis·chiev·ous** [ˈmɪstʃɪvəs] *adj* **1.** bösartig; boshaft; schädlich; **2.** schelmisch, verschmitzt.

mis·con·ceive [ˌmɪskənˈsiːv] *tr* falsch auffassen, mißverstehen; **mis·con·cep·tion** [ˌmɪskənˈsepʃn] falsche Annahme, Mißverständnis *n.*

mis·con·duct [ˌmɪskənˈdʌkt] **I** *tr* schlecht führen; **II** *refl* sich schlecht benehmen; **III** *s* [ˌmɪsˈkɒndʌkt] **1.** schlechtes Benehmen; Berufsvergehen *n;* **2.** Fehltritt *m;* **3.** schlechte Verwaltung.

mis·con·struc·tion [ˌmɪskənˈstrʌkʃn] falsche Auslegung; Mißdeutung *f;* **mis·con·strue** [ˌmɪskənˈstruː] *tr* falsch auslegen; mißdeuten; mißverstehen.

mis·count [ˌmɪsˈkaʊnt] **I** *tr* falsch zählen; **II** *itr* sich verrechnen, sich verzählen; **III** *s* Rechenfehler *m.*

mis·deal [ˌmɪsˈdiːl] *irr s. deal* **I** *tr (Karten)* falsch geben; **II** *itr* sich vergeben.

mis·deed [ˌmɪsˈdiːd] Missetat *f.*

mis·de·mean·our, *Am* **mis·de·meanor** [ˌmɪsdɪˈmiːnə(r)] Übertretung *f,* Vergehen *n.*

mis·di·rect [ˌmɪsdɪˈrekt] *tr* **1.** *(Brief)* falsch adressieren; **2.** *(Energie)* falsch einsetzen, vergeuden; **3.** *(Person)* irreleiten, -führen.

miser [ˈmaɪzə(r)] Geizhals *m.*

mis·er·able [ˈmɪzrəbl] *adj* **1.** trist; unglücklich; **2.** *(Schmerzen)* fürchterlich; **3.** *(Existenz)* erbärmlich, schauderhaft, miserabel; **4.** jämmerlich; ► **make life** ~ **for s.o.** jdm das Leben sauer machen; **mis·er·ably** [ˈmɪzrəblɪ] *adv* **1.** unglücklich; **2.** gräßlich, fürchterlich; erbärmlich; **3.** miserabel.

miser·ly [ˈmaɪzəlɪ] *adj* geizig, knickerig, filzig.

mis·ery [ˈmɪzərɪ] **1.** Kummer *m,* Trauer *f;* **2.** Qualen *f pl;* Elend *n;* **3.** *fam* Jammerlappen *m;* ► **put an animal out of its** ~ ein Tier von seinen Qualen erlösen; **a life of** ~ ein erbärmliches Leben.

mis·fire [ˌmɪsˈfaɪə(r)] *itr* **1.** *(Feuerwaffe)* versagen; **2.** *fig* fehlschlagen; danebengehen; **3.** *mot* fehlzünden.

mis·fit [ˈmɪsfɪt] **1.** schlecht sitzendes Kleidungsstück; **2.** Außenseiter(in) *m (f);* Nichtangepaßte(r) *f m.*

mis·for·tune [ˌmɪsˈfɔːtʃuːn] **1.** schweres Schicksal; Mißgeschick *n;* **2.** Unglück, Pech *n;* ► **companion in** ~ Leidensgenosse *m,* -genossin *f;* **financial** ~**s** *pl* finanzielle Fehlschläge *m pl.*

mis·giv·ing [ˌmɪsˈɡɪvɪŋ] Befürchtung *f,* Bedenken *pl.*

mis·gov·ern [ˌmɪsˈɡʌvn] *tr* schlecht regieren *od* verwalten; **mis·gov·ern·ment** [—mənt] Mißwirtschaft *f.*

mis·guided [ˌmɪsˈɡaɪdɪd] *adj* **1.** töricht; **2.** *(Meinung)* irrig; **3.** *(Freude)* unangebracht.

mis·handle [ˌmɪsˈhændl] *tr* falsch handhaben.

mis·hap [ˈmɪshæp] Mißgeschick *n;* ► **a slight** ~ eine (kleine) Panne; **without** ~ ohne Zwischenfälle.

mis·hear [ˌmɪsˈhɪə(r)] *irr s. hear* **I** *tr* falsch hören; **II** *itr* sich verhören.

mish·mash [ˈmɪʃmæʃ] Mischmasch *m.*

mis·in·form [ˌmɪsɪnˈfɔːm] *tr* falsch informieren; falsche Auskunft geben (*s.o.* jdm).

mis·in·ter·pret [ˌmɪsɪnˈtɜːprɪt] *tr* falsch auslegen; mißdeuten; **mis·in·ter·pre·ta·tion** [ˌmɪsɪntɜːprɪˈteɪʃn] falsche Auslegung, Mißdeutung *f.*

mis·judge [ˌmɪsˈdʒʌdʒ] *tr* falsch beurteilen, falsch einschätzen, sich verschätzen in.

mis·lay [ˌmɪsˈleɪ] *tr irr s. lay* verlegen.

mis·lead [ˌmɪsˈliːd] *tr irr s. lead* **1.** irreführen; **2.** verleiten (*into doing s.th.* etw zu tun); ► **don't be misled by appearances** lassen Sie sich nicht durch Äußerlichkeiten täuschen; **mis·lead·ing** [—ɪŋ] *adj* irreführend.

mis·man·age [ˌmɪsˈmænɪdʒ] *tr* schlecht verwalten; **mis·man·age·ment** [—mənt] Mißwirtschaft *f.*

mis·name [ˌmɪsˈneɪm] *tr* falsch benennen; **mis·nomer** [ˌmɪsˈnəʊmə(r)] unzutreffender Name, Fehlbezeichnung *f.*

mis·ogyn·ist [mɪˈsɒdʒɪnɪst] Frauenfeind *m.*

mis·place [ˌmɪsˈpleɪs] *tr* an e-n falschen Platz legen; verlegen; ▶ **be ~d** fehlplaziert, fehl am Platz(e) sein.
mis·print [ˌmɪsˈprɪnt] **I** *tr* verdrucken; **II** *s* [ˈmɪsprɪnt] Druckfehler *m.*
mis·pro·nounce [ˌmɪsprəˈnaʊns] *tr* falsch aussprechen; **mis·pro·nun·ci·ation** [ˌmɪsprəˌnʌnsɪˈeɪʃn] falsche Aussprache.
mis·read [ˌmɪsˈriːd] *tr irr s. read* **1.** falsch lesen; **2.** mißverstehen, -deuten.
mis·rep·re·sent [ˌmɪsˌreprɪˈzent] *tr* **1.** falsch darstellen, ein falsches Bild geben von; **2.** *(Tatsachen)* verdrehen; verfälschen; **mis·rep·re·sen·ta·tion** [ˌmɪsˌreprɪzenˈteɪʃn] **1.** falsche Darstellung; **2.** Verdrehung *f;* Verfälschung *f;* ▶ **~ of facts** Vorspiegelung falscher Tatsachen.
miss[1] [mɪs] (junges) Mädchen; ▶ **M~** *(Anrede)* Fräulein *n; (zur Bedienung)* Fräulein! **M~ England** die Schönheitskönigin von England.
miss[2] [mɪs] **I** *tr* **1.** *(Ziel)* verfehlen; **2.** *(Gelegenheit, Zug)* verpassen; versäumen; **3.** übersehen, -hören; **4.** nicht verstehen; **5.** vermeiden; ausweichen, aus dem Wege gehen *(s.th.* e-r S); **6.** vermissen, (sehr) entbehren; **7.** *(Hindernis)* noch ausweichen können; **8.** *(Preis)* nicht bekommen; ▶ **~ the bus** *fig* den Anschluß verpassen; **I ~ed that** das ist mir entgangen; **I ~ you** du fehlst mir; **~ doing s.th.** fast etw tun; **we narrowly ~ed having an accident** wir hätten um ein Haar e-n Unfall gehabt; **we ~ him** wir vermissen ihn; **II** *itr* **1.** das Ziel verfehlen; fehlgehen; **2.** keinen Erfolg haben, erfolg-, ergebnislos sein, mißglücken; ▶ **you can't ~** da kann nichts schiefgehen; **III** *s* **1.** Fehlschuß, -schlag *m;* Mißerfolg *m,* Pleite *f,* Reinfall *m;* **2.** Verlust *m;* ▶ **give s.th. a ~** sich etw schenken; **IV** *(mit Präposition)* **miss out** *tr* auslassen; übersehen; *itr* zu kurz kommen; ▶ **~ out on s.th.** etw verpassen.
mis·shapen [ˌmɪsˈʃeɪpən] *adj* mißgebildet; *(Baum, Pflanze a.)* verwachsen; *(Kuchen etc)* mißraten.
mis·sile [ˈmɪsaɪl, *Am* ˈmɪsl] **1.** (Wurf)Geschoß *n;* **2.** Rakete *f;* ▶ **guided ~** ferngesteuerte Rakete; **intercontinental ballistic ~** Interkontinentalrakete *f;* **missile defence system** Raketenabwehrsystem *n.*
miss·ing [ˈmɪsɪŋ] *adj* **1.** fehlend, vermißt; **2.** *(Gegenstand)* verschwunden; fehlend; ▶ **be ~** fehlen; vermißt werden; **~ person** Vermißte(r) *f m;* **~ link** fehlendes Glied.
mission [ˈmɪʃn] **1.** Sendung, Mission *f;* Beruf *m,* Aufgabe *f;* **2.** *rel* Mission *f;* **3.** *pol* Mission *f;* Delegation *f;* ▶ **on a secret ~** in geheimem Auftrag; **commercial, trade ~** Handelsmission *f;* **mission·ary** [ˈmɪʃənrɪ] Missionar(in) *m (f);* **mission control** *(Raumfahrt)* Kontrollzentrum *n.*
mis·spell [ˌmɪsˈspel] *tr irr s. spell* falsch schreiben; **mis·spell·ing** [—ɪŋ] falsche Schreibung.
mis·spent [ˌmɪsˈspent] *adj* vergeudet, verschwendet.
mis·state [ˌmɪsˈsteɪt] *tr* falsch angeben.
mis·sus, mis·sis [ˈmɪsɪz] *fam* bessere Hälfte; ▶ **how's the ~?** wie geht es Ihrer Frau?
mist [mɪst] **I** *s* **1.** Nebel *m;* Dunst *m;* **2.** *fig* Nebel, Schleier *m;* **3.** *(Glas)* Beschlag *m;* ▶ **it is lost in the ~s of time** das liegt im Dunkel der Vergangenheit; **II** *tr (~ over)* beschlagen; **III** *itr (~ up, over)* sich trüben; sich beschlagen.
mis·tak·able [mɪˈsteɪkəbl] *adj* leicht zu verwechseln; **mis·take** [mɪˈsteɪk] ‹*irr* mistook, mistaken› **I** *tr* **1.** mißverstehen, verkennen; falsch auffassen; **2.** verwechseln *(for* mit); ▶ **~ s.o.'s meaning** jdn falsch verstehen; **there's no mistaking her writing** ihre Schrift ist unverkennbar; **be ~n** sich irren; **II** *s* **1.** Fehler *m;* Versehen *n;* Mißgriff *m;* **2.** Irrtum *m,* Mißverständnis *n;* ▶ **by ~** irrtümlich, versehentlich, aus Versehen; **make a ~** e-n Fehler machen; sich irren; **and no ~!** *fam* da kannst du Gift drauf nehmen! **there's no ~ about it!** Irrtum ausgeschlossen! **mis·taken** [mɪˈsteɪkən] **I** *v s. mistake;* **II** *adj* irrig, irrtümlich, versehentlich; falsch; ▶ **be ~ about, in s.th.** sich in e-r S täuschen; **~ idea** falsche Vorstellung; **a case of ~ identity** e-e Verwechslung.
mis·ter [ˈmɪstə(r)] **1.** (*Abk:* Mr) Herr *m;* **2.** *(nicht übersetzt)* ▶ **listen to me, ~** hören Sie mal zu.
mis·time [ˌmɪsˈtaɪm] *tr* **1.** e-n ungünstigen Zeitpunkt wählen für; **2.** *(Rennen)* falsch stoppen.
mistle·toe [ˈmɪsltəʊ] *bot* Mistel *f;* Mistelzweig *m.*
mis·took [mɪˈstʊk] *v s. mistake.*
mis·trans·late [ˌmɪstrænzˈleɪt] *tr* falsch übersetzen.
mis·treat [ˌmɪsˈtriːt] *tr* schlecht behandeln.
mis·tress [ˈmɪstrɪs] **1.** Herrin *f a. fig;* Hausherrin *f;* **2.** Lehrerin *f;* **3.** Geliebte *f.*
mis·trial [ˌmɪsˈtraɪəl] *jur* fehlerhaftes (Gerichts)Verfahren.
mis·trust [ˌmɪsˈtrʌst] **I** *tr* mißtrauen *(s.o., s.th.* jdm, e-r S); **II** *s* Mißtrauen *n (of* gegen); **mis·trust·ful** [ˌmɪsˈtrʌstfl] *adj* mißtrauisch *(of* gegen).
misty [ˈmɪstɪ] *adj* **1.** neblig; dunstig; **2.** *fig* verschwommen; unklar; **3.** *(Glas)* beschlagen; trübe.
mis·un·der·stand [ˌmɪsˌʌndəˈstænd] *tr*

irr s. understand mißverstehen, falsch verstehen; **mis·un·der·stand·ing** [–ɪŋ] **1.** Mißverständnis *n;* **2.** Meinungsverschiedenheit *f.*

mis·use [ˌmɪsˈjuːz] **I** *tr* **1.** falsch anwenden; mißbrauchen; **2.** zweckentfremden; **II** [ˌmɪsˈjuːs] **1.** Mißbrauch *m;* mißbräuchliche Verwendung; **2.** Zweckentfremdung *f;* ► **~ of authority** Amtsmißbrauch *m.*

mite[1] [maɪt] **1.** Scherflein *n a. fig;* **2.** *fig* bißchen *n;* **3.** Würmchen *n;* ► **contribute one's ~ to s.th.** sein Scherflein zu etw beitragen.

mite[2] [maɪt] *zoo* Milbe *f.*

miti·gate [ˈmɪtɪgeɪt] *tr* **1.** mildern; **2.** *(Schmerzen)* lindern; ► **mitigating circumstances** *pl* mildernde Umstände *m pl;* **miti·ga·tion** [ˌmɪtɪˈgeɪʃn] Milderung *f;* Linderung *f.*

mit·ten [ˈmɪtn] **1.** Fausthandschuh *m;* **2.** Handschuh *m* ohne Finger; **3.** *pl* Boxhandschuhe *m pl.*

mix [mɪks] **I** *s* Mischung *f;* ► **cake ~** Backmischung *f;* **II** *tr* **1.** (ver)mischen, (ver)mengen (*with* mit); **2.** *(Kuchen)* verrühren; *(Teig)* zubereiten; **3.** durcheinanderbringen; ► **~ s.o. with s.o.** jdn mit jdm verwechseln; **III** *itr* **1.** sich mischen lassen; sich vermischen; **2.** *fig* zusammenpassen; **3.** miteinander auskommen; ► **~ with s.o.** mit jdm auskommen; **~ well** kontaktfreudig sein; **IV** *(mit Präposition)* **mix in** *tr* unterrühren; **mix up** *tr* **1.** vermischen; verrühren; **2.** durcheinanderbringen; verwechseln; ► **~ s.o. up in s.th.** jdn in etw hineinziehen; **be ~ed up in s.th.** in etw verwikkelt sein.

mixed [mɪkst] *adj* **1.** gemischt *a. fig;* **2.** unterschiedlich; ► **~ biscuits** *pl* Keksmischung *f;* **have ~ feelings about s.o.** jdm gegenüber gemischte Gefühle haben; **~ blessing** *fig* ein zweischneidiges Schwert; **~ doubles** *pl (Tennis)* gemischtes Doppel; **~ fibres** *pl* Mischgewebe *n;* **~ marriage** Mischehe *f;* **~ pickles** *pl* Mixpickles *pl;* **~ up** durcheinander.

mixer [ˈmɪksə(r)] **1.** Mixer *m;* **2.** (Beton)Mischmaschine *f;* **3.** *radio* Toningenieur *m;* Mischpult *n;* ► **be a good ~** kontaktfreudig sein; **mix·ture** [ˈmɪkstʃə(r)] Mischung *f,* Gemisch *n;* Mixtur *f;* **mix-up** [ˈmɪksʌp] **I** *s* Durcheinander *n;* **II** *adj* durcheinander; konfus.

mne·monic [nɪˈmɒnɪk] **I** *adj* mnemotechnisch; ► **~ rhyme** Merkvers *m;* **II** *s* Gedächtnisstütze *f.*

mo [məʊ] *fam* Moment *m.*

moan [məʊn] **I** *s* **1.** Stöhnen, Ächzen *n;* Raunen *n;* **2.** Gestöhn *n;* **II** *itr* **1.** stöhnen, ächzen; raunen; **2.** *fam* meckern; **III** *tr* ► **she ~ed a sigh of relief** sie stöhnte erleichtert auf.

moat [məʊt] Burg-, Wassergraben *m.*

mob [mɒb] **I** *s* **1.** Pöbel, Mob *m;* Horde *f;* **2.** *sl* Bande *f;* Haufen *m;* ► **the ~** die Massen *pl;* **II** *tr* sich stürzen auf; anpöbeln.

mo·bile [ˈməʊbaɪl] **I** *s* Mobile *n;* **II** *adj* **1.** beweglich, mobil; **2.** *(Gesinnung)* wendig, beweglich; **3.** *(Ausdruck)* lebhaft; **4.** *tech* fahrbar; ► **~ library** Bücherbus *m,* Fahrbücherei *f;* **~ home** Wohnwagen *m;* **mo·bil·ity** [məʊˈbɪlətɪ] **1.** Beweglichkeit, Mobilität *f;* **2.** Wendigkeit *f;* **3.** Lebhaftigkeit *f.*

mo·bi·liz·ation [ˌməʊbɪlaɪˈzeɪʃn] Mobilmachung *f;* **mo·bi·lize** [ˈməʊbɪlaɪz] **I** *tr* mobilisieren; **II** *itr mil* mobil machen.

moc·ca·sin [ˈmɒkəsɪn] Mokassin *m.*

mo·cha [ˈmɒkə] Mokka *m.*

mock [mɒk] **I** *tr* **1.** verspotten, sich lustig machen über; **2.** nachmachen, -äffen; **3.** standhalten, trotzen (*s.o.* jdm); **II** *itr* ► **~ at s.th.** sich über etw lustig machen; **III** *adj* nachgemacht, imitiert; falsch; gespielt; **IV** *s* ► **make a ~ of s.th.** etw vereiteln, zunichte machen; **mock battle** Scheingefecht *n;* **mocker** [ˈmɒkə(r)] Spötter(in) *m (f);* **mock·ery** [ˈmɒkərɪ] **1.** Spott, Hohn *m;* **2.** Gespött *n;* **3.** *fig* Farce *f;* ► **hold s.o., s.th. up to ~** jdn lächerlich machen; etw ins Lächerliche ziehen; **make a ~ of s.th.** etw zunichte machen; etw als lächerlich erscheinen lassen; **mock·ing** [ˈmɒkɪŋ] **I** *adj* spöttisch; **II** *s* Spott *m;* **mock-up** [ˈmɒkʌp] Modell *n;* Attrappe *f.*

mo·dal [ˈməʊdl] *adj gram* modal; **mo·dal·ity** [məʊˈdælətɪ] Modalität *f.*

mod cons [ˌmɒdˈkɒnz] *Abk:* **modern conveniences;** ► **with all ~** mit allem Komfort.

mode [ˈməʊd] **1.** Art, Methode *f,* Verfahren *n;* **2.** Mode *f;* **3.** *gram* Modus *m;* **4.** *mus* Tonart *f;* ► **~ of life** Lebensweise *f;* **~ of transport** Transportmittel *n;* **be the ~** Mode sein.

model [ˈmɒdl] **I** *s* **1.** Modell, Muster *n* (*for* für); **2.** Modell, Mannequin *n;* **3.** *mot* Typ *m,* Modell *n;* **4.** Vorlage *f,* Vorbild, Beispiel *n;* **II** *adj* **1.** Modell-; Muster-, muster-, beispielhaft, vorbildlich; **III** *tr* **1.** als Vorlage nehmen; **2.** modellieren, formen; **3.** *(Kleid)* vorführen; ► **~ o.s. on s.o.** sich jdn zum Vorbild nehmen; **IV** *itr* **1.** modellieren; **2.** als Modell, Mannequin, Dressman arbeiten; Modell stehen; **model husband** *fam* Mustergatte *m.*

mo·dem [ˈməʊdem] *tele* Modem *n.*

mod·er·ate [ˈmɒdərət] **I** *adj* **1.** gemäßigt; mäßig; **2.** *(Preis)* vernünftig, angemessen; **3.** *(Trinken)* maßvoll; **4.** *(Erfolg)* (mittel)mäßig, bescheiden; **5.** *(Strafe)* mild; ► **~-sized** mittelgroß; **II** *s pol* Gemäßigte(r) *f m;* **III** *tr* [ˈmɒdəreɪt] mäßigen, mildern, abschwächen; **IV** *itr* ['mɒdəreɪt] nachlassen, schwächer werden, sich legen; **mod·er·ation** [ˌmɒdə'reɪʃn] Mäßigung *f;* Milderung *f;* Abschwächung *f;* ► **in ~** in Maßen.

mod·ern ['mɒdn] **I** *adj* modern; neuzeitlich; heutig; ► **~ languages** *pl* moderne Fremdsprachen *f pl;* **II** *s* Anhänger(in) *m (f)* der Moderne; **mod·ern·ize** ['mɒdənaɪz] *tr* **1.** modernisieren; **2.** *mil (Waffensysteme)* nachrüsten.

mod·est ['mɒdɪst] *adj* **1.** bescheiden, anspruchslos; **2.** *(Lebensweise)* genügsam; **3.** *(Preis)* mäßig; **4.** anständig, sittsam; **mod·esty** ['mɒdɪstɪ] **1.** Bescheidenheit *f;* **2.** Genügsamkeit *f;* **3.** Mäßigkeit *f;* **4.** Anstand *m,* Sittsamkeit *f;* ► **in all ~** bei aller Bescheidenheit.

modi·cum ['mɒdɪkəm] ein bißchen, ein wenig; ► **a ~ of hope** ein Funke Hoffnung.

mod·ifi·able ['mɒdɪfaɪəbl] *adj* modifizierbar; **modi·fi·ca·tion** [ˌmɒdɪfɪ'keɪʃn] Abänderung, Abwandlung *f;* Modifikation *f;* **modi·fier** ['mɒdɪfaɪə(r)] *gram* Bestimmungswort *n;* **mod·ify** ['mɒdɪfaɪ] *tr* **1.** abändern, modifizieren; **2.** mäßigen; **3.** *gram* näher bestimmen.

mod·ish ['məʊdɪʃ] *adj* modisch, modern.

modu·lar ['mɒdjʊlə(r)] *adj* **1.** *tech* aus Elementen zusammengesetzt; **2.** *EDV* modular, nach dem Baukastenprinzip.

modu·late ['mɒdjʊleɪt] *tr, itr radio* modulieren; **modu·la·tion** [ˌmɒdjʊ'leɪʃn] *radio EDV* Modulation *f.*

mod·ule ['mɒdju:l] **1.** *arch* Bauelement *n;* **2.** *(Raumfahrt)* Raumkapsel *f;* **3.** *EDV* Modul *n;* ► **lunar ~** Mondlandefähre *f;* **command ~** Kommandokapsel *f.*

mo·hair ['məʊheə(r)] Mohair *m.*

Mo·ham·medan [mə'hæmɪdən] **I** *adj* mohammedanisch; **II** *s* Mohammedaner(in) *m (f).*

moist [mɔɪst] *adj* feucht, naß *(from, with* vor); **moisten** ['mɔɪsn] **I** *tr* anfeuchten; **II** *itr* feucht werden; **moist·ure** ['mɔɪstʃə(r)] Feuchtigkeit *f;* **moist·urize** ['mɔɪstʃəraɪz] *tr (Haut)* mit e-r Feuchtigkeitscreme behandeln; **moist·uriz·er** [—ə(r)] Feuchtigkeitscreme *f.*

mo·lar ['məʊlə(r)] *(~ tooth)* Backenzahn *m.*

mo·las·ses [mə'læsɪz] *pl mit sing* Melasse *f,* Sirup *m.*

mold [məʊld] *Am s. mould.*

mole[1] [məʊl] Muttermal *n,* Leberfleck *m.*

mole[2] [məʊl] *zoo* Maulwurf *m;* ► **blind as a ~** stockblind.

mole[3] [məʊl] *mar* Mole *f,* Hafendamm *m.*

mol·ecu·lar [mə'lekjʊlə(r)] *adj chem* molekular; ► **~ biology** Molekularbiologie *f;* **~ weight** Molekulargewicht *n;* **mol·ecule** ['mɒlɪkju:l] Molekül *n.*

mole-hill ['məʊlhɪl] Maulwurfshügel, -haufen *m;* ► **make a mountain out of a ~** aus e-r Mücke e-n Elefanten machen; **mole-skin** **1.** Maulwurfsfell *n;* **2.** *(Stoff)* Moleskin *m* od *n.*

mo·lest [mə'lest] *tr* belästigen; **mol·es·ta·tion** [ˌməʊlə'steɪʃn] Belästigung *f.*

moll [mɒl] *sl* Gangsterbraut *f.*

mol·lify ['mɒlɪfaɪ] *tr* besänftigen, beschwichtigen.

mol·lusc, *Am* **mol·lusk** ['mɒləsk] Weichtier *n,* Molluske *f.*

molly·coddle ['mɒlɪkɒdl] **I** *s* Weichling *m;* **II** *tr* verhätscheln, verzärteln, verwöhnen.

molt [məʊlt] *Am s. moult.*

mol·ten ['məʊltən] *adj* geschmolzen.

mo·ment ['məʊmənt] **1.** Augenblick, Moment *m;* **2.** *fig* Tragweite, Bedeutung, Wichtigkeit *f (to* für); **3.** *phys philos* Moment *n;* ► **at the ~** im Augenblick, momentan; **at any ~** jederzeit, jeden Augenblick; **at this ~** in diesem Augenblick; **at the last ~** im letzten Augenblick; **in a ~** gleich, sofort, auf der Stelle; **in a few ~s** in wenigen Augenblicken, im Nu; **not for a ~** keinen Augenblick; nie; **please wait a ~** warten Sie bitte e-n Augenblick! **(just) a ~, please!** e-n Augenblick, bitte! **the man of the ~** der rechte Mann zur rechten Zeit; **~ of inertia, of resistance** *phys* Trägheits-, Widerstandsmoment *n;* **~ of truth** Augenblick *m* der Wahrheit; **of little ~** bedeutungslos; **mo·men·tar·ily** ['məʊməntrəlɪ] *adv* **1.** e-n Augenblick; **2.** jeden Moment; **mo·men·tary** ['məʊməntrɪ] *adj* flüchtig, von kurzer Dauer.

mo·men·tous [mə'mentəs] *adj* sehr wichtig, bedeutsam, folgenschwer; von großer Tragweite.

mo·men·tum [mə'mentəm] **1.** *phys* Impuls *m;* **2.** *fig* Schwung *m,* Wucht *f;* ► **gain ~** sich beschleunigen, in Fahrt kommen.

mon·arch ['mɒnək] Monarch(in), Herrscher(in) *m (f);* **mon·ar·chic(al)** [mə'nɑ:kɪk(l)] *adj* monarchisch; **mon·ar·chism** ['mɒnəkɪzəm] Monarchismus *m;* **mon·ar·chist** ['mɒnəkɪst] Monarchist(in) *m (f);* **mon·archy** ['mɒnəkɪ] Monarchie *f.*

mon·as·tery ['mɒnəstrɪ] (Männer)Kloster *n;* **mon·as·tic** [mə'næstɪk] *adj* klösterlich, mönchisch; Ordens-, Kloster-.

Mon·day ['mʌndɪ] Montag *m;* ► **on ~** am Montag.

mon·et·ary ['mʌnɪtrɪ] *adj* **1.** währungspolitisch, monetär; **2.** Geld-, geldlich; ► **~ crisis** Währungskrise *f;* **~ policy** Währungspolitik *f;* **~ reform** Wäh-

rungsreform *f;* ~ **stability** Währungsstabilität *f;* ~**system** Währungssystem *n.*
money ['mʌnɪ] Geld *n;* Zahlungsmittel *n;* ▶ **make** ~ Geld verdienen; **lose** ~ Geld verlieren; Verluste machen; **there's** ~ **in it** das ist sehr lukrativ; **be in the** ~ *sl* Geld wie Heu haben; **get one's** ~**'s worth** etwas für sein Geld bekommen; **keep s.o. in** ~ jdn finanziell unterstützen; **put** ~ **into** Geld stecken in; **foreign** ~ ausländische Zahlungsmittel *n pl;* **ready** ~ Bargeld *n;* **money-bags** *pl mit sing* Geldsack *m a. fig;* **money-box** Sparbüchse *f;* **money-changer** ['mʌnɪˌtʃeɪndʒə(r)] (Geld)Wechsler *m;* **moneyed** ['mʌnɪd] *adj* vermögend; **money-grubber** ['mʌnɪˌgrʌbə(r)] geldgieriger Mensch; **money-maker** ['mʌnɪˌmeɪkə(r)] einträgliche Sache; Verkaufserfolg *m;* **money-mak·ing** ['mʌnɪˌmeɪkɪŋ] **I** *s* Gelderwerb *m,* -verdienen *n;* **II** *adj* einträglich, gewinnbringend; **money market** Geld-, Kapitalmarkt *m;* **money-order** Postanweisung *f;* **money prize** Geldpreis *m;* **money-spinner** ['mʌnɪˌspɪnə(r)] *fam* Goldgrube *f.*
mon·ger ['mʌŋgə(r)] ▶ **fish-, iron-**~ Fisch-, Eisenhändler *m.*
Mon·gol ['mɒŋgl] **I** *adj* **1.** mongolisch; **2.** *med* ▶ **m**~ mongoloid; **II** *s* ▶ **he's a m**~ er ist mongoloid; **Mon·golia** [mɒŋ'gəʊlɪə] Mongolei *f;* **Mon·gol·ian** [mɒŋ'gəʊlɪən] **I** *adj* mongolisch; **II** *s* **1.** Mongole *m,* Mongolin *f;* **2.** *(Sprache)* (das) Mongolisch(e); **mon·gol·ism** ['mɒŋgəlɪzəm] *med* Mongolismus *m.*
mon·grel ['mʌŋgrəl] **1.** *zoo* Bastard *m;* **2.** *zoo bot* Kreuzung *f;* **3.** *fam* Promenadenmischung *f.*
moni·tor ['mɒnɪtə(r)] **I** *s* **1.** *(Schule)* Klassensprecher(in) *m (f);* **2.** *zoo* Waran *m;* **3.** *radio TV* Kontrollempfänger, -lautsprecher *m;* Abhörgerät *n;* Monitor *m;* **II** *tr* **1.** abhören; **2.** überwachen, steuern, kontrollieren.
monk [mʌŋk] Mönch *m.*
mon·key ['mʌŋkɪ] **I** *s* **1.** Affe *m a. fig;* **2.** *(Kind)* Strolch, Schlingel *m;* ▶ **make a** ~ **out of s.o.** jdn verulken; **II** *itr* ▶ ~ **about** herumalbern; **monkey business:** ▶ **be up to** ~ *fam* etw anstellen; **monkey nut** Erdnuß *f;* **monkey tricks** *pl* Unfug *m,* dummer Streich; **monkey-wrench** Engländer, Universalschraubenschlüssel *m.*
mono ['mɒnəʊ] **I** *pref* mono-; **II** *s (~ record)* Mono(schall)platte *f.*
mon·ocle ['mɒnəkl] Monokel *n.*
mono·chrome *adj* monochrom, einfarbig; *(Bildschirm a.)* schwarz-weiß.
mon·og·amous [mə'nɒgəməs] *adj* monogam; **mon·og·amy** [mə'nɒgəmɪ] Einehe, Monogamie *f.*
mono·gram ['mɒnəgræm] Monogramm *n.*
mono·lith ['mɒnəlɪθ] Monolith *m;* **mono·lithic** [ˌmɒnə'lɪθɪk] *adj* **1.** monolithisch; **2.** *fig* allesbeherrschend.
mono·logue ['mɒnəlɒg] Selbstgespräch *n,* Monolog *m.*
mon·op·ol·ize [mə'nɒpəlaɪz] *tr* **1.** monopolisieren *a. fig,* beherrschen; **2.** *fig* an sich reißen, in Beschlag nehmen; **mon·op·oly** [mə'nɒpəlɪ] Monopol *n a. fig;* ▶ **have the** ~ **on s.th.** etw für sich gepachtet haben; **monopoly position** Monopolstellung *f.*
mono·rail ['mɒnəʊreɪl] Einschienenbahn *f.*
mono·syl·labic [ˌmɒnəsɪ'læbɪk] *adj* einsilbig.
mono·tone ['mɒnətəʊn] monotoner Klang; **mon·ot·onous** [mə'nɒtənəs] *adj* eintönig, -förmig, monoton; **mon·ot·ony** [mə'nɒtənɪ] Eintönigkeit, Einförmigkeit, Monotonie *f.*
mono·type ['mɒnətaɪp] *Wz* Monotype *f Wz.*
mon·ox·ide [mɒ'nɒksaɪd] *chem* Monoxyd *n.*
mon·soon [mɒn'su:n] Monsun *m.*
mon·ster ['mɒnstə(r)] **I** *s* Ungeheuer, Monstrum, Scheusal *n;* **II** *attr* Riesen-; Monster-; **monster film** Monsterfilm *m.*
mon·stros·ity [mɒn'strɒsətɪ] **1.** Greueltat *f;* **2.** Ungeheuerlichkeit, Monstrosität *f;* **mon·strous** ['mɒnstrəs] *adj* **1.** ungeheuer (groß), gewaltig, riesenhaft; **2.** scheußlich; schrecklich, furchtbar, abscheulich.
mon·tage [mɒnt'ɑ:ʒ] Montage *f.*
month [mʌnθ] Monat *m;* ▶ **at the end of the** ~ am Monatsende; **by the** ~ monatlich; **every two** ~**s** alle zwei Monate; **every three** ~**s** jedes Vierteljahr; **once, twice a** ~ einmal, zweimal im Monat; **one** ~**'s salary** ein Monatsgehalt; **month·ly** ['mʌnθlɪ] **I** *adj* monatlich; **II** *adv* monatlich; einmal im Monat; jeden Monat; ▶ **twice** ~ zweimal pro Monat; **III** *s* Monats(zeit)schrift *f.*
monu·ment ['mɒnjʊmənt] **1.** (Bau-) Denkmal, Monument *n;* **2.** *fig* Denkmal *n* (*to* für); **monu·men·tal** [ˌmɒnjʊ'mentl] *adj fig* riesig, gewaltig; enorm; ▶ ~ **inscription** Grabinschrift *f;* ~ **mason** Steinmetz *m.*
moo [mu:] **I** *s* **1.** Muh(en) *n;* **2.** *sl pej (Frau)* Kuh *f;* **II** *itr* muhen.
mood[1] [mu:d] **1.** Stimmung *f;* Laune *f;* **2.** *(bad ~)* schlechte Laune; ▶ **be in the** ~ aufgelegt sein (*for* zu); **be in no** ~ nicht aufgelegt sein; **be in a good** ~ gut gelaunt sein; **he is a man of** ~**s** er ist sehr starken Gemütsschwankungen unterworfen.
mood[2] [mu:d] *gram* Modus *m.*
moodi·ness ['mu:dɪnəs] Launenhaftig-

keit *f;* **moody** ['mu:dɪ] *adj* **1.** launisch, launenhaft; **2.** schlechtgelaunt, mürrisch; niedergedrückt.

moon [mu:n] **I** *s* Mond *m;* ▶ **promise s.o. the ~** jdm das Blaue vom Himmel versprechen; **be over the ~** überglücklich sein; **cry for the ~** *fig* nach den Sternen greifen; **full ~, half-~** Voll-, Halbmond *m;* **new ~** Neumond *m;* **II** *itr* *(~ about, around)* herumtrödeln; **III** *tr* *(~ away) (Zeit)* vertrödeln; **moon·beam** ['mu:nbi:m] Mondstrahl *m;* **moon·boots** ['mu:nbu:ts] *pl* Moonboots *pl;* **moon-calf** ⟨*pl* -calves⟩ Schwachsinnige(r) *f m;* **moon·light** ['mu:nlaɪt] **I** *s* Mondschein *m,* -licht *n;* **II** *itr fam* schwarzarbeiten; **moon·lit** ['mu:nlɪt] *adj* mondbeschienen, -hell; **moon·shine** ['mu:nʃaɪn] **1.** Mondschein *m;* **2.** *fig* Unsinn *m;* **3.** *Am sl* schwarz gebrannter Alkohol; **moon·stone** ['mu:nstəʊn] *min* Mondstein *m;* **moon·struck** ['mu:nstrʌk] *adj* mondsüchtig; **moony** ['mu:nɪ] *adj* träumerisch, verträumt.

moor[1] [mʊə(r)] *(~land)* Heide(land *n*) *f,* Hochmoor *n.*

moor[2] [mʊə(r)] *tr (Schiff)* vertäuen, festmachen; **moor·ings** ['mʊərɪŋz] *pl* **1.** *mar* Verankerung *f;* **2.** Ankerplatz *m.*

moose [mu:s] *zoo* Elch *m.*

moot [mu:t] **I** *adj* ▶ **a ~ point** ein strittiger Punkt; **II** *tr* erörtern, diskutieren.

mop [mɒp] **I** *s* **1.** Mop *m;* **2.** *fig* Wuschelkopf *m;* **II** *tr* **1.** *(~ up)* (feucht) aufwischen; **2.** *mil* säubern, durchkämmen; ▶ **~ one's face** sich den Schweiß vom Gesicht wischen.

mope [məʊp] *itr* **1.** Trübsal blasen; **2.** *(~ about)* mit e-r Jammermiene herumlaufen.

mo·ped ['məʊped] Moped *n.*

mo·raine [mɒ'reɪn] *geol* Moräne *f.*

moral ['mɒrəl] **I** *adj* **1.** sittlich, moralisch; **2.** integer, moralisch einwandfrei; tugendhaft; 3. geistig; ▶ **~ values** *pl* sittliche Werte *m pl;* **~ standards** *pl* Moral *f;* **~ sense** moralisches Bewußtsein; **~ courage** Charakter *m;* **have a ~ right to s.th.** jedes Recht auf etw haben; **II** *s* **1.** Moral *f;* **2.** *pl* Moral *f;* ▶ **draw a ~ from s.th.** e-e Lehre aus etw ziehen.

mo·rale [mə'rɑ:l] Moral, Stimmung *f;* ▶ **destroy s.o.'s ~** jdn entmutigen.

mor·al·ist ['mɒrəlɪst] Moralist *m;* **mor·al·ity** [mə'rælətɪ] **1.** Moralität *f;* **2.** Moral, Ethik *f;* **mor·al·ize** ['mɒrəlaɪz] *itr* moralisieren (*on* über); ▶ **~ about s.o.** sich über jdn moralisch entrüsten.

mo·rass [mə'ræs] Morast, Sumpf *m a. fig.*

mora·torium [ˌmɒrə'tɔ:rɪəm] Moratorium *n;* Zahlungsaufschub *m.*

mor·bid ['mɔ:bɪd] *adj* **1.** krank(haft); **2.** *(Haltung)* unnatürlich; **3.** *(Humor)* makaber; **4.** *(Gedanken)* düster; trübsinnig; **5.** *med* morbid; **6.** *fig* greulich, grauenhaft; **mor·bid·ity** [mɔ:'bɪdətɪ] **1.** Krankhaftigkeit *f;* **2.** Unnatürlichkeit *f;* **3.** Düsterkeit *f;* **4.** *med* Morbidität *f.*

more [mɔ:(r)] ⟨*Komparativ von* many⟩ **I** *adj* mehr; noch (mehr); ▶ **one day ~** noch ein Tag; **a few ~ friends** noch ein paar Freunde; **no ~ money** kein Geld mehr; **II** *adv* mehr, in höherem Maße; ▶ **~ and ~** immer mehr; **like s.th. ~** etw lieber mögen; **~ than** mehr als; **no ~ than** nicht mehr als; **once ~** noch einmal; **never ~** nie mehr; **not any ~** nicht mehr; **~ beautiful** schöner; **~ or less** mehr oder weniger; **III** *s* mehr; noch mehr; ▶ **a little ~** etwas mehr; **no ~** nichts mehr; **some ~** noch etwas; **even ~** noch mehr; **what ~ do you want?** was willst du denn noch? **all the ~** um so mehr; **all the ~ so because ...** um so mehr, weil ...

mo·rello [mə'reləʊ] ⟨*pl* -rellos⟩ Sauerkirsche, Morelle *f.*

more·over [mɔ:'rəʊvə(r)] *adv* überdies, zudem, außerdem.

morgue [mɔ:g] **1.** Leichenschauhaus *n;* **2.** *(e-r Redaktion)* Archiv *n.*

mori·bund ['mɒrɪbʌnd] *adj* **1.** aussterbend, moribund; **2.** *fig* zum Aussterben verurteilt.

Mor·mon ['mɔ:mən] *rel* Mormone *m,* Mormonin *f.*

morn·ing ['mɔ:nɪŋ] **I** *s* **1.** Morgen *m;* Vormittag *m;* **2.** *fig* Anfang *m,* erste Zeit; ▶ **from ~ till night** von früh bis spät; **in the ~** am Morgen, morgens; vormittags; **early in the ~** in der Frühe; **at 8 in the ~** um 8 Uhr morgens; **this ~** heute morgen; **Friday ~** Freitag früh; **the ~ after** am nächsten Tag; **II** *attr* Morgen-; morgendlich; Früh-; **morning-after pill** [ˌmɔ:nɪŋ'ɑftə(r)] die Pille danach; **morning coat** Cut(away) *m;* **morning paper** Morgenzeitung *f;* **Morning Prayer** Morgenandacht *f;* **morning sickness** (Schwangerschafts)Erbrechen *n;* **morning star** Morgenstern *m.*

Mo·roccan [mə'rɒkən] **I** *adj* marokkanisch; **II** *s* Marokkaner(in) *m (f).*

mo·rocco [mə'rɒkəʊ] Maroquin *n.*

Mo·rocco [mə'rɒkəʊ] Marokko *n.*

mo·ron ['mɔ:rɒn] **1.** Schwachsinnige(r) *f m;* **2.** *fam* Trottel *m;* **mo·ronic** [mə'rɒnɪk] *adj* **1.** *med* schwachsinnig; **2.** *fig* idiotisch.

mo·rose [mə'rəʊs] *adj* mürrisch, verdrießlich, griesgrämig.

mor·pheme ['mɔ:fi:m] *ling* Morphem *n.*

mor·phia, mor·phine ['mɔ:fɪə, 'mɔ:fi:n] Morphium *n.*

mor·phol·ogi·cal [ˌmɔ:fə'lɒdʒɪkl] *adj* morphologisch; **mor·phol·ogy** [mɔ:'fɒlədʒɪ] Morphologie *f.*

Morse [mɔːs] *(~ code)* Morsezeichen *n.*
mor·sel ['mɔːsl] **1.** Bissen, Happen *m,* Stückchen *n;* **2.** bißchen *n.*
mor·tal ['mɔːtl] **I** *adj* **1.** sterblich; **2.** *(Angst)* tödlich; **3.** *(Langeweile)* endlos (lang); entsetzlich langweilig; ▶ **no ~ use** überhaupt kein Nutzen; **~ sin** Todsünde *f;* **II** *s* Sterbliche(r) *f m;* **mortal agony** Todeskampf *m;* **mortal enemy** Todfeind *m;* **mor·tal·ity** [mɔː'tælətɪ] **1.** Sterblichkeit *f;* **2.** Todesfälle *m pl;* Sterblichkeit(sziffer) *f;* ▶ **rate of ~** Sterbeziffer *f.*
mor·tar¹ ['mɔːtə(r)] **1.** Mörser *m;* **2.** *mil* Mörser, Granatwerfer *m.*
mor·tar² ['mɔːtə(r)] **I** *s* Mörtel *m;* **II** *tr* mörteln; **mortar-board 1.** Doktorhut *m;* **2.** Mörtelbrett *n.*
mort·gage ['mɔːgɪdʒ] **I** *s* Hypothek *f (on* auf); ▶ **raise a ~** e-e Hypothek aufnehmen *(on* auf); **II** *tr (mit e-r Hypothek)* belasten.
mor·tice *s. mortise.*
mor·ti·cian [mɔː'tɪʃn] *Am* Bestattungsunternehmer *m.*
mor·ti·fi·ca·tion [ˌmɔːtɪfɪ'keɪʃn] **1.** Beschämung *f;* äußerste Verlegenheit; **2.** *rel* Kasteiung *f;* **3.** *med* Brand *m;* **mortify** ['mɔːtɪfaɪ] **I** *tr* **1.** beschämen; äußerst peinlich sein *(s.o.* jdm); **2.** *rel* kasteien; **3.** *med* absterben lassen; **II** *itr med* absterben.
mor·tise, mor·tice ['mɔːtɪs] **I** *s* Zapfenloch *n;* **II** *tr* verzapfen *(into* mit); **mortice lock** Steckschloß *n.*
mor·tu·ary ['mɔːtʃərɪ] Leichenhalle *f.*
mo·saic [məʊ'zeɪɪk] Mosaik(arbeit *f*) *n.*
Mos·lem ['mɒzləm] **I** *s* Moslem *m;* **II** *adj* mohammedanisch, muslimisch.
mosque [mɒsk] Moschee *f.*
mos·quito [mə'skiːtəʊ] ⟨*pl* -quitoes⟩ Stechmücke *f,* Moskito *m;* **mos·quito-net** Moskitonetz *n.*
moss [mɒs] Moos *n;* **mossy** ['mɒsɪ] *adj* **1.** moosig; **2.** moosbedeckt, bemoost.
most [məʊst] ⟨*Superlativ von* many⟩ **I** *adj* meiste(r, s); größte(r, s); höchste(r, s); ▶ **for the ~ part** größtenteils; **~ people** die meisten Leute; **II** *s* das meiste, die meisten; ▶ **~ of his friends** die meisten seiner Freunde; **~ of the time** die meiste Zeit; **make the ~ of s.th.** etw nach Kräften genießen; **make the ~ of o.s.** das Beste aus sich machen; **III** *adv* **1.** am meisten; **2.** äußerst; ▶ **~ likely** höchstwahrscheinlich; **the ~ beautiful** der, die, das schönste; **~ of all** am allermeisten; **most·ly** ['məʊstlɪ] *adv* meist(ens); hauptsächlich; zum größten Teil.
MOT [ˌeməʊ'tiː] *Abk:* **Ministry of Transport 1.** Verkehrsministerium; **2.** *(Test)* TÜV *m.*
mo·tel [məʊ'tel] *Am* Motel *n.*
moth [mɒθ] Motte *f;* **moth-ball** Mottenkugel *f;* ▶ **put in ~s** einmotten; **moth-eaten** ['mɒθˌiːtn] *adj* **1.** mottenzerfressen; **2.** *fig* abgenutzt, veraltet; **moth·proof** ['mɒθˌpruːf] *adj* mottenfest.
mother ['mʌðə(r)] **I** *s* **1.** Mutter *f a. fig;* **2.** *rel (~ superior)* Oberin, Äbtissin *f;* ▶ **M~'s Day** Muttertag *m;* **II** *tr* **1.** auf-, großziehen; **2.** zur Welt bringen; **3.** bemuttern; **mother country 1.** Vaterland *n,* Heimat *f;* **2.** Mutterland *n;* **motherhood** ['mʌðəhʊd] Mutterschaft *f;* **mother-in-law** ['mʌðərɪnlɔː] ⟨*pl* mothers-in-law⟩ Schwiegermutter *f;* **mother·ly** ['mʌðəlɪ] *adj* mütterlich; **mother-of-pearl** [ˌmʌðərəv'pɜːl] Perlmutter *f;* **mother tongue** Muttersprache *f.*
mo·tif [məʊ'tiːf] **1.** *(Kunst)* Motiv *n;* **2.** *fig* Leitmotiv *n,* -gedanke *m.*
mo·tion ['məʊʃn] **I** *s* **1.** Bewegung *f;* **2.** Wink *m,* Zeichen *n;* **3.** *psych* Antrieb *m;* **4.** *parl* Antrag *m;* **5.** *physiol* Stuhlgang *m;* ▶ **be in ~** sich bewegen; laufen; **put, set s.th. in ~** etw in Gang bringen, setzen; **go through the ~s** den Anschein erwecken; etw mechanisch tun; **propose a ~** e-n Antrag stellen; **have a ~** Stuhlgang haben; **II** *itr, tr* ▶ **~ to s.o. to do s.th.** jdm bedeuten, etw zu tun; **~ s.o. in** jdn hereinwinken; **mo·tion·less** [—lɪs] *adj* bewegungs-, reglos; **motion picture** Film *m.*
mo·ti·vate ['məʊtɪveɪt] *tr* motivieren; **mo·tiv·ation** [ˌməʊtɪ'veɪʃn] Motivation *f.*
mo·tive ['məʊtɪv] **I** *s* Motiv *n,* Beweggrund *m (for* zu); **II** *adj* Antriebs-; Trieb-; ▶ **~ power** Triebkraft *f a. fig.*
mot·ley ['mɒtlɪ] **I** *adj* scheckig, bunt; **II** *s* Narrenkostüm *n.*
mo·tor ['məʊtə(r)] **I** *s* Motor *m a. fig;* **II** *adj* **1.** Motor-; **2.** *physiol* motorisch; **III** *itr* Auto fahren; **motor-bike** Motorrad *n;* **motor-boat** Motorboot *n;* **motor-car** Auto(mobil) *n,* Kraftwagen *m;* **motor-cycle** Motor-, Kraftrad *n;* **motor-cycling** Motorradfahren *n;* **motor-cyclist** Motorradfahrer(in) *m (f);* **motor-driven** *adj* mit Motorantrieb; **-mo·tored** [—'məʊtəd] *Suffix* -motorig; **mo·tor·ing** ['məʊtərɪŋ] **I** *attr adj* Verkehrs-; Auto-; ▶ **~ offence** Verkehrsverstoß *m;* **II** *s* Autofahren *n;* **mo·tor·ist** ['məʊtərɪst] Autofahrer(in) *m (f);* **mo·tor·iza·tion** [ˌməʊtəraɪ'zeɪʃn] Motorisierung *f;* **mo·tor·ize** ['məʊtəraɪz] *tr* motorisieren; **motor racing** Autorennen *n;* **motor-road** Auto-, Fahrstraße *f;* **motor scooter** Motorroller *m;* **motor truck** *Am* Last(kraft)wagen *m;* **motor vehicle** Kraftfahrzeug, Kfz *n;* **motor vehicle licensing centre** Kraftfahrzeug-Zulassungsstelle *f;* **mo·tor·way** ['məʊtəweɪ] *Br* Autobahn *f.*

mottled ['mɒtld] *adj* gesprenkelt; fleckig.
motto ['mɒtəʊ] ⟨*pl* motto(e)s⟩ Motto *n;* Wahlspruch *m.*
mould[1], *Am* **mold** [məʊld] **I** *s* **1.** (Guß)Form *f;* **2.** *typ* Matrize, Mater *f;* **3.** Pudding *m;* ► **be cast in the same ~** vom gleichen Schlag sein, aus dem gleichen Holz geschnitzt sein; **II** *tr* **1.** formen (*into* zu); gießen; **2.** *fig* formen; ► **~ s.o. into s.th.** etw aus jdm machen; **~ o.s. on s.o.** sich jdn zum Vorbild nehmen.
mould[2], *Am* **mold** [məʊld] Schimmel, Schimmelpilz *m.*
moulder, *Am* **molder** ['məʊldə(r)] *itr* vermodern, verfallen; verwesen; verderben.
mould·ing, *Am* **mold·ing** ['məʊldɪŋ] **1.** Formen, Gießen *n;* **2.** Abdruck *m;* Abguß *m;* **3.** Deckenfries *m.*
mouldy, *Am* **moldy** ['məʊldɪ] *adj* **1.** mod(e)rig, schimm(e)lig, verschimmelt; **2.** miserabel; **3.** *(Mensch)* schäbig; **4.** *fam (Summe)* lumpig.
moult, *Am* **molt** [məʊlt] **I** *itr* sich mausern; sich häuten; Haare verlieren; **II** *tr* **1.** *(Haare)* verlieren; **2.** *(die Haut)* abwerfen; **III** *s* Mauser *f;* Häutung *f.*
mound [maʊnd] **1.** Erdhügel, -wall *m;* **2.** *fig* Haufen *m,* Masse *f.*
mount[1] [maʊnt] *poet* Berg *m;* ► **M~ Etna** der Ätna.
mount[2] [maʊnt] **I** *s* **1.** Reittier *n;* **2.** Sockel *m;* Rahmen *m,* Fassung *f,* Gestell *n;* Unterlage *f;* **II** *tr* **1.** besteigen, steigen auf; **2.** montieren; rahmen; **3.** *(Stück)* inszenieren, organisieren; **4.** *(Wache)* aufstellen; **5.** *(Tiere)* bespringen; **III** *itr* **1.** aufsteigen; aufsitzen; **2.** *(~ up)* sich häufen.
moun·tain ['maʊntɪn] **1.** Berg *m;* **2.** *fig* (großer) Haufen, Berg *m;* **3.** *pl* Gebirge *n;* ► **make a ~ out of a molehill** aus e-r Mücke e-n Elefanten machen; **in the ~s** im Gebirge; **mountain ash** Eberesche *f;* **mountain chain** Bergkette *f;* **moun·tain·eer** [ˌmaʊntɪ'nɪə(r)] Bergsteiger(in) *m (f);* **moun·tain·eer·ing** [—ɪŋ] Bergsteigen *n;* **moun·tain·ous** ['maʊntɪnəs] *adj* **1.** bergig, gebirgig; **2.** *fig* riesenhaft, ungeheuer; **mountain range** Gebirgszug *m.*
mounted ['maʊntɪd] *adj* beritten.
mourn [mɔ:n] **I** *itr* trauern; Trauer tragen; ► **~ for, over s.o.** um jdn trauern; **II** *tr* trauern um, betrauern; beklagen; nachtrauern; **mourner** ['mɔ:nə(r)] Trauernde(r) *f m;* **mourn·ful** ['mɔ:nfl] *adj* **1.** traurig; **2.** *(Stimme)* weinerlich; jammervoll; **3.** *(Seufzer)* kläglich; **mourn·ing** ['mɔ:nɪŋ] Trauer(kleidung, -zeit) *f;* Trauern *n;* Wehklage *f;* ► **be in ~ for s.o.** um jdn trauern.
mouse [maʊs] ⟨*pl* mice⟩ **I** *s* **1.** Maus *f a. EDV;* **2.** *fig* Angsthase *m;* **II** *itr* Mäuse fangen; **mouse-hole** Mauseloch *n;* **mouse-trap** Mausefalle *f.*
mousse [mu:s] **1.** Creme(speise) *f;* **2.** *(Kosmetik)* Schaumfestiger *m.*
mous·tache, *Am* **mus·tache** [mə'stɑ:ʃ, *Am* 'mʌstæʃ] Schnurrbart *m.*
mousy ['maʊsɪ] *adj* **1.** schüchtern; **2.** *(Farbe)* mausgrau; **3.** *fig* unansehnlich; farblos.
mouth [maʊθ] **I** *s* **1.** Mund *m a. fig; (Tier)* Maul *n;* **2.** Öffnung *f;* **3.** *(Fluß)* Mündung *f;* **4.** *(Hafen)* Einfahrt *f;* ► **by word of ~** mündlich; **down in the ~** niedergeschlagen, betrübt; **keep one's ~ shut** den Mund halten; **put s.th. into s.o.'s ~** *fig* jdm etw in den Mund legen; **take the words out of s.o.'s ~** *fig* jdm das Wort aus dem Mund nehmen; **shut your ~!** halten Sie den Mund! **II** *tr* [maʊð] überdeutlich artikulieren; **mouth·ful** ['maʊθfʊl] **1.** Mundvoll, Bissen, Happen *m;* **2.** *fam* Zungenbrecher *m;* **mouth-organ** Mundharmonika *f;* **mouth·piece** ['maʊθpi:s] **1.** *(Blasinstrument)* Mundstück *n;* **2.** *fig* Sprachrohr *n;* **mouth-to-mouth** *adj* Mund-zu-Mund-; **mouth wash** Mundwasser *n;* **mouth-watering** *adj* lecker, appetitlich.
mov·able ['mu:vəbl] **I** *adj* beweglich *a. jur;* transportierbar; **II** *s pl* Mobiliar *n,* bewegliche Habe.
move [mu:v] **I** *s* **1.** Zug *m;* Schritt *m;* Maßnahme *f;* **2.** Bewegung *f;* **3.** Umzug *m;* Wechsel *m;* ► **it's my ~** ich bin am Zug, dran; **be on the ~** in Bewegung sein; auf Achse sein; **make a ~ to do s.th.** Anstalten machen, etw zu tun; **get a ~ on** sich beeilen; **II** *tr* **1.** bewegen; antreiben; umstellen; rücken; wegschaffen; aus dem Weg räumen; von der Stelle bewegen; **2.** *(Hand)* wegziehen; **3.** *(Produktion)* verlegen; **4.** transportieren; vertreiben; **5.** rühren, bewegen; erschüttern; **6.** *(Antrag)* stellen; ► **~ s.th. to a different place** etw an e-n anderen Platz stellen; **~ house** umziehen; **~ s.o. from an opinion** jdn von e-r Meinung abbringen; **~ s.o. to do s.th.** jdn veranlassen, etw zu tun; **be ~d** gerührt sein; **~ s.o. to tears** jdn zu Tränen rühren; **III** *itr* **1.** sich bewegen; **2.** *(Auto)* fahren; vorankommen; **3.** umziehen (*to* nach); **4.** gehen; fahren; **5.** *fam* ein Tempo draufhaben; **6.** *(Brettspiel)* e-n Zug machen; **7.** *fig* Maßnahmen ergreifen; ► **keep moving** nicht stehenbleiben; **~ closer to s.th.** sich e-r S nähern; **IV** *(mit Präposition)* **move about** *tr* umstellen, umräumen; *itr* sich hin und her bewegen; **move along** *tr* vorfahren; *itr* weitergehen; aufrücken; **move away** *tr* wegräumen; wegfahren; *itr* **1.** aus dem Weg gehen; **2.** wegziehen; **3.** abkommen

(*from* von); **move back** *tr* zurückstellen; zurückgehen; *itr* zurückweichen; sich zurückziehen; **move down** *tr* nach unten stellen; *itr* nach hinten aufrücken; **move forward** *tr* vorgehen lassen; vorziehen; *itr* vorrücken; sich vorwärts bewegen; **move in** *tr* einsetzen; hineinstellen; *itr* **1.** einziehen; **2.** sich nähern; näher herangehen; anrücken; **move off** *tr* wegschikken; *itr* sich in Bewegung setzen; abfahren; **move on** *tr* vorstellen; *itr* weitergehen; **move out** *tr* herausfahren; abziehen; *itr* ausziehen; **move over** *tr* herüberschieben; *itr* zur Seite rücken; **move up** *tr* **1.** nach oben stellen; befördern; **2.** *mil* aufmarschieren lassen; *itr* aufsteigen; steigen; befördert werden.

move·ment ['mu:vmənt] **1.** Bewegung *f;* **2.** Trend *m;* Entwicklung *f;* **3.** *mil* Truppenbewegung *f;* **4.** *pol rel* (Massen)Bewegung *f;* **5.** Preis-, Kursbewegung *f;* **6.** *tech* Mechanismus *m,* (Uhr)Werk *n;* **7.** *mus* Satz *m;* **8.** Stuhlgang *m;* **9.** *(Waren)* Beförderung *f;* ▶ **downward, upward ~** Aufwärts-, Abwärtsbewegung *f;* **underground ~** *pol* Untergrundbewegung *f.*

movie ['mu:vɪ] *Am fam* Film *m;* ▶ **the ~s** *pl* der Film; **go to the ~s** ins Kino gehen; **movie camera** Filmkamera *f;* **movie·goer** ['mu:vɪgəʊə(r)] *Am fam* Kinogänger(in) *m (f);* **movie star** Filmstar *m.*

mov·ing ['mu:vɪŋ] *adj* **1.** beweglich; **2.** *tech* Antriebs-; **3.** *fig* rührend; bewegend.

mow [məʊ] ⟨*irr* **mowed, mowed** *od* **mown**⟩ *tr, itr* mähen; ▶ **~ down** *fig* niedermähen; **mower** ['məʊə(r)] **1.** Mäher *m;* **2.** Mähmaschine *f;* Rasenmäher *m;* **mown** [məʊn] *v s. mow.*

MP [ˌem'pi:] *Abk:* **Member of Parliament** (Parlaments)Abgeordnete(r) *f m.*

mph [ˌempi:'eɪtʃ] *Abk:* **miles per hour** Meilen pro Stunde.

Mr ['mɪstə(r)] *Abk:* **Mister** Herr.

Mrs ['mɪsɪz] *Abk:* **Mistress** Frau.

Ms [məz] *(Anredeform für alle (erwachsenen) Frauen)* Frau.

much [mʌtʃ] **I** *adj, s* viel; ▶ **how ~** wieviel; **that ~** so viel; **too ~** zuviel; **be too ~ for s.o.** zuviel für jdn sein; jdm zu teuer sein; **as ~** ebensoviel; **three times as ~** dreimal soviel; **as ~ as you want** soviel du willst; **as ~ again** noch einmal soviel; **so ~** soviel; **make ~ of s.th.** viel Wind um etw machen; **II** *adv* **1.** sehr; viel; oft; **2.** weitaus; bei weitem; **3.** beinahe; ▶ **~ to my astonishment** zu meinem großen Erstaunen; **~ as I should like to** so gern ich möchte; **I don't ~ care** es ist mir ziemlich egal; **too ~** so viel; so sehr; **thank you very ~** vielen Dank; **much·ness** [—nɪs] *fam* ▶ **much of a ~** so ziemlich dasselbe, ungefähr das gleiche.

muck [mʌk] **I** *s* **1.** Dung *m,* Jauche *f;* **2.** Dreck, Schmutz, Unrat, Kot *m;* **3.** *fig* Schund *m;* **II** *(mit Präposition)* **muck about** *itr sl* herumalbern, -blödeln; *tr (jdn)* hinhalten; *vulg* verarschen; **muck out** *tr* ausmisten; **muck up** *tr* **1.** dreckig machen; **2.** *fig* vermasseln; **muck·heap** Misthaufen *m;* **muck-raker** ['mʌkreɪkə(r)] Sensationshai *m;* **muck-up** ['mʌkʌp] Durcheinander *n;* Katastrophe *f;* **mucky** ['mʌkɪ] *adj* **1.** schmutzig, dreckig; **2.** *(Boden)* matschig.

mu·cous ['mju:kəs] *adj physiol* schleimig; ▶ **~ membrane** Schleimhaut *f;* **mu·cus** ['mju:kəs] *physiol* Schleim *m.*

mud [mʌd] **1.** Schlamm *m;* Matsch *m;* **2.** *fig* üble Nachrede; ▶ **drag s.o.'s name through the ~** jds guten Namen in den Schmutz ziehen; **sling, throw ~ at** *fig* mit Dreck bewerfen, verleumden; **here's ~ in your eye** zum Wohl!

muddle ['mʌdl] **I** *tr* **1.** durcheinanderbringen; **2.** *fig* verwirrt, konfus machen; ▶ **~ on, along** vor sich hin wursteln; **~ through** sich durchwursteln; **II** *s* **1.** Durcheinander *n;* **2.** *fig* Verwirrung *f;* ▶ **be in a ~** ganz verwirrt sein; **make a ~ of s.th.** etw völlig durcheinanderbringen; **muddle-headed** ['mʌdlˌhedɪd] *adj* zerstreut; konfus.

muddy ['mʌdɪ] **I** *adj* **1.** schmutzig, schlammig; **2.** *(Flüssigkeit)* trübe; dunkel; **3.** *fig* verworren; **II** *tr* schmutzig machen; **mud·guard** ['mʌdgɑ:d] *(Auto)* Kotflügel *m;* *(Fahrrad)* Schutzblech *n;* **mud pack** Schlammpackung *f;* **mud-slinger** ['mʌdslɪŋə(r)] *fam* Verleumder(in) *m (f);* **mud-sling·ing** ['mʌdslɪŋɪŋ] *fam* Schlechtmacherei *f.*

muff [mʌf] Muff *m.*

muf·fin ['mʌfɪn] *Br meist warm gegessenes, weiches Milchbrötchen.*

muffle ['mʌfl] *tr* **1.** *(~ up)* einmumme(l)n; verhüllen; **2.** *(Schall)* dämpfen; abschwächen; **muf·fler** ['mʌflə(r)] **1.** dicker Schal; **2.** *Am* Auspufftopf *m.*

mufti ['mʌftɪ] Zivilkleidung *f;* ▶ **in ~** in Zivil.

mug [mʌg] **I** *s* **1.** Krug *m,* Kanne *f;* **2.** Becher *m;* **3.** *sl* Trottel *m;* **4.** *sl* Visage *f;* ▶ **that's a ~'s game** das ist doch schwachsinnig; **II** *tr* von hinten überfallen; ▶ **~ s.th. up, ~ up on s.th.** *fam* etw pauken; **mug·ger** ['mʌgə(r)] Straßenräuber *m;* **mug·ging** ['mʌgɪŋ] Raubüberfall *m;* **mug·gins** ['mʌgɪnz] *pl mit sing fam* Tölpel *m;* ▶ **and ~ would have to do it** und ich bin dann der Blöde, der es machen muß.

muggy ['mʌgɪ] *adj* schwül; drückend.

mug·wump ['mʌgwʌmp] *Am pol* Unabhängige(r) *f m.*

mul·atto [mju:'lætəʊ] Mulatte *m,* Mulattin *f.*

mul·berry ['mʌlbrɪ] Maulbeere *f;* Maulbeerbaum *m.*

mule[1] [mju:l] **1.** Maulesel *m,* Maultier *n;* **2.** *(Spinnerei)* Selfaktor *m;* ► **as stubborn as a ~** so störrisch wie ein Maulesel.

mule[2] [mju:l] Pantoffel *m.*

mul·ish ['mju:lɪʃ] *adj fig* starrköpfig, bockig, eigensinnig.

mull [mʌl] *tr* **1.** *(~ over)* sich durch den Kopf gehen lassen; **2.** *(alkohol. Getränk)* erhitzen, süßen u. würzen; ► **~ed wine** Glühwein *m.*

mul·lion ['mʌlɪən] Fensterpfosten *m.*

multi·colo(u)red [ˌmʌlti'kʌləd] *adj* mehrfarbig; **multi·cul·tural** [ˌmʌltɪ'kʌltʃərəl] *adj* multikulturell; ► **~ society** multikulturelle Gesellschaft; **mul·ti·far·ious** [ˌmʌltɪ'feərɪəs] *adj* vielfältig, mannigfaltig, -fach; **mul·ti·form** ['mʌltɪfɔ:m] *adj* vielgestaltig; **multi·func·tional** [ˌmʌltɪ'fʌnkʃənəl] *adj* multifunktional; **multi·grade oil** ['mʌltɪˌgreɪd'ɔɪl] Mehrbereichsöl *n;* **mul·ti·lat·eral** [ˌmʌltɪ'lætərəl] *adj pol* multilateral; **multi·lingual** [ˌmʌltɪ'lɪŋgwəl] *adj* mehrsprachig; **multi·mil·lion·aire** [ˌmʌltɪmɪljə'neə(r)] Multimillionär(in) *m (f);* **multi·na·tion·al** [ˌmʌltɪ'næʃnəl] **I** *adj* multinational; **II** *s* multinationaler Konzern, *fam* Multi *m.*

multiple ['mʌltɪpl] **I** *adj* **1.** viel-, mehrfach; **2.** mehrere; ► **~ choice** Multiple Choice *f;* **~ sclerosis** *med* multiple Sklerose; **II** *s math* (das) Vielfache; **multi·pli·ca·tion** [ˌmʌltɪplɪ'keɪʃn] **1.** Vervielfachung, Vermehrung *f;* **2.** *math* Multiplikation *f;* **multi·plic·ity** [ˌmʌltɪ'plɪsətɪ] Vielfalt, -fältigkeit, Vielzahl *f;* **multi·plier** ['mʌltiplaɪə(r)] Multiplikator *m;* **multi·ply** ['mʌltɪplaɪ] **I** *tr* **1.** vervielfältigen, vermehren; **2.** *math* multiplizieren; **II** *itr* **1.** zunehmen; sich vermehren; **2.** *math* multiplizieren.

multi-pur·pose [ˌmʌltɪ'pɜ:pəs] *attr adj* Mehrzweck-; **multi·racial** [ˌmʌltɪ'reɪʃl] *adj s. multicultural;* **multi-stage** *adj* mehrstufig; **multi-stor(e)y** *adj* mehrgeschossig; ► **~ flats** *pl* Hochhäuser *n pl.*

multi·tude ['mʌltɪtju:d] Menge *f;* ► **a ~ of** e-e Vielzahl von, e-e Menge; **the ~** die große Masse, der große Haufen; **multi·tud·in·ous** [ˌmu:ltɪ'tju:dɪnəs] *adj* zahlreich; **multi-user system** [ˌmʌltɪ'u:zə(r)] *EDV* Mehrplatzrechner *m.*

mum[1] [mʌm] *adj, s* ► **~'s the word!** nichts verraten! **keep ~** den Mund halten.

mum[2] [mʌm] *fam* Mutti *f.*

mumble ['mʌmbl] **I** *tr* murmeln; **II** *itr* vor sich hin murmeln.

mumbo jumbo [ˌmʌmbəʊ'dʒʌmbəʊ] Mumpitz *m;* Kauderwelsch *n.*

mum·mi·fi·ca·tion [ˌmʌmɪfɪ'keɪʃn] Mumifizierung, Einbalsamierung *f;* **mummify** ['mʌmɪfaɪ] *tr* mumifizieren, einbalsamieren.

mummy[1] ['mʌmɪ] Mumie *f.*

mummy[2] ['mʌmɪ] *fam* Mutti *f.*

mumps [mʌmps] *pl mit sing med* Ziegenpeter, Mumps *m.*

munch [mʌntʃ] *itr, tr* mampfen.

mun·dane [mʌn'deɪn] *adj* **1.** irdisch, weltlich; **2.** schlicht und einfach.

Munich ['mju:nik] München *n.*

mu·nici·pal [mju:'nɪsɪpl] *adj* städtisch, kommunal; ► **~ administration** Stadtverwaltung *f;* **mu·nici·pal·ity** [mju:ˌnɪsɪ'pælətɪ] Stadt, Gemeinde *f.*

mu·ni·tions [mju:'nɪʃənz] *pl* Munition *f.*

mural ['mjʊərəl] **I** *adj* Wand-; **II** *s* Wandgemälde *n,* -malerei *f.*

mur·der ['mɜ:də(r)] **I** *s* **1.** Mord *m (of* an); **2.** Ermordung *f;* ► **commit (a) ~** e-n Mord begehen; **accused of, charged with ~** unter Mordanklage; **cry blue ~** *fam* Zeter und Mordio schreien; **get away with ~** sich alles erlauben können; **II** *tr* **1.** (er)morden, umbringen; **2.** *fig* verhunzen, verderben; **mur·derer** ['mɜ:dərə(r)] Mörder *m;* **mur·der·ess** ['mɜ:dərɪs] Mörderin *f;* **mur·der·ous** ['mɜ:dərəs] *adj* **1.** mörderisch *a. fig;* **2.** blutdürstig.

murky ['mɜ:kɪ] *adj* **1.** trübe; dunkel; **2.** *(Foto)* unscharf; **3.** *(Charakter)* finster.

mur·mur ['mɜ:mə(r)] **I** *s* **1.** Murmeln *n;* **2.** Murren *n;* **3.** *(Wasser)* Rauschen *n;* ► **without a ~** ohne zu murren; **II** *itr* **1.** murmeln; **2.** murren *(about, against* gegen); **III** *tr* (vor sich hin) murmeln.

muscle ['mʌsl] **I** *s* Muskel *m;* ► **move a ~** sich rühren; **II** *(mit Präposition)* **muscle in** *itr sl* mitmischen *(on* bei); **muscle-bound** ['mʌslbaʊnd] *adj* (über)muskulös; **muscle·man** ['mʌslmæn] ⟨*pl* -men⟩ Muskelprotz *m;* **mus·cu·lar** ['mʌskjʊlə(r)] *adj* muskulös, kräftig, stark.

muse [mju:z] *itr, tr* (nach)denken, -sinnen, -grübeln *(on, over* über).

mu·seum [mju:'zɪəm] Museum *n;* **museum piece** Museumsstück *n a. fig.*

mush [mʌʃ] **1.** *Am* (Mais)Mehlbrei *m;* **2.** Brei *m;* Mus *n.*

mush·room ['mʌʃrʊm] **I** *s* **1.** (eßbarer) Pilz *m;* Champignon *m;* **2.** *(Atom)* Pilz *m;* **II** *adj* **1.** pilzartig, -förmig; **2.** *fig* wie Pilze aus dem Boden geschossen; schlagartig; **III** *itr* **1.** Pilze sammeln; **2.** *fig* wie Pilze aus dem Boden schießen; emporschießen; **3.** *(Feuer)* sich ausbreiten.

mushy ['mʌʃɪ] *adj* **1.** breiig; matschig; **2.** *fig* rührselig, schmalzig.

mu·sic ['mju:zɪk] **1.** Musik *f;* **2.** Musikstück *n;* Noten *f pl;* **3.** *(Stimme)* Musi-

kalität *f;* ▶ **face the ~** *fam* dafür geradestehen; **set to ~** vertonen; **background ~** musikalische Untermalung; **mu·si·cal** ['mju:zɪkl] **I** *adj* **1.** musikalisch; **2.** wohlklingend, melodisch; ▶ **~ box** Spieluhr *f;* **play ~ chairs** die Reise nach Jerusalem spielen; **~ instrument** Musikinstrument *n;* **II** *s* Musical *n;* **music-box** *Am* Spieldose *f;* **music-cas·sette** Musikkassette *f;* **music-hall** *Br* Varieté(theater) *n.*
mu·si·cian [mju:'zɪʃn] Musiker(in) *m (f).*
mu·sic-stand ['mju:zɪk,stænd] Notenständer *m.*
musk [mʌsk] Moschus *m.*
mus·ket ['mʌskɪt] *hist mil* Muskete *f.*
mus·ket·eer [,mʌskɪ'tɪə(r)] Musketier *m.*
musk-rat ['mʌskræt] Bisamratte *f.*
mus·lin ['mʌzlɪn] Musselin *m.*
mus·quash ['mʌskwɒʃ] Bisamratte *f.*
muss [mʌs] **I** *s Am* Durcheinander *n,* Unordnung *f;* **II** *tr Am (~ up)* durcheinanderbringen, in Unordnung bringen.
mus·sel ['mʌsl] Muschel *f.*
must [mʌst] **I** *aux (nur Präsens)* **1.** müssen; **2.** *(in verneinten Sätzen)* dürfen; ▶ **you ~ go** Sie müssen gehen; **~ I?** ja, wirklich?; muß das sein? **you ~n't do that** Sie dürfen das nicht tun; **I ~ have lost it** ich muß es wohl verloren haben; **you ~ be hungry** Sie müssen doch wohl hungrig sein; **he ~ come just now** natürlich mußte er gerade jetzt kommen; **II** *s* Notwendigkeit *f,* Muß *n;* ▶ **this book is a ~** dieses Buch muß man gelesen haben.
mus·tache ['mʌstæʃ] *Am s. moustache;* **mus·tachio** [mə'stɑ:ʃɪəʊ] ‹*pl* -tachios› Schnauzbart *m.*
mus·tang ['mʌstæŋ] Mustang *m.*
mus·tard ['mʌstəd] **I** *s* Senf *m;* Senfgelb *n;* ▶ **be as keen as ~** Feuer und Flamme sein; **II** *adj* senffarben.
mus·ter ['mʌstə(r)] **I** *tr* **1.** *mil* antreten lassen; zusammentreiben; **2.** *(~ up)* zusammenbekommen; aufbringen; aufbieten; ▶ **~ (up) courage, strength** allen Mut, seine ganze Kraft zusammennehmen; **II** *itr* sich versammeln; **III** *s mil* Antreten *n,* Appell *m;* ▶ **pass ~** *fig* den Anforderungen genügen.
mustn't ['mʌsnt] = *must not.*
musty ['mʌstɪ] *adj* **1.** dumpfig, muffig; **2.** *(Bücher)* moderig.
mu·table ['mju:təbl] *adj* **1.** veränderlich, variabel; **2.** *biol* mutationsfähig; **mu·ta·tion** [mju:'teɪʃn] **1.** (Ver)Änderung *f;* Wandel *m;* **2.** *biol* Mutation *f.*
mute [mju:t] **I** *adj* **1.** stumm *a. ling;* **2.** *(Wut)* sprachlos; **II** *s* **1.** Stumme(r) *f m;* **2.** *gram* stummer Buchstabe; **3.** *mus* (Schall)Dämpfer *m;* **III** *tr mus* dämpfen.
mu·ti·late ['mju:tɪleɪt] *tr* verstümmeln *a. fig;* **mu·ti·la·tion** [,mju:tɪ'leɪʃn] Verstümmelung *f.*
mu·tin·eer [,mju:tɪ'nɪə(r)] Meuterer *m;* **mu·ti·nous** ['mju:tɪnəs] *adj* **1.** meuternd; **2.** meuterisch, aufrührerisch; **mu·tiny** ['mju:tɪnɪ] **I** *s* Meuterei *f;* **II** *itr* meutern.
mut·ter ['mʌtə(r)] **I** *itr* **1.** murmeln; **2.** murren; **II** *tr* murmeln, brummen; **III** *s* Gemurmel *n.*
mut·ton ['mʌtn] Hammelfleisch *n;* ▶ **be as dead as ~** mausetot sein; **she's ~ dressed as lamb** sie macht auf jung; **mutton-chops** *pl (Bart)* Koteletten *pl.*
mu·tual ['mju:tʃʊəl] *adj* gegen-, wechselseitig; gemeinsam; beiderseitig; ▶ **by ~ agreement, consent** in gegenseitigem Einverständnis; **for ~ benefit** zu beiderseitigem Nutzen; **the feeling is ~** das beruht auf Gegenseitigkeit; **mutual insurance** Versicherung *f* auf Gegenseitigkeit; **mu·tual·ly** ['mju:tʃʊəlɪ] *adv* gegenseitig.
muzak ['mju:zæk] *pej* Berieselungsmusik *f.*
muzzle ['mʌzl] **I** *s* **1.** Maul *n;* **2.** Maulkorb *m;* **3.** *(Gewehr)* Mündung *f;* ▶ **~-loader** Vorderlader *m;* **II** *tr* **1.** e-n Maulkorb anlegen (*s.o.* jdm); **2.** *fig (Presse)* mundtot machen; ersticken.
muzzy ['mʌzɪ] *adj* **1.** benommen, benebelt; **2.** *(Erinnerung)* verschwommen.
my [maɪ] **I** *prn* mein; ▶ **this car is ~ own** das ist mein Auto; **II** *interj* ach du Schreck!
my·opia [maɪ'əʊpɪə] Kurzsichtigkeit *f;* **my·opic** [maɪ'ɒpɪk] *adj* kurzsichtig.
myr·iad ['mɪrɪəd] **I** *s* Myriade *f;* ▶ **a ~ of** Myriaden von; **II** *adj* unzählige.
myrrh [mɜ:(r)] Myrrhe *f.*
myrtle ['mɜ:tl] Myrte *f.*
my·self [maɪ'self] *prn* **1.** mich *acc;* mir *dat;* **2.** *(betont)* (ich) selbst; ▶ **I said to ~** ich sagte mir; **I hurt ~** ich habe mir weh getan; **I said so ~** das habe ich auch gesagt; **I'm not ~ today** ich bin heute nicht ganz auf der Höhe; **(all) by ~** (ganz) allein; ohne Hilfe; **I'll do it ~** das mache ich selbst.
mys·teri·ous [mɪ'stɪərɪəs] *adj* geheimnisvoll; rätselhaft, mysteriös; **mys·tery** ['mɪstərɪ] **1.** Geheimnis, Rätsel *n* (*to* für); **2.** Mysterium *n a. rel;* ▶ **~ play** Mysterienspiel *n;* **~ story** Kriminalgeschichte *f.*
mys·tic ['mɪstɪk] **I** *adj* **1.** mystisch; **2.** *(Worte)* rätselhaft, mysteriös; **II** *s* Mystiker(in) *m (f);* **mys·ti·cal** ['mɪstɪkl] *adj* mystisch; **mys·ti·cism** ['mɪstɪsɪzəm] Mystizismus *m;* Mystik *f.*
mys·ti·fi·ca·tion [,mɪstɪfɪ'keɪʃn] **1.** Verwirrung *f;* **2.** Verwunderung, Verblüffung *f;* **mys·tify** ['mɪstɪfaɪ] *tr* vor ein Rätsel stellen; **mys·tique** [mɪs'ti:k] geheimnisvolle Ausstrahlung, Aura *f.*
myth [mɪθ] **1.** Mythos, Mythus *m;* **2.** *fig*

Fabel, Fiktion *f;* **mythi·cal** [ˈmɪθɪkl] *adj* **1.** mythisch; **2.** *fig* fiktiv, erfunden.
mytho·logi·cal [ˌmɪθəˈlɒdʒɪkl] *adj* mythologisch; **myth·ol·ogy** [mɪˈθɒlədʒɪ] Mythologie *f.*

N

N, n [en] ⟨*pl* -'s⟩ N, n *n.*
nab [næb] *tr fam* **1.** schnappen; erwischen; **2.** klauen.
na·dir ['neɪdɪə(r)] **1.** *astr* Nadir *m;* **2.** *fig* Tiefpunkt *m;* ► **at the** ~ *fig* auf dem Nullpunkt.
nag[1] [næg] **I** *tr* (dauernd) herumnörgeln an; ► ~ **s.o. to do s.th.** jdm die Hölle heiß machen, damit er etw tut; **II** *itr* schimpfen, meckern, keifen (*at* mit); **III** *s* Nörgler(in) *m (f).*
nag[2] [næg] Klepper *m,* Mähre *f.*
nag·ger ['nægə(r)] Nörgler(in) *m (f);* **nag·ging** ['nægɪŋ] *adj* **1.** nörgelnd; **2.** *(Schmerz)* bohrend.
nail [neɪl] **I** *s anat tech* Nagel *m;* ► **as hard as ~s** *fig* knallhart; zäh wie Leder; **on the** ~ *fig* auf der Stelle; **hit the** ~ **on the head** *fig* den Nagel auf den Kopf treffen; **II** *tr* **1.** nageln; **2.** *fig* festnageln; ► ~ **s.th. to the wall** etw an die Wand nageln; **be ~ed to the ground** wie festgenagelt sein; ~ **s.o. down** jdn festnageln (*to* auf); ~ **up** an-, zunageln; **nail-brush** ['neɪlbrʌʃ] Nagelbürste *f;* **nail-file** Nagelfeile *f;* **nail-polish** *Am* Nagellack *m;* **nail-scissors** *pl* Nagelschere *f;* **nail-varnish** *Br* Nagellack *m.*
naïve, naive [naɪ'i:v] *adj* naiv; **naïveté, naïvety** [naɪ'i:vteɪ, naɪ'i:vətɪ] Naivität *f.*
naked ['neɪkɪd] *adj* **1.** nackt, bloß, unverhüllt; **2.** kahl, dürr; leer; ► **go** ~ nackt gehen; ~ **as the day he was born** splitterfasernackt; **the** ~ **eye** das bloße Auge; **the** ~ **fact, truth** die nackte Tatsache, die reine Wahrheit; **naked·ness** [—nɪs] Nacktheit, Blöße *fig f.*
namby-pamby [ˌnæmbɪ'pæmbɪ] *pej* **I** *adj* **1.** verweichlicht; **2.** unentschlossen; **II** *s* Mutterkind *n; (Junge)* Muttersöhnchen *n.*
name [neɪm] **I** *s* **1.** Name *m;* **2.** Ruf *m;* ► **know s.o. by** ~ jdn dem Namen nach kennen; **what's your ~?** wie heißen Sie? **in** ~ **only** nur dem Namen nach; **in the** ~ **of** im Namen *gen;* **under the** ~ **of ...** unter dem Namen ... **not to have a penny to one's** ~ keinen Pfennig besitzen; **call s.o. ~s** jdn beschimpfen; **have a good** ~ e-n guten Ruf haben; **have a** ~ **for** bekannt sein für; **make a** ~ **for o.s.** sich e-n Namen machen; **put one's** ~ **down for** kandidieren für; sich anmelden zu; **get a bad** ~ in Verruf kommen; **big** ~ bedeutende Persönlichkeit; **the** ~ **of the game** der Zweck, das Wesentliche der Sache; **II** *tr* **1.** (be)nennen, e-n Namen geben (*s.o.* jdm); taufen; **2.** bezeichnen; **3.** nennen; **4.** ernennen (*for, to* für, zu); ► **a person ~d X** jem mit Namen X; ~ **a child after s.o.** ein Kind nach jdm nennen; ~ **s.o. director** jdn zum Direktor ernennen; ~ **s.o. as s.th.** jdn als etw bezeichnen; ~ **your price** nennen Sie Ihren Preis; **name-day** Namenstag *m;* **name-drop** ['neɪmdrɒp] *itr* bekannte Namen fallen lassen, *berühmte Bekannte in die Unterhaltung einfließen lassen;* **name-drop·ping** ['neɪmdrɒpɪŋ] Name-dropping *n;* **name·less** ['neɪmlɪs] *adj* **1.** namenlos; unbekannt; **2.** unbenannt, ungenannt; **3.** *(Verbrechen)* unaussprechlich; **4.** *(Gefühl)* unsagbar, unbeschreiblich; ► **in** ~ **fear** in namenloser Angst; **name·ly** ['neɪmlɪ] *adv* nämlich; **name·sake** ['neɪmseɪk] Namensvetter *m.*
nanny ['nænɪ] *(Kindersprache)* Kindermädchen *n;* **nanny-goat** ['nænɪgəʊt] Ziege, Geiß *f.*
nano-second ['nɑ:nəʊ'sekənd] Nanosekunde *f.*
nap[1] [næp] **I** *itr* ► **catch s.o. ~ping** jdn überrumpeln; **II** *s* Schläfchen, Nickerchen *n;* ► **take a** ~ ein Nickerchen machen.
nap[2] [næp] *(Textil)* Flor *m.*
na·palm ['neɪpɑ:m] **I** *tr mil* mit Napalm bombardieren; **II** *s* Napalm *n;* **napalm bomb** Napalmbombe *f.*
nape [neɪp] *(~ of the neck)* Nacken *m.*
nap·kin ['næpkɪn] **1.** Serviette *f;* **2.** Windel *f;* **3.** *Am (sanitary ~)* Monatsbinde *f.*
nappy ['næpɪ] *Br* Windel *f.*
nar·cissus [nɑ:'sɪsəs] ⟨*pl* -cissi⟩ [nɑ:'sɪsaɪ] *bot* Narzisse *f.*
nar·co·sis [nɑ:'kəʊsɪs] Narkose *f;* **nar·cotic** [nɑ:'kɒtɪk] **I** *adj* narkotisch, betäubend; **II** *s* Rauschgift *n;* ► **~s squad** Rauschgiftdezernat *n;* **traffic in ~s** Rauschgifthandel *m.*
nark [nɑ:k] **I** *s sl* Spitzel *m;* **II** *tr sl* ärgern.
nar·rate [nə'reɪt] *tr* erzählen; berichten; **nar·ra·tion** [nə'reɪʃn] **1.** Erzählung *f;* Bericht *m;* **2.** Schilderung *f;* **nar·ra·tive** ['nærətɪv] **I** *adj* erzählend; mitteilsam; **II** *s* **1.** Erzählung *f;* Text *m;* **2.** Erzählen *n;* Schilderung *f;* **nar·rator** [nə'reɪtə(r)] Erzähler(in) *m (f).*
nar·row ['nærəʊ] **I** *adj* **1.** eng, schmal; **2.** *(Ideen)* engstirnig, beschränkt; **3.** *(Verhältnisse)* dürftig, eng; **4.** *(Sieg)* knapp; **5.** genau, gründlich, sorgfältig; ► **by a** ~

margin knapp; **have a ~ mind** engstirnig sein; **in the ~est sense** im engsten Sinne (des Wortes); **with a ~ majority** mit knapper Mehrheit; **have a ~ escape** mit knapper Not davonkommen; **that was a ~ squeak** *fam* das war knapp; **II** *itr* sich verengen; enger, schmäler werden; ▶ **~ down to** hinauslaufen auf; **III** *tr (~ down)* einengen; begrenzen *a. fig;* ▶ **~ one's eyes** die Augen zusammenkneifen; **IV** *s pl* enge Stelle; **narrow-gauge** *adj* Schmalspur-, schmalspurig; **nar·row·ly** [—lɪ] *adv* **1.** beinahe, fast, mit knapper Not; **2.** *(untersuchen)* sehr genau; ▶ **he ~ escaped drowning** er wäre fast ertrunken; **nar·row-minded** [ˌnærəʊˈmaɪndɪd] *adj* engstirnig.

na·sal [ˈneɪzl] **I** *adj* **1.** *ling* nasal; **2.** *(Stimme)* näselnd; **II** *s ling* Nasallaut *m.*

nasti·ness [ˈnɑːstɪnəs] Ekelhaftigkeit, Bösartigkeit, Abscheulichkeit *f.*

nas·tur·tium [nəˈstɜːʃəm] *bot* (Brunnen-, Kapuziner)Kresse *f.*

nasty [ˈnɑːstɪ] *adj* **1.** scheußlich; ekelhaft; **2.** *(Überraschung)* böse, unangenehm; **3.** *(Wetter)* abscheulich; **4.** *(Verbrechen)* abscheulich; **5.** *fig* gemein, garstig; **6.** *(Bemerkung)* gehässig, übel; **7.** *(Krankheit)* schwer; **8.** *(Film)* anstößig; ekelhaft; ▶ **he turned ~** er wurde unangenehm; **he has a ~ temper** mit ihm ist nicht gut Kirschen essen.

na·tal [ˈneɪtl] *adj* Geburts-; **na·tal·ity** [nəˈtælɪtɪ] *Am* Geburtenziffer *f.*

na·tion [ˈneɪʃn] Volk *n,* Nation *f;* ▶ **address the ~** zum Volk sprechen; **member ~** Mitgliedsstaat *m;* **na·tion·al** [ˈnæʃnəl] **I** *adj* national; staatlich; ▶ **~ anthem** Nationalhymne *f;* **~ assembly** Nationalversammlung *f;* **~ costume** Volkstracht *f;* **~ currency** Landeswährung *f;* **~ debt** Staatsschuld *f;* **~ defence** Landesverteidigung *f;* **N~ Health Service, NHS** *Br* Staatlicher Gesundheitsdienst; **~ income** Volkseinkommen *n;* **~ insurance** Sozialversicherung *f;* **~ park** Nationalpark *m;* **~ product** Sozialprodukt *n;* **~ security** Staatssicherheit *f;* **~ service** Militärdienst *m;* **~ status** Staatsangehörigkeit *f;* **~ wealth** Volksvermögen *n;* **II** *s* **1.** Staatsangehörige(r) *f m;* **2.** überregionale Zeitung; **na·tion·al·ism** [ˈnæʃnəlɪzəm] Nationalismus *m;* **na·tion·al·ist** [ˈnæʃnəlɪst] **I** *s* Nationalist(in) *m (f);* **II** *adj* nationalistisch; **na·tion·al·istic** [ˌnæʃnəˈlɪstɪk] *adj* nationalistisch; **na·tion·al·ity** [ˌnæʃəˈnælətɪ] Staatsangehörigkeit, Nationalität *f;* **na·tion·al·iz·ation** [ˌnæʃnəlaɪˈzeɪʃn] Verstaatlichung, Nationalisierung *f;* **na·tion·al·ize** [ˈnæʃnəlaɪz] *tr* verstaatlichen, nationalisieren; **na·tion-wide** [ˌneɪʃnˈwaɪd] *adv, adj* landesweit.

na·tive [ˈneɪtɪv] **I** *adj* **1.** Heimat-; Mutter-; **2.** geboren, gebürtig *(of* aus); **3.** *(Produkt)* einheimisch, inländisch; **4.** angeboren; ▶ **~ country** Vaterland *n;* **~ language** Muttersprache *f;* **~ port** Heimathafen *m;* **the ~ inhabitants** *pl* die Einheimischen *pl;* **go ~** wie die Eingeborenen leben; **~ speaker** Muttersprachler(in) *m (f);* **II** *s* Einheimische(r), Eingeborene(r) *f m;* Ureinwohner(in) *m (f);* ▶ **a ~ of Germany** ein gebürtiger Deutscher, e-e gebürtige Deutsche; **be a ~ of ...** in ... beheimatet sein.

na·tiv·ity [nəˈtɪvətɪ] Geburt *f;* ▶ **the N~** die Geburt Christi; **~ play** Krippenspiel *n.*

NATO [ˈneɪtəʊ] *Abk:* **North Atlantic Treaty Organization** NATO *f;* **NATO Alliance** Nordatlanisches Verteidigungsbündnis.

nat·ter [ˈnætə(r)] **I** *itr fam* schwätzen; **II** *s fam* Schwatz *m.*

natty [ˈnætɪ] *adj* **1.** nett, sauber, adrett; **2.** handlich.

natu·ral [ˈnætʃrəl] **I** *adj* **1.** natürlich *a. math;* **2.** *(Rechte)* naturgegeben; **3.** *(Fähigkeit)* angeboren; **4.** *(Art)* natürlich; **5.** *(Abbildung)* naturgetreu; **6.** *(Eltern)* leiblich; **7.** *mus* ohne Vorzeichen; ▶ **die a ~ death** e-s natürlichen Todes sterben; **in it's ~ state** im Naturzustand; **he's a ~ orator** er ist ein geborener Redner; **s.th. comes ~ to s.o.** etw fällt jdm leicht; **II** *s* **1.** *(Mensch)* Naturtalent *n;* **2.** *mus* ganze Note; Auflösungszeichen *n;* **natural gas** Erdgas *n;* **natu·ral·ism** [ˈnætʃrəlɪzəm] Naturalismus *m;* **natu·ral·ist** [ˈnætʃrəlɪst] **1.** Naturforscher(in) *m (f);* **2.** *(Kunst, Literatur)* Naturalist(in) *m (f);* **natu·ral·ize** [ˈnætʃrəlaɪz] *tr* **1.** einbürgern *a. fig;* **2.** *(Tier, Pflanze)* akklimatisieren; heimisch machen; ▶ **become ~d** eingebürgert werden; heimisch werden; **natu·ral·ly** [ˈnætʃrəlɪ] *adv* **1.** von Natur aus; **2.** natürlich, instinktiv; **3.** natürlich; **natural resources** *pl* Bodenschätze *m pl;* **natural science** Naturwissenschaft *f;* **natural sign** *mus* Auflösungszeichen *n.*

na·ture [ˈneɪtʃə(r)] **1.** Natur *f;* **2.** *(e-s Menschen)* Wesen *n,* Natur *f;* **3.** *(Material)* Beschaffenheit *f;* ▶ **against ~** gegen die Natur; **by ~** von Natur aus; **from ~** nach der Natur; **it's not in my ~** es entspricht nicht meiner Art; **~ of the ground** Bodenbeschaffenheit *f;* **human ~** die menschliche Natur; **things of this ~** derartiges; **it's in the ~ of things** das liegt in der Natur der Sache; **nature reserve** Naturschutzgebiet *n;* **nature study** Naturkunde *f;* **nature trail** Naturlehrpfad *m;* **nature worship** Naturreligion *f;* **na·tur·ist** [ˈneɪtʃərɪst] Anhänger(in) *m (f)* der Freikörperkultur.

naughty [ˈnɔːtɪ] *adj* **1.** unartig, ungezogen, frech; 2. *(Wort)* unanständig.

nausea ['nɔ:sɪə] 1. *med* Übelkeit *f;* Brechreiz *m;* 2. *fig* Widerwille *m;* ▶ **a feeling of ~** ein Gefühl des Ekels; **naus·eate** ['nɔ:sɪeɪt] *tr* Übelkeit erregen *(s.o.* jdm); **naus·eat·ing** ['nɔ:sɪeɪtɪŋ] *adj* ekelerregend; widerlich; **naus·eous** ['nɔ:sɪəs] *adj* 1. *med* Übelkeit erregend; 2. *fig* widerlich.

nauti·cal ['nɔ:tɪkl] seemännisch; nautisch; See-; ▶ **a ~ nation** e-e Seefahrernation; **nautical mile** Seemeile *f (1,852 km).*

na·val ['neɪvl] *adj* Flotten-, Marine-; **naval academy** Marineakademie *f;* **naval base** Flottenstützpunkt *m;* **naval power** Seemacht *f;* **naval warfare** Seekrieg *m.*

nave [neɪv] *(in der Kirche)* Haupt-, Mittel-, Längsschiff *n.*

na·vel ['neɪvl] 1. *anat* Nabel *m;* 2. *(~ orange)* Navelorange *f.*

navi·gable ['nævɪgəbl] *adj* 1. schiffbar; 2. *(Ballon)* lenkbar; **navi·gate** ['nævɪgeɪt] I *itr* navigieren; II *tr* 1. *(Strecke)* befahren, befliegen; 2. *(Schiff, Flugzeug)* navigieren; **navi·ga·tion** [ˌnævɪ'geɪʃn] 1. Schiffsverkehr *m;* 2. *aero* Navigation *f;* ▶ **coastal, high-sea, inland, river ~** Küsten-, Hochsee-, Binnen-, Flußschiffahrt *f;* **~ chart** Navigationskarte *f;* **~ route** Schiffahrtsstraße *f;* **navi·gator** ['nævɪgeɪtə(r)] 1. *mar* Navigationsoffizier *m;* 2. *aero* Navigator(in) *m (f);* 3. *mot* Beifahrer(in) *m (f).*

navvy ['nævɪ] *Br* Bauarbeiter *m;* Straßenarbeiter *m.*

navy ['neɪvɪ] 1. (Kriegs)Marine *f;* 2. *(~ blue)* Marineblau *n.*

nay [neɪ] Neinstimme *f.*

Nazi ['nɑ:tsɪ] I *s* Nazi *m;* II *adj* Nazi-; **Naz·ism** ['nɑ:tsɪzəm] Nazismus *m.*

NB [en'bi:] *Abk:* **nota bene** NB.

neap [ni:p] *adj* ▶ **~ tide** Nippflut *f.*

near [nɪə(r)] I *adj* 1. *(räumlich, zeitlich)* nahe; 2. *(verwandt)* nah; vertraut; 3. *(Ähnlichkeit)* groß; ▶ **a ~ and dear friend** ein lieber und teurer Freund; **a ~ accident** beinahe ein Unfall; **have a ~ escape** mit knapper Not davonkommen; **that was a ~ miss, thing** das war knapp; II *adv* 1. *(räumlich, zeitlich)* nahe; 2. genau; exakt; 3. beinahe, fast; ▶ **be ~** in der Nähe sein; *(Ereignis)* bevorstehen; *(Ende, Hilfe)* nahe sein; **~ at hand** bei der *od* zur Hand; *(Ereignis)* kurz bevorstehend; **~ to tears** den Tränen nahe; **come ~er** näherkommen; **as ~ as I can guess** soweit ich es erraten kann; **they're the same height or as ~ as makes no difference** sie sind so gut wie gleich groß; **it's nowhere ~ enough** das ist bei weitem nicht genug; III *prep (adv: ~ to)* 1. nahe an; in der Nähe von; 2. *(zeitlich)* gegen; 3. ähnlich; ▶ **be ~ the house** in der Nähe des Hauses sein; **~ there** dort in der Nähe; **be ~est to s.th.** e-r S am nächsten sein; **~ to death** dem Tode nahe; **be ~ doing s.th.** nahe daran sein, etw zu tun; IV *tr* sich nähern, näherkommen *(s.th.* e-r S); ▶ **it is ~ing completion** es ist beinahe fertiggestellt; **near·by** ['nɪəbaɪ] I *adv* in der Nähe; II *adj* nahe gelegen; **near·ly** ['nɪəlɪ] *adv* fast, beinahe; ▶ **not ~** (auch) nicht annähernd; **near·side** ['nɪəsaɪd] *adj* auf der Beifahrerseite, linke(r, s); **near-sighted** [ˌnɪə'saɪtɪd] *adj* kurzsichtig; **near·sighted·ness** [ˌnɪə'saɪtɪdnɪs] Kurzsichtigkeit *f.*

neat [ni:t] *adj* 1. ordentlich, sauber; gepflegt; 2. gefällig, angenehm, nett; 3. *(Mensch)* hübsch; 4. *(Äußerung)* kurz und bündig, treffend; 5. *(Arbeit)* gelungen; *(Stil)* gewandt; 6. *(alkohol. Getränk)* pur, unverdünnt; 7. *Am* prima; tadellos; **neat·ness** ['ni:tnəs] 1. Ordentlichkeit *f;* Sauberkeit *f;* 2. nettes Aussehen; 3. Gewandtheit, Eleganz *f.*

nebu·lous ['nebjʊləs] *adj* 1. *astr* neblig; 2. *fig* vag(e), unbestimmt, unklar.

ne·ces·sari·ly ['nesəsərɪlɪ, ˌnesə'serɪlɪ] *adv* notwendigerweise, unbedingt; **ne·ces·sary** ['nesəsərɪ] I *adj* 1. notwendig, nötig, erforderlich, unerläßlich *(to, for* für); 2. *(Ergebnis)* unausweichlich; ▶ **it's ~ to ...** man muß ... **become ~ to s.o.** jdm unentbehrlich werden; **if ~** wenn nötig; II *s* ▶ **the ~** das Notwendige; **ne·cessi·tate** [nɪ'sesɪteɪt] *tr* notwendig, erforderlich machen.

necess·ity [nɪ'sesətɪ] 1. Notwendigkeit, Unerläßlich-, Unumgänglichkeit *f;* 2. dringendes Bedürfnis; 3. Not, Armut *f;* ▶ **in case of ~** im Notfall; **of, by ~** notwendigerweise; **bow to ~** sich der Gewalt beugen; **make a virtue of ~** aus der Not e-e Tugend machen; **the bare necessities of life** das Notwendigste zum Leben.

neck [nek] I *s* 1. Hals *m;* Genick *n;* 2. *(Kleidung)* Ausschnitt *m;* 3. *(e-r Flasche)* Hals *m;* 4. Landenge *f;* ▶ **break one's ~** sich das Genick brechen; **risk one's ~** Kopf und Kragen riskieren; **save one's ~** seinen Hals aus der Schlinge ziehen; **win by a ~** um e-e Kopflänge gewinnen; **be up to one's ~ in work** bis über die Ohren in Arbeit stecken; **get it in the ~** *sl* eins aufs Dach kriegen; **stick one's ~ out** Kopf und Kragen riskieren; **it's ~ or nothing** alles oder nichts; **~ and ~** Kopf an Kopf; II *itr sl* knutschen; **neck·lace** ['neklɪs] Halskette *f;* **necklet** ['neklɪt] Halskettchen *n;* **neck·line** ['neklaɪn] *(Kleid)* Ausschnitt *m;* ▶ **with a low ~** tief ausgeschnitten; **neck·tie** ['nektaɪ] Krawatte *f,* Schlips *m.*

nec·tar ['nektə(r)] *bot* Nektar *m a. fig.*

nec·tar·ine ['nektərɪn] *bot* Nektarine *f.*

née [neɪ] *adj (vor dem Mädchennamen)* geborene.
need [ni:d] **I** *s* **1.** Notwendigkeit *f;* **2.** Bedürfnis *n;* **3.** Not(lage), Bedürftigkeit, Armut *f;* **4.** Mangel *m* (*of* an); ► **if ~ be** nötigenfalls; **in case of ~** notfalls; **there is no ~ for s.th.** etw ist nicht nötig; **there is no ~ to do s.th.** etw braucht nicht getan zu werden; **have no ~ of s.th.** etw nicht brauchen; **in times of ~** in Zeiten der Not; **be in great ~** große Not leiden; **my ~s are few** ich stelle nur geringe Ansprüche; **II** *tr* **1.** nötig haben, brauchen; **2.** bedürfen, bedürftig sein (*s.th.* e-r S); **3.** müssen (*do, to do* tun); ► **~ no introduction** keine spezielle Einführung benötigen; **s.th. ~s doing, to be done** etw muß gemacht werden; **not to ~ to do s.th.** etw nicht zu tun brauchen; **III** *aux* brauchen, müssen, nötig sein; ► **~ he go?** muß er gehen? **you ~n't wait** du brauchst nicht zu warten; **it ~ not follow that ...** daraus folgt nicht unbedingt, daß ...
needle ['ni:dl] **I** *s* Nadel *f;* ► **look for a ~ in a haystack** e-e Stecknadel im Heuhaufen suchen; **give s.o. the ~** *fam* jdn reizen; **II** *tr fam* ärgern, sticheln.
need·less ['ni:dlɪs] *adj* unnötig; überflüssig; ► **~ to say** natürlich.
needle·work ['ni:dlwɜ:k] Handarbeit *f.*
needs [ni:dz] *adv* ► **if you ~ must do it** wenn du es durchaus tun willst.
needy ['ni:dɪ] *adj* bedürftig, notleidend.
ne'er-do-well ['neədu:wel] Tunichtgut *m.*
nef·arious [nɪ'feərɪəs] *adj* ruchlos.
ne·gate [nɪ'geɪt] *tr* **1.** verneinen, (ab-, ver)leugnen; **2.** zunichte machen; **ne·ga·tion** [nɪ'geɪʃn] **1.** Verneinung *f;* **2.** Negation *f.*
nega·tive ['negətɪv] **I** *adj* **1.** negativ; **2.** *(Antwort)* verneinend; **3.** *gram* verneint; ► **~ sign** Minuszeichen *n;* **II** *s* **1.** Verneinung *f a. gram;* **2.** *math* negative Größe; **3.** *phot* Negativ *n;* **4.** *gram* Negation *f;* ► **in the ~** negativ; **answer in the ~** e-e verneinende Antwort geben; mit Nein antworten.
ne·glect [nɪ'glekt] **I** *tr* **1.** vernachlässigen; **2.** *(Gelegenheit)* versäumen, unterlassen (*to do, doing* zu tun); **3.** *(Versprechen)* nicht einhalten; **4.** *(Rat)* nicht befolgen; **II** *s* Vernachlässigung *f;* Nachlässigkeit *f;* Versäumnis *n;* ► **~ of one's duties** Pflichtvergessenheit *f;* **ne·glect·ful** [nɪ'glektfl] *adj* nachlässig (*of* gegenüber).
neg·li·gence ['neglɪdʒəns] **1.** Nachlässigkeit, Unachtsamkeit *f;* **2.** *jur* Fahrlässigkeit *f;* ► **gross ~** grobe Fahrlässigkeit; **neg·li·gent** ['neglɪdʒənt] *adj* **1.** nachlässig, unachtsam (*of* gegen); **2.** *jur* fahrlässig; ► **be ~ of s.o.** jdn vernachlässigen; **neg·li·gible** ['neglɪdʒəbl] *adj* **1.** *(Summe)* geringfügig, unerheblich; **2.** unwesentlich, nebensächlich.
ne·go·ti·able [nɪ'gəʊʃɪəbl] *adj* **1.** *com* übertragbar; verkäuflich; **2.** *(Weg)* passierbar; befahrbar; ► **not ~** nicht übertragbar; **ne·go·ti·ate** [nɪ'gəʊʃɪeɪt] **I** *tr* **1.** verhandeln (über), aus-, unterhandeln; **2.** *com* handeln mit; tätigen; **3.** *fam (Hindernis, Kurve)* nehmen, überwinden, bewältigen; **II** *itr* ver-, unterhandeln (*for, about* um, wegen); **ne·go·ti·ation** [nɪˌgəʊʃɪ'eɪʃn] **1.** Verhandlung *f;* Aushandlung *f;* **2.** *fam* Nehmen, Überwinden *n;* ► **by way of ~s** auf dem Verhandlungswege; **it's a matter for ~** darüber muß verhandelt werden; **be in ~s with** in Verhandlungen stehen mit; **enter into ~s with** in Verhandlungen (ein)treten mit; **ne·go·ti·ator** [nɪ'gəʊʃɪeɪtə(r)] Unterhändler(in) *m (f).*
Ne·gress ['ni:gres] Negerin *f;* **Ne·gro** ['ni:grəʊ] ⟨*pl* -groes⟩ Neger *m.*
neigh [neɪ] **I** *itr* wiehern **II** *s* Wiehern *n.*
neigh·bour, *Am* **neigh·bor** ['neɪbə(r)] **I** *s* Nachbar(in) *m (f);* **II** *tr, itr (~ on)* angrenzen an; **neigh·bour·hood,** *Am* **neigh·bor·hood** [—hʊd] **1.** Nachbarschaft *f;* **2.** Viertel *n,* Gegend *f;* ► **in the ~ of** in der Nähe von; **neigh·bour·ing,** *Am* **neigh·bor·ing** [—ɪŋ] *adj* benachbart, angrenzend; umliegend; ► **~ community** Nachbargemeinde *f;* **neigh·bour·ly,** *Am* **neigh·bor·ly** [—lɪ] *adj* (gut)nachbarlich, freundschaftlich.
nei·ther ['naɪðə(r), *Am* 'ni:ðə(r)] **I** *prn* keine(r, s); ► **~ of them** keiner von beiden; **II** *adv* ► **~ ... nor** weder ... noch; **III** *conj* auch nicht; **IV** *adj* keine(r, s) der beiden; ► **in ~ case** in keinem Fall.
nem·esis ['neməsɪs] Nemesis *f a. fig.*
neo ['ni:əʊ] *pref* neo-, Neo.
neo·lithic [ˌni:ə'lɪθɪk] *adj* jungsteinzeitlich, neolithisch.
neol·ogism [ni:'ɒlədʒɪzəm] *ling* Neologismus *m.*
neon ['ni:ɒn] *chem* Neon *n;* **neon lamp, light** Neonröhre *f,* -licht *n.*
neo-nazi [ˌnɪ:əʊ'nɑ:tsɪ] **I** *adj* neonazistisch; **II** *s* Neonazi *m;* **neo-nazi(i)sm** Neonazismus *m.*
nephew ['nevju:] Neffe *m.*
neph·ri·tis [nɪ'fraɪtɪs] Nierenentzündung *f.*
nep·ot·ism ['nepətɪzəm] Vetternwirtschaft *f,* Nepotismus *m.*
nerve [nɜ:v] **I** *s* **1.** *anat* Nerv *m;* **2.** Mut *m;* **3.** Frechheit, Unverschämtheit *f;* **4.** *bot* Ader *f,* Nerv *m;* ► **get on s.o.'s ~s** *fam* jdm auf die Nerven gehen; **have the ~ to do s.th.** sich trauen, etw zu tun; **lose one's ~** die Nerven, den Mut verlieren; **strain every ~** alle Kraft anspannen; **be all ~s** ein Nervenbündel sein;

suffer from ~s nervös sein; fit of ~s Nervenkrise *f;* ~-cell Nervenzelle *f;* ~-centre, *Am* ~-center Nervenknoten *m;* II *tr* stärken, kräftigen; ermutigen; ► ~ o.s. for s.th. sich darauf vorbereiten, etw zu tun; **nerve·less** ['nɜ:vlɪs] *adj* 1. ohne Nerven; 2. *(Mensch)* seelenruhig; **nerve-rack·ing** ['nɜ:vrækɪŋ] *adj* nervenaufreibend.

nerv·ous ['nɜ:vəs] *adj* 1. *anat* Nerven-, nervös; 2. nervös, aufgeregt; ► feel ~ nervös sein; I am ~ about him mir ist bange um ihn; ~ breakdown Nervenzusammenbruch *m;* ~ energy Vitalität *f;* ~ system Nervensystem *n;* be, feel a ~ wreck völlig mit den Nerven fertig sein; **ner·vous·ness** [—nɪs] Nervosität *f;* Aufgeregtheit *f.*

nervy ['nɜ:vɪ] *adj* 1. *fam* nervös, aufgeregt; 2. *Am* frech, unverschämt.

nest [nest] I *s* 1. (Vogel)Nest *n;* 2. *fig* Schlupfwinkel *m;* 3. *(von Gegenständen)* Satz *m;* ► feather one's ~ sein Schäfchen ins trockene bringen; ~ of tables Satztisch *m;* II *itr* nisten; **nest-egg** ['nesteg] *fig* Notpfennig, -groschen *m;* **nest·ing-box** ['nestɪŋbɒks] Nistkasten *m.*

nestle ['nesl] *itr* ► ~ down in bed sich ins Bett kuscheln; ~ up to s.o. sich an jdn schmiegen.

nest·ling ['nestlɪŋ] Nestling *m.*

net[1] [net] I *s* 1. Netz *n;* 2. *(Textil)* Netzgewebe *n;* ► fall into the ~ ins Garn gehen; hair-~ Haarnetz *n;* mosquito-~ Moskitonetz *n;* II *tr* 1. mit e-m Netz bedecken; 2. mit dem Netz fangen; 3. *(Tennisball)* ins Netz schlagen.

net[2], **nett** [net] I *adj* netto, rein; ► ~ profit Reingewinn, Nettoertrag *m;* II *tr* netto einnehmen; netto verdienen.

net·ball ['netbɔ:l] Korbball *m;* **net curtain** Tüllgardine *f.*

Nether·lands ['neðələndz] *pl* ► the ~ die Niederlande *pl.*

net·ting ['netɪŋ] Netzwerk, Geflecht *n;* ► wire ~ Maschendraht *m.*

nettle ['netl] I *s bot* Nessel *f;* ► grasp the ~ *fig* in den sauren Apfel beißen; stinging ~ Brennessel *f;* II *tr fig* ärgern, wurmen *fam;* **nettle·rash** ['netlræʃ] *med* Nesselausschlag *m.*

net·work ['netwɜ:k] 1. *el* Netzwerk *n;* 2. Netz *n;* 3. *TV* Sendenetz *n;* **net·working** [—ɪŋ] *EDV* Vernetzung *f.*

neu·ral ['njʊərəl] *adj* Nerven-; **neu·ralgia** [njʊə'rældʒə] Neuralgie *f;* **neu·ralgic** [nju:'rældʒɪk] *adj* neuralgisch.

neur·as·thenia [ˌnjʊərəs'θi:nɪə] Neurasthenie, Nervenschwäche *f.*

neur·itis [njʊə'raɪtɪs] Neuritis, Nervenentzündung *f.*

neur·ol·ogist [njʊə'rɒlədʒɪst] Neurologe *m,* -login *f,* Nervenarzt *m,* -ärztin *f;* **neur·ol·ogy** [njʊə'rɒlədʒɪ] Neurologie *f.*

neur·osis [njʊə'rəʊsɪs] ⟨*pl* -oses⟩ [njʊə'rəʊsi:z] Neurose *f;* **neur·otic** [njʊə'rɒtɪk] I *adj* neurotisch; II *s* Neurotiker(in *f*) *m.*

neu·ter ['nju:tə(r)] I *adj* 1. *biol* geschlechtslos; 2. *gram* sächlich; II *s* 1. *gram* Neutrum *n;* 2. geschlechtsloses Wesen; III *tr* kastrieren.

neu·tral ['nju:trəl] I *adj* neutral; II *s* 1. Neutrale(r) *f m;* 2. *mot* Leerlauf *m;* ► be in ~ im Leerlauf sein; **neu·tral·ity** [nju:'trælətɪ] Neutralität *f;* **neu·tral·iz·ation** [ˌnju:trəlaɪ'zeɪʃn] Neutralisierung *f;* **neu·tral·ize** ['nju:trəlaɪz] *tr* 1. neutralisieren *a. chem;* 2. *fig* kompensieren, aufheben; unwirksam machen.

neu·tron ['nju:trɒn] *phys* Neutron *n;* **neutron bomb** Neutronenbombe *f.*

never ['nevə(r)] *adv* 1. nie, niemals; 2. durchaus nicht, ganz und gar nicht; ► I have ~ seen him before ich habe ihn noch nie gesehen; ~ before noch nie; ~ even nicht einmal; that will ~ do! das geht ganz und gar nicht; well I ~ (did)! nein, so was! ~ mind! macht nichts! on the ~-~ *Br fam* auf Pump; **never-ending** [ˌnevər'endɪŋ] *adj* endlos, unaufhörlich; **never-fail·ing** [ˌnevə'feɪlɪŋ] *adj* unfehlbar; **never·more** [ˌnevə'mɔ:(r)] *adv* nimmermehr.

never·the·less [ˌnevəðə'les] *adv* nichtsdestoweniger, trotzdem.

new [nju:] *adj* 1. neu (*from* aus); 2. *(Mode)* modern, neu; 3. ungewohnt, fremd(artig); 4. *(Brot)* frisch; ► that's nothing ~ das ist nichts Neues; as ~ wie neu; ~ potatoes *pl* neue Kartoffeln *f pl;* the ~ rich *pl* die Neureichen *pl;* ~ moon Neumond *m;* **new-born** *adj* neugeboren; **new-comer** ['nju:ˌkʌmə(r)] Neuankömmling *m;* Neuling *m.*

newel ['nju:əl] (Treppen)Spindel *f;* Treppen-, Geländerpfosten *m.*

new-fangled [ˌnju:'fæŋgld] *adj* neumodisch; **new-fashioned** [ˌnju:'fæʃnd] *adj* modisch, modern; **new·ish** ['nju:ɪʃ] *adj* ziemlich neu; **new-laid** *adj* frisch; **new·ly** ['nju:lɪ] *adv* frisch; ► ~-made ganz neu; ganz frisch; ~ married frisch verheiratet; **newly-wed** ['nju:lɪwed] Neu-, Frischvermählte(r) *f m; pl* jungverheiratetes Paar.

news [nju:z] *pl mit sing* 1. Nachricht *f;* Neuigkeit(en *pl*) *f;* 2. *TV radio* Nachrichten *f pl;* ► break the ~ to s.o. jdm die schlimme Nachricht überbringen; what's the ~? was gibt's Neues? that's ~ to me das ist mir neu; that's no ~ to me das wußte ich schon; I've had no ~ from him for a long time ich habe lange nichts von ihm gehört; a piece of ~ e-e Neuigkeit, Nachricht; ~ in brief Kurznachrichten *f pl;* **news agency**

Nachrichtenagentur *f;* **news·agent** ['nju:zˌeɪdʒənt] *Br* Zeitungshändler(in) *m (f);* **news-boy** *Am* Zeitungsjunge *m;* **news·cast** ['nju:zˌkɑ:st] *radio* Nachrichten(sendung *f*) *pl;* **news·caster** ['nju:zˌkɑ:stə(r)] *radio* Nachrichtensprecher(in) *m (f);* **news·dealer** ['nju:zdi:lə(r)] *Am* Zeitungshändler(in) *m (f);* **news·flash** ['nju:zflæʃ] Kurzmeldung *f;* **news item** Nachricht *f;* **news·let·ter** ['nju:zˌletə(r)] Rundschreiben *n;* **news·monger** ['nju:zˌmʌŋgə(r)] Klatschmaul *n; (in Zeitung)* Klatschspaltenschreiber(in) *m (f).*

news·paper ['nju:speɪpə(r)] Zeitung *f;* ▶ **daily** ~ Tageszeitung *f;* ~ **cutting** Zeitungsausschnitt *m;* ~ **man** Zeitungsmann *m;* Journalist *m;* ~**reader** Zeitungsleser(in) *m (f);* ~ **report** Zeitungsbericht *m.*

news·print ['nju:zprɪnt] Zeitungspapier *n;* **news·reader** ['nju:zri:də(r)] Nachrichtensprecher(in) *m (f);* **news·room** ['nju:zrʊm] **1.** Zeitschriftenzimmer *n (e-r Bibliothek);* **2.** *(Zeitung, Sendeanstalt)* Nachrichtenredaktion *f;* **news-stand** Zeitungsstand, -kiosk *m;* **newsy** ['nju:zɪ] *adj fam* voller Neuigkeiten.

newt [nju:t] *zoo* Molch *m;* ▶ **as pissed as a** ~ *vulg* sturzbesoffen.

New Year [ˌnju:'jɜ:(r), —'jɪə(r)] neues Jahr; ▶ ~**'s Day** Neujahr(stag *m*) *n;* **a happy** ~**!** glückliches neues Jahr! ~**'s Eve** Silvesterabend *m.*

New Zea·land [ˌnju:'zi:lənd] **I** *s* Neuseeland *n;* **II** *adj* neuseeländisch; **New Zea·lander** [ˌnju:'zi:ləndə(r)] Neuseeländer(in) *m (f).*

next [nekst] **I** *adj (zeitlich, räumlich)* nächste(r, s); ▶ ~ **time I see him** wenn ich ihn das nächste Mal sehe; **this time** ~ **week** nächste Woche um diese Zeit; **the year after** ~ übernächstes Jahr; **who's** ~**?** wer ist der nächste? ~ **please!** der nächste bitte! **the** ~ **best** der, die, das nächstbeste; **II** *s* nächste(r); **III** *adv* **1.** dann, darauf, nachher; **2.** das nächste Mal; ▶ **what shall we do** ~**?** was sollen wir als nächstes machen? ~ **to s.o.** neben jdm; ~ **to the skin** direkt auf der Haut; ~ **to impossible** nahezu unmöglich; **next-door** [ˌneks'dɔ:(r)] **I** *adv* nebenan; ▶ **they live** ~ **to us** sie wohnen direkt neben uns; **it's** ~ **to madness** das grenzt an Wahnsinn; **II** *adj* ▶ **the** ~ **house** das Nebenhaus; **next of kin** nächste Verwandte *pl.*

nexus ['neksəs] Verknüpfung, Verkettung *f.*

nib [nɪb] Feder(spitze) *f.*

nibble ['nɪbl] **I** *tr* knabbern; nur anessen, herumnagen an; **II** *itr* **1.** knabbern (*at* an); herumnagen; **2.** *fig* sich interessiert zeigen; **III** *s* Knabbern *n* (*at* an).

Ni·ca·ragua [ˌnɪkə'rægjʊə] Nicaragua *n;* **Ni·ca·raguan** [—n] **I** *adj* nicaraguanisch; **II** *s* Nicaraguaner(in) *m (f).*

nice [naɪs] *adj* **1.** nett; sympathisch; hübsch; **2.** *(Essen)* gut, lecker; **3.** *(Manieren)* fein (*to* gegen); **4.** *iro* nett, schön, sauber; **5.** *(Unterschied)* fein, genau; **6.** *(Mensch)* wählerisch, schwierig, schwer zu befriedigen(d); ▶ **it's** ~ **and warm** es ist angenehm warm; **take it** ~ **and easy** überanstrengen Sie sich nicht; **come** ~ **and early!** komm schön früh! **did you have a** ~ **time?** haben Sie sich gut unterhalten? **how** ~ **to see you!** reizend, schön Sie zu sehen! **this is a** ~ **state of affairs!** das ist e-e schöne Geschichte! ~**-looking** gut aussehend; **nice·ly** ['naɪslɪ] *adv* **1.** angenehm, nett, liebenswürdig(erweise); **2.** *(unterscheiden)* genau, fein; ▶ **go** ~ wie geschmiert laufen; **that will do** ~ das reicht vollauf; **nicety** ['naɪsətɪ] **1.** Genauigkeit, Sorgfalt *f;* **2.** Feinheit *f;* **3.** *pl* Feinheiten, Details *pl;* ▶ **to a** ~ haargenau; **a point of some** ~ ein feiner Punkt.

niche [nɪtʃ, ni:ʃ] **1.** *arch* (Wand)Nische *f;* **2.** *fig* Plätzchen *n* (*for* für).

nick[1] [nɪk] **I** *s* Kerbe *f;* ▶ **in the** ~ **of time** gerade noch rechtzeitig; **II** *tr* **1.** (ein)kerben; **2.** *(Kugel)* streifen; ▶ ~ **one's chin** sich am Kinn schneiden.

nick[2] [nɪk] **I** *tr sl* **1.** einsperren, einlochen; **2.** klauen, stehlen; **II** *s sl* Knast *m,* Kittchen *n.*

nickel ['nɪkl] **1.** *chem* Nickel *n;* **2.** *(Am, Kanada)* Fünfcentstück *n.*

nick·name ['nɪkneɪm] **I** *s* Spitzname *m;* **II** *tr* e-n Spitznamen geben (*s.o.* jdm).

nic·otine ['nɪkəti:n] Nikotin *n.*

niece [ni:s] Nichte *f.*

nifty ['nɪftɪ] *adj sl* **1.** schick, fesch, smart; **2.** *(Werkzeug)* geschickt gemacht; raffiniert.

nig·gard·ly ['nɪgədlɪ] *adj* **1.** knauserig, geizig (*of* mit); **2.** *(Betrag)* armselig, schäbig.

nig·ger ['nɪgə(r)] *pej* Neger(in) *m (f);* ▶ **that's the** ~ **in the woodpile** das ist der Haken an der Sache.

niggle ['nɪgl] **I** *itr* herumkritisieren (*about* an); **II** *tr* plagen, quälen; **niggling** ['nɪglɪŋ] *adj* **1.** überkritisch; pingelig; **2.** *(Zweifel)* nagend, bohrend.

night [naɪt] **1.** Nacht *f a. fig;* **2.** (später) Abend *m;* **3.** Dunkelheit, Finsternis *f;* **4.** *theat* Vorstellung, Aufführung *f;* ▶ **all** ~ **(long)** die ganze Nacht (über); **at** ~ abends; bei Nacht, nachts; **far into the** ~ bis spät in die Nacht; **during the** ~ während der Nacht; **late at** ~ spät am Abend, spät abends; **by** ~ bei Nacht, in der Nacht, nachts; **on the** ~ **of June 3rd** am Abend des 3. Juni; **last** ~ gestern abend; **the** ~ **before last** vorgestern abend; ~ **and day** Tag und Nacht; ununterbrochen; ~ **after** ~ Nacht für Nacht, jede Nacht; **be on ~s** Nachtschicht haben; **have a good, bad ~** gut, schlecht schlafen; **have a ~ out, off** ausgehen; e-n freien Abend haben; **make a ~ of it** durchfeiern, -zechen; **stay the ~** die Nacht verbringen (*at* in; *with* bei); **~ is falling** die Nacht bricht herein; **first ~** Erstaufführung, Premiere, Eröffnungsvorstellung *f;* **the Arabian N~s** *pl* Tausendundeine Nacht; **night-bird** 1. Nachtvogel *m;* 2. *fig* Nachtschwärmer *m;* **night-blindness** Nachtblindheit *f;* **night·cap** ['naɪtkæp] 1. Nachtmütze *f;* 2. *fam* Schlummertrunk *m;* **night-clothes** *pl* Nachtzeug *n;* **night·club** ['naɪtklʌb] Nachtlokal *n,* Nachtklub *m;* **night·dress** ['naɪtdres] Nachthemd *n;* **night·fall** ['naɪtfɔ:l] Einbruch *m* der Dunkelheit; ► **at ~** beim Dunkelwerden.

night·in·gale ['naɪtɪŋgeɪl] Nachtigall *f.*

night life ['naɪtlaɪf] Nachtleben *n;* **night-long** ['naɪtlɒŋ] *adj* die Nacht hindurch; nächtelang; **night·ly** ['naɪtlɪ] I *adj* (all)nächtlich; abendlich; II *adv* jeden Abend, jede Nacht; **night·mare** ['naɪtmeə(r)] Alptraum *m a. fig;* **night-marish** ['naɪtmeərɪʃ] *adj* beklemmend, alptraumhaft; **night-nurse** Nachtschwester *f;* **night-porter** Nachtportier *m;* **night school** Abendschule *f;* **night shift** Nachtschicht *f;* ► **be on ~** Nachtschicht haben; **night·shirt** ['naɪtʃɜ:t] (Herren)Nachthemd *n;* **night stick** *Am* Schlagstock *m;* **night-time** Nachtzeit *f;* ► **in the ~** bei Nacht, nachts; **at ~** nachts; **night-watch** Nachtwache *f;* **night-watchman** ⟨*pl* -men⟩ Nachtwächter *m.*

ni·hil·ism ['naɪɪlɪzəm] Nihilismus *m;* **nihil·ist** ['naɪɪlɪst] Nihilist *m;* **ni·hil·is·tic** [ˌnaɪɪ'lɪstɪk] *adj* nihilistisch.

nil [nɪl] Nichts *n;* Null *f;* ► **two (to) ~** *sport* zwei zu null.

nimble ['nɪmbl] *adj* 1. (geistig) gewandt; 2. wendig, behende, flink (*at, in* bei); ► **~-footed** leichtfüßig; **~-witted** schlagfertig.

nin·com·poop ['nɪŋkəmpu:p] Einfaltspinsel *m.*

nine [naɪn] I *adj* neun; ► **~ days' wonder** Ereignis *n* des Tages, Eintagsfliege *f;* **~ months** *pl* Dreivierteljahr *n;* II *s* Neun *f;* ► **dressed up to the ~s** *fam* geschniegelt und gebügelt.

nine·pins ['naɪnpɪnz] *pl mit sing* Kegelspiel, Kegeln *n;* ► **play at ~** kegeln.

nine·teen [ˌnaɪn'ti:n] *adj* neunzehn; ► **talk ~ to the dozen** wie ein Wasserfall reden; **nine·teenth** [ˌnaɪn'ti:nθ] I *adj* neunzehnte(r, s); II *s* 1. Neunzehntel *n;* 2. Neunzehnte(r, s).

nine·ti·eth ['naɪntɪəθ] I *adj* neunzigste(r, s); II *s* 1. Neunzigstel *n;* 2. Neunzigste(r, s); **ninety** ['naɪntɪ] *adj* neunzig.

ninny ['nɪnɪ] Dummkopf *m.*

ninth [naɪnθ] I *adj* neunte(r, s); II *s* 1. Neuntel *n;* 2. Neunte(r, s); 3. *mus* None *f.*

nip[1] [nɪp] I *tr* 1. kneifen; zwicken; klemmen; 2. *(Frost, Kälte)* vernichten; angreifen; schneiden; ► **~ o.s.** sich in den Finger klemmen; **~ s.th. in the bud** *fig* etw im Keim ersticken; II *itr fam* rasch flitzen; III *s* 1. Kniff *m,* Biß *m;* 2. schneidende Kälte; ► **it was ~ and tuck** *Am* das war e-e knappe Sache; IV *(mit Präposition)* **nip along** *itr fam* dahinsausen; sich beeilen; **nip in** *itr fam* auf e-n Sprung vorbeikommen; **nip off** *tr* abkneifen, abzwicken, abschneiden; **nip out** *itr* hinaussausen.

nip[2] [nɪp] Schlückchen *n.*

nipple ['nɪpl] 1. *anat* Brustwarze *f;* 2. Schnuller *m;* 3. *tech* Nippel *m.*

nippy ['nɪpɪ] *adj* 1. *(Kälte)* schneidend; 2. *fam* fix, flink.

Nis·sen hut ['nɪsnhʌt] Wellblechbaracke *f.*

nit [nɪt] 1. *zoo* Nisse *f;* 2. *fam* Blödmann *m.*

ni·ter *Am s. nitre.*

nit-pick·ing ['nɪtpɪkɪŋ] *adj* kleinlich, pingelig.

ni·trate ['naɪtreɪt] *chem* Nitrat *n.*

nitre, *Am* **ni·ter** ['naɪtə(r)] Salpeter *m* od *n.*

ni·tric ['naɪtrɪk] *adj* salpetersauer; ► **~ acid** Salpetersäure *f;* **~ oxide** Stickoxyd *n;* **ni·trite** ['naɪtraɪt] Nitrit *n.*

ni·tro·gen ['naɪtrədʒən] Stickstoff *m.*

ni·tro·glycer·in(e) [ˌnaɪtrəʊ'glɪsəri:n] Nitroglyzerin *n.*

ni·trous ['naɪtrəs] *adj* ► **~ acid** salpet(e)rige Säure; **~ oxide** Lachgas *n.*

nitty-gritty [ˌnɪtɪ'grɪtɪ] ► **get down to the ~** zur Sache kommen.

nit·wit ['nɪtwɪt] *fam* Dummkopf *m.*

no [nəʊ] I *adv* 1. nein; 2. nicht; ► **answer ~** mit Nein antworten; **whether he comes or ~** ob er kommt oder nicht; **I have ~ more money** ich habe kein Geld mehr; **~ longer ago than last week** erst letzte Woche; II *adj* kein; ► **a person of ~ intelligence** ein Mensch ohne jede Intelligenz; **it's ~ use** das hat keinen Zweck; **~ smoking** Rauchen verboten; **there's ~ saying** man kann nie wissen; **there's ~ denying it** es läßt sich nicht leugnen; **in ~ time** im Nu; **there is ~ such thing** so etwas gibt es nicht; **I'll do ~ such thing** ich werde mich hüten; III *s* Nein *n;* Neinstimme *f;* ► **the ~es have it** die Mehrheit ist dagegen.

Nobel prize [nəʊˌbel'praɪz] Nobelpreis *m;* **Nobel prize winner** Nobelpreisträger(in) *m (f).*

no·bil·ity [nəʊ'bɪlətɪ] 1. Hochadel *m;* 2. *(Eigenschaft)* Adel *m,* (das) Edle.

noble ['nəʊbl] I *adj* 1. adlig; 2. *fig* edel, hochherzig; 3. gütig; 4. *(Erscheinung)* vornehm, würdig, würdevoll; 5. *(Monument)* stattlich, prächtig, prachtvoll; 6. *(Metall)* edel; II *s* Adlige(r) *f m;* **noble·man** ['nəʊblmən] ⟨*pl* -men⟩ Adlige(r) *m;* **noble-minded** [ˌnəʊbl'maɪndɪd] *adj* edel, vornehm; **nobly** ['nəʊblɪ] *adv* 1. vornehm; 2. nobel, edelmütig.

no·body ['nəʊbədɪ] I *prn* niemand, keiner; ► **we saw ~ we knew** wir sahen niemanden, den wir kannten; **~ else could have done it** es kann niemand anders gewesen sein; II *s fam* Niemand *m,* Null *f.*

no-claims bonus [ˌnəʊ'kleɪmz'bəʊnəs] *mot* Schadenfreiheitsrabatt *m.*

noc·tur·nal [nɒk'tɜ:nl] *adj* nächtlich.

nod [nɒd] I *itr* 1. nicken; wippen; 2. einnicken (*over* über); ► **~ in agreement** zustimmend nicken; **even Homer ~s** Irren ist menschlich; II *tr* nicken (*one's head* mit dem Kopf); ► **~ one's agreement** zustimmend nicken; III *s* Nicken, Zunicken *n;* ► **the land of N~** das Land der Träume; **give s.o. a ~** jdm zunicken; **nod·ding** ['nɒdɪŋ] *adj* ► **have a ~ acquaintance with s.o.** jdn flüchtig kennen.

node [nəʊd] Knoten *m.*

nod·ule ['nɒdju:l] 1. *med bot* Knötchen *n;* 2. *geol* Klümpchen *n.*

no-go area [nəʊgəʊ'eərɪə] Sperrgebiet *n.*

no·how ['nəʊhaʊ] *adv fam* nicht im geringsten.

noise [nɔɪz] I *s* 1. Geräusch *n;* 2. Lärm *m,* Geschrei *n;* 3. *tele* Rauschen *n; radio* Nebengeräusch *n,* Störung *f;* ► **make a ~** Krach machen; **make a ~ in the world** Aufsehen erregen, von sich reden machen; **make a lot of ~ about s.th.** viel Geschrei um etw machen; **a big ~** *sl* ein großes Tier; II *tr (~ abroad, about) (Gerücht)* verbreiten; **noise barrier** Lärmschutzwand *f;* **noise·less** ['nɔɪzlɪs] *adj* 1. geräuschlos; 2. *(Schritt)* lautlos; **noise prevention** Lärmschutz *m.*

noi·some ['nɔɪsəm] *adj* 1. widerlich, eklig; 2. giftig, schädlich.

noisy ['nɔɪzɪ] *adj* 1. geräuschvoll, laut, lärmend; 2. *(Debatte)* lebhaft, turbulent.

no·mad ['nəʊmæd] Nomade *m a. fig;* **no·madic** [nəʊ'mædɪk] *adj* nomadisch; wandernd, unstet.

no-man's-land ['nəʊmænzlænd] Niemandsland *n.*

no·men·cla·ture [nə'menklətʃə(r)] Nomenklatur *f;* Terminologie *f.*

nom·inal ['nɒmɪnl] *adj* 1. nominell; 2. *(Betrag)* nominell, symbolisch; 3. *gram* nominal; ► **~ amount** Nennbetrag *m;* **~ income** Nominaleinkommen *n;* **~ interest rate** *fin* Nominalzins *m;* **~ value** Nennwert *m;* **~ wages** *pl* Nominallohn *m;* **nom·inal·ly** ['nɒmɪnəlɪ] *adv* nominell.

nomi·nate ['nɒmɪneɪt] *tr* 1. ernennen; 2. nominieren, als Kandidaten aufstellen (*for* für); **nomi·na·tion** [ˌnɒmɪ'neɪʃn] 1. Ernennung *f* (*to* zu); 2. Nominierung *f,* Kandidatenvorschlag *m.*

nomi·na·tive ['nɒmɪnətɪv] I *s gram* Nominativ *m;* II *adj* ► **~ case** der Nominativ.

nom·inee [ˌnɒmɪ'ni:] Kandidat(in) *m (f).*

non [ˌnɒn] *pref* nicht-; **non-acceptance** *com* Nichtannahme, Annahmeverweigerung *f.*

nona·gen·ar·ian [ˌnɒnədʒɪ'neərɪən] Neunzigjährige(r) *f m.*

non-ag·gression [ˌnɒnə'greʃn] *pol* Nichtangriff *m;* **non-aggression pact** Nichtangriffspakt *m;* **non-alcoholic** *adj* alkoholfrei; **non-aligned** [ˌnɒnə'laɪnd] *adj pol* blockfrei; **non-alignment** [ˌnɒnə'laɪnmənt] *pol* Blockfreiheit *f;* **non-appearance** Nichterscheinen, Ausbleiben *n;* **non-attendance** Nichtteilnahme *f;* **non-belligerent** *adj* nicht kriegführend.

nonce-word ['nɒnswɜ:d] Ad-hoc-Bildung *f.*

non·cha·lant ['nɒnʃələnt] *adj* lässig, nonchalant.

non-com ['nɒnkɒm] *mil sl* Uffz *m;* **non-combatant** I *s mil* Nichtkämpfer *m;* II *adj* nicht am Kampf beteiligt; **non-combustible** *adj* nicht brennbar; **non-commissioned officer** Unteroffizier *m;* **non-committal** [ˌnɒnkə'mɪtəl] *adj* zurückhaltend, unverbindlich; **non-compliance** Nichtbefolgung, Nichteinhaltung *f* (*with s.th.* e-r S); **non compos mentis** *adj jur* unzurechnungsfähig.

non·con·form·ist [ˌnɒnkən'fɔ:mɪst] I *s* Nonkonformist(in) *m (f);* II *adj* nonkonformistisch; **non·con·form·ity** [ˌnɒnkən'fɔ:mətɪ] Nichteinhaltung *f,* Nichtkonformgehen *n* (*with* mit).

non·de·script ['nɒndɪskrɪpt] *adj* 1. *(Geschmack)* unbestimmbar; 2. *(Erscheinung)* unauffällig.

none [nʌn] I *prn* keine(r, s); keine; ► **~ at all** kein einziger; **~ but** niemand, nichts außer; nur; **the new arrival was ~ other than ...** der Neuankömmling war kein anderer als ... **~ but the best** nur das Beste; **~ of that!** laß das! Schluß damit! **~ other** kein anderer; **that's ~ of your business** das geht dich nichts an; II *adv* ► **be ~ the wiser** auch nicht schlauer sein; **~ the less** nichtsdestoweniger, trotzdem; **~ too soon** gerade noch zur rechten Zeit; **~ too sure** durchaus nicht sicher; **it's ~ too warm** es ist keineswegs zu warm.

non·en·tity [nɒ'nentətɪ] *(Mensch)* Nullität *f*, unbedeutende Figur.

non-es·sen·tial [ˌnɒnɪˈsenʃl] **I** *adj* unwesentlich; unnötig; nicht lebenswichtig; **II** *s pl* nicht lebensnotwendige Dinge *n pl;* **non-event** *fam* Reinfall *m,* Pleite *f;* **non-existence** Nichtvorhandensein *n;* **non-existent** *adj* nicht existierend; **non-flammable** *adj* nicht brennbar; nicht entflammbar; **non-infectious** *adj* nicht ansteckend; **non-iron** *adj* bügelfrei; **non-negotiable** *adj com* nicht übertragbar.

non-pareil [ˌnɒnpəˈreɪl] **I** *adj* unerreicht; **II** *s* **1.** Non plus ultra *n;* unerreichter Meister; **2.** *typ* Nonpareille *f.*

non·plus [ˌnɒnˈplʌs] *tr* verblüffen; ▶ **be ~sed** verdutzt sein.

non-pol·lut·ing [ˌnɒnpəˈlu:tɪŋ] *adj* umweltfreundlich; **non-productive** *adj* unproduktiv; ▶ **~ industries** *pl* Dienstleistungssektor *m;* **non-profit making** *adj* nicht auf Gewinn gerichtet; gemeinnützig; **non-proliferation** Nichtweitergabe *f* von Atomwaffen; **non-proliferation treaty** Atomsperrvertrag *m;* **non-resident I** *adj* nicht (orts)ansässig; **II** *s* **1.** Nichtortsansässige(r) *f m;* **2.** *(im Hotel)* nicht im Haus wohnender Gast; **non-scheduled** *adj* außerplanmäßig.

non·sense [ˈnɒnsns] Unsinn, Quatsch *m;* dummes Zeug; ▶ **make (a) ~ of s.th.** etw sinnlos machen; **stand no ~** keine Dummheiten dulden; **and no ~!** und keine Dummheiten! **no more of your ~!** Schluß mit dem Unsinn! **non·sen·si·cal** [nɒnˈsensɪkl] *adj* un-, blödsinnig.

non-shrink [ˌnɒnˈʃrɪŋk] *adj* nicht einlaufend; **non-skid** *adj* rutschsicher; **non-smoker** Nichtraucher(in) *m (f);* **non-starter 1.** *(Rennen)* nicht startendes Pferd; **2.** *(Mensch, Idee)* Blindgänger *m;* **non-stop I** *adj* durchgehend; ohne Unterbrechung; Nonstop-; ▶ **~ flight** Nonstopflug, Direktflug *m;* **~ train** durchgehender Zug; **II** *adv (Flug)* nonstop; ohne Unterbrechung; **non-verbal** [ˌnɒnˈvɜ:bl] *adj* nonverbal.

noodle [ˈnu:dl] Nudel *f.*

nook [nʊk] **1.** (Zimmer)Ecke *f;* **2.** *fig* (Schlupf)Winkel *m;* ▶ **in every ~ and cranny** in jedem Winkel.

noon [nu:n] Mittag *m;* ▶ **at ~** um zwölf Uhr mittags.

no-one [ˈnəʊwʌn] *s. nobody.*

noose [nu:s] Schlaufe, Schlinge *f a. fig;* ▶ **put one's head in the ~** *fig* den Kopf in die Schlinge stecken.

nope [nəʊp] *adv sl* nein.

nor [nɔ:(r)] *conj* **1.** noch; **2.** und ... auch nicht; ▶ **neither ... ~** weder ... noch; **~ I** ich auch nicht.

Nor·dic [ˈnɔ:dɪk] *adj* nordisch; ▶ **the ~ Council** der Nordische Rat.

norm [nɔ:m] Richtschnur, Norm *f.*

nor·mal [ˈnɔ:ml] **I** *adj* **1.** normal; üblich; **2.** *math* senkrecht; **3.** *chem* Normal-; ▶ **~ consumption** Normalverbrauch *m;* **~ output** Normalleistung *f;* **~ size** Normalgröße *f;* **II** *s* **1.** Normalwert, Durchschnitt *m;* **2.** *math* Senkrechte *f;* **nor·mal·ity** [nɔ:ˈmælətɪ] Normalität *f;* ▶ **return to ~** sich wieder normalisieren; **nor·mal·ize** [ˈnɔ:məlaɪz] *tr* normalisieren; wiederherstellen; **nor·mally** [ˈnɔ:məlɪ] *adv* normalerweise, gewöhnlich.

north [nɔ:θ] **I** *s* Norden *m;* ▶ **in the ~** im Norden; **to the ~ of** im Norden von; **face ~** nach Norden liegen; **II** *adj* nördlich; **III** *adv* in nördlicher Richtung, nach Norden; ▶ **~ of** nördlich von; **North Africa** Nordafrika *n;* **North African I** *adj* nordafrikanisch; **II** *s* Nordafrikaner(in) *m (f);* **North America** Nordamerika *n;* **North American I** *adj* nordamerikanisch; **II** *s* Nordamerikaner(in) *m (f).*

north-east [ˌnɔ:θˈi:st] **I** *s* Nordost(en) *m;* **II** *adj* nordöstlich; **north-eastern** [ˌnɔ:θˈi:stən] *adj* nordöstlich.

north·er·ly [ˈnɔ:ðəlɪ] **I** *adj* nördlich; **II** *adv* nach, von Norden.

north·ern [ˈnɔ:ðən] *adj* nördlich; ▶ **N~ Ireland** Nordirland *n;* **the ~ lights** *pl* das Nordlicht; **north·erner** [ˈnɔ:ðənə(r)] **1.** Nordländer(in) *m (f);* **2.** *Am* Nordstaatler(in) *m (f);* **north·ern·most** [ˈnɔ:ðənməʊst] *adj* nördlichste(r, s).

North Pole [ˈnɔ:θpəʊl] Nordpol *m;* **North Sea** Nordsee *f;* **North-South divide** Nord-Süd-Gefälle *n.*

north·west [ˌnɔ:θˈwest] **I** *s* Nordwest(en) *m;* **II** *adj* nordwestlich; **north·west·erly** [ˌnɔ:θˈwestəlɪ] *adj* nordwestlich.

Nor·way [ˈnɔ:weɪ] Norwegen *n;* **Nor·wegian** [nɔ:ˈwi:dʒən] **I** *adj* norwegisch; **II** *s* **1.** Norweger(in) *m (f);* **2.** *(Sprache)* (das) Norwegisch(e).

nose [nəʊz] **I** *s* **1.** Nase *f;* **2.** Geruch(ssinn) *m,* Nase *f (for* für); **3.** *(Wein)* Blume *f;* **4.** *tech* Vorderteil *n;* **5.** *mar* Bug *m;* **6.** *aero* Nase *f;* **7.** *(Rohr)* Mündung *f;* ▶ **hold one's ~** sich die Nase zuhalten; **the tip of one's ~** die Nasenspitze; **bleed at the ~** aus der Nase bluten; **follow your ~** immer der Nase nach; **do s.th. under s.o.'s very ~** etw vor jds Augen tun; **by a ~** *(Pferderennen)* um e-e Nasenlänge; **pay on the ~** sofort bezahlen; **look down one's ~ at s.o.** auf jdn herabblicken; **with one's ~ in the air** hochnäsig; **blow one's ~** sich die Nase putzen; **cut off one's ~ to spite one's face** *fig* sich ins eigene Fleisch schneiden; **lead s.o. by the ~** *fig* jdn an der Nase herumführen; **poke, stick one's ~ into s.th.** *fig* seine Nase in etw stecken; **pay through the ~** e-n zu hohen Preis bezahlen; **put s.o.'s ~ out of joint** *fig* jdn ausstehen; **turn up one's ~ at** die Nase rümpfen über; **II** *tr, itr* ▶ **the ship ~d its way through the ice** das Schiff pflügte sich durch das Eis; **~ into s.o.'s affairs** seine Nase in jds Angelegenheiten stecken; **III** *(mit Präposition)* **nose about** *itr* herumschnüffeln; **nose out** *tr* aufspüren; ausschnüffeln; *itr (Auto)* sich vorschieben; **nose·bleed** ['nəʊzbli:d] Nasenbluten *n;* **nose·cone** ['nəʊzkəʊn] Raketenspitze *f;* **nose-dive** ['nəʊzdaɪv] **I** *s aero* Sturzflug *m;* **II** *itr* e-n Sturzflug machen; ▶ **~ off s.th.** vornüber von etw stürzen;

nose·gay ['nəʊzgeɪ] Blumenstrauß *m.*

nose-wheel ['nəʊzwi:l] *aero* Bugrad *n;* **nosey** ['nəʊzɪ] *s. nosy.*

nosh [nɒʃ] **I** *itr sl* futtern; **II** *s sl* Futter *n;* ▶ **let's have a quick ~** laß uns schnell einen Happen essen; **nosh-up** ['nɒʃʌp] *sl* Freßgelage *n.*

nos·tal·gia [nɒ'stældʒə] Nostalgie *f;* **nos·tal·gic** [nɒ'stældʒɪk] *adj* nostalgisch.

nos·tril ['nɒstrəl] Nasenloch *n,* Nüster *f.*

nosy ['nəʊzɪ] *adj fam* neugierig; **nosy parker** *fam* Schnüffler(in) *m (f).*

not [nɒt] *adv* nicht; ▶ **he warned me ~ to be late** er warnte mich, nicht zu spät zu kommen; **you were wrong in ~ making a protest** es war falsch von dir, nicht zu protestieren; **~ a bit** kein bißchen; **~ any more** nicht mehr; **~ yet** noch nicht; **~ at all** durchaus, überhaupt, gar nicht; keineswegs; **~ any more** nicht mehr; **~ a few** nicht wenige; **~ in the least** nicht im geringsten; **~ to say** um nicht zu sagen; **~ so** nein; **~ to speak of** ganz zu schweigen von; **you are coming, are you ~?** Sie kommen doch, oder? **are you tired? — ~ at all** sind Sie müde? — überhaupt nicht; **certainly ~** gewiß nicht; **as likely as ~** vielleicht; vielleicht auch nicht; **~ that I care, but ...** es ist mir zwar egal, aber ... **it's ~ to be thought of** das kommt nicht in Frage.

no·table ['nəʊtəbl] **I** *adj* **1.** *(Erfolg)* bemerkenswert; **2.** *(Mensch)* bedeutend; **3.** *(Unterschied)* beträchtlich, beachtlich; **II** *s* bekannte Persönlichkeit; **notably** ['nəʊtəblɪ] *adv* **1.** auffallend; beträchtlich; **2.** insbesondere, hauptsächlich.

no·tary ['nəʊtərɪ] *(~ public)* Notar(in) *m (f).*

no·ta·tion [nəʊ'teɪʃn] **1.** Zeichensystem *n,* Zeichen *n pl;* **2.** *mus* Notenschrift *f;* **3.** Vermerk *m,* Aufzeichnung *f.*

notch [nɒtʃ] **I** *s* **1.** Kerbe *f,* Einschnitt *m;* Scharte *f;* **2.** *Am* Schlucht *f,* Engpaß *m;* **II** *tr* (ein)kerben, einschneiden; ▶ **~ up** *(Punkte)* erzielen; erringen; *(Erfolg)* verzeichnen können.

note [nəʊt] **I** *s* **1.** Notiz, Anmerkung *f;* Fußnote *f;* Vermerk *m;* **2.** *mus* Note *f;* Ton *m;* **3.** Brief *m,* kurze Mitteilung; **4.** (diplomatische) Note *f,* Memorandum *n;* **5.** *fin* Banknote *f,* Schein *m;* ▶ **make a ~ of s.th.** sich etw aufschreiben; **speak without ~s** frei sprechen; **send s.o. a ~** jdm ein paar Zeilen schicken; **strike the right, wrong ~** *fig* den richtigen, falschen Ton treffen; **take ~ of s.th.** etw zur Kenntnis nehmen; **take ~s** sich Notizen machen (*of* über); **there was a ~ of self-satisfaction in his speech** in seiner Rede war ein selbstzufriedener Ton; **bank ~** Banknote *f;* **II** *tr* **1.** bemerken, beachten; zur Kenntnis nehmen; **2.** *(~ down)* notieren, aufschreiben; **note-book** ['nəʊtbʊk] Notizbuch *n;* **noted** ['nəʊtɪd] *adj* berühmt (*for* wegen); **note·pad** ['nəʊtpæd] Notizblock *m;* **note·paper** ['nəʊtˌpeɪpə(r)] Schreib-, Briefpapier *n;* **note·worthy** ['nəʊtˌwɜ:ðɪ] *adj* bemerkens-, beachtenswert.

no·thing ['nʌθɪŋ] **I** *s* **1.** Nichts *n;* **2.** *math fig* Null *f;* **II** *s, prn, adv* nichts; ▶ **eat ~** nichts essen; **five feet ~** genau 5 Fuß; **for ~** umsonst; **say ~ of** ganz zu schweigen von; **~ but** nur; **~ else** sonst nichts; **~ more** sonst nichts; **~ much** nicht viel; **~ less than** nur; **~ if not** äußerst, im höchsten Grade; **~ new** nichts Neues; **come to ~** zunichte werden, sich zerschlagen; **have ~ to do with** nichts zu tun haben mit; **make ~ of** sich nichts machen aus; nichts anfangen können mit; **that's ~!** das ist gar nichts! **think ~ of** nichts halten von; **there is ~ like that** da kommt nichts mit; **~ came of it!** daraus wurde nichts! **~ doing!** nichts zu machen! **there is ~ for it but** es gibt keine andere Möglichkeit als; **little or ~** wenig oder (gar) nichts; **next of, to ~** fast nichts; **no·thing·ness** ['nʌθɪŋnɪs] Nichts *n.*

no·tice ['nəʊtɪs] **I** *s* **1.** Bescheid *m,* Benachrichtigung *f;* Mitteilung *f;* **2.** Bekanntmachung *f,* Anschlag *m* (*on the bulletin board* am Schwarzen Brett); Plakat *n;* Schild *n;* **3.** Kündigung *f;* **4.** Kritik, Rezension *f;* ▶ **at a moment's ~** sofort, jederzeit; **at short ~** kurzfristig; **at a week's ~** innerhalb e-r Woche; **until further ~** bis auf weiteres; **without ~** ohne Ankündigung; fristlos; **attract ~** Aufmerksamkeit erregen; **bring s.th. to s.o.'s ~** jdm etw zur Kenntnis bringen; **give s.o. ~** jdm kündigen; **give s.o. ~ of s.th.** jdn von etw benachrichtigen; **hand in one's ~** kündigen; **post a ~** e-n Anschlag machen; **serve ~ on s.o.** *jur* jdn vorladen; **take ~** be(ob)achten; aufpassen; **take ~ of s.th.** etw beachten, zur Kenntnis, von etw Notiz nehmen; **take no ~ of s.o.** jdn ignorieren; **make s.o.**

sit up and take ~ jdn aufhorchen lassen; **she gave us** ~ **to move** sie hat uns(ere Wohnung) gekündigt; **that's beneath my** ~ das nehme ich nicht zur Kenntnis; **a month's** ~ monatliche Kündigung; **official** ~ amtliche Bekanntmachung; **public** ~ öffentliche Bekanntmachung; ~ **of receipt** Empfangsbestätigung *f;* ~ **to pay** Zahlungsaufforderung *f;* ~ **to quit** Kündigung *f;* **II** *tr* bemerken; wahrnehmen; zur Kenntnis nehmen; merken; **no·tice·able** ['nəʊtɪsəbl] *adj* **1.** erkennbar, wahrnehmbar; sichtbar; deutlich; **2.** *(Vergnügen)* sichtlich, merklich; **notice-board** Anschlagbrett *n;* Schwarzes Brett.

no·ti·fi·able ['nəʊtɪfaɪəbl] *adj* melde-, anzeigepflichtig; **no·ti·fi·ca·tion** [ˌnəʊtɪfɪ'keɪʃn] **1.** Benachrichtigung, Mitteilung *f;* **2.** *(e-s Verlustes)* Meldung, Anzeige *f;* **no·tify** ['nəʊtɪfaɪ] *tr* **1.** benachrichtigen, unterrichten; **2.** *(Verlust)* melden; ► ~ **s.o. of s.th.** jdn von etw benachrichtigen, jdm etw mitteilen; **be notified of s.th.** über etw informiert werden, von etw benachrichtigt werden.

no·tion ['nəʊʃn] **1.** Idee *f;* Vorstellung *f;* Ahnung *f;* **2.** Ansicht, Meinung *f;* **3.** *pl Am* Kurzwaren *f pl;* ► **have no** ~ **of s.th.** von etw keine Ahnung haben; **give s.o.** ~**s** jdn auf Ideen bringen; **I have a** ~ **that ...** ich habe den Verdacht, daß ... **get a** ~ **to do s.th.** Lust bekommen, etw zu tun; **no·tional** ['nəʊʃənl] *adj* **1.** fiktiv, angenommen; symbolisch; **2.** *philos* spekulativ.

no·tor·iety [ˌnəʊtə'raɪətɪ] traurige Berühmtheit; **no·tori·ous** [nəʊ'tɔ:rɪəs] *adj* **1.** *(Tatsache)* berühmt-berüchtigt; **2.** *(Platz)* verrufen, verschri(e)en; **3.** *(Lügner)* notorisch; ► **be** ~ **for s.th.** für etw berüchtigt sein.

not·with·stand·ing [ˌnɒtwɪθ'stændɪŋ] **I** *prep* trotz, ungeachtet *gen;* **II** *adv* trotzdem, dennoch; **III** *conj* ► ~ **that** obgleich, obwohl.

nou·gat ['nu:gɑ:] Nugat *m* od *n.*

nought [nɔ:t] **1.** Null *f;* **2.** *lit* Nichts *n;* ► **come to** ~ sich zerschlagen; **bring to** ~ zunichte machen; **she thinks** ~ **of it** sie macht das bedenkenlos.

noun [naʊn] *gram* Hauptwort, Substantiv *n.*

nour·ish ['nʌrɪʃ] **I** *tr* **1.** (er)nähren (*on, with* von); **2.** *fig* nähren, hegen; **II** *itr* nahrhaft sein; **nour·ish·ing** [—ɪŋ] *adj* nahrhaft; **nour·ish·ment** [—mənt] Nahrung *f.*

novel[1] ['nɒvl] *adj* neu(artig).

novel[2] ['nɒvl] Roman *m;* **novel·ette** [ˌnɒvə'let] Kitschroman *m;* **novel·ist** ['nɒvəlɪst] Romanschriftsteller(in) *m (f).*

nov·elty ['nɒvltɪ] **1.** Neuheit *f;* **2.** Novum *n;* **3.** *meist pl com* Neuheiten *f pl.*

No·vem·ber [nəʊ'vembə(r)] November *m;* ► **in** ~ im November.

nov·ice ['nɒvɪs] **1.** *rel* Novize *m;* **2.** *fig* Anfänger(in) *m (f),* Neuling *m.*

now [naʊ] **I** *adv* **1.** jetzt, nun; gleich, sofort; (so)eben; **2.** heute, heutzutage; ► **just** ~ gerade; gleich, sofort; **I'll do it just** ~ ich mache es jetzt gleich; **it's** ~ **or never** jetzt oder nie; **by** ~ inzwischen, mittlerweile; **before** ~ bis jetzt; schon früher; **for** ~ im Moment, vorläufig; **from** ~ **on** von nun an; **from** ~ **until then** bis dahin; **up to** ~, **till** ~, **until** ~ bis jetzt; ~ ... ~ bald ... bald; ~ **and then,** ~ **and again** ab und zu, von Zeit zu Zeit, gelegentlich; **II** *conj* jetzt, wo; nun, da; **III** *interj* also; ► **well** ~ also; ~ **then** also jetzt.

now·adays ['naʊədeɪz] *adv* heute, heutzutage.

no·where ['nəʊweə(r)] *adv* nirgends, nirgendwo, -wohin; ► **get** ~ zu nichts, auf keinen grünen Zweig kommen; **come** ~ *sport* unter ferner liefen kommen; **come from** ~ **and win** *sport* überraschend siegen; **appear from** ~ ganz plötzlich auftauchen.

nowt [naʊt] *prn, adv fam* nix, nichts.

noxious ['nɒkʃəs] *adj* **1.** schädlich; **2.** *(Einfluß)* übel, verderblich.

nozzle ['nɒzl] *tech* **1.** Düse *f;* **2.** *(e-r Spritze)* Kanüle *f.*

nuance ['nju:ɑ:ns] Nuance, Schattierung *f.*

nub [nʌb] **1.** Stückchen, Klümpchen *n;* **2.** *fam* Pointe *f,* Kern(punkt) *m.*

nu·bile ['nju:baɪl] *adj (Mädchen)* heiratsfähig; gut entwickelt.

nu·clear ['nju:klɪə(r)] *adj phys* Kern-; Atom-; kerntechnisch; nuklear, atomar; ► ~ **deterrent** nukleares Abschreckungsmittel; ~ **energy** Atom-, Kernenergie *f;* ~ **fission** Kernspaltung *f;* ~ **fuel** Kernbrennstoff *m;* ~ **fusion** Kernverschmelzung *f;* ~ **industry** Atomindustrie *f;* ~ **medicine** Nuklearmedizin *f;* ~ **physicist** Kernphysiker(in) *m (f);* ~ **physics** *pl mit sing* Kernphysik *f;* ~ **pile** Atommeiler *m;* ~ **power** Kernkraft *f;* **a** ~ **power** *pol* eine Atommacht; ~ **power station** Kernkraftwerk *n;* ~ **propulsion** Atomantrieb *m;* ~ **reaction** Kernreaktion *f;* ~ **reactor** Kernreaktor *m;* ~ **research** Kernforschung *f;* ~ **submarine** Atom-U-Boot *n;* ~ **technology** Kerntechnik *f;* ~ **test** Atom(waffen)test *m;* ~ **test ban** Atomteststop(p) *m;* ~ **warfare** Atom-, Nuklearkrieg *m;* ~ **warhead** Atomsprengkopf *m;* ~**weapon** Atom-, Nuklearwaffe *f;* ~ **winter** nuklearer Winter.

nu·cleus ['nju:klɪəs] ⟨*pl* -clei⟩ ['nju:klɪaɪ] **1.** *phys fig* Kern *m;* **2.** *biol* Zellkern *m;* ► **atomic** ~ Atomkern *m.*

nude [nju:d] **I** *adj* nackt, unbekleidet; **II** *s* **1.** *(Kunst)* Aktmodell *n;* Akt *m;*

2. *(Mensch)* Nackte(r) *f m;* ► **paint from the ~** e-n Akt malen; **in the ~** nackt.

nudge [nʌdʒ] **I** *tr* anstoßen; ► **~ s.o.'s memory** jds Gedächtnis nachhelfen; **II** *s* Stups *m,* kleiner Stoß.

nu·dism ['nju:dɪzəm] Nackt-, Freikörperkultur *f;* **nu·dist** ['nju:dɪst] Anhänger(in) *m (f)* der Nackt-, Freikörperkultur; **nudist beach** FKK-Strand *m;* **nudist camp** FKK-Platz *m;* **nu·dity** ['nju:dətɪ] Nacktheit *f.*

nu·ga·tory ['nju:gətərɪ] *adj* belanglos, nichtig.

nug·get ['nʌgɪt] (Gold)Klumpen *m.*

nui·sance ['nju:sns] **1.** Plage *f;* Nervensäge *f;* Quälgeist *m;* **2.** Ärgernis *n;* peinliche Situation; Mißstand *m;* ► **make a ~ of o.s.** lästig werden; **what a ~** wie ärgerlich; **public ~** öffentliches Ärgernis.

nuke [nu:k, nju:k] *tr fam* eine Atombombe (ab)werfen (auf).

null [nʌl] *adj jur* ungültig, nichtig; ► **~ and void** null und nichtig; **nul·li·fi·ca·tion** [ˌnʌlɪfɪ'keɪʃn] Annullierung *f;* **nul·lify** ['nʌlɪfaɪ] *tr* ungültig machen, annullieren; **nul·lity** ['nʌlətɪ] *adj* Nichtigkeit, Ungültigkeit *f.*

numb [nʌm] **I** *adj* **1.** taub, empfindungslos, gefühllos; **2.** *fig* betäubt; ► **fingers ~ with cold** Finger, die vor Kälte taub sind; **II** *tr* unempfindlich, gefühllos machen; betäuben.

num·ber ['nʌmbə(r)] **I** *s* **1.** *math* Zahl *f;* Ziffer *f;* **2.** Anzahl *f;* **3.** Nummer *f;* Seitenzahl *f;* Autonummer *f,* Autokennzeichen *n;* **4.** *gram* Numerus *m,* Zahl *f;* **5.** *(Lied)* Nummer *f;* Ausgabe *f,* Heft *n;* **6.** *pl* Rechnen *n;* ► **a ~ of problems** e-e Anzahl von Problemen; **on a ~ of occasions** des öfteren; **in equal ~s** ebenso viel; **in a small ~ of cases** in wenigen Fällen; **ten in ~** zehn an der Zahl; **they were few in ~** es waren nur wenige; **many in ~** zahlreich; **a fair ~ of times** ziemlich oft; **win by force of ~s** aufgrund zahlenmäßiger Überlegenheit gewinnen; **dial a ~** e-e Nummer wählen; **get s.o.'s ~** *Am* jdn durchschauen; **look after, take care of ~ one** *fam* an sich selbst denken; **my ~'s up** *fam* ich bin dran; **the May ~** das Maiheft, die Maiausgabe; **one of our ~** eine(r) aus unseren Reihen; **II** *tr* **1.** zählen (*among* zu); **2.** numerieren; einordnen, klassifizieren; **3.** zählen, rechnen; ► **a ~d account** *fin* ein Nummernkonto *n;* **his days are ~ed** seine Tage sind gezählt; **be ~ed** begrenzt sein; **III** *itr (~ off) mil* abzählen; **num·ber·ing** [—ɪŋ] Numerierung *f;* **num·ber·less** [—lɪs] *adj* zahllos; **number-plate** *mot* Nummernschild *n.*

numb·ness ['nʌmnɪs] Taubheit, Starre *f;* Benommenheit *f.*

nu·meral ['nju:mərəl] Ziffer *f;* ► **Arabic, Roman ~s** *pl* arabische, römische Ziffern *f pl.*

nu·mer·ate ['nju:mərət] *adj* rechenkundig.

nu·mer·ation [ˌnju:mə'reɪʃn] Numerierung *f.*

nu·meri·cal [nju:'merɪkl] *adj* numerisch, zahlenmäßig; ► **~ order** Reihen-, Zahlenfolge *f;* **~ value** Zahlenwert *m.*

nu·mer·ous ['nju:mərəs] *adj* zahlreich.

nu·mis·mat·ics [ˌnju:mɪz'mætɪks] *pl mit sing* Numismatik *f.*

num·skull ['nʌmskʌl] Dummkopf *m.*

nun [nʌn] *rel* Nonne *f.*

nun·cio ['nʌnsɪəʊ] ⟨*pl* -cios⟩ Nuntius *m.*

nun·nery ['nʌnərɪ] Nonnenkloster *n.*

nup·tial ['nʌpʃl] **I** *adj* ehelich; hochzeitlich; **II** *s* ► **the ~s** *pl* die Hochzeit.

nurse [nɜ:s] **I** *s* **1.** Schwester *f;* Krankenschwester *f;* **2.** Kindermädchen *n,* Kinderfrau *f;* **3.** *(wet-~)* Amme *f;* ► **male ~** Krankenpfleger *m;* **II** *tr* **1.** säugen, stillen, die Brust geben (*s.o.* jdm); **2.** pflegen; **3.** *(Krankheit)* behandeln, kurieren; **4.** *(Gefühl)* hegen; **5.** schonend umgehen mit; ► **~ s.o. back to health** jdn gesundpflegen; **~ a cold** an e-r Erkältung herumlaborieren; **~ a business** ein Geschäft sorgsam verwalten; **nurs·ery** ['nɜ:sərɪ] **1.** Kinderzimmer *n;* Säuglingssaal *m;* **2.** Kindergarten *m;* Hort *m;* **3.** *agr* Baumschule *f;* Gärtnerei *f;* **4.** *fig* Zuchtstätte *f;* **nursery rhyme** Kindervers *m;* **nursery school** Kindergarten *m;* **nursery slope** *fam (Ski)* Idiotenhügel *m;* **nursing** ['nɜ:sɪŋ] **I** *s* **1.** Pflege *f;* Pflegen *n;* **2.** Krankenpflege *f;* **3.** Stillen *n;* **II** *adj* Pflege-; pflegerisch; ► **~-home** Privatklinik *f;* **~ mother** stillende Mutter; **~ staff** Pflegepersonal *n.*

nur·ture ['nɜ:tʃə(r)] **I** *s* **1.** Nahrung, Ernährung *f;* **2.** Erziehung; Aufzucht *f;* **II** *tr* **1.** aufziehen; **2.** hegen, fördern; ► **~ s.o. on s.th.** jdn mit etw aufziehen.

nut [nʌt] **1.** Nuß *f;* **2.** *fig (hard ~)* harte Nuß, schweres Problem; **3.** *tech* (Schrauben)Mutter *f;* **4.** *sl* Birne *f,* Kopf *m;* **5.** *sl* Spinner(in *f*) *m;* **6.** *pl sl* Hoden *f pl;* ► **a hard, tough ~ to crack** e-e harte Nuß; **be off one's ~** *sl* nicht ganz bei Trost sein; **go off one's ~** *sl* durchdrehen; **nut-cracker** *(a. pl)* Nußknakker *m;* **nut·house** *sl* Klapsmühle *f;* **nut·meg** ['nʌtmeg] Muskatnuß *f.*

nu·tri·ent ['nju:trɪənt] **I** *adj* nahrhaft; **II** *s* Nährstoff *m;* **nu·tri·tion** [nju:'trɪʃn] Ernährung *f;* **nu·tri·tious** [nju:'trɪʃəs] *adj* nahrhaft.

nuts [nʌts] *adj sl* ► **be ~** spinnen; **go ~** durchdrehen; **be ~ about s.o.** von jdm ganz weg sein.

nut·shell ['nʌtʃel] Nußschale *f;* ► **in a ~** kurz, mit wenigen Worten; **to put it, the matter in a ~** um es kurz zu sagen.

nutty ['nʌtɪ] *adj* **1.** mit Nüssen; **2.** *sl* bekloppt, plemplem.
nuzzle ['nʌzl] **I** *tr* **1.** *(Hund)* beschnüffeln; **2.** *(Schwein)* aufwühlen; **II** *itr* ▶ ~ **up against, up to s.o.** sich an jdn schmiegen.
ny·lon ['naɪlɒn] **1.** *(Textil)* Nylon *n;* **2.** *pl* Nylonstrümpfe *m pl.*
nymph [nɪmf] *(Mythologie)* Nymphe *f.*
nym·pho·mania [ˌnɪmfə'meɪnɪə] Nymphomanie, Mannstollheit *f;* **nym·pho·maniac** [ˌnɪmfə'meɪnɪæk] Nymphomanin *f.*

O

O, o [əʊ] ‹*pl* -'s› **1.** O, o *n;* **2.** *tele* Null *f.*
o [əʊ] *interj* oh! ach! ▶ ~ **my God!** ach du lieber Gott! ~ **dear!** o je!
oaf [əʊf] ‹*pl* oafs, oaves› [əuvz] Flegel, Lümmel *m;* **oaf·ish** ['əʊfɪʃ] *adj* flegelhaft; tölpelhaft.
oak [əʊk] Eiche(nholz *n*) *f.*
oar [ɔ:(r)] **1.** Ruder *n,* Riemen *m;* **2.** Ruderer *m,* Ruderin *f;* ▶ **put one's ~ in** *fig* sich einmischen; **rest on one's ~s** *fig* langsamer treten; **oars·man** ['ɔ:zmən] ‹*pl* -men› Ruderer *m;* **oars·woman** ['ɔ:zwʊmən] ‹*pl* -women› [—wɪmɪn] Ruderin *f.*
oasis [əʊ'eɪsɪs] ‹*pl* oases› [əʊ'eɪsi:z] Oase *f a. fig.*
oat [əʊt] *meist pl* Hafer *m;* Haferflocken *f pl;* ▶ **sow one's wild ~s** sich die Hörner abstoßen; **he feels his ~s** *fam* ihn sticht der Hafer; **oat·cake** ['əʊtkeɪk] salziger Haferkeks.
oath [əʊθ] **1.** Schwur, Eid *m;* **2.** Fluch *m;* ▶ **make, swear, take an ~** (e-n Eid) schwören; **be under ~** unter Eid stehen; **put s.o. on ~** jdn vereidigen.
oat·meal ['əʊtmi:l] Hafermehl *n,* Haferschrot *m.*
ob·du·racy ['ɒbdjʊərəsɪ] Hartnäckigkeit *f;* Verstocktheit, Halsstarrigkeit *f;* **ob·du·rate** ['ɒbdjʊərət] *adj* hartnäkkig; verstockt, halsstarrig.
obedi·ence [ə'bi:dɪəns] Gehorsam *m;* ▶ **in ~ to the law** dem Gesetz entsprechend; **obedi·ent** [ə'bi:dɪənt] *adj* gehorsam, folgsam; ▶ **be ~** gehorchen; folgen.
ob·elisk ['ɒbəlɪsk] Obelisk *m.*
obese [əʊ'bi:s] *adj* fettleibig; **obes·ity** [əʊ'bi:sətɪ] Korpulenz, Fettleibigkeit *f.*
obey [ə'beɪ] **I** *tr* **1.** gehorchen (*s.o.* jdm); folgen; **2.** *(Regeln)* sich halten an, befolgen; **3.** *(Maschine)* reagieren auf; **II** *itr* gehorchen; folgen.
obitu·ary [ə'bɪtʃʊərɪ] Nachruf *m;* **obitu·ary notice** Todesanzeige *f.*
ob·ject[1] ['ɒbdʒɪkt] **1.** Gegenstand *m;* Ding *n;* **2.** Ziel *n,* Zweck *m;* **3.** *gram* Objekt *n;* **4.** Hinderungsgrund *m;* ▶ **with this ~ in view** mit diesem Ziel vor Augen; **what's the ~ of staying here?** wozu bleiben wir hier? **succeed in one's ~** sein Ziel erreichen.
ob·ject[2] [əb'dʒekt] **I** *itr* **1.** dagegen sein; protestieren; Einwände haben; **2.** Anstoß nehmen (*to* an); ▶ **~ to s.th.** etw ablehnen; **do you ~ to my smoking?** stört es Sie, wenn ich rauche? **II** *tr* einwenden; **ob·jec·tion** [əb'dʒekʃn] **1.** Einwand *m* (*to* gegen); **2.** *jur* Einspruch *m;* **3.** Abneignung *f;* Einspruch *m;* ▶ **I have no ~ to his going away** ich habe nichts dagegen, daß er weggeht; **raise, make an ~** e-n Einwand erheben; **if he has no ~** wenn er nichts dagegen hat; **there is no ~ to it** dagegen ist nichts einzuwenden; **are there any ~s?** erhebt jemand Einspruch? **ob·jec·tion·able** [—əbl] *adj* **1.** störend; **2.** *(Verhalten)* anstößig; **3.** *(Geruch)* unangenehm, übel.
ob·jec·tive [əb'dʒektɪv] **I** *adj* **1.** objektiv, sachlich; **2.** wirklich, real; ▶ **~ fact** Tatsache *f;* **II** *s* **1.** Ziel *n;* Zielsetzung, -vorstellung *f;* **2.** *opt phot* Objektiv *n;* **ob·jec·tiv·ity** [ˌɒbdʒek'tɪvətɪ] Objektivität *f.*
ob·ject les·son ['ɒbdʒɪktˌlesn] **1.** Anschauungsunterricht *m;* **2.** Paradebeispiel *n.*
ob·jec·tor [əb'dʒektə(r)] Gegner(in) *m (f);* ▶ **conscientious ~** Wehrdienstverweigerer *m.*
ob·li·gate ['ɒblɪgeɪt] *tr* verpflichten (*s.o. to do s.th.* jdn, etw zu tun); **ob·li·ga·tion** [ˌɒblɪ'geɪʃn] Verpflichtung, Pflicht *f;* ▶ **be under an ~ to do s.th.** verpflichtet sein, etw zu tun; **without ~** *com* unverbindlich; **~ to buy** Kaufzwang *m;* **ob·li·ga·tory** [ə'blɪgətrɪ] *adj* verbindlich, verpflichtend, obligatorisch (*on, upon* für); ▶ **attendance is ~** Anwesenheit ist vorgeschrieben; es besteht Anwesenheitspflicht; **make it ~ to do s.th.** vorschreiben, daß etw getan wird.
ob·lige [ə'blaɪdʒ] **I** *tr* **1.** zwingen; verpflichten (*s.o. to do s.th.* jdn, etw zu tun); **2.** gefällig sein, entgegenkommen (*s.o.* jdm); ▶ **feel ~d to do s.th.** sich zu etw verpflichtet fühlen; **you are not ~d to do it** Sie sind nicht dazu verpflichtet; **please ~ me by closing the door** würden Sie mir bitte den Gefallen tun und die Tür schließen? **much ~d!** herzlichen Dank! **I am much ~d to you for this!** ich bin Ihnen dafür sehr verbunden; **II** *itr* ▶ **she is always ready to ~** sie ist immer sehr gefällig; **oblig·ing** [ə'blaɪdʒɪŋ] *adj* entgegenkommend, gefällig; zuvorkommend.
ob·lique [ə'bli:k] **I** *adj* **1.** schräg, schief; geneigt; **2.** *fig (Blick)* schräg; *(Methode)* indirekt; **3.** *(Winkel)* schief; **II** *s* Schrägstrich *m.*
ob·lit·er·ate [ə'blɪtəreɪt] *tr* **1.** auslö-

schen; tilgen; **2.** *(Team)* vernichten; **3.** *(Sonne)* verdecken; **ob·lit·er·ation** [əˌblɪtəˈreɪʃn] **1.** Auslöschung *f;* **2.** Vernichtung *f;* **3.** Verdeckung *f.*
ob·liv·ion [əˈblɪvɪən] Vergessenheit *f,* Vergessen *n;* ▶ **fall, sink into** ~ in Vergessenheit geraten; **ob·livi·ous** [əˈblɪvɪəs] *adj* ▶ **be** ~ **of, to s.th.** sich e-r S nicht bewußt sein; ~ **of, to his surroundings** ohne Notiz von seiner Umgebung zu nehmen; ~ **of, to the world** weltvergessen.
ob·long [ˈɒblɒŋ] **I** *adj* rechteckig; **II** *s* Rechteck *n.*
ob·nox·ious [əbˈnɒkʃəs] *adj* **1.** widerlich, widerwärtig; **2.** *(Benehmen)* unausstehlich.
oboe [ˈəʊbəʊ] *mus* Oboe *f;* **obo·ist** [—ɪst] Oboist(in) *m (f).*
ob·scene [əbˈsiːn] *adj* unanständig, obszön, unzüchtig; **ob·scen·ity** [əbˈsenətɪ] Unanständigkeit, Obszönität *f.*
ob·scure [əbˈskjʊə(r)] **I** *adj* **1.** *(Gefühl)* trüb(e), unklar, undeutlich; **2.** *fig* schwerverständlich, dunkel; **3.** unbekannt, obskur; ▶ **is the meaning still** ~ **to you?** ist Ihnen die Bedeutung immer noch unklar? **II** *tr* **1.** verdecken, verbergen; **2.** *(Geist)* verwirren; **ob·scur·ity** [əbˈskjʊərətɪ] **1.** Dunkelheit, Finsternis *f;* **2.** *fig* Unklarheit, Unverständlichkeit *f;* ▶ **live in** ~ zurückgezogen leben.
ob·sequi·ous [əbˈsiːkwɪəs] *adj* servil, unterwürfig (*to* gegen).
ob·serv·able [əbˈzɜːvəbl] *adj* sichtbar, wahrnehmbar; **ob·serv·ance** [əbˈzɜːvəns] **1.** Befolgung, Einhaltung, Beachtung *f;* **2.** *rel* Einhalten *n;* Observanz *f;* **ob·serv·ant** [əbˈzɜːvənt] *adj* aufmerksam, wachsam; ▶ ~ **of the rules** die Regeln einhaltend; **ob·ser·va·tion** [ˌɒbzəˈveɪʃn] **1.** Beobachtung *f;* Beobachten *n;* **2.** *(Regeln)* Einhalten *n;* **3.** Bemerkung, Äußerung *f;* ▶ **keep s.o. under** ~ jdn unter Beobachtung halten; **powers of** ~ Beobachtungsgabe *f;* **observation car** *rail* Panoramawagen *m;* **observation post** Beobachtungsposten *m;* **observation ward** Beobachtungsstation *f.*
ob·serv·atory [əbˈzɜːvətrɪ] Sternwarte *f,* Observatorium *n;* ▶ **meteorological** ~ Wetterwarte *f.*
ob·serve [əbˈzɜːv] **I** *tr* **1.** be(ob)achten, bemerken, wahrnehmen; **2.** *(Feiertag)* halten; feiern; **3.** feststellen, äußern; **4.** *(Geburtstag)* begehen, feiern; ▶ **the thief was ~d to ...** der Dieb wurde dabei beobachtet, wie er ... **II** *itr* **1.** zusehen; beobachten; **2.** bemerken, feststellen; **ob·server** [əbˈzɜːvə(r)] **1.** Zuschauer(in) *m (f);* **2.** *mil pol* Beobachter(in) *m (f).*
ob·sess [əbˈses] *tr* ▶ **be ~ed by, with s.o.** von jdm besessen sein; **s.th. ~es s.o.** jem ist von etw besessen; **ob·sess·ion** [əbˈseʃn] **1.** fixe Idee, Manie *f;* **2.** *med* Zwangsvorstellung *f;* **3.** Besessenheit *f* (*with* von); **ob·sess·ive** [əbˈsesɪv] *adj* zwanghaft; ▶ **become** ~ zum Zwang werden.
ob·sol·escence [ˌɒbsəˈlesns] Verschleiß *m;* Veralten *n;* **ob·sol·escent** [ˌɒbsəˈlesnt] *adj* veraltend, außer Gebrauch kommend; **ob·sol·ete** [ˈɒbsəliːt] *adj* veraltet, überholt.
ob·stacle [ˈɒbstəkl] Hindernis *n a. fig* (*to* für); ▶ **be an** ~ **to s.th.** e-r S entgegenstehen; **put ~s in s.o.'s way** jdm Hindernisse in den Weg legen; **obstacle race** *sport* Hindernisrennen *n.*
ob·ste·tri·cian [ˌɒbstɪˈtrɪʃn] *med* Geburtshelfer(in) *m (f);* **ob·stet·rics** [ɒbˈstetrɪks] *pl mit sing* Geburtshilfe *f.*
ob·sti·nacy [ˈɒbstɪnəsɪ] Hartnäckigkeit *f,* Starrsinn *m,* Widerspenstigkeit *f;* **ob·sti·nate** [ˈɒbstɪnət] *adj* **1.** *(Person)* hartnäckig, starrsinnig; **2.** *(Krankheit)* hartnäckig; ▶ **remain** ~ stur bleiben.
ob·strep·er·ous [əbˈstrepərəs] *adj* aufmüpfig; aufsässig.
ob·struct [əbˈstrʌkt] **I** *tr* **1.** (ver)sperren, blockieren; verstopfen; **2.** (be)hindern, hemmen, sperren; ▶ **trees ~ed the road** Bäume versperrten die Sicht; **II** *itr* obstruieren; **ob·struc·tion** [əbˈstrʌkʃn] **1.** *(Straße)* Versperren *n,* Blockierung *f;* Verstopfung *f;* **2.** Behinderung *f;* Hemmung *f;* Hindernis *n* (*to* für); **3.** *parl* Obstruktion *f;* **ob·struc·tion·ism** [—ɪzəm] *parl* Obstruktionspolitik *f;* **ob·struc·tive** [əbˈstrʌktɪv] *adj* obstruktiv, behindernd.
ob·tain [əbˈteɪn] **I** *tr* **1.** erhalten, erlangen, bekommen; **2.** *(Preis)* erzielen; **3.** *(Wissen)* erwerben; ▶ ~ **s.th. for s.o.** jdm etw verschaffen; **II** *itr (Regeln)* in Kraft sein; **ob·tain·able** [—əbl] *adj* erhältlich.
ob·trude [əbˈtruːd] **I** *tr* hervorstehen; ▶ ~ **o.s. (up)on others** sich anderen aufdrängen; ~ **one's opinion (up)on s.o.** jdm seine Meinung aufzwingen; **II** *itr* **1.** sich aufdrängen; **2.** hervorstehen; **ob·trus·ive** [əbˈtruːsɪv] *adj* aufdringlich; penetrant.
ob·tuse [əbˈtjuːs] *adj* **1.** *(Winkel)* stumpf; **2.** *(Mensch)* begriffsstutzig.
ob·vi·ate [ˈɒbvɪeɪt] *tr* **1.** vermeiden, umgehen; **2.** *(Einwand)* vorbeugen.
ob·vi·ous [ˈɒbvɪəs] *adj* **1.** offenbar, -sichtlich; augenfällig; **2.** *(Unterschied)* offenkundig; **3.** *(Lösung)* einleuchtend, naheliegend; ▶ **an** ~ **truth** e-e offenkundige Tatsache; **it's** ~ das liegt auf der Hand; **make s.th. more** ~ etw deutlicher machen.
oc·ca·sion [əˈkeɪʒn] **I** *s* **1.** Gelegenheit *f,* Anlaß *m;* **2.** Ereignis *n;* **3.** Gelegenheit,

Möglichkeit *f;* **4.** Grund *m,* Veranlassung *f;* ► **on ~** gelegentlich; wenn nötig; **on the ~ of** bei Gelegenheit, aus Anlaß, anläßlich *gen;* **on that ~** damals; **on several ~s** mehrmals; **give ~ to** Anlaß geben zu; **have ~ to** Gelegenheit haben zu; **rise to the ~** sich der Lage gewachsen zeigen; **take this ~ to ...** diese Gelegenheit ergreifen, um ... **should the ~ arise** nötigenfalls; **II** *tr* Anlaß, Veranlassung sein zu; **oc·ca·sional** [əˈkeɪʒənl] *adj* gelegentlich, hin und wieder; ► **~ purchase** Gelegenheitskauf *m;* **~ table** Beistelltisch *m;* **oc·ca·sional·ly** [əˈkeɪʒənəlɪ] *adv* gelegentlich, ab und zu.

Oc·ci·dent [ˈɒksɪdənt] ► **the ~** der Westen, das Abendland; **oc·ci·den·tal** [ˌɒksɪˈdentl] *adj* westlich, abendländisch.

oc·cult [ɒˈkʌlt] *adj* okkult; geheimnisvoll; **oc·cult·ism** [ˈɒkʌltɪzəm] Okkultismus *m.*

oc·cu·pant [ˈɒkjʊpənt] **1.** Bewohner(in) *m (f);* **2.** *(e-r Stelle)* Inhaber(in) *m (f);* **occu·pa·tion** [ˌɒkjʊˈpeɪʃn] **I** *s* **1.** Beruf *m,* Tätigkeit *f;* **2.** Beschäftigung *f;* **3.** *mil* Besetzung *f;* Besatzung *f;* **4.** *(e-s Hauses)* Besetzung *f;* ► **by ~** von Beruf; **army of ~** Besatzungsheer *n;* **be in ~ of a house** ein Haus bewohnen; **II** *attr adj mil* Besatzungs-; **oc·cu·pa·tional** [ˌɒkjʊˈpeɪʃənl] *adj* beruflich; ► **~ disease** Berufskrankheit *f;* **~ hazard** Berufsrisiko *n;* **~ therapy** Beschäftigungstherapie *f;* **oc·cu·pier** [ˈɒkjʊpaɪə(r)] **1.** Bewohner(in) *m (f);* **2.** *(e-r Stelle)* Inhaber(in) *m (f);* **3.** Besetzer(in) *m (f);* **occupy** [ˈɒkjʊpaɪ] *tr* **1.** bewohnen; belegen; **2.** besetzen; **3.** *(Zeit)* in Anspruch nehmen; **4.** *(Stellung)* innehaben; **5.** *(Raum)* einnehmen; **6.** beschäftigen; ► **be occupied with** beschäftigt sein mit; **~ o.s.** sich beschäftigen; **keep s.o. occupied** jdn beschäftigen.

oc·cur [əˈkɜː(r)] *itr* **1.** vorkommen; sich ereignen, geschehen; stattfinden; **2.** einfallen, in den Sinn kommen (*to s.o.* jdm); ► **don't let it ~ again** lassen Sie das nicht wieder vorkommen; **it ~s to me that ...** ich habe den Eindruck, daß ... **the idea just ~red to me** es ist mir gerade eingefallen; **did it ever ~ to you that ...?** hast du eigentlich je daran gedacht, daß ...? **oc·cur·rence** [əˈkʌrəns] **1.** Ereignis, Vorkommnis *n,* Begebenheit *f;* **2.** Auftreten *n;* Vorkommen *n;* ► **an everyday ~** ein alltägliches Ereignis; **be of frequent, rare ~** häufig, selten vorkommen.

ocean [ˈəʊʃn] Ozean *m,* Meer *n;* ► **~s of** *fam* jede Menge, massenhaft; **ocean climate** Meeresklima *n;* **ocean-going** [ˈəʊʃngəʊɪŋ] *adj* hochseetauglich; ► **~ tug** Hochseeschlepper *m;* **ocean liner** Ozeandampfer *m;* **ocean·og·raphy** [ˌəʊʃəˈnɒgrəfɪ] Meereskunde *f.*

oce·lot [ˈəʊsɪlɒt] *zoo* Ozelot *m.*

ochre, *Am* **ocher** [ˈəʊkə(r)] **I** *s* Ocker *m* od *n;* **II** *adj* ockerfarben.

o'clock [əˈklɒk] *adv* ► **it's 2 ~** es ist 2 Uhr.

OCR *Abk:* **optical character recognition, reader** *EDV* optische Zeichenerkennung; *(~ reader)* OCR-Lesegerät *n.*

oc·ta·gon [ˈɒktəgən] Achteck *n.*

oc·tane [ˈɒkteɪn] *chem* Oktan *n;* **octane number, rating** Oktanzahl *f.*

oc·tave [ˈɒktɪv] *mus* Oktave *f;* **oc·tet** [ɒkˈtet] *mus* Oktett *n.*

Oc·to·ber [ɒkˈtəʊbə(r)] Oktober *m;* ► **in ~** im Oktober.

oc·to·gen·arian [ˌɒktədʒɪˈneərɪən] **I** *adj* achtzigjährig; **II** *s* Achtziger(in) *m (f).*

oc·to·pus [ˈɒktəpəs] Tintenfisch *m,* Krake *f.*

ocu·list [ˈɒkjʊlɪst] Augenarzt *m,* -ärztin *f.*

odd [ɒd] *adj* **1.** *(Zahl)* ung(e)rade; **2.** *(Schuh)* einzeln; **3.** überzählig, -schüssig, übrig; **4.** gelegentlich, zeitweilig; **5.** *(Mensch)* merkwürdig, eigenartig, absonderlich; ► **thirty-~ years** so um die dreißig (Jahre); **the ~ one left over** der, die, das Überzählige; **at ~ times** hin und wieder, dann und wann; **~ job man** Mädchen *n* für alles; **~ man out** das fünfte Rad am Wagen; Außenseiter *m;* **odd·ball** [ˈɒdbɔːl] Sonderling *m;* **oddity** [ˈɒdətɪ] **1.** Ungewöhnlichkeit, Absonderlichkeit, Eigenartigkeit *f;* **2.** komischer Kauz; **odd·ly** [ˈɒdlɪ] *adv* eigenartig, sonderbar, merkwürdig; ► **~ enough** seltsamerweise; **odd·ment** [ˈɒdmənt] **1.** Rest *m;* Restposten *m;* **2.** *pl* Rest-, Einzelstücke *n pl.*

odds [ɒdz] *pl* **1.** *(beim Wetten)* Gewinnquote *f;* Kurse *m pl;* **2.** Gewinnchancen *f pl;* ► **the ~ are against us** alles spricht gegen uns; **what are the ~ on ...?** wie stehen die Chancen, daß ...? **pay over the ~** einiges mehr bezahlen; **what's the ~?** was macht das schon? **it makes no ~** es spielt keine Rolle; **the ~ are 2 to 1** die Chancen stehen 2 zu 1; **be at ~ with s.o. over s.th.** mit jdm in etw nicht einiggehen; **the ~ are in his favour** der Vorteil ist auf seiner Seite; **~ and ends** *pl* Überbleibsel *n pl;* Reste *m pl;* Krimskrams, Kram *m;* **odds-on** [ˌɒdzˈɒn] *adv* ► **it's ~ that** es ist sehr wahrscheinlich, daß.

ode [əʊd] Ode *f.*

odi·ous [ˈəʊdɪəs] *adj* **1.** *(Tat)* abscheulich; **2.** *(Person)* abstoßend, ekelhaft.

odom·eter [ɒˈdɒmɪtə(r)] Kilometerzähler *m.*

odour, *Am* **odor** [ˈəʊdə(r)] Geruch *m a. fig;* Wohlgeruch *m;* ► **be in good, bad ~ with s.o.** gut, schlecht bei jdm angeschrieben sein; **odour·less,** *Am* **odor·less** [—lɪs] *adj* geruchlos.

od·ys·sey [ˈɒdɪsɪ] Odyssee *f a. fig.*

OECD [ˌəʊiːsiːˈdiː] *Abk:* **Organization for Economic Cooperation and Development** OECD *f.*

oecu·meni·cal [ˌiːkjuːˈmenɪkl] *adj* ökumenisch.

oesoph·agus, *Am* **esoph·agus** [iːˈsɒfəgəs] *anat* Speiseröhre *f.*

of [əv, *betont:* ɒv] *prep* **1.** *(Besitzverhältnis)* von; ▶ **a friend ~ mine** ein Freund von mir; **the works ~ Shakespeare** Shakespeares Werke; **2.** *(zeitlich, örtlich)* ▶ **north ~ London** nördlich von London; **a quarter ~ six** *Am* Viertel vor sechs; **3.** *(Angabe des Grundes)* ▶ **die ~ hunger** verhungern; **be proud ~ s.th.** stolz auf etw sein; **4.** *(Angabe e-r Entbehrung)* ▶ **cure s.o. ~ a disease** jdn von e-r Krankheit heilen; **trees bare ~ leaves** Bäume ohne Blätter; **5.** *(Angabe des Materials)* ▶ **table ~ wood** Holztisch *m;* **6.** *(Angabe der Qualität)* ▶ **man ~ courage** mutiger Mensch; **~ no importance** bedeutungslos; **7.** *(Angabe des Genitivs)* ▶ **love ~ money** Liebe zum Geld; **many ~ them came** viele kamen; **one ~ the best** e-r der Besten; **today ~ all days** ausgerechnet heute; **you ~ all people ought to know** gerade Sie sollten das wissen; **what has become ~ him?** was ist aus ihm geworden? **doctor ~ medicine** Doktor *m* der Medizin; **what do you do ~ a Sunday?** was machst du sonntags? **~ late** seit neuestem; **~ old** einst, ehemals.

off [ɒf] **I** *adv* **1.** *(Entfernung)* ▶ **the town is five miles ~** die Stadt ist fünf Meilen entfernt; **the holidays are not far ~** es ist nicht mehr lang bis zu den Ferien; **2.** *(Weggang)* ▶ **go ~** gehen; **~ with him!** fort mit ihm! **it's time I was ~** es ist Zeit, daß ich gehe; **they're ~** *sport* sie sind gestartet; **3.** *(Wegnehmen)* ▶ **there are two buttons ~** es fehlen zwei Knöpfe; **~ with his head!** Kopf ab! **the lid is ~** der Deckel ist nicht drauf; **4.** *(Abzug)* ▶ **1 %178%** 1 % Nachlaß; **5.** ▶ **get a day ~** e-n Tag freibekommen; **~ and on, on and ~** ab und zu; **it rained ~ and on** es regnete mit Unterbrechungen; **II** *prep* **1.** *(Angabe e-r Bewegung)* ▶ **fall ~ a ladder** von e-r Leiter fallen; **jump ~ the roof** vom Dach springen; **she borrowed money ~ her father** sie lieh sich von ihrem Vater Geld; **2.** *(Entfernung)* abgelegen von; ▶ **the narrow lane was ~ the main road** die enge Straße lag von der Hauptstraße ab; **3.** *fam* ▶ **he's ~ drugs now** er ist nicht mehr rauschgiftsüchtig; **III** *adj* **1.** *(Tag)* schlecht; **2.** *(Speisen)* verdorben, schlecht; sauer; ▶ **this milk is ~** diese Milch ist sauer; **3.** *(Spiel)* abgesagt; *(im Restaurant)* aus; ▶ **I'm afraid veal is ~ now** das Kalbfleisch ist leider aus(-gegangen); **4.** *(Licht)* ausgeschaltet; **IV** *(Wendungen)* **they are badly ~** sie sind nicht gut gestellt; **you're ~ there** da irrst du gewaltig; **that's a bit ~!** das ist ein dicker Hund! **how are we ~ for time?** wieviel Zeit haben wir noch?

of·fal [ˈɒfl] **1.** Innereien *pl;* **2.** *fig* Abfall *m.*

off-beat [ˌɒfˈbiːt] *adj fam* ungewöhnlich, unkonventionell; **off-centre,** *Am* **off-center** [ˌɒfˈsentə(r)] *adj* nicht in der Mitte; asymmetrisch; **off-chance** [ˈɒftʃɑːns] ▶ **do s.th. on the ~** etw auf den Verdacht hin tun; **I came on the ~ of seeing him** ich kam in der Hoffnung, ihn (vielleicht) zu sehen; **off-col·our,** *Am* **off-color** [ˌɒfˈkʌlə(r)] *adj* **1.** unwohl; **2.** *(Witz)* zweideutig; **off-day** [ˈɒfdeɪ] *fam* Tag *m,* an dem man sich nicht wohl fühlt.

of·fence, *Am* **of·fense** [əˈfens] **1.** *jur* Straftat *f;* Vergehen *n* (*against* gegen); **2.** Kränkung, Beleidigung *f;* Anstoß *m;* **3.** *rel* Sünde *f;* **4.** Angriff *m;* ▶ **commit an ~** sich strafbar machen; **first ~** erste Straftat; **it is an ~ to the eye** das beleidigt das Auge; **cause, give ~ to s.o.** jdn kränken; **take ~ at s.th.** wegen etw gekränkt sein; an etw Anstoß nehmen; **~ is the best defence** *prov* Angriff ist die beste Verteidigung; **of·fend** [əˈfend] **I** *itr* **1.** beleidigend sein; **2.** Unrecht tun; ▶ **~ against** verstoßen gegen; **II** *tr* **1.** beleidigen, verletzen; **2.** Anstoß erregen bei; **of·fender** [əˈfendə(r)] Täter(in) *m (f);* Verkehrssünder(in) *m (f);* ▶ **first ~** Ersttäter(in), noch nicht Vorbestrafte(r) *f m;* **of·fense** [əˈfens] *Am s. offence;* **of·fen·sive** [əˈfensɪv] **I** *adj* **1.** angreifend, offensiv; **2.** *(Geruch)* unangenehm, widerlich; **3.** *(Film)* anstößig; **4.** *(Benehmen)* beleidigend, kränkend; **II** *s* Angriff *m,* Offensive *f;* ▶ **take the ~** in die Offensive gehen; **on the ~** in der Offensive; **~ weapon** Offensivwaffe *f.*

of·fer [ˈɒfə(r)] **I** *tr* **1.** anbieten; **2.** *(Preis)* aussetzen; **3.** *(Rat)* (an)bieten; **4.** *(Plan)* vorschlagen; **5.** *(Trost)* spenden; **6.** *(Opfer)* darbringen; **7.** *(Widerstand)* bieten; ▶ **~ to do s.th.** anbieten, etw zu tun; **~ an opinion** sich äußern; **~ an explanation** e-e Erklärung geben; **~ a price** ein Preisangebot machen; **~ resistance** Widerstand leisten; **~ a reward** e-e Belohnung aussetzen; **II** *itr* ▶ **whenever the opportunity ~s** immer wenn sich die Gelegenheit bietet; **III** *s* **1.** Angebot *n;* **2.** *(~ of marriage)* (Heirats)Antrag *m;* ▶ **on ~** *com* (zum Verkauf) angeboten; verkäuflich; im Sonderangebot; **make an ~ of s.th. to s.o.** jdm etw anbieten;

of·fer·ing ['ɒfərɪŋ] 1. Gabe *f;* 2. *rel* Opfer *n;* Opfergabe *f.*

off-hand [ˌɒf'hænd] I *adv* so ohne weiteres, auf Anhieb; II *adj (a. off-handed)* 1. lässig; 2. *(Benehmen)* gleichgültig.

of·fice ['ɒfɪs] 1. Büro *n;* Kanzlei *f;* Abteilung *f;* 2. Amt *n;* 3. Aufgabe, Pflicht *f;* 4. *pl* Dienste *m pl;* 5. *rel* Gottesdienst *m;* ► **at the ~** im Büro; **take ~** das Amt antreten; die Regierung übernehmen; **through the ~s of** durch Vermittlung von; **hold ~** im Amt sein; an der Regierung sein; **be out of ~** nicht im Amt sein; nicht mehr an der Regierung sein; **office automation** *EDV* Büroautomation *f;* **office-block** Bürohaus *n;* Bürokomplex *m;* **office-boy** Laufbursche *m;* **office-hours** *pl* Dienstzeit *f;* Geschäfts-, Öffnungszeiten *f pl.*

of·fi·cer ['ɒfɪsə(r)] 1. *mil aero* Offizier *m;* 2. Beamte(r) *m,* Beamtin *f;* 3. *(Verein)* Vorstandsmitglied *n;* ► **medical ~** Amtsarzt *m,* -ärztin *f;* **police ~** Polizeibeamte(r) *m,* -beamtin *f.*

of·fi·cial [ə'fɪʃl] I *adj* amtlich; dienstlich; offiziell; ► **through ~ channels** auf dem Dienstweg; **~ statement** amtliche Verlautbarung; **~ style** förmlicher Stil; II *s* 1. Beamte(r) *m,* Beamtin *f;* 2. *(Verein)* Funktionär(in) *m (f);* **of·fi·cial·dom** [—dəm] Beamtentum *n,* Bürokratie *f;* **of·fi·cialese** [əˌfɪʃə'li:z] Beamten-, Amtsjargon *m;* **of·fi·cial·ly** [ə'fɪʃəlɪ] *adv* offiziell.

of·fi·cious [ə'fɪʃəs] *adj* übereifrig, dienstbeflissen.

off·ing ['ɒfɪŋ] ► **in the ~** in Sicht.

off-key [ˌɒf'ki:] *adj mus* falsch; **off-licence** ['ɒflaɪsns] *Br* 1. Konzession *f* für den Verkauf von Alkohol; 2. Wein- und Spirituosenhandlung *f;* **off-line** [ˌɒf'laɪn] I *adj EDV* Off-line-; ► **~ mode** *EDV* Off-line-Betrieb *m;* II *adv* off-line; **off-peak** ['ɒfpi:k] *adj* ► **~ charges** *pl* verbilligter Tarif; **during ~ hours** außerhalb der Stoßzeiten; **~ heating** Speicherheizung *f;* **off-putting** [ˌɒf'pʊtɪŋ] *adj fam* entmutigend; wenig einladend; unsympathisch; **off-sea·son** ['ɒfsi:zn] Nebensaison *f.*

off·set ['ɒfset] I *s* 1. *typ* Offsetdruck *m;* 2. *bot* Ableger *m;* 3. *fig* Ausgleich *m;* II *tr irr s. set* 1. ausgleichen; wettmachen, aufwiegen; 2. versetzen.

off-shore [ˌɒf'ʃɔ:(r)] I *adv* von der Küste weg; ► **anchor ~** vor der Küste ankern; II *adj* küstennah; Küsten-; im Meer; **off·side** [ˌɒf'saɪd] I *adj* 1. *sport* im Abseits; 2. *mot* auf der Fahrerseite; II *s mot* Fahrerseite *f;* **offside rule** *(sport)* Abseitsregel *f.*

off·spring ['ɒfsprɪŋ] 1. *sing* Sprößling, Abkömmling *m;* 2. *pl* Nachwuchs *m;* (die) Jungen *pl.*

off stage [ˌɒf'steɪdʒ] *adv* hinter den Kulissen; **off-the-cuff** [ˌɒfðə'kʌf] *adj adv* aus dem Stegreif; **off-the-peg** [ˌɒfðə'peg] *adj Br* von der Stange, Konfektions-; **off-white** [ˌɒf'waɪt] *adj* gebrochen weiß.

of·ten ['ɒfn] *adv* oft, häufig; ► **we ~ go there** wir gehen häufig da hin; **as ~ as** sooft wie; **not as ~ as twice a month** weniger als zweimal im Monat; **as ~ as not, more ~ than not** meistens; **every so ~** öfters, von Zeit zu Zeit; **once too ~** einmal zu oft; **how ~?** wie oft?

ogle ['əʊgl] *tr* liebäugeln mit; kein Auge lassen von.

ogre ['əʊgə(r)] Menschenfresser *m (im Märchen);* **ogress** ['əʊgres] Menschenfresserin *f.*

oh [əʊ] *interj* oh! ach! ► **~ well** na ja! **~ dear!** o je! **~ yes?** ach ja?

oil [ɔɪl] I *s* 1. Öl *n;* 2. Erdöl, Petroleum *n;* 3. Ölfarbe *f,* -gemälde *n;* 4. *sl* Schmeichelei *f;* ► **burn the midnight ~** bis spät in die Nacht (hinein) arbeiten; **pour ~ on troubled waters** die Wogen glätten; **strike ~** *fig* e-n guten Fund machen; **paint in ~s** in Öl malen; II *tr* (ein)ölen, schmieren; ► **~ s.o.'s palm** jdn bestechen; **~ the wheels** *fig* die Dinge erleichtern; **oil-cake** Ölkuchen *m;* **oil-can** Ölkanne *f;* **oil-change** *mot* Ölwechsel *m;* **oil·cloth** ['ɔɪlklɒθ] Wachstuch *n;* **oil company** Ölkonzern *m;* **oil consumption** Ölverbrauch *m;* **oil crisis** Ölkrise *f;* **oil-exporting** [ˌɔɪlɪk'spɔ:tɪŋ] *adj* erdölexportierend; ► **~ country** Ölexportland *n;* **oil-field** Ölfeld *n;* **oil-fired** ['ɔɪlˌfaɪrd] *adj* mit Öl befeuert; **oili·ness** ['ɔɪlɪnɪs] 1. ölige Beschaffenheit; 2. *fig* aalglattes Wesen; **oil lamp** Öllampe *f;* **oil level** *tech* Ölstand *m;* **oil-painting** Ölgemälde *n,* -malerei *f;* **oil pipeline** Erdölleitung *f;* **oil-producing** *adj* ölfördernd; ► **~ country** Ölförderland *n;* **oil-rig** Bohrturm *m;* -insel *f;* **oil sheik** Ölscheich *m;* **oil-skin** 1. Öltuch *n;* 2. *pl* Ölzeug *n;* **oil slick** Ölteppich *m;* Öllache *f;* **oil-tanker** Öltanker *m,* Tankschiff *n;* **oil-well** Ölquelle *f;* **oily** ['ɔɪlɪ] *adj* 1. ölig; ölhaltig; 2. *(Finger)* voller Öl; 3. *fig* aalglatt.

oint·ment ['ɔɪntmənt] Salbe *f.*

OK, okay [ˌəʊ'keɪ] I *interj* okay! einverstanden! in Ordnung! II *adj* in Ordnung, okay; ► **that's ~ with me** das ist mir recht; **be ~ for money** genug Geld haben; III *adv* gut; einigermaßen; IV *tr (Plan)* gutheißen, billigen; V *s* Zustimmung *f.*

old [əʊld] I *adj* 1. alt; 2. bejahrt, betagt; 3. verbraucht, abgenutzt; 4. früher, ehemalig; 5. erfahren, erprobt; 6. altertümlich; weit zurückliegend, -reichend; ► **~ people** alte Leute; **he's forty years ~** er ist 40; **seven-year-~** Siebenjährige(r) *f m;* **any ~ thing** irgendwas; **his ~ school**

seine ehemalige Schule; **we had a great ~ time** wir haben uns prächtig amüsiert; **the O~ World** die alte Welt; **II** *s* ► **in days of ~** in alten Zeiten; **the men of ~** die Menschen früherer Zeiten; **old age** das Alter; ► **reach ~** ein hohes Alter erreichen; **old-age pension** Altersrente *f;* **old boy** *Br* ehemaliger Schüler; **old·es·tab·lished** [ˌəʊldɪˈstæblɪʃt] *adj* alteingesessen; **old-fashioned** [ˌəʊldˈfæʃnd] *adj* altmodisch; **old girl** *Br* ehemalige Schülerin; **old·ish** [ˈəʊldɪʃ] *adj* ältlich; **old lady** *fam* ► **my ~** meine Alte; **old-maidish** [ˌəʊldˈmeɪdɪʃ] *adj* altjüngferlich; **old man** *fam* ► **my ~** mein Alter; **old master** alter Meister; **old school** *fig* alte Schule; **old stager** [ˌəʊldˈsteɪdʒə(r)] alter Hase; **old-style** *adj* im alten Stil; **old-timer** [ˈəʊldtaɪmə(r)] *fam* e-(r) von der alten Garde, Veteran(in) *m (f);* **old wives' tale** Ammenmärchen *n.*

ole·an·der [ˌəʊlɪˈændə(r)] *bot* Oleander *m.*

ol·fac·tory [ɒlˈfæktərɪ] *adj* Geruchs-.

ol·ive [ˈɒlɪv] **I** *s* **1.** Olive *f;* **2.** *(~ tree)* Olivenbaum *m;* **3.** *(Farbe)* Olivgrün *n;* **II** *adj* olivgrün; **olive branch** Ölzweig *m;* **olive grove** Olivenhain *m;* **olive-oil** [ˈɒlɪvˌɔɪl] Olivenöl *n.*

Olym·piad [əˈlɪmpɪæd] Olympiade *f;* **Olym·pian** [əˈlɪmpɪən] **I** *s* Olympier *m;* **II** *adj* olympisch; **Olym·pic** [əˈlɪmpɪk] **I** *adj* olympisch; **II** *s* ► **the ~s** *pl* die Olympischen Spiele.

om·buds·man [ˈɒmbʊdzmən] ⟨*pl* -men⟩ *pol* Ombudsmann *m.*

om·elette, *Am* **om·elet** [ˈɒmlɪt] Omelett(e) *n,* Eierkuchen *m.*

omen [ˈəʊmen] Omen, Vorzeichen *n* (*for* für); **om·in·ous** [ˈɒmɪnəs] *adj* bedrohlich, drohend; unheilverkündend.

omission [əˈmɪʃn] **1.** Auslassung *f;* **2.** Unterlassung, Nichtbeachtung *f;* ► **sin of ~** Unterlassungssünde *f a. fig.*

omit [əˈmɪt] *tr* **1.** auslassen (*from* aus); **2.** unterlassen, versäumen (*doing, to do* zu tun).

om·ni·bus [ˈɒmnɪbəs] **I** *s* **1.** Omnibus, Autobus, Bus *m;* **2.** *(Buch)* Sammelband *m;* **II** *adj* allgemein, umfassend.

om·nip·otence [ɒmˈnɪpətəns] Allmacht, Omnipotenz *f;* **om·nip·otent** [ɒmˈnɪpətənt] *adj* allmächtig.

om·ni·pres·ent [ˌɒmnɪˈpreznt] *adj* allgegenwärtig.

om·nis·cient [ɒmˈnɪʃnt] *adj* allwissend.

on [ɒn] **I** *prep* **1.** *(Platz, Lage)* auf; an; ► **~ the table** auf dem Tisch; **pictures ~ the wall** Bilder an der Wand; **flies ~ the ceiling** Fliegen an der Decke; **~ the right** rechts; **~ the radio** im Radio; **he has no money ~ him** er hat kein Geld bei sich; **a house ~ the coast** ein Haus am Meer; **2.** *(Transportmittel)* ► **go ~ the train** mit dem Zug fahren; **~ foot** zu Fuß; **~ a bicycle** mit dem Fahrrad; **3.** *(Mittel)* ► **live ~ one's income** von seinem Einkommen leben; **live ~ bread** sich von Brot ernähren; **4.** über; ► **a lecture ~ Shakespeare** ein Vortrag über Shakespeare; **5.** *(zeitlich)* an; ► **~ Sunday** am Sonntag; **~ the evening of May the first** am Abend des ersten Mai; **~ the minute** auf die Minute genau; **6.** bei; ► **~ my arrival** bei meiner Ankunft; **~ request** auf Wunsch; **~ receiving his letter** auf seinen Brief hin; **7.** *(Zugehörigkeit)* in; ► **he is ~ the committee** er gehört dem Ausschuß an; **8.** *(beschäftigt mit)* ► **work ~ a project** an e-m Projekt arbeiten; **9.** im Vergleich zu; **10.** *mus* ► **play ~ the violin** auf der Geige spielen; **11.** nach; ► **~ his theory** seiner Theorie nach; **this is ~ me** das geht auf meine Kosten; **II** *adv (s. a. Verb mit on)* ► **have nothing ~** nichts anhaben, nackt sein; **I put a hat ~** ich setzte e-n Hut auf; **from that day ~** von diesem Tag an; **well ~ in the morning** später am Morgen; **keep ~ talking** immer weiterreden; **~ and ~** ununterbrochen, andauernd; **be ~ at s.o.** *fam* auf jdm dauernd herumhacken; **what's he ~ about?** wovon redet er nun schon wieder? **III** *adj (Licht)* an; ► **be ~** gegeben werden; gezeigt werden; **who's ~ tonight?** wer spielt heute abend? **I have nothing ~ tonight** ich habe heute abend nichts vor; **it's just not ~** das gibt es einfach nicht.

once [wʌns] **I** *adv* einmal; früher einmal; einst; ► **~ a week** einmal in der Woche; **~ more** noch einmal; **~ and for all** ein für allemal; **~ or twice** ein- oder zweimal; **~ upon a time there was ...** es war einmal ...; **at ~** sofort; auf einmal; **all at ~** ganz plötzlich; **~ in a blue moon** alle Jubeljahre einmal; **~ bitten twice shy** *prov* ein gebranntes Kind scheut das Feuer; **II** *conj* wenn; als; **once-over** [ˈwʌnsˌəʊvə(r)] kurze Untersuchung; ► **give s.o. the ~** *fam* jdn kurz prüfend ansehen.

on·com·ing [ˈɒnkʌmɪŋ] **I** *adj* **1.** entgegenkommend; **2.** *(Gefahr)* nahend, drohend; ► **the ~ traffic** der Gegenverkehr; **II** *s* Nahen, Kommen *n.*

one [wʌn] **I** *adj* **1.** ein, eine, ein; ► **the baby is ~ (year old)** das Kind ist ein Jahr (alt); **it is ~ o'clock** es ist ein Uhr; **~ hundred pounds** hundert Pfund; **2.** *(unbestimmt)* ► **~ morning** e-s Morgens; **~ day next week** nächste Woche einmal; **~ Mr Smith** ein gewisser Herr Smith; **3.** *(einzig)* ► **my ~ hope** meine einzige Hoffnung; **my ~ thought was ...** mein einziger Gedanke war ... **4.** *(ohne Unterschied)* ► **they are ~ and**

the same person das ist ein und dieselbe Person; **it is all** ~ das ist einerlei; **we are ~ on the subject** wir sind uns über das Thema einig; **II** *prn* **1.** eine(r, s); ► **the ~ who ...** derjenige, der ... **a bigger ~** ein größerer; **no ~ of these people** keiner dieser Leute; **any ~** irgendeine(r, s); **every ~** jede(r, s); **this ~** diese(r, s); **the little ~s** *pl* die Kleinen *pl;* **I'm not ~ to go out often** ich bin nicht der Typ, der oft ausgeht; **I was never ~ to say no** ich sage eigentlich nie nein; **I, for ~, think otherwise** ich, zum Beispiel, denke anders; **they came ~ and all** sie kamen alle; **~ by ~** einzeln; **~ after the other** einer nach dem anderen; **she is ~ of us** sie ist e-e von uns; **2.** man; einen *acc;* einem *dat;* ► **wash ~'s face** sich das Gesicht waschen; **~ can't always find time for reading** man hat nicht immer Zeit zum Lesen; **III** *s* Eins *f;* ► **in ~s and twos** in kleinen Gruppen; **they became ~** sie wurden eins; **be at ~** sich einig sein; **the goods are sold in ~s** die Waren werden einzeln verkauft; **be ~ up on s.o.** jdm etw voraushaben.

one-armed [ˌwʌnˈɑːmd] *adj* einarmig; ► **~ bandit** einarmiger Bandit *(Spielautomat);* **one-eyed** [ˌwʌnˈaɪd] *adj* einäugig; **one-handed** [ˌwʌnˈhændɪd] *adj* einhändig; **one-horse** [ˌwʌnˈhɔːs] *adj* einspännig; ► **a ~ town** *fam* ein Kuhdorf; **one-legged** [ˌwʌnˈlegd] *adj* einbeinig; **one-man** [ˌwʌnˈmæn] *adj* Einmann-; ► **~ band** Einmannband *f;* **~ job** Arbeit *f* für e-n einzelnen; **one-night stand 1.** *theat* einmalige Aufführung; **2.** ► **it was only a ~** es war nur ein Abenteuer für eine Nacht; **one-off** [ˈwʌnɒf] **I** *adj Br* einmalig; **II** *s* etwas Einmaliges; **one-piece** [ˌwʌnˈpiːs] *adj* einteilig; ► **~ swimsuit** Einteiler *m.*

on·er·ous [ˈɒnərəs] *adj* beschwerlich, drückend; schwer.

one·self [wʌnˈself] *prn* **1.** sich; **2.** *(betont)* (man) selbst; ► **wash ~** sich waschen; **for ~** ganz allein; ohne Hilfe; **if one doesn't do everything ~** wenn man nicht alles selbst macht; **be ~** sich so geben, wie man ist; **come to ~** wieder zu sich kommen; sich fassen.

one-sided [ˌwʌnˈsaɪdɪd] *adj* **1.** einseitig *a. fig;* **2.** *fig* parteiisch; **one-time** [ˈwʌntaɪm] *adj* ehemalig, früher; **one-track** [ˈwʌntræk] *adj* ► **he's got a ~ mind** der hat immer nur das eine im Kopf; **one-up·man·ship** [ˌwʌnˈʌpmənʃɪp] ► **the art of ~** die Kunst, allen anderen um e-e Nasenlänge vorauszusein; **one-way** [ˈwʌnweɪ] *adj* Einbahn-; ► **~ street** Einbahnstraße *f;* **~ ticket** einfache Fahrkarte.

on-go·ing [ˈɒngəʊɪŋ] *adj* im Gang befindlich, laufend; andauernd.

onion [ˈʌnɪən] Zwiebel *f;* ► **know one's ~s** *sl* sein Geschäft verstehen.

on-line [ˌɒnˈlaɪn] **I** *adj EDV* On-line; ► **~ mode** *EDV* On-line-Betrieb *m;* **II** *adv* on-line.

on·looker [ˈɒnlʊkə(r)] Zuschauer(in) *m (f).*

only [ˈəʊnlɪ] **I** *adj* einzige(r, s); ► **he's an ~ child** er ist ein Einzelkind; **the ~ thing** das einzige; **her ~ answer was a shrug** ihre Antwort bestand nur aus e-m Achselzucken; **my one and ~ hope** meine einzige Hoffnung; **II** *adv* nur; ► **~ last week** erst letzte Woche; **I ~ wanted ...** ich wollte weiter nichts, als ... **~ too true** nur zu wahr; **if ~** wenn doch nur; **not ~ ... but also** nicht nur ... sondern auch; **if ~ that hadn't happened** wenn das bloß nicht passiert wäre; **~ just** eben erst; **III** *conj* bloß, nur.

on·rush [ˈɒnrʌʃ] Ansturm *m a. fig;* **on·set** [ˈɒnset] **1.** Anfang, Beginn *m;* **2.** *med* Ausbruch *m;* ► **at the first ~** bei Beginn; **on·shore** [ˈɒnʃɔː(r)] **I** *adj* Land-; **II** *adv* an Land; **on-site** [ˌɒnˈsait] **I** *adj* Vor-Ort-; ► **~ supervision** Vor-Ort-Kontrolle *f;* **II** *adv* vor Ort; **on·side** *adv sport* nicht im Abseits; **on·slaught** [ˈɒnslɔːt] heftiger Angriff (*on* auf).

onto [ˈɒntʊ, *vor Konsonanten:* ˈɒntə] *prep* auf; ► **come ~ a subject** auf ein Thema zu sprechen kommen; **be ~ s.o.** jdm auf die Schliche kommen.

on·ward [ˈɒnwəd] **I** *adv (a. ~s)* voran, vorwärts, weiter; ► **from today ~** von heute an; **II** *adj* nach vorn (gerichtet); ► **the ~ course of events** die fortschreitende Entwicklung der Dinge.

onyx [ˈɒnɪks] *min* Onyx *m.*

oodles [ˈuːdlz] *pl sl* jede Menge; ► **~ of money** Geld wie Heu.

oomph [ʊmf] *sl* Schwung *m.*

ooze [uːz] **I** *s* Schlick, Schlamm *m;* **II** *itr* triefen; sickern; herausquellen; ► **~ away** versickern; versiegen; **~ out** herausquellen; **III** *tr* **1.** ausschwitzen; **2.** *fig* triefen von; strotzen von.

opac·ity [əʊˈpæsətɪ] Undurchsichtigkeit *f a. fig;* Lichtundurchlässigkeit *f.*

opal [ˈəʊpl] *min* Opal *m;* **opal·escent** [ˌəʊpəˈlesnt] *adj* opalisierend, schillernd.

opaque [əʊˈpeɪk] *adj* **1.** undurchsichtig, milchig, trüb; **2.** *fig* undurchsichtig.

open [ˈəʊpən] **I** *adj* **1.** offen; geöffnet; frei; **2.** *(Geschäft)* geöffnet; **3.** *(Blick)* frei; offen; **4.** *(Gebäude)* eingeweiht; freigegeben; eröffnet; *(Treffen)* öffentlich; **5.** *(Feindschaft)* unverhohlen; **6.** *(Frage)* offen, ungeklärt; **7.** *(Küste)* ungeschützt; **8.** *(Muster)* durchbrochen; **9.** *(Charakter)* offen, aufrichtig; ► **keep the door ~** die Tür offenlassen; **a shirt ~ at the neck** ein am Hals offenes Hemd; **~ door policy** Politik *f* der offenen Tür; **in the ~ air** im Freien; **~ note** *mus* Grundton *m;* **road ~ to traffic** Durchfahrt frei; **declare s.th. ~** etw einweihen, eröffnen; **in ~ court** *jur* in öffentlicher Verhandlung; **be ~ to s.o.** jdm offenstehen; jdm zur Verfügung stehen; **~ to the public** der Öffentlichkeit zugänglich; **be ~ to advice** Ratschlägen zugänglich sein; **be ~ to attack** Angriffen ausgesetzt sein; **leave ~** *fig* offenlassen; **have an ~ mind on s.th.** e-r S aufgeschlossen gegenüberstehen; **II** *tr* **1.** *(Mund)* öffnen, aufmachen; *(Zeitung)* aufschlagen; **2.** *(Ausstellung)* eröffnen; einweihen; **3.** *(Gebiet)* erschließen; **4.** *fig* öffnen; **5.** *(Diskussion)* eröffnen, beginnen; ► **~ one's heart to s.o.** sich jdm eröffnen; **~ fire** das Feuer eröffnen; **III** *itr* **1.** sich öffnen; aufgehen; **2.** *(Laden)* öffnen, aufmachen; **3.** *(Tür)* führen (*into* in); **4.** beginnen (*with* mit); **IV** *s* ► **in the ~** im Freien; **come out into the ~** *fig* Farbe bekennen; **force s.o. out into the ~** jdn zwingen, sich zu stellen; **force s.th. out into the ~** etw zur Sprache bringen; **V** *(mit Präposition)* **open on to** *itr (Tür)* führen auf; **open out** *itr* **1.** sich verbreitern; sich weiten; sich ausfalten lassen; **2.** *fig* aus sich herausgehen; *tr* **1.** auseinanderfalten; vergrößern; **2.** *fig* aus der Reserve locken; **open up** *itr* **1.** sich öffnen, aufgehen; sich erschließen; **2.** *fig* gesprächiger werden; **3.** *(Tür)* aufgehen; **4.** *mil* das Feuer eröffnen; *tr* **1.** *(Gebiet)* erschließen; freimachen; **2.** bauen; schaffen; **3.** *(Tür)* aufschließen; **4.** *(Geschäft)* eröffnen.

open-air [ˌəʊpnˈeə(r)] *adj* im Freien; ► **~ theatre** Freilichttheater *n;* **opencast mining** *min* Tagebau *m;* **open-ended** [ˌəʊpnˈendɪd] *adj fig* offen, zeitlich nicht begrenzt; alles offen lassend; **opener** [ˈəʊpənə(r)] *tech* Öffner *m;* ► **bottle-~** Flaschenöffner *m;* **tin-~,** *Am* **can-~** Büchsenöffner *m;* **open-eyed** [ˌəʊpnˈaɪd] *adj* mit offenen Augen.

open·ing [ˈəʊpənɪŋ] **I** *s* **1.** Öffnung *f;* Loch *n;* Spalt *m;* **2.** Lücke *f;* **3.** *Am* Lichtung *f;* **4.** Eröffnung *f;* Beginn, Anfang *m;* **5.** Öffnen *n;* Aufmachen *n;* **6.** Möglichkeit, Chance *f;* **7.** freie Stelle; ► **O~ of Parliament** Parlamentseröffnung *f;* **hours of ~** Öffnungszeiten *f pl;* **II** *adj* erste(r, s); Eröffnungs-; **opening night** Eröffnungsvorstellung *f;* **opening time** Öffnungszeit *f.*

open·ly [ˈəʊpənlɪ] *adv* offen; freiheraus; öffentlich.

open-minded [ˌəʊpnˈmaɪndɪd] *adj* aufgeschlossen; **open-mouthed** [ˌəʊpnˈmaʊðd] *adj* mit offenem Mund.

open·ness [ˈəʊpənnɪs] **1.** Offenheit, Aufrichtigkeit *f;* Öffentlichkeit *f;* **2.** *fig* Aufgeschlossenheit *f;* **3.** Lockerheit *f.*

open-plan [ˌəʊpnˈplæn] *adj* Großraum-; offen angelegt.

op·era [ˈɒprə] Oper *f;* ► **go to the ~** in die Oper gehen.

op·er·able [ˈɒpərəbl] *adj* **1.** *med* operierbar; **2.** durchführbar, praktikabel.

op·era-glasses [ˈɒprəglɑːsɪz] *pl* Opernglas *n;* **opera-house** Opernhaus *n,* Oper *f.*

op·er·ate [ˈɒpəreɪt] **I** *itr* **1.** in Betrieb, in Gang sein; funktionieren; laufen; **2.** *(Plan)* sich auswirken; **3.** operieren; Geschäfte tätigen; **4.** *mil* operieren; **5.** *med* operieren (*on s.o.* jdn); ► **~ against s.o.** gegen jdn wirken; **be ~d on** operiert werden; **II** *tr* **1.** *(Maschine)* bedienen; betätigen; auslösen; betreiben; **2.** *(Geschäft)* betreiben, führen; **3.** *(Gesetz)* anwenden; **4.** *(Route)* bedienen; unterhalten; **op·er·at·ing** [ˈɒpəreɪtɪŋ] *adj* **1.** Betriebs-; **2.** *med* Operations-; ► **~ system** *EDV* Betriebssystem *n;* **~-table** *med* Operationstisch *m;* **~-theatre** *med* Operationssaal *m.*

op·er·ation [ˌɒpəˈreɪʃn] **1.** *(Maschine)* Funktionieren *n;* Gang, Lauf *m;* Arbeitsweise *f;* Funktionsweise *f;* **2.** Bedienung, Handhabung *f;* Betätigung *f;* **3.** *med* Operation *f;* **4.** Unternehmen *n,* Unternehmung *f;* **5.** *mil* Operation *f;* ► **be in ~** in Betrieb sein; *jur* in Kraft sein; **be out of ~** außer Betrieb sein; **come into ~** in Gang kommen; *jur* in Kraft treten; **have an ~** operiert werden (*for* wegen); **business ~s** *pl* Geschäfte *n pl;* **mental ~s** *pl* Denkvorgänge *m pl;* **~s room** Hauptquartier *n;* **~s research** Unternehmensforschung *f;* **op·er·ation·al** [ˌɒpəˈreɪʃənl] *adj* **1.** betriebsbereit; einsatzfähig; in Betrieb; **2.** *tech* Betriebs-; **3.** *mil* Einsatz-; ► **~ costs** *pl* Betriebskosten *pl.*

op·er·at·ive [ˈɒpərətɪv] **I** *adj* **1.** *(Gesetze)* wirksam; maßgeblich, entscheidend; **2.** *med* operativ; ► **become ~** in Kraft treten; **II** *s* Maschinenarbeiter(in) *m (f).*

op·er·ator [ˈɒpəreɪtə(r)] **1.** *tele* Vermittlung *f;* **2.** Maschinenarbeiter(in) *m (f);* Operator(in) *m (f);* ► **a call through the ~** ein handvermitteltes Gespräch; **a clever, slick ~** *fam* ein raffinierter Kerl, Gauner *m;* **private ~** Privatunternehmer(in) *m (f).*

op·er·etta [ˌɒpəˈretə] Operette *f.*

oph·thal·mic [ɒfˈθælmɪk] *adj* Augen-; **oph·thal·mo·scope** [ɒfˈθælməskəʊp] Augenspiegel *m.*

opi·ate [ˈəʊpɪət] **1.** Opiat *n;* **2.** *fig* Beruhigungsmittel *n.*

opin·ion [əˈpɪnɪən] **1.** Meinung, Ansicht *f* (*about, on* zu); Anschauung *f;* **2.** Stellungnahme *f;* Gutachten *n;* Befund *m;* ► **in my ~** meiner Ansicht nach; **in the ~ of most people** nach Ansicht der meisten Menschen; **be of the ~ that ...** der Meinung sein, daß ... **it's a matter of ~** das ist Ansichtssache; **have a good ~ of** e-e gute Meinung haben von; **have a low ~ of** nichts halten von; **opin·ion·ated** [ə'pɪnɪəneɪtɪd] *adj* selbstherrlich, rechthaberisch; **opinion poll** Meinungsumfrage *f*.

opium ['əʊpɪəm] Opium *n*; **opium den** Opiumhöhle *f*.

opos·sum [ə'pɒsəm] *zoo* Opossum *n*.

op·po·nent [ə'pəʊnənt] Gegner(in) *m (f)*; Gegenspieler(in) *m (f)*.

op·por·tune ['ɒpətju:n] *adj* **1.** *(Zeit)* gelegen, günstig; **2.** *(Ereignis)* rechtzeitig; ► **an ~ remark** e-e Bemerkung an passender Stelle.

op·por·tun·ism [ˌɒpə'tju:nɪzəm] Opportunismus *m*; **op·por·tun·ist** [ˌɒpə'tju:nɪst] Opportunist(in) *m (f)*.

op·por·tun·ity [ˌɒpə'tju:nətɪ] **1.** Gelegenheit *f*; **2.** Chance, Möglichkeit *f*; ► **at the first ~** bei der erstbesten Gelegenheit; **take, seize the ~ to do s.th., of doing s.th.** die Gelegenheit nutzen, ergreifen, etw zu tun; **equality of ~** Chancengleichheit *f*.

op·pose [ə'pəʊz] *tr* **1.** ablehnen; sich entgegenstellen (*s.th.* e-r S); sich widersetzen (*s.th.* e-r S); **2.** kandidieren gegen; **3.** entgegensetzen; gegenüberstellen; ► **he ~es our coming** er ist absolut dagegen, daß wir kommen; **op·posed** [ə'pəʊzd] *adj* **1.** dagegen; **2.** entgegengesetzt; ► **be ~ to s.th.** gegen etw sein; **I'm ~ to your going away** ich bin dagegen, daß Sie gehen; **as ~ to** im Gegensatz zu; **op·pos·ing** [—ɪŋ] *adj* gegnerisch; entgegengesetzt.

op·po·site ['ɒpəzɪt] **I** *adj* **1.** entgegengesetzt; gegenüberliegend; **2.** gegenüber (*to* von); ► **be ~** gegenüberliegen, -stehen; **~ number** Pendant *n*; **~ poles** entgegengesetzte Pole; **the ~ sex** das andere Geschlecht; **II** *s* Gegenteil *n*, -satz *m*; ► **quite the ~!** ganz im Gegenteil! **III** *adv* gegenüber; ► **they sat ~** sie saßen uns, sich gegenüber; **IV** *prep* gegenüber *dat*; ► **~ one another** einander, sich gegenüber.

op·po·si·tion [ˌɒpə'zɪʃn] **1.** Gegensatz *m* (*to* zu); **2.** Widerstand *m*, Opposition *f*; **3.** *pol astr* Opposition *f*; ► **offer ~ to s.o.** jdm Widerstand entgegensetzen; **without ~** widerstandslos; **be in ~ to s.o.** im Gegensatz zu jdm stehen; **Her Majesty's O~** *Br parl* die Opposition.

op·press [ə'pres] *tr* **1.** bedrücken; lasten auf; **2.** unterdrücken; ► **I feel ~ed by the heat** die Hitze lastet schwer auf mir; **op·pres·sion** [ə'preʃn] **1.** Bedrängnis, Bedrücktheit *f*; **2.** Unterdrükkung *f*; ► **feeling of ~** Gefühl *n* der Beklemmung; **op·press·ive** [ə'presɪv] *adj* **1.** tyrannisch; erdrückend; **2.** *fig* bedrückend; **3.** *(Hitze)* drückend; **op·pressor** [ə'presə(r)] Unterdrücker(in) *m (f)*.

opt [ɒpt] *itr* ► **~ for s.th., to do s.th.** sich für etw entscheiden, sich entscheiden, etw zu tun; **~ out** sich anders entscheiden; abspringen; ablehnen; aussteigen.

op·tic ['ɒptɪk] *adj* Seh-; **op·ti·cal** ['ɒptɪkl] *adj* optisch; ► **~ illusion** optische Täuschung; **op·ti·cian** [ɒp'tɪʃn] Optiker(in) *m (f)*; **op·tics** ['ɒptɪks] *pl mit sing* Optik *f*.

op·ti·mal ['ɒptɪml] *adj* optimal.

op·ti·mism ['ɒptɪmɪzəm] Optimismus *m*; **op·ti·mist** ['ɒptɪmɪst] Optimist(in) *m (f)*; **op·ti·mis·tic** [ˌɒptɪ'mɪstɪk] *adj* optimistisch.

op·ti·mize ['ɒptɪmaɪz] *tr* optimieren; **op·ti·mum** ['ɒptɪməm] **I** *adj* optimal; **II** *s* Optimum *n*.

op·tion ['ɒpʃn] **1.** Wahl *f*; Möglichkeit *f*; **2.** *com* Option *f*, Vorkaufsrecht *n*; **3.** *(Schule)* Wahlfach *n*; ► **I have little, no ~** mir bleibt kaum e-e, keine andere Wahl; **she had no ~ but to leave** ihr blieb nichts anderes übrig, als zu gehen; **leave one's ~s open** sich alle Möglichkeiten offenlassen; **with an ~ to buy** mit e-r Kaufoption; **op·tional** ['ɒpʃənl] *adj* freiwillig; wahlfrei, fakultativ; ► **~ extras** *pl* Extras *n pl*.

opu·lence ['ɒpjʊləns] Reichtum *m*; Wohlhabenheit *f*; Überfluß *m*; **opu·lent** ['ɒpjʊlənt] *adj* **1.** reich; wohlhabend; **2.** *(Kleider)* prunkvoll, stattlich; **3.** *(Vegetation)* üppig; **4.** *(Mahl)* opulent.

or [ɔ:(r)] *conj* oder; ► **he could not read ~ write** er konnte weder lesen noch schreiben; **either ... ~** entweder ... oder; **whether ... ~** ob ... oder; **~ else** sonst, andernfalls; **~ even** oder sogar; **~ rather** oder vielmehr; **a minute ~ two** ein paar Minuten.

or·acle ['ɒrəkl] **1.** *hist* Orakel *n a. fig*; **2.** Seher(in) *m (f)*; **oracu·lar** [ə'rækjʊlə(r)] *adj* orakelhaft; seherisch.

oral ['ɔ:rəl] **I** *adj* **1.** mündlich; **2.** *med* oral; **II** *s fam* mündliche Prüfung.

or·ange ['ɒrɪndʒ] **I** *s* **1.** Apfelsine, Orange *f*; **2.** *(Farbe)* Orange *n*; **II** *adj* orange(farben); **or·ange·ade** [ˌɒrɪndʒ'eɪd] Orangeade *f*; **orange juice** Orangensaft *m*; **orange peel** Orangenschale *f*.

orang-outang, orang-utan [ɔ:ˌræŋu:'tæŋ] *zoo* Orang-Utan *m*.

ora·tion [ɔ:'reɪʃn] Ansprache *f*; ► **funeral ~** Grabrede *f*; **ora·tor** ['ɒrətə(r)] Redner(in) *m (f)*; **ora·tori·cal** [ˌɒrə'tɒrɪkl] *adj* rednerisch.

ora·torio [ˌɒrə'tɔ:rɪəʊ] ⟨*pl* -torios⟩ *mus* Oratorium *n*.

orb [ɔ:b] **1.** Kugel *f*; Himmelskörper *m*; **2.** *hist* Reichsapfel *m*.

or·bit ['ɔ:bɪt] **I** *s* **1.** *phys astr* Kreis-, Umlauf-, Planetenbahn *f*; Orbit *m*; **2.** *fig*

Kreis *m;* Machtbereich *m,* Einflußsphäre *f;* ▶ **be in ~** in der Erdumlaufbahn sein; **put a satellite into ~** e-n Satelliten in die Umlaufbahn schießen; **II** *tr* umkreisen; **III** *itr* kreisen; **or·bital** ['ɔ:bɪtl] *adj* orbital; ▶ **~ velocity** Umlaufgeschwindigkeit *f.*

or·chard ['ɔ:tʃəd] Obstgarten *m;* Obstplantage *f.*

or·ches·tra ['ɔ:kɪstrə] Orchester *n;* **or·ches·tral** [ɔ:'kestrəl] *adj* Orchester-; orchestral; **orchestra pit** Orchestergraben *m;* **orchestra stalls** *pl* Orchestersitze *m pl;* **or·ches·trate** ['ɔ:kɪstreɪt] *tr mus* orchestrieren; **or·ches·tra·tion** [ˌɔ:kɪ'streɪʃn] Orchestrierung *f.*

or·chid ['ɔ:kɪd] Orchidee *f.*

or·dain [ɔ:'deɪn] *tr* **1.** *rel* zum Priester weihen; ordinieren; **2.** *(Schicksal)* wollen, bestimmen; **3.** *(Gesetz)* bestimmen.

or·deal [ɔ:'di:l] **1.** Tortur *f;* Martyrium *n;* **2.** *hist* Gottesurteil *n.*

or·der ['ɔ:də(r)] **I** *s* **1.** (An)Ordnung, (Reihen)Folge *f;* **2.** Ordnung *f;* **3.** Disziplin *f;* **4.** Zustand *m;* **5.** *mil* Kommando *n,* Befehl *m;* **6.** *(im Restaurant)* Bestellung *f;* **7.** *com* Auftrag *m,* Bestellung, Order *f;* **8.** *jur* Verfügung *f;* Verfahrensregel *f;* **9.** *arch* (Säulen)Ordnung *f;* **10.** *zoo bot* Ordnung *f;* **11.** *rel* Orden *m;* ▶ **word ~** Wortstellung *f;* **in ~ of preference** in der bevorzugten Reihenfolge; **put s.th. in ~** etw ordnen; **be out of ~** durcheinander sein; nicht funktionieren; außer Betrieb sein; **the ~ of the world** die Weltordnung; **her passport is in ~** ihr Paß ist in Ordnung; **put one's affairs in ~** Ordnung in seine Angelegenheiten bringen; **keep ~** Ordnung wahren; **~, ~!** Ruhe! **be in good ~** in gutem Zustand sein; **~s are ~s** Befehl ist Befehl; **by ~ of the minister** auf Anordnung des Ministers; **be under ~s to do s.th.** Instruktionen haben, etw zu tun; **until further ~s** bis auf weiteren Befehl; **made to ~** auf Bestellung gemacht; **put s.th. on ~** etw in Auftrag geben; **cheque to ~** Namensscheck *m;* **in ~ to do s.th.** um etw zu tun; **in ~ that** damit; **a point of ~** e-e Verfahrensfrage; **call s.o. to ~** jdn zur Ordnung rufen; **be the ~ of the day** auf der Tagesordnung stehen; **of the first ~** erstklassig; **holy ~s** *pl* Weihe *f;* **take (holy) ~s** die Weihen empfangen; **II** *tr* **1.** befehlen, anordnen; verordnen *(for s.o.* jdm); **2.** *(Leben)* ordnen; **3.** *com* in Auftrag geben; bestellen; ordern; ▶ **~ about** herumkommandieren; **the doctor ~ed me to stay in bed** der Arzt verordnete mir Bettruhe; **he was ~ed to be quiet** man befahl ihm, still zu sein; **III** *itr* bestellen; **order book** *com* Auftragsbuch *n;* **order form** Bestellformular *n.*

or·der·ly ['ɔ:dəlɪ] **I** *adj* **1.** ordentlich, geordnet, systematisch; **2.** *(Leben)* geregelt; **3.** *(Gruppe)* gesittet, friedlich; **II** *s* ▶ **medical ~** Pfleger(in) *m (f);* Sanitäter(in) *m (f).*

or·di·nal ['ɔ:dɪnl] **I** *adj* Ordnungs-; **II** *s* Ordnungszahl *f.*

or·di·nance ['ɔ:dɪnəns] Bestimmung, Verordnung, Verfügung *f.*

or·di·nary ['ɔ:dɪnrɪ] **I** *adj* **1.** gewöhnlich, normal; **2.** durchschnittlich; alltäglich; ▶ **in the ~ way** unter gewöhnlichen Umständen; **~ use** normaler Gebrauch; **a very ~ kind of person** ein ganz gewöhnlicher Mensch; **II** *s* ▶ **out of the ~** außergewöhnlich; **nothing out of the ~** nichts Außergewöhnliches; **ordinary seaman** ⟨*pl* -men⟩ Maat *m;* **ordinary share** *com* Stammaktie *f.*

ord·nance ['ɔ:dnəns] **1.** *mil* Kriegsmaterial *n;* Munition *f;* **2.** Material *n;* Nachschub *m;* ▶ **~ factory** Munitionsfabrik *f.*

or·dure ['ɔ:djʊə(r)] Schmutz, Kot *m.*

ore [ɔ:(r)] *min* Erz *n.*

or·gan ['ɔ:gən] **1.** *biol* Organ *n a. fig;* **2.** *fig* Werkzeug, Mittel *n;* Sprachrohr *n;* **3.** *mus* Orgel *f;* ▶ **~ of speech** Sprechorgan *n;* **organ donor** Organspender(in) *m (f);* **organ-grinder** ['ɔ:gəngraɪndə(r)] Leierkastenmann *m.*

or·ganic [ɔ:'gænɪk] *adj* organisch *a. fig;* ▶ **~ chemistry** organische Chemie; **~ disease** organisches Leiden; **an ~ unity** e-e organische Einheit; **~ waste** organischer Abfall, Biomüll *m;* **or·gan·ism** ['ɔ:gənɪzəm] *biol fig* Organismus *m.*

or·gan·ist ['ɔ:gənɪst] *mus* Organist(in) *m (f).*

or·gan·iz·ation [ˌɔ:gənaɪ'zeɪʃn] **1.** Organisation *f;* Einteilung *f;* **2.** (Auf)Bau *m,* Struktur *f;* Bildung, Gliederung *f;* Planung *f;* **3.** Organisation *f;* Unternehmen *n;* **or·gan·iz·ational** [—əl] *adj* organisatorisch; **or·gan·ize** ['ɔ:gənaɪz] **I** *tr* **1.** organisieren; einrichten; aufbauen; gestalten; einteilen; planen; **2.** *(Treffen)* organisieren; sorgen für; **3.** *pol* organisieren; **II** *itr pol* sich organisieren; **or·gan·ized** ['ɔ:gənaɪzd] *adj* **1.** organisiert, geregelt; **2.** *pol* organisiert; ▶ **he isn't very ~** bei ihm geht alles drunter und drüber; **or·gan·izer** ['ɔ:gənaɪzə(r)] Organisator(in), Veranstalter(in) *m (f).*

or·gasm ['ɔ:gæzəm] *physiol* Höhepunkt, Orgasmus *m;* **or·gas·mic** [ɔ:'gæsmɪk] *adj* orgasmisch.

orgy ['ɔ:dʒɪ] Orgie *f;* ▶ **drunken ~** *sl* Sauforgie *f.*

oriel ['ɔ:rɪəl] *(~ window)* Erker(fenster *n*) *m.*

orient ['ɔ:rɪənt] **I** *s geog* Orient *m;* **II** *adj (Sonne)* aufgehend; **III** *tr s. orientate;* **orien·tal** [ˌɔ:rɪ'entl] **I** *adj* orientalisch; östlich; **II** *s* Orientale *m,* Orientalin *f.*

orien·tate ['ɔ:rɪənteɪt] **I** *tr* ausrichten (*to-*

wards auf); einführen; **II** *refl* sich orientieren (*by* an); sich zurechtfinden; **orien·ta·tion** [ˌɔ:rɪənˈteɪʃn] Orientierung *f a. fig;* Kurs *m;* Ausrichtung *f.*
ori·fice [ˈɒrɪfɪs] Öffnung *f.*
ori·gin [ˈɒrɪdʒɪn] **1.** Ursprung *m,* Herkunft *f;* **2.** Herkunft, Abstammung *f;* **3.** *(der Welt)* Entstehung *f;* ► **have its ~ in s.th.** auf etw zurückgehen; in etw entspringen; **country of ~** Ursprungs-, Herkunftsland *n;* **place of ~** Ursprungsort *m;* **proof of ~** Herkunftsnachweis *m.*
orig·inal [əˈrɪdʒənl] **I** *adj* **1.** ursprünglich, anfänglich; **2.** *(Gemälde)* original; **3.** *(Idee)* originell; ► **~ sin** Erbsünde *f;* **~ inhabitants** *pl* Ureinwohner *pl;* **~ edition** Originalausgabe *f;* **~ document** Originaldokument *n;* **~ soundtrack** *film* Originalton *m;* **II** *s* **1.** Original *n;* Vorlage *f;* **2.** *(Mensch)* Original *n;* **orig·inal·ity** [əˌrɪdʒəˈnælətɪ] Originalität *f;* **orig·inal·ly** [əˈrɪdʒənəlɪ] *adv* **1.** ursprünglich, anfänglich; **2.** originell.
orig·inate [əˈrɪdʒɪneɪt] **I** *tr* hervorbringen, erfinden; ins Leben rufen; **II** *itr* **1.** entstehen, entspringen; **2.** *(Bus)* ausgehen (*in* von); ► **~ from a country** aus e-m Land stammen; **~ from, with s.o.** von jdm stammen.
Ork·neys [ˈɔ:knɪz], **Ork·ney Is·lands** [ˈɔ:knɪˈaɪləndz] *pl* Orkneyinseln *f pl.*
or·na·ment [ˈɔ:nəmənt] **I** *s* **1.** Schmuck *m,* Verzierung *f,* Dekor(ation *f*) *m od n;* **2.** *fig* Zierde *f;* ► **altar ~s** *pl* Altarschmuck *m;* **by way of ~, for ~** zur Verzierung; **II** *tr* [ɔ:nəˈmənt] ausschmücken, verzieren, dekorieren; **or·na·men·tal** [ˌɔ:nəˈmentl] *adj* dekorativ; Zier-; schmückend; ► **~ object** Ziergegenstand *m;* **or·na·men·ta·tion** [ˌɔ:nəmenˈteɪʃn] Verzieren *n,* Verzierung *f;* Ausschmückung *f;* Schmuck, Zierrat *m.*
or·nate [ɔ:ˈneɪt] *adj* **1.** kunstvoll; ornamentreich; prunkvoll; ausgeschmückt; **2.** *(Stil)* gekünstelt; **or·nate·ness** [—nɪs] Verzierungsreichtum *m;* Prunk *m,* Prachtentfaltung *f;* Reichtum *m.*
or·ni·thol·ogist [ˌɔ:nɪˈθɒlədʒɪst] Ornithologe *m,* Ornithologin *f;* **or·ni·thol·ogy** [ˌɔ:nɪˈθɒlədʒɪ] Vogelkunde, Ornithologie *f.*
or·phan [ˈɔ:fn] **I** *s* Waise *f,* Waisenkind *n;* **II** *adj* Waisen-; **III** *tr* zur Waise machen; ► **be ~ed** zur Waise werden; **or·phan·age** [ˈɔ:fnɪdʒ] Waisenhaus *n.*
or·tho·dox [ˈɔ:θədɒks] *adj* **1.** *rel* orthodox; **2.** *fig* konventionell; orthodox; **or·tho·doxy** [ˈɔ:θədɒksɪ] **1.** Orthodoxie *f;* **2.** *fig* Konventionalität *f.*
or·tho·graphic(al) [ˌɔ:θəˈɡræfɪk(l)] *adj* orthographisch; **or·tho·gra·phy** [ɔ:ˈθɒɡrəfɪ] Rechtschreibung, Orthographie *f.*
or·tho·paedic, *Am* **or·tho·pedic** [ˌɔ:θəˈpi:dɪk] *adj* orthopädisch.
or·tho·paed·ics, *Am* **or·tho·ped·ics** [ˌɔ:θəˈpi:dɪks] *pl mit sing* Orthopädie *f;* **or·tho·paed·ist,** *Am* **or·tho·ped·ist** [ˌɔ:θəˈpi:dɪst] Orthopäde *m,* -pädin *f;* **or·tho·paedy,** *Am* **or·tho·pedy** [ˈɔ:θəpi:dɪ] Orthopädie *f.*
os·cil·late [ˈɒsɪleɪt] *itr* **1.** *phys* schwingen, oszillieren; **2.** *fig* schwanken; **os·cil·la·tion** [ˌɒsɪˈleɪʃn] **1.** *phys* Schwingung, Oszillation *f;* **2.** *fig* Schwankung *f.*
osier [ˈəʊzɪə(r)] Korbweide *f.*
os·mo·sis [ɒzˈməʊsɪs] *biol* Osmose *f;* **os·mo·tic** [ɒzˈmɒtɪk] *adj* osmotisch.
os·prey [ˈɒsprɪ] Fischadler *m.*
oss·ify [ˈɒsɪfaɪ] **I** *tr* **1.** verknöchern lassen; **2.** *fig* erstarren lassen; **II** *itr* verknöchern; erstarren.
os·ten·sible [ɒˈstensəbl] *adj* angeblich, scheinbar.
os·ten·ta·tion [ˌɒstenˈteɪʃn] **1.** Pomp *m;* Großtuerei *f;* **2.** aufdringliche Deutlichkeit; ► **with ~** demonstrativ; **os·ten·ta·tious** [ˌɒstenˈteɪʃəs] *adj* **1.** pompös; protzig; **2.** ostentativ, betont auffällig.
os·tra·cism [ˈɒstrəsɪzəm] Ächtung *f;* **os·tra·cize** [ˈɒstrəsaɪz] *tr fig* ächten.
os·trich [ˈɒstrɪtʃ] *zoo* Strauß *m.*
other [ˈʌðə(r)] **I** *adj* andere(r, s); ► **~ people** andere Leute; **do you have any ~ questions?** haben Sie sonst noch Fragen? **the ~ day** neulich; **the ~ world** das Jenseits; **some ~ time** ein andermal, ein anderes Mal; **every ~** jede(r, s) zweite; **~ than** außer; **some time or ~** irgendwann einmal; **II** *prn* andere(r, s); ► **are there any ~s there?** sind sonst noch welche da? **someone or ~** irgend jemand; **each ~** einander, sich; **III** *adv* anders; ► **somehow or ~** irgendwie; **somewhere or ~** irgendwo; **other·wise** [ˈʌðəwaɪz] **I** *adv* **1.** anders; **2.** sonst, ansonsten; ► **he was ~ engaged** er war anderweitig beschäftigt; **II** *conj* sonst, ansonsten, im übrigen.
ot·ter [ˈɒtə(r)] *zoo* Otter *m.*
ouch [aʊtʃ] *interj* au! autsch!
ought [ɔ:t] *aux* ► **I ~ to do it** ich sollte es tun; **he ~ to have come** er hätte kommen sollen; **~ I to go, too? — yes you ~ (to)** sollte ich auch hingehen? — ja doch; **I told him he ~ to have done it** ich sagte ihm, er hätte es tun sollen; **you ~ to see that film** den Film sollten Sie sehen; **he ~ to win the race** er müßte (eigentlich) das Rennen gewinnen; **one ~ to think** man sollte meinen; **he ~ to be here soon** er müßte bald hier sein.
ounce [aʊns] *(Gewicht)* Unze *f (= 28,35 g);* ► **there's not an ~ of truth in it** daran ist aber auch überhaupt nichts Wahres.
our [ˈaʊə(r)] *prn (adjektivisch)* unser; ► **O~ Father** Vater unser; **ours** [ˈaʊəz] *prn* unsere(r, s); der, die, das unsere;

▶ **this house is** ~ das ist unser Haus; **that is** ~ das gehört uns; **a friend of** ~ ein Freund von uns, e-r unserer Freunde; **our·selves** [aʊəˈselvz] *prn* **1.** uns *acc* u. *dat;* **2.** *(betont)* (wir) selbst; ▶ **(all) by** ~ (ganz) allein; ohne Hilfe; **we did it** ~ wir haben es selbst gemacht; **we** ~ **said so** wir haben es selbst gesagt.

oust [aʊst] *tr* **1.** herausbekommen; freibekommen; **2.** *(Regierung)* absetzen, ausbooten; ▶ ~ **s.o. from office** jdn aus seinem Amt entfernen; ~ **s.o. from the market** jdn vom Markt verdrängen.

out [aʊt] **I** *adv* **1.** außen; hinaus, heraus; **2.** draußen; aus dem Hause, nicht zu Hause, nicht daheim; **3.** *(Licht)* aus; **4.** aus der Mode; **5.** *(Ball)* aus; **6.** *(Gerät)* abgestellt; **7.** ausgeschlossen; ▶ **they are** ~ **playing** sie spielen draußen; **he is** ~ **in his car** er ist mit dem Auto unterwegs; ~**!** raus! ~ **with him!** hinaus mit ihm! **he likes to be** ~ **and about** er ist gern unterwegs; **the journey** ~ die Hinreise; **the workers are** ~ die Arbeiter streiken; **he lives** ~ **in the country** er lebt draußen auf dem Land; **be** ~ *(Sonne)* scheinen; **the best car** ~ das beste Auto überhaupt; **the secret is** ~ das Geheimnis ist bekannt geworden; ~ **with it!** heraus mit der Sprache! **before the day is** ~ vor Ende des Tages; **have it** ~ **with s.o.** *fam* etw mit jdm ausdiskutieren; **I am** ~ **in my calculations** ich liege mit meinen Berechnungen daneben; **you're not far** ~ Sie haben es fast getroffen; **my watch is five minutes** ~ meine Uhr geht fünf Minuten falsch; **speak** ~ **loud!** sprechen Sie laut! **be** ~ **for s.th.** auf etw aussein; **be** ~ **for trouble** Streit suchen; ~ **and away** weitaus, mit Abstand; **run** ~ hinauslaufen; **go** ~ hinausgehen; **throw s.o.** ~ jdn hinauswerfen; **II** *s* ▶ **the ins and** ~**s** alle Einzelheiten; **III** *prep* **1.** aus; ▶ **go** ~ **the door** zur Tür hinausgehen; **2.** ~ **of** nicht in; außerhalb *gen;* aus; außer; ▶ **be** ~ **of town this week** die ganze Woche nicht in der Stadt sein; **go** ~ **of the country** außer Landes gehen; **he went** ~ **of the door** er ging zur Tür hinaus; **look** ~ **of the window** aus dem Fenster sehen; ~ **of sight** außer Sicht; **he feels** ~ **of it** er kommt sich ausgeschlossen vor; ~ **of curiosity** aus Neugier; **drink** ~ **of a glass** aus e-m Glas trinken; **made** ~ **of wood** aus Holz gemacht; **in nine cases** ~ **of ten** in neun von zehn Fällen; ~ **of breath** außer Atem; **be** ~ **of money** kein Geld haben; ~ **of date** überholt, veraltet; altmodisch.

out·back [ˈaʊtbæk] *(in Australien)* **I** *s* ▶ **the** ~ das Hinterland; **II** *adj* ▶ **an** ~ **farm** e-e Farm im Hinterland; **out·bid** [ˌaʊtˈbɪd] *tr irr s. bid* überbieten; **out·board** [ˈaʊtbɔːd] *adj* ▶ ~ **motor** Außenbordmotor *m;* **out·break** [ˈaʊtbreɪk] Ausbruch *m;* ▶ **an** ~ **of anger** ein Zornesausbruch *m;* **out·build·ing** [ˈaʊtbɪldɪŋ]Nebengebäude *n;* **out·burst** [ˈaʊtbɜːst] Ausbruch *m;* ▶ ~ **of temper** Gefühlsausbruch *m;* **out·cast** [ˈaʊtkɑːst] **I** *s* Ausgestoßene(r), Geächtete(r) *f m;* **II** *adj* ausgestoßen, verbannt; **out·class** [ˌaʊtˈklɑːs] *tr* überlegen sein (*s.o.* jdm), in den Schatten stellen; **out·come** [ˈaʊtkʌm] Ergebnis, Resultat *n;* **out·cry** [ˈaʊtkraɪ] Aufschrei *m;* Protestwelle *f* (*against* gegen).

out·dated [aʊtˈdeɪtɪd] *adj* veraltet, überholt; **out·dis·tance** [aʊtˈdɪstəns] *tr* (weit) hinter sich lassen, überholen; **out·do** [aʊtˈduː] *tr irr s. do* übertreffen, überragen, überbieten (*s.o. in s.th.* jdn an etw); **out·door** [ˈaʊtdɔː(r)] *adj* ▶ ~ **games** *pl* Spiele *n pl* im Freien; ~ **clothes** *pl* wärmere Kleidung; **lead an** ~ **life** viel im Freien sein; **out·doors** [ˌaʊtˈdɔːz] *adv* draußen, im Freien; ▶ **go** ~ nach draußen gehen.

outer [ˈaʊtə(r)] *adj* äußere(r, s); Außen-; ▶ ~ **garments** *pl* Oberbekleidung *f;* ~ **man** äußere Erscheinung; ~ **space** der äußere Weltraum; **outer·most** [ˈaʊtəməʊst] *adj* äußerste(r, s).

out·fit [ˈaʊtfɪt] **1.** Kleidung *f,* Kleider *n pl;* Kostüm *n;* **2.** *tech* Ausrüstung *f;* **3.** *fam* Laden, Verein *m;* ▶ **camping** ~ Campingausrüstung *f;* **out·fitter** [ˈaʊtfɪtə(r)] Ausrüster *m;* ▶ **gentleman's** ~**'s** Herrenausstatter *m,* Herrenbekleidungsgeschäft *n.*

out·flow [ˈaʊtfləʊ] **1.** Ausfluß, Abfluß *m;* Abfließen *n;* **2.** *(Gas)* Ausströmen *n;* **3.** *(Geld)* Abfließen *n.*

out·go·ing [ˈaʊtgəʊɪŋ] **I** *adj* **1.** ausziehend; **2.** *(Boot)* hinausfahrend; **3.** *(Beamter)* scheidend; **4.** *rail* abfahrend; **5.** *fig* gesellig, kontaktfreudig; ▶ ~ **tide** Ebbe *f;* **II** *s pl* Ausgaben *f pl.*

out·grow [ˌaʊtˈgrəʊ] *tr irr s. grow* **1.** *(Kleider)* herauswachsen aus; **2.** *(Gewohnheit)* entwachsen (*s.th.* e-r S), hinauswachsen über; **3.** *fig* über den Kopf wachsen (*s.o.* jdm); **out·growth** [ˈaʊtgrəʊθ] **1.** Auswuchs *m;* **2.** *fig* Folge *f.*

out·house [ˈaʊthaʊs] Nebengebäude *n.*

out·ing [ˈaʊtɪŋ] Ausflug *m;* ▶ **go for an** ~ e-n Ausflug machen.

out·land·ish [aʊtˈlændɪʃ] *adj* **1.** sonderbar; **2.** *(Benehmen)* befremdend, befremdlich; **3.** *(Name)* ausgefallen, extravagant; **out·last** [ˌaʊtˈlɑːst] *tr* überdauern, überleben; **out·law** [ˈaʊtlɔː] **I** *s* Vogelfreie(r) *f m;* **II** *tr* **1.** ächten; für vogelfrei erklären; **2.** *(Zeitung)* für ungesetzlich erklären; **out·lay** [ˈaʊtleɪ] *com* Ausgaben, Aufwendungen *f pl;* Kosten *pl;* **out·let** [ˈaʊtlet] **1.** Abfluß *m;* Abzug *m;* Ausfluß *m;* **2.** *com* Absatzmöglichkeit *f,* -markt *m;* **3.** *fig* Ventil *n;* Betätigungsmöglichkeit *f.*

out·line ['aʊtlaɪn] **I** *s* **1.** Umriß *m;* Silhouette *f;* **2.** *fig* Grundriß, Abriß *m;* ▶ **in ~** in groben Zügen; **draw s.th. in ~** etw im Umriß zeichnen; **II** *tr* **1.** umreißen; **2.** *fig* skizzieren, umreißen.

out·live [ˌaʊt'lɪv] *tr* **1.** überleben, -dauern; **2.** *(Sturm)* überstehen.

out·look ['aʊtlʊk] **1.** Ausblick *m,* -sicht *f* (*over, on to* auf); **2.** *fig* Ansicht, Auffassung *f,* Standpunkt *m;* **3.** *fig* Aussicht, Erwartung *f;* ▶ **his ~ (up)on life** seine Einstellung zum Leben; **narrow ~** beschränkter Horizont.

out·man·oevre, *Am* **out·ma·neu·ver** [ˌaʊtmə'nu:və(r)] *tr mil fig* ausmanövrieren; **out·moded** [ˌaʊt'məʊdɪd] *adj* altmodisch, unmodern; überholt; **out·most** ['aʊtməʊst] *adj* äußerste(r, s); **out·num·ber** [ˌaʊt'nʌmbə(r)] *tr* zahlenmäßig überlegen sein (*s.o.* jdm), in der Mehrheit sein (*s.o.* jdm gegenüber).

out-of-date [ˌaʊtəv'deɪt] *adj* veraltet; unmodern, altmodisch; **out-of-the-way** [ˌaʊtəvðə'weɪ] *adj* **1.** abgelegen, einsam; **2.** *(Fakten)* ungewöhnlich; wenig bekannt.

out·patient ['aʊtpeɪʃnt] Kranke(r) *f m* in ambulanter Behandlung; ▶ **~s' (department)** Ambulanz *f;* **out·play** [ˌaʊt'pleɪ] *tr sport* besser spielen als, überlegen sein (*s.o.* jdm); **out·post** ['aʊtpəʊst] *mil fig* Vorposten *m;* **out·pour·ing** ['aʊtpɔ:rɪŋ] Erguß *m bes. fig.*

out·put ['aʊtpʊt] **1.** *(e-r Maschine)* Ausstoß, Ertrag *m,* Leistung *f;* **2.** (Jahres)Produktion *f;* **3.** Produktionsmenge, -ziffer *f,* Output *m;* **4.** *min* Förderung *f;* Fördermenge *f;* **5.** *EDV (Daten)* Ausgabe *f,* Output *m;* **6.** *radio* Sendeleistung *f;* ▶ **annual ~** Jahresertrag *m,* -produktion *f;* **daily ~** Tagesproduktion *f;* **effective ~** Nutzleistung *f;* **maximum ~** Produktionsoptimum *n;* **output data** *pl EDV* Ausgabedaten *pl;* **output device** *EDV* Ausgabegerät *n.*

out·rage ['aʊtreɪdʒ] **I** *s* **1.** Gewalttat *f;* Ausschreitung *f;* **2.** Skandal *m;* **3.** Empörung, Entrüstung *f;* ▶ **bomb ~** verbrecherischer Bombenanschlag; **an ~ against good taste** e-e unerhörte Geschmacklosigkeit; **II** *tr* [ˌaʊt'reɪdʒ] beleidigen; empören, entrüsten; ▶ **public opinion was ~d by this cruelty** die öffentliche Meinung war über diese Grausamkeit empört; **out·rage·ous** [aʊt'reɪdʒəs] *adj* **1.** abscheulich, verabscheuungswürdig; **2.** empörend, unerhört; unverschämt; ungeheuerlich; **3.** *(Kleider)* ausgefallen, unmöglich.

out·range [ˌaʊt'reɪndʒ] *tr* e-e größere Reichweite haben als.

outré ['u:treɪ] *adj* überspannt, extravagant.

out·rig·ger ['aʊtrɪgə(r)] *mar* Ausleger *m.*

out·right ['aʊtraɪt] **I** *adj* **1.** ausgemacht; **2.** *(Unsinn)* total, absolut, glatt, vollkommen; ▶ **that's ~ arrogance** das ist die reine Arroganz; **II** *adv* **1.** ganz, vollständig; **2.** sofort, auf der Stelle; **3.** *fig* geradeheraus, ohne Umschweife.

out·run [ˌaʊt'rʌn] *tr irr s. run* **1.** schneller laufen als; **2.** *fig* übersteigen.

out·set ['aʊtset] Beginn, Anfang *m;* ▶ **at the ~** am Anfang; **from the ~** von Anfang an.

out·shine [ˌaʊt'ʃaɪn] *tr irr s. shine* übertreffen, in den Schatten stellen *a. fig.*

out·side [ˌaʊt'saɪd] **I** *s* Außenseite *f;* ▶ **judging from the ~** *fig* wenn man es als Außenstehender beurteilt; **at the (very) ~** im äußersten Falle; **II** *adj* ['aʊtsaɪd] **1.** Außen-, äußere(r, s); **2.** *(Preis)* äußerste(r, s); ▶ **at an ~ estimate** allerhöchstens; **an ~ chance** e-e kleine Chance; **~ world** Außenwelt *f;* **III** *adv* außen; draußen; ▶ **go ~** nach draußen gehen; **IV** *prep* **1.** außerhalb; **2.** außer, abgesehen von; ▶ **the car ~ the house** das Auto vor dem Haus; **it is ~ our agreement** das geht über unsere Vereinbarung hinaus; **outside broadcast** *radio* nicht im Studio produzierte Sendung; **outside influences** *pl* äußere Einflüsse *m pl;* **outside left** *(Fußball)* Linksaußen *m;* **out·sider** [ˌaʊt'saɪdə(r)] Außenseiter(in) *m (f);* **outside right** *(Fußball)* Rechtsaußen *m.*

out·size ['aʊtsaɪz] *adj* übergroß; riesig; **out·skirts** ['aʊtskɜ:ts] *pl* **1.** Stadtrand *m;* Außengebiete *n pl;* **2.** (Wald)Rand *m;* ▶ **on the ~** am Stadtrand; **out·spoken** [ˌaʊt'spəʊkən] *adj* **1.** freimütig; **2.** *(Antwort)* unverblümt; direkt; ▶ **he is ~** er nimmt kein Blatt vor den Mund; **out·stand·ing** [ˌaʊt'stændɪŋ] *adj* **1.** hervorragend; außerordentlich, überragend; **2.** *(Schulden)* (noch) ausstehend, rückständig; **3.** *(Merkmal)* hervorstechend, auffallend; ▶ **of ~ ability** außerordentlich begabt; **of ~ importance** von höchster Bedeutung; **a lot of work is still ~** viel Arbeit ist noch unerledigt; **~ debts** *pl* Außenstände *pl;* **out·stay** [ˌaʊt'steɪ] *tr* länger bleiben als; ▶ **~ one's welcome** länger bleiben als erwünscht; **out·stretched** [ˌaʊt'stretʃt] *adj* ausgestreckt; **out·strip** [ˌaʊt'strɪp] *tr* **1.** überholen; **2.** *fig* übertreffen (*in* an).

out·ward ['aʊtwəd] **I** *adj* **1.** äußere(r, s); äußerlich; **2.** nach außen führend; **3.** *(Fracht)* ausgehend; **4.** *(Reise)* Hin-; **II** *adv* nach außen; ▶ **~ bound** *(Schiff)* auslaufend; **out·ward·ly** ['aʊtwədlɪ] *adv* nach außen hin; **out·wards** ['aʊtwədz] *adv* nach außen.

out·wit [ˌaʊt'wɪt] *tr* überlisten.

oval ['əʊvl] **I** *adj* oval; **II** *s* Oval *n.*
ovary ['əʊvərɪ] **1.** *anat* Eierstock *m;* **2.** *bot* Fruchtknoten *m.*
ova·tion [əʊ'veɪʃn] Huldigung *f,* stürmischer Beifall.
oven ['ʌvn] **1.** Backofen *m;* **2.** *tech* Trokken-, Brennofen *m;* ► **put s.th. in the ~** etw in den Ofen tun; **in a slow ~** mit kleiner Flamme; **it's like an ~ in here** hier ist e-e Hitze wie im Backofen.
over ['əʊvə(r)] **I** *adv* **1.** hin-, herüber; drüben; **2.** vorüber, vorbei, zu Ende; **3.** übermäßig, allzu; **4.** übrig; ► **they swam ~ to us** sie schwammen zu uns herüber; **come ~ tonight** kommen Sie heute abend vorbei; **she is ~ here** sie ist hier; **he has gone ~ to France** er ist nach Frankreich gefahren; **he went ~ to the enemy** er lief zum Feind über; **famous the world ~** in der ganzen Welt berühmt; **I am aching all ~** mir tut alles weh; **that's Smith all ~** das ist typisch Smith; **it happens all ~** das gibt es überall; **turn ~ the page** die Seite umblättern; **the rain is ~** der Regen hat aufgehört; **it's all ~ with him** es ist Schluß mit ihm; **she counts them ~ again** Sie zählt sie noch einmal; **~ and ~ again** immer und immer wieder; **he hasn't done it ~ well** er hat es nicht gerade übermäßig gut gemacht; **there is a lot of meat (left) ~** es ist viel Fleisch übrig; **7 into 30 goes 4 and 2 ~** 30 durch 7 ist 4 Rest 2; **children of 14 and ~** Kinder über 14; **II** *prep* **1.** über; **2.** in; **3.** *(zeitlich)* während, in; ► **spread a cloth ~ the table** ein Tischtuch auf den Tisch legen; **hit s.o. ~ the head** jdm auf den Kopf schlagen; **hang the picture ~ the desk** das Bild über dem Schreibtisch aufhängen; **look ~ the wall** über die Mauer schauen; **look ~ a house** sich ein Haus ansehen; **it's ~ the page** es ist auf der nächsten Seite; **the house ~ the way** das Haus gegenüber; **the bridge ~ the river** die Brücke über den Fluß; **he is famous all ~ the world** er ist in der ganzen Welt berühmt; **it was raining ~ England** es regnete in ganz England; **have command ~ s.o.** Befehlsgewalt über jdn haben; **~ and above that** darüber hinaus; **he spoke for ~ an hour** er sprach über e-e Stunde; **stay ~ the weekend** über das Wochenende bleiben; **~ the summer** den Sommer über; **they talked ~ a cup of tea** sie unterhielten sich bei e-r Tasse Tee; **they'll be a long time ~ it** sie werden dazu lange brauchen; **I heard it ~ the radio** ich habe es im Radio gehört.
over·abun·dant [ˌəʊvərə'bʌndənt] *adj* überreichlich, sehr reichlich.
over·act [ˌəʊvər'ækt] *tr, itr* übertreiben.
over·all[1] [ˌəʊvər'ɔːl] **I** *adj* **1.** gesamt; **2.** allgemein; ► **~ majority** absolute Mehrheit; **~ situation** Gesamtlage *f;* **II** *adv* **1.** insgesamt; **2.** im großen und ganzen.
over·all[2] ['əʊvərɔːl] **1.** *Br* Kittel *m;* **2.** *pl* Overall, Arbeitsanzug *m.*
over·anxious [ˌəʊvər'æŋkʃəs] *adj* übertrieben besorgt; übermäßig aufgeregt; **over·awe** [ˌəʊvər'ɔː] *tr* einschüchtern; **over·bear·ing** [ˌəʊvə'beərɪŋ] *adj* anmaßend; herrisch; **over·bid** [ˌəʊvə'bɪd] *irr s. bid* **I** *tr* überbieten; überreizen; **II** *itr* mehr bieten; **over·board** ['əʊvəbɔːd] *adv* über Bord; ► **go ~ for s.o.** von jdm ganz hingerissen sein; **throw s.th. ~** etw über Bord werfen *a. fig;* **over-bold** [ˌəʊvə'bəʊld] *adj* verwegen; **over·bur·den** [ˌəʊvə'bɜːdn] *tr fig* überlasten; überbeanspruchen; **over·ca·pac·ity** [ˌəʊvɜkɜ'pæsətɪ] Überkapazität *f;* **over·cast** [ˌəʊvə'kɑːst] *adj* bedeckt; bewölkt; **over-cau·tious** [ˌəʊvə'kɔːʃəs] *adj* übervorsichtig; **over·charge** [ˌəʊvə'tʃɑːdʒ] **I** *tr* **1.** überladen, -lasten; **2.** *fig* zuviel berechnen (*s.o.* jdm); **3.** *el* überlasten; **4.** *fig* überladen; **II** *itr* zuviel verlangen (*for* für).

over·coat ['əʊvəkəʊt] Überzieher, Mantel *m.*
over·come [ˌəʊvə'kʌm] *irr s. come* **I** *tr* **1.** *(Feind)* überwältigen, bezwingen; **2.** *(Angewohnheit)* sich abgewöhnen; überwinden, meistern; **3.** *(Enttäuschung)* hinwegkommen über; ► **he was ~ by grief** der Schmerz übermannte ihn; **II** *itr* siegen, siegreich sein.
over·con·fi·dent [ˌəʊvə'kɒnfɪdənt] *adj* **1.** übertrieben selbstsicher; **2.** zu optimistisch; **3.** blind vertrauend (*in* auf); ► **he was ~ of success** er war sich seines Erfolges zu sicher; **over·crowded** [ˌəʊvə'kraʊdɪd] *adj* **1.** *(mit Menschen)* überfüllt; übervölkert; **2.** *(mit Sachen)* überladen; **over·de·vel·oped** [ˌəʊvədɪ'veləpt] *adj* überentwickelt.
over·do [ˌəʊvə'duː] *tr irr s. do* **1.** übertreiben; **2.** *(Essen)* verbraten; verkochen; ► **don't ~ the sympathy** übertreibe es nicht mit dem Mitleid; **over·done** [ˌəʊvə'dʌn] *adj* **1.** übertrieben; **2.** *(Essen)* verbraten; verkocht.
over·dose ['əʊvədəʊs] Überdosis *f;* **over·draft** ['əʊvədrɑːft] *fin* Kontoüberziehung *f;* ► **have an ~ of £ 100** sein Konto um £ 100 überzogen haben; **arrange an ~** einen Kreditrahmen einrichten lassen; **over·draw** [ˌəʊvə'drɔː] *tr irr s. draw (Konto)* überziehen; **over·dress** [ˌəʊvə'dres] **I** *tr, itr* (sich) übertrieben kleiden; **II** *s* ['əʊvədres] Überkleid *n;* **over·drive** ['əʊvədraɪv] *mot* Schnell-, Schongang *m;* ► **go into ~** *fig* sich in fieberhafte Aktivität stürzen; **over·due** [ˌəʊvə'djuː] *adj* überfällig *a. com;* **over·eat** [ˌəʊvər'iːt] *itr irr s. eat*

sich überessen; **over·em·pha·size** [ˌəʊvərˈemfəsaɪz] *tr* überbewerten, überbetonen; **over·es·ti·mate** [ˌəʊvərˈestɪmeɪt] *tr* überschätzen; zu hoch bewerten; **over·ex·pose** [ˌəʊvərɪkˈspəʊz] *tr phot* überbelichten; **over·ex·po·sure** [ˌəʊvərɪkˈspəʊʒə(r)] *phot* Überbelichtung *f.*

over·flow [ˌəʊvəˈfləʊ] **I** *tr* überschwemmen; überlaufen lassen; **II** *itr* **1.** überlaufen, überfließen; **2.** *fig* überfließen (*with* vor); ▶ **his heart was ~ing with love** sein Herz floß über vor Liebe; **full to ~ing** zum Überlaufen voll; **III** *s* [ˈəʊvəfləʊ] **1.** Überlaufen *n;* **2.** *tech* Überlauf *m;* **3.** *fig* Überschuß *m* (*of* an); ▶ **~ meeting** Parallelversammlung *f;*

over·fly [ˌəʊvɜˈflaɪ] *tr aero* überfliegen.

over·grown [ˌəʊvəˈgrəʊn] *adj* **1.** überwachsen (*with* von); **2.** *(Kind)* aufgeschossen; **over·haul** [ˌəʊvəˈhɔːl] **I** *tr* **1.** durchsehen, genau überprüfen; **2.** *tech* überholen; instand setzen; **3.** *mar* ein-, überholen; **II** *s tech* [ˈəʊvəhɔːl] Überholung *f.*

over·head [ˌəʊvəˈhed] **I** *adv* oben; am Himmel, in der Luft; **II** *adj* [ˈəʊvəhed] Frei-; ▶ **~ cable** Überlandleitung *f;* Hochspannungsleitung *f;* Oberleitung *f;* **~projektor** Overhead-, Tageslichtprojektor *m;* **III** *s* [ˈəʊvəhed] *com* Gemeinkosten *pl* allgemeine Unkosten *pl.*

over·hear [ˌəʊvəˈhɪə(r)] *tr irr s. hear* zufällig (mit)hören, zufällig mitbekommen; **over-heat** [ˌəʊvəˈhiːt] **I** *tr* überhitzen; **II** *itr tech* heißlaufen; **over·in·dulge** [ˌəʊvərɪnˈdʌldʒ] **I** *tr* **1.** zu nachsichtig sein mit; **2.** *(Phantasie)* allzu freien Lauf lassen (*s.th.* e-r S); **II** *itr* zuviel genießen; **over·joyed** [ˌəʊvəˈdʒɔɪd] *adj* überglücklich; **over·kill** [ˈəʊvəkɪl] Overkill *m,* Übermaß *n* an Atomwaffen.

over·land [ˈəʊvəlænd] **I** *adj* auf dem Landweg; **II** *adv* [ˌəʊvəˈlænd] über Land.

over·lap [ˌəʊvəˈlæp] **I** *tr* **1.** hinüber-, hinausragen über; überlappen; **2.** *(Ferien)* sich überschneiden mit; **II** *itr* **1.** einander überdecken, überlappen; **2.** *fig* sich überschneiden; **III** *s* [ˈəʊvəlæp] Überschneidung, Überlappung *f.*

over·leaf [ˌəʊvəˈliːf] *adv* umseitig; **over·load** [ˌəʊvəˈləʊd] **I** *tr* **1.** überladen, -belasten; **2.** *el* überlasten; **II** *s* [ˈəʊvələʊd] Übergewicht *n;* Überbelastung *f;* **over·look** [ˌəʊvəˈlʊk] *tr* **1.** überblicken; **2.** *(Fehler)* übersehen; nicht beachten; **3.** *(absichtlich)* hinwegsehen über, durchgehen lassen.

over·ly [ˈəʊvəlɪ] *adv* übermäßig, allzu.

over·much [ˌəʊvəˈmʌtʃ] **I** *adv* zuviel, übermäßig; **II** *adj* zuviel.

over·night [ˌəʊvəˈnaɪt] **I** *adv* **1.** über Nacht; **2.** *fig* von heute auf morgen, über Nacht; ▶ **stay ~ with s.o.** bei jdm übernachten; **II** *adj* [ˈəʊvənaɪt] **1.** Nacht-; **2.** *fig* ganz plötzlich; ▶ **~ bag** Reisetasche *f.*

over·pass [ˈəʊvəpɑːs] Überführung *f;* **over·pay** [ˌəʊvəˈpeɪ] *tr irr s. pay* zuviel bezahlen (*s.o.* jdm), überbezahlen; **over·popu·lated** [ˌəʊvəˌpɒpjʊleɪtɪd] *adj* übervölkert; **over·power** [ˌəʊvəˈpaʊə(r)] *tr* überwältigen, übermannen *a. fig;* **over·power·ing** [ˌəʊvəˈpaʊərɪŋ] *adj* **1.** überwältigend; **2.** *(Parfüm)* aufdringlich; **over·produce** [ˌəʊvəprəˈdjuːs] *tr* überproduzieren; **over·rate** [ˌəʊvəˈreɪt] *tr* **1.** überschätzen; zu hoch einschätzen; **2.** *fig* überbewerten; **over·reach** [ˌəʊvəˈriːtʃ] *refl* sich übernehmen; **over·re·act** [ˌəʊvərɪˈækt] *itr* überreagieren; **over·re·ac·tion** [ˌəʊvərɪˈækʃən] Überreaktion *f;* **over·ride** [ˌəʊvəˈraɪd] *tr irr s. ride* **1.** sich hinwegsetzen über; nicht berücksichtigen; **2.** *(Beschluß)* außer Kraft setzen; **over·rid·ing** [ˌəʊvəˈraɪdɪŋ] *adj* vorrangig; vordringlich; dringendste(r, s); ▶ **~ importance** ausschlaggebende Bedeutung; **over·rule** [ˌəʊvəˈruːl] *tr* **1.** ablehnen; **2.** *(Urteil)* verwerfen; **3.** *(Anspruch)* nicht anerkennen; **4.** *(Einwand)* zurückweisen; **over·run** [ˌəʊvəˈrʌn] *irr s. run* **I** *tr* **1.** überwuchern, überwachsen; **2.** *(Truppen)* herfallen über; einfallen in; **3.** *rail (Signal)* überfahren; **4.** *(Zeit)* überziehen, überschreiten; **5.** *(Ufer)* überfluten; ▶ **be ~ with** wimmeln von; überwuchert sein von; **II** *itr (Zeit)* überziehen.

over·seas [ˌəʊvəˈsiːz] **I** *adj* überseeisch, in Übersee; ▶ **~ aid** Entwicklungshilfe *f;* **~ trade** Überseehandel *m;* **II** *adv* ▶ **be ~** in Übersee sein; **go ~** nach Übersee gehen.

over·see [ˌəʊvəˈsiː] *tr irr s. see* überwachen, beaufsichtigen; **over·seer** [ˈəʊvəsɪə(r)] **1.** Aufseher(in) *m (f);* **2.** Vorarbeiter(in) *m (f).*

over·sell [ˌəʊvəˈsel] *tr irr s. sell* über den Bestand verkaufen; **over·shadow** [ˌəʊvəˈʃædəʊ] *tr* überschatten *a. fig;* **over·shoe** [ˈəʊvəʃuː] Überschuh *m;* **over·shoot** [ˌəʊvəˈʃuːt] *irr s. shoot* **I** *tr* hinausgehen über, überschreiten; ▶ **~ the mark** übers Ziel (hinaus)schießen, zu weit gehen; **II** *itr aero* durchstarten.

over·sight [ˈəʊvəsaɪt] **1.** Versehen *n;* **2.** Aufsicht, Beaufsichtigung *f;* ▶ **through an ~** aus Versehen.

over·sim·plify [ˌəʊvəˈsɪmplɪfaɪ] *tr* zu sehr vereinfachen; **over·sized** [ˈəʊvəsaɪzd] *adj* übergroß; **over·sleep** [ˌəʊvəˈsliːp] *itr irr s. sleep* verschlafen; **over·spend** [ˌəʊvəˈspend] *irr s. spend* **I** *itr* zuviel ausgeben; **II** *tr* überschreiten; **over·spill** [ˈəʊvəspɪl] Bevölkerungsüberschuß *m;* **over·staffed** [ˌəʊvəˈstɑːft] *adj* überbesetzt; ▶ **be ~**

zuviel Personal haben; **over·state** [ˌəʊvəˈsteɪt] *tr* übertreiben, übertrieben darstellen; **over·stay** [ˌəʊvəˈsteɪ] *tr* überschreiten; ▶ **~ one's welcome** zu lange auf Besuch bleiben; **oversupply** [ˌəʊvəsəˈplaɪ] **I** *tr* überbeliefern; **II** *s* [ˈəʊvəsəˌplaɪ] Überangebot *n.*

overt [ˈəʊvɜːt] *adj* offen, unverhohlen.

over·take [ˌəʊvəˈteɪk] *irr s. take* **I** *tr* **1.** einholen; **2.** *fig* überraschen; ▶ **~n by fear** von Furcht befallen; **II** *itr Br* überholen; **over·tax** [ˌəʊvəˈtæks] *tr* **1.** zu hoch besteuern; **2.** *fig* zu sehr in Anspruch nehmen; ▶ **~ one's strength** sich übernehmen; **over·throw** [ˌəʊvəˈθrəʊ] **I** *tr irr s. throw* **1.** besiegen; stürzen, zu Fall bringen; **2.** *(Pläne)* umstoßen; **II** *s* [ˈəʊvəθrəʊ] Niederlage *f;* Sturz *m;* Sieg *m;* **over·time** [ˈəʊvətaɪm] **I** *s* **1.** Überstunden *f pl;* **2.** *sport* Verlängerung *f;* ▶ **be on, do ~** Überstunden machen; **~ pay** Überstundenvergütung *f;* **II** *adv* ▶ **work ~** Überstunden machen; **over·tired** [ˌəʊvəˈtaɪəd] *adj* übermüdet.

over·tone [ˈəʊvətəʊn] **1.** *mus* Oberton *m;* **2.** *fig* Unterton *m.*

over·ture [ˈəʊvətjʊə(r)] **1.** *mus* Ouvertüre *f;* **2.** *pl* Annäherungsversuch *m;* ▶ **make ~s to s.o.** Annäherungsversuche bei jdm machen; **peace ~s** *pl* Friedensannäherungen *f pl.*

over·turn [ˌəʊvəˈtɜːn] **I** *tr* **1.** umwerfen, -stoßen, -stürzen; **2.** *(Regierung)* stürzen; **II** *itr* umkippen; kentern; **III** *s* [ˈəʊvətɜːn] Sturz, Umsturz *m;* **over·value** [ˌəʊvəˈvæljuː] *tr* zu hoch einschätzen, überbewerten; **over·weight** [ˌəʊvəˈweɪt] **I** *adj* zu schwer; übergewichtig; ▶ **you're ~** Sie haben Übergewicht; **II** *s* [ˈəʊvəweɪt] Übergewicht *n a. fig;* **over·whelm** [ˌəʊvəˈwelm] *tr* **1.** überschütten, überfluten; **2.** *(Feind)* überwältigen; besiegen; **3.** *fig* überschütten, überhäufen; **over·whelm·ing** [ˌəʊvəˈwelmɪŋ] *adj* erschütternd; überwältigend; ▶ **an ~ majority** e-e erdrückende Mehrheit; **over·work** [ˌəʊvəˈwɜːk] **I** *tr* **1.** überanstrengen; **2.** *(Wort)* zu häufig verwenden; ▶ **~ o.s.** sich überarbeiten; **II** *itr* sich überarbeiten; **III** *s* Überarbeitung *f;* **over·wrought** [ˌəʊvəˈrɔːt] *adj* überreizt, nervös.

ovi·duct [ˈəʊvɪdʌkt] *anat* Eileiter *m;* **ovip·ar·ous** [əʊˈvɪpərəs] *adj zoo* eierlegend; **ovu·la·tion** [ˌɒvjʊˈleɪʃn] *physiol* Follikelsprung *m,* Ovulation *f.*

owe [əʊ] **I** *tr* **1.** *(Geld)* schulden, schuldig sein *a. fig* (*s.o.* jdm); **2.** *fig* verpflichtet sein zu; verdanken (*s.o. s.th.* jdm etw); ▶ **how much do I ~ you?** was bin ich schuldig? **I ~ my life to him** ich verdanke ihm mein Leben; **we ~ nothing to him** wir sind ihm nichts schuldig; **II** *itr* ▶ **~ s.o. for s.th.** jdm Geld für etw schulden; **ow·ing** [ˈəʊɪŋ] **I** *adj* unbezahlt; ▶ **how much is still ~?** wieviel steht noch aus? **pay what is ~** den ausstehenden Betrag zahlen; **II** *prep* ▶ **~ to** wegen, infolge *gen;* **~ to the circumstances** umständehalber.

owl [aʊl] Eule *f;* **owl·ish** [ˈaʊlɪʃ] *adj* eulenartig.

own[1] [əʊn] **I** *tr* **1.** besitzen, haben; **2.** zugeben, zugestehen; anerkennen; ▶ **who ~s that?** wem gehört das? **he ~ed that the claim was justified** er erkannte die Forderung als gerechtfertigt an; **he ~ed himself defeated** er gab sich geschlagen; **II** *itr* ▶ **~ to s.th.** etw eingestehen; etw anerkennen; **~ up** es zugeben; **~ up to s.th.** etw zugeben.

own[2] [əʊn] **I** *attr adj* eigen; ▶ **his ~ car** sein eigenes Auto; **he's his ~ man** er geht seinen eigenen Weg; **II** *prn* ▶ **that's my ~** das ist mein eigenes; **my time is my ~** ich kann mit meiner Zeit machen, was ich will; **these ideas were his ~** die Ideen stammten von ihm selbst; **I have money of my ~** ich habe selbst Geld; **get one's ~ back on s.o.** es jdm heimzahlen; **all on one's ~** ganz allein; selbst; **on its ~** von selbst, von allein.

owner [ˈəʊnə(r)] **1.** Besitzer(in) *m (f);* Eigentümer(in) *m (f);* **2.** *(e-r Firma, e-s Kontos)* Inhaber(in) *m (f);* **3.** *(e-s Hauses, Fahrzeugs a.)* Eigner(in) *m (f);* ▶ **at ~'s risk** auf eigene Gefahr; **~-occupied** vom Besitzer bewohnt; **~-occupier** Hauseigentümer *m,* der selbst im Haus wohnt; **owner·less** [—lɪs] *adj* herrenlos; **owner·ship** [—ʃɪp] Besitz *m;* ▶ **under new ~** unter neuer Leitung.

ox [ɒks] ⟨*pl* oxen⟩ [ˈɒksn] Ochse *m;* **ox cart** Ochsenkarren *m.*

Ox·ford [ˈɒksfəd] ▶ **~ English** Oxford-Englisch *n.*

ox·ida·tion [ˌɒksɪˈdeɪʃn] *chem* Oxydation *f;* **ox·ide** [ˈɒksaɪd] *chem* Oxyd *n;* **oxi·dize** [ˈɒksɪdaɪz] *tr, itr chem* oxydieren.

ox·tail [ˈɒksteɪl] Ochsenschwanz *m;* **oxtail soup** Ochsenschwanzsuppe *f.*

oxy·acety·lene [ˌɒksɪəˈsetəliːn] Azetylensauerstoff *m;* **oxyacetylene welding** autogenes Schweißen.

oxy·gen [ˈɒksɪdʒən] Sauerstoff *m;* **oxygen mask** Sauerstoffmaske *f;* **oxygen tent** *med* Sauerstoffzelt *n.*

oy·ster [ˈɔɪstə(r)] Auster *f;* ▶ **the world's my ~** die ganze Welt liegt mir zu Füßen; **oyster-bank, oyster-bed** Austernbank *f;* **oy·ster-catcher** [ˈɔɪstəˌkætʃə(r)] *zoo* Austernfischer *m.*

ozone [ˈəʊzəʊn] *chem* Ozon *n;* **ozone layer** Ozonschicht *f;* ▶ **depletion, destruction of the ~** Zerstörung *f* der Ozonschicht; **hole in the ~** Ozonloch *n.*

P

P, p [pi:] ⟨*pl* -'s⟩ P, p *n;* ▶ **mind one's P's and Q's** sich ordentlich benehmen.

pa [pɑ:] *fam* Papa *m.*

pace [peɪs] **I** *s* **1.** Schritt *m;* **2.** Gang(art *f*) *m;* **3.** Tempo *n;* **4.** *(Pferd)* Paßgang *m;* ▶ **at a quick ~** raschen Schrittes; **at a slow ~** langsam; **keep ~ with** Schritt halten mit; **put s.o. through his ~s** jdn auf Herz u. Nieren prüfen; **set the ~** das Tempo angeben; *fig* den Ton angeben; **II** *tr* **1.** durchschreiten; **2.** *(~ out)* abschreiten, (ab)messen; **3.** das Tempo angeben für; **III** *itr* im Schritt gehen; ▶ **~ up and down** auf und ab gehen; **pace-maker** ['peɪsˌmeɪkə(r)] *sport med* Schrittmacher *m;* **pace-setter** ['peɪsˌsetə(r)] *sport* Schrittmacher *m.*

pachy·derm ['pækɪdɜ:m] *zoo* Dickhäuter *m.*

pa·ci·fic [pə'sɪfɪk] *adj* friedlich, friedfertig, friedliebend; **Pa·ci·fic** [pə'sɪfɪk] (der) Pazifik; ▶ **a ~ island** eine Insel im Pazifik; **paci·fi·ca·tion** [ˌpæsɪfɪ'keɪʃn] Versöhnung *f;* Befriedung *f;* **paci·fier** ['pæsɪfaɪə(r)] **1.** Friedensstifter(in) *m (f);* **2.** *Am* Schnuller *m;* **paci·fism** ['pæsɪfɪzəm] Pazifismus *m;* **paci·fist** ['pæsɪfɪst] **I** *adj* pazifistisch; **II** *s* Pazifist(in) *m (f);* **pac·ify** ['pæsɪfaɪ] *tr* **1.** beruhigen; besänftigen; **2.** *(Völker)* miteinander aussöhnen; *(Gegend)* befrieden.

pack [pæk] **I** *s* **1.** Packen, Ballen *m,* Bündel *n;* **2.** Paket *n; Am (Zigaretten)* Schachtel *f;* **3.** *(Tiere)* Rudel *n;* Meute *f;* **4.** *pej* Bande, Meute *f;* **5.** *(Karten)* Spiel *n;* **6.** *med, (Kosmetik)* Packung *f;* **7.** (Eis)Scholle *f;* **8.** *(Rugby)* Sturm *m;* **9.** *(back~)* Rucksack *m;* ▶ **a ~ of lies** lauter Lügen; **II** *tr* **1.** be-, ver-, einpacken; **2.** *(Koffer)* packen; **3.** *(Menschen)* zusammendrängen, einpferchen; **4.** *(Erde)* festdrücken; **5.** *tech* abdichten; **6.** *Am* tragen, (bei sich) haben; **7.** *jur pol* parteiisch zusammensetzen; **III** *itr* **1.** (seine Sachen) packen; **2.** *(~ easily)* sich (gut) (ver)packen lassen; **3.** *(Menschen)* sich drängen; sich zwängen; **4.** *(Erde, Schnee)* fest werden; ▶ **that won't ~ into one case** das paßt nicht in einen Koffer; **send s.o. ~ing** jdn davonjagen; **IV** *(mit Präposition)* **pack away** *tr* wegpacken, wegräumen; **pack in** *tr* **1.** einpacken; **2.** *(Menschen)* hineinpferchen; **3.** *fig* in großen Mengen anlocken; **4.** *Br fam* aufgeben; hinschmeißen; *(Motor)* stehenbleiben; ▶ **~ it in!** hör auf! **pack off** *tr* (weg)schicken; **be packed out** gerammelt voll sein; **pack up** *tr (Sachen)* zusammenpacken; *itr* **1.** packen; **2.** *fam* aufhören; *(Motor)* stehenbleiben.

pack·age ['pækɪdʒ] **I** *s* **1.** Paket *n;* Packung *f,* Päckchen *n;* **2.** Karton *m,* Schachtel *f;* ▶ **postal ~** *Am* Postpaket *n;* **II** *tr* **1.** verpacken; **2.** präsentieren; **package deal** Pauschalangebot *n;* **package holiday** Pauschalreise *f;* **package store** *Am* Spirituosenhandlung *f;* **package tour** Pauschalreise *f;* **packag·ing** [—ɪŋ] **1.** Verpackung *f;* **2.** Präsentation, Aufmachung *f.*

packer ['pækə(r)] Packer(in) *m (f).*

packet ['pækɪt] **1.** (Post)Paket *n;* Päckchen *n;* **2.** *(Zigaretten)* Packung *f;* **3.** *(Briefe)* Stoß *m;* **4.** *(~-boat)* Passagier-, Postdampfer *m;* ▶ **make a ~** *Br fam* eine Stange Geld verdienen; **cost a ~** *fam* ein Heidengeld kosten.

pack·ing ['pækɪŋ] **1.** *(~ and packaging)* Verpackung *f;* **2.** Packmaterial *n;* **3.** *tech* (Ab)Dichtung *f;* ▶ **do one's ~** *fam* packen; **packing case** Kiste *f;* Umzugskarton *m;* **packing costs** *pl* Verpackungskosten *pl;* **packing list** Versandliste *f.*

pact [pækt] Vertrag *m,* Abkommen *n,* Pakt *m;* ▶ **make a ~** e-n Vertrag schließen.

pad[1] [pæd] *itr* trotten; ▶ **~ about** herumtapsen.

pad[2] [pæd] **I** *s* **1.** Kissen, Polster *n;* **2.** Polsterung, Wattierung *f;* **3.** Füllung, Einlage *f;* Unterlage *f;* **4.** *zoo* (Fuß)Ballen *m;* **5.** *(writing-~)* Schreibblock *m;* **6.** *(stamp ~)* Stempelkissen *n;* **7.** *sport* Beinschützer *m;* **8.** *(Rakete)* Abschußrampe *f;* **9.** *sl* Wohnung, Bude *f;* **II** *tr* **1.** (aus)polstern, wattieren; **2.** ausstopfen; **3.** *(Rede)* aufblähen; **III** *(mit Präposition)* **pad out** *tr fig* auffüllen; ausdehnen; **padded** ['pædɪd] *adj* wattiert; gepolstert; ▶ **~ cell** Gummizelle *f;* **pad·ding** ['pædɪŋ] **1.** Polsterung, Wattierung *f;* **2.** Polstermaterial *n;* **3.** *fig* Füller *m.*

paddle ['pædl] **I** *s* **1.** Paddel *n;* **2.** Rührschaufel *f,* -holz *n;* **3.** Schaufel *f;* Schaufelrad *n;* ▶ **go for a ~** im Wasser plantschen gehen; **II** *itr* **1.** paddeln; **2.** waten; im Wasser plantschen; **III** *tr* **1.** *(Boot)* paddeln; **2.** *Am* schlagen, (ver)prügeln; **paddle boat** Raddampfer *m;* Paddelboot *n;* **paddle-steamer** Raddampfer *m;* **pad·dling pool** ['pædlɪŋˌpu:l]

Planschbecken *n.*

pad·dock ['pædək] **1.** Pferdekoppel *f;* **2.** *(Rennsport)* Sattelplatz *m.*

Paddy ['pædɪ] *fam (Spitzname)* Ire *m.*

paddy[1] ['pædɪ] **1.** ungeschälter Reis; **2.** *(~-field)* Reisfeld *n.*

paddy[2] ['pædɪ] Wut *f;* ► **be in a ~** e-n Wutanfall haben; **paddy-wagon** *Am fam* grüne Minna.

pad·lock ['pædlɒk] **I** *s* Vorhängeschloß *n;* **II** *tr* mit e-m Vorhängeschloß verschließen.

paed . . . *s. ped . . .*

paedia·tric [ˌpi:dɪ'ætrik] *adj* pädiatrisch; *attr* Kinder-; **paedia·tric·ian,** *Am* **pedia·tric·ian** [ˌpi:dɪə'trɪʃn] Kinderarzt *m,* -ärztin *f;* **paedi·at·rics,** *Am* **pedi·at·rics** [ˌpi:dɪ'ætrɪks] *pl mit sing* Kinderheilkunde, Pädiatrie *f.*

pa·gan ['peɪgən] **I** *s* Heide *m,* Heidin *f;* **II** *adj* heidnisch; **pa·gan·ism** [—ɪzəm] Heidentum *n.*

page[1] [peɪdʒ] **I** *s (Buch)* Seite *f,* Blatt *n;* **II** *tr* paginieren.

page[2] [peɪdʒ] **I** *s* **1.** (Hotel)Page, Boy *m;* **2.** *hist* Edelknabe, Page *m;* **II** *tr* durch e-n Pagen holen lassen; über den Lautsprecher rufen lassen.

pag·eant ['pædʒənt] **1.** historische Aufführung; **2.** Festzug *m;* **pag·eantry** ['pædʒəntrɪ] Prunk *m,* Pracht *f.*

page-boy ['peɪdʒbɔɪ] **1.** Page *m;* **2.** *(Frisur)* Pagenkopf *m;* **page proof** umbrochene Korrekturfahne.

pagi·na·tion [ˌpædʒɪ'neɪʃn] *(Buch)* Paginierung *f.*

pa·goda [pə'gəʊdə] Pagode *f.*

paid [peɪd] **I** *s. pay;* **II** *adj* bezahlt; ► **~ holidays** *pl* bezahlter Urlaub; **put ~ to s.th.** etw zunichte machen; e-r S einen Riegel vorschieben; **paid-up** ['peɪd'ʌp] *adj (Aktie)* eingezahlt; *(Mitglieder)* zahlend; ► **fully ~ member** Mitglied, das alle Beiträge bezahlt hat.

pail [peɪl] Eimer, Kübel *m;* **pail·ful** [—fʊl] Eimervoll *m.*

pain [peɪn] **I** *s* **1.** Schmerz(en *pl*) *m;* **2.** Leid(en) *n,* Qual *f;* **3.** Kummer *m,* Angst, Sorge *f;* **4.** *pl* Mühe *f;* ► **under, (up)on ~ of** bei Strafe *gen;* **be at ~s to do s.th.** sehr darauf bedacht sein, etw zu tun; sich große Mühe geben, etw zu tun; **be in ~** Schmerzen haben; **feel ~** Schmerzen empfinden; **take ~s over s.th.** sich mit etw (große) Mühe geben; **be a ~ (in the neck)** *fam* jdm auf den Geist, Wecker gehen, jdn aufregen; **II** *tr fig* schmerzen, weh tun (*s.o.* jdm); **pain barrier** *a. fig* Schmerzgrenze *f;* **pained** [peɪnd] *adj (Stimme, Miene)* gequält; schmerzerfüllt; **pain·ful** ['peɪnfl] *adj* **1.** schmerzhaft, schmerzend; **2.** *fig* peinlich; unangenehm; **3.** mühsam; ► **be ~** weh tun; **pain-killer** schmerzstillendes Mittel; **pain·less** ['peɪnlɪs] *adj* **1.** schmerzlos; **2.** mühelos; **pains·taking** ['peɪnzˌteɪkɪŋ] *adj* gewissenhaft, gründlich, sorgfältig.

paint [peɪnt] **I** *tr* **1.** (be)malen; anstreichen; lackieren; **2.** schminken; **3.** *fig* schildern, beschreiben; ► **~ the town red** *fig* auf den Putz hauen; **he is not as black as he is ~ed** er ist besser als sein Ruf; **II** *itr* malen; **III** *s* **1.** Farbe *f;* Anstrich *m;* **2.** *mot* Lack *m;* **3.** Schminke *f;* ► **wet ~!** frisch gestrichen; **oil ~s** *pl* Ölfarben *f pl;* **paint-box** Malkasten *m;* **paintbrush** ['peɪntbrʌʃ] Pinsel *m;* **painted** ['peɪntɪd] *adj* **1.** ge-, bemalt; **2.** *Am bot zoo* bunt, scheckig; ► **~ woman** Flittchen *n;* **painter** ['peɪntə(r)] **1.** Maler(in) *m (f);* **2.** *mot* Lackierer(in) *m (f);* **3.** *(house ~)* Anstreicher(in) *m (f);* **4.** *mar* Vor-, Fangleine *f;* **paint·ing** ['peɪntɪŋ] **1.** Malen *n;* Anstreichen *n;* **2.** Spritzlackieren *n;* **3.** Malerei *f;* **4.** Bild, Gemälde *n;* **paint pot** Farbtopf *m;* **paint roller** Rolle *f;* **paint stripper** Abbeizmittel *n;* **paint·work** ['peɪntwɜ:k] Lack *m;* Anstrich *m,* Farbe *f.*

pair [peə(r)] **I** *s* **1.** Paar *n;* **2.** *(Tiere, Spielkarten)* Pärchen *n;* ► **in ~s** paarweise; **a ~ of gloves, shoes** ein Paar *n* Handschuhe, Schuhe; **a ~ of scissors, tongs, trousers** e-e Schere, Zange, Hose; **that's another ~ of shoes** *fig* das ist e-e andere Sache; **they're a fine ~!** sie sind ein sauberes Pärchen! **in ~s** paarweise; **II** *tr* paarweise anordnen; **III** *(mit Präposition)* **pair off** *tr* **1.** in Zweiergruppen anordnen; **2.** *(Menschen)* verkuppeln; *itr* Paare bilden; **pair·ing** [—ɪŋ] Paarung *f;* **pair-skating** Paarlaufen *n,* Paarlauf *m.*

pa·ja·mas [pə'dʒɑ:məz] *pl Am s. pyjamas.*

Pa·ki·stan [ˌpɑ:kɪ'stɑ:n] Pakistan *n;* **Pa·ki·stani** [ˌpɑ:kɪ'stɑ:nɪ] **I** *adj* pakistanisch; **II** *s* Pakistani *m f,* Pakistaner(in) *m (f).*

pal [pæl] **I** *s sl* Kumpel *m;* ► **be a ~!** sei so lieb! **II** *(mit Präposition)* **pal up** *itr fam* sich anfreunden (*with* mit).

pal·ace ['pælɪs] Palast *m.*

pal(a)eo·gra·phy [ˌpælɪ'ɒgrəfɪ, *Am* ˌpeɪlɪ'ɒgrəfɪ] Paläographie *f;* **pal(a)eo·lithic** [ˌpælɪəʊ'lɪθɪk, *Am* ˌpeɪlɪəʊ'lɪθɪk] *adj* paläolithisch, altsteinzeitlich; **pal(a)e·on·tol·og·ist** [ˌpælɪɒn'tɒlədʒɪst, *Am* ˌpeɪlɪɒn'tɒlədʒɪst] Paläontologe *m;* -login *f;* **pal(a)e·on·tol·ogy** [ˌpælɪɒn'tɒlədʒɪ, *Am* ˌpeɪlɪɒn'tɒlədʒɪ] Paläontologie *f.*

pal·at·able ['pælətəbl] *adj* **1.** schmackhaft; **2.** *fig* angenehm; **pala·tal** ['pælətl] Gaumenlaut *m;* **pal·ate** ['pælət] Gaumen *m;* ► **have no ~ for s.th.** keinen Sinn für etw haben.

pa·la·tial [pə'leɪʃl] *adj* palastartig; stattlich, prächtig.

pal·aver [pəˈlɑːvə(r)] *fam* (endloses) Gerede, Geschwätz *n;* Theater *n.*
pale[1] [peɪl] **I** *adj* **1.** bleich; blaß; **2.** *(Licht)* schwach; **3.** *fig* schwach, matt, farblos; ► **turn ~** blaß, bleich werden, erbleichen; **~ blue** blaßblau; **~ face** Bleichgesicht *n;* **II** *itr* **1.** erbleichen, erblassen, die Farbe verlieren; **2.** *fig* verblassen (*before, beside* neben).
pale[2] [peɪl] Pfahl *m;* ► **beyond the ~** indiskutabel; *(Verhalten)* unmöglich.
pale·ness [ˈpeɪlnɪs] Blässe *f.*
paleo . . . *s. pal(a)eo . . .*
Pal·est·ine [ˈpælɪstaɪn] Palästina *n;* **Pal·es·tin·ian** [ˌpæləˈstɪnɪən] **I** *adj* palästinensisch; ► **~ Liberation Organisation** Palästinensische Befreiungsorganisation *f;* **II** *s* Palästinenser(in) *m (f).*
pal·ette [ˈpælɪt] **1.** Palette *f a. fig;* **2.** *fig* Farbskala *f.*
pali·sade [ˌpælɪˈseɪd] **I** *s* **1.** Palisade *f;* **2.** *pl Am* Flußklippen *f pl;* **II** *tr* einzäunen.
pall[1] [pɔːl] *itr* langweilig werden (*on, upon s.o.* jdm); überdrüssig werden (*with s.th.* e-r S); reizlos sein (*on* für); ► **his charm is beginning to ~** seine Fassade bröckelt ab; **it never ~s on you** man bekommt es nie satt.
pall[2] [pɔːl] **1.** Leichentuch *n;* **2.** *(Rauch)* Schleier *m;* **pall-bearer** [ˈpɔːlˌbeərə(r)] Sargträger(in) *m (f).*
pal·let [ˈpælɪt] **1.** *tech* Palette *f;* **2.** Strohsack *m.*
pal·li·ative [ˈpælɪətɪv] *adj* **1.** lindernd; **2.** *fig* beschönigend.
pal·lid [ˈpælɪd] *adj* blaß, bleich; **pal·lor** [ˈpælə(r)] Blässe *f.*
pally [ˈpælɪ] *adj fam* eng befreundet.
palm[1] [pɑːm] *bot* Palme *f;* Palmzweig *m;* ► **carry off the ~** den Sieg davontragen.
palm[2] [pɑːm] **I** *s anat* Handteller *m,* Handfläche *f; (Handschuh)* Innenfläche *f;* **grease s.o.'s ~** jdn bestechen; **read s.o.'s ~** jdm aus der Hand lesen; **II** *(mit Präposition)* **palm off** *tr* abspeisen; ► **~ s.th. off on(to) s.o.** jdm etw andrehen; **palm·ist** [ˈpɑːmɪst] Handleser(in), Handliniendeuter(in) *m (f).*
palm leaf [ˈpɑːmˌliːf] ‹*pl* -leaves› Palmwedel *m;* **Palm Sunday** Palmsonntag *m;* **palm tree** Palme *f.*
pal·pable [ˈpælpəbl] *adj* **1.** greifbar; *med* tastbar; **2.** *fig (Lüge)* offensichtlich.
pal·pi·tate [ˈpælpɪteɪt] *itr* zittern; *(Herz)* klopfen; **pal·pi·ta·tion** [ˌpælpɪˈteɪʃn] *oft pl* Herzrhythmusstörung *f.*
palsy [ˈpɔːlzɪ] Lähmung *f;* ► **cerebral ~** zerebrale Lähmung.
palsy-walsy [ˈpælzɪˈwælzɪ] *adj sl* scheißfreundlich.
pal·try [ˈpɔːltrɪ] *adj* schäbig; *(Grund)* unbedeutend.
pam·pas [ˈpæmpəs] *pl* Pampas *pl.*
pam·per [ˈpæmpə(r)] *tr* verwöhnen, verhätscheln.
pamph·let [ˈpæmflɪt] Broschüre *f;* Flugblatt *n.*
pan[1] [pæn] **I** *s* **1.** Pfanne *f;* Kochtopf *m;* **2.** Waagschale *f;* Goldpfanne *f;* **3.** *(Toilette)* Becken *n;* **II** *tr* **1.** *(Gold)* waschen; **2.** *Am fam (Aufführung)* verreißen; **III** *(mit Präposition)* **pan out** *itr* sich entwickeln; ► **~ out well** klappen.
pan[2] [pæn] **I** *s* Kameraschwenk *m;* **II** *tr* schwenken.
pana·cea [ˌpænəˈsɪə] Allheilmittel *n.*
pa·nache [pəˈnæʃ] Schwung *m.*
Pana·ma [ˌpænəˈmɑː] Panama *n;* ► **~ Canal** Panamakanal *m;* **Pana·manian** [ˌpænəˈmeɪnɪən] **I** *adj* panamaisch; **II** *s* Panamaer(in) *m (f),* Panamese *m,* Panamesin *f.*
Pan-Ameri·can [ˈpænəˈmerɪkən] *adj* panamerikanisch.
pana·tel·la [ˌpænəˈtelə] dünne Zigarre.
pan·cake [ˈpænkeɪk] **I** *s* Pfannkuchen *m;* **II** *itr (Flugzeug)* eine Bauchlandung machen.
pan·creas [ˈpæŋkrɪəs] *anat* Bauchspeicheldrüse *f;* **pan·cre·atic** [ˌpæŋkrɪˈætɪk] *adj* Bauchspeicheldrüsen-, pankreatisch.
panda [ˈpændə] Panda *m;* **panda car** *Br* Streifenwagen *m.*
pan·de·mo·nium [ˌpændɪˈməʊnɪəm] *fig* Chaos *n;* Tumult, Höllenlärm *m.*
pan·der [ˈpændə(r)] **I** *s* Kuppler *m;* **II** *itr* nachgeben (*to s.o., s.th.* jdm, e-r S); ► **~ to s.o.'s ego** jdm um den Bart gehen.
pane [peɪn] Fensterscheibe *f.*
panel [ˈpænl] **I** *s* **1.** *arch* (Holz)Platte, Tafel *f;* **2.** *(Wand, Tür)* Füllung *f;* **3.** *(Kleid)* Bahn *f;* **4.** *(Kunst)* Tafel *f;* Tafelbild *n;* **5.** *(Flugzeug)* Verschalungsteil *n; (Auto)* Karosserieteil *n;* **6.** *(instrument ~)* Schalttafel *f; mot* Armaturenbrett *n;* **7.** Ausschuß *m,* Kommission *f;* **8.** *jur* Geschworenenliste *f;* Geschworene, Schöffen *m pl;* **9.** Liste *f* der Kassenärzte; **10.** Diskussionsgruppe *f,* Forum *n;* **11.** *(Meinungsforschung)* Befragtengruppe *f;* ► **on the ~** krankenversichert; *(Arzt)* zu allen Kassen zugelassen; **advisory ~** beratender Ausschuß; **~ of experts** Sachverständigenausschuß *m;* **II** *tr* täfeln (*with* mit); **panel beater** Autoschlosser(in) *m (f);* **panel discussion** Podiumsdiskussion *f;* **panelling,** *Am* **panel·ing** [—ɪŋ] Täfeln *n;* Täfelung *f;* Verschalung *f;* **panel·list,** *Am* **panelist** [—ɪst] Diskussionsteilnehmer(in) *m (f).*
pang [pæŋ] **1.** stechender, heftiger Schmerz; **2.** *fig* plötzliche Angst, Beklemmung *f;* ► **~s of conscience** Gewissensbisse *m pl.*
pan·handle [ˈpænhændl] **I** *s* **1.** Pfannenstiel *m;* **2.** *Am* Landzipfel *m;* **II** *itr Am*

fam schnorren; **pan·handler** ['pænhændlə(r)] Schnorrer(in) *m (f)*.

panic ['pænɪk] ‹*ppr* panicking, *pp* panicked› **I** *s* Panik *f;* panischer Schreck(en); ▶ **be in, get into a ~ about s.th.** wegen etw in panische Angst geraten; **II** *tr* **1.** e-n Schreck einjagen (*s.o.* jdm); **2.** *Am sl* zum Lachen bringen; **III** *itr* in Panik geraten; **don't ~!** keine Panik! **pan·icky** ['pænɪkɪ] *adj fam* äußerst ängstlich; *(Reaktion, Maßnahme)* Kurzschluß-; ▶ **get ~** in Panik geraten; **panic-stricken** ['pænɪkˌstrɪkən] *adj* in panischem Schrecken.

pan·nier ['pænɪə(r)] großer Korb; *(an Fahrrad)* Satteltasche *f; (für Maultier)* Tragkorb *m*.

pan·or·ama [ˌpænə'rɑːmə] **1.** Panorama *n,* Rundblick *m;* **2.** *fig* Panorama *n,* (gute) Übersicht *f* (*of* über); **pan·or·amic** [ˌpænə'ræmɪk] *adj* panoramaartig; *mot* Rundsicht-; ▶ **~ shot** *phot* Panoramaaufnahme *f*.

pansy ['pænzɪ] **1.** *bot* Stiefmütterchen *n;* **2.** *sl pej* Schwule(r), Süße(r) *m*.

pant [pænt] **I** *itr* **1.** keuchen; **2.** *(~ for breath)* nach Luft schnappen; ▶ **be ~ing to do s.th.** darauf brennen, etw zu tun; **II** *tr* (keuchend) hervorstoßen; **III** *s* Keuchen *n*.

pan·tech·ni·con [pæn'teknɪkən] Möbelwagen *m*.

pan·the·ism ['pænθɪɪzəm] Pantheismus *m;* **pan·the·ist** ['pænθɪɪst] Pantheist(in) *m (f);* **pan·the·istic** [ˌpənθɪ'ɪstɪk] *adj* pantheistisch.

pan·ther ['pænθə(r)] Panther *m*.

pan·ties ['pæntɪz] *pl* **1.** (Damen)Schlüpfer *m;* **2.** Kinderhöschen *n*.

pan·to·mime ['pæntəmaɪm] **1.** *Am theat* Pantomime *f;* **2.** *(in England)* Weihnachtsmärchen *n*.

pan·try ['pæntrɪ] Vorrats-, Speisekammer *f*.

pants [pænts] *pl* **1.** Hose *f;* **2.** *Br* Unterhose *f;* ▶ **wear the ~** *Am fig* die Hosen anhaben; **pant·suit** ['pæntsuːt] *Am* Hosenanzug *m*.

panty-girdle ['pæntɪˌgɜːdl] Miederhöschen *n;* **panty-hose** Strumpfhose *f;* **panty liner** Slipeinlage *f;* **panty set** Garnitur *f* Unterwäsche.

pap [pæp] Brei *m*.

pa·pacy ['peɪpəsɪ] Papsttum *n;* **pa·pal** ['peɪpl] *adj* päpstlich.

pa·per ['peɪpə(r)] **I** *s* **1.** Papier *n;* **2.** Zeitung *f;* **3.** Aufsatz *m,* Abhandlung *f,* Vortrag *m* (*on* über); **4.** *(examination ~)* Prüfungsarbeit *f;* **5.** *(wall ~)* Tapete *f;* **6.** *pl* (Ausweis-, Legitimations)Papiere *n pl;* **7.** *pl* Akten *f pl;* Papiere *n pl;* ▶ **on ~** auf dem Papier; *fig* in der Theorie; **commit to ~, put down on ~** zu Papier bringen, schriftlich niederlegen; **ballot, voting ~** Stimm-, Wahlzettel *m;* **blotting-~** Löschblatt *n;* **brown ~** Packpapier *n;* **daily, evening, sports ~** Tages-, Abend-, Sportzeitung *f;* **letter-, note-~** Briefpapier *n;* **sheet of ~** Blatt *n* Papier; **Sunday ~** Sonntagsblatt *n;* **waste ~** Altpapier *n;* **weekly ~** Wochenblatt *n;* **white ~** *pol* Weißbuch *n;* **wrapping ~** Packpapier *n;* **writing-~** Schreibpapier *n;* **II** *tr* tapezieren; ▶ **~ over** überkleben; **~ over the cracks of s.th.** *fig* etw übertünchen; **pa·per·back** ['peɪpəbæk] Taschenbuch *n;* **paper-bag** Tüte *f;* **paper-boy** Zeitungsjunge *m;* **paper-chase** Schnitzeljagd *f;* **paper-clip** Büroklammer *f;* **paper cup** Pappbecher *m;* **paper feed** *(Drucker)* Papiereinzug *m;* **paper jam** *(Drucker)* Papierstau *m;* **paper-knife** ‹*pl* -knives› Brieföffner *m;* **paper-mill** Papierfabrik *f;* **paper-money** Papiergeld *n;* **paper tape** Lochstreifen *m;* **paper tiger** Papiertiger *m;* **paper tissue** Kosmetiktuch *n;* **pa·per·weight** ['peɪpəweɪt] Briefbeschwerer *m;* **pa·per·work** ['peɪpəwɜːk] Schreibarbeit *f*.

papier-mâché [ˌpæpɪeɪ'mæʃeɪ, ˌpeɪpəmə'ʃeɪ] Papier-, Pappmaché *n*.

pa·pist ['peɪpɪst] *pej* Papist(in) *m (f)*.

pa·poose [pə'puːs] **1.** Indianerkind *n;* **2.** Rückentrage *f* für ein Kleinkind.

pap·rika ['pæprɪkə, pə'priːkə] Paprika *m*.

pa·py·rus [pə'paɪərəs] ‹*pl* -ruses,-ri› [—rəsɪz, —raɪ] Papyrus(staude *f*) *m;* Papyrus *m*.

par [pɑː(r)] **1.** *fin* Nennwert *m;* **2.** *(Golf)* Par *m;* ▶ **above ~** über pari; *fig* überdurchschnittlich, überragend; **at ~** al pari; zum Nennwert; **below ~** unter pari; *fig* unter Niveau; **on a ~ with** auf gleicher Stufe mit; ebenbürtig; **up to ~** *fig* auf der Höhe; **I don't feel up to ~, I feel below ~** ich fühle mich nicht wohl.

par·able ['pærəbl] Gleichnis *n,* Parabel *f*.

par·ab·ola [pə'ræbələ] *math* Parabel *f*.

para·bolic [ˌpærə'bɒlɪk] *adj* gleichnishaft, allegorisch; ▶ **~ mirror** Parabolspiegel *m*.

para·chute ['pærəʃuːt] **I** *s* Fallschirm *m;* **II** *tr* (mit dem Fallschirm) abwerfen, absetzen; **III** *itr* abspringen; **parachute drop** Fallschirmabwurf *m;* **parachute jump** Fallschirmabsprung *m;* **parachute jumper** Fallschirmspringer(in) *m (f);* **para·chut·ist** ['pærəʃuːtɪst] Fallschirmspringer(in) *m (f)*.

par·ade [pə'reɪd] **I** *s* **1.** (Truppen)Parade *f;* **2.** *(~-ground)* Exerzier-, Paradeplatz *m;* **3.** Auf-, Festzug *m;* Demonstration *f;* Prozession *f;* **4.** *(fashion ~)* Modenschau *f;* **5.** Promenade *f (am Meer);* **6.** *fig* Zurschaustellung *f;* **II** *tr* **1.** aufmarschieren lassen; **2.** *fig* zur Schau stellen;

III *itr* **1.** eine Demonstration veranstalten; **2.** *mil* aufmarschieren; **3.** herumstolzieren.

para·digm ['pærədaɪm] (Muster-)Beispiel *n;* **para·dig·matic** [ˌpærədɪg'mætɪk] *adj* exemplarisch.

para·dise ['pærədaɪs] (das) Paradies; ► **live in a fool's ~** sich etw vormachen; **para·disiac(al)** [ˌpærə'dɪsɪæk, ˌpærədɪ'zaɪəkl] *adj* paradiesisch.

para·dox ['pærədɒks] Paradox(on) *n;* **para·doxi·cal** [ˌpærə'dɒksɪkl] *adj* paradox, widersinnig; **para·doxi·cal·ly** [—ɪ] *adv* paradoxerweise.

par·af·fin ['pærəfɪn] **1.** *Am (~ wax)* Paraffin *n;* **2.** *Br (~ oil)* Paraffinöl *n.*

para·gon ['pærəgən, *Am* 'pærəgɒn] Vorbild, Muster *n;* ► **~ of virtue** Musterknabe *m.*

para·graph ['pærəgrɑ:f, *Am* 'pærəgræf] **I** *s* **1.** Absatz, Abschnitt *m;* **2.** (kurzer) Zeitungsartikel *m;* **II** *tr* in Absätze, Paragraphen einteilen.

para·keet ['pærəki:t] Sittich *m.*

par·al·lel ['pærəlel] **I** *adj* **1.** *math* parallel (*with, to* mit); **2.** *fig* gleichlaufend (*to, with* zu, mit); entsprechend (*to s.th.* e-r S); ► **~ connection** *el* Parallelschaltung *f;* **a ~ case** ein Parallelfall *m;* **II** *s* **1.** *math* Parallele *f a. fig* (*to* zu); **2.** *fig* Entsprechung *f;* **3.** *geog (~ of latitude)* Breitenkreis *m;* ► **without ~** unvergleichlich; **be without (a) ~** einzig dastehen, keine Parallele haben; **draw a ~ between** e-e Parallele ziehen zwischen; **III** *tr* gleichen (*s.th.* e-r S); **parallel bars** *pl sport* Barren *m;* **par·al·lel·ism** [—ɪzəm] Parallelität *f; fig* Ähnlichkeit *f;* **par·al·lelo·gram** [ˌpærə'leləgræm] Parallelogramm *n.*

para·lyse, *Am* **para·lyze** ['pærəlaɪz] *tr* **1.** lähmen *a. fig;* **2.** *(Verkehr)* lahmlegen; **3.** *fig* zum Erliegen bringen; unwirksam machen; ► **~d with fear** starr vor Schrecken; **par·al·ysis** [pə'ræləsɪs] Lähmung *f a. fig;* **para·lyt·ic** [ˌpærə'lɪtɪk] **I** *adj* **1.** paralytisch; gelähmt; **2.** *fam* volltrunken; **II** *s* Gelähmte(r) *f m,* Paralytiker(in) *m (f).*

par·ameter [pə'ræmɪtə(r)] **1.** *math* Parameter *m;* **2.** *pl fig* Rahmen *m;* **parametric programming** parametrische Programmierung.

para·mili·tary [ˌpærə'mɪlɪtrɪ] *adj* paramilitärisch.

para·mount ['pærəmaʊnt] *adj* wichtigste(r, s), höchste(r, s), größte(r, s); ► **of ~ importance** von größter Wichtigkeit.

para·noia [ˌpærə'nɔɪə] Verfolgungswahn *m;* **para·noiac** [ˌpærə'nɔɪæk] **I** *adj* paranoisch; **II** *s* Paranoiker(in) *m (f).*

para·pet ['pærəpɪt] (Brücken-, Balkon-)Geländer *n.*

para·pher·nalia [ˌpærəfə'neɪlɪə] *pl* Kinkerlitzchen *n pl,* Brimborium, Drum und Dran *n.*

para·phrase ['pærəfreɪz] **I** *s* Umschreibung *f;* **II** *tr* umschreiben.

para·plegia [ˌpærə'pli:dʒə] Querschnittslähmung *f;* **para·plegic** [ˌpærə'pli:dʒɪk] **I** *adj* querschnittsgelähmt; **II** *s* Querschnittsgelähmte(r) *f m.*

para·psy·chol·ogy [ˌpærəsaɪ'kɒlədʒɪ] Parapsychologie *f.*

paras ['pærəz] *pl fam* Fallschirmtruppen *f pl.*

para·site ['pærəsaɪt] *biol* Schmarotzer, Parasit *m a. fig;* **para·sitic(al)** [ˌpærə'sɪtɪk(l)] *adj* **1.** *biol* parasitisch; **2.** *med tech* parasitär.

para·sol ['pærəsɒl] Sonnenschirm *m.*

para·trooper ['pærətru:pə(r)] Fallschirmjäger *m;* **para·troops** ['pærətru:ps] *pl* Fallschirm-, Luftlandetruppen *f pl.*

para·typhoid [ˌpærə'taɪfɔɪd] *(~ fever) med* Paratyphus *m.*

par·boil ['pɑ:bɔɪl] *tr* ankochen.

par·cel ['pɑ:sl] **I** *s* **1.** Paket, Päckchen *n;* **2.** *(Land)* Parzelle *f;* ► **part and ~** ein wesentlicher Bestandteil; **~ of land** Landparzelle *f;* **~ of shares** Aktienpaket *n;* **II** *(mit Präposition)* **parcel out** *tr* aufteilen; **parcel up** *tr* als Paket verpacken; **parcel delivery** Paketzustellung *f;* **parcel office** Paketschalter *m;* **parcel post** Paketpost *f;* ► **send by ~** als Postpaket schicken.

parch [pɑ:tʃ] *tr* austrocknen; ► **be ~ed (with thirst)** vor Durst verschmachten.

parch·ment ['pɑ:tʃmənt] Pergament *n.*

pard [pɑ:(r)d] *Am sl* Partner, Kumpel *m.*

par·don ['pɑ:dn] **I** *tr* **1.** *jur* begnadigen; **2.** vergeben, verzeihen (*s.o.* jdm); ► **~ me!** Entschuldigung! **~ me?** *Am* wie bitte? **II** *s* **1.** Verzeihung, Vergebung *f;* **2.** *jur* Begnadigung *f;* ► **I beg your ~!** Entschuldigung! **I beg your ~?** wie bitte? **par·don·able** ['pɑ:dnəbl] *adj* verzeihlich, entschuldbar.

pare [peə(r)] *tr* **1.** *(Obst)* schälen; **2.** *(Nägel)* schneiden; **3.** *(~ down) fig* kürzen, reduzieren.

par·ent ['peərənt] **1.** Elternteil *m;* **2.** *fig* Vorläufer *m;* **3.** *pl* Eltern *pl;* ► **~s-in-law** *pl* Schwiegereltern *pl;* **par·ent·age** ['peərəntɪdʒ] Abstammung, Herkunft *f;* **par·ental** [pə'rentl] *adj* elterlich; *attr* Eltern-; **parent company** Muttergesellschaft *f.*

par·enth·esis [pə'renθəsɪs] ⟨*pl* -eses⟩ [—əsi:z] **1.** Einschaltung *(im Text),* Parenthese *f;* Zwischenbemerkung *f;* **2.** *pl* runde Klammern *f pl.*

par·ent·hood ['peərənthʊd] Elternschaft *f;* **par·ent·less** ['peərəntlɪs] *adj* elternlos; **parent ship** Mutterschiff *n.*

pa·riah [pə'raɪə, 'pærɪə] **1.** *rel* Paria *m a. fig;* **2.** *fig* Ausgestoßene(r) *f m.*

par·ing ['peərɪŋ] **1.** Schälen *n;* **2.** *pl* Abfall *m,* Schnitzel *m pl.*
par·ish ['pærɪʃ] **1.** (Pfarr-, Kirchen)Gemeinde *f;* **2.** *(civil ~)* (Land)Gemeinde *f;* **par·ishioner** [pə'rɪʃənə(r)] Gemeindemitglied *n;* **parish(-pump) politics** *pl* Kirchturmpolitik *f;* **parish register** Kirchenbuch *n.*
par·ity ['pærətɪ] **1.** Gleichheit, Gleichberechtigung *f;* **2.** Gleichwertigkeit *f;* **3.** *fin* (Währungs)Parität *f;* ► **~ of treatment** Gleichstellung *f;* **~ of pay** Lohngleichheit *f;* **parity change** *fin* Wechselkursänderung *f;* **parity realignment** *fin* Neuordnung *f* der Wechselkursparitäten.
park [pɑ:k] **I** *s* **1.** Park *m;* **2.** Naturpark *m,* -schutzgebiet *n;* **3.** Sportplatz *m;* **4.** *Am mot* Parkplatz *m;* **5.** *(Automatikwagen)* Parkstellung *f;* **6.** *mil* Arsenal *n;* ► **national ~** Nationalpark *m;* **II** *tr* **1.** parken; abstellen; *(Fahrrad)* abstellen; **2.** *fig fam* abstellen; ► **~ o.s.** *fam* sich plazieren; **I'm ~ed over there** ich habe da drüben geparkt; **III** *itr* parken; ► **~ and ride system** Park-and-ride-System *n.*
parka ['pɑ:kə] Parka *m.*
parking ['pɑ:kɪŋ] **1.** Parken *n;* **2.** Parkraum *m;* ► **no ~** Parken verboten; **parking area, place** Abstell-, Parkplatz *m;* **parking bay** Parkbucht *f;* **parking disc** Parkscheibe *f;* **parking lights** *pl mot* Standlicht *n;* **parking lot, space** Park-, Stellplatz *m;* **parking meter** Parkuhr *f;* **parking offender** Falschparker *m;* **parking ticket** Strafzettel *m (für falsches Parken);* **park·keeper** ['pɑ:kki:pə(r)] Parkwächter(in) *m (f);* **park·way** ['pɑ:kweɪ] *Am* Allee *f.*
parky ['pɑ:kɪ] *adj Br fam* kühl.
par·lance ['pɑ:ləns] Rede-, Sprechweise *f;* ► **in legal ~** in der Rechtssprache.
par·ley ['pɑ:lɪ] **I** *itr* unter-, verhandeln; **II** *s* Verhandlung *f;* ► **peace ~s** *pl* Friedensverhandlungen *f pl.*
par·lia·ment ['pɑ:ləmənt] Parlament *n;* ► **enter, go into P~** ins Parlament gewählt werden; **stand for P~** für das Unterhaus kandidieren; **Member of P~** Parlamentsmitglied *n;* **par·lia·mentarian** [ˌpɑ:ləmən'teərɪən] Parlamentarier(in) *m (f);* **par·lia·men·tary** [ˌpɑ:lə'mentrɪ] *adj* parlamentarisch; ► **~ elections** *pl* Parlamentswahl *f;* **~ party** Fraktion *f.*
par·lour, *Am* **par·lor** ['pɑ:lə(r)] Salon *m,* Wohnzimmer *n;* ► **beauty ~** *Am* Schönheitssalon *m;* **ice-cream ~** Eisdiele *f;* **parlo(u)r game** Gesellschaftsspiel *n;* **parlo(u)r-maid** *Br* Dienstmädchen *n.*
par·ochial [pə'rəʊkɪəl] *adj* **1.** Gemeinde-, Pfarr-; **2.** *fig* beschränkt, engstirnig; **par·ochial·ism** [—ɪzəm] *fig* Engstirnigkeit *f;* **parochial school** *Am* Konfessionsschule *f.*
par·odist ['pærədɪst] Parodist(in) *m (f);* **par·ody** ['pærədɪ] **I** *s* **1.** Parodie *f* (*of* auf); **2.** schwache Nachahmung, Abklatsch *m;* **II** *tr* parodieren.
pa·role [pə'rəʊl] **I** *s jur* bedingte Entlassung *(aus der Strafhaft);* Bewährung *f;* ► **on ~** auf Bewährung; **II** *tr jur* bedingt entlassen; auf Bewährung entlassen.
par·ox·ysm ['pærəksɪzəm] Anfall *m;* ► **~s of laughter** ein Lachkrampf *m.*
par·quet ['pɑ:keɪ, *Am* pɑ:r'keɪ] Parkett *n a. theat Am.*
par·ri·cide ['pærɪsaɪd] **1.** Vater-, Muttermörder(in) *m (f);* **2.** Vater-, Muttermord *m.*
par·rot ['pærət] **I** *s* Papagei *m;* **II** *tr* nachplappern; ► **repeat s.th. ~ fashion** etw wie ein Papagei wiederholen; **parrot fever** Papageienkrankheit *f.*
parry ['pærɪ] **I** *tr* **1.** abwehren, parieren; **2.** *(Frage)* ausweichen (*s.th.* e-r S) *a. fig;* **II** *s* **1.** Abwehr *f;* **2.** Parade *f.*
parse [pɑ:z] *tr gram (Satz)* zerlegen, analysieren, (zer)gliedern; *(Wort)* grammatisch definieren.
par·si·moni·ous [ˌpɑ:sɪ'məʊnɪəs] *adj* geizig, knauserig (*of* mit); **par·si·mony** ['pɑ:sɪmənɪ, *Am* 'pɑ:sɪməʊnɪ] Geiz *m,* Knauserigkeit *f.*
pars·ley ['pɑ:slɪ] Petersilie *f.*
pars·nip ['pɑ:snɪp] Pastinake *f.*
par·son ['pɑ:sn] Pfarrer *m;* **par·sonage** ['pɑ:snɪdʒ] Pfarrhaus *n;* **parson's nose** Bürzel *m.*
part [pɑ:t] **I** *s* **1.** Teil *m;* **2.** Stück *n (e-s Ganzen);* **3.** Anteil *m;* Abschnitt, Teil *m;* **4.** *tech* Teil, Bauteil *n;* **5.** *(Serie)* Folge, Fortsetzung *f;* **6.** *(Buch)* Lieferung *f;* **7.** *theat* Rolle *f;* **8.** *mus* Stimme, Partie *f;* **9.** Seite, Partei *f;* **10.** *pl* Gegend *f,* Gebiet *n,* Bezirk *m;* **11.** *Am* Scheitel *m;* **12.** *pl* Geschlechtsteile *n pl;* ► **the greater ~** der größte Teil, die Mehrheit; **the nice ~ of it is** das Nette daran ist; **I lost ~ of it** ich habe einen Teil davon verloren; **for the most ~** meist(ens), größten-, meistenteils; **for my ~** meinerseits, was mich betrifft; **in ~ s** teilweise, teils, zum Teil; teil-; **in equal ~s** zu gleichen Teilen; **in these ~s** in dieser Gegend; **on the ~ of** von seiten, seitens; **be ~ and parcel of s.th.** von etw ein wesentlicher Bestandteil sein; **play, take a ~** e-e Rolle spielen; **take ~** teilnehmen; sich beteiligen (*in* an); **take s.o.'s ~** für jdn, jds Partei ergreifen; **take s.th. in good ~** etw nicht übelnehmen; **take in ~ exchange** in Zahlung nehmen; **constituent ~s** *pl* Bestandteile *m pl;* **leading ~** Hauptrolle *f;* **a man of (many) ~s** ein begabter, vielseitiger Mensch; **spare ~**

Ersatzteil *n;* ~ **of the body** Körperteil *m;* ~ **of the country** Gegend *f;* ~ **of speech** *gram* Wortart *f;* **II** *adv* teils, teilweise; ► **she's ~ English ~ German** sie ist teils Engländerin teils Deutsche; ~ **eaten** halb aufgegessen; **III** *tr* **1.** teilen; *(Haar)* scheiteln; **2.** trennen (*from* von); ► ~ **company** sich trennen (*with* von); **till death us do** ~ bis daß der Tod uns scheidet; **IV** *itr* **1.** sich teilen; *(Lippen, Vorhang)* sich öffnen; **2.** *(Menschen)* sich trennen; auseinandergehen; *(Dinge)* sich lösen; ► ~ **from** *od* **with s.o.** sich von jdm trennen; ~ **with s.th.** sich von etw trennen.

par·tial ['pɑ:ʃl] *adj* **1.** parteiisch, voreingenommen; **2.** teilweise, partiell; ► **be ~ to s.th.** für etw e-e Vorliebe haben; ~ **payment** Teilzahlung *f;* ~ **success** Teilerfolg *m;* **par·tial·ity** [ˌpɑ:ʃɪ'ælətɪ] **1.** Voreingenommenheit, Parteilichkeit *f;* **2.** Vorliebe *f* (*for, to* für); **par·tial·ly** ['pɑ:ʃəlɪ] *adv* teilweise.

par·tici·pant [pɑ:'tɪsɪpənt] Teilnehmer(in) *m (f);* **par·tici·pate** [pɑ:'tɪsɪpeɪt] *itr* **1.** teilnehmen, -haben, sich beteiligen (*in* an); **2.** beteiligt sein (*in* an); **par·tici·pa·tion** [pɑ:ˌtɪsɪ'peɪʃn] **1.** Mitwirkung, Teilnahme *f* (*in* an); **2.** *com* Beteiligung *f;* ► **worker** ~ Mitbestimmung *f;* ~ **in profits** Gewinnbeteiligung *f;* **par·tici·pa·tor** [pɑ:'tɪsɪpeɪtə(r)] **1.** Teilnehmer(in) *m (f),* -haber(in) *m (f);* **2.** Gesellschafter(in), Aktionär(in) *m (f).*

par·ti·ciple ['pɑ:tɪsɪpl] *gram* Partizip *n.*

par·ticle ['pɑ:tɪkl] **1.** Teilchen *n a. phys;* **2.** *fig* Spur *f;* **3.** *gram* Partikel *f;* ► **not a ~ of sense** kein Fünkchen Verstand; **particle accelerator** *phys* Teilchenbeschleuniger *m.*

par·ticu·lar [pə'tɪkjʊlə(r)] **I** *adj* **1.** besondere(r, s); *(Grund)* bestimmt; **2.** *(im Gegensatz zu anderen)* bestimmt; **3.** *(Mensch)* eigen; wählerisch; (über)genau; ► **be ~ about s.th.** in bezug auf etw sehr eigen sein; es mit etw sehr genau nehmen; **in** ~ insbesondere; **nothing (in)** ~ nichts Besonderes; **take ~ pains** sich besonders bemühen; ~ **case** besonderer Fall; Sonder-, Einzelfall *m;* **II** *s* **1.** *pl* nähere Angaben *f pl;* Näheres *n;* Details *n pl,* Einzelheiten *f pl* (*about, of* über); **2.** *pl* Personalangaben *f pl,* Personalien *pl;* ► **with full ~s** mit allen Einzelheiten; **without giving ~s, without entering** *od* **going into ~s** ohne nähere Angaben (zu machen), ohne auf Einzelheiten einzugehen; **enter, go into ~s** auf Einzelheiten eingehen; ins einzelne gehen; **furnish ~s** Einzelheiten angeben; Auskunft erteilen; **for ~s apply to ...** (nähere) Auskünfte (erhalten Sie) bei ..; **par·ticu·lar·ize** [pə'tɪkjʊləraɪz] *tr* einzeln angeben, aufführen; spezifizieren; **par·ticu·lar·ly** [pə'tɪkjʊləlɪ] *adv* im besonderen; insbesondere.

part·ing ['pɑ:tɪŋ] **I** *adj* scheidend; **II** *s* **1.** Abschied *m;* **2.** *Br* Scheitel *m;* ► **at ~** beim Abschied; ~ **of the ways** Weggabelung *f; fig* Scheideweg *m;* **parting shot 1.** letzter Blick; **2.** letzte Bemerkung.

par·ti·san [ˌpɑ:tɪ'zæn, *Am* 'pɑ:tɪzn] **I** *adj* **1.** parteiisch, parteilich; **2.** Partisanen-; **II** *s* **1.** Parteigänger(in), Anhänger(in) *m (f);* **2.** *mil* Partisan(in), Widerstandskämpfer(in) *m (f).*

par·ti·tion [pɑ:'tɪʃn] **I** *s* **1.** Teilung *f;* **2.** Aufteilung *f;* **3.** *(Grundstück)* Parzellierung *f;* **4.** Trenn-, Zwischen-, Scheide-, Stellwand *f;* **II** *tr* **1.** (auf)teilen, verteilen; **2.** *(Land)* parzellieren; ► ~ **off** abtrennen, -teilen.

part·ly ['pɑ:tlɪ] *adv* teilweise, zum Teil, teils.

part·ner ['pɑ:tnə(r)] **I** *s* **1.** *com* Partner(in), Teilhaber(in) (*in* an), Gesellschafter(in) *m (f);* **2.** (Ehe-, Tanz-, Spiel)Partner(in) *m (f);* **II** *tr:* ► ~ **s.o.** jds Partner sein; **part·ner·ship** ['pɑ:tnəʃɪp] **1.** Partnerschaft *f;* **2.** *com* Personengesellschaft *f;* **3.** Mitbeteiligung *f* (*in* an); ► **enter, go into ~ with s.o.** sich mit jdm geschäftlich verbinden; **general** ~ offene Handelsgesellschaft; **limited** ~ Kommanditgesellschaft *f;* **partnership agreement** Gesellschaftsvertrag *m.*

part owner [ˌpɑ:t'əʊnə(r)] Miteigentümer(in) *m (f);* **part ownership** Miteigentum *n;* **part payment** Teilzahlung *f.*

par·tridge ['pɑ:trɪdʒ] Rebhuhn *n.*

part-time [ˌpɑ:t'taɪm] **I** *s* Teilzeitbeschäftigung *f;* ► **be on ~** Teilzeit arbeiten; **II** *adj* Teilzeit-; ► ~ **job** Teilzeitbeschäftigung *f;* ~ **work** Teilzeit-, Kurz-, Halbtagsarbeit *f;* **do ~ work** e-r Halbtagsarbeit nachgehen; ~ **worker** Teilzeitkraft *f;* Kurzarbeiter(in) *m (f);* ► **he is only ~** er arbeitet nur Teilzeit.

party ['pɑ:tɪ] **1.** (politische) Partei *f;* **2.** (Arbeits-, Interessen)Gruppe *f;* **3.** Einladung, Gesellschaft, Party, Veranstaltung *f;* **4.** Teilnehmer(in) *m (f),* Beteiligte(r) *f m* (*to* an); **5.** *jur* Partei *f;* **6.** *com* (Vertrags)Partei *f;* Beteiligte(r) *f m;* **7.** *fam hum* Person *f;* ► **be a ~ to s.th.** an e-r S beteiligt sein; bei etw mitmachen; **become a member of a ~** Parteimitglied werden; **become a ~ to s.th.** sich in e-e S einlassen; **give a ~** e-e Einladung geben, Gäste haben; **go to a ~** e-r Einladung folgen, eingeladen sein; **adverse ~** Prozeßgegner *m;* **dinner ~** Einladung *f* zum Essen; **parliamentary ~** Fraktion *f;* **the surviving ~** *jur* der überlebende Teil; **third ~** Dritte(r), Unbeteiligte(r), Unparteiische(r) *m;* **third ~**

insurance *mot* Haftpflichtversicherung *f;* **the ~ concerned** der Beteiligte, der Betroffene; **party-badge** Parteiabzeichen *n;* **party-conference, -congress, -meeting** Parteiversammlung *f,* -kongreß, -tag *m;* **party donation** Parteispende *f;* **party headquarters** *pl* Parteizentrale *f;* **party insured** Versicherte(r) *m;* **party leader** Parteiführer(in) *m (f);* **party line 1.** *tele* Gemeinschaftsanschluß *m;* **2.** *pol* Parteilinie *f;* ▶ **follow the ~** linientreu sein; **party-liner** *pol* Linientreue(r) *f m;* **party politics** *pl* Parteipolitik *f;* **party pooper** ['pu:pə(r)] *Am fam* Partymuffel *m.*

par·venu ['pɑ:vənju:] Emporkömmling *m.*

pass [pɑ:s, *Am* pæs] **I** *itr* **1.** vorbei-, vorüber-, weitergehen, -ziehen, -fahren, -fliegen (*by* an); **2.** übergehen, -wechseln (*from* ... *to* von ... zu); **3.** *(Worte)* gesprochen, gewechselt werden; **4.** übergehen (*into* in; *to* auf); **5.** hinausgehen (*beyond* über); **6.** überschreiten (*beyond s.th.* etw); **7.** vorbei-, vorübergehen, aufhören, ein Ende haben; **8.** *(Zeit)* vergehen, verfließen, verstreichen; **9.** *parl* angenommen werden; **10.** (die Prüfung) bestehen; **11.** gelten, gehalten werden (*for* für); **12.** *(Kartenspiel)* passen; **13.** *sport* den Ball weitergeben; ▶ **let s.th. ~** etw durchgehen lassen; **~ for s.th.** als etw gelten; **~ to s.o.** *sport* jdm zuspielen; **~ unnoticed** nicht bemerkt werden; **don't worry, it'll ~** keine Angst, das geht vorbei; **what has ~ed between them** was sich zwischen ihnen abgespielt hat; **II** *tr* **1.** vorbeigehen, -fahren an; hinausgehen über; **2.** hindurchgehen durch, passieren; **3.** *mot sport* überholen; **4.** übergehen, -sehen; auslassen; **5.** sich unterziehen (*s.th.* e-r S); *(Lehrgang)* mitmachen, absolvieren; **6.** *(Prüfung)* bestehen; **7.** genehmigen; **8.** *(bei e-r Prüfung)* bestehen lassen; **9.** *(Zeit)* vergehen lassen; verbringen; **10.** reichen, herumreichen; **11.** weiterleiten, befördern; **12.** abwälzen (*on* auf); **13.** *jur (Urteil)* sprechen (*on* über); **14.** *parl (Entschließung, Antrag)* annehmen; *(Gesetz)* verabschieden; ▶ **could you ~ me the sugar, please** könnten Sie mir bitte den Zucker geben *od* reichen; **it ~es belief** es ist kaum zu glauben; **~ one's hand over s.th.** mit der Hand über etw fahren; **III** *s* **1.** Ausweis *m; mil* Passierschein *m;* **2.** Bestehen *n (e-r Prüfung);* **3.** *sport* Paß *m; (Fechten)* Ausfall *m;* **4.** *geog* Paß *m;* **5.** *(Taschenspieler, Hypnotiseur)* Bewegung *f;* **6.** *fam* Annäherungsversuch *m;* **7.** üble Lage, Situation, Umstände *m pl,* Verhältnisse *n pl;* ▶ **things have come to a pretty ~** es ist schon schlimm; **this is a fine, pretty ~** das ist ja eine schöne Bescherung; **make a ~ at s.o.** bei jdm Annäherungsversuche machen, jdn anmachen; **IV** *(mit Präposition)* **pass away** *itr* **1.** zu Ende gehen; **2.** *euph* entschlafen, hinscheiden; *tr (Zeit)* verbringen; **pass by** *itr* **1.** vorbeigehen, -fahren, -fließen; **2.** *(Zeit)* vergehen; *tr* (stillschweigend) übergehen, unbeachtet lassen; übersehen, auslassen; ▶ **he ~ed by the shops** er ging an den Läden vorbei; **pass down** *tr* weitergeben; **pass for** *itr* gelten als; **pass off** *itr* **1.** *(Ereignis)* stattfinden, vonstatten gehen; **2.** vorüber-, vorbeigehen; ▶ **she could ~ off as an English girl** man könnte sie gut für eine Engländerin halten; **~ o.s. off as** sich ausgeben als; **pass on** *itr* **1.** weitergehen; **2.** übergehen (*to* zu); **3.** *euph* entschlafen; *tr* **1.** weitergeben, -reichen, -sagen (*to s.o.* jdm); **2.** *(Krankheit)* übertragen; **pass out** *itr* **1.** das Bewußtsein verlieren; **2.** *(Offizier)* sein Patent bekommen; *tr* aus-, verteilen; **pass over** *tr* übergehen; *itr* sterben; **pass through** *tr* **1.** durchgehen, -ziehen, -reisen, -stecken; **2.** *fig* erleben, durchmachen; *itr* auf der Durchreise sein; ▶ **~ through the regular channel** den Dienstweg gehen; **you'll ~ through London** Sie werden durch London fahren; **pass up** *tr* sich entgehen lassen.

pass·able ['pɑ:səbl] *adj* **1.** passierbar, begehbar, befahrbar; **2.** leidlich, passabel.

pas·sage ['pæsɪdʒ] **1.** Durchfahrt, Durchreise *f;* **2.** *(mit Schiff)* Überfahrt, Seefahrt, Passage *f;* **3.** Durchgangs-, Durchfahrtsrecht *n;* **4.** (Durch)Gang, Korridor *m;* Gasse *f,* Weg *m;* **5.** (Text)Stelle *f; mus* Passage *f,* Stück *n;* **6.** Verabschiedung, Annahme *f (e-s Gesetzes);* ▶ **book one's ~** e-n Schiffsplatz belegen (*for* nach); **secure the ~ of a bill** ein Gesetz durchbringen; **passage·way** ['pæsɪdʒweɪ] Durchgang *m;* Passage *f.*

pas·sen·ger ['pæsɪndʒə(r)] **1.** Reisende(r) *f m; (Bus, Taxi)* Fahrgast *m; (Schiff)* Passagier *m; (Flugzeug)* Fluggast, Passagier *m; (Auto)* Mitfahrer(in), Beifahrer(in) *m (f);* **2.** *fam* Drückeberger(in) *m (f);* **passenger accident insurance** Insassenunfallversicherung *f;* **passenger aircraft** Passagierflugzeug *n;* **passenger cabin** *aero* Fluggastraum *m,* -kabine *f;* **passenger-car** *rail* Personenwagen *m;* **passenger coach** *rail* Personenwagen *m;* **passenger-flight** Passagierflug *m;* **passenger list** Passagierliste *f;* **passenger mile** *aero* Flugkilometer *m* je Fluggast; **passenger-service** Personenverkehr *m;* **passenger space** Fahrgastraum *m;* **passenger-train** Personenzug *m.*

passer-by [ˌpɑ:sə'baɪ] ⟨*pl* passers-by⟩

Passant(in) *m (f),* Vorübergehende(r) *f m.*

pas·sing ['pɑ:sɪŋ] **I** *adj* **1.** vorübergehend *a. fig; (Fahrzeug)* vorbeifahrend; *(Wolken)* vorüberziehend; **2.** *fig* flüchtig, kurz, beiläufig; *(Jahre)* vergehend; ▶ ~ **remark** flüchtige Bemerkung; **II** *s* **1.** Vorübergehen *n;* **2.** *mot* Überholen *n;* **3.** *(Prüfung)* Bestehen *n;* **4.** *(Gesetz)* Annahme, Verabschiedung *f;* **5.** *fin* Ausgabe *f; (Dividende)* Ausschüttung *f;* **6.** Hinscheiden, Ableben *n;* ▶ **in** ~ beiläufig; nebenbei.

passion ['pæʃn] **1.** Leidenschaft *f;* Leidenschaftlichkeit *f;* **2.** Erregung *f;* **3.** Begeisterung, Vorliebe *f* (*for* für); **4.** heftige, starke Liebe, Zuneigung *f;* heftiges Verlangen (*for* nach); **5.** *rel (Kunst)* Passion *f;* ▶ **conceive a** ~ **for** sich verlieben in; **be in a** ~ erregt sein; **fly into a** ~ aufbrausen; e-n Wutanfall bekommen; **fit of** ~ Wutanfall *m;* **passion·ate** ['pæʃənət] *adj* leidenschaftlich; **passion flower** *bot* Passionsblume *f;* **passion fruit** Passionsfrucht, Maracuja *f;* **passion·less** ['pæʃnlɪs] *adj* leidenschaftslos; **passion play** *theat* Passionsspiel *n;* **Passion Week** Karwoche *f.*

pass·ive ['pæsɪv] **I** *adj* passiv; **II** *s (~ voice) gram* Passiv *n;* ▶ ~ **smoking** Passivrauchen *n;* **pass·ive·ness, pass·iv·ity** ['pæsɪvnɪs, pæ'sɪvətɪ] Passivität *f.*

pass-key ['pɑ:ski:] Hauptschlüssel *m;* **pass-mark** *(Prüfungsresultat)* Ausreichend *n.*

Pass·over ['pɑ:səʊvə(r)] *rel* Passah(fest) *n.*

pass·port ['pɑ:spɔ:t, *Am* 'pæspɔ:t] **1.** (Reise)Paß *m;* **2.** *fig* Weg, Schlüssel *m* (*to* zu); **passport control, inspection** Paßkontrolle *f;* **passport holder** Paßinhaber(in) *m (f).*

pass·word ['pɑ:swɜ:d] *mil* Kennwort *n,* Parole, Losung(swort *n*) *f.*

past [pɑ:st] **I** *adj* **1.** beendet, vorüber, vorbei; **2.** vergangen; **3.** einstig, ehemalig, früher; ▶ ~ **week** letzte, vergangene Woche; **in times** ~, **in** ~ **times** in früheren Zeiten; **that's** ~ **history** das ist längst vorbei; **what's** ~ **is** ~ was vorbei ist, ist vorbei; ~ **tense** Vergangenheit *f;* ~ **participle** Partizip *n* Perfekt; ~ **perfect** Plusquamperfekt *n;* **II** *s* Vergangenheit *f a. gram;* ▶ **in the** ~ früher, in der Vergangenheit; **be a thing of the** ~ der Vergangenheit angehören; **a woman with a** ~ eine Frau mit Vergangenheit; **III** *prep* **1.** *(zeitl.)* nach, später als; **2.** *(räuml. mit Bewegung)* an vorbei; *(ohne Bewegung)* hinter *dat,* nach *dat; (Steigerung, Vergleich)* über *acc;* ▶ ~ **bearing, endurance** unerträglich; ~ **belief** unglaublich; ~ **cure** unheilbar; ~ **due** *fin* überfällig; ~ **hope** hoffnungslos; **I'm** ~ **caring** das ist mir jetzt egal; ~ **forty** über vierzig; **be** ~ **s.th.** für etw zu alt sein; **I'm** ~ **that** ich bin darüber weg; **he is (getting)** ~ **it** er bringt es nicht mehr; **this machine is getting** ~ **it** die Maschine taugt langsam nichts mehr; **I wouldn't put it** ~ **him** *fam* das würde ich ihm zutrauen; **half** ~ **three** halb vier; **IV** *adv* vorbei, vorüber; ▶ **go, run** ~ vorübergehen, vorbeilaufen.

pas·ta ['pæstə] Teigwaren, Nudeln *pl.*

paste [peɪst] **I** *s* **1.** (Kuchen)Teig *m;* **2.** Paste *f,* Brei *m;* **3.** Brotaufstrich *m; (tomato* ~*)* Mark *n;* **4.** Kleister *m;* **5.** *tech* (Ton-, Glas)Masse *f;* **6.** *(Schmuck)* Straß *m;* ▶ **anchovy** ~ Sardellenpaste *f;* **tooth**~ Zahnpasta *f;* **II** *tr* **1.** zukleben, -kleistern (*with* mit); **2.** kleben (*on* auf); **3.** *sl* verdreschen; ▶ ~ **down** aufkleben; ~ **up, over** zu-, ver-, aufkleben; **pasteboard** ['peɪstbɔ:d] Pappe *f,* Karton *m.*

pas·tel ['pæstl, *Am* pæ'stel] **I** *s* **1.** Pastellkreide *f;* **2.** Pastell(zeichnung *f*) *n;* **3.** Pastellton *m;* **II** *adj* pastell(farben); ▶ ~ **shades** *pl* Pastelltöne *m pl;* ~ **drawing** Pastell(zeichnung *f*) *n.*

paste-up ['peɪstʌp] *typ* Klebeumbruch *m.*

pas·teur·iz·ation [ˌpæstʃəraɪ'zeɪʃn] Pasteurisierung *f;* **pas·teur·ize** ['pæstʃəraɪz] *tr* pasteurisieren, keimfrei machen.

pas·time ['pɑ:staɪm] Zeitvertreib *m;* ▶ **as a** ~ zum Zeitvertreib.

pas·tor ['pɑ:stə(r)] Pastor, Pfarrer *m;* **pas·toral** ['pɑ:stərəl] **I** *adj* **1.** *(Kunst, Literatur, Musik)* pastoral; **2.** *rel* seelsorgerisch; ▶ ~ **letter** Hirtenbrief *m;* **II** *s* **1.** Hirtengedicht *n;* Schäferspiel *n;* Schäferpoesie *f;* **2.** *rel* Hirtenbrief *m.*

pas·try ['peɪstrɪ] **1.** Pasteten-, Kuchenteig *m;* **2.** Backwerk, Gebäck *n;* **pastry-cook** Konditor(in) *m (f).*

pas·ture ['pɑ:stʃə(r)] **I** *s* **1.** Weide *f;* **2.** Grünfutter *n;* **pasture land** Weideland *n;* **II** *tr* weiden lassen; **III** *itr* grasen, weiden.

pasty ['peɪstɪ] **I** *adj* **1.** zähflüssig; klebrig; **2.** *fig* bleich, blaß, käsig; **II** *s* ['pæstɪ] (Fleisch)Pastete *f.*

Pat [pæt] *fam* Ire *m.*

pat[1] [pæt] **I** *adj (Antwort, Erklärung)* glatt; **II** *adv* ▶ **know** *od* **have s.th. off** ~ etw in- und auswendig kennen; **have an answer** ~ mit einer Antwort gleich bei der Hand sein; **stand** ~ stur bleiben.

pat[2] [pæt] **I** *s* leichter Schlag, Klaps *m;* **II** *tr* tätscheln; *(Ball)* leicht schlagen; *(Erde)* festklopfen; *(Gesicht)* abtupfen; ▶ ~ **s.o. on the back** jdm auf die Schulter klopfen; **she** ~**ted her hair down** sie drückte sich die Haare zurecht.

patch [pætʃ] **I** *s* **1.** Flicken *m;* Flecken *m;* **2.** (Augen)Klappe *f;* **3.** Fleck *m; (Land)*

Stück *n; (Garten)* Beet *n;* **4.** Stelle *f;* **5.** *(zeitlich)* Phase *f;* **6.** *fam (von Polizist, Prostituierter)* Revier *n;* ▶ **not to be a ~ on** *fam* nicht herankommen an; **hit, strike a bad ~** e-e Pechsträhne haben; **II** *tr* flicken; **III** *(mit Präposition)* **patch up** *tr* zusammenflicken; *(Streit)* beilegen; ▶ **~ up a relationship** eine Beziehung kitten; **I don't want to ~ things up again** ich möchte das nicht wieder so hinbiegen; **patchi·ness** ['pætʃɪnɪs] unterschiedliche Qualität; *(Wissen)* Lükkenhaftigkeit *f;* **patch·work** ['pætʃwɜːk] **1.** Patchwork *n;* **2.** *fig* Stückwerk *n;* **patchy** ['pætʃɪ] *adj* **1.** *(Qualität, Arbeit)* unregelmäßig, ungleichmäßig; *(Kenntnisse)* lückenhaft; **2.** *(Stoff)* gefleckt.

pa·tel·la [pə'telə] *anat* Kniescheibe *f.*

pat·ent[1] ['peɪtənt] **I** *s* Patent *n;* ▶ **take out a ~ on s.th.** ein Patent auf etw erhalten; **II** *tr* patentieren lassen.

pat·ent[2] ['peɪtənt] *adj* offenkundig, offensichtlich.

pat·ented ['peɪtəntɪd] *adj* patentiert, durch Patent geschützt; **pat·entee** [ˌpeɪtn'tiː] Patentinhaber(in) *m (f);* **patent leather** Lackleder *n;* **patent medicine** patentrechtlich geschütztes Arzneimittel; *fig* Patentrezept *n;* **Patent Office** Patentamt *n.*

pa·ter·nal [pə'tɜːnl] *adj* väterlich; ▶ **on the ~ side** väterlicherseits; **my ~ aunt** meine Tante väterlicherseits; **pa·ter·nal·ism** [pə'tɜːnəlɪsm] Bevormundung *f;* **pa·ter·na·li·stic** [pəˌtɜːnə'lɪstɪk] *adj* patriarchalisch; **pa·ter·nity** [pə'tɜːnətɪ] Vaterschaft *f;* **paternity suit** *jur* Vaterschaftsklage *f.*

path [pɑːθ] **1.** Pfad *m; (foot~)* (Fuß)Weg *m;* **2.** *astr* Bahn *f;* **3.** *fig* Weg *m;* ▶ **cross s.o.'s ~** jdn zufällig treffen; **stand in s.o.'s ~** *fig* jdm im Wege sein.

pa·thetic [pə'θetɪk] *adj* **1.** mitleiderwekkend, ergreifend, erschütternd; **2.** armselig, jämmerlich; unzureichend; ▶ **that's really ~!** das ist ja zum Heulen!

path·finder ['pɑːθfaɪndə(r)] **1.** Führer *m;* **2.** *fig* Pionier *m;* **path·less** ['pɑːθlɪs] *adj* unwegsam.

path·o·logi·cal [ˌpæθə'lɒdʒɪkl] *adj* pathologisch, krankhaft; **path·ol·ogist** [pə'θɒlədʒɪst] Pathologe *m,* -login *f;* **pa·thol·ogy** [pə'θɒlədʒɪ] Pathologie *f.*

pa·thos ['peɪθɒs] Pathos *n.*

path·way ['pɑːθweɪ] Pfad, Weg *m.*

pa·tience ['peɪʃns] **1.** Geduld *f;* **2.** Patience(spiel *n*) *f;* ▶ **have no ~ with** nicht vertragen (können), nicht (länger) aushalten (*s.o.* jdn); **lose one's ~** die Geduld verlieren; **play ~** eine Patience legen; **pa·tient** ['peɪʃnt] **I** *adj* **1.** geduldig; **2.** beharrlich, ausdauernd; **II** *s* Patient(in) *m (f),* Kranke(r) *f m.*

pat·ina ['pætɪnə] Patina *f.*

patio ['pætɪəʊ] ⟨*pl* patios⟩ **1.** Innenhof *m;* **2.** *(Haus)* Terrasse *f.*

patri·arch ['peɪtrɪɑːk] Patriarch *m a. fig;* **patri·archal** [ˌpeɪtrɪ'ɑːkl] *adj* patriarchalisch; **patri·archy** ['peɪtrɪɑːkɪ] Patriarchat *n.*

pa·tri·cian [pə'trɪʃn] **I** *adj* **1.** patrizisch; **2.** vornehm, aristokratisch; **II** *s* **1.** *hist* Patrizier *m;* **2.** *fig* Aristokrat(in) *m (f).*

pat·ri·cide ['pætrɪsaɪd] **1.** Vatermord *m;* **2.** Vatermörder(in) *m (f).*

pa·triot ['pætrɪət, 'peɪtrɪət] Patriot(in) *m (f);* **pa·triotic** [ˌpætrɪ'ɒtɪk, ˌpeɪtrɪ'ɒtɪk] *adj* patriotisch; **pa·triot·ism** ['pætrɪətɪzəm, 'peɪtrɪətɪzəm] Patriotismus *m.*

pa·trol [pə'trəʊl] **I** *s* **1.** (Polizei)Streife *f;* Runde *f;* **2.** *mil* Patrouille *f;* ▶ **on ~** *mil* auf Patrouille; *(Polizei)* auf Streife; **II** *tr* (ab)patrouillieren; die Runde machen in; **patrol car** Streifenwagen *m;* **patrol duty** Streifendienst *m;* **pa·trol·man** [—mæn] ⟨*pl* -men⟩ **1.** *Am* Streifenpolizist *m;* **2.** *mot* Straßenwacht *f;* Pannenhilfe *f;* **patrol wagon** *Am* Gefangenentransportwagen *m.*

pa·tron ['peɪtrən] **1.** Kunde *m;* Gast *m;* **2.** Schirmherr *m;* Förderer *m,* Förderin *f;* **3.** *(~ saint)* Schutzheilige(r) *f m;* **pa·tron·age** ['pætrənɪdʒ] **1.** Schirmherrschaft, Förderung, Unterstützung *f;* **2.** Kundschaft *f;* **3.** Ämterpatronage *f;* **pa·tron·ess** ['peɪtrənɪs] Schirmherrin *f;* **pa·tron·ize** ['pætrənaɪz] *tr* **1.** unterstützen; **2.** *pej* gönnerhaft behandeln; **3.** Stammgast, Kunde sein (*a shop* e-s Geschäftes); **pat·ron·iz·ing** ['pætrənaɪzɪŋ] *adj* gönnerhaft, herablassend.

pat·ter ['pætə(r)] **I** *itr* **1.** klatschen, prasseln; **2.** *(Füße)* trappeln, trippeln; **II** *s* **1.** Geprassel *n;* **2.** Getrappel *n;* **3.** *(Regen)* Plätschern *n;* **4.** Gerede *n,* Sprüche *m pl;* ▶ **I know his ~** ich kenne seine Sprüche; **patter-merchant** *fam* Sprücheklopfer *m.*

pat·tern ['pætn] **I** *s* **1.** Muster *n;* Modell *n,* Schablone, Vorlage *f;* **2.** *(paper ~)* Schnittmuster *n;* **3.** *fig* Vorbild, Muster *n;* **4.** Schema *n;* **5.** *gram* Struktur *f;* ▶ **behavio(u)r ~** Verhaltensweise *f;* **on the ~ of America** nach amerikanischem Vorbild *od* Muster; **~ of consumption** Verbrauchsstruktur *f;* **~ of leadership** Führungsstil *m;* **II** *tr* **1.** bilden, formen, gestalten (*on, upon, after* nach); **2.** mustern, mit e-m Muster versehen; ▶ **~ o.s. on** sich richten nach; **pattern-book** Musterbuch *n;* **pat·terned** ['pætənd] *adj* gemustert; **pattern matching** Mustervergleich *m,* Patternmatching *n.*

paunch [pɔːntʃ] Bauch, (Fett)Wanst *m;* **paunchy** ['pɔːntʃɪ] *adj* fettleibig.

pau·per [ˈpɔːpə(r)] Arme(r) *f m;* Unterstützungsempfänger(in) *m (f).*
pause [pɔːz] **I** *s* **1.** Pause *f;* **2.** Schweigen *n;* ▶ **without a** ~ ununterbrochen; **II** *itr* **1.** stehenbleiben, anhalten; e-e Pause machen; **2.** innehalten, zögern, verweilen (*on, upon* bei); ▶ ~ **for breath** eine Atempause machen; ~ **for thought** eine Denkpause einlegen; **make s.o.** ~ jdn zur Überlegung veranlassen.
pave [peɪv] *tr* pflastern; ▶ ~ **the way for s.o., s.th.** *fig* jdm, e-r S den Weg ebnen; ~**d with good intentions** mit guten Vorsätzen gepflastert; **pave·ment** [ˈpeɪvmənt] **1.** *Am* Fahrbahn *f;* **2.** *Br* Bürgersteig *m,* Gehweg *m,* Trottoir *n;* **pavement artist** Pflastermaler(in) *m (f).*
pa·vil·ion [pəˈvɪlɪən] **1.** *(Ausstellungs-, Park-)* Pavillon *m;* **2.** *sport* Klubhaus *n;* **3.** großes Zelt.
pav·ing [ˈpeɪvɪŋ] Belag *m;* (Straßen)Pflaster *n;* **paving stone** Platte *f.*
paw [pɔː] **I** *s* **1.** Pfote, Tatze *f;* **2.** *fam* Pfote, Hand *f;* **II** *tr* **1.** berühren; tätscheln; **2.** *fam* betatschen; ▶ ~ **the ground** scharren; *fig* ungeduldig werden.
pawn[1] [pɔːn] **1.** *(Schach)* Bauer *m;* **2.** *fig* Schachfigur *f,* Werkzeug *n.*
pawn[2] [pɔːn] **I** *s* Pfand(stück) *n;* ▶ **in** ~ verpfändet; **put in** ~ verpfänden; **II** *tr* verpfänden, versetzen; **pawn·broker** [ˈpɔːnˌbrəʊkə(r)] Pfandleiher *m;* **pawnbroker's shop, pawn·shop** [ˈpɔːnʃɒp] Leihhaus *n;* **pawn·brok·ing** [ˈpɔːnbrəʊkɪŋ] Pfandleihe *f;* **pawn-ticket** Pfandschein *m.*
pay [peɪ] ‹*irr* **paid, paid**› [peɪd] **I** *tr* **1.** (be)zahlen; **2.** *(Rechnung, Schulden)* begleichen; **3.** *(Kosten)* tragen, erstatten; **4.** *fig* sich lohnen für; sich auszahlen für; ▶ ~ **s.o. a visit** *od* **call** jdn besuchen, jdm e-n Besuch abstatten; ~ **attention** aufpassen; **it doesn't** ~ **him to work** es lohnt sich nicht für ihn zu arbeiten; ~ **one's way** alles bezahlen; **II** *itr* **1.** (be)zahlen; **2.** Gewinn abwerfen; sich lohnen; **3.** büßen (*for* für); ▶ ~ **on account** auf Rechnung bezahlen; ~ **as you go** immer gleich bezahlen; ~ **through the nose** Wucherpreise bezahlen; **that doesn't** ~ das lohnt sich nicht; **III** *s* **1.** (Be)Zahlung *f;* **2.** Lohn *m,* Gehalt *n;* ▶ **without** ~ unbezahlt; ehrenamtlich; **be in s.o.'s** ~ in jds Dienst sein; **get less** ~ sich (gehaltlich, im Lohn) verschlechtern; **basic** ~ Grundgehalt *n;* **take-home** ~ Nettogehalt *n;* **weekly** ~ Wochenlohn *m;* **IV** *(mit Präposition)* **pay back** *tr* **1.** zurückzahlen; **2.** *fig (Kompliment, Besuch)* erwidern; *(Beleidigung)* sich revanchieren für; ▶ ~ **s.o. back** *fig* es jdm heimzahlen; **pay down** *tr* anzahlen; **pay in** *tr* ein(be)zahlen; **pay off** *tr* **1.** *(Schulden)* abbezahlen, tilgen; **2.** *(Darlehen)* zurückzahlen; **3.** *(Gläubiger)* befriedigen; **4.** *(Arbeiter)* auszahlen; *itr* sich rentieren; Erfolg haben; **pay out** *tr* **1.** *(Geld)* ausgeben; aus(be)zahlen; **2.** abfinden; **3.** *mar (Tau)* abrollen (lassen); **pay over** *tr (Gewinn)* abführen; **pay up** *tr* voll bezahlen; *(Schulden)* zurückzahlen; *(Aktie)* vollständig einzahlen; *itr* bezahlen.
pay·able [ˈpeɪəbl] *adj* zahlbar; fällig; ▶ ~ **at sight, on demand** zahlbar bei Sicht; ~ **in advance** im voraus zahlbar; ~ **to bearer** zahlbar an Überbringer; ~ **to order** zahlbar an Order; **make a cheque** ~ **to s.o.** einen Scheck auf jdn ausstellen; **pay-as-you-earn** *Br* Quellenbesteuerung *f;* **pay award** Lohn-, Gehaltserhöhung *f;* **pay check, pay cheque** Gehalts-, Lohnzettel *m;* **pay claim** Gehaltsforderung *f;* **pay-day** Zahltag *m;* **pay deal** Tarifabschluß *m;* **pay differential** Lohngefälle *n;* **payee** [peɪˈiː] Zahlungsempfänger(in) *m (f);* **payer** [ˈpeɪə(r)] **1.** (Be-, Ein)Zahler(in) *m (f);* **2.** Auftraggeber(in) *m (f);* ▶ **tax-**~ Steuerzahler(in) *m (f);* **pay freeze** Lohnstopp *m;* **pay hike** *Am* Gehalts-, Lohnaufbesserung *f.*
pay·ing [ˈpeɪɪŋ] *adj* **1.** rentabel; **2.** *(Gast)* zahlend; **3.** *(Patient)* Privat-; ▶ ~**-back** Rückzahlung *f;* ~**-in** Einzahlung *f;* ~**-in slip** Einzahlungsbeleg *m.*
pay·load [ˈpeɪləʊd] Nutzlast *f;* **payload capacity** Ladefähigkeit *f;* **paymaster** [ˈpeɪmɑːstə(r)] Zahlmeister *m;* ▶ ~**'s office** Zahlmeisterei, Kasse *f.*
pay·ment [ˈpeɪmənt] **1.** (Be)Zahlung *f;* **2.** *(Wechsel)* Einlösung *f;* **3.** *(Schulden)* Rückzahlung *f;* **4.** Entlohnung *f,* Lohn *m,* Gehalt *n;* **5.** Belohnung *f;* ▶ **in** ~ **of** als Bezahlung für; **on** ~ **of** bei Bezahlung von; **demand** ~ Zahlung verlangen; **effect, make a** ~ e-e Zahlung leisten; **keep up one's** ~**s** seine Zahlungsverpflichtungen einhalten; **stop, suspend** ~**s** die Zahlungen einstellen; ~ **received** Betrag erhalten; **advance** ~ Vorauszahlung *f;* **date, day of** ~ Zahlungstermin *m;* **dividend-**~ Dividendenausschüttung *f;* **easy** ~ Zahlungserleichterungen *f pl;* ~ **by, in instal(l)ments** Ratenzahlung *f;* ~ **in kind** Sach-, Naturalleistung *f;* ~ **terms** *pl* Zahlungsbedingungen *f pl.*
pay ne·go·ti·ations [ˈpeɪnɪgəʊʃɪˌeɪʃnz] *pl* Tarifverhandlungen *f pl;* **pay-off** [ˈpeɪɒf] **1.** Bestechungsgeld *n;* **2.** *fig* Ergebnis *n,* Erfolg, Mißerfolg *m;* **3.** *fig* Abrechnung, Quittung *f;* **pay-office 1.** Zahlstelle *f;* **2.** Kasse(nschalter *m) f;* **3.** Lohnbüro *n,* -stelle *f;* **pay·ola** [peɪˈəʊlə] *Am* Bestechungsgeld *n;* **pay-out** [ˈpeɪaʊt] Dividendenzahlung *f;* **pay packet** Lohntüte *f;* **pay·phone** Münz-

fernsprecher *m;* **pay-roll 1.** Lohn-, Gehaltsliste *f;* **2.** Lohnsumme *f;* ▶ **be on the ~** angestellt, beschäftigt sein; **~ clerk** Lohnbuchhalter *m;* **~ deductions** *pl* Lohn-, Gehaltsabzüge *m pl;* **pay round** Lohn-, Tarifrunde *f;* **pay-slip** Lohnzettel *m;* **pay station** *Am* öffentlicher Fernsprecher; **pay talks** *pl* Tarifverhandlungen *f pl;* **pay TV** Münzfernseher *m.*

PC [pi:'si:] **1.** *Abk:* **personal computer** PC *m;* **2.** *Abk:* **police constable** Polizeibeamte(r) *m,* -beamtin *f.*

pea [pi:] Erbse *f;* ▶ **as like as two ~s** gleich wie ein Ei dem anderen.

peace [pi:s] **1.** Friede(n) *m;* **2.** *jur* Ruhe (u. Ordnung) *f;* **3.** *fig* Ruhe, Stille *f;* ▶ **be at ~** in Frieden leben (*with* mit); **give s.o. no ~** jdn nicht in Ruhe lassen; **hold, keep one's ~** sich ruhig verhalten, still sein; **keep the ~** die öffentliche Sicherheit und Ordnung wahren; **leave s.o. in ~** jdn in Ruhe lassen; **make ~** Frieden schließen; **make one's ~ with** sich versöhnen, sich vertragen mit; **breach of the ~** Ruhestörung *f;* **industrial ~** Arbeitsfrieden *m;* **peace·able** ['pi:səbl] *adj* friedlich; **peace activist** Friedensbewegte(r) *f m;* **peace conference** Friedenskonferenz *f;* **peace·ful** ['pi:sfəl] *adj* **1.** friedlich; **2.** friedliebend; **3.** *fig (Zeit, Schlaf)* ruhig; *(Tod)* sanft; **peace initiative** Friedensinitiative *f;* **peace-keeping** ['pi:ski:pɪŋ] *adj attr* Friedens-; ▶ **~ force** Friedenstruppe *f;* **peace-lov·ing** ['pi:sˌlʌvɪŋ] *adj* friedliebend; **peace-maker** ['pi:sˌmeɪkə(r)] Friedensstifter *m;* **peace march** Friedensmarsch *m;* **peace movement** Friedensbewegung *f;* **peace negotiations** *pl* Friedensverhandlungen *f pl;* **peace offer** Friedensangebot *n;* **peace-offering** *rel* Sühneopfer *n; fig* Geschenk *n* zur Versöhnung; **peace-pipe** Friedenspfeife *f;* **peace·time** Friedenszeit *f;* ▶ **in ~** im Frieden, in Friedenszeiten; **peace treaty** Friedensvertrag *m.*

peach [pi:tʃ] **1.** Pfirsich *m;* Pfirsichbaum *m;* **2.** *(Farbe)* Pfirsichton *m;* **3.** *fam* Pfundssache *f,* prima Sache; klasse Mensch; ▶ **a ~ of a hat** ein todschicker Hut.

pea-chick ['pi:tʃɪk] junger Pfau; **pea·cock** ['pi:kɒk] Pfau *m;* ▶ **~-blue** pfauenblau; **pea hen** Pfauenhenne *f.*

peak [pi:k] **I** *s* **1.** Spitze *f;* (Berg)Gipfel *m; (Dach)* First *m;* **2.** Mützenschirm *m;* **3.** Scheitelpunkt *m;* **4.** *fig* Gipfel *m,* Spitze *f a. el;* höchster Stand; (konjunktureller) Höhepunkt; *(~ value)* Höchstwert *m;* ▶ **be at the ~ of one's power** den Gipfel seiner Macht erreicht haben; **reach the ~** den höchsten Stand erreichen; **~ of production** Produktionsspitze *f;* **II** *itr* e-n Höchststand erreichen; **III** *adj* Spitzen-; Höchst-; **peak capacity** Höchstleistungsgrenze *f;* **peak demand** Spitzenbedarf *m;* **peaked** [pi:kt] *adj* **1.** spitz; **2.** *(Mensch, Gesicht)* verhärmt; **peak hours** *pl* Hauptbelastungszeit *f;* Hauptverkehrszeit *f;* **peak level** Höhepunkt, Höchststand *m;* **peak load** Spitzenbelastung *f;* **peak power** *tech* Leistungsspitze *f;* **peak season** Hochsaison *f;* **peak-traffic hours** *pl* Hauptverkehrszeit *f;* **peaky** ['pi:kɪ] *adj Br* blaß; abgehärmt; kränklich.

peal [pi:l] **I** *s* **1.** (Glocken)Läuten, Geläute *n;* **2.** Glockenspiel *n;* **3.** Dröhnen *n;* Getöse *n;* ▶ **~s of laughter** *pl* schallendes Gelächter; **~ of thunder** Donnergrollen *n;* **II** *itr* **1.** läuten; **2.** *(Donner)* dröhnen.

pea·nut ['pi:nʌt] **1.** Erdnuß *f;* **2.** *pl fam* lächerliche Kleinigkeit; ▶ **the pay is ~s** die Bezahlung ist miserabel; **peanut butter** Erdnußbutter *f.*

pear [peə(r)] **1.** Birne *f;* **2.** *(~-tree)* Birnbaum *m.*

pearl [pɜ:l] **I** *s* Perle *f a. fig;* ▶ **cast ~s before swine** Perlen vor die Säue werfen; **mother-of-~** Perlmutt *n;* **II** *itr (go ~ing)* Perlen fischen; **pearl-barley** Perlgraupen *f pl;* **pearl-button** Perlmuttknopf *m;* **pearl-diver, -fisher** Perlenfischer(in) *m (f);* **pearl-fishing** Perlenfischerei *f;* **pearly** ['pɜ:lɪ] *adj* perlmutterartig.

peas·ant ['peznt] **1.** Bauer *m;* **2.** *fig pej* Banause *m;* Bauer *m;* Prolet *m;* **peas·antry** ['pezntrɪ] Landvolk *n.*

pea-souper [pi:'su:pə(r)] *fam* Waschküche *f (Nebel).*

peat [pi:t] Torf *m;* ▶ **cut, make ~** Torf stechen; **peat-bog** Torfmoor *n.*

pebble ['pebl] **1.** Kiesel(stein) *m;* **2.** (Linse *f* aus) Bergkristall *m;* ▶ **you are not the only ~ on the beach** man kann auch ohne dich auskommen; **peb·bly** ['peblɪ] *adj* kiesig.

pe·can [pɪ'kæn, *Am* pɪ'kɑ:n] Pekannuß *f;* Pekanbaum *m.*

pec·ca·dillo [ˌpekə'dɪləʊ] ⟨*pl* -dillo(e)s⟩ kleine Sünde; Jugendsünde *f.*

peck [pek] **I** *tr* **1.** *(Loch)* picken, hacken; **2.** *(Futter)* aufpicken; **3.** *fam* flüchtig küssen; **II** *itr* **1.** picken (*at* nach); **2.** *fam* herumnaschen (*at* an); **III** *s* **1.** (Schnabel)Hieb *m;* **2.** flüchtiger Kuß; **pecker** ['pekə(r)] ▶ **keep one's ~ up** *Br fam* den Kopf oben behalten; **peck·ing** ['pekɪŋ] *adj* ▶ **~ order** Hackordnung *f;* **peck·ish** ['pekɪʃ] *adj Br fam* hungrig.

pec·tin ['pektɪn] *chem* Pektin *n.*

pec·toral ['pektərəl] *(~ muscle)* Brustmuskel *m.*

pe·cu·liar [pɪ'kju:lɪə(r)] *adj* **1.** sonderbar, eigenartig, seltsam; **2.** eigen, eigentümlich (*to* für); **3.** einzigartig; charakteristisch (*to* für); **pe·cu·liar·ity** [pɪˌkju:lɪ'ærətɪ] **1.** Eigenartigkeit, Seltsamkeit *f;* **2.** Eigenart, Eigentümlichkeit, Besonderheit *f;* ► **special peculiarities** *pl* besondere Kennzeichen *n pl;* **pe·cu·liar·ly** [pɪ'kju:lɪəlɪ] *adv* **1.** besonders; **2.** seltsam.

pe·cuni·ary [pɪ'kju:nɪərɪ] *adj* pekuniär, finanziell; ► ~ **circumstances** *pl* Vermögensverhältnisse *n pl;* ~ **embarrassments** *pl* Geldverlegenheit *f;* Zahlungsschwierigkeiten *f pl;* ~ **resources** *pl* Geldmittel *n pl.*

peda·gogic(al) [ˌpedə'gɒdʒɪk(l)] *adj* pädagogisch; **peda·gogue** ['pedəgɒg] Pädagoge *m,* Pädagogin *f;* **peda·gogy** ['pedəgɒdʒɪ] Pädagogik *f.*

pedal ['pedl] **I** *s* Pedal *n;* **II** *itr* **1.** das Pedal bedienen; **2.** radfahren; **III** *tr:* ► ~ **a bicycle** radfahren (*up the hill* den Berg hinauf); **pedal-bin** Treteimer *m;* **pedal-boat, peda·lo** ['pedələʊ] ⟨*pl* -lo(e)s⟩ Tretboot *n.*

ped·ant ['pednt] Pedant(in), Kleinigkeitskrämer(in) *m (f);* **pe·dan·tic** [pɪ'dæntɪk] *adj* pedantisch; **ped·antry** ['pedntrɪ] Pedanterie *f.*

peddle ['pedl] *tr* hausieren mit *a. fig;* ► ~ **drugs** mit Drogen handeln; **ped·dler** ['pedlə(r)] *s. pedlar.*

ped·er·ast ['pedəræst] Päderast *m;* **ped·er·asty** ['pedəræstɪ] Päderastie *f.*

ped·estal ['pedɪstl] Sockel *m;* ► **knock s.o. off his** ~ *fig* jdn von seinem Podest stürzen; **put s.o. on a** ~ *fig* jdn in den Himmel heben.

pe·des·trian [pɪ'destrɪən] **I** *adj* **1.** Fußgänger-; **2.** *fig (Stil)* prosaisch, langweilig; ► ~ **crossing** (Fußgänger)Überweg *m;* ~ **lights** *pl* Fußgängerampel *f;* ~ **precinct** Fußgängerzone *f;* **II** *s* Fußgänger(in) *m (f);* **pe·des·tria·nize** [pɪ'destrɪənaɪz] *tr* in eine Fußgängerzone umwandeln.

pedi·at·rics [ˌpi:dɪ'ætrɪks] *s. paediatrics.*

pedi·cure ['pedɪkjʊə(r)] Fußpflege, Pediküre *f;* **pedi·cur·ist** ['pedɪkjʊərɪst] Fußpfleger(in) *m (f).*

pedi·gree ['pedɪgri:] **1.** Stammbaum *m a. zoo;* **2.** Herkunft, Abstammung *f;* **pedigree dog** Rassehund *m.*

ped·lar ['pedlə(r)] Hausierer(in) *m (f)* (*of* mit); *(drug~)* Drogenhändler(in) *m (f).*

ped·ometer [pɪ'dɒmɪtə(r)] Schrittzähler *m.*

pee [pi:] *itr fam (go for, have a ~)* pinkeln.

peek [pi:k] **I** *itr* gucken (*at* nach); spähen; **II** *s* kurzer Blick.

peel [pi:l] **I** *tr* **1.** schälen; die Haut abziehen (*s.th.* e-r S); **2.** *(Kleider)* abstreifen; ► **keep one's eyes ~ed** *fam* ein wachsames Auge haben; **II** *itr* sich häuten; sich abschälen; abgehen, abblättern, abbröckeln; **III** *s* Schale *f;* **IV** *(mit Präposition)* **peel away** *tr (Tapete)* abziehen; *(Rinde)* abschälen; *(Einband)* abstreifen; *itr* sich lösen; **peel back** *tr* abziehen; **peel off** *tr* abziehen; abschälen; abstreifen; *itr (aus Kolonne)* ausscheren; *aero* abdrehen; **peeler** ['pi:lə(r)] Schäler *m;* **peel·ings** ['pi:lɪŋz] *pl* Schalen *f pl.*

peep[1] [pi:p] **I** *itr* **1.** (verstohlen) gucken (*at* nach); **2.** allmählich sichtbar werden; zum Vorschein kommen; **II** *s* flüchtiger, heimlicher Blick; ► **take a ~ at s.th.** verstohlen nach etw blicken.

peep[2] [pi:p] **I** *itr* piepen; piepsen; **II** *s* **1.** Piepen *n;* **2.** *sl* Piepser, Ton *m,* Wort *n.*

peep-hole ['pi:phəʊl] Guckloch *n; (Haustür)* Spion *m;* **peep·ing Tom** [ˌpi:pɪŋ'tɒm] Voyeur *m;* **peep show** Peepshow *f.*

peer[1] [pɪə(r)] *itr* starren; angestrengt schauen, blicken (*at* auf; *into* in; *for* nach); ► ~ **through** durchschauen.

peer[2] [pɪə(r)] **1.** Peer *m;* **2.** *fig* Gleichgestellte(r) *f m; (Kind)* Gleichaltrige(r) *f m;* ► **his ~s** seinesgleichen; **peer group** *(Soziologie)* Peer-group *f.*

peer·age ['pɪərɪdʒ] Peerswürde *f,* -stand *m;* **peer·ess** ['pɪəres] Frau *f* e-s Peers; weiblicher Peer; **peer·less** ['pɪəlɪs] *adj* unvergleichlich.

peeve [pi:v] *tr fam* ärgern; **peeved** [pi:vd] *adj fam* ärgerlich, verärgert, *fam* eingeschnappt (*about, at* über, wegen); **pee·vish** ['pi:vɪʃ] *adj* reizbar, launisch.

pee·wit ['pi:wɪt] Kiebitz *m.*

peg [peg] **I** *s* **1.** Pflock, Dübel, Bolzen *m;* Keil *m; (Zelt)* Hering *m; (Bergsteigen)* Haken *m; (Holz)* Stift *m;* **2.** Wirbel *m (e-s Saiteninstruments);* **3.** *(clothes-~)* Wäscheklammer *f;* **4.** *fig* Vorwand *m,* Gelegenheit *f;* Aufhänger *m;* **5.** *fam* Stelze *f,* Bein *n;* **6.** *com* Kurs-, Marktstützung *f;* ► **off the ~** *(Kleidung)* von der Stange; **be a square ~ in a round hole** am verkehrten Platz sein; **come down a ~ or two** *fig* gelindere Saiten aufziehen; **take s.o. down a ~ or two** jdn demütigen; **a good ~ on which to hang a sermon** ein Grund *m* zum Reden; **II** *tr* **1.** festpflocken, -stecken; anklammern; **2.** abgrenzen, markieren; **3.** *com* festsetzen; **III** *(mit Präposition)* **peg away** *itr* drauflos-, weiterarbeiten (*at* an); sich anstrengen; **peg down** *tr* festpflocken; **peg out** *tr* **1.** abgrenzen, abstecken; **2.** *(Wäsche)* aufhängen; *itr* **1.** *fam* abkratzen; **2.** *fam (Maschine)* den Geist aufgeben; **peg-leg** Stelzfuß *m.*

pe·jor·at·ive [pɪ'dʒɒrətɪv] *adj (Wort)* abschätzig, abwertend, pejorativ.

peke, pe·kin(g)·ese [pi:k, ˌpi:kɪ'ni:z] *zoo* Pekinese *m.*

peli·can ['pelıkən] Pelikan *m.*
pel·let ['pelıt] **1.** Kügelchen *n;* **2.** Pille *f;* **3.** Schrotkorn *n.*
pell-mell [ˌpel'mel] *adv* **1.** durcheinander; **2.** Hals über Kopf.
pelt[1] [pelt] **I** *tr* **1.** werfen (*s.o. with s.th.* etw nach jdm); **2.** verprügeln; **II** *itr* **1.** (nieder)prasseln, trommeln (*against the roof* auf das Dach); **2.** rennen, stürmen; ▶ **~ down** nieder-, herunterprasseln; **it was ~ing with rain** es hat geschüttet *fam;* **~ing rain** Platzregen *m;* **III** *s* Schlag *m;* ▶ **at full ~** in voller Geschwindigkeit.
pelt[2] [pelt] Fell *n,* Pelz *m.*
pel·vis ['pelvıs] *anat* Becken *n.*
pen[1] [pen] **I** *s* (Schreib)Feder *f a. fig;* Füllfederhalter, Füller *m;* Kugelschreiber *m;* ▶ **ball(-point) ~** Kugelschreiber *m;* **fountain-~** Füllfederhalter, Füller *m;* **stroke of the ~** Federstrich *m;* **II** *tr* schreiben; ver-, abfassen.
pen[2] [pen] **I** *s* **1.** Pferch *m;* **2.** *(play-~)* Laufstall *m;* **3.** (U-Boot)Bunker *m;* **II** *tr (~ up, in)* einsperren.
penal ['pi:nl] *adj* strafbar; strafrechtlich; ▶ **~ act** strafbare Handlung; **~ code** Strafgesetzbuch *n;* **~ establishment** Strafanstalt *f;* **~ legislation** Strafgesetzgebung *f;* **~ reform** Strafrechtsreform *m;* **~ servitude** Zwangsarbeit *f;* **~ system 1.** Strafrecht *n;* **2.** Strafvollzug *m;* **pe·nal·iz·ation** [ˌpi:nəlaı'zeıʃn] **1.** Bestrafung *f;* **2.** Benachteiligung *f;* **pe·nal·ize** ['pi:nəlaız] *tr* **1.** mit Strafe belegen; bestrafen; **2.** benachteiligen; **3.** *sport* einen Strafstoß verhängen gegen.
pen·alty ['penltı] **1.** Strafe *f;* **2.** Geldbuße, -strafe *f;* **3.** *fig* Nachteil *m;* **4.** *sport* Strafpunkt *m;* Strafstoß *m;* Elfmeter *m;* ▶ **on, under ~ of** bei Androhung e-r Strafe von; **pay the ~** die Folgen tragen (*of s.th.* e-r S); **death ~** Todesstrafe *f;* **mitigation of ~** Strafmilderung *f;* **remission of the ~** Straferlaß *m;* **penalty area** *(Fußball)* Strafraum *m;* **penalty box** *(Eishockey)* Strafbank *f;* **penalty clause** Strafklausel *f;* **penalty kick** *(Fußball)* Strafstoß *m;* Elfmeter *m.*
pen·ance ['penəns] *rel* Buße *f* (*for* für); ▶ **do ~** Buße tun.
pence [pens] **1.** *Br* Pence *m;* **2.** *pl von penny.*
pen·chant ['pɑ:nʃɑ:n, *Am* 'pentʃənt] Vorliebe, Neigung *f* (*for* zu); Geschmack *m* (*for* an).
pen·cil ['pensl] **I** *s* **1.** Bleistift *m;* **2.** *(eyebrow ~)* Augenbrauenstift *m;* **3.** *(~ of rays)* Strahlenbündel *n;* ▶ **write in ~** mit Bleistift schreiben; **colo(u)red ~** Buntstift *m;* **II** *tr* **1.** *(~ in)* mit e-m (Blei)Stift markieren *od* schreiben *od* zeichnen; **2.** *(Augenbrauen)* (nach)ziehen; **pencil box** Federkasten *m;* **pencil case** Federmäppchen *n;* **pencil-sharpener** Bleistiftspitzer *m.*
pen·dant ['pendənt] Anhänger *m.*
pen·dent ['pendənt] *adj* hängend, Hänge-.
pend·ing ['pendıŋ] **I** *adj* **1.** *fig* schwebend, unentschieden, unerledigt; **2.** *jur* anhängig; ▶ **be ~** anhängig sein; schweben; **still ~** noch in der Schwebe; **II** *prep* bis zu; ▶ **~ further instructions, notice** bis auf weiteres.
pen·du·lum ['pendjʊləm] Pendel *n;* ▶ **the swing of the ~** das Schwanken der öffentlichen Meinung.
pen·du·lous ['pendjʊləs] *adj* herabhängend; *attr* Hänge-.
pen·etrate ['penıtreıt] **I** *tr* **1.** *(~ through, into)* dringen durch; vor-, eindringen in; durchdringen *a. fig* (*with* mit); **2.** durchstoßen; **3.** *fig* (geistig) durchdringen, durchschauen, erkennen; **II** *itr* eindringen (*into* in), vordringen (*to* bis); durchdringen (*through* durch); durchstoßen; **pen·etrat·ing** [—ıŋ] *adj* **1.** *(Kälte)* durchdringend; **2.** *(Auge)* scharf; **3.** *fig* scharfsinnig, verständig, einsichtig; **pen·etra·tion** [ˌpenı'treıʃn] **1.** Ein-, Durchbruch *m;* **2.** *fig* Durchdringung *f;* **3.** *fig* Scharfsinn, Verstand *m;* **4.** *med* Penetration *f.*
pen·friend ['penfrend] Brieffreund(in) *m (f).*
pen·guin ['peŋgwın] Pinguin *m.*
pen·holder ['penˌhəʊldə(r)] Federhalter *m.*
peni·cil·lin [ˌpenı'sılın] Penizillin *n.*
pen·in·sula [pə'nınsjʊlə] Halbinsel *f;* **pen·in·su·lar** [pə'nınsjʊlə(r)] *adj* halbinselförmig.
pe·nis ['pi:nıs] *anat* Penis *m.*
peni·tence ['penıtəns] Reue, Bußfertigkeit *f;* **peni·tent** ['penıtənt] *adj* reu(müt)ig, bußfertig; **peni·ten·tial** [ˌpenı'tenʃl] *adj* bußfertig; **peni·ten·tiary** [ˌpenı'tenʃərı] *Am* Staatsgefängnis *n.*
pen·knife ['pennaıf] ‹*pl* -knives› [-naıvz] Taschenmesser *n.*
pen-name ['penneım] Schriftstellername *m.*
pen·nant ['penənt] Stander, Wimpel *m.*
pen·ni·less ['penılıs] *adj* völlig mittellos.
pen·non ['penən] Stander, Wimpel *m.*
penny ['penı] ‹*pl (Münzen)* pennies, *(Wert)* pence› ['peni:z, pens] Penny *m;* *(US od Kanada)* Cent *m;* ▶ **earn an honest ~** sein Geld redlich verdienen; **the ~ dropped** der Groschen ist gefallen; **a pretty ~** e-e schöne Stange Geld; **in for a ~ in for a pound** wer A sagt, muß auch B sagen; mitgefangen mitgehangen; **penny-pinch·ing** ['penıˌpıntʃıŋ] *adj* geizig; **penny-wise** *adj* ▶ **~ and pound foolish** sparsam im

Kleinen und verschwenderisch im Großen.

pen·pal ['penpæl] *fam* Brieffreund(in) *m (f);* **pen-pusher** ['pen,pʊʃə(r)] *fam* Schreiberling *m.*

pen·sion ['penʃn] **I** *s* Altersrente *f,* Altersruhegeld *n;* Pension *f;* ▶ **be entitled to a ~** rentenberechtigt, pensionsberechtigt sein; **draw a ~** e-e Rente beziehen; **II** *(mit Präposition)* **pension off** *tr* vorzeitig pensionieren; **pen·sion·able** [—əbl] *adj* ruhegehalts-, pensionsberechtigt; ▶ **~ age** Rentenalter *n;* **pen·sioner** ['penʃənə(r)] Pensionär(in), Rentenempfänger(in), Rentner(in) *m (f);* **pension fund** *fin* Rentenfonds *m;* **pension reserves** *pl* Pensionsrückstellungen *f pl;* **pension scheme** Rentenversicherung *f.*

pen·sive ['pensɪv] *adj* nachdenklich, gedankenvoll.

pen·ta·gon ['pentəgən, *Am* 'pentəgɒn] Fünfeck, Pentagon *n;* ▶ **the P~** das Pentagon; **pen·tam·eter** [pen'tæmɪtə(r)] Pentameter *m;* **pen·tath·lete** [pen'tæθli:t] *sport* Fünfkämpfer(in) *m (f);* **pen·tath·lon** [pen'tæθlən] *sport* Fünfkampf *m.*

Pen·te·cost ['pentəkɒst] Pfingsten *n.*

pent·house ['penthaʊs] Penthouse *n,* Dachterrassenwohnung *f.*

pent-up [,pent'ʌp] *adj* **1.** *(Mensch)* geladen; innerlich angespannt; **2.** *(Gefühl)* unterdrückt, angestaut; *(Atmosphäre)* geladen.

pen·ul·ti·mate [pen'ʌltɪmət] *adj* vorletzte(r, s).

pen·uri·ous [pɪ'njʊərɪəs] *adj* dürftig, ärmlich; **pen·ury** ['penjʊərɪ] (völlige) Armut *f.*

peony ['pi:ənɪ] Pfingstrose *f.*

people ['pi:pl] **I** *s* **1.** *pl* die Menschen; Leute *pl;* **2.** Be-, Einwohner *m pl;* **3.** *(the common ~)* das gemeine Volk; **4.** *(mit Possessivpronomen)* Familie *f,* Leute *pl,* Angehörige *m pl;* **5.** *sing (pl ~s)* Volk *n;* Nation *f;* ▶ **go to the ~** Neuwahlen abhalten, anberaumen; **English ~** Engländer *m pl;* **~ say** man sagt; **many ~** viele Leute; **II** *tr* bevölkern (*with* mit).

pep [pep] **I** *s fam* Schwung *m,* Kraft, Energie *f;* **II** *(mit Präposition)* **pep up** *tr* in Schwung bringen, aufmöbeln; ▶ **be ~ped up** mächtig in Fahrt sein.

pep·per ['pepə(r)] **I** *s* **1.** Pfeffer *m;* **2.** Paprika *m;* **II** *tr* **1.** pfeffern; **2.** *fig* vollstopfen, spicken (*with* mit); **pepper-and-salt** *attr adj* Pfeffer-u.-Salz- *(Muster);* **pep·per·corn** ['pepəkɔ:n] Pfefferkorn *n;* **pepper mill** Pfeffermühle *f;* **pep·per·mint** ['pepəmɪnt] **1.** *bot* Pfefferminze *f;* **2.** *(Bonbon)* Pfefferminz *n;* **pepper-shaker** Pfefferstreuer *m;* **peppery** ['pepərɪ] *adj* **1.** gepfeffert; **2.** *fig* hitzig.

pep-pill ['peppɪl] *fam* Aufmunterungspille *f;* **pep talk** *fam* aufmunternde Rede.

pep·tic ['peptɪk] *adj:* ▶ **~ ulcer** Magengeschwür *n.*

per [pɜ:(r)] *prep* pro, je, für; ▶ **(as) ~ account** laut Rechnung; **~ annum** pro Jahr; **~ capita** pro Kopf; **~ capita income** Pro-Kopf-Einkommen *n;* **~ hour** in der Stunde; **50 km ~ hour** 50 Stundenkilometer; **as ~ usual** *fam* wie gewöhnlich.

per·am·bu·lator [pə'ræmbjʊleɪtə(r)] *Br* Kinderwagen *m.*

per·ceiv·able [pə'si:vəbl] *adj* wahrnehmbar; erkennbar; **per·ceive** [pə'si:v] *tr* **1.** wahrnehmen; **2.** spüren, (be)merken, verstehen.

per cent, *Am* **per·cent** [pə'sent] Prozent *n;* ▶ **(at) what ~?** (zu) wieviel Prozent? **per·cen·tage** [pə'sentɪdʒ] **1.** Prozentsatz *m;* **2.** Anteil *m* (*of* an); **3.** *(~ of profits)* Tantieme *f;* **4.** *com* Provision *f.*

per·cep·tible [pə'septəbl] *adj* wahrnehmbar; spürbar, deutlich; **per·ception** [pə'sepʃn] **1.** Wahrnehmung *f;* **2.** Einsicht *f;* **3.** Auffassung *f;* **per·ceptive** [pə'septɪv] *adj* **1.** wahrnehmend; Wahrnehmungs-; **2.** scharfsichtig.

perch[1] [pɜ:tʃ] **I** *s* **1.** Vogel-, Hühnerstange *f; (Baum)* Ast *m;* **2.** *fam* hochgelegener Sitzplatz; **3.** Rute *f (Längenmaß 5,029 m);* **II** *itr* **1.** sich niederlassen, sich setzen (*on* auf); **2.** (hoch) sitzen, stehen; **III** *tr* (hoch hinauf)stellen; ▶ **~ s.th. on s.th.** etw auf etw stellen; **be ~ed on** sitzen, hocken auf.

perch[2] [pɜ:tʃ] *(Fisch)* Barsch *m.*

per·co·late ['pɜ:kəleɪt] **I** *tr* **1.** durchseihen, filtern; **2.** *(Kaffee)* in e-m Filter zubereiten; **II** *itr (~ through)* durchsickern *a. fig;* **per·co·la·tor** ['pɜ:kəleɪtə(r)] Kaffeemaschine *f.*

per·cussion [pə'kʌʃn] **1.** Stoß, Schlag *m;* **2.** Erschütterung *f;* **3.** *(~ instruments) mus* Schlaginstrumente *n pl;* **percussion·ist** [—ɪst] Schlagzeuger(in) *m (f).*

per·di·tion [pə'dɪʃn] **1.** Ruin *m;* **2.** *rel* Verdammnis *f.*

per·egrine ['perɪgrɪn] *orn* Wanderfalke *m.*

per·emp·tori·ly [pə'remptrəlɪ] *adv* unweigerlich; ein für allemal; **per·emptory** [pə'remptərɪ] *adj* **1.** endgültig, definitiv; **2.** zwingend.

per·en·nial [pə'renɪəl] **I** *adj* **1.** beständig, immerwährend; **2.** *bot* mehrjährig; **II** *s* mehrjährige Pflanze.

per·fect ['pɜ:fɪkt] **I** *adj* **1.** vollendet, vollkommen; **2.** tadellos, fehlerlos; **3.** vollständig, völlig, gänzlich; **4.** genau, exakt; ▶ **he is a ~ stranger to me** er ist mir völlig unbekannt; **II** *tr* [pə'fekt] vervollkommnen; **per·fect·ible** [pə'fektəbl] *adj* vervollkommnungsfähig; **per·fec·tion** [pə'fekʃn] **1.** Vervollkommnung *f;* **2.** Vollkommenheit *f;* ► **bring to ~** vollenden; vervollkommnen; **per·fec·tion·ist** [—ɪst] Perfektionist(in) *m (f);* **per·fect·ly** ['pɜ:fɪktlɪ] *adv* **1.** vollkommen; **2.** völlig, durchaus, absolut; **3.** tadellos; **perfect pitch** absolutes Gehör.

per·fidi·ous [pə'fɪdɪəs] *adj* verräterisch, treulos.

per·for·ate ['pɜ:fəreɪt] **I** *tr* **1.** durchbohren, -löchern; **2.** perforieren, lochen; **II** *itr med* durchbrechen; **per·for·ation** [ˌpɜ:fə'reɪʃn] **1.** Durchbohrung, -löcherung *f;* **2.** Perforieren *n;* Perforation, Lochung *f;* **3.** *med* Perforation *f.*

per·form [pə'fɔ:m] **I** *tr* **1.** *(Aufgabe)* ausführen, verrichten; **2.** *(Operation)* durchführen; **3.** *(Zermonie)* vollziehen; **4.** *(Stück, Konzert)* aufführen, spielen; *(Solo, Duett)* vortragen; *(Rolle)* spielen; *(Kunststück)* vorführen; *(Wunder)* vollbringen; **5.** *(Handlung)* vornehmen; **6.** *(Pflicht, Versprechen)* erfüllen; **7.** *(Verpflichtung)* nachkommen (*s.th.* e-r S); **8.** *(Aufgaben)* wahrnehmen; **II** *itr* **1.** *(öffentlich)* auftreten, spielen; **2.** *tech* funktionieren; ► **this car ~s well** dieses Auto leistet viel; **how did he ~?** wie war er? **per·form·ance** [pə'fɔ:məns] **1.** Aus-, Durchführung *f;* **2.** *(Pflicht)* Erfüllung *f;* **3.** *tech* Funktionieren *n;* **4.** *tech* Leistung *f;* Effizienz *f;* **5.** *theat* Aufführung, Vorstellung *f;* *(Kino)* Vorstellung *f;* **6.** *(Rolle)* Darstellung *f;* **7.** *fam* Umstand *m;* Theater *n;* schlechtes Benehmen; ► **afternoon, evening ~** Nachmittags-, Abendvorstellung *f;* **performance level** Leistungsgrad *m;* **performance report** Leistungsbericht *m;* **per·former** [pə'fɔ:mə(r)] Künstler(in) *m (f),* Ausführende(r) *f m.*

per·fume ['pɜ:fju:m] **I** *s* Duft *m;* Parfüm *n;* **II** *tr* [pə'fju:m] parfümieren.

per·func·tory [pə'fʌŋktərɪ] *adj* **1.** routinemäßig, teilnahmslos; **2.** oberflächlich, flüchtig; **3.** gleichgültig, (nach)lässig.

per·gola ['pɜ:gələ] Pergola *f.*

per·haps [pə'hæps] *adv* vielleicht, eventuell.

peril ['perəl] Gefahr *f;* ► **at s.o.'s ~** auf jds Gefahr, Risiko, Verantwortung; **in ~ of one's life** in Lebensgefahr; **peril·ous** ['perələs] *adj* gefährlich.

per·imeter [pə'rɪmɪtə(r)] **1.** *math* Umfang *m;* **2.** *(e-s Grundstücks)* Grenze *f;* **perimeter fence** Umzäunung *f.*

period ['pɪərɪəd] **I** *s* **1.** Periode *f a. geol chem,* Zeit(raum, -abschnitt *m*) *f,* Abschnitt *m;* Epoche *f;* **2.** Dauer *f;* Frist *f;* **3.** *(menstrual ~)* Periode *f;* **4.** *gram* (vollständiger) Satz *m;* Satzgefüge *n;* **5.** *(Satzzeichen)* Punkt *m;* **6.** (Unterrichts-, Schul)Stunde *f;* ► **for a ~ of** für die Dauer von; **I've got my ~** ich habe meine Tage; **within a ~ of** innerhalb e-r Frist von; **bright ~** Aufklärung *f;* **~ of office** Amtszeit *f;* **~ under review** Berichtszeitraum *m;* **II** *adj (Kunst)* zeitgenössisch; **III** *interj sl* Schluß! (und damit) basta! **period furniture** Stilmöbel *n pl;* **peri·od·ic(al)** [ˌpɪərɪ'ɒdɪk(l)] **I** *adj* periodisch, regelmäßig auftretend *od* wiederkehrend; **II** *s* Zeitschrift *f,* Magazin *n.*

pe·riph·eral [pə'rɪfərəl] **I** *adj* peripher(isch) *a. anat;* nebensächlich; **~ area** Randgebiet *n;* **II** *s EDV* Peripheriegerät *n;* **pe·riph·ery** [pə'rɪfərɪ] Peripherie *f;* Rand *m;* ► **~ of the town** Stadtrand *m,* Außenbezirke *m pl.*

peri·scope ['perɪskəʊp] *mar* Periskop, Sehrohr *n.*

per·ish ['perɪʃ] **I** *itr* **1.** zugrunde gehen, umkommen (*by* durch; *of, with* an); **2.** *(Waren)* verderben; ► **~ with cold** *fam* erfrieren; **~ from starvation** verhungern; **II** *tr* zerstören; ► **~ the thought!** daran darf man gar nicht denken; **per·ish·able** [—əbl] **I** *adj (Ware)* verderblich, nicht haltbar; **II** *s pl* verderbliche Waren *f pl;* **per·isher** ['perɪʃə(r)] *Br fam* Lümmel *m;* **per·ish·ing** ['perɪʃɪŋ] *adj* **1.** sehr kalt; **2.** verflixt, verdammt; ► **~ cold** widerliche Kälte.

peri·style ['perɪstaɪl] *arch* Säulenumgang *m,* -reihe *f.*

per·ito·ni·tis [ˌperɪtə'naɪtɪs] *med* Bauchfellentzündung *f.*

per·jure ['pɜ:dʒə(r)] *refl* e-n Meineid leisten, meineidig werden; **per·jured** ['pɜ:dʒəd] *adj* meineidig; **per·jurer** ['pɜ:dʒərə(r)] Meineidige(r) *f m;* **per·jury** ['pɜ:dʒərɪ] Meineid *m;* ► **commit ~** e-n Meineid leisten.

perk [pɜ:k] *Br* Vergünstigung *f.*

perk up [pɜ:k ʌp] **I** *tr* **1.** *(den Kopf)* heben; **2.** *(Ohren)* spitzen; **3.** *(Menschen)* aufmuntern; *(Zimmer)* verschönern; *(Fest)* in Schwung bringen; **II** *itr* **1.** aufleben; lebhaft, munter werden; **2.** *(Börse)* fester tendieren.

perky ['pɜ:kɪ] *adj* **1.** unternehmungslustig; **2.** keck, frech; übermütig; munter.

perm[1] [pɜ:m] **I** *s (Toto)* Kombination *f;* **II** *tr, itr* kombinieren.

perm[2] [pɜ:m] **I** *s fam* Dauerwelle *f;* **II** *tr* ► **have one's hair ~ed** sich Dauerwellen machen lassen.

per·ma·frost ['pɜ:məfrɒst] Dauerfrostboden *m.*

per·ma·nence, per·ma·nency ['pɜ:mənəns, 'pɜ:mənənsɪ] Dauerhaftigkeit *f;* Beständigkeit *f;* **per·ma·nent** ['pɜ:mənənt] **I** *adj* **1.** (fort)dauernd, bleibend; **2.** ständig; beständig, dauerhaft; **3.** auf Lebenszeit; **4.** *tech* ortsfest; ► **~ abode, residence** fester Wohnsitz; **~ appointment** feste Anstellung; **~ com-**

mittee ständiger Ausschuß; ~ **disability** dauernde Erwerbsunfähigkeit; dauerhafte Behinderung; ~ **establishment** ständige Einrichtung; ~ **investment** *fin* Daueranlage *f; pl* langfristige Anlagen *f pl;* ~ **layoff** Entlassung *f;* ~ **position, post, situation** Lebens-, Dauerstellung *f;* ~ **staff** Stammpersonal *m;* ~ **tenure** Anstellung *f* auf Lebenszeit; ~ **wave** Dauerwelle *f;* **II** *s Am* Dauerwelle *f.*

per·manga·nate [pəˈmæŋgəneɪt] *chem* Permanganat *n.*

per·meable [ˈpɜːmɪəbl] *adj* durchlässig (*to* für); **per·meate** [ˈpɜːmɪeɪt] **I** *tr* durchdringen *a. fig;* **II** *itr* **1.** dringen (*through* durch); **2.** *fig* sich verbreiten (*throughout* in).

per·mis·sible [pəˈmɪsəbl] *adj* zulässig; erlaubt; ► ~ **load** Höchstbelastung *f;* **per·mission** [pəˈmɪʃn] Zustimmung, Genehmigung, Erlaubnis *f;* ► **by special** ~ mit besonderer Genehmigung; **without** ~ unbefugt; **ask s.o.'s** ~, **s.o. for** ~ jdn um Erlaubnis bitten; **give** ~ e-e Erlaubnis erteilen; **grant s.o.** ~ **to speak** jdm das Wort erteilen; ~ **by the authorities** behördliche Genehmigung; **per·miss·ive** [pəˈmɪsɪv] *adj* nachgiebig; sexuell freizügig; ► **the** ~ **society** die permissive Gesellschaft; **per·miss·ive·ness** [—nəs] Permissivität *f;* sexuelle Freizügigkeit.

per·mit [pəˈmɪt] **I** *tr* erlauben, gestatten; zulassen, dulden; ► ~ **s.o. to do s.th.** jdm erlauben, etw zu tun; **am I** ~**ted to go?** darf ich gehen? **II** *itr* erlauben; ► **if you (will)** ~ wenn Sie gestatten; **weather** ~**ting** wenn das Wetter mitmacht; **time doesn't** ~ es ist zeitlich nicht möglich; ~ **of s.th.** etw zulassen; **III** *s* [ˈpɜːmɪt] **1.** Erlaubnis *f;* **2.** Genehmigung, Bewilligung, Konzession *f* (*to* für); 3. Durchlaß-, Passierschein, Ausweis *m;* **4.** Freigabe-, Zollabfertigungsschein *m;* ► **building** ~ Baugenehmigung *f;* **entry** ~ Einreisebewilligung *f;* **exit** ~ Ausreisebewilligung *f;* **hunting, fishing** ~ Jagdschein, Angelschein *m;* **labo(u)r** ~ Arbeitserlaubnis *f;* **special** ~ Sondergenehmigung *f;* ~ **of residence, residence** ~ Aufenthaltsgenehmigung, -erlaubnis *f;* **per·mit·ted** [pəˈmɪtɪd] *adj* **1.** erlaubt, gestattet, genehmigt; **2.** zulässig.

per·mu·ta·tion [ˌpɜːmjuːˈteɪʃn] **1.** Vertauschung *f;* **2.** Veränderung *f;* **3.** *math* Permutation *f;* **per·mute** [pəˈmjuːt] *tr* (ver)ändern; vertauschen.

per·ni·cious [pəˈnɪʃəs] *adj* **1.** schädlich, verderblich (*to* für); **2.** *med* bösartig.

per·nick·ety [pəˈnɪkətɪ] *adj fam* kleinlich, genau.

per·ox·ide [pəˈrɒksaɪd] *(hydrogen* ~*)* Wasserstoffsuperoxyd *n;* **peroxide blonde** Wasserstoffblondine *f.*

per·pen·dicu·lar [ˌpɜːpənˈdɪkjʊlə(r)] **I** *adj* **1.** senk-, lotrecht (*to* zu); *(Klippe)* senkrecht abfallend; **2.** *arch* perpendikular; **II** *s math* Senkrechte *f,* Lot *n;* ► **out of the** ~ schief, schräg, aus dem Lot.

per·pe·trate [ˈpɜːpɪtreɪt] *tr* **1.** *(Fehler)* machen, begehen; **2.** *(Verbrechen)* verüben; **3.** *hum (Film, Roman)* verbrechen; **per·pe·tra·tion** [ˌpɜːpɪˈtreɪʃn] Begehung, Verübung *f;* **per·pe·tra·tor** [ˈpɜːpɪtreɪtə(r)] Übeltäter(in) *m (f); jur* Täter(in) *m (f).*

per·pet·ual [pəˈpetʃʊəl] *adj* **1.** dauernd, (be)ständig, ewig; **2.** fortwährend, unaufhörlich; ► ~ **motion (machine)** Perpetuum mobile *n;* ~ **snow** ewiger Schnee; **per·petu·ate** [pəˈpetʃʊeɪt] *tr* aufrechterhalten; *(Angedenken)* bewahren; **per·petu·ity** [ˌpɜːpɪˈtjuːətɪ] Ewigkeit *f;* ► **in** ~ auf ewig; *jur* lebenslänglich.

per·plex [pəˈpleks] *tr (Menschen)* verblüffen; **per·plexed** [pəˈplekst] *adj* verdutzt, perplex; **per·plex·ity** [pəˈpleksətɪ] Verblüffung *f.*

per·qui·sites [ˈpɜːkwɪzɪts] *pl* Vergünstigungen *f pl.*

per·se·cute [ˈpɜːsɪkjuːt] *tr* **1.** verfolgen; **2.** belästigen, plagen, quälen (*with* mit); ► **be** ~**ed** Verfolgungen ausgesetzt sein; **per·se·cu·tion** [ˌpɜːsɪˈkjuːʃn] Verfolgung *f;* Belästigung *f;* **persecution complex** Verfolgungswahn *m;* **per·se·cu·tor** [ˈpɜːsɪkjuːtə(r)] Verfolger(in) *m (f).*

per·se·ver·ance [ˌpɜːsɪˈvɪərəns] Ausdauer, Beharrlichkeit *f;* **per·se·vere** [ˌpɜːsɪˈvɪə(r)] *itr* durchhalten, nicht aufgeben (*in, at, with s.th.* etw); **per·se·ver·ing** [—ɪŋ] *adj* beharrlich, ausdauernd.

Per·sia [ˈpɜːʃə] Persien *n;* **Per·sian** [ˈpɜːʃn, *Am* ˈpɜːrʒn] **I** *adj* persisch; ► ~ **cat** Angorakatze *f;* **the** ~ **Gulf** der Persische Golf; ~ **lamb** *(Pelz)* Persianer *m;* ~ **rug, carpet** Perserteppich *m;* **II** *s* **1.** Perser(in) *m (f);* **2.** (das) Persisch(e).

per·sist [pəˈsɪst] *itr* **1.** beharren (*in* auf, bei), bestehen (*in* auf); **2.** nicht nachgeben; nicht aufhören (*in doing* zu tun); **3.** fortdauern, sich hartnäckig halten; **per·sist·ence** [pəˈsɪstəns] **1.** (hartnäckiges) Beharren *n* (*in* auf); **2.** Beharrlichkeit *f;* **3.** Fortdauer *f;* **per·sist·ent** [pəˈsɪstənt] *adj* **1.** beharrlich, unnachgiebig; **2.** unentwegt, (an)dauernd, beständig.

per·son [ˈpɜːsn] **1.** *(pl: people,* ~*s)* Mensch *m;* Person *f;* **2.** *(pl:* ~*s) gram jur* Person *f;* **3.** *(pl:* ~*s)* (das) Äußere; **4.** *theat* Rolle *f;* ► **in** ~ in Person, persönlich; **no** ~ kein Mensch, niemand; **there is no such** ~ so jemanden gibt es nicht; **any** ~ jeder; **on, about one's** ~ bei sich; **per** ~ pro Person; **unauthorized** ~ Unbefugte(r) *f m;* **against** ~ **or** ~**s un-**

known *jur* gegen Unbekannt; **per·son·able** ['pɜ:sənəbl] *adj* stattlich, gutaussehend; **per·son·age** ['pɜ:sənɪdʒ] Persönlichkeit *f.*

per·sonal ['pɜ:s(ə)nl] *adj* persönlich; *(auf Brief)* privat; *(Daten)* personenbezogen; ▶ ~ **affair, business** Privatangelegenheit *f;* ~ **background, history** Lebensgeschichte *f,* Lebenslauf *m;* ~ **call** *tele* Gespräch *n* mit Voranmeldung; Privatgespräch *n;* ~ **column** *(Zeitung)* Familienanzeigen *f pl;* ~ **computer** Personalcomputer, PC *m;* ~ **data** *pl* Personalien *pl;* personenbezogene Daten *pl;* ~ **exemption** *Am (Steuer)* Freibetrag *m;* ~ **files** *pl* Personalakten *f pl;* ~ **hygiene** Körperpflege *f;* ~ **injury** *jur* Personenschaden *m;* ~ **pronoun** Personalpronomen *n,* persönliches Fürwort; ~ **property** Privateigentum *n;* ~ **stereo** Walkman *m Wz;* ~ **stationary** Briefpapier *n* mit persönlichem Briefkopf; ~ **status** Personen-, Familienstand *m;* **articles** *pl* **for** ~ **use** Gegenstände *m pl* des persönlichen Gebrauchs; **get, become** ~ persönlich werden.

per·son·al·ity [ˌpɜ:sə'nælətɪ] **1.** Persönlichkeit *f;* **2.** *pl* persönliche Angelegenheiten *f pl;* ▶ ~ **cult** Personenkult *m;* **per·son·alty** ['pɜ:sənltɪ] *jur* bewegliches Vermögen; **per·son·if·ic·ation** [pəˌsɒnɪfɪ'keɪʃn] Verkörperung *f;* **per·son·ify** [pə'sɒnɪfaɪ] *tr* verkörpern, personifizieren.

per·son·nel [ˌpɜ:sə'nel] Personal *n;* Belegschaft *f; (Flugzeug, Schiff)* Besatzung *f;* **personnel department** Personalabteilung *f;* **personnel director, manager** Personalchef *m;* **personnel management** Personalführung *f;* **personnel turnover** Fluktuation *f.*

per·spec·tive [pə'spektɪv] **1.** *(Kunst)* Perspektive *f a. fig;* **2.** *fig* Standpunkt, Blick *m;* ▶ **get s.th. out of** ~ etwas verzerrt sehen; **see, look at s.th. in its right** ~ etw vom richtigen Gesichtswinkel aus betrachten; **view in** ~ *fig* mit Abstand betrachten.

per·spi·ca·cious [ˌpɜ:spɪ'keɪʃəs] *adj* scharfsinnig, -blickend; **per·spi·cac·ity** [ˌpɜ:spɪ'kæsətɪ] Scharfsinn, -blick *m.*

per·spi·cu·ity [ˌpɜ:spɪ'kju:ətɪ] Klarheit, Verständlichkeit *f;* **per·spicu·ous** [pə'spɪkjʊəs] *adj* klar, verständlich.

per·spir·ation [ˌpɜ:spə'reɪʃn] **1.** Schwitzen *n;* Transpiration *f;* **2.** Schweiß *m;* **per·spire** [pə'spaɪə(r)] *itr* schwitzen.

per·suade [pə'sweɪd] *tr* **1.** überreden (*of s.th.* zu etw); **2.** verleiten, dazu bringen (*to do, into doing* zu tun); **3.** überzeugen (*of s.th.* von e-r S); ▶ **be ~d of** überzeugt sein von; **per·sua·sion** [pə'sweɪʒn] **1.** Überredung *f;* **2.** Überzeugung *f,* Glaube *m;* **3.** Überzeugungskraft *f;* ▶ **I am not of that** ~ *(Argument)* davon bin ich nicht überzeugt; *rel* ich gehöre nicht diesem Glauben an; **be of, have communist ~s** kommunistische Ansichten vertreten; **per·sua·sive** [pə'sweɪsɪv] *adj* überzeugend.

pert [pɜ:t] *adj* **1.** vorlaut, keck; **2.** lebhaft, munter, lustig.

per·tain [pə'teɪn] *itr* **1.** gehören (*to* zu); **2.** in Verbindung stehen (*to* mit); **3.** betreffen (*to* acc); **4.** sich beziehen (*to* auf).

per·ti·na·cious [ˌpɜ:tɪ'neɪʃəs] *adj* **1.** beharrlich; **2.** hartnäckig, zäh.

per·ti·nent ['pɜ:tɪnənt] *adj* sachdienlich, zur Sache (gehörig); einschlägig; relevant; ▶ **be** ~ **to s.th.** auf etw Bezug haben.

pert·ness ['pɜ:tnɪs] Keckheit *f;* Keßheit *f.*

per·turb [pə'tɜ:b] *tr* **1.** verwirren; **2.** beunruhigen; **per·tur·ba·tion** [ˌpɜ:tə'beɪʃn] **1.** Verwirrung, Aufregung, Unruhe *f;* **2.** Störung *f.*

Peru [pə'ru:] Peru *n.*

pe·rusal [pə'ru:zl] **1.** Durchlesen *n;* **2.** (genaue) Durchsicht, Prüfung *f;* ▶ **for** ~ zur Einsichtnahme; **pe·ruse** [pə'ru:z] *tr* (sorgfältig) durchlesen.

Peru·vian [pə'ru:vɪən] **I** *adj* peruanisch; **II** *s* Peruaner(in) *m (f).*

per·vade [pə'veɪd] *tr* erfüllen; sich ausbreiten in; **per·va·sive** [pə'veɪsɪv] *adj* **1.** durchdringend; **2.** *fig (Einfluß)* beherrschend.

per·verse [pə'vɜ:s] *adj* **1.** pervers, widernatürlich; **2.** eigensinnig; störrisch; verstockt; **per·verse·ness** [pə'vɜ:snɪs] **1.** Perversität, Widernatürlichkeit *f;* **2.** Verstocktheit *f;* **per·ver·sion** [pə'vɜ:ʃn] **1.** Perversion *f;* **2.** Abkehr *f (vom Glauben);* **3.** *(der Wahrheit)* Verzerrung, Verdrehung *f;* ▶ ~ **of justice** Rechtsbeugung *f;* **per·ver·sity** [pə'vɜ:sətɪ] **1.** Widersetzlichkeit *f,* Eigensinn *m;* **2.** Perversität, Widernatürlichkeit *f;* **per·vert** [pə'vɜ:t] **I** *tr* **1.** *(Tatsachen)* verdrehen; **2.** *(Menschen)* verderben, pervertieren; **3.** *rel* irreführen; **4.** *(Sinn)* entstellen; ▶ ~ **the course of justice** das Recht beugen; **II** *s* ['pɜ:vɜ:t] perverser Mensch.

pesky ['peskɪ] *adj Am fam* ärgerlich; vertrackt.

pes·sary ['pesərɪ] *med* Pessar *n;* Zäpfchen *n.*

pessi·mism ['pesɪmɪzəm] Pessimismus *m;* **pes·si·mist** ['pesɪmɪst] Pessimist(in) *m (f);* **pessi·mis·tic** [ˌpesɪ'mɪstɪk] *adj* pessimistisch.

pest [pest] **1.** *fam (Mensch)* Nervensäge *f;* Plage *f;* **2.** Schädling *m;* **pest control** Schädlingsbekämpfung *f.*

pes·ter ['pestə(r)] *tr* belästigen, plagen (*with* mit).

pes·ti·cide ['pestɪsaɪd] Schädlingsbekämpfungsmittel *n;* **pes·tif·er·ous**

[pe'stɪfərəs] *adj fam* ärgerlich; **pes·ti·lent, pes·ti·len·tial** ['pestɪlənt, ˌpes-tɪ'lenʃl] *adj* **1.** pestartig; **2.** *fig* verderblich; **3.** *fam* ärgerlich.

pestle ['pesl] Stößel *m.*

pet¹ [pet] **I** *s* **1.** Haustier *n;* **2.** Liebling *m;* ► **he's a real ~!** er ist ein Schatz! **teacher's ~** Lehrers Liebling *m;* **II** *tr* streicheln, verwöhnen; **III** *itr fam* fummeln, Petting machen; **IV** *attr adj* Lieblings-; ► **~ name** Kosename *m;* **that's my ~ hate** das ist mir ein Greuel; **~ shop** Tierhandlung *f;* **~ subject** Lieblingsthema *n.*

pet² [pet] schlechte Laune; ► **be in a ~** schlechte Laune haben.

petal ['petl] *bot* Blütenblatt *n.*

petard [pe'tɑ:d] ► **be hoist with one's own ~** sich in der eigenen Schlinge gefangen haben.

peter ['pi:tə(r)] *itr:* ► **~ out** nachlassen, allmählich zu Ende gehen.

Peter ['pi:tə(r)] ► **rob ~ to pay Paul** ein Loch aufreißen, um ein anderes zu stopfen.

petite [pə'ti:t] *adj (Frau)* zierlich.

pe·ti·tion [pɪ'tɪʃn] **I** *s* **1.** Bittschrift, Eingabe *f,* Gesuch *n;* **2.** Unterschriftenliste *f;* **3.** *jur* Antrag *m* (*for* auf); ► **file a ~** e-n Antrag einreichen; **~ for divorce** Scheidung(sklage) *f;* **~ for mercy, for pardon** Gnadengesuch *n;* **II** *tr* **1.** bitten, ersuchen (*s.o.* jdn); **2.** e-e Bittschrift richten (*s.o.* an jdn); **III** *itr* eine Unterschriftenliste einreichen (*for* um); ► **~ for divorce** die Scheidung einreichen; **pe·ti·tioner** [pɪ'tɪʃənə(r)] **1.** Bittsteller(in) *m (f);* **2.** *jur* Antragsteller(in) *m (f);* **3.** *(in Scheidungssachen)* Kläger(in) *m (f).*

pet·rel ['petrəl] *zoo* Sturmvogel *m.*

pet·ri·fac·tion [ˌpetrɪ'fækʃn] **1.** Versteinerung *f;* **2.** *fig* lähmender Schreck; **pet·rify** ['petrɪfaɪ] **I** *tr* **1.** versteinern *a. fig;* **2.** *fig* erstarren lassen; ► **he was petrified (with fear)** er war starr vor Schrecken; **I am petrified of the dark** ich habe panische Angst vor der Dunkelheit; **II** *itr* versteinern; erstarren.

petro·chemi·cal [ˌpetrəʊ'kemɪkl] *adj* petrochemisch; **petro·dollar** Petrodollar *m;* **pet·rol** ['petrəl] *Br* Benzin *n;* ► **fill up with ~** auftanken; **petrol can** Benzinkanister *m;* **petrol consumption** Benzinverbrauch *m;* **petrol dump** Benzinlager *n;* **petrol engine** Benzinmotor *m;* **pe·tro·leum** [pɪ'trəʊlɪəm] Petroleum *n;* ► **~-exporting countries** erdölexportierende Länder; **petrol ga(u)ge** Benzinuhr, -anzeige *f;* **petrol lorry** Tankwagen *m;* **petrol pipe** Benzinleitung *f;* **petrol pump 1.** *(Auto)* Benzinpumpe *f;* **2.** *(Tankstelle)* Tank-, Zapfsäule *f;* **petrol station** Tankstelle *f;* **petrol tank** Benzintank *m.*

pet·ti·coat ['petɪkəʊt] Unterrock *m;* ► **~ government** *pej* Weiberregiment *n,* -herrschaft *f.*

pet·ti·fog·ging ['petɪfɒgɪŋ] *adj* kleinlich; *(Einzelheit)* unwesentlich; *(Mensch)* pedantisch.

pet·ti·ness ['petɪnəs] Geringfügigkeit *f;* Kleinlichkeit *f.*

pet·ting ['petɪŋ] Petting *n.*

pet·tish ['petɪʃ] *adj* verdrießlich.

petty ['petɪ] *adj* **1.** klein, geringfügig, unbedeutend, nebensächlich; **2.** kleinlich, engstirnig; **3.** zweitrangig; ► **~ cash** (Porto)Kasse, Handkasse *f;* **~ jury** Urteilsjury *f;* **~ larceny** Bagatelldiebstahl *m;* **~ officer** *mar* Maat *m.*

petu·lant ['petjʊlənt] *adj* empfindlich; launisch, verdrießlich.

pe·tu·nia [pɪ'tju:nɪə] *bot* Petunie *f.*

pew [pju:] **1.** Kirchenstuhl *m;* **2.** *fam* Sitzgelegenheit *f,* Stuhl *m;* ► **take a ~!** *fam* pflanz' dich!

pe·wit ['pi:wɪt] Kiebitz *m.*

pew·ter ['pju:tə(r)] Zinn(geschirr, -gerät) *n.*

pahl·anx ['fælæŋks] ⟨*pl* -anxes, -anges⟩ [fə'lændʒi:z] **1.** *hist u. fig* Phalanx *f;* **2.** *fig* geschlossene Front.

phal·lic ['fælɪk] *adj* phallisch; **phal·lus** ['fæləs] ⟨*pl* -li⟩ ['fælaɪ] Phallus *m.*

phan·tas·ma·goria [ˌfæntæzmə'gɒrɪə, —'gɔ:rɪə] Blendwerk *n;* **phan·tas·mal** [fæn'tæzməl] *adj* imaginär.

phan·tom ['fæntəm] **1.** Phantom, Gespenst *n,* Geist *m;* **2.** Hirngespinst, Trugbild *n;* ► **~s of the mind** *pl* Hirngespinste *n pl;* **~ limb pains** *pl med* Phantomschmerzen *m pl;* **~ pregnancy** Scheinschwangerschaft *f.*

phari·saic(al) [ˌfærɪ'seɪɪk(l)] *adj* pharisäisch; scheinheilig; **Phari·see** ['færɪsi:] Pharisäer *m;* Heuchler *m.*

phar·ma·ceutic(al) [ˌfɑ:mə'sju:tɪk(l)] *adj* pharmazeutisch; **phar·ma·ceutics** [ˌfɑ:mə'sju:tɪks] *pl mit sing* Arzneimittelkunde *f;* **pharmaceutics industry** Pharmaindustrie *f;* **phar·ma·cist** ['fɑ:məsɪst] Apotheker(in) *m (f);* **phar·ma·col·ogy** [ˌfɑ:mə'kɒlədʒɪ] Pharmakologie *f;* **phar·ma·co·poeia** [ˌfɑ:məkə'pi:ə] amtliches Arzneibuch; **phar·macy** ['fɑ:məsɪ] **1.** Pharmazie *f;* **2.** Apotheke *f.*

phar·yn·gi·tis [ˌfærɪn'dʒaɪtɪs] Rachenkatarrh *m;* **phar·ynx** ['færɪŋks] *anat* Rachen *m.*

phase [feɪz] **I** *s* **1.** Phase *f;* Stadium *n;* Abschnitt *m;* **2.** *tech el* Phase *f;* ► **in ~** phasengleich (*with* mit); **she's just going through a ~** das geht wieder vorbei; **II** *tr* **1.** zeitlich staffeln; **2.** stufenweise durchführen; **3.** aufeinander abstimmen; ► **~d traffic lights** grüne Welle; **III** *(mit Präposition)* **phase in** *tr* stufenweise einführen; **phase out** *tr* allmählich abbauen; *(Produktion)* auslaufen lassen.

PhD ['pi:eɪtʃ'di:] *Abk:* **Doktor of Philosophy** **1.** *(Titel)* Doktor *m*, Dr. phil; **2.** Doktorarbeit *f;* ▶ **do one's ~** seinen Doktor machen, promovieren.

pheas·ant ['feznt] Fasan *m*.

phe·nom·enal [fɪ'nɒmɪnl] *adj* außergewöhnlich, außerordentlich, phänomenal; **phe·nom·enon** [fɪ'nɒmɪnən] ⟨*pl* -ena⟩ [—ɪnə] Phänomen *n*.

phew [fju:] *interj* puh! pfui! ach!

phial ['faɪəl] Ampulle *f;* Fläschchen *n*.

phil·an·der [fɪ'lændə(r)] *itr (Mann)* (herum)poussieren, flirten; **phil·an·derer** [fɪ'lændərə(r)] Schürzenjäger *m*.

phil·an·thropic(al) [ˌfɪlən'θrɒpɪk(l)] *adj* philanthropisch; **phil·an·throp·ist** [fɪ'lænθrəpɪst] Philanthrop, Menschenfreund *m;* **phil·an·thropy** [fɪ'lænθrəpɪ] Philanthropie, Menschenliebe *f*.

phil·at·elic [fɪlə'telɪk] *adj* philatelistisch; **phil·at·el·ist** [fɪ'lætəlɪst] Philatelist(in), Briefmarkensammler(in) *m (f);* **phil·at·ely** [fɪ'lætəlɪ] Philatelie *f*, Briefmarkensammeln *n*.

phil·har·monic [ˌfɪlɑ:'mɒnɪk] *adj* philharmonisch; ▶ **~ society** Philharmonie *f*.

phi·lip·pic [fɪ'lɪpɪk] Standpauke *f*.

Phi·lip·pines ['fɪlɪpi:nz] *pl* Philippinen *pl*.

phi·lis·tine ['fɪlɪstaɪn, *Am* 'fɪlɪsti:n] **I** *s* Philister *m; fig* Banause *m;* **II** *adj fig* kulturlos.

philo·logi·cal [ˌfɪlə'lɒdʒɪkl] *adj* philologisch; **phil·ol·ogist** [fɪ'lɒlədʒɪst] Philologe *m*, -login *f;* **phil·ol·ogy** [fɪ'lɒlədʒɪ] Philologie *f*.

phil·os·opher [fɪ'lɒsəfə(r)] Philosoph(in) *m (f);* ▶ **~'s stone** Stein *m* der Weisen; **philo·sophic(al)** [ˌfɪlə'sɒfɪk(l)] *adj* philosophisch; **phil·os·ophize** [fɪ'lɒsəfaɪz] *itr* philosophieren; **phil·os·ophy** [fɪ'lɒsəfɪ] **1.** Philosophie *f;* **2.** *(~ of life)* Lebens-, Weltanschauung *f;* ▶ **natural ~** Naturwissenschaft *f;* **~ of history** Geschichtsphilosophie *f*.

philtre, *Am* **phil·ter** ['fɪltə(r)] Liebestrank *m*.

phle·bi·tis [flɪ'baɪtɪs] Venenentzündung *f*.

phlegm [flem] **1.** *med* Schleim *m;* **2.** Ruhe *f*, Gleichmut *m;* Phlegma *n;* **phleg·matic** [fleg'mætɪk] *adj* phlegmatisch; gleichmütig, unerschütterlich.

pho·bia ['fəʊbɪə] Phobie *f*.

phoe·nix ['fi:nɪks] Phönix *m*.

phon [fɒn] Phon *n*.

phone [fəʊn] **I** *s* Telefon *n;* **II** *itr* telefonieren; **III** *tr* anrufen; **phone·card** ['fɜʊnkɑ:d] Telefonkarte *f;* **phone-in** ['fəʊnɪn] *radio* Hörersendung *f*.

pho·neme ['fəʊni:m] Phonem *n;* **pho·netic** [fə'netɪk] **I** *adj* phonetisch; **II** *s pl mit sing* Phonetik *f;* **pho·neti·cian** [ˌfəʊnɪ'tɪʃn] Phonetiker(in) *m (f)*.

phon·ey, phony ['fəʊnɪ] *adj fam* unecht; faul; falsch; gefälscht; ▶ **~ company** Schwindelfirma *f*.

pho·nic ['fɒnɪk] *adj* lautlich; **pho·no·graph** ['fəʊnəgrɑ:f] *Am* Plattenspieler *m;* **pho·nol·ogy** [fə'nɒlədʒɪ] Phonologie *f*, Lautsystem *n*.

phooey ['fu:ɪ] *interj fam* unmöglich!

phos·phate ['fɒsfeɪt] *chem* Phosphat *n;* ▶ **~-free** phosphatfrei; **containing ~s** phosphathaltig; **phos·pho·res·cence** [ˌfɒsfə'resns] Phosphoreszenz *f;* **phos·pho·res·cent** [ˌfɒsfə'resnt] *adj* phosphoreszierend; **phos·phoric** [fɒs'fɒrɪk] ▶ **~ acid** Phosphorsäure *f;* **phos·phorus** ['fɒsfərəs] Phosphor *m*.

photo ['fəʊtəʊ] ⟨*pl* photos⟩ Foto *n*, Fotografie *f;* **photo·copier** ['fəʊtəʊˌkɒpɪə(r)] Fotokopierapparat, Fotokopierer *m;* **photo·copy** ['fəʊtəʊˌkɒpɪ] **I** *s* Fotokopie *f;* **II** *tr, itr* fotokopieren; **photo·elec·tric** [ˌfəʊtəʊɪ'lektrɪk] *adj* photoelektrisch; ▶ **~ cell** Photozelle *f;* **photo finish** *sport* Fotofinish *n;* **photo·flash** ['fəʊtəʊˌflæʃ] Blitzlicht *n;* **photo·genic** [ˌfəʊtəʊ'dʒenɪk] *adj* fotogen; **photo·graph** ['fəʊtəgrɑ:f, *Am* 'fəʊtəgræf] **I** *s* Fotografie *f;* ▶ **take a ~** e-e Aufnahme machen; **II** *tr* fotografieren; **III** *itr* **1.** fotografieren; **2.** sich fotografieren lassen; **photograph album** Fotoalbum *n;* **photo·grapher** [fə'tɒgrəfə(r)] Fotograf(in) *m (f);* **photo·graphic** [ˌfəʊtə'græfɪk] *adj* fotografisch; ▶ **~ equipment** Fotoausrüstung *f;* **photo·gra·phy** [fə'tɒgrəfɪ] Fotografie *f;* **photo·meter** [fəʊ'tɒmɪtə(r)] Belichtungsmesser *m;* **photo·mon·tage** ['fəʊtəʊmɒn'tɑ:ʒ] Fotomontage *f*.

photon ['fəʊtɒn] Photon *n*.

photo re·porter ['fəʊtəʊrɪˌpɔ:tə(r)] Bildberichterstatter(in) *m (f);* **photo·sen·si·tive** [ˌfəʊtəʊ'sensɪtɪv] *adj* lichtempfindlich; **photo·sen·si·tize** [ˌfəʊtəʊ'sensɪtaɪz] lichtempfindlich machen; **photo·set·ting** ['fəʊtəʊˌsetɪŋ] Filmsatz, Lichtsatz *m;* **photo·stat** ['fəʊtəstæt] *s. photocopy.*

phrase [freɪz] **I** *s* **1.** Ausdruck *m;* Redewendung *f;* **2.** *gram* Satzteil *m;* Wortgruppe *f;* **3.** *mus* Phrase *f;* ▶ **coin a ~** e-n Ausdruck prägen; **turn a ~** e-n klugen Gedanken geschickt ausdrücken; **II** *tr* **1.** in Worte kleiden; zum Ausdruck bringen; **2.** *mus* phrasieren; **phrase-book** ['freɪzbʊk] Sprachführer *m;* **phras·eol·ogy** [ˌfreɪzɪ'ɒlədʒɪ] Ausdrucksweise *f*.

phren·etic [frə'netɪk] *adj* wild, tobend, rasend; fanatisch.

phut [fʌt] *interj* fft! ▶ **go ~** *fam* futsch-, draufgehen, dran glauben müssen.

pH-value [pi:'eɪtʃ'vælju:] pH-Wert *m*.

physi·cal ['fɪzɪkl] **I** *adj* **1.** physisch; **2.**

körperlich; **3.** *(Untersuchung)* ärztlich; **4.** physikalisch; ▶ ~ **condition** Gesundheitszustand *m;* ~ **education** Leibeserziehung *f;* ~ **fitness** Tauglichkeit *f;* ~ **resources** *pl* Sachmittel *n pl;* ~ **science** Naturwissenschaften *f pl;* ~ **training,** *fam* ~ **jerks** *pl* Leibesübungen *f pl;* **II** *s* ärztliche Untersuchung; **physi·cian** [fɪˈzɪʃn] Arzt *m;* **physi·cist** [ˈfɪzɪsɪst] Physiker(in) *m (f);* **phys·ics** [ˈfɪzɪks] *pl mit sing* Physik *f.*

physi·og·nomy [ˌfɪzɪˈɒnəmɪ, *Am* ˌfɪzɪˈɒgnəʊmɪ] Physiognomie *f;* Gesichtszüge *m pl,* -ausdruck *m;* **physi·ol·ogist** [ˌfɪzɪˈɒlədʒɪst] Physiologe *m,* -login *f;* **physi·ol·ogy** [ˌfɪzɪˈɒlədʒɪ] Physiologie *f;* **physio·ther·apist** [ˌfɪzɪəʊˈθerəpɪst] Krankengymnast(in), Physiotherapeut(in) *m (f);* **physio·ther·apy** [ˌfɪzɪəʊˈθerəpɪ] Krankengymnastik, Physiotherapie *f* **phy·sique** [fɪˈziːk] Körperbau *m,* Konstitution *f.*

pia·nist [ˈpɪənɪst] Pianist(in), Klavierspieler(in) *m (f);* **pi·ano** [ˈpjɑːnəʊ] ⟨*pl* -anos⟩ Klavier *n;* ▶ **play (on) the** ~ Klavier spielen; **grand** ~ Flügel *m;* ~ **lesson, teacher** Klavierstunde *f,* -lehrer *m.*

pi·azza [pɪˈætsə] **1.** (großer, viereckiger) Platz *m;* **2.** *Am* Veranda *f.*

pic·ar·esque [ˌpɪkəˈresk] *adj lit* ▶ ~ **novel** Schelmenroman *m.*

pic·ca·lilli [ˌpɪkəˈlɪlɪ] mit scharfen Gewürzen eingemachtes Mischgemüse.

pic·ca·ninny [ˌpɪkəˈnɪnɪ] (Neger)Kind *n.*

pic·colo [ˈpɪkələʊ] ⟨*pl* -coloes⟩ Pikkoloflöte *f.*

pick [pɪk] **I** *tr* **1.** auswählen; *(Mannschaft)* aufstellen; **2.** zupfen an; kratzen an; *(Loch)* bohren; *(mit Schnabel)* (auf)hacken; **3.** *(Naht)* auftrennen; **4.** *(Obst, Blumen)* pflücken; **5.** *(Vogel)* (auf)picken; **6.** *(Schloß)* knacken, mit e-m Dietrich öffnen; **7.** *(Streit)* vom Zaun brechen; ▶ **have a bone to** ~ **with s.o.** mit jdm ein Hühnchen zu rupfen haben; ~ **s.o.'s brains** jdn um Ideen bitten; ~ **holes in s.th.** an etw herumkritteln; *(Theorie)* widerlegen; ~ **one's nose** sich in der Nase bohren; ~ **s.th. to pieces** an etw keinen guten Faden lassen; ~ **pockets** Taschendieb sein; ~ **s.o.'s pockets** jdn bestehlen; ~ **one's teeth** sich in den Zähnen stochern; ~ **one's way, one's steps** vorsichtig gehen, sich durchschlängeln; ~ **one's words** die Worte mit Bedacht wählen; **you do** ~ **them!** *iro* du gerätst auch immer an den Falschen! **II** *itr* **1.** wählen; **2.** *(Gitarre)* zupfen; ▶ ~ **and choose** wählerisch sein; **III** *s* **1.** Picken, Hacken *n;* **2.** Auswahl, Auslese *f;* **3.** ▶ **the** ~ **(of the bunch)** das Beste (von allem); **4.** Spitzhacke, Haue *f;* **5.** Zahnstocher *m;* **6.** *mus* Plektrum *n;* ▶ **have, take one's** ~ seine Wahl treffen; **have first** ~ die erste Wahl haben; **he was our** ~ wir haben ihn gewählt; **IV** *(mit Präposition)* **pick at** *itr* herummeckern an; ▶ ~ **at one's food** im Essen herumstochern; **pick off** *tr* **1.** abpflücken; wegzupfen; **2.** wegnehmen; **3.** abschießen; **pick on** *tr* **1.** aussuchen, auswählen; **2.** herumhacken auf; ▶ **why** ~ **on me?** warum gerade ich? **pick out** *tr* **1.** heraussuchen, (aus)wählen; **2.** *(Schlechtes)* auslesen; **3.** ausmachen; entdecken; ausfindig machen; **4.** *(Farbe)* zur Geltung bringen, absetzen (*with* gegen); **5.** *(Ton)* angeben, -schlagen; **pick over** *tr* (genau) überprüfen; durchsehen; **pick up** *tr* **1.** aufpicken, -heben, -lesen; auf-, mitnehmen *(a. Fahrgäste);* **2.** finden, sammeln, zusammenbringen; **3.** *(billig, teuer)* erstehen; **4.** herausfinden, -bringen, in Erfahrung bringen; verstehen, erfassen; **5.** *(Kenntnisse)* sich aneignen; **6.** *fam* zufällig kennenlernen; *s.o.* jds Bekanntschaft machen; **7.** *(Rundfunksendung)* aufnehmen; *itr* **1.** sich erholen, wieder zu Kräften kommen; **2.** *(Börse)* anziehen; sich befestigen; **3.** *(~ efficiency)* aufholen; **4.** *mot* auf Touren kommen; ▶ ~ **up with s.o.** *fam* mit jdm Freundschaft schließen; ~ **up the bill** die Rechnung bezahlen; ~ **up courage** Mut fassen; ~ **up speed** an Geschwindigkeit gewinnen; **where on earth did you** ~ **her up?** wo hast du denn die aufgelesen? **she ~ed me up for using the wrong word** sie korrigierte meinen Wortfehler.

picka·back [ˈpɪkəbæk] *adv* huckepack; **pick-ax(e)** Spitzhacke *f;* **picker** [ˈpɪkə(r)] Pflücker(in) *m (f).*

picket [ˈpɪkɪt] **I** *s* **1.** Streikposten *m;* **2.** Pflock, (Zaun)Pfahl, Pfosten *m;* **3.** *mil* (Wacht)Posten *m;* **II** *tr* durch Streikposten absperren; **III** *itr* Streikposten aufstellen; als Streikposten stehen; **picket·ing** [—ɪŋ] Streikwache *f;* **picket line** Streikpostenkette *f.*

pick·ings [ˈpɪkɪŋz] *pl* **1.** Abfälle, Reste *m pl,* Überbleibsel *n pl;* **2.** Diebesgut *n;* **3.** Profit, Gewinn *m.*

pickle [ˈpɪkl] **I** *s* **1.** Pökel *m,* (Salz)Lake *f;* Essigsoße *f;* **2.** *fam* unangenehme, peinliche Lage, Verlegenheit *f*; schöne Bescherung; **3.** *pl* eingelegtes Gemüse; Pickles *pl;* ▶ **be in a nice** ~ *fam* ganz schön in der Patsche sitzen; **mixed ~s** *pl* Mixed Pickles *pl;* **II** *tr* (ein-)pökeln, einmachen; in Essig einlegen; **pickled** [pɪkld] *adj* **1.** gepökelt, eingemacht; **2.** *sl* besoffen.

pick·lock [ˈpɪklɒk] **1.** Einbrecher *m;* **2.** Dietrich *m;* **pick-me-up** [ˈpɪkmɪʌp] *fam* **1.** Schnäpschen *n;* **2.** Stärkung *f;* **pick-off** [ˈpɪkɒf] **I** *adj Am* abmontierbar; **II** *s tech* Abgriff *m;* Geber *m;* Fühler *m;* **pick·pocket** [ˈpɪkpɒkɪt] Taschendieb *m;* ▶ **beware of ~s!** vor Taschendieben wird gewarnt! **pick-up** ['pɪkʌp] **1.** *(Plattenspieler)* Tonabnehmer *m;* **2.** kleiner Lieferwagen; **3.** Beschleunigung(svermögen *n) f;* **4.** *fam (Vorgang)* Anmache *f; (Person)* Gelegenheitsbekanntschaft *f;* **5.** Verbesserung *f;* **6.** *Am sl* Verhaftung *f;* **7.** Abholen *n;* Treffpunkt *m;* ▶ **~ point** Treffpunkt *m;* Haltestelle *f;* **picky** ['pɪkɪ] *adj* wählerisch.

pic·nic ['pɪknɪk] ⟨*ppr* -nicking, *pp* -nicked⟩ **I** *s* Picknick *n;* ▶ **it's no ~ to do that** *fig* es ist keine Kleinigkeit, das zu tun; **II** *itr* ein Picknick veranstalten; picknicken; **pic·nicker** ['pɪknɪkə(r)] Teilnehmer(in) *m (f)* an einem Picknick.

picto·gram ['pɪktəgræm] Piktogramm *n.*

pic·tor·ial [pɪk'tɔ:rɪəl] **I** *adj* **1.** bildlich, illustriert; **2.** bildhaft; **II** *s* Illustrierte *f.*

pic·ture ['pɪktʃə(r)] **I** *s* **1.** Bild *n;* Gemälde *n;* **2.** Abbildung *f;* **3.** *phot* Aufnahme *f;* **4.** Film *m;* **5.** *fig* Ab-, Ebenbild *n,* Verkörperung *f;* **6.** Vorstellung *f;* Darstellung, Beschreibung, Schilderung *f;* Wiedergabe *f;* **7.** *fam (a ~)* etw Bildschönes; **8.** *pl Br* Kino *n;* ▶ **as pretty as a ~** bildschön; **be in the ~** im Bilde sein; **be out of the ~** nicht mehr auf dem laufenden sein; **not to come into the ~** außer Betracht bleiben; **go to the ~s** *Br* ins Kino gehen; **look the ~ of health** wie das blühende Leben aussehen; **put s.o. in the ~** jdn ins Bild setzen; **take a ~ of** fotografieren, aufnehmen; **get the ~?** (haben Sie) verstanden? **II** *tr* **1.** abbilden, malen, zeichnen; **2.** *fig* schildern, beschreiben; **3.** sich vorstellen, sich e-n Begriff machen von; **picture-book** Bilderbuch *n;* Bildband *m;* **picture-frame** Bilderrahmen *m;* **picture-gallery** Gemäldegalerie *f;* **pic·ture-goer** ['pɪktʃəˌgəʊə(r)] Kinobesucher(in) *m (f);* **picture postcard** Ansichtskarte *f;* **picture puzzle** Bilderrätsel *n;* **picture show** Film(vorführung *f) m;* Kino *n.*

pic·tur·esque [ˌpɪktʃə'resk] *adj* malerisch.

pic·ture tube ['pɪktʃəˌtju:b] *TV* Bildröhre *f;* **picture window** Panoramafenster *n.*

piddle ['pɪdl] *itr fam* pinkeln; ▶ **~ around** herumhängen, herummachen; **pid·dling** ['pɪdlɪŋ] *adj fam* unbedeutend.

pidgin Eng·lish ['pɪdʒɪn 'ɪŋglɪʃ] Pidgin-Englis(c)h *n.*

pie [paɪ] **1.** Pastete *f;* **2.** Obstkuchen *m;* **3.** *Am* Protektion *f;* ▶ **as easy as ~** *fam* kinderleicht; **as sweet as ~** unheimlich freundlich; **eat humble ~** klein beigeben; **have a finger in the ~** *fig* die Hand im Spiel haben; **apple-~** Apfelkuchen *m;* **meat ~** Fleischpastete *f;* **~ in the sky** Luftschlösser *n pl.*

pie·bald ['paɪbɔ:ld] *adj* bunt, (bunt)scheckig, gescheckt.

piece [pi:s] **I** *s* **1.** Stück *n;* **2.** Bruchstück *n;* Abschnitt *m;* Stelle *f (in e-m Buch);* **3.** Einzelteil, -stück *n (e-s Services, Satzes);* **4.** *(~ of money)* Geldstück *n,* Münze *f;* **5.** *(Brettspiel)* Stein *m; (Schach)* Figur *f;* **6.** (Musik-, Theater)Stück *n;* **7.** *(~ in the paper)* Zeitungsartikel *m;* ▶ **a nasty ~ of work** *fam* eine üble Person; **a nice ~** ein tolles Weib; **by the ~** stückweise; im Akkord; **~ by ~** Stück für Stück; **in ~s** entzwei, *fam* kaputt; **in one ~** *fam* unbeschädigt; *(Person)* unverletzt; **of 20 ~s** *(Service)* 20teilig; **of a, of one ~** aus e-m Stück, einheitlich; übereinstimmend (*with* mit); **to ~s** in Stücke; kaputt; **be all of a ~** *fam* vom selben Kaliber sein; **fall to ~s** auseinanderfallen; **give s.o. a ~ of one's mind** *fam* jdm gehörig die Meinung sagen; **go to ~s** zerbrechen; *fig fam* vor die Hunde gehen; durchdrehen; **pull to ~s** *(Argument)* zerpflükken; *(Person)* bekritteln; **say one's ~** seine Meinung sagen; **take to ~s** zerlegen, auseinandernehmen; *(Kleid)* auftrennen; **tear to ~s** zerreißen, zerpflükken *a. fig;* **a ~ of advice** ein Rat *m;* **a ~ of cake** *fam* ein Kinderspiel *n;* **~ of evidence** Beweisstück *n;* Beleg *m;* **a ~ of land** ein Grundstück; **a ~ of music** ein Musikstück; **a ~ of news** e-e Neuigkeit; **a fine ~ of work** e-e saubere Arbeit; **II** *(mit Präposition)* **piece together** *tr* zusammenstückeln; *fig* sich zusammenreimen; *(Beweise)* zusammenfügen; **piece cost** Stückkosten *pl;* **piece·meal** ['pi:smi:l] **I** *adv* **1.** stückweise; Stück für Stück, nach u. nach; **2.** kunterbunt durcheinander; **II** *adj* **1.** nach u. nach erfolgend; **2.** stückweise; **3.** planlos, ohne Methode; **piece number** Stückzahl *f;* **piece-price** Stückpreis *m;* **piece-rate** Akkordsatz *m;* **piece-work** Stück-, Akkordarbeit *f;* ▶ **do ~** im Akkord arbeiten; **piece-worker** Akkordarbeiter(in) *m (f).*

pied [paɪd] *adj* gescheckt, fleckig; ▶ **the P~ Piper (of Hamelin)** der Rattenfänger von Hameln.

pie-eyed ['paɪ'aɪd] *adj sl* besoffen.

pier [pɪə(r)] **1.** Brückenpfeiler *m;* **2.** Landungsbrücke *f,* Landesteg *m;* Pier *m.*

pierce [pɪəs] *tr* **1.** eindringen in; **2.** durchbohren; **3.** *(Schall, Licht)* durchdringen; **4.** brechen durch, dringen durch; **5.** *fig* durchdringen; **pierc·ing** [—ɪŋ] *adj* **1.** durchdringend, schneidend, scharf; **2.** *(Schrei)* gellend.

pietà [ˌpi:e'tɑ:] *(Kunst)* Pietà, Schmerzensmutter *f.*

piety ['paɪətɪ] **1.** Frömmigkeit *f;* **2.** Ehrfurcht *f* (*to* vor).

piffle ['pɪfl] *fam* Quatsch *m;* **pif·fling** ['pɪflɪŋ] *adj fam* lächerlich.

pig [pɪg] **1.** Schwein *n;* **2.** *fam pej* (Dreck)Schwein *n;* **3.** *tech* Massel *f,* Roheisen(barren *m*) *n;* **4.** *sl* Polizist, Bulle *m;* ► **buy a ~ in a poke** *fig* die Katze im Sack kaufen; **make a ~ of o.s.** zuviel essen; **~s might fly** es geschehen noch Wunder; **sucking ~** Spanferkel *n.*

pigeon ['pɪdʒɪn] *zoo (Vogel)* Taube *f;* ► **that's your ~** *fam* das ist Ihre Angelegenheit; **set, put the cat among the ~s** *fig* Aufregung verursachen; **carrier, homing ~** Brieftaube *f;* **pigeon fancier** Taubenzüchter *m;* **pigeon·hole** ['pɪdʒɪnhəʊl] **I** *s* (Ablege)Fach *n;* **II** *tr* **1.** *(Papiere)* ablegen, einordnen; **2.** klassifizieren; **pigeon-toed** ['pɪdʒɪntəʊd] *adj* mit einwärtsgekehrten Zehen.

pig·gery ['pɪgərɪ] **1.** Schweinezüchterei *f;* **2.** *fam* Völlerei *f;* **pig·gish** ['pɪgɪʃ] *adj* **1.** schweinisch, säuisch; **2.** gierig; **piggy** ['pɪgɪ] **I** *s* Schweinchen *n;* **II** *adj fam* gierig; gefräßig; **piggy-back** ['pɪgɪ bæk] *adv* huckepack; **piggy bank** Sparschweinchen *n;* **pig-headed** [ˌpɪg'hedɪd] *adj* verbohrt, halsstarrig; **pig iron** Roheisen *n;* **pig·let** ['pɪglɪt] Ferkel, Schweinchen *n.*

pig·ment ['pɪgmənt] Pigment *n;* **pig·men·ta·tion** [ˌpɪgmen'teɪʃn] *biol med* Pigmentierung *f.*

pigmy ['pɪgmɪ] *s. pygmy.*

pig·skin ['pɪgskɪn] Schweinsleder *n;* **pig·sty** ['pɪgstaɪ] **1.** Schweinestall *m;* **2.** *fig pej* Schweine-, Saustall *m;* **pig·swill** ['pɪgswɪl] **1.** Schweinefutter *n;* **2.** *(Suppe, Kaffee)* Spülwasser *n;* *(Essen)* Schweinefraß *m;* **pig·tail** ['pɪgteɪl] Zopf *m.*

pike¹ [paɪk] Spieß *m.*

pike² [paɪk] *zoo* Hecht *m.*

pike³ [paɪk] *(turn~)* Zollschranke *f,* Schlagbaum *m;* Mautstraße *f.*

pike·staff ['paɪkstɑ:f] : ► **as plain as a ~** sonnenklar.

pi·las·ter [pɪ'læstə(r)] *arch* Pilaster *m.*

pil·chard ['pɪltʃəd] *zoo* Sardine *f.*

pile¹ [paɪl] Pfosten, Pfahl *m.*

pile² [paɪl] **I** *s* **1.** Haufen, Stoß, Stapel *m;* **2.** *(funeral ~)* Scheiterhaufen *m;* **3.** *fam* (großer) Haufen *m,* Menge, Masse *f;* **4.** *sl (~ of money)* Haufen *m* Geld; Riesenvermögen *n;* **5.** *(atomic ~)* Kernreaktor *m;* ► **put in a ~** stapeln; auf einen Haufen legen; **~s of food** eine Menge Essen; **make a ~** ein Vermögen machen; **II** *tr* stapeln; **III** *(mit Präposition)* **pile in** *itr (Menschen)* hereinströmen; hineindrängen; **pile off** *itr* hinausdrängen; **pile on** *tr* aufhäufen; ► **~ it on** dick auftragen; **pile up** *itr* **1.** sich anhäufen; sich stapeln; *(Verkehr)* sich stauen; *(Schnee, Arbeit)* sich türmen; *(Wolken)* sich zusammenballen; **2.** *(Autos)* aufeinander auffahren; *tr* **1.** aufhäufen; stapeln; *(Geld)* horten; *(Schulden)* anhäufen; *(Beweise)* zusammensammeln; **2.** *fam (Auto)* kaputtfahren.

pile³ [paɪl] *(Textil)* **1.** Noppe(nfläche) *f;* **2.** Flor-, Haardecke *f.*

pile-driver ['paɪlˌdraɪvə(r)] Pfahlramme *f.*

piles [paɪlz] *pl med* Hämorrhoiden *f pl.*

pile-up ['paɪlʌp] Massensturz *m,* -karambolage *f.*

pil·fer ['pɪlfə(r)] *tr, itr* stehlen, *fam* stibitzen; **pil·ferer** ['pɪlfərə(r)] (kleiner) Dieb *m;* **pil·fer·ing** ['pɪlfərɪŋ] Diebstahl *m.*

pil·grim ['pɪlgrɪm] Pilger(in) *m (f);* ► **the P~ Fathers** *pl hist* die Pilgerväter *m pl;* **pil·grim·age** ['pɪlgrɪmɪdʒ] Pilger-, Wallfahrt *f* (*to* nach); ► **go on a ~** auf Pilgerfahrt gehen.

pill [pɪl] **1.** Pille, Tablette *f;* **2.** *sl sport* Ball *m;* ► **go, be on the ~** *fam* die Pille nehmen.

pil·lage ['pɪlɪdʒ] **I** *s* Plünderung *f;* **II** *tr, itr* plündern.

pil·lar ['pɪlə(r)] Säule *f a. fig;* ► **from ~ to post** *fig* von Pontius zu Pilatus; **pil·lar-box** *Br* Briefkasten *m.*

pill·box ['pɪlbɒks] Pillenschachtel *f.*

pil·lion ['pɪlɪən] *mot* Soziussitz, *fam* Sozius *m;* ► **ride ~** auf dem Sozius mitfahren; **pillion passenger** *(Motorrad)* Beifahrer(in) *m (f).*

pil·lory ['pɪlərɪ] **I** *s* Pranger *m;* **II** *tr* an den Pranger stellen; *fig* anprangern.

pil·low ['pɪləʊ] **I** *s* Kopfkissen *n;* **II** *tr* betten; **pillow-case, pillow-slip** Kopfkissenbezug, -überzug *m.*

pi·lot ['paɪlət] **I** *s* **1.** *mar* Lotse *m;* **2.** *aero* Pilot(in), Flugzeugführer(in) *m (f);* **3.** *tech* Steuergerät *n;* *(~ light)* Zündflamme *f;* **4.** *radio* Probesendung *f;* **5.** *Am* Schienenräumer *m;* **II** *tr* **1.** *(Schiff)* lotsen; **2.** *(Flugzeug)* fliegen; **3.** *fig* führen, lenken; durchbringen; **pilot boat** Lotsenboot *n;* **pilot fish** Lotsen-, Pilotfisch *m;* **pilot instructor** Fluglehrer(in) *m (f);* **pilot lamp** Kontroll-, Signal-, Warnlampe *f;* **pi·lot·less** [—lɪs] *adj* führerlos, unbemannt; **pilot light** Zündflamme *f;* Sparflamme *f;* **pilot plant** Versuchsanlage *f;* **pilot scheme** Pilotprojekt *n;* **pilot's licence** Flugschein *m;* **pilot study** Pilotstudie *f;* **pilot survey** Probeerhebung *f.*

pi·mento [pɪ'mentəʊ] ⟨*pl* -mentos⟩ **1.** Piment *n,* Nelkenpfeffer *m;* Pimentbaum *m;* **2.** Paprikaschote *f.*

pimp [pɪmp] **I** *s* Zuhälter *m;* **II** *itr* Zuhälter sein.

pimple ['pɪmpl] Pickel *m,* Pustel *f;* **pim·ply** ['pɪmplɪ] *adj (Haut)* unrein.

pin [pɪn] **I** *s* **1.** (Steck)Nadel *f;* **2.** Anstecknadel, Brosche *f;* **3.** *tech* Stift, Dorn, Bolzen *m;* (Reiß)Zwecke *f;* **4.** *(Gitarre)* Wirbel *m;* **5.** *el* Pol *m;* **6.** *pl* *fam* Beine *n pl;* ► **for two ~s** beinahe; es hat wenig gefehlt (und); **I have (got) ~s and needles in my feet** mir sind die Füße eingeschlafen; **I don't care a ~** das ist mir (ganz) egal; **neat as a new ~** blitzsauber; **clothes-~** *Am* Wäscheklammer *f;* **drawing ~** Reißnagel *m;* **hair-~** Haarnadel *f;* **hat-~** Hutnadel *f;* **nine~s** Kegelspiel *n;* **safety ~** Sicherheitsnadel *f;* **scarf-, tie-~** Krawattennadel *f;* **II** *tr* **1.** *(Kleid)* stecken; **2.** festmachen, anstecken, (an)heften (*to* an); **3.** *fig* drücken; klemmen (*to, against* gegen); **4.** *fam (Schuld, Mord)* anhängen (*on s.o.* jdm); ► **get ~ned** *Am fam* sich verloben; **~ one's hopes on** seine Hoffnung setzen auf; **~ back one's ears** die Ohren spitzen; **III** *(mit Präposition)* **pin down** *tr* **1.** anheften, festheften; **2.** beschweren; **3.** einklemmen, festklemmen; **4.** *fig* festnageln, festlegen (*s.o. to s.th.* jdn auf etw); **pin together** *tr* zusammenheften; **pin up** *tr* anheften; *(Haare)* hochstekken; *(Rock, Kleid)* stecken.

pina·fore ['pɪnəfɔ:(r)] Kinder-, Kittelschürze *f;* Schürzenkleid *n.*

pin·ball ma·chine ['pɪnbɔ:lmə'ʃi:n] Flipper *m.*

pin·cers ['pɪnsəz] *pl* **1.** (Kneif-, Beiß)Zange *f;* **2.** *zoo* (Krebs)Schere *f.*

pinch [pɪntʃ] **I** *tr* **1.** kneifen, zwicken; **2.** *(Schuh, Kleidung)* zu eng sein (*s.o.* jdm), drücken; **3.** *fig* bedrücken, beklemmen; **4.** darben lassen, kurz halten; **5.** *sl* klauen, stibitzen; **6.** *sl* einsperren; **II** *itr* **1.** drücken, kneifen; **2.** sich einschränken; **III** *s* **1.** Kneifen *n;* **2.** Prise *f;* **3.** *fig* Klemme, Schwierigkeit *f;* ► **at,** *Am* **in a ~** zur Not; **feel the ~** Not leiden; **if it comes to the ~** notfalls; **a ~ of salt** e-e Prise Salz.

pinch·beck ['pɪntʃbek] **I** *adj* unecht; billig, minderwertig; **II** *s* **1.** Tombak *m;* **2.** *fig* Talmi *n;* Plunder *m.*

pinched ['pɪntʃt] *adj* **1.** verhärmt; **2.** verfroren; **3.** erschöpft; ► **be ~ for money** knapp bei Kasse sein; **we're rather ~ for space** wir haben wenig Platz; **pinch-hit** *itr Am* einspringen (*for s.o.* für jdn); **pinch-hitter** *Am* Ersatz(mann) *m.*

pin·cushion ['pɪn,kʊʃn] Nadelkissen *n.*

pine¹ [paɪn] **1.** Kiefer, Föhre *f;* **2.** *(stone ~)* Pinie *f.*

pine² [paɪn] *itr (~ away)* umkommen (*with hunger* vor Hunger); vergehen (*with grief* vor Kummer); schmachten, vergehen vor Sehnsucht, sich sehnen (*for, after* nach).

pin·eal ['paɪnɪəl] *adj:* ► **~ gland** *anat* Zirbeldrüse *f.*

pine·apple ['paɪnæpl] Ananas *f.*

pine-cone ['paɪnkəʊn] Kiefern-, Fichtenzapfen *m;* **pine-grove** Pinien-, Fichtenwäldchen *n;* **pine-needle** Kiefern-, Fichtennadel *f;* **pine-wood** Kiefernwald *m;* Kiefernholz *n.*

ping [pɪŋ] **I** *s* **1.** Schwirren, Pfeifen *n (e-r Kugel);* **2.** *(Glocke)* Klingeln *n;* **II** *itr* **1.** *(Kugel)* pfeifen; sausen, schwirren; **2.** *(Glocke)* klingeln.

ping·pong ['pɪŋpɒŋ] *fam* Tischtennis *n.*

pin·head ['pɪnhed] **1.** Stecknadelkopf *m;* **2.** *fam* Dummkopf *m.*

pin·ion¹ ['pɪnɪən] **I** *s* **1.** *zoo* Flügelspitze *f;* **2.** *(poetisch)* Flügel *m,* Schwinge *f;* **II** *tr* fesseln, drücken (*to* an).

pin·ion² ['pɪnɪən] *tech mot* Ritzel *n.*

pink¹ [pɪŋk] **I** *s* **1.** *bot* Nelke *f;* **2.** *(Farbe)* Rosa *n;* **3.** *fig* (das) Beste, (die) Spitze, (der) Gipfel; ► **be in the ~** *fam* in bester Verfassung, in Form sein; **II** *adj* **1.** rosa; rosig; **2.** *pol* rot angehaucht.

pink² [pɪŋk] *tr* **1.** mit der Zickzackschere schneiden; **2.** streifen.

pink³ *itr mot* klopfen.

pinkie, pinky ['pɪŋkɪ] *(schottisch, Am)* kleiner Finger.

pink·ing shears ['pɪŋkɪŋ,ʃɪəz] *pl* Zickzackschere *f.*

pinko ['pɪŋkəʊ] ‹*pl* pinkos› *fam* rosarot Angehauchte(r) *f m.*

pin·nace ['pɪnɪs] *mar* Pinasse *f.*

pin·nacle ['pɪnəkl] **1.** *arch* Fiale *f;* **2.** Bergspitze *f;* **3.** *fig* Gipfel, Höhepunkt *m.*

pin-point ['pɪnpɔɪnt] **I** *s* Punkt *m;* ► **a ~ of light** ein Lichtpunkt *m;* **II** *tr* **1.** *(Ziel)* markieren; genau treffen; **2.** *fig* genau festlegen; **pin-prick** **1.** Nadelstich *m;* **2.** *fig* Kleinigkeit *f;* **pin-stripe** *(Textil)* Nadelstreifen *m;* Nadelstreifenanzug *m.*

pint [paɪnt] Pint *n (Br 0,568 l, Am 0,473 l);* **pinta** ['paɪntə] *fam* (ein) halber Liter Milch; **pint-sized** ['paɪntsaɪzd] *adj* klein, unbedeutend.

pin-up ['pɪnʌp] Pin-up-Foto *n;* Pin-up-Girl *n;* **pin-wheel** **1.** *Am (Spielzeug)* Windrädchen *n;* **2.** Feuerrad *n.*

pion·eer [,paɪə'nɪə(r)] **I** *s* **1.** *mil* Pionier *m a. fig;* **2.** *fig* Vorkämpfer(in), Bahnbrecher(in) *m (f);* **II** *itr fig* Pionierarbeit leisten; den Weg bahnen; **III** *tr* **1.** *(e-n Weg)* vorbereiten; **2.** *fig* Pionierarbeit leisten für; **pioneer work** Pionierarbeit *f.*

pious ['paɪəs] *adj* fromm, gottesfürchtig; ► **~ hope** frommer Wunsch; **~ words** fromme Sprüche.

pip¹ [pɪp] **I** *s* **1.** (Obst)Kern *m;* **2.** *(Spielkarten, Würfel, Dominosteine)* Auge *n;* **3.** *mil sl* Stern *m (Rangabzeichen).*

pip² [pɪp] *(Tierkrankheit)* Pips *m;* ► **that gives me the ~** das macht mich verrückt.

pip³ [pɪp] **I** *s* **1.** Piepen *n,* Piepton *m;* **2.** *radio* Kurzton *m;* **3.** *(Radar)* Echoanzeige *f;* ► **the ~s** *pl* das Zeitzeichen; *(Telefon)* das Tuten; **II** *tr* schlagen, besiegen; ► **be ~ped at the post** kurz vor

Schluß besiegt werden.

pipe [paɪp] **I** *s* **1.** Pfeife *f;* **2.** Flöte *f;* Orgel-, Signalpfeife *f;* **3.** Rohr *n;* Röhre *f;* Leitung *f;* ► **~s** *pl mus* Dudelsack *m;* **~s** *pl* **of Pan** Panflöte *f;* **wind-~** Luftröhre *f;* **~ of peace** Friedenspfeife *f;* **put that in your ~ and smoke it** das kannst du dir hinter den Spiegel stecken; **II** *itr* **1.** flöten; pfeifen; **2.** piepsen; **III** *tr* **1.** *(Lied)* flöten; pfeifen; piepsen; **2.** *mar* pfeifen; **3.** mit Röhren versehen; **4.** durch ein Rohr leiten; *radio* ausstrahlen; **5.** *(Nähen)* paspelieren; **6.** *(Torte)* spritzen; **IV** *(mit Präposition)* **pipe down** *tr mar* das Schlußsignal geben für; *itr sl* das Maul halten; kleinlaut werden; **pipe up** *itr* loslegen, anfangen zu sprechen; sich bemerkbar machen.

pipe-cleaner ['paɪpkli:nə(r)] Pfeifenreiniger *m;* **pipe dream** *fam* Wunschtraum *m;* Luftschloß *n;* **pipe-fitter** ['paɪpfɪtə(r)] Klempner, Rohrleger *m;* **pipe·line** ['paɪplaɪn] Pipeline, Rohrleitung *f;* ► **in the ~** in Vorbereitung; **piper** ['paɪpə(r)] Flötenspieler(in) *m (f);* Pfeifer(in) *m (f);* Dudelsackbläser(in) *m (f);* ► **pay the ~** *fig* bezahlen.

pip·ing ['paɪpɪŋ] **I** *adj* schrill, piepsend; ► **~ hot** siedend heiß; **II** *s* **1.** Pfeifen *n;* Flötenspiel *n;* Dudelsackpfeifen *n;* **2.** Rohrnetz *n,* -leitung *f;* **3.** *(Konditorei)* Zuckerguß(verzierung *f*) *m;* **4.** *(Schneiderei)* Biese, Paspelierung *f.*

pip·squeak ['pɪpskwi:k] eingebildeter Lackel; Knirps *m.*

pi·quant ['pi:kənt] *adj* pikant *a. fig.*

pique [pi:k] **I** *s* (heimlicher) Groll *m;* ► **in a fit of ~** in e-m Anfall von Ärger; **II** *tr* kränken; ► **be ~d at s.o.** über jdn pikiert sein; **~ o.s. on s.th.** sich viel auf etw einbilden.

pi·racy ['paɪərəsɪ] **1.** Piraterie, Seeräuberei *f;* **2.** *fig* Raubdruck *m;* Raubpressung *f;* **pi·rate** ['paɪərət] **I** *s* **1.** Seeräuber, Pirat *m;* **2.** Piratenschiff *n;* **3.** *(~ cab)* nicht konzessioniertes Taxi; **4.** *(~ radio)* Piratensender *m;* **II** *tr* **1.** (unberechtigt) nachdrucken; **2.** *(Idee)* stehlen; ► **~d version of a record** Raubpressung *f;* **~ radio** Piratensender *m.*

pir·ou·ette [ˌpɪrʊ'et] Pirouette *f.*

Pis·ces ['pɑɪsi:z] *pl astr* Fische *m pl.*

piss [pɪs] *vulg* **I** *itr, tr* **1.** pissen; **2.** *(~ down) sl* in Strömen regnen; ► **~ off!** hau ab! **be ~ed off** die Schnauze voll haben; **II** *s* Pisse *f,* Urin *m;* ► **take the ~ out of s.o.** jdn verarschen; **pissed** [pɪst] *adj sl* besoffen, blau, voll.

pis·ta·chio [pɪ'stɑ:ʃɪəʊ] ⟨*pl* -chios⟩ Pistazie(nnuß) *f.*

pis·til ['pɪstl] *bot* Stempel *m.*

pis·tol ['pɪstl] Pistole *f (Waffe);* **pistol shot** Pistolenschuß *m.*

pis·ton ['pɪstən] *tech* Kolben *m;* **piston-engine** Kolbenmotor *m;* **piston ring** Kolbenring *m;* **piston-stroke** Kolbenhub *m.*

pit¹ [pɪt] **I** *s* **1.** Grube *f,* (Erd)Loch *n,* Mulde *f;* **2.** (Kohlen)Grube, Zeche *f;* Steinbruch *m;* **3.** Fallgrube *f;* **4.** *(working ~)* Arbeitsgrube *f;* **5.** *(Autorennen)* Box *f;* **6.** *(Leichtathletik)* Sprunggrube *f;* **7.** *fig* Abgrund *m,* Tiefe *f;* **8.** (Bären)Zwinger *m;* **9.** *theat Br* Parkett *n;* Orchesterraum, -graben *m;* **10.** *Am* Maklerstand *m (Börse);* **11.** *med (~ of one's stomach)* (Magen)Grube *f;* **12.** (Pocken)Narbe *f;* **II** *tr* **1.** *tech* anfressen, angreifen; **2.** ausspielen (*against* gegen); **3.** einander gegenüberstellen; ► **~ o.s. against** sich messen mit; **be ~ted** mit Vertiefungen, Narben versehen sein.

pit² [pɪt] *Am* **I** *s* Stein *m (e-r Steinfrucht);* **II** *tr (Frucht)* entsteinen.

pit-a-pat [ˌpɪtə'pæt] **I** *adv (Schritte)* klippklapp; *(Herz)* poch, poch; ► **go ~** schnell schlagen; trappeln; **II** *s* Ticktack, Klippklapp *n.*

pitch¹ [pɪtʃ] **I** *tr* **1.** *(Lager)* errichten, aufstellen; *(Zelt)* aufschlagen; **2.** werfen, schleudern; *(Heu)* aufladen; **3.** *mus (Ton)* angeben; *(Instrument)* stimmen; *(Lied)* anstimmen; **4.** *fig (Erwartungen)* hochschrauben; **II** *itr* **1.** der Länge nach hinfallen, hinschlagen; **2.** *(Schiff)* stampfen; **3.** *aero* absacken; sich neigen; **III** *s* **1.** Wurf, Stoß *m;* **2.** *mus* Tonhöhe *f;* **3.** *fig* Höhe *f,* Grad *m;* **4.** Neigung(swinkel *m*) *f;* (Dach)Schräge *f;* **5.** *tech* Steigung, Ganghöhe *f;* **6.** *(Schiff)* Stampfen *n;* **7.** Stand(platz) *m (e-s Straßenhändlers);* **8.** *(Kricket)* (Mittel)Feld *n;* **9.** *fam* Gerede *n;* Verkaufsmasche *f;* ► **be at a high ~ of excitement** sehr erregt sein; **have a clever sales ~** die Ware gut anpreisen können; **queer s.o.'s ~** jdm ins Gehege kommen; **perfect ~** absolutes Gehör; **at its highest ~** *fig* auf dem Höhepunkt; **~ of excitement** Grad *m* der Erregung; **what's the ~?** *Am sl* was läuft? **IV** *(mit Präposition)* **pitch in** *tr* hineinwerfen; *itr fam* einspringen; ► **~ in together** zusammenhelfen; **pitch into** *tr* herfallen über; **pitch on** *tr* auswählen; **pitch out** *tr* hinauswerfen; wegwerfen.

pitch² [pɪtʃ] Pech *n;* ► **as black as ~** pechschwarz; **pitch-black** *adj* pechschwarz; **pitch-blende** ['pɪtʃblend] Pechblende *f;* **pitch-dark** *adj* stockfinster.

pitched [pɪtʃt] *adj:* ► **~ battle** offener Kampf.

pitcher¹ ['pɪtʃə(r)] Werfer *m.*

pitcher² ['pɪtʃə(r)] Kanne *f,* Krug *m.*

pitch·fork ['pɪtʃfɔ:k] **I** *s* Heu-, Mistgabel *f;* **II** *tr* **1.** mit der Heugabel wenden; **2.** *fig (Menschen)* plötzlich versetzen (*into a position* in e-e Lage); hineinlancieren (*into a job* in e-e Stellung).

pitch pine ['pɪtʃpaɪn] *bot* Pitchpine,

Pechkiefer *f.*

pit·eous ['pɪtɪəs] *adj* kläglich, jämmerlich.

pit·fall ['pɪtfɔːl] Falle *f.*

pith [pɪθ] **1.** *bot zoo* Mark *n a. fig;* **2.** *(Orange)* weiße Haut; **3.** *fig* Kern *m,* Substanz, Quintessenz *f;* **4.** Bedeutung *f.*

pit-head ['pɪtˌhed] *min* **1.** Schachteingang *m;* **2.** Grubenhalde *f.*

pith hel·met ['pɪθˌhelmɪt] Tropenhelm *m.*

pithy ['pɪθɪ] *adj* **1.** markig; **2.** *fig (Stil)* gedrängt; inhaltsreich, gehaltvoll.

piti·able ['pɪtɪəbl] *adj* **1.** bemitleidenswert; **2.** erbärmlich, jämmerlich; **piti·ful** ['pɪtɪfl] *adj* **1.** bemitleidens-, bejammernswert; **2.** erbärmlich, jämmerlich; **piti·less** ['pɪtɪlɪs] *adj* **1.** mitleids-, erbarmungslos; **2.** unbarmherzig.

pit·tance ['pɪtns] kleiner Betrag; Hungerlohn *m.*

pi·tu·itary [pɪ'tjuːɪtərɪ] *adj anat:* ▶ **~ gland** Hypophyse *f.*

pity ['pɪtɪ] **I** *s* Mitleid *n;* ▶ **in ~ of, out of ~** aus Mitleid; **have, take ~ on** Mitleid haben mit; **what a ~!** wie schade! **it's a ~ that** es ist schade, daß; **the ~ is that** es ist ein Jammer, daß; **for ~'s sake!** um Himmels willen! **more's the ~** *fam* leider; **II** *tr* bemitleiden, bedauern; ▶ **I ~ you** Sie tun mir leid; **pity·ing** [—ɪŋ] *adj* mitleidig; verächtlich.

pivot ['pɪvət] **I** *s* **1.** Drehpunkt *m;* **2.** *tech* Drehzapfen *m;* **3.** *mil* Flügelmann *m;* **4.** *fig* Angelpunkt *m;* Schlüsselfigur *f;* **II** *tr* drehbar lagern; schwenken; **III** *itr* **1.** drehbar gelagert sein (*on* auf); **2.** sich drehen (*on, upon* um) *a. fig.*

pixel [pɪksl] *EDV* Pixel *n,* Bildpunkt *m.*

pixie, pixy ['pɪksɪ] Elf(e *f*) *m.*

pixi·lated ['pɪksɪleɪtɪd] *adj* **1.** *fam* durchgedreht, durcheinander; **2.** *sl* besoffen, blau.

pizza ['piːtsə] Pizza *f.*

plac·ard ['plækɑːd] **I** *s* Plakat *n,* Anschlag(zettel) *m;* Transparent *n;* **II** *tr* **1.** mit Plakaten bekleben; **2.** anschlagen, plakatieren; **3.** durch Anschlag bekanntmachen (*on* auf).

pla·cate [plə'keɪt, *Am* 'pleɪkeɪt] *tr* besänftigen, beruhigen, beschwichtigen; **pla·ca·tory** [plə'keɪtərɪ] *adj* besänftigend.

place [pleɪs] **I** *s* **1.** Platz, Ort *m,* Stelle *f;* **2.** *geog* Ort *m;* **3.** Stätte *f,* Ort *m;* **4.** (Sitz-, Theater)Platz *m;* **5.** (Buch)Stelle *f;* **6.** *fig* Stelle *f,* Platz *m (in e-r Ordnung, Reihenfolge);* **7.** Stelle, (An)Stellung *f (im Beruf);* **8.** Stand, Rang *m;* Amt *n; fig* Aufgabe *f;* Pflicht *f;* **9.** Gegend *f;* Land *n;* Gebäude *n;* Ort *m;* **10.** Haus *n;* Wohnung *f;* **11.** *math* Stelle *f;* **12.** *sport* Platz *m;* ▶ **all over the ~** überall, an allen Orten; **any ~** *Am fam* irgendwo; **at my ~** bei mir; **at this ~** hier; *com* am hiesigen Platz; **every ~** *Am fam* überall; **from ~ to ~** von Ort zu Ort; **from this ~** ab hier; **go ~s** *(beruflich)* seinen/ihren Weg machen; **in ~** an Ort u. Stelle; in Ordnung, angebracht, angemessen; **in ~ of s.o.** an jds Stelle; (stellvertretend) für jdn; **in all ~s** überall; **in my ~** an meiner Stelle, in meiner Lage; **in the first ~** in erster Linie; **no ~** *Am fam* nirgendwo; **out of ~** nicht am (rechten) Platz, fehl am Platz; unangebracht; außer Dienst; stellenlos; **some ~** *fam* irgendwo; **be s.o.'s ~ to do s.th.** jds Sache, Aufgabe sein, etw zu tun; **make ~** Platz machen (*to* für); **hold a ~** e-e Stellung bekleiden; **keep one's ~** seine Stellung behaupten; die Stelle nicht verlieren; **know one's ~** *fig* wissen, was sich für einen ziemt; **lay, set a ~ for s.o.** für jdn decken; **put s.o. in his ~** jdn in seine Schranken verweisen; **take ~** stattfinden; **take s.o.'s ~** jds Stelle einnehmen; an jds Stelle treten; **she felt out of ~** sie fühlte sich fehl am Platz; **there is no ~ for doubt** es besteht kein Anlaß zum Zweifeln; **put yourself in my ~** versetzen Sie sich in meine Lage; **meeting ~** Treffpunkt *m;* **permanent ~** Dauerstellung *f;* **~ of amusement** Vergnügungsstätte *f;* **~ of arrival** Ankunftsort *m;* **~ of origin** Ursprungs-, Herkunfts-, Heimatort *m;* **~ of work** Arbeitsplatz *m;* **II** *tr* **1.** setzen, stellen, legen; *(Wachen)* aufstellen; *(Ball)* plazieren; *(in Zeitung)* inserieren; aufgeben; *(Angelegenheit)* übergeben; *(Vertrauen)* setzen (*in* auf); **2.** *(Auftrag)* erteilen (*with s.o.* jdm); *(Vertrag)* abschließen; **3.** *(Gespräch)* anmelden; **4.** *(Geld)* deponieren; anlegen; **5.** *com (Waren)* absetzen; **6.** *(in Stelle)* unterbringen; **7.** *fig* einordnen; ▶ **be ~d** liegen; **he was ~ second** er wurde Zweiter; **how are you ~d for money?** wie sieht es mit Geld aus? **we were well ~d to see the match** wir hatten einen guten Platz; **we are better ~d now** wir stehen uns jetzt besser; **~ emphasis on s.th.** etw betonen; **~ a strain on s.o.** jdn belasten; **I can't ~ him** ich weiß nicht, woher ich ihn kenne; ich kann ihn nicht einordnen.

pla·cebo [plə'siːbəʊ] ⟨*pl* -cebos⟩ *med* Placebo *n.*

place-card ['pleɪsˌkɑːd] Tischkarte *f;* **place-kick** *(Fußball)* Abschlag *m (vom Tor);* **place mat** Set *n.*

place·ment ['pleɪsmənt] **1.** *(Arbeitskräfte)* Unterbringung *f;* **2.** Stellenbesetzung *f;* **3.** *(Anleihe)* Plazierung *f;* Anlage, Investition *f;* **4.** Praktikantenstelle *f.*

place-name ['pleɪsˌneɪm] Ortsname *m.*

pla·centa [plə'sentə] Plazenta *f.*

pla·cid ['plæsɪd] *adj* **1.** ruhig; **2.** gelassen, gesetzt; **3.** sanft.

pla·giar·ism ['pleɪdʒərɪzəm] Plagiat *n;* **pla·giar·ist** ['pleɪdʒərɪst] Plagiator *m;* **pla·giar·ize** ['pleɪdʒəraɪz] *tr* plagiieren.

plague [pleɪg] **I** *s* **1.** Seuche *f;* Pest *f;* **2.** *fig* Quälgeist *m; fam* Plage *f;* **II** *tr* plagen.

plaice [pleɪs] ⟨*pl* -⟩ *zoo* Scholle *f.*

plaid [plæd] Plaid *n;* ► ~ **skirt** karierter Rock.

plain [pleɪn] **I** *adj* **1.** klar; offensichtlich; deutlich; **2.** einfach; *(Kleidung)* einfach, schlicht; **3.** *(Wasser)* klar; **4.** *(Schokolade)* bitter; **5.** *(Farbe)* uni, einfarbig; **6.** *(Frage, Antwort)* klar; *(Wahrheit)* rein; **7.** *(Freude, Neid, Unsinn)* rein; **8.** *(Frau, Aussehen)* nicht überwältigend, alltäglich; ► **in** ~ **clothes** in Zivil; **in** ~ **English** geradeheraus; **be** ~, **use** ~ **language with s.o.** jdm die Wahrheit, offen seine Meinung sagen; **make** ~ deutlich, verständlich machen; zu verstehen geben; **tell the** ~ **truth** die volle Wahrheit sagen; **that's as** ~ **as a pikestaff, as** ~ **as the nose on your face** das ist sonnenklar; **II** *s* **1.** Ebene *f;* **2.** rechte Masche; ► **the** ~**s** *pl Am* die Prärie.

plain·clothes ['pleɪnˌkləʊðz] *adj* ► ~ **policeman** Polizist *m* in Zivil, Zivilfahnder *m;* **plain country** Flachland *n;* **plain language** Klartext *m;* **in** ~ unmißverständlich; **plain·ly** ['pleɪnlɪ] *adv* **1.** einfach, klar; **2.** offensichtlich; ► **to put it** ~ um es klar auszudrücken; **plain·ness** ['pleɪnnɪs] **1.** Offenheit *f;* **2.** Einfachheit *f;* **3.** Unansehnlichkeit *f;* **plain sailing I** *s* e-e einfache Sache; **II** *adj* (ganz) leicht, ganz einfach; **plain-spoken** [ˌpleɪn'spəʊkən] *adj* freimütig, offen.

plain·tiff ['pleɪntɪf] *jur* Kläger(in) *m (f),* klagende Partei.

plain·tive ['pleɪntɪv] *adj* traurig, schmerzlich, kläglich.

plait [plæt] **I** *s* Flechte *f,* Zopf *m;* **II** *tr* flechten.

plan [plæn] **I** *s* **1.** Plan, Entwurf *m;* **2.** *(~ view)* Grundriß, (Lage)Plan *m;* Stadtplan *m;* **3.** *fig* Vorhaben *n;* Projekt *n;* **4.** *bes. pol com* Programm *n;* **5.** Verfahren(sweise *f*) *n,* Methode *f;* ► **in** ~ im Grundriß; **go according to** ~ planmäßig verlaufen; **five-year** ~ Fünfjahresplan *m;* **II** *itr* planen; ► ~ **for s.th.** etw einplanen; ~ **on s.th.** mit etw rechnen; etw vorhaben; **III** *tr* **1.** entwerfen, skizzieren; **2.** *(~ out)* ausarbeiten, vorplanen; **3.** planen, vorhaben, beabsichtigen; ► ~**ned economy** Planwirtschaft *f.*

plane[1] [pleɪn] **I** *adj* flach, eben *a. math;* **II** *s* **1.** Ebene *f a. fig math;* **2.** *fig* Niveau *n,* Ebene, Stufe *f;* ► **on the same** ~ auf der gleichen Ebene (*as* wie); **inclined** ~ *phys* schiefe Ebene.

plane[2] [pleɪn] **I** *s* Hobel *m;* **II** *tr* hobeln, glätten; planieren; ► ~ **off, away, down** ab-, weghobeln.

plane[3] [pleɪn] *(~-tree) bot* Platane *f.*

plane[4] [pleɪn] Flugzeug *n;* ► **go by** ~ fliegen; **plane crash** Flugzeugabsturz *m.*

planet ['plænɪt] *astr* Planet *m;* **plan·et·ar·ium** [ˌplænɪ'teərɪəm] Planetarium *n;* **plan·et·ary** ['plænɪtərɪ] *adj* planetarisch.

plank [plæŋk] **1.** Planke, Bohle *f;* Brett *n;* **2.** *pol* (Partei)Programmpunkt *m;* **plank·ing** [—ɪŋ] **1.** Dielenlegen *n;* **2.** Verschalung *f;* **3.** Planken *f pl.*

plank·ton ['plæŋktən] *biol* Plankton *n.*

plan·ner ['plænə(r)] Planer(in) *m (f);* **plan·ning** ['plænɪŋ] **1.** Planung *f;* **2.** Ausarbeitung *f;* ► **family** ~ Geburtenkontrolle *f;* **town, city** ~ Städteplanung *f;* ~ **permission** Baugenehmigung *f.*

plant [plɑ:nt] **I** *s* **1.** *bot* Pflanze *f;* **2.** *tech* Fabrik *f,* Werk(sanlage *f*) *n;* **3.** Betrieb(seinrichtung *f*) *m;* **4.** Apparatur, Anlage *f,* Maschinenpark *m;* **5.** (Betriebs)Gebäude *n pl;* **6.** *sl* Betrug(smanöver *n*), Schwindel *m;* Irreführung *f;* **7.** *sl* Spitzel *m;* ► **power** ~ Kraftwerk *n;* **II** *tr* **1.** pflanzen; **2.** *(Gelände)* bepflanzen; **3.** *(~ out)* umpflanzen; **4.** fest (auf)stellen; *(Fahne)* aufpflanzen; *fig* einprägen, -pflanzen, -impfen; **5.** *(Anschauungen, Gewohnheiten)* einbürgern; **6.** *(junge Fische, Austern)* setzen; **7.** *sl (Schlag)* verpassen, versetzen; **8.** *sl (Diebesgut)* verstecken; **9.** unterschieben (*on s.o.* jdm); ► ~ **o.s. in a chair** sich in e-n Stuhl fallen lassen.

plan·tain ['plæntɪn] **1.** *bot* Wegerich *m;* **2.** *bot* Pisang *m;* (Mehl)Banane *f.*

plan·ta·tion [plæn'teɪʃn] **1.** (An)Pflanzung, Plantage *f;* **2.** (Wald)Schonung *f.*

planter ['plɑ:ntə(r)] **1.** Pflanzer(in) *m (f);* Plantagenbesitzer(in) *m (f);* **2.** Pflanz-, Setzmaschine *f;* **3.** Übertopf *m.*

plaque [plɑ:k, plæk] **1.** (Gedenk)Tafel *f;* **2.** *med* Belag *m;* Zahnbelag *m.*

plash [plæʃ] **I** *s* Plätschern, Spritzen *n;* **II** *itr* platschen; plätschern; planschen.

plasm, plasma ['plæzm, 'plæzmə] Plasma *n.*

plas·ter ['plɑ:stə(r), *Am* 'plæstə(r)] **I** *s* **1.** *arch* (Ver)Putz, Bewurf *m;* **2.** *(~ of Paris)* Gips *m;* **3.** *Br* Pflaster *n;* **II** *tr* **1.** verputzen; gipsen; **2.** bepflastern, bekleben; **plas·ter·board** ['plɑ:stəbɔ:d] Gipsplatte *f;* **plaster cast 1.** *(Kunst)* Gipsabguß *m;* **2.** *med* Gipsverband *m;* **plas·tered** ['plɑ:stəd] *adj sl* besoffen; **plas·terer** ['plɑ:stərə(r)] Gipser, Stukkateur *m.*

plas·tic ['plæstɪk] **I** *adj* **1.** Plastik-, aus Plastik; **2.** formbar, knetbar, plastisch; **3.** *med* plastisch; ► ~ **arts** *pl* gestaltende Künste; **II** *s* Plastik *n,* Kunststoff *m;* **plastic bag** Plastikbeutel *m,* Plastiktüte *f;* **plastic bomb** Plastikbombe *f;* **plastic explosive** Plastiksprengstoff *m;* **plas·ti·cine** ['plæstɪsi:n] *Wz* Plastilin *n,* Knetmasse *f;* **plas·tic·ity** [plæ'stɪsətɪ] Formbarkeit *f;* **plastics industry** Kunststoffindustrie *f;* **plastic surgery** plastische Chirurgie.

plate [pleɪt] **I** *s* **1.** Teller *m;* Platte *f;* **2.** *tech phot typ* Platte *f;* **3.** Bildseite, -tafel *f;* **4.** Tafel-, Silbergeschirr *n;* **5.** vergoldetes, versilbertes Metall; **6.** *sport* Pokal *m;* (Pokal)Rennen *n;* **7.** *med (dental ~)* Zahn-, Gaumenplatte *f;* ▶ **door, name ~** Türschild *n;* **hot ~** Heizplatte *f;* **number, licence ~** *mot* Nummernschild *n;* **soup, dinner ~** Suppenteller *m;* **II** *tr* **1.** vergolden, versilbern; **2.** *(Schiff)* beplanken; panzern.

pla·teau ['plætəʊ, *Am* plæ'təʊ] ⟨*pl* -teaus, -teaux⟩ Hochebene *f,* Plateau *n;* ▶ **reach a ~** *(Preise)* sich einpendeln.

plated ['pleɪtɪd] *adj* **1.** gepanzert; **2.** plattiert; ▶ **chromium-~** verchromt; **gold-~** vergoldet; **plate·ful** ['pleɪtfʊl] **1.** Tellervoll *m;* **2.** *fam* viel Arbeit *f;* **plate-glass** Tafelglas *n;* **plate·layer** ['pleɪtleɪə(r)] *Br rail* Schienenleger, Streckenarbeiter *m;* **plate-rack** Geschirrständer *m;* **plate-shears** *pl* Blechschere *f;* **plate-warmer** ['pleɪtwɔ:mə(r)] Tellerwärmer *m.*

plat·form ['plætfɔ:m] **1.** Podium *n,* (Redner)Tribüne *f;* Plattform *f;* **2.** *rail* Bahnsteig *m;* **3.** *pol* Plattform *f;* **4.** *fig* Ebene *f;* ▶ **arrival, departure ~** Ankunfts-, Abgangsbahnsteig *m;* **lifting ~** Hebebühne *f;* **~ shoe** Plateauschuh *m.*

plat·ing ['pleɪtɪŋ] **1.** Panzerung *f;* **2.** Plattierung *f.*

plati·num ['plætɪnəm] Platin *n.*

plati·tude ['plætɪtju:d] Gemeinplatz *m,* Platitüde *f;* **plati·tudi·nous** [ˌplætɪ'tju:dɪnəs] *adj* banal, seicht.

pla·tonic [plə'tɒnɪk] *adj* platonisch.

pla·toon [plə'tu:n] *mil* Zug *m.*

plat·ter ['plætə(r)] **1.** Teller *m;* Brett *n;* (Braten)Platte *f;* **2.** *sl* (Schall)Platte *f.*

plaus·ib·il·ity [ˌplɔ:zə'bɪlɪtɪ] Plausibilität *f;* **plaus·ible** ['plɔ:zəbl] *adj* plausibel, überzeugend, glaubhaft.

play [pleɪ] **I** *itr* **1.** spielen *a. fig* (*on* auf; *at a game* ein Spiel; *with s.o.* mit jdm *a. fig*); **2.** *theat* spielen; gespielt werden; **3.** *fig* mitmachen, mitspielen; **4.** *tech* Spielraum haben; ▶ **what are you ~ing at?** was soll das? **~ for money** um Geld spielen; **~ for time** Zeit rausschinden wollen; **the pitch ~s badly** das Spielfeld ist schlecht bespielbar; **~ to s.o.** jdm vorspielen; **~ with the idea** mit dem Gedanken spielen; **he won't ~** er spielt nicht mit; **II** *tr* **1.** *(ein Spiel)* spielen; spielen gegen; **2.** *(e-n Spieler)* einsetzen, verwenden (*as* als); **3.** *theat mus* spielen; **4.** sich benehmen, auftreten als; **5.** *(Karte)* ausspielen; **6.** *(Licht-, Wasserstrahl)* spielen lassen (*on, over* über); **7.** *(Fisch an der Angel)* drillen; **8.** leicht, gewandt umgehen mit, handhaben; ▶ **~ ball with s.o.** *fig* jdm übel mitspielen; **~ a joke on s.o.** jdm einen Streich spielen; **~ a (dirty) trick on s.o.** jdn hereinlegen; **~ the fool** herumalbern; **~ the piano** Klavier spielen; **III** *s* **1.** Spiel *n;* **2.** (Theater)Spiel, Stück *n;* **3.** Spielen *n (des Lichtes);* **4.** Bewegungsfreiheit *f,* Spielraum *m a. tech;* ▶ **abandon ~** das Spiel abbrechen; **at ~** beim Spiel; **in ~** im Spaß, Scherz; *sport* im Spiel; **in full ~** in vollem Gange; **out of ~** *(Ball)* im Aus; **allow full ~ to s.th.** e-r S freien Lauf lassen; **bring into ~** ins Spiel bringen; **come into ~** seine Tätigkeit entfalten; in Tätigkeit treten; **give free ~ to s.th.** e-r S freien Spielraum lassen, e-r S freien Lauf geben; **go to the ~** ins Theater gehen; **make a ~ for** *Am sl* allen Charme aufbieten; **IV** *(mit Präposition)* **play about, around** *itr* spielen (*with s.th.* mit etw); **play against** *tr* ausspielen gegen; **play along** *itr* mitspielen; *tr* **1.** warten lassen; **2.** hinters Licht führen; **play down** *tr* herunterspielen; **play in** *tr* mit Musik hereinbegleiten; ▶ **~ o.s. in** sich warm spielen; **play off** *tr sport (Spiel)* beenden; ▶ **~ s.o. off against s.o. else** jdn gegen jdn anderen ausspielen; **play on** *itr* **1.** weiterspielen; **2.** ausnutzen; hervorheben; **play out** *tr* **1.** *theat* darstellen; zu Ende spielen; **2.** ausbeuten; **3.** mit Musik hinausbegleiten; ▶ **~ed out** ausgespielt, erledigt; überholt, veraltet; **play through** *itr* durchspielen; **play up** *itr* **1.** lauter spielen; **2.** loslegen; **3.** *fam* Ärger machen; ▶ **~ up to s.o.** jdm schöntun; **~ s.th. up** etw hochspielen.

play·able ['pleɪəbl] *adj (Platz)* zum Spielen geeignet, bespielbar; *(Ball)* spielbar; *(Stück)* bühnenreif; **play-act** *itr* schauspielern; **play·back** ['pleɪbæk] **1.** Abspielen *n;* **2.** Wiedergabe *f,* Playback *n;* **play-bill** Theaterprogramm *n;* **play-boy** Playboy *m;* **player** ['pleɪə(r)] Spieler(in) *m (f);* Schauspieler(in) *m (f);* **chess-, football-, piano-~** Schach-, Fußball-, Klavierspieler(in) *m (f);* **record ~** Plattenspieler *m;* **play·fellow, playmate** ['pleɪfeləʊ, 'pleɪmeɪt] Spielkamerad(in) *m (f);* **play·ful** ['pleɪfl] *adj* **1.** spielerisch; **2.** verspielt; **3.** spaßig, spaßhaft; **play·goer** ['pleɪgəʊə(r)] Theaterbesucher(in) *m (f);* **play·ground** ['pleɪgraʊnd] **1.** Spielplatz *m;* **2.** Schulhof *m;* **3.** *fig* Tummelplatz *m;* **play-house** ['pleɪhaʊs] **1.** Theater *n;* **2.** Spielhaus *n (für Kinder); Am* Puppenstube *f;* **play·ing card** ['pleɪɪŋkɑ:d] Spielkarte *f;* **play·ing field** ['pleɪɪŋfi:ld] Sportplatz *m;* **play-off**

['pleɪɒf] Entscheidungsspiel *n;* Verlängerung *f;* **play-pen** Laufstall *m;* **play-room** ['pleɪrʊm] Spielzimmer *n;* **play-thing** ['pleɪθɪŋ] Spielzeug *n a. fig; pl* Spielsachen *pl;* **play·time** ['pleɪtaɪm] *(Schule)* Pause *f;* **play·wright** ['pleɪraɪt] Bühnenschriftsteller(in), Dramatiker(in) *m (f).*

plc [ˌpi:el'sɪ:] *Abk:* **public limited company** *(etwa)* AG *f.*

plea [pli:] **1.** Bitte *f;* Appell *m;* **2.** Entschuldigung, Begründung *f;* **3.** *jur* Plädoyer *n;* **4.** dringende Bitte, Gesuch *n* (*for* um); ▶ **make a ~ for s.th.** zu etw aufrufen; **make a ~ for mercy** um Gnade bitten; **make a ~ of self-defence** Notwehr geltend machen; **enter a ~ of not guilty** seine Unschuld erklären; **enter a ~ of guilty** ein Geständnis ablegen; **on the ~ of illness** aus gesundheitlichen Gründen.

plead [pli:d] **I** *itr* **1.** bitten (*for* um); **2.** *jur* das Plädoyer halten; ▶ **~ with s.o. to do s.th.** jdn (inständig) bitten, etw zu tun; **~ guilty, not guilty** sich schuldig bekennen, seine Schuld bestreiten; **~ for s.th.** *fig* für etw plädieren; **II** *tr* **1.** vertreten; **2.** *(Unwissenheit, Unzurechnungsfähigkeit)* sich berufen auf, geltend machen; ▶ **~ s.o.'s case, ~ the case for s.o.** jdn vertreten; **~ the case for the defence** die Verteidigung vertreten; **~ the case for s.th.** *fig* sich für etw einsetzen; **plead·ing** [—ɪŋ] **I** *s* **1.** Bitten *n;* **2.** *jur* Plädoyer *n;* **II** *adj* flehend.

pleas·ant ['pleznt] *adj* **1.** angenehm; erfreulich; **2.** *(Mensch)* umgänglich, liebenswürdig.

pleas·ant·ry ['plezntrɪ] **1.** Scherz, Spaß *m;* **2.** Höflichkeit *f.*

please [pli:z] **I** *tr* **1.** gefallen, angenehm sein (*s.o.* jdm); **2.** zufriedenstellen; **3.** eine Freude machen (*s.o.* jdm); **4.** *iro* belieben (*s.o.* jdm); ▶ **it ~es me** es gefällt mir; **to ~ you** dir zuliebe; **it ~s the senses** es ist angenehm; **you can't ~ everybody** man kann es nicht allen recht machen; **he is hard to ~** man kann es ihm schwer recht machen; **I'm ~d to help** ich helfe gern; **II** *itr* gefallen; ▶ **if you ~** bitte; **as you ~** wie du willst; **do as one ~s** tun, was man will; **we aim to ~** wir möchten, daß Sie zufrieden sind; **III** *refl* tun, was einem gefällt; ▶ **~ yourself!** wie du willst! **IV** *interj* bitte! ▶ **~ do!** bitte sehr! **V** *s* Bitte *n;* **pleased** ['pli:zd] *adj* **1.** erfreut; **2.** zufrieden; ▶ **be ~ about s.th.** sich über etw freuen; **~ to meet you!** angenehm! freut mich! **be ~ with s.th.** mit etw zufrieden sein; **be ~ with o.s.** *pej* selbstgefällig sein; **pleas·ing** [—ɪŋ] *adj* angenehm.

pleas·ur·able ['pleʒərəbl] *adj* angenehm, erfreulich; **pleas·ure** ['pleʒə(r)] **1.** Vergnügen *n,* Freude *f;* **2.** Vergnügen *n,* Vergnügung *f;* **3.** Wunsch *m;* ▶ **at ~** nach Belieben; **for ~** zum Vergnügen; **with ~** mit Vergnügen; **give great ~** großes Vergnügen machen; **have the ~ of doing** das Vergnügen haben zu tun; **take ~ in** Gefallen finden an; **it gives me no ~** es ist für mich kein Vergnügen; **may I have the ~ of the next dance with you?** darf ich Sie um den nächsten Tanz bitten? **pleasure-boat** Vergnügungsdampfer *m;* **pleasure-ground** Fest-, Spiel-, Sportplatz *m;* **pleasure principle** Lustprinzip *n;* **pleasure-trip** Vergnüngungsreise *f.*

pleat [pli:t] **I** *s* Falte *f;* **II** *tr* fälteln; ▶ **~ed skirt** Faltenrock *m.*

pleb [pleb] Prolet *m;* **pleb·eian** [plɪ'bi:ən] **I** *s* Plebejer(in) *m (f);* **II** *adj* plebejisch.

plebi·scite ['plebɪsɪt, *Am* 'plebɪsaɪt] Volksentscheid *m,* -abstimmung *f.*

pledge [pledʒ] **I** *s* **1.** Pfand *n;* **2.** Versprechen *n;* **3.** Trinkspruch *m;* ▶ **under the ~ of secrecy** unter dem Siegel der Verschwiegenheit; **I give you my ~** ich gebe dir mein Wort; **as a ~ of** zum Zeichen *gen;* **election ~** Wahlversprechen *n;* **take the ~** dem Alkohol abschwören; **II** *tr* **1.** verpfänden *a. fig;* als Pfand geben, versetzen; **2.** versprechen, geloben; **3.** e-n Trinkspruch ausbringen (*s.o.* auf jdn), zutrinken (*s.o.* jdm); ▶ **~ o.s.** sich verbürgen, sich verpflichten (*to do* zu tun); **~ one's word** sein (Ehren)Wort geben.

ple·nary ['pli:nərɪ] *adj* Plenar-, Voll-; ▶ **~ assembly, meeting** Vollversammlung *f;* **~ powers** *pl* (unbeschränkte) Vollmacht *f;* **~ session** Plenarsitzung *f.*

pleni·po·ten·tiary [ˌplenɪpə'tenʃərɪ] **I** *adj* bevollmächtigt; **II** *s* Bevollmächtigte(r) *f m.*

plen·ti·ful ['plentɪf(ʊ)l] *adj* reichlich, im Überfluß.

plenty ['plentɪ] **I** *s* Reichtum *m,* Fülle *f;* ▶ **~ of** e-e Menge ...; reichlich ...; sehr viel ... **~ more** viel mehr; **in ~** in Hülle u. Fülle, *fam* in rauhen Mengen; **horn of ~** Füllhorn *n;* **land of ~** Schlaraffenland *n;* **II** *Am adj* reichlich, im Überfluß; **III** *adv fam* reichlich; ▶ **it's ~ big enough** es ist wirklich groß genug.

plenum ['pli:nəm] Vollversammlung *f,* Plenum *n.*

pleo·nasm ['plɪənæzəm] Pleonasmus *m;* **pleo·nastic** [plɪə'næstɪk] *adj* pleonastisch.

pleur·isy ['plʊərəsɪ] Brustfell-, Rippenfellentzündung *f.*

plexus ['pleksəs] *anat* (Gefäß-, Nerven)Geflecht *n;* ▶ **solar ~** Solarplexus *m,* Magengrube *f.*

pli·able ['plaɪəbl] *adj* **1.** biegsam; **2.** *fig* leicht beeinflußbar; fügsam.

pli·ers ['plaɪəz] *pl* (Flach)Zange *f.*

plight [plaɪt] schwierige Lage, Not *f; (Währung)* Verfall *m.*
plim·soll ['plɪmsəl] Turnschuh *m.*
PLO [ˌpi:el'əʊ] *Abk:* **Palestine Liberation Organisation** PLO *f.*
plod [plɒd] **I** *s* Trott *m;* **II** *itr* **1.** sta(m)pfen; mühsam vorwärtsschreiten; **2.** *(~ away at the work)* sich (ab)plakken, schuften; ▶ **~ on** mühsam weitermachen; **plod·der** ['plɒdə(r)] *fam* Arbeitstier *n;* **plod·ding** ['plɒdɪŋ] *adj* schwerfällig.
plonk[1] [plɒŋk] *Br fam* billiger Wein.
plonk[2] [plɒŋk] **I** *s* Plumps *m;* **II** *adv* plumps; ▶ **~ in the middle** genau in der Mitte; **III** *tr (~ down)* hinwerfen; ▶ **~ o.s. (down)** sich hinschmeißen; **~ o.s. down in a chair** sich in einen Sessel fallen lassen.
plop [plɒp] **I** *itr* plumpsen; platschen; ▶ **~ into a chair** sich in einen Sessel plumpsen lassen; **II** *itr* fallen lassen; hinwerfen; **III** *s* **1.** Plumps(en *n*) *m;* Platschen *n;* **2.** *(Kork)* Knallen *n;* **IV** *adv* mit e-m Plumps.
plot [plɒt] **I** *s* **1.** Stück *n* Land; Gartenbeet *n; (building ~)* Grundstück *n;* Parzelle *f;* **2.** *Am* Grundriß, Plan *m;* **3.** Verschwörung *f;* **4.** *lit* Handlung *f;* **II** *tr* **1.** planen; **2.** *(Position, Kurs)* feststellen; **3.** *math med (Kurve)* aufzeichnen; *(in Karte)* einzeichnen; **III** *itr* sich verschwören (*against* gegen); **plot·ter** ['plɒtə(r)] **1.** Verschwörer(in) *m (f);* **2.** *EDV* Plotter *m.*
plough, *Am* **plow** [plaʊ] **I** *s* Pflug *m;* ▶ **the P~** *astr* der Wagen; **put one's hand to the ~** sich anstrengen; **II** *tr* **1.** pflügen; *(Furche)* ziehen; **2.** *(Weg)* bahnen; **3.** *Br sl* durchfallen lassen; **III** *itr* **1.** pflügen; **2.** *Br* durchfallen; **IV** *(mit Präposition)* **plough back** *tr* unterpflügen; *(Gewinne)* reinvestieren; **plough in** *tr* unterpflügen; **plough through** *tr, itr (Meer)* durchpflügen; *(Schnee)* sich kämpfen durch; ▶ **~ (one's way) through a book** sich durch ein Buch durchkämpfen; **plough up** *tr* umpflügen; **plough·share** ['plaʊʃeə(r)] Pflugschar *f.*
ploy [plɔɪ] List *f,* Dreh *m.*
pluck [plʌk] **I** *tr* **1.** ab-, ausreißen; **2.** *(Geflügel)* rupfen; **3.** *(Augenbrauen)* zupfen; **4.** *(Blume)* pflücken, abreißen; ▶ **~ up courage** Mut fassen; **II** *itr* zerren, zupfen, ziehen (*at* an); **III** *s* **1.** Mut *m,* Tapferkeit *f;* **2.** *(Tier)* Innereien *pl;* **plucky** ['plʌkɪ] *adj* mutig, kühn.
plug [plʌg] **I** *s* **1.** Stöpsel *m;* Pfropfen *m; (Faß)* Spund *m;* **2.** *(~ of cotton)* Wattebausch *m;* **3.** *el* Stecker *m; fam* Steckdose *f;* **4.** *mot (spark-~)* Zündkerze *f;* **5.** *Am (fire-~)* Hydrant *m;* **6.** *fam* Reklame, Schleichwerbung *f;* ▶ **give s.th. a ~** für etw Schleichwerbung machen; **pull the ~** (das Klo) spülen; **II** *tr* **1.** *(~ up)* zustopfen; *(Zahn)* plombieren, füllen; *(Ohren)* zuhalten; zustopfen; **2.** stecken (*into* in); **3.** *sl* e-e verpassen (*s.o.* jdm); mit der Faust bearbeiten; **4.** *fam* Reklame machen für (*on the radio* im Rundfunk); **5.** *(Idee)* allen anbieten; ▶ **~ s.o. full of lead** jdn voll Blei pumpen; **III** *(mit Präposition)* **plug away at** *fam* schuften an; **plug in** *tr el* einstecken; **plug-ugly** *fam* **I** *s* Rowdy, Schläger *m;* **II** *adj* potthäßlich.
plum [plʌm] **I** *s* **1.** Pflaume *f;* Zwetsch(g)e *f;* **2.** Pflaumenblau *n;* **II** *adj fam* toll, hervorragend; ▶ **he got a ~ job** er hat e-e tolle Stelle.
plum·age ['plu:mɪdʒ] Gefieder *n.*
plumb [plʌm] **I** *s (~-line, -bob)* Lot, Senkblei *n;* ▶ **out of ~,** *Am* **off ~** aus dem Lot, schief; **II** *adv* **1.** lotrecht, senkrecht; **2.** *fam* vollkommen, total; ▶ **~ in the middle** genau in der Mitte; **III** *tr* **1.** (aus)loten, sondieren *a. fig;* **2.** *fig* erforschen, herausbekommen.
plum·bago [plʌm'beɪgəʊ] *min* Graphit *m.*
plumber ['plʌmə(r)] Klempner(in), Spengler(in) *m (f);* Installateur(in) *m (f);* ▶ **~'s (workshop)** Installationsgeschäft *n;* **plumb·ing** ['plʌmɪŋ] **1.** Klempner-, Spenglerarbeit *f;* **2.** Leitungen *f pl;* sanitäre Anlagen.
plumb·line ['plʌmlaɪn] Senkblei *n.*
plume [plu:m] **I** *s* **1.** Feder *f;* **2.** Federbusch *m;* **3.** *(~ of smoke)* Rauchfahne *f;* **II** *refl* sich putzen; ▶ **~ o.s. on s.th.** sich mit etw brüsten.
plum·met ['plʌmɪt] **I** *s* **1.** Senkblei *n;* **2.** *(Preis)* Sturz *m;* **3.** *(Vogel, Flugzeug)* Sturzflug *m;* **II** *itr* senkrecht hinunterfallen, (ab)stürzen (*down to earth* auf die Erde); ▶ **prices have ~ed** die Preise sind gefallen.
plummy ['plʌmɪ] *adj* **1.** *(Stimme)* vornehm, geziert; **2.** *fam* prima, ausgezeichnet.
plump [plʌmp] **I** *adj* **1.** rundlich, mollig; **2.** *(Tier)* gut gefüttert; **3.** *(Antwort)* unverblümt; **II** *adv* **1.** mit einem Plumps; **2.** offen, unverblümt; **III** *itr (~ down)* plumpsen; **IV** *tr* **1.** *(~ down)* plumpsen, fallen lassen; **2.** schmeißen, knallen; ▶ **~ o.s. down into a chair** sich auf einen Stuhl fallen lassen; **V** *(mit Präposition)* **plump for** *itr* sich entscheiden für; **plump up** *tr* **1.** *(Kissen)* aufschütteln; **2.** *(Hühner)* mästen; **plump·ness** ['plʌmpnəs] Rundlichkeit *f.*
plum-pudding ['plʌmpʊdɪŋ] Plumpudding *m.*
plun·der ['plʌndə(r)] **I** *tr* (aus)plündern; **II** *itr* plündern; **III** *s* Plünderung *f;* Beute *f;* **plun·derer** ['plʌndərə(r)] Plünderer *m.*
plunge [plʌndʒ] **I** *tr* **1.** tauchen, tunken;

2. stoßen; 3. stürzen (*in, into* in); ► **the room was ~ed into darkness** das Zimmer lag im Dunkeln; **II** *itr* **1.** tauchen; **2.** sich werfen; **3.** stürzen (*into* in); **4.** *(Hang)* steil abfallen; *(Straße)* steil hinabführen; **5.** *(Preise)* fallen; **6.** *(Ausschnitt am Kleid)* tiefer gehen; **7.** leichtsinnig spielen; **8.** wild spekulieren; **III** *s* **1.** Kopfsprung *m;* **2.** Kurssturz *m;* ► **take a ~** e-n Kopfsprung machen; **take the ~** sich zu e-m Entschluß durchringen; **plunger** ['plʌndʒə(r)] **1.** *fam* Spekulant(in) *m (f);* **2.** *tech* Gummisauger *m;* Tauchkolben *m.*

plunk [plʌŋk] *tr* **1.** *Am (Banjo)* zupfen; **2.** *s. plonk*[2].

plu·per·fect ['plu:ˌpɜ:fɪkt] *gram* Plusquamperfekt *n.*

plu·ral ['plʊərəl] **I** *adj gram* pluralisch; **II** *s* Plural *m,* Mehrzahl *f;* **plu·ral·ism** ['plʊərəlɪzəm] *philos* Pluralismus *m;* **plu·ral·istic** [ˌplʊərə'lɪstɪk] *adj philos* pluralistisch; **plu·ral·ity** [plʊə'rælətɪ] **1.** Vielfalt *f; (Gesellschaft)* Pluralität *f;* **2.** *(~ of votes)* Stimmenmehrheit *f.*

plus [plʌs] **I** *prep* plus; und; zuzüglich *gen;* **II** *adj* extra; plus; **III** *s* **1.** Plus, Mehr *n;* Pluspunkt *m;* **2.** *(~-sign)* Pluszeichen *n;* **plus-fours** [ˌplʌs'fɔ:z] *pl* Knickerbocker *pl.*

plush [plʌʃ] **I** *s* Plüsch *m;* **II** *adj fam* luxuriös, schick, elegant; plüschig.

plu·toc·racy [plu:'tɒkrəsɪ] Plutokratie, Geldherrschaft *f;* **plu·to·crat** ['plu:təkræt] Plutokrat *m;* **plu·to·cratic** [ˌplu:tə'krætɪk] *adj* plutokratisch.

plu·to·nium [plu:'təʊnɪəm] *chem* Plutonium *n.*

ply[1] [plaɪ] **1.** Schicht, Lage *f;* **2.** (Garn)Strähne *f.*

ply[2] [plaɪ] **I** *tr* **1.** *fig* bestürmen (*with questions* mit Fragen); **2.** (regelmäßig) versorgen (*with* mit); **II** *itr* regelmäßig verkehren (*between* zwischen).

ply·wood ['plaɪwʊd] Sperrholz *n.*

pm [pi:'em] *Abk:* **post meridiem** nachmittags, nachm.

PM [pi:'em] *Abk:* **Prime Minister** Premierminister(in) *m (f);* Ministerpräsident(in) *m (f).*

pneu·matic [nju:'mætɪk] *adj* Luft-; ► **~ brake** Druckluftbremse *f;* **~ drill** Preßluftbohrer *m;* **~ hammer** Preßlufthammer *m;* **~ tyre,** *Am* **tire** Luftreifen *m.*

pneu·monia [nju:'məʊnɪə] Lungenentzündung *f.*

poach[1] [pəʊtʃ] **I** *tr (Wild)* unberechtigt jagen; wildern; **II** *itr* wildern; ► **~ on s.o.'s preserves** sich gegenüber jdm Übergriffe leisten.

poach[2] [pəʊtʃ] *tr (Ei)* pochieren; ► **~ed eggs** *pl* verlorene Eier *n pl.*

poacher ['pəʊtʃə(r)] Wilderer, Wilddieb *m;* **poach·ing** ['pəʊtʃɪŋ] Wildern *n,* Wilderei *f.*

PO Box [ˌpi:'əʊbɒks] *Abk:* **Post Office Box** Postfach *n.*

pock [pɒk] **1.** (Eiter)Pustel *f;* **2.** *(~-mark)* Pocken-, Blatternarbe *f.*

pocket ['pɒkɪt] **I** *s* **1.** Tasche *f;* **2.** *(Billard)* Loch *n;* **3.** *(air-~)* Luftloch *n;* **4.** *fig* Geld(mittel *n pl*) *n;* **5.** *fig* Nest *n,* Gruppe *f;* kleiner Bereich; ► **have s.th. in one's ~** *fig* etw in der Tasche haben; **be in ~** Geld haben; **be out of ~** kein Geld haben; **II** *tr* **1.** in die Tasche stecken; einstecken; **2.** sich aneignen, *fam* stibitzen; **3.** *(Beleidigung)* einstecken; **4.** *Am (Gesetz)* hinauszögern; **pocket-book 1.** Notizbuch *n;* **2.** Brieftasche *f;* **3.** Handtäschchen *n;* **pocket calculator** Taschenrechner *m;* **pocket camera** Pocketkamera *f;* **pocket·ful** ['pɒkɪtfʊl] Taschevoll *f;* **pocket-handkerchief** Taschentuch *n;* **pocket-knife** ⟨*pl* -knives⟩ Taschenmesser *n;* **pocket-money** Taschengeld *n;* **pocket-size(d)** *adj* im Taschenformat.

pod [pɒd] **I** *s* **1.** *bot* Schote, Hülse *f;* **2.** *aero* Gehäuse *n;* **3.** *(Raumfahrt)* Kapsel *f;* **II** *tr* enthülsen.

podgy ['pɒdʒɪ] *adj fam* pummelig.

poem ['pəʊɪm] Gedicht *n;* **poet** ['pəʊɪt] Dichter(in), Poet(in) *m (f);* **po·etic(al)** [pəʊ'etɪk(l)] *adj* **1.** poetisch; dichterisch; **2.** phantasie-, stimmungsvoll; **poet laureate** [ˌpəʊɪt 'lɒrɪət] ⟨*pl* poets laureate⟩ Hofdichter *m;* **po·etry** ['pəʊɪtrɪ] **1.** Dichtung, Poesie *f;* **2.** Gedichte *n pl;* **3.** *fig* Grazie, Schönheit *f,* Gefühl *n.*

po-faced ['pəʊfeɪst] *adj fam* grimmig.

po·grom ['pɒgrəm, *Am* pə'grɒm] Pogrom *n.*

poign·ant ['pɔɪn(j)ənt] *adj* schmerzlich, ergreifend; wehmütig.

poin·settia [pɔɪn'setɪə] Weihnachtsstern *m.*

point [pɔɪnt] **I** *s* **1.** Punkt *m;* **2.** (genaue) Stelle *f;* Platz *m;* **3.** (Zeit)Punkt, Moment, Augenblick *m;* **4.** (einzelner) Punkt *m (e-s Programms);* Einzelheit *f,* Detail *n;* **5.** *the ~* der Hauptpunkt, das Wesentliche, der springende Punkt; **6.** *(Witz)* Pointe *f;* **7.** Punkt *m (e-r Einteilung);* **8.** *(Kompaß)* Strich, Grad *m;* **9.** besondere Eigenschaft, Vorzug *m;* **10.** *fig* Sinn *m,* Absicht *f,* Zweck *m;* **11.** Spitze *f,* spitzes Ende; **12.** Steckdose *f;* Anschluß *m;* **13.** *pl mot* Unterbrecherkontakte *m pl;* **14.** *pl rail* Weiche *f;* **15.** *pl (Tanz)* (Zehen)Spitzen *f pl;* ► **at this ~** an dieser Stelle; **beside the ~** nebensächlich, irrelevant, unerheblich, belanglos; **in ~ of** in Hinsicht, mit Hinblick auf; **in ~ of fact** tatsächlich, in Wirklichkeit; **on ~s** *sport* nach Punkten; **up to a certain ~** bis zu e-m gewissen Grade; **to the ~** zur Sache gehörig, relevant; **~ by ~** Punkt für Punkt; **be on the ~ of doing s.th.** im Begriff sein, etw zu tun; **be on**

the ~ of death am Rande des Todes stehen; **carry, gain one's ~** sein Ziel erreichen; **come, get to the ~** zur Sache kommen; **get the ~** *fam* verstehen; **get away from the ~** vom Thema abschweifen; **give ~ to s.th.** e-r S Nachdruck verleihen; **he's got a ~** er hat nicht so unrecht; **keep to the ~** bei der Sache bleiben; **make one's ~** seine Auffassung überzeugend darlegen; **make a ~ of s.th.** auf etw bestehen, Wert legen; **make a ~ of doing s.th.** darauf achten, etw zu tun; **make, score a ~** *fig* e-n Punkt für sich buchen; **miss the ~** nicht verstehen, worum es wirklich geht; die Pointe nicht kapieren; **speak to the ~** zur Sache sprechen; **stretch, strain a ~** ein Zugeständnis, e-e Ausnahme machen; *fam* fünf gerade sein lassen; **I don't see your ~** ich weiß nicht, worauf Sie hinauswollen; **I see no ~ in (doing)** ich halte es für sinnlos zu (tun); **it has come to the ~ that ...** es ist soweit, daß ... **there is no ~ in that** das hat keinen Sinn; **that's the ~!** genau! **that's beside the ~** das gehört nicht zur Sache; **not to put too fine a ~ on it** rundheraus gesagt; **a case in ~** ein treffendes Beispiel; **saturation-~** Sättigungsgrad *m;* **sore ~** wunder Punkt; **starting-~** Ausgangspunkt *m;* **strong ~** starke Seite, Stärke *f;* **win on ~s** nach Punkten gewinnen; **~ of departure** Ausgangspunkt *m;* **~ of intersection** Schnittpunkt *m;* **~ of order** *parl* Frage *f* zur Geschäftsordnung; **~ of time** Zeitpunkt *m;* **~ of view** Gesichtswinkel, Standpunkt *m;* **II** *tr* **1.** richten (*at* auf); **2.** zeigen; **3.** *(Bleistift)* spitzen; **4.** *typ* interpunktieren; ► **~ the way** den Weg zeigen, *fig* weisen; **III** *itr* **1.** zeigen (*at* auf); **2.** hinweisen (*to* auf); **3.** *(Gebäude)* liegen; *(Waffe)* gerichtet sein; **IV** *(mit Präposition)* **point out** *tr* zeigen auf; *fig* hinweisen auf; **point up** *tr* betonen; verdeutlichen.

point-blank [ˌpɔɪntˈblæŋk] **I** *adj* **1.** direkt; **2.** *fig* offen, direkt; **II** *adv fig* geradeheraus, unverblümt; **point-duty** *(Polizei)* Verkehrsdienst *m;* ► **constable on ~** Verkehrsschutzmann *m;* **pointed** [ˈpɔɪntɪd] *adj* **1.** spitz; **2.** *fig* scharf, beißend, treffend; **3.** *(Bemerkung)* anzüglich; ► **~ arch** Spitzbogen *m;* **pointer** [ˈpɔɪntə(r)] **1.** Zeiger *m;* Zeigestock *m;* **2.** Vorstehhund *m;* **3.** *fam* Tip, Wink *m;* **point·less** [ˈpɔɪntlɪs] *adj* bedeutungs-, sinn-, witz-, zwecklos; **points·man** [ˈpɔɪntsmən] ⟨*pl* -men⟩ *Br* Weichensteller *m;* **point system** Punktsystem *n;* **point-to-point (race)** Querfeldeinrennen *n.*

poise [pɔɪz] **I** *s* **1.** Ausgeglichenheit, Gelassenheit *f;* **2.** (Körper-, Kopf)Haltung *f;* **3.** sicheres Auftreten; **II** *tr* balancieren; ► **be ~d** im Gleichgewicht sein; in der Schwebe sein; **poised** [—d] *adj (Mensch)* beherrscht, ausgeglichen.

poi·son [ˈpɔɪzn] **I** *s* Gift *n a. fig* (*to* für); ► **what's your ~?** *fam* was trinken Sie gern? **II** *tr* **1.** Gift geben (*s.o.* jdm); vergiften *a. fig;* **2.** *med* infizieren; **3.** *fig* verderben; ► **~ the air** die Luft verschmutzen; **~ s.o.'s mind against** jdn aufhetzen gegen; **poison-gas** Giftgas *n;* **poi·son·ing** [ˈpɔɪzənɪŋ] Vergiftung *f;* **poi·son·ous** [ˈpɔɪzənəs] *adj* **1.** giftig; *attr* Gift-; **2.** *fig* zersetzend, verderblich.

poke[1] [pəʊk] *(Am, schottisch)* Beutel *m;* Tüte *f;* ► **a pig in a ~** *fig* die Katze im Sack.

poke[2] [pəʊk] **I** *tr* **1.** (an)stoßen, schubsen, knuffen; **2.** *(ein Loch)* bohren; **3.** stochern mit (*at* in); **4.** *(~ up) (Feuer)* schüren; ► **~ fun at s.o.** sich über jdn lustig machen; **~ one's nose into** seine Nase stecken in; **~ s.o. in the ribs** jdm e-n Rippenstoß geben; **II** *itr* **1.** herausstehen; **2.** (herum)bohren (*at* in); **3.** *(~ about, around)* herumstöbern; **III** *s* **1.** Stoß, Schubs, Knuff *m;* **2.** *Am* Faustschlag *m;* ► **take a ~ at s.o.** jdm e-n Schlag versetzen; **poker** [ˈpəʊkə(r)] **1.** Feuerhaken *m;* **2.** *(Spiel)* Poker *n;* ► **~ face** unbewegliche Miene; **~-work** Brandmalerei *f;* **pok(e)y** [ˈpəʊkɪ] *adj* eng.

Po·land [ˈpəʊlənd] Polen *n.*

po·lar [ˈpəʊlə(r)] *adj* **1.** *astr phys* polar; **2.** *fig* einander entgegengesetzt, gegensätzlich; **polar air** Polarluft *f;* **polar bear** Eisbär *m;* **polar circle** Polarkreis *m;* **polar front** *mete* Polar-, Kaltluftfront *f;* **polar ice** Polareis *n.*

po·lar·ity [pəˈlærətɪ] **1.** *phys el* Polarität *f a. fig;* **2.** *fig* Gegensätzlichkeit *f;* **po·lar·iz·ation** [ˌpəʊləraɪˈzeɪʃn] *phys el* Polarisation *f;* **po·lar·ize** [ˈpəʊləraɪz] *tr* polarisieren.

polar lights [ˌpəʊləˈlaɪts] *pl* Nordlicht *n;* **polar star** Polarstern *m;* **polar zone** Polargebiet *n.*

Pole [pəʊl] Pole *m,* Polin *f.*

pole[1] [pəʊl] **I** *s* **1.** Pfahl, Pfosten, Mast *m;* **2.** Deichsel *f;* **3.** *sport* Stab *m;* (Ski)Stock *m;* (Balancier)Stange *f;* **II** *tr (Boot, Floß)* staken.

pole[2] [pəʊl] *geog* Pol *m a. phys el;* ► **they are ~s apart** zwischen ihnen liegen Welten.

pole-cat [ˈpəʊlkæt] *zoo* **1.** Iltis *m;* **2.** *Am* Skunk *m,* Stinktier *n.*

pol·emic [pəˈlemɪk] **I** *adj* polemisch; **II** *s* Polemik *f.*

pole-star [ˈpəʊlˌstɑ:(r)] Polarstern *n.*

pole-vault [ˈpəʊlvɔ:lt] Stabhochsprung *m;* **pole-vaulter** [ˈpəʊlvɔ:ltə(r)] Stabhochspringer(in) *m (f).*

po·lice [pəˈli:s] **I** *s* Polizei *f;* **II** *tr* polizeilich überwachen; **police car** Polizei-,

Streifenwagen *m;* **police court** Polizeigericht *n;* **police dog** Polizeihund *m;* **police escort** Polizeibegleitung *f;* **police force** Polizei *f;* **police intervention** polizeiliches Einschreiten; **police-magistrate** *Am* Polizeirichter *m;* **po·lice·man** [—mən] ⟨*pl* -men⟩ Polizist *m;* **police officer** Polizeibeamte(r) *m,* -beamtin *f;* **police patrol** Polizeistreife *f;* **police presence** Polizeiaufgebot *n;* **police raid** Razzia *f;* **police record** Vorstrafen *f pl;* **police state** Polizeistaat *m;* **police station** Polizeirevier *n,* -wache *f;* **po·lice-woman** ⟨*pl* -women⟩ [—wɪmɪn] Polizistin *f.*

pol·icy¹ [ˈpɒləsɪ] **1.** Politik *f;* politische Richtung, politischer Kurs; **2.** umsichtiges Verhalten; **3.** *pl* politische Maßnahmen *f pl;* **4.** *fig* Grundsatz *m;* Ziel *n,* Plan *m;* ▶ **he makes it a ~ to** er hat es sich zum Grundsatz gemacht, es ist sein Prinzip zu; **economic, financial ~** Wirtschafts-, Finanzpolitik *f;* **population ~** Bevölkerungspolitik *f;* **wage ~** Lohnpolitik *f.*

pol·icy² [ˈpɒləsɪ] (Versicherungs)Police *f;* ▶ **take out a ~** e-e Versicherung abschließen; **fire (insurance) ~** Feuerversicherungspolice *f;* **life (insurance) ~** Lebensversicherungspolice *f;* **policy-holder, policy-owner** Versicherungsnehmer(in) *m (f);* **policy maker** politische(r) Vordenker(in) *m f;* Parteiideologe *m;* -login *f;* **policy number** Policennummer *f;* **policy statement** *pol* Grundsatzerklärung *f.*

polio(·my·eli·tis) [ˌpəʊlɪəʊ (ˌmaɪəˈlaɪtɪs)] (spinale) Kinderlähmung *f.*

Polish [ˈpəʊlɪʃ] **I** *adj* polnisch; **II** *s* (das) Polnisch(e).

polish [ˈpɒlɪʃ] **I** *tr* **1.** polieren; blank reiben; **2.** verfeinern, *fam* aufpolieren; **3.** glätten, (ab)schleifen; **4.** bohnern, schmirgeln; **5.** *(Schuhe)* putzen, wichsen; **6.** vervollkommnen; **II** *s* **1.** Politur *f,* (Hoch)Glanz *m;* **2.** Politur *f,* Putzmittel *n;* Schuhcreme, -wichse *f;* Bohnerwachs *n;* **3.** Eleganz, Verfeinerung *f, fam* Schliff *m;* **III** *(mit Präposition)* **polish off** *tr fam* schnell erledigen; *(Essen)* verputzen; *(Getränk)* hinunterschütten; **polish up** *tr fam* aufpolieren, aufmöbeln; *(Kenntnisse)* auffrischen; **polished** [ˈpɒlɪʃt] *adj* **1.** poliert; glatt, glänzend; **2.** *fig* fein, elegant; **3.** makel-, tadellos, fehlerfrei; **polisher** [ˈpɒlɪʃə(r)] **1.** Polierer(in), Schleifer(in) *m (f);* **2.** Schleif-, Polier-, Bohnermaschine *f.*

pol·ite [pəˈlaɪt] *adj* **1.** höflich; **2.** *(Gesellschaft)* fein; **pol·ite·ness** [—nɪs] Höflichkeit *f.*

poli·tic [ˈpɒlɪtɪk] *adj* klug; diplomatisch; ▶ **body ~** Staat *m;* **pol·iti·cal** [pəˈlɪtɪkl] *adj* politisch; ▶ **~ asylum** politisches Asyl; **~ economy** Volkswirtschaft *f;* **~ offence** politische Straftat; **party ~** parteipolitisch; **~ party** politische Partei; **~ prisoner** politischer Häftling; **~ science** Politologie *f;* **poli·ti·cian** [ˌpɒlɪˈtɪʃn] Politiker(in) *m (f);* **poli·tics** [ˈpɒlɪtɪks] **1.** *mit sing* Politik *f;* **2.** *mit pl* politische Ansichten; Politik *f; Am* Taktik *f;* ▶ **talk ~** politisieren; **engaged in ~** politisch tätig; **party ~** Parteipolitik *f.*

polka [ˈpɒlkə, *Am* ˈpəʊlkə] Polka *f (Tanz).*

poll [pəʊl] **I** *s* **1.** *(politische)* Wahl, Abstimmung *f;* **2.** Wahlbeteiligung *f;* **3.** Stimmenzahl *f;* **4.** Umfrage, Erhebung *f;* ▶ **be defeated at the ~s** e-e Wahlniederlage erleiden; **conduct a public opinion ~** e-e öffentliche Meinungsumfrage durchführen; **go to the ~s** zur Wahl gehen; **heavy, light ~** hohe, niedrige Wahlbeteiligung; **II** *tr* **1.** *(Stimmen)* erhalten, auf sich vereinigen; **2.** *(bei Umfrage)* befragen; **3.** kurz schneiden, stutzen; **III** *itr* bei der Wahl abschneiden.

pol·lard [ˈpɒləd] **I** *s* gekappter Baum; **II** *tr (Baum)* kappen.

pol·len [ˈpɒlən] Blütenstaub, Pollen *m;* **pollen count** Pollenkonzentration, -zahl *f;* **pol·lin·ate** [ˈpɒlɪneɪt] *bot* bestäuben.

poll·ing [ˈpəʊlɪŋ] Wahl, Stimmabgabe *f;* **polling-booth** Wahlzelle *f;* **polling card** Wahlausweis *m;* **polling day** Wahltag *m;* **polling-station** Wahllokal *n;* **poll·ster** [ˈpəʊlstə(r)] Meinungsforscher(in) *m (f).*

pol·lut·ant [pəlˈuːtənt] Schadstoff *m;* **pol·lute** [pəˈluːt] *tr* **1.** verunreinigen, verschmutzen; **2.** *(sittlich)* verderben; **pol·luter** [pəˈluːtə(r)] Umweltverschmutzer *m;* ▶ **~ pays principle** Verursacherprinzip *n;* **pol·lu·tion** [pəˈluːʃn] Verschmutzung, Verunreinigung *f;* Schadstoffbelastung *f; (environmental ~)* Umweltverschmutzung *f;* ▶ **~ prevention** Verhinderung *f* der Umweltverschmutzung.

polo [ˈpəʊləʊ] Polo(spiel) *n;* **polo-neck** Rollkragenpullover *m;* **polo-player** Polospieler(in) *m (f).*

poly [ˈpɒlɪ] *Abk:* **polytechnic** Polytechnikum *n;* Fachhochschule *f;* **poly·am·ide** [ˈpɒljəˌmaɪd] Polyamid *n;* **poly·an·dry** [ˈpɒlɪændrɪ] Vielmännerei *f;* **poly·chlor·in·ated** [ˌpɒlɪˈklɔːrɪneɪtəd] *adj* polychloriert; **poly·chrome** [ˌpɒlɪˈkrəʊm] *adj* bunt, farbig; *(Kunst)* polychrom; **poly·cli·nic** [ˈpɒlɪklɪnɪk] Poliklinik *f;* **poly·ester** [ˌpɒlɪˈestə(r)] *chem* Polyester *m;* **poly·ga·mist** [pəˈlɪgəmɪst] Polygamist *m;* **poly·ga·mous** [pəˈlɪgəməs] *adj* polygam; **poly·gamy** [pəˈlɪgəmɪ] Polygamie, Viel-,

Mehrehe *f;* **poly·glot** ['pɒlɪglɒt] *adj* mehrsprachig, polyglott; **poly·gon** ['pɒlɪgən] *math* Vieleck, Polygon *n;* **poly·gonal** [pə'lɪgənl] *adj* vieleckig; **poly·meric** [ˌpɒlɪ'merɪk] *adj chem* polymer; **poly·mor·phic** [ˌpɒlɪ'mɔːfɪk] *adj* vielgestaltig, polymorph.

Poly·nesia [ˌpɒlɪ'niːzɪə] Polynesien *n.*

polyp ['pɒlɪp] Polyp *m.*

poly·phonic [ˌpɒlɪ'fɒnɪk] *adj mus* polyphon, mehr-, vielstimmig; **poly·ph·ony** [pə'lɪfənɪ] Polyphonie *f.*

poly·pus ['pɒlɪpəs] ⟨*pl* -puses, -pi⟩ [—pəsɪz, —paɪ] Polyp *m.*

poly·styrene [ˌpɒlɪ'staɪriːn] *chem* Styropor *n;* **poly·syl·labic** [ˌpɒlɪsɪ'læbɪk] *adj* mehrsilbig; **poly·tech·nic** [ˌpɒlɪ'teknɪk] Polytechnikum *n;* Fachhochschule *f;* **poly·theism** ['pɒlɪθiːɪzəm] Polytheismus *m,* Vielgötterei *f;* **poly·theis·tic** [ˌpɒlɪθiː'ɪstɪk] *adj* polytheistisch; **poly·thene** ['pɒlɪθiːn] *chem* Polyäthylen *n;* **polythene bag** Plastiktüte *f;* **poly·urethane** [ˌpɒlɪ'jʊərɪθeɪn] *chem* Polyurethan *n;* **poly·val·ent** [pə'lɪvələnt] *adj chem* mehrwertig.

po·made [pə'mɑːd, *Am* pəʊ'meɪd] Pomade *f.*

po·man·der [pə'mændə(r)] Duftkugel *f.*

pom·egran·ate ['pɒmɪgrænɪt] Granatapfel *m.*

Pom·era·nia [ˌpɒmə'reɪnɪə] Pommern *n;* **Pom·era·nian** [ˌpɒmə'reɪnɪən] **I** *adj* pommer(i)sch; **II** *s* **1.** Pommer(in) *m (f);* **2.** *(~ dog)* Spitz *m.*

pom·mel ['pɒml] **I** *s* (Degen-, Sattel)Knopf *m;* **II** *tr* puffen, knuffen.

pomp [pɒmp] Pracht *f;* **pom·posity** [pɒm'pɒsətɪ] **1.** Pomp, Prunk *m;* Schwulst *m;* **2.** Prahlerei *f;* **pom·pous** ['pɒmpəs] *adj* wichtigtuerisch, aufgeblasen.

ponce [pɒns] **I** *s sl* **1.** Zuhälter *m;* **2.** Schwule(r) *m;* **II** *itr* Zuhälter sein.

pon·cho ['pɒntʃəʊ] ⟨*pl* -chos⟩ Poncho *m.*

poncy ['pɒnsɪ] *adj sl* schwul; tuntig.

pond [pɒnd] Teich, Weiher *m.*

pon·der ['pɒndə(r)] **I** *tr* erwägen, nachdenken über, sich überlegen; **II** *itr* nachsinnen (*on* über).

pon·der·ous ['pɒndərəs] *adj* **1.** schwer, massig; unhandlich; **2.** *fig* schwerfällig; langweilig; **3.** *fig* unbeholfen, umständlich.

pone [pəʊn] *Am* Maisbrot *n.*

pong [pɒŋ] *Br fam* **I** *s* unangenehmer Geruch; **II** *itr* stinken.

pon·tiff ['pɒntɪf] *rel* Bischof *m;* Papst *m;* **pon·tifi·cal** [pɒn'tɪfɪkl] *adj* **1.** bischöflich; päpstlich *a. fig;* **2.** überheblich, übermäßig von sich eingenommen; **pon·tifi·cate** [pɒn'tɪfɪkət] **I** *s* Pontifikat *n;* **II** *itr* [pɒn'tɪfɪkeɪt] hochtrabend reden.

pon·toon [pɒn'tuːn] Ponton *m;* **pontoon-bridge** Pontonbrücke *f.*

pony ['pəʊnɪ] **1.** Pony *n;* **2.** *sl* 25 £; **3.** *fam (Schule)* Klatsche, Eselsbrücke *f;* **pony-tail** *(Frisur)* Pferdeschwanz *m;* **pony-trek·king** ['pəʊnɪˌtrekɪŋ] *sport* Ponytrekking *m;* Ritt *n* über Land mit dem Pony.

poodle ['puːdl] Pudel *m.*

poof(ter) [puːf(tə)] *fam* Homosexuelle(r) *m.*

pooh [puː] *interj* pah! bah!; **pooh-pooh** [ˌpuː'puː] *tr* (mit e-r Handbewegung) abtun; die Nase rümpfen (über).

pool¹ [puːl] **1.** kleiner Teich; **2.** Pfütze, Lache *f;* **3.** *(swimming-~)* Schwimmbecken *n;* **4.** *(im Fluß)* Wasserloch *n.*

pool² [puːl] **I** *s* **1.** gemeinsame Kasse; **2.** Poolbillard *n;* **3.** *pl* Toto *n* od *m;* **4.** *com* Kartell *n,* Pool *m;* Interessengemeinschaft *f;* **5.** (Wagen)Park *m;* Fahrgemeinschaft *f;* **6.** Mitarbeiterstab *m;* Schreibzentrale *f;* **II** *tr* **1.** zusammenlegen; vereinen; **2.** *(Gewinn)* teilen; ► **~ expenses** sich an Unkosten anteil(s)mäßig beteiligen; **pool-room** Billardzimmer *n;* **pool selling** Absatz *m* durch ein Kartell.

poop¹ [puːp] **1.** *mar* Heck *n;* **2.** *(~ deck)* Achterdeck *n.*

poop² [puːp] *tr sl* schlauchen; ► **be ~ed (out)** geschafft sein.

poor [pʊə(r)] **I** *adj* **1.** arm; **2.** schlecht; **3.** *(Ernte)* mager; **4.** *(Boden)* dürftig; **5.** *(Gestein)* taub; **6.** bedauernswert, arm; ► **be ~ in arithmetic** schwach im Rechnen sein; **have a ~ opinion of s.o.** nicht viel von jdm halten; **that is a ~ consolation** das ist ein schwacher Trost; **~ me!** ich Ärmster! **II** *s pl* ► **the ~** die Armen *pl;* **poor-box** Opferstock *m;* **poor law** Armenrecht *n,* -gesetzgebung *f;* **poor·ly** ['pʊəlɪ] **I** *adv* **1.** arm; ärmlich; **2.** schlecht mangelhaft, dürftig; ► **think ~ of s.o.** nicht viel von jdm halten; **they did ~ in the examination** sie haben im Examen schlecht abgeschnitten; **be ~ off** übel dran sein; **II** *adj fam* kränklich; ► **feel ~** sich nicht wohl fühlen; **poor·ness** ['pʊənɪs] **1.** Armut *f;* **2.** Mangel *m,* Dürftigkeit *f; (Boden)* Unfruchtbarkeit *f;* **poor-spirited** [ˌpʊər'spɪrɪtɪd] *adj* ängstlich.

pop¹ [pɒp] **I** *s* **1.** Knall(en *n*) *m;* **2.** Schuß *m;* **3.** *fam* Brause *f,* Sprudel *m;* **II** *itr* **1.** knallen; **2.** (zer)springen, platzen; **3.** *(~ open, out) (Augen)* groß werden; **4.** (mit e-m Gewehr) knallen (*at* auf); ► **go ~** losgehen, platzen; **his eyes ~ped out of his head** er riß die Augen weit auf; **III** *tr* **1.** zum Platzen bringen; **2.** *fam* stecken; ► **~ one's head round the corner** den Kopf um die Ecke stecken; **~ a hat on** einen Hut aufsetzen; **~ the question** *fam* e-n Heiratsantrag machen; **IV** *(mit*

Präposition) **pop in** *itr* hereinplatzen; *tr (Kopf)* hereinstrecken; **pop off** *itr* abhauen; *sl* abkratzen, sterben; **pop up** *tr* in die Höhe fahren, hoch-, auffahren; plötzlich auftauchen.

pop² [pɒp] *Am sl* **1.** Papa *m;* **2.** *fam hum* Alte(rchen *n*) *m.*

pop³ [pɒp] Popmusik *f;* **pop art** [ˈpɒpɑ:t] Pop-art *f;* **pop concert** [ˈpɒpˌkɒnsət] Popkonzert *n.*

popcorn [ˈpɒpkɔ:n] Popcorn *n.*

Pope [pəʊp] Papst *m;* **pop·ery** [ˈpəʊpərɪ] *pej* Pfaffentum *n.*

pop-eyed [ˌpɒpˈaɪd] *adj* glotzäugig.

pop group [ˈpɒpgru:p] Popgruppe *f.*

pop-gun Spielzeugpistole *f.*

pop·in·jay [ˈpɒpɪndʒeɪ] Fatzke *m.*

pop·lar [ˈpɒplə(r)] *bot* Pappel *f.*

pop·lin [ˈpɒplɪn] Popelin(e *f*) *m (Stoff).*

pop music [ˈpɒpˈmju:zik] Popmusik *f.*

pop·per [ˈpɒpə(r)] *Br fam* Druckknopf *m.*

pop·pet [ˈpɒpɪt] Schätzchen *n.*

poppy [ˈpɒpɪ] Mohn(blume *f*) *m;* **poppy·cock** [ˈpɒpɪkɒk] *fam* Quatsch *m.*

pop singer [ˈpɒpsɪŋə(r)] Popsänger(in) *m (f);* **pop song** Popsong, Schlager *m;* **pop-star** Popstar *m.*

popu·lace [ˈpɒpjʊləs] **1.** Volk *n;* **2.** (große) Masse *f.*

popu·lar [ˈpɒpjʊlə(r)] *adj* **1.** beliebt; populär (*with* bei); **2.** *(Preis)* niedrig, erschwinglich; **3.** *(Wissenschaft)* Populär-; populärwissenschaftlich; **4.** weitverbreitet; **5.** des Volkes; ▶ **be very ~** sehr gefragt sein; **make o.s. ~** sich beliebt machen (*with* bei); **~ edition** *(Buch)* Volksausgabe *f;* **~ front** Volksfront *f;* **by ~ consent, request** mit allgemeiner Zustimmung, auf allgemeinen Wunsch; **popu·lar·ity** [ˌpɒpjʊˈlærətɪ] Popularität, Beliebtheit *f* (*with* bei); **popu·lar·ize** [ˈpɒpjʊləraɪz] *tr* **1.** populär machen; **2.** *(Wissenschaft)* popularisieren; **popu·lar·ly** [ˈpɒpjʊlǝlɪ] *adj* allgemein.

popu·late [ˈpɒpjʊleɪt] *tr* bevölkern, besiedeln; **popu·la·tion** [ˌpɒpjʊˈleɪʃn] **1.** Bevölkerung *f;* **2.** Einwohnerschaft *f;* Einwohnerzahl *f;* **3.** *biol* Population *f;* Bestand *m,* Zahl *f;* ▶ **civil(ian) ~** Zivilbevölkerung *f;* **fall, increase** od **rise in ~** Bevölkerungsabnahme, -zunahme *f;* **rural, urban ~** Land-, Stadtbevölkerung *f;* **surplus ~** Bevölkerungsüberschuß *m;* **population density** Bevölkerungsdichte *f;* **population policy** Bevölkerungspolitik *f;* **popu·lous** [ˈpɒpjʊləs] *adj* dichtbesiedelt.

por·ce·lain [ˈpɔ:səlɪn] Porzellan *n.*

porch [pɔ:tʃ] Vorbau *m;* Veranda *f;* Vorhalle *f.*

por·cu·pine [ˈpɔ:kjʊpaɪn] Stachelschwein *n.*

pore¹ [pɔ:(r)] Pore *f.*

pore² [ˈpɔ:(r)] ▶ **~ over** *tr* **1.** (nach)sinnen, grübeln über; **2.** eifrig studieren (*over a book* ein Buch).

pork [pɔ:k] Schweinefleisch *n;* **pork chop** Schweinskotelett *n;* **porker** [ˈpɔ:kə(r)] Mastschwein *n;* **pork pie** (Schweine)Fleischpastete *f;* **porky** [ˈpɔ:kɪ] *adj fam* dick, korpulent.

por·no·graph·ic [pɔ:nəˈgræfɪk] pornographisch; **por·n(ogra·phy)** [pɔ:n, pɔ:ˈnɒgrəfɪ] Pornographie *f.*

po·rous [ˈpɔ:rəs] *adj* durchlässig, porös.

por·poise [ˈpɔ:pəs] *zoo* Tümmler *m.*

por·ridge [ˈpɒrɪdʒ] Haferflockenbrei *m;* **porridge oats** *pl* Haferflocken *f pl;* **por·rin·ger** [ˈpɒrɪndʒə(r)] Suppennapf *m.*

port¹ [pɔ:t] Haltung *f;* ▶ **at the ~** *mil (Gewehr)* zum Appell vorgezeigt.

port² [pɔ:t] (See)Hafen *m;* Hafenstadt *f,* -platz *m;* ▶ **any ~ in a storm** in der Not frißt der Teufel Fliegen; **come into, reach ~** in den Hafen einlaufen; **leave ~** auslaufen; **port authority** Hafenamt *n;* **port dues** *pl* Hafengebühren *f pl.*

port³ [pɔ:t] **1.** *mar (~hole)* Bullauge *n;* **2.** Ladepforte, Pfortluke *f;* **3.** *mar* Backbord *n;* **4.** *tech* Durchlaß *m;* **5.** *EDV* Steckplatz *m.*

port⁴ [pɔ:t] Portwein *m.*

port·able [ˈpɔ:təbl] *adj* tragbar; ▶ **~ type-writer** Reiseschreibmaschine *f;* **~ radio** Kofferradio *n;* **~ television (set)** tragbares Fernsehgerät; **porta·cab·in, porta·kab·in** [ˈpɔ:təˌkæbin] Wohncontainer *m;* **port·age** [ˈpɔ:tɪdʒ] Transport *m;* Transportkosten *pl.*

por·ten·tous [pɔ:ˈtentəs] *adj* **1.** verhängnis-, unheilvoll; **2.** ungewöhnlich; unglaublich.

por·ter [ˈpɔ:tə(r)] **1.** (Gepäck)Träger, Dienstmann *m;* **2.** *Am* Schlafwagenschaffner *m;* **3.** Pförtner, Portier *m;* **4.** *med* Pfleger *m;* **5.** *Am (~-house steak)* (Rinder)Filet *n;* ▶ **~'s lodge** Pförtnerloge *f.*

port·folio [pɔ:tˈfəʊlɪəʊ] ⟨*pl* -folios⟩ **1.** (Akten)Mappe *f;* **2.** (Effekten)Portefeuille *n,* Bestand *m* an Wertpapieren; **3.** *pol* Geschäftsbereich *m (e-s Ministers).*

port·ico [ˈpɔ:tɪkəʊ] ⟨*pl* -icos⟩ Säulenhalle *f,* -gang *m.*

por·tion [ˈpɔ:ʃn] **I** *s* **1.** Teil *m* (*of* an); **2.** *(Karte)* Abschnitt *m;* **3.** (Essens)Portion *f;* **4.** Schicksal, Los *n;* **II** *tr (~ out)* ein-, zu-, austeilen.

port·ly [ˈpɔ:tlɪ] *adj* korpulent.

por·trait [ˈpɔ:trɪt] Porträt *n;* ▶ **have one's ~ painted** sich malen lassen; **portraitist, portrait painter** [ˈpɔ:trɪtɪst] Porträtmaler(in) *m (f);* **por·trait·ure** [ˈpɔ:trɪtʃə(r)] Porträtmalerei *f;* **por·tray** [pɔ:ˈtreɪ] *tr* **1.** malen; **2.** *fig* schildern, beschreiben; **3.** *theat* darstellen; **por-**

trayal [pɔːˈtreɪəl] **1.** *fig* Schilderung, Beschreibung *f;* **2.** *theat* Darstellung *f.*
Por·tu·gal [ˈpɔːtjʊgəl] Portugal *n;* **Por·tu·guese** [ˌpɔːtjʊˈgiːz] **I** *adj* portugiesisch; **II** *s* **1.** Portugiese *m,* Portugiesin *f;* **2.** (das) Portugiesisch(e).
pose [pəʊz] **I** *s* **1.** Haltung *f;* **2.** *fig pej* Pose *f;* **II** *tr* **1.** aufstellen; **2.** *(Problem)* vortragen; **3.** *(Schwierigkeiten)* machen; **4.** *(Frage)* formulieren; **5.** *(Bedrohung)* darstellen; **III** *itr* **1.** Modell stehen (*for a photo* e-m Fotografen); **2.** sich in Positur werfen; **3.** e-e bestimmte Haltung einnehmen; **4.** sich ausgeben (*as* als); angeben; **poser** [ˈpəʊzə(r)] **1.** schwierige Frage; schwieriges Problem; **2.** affektierter Mensch, Angeber(in) *m (f).*
posh [pɒʃ] *adj fam* piekfein, vornehmen; ▶ **what a ~ car!** (was für) ein toller Wagen!
posit [ˈpɒzɪt] *tr* voraussetzen; postulieren.
po·si·tion [pəˈzɪʃn] **I** *s* **1.** Platz *m;* Stelle *f;* Standort *m;* Lage *f;* **2.** Haltung *f;* Stellung *f;* Position *f;* **3.** Standpunkt *m;* **4.** *sport* Platz *m;* **5.** gesellschaftliche Stellung; **6.** (feste) Stelle, Stellung *f* (*with* bei); ▶ **in, out of ~** am rechten, falschen Platz; **in my ~** in meiner Lage; **in a difficult, in an awkward ~** in e-r schwierigen, unbequemen Lage; **be in a ~ to do** in der Lage sein zu tun; **hold, occupy a ~** e-e Stelle haben; **place in a difficult ~** in e-e schwierige Lage bringen; **take up a ~** *fig* Stellung beziehen; **firm, permanent ~** feste Stelle; **legal ~** Rechtslage *f;* **~ for life** Lebensstellung *f;* **II** *tr* aufstellen; ▶ **he ~ed himself where he could see** er stellte sich so, daß er gut sehen konnte.
posi·tive [ˈpɒzətɪv] **I** *adj* **1.** positiv; **2.** *(Einstellung)* positiv, bejahend; *(Kritik)* konstruktiv; **3.** *(Mensch, Auftreten, Ton)* bestimmt; streng; *(Antwort)* definitiv; ▶ **be ~** ganz sicher sein (*that* daß); **~ thinking** positive Einstellung; **it's a ~ miracle** es ist ein wahres Wunder; **II** *s phot* Positiv *n;* **posi·tive·ly** [—lɪ] *adv* absolut; ohne jeden Zweifel; ganz sicher; ▶ **state ~ that** eindeutig erklären, daß.
posse [ˈpɒsɪ] *Am* Aufgebot *n.*
pos·sess [pəˈzes] *tr* **1.** besitzen; **2.** *(Sprache)* beherrschen; **3.** *(e-n Menschen)* beherrschen, Besitz ergriffen haben von; ▶ **~ o.s. of s.th.** von e-r S Besitz ergreifen; **be ~ed by** ergriffen, (ganz) eingenommen sein von; besessen sein von; **what ~ed you to do that?** was ist in Sie gefahren, so etwas zu tun?; **pos·sessed** [pəˈzest] *adj* **1.** besessen (*by* von); erfüllt (*with* von); **2.** begabt (*of* mit); **pos·session** [pəˈzeʃn] **1.** Besitz *m;* **2.** Eigentum *n;* **3.** *pl* Besitz *m,* Habe *f;* ▶ **be in ~ of s.th., have s.th. in one's ~** im Besitz e-r S sein, etw in Besitz haben; **come into ~ of s.th.** in den Besitz, Genuß e-r S kommen; **take ~ of** Besitz ergreifen von, in Besitz nehmen; **pos·sess·ive** [pəˈzesɪv] *adj* ▶ **be ~** sein Besitzrecht stark betonen; **~ pronoun** Possessivpronomen *n,* besitzanzeigendes Fürwort; **pos·sessor** [pəˈzesə(r)] Besitzer(in), Inhaber(in) *m (f).*
pos·si·bil·ity [ˌpɒsəˈbɪlətɪ] **1.** Möglichkeit *f* (*of doing* zu tun; *of* zu, für); **2.** *fam* in Frage kommende Person; **poss·ible** [ˈpɒsəbl] **I** *adj* **1.** möglich (*for* für; *with* bei); **2.** denkbar, geeignet; **3.** *fam* annehmbar; ▶ **as early, as soon as ~** so früh, so bald wie möglich; **if (it is) ~** wenn möglich; **II** *s* **1.** *sport* höchste Punkt-, Ringzahl; **2.** in Frage kommende Person *od* Sache; **poss·ib·ly** [ˈpɒsəblɪ] *adv* **1.** möglicherweise, eventuell; **2.** vielleicht; ▶ **if I ~ can** wenn ich irgend kann; **I cannot ~ come** ich kann unmöglich kommen.
pos·sum [ˈpɒsəm] Opossum *n,* Beutelratte *f;* ▶ **play ~** *fam* sich schlafend stellen.
post[1] [pəʊst] **I** *s* Pfosten, Pfahl, Mast *m;* ▶ **first-past-the-~ system** *pol* Mehrheitswahlrecht *n;* **II** *tr (~ up)* **1.** ankleben, -schlagen; **2.** durch Anschlag bekanntmachen; ▶ **~ no bills** Plakate ankleben verboten!
post[2] [pəʊst] **I** *s* **1.** (Arbeits)Stelle *f,* Posten *m;* **2.** *mil* Posten *m;* **3.** *(trading ~)* Handelsplatz *m;* ▶ **first ~** Wecksignal *n;* **last ~** Zapfenstreich *m;* **II** *tr* **1.** *mil* als Posten aufstellen; (ab)kommandieren; **2.** versetzen.
post[3] [pəʊst] **I** *s Br* Post *f;* ▶ **by ~** mit der Post; **by return of ~** postwendend; **by the same ~** mit gleicher Post; **by today's ~** mit der heutigen Post; **by separate ~** mit getrennter Post; **is there any ~ for me?** ist Post für mich da? **evening, letter, morning, parcel ~** Abend-, Brief-, Morgen-, Paketpost *f;* **II** *tr* **1.** in den Briefkasten werfen; auf die Post geben; **2.** aufgeben, abschicken, -senden; **3.** *(~ up)* eintragen.
post·age [ˈpəʊstɪdʒ] Porto *n,* (Post)Gebühr *f;* ▶ **what is the ~ to Italy?** wieviel kostet ein Brief nach Italien? **postage meter** *Am* Frankiermaschine *f;* **postage paid I** *adj* portofrei; ▶ **~ envelope** Freiumschlag *m;* **II** *adv* portofrei; **postage rate** Postgebühr *f;* **postage stamp** Briefmarke *f,* Postwertzeichen *n.*
postal [ˈpəʊstl] *adj* Post-, postalisch; ▶ **~ address** Postanschrift *f;* **~ card** *Am* Postkarte *f;* **~ code** Postleitzahl *f;* **~ district** Postbezirk *m;* **~ order** *Br* Postanweisung *f;* **~ vote** Briefwahl *f.*
post·bag [ˈpəʊstbæg] *Br* Postsack *m;*

post-box *Br* Briefkasten *m;* **post-card** ['pəʊstkɑːd] Postkarte *f;* ► **picture** ~ Ansichtskarte *f;* **post-code** *Br* Postleitzahl *f.*
post·date [ˌpəʊst'deɪt] *tr (Scheck)* vordatieren.
posted ['pəʊstɪd] *adj* ► **keep s.o.** ~ jdn auf dem laufenden halten; **well** ~ gut informiert; ~ **price** *com* Listenpreis *m;* ~ **rate** *(Bank)* Devisenankaufkurs *m.*
poster ['pəʊstə(r)] Plakat *n;* Poster *n.*
poste restante ['pəʊst'restɑːnt] **I** *adv* postlagernd; **II** *s* Abteilung *f* für postlagernde Sendungen.
pos·terior [pɒ'stɪərɪə(r)] **I** *adj* **1.** später (*to* als); **2.** hinter; **II** *s fam* Hintern *m.*
pos·ter·ity [pɒ'sterətɪ] **1.** Nachkommen *m pl;* **2.** Nachwelt *f.*
pos·tern ['pɒstən] *obs* Hintertür *f.*
post-free [ˌpəʊst'friː] *adj* portofrei; frankiert.
post·gradu·ate [ˌpəʊst'grædʒʊət] **I** *adj (Studium)* nach dem Examen; **II** *s* Doktorand *m;* Graduierte(r) *f m.*
post haste [ˌpɜʊst'heɪst] *adv* schnellstens.
post·hum·ous ['pɒstjʊməs] *adj* **1.** nachgeboren; **2.** post(h)um; ► ~ **fame** Nachruhm *m.*
post·ing ['pəʊstɪŋ] **1.** *(Postsendung)* Aufgabe, Einlieferung *f;* **2.** *(Plakat)* Anschlagen *n;* **3.** *(beruflich)* Versetzung *f.*
post·man ['pəʊstmən] ‹*pl* -men› Briefträger *m;* **post·mark** ['pəʊstmɑːk] **I** *s* Poststempel *m;* ► **date as** ~ Datum *n* des Poststempels; **II** *tr* stempeln; **post-mas·ter** ['pəʊstˌmɑːstə(r)] Postamtsvorsteher *m;* ► **P~ General** Postminister *m.*
post meri·diem [ˌpəʊst mə'rɪdɪəm], **pm** *adv* nachmittags; **post·mod·ern** [ˌpəʊst'mɒdən] *adj arch lit* postmodern; **post·mod·ern·ism** [—ɪzm] *arch lit* Postmoderne *f;* **post-mor-tem** [ˌpəʊst'mɔːtəm] **1.** *(~ examination)* Autopsie, Leichenöffnung *f;* **2.** *fig* Überprüfung *f;* **post-natal** *adj* nach der Geburt (stattfindend); *med* postnatal.
post of·fice, PO ['pəʊstˌɒfɪs, ˌpiː'əʊ] Postamt *n;* ► **the P~** die Post; ~ **box, PO Box** Postfach *n;* **post-paid** [ˌpəʊst'peɪd] *adj* frankiert; ► ~ **reply card** Werbeantwort(karte) *f.*
post·pone [pə'spəʊn] *tr* **1.** auf-, verschieben, zurückstellen; **2.** *(Termin)* verlegen, vertagen; **post·pone·ment** [—mənt] Verschiebung *f;* Vertagung *f;* **post·script, PS** ['pəʊsskrɪp, ˌpiː'es] Nachschrift *f.*
pos·tu·late ['pɒstjʊleɪt] **I** *tr* voraussetzen, postulieren; **II** *s* ['pɒstjʊlət] (Grund)Voraussetzung *f,* Postulat *n.*
pos·ture ['pɒstʃə(r)] **I** *s* Haltung *f;* **II** *itr* e-e bestimmte Stellung, *fig* Haltung einnehmen.
post-war ['pəʊstwɔː] *adj attr* Nachkriegs-; ► ~ **Germany** Nachkriegsdeutschland *n;* **the** ~ **years** die Nachkriegsjahre.
posy ['pəʊzɪ] Blumenstrauß *m.*
pot [pɒt] **I** *s* **1.** Topf *m;* Kanne *f;* Krug *m;* **2.** *(chimney ~)* Kaminaufsatz *m;* **3.** *sport sl* Preis, *bes.* (Silber)Pokal *m;* **4.** *fam* Menge *f,* Haufen *m;* **5.** *fam (big ~)* hohes Tier; **6.** *fam* Dickbauch *m;* **7.** *sl (marijuana)* Gras *n;* **8.** *(~-shot)* Schuß *m;* ► **go to** ~ *sl* in die Brüche gehen; auf den Hund kommen; **keep the** ~ **boiling** sein Auskommen haben; die Sache in Gang halten; **coffee-~** Kaffeekanne *f;* **flower-~** Blumentopf *m;* **tea-~** Teekanne *f;* **II** *tr* **1.** *(Fleisch)* einmachen; **2.** *(Pflanzen)* eintopfen; **3.** *(Wild)* (ab)schießen; **4.** *fam (Kind)* auf den Topf setzen; **III** *itr* **1.** *(~ away)* herumknallen; **2.** *(Billard)* ins Loch spielen.
pot·able ['pəʊtəbl] *adj* trinkbar.
pot·ash ['pɒtæʃ] *chem* Pottasche *f;* ► **caustic** ~ Ätzkali *n.*
po·tass·ium [pə'tæsɪəm] *chem* Kalium *n;* **potassium chloride** Kaliumchlorid *n;* **potassium cyanide** Zyankali *n;* **potassium (per)manganate** Kalium(per)manganat *n.*
po·tato [pə'teɪtəʊ] ‹*pl* -tatoes› Kartoffel *f;* ► **boiled ~es** *pl* Salzkartoffeln *f pl;* **fried ~es** *pl* Brat-, Röstkartoffeln *f pl;* **mashed** ~ *pl* Kartoffelbrei *m;* **sweet, Spanish** ~ Batate *f;* **~es in the jacket** (in der Schale) gebackene Kartoffeln *f pl;* **potato beetle, potato bug** Kartoffelkäfer *m;* **potato chips,** *Br* **potato crisps** *pl* Kartoffelchips *pl;* **potato peeler** Kartoffelschäler *m.*
pot-bellied ['pɒtˌbelɪd] *adj* dickbäuchig; **pot-belly** Dickbauch, Wanst *m;* **pot-boiler** ['pɒtˌbɔɪlə(r)] Arbeit *f,* Werk *n,* um Geld zu verdienen.
po·teen [pɒ'tiːn, pɒ'tʃiːn] *(Irland)* heimlich gebrannter Whisky.
po·tency ['pəʊtənsɪ] **1.** Macht, Kraft, Stärke *f;* **2.** *physiol* Potenz *f;* **po·tent** ['pəʊtnt] *adj* **1.** mächtig, einflußreich; **2.** wirksam; **3.** überzeugend, zwingend; **4.** *physiol* potent.
po·ten·tate ['pəʊtnteɪt] Potentat *m.*
po·ten·tial [pə'tenʃl] **I** *adj* potentiell *a. phys,* möglich; **II** *s* Potential *n a. phys;* ► **show** ~ gute Anlagen haben (*as* zu); **po·ten·tial·ity** [pəˌtenʃɪ'ælətɪ] Möglichkeit *f;* **po·ten·tially** [pə'tenʃəlɪ] *adv* möglicherweise; potentiell.
pother ['pɒðə(r)] Aufregung *f.*
pot-herb ['pɒthɜːb] Küchenkraut *n;* **pot-holder** ['pɒtˌhəʊldə(r)] Topflappen *m;* **pot-hole** Schlagloch *n;* **pot-holer** ['pɒtˌhəʊlə(r)] Höhlenforscher(in) *m (f);* **pot-hook** **1.** Kesselhaken *m;* **2.** *fam* Krakelfuß *m;* **pot-hunter** **1.** Jäger *m,*

der jedes Wild abknallt; **2.** *sport* Preisjäger *m.*

po·tion ['pəʊʃn] Trank *m.*

pot-luck [pɒt'lʌk] *:* ▶ **take ~** mit dem vorliebnehmen, was es gerade gibt.

pot-pourri [ˌpəʊ'pʊəri:] *mus* Potpourri *n.*

pot roast ['pɒtrəʊst] Schmorbraten *m;* **pot-shot** Schuß *m* aufs Geratewohl; **potted** ['pɒtɪd] *adj* **1.** *(Küche)* eingemacht; **2.** *(Pflanze)* Topf-; **3.** *fig* zusammengefaßt; ▶ **~ meat** Pökelfleisch *n.*

pot·ter¹ ['pɒtə(r)] Töpfer(in) *m (f);* ▶ **~'s wheel** Töpferscheibe *f.*

pot·ter² ['pɒtə(r)] *itr* **1.** *(~ about)* herumtrödeln, -bummeln; **2.** herumpfuschen (*at* an).

pot·tery ['pɒtərɪ] **1.** Töpferei *f;* **2.** Töpferwaren *f pl.*

potty¹ ['pɒtɪ] *adj Br fam* verrückt; ▶ **be ~ about s.th.** ganz verrückt sein auf etw; **you're driving me ~** Sie bringen mich um den Verstand.

potty² ['pɒtɪ] *fam (chamber ~)* Töpfchen *n.*

pouch [paʊtʃ] **1.** Beutel *m a. zoo;* Tasche *f a. bot;* **2.** *(tobacco ~)* Tabaksbeutel *m;* **3.** *med* Tränensack *m.*

pouf [pu:f] *s. poof.*

pouffe [pu:f] Sitzkissen *n.*

poul·terer ['pəʊltərə(r)] Geflügelhändler(in) *m (f).*

poul·tice ['pəʊltɪs] *med* Packung *f.*

poul·try ['pəʊltrɪ] Geflügel *n;* **poultry farm** Geflügelfarm *f;* **poultry farming** Hühnerzucht *f.*

pounce [paʊns] **I** *s* **1.** Herabstoßen *n (e-s Raubvogels);* **2.** Sprung *m (e-s Raubtiers)* (*at* auf); **II** *itr* **1.** herabstoßen, sich stürzen (*on, upon, at* auf); **2.** anspringen (*on, upon, at* acc); **3.** herfallen (*on, upon, at* über).

pound¹ [paʊnd] **1.** Pfund *n (16 Unzen = 453,592 g);* **2.** *(~ sterling)* Pfund *n;* ▶ **by the ~** pfundweise.

pound² [paʊnd] **1.** Tierasyl *n;* **2.** *(für abgeschleppte Autos)* Abstellplatz *m.*

pound³ [paʊnd] **I** *tr* **1.** (zer)stoßen, (zer)stampfen; **2.** schlagen, stoßen, trommeln auf *od* gegen; **II** *itr* **1.** schlagen, stoßen, trommeln, hämmern (*at, on* auf, gegen); **2.** *(Maschine)* stampfen; **3.** *(Herz)* heftig schlagen; ▶ **~ about** herumstapfen; **~ along** mühsam gehen; **~ out** daraufhämmern.

pounder ['paʊndə(r)] *(in Zssgn)* -pfünder *m.*

pound·ing ['paʊndɪŋ] Stoßen *n;* Hämmern *n;* Stampfen *n;* Dröhnen *n;* ▶ **the team took a real ~** *sport* die Mannschaft bezog e-e schwere Niederlage (*from* von).

pound note ['paʊndnəʊt] Pfundnote *f.*

pour [pɔ:(r)] **I** *tr* **1.** gießen, schütten (*out of, from* aus; *into* in; *on* auf; *over* über); **2.** *(Getränk)* eingießen, -schenken; ▶ **~ oil on troubled waters** die erhitzten Gemüter beruhigen; **~ cold water on s.o.** *fig* jdn ernüchtern; **II** *itr* **1.** fließen, strömen, sich ergießen; ▶ **~ing rain** strömender Regen; **2.** *(Menschen)* sich (in Massen) stürzen; ▶ **it's ~ing** es gießt in Strömen; **III** *(mit Präposition)* **pour in** *itr* **1.** hereinströmen; **2.** *(Aufträge)* zahlreich eingehen; *tr* eingießen, -schenken; **pour out** *itr* herausströmen; *tr* **1.** ausgießen; **2.** *(sein Herz)* ausschütten; ▶ **he ~ed his troubles out to me** er hat mir sein Leid geklagt.

pout [paʊt] **I** *itr* schmollen; **II** *s* Schmollen *n;* Schmollmund *m.*

pov·erty ['pɒvətɪ] **1.** Armut *f;* **2.** Mangel *m* (*of, in* an); Mangelhaftigkeit *f;* ▶ **be reduced to ~** verarmt sein; **poverty line** Armutsgrenze *f,* Existenzminimum *n;* **pov·erty-stricken** ['pɒvətɪˌstrɪkən] *adj* verarmt.

pow·der ['paʊdə(r)] **I** *s* **1.** Puder *m;* **2.** Pulver *n;* **II** *tr* **1.** (ein)pudern; **2.** bestreuen (*with* mit); **3.** pulverisieren; ▶ **~ one's nose** sich die Nase pudern; *fig* zur Toilette gehen; **powder-compact** Puderdose *f;* **pow·dered** ['paʊdəd] *adj* ▶ **~ egg** Eipulver *n;* **~ milk** Milchpulver *n;* **~ sugar** *Am* Puder-, Staubzucker *m;* **powder keg** *fig* Pulverfaß *n;* **powder-magazine** Pulvermagazin *n;* **powder-puff** Puderquaste *f;* **powder-room** Damentoilette *f;* **pow·dery** ['paʊdərɪ] *adj* **1.** pulvrig; **2.** bröckelig, morsch; **3.** gepudert; ▶ **~ snow** Pulverschnee *m.*

power ['paʊə(r)] **1.** Kraft *f;* Stärke, Wucht *f; fig* Überzeugungskraft *f;* **2.** Macht *f;* **3.** Herrschaft *f* (*over* über); **4.** Einfluß *m* (*with* auf); **5.** Vollmacht, Berechtigung, Befugnis *f;* **6.** *pol* Macht *f;* **7.** *phys tech el* Kraft, Energie *f;* Leistung *f;* Strom *m;* **8.** *math* Potenz *f;* **9.** *fam* Menge, Masse *f* (*of money* Geld); ▶ **be in ~** an der Macht sein; **be in s.o.'s ~** in jds Gewalt sein; **be within (beyond) s.o.'s ~** (nicht) in jds Macht liegen; **come into ~** an die Macht gelangen; **do all in one's ~** alles in seiner Macht Stehende tun; **it did me a ~ of good** es hat mir sehr gut getan; **give s.o. full ~s** jdm Vollmacht erteilen; jdm freie Hand lassen; **have full ~s** Vollmacht haben; **he is losing his ~s** seine Kräfte lassen nach; **accession, coming to, assumption of ~** Machtübernahme *f;* **atomic ~** Atomkraft *f;* **balance of ~** Gleichgewicht *n* der Kräfte; **the ~ of love** die Macht der Liebe; **his ~s of hearing** sein Hörvermögen; **buying ~** Kaufkraft *f;* **display of ~** Machtentfaltung *f;* **earning-~** Ertrags-, Erwerbsfähigkeit *f;* **economic ~** Wirtschaftspotential *n;* **electric ~** elektrische Energie; **nuclear**

~ Kernkraft *f; pol* Atommacht *f;* **parental** ~ elterliche Gewalt; **source of** ~ Kraft-, Energiequelle *f;* **sphere of** ~ Machtsphäre *f,* Einflußbereich *m;* **water** ~ Wasserkraft *f;* **world** ~ Weltmacht *f;* **the ~s above** die himmlischen Mächte *f pl;* die Obrigkeit; ~ **of attorney** (Handlungs-, Prozeß)Vollmacht *f;* ~ **of life and death** Gewalt über Leben u. Tod; **the ~s that be** die Machthaber *m pl;* die Obrigkeit; **power-assisted steering** *mot* Servolenkung *f;* **power-boat** Rennboot *n;* **power brakes** *pl* Servobremsen *f pl;* **power cable** Starkstromkabel *n;* **power-cut** Stromsperre *f;* Stromausfall *m;* **power-driven** ['paʊədrɪvn] *adj* mit Motorantrieb.

power·ful ['paʊəfl] *adj* **1.** mächtig, stark, einflußreich; **2.** leistungsfähig, -stark; **power·ful·ly** ['paʊəfəlɪ] *adv fam* mächtig, gewaltig; ► ~ **built** kräftig gebaut.

power-house ['paʊəˌhaʊs] **1.** Kraftwerk *n;* **2.** *fig* treibende Kraft; dynamischer Mensch; **power·less** ['paʊəlɪs] *adj* kraft-, machtlos; **power line** Starkstrom-, Hochspannungsleitung *f;* **power mower** Motor-Rasenmäher *m;* **power output** Ausgangsleistung *f;* **power pack** *el* Netzteil *n;* **power plant** Kraftwerk *n;* **power-point** *el* Energiequelle *f;* Steckdose *f;* **power politics** *pl* Machtpolitik *f;* **power saw** Motorsäge *f;* **power-station** Kraftwerk *n;* ► **nuclear** ~ Kernkraftwerk *n;* **power steering** *mot* Servolenkung *f;* **power tool** Elektrowerkzeug *n;* **power transmission** *tech* Kraftübertragung *f;* **power worker** Elektrizitätsarbeiter(in) *m (f).*

pow·wow ['paʊwaʊ] *fam* Konferenz *f.*

pox [pɒks] **1.** Syphilis *f;* **2.** *(small~)* Pokken *pl;* ► **chicken** ~ Windpocken *pl.*

PR [pi:'ɑ:(r)] *Abk:* **public relations** PR.

prac·ti·cable ['præktɪkəbl] *adj* **1.** aus-, durchführbar; **2.** befahr-, begehbar.

prac·ti·cal ['præktɪkl] *adj* praktisch; *(Mensch)* praktisch (veranlagt); *(Lösung, Idee)* praxisnah, -orientiert; ► ~ **joke** Streich *m;* ~ **knowledge** Erfahrungswissen *n;* **prac·ti·cal·ity** [ˌpræktɪ'kælətɪ] **1.** brauchbare Lösung; **2.** Brauchbarkeit, Sachlichkeit *f;* **prac·ti·cal·ly** ['præktɪk(ə)lɪ] *adv* **1.** in der Praxis; **2.** praktisch, so gut wie, nahezu; ► **it's** ~ **the same** es ist fast dasselbe.

prac·tice ['præktɪs] **1.** Gewohnheit *f;* Brauch *m,* Sitte *f;* **2.** *bes. com* Verfahrensweise, Praxis *f;* **3.** *(Arzt, Anwalt)* Praxis *f;* **4.** *(nicht Theorie)* Praxis *f;* **5.** Übung *f; sport* Training *n;* **6.** Probe *f;* ► **in** ~ in der Praxis; **out of** ~ aus der Übung; **be in** ~ *(Arzt, Anwalt)* praktizieren; **make it a** ~ **to do, make a** ~ **of doing** es sich zur Gewohnheit machen zu tun; **put in(to)** ~ in die Tat umsetzen; **banking** ~ Banküsance *f;* **business ~s** *pl* Geschäftspraktiken *f pl;* **it is** ~ es ist handelsüblich; ~ **makes perfect** Übung macht den Meister; **prac·tise,** *Am* **prac·tice** ['præktɪs] **I** *tr* **1.** üben; *(Lied, Stück)* proben; **2.** *(Beruf)* ausüben; ► ~ **law** als Anwalt tätig sein; ~ **medicine** e-e ärztliche Praxis haben; ~ **what one teaches** das tun, was man immer predigt; **II** *itr* **1.** üben (*on* an, auf); **2.** praktisch tätig sein, praktizieren; **3.** *sport* trainieren; **prac·tised,** *Am* **practiced** ['præktɪst] *adj* erfahren, routiniert; **prac·tis·ing** ['præktɪsɪŋ] *adj (Arzt, Homosexueller)* praktizierend; *(Kommunist, Christ)* aktiv; **prac·titioner** [præk'tɪʃənə(r)] **1.** Praktiker(in) *m (f),* Mensch *m* der Praxis; **2.** *(general ~)* praktischer Arzt, praktische Ärztin; ► **legal** ~ (praktizierende(r)) Rechtsanwalt *m,* -anwältin *f.*

prag·matic [præg'mætɪk] *adj* pragmatisch.

prairie ['preərɪ] Prärie *f.*

praise [preɪz] **I** *tr* loben (*for* wegen); ~ **to the skies** *fam* in den Himmel heben; **II** *s* **1.** Lob *n;* **2.** Anerkennung *f;* ► **sing one's own ~s** sich selbst loben; ~ **be** Gott sei Dank! **praise·worthy** ['preɪzˌwɜ:ðɪ] *adj* lobenswert.

pram [præm] *Br* Kinderwagen *m.*

prance [prɑ:ns] *itr* **1.** *(Pferd)* tänzeln; **2.** *fig* einherstolzieren.

prang [præŋ] *Br* **I** *s* Bruchlandung *f;* **II** *tr* eine Bruchlandung machen *(mit).*

prank [præŋk] (übler) Streich *m;* ► **play ~s on s.o.** jdm e-n Streich spielen.

prat [præt] *Br sl* dummer Kerl.

prate [preɪt] *itr* schwafeln.

prattle ['prætl] **I** *itr (~ on)* (daher)schwatzen; plappern; **II** *s* Geschwätz, Geplapper *n.*

prawn [prɔ:n] *zoo* (Stein)Garnele *f;* ► **go ~ing** Garnelen fangen; **prawn cocktail** Krabbencocktail *m.*

pray [preɪ] **I** *tr* bitten; **(I)** ~ **(you)** (ich) bitte (Sie); **II** *itr* **1.** beten (*to* zu; *for* um); **2.** flehen(tlich bitten) (*for* um); ► **past ~ing for** in e-m hoffnungslosen Zustand; **prayer** [preə(r)] **1.** Gebet *n;* **2.** Andacht *f;* ► **say one's ~s** sein Gebet verrichten; **the Lord's P~** das Vaterunser; **morning-, evening-~** Morgen-, Abendgebet *n;* **prayer-book** Gebetbuch *n;* **prayer-meeting** Betstunde *f;* **prayer-rug** Gebetsteppich *m;* **prayer wheel** Gebetsmühle *f.*

preach [pri:tʃ] **I** *itr* predigen *a. pej* (*on, about* über); ► ~ **to s.o.** *fig* jdm e-e Predigt halten; **II** *tr* **1.** predigen; **2.** verfechten, sich einsetzen für; **3.** *(Predigt)* halten; ► ~ **caution** zur Vorsicht raten; **preacher** ['pri:tʃə(r)] Prediger *m;* **preach·ify** ['pri:tʃɪfaɪ] *itr fam* Moralpredigten halten.

pre·amble [pri:ˈæmbl] *jur pol* Präambel *f;* Einleitung, Vorrede *f.*

pre·ar·range [ˌpri:əˈreɪndʒ] *tr* vorher festlegen, bestimmen.

preb·end [ˈprebənd] *rel* Pfründe *f;* **preb·en·dary** [ˈprebəndrɪ] Inhaber *m* e-r Pfründe.

pre·cari·ous [prɪˈkeərɪəs] *adj* **1.** unsicher, ungewiß; **2.** prekär, gefährlich; **3.** *(Theorie)* anfechtbar.

pre·cast [ˌpri:ˈkɑ:st] *adj* vorgefertigt.

pre·caution [prɪˈkɔ:ʃn] Vorsicht(smaßnahme, -maßregel) *f;* ▶ **take the ~ of doing s.th** etw vorsichtshalber tun; **take ~s** Vorsichtsmaßnahmen treffen; empfängnisverhütende Mittel nehmen; **pre·caution·ary** [ˌprɪˈkɔ:ʃ(ə)nərɪ] *adj* Vorsichts-, vorbeugend.

pre·cede [prɪˈsi:d] *tr* **1.** voraus-, vorangehen (*s.o., s.th.* jdm, e-r S); **2.** *(im Rang)* stehen über; **3.** *(in Bedeutung)* den Vorrang haben vor; **pre·ced·ence** [ˈpresɪdəns] **1.** Vorrang, -tritt *m;* **2.** höherer Rang, höheres Dienstalter; ▶ **give s.o. ~, yield ~ to s.o.,** jdm den Vortritt lassen; **have, take ~ over** den Vorrang haben vor; rangieren vor; **in order of ~** der Rangordnung nach; **pre·ced·ent** [ˈpresɪdent] **1.** Präzedenzfall *m;* **2.** *pl* frühere Fälle *m pl;* **pre·ced·ing** [prɪˈsɪ:dɪŋ] *adj* vorhergehend.

pre·cept [ˈpri:sept] Grundsatz *m,* Maxime *f.*

pre·cinct [ˈpri:sɪŋkt] **1.** *(shopping ~)* Einkaufsviertel *n;* **2.** *(pedestrian ~)* Fußgängerzone *f;* **3.** *Am (police ~)* Revier *n;* **4.** Bezirk *m;* ▶ **~s** *pl* Gelände *n;* Umgebung *f.*

precious [ˈpreʃəs] *adj* wertvoll (*to* für); kostbar *a. fig* preziös; ▶ **~ few** *fam* ganz wenige; **~ metal** Edelmetall *n;* **~ stone** Edelstein *m.*

preci·pice [ˈpresɪpɪs] Abgrund *m a. fig;* ▶ **stand on the edge of a ~** *fig* vor e-m Abgrund stehen.

pre·cipi·tate [prɪˈsɪpɪteɪt] **I** *tr* **1.** hinabstürzen; **2.** stürzen (*into ruin* ins Verderben); **3.** *fig* überstürzen; beschleunigen; **4.** *chem mete* niederschlagen, kondensieren, fällen; **II** *itr* **1.** sich stürzen (*into* in); **2.** *chem mete* sich niederschlagen; **III** *adj fig* [prəˈsɪpɪtɪt] überstürzt; **IV** *s chem mete* Niederschlag *m;* **pre·cipi·ta·tion** [prɪˌsɪpɪˈteɪʃn] **1.** Überstürzung *f;* **2.** *chem* Fällung *f;* **3.** *mete* Niederschlag *m,* Niederschlagsmenge *f;* **pre·cipi·tous** [prɪˈsɪpɪtəs] *adj* **1.** abschüssig, steil (abfallend), jäh; **2.** überstürzt.

pré·cis [ˈpreɪsi:, *Am* preɪˈsi:] ⟨*pl* -cis⟩ [ˈpreɪsi:z] Zusammenfassung *f;* Inhaltsangabe *f.*

pre·cise [prɪˈsaɪs] *adj* **1.** genau, exakt; **2.** gewissenhaft; pünktlich; **3.** pedantisch, umständlich; ▶ **at the ~ moment that** in dem Augenblick als; **pre·cise·ly** [—lɪ] *adv* genau; **~!** stimmt! so ist es!

pre·ci·sion [prɪˈsɪʒn] **1.** Genauigkeit, Exaktheit *f;* **2.** *tech* Präzision *f;* ▶ **~ balance** Präzisionswaage *f;* **~ bombing** gezielter Bombenabwurf; **~ instrument** Präzisionsinstrument *n;* **~ tools** *pl* Präzisionswerkzeuge *n pl.*

pré·cis-writ·ing [ˈpreɪsi:ˌraɪtɪŋ] *(Schule)* Inhaltsangabe *f.*

pre·clude [prɪˈklu:d] *tr* **1.** ausschließen; **2.** hindern (*from doing* etw zu tun).

pre·co·cious [prɪˈkəʊʃəs] *adj* frühreif; **pre·coc·ious·ness, pre·coc·ity** [prɪˈkəʊʃəsnɪs, prɪˈkɒsətɪ] Frühreife *f.*

pre·con·ceived [ˈpri:kɒnsi:vd] *adj* vorgefaßt; **pre·con·cep·tion** [ˌpri:kənˈsepʃn] Vorurteil *n.*

pre·cook [ˈpri:kʊk] vorkochen.

pre·cur·sor [ˌpri:ˈkɜ:sə(r)] Vorläufer, Vorgänger *m.*

pre·date [pri:ˈdeɪt] *tr* zeitlich vorangehen.

preda·tor [ˈpredətə(r)] Raubtier *n.*

preda·tory [ˈpredətrɪ] *adj* räuberisch, Raub-.

pre·de·cessor [ˈpri:dɪsesə(r)] Vorgänger(in) *m (f).*

pre·des·ti·nate [ˌpri:ˈdestɪneɪt] *tr* vorherbestimmen (*to* für); **pre·des·ti·na·tion** [ˌpri:destɪˈneɪʃn] Vorherbestimmung, Prädestination *f;* **pre·des·tine** [ˌpri:ˈdestɪn] *tr* prädestinieren.

pre·de·ter·mine [ˌpri:dɪˈtɜ:mɪn] *tr* vorher festlegen.

pre·dica·ment [prɪˈdɪkəmənt] mißliche Lage; ▶ **be in a ~** in der Klemme sitzen.

predi·cate [ˈpredɪkeɪt] **I** *tr* **1.** aussagen (*of* über); **2.** (be)gründen (*on, upon* auf); **3.** abhängig machen (*on a condition* von e-r Bedingung); **4.** stützen; **II** *s gram* [ˈpredɪkət] Prädikat *n.*

pre·dict [prɪˈdɪkt] *tr* vorhersagen, prophezeien; **pre·dict·able** [—əbl] *adj* vorhersehbar; **pre·dic·tion** [prɪˈdɪkʃn] Vorhersage, Prognose, Prophezeiung *f.*

pre·di·lec·tion [ˌpri:dɪˈlekʃn] Vorliebe *f* (*for* für).

pre·dis·pose [ˌpri:dɪˈspəʊz] *tr* **1.** geneigt, empfänglich machen (*to* zu, für); **2.** günstig stimmen (*in s.o.'s favo(u)r* für jdn); **3.** *med* prädisponieren (*to* für); **pre·dis·posi·tion** [ˌpri:dɪspəˈzɪʃn] **1.** Empfänglichkeit *f a. med;* **2.** *med* Prädisposition *f* (*to* für).

pre·domi·nance [prɪˈdɒmɪnəns] **1.** Überlegenheit *f,* Übergewicht *n* (*over* über); **2.** Vorherrschaft *f* (*over* über; *in* in); **pre·domi·nant** [prɪˈdɒmɪnənt] *adj* vorherrschend, überwiegend; **pre·domi·nate** [prɪˈdɒmɪneɪt] *itr* überlegen sein; die Oberhand haben (*over* über); vorherrschen (*over* vor).

pre-emi·nence [ˌpriːˈemɪnəns] Vorrang(stellung *f*) *m;* Überlegenheit *f* (*over* über); **pre-emi·nent** [ˌpriːˈemɪnənt] *adj* hervor-, überragend.
pre-empt [ˌpriːˈempt] *tr* zuvorkommen (*s.o.* jdm); **pre-emp·tion** [ˌpriːˈempʃn] Zuvorkommen *n;* **pre-emp·tive** [priːˈemptɪv] *adj* präventiv.
preen [priːn] *tr (Gefieder)* putzen, glätten; ▶ ~ **o.s.** sich feinmachen; ~ **o.s. on s.th.** sich etwas auf etw einbilden.
pre·fab [ˈpriːfæb] Fertighausteil *n;* **pre·fab·ri·cate** [ˌpriːˈfæbrɪkeɪt] *tr* vorfabrizieren; ▶ ~**d** vorgefertigt; in Fertigbauweise erstellt; ~**d building** Fertighaus *n;* ~**d section** Fertigteil *n.*
pref·ace [ˈprefɪs] **I** *s* Vorwort *n;* **II** *tr* **1.** mit e-r Einleitung versehen; **2.** einleiten (*with* mit); **prefa·tory** [ˈprefətrɪ] *adj* einleitend.
pre·fect [ˈpriːfekt] Präfekt *m; Br* Vertrauensschüler(in) *m (f).*
pre·fer [prɪˈfɜː(r)] *tr* **1.** vorziehen, bevorzugen; **2.** lieber tun *od* haben (*s.th. to s.th. else* etw als e-e andere S; *rather than* als); **3.** *(im Amt)* befördern (*to* zu); **4.** *(Klage)* erheben (*against* gegen; *to* bei); **pre·fer·able** [ˈprefrəbl] *adj* vorzuziehen (*to* dat), wünschenswerter (*to* als); **pre·fer·ably** [ˈprefrəblɪ] *adv* am liebsten; **pref·er·ence** [ˈprefrəns] **1.** Vorzug *m;* Bevorzugung *f* (*over* vor); **2.** Vorliebe *f* (*for* für); **3.** Vorrecht *n;* Präferenz *f;* **4.** Meistbegünstigung *f,* Vorzugstarif *m;* **5.** *pl* Präferenzen *f pl;* Vorzugsaktien *f pl;* ▶ **by, for, from** ~ vorzugsweise; **in** ~ **to** lieber als; **give** ~ **to s.o.** jdm den Vorzug geben; **have a** ~ **for** e-e Vorliebe haben für; **what are your** ~**s?** worauf legen Sie Wert?; was ziehen Sie vor? **I have no** ~ das ist mir einerlei; **pref·er·en·tial** [ˌprefəˈrenʃl] *adj* bevorzugt, bevorrechtigt; ▶ ~ **duty** Vorzugszoll *m;* ~ **treatment** bevorzugte Behandlung, Bevorzugung *f;* **pre·ferred** [prɪˈfɜːd] *adj* **1.** bevorzugt; **2.** bevorrechtigt; ▶ ~ **(capital) stock** Vorzugsaktien *f pl.*
pre·fig·ure [ˌpriːˈfɪgə(r)] *tr* **1.** andeuten; **2.** sich vorher ausmalen.
pre·fix [ˈpriːfɪks] **I** *s* **1.** *gram* Vorsilbe *f,* Präfix *n;* **2.** *Am tele* Vorwahl *f;* **II** *tr* [priːˈfɪks] **1.** als Vorsilbe setzen vor; **2.** *fig* voranstellen, voransetzen.
preg·nancy [ˈpregnənsɪ] **1.** *(Frau)* Schwangerschaft *f;* **2.** *(Tier)* Trächtigkeit *f;* **3.** *fig (Ereignis)* Tragweite, Bedeutung *f;* ▶ **termination of** ~ Schwangerschaftsabbruch *m;* **pregnancy test** Schwangerschaftstest *m;* **preg·nant** [ˈpregnənt] *adj* **1.** *(Frau)* schwanger; **2.** *(Tier)* trächtig; **3.** *fig* bedeutungsvoll, gewichtig.
pre·his·toric [ˌpriːhɪˈstɒrɪk] *adj* prähistorisch; **pre·his·tory** [ˌpriːˈhɪstrɪ] Vor-, Urgeschichte *f.*
pre·judge [ˌpriːˈdʒʌdʒ] *tr* vorschnell verurteilen.
preju·dice [ˈpredʒʊdɪs] **I** *s* **1.** Vorurteil *n,* vorgefaßte Meinung (*against* gegen); Voreingenommenheit *f* (*in favo(u)r of* für); **2.** Beeinträchtigung *f,* Schaden, Nachteil *m;* **II** *tr* **1.** ungünstig beeinflussen, einnehmen (*s.o. against* jdn gegen); **2.** sich nachteilig auswirken auf, Abbruch tun (*s.th.* e-r S); **preju·diced** [ˈpredʒʊdɪst] *adj* voreingenommen; **preju·di·cial** [ˌpredʒʊˈdɪʃl] *adj* nachteilig, schädlich (*to* für); ▶ **be** ~ **to** sich nachteilig auswirken auf.
pre·limi·nary [prɪˈlɪmɪnərɪ] **I** *adj* **1.** einleitend; **2.** vorbereitend; **3.** vorläufig, einstweilig; ▶ ~ **advice, announcement, notice** Voranzeige *f;* ~ **agreement, contract** Vorvertrag *m;* ~ **discussion** Vorbesprechung *f;* ~ **draft** Vorentwurf *m;* ~ **examination** Aufnahme-, Vorprüfung *f;* ~ **investigation** *jur* Voruntersuchung *f;* ~ **round** *sport* Vorrunde(nspiel *n*) *f;* ~ **talks** *pl* Vorbesprechungen *f pl;* ~ **works** *pl* Vorarbeiten *f pl;* **II** *s* **1.** Einleitung *f,* Vorbereitung *f* (*to* zu); **2.** *sport* Vorrunde *f;* **3.** *pl pol* Vorverhandlungen *f pl;* Präliminarien *pl;* **pre·lims** [ˈpriːlɪmz] **1.** *(Schule)* Vorprüfung *f;* **2.** *(in Buch)* Vorbemerkungen *f pl.*
prel·ude [ˈpreljuːd] **I** *s* **1.** Vorspiel *n;* Präludium *n;* **2.** *fig* Auftakt *m;* **II** *itr* einleiten, eröffnen.
pre·mari·tal [ˌpriːˈmærɪtl] *adj* vorehelich.
pre·ma·ture [preməˈtjʊə(r), *Am* ˌpriːməˈtʊər] *adj* **1.** vorzeitig, zu früh; **2.** *fig* voreilig; ▶ ~ **baby** Frühgeburt *f.*
pre·medi·ta·ted [ˌpriːˈmedɪteɪtɪd] *adj* vorsätzlich, vorbedacht; ▶ ~ **murder** vorsätzlicher Mord; **pre·medi·ta·tion** [ˌpriːmedɪˈteɪʃn] Vorsatz *m.*
pre·mier [ˈpremɪə(r), *Am* ˈpriːmɪə(r)] **I** *adj* führend; *(Wichtigkeit)* äußerste(r, s); **II** *s* Premierminister(in) *m (f).*
pre·mière [ˈpremɪeə(r), *Am* prɪˈmɪər] *theat film* Premiere *f.*
prem·ise [ˈpremɪs] Prämisse, Voraussetzung *f;* ▶ ~**s** *pl* Gelände *n;* Gebäude *n;* Anwesen *n;* **escort s.o. off the** ~**s** jdn hinausbegleiten; **bank, factory** ~**s** *pl* Bank-, Fabrikgebäude *n;* **business** ~**s** *pl* Geschäftsräume *m pl.*
pre·mium [ˈpriːmɪəm] **1.** *com* Prämie *f;* **2.** Zuschlag *m;* Bonus *m;* **3.** *fin* Aufgeld, Agio *n;* **4.** (Versicherungs)Prämie *f;* **5.** Preis *m,* Belohnung *f* (*on* auf); ▶ **be at a** ~ *fin* über pari stehen; *fig* sehr geschätzt, sehr gesucht sein; **put a** ~ **on** *fig* hoch bewerten; **sell at a** ~ mit Gewinn verkaufen; ~ **on exports** Ausfuhr-, Exportprämie *f;* **premium bond** Prämienanleihe *f;* Agiopapier *n.*

pre·mon·ition [ˌpriːməˈnɪʃn] Vorahnung *f* (*about* von).
pre·natal [ˌpriːˈneɪtl] *adj* vor der Geburt; pränatal.
pre·oc·cu·pa·tion [ˌpriːɒkjʊˈpeɪʃn] **1.** Inanspruchnahme *f;* **2.** Vertieftsein *n* (*with* in); ▶ **her ~ with the children** ihre ständige Sorge um die Kinder; **pre·oc·cu·pied** [prɪːˈɒkjʊpaɪd] *adj* gedankenverloren, geistesabwesend; ▶ **be ~ with s.th.** nur an etw denken, mit etw ganz beschäftigt sein; **pre·oc·cupy** [priːˈɒkjʊpaɪ] *tr* ausschließlich beschäftigen, ganz beherrschen.
pre·or·dain [ˌpriːɔːˈdeɪn] *tr* vorherbestimmen.
prep [prep] **1.** *(preparation)* Hausaufgabe *f;* **2.** *(preparatory school)* Vorschule *f.*
pre·paid [ˌpriːˈpeɪd] *adj* (voraus)bezahlt; ▶ **postage ~** vorfrankiert, freigemacht; **prepaid reply** bezahlte Rückantwort.
prep·ara·tion [ˌprepəˈreɪʃn] **1.** Vorbereitung *f;* **2.** *Br (Schule)* Schularbeit *f;* **3.** *med* Präparat *n;* ▶ **make ~s** Anstalten, Vorbereitungen treffen (*for* für); **in ~ for** als Vorbereitung für; **pre·para·tory** [prɪˈpærətrɪ] *adj* vorbereitend; einführend; ▶ **~ to** vor (zeitlich); **~ course** Vorbereitungslehrgang *m;* **~ period** Vorbereitungszeit *f; (Versicherung)* Wartezeit *f;* **~ work** Vorarbeit *f.*
pre·pare [prɪˈpeə(r)] **I** *tr* **1.** vorbereiten (*for s.th.* auf etw; *to do* zu tun); **2.** Vorbereitungen, Vorkehrungen treffen für; **3.** *(Essen)* zubereiten; **4.** abfassen, ausarbeiten; **5.** *(Rechnung)* aufstellen; **6.** *(Vertrag)* aufsetzen, entwerfen; **7.** *(Daten)* aufbereiten; ▶ **~ yourself for a shock** mach dich auf einen Schock gefaßt; **II** *itr* sich vorbereiten (*for* auf); ▶ **~ to do s.th.** Anstalten machen, etw zu tun; **pre·pared** [prɪˈpeəd] *adj* **1.** bereit, fertig (*for* für); **2.** vorbereitet, gefaßt (*for* auf; *to do* zu tun); ▶ **be ~ to acknowledge, to admit, to supply** bereit sein anzuerkennen, zuzugeben, zu liefern; **be ~ for the worst** auf das Schlimmste gefaßt sein; **I'm not ~ to lend him money** ich denke nicht daran, ihm Geld zu leihen; **be~!** allzeit bereit! **pre·pared·ness** [prɪˈpeərɪdnɪs] Bereitschaft *f* (*for* zu).
pre·pay [ˌpriːˈpeɪ] *tr irr s. pay* **1.** im voraus bezahlen, vorauszahlen; **2.** *(Postsendung)* freimachen, frankieren; **pre·pay·ment** [—mənt] **1.** An-, Vorauszahlung *f;* **2.** Zahlung *f* vor Fälligkeit; **3.** *(Postsendung)* Freimachung *f,* Frankieren *n.*
pre·pon·der·ance [prɪˈpɒndərəns] Übergewicht *n a. fig* (*over* über); **pre·pon·der·ant** [prɪˈpɒndərənt] *adj* überwiegend; ▶ **be ~** überwiegen.
pre·pos·it·ion [prepəˈzɪʃn] *gram* Präposition *f.*
pre·pos·sess·ing [ˌpriːpəˈzesɪŋ] *adj* einnehmend, anziehend; sympathisch.
pre·pos·ter·ous [prɪˈpɒstərəs] *adj* unsinnig; albern, lächerlich.
preppie [ˈprepɪ] **I** *adj Am* popperhaft; **II** *s Am* Popper *m.*
pre·puce [ˈpriːpjuːs] *anat* Vorhaut *f.*
pre·requi·site [ˌpriːˈrekwɪzɪt] **I** *adj* erforderlich, notwendig (*to* für); **II** *s* Vorbedingung, Voraussetzung *f* (*to, for* für).
pre·roga·tive [prɪˈrɒgətɪv] Vorrecht *n.*
pre·sage [ˈpresɪdʒ] **I** *s* Vorzeichen *n;* Vorahnung *f;* **II** *tr* **1.** ein Vorzeichen sein für; **2.** vorhersagen, prophezeien.
Pres·by·terian [ˌprezbɪˈtɪərɪən] **I** *adj* presbyterianisch; **II** *s* Presbyterianer(in) *m (f);* **pres·by·tery** [ˈprezbɪtrɪ] **1.** Kirchenrat *m;* **2.** *(röm.-kath.)* Pfarrhaus *n.*
pre·scribe [prɪˈskraɪb] **I** *tr* **1.** vorschreiben (*to s.o.* jdm); **2.** *med* verschreiben, verordnen (*s.th. for s.o.* jdm etw); **II** *itr* Vorschriften machen; **pre·scribed** [prɪˈskraɪbd] *adj* vorgeschrieben; ▶ **as ~, in the ~ form** vorschriftsmäßig; **in the ~ time** fristgerecht; **pre·scrip·tion** [prɪˈskrɪpʃn] **1.** Vorschrift, Anordnung *f;* **2.** *med* Verordnung *f;* Rezept *n;* ▶ **only available on ~** rezeptpflichtig; **pre·scrip·tive** [prɪˈskrɪptɪv] *adj* normativ.
pres·ence [ˈprezns] **1.** Gegenwart, Anwesenheit *f;* **2.** Auftreten, Benehmen *n;* ▶ **in the ~ of** in Anwesenheit *gen;* **your ~ is requested** Sie werden gebeten, sich einzufinden; **~ of mind** Geistesgegenwart *f;* **a military ~** Militärpräsenz *f.*
pres·ent[1] [ˈpreznt] **I** *adj* **1.** *(räuml.)* anwesend, zugegen; vorhanden; **2.** *(räuml. u. zeitl.)* gegenwärtig; **3.** *(zeitl.)* augenblicklich, momentan; **4.** vorliegend; laufend; ▶ **at the ~ time** gegenwärtig; **in the ~ case** im vorliegenden Fall; **up to the ~ time** bis zum heutigen Tage, bis heute; **be ~ at s.th.** bei e-r S anwesend, zugegen sein, e-r S beiwohnen; **all ~** *pl* alle Anwesenden *pl;* **be ~ at s.th.** bei etw (anwesend) sein; **~ company excepted** Anwesende ausgenommen; **poisonous substances ~ in the atmosphere** in der Atmosphäre vorhandene Giftstoffe; **in the ~ circumstances** unter den gegenwärtigen *od* gegebenen Umständen; **~ tense** Präsens *n,* Gegenwart *f;* **~ participle** Partizip *n* Präsens; **~ perfect (tense)** Perfekt *n,* zweite Vergangenheit; **II** *s* **1.** Gegenwart *f;* **2.** *gram* Gegenwart *f,* Präsens *n;* ▶ **at ~** zur Zeit, im Augenblick; **for the ~** vorerst, vorläufig.
pre·sent[2] [prɪˈzent] **I** *tr* **1.** übergeben, überreichen; **2.** schenken (*s.o. with s.th.* jdm etw); **3.** vorlegen, (vor)zeigen; aufzeigen; *(Vorschlag)* unterbreiten; **4.** *(Sicht, Möglichkeit, Angriffsziel)* bieten; **5.** *(Menschen)* vorstellen; **6.** *radio*

TV präsentieren; moderieren; *theat* zeigen; **7.** *(Gewehr)* zielen (*at* auf); ► ~ **one's apologies** sich entschuldigen; ~ **one's compliments to s.o.** jdm Grüße, ein Kompliment ausrichten lassen; **that ~s us with a problem** das stellt uns vor ein Problem; ~ **arms!** präsentiert das Gewehr! **II** *refl* erscheinen; *(Gelegenheit, Problem)* sich ergeben; ► ~ **o.s. for an exam** zur Prüfung erscheinen; **III** *s* ['preznt] Geschenk *n;* ► **make s.o. a ~ of s.th.** jdm etw schenken; **birthday, Christmas** ~ Geburtstags-, Weihnachtsgeschenk *n.*

pre·sent·able [prɪ'zentəbl] *adj* gesellschaftsfähig; ansehnlich, respektabel; ► **be** ~ sich sehen lassen können.

pres·en·ta·tion [ˌprezn'teɪʃn, *Am* ˌpri:zen'teɪʃn] **1.** *theat* Aufführung *f;* Darstellung *f;* **2.** Überreichung *f;* Schenkung *f;* **3.** Eingabe, Einreichung, Präsentation, Vorlage *f;* **4.** *com* Aufmachung, Ausstattung, Präsentation *f;* ► **on** ~ gegen Vorzeigung; ~ **of a claim** Anspruchserhebung *f;* ~ **copy** *(Buch)* Frei-, Widmungsexemplar *n;* ~ **of proof** Beweisantritt *m.*

pre·sent-day [ˌprezənt'deɪ] *adj* gegenwärtig, heutig, zeitgenössisch; zeitgemäß, modern.

pre·sen·ti·ment [prɪ'zentɪmənt] Vorgefühl *n,* (böse) (Vor)Ahnung *f.*

pres·ent·ly ['prezntlɪ] *adv* **1.** bald, in kurzem, in Kürze; **2.** gegenwärtig.

pres·er·va·tion [ˌprezə'veɪʃn] **1.** Erhaltung *f;* **2.** Konservierung *f;* Einmachen, Einkochen *n;* **3.** Beibehaltung, Aufbewahrung *f;* ► **in a good state of** ~ gut erhalten; ~ **of evidence** Beweissicherung *f;* **pre·serv·ative** [prɪ'zɜ:vətɪv] **I** *adj* konservierend; **II** *s* Konservierungsstoff *m* (*against, from* gegen); **pre·serve** [prɪ'zɜ:v] **I** *tr* **1.** bewahren, schützen (*from* vor); **2.** erhalten; instand halten; **3.** *(Nahrungsmittel)* konservieren; einmachen, einkochen; **4.** beibehalten, aufrechterhalten; **5.** *(Wild)* schützen; **II** *s* **1.** Ressort *n,* Zuständigkeitsbereich *m;* **2.** *Br (game ~)* Jagdrevier *n;* **3.** *pl* (das) Eingemachte; **pre·served** [prɪ'zɜ:vd] *adj* konserviert; ► **well** ~ noch gut aussehend.

pre·shrunk [ˌpri:'ʃrʌŋk] *adj (Textil)* nicht einlaufend, schrumpffest.

pre·side [prɪ'zaɪd] *itr* vorsitzen (*over s.th.* e-r S); den Vorsitz führen (*over, at* bei); **presi·dency** ['prezɪdənsɪ] **1.** Vorsitz *m;* **2.** Amt *n* e-s Präsidenten; **3.** *Am* Präsidentschaft *f;* Rektorat *n;* ► **under the ~ of** unter dem Vorsitz von; **president** ['prezɪdənt] **1.** Vorsitzende(r) *f m;* **2.** *pol* Präsident(in) *m (f);* **3.** *Am* Rektor(in) *m (f);* **presi·den·tial** [ˌprezɪ'denʃl] *adj* ► ~ **address** Ansprache *f* des Präsidenten; ~ **candidate** Präsidentschaftskandidat *m;* ~ **election** Präsidentenwahl *f;* ~ **year** *Am* Jahr *n* der Präsidentenwahl.

press [pres] **I** *tr* **1.** drücken (*the button* auf den Knopf); **2.** pressen; *(Obst od Saft)* auspressen; **3.** zusammendrücken, -pressen; **4.** plätten, bügeln; **5.** fest drükken (*to* an); **6.** dringend ersuchen, bestürmen, bitten (*to do* zu tun); **7.** nachdrücklich vorbringen; **8.** aufdrängen, -nötigen (*s.th. on s.o.* jdm etw); **9.** *(Auffassung)* durchsetzen; Nachdruck legen auf, hervorheben, betonen; **10.** drängen auf; energisch durchführen; **11.** *(~ hard)* bedrängen; ► **be ~ed for** nicht genug haben von; sehr knapp sein an; **be hard ~ed** in großer Verlegenheit sein; ~ **one's advantage** hinter seinem Vorteil her sein; ~ **home** mit Nachdruck vertreten; energisch durchführen; ~ **one's point** seine Auffassung durchsetzen; **I won't ~ the matter** ich möchte in dieser Sache nicht weiter drängen; **II** *itr* **1.** drücken (*on, upon* auf); **2.** drängen (*for s.th.* auf etw); **3.** bestehen (*for* auf); ► **time ~es** die Zeit drängt, es eilt; **III** *s* **1.** Druck *m;* **2.** Andrang *m,* Gedränge *n;* **3.** (Frucht-, Öl)Presse *f; sport* Spanner *m;* **4.** *(printing-~)* Druckpresse *f;* **5.** Presse *f,* Zeitungen *f pl;* Zeitungs-, Pressewesen *n;* **6.** *Am* Schrank *m;* ► **in the ~** im Druck; **have a good (bad) ~** e-e gute (schlechte) Presse haben, gut (schlecht) aufgenommen, beurteilt werden; **IV** *(mit Präposition)* **press back** *tr* zurückdrängen, -drücken; **press down** *tr* niederdrücken; **press in** *tr* eindrücken; **press on, ahead, forward** *itr* vorwärts-, weiterdrängen; sich beeilen; vorpreschen; **press upon** *itr* lasten auf; aufdrängen; **press-agency** Nachrichtenbüro *n,* Presseagentur *f;* **press-button** *el* (Druck)Knopf *m;* ► ~ **control** Druckknopfsteuerung *f;* **press-campaign** Pressefeldzug *m,* -kampagne *f;* **press card** Presseausweis *m;* **press-clipping, press-cutting** *Br* Zeitungsausschnitt *m;* **press conference** Pressekonferenz *f;* **press-gallery** Pressetribüne *f;* **press-gang** *tr fam* zwingen; drängen.

press·ing ['presɪŋ] **I** *adj* **1.** dringend, dringlich, eilig; **2.** nachdrücklich; **II** *s (Schallplatte)* Auflage *f;* Pressung *f.*

press·man ['presmən] ⟨*pl* -men⟩ Journalist *m;* **press office** Pressestelle *f;* **press officer** Pressereferent(in) *m (f);* **press photographer** Fotoreporter(in), Pressefotograf(in) *m (f);* **press release** Pressemitteilung *f;* **press-report** Presse-, Zeitungsbericht *m;* **press-stud** *Br* Druckknopf *m;* **press-up** ['presˌʌp] *sport* Liegestütz *m.*

press·ure ['preʃə(r)] **1.** Druck *m a. phys tech;* **2.** *fig* Druck, Zwang *m;* **3.** Bedrükkung, drückende Lage, Bedrängnis, Not *f;* ▶ **under ~** unter Druck; **under the ~ of necessity** notgedrungen; **under ~ of time** unter Zeitdruck; **put ~ on s.o.** jdn unter Druck setzen; **~ to succeed** Erfolgsdruck *m;* **work at high ~** mit Hochdruck arbeiten; **atmospheric ~** Luftdruck *m;* **blood ~** Blutdruck *m;* **high, low ~** *mete* Hoch-, Tiefdruck *m;* **tyre ~** Reifendruck *m;* **pressure cabin** *aero* Überdruckkabine *f;* **pressure cooker** Schnellkochtopf *m;* **pressure-ga(u)ge** Druckmesser *m,* Manometer *n;* **pressure group** Interessengruppe, Pressure-group *f;* **pressure vessel** *tech* Druckbehälter *m;* **pressure wave** Druckwelle *f;* **press·ur·ize** ['preʃəraɪz] *tr* **1.** unter Druck setzen; zwingen (*s.o.* jdn); **2.** *aero* mit Druckausgleich ausstatten; ▶ **~d cabin** (Über)Druckkabine *f;* **~d water reactor** Druckwasserreaktor *m.*

pres·tige [pre'sti:ʒ] Prestige *n;* **pres·tig·ious** [pre'stɪdʒəs] *adj* vornehm; ▶ **be ~** einen großen Prestigewert haben.

pre·stressed ['pri:strest] *adj* ▶ **~ concrete** Spannbeton *m.*

pre·sum·able [prɪ'zju:məbl] *adj* vermutlich; **pre·sume** [prɪ'zju:m] **I** *tr* **1.** annehmen, vermuten; **2.** schließen (*from* aus); **3.** sich herausnehmen, sich anmaßen; **II** *itr* **1.** vermuten; **2.** sich zuviel herausnehmen; ▶ **~ on s.th.** etw ausnutzen; **pre·sum·ed·ly** [prɪ'zju:mədlɪ] *adv* vermutlich; **pre·sum·ing** [prɪ'zju:mɪŋ] *adj* anmaßend; **pre·sump·tion** [prɪ'zʌmpʃn] **1.** Vermutung *f a. jur;* **2.** Anmaßung *f;* Unverschämtheit *f;* ▶ **on the ~ that** in der Annahme, daß; **pre·sump·tive** [prɪ'zʌmptɪv] *adj* mußmaßlich; ▶ **~ evidence** Indizienbeweis *m;* **pre·sump·tu·ous** [prɪ'zʌmptjʊəs] *adj* überheblich, anmaßend, unverschämt.

pre·sup·pose [ˌpri:sə'pəʊz] *tr* voraussetzen; **pre·sup·po·si·tion** [ˌpri:sʌpə'zɪʃn] Voraussetzung *f.*

pre-tax [ˌpri:'tæks] *adj:* ▶ **~ income, profit** Gewinn *m* vor Steuern.

pre·tence, *Am* **pre·tense** [prɪ'tens] **1.** Anspruch *m* (*to* auf); **2.** Anschein *m,* Vorspiegelung *f,* Vorwand *m;* Ausrede, -flucht *f;* **3.** Geziertheit *f;* ▶ **on, under the ~ of** unter dem Vorwand *gen;* **under false ~s** unter Vorspiegelung falscher Tatsachen; **it's just a ~** es ist nur gespielt; **make a ~ of s.th.** etw vorschützen, -täuschen; **devoid of all ~** offen, aufrichtig; **pre·tend** [prɪ'tend] *tr* **1.** vorgeben, -schützen; vortäuschen; **2.** sich ausgeben als; **3.** sich verstellen; **4.** (nur) so tun (*that* als ob); ▶ **he's just ~ing** er tut nur so; **pre·tended** [prɪ'tendɪd] *adj* gespielt, geheuchelt; **pre·tender** [prɪ'tendə(r)] (*~ to the throne*) (Kron)Prätendent *m;* **pre·ten·sion** [prɪ'tenʃn] **1.** Anspruch *m* (*to* auf); **2.** Prahlerei *f;* Anmaßung, Überheblichkeit *f;* **pre·ten·tious** [prɪ'tenʃəs] *adj* **1.** anmaßend, überheblich; **2.** prahlerisch, prunkend; **3.** bombastisch; **pre·ten·tious·ness** [—nɪs] **1.** Anmaßung *f;* **2.** Protzigkeit *f;* **3.** Bombast *m.*

pret·er·ite ['pretərɪt] (*~ tense*) *gram* Präteritum *n,* erste Vergangenheit.

pre·ter·natu·ral [ˌpri:tə'nætʃrəl] *adj* **1.** ungewöhnlich, abnorm; **2.** übernatürlich.

pre·text ['pri:tekst] Vorwand *m,* Ausrede *f;* ▶ **under, on the ~ of** unter dem Vorwand *gen.*

pret·ti·fy ['prɪtɪfaɪ] *tr* verschönern.

pretty ['prɪtɪ] **I** *adj* nett, hübsch; ▶ **be sitting ~** sein Schäfchen im trockenen haben; **a ~ penny** e-e schöne Stange Geld; **~-~** ganz entzückend, süß; **II** *adv* ziemlich, (ganz) ordentlich; ganz schön, beachtlich; ▶ **~ bad** recht mies; **~ good** (gar) nicht (so) übel; ganz gut; **~ much** so ziemlich; **~ near finished** beinah(e), fast fertig; **I'm ~ well** es geht mir ganz gut; **I've ~ well finished** ich bin beinahe fertig; **that's ~ much the same (thing)** das läuft auf eins hinaus.

pre·vail [prɪ'veɪl] *itr* **1.** die Oberhand gewinnen, siegen (*over, against* über); **2.** sich durchsetzen, sich behaupten (*against* gegen); **3.** Erfolg haben, erfolgreich sein; **4.** maßgebend sein; vorherrschen, überwiegen (*in* bei); **5.** dazu bewegen, überreden (*on, upon, with s.o.* jdn); **pre·vail·ing** [—ɪŋ] *adj* **1.** (vor)herrschend, maßgebend, überwiegend; **2.** *com* geltend; ▶ **under the ~ circumstances** unter den obwaltenden Umständen; **~ wind** vorherrschender Wind.

preva·lence ['prevələns] weite Verbreitung; Geltung *f;* Beliebtheit *f;* **preva·lent** ['prevələnt] *adj* **1.** weit verbreitet; **2.** vorherrschend; **3.** *(Mode)* beliebt.

pre·vari·cate [prɪ'værɪkeɪt] *itr* Ausflüchte machen; **pre·vari·ca·tion** [prɪˌværɪ'keɪʃn] Ausflucht *f;* Ausflüchte *f pl.*

pre·vent [prɪ'vent] *tr* **1.** verhindern; **2.** verhüten, vermeiden; **3.** ab-, zurückhalten (*from doing s.th.* etw zu tun); **pre·ven·tion** [prɪ'venʃn] Verhinderung, Vermeidung *f;* Vorbeugung, Verhütung *f;* ▶ **in case of ~** im Fall der Verhinderung; **~ is better than cure** Vorbeugen ist besser als Heilen; **crime ~** Verbrechensverhütung, -bekämpfung *f;* **~ of accidents** Unfallverhütung *f;* **(society for the) ~ of cruelty to animals** Tierschutz(verein) *m;* **pre·ven·tive** [prɪ'ventɪv] *adj* **1.** verhütend; **2.** *med* vorbeugend, prophylaktisch; ▶ **~ detention** Schutzhaft, Sicherungsverwahrung *f;* **~ medicine** Gesundheitspflege *f;* vorbeugende Medizin, Präventivmedizin *f;* ~ **war** Präventivkrieg *m.*

pre·view ['pri:vju:] *(Theaterstück)* Probeaufführung *f; (Ausstellung)* Vorbesichtigung *f; (Film)* Vorschau *f.*

pre·vi·ous ['pri:vɪəs] *adj* **1.** *(zeitl.)* voraus-, vorhergehend, früher; **2.** *(too ~)* voreilig, -schnell; ► ~ **to** vor; **without ~ notice** ohne Vorankündigung; **previous conviction** Vorstrafe *f;* ► **have (no) ~s** (nicht) vorbestraft sein; **previous experience** Vorkenntnisse *f pl,* Vorbildung *f;* **previous holder** Vorbesitzer(in) *m (f);* **pre·vi·ous·ly** [—lɪ] *adv* früher; vorher; **previous month** Vormonat *m;* **previous notice** Vorankündigung *f;* **previous speaker** Vorredner(in) *m (f);* **previous year** Vorjahr *n.*

pre-war ['pri:wɔ:] *adj attr* Vorkriegs-; ► ~ **England** Vorkriegsengland *n;* **the ~ years** die Vorkriegsjahre.

prey [preɪ] **I** *s* Beute(tier *n) f;* ► **fall an easy ~ to** e-e leichte Beute sein für; **beast of ~** Raubtier *n;* **bird of ~** Raubvogel *m;* **II** *itr* **1.** herfallen (*on* über); **2.** nachstellen (*on, upon other animals* anderen Tieren); fangen (*on, upon* acc); **3.** *fig* lasten (*on, upon* auf); **4.** beeinträchtigen (*on, upon s.th.* etw) nagen, zehren (*on* an); ► **it is ~ing on my mind** es lastet mir auf der Seele.

price [praɪs] **I** *s* **1.** Preis *m;* **2.** *(Börse)* Kurs *m,* Notierung *f;* **3.** Wert *m;* **4.** *(Wetten)* Quote *f;* ► **at all ~s** in jeder Preislage; **at any ~** *fig* um jeden Preis; **at half-~** zum halben Preis; **at a low ~** billig; **at the ~ of** zum Preis von; **beyond, without ~** unbezahlbar; **under ~** unter Preis; **fetch a ~** e-n Preis erzielen; **II** *tr* **1.** e-n Preis festsetzen für; bewerten; **2.** mit e-m Preis versehen, auszeichnen; **3.** nach dem Preis fragen, sich nach dem Preis erkundigen (*s.th.* e-r S); **4.** *fig* schätzen; **price bracket** *s. price range;* **price-calculation** Preisgestaltung, Kalkulation *f;* **price ceiling** Preisobergrenze *f;* Höchstpreis *m;* **price control** Preiskontrolle *f;* **price-con·trolled** ['praɪskən'trəʊld] *adj* preisgebunden; **price-cut(ting)** Preissenkung *f;* **price decline** Preis-, Kursrückgang *m;* **price differential** Preisgefälle *n;* **price fixing** Preisfestlegung *f;* **price fluctuations** *pl* Preis-, Kursschwankungen *f pl;* **price freeze** Preisstopp *m;* **price-index** Preisindex *m;* **price-index number** Preisindexzahl *f.*

price·less ['praɪslɪs] *adj* **1.** unbezahlbar, unschätzbar, unvergleichlich; **2.** *Br fam* amüsant.

price-level ['praɪslevl] Kurs-, Preisniveau *n;* **price-limit** Kurs-, Preisgrenze *f;* **price-list 1.** Preisliste *f;* **2.** *(Börse)* Kurszettel *m;* **price range** Preisspanne, Preisklasse *f; (Börse)* Kursbildung *f;* **price ring** Preiskartell *m;* **price rise** Preiserhöhung *f;* **price tag, price ticket** Preisschild *n;* **price war** Preiskrieg *m;* **pricey** ['praɪsɪ] *adj fam* teuer.

prick [prɪk] **I** *s* **1.** (Nadel)Stich *m;* **2.** stechender Schmerz; **3.** *vulg* Penis, Schwanz *m;* **4.** *vulg (Mensch)* Arschloch *n;* ► **~s of conscience** Gewissensbisse *m pl;* **II** *tr* **1.** stechen; **2.** *(Loch)* bohren; **3.** sich stechen (*one's hand* in die Hand); **4.** *(Blase)* aufstechen; **III** *itr* **1.** stechen; **2.** *(Augen)* brennen; **IV** *(mit Präposition)* **prick out** *tr (Pflanzen)* versetzen; *(Muster)* punktieren; ausrädeln; ► **prick up one's ears** die Ohren spitzen.

prickle ['prɪkl] **I** *s* **1.** Stachel, Dorn *m;* **2.** Prickeln *n;* **II** *itr* **1.** stechen; **2.** prickeln; **prick·ly** ['prɪklɪ] *adj* stach(e)lig; prick(e)lig; ► ~ **heat** Hitzebläschen; ~ **pear** Feigenkaktus *m.*

pride [praɪd] **I** *s* **1.** Stolz *m;* **2.** Hochmut *m,* Überheblichkeit *f;* **3.** *zoo* Rudel *n;* ► ~ **of place** der erste Platz; **II** *refl* ► ~ **o.s. (up)on, take (a) ~ in** stolz sein auf, sich viel einbilden auf.

priest [pri:st] Priester, Geistliche(r) *m;* **priest·ess** ['pri:stes] Priesterin *f;* **priest·hood** ['pri:sthʊd] **1.** Priesteramt *n;* **2.** Geistlichkeit *f;* **priest·ly** ['pri:stlɪ] *adj* priesterlich.

prig [prɪg] Tugendbold *m; pej* Schnösel *m;* **prig·gish** ['prɪgɪʃ] *adj* tugendhaft; dünkelhaft.

prim [prɪm] *adj* **1.** steif, (über)korrekt, förmlich; **2.** sittsam; prüde.

pri·macy ['praɪməsɪ] **1.** Vorrang(stellung *f) m;* **2.** Primat *m* od *n.*

prima donna [prɪ:mə'dɒnə] Primadonna *f.*

pri·mae·val [praɪ'mi:vl] *s. primeval.*

pri·mal ['praɪml] *adj* ursprünglich.

pri·mary ['praɪmərɪ] **I** *adj* **1.** Haupt-, hauptsächlich, wesentlich; **2.** Primär-, primär; **3.** *(Bedarf)* vordringlich; ► **of ~ importance** von größter Wichtigkeit; ~ **accent** *gram* Hauptton *m;* ~ **commodities** *pl* Grundstoffe *m pl;* ~ **concern** Hauptsorge *f;* ~ **education** Grundschulunterricht *m;* ~ **energy** Primärenergie *f;* ~ **industry** Grundstoffindustrie *f;* ~ **meaning** Grundbedeutung *f (e-s Wortes);* ~ **products** *pl* Grundstoffe *m pl;* ~ **rock** Urgestein *n;* ~ **school** Grund-, Elementarschule *f;* ~ **target** Hauptziel *n;* **II** *s* **1.** Grundfarbe *f;* **2.** *Am pol* Vorwahl *f.*

pri·mate ['praɪmeɪt] **1.** Primas, Erzbischof *m;* **2.** *pl zoo* Primaten *m pl.*

prime [praɪm] **I** *adj* **1.** wesentlich, Haupt-; **2.** erstklassig; erster, bester Qualität; **3.** *math* Prim-; ► **the matter is of ~ importance** die Sache ist von höchster Wichtigkeit; ~ **costs** *pl* Gestehungs-, Anschaffungs-, Selbstkosten *pl;* Fertigungseinzelkosten *pl;* ~ **mourner** Hauptleidtragende(r) *m;* ~ **mover** Antriebskraft *f; tech* Energie *f;* Motor *m;* Zugmaschine *f,* Schlepper *m; fig* treibende Kraft; **II** *s* **1.** Blüte(zeit) *f;* **2.** (das) Beste, (die) Auslese, Spitze; **3.** *math* Primzahl *f;* **4.** *rel* Prim *f;* ► **in one's** ~ in der Blüte des Lebens; **be in one's** ~ in voller Blüte stehen; **III** *tr* **1.** vorbereiten; betriebsfertig machen; *(Malfläche)* grundieren; **2.** *(Geschütz)* schußbereit machen; *(Bombe)* scharf machen; *(Pumpe)* vorpumpen; *(Vergaser)* Anlaßmittel einspritzen in; **3.** (vorher) informieren; **prime mer·idian** Nullmeridian *m;* **prime minister** Premierminister(in) *m (f);* Ministerpräsident(in) *m (f);* **prime number** Primzahl *f;* **primer** ['praɪmə(r)] **1.** Fibel *f;* Elementarbuch *n;* **2.** Zünddrahthütchen *n;* Sprengkapsel *f;* **3.** *tech* Grundanstrich *m;* Grundierfarbe *f.*

pri·meval [praɪ'mi:vl] *adj* urzeitlich; ► ~ **forest** Urwald *m;* ~ **slime, soup** Urschlamm *m.*

primi·tive ['prɪmɪtɪv] **I** *adj* primitiv; *(Kunst)* naiv; **II** *s (Kunst)* Naive(r) *f m; (Werk)* naives Kunstwerk.

pri·mo·geni·ture [ˌpraɪməʊ'dʒenɪtʃə(r)] Erstgeburt(srecht *n*), Primogenitur *f.*

pri·mor·dial [praɪ'mɔ:dɪəl] *adj* ursprünglich; fundamental.

prim·rose ['prɪmrəʊz] **I** *s* **1.** Primel, Schlüsselblume *f;* **2.** Blaßgelb *n;* **II** *adj* blaßgelb; **prim·ula** ['prɪmjʊlə] Primel *f.*

pri·mus ['praɪməs] Campingkocher *m (mit Paraffin betrieben).*

prince [prɪns] **1.** Fürst *m;* **2.** Monarch, Herrscher *m;* **3.** Prinz *m;* ► **P~ of Wales** *(Titel des englischen Thronfolgers);* **P~ Charming** *fig* Märchenprinz *m;* **P~ of Darkness** Fürst der Finsternis; **prince consort** Prinzgemahl *m;* **prince·ly** ['prɪnslɪ] *adj* fürstlich; **princess** [prɪn'ses] **1.** Fürstin *f;* **2.** Prinzessin *f.*

prin·ci·pal ['prɪnsəpl] **I** *adj* **1.** erste(r, s), oberste(r, s); **2.** wichtigste(r, s), bedeutendste(r, s); **3.** hauptsächlich, größte(r, s); **II** *s* **1.** Rektor *m;* **2.** *theat* Hauptdarsteller *m;* **3.** Kapital *n;* Kreditsumme *f;* **4.** *jur* Klient *m;* **5.** *(Orgel)* Prinzipal *n.*

prin·ci·pal·ity [ˌprɪnsɪ'pælətɪ] Fürstentum *n;* **prin·ci·pal·ly** ['prɪnsəplɪ] *adv* hauptsächlich, besonders, vor allem.

prin·ciple ['prɪnsəpl] **1.** Grundsatz *m,* Prinzip *n; pl* (Grund-, Lebens)Regeln *f pl;* Prinzipien *n pl;* **2.** *chem* Element *n;* ► **in** ~ im Prinzip; grundsätzlich; **on** ~ aus Prinzip, grundsätzlich; **make it a** ~ es sich zum Grundsatz machen (*to* zu); **as a matter of** ~ grundsätzlich, prinzipiell.

print [prɪnt] **I** *s* **1.** Druck *m;* **2.** *typ* Schrift *f;* (das) Gedruckte; **3.** *(Foto)* Abzug *m;* **4.** *(Textil)* bedruckter Stoff; Muster *n;* Kattun *m;* **5.** *(von Hand, Fuß)* Abdruck *m;* Fingerabdruck *m;* ► **out of** ~ vergriffen; **in** ~ gedruckt; **in big** ~ groß gedruckt; **II** *tr* **1.** drucken; *(Stoff, Papier)* bedrucken; **2.** *(Roman, Artikel)* veröffentlichen; **3.** in Druckschrift schreiben; **4.** *(Foto)* abziehen; **III** *itr* **1.** drucken; **2.** in Druckschrift schreiben; ► **ready to** ~ druckfertig; druckbereit; **print·able** [—əbl] *adj* druckfähig; **printed** ['prɪntɪd] *adj* gedruckt; ► ~ **form** Vordruck *m,* Formular *n;* ~ **matter** Drucksache *f;* **printer** ['prɪntə(r)] Drucker *m;* ► ~**'s error** Druckfehler *m;* ~**'s flower** Vignette *f;* ~**'s ink** Druckerschwärze *f;* ~**'s pie** *typ* Zwiebelfische *m pl.*

print·ing ['prɪntɪŋ] **1.** Drucken *n;* **2.** Auflage *f;* **3.** Druckschrift *f;* Schrift *f;* **4.** *(Fotos)* Abziehen *n;* **printing-block** Klischee *n;* **printing-ink** Druckerschwärze *f;* **printing-press** Druckpresse *f;* **printing-works** *pl* Druckerei *f.*

print-out ['prɪntˌaʊt] *EDV* Ausdruck *m;* **print run** Auflage *f;* **print shop** **1.** Graphikhandlung *f;* **2.** Druckmaschinensaal *m.*

prior¹ ['praɪə(r)] *rel* Prior *m.*

prior² ['praɪə(r)] *adj* voraus-, voraufgehend, früher, älter (*to* als); ► ~ **claim** früherer Anspruch; ~ **to** *prep* vor *(Zeit);* ~ **to my arrival** vor meiner Ankunft; ~ **to my buying the car** ehe, bevor ich den Wagen kaufte.

pri·or·ity [praɪ'ɒrətɪ] Priorität *f,* Vorrang *m,* Vorrecht *n* (*over, to* vor); ► **a top** ~ eine äußerst wichtige *od* dringliche Angelegenheit; **that's my top~** das ist mir am wichtigsten; **of first** ~ von größter Dringlichkeit; **give** ~ **to s.th.** e-r S den Vorrang geben; e-e S dringlich behandeln; **have, take** ~ den Vorrang haben; **priority list** Dringlichkeitsliste *f.*

priory ['praɪərɪ] Priorat *n;* Münster *n.*

prise, *Am* **prize** [praɪz] *tr (~ open)* aufbrechen; ► ~ **a secret out of s.o.** jdm ein Geheimnis entlocken.

prism [prɪzəm] *math phys opt* Prisma *n;* **pris·matic** [prɪz'mætɪk] *adj* **1.** prismatisch; **2.** *fig* glänzend; ► ~ **colo(u)rs** *pl* Regenbogenfarben *f pl.*

prison ['prɪzn] Gefängnis *n;* ► **be in** ~ e-e Freiheitsstrafe verbüßen; **be sentenced to go to** ~ zu Gefängnis verurteilt werden; **go, be sent to** ~ eingesperrt, mit Gefängnis bestraft werden; **prison-camp** Gefangenenlager *n;* **prisoner** ['prɪznə(r)] **1.** Gefangene(r) *f m,* Häftling *m;* **2.** *(~ at the bar, awaiting, before trial, on remand, on suspicion)* Angeklagte(r) *f m;* Untersuchungsgefangene(r) *f m;* ▶ **hold, keep** ~ gefangenhalten; **take** ~ gefangennehmen; **~-of-war** Kriegsgefangene(r) *f m;* **~-of-war-camp** Kriegsgefangenenlager *n;* **prison inmate** Gefängnisinsasse *m;* **prison riot** Gefangenenaufstand *m;* **prison-yard** Gefängnishof *m.*

pris·tine ['prɪsti:n] *adj* ursprünglich; vormalig, früher; *(Schönheit)* makellos, unberührt.

priv·acy ['prɪvəsɪ, *Am* 'praɪvəsɪ] **1.** Individual-, Intimsphäre *f;* Privatleben *n;* **2.** Stille, Zurückgezogenheit *f;* ▶ **there is no ~ here** man kann hier nichts unbeobachtet tun; **invade s.o.'s** ~ in jds Intimsphäre eindringen; **live in the ~ of one's own home** ein ungestörtes Privatleben führen; **infringement, invasion of** ~ Eingriff *m* in die Intimsphäre; **in the strictest** ~ unter äußerster Geheimhaltung; **tell s.o. in the strictest** ~ jdm unter dem Siegel der Verschwiegenheit sagen.

pri·vate ['praɪvɪt] **I** *adj* **1.** privat; **2.** persönlich, individuell; **3.** privat, nicht öffentlich; **4.** *attr* Privat-; ▶ **for s.o.'s ~ ear** (ganz) im Vertrauen; vertraulich; **for ~ use** für den eigenen Gebrauch; **in one's ~ capacity** als Privatmann; **in ~ hands** in Privathand; **keep** ~ geheimhalten; ~ **affair, business, concern, matter** Privatsache, -angelegenheit *f;* ~ **arrangement, settlement** private Vereinbarung; gütliche Einigung; Privatvergleich *m;* ~ **capital** Privatvermögen *n;* ~ **citizen** Privatperson *f;* ~ **company** offene Handelsgesellschaft *(OHG);* Gesellschaft *f* mit beschränkter Haftung *(GmbH);* ~ **conversation** Privatgespräch *n;* ~ **detective, eye** Privatdetektiv(in) *m (f);* ~ **enterprise** freie Marktwirtschaft, freies Unternehmertum; ~ **house** Privathaus *n;* ~ **information** vertrauliche Mitteilung; ~ **lessons** *pl* Privatstunden *f pl,* -unterricht *m;* ~ **letter** Privatbrief *m;* ~ **life** Privatleben *n;* ~ **means** *pl* eigene Mittel *n pl;* ~ **practice** Privatpraxis *f;* ~ **property** Privateigentum *n;* ~ **road** Privatweg *m;* ~ **school** Privatschule *f;* ~ **secretary** Privatsekretär(in) *m (f);* ~ **sector** Privatbereich *m,* privater Sektor; ~ **transport** *mot* Individualverkehr *m;* ~ **view** Vorabbesichtigung *f;* **II** *s* **1.** (einfacher) Soldat *m;* **2.** *pl (~ parts)* Geschlechtsteile *n pl;* ▶ **in** ~ privat(im); unter vier Augen; ~ **first class** *Am* Gefreite(r) *m.*

pri·va·teer [,praɪvə'tɪə(r)] Freibeuter *m;* Kaperschiff *n.*

pri·vate·ly ['praɪvɪtlɪ] *adv* **1.** privat; vertraulich; **2.** persönlich; ▶ ~ **owned** in Privathand; **~, I think** meine persönliche Meinung ist; **speak to s.o.** ~ mit jdm unter vier Augen sprechen.

pri·va·tion [praɪ'veɪʃn] **1.** Not *f,* Mangel *m (of* an); **2.** *pl* Entbehrungen *f pl.*

privet ['prɪvɪt] *bot* Liguster *m.*

pri·vi·lege ['prɪvəlɪdʒ] **I** *s* **1.** Privileg, Vorrecht *n,* Vorrang *m;* **2.** *parl* Immunität *f;* **3.** Ehre *f;* **II** *tr* privilegieren, bevorzugen, bevorrechten; **pri·vi·leged** ['prɪvəlɪdʒd] *adj* privilegiert, bevorrechtet; ▶ **be** ~ das Vorrecht genießen (*to do s.th.* etw zu tun).

privy ['prɪvɪ] **I** *adj* **1.** *jur* vertraut (*to* mit); **2.** beteiligt (*to* an); ▶ **be ~ to s.th.** in e-e S eingeweiht sein; ~ **council** Geheimer Staatsrat; **II** *s* **1.** *jur* Beteiligte(r) *f m* (*to* an); **2.** Abort *m.*

prize[1] [praɪz] **I** *s* **1.** Preis *m;* **2.** (Lotterie)Gewinn *m;* **3.** *fig* Preis, Lohn *m;* ▶ **carry off, take the** ~ den Preis davontragen; **consolation** ~ Trostpreis *m;* **distribution of ~s** Preisverteilung *f;* **II** *adj* **1.** preisgekrönt; **2.** *fam* ausgemacht; **3.** *fam* hervorragend, erstklassig; **III** *tr* (hoch)schätzen.

prize[2] [praɪz] **I** *s mar* Prise *f;* **II** *tr (Schiff)* aufbringen.

prize[3] [praɪz] *Am s. prise.*

prize-fight ['praɪzfaɪt] (Berufs)Boxkampf *m;* **prize-fighter** Berufsboxer *m;* **prize-fighting** Berufsboxen *n;* **prize-giving** ['praiz,gɪvɪŋ] Preisverteilung *f;* **prize-list** *(Lotterie)* Gewinnliste *f;* **prize-money** Geldpreis *m; sport* Siegesprämie *f;* **prize-ring** (Box)Ring *m;* **prize-winner** Preisträger(in), Gewinner(in) *m (f);* **prize-winning** *adj* preisgekrönt; ~ **ticket** Gewinnlos *n.*

pro[1] [prəʊ] ‹*pl* pros› *sport fam* Profi *m.*

pro[2] [prəʊ] ‹*pl* pros› **I** *prep* für; **II** *s* (Da)Für *n;* ▶ **the ~s and cons** das Für u. Wider.

prob·abil·ity [,prɒbə'bɪlətɪ] Wahrscheinlichkeit *f;* ▶ **in all** ~ aller Wahrscheinlichkeit nach; **what are the probabilities?** welche Aussichten bestehen da? **the ~ is that he will come** er wird wahrscheinlich kommen; **theory of** ~ Wahrscheinlichkeitsrechnung *f;* **prob·able** ['prɒbəbl] **I** *adj* wahrscheinlich; mutmaßlich; **II** *s* aussichtsreichste(r) Kandidat(in).

pro·bate ['prəʊbeɪt] **1.** *(gerichtliche)* Testamentseröffnung (u. -bestätigung) *f;* Erblegitimation *f;* **2.** *(~ court, department, division)* Nachlaßgericht *n.*

pro·ba·tion [prə'beɪʃn] **1.** Probe(zeit) *f;* **2.** *jur* Bewährung *f;* ▶ **on** ~ auf Probe; *jur* mit Bewährung; ~ **officer** Bewährungshelfer(in) *m (f);* **pro·ba·tion·ary** [prə'beɪʃnrɪ] *adj* **1.** Probe-; **2.** *jur* Bewährungs-; ▶ ~ **period** Probezeit *f;* **pro·ba·tioner** [prə'beɪʃnə(r)] **1.** (Probe)Kandidat(in), auf Probe Angestellte(r) *f m;* Lernschwester *f;* **2.** *jur* Strafentlassene(r) *f m* mit Bewährungsfrist.

probe [prəʊb] **I** *s* **1.** *tech med* Sonde *f;* **2.** *jur* Untersuchung *f;* **II** *tr* sondieren; *(All,*

Gewissen, Geheimnis) erforschen; **III** *itr* **1.** suchen (*for* nach); **2.** *med* untersuchen; **3.** *fig* forschen (*for* nach).

prob·ity ['prəʊbətɪ] Rechtschaffenheit, Redlichkeit *f.*

prob·lem ['prɒbləm] **1.** Problem *n;* **2.** Problematik *f;* **3.** *math* Aufgabe *f;* ► **set a ~ to s.o.** jdn vor e-e schwierige Aufgabe stellen; **that's your ~** das ist Ihre Sorge, Ihr Problem; **prob·lem·atic(al)** [ˌprɒblə'mætɪk(l)] *adj* problematisch; **problem child** schwieriges Kind.

pro·bos·cis [prə'bɒsɪs] ⟨*pl* -ces⟩ [—si:z] Rüssel *m.*

pro·cedur·al [prə'si:dʒərəl] *adj* verfahrensmäßig; *attr* Verfahrens-; **pro·cedure** [prə'si:dʒə(r)] Verfahren, Verhalten, Vorgehen *n;* ► **(code of) civil ~** Zivilprozeß(ordnung *f*) *m;* **(code of) criminal ~** Strafprozeß(ordnung *f*) *m;* **electoral ~** Wahlmodus *m;* **question of ~** Verfahrensfrage *f.*

pro·ceed [prə'si:d] *itr* **1.** vorwärtsgehen, vorschreiten, vorrücken; **2.** fortsetzen (*on a journey* e-e Reise); **3.** weitergehen, -fahren, -reisen; **4.** weitergehen, seinen Fortgang nehmen; **5.** weitermachen, fortfahren (*with, in* mit); **6.** schreiten (*to* zu); **7.** anfangen, beginnen (*to s.th.* mit etw); **8.** übergehen (*to* zu); **9.** vorgehen, verfahren, handeln (*on a principle* nach e-m Grundsatz); **10.** hervorgehen (*from* aus); **11.** gerichtlich vorgehen, e-n Prozeß anstrengen (*against s.o.* gegen jdn); **12.** verklagen, gerichtlich belangen (*against s.o.* jdn); ► **~ to the order of the day** zur Tagesordnung übergehen; **~ with a case** einen Prozeß anstrengen; **please ~** bitte reden, machen Sie weiter.

pro·ceed·ing [prə'si:dɪŋ] **1.** Vorgehen, Verfahren *n,* Maßnahme(n *pl*) *f;* **2.** *pl* (Gerichts)Verfahren *n;* Prozeß *m;* **3.** *pl* Sitzungs-, Verhandlungsberichte *m pl,* Prozeßakten *f pl;* **4.** *pl* Veranstaltung *f;* ► **take legal ~s** den Rechtsweg beschreiten; Klage erheben (*against s.o.* gegen jdn); **stay, stop ~s** das Verfahren einstellen; **there were some peculiar ~s** es ereigneten sich merkwürdige Dinge.

pro·ceeds ['prəʊsi:dz] *pl* Ertrag, Erlös *m,* Einnahmen *f pl* (*from* aus); ► **annual ~** Jahresertrag *m;* **cash ~** Barerlös, -ertrag *m.*

pro·cess ['prəʊses] **I** *s* **1.** Prozeß *m;* **2.** (Arbeits)Verfahren *n;* **3.** *jur* Verfahren *n;* gerichtliche Verfügung; ► **in ~** im Gange; **in (the) ~ of** im Verlauf *gen;* **in ~ of completion** in Arbeit; **in ~ of construction** im Bau; **in ~ of time** im Lauf der Zeit; **serve a ~ on s.o.** jdn gerichtlich vorladen; **finishing ~** Veredelungsverfahren *n;* **manufacturing ~** Produktionsprozeß *m;* **II** *tr* **1.** verarbeiten; *(Nahrungsmittel)* konservieren; *(Milch)* sterilisieren; *(Film)* entwickeln; **2.** *(Akte, Antrag)* bearbeiten; *(Menschen)* abfertigen; *itr* [prə'ses] ziehen, schreiten; ► **~ed cheese,** *Am* **~ cheese** Schmelzkäse *m;* **process chart** Arbeitsablaufdiagramm *n;* **process computer** Prozeßrechner *m;* **process costing** Kostenrechnung *f* für Massenfertigung; **process engineering** Verfahrenstechnik *f;* **pro·ces·sing** ['prəʊsesɪŋ] **1.** *agr tech* Vered(e)lung *f;* **2.** Verarbeitung, Behandlung *f;* **3.** *tech* Aufbereitung *f;* **4.** *fig* Bearbeitung *f;* ► **~ cost** Fertigungskosten *pl;* **~ industry** Veredelungsindustrie *f;* **word-~** *EDV* Textverarbeitung *f.*

pro·cession [prə'seʃn] **1.** Prozession *f;* **2.** (feierlicher) Umzug *m;* (Fest)Zug *m;* ► **funeral ~** Leichenzug *m.*

pro·claim [prə'kleɪm] *tr* **1.** erklären; ausrufen (*s.o. king* jdn zum König); **2.** zeigen, erweisen (*o.s. master* sich als Meister); **proc·la·ma·tion** [ˌprɒklə'meɪʃn] **1.** Proklamation, Ausrufung *f;* **2.** Bekanntmachung *f* (*to* an).

pro·cliv·ity [prə'klɪvətɪ] Neigung *f,* Hang, Trieb *m* (*to, towards* zu).

pro·cras·ti·nate [prəʊ'kræstɪneɪt] *itr* zögern, zaudern; **pro·cras·ti·na·tion** [prəʊˌkræstɪ'neɪʃn] Aufschub *m;* Verzögerung *f.*

pro·create ['prəʊkrɪeɪt] **I** *tr* (er)zeugen; hervorbringen; ins Leben rufen; **II** *itr* sich fortpflanzen; **pro·cre·ation** [ˌprəʊkrɪ'eɪʃn] Fortpflanzung, Zeugung *f.*

proc·tor ['prɒktə(r)] **1.** Prokurator *m;* **2.** *(Universität)* Proktor *m; Am* (Prüfungs)Aufsicht *f.*

pro·cur·able [prə'kjʊrəbl] *adj* **1.** erhältlich; **2.** beschaffbar.

procu·ra·tor ['prɒkjʊreɪtə(r)] *jur* (in Vertretung) Bevollmächtigte(r) *m;* **procurator fiscal** *(Schottland)* Oberstaatsanwalt *m.*

pro·cure [prə'kjʊə(r)] **I** *tr* **1.** ver-, beschaffen, besorgen; **2.** bewirken; **3.** verkuppeln (*for s.o.* mit jdm); **II** *itr* Kuppelei betreiben; **pro·cure·ment** [—mənt] Beschaffung, Besorgung *f;* Vermittlung *f;* ► **~ cost** Beschaffungskosten *pl;* **~ division** *Am* Beschaffungsamt *n;* **pro·curer** [prə'kjʊərə(r)] Kuppler *m;* **pro·cur·ess** [prə'kjʊərɪs] Kupplerin *f.*

prod [prɒd] **I** *tr* **1.** stoßen, knuffen; **2.** *fig* antreiben, anspornen (*s.o. into doing s.th.* jdn zu etw); ► **~ s.th. with s.th.** etw in etw stechen; **~ s.o. into action** jdm einen Stoß geben, versetzen; **II** *itr* stoßen; **III** *s* **1.** Stoß *m;* **2.** *fig* Anstoß *m;* Stoß *m.*

prodi·gal ['prɒdɪgl] **I** *adj* verschwenderisch (*of* mit); ► **be ~ of** od **with** verschwenden; nicht sparen mit; **the ~ son** der verlorene Sohn; **II** *s* Verschwender *m.*

pro·di·gious [prəˈdɪdʒəs] *adj* **1.** wunderbar, -voll; **2.** gewaltig; ungeheuer; **prod·igy** [ˈprɒdɪdʒɪ] Wunder(ding, -werk) *n* (*of* an); ▶ **child ~** Wunderkind *n.*

pro·duce [prəˈdjuːs] **I** *tr* **1.** produzieren; herstellen; erzeugen; *(Kohle, Öl)* fördern; *(Buch, Artikel)* schreiben; *(Kunstwerk)* schaffen; *(Zinsen, Kapital, Ertrag)* abwerfen; **2.** *(Papiere)* hervorholen, vorzeigen, -weisen, -legen; *(Zeugen)* beibringen; *(Nachweis)* erbringen, führen; *(Gründe)* anführen; **3.** *agr* tragen, liefern, hervorbringen; **4.** *fig* bewirken, zur Folge haben; hervorrufen; **5.** *theat* inszenieren; *film* drehen, produzieren; *(Aufnahme)* leiten; **6.** *math (Strecke)* verlängern (*to* bis); *(Fläche)* erweitern; **II** *s* [ˈprɒdjuːs] *nur sing bes. agr* Erzeugnis, Produkt *n;* **pro·ducer** [prəˈdjuːsə(r)] **1.** Erzeuger, Hersteller, Produzent, Fabrikant *m;* **2.** *theat* Regisseur *m; film* Produzent *m; radio* Sendeleiter(in) *m (f);* ▶ **~ goods** *pl* Produktionsgüter *n pl;* **~ price** Erzeugerpreis *m.*

prod·uct [ˈprɒdʌkt] **1.** Erzeugnis, Produkt *n;* **2.** *fig* Ergebnis, Resultat *n;* **3.** *com* Fabrikat *n,* Ware *f;* **4.** *chem math* Produkt *n;* ▶ **food ~s** Nahrungsmittel *pl;* **manufactured ~s** *pl* Industrieerzeugnisse *n pl;* **(gross) national ~** (Brutto)Sozialprodukt *n;* **~ costing** Stückkalkulation *f;* **~ engineering** Fertigungstechnik *f;* **liability** Produkthaftung *f;* **~ line** Produktgruppe *f;* **~ manager** Produktmanager(in) *m (f).*

pro·duc·tion [prəˈdʌkʃn] **1.** Erzeugung, Herstellung, Produktion, Fabrikation, Fertigung *f;* **2.** *min* Förderung *f;* **3.** *(geistige)* Produktion *f,* Werk *n;* **4.** *theat* Aufführung, Inszenierung *f;* **5.** *film* Produktion *f;* **6.** *(Dokument)* Vorlage, Beibringung *f;* ▶ **go into ~** die Produktion aufnehmen; **annual ~** Jahresproduktion *f;* **production capacity** Produktionskapazität *f;* **production costs** *pl* Fertigungs-, Herstellungskosten *pl;* **production director** *radio* Sendeleiter(in) *m (f);* **production engineering** technische Produktionsplanung und -steuerung; **production line** Fließband *n,* Fertigungsstraße *f;* **production manager** Betriebs-, Produktionsleiter(in) *m (f);* **production model** *mot* Serienmodell *n;* **production platform** Förderplattform *f;* **production target** Produktionsziel *n;* **production time** Produktionszeit *f;* **production volume** Produktionsvolumen *n.*

pro·duc·tive [prəˈdʌktɪv] *adj* **1.** produktiv; *agr min* ergiebig; **2.** *fig* produktiv, schöpferisch; **3.** *com* gewinnbringend, rentabel; ▶ **be ~ of** hervorrufen, zur Folge haben, die Ursache sein *gen;* erzeugen; **~ capacity, power** Produktionskapazität, Leistungsfähigkeit *f;* **it wouldn't be ~ to do that** es würde sich nicht lohnen, das zu tun; **pro·duc·tiv·ity** [ˌprɒdʌkˈtɪvətɪ] **1.** Produktivität *f;* Ertragfähigkeit, Ergiebigkeit *f;* Rentabilität *f;* **2.** *fig* Produktivität *f;* **productivity agreement** Produktivitätsvereinbarung *f;* **productivity bonus** Leistungszulage *f.*

profa·na·tion [ˌprɒfəˈneɪʃn] Entweihung, Schändung, Profanation *f;* **pro·fane** [prəˈfeɪn] **I** *adj* **1.** profan, weltlich; **2.** ruchlos, gottlos; **II** *tr (Heiligtum)* entweihen, schänden, profanieren; **pro·fan·ity** [prəˈfænətɪ] **1.** Weltlichkeit *f;* **2.** Lästerung *f;* **3.** *pl* Flüche *m pl.*

pro·fess [prəˈfes] *tr* **1.** gestehen, bekennen; **2.** versichern, erklären; **pro·fessed** [prəˈfest] *adj* **1.** erklärt, ausgesprochen, offen; **2.** angeblich; **pro·fess·ed·ly** [prəˈfesɪdlɪ] *adv* **1.** zugegebenermaßen; **2.** angeblich.

pro·fes·sion [prəˈfeʃn] **1.** Beruf *m;* Berufsstand *m;* **2.** Bekenntnis *n;* *(~ of faith)* Glaubensbekenntnis *n;* ▶ **by ~** von Beruf; **carry on, exercise a ~** e-n Beruf ausüben; **take up a ~** e-n Beruf ergreifen; **the learned ~s** *pl* die akademischen Berufe *m pl;* **the oldest ~** das älteste Gewerbe.

pro·fes·sional [prəˈfeʃnəl] **I** *adj* **1.** beruflich; berufsmäßig; *(Sportler, Soldat)* Berufs-; **2.** fachlich; fachmännisch; professionell; **3.** *fam* notorisch; ▶ **take ~ advice on s.th.** e-en Fachmann um etw befragen; **the ~ classes** die gehobenen Berufe; **he does it on a ~ basis** er macht das (haupt)beruflich; **turn ~** Profi werden; **~ disease** Berufskrankheit *f;* **~ experience** Berufserfahrung *f;* **~ journal, magazine** Fachzeitschrift *f;* **~ organization** Berufsorganisation *f;* **~ player** Berufsspieler *m;* **~ secret** Berufsgeheimnis *n;* **~ training** Berufsausbildung *f;* **II** *s* **1.** Profi *m;* **2.** Berufssportler(in) *m (f);* **pro·fes·sional·ism** [prəˈfeʃnəlɪzəm] **1.** fachliche Qualifikation; Professionalismus *m;* **2.** *(von Arbeit)* Professionalität *f;* **3.** *sport* Berufssportlertum, Profitum *n.*

pro·fes·sor [prəˈfesə(r)] Professor(in), (Hochschul)Lehrer(in) *m (f)* (*in the university* an der Universität); ▶ **assistant ~** Dozent(in) *m (f);* **full ~** *Am* ordentlicher Professor, Ordinarius *m;* **prof·es·sorial** [ˌprɒfɪˈsɔːrɪəl] *adj* ▶ **~ chair** Lehrstuhl *m,* -kanzel *f;* **pro·fes·sor·ship** [prəˈfesəʃɪp] Professur *f,* Lehrstuhl *m;* ▶ **be appointed to a ~** e-e Professur erhalten, einen Lehrstuhl bekommen.

prof·fer [ˈprɒfə(r)] *tr* anbieten; *(Dank)*

aussprechen; *(Bemerkung)* machen.

pro·fi·ciency [prəˈfɪʃnsɪ] Tüchtigkeit, Leistung *f;* ▶ **certificate of** ~ Befähigungsnachweis *m;* **pro·fi·cient** [prəˈfɪʃnt] *adj* **1.** geübt, erfahren, fähig, tüchtig; **2.** *fam* bewandert (*in* in).

pro·file [ˈprəʊfaɪl] **I** *s* **1.** Profil *n;* Seitenansicht *f;* **2.** Kurzbiographie *f;* **3.** *tech* Längsschnitt *m;* Querschnitt *m;* ▶ **in** ~ im Profil; **keep a low** ~ sich zurückhalten; **II** *tr* im Profil darstellen; ▶ ~ **s.o.** jds Lebensbild entwerfen.

prof·it [ˈprɒfɪt] **I** *s* **1.** Gewinn, Ertrag *m;* **2.** *pl* Erträge *m pl;* Nutzung *f;* Einkünfte *pl;* **3.** *fig* Nutzen, Gewinn *m;* ▶ **at a** ~ mit Gewinn; vorteilhaft *adv;* **bring, show, yield a** ~ e-n Gewinn abwerfen; **realize large** ~**s** große Gewinne erzielen; **sell at a** ~ mit Gewinn verkaufen; **make a** ~ **on s.th.** bei etw e-n Gewinn erzielen; **turn to one's** ~ sich zunutze machen; **calculation of** ~**s** Rentabilitätsberechnung *f;* **clear, net** ~ Reingewinn *m;* **margin of** ~ Gewinnspanne *f;* **participation in** ~**s** Gewinnbeteiligung *f;* **share in the** ~**s** Gewinnanteil *m;* ~ **and loss** Gewinne u. Verluste *pl;* **II** *itr* profitieren (*by, from* von), Nutzen ziehen (*from, by* aus); **prof·it·abil·ity** [ˌprɒfɪtəˈbɪlətɪ] Rentabilität *f;* **prof·it·able** [ˈprɒfɪtəbl] *adj* **1.** gewinn-, nutzbringend, vorteilhaft; **2.** günstig, einträglich, lohnend, rentabel (*to* für); ▶ **be** ~ sich rentieren; **profit carried forward** Gewinnvortrag *m;* **profit-earn·ing** [ˈprɒfɪtˌɜ:nɪŋ] *adj* rentabel; **profi·teer** [ˌprɒfɪˈtɪə(r)] Profitmacher(in) *m (f);* ▶ **war** ~ Kriegsgewinnler *n;* **profi·teer·ing** [—ɪŋ] Wucher *m,* Preistreiberei *f;* **profit margin** Gewinnspanne *f;* **profit maximation** Gewinnmaximierung *f;* **prof·it-re·lat·ed** [ˈprɒfɪtˌrɪˈleɪtəd] *adj* erfolgsabhängig; **profit-seek·ing, profit-mak·ing, profit-oriented** [ˈprɒfɪtˌsi:kɪŋ, —ˌmeɪkɪŋ, —ˈɔ:rɪəntəd] *adj* auf Gewinn ausgerichtet, gewinnorientiert; **profit-shar·ing** [ˈprɒfɪtˌʃeərɪŋ] Gewinnbeteiligung *f (der Arbeitnehmer).*

prof·li·gate [ˈprɒflɪgət] *adj* **1.** verkommen, lasterhaft; **2.** verschwenderisch; ausschweifend, liederlich.

pro·found [prəˈfaʊnd] *adj* **1.** *(Schmerz, Schlaf, Schweigen)* tief; **2.** *(Bemerkung, Gedanken)* tiefgründig, -schürfend; **3.** *(Veränderung)* tiefgreifend; **pro·fun·dity** [prəˈfʌndətɪ] *fig* Tiefgründigkeit *f.*

pro·fuse [prəˈfju:s] *adj* **1.** überreichlich, verschwenderisch (*of* an); **2.** sehr großzügig (*in, of* mit); **pro·fu·sion** [prəˈfju:ʒn] Überfluß *m,* -fülle *f,* verschwenderische Fülle (*of* an); ▶ **in** ~ im Überfluß.

pro·geni·tor [prəʊˈdʒenɪtə(r)] **1.** Vorfahr, Ahn(herr) *m;* **2.** *fig* Vorläufer *m.*

prog·no·sis [prɒgˈnəʊsɪs] ⟨*pl* -ses⟩ [prɒgˈnəʊsi:z] Prognose *f;* **prog·nos·ti·cate** [prɒgˈnɒstɪkeɪt] *tr* **1.** voraus-, vorhersagen, prophezeien; **2.** *med* prognostizieren.

pro·gram [ˈprəʊgræm] **I** *s* **1.** *EDV* Programm *n;* **2.** *Am s. programme;* **II** *tr EDV* programmieren; **pro·gram·mable** [—əbl] *adj EDV* programmierbar; **pro·gramme,** *Am* **pro·gram** [ˈprəʊgræm] **I** *s* **1.** Programm *n;* **2.** *radio TV a.* Sendung *f;* ▶ **what's on your** ~**?** was haben Sie vor? **change of** ~ Programmänderung *f;* **party** ~ Parteiprogramm *n;* **II** *tr* **1.** programmieren; **2.** *fig* vorprogrammieren; ▶ ~**d course** programmierter Unterricht; **what's** ~**d for today?** was steht für heute auf dem Programm? **pro·gram·mer** [ˈprəʊgræmə(r)] Programmierer(in) *m (f);* **pro·gram·ming** [ˈprəʊgræmɪŋ] Programmierung *f;* **programming language** Programmiersprache *f.*

prog·ress [ˈprəʊgres, *Am* ˈprɒgres] **I** *s nur sing* **1.** Fortschritt *m;* **2.** *(eines Menschen, von Arbeit)* Fortschritte *m pl;* **3.** Fortschreiten *n; mil* Vorrücken *n;* ▶ **in** ~ im Gange; **make** ~ Fortschritte machen; vorankommen; ~ **control** Terminüberwachung *f;* ~ **report** Lagebericht *m;* **II** *itr* [prəˈgres] **1.** vorrücken (*towards* gegen); **2.** Fortschritte machen; **3.** *(Zeit, Arbeit)* voranschreiten; **pro·gression** [prəˈgreʃn] **1.** Folge *f;* **2.** *math, (Steuern)* Progression *f;* **3.** *mus* Sequenz *f;* **4.** Entwicklung *f;* **5.** Steigerung, Progression *f;* **pro·gress·ive** [prəˈgresɪv] *adj* **1.** fortschreitend, zunehmend; **2.** fortschrittlich, progressiv; **3.** *med, (Steuer)* progressiv; ▶ **by** ~ **stages** stufenweise; ~ **form** *gram* Verlaufsform *f.*

pro·hibit [prəˈhɪbɪt] *tr* **1.** verbieten (*s.o. from doing s.th.* jdm etw zu tun); **2.** verhindern, unterbinden; **pro·hib·ition** [ˌprəʊɪˈbɪʃn] **1.** Verbot *n;* **2.** *hist* Prohibition *f;* **pro·hibi·tive** [prəˈhɪbətɪv] *adj* **1.** verhindernd, ausschließend; **2.** *fam (Preis)* unerschwinglich; ▶ ~ **duty** Prohibitivzoll *m;* ~ **laws** *pl* Verbotsgesetze *n pl;* ~ **signs** *pl* Verbotsschilder *n pl.*

pro·ject [ˈprɒdʒekt] **I** *s* **1.** Projekt, Vorhaben, Unternehmen *n;* **2.** *(Schule)* Referat *n;* ▶ **engage in a** ~ ein Vorhaben in Angriff nehmen; ~ **manager** Projektmanager(in) *m (f);* ~ **scheduling** Projektplanung *f;* **II** *tr* [prəˈdʒekt] **1.** *(auf Leinwand)* projizieren; **2.** (voraus)planen; *(Kosten)* überschlagen; **3.** *math (Linie)* verlängern; *(Körper)* projizieren; **4.** *(Flugkörper)* abschießen; **5.** *arch* vorspringen lassen; ▶ ~ **o.s.** seine Persönlichkeit herausstellen; ~ **one's problems onto s.o.** seine Probleme in jdn hineinprojizieren; ~ **one's voice** seine

Stimme zum Tragen bringen; **III** *itr* [prə'dʒekt] **1.** vorstehen; **2.** planen; **3.** *psych* von sich auf andere schließen; **4.** vernehmlich sprechen.

pro·jec·tile [prə'dʒektaɪl] Geschoß, Projektil *n.*

pro·jec·tion [prə'dʒekʃn] **1.** Vorsprung, vorspringender Teil *m;* **2.** *arch* Auskragung *f;* **3.** Entwurf, Plan *m;* **4.** *opt film* Projektion *f;* **5.** *film* Vorführung *f;* ▶ ~ **room,** *Am* **booth** Vorführraum *m;* **pro·jec·tion·ist** [prə'dʒekʃnɪst] *film* Vorführer(in) *m (f);* **pro·jec·tor** [prə'dʒektə(r)] Projektor *m,* Vorführgerät *n.*

pro·lapse ['prəʊlæps] *med* Vorfall *m.*

prole [prəʊl] Prolet *m;* **pro·let·arian** [prəʊlɪ'teərɪən] **I** *adj* proletarisch; **II** *s* Proletarier(in) *m (f);* **pro·let·ariat** [ˌprəʊlɪ'teərɪət] Proletariat *n.*

pro·lif·er·ate [prə'lɪfəreɪt] *itr* **1.** *biol* sich vermehren; **2.** *(Unkraut, Zellen)* wuchern; **3.** sich zahlenmäßig stark erhöhen; **4.** *(Ideen)* um sich greifen; **pro·lif·er·ation** [prəˌlɪfə'reɪʃn] **1.** starke Vermehrung; **2.** Wucherung *f;* **3.** starke Erhöhung; **4.** *(von Ideen)* Ausbreitung *f;* **5.** *(von Atomwaffen)* Weitergabe *f;* ▶ **nuclear non-~ treaty** Atomsperrvertrag *m;* **pro·lific** [prə'lɪfɪk] *adj* **1.** *biol* fruchtbar *a. fig;* **2.** *fig* produktiv.

pro·lix ['prəʊlɪks] *adj* weitschweifig, langatmig, wortreich.

pro·logue, *Am* **pro·log** ['prəʊlɒg, *Am,* 'prəʊlɔ:g] **1.** Prolog *m* (*to* zu); **2.** *fig* Auftakt *m;* ▶ **be the ~ to s.th.** zu etw den Auftakt bilden.

pro·long [prə'lɒŋ] *tr* **1.** verlängern; **2.** aufschieben, hinauszögern; **3.** *(Wechsel)* prolongieren; **pro·lon·ga·tion** [ˌprəʊlɒŋ'geɪʃn] **1.** Verlängerung *f;* **2.** Hinauszögern *n;* **3.** *(Wechsel)* Prolongierung *f;* **pro·longed** [prə'lɒŋd] *adj* lang.

prom [prɒm] **1.** Konzert *n* in lockerem Rahmen; **2.** *Br* Promenade *f;* **3.** *Am* Schüler-, Klassenball *m.*

prom·en·ade [ˌprɒmə'nɑ:d, *Am* ˌprɒmə'neɪd] **I** *s* **1.** Spaziergang *m;* **2.** *Am* Schülerball *m;* **3.** *Br* (Ufer)Promenade *f;* **II** *itr* spazieren(gehen), promenieren; **promenade concert** Konzert *n* in lockerem Rahmen; **promenade deck** *mar* Promenadendeck *n.*

promi·nence ['prɒmɪnəns] **1.** Vorsprung *m;* Anhöhe *f;* **2.** *fig* Beliebtheit *f;* Bekanntheit *f;* Bedeutung *f;* ▶ **achieve ~** Bedeutung erlangen (*as* als); **bring s.th. into ~** etw herausstellen; **come into ~** *fig* in den Vordergrund treten; **promi·nent** ['prɒmɪnənt] *adj* **1.** vorstehend, -springend; **2.** *fig* hervorragend, bedeutend; **3.** auffällig; **4.** (wohl)bekannt, prominent.

prom·is·cu·ity [ˌprɒmɪ'skju:ətɪ] sexuelle Freizügigkeit, Promiskuität *f,* häufiger Partnerwechsel; **pro·mis·cu·ous** [prə'mɪskjʊəs] *adj* sexuell freizügig; ▶ **be ~** häufig den Partner wechseln.

prom·ise ['prɒmɪs] **I** *s* **1.** Versprechen *n;* (feste) Zusage, Zusicherung *f;* **2.** (feste) Aussicht, Hoffnung *f* (*of* auf); ▶ **break one's ~** sein Wort brechen; **give, make a ~** ein Versprechen geben; **keep one's ~** sein Versprechen, sein Wort halten; **show great ~** zu großen Hoffnungen berechtigen, vielversprechend sein; **breach of ~** Wortbruch *m;* **empty ~s** *pl* leere Versprechungen *f pl;* **II** *tr* **1.** versprechen; **2.** andeuten, hindeuten auf; ▶ **~ s.o. s.th., ~ s.th. to s.o** jdm etw versprechen; **the sky ~s rain** es sieht nach Regen aus; **the P~d Land** das Gelobte Land; **III** *itr* versprechen; ▶ **~ well** vielversprechend sein; **IV** *refl:* ▶ **~ o.s. s.th** sich etw versprechen; sich etw geloben; **prom·is·ing** [—ɪŋ] *adj* **1.** vielversprechend, verheißungs-, hoffnungsvoll; **2.** erfolgversprechend; **prom·iss·ory** ['prɒmɪsərɪ] *adj:* ▶ **~ note** Schuldschein *m.*

prom·on·tory ['prɒməntrɪ] Vorgebirge *n.*

pro·mote [prə'məʊt] *tr* **1.** fördern, vorantreiben, unterstützen; **2.** sich einsetzen für; befürworten; **3.** *(Geschäft)* gründen; **4.** *(Gesetzentwurf)* einbringen; **5.** *(im Rang)* befördern; **6.** *com* werben für *(e-n Artikel);* **7.** *(Verkauf)* steigern; **pro·mo·ter** [prə'məʊtə(r)] **1.** Förderer *m,* Förderin *f,* Befürworter(in) *m (f);* **2.** (Geschäfts)Gründer(in) *m (f) (e-r AG);* **3.** *sport* Veranstalter(in) *m (f);* **pro·mo·tion** [prə'məʊʃn] **1.** Förderung, Unterstützung, Befürwortung *f;* **2.** *com* Gründung *f;* **3.** *(beruflich)* Beförderung *f;* **4.** Verkaufsförderung *f;* **5.** Werbung, Reklame *f;* ▶ **get one's ~** befördert werden; **sales ~** Verkaufsförderung, Absatzsteigerung *f;* **~ manager** Werbeleiter(in) *m (f).*

prompt [prɒmpt] **I** *adj* **1.** umgehend, sofortig, unverzüglich; **2.** *(Mensch)* (sofort) bereit; pünktlich; **II** *s* **1.** *theat* Soufflieren *n;* **2.** *EDV* Befehlszeile *f;* ▶ **give s.o. a ~** jdm soufflieren; *fig* jdn erinnern; **III** *tr* **1.** anspornen; auffordern; **2.** veranlassen (*to* zu); **3.** auf die Sprünge helfen (*s.o.* jdm); **4.** *theat* soufflieren (*s.o.* jdm); **IV** *adv* pünktlich; **prompt-box** Souffleurkasten *m;* **prompter** ['prɒmptə(r)] Souffleur *m,* Souffleuse *f;* **promp·ti·tude, prompt·ness** ['prɒmptɪtju:d, 'prɒmptnɪs] **1.** Bereitwilligkeit, Schnelligkeit *f;* **2.** Promptheit *f;* Pünktlichkeit *f;* **prompt·ly** ['prɒmptlɪ] *adv* pünktlich; ▶ **attend to s.th. ~** etw umgehend erledigen; **start ~ at eight** Punkt 8 Uhr anfangen; **prompt note** Mahnschreiben *n.*

prom·ul·gate ['prɒmlgeɪt] *tr* verbreiten; *(Gesetz)* verkünden; **prom·ul·ga·tion** [ˌprɒml'geɪʃn] Verbreitung *f;* Verkündung *f.*

prone [prəʊn] *adj* **1.** liegend; **2.** *fig* geneigt (*to* zu); ▶ **be ~ to do s.th.** zu etw neigen; **prone·ness** [—nɪs] Neigung *f* (*to* zu).

prong [prɒŋ] **1.** *(Gabel)* Zinke *f;* **2.** Spitze, Zacke *f;* **3.** *(Geweih)* Sprosse *f.*

pro·nomi·nal [prəʊ'nɒmɪnl] *adj* pronominal; **pro·noun** ['prəʊnaʊn] *gram* Pronomen, Fürwort *n.*

pro·nounce [prə'naʊns] **I** *tr* **1.** verkünden; *(feierlich)* erklären; **2.** *(Urteil)* abgeben, *jur* fällen; **3.** erklären (für); **4.** *(Wort)* aussprechen; ▶ **~ o.s. for s.th.** sich für etw aussprechen; **II** *itr* Stellung nehmen; sich aussprechen (*on* über; *for, in favo(u)r of* für; *against* gegen); ▶ **she ~s badly** sie hat eine schlechte Aussprache; **pro·nounce·able** [—əbl] *adj* aussprechbar; **pro·nounced** [prə'naʊnst] *adj* **1.** ausgesprochen; **2.** *(Becken, Knochen)* ausgeprägt; **3.** *(Verbesserung)* deutlich; ▶ **have a ~ limp** stark hinken; **pro·nounce·ment** [prə'naʊnsmənt] Erklärung *f; jur* Verkündigung *f.*

pronto ['prɒntəʊ] *adv fam* fix, schnell, dalli.

pro·nun·ci·ation [prəˌnʌnsɪ'eɪʃn] Aussprache *f.*

proof [pru:f] **I** *s* **1.** *jur* Beweis *m* (*of* für); **2.** Nachweis, Beleg *m;* **3.** Probe, Erprobung *f;* **4.** *(Getränk)* Normalstärke *f;* **5.** *(Graphik, phot)* Probeabzug *m;* (Korrektur)Fahne *f;* ▶ **by way of ~** als Beweis; **furnish, produce ~** den Beweis erbringen; **give ~ of s.th.** etw unter Beweis stellen; **put to (the) ~** auf die Probe stellen; **read (the) ~s** Korrektur lesen; **burden, onus of ~** Beweislast *f;* **II** *adj* **1.** fest, sicher (*against* gegen); **2.** wasserdicht, undurchlässig (*to, against* für); **3.** *fig* unempfindlich (*against* für); **4.** *(Alkohol)* probehaltig; ▶ **burglar-~** einbruchsicher; **crisis-~** krisenfest; **fire-~** feuerfest; **fool-~** narrensicher; **water-~** wasserdicht; **weather-~** wetterfest; **~ against corruption** unbestechlich; **III** *tr* imprägnieren, wasserdicht machen; **proof-read** ['pru:fˌri:d] *itr irr s. read* Korrektur lesen; **proof-reader** ['pru:fˌri:də(r)] *typ* Korrektor(in) *m (f);* ▶ **~'s marks** *pl* Korrekturzeichen *n pl;* **proof-read·ing** [—ɪŋ] Korrekturlesen *n;* ▶ **at the ~ stage** im Korrekturstadium.

prop[1] [prɒp] **I** *s* **1.** Pfosten *m,* Stütze *f;* **2.** *fig* Stütze, Säule *f;* **3.** *pl theat* Requisiten *n pl;* **II** *tr* **1.** *(~ up)* (mit e-m Pfosten) stützen; verstreben; **2.** (an)lehnen (*against* an); **3.** *mot* aufbocken; **4.** *fig* (unter)stützen; ▶ **~ o.s. against** sich lehnen gegen.

prop[2] [prɒp] *Abk:* **propeller.**

propa·ganda [ˌprɒpə'gændə] Propaganda *f;* **propa·gan·dist** [ˌprɒpə'gændɪst] Propagandist(in) *m (f);* Verfechter(in) *m (f).*

propa·gate ['prɒpəgeɪt] **I** *tr* **1.** fortpflanzen; **2.** *phys opt* ausbreiten; **3.** *(Sitten, Ideen)* verbreiten; **II** *itr* sich fortpflanzen, sich vermehren; *(Ideen)* sich verbreiten; **propa·ga·tion** [ˌprɒpə'geɪʃn] Fortpflanzung, *f;* Vermehrung *f;* Aus-, Verbreitung *f.*

pro·pane ['prəʊpeɪn] Propan(gas) *n.*

pro·pel [prə'pel] *tr* antreiben; **pro·pel·lant** [prə'pelənt] Treibstoff *m,* -mittel *n;* Treibgas *n;* **pro·pel·ler** [prə'pelə(r)] Propeller *m;* **propeller shaft** Antriebswelle *f; mot* Kardanwelle *f; mar* Schraubenwelle *f;* **pro·pel·ling** [prə'pelɪŋ] *adj* treibend; ▶ **~ force** Triebkraft *f;* **~ pencil** Drehbleistift *m.*

pro·pen·sity [prə'pensətɪ] Neigung *f,* Hang *m* (*to, toward s.th.* zu etw; *for doing* zu tun); ▶ **~ to invest** Investitionsneigung *f.*

proper ['prɒpə(r)] *adj* **1.** passend, geeignet (*for* für); **2.** richtig, ordnungsgemäß; **3.** ordentlich, bescheiden, höflich; **4.** eigentümlich, charakteristisch (*to* für); **5.** *(oft nachgestellt)* eigentlich, im engeren Sinn; **6.** *fam* recht, richtig, wahr, gehörig; ▶ **in ~ condition** in gutem Zustand; **at the ~ time** zur rechten Zeit; **through the ~ channels** auf dem Dienstweg; **in the ~ form** in ordnungsmäßiger Form; **~ fraction** echter Bruch; **deem ~ to** es für richtig halten zu; **that's not ~** das gehört sich nicht; **everything at the ~ time** alles zu seiner Zeit; **proper·ly** [—lɪ] *adv* **1.** korrekt, richtig; **2.** anständig, ordentlich; **3.** durch u. durch; gründlich; ▶ **~ speaking** genaugenommen, eigentlich, in Wirklichkeit; **proper meaning** eigentliche Bedeutung; **proper name, noun** Eigenname *m.*

prop·er·tied ['prɒpətɪd] *adj* ▶ **the ~ classes** das Besitzbürgertum; **prop·erty** ['prɒpətɪ] **1.** Eigentum *n;* Besitz *m;* **2.** *(landed ~)* Landbesitz *m,* Ländereien *f pl;* Immobilien *pl,* Liegenschaften *f pl;* Haus, Gebäude *n;* Grundstück *n,* Landbesitz *m;* **3.** Eigenschaft, Eigentümlichkeit, Besonderheit *f;* Merkmal *n;* **4.** *pl theat* Requisiten *n pl;* ▶ **public ~** Eigentum *n* der öffentlichen Hand; **property developer** Häusermakler(in) *m (f);* **property development** Grundstückserschließung *f;* **property increment tax** Wertzuwachssteuer *f;* **property insurance** Sachversicherung *f;* **property-man, property manager** *theat* Requisiteur *m;* **property market** Immobilienmarkt *m;* **property owner** Grundstücks-, Hauseigentümer(in) *m* *(f)*; **property-room** Requisitenkammer *f*; **property speculation** Immobilienspekulation *f*; **property tax** Vermögenssteuer *f*.

proph·ecy ['prɒfəsɪ] Prophezeiung *f*; **proph·esy** ['prɒfɪsaɪ] *tr* prophezeien (*s.th. for s.o.* jdm etw) vorhersagen; **prophet** ['prɒfɪt] Prophet *m*; **prophet·ess** ['prɒfɪtes] Prophetin *f*; **pro·phetic** [prə'fetɪk] *adj* prophetisch.

pro·phy·lac·tic [ˌprɒfɪ'læktɪk] **I** *adj med* vorbeugend, prophylaktisch; **II** *s* vorbeugendes Mittel; **pro·phy·lax·is** [prɒfɪ'læksɪs] *med* Prophylaxe *f*.

pro·pin·quity [prə'pɪŋkwətɪ] **1.** Nähe *f*; **2.** (nahe) Verwandtschaft *f*.

pro·pi·tious [prə'pɪʃəs] *adj* günstig (*to, towards* für).

pro·pon·ent [prə'pəʊnənt] Befürworter(in) *m (f)*.

pro·por·tion [prə'pɔːʃn] **I** *s* **1.** (An)Teil *m*, Quote *f*; **2.** Verhältnis *n*, Proportion *f a. math*; **3.** Ausgeglichenheit, Ausgewogenheit *f*; **4.** *pl* Dimensionen, Proportionen *f pl*; ▶ **in** ~ verhältnismäßig, anteilig; im Verhältnis (*to* zu); in dem Maße (*as* wie); **out of** ~ unverhältnismäßig; **out of all** ~ in gar keinem Verhältnis (*to* zu); ~ **of costs, of profit** Kosten-, Gewinnanteil *m*; **II** *tr* **1.** in das richtige Verhältnis bringen (*to* zu); abstimmen (*to* auf); anpassen (*to* an); **2.** verhältnismäßig verteilen; **pro·por·tional** [prə'pɔːʃənl] *adj* proportional *a. math*, im (richtigen) Verhältnis (*to* zu); entsprechend; verhältnismäßig, relativ; ▶ ~ **representation** Verhältniswahlrecht *n*; ~ **share** Quote *f*; ~ **voting** Verhältniswahl *f*; **pro·por·tion·al·ity** [prəˌpɔːʃə'nælɪtɪ] *jur* Verhältnismäßigkeit *f*; **pro·por·tion·ate** [prə'pɔːʃənət] *adj* proportional; ▶ **be** ~ **to s.th.** im Verhältnis zu etw stehen; **pro·por·tioned** [prə'pɔːʃnd] *adj* ▶ **well** ~ wohlproportioniert.

pro·po·sal [prə'pəʊzl] **1.** Vorschlag *m*, Anregung *f*; **2.** (Heirats)Antrag *m*; ▶ **upon the** ~ **of** auf Vorschlag *gen*; **place** ~**s before s.o.** jdm Vorschläge unterbreiten; **pro·pose** [prə'pəʊz] **I** *tr* **1.** vorschlagen (*s.th. to s.o.* jdm etw; *doing s.th.* etw zu tun); **2.** anregen; **3.** *(e-n Antrag)* einbringen, stellen; **4.** *(~ s.o.'s health)* e-n Toast ausbringen auf; ▶ ~ **marriage to s.o.** jdm einen Heiratsantrag machen; **II** *itr* e-n Heiratsantrag machen (*to s.o.* jdm); ~ **to do s.th.** etw vorhaben; **man** ~**s, God disposes** der Mensch denkt, Gott lenkt; **pro·poser** [prə'pəʊzə(r)] Antragsteller(in) *m (f)*; **prop·osi·tion** [ˌprɒpə'zɪʃn] **1.** Vorschlag *m*, Anregung *f*; **2.** Antrag *m*; **3.** Unternehmen, Vorhaben *n*; **4.** Aussage *f*; *math* Lehrsatz *m*; *philos* Satz *m*; **5.** Aussicht *n*; ▶ **that's an expensive** ~ das ist ein teures Vergnügen; **a paying** ~ ein lohnendes Geschäft.

pro·pound [prə'paʊnd] *tr* darlegen.

pro·pri·etary [prə'praɪətrɪ] *adj (Klasse)* besitzend; *(Rechte)* Besitz-; *(Gebahren)* besitzergreifend; *com* gesetzlich geschützt, Marken-; ▶ ~ **article** Markenartikel *m*; ~ **capital** *Am* Eigenkapital *n*; ~ **goods** *pl* Markenartikel *m pl*; **pro·pri·etor** [prə'praɪətə(r)] **1.** Eigentümer(in), Besitzer(in) *m (f)*; (Geschäfts)Inhaber(in) *m (f)*; **2.** Einzelunternehmer(in) *m (f)*; ▶ **sole** ~ Alleininhaber(in) *m (f)*; **pro·pri·etor·ship** [—ʃɪp] Eigentum *n*, Besitz *m*; ▶ **during his** ~ während er Inhaber, Besitzer war; **pro·pri·e·tress** [prə'praɪətrɪs] Eigentümerin, Besitzerin, Inhaberin *f*.

pro·pri·ety [prə'praɪətɪ] **1.** Richtigkeit *f*; **2.** Schicklichkeit *f*, Anstand *m*; ▶ **the proprieties** *pl* die Anstandsformen *f pl*, das gute Benehmen.

props [prɒps] *pl sl theat* Requisiten *n pl*.

pro·pul·sion [prə'pʌlʃn] *tech* Antrieb *m*; ▶ **jet** ~ Strahl-, Düsenantrieb *m*.

pro rata [ˌprəʊ'rɑːtə] *adj, adv* anteilmäßig; **pro·rate** [prəʊ'reɪt] *tr Am* anteilmäßig auf-, verteilen.

pro·ro·ga·tion [ˌprəʊrə'geɪʃn] *parl* Vertagung *f*; **pro·rogue** [prəʊ'rəʊg] *tr* vertagen.

pro·saic [prə'zeɪɪk] *adj fig* prosaisch, nüchtern, trocken.

pro·scenium [prə'siːnɪəm] *theat (~ arch)* Proszenium *n*.

pro·scribe [prə'skraɪb] *tr* **1.** verbieten; **2.** ächten; verbannen; **pro·scrip·tion** [prə'skrɪpʃn] Verbot *n*; Ächtung *f*; Verbannung *f*.

prose [prəʊz] Prosa *f*.

pros·ecut·able [ˌprɒsɪ'kjuːtəbl] *adj (Handlung, Delikt)* strafbar; **pros·ecute** ['prɒsɪkjuːt] **I** *tr* **1.** *jur* strafrechtlich verfolgen; **2.** *(Untersuchung)* durchführen; ▶ **trespassers will be** ~**d** unbefugtes Betreten bei Strafe verboten; **II** *itr* Klage erheben; **pros·ecut·ing** [—ɪŋ] *adj*: ▶ ~ **counsel,** *Am* **attorney** Anklagevertreter(in), Staatsanwalt *m*, -anwältin *f*; **pros·ecu·tion** [ˌprɒsɪ'kjuːʃn] **1.** Strafverfolgung *f*; **2.** Durchführung *f*; ▶ **the** ~ die Anklage(behörde); die Staatsanwaltschaft; **liable to** ~ strafbar; ~ **witness, witness for the** ~ Belastungszeuge *m*, -zeugin *f*; **pros·ecu·tor** ['prɒsɪkjuːtə(r)] **1.** (An)Kläger(in) *m (f)*; **2.** *(public ~)* Anklagevertreter(in) *m (f)*, Staatsanwalt *m*, -anwältin *f*.

pros·elyte ['prɒsəlaɪt] Neubekehrte(r) *f m*, Proselyt(in) *m (f)*; **pros·elyt·ize** ['prɒsəlɪtaɪz] **I** *itr* Proselyten machen; **II** *tr* bekehren.

pros·ody ['prɒsədɪ] Prosodie *f*.

pros·pect ['prɒspekt] **I** *s* **1.** Aussicht *f a.*

fig, Ausblick *m;* **2.** *Am* möglicher Käufer, Interessent, Kunde *m;* **3.** Anwärter, Kandidat *m;* **4.** *min* Schürfstelle *f;* **5.** *pl* Aussichten *f pl;* ► **in ~** in Aussicht; **have no ~s** keine Zukunft haben; **he is not much of a ~ for her** er hat ihr nicht viel zu bieten; **that would be a good ~** das wäre aussichtsreich; **hold out the ~ of s.th.** etw in Aussicht stellen; **what are your ~s?** welche Aussichten haben Sie? **II** *itr, tr* [prəˈspekt, *Am* ˈprɒspekt] *min* schürfen (*for* nach); *(Öl)* bohren; **pros·pec·tive** [prəˈspektɪv] *adj* voraussichtlich; in Aussicht stehend; zukünftig; ► **~ buyer, customer** Interessent, potentieller Käufer *m;* **pros·pec·tor** [prɒˈspektə(r)] *min* Schürfer *m;* **pro·spec·tus** [prəˈspektəs] Verzeichnis *n;* Prospekt *m.*

pros·per [ˈprɒspə(r)] *itr* **1.** gedeihen, blühen; **2.** Erfolg, Glück haben; **3.** *(Geschäft)* gut gehen; ► **he is ~ing** es geht ihm gut; **pros·per·ity** [prɒˈsperətɪ] Wohlstand *m; (Geschäft)* Erfolg *m;* **pros·per·ous** [ˈprɒspərəs] *adj* **1.** erfolgreich; *(Geschäft, Wirtschaft)* florierend; **2.** wohlhabend.

pros·tate (gland) [ˈprɒsteɪt (ˌglænd)] *anat* Vorsteherdrüse, Prostata *f.*

pros·ti·tute [ˈprɒstɪtju:t] **I** *tr* prostituieren; **II** *refl* sich prostituieren; **III** *s* Prostituierte, Dirne *f;* ► **male ~** Strichjunge *m fam;* **pros·ti·tu·tion** [ˌprɒstɪˈtju:ʃn] Prostitution *f.*

pros·trate [ˈprɒstreɪt] **I** *adj* **1.** hingestreckt; **2.** *fig* machtlos; **3.** *fig* kraftlos (*with* vor); **II** *tr* [prɒˈstreɪt] **1.** niederwerfen; **2.** *fig* entkräften, niederschmettern; ► **~ o.s.** sich niederwerfen (*at a shrine* an e-m Altar; *before s.o.* vor jdm); **pros·tra·tion** [prɒˈstreɪʃn] **1.** Fußfall *m;* **2.** Entkräftung, (völlige) Erschöpfung *f.*

prosy [ˈprəʊzɪ] *adj* prosaisch, trocken, langweilig.

pro·tag·on·ist [prəˈtægənɪst] **1.** *lit theat* Held(in) *m (f)*, Protagonist(in) *m (f);* **2.** Hauptperson *f*, führender Kopf; **3.** *fig* Vorkämpfer *m.*

pro·tect [prəˈtekt] *tr* **1.** schützen, bewahren (*from* vor); **2.** beschützen, verteidigen (*against* gegen); **3.** *(Interessen, Rechte)* wahren; ► **~ o.s.** sich sichern (*against* gegen); **~ s.o.'s interests** jds Interessen wahren; **pro·tec·tion** [prəˈtekʃn] **1.** Schutz *m* (*from* vor); **2.** *(von Interessen, Rechten)* Wahrung *f;* **3.** Versicherungsschutz *m;* **4.** *(~ money)* Schutzgeld *n;* ► **~ of consumers** Verbraucherschutz *m;* **~ of the environment** Umweltschutz *m;* **~ of interests** Wahrung *f* der Interessen; **protection factor** *(Sonnenöl)* Licht-, Sonnenschutzfaktor *m;* **protection racket** organisierte Erpressung von Geschäftsinhabern; **pro·tec·tion·ism** [—ɪzəm] Protektionismus *m;* **pro·tec·tion·ist** [—ɪst] **I** *adj* protektionistisch; **II** *s* Protektionist(in) *m (f);* **pro·tec·tive** [prəˈtektɪv] *adj* schützend; Schutz-; *(Eltern)* fürsorglich, besorgt; ► **~ clause** Schutzklausel *f;* **~ clothing** Schutzkleidung *f;* **~ coating** Schutzanstrich *m;* **~ colo(u)ring, coloration** *biol* Tarnfarbe; *f;* **~ custody** Schutzhaft *f;* **~ instinct** Beschützerinstinkt *m;* **~ measure** Schutzmaßnahme *f;* **over-~** übermäßig besorgt; **pro·tec·tor** [prəˈtektə(r)] **1.** Beschützer(in) *m (f);* **2.** *(Gegenstand)* Schutz *m;* **pro·tec·tor·ate** [prəˈtektərət] Protektorat *n.*

pro·tégé, pro·tégée [ˈprɒtɪʒeɪ, *Am* prəʊtɪˈʒeɪ] Schützling *m.*

pro·tein [ˈprəʊti:n] *chem* **1.** Protein *n;* **2.** *pl* Eiweißstoffe *m pl.*

pro·test [prəˈtest] **I** *tr* **1.** beteuern; **2.** protestieren gegen; **3.** *fin (Wechsel)* protestieren, zu Protest gehen lassen; **II** *itr* protestieren; Einspruch, Protest erheben (*to s.o.* bei jdm); sich verwahren (*against* gegen); **III** *s* [ˈprəʊtest] **1.** Einspruch, Protest *m* (*against* gegen); **2.** *com* (Wechsel)Protest *m;* ► **as a ~, in ~ against** als Protest gegen; **under ~** unter Protest; **without ~** widerspruchs-, vorbehaltlos.

Prot·es·tant [ˈprɒtɪstənt] **I** *s* Protestant(in) *m (f);* **II** *adj* protestantisch; **Prot·es·tant·ism** [—ɪzəm] Protestantismus *m.*

prot·esta·tion [ˌprɒteˈsteɪʃn] **1.** Beteuerung *f;* **2.** Einspruch, Protest *m;* **protester** [prəˈtestə(r)] Protestierende(r) *f m;* Demonstrant(in) *m (f).*

pro·test march Protestmarsch *m;* **protest vote** Proteststimme *f.*

pro·to·col [ˈprəʊtəkɒl] Protokoll *n.*

pro·ton [ˈprəʊtɒn] *phys* Proton *n.*

pro·to·plasm [ˈprəʊtəplæzəm] *biol* Protoplasma *n.*

pro·to·type [ˈprəʊtətaɪp] Prototyp *m.*

pro·to·zoan [ˌprəʊtəˈzəʊən] ⟨*pl* -zoa⟩ [—ˈzəʊə] Protozoon, Urtierchen *n.*

pro·tract [prəˈtrækt] *tr* **1.** *(zeitl.)* in die Länge ziehen, verlängern, ausdehnen; **2.** hinauszögern, aufschieben, verschleppen; **pro·tracted** [prəˈtræktɪd] *adj* langwierig, langatmig, weitschweifig; **pro·trac·tion** [prəˈtrækʃn] Ausdehnung, Verzögerung *a. jur*, Verschleppung *f;* **pro·trac·tor** [prəˈtræktə(r)] Winkelmesser *m.*

pro·trude [prəˈtru:d] **I** *tr* heraus-, hervorstoßen, -strecken; **II** *itr* vorstehen; herausragen, -treten; **pro·trud·ing, pro·trus·ive** [prəˈtru:dɪŋ, prəˈtru:sɪv] *adj* herausragend, vorspringend, vorstehend; **pro·tru·sion** [prəˈtru:ʒn] **1.** Vorsprung *m;* **2.** Vorstehen *n;* Herausragen *n.*

pro·tu·ber·ance [prəˈtju:bərəns] **1.** Ausbauchung, (An)Schwellung *f;* Beule *f;* **2.** *astr* Protuberanz *f;* **pro·tu·ber·ant** [prəˈtju:bərənt] *adj* vorstehend; ▶ ~ **eyes** *pl* Glotzaugen *n pl.*

proud [praʊd] *adj* **1.** stolz (*of* auf); **2.** hochmütig, eingebildet; **3.** stolz, stattlich; prächtig; ▶ **do s.o.** ~ jdn verwöhnen; **proud flesh** wildes Fleisch.

prov·able [ˈpru:vəbl] *adj* beweisbar, nachweisbar; **prove** [pru:v] ⟨*irr* **proved, proved** *od* **proven**⟩ [ˈpru:vn] **I** *tr* **1.** beweisen, nachweisen; unter Beweis stellen; **2.** bestätigen; **3.** beglaubigen, beurkunden; **4.** *(Flugzeug etc)* erproben; **5.** *(Teig)* gehen lassen; ▶ ~ **one's identity** sich ausweisen; ~ **(to be) false (true)** sich (nicht) bestätigen, sich als falsch (richtig) herausstellen; **II** *itr* **1.** sich erweisen, sich herausstellen als; *(gut, schlecht)* ausfallen; **2.** *(Teig)* gehen; **III** *refl* sich erweisen (*innocent* als unschuldig).

prov·enance [ˈprɒvənəns] Herkunft *f,* Ursprung *m.*

prov·en·der [ˈprɒvɪndə(r)] Futter *n.*

prov·erb [ˈprɒvɜ:b] Sprichwort *n;* **prov·erb·ial** [prəˈvɜ:bɪəl] *adj* sprichwörtlich *a. fig.*

pro·vide [prəˈvaɪd] **I** *tr* **1.** beschaffen, besorgen; heranschaffen, liefern; **2.** zur Verfügung stellen, bereitstellen; **3.** versorgen, ausstatten, beliefern (*with* mit); ▶ ~ **o.s.** sich versorgen; **II** *itr* **1.** sorgen; Vorsorge, Vorbereitungen treffen (*for* für; *against* gegen); **2.** *jur* bestimmen, festsetzen, vorsehen; ▶ ~ **for s.o.** jdn versorgen; ~ **for s.th.** *jur* etw vorsehen; **the Lord will** ~ der Herr wird schon für uns sorgen; **pro·vided** [prəˈvaɪdɪd] *conj* ▶ ~ **(that)** vorausgesetzt (daß).

provi·dence [ˈprɒvɪdəns] *rel* Vorsehung *f;* **provi·den·tial** [ˌprɒvɪˈdenʃl] *adj* schicksalhaft; glücklich.

pro·vider [prəˈvaɪdə(r)] **1.** Lieferant(in) *m (f);* **2.** *(Familie)* Ernährer(in) *m (f);* **pro·vid·ing** [prəˈvaɪdɪŋ] *adj* ▶ ~ **(that)** vorausgesetzt (daß).

prov·ince [ˈprɒvɪns] **1.** Provinz *f;* **2.** *fig* Aufgabenkreis *m,* (Tätigkeits)Gebiet *n;* Fach *n;* ▶ **that question is outside my** ~ dafür bin ich nicht zuständig; **prov·in·cial** [prəˈvɪnʃl] **I** *adj* **1.** provinziell; **2.** engstirnig; ▶ ~ **town** Provinzstadt *f;* **II** *s* Provinzbewohner(in) *m (f); pej* Provinzler(in) *m (f).*

prov·ing [ˈpru:vɪŋ] Erprobung *f;* ▶ **be under the obligation of** ~ beweispflichtig sein; **proving flight** Testflug *m;* **proving ground** Versuchsgelände *n;* Versuchsfeld *n; fig* Bewährungsprobe *f.*

pro·vi·sion [prəˈvɪʒn] **I** *s* **1.** Vorkehrung, Vorsorge *f;* **2.** Beschaffung, Bereitstellung *f;* **3.** Versorgung *f* (*of* mit); **4.** Vorrat *m;* **5.** *pl* Lebensmittel *pl;* Verpflegung *f;* **6.** Vorschrift, Bestimmung *f;* **7.** *(Bilanz)* Rückstellung *f;* ▶ **make** ~ **for** Vorsorge treffen für; ~ **of capital** Bereitstellung *f* von Kapital; ~ **of electricity** Versorgung *f* mit Elektrizität; ~ **for the future** Vorsorge *f* für die Zukunft; ~ **for retirement** Altersversorgung *f;* ~ **store** Lebensmittelgeschäft *n;* **II** *tr (mit Lebensmitteln)* versorgen.

pro·vi·sional [prəˈvɪʒənl] *adj* **1.** vorläufig, einstweilig; **2.** provisorisch; ▶ ~ **cover** vorläufige Deckung(szusage); ~ **driving licence** vorläufiger Führerschein für Fahrschüler; ~ **government** provisorische Regierung; **the** ~ **IRA** die provisorische irisch-republikanische Armee.

pro·viso [prəˈvaɪzəʊ] ⟨*pl* -visos, *Am* -visoes⟩ Klausel *f;* ▶ **with the** ~ **that** unter der Bedingung, daß; **with the usual** ~ unter dem üblichen Vorbehalt; **make it a** ~ zur Bedingung machen; sich vorbehalten.

provo·ca·tion [ˌprɒvəˈkeɪʃn] Herausforderung, Provokation *f;* ▶ **he did it under** ~ man hat ihn dazu provoziert; **pro·voca·tive** [prəˈvɒkətɪv] *adj* herausfordernd; provokativ; ▶ **look** ~ aufreizend aussehen.

pro·voke [prəˈvəʊk] **1.** provozieren, reizen, herausfordern; **2.** aufstacheln, aufreizen; **3.** *(Ärger, Kritik, Lächeln)* hervorrufen; **4.** *(Diskussion etc)* bewirken; ▶ ~ **s.o. to do s.th., into doing s.th.** jdn veranlassen, etw zu tun; **pro·vok·ing** [—ɪŋ] *adj* provozierend; ärgerlich.

pro·vost [ˈprɒvəst] **1.** *(Oxford)* Leiter *m* e-s College; **2.** *(Schottland)* Bürgermeister *m.*

prow [praʊ] *mar* Bug *m.*

prow·ess [ˈpraʊɪs] **1.** Tapferkeit, Kühnheit *f;* **2.** große Geschicklichkeit; überragendes Können; ▶ **sexual** ~ Potenz *f.*

prowl [praʊl] **I** *itr* herumschleichen, -streichen; **II** *tr* durchstreifen; **III** *s* ▶ **be on the** ~ herumstreichen; ~ **car** *Am* Streifenwagen *m;* **prowler** [ˈpraʊlə(r)] Herumstreicher *m;* **prowl·ing** [—ɪŋ] Herumlungern *n.*

prox·im·ity [prɒkˈsɪmətɪ] Nähe *f;* ▶ **in close** ~ in unmittelbarer Nähe (*to, with s.o.* jds); **prox·imo** [ˈprɒksɪməʊ] *adv* nächsten Monats.

proxy [ˈprɒksɪ] **1.** *(schriftliche)* Vollmacht *f;* **2.** Vertreter(in) *m (f),* Bevollmächtigte(r) *f m;* ▶ **by** ~ in Vertretung; **stand** ~ **for s.o.** für jdn als Vertreter fungieren; **vote by** ~ sich bei e-r Wahl vertreten lassen; **voting by** ~ Wahl *f* durch Stellvertreter.

prude [pru:d] prüde Frau, prüder Mann.

pru·dence [ˈprudns] **1.** Umsicht, Vorsicht *f;* **2.** Klugheit *f;* **pru·dent** [ˈpru:dnt] *adj* **1.** umsichtig; vorsichtig; **2.**

vernünftig, einsichtig.

pru·dery ['pru:dərɪ] Prüderie *f;* **prud·ish** ['pru:dɪʃ] *adj* prüde, zimperlich.

prune[1] [pru:n] *tr* **1.** *(Baum, Strauch)* beschneiden, ausputzen; **2.** *fig* kürzen; reduzieren; *(Buch)* zusammenstreichen.

prune[2] [pru:n] **1.** Backpflaume *f;* **2.** *fig* Muffel *m.*

prun·ing ['pru:nɪŋ] **1.** Beschneiden, Stutzen *n;* **2.** *fig* Kürzung *f;* Zusammenstreichen *n;* **pruning hook** Rebmesser *n;* **pruning knife** ‹*pl* -knives› Gartenmesser *n;* **pruning shears** *pl* Gartenschere, Rebschere *f.*

pru·ri·ence ['prʊərɪəns] Lüsternheit *f;* **pru·ri·ent** ['prʊərɪənt] *adj* lüstern.

Prussia ['prʌʃə] Preußen *n;* **Prus·sian** ['prʌʃn] **I** *s* Preuße *m,* Preußin *f;* **II** *adj* preußisch.

prus·sic ['prʌsɪk] *adj* ▶ ~ **acid** Blausäure *f.*

pry[1] [praɪ] *itr* **1.** *(~ about)* herumspionieren, -schnüffeln, -horchen; **2.** neugierig sein.

pry[2] [praɪ] *tr Am* **1.** *(~ open)* aufbrechen; **2.** *fig (Geheimnis)* herauspressen *(out of s.o.* aus jdm).

pry·ing ['praɪɪŋ] *adj* neugierig.

psalm [sɑ:m] Psalm *m;* **psalm·ist** ['sɑ:mɪst] Psalmist *m;* **psalm·ody** ['sɑ:mədɪ] Psalmodie *f,* Psalmengesang *m.*

pse·phol·ogy [se'fɒlədʒɪ] Wahlforschung *f.*

pseud [sju:d] **I** *s fam* Angeber(in) *m (f);* **II** *adj* hochtrabend, hochgestochen; *(Buch, Film, Mensch)* pseudointellektuell; **pseu·do** ['sju:dəʊ] *adj* unecht; affektiert; ▶ **a ~ intellectual** ein(e) Pseudointellektuelle(r).

pseu·do·nym ['sju:dənɪm] Pseudonym *n;* **pseud·ony·mous** [sju:'dɒnɪməs] *adj* pseudonym.

psit·ta·co·sis [ˌsɪtə'kəʊsɪs] Papageienkrankheit *f.*

psych(e) [saɪk] *sl* **I** *tr* **1.** analysieren; **2.** *(~ out)* durchschauen; ▶ ~ **o.s. up, get ~ed up** sich hochschaukeln; **II** *itr* ▶ ~ **out** ausflippen.

psyche ['saɪkɪ] Psyche *f.*

psyche·delic [ˌsaɪkɪ'delɪk] **I** *adj* psychedelisch; **II** *s* psychedelische, bewußtseinserweiternde Droge.

psy·chi·atric [ˌsaɪkɪ'ætrɪk] *adj* psychiatrisch; **psy·chia·trist** [saɪ'kaɪətrɪst] Psychiater(in) *m (f);* **psy·chia·try** [saɪ'kaɪətrɪ] Psychiatrie *f;* **psy·chi·c(al)** ['saɪkɪk(l)] **I** *adj* **1.** psychisch, seelisch; **2.** telepathisch; **II** *s* **1.** *(Spiritismus)* (gutes) Medium *n;* **2.** *pl mit sing* Parapsychologie *f.*

psy·cho·ana·lyse [ˌsaɪkəʊ'ænəlaɪz] *tr* psychoanalytisch behandeln; **psy·cho·an·aly·sis** [ˌsaɪkəʊə'næləsɪs] Psychoanalyse *f;* **psy·cho·ana·lyst** [ˌsaɪkəʊ'ænəlɪst] Psychoanalytiker(in) *m (f);* **psy·cho·ana·lytic(al)** [ˌsaɪkəʊˌænə'lɪtɪk(l)] *adj* psychoanalytisch.

psy·cho·logi·cal [ˌsaɪkə'lɒdʒɪkl] *adj* psychologisch; ▶ ~ **make-up** Psyche *f;* ~ **moment** psychologisch günstiger Zeitpunkt; ~ **terror** Psychoterror *m;* ~ **warfare** psychologische Kriegführung; **it's all ~** das ist alles Einbildung; **psy·chol·ogist** [saɪ'kɒlədʒɪst] Psychologe *f,* Psychologin *f;* **psy·chol·ogy** [saɪ'kɒlədʒɪ] Psychologie *f;* ▶ **child ~** Kinderpsychologie *f;* **experimental, individual, social ~** Experimental-, Individual-, Sozialpsychologie *f;* ~ **of the adolescent** Jugendpsychologie *f.*

psy·cho·path ['saɪkəʊpæθ] Psychopath(in) *m (f);* **psy·cho·pathic** [ˌsaɪkəʊ'pæθɪk] *adj* psychopathisch; **psy·cho·pathy** [ˌsaɪ'kɒpəθɪ] Geisteskrankheit *f;* **psy·cho·sis** [saɪ'kəʊsɪs] ‹*pl* -ses› [—si:z] Psychose *f;* **psy·cho·so·matic** [ˌsaɪkəʊsə'mætɪk] *adj* psychosomatisch; **psy·cho·ther·apy** [ˌsaɪkəʊ'θerəpɪ] Psychotherapie *f;* **psy·chotic** [saɪ'kɒtɪk] **I** *adj* psychotisch; **II** *s* Geisteskranke(r) *f m,* Psychotiker(in) *m (f).*

pto [ˌpi:ti:'əʊ] *Abk:* **please turn over** bitte wenden.

pto·main poi·son·ing ['təʊmeɪn 'pɔɪznɪŋ] Fleischvergiftung *f.*

pub [pʌb] *fam* Kneipe *f,* Wirtshaus *n;* **pub-crawl** Kneipenbummel *m.*

pu·berty ['pju:bətɪ] Pubertät *f;* **pu·bic** ['pju:bɪk] *adj* ▶ ~ **hair** Schamhaare *n pl;* **pu·bis** ['pju:bɪs] ‹*pl* -bes› [—bi:z] *anat* Schambein *n.*

pub·lic ['pʌblɪk] **I** *adj* **1.** öffentlich; **2.** staatlich; städtisch; **3.** allgemein bekannt; ▶ **be in the ~ eye** im Brennpunkt des öffentlichen Lebens stehen; **become ~** bekanntwerden; **II** *s mit sing od pl* Öffentlichkeit *f;* ▶ **in ~** öffentlich *adv,* in der Öffentlichkeit; **the cinema-going, the theatre-going ~** das Film-, das Theaterpublikum; **the reading ~** die Leserschaft; **public accountant** *Am* Wirtschaftsprüfer(in) *m (f);* **public address system** Lautsprecheranlage *f;* **public affairs** *pl* öffentliche Angelegenheiten *f pl.*

pub·li·can ['pʌblɪkən] Gastwirt(in) *m (f).*

pub·lic ap·pear·ance [ˌpʌblɪk ə'pɪərəns] Auftreten *n* in der Öffentlichkeit; **public appointment** Staatsstellung *f;* **public assistance** *Am* Sozialhilfe *f.*

pub·li·ca·tion [ˌpʌblɪ'keɪʃn] Publikation, Veröffentlichung *f;* Druckschrift *f;* ▶ **in course of ~** im Erscheinen begriffen, im Druck; **list of ~s** Verlagskatalog *m;* **monthly, weekly ~** Monats-, Wochenschrift *f;* **new ~** Neuerscheinung *f;*

(Werbung) soeben erschienen; ~ **date** Erscheinungsdatum *n.*

pub·lic auth·or·ity [ˌpʌblɪk ɔːˈθɒrətɪ] **1.** Staatsgewalt *f;* **2.** Behörde *f;* **public bar** Stehausschank *m;* **public comfort-station,** *Br* **public convenience** öffentliche Bedürfnisanstalt; **public company** Aktiengesellschaft *f;* **public conveyance** öffentliches Verkehrsmittel; **public debt** Staatsverschuldung *f;* **public domain** *Am* Staatseigentum *n,* staatlicher Grund u. Boden; ▶ **in the** ~ *(geistiges Eigentum)* frei (geworden); **public enemy** Staatsfeind *m;* **public expenditure, public expense** Staatsausgaben *f pl;* **public funds** *pl* Staatsgelder, öffentliche Gelder *n pl;* **public health** Volksgesundheit *f;* **public health service** staatlicher Gesundheitsdienst; **public holiday** gesetzlicher Feiertag; **public house** *Br* Wirts-, Gasthaus *n,* Gaststätte *f;* **public information officer** Presseoffizier *m;* **public interest** öffentliches Interesse, Staatsinteresse *n.*

pub·li·cist [ˈpʌblɪsɪst] Publizist *m.*

pub·lic·ity [pʌbˈlɪsətɪ] **1.** Publizität, Publicity *f;* **2.** Werbung, Reklame *f;* ▶ **give** ~ **to s.th.** etw groß herausbringen; **give s.o.** ~ für jdn Reklame machen; **broadcast** ~ Rundfunkwerbung *f;* **publicity-agent** Werbeagent(in) *m (f);* **publicity-campaign** Werbefeldzug *m,* -aktion *f;* **publicity-department** Werbeabteilung *f;* **publicity-expenses, publicity-costs** *pl* Werbekosten *pl;* **publicity material** Werbematerial *n.*

pub·lic·ize [ˈpʌblɪsaɪz] *tr* **1.** bekanntmachen; **2.** werben für, Reklame machen für.

pub·lic law [ˌpʌblɪk ˈlɔː] öffentliches Recht; ▶ **under** ~ öffentlich-rechtlich; **public library** Volksbücherei *f;* **public limited company** *(etwa)* Aktiengesellschaft *f;* **public loan** Staatsanleihe *f;* **pub·lic·ly** [ˈpʌblɪklɪ] *adv* öffentlich; ▶ ~ **owned** Gemeineigentum *n;* **public nuisance** öffentliches Ärgernis; **public opinion** die öffentliche Meinung; **public opinion poll** Meinungsumfrage *f;* **public property** Staatseigentum *n;* **public prosecutor** Staatsanwalt *m,* -anwältin *f;* **public records** *pl* Staatsarchiv *n;* **public relations** *pl* Öffentlichkeitsarbeit *f;* Public Relations *pl;* **public-relations officer** Pressesprecher(in), PR-Referent(in) *m (f);* **public school** **1.** *Br* (exklusives) Internat *n;* **2.** *Am* öffentliche, staatliche Schule; **public servant** Angestellte(r) *f m* im öffentlichen Dienst; **public service** öffentlicher Dienst; öffentlicher Dienstleistungsbetrieb; **pub·lic-spirited, public-minded** [ˌpʌblɪkˈspɪrɪtɪd, ˌpʌblɪkˈmaɪndɪd] *adj* sozial gesinnt; **public telephone** Münzfernsprecher *m;* **public transport** öffentliche Verkehrsmittel *n pl;* **public trial** *jur* öffentliche Verhandlung; **public utility** (öffentlicher) Versorgungsbetrieb *m,* Stadtwerke *n pl,* Wasser-, Gas-, Elektrizitätswerk *n;* **public wants** *pl* öffentliche Bedürfnisse *n pl;* **public weal** Allgemeinwohl *n;* **public works** *pl* öffentliche Bauvorhaben *n pl od* Einrichtungen *f pl.*

pub·lish [ˈpʌblɪʃ] *tr* **1.** (öffentlich) bekanntgeben, -machen; **2.** *(Buch)* veröffentlichen; publizieren; herausgeben, -bringen, erscheinen lassen, verlegen; ▶ **be ~ed in instal(l)ments** in Lieferungen herauskommen; **about to be ~ed** im Erscheinen begriffen, im Druck; **just ~ed** soeben erschienen; **to be ~ed shortly** erscheint in Kürze; **pub·lisher** [ˈpʌblɪʃə(r)] **1.** Verleger(in) *m (f);* **2.** *a. pl* Verlag(sanstalt *f*) *m;* **pub·lish·ing** [ˈpʌblɪʃɪŋ] Verlagswesen *n;* ▶ ~ **business, trade** Verlagsgeschäft *n;* ~ **company, house** Verlag(shaus *n*) *m.*

puck [pʌk] Eishockeyscheibe *f,* Puck *m.*

pucker [ˈpʌkə(r)] **I** *tr* **1.** *(Mund)* verziehen; (zum Küssen) spitzen; *(Stirn)* runzeln; **2.** *(Stoff)* in Falten legen; **II** *itr* **1.** sich verziehen; sich spitzen; sich runzeln; **2.** Falten werfen; **III** *s* Falte *f.*

pudding, *fam* **pud** [ˈpʊdɪŋ, pʊd] **1.** Süßspeise *f,* Pudding *m;* **2.** Fleischpastete *f;* **3.** *fig fam* Dummkopf *m;* Dickerchen *n;* ▶ **black** ~ Blutwurst *f;* **pudding-head** *fam* Dummkopf *m.*

puddle [ˈpʌdl] Pfütze *f.*

pu·denda [pjuːˈdendə] *pl* äußere Schamteile *pl.*

pudgy [ˈpʌdʒɪ] *adj* untersetzt, plump.

puer·ile [ˈpjʊəraɪl] *adj* kindisch; **puer·il·ity** [ˌpjʊəˈrɪlətɪ] **1.** kindisches Wesen; **2.** Kinderei, Albernheit *f.*

puff [pʌf] **I** *s* **1.** Atem-, Windstoß *m;* **2.** Zug *m (an e-r Zigarette);* **3.** Atem *m;* **4.** *(powder-~)* Puderquaste *f;* **5.** Windbeutel *m (Gebäck);* ▶ **be out of** ~ außer Puste sein; **II** *itr* **1.** *(Wind)* blasen; **2.** Rauch, Dampf ausstoßen; **3.** schnaufen, keuchen; *(Pferd)* schnauben; **4.** *(Raucher)* paffen (*at* an); **III** *tr* **1.** ausstoßen, -puffen; außer Atem bringen; **2.** *(Zigarette)* paffen; **3.** (über Gebühr) herausstreichen; **4.** *(Haar, Kleid)* bauschen; **IV** *(mit Präposition)* **puff out** *tr* **1.** *(Flamme)* ausblasen; **2.** *(Luft)* ausstoßen; *(Worte)* hervorstoßen; **3.** außer Atem bringen; *(Backen)* aufblasen; **4.** *(Brust)* herausstrecken; **puff up** *itr (Augen, Gesicht)* anschwellen; *tr (Federn)* aufplustern; ▶ **~ed up** *fig* aufgeblasen, hochmütig; **puff-adder** *zoo* Puffotter *f;* **puff-ball** *bot* Bovist *m.*

puffin [ˈpʌfɪn] *orn* Papageientaucher *m.*

puff-pastry Blätterteiggebäck *n;* **puffy** [ˈpʌfɪ] *adj* **1.** *fig* aufgeblasen, geschwollen; **2.** *(Gesicht)* aufgedunsen; **3.** *(Ärmel)* bauschig.

pug [pʌg] *(~-dog)* Mops *m.*

pu·gil·ism ['pju:dʒɪlɪzəm] Boxen *n;* **pu·gil·ist** ['pju:dʒɪlɪst] Boxer *m.*

pug·na·cious [pʌg'neɪʃəs] *adj* kampflustig; **pug·nac·ity** [pʌg'næsətɪ] Kampf(es)lust *f.*

pug-nose ['pʌgnəʊz] Stumpfnase *f.*

puke [pju:k] *itr sl* kotzen.

pukka ['pʌkə] *adj* **1.** vornehm; bester Qualität; **2.** zuverlässig; **3.** wahr; echt; ursprünglich.

pull [pʊl] **I** *tr* **1.** ziehen, zerren, reißen (*by the hair* an den Haaren); *(Glocke, Seil)* ziehen an; **2.** *(Zahn)* (aus)ziehen; *(Korken, Unkraut)* herausziehen; **3.** *(Bier)* zapfen; **4.** *(Geflügel)* ausnehmen; **5.** *(Muskel)* verzerren; **6.** *(Ruder)* anziehen; **7.** *(Boot)* rudern; **8.** *(Menschen)* anziehen; **9.** *fam* abhalten, durchführen, veranstalten; *sl (Ding)* drehen; ► ~ **a face** das Gesicht verziehen; ~ **a fast one on s.o.** *sl* jdn hereinlegen; ~ **s.o.'s leg** jdn auf den Arm nehmen; ~ **to pieces** in Stücke reißen, zerreißen; *fig* kein gutes Haar lassen an; ~ **a pistol on s.o.** jdn mit der Pistole bedrohen; ~ **one's punches** *fig* sich zurückhalten; ~ **rank on s.o.** jdm gegenüber den Vorgesetzten herauskehren; ~ **the strings, wires** *fig* die Fäden in der Hand haben; ~ **strings** *fig* Beziehungen spielen lassen; ~ **a dirty trick on s.o.** jdm e-n bösen Streich spielen; ~ **one's weight** sich ins Ruder legen; *fig* sich Mühe geben, sich anstrengen; ~ **the wool over s.o.'s eyes** *fig* jdn hereinlegen; **don't ~ any funny stuff!** machen Sie keine Geschichten! **II** *itr* **1.** ziehen, zerren, reißen (*at* an); **2.** *(Trinken, Rauchen)* e-n Zug machen; **3.** sich bewegen, fahren; ► **the car is ~ing to the left** das Auto zieht nach links; ~ **for s.o.** *Am* jdn unterstützen; **the train ~ed into the station** der Zug fuhr in den Bahnhof ein; **III** *s* **1.** Zug, Ruck *m;* **2.** (Zug)Kraft, Stärke, Gewalt *f;* **3.** *(Trinken, Rauchen)* Zug *m;* **4.** *fig* Anziehungskraft *f;* **5.** *(Wasser, Luft)* Sog *m;* **6.** (Klingel)Zug *m;* Handgriff *m;* **7.** *typ* (Probe)Abzug *m,* Fahne *f;* **8.** Werbe-, Zugkraft *f;* **9.** Einfluß *m* (*with* auf); Beziehungen *f pl;* **10.** Anstieg *m;* ► **give a ~** ziehen; rudern; **have the ~** e-n Vorteil haben (*of, on, over* vor); **IV** *(mit Präposition)* **pull about** *tr* hin u. her zerren, reißen, stoßen; **pull ahead of** *tr* überholen; **pull apart** *tr* auseinanderziehen; trennen; auseinandernehmen; *fig* kein gutes Haar lassen an; **pull away** *itr* sich losreißen; abfahren; hinter sich lassen; **pull back** *tr* zurückreißen, -stoßen; *itr* einen Rückzieher machen; **pull down** *tr* **1.** nieder-, einreißen, demolieren; **2.** *(Jalousie)* herunterlassen; **3.** *(Person)* mitnehmen; **4.** *(Gewinn)* drücken; **5.** *Am (Geld)* verdienen; **pull in** *tr* **1.** *(Pferd u. fig)* zügeln; **2.** *(Krallen)* einziehen; **3.** *fig* anziehen; **4.** *fam* kassieren; **5.** *fam* verhaften; *itr* **1.** einfahren, ankommen; **2.** *mot* anhalten; **pull off** *tr* **1.** wegziehen, -reißen, -zerren; **2.** *(Hut)* abnehmen; **3.** *(Handel)* abschließen; **4.** *fam* Glück haben mit; **5.** *sl (Sache)* schmeißen; **pull out** *tr* **1.** (her)ausziehen, -reißen; **2.** *(Tisch)* ausziehen; **3.** *fig* zurückziehen; *itr* **1.** *(Zug)* abfahren; **2.** *(Mensch)* weggehen, *fam* abhauen; **pull over** *itr mot fam (Wagen)* heranfahren (*to the side* auf die Seite); **pull round** *tr* **1.** *(Kranken)* durchbringen; **2.** herumdrehen; *itr* durchkommen, die Krankheit überstehen; **pull through** *tr* **1.** (hin) durchziehen; **2.** *(Sache)* durchbringen; durchhelfen (*s.o.* jdm); *itr* **1.** sich durchschlagen; **2.** *(Kranker)* durchkommen; **pull together** *itr fig* am gleichen Strang ziehen, (gut) zusammenarbeiten; *tr fig* zusammenbringen; ► ~ **o.s. together** sich zusammennehmen, sich zusammenreißen; **pull up** *tr* **1.** hochziehen; nach oben ziehen; **2.** anhalten, zum Stehen bringen, stoppen; **3.** *fig* zurechtweisen; korrigieren; **4.** *(Pflanze)* herausreißen; **5.** verbessern; *itr* **1.** anhalten, stehenbleiben (*at* an, bei, vor); **2.** einholen (*with s.o.* jdn); *sport* aufholen; **3.** *mot* vorfahren; ► ~ **up short** plötzlich bremsen; *fig* plötzlich unterbrechen; ~ **up stakes** *Am* alles hinter sich lassen.

pul·let ['pʊlɪt] Hühnchen *n.*

pul·ley ['pʊlɪ] **1.** *tech* Flaschenzug *m;* **2.** *mar* Talje *f;* **3.** *med* Streckapparat *m.*

pull-in ['pʊlɪn] *Br* Rastplatz *m.*

Pull·man ['pʊlmən] *(~ car) Wz* Pullmanwagen *m.*

pull-out ['pʊlaʊt] **1.** (Zeitschriften)Beilage *f;* **2.** Abzug *m;* **pull·over** ['pʊləʊvə(r)] Pullover *m;* **pull-up** ['pʊlʌp] Klimmzug *m.*

pul·mon·ary ['pʌlmənərɪ] *adj* ► ~ **disease** Lungenkrankheit *f.*

pulp [pʌlp] **I** *s* **1.** breiige Masse, Brei *m;* **2.** *bot* Fruchtfleisch, Mark *n;* **3.** *anat* Zahnmark *n,* Pulpa *f;* **4.** *(paper-~)* Papierbrei *m,* Pulpe *f;* **5.** *fam (~ magazine)* Groschenheft *n;* ► **beat s.o. to a ~** jdn windelweich prügeln; **reduce s.o. to a ~** jdn bewegungsunfähig machen; **II** *tr* zu Brei machen.

pul·pit ['pʊlpɪt] Kanzel *f;* ► **in the ~** auf der Kanzel.

pul·sate [pʌl'seɪt] *itr* vibrieren; pulsieren (*with* von); **pul·sa·tion** [pʌl'seɪʃn] Klopfen, Schlagen *n;* Vibrieren *n.*

pulse[1] [pʌls] **I** *s* **1.** Puls *m;* **2.** *(~ beat)* Pulsschlag *m a. fig;* **3.** *phys el* Impuls *m;* **4.** *(Musik)* Rhythmus *m;* ► **feel, take s.o.'s ~** jdm den Puls fühlen; **II** *itr* pulsieren *a. fig.*

pulse² [pʌls] Hülsenfrucht *f.*
pul·ver·ize ['pʌlvəraɪz] *tr* **1.** pulverisieren, zermahlen; **2.** *fig* zermalmen.
puma ['pju:mə] *zoo* Puma *m.*
pum·ice ['pʌmɪs] *(~-stone)* Bimsstein *m.*
pum·mel ['pʌml] *tr* verprügeln.
pump¹ [pʌmp] **I** *s* Pumpe *f;* **II** *tr* **1.** pumpen; **2.** *(~ out)* aus-, leer pumpen *a. fig; fig* erschöpfen; **3.** ausfragen; ▶ ~ **up** aufpumpen; hochpumpen, heraufpumpen; ~ **dry** leer pumpen.
pump² [pʌmp] **1.** leichter Schuh; **2.** *pl* Pumps *m pl;* ▶ **a pair of dancing ~s** ein Paar Tanzschuhe.
pum·per·nickel ['pʌmpənɪkl] Pumpernickel *m.*
pump·ing ['pʌmpɪŋ] **1.** Pumpen *n;* **2.** *fig* Kunst *f* des Ausfragens; ▶ ~ **plant, station** Wasserwerk *n,* Pumpstation *f.*
pump·kin ['pʌmpkɪn] *bot* Kürbis *m.*
pump-room ['pʌmprʊm] *(Kurort)* Trinkhalle *f.*
pun [pʌn] **I** *s* Wortspiel *n;* **II** *itr* ein Wortspiel machen (*on, upon* auf).
Punch [pʌntʃ] Hanswurst, dummer August *m;* Kasperle *n;* ▶ **pleased as ~** hocherfreut.
punch¹ [pʌntʃ] **I** *s* Locheisen *n;* Locher *m;* Lochzange *f;* Prägestempel *m;* Punze *f;* **II** *tr* lochen; stempeln; stanzen; prägen.
punch² [pʌntʃ] **I** *tr* mit der Faust stoßen, schlagen, knuffen; **II** *s* **1.** Faustschlag, Stoß, Knuff, Puff *m;* **2.** *fig* Durchschlagskraft *f;* **3.** *fam* Schmiß, Schwung *m,* Energie, Tatkraft *f;* ▶ **pull one's ~es** *fig* sich zurückhalten.
punch³ [pʌntʃ] Punsch *m.*
Punch-and-Judy show [ˌpʌntʃənd'dʒu:dɪˌʃəʊ] Kasperle-, Puppentheater *n.*
punch bag ['pʌntʃbæg] Sandsack *m.*
punch·bowl ['pʌntʃbəʊl] Punschbowle *f (Gefäß).*
punch-card ['pʌntʃkɑ:d] Lochkarte *f;* Stempelkarte *f;* **punch-clock** Stechuhr *f.*
punch-drunk ['pʌntʃdrʌŋk] *adj (Boxen)* angeschlagen, (wie) benommen *(von Schlägen); fig* durcheinander; **punch-ing-bag** ['pʌntʃɪŋbæg] *Am (Boxen)* Punchingball, Sandsack *m;* **punch-line** Pointe *f;* **punch-tape** Lochstreifen *m;* **punch-up** ['pʌntʃʌp] *fam* Schlägerei *f.*
punc·tili·ous [pʌŋk'tɪlɪəs] *adj* peinlich genau; pedantisch.
punc·tual ['pʌŋktʃʊəl] *adj* pünktlich (*in* bei); **punc·tual·ity** [ˌpʌŋktʃʊ'ælətɪ] Pünktlichkeit *f.*
punc·tu·ate ['pʌŋktʃʊeɪt] *tr* **1.** mit Satzzeichen versehen; **2.** *fig* zeitweise unterbrechen; **3.** *fig* betonen; **punc·tu·ation** [ˌpʌŋktʃʊ'eɪʃn] **1.** Interpunktion, Zeichensetzung *f;* **2.** Satzzeichen *n pl;* ▶ ~ **mark** Satzzeichen *n.*
punc·ture ['pʌŋktʃə(r)] **I** *s* **1.** Stich *m;* Loch *n;* **2.** *mot* (Reifen)Panne *f;* **II** *tr* **1.** auf-, durchstechen; **2.** perforieren, durchlöchern; **3.** *fig* zum Platzen bringen; *(Hoffnungen)* vernichten.
pun·dit ['pʌndɪt] Pandit *m; fig* Experte *m,* Expertin *f.*
pun·gent ['pʌndʒənt] *adj* **1.** *(Geruch)* scharf, beißend *a. fig (Worte);* **2.** stechend, schmerzhaft; **3.** *(Sorgen)* quälend.
pun·ish ['pʌnɪʃ] *tr* (be)strafen (*for* für; *with* mit); **pun·ish·able** [—əbl] *adj* strafbar; ▶ **make ~** unter Strafe stellen; ~ **act** strafbare Handlung; **pun·ish·ing** [—ɪŋ] **I** *adj* **1.** mühsam; **2.** *sport* hart schlagend; **II** *s* Schaden *m; sport* schwere Niederlage; ▶ **give a team a ~** e-r Mannschaft e-e schwere Niederlage zufügen; **take a ~** schwer mitgenommen werden; *sport* eine Niederlage erleben; **pun·ish·ment** [—mənt] **1.** Bestrafung, Strafe *f;* **2.** *fam* schlechte Behandlung; ▶ **as a ~** zur Strafe; **impose, inflict a ~ (up)on s.o.** gegen jdn e-e Strafe verhängen; **take a lot of ~** viel aushalten; stark beschädigt werden; **capital ~** Todesstrafe *f;* **corporal ~** körperliche Züchtigung; **disciplinary ~** Disziplinarstrafe *f;* **exemption from ~** Straffreiheit *f;* **maximum ~** Höchststrafe *f.*
pu·ni·tive ['pju:nɪtɪv] *adj* strafend; ▶ ~ **damages** *pl* Strafe *f* einschließlich Schadenersatz; ~ **measures** *pl* Strafmaßnahmen *f pl;* ~ **power** Strafgewalt *f.*
punk [pʌŋk] **I** *s* **1.** Punker(in), Punkrokker(in) *m (f); (Musik)* Punk-Rock *m;* **2.** *Am sl* Ganove *m;* **3.** *fam* Quatsch *m;* **II** *adj mus* Punk-.
pun·net ['pʌnɪt] (Früchte)Korb *m.*
pun·ster ['pʌnstə(r)] Witzbold *m.*
punt¹ [pʌnt] **I** *s (Fußball)* Fallstoß *m;* **II** *tr* e-n Fallstoß geben (*the ball* dem Ball), im Flug zurückschlagen; **III** *itr* e-n Fallstoß machen.
punt² [pʌnt] **I** *s* Flachboot *n,* Stechkahn *m;* **II** *tr (Boot)* staken; **III** *itr* stochern; Stechkahn fahren.
punt³ [pʌnt] **I** *itr (auf ein Pferd)* wetten; **II** *s* Wette *f;* **punter** ['pʌntə(r)] **1.** Wetter *m;* Spieler *m;* **2.** *sl* Typ *m; (von Prostituierter)* Freier *m;* ▶ **average ~** Otto Normalverbraucher.
puny ['pju:nɪ] *adj* klein, schwach, kümmerlich.
pup [pʌp] **I** *s* junger Hund *od* Otter *od* Seehund; ▶ **in ~** trächtig; **sell s.o. a ~** *fam* jdm etw andrehen; **II** *itr (Hündin)* (Junge) werfen.
pupa ['pju:pə] ⟨*pl* pupae⟩ ['pju:pi:] *zoo* Puppe *f;* **pu·pate** ['pju:peɪt] *itr* sich verpuppen.
pu·pil¹ ['pju:pl] Schüler(in) *m (f).*
pu·pil² ['pju:pl] *anat* Pupille *f.*
pup·pet ['pʌpɪt] Puppe *f;* Handpuppe *f;*

Marionette *f a. fig;* **pup·pet·eer** [pʌpɪ'tɪə(r)] Puppenspieler(in) *m (f);* **puppet government** Marionettenregierung *f;* **puppet player** Puppenspieler(in) *m (f);* **puppet-show** Puppenspiel *n.*

puppy ['pʌpɪ] junger Hund; ► ~ **fat** Babyspeck *m;* ~ **love** erste Liebe.

pur·chas·able ['pɜ:tʃəsəbl] *adj* käuflich; **pur·chase** ['pɜ:tʃəs] **I** *tr* **1.** (an-, auf-, ein)kaufen; (käuflich) erwerben; **2.** *fig* erkaufen; **II** *s* **1.** Kauf *m;* Anschaffung *f;* **2.** Halt *m;* ► **by (way of)** ~ durch Kauf, käuflich; **conclude, effect, make a** ~ e-n Kauf tätigen; ~ **money** Kaufgeld *n;* ~ **price** Kaufpreis *m;* **pur·chaser** ['pɜ:tʃəsə(r)] **1.** (Ein)Käufer(in), Abnehmer(in) *m (f);* **2.** *(Auktion)* Ersteigerer *m;* **pur·chas·ing** [—ɪŋ] **1.** Kauf, Erwerb *m,* Anschaffung *f;* **2.** Beschaffung *f;* **purchasing agent** Leiter(in) *m (f)* der Einkaufsabteilung; Einkäufer(in) *m (f);* **purchasing department** Einkaufsabteilung *f;* **purchasing manager** Einkaufsleiter(in) *m (f);* **purchasing order** Kaufauftrag *m;* Bestellschein *m;* **purchasing power** Kaufkraft *f;* **purchasing value** Anschaffungswert *m.*

pure [pjʊə(r)] *adj* **1.** rein; *(Motiv)* ehrlich; **2.** *fig (Unsinn, Wahnsinn)* hell, reinste(r, s); **pure blood** Vollblut *n;* **pure·bred** ['pjʊəbred] **I** *adj* reinrassig, rasserein; **II** *s* reinrassiges Tier.

purée ['pjʊəreɪ] **I** *s* Püree *n;* ► **tomato** ~ Tomatenmark *n;* **II** *tr* pürieren.

pure·ly ['pjʊəlɪ] *adv* rein; ausschließlich.

pur·ga·tion [pɜ:'geɪʃn] **1.** Reinigung *f a. fig rel;* **2.** *med* Abführen *n;* **pur·ga·tive** ['pɜ:gətɪv] **I** *adj med* abführend; **II** *s* Abführmittel *n;* **pur·ga·tory** ['pɜ:gətrɪ] Fegefeuer *n a. fig;* **purge** ['pɜ:dʒ] **I** *tr* **1.** reinigen, säubern *a. fig;* **2.** *fig* befreien, frei machen (*of, from* von); **3.** *pol* säubern; **4.** *(Verbrechen)* sühnen; **5.** *med* abführen; *(Körper)* entschlacken; **II** *s* **1.** *pol* Säuberung(saktion) *f;* **2.** *med* Abführmittel *n.*

pu·ri·fi·ca·tion [ˌpjʊərɪfɪ'keɪʃn] Reinigung *f* (*from* von) *a. fig rel;* **pu·rify** ['pjʊərɪfaɪ] *tr* reinigen (*of, from* von) *a. fig rel.*

pur·ism ['pjʊərɪzəm] Purismus *m;* **pu·rist** ['pjʊərɪst] Purist(in) *m (f).*

Puri·tan ['pjʊərɪtən] **I** *s* Puritaner(in) *m (f);* **II** *adj* puritanisch; **puri·tani·cal** [ˌpjʊərɪ'tænɪkl] *adj fig* puritanisch, sittenstreng; **Puri·tan·ism** ['pjʊərɪtənɪzəm] Puritanismus *m.*

pu·rity ['pjʊərətɪ] Reinheit *f a. fig;* ► ~ **of motives** ehrliche, lautere Motive.

purl [pɜ:l] **I** *tr, itr* links stricken; **II** *s* linke Masche; ► ~ **two** zwei links.

pur·loin [pɜ:'lɔɪn] *tr* stehlen, entwenden.

purple ['pɜ:pl] **I** *adj* violett, lila; *(Gesicht)* hochrot; *pej (Prosa)* hochgestochen; ► ~ **heart 1.** *Br* Amphetamintablette *f;* **2.** *Am* **P~ H~** Verwundetenabzeichen *n;* **II** *s* Violett, Lila *n;* ► **the** ~ der Adel; der Kardinalstand.

pur·port ['pɜ:pət] **I** *s* **1.** Bedeutung *f,* Sinn, Inhalt *m;* **2.** Zweck *m,* Absicht *f;* **II** *tr* [pɜ:'pɔ:t] den Eindruck machen, den Anschein erwecken; vorgeben.

pur·pose ['pɜ:pəs] **1.** Absicht *f,* Ziel *n;* Zweck *m;* **2.** Entschlossenheit *f;* ► **for that** ~ zu diesem Zweck; deswegen, deshalb; **for the** ~ **of** zum Zweck *gen; jur* im Sinne *gen;* **for what** ~? weshalb? **on** ~ absichtlich, mit Absicht, *jur* vorsätzlich; **for advertising** ~**s** zu Werbezwecken; **to** ~ nach Wunsch; **to all intents and** ~**s** in jeder Hinsicht *od* Beziehung; **to good** ~ mit guter Wirkung, wirkungsvoll; **to little** ~ mit geringer Wirkung; mit wenig Erfolg; **to no** ~ ohne Erfolg, wirkungslos; vergeblich; **to some** ~ mit einigem Erfolg; zweckentsprechend; **to the** ~ im beabsichtigten Sinne; zweckdienlich; zur Sache; **answer, serve the** ~ dem Zweck entsprechen; **serve no** ~ zwecklos sein; **turn to good** ~ gut ausnützen; **business** ~ Geschäftszweck *m;* **pur·pose-built** ['pɜ:pəsˌbɪlt] *adj* speziell angefertigt, speziell gebaut; **pur·pose·ful** ['pɜ:pəsfl] *adj* entschlossen; **pur·pose·less** ['pɜ:pəslɪs] *adj* ziel-, zweck-, planlos; **pur·pose·ly** [—lɪ] *adv* absichtlich, (wohl)überlegt.

purr [pɜ:(r)] **I** *itr* **1.** *(Katze)* schnurren *a. fig;* **2.** *tech* surren; **II** *s* **1.** Schnurren *n;* **2.** Surren *n.*

purse [pɜ:s] **I** *s* **1.** Geldbeutel *m,* Börse *f a. sport;* **2.** Geldmittel *n pl,* Finanzen *f pl;* **3.** Betrag *m,* Summe *f;* **4.** *Am* Handtasche *f;* ► **hold the** ~ **strings** die Finanzen in der Hand haben; **tighten the** ~ **strings** *fam* den Geldhahn zudrehen; **II** *tr* **1.** *(~ up)* in Falten legen; **2.** *(Lippen)* schürzen; ► ~ **up one's mouth** den Mund verziehen; **purser** ['pɜ:sə(r)] *mar* Zahlmeister *m.*

pur·su·ance [pə'sju:əns] ► **in** ~ **of** gemäß *dat;* auf Grund *gen;* **pur·su·ant** [pə'sju:ənt] *adj* ~ **to** zufolge, entsprechend, gemäß *dat;* in Übereinstimmung mit; **pur·sue** [pə'sju:] *tr* **1.** verfolgen, jagen; **2.** *(Weg)* einschlagen; **3.** *(Plan)* verfolgen; **4.** *(Tätigkeit, Beruf)* ausüben, nachgehen; **5.** betreiben (*one's studies* ein Studium); **6.** fortsetzen, -führen; ► ~ **the subject** beim Thema bleiben; **pur·suer** [pə'sju:ə(r)] Verfolger(in) *m (f);* **pur·suit** [pə'sju:t] **1.** Verfolgung, Jagd *f* (*of* auf); **2.** Streben *n* (*of* nach); **3.** *pl* Beschäftigung, Tätigkeit, Arbeit *f,* Geschäfte *n pl;* Studien *f pl;* ► **in** ~ **of** auf der Jagd nach.

puru·lent ['pjʊərələnt] *adj* eit(e)rig.

pur·vey [pəˈveɪ] *tr* verkaufen; ▶ ~ **s.th. to s.o.** jdm etw liefern; **pur·vey·ance** [—əns] Lieferung *f;* Verkauf *m;* **pur·veyor** [pəˈveɪə(r)] Händler(in) *m (f);* Lieferant(in) *m (f).*

pus [pʌs] Eiter *m.*

push [pʊʃ] **I** *tr* **1.** stoßen; drücken (auf); schieben; **2.** drängen, (an)treiben; **3.** eifrig, energisch betreiben; **4.** sich verwenden für; sich einsetzen für; **5.** intensiv werben für; propagieren; ▶ **be ~ed for (time, money)** in (Zeit)Schwierigkeiten, in (Geld)Verlegenheit sein; **don't ~ your luck!** treib's nicht zu weit! **he's ~ing forty** er geht auf die vierzig zu; ~ **one's advantage** seinen Vorteil wahrnehmen; **they ~ed themselves to their limit** sie taten ein Äußerstes; **II** *itr* **1.** drücken; schieben; stoßen (*at* an); **2.** sich (sehr) anstrengen; kämpfen; **3.** sich vorwärtsschieben, sich vordrängen; ▶ **stop ~ing!** hören Sie auf zu drängeln! **III** *s* **1.** Stoß, Druck, Schub *m;* **2.** Vorstoß *m* (*for* auf) *a. mil;* Schubs *m;* **3.** *tech* Drükker *m;* **4.** *(Werbung)* Aktion *f;* **5.** Tatkraft *f;* Anstrengung *f;* **6.** *fam* Unternehmungsgeist *m,* Angriffslust *f;* **7.** Protektion *f;* ▶ **at a ~** im Notfall; **at one ~** mit e-m Ruck; auf einmal; **get the ~** *sl* entlassen werden; den Laufpaß bekommen; **give s.o. the ~** jdn auf die Straße setzen; jdm den Laufpaß geben; **when it comes to the ~** im entscheidenden Augenblick; **IV** *(mit Präposition)* **push along** *itr* **1.** weiter-, vorwärtskommen; **2.** *fam* (nach Hause) gehen; **push around** *tr* herumkommandieren; schlecht behandeln; **push away** *tr* wegstoßen, -schieben; **push back** *tr* zurückstoßen, -schlagen, -drängen; **push down** *tr* hinab-, hinunter-, niederstoßen; herunterdrücken; **push for s.th.** auf etw drängen; **push forward** *tr* weiterschieben; vorantreiben, beschleunigen; ▶ **~ o.s. forward** sich vordrängen; sich emporarbeiten; **push in** *tr* hineinstoßen, -drücken, -schieben; unterbrechen; *itr* sich hineindrängeln; **push off** *tr* **1.** hinunterschieben, -stoßen; **2.** *(Deckel)* wegdrücken; **3.** *(Boot)* abstoßen; *itr fam* abhauen; ▶ **~ off!** hau ab! **push on** *tr* **1.** darauf drücken; **2.** *fig* antreiben; anstacheln; *itr* weitergehen; weiterfahren; weitermachen; **push out** *tr* **1.** hinausschieben, -stoßen; **2.** *fig* verdrängen; **3.** *bot* treiben; ▶ **let's ~ out the boat and order champagne!** laß uns richtig zuschlagen und Champagner bestellen! **push over** *tr* umstoßen; **push through** *tr* **1.** durchschieben, -stoßen; **2.** durchsetzen; **3.** *(Gesetz)* durchbringen; **4.** *fig* zu e-m guten Ende bringen; **push up** *tr* **1.** hinaufschieben; **2.** drücken (*against* gegen); **3.** *(Preise)* hochtreiben, hinaufschrauben.

push·bar [ˈpʊʃbɑː(r)] Riegel *m;* **push-bike** *Br* Fahrrad *n;* **push-button 1.** *el* Drücker, Knopf *m;* **2.** (Druck)Taste *f;* **push-button switch** Druckknopfschalter *m;* **push-button telephone** Tastentelefon *n;* **push-cart** Schubkarren *m;* **push·chair** [ˈpʊʃtʃeə(r)] (Kinder)Sportwagen *m;* **pusher** [ˈpʊʃə(r)] **1.** *fig* Streber(in) *m (f);* **2.** *sl* Drogenhändler(in) *m (f);* **push·ing** [ˈpʊʃɪŋ] *adj* unternehmend; ▶ **be ~ forty** *fam* um die vierzig sein; **push-over** [ˈpʊʃəʊvə(r)] *fam* Kinderspiel *n,* Kleinigkeit *f;* ▶ **be a ~** hereinfallen (*for s.o.* auf jdn); **push-pin** [ˈpʊʃpɪn] *Am* Reißzwecke *f;* **push-start** *mot* Start *m* durch Anschieben; **push-up** [ˈpʊʃʌp] *sport* Liegestütz *m;* **pushy** [ˈpʊʃɪ] *adj* aufdringlich, penetrant.

puss [pʊs] (Mieze)Katze *f;* ▶ **P~ in Boots** der Gestiefelte Kater; **pussy** [ˈpʊsɪ] *(~-cat)* Mieze(katze) *f;* Muschi *f a. sl;* **pussy·foot** [ˈpʊsɪfʊt] *fam itr* **1.** sich (herum)drücken; **2.** *pol* keine klare Stellung beziehen; **pussy-willow** *bot* Salweide *f.*

pus·tule [ˈpʌstjuːl] Pustel *f,* Eiterbläschen *n,* -pickel *m.*

put [pʊt] ⟨*irr* put, put⟩ **I** *tr* **1.** setzen, stellen, legen; **2.** stecken (*into* in; *at* an); **3.** anbringen (*to* an); **4.** *fig* (in e-e Lage) bringen, versetzen; **5.** einfügen, hineinlegen *a. fig* (*into* in); **6.** tun, geben; **7.** ausdrücken, sagen; kleiden (*into words* in Worte); **8.** übersetzen (*into French* ins Französische); **9.** *(Frage)* stellen; vorlegen, unterbreiten; **10.** *(Steuer)* legen (*on* auf), auferlegen (*on s.o.* jdm); festsetzen (*on* für); **11.** ansetzen, berechnen (*at* mit, zu); **12.** zur Last legen (*on s.o.* jdm); **13.** tun, hinzufügen (*to* zu); **14.** *(Unterschrift)* setzen (*to* unter; *on* auf); **15.** niederschreiben; *(Komma)* machen; **16.** bestimmen (*to* für); **17.** schätzen (*at* auf); ▶ **~ out of action** außer Betrieb setzen; **~ on airs** sich aufs hohe Roß setzen; **~ to bed** zu Bett bringen; **~ the blame on s.o.** jdm die Schuld zuschieben; **~ money into a business** Geld in ein Geschäft stecken; **~ in two cents** *Am fig fam* seinen Senf dazu beisteuern; **~ the date on s.th.** etw datieren; **~ to death** umbringen; hinrichten; **~ an end to s.th.** e-r S ein Ende machen; **~ an end to o.s., to one's life** sich das Leben nehmen; **~ s.o. to expense** jdm Unkosten verursachen; **~ to flight** in die Flucht schlagen; **~ one's foot down** *fig* energisch auftreten; **~ s.th. in(to) s.o's hands** jdm etw überlassen; **~ s.th. out of one's head** sich etw aus dem Kopf schlagen; **~ it differently** es anders formulieren; **~ it to s.o.** jdm vorschlagen; **~ s.o. to it** jdm schwer zusetzen; **~ s.th. on a list** etw auf e-e Liste setzen; ~ **on the market** auf den Markt bringen; ~ **s.o. in mind of** jdn erinnern an; ~ **in motion** in Bewegung setzen; ~ **in order** in Ordnung bringen; ~ **into practice** in die Praxis umsetzen; ~ **pressure on s.o.** auf jdn Druck ausüben; ~ **the question** die Frage stellen; ~ **in writing** schriftlich machen; ~ **right** verbessern; in Ordnung bringen; ~ **a stop to** Schluß, ein Ende machen mit; ~ **to trial** vor Gericht bringen; ~ **to a good use** gut verwenden; ~ **to the vote** zur Abstimmung stellen; ~ **the weight, the shot** *sport* die Kugel stoßen; ~ **wise** enttäuschen; aufklären; informieren; **she ~ her head round the door** sie streckte den Kopf zur Tür herein; ~ **time into s.th.** Zeit in etw stecken; ~ **s.o. in a bad mood** jdm schlechte Laune verursachen; **to ~ it mildly** gelinde gesagt; **II** *itr* ► ~ **to sea** in See stechen; **III** *adj* ► **stay** ~ sich nicht von der Stelle rühren; **be (hard) ~ to it** in e-r schwierigen Lage sein; **feel ~ upon, out** sich ausgenutzt fühlen; **IV** *(mit Präposition)* **put about** *tr (Nachricht)* verbreiten; ► ~ **a ship about,** ~ **about** den Kurs ändern; **put across** *tr* verständlich machen (*to s.o.* jdm); *(Ware)* an den Mann bringen; ► ~ **it** od **one across s.o.** jdm einen Streich spielen, jdn anführen; **put aside** *tr* **1.** zurücklegen, aufheben; **2.** *(Geld)* auf die Seite legen; **put away** *tr* **1.** weglegen, an seinen Platz legen; **2.** zurücklegen, sparen; **3.** *(Auto)* einstellen; **4.** *fam* einsperren; **5.** *fam (Essen)* verdrücken; **6.** *(Tier)* einschläfern; **put back** *tr* **1.** *(an seinen Platz)* zurücklegen; **2.** *(Uhr)* zurückstellen; **3.** verzögern, verschieben; *itr (Schiff)* zurückkehren; **put by** *tr (Geld)* zurücklegen; beiseitelegen; **put down** *tr* **1.** niedersetzen, -stellen, -legen; **2.** *(Antenne)* einschieben; **3.** *(Lider)* zumachen; **4.** *(Aufstand)* niederschlagen; unterdrücken; **5.** zum Schweigen bringen; **6.** tadeln; demütigen; **7.** *(Ungeziefer)* vernichten; *(Haustier)* einschläfern; **8.** *(in writing)* nieder-, aufschreiben; **9.** vormerken (*s.o. for s.th.* jdn für etw); **10.** in Rechnung stellen (*to s.o., to s.o.'s account* jdm); **11.** zuschreiben (*s.th. to s.o.* jdm etw); **12.** halten (*as, for* für); ansehen, betrachten (*as, for* als); **13.** *(Lager, Vorrat)* anlegen; **14.** *(Fahrgäste)* absetzen; **put forward** *tr* **1.** vorschlagen; unterbreiten, vorlegen; **2.** *(Bitte)* vorbringen; **3.** *(Uhr)* vorstellen; *refl* ► ~ **o.s. forward** sich bemerkbar machen; **put in** *tr* **1.** hineinbringen, einführen; **2.** installieren; **3.** *(Glasscheibe)* einsetzen; **4.** *(Antrag)* vorlegen, unterbreiten, einreichen; **5.** *(Zeit)* verwenden; **6.** *(Extrastunde)* einlegen; **7.** *(Bemerkung)* einwerfen; **8.** *(Anzeige in die Zeitung; Geld)* setzen; **9.** *fam (Zeit)* verbringen; **10.** *(Schlag)* anbringen, versetzen; *itr* **1.** *mar* anlaufen (*at* acc); **2.** sich bewerben (*for* um); ► ~ **in an appearance** in Erscheinung treten; ~ **in at** kurz anhalten in, bei; ~ **in a word** ein (gutes) Wort einlegen (*for* für); ~ **in a claim** Anspruch erheben; ~ **in for a job** sich um e-e Stelle bewerben; **put into** *tr* **1.** *(Anstrengung)* hineinstecken; **2.** *(Geld)* stecken (*into a business* in ein Geschäft); **3.** übersetzen; ► ~ **one's heart into s.th.** mit aller Kraft an etw arbeiten; ~ **words into s.o.'s mouth** jdm e-e Äußerung in den Mund legen; ~ **money into a bank** Geld auf e-e Bank legen; **put off** *tr* **1.** *(Licht)* abschalten; **2.** auf-, hinaus-, verschieben; zurückstellen; **3.** *(jdn)* vertrösten (*with fine words* mit schönen Worten); **4.** *(jdn)* abhalten, -bringen, davon zurückhalten; **5.** ablegen, beiseite lassen; **6.** *(Kleidungsstück)* ausziehen; *itr mar* auslaufen, abfahren; ► ~ **s.o. off** jdm den Appetit verderben; jdn abschrecken; jdm die Lust verderben; **put on** *tr* **1.** *(Licht)* anmachen; **2.** *(Kleidung)* anziehen; *(Hut)* aufsetzen; **3.** *(Summe)* aufschlagen (*to the price* auf den Preis); **4.** *(Zug)* zusätzlich fahren lassen; **5.** *theat* heraus-, auf die Bühne bringen; **6.** *(Darbietung)* bringen; **7.** heucheln, vorgeben; **8.** *(an Geschwindigkeit)* zunehmen; ► ~ **on weight** zunehmen; **put out** *tr* **1.** *(Hand)* ausstrecken; **2.** *(Schulter)* ausrenken; **3.** *(Licht, Feuer)* ausmachen, löschen; **4.** *(Hilferuf)* aussenden; **5.** herstellen, produzieren; **6.** *(Geld)* verleihen; **7.** verärgern, verstimmen; in Verlegenheit, in Verwirrung bringen; *itr mar* auslaufen, in See stechen; *refl* ► ~ **o.s. out** sich Umstände machen; **put over** *tr* **1.** *Am* verschieben; **2.** *s. put across;* **put past** ► **I wouldn't put it past him** ich traue es ihm zu (*to* zu); **put through** *tr* **1.** (glücklich) durchführen, vollenden; **2.** durchmachen lassen; **3.** durchgeben, mitteilen; **4.** *tele* verbinden (*with* mit); **put together** *tr* **1.** zusammensetzen; zusammenlegen; **2.** aufbauen, montieren; ► **better than all the others ~ together** besser als alle anderen zusammen; **put up** *tr* **1.** hochheben, -halten; **2.** *(Flagge)* hissen; **3.** *(Vorhang)* hochziehen; **4.** errichten, (auf)bauen; **5.** aufstellen, montieren, einrichten, installieren; **6.** *(Preis)* erhöhen; **7.** *(Waren)* anbieten (*for sale* zum Verkauf); **8.** *(Geld)* aufbringen; **9.** *(Person)* unterbringen, beherbergen; **10.** *(als Kandidaten)* vorschlagen; aufstellen; **11.** *theat* zur Aufführung, auf die Bühne bringen; **12.** vortäuschen; *itr* **1.** einkehren, absteigen (*at* in); wohnen (*with* bei); **2.** sich bewerben (*for* um); **3.** sich abfinden (*with s.th.* mit e-r S); ► ~ **s.o. up to s.th.** jdn zu etw

anstiften; ~ **upon s.o.** jdn ausnützen.
pu·ta·tive ['pju:tətɪv] *adj* mutmaßlich.
put-off ['pʊtɒf] Ausrede, -flucht *f*, Vorwand *m;* **put-on** ['pʊtɒn] **I** *adj* angeblich, vorgetäuscht; **II** *s* **1.** Kniff *m*, Täuschungsmanöver *n;* **2.** *Am* Spaß *m.*
pu·tre·fac·tion [ˌpju:trɪ'fækʃn] Verwesung *f;* **pu·trefy** ['pju:trɪfaɪ] *itr* verwesen; **pu·trid** ['pju:trɪd] *adj* **1.** faul(ig); verwest; **2.** *fig (sittlich)* verdorben, verkommen; **3.** *fam* scheußlich, miserabel.
putsch [pʊtʃ] Putsch *m.*
putt [pʌt] *tr, itr (Golfball)* putten.
put·tee ['pʌtɪ] (Reit-, Leder-, Wickel)Gamasche *f.*
put·ter[1] ['pʌtə(r)] *(Golf)* Putter, Schläger *m.*
put·ter[2] ['pʌtə(r)] *Am itr* **1.** *(~ around)* geschäftig tun; **2.** (herum)trödeln (*over* mit).
put·ting ['pʊtɪŋ] Stoß, Wurf *m;* ► ~ **the weight, the shot** Kugelstoßen *n.*
put·ting-hole ['pʌtɪŋhəʊl] (Golf)Loch *n.*
putty ['pʌtɪ] **I** *s* Kitt *m;* **be ~ in s.o.'s hands** *fig* Wachs in jds Händen sein; **II** *tr (~ up)* (ver)kitten; **putty-knife** ‹*pl* -knives› Spa(ch)tel *m.*
put-up ['pʊtʌp] *adj fam* abgemacht, abgekartet; ► ~ **job** abgekartete Sache; **put-upon** ['pʊtəpɒn] *adj* ► **feel** ~ sich ausgenützt fühlen.
puzzle ['pʌzl] **I** *tr* **1.** verblüffen; **2.** *(~ out)* austüfteln; ► **be ~d about** nicht verstehen; **II** *itr* sich den Kopf zerbrechen (*about, over* über); knobeln (*over* an); **III** *s* Rätsel *n;* Geduldspiel *n;* Puzzle *n;* **puzzled** ['pʌzld] *adj* verdutzt, verblüfft; ► **be** ~ vor einem Rätsel stehen; **puzzler** ['pʌzlə(r)] schwieriges Problem; **puzz·ling** ['pʌzlɪŋ] *adj* rätselhaft, verwirrend.
pygmy ['pɪgmɪ] Pygmäe *m;* Zwerg *m a. fig.*
py·ja·mas [pə'dʒɑ:məz] *pl* Schlafanzug, Pyjama *m.*
py·lon ['paɪlɒn] **1.** (Licht-, Leitungs)Mast *m;* **2.** *aero* Turm *m.*
py·or·rh(o)ea [ˌpaɪə'rɪə] **1.** Eiterfluß *m;* **2.** Parodontose *f.*
pyra·mid ['pɪrəmɪd] Pyramide *f;* **pyramid selling** Vertrieb *m* nach dem Schneeballsystem.
pyre ['paɪə(r)] Scheiterhaufen *m.*
Pyr·enees [pɪrə'ni:z] *pl* Pyrenäen *pl.*
Pyrex ['paɪreks] *Wz* Jenaer Glas *n Wz.*
py·rites [ˌpaɪə'raɪti:z] *min* Pyrit, Schwefel-, Eisenkies *m.*
pyro·mania [ˌpaɪrəʊ'meɪnɪə] Pyromanie *f;* **py·ro·tech·nic** [ˌpaɪrəʊ'teknɪk] **I** *adj* pyrotechnisch; **II** *s pl mit sing* **1.** Feuerwerkerei *f;* **2.** *(~ display)* Feuerwerk *n a. fig.*
py·thon ['paɪθn] Pythonschlange *f.*

Q

Q, q [kju:] ⟨*pl* -'s⟩ Q, q *n.*
qua [kwɑ:] *adv jur* als.
quack[1] [kwæk] **I** *itr (Ente)* schnattern, quaken *a. fig;* **II** *s* Gequake *n a. fig.*
quack[2] [kwæk] Quacksalber, Kurpfuscher *m.*
quad [kwɒd] **1.** *Abk:* **quadrangle** Hof *m;* **2.** *Abk:* **quadruplet** Vierling *m;* **3.** *Abk:* **quadrat** Quadrat *n.*
quad·rangle ['kwɒdræŋgl] **1.** *math* Viereck *n;* **2.** *arch* viereckiger Innenhof; **quad·ran·gu·lar** [kwɒ'dræŋgjʊlə(r)] *adj* viereckig.
quad·rant ['kwɒdrənt] Quadrant *m.*
quad·ra·phonic [ˌkwɒdrə'fɒnɪk] **I** *adj* quadrophon; **II** *s pl mit sing* Quadrophonie *f.*
quad·ratic [kwɒ'drætɪk] *adj math* quadratisch.
quad·ri·lat·eral [ˌkwɒdrɪ'lætərəl] **I** *adj math* vierseitig; **II** *s* Viereck *n.*
quad·ri·par·tite ['kwɒdrɪ'pɑ:taɪt] *adj pol* Vierer-; ▶ ~ **agreement** *hist* Viermächteabkommen *n.*
quad·ru·ped ['kwɒdrʊped] *zoo* Vierfüß(l)er *m.*
quad·ru·ple ['kwɒdru:pl] **I** *adj* vierfach; **II** *s* (das) Vierfache; **III** *itr, tr* [kwɒ'dru:pl] (sich) vervierfachen.
quad·ru·plet ['kwɒdru:plət] Vierling *m.*
quaff [kwɒf] **I** *tr obs* trinken, schlürfen; **II** *itr obs* zechen.
quag·mire ['kwægmaɪə(r)] Sumpf, Morast *m a.fig.*
quail[1] [kweɪl] *itr* (vor Angst) zittern (*before* vor).
quail[2] [kweɪl] *(Vogel)* Wachtel *f.*
quaint [kweɪnt] *adj* **1.** *(Dorf)* malerisch, idyllisch; reizend; **2.** *(Idee)* kurios; originell; drollig; **quaint·ness** ['kweɪntnɪs] **1.** idyllischer Anblick; **2.** Kuriosität *f;* Originalität *f;* Drolligkeit *f.*
quake [kweɪk] **I** *itr* **1.** *(Erde)* beben, schwanken; **2.** zittern (*with* vor); **II** *s* **1.** Zittern, Beben *n;* **2.** *(earth~)* Erdbeben *n.*
Quaker ['kweɪkə(r)] *rel* Quäker(in) *m (f).*
quali·fi·ca·tion [ˌkwɒlɪfɪ'keɪʃn] **1.** Qualifikation *f;* Zeugnis *n;* Voraussetzung *f;* **2.** Abschluß *m;* **3.** *sport* Qualifikation *f;* **4.** Voraussetzung *f;* **5.** Einschränkung *f,* Vorbehalt *m;* ▶ **without** ~ vorbehaltlos; **prior to his** ~ vor Abschluß seines Studiums; **quali·fied** ['kwɒlɪfaɪd] *adj* **1.** ausgebildet; graduiert; qualifiziert; Diplom-; **2.** berechtigt; **3.** bedingt, nicht uneingeschränkt; ▶ **be** ~ **to do s.th.** qualifiziert sein, etw zu tun; ~ **to practice** *(Arzt)* zugelassen; **be** ~ **to vote** wahlberechtigt sein; **in a** ~ **sense** mit Einschränkungen; **a** ~ **success** kein voller Erfolg; **qual·ify** ['kwɒlɪfaɪ] **I** *tr* **1.** qualifizieren; berechtigen; **2.** *(Kritik)* modifizieren, be-, einschränken; **3.** bezeichnen, klassifizieren; **4.** *gram* näher bestimmen; ▶ ~ **s.o. to do s.th.** jdn berechtigen, etw zu tun; **II** *itr* **1.** seine Ausbildung abschließen; sich qualifizieren; **2.** *sport* sich qualifizieren; **3.** in Frage kommen (*for* für); ▶ ~ **as a teacher** die Lehrbefähigung erhalten; **qual·ify·ing** ['kwɒlɪfaɪɪŋ] *adj* erläuternd; ▶ ~ **examination** Auswahlprüfung *f.*
qual·it·at·ive ['kwɒlɪtətɪv] *adj* qualitativ; **qual·ity** ['kwɒlətɪ] **I** *s* **1.** Qualität *f;* Güteklasse *f;* **2.** *(von Personen)* Charakter *m,* Wesen *n,* Natur *f;* **3.** Art *f;* **4.** *(der Stimme)* Klangfarbe *f;* ▶ **of the best** ~ von bester Qualität; **of bad** ~ von schlechter Qualität; **they vary in** ~ sie sind qualitativ verschieden; **the** ~ **of patience** Geduld *f;* **II** *adj attr* Qualitäts-.
qualm [kwɑ:m] Skrupel *m,* Bedenken *n;* ▶ **without the slightest** ~ ohne die geringsten Skrupel; ~**s** *pl* **of conscience** Gewissensbisse *m pl.*
quan·dary ['kwɒndərɪ] Dilemma *n,* Verlegenheit *f;* ▶ **I was in a** ~ **about what to do** ich wußte nicht, was ich tun sollte.
quango ['kwæŋgəʊ] *Br Abk:* **quasi autonomous non-governmental organization** halböffentliches Gremium.
quan·ti·fi·ca·tion [ˌkwɒntɪfɪ'keɪʃn] Quantifizierung *f;* **quan·ti·tat·ive** ['kwɒntɪtətɪv] *adj* quantitativ; **quantity** ['kwɒntətɪ] **1.** Quantität, Menge *f;* Anteil *m;* **2.** *math fig* Größe *f;* **3.** *meist pl* Unmenge *f;* ▶ **prefer** ~ **to quality** Quantität der Qualität vorziehen; **in** ~, **in large quantities** in großen Mengen; **quantities of books** Unmengen von Büchern; **quantity surveyor** Baukostenkalkulator *m.*
quan·tum ['kwɒntəm] ⟨*pl* -ta⟩ ['kwɒntə] *phys* Quant(um) *n;* ▶ **the** ~ **of satisfaction** das Ausmaß an Befriedigung; **a** ~ **leap** ein Quantensprung *m;* ~ **mechanics** *pl mit sing* Quantenmechanik *f;* ~ **number** Quantenzahl *f;* ~ **theory** Quantentheorie *f.*
quar·an·tine ['kwɒrənti:n] **I** *s med* Quarantäne *f;* ▶ **put s.o. in** ~ jdn unter

Quarantäne stellen; **II** *tr* unter Quarantäne stellen.

quark [kwɑ:k] *(Atom)* Quark *m.*

quar·rel [ˈkwɒrəl] **I** *s* **1.** Streit *m;* Auseinandersetzung *f;* **2.** Einwand *m* (*with* gegen); ► **they have had a ~** sie haben sich gestritten; **start, pick up a ~** e-n Streit anfangen; **I have no ~ with him** ich habe nichts gegen ihn; **II** *itr* **1.** sich streiten (*with* mit; *about, over* über); **2.** etwas auszusetzen haben (*with* an); ► **I wouldn't ~ with that** das würde ich nicht bestreiten; **quar·rel·some** [ˈkwɒrəlsəm] *adj* streitsüchtig.

quarry[1] [ˈkwɒrɪ] **I** *s* **1.** Steinbruch *m;* **2.** *fig* Fundgrube *f;* **II** *tr* brechen, hauen; **III** *itr* Steine brechen; ► **~ for s.th.** *fig* nach etw suchen.

quarry[2] [ˈkwɒrɪ] **1.** Beute *f;* **2.** *fig* Ziel *n.*

quart [kwɔ:t] *(Maßeinheit)* Quart *n (Br 1,14 l, Am 0,95 l);* ► **(try to) put a ~ into a pint pot** Unmögliches versuchen.

quar·ter [ˈkwɔ:tə(r)] **I** *s* **1.** Viertel *n;* **2.** Vierteljahr, Quartal *n;* **3.** *(Uhr)* Viertel *n;* **4.** *Am (~ dollar)* Vierteldollar *m,* 25 Centstück *n;* **5.** Himmelsrichtung *f;* **6.** Seite *f;* Stelle *f;* **7.** *pl* Quartier *n,* Unterkunft *f;* **8.** Gnade, Schonung *f;* **9.** *(Mond)* Viertel *n;* ► **divide s.th. into ~s** etw in vier Teile teilen; **a ~ of a mile** e-e Viertelmeile; **a ~ of an hour** e-e Viertelstunde; **a ~ to seven** *Br,* **a ~ of seven** *Am* Viertel vor sieben; **a ~ past seven** *Br,* **a ~ after seven** *Am* Viertel nach sieben; **paid by the ~** vierteljährlich bezahlt; **the Arab ~** das arabische Viertel; **they came from all ~s** sie kamen aus allen Richtungen; **in these ~s** in dieser Gegend; **in various ~s** an verschiedenen Stellen; **take up one's ~** *mil* sein Quartier beziehen; **give no ~** keine Schonung gewähren; **ask for ~** um Schonung bitten; **II** *tr* **1.** vierteln; in vier Teile teilen; **2.** unterbringen, einquartieren; **quarter-day** Quartalstag *m;* **quarter-deck** *mar* Achterdeck *n;* **quarter-final** [ˈkwɔ:tə(r)ˌfaɪnəl] *sport* Viertelfinale *n;* **quar·ter·ing** [ˈkwɔ:tərɪŋ] **1.** Vierteln *n;* Teilung *f* in vier Teile; **2.** *mil* Einquartierung *f;* **quar·ter·ly** [ˈkwɔ:təlɪ] **I** *adj, adv* vierteljährlich; **II** *s* Vierteljahresschrift *f;* **quar·ter·mas·ter** [ˈkwɔ:təˌmɑ:stər] **1.** *mil* Quartiermeister *m;* **2.** *mar* Steuermannsmaat *m;* **quarter-tone** *mus* Viertelnote *f.*

quar·tet(te) [kwɔ:ˈtet] *mus* Quartett *n.*

quartz [kwɔ:ts] *min* Quarz *m;* **quartz clock** Quarzuhr *f;* **quartz (iodine) lamp** Quarzlampe *f.*

quasar [ˈkweɪzɑ:(r)] *astr* Quasar *m.*

quash [kwɒʃ] *tr* **1.** *jur* aufheben, annullieren; **2.** *(Aufstand)* niederwerfen.

quasi [ˈkwɑ:sɪ] *pref* quasi.

quat·rain [ˈkwɒtreɪn] Vierzeiler *m.*

qua·ver [ˈkweɪvə(r)] **I** *itr* **1.** *(Stimme)* zittern; **2.** *mus* trillern; **II** *tr* mit bebender Stimme sagen; **III** *s* **1.** *mus* Achtelnote *f;* **2.** *(Stimme)* Beben, Zittern *n.*

quay [ki:] Kai *m.*

queasy [ˈkwi:zɪ] *adj* ► **I feel ~** mir ist übel; **a ~ feeling** ein Gefühl der Übelkeit.

queen [kwi:n] **I** *s* **1.** Königin *f;* **2.** *(Bienen)* Königin *f;* **3.** *(Schach, Kartenspiel)* Dame *f;* **4.** *sl* Schwule(r) *m;* ► **~ of the May** Maikönigin *f;* **~ of spades** Pik-Dame *f;* **II** *tr* ► **~ it** die große Dame spielen; **~ it over s.o.** jdn herumkommandieren; **queen bee** Bienenkönigin *f;* **queen dowager** Königinwitwe *f;* **queen·ly** [ˈkwi:nlɪ] *adj* königlich; **queen mother** Königinmutter *f.*

queer [kwɪə(r)] **I** *adj* **1.** ungewöhnlich, sonderbar, eigenartig; **2.** verdächtig; **3.** *fam* unwohl; **4.** *sl pej* schwul; ► **a ~-sounding name** ein komischer Name; **I feel ~** mir ist nicht gut; **II** *s sl pej* Schwule(r) *m;* **III** *tr sl* versauen, vermasseln; vermiesen; ► **~ s.o.'s pitch** jdm e-n Strich durch die Rechnung machen.

quell [kwel] *tr* bezwingen; bändigen; unterdrücken.

quench [kwentʃ] *tr* **1.** *(Feuer)* löschen; **2.** *(Durst)* stillen; **3.** *(Enthusiasmus)* dämpfen.

queru·lous [ˈkwerʊləs] *adj* nörglerisch, mißmutig.

query [ˈkwɪərɪ] **I** *s* **1.** Frage *f;* **2.** Fragezeichen *n;* ► **raise a ~** e-e Frage aufwerfen; **II** *tr* **1.** in Frage stellen; bezweifeln; **2.** mit e-m Fragezeichen versehen; ► **I ~ whether ...** ich bezweifle, ob ... **I'd ~ that** das würde ich bezweifeln; **~ s.th. with s.o.** etw mit jdm abklären.

quest [kwest] **I** *s* Suche *f* (*for* nach); Streben *n;* **II** *itr* suchen (*for* nach).

ques·tion [ˈkwestʃən] **I** *s* **1.** Frage *f;* **2.** Zweifel *m;* **3.** (Streit)Frage *f,* Problem *n,* Streitpunkt *m;* **4.** *parl* Anfrage *f;* ► **ask s.o. a ~** jdm e-e Frage stellen; **what a ~!** was für e-e Frage! **beyond (all), without ~** ohne Frage, ohne (jeden) Zweifel; **call s.th. into ~** etw in Frage stellen; **that's another ~ altogether** das ist etw völlig anderes; **that's not the ~** darum geht es nicht; **there's no ~ of a strike** von e-m Streik kann keine Rede sein; **that's out of the ~** das kommt nicht in Frage; **the matter in ~** die fragliche Angelegenheit; **II** *tr* **1.** fragen (*about* nach); **2.** vernehmen, verhören; prüfen; **3.** bezweifeln, zweifeln an; in Frage stellen; ► **I ~ whether it's worth it** ich bezweifle, daß es der Mühe wert ist; **I don't ~ your good intentions** ich zweifle nicht an Ihrer guten Absicht; **ques·tion·able** [—əbl] *adj* **1.** fragwürdig; **2.** fraglich, zweifelhaft; ► **of ~ honesty** von zweifelhaftem Ruf; **in ~ taste** geschmacklos; **ques·tioner** ['kwestʃənə(r)] Fragesteller(in) *m (f);* **ques·tion·ing** [—ıŋ] **I** *adj* fragend; **II** *s* Verhör *n;* Vernehmung *f;* **question-mark** Fragezeichen *n;* **question master** Moderator *m;* **ques·tion·naire** [ˌk(w)estʃə'neə(r)] Fragebogen *m;* **question time** *parl* Fragestunde *f.*

queue [kju:] **I** *s (von Menschen)* Schlange *f;* ► **form a ~** e-e Schlange bilden; **stand in a ~** Schlange stehen, anstehen; **join the ~** sich hinten anstellen; **jump the ~** sich vordrängeln; **II** *itr (~ up)* sich anstellen; e-e Schlange bilden; ► **we ~d for an hour** wir haben e-e Stunde angestanden.

quibble ['kwıbl] **I** *s* Spitzfindigkeit, Haarspalterei *f;* **II** *itr* kleinlich sein (*over, about* wegen); ► **~ with s.o. about, over s.th.** mit jdm über etw herumstreiten; **quib·bler** ['kwıblə(r)] Wortklauber, Haarspalter *m;* **quib·bling** ['kwıblıŋ] **I** *adj* spitzfindig; kleinlich; **II** *s* Haarspalterei *f.*

quiche [ki:ʃ] Quiche *f.*

quick [kwık] **I** *adj* **1.** schnell, prompt; **2.** *(Kuß)* flüchtig; **3.** *(Rede)* kurz; **4.** gewandt, geschickt; **5.** *(Kind)* aufgeweckt, schlagfertig; **6.** *(Verstand)* wach; **7.** *(Auge)* scharf; **8.** *(Ohr)* fein; ► **be ~!** schnell! **be ~ about it** aber ein bißchen dalli; **be ~ to do s.th.** etw ganz schnell tun; **he is ~ to anger** er wird leicht zornig; **what's the ~est way to the station?** wie komme ich am schnellstens zum Bahnhof? **we had a ~ meal** wir haben schnell etwas gegessen; **he is ~ at figures** er kann schnell rechnen; **she's very ~** sie kapiert schnell; **II** *adv* schnell; **III** *s* **1.** empfindliches Fleisch; **2.** *pl lit* ► **the ~ and the dead** die Lebenden und die Toten; ► **be cut to the ~** tief getroffen sein; **bite one's nails to the ~** die Nägel bis zum Fleisch abkauen; **quick-acting** [ˌkwık'æktıŋ] *(Medikament)* schnell wirkend; **quick-change artist** Verwandlungskünstler(in) *m (f);* **quicken** ['kwıkən] **I** *tr* **1.** beschleunigen; **2.** *fig* erhöhen; anregen; **II** *itr* **1.** *(~ up)* schneller werden, beschleunigen; **2.** *(Interesse)* wachsen; **quick-freeze** ['kwıkfri:z] *tr irr s. freeze* einfrieren; **quick-frozen** ['kwıkfrəʊzn] *adj* tiefgekühlt; **quick·ie** ['kwıkı] *fam* eine(r, s) auf die Schnelle; **quick·ly** ['kwıklı] *adv* schnell, rasch; **quick·ness** ['kwıknıs] **1.** Schnelligkeit *f;* **2.** *fig* schnelle Auffassungsgabe; **quick·sand** ['kwıksænd] Treibsand *m;* **quick·sil·ver** ['kwıksılvə(r)] Quecksilber *n;* **quick·step** ['kwıkstep] Quickstep *m;* **quick-tem·pered** [ˌkwık'tempəd] *adj* leicht erregbar, reizbar; **quick-witted** [ˌkwık'wıtıd] *adj* geistesgegenwärtig; schlagfertig.

quid[1] [kwıd] *(Tabak)* Priem *m.*

quid[2] [kwıd] *Br sl* Pfund *n.*

quid pro quo ['kwıdprəʊ'kwəʊ] Gegenleistung *f.*

qui·esc·ent [kwı'esnt] *adj* ruhig, still.

quiet ['kwaıət] **I** *adj* **1.** ruhig, still; leise; **2.** *(Abend)* geruhsam; **3.** *(Charakter)* sanft; **4.** *(Kleidung)* unauffällig; *(Mensch)* zurückhaltend; **5.** *com* lustlos, flau; ► **be ~** Ruhe! **keep ~** still sein; leise sein; **keep ~ about s.th.** nichts über etw sagen; **go ~** still werden; **business is ~** das Geschäft ist ruhig; **have a ~ mind** beruhigt sein; **he kept the matter ~** er behielt die Sache für sich; **II** *s* Ruhe, Stille *f;* ► **in the ~ of the night** in der Stille der Nacht; **on the ~** heimlich; **quieten** ['kwaıətn] *tr* **1.** zum Schweigen bringen; zur Ruhe bringen; **2.** *(Gewissen)* beruhigen; *(Verdacht)* zerstreuen; ► **~ down** *itr* leiser werden; sich beruhigen; **quiet·ly** ['kwaıətlı] *adv* leise; ruhig.; **quiet·ness** ['kwaıətnıs] **1.** Stille *f;* Geräuschlosigkeit *f;* **2.** Ruhe *f;* **quiet·ude** ['kwaııtju:d] *lit* Seelenruhe, Ausgeglichenheit *f.*

quiff [kwıf] *Br* Stirnlocke *f.*

quill [kwıl] **1.** Feder *f,* Federkiel *m;* **2.** *(e-s Stachelschweins)* Stachel *m.*

quilt [kwılt] **I** *s* Steppdecke *f;* Federbett *n;* **II** *tr* wattieren; absteppen.

quin [kwın] *s. quintuplet.*

quince [kwıns] *bot* Quitte *f.*

quin·ine [kwı'ni:n, *Am* 'kwaınaın] Chinin *n.*

quint·es·sence [kwın'tesns] Quintessenz *f a. fig;* Inbegriff *m;* **quint·es·sen·tial** [ˌkwıntə'senʃəl] *adj* fundamental; ► **he is the ~ artist** er ist der Inbegriff eines Künstlers.

quin·tet(te) [kwın'tet] *mus* Quintett *n.*

quin·tuple ['kwıntjʊpl] **I** *adj* fünffach; **II** *tr, itr* (sich) verfünffachen; **quin·tu·plet** ['kwıntju:plet] Fünfling *m.*

quip [kwıp] **I** *s* geistreiche Bemerkung; **II** *itr* witzeln.

quirk [kwɜ:k] Schrulle, Marotte *f;* Laune *f;* ► **a ~ of fate** eine Laune des Schicksals.

quit [kwıt] ⟨*irr* quit *od* quitted, quit *od* quitted⟩ **I** *tr* **1.** *(Stadt, Menschen)* verlassen; **2.** *(Stelle)* kündigen; aufgeben; **3.** aufhören mit; ► **~ doing s.th.** aufhören, etw zu tun; **II** *itr* **1.** aufhören; **2.** *(bei Stelle)* kündigen; **3.** fortgehen; ► **notice to ~** Kündigung *f;* **I've given her notice to ~** ich habe ihr gekündigt; **III** *adj* ► **be ~ of s.th.** frei von etw sein; etw los sein.

quite [kwaıt] *adv* **1.** ganz, völlig, vollständig; **2.** ziemlich; **3.** wirklich; ► **~ wrong** völlig falsch; **you're being ~ impossible** du bist völlig unmöglich; **I ~ agree with you** ich stimme völlig mit Ihnen überein; **that's ~ another matter**

das ist doch etwas ganz anderes; **not ~** nicht ganz; **~ so!** genau! **~ the thing** ganz große Mode; **~ likely** sehr wahrscheinlich; **she's ~ a beauty** sie ist wirklich e-e Schönheit; **it was ~ a shock** es war ein ziemlicher Schock; **~ a few people** ziemlich viele Leute.

quits [kwɪts] *adj* quitt; ▶ **be ~ with s.o.** mit jdm quitt sein; **cry ~** aufgeben.

quit·tance ['kwɪtns] *com* Schuldenerlaß *m.*

quiver[1] ['kwɪvə(r)] **I** *itr* **1.** zittern, beben (*with* vor); **2.** *(Augenlider)* flattern; **II** *s* Zittern *n;* Flattern *n.*

quiver[2] ['kwɪvə(r)] Köcher *m.*

quix·otic [kwɪk'sɒtɪk] *adj* edelmütig; schwärmerisch.

quiz [kwɪz] ⟨*pl* quizzes⟩ **I** *s* **1.** Quiz *n;* **2.** *Am (Schule)* Prüfung *f;* **II** *tr* **1.** ausfragen (*about* über); prüfen; **2.** *Am (Schule)* abfragen, prüfen; **quiz·mas·ter** ['kwɪzmɑ:stə(r)] Quizmaster *m;* **quiz·zi·cal** ['kwɪzɪkl] *adj* **1.** *(Blick)* fragend; zweifelnd; **2.** eigenartig.

quoit, [kɔɪt, *Am* kwɔɪt] **1.** *sport* Wurfring *m;* **2.** *pl mit sing* Wurfringspiel *n.*

quo·rate ['kwɔ:rət] *adj* beschlußfähig;

quo·rum ['kwɔ:rəm] Quorum *n.*

quota ['kwəʊtə] **1.** Pensum *n;* **2.** Quantum *n;* Anteil *m;* Kontingent *n;* ▶ **immigration ~** Einwanderungsquote *f;* **import ~** Einfuhrkontingent *n.*

quot·able ['kwəʊtəbl] *adj* zitierbar;

quo·ta·tion [kwəʊ'teɪʃn] **1.** Zitat *n;* **2.** *fin* Kurs-, Preisnotierung *f;* **3.** *com* Kostenanschlag *m;* ▶ **a ~ from Shakespeare** ein Shakespeare-Zitat; **quotation marks** *pl* Anführungszeichen *n pl;* **quote** [kwəʊt] **I** *tr* **1.** anführen, zitieren (*from* aus); **2.** *com* notieren (*at* mit); **3.** *(Preis)* nennen, veranschlagen; ▶ **don't ~ me on that** bitte wiederholen Sie das nicht; **you can ~ me on that** Sie können das ruhig wörtlich wiedergeben; **he was ~d as saying that ...** er soll gesagt haben, daß ... **~ s.o. as an example** jdn als Beispiel anführen; **the shares are ~d at ...** die Aktien werden mit ... notiert; **II** *itr* zitieren; ▶ **~ from an author** e-n Schriftsteller zitieren; **III** *s* **1.** Zitat *n;* **2.** *pl fam* Anführungszeichen *n pl.*

quo·tid·ian [kwəʊ'tɪdɪən] *adj* täglich.

quo·tient ['kwəʊʃnt] *math* Quotient *m.*

R

R, r [ɑ:(r)] ⟨pl -'s⟩ R, r *n;* ► **the three R's** Lesen, Schreiben und Rechnen.

rabbi ['ræbaɪ] Rabbi(ner) *m.*

rab·bit ['ræbɪt] **I** *s* Kaninchen *n;* **II** *itr* ► **go ~ing** Kaninchen jagen; **~ on** quasseln, schwätzen; **rabbit burrow, hole** Kaninchenbau *m;* **rabbit-hutch** Kaninchenstall *m;* **rabbit skin** Kaninchenfell *n.*

rabble ['ræbl] lärmender Haufen; ► **the ~** der Mob; **rabble-rouser** Aufwiegler, Agitator *m;* **rabble-rousing** *adj* aufhetzerisch; ► **~ speech** Hetzrede *f.*

rabid ['ræbɪd] *adj* **1.** *(Hund)* tollwütig; **2.** fanatisch; **3.** *(Haß)* rasend, wild; **ra·bies** ['reɪbi:z] Tollwut *f.*

rac·coon *s. racoon.*

race¹ [reɪs] **I** *s* **1.** (Wett)Rennen *n,* Wettlauf *m a. fig;* **2.** *(Wasser)* Strömung *f;* **3.** *lit* Lauf *m;* ► **horse-~** Pferderennen *n;* **run a ~ with s.o.** mit jdm um die Wette laufen; **a ~ against time** ein Wettlauf mit der Zeit; **his ~ is run** *fig* er ist erledigt; **II** *tr* **1.** um die Wette laufen mit; **2.** *(Maschine)* hochjagen; **3.** *(Auto)* ins Rennen schicken; ► **he ~d me off to the station** er raste mit mir zum Bahnhof; **III** *itr* **1.** laufen; **2.** rasen, jagen, rennen; **3.** *(Maschine)* durchdrehen; ► **~ with, against s.o.** gegen jdn laufen; **~ against time** gegen die Uhr laufen; **~ about** herumrasen; **~ after s.o.** hinter jdm herjagen.

race² [reɪs] **1.** Rasse *f;* **2.** *fig* Kaste *f;* ► **the human ~** das Menschengeschlecht; **of mixed ~** gemischtrassig.

race-card Rennprogramm *n;* **race conflict** Rassenkonflikt *m;* **race-course** Rennbahn *f;* **race hatred** Rassenhaß *m;* **race-horse** Rennpferd *n;* **race-meeting** Rennveranstaltung *f.*

racer ['reɪsə(r)] Rennfahrer(in) *m (f);* Rennwagen *m;* Rennpferd *n.*

race relations ['reɪs rə'leɪʃns] *pl* Beziehungen *pl* zwischen den Rassen; **race riot** Rassenkrawall *m.*

racial ['reɪʃl] *adj* rassisch; ► **~ conflict** Rassenkonflikt *m;* **~ discrimination** Rassendiskriminierung *f;* **~ disturbances** Rassenunruhen *pl;* **racial·ism** ['reɪʃəlɪzəm] Rassismus *m;* **racial·ist** ['reɪʃəlɪst] **I** *s* Rassist(in) *m (f);* **II** *adj* rassistisch.

raci·ness ['reɪsɪnɪs] **1.** Schwung *m,* Feuer *n;* Gewagtheit *f;* **2.** Rassigkeit, Feurigkeit *f.*

rac·ing ['reɪsɪŋ] (Pferde-, Motor)Rennen *n;* **racing bicycle** Rennrad *n;* **racing car** Rennwagen *m;* **racing stable** Rennstall *m.*

rac·ism ['reɪsɪzəm] *s. racialism;* **rac·ist** ['reɪsɪst] *s. racialist.*

rack¹ [ræk] **I** *s* **1.** Ständer *m;* Gestell *n;* Regal *n;* **2.** *(luggage ~)* Gepäcknetz *n;* **3.** *(auf Fahrrädern)* Gepäckträger *m;* **4.** *(für Futter)* Raufe *f;* **5.** *tech* Zahnstange *f;* **6.** *hist* Folterbank *f;* ► **put s.o. on the ~** *fig* jdn auf die Folter spannen; **be on the ~** auf der Folterbank sein; *fig* Folterqualen leiden; **II** *tr* **1.** quälen, plagen; **2.** *hist* auf die Folter spannen; ► **~ed with pain** von Schmerz gequält; **~ one's brains** sich den Kopf zerbrechen.

rack² [ræk] ► **go to ~ and ruin** verkommen, vor die Hunde gehen; abwirtschaften; verfallen.

rack³ [ræk] *tr (Bier)* abfüllen.

racket¹ ['rækɪt] **1.** Lärm, Spektakel, Radau *m;* **2.** *fam* Schiebung, Gaunerei *f;* Wucher *m;* **3.** *sl* Geschäft *n,* Job *m;* ► **be in on a ~** bei e-r Gaunerei mitmischen; **make a ~** Krach schlagen; **what's his ~?** was macht er?

racket² ['rækɪt] *sport* Schläger *m.*

rack·ing ['rækɪŋ] *adj (Schmerz)* rasend, quälend.

rac·oon, rac·coon [rə'ku:n] Waschbär *m.*

racy ['reɪsɪ] *adj* **1.** *(Rede)* lebhaft, lebendig; schwungvoll; **2.** *fig* gewagt; **3.** *(Wein)* feurig.

radar ['reɪdɑ:(r)] Radar *m* od *n;* **radar scanner** Rundsuchradargerät *n;* **radar station** Radarstation *f;* **radar trap** Radarfalle *f.*

radial ['reɪdɪəl] **I** *adj* radial; strahlenförmig; ► **~ tyre** Gürtelreifen *m;* **II** *s* Gürtelreifen *m.*

radi·ant ['reɪdɪənt] **I** *adj* **1.** *(Sonne)* strahlend; **2.** *(Farben)* (hell)scheinend, leuchtend, glühend; **3.** *(Lachen)* strahlend (*with* vor); **4.** *phys* Strahlungs-; ► **be ~ with joy** vor Freude strahlen; **~ heat** Strahlungswärme *f;* **II** *s* Heizfläche *f.*

radi·ate ['reɪdɪeɪt] **I** *itr* **1.** Strahlen aussenden; ausgestrahlt werden; **2.** *(Linien)* strahlenförmig ausgehen; **II** *tr (Licht, Wärme)* ausstrahlen *a. fig;* **radi·ation** [ˌreɪdɪ'eɪʃn] **1.** Ausstrahlung *f;* **2.** radioaktive Strahlung; **3.** Strahlenbelastung, Verstrahlung *f;* ► **dose of ~** Strahlendosis *f;* **expose to ~** verstrahlen; ► **contaminated with ~** strahlenverseucht; **radiation sickness** Strahlenkrankheit *f;* **radiation therapy** Strahlenbehandlung *f;* **radi·ator** ['reɪdɪeɪtə(r)] **1.** Heizkörper *m;* **2.** *mot* Kühler *m;* **radiator cap** Kühlerverschluß *m.*

rad·ical ['rædɪkl] **I** *adj* **1.** wesentlich, grundlegend; fundamental; **2.** *pol* radikal; **3.** *math* Wurzel-; ► **effect a ~ cure** e-e Radikalkur machen; **~ sign** *math* Wurzelzeichen *n;* **II** *s* **1.** *pol* Radikale(r) *f m;* **2.** *math* Wurzel *f;* **3.** *chem* Radikal *n;* **rad·ical·ism** ['rædɪkəlɪzəm] *pol* Radikalismus *m.*

radio ['reɪdɪəʊ] ⟨*pl* radios⟩ **I** *s* **1.** Rundfunk *m;* Radio(apparat *m*) *n;* **2.** Funkspruch *m;* ► **listen to the ~** Radio hören; **hear s.th. on the ~** etw im Radio hören; **over the, by ~** über Funk; **talk over the ~** über Funk sprechen; **II** *tr* funken; über Funk verständigen; **III** *itr* **~ for help** per Funk e-n Hilferuf durchgeben.

radio·ac·tive [ˌreɪdɪəʊ'æktɪv] *adj* radioaktiv; ► **~ contamination** radioaktive Verseuchung; **~ material** Strahlenmaterial *n;* **~ waste** radioaktiver Müll; **make ~** verstrahlen; **radio·ac·tiv·ity** [ˌreɪdɪəʊək'tɪvətɪ] Radioaktivität *f.*

radio alarm ['reɪdɪəʊ ə'lɑ:m] Radiowecker *m;* **radio announcer** ['reɪdɪəʊ ə'naʊnsə(r)] Rundfunkansager(in) *m (f);* **radio beacon** *aero mar* Funkbake *f,* -feuer *n;* **radio broadcast** Rundfunksendung *f;* **radio communication** Funkverbindung *f;* **radio contact** Funkkontakt *m;* **radio·gram** ['reɪdɪəʊgræm] **1.** Funkspruch *m;* **2.** Musiktruhe *f;* **radio·graph** ['reɪdɪəʊgrɑ:f] Radiogramm *n;* Röntgenaufnahme *f;* **radi·ogra·pher** [ˌreɪdɪ'ɒgrəfə(r)] Röntgenassistent(in) *m (f);* **radi·ogra·phy** [ˌreɪdɪ'ɒgrəfɪ] Röntgenaufnahme *f;* **radio ham** *fam* Amateurfunker(in) *m (f);* **radi·olo·gist** [ˌreɪdɪ'ɒlədʒɪst] Röntgenologe *m,* -login *f;* **radi·olo·gy** [ˌreɪdɪ'ɒlədʒɪ] Radiologie *f;* Röntgenologie *f;* **radio operator** Funker(in) *m (f); aero* Bordfunker(in) *m (f);* **radio programme** Radioprogramm *n;* **radio·sco·py** [ˌreɪdɪ'ɒskəpɪ] Röntgenuntersuchung *f;* **radio set** Rundfunkgerät *n;* **radio station** Rundfunkstation *f;* **radio·tele·phone** [ˌreɪdɪəʊ'telɪfəʊn] Funksprechgerät *n;* **radio·tel·eph·ony** [ˌreɪdɪəʊtɪ'lefənɪ] Sprechfunk *m;* **radio·ther·apy** [ˌreɪdɪəʊ'θerəpɪ] Röntgentherapie *f;* **radio wave** Radiowelle *f.*

rad·ish ['rædɪʃ] Rettich *m.*

radium ['reɪdɪəm] *chem* Radium *n;* **radium treatment** *med* Radiumtherapie *f.*

radius ['reɪdɪəs] ⟨*pl* radii⟩ [—dɪaɪ] **1.** *math* Halbmesser, Radius *m;* **2.** Aktionsradius, Wirkungsbereich *m;* **3.** *anat* Speiche *f;* ► **within a ... ~** in e-m Umkreis von ...

RAF[1] ['ɑ:(r)eɪ'ef] *Abk:* **Royal Air Force** britische Luftwaffe.

RAF[2] [ˌɑ:(r)eɪ'ef] *Abk:* **Red Army Faction** RAF *f.*

raf·fia ['ræfɪə] Raphiabast *m.*

raff·ish ['ræfɪʃ] *adj* flott, verwegen.

raffle ['ræfl] **I** *s* Lotterie, Tombola *f;* **II** *tr* (*~ off*) verlosen.

raft [rɑ:ft] Floß *n.*

rafter ['rɑ:ftə(r)] *arch* (Dach)Sparren *m.*

rag[1] [ræg] **1.** Lumpen, Lappen, Fetzen *m;* **2.** *(Zeitung)* Schundblatt *n;* ► **in ~s and tatters** zerlumpt und abgerissen; **put one's glad ~s on** sich in Schale werfen; **like a red ~ to a bull** *fig* wie ein rotes Tuch; **feel like a wet ~** *fam* total ausgelaugt sein.

rag[2] [ræg] **I** *tr fam* aufziehen, foppen; ► **~ s.o.** jdm e-n Streich spielen; **II** *s* Jux *m;* (Studenten)Ulk *m.*

raga·muf·fin ['rægəmʌfɪn] Lausejunge *m.*

rag-bag ['rægbæg] **1.** Lumpensack *m;* **2.** *fig* Sammelsurium *n;* **3.** *pej (Frau)* Schlampe *f.*

rage [reɪdʒ] **I** *s* **1.** Wut *f,* Zorn *m;* **2.** *(Sturm)* Toben, Rasen *n;* ► **fly into a ~** e-n Wutanfall bekommen; **be in a ~** wütend sein; **be (all) the ~** der letzte Schrei sein; **II** *itr* wüten, toben, rasen; ► **~ against s.o.** gegen jdn wettern.

ragged ['rægɪd] *adj* **1.** abgerissen; zerlumpt; **2.** *(Haare)* zottig, strähnig; **3.** *(Ränder)* ausgefranst; **4.** *(Felsen)* zerklüftet; **5.** *(Arbeit)* stümperhaft.

rag·ing ['reɪdʒɪŋ] *adj* **1.** wütend; **2.** *(Fieber)* heftig; **3.** *(Schmerzen)* rasend; **4.** *(Sturm)* tobend.

ra·gout ['rægu:] *(Küche)* Ragout *n.*

rag·tag ['rægtæg] ► **~ and bobtail** Hinz und Kunz; **rag·time** ['rægtaɪm] *mus* Ragtime *m;* **rag trade** *sl* Kleiderbranche *f.*

raid [reɪd] **I** *s* **1.** Überfall *m;* **2.** *mil* Angriff *m; (air ~)* Luftangriff *m;* **3.** Razzia *f;* **4.** Einbruch *m;* ► **dawn ~** Überraschungsangriff *m; fin plötzlicher Aufkauf von Aktien;* **II** *tr* **1.** überfallen; **2.** e-e Razzia durchführen in; **3.** einbrechen in; **4.** *fig* plündern.

rail[1] [reɪl] **I** *s* **1.** Geländer *n;* **2.** *mar* Reling *f;* **3.** Umzäunung *f;* **4.** *rail* Gleis *n,* Schiene *f;* **5.** *(curtain ~)* Schiene *f;* **6.** *(towel ~)* Handtuchhalter *m;* **7.** Bahn *f;* ► **travel by ~** mit der Bahn fahren; **go off the ~s** entgleisen; *fig* auf die schiefe Bahn geraten; zu spinnen anfangen; **II** *tr* mit der Bahn verschicken; **III** *(mit Präposition)* **rail in** *tr* einzäunen; **rail off** *tr* abzäunen.

rail[2] [reɪl] *itr* ► **~ at, against s.o.** jdn beschimpfen; **~ at fate** mit dem Schicksal hadern.

rail·ing ['reɪlɪŋ] *meist pl* **1.** Geländer *n;* **2.** *mar* Reling *f;* **3.** Zaun *m.*

rail·road ['reɪlrəʊd] **I** *s Am* Eisenbahn *f;* **II** *tr Am* ► ~ **a bill** e-e Gesetzesvorlage durchpeitschen; **rail·way** ['reɪlweɪ] **1.** *Br* Eisenbahn *f;* **2.** Gleis *n;* **railway bridge** Eisenbahnbrücke *f;* **railway carriage** Eisenbahnwagen *m;* **railway engine** Lokomotive *f;* **railway guide** Kursbuch *n;* **railway line** **1.** Eisenbahnlinie *f;* **2.** (Eisenbahn)Gleise *pl;* **rail·way·man** ['reɪlweɪmæn] ⟨*pl* -men⟩ Eisenbahner *m;* **railway station** Bahnhof *m;* **railway timetable** Zugfahrplan *m.*

rain [reɪn] **I** *s* **1.** Regen *m a. fig;* **2.** *(Pfeile)* Hagel *m;* ► **it looks like** ~ es sieht nach Regen aus; ~ **or shine** ob es regnet oder schneit; **the** ~**s** *pl* die Regenzeit; **she's as right as** ~ sie ist kerngesund; ~ **of ashes** Aschenregen *m;* **II** *itr, tr* regnen *a. fig;* **it is** ~**ing** es regnet; **it never** ~**s but it pours** *prov* ein Unglück kommt selten allein; **it's** ~**ing cats and dogs** es gießt wie aus Kübeln; **III** *tr* ► ~ **blows on s.o.** e-n Hagel von Schlägen auf jdn niedergehen lassen; **rain·bow** ['reɪnbəʊ] Regenbogen *m;* **rain cloud** Regenwolke *f;* **rain·coat** ['reɪnkəʊt] Regenmantel *m;* **rain·drop** ['reɪndrɒp] Regentropfen *m;* **rain·fall** ['reɪnfɔ:l] Niederschlag *m;* **rain forest** Regenwald *m;* **rain-gauge** Regenmesser *m;* **raini·ness** ['reɪnɪnɪs] Regenwetter *n;* **rain·proof** ['reɪnpru:f] **I** *adj* wasserdicht; **II** *tr* imprägnieren; **rain-water** ['reɪnwɔ:tə(r)] Regenwasser *n;* **rainy** ['reɪnɪ] *adj* regnerisch; verregnet; regenreich; ► **keep s.th. for a** ~ **day** etw für Notzeiten zurücklegen; ~ **season** Regenzeit *f.*

raise [reɪz] **I** *tr* **1.** (auf-, hoch)heben; hochziehen; **2.** *(Anker)* lichten; **3.** *(Mauer)* errichten; erhöhen; **4.** *(Gehalt)* erhöhen, anheben; heraufsetzen; **5.** *(Gebäude)* errichten; **6.** *(Problem)* schaffen, aufwerfen; erheben; **7.** *(Kinder)* aufziehen, großziehen; **8.** *(Steuern)* erheben; **9.** *(Geld)* aufbringen, auftreiben; **10.** *(Darlehen)* aufnehmen; **11.** *(Embargo)* aufheben, beenden; **12.** *(Karten)* erhöhen; **13.** *tele* Funkverbindung aufnehmen mit; ► ~ **one's glass to s.o.** jdm zutrinken; ~ **one's hand against s.o.** die Hand gegen jdn erheben; ~ **s.o. from the dead** jdn von den Toten erwecken; ~ **one's voice** lauter sprechen; ~ **s.o.'s hopes** jdm Hoffnung(en) machen; ~ **the roof** das Haus zum Beben bringen; ~ **a laugh** ein Lächeln hervorrufen; ~ **a protest** protestieren; ~ **crops** Getreide anbauen; **II** *s (~ in salary) Am* Gehaltserhöhung *f;* Lohnerhöhung *f.*

raisin ['reɪzn] Rosine *f.*

rake¹ [reɪk] **I** *s* Rechen *m,* Harke *f;* **II** *tr* harken, rechen; **III** *itr* ► ~ **around, about** herumwühlen, herumstöbern; **IV** *(mit Präposition)* **rake in** *tr (Geld)* kassieren; **rake out** *tr* auskundschaften, herausfinden; **rake up** *tr* **1.** zusammenharken; **2.** *fig* auftreiben; zusammenkratzen; **3.** *(Feuer)* schüren; ► ~ **up the past** in der Vergangenheit wühlen.

rake² [reɪk] Lebemann *m.*

rake-off ['reɪkɒf] *sl* Gewinnanteil *m.*

rak·ish¹ ['reɪkɪʃ] *adj (Erscheinung)* flott, verwegen.

rak·ish² *adj (Schiff)* schnittig.

rally ['rælɪ] **I** *tr (Truppen)* versammeln, zusammenrufen; ► ~ **one's strength** seine Kräfte sammeln; **II** *itr* **1.** sich wieder sammeln, sich versammeln; **2.** *(Kranker)* Fortschritte machen; ► **go** ~**ing** e-e Rallye fahren; ~ **round** sich scharen um; **III** *s* **1.** Versammlung *f,* Treffen *n;* **2.** *(Gesundheit)* Erholung *f;* **3.** *(Tennis)* Ballwechsel *m;* **4.** *mot* Rallye *f;* **rally driver** Rallyefahrer(in) *m (f).*

RAM [ræm] *Abk:* **random access memory** *EDV* RAM *n.*

ram [ræm] **I** *s* **1.** *zoo* Widder *m;* **2.** *tech* Ramme *f;* Rammbock *m;* ► **the R**~ *astr* der Widder; **II** *tr* **1.** rammen; stoßen *(against* gegen); **2.** *(Auto)* rammen; ► ~ **a charge home** *mil* laden; ~ **home an argument** ein Argument durchsetzen; ~ **s.th. down s.o.'s throat** jdm etw eintrichtern.

ramble ['ræmbl] **I** *itr* **1.** umherschweifen, (umher)streifen; **2.** *fig (~ on)* schwafeln; vom Hundertsten ins Tausendste kommen; **3.** *(Pflanze)* ranken; **II** *s* Streifzug *m;* Wanderung *f;* ► **go for a** ~ e-n Streifzug machen; **ram·bler** ['ræmblə(r)] **1.** Wanderer(in) *m (f);* **2.** *bot* Kletterrose *f;* **ram·bling** ['ræmblɪŋ] **I** *adj* **1.** *(Rede)* weitschweifig, umständlich; schwafelnd; **2.** *(Pflanze)* rankend; **3.** *(Gebäude)* weitläufig; ► ~ **club** Wanderverein *m;* **II** *s fig* Geschwafel *n.*

rami·fi·ca·tion [ˌræmɪfɪ'keɪʃn] Verzweigung, Verästelung *f a. fig;* **ram·ify** ['ræmɪfaɪ] *itr* sich verzweigen *a. fig.*

ramp [ræmp] **1.** Rampe *f;* **2.** *aero* Gangway *f.*

ram·page [ræm'peɪdʒ] **I** *itr* herumwüten; **II** *s* ► **be, go on the** ~ e-n Tobsuchtsanfall bekommen.

ram·pant ['ræmpənt] *adj* **1.** *(Pflanze)* üppig, wuchernd; **2.** *(Ungerechtigkeit)* wild wuchernd; ► **be** ~ wuchern.

ram·part ['ræmpɑ:t] Wall *m a. fig.*

ram·rod ['ræmrɒd] Ladestock *m;* ► **as stiff as a** ~ steif wie ein Besenstiel.

ram·shackle ['ræmʃækl] *adj* wack(e)lig, altersschwach, baufällig.

ran [ræn] *v s. run.*

ranch [rɑ:ntʃ] **I** *s* Ranch *f;* ► ~ **house**

Farmhaus *n;* **II** *itr* Viehwirtschaft betreiben; **rancher** ['rɑ:ntʃə(r)] Farmer *m.*
ran·cid ['rænsɪd] *adj* ranzig.
ran·cor·ous ['ræŋkərəs] *adj* bitter; bösartig; **ran·cour,** *Am* **ran·cor** ['ræŋkə(r)] Bitterkeit *f;* Boshaftigkeit *f.*
ran·dom ['rændəm] **I** *adj* willkürlich, Zufalls-; ► ~ **access memory** RAM *n;* **make a ~ guess** auf gut Glück raten; ~ **sample** Stichprobe *f;* ~ **sampling** Stichproben *f pl;* **II** *s* ► **at ~** aufs Geratewohl; ziellos; planlos; **hit out at ~** ziellos um sich schlagen; **talk at ~** ins Blaue hineinreden.
randy ['rændɪ] *adj fam* scharf, geil.
rang [ræŋ] *v s. ring[1].*
range [reɪndʒ] **I** *tr* **1.** aufstellen; anordnen; **2.** *(Person)* zählen (*among, with* zu); **3.** durchstreifen, durchziehen; **4.** *(Gewehr)* ausrichten (*on* auf); ► ~ **o.s. with s.o.** sich auf jds Seite stellen; ~ **the seas** die Meere befahren; **II** *itr* **1.** gehen (*from ... to* von ... bis); **2.** streifen; ► **the conversation ~d over ...** die Unterhaltung kreiste um ... **the search ~d over the whole area** die Suche erstreckte sich auf das ganze Gebiet; ~ **over the country** im Land umherstreifen; ~ **over** verbreitet sein in; *(Gewehr)* e-e Reichweite haben von; **III** *s* **1.** Aktionsradius *m;* Reichweite *f a. fig;* **2.** Reihe *f;* Skala *f;* Angebot *n;* Spektrum *n;* **3.** *mus* Ton-, Stimmumfang *m;* **4.** *fig* Kompetenz *f;* Einflußbereich *m;* **5.** *(rifle ~)* Schießstand *m;* **6.** Koch-, Küchenherd *m;* **7.** *(mountain ~)* Kette *f;* **8.** *Am* Weideland *n;* ► **at a ~ of** in e-r Entfernung von; **at close, wide ~** auf kurze, weite Entfernung; **out of ~** außer Hör-, Reich-, Schußweite; **within shouting ~** in Hörweite; ~ **of vision** Gesichtsfeld *n;* **a wide ~** e-e große Auswahl; ein breites Spektrum; **in this price ~** in dieser Preislage; **a ~ of temperatures** unterschiedliche Temperaturen *f pl;* **temperature ~** Temperaturbereich *m;* **a whole ~ of sizes** e-e ganze Reihe verschiedener Größen; **this is outside the ~ of ...** das liegt außerhalb der Kompetenz von ...; **short-, medium-, long-~** Kurz-, Mittel-, Langstrecken-; **range-finder** ['reɪndʒˌfaɪndə(r)] Entfernungsmesser *m.*
ranger ['reɪndʒə(r)] **1.** *Am* Förster(in) *m (f);* **2.** *Am* Ranger *m;* Überfallkommando *n;* ► ~ **scout** *Br* Ranger *m.*
rangy ['reɪndʒɪ] *adj* langgliedrig.
rank[1] [ræŋk] **I** *s* **1.** *mil* Rang *m;* **2.** Stand *m,* Schicht *f;* **3.** Reihe *f;* **4.** *mil* Glied *n;* **5.** *mus* Register *n;* ► **officer of high ~** hoher Offizier; **people of all ~s** Leute *pl* aller Stände; **a person of ~** e-e hochgestellte Persönlichkeit; **a second-~ painter** ein zweitklassiger Maler; **keep ~** in Reih und Glied stehen; **the ~ and file** *mil* die Mannschaft; *(Partei)* die Basis; **reduce s.o. to the ~s** jdn degradieren; **taxi ~** Taxistand *m;* **II** *tr* einreihen, -ordnen, klassifizieren; ► ~ **s.o. among the great** jdn zu den Großen zählen; **III** *itr* ► ~ **among** zählen zu; ~ **above s.o.** bedeutender als jem sein; rangmäßig über jdm liegen.
rank[2] [ræŋk] *adj* **1.** *(Pflanzenwuchs)* wuchernd, üppig; *(Boden)* überwuchert (*with* von); **2.** *(Geruch)* übel; **3.** *(Fett)* stinkend, übelriechend, ranzig; **4.** *(Gift)* rein; ausgesprochen; **5.** *(Verräter)* übel.
rank·ing of·fi·cer ['ræŋkɪŋ ˌɒfɪsə(r)] *mil* ranghöchster Offizier.
rankle ['ræŋkl] *itr fig fam* ► ~ **with s.o.** jdn wurmen.
rank·ness ['ræŋknɪs] **1.** Üppigkeit *f;* **2.** *fig* Übelkeit *f;* Gestank *m;* Derbheit *f.*
ran·sack ['rænsæk] *tr* **1.** durchsuchen, -wühlen (*for* nach); **2.** *(Haus)* plündern; **3.** *(Stadt* herfallen über.
ran·som ['rænsəm] **I** *s* **1.** Lösegeld *n;* **2.** Freilassung *f;* **3.** *rel* Erlösung *f;* ► **hold s.o. to ~** jdn als Geisel (fest)halten; jdn erpressen; **II** *tr* **1.** auslösen, Lösegeld bezahlen für; **2.** gegen ein Lösegeld freilassen; **3.** *rel* erlösen.
rant [rænt] *itr* Tiraden loslassen; irres Zeug reden; ► ~ **and rave at s.o.** mit jdm schimpfen.
rap[1] [ræp] **I** *tr* klopfen auf; klopfen an; ► ~ **s.o.'s knuckles** jdm auf die Finger klopfen; ~ **out** hervor-, ausstoßen; **II** *itr* klopfen; ► ~ **at the door** kurz an die Tür klopfen; **III** *s* Klopfen *n;* ► **give s.o. a ~ on the knuckles** jdm auf die Finger klopfen; **take the ~** die Schuld zugeschoben kriegen; **there was a ~ at the door** es hat (an der Tür) geklopft; **I don't care a ~** das ist mir völlig egal.
rap[2] [ræp] *mus* Rap *m.*
ra·pa·cious [rə'peɪʃəs] *adj* habgierig; **ra·pac·ity** [rə'pæsətɪ] Habgier *f.*
rape[1] [reɪp] **I** *s* Vergewaltigung, Notzucht *f;* **II** *tr* vergewaltigen.
rape[2] [reɪp] *bot* Raps *m.*
rapid ['ræpɪd] **I** *adj* **1.** rasch; rapide; flink; **2.** *(Abhang)* steil; ► ~ **fire of questions** Feuerwerk *n* von Fragen; ~ **fire weapon** Schnellfeuerwaffe *f;* **II** *s pl* Stromschnellen *f pl;* **rap·id·ity** [rə'pɪdətɪ] Schnelligkeit *f;* Raschheit *f;* Steilheit *f.*
rapier ['reɪpɪə(r)] Rapier *n.*
rap·ist ['reɪpɪst] Vergewaltiger *m.*
rap·port [ræ'pɔ:(r)] enge Beziehung, enges Verhältnis; ► **in ~ with** in Harmonie mit.
rap·proche·ment [ræ'prɒʃmɒŋ] *pol* Annäherung *f.*
rapt [ræpt] *adj* **1.** gespannt; atemlos; **2.** *(Lächeln)* verzückt; **rap·ture** ['ræptʃə(r)] Entzücken *n;* Verzückung *f;*

► **be in ~s** entzückt sein (*over* über); **go into ~s** in Entzücken geraten; **rap·tur·ous** ['ræptʃərəs] *adj* **1.** ver-, entzückt, hingerissen; **2.** *(Beifall)* stürmisch.
rare [reə(r)] *adj* **1.** selten, rar; **2.** *(Luft)* dünn; **3.** *(Fleisch)* nicht durchgebraten; roh; **4.** *fig* irrsinnig.
rare·bit ['reəbɪt] ► **Welsh ~** überbakkene Käseschnitte.
rarefy ['reərɪfaɪ] **I** *tr* **1.** *(Luft)* verdünnen; **2.** *fig* exklusiv machen; **II** *itr (Luft)* dünn werden; **rare·ly** ['reəlɪ] *adv* selten; **rar·ity** ['reərətɪ] Seltenheit, Rarität *f*.
ras·cal ['rɑ:skl] *fam hum* Schelm, Schlingel *m*.
rash[1] [ræʃ] *adj* unbesonnen; voreilig, überstürzt.
rash[2] [ræʃ] *med* Ausschlag *m*.
rasher ['ræʃə(r)] ► **~ of bacon** Speckstreifen *m*.
rash·ness ['ræʃnɪs] Unbesonnenheit *f;* Voreiligkeit, Überstürztheit *f*.
rasp [rɑ:sp] **I** *tr* **1.** *tech* raspeln; **2.** *(~ out)* krächzen; **II** *itr* kratzen; **III** *s* **1.** *tech* Raspel *f*, Reibeisen *n;* **2.** Kratzen *n*.
rasp·berry ['rɑ:zbrɪ] **I** *s* **1.** Himbeere *f;* **2.** *(~ bush)* Himbeerstrauch *m;* ► **blow a ~** verächtlich schnauben; **get a ~** *sl* nur ein verächtliches Schnauben ernten; **II** *adj* himbeerrot.
rasp·ing ['rɑ:spɪŋ] *adj* **1.** kratzend, rauh; **2.** *(Atem)* keuchend, röchelnd.
ras·ter ['ræstə(r)] Raster *m* od *n*.
rat [ræt] **I** *s* **1.** *zoo* Ratte *f;* **2.** *fig* Verräter *m;* ► **smell a ~** Lunte riechen; **II** *itr* Ratten fangen; ► **~ on s.o.** jdn sitzenlassen.
rat·able, rate·able ['reɪtəbl] *adj* steuerpflichtig; ► **~ value** steuerbarer Wert.
ratch·et ['rætʃɪt] *(~ wheel)* Sperrad *n*.
rate [reɪt] **I** *s* **1.** Rate *f;* Tempo *n;* **2.** *com* Satz *m;* Kurs *m;* **3.** *pl Br* Gemeindesteuern *f pl;* ► **failure ~** Durchfallquote *f;* **at a ~ of ...** in e-m Tempo von ... **~ of consumption** Verbrauch *m;* **pulse ~** Puls *m;* **at this ~ of working** bei diesem Arbeitstempo; **at any ~** auf jeden Fall; **~ of exchange** Wechselkurs *m;* **~ of inflation** Inflationsrate *f;* **~ of interest** Zinssatz *m;* **insurance ~s** *pl* Versicherungsgebühren *f pl;* **~s and taxes** *pl* Kommunal -und Staatssteuern *f pl;* **~(s) office** Gemeindesteueramt *n;* **unemployment ~** Arbeitslosenquote *f;* **II** *tr* **1.** einschätzen; **2.** *Br (Steuer)* veranlagen; **3.** verdienen; ► **~ s.o. among ...** jdn zu ... zählen; **~ s.o. as s.th.** jdn für etw halten; **~ s.o. highly** jdn hoch einschätzen; **III** *itr* ► **~ as, among ...** gelten als ..., zählen zu ...
rather ['rɑ:ðə(r)] *adv* **1.** lieber; eher; **2.** im Gegenteil, vielmehr; **3.** ziemlich, nicht wenig; ► **~ than wait, he went away** er ging lieber, als daß er wartete; **I'd ~ not** lieber nicht; **I would ~ you came yourself** mir wäre es lieber, Sie kämen selbst; **it's ~ too difficult for me** es ist etwas zu schwierig für mich; **I ~ think he's wrong** ich glaube fast, er hat Unrecht.
rati·fi·ca·tion [ˌrætɪfɪ'keɪʃn] *pol* Ratifizierung *f;* **rat·ify** ['rætɪfaɪ] *tr* ratifizieren.
rat·ing ['reɪtɪŋ] **1.** Einschätzung *f;* Veranlagung *f;* **2.** Klasse *f;* **3.** *fin* Kreditfähigkeit *f;* **4.** *el* Leistung *f;* **5.** *mar* Rang *m;* **6.** Matrose *m;* ► **octane ~** Oktanzahl *f;* **the popularity ~ of a TV programme** die Zuschauerzahlen e-s Fernsehprogramms.
ra·tio ['reɪʃɪəʊ] ⟨*pl* -tios⟩ Verhältnis *n;* ► **in the ~ of 2 to 3** im Verhältnis 2 zu 3; **in inverse ~** umgekehrt proportional; **inverse, indirect ~** umgekehrtes Verhältnis.
ration ['ræʃn] **I** *s* **1.** Ration *f;* Quantum *n;* **2.** *pl mil* Verpflegung *f;* ► **put s.o. on short ~s** jdn auf halbe Ration setzen; **~ card** Bezugschein *m;* **II** *tr (Lebensmittel)* rationieren; bewirtschaften; ► **~ out** zuteilen.
ra·tional ['ræʃnəl] *adj* **1.** *(Person)* vernunftbegabt, rational; **2.** *(Denken)* vernünftig, rational; **3.** *math* rational.
ration·ale [ˌræʃə'nɑ:l] Gründe *m pl;* Gedankengänge *m pl*.
ration·al·ism ['ræʃnəlɪzəm] Rationalismus *m;* **ration·al·ist** ['ræʃnəlɪst] Rationalist(in) *m (f);* **ration·al·is·tic** [ˌræʃnə'lɪstɪk] *adj* rationalistisch; **ra·tional·ity** [ˌræʃə'nælətɪ] **1.** Vernünftigkeit, Rationalität *f;* **2.** *med* klarer Verstand; **ration·al·iz·ation** [ˌræʃnəlaɪ'zeɪʃn] Rationalisierung *f;* **ration·al·ize** ['ræʃnəlaɪz] *tr* **1.** vernünftig betrachten; **2.** *com* rationalisieren; **ration·ing** ['ræʃnɪŋ] Rationierung *f;* Bewirtschaftung *f*.
rat poi·son ['rætpɔɪzn] Rattengift *n;* **rat-race** ständiger Konkurrenzkampf.
rattle ['rætl] **I** *itr* **1.** klappern; **2.** *(Ketten)* rasseln, klirren; ► **~ at the door** an der Tür rütteln; **~ along** entlangrattern; **~ down** herunterprasseln; **~ on** quasseln; **II** *tr* **1.** klappern, rasseln mit; schütteln; **2.** *(Mensch)* durcheinanderbringen; ► **the news ~d her** die Nachricht hat ihr e-n Schock versetzt; **~ off** herunterrasseln; **III** *s* **1.** Geklapper, Gerassel, Gepolter *n;* **2.** (Kinder)Klapper *f;* **rattle·brain** ['rætlbreɪn] Spatzenhirn *n;* **rattle·snake** ['rætlsneɪk] Klapperschlange *f;* **rattle·trap** ['rætltræp] Klapperkiste *f;* **rat·tling** ['rætlɪŋ] **I** *adj* **1.** klappernd, ratternd; klirrend; **2.** *fam (Tempo)* flott, rasend, toll; **II** *adv sl* ► **~ good** verdammt gut.
rat·ty ['rætɪ] *adj fam* gereizt.
rau·cous ['rɔ:kəs] *adj* rauh, heiser.
rav·age ['rævɪdʒ] **I** *s* Verwüstung, Ver-

heerung, Zerstörung *f a. fig;* ▶ **the ~s of time** die Spuren *f pl* der Zeit; **II** *tr* **1.** verwüsten, verheeren, zerstören; **2.** plündern.

rave [reɪv] **I** *itr* **1.** *med* im Fieberwahn reden, phantasieren; **2.** *fig* schwärmen (*about, over* von); **3.** wüten, toben; **4.** *(Meer)* tosen; ▶ **~ against s.o.** gegen jdn wettern; **II** *s* **1.** *sl* Fete *f,* tolle Party; **2.** *sl* Schwärmerei *f;* ▶ **have a ~ about s.th.** von etw schwärmen; **~ review** phantastische Kritik.

ravel ['rævl] **I** *tr (~ out)* ausfransen; *(Faden)* entwirren; **II** *itr* sich verwirren.

raven ['reɪvn] Rabe *m;* ▶ **~-black** rabenschwarz; **~-haired** schwarzhaarig.

rav·en·ous ['rævənəs] *adj* **1.** ausgehungert; **2.** heißhungrig.

ra·vine [rə'viːn] Schlucht, Klamm *f.*

rav·ing ['reɪvɪŋ] **I** *adj* phantasierend; wahnsinnig; ▶ **a ~ lunatic** ein kompletter Idiot; **II** *adv* ▶ **~ mad** vollkommen übergeschnappt; **III** *s oft pl* Gefasel *n.*

rav·ish ['rævɪʃ] *tr* **1.** *fig* hinreißen, entzücken; **2.** *obs* vergewaltigen; rauben. **ravish·ing** [—ɪŋ] *adj* hinreißend, bezaubernd, entzückend.

raw [rɔː] **I** *adj* **1.** *(Nahrung)* roh; **2.** *(Alkohol)* rein, unvermischt; **3.** *(Material)* roh, unver-, unbearbeitet; **4.** *fig* unausgebildet, unerfahren, ungeschult; **5.** *(Haut)* wund, entzündet; **6.** *(Wetter)* rauh, unwirtlich, naßkalt; ▶ **it's a ~ deal** das ist e-e Gemeinheit; **give s.o. a ~ deal** jdn benachteiligen; **~ material** Rohstoff *m;* **II** *s* ▶ **touch s.o. on the ~** bei jdm e-n wunden Punkt berühren; **in the ~** im Naturzustand; **raw-boned** [ˌrɔː'bəʊnd] *adj* mager, knochig; **raw-hide** ['rɔːhaɪd] ungegerbtes Leder; **raw·ness** ['rɔːnɪs] **1.** Roheit *f;* **2.** Unerfahrenheit *f;* **3.** Wundheit *f;* **4.** *(Wetter)* Rauheit *f.*

ray[1] [reɪ] **1.** (Licht)Strahl *m a. fig;* **2.** *fig* Spur *f,* Schimmer *m;* ▶ **X-~s** *pl* Röntgenstrahlen *m pl;* **a ~ of hope** ein Hoffnungsschimmer *m.*

ray[2] [reɪ] *zoo* Rochen *m.*

rayon ['reɪɒn] Kunstseide *f.*

raze [reɪz] *tr* völlig zerstören, dem Erdboden gleichmachen.

razor ['reɪzə(r)] Rasiermesser *n;* Rasierapparat *m;* **razor-blade** Rasierklinge *f;* **razor-edge** *(Berg)* Grat *m;* ▶ **be on a ~** *fig* auf Messers Schneide stehen; **razor-sharp** *adj* messerscharf *a. fig.*

razzle ['ræzl] ▶ **go on the ~** auf die Pauke hauen.

re[1] [reɪ] *mus* re *n.*

re[2] [riː] *prep* **1.** mit Bezug auf, betreffend; **2.** *jur* in Sachen gegen.

reach [riːtʃ] **I** *tr* **1.** erreichen; ankommen an; **2.** *(Perfektion)* erlangen; **3.** *(Einigung)* erzielen, gelangen zu; **4.** herankommen an; **5.** reichen, gehen bis zu; ▶ **~ page 100** bis Seite 100 kommen; **be able to ~ s.th.** an etw heranreichen können; **~ me (over) that book** reiche mir das Buch (herüber); **II** *itr (Gebiet)* sich erstrecken, gehen, reichen; ▶ **~ for s.th.** nach etw greifen; **III** *s* **1.** *fig* Reichweite *f;* **2.** *(Fluß)* Strecke *f;* ▶ **make a ~ for s.th.** nach etw greifen; **within s.o.'s ~** in jds Reichweite; **within arm's ~** in greifbarer Nähe; **within easy ~ of the sea** in unmittelbarer Nähe des Meers; **beyond the ~ of the law** außerhalb des Gesetzes; **IV** *(mit Präposition)* **reach down** *tr* hinunterreichen; **reach out** *itr* die Hände ausstrecken; **reach over** *itr* hinübergreifen; **reach up** *tr* hinaufgreifen.

re·act [rɪ'ækt] *itr* **1.** reagieren (*to* auf); **2.** wirken (*on, upon* auf); ▶ **~ against** negativ reagieren auf; **re·ac·tion** [rɪ'ækʃn] **1.** Reaktion *f* (*to* auf; *against* gegen); **2.** *pol* Reaktion *f;* **3.** *mil* Gegenschlag *m;* **4.** *com* Umschwung, Rückgang *m;* ▶ **action and ~** Wirkung und Gegenwirkung; **forces of ~** reaktionäre Kräfte *f pl;* **re·ac·tion·ary** [rɪ'ækʃənrɪ] *adj* reaktionär.

re·ac·ti·vate [riː'æktɪveɪt] *tr* reaktivieren.

re·ac·tor [rɪ'æktə(r)] Reaktor *m;* ▶ **nuclear ~** Kernreaktor *m;* **reactor core** Reaktorkern *m;* **reactor safety** Reaktorsicherheit *f.*

read [riːd] ⟨*irr* read, read⟩ [red] **I** *tr* **1.** lesen; **2.** vorlesen (*to s.o.* jdm); **3.** *(Buch)* aus-, durchlesen; **4.** *(Traum)* deuten; **5.** *(Universität)* studieren; **6.** *(Thermometer)* ablesen; **7.** *(Meßgerät)* anzeigen; ▶ **~ s.o. a lesson** jdm e-e Strafpredigt halten; **take s.th. as ~** etw als selbstverständlich voraussetzen; **~ s.o.'s thoughts** jds Gedanken lesen; **~ s.o.'s hand** jdm aus der Hand lesen; **~ s.th. into a text** etw in e-n Text hineinlesen, hineininterpretieren; **II** *itr* **1.** lesen; vorlesen; **2.** *(Buch)* sich lesen (lassen); **3.** *(Text)* lauten; ▶ **he ~s well** er liest gut; **~ aloud** laut lesen; **~ to o.s.** für sich lesen; **this book ~s well** das Buch liest sich gut; **~ for an examination** sich auf e-e Prüfung vorbereiten; **III** *s* ▶ **have a quiet ~** ungestört lesen; **IV** *(mit Präposition)* **read off** *tr* ablesen; **read on** *itr* weiterlesen; **read out** *tr* vorlesen; **read over** *tr* durchlesen; **read through** *tr* durchlesen; **read up** *itr* sich informieren (*on* über).

read·able ['riːdəbl] *adj* lesbar; lesenswert; **reader** ['riːdə(r)] **1.** Leser(in) *m (f);* **2.** *Br* Dozent(in) *m (f);* **3.** Lesebuch *n;* Fibel *f;* Text *m,* Lektüre *f;* **4.** *EDV* Lesegerät *n;* ▶ **publisher's ~** Lektor(in) *m (f);* **reader·ship** [—ʃɪp] **1.** Leserkreis *m,* Leserschaft *f;* **2.** *Br* Dozentur *f.*

read·ily ['redɪlɪ] *adv* **1.** bereitwillig; **2.** gleich, sofort; ▶ ~ **to hand** griffbereit; **readi·ness** ['redɪnɪs] **1.** Bereitschaft *f;* **2.** Leichtigkeit *f;* ▶ **be (kept) in** ~ bereitgehalten werden; **her** ~ **to help** ihre Hilfsbereitschaft; ~ **of speech** Redegewandtheit *f.*

read·ing ['ri:dɪŋ] **1.** Lesen *n;* **2.** Lektüre *f;* **3.** Lesung *f;* **4.** Interpretation *f,* Verständnis *n;* **5.** Version *f;* **6.** *tech* Ablesen *n;* **7.** *(Meßgerät, Zähler)* Stand *m;* **8.** *parl* Lesung *f;* **9.** Belesenheit *f;* ▶ **the** ~ **is ...** das Thermometer steht auf ... **a man of wide** ~ ein sehr belesener Mann; **reading book** Lesebuch *n;* **reading-glasses** *pl* Lesebrille *f;* **reading-lamp** Leselampe *f;* **reading-room** Lesesaal *m.*

re·ad·just [ˌri:ə'dʒʌst] **I** *tr* **1.** neu einstellen; nachstellen; **2.** *(Preise)* anpassen, neu regeln; **3.** *(Meinung)* korrigieren; **II** *itr* sich neu anpassen (*to* an); ▶ **I have to** ~ **to it** ich muß mich erst wieder daran gewöhnen; **re·ad·just·ment** [—mənt] **1.** Neuordnung *f;* Neueinstellung *f;* **2.** Anpassung *f;* **3.** Korrektur *f.*

ready ['redɪ] **I** *adj* **1.** bereit, fertig; **2.** prompt; schlagfertig; **3.** *(Geld)* verfügbar, flüssig; **4.** bereit, willens, geneigt (*to* zu); **5.** *(Sprecher)* gewandt; ▶ ~ **to leave** abfahrtbereit; ~ **for anything** zu allem bereit; **are you** ~ **to go?** sind Sie soweit? **be** ~ **with an excuse** e-e Entschuldigung parat haben; **get** ~ **to do s.th.** sich bereitmachen, etw zu tun; **get** ~ **for s.th.** sich auf etw vorbereiten; ~ **to do s.th.** bereit, etw zu tun; **he was** ~ **to cry** er war den Tränen nahe; **she's** ~ **with an answer** sie ist mit e-r Antwort schnell bei der Hand; **have a** ~ **tongue** schlagfertig sein; ~ **money** jederzeit verfügbares Geld; **II** *s* ▶ **at the** ~ **1.** *mil* mit dem Gewehr im Anschlag; **2.** *fig* marsch-, fahrbereit; **ready-made** [ˌredɪ'meɪd] *adj* **1.** *(Kleider)* Konfektions-; **2.** *(Antwort)* fertig; **3.** *(Lösung)* Patent-; **ready-to-wear** [ˌredɪtə'weə(r)] *adj* Konfektions-, von der Stange.

re·af·firm [ˌri:ə'fɜ:m] *tr* erneut bestätigen.

re·af·forest [ˌri:ə'fɒrɪst] *tr* wieder aufforsten.

real [rɪəl] **I** *adj* **1.** echt; wirklich; richtig; eigentlich; **2.** echt, authentisch; ▶ **in** ~ **life** im wirklichen Leben; **her grief is very** ~ ihr Schmerz ist echt; **it's not the** ~ **thing** das ist nicht das Wahre; ~ **time** *EDV* Echtzeit *f;* **it's a** ~ **miracle** das ist ein wahres Wunder; ~ **estate** Immobilien *pl;* ~ **property** Grundbesitz *m;* **II** *adv Am* echt, wirklich; **III** *s* ▶ **for** ~ wirklich, echt.

real·ism ['rɪəlɪzəm] Realismus *m;* **real·ist** ['rɪəlɪst] Realist *m;* **real·istic** [ˌrɪə'lɪstɪk] *adj* **1.** realistisch; **2.** *(Gemälde)* naturgetreu.

re·al·ity [rɪ'ælətɪ] **1.** Wirklichkeit, Realität *f;* **2.** Naturtreue *f;* ▶ **in** ~ in Wirklichkeit; **bring s.o. back to** ~ jdn auf den Boden der Tatsachen zurückbringen; **become** ~ sich verwirklichen.

real·iz·able ['rɪəlaɪzəbl] *adj* **1.** *(Pläne)* aus-, durchführbar, realisierbar; **2.** *fin* zu verflüssigen; **real·iz·ation** [ˌrɪəlaɪ'zeɪʃn] **1.** Erkenntnis *f;* **2.** *fin* Verflüssigung *f;* **3.** *(Pläne)* Realisierung *f;* **real·ize** ['rɪəlaɪz] **I** *tr* **1.** erkennen, sich klarwerden *gen,* sich bewußt werden *gen;* begreifen; bemerken; **2.** *(Plan)* verwirklichen, realisieren; **3.** *fin* flüssigmachen, zu Geld machen, veräußern; **4.** *(Gewinn)* erzielen; ▶ **I** ~**d what he meant** mir ist klargeworden, was er meinte; **I hadn't** ~**d how late it was** ich habe gar nicht gemerkt, wie spät es war; **II** *itr* ▶ **I've just** ~**d** das ist mir eben klargeworden; **he'll never** ~ das wird er nie merken.

really ['rɪəlɪ] **I** *adv* **1.** wirklich, tatsächlich; **2.** richtig; ▶ **I** ~ **don't know what to think** ich weiß wirklich nicht, was ich davon halten soll; **I don't** ~ **think so** das glaube ich eigentlich nicht; ~ **and truly** wirklich; **I** ~ **must say ...** ich muß schon sagen ... **II** *interj* wirklich, tatsächlich; ▶ **not** ~! ach wirklich? ~**, Peter!** also wirklich, Peter!

realm [relm] **1.** Königreich *n;* **2.** *fig* Bereich *m,* Gebiet *n.*

re·al·tor ['rɪəltə(r)] *Am* Grundstücksmakler(in) *m (f);* **re·alty** ['rɪəltɪ] *jur* Immobilien *pl.*

re·ani·mate [ri:'ænɪmeɪt] *tr* **1.** wiederbeleben; **2.** *fig* in Gang bringen.

reap [ri:p] **I** *tr* **1.** *(Getreide)* schneiden, mähen; ernten; **2.** *fig* ernten; bekommen; ▶ ~ **what one has sown** ernten, was man gesät hat; **II** *itr* schneiden, mähen; **reaper** ['ri:pə(r)] **1.** Mähmaschine *f;* **2.** Schnitter *m;* **reap·ing-hook** ['ri:pɪŋˌhʊk] Sichel *f.*

re·ap·pear [ˌri:ə'pɪə(r)] *itr* wiedererscheinen, wiederauftauchen.

re·ap·prais·al [ˌri:ə'preɪzl] Neueinschätzung, -beurteilung *f; (Lage)* Neubewertung *f.*

rear[1] [rɪə(r)] **I** *s* **1.** hinterer Teil; **2.** *fam* Hinterteil *n;* **3.** *mil* Ende *n* der Truppe; ▶ **in, at the** ~ hinten; **at, to the** ~ **of the house** hinter dem Haus; **from the** ~ von hinten; **bring up the** ~ die Nachhut bilden; **II** *adj* hintere(r, s); Heck-; ▶ ~ **door** hintere Tür; ~ **engine** *mot* Heckmotor *m;* ~ **lights** *pl* Rücklichter *n pl;* ~ **spoiler** *mot* Heckspoiler *m;* ~ **wheel** Hinterrad *n;* ~ **window** *mot* Heckscheibe *f.*

rear[2] [rɪə(r)] **I** *tr (Tier)* groß-, aufziehen; ▶ ~ **its head** den Kopf zurückwerfen;

II *itr (Pferd) (~ up)* sich aufbäumen.

rear-en·gined [ˌrɪər'endʒɪnd] *adj mot* mit Heckmotor, mit Heckantrieb; **rear-guard** ['rɪəgɑ:d] *mil* Nachhut *f.*

re·arm [ˌri:'ɑ:m] **I** *tr* wiederbewaffnen; **II** *itr* (wieder)aufrüsten; **re·arma·ment** [ri:'ɑ:məmənt] **1.** Wiederbewaffnung *f;* **2.** (Wieder)Aufrüstung *f;* ► **Moral R~** Moralische Aufrüstung.

rear·most ['rɪəməʊst] *adj* hinterste(r, s), letzte(r, s).

re·ar·range [ˌri:ə'reɪndʒ] *tr* **1.** neu ordnen; umgruppieren; **2.** *(Treffen)* erneut vereinbaren.

rear-view mir·ror ['rɪəˌvju:'mɪrə(r)] *mot* Rückspiegel *m;* **rear·ward** ['rɪəwəd] **I** *adj* hintere(r, s); rückwärtig; **II** *adv (a. ~s)* rückwärts; **rear-wheel drive** Heckantrieb *m.*

rea·son ['ri:zn] **I** *s* **1.** Grund *m* (*for* für); **2.** Verstand *m;* **3.** Vernunft *f;* ► **the ~ for my going** weshalb ich gehe; **the ~ why** weswegen; **there is ~ to believe that ...** es gibt Grund zu der Annahme, daß ... **for that very ~** eben deswegen; **with good ~** mit gutem Grund; **without rhyme or ~** ohne Sinn und Verstand; **without any ~** grundlos; **for no ~ at all** ohne ersichtlichen Grund; **for no particular ~** ohne e-n bestimmten Grund; **by ~ of** wegen; **listen to ~** Vernunft annehmen; **lose one's ~** den Verstand verlieren; **that stands to ~** das ist logisch; **for what ~?** aus welchem Grund? **II** *itr* **1.** logisch denken; **2.** vernünftig reden (*with s.o.* mit jdm); **III** *tr* **1.** durchdenken, überlegen; **2.** folgern, schließen; ► **~ s.o. out of s.th.** jdm etw ausreden; **~ why ...** sich klarmachen, warum ...

rea·son·able ['ri:znəbl] *adj* **1.** vernünftig; **2.** *(Preis)* reell; angemessen; **3.** *(Zweifel)* berechtigt; **4.** ordentlich, ganz gut; ► **with a ~ amount of luck** mit einigem, einer Portion Glück; **rea·son·ably** ['ri:znəblɪ] *adv* **1.** vernünftig; **2.** einigermaßen; ziemlich.

rea·son·ing ['ri:znɪŋ] **1.** Schlußfolgerungen *f pl;* **2.** Argumentation, Beweisführung *f;* ► **this ~ is faulty** das Argument ist falsch.

re·as·semble [ˌri:ə'sembl] **I** *tr* **1.** wieder versammeln; **2.** *tech* wieder zusammensetzen; **II** *itr* sich wieder versammeln.

re·as·sess [ˌri:ə'ses] *tr* neu überdenken; neu abwägen.

re·as·sur·ance [ˌri:ə'ʃʊərəns] **1.** Beruhigung *f;* **2.** Bestätigung *f;* **re·as·sure** [ˌri:ə'ʃʊə(r)] *tr* **1.** beruhigen; das Gefühl der Sicherheit geben (*s.o.* jdm); **2.** versichern, beteuern; ► **~ s.o. of s.th.** jdm etw versichern; **re·as·sur·ing** [ˌri:ə'ʃʊərɪŋ] *adj* beruhigend.

re·bate ['ri:beɪt] **1.** (Preis)Nachlaß, Rabatt *m;* **2.** Rückerstattung, -vergütung, -zahlung *f.*

rebel ['rebl] **I** *s* Rebell(in), Aufrührer(in) *m (f);* **II** *adj* aufrührerisch, aufständisch; **III** *itr* [rɪ'bel] rebellieren, sich erheben; **re·bel·lion** [rɪ'belɪən] Rebellion *f,* Aufstand *m;* ► **rise in ~** e-n Aufstand machen; **re·bel·li·ous** [rɪ'belɪəs] *adj* **1.** aufrührerisch, rebellisch; **2.** *(Kind)* rebellisch, widerspenstig.

re·birth [ˌri:'bɜ:θ] Wiedergeburt *f a. fig; fig* Wiederaufleben *n.*

re·bound [rɪ'baʊnd] **I** *itr* **1.** *(Ball)* ab-, zurückprallen; **2.** *fig* zurückfallen (*on, upon s.o.* auf jdn); **II** *s* ['ri:baʊnd] **1.** Rückprall *m;* **2.** *fig* Rückschlag, Umschwung *m;* ► **be on the ~** sich über e-e Enttäuschung hinwegtrösten.

re·buff [rɪ'bʌf] **I** *s* Zurückweisung *f;* Abfuhr *f;* ► **meet with a ~** e-e Zurückweisung erfahren, zurückgewiesen werden (*from* von); **II** *tr* abweisen, zurückweisen.

re·build [ˌri:'bɪld] *tr irr s. build* wieder aufbauen; wiederherstellen.

re·buke [rɪ'bju:k] **I** *tr* zurechtweisen, tadeln (*s.o. for s.th.* jdn wegen etw); **II** *s* Zurechtweisung *f,* Tadel *m.*

re·cal·ci·trant [rɪ'kælsɪtrənt] *adj* aufsässig.

re·call [rɪ'kɔ:l] **I** *tr* **1.** zurückrufen; **2.** *(Buch)* zurückfordern; **3.** sich erinnern an; **4.** *com* einziehen; ► **~ s.o. to life** jdn ins Leben zurückrufen; **II** *s* **1.** Rückruf *m;* **2.** Rückforderung *f;* **3.** Erinnerung *f;* **4.** *com* Einzug *m;* ► **beyond, past ~** für immer vorbei.

re·cant [rɪ'kænt] *itr, tr* widerrufen; zurücknehmen.

re·cap¹ ['ri:kæp] **I** *s* kurze Zusammenfassung; **II** *tr, itr* kurz zusammenfassen.

re·cap² [ˌri:'kæp] **I** *s Am* laufflächenerneuerter Reifen; **II** *tr* die Laufflächen erneuern von.

re·cap·itu·late [ˌri:kə'pɪtʃʊleɪt] *tr, itr* rekapitulieren, kurz zusammenfassen; **re·cap·itu·la·tion** [ˌri:kəˌpɪtʃʊ'leɪʃn] Wiederholung *f,* kurze Zusammenfassung.

re·cap·ture [ˌri:'kæptʃə(r)] **I** *tr* **1.** wieder einfangen; wiedererobern; **2.** *fig* wieder wachwerden lassen; **II** *s* **1.** Wiedereinfangen *n;* Wiedereroberung *f;* **2.** *fig* Heraufbeschwörung *f.*

re·cast [ˌri:'kɑ:st] *tr* **1.** umschmelzen, -gießen; **2.** *fig* umformen, neu formulieren; **3.** *theat* neu besetzen.

re·cede [rɪ'si:d] *itr* **1.** zurückweichen, -treten; **2.** *fig* sich entfernen; **3.** *(Preis)* zurückgehen; **4.** *(Meinung)* abgehen; **re·ced·ing** [—ɪŋ] *adj (Stirn)* fliehend; ► **~ hairline** Stirnglatze *f.*

re·ceipt [rɪ'si:t] **1.** Empfang *m;* Annahme *f,* Erhalt *m;* **2.** Quittung, Empfangsbestätigung *f;* Beleg *m;* **3.** *pl* Einnahme(n *pl*) *f,* Eingänge *m pl;* ► **on ~ of the goods** nach Empfang der Waren; **receipt book** Quittungsbuch *n;* **receipt stamp**

Empfangsstempel *m.*

re·ceive [rɪ'si:v] **I** *tr* **1.** erhalten, bekommen; empfangen; **2.** *(Besucher)* empfangen; aufnehmen; **3.** *tele* empfangen; **4.** *(Ablehnung)* erfahren; **5.** *(Eindruck)* gewinnen, bekommen; **6.** *(Schock)* erleiden; **7.** *jur* hehlen; **II** *itr* **1.** Besuch empfangen; **2.** *jur* Hehlerei treiben; **3.** *tele* empfangen; **re·ceived** [rɪ'si:vd] *adj* ▶ ~ **opinion, wisdom** die allgemeine Meinung; ~ **pronunciation** hochsprachliche Aussprache *(nach Daniel Jones);* **re·ceiver** [rɪ'si:və(r)] **1.** Empfänger(in) *m (f);* **2.** *jur* Hehler(in) *m (f);* **3.** *tele* Hörer *m;* **4.** *radio* Empfänger *m;* ▶ **official** ~ *fin* Konkursverwalter(in) *m (f);* **re·ceiv·ing** [rɪ'si:vɪŋ] *jur* Hehlerei *f;* **receiving set** Empfangsgerät *n.*

re·cent ['ri:snt] *adj* **1.** kürzlich; **2.** *(Nachrichten)* neueste(r,s), letzte(r,s); **3.** *(Erfindung)* neu; ▶ **most** ~ neueste(r, s); **ours is a** ~ **acquaintance** wir kennen uns erst seit kurzem; **in the** ~ **past** in jüngerer Zeit; **in** ~ **years** in den letzten Jahren; **of** ~ **date** neueren Datums; **re·cent·ly** [—lɪ] *adv* neulich, kürzlich, vor kurzem, unlängst; ▶ **until quite** ~ bis vor kurzem; **as** ~ **as** erst.

re·cep·tacle [rɪ'septəkl] Behälter *m.*

re·cep·tion [rɪ'sepʃn] **1.** Aufnahme *f;* Empfang *m;* **2.** *(offizieller)* Empfang *m;* **3.** *radio* Empfang *m;* ▶ **give s.o. a warm** ~ jdm e-n warmen Empfang bereiten; **meet with a favourable** ~ günstig aufgenommen werden; **reception area** Empfangsbereich *m;* **reception camp** Aufnahmelager *n;* **reception centre** Durchgangslager *n;* **reception desk** Empfang *m,* Rezeption *f;* **re·cep·tion·ist** [—ɪst] **1.** Empfangschef *m,* -dame *f;* **2.** *(Büro)* Empfangssekretär(in) *m (f);* **3.** *med* Sprechstundenhilfe *f.*

re·cep·tive [rɪ'septɪv] *adj* **1.** aufnahmefähig; **2.** empfänglich (*to* für); **re·cep·tiv·ity** [ˌri:sep'tɪvətɪ] **1.** Aufnahmefähigkeit *f;* **2.** Empfänglichkeit *f.*

re·cess [rɪ'ses] **I** *s* **1.** *parl* Sitzungspause *f;* Ferien *pl;* **2.** *arch* Nische *f;* **3.** *fig* Winkel *m;* ▶ **in the ~es of my heart** in den Tiefen meines Herzens; **II** *tr* **1.** in die Nische stellen; **2.** *(Schrank)* einbauen; vertiefen.

re·ces·sion [rɪ'seʃn] **1.** Zurückweichen *n,* Rückgang *m;* **2.** *com* Rezession *f,* Rückgang *m.*

re·ces·sive [rɪ'sesɪv] *adj biol* rezessiv.

re·cidi·vism [rɪ'sɪdɪvɪzəm] *jur* Rückfälligkeit *f;* **re·cidi·vist** [rɪ'sɪdɪvɪst] rückfälliger Täter; **I** *s* Rückfällige(r) *f m;* **II** adj rückfällig.

recipe ['resəpɪ] **1.** Rezept *n a. fig;* **2.** *fig* Geheimnis *n;* ▶ ~ **for success** Erfolgsrezept *n;* **that's a** ~ **for disaster** das Unglück ist vorprogrammiert.

re·cipi·ent [rɪ'sɪpɪənt] Empfänger(in) *m (f).*

re·cip·ro·cal [rɪ'sɪprəkl] *adj* **1.** gegenseitig **2.** *math* reziprok; ▶ ~ **trade** Handel untereinander; **re·cip·ro·cate** [rɪ'sɪprəkeɪt] **I** *tr* **1.** erwidern; sich revanchieren für; **2.** *tech* hin- und herbewegen; **II** *itr* **1.** sich revanchieren; **2.** *tech* hin- und hergehen; **reci·proc·ity** [ˌresɪ'prɒsətɪ] Gegenseitigkeit *f a. fig;* Austausch *m.*

re·cital [rɪ'saɪtl] **1.** Vortrag *m;* Konzert *n;* **2.** Aufzählung, Schilderung *f;* ▶ **song** ~ Liederabend *m;* **reci·ta·tion** [ˌresɪ'teɪʃn] Deklamation *f,* Vortrag *m;* **reci·ta·tive** [ˌresɪtə'ti:v] *mus* Rezitativ *n;* **re·cite** [rɪ'saɪt] **I** *tr* **1.** vortragen, rezitieren; **2.** *fig* hersagen; aufzählen; **II** *itr* vortragen.

reck·less ['reklɪs] *adj* **1.** leichtsinnig; **2.** *(Fahrer)* rücksichtslos, unverantwortlich; **3.** *(Versuch)* gewagt; ▶ ~ **of** ohne Rücksicht auf; **reck·less·ness** [—nɪs] **1.** Leichtsinn *m;* **2.** Leichtfertigkeit, Rücksichtslosigkeit *f;* **3.** Gewagtheit *f.*

reckon ['rekən] **I** *tr* **1.** aus-, berechnen; **2.** rechnen, zählen (*among* zu); **3.** glauben; schätzen; ▶ **be ~ed** gelten; **what do you ~?** was meinen Sie? **II** *itr* rechnen; ▶ **~ing from tomorrow** ab morgen gerechnet; **III** *(mit Präposition)* **reckon in** *tr* einbeziehen, mitrechnen; **reckon on** *tr* rechnen, zählen auf; **reckon up** *tr* zusammenrechnen; *itr* abrechnen (*with* mit); **reckon with** *tr* rechnen mit; **reckon without** *tr* nicht rechnen mit; **reckoner** ['rekənə(r)] Rechner *m;* **reckon·ing** ['rekənɪŋ] (Be)Rechnung *f;* ▶ **by my** ~ nach meiner Rechnung; **to the best of my** ~ nach meiner Schätzung; **be out in one's** ~ sich verrechnet haben *a. fig;* **the day of** ~ der Tag der Abrechnung.

re·claim [rɪ'kleɪm] *tr* **1.** *(Land)* kultivieren; gewinnen; **2.** *(Mensch)* abbringen (*from* von); **3.** wiedergewinnen; **4.** *(Rechte)* zurückfordern, zurückverlangen; **rec·la·ma·tion** [ˌreklə'meɪʃn] **1.** *(Land)* Kultivierung *f;* Gewinnung *f;* **2.** Abbringung *f;* **3.** Wiedergewinnung *f;* **4.** Rückgewinnung *f.*

re·cline [rɪ'klaɪn] **I** *tr* zurücklegen; zurücklehnen (*on* an); **II** *itr* zurückliegen; sich zurücklegen, -lehnen; ▶ ~ **on a sofa** auf e-m Sofa ruhen; **reclining seat** Ruhe-, Schlafsessel *m.*

re·cluse [rɪ'klu:s] Einsiedler(in) *m (f).*

rec·og·ni·tion [ˌrekəg'nɪʃn] **1.** Anerkennung *f;* **2.** Erkennen *n;* ▶ **in** ~ **of** in Anerkennung *gen;* **change beyond, out of all** ~ nicht wiederzuerkennen sein.

rec·og·niz·able ['rekəgnaɪzəbl] *adj* erkennbar.

re·cog·ni·zance [rɪ'kɒgnɪzns] **1.** *jur* Verpflichtung *f;* Anerkenntnis *f;* **2.** *(Summe)* Sicherheitsleistung *f;* ▶ **enter**

into ~ Kaution stellen.
rec·og·nize ['rekəgnaɪz] *tr* **1.** wiedererkennen; erkennen (*by* an); **2.** *pol* anerkennen (*as, to be* als); zugeben, eingestehen; **3.** *Am* das Wort erteilen (*s.o.* jdm); **rec·og·nized** ['rekəgnaɪzd] *adj* anerkannt.
re·coil [rɪ'kɔɪl] **I** *itr* **1.** zurückweichen; zurückschrecken (*from* von); **2.** *(Gewehr)* zurückstoßen; **3.** *fig* zurückfallen (*on, upon* auf); **II** *s* ['ri:kɔɪl] **1.** *(Gewehr)* Rückstoß *m;* **2.** *fig* Zurückschnellen *n.*
rec·ol·lect [ˌrekə'lekt] **I** *tr* sich erinnern an; **II** *itr* sich erinnern; **rec·ol·lec·tion** [ˌrekə'lekʃn] Erinnerung *f* (*of* an); ► **to the best of my** ~ soweit ich mich erinnern kann.
rec·om·mend [ˌrekə'mend] *tr* **1.** empfehlen (*as* als); **2.** sprechen für; ► ~ **s.o. s.th.** jdm etw empfehlen; **it is not to be ~ed** es ist nicht zu empfehlen; **~ed price** empfohlener Richtpreis; **he has much to ~ him** es spricht sehr viel für ihn; **re·com·mend·able** [—əbl] *adj* empfehlenswert; **rec·om·men·da·tion** [ˌrekəmen'deɪʃn] Empfehlung *f;* ► **on the ~ of** auf Empfehlung von; **letter of ~** Empfehlungsschreiben *n.*
rec·om·pense ['rekəmpens] **I** *tr* **1.** belohnen; **2.** *jur* entschädigen; wiedergutmachen; **II** *s* **1.** Belohnung *f;* **2.** *jur* Entschädigung, Wiedergutmachung *f;* ► **as a ~** als Belohnung; **in ~ for** als Belohnung für.
rec·on·cile ['rekənsaɪl] *tr* **1.** versöhnen, aussöhnen (*to s.th., with s.o.* mit etw, mit jdm); **2.** *(Streit)* beilegen, schlichten; **3.** *(Ideen)* in Einklang, in Übereinstimmung bringen; ► ~ **s.th. with s.th.** etw mit etw in Einklang bringen; ~ **s.o. to s.th.** jdn mit etw versöhnen; ~ **o.s. to s.th.** sich mit etw abfinden; **rec·on·cili·ation** [ˌrekənˌsɪlɪ'eɪʃn] **1.** Ver-, Aussöhnung *f* (*between, with* mit); **2.** *(Streit)* Beilegung *f;* **3.** *fig* Vereinbarung *f.*
re·con·di·tion [ˌri:kən'dɪʃn] *tr (Motor)* generalüberholen; ► **~ed engine** Austauschmotor *m.*
re·con·nais·sance [rɪ'kɒnɪsns] *mil mar aero* Aufklärung, Erkundung *f;* **reconnaissance flight** Aufklärungsflug *m;* **reconnaissance plane** Aufklärungsflugzeug *n;* **reconnaissance patrol** Spähtrupp *m.*
re·con·noitre, *Am* **re·con·noiter** [ˌrekə'nɔɪtə(r)] **I** *tr mil* erkunden, auskundschaften; **II** *itr* das Gelände erkunden.
re·con·sider [ˌri:kən'sɪdə(r)] *tr* **1.** wieder in Betracht ziehen, nochmals erwägen; nachprüfen; **2.** *(erledigte Sache)* wiederaufnehmen.
re·con·struct [ˌri:kən'strʌkt] *tr* rekonstruieren; wiederaufbauen; **re·con·struc·tion** [ˌri:kən'strʌkʃn] Rekonstruktion *f;* Wiederaufbau *m a. fig.*
re·cord¹ [rɪ'kɔ:d] **I** *tr* **1.** auf-, verzeichnen; dokumentieren; eintragen; **2.** protokollieren; niederschreiben; **3.** *(Protest)* zum Ausdruck bringen; **4.** *(Thermometer)* verzeichnen, registrieren; **5.** *(auf Tonband)* aufnehmen; aufzeichnen; ► **it's not ~ed anywhere** das ist nirgends dokumentiert; **a ~ed programme** e-e Aufzeichnung; **II** *itr* Tonbandaufnahmen machen.
rec·ord² ['rekɔ:d] **1.** Aufzeichnung *f;* Liste *f;* Protokoll *n;* Unterlage *f;* **2.** *(police ~)* Vorstrafen *f pl;* **3.** Vorgeschichte *f;* Leistungen *f pl;* **4.** *mus* Schallplatte *f;* Aufnahme *f;* Aufzeichnung *f;* **5.** *EDV* Datensatz *m;* **6.** *sport* Rekord *m;* ► **photographic ~** Bilddokumentation *f;* **keep a ~ of s.th.** über etw Buch führen; **it is on ~ that ...** es gibt Belege dafür, daß ... **he's on ~ as having said ...** es ist belegt, daß er gesagt hat ... **put s.th. on ~** etw schriftlich festhalten; **for the ~** der Ordnung halber; **off the ~** ganz im Vertrauen; **he's got a ~** er ist vorbestraft; **have an excellent ~** ausgezeichnete Leistungen vorweisen; **have a good ~ at school** ein guter Schüler sein; **make a ~** e-e Schallplatte machen; **beat, break the ~** den Rekord brechen; **hold the ~** den Rekord halten; **record breaker** ['rekɔ:dˌbreɪkə(r)] *sport* Rekordbrecher(in) *m (f);* **record-breaking** ['rekɔ:dˌbreɪkɪŋ] *adj* rekordbrechend; **record changer** Plattenwechsler *m.*
re·corded [rɪ'kɔ:dɪd] *adj* **1.** aufgezeichnet; **2.** *(Geschehen)* schriftlich belegt; ► ~ **delivery** Einschreiben *n;* **by ~ delivery** per Einschreiben.
re·corder [rɪ'kɔ:də(r)] **1.** Registriergerät *n;* **2.** *jur* Berichterstatter(in) *m (f);* **3.** *mus* Blockflöte *f;* ► **cassette ~** Kassettenrekorder *m;* **tape ~** Tonbandgerät *n.*
rec·ord holder ['rekɔ:dˌhəʊldə(r)] *sport* Rekordhalter(in *f*) *m.*
re·cord·ing [rɪ'kɔ:dɪŋ] **1.** *(Film)* Aufzeichnung *f;* **2.** (Ton)Aufnahme *f;* **recording session** Aufnahme *f;* **recording studio** Aufnahme-, Tonstudio *n.*
rec·ord la·bel ['rekɔ:dˌleɪbl] Plattenlabel *n;* **record library** ['rekɔ:dˌlaɪbrərɪ] Schallplattenarchiv *n;* Plattenverleih *m;* **record player** Plattenspieler *m;* **record token** Plattengutschein *m.*
re·count [rɪ'kaʊnt] *tr* erzählen, wiedergeben.
re-count [ˌri:'kaʊnt] **I** *tr* nachzählen; **II** *s* ['ri:kaʊnt] Nachzählung *f.*
re·coup [rɪ'ku:p] *tr* **1.** *(Verlust)* wieder einbringen, decken; **2.** entschädigen; ► ~ **o.s.** sich entschädigen.
re·course [rɪ'kɔ:s] Zuflucht *f;* ► **have ~ to s.o.** sich an jdn wenden; **without ~** *jur* ohne Regreß.

re·cover [rɪˈkʌvə(r)] **I** *tr* **1.** wiederfinden; wiedergewinnen; **2.** *(Gesundheit)* wiedererlangen; **3.** *(das Bewußtsein)* wiedererlangen; **4.** *(Vermögen)* wiederbekommen; **5.** *(Verlust)* wiedergutmachen; **6.** *(Wrack)* bergen; **7.** *(Ausgaben)* decken, wieder einholen; **8.** *(verlorene Zeit)* wieder aufholen; ▶ **~ one's breath** wieder zu Atem kommen; **~ consciousness** wieder zu Bewußtsein gelangen; **~ one's sight** wieder sehen können; **~ one's composure** sich wieder fassen; **~ lost ground** *fig* aufholen; **II** *itr* **1.** sich erholen; wieder zu sich kommen; **2.** *com (Markt)* sich wiederbeleben; **3.** *jur* den Prozeß gewinnen.

re-cover [ˌriːˈkʌvə(r)] *tr (Stuhl)* neu beziehen.

re·cover·able [rɪˈkʌvərəbl] *adj* **1.** *(Schulden)* eintreibbar; **2.** *(Verluste)* ersetzbar; **re·cov·ery** [rɪˈkʌvərɪ] **1.** Wiederfinden *n;* Wiedergewinnung *f;* **2.** Wiedererlangung *f;* **3.** Zurückbekommen *n;* **4.** Genesung, Erholung *f;* **5.** *com* konjunktureller Aufschwung; ▶ **past ~** nicht mehr zu retten; **be on the road to ~** auf dem Wege der Besserung sein; **make a good ~** sich gut erholen; **recovery service** *mot* Abschleppdienst *m;* **recovery vehicle** Abschleppwagen *m.*

rec·re·ation [ˌrekrɪˈeɪʃn] **1.** Erholung, Entspannung *f;* Hobby *n;* **2.** *(Schule)* Pause *f;* **rec·re·ational** [ˌrekrɪˈeɪʃnl] *adj* Freizeit-; ▶ **~ value** Erholungswert *m;* **recreation centre** Freizeitzentrum *n;* **recreation ground** Spielplatz *m;* **recreation room** Freizeitraum *m;* **rec·re·ative** [ˈrekrɪˌeɪtɪv] *adj* erholsam, entspannend.

re·crimi·nate [rɪˈkrɪmɪneɪt] *itr* Gegenbeschuldigungen vorbringen; **re·crimi·na·tion** [rɪˌkrɪmɪˈneɪʃn] Gegenbeschuldigung *f.*

re·cruit [rɪˈkruːt] **I** *tr* **1.** rekrutieren; **2.** *(Mitglieder)* werben; **3.** *(Arbeitskräfte)* einstellen; **II** *s* **1.** *mil* Rekrut *m;* **2.** *fig* neues Mitglied; **rec·ruit·ing** [—ɪŋ] **1.** *mil* Rekrutierung *f;* **2.** Einstellung *f;* **re·cruit·ment** [—mənt] **1.** *mil* Rekrutierung *f;* **2.** *(Arbeitskräfte)* Einstellung *f.*

rec·tangle [ˈrektæŋgl] Rechteck *n;* **rec·tangu·lar** [rekˈtæŋgjʊlə(r)] *adj* rechtwinklig.

rec·tifi·ca·tion [ˌrektɪfɪˈkeɪʃn] **1.** Korrektur, Verbesserung *f;* Richtigstellung *f;* Berichtigung *f;* **rec·tify** [ˈrektɪfaɪ] *tr* **1.** berichtigen; richtigstellen; korrigieren, verbessern; **2.** *el* gleichrichten.

rec·ti·lin·ear [ˌrektɪˈlɪnɪə(r)] *adj* geradlinig.

rec·ti·tude [ˈrektɪtjuːd] Rechtschaffenheit *f.*

rec·tor [ˈrektə(r)] **1.** *rel* Pfarrer, Pastor *m;* **2.** *(Schule, College)* Direktor *m;* **3.** *(Universität)* Rektor *m;* **rec·tory** [ˈrektərɪ] Pfarrhaus *n.*

rec·tum [ˈrektəm] *anat* Mastdarm *m.*

re·cum·bent [rɪˈkʌmbənt] *adj* liegend, ruhend.

re·cu·per·ate [rɪˈkuːpəreɪt] **I** *tr (Verluste)* wettmachen, wiedergutmachen; **II** *itr* sich (wieder) erholen, wieder zu Kräften kommen; **re·cu·per·ation** [rɪˌkuːpəˈreɪʃn] **1.** *med* Erholung, Genesung *f;* **2.** Wiedergutmachung *f.*

re·cur [rɪˈkɜː(r)] *itr* **1.** wiederkehren; sich wiederholen (*to* zu); **2.** *(Problem)* wieder auftreten; **3.** *(Frage)* sich wieder stellen; **4.** *(Idee)* wieder auftauchen; **5.** wieder einfallen (*to s.o.* jdm); **re·cur·rence** [rɪˈkʌrəns] Wiederkehr *f;* Wiederholung *f;* Wiederauftauchen *n;* **re·cur·rent** [rɪˈkʌrənt] *adj* periodisch wiederkehrend; sich wiederholend; **re·cur·ring** [rɪˈkɜːrɪŋ] *adj* regelmäßig wiederkehrend; ▶ **~ decimal** periodische Dezimalzahl.

re·cycle [rɪˈsaɪkl] *tr* wiederverwerten, recyceln; ▶ **~d paper** Umwelt-, Recyclingpapier *n;* **re·cy·cling** [—ɪŋ] Wiederverwertung *f,* Recycling *n.*

red [red] **I** *adj* rot *a. fig pol;* ▶ **~ with anger** rot vor Zorn; **see ~** rot sehen; **II** *s* **1.** Rot *n;* **2.** *pol* Rote(r) *f m;* ▶ **be in the ~** in den roten Zahlen sein; **get out of the ~** aus den roten Zahlen herauskommen; **Red Army Faction** Rote-Armee-Fraktion *f;* **red-blooded** [redˈblʌdɪd] *adj* heißblütig; **red·cap** [ˈredkæp] **1.** *Br fam* Militärpolizist *m;* **2.** *Am* Gepäckträger *m;* **red carpet** *fig* roter Teppich; ▶ **a ~ reception** ein großer Bahnhof; **roll out the ~** den roten Teppich ausrollen; **red cent** *Am fam* roter Heller; **Red China** Rotchina *n;* **Red Cross** Rotes Kreuz; **red currant** (rote) Johannisbeere *f;* **red deer** Rothirsch *m; pl* Rotwild *n;* **red·den** [ˈredn] **I** *tr* röten, rot färben; **II** *itr* rot werden, sich röten; **red·dish** [ˈredɪʃ] *adj* rötlich.

re·dec·or·ate [ˌriːˈdekəreɪt] *tr* neu tapezieren; neu streichen; **re·dec·or·ation** [ˌriːdekəˈreɪʃn] **1.** Neutapezieren *n;* Neustreichen *n;* **2.** neue Tapeten *pl;* neuer Anstrich.

re·deem [rɪˈdiːm] *tr* **1.** *(Marken)* einlösen (*for* gegen); **2.** *(Versprechen)* einhalten, erfüllen; **3.** *(Schulden)* tilgen, abtragen; **4.** *(Aktien)* verkaufen; **5.** *(Situation)* retten; **6.** *rel* erlösen; **7.** *(Fehler)* wettmachen; **re·deem·able** [—əbl] *adj* **1.** *(Schulden)* tilgbar, kündbar; **2.** *(Rechnung)* einlösbar; **3.** *rel* erlösbar; **Re·deemer** [rɪˈdiːmə(r)] *rel* Erlöser, Heiland *m;* **re·demp·tion** [rɪˈdempʃn] **1.** Einlösung *f;* **2.** *(Versprechen)* Einhaltung *f;* **3.** *(Schulden)* Tilgung *f;* **4.**

(Aktien) Verkauf *m;* **5.** *fig* Rettung *f;* **6.** *rel* Erlösung *f;* ▶ **beyond, past ~** nicht mehr zu retten; rettungslos.

re·de·ploy [ˌri:dɪˈplɔɪ] *tr mil* verlegen, umgruppieren; **re·de·ploy·ment** [—mənt] *mil* Umverlegung *f.*

red-haired [ˌredˈheə(r)d] *adj* rothaarig; **red-handed** [ˌredˈhændɪd] *adv* ▶ **catch s.o. ~** jdn auf frischer Tat ertappen; **red·head** [ˈredhed] Rothaarige(r) *f m;* **red-headed** [ˈredhedɪd] *adj* rothaarig; **red herring 1.** Räucherhering *m;* **2.** *fig* Ablenkungsmanöver *n;* ▶ **that's a ~** das führt vom Thema ab; **red-hot** [ˌredˈhɒt] *adj* **1.** rotglühend; glühend heiß; **2.** *fig* Feuer und Flamme; **3.** *(Nachrichten)* brandaktuell; **Red Indian** Indianer(in) *m (f).*

re·di·rect [ˌri:dɪˈrekt] *tr (Brief etc)* umadressieren, nachsenden; *(Verkehr)* umleiten.

re·dis·trib·ute [ˌri:dɪˈstrɪbju:t] *tr* neu verteilen; **re·dis·tribu·tion** [ˌri:dɪstrɪˈbju:ʃn] Um-, Neuverteilung *f.*

red-let·ter day [ˌredˈletədeɪ] *fig* Glückstag *m,* besonderer Tag; **red light 1.** *(Verkehr)* Rotlicht *n;* **2.** *fig* rotes Licht; ▶ **see the ~** *fig* die Gefahr erkennen; **red light district** Bordell-, Rotlichtviertel *n;* **red meat** Rind-, Hammelfleisch *n.*

re·do [ˌri:ˈdu:] *tr irr s. do* neu machen.

redo·lent [ˈredələnt] *adj* duftend (*of, with* nach); ▶ **be ~ of s.th.** *fig* an etw erinnern.

re·double [rɪˈdʌbl] *tr, itr* (sich) verdoppeln.

re·doubt·able [rɪˈdaʊtəbl] *adj* **1.** *(Aufgabe)* furchtbar, schrecklich; **2.** *(Person)* respektgebietend.

re·dound [rɪˈdaʊnd] *itr* ▶ **~ to s.o.'s honour** jdm zur Ehre gereichen; **~ to s.o.'s credit** jdm hoch angerechnet werden.

red pep·per [ˌredˈpepə(r)] roter Paprika.

re·draft [ˌri:ˈdrɑ:ft] **I** *s* Neuentwurf *m;* **II** *tr* neu entwerfen.

red rag [ˌredˈræg] rotes Tuch; ▶ **it's like a ~ to a bull** das ist wie ein rotes Tuch für ihn, sie.

re·dress [rɪˈdres] **I** *tr* **1.** wiedergutmachen, Abhilfe schaffen für; **2.** *(Situation)* bereinigen; **3.** *(Gleichgewicht)* wiederherstellen; **II** *s* Wiedergutmachung, Abhilfe *f;* ▶ **seek ~ for** Wiedergutmachung verlangen für; **gain ~** zu seinem Recht kommen; **legal ~** Rechtsschutz *m.*

Red Sea [redˈsi:] Rotes Meer.

red·skin [ˈredskɪn] Rothaut *f;* **red tape** *fam* Papierkrieg *m;* Behördenkram *m.*

re·duce [rɪˈdju:s] **I** *tr* **1.** verringern, vermindern, abbauen, herunter-, herabsetzen; **2.** *(Geschwindigkeit)* verlangsamen; **3.** *(Preis)* senken, ermäßigen; **4.** *(Produktion)* drosseln, reduzieren; **5.** *mil* degradieren; **6.** *(Lohn)* kürzen; **7.** *chem* reduzieren; **8.** *math* zerlegen; **9.** *(Sauce)* einkochen lassen; ▶ **~ one's weight** abnehmen; **~ speed** langsamer fahren; **~ an argument to its simplest form** ein Argument auf die einfachste Form bringen; **~ s.o. to poverty** jdn an den Bettelstab bringen; **~ to silence** zum Schweigen bringen; **~ to tears** zum Weinen bringen; **II** *itr* abnehmen; **reduced** [rɪˈdju:st] *adj* ermäßigt; herabgesetzt.

re·duc·tion [rɪˈdʌkʃn] **1.** Verringerung, Verminderung, Kürzung *f;* Reduzierung *f;* **2.** *(Personal)* Abbau *m;* **3.** *(Preise)* Herabsetzung, (Preis)Ermäßigung, Senkung *f,* Nachlaß, Abbau, Rabatt *m;* **4.** (Lohn-, Gehalts)Kürzung *f;* **5.** *(Produktion)* Drosselung *f;* **6.** *chem* Reduktion *f;* **7.** *math* Zerlegung *f;* **8.** *(Geschwindigkeit)* Verlangsamung *f;* **9.** *(Kopie)* Verkleinerung *f;* ▶ **make a ~** e-e Ermäßigung einräumen; **~ of taxes** Steuersenkung *f;* **~ in rank** Degradierung *f;* **~ of fare** Fahrpreisermäßigung *f;* **~ in, of numbers** zahlenmäßige Verringerung; **~ in prices** Preisabbau *m;* **~ of strength** Nachlassen *n* der Kräfte.

re·dun·dancy [rɪˈdʌndənsɪ] **1.** Überflüssigkeit *f;* **2.** *(des Stiles)* Weitschweifigkeit *f;* **3.** Arbeitslosigkeit *f;* **re·dundancies** *pl* Entlassungen *f pl;* **redundancy payment** Abfindung *f;* **re·dundant** [rɪˈdʌndənt] *adj* **1.** überflüssig, unnötig; **2.** *(Stil)* weitschweifig; **3.** *com* arbeitslos; ▶ **become ~** den Arbeitsplatz verlieren.

re·dupli·cate [rɪˈdju:plɪkeɪt] *tr* wiederholen; **re·dupli·ca·tion** [rɪˌdju:plɪˈkeɪʃn] Wiederholung *f.*

reed [ri:d] **1.** Schilf, Riedgras *n;* **2.** *mus* Zungenpfeife *f;* ▶ **a broken ~** *fig* ein schwankendes Rohr.

re-edu·cate [ˌri:ˈedʒʊkeɪt] *tr* umerziehen, umschulen.

reedy [ˈri:dɪ] *adj* **1.** schilfig; **2.** *(Ton)* näselnd.

reef [ri:f] (Felsen)Riff *n.*

reefer [ˈri:fə(r)] **1.** *(~-jacket)* Seemannsjacke *f;* **2.** *sl* Marihuanazigarette *f,* Reefer *m.*

reek [ri:k] **I** *s* Gestank *m;* **II** *itr* stinken (*of* nach).

reel [ri:l] **I** *s* Rolle, Spule *f;* **II** *tr tech* aufspulen; ▶ **~ in** einrollen; **~ off** *fig* herunterleiern; **III** *itr* (sch)wanken; taumeln; ▶ **my head is ~ing** mir dreht sich der Kopf; **my brain was ~ing with all the information** mein Kopf schwirrte von den vielen Informationen.

re-elect [ˌri:ɪˈlekt] *tr* wiederwählen; **re-elec·tion** [ˌri:ɪˈlekʃn] Wiederwahl *f.*

re-en·ter [ˌri:ˈentə(r)] **I** *itr* wieder hereinkommen; wieder eintreten; wieder einreisen; **II** *tr* wieder hereinkommen in, hineingehen in; wieder eintreten in; **re-en·try** [ˌriːˈentrɪ] Wiedereintritt *m.*

ref [ref] *Abk:* **reference; ▶ your, our ~** Ihr, unser Zeichen *n.*

re·fec·tory [rɪˈfektərɪ] Mensa *f;* Refektorium *n.*

re·fer [rɪˈfɜː(r)] **I** *tr* **1.** weiterleiten (*to* an); übergeben (*to s.th.* e-r S); **2.** verweisen (*to s.o.* an jdn); **▶ the reader is ~red to ...** der Leser wird auf ... verwiesen; **~ back to** zurückgehen zu; zurückgeben an; **II** *itr* **1.** sich berufen, sich beziehen, Bezug nehmen (*to* auf); **2.** *(Regeln)* gelten; **3.** *(Buch)* nachschauen, konsultieren; **▶ the letter ~s to you all** der Brief gilt euch allen; **he ~ red to his notes** er hielt sich an seine Notizen; **~ back to** sich beziehen auf.

ref·eree [ˌrefəˈriː] **I** *s* **1.** *jur* Schiedsrichter(in) *m (f);* **2.** *sport* Schieds-, Ringrichter(in) *m (f);* **3.** *(Bewerbung)* Referenz *f;* **II** *tr, itr* Schiedsrichter sein (bei).

ref·er·ence [ˈrefrəns] **1.** Erwähnung *f;* Bemerkung *f;* Anspielung *f* (*to* auf); **2.** Weiterleitung *f;* Übergabe *f;* **3.** Referenz *f,* Zeugnis *n;* **4.** *(im Buch)* Verweis *m;* **5.** Zuständigkeitsbereich *m;* **▶ in, with ~ to** in bezug, mit Bezug auf, was ... anbetrifft; **without ~ to** ohne Bezug auf, unabhängig von; **give s.o. as a ~** jdn als Referenz angeben; **have ~ to** in Beziehung stehen mit; **make ~ to** erwähnen; anspielen auf; **cross-~** Querverweis *m;* **reference book** Nachschlagewerk *n;* **reference library** Präsenzbibliothek *f;* **reference mark** Verweiszeichen *n;* **reference number** Aktenzeichen *n.*

ref·er·en·dum [ˌrefəˈrendəm] Volksentscheid *m,* Referendum *n.*

re·fill [ˌriːˈfɪl] **I** *tr* wieder füllen, nachfüllen; **II** *s* [ˈriːfɪl] Nachfüllpatrone *f.*

re·fine [rɪˈfaɪn] **I** *tr* **1.** *(Zucker, Öl)* raffinieren; **2.** *fig* verfeinern, kultivieren; **II** *itr* **▶ ~ upon** verfeinern, verbessern; **re·fined** [rɪˈfaɪnd] *adj* **1.** *tech* raffiniert; **2.** *fig* kultiviert, fein; **▶ ~ sugar** Raffinade *f;* **re·fine·ment** [rɪˈfaɪnmənt] **1.** *tech* Raffinierung *f;* **2.** *(Stil)* Vornehmheit *f;* **3.** Verfeinerung, Verbesserung *f;* **re·finery** [rɪˈfaɪnərɪ] Raffinerie *f.*

re·fit [ˌriːˈfɪt] **I** *tr* neu ausrüsten; neu ausstatten; **II** *itr* neu ausgerüstet werden; **III** *s* [ˈriːfɪt] Neuausrüstung *f.*

re·flate [riːˈfleɪt] *tr (Wirtschaft)* ankurbeln.

re·flect [rɪˈflekt] **I** *tr* **1.** zurückwerfen, -strahlen, widerspiegeln *a. fig,* reflektieren; **2.** *fig* zeigen, ausdrücken; **▶ the moon was ~ed in the lake** der Mond spiegelte sich im See; **~ credit (up)on s.o.** ein gutes Licht auf jdn werfen; **do you ever ~ that ...?** denken Sie je darüber nach, daß ...? **II** *itr* nachdenken (*on, upon* über); **▶ ~ (up)on** etw aussagen über; ein gutes Licht werfen auf; sich auswirken auf; schaden (*s.th.* e-r S); **re·flect·ing** [—ɪŋ] *adj* reflektierend, widerspiegelnd; **re·flec·tion, re·flexion** [rɪˈflekʃn] **1.** Reflexion *f;* (Wider)Spiegelung *f;* **2.** *fig* Nachdenken *n;* Betrachtung, Überlegung *f* (*on* über); **3.** Spiegelbild *n;* **4.** Vorwurf, Tadel *m;* **▶ see one's ~ in a mirror** sich im Spiegel sehen; **on ~** wenn man sich das recht überlegt; **a ~ on her honour** ein Schatten auf ihrer Ehre; **cast ~s on s.o.** jdn in ein schlechtes Licht setzen.

re·flec·tive [rɪˈflektɪv] *adj* **1.** reflektierend; **2.** *fig* nachdenklich, gedankenvoll.

re·flec·tor [rɪˈflektə(r)] *mot* Rückstrahler *m.*

re·flex [ˈriːfleks] *physiol* Reflex *m;* **reflex action** Reflexbewegung *f;* **reflex camera** Spiegelreflexkamera *f.*

re·flex·ion [rɪˈflekʃn] *s. reflection.*

re·flex·ive [rɪˈfleksɪv] *adj gram* rückbezüglich, reflexiv.

re·float [ˌriːˈfləʊt] *tr* wieder flottmachen.

re·flux [ˌriːˈflʌks] Rückfluß *m.*

re·form [rɪˈfɔːm] **I** *tr* **1.** reformieren; verbessern; **2.** *(Menschen)* bessern; **II** *itr* sich bessern; **III** *s* Reform *f;* **reform measures** *pl* Reformmaßnahmen *f pl;* **reform school** Besserungsanstalt *f.*

re-form [ˌriːˈfɔːm] *tr, itr mil* neu formieren.

ref·or·ma·tion [ˌrefəˈmeɪʃn] Reformierung, Besserung *f;* **▶ the R ~** *hist* die Reformation.

re·forma·tory [rɪˈfɔːmətrɪ] Besserungsanstalt *f.*

re·former [rɪˈfɔːmə(r)] Reformer(in) *m (f).*

re·fract [rɪˈfrækt] *tr (Strahlen)* brechen; **re·frac·tion** [rɪˈfrækʃn] Lichtbrechung *f.*

re·frac·tory [rɪˈfræktərɪ] *adj* **1.** eigensinnig, störrisch; **2.** *med* hartnäckig; **3.** *chem* hitzebeständig.

re·frain[1] [rɪˈfreɪn] *itr* **▶ she ~ed from comment** sie enthielt sich e-s Kommentars; **please ~ from smoking** bitte unterlassen Sie das Rauchen.

refrain[2] [rɪˈfreɪn] *mus* Kehrreim, Refrain *m.*

re·fresh [rɪˈfreʃ] *tr* erfrischen, stärken; **▶ ~ o.s** e-e Erfrischung zu sich nehmen; **~ one's memory** sein Gedächtnis auffrischen; **re·fresher** [rɪˈfreʃə(r)] **1.** *jur* zusätzliches Anwaltshonorar; **2.** *(~ course)* Auffrischungskurs *m;* **3.** Erfrischung *f;* **re·fresh·ing** [rɪˈfreʃɪŋ] *adj* erfrischend *a. fig;* **re·fresh·ment** [—mənt] **1.** Erfrischung *f;* Stärkung *f;* **2.** *pl* Erfrischungen *f pl.*

re·frig·er·ate [rɪˈfrɪdʒəreɪt] *tr* kühlen; tiefkühlen; **▶ "~ after opening"** „nach dem Öffnen kühl aufbewahren"; **re-**

frig·er·ation [rɪˌfrɪdʒəˈreɪʃn] Kühlung *f;* Tiefkühlung *f;* **re·frig·er·ator** [rɪˈfrɪdʒəreɪtə(r)] Kühlschrank *m;* Eisschrank *m.*

re·fuel [ˌriːˈfjuːəl] *tr, itr* auftanken.

ref·uge [ˈrefjuːdʒ] **1.** Zuflucht *f* (*from* vor); **2.** Unterstand *m;* ▶ **seek ~** Zuflucht suchen; **take ~** Zuflucht nehmen (*in* in); **place of ~** Zufluchtsort *m;* **refugee** [ˌrefjʊˈdʒiː] Flüchtling *m;* **refugee camp** Flüchtlingslager *n.*

re·fund [rɪˈfʌnd] **I** *tr* zurückzahlen, -erstatten; rückvergüten; **II** *s* [ˈriːfʌnd] Rückvergütung, (Rück)Erstattung *f.*

re·fur·bish [ˌriːˈfɜːbɪʃ] *tr* (wieder)aufpolieren *a. fig; (Wohnung)* renovieren.

re·fusal [rɪˈfjuːzl] **1.** Ablehnung *f;* Zurückweisung *f;* **2.** Verweigerung *f;* ▶ **give s.o. first ~ of s.th.** jdm etw als erstem anbieten; **meet with ~** e-e Absage erhalten; **give s.o. a flat ~** jdm e-e glatte Absage erteilen.

re·fuse[1] [reˈfjuːz] **I** *tr* **1.** ablehnen; abweisen; abschlagen; **2.** *(Antrag)* verweigern; **3.** *(Angebot)* ausschlagen; ▶ **be ~d s.th.** etw nicht bekommen; **~ food** die Nahrung verweigern; **~ to do s.th.** sich weigern, etw zu tun; **II** *itr* ablehnen.

ref·use[2] [ˈrefjuːs] Müll *m;* Abfall *m;* ▶ **garden ~** Gartenabfälle *pl;* **household ~** Hausmüll *m;* **refuse bin** Mülleimer *m;* **refuse collection** Müllabfuhr *f;* **refuse collector** Müllwerker *m; fam* Müllmann *m;* **refuse disposal** Müllbeseitigung *f;* **refuse dump** Müllabladeplatz *m;* **refuse incineration** Müllverbrennung *f;* **refuse incineration plant** Müllverbrennungsanlage *f.*

ref·use·nik [reˈfjuːznɪk] Verweigerer *m.*

re·fut·able [rɪˈfjuːtəbl] *adj* widerlegbar; **refu·ta·tion** [ˌrefjuːˈteɪʃn] Widerlegung *f;* **re·fute** [rɪˈfjuːt] *tr* widerlegen.

re·gain [rɪˈgeɪn] *tr* **1.** zurück-, wiederbekommen, -erhalten, -erlangen; **2.** *(Zeit)* aufholen; **3.** *(Ort)* wieder gelangen zu; ▶ **~ one's health** wieder gesund werden; **~ one's footing** wieder auf die Beine kommen.

re·gal [ˈriːgl] *adj* königlich.

re·gale [rɪˈgeɪl] *tr* **1.** verwöhnen (*with, on* mit); **2.** unterhalten, erfreuen (*with* mit).

re·galia [rɪˈgeɪlɪə] *pl* Insignien *pl.*

re·gard [rɪˈgɑːd] **I** *tr* **1.** betrachten; **2.** angehen, betreffen; **3.** berücksichtigen; ▶ **~ s.o. as s.th.** jdn für etw halten; **~ s.o. with favour** jdn wohlwollend betrachten; **be ~ed as ...** als ... angesehen werden; **~ s.o. highly** jdn hochschätzen; **II** *s* **1.** Rücksicht *f* (*for* auf); **2.** (Hoch)Achtung, Wertschätzung *f;* **3.** Bezug *m,* Beziehung *f* (*to* auf); **4.** *pl* Gruß *m;* ▶ **have some ~ for s.o.** auf jdn Rücksicht nehmen; **show little ~ for s.o.** wenig Rücksichtnahme für jdn zeigen; **in this ~** in diesem Zusammenhang; **with, in ~ to** in bezug auf; **hold s.o. in high ~** jdn achten; **send s.o. one's ~s** jdn grüßen lassen; **give him my ~s** grüßen Sie ihn von mir; **re·gard·ful** [rɪˈgɑːdfl] *adj* ▶ **be ~ of s.o.'s feelings** jds Gefühle achten; **re·gard·ing** [—ɪŋ] *prep* in bezug auf, bezüglich *gen;* **re·gard·less** [—lɪs] **I** *adj* ▶ **~ of** ohne Rücksicht auf, ungeachtet; **II** *adv* trotzdem.

re·gatta [rɪˈgætə] Regatta *f.*

re·gency [ˈriːdʒənsɪ] Regentschaft *f.*

re·gen·er·ate [rɪˈdʒenəreɪt] **I** *tr* **1.** erneuern; neu bilden, regenerieren; **2.** *el* rückkoppeln; **II** *itr* sich regenerieren; sich neu bilden; **re·gen·er·ation** [rɪˌdʒenəˈreɪʃn] **1.** Erneuerung *f;* Neubildung *f;* **2.** *biol* Regeneration *f.*

re·gent [ˈriːdʒənt] Regent *m;* ▶ **prince ~** Prinzregent *m.*

regi·cide [ˈredʒɪsaɪd] **1.** Königsmord *m;* **2.** Königsmörder(in) *m (f).*

régime, re·gime [reɪˈʒiːm] *pol* Regime *n.*

regi·men [ˈredʒɪmen] *med* Kur *f.*

regi·ment [ˈredʒɪmənt] **I** *s* **1.** *mil* Regiment *n;* **2.** *fig* Kompanie *f;* **II** *tr* reglementieren; **regi·men·ta·tion** [ˌredʒɪmenˈteɪʃn] Reglementierung *f.*

re·gion [ˈriːdʒən] **1.** Gebiet *n a. fig,* Region *f;* **2.** *fig* Bereich *m;* ▶ **the lower ~s** die Unterwelt; **in the ~ of** um, etwa; **re·gional** [ˈriːdʒənl] *adj* regional; Regional-; **re·gion·al·ism** [ˈriːdʒənəˌlɪzəm] **1.** *(Politik)* Regionalismus *m;* **2.** *(Sprache)* regional verwendeter Ausdruck.

reg·is·ter [ˈredʒɪstə(r)] **I** *s* **1.** Register *n;* Gästebuch *n;* Mitgliedsbuch *n;* **2.** *tech* Registriergerät *n;* **3.** *mus* Register *n;* **4.** *ling* Sprachebene *f;* ▶ **take the ~** die Namen aufrufen; **electoral ~** Wählerverzeichnis *n;* **~ of births, deaths and marriages** Personenstandsbuch *n;* **II** *tr* **1.** eintragen; registrieren; **2.** *(Heirat)* anmelden; eintragen lassen; **3.** *(Menge)* registrieren; **4.** *(Glück)* zum Ausdruck bringen; **5.** *(Brief)* einschreiben; **6.** *fig* registrieren; **III** *itr* **1.** sich eintragen; sich einschreiben; *(Hotel)* einchecken; **2.** *tech* passen (*with* zu); ▶ **~ with the police** sich polizeilich melden; **~ for a course** e-n Kurs belegen; **reg·is·tered** [ˈredʒɪstəd] *adj* **1.** *(amtlich)* eingetragen; amtlich zugelassen; **2.** *(Brief)* eingeschrieben; ▶ **~ trade-mark** eingetragenes Warenzeichen.

reg·is·trar [ˌredʒɪˈstrɑː(r)] **1.** Standesbeamte(r) *m,* -beamtin *f;* **2.** *(Universität)* Kanzler(in) *m (f);* **3.** *med* Krankenhausarzt *m,* -ärztin *f;* ▶ **~'s office** *Br* Standesamt *n.*

reg·is·tra·tion [ˌredʒɪˈstreɪʃn] **1.** Einschreibung, Registrierung *f;* **2.** Anmeldung *f;* Eintrag(ung *f*) *m;* **3.** Registrierung *f;* **4.** *(Gepäck)* Aufgeben *n;* **5.** *(Brief)* Einschreiben *n;* **registration fee** Anmeldegebühr *f;* **registration number** *mot* polizeiliches Kennzeichen; **registration document** *mot* Kraftfahrzeugbrief *m.*

reg·is·try ['redʒɪstrɪ] **1.** Sekretariat *n;* **2.** *rel* Sakristei *f;* **3.** *(~ office) Br* Standesamt *n;* ▶ **port of ~** Heimathafen *m.*

re·gress [rɪ'gres] *itr* sich zurückentwickeln; **re·gres·sion** [rɪ'greʃn] rückläufige Entwicklung; **re·gres·sive** [rɪ'gresɪv] *adj* regressiv *a. biol.*

re·gret [rɪ'gret] **I** *tr* bedauern; nachtrauern (*s.th.* e-r S); ▶ **I ~ to say that ...** ich muß Ihnen leider mitteilen, daß ... **it is to be ~ted that ...** es ist bedauerlich, daß ... **II** *s* Bedauern *n* (*at* über); ▶ **much to my ~** sehr zu meinem Bedauern; **have no ~s** nichts bereuen; **re·gret·ful** [rɪ'gretfl] *adj* bedauernd; **re·gret·ful·ly** [—fəlɪ] *adv* bedauerlicherweise; mit Bedauern; **re·gret·table** [—əbl] *adj* bedauerlich.

re·group [ˌri:'gru:p] *tr* umgruppieren.

regu·lar ['regjʊlə(r)] **I** *adj* **1.** regelmäßig; gleichmäßig; **2.** *(Anstellung)* fest, regulär; geregelt; **3.** *(Preis)* normal; **4.** *(Kunde)* Stamm-; **5.** *rail* fahrplanmäßig; **6.** *(Bewegung)* gleichförmig, -mäßig; **7.** *mil* Berufs-; **8.** *gram* regelmäßig; **9.** *fam* regelrecht; **10.** *Am fam* pfundig, patent; ▶ **keep ~ hours** feste Zeiten haben; **~ procedure demands that ...** der Ordnung halber muß man ... **II** *s* **1.** *mil* Berufssoldat *m;* **2.** Stammkunde *m,* -kundin *f;* **regu·lar·ity** [ˌregjʊ'lærətɪ] **1.** Regelmäßigkeit *f;* Gleichmäßigkeit *f;* **2.** Geregeltheit *f;* **regu·lar·ize** ['regjʊləraɪz] *tr* **1.** regulieren; **2.** *(Situation)* normalisieren.

regu·late ['regjʊleɪt] *tr* **1.** steuern, regeln; regulieren *a. tech;* **2.** *(Uhr)* nach-, einstellen; **regu·la·tion** [ˌregjʊ'leɪʃn] **I** *s* **1.** Regelung, Regulierung *f;* **2.** Vorschrift *f;* ▶ **according to ~s** laut Vorschrift; **be contrary to ~s** gegen die Vorschrift verstoßen; **safety ~s** *pl* Sicherheitsvorschriften *f pl;* **II** *attr* vorgeschrieben; **regu·la·tor** ['regjʊleɪtə(r)] *tech* Regler *m.*

re·gur·gi·tate [ri:'gɜ:dʒɪteɪt] *tr* **1.** wieder von sich geben; **2.** *fig* wiederkäuen.

re·ha·bili·tate [ˌri:ə'bɪlɪteɪt] *tr* **1.** rehabilitieren; **2.** *(Flüchtling)* eingliedern; **re·ha·bili·ta·tion** [ˌri:əˌbɪlɪ'teɪʃn] **1.** Rehabilitation *f;* **2.** Eingliederung *f* in die Gesellschaft; **rehabilitation centre** Rehabilitationszentrum *n.*

re·hash [ˌri:'hæʃ] **I** *tr fig* aufbereiten; **II** *s* ['ri:hæʃ] Aufbereitung *f.*

re·hearsal [rɪ'hɜ:sl] **1.** *theat mus* Probe *f;* **2.** *fig* Aufzählung *f;* **re·hearse** [rɪ'hɜ:s] *tr* **1.** *theat* proben; **2.** *fig* aufzählen.

reign [reɪn] **I** *s* Regentschaft *f;* Herrschaft *f a. fig;* ▶ **in the ~ of** während der Regierungszeit *gen;* **II** *itr* regieren, herrschen (*over* über).

re·im·burse [ˌri:ɪm'bɜ:s] *tr* **1.** entschädigen; **2.** *(Verlust)* ersetzen; **3.** *(Kosten)* zurückerstatten, ersetzen; ▶ **~ s.o. for his expenses** jdm s-e Auslagen zurückerstatten; **re·im·burse·ment** [—mənt] **1.** Entschädigung *f;* **2.** Ersatz *m;* **3.** Rückerstattung *f.*

rein [reɪn] **I** *s* Zügel *m a. fig;* ▶ **hold the ~s** *fig* die Zügel in der Hand haben; **keep a tight ~ on s.o.** bei jdm die Zügel kurz halten; **give free ~ to s.o./s.th.** jdm/e-r S freien Lauf lassen; **II** *tr (~ back, in, up)* **1.** zügeln; **2.** *fig* im Zaum halten.

re·in·car·na·tion [ˌri:ɪnkɑ:'neɪʃn] *rel* Wiedergeburt, Reinkarnation *f.*

rein·deer ['reɪndɪə(r)] Ren(tier) *n.*

re·in·force [ˌri:ɪn'fɔ:s] *tr* **1.** verstärken *a. psych mil;* **2.** *(Beton)* armieren; **3.** *(Aussage)* stützen, bestätigen; ▶ **~d concrete** Stahlbeton *m;* **re·in·force·ment** [—mənt] Verstärkung *f a. mil.*

re·in·state [ˌri:ɪn'steɪt] *tr* **1.** wiedereinstellen (*in* in); **2.** *(Ordnung)* wiederherstellen.

re·in·sure [ˌri:ɪn'ʃʊə(r)] *tr* weiterversichern.

re·in·te·grate [ˌri:'ɪntəgreɪt] *tr* wiedereingliedern; **re·in·te·gra·tion** ['ri:ˌɪntə'greɪʃn] Wiedereingliederung, Reintegration *f.*

re·is·sue [ˌri:'ɪʃu:] **I** *s* Neuausgabe, -auflage *f;* **II** *tr* neu herausgeben.

re·iter·ate [ri:'ɪtəreɪt] *tr* wiederholen; **re·iter·ation** [ri:ˌɪtə'reɪʃn] Wiederholung *f.*

re·ject [rɪ'dʒekt] **I** *tr* **1.** ablehnen, zurückweisen; **2.** *(Plan)* verwerfen; ausschlagen; **3.** *(Kandidaten)* durchfallen lassen; **4.** *med* nicht vertragen; abstoßen; **II** *s* ['ri:dʒekt] *com* Ausschuß *m;* **re·jec·tion** [rɪ'dʒekʃn] **1.** Ablehnung, Zurückweisung *f;* **2.** Abweisung *f;* Verwerfen *n;* **3.** *med* Abstoßung *f.*

re·joice [rɪ'dʒɔɪs] **I** *tr* erfreuen; **II** *itr* sich freuen (*at, over* über, an); **re·joic·ing** [—ɪŋ] Jubel *m.*

re·join[1] [ˌri:'dʒɔɪn] *tr* sich wieder anschließen an.

re·join[2] [rɪ'dʒɔɪn] *tr* erwidern; **re·join·der** [—də(r)] Erwiderung *f.*

re·ju·ven·ate [ri:'dʒu:vəneɪt] *tr* verjüngen.

re·kindle [rɪ:'kɪndl] *tr* **1.** *(Feuer)* wieder anzünden; **2.** *fig* wieder entzünden.

re·lapse [rɪ'læps] **I** *itr* **1.** *med* e-n Rückfall haben; **2.** *com* e-n Rückschlag erleiden; ▶ **~ into crime** rückfällig werden; **II** *s* **1.** *med* Rückfall *m;* **2.** *com* Rückschlag *m;* **3.** *jur* Rückfall *m* (*into* in).

re·late [rɪ'leɪt] **I** *tr* **1.** erzählen; aufzählen;

2. in Verbindung bringen (*to, with* mit); ▶ **strange to ~** so unglaublich es klingt; **II** *itr* **1.** zusammenhängen (*to* mit); **2.** e-e Beziehung finden (*to* zu); **re·lated** [rɪˈleɪtɪd] *adj* **1.** verwandt (*to* mit); **2.** zusammenhängend; ▶ **be ~ to s.th.** mit etw zusammenhängen, verwandt sein.

re·la·tion [rɪˈleɪʃn] **1.** Beziehung *f,* Verhältnis *n;* **2.** Verwandte(r) *f m;* **3.** *pl* Beziehungen *f pl;* ▶ **in ~ to** in bezug auf; im Verhältnis zu; **bear no ~ to** keinerlei Beziehung haben zu; **have business ~s with** Geschäftsverbindungen unterhalten, pflegen mit; **she's a ~ of mine** sie ist mit mir verwandt; **re·la·tion·ship** [—ʃɪp] **1.** Verbindung, Beziehung *f;* Verhältnis *n;* **2.** Verwandtschaft *f* (*to* zu); ▶ **have a ~ with** ein Verhältnis haben mit; **friendly ~** freundschaftliches Verhältnis.

rela·tive [ˈrelətɪv] **I** *adj* **1.** relativ; respektiv; **2.** *gram* Relativ-; ▶ **~ to** sich beziehend auf; **live in ~ luxury** relativ luxuriös leben; **II** *s* **1.** Verwandte(r) *f m;* **2.** *gram* Relativsatz *m;* **rela·tive·ly** [—lɪ] *adv* verhältnismäßig; **rela·tiv·ity** [ˌreləˈtɪvətɪ] *phys* Relativität *f;* ▶ **theory of ~** Relativitätstheorie *f.*

re·lax [rɪˈlæks] **I** *tr* **1.** lockern; **2.** *(Muskeln, Geist)* entspannen; **3.** *(Aufmerksamkeit)* nachlassen in; ▶ **~ one's grip, hold on s.th.** den Griff bei etw lockern; **II** *itr* **1.** sich lockern; **2.** sich erholen, sich entspannen; **re·lax·ation** [ˌri:lækˈseɪʃn] **1.** Lockerung *f;* Entspannung *f;* **2.** Erholung *f.*

re·lay [ˈri:leɪ] **I** *s* **1.** Ablösung *f;* **2.** *sport* Staffel(lauf *m*) *f;* **3.** *radio* Relais *n;* ▶ **work in ~** sich ablösen; **II** *tr* **1.** *radio* übertragen; **2.** *(Nachricht)* ausrichten (*to s.o.* jdm).

re-lay [ˌri:ˈleɪ] *tr irr s. lay (Teppich)* neu verlegen.

re·lease [rɪˈli:s] **I** *tr* **1.** frei-, entlassen; freigeben; befreien; **2.** *(von Versprechen)* entbinden; **3.** *(von Schmerz)* erlösen; **4.** *(Bremse)* lösen; **5.** *(Bombe)* abwerfen; **6.** *(Film)* herausbringen; **7.** *(Nachricht)* veröffentlichen; **8.** *(Gas)* freisetzen; ausströmen; **9.** *(Titel)* aufgeben; ▶ **~ s.o. on bail** jdn gegen Kaution freilassen; **~ one's hold on s.th.** etw loslassen; **II** *s* **1.** Entlassung, Freilassung *f;* Freigabe *f;* **2.** Entlastung, Befreiung, Entbindung *f* (*from* von); **3.** *tech* Lösen *n;* Auslösen *n;* **4.** *(Film)* Herausbringen *n;* **5.** Veröffentlichung *f;* **6.** *(Gas)* Freisetzung *f;* **7.** *fig* Verzicht *m,* Aufgabe *f.*

rel·egate [ˈrelɪgeɪt] *tr* **1.** degradieren; **2.** *sport* absteigen lassen; **3.** *(Anliegen)* weiterleiten (*to* an).

re·lent [rɪˈlent] *itr* nachgeben; nachlassen; **re·lent·less** [—lɪs] *adj* erbarmungslos; unerbittlich.

rel·evant [ˈreləvənt] *adj* **1.** relevant (*to* für); **2.** *(Behörde)* zuständig; **3.** *(Untersuchung)* sachbezogen.

re·lia·bil·ity [rɪˌlaɪəˈbɪlətɪ] **1.** Zuverlässigkeit *f;* Verläßlichkeit *f;* **2.** *(Firma)* Seriosität *f;* **re·liable** [rɪˈlaɪəbl] *adj* **1.** zuverlässig; verläßlich; **2.** *(Firma)* seriös, vertrauenswürdig; **re·li·ance** [rɪˈlaɪəns] Vertrauen *n* (*on* auf); ▶ **place ~ on s.th.** sich auf etw verlassen; **re·li·ant** [rɪˈlaɪənt] *adj* angewiesen (*on, upon* auf).

relic [ˈrelɪk] **1.** Überbleibsel, Relikt *n;* **2.** *rel* Reliquie *f.*

re·lief [rɪˈli:f] **1.** Erleichterung *f* (*from* von); **2.** Abwechslung *f;* **3.** Hilfe *f;* Entlastung *f;* **4.** *mil* Ablösung *f;* **5.** *(Kunst)* Relief *n;* **6.** *jur* Rechtshilfe *f* (*of* bei); ▶ **bring s.o. ~** jdm Erleichterung verschaffen; **go to s.o.'s ~** jdm zu Hilfe eilen; **~ of the poor** Armenfürsorge *f;* **stand out in ~ against s.th.** sich von etw abheben; **throw s.th. into ~** etw hervortreten lassen; **relief driver** Ablösung *f;* **relief train** Entlastungszug *m;* **relief worker** Katastrophenhelfer(in) *m (f).*

re·lieve [rɪˈli:v] *tr* **1.** erleichtern; helfen (*s.o.* jdm); **2.** *(Last)* befreien; abnehmen; **3.** *(Schmerz)* mildern, schwächen; lindern; **4.** *(Spannung)* abbauen; **5.** *(Armut)* erleichtern; **6.** *mil* ablösen; **7.** *(Stadt)* befreien; ▶ **he was ~d to learn that** er war erleichtert, als er das hörte; **~ s.o.'s mind** jdn beruhigen; **~ one's feelings** seinen Gefühlen Luft machen; **~ o.s.** *euph* sich erleichtern.

re·lig·ion [rɪˈlɪdʒən] Religion *f;* Glaube(n) *m;* ▶ **freedom of ~** Religionsfreiheit *f;* **war of ~** Religionskrieg *m;* **re·lig·ious** [rɪˈlɪdʒəs] **I** *adj* **1.** religiös; **2.** gläubig, fromm; **3.** gewissenhaft; ▶ **~ instruction** Religionsunterricht *m;* **~ leader** Religionsführer(in) *m (f);* **II** *s* Ordensmann *m,* -frau *f.*

re·lin·quish [rɪˈlɪŋkwɪʃ] *tr* aufgeben, verzichten auf; ▶ **~ one's hold on s.o.** jdn loslassen; **~ s.th. to s.o.** jdm etw abtreten.

reli·quary [ˈrelɪkwərɪ] *rel* Reliquienschrein *m.*

rel·ish [ˈrelɪʃ] **I** *s* **1.** Geschmack, Gefallen *m* (*for* an); **2.** Soße *f;* Würze *f;* **3.** *fig* Charme *m;* ▶ **do s.th. with ~** etw mit Genuß tun; **it has lost all ~ (for me)** das hat für mich jeglichen Reiz verloren; **II** *tr* genießen; sich schmecken lassen; ▶ **I don't ~ doing that** das ist gar nicht nach meinem Geschmack.

re·lo·cate [ˌri:ləʊˈkeɪt] *tr* umsiedeln, verlegen; **re·lo·ca·tion** [ˌri:ləʊˈkeɪʃn] Umzug *m;* Umsiedlung *f.*

re·luc·tance [rɪˈlʌktəns] Abneigung *f,* Widerwillen *m;* ▶ **do s.th. with ~** etw widerwillig tun; **re·luc·tant** [rɪˈlʌktənt] *adj* unwillig, widerwillig; ▶ **he was ~ to**

leave er ging ungern.

rely [rɪ'laɪ] *itr* sich verlassen, angewiesen sein (*on, upon* auf); ▶ **he can be relied on** man kann sich auf ihn verlassen.

re·main [rɪ'meɪn] *itr* **1.** bleiben; übrigbleiben; **2.** fortdauern, bestehenbleiben; ▶ **much ~s to be done** es bleibt noch viel zu tun; **nothing ~s to be said** es bleibt nichts mehr zu sagen; **that ~s to be seen** das wird sich zeigen; **~ silent** weiterhin schweigen; **it ~s the same** das bleibt sich gleich; **re·main·der** [rɪ'meɪndə(r)] Rest *m a. math;* Rückstand *m;* **re·main·ing** [rɪ'meɪnɪŋ] *adj* übrig, restlich; **re·mains** [rɪ'meɪnz] *pl* Reste *m pl;* Überreste *m pl;* Ruinen *f pl.*

re·make [ˌri:'meɪk] **I** *tr irr s. make* noch einmal, neu machen; **II** *s* ['ri:meɪk] Neuverfilmung *f.*

re·mand [rɪ'mɑ:nd] **I** *tr jur* vertagen; ▶ **~ s.o. in custody** jdn in Untersuchungshaft behalten; **~ s.o. on bail** jdn gegen Kaution aus der Untersuchungshaft entlassen; **II** *s* ▶ **be on ~** in Untersuchungshaft sein; **remand home, centre** *Br* Untersuchungsgefängnis *n* für Jugendliche.

re·mark [rɪ'mɑ:k] **I** *tr* bemerken; wahrnehmen; **II** *itr* e-e Bemerkung machen (*on, upon* über); ▶ **nobody ~ed on it** niemand hat etwas dazu gesagt; **III** *s* Bemerkung *f;* ▶ **have a few ~s on that subject** einiges zum Thema zu sagen haben; **worthy of ~** bemerkenswert; **re·mark·able** [—əbl] *adj* bemerkenswert; beachtlich; außergewöhnlich.

re·mar·riage [ˌri:'mærɪdʒ] Wiederverheiratung *f;* **re·marry** [ˌri:'mærɪ] *itr* wieder heiraten.

re·medi·able [rɪ'mi:dɪəbl] *adj (Fehler)* behebbar; **re·medial** [rɪ'mi:dɪəl] *adj* heilend; Hilfs-; ▶ **~ class** Förderklasse *f;* **~ exercises** *pl* Heilgymnastik *f;* **~ measure** Hilfsmaßnahme *f;* **~ teaching** Förderunterricht *m.*

rem·edy ['remədɪ] **I** *s* **1.** Heilmittel *n* (*for* gegen); **2.** *fig* Mittel *n;* **3.** *jur* Rechtsmittel *n;* ▶ **the situation is beyond ~** die Lage ist hoffnungslos; **unless we can find a ~** wenn wir keinen Ausweg finden; **II** *tr* **1.** *med* heilen; **2.** *fig* beheben; bessern; abhelfen (*s.th.* e-r S).

re·mem·ber [rɪ'membə(r)] **I** *tr* **1.** sich erinnern an; denken an; merken; **2.** grüßen; ▶ **~ to do s.th.** daran denken, etw zu tun; **I ~ doing it** ich erinnere mich daran, daß ich es getan habe; **~ me to your father** grüßen Sie Ihren Vater von mir; **II** *itr* sich erinnern; ▶ **if I ~ right** wenn ich mich recht erinnere; **re·mem·brance** [rɪ'membrəns] **1.** Erinnerung *f* (*of* an); **2.** Andenken *n* (*of* an); **3.** *pl* Grüße *m pl;* ▶ **in ~ of** zur Erinnerung an; **to the best of my ~** soweit ich mich erinnern kann; **remembrance service** Gedenkgottesdienst *m.*

re·mind [rɪ'maɪnd] *tr* erinnern (*of* an); ▶ **~ s.o. to do s.th.** jdn daran erinnern, etw zu tun; **that ~s me!** dabei fällt mir etwas ein! **re·minder** [rɪ'maɪndə(r)] **1.** Gedächtnisstütze *f;* **2.** *com* Mahnung *f;* Mahnbescheid *m.*

remi·nisce [ˌremɪ'nɪs] *itr* in Erinnerungen schwelgen (*about* an); **remi·nis·cence** [ˌremɪ'nɪsns] **1.** Erinnerung *f* (*of* an); **2.** *pl* (Lebens)Erinnerungen *f pl;* **remi·nis·cent** [ˌremɪ'nɪsnt] *adj* sich erinnernd (*of* an); ▶ **be ~ of s.th.** an etw erinnern; **be feeling ~** in nostalgischer Stimmung sein.

re·miss [rɪ'mɪs] *adj* nachlässig (*in s.th.* bei etw).

re·mission [rɪ'mɪʃn] **1.** *jur* Straferlaß *m;* **2.** *rel* Nachlaß *m;* **3.** *com* Überweisung *f;* **4.** *med* Nachlassen *n.*

re·mit [rɪ'mɪt] **I** *tr* **1.** *(Sünde)* erlassen; **2.** *(Geld)* überweisen; **3.** verschieben, vertagen; **4.** *jur* verweisen (*to* an); **II** *itr* nachlassen; **re·mit·tance** [rɪ'mɪtns] *(Geld)* Überweisung *f* (*to* an); **remittance slip** Einzahlungsschein *m.*

re·mit·tent [rɪ'mɪtnt] *adj* vorübergehend nachlassend.

rem·nant ['remnənt] Rest, Überrest *m;* **remnant sale** Resteverkauf *m.*

re·model [ˌri:'mɒdl] *tr* umbilden, -gestalten, -formen.

re·mon·strance [rɪ'mɒnstrəns] Protest *m* (*with* bei; *against* gegen); **re·mon·strate** ['remənstreɪt] *itr* protestieren (*against* gegen); ▶ **~ with s.o.** jdm Vorhaltungen machen.

re·morse [rɪ'mɔ:s] Reue *f* (*at, over* über); ▶ **without ~** erbarmungslos; **re·morse·ful** [rɪ'mɔ:sfl] *adj* reumütig; **re·morse·less** [—lɪs] *adj* mitleids-, erbarmungslos.

re·mote [rɪ'məʊt] *adj* **1.** entfernt, entlegen, abgelegen (*from* von); **2.** *(Vergangenheit, Zukunft)* fern; **3.** *fig* entfernt; **4.** unnahbar, unzulänglich; **5.** *(Chance)* gering, winzig; **6.** *(Ähnlichkeit, Aussichten)* schwach; ▶ **in a ~ spot** an e-r abgelegenen Stelle; **I haven't the ~st idea** ich habe nicht die leiseste Ahnung; **~ control** *tech* Fernsteuerung *f; radio TV* Fernbedienung *f;* **remote-controlled** *adj* ferngelenkt, -gesteuert; **re·mote·ness** [—nɪs] Abgelegenheit *f;* Entferntheit *f; fig* Unnahbarkeit *f.*

re·mould ['ri:məʊld] **I** *tr (Reifen)* runderneuern; **II** *s* runderneuerter Reifen.

re·mount [ˌri:'maʊnt] **I** *tr* **1.** *(Pferd)* wieder besteigen; **2.** *(Bild, Karte)* neu aufziehen; **II** *itr* wieder aufsitzen.

re·mov·able [rɪ'mu:vəbl] *adj* **1.** heraus-, abnehmbar; **2.** *(Knopf)* abtrennbar; **3.** *(Flecken)* zu entfernen; **re·moval** [rɪ'mu:vl] **1.** Entfernung *f;* Abnahme *f;* Beseitigung *f;* **2.** Herausnehmen *n;* **3.**

Aufhebung *f;* Zerstreuung *f;* **4.** Umzug *m;* **5.** *tech* Ausbau *m;* **6.** *(Zollschranken)* Abbau *m;* **removal expenses** *pl* Umzugskosten *pl;* **removal firm** Möbelspedition *f;* **removal van** Möbelwagen *m;* **re·move** [rɪ'mu:v] **I** *tr* **1.** entfernen, beseitigen, wegschaffen, -nehmen; **2.** forträumen, woanders hinbringen, -schaffen; **3.** *tech* ausbauen; **4.** *(Steuern)* aufheben; **5.** *(Zweifel)* zerstreuen; **6.** *(Kleidung)* ausziehen, ablegen; **7.** *(Schwierigkeiten)* beseitigen; **8.** *(Mißbrauch)* abstellen, beheben; **9.** *(Namen)* streichen; **10.** *(Beamte)* entlassen, absetzen; **11.** transportieren; ▶ ~ **s.th. from s.o.** jdm etw wegnehmen; ~ **s.o. to hospital** jdn ins Krankenhaus einliefern; **be far ~d from ...** weit entfernt sein von ... **a cousin once ~d** ein Cousin ersten Grades; **II** *itr* umziehen (*to* nach); **III** *s* ▶ **be only a few ~s from ...** nicht weit entfernt sein von ..; **re·mover** [rɪ'mu:və(r)] **1.** Möbelpacker *m;* **2.** *(Flecken, Nagellack)* Entferner *m.*

re·mun·er·ate [rɪ'mju:nəreɪt] *tr* belohnen; bezahlen, vergüten; **re·mun·er·ation** [rɪˌmju:nə'reɪʃn] Belohnung *f;* Bezahlung, Vergütung *f;* **re·mun·er·ative** [rɪ'mju:nərətɪv] *adj* lohnend, einträglich.

Re·nais·sance [rɪ'neɪsns, *Am* 'renəsɑ:ns] Renaissance *f.*

re·nal ['ri:nl] *adj* Nieren-.

re·name [ˌri:'neɪm] *tr* umbenennen, umtaufen.

re·nas·cent [rɪ'næsnt] *adj* wiedererwachend.

rend [rend] ‹*irr* **rent, rent**› *tr* zerreißen; ▶ ~ **s.th. from s.o.** jdm etw entreißen.

ren·der ['rendə(r)] *tr* **1.** *(Hilfe)* leisten; **2.** *(Erklärung)* abgeben; **3.** *(Rechenschaft)* ablegen (*of* über); **4.** wiedergeben; übertragen; **5.** *(e-n Dienst)* erweisen; **6.** *(Hilfe)* leisten; **7.** machen; **8.** *(Gedicht)* vortragen; **9.** *(Fett)* auslassen; **10.** *(Gebäude)* verputzen; ▶ ~ **assistance** Hilfe leisten; ~ **account** Rechnung vorlegen; **his accident ~ed him helpless** der Unfall hat ihn hilflos gemacht; ~ **up** *(Gefangene)* übergeben; **ren·dering** ['rendərɪŋ] **1.** Übertragung, Übersetzung *f* (*into* in); **2.** *mus* Wiedergabe *f;* **3.** *arch* Putz *m.*

ren·dez·vous ['rɒndɪvu:] **I** *itr* sich treffen (*with* mit); **II** *s* ‹*pl* -› ['rɒndɪvu:z] **1.** Treffpunkt *m;* **2.** Rendezvous *n.*

ren·di·tion [ren'dɪʃn] *mus* Wiedergabe *f;* Interpretation *f.*

ren·egade ['renɪgeɪd] Abtrünnige(r) *f m.*

re·new [rɪ'nju:] *tr* **1.** erneuern; **2.** *(Verhandlung)* wiederaufnehmen; **3.** *(Gesundheit)* wiederherstellen; **4.** *(Vorräte)* erneuern, auffrischen; **5.** *(Vertrag)* verlängern; ▶ ~ **a library book** ein Buch verlängern lassen; **with ~ed energy** mit frischer, neuer Energie; **re·newal** [rɪ'nju:əl] **1.** Erneuerung *f;* **2.** Wiederaufnahme *f;* **3.** Wiederherstellung *f;* **4.** Auffrischung *f;* **5.** *(Vertrag)* Verlängerung *f;* **re·newed** [rɪ'nju:d] *adj* neu; erneut.

ren·net ['renɪt] (Kälber)Lab *n.*

re·nounce [rɪ'naʊns] **I** *tr* **1.** verzichten auf, aufgeben; entsagen (*s.th.* e-r S); **2.** *(Erbschaft)* ausschlagen, ablehnen; **3.** *(Meinung)* abschwören, leugnen; **II** *itr* (auf sein Recht) verzichten.

reno·vate ['renəveɪt] *tr* renovieren; restaurieren; **reno·va·tion** [ˌrenə'veɪʃn] Renovierung, Renovation *f;* Restaurierung *f.*

re·nown [rɪ'naʊn] guter Ruf; Ansehen *n;* **re·nowned** [rɪ'naʊnd] *adj* berühmt (*for* für).

rent[1] [rent] **I** *v s. rend;* **II** *s* Riß *m;* Spalte *f.*

rent[2] [rent] **I** *s* Miete *f;* Pacht *f;* ▶ **for ~** *Am* zu vermieten; zu verpachten; **II** *tr* **1.** mieten; pachten (*from* von); **2.** *(~ out)* vermieten; verpachten; **rental** ['rentl] **1.** Miete *f;* Leihgebühr *f;* Pacht *f;* **2.** *pl* Miet- und Pachteinnahmen *f pl;* ▶ ~ **library** *Am* Leihbücherei *f;* **rent arrears** *pl* Mietrückstände *pl;* **rent boy** *fam* Strichjunge *m;* **rent-free** *adj* miet-, pachtfrei.

re·nunci·ation [rɪˌnʌnsɪ'eɪʃn] **1.** Verzicht *m* (*of* auf), Aufgabe *f;* Entsagung *f;* **2.** Verleugnung *f.*

re·open [ri:'əʊpən] *tr, itr* wieder (er)öffnen; wieder beginnen.

re·or·gan·iza·tion [ˌri:ɔ:gənaɪ'zeɪʃn] Neuorganisation *f;* Umordnung *f;* Neueinteilung *f;* **re·or·gan·ize** [ri:'ɔ:gənaɪz] *tr* neu organisieren; umordnen; neu einteilen.

rep [rep] *s. representative; repertory.*

re·paint [ri:'peɪnt] neu streichen.

re·pair[1] [ri:'peə(r)] **I** *tr* **1.** ausbessern, reparieren, flicken; **2.** *(Unrecht)* wiedergutmachen; **II** *s* **1.** Ausbesserung, Reparatur *f;* **2.** *fig* Wiedergutmachung *f;* **3.** *pl* Instandsetzungsarbeiten *f pl;* ▶ **be under ~** in Reparatur sein; **put s.th. in for ~** etw zur Reparatur bringen; **beyond ~** nicht mehr zu reparieren; **be in good ~** in gutem Zustand sein; **closed for ~s** wegen Reparaturarbeiten geschlossen; **road ~s** *pl* Straßenbauarbeiten *f pl.*

re·pair[2] [rɪ'peə(r)] *itr* sich begeben (*to* nach).

re·pair·able [rɪ'peərəbl] *adj* zu reparieren, reparabel; **repair kit** Flickzeug *n;* **repair·man** [—mən] ‹*pl* -men› Handwerker *m;* **repair shop** Reparaturwerkstatt *f.*

re·pa·per [ri:'peɪpə(r)] neu tapezieren.

rep·ar·able ['repərəbl] *adj* wiedergutzumachen, reparabel; ersetzbar; **rep·ar·ation** [ˌrepə'reɪʃn] **1.** Wiedergutmachung *f;* Entschädigung *f;* **2.** *meist pl* Reparationen *f pl.*

rep·ar·tee [ˌrepɑːˈtiː] schlagfertige Antwort; ► **be good at ~** schlagfertig sein.

re·pat·ri·ate [riːˈpætrɪeɪt] *tr* repatriieren; **re·pat·ri·ation** [ˌriːpætrɪˈeɪʃn] Repatriierung *f.*

re·pay [rɪˈpeɪ] *tr irr s. pay* **1.** zurückzahlen; **2.** *(Ausgaben)* entschädigen (*for* für); **3.** *(Schuld)* abzahlen; **4.** *(Gefälligkeit, Besuch)* erwidern; **5.** *(Unrecht)* vergelten; **6.** *(Mühe)* belohnen; **re·pay·able** [—əbl] *adj* rückzahlbar; **re·pay·ment** [—mənt] **1.** Rückzahlung, Vergütung *f;* **2.** *fig* Lohn *m;* ► **in ~** als Rückzahlung.

re·peal [rɪˈpiːl] **I** *tr (Gesetz)* aufheben; **II** *s* Aufhebung *f.*

re·peat [rɪˈpiːt] **I** *tr* wiederholen; weitersagen; **II** *itr* **1.** wiederholen *a. mus;* **2.** *math* periodisch sein; ► **~ after** nachsprechen; **III** *s* **1.** *TV* Wiederholung *f;* **2.** *mus* Wiederholungszeichen *n;* **re·peat·ed** [rɪˈpiːtɪd] *adj* wiederholt; **repeat order** *com* Nachbestellung *f;* **repeat performance** Wiederholungsvorstellung *f.*

re·pel [rɪˈpel] *tr* **1.** zurückschlagen, -stoßen, -treiben; **2.** *(Insekt)* abwehren; **3.** *(Flüssigkeit)* abstoßen *a. fig;* **4.** *fig* anwidern; **re·pel·lent** [rɪˈpelənt] **I** *adj fig* widerwärtig; ► **~ to water** wasserabstoßend; **II** *s* ► **insect ~** Insektenschutzmittel *n.*

re·pent [rɪˈpent] *tr* bereuen; *itr* Reue empfinden; **re·pent·ance** [—əns] Reue *f;* **re·pent·ant** [—ənt] *adj* reuig, reuevoll.

re·per·cussion [ˌriːpəˈkʌʃn] **1.** *fig* Auswirkung *f* (*on* auf); **2.** Erschütterung *f;* ► **~s** *pl* Nachspiel *n;* **have ~s on s.th.** sich auf etw auswirken.

rep·er·toire [ˈrepətwɑː(r)] *theat* Repertoire *n;* **repertory company** Repertoire-Ensemble *n;* **repertory theatre** Repertoire-Theater *n.*

rep·er·tory [ˈrepətrɪ] **1.** *fig* Fundgrube, Schatzkammer *f;* **2.** *theat* Repertoire *n.*

rep·eti·tion [ˌrepɪˈtɪʃn] Wiederholung *f;* **re·peti·tive** [rɪˈpetətɪv] *adj* sich wiederholend.

re·place [rɪˈpleɪs] *tr* **1.** zurückstellen, -legen, -setzen; **2.** *(Sache)* ersetzen; die Stelle einnehmen von; **3.** *(Teile)* austauschen; ► **~ the receiver** den Hörer auflegen; **re·place·able** [—əbl] *adj* ersetzbar; auswechselbar; **re·place·ment** [—mənt] **1.** Zurücksetzen, -stellen, -legen *n;* **2.** Ersatz *m;* Vertretung *f;* ► **~ engine** Austauschmotor *m;* **~ part** Ersatzteil *n.*

re·play [ˌriːˈpleɪ] **I** *tr sport* wiederholen; **II** *s* [ˈriːpleɪ] **1.** *sport* Wiederholungsspiel *n;* **2.** *TV* (action ~) Wiederholung *f.*

re·plen·ish [rɪˈplenɪʃ] *tr* **1.** ergänzen; **2.** *(Glas)* auffüllen.

re·plete [rɪˈpliːt] *adj* **1.** reichlich versehen (*with* mit); **2.** gesättigt; **re·ple·tion** [rɪˈpliːʃn] Sättigung *f;* ► **eat to ~** sich satt essen.

rep·lica [ˈreplɪkə] Kopie *f;* Nachbildung *f.*

re·ply [rɪˈplaɪ] **I** *itr* antworten, entgegnen (*to* auf); **II** *tr* beantworten, erwidern, entgegnen; **III** *s* Antwort *f;* Erwiderung *f;* ► **in ~ to your letter** in Beantwortung Ihres Briefes; **reply coupon** Antwortschein *m;* **reply-paid envelope** Freiumschlag *m.*

re·port [rɪˈpɔːt] **I** *tr* **1.** berichten über; melden; **2.** *(Verbrechen)* melden; anzeigen; ► **~ that ...** berichten, daß ... **he is ~ed as having said ...** er soll gesagt haben ... **~ s.o. for s.th.** jdn wegen etw melden; **~ s.o. sick** jdn krank melden; **II** *itr* **1.** sich melden; **2.** berichten, Bericht erstatten (*on* über); ► **~ for duty** sich zum Dienst melden; **~ sick** sich krank melden; **~ back** Bericht erstatten (*to s.o.* jdm); **III** *s* **1.** Bericht *m;* Gutachten *n* (*on* über); **2.** Reportage *f;* **3.** Gerücht *n;* **4.** guter Ruf; **5.** Knall *m;* ► **give a ~ on s.th.** Bericht über etw erstatten; **chairman's ~** Bericht *m* des Vorsitzenden; **there is a ~ that ...** es wird gesagt, daß ... **of good ~** von gutem Ruf; **report card** (Schul)Zeugnis *n;* **re·ported** [rɪˈpɔːtɪd] *adj* gemeldet; ► **~ speech** *gram* indirekte Rede; **re·porter** [rɪˈpɔːtə(r)] Reporter(in) *m (f);* Berichterstatter(in) *m (f);* ► **~s' gallery** Pressetribüne *f.*

re·pose [rɪˈpəʊz] **I** *tr (Vertrauen)* setzen (*in* in); **II** *refl* sich ausruhen; **III** *itr* **1.** ruhen; **2.** *fig* beruhen (*upon* auf); **IV** *s* Ruhe *f;* Gelassenheit *f.*

re·posi·tory [rɪˈpɒzɪtrɪ] **1.** Lager, Magazin *n;* **2.** *fig* Quelle *f;* Fundgrube *f.*

rep·re·hen·sible [ˌreprɪˈhensəbl] *adj* tadelnswert.

rep·re·sent [ˌreprɪˈzent] *tr* **1.** darstellen; stehen für; symbolisieren; **2.** *jur* vertreten; **3.** *(Bild)* darstellen, wiedergeben; **4.** *(Zeichen)* bedeuten; **5.** *(Risiko)* darstellen; **6.** vor Augen führen; **7.** *theat* darstellen, spielen; ► **~ a firm** e-e Firma vertreten; **he ~ed me as a fool** er stellte mich als Narren hin; **rep·re·sen·ta·tion** [ˌreprɪzenˈteɪʃn] **1.** Darstellung, Symbolisierung *f;* Hinstellung *f;* **2.** *theat* Darstellung *f;* **3.** *jur* Vertretung *f;* **4.** *pl* Vorstellungen, Vorhaltungen *f pl,* Proteste *m pl;* **rep·re·sen·ta·tive** [ˌreprɪˈzentətɪv] **I** *adj* **1.** repräsentativ; typisch; **2.** stellvertretend; **3.** *parl* repräsentativ; **II** *s* **1.** *com* Vertreter(in) *m (f);* **2.** *jur* Bevollmächtigte(r), Beauftragte(r) *f m;* **3.** *pol* Abgeordnete(r) *f m.*

re·press [rɪˈpres] *tr* **1.** unterdrücken; zügeln; **2.** *psych* verdrängen; **3.** *(Lachen)* zurückhalten; **re·pressed** [rɪˈprest] *adj* verdrängt; **re·pres·sion** [rɪˈpreʃn] **1.** Unterdrückung *f;* **2.** *psych* Verdrängung *f;* **re·pres·sive** [rɪˈpresɪv] *adj* repressiv.

re·prieve [rɪˈpri:v] **I** *tr jur* begnadigen; **II** *s* **1.** Begnadigung *f;* Strafaufschub *m;* **2.** *fig* Gnadenfrist *f.*

re·pri·mand [ˈreprɪmɑ:nd] **I** *s* Tadel *m;* Verweis *m;* **II** *tr* tadeln.

re·print [ˌri:ˈprɪnt] **I** *tr* nachdrucken; neu auflegen; **II** *s* [ˈri:prɪnt] Neuauflage *f;* Nachdruck *m.*

re·prisal [rɪˈpraɪzl] Repressalie *f;* Vergeltungsmaßnahme *f;* ▶ **as a ~ for** als Vergeltung für; **by way of ~** als Vergeltungsmaßnahme.

re·proach [rɪˈprəʊtʃ] **I** *tr* Vorwürfe machen (*s.o.* jdm); ▶ **~ s.o. for his mistake** jdm e-n Fehler vorwerfen; **~ s.o. for being late** jdm Vorwürfe machen, daß er zu spät gekommen ist; **II** *s* **1.** Vorwurf *m,* Vorhaltung *f;* **2.** Schande *f;* ▶ **above, beyond ~** über jeden Vorwurf erhaben; **be a ~ to s.o.** e-e Schande für jdn sein; **re·proach·ful** [rɪˈprəʊtʃfl] *adj* vorwurfsvoll.

rep·ro·bate [ˈreprəbeɪt] **I** *adj* verkommen; ruchlos; **II** *s* verkommenes Subjekt; **III** *tr* verdammen.

re·pro·cess [ˌri:ˈprəʊses] *tr* wiederverwerten; *(Atommüll)* wiederaufarbeiten; **re·pro·cess·ing** [—ɪŋ] Wiederaufarbeitung *f;* **reprocessing plant** Wiederaufarbeitungsanlage *f.*

re·pro·duce [ˌri:prəˈdju:s] **I** *tr* **1.** wiedergeben; reproduzieren; **2.** *typ* abdrucken; **3.** *theat* neu inszenieren; ▶ **~ its kind** *biol* sich fortpflanzen; **II** *itr biol* sich fortpflanzen; **re·pro·duc·tion** [ˌri:prəˈdʌkʃn] **1.** Reproduktion, Vervielfältigung *f;* **2.** *biol* Fortpflanzung *f;* **3.** *phot* Kopie *f;* **re·pro·duc·tive** [ˌri:prəˈdʌktɪv] *adj* Fortpflanzungs-.

re·proof[1] [rɪˈpru:f] Tadel *m,* Rüge *f.*

re·proof[2] [ri:ˈpru:f] *tr* neu imprägnieren.

re·prove [rɪˈpru:v] *tr* tadeln, rügen; **re·prov·ing** [rɪˈpru:vɪŋ] *adj* tadelnd.

rep·tile [ˈreptaɪl] Reptil *n;* **rep·til·ian** [repˈtɪlɪən] *adj* **1.** reptilartig; **2.** *fig* kriecherisch.

re·pub·lic [rɪˈpʌblɪk] Republik *f;* **re·pub·lican** [rɪˈpʌblɪkən] **I** *adj* republikanisch; **II** *s* Republikaner(in) *m (f).*

re·pub·li·ca·tion [ˌri:ˌpʌblɪˈkeɪʃn] Wieder-, Neuveröffentlichung *f.*

re·pudi·ate [rɪˈpju:dɪeɪt] *tr* **1.** *(Freund)* verstoßen; **2.** *(Schuld)* nicht anerkennen; **3.** *(Anklage)* zurückweisen.

re·pug·nance [rɪˈpʌgnəns] Widerwille *m,* Abneigung *f* (*towards, for* gegen); **re·pug·nant** [rɪˈpʌgnənt] *adj* widerlich, abstoßend.

re·pulse [rɪˈpʌls] **I** *tr* **1.** *(Angriff)* zurückschlagen; **2.** *fig* zurück-, abweisen; ablehnen; **II** *s* **1.** *mil* Abwehr *f;* **2.** *fig* Abweisung *f;* ▶ **meet with a ~** abgewiesen werden; **re·pul·sion** [rɪˈpʌlʃn] **1.** Widerwille *m* (*for* gegen); **2.** *phys* Abstoßung *f;* **re·pul·sive** [rɪˈpʌlsɪv] *adj* **1.** abstoßend, widerwärtig; **2.** *phys* abstoßend.

re·purchase [ˌri:ˈpɜ:tʃəs] **I** *tr* zurückkaufen, wiedererwerben; **II** *s* Rückkauf, Wiedererwerb *m;* **repurchase price** Rücknahmepreis *m.*

repu·table [ˈrepjʊtəbl] *adj* ordentlich, anständig; seriös; **repu·ta·tion** [ˌrepjʊˈteɪʃn] Ruf, Name *m;* Ansehen *n;* ▶ **of good, high ~** von gutem Ruf; **have a ~ for beauty** wegen seiner Schönheit bekannt sein; **live up to one's ~** seinem Ruf alle Ehre machen; **repute** [rɪˈpju:t] **I** *s* Ruf *m,* Ansehen *n;* ▶ **be held in high ~** in hohem Ansehen stehen; **know s.o. by ~** von jdm viel gehört haben; **a house of ill ~** ein Haus von zweifelhaftem Ruf; **II** *tr* ▶ **he is ~d to be ...** man sagt, daß er ... sei; **be ~d (to be) rich** als reich gelten; **re·puted** [rɪˈpju:tɪd] *adj* vermeintlich; angeblich.

re·quest [rɪˈkwest] **I** *s* Bitte *f,* Wunsch *m,* Ersuchen *n;* ▶ **at s.o.'s ~** auf jds Bitte(n); **on, by ~** auf Wunsch; **make a ~ for s.th.** um etw bitten; **record ~s** *pl* Plattenwünsche *m pl;* **II** *tr* bitten, ersuchen; ▶ **~ silence** um Ruhe bitten; **~ s.th. from s.o.** etw von jdm erbitten; **you are ~ed not to smoke** bitte nicht rauchen; **request programme** Wunschsendung *f;* **request stop** Bedarfshaltestelle *f.*

requiem [ˈrekwɪəm] Requiem *n.*

re·quire [rɪˈkwaɪə(r)] *tr* **1.** brauchen, benötigen; nötig haben; **2.** *(Arbeit)* erfordern; **3.** wünschen, mögen; **4.** verlangen; ▶ **the journey will ~ ...** man braucht ... für die Reise; **it ~s great care** das erfordert große Sorgfalt; **be ~d to do s.th.** etw tun müssen; **if ~d** falls notwendig; **when ~d** auf Wunsch; **~ s.o. to do s.th.** von jdm verlangen, daß er etw tut; **as ~d** nach Bedarf; **as ~d by law** den gesetzlichen Bestimmungen gemäß; **re·quire·ment** [—mənt] **1.** Bedürfnis *n,* Bedarf *m;* **2.** Wunsch, Anspruch *m;* **3.** Erfordernis *n;* ▶ **meet s.o.'s ~s** jds Bedürfnisse erfüllen; jds Wünschen entsprechen; **fit the ~s** den Erfordernissen entsprechen.

requi·site [ˈrekwɪzɪt] **I** *adj* erforderlich, notwendig; **II** *s* **1.** Erfordernis *n* (*for* für); **2.** *com* Artikel *m;* ▶ **travel ~s** *pl* Reiseartikel *m pl.*

requi·si·tion [ˌrekwɪˈzɪʃn] **I** *s* Anforderung *f;* ▶ **make a ~ for s.th.** etw anfordern; **II** *tr* anfordern; *mil* requirieren.

re·run [ˌri:ˈrʌn] **I** *tr irr s. run (Film)* wieder aufführen; **II** *s* [ˈri:rʌn] Wiederaufführung *f.*

re·sale [ˈri:seɪl] Weiterverkauf *m;* ▶ **not**

for ~ nicht zum Weiterverkauf bestimmt; **resale value** Wiederverkaufswert *m.*

re·scind [rɪˈsɪnd] *tr* **1.** *(Urteil)* annullieren, aufheben; **2.** *(Entscheidung)* rückgängig machen; **re·scis·sion** [rɪˈsɪʃn] **1.** Annullierung, Aufhebung *f;* **2.** Widerruf *m.*

res·cue [ˈreskju:] **I** *tr* **1.** retten *a. fig;* **2.** *fig* befreien; ▶ ~ **s.o. from drowning** jdn vor dem Ertrinken retten; **II** *s* **1.** Rettung, Hilfe *f;* **2.** *fig* Befreiung *f;* ▶ ~ **come to the** ~ **of s.o.** jdm zu Hilfe kommen; **rescue attempt** Rettungsversuch *m;* **rescue helicopter** Rettungshubschrauber *m;* **rescue operation** Rettungsaktion *f;* **rescue party** Rettungsmannschaft *f;* **res·cuer** [ˈreskjʊə(r)] Retter(in) *m (f).*

re·search [rɪˈsɜ:tʃ] **I** *s* Forschung *f* (*into, on* über); ▶ **do** ~ forschen; **a piece of** ~ e-e Forschungsarbeit; **II** *itr* forschen, Forschung treiben (*into* über); **III** *tr* erforschen, untersuchen; **re·searcher** [rɪˈsɜ:tʃə(r)] Forscher(in) *m (f);* **research fellowship** Forschungsstipendium *n;* **research work** Forschungsarbeit *f;* **research worker** Forscher(in) *m (f).*

re·sem·blance [rɪˈzembləns] Ähnlichkeit *f* (*between* zwischen); ▶ **bear a strong** ~ **to s.o.** starke Ähnlichkeit mit jdm haben; **re·semble** [rɪˈzembl] *tr* ähneln, ähnlich sehen, gleichen (*s.o.* jdm).

re·sent [rɪˈzent] *tr* übelnehmen, sich ärgern über; ▶ **he ~s my being here** er nimmt es mir übel, daß ich hier bin; **re·sent·ful** [rɪˈzentfl] *adj* ärgerlich (*of s.o.* auf jdn); **re·sent·ment** [—mənt] Ärger, Groll *m* (*of* über); ▶ **bear no** ~ **against s.o.** jdm nicht böse sein.

res·er·va·tion [ˌrezəˈveɪʃn] **1.** Vorbehalt *m;* **2.** Reservat *n;* **3.** Reservierung *f;* ▶ **central** ~ *Br (Autobahn)* Mittelstreifen *m;* **with ~s** unter Vorbehalt; **without** ~ vorbehaltlos, ohne Vorbehalt; **make a** ~ **at the hotel** ein Zimmer im Hotel reservieren; **re·serve** [rɪˈzɜ:v] **I** *tr* **1.** aufsparen, aufheben; **2.** *(Buch)* reservieren lassen; ▶ ~ **one's strength** seine Kräfte sparen; ~ **judgement** mit seinem Urteil zurückhalten; ~ **o.s. for s.th.** sich für etw schonen; **II** *s* **1.** Rücklage, Reserve *f,* Vorrat *m a. com;* **2.** Vorbehalt *m;* **3.** Reservat *n;* **4.** *fig* Reserve, Zurückhaltung *f;* **5.** *mil* Reserve *f;* **6.** *sport* Ersatz-, Reservespieler(in) *m (f);* ▶ **have, keep in** ~ in Reserve haben, halten; **~s of energy** Kraftreserven *pl;* **without** ~ ohne Vorbehalt; **with certain ~s** mit gewissen Vorbehalten; **cash** ~ Barbestand *m;* **gold** ~ Goldreserve *f,* -bestand *m;* **reserve currency** *fin* Leitwährung *f;* **re·served** [rɪˈzɜ:vd] *adj* **1.** zurückhaltend, reserviert; **2.** *(Zimmer)* reserviert, belegt; ▶ **all rights** ~ alle Rechte vorbehalten; **res·er·vist** [rɪˈzɜ:vɪst] *mil* Reservist(in) *m (f).*

res·er·voir [ˈrezəvwɑ:(r)] **1.** Reservoir *n;* **2.** *(Gas)* Speicher *m;* **3.** *fig* Fundgrube *f.*

re·set [ˌri:ˈset] *tr irr s. set* **1.** *(Knochen)* wieder einrenken; **2.** *(Edelstein)* neu fassen; **3.** *typ* neu setzen; **4.** *(Uhr)* neu stellen; **reset button** *EDV* Rückstelltaste *f.*

re·settle [ˌri:ˈsetl] *tr* umsiedeln, neu ansiedeln.

re·shuffle [ˌri:ˈʃʌfl] **I** *tr* **1.** *(Spielkarten)* neu mischen; **2.** *(Regierung)* umbilden; **II** *s* Umstellung, -gruppierung, -bildung *f;* ▶ **Cabinet** ~ Kabinettsumbildung *f.*

re·side [rɪˈzaɪd] *itr* **1.** seinen Wohnsitz haben, wohnen; **2.** *fig (Eigenschaft)* innewohnen; ▶ ~ **in s.th.** in etw liegen.

resi·dence [ˈrezɪdəns] **1.** Wohnhaus *n;* Wohnheim *n;* **2.** Aufenthaltsort *m;* ▶ **place of** ~ Wohnort *m;* **be in** ~ anwesend sein; **the students are now in** ~ das Semester hat angefangen; **residence permit** Aufenthaltsgenehmigung *f;* **resi·dent** [ˈrezɪdənt] **I** *adj* wohnhaft; ansässig (*in* in); ▶ **the** ~ **population** die (orts)ansässige Bevölkerung; **II** *s* Bewohner(in) *m (f); (e-r Stadt)* Einwohner(in) *m (f);* Hotelgast *m.*

resi·den·tial [ˌrezɪˈdenʃl] *adj* Wohn-; im Haus; ▶ ~ **course** mehrtägiger Kurs (mit Unterkunft); ~ **requirements for voting** Meldevoraussetzungen zur Ausübung des Wahlrechts.

re·sid·ual [rɪˈzɪdjʊəl] *adj* übrigbleibend; restlich; rückständig; Rest-; ▶ ~ **risk** Restrisiko *n.*

re·sidu·ary [rɪˈzɪdjʊərɪ] *adj* übrig, restlich; **resi·due** [ˈrezɪdju:] Rest *m;* Rückstand *m.*

re·sign [rɪˈzaɪn] **I** *tr* **1.** zurücktreten von, abgeben; **2.** *(Recht)* aufgeben, verzichten auf; ▶ ~ **power** abtreten; ~ **o.s. to s.th.** sich mit etw abfinden; **II** *itr* **1.** zurücktreten (*from* von); **2.** sein Amt niederlegen; **3.** kündigen; ▶ ~ **from office** sein Amt niederlegen; **res·ig·na·tion** [ˌrezɪgˈneɪʃn] **1.** Rücktritt *m;* **2.** Amtsniederlegung *f;* **3.** Kündigung *f;* **4.** *fig* Resignation *f;* ▶ **hand in one's** ~ seinen Rücktritt einreichen; **re·signed** [rɪˈzaɪnd] *adj* ergeben, resigniert; ▶ **become** ~ **to s.th.** sich mit etw abfinden.

re·sil·ience [rɪˈzɪlɪəns] **1.** Federn *n;* **2.** *fig* Unverwüstlichkeit *f;* **re·sil·ient** [rɪˈzɪlɪənt] *adj* **1.** elastisch, federnd; **2.** *fig* unverwüstlich.

resin [ˈrezɪn] *bot* Harz *n;* **re·sin·ous** [ˈrezɪnəs] *adj* harzig.

re·sist [rɪˈzɪst] *tr, itr* **1.** sich widersetzen; Widerstand leisten; **2.** *fig* widerstehen; **3.** *(Tür)* standhalten; ▶ ~ **temptation** der Versuchung widerstehen; **re·sis-**

tance [rɪ'zɪstəns] **1.** Widerstand *m* (*to* gegen) *a. el phys;* **2.** *med* Widerstandsfähigkeit *f;* ▶ **offer no ~ to s.o.** jdm keinen Widerstand leisten; **meet with ~** auf Widerstand stoßen; **~ to heat** Hitzebeständigkeit *f;* **resistance fighter** Widerstandskämpfer(in) *m (f);* **re·sis·tant** [rɪ'zɪstənt] *adj* resistent; widerstandsfähig (*to* gegen); ▶ **heat-, water-~** hitze-, wasserbeständig.

res·ol·ute ['rezəlu:t] *adj* entschlossen, energisch; **res·ol·ution** [ˌrezə'lu:ʃn] **1.** Beschluß *m;* **2.** *fig* Entschlossenheit, Bestimmtheit *f;* **3.** *pol* Resolution *f;* **4.** *(e-r Frage)* Lösung *f;* **5.** *mus* Auflösung *f;* **6.** *chem* Auflösung *f;* **7.** *TV EDV* Bildauflösung *f;* ▶ **good ~s** *pl* gute Vorsätze *m pl;* **high-~** *adj tech* hochauflösend.

re·solv·able [rɪ'zɒlvəbl] *adj* (auf)lösbar (*into* in); **re·solve** [rɪ'zɒlv] **I** *tr* **1.** beschließen (*on, upon s.th.* etw); **2.** *(Problem)* lösen; **3.** *phys* zerlegen (*into* in); **4.** *mus* auflösen; ▶ **~ that ...** beschließen, daß ... **II** *itr* sich auflösen (*into, to* in); ▶ **~ on s.th.** etw beschließen; **III** *refl* sich zerlegen lassen; **IV** *s* **1.** Beschluß *m;* **2.** Entschlossenheit *f;* ▶ **do s.th. with ~** etw fest entschlossen tun; **re·solved** [rɪ'zɒlvd] *adj* entschlossen.

res·on·ance ['rezənəns] Resonanz *f;* **res·on·ant** ['rezənənt] *adj* **1.** *(Ton)* voll; **2.** *(Stimme)* volltönend; **3.** *(Raum)* voller Resonanz.

re·sort [rɪ'zɔ:t] **I** *itr* **1.** (regelmäßig) gehen (*to* in, zu, nach); **2.** *fig* greifen, seine Zuflucht nehmen (*to* zu); ▶ **~ to violence** Gewalt anwenden; **II** *s* **1.** Ausweg *m;* Rettung *f;* **2.** Urlaubsort *m;* ▶ **in the last ~** im schlimmsten Fall; **as a last ~** als letztes; **health ~** (Luft)Kurort *m;* **holiday ~** Ferien-, Urlaubsort *m;* **mountain ~** Höhenkurort *m;* **seaside ~** Seebad *n;* **summer ~** Sommerurlaubsort *m;* **winter ~** Winterkurort *m.*

re·sound [rɪ'zaʊnd] *itr* widerhallen (*with* von); **re·sound·ing** [—ɪŋ] *adj* **1.** *(Lärm)* widerhallend; **2.** *(Lachen)* schallend; **3.** *fig (Sieg)* gewaltig; durchschlagend.

re·source [rɪ'sɔ:s] **1.** *pl* Mittel, Ressourcen *pl;* **2.** *fig* Ausweg *m,* Mittel *n;* ▶ **financial ~s** *pl* Geldmittel *n pl;* **mineral ~s** *pl* Bodenschätze *m pl;* **~s in men and materials** Reserven *f pl* an Menschen und Material; **left to his own ~s** sich selbst überlassen; **a man of ~s** ein Mensch, der sich (immer) zu helfen weiß; **as a last ~** als letzter Ausweg; **re·source·ful** [rɪ'sɔ:sfl] *adj* einfallsreich, findig.

re·spect [rɪ'spekt] **I** *tr* **1.** achten, respektieren; **2.** *(Fähigkeit)* anerkennen; ▶ **as ~s ...** was ... anbelangt; **II** *s* **1.** Achtung *f,* Respekt *m* (*for* vor); **2.** Rücksicht *f* (*for* auf); **3.** Hinsicht, Beziehung *f;* **4.** *pl* Empfehlungen *f pl,* Grüße *m pl;* ▶ **command ~** Respekt abnötigen; **show ~ for** Respekt zeigen vor; **hold s.o. in ~** jdn achten; **treat with ~** rücksichtsvoll behandeln; **out of ~ for** aus Rücksicht auf; **with ~ to ...** was ... anbetrifft; **in some ~s** in gewisser Hinsicht; **in many ~s** in vieler Hinsicht; **in this ~** in dieser Hinsicht; **give my ~s to your wife** meine Empfehlung an Ihre Frau; **re·spect·able** [rɪ'spektəbl] *adj* **1.** ehrbar; anständig; **2.** *(Mensch)* angesehen, geachtet; **3.** *(Summe)* beachtlich, ansehnlich; **4.** *(Vorteil)* beträchtlich; ▶ **in ~ society** in guter Gesellschaft; **that's not ~** das schickt sich nicht; **re·spect·ed** [rɪ'spektəd] *adj* angesehen; **re·specter** [rɪ'spektə(r)] ▶ **death is no ~ of persons** *prov* der Tod nimmt auf niemanden Rücksicht.

re·spect·ful [rɪ'spektfl] *adj* respektvoll (*towards* gegen); **re·spect·fully** [rɪ'spektfəlɪ] *adv* ▶ **yours ~** *obs* hochachtungsvoll.

re·spect·ing [rɪ'spektɪŋ] *prep* bezüglich *gen.*

re·spect·ive [rɪ'spektɪv] *adj* jeweilig; ▶ **we took our ~ glasses** jeder nahm sein Glas; **re·spect·ive·ly** [—lɪ] *adv* beziehungsweise.

res·pir·ation [ˌrespə'reɪʃn] Atmung *f;* **res·pir·ator** ['respəreɪtə(r)] Atemgerät *n;* **re·spir·atory** [rɪ'spaɪərətrɪ] *adj* Atmungs-; ▶ **~ system** Atmungssystem *n;* **~ tract** Atemwege *pl.*

res·pite ['respaɪt] **1.** *jur* Aufschub *m;* **2.** Ruhepause *f* (*from* von); **3.** Nachlassen *n;* ▶ **without (a) ~** ohne Unterbrechung.

re·splen·dent [rɪ'splendənt] *adj* **1.** strahlend, glänzend; **2.** *fig* prächtig.

re·spond [rɪ'spɒnd] *itr* **1.** antworten (*to* auf); **2.** reagieren, ansprechen (*to* auf); ▶ **~ to a call** e-m Ruf folgen; **the illness ~ed to treatment** die Behandlung schlug an.

re·spon·dent [rɪ'spɒndənt] *jur* Scheidungsbeklagte(r) *f m.*

re·sponse [rɪ'spɒns] **1.** Antwort, Erwiderung *f;* **2.** Reaktion *f;* ▶ **in ~ to** als Antwort auf; **meet with a ~** beantwortet werden; **meet with little ~** wenig Anklang finden.

re·spon·si·bil·ity [rɪˌspɒnsə'bɪlətɪ] **1.** Verantwortung *f* (*for, of* für); **2.** Verpflichtung *f* (*to* für); ▶ **lay the ~ for s.th. on s.o.** jdm die Verantwortung für etw übertragen; **on one's own ~** auf eigene Verantwortung; **without ~** ohne Gewähr; **accept, assume the ~ for s.th.** die Verantwortung für etw übernehmen; *jur* für etwas haften; **sense of ~** Verantwortungsgefühl *n.*

re·spon·sible [rɪ'spɒnsəbl] *adj* **1.** verantwortlich (*for* für); **2.** *(Haltung)* verantwortungsvoll, -bewußt; **3.** *(Firma)* seriös, zuverlässig; ► **be ~ for s.th.** für etw verantwortlich sein; **be ~ to s.o. for s.th.** jdm gegenüber für etw verantwortlich sein; **hold s.o. ~ for s.th.** jdn für etw verantwortlich machen.

re·spon·sive [rɪˈspɒnsɪv] *adj* **1.** *(Publikum)* interessiert, mitgehend; **2.** *(Bremsen)* leicht reagierend; ► **be ~ to s.th.** auf etw reagieren.

rest[1] [rest] **I** *s* **1.** Ruhe *f;* Pause, Unterbrechung *f;* **2.** Erholung *f;* **3.** Rast *f,* Ausruhen *n;* **4.** *tech* Auflage *f;* **5.** *(Telefon)* Gabel *f;* **6.** *(Brille)* Steg *m;* **7.** *mus* Pause *f;* **8.** *(Vers)* Zäsur *f;* ► **need ~** Ruhe brauchen; **have, take a ~** sich ausruhen; **be at ~** ruhig sein; **set at ~** beschwichtigen; **put s.o.'s mind at ~** jdn beruhigen; **come to ~** zum Stillstand kommen; sich niederlassen; **II** *itr* **1.** ruhen, (sich) ausruhen, sich erholen; Pause machen; **2.** (sich aus)schlafen; **3.** *(Verantwortung)* liegen (*with* bei); **4.** *(Leiter)* lehnen (*on* an); **5.** *(Augen, Blick)* ruhen (*on* auf); **6.** *(Argument)* sich stützen (*on* auf); **7.** *(Ruf)* beruhen (*on* auf); ► **he never ~s** er arbeitet ununterbrochen; **be ~ing** ruhen; **let a matter ~** e-e S auf sich beruhen lassen; **you may ~ assured that ...** Sie können versichert sein, daß ... **III** *tr* **1.** *(Augen)* ausruhen; **2.** *(Stimme)* schonen; **3.** *(Leiter)* lehnen (*against* gegen); **4.** *(Ellbogen)* stützen (*on* auf); ► **~ o.s.** sich ausruhen; **be ~ed** ausgeruht sein; **~ one's head on the table** den Kopf auf den Tisch legen.

rest[2] [rest] ► **the ~** der Rest; **the ~ of the money** der Rest des Geldes, das übrige Geld; **and all the ~ of it** und so weiter und so fort; **for the ~** im übrigen.

re·state [ˌriːˈsteɪt] *tr* neu formulieren.

res·taur·ant [ˈrestrɒnt] Restaurant *n,* Gaststätte *f;* **restaurant car** *rail* Speisewagen *m;* **res·tau·ra·teur** [ˌrestərəˈtɜː(r)] Gastwirt, Gastronom *m.*

rest-cure [ˈrestkjʊə(r)] Liegekur *f;* **rest-day** Ruhetag *m;* **rest·ful** [ˈrestfl] *adj* **1.** *(Platz)* ruhig, friedlich; **2.** *(Beschäftigung)* erholsam; **rest-home** Altersheim *n;* **rest·ing-place** [ˈrestɪŋˌpleɪs] Rastplatz *m.*

res·ti·tu·tion [ˌrestɪˈtjuːʃn] **1.** Rückerstattung *f;* Rückgabe *f;* **2.** Schadenersatz *m,* Entschädigung *f;* ► **make ~ of s.th.** etw zurückgeben.

res·tive [ˈrestɪv] *adj* **1.** *(Pferd)* störrisch, bockig; **2.** unruhig, nervös; **3.** *(Art)* rastlos.

rest·less [ˈrestlɪs] *adj* **1.** unruhig; **2.** rastlos.

re·stock [ˌriːˈstɒk] *tr (Lager)* wieder auffüllen.

res·to·ra·tion [ˌrestəˈreɪʃn] **1.** (Rück)Erstattung *f;* Rückgabe *f* (*to* an); **2.** Wiederherstellung, -einsetzung *f* (*to* in); **3.** *(Bauwerk)* Restaurierung *f.*

re·stora·tive [rɪˈstɔːrətɪv] **I** *adj* heilend, stärkend, kräftigend; **II** *s* Stärkungsmittel *n.*

re·store [rɪˈstɔː(r)] *tr* **1.** zurückgeben, -erstatten; **2.** *(Vertrauen)* wiederherstellen; **3.** wiedereinsetzen (*to an office* in ein Amt); **4.** *(Gebäude)* restaurieren; ► **~ s.o.'s health** jds Gesundheit wiederherstellen; **~d to health** wiederhergestellt; **~ s.o. to life** jdn ins Leben zurückrufen; **~ s.th. to its former condition** den früheren Zustand e-r S wiederherstellen; **~ to power** wieder an die Macht bringen; **re·storer** [rɪˈstɔːrə(r)] **1.** Restaurator(in) *m (f);* **2.** *(hair-~)* Haarwuchsmittel *n.*

re·strain [rɪˈstreɪn] *tr* **1.** ab-, zurückhalten (*from doing s.th.* etw zu tun); **2.** *(Tier)* bändigen; **3.** *(Gefühl)* unterdrükken; **4.** *fig* in Schranken halten; ► **~ o.s.** sich beherrschen; **re·strained** [rɪˈstreɪnd] *adj* **1.** *(Gefühle)* unterdrückt; **2.** *(Worte)* beherrscht; **3.** *(Ton)* verhalten; **4.** *(Kritik)* maßvoll; **re·straint** [rɪˈstreɪnt] **1.** Be-, Einschränkung *f;* **2.** Beherrschung *f;* ► **without ~** unbeschränkt; ungehemmt; **~ of trade** Handelsbeschränkung *f;* **place under ~** *jur* in Haft nehmen.

re·strict [rɪˈstrɪkt] *tr* **1.** *(Freiheit)* be-, einschränken; **2.** *(Zeit)* begrenzen (*to* auf); **re·strict·ed** [rɪˈstrɪktɪd] *adj* **1.** eingeschränkt, begrenzt; **2.** *(Dokument)* geheim; ► **locally ~** örtlich begrenzt; **~ area 1.** *mot* Gebiet *n* mit Geschwindigkeitsbegrenzung; **2.** *mil* Sperrgebiet *n;* **re·stric·tion** [rɪˈstrɪkʃn] Be-, Einschränkung *f;* Begrenzung *f;* ► **place ~s on s.th.** etw beschränken; **without ~s** uneingeschränkt; **price ~** Preisbeschränkung *f;* **speed ~** Geschwindigkeitsbegrenzung, -beschränkung *f;* **re·strict·ive** [rɪˈstrɪktɪv] *adj* restriktiv; einschränkend; ► **~ practices** *pl* Wettbewerbsbeschränkungen *f pl.*

rest-room [ˈrestruːm] *Am euph* Toilette *f.*

re·sult [rɪˈzʌlt] **I** *itr* sich ergeben, resultieren (*from* aus); ► **~ in** führen zu; **II** *s* **1.** Ergebnis *n,* Ausgang *m,* Resultat *n a. math;* **2.** Wirkung, Folge *f;* ► **as a ~ of this** folglich; **be the ~ of** resultieren aus; **get ~s** Erfolge erzielen; **as a ~ of my inquiry** auf meine Anfrage hin; **without ~** ergebnislos; **re·sult·ant** [rɪˈzʌltənt] *adj* sich ergebend, resultierend (*from* aus).

re·sume [rɪˈzjuːm] **I** *tr* **1.** wiederaufnehmen, weitermachen mit; **2.** *(Erzählung)* fortfahren in; **3.** *(Reise)* fortsetzen; **4.** *(Name)* wieder annehmen; **5.** *(Inhalt)* zusammenfassen; ► **~ one's seat** seinen Platz wieder einnehmen; **II** *itr* wieder beginnen; **ré·su·mé** [ˈrezjuːmeɪ] Resümee *n;* Zusammenfassung *f;* **re·sump·tion** [rɪˈzʌmpʃn] **1.** Wiederaufnahme *f,* -beginn *m;* **2.** *(Reise)* Fortsetzung *f;* **3.** *(Schule)* Wiederbeginn *m.*

re·sur·gence [rɪˈsɜːdʒəns] Wiederaufleben *n;* **re·sur·gent** [rɪˈsɜːdʒənt] *adj* wieder auflebend.

res·ur·rect [ˌrezəˈrekt] *tr fig* zu neuem Leben erwecken; wieder aufleben lassen, wiederbeleben; **res·ur·rec·tion** [ˌrezəˈrekʃn] **1.** Wiederbelebung *f;* Auferstehung *f a. rel;* **2.** Wiederaufleben *n.*

re·sus·ci·tate [rɪˈsʌsɪteɪt] *tr* **1.** *med* wiederbeleben; **2.** *fig* wiederbeleben, -erwecken.

re·tail [ˈriːteɪl] **I** *s* Einzel-, Kleinhandel *m;* **II** *itr* ▶ ~ **at ...** im Einzelhandel ... kosten; **III** *tr* im Einzelhandel verkaufen; **IV** *adv* im Einzelhandel; **retail business** Einzelhandelsgeschäft *n;* **retail dealer** Einzelhändler(in) *m (f);* **re·tailer** [ˈriːteɪlə(r)] Einzelhändler(in) *m (f);* **retail price** Einzelhandelspreis *m.*

re·tain [rɪˈteɪn] *tr* **1.** (ein-, zurück)behalten; **2.** *(Platz)* belegen; **3.** (im Gedächtnis) behalten; **4.** *(Gebräuche)* beibehalten; **5.** *(Anwalt)* beauftragen; ▶ ~ **water** Wasser speichern; ~ **control of s.th.** etw weiterhin in der Gewalt, unter Kontrolle haben; **re·tainer** [rɪˈteɪnə(r)] **1.** Faktotum *n;* **2.** Vorschuß *m;* **retaining wall** Stützmauer *f.*

re·take [ˌriːˈteɪk] **I** *tr irr s. take* **1.** *mil* zurückerobern; **2.** *phot* noch einmal aufnehmen; **3.** *sport (Freistoß)* wiederholen; **II** *s* [ˈriːteɪk] Neuaufnahme *f.*

re·tali·ate [rɪˈtælɪeɪt] *itr* Vergeltung üben; sich revanchieren; sich rächen (*on* an); ▶ **he ~d by pointing out that ...** er konterte, indem er darauf hinwies, daß .. ; **re·tali·ation** [rɪˌtælɪˈeɪʃn] Vergeltung *f;* Vergeltungsschlag *m;* ▶ **in ~ for** als Vergeltung für; **re·tali·at·ory** [rɪˈtælɪətrɪ] *adj* ▶ ~ **measures** *pl* Vergeltungsmaßnahmen *f pl.*

re·tard [rɪˈtɑːd] *tr* **1.** verzögern, verlangsamen; **2.** *biol phys* retardieren; ▶ **mentally ~ed** geistig zurückgeblieben; **re·tard·er** [—ə(r)] *mot* Retarder *m.*

retch [retʃ] *itr* würgen.

re·ten·tion [rɪˈtenʃn] **1.** Einbehalten, Zurückhalten *n;* **2.** Beibehaltung *f;* **3.** *(von Wasser)* Speicherung *f;* **4.** *(Anwalt)* Beauftragung *f;* **5.** Gedächtnis *n;* **re·ten·tive** [rɪˈtentɪv] *adj (Gedächtnis)* aufnahmefähig.

re·think [ˌriːˈθɪŋk] **I** *tr irr s. think* überdenken; **II** *s* ▶ **have a** ~ etw noch einmal überdenken.

reti·cent [ˈretɪsnt] *adj* zurückhaltend; ▶ **be** ~ **about s.th.** in bezug auf etw nicht sehr gesprächig sein.

ret·ina [ˈretɪnə] ⟨*pl* -inas, -inae⟩ [ˈretɪniː] *anat* Netzhaut *f;* ▶ **detached** ~ *med* Netzhautablösung *f.*

reti·nue [ˈretɪnjuː] Gefolge *n.*

re·tire [rɪˈtaɪə(r)] **I** *itr* **1.** aufhören zu arbeiten; in Pension gehen; **2.** *mil a. fig* sich zurückziehen (*from* von); **3.** zu Bett, schlafen gehen; ▶ ~ **into o.s.** sich in sich selbst zurückziehen; **II** *tr* **1.** in den Ruhestand versetzen, pensionieren; **2.** *(Aktien)* aus dem Verkehr ziehen; **re·tired** [rɪˈtaɪəd] *adj* **1.** im Ruhestand, pensioniert; **2.** *(Leben)* zurückgezogen; ▶ **a** ~ **teacher** ein pensionierter Lehrer; ~ **pay** (Alters)Ruhegehalt *n;* **re·tire·ment** [rɪˈtaɪəmənt] **1.** Ausscheiden *n;* Pensionierung *f;* Verrentung *f;* **2.** Ruhestand *m;* **3.** Zurückgezogenheit, Einsamkeit *f;* **4.** *mil* Rückzug *m;* ▶ **come out of** ~ wieder zurückkommen; **live in** ~ zurückgezogen leben; **retirement age** Pensions-, Rentenalter *n;* Altersgrenze *f;* **retirement pay** Altersrente *f;* **retirement pension** Altersrente *f;* **re·tir·ing** [rɪˈtaɪərɪŋ] **I** *adj* zurückhaltend, reserviert; **II** *s* ▶ ~ **age** Altersgrenze *f.*

re·tort [rɪˈtɔːt] **I** *tr* scharf erwidern, zurückgeben; **II** *itr* scharf erwidern; **III** *s* **1.** scharfe Erwiderung; **2.** *chem* Retorte *f.*

re·touch [ˌriːˈtʌtʃ] *tr phot* retuschieren.

re·trace [riːˈtreɪs] *tr* **1.** zurückverfolgen; nachgehen (*s.th.* e-r S); **2.** *(Entwicklung)* nachvollziehen; ▶ ~ **one's steps** den gleichen Weg zurückgehen.

re·tract [rɪˈtrækt] **I** *tr* **1.** zurückziehen; **2.** *(Äußerung)* zurücknehmen; **3.** *(Fahrgestell)* einziehen, einfahren; **II** *itr* **1.** e-n Rückzieher machen; **2.** eingezogen werden; **re·tract·able** [—əbl] *adj* **1.** zurück-, einziehbar; **2.** *aero* einfahrbar; **re·trac·tion** [rɪˈtrækʃn] **1.** Zurücknahme *f;* Rückzug *m;* Rückzieher *m;* **2.** Einziehen *n.*

re·train [riːˈtreɪn] *tr* umschulen.

re·tread [ˌriːˈtred] **I** *tr (Autoreifen)* runderneuern; **II** *s* [ˈriːtred] runderneuerter Reifen.

re·treat [rɪˈtriːt] **I** *s* **1.** *mil* Rückzug *m;* **2.** *fig* Zuflucht(sort *m*) *f;* ▶ **beat a** ~ den Rückzug antreten; **sound the** ~ zum Rückzug blasen; **II** *itr* **1.** *mil* den Rückzug antreten; **2.** *fig* zurückweichen.

re·trench [rɪˈtrentʃ] *tr* **1.** *(Ausgaben)* einschränken, kürzen; **2.** *(Personal)* abbauen; **re·trench·ment** [—mənt] **1.** Einschränkung, Kürzung *f;* **2.** (Personal)Abbau *m.*

re·trial [ˌriːˈtraɪəl] *jur* Wiederaufnahmeverfahren *n.*

ret·ri·bu·tion [ˌretrɪˈbjuːʃn] Vergeltung *f;* **re·tri·bu·tive** [rɪˈtrɪbjʊtɪv] *adj* vergeltend; ▶ ~ **action** Vergeltungsmaßnahme *f.*

re·trieval [rɪˈtriːvl] **1.** Wiedererlangung *f;* Zurückholen *n;* **2.** *EDV* Abfragen *n;* **3.**

Rettung *f;* **4.** Bergung *f;* **5.** Wiedergutmachung *f;* **6.** Apportieren *n;* ▶ **beyond, past** ~ hoffnungslos; **re·trieve** [rɪˈtri:v] **I** *tr* **1.** wiedererlangen, zurückerhalten, -bekommen; **2.** *EDV* abfragen, abrufen, aufrufen; **3.** retten (*from* aus); **4.** bergen; **5.** *(Glück)* wiederfinden; **6.** *(Schaden)* wiedergutmachen; **7.** *(Situation)* retten; **8.** *(Hund)* apportieren; **II** *itr (Hund)* apportieren; **re·triever** [rɪˈtri:və(r)] Apportierhund *m.*

retro·ac·tive [ˌretrəʊˈæktɪv] *adj* rückwirkend (*on* auf); ▶ **a ~ effect** e-e Rückwirkung.

retro·grade [ˈretrəgreɪd] **I** *adj* **1.** rückläufig; rückschrittlich; ▶ **a ~ step** ein Rückschritt *m;* **2.** *biol* retrograd; **II** *itr biol* sich zurückentwickeln.

retro·gress [ˌretrəˈgres] *itr* sich rückwärts bewegen; **retro·gres·sive** [ˌretrəˈgresɪv] *adj* rückläufig; rückschrittlich.

retro·spect [ˈretrəspekt] ▶ **in** ~ rückblickend, im nachhinein; **retro·spec·tive** [ˌretrəˈspektɪv] **I** *adj* **1.** rückblikkend; **2.** *jur* rückwirkend; **II** *s (Film)* Retrospektive *f.*

re·turn [rɪˈtɜ:n] **I** *itr* **1.** zurückkehren, zurückkommen; **2.** *fig* wiederkehren; wiederkommen; **3.** *(Fahrzeug)* zurückfahren; ▶ **~ to school** wieder in die Schule gehen; **~ to the town** in die Stadt zurückkehren; **II** *tr* **1.** zurückgeben, -bringen, -schicken, -senden (*to s.o.* jdm); **2.** zurückerstatten, -zahlen; rückvergüten; **3.** erwidern, zurückgeben; **4.** *(Gruß, Besuch)* erwidern; **5.** *(Licht)* zurückwerfen; **6.** *(Gewinn)* einbringen, abwerfen; **7.** *pol* wählen; ▶ **~ a blow** zurückschlagen; **~ thanks to s.o.** jdm Dank sagen; **he was ~ed guilty** *jur* er wurde schuldig gesprochen; **III** *s* **1.** Rückkehr, -fahrt *f;* **2.** *fig* Wiederkehr *f;* **3.** Rückgabe *f;* Zurückschicken, -senden *n;* **4.** *(~ ticket)* Rückfahrkarte *f;* **5.** *com oft pl* Einkommen *n;* Ertrag, Gewinn *m;* **6.** Verkündung *f;* Bericht *m;* **7.** *pol* Wahl *f;* **8.** *sport* Rückschlag *m;* **9.** *pl* Einkünfte *pl;* ▶ **on my ~** bei meiner Rückkehr; **~ home** Heimkehr *f;* **~ to school** Schulbeginn *m;* **by ~ (of post)** postwendend; **~ to health** Genesung *f;* **~ on capital** Kapitalertrag *m;* **in ~** dafür; **in ~ for** für; **many happy ~s (of the day)** herzlichen Glückwunsch zum Geburtstag; **the election ~s** *pl* das Wahlergebnis; **tax ~** Steuererklärung *f;* **re·turn·able** [rɪˈtɜ:nəbl] *adj* **1.** rückgabepflichtig; **2.** mit Flaschenpfand; ▶ **~ bottle** Mehrweg-, Pfandflasche *f;* **non-~ bottle** Einwegflasche *f;* **return fare** Preis *m* für Hin- und Rückfahrt *f;* **return flight** Rückflug *m;* **re·turn·ing of·fi·cer** [rɪˈtɜ:nɪŋˈɒfɪsə(r)] *parl* Wahlleiter(in) *m (f);* **return journey** Rückreise *f;* **return match** *sport* Rückspiel *n;* **return ticket** Rückfahr-, -flugkarte *f.*

re·uni·fica·tion [ri:ˌju:nɪfɪˈkeɪʃn] *pol* Wiedervereinigung *f.*

re·un·ion [ˌri:ˈju:nɪən] Zusammenkunft *f,* Treffen *n;* **re·unite** [ˌri:ju:ˈnaɪt] **I** *tr* wieder zusammenbringen; *pol* wiedervereinigen; **II** *itr* wieder zusammenkommen; *pol* sich wiedervereinigen.

re·us·able [ˌri:ˈju:zəbl] *adj* wiederverwendbar; mehrfach verwendbar; Mehrweg-; **re·use** [ˌri:ˈju:z] *tr* wiederverwenden.

rev [rev] **I** *s tech* Drehzahl, Umdrehung *f;* **II** *tr, itr fam* ▶ **~ up** *mot* den Motor auf Touren bringen.

re·valu·ation [ri:ˌvæljʊˈeɪʃn] *fin* Aufwertung *f;* **re·value** [ri:ˈvælju:] *tr* aufwerten.

re·vamp [ˌri:ˈvæmp] *tr* aufpolieren; aufmöbeln.

rev counter [ˈrevˌkaʊntə(r)] *mot* Drehzahlmesser, Tourenzähler *m.*

re·veal [rɪˈvi:l] *tr* **1.** zum Vorschein bringen; **2.** *(Tatsachen)* enthüllen, aufdekken; zu erkennen geben; **3.** *rel* offenbaren (*to s.o.* jdm).

re·veille [rɪˈvælɪ] *mil* Wecken *n.*

revel [ˈrevl] *itr* feiern; ▶ **~ in one's freedom** seine Freiheit von ganzem Herzen genießen.

rev·el·ation [ˌrevəˈleɪʃn] **1.** Enthüllung *f;* **2.** *rel* Offenbarung *f.*

revel·ler [ˈrevələ(r)] Feiernde(r) *f m;* **rev·elry** [ˈrevlrɪ] Festlichkeit *f.*

re·venge [rɪˈvendʒ] **I** *tr* rächen; ▶ **~ o.s., be ~d for s.th.** sich für etw rächen; **~ o.s. on s.o.** sich an jdm rächen; **II** *s* **1.** Rache *f;* **2.** *sport* Revanche *f;* ▶ **out of ~** aus Rache; **in ~ for** als Rache für; **take ~ on s.o. for s.th.** sich an jdm wegen etw rächen; **get one's ~** sich rächen; **re·venge·ful** [rɪˈvendʒfl] *adj* rachsüchtig.

rev·enue [ˈrevənju:] **1.** Einkünfte *pl;* Einnahmen *f pl,* Ertrag *m;* **2.** Staatseinkünfte, öffentliche Einnahmen *pl;* **3.** Finanzbehörde *f,* Fiskus *m;* ▶ **Inland R~** *Br* Finanzamt *n;* **tax ~** Steueraufkommen *n;* **revenue officer** Finanzbeamte(r) *m,* -beamtin *f;* **revenue stamp** Steuer-, Stempelmarke, Banderole *f.*

re·ver·ber·ate [rɪˈvɜ:bəreɪt] **I** *tr (Schall)* zurückwerfen, reflektieren; **II** *itr* **1.** *(Schall)* widerhallen; **2.** *(Licht)* zurückstrahlen, reflektieren; **re·ver·ber·ation** [rɪˌvɜ:bəˈreɪʃn] Widerhall *m;* Zurückstrahlen *n.*

re·vere [rɪˈvɪə(r)] *tr* verehren, achten, hochschätzen; **rev·er·ence** [ˈrevərəns] **I** *s* Verehrung *f* (*for* für); Ehrfurcht *f;* ▶ **hold s.o. in ~** jdn hochachten; **treat s.th. with ~** etw ehrfürchtig behandeln; **II** *tr* verehren.

rev·er·end ['revərənd] **I** *adj* ▶ **the Most R~** der Erzbischof; **the Right R~** der Bischof; **II** *s* Pastor, Pfarrer *m.*

rev·er·ent ['revərənt] *adj* ehrfürchtig.

rev·er·en·tial [ˌrevə'renʃl] *adj* ehrerbietig, ehrfurchtsvoll.

rev·erie ['revərɪ] Träumerei *f a. mus.*

re·ver·sal [rɪ'vɜ:sl] **1.** Umkehren *n;* Umstellen *n;* Umdrehen *n;* **2.** Zurückstellen *n;* **3.** *jur* Aufhebung *f;* ▶ **suffer a ~** e-n Rückschlag erleiden.

re·verse [rɪ'vɜ:s] **I** *adj* umgekehrt, entgegengesetzt (*to* zu); ▶ **in ~ order** in umgekehrter Reihenfolge; **~ gear** Rückwärtsgang *m;* **II** *s* **1.** Gegenteil *n;* **2.** Rück-, Kehrseite *f;* **3.** Rückschlag, Schicksalsschlag *m;* Niederlage *f;* **4.** *mot* Rückwärtsgang *m;* ▶ **he is the ~ of polite** er ist alles andere als höflich; **the ~s of fortune** Schicksalsschläge *m pl;* **go into ~** in den Rückwärtsgang schalten; **III** *tr* **1.** umkehren, umdrehen; **2.** umstellen; **3.** *(Kleid)* wenden; **4.** *mot* zurückstoßen, rückwärts fahren; **5.** *jur* aufheben, annullieren; ▶ **~ the order of s.th.** etw herumdrehen; **~ one's car into the garage** rückwärts in die Garage fahren; **IV** *itr* **1.** sich umwenden, sich rückwärts bewegen; **2.** *mot* rückwärts fahren; **re·vers·ible** [—əbl] *adj* **1.** *(Entscheidung)* umstoßbar; **2.** *chem* umkehrbar; **3.** *(Kleidung)* Wende-; **re·ver·sion** [rɪ'vɜ:ʃn] **1.** Umkehrung *f* (*to* zu); Rückfall *m;* **2.** *jur* Zurückfallen *n.*

re·vert [rɪ'vɜ:t] *itr* **1.** zurückkehren (*to* zu); **2.** zurückkommen, -greifen (*to* auf); **3.** *jur* zurückfallen (*to* an).

re·view [rɪ'vju:] **I** *s* **1.** Rückblick *m* (*to* auf); Überblick *m;* **2.** nochmalige (Über)Prüfung; **3.** *mil* Inspektion *f;* **4.** *(Buch)* Kritik, Rezension *f;* **5.** Zeitschrift *f;* ▶ **come under ~** überprüft werden; **hold a ~** e-e Inspektion vornehmen; **~ copy** Rezensionsexemplar *n;* **II** *tr* **1.** zurückblicken auf, überdenken; **2.** *(Fall)* erneut überprüfen; **3.** *mil* inspizieren, mustern; **4.** *(Buch)* besprechen, rezensieren; **re·viewer** [rɪ'vju:ə(r)] Rezensent(in), Kritiker(in) *m (f).*

re·vise [rɪ'vaɪz] **I** *tr* **1.** *(Text)* überprüfen, revidieren; **2.** *(Meinung)* überholen, revidieren; **3.** *(Lernstoff)* wiederholen; ▶ **~d edition** überarbeitete Ausgabe; **II** **re·vi·sion** [rɪ'vɪʒn] **1.** Überarbeitung, Revision *f;* **2.** *(Meinung)* Überholen *n,* Revision *f;* **3.** überarbeitete Ausgabe; **4.** *(Lernstoff)* Wiederholung *f.*

re·vital·ize [ri:'vaɪtəlaɪz] *tr* neu beleben.

re·vival [rɪ'vaɪvl] **1.** Wiedererwecken, Wiederauflebenlassen *n;* **2.** *(Idee)* Wiederaufleben, -blühen *n;* Wiederbelebung *f;* **3.** *rel* Erweckung *f;* **4.** *jur* Wiederinkrafttreten *n;* **5.** *com* Aufschwung *m;* **re·vive** [rɪ'vaɪv] **I** *itr* **1.** wieder zu sich kommen; **2.** *fig* wieder aufleben, wieder aufblühen; **3.** *com* wiederaufblühen; **II** *tr* **1.** wieder beleben; munter machen; **2.** *fig* zu neuem Leben erwecken, wiedererwecken, -beleben; **3.** *(Brauch)* wiederaufleben lassen; wieder in Erinnerung bringen; **4.** *(Worte)* wiederaufgreifen; **5.** *theat* wiederaufnehmen.

revo·ca·tion [ˌrevə'keɪʃn] **1.** Aufhebung *f;* Zurückziehen *n;* **2.** Widerruf *m;* Entzug *m;* **re·voke** [rɪ'vəʊk] **I** *tr* **1.** *(Gesetz)* aufheben; **2.** *(Entscheidung)* widerrufen, rückgängig machen; **3.** *(Lizenz)* entziehen; **II** *itr (Karten)* nicht Farbe bekennen.

re·volt [rɪ'vəʊlt] **I** *s* Revolte *f,* Aufruhr, Aufstand *m* (*against* gegen); ▶ **rise in ~, break out in ~** sich erheben, e-n Aufstand machen; **be in ~ against** rebellieren gegen; **II** *itr* **1.** revoltieren, rebellieren (*against* gegen); **2.** *(Gefühle)* sich empören (*at, against* bei, gegen); **III** *tr fig* anwidern, -ekeln, abstoßen; **re·volt·ing** [rɪ'vəʊltɪŋ] *adj fig* abstoßend, widerlich, ekelhaft.

rev·ol·ution [ˌrevə'lu:ʃn] **1.** *pol fig* Revolution *f;* Umwälzung *f;* **2.** *phys* Umdrehung, Rotation *f;* **rev·ol·ution·ary** [ˌrevə'lu:ʃənrɪ] **I** *s* Revolutionär(in) *m (f);* **II** *adj* revolutionär, umstürzlerisch *a. fig;* **rev·ol·ution·ize** [ˌrevə'lu:ʃnaɪz] *tr* revolutionieren.

re·volve [rɪ'vɒlv] **I** *tr* drehen; **II** *itr* sich drehen; ▶ **~ on an axis, around the sun** sich um e-e Achse, um die Sonne drehen.

re·volver [rɪ'vɒlvə(r)] Revolver *m.*

re·volv·ing [rɪ'vɒlvɪŋ] *adj* Dreh-; ▶ **~ chair** Drehstuhl *m;* **~ door** Drehtür *f;* **~ stage** Drehbühne *f.*

re·vue [rɪ'vju:] *theat* Revue *f;* Kabarett *n.*

re·vul·sion [rɪ'vʌlʃn] **1.** Abscheu, Ekel *m* (*at* vor); **2.** *fig* Umschwung *m;* Empörung *f.*

re·ward [rɪ'wɔ:d] **I** *s* Belohnung *f;* Entgelt *n;* ▶ **as a ~ for** als Belohnung für; **~ offered for the return of ...** Finderlohn für ... **II** *tr* belohnen; **re·ward·ing** [—ɪŋ] *adj* lohnend, einträglich *a. fig.*

re·wind [ˌri:'waɪnd] *tr* wieder aufwickeln; *(Uhr)* wieder aufziehen; *(Film, Tonband)* zurückspulen. **re·wire** [ˌri:'waɪə(r)] **I** *tr* neu verkabeln; **II** *s* Neuverkabelung *f.*

re·word [ˌri:'wɜ:d] *tr* neu formulieren, anders ausdrücken.

re·work [ˌri:'wɜ:k] *tr* wieder verarbeiten; neu fassen.

re·write [ˌri:'raɪt] **I** *tr irr s. write* neu schreiben; umschreiben; **II** *s* ['ri:raɪt] *fig* Neuaufguß *m.*

rhap·sody ['ræpsədɪ] *mus* Rhapsodie *f.*

Rhe·sus fac·tor ['ri:səsˌfæktə(r)] *med* Rh-Faktor, Rhesusfaktor *m.*

rhet·oric ['retərɪk] Rhetorik *f;* **rhe·tori-**

cal [rɪˈtɒrɪkl] *adj* rhetorisch.
rheu·matic [ru:ˈmætɪk] **I** *adj* rheumatisch; **II** *s* Rheumatiker(in) *m (f);* **rheumatics** [ru:ˈmætɪks] *pl mit sing* Rheuma(tismus *m) n;* **rheu·ma·tism** [ˈru:mətɪzəm] Rheuma(tismus *m) n.*
rhi·noc·eros, rhino [raɪˈnɒsərəs, ˈraɪnəʊ] Nashorn, Rhinozeros *n.*
Rhodes [rəʊdz] Rhodos *n.*
Rho·de·sia [rəʊˈdi:ʒə] *hist* Rhodesien *n;* **Rho·de·sian** [rəʊˈdi:ʒən] **I** *adj* rhodesisch; **II** *s* Rhodesier(in) *m (f).*
rho·do·den·dron [ˌrəʊdəˈdendrən] *bot* Rhododendron *m.*
rhu·barb [ˈru:bɑ:b] *bot* Rhabarber *m.*
rhyme, *Am* **rime** [raɪm] **I** *s* **1.** Reim *m;* **2.** Gedicht *n;* ▶ **without ~ or reason** ohne Sinn und Verstand; **nursery ~** Kinderreim *m;* **put into ~** in Reime bringen; **II** *itr* **1.** sich reimen; **2.** reimen, dichten; **III** *tr* reimen.
rhythm [ˈrɪðəm] Rhythmus *m;* ▶ **~ and blues** Rhythm-and-Blues *m;* **rhythmic(al)** [ˈrɪðmɪk(l)] *adj* rhythmisch.
rib [rɪb] **I** *s* **1.** *anat* Rippe *f;* **2.** *(Schirm)* Speiche *f;* **3.** *arch* (Gewölbe)Rippe *f;* ▶ **dig, poke s.o. in the ~s** jdn in die Rippen stoßen; **II** *tr fam* necken, foppen.
rib·ald [ˈrɪbld] *adj* zotig, obszön.
rib·bon [ˈrɪbən] **1.** Band *n;* **2.** *(Schreibmaschine)* Farbband *n;* **3.** *pl* Fetzen *m pl;* ▶ **tear s.th. to ~s** etw zerfetzen; *fig* etw verreißen.
rice [raɪs] Reis *m;* **rice·field** Reisfeld *n;* **rice·grow·ing** Reisanbau *m;* **rice-pud·ding** Milchreis *m.*
rich [rɪtʃ] **I** *adj* **1.** reich, wohlhabend; **2.** *(Stil)* prächtig; großartig; **3.** *(Essen, Wein)* schwer; **4.** *(Erde)* fett; fruchtbar; **5.** *(Farben)* satt; **6.** *(Stimme)* voll, klangreich; **7.** *fig* köstlich; ▶ **a ~ diet** e-e reichhaltige Kost; **~ in minerals** reich an Bodenschätzen; **II** *s* ▶ **the ~** *pl* die Reichen *m pl;* **~es** *pl* Reichtümer *m pl;* **rich·ness** [—nɪs] **1.** Reichtum *m;* **2.** Pracht *f;* Üppigkeit *f;* Luxus *m;* **3.** Kraft, Fülle, Sattheit *f;* **4.** Fruchtbarkeit *f;* **5.** Schwere *f;* **6.** Fettheit *f.*
rick·ety [ˈrɪkətɪ] *adj (Möbel)* wackelig.
rid [rɪd] ‹*irr* **rid** *od* **ridded, rid** *od* **ridded**› *tr* ▶ **~ of** befreien von; säubern von; **~ o.s. of s.o., s.th.** sich jdn, etw vom Halse schaffen; **be ~ of s.o., s.th.** jdn, etw los sein; **get ~ of s.o., s.th.** jdn, etw loswerden; **rid·dance** [ˈrɪdns] ▶ **good ~** ein Glück, daß wir das, ihn los sind.
rid·den [ˈrɪdn] **I** *v s. ride;* **II** *adj* ▶ **~ by fears, fear-~** angsterfüllt; **disease-~** von Krankheiten befallen, geplagt; **doubt-~** von Zweifeln geplagt.
riddle¹ [ˈrɪdl] Rätsel *n a. fig;* ▶ **speak in ~s** in Rätseln sprechen.
riddle² [ˈrɪdl] **I** *s* (Schüttel)Sieb *n;* **II** *tr* **1.** sieben; **2.** durchlöchern, -bohren (*with bullets* mit Kugeln); ▶ **~d with mistakes** voller Fehler.
ride [raɪd] ‹*irr* **rode, ridden**› **I** *itr* **1.** reiten (*on* auf); **2.** *(Fahrrad)* fahren; **3.** sich bewegen (*on, upon* auf); **4.** *(Wolken)* schweben, dahinziehen; ▶ **~ on a bus, in a train** in e-m Bus, Zug fahren; **~ away** weg-, davonfahren; **the moon was riding high in the sky** der Mond zog hoch am Himmel dahin; **~ at anchor** vor Anker liegen; **II** *tr* **1.** reiten; **2.** *(Fahrrad)* fahren; fahren mit; **3.** *Am fig* tyrannisieren, plagen; ▶ **he rode his horse away** er ritt mit seinem Pferd weg; **~ a race** bei e-m Rennen reiten; **the ship rode the waves** das Schiff trieb auf den Wellen; **III** *s* **1.** Ritt *m;* **2.** Fahrt *f;* Radfahrt *f;* **3.** Reitweg *m;* ▶ **go for a ~** ausreiten; e-e Fahrt machen; **go for a ~ in the car** mit dem Auto wegfahren; **take s.o. for a ~** *fig* jdn anschmieren; **we had a ~ in a taxi** wir sind in e-m Taxi gefahren; **IV** *(mit Präposition)* **ride down** *tr* niederreiten; einholen; **ride out** *tr* überstehen; *itr* ausreiten; ▶ **~ out the storm** den Sturm überstehen; **ride up** *itr (Kleid)* hochrutschen.
rider [ˈraɪdə(r)] **1.** Reiter(in) *m (f);* Fahrer(in) *m (f);* **2.** *jur* Zusatz, Nachtrag *m;* Zusatzklausel *f.*
ridge [rɪdʒ] **I** *s* **1.** *(Stoff)* Rippe *f; (Blech)* Welle *f;* **2.** Bergrücken, Kamm *m;* Grat *m;* **3.** (Dach)First *m;* **4.** *(Nase)* Rücken *m;* **5.** Ackerfurche *f;* **II** *tr* zerfurchen.
ridi·cule [ˈrɪdɪkju:l] **I** *s* Spott *m;* ▶ **lay o.s. open to ~** sich lächerlich machen; **hold s.o. up to ~** jdn lächerlich machen; **II** *tr* verspotten; **rid·icu·lous** [rɪˈdɪkjʊləs] *adj* lächerlich.
rid·ing [ˈraɪdɪŋ] Reiten *n;* **riding-breeches** *pl* Reithose *f;* **riding-habit** Reitkostüm *n;* **riding light** *mar* Ankerlicht *n;* **riding-school** Reitschule *f.*
rife [raɪf] *adj* weit verbreitet; ▶ **~ with** voll von, voller; **be ~** umgehen; grassieren.
riffle [ˈrɪfl] *tr (~ through)* **1.** durchblättern; **2.** *(Karten)* mischen.
riff-raff [ˈrɪfræf] Pöbel *m,* Gesindel *n.*
rifle¹ [ˈraɪfl] Gewehr *n.*
rifle² [ˈraɪfl] *tr* plündern; durchwühlen.
rifle butt [ˈraɪflbʌt] Gewehrkolben *m;* **rifle·man** [—mən] ‹*pl* **-men**› Schütze *m;* **rifle-range** Schießstand *m;* ▶ **within, out of ~** in, außer Schußweite; **rifle-shot** Gewehrschuß *m.*
rift [rɪft] **1.** Spalt *m;* **2.** *fig* Spalt *m;* Riß *m;* **rift valley** *geol* Grabenbruch *m.*
rig [rɪg] **I** *tr* **1.** *mar* auftakeln; **2.** *fig (Wahlen)* manipulieren; ▶ **~ out** ausstaffieren; **~ up** improvisieren; arrangieren; **II** *s* **1.** *mar* Takelage *f;* **2.** *(oil-~)* Förderturm *m;* Ölbohrinsel *f;* **3.** Auf-, Ausrüstung *f;* **4.** *Am fam* Sattelschlepper *m;* ▶ **in full ~** in großer Aufma-

chung; **rig·ger** ['rɪgə(r)] *mar* Takler *m;* **rig·ging** ['rɪgɪŋ] **1.** *mar* Auftakeln *n;* Tauwerk *n;* **2.** *fig* Manipulation *f;* Schiebung *f.*

right [raɪt] **I** *adj* **1.** recht, richtig; **2.** *(Antwort, Zeit)* richtig; **3.** *(Kleider)* richtig; **4.** richtig, korrekt; in Ordnung; **5.** rechte(r, s); ► **it's only ~** es ist nur recht und billig; **do the ~ thing by s.o.** sich jdm gegenüber anständig benehmen; **be ~** recht haben; richtig sein, stimmen, zutreffen; **you're quite ~** Sie haben ganz recht; **on the ~ track** auf dem rechten, richtigen Weg; **put, set ~** korrigieren; richtigstellen; **put s.o. ~** jdn berichtigen; **come at the ~ time** zur rechten Zeit kommen; **do s.th. the ~ way** etw richtig machen; **the ~ man for the job** der rechte Mann für die Stelle; **feel ~** sich wohl fühlen; **be as ~ as rain** kerngesund sein; **be in one's ~ mind** bei klarem Verstand sein; **~! ~-oh!** gut, schön, okay; **~ enough!** das stimmt! **~ hand** rechte Hand; **II** *adv* **1.** direkt; genau; **2.** ganz; **3.** richtig; **4.** rechts; ► **~ in front of you** direkt vor Ihnen; **~ away, ~ off** sofort, schnurstracks; **~ off** auf Anhieb; **~ now** in diesem Augenblick; **~ here** genau hier; **rotten ~ through** durch und durch verfault; **answer ~** richtig antworten; **if I remember ~** wenn ich mich recht erinnere; **turn ~** biegen Sie rechts ab; **~, left and centre** überall; **if I get you ~** wenn ich Sie richtig verstehe; **III** *s* **1.** Recht *n;* **2.** Anrecht *n,* Anspruch *m;* **3.** rechte Seite; ► **be in the ~** im Recht sein; **have a ~ to s.th.** einen Anspruch auf etw haben; **by what ~?** mit welchem Recht? **by ~s** rechtmäßig, von Rechts wegen; **in one's own ~** selber, selbst; **put s.th. to ~** etw in Ordnung bringen; **drive on the ~** rechts fahren; **keep to the ~** sich rechts halten; **the R~** *pol* die Rechte; **IV** *tr* **1.** aufrichten; **2.** wiedergutmachen; ► **the problem should ~ itself** das Problem müßte sich von selbst lösen; **right angle** rechter Winkel; ► **at ~s** rechtwinklig (*to* zu); **right-angled** ['raɪtæŋgld] *adj* rechtwinklig.

right·eous ['raɪtʃəs] *adj* **1.** rechtschaffen; **2.** *(Wut)* gerecht, heilig.

right·ful ['raɪtfl] *adj* **1.** rechtmäßig; **2.** *(Bestrafung)* gerecht.

right-hand ['raɪthænd] *adj* rechte(r, s); ► **~ he's my ~ man** er ist meine rechte Hand; **right-hand drive** *adj* rechtsgesteuert; ► **this car has ~** dieser Wagen hat das Steuer rechts; **right-handed** [ˌraɪt'hændɪd] *adj* **1.** rechtshändig; **2.** *(Schlag)* mit der rechten Hand; **right-hander** [ˌraɪt'hændə(r)] **1.** Rechtshänder(in) *m (f);* **2.** *(Schlag)* Rechte *f;* **right·ist** ['raɪtɪst] *pol* Rechte(r) *f m.*

right·ly ['raɪtlɪ] *adv* **1.** richtig; **2.** mit Recht; ► **I don't ~ know** ich weiß nicht genau; **~ or wrongly** ob das nun richtig ist oder nicht; **and ~ so** und zwar mit Recht.

right-minded [ˌraɪt'maɪndɪd] *adj* vernünftig; **right of way** *mot* Vorfahrt *f;* Durchgangsrecht *n;* **right-wing I** *adj pol* rechtsgerichtet; ► **~ extremism** Rechtsextremismus *m;* **II** *s pol sport* rechter Flügel.

rigid ['rɪdʒɪd] *adj* **1.** starr, steif; **2.** *fig* unbeugsam, unnachgiebig; **3.** *(Disziplin)* streng; **4.** *(System)* starr; ► **~ with fear** starr vor Angst; **ri·gid·ity** [rɪ'dʒɪdətɪ] **1.** Starrheit, Steifheit *f;* **2.** *fig* Härte, Strenge *f;* **3.** *fig* Unnachgiebigkeit *f.*

rig·ma·role ['rɪgmərəʊl] **1.** Gerede, Geschwätz *n;* **2.** *fig* umständliche Prozedur.

ri·gor mor·tis ['rɪgə'mɔːtɪs] Toten-, Leichenstarre *f.*

rig·or·ous ['rɪgərəs] *adj* **1.** *(Maßnahmen)* rigoros; **2.** *(Disziplin)* streng, strikt; **3.** *(Test)* gründlich; **4.** *(Klima)* streng; **rig·our,** *Am* **rigor** ['rɪgə(r)] **1.** Strenge, Striktheit *f;* **2.** *pl* Unbilden *pl.*

rig-out ['rɪgaʊt] *fam* Toilette *f;* Aufmachung *f;* Ausrüstung *f.*

rim [rɪm] **1.** Rand *m,* Kante *f;* **2.** Hutkrempe *f;* **3.** *(Brille)* Fassung *f.*

rime[1] [raɪm] (Rauh)Reif *m.*

rime[2] [raɪm] *Am s. rhyme.*

rim·less ['rɪmlɪs] *adj* randlos; **rimmed** [rɪmd] *adj* mit Rand.

rind [raɪnd] **1.** (Käse)Rinde *f;* **2.** *(Schinken)* Schwarte *f;* **3.** *(Frucht)* Schale *f.*

ring[1] [rɪŋ] ⟨*irr* rang, rung⟩ **I** *itr* **1.** *(Glocke)* läuten; klingen; schallen; **2.** *(Worte)* tönen, schallen; erklingen; ► **the doorbell rang** es hat geläutet; **~ for s.o.** nach jdm läuten; **~ at the door** an der Tür klingeln, läuten; **~ false, true** falsch, wahr klingen; **my ears are ~ing** mir klingen die Ohren; **II** *tr* **1.** läuten; **2.** *(~ up)* anrufen; ► **~ the doorbell** an der Tür läuten; **that ~s a bell** das kommt mir bekannt vor; **~ the changes** *fig* etwas in allen Variationen durchspielen; **III** *s* **1.** Klang *m;* Läuten *n;* Klingeln *n;* **2.** *tele* Anruf *m;* **3.** *fig* Klang *m;* ► **there was a ~ at the door** es hat geläutet; **give s.o. a ~** jdn anrufen; **IV** *(mit Präposition)* **ring back** *tr, itr tele* zurückrufen; **ring down** *tr* ► **~ the curtain down** den Vorhang niedergehen lassen; **~ down the curtain** e-n Schlußstrich unter etw ziehen; **ring in** *tr* einläuten; **ring off** *itr tele* aufhängen, den Hörer auflegen; **ring out** *itr* ertönen; laut erklingen; *tr (Jahr)* ausläuten; **ring up** *tr tele* anrufen; ► **~ up the curtain** den Vorhang hochgehen lassen.

ring[2] [rɪŋ] **I** *s* **1.** Ring *m;* Schwimmring *m;* **2.** *(Baum)* Jahresring *m;* **3.** *pol* Ring *m;* **4.** *(Zirkus)* Manege *f,* Ring *m;* **5.**

(Mond) Hof *m;* **6.** (Box)Ring *m;* ▶ **have ~s round one's eyes** Ringe unter den Augen haben; **stand in a ~** im Kreis stehen; **run ~s round s.o.** jdn in die Tasche stecken; **II** *tr* **1.** umringen; **2.** *(Spiel)* e-n Ring werfen über; **3.** einkreisen; **4.** *(Vogel)* beringen.

ring-binder ['rɪŋbaɪndə(r)] Ringbuch *n;* Ringordner *m.*

ringer ['rɪŋə(r)] Glöckner *m.*

ring-fin·ger ['rɪŋfɪŋgə(r)] Ringfinger *m.*

ring·ing ['rɪŋɪŋ] *adj* schallend; läutend.

ring·leader ['rɪŋli:də(r)] Rädelsführer(in) *m (f).*

ring·let ['rɪŋlɪt] Ringellocke *f.*

ring-road ['rɪŋrəʊd] Ringstraße *f;* **ring-side** ['rɪŋsaɪd] ▶ **at the ~** am Ring; **have a ~ seat** e-n Logenplatz haben.

rink [rɪŋk] Eis-, Rollschuhbahn *f.*

rinse [rɪns] **I** *tr* **1.** (ab-, aus)spülen; **2.** *(Haar)* tönen; ▶ **~ one's hands** sich die Hände abspülen; **~ down** abspülen; **~ out** ausspülen, auswaschen; **II** *s* **1.** Spülung *f;* **2.** *(Haare)* Tönung *f.*

riot ['raɪət] **I** *s* **1.** Aufstand, Aufruhr *m;* Krawall *m;* **2.** Orgie *f a. fig;* ▶ **run ~** randalieren; *bot* wuchern; **read s.o. the ~ act** jdm die Leviten lesen; **~ squad** Überfallkommando *n;* **a ~ of flowers** ein wildes Blumenmeer; **be a ~** zum Schreien sein; **II** *itr* randalieren; **rioter** ['raɪətə(r)] Aufrührer(in), Unruhestifter(in) *m (f);* **riot·ing** ['raɪətɪŋ] Krawalle *m pl;* ▶ **~ in the streets** Straßenkrawalle *m pl;* **riot·ous** ['raɪətəs] *adj* **1.** randalierend; wild; **2.** *fig* urkomisch; ▶ **a ~ success** ein Riesenerfolg.

rip [rɪp] **I** *tr* e-n Riß machen in; zerreißen; ▶ **~ open** aufreißen; **II** *itr* reißen; **the car ~s along** der Wagen rast dahin; **let ~** loslegen; **III** *s* Riß, Schlitz *m;* **IV** *(mit Präposition)* **rip down** *tr* herunterreißen; abreißen; **rip off** *tr* **1.** abreißen; **2.** *sl* mitgehenlassen, klauen; **rip up** *tr* zer-, aufreißen.

ri·par·ian [raɪ'peərɪən] *adj* Ufer-.

rip-cord ['rɪpkɔ:d] *aero* Reißleine *f.*

ripe [raɪp] *adj* **1.** *(Frucht, Käse)* reif; **2.** *(Lippen)* voll; **3.** *fig* reif; ▶ **live to a ~ old age** ein hohes Alter erreichen; **be ~ for s.th.** für etw reif sein; **ripen** ['raɪpən] **I** *itr* reifen; **II** *tr* reifen lassen; **ripe·ness** ['raɪpnɪs] Reife *f a. fig.*

rip-off ['rɪpɒf] Wucher, Nepp *m;* Schwindel *m.*

ri·poste [rɪ'pɒst] **I** *s* schlagfertige Antwort; **II** *itr* scharf erwidern.

ripple ['rɪpl] **I** *itr* **1.** sich (leicht) kräuseln; **2.** *(Wasser)* plätschern; **II** *tr* kräuseln; wogen lassen; **III** *s* **1.** Kräuseln *n;* kleine Welle; **2.** Geplätscher, Gemurmel *n;* ▶ **~ of laughter** kurzes Lachen; perlendes Gelächter.

rip-roar·ing ['rɪprɔ:rɪŋ] *adj fam* sagenhaft.

rip·tide ['rɪptaɪd] starke Strömung.

rise [raɪz] ⟨*irr* rose, risen⟩ **I** *itr* **1.** aufstehen, sich erheben; **2.** steigen; **3.** *(Preis)* ansteigen; **4.** *(Lift)* hochfahren, nach oben fahren; **5.** *(Vorhang)* sich heben; **6.** *(Mond)* aufgehen; **7.** *(Sturm)* aufkommen; **8.** *(Stimme)* höher werden; **9.** *(Gebäude)* entstehen; **10.** *(Hoffnung)* steigen; wachsen, zunehmen; **11.** *(Berg)* sich erheben; **12.** *(Tagung)* auseinandergehen, beendet sein; **13.** *(Fluß)* entspringen; **14.** *(~ up)* sich erheben; sich empören; ▶ **~ from the table** vom Tisch aufstehen; **~ on tiptoe** sich auf die Zehenspitzen stellen; **~ from the dead** von den Toten auferstehen; **~ to the surface** an die Oberfläche kommen; **~ in price** im Preis steigen; **~ in society** es zu etwas bringen; **~ up in revolt** rebellieren; **~ above** erhaben sein über; **~ up** aufstehen, sich erheben; **II** *s* **1.** Anstieg *m,* Steigen *n;* Zunahme *f;* Steigerung *f;* **2.** *com* Aufschwung *m;* **3.** *(Vorhang)* Hochgehen, Heben *n;* **4.** *mus* Erhöhung *f;* **5.** *fig* Aufstieg *m;* **6.** *(Hügel)* Erhebung *f;* Steigung *f;* **7.** *(Fluß)* Ursprung *m;* **8.** Gehaltserhöhung *f;* **be on the ~** im Steigen begriffen sein; **a ~ in the population** ein Bevölkerungszuwachs *m;* **get a ~ out of s.o.** jdn zur Reaktion bringen; **the river has its ~ in** der Fluß entspringt in; **give ~ to s.th.** etw verursachen; Anlaß zu etw geben; **risen** ['rɪzn] *v s. rise.*

riser ['raɪzə(r)] **1.** *(Treppenstufe)* Setzstufe *f;* **2.** *(Gas, Wasser)* Steigleitung *f;* ▶ **early, late ~** Früh-, Spätaufsteher *m.*

ris·ing ['raɪzɪŋ] **I** *adj* **1.** (auf-, an)steigend; **2.** *(Gestirn)* aufgehend; **3.** *(Wind)* aufkommend; **4.** *(Wut)* wachsend; **5.** *fig* aufstrebend; ▶ **the ~ generation** die kommende Generation; **a ~ tide** Flut *f;* **II** *s* **1.** (Auf-, An)Steigen *n;* **2.** *(Sonne)* Aufgang *m;* **3.** *rel* Auferstehung *f;* **4.** *(Vorhang)* Hochgehen *n;* **5.** Erhebung *f,* Aufstand *m;* **III** *adv* ▶ **she's ~ twelve** sie ist fast zwölf.

risk [rɪsk] **I** *s* **1.** Gefahr *f,* Wagnis, Risiko *n;* **2.** *(Versicherung)* Risiko *n;* ▶ **take, run a ~** ein Risiko eingehen (*doing s.th.* etw zu tun); **at one's own ~** auf eigene Gefahr; **at the ~ of his life** unter Einsatz seines Lebens; **children at ~** gefährdete Kinder; **put s.o. at ~** jdn gefährden; **fire ~** Feuerrisiko *n;* **II** *tr* **1.** riskieren, aufs Spiel setzen; **2.** *(Streit)* riskieren, wagen; **risk factor** Risikofaktor *m;* **risk liability** *jur* Gefährdungshaftung *f;* **risky** ['rɪskɪ] *adj* riskant, gewagt.

ris·qué ['ri:skeɪ] *adj* pikant, gewagt.

ris·sole ['rɪsəʊl] Frikadelle *f.*

rite [raɪt] Ritus *m;* **rit·ual** ['rɪtʃʊəl] **I** *adj* rituell; **II** *s* Ritual, Zeremoniell *n;* ▶ **he went through the same old ~** er durchlief dasselbe alte Ritual.

ritzy ['rɪtsɪ] *adj sl* piekfein.

ri·val ['raɪvl] **I** *s* Rivale *m,* Rivalin *f;* Konkurrent(in) *m (f);* **II** *adj* konkurrierend; **III** *tr* **1.** rivalisieren mit; **2.** *com* konkurrieren mit; **ri·valry** ['raɪvlrɪ] Rivalität *f;* Konkurrenz *f.*

river ['rɪvə(r)] Fluß *m;* Strom *m;* ► **down** ~ flußabwärts; **up** ~ flußaufwärts; **~s of blood** Blutströme *m pl;* **sell s.o. down the** ~ *sl* jdn hereinlegen; **river basin** Flußbecken *n;* **river bed** Flußbett *n;* **river fish** Flußfisch *m;* **river navigation** Flußschiffahrt *f;* **river police** Wasserpolizei *f;* **river·side** ['rɪvəsaɪd] Flußufer *n;* ► **on the** ~ am Fluß.

rivet ['rɪvɪt] **I** *s tech* Niete *f;* **II** *tr* **1.** (ver)nieten; **2.** *(Aufmerksamkeit)* fesseln; ► **it ~ed our attention** das fesselte unsere Aufmerksamkeit; **riv·et·ing** ['rɪvətɪŋ] **I** *s* Nieten; **II** *adj fig* fesselnd.

rivu·let ['rɪvjʊlɪt] Flüßchen *n,* Bach *m.*

roach [rəʊtʃ] **1.** *(Fisch)* Plötze *f;* **2.** *(cock~)* Schabe *f.*

road [rəʊd] **1.** (Land)Straße *f;* **2.** *fig* Weg *m;* **3.** *pl mar* Reede *f;* ► **by** ~ *(Güter)* per Spedition; *(Menschen)* mit dem Auto/Bus; **just across the** ~ gerade gegenüber; **the car is off the** ~ das Auto wird nicht benutzt; **take a car off the** ~ ein Auto stillegen, (bei der Zulassungsstelle) abmelden; **take to the** ~ sich auf den Weg machen; **be on the** ~ unterwegs sein; auf Tournee sein; **be on the right** ~ auf dem richtigen Weg sein; **on the** ~ **to success** auf dem Weg zum Erfolg; **live across the** ~ über die, auf der anderen Seite der Straße wohnen; **is this the** ~ **to ...?** geht es hier nach ...?; **road accident** Verkehrsunfall *m;* **road-block** Straßensperre *f;* **road construction** Straßenbau *m;* **road haulage** Spedition *f;* **road-hog** *fam* Verkehrsrowdy *m;* **road-house** Rasthaus *n;* **road·man** [—mæn] ‹*pl* -men› Straßenarbeiter *m;* **road map** Straßen-, Autokarte *f;* **road metal** Straßenschotter *m;* **road safety** Verkehrssicherheit *f;* **road-sense** Verkehrssinn *m;* **roadside** ['rəʊdsaɪd] Straßenrand *m;* ► **along the** ~ am Straßenrand; **road sign** (Straßen)Verkehrszeichen, -schild *n;* **road·stead** ['rəʊdsted] *mar* Reede *f;* **road surface** Fahrbahn *f;* Fahrbahnbelag *m;* **road sweeper** Straßenkehrer(in) *m (f);* **road-test** *mot* **I** *tr (ein Fahrzeug)* testfahren; **II** *s* Testfahrt *f,* Straßentest *m;* **road traffic** Straßenverkehr *m;* **road transport** Straßengüterverkehr *m;* **road-up** ['rəʊdʌp] **1.** Baustelle *f;* **2.** Straßensperre *f;* **road user** Verkehrsteilnehmer(in) *m (f);* **road·way** ['rəʊdweɪ] Fahrbahn *f;* **road·works** ['rəʊdwɜːks] *pl* Straßenbauarbeiten *f pl.*

roam [rəʊm] **I** *itr (~ about)* umherschweifen; herumwandern; **II** *tr* wandern, ziehen durch; ► ~ **the streets** herumstreunen; **roamer** ['rəʊmə(r)] Landstreicher *m;* Herumstreicher *m.*

roan [rəʊn] **I** *adj (Pferd, Kuh)* rötlichgrau; **II** *s (Pferd)* Rotschimmel *m.*

roar [rɔː(r)] **I** *itr* **1.** brüllen (*with* vor); **2.** *(Feuer)* prasseln; **3.** *(Wind)* heulen; **4.** *(Wasser)* tosen; **5.** *(Donner)* toben; **6.** *(Gewehr)* donnern; ► ~ **at s.o.** jdn anbrüllen; **II** *tr* **1.** *(~ out)* (hinaus)brüllen, schreien; **2.** *(Auto)* aufheulen lassen; **III** *s* **1.** Gebrüll *n;* **2.** Prasseln *n;* **3.** Heulen *n;* **4.** Tosen *n;* **5.** *(Sturm)* Toben, Heulen *n;* ► **~s of laughter** brüllendes Gelächter; **roar·ing** [—ɪŋ] **I** *adj* **1.** brüllend (*with* vor); **2.** donnernd, tosend; **3.** prasselnd; tobend; ► **be in** ~ **health** vor Gesundheit strotzen; **a** ~ **success** ein durchschlagender Erfolg; **the** ~ **Twenties** die wilden zwanziger Jahre; ~ **drunk** volltrunken; **a** ~ **trade** ein Riesengeschäft; **II** *s. roar.*

roast [rəʊst] **I** *tr* **1.** braten; **2.** *(Kaffee)* rösten; ► ~ **o.s. by the fire** *fam* sich am Feuer braten lassen; **II** *itr* **1.** braten; **2.** *fig* irrsinnig schwitzen; in der Sonne braten; **III** *s* Braten *m;* ► **pork** ~ Schweinebraten *m;* **IV** *adj* gebraten; **roast beef** Roastbeef *n;* **roast chicken** Brathuhn *n;* **roaster** ['rəʊstə(r)] **1.** Bratofen *m;* **2.** *(für Kaffee)* Röstapparat *m;* **3.** Brathähnchen *n;* Spanferkel *n;* **roast·ing** ['rəʊstɪŋ] **I** *s* **1.** Braten *n;* **2.** *fig* Verriß *m;* Standpauke *f;* ► **give s.o. a** ~ jdn verreißen; **II** *adj* glühend heiß.

rob [rɒb] *tr* **1.** *(Sache)* rauben; **2.** *(Person)* berauben; ausrauben; ► ~ **s.o. of s.th.** jdn e-r S berauben; jdm etw ab-, wegnehmen; **rob·ber** ['rɒbə(r)] Räuber(in) *m (f);* **rob·bery** ['rɒbərɪ] Raub *m;* Einbruch *m;* ► ~ **with violence** Raubüberfall *m;* **the bank** ~ der Überfall auf die Bank.

robe [rəʊb] **I** *s* **1.** Robe *f,* Talar *m;* **2.** *Am* Morgen-, Bademantel *m;* **II** *tr* ankleiden, die Amtsrobe anlegen (*s.o.* jdm).

robin ['rɒbɪn] *orn* Rotkehlchen *n.*

ro·bot ['rəʊbɒt] Roboter *m a. fig;* ► **industrial** ~ Industrieroboter *m;* **robotics** [rəʊ'bɒtɪks] *tech* Robotik *f.*

ro·bust [rəʊ'bʌst] *adj* **1.** stark, kräftig, robust; **2.** *(Humor)* gesund, unverwüstlich; **3.** *(Widerstand)* stark; **4.** *(Struktur)* massiv, stabil; **ro·bust·ness** [—nɪs] Kräftigkeit, Robustheit *f;* Unverwüstlichkeit *f;* Massivität, Stabilität *f.*

rock[1] [rɒk] **1.** Gestein *n;* Fels(en) *m;* **2.** Felsbrocken *m;* großer Stein; **3.** Lutschstange *f,* Kandis *m;* ► **on the ~s** blank, ohne Geld; *(Getränk)* mit Eiswürfeln; *(Heirat)* kaputt; **built on** ~ auf Fels gebaut; **falling ~s** Steinschlag *m;* **the**

ship went on the ~s das Schiff lief auf; **as solid as a ~** massiv wie ein Fels; unerschütterlich.

rock² [rɒk] **I** *tr* **1.** schaukeln, wiegen; **2.** *fig* einlullen; **3.** rütteln, erschüttern *a. fig;* ins Wanken bringen; ► **~ the boat** *fig* für Unruhe sorgen; **~ s.o. to sleep** jdn in den Schlaf wiegen; **II** *itr* **1.** schaukeln; **2.** schwanken; beben; **3.** *mus* rokken; **4.** *(Schiff)* schlingern; ► **~ with laughter** sich schütteln vor Lachen; **III** *s (~ music)* Rock *m;* Rock 'n' Roll *m;* **rock-and-roll, rock'n roll** [ˌrɒkən'rəʊl] Rock 'n' Roll *m;* **rock band** Rockband *f.*

rock-bot·tom [ˌrɒk'bɒtəm] **I** *s* der Tiefpunkt, Nullpunkt; **II** *adj (Preise)* niedrigste(r, s); **rock climber** Kletterer *m,* Kletterin *f;* **rock-climbing** Klettern *n,* Klettersport *m;* **rock-crystal** Bergkristall *m.*

rocker ['rɒkə(r)] **1.** Kufe *f;* **2.** *sl* Rocker *m;* ► **be, go off one's ~** *sl* übergeschnappt sein, überschnappen.

rocket ['rɒkɪt] **I** *s* Rakete *f;* ► **give s.o. a ~** *fig* jdm e-n Anschiß geben; **intercontinental ~** Interkontinentalrakete *f;* **II** *itr (Preise)* rasch steigen, hochschnellen; **~ to fame** über Nacht berühmt werden; **rocket launcher** Raketenabschußrampe *f,* -gerät *n;* **rocket-launching site** Raketenabschußbasis *f;* **rocket propulsion** Raketenantrieb *m.*

rock face ['rɒkfeɪs] Felsenwand *f.*

rock fes·ti·val ['rɒk'festɪvl] Rockfestival *n.*

rock gar·den ['rɒkgɑ:dn] Steingarten *m.*

rock·ing ['rɒkɪŋ] *adj* schaukelnd; **rocking-chair** Schaukelstuhl *m;* **rocking-horse** Schaukelpferd *n.*

rock mu·sic ['rɒk'mju:zɪk] Rockmusik *f.*

rock-plant ['rɒkplɑ:nt] Steinpflanze *f.*

rock star ['rɒksta:(r)] Rockstar *m.*

rock-salt Steinsalz *n.*

rocky¹ ['rɒkɪ] *adj* felsig; steinig.

rocky² ['rɒkɪ] *adj fam* schwankend, wackelig.

ro·coco [rə'kəʊkəʊ] Rokoko *n.*

rod [rɒd] **1.** Rute, Gerte *f;* **2.** Stab *m,* Stange *f;* **3.** *(divining ~)* Wünschelrute *f;* **4.** *(fishing-~)* Angelrute *f;* ► **make a ~ for one's own back** sich das Leben (unnötig) schwermachen; sich etw selbst einbrocken; **rod bacterium** Stäbchenbakterie *f.*

rode [rəʊd] *v s. ride.*

ro·dent ['rəʊdnt] Nagetier *n.*

ro·deo ['rəʊdɪəʊ] ⟨*pl* -deos⟩ Rodeo *n.*

roe¹ [rəʊ] *(~ deer)* Reh *n;* **roe buck** Rehbock *m.*

roe² [rəʊ] (Fisch)Rogen *m.*

rogue [rəʊg] **1.** Schuft, Schurke, Strolch *m;* Schlingel *m;* **2.** *zoo* Einzelgänger *m;* ► **~s' gallery** Verbrecheralbum *n;* **roguery** ['rəʊgərɪ] Gaunerei, Schurkerei *f;* **ro·guish** ['rəʊgɪʃ] *adj* schelmisch.

role, rôle [rəʊl] *theat fig* Rolle *f;* ► **play a ~** e-e Rolle spielen; **leading ~** Hauptrolle *f;* **title-~** Titelrolle *f;* **role model** Rollenbild *n;* **role play** Rollenspiel *n.*

roll [rəʊl] **I** *itr* **1.** *(a. Augen, Wogen, Donner)* rollen; **2.** *(Trommel)* wirbeln; **3.** *(Schiff)* schlingern; **4.** *(Donner)* grollen; ► **~ down the hill** den Berg hinunterkugeln, -rugeln; **keep the show ~ing** die Show in Gang halten; **~ in money** in Geld schwimmen; **II** *tr* **1.** rollen, wälzen; **2.** *(Metall)* walzen; **3.** *(Zigarette)* drehen; **4.** *(Teig)* ausrollen; ► **~ed oats** Haferflocken *pl;* **~ one's eyes** die Augen rollen; **~ s.th. between one's fingers** etw zwischen den Fingern drehen; **~ one's r's** das R rollen; **III** *s* **1.** *(Papier)* Rolle *f;* **2.** *(Stoff)* Ballen *m;* **3.** *(Banknoten)* Bündel *n;* **4.** *(Fett)* Wulst *m;* **5.** *(bread ~)* Brötchen *n;* **6.** Rollen *n;* Schlingern *n;* Schaukeln *n;* **7.** *(Donner)* Rollen *n;* Brausen *n;* **8.** *jur* Liste *f,* Register *n;* Anwaltsliste *f;* ► **a ~ of film** e-e Rolle Film; **do a ~** e-e Rolle machen; **call the ~** die Namensliste verlesen, die Namen aufrufen; **~ of honour** Ehrenliste *f;* **strike s.o.'s name off the ~s** jds Namen von der Liste streichen; **IV** *(mit Präposition)* **roll back** *tr (Teppich)* zurückrollen; ► **~ back the years** die Uhr zurückdrehen; **roll by** *itr* **1.** *(Auto)* vorbeirollen; **2.** *(Wolken)* vorbeiziehen; **3.** *(Jahre)* dahinziehen; **roll in** *itr (Briefe, Geld, Ideen)* hereinströmen; **roll on** *itr* **1.** weiterrollen; **2.** *(Zeit)* verfliegen; **roll out** *tr* **1.** *(Teig)* ausrollen; **2.** *(Verse)* in Mengen produzieren; ► **~ out the red carpet for s.o.** *fig* jdn mit e-m großen Bahnhof empfangen; **roll up** *tr* **1.** auf-, zusammenrollen; **2.** *(Ärmel)* hochkrempeln; *itr* kommen, erscheinen.

roll bar *mot* Überrollbügel *m;* **roll call** ['rəʊlkɔ:l] Namensaufruf *m;* **roll collar** Rollkragen *m.*

roller ['rəʊlə(r)] **1.** Rolle *f;* **2.** *(pastry ~)* Nudelholz *n;* **3.** *(hair ~)* Lockenwickler *m;* **4.** *tech* Rollklotz *m;* **5.** *(Welle)* Brecher *m;* ► **put one's hair in ~s** sich die Haare aufdrehen; **roller bearing** *tech* Rollenlager *n;* **roller blind** Springrollo *n;* **roller coaster** Achterbahn, Berg-und-Tal-Bahn *f;* **roller-skate I** *s* Rollschuh *m;* **II** *itr* Rollschuh laufen; **roller towel** Rollhandtuch *n.*

rol·lick·ing ['rɒlɪkɪŋ] *adj* fröhlich, lustig, ausgelassen.

roll·ing ['rəʊlɪŋ] *adj* **1.** *(a. Ton, Donner)* rollend; **2.** *mar* schlingernd; **3.** *(Wellen)* wogend; **4.** *(Gelände)* wellig; **5.** *(See)* rollend; ► **he's a ~ stone** er ist ein unsteter Bursche; **rolling mill** Walzwerk *n;* **rolling pin** Nudelholz *n,* Teigrolle *f;* **rolling stock** *rail* rollendes

Material.

roll-neck ['rəʊlnek] Rollkragen *m;* **roll-on** ['rəʊlɒn] **1.** Elastikschlüpfer *m;* **2.** (Deo)Roller *m;* **roll-on-roll-off** *adj (Fährschiff)* Roll-on-roll-off-.

roly-poly [ˌrəʊlɪ'pəʊlɪ] **I** *adj* kugelrund, pummelig; **II** *s* **1.** Marmeladepudding *m;* **2.** *fam* Pummel *m.*

ROM [rɒm] *Abk:* **read-only memory** *EDV* ROM *n.*

Ro·man ['rəʊmən] **I** *adj* **1.** römisch; **2.** *(~ Catholic)* römisch-katholisch; ▶ **~ numerals** *pl* römische Ziffern *f pl;* **II** *s hist* Römer(in) *m (f);* **Roman-Catholic I** *adj* römisch-katholisch; **II** *s* Katholik(in) *m (f).*

ro·mance [rəʊ'mæns] **I** *s* **1.** Ritter-, Abenteuer-, Liebesroman *m;* Liebesgeschichte *f;* **2.** *fig* Romantik *f;* **3.** Romanze *f a. mus;* **II** *adj* ▶ **R~ languages** romanische Sprachen *f pl.*

Ro·man·esque [ˌrəʊmə'nesk] *adj* romanisch.

Ro·ma·nia [rə'meɪnɪə] Rumänien *n;* **Ro·ma·nian** [rə'meɪnɪən] **I** *adj* rumänisch; **II** *s* **1.** Rumäne *m,* Rumänin *f;* **2.** *(Sprache)* (das) Rumänisch(e).

ro·man·tic [rəʊ'mæntɪk] **I** *adj* **1.** romantisch; **2.** *fig* romantisch veranlagt; **II** *s* Romantiker(in) *m (f);* **ro·man·ti·cism** [rəʊ'mæntɪsɪzəm] *mus* Romantik *f;* **ro·man·ti·cist** [rəʊ'mæntɪsɪst] *mus* Romantiker(in) *m (f).*

Rom·any ['rɒmənɪ] **1.** Zigeuner(in) *m (f);* **2.** *(Sprache)* Zigeunersprache *f.*

Rome ['rəʊm] Rom *n;* ▶ **when in ~ do as the Romans (do)** *prov* man muß sich den Gegebenheiten anpassen; **~ wasn't built in a day** *prov* Rom ist auch nicht an einem Tag erbaut worden; **the Church of ~** die römische Kirche.

romp [rɒmp] **I** *itr* herumtollen, sich austoben, ausgelassen sein; ▶ **~ home** mühelos gewinnen; **~ through s.th.** mit etw spielend fertig werden; **II** *s* Tollerei *f,* Klamauk *m;* **romper** ['rɒmpə(r)] *meist pl* Spielhöschen *n.*

Roneo ['rəʊnɪəʊ] *Wz* **I** *s* Kopie *f;* **II** *tr* (mit Matrize) kopieren.

roof [ru:f] **I** *s* **1.** Dach *n;* **2.** *(Tunnel)* Gewölbe *n;* **3.** *mot* Verdeck *n;* ▶ **the ~ of the mouth** der Gaumen; **the ~ of the world** das Dach der Welt; **without a ~ over one's head** ohne Dach über dem Kopf; **raise the ~** das Haus zum Beben bringen; **II** *tr* mit e-m Dach versehen; ▶ **~ over** überdachen; **roof-garden** Dachgarten *m;* **roof·ing** ['ru:fɪŋ] Material *n* zum Dachdecken; **roof-rack** *mot* Dachgepäckträger *m.*

rook [rʊk] **I** *s* **1.** Saatkrähe *f;* **2.** *(Schach)* Turm *m;* **3.** Betrüger *m;* **II** *tr* betrügen; übers Ohr hauen; **III** *itr (Schach)* mit dem Turm ziehen; **rook·ery** [—ərɪ] Kolonie *f.*

rookie ['rʊkɪ] *Am sl* Neuling *m; bes mil* Grünschnabel *m.*

room [ru:m] **I** *s* **1.** Zimmer *n,* Raum *m;* Saal *m;* **2.** Büro *n;* **3.** Platz *m;* **4.** *fig* Spielraum *m;* ▶ **~s to let** Zimmer *n pl* zu vermieten; **~ and board** Unterkunft mit Verpflegung; **there is ~ for two** es ist genügend Platz für zwei; **make ~ for s.o.** jdm Platz machen; **there is no ~ for doubt** es kann keinen Zweifel geben; **there is ~ for improvement** es ließe sich noch manches verbessern; **II** *itr Am* zur Untermiete wohnen (*at* bei); **roomer** ['ru:mə(r)] *Am* Untermieter(in) *m (f);* **room·ful** [—fʊl] ▶ **a ~ of people** ein Zimmer voll(er) Leute; **room·ing house** ['ru:mɪŋˌhaʊs] *Am* Mietshaus *n* mit möblierten Wohnungen; **room-mate** Zimmergenosse *m,* -genossin *f;* **roomy** ['ru:mɪ] *adj* geräumig.

roost [ru:st] **I** *s* Hühnerstange *f,* -stall *m;* ▶ **at ~** auf der Stange; **come home to ~** *fig* auf den Urheber zurückfallen; **rule the ~** das Regiment führen; **II** *itr (Vogel)* sich auf die Stange setzen.

rooster ['ru:stə(r)] *zoo* Hahn *m.*

root [ru:t] **I** *s* **1.** *(Pflanze, Haar, Zahn)* Wurzel *f;* **2.** *fig* Grundlage *f;* Kern *m;* Ursache *f;* **3.** *math* Wurzel *f;* **4.** *ling* Wurzel *f,* Stamm *m;* ▶ **~s** *pl* Wurzeln *f pl a. fig;* **by the ~s** mit der Wurzel; **take ~** Wurzeln schlagen; **have no ~s** nirgends zu Hause sein; **put down ~s in a country** in e-m Land Fuß fassen; **~ and branch** mit Stumpf und Stiel; **get to the ~ of the problem** dem Problem auf den Grund gehen, das Problem bei den Wurzeln packen; **the ~ of the matter** der Kern der Sache; **square, cube ~** *math* Quadrat-, Kubikwurzel *f;* **II** *itr* Wurzeln schlagen; ▶ **~ for** anfeuern; **III** *tr* Wurzeln schlagen lassen bei; ▶ **deeply ~ed** *fig* tief verwurzelt; **~ out** mit der Wurzel ausreißen; *fig* aufspüren; **~ up** ausgraben; **root beer** *Am* leichtes nichtalkoholisches Getränk; **root cause** *fig* (eigentlicher) Grund; **root·less** ['ru:tlɪs] *adj* wurzellos; **root sign** *math* Wurzelzeichen *n;* **root vegetable** Wurzelgemüse *n.*

rope [rəʊp] **I** *s* **1.** Seil, Tau *n;* **2.** Strick, Strang *m;* **3.** *(Glocke)* Glockenstrang *m;* ▶ **on the ~** angeseilt; **be on the ~s** *(Boxen)* in den Seilen hängen; **give s.o. plenty of ~** jdm viel Freiheit lassen; **a ~ of climbers** e-e Seilschaft; **know the ~s** sich auskennen; **show s.o. the ~s** jdn in alles einweihen; **~ of pearls** Perlenschnur *f;* **II** *tr* **1.** verschnüren; **2.** mit dem Lasso fangen; ▶ **~ in** einschließen; **~ s.o. in** jdn (ein)fangen; **~ off** mit e-m Seil abgrenzen; **rope·dancer, -walker** Seiltänzer(in) *m (f);* **rope-way** ['rəʊpweɪ] (Draht)Seilbahn *f;*

rop(e)y ['rəʊpɪ] *adj sl* miserabel; mitgenommen; ► **I feel a bit ~** mir geht's nicht so gut, nicht besonders.
ro-ro ['rəʊrəʊ] *adj s. roll-on-roll-off.*
ro·sary ['rəʊzərɪ] *rel* Rosenkranz *m.*
rose¹ [rəʊz] *v s. rise.*
rose² [rəʊz] **I** *s* **1.** *bot* Rose *f;* **2.** *(Farbe)* Rosa *n;* **3.** *(Gießkanne)* Brause *f;* **4.** *arch* Rosette *f;* ► **under the ~** unter dem Siegel der Verschwiegenheit; **my life isn't all (a bed of) ~s** ich bin auch nicht auf Rosen gebettet; **no ~ without a thorn** *prov* keine Rose ohne Dornen; **the Wars of the R~s** *hist* die Rosenkriege *pl;* **II** *adj* rosenfarben, rosarot; **rose-bud** Rosenknospe *f;* **rose-bush** Rosenstrauch *m;* **rose-garden** Rosengarten *m;* **rose-hip** Hagebutte *f.*
rose·mary ['rəʊzmərɪ] *bot* Rosmarin *m.*
ro·sette [rəʊ'zet] Rosette *f a. arch.*
rose-water ['rəʊzwɔ:tə(r)] Rosenwasser *n;* **rose window** (Fenster)Rosette *f.*
rosin ['rɒzɪn] **I** *s (Geige)* Harz, Kolophonium *n;* **II** *tr* mit Kolophonium einreiben.
ros·ter ['rɒstə(r)] Dienstplan *m.*
ros·trum ['rɒstrəm] ⟨*pl* -trums, -tra⟩ ['rɒstrə] Tribüne *f;* Rednerpult *n.*
rosy ['rəʊzɪ] *adj* **1.** rosarot, rosig; **2.** *fig* rosig.
rot [rɒt] **I** *itr* **1.** (ver)faulen, verrotten; **2.** *fig* verkommen, verderben; ► **~ away** verfaulen, vermodern; **II** *tr* verfaulen lassen; **III** *s* **1.** Fäulnis *f;* Moder *m;* **2.** *sl* Un-, Blödsinn, Quatsch *m;* ► **dry ~** Trockenfäule *f;* **stop the ~** *a. fig* den Fäulnisprozeß aufhalten; **talk ~** *sl* Unsinn, Kohl reden.
rota ['rəʊtə] *Br* Dienstplan *m.*
ro·tary ['rəʊtərɪ] **I** *adj* rotierend, sich drehend; Rotations-; ► **~ engine** *mot* Drehkolben-, Wankelmotor *m;* **~ motion** Kreis-, Drehbewegung *f;* **~ press** *typ* Rotationsdruckmaschine *f;* **II** *s Am* Kreisverkehr *m.*
rota system Rotationsprinzip *n.*
ro·tate [rəʊ'teɪt] **I** *itr* **1.** rotieren, sich drehen; **2.** *fig* (sich) turnusmäßig (ab)wechseln; **II** *tr* **1.** rotieren lassen; **2.** *fig* turnusmäßig erledigen; ► **~ crops** im Fruchtwechsel anbauen; **ro·ta·tion** [rəʊ'teɪʃn] **1.** Umdrehung, Rotation *f;* **2.** *fig* turnusmäßiger Wechsel; ► **by, in ~** abwechselnd, im Turnus; **~ of crops** *agr* Fruchtwechsel *m;* **ro·ta·tory** ['rəʊtətərɪ] *adj* **1.** rotierend; **2.** *fig* turnusmäßig wechselnd, abwechselnd.
rote [rəʊt] ► **learn s.th. by ~** etw auswendig lernen.
ro·tor ['rəʊtə(r)] *mot* Rotor *m.*
rot·ten ['rɒtn] *adj* **1.** *(Zahn, Ei)* faul; **2.** *(Holz)* morsch; **3.** *(Früchte)* verdorben; **4.** *fig* korrupt, verdorben; **5.** *(Wetter, Zustand)* mies; **6.** *fig* gemein, eklig; ► **~ to the core** *fig* durch und durch verdorben; **what ~ luck!** so ein Pech!
ro·tund [rəʊ'tʌnd] *adj* **1.** rundlich; **2.** *(Stimme)* voll, wohltönend; **3.** *(Rede)* bombastisch.
ro·tunda [rəʊ'tʌndə] Rundbau *m,* Rotunde *f.*
rouge [ru:ʒ] **I** *s* Rouge *n;* **II** *tr* ► **~ one's cheeks** Rouge auflegen.
rough [rʌf] **I** *adj* **1.** rauh, uneben; **2.** *(Straße)* holprig; **3.** *(Ton)* hart; **4.** *(Wein)* sauer; **5.** *(Worte)* grob, hart; **6.** *(Benehmen)* ungehobelt; roh; **7.** *(Behandlung)* grob, hart; **8.** *sport* hart; **9.** *(See)* rauh, stürmisch; **10.** *(Rechnung)* grob, ungefähr; ► **have a ~ tongue** e-e scharfe Zunge haben; **be ~ with s.o.** grob mit jdm umgehen; **he had a ~ time** *fam* es ging ihm ziemlich dreckig; **be ~ on s.o.** grob mit jdm umspringen; **~ copy** Konzept *n;* **~ paper** Konzeptpapier *n;* **feel ~** sich mies fühlen; **II** *adv* wüst, wild; **sleep ~** im Freien übernachten; **III** *s* **1.** unwegsames Gelände; **2.** Rohentwurf *m;* **3.** *fig* Grobian, Rowdy *m;* ► **in the ~** im Rohzustand; **take the ~ with the smooth** die Dinge nehmen, wie sie kommen; **IV** *tr* ► **~ it** primitiv leben; **~ out** grob entwerfen; **~ up** *(Haar)* zerzausen; **~ s.o. up** jdn zusammenschlagen.
rough·age ['rʌfɪdʒ] Ballaststoffe *m pl.*
rough-and-ready [ˌrʌfənd'redɪ] *adj* **1.** *(Methode)* provisorisch; **2.** *(Arbeit)* zusammengepfuscht; **3.** *(Mensch)* rauhbeinig; **rough-and-tumble** Balgerei, Schlägerei *f;* **rough-cast I** *s arch* Rauhputz *m;* **II** *tr irr s. cast arch* rauhverputzen; **rough diamond** Rohdiamant *m; fig* rauher Mensch mit gutem Kern.
roughen ['rʌfn] **I** *tr* uneben machen; rauh machen; **II** *itr* **1.** *(Haut)* rauh werden; **2.** *(Ton)* hart werden.
rough-hew ['rʌfhju:] *tr (Stein)* grob behauen; **rough-hewn** [—n] *adj fig* ungehobelt; **rough house** *fam* Schlägerei *f;* **rough-house** *tr* herumstoßen.
rough·ly ['rʌflɪ] *adv* **1.** rauh, grob; barsch; **2.** ungefähr; **3.** *(Stich)* grob.
rough·neck ['rʌfnek] *Am sl* Rowdy *m.*
rough·ness ['rʌfnɪs] Rauheit, Unebenheit *f;* Grobheit *f;* Roheit *f;* Härte *f.*
rough·shod ['rʌfʃɒd] *adv* ► **ride ~ over s.o.** rücksichtslos über jdn hinweggehen; **rough-spoken** [ˌrʌf'spəʊkən] *adj* ► **be ~** sich ungehobelt ausdrücken.
rou·lette [ru:'let] Roulett *n.*
round [raʊnd] **I** *adj* **1.** rund; **2.** *(Vokal)* gerundet; **3.** *(Summe)* rund; **4.** *(Gang)* flott; ► **~ figure, ~ number** runde Zahl; **a ~ dozen** ein rundes Dutzend; **II** *s* **1.** *(Brot)* Scheibe *f;* **2.** Kreis, Ring *m;* **3.** *(Polizei)* Runde *f;* **4.** *sport* Runde *f;* Durchgang *m;* **5.** *mus* Kanon *m;* ► **a ~ of toast** e-e Scheibe Toast; **do, make**

one's ~s seine Runden machen; **make the ~s** die Runde machen; **pay for a ~ (of drinks)** eine Runde bezahlen; **the daily ~** die tägliche Arbeit; **go the ~s** reihum gehen; **~ of ammunition** Ladung *f;* **a ~ of applause** Applaus *m;* **in the ~** insgesamt; **theatre in the ~** Arenatheater *n;* **III** *tr* **1.** runden, rund machen; **2.** *(Kurve)* herumgehen, -fahren um; **IV** *adv* (rings)herum; rund(her)um; **all, right ~** ganz herum; **the long way ~** der längere Weg; **~ and ~** rundherum; **be ~ at 2 o'clock** um 2 Uhr da sein; **for the second time ~** zum zweitenmal; **all (the) year ~** das ganze Jahr über; **taking things all ~, taken all ~** insgesamt gesehen, wenn man alles zusammennimmt; **V** *prep* **1.** um ... herum; **2.** ungefähr; ► **~ the table** um den Tisch; **all ~ the house** im ganzen Haus; **go ~ a corner** um e-e Kurve, Ecke gehen; **look ~ a house** sich ein Haus ansehen; **show s.o. ~ a town** jdm e-e Stadt zeigen; **~ (about) 2 o'clock** ungefähr um 2 Uhr; **VI** *(mit Präposition)* **round down** *tr (Preis)* abrunden; **round off** *tr* **1.** abrunden; **2.** *(Serie)* voll machen; abschließen; **round on** *tr fig* anfahren; **round out** *tr* runden; **round up** *tr* **1.** zusammentrommeln; **2.** *(Vieh)* zusammentreiben; **3.** *(Verbrecher)* hochnehmen; **4.** *(Preis)* aufrunden.

round·about ['raʊndəbaʊt] **I** *adj* ► **~ route** Umweg *m;* **what a ~ way of doing things!** wie kann man nur so umständlich sein! **by ~ means** auf Umwegen; **II** *s* **1.** Karussell *n;* **2.** *mot Br* Kreisverkehr, Kreisel *m.*

roun·de·lay ['raʊndɪleɪ] *mus* Lied *n* mit Refrain.

roun·ders ['raʊndəz] *pl mit sing Br* Schlagball *m.*

round·ly ['raʊndlɪ] *adv fig* ohne Umschweife.

round robin [ˌraʊnd'rɒbɪn] *parl* gemeinsamer Antrag; **round-shoul·dered** [ˌraʊnd'ʃəʊldəd] *adj* mit runden Schultern; **rounds·man** ['raʊndzmən] ⟨*pl* -men⟩ Austräger *m;* **round-table discussion** Diskussion *f* am runden Tisch; **round-the-clock** *adj* rund um die Uhr; **round trip** Rundreise *f; Am* Hin- und-Rückfahrt *f;* **round trip ticket** *Am* Rückfahrkarte *f;* **round-up** ['raʊndʌp] **1.** *(Vieh)* Zusammentreiben *n;* Auftrieb *m;* **2.** *(Menschen)* Zusammentrommeln *n;* Versammlung *f;* **3.** *(Verbrecher)* Hochnehmen *n;* ausgehobene Bande; ► **a ~ of the news** eine Zusammenfassung der Nachrichten.

rouse [raʊz] **I** *tr* **1.** wecken; **2.** *(Gefühl)* erwecken, wachrufen; **3.** *(Haß)* erregen; ► **~ s.o.** jdn reizen; **~ s.o. to hatred** jds Haß anstacheln; **~ s.o. to action** jdn zum Handeln bewegen; **II** *itr* wach werden; **rous·ing** ['raʊzɪŋ] *adj* **1.** *(Applaus)* stürmisch; **2.** *(Rede)* zündend, mitreißend; **3.** *(Musik)* schwungvoll.

roust·about ['raʊstəbaʊt] *Am bes. mar* Handlanger *m.*

rout[1] [raʊt] **I** *s* **1.** Schlappe *f;* **2.** *jur* Bande, Rotte *f;* ► **put to ~** in die Flucht schlagen; **II** *tr* in die Flucht schlagen.

rout[2] [raʊt] *tr (~ out)* aufstöbern; herausjagen (*of* aus).

route [ru:t, *Am* raʊt] **I** *s* **1.** Strecke, Linie, Route *f;* **2.** *mil* Marschbefehl *m;* **3.** *Am* Runde *f;* ► **shipping ~, air ~** Schifffahrtsweg *m,* Flugweg *m;* **~ march** Geländemarsch *m;* **he has a paper ~** *Am* er trägt Zeitungen aus; **II** *tr (Bus, Zug)* legen; *(Gepäck)* schicken; ► **the train is ~d through ...** der Zug wird durch ... geführt.

rou·tine [ru:'ti:n] **I** *s* Routine *f;* ► **as a matter of ~** routinemäßig; **II** *adj* routine-, gewohnheitsmäßig; ► **be ~ procedure** Routine sein; **~ duties** *pl* tägliche Pflichten *f pl.*

roux [ru:] Mehlschwitze *f.*

rove [rəʊv] **I** *itr* umherschweifen, -streifen; **II** *tr* durchwandern, -ziehen; **rover** ['rəʊvə(r)] Vagabund *m;* **rov·ing** ['rəʊvɪŋ] *adj* wandernd; ► **~ commission** Reisetätigkeit *f;* **have a ~ eye** ein Auge riskieren; **~ reporter** rasender Reporter.

row[1] [rəʊ] Reihe *f;* ► **in ~s** reihenweise; **in a ~** hintereinander.

row[2] [rəʊ] **I** *itr, tr* rudern; ► **~ s.o. across** jdn hinüberrudern; **~ away** wegrudern; **II** *s* Ruderfahrt, -strecke *f;* ► **go for a ~** rudern gehen.

row[3] [raʊ] **I** *s* **1.** Lärm, Krach *m;* **2.** Streit *m;* ► **have a ~ with s.o.** mit jdm Krach haben; **kick up a ~** Krach schlagen; **II** *itr* sich streiten.

rowan ['rəʊən] *(~-tree)* Eberesche *f,* Vogelbeerbaum *m;* **rowan-berry** Vogelbeere *f.*

row·boat ['rəʊbəʊt] *Am* Ruderboot *n.*

rowdy ['raʊdɪ] **I** *s* Rowdy, Krawallmacher *m;* **II** *adj* laut; randalierend; **rowdy·ism** [—ɪzəm] Rowdytum *n.*

rower ['rəʊə(r)] Ruderer *m;* **row·ing-boat** ['rəʊɪŋbəʊt] *Br* Ruderboot *n;* **rowing club** Ruderklub *m;* **row·lock** ['rɒlək] (Ruder)Dolle *f.*

royal ['rɔɪəl] **I** *adj* **1.** königlich; **2.** *fig* fürstlich, prächtig, prunkvoll; **II** *s* Mitglied *n* der königlichen Familie; **Royal Highness:** ► **Your, His ~** Eure, Seine Königliche Hoheit; **royal·ist** ['rɔɪəlɪst] Royalist(in) *m (f);* **roy·alty** ['rɔɪəltɪ] **1.** Königtum *n;* Königshaus *n;* **2.** *pl* Tantiemen *f pl;* Patent-, Lizenzgebühren *f pl;* ► **symbols of ~** Wahrzeichen *pl* der Königswürde.

rpm [ˌɑ:(r)pi:'em] *Abk:* **revolutions per minute** Umdrehungen *f pl* pro Minute.

rub [rʌb] **I** *tr* **1.** (ab-, ein)reiben; **2.** frottieren; **3.** polieren; ▶ ~ **one's hands (together)** sich die Hände reiben; ~ **shoulders, elbows with s.o.** mit jdm in Berührung kommen; ~ **o.s. with a lotion** sich mit e-r Lotion einreiben; ~ **s.th. dry** etw trockenreiben; **II** *itr* **1.** reiben (*against* an); **2.** *(Schuhe)* scheuern; **III** *s* Reiben, Scheuern *n;* ▶ **give s.th. a** ~ etw reiben; etw polieren; **there's the** ~ *fam* da liegt der Hase im Pfeffer; **IV** *(mit Präposition)* **rub along** *itr fam* sich durchschlagen; ▶ ~ **along together** recht und schlecht miteinander auskommen; **rub down** *tr* **1.** abreiben, frottieren; **2.** *(Pferd)* striegeln; **3.** abschmirgeln; **rub in** *tr* **1.** *(Salbe)* einreiben; **2.** *fig* herumreiten auf; **rub off** *tr* **1.** wegreiben, ausradieren; ▶ ~ **off on someone** *fig* auf jdn abfärben; **2.** *(Farbe)* abreiben; *itr* **1.** sich abnutzen; **2.** *(Schmutz)* abgehen; **rub out** *tr* **1.** ausradieren; herausreiben; **2.** *Am sl* abmurksen, killen; **rub up** *tr* blank reiben; (auf)polieren; ▶ ~ **s.o. up the wrong way** bei jdm anecken; ~ **up against s.o.** *fam* mit jdm verkehren.

rub·ber ['rʌbə(r)] **1.** Gummi *m;* Kautschuk *m;* **2.** *Br* Radiergummi *m;* **3.** *fam* Präservativ *n;* **4.** *pl* Gummi-, Überschuhe *m pl;* **rubber band** Gummiband *n;* **rubber boots** *pl* Gummistiefel *m pl;* **rubber bullet** Gummigeschoß *n;* **rubber glove** Gummihandschuh *m;* **rubber hose** Gummischlauch *m;* **rub·ber·neck** ['rʌbənek] **I** *s Am fam* Gaffer *m;* **II** *itr* gaffen; **rubber plant** Gummibaum *m;* **rubber stamp** Stempel *m;* **rubber-stamp** *tr* **1.** stempeln; **2.** *fig* genehmigen; **rubber tree** Kautschukbaum *m;* **rubber truncheon** Gummiknüppel *m;* **rub·bery** ['rʌbərɪ] *adj* gummiartig; zäh.

rub·bing ['rʌbɪŋ] **1.** Reiben, Frottieren, Scheuern *n;* **2.** Polieren *n;* Schmirgeln *n.*

rub·bish ['rʌbɪʃ] **I** *s* **1.** Abfall *m,* Abfälle *m pl;* Müll *m;* Schutt *m;* **2.** *fig* Blödsinn, Quatsch *m;* ▶ **garden** ~ Gartenabfälle *pl;* **household** ~ Hausmüll *m;* **don't talk** ~ red keinen Quatsch! **II** *tr fam* verreißen; **rubbish bin** Abfall-, Mülleimer *m;* **rubbish chute** Müllschlucker *m;* **rubbish collection** Müllabfuhr *f;* **rubbish container** *Br* Müllcontainer *m;* **rubbish dump, tip** Müllkippe *f;* **rubbishy** ['rʌbɪʃɪ] *adj* **1.** minderwertig; wertlos; **2.** *fam* blödsinnig.

rubble ['rʌbl] Trümmer *pl;* Schutt *m.*

rub-down ['rʌbdaʊn] Abreiben, Frottieren *n.*

ru·bi·cund ['ru:bɪkənd] *adj* rötlich.

ru·bric ['ru:brɪk] **1.** Rubrik, Überschrift *f,* Titel *m;* **2.** *rel* liturgische, gottesdienstliche Regel.

ruck¹ [rʌk] *sport* Pulk *m;* ▶ **the common** ~ die breite Masse; **get out of the** ~ sich von der breiten Masse absetzen.

ruck² [rʌk] **I** *s* Falte *f;* **II** *tr (~ up)* zusammenziehen; verschieben; **III** *itr* sich zusammenziehen; sich hochschieben.

ruck·sack ['rʌksæk] Rucksack *m.*

ruckus ['rʌkəs] *fam* Krawall, Tumult *m.*

ruc·tion ['rʌkʃn] *meist pl fam* Krawall *m;* Krach *m;* ▶ **there'll be ~s** es gibt Krach.

rud·der ['rʌdə(r)] *mar aero* Ruder *n;* **rud·der·less** [—ləs] *adj* ohne Ruder; *fig* führungslos.

ruddi·ness ['rʌdɪnɪs] Röte *f;* gesunde Gesichtsfarbe; **ruddy** ['rʌdɪ] *adj* **1.** *(Gesichtsfarbe)* rot, gesund; **2.** *(Himmel)* rötlich; **3.** *sl* verdammt, verflixt.

rude [ru:d] *adj* **1.** unhöflich; unverschämt; grob; **2.** unanständig, unflätig; **3.** *(Wetter)* wüst, rauh; **4.** primitiv; einfach; **5.** *(Kraft)* gewaltig; ▶ **it's** ~ **to stare** man starrt andere Leute nicht an; **a** ~ **awakening** ein böses Erwachen; **be in** ~ **health** vor Gesundheit strotzen.

ru·di·ment ['ru:dɪmənt] *meist pl* **1.** Anfangsgründe *m pl;* **2.** *biol* Rudiment *n;* **ru·di·men·tary** [ˌru:dɪ'mentrɪ] *adj* **1.** *biol* rudimentär; **2.** *fig* elementar.

rue ['ru:] *tr lit* bereuen; **rue·ful** ['ru:fl] *adj* reuig, reuevoll.

ruff [rʌf] **1.** *hist* Halskrause *f;* **2.** *zoo* Halsgefieder *n,* Kragen *m;* **3.** *orn* Kampfläufer *m.*

ruf·fian ['rʌfɪən] Rüpel, Grobian *m.*

ruffle ['rʌfl] **I** *tr* **1.** *(Wasser)* kräuseln; **2.** *(Haare)* zerzausen; **3.** *fig* aufregen, aufwühlen; aus der Ruhe bringen; ▶ **the bird ~d up its feathers** der Vogel plusterte sich auf; **II** *s* **1.** Kräuseln *n;* **2.** *(Kleid)* Rüsche *f.*

rug [rʌg] **1.** Läufer *m;* Teppich *m;* **2.** Wolldecke *f;* **3.** *(bedside ~)* Bettvorleger *m.*

rugby ['rʌgbɪ] *(a. ~ football) sport* Rugby *n.*

rug·ged ['rʌgɪd] *adj* **1.** uneben, rauh; **2.** *(Fels)* zerklüftet; **3.** *(Grund)* felsig; **4.** *(Gesicht)* markig; **5.** *(Widerstand)* verbissen.

ruin ['ru:ɪn] **I** *s* **1.** Untergang *m;* Ende *n;* Ruin *m;* **2.** Ruine *f;* **3.** *fig* Wrack *n;* **4.** *pl* Ruinen *f pl;* Trümmer *pl;* ▶ **go to** ~ verfallen; **II** *tr* **1.** verwüsten, zerstören; **2.** *(Ruf)* ruinieren; **3.** *(finanziell)* ruinieren, zugrunde richten; **4.** *(Kind)* verderben; ▶ **be ~d** e-e Ruine sein; zerstört sein; **ruin·ation** [ˌru:ɪ'neɪʃn] Zerstörung *f;* Ruinierung *f;* **ruin·ous** ['ru:ɪnəs] *adj* **1.** ruinös; **2.** *(Preis)* extrem.

rule [ru:l] **I** *s* **1.** Regel *f;* Spielregel *f;* **2.** *(Verwaltung)* Vorschrift, Bestimmung *f;* **3.** Herrschaft *f;* Regierungszeit *f;* **4.** Metermaß *n,* Maßstab *m;* ▶ **play by the ~s** die Spielregeln einhalten; **against the**

~s regelwidrig; **it's a ~ that ...** es ist Vorschrift, daß ... **by ~ of thumb** über den Daumen gepeilt; **as a ~** in der Regel; **the ~ of law** die Rechtsstaatlichkeit; **make it a ~** es sich zur Regel machen (*to do s.th.* etw zu tun); **~ of the road** Verkehrsvorschrift *f;* **II** *tr* **1.** beherrschen, regieren; herrschen über; **2.** *jur* entscheiden; **3.** *(Papier)* linieren; ► **be ~d by jealousy** von Eifersucht beherrscht werden; **III** *itr* **1.** herrschen, regieren (*over* über); **2.** *com (Preise)* notieren; **3.** *jur* entscheiden (*against* gegen); **IV** *(mit Präposition)* **rule off** *tr* e-n Schlußstrich ziehen unter; **rule out** *tr* (durch)streichen; ausschließen.

rule·book ['ru:lbʊk] Regelheft *n;* Vorschriftenbuch *n;* **ruler** ['ru:lə(r)] **1.** Herrscher *m* (*of* über); **2.** Lineal *n;* **rul·ing** ['ru:lɪŋ] **I** *adj* **1.** (vor)herrschend; **2.** *(Faktor)* ausschlaggebend; **3.** *(Preise)* notiert; ► **the ~ class** die herrschende Klasse; **the ~ party** die Regierungspartei; **II** *s jur* Entscheidung *f.*

rum[1] [rʌm] Rum *m.*

rum[2] [rʌm] *adj fam* komisch, kauzig.

rumba ['rʌmbə] Rumba *f* od *m.*

rumble ['rʌmbl] **I** *itr* **1.** *(Donner)* grollen; donnern; **2.** *(Magen)* knurren; **II** *tr fig* durchschauen; **III** *s* **1.** Grollen *n;* Donnern *n;* Rumpeln *n;* **2.** *sl* Schlägerei *f;* **rumbl·ing** [—ɪŋ] Grollen *n;* Donnern *n;* Rumpeln *n.*

rum·bus·tious [rʌm'bʌstɪəs] *adj* derb.

ru·mi·nant ['ru:mɪnənt] **I** *s* Wiederkäuer *m;* **II** *adj* wiederkäuend; **ru·mi·nate** ['ru:mɪneɪt] *itr, tr* **1.** wiederkäuen; **2.** *fig* grübeln (*about, upon, over* über); **ru·mi·na·tive** ['ru:mɪnətɪv] *adj fig* nachdenklich, grüblerisch.

rum·mage ['rʌmɪdʒ] **I** *s* **1.** Trödel(kram), Ausschuß, Ramsch *m;* **2.** Durchstöbern, -suchen *n;* ► **~ sale** Ramschverkauf *m;* **II** *itr (~ about, ~ around)* herumstöbern, herumwühlen (*among, in* in).

rummy ['rʌmɪ] *(Kartenspiel)* Rommé *n.*

ru·mour, *Am* **ru·mor** ['ru:mə(r)] **I** *s* Gerücht *n* (*of* über); ► **there is a ~ of war** es gehen Kriegsgerüchte um; **II** *tr* ► **it is ~ed that ...** es geht das Gerücht, daß ...; man munkelt, daß ...

rump [rʌmp] **1.** *(Vieh)* Hinterbacken *f pl;* **2.** *(Vogel)* Bürzel *m;* **3.** *(Mensch)* Hinterteil *n;* ► **~ steak** Rumpsteak *n.*

rumple ['rʌmpl] *tr* **1.** zerknittern, zerknüllen; **2.** *(Haar)* zerzausen.

rum·pus ['rʌmpəs] *fam* Krawall, Krach *m;* ► **kick up a ~** e-n Spektakel machen; **~ room** *Am* Spielzimmer *n.*

run [rʌn] ‹*irr* ran, run› **I** *itr* **1.** laufen, rennen, eilen; **2.** davonlaufen, weglaufen, wegrennen; **3.** *(Neuigkeit)* umgehen; **4.** *(Worte)* lauten; **5.** kandidieren, sich aufstellen lassen; **6.** *(Fahrzeug)* rollen; gleiten; **7.** *(Wasser)* laufen; **8.** *(Strom)* fließen; **9.** *(Augen)* tränen; **10.** *(Farbe)* zerfließen, ineinanderfließen; **11.** *(Zinsen, Wechsel)* laufen; **12.** *(Verkehrsmittel)* fahren, verkehren; **13.** *(Fabrik)* arbeiten; **14.** *(Geschäft, Maschine)* gehen, laufen, in Betrieb sein, arbeiten; funktionieren; **15.** *(Straße)* führen, gehen; **16.** *(Berge)* sich ziehen, sich erstrecken; **17.** *(Strümpfe)* e-e Laufmasche bekommen; **18.** *(Gewässer)* fließen, strömen; ► **he came ~ning out** er kam herausgelaufen; **~ for the bus** zum Bus laufen; **she ran to help him** sie kam ihm schnell zur Hilfe; **~ for one's life** um sein Leben rennen; **~ in the 100 metres** die 100 Meter laufen; **~ to earth** sich verkriechen; **a rumour ran through the school** ein Gerücht ging in der Schule um; **~ down the list** die Liste durchgehen; **a shiver ran down her spine** ein Schauder lief ihr über den Rücken; **the idea ran through my head** der Gedanke ging mir durch den Kopf; **so the story ~s** die Geschichte geht so; **the wording ran as follows** es lautete folgendermaßen; **~ for President** für die Präsidentschaft kandidieren; **~ dry** austrocknen; **I've ~ dry of ideas** mir sind die Ideen ausgegangen; **~ short** knapp werden; **it ~s on wheels** es fährt auf Rädern; **my skirt has ~** mein Rock hat gefärbt; **the river ~s into the sea** der Fluß mündet ins Meer; **inflation is ~ning at ...** die Inflationsrate beträgt ... **the tide was ~ning strong** die Gezeiten waren stark; **the floor was ~ning with water** der Fußboden schwamm vor Wasser; **his blood ran cold** das Blut gefror ihm in den Adern; **the book has ~ into two editions** das Buch hat schon zwei Auflagen erreicht; **~ to a new car** sich ein neues Auto leisten; **~ into the port** in den Hafen einlaufen; **the buses ~ once an hour** die Busse fahren stündlich; **the car is ~ning smoothly** der Wagen läuft ohne Schwierigkeiten; **the radio ~s off the mains** das Radio läuft auf Netz; **all planes are ~ning late** alle Flugzeuge haben Verspätung; **a wall ~s round the garden** um den Garten führt e-e Mauer; **~ in the family** in der Familie liegen; **~ to seed** *(Blume)* schießen; *(Mensch)* herunterkommen; **~ with sweat** schweißüberströmt sein; **II** *tr* **1.** laufen, rennen; **2.** *(Fuchs)* treiben, jagen; **3.** *(Kandidaten)* aufstellen; **4.** *(Pferd)* laufen lassen; **5.** *(Personen)* fahren, bringen; **6.** *(Züge)* unterhalten; einsetzen; **7.** *(Maschine)* betreiben; bedienen; **8.** *(Test)* durchführen; **9.** *(Hotel)* führen, leiten; **10.** *(Wettbewerb)* veranstalten, durchführen; **11.** schmuggeln; **12.** *(Straße)* führen; **13.** *(Kabel)* verlegen; **14.** *(Film)* zeigen; **15.** *com* verkaufen; **16.** *(Waffen)* schmuggeln; ► **~ 2 km**

2 km laufen; ~ **errands** Botengänge machen; ~ **the streets** sich auf der Straße herumtreiben; ~ **s.o. close** nur knapp von jdm geschlagen werden; ~ **its course** seinen Lauf nehmen; ~ **a fever** Fieber haben; ~ **s.o. off his feet** jdn ständig in Trab halten; ~ **o.s. out of breath** außer Atem kommen; ~ **s.o. into debt** jdn in Schulden stürzen; ~ **(water into) a bath** Wasser in die Badewanne einlaufen lassen; **he ran her home** er brachte sie nach Hause; **he ~s a car** er fährt, unterhält ein Auto; **a well-~ hotel** ein gutgeführtes Hotel; ~ **a house** e-n Haushalt führen; ~ **one's own life** sein eigenes Leben führen; ~ **one's fingers through one's hair** sich mit den Fingern durch die Haare fahren; ~ **one's eye over a page** e-e Seite überfliegen; ~ **a rope round a tree** ein Seil um e-n Baum legen; ~ **a sword into s.o.'s side** ein Schwert in jds Seite stoßen; **III** *s* **1.** *sport* Lauf *m;* **2.** Fahrt *f;* Ausflug *m;* **3.** Flug *m;* Strecke *f;* **4.** Dauer *f;* **5.** Reihe, Serie *f;* **6.** *theat* Spielzeit *f;* **7.** *film* Laufzeit *f;* **8.** *com* Ansturm, Run *m;* **9.** *fig* Tendenz *f;* **10.** *(Ski)* Bahn *f;* **11.** *(für Tiere)* Gehege *n;* Hühnerhof *m;* **12.** *(Strümpfe)* Laufmasche *f;* **13.** *mus* Lauf *m;* **14.** *typ* Auflage *f;* ► **he came in at a ~** er kam hereingelaufen; **he took the fence at a ~** er nahm die Hürde im Lauf; **break into a ~** zu laufen anfangen; **make a ~ for it** weglaufen; **on the ~** auf der Flucht; **I've been on the ~ ever since I got up** seit ich aufgestanden bin, war ich ganz schön auf Trab; **he has had a good ~ for his money** er hat was für sein Geld bekommen; er hat e-n ordentlichen Kampf bekommen; **go for a ~ in the car** e-e Fahrt im Auto machen; **take a ~ up to ...** e-e Fahrt nach ... machen; **on the outward, inward ~** auf der Hin-, Rückfahrt; **approach ~** Anflug *m;* **give s.o. the ~ of one's house** jdm sein Haus überlassen; **in the short ~** fürs nächste; **a ~ of luck** e-e Glückssträhne; ~ **on** Ansturm *m* auf; **the common ~ of mankind** der Durchschnittsmensch; **the ordinary ~ of things** der normale Gang der Dinge; **IV** *(mit Präposition)* **run about** *itr* herum-, umherlaufen; ► ~ **about with s.o.** sich mit jdm herumtreiben; **run across** *itr* hinüberlaufen; *tr* zufällig treffen; **run against** *tr pol* jds Gegenkandidat sein; **run after** *tr* hinterherlaufen; **run along** *itr fam* laufen, rennen; **run away** *itr* **1.** weglaufen, wegrennen; **2.** *(Wasser)* auslaufen; **run away with** *tr* **1.** *(Geld)* verschlucken, verbrauchen; durchgehen mit; **2.** *sport* spielend gewinnen; ► ~ **away with the idea** auf den Gedanken kommen; **run back** *itr* zurücklaufen; ► ~ **back over the procedure** das Verfahren nochmals durchgehen; **run down** *itr* **1.** hinunterlaufen; **2.** *(Uhr)* ablaufen; **3.** *(Batterie)* leer werden; *tr* **1.** überfahren; **2.** *mar* rammen; versenken; **3.** *(Lager)* abbauen, auflösen; **4.** *fig* schlechtmachen; **5.** *(Verbrecher)* zur Strecke bringen, fassen; **run in** *itr* hineinlaufen; *tr* **1.** *(Auto)* einfahren; **2.** *fam* sich schnappen; **run into** *tr* **1.** zufällig treffen; **2.** *(Auto)* fahren gegen; ► ~ **into difficulties** Schwierigkeiten bekommen; ~ **into danger** in Gefahr geraten; **run off** *itr* weglaufen, -rennen; *tr* **1.** *(Wasser)* ablassen; **2.** *(Brief)* herunterschreiben; **3.** *typ* abziehen, Abzüge machen von; **4.** *sport* entscheiden; **5.** *(Kleid)* schnell machen; **run on** *itr* **1.** weiterlaufen, -rennen; **2.** *(Gespräch)* sich hinziehen; **3.** *(Worte)* laufend geschrieben sein; ohne Absatz gedruckt sein; **run out** *itr* **1.** hinausgehen, herauslaufen; **2.** *(Ware)* ausgehen, zu Ende gehen; **3.** *(Bescheinigung)* ablaufen; *tr* *(Kette)* abwickeln; **run out of** *itr* ► **I've ~ out of money** mir ist das Geld ausgegangen, ich habe kein Geld mehr; *(Vorräte)* ausgehen; **run over** *itr* **1.** kurz hinüberlaufen; **2.** *(Flüssigkeit)* überlaufen; **3.** *(Buch)* durchgehen; durchsehen; *tr* überfahren; **run through** *itr* **1.** durchlaufen; **2.** *(Geld)* durchbringen; **3.** *(Stück)* durchgehen; durchspielen; *tr* durchbohren; **run up** *itr* hinauflaufen, -eilen; *tr* **1.** *(Flagge)* hissen; **2.** machen; **3.** schnell zusammennähen; ► ~ **up against difficulties** auf Schwierigkeiten stoßen; ~ **up a debt** Schulden machen.

run·about ['rʌnəbaʊt] kleiner Sportwagen; **run-around** ['rʌnə'raʊnd] *sl* ► **get the ~** an der Nase herumgeführt werden; **give s.o. the ~** jdn an der Nase herumführen; **run·away** ['rʌnəweɪ] **I** *s* Ausreißer(in) *m (f);* **II** *adj* **1.** durchgebrannt, entlaufen; **2.** *(Inflation)* unkontrollierbar; ► **have a ~ victory** e-n leichten Sieg haben; **run-down** [ˌrʌn'daʊn] **I** *adj* **1.** *tech* abgelaufen; **2.** heruntergekommen, elend; **3.** abgespannt; **II** *s* ['rʌndaʊn] **1.** Zusammenfassung *f,* Bericht *m;* **2.** *(Lager)* Abbau *m;* Auflösung *f.*

rune [ru:n] Rune *f a. fig.*

rung[1] [rʌŋ] *v s. ring*[1].

rung[2] [rʌŋ] Sprosse *f.*

run·ner ['rʌnə(r)] **1.** Läufer(in) *m (f);* Rennpferd *n;* **2.** Bote, Laufbursche *m;* **3.** Schmuggler *m;* **4.** (Schlitten)Kufe *f;* **5.** (Tisch)Läufer *m;* **6.** *bot* Ausläufer *m;* **run·ner-up** [ˌrʌnər'ʌp] *sport* zweiter Sieger.

run·ning ['rʌnɪŋ] **I** *s* **1.** Laufen, Rennen *n;* **2.** Leitung, Führung *f a. tech;* **3.** *jur* Schmuggel *m;* **4.** *com* Laufzeit, Gültigkeitsdauer *f;* ► ~ **style** Laufstil *m;* **make the ~** das Rennen machen; **be in**

the ~ im Rennen liegen; **be out of the** ~ aus dem Rennen sein; **take up the** ~ sich an die Spitze setzen; **II** *adj* **1.** *(Wasser)* fließend; **2.** *com* laufend; ▶ ~ **jump** Sprung *m* mit Anlauf; **go and take a** ~ **jump (at yourself)!** du kannst mich mal! ~ **commentary** fortlaufender Kommentar; ~ **account** laufendes Konto; **4 days** ~ 4 Tage hintereinander; **a** ~ **cold** ein schwerer Schnupfen; **a** ~ **tap** ein aufgedrehter Wasserhahn; **up and** ~ in Betrieb; ~ **water** fließendes Wasser; **running costs** *pl* Betriebskosten *pl;* **running order:** ▶ **in** ~ betriebsbereit.

run-off ['rʌnɒf] *sport* Entscheidungslauf *m,* -spiel *n;* **run-of-the-mill** [ˌrʌnəvðə'mɪl] *adj* durchschnittlich, gewöhnlich; **run-through** ['rʌnθru:] Durchgehen *n;* **run-up** ['rʌnʌp] **1.** *sport* Anlauf *m;* **2.** *fig* Vorbereitungszeit *f.*

rup·ture ['rʌptʃə(r)] **I** *s* **1.** Bruch *m;* **2.** *pol* Abbruch *m;* **II** *tr, itr* brechen; ▶ ~ **o.s.** sich e-n Bruch heben.

ru·ral ['rʊərəl] *adj* ländlich; Land-; ▶ ~ **depopulation** Landflucht *f.*

ruse [ru:z] List *f.*

rush[1] [rʌʃ] **I** *itr* **1.** eilen, laufen, rennen; hetzen; stürmen; **2.** *(Wasser)* schießen, stürzen; ▶ ~ **to help** zu Hilfe eilen; ~ **to the attack** auf etw losgehen; **the blood ~ed to his face** das Blut schoß ihm ins Gesicht; **II** *tr* **1.** (schnell, heftig) drängen, stoßen, jagen; **2.** schnell befördern, transportieren, schaffen (*to the hospital* ins Krankenhaus); **3.** *(Arbeit)* hastig machen; **4.** *sl* schröpfen; ▶ **be ~ed off one's feet** dauernd auf Trab sein; ~ **s.o. into a decision** jdn zu e-r hastigen Entscheidung treiben; ~ **s.o. into doing s.th.** jdn dazu treiben, etw überstürzt zu tun; ~ **one's fences** die Sache überstürzen; **III** *s* **1.** Andrang *m,* Gedränge *n;* **2.** *mil* Stoß *m;* Sturm *m;* **3.** Eile, Hetze, Hast *f;* **4.** *pl film* erste Kopie; ▶ **the Christmas** ~ der Weihnachtsbetrieb; **a** ~ **job** ein eiliger Auftrag; **a** ~ **of orders** e-e Flut von Aufträgen; **be in a** ~ in Eile sein; **IV** *(mit Präposition)* **rush at** *tr* losstürzen auf; **rush out** *itr* hinauseilen, -stürzen; **rush through** *tr (Gesetz)* durchpeitschen; **rush up** *itr* hinaufeilen.

rush[2] [rʌʃ] *bot* Binse *f,* Rohr *n;* ▶ **not worth a** ~ keinen Pfifferling wert.

rush hour(s *pl***)** ['rʌʃaʊə(z)] Hauptgeschäfts-, Hauptverkehrs-, Stoßzeit *f;* **rush order** *com* Eilauftrag *m.*

rusk [rʌsk] Zwieback *m.*

rus·set ['rʌsɪt] **I** *adj* gelblich rotbraun; **II** *s* Boskopapfel *m.*

Rus·sia ['rʌʃə] Rußland *n;* **Rus·sian** ['rʌʃn] **I** *s* **1.** Russe *m,* Russin *f;* **2.** *(Sprache)* (das) Russisch(e); **II** *adj* russisch; ▶ ~ **roulette** russisches Roulett.

rust [rʌst] **I** *s* **1.** Rost *m;* **2.** *bot* Brand *m;* ▶ **~-proof** rostfrei; **~-resistant** nicht rostend; **II** *tr* rosten lassen; **III** *itr* rosten; einrosten; ▶ ~ **over** verrosten; ~ **through** durchrosten; ~ **up** festrosten; **rust-coloured** *adj* rostfarben.

rus·tic ['rʌstɪk] **I** *adj* **1.** bäuerlich; **2.** *(Stil)* rustikal; **3.** *(Manieren)* bäurisch; **II** *s* Bauer *m.*

rusti·ness ['rʌstɪnɪs] Rostigkeit *f.*

rustle ['rʌsl] **I** *itr* **1.** rascheln; **2.** *(Seide)* knistern; **II** *tr* **1.** rascheln mit; **2.** *Am fam (Vieh)* stehlen; ▶ ~ **up** improvisieren; **III** *s* Geraschel, Knistern *n;* **rustler** ['rʌslə(r)] *Am fam* Viehdieb *m.*

rusty ['rʌstɪ] *adj* **1.** rostig; verrostet; **2.** *fig* eingerostet, aus der Übung; ▶ **I'm a bit** ~ ich bin etwas aus der Übung.

rut[1] [rʌt] **1.** Spur, Furche *f;* **2.** *fig* Trott *m;* ▶ **be in a** ~ im Trott sein; **get into a** ~ in e-n Trott geraten.

rut[2] [rʌt] **I** *itr zoo* brunften, brunsten; **II** *s zoo* Brunst, Brunft *f;* ▶ **~ting season** Brunft-, Brunstzeit *f.*

ruta·baga [ˌru:tə'beɪgə] *Am* Steckrübe *f.*

ruth·less ['ru:θlɪs] *adj* **1.** rücksichtslos; **2.** *iro* schonungslos, unbarmherzig; **ruth·less·ness** [—nɪs] **1.** Rücksichtslosigkeit *f;* **2.** Unbarmherzigkeit, Schonungslosigkeit *f.*

rye [raɪ] **1.** Roggen *m;* **2.** *Am* (Roggen)Whisky *m;* **3.** *(~-bread)* Roggenbrot *n.*

S

S, s [es] ‹*pl* -'s› S, s *n.*
Sab·bath ['sæbəθ] *rel* Sabbat *m;* ▶ **witches'** ~ Hexensabbat *m;* **sab·bati·cal** [sə'bætɪkl] *adj* **1.** Sabbat-; sonntäglich; **2.** *(Universität)* Forschungs-; ▶ **he is on ~ leave** er hat akademischen Urlaub, Forschungsurlaub; ~ **year** Forschungsjahr *n.*
sa·ber ['seɪbə(r)] *Am s. sabre.*
sable ['seɪbl] *zoo* Zobel(pelz) *m.*
sab·otage ['sæbətɑ:ʒ] **I** *s* Sabotage *f;* **II** *tr* sabotieren; **sab·oteur** [ˌsæbə'tɜ:(r)] Saboteur *m.*
sabre, *Am* **sa·ber** ['seɪbə(r)] Säbel *m;* **sabre-rattling** ['seibəˌrætlɪŋ] Säbelrasseln *n.*
sac [sæk] **1.** *anat* Sack *m;* **2.** *bot* Staubbeutel *m.*
sac·char·in ['sækərɪn] Süßstoff *m,* Saccharin *n;* **sac·char·ine** ['sækəri:n] *adj* Saccharin-; *fig* zuckersüß.
sachet ['sæʃeɪ] **1.** Duftkissen *n;* **2.** Beutel *m;* **3.** *(Puder)* Päckchen *n;* **4.** *(Shampoo)* Briefchen *n.*
sack[1] [sæk] **I** *s* **1.** Sack *m;* **2.** *fam* Entlassung *f;* ▶ **get the ~** entlassen werden; **give s.o. the ~** jdn an die Luft setzen, entlassen, hinauswerfen; **hit the ~** *sl* sich in die Falle hauen; **II** *tr* **1.** einsacken; **2.** *fam* entlassen.
sack[2] [sæk] **I** *s* Plünderung *f;* **II** *tr* plündern.
sack·cloth ['sækklɒ:θ] Sackleinwand *f;* ▶ **in ~ and ashes** *fig* in Sack und Asche; **sack·ful** ['sækfʊl] Sackvoll *m;* **sack·ing** ['sækɪŋ] **1.** Sackleinen *n;* **2.** *fam* Entlassung *f;* **sack-race** Sackhüpfen *n.*
sac·ra·ment ['sækrəmənt] *rel* Sakrament *n;* ▶ **the Blessed (Holy) S~** das heilige Sakrament; **sac·ra·men·tal** [ˌsækrə'mentl] *adj* sakramental.
sacred ['seɪkrɪd] *adj* **1.** heilig; **2.** *(Musik)* geistlich; **3.** *(Gebäude)* sakral; ▶ **nothing is ~ to him** ihm ist nichts heilig; ~ **to the memory of ...** zum Gedenken an ...; ~ **cow** heilige Kuh.
sac·ri·fice ['sækrɪfaɪs] **I** *s* **1.** Opfer *n a. fig;* **2.** Opfergabe *f;* ▶ **make a ~ of s.o.** jdn opfern; **make ~s** Opfer bringen; **sell s.th. at a ~** etw mit Verlust verkaufen; **II** *tr* opfern (*s.th. to s.o.* jdm etw).
sac·ri·lege ['sækrɪlɪdʒ] Sakrileg *n;* Frevel *m;* **sac·ri·legious** [ˌsækrɪ'lɪdʒəs] *adj* frevlerisch; gotteslästerlich.
sac·ri·sty ['sækrɪstɪ] Sakristei *f.*
sac·ro·sanct ['sækrəʊsæŋkt] *adj* sakrosankt.
sad [sæd] *adj* **1.** traurig, betrübt (*about* über); **2.** *(Verlust)* schmerzlich; **3.** *(Fehler)* bedauerlich; **4.** *(Farbe)* trist; **5.** *(Ort)* düster; ▶ **feel ~** traurig sein; **the ~ death of ...** der schmerzliche Verlust ..; **sad·den** ['sædn] *tr* betrüben.
saddle ['sædl] **I** *s* **1.** Sattel *m;* **2.** *(Tier)* Rücken *m,* Kreuz *n;* **3.** Bergsattel *m;* ▶ **be in the ~** *fig* im Sattel sitzen; **II** *tr* **1.** *(Pferd)* satteln; **2.** *fig* aufhalsen (*s.o. with s.th.* jdm etw); ▶ **~ o.s. with s.o.** sich jdn aufhalsen; ~ **up** aufsatteln; **be ~d with s.th.** etw am Hals haben; **saddle·bag** ['sædlbæg] Sattel-, Packtasche *f;* **sad·dler** ['sædlə(r)] Sattler *m;* **sad·dle·soap** ['sædlsəʊp] Sattelseife *f;* **sad·dle-sore** ['sædlsɔ:(r)] *adj* wundgeritten; wundgescheuert.
sa·dism ['seɪdɪzəm] Sadismus *m;* **sadist** ['seɪdɪst] Sadist(in) *m (f);* **sa·distic** [sə'dɪstɪk] *adj* sadistisch.
sad·ness ['sædnəs] Traurigkeit *f.*
sa·fari [sə'fɑ:rɪ] Safari, Großwildjagd *f;* ▶ **be on ~** e-e Safari machen; **safari park** Safaripark *m.*
safe[1] [seɪf] Safe, Tresor, Panzerschrank *m.*
safe[2] [seɪf] **I** *adj* **1.** sicher; in Sicherheit; unverletzt; **2.** ungefährlich; sicher; **3.** *(Fahrer, Methode)* sicher; zuverlässig; **4.** *(Politik)* vorsichtig, risikolos, realistisch; ▶ **better ~ than sorry** *prov* Vorsicht ist besser als Nachsicht; **be ~ from s.o.** vor jdm sicher sein; **keep s.th. ~** etw sicher aufbewahren; ~ **and sound** gesund und wohlbehalten; **the secret is ~ with him** bei ihm ist das Geheimnis sicher; **the beach is ~ for bathing** an dem Strand kann man gefahrlos baden; **it is ~ to tell him** man kann es ihm ohne weiteres erzählen; **it is a ~ guess** es ist so gut wie sicher; **it is ~ to say** man kann ruhig sagen; **just to be ~, on the ~ side** um ganz sicher zu gehen; **II** *adv* **play (it) ~** auf Nummer sicher gehen.
safe-blower, safe-breaker ['seɪfbləʊə(r), —breɪkə(r)] Geldschrankknacker *m;* **safe-de·posit** [ˌseɪfdɪ'pɒzɪt] Tresorraum *m;* **safe-deposit box** Banksafe *m;* **safe·guard** ['seɪfgɑ:d] **I** *s* Schutz *m;* ▶ **as a ~ against** zum Schutz gegen; **II** *tr* schützen, sichern (*against* vor); ▶ **~ interests** Interessen wahrnehmen; **III** *itr* ▶ **~ against s.th.** sich gegen etw absichern; **safe-keeping** [ˌseɪf'ki:pɪŋ] si-

chere Ver-, Aufbewahrung; **safe sex** [seɪf'seks] geschützter Geschlechtsverkehr.
safety ['seɪftɪ] Sicherheit *f;* ► **in a place of** ~ an e-m sicheren Ort; **for ~'s sake** aus Sicherheitsgründen; **leap to** ~ sich in Sicherheit bringen; **play for** ~ sichergehen, kein Risiko eingehen wollen; ~ **first** Sicherheit ist das Wichtigste; ~ **first campaign** Unfallverhütungskampagne *f;* **there's** ~ **in numbers** zu mehreren ist man sicherer; **safety belt** Sicherheitsgurt *m;* **safety-catch** Abzugssicherung *f;* **safety-curtain** *theat* eiserner Vorhang; **safety-glass** Sicherheitsglas *n;* **safety-lamp** Grubenlampe *f;* **safety-lock** Sicherheitsschloß *n;* **safety-measure** Sicherheitsmaßnahme *f;* **safety-pin** Sicherheitsnadel *f;* **safety-razor** Rasierapparat *m;* **safety-valve** Sicherheitsventil *n.*
saf·fron ['sæfrən] *bot* Safran *m.*
sag [sæg] **I** *itr* **1.** durchhängen, -sacken; **2.** *(Schultern)* herabhängen; **3.** *(Preis)* nachgeben, sinken; **4.** *(Produktion)* zurückgehen; **5.** *fig* abflauen; **II** *s* Durchhang *m;* ► **the** ~ **of his shoulders** seine herabhängenden Schultern.
saga ['sɑ:gə] **1.** Saga *f;* **2.** *(~ novel)* Familiengeschichte *f;* **3.** *fam* Geschichte, Story *f.*
sa·gacious [sə'geɪʃəs] *adj* weise, klug; **sa·gac·ity** [sə'gæsətɪ] Weisheit, Klugheit *f.*
sage[1] [seɪdʒ] **I** *adj* weise, klug; **II** *s* Weise(r) *f m.*
sage[2] [seɪdʒ] *bot* Salbei *m.*
Sag·it·ta·rius [ˌsædʒɪ'teərɪəs] *astr* Schütze *m.*
said [sed] **I** *v s. say;* **II** *adj* besagt.
sail [seɪl] **I** *s* **1.** Segel *n;* **2.** Segelschiff *n;* **3.** Schiff-, Seefahrt *f;* **4.** (Windmühlen)Flügel *m;* ► **in, under full** ~ mit vollen Segeln; **make, set** ~ abfahren, absegeln; **go for a** ~ segeln gehen; **II** *itr* **1.** *mar* segeln, fahren; **2.** abfahren *(for* nach); **3.** *(Schwan)* gleiten; **4.** *(Wolken)* ziehen; ► **go ~ing** segeln gehen; ~ **round the world** um die Welt segeln; ~ **into the room** ins Zimmer rauschen; ~ **in** *fig* sich einschalten; ~ **into** *fig* anfahren; **III** *tr (Schiff)* segeln mit; ► ~ **the seas** die Meere befahren; **sail-boat** *Am* Segelboot *n;* **sail·ing** ['seɪlɪŋ] **1.** Segeln *n;* Segelsport *m;* **2.** Abfahrt *f;* **sailing-boat** *Br* Segelboot *n;* **sailing-ship, sailing-vessel** Segelschiff *n.*
sailor ['seɪlə(r)] Seemann, Matrose *m;* ► **be a good (bad)** ~ (nicht) seefest sein; **sailor suit** Matrosenanzug *m.*
sail·plane ['seɪlpleɪn] Segelflugzeug *n.*
saint [seɪnt] **1.** Heilige(r) *f m a. fig;* **2.** *(vor e-m Namen) Abk:* **St** [snt] ► **St John** der heilige Johannes, St. Johannes; **sainted** ['seɪntɪd] *adj* heiliggesprochen; **saint·li·ness** [—lɪnɪs] Heiligmäßigkeit *f;* **saint·ly** ['seɪntlɪ] *adj* heiligmäßig; lammfromm.
sake [seɪk] ► **for the** ~ **of s.th., for the** ~ **of** ... um e-r S willen; **for the** ~ **of peace and quiet** um des lieben Friedens willen; **for my** ~ meinetwegen; **and all for the** ~ **of** ... und alles wegen ... **for goodness, heaven's** ~ um Himmels willen.
sal·able ['seɪləbl] *Am s. saleable.*
sa·lacious [sə'leɪʃəs] *adj* obszön; anzüglich.
salad ['sæləd] Salat *m;* ► **fruit-~** Obstsalat *m;* **salad bowl** Salatschüssel *f;* **salad cream** Salatmayonnaise f; **salad days** *pl* unschuldige Jugendtage *m pl;* **salad dressing** Salatsoße *f,* -dressing *n.*
sa·la·mi [sə'lɑ:mɪ] Salami *f.*
sal-am·mo·ni·ac [ˌsælə'məʊnɪæk] Salmiak *m.*
sal·ar·ied ['sælərɪd] *adj* besoldet, bezahlt; ► ~ **post** Angestelltenposten *m;* ~ **employee** Gehaltsempfänger(in) *m (f);* **sal·ary** ['sælərɪ] Gehalt *n;* ► **earn a good** ~ ein gutes Gehalt haben; **salary earner** Gehaltsempfänger(in) *m (f);* **salary increase** Gehaltserhöhung *f.*
sale [seɪl] **1.** Verkauf *m;* **2.** Geschäft *n;* Abschluß *m;* **3.** Ausverkauf *m,* Schlußverkauf *m;* **4.** *pl* Verkaufsabteilung *f;* **5.** Auktion *f;* ► **for** ~ zu verkaufen; **point of** ~ **system** *com* POS-System *n (bargeldloses Zahlen an elektronischen Kassen);* **put s.th. up for** ~ etw zum Verkauf anbieten; **not for** ~ nicht verkäuflich; **be on** ~ verkauft werden; **on** ~ **or return** auf Kommission; **~s** *pl* Absatz; **buy in, at the ~s** im Ausverkauf kaufen; ~ **of work** Basar *m;* **sale·able,** *Am* **salable** ['seɪləbl] *adj* verkäuflich; absatzfähig; **sale-price** (Aus)Verkaufspreis *m;* **sale·room** ['seɪlru:m] Auktionsraum *m.*
sales clerk ['seɪlzklɜ:rk] *Am* Verkäufer(in) *m (f);* **sales department** Verkaufsabteilung *f;* **sales director** Verkaufsdirektor(in) *m (f);* **sales figures** *pl* Verkaufsziffern, Absatzzahlen *f pl;* **sales force** Verkäuferstab *m;* **salesgirl, sales·lady** ['seɪlzgɜ:l, 'seɪlzˌleɪdɪ] Verkäuferin *f;* **sales·man** ['seɪlzmən] ‹*pl* -men› **1.** Verkäufer *m;* **2.** *com* Vertreter *m;* **sales manager** Verkaufsleiter(in) *m (f);* **sales·man·ship** ['seɪlzmənʃɪp] Verkaufstechnik *f;* **sales pitch** Verkaufstechnik *f;* **sales receipt** Kassenbeleg *m;* **sales representative** Vertreter(in) *m (f);* **sales resistance** Kaufunlust *f;* **sales·room** ['seɪlzrʊm] Auktionsraum *m;* **sales talk** Verkaufsgespräch *n;* **sales·woman** ['seɪlzwʊmən] ‹*pl* -women› [—wɪmɪn]

Verkäuferin *f.*

sa·li·ent ['seɪlɪənt] *adj fig* in die Augen springend, hervorstechend, auffällig; ▶ ~ **points** Hauptpunkte *pl.*

sa·line ['seɪlaɪn] *adj* salz(halt)ig.

sal·iva [sə'laɪvə] Speichel *m;* **sali·vary** ['sælɪvərɪ] *adj* Speichel-; ▶ ~ **gland** Speicheldrüse *f;* **sali·vate** ['sælɪveɪt] *itr* Speichel absondern.

sal·low ['sæləʊ] *adj* fahl, gelb, bläßlich.

sally ['sælɪ] **I** *s* **1.** *mil* Ausfall *m;* **2.** Ausbruch *m;* ▶ **make a** ~ *mil* e-n Ausfall machen; *fig* e-e Tirade loslassen; **II** *itr (~ forth, out)* **1.** *mil* e-n Ausfall machen; **2.** *fig* sich aufmachen.

salmon ['sæmən] ⟨*pl* -⟩ **1.** *zoo* Lachs *m;* **2.** *(Farbe)* Lachs(rosa) *n;* **salmon farm(ing)** Lachszucht *f;* **salmon trout** Lachsforelle *f.*

salon ['sælɒn] Salon *m.*

sa·loon [sə'lu:n] **1.** Saal *m;* **2.** *Am* Wirtschaft *f,* Saloon *m;* **3.** *Br mot* Limousine *f;* ▶ ~ **car** *Br* Limousine *f.*

sal·sify ['sælsɪfaɪ] *bot* Schwarzwurzel *f.*

salt [sɔ:lt] **I** *s* **1.** Salz *n a. chem;* **2.** *fig* Würze *f;* **3.** *pl* Riechsalz *n;* ▶ **be worth one's** ~ etw taugen; **take s.th. with a pinch of** ~ etw nicht ganz wörtlich nehmen; **II** *adj* Salz-; gesalzen; **III** *tr* salzen; einsalzen; ▶ ~ **away** *fam* auf die hohe Kante legen; **salt-cellar** Salzfäßchen *n;* **salt-lake** Salzsee *m;* **salt-mine** Salzbergwerk *n,* Salzstock *m;* **salt·petre,** *Am* **salt·pe·ter** [sɔ:lt'pi:tə(r)] Salpeter *m;* **salt-shaker** Salzstreuer *m;* **salt water** Salzwasser *n;* **salt-water** *adj* Meeres-; Salz-; **salty** ['sɔ:ltɪ] *adj* salzig.

sa·lu·bri·ous [sə'lu:brɪəs] *adj (Klima)* gesund, zuträglich.

salu·tary ['sæljʊtrɪ] *adj* **1.** gesund; **2.** *(Erfahrung)* heilsam; **3.** *(Rat)* nützlich.

salu·ta·tion [ˌsælju:'teɪʃn] **1.** Begrüßung *f;* **2.** *(Brief)* Anrede *f;* ▶ **in** ~ zur Begrüßung; **sa·lute** [sə'lu:t] **I** *tr* **1.** (be)grüßen; **2.** *mil* grüßen, salutieren (*s.o.* vor jdm); **3.** *(Mut)* bewundern; ▶ ~ **the arrival of s.o.** jdn begrüßen; **II** *itr mil* salutieren, grüßen; **III** *s* **1.** Gruß *m,* Begrüßung *f;* **2.** *mil* Salut(schuß) *m;* ▶ **in** ~ zum Gruß; **stand at the** ~ salutieren; **take the** ~ die Parade abnehmen.

sal·vage ['sælvɪdʒ] **I** *s* **1.** *mar* Bergung *f;* Bergungsgut *n;* **2.** *(~ money)* Bergungsprämie *f;* ▶ **collect newspapers for** ~ Zeitungen zur Wiederverwertung sammeln; **II** *tr* **1.** *mar* bergen (*from* aus); **2.** *fig* retten (*from* aus); ▶ ~ **s.th. from the fire** etw aus den Flammen retten; **salvage operation** Bergungsaktion *f.*

sal·va·tion [sæl'veɪʃn] **1.** Rettung *f;* **2.** *rel* Heil *n;* ▶ **work out one's own** ~ für sein eigenes Heil sorgen; **Salvation Army** Heilsarmee *f.*

salve [sælv, *Am* sæv] **I** *s* **1.** Salbe *f;* **2.** *fig* Balsam *m;* **II** *tr* **1.** einsalben; **2.** *fig* beschwichtigen.

sal·ver ['sælvə(r)] Tablett *n.*

sal·vo ['sælvəʊ] Salve *f.*

sal vol·atile [ˌsælvə'lætəlɪ] Riechsalz *n.*

same [seɪm] **I** *adj* ▶ **the** ~ der, die, das gleiche; der-, die-, dasselbe; **they are all the** ~ sie sind alle gleich; **it's the** ~ **thing** das ist das gleiche; **at the** ~ **time** zur selben Zeit; **this** ~ **person** eben dieser Mensch; **in the** ~ **way** genau gleich; ebenso; **II** *prn* **1.** *(substantivisch)* ▶ **the** ~ der, die, das gleiche; der-, die-, dasselbe; **she's much the** ~ sie hat sich kaum verändert; **it's always the** ~ es ist immer das gleiche; **2.** *(adverbial)* ▶ **the** ~ gleich; **it's not the** ~ **as before** es ist nicht wie früher; **it's all the** ~ **to me** es ist mir egal; **it comes to the** ~ das kommt aufs gleiche heraus; **all, just the** ~ trotzdem; ~ **to you** eben-, gleichfalls; **same·ness** [—nɪs] Eintönigkeit *f.*

sample ['sɑ:mpl] **I** *s* **1.** Beispiel *n;* Kostprobe *f;* **2.** *(Statistik)* Stichprobe, Auswahl *f;* **3.** *fig* Beispiel *n,* Probe *f;* **4.** *com* Muster *n;* ▶ **up to** ~ dem Muster entsprechend; **give us a** ~ **of your playing** spielen Sie uns etwas vor; **a representative** ~ **of the population** e-e repräsentative Auswahl aus der Bevölkerung; **II** *tr* **1.** *(Wein)* probieren, kosten; **2.** *fig* kosten; **sam·pler** ['sɑ:mplə(r)] **1.** Probierer(in) *m (f);* **2.** Stickmustertuch *n;* **3.** *(Schallplatte)* Auswahlplatte *f;* **sampling** ['sɑ:mplɪŋ] **1.** Kostprobe *f;* **2.** Weinprobe *f;* **3.** *(Statistik)* Stichprobenverfahren *n.*

sana·tor·ium, *Am* **sani·tarium** [ˌsænə'tɔ:rɪəm] Sanatorium *n.*

sanc·tify ['sæŋktɪfaɪ] *tr* **1.** heiligen; weihen; sanktionieren; **2.** *(Gelübde)* annehmen.

sanc·ti·moni·ous [ˌsæŋktɪ'məʊnɪəs] *adj* scheinheilig, frömmlerisch.

sanc·tion ['sæŋkʃn] **I** *s* **1.** Zustimmung *f;* **2.** Sanktion *f;* ▶ **economic** ~**s** wirtschaftliche Sanktionen; ▶ **give one's** ~ **to s.th.** etw sanktionieren; **II** *tr* sanktionieren; dulden.

sanc·tity ['sæŋktətɪ] Heiligkeit *f;* Unantastbarkeit *f.*

sanc·tu·ary ['sæŋktʃʊərɪ] **1.** Heiligtum *n;* **2.** *fig* Zuflucht *f;* **3.** *(für Tiere)* Schutzgebiet *n;* ▶ **seek** ~ **with** Zuflucht suchen bei.

sand [sænd] **I** *s* **1.** Sand *m;* **2.** *pl* Sandstrand *m;* ▶ **the** ~**s are running out** *fig* die Zeit läuft ab; **II** *tr* schmirgeln; ▶ ~ **down** abschmirgeln.

san·dal ['sændl] Sandale *f.*

san·dal·wood ['sændlwʊd] Sandelholz *n.*

sand·bag ['sændbæg] Sandsack *m;* **sand·bank, sand·bar** ['sændbæŋk,

ˈsændbɑ:(r)] Sandbank *f;* **sand-blast** [ˈsændblɑ:st] *tr* sandstrahlen; **sand-blast·ing** [ˈsændˌblɑ:stɪŋ] Sandstrahlen *n;* **sand·boy** [ˈsændbɔɪ] ▶ **as happy as a ~** quietschvergnügt; **sand castle** Sandburg *f;* **sand dune** Sanddüne *f;* **sand-flea** Sandfloh *m;* **sand-glass** Sanduhr *f;* **sand·man** [ˈsændmən] ‹*pl* -men› Sandmännchen *n;* **sand·paper** [ˈsændpeɪpə(r)] Sand-, Schmirgelpapier *n;* **sand-pit** Sandkasten *m;* **sand-shoe** Strandschuh *m;* **sand·stone** [ˈsændstəʊn] Sandstein *m;* **sand-storm** [ˈsændstɔ:m] Sandsturm *m.*

sand·wich [ˈsænwɪdʒ] **I** *s* Sandwich *n;* **II** *tr* einklemmen; einzwängen (*between* zwischen); **sandwich-board** Reklametafel *f;* **sandwich-counter** *Am* Imbißhalle *f;* **sandwich course** *Ausbildungsgang, der Theorie und Praxis verbindet;* **sand·wich·man** [ˈsænwɪdʒmæn] ‹*pl* -men› Plakatträger *m.*

sandy [ˈsændɪ] *adj* **1.** sandig; **2.** *(Farbe)* rötlich, rotblond.

sane [seɪn] *adj* **1.** geistig normal; **2.** *jur* zurechnungsfähig; **3.** *fig* vernünftig, sinnvoll, gesund.

sang [sæŋ] *v s. sing.*

san·guine [ˈsæŋgwɪn] *adj* **1.** optimistisch; **2.** *(Gesichtsfarbe)* rot; ▶ **~ that we shall succeed** zuversichtlich, daß wir Erfolg haben werden.

sani·tarium [ˌsænɪˈteərɪəm] *Am s. sanatorium.*

sani·tary [ˈsænɪtrɪ] *adj* **1.** hygienisch; **2.** *(Installation)* sanitär; **3.** *(Kommission)* Gesundheits-; **4.** *(Fragen)* der Hygiene; ▶ **~ towel,** *Am* **~ napkin** Damen-, Monatsbinde *f.*

sani·ta·tion [ˌsænɪˈteɪʃn] sanitäre Anlagen *f pl.*

san·ity [ˈsænətɪ] **1.** geistige Gesundheit; gesunder Menschenverstand; **2.** *jur* Zurechnungsfähigkeit *f;* **3.** *fig* Vernünftigkeit *f;* ▶ **~ of judgement** ein gesundes Urteilsvermögen.

sank [sæŋk] *v s. sink*[2].

Santa Claus [ˌsæntəˈklɔ:z] Nikolaus, Weihnachtsmann *m.*

sap[1] [sæp] **1.** *bot* Saft *m;* **2.** *fig* Lebenskraft *f.*

sap[2] [sæp] **I** *s mil* Sappe *f;* **II** *tr* **1.** *mil* unterminieren, untergraben; **2.** *fig* untergraben; schwächen; ▶ **~ s.o.'s strength** jdn entkräften.

sap·ling [ˈsæplɪŋ] junger Baum.

sap·per [ˈsæpə(r)] *mil* Pionier *m.*

sap·phire [ˈsæfaɪə(r)] *min* Saphir *m.*

sar·casm [ˈsɑ:kæzəm] Sarkasmus *m;* **sar·cas·tic** [sɑ:ˈkæstɪk] *adj* sarkastisch.

sar·copha·gus [sɑ:ˈkɒfəgəs] ‹*pl* -gi› [—gaɪ] Sarkophag *m.*

sar·dine [sɑ:ˈdi:n] Sardine *f;* ▶ **packed (in) like ~s** wie die Sardinen.

sar·donic [sɑ:ˈdɒnɪk] *adj* süffisant, sardonisch.

sari [ˈsɑ:rɪ] Sari *m.*

sar·tor·ial [sɑ:ˈtɔ:rɪəl] *adj* ▶ **~ elegance** Eleganz *f* der Kleidung.

sash[1] [sæʃ] Schärpe *f.*

sash[2] [sæʃ] *(~ window)* Schiebefenster *n.*

sat [sæt] *v s. sit.*

Satan [ˈseɪtən] Satan *m;* **sa·tan·ic** [səˈtænɪk] *adj* satanisch, teuflisch.

satchel [ˈsætʃəl] Schulranzen *m,* -tasche *f.*

sate [seɪt] *tr (Appetit)* stillen, befriedigen.

sat·el·lite [ˈsætəlaɪt] **1.** *astr* Satellit *m;* **2.** *fig* Trabant *m;* **satellite broadcasting** Satellitenfernsehen *n;* **satellite country, satellite state** Satellitenstaat *m;* **satellite dish** *TV* Parabolantenne *f,* -spiegel *m;* **satellite picture** *TV* Satellitenbild *n;* **satellite television** Satellitenfernsehen *n;* **satellite town** Trabantenstadt *f.*

sati·ate [ˈseɪʃɪeɪt] *tr* **1.** *(Appetit)* stillen; **2.** *(Tier)* sättigen; **3.** *fig* übersättigen; ▶ **be ~d with food** gesättigt, übersättigt sein; **sat·iety** [səˈtaɪətɪ] Sättigung *f;* ▶ **do s.th. to ~** etw bis zum Überdruß tun.

satin [ˈsætɪn] **I** *s* Satin *m;* **II** *adj* Satin-; samtig.

sat·ire [ˈsætaɪə(r)] Satire *f* (*on* auf); **sa·tiri·cal** [səˈtɪrɪkl] *adj* satirisch, spöttisch; **sat·ir·ist** [ˈsætərɪst] Satiriker(in) *m (f);* **sat·ir·ize** [ˈsætəraɪz] *tr* satirisch darstellen.

sat·is·fac·tion [ˌsætɪsˈfækʃn] **1.** Befriedigung *f;* **2.** *(Schulden)* Begleichung *f;* **3.** *(Kunde)* Zufriedenstellung *f;* **4.** *(Ehrgeiz)* Verwirklichung *f;* **5.** *(Vertrag)* Erfüllung *f;* **6.** *(Zustand)* Zufriedenheit *f* (*at* mit); **7.** Genugtuung *f;* ▶ **feel a sense of ~ at s.th.** Genugtuung über etw empfinden; **get ~ out of s.th.** Befriedigung in etw finden; **he proved to my ~ that ...** er hat überzeugend bewiesen, daß ... **it is no ~ to me to know that ...** es ist kein Trost zu wissen, daß ... **demand, obtain ~ from s.o.** Genugtuung von jdm verlangen, erhalten; **sat·is·fac·tory** [ˌsætɪsˈfæktərɪ] *adj* **1.** zufriedenstellend, befriedigend (*to* für); **2.** ausreichend, hinlänglich; **3.** *(Grund)* triftig, einleuchtend; **4.** *(Entschuldigung)* annehmbar; **5.** *(Schulnote)* ausreichend; befriedigend; ▶ **your attitude is not ~** Ihre Einstellung läßt zu wünschen übrig.

sat·isfy [ˈsætɪsfaɪ] **I** *tr* **1.** zufriedenstellen, befriedigen; **2.** *(Hunger)* stillen; **3.** *(Mahl)* sättigen; **4.** *(Bedingungen, Verpflichtungen)* erfüllen, nachkommen *dat;* **5.** *(Regeln)* entsprechen *dat;* **6.**

(Anforderungen) genügen *dat;* **7.** *(Ehrgeiz)* verwirklichen; **8.** überzeugen; **9.** *(Schuld)* begleichen; ▶ **be satisfied with s.th.** mit etw zufrieden sein; **nothing satisfies him** ihn kann nichts befriedigen; **if you can ~ him that ...** wenn Sie ihn davon überzeugen können, daß ... **II** *refl* ▶ **~ o.s. about s.th.** sich von etw überzeugen; **III** *itr (Mahl)* sättigen; **sat·is·fy·ing** [—ɪŋ] *adj* **1.** befriedigend; **2.** sättigend.

sat·su·ma [sæt'su:mə] Satsuma *f.*

satu·rate ['sætʃəreɪt] *tr* **1.** durchtränken; durchnässen; **2.** *chem* sättigen; **3.** *fig* sättigen; **satu·rat·ion** [ˌsætʃə'reɪʃn] Sättigung *f;* **saturation point** Sättigungspunkt *m;* Sättigungsgrad *m;* ▶ **have reached ~ point** seinen Sättigungsgrad erreicht haben.

Sat·ur·day ['sætədɪ] Sonnabend, Samstag *m;* ▶ **on ~** am Sonnabend.

Sat·urn ['sætən] *astr* Saturn *m.*

satyr ['sætə(r)] *rel hist* Satyr *m.*

sauce [sɔ:s] **1.** Soße, Sauce *f;* **2.** *fam* Frechheit *f;* ▶ **none of your ~!** werd' bloß nicht frech! **sauce-boat** Sauciere *f.*

sauce·pan ['sɔ:spən] Kochtopf *m.*

saucer ['sɔ:sə(r)] Untertasse *f;* ▶ **flying ~** fliegende Untertasse.

saucily ['sɔ:sɪlɪ] *adv* frech; **sauci·ness** ['sɔ:sɪnəs] Frechheit *f;* **saucy** ['sɔ:sɪ] *adj* **1.** frech; **2.** *fam* schick, keß.

Sau·di A·ra·bia [ˌsaʊdɪə'reɪbɪə] Saudi-Arabien *n;* **Sau·di (A·ra·bi·an)** [ˌsaʊdɪ (ə'reɪbɪən)] **I** *s* Saudi(araber) *m,* Saudiaraberin *f;* **II** *adj* saudisch, saudiarabisch.

sauer·kraut ['saʊəkraʊt] Sauerkraut *n.*

sauna ['sɔ:nə] **I** *itr* saunieren; **II** *s* Sauna *f.*

saun·ter ['sɔ:ntə(r)] **I** *itr* umherschlendern, -bummeln; **II** *s* Bummel *m;* ▶ **they had a ~, went for a ~ in the park** sie gingen im Park spazieren.

saus·age ['sɒsɪdʒ] Wurst *f;* ▶ **not a ~** *fam* überhaupt nichts; **sausage dog** *fam* Dackel *m;* **sausage-meat** (Wurst)Brät *n.*

sav·age ['sævɪdʒ] **I** *adj* **1.** wild; **2.** *(Kampf)* brutal; **3.** *(Tier)* gefährlich; **4.** *(Sitte)* grausam; **5.** *(Maßnahmen)* rigoros, drastisch, brutal; ▶ **make a ~ attack on s.o.** brutal über jdn herfallen; **~ criticism** schonungslose Kritik; **II** *s* Wilde(r) *f m;* **III** *tr (Tier)* anfallen; zerfleischen; **sav·age·ness** [—nɪs] **1.** Wildheit *f;* **2.** Brutalität *f;* Grausamkeit *f;* **3.** Gefährlichkeit *f;* **sav·agery** ['sævɪdʒrɪ] **1.** Wildheit *f;* **2.** Brutalität, Grausamkeit *f.*

sa·van·na(h) [sə'vænə] *geog* Savanne *f.*

save¹ [seɪv] **I** *tr* **1.** retten; **2.** aufheben, aufbewahren, aufsparen; **3.** *(Geld)* sparen; **4.** *(Briefmarken)* sammeln; **5.** *(Kraft)* schonen; aufsparen; **6.** *(Ärger)* ersparen; ▶ **~ s.o. from s.th.** jdn vor etw retten; **~ the day** jds Rettung sein; **~ up** aufheben, aufbewahren; **~ s.o.'s bacon** *fam* jds Rettung sein; **~ the goal** *sport* den Ball abfangen; **~ s.o.'s life** jdm das Leben retten; **~ the situation** die Situation retten; **~ one's skin** *fig* mit heiler Haut davonkommen; **~ o.s. the trouble** sich die Mühe sparen; **it ~s me time** dabei spare ich Zeit; **II** *itr* **1.** *(Geld)* sparen; **2.** *(Essen)* sich halten; ▶ **~ for s.th.** auf etw sparen; **~ up** sparen; **III** *s sport* Ballabwehr *f.*

save² [seɪv] **I** *prep* außer *dat;* **II** *conj* es sei denn, daß; ▶ **~ that** nur daß.

saver ['seɪvə(r)] **1.** Retter(in) *m (f);* **2.** Sparer(in) *m (f);* ▶ **it is a money-~** es spart Geld.

sav·ing ['seɪvɪŋ] **I** *adj* **1.** sparsam; **2.** rettend; ▶ **the book's ~ sense of humour** der Humor in dem Buch, der manches wettmacht; **his ~ grace** was e-n mit ihm versöhnt; **II** *s* **1.** Rettung *f;* **2.** Sparen *n;* **3.** Einsparung *f;* Ersparnis *f;* **4.** *pl* Ersparnisse *f pl;* Spareinlagen *f pl;* **III** *prep, conj s. save²*.

sav·ings ac·count ['seɪvɪŋzəˌkaʊnt] Sparkonto *n;* **savings-bank** Sparkasse *f;* **savings bonus** Sparzulage *f;* **savings book** Sparbuch *n;* **savings certificate** Sparbrief *m;* **savings-deposits** *pl* Spareinlagen *f pl.*

sav·iour, *Am* **sa·vior** ['seɪvɪə(r)] **1.** Retter(in) *m (f);* **2.** *rel* Erlöser, Heiland *m.*

sa·vour, *Am* **sa·vor** ['seɪvə(r)] **I** *s* **1.** Geschmack *m;* **2.** *fig* Spur *f;* **3.** Reiz *m;* ▶ **a ~ of garlic** ein Knoblauchgeschmack; **II** *tr* **1.** kosten; riechen; **2.** *fig* genießen, auskosten; **III** *itr* ▶ **~ of s.th.** etw ahnen lassen; **sa·vouri·ness,** *Am* **sa·vori·ness** ['seɪvərɪnɪs] Schmackhaftigkeit *f;* **sa·voury,** *Am* **sa·vory** ['seɪvərɪ] **I** *adj* **1.** wohlschmeckend, schmackhaft; **2.** *fig* angenehm, ersprießlich; **3.** pikant; ▶ **~ biscuits** *pl* Salzgebäck *n;* **II** *s* Appetithappen *m.*

savvy ['sævɪ] **I** *tr sl* kapieren, begreifen; ▶ **no ~** keine Ahnung; **II** *s* Grips *m,* Köpfchen *n;* ▶ **he hasn't got much ~** er hat keine Ahnung.

saw¹ [sɔ:] ⟨*irr* **sawed, sawed** *od* **sawn**⟩ **I** *s* Säge *f;* **II** *tr* sägen; ▶ **~ s.th. in two** etw entzweisägen; **~n timber** Schnittholz *n;* **he ~ed the air** er schlug wild um sich; **~ down** umsägen; **~ off** absägen; **~ up** zersägen (*into* in); **III** *itr* sägen; ▶ **~ at the violin** auf der Geige herumkratzen.

saw² [sɔ:] *v s. see.*

saw³ [sɔ:] Spruch *m.*

saw·dust ['sɔ:dʌst] Sägemehl *n;* **sawmill** Sägemühle *f.*

sawn [sɔ:n] *v s. saw¹.*

Saxon [sæksn] **I** *adj* sächsisch; **II** *s* **1.**

(Mensch) Sachse *m,* Sächsin *f;* **2.** *(Sprache)* (das) Sächsisch(e); **Saxony** ['sæksənɪ] Sachsen *n.*

saxo·phone ['sæksəfəʊn] *mus* Saxophon *n;* **sax·ophon·ist** [sæk'sɒfənɪst] Saxophonist(in) *m (f).*

say [seɪ] ‹*irr* said, said› **I** *tr, itr* **1.** sagen; **2.** *(Gedicht)* aufsagen; **3.** *(Text)* sprechen; aussprechen; **4.** *(Thermometer)* anzeigen; ▶ **~ good-by(e) to** sich verabschieden von; **~ mass** die Messe lesen; **it ~s in the papers that ...** in den Zeitungen steht, daß ... **the weather forecast said that ...** es hieß im Wetterbericht, daß ...; laut Wetterbericht ...; **that ~s a lot for him** das spricht für ihn; **what would you ~ to a holiday?** wie wär's mit Urlaub? **what do you ~?** was meinen Sie? **well, I must ~!** na, ich muß schon sagen! **I ~!** na so was! **it's easier said than done** das ist leichter gesagt als getan; **no sooner said than done** gesagt, getan; **she is said to be clever** sie soll klug sein; **it goes without ~ing that ...** es ist selbstverständlich, daß ..., es versteht sich von selbst, daß ... **I should ~** ich möchte annehmen; **he had nothing to ~ for himself** er hatte keine Entschuldigung; **there's much to be said for his suggestion** sein Vorschlag hat viel für sich; **that is to ~** das heißt, mit anderen Worten; **to ~ nothing of** ganz zu schweigen von; **~ you need more time** angenommen, Sie brauchen mehr Zeit; **~ the word** sagen Sie es nur; **you can ~ that again** Sie haben völlig recht! **II** *s* Rede *f,* Wort *n;* ▶ **let him have his ~** laß ihn mal reden; **have a ~ in s.th.** bei etw etwas zu sagen haben; **have the last ~** letztlich entscheiden; das letzte Wort haben; **say·ing** ['seɪɪŋ] Redensart *f,* Sprichwort *n;* ▶ **as the ~ goes** wie man zu sagen pflegt; **say-so** ['seɪsəʊ] *sl* Wort *n;* ▶ **on whose ~?** wer sagt das?

scab [skæb] **1.** Schorf, Grind *m;* **2.** Grätze *f;* **3.** *fig* Streikbrecher(in) *m (f).*

scab·bard ['skæbəd] (Schwert)Scheide *f.*

scabby ['skæbɪ] *adj med* schorfig; räudig.

sca·bies ['skeɪbi:z] *sing* Krätze *f.*

scab·rous ['skeɪbrəs] *adj* **1.** rauh, uneben; **2.** *fig* geschmacklos.

scaf·fold ['skæfə(ʊ)ld] **1.** (Bau)Gerüst *n;* **2.** Schafott *n;* **scaf·fold·ing** ['skæfəldɪŋ] (Bau)Gerüst *n.*

scal·awag ['skæləwæg] *Am s. scallywag.*

scald [skɔ:ld] **I** *tr* **1.** verbrühen; **2.** *(Gemüse, Milch)* abbrühen; abkochen; **II** *s* Verbrühung *f;* **scald·ing** ['skɔ:ldɪŋ] *adj* siedend; siedend heiß.

scale[1] [skeɪl] **I** *s* **1.** Skala, Gradeinteilung *f;* **2.** Tabelle *f;* **3.** *fig (social ~)* Stufenleiter *f;* **4.** Meßgerät *n;* **5.** *mus* Tonleiter *f;* **6.** Maßstab *m;* **7.** *fig* Umfang *m,* Ausmaß *n;* ▶ **on the ~ of ... to ...** im Maßstab ... zu ... **on a large, small ~** in großem, kleinem Maßstab; **the ~ of F** die F-Dur-Tonleiter; **to ~** maßstabgerecht; **on a national ~** auf nationaler Ebene; **~ of charges** Gebührentabelle *f;* **~ drawing** maßstabgerechte Zeichnung; **~ model** maßstabgetreues Modell; **II** *(mit Präposition)* **scale down** *tr* verkleinern; verringern; **scale up** *tr* vergrößern; erhöhen.

scale[2] [skeɪl] **I** *s* **1.** *zoo med* Schuppe *f;* **2.** Kessel-, Zahnstein *m;* ▶ **take the ~s from s.o.'s eyes** jdm die Augen öffnen; **II** *tr* abschuppen; **III** *itr (~ off)* sich schuppen.

scale[3] [skeɪl] *pl* Waage *f;* ▶ **the S~s** *astr* Waage; **a pair of ~s** e-e Waage; **~-pan** Waagschale *f;* **turn, tip the ~s at 60 kilos** 60 Kilo auf die Waage bringen; **turn the ~s** den Ausschlag geben.

scale[4] [skeɪl] *tr* erklettern.

scal·lop ['skɒləp] **I** *s* **1.** *zoo* Kammuschel *f;* **2.** *pl* bogenförmige Verzierung; **II** *tr* mit Bögen versehen, langettieren.

scally·wag ['skælɪwæg] Lausbube, Schlingel *m.*

scalp [skælp] **I** *s* **1.** Kopfhaut *f;* **2.** Skalp *m;* ▶ **be out for s.o.'s ~** jdn fertigmachen wollen; **II** *tr* **1.** skalpieren; **2.** *(Haare)* kahlscheren.

scal·pel ['skælpəl] *med* Skalpell *n.*

scaly ['skeɪlɪ] *adj* schuppig.

scamp[1] [skæmp] *tr* pfuschen bei.

scamp[2] [skæmp] Frechdachs *m.*

scam·per ['skæmpə(r)] **I** *itr* **1.** *(Kind)* trippeln, trappeln; **2.** *(Maus)* huschen; **II** *s* ▶ **take the dog out for a ~** dem Hund Auslauf verschaffen.

scan [skæn] **I** *tr* **1.** schwenken über; seine Augen wandern lassen über; **2.** *(Buch)* überfliegen; **3.** *(Radar)* absuchen, abtasten; **4.** *TV* rastern; **5.** *(Vers)* in Versfüße zerlegen; **II** *itr (Vers)* das richtige Versmaß haben, sich reimen; **III** *s med* Ultraschall-Untersuchung *f;* Ultraschallaufnahme *f.*

scan·dal ['skændl] **1.** Skandal *m;* **2.** Skandalgeschichten *f pl;* ▶ **create a ~** e-n Skandal verursachen; **the latest ~** der neueste Klatsch; **scan·dal·ize** ['skændəlaɪz] *tr* schockieren; ▶ **be ~d** empört sein *(by* über); **scan·dal-monger** ['skændlmʌŋgə(r)] Lästermaul, Klatschmaul *n;* **scan·dal·ous** ['skændələs] *adj* skandalös, anstößig.

Scan·di·na·via [ˌskændɪ'neɪvɪə] Skandinavien *n;* **Scan·di·na·vian** [ˌskændɪ'neɪvɪən] **I** *adj* skandinavisch; **II** *s* Skandinavier(in) *m (f).*

scan·ner ['skænə(r)] *tech* Abtaster *m; (optical ~)* Lesegerät *n.*

scant [skænt] *adj* **1.** wenig; **2.** *(Erfolg)*

mager; **3.** *(Pflanzenwuchs)* dürftig; **4.** *(Chance)* gering; ▶ **do ~ justice to s.th.** e-r S kaum gerecht werden; **scan·tily** ['skæntılı] *adv* knapp; spärlich; **scanty** ['skæntı] *adj* **1.** knapp, dürftig, mager; **2.** *(Mahl)* kärglich; **3.** *(Haar)* schütter.

scape·goat ['skeıpgəʊt] *fig* Sündenbock *m.*

scar [skɑ:(r)] **I** *s* **1.** Narbe *f;* **2.** *fig* Wunde *f;* Makel *m;* **II** *tr* Narben hinterlassen auf, verunstalten; ▶ **he was ~red for life** *fig* er war fürs Leben gezeichnet; **his ~red face** sein narbiges Gesicht; **III** *itr* e-e Narbe hinterlassen.

sca·rab ['skærəb] Skarabäus *m.*

scarce [skeəs] *adj* **1.** selten, spärlich; **2.** knapp, nicht ausreichend vorhanden; **scarce·ly** ['skeəslı] *adv* **1.** kaum; **2.** wohl kaum; ▶ **~ anybody** kaum jemand; **~ anything** fast nichts; **~ ever** kaum jemals; **scarc·ity** ['skeəsətı] **1.** Verknappung, Knappheit *f,* Mangel *m* (*of* an); **2.** Seltenheit *f;* ▶ **~ of labour** Mangel *m* an Arbeitskräften; **in years of ~** in schlechten Jahren; **~ value** Seltenheitswert *m.*

scare [skeə(r)] **I** *tr* **1.** e-n Schrecken einjagen; Angst machen (*s.o.* jdm); **2.** er-, aufschrecken; ▶ **be easily ~ed** sehr schreckhaft sein; sehr scheu sein; **be ~d out of one's wits** Todesängste ausstehen; **I'm ~d at the thought** ich habe Angst davor; **~ away** verscheuchen; verjagen; **II** *itr* ▶ **I don't ~ easily** ich bekomme nicht so schnell Angst; **III** *s* Schreck(en) *m;* Panikstimmung *f;* ▶ **give s.o. a ~** jdm e-n Schrecken einjagen; **create a ~** Panik auslösen; **scare·crow** ['skeəkrəʊ] Vogelscheuche *f;* **scare·monger** ['skeə,mʌŋgə(r)] Panik-, Bangemacher(in) *m (f).*

scarf [skɑ:f] ⟨*pl* scarves⟩ [skɑ:vz] Hals-, Kopftuch *n,* Schal *m.*

scar·ify·ing ['skærıfaııŋ] *adj* beängstigend; gruselig.

scar·let ['skɑ:lət] **I** *s* Scharlach(rot *n*) *m;* **II** *adj* scharlachfarben, -rot; **scarlet fever** *med* Scharlach *m.*

scarp [skɑ:p] *(~ edge)* Steilhang *m.*

scar·per ['skɑ:pə(r)] *itr Br fam* abhauen.

scary ['skeərı] *adj fam* unheimlich; gruselig.

scat [skæt] *interj sl* verschwinde!

scath·ing ['skeıðıŋ] *adj* **1.** bissig; **2.** *(Bemerkung)* schneidend; **3.** *(Kritik)* beißend, scharf.

sca·tol·ogy [skæ'tɒlədʒı] Fäkalsprache *f.*

scat·ter ['skætə(r)] **I** *tr* **1.** auseinandertreiben; zerstreuen; **2.** *(Nachrichten)* verbreiten; **3.** *phys* streuen (*on* auf); **4.** *(Geld)* verschleudern; **5.** *(Stimmen)* verteilen; ▶ **~ s.th. around** etw überall umherstreuen; **II** *itr* sich zerstreuen, sich verteilen, sich auflösen; **scat·ter-brain** ['skætəbreın] Schussel *m;* **scatter-brained** ['skætəbreınd] *adj* flatterhaft, fahrig; **scatter cushion** (kleines) Kissen *n;* **scat·tered** ['skætəd] *adj* **1.** ver-, zerstreut; **2.** *(Wolken, Regenschauer)* vereinzelt; **scat·ter·ing** ['skætərıŋ] **1.** vereinzeltes Häufchen; **2.** *phys* Streuung *f;* ▶ **a ~ of snow** ein bißchen Schnee.

scav·enge ['skævındʒ] *itr* Nahrung suchen; ▶ **~ in the bins** die Abfalleimer plündern; **scav·en·ger** ['skævındʒə(r)] **1.** *zoo* Aasfresser *m;* **2.** *fig* Aasgeier *m.*

scen·ario [sı'nɑ:rıəʊ] ⟨*pl* -arios⟩ **1.** Szenarium *n;* **2.** *fig* Szenario *n.*

scene [si:n] **1.** Schauplatz *m;* **2.** *theat* Szene *f;* (Bühnen)Bild *n;* Auftritt *m;* **3.** *fig* Szene *f;* **4.** Anblick *m;* Landschaft *f;* ▶ **behind the ~s** hinter den Kulissen; **the ~ of the crime** der Tatort; **set the ~** den richtigen Rahmen geben; **come on the ~** auftauchen, auf der Bildfläche erscheinen; **drug ~** Drogenszene *f;* **make a ~** eine Szene machen; **make the ~** groß herauskommen; **that's not my ~** *sl* das interessiert mich nicht; **scene change** Szenenwechsel *m;* **scene painter** Bühnen-, Kulissenmaler(in) *m (f);* **scen·ery** ['si:nərı] **1.** *theat* Bühnenbild *n,* Dekoration *f;* **2.** Landschaft *f;* **scene shifter** Kulissenschieber(in) *m (f);* **scenic** ['si:nık] *adj* **1.** landschaftlich; **2.** malerisch; **3.** *theat* bühnentechnisch; ▶ **~ effects** *pl* Bühneneffekte *m pl;* **~ highway, route** landschaftlich reizvolle Straße; **~ railway** Berg-und-Tal-Bahn *f.*

scent [sent] **I** *tr* **1.** wittern; **2.** *(Tee, Seife)* parfümieren; ▶ **~ out** *fig* aufspüren; **II** *s* **1.** Geruch, Duft *m;* **2.** Parfüm *n;* **3.** *(Tier)* Witterung, Fährte, Spur *f;* **4.** *fig* Spürsinn *m,* gute Nase; ▶ **be on the ~** auf der Fährte sein; **put, throw s.o. off the ~** *fig* jdn von der richtigen Fährte ablenken; **scent-bottle** Riech-, Parfümflasche *f;* **scent·less** [—lıs] *adj* geruchlos.

scep·ter ['septə(r)] *Am s. sceptre.*

scep·tic, *Am* **skep·tic** ['skeptık] Skeptiker(in) *m (f);* **scep·ti·cal,** *Am* **skep·ti·cal** ['skeptıkl] *adj* skeptisch, zweifelnd; **scep·ti·cism,** *Am* **skep·ti·cism** ['skeptısızəm] Skepsis *f.*

sceptre, *Am* **scep·ter** ['septə(r)] Szepter *n.*

sched·ule ['ʃedju:l, *Am* 'skedʒʊl] **I** *s* **1.** Programm *n,* Zeitplan *m;* **2.** *(Schule)* Stundenplan *m;* **3.** Fahr-, Flugplan *m;* **4.** *Am* Verzeichnis *n;* **5.** *jur* Urkunde *f;* ▶ **what's on the ~ for today?** was steht für heute auf dem Programm? **according to ~** planmäßig; nach Plan; **the train is behind ~** der Zug hat Verspätung; **be on ~** pünktlich sein; **be up to ~**

nach Zeitplan verlaufen; **II** *tr* **1.** planen; **2.** *(Zeitplan)* ansetzen; **3.** *Am (Liste)* aufführen; ▶ **this is not ~d for this year** das steht für dieses Jahr nicht auf dem Programm; **the plane is ~d for ...** planmäßige Ankunft, planmäßiger Abflug ist ...; **sched·uled** ['ʃedju:ld, *Am* 'skedʒʊld] *adj* **1.** vorgesehen, geplant; **2.** *(Abflug)* planmäßig; ▶ **~ flight** Linienflug *m.*

sche·matic [skɪ'mætɪk] *adj* schematisch.

scheme [ski:m] **I** *s* **1.** Plan *m,* Programm *n;* Projekt *n;* **2.** *(pension ~)* Pensionsprogramm *n;* **3.** raffinierter Plan; Intrige *f;* Komplott *n;* **4.** *(Stadt)* Anlage *f;* Einrichtung *f;* ▶ **a ~ of work** ein Arbeitsprogramm; **housing ~** Siedlung *f;* **rhyme ~** Reimschema *n;* **II** *itr* Pläne schmieden; intrigieren; ▶ **~ for s.th.** auf etw hinarbeiten; **schem·er** ['ski:mə(r)] Intrigant(in) *m (f);* **schem·ing** ['ski:mɪŋ] *adj* raffiniert, durchtrieben; intrigant.

schism ['sɪzəm] *rel* Schisma *n;* **schismatic** [sɪz'mætɪk] *adj* schismatisch.

schist [ʃɪst] *geol* Schiefer *m.*

schizo·phrenia [ˌskɪtsəʊ'fri:nɪə] Schizophrenie *f;* **schizo·phrenic** [ˌskɪtsəʊ'frenɪk] *adj* schizophren.

schnor·kel ['snɔ:kl] *s. snorkel.*

scholar ['skɒlə(r)] **1.** Gelehrte(r) *f m;* **2.** *(Universität)* Stipendiat(in) *m (f);* **3.** Student(in) *m (f);* **schol·ar·ly** [—lɪ] *adj* gelehrt, wissenschaftlich; **schol·ar·ship** ['skɒləʃɪp] **1.** Gelehrsamkeit *f;* **2.** Stipendium *n;* ▶ **win a ~ to ...** ein Stipendium für ... bekommen; **on a ~** mit e-m Stipendium; **scholarship holder** Stipendiat(in) *m (f).*

schol·as·tic [skə'læstɪk] *adj* **1.** schulisch; Schul-; Studien-; **2.** *rel hist* scholastisch; ▶ **~ profession** Lehrberuf *m;* **schol·as·ti·cism** [skə'læstɪsɪzəm] Scholastik *f.*

school[1] [sku:l] **I** *s* **1.** Schule *f a. fig;* **2.** *Am* College *n,* Universität *f;* **3.** *(Universität)* Fachbereich *m,* Fakultät *f;* **4.** *philos* Schule *f;* ▶ **at ~** in der Schule; im College; an der Universität; **go to ~** in die Schule, ins College, zur Universität gehen; **there is no ~ tomorrow** morgen ist schulfrei; **~ of art** Kunstschule *f;* **~ of dancing** Tanzschule *f;* **II** *tr* **1.** lehren; **2.** *(Tier)* dressieren; **3.** *fig* zügeln.

school[2] [sku:l] *(Fische)* Schwarm *m.*

school age ['sku:leɪdʒ] schulpflichtiges Alter; ▶ **of ~** schulpflichtig; **school attendance** Schulbesuch *m;* **school bag** Schultasche *f;* **school-board** *Am* Schulbehörde, -aufsichtsbehörde *f;* **school-book** Schulbuch *n;* **schoolboy** ['sku:lbɔɪ] Schuljunge, Schüler *m;* **school·child** ['sku:ltʃaɪld] ⟨*pl* -children⟩ ['— tʃɪldrən] Schulkind *n;* **school-days** *pl* Schulzeit *f;* **school-fees** *pl* Schulgeld *n;* **school·girl** ['sku:lgɜ:l] Schulmädchen *n;* Schülerin *f;* **schoolhouse** ['sku:lhaʊs] Schulhaus, -gebäude *n.*

school·ing ['sku:lɪŋ] Ausbildung, Schulung *f;* ▶ **compulsory ~** Schulpflicht *f.*

school leaver ['sku:lli:və(r)] Schulabgänger(in) *m (f);* **school-leav·ing cer·ti·fi·cate** [ˌsku:lli:vɪŋsə'tɪfɪkət] Abgangszeugnis *n;* **school magazine** Schulzeitung, Schülerzeitung *f;* **school·mas·ter** ['sku:lˌmɑ:stə(r)] Lehrer *m;* **school-mate** Schulkamerad(in) *m (f);* **school·mis·tress** ['sku:lˌmɪstrɪs] Lehrerin *f;* **school·room** ['sku:lrʊm] Klassenzimmer *n;* **school-teacher** Lehrer(in) *m (f).*

schoo·ner ['sku:nə(r)] **1.** *mar* Schoner *m;* **2.** Sherryglas *n.*

sci·atic [saɪ'ætɪk] *adj med* Ischias-; **sciatica** [saɪ'ætɪkə] *med* Ischias *m* od *n.*

science ['saɪəns] **1.** (Natur)Wissenschaft *f;* **2.** Technik *f;* ▶ **study ~** Naturwissenschaften studieren; **the ~ of cooking** die Kochkunst; **social ~** Soziologie *f;* Sozialwissenschaft *f;* **science fiction** Science-fiction *f;* **scien·tific** [ˌsaɪən'tɪfɪk] *adj* **1.** (natur)wissenschaftlich; **2.** *(Methode)* wissenschaftlich; **scien·tist** ['saɪəntɪst] (Natur)Wissenschaftler(in) *m (f).*

scin·til·lat·ing ['sɪntɪleɪtɪŋ] *adj* **1.** *fig* glänzend, funkelnd; **2.** *(Humor)* sprühend; ▶ **be ~** funkeln.

scion ['saɪən] **1.** *bot* Schößling *m;* **2.** *fig* Sprößling *m.*

scis·sors ['sɪzəz] *pl* Schere *f;* ▶ **a pair of ~** e-e Schere.

scler·osis [sklə'rəʊsɪs] Sklerose *f;* ▶ **multiple ~** multiple Sklerose.

scoff[1] [skɒf] **I** *s* verächtliche Bemerkung; **II** *itr* spotten; ▶ **~ at s.o.** jdn verachten.

scoff[2] [skɒf] **I** *s sl* Fressalien *f pl,* Fresserei *f;* **II** *tr* futtern.

scold [skəʊld] **I** *tr* ausschimpfen (*for* wegen); **II** *itr* schelten, zanken, schimpfen; **scold·ing** ['skəʊldɪŋ] Schelte *f;* Schimpferei *f;* ▶ **give s.o. a ~** jdn ausschimpfen.

scone [skɒn] *brötchenartiges Buttergebäck.*

scoop [sku:p] **I** *s* **1.** Schaufel *f;* **2.** *(Eis)* Kugel *f;* **3.** *fam* Fang *m;* **4.** *(Zeitung)* Knüller *m;* ▶ **at one ~** auf einmal; **II** *tr* **1.** schaufeln, schöpfen; **2.** *fig* mit e-r Nachricht zuvorkommen (*s.o.* jdm); übertrumpfen; ▶ **~ out** herausschaufeln, -schöpfen; aushöhlen; **~ up** aufschaufeln; *fig (Geld)* scheffeln.

scoot [sku:t] *itr fam* abhauen; laufen, rennen.

scooter ['sku:tə(r)] **1.** (Tret)Roller *m;* **2.** *(motor ~)* (Motor)Roller *m.*

scope [skəʊp] **1.** Ausmaß, Umfang *m;* Reichweite *f;* **2.** Kompetenzbereich *m;* **3.** Fassungsvermögen *n;* **4.** Entfaltungsmöglichkeit *f;* Spielraum *m;* ▶ **s.th. is within the ~ of s.th.** etw bleibt im Rahmen e-r S; **s.th. is within the ~ of a department** etw fällt in den Kompetenzbereich e-r Abteilung; **that is beyond my ~** das übersteigt mein Fassungsvermögen; **there is ~ for improvement** es könnte noch verbessert werden; **give s.o. ~ to do s.th.** jdm den nötigen Spielraum geben, etw zu tun.

scorch [skɔ:tʃ] **I** *tr* versengen; ▶ **~ed earth policy** *mil* Politik *f* der verbrannten Erde; **the sun ~ed our faces** die Sonne brannte auf unsere Gesichter; **II** *itr sl mot* rasen; **the sun ~ed down** die Sonne brannte herunter; **III** *s* verbrannte Stelle; **scorcher** ['skɔ:tʃə(r)] *fam* ▶ **yesterday was a ~** gestern war e-e Knallhitze; **scorch·ing** ['skɔ:tʃɪŋ] *adj* **1.** sengend; glühend heiß; **2.** *fig* rasend; rasant.

score [skɔ:(r)] **I** *s* **1.** Punktestand *m;* Spielstand *m;* **2.** *mus* Noten *f pl;* Partitur *f;* **3.** *fig* Zeche, Rechnung *f;* **4.** Rille, Kerbe *f;* Kratzer *m;* **5.** *fig* zwanzig; **6.** Grund *m;* ▶ **there was no ~ at halftime** zur Halbzeit stand es 0 : 0; **keep (the) ~** Punkte zählen; **know the ~** *fig* wissen, was gespielt wird; **make a ~ off s.o.** jdm eins auswischen; **what's the ~?** was bin ich schuldig? *sport* wie steht's? *fig* wie sieht's aus? **pay off old ~s** alte Schulden begleichen; **~s of ...** Hunderte von ... **by the ~** massenweise; **on that ~** was das betrifft; **II** *tr* **1.** *(Punkte)* erzielen; bekommen; schießen; **2.** *(Rillen)* einkerben; Kratzer machen in; **3.** *mus* schreiben; ▶ **~ an advantage** im Vorteil sein; **~ a point off s.o.** auf jds Kosten glänzen; **~ a hit with s.o.** jdn stark beeindrucken; **~ off** ausstreichen; **~ out** durchstreichen; **~ up** anschreiben; **III** *itr* **1.** e-n Punkt erzielen; ein Tor schießen; **2.** mitzählen; **3.** *sl* ▶ **~ with a woman** eine Frau aufs Kreuz legen; **4.** *fam* sich Drogen beschaffen; ▶ **~ well, badly** gut, schlecht abschneiden; **~ off s.o.** jdn als dumm hinstellen; **scoreboard** Anzeigetafel *f;* **score-card** Spielprotokoll *n;* **scorer** ['skɔ:rə(r)] *sport* **1.** Torschütze *m;* **2.** Punktrichter *m;* **scor·ing** ['skɔ:rɪŋ] Erzielen *n* e-s Punktes; Torschuß *m.*

scorn [skɔ:n] **I** *s* Verachtung *f;* Hohn *m;* ▶ **laugh s.o. to ~** jdn höhnisch verlachen; **pour ~ on s.th.** etw verächtlich abtun; **II** *tr* **1.** verachten, geringschätzen; **2.** *(Geschenk)* verschmähen, als unwürdig ablehnen; ▶ **~ to do s.th.** es für unwürdig halten, etw zu tun; **scorn·ful** ['—fʊl] *adj* verächtlich, spöttisch.

Scor·pio ['skɔ:pɪəʊ] *astr* Skorpion *m.*

scor·pion ['skɔ:pɪən] *zoo* Skorpion *m.*

Scot [skɒt] Schotte *m,* Schottin *f.*

scotch [skɒtʃ] *tr* **1.** aus der Welt schaffen; **2.** *(Idee)* unterbinden.

Scotch [skɒtʃ] **I** *adj* schottisch; ▶ **~ Whisky** schottischer Whisky; **II** *s* schottischer Whisky; **Scotch broth** Gemüsesuppe *f* mit Hammelfleisch.

scot-free [ˌskɒt'fri:] *adv* ungeschoren; ▶ **get off ~** ungestraft, unverletzt davonkommen.

Scot·land ['skɒtlənd] Schottland *n.*

Scots [skɒts] ▶ **the ~** *pl* die Schotten *pl;* **Scots·man** [—mən] ‹*pl* -men› Schotte *m;* **Scots·woman** [—wʊmən] ‹*pl* -women› [—wɪmɪn] Schottin *f;* **Scot·tish** ['skɒtɪʃ] **I** *adj* schottisch; **II** *s* *(Sprache)* (das) Schottisch(e); ▶ **the ~** *pl* die Schotten *pl.*

scoun·drel ['skaʊndrəl] Schurke, Schuft *m.*

scour[1] ['skaʊə(r)] **I** *tr* scheuern; ▶ **~ away, off** abscheuern; **II** *s* Scheuern, Schrubben *n.*

scour[2] ['skaʊə(r)] *tr* durchsuchen, durchstöbern (*for* nach).

scour·er ['skaʊrə(r)] Topfkratzer *m.*

scourge [skɜ:dʒ] **I** *s* Geißel *f a. fig;* **II** *tr* **1.** geißeln; **2.** *fig* peinigen, bestrafen.

scout [skaʊt] **I** *s* **1.** Späher, Kundschafter *m;* **2.** *aero* Aufklärer *m;* **3.** *(boy ~)* Pfadfinder *m;* **4.** *mot* Pannenhelfer *m;* ▶ **on the ~** auf Erkundung; **have a ~ about, around for s.th.** sich nach etw umsehen; **talent ~** Talentsucher *m;* **II** *itr* erkunden, auskundschaften; ▶ **~ for s.th.** nach etw Ausschau halten; **~ about, around** sich umsehen (*for* nach); **III** *tr* ▶ **~ out** auskundschaften; **scout·mas·ter** ['skaʊtmɑ:stə(r)] Pfadfinderführer *m.*

scowl [skaʊl] **I** *itr* finster blicken; ein böses Gesicht machen; ▶ **~ at s.o.** jdn böse ansehen; **II** *s* finsterer Blick.

scrabble ['skræbl] *itr (~ about)* herumsuchen, herumtasten.

scrag [skræg] **I** *s* Hals *m;* **II** *tr sl* den Hals umdrehen (*s.o.* jdm); **scraggy** ['skrægɪ] *adj* mager, hager, knochig.

scram [skræm] *itr* abhauen; ▶ **~!** hau ab!

scramble ['skræmbl] **I** *itr* **1.** klettern, krabbeln; **2.** sich balgen, sich reißen (*for* um); ▶ **~ out** hinausklettern; **II** *tr* **1.** durcheinanderwerfen; **2.** *(Eier)* verrühren; **3.** *tele* chiffrieren, verschlüsseln; ▶ **~d eggs** *pl* Rührei(er *pl*) *n;* **III** *s* **1.** Klettern *n;* **2.** Gedrängel *n,* Balgerei *f* (*for* um); **3.** *mot* Moto-Cross *n;* **scrambler** ['skræmblə(r)] *tele* Verschlüsselungs-, Chiffriergerät *n.*

scrap[1] [skræp] **I** *s* **1.** Stück(chen) *n;* bißchen; **2.** *(~ of paper)* (Papier)Fetzen *m;* **3.** *fig* Fünkchen *n,* Spur *f;* **4.** *pl* Reste *m pl;* **5.** Altmaterial *n;* Altpapier *n;*

Schrott *m;* ▶ **not a ~** kein bißchen; **a few ~s of German** ein paar Brocken Deutsch; **not a ~ of evidence** nicht der geringste Beweis; **these bits are ~** diese Sachen werden nicht mehr gebraucht; **II** *tr* **1.** verschrotten; ausrangieren; **2.** *fig (Plan)* fallenlassen.

scrap² [skræp] *fam* **I** *s* Rauferei *f;* **II** *itr* sich raufen, sich prügeln, sich streiten, sich balgen (*with* mit).

scrap·book ['skræpbʊk] Sammelalbum *n;* **scrap dealer** Schrotthändler(in) *m (f).*

scrape [skreɪp] **I** *tr* **1.** (ab)kratzen, -bürsten; **2.** *(Auto)* schrammen; streifen; **3.** *(Knie)* (wund) scheuern, aufschürfen; **4.** *(Loch)* scharren; ▶ **~ a living** gerade so sein Auskommen haben; **~ the bottom of the barrel** *fig* den letzten Rest zusammenkratzen; **~ together** zusammenharken; zusammenkratzen; **~ up** zusammenkratzen; **II** *itr* **1.** kratzen, scheuern (*on, against* an); **2.** *fam* knausern; ▶ **~ along** sich schlecht und recht durchschlagen; **~ away** herumkratzen (*at* an); **~ off** sich abkratzen lassen; **~ through** gerade noch durchkommen; **III** *s* **1.** Kratzen, Scharren *n;* **2.** Kratzer *m;* Schramme *f;* **3.** *fig* Klemme, Patsche *f;* ▶ **get into a ~** *fig* sich in die Nesseln setzen; **scraper** ['skreɪpə(r)] **1.** Spachtel *f;* **2.** *(an der Tür)* Kratzeisen *n.*

scrap-heap ['skræphi:p] Schrotthaufen *m.*

scrap·ings ['skreɪpɪŋz] *pl* **1.** Reste *m pl;* Schalen *f pl;* **2.** *(Metall)* Späne *m pl.*

scrap iron ['skræpaɪən] Alteisen *n;* **scrap merchant** Schrotthändler *m.*

scrappy ['skræpɪ] *adj* **1.** zusammengestückelt; **2.** *(Wissen)* lückenhaft.

scratch [skrætʃ] **I** *tr* **1.** (zer)kratzen, ritzen, verschrammen; **2.** *sport* streichen; ▶ **~ s.th. away** etw abkratzen; **~ s.th. in the wood** etw ins Holz ritzen; **~ a living** sich e-n kümmerlichen Lebensunterhalt verdienen; **~ one's head** sich am Kopf kratzen; **~ the surface of s.th.** etw oberflächlich berühren; **~ s.th. through** etw durchstreichen; **II** *itr* **1.** kratzen; **2.** *sport* nicht antreten; **III** *s* **1.** Kratzer *m;* **2.** Kratzen, Scharren *n;* ▶ **~ file** *EDV* Hilfsdatei *f;* **give s.o. a ~** jdn kratzen; **have a ~** sich kratzen; **start from ~** ganz von vorne anfangen; **be, come up to ~** die Erwartungen erfüllen; **bring s.th. up to ~** etw auf Vordermann bringen; **IV** *adj* **1.** improvisiert; **2.** *sport* ohne Vorgabe; **V** *(mit Präposition)* **scratch about** *itr* herumscharren; sich umsehen; **scratch out** *tr* auskratzen; **scratch up** *tr (Geld)* zusammenkratzen.

scratch-pad ['skrætʃpæd] *Am* Notizblock *m;* **scratch paper** Konzept-, Schmierpapier *n.*

scratchy ['skrætʃɪ] *adj* **1.** *(Stoff, Geräusch)* kratzend; **2.** *(Platte)* zerkratzt; **3.** *(Pullover)* kratzig.

scrawl [skrɔ:l] **I** *tr, itr* schmieren, kritzeln; **II** *s* Gekritzel *n,* Kritzelei *f.*

scrawny ['skrɔ:nɪ] *adj* dürr.

scream [skri:m] **I** *itr* **1.** schreien; kreischen; **2.** *(Sirene)* heulen; ▶ **~ at s.o.** jdn anschreien; **~ with pain** vor Schmerzen schreien; **~ with laughter** vor Lachen kreischen; **~ out for s.th.** nach etw schreien; **II** *tr* **1.** schreien; **2.** *fig* herausschreien; ▶ **~ one's head off** sich die Lunge aus dem Leib schreien; **~ o.s. hoarse** sich heiser brüllen; **III** *s* **1.** Schrei *m;* **2.** Heulen *n;* **3.** *(Bremsen)* Kreischen *n;* **4.** *fam* ulkiger Kerl; ▶ **be a ~** zum Schreien sein; **scream·ing** ['—ɪŋ] *adj* **1.** schreiend, kreischend; **2.** *(Wind)* heulend; **3.** *fig* himmelschreiend.

scree [skri:] *geol* Geröll *n.*

screech [skri:tʃ] **I** *tr* schreien; **II** *itr* **1.** kreischen; **2.** *(Fahrzeug)* quietschen; ▶ **~ with laughter** vor Lachen kreischen; **III** *s* **1.** Schrei *m;* **2.** *(Bremse)* Kreischen *n;* ▶ **give a ~** aufkreischen, -schreien; kreischen; **screech-owl** *zoo* Schleiereule *f.*

screed [skri:d] ▶ **write ~s (and ~s)** *fam* ganze Romane schreiben.

screen [skri:n] **I** *s* **1.** Licht-, Wand-, Bildschirm *m;* **2.** Trennwand *f;* **3.** *fig* Schutz *m;* **4.** *(Bäume)* Wand *f;* **5.** *mil* Verdunklungsschutz *m;* **6.** Fliegenfenster *n;* **7.** *(Kirche)* Lettner *m;* **8.** *film* Leinwand *f;* **9.** (Gitter)Sieb *n;* ▶ **stars of the ~** Filmstars *m pl;* **a ~ of indifference** e-e Mauer der Gleichgültigkeit; **II** *tr* **1.** abschirmen, abdecken; verdecken, verhüllen, verschleiern; geheimhalten (*from* vor); **2.** *TV* senden; **3.** *(Film)* vorführen; **4.** sieben; **5.** *(Risiko)* überprüfen; ▶ **~ the windows** die Fenster verhängen; Fliegenfenster an den Fenstern anbringen; **~ s.th. from the enemy** etw vor dem Feind tarnen; **III** *(mit Präposition)* **screen off** *tr* durch e-n Schirm, eine Trennwand abtrennen; **screen·ing** ['—ɪŋ] **1.** *fig* Überprüfung *f;* **2.** *film* Vorführung *f;* **screen-play** Drehbuch *n;* **screen test** Probeaufnahmen *f pl.*

screw [skru:] **I** *s* **1.** *tech* Schraube *f;* **2.** *aero* Propeller *m;* **3.** Drehung *f;* **4.** *obs* Tabaksbeutelchen *n;* **5.** *sl* Zaster *m;* **6.** *sl* Gefängniswärter *m;* ▶ **he's got a ~ loose** *fam* bei dem ist eine Schraube locker *fam;* **put the ~s on s.o.** *fam* jdm die Daumenschrauben anlegen; **give s.th. a ~** an etw drehen; **II** *tr* **1.** schrauben (*to* an; *onto* auf); **2.** *fam* in die Mangel nehmen; **3.** *sl* bumsen; ▶ **~ one's head round** seinen Kopf herumdrehen; **III** *itr* **1.** sich schrauben lassen; **2.** *sl* bumsen; **IV** *(mit Präposition)* **screw down** *tr* an-, festschrauben; **screw off** *tr* abschrauben; **screw on** *tr* anschrauben; ▶ **have one's head ~ed on the right way** ein vernünftiger Mensch sein; **screw out** *tr* herausschrauben; ▶ **~ s.th. out of s.o.** etw aus jdm herausquetschen; **screw together** zusammenschrauben; **screw up** *tr* **1.** anziehen; **2.** *(Papier)* zusammenknüllen; **3.** *(Augen)* zusammenkneifen; **4.** *sl* vermasseln; **5.** *sl* neurotisch machen; ▶ **~ up one's courage** seinen ganzen Mut zusammennehmen.

screw-ball ['skru:bɔ:l] *sl* komischer Kauz; **screw-driver** Schraubenzieher, -dreher *m;* ▶ **Phillips ~** *Wz* Kreuzschlitzschraubenzieher *m;* **screwed** [skru:d] *adj sl* voll; ▶ **~ up** neurotisch; **get ~ up about s.th.** sich in etw hineinsteigern; **screw top** Schraubverschluß *m;* **screwy** ['skru:ɪ] *adj sl* verrückt, bekloppt; schrullig.

scribble ['skrɪbl] **I** *tr* hinkritzeln; ▶ **~ s.th. on s.th.** etw auf etw kritzeln; **II** *itr* kritzeln; schreiben; **III** *s* Gekritzel *n;* **scrib·bler** ['skrɪblə(r)] *pej* Schreiberling *m;* **scrib·bling block, pad** Schreib-, Notizblock *m.*

scrim·mage ['skrɪmɪdʒ] **1.** Handgemenge *n;* **2.** *Am (Fußball)* Gedränge *n.*

scrimp [skrɪmp] *itr* sparen; knausern; ▶ **~ and save** geizen und sparen.

script [skrɪpt] **1.** Schrift *f;* Schreibschrift *f;* **2.** *(Schule)* schriftliche Arbeit; **3.** *(Dokument)* Text *m;* **4.** *theat film* Textbuch, Drehbuch *n;* **script-girl** *film* Skriptgirl *n.*

scrip·tural ['skrɪptʃərəl] *adj* biblisch; **scrip·ture** ['skrɪptʃə(r)] ▶ **S~, the S~s** die Heilige Schrift; **~ lesson** Religionsstunde *f.*

script·writer ['skrɪptraɪtə(r)] *film* Drehbuchautor(in) *m (f);* Textautor(in) *m (f).*

scroll [skrəʊl] **I** *itr EDV* blättern; **II** *s* **1.** *hist* Schriftrolle *f;* **2.** *arch* Spirale, Schnecke, Volute *f.*

scro·tum ['skrəʊtəm] *anat* Hodensack *m.*

scrounge [skraʊndʒ] *tr, itr fam* schnorren, abstauben; ▶ **~ around for s.th.** nach etw herumsuchen; **scrounger** ['skraʊndʒə(r)] *fam* Schnorrer(in) *m (f).*

scrub[1] [skrʌb] Buschwerk, Gestrüpp *n.*

scrub[2] [skrʌb] **I** *tr* **1.** (ab)schrubben, scheuern; **2.** *(Gemüse)* putzen; **3.** *fam* annullieren, streichen; **II** *s* Schrubben *n;* ▶ **give s.th. a good ~** etw sorgfältig scheuern; **scrub·ber** ['skrʌbə(r)] *sl pej* Flittchen *n;* **scrub·bing-brush** ['skrʌbɪŋbrʌʃ] Scheuerbürste *f.*

scruff [skrʌf] ▶ **by the ~ of the neck** am Genick.

scruffy ['skrʌfɪ] *adj fam* vergammelt; verlottert.

scrum·mage ['skrʌmɪdʒ] *(Rugby)* offenes Gedränge.

scrump·tious ['skrʌmpʃəs] *adj fam* prima, klasse; lecker.

scrunch [skrʌntʃ] **I** *s* Knirschen *n;* **II** *itr* knirschen.

scruple ['skru:pl] Skrupel *m;* ▶ **~s** *pl* Bedenken *pl;* **have no ~s** keine Skrupel haben; **scru·pu·lous** ['skru:pjʊləs] *adj* gewissenhaft; genau; ▶ **he is not ~ in his business dealings** er hat keine Skrupel bei seinen Geschäften.

scru·ti·neer [ˌskru:tɪ'nɪə(r)] *pol* Wahlprüfer(in) *m (f);* **scru·ti·nize** ['skru:tɪnaɪz] *tr* **1.** genau prüfen; **2.** *(Wahlstimmen)* prüfen; **scru·tiny** ['skru:tɪnɪ] **1.** genaue Prüfung; Untersuchung *f;* Musterung *f;* **2.** *pol* Wahlprüfung *f;* ▶ **subject s.th., s.o. to (close) ~** etw, jdn (genau) mustern.

scuba ['sku:bə] Schwimmtauchgerät *n;* **scuba diving** Tieftauchen *n;* Tauchen *n* mit Sauerstoffgerät.

scud [skʌd] *itr* **1.** flitzen; **2.** *(Wolken)* jagen.

scuff [skʌf] **I** *tr* abwetzen; **II** *itr* schlurfen; **III** *s (~ mark)* abgewetzte Stelle.

scuffle ['skʌfl] **I** *itr* sich raufen; poltern; ▶ **~ with the police** ein Handgemenge mit der Polizei haben; **II** *s* Balgerei *f;* Handgemenge *n.*

scull [skʌl] **I** *s* **1.** *mar* Skull *n;* **2.** *(Boot)* Skullboot *n;* **II** *itr, tr* rudern.

scul·lery ['skʌlərɪ] Spülküche *f.*

sculp·tor ['skʌlptə(r)] Bildhauer(in) *m (f);* **sculp·tress** ['skʌlptrɪs] Bildhauerin *f;* **sculp·tural** ['skʌlptʃərəl] *adj* plastisch; bildhauerisch; **sculp·ture** ['skʌlptʃə(r)] **I** *s* **1.** Bildhauerei *f;* **2.** Skulptur *f;* **II** *tr (a. sculpt)* **1.** formen, arbeiten; **2.** *(in Stein)* hauen, meißeln; **3.** *(in Ton)* modellieren.

scum [skʌm] **1.** Schaum *m;* Rand *m;* **2.** *fig* Abschaum *m;* ▶ **the ~ of the earth** der Abschaum der Menschheit.

scup·per ['skʌpə(r)] *tr* **1.** *mar* versenken; **2.** *fam* zerschlagen.

scurf [skɜ:f] (Kopf)Schuppen *f pl.*

scur·ri·lous ['skʌrɪləs] *adj* **1.** verleumderisch; **2.** unflätig, zotig.

scurry ['skʌrɪ] **I** *itr* hasten; eilig trippeln; huschen; ▶ **~ along** entlanghasten; **~ through one's work** seine Arbeit hastig erledigen; **II** *s* Hasten *n;* Trippeln *n.*

scurvy ['skɜ:vɪ] **I** *s med* Skorbut *m;* **II** *adj sl* niederträchtig.

scut [skʌt] Stummelschwanz *m.*

scuttle[1] ['skʌtl] Kohleneimer, -kasten *m.*

scuttle[2] ['skʌtl] **I** *s mar* Luke *f;* **II** *tr (Schiff)* versenken.

scuttle[3] ['skʌtl] *itr* **1.** schnell laufen, rennen; **2.** *(Tier)* hoppeln; krabbeln; ▶ **~ off in a hurry** *fam* davonflitzen.

scythe [saɪð] **I** *s* Sense *f;* **II** *tr* (mit der Sense), mähen.

sea [si:] **1.** See *f,* Meer *n;* **2.** *fig* große Menge; ▶ **beyond the ~s** in Übersee; **at ~** auf (hoher) See; **by ~** auf dem

Seeweg; **travel by ~** mit dem Schiff fahren; **be all at ~** *fig* nicht durchblikken; **go to ~** zur See gehen; sich einschiffen; **put at ~** in See stechen; **heavy ~s** schwere See; **a ~ of faces** ein Meer von Gesichtern; **sea air** Seeluft *f;* **sea anemone** Seeanemone *f;* **sea animal** Meerestier *n;* **sea-based** ['si:ˌbeɪst] *adj mil* seegestützt; **sea bathing** Baden *n* im Meer; **sea·bed** ['si:bed] Meeresgrund *m;* **sea bird** Seevogel *m;* **seaboard** ['si:bɔ:d] Küste *f;* **sea-borne** ['si:bɔ:n] *adj* auf dem Seeweg befördert; ▶ **~ goods** *pl* Seefrachtgüter *n pl;* **sea breeze** Seewind *m;* **sea-calf** ['si:kɑ:f] ⟨*pl* -calves⟩ [—kɑ:vz] Seehund *m;* **sea-coast** (Meeres)Küste *f;* **sea-cow** Seekuh *f;* **sea-dog** *fam (Matrose)* Seebär *m;* **sea·farer** ['si:ˌfeərə(r)] Seefahrer *m;* **sea·faring** ['si:ˌfeərɪŋ] **I** *adj* seefahrend; **II** *s* Seefahrt *f;* **sea-fish** Seefisch *m;* **sea·food** ['si:fu:d] Meeresfrüchte *f pl;* **sea·front** ['si:frʌnt] Strandpromenade *f;* **sea-going** ['si:ˌgəʊɪŋ] *adj* seefahrend; seetüchtig; **sea·gull** ['si:gʌl] Seemöwe *f;* **sea-horse** Seepferdchen *n.*

seal¹ [si:l] **I** *s* **1.** Siegel *n a. fig;* **2.** Plombe *f,* Verschluß *m;* **3.** Siegelring *m;* **4.** *fig* Bekräftigung, Bestätigung *f;* **5.** *tech* Dichtung *f;* ▶ **under the ~ of secrecy** unter dem Siegel der Verschwiegenheit; **set one's ~ to s.th.** unter etw sein Siegel setzen; **give s.th. one's ~ of approval** seine Zustimmung zu etwas geben; **give s.o. one's ~ of approval** jdm seine Zustimmung geben; **~ of quality** Gütesiegel *n;* **II** *tr* **1.** (be-, ver)siegeln; **2.** plombieren; **3.** *(Brief)* verschließen, zukleben; **4.** *fig* bekräftigen, bestätigen; **5.** *tech* luftdicht verschließen; ▶ **~ed envelope** verschlossener Briefumschlag; **~ off** hermetisch abriegeln; **~ up** versiegeln; fest verschließen; abdichten; **~ s.o.'s fate** jds Schicksal besiegeln.

seal² [si:l] *zoo* Seehund *m;* Seal *m.*

sea-legs ['si:legs] *pl* ▶ **get, find one's ~** standfest werden; **sea-level** Meeresspiegel *m;* ▶ **above/below ~** über/unter dem Meeresspiegel.

seal·ing ['si:lɪŋ] Versiegeln, Plombieren *n;* **sealing wax** Siegelwachs *n.*

sea-lion ['si:ˌlaɪən] Seelöwe *m.*

seal ring ['si:lrɪŋ] Siegelring *m.*

seal·skin ['si:lskɪn] Seehundfell *n,* Seal *m.*

seam [si:m] **I** *s* **1.** Saum *m,* Naht *f;* **2.** *mar* Fuge *f;* **3.** Narbe *f;* **4.** *geol* Flöz *n;* **II** *tr* **1.** säumen; **2.** *fig* durchziehen; ▶ **~ed with ...** zerfurcht von ...

sea·man ['si:mən] ⟨*pl* -men⟩ Seemann, Matrose *m;* **sea mile** Seemeile *f (1852 m).*

seam·less ['si:mlɪs] *adj* nahtlos; **seamstress** ['si:mstrɪs] Näherin *f.*

seamy ['si:mɪ] *adj* düster; ▶ **the ~ side of life** die Schattenseite des Lebens.

sea·plane ['si:pleɪn] Wasserflugzeug *n;* **sea·port** ['si:pɔ:t] Seehafen *m;* **sea-power** Seemacht *f.*

sear [sɪə(r)] *tr* **1.** versengen, verbrennen; **2.** *(Schmerz)* durchzucken; **3.** *(Fleisch)* rasch anbraten; **4.** *med* ätzen; **5.** *(Sonne)* ausdörren.

search [sɜ:tʃ] **I** *tr* **1.** durchsuchen, -forschen, -stöbern; **2.** *(Gewissen)* erforschen; ▶ **~ me!** was weiß ich! **II** *itr* suchen (*for* nach); **III** *s* **1.** Suche *f* (*for* nach); **2.** Durchsuchung *f;* **3.** Nachforschung *f;* ▶ **go in ~ of s.o.** auf die Suche nach jdm gehen; **make a ~ in a house** e-e Hausdurchsuchung machen; **make a ~ for s.o.** nach jdm suchen; **IV** *(mit Präposition)* **search out** *tr* ausfindig machen, aufspüren; **search through** *tr* durchsuchen; **searcher** ['sɜ:tʃə(r)] Durchsuchungsbeamte(r) *m,* -beamtin *f;* ▶ **the ~s** die Suchmannschaft; **search function** *EDV* Suchfunktion *f;* **searching** ['—ɪŋ] *adj* **1.** prüfend, forschend; **2.** *(Frage)* durchdringend; **search·light** ['sɜ:tʃlaɪt] Suchscheinwerfer *m;* **search operation 1.** Suchaktion *f;* **2.** *EDV* Suchlauf *m;* **search-party** Rettungs-, Bergungs-, Suchmannschaft *f;* **search-warrant** Durchsuchungsbefehl *m.*

sear·ing ['sɪərɪŋ] *adj* **1.** glühend; **2.** *(Schmerz)* scharf; **3.** *fig* quälend.

sea·scape ['si:skeɪp] *(Malerei)* Seestück *n;* **sea shanty** Seemannslied *n;* **sea-shell** Muschel(schale) *f;* **sea-shore** ['si:ʃɔ:(r)] Strand *m;* ▶ **on the ~** am Strand; **sea·sick** ['si:sɪk] *adj* seekrank; **sea·sick·ness** ['si:sɪknɪs] Seekrankheit *f;* **sea·side** ['si:saɪd] ▶ **at the ~** am Meer; **go to the ~** ans Meer fahren; **~ holidays** Ferien am Meer.

sea·son ['si:zn] **I** *s* **1.** Jahreszeit *f;* **2.** *sport theat* Saison *f;* ▶ **at the height of the ~** in der Hochsaison; **for a ~** e-e Spielzeit lang; **in ~ 1.** in der Saison; **2.** *zoo* in der Brunstzeit; **3.** *(Hündin)* läufig; **in and out of ~** andauernd, jahrein jahraus; **in due ~** zu gegebener Zeit; **in good ~** rechtzeitig; **nesting, hunting ~** Brut-, Jagdzeit *f;* **holiday ~** Ferienzeit *f;* **II** *tr* **1.** *fig* durchsetzen; **2.** *(Speise)* würzen; **3.** *(Holz)* ablagern; **4.** *(Truppen)* stählen; **sea·son·able** ['si:znəbl] *adj* **1.** der Jahreszeit angemessen; zeitgemäß; **2.** *(Rat)* zur rechten Zeit; **sea·sonal** ['si:zənl] *adj* jahreszeitlich; saisonbedingt; ▶ **~ trade** Saisongeschäft *n;* **sea·soned** ['si:znd] *adj* **1.** *(Essen)* gewürzt; **2.** *(Holz)* abgelagert; **3.** *fig* erfahren; **sea·son·ing** ['si:znɪŋ] Würze *f a. fig;* Gewürz *n;* **season ticket** *Br rail* Zeit-, Dauerkarte *f;* **season ticket holder** Inhaber(in) *m (f)* e-r Zeit-, Dauerkarte.

seat [si:t] **I** *s* **1.** Sitz *m;* Sitzgelegenheit *f;* **2.** *theat* (Theater)Platz *m;* **3.** *parl* Sitz *m;* **4.** Sitzfläche *f;* Hinterteil, Gesäß *n;* **5.** *fig* Schauplatz *m;* **6.** *rel* Sitz *m;* ▶ **have a front ~ at the opera** in der Oper in den vorderen Reihen sitzen; **driver's ~** Fahrersitz *m;* **keep one's ~** *(Reiten, Radfahren)* im Sattel bleiben; **lose one's ~** **1.** seinen Platz verlieren; *(Reiten, Radfahren)* aus dem Sattel fallen; **2.** *pol* sein Mandat verlieren; **a ~ in Parliament** ein Sitz im Parlament; **win a ~** ein Mandat gewinnen; **~ of learning** Stätte *f* der Gelehrsamkeit; **II** *tr* **1.** setzen; **2.** *(Raum)* Sitzgelegenheit bieten für, Platz haben für, fassen; **3.** *tech* einpassen; ▶ **~ o.s.** sich (hin)setzen; **be ~ed** sitzen; **remain ~ed** sitzen bleiben; **~ 40 passengers** 40 Sitzplätze haben; **seat-belt** **1.** *aero* Anschnallgurt *m;* **2.** *mot* Sicherheitsgurt *m;* ▶ **fasten one's ~** sich anschnallen; **seater** ['si:tə(r)] *(in Zssgn)* -sitzer *m;* ▶ **four-~** Viersitzer *m;* **seat·ing** ['—ɪŋ] Sitzplätze *m pl;* **seating arrangements** *pl* Sitzordnung *f;* **seating plan** Sitz-, Bestuhlungsplan *m;* **seating room** Sitzplätze *m pl.*

SEATO ['si:təʊ] *Abk:* **South-East Asia Treaty Organization** SEATO *f.*

sea-town ['si:taʊn] Hafenstadt *f;* **sea-urchin** Seeigel *m;* **sea·ward** ['si:wəd] **I** *adj* aufs Meer hinaus; ▶ **~ wind** Seewind *m;* **II** *adv (a. seawards)* see-, meerwärts; **sea-water** Seewasser *n;* **sea-way** ['si:weɪ] Seestraße *f;* Wasserweg *m;* **sea·weed** ['si:wi:d] Seetang *m;* **sea·worthy** ['si:ˌwɜ:ðɪ] *adj* seetüchtig.

sec [sek] *sl* Sekunde *f.*

se·cede [sɪ'si:d] *itr* sich abspalten; **se·cession** [sɪ'seʃn] Abspaltung *f;* Sezession *f.*

se·clude [sɪ'klu:d] *tr* absondern *(from* von); **se·clud·ed** [sɪ'klu:dɪd] *adj* **1.** *(Leben)* zurückgezogen; **2.** *(Haus)* abgelegen; einsam; **se·clu·sion** [sɪ'klu:ʒn] Absondern *n;* Zurückgezogenheit *f;* Abgelegenheit *f;* ▶ **live in ~** zurückgezogen, einsam leben.

sec·ond¹ ['sekənd] **I** *adj* zweite(r, s); ▶ **every ~ house** jedes zweite Haus; **be ~** Zweite(r, s) sein; **in ~ place** an zweiter Stelle; **in the ~ place** zweitens; **be ~ to none** unübertroffen sein; **for the ~ time** zum zweitenmal; **II** *adv* zweit-; an zweiter Stelle; ▶ **come, lie ~** an zweiter Stelle liegen; **go, travel ~** zweiter Klasse fahren; **III** *tr (Antrag)* unterstützen.

sec·ond² ['sekənd] **1.** Sekunde *f;* Augenblick *m;* **2.** *mot* der zweite Gang; **3.** *mus* Sekunde *f;* **4.** *sport* Sekundant *m;* **5.** *com* zweite Wahl; ▶ **just a ~!** einen Augenblick! **at that very ~** genau in dem Augenblick; **come a good ~** e-n guten zweiten Platz belegen; **drive in ~** im zweiten Gang fahren; **can I have ~s?** kann ich noch etwas nachbekommen?

se·cond³ [sɪ'kɒnd] *tr* abordnen, abstellen.

sec·ond·ary ['sekəndrɪ] *adj* **1.** zweitrangig, untergeordnet, geringer; sekundär; **2.** *(Schule)* höher, Sekundar-; ▶ **of ~ importance** von sekundärer Bedeutung.

sec·ond-best [ˌsekənd'best] **I** *adj* zweitbeste(r, s); **II** *adv* ▶ **come off ~** den kürzeren ziehen; **III** *s* Zweitbeste(r, s); **second chamber** *parl* zweite Kammer; **second class** *rail* zweite Klasse; **second-class** *adj, adv a. fig* zweiter Klasse; **second cousin** Cousin *m,* Cousine *f* zweiten Grades; **second-degree burn** Verbrennung *f* zweiten Grades; **second floor** zweiter, *Am* erster Stock; ▶ **on the ~** im zweiten, *Am* ersten Stock; **second-hand** *adj* **1.** *(Information)* aus zweiter Hand; **2.** gebraucht; Gebraucht-; **3.** *(Kleider)* getragen; **4.** *(Buch)* antiquarisch; ▶ **have ~ knowledge of s.th.** etw vom Hörensagen wissen; **second hand** Sekundenzeiger *m;* **second lieutenant** Leutnant *m.*

sec·ond·ly ['sekəndlɪ] *adv* zweitens; an zweiter Stelle.

sec·ond·ment [sɪ'kɒndmənt] Abordnung *f.*

sec·ond na·ture [ˌsekənd 'neɪtʃə(r)] zweite Natur; ▶ **become ~** in Fleisch und Blut übergehen; **second-rate** *adj* zweitrangig, -klassig; **second sight** zweites Gesicht.

se·crecy ['si:krəsɪ] Geheimhaltung *f;* Verschwiegenheit *f;* ▶ **in ~** im geheimen; **in strict ~** ganz im geheimen; **se·cret** ['si:krɪt] **I** *adj* **1.** geheim, heimlich; **2.** verborgen, versteckt, abgelegen; ▶ **keep ~** geheimhalten; **~ agent** Geheimagent(in) *m (f);* **~ service** Geheim-, Nachrichtendienst *m;* **II** *s* Geheimnis *n;* ▶ **in ~** im geheimen; **keep s.o. a ~ from s.o.** jdn vor jdm geheimhalten; **be in on the ~** eingeweiht sein; **keep a ~** ein Geheimnis bewahren; **make no ~ of s.th.** kein Geheimnis aus etw machen.

sec·re·tar·ial [ˌsekrə'teərɪəl] *adj* Sekretärs-, Sekretärinnen-; ▶ **~ staff** Schreibkräfte *pl;* **~ work** Büroarbeit *f;* **sec·re·tariat** [ˌsekrə'teərɪət] Sekretariat *n;* **sec·re·tary** ['sekrətrɪ] **1.** Sekretär(in) *m (f);* **2.** Schriftführer(in) *m (f);* **3.** *Am* Minister(in) *m (f);* ▶ **~-general** Generalsekretär *m;* **S~ of State** *Br* Minister(in) *m (f); Am* Außenminister(in) *m (f).*

se·crete [sɪ'kri:t] *tr* **1.** verbergen; **2.** *med* absondern, ausscheiden; **se·cre·tion** [sɪ'kri:ʃn] **1.** Verbergen *n;* **2.** *med* Ab-

sonderung *f;* Sekret *n.*
se·cret·ive ['si:krətɪv] *adj* **1.** zurückhaltend, verschwiegen; **2.** *(Lächeln)* geheimnisvoll.
sect [sekt] *rel* Sekte *f;* **sec·tarian** [sek'teərɪən] **I** *adj* **1.** *(Schule)* konfessionell; **2.** *(Politik)* konfessionsgebunden; Konfessions-; **II** *s* Sektierer(in) *m (f).*
sec·tion ['sekʃn] **I** *s* **1.** Teil *m;* **2.** *(Gebäude)* Trakt *m;* **3.** *(Buch)* Abschnitt *m;* **4.** *(Gesetz)* Absatz, Paragraph *m;* **5.** *rail* Streckenabschnitt *m;* **6.** *mil* Abteilung *f;* Sektion *f;* **7.** *(Zeichnung)* Schnitt *m;* **8.** *med* Sektion *f;* ► **~ mark** Paragraphenzeichen *n;* **passports ~** Paßabteilung *f;* **in ~** im Schnitt; **vertical ~** Querschnitt *m;* **II** *tr* **1.** einen Schnitt machen durch; **2.** teilen; **sec·tional** ['sekʃənl] *adj* **1.** abschnittsweise; **2.** zerlegbar, zusammensetzbar; **3.** *(Unterschiede)* zwischen den Gruppen; **sec·tion·al·ism** ['sekʃənlɪzəm] Partikularismus *m.*
sec·tor ['sektə(r)] Sektor *m.*
secu·lar ['sekjʊlə(r)] *adj* weltlich, säkular; profan; **secu·lar·ize** ['sekjʊləraɪz] *tr* säkularisieren.
se·cure [sɪ'kjʊə(r)] **I** *adj* **1.** sicher *(from, against* vor); **2.** *(Existenz)* gesichert; **3.** *(Knoten)* fest; ► **be ~ against, from s.th.** vor etw sicher sein; **feel ~** sich sicher fühlen; **make a door ~** e-e Tür sichern; **II** *tr* **1.** festmachen; befestigen; **2.** sichern *(from, against* gegen); schützen *(from, against* vor); **3.** *(Stimmen)* erhalten; **4.** *(Preise)* erzielen; **5.** sichern, garantieren; ► **~ s.o.'s services** jdn verpflichten.
se·cur·ity [sɪ'kjʊərətɪ] **1.** Sicherheit *f;* Schutz *m (against, from* vor); **2.** Geborgenheit *f;* **3.** *com* Sicherheit *f;* Bürge *m;* **4.** *pl* Wertpapiere *n pl,* Effekten *pl;* ► **for ~** zur Sicherheit; **lend money on ~** Geld gegen Sicherheit leihen; **stand ~ for s.o.** für jdn Bürge sein, bürgen; **Security Council** Sicherheitsrat *m;* **security forces** *pl* Streitmächte *f pl;* **Security Force** Friedenstruppe *f;* **security guard** Wache *f,* Wächter(in) *m (f);* Sicherheitsbeamte(r) *m,* -beamtin *f;* **security risk** Sicherheitsrisiko n.
se·dan [sɪ'dæn] **1.** *(~-chair)* Sänfte *f;* **2.** *mot obs* Limousine *f.*
se·date [sɪ'deɪt] *adj* gesetzt, ruhig; geruhsam; gemächlich; **se·da·tion** [sɪ'deɪʃn] Beruhigungsmittel *n;* ► **put s.o. under ~** jdm Beruhigungsmittel geben; **seda·tive** ['sedətɪv] **I** *adj* beruhigend, schmerzstillend; **II** *s* Beruhigungsmittel *n.*
sed·en·tary ['sedntrɪ] *adj* **1.** *(Arbeit)* sitzend; **2.** *(Stamm)* seßhaft, ortsgebunden; ► **lead a ~ life** sehr viel sitzen.
sedge [sedʒ] *bot* Schilf-, Riedgras *n.*
sedi·ment ['sedɪmənt] **1.** Niederschlag, (Boden)Satz *m;* **2.** *geol* Ablagerung *f,* Sediment *n;* **sedi·men·tary** [ˌsedɪ'mentrɪ] *adj* ► **~ rock** Sedimentgestein *n.*
se·duce [sɪ'dju:s] *tr* verführen; ► **~ s.o. into doing s.th.** jdn zu etw verleiten; **se·ducer** [sɪ'dju:sə(r)] Verführer(in) *m (f);* **se·duc·tion** [sɪ'dʌkʃn] Verführung *f;* **se·duc·tive** [sɪ'dʌktɪv] *adj* verführerisch; verlockend.
sedu·lous ['sedjʊləs] *adj* unermüdlich.
see[1] [si:] ‹*irr* saw, seen› **I** *tr* **1.** sehen; **2.** *(Zeitung)* lesen; **3.** nachsehen; **4.** besuchen; **5.** sprechen; empfangen; **6.** begleiten, bringen; **7.** sich vorstellen; **8.** erleben; **9.** verstehen; erkennen; ► **worth ~ing** sehenswert; **~ s.o. do s.th.** sehen, wie jem etw macht; **I saw it happen** ich habe gesehen, wie es passiert ist; **~ page 10** siehe Seite 10; **be ~ing you! ~ you later!** bis später! bis nachher! **I must be ~ing things** ich sehe wohl Gespenster! **I can't ~ my way to doing that** ich sehe mich nicht in der Lage, das zu tun; **go and ~ s.o.** jdn besuchen; **~ the doctor** zum Arzt gehen; **she refused to ~ us** sie wollte uns nicht empfangen; **~ s.o. to the door** jdn zur Tür bringen; **that remains to be ~n** das wird sich zeigen; **I can't ~ that working** ich kann mir kaum vorstellen, daß das klappt; **I can ~ it happening** ich sehe es kommen; **I don't ~ how it works** es ist mir nicht klar, wie das funktioniert; **I ~ what you mean** ich verstehe, was du meinst; **make s.o. ~ s.th.** jdm etw klarmachen; **as I ~ it** so, wie ich es sehe; **II** *itr* **1.** sehen; **2.** nachsehen; **3.** verstehen; ► **let's ~** lassen Sie mich mal sehen; **as far as the eye can ~** so weit das Auge reicht; **~ for yourself!** sieh doch selbst! **as far as I can ~** so, wie ich das sehe; **it's too late, (you) ~** weißt du, es ist zu spät; **III** *(mit Präposition)* **see about** *itr* sich kümmern um; ► **he came to ~ about the rent** er ist wegen der Miete gekommen; **I'll ~ about it** ich will mal sehen; **see across** *tr* hinüberbegleiten; **see in** *itr* hineinsehen; *tr* hineinbringen; ► **~ the New Year in** das Neue Jahr begrüßen; **see into** *itr* **1.** hineinsehen in; **2.** untersuchen, prüfen, nachgehen; **see off** *tr* **1.** verabschieden; **2.** Beine machen *(s.o.* jdm); ► **are you coming to ~ me off?** kommt ihr mit mir? **see out** *tr* **1.** hinausbegleiten; hinausbringen; **2.** *(Winter)* überdauern; überleben; *itr* hinaussehen; **see through** *tr* **1.** beistehen *(s.o.* jdm); **2.** *(Arbeit)* zu Ende bringen; durchbringen; **3.** *(Trick)* durchschauen; ► **~ s.o. through a bad time** jdm über e-e schwierige Zeit hinweghelfen; **see to** *itr* sich kümmern um; ► **~ to it that ...** sieh zu, daß ... **see up** *itr* hinaufsehen; *tr* hinaufbegleiten.

see² [siː] Bistum *n;* Diözese *f.*
seed [siːd] **I** *s* **1.** Same(n) *m;* Samenkorn *n;* Saat *f,* Saatgut *n;* **2.** *fig* Keim *m* (*of* zu); ► **go, run to ~** schießen; *fig* herunterkommen; **sow the ~s of doubt** Zweifel säen; **II** *tr* **1.** säen; **2.** *(Frucht)* entkernen; **3.** *sport* setzen, plazieren; **III** *itr* Samen tragen; **seed-bed** Saatbeet *n;* **seed bulb** Samenzwiebel *f;* **seed corn** Samenkorn *n;* **seed·ling** ['siːdlɪŋ] *bot* Sämling *m;* **seed-potato** Saatkartoffel *f;* **seed·time** ['siːdtaɪm] Saatzeit *f.*
seedy ['siːdɪ] *adj* **1.** *(Charakter)* zweifelhaft, zwielichtig; **2.** *(Kleider)* schäbig, abgerissen; **3.** *fam* unwohl; ► **look ~** schlecht aussehen.
see·ing ['siːɪŋ] **I** *conj* ► **~ that** da; **II** *s* Sehen *n;* ► **~ is believing** ich glaube, was ich sehe.
seek [siːk] ⟨*irr* sought, sought⟩ **I** *tr* **1.** suchen; erlangen wollen, streben nach; **2.** versuchen; ► **~ s.o.'s advice** jdn um Rat fragen; **the reason is not far to ~** der Grund liegt auf der Hand; **they sought to kill him** sie trachteten ihm nach dem Leben; **~ out** ausfindig machen; **II** *itr* ► **~ after** suchen; **~ for** suchen nach; **seeker** ['siːkə(r)] Suchende(r) *f m;* ► **~ of, after truth** Wahrheitssucher(in) *m (f).*
seem [siːm] *itr* (er)scheinen, vorkommen; ► **he ~s (to be) honest** er scheint ein ehrlicher Mann zu sein; **he ~s younger than he is** er wirkt jünger, als er ist; **things aren't always what they ~** vieles ist anders, als es aussieht; **there ~s to be no need** das scheint nicht nötig zu sein; **so it ~s** es sieht ganz so aus; **if it ~s right to you** wenn Sie es für richtig halten; **it only ~s like it** das kommt einem nur so vor; **seem·ing** ['—ɪŋ] *adj* scheinbar; **seem·ing·ly** ['—ɪŋlɪ] *adv* allem Anschein nach; anscheinend.
seem·ly ['siːmlɪ] *adj* schicklich, anständig; ► **it is not ~** es gehört sich nicht.
seen [siːn] *v s. see.*
seep [siːp] *itr* versickern; ► **~ through, into s.th.** durch etw durchsickern, in etw hineinsickern; **seep·age** ['siːpɪdʒ] Durchsickern *n;* Hineinsickern *n.*
seer [sɪə(r)] Seher *m;* **seer·ess** ['sɪəres] Seherin *f.*
see·saw ['siːsɔː] **I** *s* **1.** Schaukelbrett *n,* Wippe *f;* **2.** *fig* Hin und Her, Auf und Ab *n;* **II** *adj* schaukelnd; **III** *itr* **1.** wippen; **2.** *fig* auf und ab gehen; schwanken.
seethe [siːð] *itr* **1.** sieden; schäumen; **2.** *fig* wimmeln (*with* von); **3.** *fig* kochen; ► **~ with anger** vor Wut schäumen.
see-through ['siːθruː] *adj* durchsichtig.
seg·ment ['segmənt] **I** *s* **1.** Teil *m;* Glied *n;* Stück *n;* **2.** *math* Segment *n;* **II** *tr* [seg'ment] zerlegen, segmentieren; **III** *itr* [seg'ment] sich teilen; **seg·men·ta·tion** [ˌsegmən'teɪʃn] Zerlegung, Segmentierung *f.*
seg·re·gate ['segrɪgeɪt] *tr* isolieren, absondern; nach Rassen trennen; ► **~d** nur für Weiße, Schwarze; mit Rassentrennung; **seg·re·ga·tion** [ˌsegrɪ'geɪʃn] Trennung *f;* ► **racial ~** Rassentrennung *f.*
seis·mic ['saɪzmɪk] *adj* seismisch; **seis·mo·graph** ['saɪzməgrɑːf] Seismograph *m;* **seis·mol·ogist** [saɪz'mɒlədʒɪst] Seismologe *m,* Seismologin *f;* **seis·mol·ogy** [saɪz'mɒlədʒɪ] Seismologie, Seismik, Erdbebenkunde *f.*
seize [siːz] **I** *tr* **1.** packen, ergreifen; **2.** beschlagnahmen; **3.** *(Paß)* einziehen; **4.** *(Stadt)* einnehmen; **5.** *(Gebäude)* besetzen; **6.** *(Verbrecher)* fassen; **7.** *fig* an sich reißen; ergreifen; ► **~ s.o.'s arm** jdn am Arm packen; **II** *(mit Präposition)* **seize on** *tr* **1.** sich stürzen auf; **2.** herausgreifen; **seize up** *itr (Bremsen)* sich festfressen; **seiz·ure** ['siːʒə(r)] **1.** Beschlagnahme *f;* **2.** Einzug *m;* **3.** Einnahme *f;* **4.** Besetzung *f;* **5.** *med* Anfall *m.*
sel·dom ['seldəm] *adv* selten; ► **she ~ goes out** sie geht selten aus.
se·lect [sɪ'lekt] **I** *tr* aussuchen, auslesen, auswählen (*from* aus); **II** *adj* **1.** exklusiv, ausgewählt, auserlesen; **2.** *(Publikum)* geladen; **3.** *(Tabak)* auserlesen; ► **~ committee** Sonderausschuß *m;* **se·lec·tion** [sɪ'lekʃn] **1.** Auswahl, -lese *f* (*from* aus); **2.** Wahl *f;* ► **make one's ~** seine Wahl treffen; **natural ~** natürliche Auslese; **selection committee** Auswahlkomitee *n.*
se·lec·tive [sɪ'lektɪv] *adj* **1.** wählerisch; **2.** *(Leser)* kritisch, anspruchsvoll; **3.** *(Schule)* Elite-; **4.** *radio* trennscharf; ► **we have to be ~** wir müssen e-e Auswahl treffen; **~ service** *Am mil* Wehrdienst *m;* **sel·ec·tiv·ity** [ˌsɪlek'tɪvətɪ] **1.** *radio* Trennschärfe *f;* **2.** Selektivität *f;* ► **show ~** anspruchsvoll sein; **se·lec·tor** [sɪ'lektə(r)] *tech* Wählschalter *m;* Programmtaste *f; mot* Schalthebel *m.*
self [self] ⟨*pl* selves⟩ [selvz] **I** *s* Ich *n;* ► **show one's worst ~** sich von der schlechtesten Seite zeigen; **one's other ~** sein anderes Ich; **be one's old ~** wieder der alte sein; **with no thought of ~** ohne an sich selbst zu denken; **II** *adj* aus dem gleichen Material; **self-abasement** Selbsterniedrigung *f;* **self-abuse** [ˌselfə'bjuːs] *euph* Selbstbefleckung *f;* **self-acting** *adj* selbsttätig; automatisch; **self-addressed** [ˌselfə'drest] *adj (Briefumschlag)* adressiert; **self-adhesive** [ˌselfəd'hiːsɪv] *adj* selbstklebend; **self-adhesive label** Selbstklebeetikett *n;* **self-appointed** [ˌselfə'pɔɪntəd] *adj* selbsternannt; **self-assertion** Durch-

setzungsvermögen *n;* Überheblichkeit *f;* **self-assertive** *adj* selbstbewußt; anmaßend; **self-assurance** Selbstsicherheit *f;* **self-assured** [ˌselfəˈʃʊəd] *adj* selbstsicher; **self-aware** *adj* sich seiner selbst bewußt; **self-awareness** Selbsterfahrung *f;* **self-catering** *adj* für Selbstversorger; **self-centred,** *Am* **self-centered** [ˌselfˈsentəd] *adj* egozentrisch, ichbezogen; **self-coloured,** *Am* **self-colored** *adj* einfarbig; **self-complacent** *adj* selbstgefällig; **self-composed** *adj* ruhig, gelassen; **self-conceited** *adj* überheblich, eingebildet; **self-confessed** [selfkənˈfest] *adj* eingestanden, zugegeben; **self-confidence** Selbstvertrauen *n;* **self-conscious** *adj* **1.** befangen, gehemmt; **2.** *(Stil)* bewußt; **3.** *philos* selbstbewußt; **self-contained** [ˌselfkənˈteɪnd] *adj* **1.** *fig* zurückhaltend, verschlossen; **2.** *(Wohnung)* separat; **3.** selbstgenügsam; **self-contradictory** [ˌselfkɒntrəˈdɪktərɪ] *adj* sich selbst widersprechend; widersprüchlich; **self-control** Selbstbeherrschung *f;* **self-critical** [ˌselfˈkrɪtɪkl] *adj* selbstkritisch; **self-criticism** [ˌselfˈkrɪtɪsɪsm] Selbstkritik *f;* **self-deception** [ˌselfdɪsepʃn] Selbsttäuschung *f;* **self-defeating** [ˌselfdəˈfiːtɪŋ] *adj* sinnlos, unsinnig; **self-defence,** *Am* **self-defense** Selbstverteidigung *f;* ▶ **in ~** in Notwehr; **self-denial** Selbstverleugnung *f;* **self-determination** Selbstbestimmung *f a. pol;* **self-discipline** Selbstdisziplin *f;* **self-drive** *adj (Auto)* für Selbstfahrer; **self-educated** *adj* autodidaktisch; ▶ **be ~** Autodidakt sein; **self-employed** *adj* selbständig; *(Künstler)* freischaffend; *(Journalist)* freiberuflich; ▶ **the ~** Selbständige, Freischaffende, Freiberufler *pl;* **self-esteem** Selbstachtung *f;* **self-evident** *adj* offensichtlich; selbstverständlich; ▶ **it is ~** es versteht sich von selbst; **self-explanatory** *adj* unmittelbar verständlich; **self-expression** [ˌselfɪxˈpreʃn] Selbstdarstellung *f;* **self-fulfilling** [ˌselffʊlˈfɪlɪŋ] *adj* ▶ **a ~ prophecy** eine sich selbst bewahrheitende Voraussage; **self-governing** [ˌselfˈgʌvənɪŋ] *adj* selbstverwaltet; **self-government** Selbstverwaltung *f;* **self-help** Selbsthilfe *f;* **self-help group** Selbsthilfegruppe *f;* **self-importance** Einbildung *f;* **self-important** *adj* eingebildet; dünkelhaft; **self-imposed** [ˌselfɪmˈpəʊzd] *adj* selbstauferlegt; **self-indulgence 1.** Nachgiebigkeit *f* gegen sich selbst; **2.** Zügellosigkeit, Hemmungslosigkeit *f;* **self-indulgent** *adj* **1.** nachgiebig gegen sich selbst; **2.** *(Essen, Sex)* ungehemmt, zügellos; **self-interest** Eigennutz *m;* eigenes Interesse.

self·ish [ˈselfɪʃ] *adj* selbstsüchtig, egoistisch; **self·ish·ness** [—nɪs] Selbstsucht *f,* Egoismus *m.*

self·less [ˈselflɪs] *adj* selbstlos.

self-made [ˌselfˈmeɪd] *adj* selbstgemacht; ▶ **~ man** Selfmademan *m;* **self-opinionated** *adj* rechthaberisch; **self-pity** Selbstmitleid *n;* **self-portrait** Selbstporträt *n;* **self-possessed** *adj* selbstbeherrscht; **self-preservation** Selbsterhaltung *f;* ▶ **instinct of ~** Selbsterhaltungstrieb *m;* **self-reliance** Selbständigkeit *f;* **self-respect** Selbstachtung *f;* **self-respecting** [ˌselfrɪˈspektɪŋ] *adj* anständig; ▶ **no ~ man** keiner, der etwas auf sich hält; **self-righteous** *adj* selbstgerecht; **self-sacrifice** Selbstaufopferung *f;* **self-sacrificing** [ˌselfˈsækrɪfaɪsɪŋ] *adj* aufopfernd; **self-satisfaction** Selbstzufriedenheit *f;* **self-satisfied** *adj* selbstzufrieden; **self-seeking** [ˌselfˈsiːkɪŋ] **I** *adj* selbstsüchtig; **II** *s* Selbstsucht *f;* **self-service I** *adj* Selbstbedienungs-, SB-; **II** *s* Selbstbedienung *f;* **self-sufficiency 1.** Selbständigkeit *f;* **2.** Selbstgenügsamkeit *f;* **3.** *(Land)* Autarkie *f;* **self-sufficient** *adj* **1.** selbständig; **2.** selbstgenügsam; **3.** *(Land)* autark; ▶ **be ~ in oil** den Ölbedarf selbst decken; **~ enterprise** kostendeckender Betrieb; **self-supporting** [ˌselfsəˈpɔːtɪŋ] *adj* **1.** finanziell unabhängig; **2.** *com* sich selbst tragend; **3.** *tech* freistehend, -tragend; **self-willed** [ˌselfˈwɪld] *adj* eigenwillig, -sinnig.

sell [sel] ⟨*irr* sold, sold⟩ **I** *tr* **1.** verkaufen (*s.o. s.th., s.th. to s.o.* jdm etw, etw an jdn); **2.** *(Waren)* absetzen; **3.** handeln, Handel treiben mit, vertreiben; **4.** e-n guten Absatz verschaffen (*s.th.* e-r S); **5.** *fig* schmackhaft machen, gewinnen für; **6.** *fam* an den Mann bringen, loswerden; **7.** verraten; ▶ **~ one's life dearly** sein Leben teuer verkaufen; **~ one's soul to s.o.** jdm seine Seele verschreiben; **~ o.s.** sich profilieren, sich verkaufen (*to* an); **~ s.o. on s.th.** jdn von etw überzeugen; **be sold on s.o.** von jdm begeistert sein; **~ s.o. down the river** jdn ganz schön verschaukeln; **II** *itr* **1.** verkaufen (*to s.o.* an jdn); **2.** sich verkaufen; ▶ **the book is ~ing well** das Buch verkauft sich gut; **what are they ~ing at?** wieviel kosten sie? **III** *s* **1.** *fam* Zugkraft *f;* **2.** *com* Verkaufstaktik *f;* **IV** *(mit Präposition)* **sell off** *tr* **1.** verramschen, verschleudern; **2.** *(Auktion)* versteigern; **sell out** *tr* **1.** ausverkaufen; **2.** *(Aktie)* abgeben; **3.** verraten (*to* an); *itr* **1.** alles verkaufen; **2.** sein Geschäft verkaufen; **3.** *fam* sich verkaufen (*to* an); **sell up** *tr* zu Geld machen; zwangsverkaufen; **sell-by date** [ˈselbaɪˌdeɪt] Frischhalte-, Haltbarkeits-, Verfalldatum *n.*

sell·er ['selə(r)] **1.** Verkäufer(in) *m (f);* **2.** *(good ~)* (Verkaufs)Schlager *m;* ▶ **big ~** Verkaufsschlager *m;* **bad ~** Ladenhüter *m;* **sell·ing** ['selɪŋ] Verkauf, Vertrieb, Absatz *m;* **selling point** Verkaufsanreiz *m;* **selling price** Verkaufspreis *m;* **sell-out** ['selaʊt] **1.** *sport* ausverkauftes Spiel; **2.** *fam* fauler Kompromiß; **3.** *com* Verkaufsschlager *m.*

selves [selvz] *s. self.*

sem·an·tic [sɪ'mæntɪk] *adj* semantisch; **se·man·tics** [sɪ'mæntɪks] *pl mit sing* Semantik *f.*

sema·phore ['seməfɔ:(r)] **I** *s* **1.** *rail* Semaphor *n;* **2.** *(System)* Signalsprache *f;* Winken *n;* **II** *itr, tr* durch Winkzeichen signalisieren.

sem·blance ['sembləns] Anschein *m* (*of* von); Anflug *m* (*of* von); ▶ **put on a ~ of gaiety** e-e fröhliche Miene zur Schau tragen.

se·men ['si:mən] *physiol* Samen(flüssigkeit *f*) *m.*

sem·es·ter [sɪ'mestə(r)] *bes. Am* Semester *n.*

semi ['semɪ] *pref* halb-; **semi·breve** ['semɪbri:v] *Br mus* ganze Note; **semicircle** ['semɪˌsɜ:kl] Halbkreis *m;* **semicir·cu·lar** [ˌsemɪ'sɜ:kjʊlə(r)] *adj* halbkreisförmig; **semi·co·lon** [ˌsemɪ'kəʊlən] Semikolon *n,* Strichpunkt *m;* **semi-conductor** *phys* Halbleiter *m;* **semi-conscious** *adj* halb bewußtlos; **semi-de·tached** [ˌsemɪdɪ'tætʃt] *adj* ▶ **~ house** Doppelhaushälfte *f;* **semi-final** *sport* Halbfinale, Semifinalspiel *n;* **semi-finalist** Teilnehmer *m* am Halbfinale.

se·minal ['semɪnl] *adj* **1.** Samen-; **2.** *(Idee)* ertragreich; ▶ **be present in a ~ state** im Keim vorhanden sein; **~ fluid** *physiol* Samenflüssigkeit *f.*

sem·inar ['semɪnɑ:(r)] Seminar *n.*

sem·inary ['semɪnərɪ] Priesterseminar *n.*

semi-of·fi·cial [ˌsemɪə'fɪʃl] *adj* halbamtlich, offiziös; **semi-precious** *adj* ▶ **~ stone** Halbedelstein *m;* **semiqua·ver** ['semɪˌkweɪvə(r)] *Br mus* Sechzehntelnote *f;* **semi-skilled** *adj* angelernt; ▶ **~ labour** angelernte Arbeitskräfte *f pl.*

Sem·ite ['si:maɪt] Semit *m,* Semitin *f;* **Se·mitic** [sɪ'mɪtɪk] *adj* semitisch.

semi·tone ['semɪtəʊn] Halbton *m;* **semi·trailer** ['semɪtreɪlə(r)] *Am mot* Sattelschlepper *m;* **semi-tropical** *adj* subtropisch; **semi-vowel** Halbvokal *m.*

semo·lina [ˌsemə'li:nə] Grieß *m.*

semp·stress ['sempstrɪs] Näherin *f.*

sen·ate ['senɪt] Senat *m;* **sena·tor** ['senətə(r)] Senator *m;* **sena·torial** [ˌsenə'tɔ:rɪəl] *adj* senatorisch.

send [send] ⟨*irr* sent, sent⟩ **I** *tr* **1.** senden, schicken; **2.** *(Radio)* ausstrahlen; **3.** übersenden, versenden; **4.** in Bewegung setzen, stoßen, treiben, befördern; veranlassen; **5.** *sl* hinreißen; ▶ **~ s.o. to prison** jdn ins Gefängnis schicken; **~ s.o. to university** jdn studieren lassen; **~ s.o. for s.th.** jdn nach etw schicken; **~ him best wishes** grüßen Sie ihn von mir; **~ by post** mit der Post schicken; **~ by fax** (tele)faxen; **the blow sent him sprawling** der Schlag schleuderte ihn zu Boden; **that tune ~s me** *sl* ich bin ganz weg von der Melodie; **II** *itr* **she sent to say that ...** sie ließ ausrichten, daß ... **III** *(mit Präposition)* **send across** *tr* hinüberschicken; **send after** *tr* **~ s.o. after s.o.** jdn jdm nachschicken; **send along** *tr* hinschicken; **send away** *tr* wegschicken, fortschicken, abschicken; *itr* schreiben; ▶ **~ away for s.th.** etw anfordern; **send back** *tr* zurückschicken; **send down** *tr* **1.** *(Preise)* fallen lassen, senken; **2.** *(Universität)* relegieren; **3.** *(Gefangene)* verurteilen (*for* zu); **send for** *itr* **1.** kommen lassen; rufen; herbeiordern; zu sich bestellen; **2.** *(Katalog)* anfordern; **send forth** *tr* **1.** aussenden, ausstrahlen; **2.** *(Duft)* verströmen; **send in** *tr* einschicken, einsenden, einreichen; ▶ **~ one's name in** sich anmelden; **send off** *tr* **1.** abschicken; **2.** *(Kinder)* wegschicken; **3.** *sport* vom Platz verweisen; **4.** verabschieden; **send on** *tr* **1.** *(Brief)* nachschicken; **2.** *(Gepäck)* vorausschicken; **3.** aufs Feld schicken, einsetzen; **send out** *tr* **1.** hinausschicken; **2.** *(Strahlen)* aussenden, abgeben; ausstoßen; **3.** *(Prospekte)* verschicken; **send out for** holen lassen; ▶ **~ s.o. out for s.th.** jdn nach etw schicken; **send up** *tr* **1.** hochschießen; steigen lassen; in die Luft schießen; **2.** *(Preise)* hochtreiben; **3.** in die Luft gehen lassen; **4.** *fam* verulken.

sender ['sendə(r)] Absender(in) *m (f);* ▶ **return to ~** zurück an den Absender; **send-off** ['sendɒf] Abschied *m,* Verabschiedung *f;* ▶ **give s.o. a good ~** jdn ganz groß verabschieden; **send-up** ['sendʌp] Verulkung *f.*

se·nes·cence [sɪ'nesns] Altern *n,* Alterungsprozeß *m;* **se·nes·cent** [sɪ'nesnt] *adj* alternd.

se·nile ['si:naɪl] *adj* greisenhaft, senil; ▶ **~ dementia** *med* Altersschwachsinn *m;* **sen·il·ity** [sɪ'nɪlətɪ] Greisenhaftigkeit, Senilität *f.*

sen·ior ['si:nɪə(r)] **I** *adj* **1.** älter (*to* als); **2.** dienstälter; ranghöher; übergeordnet; **3.** *(Position)* höher, leitend; **4.** *(Schüler)* der obersten Klasse; **5.** *(Student)* im letzten Studienjahr; **6.** *(nach e-m Namen)* der Ältere, senior; ▶ **he is ~ to me** er ist älter als ich; er ist mir übergeordnet; **the ~ management** die Geschäftsleitung; ~ **officer** höherer Beamter, Offizier; ~ **partner** Seniorpartner *m;* ~ **school,** ~ **high school** *Am* Oberstufe *f;* **II** *s* **1.** Senior(in) *m (f);* **2.** *Am* Student(in) *m (f)* des letzten Studienjahres; **3.** *(Schule)* Oberstufenschüler(in) *m (f);* ▶ **he is my** ~ er ist älter als ich; *(Beruf)* er ist mir übergeordnet; **sen·ior·ity** [ˌsiːnɪˈɒrətɪ] **1.** höheres (Dienst)Alter; **2.** höherer Rang; höherer Dienstgrad; ▶ **promotion on the basis of** ~ Beförderung *f* nach Länge der Betriebszugehörigkeit.

sen·sa·tion [senˈseɪʃn] **1.** Gefühl *n;* Empfindung *f;* Sinneseindruck *m;* **2.** Sensation *f,* Aufsehen *n;* ▶ **a** ~ **of falling** das Gefühl zu fallen; **a** ~ **of hunger** ein Hungergefühl; **cause, create a** ~ Aufsehen erregen; **sen·sa·tional** [senˈseɪʃnl] *adj* sensationell, aufsehenerregend; reißerisch.

sense [sens] **I** *s* **1.** *physiol* Sinn *m;* **2.** *fig* Sinn *m* (*of* für); **3.** *pl* Verstand *m;* **4.** Gefühl *n;* **5.** *(Wort)* Bedeutung *f;* ▶ ~ **of hearing** Gehörsinn *m;* **be out of one's** ~**s** nicht ganz bei Trost sein; **frighten s.o. out of his** ~**s** jdn zu Tode erschrecken; **bring s.o. to his** ~**s** jdn zur Vernunft bringen; **come to one's** ~**s** zur Vernunft kommen; ~ **of duty** Pflichtbewußtsein *n;* **have a** ~ **of one's own importance** sich selbst wichtig nehmen; **common** ~ gesunder Menschenverstand; **have the** ~ **to ...** so vernünftig sein und ... **what's the** ~ **of doing this?** welchen Sinn hat es denn, das zu tun? **there is no** ~ **in doing that** es ist zwecklos, das zu tun; **talk** ~ vernünftig sein; **make s.o. see** ~ jdn zur Vernunft bringen; **make** ~ Sinn ergeben; sinnvoll sein; **make** ~ **of s.th.** etw verstehen; **in the full** ~ **of the word** im wahrsten Sinn des Wortes; **in a** ~ in gewisser Hinsicht; **in every** ~ in jeder Hinsicht; **in what** ~**?** inwiefern? in welchem Sinn? **in every** ~ **of the word** in der vollen Bedeutung des Wortes; **II** *tr* spüren, empfinden, fühlen; **sense·less** [ˈsenslɪs] *adj* **1.** besinnungs-, bewußtlos; **2.** unvernünftig, unsinnig; **3.** *(Diskussion)* sinnlos; **sense organ** Sinnesorgan *n.*

sen·si·bil·ity [ˌsensəˈbɪlətɪ] **1.** Empfindsamkeit *f;* Sensibilität *f;* **2.** Empfindlichkeit *f;* ▶ **sensibilities** *pl* Zartgefühl *n.*

sen·sible [ˈsensəbl] *adj* **1.** vernünftig; **2.** begreiflich; **3.** *obs* spürbar, merklich; ▶ **be** ~ **of s.th.** sich e-r S bewußt sein; **be** ~ **about it** seien Sie vernünftig; **sensibly** [ˈsensəblɪ] *adv* vernünftig; vernünftigerweise.

sen·si·tive [ˈsensətɪv] *adj* **1.** sensibel, empfindsam, empfindlich; **2.** *(Verständnis)* einfühlsam; **3.** *(Körperteil)* empfindlich; **4.** *phot* lichtempfindlich; **5.** *fig* heikel, prekär; ▶ **be** ~ **about s.th.** in bezug auf etw empfindlich sein; ~ **to cold, heat** kälte-, wärmeempfindlich; **sen·si·tiv·ity** [ˌsensəˈtɪvətɪ] **1.** Sensibilität, Empfindsamkeit *f;* **2.** Empfindlichkeit *f;* **3.** Einfühlungsvermögen *n;* **4.** Lichtempfindlichkeit *f;* **sen·si·tize** [ˈsensɪtaɪz] *tr* sensibilisieren.

sen·sor [ˈsensə(r)] Sensor, Fühler *m;* **sen·sory** [ˈsensərɪ] *adj physiol* sensorisch; Sinnes-.

sen·sual [ˈsenʃʊəl] *adj* **1.** sinnlich; **2.** *(Leben)* sinnesfreudig, lustbetont; **sensual·ist** [ˈsenʃʊəlɪst] Genußmensch *m,* sinnlicher Mensch; **sen·sual·ity** [ˌsenʃʊˈælətɪ] Sinnlichkeit *f;* Sinnesfreudigkeit *f;* **sen·su·ous** [ˈsenʃʊəs] *adj* sinnlich, sinnenhaft.

sent [sent] *v s. send.*

sen·tence [ˈsentəns] **I** *s* **1.** *jur* Strafe *f;* **2.** *gram* Satz *m;* ▶ **under** ~ **of death** zum Tode verurteilt; **pass** ~ **on s.o.** über jdn das Urteil verkünden; **II** *tr jur* verurteilen (*to* zu).

sen·ten·tious [senˈtenʃəs] *adj* salbungsvoll.

sen·ti·ent [ˈsenʃnt] *adj* empfindungsfähig.

sen·ti·ment [ˈsentɪmənt] **1.** Gefühl, Empfinden *n;* **2.** Meinung, Ansicht *f* (*on* über); **3.** Gedanke *m;* **4.** Sentimentalität, Gefühlsduselei *f.*

sen·ti·men·tal [ˌsentɪˈmentl] *adj* empfindsam; sentimental; gefühlsselig; ▶ **for** ~ **reasons** aus Sentimentalität; **sen·ti·men·tal·ism, sen·ti·men·tal·ity** [ˌsentɪˈmentəlɪzm, ˌsentɪmenˈtælətɪ] Sentimentalität *f;* **sen·ti·men·tal·ize** [ˌsentɪˈmentəlaɪz] **I** *tr* gefühlsmäßig auffassen; **II** *itr* sentimental sein.

sen·try [ˈsentrɪ] (Wach)Posten *m,* Wache *f;* ▶ **be on** ~ **duty** auf Wache sein; **sentry-box** Wachhäuschen *n.*

se·pal [ˈsepl] *bot* Kelchblatt *n.*

sep·ar·able [ˈsepərəbl] *adj* trennbar; **sep·ar·ate** [ˈsepəreɪt] **I** *tr* **1.** (ab)trennen; **2.** aufteilen (*into* in); **3.** *chem* scheiden; ▶ ~ **the good from the bad** die Guten von den Schlechten trennen; ~ **out from** trennen von, absondern von; **II** *itr* **1.** sich trennen; **2.** *chem* sich scheiden; ▶ ~ **out** getrennt werden; **III** *adj* [ˈseprət] **1.** (ab)getrennt, gesondert (*from* von); **2.** *(Teil)* extra; einzeln; voneinander getrennt; verschieden; **3.** *(Zimmer)* separat, getrennt; **4.** *(Rechnung)* gesondert; **5.** *(Wohnung)* separat; ▶ **that is a** ~ **question** das ist e-e andere Frage; **on a** ~ **occasion** bei e-r anderen Gelegenheit; **keep two things** ~ zwei Dinge nicht zusammentun; **keep** ~ auseinanderhalten; **IV** *s pl* [ˈseprət] Röcke, Blusen, Hosen *etc;* **sep·ar·ated** [ˈsepəreɪtɪd] *adj* getrennt; getrennt lebend; **sep·ar·ation** [ˌsepəˈreɪʃn] **1.**

Trennung *f;* **2.** *chem* Scheidung *f;* **3.** Abtrennung *f* (*from* von); ► ~ **allowance** Trennungsentschädigung *f;* **sep·ar·at·ism** ['sepərətɪzm] Separatismus *m;* **sep·ar·at·ist** ['sepərətɪst] **I** *adj* separatistisch; **II** *s* Separatist(in) *m (f);* **sep·ar·ator** ['sepəreɪtə(r)] *tech* Separator *m.*

se·pia ['si:pɪə] **I** *s* Sepia *f;* **II** *adj* sepiabraun.

sep·sis ['sepsɪs] *med* Vereiterung *f.*

Sep·tem·ber [sep'tembə(r)] September *m;* ► **in** ~ im September.

sep·tic ['septɪk] *adj* septisch; ► ~ **tank** Klärbecken *n,* Klärbehälter *m;* **turn** ~ *(Wunde)* eitern.

sep·tua·gen·ar·ian [ˌseptjʊədʒɪ'neərɪən] **I** *adj* siebzigjährig; **II** *s* Siebzigjährige(r) *f m.*

sep·ul·chral [sɪ'pʌlkrəl] *adj fig* düster; Grabes-; ► ~ **voice** Grabesstimme *f;* **sep·ul·chre,** *Am* **sep·ul·cher** ['seplkə(r)] Grabstätte *f.*

se·quel ['si:kwəl] Folge *f* (*to* von).

se·quence ['si:kwəns] **1.** Folge, Reihenfolge *f;* **2.** *math* Reihe *f;* **3.** *(Kartenspiel, mus, rel)* Sequenz *f;* **4.** *film* Szene, Episode *f;* ► **in** ~ der Reihe nach; ~ **of tenses** Zeitenfolge *f;* **se·quen·tial** [sɪ'kwenʃl] *adj* **1.** folgend; **2.** der Reihe nach; ► **be** ~ **to s.th.** auf etw folgen.

se·ques·ter [sɪ'kwestə(r)] *tr* **1.** abkapseln; **2.** *jur s. sequestrate;* **se·ques·tered** [sɪ'kwestəd] *adj* abgeschieden; abgelegen; zurückgezogen.

se·ques·trate [sɪ'kwestreɪt] *tr jur* sequestrieren; **se·ques·tra·tion** [ˌsi:kwe'streɪʃn] *jur* Sequestration *f.*

se·quin ['si:kwɪn] Paillette *f.*

se·quoia [sɪ'kwɔɪə] Mammutbaum *m.*

se·ra·glio [se'rɑ:lɪəʊ] Serail *n.*

ser·en·ade [ˌserə'neɪd] **I** *s mus* Serenade *f;* **II** *tr* ► ~ **s.o.** jdm ein Ständchen bringen.

ser·ene [sɪ'ri:n] *adj* **1.** gelassen; **2.** *(Meer)* ruhig, still; **3.** *(Himmel)* heiter, klar; **ser·en·ity** [sɪ'renətɪ] Gelassenheit *f.*

serf [sɜ:f] Leibeigene(r) *f m;* **serf·dom** [—dəm] Leibeigenschaft *f.*

ser·geant ['sɑ:dʒənt] **1.** *mil* Feldwebel *m;* **2.** *(Polizei)* Polizeimeister *m;* ► ~ **major** Oberfeldwebel *m.*

ser·ial ['sɪərɪəl] **I** *adj* **1.** Serien-; Fortsetzungs-; **2.** *(Programm)* in Fortsetzungen; ► **published in** ~ **form** in Fortsetzungen veröffentlicht; ~ **number** fortlaufende Nummer; Fabrikationsnummer *f;* ~ **rights** Rechte *pl* für die Veröffentlichung in Fortsetzungen; **II** *s* **1.** Fortsetzungsroman *m;* **2.** *radio* Sendefolge *f;* **3.** periodisch erscheinende Zeitschrift; **ser·ial·ize** ['sɪərɪəlaɪz] *tr* **1.** in Fortsetzungen veröffentlichen; **2.** *radio* in Fortsetzungen senden.

series ['sɪəri:z] ⟨*pl* -⟩ **1.** Serie *f;* **2.** *math* Reihe *f;* **3.** *radio* Sendereihe *f;* **4.** *TV* Sendefolge *f;* ► **in** ~ der Reihe nach; *el* in Reihe; *com* serienmäßig; **a** ~ **of articles** e-e Artikelserie; **series-wound** ['sɪəri:zˌwaʊnd] *adj el* in Reihe geschaltet.

serio·comic(al) [ˌsɪərɪəʊ'kɒmɪk(l)] *adj* halb ernst, halb heiter.

seri·ous ['sɪərɪəs] *adj* **1.** ernst; ernsthaft; **2.** *(Interesse)* seriös; **3.** *(Zweifel)* ernstlich, ernsthaft; **4.** *(Verlust)* schwer; schlimm; **5.** *(Situation)* ernst, bedenklich; ► **be** ~ **about doing s.th.** etw im Ernst tun wollen; **I'm** ~ **(about it)** ich meine das ernst; **it's getting** ~ es wird ernst; **seri·ous·ly** [—lɪ] *adv* **1.** ernst; im Ernst; **2.** *(verletzt)* schwer; ernstlich; bedenklich; **3.** *sl* sehr; ► **take s.o.** ~ jdn ernst nehmen; ~ **now** jetzt mal ganz im Ernst; **seri·ous·ness** [—nɪs] **1.** Ernst *m;* **2.** Ernsthaftigkeit, Aufrichtigkeit *f;* **3.** Schwere *f;* Bedenklichkeit *f.*

ser·mon ['sɜ:mən] Predigt *f;* Strafpredigt *f.*

ser·pent ['sɜ:pənt] Schlange *f a. fig.*

ser·pen·tine ['sɜ:pəntaɪn] *adj* **1.** *(Fluß)* gewunden; **2.** *(Straße)* kurvenreich.

ser·rated [sɪ'reɪtɪd] *adj* gezackt, gezähnt; ► ~ **knife** Sägemesser *n.*

ser·ried ['serɪd] *adj* ► ~ **ranks** *pl* enggeschlossene Reihen *f pl.*

se·rum ['sɪərəm] Serum *n.*

ser·vant ['sɜ:vənt] Diener(in) *m (f),* Dienstmädchen *n,* Bedienstete(r) *f m;* ► **civil, public** ~ Beamte(r) *m,* Beamtin *f.*

serve [sɜ:v] **I** *tr* **1.** dienen; dienlich sein, nützen (*s.o.* jdm); **2.** abdienen, ableisten; **3.** *(Lehre)* durchmachen, -laufen; **4.** *(Strafe)* verbüßen; **5.** *(Material)* versorgen; **6.** *(Kunden)* bedienen; **7.** *(Restaurant)* servieren; auftragen; **8.** *(Gast)* bedienen; **9.** *(Wein)* einschenken; **10.** *(Messe)* ministrieren bei; **11.** *sport (Ball)* aufschlagen; **12.** *jur* zustellen; **13.** *obs* behandeln; **14.** *(Tier)* decken; ► **if my memory** ~**s me right** wenn ich mich recht erinnere; ~ **its purpose** seinen Zweck erfüllen; **he** ~**d his country** er hat sich um sein Land verdient gemacht; ~ **s.o. as s.th.** jdm als etw dienen; ~ **s.o. with s.th.** jdm etw bringen; **dinner is** ~**d** das Essen ist aufgetragen; ~ **a summons on s.o.** jdn vor Gericht laden; ~ **s.o. ill** jdm e-n schlechten Dienst erweisen; **it** ~**s him right** es geschieht ihm ganz recht; **II** *itr* **1.** dienen *a. mil;* **2.** brauchbar, dienlich sein, sich verwenden lassen; **3.** *(Kellner)* bedienen; **4.** *sport* aufschlagen; ► ~ **in an office** ein Amt bekleiden; ~ **as,** ~ **for** dienen als; **it will** ~ das tut's; **it** ~**s to show ...** das zeigt ... **III** *s sport* Aufschlag *m;* **IV** *(mit Präposition)* **serve**

out *tr* **1.** *(Essen)* ausgeben; verteilen; **2.** *mil* ableisten; absitzen; **serve up** *tr* **1.** servieren; verteilen; **2.** *fam* auftischen.

server ['sɜ:və(r)] **1.** Servierbrett *n;* **2.** Servierlöffel *m;* **3.** *sport* Aufschläger(in) *m (f);* **4.** *rel* Ministrant(in) *m (f);* ▶ **salad ~s** *pl* Salatbesteck *n.*

ser·vice ['sɜ:vɪs] **I** *s* **1.** Dienst *m;* **2.** Betrieb *m;* **3.** *mil* Militärdienst *m;* **4.** *(Kunde)* Service *m;* Bedienung *f;* **5.** *(Bus etc)* Busverbindung *f;* **6.** Dienst *m;* Stellung *f;* **7.** *rel* Gottesdienst *m;* **8.** *(Maschinen)* Wartung *f;* Inspektion *f;* **9.** *(Tee)* Service *n;* **10.** *sport* Aufschlag *m;* **11.** *jur* Zustellung *f;* **12.** *pl* Dienstleistungen *f pl;* Versorgungsnetz *n;* ▶ **~s to one's country** Dienst an seinem Vaterland; **do s.o. a ~** jdm e-n Dienst erweisen; **be of ~** nützlich sein; **be of ~ to s.o.** jdm nützen; **be at s.o.'s ~** jdm zur Verfügung stehen; **be out of ~** außer Betrieb sein; **come into ~** in Betrieb genommen werden; **see ~ as a soldier** beim Militär dienen; **telephone ~** Telefondienst *m;* **medical ~** ärztliche Versorgung; **be in ~ with s.o.** bei jdm in Stellung sein; **take s.o. into ~** jdn in Stellung nehmen; **II** *tr* **1.** *(Auto, Maschine)* warten; **2.** *(Gegend)* bedienen, versorgen; **3.** *(Betrieb, Ausschuß)* zuarbeiten (*s.o.* jdm); **4.** *zoo* decken; **ser·vice·able** [—əbl] *adj* **1.** strapazierfähig; **2.** brauchbar, dienlich, nützlich; **3.** praktisch, zweckmäßig; **service area** Tankstelle *f* und Raststätte *f;* **service bus** Linienbus *m;* **service charge** Bedienungsgeld *n;* Bearbeitungsgebühr *f;* **service department** Kundendienstabteilung *f;* **service elevator, lift** Lastenaufzug *m;* **service entrance** Dienstboteneingang *m;* **service hatch** Durchreiche *f;* **service industry** Dienstleistungsindustrie *f,* -sektor *m;* **ser·vice·man** ['sɜ:vɪsmən] Militärangehörige(r) *m;* **service road** Zufahrtsstraße *f;* **service station** Tankstelle *f* (mit Reparaturwerkstatt); **ser·vice·wo·man** ['sɜ:vɪs,wʊmən] ⟨*pl* —women⟩ Militärangehörige *f.*

ser·vi·ette [,sɜ:vɪ'et] Serviette *f.*

ser·vile ['sɜ:vaɪl] *adj* sklavisch; unterwürfig; **ser·vil·ity** [sɜ:'vɪlətɪ] Unterwürfigkeit *f.*

serv·ing ['sɜ:vɪŋ] Portion *f.*

ser·vi·tude ['sɜ:vɪtju:d] Knechtschaft *f.*

servo ['sɜ:vəʊ] ⟨*pl* servos⟩ **I** *s* Servomechanismus *m;* **II** *adj* Servo-; ▶ **~-assisted brakes** *pl* Servobremsen *f pl.*

ses·ame ['sesəmɪ] *bot* Sesam *m;* ▶ **open ~!** Sesam, öffne dich!

session ['seʃn] **1.** Sitzung *f;* **2.** *jur parl* Sitzungsperiode *f;* Legislaturperiode *f;* **3.** *(Zahnarzt)* Sitzung *f;* Behandlung *f;* **4.** *(Schule, Universität)* Semester *n;* Studienjahr *n;* ▶ **go into secret ~** e-e Geheimsitzung abhalten; **recording ~** Aufnahme *f;* **be in ~** e-e Sitzung haben, tagen; **a ~ of talks** Gespräche *n pl.*

set [set] ⟨*irr* set, set⟩ **I** *tr* **1.** setzen; stellen; legen; **2.** einstellen (*at* auf); aufstellen; **3.** *(Uhr)* stellen (*by* nach; *to* auf); **4.** *(Ziel)* festsetzen, festlegen; **5.** *(Frage)* stellen (*s.o.* jdm); **6.** *(Platz)* bestimmen; **7.** *(Edelstein)* fassen; besetzen; **8.** *(Glasscheibe)* einsetzen; **9.** *med* einrenken; **10.** *(Tisch)* decken; **11.** *radio* einstellen; **12.** *tech* justieren; **13.** *(Datum, Preis, Strafe)* festsetzen (*at* auf); **14.** *(die Mode)* bestimmen, einführen; **15.** *(den Ton)* angeben; **16.** *typ* setzen; ▶ **be ~ fair** *mete* beständig sein; **~ an example** ein Beispiel geben; **Macbeth is ~ this year** Macbeth steht dieses Jahr auf dem Lehrplan; **~ a value on s.th.** e-n Wert auf etw festsetzen; **~ s.o. a problem** jdn vor ein Problem stellen; **~ stones in concrete** Steine einzementieren; **be ~ in the valley** im Tal liegen; **the book is ~ in Paris** das Buch spielt in Paris; **~ a guard on s.th.** etw bewachen lassen; **~ a dog after s.o.** e-n Hund auf jdn ansetzen; **~ s.th. to music** etw vertonen; **~ s.th. going** etw in Gang bringen; **~ s.o. doing s.th.** jdn dazu veranlassen, etw zu tun; **~ s.o. to doing s.th.** jdn etw tun lassen; **~ s.o. free** jdn freilassen; **~ s.th. right** etw in Ordnung bringen; **~ s.o. right** jdn berichtigen; **II** *itr* **1.** *(Sonne)* untergehen; **2.** *(Zement)* hart werden; **3.** *(Hund)* vorstehen; **III** *adj* **1.** fertig, bereit; **2.** *(Gesicht)* unbeweglich; **3.** *(Sitten)* fest; vorgegeben; **4.** *(Zeit)* festgesetzt, bestimmt; **5.** entschlossen; ▶ **be all ~ for s.th.** für etw gerüstet sein; **be all ~ to do s.th.** fest entschlossen sein, etw zu tun; **~ book** Pflichtlektüre *f;* **~ menu** Tageskarte *f;* **~ phrase** feststehender Ausdruck; **be ~ in one's ways** in seinen Gewohnheiten festgefahren sein; **be dead ~ on s.th., doing s.th.** etw auf Biegen und Brechen haben, tun wollen; **IV** *s* **1.** Satz *m;* Paar *n;* Garnitur *f;* Service *n;* **2.** *(Nadeln)* Spiel *n;* **3.** Malkasten *m;* Baukasten *m;* **4.** *(Bücher)* Reihe, Serie *f,* gesammelte Ausgabe; **5.** Reihe *f;* **6.** *(Menschen)* Kreis *m;* **7.** *sport* Satz *m;* Spiel *n;* **8.** *math* Reihe *f;* Menge *f;* **9.** *(Lied)* Programmnummer *f;* **10.** *radio TV* Gerät *n,* Apparat *m;* **11.** *(Kleidung)* Sitz *m;* Haltung *f;* **12.** *(Haare)* Frisur, Form *f;* **13.** *theat* Bühnenbild *n;* ▶ **a ~ of teeth** Gebiß *n;* **a ~ of tools** Werkzeug *n;* **a whole ~ of questions** e-e ganze Reihe Fragen; **that ~ of people** dieser Personenkreis; **make a dead ~ at s.o.** sich an jdn ranmachen; **V** *(mit Präposition)* **set about** *tr* sich machen an, anfangen; anfassen, anpacken; herfallen über; ▶ **~ about doing s.th.** sich dranmachen, etw zu tun; **set against** *tr* **1.** einnehmen gegen; **2.** gegenüberstellen; ▶ **~ o.s. against s.th.** sich e-r S entgegenstellen; **set apart** *tr* **1.** abheben, unterscheiden; **2.** *(Geld)* beiseite legen; **set aside** *tr* **1.** beiseite legen; **2.** *(Zeit)* einplanen; **3.** *(Pläne)* aufschieben; begraben; **4.** *jur* aufheben, annullieren, außer Kraft setzen; **set back** *tr* **1.** zurücksetzen; **2.** verzögern, behindern; zurückwerfen; **3.** kosten; **set down** *tr* **1.** absetzen; **2.** *(Passagier)* aussteigen lassen; **3.** schriftlich niederlegen; **4.** zuschreiben; ▶ **~ s.o. down as s.th.** jdn für etw halten; **set forth** *tr (Plan)* darlegen; *itr* aufbrechen, abreisen; **set in** *tr* einsetzen; einarbeiten; *itr* **1.** einsetzen; **2.** *(Dunkelheit)* anbrechen; **set off** *tr* **1.** *(Feuerwerk)* losgehen lassen; **2.** führen zu; auslösen; **3.** hervorheben; *itr* sich auf den Weg machen, aufbrechen; losfahren; ▶ **that ~ us all off laughing** das brachte uns alle zum Lachen; **~ s.th. off from s.th.** etw von etw abheben; **~ off on a journey** e-e Reise antreten; **set on** *tr* hetzen, ansetzen auf; *itr* überfallen; **set out** *tr* ausbreiten; aufstellen; anordnen; darlegen; *itr* **1.** abfahren, aufbrechen, sich auf den Weg machen; **2.** beabsichtigen; **set to** *itr* loslegen, reinhauen; ▶ **~ to work** sich an die Arbeit machen; **set up** *tr* **1.** aufstellen; aufbauen; errichten; **2.** *fig* arrangieren, vereinbaren; **3.** *(Raub)* planen; **4.** *(Schule)* einrichten; **5.** *(Geschäft)* eröffnen, gründen; **6.** *(Rekord)* aufstellen; **7.** *(Gesundheit)* guttun; **8.** *(Protest)* anstimmen; **9.** *(Infektion)* auslösen; *itr* sich niederlassen; ▶ **~ s.th. up for s.o.** etw für jdn vorbereiten; **~ s.o. up** *fam* jdm etw anhängen; **~ s.o. up as s.th.** jdm ermöglichen, etw zu werden; **~ o.s. up as s.th.** sich als etw aufspielen; **be well ~ up for life** für sein ganzes Leben ausgesorgt haben; **be well ~ up** sich gut stehen; **~ up as a doctor** sich als Arzt niederlassen; **~ up for o.s.** sich selbständig machen.

setback ['setbæk] Rückschlag *m;* **set-in** [set'ɪn] *adj (Ärmel)* eingesetzt; eingearbeitet; **set-square** Zeichendreieck *n.*

set·tee [se'ti:] Sofa *n.*

set·ter ['setə(r)] **1.** *zoo* Setter *m;* **2.** *(type-~)* Setzer(in) *m (f).*

set the·ory ['set,θɪərɪ] *math* Mengenlehre *f.*

set·ting ['setɪŋ] **1.** *(Sonne)* Untergang *m;* **2.** *fig* Rahmen *m,* Umgebung *f;* Schauplatz *m;* **3.** *(Juwel)* Fassung *f;* **4.** *(place ~)* Gedeck *n;* **5.** *tech* Einstellung *f;* **6.** *mus* Vertonung *f;* **7.** *(Haare)* Legen *n;* **setting lotion** Haarfestiger *m.*

settle ['setl] **I** *tr* **1.** entscheiden; regeln; **2.** *(Problem)* klären; **3.** *(Streit)* beilegen, schlichten; **4.** *(Platz)* vereinbaren, festlegen, ausmachen; **5.** *(Vertrag)* abschließen; **6.** *(Preis)* sich einigen auf, aushandeln; **7.** *(Rechnung)* bezahlen, begleichen; **8.** *(Flüssigkeit)* sich setzen lassen; sich klären lassen; **9.** *(Kind)* versorgen; zurechtlegen; **10.** *(im Haus)* unterbringen; etablieren; **11.** *(Land)* besiedeln; ▶ **~ one's affairs** seine Angelegenheiten in Ordnung bringen; **that ~s it** damit wäre der Fall erledigt; **~ o.s. to doing s.th.** sich daran machen, etw zu tun; **~ s.o. into a house** jdm helfen, sich häuslich einzurichten; **~ money on s.o.** jdm Geld überschreiben; **I'll soon ~ him** dem werd' ich's geben; **II** *itr* **1.** seßhaft werden; sich niederlassen, sich ansiedeln; sich einrichten; **2.** sich einleben; sich eingewöhnen (*into* in); **3.** *(Wetter)* beständig werden; **4.** *(Kind)* sich beruhigen; zur Ruhe kommen, ruhiger werden; **5.** *(Vogel)* sich niederlassen; sich setzen; **6.** *(Gebäude)* sich senken; **7.** *jur* sich vergleichen; **8.** bezahlen; ▶ **~ into a habit** sich etw angewöhnen; **~ comfortably in an armchair** es sich in e-m Sessel bequem machen; **III** *(mit Präposition)* **settle down** *itr* **1.** seßhaft werden; **2.** sich legen; *tr* **1.** beruhigen; **2.** *(Baby)* hinlegen; versorgen; ▶ **marry and ~ down** heiraten und häuslich werden; **~ down at school** sich an e-r Schule eingewöhnen; **~ down to work** sich an die Arbeit machen; **~ down to watch TV** es sich vor dem Fernseher gemütlich machen; **~ o.s. down to work** sich an die Arbeit machen; **settle for** *tr* sich zufriedengeben mit; **settle in** *itr* sich einleben, sich eingewöhnen; ▶ **~ s.o. in** jdm helfen, sich einzuleben; **settle on, upon** *tr* sich entscheiden für; sich einigen auf; **settle up** *tr, itr* bezahlen; ▶ **~ up with s.o.** mit jdm abrechnen; **settle with** *tr* abrechnen mit; ▶ **~ one's account with s.o.** mit jdm abrechnen; **~ s.th. with s.o.** sich mit jdm auf etw einigen.

settled ['setld] *adj* **1.** *(Wetter)* beständig; **2.** *(Leben)* geregelt; **3.** *(Meinung)* fest; *(Vorgang)* feststehend; ▶ **be ~** etabliert sein; festen Fuß gefaßt haben; ruhiger sein; ▶ **feel ~** sich wohl fühlen.

settle·ment ['setlmənt] **1.** Entscheidung *f;* Regelung *f;* Klärung *f;* **2.** *(Streit)* Beilegung, Schlichtung *f;* **3.** *(Rechnung)* Bezahlung *f;* **4.** *(Vertrag)* Übereinkunft *f,* Übereinkommen *n;* **5.** *(Geld)* Übertragung, Überschreibung *f* (*on* auf); **6.** *(Gebäude)* Senkung *f;* Absetzen *n;* **7.** Siedlung, Niederlassung *f;* Ansiedlung *f;* **8.** Wohlfahrtseinrichtung *f;* Gemeindezentrum *n;* ▶ **reach a ~** sich einigen, e-n Vergleich schließen; **a ~ out of court** ein außergerichtlicher Vergleich.

set·tler ['setlə(r)] Siedler(in) *m (f).*

set-to [ˌset'tu:] *fam* Krach *m*, Streiterei *f;* ▶ **have a ~** sich in die Haare geraten; **set-up** ['setʌp] **1.** Zustände, Umstände *m pl;* **2.** Organisation *f*, Arrangement *n;* **3.** Geräte *n pl;* ▶ **what's the ~ here?** wie läuft das hier?

seven ['sevn] *adj* sieben; ▶ **~-league boots** *pl* Siebenmeilenstiefel *m pl;* **get the ~-year itch** im verflixten siebenten Jahr sein; **seven·fold** ['sevnfəʊld] *adj* siebenfach; **seven·teen** [ˌsevn'ti:n] *adj* siebzehn; **seven·teenth** [ˌsevn'ti:nθ] **I** *adj* siebzehnte(r, s); **II** *s* Siebzehntel *n;* Siebzehnte(r, s); **sev·enth** ['sevnθ] **I** *adj* sieb(en)te(r, s); **S~ Day Adventist; II** *s* Siebtel *n;* Siebte(r, s); **sev·en·ty** ['sevntɪ] *adj* siebzig; ▶ **the seventies** *pl* die siebziger Jahre; **he's in his seventies** er ist (so) um die siebzig; **seventy-eight** [ˌsevntɪ'eɪt] *(Schallplatte)* Achtundsiebziger (Platte) *f.*

sever ['sevə(r)] **I** *tr* **1.** durchtrennen; durchschlagen; abtrennen (*from* von); **2.** *(Land)* teilen; **3.** *(Vertrag)* auflösen; **4.** *(Beziehungen)* abbrechen; **5.** *(Verbindungen)* lösen; **II** *itr* durchreißen.

sev·eral ['sevrəl] **I** *adj* einige, mehrere; verschiedene; ▶ **~ times** mehrere Male; **they went their ~ ways** jeder ging seinen Weg; **II** *prn* einige; ▶ **~ of us** einige von uns; **sev·eral·ly** ['sevrəlɪ] *adv* einzeln, getrennt, für sich.

sever·ance ['sevərəns] **1.** Durchtrennen *n;* Durchschlagen *n;* Abtrennen *n;* **2.** Teilung *f;* **3.** *(Beziehungen)* Abbruch *m;* **severance pay** Abfindung *f* bei Entlassung.

se·vere [sɪ'vɪə(r)] *adj* **1.** streng; **2.** *(Kritik)* hart; scharf; **3.** *(Test)* schwer; **4.** *(Ausdruck)* ernst; **5.** *(Krankheit)* schwer, schlimm; **6.** *(Sturm)* stark, heftig; **7.** *(Wetter)* rauh; ▶ **be ~ with s.o.** streng mit jdm sein; **se·ver·ity** [sɪ'verətɪ] **1.** Strenge, Härte *f* (*on* gegen); **2.** Ernst *m*, Schärfe *f;* **3.** Härte *f;* Schwere *f;* **4.** Heftigkeit *f;* ▶ **the ~ of the cold** die große Kälte.

sew [səʊ] ⟨*irr* **sewed, sewed** *od* **sewn**⟩ **I** *tr, itr* nähen; ▶ **~ s.th. on** etw annähen; **II** *(mit Präposition)* **sew up** *tr* **1.** zunähen; nähen; **2.** *fam* unter Dach und Fach bringen; ▶ **~ s.th. up in s.th.** etw in etw einnähen; **it's all ~n up** es ist unter Dach und Fach.

sew·age ['sju:ɪdʒ] Abwasser *n;* **sewage-farm** ['sju:ɪdʒˌfa:m] Rieselfeld *n;* **sewage (treatment) plant** Kläranlage *f.*

sewer[1] ['səʊə(r)] Näher(in) *m (f).*

sewer[2] ['sju:ə(r)] **1.** Abwasserleitung *f;* Abwasserkanal *m;* **2.** *fig* Kloake *f;* **sewer·age** ['sju:ərɪdʒ] Kanalisation *f;* Abwässer *n pl;* **sewer gas** Faulschlammgas *n;* **sewer rat** Wanderratte *f.*

sew·ing ['səʊɪŋ] **1.** Nähen *n;* **2.** Näharbeit *f;* **sewing basket** Nähkorb *m;* **sewing-machine** Nähmaschine *f.*

sewn [səʊn] *v s. sew.*

sex [seks] **I** *s* **1.** Geschlecht *n;* **2.** Sexualität *f;* Sex *m;* ▶ **of both ~es** beiderlei Geschlechts; **have ~ with** (Geschlechts)Verkehr haben mit; **II** *adj* Geschlechts-; Sexual-; **III** *tr* das Geschlecht bestimmen von.

sexa·gen·ar·ian [ˌseksədʒɪ'neərɪən] **I** *adj* sechzigjährig; **II** *s* Sechzigjährige(r) *f m.*

sex-ap·peal ['seksəˌpi:l] Sex-Appeal *m;* **sex discrimination** Diskriminierung *f* auf Grund des Geschlechts; **sex education** Sexualerziehung *f;* Aufklärungsunterricht *m;* **sex·ism** ['seksɪsm] Sexismus *m;* **sex·ist** ['seksɪst] **I** *s* Sexist(in) *m (f);* **II** *adj* sexistisch; **sex·less** ['sekslɪs] *adj* geschlechtslos; **sex life** Geschlechtsleben *n;* **sex symbol** Sexsymbol *n.*

sex·tant ['sekstənt] Sextant *m.*

sex·tet(te) [seks'tet] *mus* Sextett *n.*

sex·ton ['sekstən] Küster *m.*

sex·ual ['sekʃʊəl] *adj* sexuell; geschlechtlich; ▶ **~ characteristics** *pl* Geschlechtsmerkmale *n pl;* **~ crime** Sexualverbrechen *n;* **~ intercourse** Geschlechtsverkehr *m;* **~ partner** Intimpartner(in) *m (f);* **sex·ual·ity** [ˌsekʃʊ'ælətɪ] Sexualität *f;* **sex·ual·ly** ['sekʃʊəlɪ] *adv* sexuell; ▶ **~ mature** geschlechtsreif; **~ transmitted disease** durch Geschlechtsverkehr übertragene Krankheit; **sexy** ['seksɪ] *adj fam* sexy; aufreizend.

shabby ['ʃæbɪ] *adj* schäbig *a. fig.*

shack [ʃæk] **I** *s* Hütte *f*, Schuppen *m;* **II** *itr* ▶ **~ up with s.o.** *sl* mit jdm zusammenziehen.

shackle ['ʃækl] **I** *s* **1.** *tech* Bügel, Schäkel *m;* **2.** *meist pl* Fessel *f a. fig;* **II** *tr* in Ketten legen; fesseln; ▶ **be ~d by s.th.** *fig* an etw gebunden sein.

shade [ʃeɪd] **I** *s* **1.** Schatten *m;* **2.** (Lampen)Schirm *m;* Schild *n;* **3.** Jalousie *f;* Markise *f;* Springrollo *n;* **4.** Farbton *m;* Schattierung *f;* Nuance *f;* **5.** *fig* Spur *f;* **6.** *lit* Schatten *m;* ▶ **give ~** Schatten spenden; **put s.o. in the ~** *fig* jdn in den Schatten stellen; **~s** *pl Am* Sonnenbrille *f;* **of all ~s and hues** *fig* aller Schattierungen; **II** *tr* **1.** Schatten werfen auf; **2.** abschirmen (*from* gegen); abdunkeln; **3.** *(Kunst)* schattieren, abtönen; ▶ **~ s.th. in** etw ausmalen; **III** *itr fig* übergehen; ▶ **~ off** allmählich blasser werden; **shad·ing** ['ʃeɪdɪŋ] *(Kunst)* Schattierung, Schraffierung *f.*

shadow ['ʃædəʊ] **I** *s* **1.** Schatten *m a. fig;* **2.** *fig* Bedrohung *f;* **3.** *fig* Andeutung, Spur *f;* **4.** *fig* Schatten *m*, ständiger Begleiter; ▶ **in the ~** im Schatten; **in**

the ~s im Dunkel; **be in s.o.'s ~** *fig* in jds Schatten stehen; **be afraid of one's own ~** sich vor seinem eigenen Schatten fürchten; **be just a ~ of one's former self** nur noch ein Schatten seiner selbst sein; **catch at ~s** e-m Phantom nachjagen; **a ~ of hope** ein Hoffnungsschimmer *m;* **put a ~ on s.o.** jdn beschatten lassen; **II** *attr pol* Schatten-; **III** *tr* **1.** Schatten werfen auf; überschatten; **2.** beschatten; **shadow-boxing** Schattenboxen *n a. fig;* **shadow cabinet** *pol* Schattenkabinett *n;* **shad·owy** ['ʃædəʊɪ] *adj* **1.** schattig; **2.** *fig* unbestimmt, vage; verschwommen.

shady ['ʃeɪdɪ] *adj* **1.** schattig; schattenspendend; **2.** *fig* zweifelhaft, anrüchig.

shaft [ʃɑːft] **1.** Schaft *m;* Stiel *m;* Deichsel *f;* **2.** (Licht)Strahl *m;* **3.** *lit* Pfeil *m;* **4.** *tech* Spindel, Welle, Achse *f;* **5.** *min* Schacht *m;* **6.** *arch* Säulenschaft *m;* **7.** *fig* Spitze *f.*

shaggy ['ʃægɪ] *adj* **1.** zottig, struppig; **2.** *(Haare)* zottelig.

shah [ʃɑː] Schah *m.*

shake [ʃeɪk] ⟨*irr* shook, shaken⟩ **I** *tr* **1.** schütteln; erschüttern; durchschütteln; **2.** *(Ruf)* erschüttern; ins Wanken bringen; **3.** *(Schock)* erschüttern; ▶ **~ one's fist at s.o.** jdm mit der Faust drohen; **~ o.s. free** sich losmachen; **~ hands** sich die Hand geben; **~ hands with s.o.** jdm die Hand geben; **~ a leg** *fam* Dampf machen; **they were badly ~n by the news** die Nachricht hatte sie sehr mitgenommen; **II** *itr* wackeln; zittern; beben; ▶ **~ with cold** vor Kälte zittern; **~ like a leaf** wie Espenlaub zittern; **~ with laughter** sich vor Lachen schütteln; **III** *s* **1.** Schütteln, Zittern, Beben *n;* **2.** *fam* Moment, Augenblick *m;* **3.** *(milk ~)* Shake *m;* ▶ **give a rug a ~** e-n Läufer ausschütteln; **give s.o. a good ~** jdn kräftig schütteln; **in two ~s** *fam* in zwei Sekunden; **be no great ~s** *sl* nicht umwerfend sein; **IV** *(mit Präposition)* **shake down** *tr* **1.** herunterschütteln; **2.** *Am sl* ausquetschen; *itr* **1.** kampieren; **2.** *(Maschine)* sich einlaufen; ▶ **~ s.o. down for ...** jdn um ... erleichtern; **shake off** *tr* abschütteln; losbekommen; sich befreien von; ▶ **~ the dust off one's feet** den Staub von den Füßen schütteln; **shake out** *tr* **1.** herausschütteln; **2.** *(Staubtuch, Teppich)* ausschütteln; **3.** *fig* aufrütteln; **shake up** *tr* **1.** schütteln; aufschütteln; **2.** *fig* erschüttern; **3.** *(Führung)* auf Zack bringen; ▶ **she was badly ~n up by the accident** der Unfall hat ihr e-n schweren Schock versetzt.

shake·down ['ʃeɪkdaʊn] **1.** Lager, Notbett *n;* **2.** *Am sl* Razzia *f;* **shaken** ['ʃeɪkn] *v s. shake;* **shaker** ['ʃeɪkə(r)] **1.** (Salz)Streuer *m;* **2.** *(cocktail ~)* Mixbecher *m;* **shake-up** ['ʃeɪkʌp] *fam* Umbesetzung *f;* **shak·ily** ['ʃeɪkɪlɪ] *adv* wakkelig; zitterig; **shak·ing** ['ʃeɪkɪŋ] Zittern *n;* **shaky** ['ʃeɪkɪ] *adj* **1.** *(Position)* wackelig; **2.** *(Beweis)* fragwürdig, unsicher; **3.** *(Hand)* zitterig; ▶ **in rather ~ English** in ziemlich holprigem Englisch.

shale [ʃeɪl] *geog* Schiefer *m.*

shall [ʃæl] ⟨*irr* should⟩ **1.** *(Futur)* werden; **2.** sollen; ▶ **I ~ arrive tomorrow** ich werde morgen ankommen; **you ~ pay for this!** dafür sollst du büßen! **what ~ we do?** was sollen wir machen? was machen wir?

shal·lot [ʃə'lɒt] Schalotte *f.*

shal·low ['ʃæləʊ] **I** *adj* **1.** flach; seicht; **2.** *fig* oberflächlich; **II** *s pl* seichte Stelle, Untiefe *f;* **shal·low·ness** [—nɪs] Flachheit, Seichtheit *f a. fig.*

sham [ʃæm] **I** *s* **1.** Heuchelei *f;* **2.** Scharlatan *m;* ▶ **her life seemed a ~** ihr Leben erschien ihr als Lug und Trug; **II** *adj* **1.** *(Diamant)* falsch, unecht; **2.** *fig* vorgetäuscht, geheuchelt; **III** *tr* vortäuschen, -geben; simulieren; **IV** *itr* simulieren; so tun; ▶ **he's only ~ming** er tut nur so.

shambles ['ʃæmblz] *pl meist mit sing* heilloses Durcheinander; Schlachtfeld *n;* Chaos *n.*

shame [ʃeɪm] **I** *s* **1.** Schande *f;* **2.** Scham *f;* **3.** Schandfleck *m;* ▶ **feel ~ at s.th.** sich für etw schämen; **bring ~ upon s.o.** jdm Schande machen; **without ~** schamlos; **put s.o. to ~** jdm Schande machen; **to my ~** zu meiner Schande; **cry ~ on s.o.** sich über jdn entrüsten; **the ~ of it all** die Schande; **~ on you!** du solltest dich schämen! **what a ~!** schade! **II** *tr* **1.** Schande machen (*s.o.* jdm); **2.** *fig* in den Schatten stellen; **shame·faced** [ˌʃeɪm'feɪst] *adj* betreten; **shame·ful** ['ʃeɪmfl] *adj* schändlich; schamlos; schimpflich; **shameless** ['ʃeɪmlɪs] *adj* schamlos; unverschämt.

shammy ['ʃæmɪ] *(~-leather)* Fenster-, Autoleder *n.*

sham·poo [ʃæm'puː] **I** *tr* **1.** die Haare waschen (*s.o.* jdm); **2.** *(Haare)* waschen **3.** *(Teppich)* shampoonieren; **II** *s* Shampoo *n;* Haarwaschmittel *n;* ▶ **have a ~ and set** sich die Haare waschen und legen lassen.

sham·rock ['ʃæmrɒk] Klee *m;* Kleeblatt *n.*

shandy ['ʃændɪ] *Br* Bier *n* u. Limonade *f* gemischt.

shang·hai [ʃæŋ'haɪ] *tr fig* zwingen (*into doing s.th.* etw zu tun).

shank [ʃæŋk] **1.** *(Vogel)* Schenkel *m;* **2.** *(Schlachttier)* Haxe *f;* **3.** *tech* Griff, Stiel, Schaft *m;* **4.** *arch* (Säulen)Schaft *m;* ▶ **on S~'s pony** *obs* auf Schusters Rappen.

shan't [ʃɑːnt] = *shall not.*
shanty[1] [ˈʃæntɪ] Schuppen *m,* Hütte *f;* **shanty town** Slum(vor)stadt *f.*
shanty[2] [ˈʃæntɪ] Seemannslied *n.*
shape [ʃeɪp] **I** *s* **1.** Form *f;* Gestalt *f;* **2.** *tech* Form *f,* Modell, Muster *n;* **3.** *fig* Gestalt, äußere Erscheinung *f;* **4.** Zustand *m,* (gesundheitliche) Verfassung *f;* ▶ **in the ~ of** in Form, Gestalt *gen;* **in any ~ or form** irgendwie; **in great ~** glänzend in Form; **be in bad ~** in schlechter Verfassung sein; **be out of ~** aus der Form, aus der Fasson sein; **take ~** Gestalt annehmen; **II** *tr* **1.** bearbeiten; formen, bilden, gestalten; **2.** *fig (Charakter)* formen, prägen; *(Leben)* gestalten; *(Lauf der Dinge)* bestimmen; *(Gesellschaft)* formen; **III** *itr (~ up)* sich entwickeln; ▶ **be shaping up well** sich gut anlassen, vielversprechend sein; **shape·less** [—lɪs] *adj* form-, gestaltlos; **shape·ly** [—lɪ] *adj* wohlgestaltet, gut proportioniert.
shard [ʃɑːd] (Ton)Scherbe *f.*
share[1] [ʃeə(r)] **I** *s* **1.** Anteil, Teil *m;* Beitrag *m;* **2.** Aktie *f;* Geschäftsanteil, Anteilschein *m;* Beteiligung *f* (*in* an); ▶ **in equal ~s** zu gleichen Teilen; **come in for a ~ of s.th.** seinen Anteil an etw bekommen; **give s.o. a ~ in s.th.** jdn an e-r S beteiligen; **go ~s with s.o.** mit jdm teilen; **have a ~ in s.th.** an e-r S teilhaben, beteiligt sein, an etw teilnehmen; **hold ~s** Aktionär sein (*in a company* e-r Gesellschaft); **take a ~ in s.th.** sich an e-r S beteiligen; **~ in a business** Geschäftsanteil *m;* **II** *tr* (sich) teilen (*s.th.* etw); ▶ **~ the same name** den gleichen Namen haben; **III** *itr* teilen; ▶ **~ in s.th.** sich an etw beteiligen; an etw teilhaben; **~ out** verteilen; **~ and ~ alike** brüderlich teilen.
share[2] [ʃeə(r)] *agr (plough~)* Pflugschar *f.*
share cer·ti·fi·cate [ˌʃeəsəˈtɪfɪkət] Aktienzertifikat *n;* **share·holder** [ˈʃeəˌhəʊldə(r)] Aktionär(in) *m (f);* **share index** Aktienindex *m;* **share-out** [ˈʃeəraʊt] Verteilung *f; (Aktien)* Dividendenausschüttung *f;* **share price** Aktienkurs *m;* **share price index** Aktienkursindex *m.*
shark [ʃɑːk] **1.** Hai(fisch) *m;* **2.** *fig* Schurke, Schuft, Wucherer *m;* ▶ **loan ~** Kredithai *m.*
sharp [ʃɑːp] **I** *adj* **1.** scharf; **2.** spitz; **3.** unvermittelt, abrupt; **4.** *(Kurve)* scharf; **5.** *(Abhang)* steil, jäh abfallend; **6.** klar, scharf umrissen, deutlich; **7.** hart, streng; **8.** scharfsinnig, schlau, verschlagen; *fam* gerissen; **9.** scharf, heftig, hitzig; **10.** schneidend, scharf, beißend, stechend, heftig; **11.** durchdringend, schrill; ▶ **keep a ~ eye on s.o.** jdn scharf im Auge behalten; **that was pretty ~ of him** das war ziemlich clever von ihm; **be ~ about it!** mach ein bißchen schnell! **~ practice** unsaubere Geschäfte *n pl;* **II** *s mus* Kreuz *n;* **III** *adv* **1.** plötzlich, unvermittelt; **2.** *mus* e-e halbe Note höher; zu hoch; **3.** pünktlich, genau; ▶ **look ~** *fam* aufpassen; achtgeben; sich beeilen; **sharpen** [ˈʃɑːpən] **I** *tr* **1.** schärfen, spitzen, schleifen, wetzen; **2.** *(Appetit)* anregen; **3.** *fig (Geist)* schärfen; *(Spannung)* erhöhen; **4.** *mus* um e-e halbe Note erhöhen; höher singen, spielen; **II** *itr* **1.** schärfer werden *a. fig;* **2.** höher singen, spielen; **sharp·ener** [ˈʃɑːpnə(r)] Schleifgerät *n;* Wetzstahl *m; (pencil ~)* Bleistiftspitzer *m.*
sharper [ˈʃɑːpə(r)] Gauner(in), Schwindler(in) *m (f); (card ~)* Falschspieler(in) *m (f).*
sharp-eyed [ˌʃɑːpˈaɪd] *adj* scharfsichtig; **sharp-featured** [ˌʃɑːpˈfiːtʃəd] *adj* mit scharfen Gesichtszügen; **sharp·ness** [—nɪs] Schärfe *f;* Spitzheit *f;* Gerissenheit *f;* **sharp-shooter** [ˈʃɑːpˌʃuːtə(r)] Scharfschütze *m,* -schützin *f;* **sharp-sighted** [ˌʃɑːpˈsaɪtɪd] *adj* scharfsichtig *a. fig;* **sharp-tempered** [ˌʃɑːpˈtempəd] *adj* jähzornig; **sharp-tongued** [ˌʃɑːpˈtʌŋd] *adj* scharfzüngig; **sharp-witted** [ˌʃɑːpˈwɪtɪd] *adj* klug; gewitzt.
shat [ʃæt] *v s. shit*[1].
shat·ter [ˈʃætə(r)] **I** *tr* **1.** zerschmettern, zerbrechen; **2.** *(Knochen)* zersplittern; **3.** *fig* zerstören, vernichten, zunichte machen; erschüttern; **4.** ermüden; **5.** *(Gesundheit)* untergraben; **6.** *(Nerven)* zerrütten; ▶ **be absolutely ~ed** *fam* völlig erschöpft sein; am Boden zerstört sein; zutiefst erschüttert sein; **II** *itr* zerbrechen, bersten, entzweigehen; **shat·ter·ing** [—ɪŋ] *adj* **1.** *(Schlag, Explosion)* gewaltig; *(Niederlage)* vernichtend; **2.** erschöpfend; niederschmetternd; *fig (Schlag)* schwer; **3.** *fam (Neuigkeit, Unkenntnis, Offenheit)* erschütternd; *(Erlebnis, Wirkung)* umwerfend; ▶ **have a ~ effect on s.th.** sich verheerend auf etw auswirken; **it must have been ~ for you** es muß entsetzlich für Sie gewesen sein; **shat·ter·proof** [ˈʃætəpruːf] *adj* splitterfrei.
shave [ʃeɪv] ⟨*irr* shaved, shaved *od* shaven⟩ **I** *tr* **1.** rasieren; **2.** *(Holz)* hobeln; **3.** (leicht) streifen, kaum berühren; ▶ **~ s.th. off** etw wegrasieren; *tech* etw glätten; **II** *itr* sich rasieren; **III** *s* **1.** Rasieren *n,* Rasur *f;* **2.** knappes Entkommen; ▶ **that was a close ~** das wäre um ein Haar schiefgegangen; **get a ~** sich rasieren lassen; **give a clean, close ~** gut, sauber rasieren; **a ~, please!** rasieren, bitte!; **shaven** [ˈʃeɪvn] **I** *v s. shave;* **II** *adj (clean ~)* glattrasiert; **shaver** [ˈʃeɪvə(r)] **1.** Rasierapparat *m;* **2.** *fam* (junger) Bengel *m;* **shav·ing** [ˈʃeɪvɪŋ] **1.**

Rasur *f;* **2.** *pl* Späne *m pl;* **shaving-brush** Rasierpinsel *m;* **shaving cream** Rasiercreme *f;* **shaving foam** Rasierschaum *m;* **shaving mirror** Rasierspiegel *m;* **shaving soap, shaving stick** Rasierseife *f.*

shawl [ʃɔ:l] Schultertuch *n;* Umhang *m;* Kopftuch *n.*

she [ʃi:] **I** *prn* sie *(Singular);* **II** *s* ► **a ~** e-e Sie, ein weibliches Wesen; **the baby is a ~** das Baby ist ein Mädchen.

sheaf [ʃi:f] ‹*pl* sheaves› [ʃi:vz] **1.** Garbe *f;* **2.** Bündel *n;* Bund *m.*

shear [ʃɪə(r)] ‹*irr* sheared, sheared *od* shorn› **I** *tr* **1.** scheren; **2.** *s. shorn;* **II** *itr (Messer)* schneiden; ► **the bird ~ed through the air** der Vogel segelte durch die Luft; **the boat ~ed through the water** das Boot durchpflügte das Wasser; **III** *(mit Präposition)* **shear off** *itr* abbrechen; *tr* abscheren; *fig* abrasieren; **shearer** [ˈʃɪərə(r)] Schafscherer *m;* **shear·ing** [ˈʃɪərɪŋ] Schafschur *f;* ► **~s** *pl* Scherwolle *f;* **shears** [ʃɪəz] *pl* Schere *f;* Metallschere *f;* Heckenschere *f.*

sheath [ʃi:θ] **1.** Scheide *f a. bot zoo anat;* **2.** *(Kabel)* Armierung *f;* **3.** enganliegendes Kleid; **4.** Kondom *n;* **sheathe** [ʃi:ð] *tr* **1.** in die Scheide stecken; **2.** *(Krallen)* einziehen; **3.** *tech* umkleiden, umhüllen; *(Kabel)* armieren; **sheath·ing** [ˈʃi:ðɪŋ] **1.** Verkleidung, Ummantelung *f;* **2.** *arch* Verschalung *f;* **3.** *(Kabel)* Armierung *f.*

she·bang [ʃɪˈbæŋ] ► **the whole ~** der ganze Kram.

she'd [ʃi:d] = *she would; she had.*

shed[1] [ʃed] ‹*irr* shed, shed› *tr* **1.** aus-, vergießen; **2.** *fig* ausströmen, -strahlen, verbreiten; **3.** *(Licht)* werfen (*on* auf); **4.** *(Blätter, Haut)* abwerfen; *(Haare)* verlieren; **5.** sich entledigen (*s.th.* e-r S); ► **~ blood, tears** Blut, Tränen vergießen; **~ skin** sich häuten.

shed[2] [ʃed] Schuppen *m;* Halle *f;* Stall *m;* Unterstand *m.*

sheen [ʃi:n] Glanz, Schimmer *m.*

sheep [ʃi:p] ‹*pl* -› Schaf *n a. fig;* ► **make ~'s eyes at s.o.** jdn anhimmeln; **separate the ~ from the goats** *fig* die Schafe von den Böcken trennen; **one may as well be hanged for a ~ as a lamb** wenn schon, denn schon; **a black, lost ~** *fig* ein schwarzes, verlorenes Schaf; **a wolf in ~'s clothing** *fig* ein Wolf im Schafspelz; **sheep·dog** [ˈʃi:pdɒg] Schäferhund *m;* **sheep-fold** Pferch *m;* **sheepish** [ˈʃi:pɪʃ] *adj* verlegen; **sheep·skin** [ˈʃi:pskɪn] Schaffell *n.*

sheer[1] [ʃɪə(r)] **I** *adj* **1.** unvermischt, rein; **2.** *fig* bloß, rein; **3.** *(Textil)* dünn, durchsichtig; **4.** steil, senkrecht; ► **~ madness** heller Wahnsinn; **by ~ chance** rein zufällig; **II** *adv* steil; senkrecht.

sheer[2] [ʃɪə(r)] *itr* **1.** *mar (~ off, away)* ausscheren; **2.** *fig (~ away)* ausweichen (*from s.th.* e-r S); **3.** *fig (~ off)* abhauen.

sheet[1] [ʃi:t] **1.** Bettuch *n;* Tuch *n;* Gummidecke *f;* **2.** *(Papier, fam: Zeitung)* Blatt *n; (groß, typ)* Bogen *m;* **3.** *(Holz)* Platte *f; (Glas)* Scheibe *f; (~ of ice)* (Eis)Fläche *f;* **4.** *(~ metal)* Blech *n;* **5.** *pl* (große) Massen *f pl;* ► **(as) white as a ~** leichenblaß; **rain fell in ~s** es regnete in Strömen; **attendance-~** Anwesenheitsliste *f;* **~ of flame** Feuermeer *n.*

sheet[2] [ʃi:t] *mar* Schot *f.*

sheet-light·ning [ˈʃi:tˌlaɪtnɪŋ] Wetterleuchten *n;* **sheet metal** Walzblech *n;* **sheet music** Notenblätter *n pl.*

sheik(h) [ʃeɪk, *Am* ʃi:k] Scheich *m;* **sheik(h)·dom** [ˈʃeɪkdəm, *Am* ˈʃi:kdəm] Scheichtum *n.*

shelf [ʃelf] ‹*pl* shelves› [ʃelvz] **1.** (Wand)Brett, Regal *n; pl* Regal *n;* **2.** Sims *m* od *n;* **3.** Sandbank *f,* Riff *n;* ► **on the ~** *fig* ausrangiert, ausgedient; *(Mädchen)* eine alte Jungfer; **be left on the ~** *(Mädchen)* sitzengeblieben sein; **continental ~** Kontinentalsockel *m;* **shelf life** Lagerfähigkeit *f.*

shell [ʃel] **I** *s* **1.** Schale *f; (Erbsen)* Hülse *f; (Weichtier)* Muschel *f;* Schneckenhaus *n;* Panzer *m;* **2.** *(Küche)* Form *f;* **3.** *(Gebäude)* Mauerwerk *n;* Rohbau *m;* Gemäuer *n,* Ruine *f;* **4.** *(Auto)* Karosserie *f;* Wrack *n; (Schiff)* Gerippe *n,* Rumpf *m;* Wrack *n;* **5.** *mil* Granate *f; Am* Patrone *f;* **6.** *sport* Rennruderboot *n;* ► **come out of one's ~** *fig* aus sich herausgehen; **retire into one's ~** *fig* sich in sein Schneckenhaus verkriechen; **II** *tr* **1.** schälen; *(Erbsen)* enthülsen; **2.** *mil* mit Granaten beschießen; **III** *(mit Präposition)* **shell out** *tr fam* blechen, bezahlen.

she'll [ʃi:l] = *she shall; she will.*

shel·lac [ʃəˈlæk] ‹*ppr* -lacking, *pp* -lacked› **I** s Schellack *m;* **II** *tr* **1.** mit Schellack überziehen; **2.** *Am sl* vernichtend schlagen.

shell·fish [ˈʃelfɪʃ] Schaltier *n (Krebs, Muschel); (Küche)* Meeresfrüchte *f pl;* **shell hole** Granattrichter *m;* **shel·ling** [ˈʃelɪŋ] Granatbeschuß *m;* **shell-proof** *adj* bombensicher; **shell-shock** Kriegsneurose *f;* **shell-shocked** [ˈʃelʃɒkt] *adj* unter Kriegsneurose leidend; *fig* verstört.

shel·ter [ˈʃeltə(r)] **I** *s* **1.** Schuppen *m;* **2.** Schutzdach *n,* -hütte *f; (bus ~)* Wartehäuschen *n;* **3.** Schutz *m;* Unterschlupf *m,* Unterkunft *f,* Obdach *n;* **4.** *(air-raid ~)* (Luft)Schutzraum *m;* **5.** Anlaufstelle *f;* ► **under ~** geschützt; **take ~** Schutz suchen (*from* vor); **give s.o. ~** jdn beherbergen; **night ~** Nachtasyl *n;* **II** *tr* **1.** beherbergen, Unterschlupf, Obdach gewähren (*s.o.* jdm); **2.** (be)schützen, beschirmen, in Schutz nehmen (*from* vor); **III** *itr* sich unterstellen, Schutz suchen (*under* unter); **shel·tered** ['ʃeltəd] *adj* behütet, beschützt; *(Stelle)* geschützt; ▶ ~ **housing** Wohnungen für Senioren bzw. Behinderte; ~ **workshop** Behindertenwerkstatt *f.*

shelve [ʃelv] **I** *tr* **1.** auf ein Regal stellen; **2.** mit Regalen versehen; **3.** zu den Akten legen; zurückstellen; *(Problem)* auf Eis legen; **II** *itr* **1.** sich leicht neigen; **2.** *(~ down)* leicht abfallen; **shelv·ing** [—ɪŋ] Material *n* für Regale; Regale *n pl.*

she·nani·gans [ʃɪ'nænɪgənz] *pl fam* **1.** Blödsinn, Quatsch *m;* **2.** Tricks *m pl.*

shep·herd ['ʃepəd] **I** *s* Schäfer *m;* **II** *tr* leiten, führen; **shep·herd·ess** [ˌʃepə'des, *Am* 'ʃepədəs] Schäferin *f;* **shepherd's pie** Fleischpastete *f.*

sher·bet ['ʃɜːbət] **1.** Scherbett, Sorbett *m* od *n;* **2.** (Brause)Limonade *f.*

sher·iff ['ʃerɪf] **1.** Sheriff *m;* **2.** *(schottisch)* Friedensrichter *m.*

sherry ['ʃerɪ] Sherry *m.*

she's [ʃiːz] = *she is; she has.*

Shet·land Is·lands, Shet·lands ['ʃetlənd'aɪləndz, 'ʃetləndz] *pl* Shetlandinseln, Shetlands *f pl.*

shield [ʃiːld] **I** *s* **1.** *hist* Schild *m;* **2.** Wappenschild *m* od *n;* **3.** Schutzschild *m;* **4.** *fig* Schutz *m;* **II** *tr* schützen (*from* vor); (ab)schirmen, decken; **shield-bearer** *hist* Schildknappe *m.*

shift [ʃɪft] **I** *tr* **1.** wegschieben; umstellen; wegräumen; **2.** (von sich) abwälzen (*on* auf); **3.** *tech* umschalten; **4.** *(Nagel etc)* entfernen; **5.** *(an anderen Ort)* verlegen; *(Anlagen)* umgruppieren; **6.** *fam* loswerden; **7.** *fam (Essen)* verdrücken; ▶ ~ **gears** e-n anderen Gang einlegen, schalten; ~ **one's ground** vom Thema abschweifen; seine Meinung ändern; ~ **the responsibility onto s.o.** jdm die Verantwortung zuschieben; **II** *itr* **1.** sich verschieben; sich verlagern; sich ändern; **2.** *(Wind)* umspringen, sich drehen; **3.** *(von Meinung)* abgehen; **4.** *mot* schalten; **5.** *fam* sausen; **6.** fertig werden, sich durchschlagen (*for o.s.* selbst); **III** *s* **1.** Verschiebung *f,* Wechsel *m,* Veränderung, Verlagerung *f;* **2.** *pol* Kursänderung *f;* **3.** (Arbeits)Schicht *f;* **4.** Ausweg, Kniff *m;* Ausflucht *f;* **5.** *mot (gear~)* Schaltung *f;* **6.** *(Schreibmaschine)* Umschalttaste *f;* ▶ **in ~s** umschichtig; **drop ~s** Feierschichten einlegen; **late ~** Spätschicht *f;* **make ~** sich behelfen; **night ~** Nachtschicht *f;* ~ **in consumption** Konsumverlagerung *f;* ~ **in demand** Nachfrageänderung *f;* ~ **of production** Produktionsverlagerung *f;* **shift·less** [—lɪs] *adj* faul, träge; **shift-work** ['ʃɪftwɜːk] Schichtarbeit *f;* **shift-work·er** [—ə(r)] Schichtarbeiter(in) *m (f);* **shifty** ['ʃɪftɪ] *adj* durchtrieben, hinterhältig, falsch.

shil·ling ['ʃɪlɪŋ] Shilling *m; (Österreich)* Schilling *m.*

shilly-shally ['ʃɪlɪʃælɪ] *itr fam* seine Zeit verplempern; unentschlossen sein.

shim·mer ['ʃɪmə(r)] **I** *itr* schimmern; **II** *s* Schimmer *m;* Lichtschein *m.*

shin [ʃɪn] **I** *s (~bone)* Schienbein *n;* **II** *itr (~ up)* hinaufklettern.

shindig ['ʃɪndɪg] *fam* **1.** Spektakel, Radau *m;* **2.** Rauferei, Schlägerei *f;* ▶ **kick up a ~** Krach schlagen.

shine [ʃaɪn] ⟨*irr* **shone, shone**⟩ **I** *itr* **1.** scheinen; **2.** leuchten (*with joy* vor Freude); **3.** glänzen, funkeln; **4.** *fig* glänzen, sich hervortun (*at* bei); ▶ ~ **on s.th.** etw anleuchten; **I didn't ~ at school** in der Schule war ich keine große Leuchte; **II** *tr* **1.** leuchten lassen; glänzend machen; **2.** *(Schuhe)* putzen, wichsen; ▶ ~ **a torch on s.o.** jdn mit e-r Taschenlampe anleuchten; **III** *s* **1.** heller Schein, Glanz *m a. fig;* **2.** Glanz *m,* Politur *f;* **3.** *Am* Schuhputzen *n;* ▶ **take the ~ off s.th.** den Glanz von e-r S nehmen; **take a ~ to s.o.** *sl* sich in jdn vergaffen; **I'll come, rain or ~** ich komme auf jeden Fall; **IV** *(mit Präposition)* **shine down** *itr* herunterscheinen; **shine out** *itr* **1.** hervorleuchten; **2.** *fig* herausragen; **shiner** ['ʃaɪnə(r)] *sl* blaues Auge.

shingle[1] ['ʃɪŋgl] **I** *s* **1.** (Dach)Schindel *f;* **2.** *Am fam* Schild *n (e-s Arztes od Rechtsanwalts);* **3.** *(Frisur)* Bubikopf *m;* ▶ **hang out one's ~** *Am fam (Arzt, Rechtsanwalt)* e-e Praxis eröffnen; **II** *tr* mit Schindeln decken.

shingle[2] ['ʃɪŋgl] grober Kies; Kiesel *m.*

shingles ['ʃɪŋglz] *pl mit sing med* Gürtelrose *f.*

shin·ing ['ʃaɪnɪŋ] *adj* **1.** glänzend, leuchtend; **2.** *(Beispiel)* glänzend; ▶ **he's no ~ light** er ist kein großes Kirchenlicht; **shiny** ['ʃaɪnɪ] *adj* glänzend; (glatt)poliert; ▶ **be ~** *(Stoff)* glänzen.

ship [ʃɪp] **I** *s* **1.** Schiff *n;* **2.** *Am* Raumschiff *n;* Flugzeug *n;* ▶ **by ~** mit dem Schiff; **on board ~** an Bord; **his ~ comes home** od **in** *fig* er hat sein Glück gemacht; **II** *tr* **1.** an Bord nehmen, einschiffen; **2.** *(Waren)* verschiffen; *Am* (ver)senden; befördern, verladen; ▶ ~ **oars** die Ruder einlegen; ~ **water** leck sein; **III** *itr* sich (an)heuern lassen; **IV** *(mit Präposition)* **ship off** *tr* wegschikken; verschiffen; verschicken, abtransportieren; **ship out** *tr* versenden.

ship·board ['ʃɪpbɔːd] ▶ **on ~** an Bord; **ship·builder** ['ʃɪpˌbɪldə(r)] Schiffsbauer *m;* **ship·build·ing** ['ʃɪpˌbɪldɪŋ] Schiffbau *m;* **ship-chandler** Schiffslieferant *m;* **ship·load** ['ʃɪpləʊd] Schiffsladung *f;* **ship·mate** ['ʃɪpmeɪt] Bordkamerad *m.*

ship·ment ['ʃɪpmənt] **1.** Verschiffung *f* (*for* nach); **2.** *Am* Verladung *f,* Versand, Transport *m;* **3.** Schiffsladung *f; Am*

Ladung, Sendung *f.*

ship-owner ['ʃɪpˌəʊnə(r)] Schiffseigner *m;* Reeder *m.*

ship·per ['ʃɪpə(r)] Spediteur *m;* Absender *m;* **ship·ping** ['ʃɪpɪŋ] **I** *s* **1.** Verschiffung *f;* Verfrachtung *f; Am* Verladung *f,* Versand, Transport *m;* **2.** Schiffahrt *f;* Schiffe *n pl;* **II** *attr adj* Schiffs-; Schiffahrts-; **shipping agency** Schiffsagentur *f;* **shipping agent** Schiffsmakler *m;* **shipping company** Reederei *f;* **shipping department** Versandabteilung *f;* **shipping expenses** *pl* Transport-, Frachtkosten *pl;* **shipping lane** Schiffahrtsstraße *f;* **shipping line** Schiffahrtslinie *f;* **shipping office** Reederei *f;* Heuerbüro *n;* **shipping routes** *pl* Schiffahrtswege *m pl.*

ship·shape ['ʃɪpʃeɪp] *adj* aufgeräumt, sauber, ordentlich; **ship·way 1.** Helling *f,* Stapel *m;* **2.** Schiffahrtsweg *m;* **ship-wreck** ['ʃɪprek] **I** *s* Schiffbruch *m a. fig;* **II** *tr* scheitern lassen *a. fig; fig* ruinieren; **ship·wright** ['ʃɪpraɪt] Schiffszimmermann *m;* Schiffbauer *m;* **ship·yard** ['ʃɪpjɑ:d] (Schiffs)Werft *f.*

shirk [ʃɜ:k] **I** *tr* sich drücken vor, aus dem Wege gehen (*s.th.* e-r S); **II** *itr* sich drücken (*from* vor); **shirker** ['ʃɜ:kə(r)] Drückeberger(in) *m (f).*

shirt [ʃɜ:t] **1.** Hemd *n;* **2.** *(von Frau)* Hemdbluse *f;* ► **keep one's ~ on** *sl* sich nicht aus der Fassung bringen lassen; **put one's ~ on** *sl* Hab u. Gut setzen auf; **he has lost his ~ off his back** *sl* er hat alles verloren; **shirt collar** Hemdkragen *m;* **shirt-front** Hemdbrust *f;* **shirting** ['ʃɜ:tɪŋ] Hemdenstoff *m;* **shirt-sleeve** Hemdsärmel *m;* ► **in one's ~s** in Hemdsärmeln; **shirt-waist** *Am* Hemdbluse *f;* **shirty** ['ʃɜ:tɪ] *adj sl* (leicht) beleidigt, eingeschnappt; wütend.

shit[1] [ʃɪt] ⟨*irr* **shit, shit** *od hum* **shat**⟩ *vulg* **I** *itr* scheißen; **II** *refl* sich vor Angst in die Hose machen; **III** *s* **1.** Scheiße *f a. fig;* **2.** Angst *f,* Schiß *m.*

shit[2] [ʃɪt] *sl (Drogen)* Shit *m.*

shite [ʃaɪt] *vulg s. shit*[1].

shiver ['ʃɪvə(r)] **I** *itr* zittern (*with cold, fear* vor Kälte, Angst); ► **I ~** mich schaudert; **II** *s* **1.** Zittern *n;* Schauder *m a. fig;* **2.** *pl* Schüttelfrost, Fieberschauer *m;* ► **I got, had the ~s** *fam* es lief mir eiskalt über den Rücken; **it gave me the ~s** *fam* das ließ mir das Blut in den Adern erstarren; **shivery** ['ʃɪvərɪ] *adj* fröstelnd; ► **feel ~** frösteln.

shoal[1] [ʃəʊl] Untiefe *f;* Sandbank *f.*

shoal[2] [ʃəʊl] **1.** große Masse, Menge *f;* **2.** (Fisch)Schwarm *m;* ► **in ~s** in Unmengen, haufenweise; in Scharen.

shock[1] [ʃɒk] **I** *s* **1.** Schock *m;* **2.** *el* (elektrischer) Schlag *m;* **3.** *med* Elektroschock *m;* **4.** heftiger Stoß; Wucht *f;* **5.** *(Erdbeben)* Erdstoß *m;* ► **get a ~** einen Schock *od* Schlag bekommen; **suffer from ~, be in (a state of) ~** unter Schock stehen; **it comes as a ~** das ist bestürzend; **be a great ~ for s.o.** für jdn ein schwerer Schlag sein; **it gave him a nasty ~** das hat ihm einen bösen Schrecken eingejagt; **he'll be in for a ~** der wird sein blaues Wunder erleben; **II** *tr* **1.** erschüttern, bestürzen; **2.** schockieren; ► **be ~ed** erschüttert sein; schockiert sein; **~ s.o. into doing s.th.** jdm einen solchen Schrecken einjagen, daß er etw tut; **III** *itr* schockieren.

shock[2] [ʃɒk] Garbenbündel *n.*

shock[3] [ʃɒk] Haarschopf *m.*

shock-ab·sorber ['ʃɒkæbˌzɔ:bə(r)] *mot* Stoßdämpfer *m;* **shocker** ['ʃɒkə(r)] Horrorgeschichte *f;* Schocker *m;* ► **you are a ~!** du bist ja schlimm! **I have a ~ of a hangover** ich habe einen entsetzlichen Kater.

shock-headed ['ʃɒkˌhedɪd] *adj* strubb(e)lig; ► **~ Peter** Struwwelpeter *m.*

shock·ing ['ʃɒkɪŋ] *adj* **1.** erschütternd; Anstoß erregend, schockierend; **2.** *fam* schlimm, schrecklich, entsetzlich; **shock-proof** *adj* stoßfest; **shock therapy, shock treatment** *med* Schockbehandlung *f;* **shock troops** *pl* Stoßtruppen *f pl;* **shock wave** Druckwelle *f; fig* Erschütterung *f.*

shod [ʃɒd] *v s. shoe.*

shoddy ['ʃɒdɪ] **I** *s (Stoff)* Shoddy *m* od *n;* **II** *adj* schäbig, minderwertig; *fig (Arbeit)* gepfuscht.

shoe [ʃu:] ⟨*irr* **shod, shod**⟩ **I** *s* **1.** Schuh *m;* **2.** *(horse ~)* Hufeisen *n;* **3.** Bremsbacke *f;* **4.** *el* Kontaktrolle *f,* Polschuh *m;* ► **be in s.o.'s ~s** in jds Haut stecken; **fill s.o.'s ~s** jds Platz, Stelle einnehmen; **know where the ~ pinches** wissen, wo der Schuh drückt; **put o.s. in s.o.'s ~s** sich in jds Lage versetzen; **II** *tr (Pferd)* beschlagen; **shoe·black** ['ʃu:blæk] Schuhputzer *m;* **shoe·horn** ['ʃu:hɔ:n] Schuhlöffel *m;* **shoe·lace** ['ʃu:leɪs] Schnürsenkel, Schuhriemen *m;* **shoe-maker** ['ʃu:meɪkə(r)] Schuhmacher(in) *m (f);* **shoe polish** Schuhputzmittel *n,* Schuhwichse *f;* **shoe-repair shop** Schuhreparaturwerkstatt *f,* Schuster *m;* **shoe·shine** ['ʃu:ʃaɪn] Schuhputzen *n;* **shoeshine boy** Schuhputzer *m;* **shoe-shop,** *Am* **shoe-store** Schuhladen *m;* **shoe size** Schuhgröße *f;* **shoe-string** Schnürsenkel *m;* ► **start a business on a ~** ein Geschäft mit praktisch nichts anfangen; **shoe-string company** finanzschwaches Unternehmen; **shoe-tree** Schuhspanner *m.*

shone [ʃɒn] *v s. shine.*

shoo [ʃu:] **I** *interj* sch! fort! weg! **II** *tr (~ away, off)* verscheuchen.

shook [ʃʊk] *v s. shake.*

shoot [ʃu:t] ⟨*irr* shot, shot⟩ **I** *tr* **1.** schießen; *(Geschütz)* abfeuern; **2.** *(Menschen)* anschießen; niederschießen; erschießen; **3.** *(Gegenstände)* schleudern; *(Blick)* schleudern, werfen; *(Frage)* aufwerfen, richten (*at* an); **4.** *sport* schießen; **5.** *film* drehen; *(Foto)* machen, schießen; *(Menschen, Gebäude etc)* aufnehmen; **6.** *sl (Drogen)* schießen, drücken; ▶ ~ **one's bolt** *fig* sein Pulver verschießen; ~ **s.o. dead** jdn erschießen; ~ **a glance at s.o.,** ~ **s.o. a glance** jdm einen Blick zuwerfen; ~ **a line** angeben, prahlen; ~ **the lights** bei Rot über die Ampel fahren; ~ **rapids** Stromschnellen durchfahren; **he shot himself** er hat sich erschossen; **he shot himself in the arm** er hat sich in den Arm geschossen; **he was shot in the arm** er wurde in den Arm getroffen; **you'll get me shot** *fig fam* du bringst mich in Schwierigkeiten; **II** *itr* **1.** schießen; *(Jäger)* jagen; **2.** schießen, sausen; **3.** *sport* schießen (*at goal* aufs Tor); **4.** *(Schmerz)* stechen; **5.** *film* drehen; **6.** *(Pflanzen)* treiben; ▶ ~! schieß los! ~ **past,** ~ **by** vorbeischießen, vorbeisausen; **III** *s* **1.** Jagd *f;* Jagdgesellschaft *f;* Jagdrevier *n;* Wettschießen *n;* **2.** *bot* Trieb *m;* Keim *m;* Schößling *m;* **IV** *(mit Präposition)* **shoot ahead** *itr* vorpreschen; sich an die Spitze setzen; **shoot at** *tr* schießen auf; **shoot away** *tr* wegschießen; *itr* **1.** (anhaltend) schießen; **2.** wegrasen, davonschießen; ▶ ~ **away at s.o.** jdn beschießen; ~ **away!** *fig fam* schieß los! **shoot down** *tr* **1.** *(Flugzeug)* abschießen; **2.** *fig fam* fertigmachen; *(Argument)* entkräften; **shoot off** *tr* abschießen; abfeuern; *itr* davonschießen; ▶ ~ **(one's mouth) off** groß reden; tratschen; ausplaudern; **shoot out** *itr* herausschießen (*of* aus); *tr* schnell herausstrecken; hinausschleudern; ▶ ~ **it out with s.o.** sich mit jdm schießen; **shoot past** *itr, tr* vorbeischießen (*s.o.* an jdm); **shoot up** *itr* **1.** in die Höhe schießen; schnell wachsen; *(Gebäude)* aus dem Boden schießen; **2.** *(Flammen)* herausschlagen (*from* aus); *tr* **1.** *mil* beschießen; *(Menschen)* zusammenschießen; **2.** *sl (Drogen)* drücken; ▶ ~ **up a town** in einer Stadt eine Schießerei veranstalten.

shoot·ing ['ʃu:tɪŋ] **1.** Schießen *n; mil (Artillerie)* Feuer *n;* **2.** Jagen *n;* Jagdrecht *n;* Jagdrevier *n;* **3.** Erschießung *f;* Schießerei *f;* **4.** Filmen, Drehen *n;* ▶ **indoor, outdoor** ~ Innen-, Außenaufnahmen *f pl;* **there was a** ~ es wurde geschossen; es wurde jem erschossen; **they are investigating the** ~ sie untersuchen den Mord; **shooting-box, lodge** Jagdhütte *f;* **shooting-gallery** Schießstand *m;* **shooting-jacket** Jagdrock *m;* **shooting-range** Schießstand *m;* **shooting-script** Drehbuch *n;* **shooting season** Jagdzeit *f;* **shooting star** Sternschnuppe *f;* **shooting war** heißer Krieg.

shop [ʃɒp] **I** *s* **1.** Laden *m,* Geschäft *n;* Verkaufsstelle *f;* **2.** Werkstatt, -stätte *f,* Betrieb *m;* Arbeiterschaft *f;* ▶ **all over the** ~ *fam* überall; wild durcheinander; **come, go to the wrong** ~ *fig* an den Unrechten kommen; **keep a** ~ ein Geschäft, e-n Laden haben; **keep** ~ das Geschäft führen; **set up** ~ ein Geschäft eröffnen; **talk** ~ fachsimpeln; **baker's** ~ Bäckerladen *m,* Bäckerei *f;* **fruit** ~ Obstgeschäft *n;* **machine** ~ mechanische Werkstatt; **repair** ~ Reparaturwerkstatt *f;* **II** *itr (go* ~*ping)* einkaufen (gehen); Einkäufe, Besorgungen machen; ▶ ~ **around** sich in den Läden umsehen; ~ **(around) for s.th.** nach etw suchen; **III** *tr sl* verpfeifen; **shop-assist·ant** Verkäufer(in) *m (f);* **shop-break·ing** ['ʃɒpˌbreɪkɪŋ] Ladeneinbruch *m;* **shop·fit·ter** ['ʃɒpˌfɪtə(r)] Geschäftsausstatter(in) *m (f);* **shop·fit·tings** ['ʃɒpˌfɪtɪŋz] *pl* Ladeneinrichtung *f;* **shop-floor** **1.** Produktionsstätte *f;* Werkstatt *f;* **2.** Arbeitskräfte *f pl;* ▶ **at** ~ **level** unter den Arbeitern in der Fabrik; **shop-girl** *Br* Verkäuferin *f;* **shop·keeper** ['ʃɒpki:pə(r)] Ladenbesitzer(in), Geschäftsinhaber(in) *m (f);* Einzelhändler(in) *m (f);* ▶ **a nation of** ~**s** ein Volk von Krämern; **shop·keep·ing** ['ʃɒpki:pɪŋ] Ladenbetrieb *m;* Kleinhandel *m;* **shop-lifter** ['ʃɒplɪftə(r)] Ladendieb(in) *m (f);* **shop-lift·ing** ['ʃɒplɪftɪŋ] Ladendiebstahl *m;* **shop·per** ['ʃɒpə(r)] Käufer(in) *m (f).*

shop·ping ['ʃɒpɪŋ] Einkauf(en *n*) *m;* Besorgungen *f pl;* ▶ **do one's** ~ Einkäufe, Besorgungen machen; **window-**~ Schaufensterbummel *m;* **shopping bag** Einkaufstasche *f;* **shopping cart** Einkaufswagen *m;* **shopping centre** Einkaufszentrum *n;* Geschäftsviertel *n;* **shopping list** Einkaufszettel *m;* **shopping street** Einkaufs-, Geschäftsstraße *f;* **shopping trolley** Einkaufswagen *m;* **shop-soiled, shop-worn** ['ʃɒpsɔɪld, 'ʃɒpwɔ:n] *adj (Ware)* angestaubt; **shop-steward** gewerkschaftlicher Vertrauensmann *m;* **shop·talk** ['ʃɒptɔ:k] Fachsimpelei *f;* **shop-walker** *(Warenhaus)* Ladenaufsicht *f;* **shop-win·dow** [ˌʃɒp'wɪndəʊ] *a. fig* Schaufenster *n.*

shore[1] [ʃɔ:(r)] **1.** Küste(nstreifen *m,* -gebiet, -land *n) f;* **2.** Ufer *n (e-s Flusses);* **3.** Strand *m;* **4.** *mar* Land *n;* ▶ **off** ~ auf See; **on** ~ an Land.

shore[2] [ʃɔ:(r)] **I** *s* Strebe *f;* Schwertlatte *f;* **II** *tr* **1.** *(~ up)* (ab)stützen; **2.** stärken.

shore leave ['ʃɔ:ˌli:v] Landurlaub *m;*

shore-line Küstenlinie *f.*
shorn [ʃɔ:n] **I** *v s. shear;* **II** *adj* geschoren; kahlgeschoren; ▶ **be ~ of s.th.** e-r S beraubt sein.
short [ʃɔ:t] **I** *adj* **1.** kurz *(a. zeitlich);* **2.** kurzfristig; **3.** knapp (*of* an), unzureichend, unzulänglich; **4.** kurz angebunden *fig,* barsch (*with* gegen); **5.** *(Gebäck)* mürbe; **6.** *(Getränk)* unverdünnt; **7.** *com* ungedeckt; ▶ **a ~ time ago** vor kurzem; **at ~ date, notice** kurzfristig; **for ~** kurz *adv;* **in a ~ time** in kurzer Zeit; **time is getting ~** es wird knapp; **in ~, the long and the ~ of it** kurz gesagt, in wenigen Worten; **in the ~ run** auf kurze Sicht; **in ~ order** schnell *adv;* **~ and sweet** schön kurz; **be ~** schlecht bei Kasse sein; **be five ~** fünf zu wenig haben; **be ~ of s.th.** von etw nicht genug, zu wenig haben; **be ~ with s.o.** mit jdm kurz angebunden sein; **be in ~ supply** *(Waren)* knapp sein; **be ~ on** zu wenig haben an; **have a ~ temper** unbeherrscht sein; **~ of breath** außer Atem; kurzatmig; **~ of cash** nicht bei Kasse; **~ of money** in Geldschwierigkeiten, *fam* knapp bei Kasse; **II** *adv* **1.** (zu) kurz; **2.** knapp; **3.** plötzlich, unerwartet; ▶ **~ of** außer; beinahe; **little ~ of madness** fast Wahnsinn; **little, nothing ~ of** nichts außer, nur noch, nichts weniger als; **come, fall ~** nicht (aus)reichen, nicht genügen; *(die Erwartungen)* enttäuschen, zurückbleiben (*of s.th.* hinter etw); **come, fall ~ of s.th.** etw nicht erreichen; **cut ~** unter-, (vorzeitig) abbrechen; *fig* das Wort abschneiden (*s.o.* jdm); **make it ~** sich kurz fassen; **run ~** knapp sein, nicht ausreichen; **run ~ of ...** nicht genug ... haben; **sell ~** ohne Deckung verkaufen; **stop ~** plötzlich stehenbleiben; **turn ~** plötzlich kehrtmachen; **she's a bit ~ on good looks** sie ist nicht gerade hübsch; **he mustn't go ~ (of food)** es soll ihm an nichts fehlen; **III** *s* **1.** Kurzfilm *m;* **2.** *el* Kurzschluß *m;* **3.** Schnaps *m;* **IV** *tr el* kurzschließen; **V** *itr el* einen Kurzschluß haben, bekommen.
short·age ['ʃɔ:tɪdʒ] Mangel *m,* Knappheit, Verknappung *f* (*of* an); ▶ **housing ~** Wohnungsknappheit *f;* **~ of labour** Mangel *m* an Arbeitskräften; **~ of capital** Kapitalmangel *m;* **there is always some kind of ~** irgend etwas ist immer knapp; **there is no ~ of money** es fehlt nicht am Geld.
short·bread, short·cake ['ʃɔ:tbred, 'ʃɔ:tkeɪk] Butterkeks *m;* Biskuittörtchen *n;* **short-change** [ˌʃɔ:t'tʃeɪndʒ] *tr* zu wenig Wechselgeld herausgeben (*s.o.* jdm); *fig* betrügen; **short-circuit I** *s el* Kurzschluß *m;* **II** *tr* **1.** *el* kurzschließen; **2.** *fig* umgehen; **III** *itr el* einen Kurzschluß haben, bekommen; **short-coming** ['ʃɔ:tˌkʌmɪŋ] **1.** Fehler, Mangel *m;* **2.** *pl* Unzulänglichkeit *f; (Person)* Schwächen *f pl;* **short crust pastry** Mürbeteig *m;* **short cut 1.** Abkürzung *f;* Schleichweg *m;* **2.** *fig* abgekürztes Verfahren; Patentlösung *f;* **short-dated** [ˌʃɔ:t'deɪtɪd] *adj fin* kurzfristig; **shorten** ['ʃɔ:tn] **I** *tr* **1.** (ab-, ver)kürzen; **2.** vermindern, verringern; **II** *itr* kürzer werden; sich verringern; **shorten·ing** ['ʃɔ:tnɪŋ] Backfett *n;* **short·fall** ['ʃɔ:tfɔ:l] Defizit *n;* **short·hand** ['ʃɔ:thænd] Kurzschrift, Stenographie *f;* ▶ **take down in ~** (mit)stenographieren; **write ~** stenographieren; **short-handed** [ˌʃɔ:t'hændɪd] *adj* ▶ **be ~** zu wenig Arbeitskräfte haben; **shorthand notebook** Stenoblock *m;* **shorthand notes** *pl* stenographierte Notizen *f pl;* **shorthand typist** Stenotypist(in) *m (f);* **short haul** Nahtransport *m;* **short-haul jet** Kurzstreckenflugzeug *n;* **short-list I** *tr* in die engere (Aus)Wahl ziehen; **II** *s* Auswahlliste *f;* **short-lived** ['ʃɔ:tlɪvd] *adj* kurzlebig *a. fig;* **short·ly** ['ʃɔ:tlɪ] *adv* **1.** in kurzem, bald; **2.** kurz, in Kürze, in wenigen Worten; **3.** scharf; barsch; ▶ **~ after** bald danach; **short·ness** ['ʃɔ:tnɪs] Kürze *f;* Knappheit *f;* Schroffheit *f;* ▶ **~ of sight** Kurzsichtigkeit *f;* **short order** *Am (Restaurant)* Schnellgericht *n;* **short-order dish** Schnellgericht *n;* **short-order cook** Koch *m* in einem Schnellimbiß; **short pastry** Mürbeteig *m,* -gebäck *n;* **short-range** *adj mil* Nahkampf-; Kurzstrecken-; *fig* kurzfristig; ▶ **~ missile** Kurzstreckenrakete *f;* **~ planning** Planung *f* auf kurze Sicht; **shorts** [ʃɔ:ts] *pl* **1.** Shorts *pl,* kurze Hose; **2.** *Am* Unterhose *f;* **short-sighted** [ˌʃɔ:t'saɪtɪd] *adj* kurzsichtig *a. fig;* **short story** Kurzgeschichte *f;* **short-term** *adj* kurzfristig; ▶ **~ memory** Kurzzeitgedächtnis *n; EDV* Kurzzeitspeicher *m;* **short time** Kurzarbeit *f;* ▶ **be on ~** kurzarbeiten; **short wave** *radio* Kurzwelle *f;* **short-winded** [ˌʃɔ:t'wɪndɪd] *adj* außer Atem; kurzatmig.
shot[1] [ʃɒt] **I** *v s. shoot;* **II** *s* **1.** Schuß *m a. sport; (mit Ball)* Wurf *m; (Tennis, Golf)* Schlag *m; (~-putting)* Kugelstoßen *n;* Kugel *f;* **2.** *fig* Versuch *m;* Vermutung *f;* **3.** Geschoß *n,* Kugel *f;* Schrot *m;* **4.** Schütze *m;* **5.** *(space-~)* Raumflug *m;* Start *m;* **6.** *phot film* Aufnahme *f;* **7.** *med fam* Spritze, Injektion *f;* Impfung *f;* **8.** *(Alkohol)* Schuß *m;* ▶ **like a ~** sofort, wie der Blitz; **have a ~ at s.th.** etw probieren, versuchen; **make a bad ~** vorbeischießen; **need a ~ in the arm** *fig* e-e Spritze nötig haben; **put the ~** *sport* die Kugel stoßen; **putting the ~** Kugelstoßen *n;* **he's a good ~** er ist ein

guter Schütze; **good ~!** gut getroffen! **his question is a ~ in the dark** er fragt aufs Geratewohl; **a big ~** *fam* ein hohes Tier; **not by a long ~** *sl* nicht im allergeringsten; **small ~** Schrot *m.*

shot² [ʃɒt] *adj* **1.** durchschossen, -setzt; **2.** *(Seide)* changierend; ▶ **get ~ of s.o., s.th.** jdn, etw loswerden.

shot-gun [ˈʃɒtgʌn] Schrotflinte *f;* ▶ **~ wedding** Muß-Heirat *f;* **shot-put** Kugelstoßen *n;* Wurf *m;* **shot-put·ter** [ˈʃɒtˌpʊtə(r)] Kugelstoßer(in) *m (f).*

should [ʃʊd] **I** *v s. shall;* **II** *aux* **1.** *(Pflicht, Befehl)* ▶ **he, we ~ do that** er sollte, wir sollten das tun; **I ~ have** ich hätte sollen; **I ~ think so** das will ich meinen; **how ~ I know?** wie soll ich das wissen? **2.** *(Wahrscheinlichkeit, Vermutung)* ▶ **we ~ arrive soon** wir müßten bald da sein; **this ~ be enough for you** das müßte Ihnen eigentlich reichen; **3.** *(Überraschung)* ▶ **who ~ be there but Manfred** und wer war da? Manfred! **what ~ he do next but propose to me** und dann hat er mir doch tatsächlich einen Heiratsantrag gemacht; **4.** *(Konjunktiv)* ▶ **if he ~ come** wenn er kommen sollte; **I ~ say yes** ich würde ja sagen; **we ~ have been happy** wir wären glücklich gewesen; **I don't know why it shouldn't work out** ich weiß nicht, warum das nicht klappen sollte; **I shouldn't be surprised if it did** es würde mich nicht überraschen, wenn das so käme; **I ~ do it if I were you** an Ihrer Stelle würde ich das tun; **I shouldn't worry about it** darüber würde ich mir keine Sorgen machen; **unless he ~ change his mind** falls er es sich nicht anders überlegt; **5.** *(Einschränkung)* ▶ **I shouldn't like to say** dazu möchte ich mich nicht äußern; **I ~ think there were about 50 people there** ich würde sagen, es waren etwa 50 Leute da; **I ~ like to know** ich wüßte gern; **I ~ like to speak to Cindy** ich würde gern mit Cindy sprechen.

shoul·der [ˈʃəʊldə(r)] **I** *s* **1.** Schulter *f;* **2.** *zoo* Vorderviertel, Blatt *n; (Schlachttier)* Schulterstück *n;* **3.** Vorsprung *m,* (kleine) Anhöhe *f;* **4.** *(Straße) (hard ~)* Seitenstreifen *m,* Bankett *n;* Standspur *f;* **5.** *(Vase, Flasche)* Ausbuchtung *f;* ▶ **straight from the ~** *(Worte)* offen, unverblümt; **~ to ~** Schulter an Schulter; **be head and ~s above s.o.** jdn beträchtlich überragen; viel tüchtiger sein als jem; **give s.o. the cold ~, cold-~ s.o.** *fig* jdm die kalte Schulter zeigen; **put one's ~ to the wheel** *fig* tüchtig zupacken, Hand anlegen; **rub ~s with** an einem Tisch sitzen, engen Umgang haben mit; **shrug one's ~s** mit den Schultern zucken; **weep** od **cry on s.o.'s ~** sich bei jdm ausweinen; **II** *tr* **1.** auf die Schulter nehmen; *(Gewehr)* schultern; *fig* auf sich nehmen; **2.** mit der Schulter stoßen; ▶ **~ one's way through a crowd** seinen Weg durch e-e Menge bahnen; **~ arms!** das Gewehr über! **shoulder-bag** Umhängetasche *f;* **shoulder-blade** Schulterblatt *n;* **shoulder pad** Schulterpolster *n;* **shoulder-strap 1.** *(Kleid)* Träger *m;* **2.** *(Tasche)* Riemen *m;* **3.** *mil* Schulterklappe *f.*

shouldn't [ʃʊdnt] = *should not.*

shout [ʃaʊt] **I** *s* **1.** Schrei *m;* **2.** Geschrei *n,* Lärm *m;* **3.** Ruf *m;* **4.** *fam* (zu zahlende) Runde *f;* ▶ **whose ~ is it?** wer zahlt die Runde? **II** *tr* (hinaus)schreien; ausrufen; rufen; brüllen; **~ s.th. from the housetops** etw öffentlich verkündigen; **III** *itr* rufen; schreien; brüllen; ▶ **~ at s.o.** jdn anbrüllen; **~ for s.o.** nach jdm rufen; **~ for joy** vor Freude jauchzen; **~ for help** um Hilfe rufen; **~ to s.o.** jdm zurufen; **~ with laughter** vor Lachen brüllen; **nothing to ~ about** nichts besonderes; **don't ~!** schrei nicht so! **IV** *refl* ▶ **~ o.s. hoarse** sich heiser brüllen; **V** *(mit Präposition)* **shout down** *tr* niederbrüllen; **shout out** *itr* aufschreien; einen Schrei ausstoßen; *tr* ausrufen; brüllen; **shout·ing** [ˈ—ɪŋ] Geschrei *n;* Rufen *n;* ▶ **within ~ distance** in Rufweite; **it is all over bar the ~** *fig* die Schlacht ist so gut wie geschlagen.

shove [ʃʌv] **I** *s* Stoß, Schubs *m;* ▶ **give s.o. a ~** jdn schubsen, stoßen; **give s.th. a ~** etw rücken; etw anstoßen; etw anschieben; **II** *tr* **1.** schieben; stoßen; schubsen; drängen; **2.** *fam* stecken (*into* in); **III** *itr* stoßen; schieben; drängeln; **IV** *(mit Präposition)* **shove about, shove around** *tr* herumschubsen; **shove away** *tr* wegschieben, wegstoßen; **shove back** *tr* zurückschieben; zurückstoßen; zurückstecken (*into* in); **shove off** *tr (Boot)* vom Ufer abstoßen; *itr* **1.** *(Boot)* ablegen; **2.** *fam* abhauen; **shove on** *tr (Kleidung)* anziehen; *(Hut)* aufstülpen; *(Schallplatte)* auflegen; **shove over** *tr fam* rübergeben; *itr (a. ~ up) fam* aufrücken, rutschen.

shovel [ˈʃʌvl] **I** *s* **1.** Schaufel, Schippe *f;* **2.** *(~ful)* Schaufel(voll) *f;* **3.** *(Bagger)* Löffel *m;* Löffelbagger *m;* **II** *tr* schaufeln, schippen.

show [ʃəʊ] ⟨*irr* showed, shown⟩ **I** *tr* **1.** zeigen; **2.** zur Schau stellen, ausstellen; **3.** sehen, durchblicken, erkennen lassen; **4.** aufweisen; an den Tag legen; darlegen, klarstellen, erklären; demonstrieren; **5.** beweisen; den Nachweis erbringen (*that* daß); **6.** anzeigen, registrieren; ▶ **~ one's cards, hand** seine Karten aufdecken; **~ o.s. in one's true colo(u)rs** sein wahres Gesicht zeigen; **~ s.o. the door** jdm die Tür weisen, jdn hinauswerfen; ~ **one's face** sich blicken lassen; ~ **one's gratitude** sich dankbar zeigen; ~ **an improvement** e-n Fortschritt aufzuweisen haben; ~ **interest** Interesse zeigen *od* bekunden (*in* an); ~ **promise** vielversprechend sein; ~ **promise of s.th.** etw erwarten lassen; ~ **one's teeth** die Zähne zeigen; ~ **s.o. the way** jdm den Weg zeigen; **we had nothing to ~ for it** wir hatten nichts vorzuweisen; **that ~ed him!** dem habe ich's aber gezeigt! **it all goes to ~ that** das zeigt *od* beweist ganz klar, daß; **II** *itr* **1.** sich zeigen, auftreten, erscheinen; **2.** sichtbar sein; *(Unterrock)* (her)vorsehen; *(Film)* gezeigt werden; ► **go to ~** beweisen; ~ **in the balance sheet** in der Bilanz ausweisen; ~ **willing** guten Willen zeigen; **III** *refl* sich (in der Öffentlichkeit) zeigen, öffentlich auftreten; sich blicken lassen; ► ~ **o.s. to be competent** sich als fähig erweisen; **IV** *s* **1.** Schau, Darbietung *f;* **2.** Auslage *f;* **3.** Ausstellung, Messe *f;* **4.** Schau, Angabe *f,* falscher Schein; **5.** *theat* Aufführung *f;* Show *f;* **6.** *radio TV* Sendung *f; film* Vorführung *f;* **7.** *Am* Darlegung *f,* Nachweis *m;* **8.** *fam* Laden *m;* ► **by ~ of hands** *parl* durch Handzeichen; **for ~** zum Schein; nur fürs Auge; **on ~** zur Besichtigung; ausgestellt; **be on ~** gezeigt werden, ausgestellt sein; **get this ~ on the road** die Arbeit in Angriff nehmen; **give s.o. a fair ~** jdm e-e Chance geben; **give the (whole) ~ away** *fig* alles verraten; **make a ~ of doing s.th.** Miene machen, etw zu tun; **make a ~ of s.th.** etw herausstellen; **make a fine ~** gut aussehen, Eindruck machen; **manage, run the ~** *fam* den Laden schmeißen; **put on a ~** so tun als ob; heucheln; **agricultural, dog ~** Landwirtschafts-, Hundeausstellung *f;* **flower ~** Blumenschau *f;* **motor ~** Autoausstellung *f;* **V** *(mit Präposition)* **show around** *tr* herumführen (*s.o.* jdn); **show in** *tr* (her)einführen; **show off** *itr* angeben (*in front of, to* vor); *tr* **1.** angeben mit; sich brüsten mit; protzen mit; **2.** zur Geltung bringen, hervorheben; ► ~ **s.th. off to advantage** etw vorteilhaft wirken lassen; **show out** *tr* hinausführen, -geleiten; **show up** *tr* **1.** hinaufführen; **2.** erkennen lassen; zum Vorschein bringen; deutlich zeigen; **3.** *(Gauner)* entlarven; *(Gaunerei)* aufdecken; *(Menschen)* bloßstellen; blamieren; *itr* **1.** zu sehen sein; hervorstechen; **2.** erscheinen, sich blicken lassen.

show-boat [ˈʃəʊbəʊt] Theaterschiff *n;* **show-business, show biz** *fam* Showbusineß, Showgeschäft *n,* Vergnügungs-, Unterhaltungsindustrie *f;* **show-case** Schaukasten *m,* Vitrine *f;* **show-down** [ˈʃəʊdaʊn] Kraftprobe *f,* endgültige Auseinandersetzung.

shower [ˈʃaʊə(r)] **I** *s* **1.** (Regen-, Schnee)Schauer *m;* **2.** (Funken)Regen *m;* **3.** *(Pfeile)* Hagel *m;* **4.** *fig* Schwall *m,* Flut, Fülle *f;* **5.** *(~-bath)* Dusche *f;* **6.** *Am Party f, bei der jeder Gast der Gastgeberin ein Geschenk mitbringt;* **7.** *fam* Gruppe *f* blöder Typen; ► **take a ~** duschen; **II** *tr* **1.** übergießen; naßspritzen; **2.** *fig* überschütten, überhäufen (*s.th. upon s.o., s.o. with s.th.* jdn mit etw); **III** *itr* **1.** niederprasseln; *fig* hageln; herabregnen; **2.** duschen; **shower-bath** Dusche *f;* **shower-cabinet** Duschkabine *f;* **shower cap** Duschhaube *f;* **shower curtain** Duschvorhang *m;* **shower gel** [ˈʃaʊə(r)ˌdʒel] Duschgel *n;* **showery** [ˈʃaʊərɪ] *adj* mit einzelnen Regenschauern.

show-girl [ˈʃəʊgɜːl] Varieté-Tänzerin *f;* **show-ground** Ausstellungsgelände *n;* Zirkusgelände *n.*

showi·ness [ˈʃəʊɪnɪs] Protzigkeit, Auffälligkeit, (äußere) Pracht *f.*

show·ing [ˈʃəʊɪŋ] **1.** Ausstellung *f;* **2.** *theat* Aufführung *f; film* Vorführung *f;* **3.** Leistung *f;* ► **make a good ~** gute Leistungen aufweisen; **on his own ~** nach eigenen Angaben; **show·ing-off** [ˌʃəʊɪŋˈɒf] Angeberei *f.*

show-jump·ing [ˈʃəʊˌdʒʌmpɪŋ] Springreiten *n;* **show·man** [ˈʃəʊmən] ‹*pl* -men› Showman *m; fig* Schauspieler *m;* **show·man·ship** [ˈʃəʊmənʃɪp] **1.** Kunst *f,* sich in Szene zu setzen; **2.** effektvolle Attraktion; **shown** [ʃəʊn] *v s. show;* **show-off** [ˈʃəʊɒf] *fam* Angeber(in) *m (f);* **show·piece** [ˈʃəʊpiːs] Schau-, Vorzeige-, Paradestück, Muster *n a. fig;* **show room** Ausstellungsraum *m;* **show trial** Schauprozeß *m;* **showy** [ˈʃəʊɪ] *adj meist pej* protzig; auffällig; *(Aufmachung, Zeremoniell)* bombastisch; *(Farbe)* grell, auffällig.

shrank [ʃræŋk] *v s. shrink.*

shrap·nel [ˈʃræpn(ə)l] *mil* Schrapnell *n.*

shred [ʃred] **I** *s* **1.** Fetzen *m;* Lappen *m;* (Papier)Schnipsel *m;* **2.** *fig* Spur *f,* Fünkchen *n,* ein (klein) bißchen *n;* ► **tear to ~s** *fig* keinen guten Faden lassen an; **II** *tr* **1.** zerfetzen; **2.** zerteilen; zerschneiden; zerkleinern; **shred·der** [ˈʃredə(r)] Reißwolf *m; (Küche)* Reibe *f;* Gemüseschneider *m.*

shrew [ʃruː] **1.** *pej* zänkisches Weib; **2.** *zoo* Spitzmaus *f.*

shrewd [ʃruːd] *adj* **1.** gewitzt, schlau; **2.** klug, scharfsinnig; ► **make a ~ guess** der Wahrheit sehr nahe kommen.

shrew·ish [ˈʃruːɪʃ] *adj* boshaft, zänkisch.

shriek [ʃriːk] **I** *itr* kreischen, schreien; ► ~ **with laughter** schreien vor Lachen; ~ **with pain** vor Schmerz aufschreien; **II** *tr (~ out)* (hinaus)schreien; **III** *s* (gellender, durchdringender) Schrei *m.*

shrift [ʃrɪft] ► **give s.o. short** ~ mit jdm kurzen Prozeß machen.

shrill [ʃrɪl] *adj* schrill, gellend; *(Stimme)* durchdringend.

shrimp [ʃrɪmp] **1.** *zoo* Garnele, Krabbe *f;* **2.** *fam* Knirps *m;* **shrimp-cocktail** Krabbencocktail *m.*

shrine [ʃraɪn] **1.** *rel* (Reliquien)Schrein *m;* **2.** Weihestätte *f.*

shrink [ʃrɪŋk] ⟨*irr* **shrank, shrunk**⟩ **I** *itr* **1.** schrumpfen, einlaufen, eingehen; *(Holz)* schwinden; **2.** *fig* abnehmen, nachlassen; **3.** zurückschrecken (*from* vor); ► ~ **from doing s.th.** etw höchst ungern tun; **II** *tr* schrumpfen lassen; **III** *s sl* Psychiater *m;* **shrink·age** ['—ɪdʒ] **1.** Schrumpfung *f,* Einlaufen *n;* **2.** Schwund *m,* Abnahme *f;* **3.** Nachlassen *n,* Rückgang *m,* Schrumpfung *f;* ► ~ **of exports** Exportschrumpfung *f;* ~ **in purchasing power** Kaufkraftschwund *m;* ~ **in value** Wertminderung *f;* **shrink-wrap I** *tr (Ware)* einschweißen; **II** *s* Einschweißfolie *f.*

shrivel ['ʃrɪvl] **I** *itr* **1.** schrumpfen; zusammenschrumpfen; *(Pflanze)* verwelken; austrocknen; *(Obst, Haut)* runzlig werden; **2.** *fig (Sorgen)* verfliegen; **II** *tr* welk werden lassen; *(Haut, Obst)* runzlig werden lassen; **III** *(mit Präposition)* **shrivel away** *itr* zusammenschrumpfen; *(Pflanzen)* verwelken; vertrocknen; *fig* sich verflüchtigen; **shrivel up** *itr* **1.** zusammenschrumpfen; verwelken; **2.** *fig* sich verkriechen; kleinlaut werden.

shroud [ʃraʊd] **I** *s* **1.** Leichentuch *n;* **2.** *fig* Schleier *m;* **3.** *mar* Want *f;* **II** *tr* **1.** *(Leiche)* einhüllen; **2.** *fig* bedecken, verhüllen, verbergen.

Shrove·tide ['ʃrəʊvtaɪd] Fastnachtstage *m pl;* **Shrove Tuesday** Fastnacht(sdienstag *m*) *f.*

shrub [ʃrʌb] *bot* Strauch, Busch *m;* Staude *f;* **shrub·bery** ['ʃrʌbərɪ] Gebüsch, Busch-, Strauchwerk *n.*

shrug [ʃrʌg] **I** *s* Achselzucken *n;* ► **give a** ~ mit den Achseln zucken; **II** *tr* zukken mit; ► ~ **o.s. out of one's coat** den Mantel abschütteln; **III** *(mit Präposition)* **shrug off** *tr* **1.** mit einem Achselzucken abtun; **2.** *(Mantel)* abschütteln.

shrunk [ʃrʌŋk] *v s. shrink;* **shrunken** ['ʃrʌŋkən] *adj* eingeschrumpft; *fig* zusammengeschrumpft; ► ~ **head** Schrumpfkopf *m.*

shuck [ʃʌk] *Am* **I** *s* Schale, Hülse, Schote *f;* **II** *tr* **1.** schälen, enthülsen, entkernen; **2.** abstreifen; **3.** *(Auster)* öffnen; **4.** *(Gewohnheit)* ablegen; ► ~ **one's clothes** *hum* sich entblättern; **shucks** [ʃʌks] *Am interj* Mist! ► ~ **to you!** (b)ätsch!

shud·der ['ʃʌdə(r)] **I** *itr* **1.** (er)schaudern (*at* bei); **2.** schlottern, zittern (*with cold, fear* vor Kälte, Angst); ► **I** ~ mich schaudert (*at the thought* bei dem Gedanken); **II** *s* Schauder *m.*

shuffle ['ʃʌfl] **I** *s* **1.** Schlurfen *n;* **2.** *(Tanz)* Shuffle *m;* **3.** *(Karten)* Mischen *n;* **4.** *fig* Umstellung *f;* Umbesetzung *f;* Umbildung *f;* **II** *tr* **1.** *(Füße)* schlurfen mit; scharren mit; **2.** *(Karten)* mischen; **3.** *fig (Kabinett)* umbilden; *(Stellen)* umbesetzen; **III** *itr* **1.** schlurfen; **2.** *(Karten)* mischen; ► ~ **out of s.th.** sich vor etw drücken; **IV** *(mit Präposition)* **shuffle off** *tr (Kleidung)* abstreifen; *(Ängste)* ablegen; *(Verantwortung)* abwälzen (*onto* auf).

shun [ʃʌn] *tr* meiden; scheuen.

shunt [ʃʌnt] **I** *tr* **1.** schieben; abschieben; **2.** *rail* rangieren, auf ein Nebengleis schieben; **II** *itr* rangiert werden; rangieren; **III** *s* Stoß *m;* **shunter** ['ʃʌntə(r)] Rangierer *m;* **shunt·ing** ['—ɪŋ] Rangieren *n;* **shunting engine** Rangierlok(omotive) *f;* **shunting-station, -yard** Verschiebebahnhof *m.*

shush [ʃʊʃ] **I** *interj* sch! pst! **II** *tr* zum Schweigen bringen; **III** *itr* still sein.

shut [ʃʌt] ⟨*irr* **shut, shut**⟩ **I** *tr* **1.** schließen, zumachen; **2.** ver-, zuriegeln; versperren; ► ~ **the door in s.o.'s face** jdm die Türe vor der Nase zuschlagen; ~ **the door on s.o.** *fig* jdn abweisen; ~ **one's ears to the truth** die Ohren vor der Wahrheit verschließen; ~ **one's eyes** die Augen zumachen; ~ **one's mouth** den Mund halten; **II** *itr (Fenster, Tür)* zugehen; *(Geschäft, Fabrik)* schließen; geschlossen werden; ► **when do the shops** ~? wann schließen die Geschäfte? **III** *adj* geschlossen, zu; ► **we are** ~ wir haben geschlossen; **his mind is** ~ **to anything** er verschließt sich allem; **IV** *(mit Präposition)* **shut away** *tr* wegschließen, einschließen; ► ~ **o.s. away** sich einschließen; ~ **s.o. away** jdn einsperren; jdn isolieren; **shut down** *tr* **1.** herunterlassen; **2.** *(Fabrik)* (vorübergehend) schließen, stillegen, den Betrieb einstellen; *itr* **1.** *(Fabrik)* schließen; **2.** *radio TV* das Programm beenden; **shut in** *tr* **1.** einschließen, -sperren; **2.** ans Zimmer fesseln; **3.** umgeben; einschließen; ► ~ **one's finger in the door** sich den Finger in der Tür klemmen; **shut off** *tr* **1.** ausschließen (*from* von); **2.** absperren, -schließen; **3.** *tech* ausschalten, zu-, abdrehen; *(Motor)* abstellen; *itr* abschalten; ► ~ **o.s. off** sich absondern; **shut out** *tr* **1.** ausschließen, -sperren **2.** *fig* ausschalten; **3.** *sport* schlagen; **shut to** *tr* zumachen; anlehnen; **shut up** *tr* **1.** verschließen, zuschließen; **2.** einsperren; **3.** zum Schweigen bringen; *itr* den Mund halten; ► ~ **up shop** *fam* den Laden dicht machen; **that'll** ~ **her up** da wird sie nichts mehr sagen; ~ **up!** halt die Klappe!

shut-down ['ʃʌtdaʊn] Stillegung (des

Betriebes), Betriebseinstellung *f; radio TV* Sendeschluß *m;* **shut-eye** *fam* Schläfchen *n;* **shut-in** ['ʃʌtɪn] *Am* ans Haus gefesselte(r) Kranke(r); **shut-off** ['ʃʌtɒf] Abstellen *n;* **shut-off cock** ['ʃʌtɒf,kɒk] Absperrhahn *m;* **shut-off switch** Hauptschalter *m;* **shut-out** ['ʃʌt,aʊt] *Am* Aussperrung *f.*

shut·ter ['ʃʌtə(r)] **I** *s* **1.** Fensterladen *m;* **2.** *phot* Verschluß *m;* ▶ **put up the ~s** die Fensterläden zumachen; *fig* den Laden zumachen; **II** *tr* mit Fensterläden verschließen.

shuttle ['ʃʌtl] **I** *s* **1.** Weberschiffchen *n;* **2.** *(~-traffic)* Pendelverkehr *m;* Pendelflugzeug *n;* Pendelzug *m;* **3.** *(space ~)* Raumtransporter *m;* **II** *itr* pendeln; hin- und hertransportiert werden; herumgereicht werden; **shuttle-bus** Autobus im Pendelverkehr, Zubringer(bus) *m;* **shuttle·cock** ['ʃʌtlkɒk] Federball *m;* **shuttle-flight** *aero* Pendelflug *m;* **shuttle-service** Pendelverkehr *m;* **shuttle-train** Pendelzug *m.*

shy[1] [ʃaɪ] **I** *adj* schüchtern; scheu; ▶ **be ~ of, with s.o.** jdm gegenüber gehemmt sein; **be ~ of doing s.th.** Hemmungen haben, etw zu tun; **make s.o. ~** jdn verschüchtern; **don't be ~!** nur keine Hemmungen! **be 5 people ~** *Am fam* 5 Leute zuwenig haben; **II** *itr (Pferd)* scheuen (*at* vor); **III** *(mit Präposition)* **shy away** *itr (Pferd)* zurückscheuen; *(Mensch)* zurückweichen; ▶ **~ away from s.th.** vor etw zurückschrecken.

shy[2] [ʃaɪ] **I** *s* Wurf *m;* ▶ **have a ~ at s.th.** nach etw werfen; *fig* sich an etw versuchen; **II** *tr* werfen.

shy·ness ['ʃaɪnɪs] Scheu, Schüchternheit *f.*

shy·ster ['ʃaɪstə(r)] *Am sl* Gauner *m;* Winkeladvokat *m.*

Sia·mese [,saɪə'mi:z] **I** *adj* siamesisch; ▶ **~ cat** Siamkatze *f;* **~ twins** *pl* siamesische Zwillinge *pl;* **II** *s* **1.** Siamese *m,* Siamesin *f;* **2.** (das) Siamesisch(e); **3.** *(Katze)* siamesische Katze, Siamkatze *f.*

sick [sɪk] **I** *adj* **1.** krank (*of* an; *with* vor); **2.** *(~ and tired, ~ to death)* überdrüssig (*of* gen); **3.** *fam* geschmacklos; *(Witz)* makaber; *(Mensch)* abartig; ▶ **be ~** sich erbrechen; krank sein; **be ~ of s.th.** etw satt, leid haben; **be taken ~, fall ~** krank werden; **get ~ and tired of s.th.** etw gründlich satt, überhaben; **it makes me ~** *fig* das macht mich ganz krank; **I am, I feel ~** mir ist übel; **I'm worried ~ about it** ich bin darüber höchst beunruhigt; **I'm getting ~ and tired of it** es hängt mir zum Hals heraus; **II** *s* (das) Erbrochene; ▶ **the ~** *pl* die Kranken *m pl;* **sick-bag** Spucktüte *f;* **sick-bay** Krankenrevier *n;* **sick·bed** ['sɪkbed] Krankenbett *n;* **sicken** ['sɪkən] **I** *itr* **1.** krank werden, erkranken (*for* an); **2.** sich ekeln (*at* vor); ▶ **~ of s.th.** e-r S überdrüssig werden; **II** *tr* **1.** anwidern, -ekeln; **2.** erschüttern; ▶ **it ~s me to see that waste** es macht mich krank, wenn ich diese Verschwendung sehe; **sicken·ing** ['sɪkənɪŋ] *adj* **1.** ekelerregend; **2.** *fig* entsetzlich; widerlich, ekelhaft; **sick-headache** Kopfschmerzen *m pl (mit Übelkeit).*

sickle ['sɪkl] Sichel *f.*

sick-leave ['sɪkli:v] Krankheitsurlaub *m;* ▶ **be on ~** krank geschrieben sein; **sick-list** Krankenliste *f;* Verletztenliste *f;* ▶ **put on the ~** krank schreiben; **sick·ly** ['sɪklɪ] *adj* **1.** kränklich, leidend, schwächlich; **2.** *(Gesichtsfarbe, Klima)* ungesund; **3.** *fig* widerlich; **sick·ness** ['sɪknɪs] **1.** Krankheit *f;* **2.** Übelkeit *f;* Erbrechen *n;* **3.** *fig* Geschmacklosigkeit *f;* **sickness benefit** Krankengeld *n;* **sick-pay** Krankengeld *n;* **sick-room** Krankenzimmer *n.*

side [saɪd] **I** *s* **1.** Seite *f;* (Berg)Hang *m;* Wand *f;* **2.** Rand *m;* **3.** *fig* Seite *f,* Standpunkt *m,* Stellungnahme, Meinung *f;* **4.** Seite, Partei *f; sport* Mannschaft *f;* **5.** (väterliche, mütterliche) Seite *f (der Vorfahren); (der Familie)* Zweig *m;* ▶ **at, by my ~** an meiner Seite; **~ by ~** Seite an Seite; **from, on all ~s** von, auf allen Seiten; **on the ~** *fam* nebenbei, nebenher; **on every ~** auf, von allen Seiten; **on his ~** seinerseits; **on the right, wrong ~ of 50** unter, über 50 Jahre alt; **have a bit on the ~** *fam* einen Seitensprung machen; **to be on the safe ~** um sicherzugehen; **earn on the ~** nebenbei verdienen; **put on, to one ~** vorübergehend zurückstellen; **split one's ~s with laughter** vor Lachen (beinahe) platzen; **take ~s** parteiisch sein; Stellung nehmen, Partei ergreifen (*with* für); sich anschließen (*with s.o.* jdm); **this ~ up!** Vorsicht, nicht stürzen! **I've got a pain in my ~** ich habe Seitenstechen; **whose ~ are you on?** auf welcher Seite stehen Sie? **at the ~ of the road** am Straßenrand; **on the ~ of one's plate** am Tellerrand; **this ~ of London** in diesem Teil Londons; **get on the wrong ~ of s.o.** es sich mit jdm verderben; **look on the bright ~** die positive Seite sehen; **it's on the big ~** es ist ziemlich groß; **II** *attr adj* Seiten-; Neben-; **III** *itr* Partei ergreifen (*with* für).

side·board ['saɪdbɔ:d] Büfett *n,* Anrichte *f;* **side·boards, side·burns** ['saɪdbɔ:dz, 'saɪdbɜ:nz] *pl* Koteletten *pl;* Backenbart *m;* **side-car** *mot* Beiwagen *m;* **side-dish** Beilage *f;* **side effect** Nebenwirkung *f;* **side-issue** Randproblem *n;* **side-kick** *Am sl* Kumpel *m;* Gehilfe *m;* **side·light** ['saɪdlaɪt] *mot* Parkleuchte *f;* Standlicht *n;* ▶ **throw a ~ on** *fig* ein Streiflicht werfen auf;

side-line 1. Nebenerwerb *m*, Nebenbeschäftigung *f;* 2. *rail* Nebenlinie *f;* 3. *pl sport* Seitenlinien *f pl;* Spielfeldrand *m;* ▶ **keep to the ~s** *fig* sich im Hintergrund halten; **be on the ~s** *fig* ein Außenseiter sein; **side·long** ['saɪdlɒŋ] *adj, adv* seitlich; seitwärts; auf der Seite; ▶ **give s.o. a ~ glance** jdn aus den Augenwinkeln heraus ansehen; **side-road** Nebenstraße *f;* **side-saddle** Damensattel *m;* ▶ **ride ~** im Damensitz reiten; **side salad** Salat *m* (als Beilage); **side-show** Nebenvorstellung *f;* Sonderausstellung *f;* **side-slip I** *itr* 1. *mot* schleudern; 2. *(Ski)* seitlich abrutschen; **II** *s* 1. *mot* Schleudern *n;* 2. *aero* Seitenrutsch *m;* **side·step** ['saɪdstep] **I** *s* Schritt *m* zur Seite; *(Tanzen)* Seitenschritt *m; sport* Ausfallschritt *m; fig* Ausweichmanöver *n;* **II** *tr* seitwärts ausweichen (*s.th.* e-r S); *fig* ausweichen (*s.o., s.th.* jdm, e-r S); **III** *itr* ausweichen; **side street** Nebenstraße *f;* **side-track** *tr fig* ablenken; **side-view** Seitenansicht *f;* **side·walk** ['saɪdwɔ:k] *Am* Gehweg *m;* **side·ward(s)** ['saɪdwəd(z)] **I** *adj* seitlich; **II** *adv* seitwärts; **side·ways** ['saɪdweɪz] **I** *adj* seitlich; **II** *adv* seitwärts; **side-whiskers** *pl Br* Koteletten *pl;* Backenbart *m;* **side wind** Seitenwind *m;* **side·winder** ['saɪd,waɪndə(r)] *Am sl* Schlag, Haken *m.*

sid·ing ['saɪdɪŋ] *rail* Nebengleis *n;* Abstellgleis *n.*

sidle ['saɪdl] *itr* sich seitlich fortbewegen; ▶ **~ away from s.o.** sich vor jdm aus dem Staub(e) machen; **~ up to s.o.** sich an jdn heranmachen.

siege [si:dʒ] Belagerung *f;* ▶ **lay ~ to** belagern.

sieve [sɪv] **I** *s* Sieb *n;* ▶ **have a memory like a ~** ein Gedächtnis haben wie ein Sieb; **II** *tr, itr* sieben.

sift [sɪft] **I** *tr* 1. (durch)sieben; 2. *fig* sichten, prüfen; **II** *itr* sieben; ▶ **~ out** aussieben, -sortieren (*from* aus); *fig* heraussuchen; absondern; aussieben; **~ through s.th.** etw durchgehen; **sifter** ['sɪftə(r)] Streudose *f.*

sigh [saɪ] **I** *itr* 1. seufzen (*with* vor); 2. ächzen *a. fig;* 3. sich sehnen (*for* nach); **II** *s* Seufzer *m;* ▶ **heave a ~ of relief** e-n Seufzer der Erleichterung ausstoßen.

sight [saɪt] **I** *s* 1. (An)Sicht *f,* (An)Blick *m;* 2. Schau(spiel *n*) *f;* 3. Sehvermögen *n,* Gesicht(ssinn *m*) *n;* 4. *fig* Augen *n pl;* Blickfeld *n;* 5. *(Gewehr, Fernrohr)* Visier(einrichtung *f*) *n;* 6. *fam* seltsamer Anblick; 7. *pl* Sehenswürdigkeiten *f pl;* ▶ **at, on ~** sofort, ohne weiteres; auf den ersten Blick; *mus* vom Blatt; *com* bei Sicht; **at the ~ of** beim Anblick *gen;* **at first ~** auf den ersten Blick; **by ~** vom Ansehen; **not by a long ~** *fam* nicht im entferntesten, nicht im geringsten; **in, within ~** in Sicht, Sehweite; **in the ~ of** *fig* im Lichte *gen;* **in his ~** in seinen Augen; **in the ~ of God** vor Gott; **out of ~** außer Sicht; weit weg; *fam* unerschwinglich; *sl* wunderbar, phantastisch; **it was my first ~ of the mountains** das war das erste, was ich von den Bergen gesehen habe; das war das erstemal, daß ich die Berge gesehen habe; **~ unseen** *com* unbesehen; **be a ~** *fam* fürchterlich, verheerend aussehen; **be unable to bear the ~ of s.o.** jdn nicht ausstehen können; **catch, get (a) ~ of s.th.** etw zu Gesicht bekommen; **know by ~** vom Sehen (her) kennen; **lose ~ of s.th.** etw aus den Augen verlieren *a. fig;* **lower one's ~s** seine Ansprüche zurückschrauben; **see the ~s of a town** eine Stadt besichtigen; **set one's ~s too high** zu hohe Anforderungen stellen; **take ~ of s.th.** etw anvisieren; **the end is not yet in ~** das Ende ist noch nicht abzusehen; **what a ~ you are!** wie siehst denn du aus! **you're a ~ for sore eyes!** es ist ein Vergnügen, dich zu sehen! **long, near ~** Weit-, Kurzsichtigkeit *f;* **he has very good ~** er sieht sehr gut; **second ~** das Zweite Gesicht; **a ~ better** *fam* einiges besser; **out of ~ out of mind** *prov* aus den Augen, aus dem Sinn; **II** *tr* 1. sichten; 2. *(Gewehr)* mit einem Visier versehen; (das Visier) richten; 3. *com (Wechsel)* vorlegen; **sight-bill** *fin* Sichtwechsel *m;* **sighted** ['saɪtɪd] *adj* ▶ **clear-~, far-~** weitblickend; **sightless** ['saɪtlɪs] *adj* blind; **sightly** ['saɪtlɪ] *adj* ansehnlich, stattlich; **sight-read** *tr irr s. read* vom Blatt spielen; **sight-see·ing** ['saɪt,si:ɪŋ] Besuch *m* von Sehenswürdigkeiten, Sightseeing *n;* ▶ **he goes ~** er besichtigt Sehenswürdigkeiten; **sightseeing tour** Stadtrundfahrt *f;* **sight-seer** ['saɪtsi:ə(r)] Tourist(in) *m (f).*

sign [saɪn] **I** *s* 1. Zeichen *n;* 2. (An-, Vor)Zeichen, Symptom *n;* 3. (Tür-, Aushänge-, Verkehrs)Schild *n;* 4. *math mus* Vorzeichen *n;* 5. *astr* Sternzeichen *n;* ▶ **at the ~ of the Red Lion** im Roten Löwen; **road ~** Wegweiser *m;* **traffic-~** Verkehrszeichen *n;* **the ~ of the cross** das Kreuzeszeichen; **a ~ of life** ein Lebenszeichen *n;* **~ of the zodiac** *astr* Tierkreiszeichen *n;* **as a ~ of** zum Zeichen *gen;* **show ~s of going** Anstalten machen zu gehen; **there was no ~ of it** es war keine Spur davon zu entdecken; **II** *tr* unterzeichnen, -schreiben; signieren; ▶ **~ one's name** unterschreiben; **~ the guest book** sich ins Gästebuch eintragen; **~ the register** sich eintragen; **III** *itr* 1. ein Zeichen geben, winken; 2. unterschreiben; **IV** *(mit Präposition)* **sign away** *tr* aufgeben; (schriftlich) abtreten; **sign for** *itr* den Empfang durch Unterschrift bestätigen; **sign in** *itr* sich einschreiben, sich eintragen; *tr* eintragen; **sign off** *itr* **1.** *radio TV* das Programm beenden; **2.** *(Brief)* Schluß machen; **3.** *EDV* sich abmelden; **sign on** *itr* **1.** sich verpflichten; sich melden; *(Arbeitnehmer)* den Arbeitsvertrag unterschreiben; *(Erwerbsloser)* sich arbeitslos melden; *(zu Kurs)* sich einschreiben; **2.** *radio* sich melden; **3.** *EDV* sich anmelden; **4.** *(bei Amt)* sich melden; beantragen (*for s.th.* etw); *tr* verpflichten; einstellen; anheuern; **sign out** *itr* **1.** sich abmelden; **2.** sich austragen; *tr* austragen; **sign over** *tr* überschreiben; **sign up** *tr* anstellen (*s.o.* jdn); verpflichten, anwerben; unter Vertrag nehmen; *itr* **1.** sich verpflichten; sich melden; sich einschreiben; **2.** sich zur Abnahme verpflichten (*for s.th.* von etw); bestellen (*for s.th.* etw).

sig·nal ['sɪgnəl] **I** *s* **1.** Zeichen *n;* **2.** Wink *m;* **3.** *mot tele radio rail* Signal *n* (*for* zu); **4.** Nachricht *f;* ▶ **give, make a ~** ein Zeichen geben; **engaged,** *Am* **busy ~** *tele* Besetztzeichen *n;* **II** *tr* **1.** (ein) Zeichen geben, winken (*s.o.* jdm); **2.** signalisieren; ankündigen; anzeigen; **3.** *fig* ein Zeichen sein für; **III** *itr* (ein) Zeichen, ein Signal geben; **signal-box** *rail* Stellwerk *n;* **sig·nal·ize, sig·nal·ise** ['sɪgnəlaɪz] *tr* kennzeichnen; **signal lamp** Warn-, Blinklampe *f;* **sig·nal·ler** ['sɪgnələ(r)] *mil* Fernmelder, Funker *m;* **sig·nal·man** ['sɪgnəlmən] ‹*pl* -men› **1.** *rail* Bahnwärter *m;* **2.** *mar* Signalgast *m;* **3.** *mil* Funker, Fernmelder *m;* **sig·nal·ment** [—mənt] *Am* Steckbrief *m.*

sig·na·tory ['sɪgnətrɪ, *Am* 'sɪgnətɔ:rɪ] *adj* ▶ **~ powers, states** *pl* Signatarmächte *f pl,* -staaten *m pl.*

sig·na·ture ['sɪgnətʃə(r)] **1.** Unterschrift *f;* **2.** Unterzeichnung *f;* **3.** *mus* Vorzeichen *n;* **4.** *radio (~ tune)* Erkennungsmelodie *f;* **5.** *typ* Signatur *f;* ▶ **put one's ~ to s.th.** seine Unterschrift unter etw setzen.

sign·board ['saɪnbɔ:d] Schild *n,* Tafel *f.*

sig·net-ring ['sɪgnɪtˌrɪŋ] Siegelring *m.*

sig·nifi·cance [sɪg'nɪfɪkəns] Bedeutung *f;* Wichtigkeit *f;* Tragweite *f;* **sig·nifi·cant** [sɪg'nɪfɪkənt] *adj* **1.** bezeichnend (*of* für); **2.** bedeutungsvoll, bedeutsam, wichtig (*for* für); **3.** *(Blick)* vielsagend; **sig·nifi·ca·tion** [ˌsɪgnɪfɪ'keɪʃn] **1.** Sinn *m,* Bedeutung *f;* **2.** Bezeichnung *f;* Andeutung *f;* **sig·nify** ['sɪgnɪfaɪ] **I** *tr* **1.** andeuten, anzeigen; **2.** bedeuten; **II** *itr* wichtig sein; ▶ **it doesn't ~ (anything)** es hat nichts zu bedeuten.

sign-lan·guage ['saɪnˌlæŋgwɪdʒ] Zeichensprache *f;* **sign-painter** Plakatmaler *m;* **sign-post I** *s* Wegweiser *m;* **II** *tr* beschildern; ausschildern.

si·lage ['saɪlɪdʒ] Silofutter *n.*

si·lence ['saɪləns] **I** *s* **1.** Schweigen *n;* **2.** Stille, Ruhe *f;* **3.** (Ver)Schweigen (*on s.th.* e-r S), Stillschweigen *n;* ▶ **in ~** schweigend; **keep ~** Stillschweigen bewahren (*on* über); **pass over in ~** mit Stillschweigen übergehen; **reduce to ~** zum Schweigen bringen; **II** *tr* zum Schweigen bringen; **si·lencer** ['saɪlənsə(r)] **1.** *(Auto, Gewehr)* Schalldämpfer *m;* **2.** *mot* Auspufftopf *m;* **si·lent** ['saɪlənt] *adj* **1.** schweigend; **2.** stumm *a. gram;* **3.** schweigsam; **4.** still, ruhig, geräuschlos; ▶ **be ~** schweigen (*on* über); **become ~** still werden; verstummen; **keep ~** Stillschweigen bewahren, nichts sagen; **~ movie** Stummfilm *m;* **~ partner** *Am com* stiller Gesellschafter; **the ~ majority** die schweigende Mehrheit; **be ~!** sei still; **si·lent·ly** [—lɪ] *adv* lautlos; leise; schweigend.

sil·hou·ette [ˌsɪlu:'et] **I** *s* **1.** Silhouette *f;* **2.** Umriß *m;* **3.** Scherenschnitt, Schattenriß *m;* **II** *tr* ▶ **be ~d** sich abheben (*against, on, upon* gegen, von).

sil·ica ['sɪlɪkə] *chem* Kieselerde *f;* Siliziumdioxyd *n;* **sili·cate** ['sɪlɪkeɪt] *chem* Silikat *n;* **sili·con** ['sɪlɪkən] *chem* Silizium *n;* **silicon chip** Siliziumscheibe *f;* **sili·cone** ['sɪlɪkəʊn] Silikon *n;* **sili·co·sis** [ˌsɪlɪ'kəʊsɪs] *med* Staublunge, Silikose *f.*

silk [sɪlk] **1.** Seide(nstoff *m*) *f;* Seidengewand *n;* **2.** *Br* Kronanwalt *m;* **3.** *pl (Pferderennen)* (Renn)Farben *f pl;* ▶ **artificial ~** Kunstseide *f;* **silk dress** Seidenkleid *n;* **silken** ['sɪlkən] *adj* **1.** *lit* seiden; **2.** *fig* seidig; **silk hat** Zylinder *m;* **silk moth** Seidenspinner *m;* **silk-stocking** *adj Am* vornehm; **silk-worm** ['sɪlkwɜ:m] Seidenraupe *f;* **silky** ['sɪlkɪ] *adj* **1.** seiden; **2.** *(Haar)* seidig; weich; glänzend; *(Stimme)* samtig; *(Benehmen)* glatt.

sill [sɪl] **1.** (Tür)Schwelle *f;* **2.** Fensterbank *f;* Sims *m* od *n;* **3.** *mot* Türleiste *f;* **4.** *geol* Lagergang *m.*

silly ['sɪlɪ] **I** *adj* **1.** dumm; **2.** töricht, albern; ▶ **~ moo pej** *(Frau)* blöde Ziege; **~ season** Sauregurkenzeit *f;* **II** *s fam (~-billy)* Dummerchen *n.*

silo ['saɪləʊ] ‹*pl* silos› Silo *n; (Raketen)* unterirdische Startrampe.

silt [sɪlt] **I** *s* Schwemmsand *m;* Schlick, Schlamm *m;* **II** *tr, itr* **1.** *(~ up)* verschlammen; **2.** (sich) verstopfen.

sil·ver ['sɪlvə(r)] **I** *s* **1.** Silber *n;* **2.** Silbergeld *n;* **3.** (Tafel)Silber, Silbergeschirr *n;* **II** *adj* **1.** silbern; silberhaltig; versilbert; **2.** silb(e)rig, silberglänzend; ▶ **be born with a ~ spoon in one's mouth** Kind reicher Eltern, ein Glückskind sein; **III** *tr* versilbern; **silver birch** Weißbirke *f;* **silver-fir** Weiß-, Edeltanne *f;* **sil·ver·fish** ['sɪlvəˌfɪʃ] ‹*pl* -, -fishes› Silberfischchen *n;* **silver jubilee** 25jähriges Jubiläum; **silver lining** *fig* Silberstreifen *m* am Horizont, Lichtblick *m;* **silver-mine** Silbermine *f;* **silver plate** Versilberung *f;* versilberte Sachen *f pl;* **silver-plate** *tr* versilbern; **silver screen** Leinwand *f;* **sil·ver·side** ['sɪlvəsaɪd] *(Rind)* Schwanzstück *n;* **sil·ver·smith** ['sɪlvəsmɪθ] Silberschmied *m;* **silver standard** Silberstandard *m;* **sil·ver·ware** ['sɪlvəweə(r)] Silber(geschirr) *n;* **silver wedding** silberne Hochzeit; **sil·very** ['sɪlvərɪ] *adj* **1.** silb(e)rig, silberglänzend; **2.** *(Ton)* silberhell.

sim·ian ['sɪmɪən] **I** *adj* affenartig; **II** *s* (Menschen)Affe *m.*

simi·lar ['sɪmɪlə(r)] *adj* ähnlich (*to* dat) *a. math,* gleich(artig); ▶ **in a ~ way** ähnlich; genauso; **simi·lar·ity** [ˌsɪmə'lærətɪ] Ähnlichkeit, Gleichartigkeit *f* (*to* mit); **sim·ile** ['sɪmɪlɪ] Gleichnis *n;* **sim·ili·tude** [sɪ'mɪlɪtju:d] Ähnlichkeit *f.*

sim·mer ['sɪmə(r)] **I** *itr* simmern, sieden; *fig (vor Zorn)* kochen (*with* vor); *(vor Aufregung)* fiebern; **II** *tr* sieden lassen; **III** *s* ▶ **be on the ~** sieden, simmern; *(vor Wut)* kochen; *(vor Aufregung)* fiebern; **keep on the ~** sieden lassen; *fig* nicht zur Ruhe kommen lassen; **IV** *(mit Präposition)* **simmer down** *itr* sich beruhigen.

sim·per ['sɪmpə(r)] **I** *itr* einfältig, selbstgefällig lächeln; **II** *tr* säuseln; **III** *s* einfältiges, selbstgefälliges Lächeln; affektiertes Getue; **sim·per·ing** [—ɪŋ] *adj* albern, geziert, affektiert.

simple ['sɪmpl] *adj* **1.** einfach; **2.** unkompliziert, leicht; **3.** einfach, schlicht; **4.** ungekünstelt, natürlich; **5.** *(Wahrheit)* rein, nackt; **6.** bescheiden, gewöhnlich, unbedeutend; **7.** einfältig, dumm; ▶ **pure and ~** ganz einfach; **~ equation** Gleichung *f* ersten Grades; **the ~ fact** die bloße Tatsache; **~ fraction** gemeiner Bruch; **simple-hearted** [ˌsɪmpl'hɑ:tɪd] *adj* offen(herzig), aufrichtig, grundehrlich; **simple-minded** [ˌsɪmpl'maɪndɪd] *adj* einfältig; simpel; **simple·ton** ['sɪmpltən] Einfaltspinsel *m;* **sim·plic·ity** [sɪm'plɪsətɪ] **1.** Einfachheit *f;* **2.** Unkompliziertheit *f;* **3.** Schlichtheit, Anspruchslosigkeit, Natürlichkeit *f;* **4.** Einfalt *f;* ▶ **for the sake of ~** der Einfachheit halber; **sim·pli·fi·ca·tion** [ˌsɪmplɪfɪ'keɪʃn] Vereinfachung *f;* **sim·plify** ['sɪmplɪfaɪ] *tr* vereinfachen; erleichtern; **sim·plis·tic** [sɪm'plɪstɪk] *adj* simpel, simplistisch; **sim·ply** ['sɪmplɪ] *adv* **1.** (ganz) einfach; **2.** bloß, nur, rundweg, glattweg; **3.** geradezu; **4.** *fam* völlig.

simu·late ['sɪmjʊleɪt] *tr* **1.** vorgeben, -täuschen, -spiegeln; *(Krankheit)* simulieren; **2.** *(Bedingungen)* simulieren; **simu·la·tion** [ˌsɪmjʊ'leɪʃn] **1.** Verstellung, Heuchelei *f;* Vorspiegelung *f;* **2.** Simulation *f;* **simu·la·tor** ['sɪmjʊleɪtə(r)] Simulator *m.*

sim·ul·ta·ne·ity, sim·ul·ta·neous·ness [ˌsɪmltə'ni:ətɪ ˌsɪml'teɪnɪəsnɪs, *Am* ˌsaɪm—] Gleichzeitigkeit *f;* **sim·ul·ta·neous** [ˌsɪml'teɪnɪas, *Am* ˌsaɪm—] *adj* gleichzeitig (*with* mit); *(Gleichung, Dolmetschen)* Simultan-.

sin [sɪn] **I** *s* **1.** *rel* Sünde *f;* **2.** *fig* Vergehen *n* (*against* gegen); Versündigung *f;* ▶ **deadly, mortal ~** Todsünde *f;* **original ~** Erbsünde *f;* **live in ~** in wilder Ehe leben; **it's a ~** es ist jammerschade; **isn't it a ~?** ist es nicht eine Schande? **II** *itr* **1.** sündigen, verstoßen (*against* gegen); **2.** sich versündigen (*against* an).

Si·nai ['saɪn(ɪ)aɪ] Sinai *m;* ▶ **Mount ~** der Berg Sinai.

since [sɪns] **I** *adv* **1.** seitdem, seither; **2.** vorher, zuvor, vordem; ▶ **ever ~** seither; **long ~** (seit) langem; **how long ~ ?** wie lange schon? **~ when?** seit wann? **have you seen him ~?** hast du ihn seither gesehen? **II** *prep* seit; **III** *conj* **1.** seitdem; **2.** da.

sin·cere [sɪn'sɪə(r)] *adj* offen, ehrlich, aufrichtig; ▶ **be ~ about s.th.** es mit etw ehrlich meinen; **sin·cere·ly** [—lɪ] *adv* aufrichtig, ehrlich; ▶ **Yours ~** mit freundlichen Grüßen; **sin·cer·ity** [sɪn'serətɪ] Aufrichtigkeit *f.*

sine [saɪn] *math* Sinus *m.*

sine die ['si:neɪ 'di:eɪ] *adv* auf unbestimmte Zeit.

sine qua non [ˌsɪneɪ kwɑ: 'nəʊn] unerläßliche Bedingung, Voraussetzung *f.*

sinew ['sɪnju:] **1.** Sehne *f;* **2.** *pl fig* Kräfte *f pl;* **sin·ewy** ['sɪnju:ɪ] *adj* **1.** sehnig; **2.** *(Baum)* knorrig; **3.** *fig* kraftvoll.

sin·ful ['sɪnfl] *adj* sündig; sündhaft.

sing [sɪŋ] ⟨*irr* sang, sung⟩ **I** *s* Singen *n;* ▶ **have a ~** singen; **II** *itr* singen; *(Ohren)* klingen, dröhnen; *(Wasser, Kessel)* summen; **III** *tr* singen; ▶ **~ s.o. to sleep** jdn in den Schlaf singen; **~ s.o.'s praises** ein Loblied auf jdn singen; **IV** *(mit Präposition)* **sing along** *itr* mitsingen; **sing away** *itr* dauernd singen; vor sich hin singen; *(Wasser, Kessel)* summen; *tr (Sorgen)* fortsingen; **sing of** besingen; **sing out** *itr* **1.** laut(er) singen; erklingen; summen; **2.** *fam* schreien; *tr* singen; ausrufen; **sing up** *itr* lauter singen.

Singa·pore [sɪŋə'pɔ:(r)] Singapur *n.*

singe [sɪndʒ] *tr* ansengen; (ver)sengen.

singer ['sɪŋə(r)] Sänger(in) *m (f);* **sing·ing** ['sɪŋɪŋ] **1.** Singen *n,* Gesang *m;* **2.** *(Ohren)* Dröhnen *n;* **3.** *(Wasser, Kessel)* Summen *n;* **singing bird** Singvogel *m;* **singing book** Liederbuch *n;* **singing club, society** Gesangsverein *m;* **sing-**

ing lesson Sing-, Gesangstunde *f;* **singing teacher** Gesangslehrer(in) *m (f);* **singing voice** Singstimme *f.*

single ['sɪŋgl] **I** *adj* **1.** einzig, alleinig; **2.** allein, für sich, einsam; **3.** einzeln; unverheiratet, alleinstehend; **4.** einfach; ▶ **in ~ file** im Gänsemarsch; **~ bedroom, bed** Einzelzimmer, Einzelbett *n;* **not a ~ one** kein einziger; **every ~ one** jeder (einzelne); **~ mother** alleinerziehende Mutter; **~ parent** Alleinerziehende(r) *f m;* **~ people** *pl* Ledige, Unverheiratete, Singles *pl;* **II** *s* **1.** *(~ ticket)* einfache Fahrkarte; **2.** Einzelzimmer *n;* **3.** *sport* Einzelspiel *n;* **4.** *fam* eine Dollar-, Pfundnote *f;* **5.** *(Schallplatte)* Single *f;* **6.** *(Mensch)* Single *m;* ▶ **ladies', men's ~(s)** *(Tennis)* Damen-, Herreneinzel *n;* **~s club** Klub *m* der Singles; **III** *(mit Präposition)* **single out** *tr* aussondern, -lesen, -wählen; herausgreifen *(from* aus); herausheben, hervorheben; den Vorzug geben *(s.o.* jdm); **single-breasted** [ˌsɪŋglˈbrestɪd] *adj (Jacke, Mantel)* einreihig; **single-decker** [ˌsɪŋlˈdekə(r)] einstöckiger Bus; **single-entry bookkeeping** einfache Buchführung; **single-figure** *adj (Zahl)* einstellig; **single-handed** [ˌsɪŋglˈhændɪd] *adj* einhändig; ohne Hilfe; allein, selbständig; **single-minded** [ˌsɪŋglˈmaɪndɪd] *adj* zielstrebig; beharrlich; **single·ness** [—nɪs] Alleinsein *n;* ▶ **~ of purpose** Zielstrebigkeit *f;* **single-parent family** Einelternfamilie *f;* **single seater** [ˌsɪŋglˈsi:tə(r)] Einsitzer *m;* **single-stage** *adj (Rakete)* einstufig.

sin·glet ['sɪŋglɪt] ärmelloses Unterhemd; *sport* ärmelloses Trikot.

single ticket ['sɪŋglˌtɪkɪt] Einzelfahrschein *m;* **single-track** ['sɪŋgltræk] *adj* eingleisig *a. fig;* **single traveller** Einzelreisende(r) *f m.*

sing·ly ['sɪŋglɪ] *adv* **1.** einzeln; **2.** einzig, nur.

sing·song ['sɪŋsɒŋ] **1.** Gemeinschaftssingen *n;* **2.** Singsang *m.*

sin·gu·lar ['sɪŋgjʊlə(r)] **I** *adj* **1.** einzig; **2.** individuell, persönlich, privat; **3.** ungewöhnlich, seltsam, sonderbar; **4.** außergewöhnlich, außerordentlich, einzigartig; **II** *s* Singular *m,* Einzahl *f;* **sin·gu·lar·ity** [ˌsɪŋgjʊˈlærətɪ] **1.** Eigenheit *f;* **2.** Ungewöhnlichkeit, Seltenheit *f;* **3.** Sonderbarkeit *f;* **sin·gu·lar·ly** ['sɪŋgjʊləlɪ] *adv* **1.** bemerkenswert; **2.** seltsam, sonderbar.

sin·is·ter ['sɪnɪstə(r)] *adj* unheimlich, finster; unheilverkündend.

sink[1] [sɪŋk] Ausguß *m,* Spüle *f.*

sink[2] [sɪŋk] ⟨*irr* **sank, sunk**⟩ **I** *itr* **1.** (ein-, ver)sinken; **2.** sinken, (langsam) fallen *a. fig;* **3.** *(Schiff)* sinken, untergehen; **4.** *fig* niedriger, schwächer werden, nachlassen, zurückgehen *(a. Preise);* **5.** *(in e-n Lehnstuhl)* sich fallen lassen *(into* in); **6.** *(in Schlaf, Verzweiflung)* fallen; **7.** *(Sonne)* untergehen; **8.** *(sittlich, sozial, an Wert)* sinken, abfallen; **9.** *(Gebäude)* sich senken; *(Boden)* nachgeben; *(Abhang)* abfallen; ▶ **be left to ~ or swim** ganz auf sich selbst gestellt sein; **~ to one's knees** auf die Knie sinken; **~ to the ground** zu Boden sinken; *(Schiff)* versinken; **my heart sank** ich wurde mutlos; **with ~ing heart** verzagt; **he is ~ing fast** ihm geht es zunehmend schlechter; **II** *tr* **1.** versenken, (ver)sinken lassen; **2.** stoßen, drücken *(in, into* in); **3.** *fam (Getränk)* hinunterstürzen; **4.** *(Loch)* graben, aushöhlen, bohren; *min (Schacht)* abteufen; **5.** eingraben, (ein)ritzen, gravieren, stechen; **6.** *(Preise, Stimme, Kopf)* senken; **7.** *(Geld)* anlegen, investieren *(into* in); **8.** *(Geld durch schlechte Geschäfte)* verlieren; **9.** *(Plan, Hoffnung)* ruinieren, zunichte machen; ▶ **we are sunk** wir sind ruiniert; **~ one's teeth, claws into s.th.** die Zähne, Klauen in etw schlagen; **we have to ~ our differences** wir müssen unsere Meinungsverschiedenheiten beilegen; **sunk in thought** in Gedanken versunken; **sunk in a book** in ein Buch vertieft; **III** *(mit Präposition)* **sink away** *itr (Boden)* abfallen; **sink back** *itr* sich zurücklehnen; **sink down** *itr* sich fallen lassen *(on* auf); **sink in** *itr* **1.** einsinken; **2.** *fig fam* kapiert werden; *tr (Pfähle)* einlassen; ▶ **I hope it has finally sunk in** ich hoffe, der Groschen ist endlich gefallen.

sink·able ['sɪŋkəbl] *adj* versenkbar; **sinker** ['sɪŋkə(r)] *(Angel)* Senker *m;* **sink·ing** ['sɪŋkɪŋ] **I** *s* **1.** *(Schiff)* Untergang *m;* Versenken *n;* **2.** *(Schacht)* Senken, Abteufen *n; (Brunnen)* Bohren *n;* **II** *adj (Gefühl)* flau, ungut; ▶ **~ fund** (Schulden)Tilgungsfonds *m.*

sink unit ['sɪŋkˌju:nɪt] Spültisch *n.*

sin·ner ['sɪnə(r)] Sünder(in) *m (f).*

sinu·ous ['sɪnjʊəs] *adj* **1.** sich windend, sich schlängelnd; **2.** *fig* gewunden; **3.** *(Bewegung)* geschmeidig, schlangenartig.

sinus ['saɪnəs] Sinus *m;* Neben-, Stirnhöhle *f;* **sinus·itis** [ˌsaɪnəˈsaɪtɪs] Stirnhöhlenkatarrh *m,* Sinusitis *f.*

Sioux [su:] **I** *adj* der Sioux(indianer); **II** *s* Sioux(indianer) *m,* Sioux(indianerin) *f.*

sip [sɪp] **I** *itr, tr* schlürfen, nippen; **II** *s* Schlückchen *n.*

si·phon ['saɪfən] **I** *s* **1.** Siphon *m;* **2.** *tech* Heber *m;* **II** *tr* ausheben, entleeren *a. med;* umfüllen; **III** *(mit Präposition)* **siphon off** *tr* **1.** absaugen; *(Benzin)* abzapfen; umfüllen; **2.** *fig* abziehen; *(Gewinn)* abschöpfen.

sir [sɜ:(r)] Herr *m (Anrede ohne Na-*

men); ► **S~** Sir *m (Titel);* **yes, ~** jawohl (mein Herr)!
sire ['saɪə(r)] **I** *s (Säugetiere)* Vatertier *n;* **II** *tr (Säugetier)* (er)zeugen.
si·ren ['saɪərən] Sirene *f.*
sir·loin ['sɜ:lɔɪn] *(Rind)* Lendenstück *n.*
sir·occo [sɪ'rɒkəʊ] ‹*pl* -occos› *mete* Schirokko *m.*
sis [sɪs] *fam* Schwester(chen *n*) *f.*
si·sal ['saɪsl] Sisal *m;* **sisal hemp** Sisalhanf *m.*
sissy ['sɪsɪ] **I** *s* Weichling *m;* **II** *adj* weichlich, weibisch.
sis·ter ['sɪstə(r)] **1.** Schwester *f a. rel;* **2.** *med* (Ober)Schwester *f;* ► **brothers and ~s** *pl* Geschwister *pl;* **sis·ter·hood** [—hʊd] Schwesternschaft *f;* **sis·ter-in-law** ['sɪstərɪnlɔ:] ‹*pl* sisters-in-law› ['sɪstəzɪnlɔ:] Schwägerin *f;* **sis·ter·ly** ['sɪstəlɪ] *adj* schwesterlich.
sit [sɪt] ‹*irr* **sat, sat**› **I** *itr* **1.** sitzen; sich setzen; **2.** *(Vogel)* brüten; *(Henne)* sitzen; **3.** *(Versammlung)* tagen; **4.** *(Mitglied)* einen Sitz haben, Mitglied sein; *pol* Abgeordneter sein; **5.** sich befinden, stehen; *(im Magen)* liegen (*on* in); **6.** *tech* aufliegen; **7.** *(Kleidungsstück)* sitzen (*on s.o.* bei jdm); **8.** *fig* liegen, ruhen, lasten (*on* auf); **9.** *(baby-~)* auf ein Kind aufpassen; ► **~ on the bench** als Richter amtieren; **~ bolt upright** kerzengerade dasitzen; sich plötzlich aufrichten; **~ on a committee** e-m Ausschuß angehören; **~ for a constituency** e-n Wahlkreis vertreten; **~ for an examination** sich e-r Prüfung unterziehen; **~ on the fence, rail** *fig fam* unentschlossen sein; sich zurückhalten; neutral bleiben; **~ on one's hands** sich nicht rühren; nichts unternehmen; nicht applaudieren; **~ in judg(e)ment** *fig* zu Gericht sitzen (*on* über); **~ on a jury** Geschworener sein; **~ for a painter** sich malen lassen; **~ pretty** *fam* gut dran sein; **~ tight** sich nicht (von der Stelle) rühren; **~ by s.o.** sich neben jdn setzen; **II** *tr* **1.** setzen; stellen; **2.** *(Prüfung)* ablegen; ► **~ o.s. (down)** sich setzen, Platz nehmen (*on* auf); **III** *(mit Präposition)* **sit about, sit around** *itr* herumsitzen u. nichts tun; **sit back** *itr* sich zurücklehnen; *fig* abwarten; ausruhen; ► **~ back and relax** sich ausruhen; **sit down** *itr* sich (hin)setzen; Platz nehmen; ► **take s.th. ~ting down** *fig* sich etw gefallen lassen; **sit in** *itr* **1.** ein Sit-in machen; **2.** dabeisein (*on* bei); **3.** zu Hause sitzen; ► **~ in for s.o.** jdn vertreten; **sit on** *itr* **1.** sitzen bleiben; **2.** *(Versammlung, Ausschuß)* sitzen in, Mitglied sein bei; **3.** *(Entscheidung)* hinauszögern, sitzen auf; **4.** *(Nachricht, Erfindung)* unterdrücken; **5.** *(Menschen)* den Kopf zurechtrücken (*s.o.* jdm); **sit out** *itr* im Freien sitzen; *tr* **1.** bis zum Ende bleiben von; das Ende abwarten von; aussitzen; **2.** *(Tanz)* auslassen; ► **we'd better ~ it out** wir warten besser, bis es zu Ende ist; **sit through** *tr* bis zum Ende anhören, durchhalten (*s.th.* etw); **sit up** *itr* **1.** aufrecht sitzen; sich aufsetzen; **2.** aufbleiben; *tr* aufrichten; hinsetzen; ► **~ up for s.o.** auf jdn abends warten; **~ up with s.o.** bei jdm wachen; **~ up and take notice** hellhörig werden; **make s.o. ~ up** jdn aufschrekken; jdn aufhorchen lassen; **~ up to table** sich an den Tisch setzen.
sit·com ['sɪtkɒm] *fam* Situationskomödie *f.*
sit-down strike [ˌsɪtdaʊn'straɪk] Sitzstreik *m.*
site [saɪt] **I** *s* **1.** Lage *f,* Platz *m;* Gelände *n;* **2.** Standort *m (e-r Industrie);* Sitz *m (e-r Firma);* **3.** *(building-~)* Bauplatz *m,* -grundstück *n;* **4.** *(camping ~)* Campingplatz *m;* **II** *tr* legen; ► **be ~d** liegen; **badly ~d** ungünstig gelegen; **missile ~** Raketenbasis *f;* **site development** Baulanderschließung *f;* **site office** (Büro *n* der) Bauleitung *f;* **site owner** Grundstückseigentümer *m;* **site plan** Lageplan *m.*
sit-in ['sɪtɪn] Sit-in *n,* Sitzblockade *f.*
si·ting ['saɪtɪŋ] Legen *n;* Errichtung *f.*
sit·ter ['sɪtə(r)] **1.** Modell *n (e-s Malers);* **2.** *(baby-~)* Babysitter *m;* **3.** brütender Vogel.
sit·ting ['sɪtɪŋ] **I** *s* **1.** Sitzung *f;* **2.** *jur* Sitzungsperiode *f;* **3.** *(beim Essen)* Schicht *f;* ► **at one ~** *fig* auf einmal; **II** *adj* sitzend; *(Vogel)* brütend; *(Konferenz)* tagend; **sitting duck** *fig* leichte Beute; **sitting member** Abgeordnete(r) *f m;* **sitting-room** Wohnzimmer *n;* Aufenthaltsraum *m.*
situ·ate ['sɪtʃʊeɪt] *tr* legen; **situ·ated** ['sɪtʃʊeɪtɪd] *adj* gelegen, befindlich; *(finanziell)* gestellt; ► **be ~** liegen, gelegen sein; sich befinden.
situ·ation [ˌsɪtʃʊ'eɪʃn] **1.** Lage *f;* Stelle *f,* Platz, Ort *m;* **2.** Situation *f,* Umstände *m pl,* Verhältnisse *n pl;* **3.** Stelle, Stellung *f;* ► **be equal to the ~** der Situation gewachsen sein; **~s offered, wanted** Stellenangebote, -gesuche *n pl;* **~ comedy** Situationskomödie *f.*
six [sɪks] **I** *adj* sechs; ► **be ~ foot under** *fig* tot und begraben sein; **it's ~ of one and half a dozen of the other** das ist Jacke wie Hose; **II** *s* Sechs *f; (Bus)* Linie *f* Sechs; *sport* Sechs(ermannschaft) *f;* ► **sold in ~es** zu je sechs verkauft werden; **at ~es and sevens** durcheinander; **knock s.o. for ~** jdn verblüffen; **six-footer** [ˌsɪks'fʊtə(r)] *fam* (langer) Lulatsch *m;* **six·teen** [sɪk'sti:n] *adj* sechzehn; **six·teenth** [sɪk'sti:nθ] **I** *adj* sechzehnte(r, s); **II** *s* Sechzehntel *n;* Sechzehnte(r, s); **sixth** [sɪksθ] **I** *adj* sechste(r, s); ► **~ sense** sechster Sinn; **II**

s Sechstel *n;* Sechste(r, s); **six·ti·eth** ['sɪkstɪəθ] **I** *adj* sechzigste(r, s); **II** *s* Sechzigstel *n;* Sechzigste(r, s); **sixty** ['sɪkstɪ] **I** *adj* sechzig; **II** *s* Sechzig *f;* ► **the sixties** *pl* die sechziger Jahre; **be in one's sixties** über sechzig sein.

size[1] [saɪz] **I** *s* **1.** Größe *f,* Umfang *m;* **2.** *(Kleidung)* Größe, Nummer *f;* **3.** *fig* Ausmaß *n,* Bedeutung *f;* **4.** *fam* Format *n;* ► **next in** ~ nächstgrößere Nummer; **of a** ~ gleich groß; **arrange according to** ~ der Größe nach ordnen; **be about the** ~ **of** ungefähr so groß sein wie; **take the** ~ **of** Maß nehmen von; **what** ~ **do you wear?** welche Größe tragen Sie? **that's about the** ~ **of it** *fam* genau so war's; **cut s.o. down to** ~ jdn runterputzen; **II** *tr* nach Größe ordnen; **III** *(mit Präposition)* **size up** *tr* abschätzen; ► **I can't** ~ **her up** ich werde aus ihr nicht ganz schlau.

size[2] [saɪz] **I** *s tech* (Auftrag-, Schlicht)Leim *m;* **II** *tr* **1.** appretieren, schlichten, leimen; **2.** *(Gemälde)* grundieren.

siz(e)·able ['saɪzəbl] *adj* umfangreich; beträchtlich; ansehnlich; **siz·ing** ['saɪzɪŋ] Klassierung, Sortierung *f;* Größeneinteilung *f.*

sizzle ['sɪzl] *itr* zischen; brutzeln; **sizzler** ['sɪzlə(r)] *fam* glühendheißer Tag.

skate[1] [skeɪt] **I** *s* **1.** *(ice-~)* Schlittschuh *m;* **2.** *(roller-~)* Rollschuh *m;* **3.** Kufe *f;* ► **get, put one's ~s on** *fig* sich beeilen; **II** *itr* Schlittschuh, Rollschuh laufen; *fig* gleiten; rutschen; ~ **on thin ice** sich aufs Glatteis begeben; ~ **over s.th.** *fig* über etw geschickt hinweggehen.

skate[2] [skeɪt] *(Fisch)* Rochen *m.*

skate·board ['skeɪtbɔ:d] Skateboard *n;* **skate·board·er** [—ə(r)] Skateboardfahrer(in) *m (f);* **skater** ['skeɪtə(r)] Schlittschuh-, Rollschuhläufer(in *f*) *m;* **skat·ing rink** ['skeɪtɪŋrɪŋk] Eisbahn *f;* Rollschuhbahn *f.*

ske·daddle [skɪ'dædl] *itr fam* abhauen, ausreißen.

skein [skeɪn] **1.** Docke, Strähne *f (Garn);* **2.** *(Vögel)* Zug, Schwarm, Flug *m;* **3.** *fig* Geflecht *n.*

skel·eton ['skelɪtn] **I** *s* **1.** Skelett, Gerippe *n a. fig tech;* **2.** Gestell *n,* Rahmen *m,* Gerüst *n;* **3.** Umriß, Entwurf *m;* ► ~ **in the cupboard,** *Am* ~ **in the closet** Familiengeheimnis *n;* eine Leiche im Keller; **steel** ~ *arch* Stahlskelett *n;* **II** *adj* provisorisch; *(Belegschaft, Dienst)* Not-; **skeleton key** Dietrich, Haupt-, Nachschlüssel *m.*

skep·tic [skeptɪk] *s. sceptic.*

sketch [sketʃ] **I** *s* **1.** Skizze *f;* **2.** *theat* Sketch *m;* **3.** Entwurf *m;* **II** *tr* skizzieren, umreißen, entwerfen; **III** *itr* Skizzen machen; **IV** *(mit Präposition)* **sketch in** *tr* einzeichnen; *fig* umreißen; **sketch out** *tr* grob skizzieren; **sketch-book** Skizzenblock *m;* **sketchy** ['sketʃɪ] *adj* skizzenhaft; flüchtig; bruchstückhaft.

skew [skju:] **I** *adj* schräg; schief; **II** *s* ► **be on the** ~ schief sein; **III** *tr* umdrehen; krümmen; verzerren; **IV** *itr (Auto)* abkommen; *(Straße)* abbiegen.

skew·bald ['skju:bɔ:ld] *adj (Pferd)* scheckig.

skewer ['skjʊə(r)] **I** *s* Fleischspieß *m;* **II** *tr* aufspießen.

skew-whiff [ˌskju:'wɪf] *adj fam* krumm, schief.

ski [ski:] **I** *s* **1.** Ski, Schi *m;* **2.** *aero* Schneekufe *f;* **II** *itr* Ski fahren; **ski-binding** Skibindung *f;* **ski-boot** Skistiefel *m.*

skid [skɪd] **I** *s* **1.** Rolle *f;* Gleitkufe, -schiene *f; aero* Schneekufe *f;* **2.** Schleudern *n;* ► **go into a** ~ zu schleudern anfangen; **put the ~s under s.o.** jdm etw vermasseln; **hit the ~s** *Am fam* runterkommen; **II** *itr mot* rutschen, schleudern; **skid·ding** ['skɪdɪŋ] *mot* Schleudern *n;* **skid mark** Brems-, Reifenspur *f;* **skid row** *Am fam* schlechte Gegend; ► **be on** ~ heruntergekommen sein.

skier ['ski:ə(r)] Skiläufer(in), -fahrer(in) *m (f).*

skiff [skɪf] Skiff *n;* Renneiner *m.*

ski goggles *pl* Skibrille *f;* **ski·ing** ['ski:ɪŋ] Skifahren *n;* **skiing holiday** Skiurlaub *m,* Skiferien *pl;* **ski-instructor** ['ski:ɪnˌstrʌktə(r)] Skilehrer *m;* **ski-instructress** ['ski:ɪnˌstrʌktrəs] Skilehrerin *f;* **ski-jump** **1.** *(Sportart)* Skispringen *n;* **2.** *(Bauwerk)* Sprungschanze *f.*

skil·ful, *Am* **skill·ful** ['skɪlfl] *adj* geschickt, gewandt; tüchtig, erfahren (*at* in).

ski-lift ['ski:lɪft] Skilift *m.*

skill [skɪl] **1.** Geschick *n,* Geschicklichkeit *f;* Kunstfertigkeit *f;* **2.** Fähigkeit, Fertigkeit *f* (*in, at* in); **skilled** [skɪld] *adj* **1.** geschickt, gewandt (*in doing s.th.* bei etw); **2.** geübt, erfahren, erprobt; **3.** ausgebildet; geschult; gelernt; Fach-; ► **be** ~ **in s.th.** in etw fachlich ausgebildet sein; ~ **labo(u)r** Fachkräfte, gelernte Arbeitskräfte *f pl;* ~ **work** Facharbeit *f;* ~ **worker** Facharbeiter(in), gelernte(r) Arbeiter(in) *m (f).*

skil·let ['skɪlɪt] Bratpfanne *f.*

skill·ful ['skɪlfl] *Am s. skilful.*

skim [skɪm] **I** *tr* **1.** *(Flüssigkeit)* abschäumen; **2.** *(Milch)* entrahmen; **3.** *(Schaum, Rahm)* abschöpfen *a. fig;* **4.** *fig* leicht (hin)streifen, hinfahren über; **5.** flüchtig berühren *a. fig;* flüchtig lesen, überfliegen; ► ~ **the surface** *fig* an der Oberfläche bleiben (*of s.th.* e-r S); **II** *itr* **1.** gleiten, fliegen (*through* durch; *over* über; *along* an ... entlang); **2.** hinwegfliegen, -sausen (*over* über); **3.** flüchtig lesen; durchblättern (*through a book* ein Buch); **skim·med milk,** *Am* **skim-milk** ['skɪmd'mɪlk, ˌskɪm'mɪlk] Magermilch *f;* **skim·mer** ['skɪmə(r)] Schaumlöffel, Abstreifer *m.*

skimp [skɪmp] **I** *itr* knausern, geizen (*on* mit); **II** *tr* **1.** sparen an; **2.** *(Person)* knapphalten; **3.** *(Arbeit)* nachlässig machen; **skimpy** ['skɪmpɪ] *adj* **1.** knapp; **2.** knauserig, filzig, geizig; **3.** *(Portion)* ungenügend; ▶ **be ~ with s.th.** mit etw geizig sein.

skin [skɪn] **I** *s* **1.** Haut *f;* **2.** Fell *n,* Balg *m;* **3.** Schale *f;* Haut *f;* Rinde *f;* **4.** Schlauch *m;* ▶ **by the ~ of one's teeth** mit knapper Not; **get under s.o.'s ~** *fam* jdm auf den Wecker, auf die Nerven fallen; *(positiv)* jdm unter die Haut gehen, jdm gefallen; **have a thick ~** *fig* ein dickes Fell haben; **have a thin ~** feinfühlig sein; **jump out of one's ~** erschrecken; **it's no ~ off my nose** *fam* das geht mich nichts an; **wet to the ~** naß bis auf die Haut; **nothing but ~ and bones** nur noch Haut und Knochen; **II** *tr* **1.** häuten, abziehen; **2.** schälen; enthäuten; entrinden; ▶ **keep one's eyes ~ned** *fam* ein wachsames Auge haben; **~ s.o. alive** *fig* jdn fertigmachen; **skin-deep** *adj* oberflächlich; **skin-disease** Hautkrankheit *f;* **skin-diving** Sporttauchen *n;* **skin flick** *fam* Sexfilm *m;* **skin·flint** ['skɪnflɪnt] *fam* Geizhals *m;* **skin·ful** ['skɪnfl] *adj fam* ▶ **he must have had a ~** er muß schwer einen getrunken haben; **skin game** *Am fam* Gaunerei *f,* Schwindel *m;* **skin graft** *med* Hauttransplantation *f;* **skinny** ['skɪnɪ] *adj* dünn, mager, knochig.

skint [skɪnt] *adj Br fam* völlig abgebrannt.

skin·tight [skɪn'taɪt] *adj* hauteng.

skip[1] [skɪp] **I** *s* Sprung, Hüpfer *m;* Hüpfschritt *m;* **II** *itr* **1.** hüpfen; springen; **2.** seilspringen, seilhüpfen; **3.** *fig (Thema)* springen; **4.** *fam* abhauen; **III** *tr* **1.** *(Schule)* schwänzen; **2.** *(Abschnitt, Frage)* auslassen; *(Mahlzeit)* ausfallen lassen; ▶ **~ rope** *Am* seilspringen, seilhüpfen; **~ town** *Am fam* aus der Stadt verschwinden; **~ it!** vergiß es! **IV** *(mit Präposition)* **skip about** *itr* herumhüpfen; *fig (Redner)* springen; **skip across** *itr fam* rübergehen; **skip off** *itr fam* abhauen; **skip over** *itr* rübergehen; ▶ **~ over s.th.** etw überspringen; **skip through** *tr* überfliegen, durchblättern.

skip[2] [skɪp] Container *m; min* Förderkorb *m.*

skip[3] [skɪp] *Abk:* **skipper** *sport* (Mannschafts)Kapitän, -führer *m.*

ski-pants ['ski:ˌpænts] *pl* Skihose *f;* **ski-plane** Flugzeug *n* mit Gleitkufen; **ski-pole** Skistock *m.*

skip·per ['skɪpə(r)] **I** *s* **1.** *mar aero* Kapitän *m;* **2.** *sport* Mannschaftsführer *m;* **II** *tr (Team)* anführen.

skip·ping-rope ['skɪpɪŋrəʊp] Springseil *n.*

ski rack ['ski:ræk] *mot* Skiträger *m;* **ski resort** Wintersportort *m.*

skir·mish ['skɜ:mɪʃ] **I** *s* Gefecht *n,* Plänkelei *f,* Zusammenstoß *m;* **II** *itr* kämpfen; zusammenstoßen.

skirt [skɜ:t] **I** *s* **1.** Rock *m;* **2.** *(Mantel, Jackett)* Schoß *m;* **3.** *(a bit of ~) sl* Weibsbild *n pej;* **II** *tr* **1.** sich am Rande hinziehen (*s.th.* e-r S); am Rand entlanggehen (*s.th.* e-r S); **2.** *fig* herumgehen um, umgehen; ▶ **~ around** umfahren, umschiffen.

skirt·ing-board ['skɜ:tɪŋbɔ:d] *Br* Scheuerleiste *f.*

ski run ['ski:rʌn] Piste *f;* **ski school** Skischule *f;* **ski stick** Skistock *m;* **ski-suit** ['ski:su:t] Skianzug *m.*

skit·ter ['skɪtə(r)] *itr* über das Wasser schlittern; rutschen.

skit·tish ['skɪtɪʃ] *adj* **1.** lebhaft, lustig, ausgelassen; **2.** ängstlich, scheu *(a. Pferd).*

skittle ['skɪtl] **1.** *Br* Kegel *m;* **2.** *pl mit sing (game of ~s)* Kegeln *n;* ▶ **play ~s** kegeln, *fam* kegelschieben; **it is not all beer and ~s** das ist kein reines Vergnügen; **skittle-alley** Kegelbahn *f;* **skittle-ball** Kegelkugel *f.*

skive [skaɪv] **I** *itr* sich vor der Arbeit drücken; blaumachen; *(Schule)* schwänzen; **II** *s* Blaumachen *n;* Schwänzen *n;* ▶ **be on the ~** blaumachen; schwänzen; **III** *(mit Präposition)* **skive off** *itr sl* sich verdrücken; **skiver** ['skaɪvə(r)] Drückeberger(in) *m (f).*

skivvy ['skɪvɪ] *Br fam* Dienstmädchen *n.*

skul·dug·gery, skull·dug·gery [skʌl'dʌgərɪ] *fam* Gaunerei *f.*

skulk [skʌlk] *itr* umherschleichen; lauern; *fam* sich (herum)drücken.

skull [skʌl] Schädel *m;* ▶ **the ~ and crossbones** der Totenkopf *(Zeichen);* **skull bone** Schädelknochen *m;* **skull-cap** (Seiden)Käppchen *n.*

skunk [skʌŋk] *zoo* Skunk *m,* Stinktier *n; fam* gemeiner Kerl.

sky [skaɪ] Himmel *m;* ▶ **in the ~** am Himmel; **out of a clear (blue) ~** *fig* aus heiterem Himmel; **under the open ~** unter freiem Himmel, im Freien; **praise to the skies** *fig* in den Himmel heben; **the ~'s the limit** *fam fig* e-e obere Grenze ist nicht gesetzt; **we expect sunny skies** wir erwarten sonniges Wetter; **sky-blue** *adj* himmelblau; **sky-div·ing** ['skaɪˌdaɪvɪŋ] Fallschirmspringen *n* (mit e-r Strecke freien Falls); **sky-high** *adj* himmelhoch *a. Preise;* ▶ **blow s.th. ~** etw in die Luft jagen; *fig (Theorie)* etw völlig zunichte machen;

sky·jack ['skaɪdʒæk] **I** *tr* entführen; **II** *s* Flugzeugentführung *f;* **sky·jacker** ['skaɪdʒækə(r)] Luftpirat(in), Flugzeugentführer(in) *m (f);* **sky·lark** ['skaɪlɑ:k] **I** *s* Feldlerche *f;* **II** *itr* dumme Streiche machen; **sky·light** ['skaɪlaɪt] Dachluke *f,* Oberlicht *n;* **sky·line** ['skaɪlaɪn] Horizont *m;* (Stadt)Silhouette *f;* **skyrocket** *itr (Preise)* in die Höhe klettern, emporschnellen; **sky·scraper** ['skaɪskreɪpə(r)] Wolkenkratzer *m;* **sky-writing** Himmelsschrift *f.*

slab [slæb] **1.** Platte, Tafel, Scheibe *f;* **2.** *(Brot)* Scheibe *f;* **3.** Stück *n* (Kuchen, Schokolade, Käse).

slack[1] [slæk] **I** *adj* **1.** langsam, träge, lässig (*at* bei); **2.** *(Zeit)* flau, ruhig, still; *com* flau, lustlos; *(Geschäft)* stagnierend; ruhig; **3.** *(Seil)* schlaff, locker, lose; **4.** nachlässig, sorglos, gleichgültig; ► **be ~ about s.th.** etw nachlässig handhaben, tun; **keep a ~ rein on s.th.** bei etw die Zügel schleifen lassen; **II** *s* **1.** *mar* (das) Lose; **2.** Stillstand *m,* Flaute *f a. com;* ► **take up the ~ on s.th.** etw straffen; **III** *itr* bummeln, trödeln; **IV** *(mit Präposition)* **slack off** *itr (Eifer)* nachlassen; *(Geschäft)* zurückgehen.

slack[2] [slæk] Kohlengrus *m,* Staubkohle *f.*

slacken ['slækən] **I** *itr* **1.** schwächer werden, nachlassen, abflauen; **2.** sich verlangsamen; **3.** schlaffer, lockerer werden; **4.** *(Widerstand)* erlahmen; **5.** *com* abflauen, stagnieren; *(Kurse)* abbröckeln; **II** *tr* **1.** abschwächen, mäßigen, verringern, vermindern; **2.** lockern; **III** *(mit Präposition)* **slacken off** *itr* **1.** nachlassen; abflauen; abnehmen; **2.** *(Mensch)* nachlassen; sich schonen; **slacken·ing** ['slækənɪŋ] Abnahme *f;* Abflauen *n;* Verlangsamung *f;* ► **~ in business, demand** Rückgang *m* der Umsätze, der Nachfrage; **slack·ness** ['slæknɪs] **1.** Trägheit *f;* **2.** Flaute *f;* **3.** Schlaffheit *f;* ► **~ in business** Konjunkturflaute *f.*

slacks [slæks] *pl* Hose *f.*

slag [slæg] **1.** Schlacke *f;* **2.** *sl* Schlampe *f;* **slag-heap** Schlackenhalde *f.*

slain [sleɪn] *v s. slay.*

sla·lom ['slɑ:ləm] Slalom *m.*

slam [slæm] **I** *tr* **1.** *(Tür)* zuschlagen; **2.** scharf kritisieren; ► **~ on the brake** plötzlich heftig bremsen; **~ down** auf die Erde schleudern; *(Telefonhörer)* aufknallen; **~ the door in s.o.'s face** jdm die Tür vor der Nase zuschlagen; **~ the door on s.th.** *fig* etw unterbinden, blockieren; **II** *itr* **1.** *(Tür)* zuschlagen; **2.** *(Whist)* Schlemm werden; **III** *s* **1.** Schlag *m;* Knall *m;* **2.** *(Whist, Bridge)* Schlemm *m.*

slan·der ['slɑ:ndə(r)] **I** *s* Verleumdung, üble Nachrede *f;* **II** *tr* verleumden; **slander action** Verleumdungsklage *f;* **slan·derer** ['slɑ:ndərə(r)] Verleumder(in) *m (f);* **slan·der·ous** ['slɑ:ndərəs] *adj* verleumderisch.

slang [slæŋ] **I** *s* Slang *m;* Jargon *m;* **II** *tr Br fam* anschreien, beschimpfen, beleidigen; **slangy** ['slæŋɪ] *adj* salopp.

slant [slɑ:nt] **I** *tr* **1.** schräg stellen, kippen; **2.** abschrägen; abböschen; **3.** *fam* tendenziös färben; **II** *itr* schräg sein; sich neigen; **III** *s* **1.** Hang *m;* Schräge, Neigung *f;* **2.** *fam* Blickwinkel *m;* Ansicht(ssache), Meinung, Einstellung *f;* ► **at a ~, on a ~** schräg, schief, geneigt; **slant·ing** ['—ɪŋ] *adj* schief, geneigt, schräg.

slap [slæp] **I** *s* Klaps, Schlag *m;* ► **a ~ on the back** anerkennendes Schulterklopfen; **a ~ in the face** eine Ohrfeige; *fig* ein Schlag *m* ins Gesicht; **~ and tickle** *fam* Schmusen *n;* **II** *tr* **1.** schlagen, e-n Klaps geben (*s.o.* jdm; *in the face* ins Gesicht; *on the cheek* auf die Backe); **2.** klatschen, knallen; ► **~ s.o. on the back** jdm auf den Rücken klopfen; **~ s.o.'s face** jdn ohrfeigen; **III** *adv* direkt, genau; **IV** *(mit Präposition)* **slap down** *tr* **1.** hinknallen; **2.** *(jdn)* zusammenstauchen; **slap on** *tr fam* draufklatschen; *(Steuern, Geld)* draufhauen.

slap-bang [ˌslæp'bæŋ] *adv* spornstreichs; direkt, genau; **slap·dash** ['slæpdæʃ] *adj* flüchtig; *(Arbeit)* schlampig; **slap·jack** ['slæpˌdʒæk] *Am* Pfannkuchen *m;* **slap·stick** ['slæpstɪk] Klamauk, Slapstick *m;* **slapstick comedy** Klamaukstück *n;* **slap-up** ['slæpʌp] *adj fam* erstklassig, prima; ► **a ~ meal** *fam* ein Essen *n* mit allem Drum und Dran.

slash [slæʃ] **I** *tr* **1.** (auf)schlitzen; zerschneiden; **2.** *(Büsche, Unterholz)* abhauen; **3.** einschlagen auf; **4.** *fam* scharf kritisieren; **5.** *(Preise)* heruntersetzen; *fig* (drastisch) kürzen, zusammenstreichen; **II** *itr* hauen (*at* nach); losschlagen (*at* auf); **III** *s* **1.** Schnitt-, Hiebwunde *f;* **2.** *(Kleid)* Schlitz *m;* ► **have a ~** *sl* schiffen; **~and-burn** Brandrodung *f;* **slashing** [—ɪŋ] *adj* erbarmungslos; *(Kritik)* vernichtend.

slat [slæt] Latte, Leiste *f.*

slate [sleɪt] **I** *s* **1.** Schiefer *m;* **2.** Schieferplatte, -tafel *f;* **3.** *Am* Kandidatenliste *f;* ► **on the ~** *fam* auf Kredit; **have a clean ~** *fig* e-e reine Weste haben; **wipe the ~ clean** *fig* reinen Tisch machen; **II** *adj* **1.** *(~-coloured)* schiefergrau; **2.** aus Schiefer, Schiefer-; **III** *tr* **1.** mit Schiefer decken; **2.** *Am* auf die Kandidatenliste setzen, vormerken, ausersehen (*for s.th.* für etw); **3.** *fam* scharf kritisieren, verreißen (*s.o.* jdn); ► **~ s.th. for a time, for a place** *Am* etw für e-n Zeitpunkt festsetzen, für e-n Ort planen, vorhersagen.

slat·tern ['slætən] Schlampe *f;* **slat·tern·ly** ['slætənlı] *adj* liederlich.

slaty ['sleıtı] *adj* schieferartig, -haltig; schieferfarben.

slaugh·ter ['slɔ:tə(r)] **I** *s* **1.** Schlachten *n (von Vieh);* **2.** bestialischer Mord; Gemetzel, Blutbad *n;* **II** *tr* **1.** *(Vieh)* schlachten; **2.** *(Menschen)* niedermetzeln; **3.** *sport* haushoch schlagen; **slaughter-house** Schlachthaus *n.*

Slav [slɑ:v] **I** *s* Slawe *m,* Slawin *f;* **II** *adj* slawisch.

slave [sleıv] **I** *s* Sklave *m,* Sklavin *f;* ► **be a ~ to duty** nur seine Pflicht kennen; **white-~ trade** Mädchenhandel *m;* **~-driver** Sklavenaufseher *m; fig* Leuteschinder *m;* **~ labo(u)r** Sklavenarbeit *f;* die Sklaven *m pl;* **~-trade** Sklavenhandel *m;* **II** *itr* schuften, sich abplacken.

slaver ['slævə(r)] **I** *itr* sabbern; **II** *s* Geifer *m.*

slav·ery ['sleıvərı] Sklaverei *f a. fig.*

Slavic, Slav·onic ['slɑ:vık, slə'vɒnık] **I** *adj* slawisch; **II** *s* (das) Slawisch(e).

slav·ish ['sleıvıʃ] *adj* sklavisch.

slay [sleı] ⟨*irr* **slew, slain**⟩ *tr lit u. Am* erschlagen.

sleazy ['sli:zı] *adj* **1.** *(Gewebe)* dünn; **2.** *fam* schäbig.

sled, sledge [sled, sledʒ] **I** *s* Schlitten *m;* **II** *itr* Schlitten fahren; ► **go sledging** Schlitten fahren.

sledge-ham·mer ['sledʒˌhæmə(r)] Schmiede-, Vorschlaghammer *m; fig* Holzhammer *m.*

sleek [sli:k] **I** *adj* **1.** *(Haar)* weich, glatt u. glänzend; **2.** *(Tier)* gepflegt; **3.** *fig* gutaussehend, elegant; *pej* aalglatt; **II** *tr* glätten; pflegen.

sleep [sli:p] ⟨*irr* **slept, slept**⟩ **I** *s* Schlaf *m;* ► **go to ~** einschlafen; **get some ~** schlafen; **get, have a good night's ~** richtig gut schlafen; **put s.o. to ~** jdn zum Schlafen bringen; **put a dog to ~** einen Hund einschläfern (lassen); **walk in one's ~** schlafwandeln; **II** *itr* schlafen *a. fig;* ► **~ like a log, top** wie ein Murmeltier, Sack schlafen; **~ late** lange (aus)schlafen; **III** *tr* **1.** schlafen; **2.** Unterkunft bieten für, unterbringen; ► **~ the clock round** rund um die Uhr schlafen; **he didn't ~ a wink** er hat kein Auge zugetan; **~ the ~ of the just** den Schlaf des Gerechten schlafen; **IV** *(mit Präposition)* **sleep around** *itr fam* mit jedem ins Bett gehen; **sleep away** *tr* verschlafen; **sleep in** *itr* **1.** ausschlafen; verschlafen; **2.** im Haus wohnen; **sleep off** *tr* ausschlafen; **sleep on** *itr* **1.** weiterschlafen; **2.** be-, überschlafen (*s.th.* etw); **sleep out** *itr* **1.** draußen schlafen; **2.** nicht im Hause wohnen; **sleep through** *itr* durchschlafen; ► **~ through s.th.** bei etw weiterschlafen; **~ through the alarm** den Wecker nicht hören; **sleep together** *itr* miteinander schlafen; **sleep with** schlafen mit *a. fig.*

sleeper ['sli:pə(r)] **1.** Schläfer *m;* **2.** *(railway ~)* Schwelle *f;* **3.** Schlafwagen *m;* Platz *m* im Schlafwagen; ► **be a good, bad ~** gut, schlecht schlafen; **be a heavy, light, sound ~** e-n festen, leisen, gesunden Schlaf haben; **sleeper plane** Flugzeug *n* mit Schlafkojen.

sleepi·ness ['sli:pınıs] Schläfrigkeit *f;* Verschlafenheit *f.*

sleep·ing ['sli:pıŋ] **I** *adj* schlafend; ► **S~ Beauty** Dornröschen *n;* **let ~ dogs lie** *prov* schlafende Hunde soll man nicht wecken *prov;* **II** *s* Schlafen *n;* **sleeping-accomodation** Schlafgelegenheit *f;* **sleeping-bag** Schlafsack *m;* **sleeping-car** *rail* Schlafwagen *m;* **sleeping partner** *Br com* stiller Gesellschafter; **sleeping pill, sleeping tablet** Schlaftablette *f;* **sleeping-sickness** Schlafkrankheit *f.*

sleep·less ['sli:plıs] *adj* schlaflos; **sleep-walk** *itr* schlafwandeln; **sleepwalker** Schlafwandler(in) *m (f);* **sleepy** ['sli:pı] *adj* **1.** schläfrig, müde; **2.** verschlafen; **3.** *fig* still, ruhig, tot; **sleepy-head** *fam* Schlafmütze *f.*

sleet [sli:t] **I** *s mete* Schloßen, Graupeln *f pl;* **II** *itr* graupeln.

sleeve [sli:v] **1.** Ärmel *m;* **2.** *tech* Muffe, Buchse, Hülse, Tülle *f;* **3.** *aero* Windsack *m;* **4.** Schallplattenhülle *f;* ► **have s.th., a card up one's ~** etw auf Lager, in petto haben; **laugh up one's ~** sich ins Fäustchen lachen; **roll up one's ~s** die Ärmel aufkrempeln; sich ernstlich an die Arbeit machen; **wear one's heart on one's ~** das Herz auf der Zunge haben; **sleeve·less** ['sli:vlıs] *adj* ärmellos.

sleigh [sleı] **I** *s* (Pferde)Schlitten *m;* **II** *itr* Schlitten fahren; **sleigh·ing-party** ['sleııŋpɑ:tı] Schlittenfahrt, -partie *f.*

sleight-of-hand [ˌslaıtəv'hænd] (Zauber)Kunststück *n;* Trick *m a. fig.*

slen·der ['slendə(r)] *adj* **1.** schlank; schmal; **2.** *fig* mager, dürftig; *(Mittel)* unzureichend; *(Einkommen)* gering; ► **his chances of winning are extremely ~** seine Gewinnchancen sind minimal; **slen·der·ize** [—aız] *Am* **I** *tr* schlank machen; **II** *itr* schlank(er) werden.

slept [slept] *v s. sleep.*

slew [slu:] *v s. slay.*

slice [slaıs] **I** *s* **1.** Scheibe, Schnitte, Tranche *f;* **2.** *fig* Stück *n,* (An)Teil *m;* **3.** (Torten)Schaufel *f;* **4.** *sport* geschnittener Ball; ► **put a ~ on a ball** einen Ball anschneiden; **a ~ of luck** ziemliches Glück; **II** *tr* **1.** durchschneiden; aufschneiden, in Scheiben schneiden; **2.** *(Ball)* anschneiden; **III** *itr* schneiden *a.*

sport; ▶ ~ **through s.th.** etw durchschneiden; **IV** *(mit Präposition)* **slice off** *tr* abschneiden; **slice up** *tr* in Scheiben schneiden, aufschneiden; aufteilen; **sliced** [slaɪst] *adj* geschnitten; aufgeschnitten; ▶ **the best thing since ~ bread** *fig fam* eine Wucht, eine tolle Sache; **slicer** ['slaɪsə(r)] (Brot-, Wurst)Schneidemaschine *f.*

slick [slɪk] **I** *adj* **1.** *Am* (spiegel)glatt; schlüpfrig; **2.** *(Haare)* geschniegelt; **3.** *fam* raffiniert; **4.** *sl* großartig; **II** *s* **1.** *(oil-~)* Ölteppich *m;* **2.** *(~ paper) Am* Zeitschrift *f* auf Kunstdruckpapier; **III** *(mit Präposition)* **slick back** *tr* glätten; **slick up** *tr Am* aufpolieren; herausputzen; auf Hochglanz bringen.

slicker ['slɪkə(r)] *Am* **1.** Ölhaut *f (Regenmantel);* **2.** *fam* gerissener Kerl, Schwindler *m.*

slide [slaɪd] ⟨*irr* slid, slid⟩ [slɪd] **I** *s* **1.** Rutschbahn *f;* Rutsche *f;* **2.** *phot* Dia(positiv) *n; (Mikroskop)* Objektträger *m;* **3.** *tech* Schlitten, Schieber *m;* **4.** *(Posaune)* Zug *m; (Noten)* Schleifer *m;* **5.** *Br* Haarspange *f;* **6.** *fig* Abfall *m;* **7.** *(land~)* (Erd)Rutsch *m;* **II** *tr* schieben; gleiten lassen; **III** *itr* **1.** rutschen; schlittern; **2.** sich schieben lassen; **3.** *fig (Mensch)* schleichen; ▶ **the day slid by** der Tag verging wie im Nu; ~ **into bad habits** schlechte Angewohnheiten annehmen; **let things ~** alles schleifen lassen; **slide control** Schieberegler *m;* **slide fastener** *Am* Reißverschluß *m;* **slide projector** Diaprojektor *m;* **slide rule** Rechenschieber *m;* **slid·ing** [—ɪŋ] *adj* gleitend; *(Tür, Dach)* Schiebe-; ▶ **a ~ scale** eine gleitende Skala.

slight [slaɪt] **I** *adj* **1.** schlank, dünn, schmächtig; **2.** *(Person)* zart, schwach; **3.** *(Erkältung)* leicht; **4.** klein, geringfügig, unbedeutend, unwesentlich, belanglos; **5.** *(Eindruck)* oberflächlich; **6.** *(Unterschied)* klein; ▶ **not in the ~est** nicht im geringsten; **II** *tr* kränken; geringschätzig behandeln; **III** *s* Kränkung *f;* Mißachtung *f* (*on his work* seiner Arbeit); **slight·ly** ['—lɪ] *adv* ein wenig.

slim [slɪm] **I** *adj* **1.** schlank; schmächtig; **2.** gering(fügig), schwach; **II** *tr* schlank machen; **III** *itr* abnehmen.

slime [slaɪm] Schleim *m.*

slim·mer ['slɪmə(r)] Kalorienzähler(in) *m (f);* **slim·ming** ['slɪmɪŋ] **I** *s* Abnehmen *n;* **II** *adj* schlankmachend; ▶ **be ~** schlank machen; **be on a ~ diet** e-e Abmagerungskur machen; **black is a ~ colour** schwarz macht schlank.

slimy ['slaɪmɪ] *adj* **1.** schleimig *a. fig;* glitschig; schmierig; **2.** *fig* widerlich, ekelhaft.

sling [slɪŋ] ⟨*irr* slung, slung⟩ **I** *s* **1.** (Stein)Schleuder *f;* **2.** *med* Schlinge *f;* **3.** *(zum Tragen)* Schlinge *f;* (Gewehr-, Trag)Riemen *m;* **II** *tr* **1.** schleudern, werfen; **2.** hochziehen; **3.** *(Gewehr)* um-, überhängen; ▶ ~ **one's hook** *fam* abhauen; ~ **mud at s.o.** *fam* jdn mit Schmutz bewerfen; **~s.o. out** *fam* jdn rausschmeißen; ~ **s.th. out** *fam* etw wegschmeißen; **sling-shot** Schleuder *f.*

slink [slɪŋk] ⟨*irr* slunk, slunk⟩ *itr* schleichen; ▶ ~ **about** umherschleichen; ~ **away, off** wegschleichen; sich davonstehlen.

slinky ['slɪŋkɪ] *adj fam* aufreizend; katzenhaft.

slip [slɪp] **I** *itr* **1.** schlüpfen (*into a coat* in e-n Mantel); **2.** schleichen; **3.** gleiten (*through the water* durch das Wasser); **4.** ausgleiten, -rutschen (*on the ice* auf dem Eis); **5.** *(Geheimnis)* herausrutschen; **6.** *fig* abgleiten, absinken, nachlassen; ▶ **let s.th. ~ through one's fingers** sich etw entgehen lassen; ~ **through s.o.'s fingers** jdm durch die Finger schlüpfen; jdm entgehen; **I let it ~** das ist mir (so) entfahren; **don't let the chance ~** lassen Sie sich die Gelegenheit nicht entgehen; **II** *tr* **1.** gleiten lassen; schieben; **2.** hineinstecken (*into* in); schnell, unbemerkt stecken, drücken (*into* in); **3.** *(Geld)* zustecken (*s.o.* jdm); **4.** *(Maschen)* ungestrickt abheben; **5.** *(Bemerkung)* nicht unterdrücken können; **6.** übersehen, verpassen, sich entgehen lassen; **7.** entschwinden, entfallen (*the mind, memory* dem Gedächtnis); **8.** sich losreißen von; losmachen; ▶ ~ **a disc** einen Bandscheibenschaden bekommen; ~ **the clutch** *mot* die Kupplung schleifen lassen; ~ **s.o.'s mind** jdm entfallen; ~ **s.o.'s notice** jdm entgehen; **III** *s* **1.** Ausgleiten, -rutschen *n;* **2.** Un(glücks)fall *m;* **3.** Fehltritt *m;* Irrtum *m,* Versehen *n,* Schnitzer, Fehler *m;* Versprechen *n;* Verschreiben *n;* **4.** *aero* Schlipp *m;* **5.** geschlämmter Ton; **6.** Unterkleid *n,* -rock *m;* **7.** *(pillow ~)* Kissenbezug *m;* **8.** Sproß, Trieb, Schößling *m,* Steckreis *n;* **9.** Zettel *m; com* Beleg, Abschnitt *m; (Versicherung)* Deckungszusage *f;* **10.** *pl theat* Bühnenloge *f;* ▶ **give s.o. the ~** jdm entwischen; **it was a ~ of the tongue** ich habe mich versprochen; *fam* es ist mir herausgerutscht; **a (mere) ~ of a boy, girl** ein schmächtiges Kerlchen, zartes Ding; ~ **(of paper)** Zettel *m;* ~ **of the pen** Schreibfehler *m;* **IV** *(mit Präposition)* **slip away** *itr* **1.** sich davonstehlen; **2.** *(Zeit)* vergehen; *(Chancen)* schwinden; **slip back** *itr* sich zurückschleichen; *(Produktion)* zurückgehen; *(Patient)* einen Rückfall haben; ▶ ~ **back into old habits** in alte Gewohnheiten zurückfallen; **slip by, away, past** *itr* **1.** *(Zeit)* im Fluge, unmerklich vergehen; **2.** sich vorbeischleichen (*s.o.* an jdm); **slip down** *itr*

1. hinunterrutschen (*s.th.* über etw); 2. sich hinunterstehlen (*s.th.* über etw); **slip from** *itr* gleiten aus (*one's hand* der Hand); **slip in** *tr (Wort)* einfließen lassen; *itr* sich einschleichen; **slip into 1.** abgleiten (*s.th.* in etw); **2.** sich einschleichen (*s.th.* in etw); **3.** *(Kleidung)* eilig schlüpfen (*s.th.* in etw); **4.** sich verwandeln (*s.th.* in etw); **5.** gleiten lassen (*s.th.* etw in etw); **slip off** *tr* **1.** hinausschlüpfen aus *(e-m Kleidungsstück);* ausziehen; **2.** herunterrutschen (*s.th.* von etw); *itr* sich davonmachen; **slip on** *tr* hineinschlüpfen in *(ein Kleidungsstück);* anziehen, überziehen; **slip out** *itr* **1.** kurz weggehen; **2.** *(Geheimnis)* herausrutschen; **slip over** *itr* gleiten, rutschen (*s.th.* über etw); ▶ ~ **one over on s.o.** jdn hereinlegen, übers Ohr hauen; **slip up** *itr* einen Fehler machen.

slip-car·riage, slip coach ['slɪpˌkærɪdʒ, 'slɪpkəʊtʃ] *rail* abhängbarer Wagen; **slip-case** Schuber *m;* **slip-cover** *Am* Überzug *m;* **slip-knot** Laufknoten *m;* **slip·on, slip·over** ['slɪpɒn, 'slɪpˌəʊvə(r)] Pullunder *m.*

slip·per ['slɪpə(r)] Hausschuh *m;* Pantoffel *m.*

slip·pery ['slɪpərɪ] *adj* **1.** schlüpfrig, glatt, glitschig; **2.** *fig* unsicher, unzuverlässig; ▶ **the ~ slope** *fig* die schiefe Bahn.

slip-road ['slɪprəʊd] **1.** Zufahrt; **2.** *(Autobahn)* Auffahrt, Ausfahrt *f;* **slip·shod** ['slɪpʃɒd] *adj fig* schlampig, nachlässig, gleichgültig; **slip-stream** *aero* Luftschraubenstrahl *m; mot* Windschatten *m;* **slip-up** ['slɪpʌp] *fam* Schnitzer *m;* Panne *f.*

slit [slɪt] ⟨*irr* slit, slit⟩ **I** *tr* (auf)schlitzen, aufschneiden; **II** *s* Schlitz, Spalt *m;* Schießscharte *f;* **slit(ty)-eyed** ['slɪt(ɪ)aɪd] *adj pej* schlitzäugig.

slither ['slɪðə(r)] *itr* **1.** rutschen; **2.** *(Schlange)* kriechen; **slithery** ['slɪðərɪ] *adj* schlüpfrig, glatt.

sliver ['slɪvə(r)] Splitter, Span *m.*

slob [slɒb] *fam* Schmutzfink *m.*

slob·ber ['slɒbə(r)] *itr* sabbeln; geifern; **slob·bery** ['slɒbərɪ] *adj* glitschig, naß.

sloe [sləʊ] Schlehe *f.*

slog [slɒg] **I** *itr* **1.** schwer arbeiten, *fam* schuften; **2.** schlagen (*at* auf); **3.** *(~ on)* schwerfällig gehen; ▶ ~ **through s.th.** durch etw stapfen; ~ **away** sich abrakkern (*at* mit); **II** *tr* hart schlagen; **III** *s* **1.** (heftiger) Schlag *m;* **2.** *fam* Schufterei *f.*

slo·gan ['sləʊgən] **1.** Slogan *m;* Wahlspruch *m;* Schlagwort *n;* **2.** *com* Werbespruch *m.*

sloop [slu:p] *mar* Schaluppe *f;* Geleitboot *n.*

slop [slɒp] **I** *s* **1.** *fam* Schmalz *m;* **2.** *pl* Spülwasser *a. fig,* Spülicht *n;* **3.** (dünne) Brühe *f;* **II** *itr* **1.** *(~ over)* überlaufen, -fließen, -schwappen; **2.** *(~ about)* herumschlurfen; **III** *tr* verschütten; vergießen; schütten; **slop-basin** Schale *f* für Kaffeesatz, Teeblätter.

slope [sləʊp] **I** *s* **1.** (Ab)Hang *m;* Böschung *f;* **2.** Neigung *f;* Gefälle *n;* Schräge *f;* ▶ **ski** ~ Piste *f;* **on a** ~ am Hang; **II** *itr* **1.** *(~ down)* schräg abfallen; **2.** sich neigen; **3.** *fam* schlendern; **III** *tr* neigen, schräg legen; **IV** *(mit Präposition)* **slope away** *itr* **1.** abfallen; **2.** *fam* abhauen; **slope down** *itr* sich neigen, abfallen; **slope off** *itr fam* abhauen; **slope up** *itr* **1.** *(Straße)* ansteigen; **2.** heranschlendern; ▶ ~ **up to s.o.** auf jdn zuschlendern; **slop·ing** [—ɪŋ] *adj* ansteigend; abfallend; *(Decke, Boden)* schräg; *(Schultern)* hängend; *(Garten)* am Hang (gelegen).

slop·pi·ness ['slɒpɪnəs] Schlampigkeit *f;* Nachlässigkeit *f;* **sloppy** ['slɒpɪ] *adj* **1.** matschig, naß; **2.** *fam* schlampig, liederlich; nachlässig; **3.** *fam* schmalzig, sentimental; ▶ **do ~ work** pfuschen.

slosh [slɒʃ] *fam* **I** *itr* **1.** herumpatschen; herumspritzen; **2.** überschwappen; **II** *tr* schlagen; **sloshed** [slɒʃt] *adj Br sl* besoffen.

slot [slɒt] **I** *s* **1.** Kerbe *f,* Einschnitt *m;* **2.** Schlitz, (Münz)Einwurf *m;* **3.** *radio TV* (Sende)Zeit *f,* in der ein bestimmtes Programm gesendet wird; ▶ **put money in the ~** Geld einwerfen; **have a ~ for s.th.** etw einfügen können; **II** *(mit Präposition)* **slot in** *tr* hineinstecken; einfügen; unterbringen; *itr* sich einfügen lassen; ▶ ~ **s.o. into a company** jdn bei einer Firma unterbringen; ~ **s.o. into an image** jdn in ein bestimmtes Image einordnen; ~ **commercials in** Werbespots einbauen; **slot together** *itr* zusammenpassen; *tr* zusammenfügen.

sloth [sləʊθ] **1.** Faulheit, Trägheit *f;* **2.** *zoo* Faultier, Ai *n;* **sloth·ful** ['sləʊθfl] *adj* faul, träge.

slot-ma·chine ['slɒtməˌʃi:n] (Waren-, Spiel)Automat *m;* **slot meter** Münzzähler *m.*

slouch [slaʊtʃ] **I** *itr* lässig, schlacksig herumsitzen, -stehen; sich hinflegeln; herumlungern; **II** *s* **1.** schlaffe, schlechte Haltung; **2.** schwerfälliger Gang; **3.** *(~-hat)* Schlapphut *m;* **4.** *fam* Flasche, Niete *f;* ▶ **be no ~** *fam* was loshaben (*at* in).

slough¹ [slʌf] **I** *s* (abgeworfene Schlangen)Haut *f;* **II** *tr* **1.** *(~ off)* abwerfen, -stoßen; **2.** *fig (Angewohnheit)* ablegen, loswerden; **3.** *fig* aufgeben.

slough² [slaʊ, *Am* slu:] Sumpf, Morast *m;* ▶ **the S~ of Despond** Hoffnungs-, Mutlosigkeit *f.*

Slo·vak ['sləʊvæk] **I** *adj* slowakisch; **II** *s* **1.** Slowake *m,* Slowakin *f;* **2.** (das) Slowakisch(e); **Slo·vak·ia** [sləʊ'vækɪə] die

Slowakei.
sloven ['slʌvn] Schlampe *f*, Schlamper *m*; **sloven·ly** [—lɪ] *adj* schlampig.
Slo·vene ['sləʊviːn], **Slo·ven·ian** [sləʊ'viːnɪən] **I** *adj* slowenisch; **II** *s* **1.** Slowene *m*, Slowenin *f*; **2.** (das) Slowenisch(e); **Slo·ven·ia** [sləʊ'viːnɪə] Slowenien *n*.
slow [sləʊ] **I** *adj* **1.** langsam; **2.** schleppend, träge; **3.** *(Markt)* flau; **4.** schwerfällig, *fam* schwer von Begriff; **5.** *(Uhr)* nachgehend; **6.** *(Fieber)* schleichend; **7.** *(Feuer)* schwach; **8.** *com (Zahler)* säumig, unpünktlich; **9.** *(Film)* unempfindlich; ► **~ off the mark, ~ on the uptake** schwer von Begriff; **be ~** *(Uhr)* nachgehen; **cook on a ~ fire** auf kleiner Flamme kochen; **he's ~ in catching on** er hat e-e lange Leitung; **it's ~ work** das geht langsam (voran); **he is a ~ worker, reader** er arbeitet, liest langsam; **be ~ to do s.th.** sich bei etw Zeit lassen; **not to be ~ to do s.th.** etw schnell tun; **II** *adv* langsam; ► **go ~** langsam fahren; *(Arbeiter)* einen Bummelstreik machen; **III** *itr* ► **~ to a stop** langsam anhalten; **IV** *tr* verlangsamen; **V** *(mit Präposition)* **slow down** *itr* langsamer werden, sich verlangsamen; *(Inflation)* abnehmen; *tr* verlangsamen; *(Motor)* drosseln; *fig* verzögern; ► **~ the car down** langsamer fahren.
slow·coach ['sləʊkəʊtʃ] Schlafmütze *f*; **slow-down** ['sləʊdaʊn] **1.** Verlangsamung *f*; **2.** Konjunkturrückgang *m*; ► **~ (strike)** *Am* Bummelstreik, Dienst *m* nach Vorschrift; **slow·ly** ['sləʊlɪ] *adv* langsam; **slow-motion I** *adj attr* in Zeitlupe; **II** *s* Zeitlupe *f*; **slow-moving** [ˌsləʊ'muːvɪŋ] *adj* langsam vorankommend; *(Verkehr)* kriechend; *(Handlung)* langatmig; **slow·ness** ['sləʊnɪs] **1.** Langsamkeit *f*; **2.** Trägheit *f*; Schwerfälligkeit *f*; **3.** Begriffsstutzigkeit *f*; **slow·poke** ['sləʊˌpəʊk] *Am fam* Schlafmütze *f*; **slow train** *Br* Bummelzug *m*; **slow-witted** [ˌsləʊ'wɪtɪd] *adj* begriffsstutzig; **slow-worm** *zoo* Blindschleiche *f*.
sludge [slʌdʒ] **1.** (Schnee)Matsch *m*; Schlamm *m*; **2.** *tech* (Klär)Schlamm *m*.
slue[1] [sluː] *Am* **I** *itr* sich drehen; **II** *tr* drehen.
slue[2] [sluː] *Am fam* (gewaltige) Menge, Masse *f*.
slug[1] [slʌg] Nacktschnecke *f*.
slug[2] [slʌg] **1.** *typ* Zeilenguß *m*, Reglette *f*; *pl* Durchschuß *m*; **2.** *fam* Schluck *m*; **3.** Kugel *f*.
slug[3] [slʌg] *fam* **I** *tr* hart schlagen; **II** *s* harter Schlag; ► **give s.o. a ~** jdm eine knallen.
slug·gard ['slʌgəd] Faulpelz *m*; **slug·gard·ly** [—lɪ] *adj* faul.
slug·gish ['slʌgɪʃ] *adj* **1.** träge; langsam; **2.** *com* schleppend; stagnierend; **3.** *tech* zähflüssig.
sluice [sluːs] **I** *s* **1.** Schleuse *f*; **2.** Rinne *f*, Graben *m*; **II** *itr* herausströmen; **III** *tr* **1.** *(~ out, down)* waschen; abspritzen; ab-, auswaschen, ausspülen; **2.** *(Erz)* waschen; **sluice-gate** Schleusentor *n*; **sluice-way** Schleusenkanal *m*.
slum [slʌm] **I** *s* **1.** Elendsquartier *n*; **2.** *pl* Elendsviertel *n*; **3.** *fig* Saustall *m*; **II** *tr* ► **~ it** primitiv leben.
slum·ber ['slʌmbə(r)] *lit* **I** *itr* schlummern, schlafen *a. fig*; **II** *s oft pl* Schlummer *m*.
slum child ['slʌmtʃaɪld] ⟨*pl* -children⟩ Slumkind *n*; **slum clearance** Beseitigung *f* der Slums, Stadtsanierung *f*; **slum dweller** Slumbewohner(in) *m (f)*.
slump [slʌmp] **I** *itr* **1.** *(~ down)* zusammensinken, zusammensacken; **2.** *fig (Preise)* (plötzlich) fallen, sinken, nachlassen; **3.** *(Absatz)* abnehmen, fallen; **4.** sich fallen lassen (*into a chair* auf e-n Stuhl); **II** *s* **1.** (plötzliches) Nachlassen, Absinken *n*; **2.** (Preis-, Kurs)Sturz, Konjunktureinbruch *m*; ► **~ in prices** Preisverfall *m*; **~ in production** Produktionsrückgang *m*.
slung [slʌŋ] *v s. sling*.
slunk [slʌŋk] *v s. slink*.
slur [slɜː(r)] **I** *tr* **1.** undeutlich, nachlässig aussprechen; **2.** *mus* binden, halten; **3.** *(~ over)* oberflächlich behandeln; hinweggehen über (*s.th.* etw); **II** *s* **1.** undeutliche Aussprache; **2.** *fig* Makel *m*; Verunglimpfung *f*; **3.** *mus* Bindung *f*; Bindebogen *m*.
slurp [slɜːp] *itr, tr fam* schlürfen.
slush [slʌʃ] Schneematsch *m*; Matsch, Morast, Schlamm *m*; *fig* Kitsch *m*; **slush fund** Bestechungs-, Schmiergelder *n pl*; **slushy** ['slʌʃɪ] *adj* matschig; *fig* sentimental.
slut [slʌt] **1.** Schlampe *f*; **2.** Flittchen *n*; **slut·tish** ['—ɪʃ] *adj* liederlich.
sly [slaɪ] *adj* **1.** schlau, verschlagen; **2.** falsch, hinterhältig; ► **on the ~** heimlich.
smack[1] [smæk] **I** *s* **1.** (leichter) Geschmack, Beigeschmack *m a. fig* (*of* von); **2.** *fig* (schwache) Spur, Andeutung *f*, Anflug *m*; **II** *itr* **1.** schmecken, *fig* riechen (*of* nach); **2.** e-n Anflug haben (*of* von).
smack[2] [smæk] **I** *s* **1.** *(~ on the lips)* Schmatz *m*, lauter Kuß; **2.** Schmatzen *n*; **3.** *(Peitsche)* Knallen *n*; **4.** Klaps, Schlag *m*; **5.** *sl* Heroin *n*; ► **have a ~ at s.th.** *fam* etw probieren; **a ~ in the eye** *fam* ein Schlag ins Kontor, ein Mißerfolg *m*; **II** *tr* (klatschend) schlagen; ► **~ s.o.'s bottom** jdm den Hintern versohlen; **~ one's lips** schmatzen; **III** *adv* direkt; **smacker** ['smækə(r)] **1.** *fam (Kuß)* Schmatzer *m*; **2.** Klaps *m*; **3.** *sl* Dollar

m; Pfund (Sterling) *n;* **smack·ing** ['smækɪŋ] Tracht *f* Prügel.

small [smɔ:l] **I** *adj* **1.** klein; **2.** gering; **3.** *(Zahl)* niedrig; **4.** *(Vermögen)* bescheiden; **5.** *(Trost)* schwach, schlecht; **6.** geringfügig, unbedeutend; **7.** *(Mensch)* kleinlich; **8.** *(Stimme)* schwach; **9.** *(Getränk, bes. Bier)* schwach, dünn; ▶ **in a ~ voice** kleinlaut; **in a ~ way** in bescheidenem Umfang; **on the ~ side** etwas zu klein; **feel ~** kleinlaut sein; **the ~est possible amount** so wenig wie möglich; **that was no ~ success** das war ein beachtlicher Erfolg; **II** *s pl Br* Unterwäsche *f;* ▶ **the ~ of the back** das Kreuz; **small ads** *pl* Kleinanzeigen *f pl;* **small-arms** *pl* Handfeuerwaffen *f pl;* **small beer** Dünnbier *n; fig* Kleinigkeit *f;* kleiner Wicht; **small business** mittelständische Wirtschaft; **small change** Klein-, Wechselgeld *n;* **small fry** *pl* kleine Fische *m pl a. fig;* **small·hold·er** ['smɔ:lˌhəʊldə(r)] Kleinbauer *m;* **small·hold·ing** ['smɔ:lˌhəʊldɪŋ] Kleinbesitz *m;* **small hours** *pl* frühe Morgenstunden *f pl;* **small intestine** Dünndarm *m;* **smallish** ['smɔ:lɪʃ] *adj* ziemlich klein; **small loan** Kleinkredit *m;* **small-minded** [ˌsmɔ:l'maɪndɪd] *adj* kleinlich, engstirnig; **small·ness** ['smɔ:lnɪs] Kleinheit *f; fig* Bescheidenheit *f; pej* Kleinlichkeit *f;* **small·pox** ['smɔ:lpɒks] Pocken *pl;* **small print** (das) Kleingedruckte; **small-scale** *adj* Klein-, in kleinem Maßstab; **small screen** *fam TV* Bildschirm *m;* **small talk** (höfliche) Konversation *f;* **small-time** *adj fam* klein; nebensächlich, belanglos, unbedeutend; ▶ **~ crooks** *pl* kleine Gauner *m pl.*

smarmy ['smɑ:mɪ] *adj fam* glatt, kriecherisch.

smart [smɑ:t] **I** *adj* **1.** schick; flott; gepflegt; **2.** klug, gewitzt; raffiniert; *pej* besonders gescheit; **3.** schnell, flink, fix; ▶ **get ~** *Am fam* sich zusammenreißen; **get ~ with s.o.** *fam* jdm frech kommen; **he thinks it's ~ to do that** er kommt sich dabei toll vor; **look ~!** beeil dich! **II** *itr* brennen; ▶ **~ under s.th.** *fig* unter etw leiden; **III** *s* Schmerz *m;* Brennen *n;* **smart-alec(k)** ['smɑ:t'ælɪk] Besserwisser(in) *m (f);* **smarten** ['smɑ:tn] **I** *tr (~ up)* auffrischen, -polieren, herausputzen; ▶ **~ o.s. up** sich schönmachen; **II** *itr* **1.** frisch, sauber, schöner werden; **2.** aufleben, in Schwung kommen; **smart·ness** ['smɑ:tnɪs] **1.** Schick *m;* Eleganz *f;* **2.** Schlauheit, Gerissenheit *f;* **3.** Gewandtheit, Tüchtigkeit *f.*

smash [smæʃ] **I** *tr* **1.** zerschmettern (*s.th. against the wall* etw an der Wand); zerschlagen; **2.** *(Fenster)* einwerfen, -schlagen; **3.** (vernichtend) schlagen, (schwer) treffen, ruinieren; **4.** *(Tennis)* schmettern; ▶ **~ to bits** in tausend Stücke zerbrechen, zerschlagen; **II** *itr* **1.** zerbrechen; zerschellen; **2.** *(~ into s.th.)* prallen (*into s.th.* gegen etw); **3.** *fig fam* Bankrott machen, pleite gehen; **III** *s* **1.** heftiger Schlag; **2.** *(Tennis)* Schmetterball *m;* **3.** Zerbrechen, Zerkrachen *n;* Knall *m;* **4.** Zusammenstoß *m;* **5.** Zusammenbruch, Bankrott *m;* **IV** *(mit Präposition)* **smash in** *tr* einschlagen; **smash up** *tr* zertrümmern; *(Gesicht)* übel zurichten; *(Auto)* zu Schrott fahren; *itr* kaputtgehen; zerschellen; **smash-and-grab raid** [ˌsmæʃn'græbreɪd] Schaufenstereinbruch *m;* **smashed** [smæʃt] *adj fam* betrunken; **smasher** ['smæʃə(r)] **1.** Knüller *m,* Bomben-, Pfundssache *f;* **2.** Pfundskerl *m,* Prachtmädel *n;* **smash hit** Bombenerfolg *m;* **smash·ing** ['smæʃɪŋ] *adj fam* toll, phantastisch; **smash-up** ['smæʃʌp] Unfall *m; fin* Pleite *f;* ▶ **car ~** Autozusammenstoß *m.*

smat·ter·ing ['smætərɪŋ] oberflächliche Kenntnis (*in, of* gen); ▶ **a ~ of German** ein paar Brocken Deutsch.

smear [smɪə(r)] **I** *tr* **1.** schmieren; verschmieren; beschmieren; einschmieren (*with* mit); **2.** verwischen; **3.** *fig* verleumden; **II** *itr* verschmieren; *(Kugelschreiber)* schmieren; *(Tinte)* verlaufen; **III** *s* **1.** (Schmier-, Schmutz)Fleck *m;* **2.** *med* Abstrich *m;* **3.** *fig* Verleumdung *f;* ▶ **~ of blood, paint** Blut-, Farbfleck *m;* **~ campaign** Schmutz-, Verleumdungskampagne *f;* **~ test** *med* Abstrich *m;* **smeary** ['smɪərɪ] *adj* **1.** schmierig, schmutzig; **2.** schmierend.

smell [smel] ⟨smelt *od* smelled, smelt *od* smelled⟩ **I** *tr* **1.** riechen; **2.** wittern *a. fig;* **3.** beriechen, beschnuppern; ▶ **~ a rat** *fig* Lunte riechen; **II** *itr* **1.** riechen (*at* an; *of* nach); duften; stinken *a. fig;* **2.** *fig* hindeuten (*at* auf); erinnern (*at* an); ▶ **~ to high heaven** zum Himmel stinken; **III** *s* **1.** Geruch(ssinn) *m;* **2.** Geruch, Duft *m;* **3.** Gestank *m;* **IV** *(mit Präposition)* **smell out** *tr* **1.** aufstöbern, aufspüren; *(Verschwörung)* aufdecken; **2.** verpesten; **smell·ing-bottle** ['smelɪŋˌbɒtl] Riechfläschchen *n;* **smell·ing-salts** ['smelɪŋsɔ:lts] *pl* Riechsalz *n;* **smelly** ['smelɪ] *adj fam* übelriechend.

smelt[1] [smelt] *tr* schmelzen, verhütten; ▶ **~ down** einschmelzen.

smelt[2] [smelt] *v s. smell.*

smile [smaɪl] **I** *itr, tr* lächeln; ▶ **~ at s.o.** jdn anlächeln, anlachen; **~ at s.th.** über etw lächeln; **~ on s.o.** *fig* jdm lachen; **~ with joy, happiness** vor Freude, Glück strahlen; **keep smiling!** laß dich nicht unterkriegen! **~ one's thanks** dankbar lächeln; **~ a friendly ~** freundlich lächeln; **II** *s* Lächeln *n;* ▶ **give s.o. a ~**

jdm zulächeln; **come on, give me a ~!** lach doch mal; **be all ~s** übers ganze Gesicht strahlen; **smil·ing** ['—ɪŋ] *adj* lächelnd.

smirch [smɜ:tʃ] **I** *tr fig* Schande machen (*s.o.* jdm); **II** *s fig* Schandfleck *m*.

smirk [smɜ:k] **I** *itr* grinsen, hämisch lächeln; **II** *s* Grinsen *n*.

smith [smɪθ] Schmied *m*.

smith·er·eens [ˌsmɪðəˈri:nz] ▶ **in ~** in tausend Stücken; **smash to ~** in Stücke schlagen.

smithy [ˈsmɪðɪ] Schmiede *f*.

smit·ten [ˈsmɪtn] *adj* **1.** heimgesucht (*with* von); **2.** *fam* verknallt, verliebt (*with* in).

smock [smɒk] **1.** (Arbeits)Kittel *m;* **2.** Schürzenbluse *f;* **smock·ing** ['—ɪŋ] Smokarbeit *f*.

smog [smɒg] Smog *m;* **smog alert, warning** Smogalarm *m*.

smoke [sməʊk] **I** *s* Rauch, Qualm *m;* ▶ **go up in ~** *fig* in Rauch aufgehen; ergebnislos verlaufen; wütend werden; **have a ~** (eine) rauchen; Haschisch rauchen; **have you got a ~?** hast du was zu rauchen? **II** *itr* rauchen; qualmen; Haschisch rauchen; **III** *tr* **1.** rauchen; **2.** *(Lebensmittel)* räuchern; **IV** *(mit Präposition)* **smoke out** *tr* **1.** ausräuchern; **2.** *fam* verräuchern, einräuchern; **smoke-bomb** Rauchbombe *f;* **smoked** [sməʊkt] *adj* geräuchert; Räucher-; *(Glas)* Rauch-; ▶ **~ salmon** Räucherlachs *m;* **smoke-dried** [ˈsməʊkdraɪd] *adj* geräuchert; **smoke-less** [ˈsməʊklɪs] *adj* rauchlos; *(Gebiet)* rauchfrei; **smoker** [ˈsməʊkə(r)] **1.** Raucher(in) *m (f);* **2.** Raucherabteil *n;* **smoke-room** Rauchsalon *m;* **smoke-screen** *mil* Rauch-, Nebelwand *f; fig* Vernebelung *f;* **smoke-shell** Nebelgranate *f;* **smoke-signal** Rauchsignal *n;* **smoke-stack** Schornstein *m;* Schlot *m;* **smoke-stained** [ˈsməʊksteɪnd] *adj* rauchgeschwärzt.

smok·ing [ˈsməʊkɪŋ] Rauchen *n;* ▶ **no ~!** Rauchen verboten! **smoking compartment,** *Am* **smoking car** *rail* Raucherabteil *n;* **smoking-jacket** Hausjacke *f;* **smoking-room** Rauchzimmer *n*.

smoky [ˈsməʊkɪ] *adj* **1.** *(Feuer)* qualmend; **2.** rauchig; verräuchert; **3.** rauchgeschwärzt.

smooch [smu:tʃ] *itr fam* schmusen, knutschen.

smooth [smu:ð] **I** *adj* **1.** glatt; *(Oberfläche)* eben; *(See)* ruhig; **2.** *(Haare, Haut)* weich; **3.** *(Paste, Teig)* sämig; *(Soße)* glatt; **4.** *(Reise, Überfahrt, Flug)* ruhig; *(Start, Landung)* glatt, weich; *(Atmung)* gleichmäßig; **5.** *(Ablauf)* reibungslos, glatt; **6.** *(Getränk)* mild; **7.** *(Stil)* flüssig, glatt; *(Ton)* sanft; *(Redeweise)* flüssig; **8.** *(Benehmen, Verkäufer)* glatt, geschliffen, *pej* aalglatt; kühl; **9.** *fam* gepflegt, fesch; **10.** *(Tennis)* glatt, weich; **11.** *(Motor, Getriebe)* leichtgängig; ▶ **have a ~ manner, tongue** aalglatt sein; **~ operator** Schlawiner *m,* Schlitzohr *n;* **make things ~ for s.o.** jdm die Schwierigkeiten aus dem Weg räumen; **II** *s* ▶ **give s.th. a ~** etw glattstreichen; **take the rough with the ~** das Gute wie das Schlechte hinnehmen; **III** *tr* glätten; *fig* besänftigen; **IV** *(mit Präposition)* **smooth away** *tr* glätten; *fig* besänftigen; **smooth down** *tr* **1.** glattstreichen; zurechtmachen; **2.** *fig* beruhigen, beschwichtigen; *itr* sich glätten; sich beruhigen; **smooth over** *tr* geradebiegen.

smoothie, smoothy [ˈsmu:ðɪ] *fam pej* Lackaffe *m;* **smooth·ness** [ˈsmu:ðnɪs] **1.** Glätte *f;* **2.** Geschmeidigkeit *f;* **3.** Sanftheit *f;* **4.** *fig* Eleganz *f;* **smooth-shaven** *adj* glattrasiert; **smooth-tongued** [ˈsmu:ðtʌŋd] *adj* katzenfreundlich; schmeichlerisch.

smother [ˈsmʌðə(r)] **I** *tr* **1.** ersticken; **2.** überschütten, überhäufen (*in, with* mit); **II** *itr* ersticken.

smoul·der, *Am* **smol·der** [ˈsməʊldə(r)] *itr* schwelen, glimmen *a. fig;* ▶ **~ing look** glühender Blick.

smudge [smʌdʒ] **I** *s* **1.** Schmutzfleck *m;* Klecks *m;* **2.** *Am* qualmendes Feuer; **II** *tr, itr* verschmieren; **smudgy** [ˈsmʌdʒɪ] *adj* schmutzig, schmierig; verwischt.

smug [smʌg] *adj* **1.** selbstzufrieden, -gefällig; **2.** eingebildet; blasiert.

smuggle [ˈsmʌgl] *tr, itr* schmuggeln (*s.th. into England* etw nach England); **smug·gler** [ˈsmʌglə(r)] Schmuggler(in) *m (f);* **smug·gling** [ˈsmʌglɪŋ] Schmuggel *m*.

smut [smʌt] **1.** Ruß(flocke *f*) *m;* **2.** Schmutzfleck *m;* **3.** *fig* Zoten *f pl;* **smutty** [ˈsmʌtɪ] *adj* schmutzig *a. fig;* unanständig.

snack [snæk] Imbiß, Snack *m,* Kleinigkeit *f* zu essen; **snack-bar, snack-counter** Imbißstube, Schnellgaststätte, Snackbar *f*.

snaffle [ˈsnæfl] *tr Br fam* stibitzen, klauen; ▶ **~s.th. up** etw wegschnappen.

snag [snæg] **I** *s* **1.** Baum-, Aststumpf *m;* **2.** Riß *m (im Strumpf);* **3.** *fig* Schwierigkeit *f;* Haken *m;* ▶ **hit a ~** in Schwierigkeiten kommen; **there's a, one ~** die Sache hat einen Haken; **II** *tr (an e-m hervorstehenden Gegenstand)* aufreißen; *(Faden)* herausziehen.

snail [sneɪl] Schnecke *f;* ▶ **at a ~'s pace** im Schneckentempo; **snail-shell** Schneckenhaus *n*.

snake [sneɪk] **I** *s* Schlange *f a. fig tech;* ▶ **a ~ in the grass** *fig* ein hinterhältiger Mensch; **II** *itr* sich schlängeln, sich winden; **snake-bite** Schlangenbiß *m;* **snake-charmer** Schlangenbeschwörer(in) *m (f);* **snake-poison, snake-venom** Schlangengift *n;* **snake-ranch** Schlangenfarm *f;* **snake-skin** Schlangenhaut *f;* Schlangenleder *n;* **snaky** ['sneɪkɪ] *adj* sich schlängelnd.

snap [snæp] **I** *itr* **1.** schnappen (*at* nach); **2.** zuschnappen; rasch zupacken; **3.** (zer)springen, (zer)reißen; **4.** *(~ shut) (Tür, Schloß)* zuschlagen, zuschnappen; ▶ **his patience ~ped** er verlor die Geduld; **~ at s.o.** jdn anfahren; **~ to attention** Haltung annehmen; **~ to it!** zack, zack! **something ~ped in me** da habe ich durchgedreht; **II** *tr* **1.** zerbrechen; **2.** zuklappen, zuknallen; knallen lassen; **3.** *(~ out)* herausfahren mit; *(Worte)* hervorstoßen; **4.** knipsen *bes. phot;* ▶ **~ one's fingers** mit den Fingern schnalzen; **~ one's fingers at s.o., s.th.** *fig* auf jdn, etw pfeifen; **III** *s* **1.** Schnappen *n;* Schnalzen *n;* Knacken *n;* Klicken *n;* Knallen *n;* **2.** *phot* Foto *n,* Schnappschuß *m;* **3.** *(~-fastener)* Druckknopf *m;* **4.** *fig fam* Schwung, Elan *m;* **5.** Keks *m;* ▶ **cold ~** Kälteeinbruch *m;* **IV** *adj* plötzlich, spontan; **~ decision** plötzlicher Entschluß; **~ vote** Blitzabstimmung *f;* **go ~** klick, schnapp, knack machen; **V** *interj* ich auch! **VI** *(mit Präposition)* **snap away** *tr* wegschnappen; entreißen; **snap from** *tr* entreißen aus; wegreißen von; wegnehmen, stehlen von; **snap off** *tr* abreißen; abbrechen; abbeißen; *itr* abbrechen; ▶ **~ s.o.'s head off** *fig* jdn anfahren; **snap out** *tr* hervorstoßen (*his orders* seine Befehle); ▶ **~ out of s.th.** mit etwas Schluß machen; **~ out of it!** genug damit! Kopf hoch! **snap up** *tr* wegschnappen.

snap·dragon ['snæpˌdrægən] *bot* Löwenmaul *n;* **snap-fastener** Druckknopf *m;* **snap lock** Schnappverschluß *m;* **snap·pish** [snæpɪʃ] *adj* bissig; **snappy** ['ʃnæpɪ] *adj* **1.** *fam* schnell, zackig; **2.** bissig *a. fig;* **3.** kurz und treffend; ▶ **make it ~!** *fam* fix! los, los!; **snap·shot** ['snæpʃɒt] Schnappschuß *m.*

snare [sneə(r)] **I** *s* **1.** Schlinge, Falle *f a. fig;* **2.** *fig* Fallstrick *m;* **3.** *(~ drum)* kleine Trommel; **II** *tr* **1.** in e-r Schlinge fangen; **2.** *fig* sich unter den Nagel reißen; **3.** *fig* e-e Falle stellen (*s.o.* jdm).

snarl[1] [snɑːl] **I** *itr* knurren; *(Motor)* dröhnen; ▶ **~ at s.o.** jdn anknurren; **II** *tr (~ out)* knurrend, brummend sagen; **III** *s* Knurren *n.*

snarl[2] [snɑːl] **I** *tr* verwirren; **II** *s* Knoten *m;* **III** *(mit Präposition)* **snarl up** *tr* durcheinanderbringen; *itr* völlig durcheinandergeraten; ▶ **traffic gets ~ed up** der Verkehr ist chaotisch; **get ~ed up in a traffic jam** in einem Stau steckenbleiben; **snarl-up** ['snɑːlʌp] Durcheinander *n; (Verkehr)* Chaos *n.*

snatch [snætʃ] **I** *tr* **1.** greifen; **2.** (*from s.o.* jdm) entreißen; aus der Hand reißen; **3.** *(Kuß)* rauben; **4.** wegnehmen (*from* von); **5.** *(Gelegenheit)* beim Schopf ergreifen, fassen; **6.** *fam* stehlen; kidnappen; ▶ **~ a meal** schnell etwas essen; **II** *itr* schnappen, haschen, rasch zugreifen (*up* nach); **III** *s* **1.** schneller Griff; **2.** Stück(chen) *n,* Brocken *m;* (Gesprächs)Fetzen *m;* **3.** *sport* Reißen *n;* **4.** *fam* Raub *m;* Entführung *f;* ▶ **in ~es** stoß-, ruckweise, mit Unterbrechungen; **make a ~ at s.th.** nach etw greifen, schnappen; **IV** *(mit Präposition)* **snatch away** *tr* wegreißen (*s.th. from s.o.* jdm etw); *(Tod)* entreißen (*from s.o.* jdm); **snatch up** *tr* schnappen; an sich reißen; **snatchy** ['snætʃɪ] *adj* unzusammenhängend, unregelmäßig, unterbrochen.

snaz·zy ['snæzɪ] *adj fam* schick, fesch, flott.

sneak [sniːk] **I** *itr* **1.** schleichen; **2.** kriechen *a. fig* (*into* in); **3.** *(~ away, off)* davonschleichen; sich davonmachen; **4.** *sl* petzen; ▶ **~ on s.o.** *sl* jdn verpetzen; **II** *tr* mausen, stibitzen; **III** *s* **1.** Schleicher *m;* **2.** *sl* Petzer *m,* Petzliese *f;* **IV** *(mit Präposition)* **sneak in** *itr* sich einschleichen; **sneak off, past, round** *itr* weg-, vorbei-, herumschleichen; **sneak out** *itr* sich herausschleichen (*of* aus); *fig* sich drücken (*of* vor); sich herausschwindeln (*out of* aus); **sneak up to s.o.** sich an jdn heranschleichen; **sneak·ers** ['sniːkəz] *pl Am* Freizeitschuhe *m pl;* Turnschuhe *m pl;* **sneak·ing** ['—ɪŋ] *adj* geheim; *(Verdacht)* heimlich, leise; **sneak-thief** ⟨*pl* -thieves⟩ Gelegenheitsdieb *m;* **sneaky** ['sniːkɪ] *adj* heimtückisch; feige; raffiniert.

sneer [snɪə(r)] **I** *itr* **1.** höhnisch lächeln; **2.** höhnen, spotten (*at* über); **II** *s* Hohn(lachen, -gelächter *n*), Spott *m;* spöttisches Grinsen; spöttische Bemerkung; **sneer·ing** ['snɪərɪŋ] *adj* höhnisch, spöttisch.

sneeze [sniːz] **I** *itr* niesen; ▶ **it is not to be ~d at** das ist nicht ohne, das ist nicht zu verachten; **II** *s* Niesen *n.*

snick [snɪk] **I** *s* Kerbe *f,* Ritz *m;* **II** *tr* ritzen, einkerben; zupfen.

snicker ['snɪkə(r)] *s. snigger.*

snide [snaɪd] *adj fam* abfällig, höhnisch.

sniff [snɪf] **I** *itr* **1.** schniefen; **2.** schnüffeln, schnuppern (*at* an); **3.** *fig* die Nase rümpfen (*at* über); ▶ **not to be ~ed at** *fig fam* nicht zu verachten; **II** *tr* riechen, schnuppern an; *(Tabak)* schnupfen; *fig* wittern; ▶ **~ glue** schnüffeln; **III** *s* Schnüffeln *n;* Schniefen *n; fig* Naserümpfen *n;* ▶ **have a ~ at s.th.** an etw riechen; **IV** *(mit Präposition)* **sniff out** *tr* aufspüren; *(Komplott)* aufdecken.

sniffle ['snɪfl] **I** *itr* schniefen; schnüffeln; **II** *s* **1.** Schniefen *n;* **2.** *pl fam* Schnupfen *m.*
snif·ter ['snɪftə(r)] *fam* Schnäpschen *n.*
snig·ger ['snɪgə(r)] *itr* kichern (*at, about* über).
snip [snɪp] **I** *tr* schnippen, (ab)schnippeln; schneiden; ▶ ~ **off** abschneiden; abzwicken; **II** *itr* schnippe(l)n; **III** *s* **1.** kleiner Schnitt, Einschnitt *m;* **2.** Schnipsel, Schnippel *m* od *n;* **3.** *fam* guter Kauf; ▶ **it's a ~ at only £ 100** für nur £ 100 ist es sehr günstig.
snipe [snaɪp] **I** *s* Schnepfe *f;* ▶ **II** *itr* ~ **at s.o.** aus dem Hinterhalt auf jdn schießen; *fig* gegenüber jdm e-e spitze Bemerkung machen; **sniper** ['snaɪpə(r)] Heckenschütze *m.*
snip·pet ['snɪpɪt] **1.** Schnipsel *m* od *n;* Stückchen *n;* **2.** *pl* Bruchstücke *n pl.*
snitch [snɪtʃ] *sl* **I** *tr* stibitzen, mausen; **II** *itr* angeben, verpfeifen (*on s.o.* jdn).
snivel ['snɪvl] *itr* heulen; **snivel·ling** ['—ɪŋ] *adj* weinerlich; wehleidig.
snob [snɒb] Snob *m;* **snob·bery** ['snɒbərɪ] Snobismus *m;* **snob·bish** ['snɒbɪʃ] *adj* großtuerisch, snobistisch, versnobt; **snob value** Imagewert *m.*
snook [snu:k] ▶ **cock a ~ at s.o.** jdm e-e lange Nase machen.
snooker ['snu:kə(r)] **I** *s (Art)* Billard *n;* **II** *tr* **1.** *fam* in e-e schwierige Lage bringen; **2.** *(Plan)* zum Scheitern bringen; ▶ **be ~ed** nicht mehr weiterkönnen.
snoop [snu:p] **I** *itr fam (~ around)* herumschnüffeln, -spionieren; ▶ ~ **into** herumschnüffeln in; ~ **on s.o.** jdn bespitzeln; **II** *s* **1.** Herumschnüffeln *n;* **2.** *s. snooper;* **snooper** ['snu:pə(r)] *fam* Schnüffler(in) *m (f).*
snoot [snu:t] *Am fam* Nase *f;* **snooty** ['snu:tɪ] *adj fam* hochnäsig.
snooze [snu:z] *fam* **I** *s* Nickerchen *n;* **II** *itr* ein Nickerchen machen; **snooze button** *(Radiowecker)* Schlummertaste *f.*
snore [snɔ:(r)] **I** *itr* schnarchen; **II** *s* Schnarchen, Geschnarche *n.*
snor·kel ['snɔ:kl] **I** *itr* schnorcheln; **II** *s* Schnorchel *m.*
snort [snɔ:t] **I** *itr* schnauben (*with rage* vor Wut); **II** *s* Schnauben, Schnaufen *n.*
snor·ter [snɔ:tə(r)] *s. snifter.*
snot [snɒt] *fam* Rotz *m;* **snot-rag** ['snɒtræg] *sl hum* Rotzfahne *f;* **snotty** ['snɒtɪ] *adj fam* **1.** rotzig; **2.** frech; patzig.
snout [snaʊt] **1.** Schnauze *f a. fig,* Rüssel *m;* **2.** *sl* Tabak *m;* **3.** *sl* Spitzel *m.*
snow [snəʊ] **I** *s* **1.** Schnee *m a. fig;* Schneefall *m;* **2.** *pl* Schneemassen *f pl;* **3.** *sl (Kokain)* Koks, Schnee *m;* **II** *itr* schneien; **III** *(mit Präposition)* **snow in** *tr* einschneien; **be snowed off** wegen Schnee abgesagt werden; **snow under** *tr fig* überhäufen; eindecken; **snow·ball** ['snəʊbɔ:l] **I** *s* Schneeball *m;* **II** *itr fig* lawinenartig anwachsen; **snowball effect** Schneeballeffekt *m;* **snow bank** Schneeverwehung *f;* **snow·blind** ['snəʊblaɪnd] *adj* schneeblind; **snow-blind·ness** ['snəʊblaɪndnɪs] Schneeblindheit *f;* **snow·bound** ['snəʊbaʊnd] *adj* eingeschneit; **snow cannon** Schneekanone *f;* **snow-capped, snow-clad** ['snəʊkæpt, 'snəʊklæd] *adj (Berg)* schneebedeckt; **snow-chains** *pl* Schneeketten *pl;* **snow·drift** ['snəʊdrɪft] Schneewehe *f;* **snow·drop** ['snəʊdrɒp] *bot* Schneeglöckchen *n;* **snow·fall** ['snəʊfɔ:l] Schneefall *m,* -menge *f;* ▶ **there was a heavy ~** es schneite stark; **snow fence** Schneezaun *m;* **snow-field** Schneefläche *f,* -feld *n;* **snow·flake** ['snəʊfleɪk] Schneeflocke *f;* **snow-goggles** *pl* Schneebrille *f;* **snow-line** Schneegrenze *f;* **snow·man** ['snəʊmæn] ⟨*pl* -men⟩ Schneemann *m;* **snow·mobile** ['snəʊmə,bi:l] Schneemobil *n;* **snow-plough,** *Am* **snow·plow** ['snəʊplaʊ] Schneepflug *m;* **snow report** Schneebericht *m;* **snow-shoe** Schneeschuh *m;* **snow·storm** ['snəʊstɔ:m] Schneesturm *m;* **snow suit** Schneeanzug *m;* **snow tyre,** *Am* **tire** Winterreifen *m;* **snow weasel** *Am* Motorschlitten *m;* **snow-white** *adj* schneeweiß; **Snow White** Schneewittchen *n;* **snowy** ['snəʊɪ] *adj* **1.** verschneit; **2.** schneeweiß; ▶ **it was ~** es hat geschneit.
snub [snʌb] **I** *tr* **1.** anfahren, ausschimpfen; **2.** von oben herab behandeln; **3.** schneiden, ignorieren; **II** *s* Brüskierung *f;* **snub nose** Stupsnase *f;* **snub-nosed** ['snʌbnəʊzd] *adj* stupsnasig.
snuff [snʌf] **I** *s* Schnupftabak *m;* ▶ **take ~** schnupfen; **II** *tr (~ out)* auslöschen; *(Docht)* putzen; *fig* zerschlagen; ▶ ~ **it** *Br sl* abkratzen, sterben; **snuff-box** Schnupftabak(s)dose, Tabatiere *f.*
snuffle ['snʌfl] *itr* schnauben, schnaufen; schniefen.
snug [snʌg] **I** *adj* **1.** geborgen, geschützt; **2.** behaglich, gemütlich; **3.** *(Kleidung)* eng (anliegend); **4.** *(Einkommen)* auskömmlich, reichlich; **5.** *(Hafen)* geschützt; ▶ **it's a ~ fit** es paßt gut; **II** *s Br (Kneipe)* kleines Nebenzimmer.
snuggle ['snʌgl] **I** *itr* sich kuscheln, sich anschmiegen (*against* an); ▶ ~ **down** es sich gemütlich machen (*into s.th.* in etw); ~ **up** sich zusammenkuscheln; sich anschmiegen; **II** *tr* an sich drücken.
so [səʊ] **I** *adv* **1.** so; **2.** *(ever ~) fam* dermaßen, -art, so (sehr); ▶ ~ **late, long, many (that)** so spät, so lange, so viele (, daß); **not ~ . . . as** nicht so . . . wie; ~ **did I** ich auch; ~ **I did** ja, das

habe ich getan; ~ **it was** ja, so war es; ~ **they say** so heißt es; man sagt so; **and ~ on (and ~ forth)** und so weiter (und so fort); **is that ~?** wirklich? **be ~ kind as to ...** sei so freundlich und ... **or ~** *(nachgestellt)* oder so, etwa; ~ **far** bis jetzt, bisher; soweit; ~ **far from being** weit davon entfernt zu; ~ **far,** ~ **good** so weit ganz gut; ~ **long as** solange *conj;* ~ **long!** *fam* tschüs! ~ **much nonsense, rubbish!** alles Unsinn! alles Quatsch! ~ **I hope, I hope** ~ das hoffe ich, ich hoffe es; ~ **I see** ich seh's, das sehe ich; ~ **to speak** sozusagen; **you don't say ~!** wirklich? **I told you ~** ich sagte es doch! sagte ich es nicht? **just ~! quite ~!** ganz richtig! **thanks ever ~ much** vielen Dank! ~ **help me God!** so wahr mir Gott helfe! **II** *conj* **1.** damit; **2.** also; ► ~ **that** so daß, damit; ~ **as** so daß; vorausgesetzt, daß; ~ **as to** um zu; ~ **that's that** *fam* so, das wär's! damit Schluß! ~ **what?** *fam* na und?

soak [səʊk] **I** *tr* **1.** einweichen; tränken; **2.** durchnässen; **3.** *fig fam* schröpfen; ► **be ~ed** durch und durch naß sein; durchgeregnet sein; ~ **o.s. in sunshine** in der Sonne braten; ~ **o.s. in s.th.** *fig* sich in etw vertiefen; **II** *itr* **1.** einweichen; eingeweicht werden; **2.** einziehen, eindringen; **III** *s* **1.** Einweichen *n;* **2.** *fam* Säufer(in) *m (f);* **IV** *(mit Präposition)* **soak in** *itr* einziehen; *fig* begriffen werden; **soak off** *tr* ablösen; *itr* sich ablösen; **soak up** *tr* aufsaugen; *(Sonne)* genießen; *fig* in sich aufnehmen; *(Geräusch)* schlucken; **soak·ing** ['—ɪŋ] *adj (~ wet)* klatschnaß.

so-and-so ['səʊənsəʊ] ► **Mr S~** Herr Soundso; **this old ~ !** dieser gemeine Kerl!

soap [səʊp] **I** *s* Seife *f;* **II** *tr* einseifen; **soap-box 1.** Seifenkiste *f;* **2.** Rednertribüne *f;* ► ~ **race** Seifenkistenrennen *n;* **soap-bubble** Seifenblase *f;* **soap-dish** Seifenschale *f;* **soap dispenser** Seifenspender *m;* **soap-flakes** *pl* Seifenflocken *f pl;* **soap-opera** *TV* Seifenoper *f;* **soap-powder** Seifenpulver *n;* **soapy** ['səʊpɪ] *adj* seifig.

soar [sɔ:(r)] *itr* **1.** aufsteigen; sich in die Lüfte schwingen; **2.** *(Gebäude)* hochragen; **3.** *(Preise)* in die Höhe schnellen; *(Hoffnung, Ruf)* zunehmen; *(Stimmung)* sich heben; **soar·ing** [—ɪŋ] *adj* **1.** aufsteigend; **2.** hochragend; **3.** *(Phantasie)* blühend; *(Pläne)* hochfliegend; *(Bevölkerung)* ansteigend, schnell zunehmend; **4.** *(Preise)* in die Höhe schnellend, sprunghaft steigend; *(Inflation)* unaufhaltsam.

sob [sɒb] **I** *itr* schluchzen; **II** *tr (~ out)* schluchzend erzählen; ► ~ **one's heart out** herzergreifend schluchzen; ~ **o.s. to sleep** sich in den Schlaf weinen; **III** *s* Schluchzen *n.*

so·ber ['səʊbə(r)] **I** *adj* **1.** nüchtern; **2.** gesetzt, ruhig, besonnen; ernst; **3.** einfach, schlicht; **4.** *(Farbe)* ruhig; ► **in ~ earnest** in vollem Ernst; **II** *(mit Präposition)* **sober down** *itr* ruhiger werden; **sober up** *tr* nüchtern machen; *fig* zur Vernunft bringen; *itr* nüchtern werden; *fig* vernünftig werden; sich beruhigen; **so·ber·ness, so·bri·ety** [—nɪs, səʊ'braɪətɪ] Nüchternheit *f;* Besonnenheit *f.*

so·bri·quet, sou·bri·quet ['səʊbrɪkeɪ, 'su:brɪkeɪ] Spitzname *m.*

sob story ['sɒbˌstɔ:rɪ] *fam* rührselige, sentimentale Geschichte.

so-called [ˌsəʊ'kɔ:ld] *adj* sogenannt.

soc·cer ['sɒkə(r)] Fußballspiel *n;* **soccer player** Fußballspieler(in) *m (f).*

so·cia·bil·ity [ˌsəʊʃə'bɪlətɪ] Geselligkeit *f;* Umgänglichkeit *f;* **so·cia·ble** ['səʊʃəbl] *adj* **1.** gesellig; **2.** umgänglich, freundlich, nett.

so·cial ['səʊʃl] **I** *adj* **1.** sozial; gesellschaftlich; **2.** gesellig, umgänglich; ► ~ **advancement** sozialer Aufstieg; ~ **climber** sozialer Aufsteiger; ~ **contract** *hist* Gesellschaftsvertrag *m; pol* Tarifabkommen *n;* ~ **costs** *pl* Sozialkosten *pl;* ~ **democrat** Sozialdemokrat(in) *m (f);* **social democratic** *adj* sozialdemokratisch; ~ **evening** geselliger Abend; ~ **gathering** geselliges Beisammensein; ~ **insurance** Sozialversicherung *f;* ~ **legislation** Sozialgesetzgebung *f;* ~ **order, system** Sozial-, Gesellschaftsordnung *f;* ~ **policy** Sozialpolitik *f;* ~ **position, rank, status** soziale, gesellschaftliche Stellung; ~ **problem** soziale Frage; ~ **reformer** Sozialreformer(in) *m (f);* ~ **science** Sozialwissenschaften *f pl;* ~ **security** Sozialunterstützung *f;* Sozialamt *n;* **be on ~ security** Sozialhilfe bekommen; ~ **services** *pl* soziale Einrichtungen *f pl;* ~ **studies** *pl* Gemeinschaftskunde *f;* ~ **wealth** Volksvermögen *n;* ~ **welfare** gesellschaftliche Wohlfahrt; ~ **work** Sozialarbeit *f;* ~ **worker** Sozialarbeiter(in) *m (f);* **II** *s* geselliger Abend.

so·cial·ism ['səʊʃəlɪzəm] Sozialismus *m;* **so·cial·ist** ['səʊʃəlɪst] **I** *s* Sozialist(in) *m (f);* **II** *adj* sozialistisch; ► ~ **realism** *(Kunst)* sozialistischer Realismus; **so·cial·ite** ['səʊʃəlaɪt] *fam* Angehörige(r) *f m* der oberen Gesellschaftsklasse; **so·ciali·zation** [ˌsəʊʃəlaɪ'zeɪʃn] **1.** *pol* Sozialisierung, Verstaatlichung *f;* **2.** *psych* Sozialisation *f;* **so·cial·ize** ['səʊʃəlaɪz] **I** *tr* sozialisieren; **II** *itr* verkehren (*with* mit); ein geselliges Leben führen.

so·ci·etal [sə'saɪətəl] *adj* gesellschaftlich; **so·ciety** [sə'saɪətɪ] **1.** die Gesellschaft; **2.** Gesellschaft *f,* Verein(igung *f*) *m;* **3.** *com* Gesellschaft, Genossenschaft *f;* Verband *m;* ► **building** ~ Baugenossenschaft *f;* **co-operative** ~ Konsumverein *m;* ~ **column** *(Zeitung)* Klatschspalte *f;* **the S~ of Friends** die Quäker *m pl;* **the S~ of Jesus** die Gesellschaft Jesu, der Jesuitenorden; **enjoy s.o.'s** ~ gern in jds Gesellschaft sein; **go into** ~ in die Gesellschaft eingeführt werden; **he always wanted to get into** ~ er wollte schon immer in den besseren Kreisen verkehren.

socio [ˌsəʊsɪəʊ] *pref* sozio-; ► **~cultural** soziokulturell; **~economic** sozioökonomisch; **~political** sozialpolitisch; **so·cio·logi·cal** [ˌsəʊsɪəˈlɒdʒɪkl] *adj* soziologisch; **so·ci·ol·ogist** [ˌsəʊsɪˈɒlədʒɪst] Soziologe *m,* Soziologin *f;* **so·ci·ol·ogy** [ˌsəʊsɪˈɒlədʒɪ] Soziologie *f.*

sock¹ [sɒk] **1.** Socke *f;* Kniestrumpf *m;* **2.** Einlegesohle *f;* **3.** *(wind ~)* Windsack *m;* ► **pull one's ~s up** *fam* sich ins Zeug legen; **put a ~ in it** *Br inf* still sein; sich ruhig verhalten.

sock² [sɒk] *fam* **I** *s* Schlag *m;* **II** *tr* schlagen, hauen, eine knallen *(s.o.* jdm); ► ~ **it to me!** *sl* leg los!

socket [ˈsɒkɪt] **1.** *el* Steckdose *f; (für Birne)* Fassung *f;* **2.** *tech* Sockel *m;* **3.** *anat* (Augen)Höhle *f;* (Gelenk)Pfanne *f;* Zahnhöhle *f;* **socket wrench** Steckschlüssel *m.*

sod¹ [sɒd] Rasen(stück *n*) *m.*

sod² [sɒd] *vulg* **I** *s* Saukerl *m;* ► **the poor** ~ das arme Schwein; **II** *tr* ► ~ **it!** zum Teufel! ~ **off** abhauen; ~ **you!** *vulg* leck mich am Arsch!

soda [ˈsəʊdə] **1.** *chem* Soda *n;* Natriumoxyd *n;* Ätznatron *n;* **2.** *(~ water)* Soda-, Selterswasser *n;* **soda bread** *mit Backpulver gebackenes Brot;* **soda-fountain** *Am* Erfrischungshalle *f;* **soda siphon** Siphon *m;* **soda-water** Sodawasser *n;* Sprudel *m.*

sod·den [ˈsɒdn] *adj* durchweicht, durchnäßt; ► ~ **with drink** völlig betrunken.

so·dium [ˈsəʊdɪəm] *chem* Natrium *n;* **sodium bicarbonate** doppeltkohlensaures Natrium; **sodium carbonate** Natriumkarbonat *n.*

so·do·mite [ˈsɒdəmaɪt] Päderast *m;* **so·do·my** [ˈsɒdəmɪ] Analverkehr *m.*

sofa [ˈsəʊfə] Sofa *n;* **sofa bed** Bettcouch *f,* Schlafsofa *n.*

soft [sɒft] *adj* **1.** weich, nachgebend, formbar; **2.** zart, mild, sanft; **3.** weichlich, schwächlich; **4.** *(Arbeit)* leicht, angenehm, bequem; **5.** *com (Markt)* nachgiebig; **6.** sanft, nachgiebig, gutmütig; weichlich; **7.** *(~ in the head)* einfältig, dumm; **8.** *(Farbe)* matt, sanft; **9.** *(Linie)* weich; **10.** *(Licht)* matt; **11.** *(Ton)* schwach, leise; *(Stimme)* weich; **12.** *(Getränk)* alkoholfrei; ► **be ~ on s.o.** in jdn verliebt sein; **get** ~ weich werden; verweichlichen; sich erweichen lassen; **pretty ~ for him!** *Am fam* er hat es gut! ~ **cheese** Weichkäse *m;* ~ **currency** weiche Währung; ~ **furnishings** Vorhänge, Teppiche *usw;* ~ **landing** weiche Landung; ~ **option** Weg *m* des geringsten Widerstandes; ~ **palate** weicher Gaumen; ~ **porn** Softporno *m;* ~ **sell** Softsell *m;* ~ **toy** Plüschtier *n;* **have a ~ spot for** eine Schwäche haben für; **soft·ball** [ˈsɒftbɔːl] *Am* Hallenbaseball(spiel *n*), Softball *m;* **soft-boiled** [ˌsɒftˈbɔɪld] *adj (Ei)* weichgekocht.

sof·ten [ˈsɒfn, *Am* ˈsɔːfn] **I** *tr* **1.** weich machen; *(Wasser)* enthärten; **2.** lindern, mildern; *(Licht)* dämpfen; **3.** verweichlichen; ► ~ **the blow** *fig* den Schock mildern; **II** *itr* **1.** weich werden; **2.** *(Stimme)* sanft werden; **3.** nachlassen; **III** *(mit Präposition)* **soften up** *itr* weich werden; *(Mensch)* nachgiebig werden *(on s.o.* jdm gegenüber); *tr* **1.** weich machen; **2.** *fig* milde stimmen; *(durch Drohung)* einschüchtern, gefügig machen; *(Widerstand)* schwächen.

sof·tener [ˈsɒfnə(r)] Wasserenthärtungsmittel *n;* Weichmacher *m;* Weichspülmittel *n;* **sof·ten·ing** [ˈsɒfnɪŋ] ► ~ **of the brain** Gehirnerweichung *f;* **soft-headed** [ˌsɒftˈhedɪd] *adj fam* doof; **soft-hearted** [ˌsɒftˈhɑːtɪd] *adj* weichherzig, gutmütig; **softie** [ˈsɒftɪ] *s. softy.*

soft·ly [ˈsɒftlɪ] *adv* **1.** sanft; **2.** leise; leicht; **3.** nachsichtig.

soft·ness [ˈsɒftnɪs] **1.** Weichheit *f;* Zartheit *f;* **2.** Sanftheit *f; (Licht)* Gedämpftheit *f;* **3.** Nachgiebigkeit *f;* **4.** Verweichlichung *f;* **5.** Bequemlichkeit *f.*

soft-pedal [ˌsɒftˈpedl] **I** *tr* **1.** *mus* abschwächen, dämpfen; **2.** *fig* herunterspielen; **II** *itr* zurückstecken; **soft-soap** *tr fam* **1.** schmeicheln *(s.o.* jdm); **2.** herumkriegen *(s.o.* jdn); **soft·spoken** [ˌsɒftˈspəʊkən] *adj* gewinnend, einschmeichelnd; **soft·ware** [ˈsɒftweə(r)] *EDV* Software *f;* **software package** *EDV* Softwarepaket *n;* **software piracy** *EDV* Softwarepiraterie *f;* **softwood** [ˈsɒftwʊd] Nadel-, Weichholz *n;* **softy** [ˈsɒftɪ] weichlicher Typ; Softi *m.*

soggy [ˈsɒgɪ] *adj* durchweicht, durchnäßt; sumpfig.

soil¹ [sɔɪl] **I** *tr* beschmieren, beschmutzen; ► ~ **one's hand with s.th.** sich die Hände bei e-r S schmutzig machen; **II** *itr* fleckig, schmutzig werden.

soil² [sɔɪl] Boden *m,* Erde *f;* ► **native** ~ heimatlicher Boden; **on German** ~ auf deutschem (Grund und) Boden.

soil-pipe [ˈsɔɪlpaɪp] Abflußrohr *n.*

soi·rée [ˈswɑːreɪ] Soirée *f.*

sol·ace [ˈsɒlɪs] **I** *s* Trost *m;* **II** *tr* trösten.

so·lar [ˈsəʊlə(r)] *adj* Sonnen-, Solar-; **solar battery** Solar-, Sonnenbatterie *f;* **solar cell** Solarzelle *f;* **solar eclipse**

Sonnenfinsternis *f;* **solar energy** Sonnen-, Solarenergie *f;* **solar heat** Sonnen-, Solarwärme *f;* **so·lar·ium** [səʊˈleərɪəm] ⟨*pl* -ia⟩ [—ɪə] Solarium *n;* **solar panel** Sonnenkollektor *m;* **solar plexus** [ˌsəʊləˈpleksəs] *anat* Sonnengeflecht *n,* Magengrube *f;* **solar power** Sonnen-, Solarkraft *f;* **solar power station** Sonnen-, Solarkraftwerk *n;* **solar radiation** Sonnenstrahlung *f;* **solar system** Sonnensystem *n.*

sold [səʊld] *v s. sell.*

sol·der [ˈsɒldə(r)] **I** *s* Lötmittel, -zinn *n;* **II** *tr* löten; **sol·der·ing-iron** [ˈsɒldərɪŋaɪən] Lötkolben *m.*

sol·dier [ˈsəʊldʒə(r)] **I** *s* **1.** Soldat *m;* **2.** *fig* Kämpfer *m;* ▶ ~ **of fortune** Glücksritter *m;* **II** *itr* (als Soldat) dienen; ▶ ~ **on** verbissen weitermachen.

sole[1] [səʊl] **I** *s* Sohle *f;* **II** *tr* (be)sohlen.

sole[2] [səʊl] *zoo* Seezunge, Scholle *f.*

sole[3] [səʊl] *adj* **1.** einzig, alleinig; **2.** ledig; ▶ **for the ~ purpose of** einzig u. allein um zu; ~ **agency** Alleinvertretung *f;* ~ **agent** Alleinvertreter(in) *m (f);* ~ **heir** Alleinerbe *m;* ~ **owner** Alleineigentümer(in) *m (f).*

sol·ecism [ˈsɒlɪsɪzəm] **1.** Sprachschnitzer *m;* **2.** Fauxpas *m.*

sole·ly [ˈsəʊlɪ] *adv* **1.** allein, nur, bloß; **2.** einzig u. allein.

sol·emn [ˈsɒləm] *adj* **1.** feierlich, festlich; **2.** formell; **3.** *(Ausdruck)* ernst; **4.** *(Tatsache)* schwerwiegend; **sol·em·nity** [səˈlemnətɪ] **1.** feierliche Handlung; Feierlichkeit *f;* **2.** *pl jur* Formalitäten *f pl;* **sol·em·nize** [ˈsɒləmnaɪz] *tr* feiern, festlich begehen.

so·lenoid [ˈsəʊlənɔɪd] *el* Magnetspule *f;* **solenoid switch** Magnetschalter *m.*

sol-fa [ˌsɒlˈfɑː] Tonleiter *f.*

sol·icit [səˈlɪsɪt] **I** *tr* **1.** erbitten; *(jdn)* anflehen; **2.** *(Stimmen, Kunden)* werben; *(Prostituierte)* ansprechen, anwerben; ▶ ~ **s.o. for s.th.,** ~ **s.th. of s.o.** jdn um etw bitten; **II** *itr* Kunden werben; **sol·ic·it·ing** [—ɪŋ] *jur* Aufforderung *f* zur Unzucht.

sol·ici·tor [səˈlɪsɪtə(r)] **1.** (nicht plädierende(r) (Rechts)Anwalt *m,* Anwältin *f;* Rechtsbeistand *m;* **2.** *Am* Antragsteller(in), Bewerber(in) *m (f);* **3.** *Am* Werber(in), Agent(in), Handelsvertreter(in) *m (f);* ▶ **S~ General** *Br* Zweiter Kronanwalt; *Am* stellvertretender Justizminister.

sol·ici·tous [səˈlɪsɪtəs] *adj* **1.** (eifrig) besorgt (*about, for, of* um); **2.** (eifrig) bestrebt (*to do* zu tun); **sol·ici·tude** [səˌlɪsɪˈtjuːd] Dienstbeflissenheit *f.*

solid [ˈsɒlɪd] **I** *adj* **1.** *(Körper)* fest; **2.** massiv; **3.** *(Nebel)* dick, dicht; **4.** haltbar, dauerhaft; **5.** *fig* zuverlässig, verläßlich; **6.** *(Grund)* triftig, stichhaltig; **7.** ununterbrochen, durchgehend; **8.** *(Edelmetall)* rein, gediegen; **9.** *(Fels)* gewachsen; **10.** einmütig, -hellig; **11.** räumlich, körperlich; ▶ **be frozen ~** fest zugefroren sein; **be on ~ ground** *a. fig* festen Boden unter den Füßen haben; **vote ~ for s.th.** etw einstimmig annehmen, geschlossen für etw stimmen; **II** *s* **1.** fester Stoff; *phys* Festkörper *m;* **2.** *(Geometrie)* Körper *m;* **3.** *pl* feste Nahrung.

soli·dar·ity [ˌsɒlɪˈdærətɪ] Solidarität *f.*

solid fuel [ˈsɒlɪdˈfjuːəl] fester Brennstoff; *(Raketen)* Feststoff *m;* **solid geometry** Stereometrie *f.*

sol·id·ify [səˈlɪdɪfaɪ] **I** *itr* fest werden; *(Lava, Planet)* erstarren; *(Blut)* gerinnen; *fig* sich festigen; **II** *tr* fest werden lassen; erstarren lassen; gerinnen lassen; festigen.

sol·id·ity [səˈlɪdətɪ] **1.** Festigkeit *f;* Massivität *f;* Haltbarkeit *f;* **2.** Stabilität *f;* Zuverlässigkeit *f;* **3.** *com* Kreditfähigkeit *f;* **4.** *(Grund)* Stichhaltigkeit *f;* **5.** Einstimmigkeit *f.*

solid·ly [ˈsɒlɪdlɪ] *adv* **1.** fest; **2.** stichhaltig; **3.** ununterbrochen; **4.** *(wählen)* einstimmig; *(unterstützen)* geschlossen; ▶ ~ **built** solide gebaut; *(Mensch)* kräftig gebaut; **solid-state** *adj phys* Festkörper-; *el* Halbleiter-.

sol·il·oquize [səˈlɪləkwaɪz] *itr* monologisieren; Selbstgespräche führen; **sol·il·oquy** [səˈlɪləkwɪ] **1.** Selbstgespräch *n;* **2.** *theat* Monolog *m.*

soli·taire [ˌsɒlɪˈteə(r)] **1.** Solitär *m;* **2.** *(Spiel)* Solitär *n.*

soli·tary [ˈsɒlɪtrɪ] **I** *adj* **1.** alleinstehend; **2.** einsam; **3.** einzeln; **4.** einzig; ▶ ~ **confinement** Einzel-, Isolationshaft *f;* **not a ~ one** kein einziges; **II** *s fam* Einzel-, Isolationshaft *f.*

soli·tude [ˈsɒlɪtjuːd] Einsamkeit *f.*

solo [ˈsəʊləʊ] ⟨*pl* solos⟩ **I** *s* **1.** *mus* Solo *n;* **2.** *aero* Alleinflug *m;* **II** *adj* Solo-; **III** *adv* allein; **solo·ist** [—ɪst] *mus* Solist(in) *m (f).*

sol·stice [ˈsɒlstɪs]· ▶ **summer, winter ~** Sommer-, Wintersonnenwende *f.*

sol·uble [ˈsɒljʊbl] *adj* löslich; *(Problem)* lösbar.

sol·ution [səˈluːʃn] **1.** *(Rätsel)* (Auf)Lösung *f;* *(Problem, Aufgabe)* Lösung *f;* *(Frage)* Klärung *f;* **2.** *chem* Lösung *f.*

solve [sɒlv] *tr* **1.** *(Rätsel, Aufgabe)* lösen; **2.** *(Mord)* aufklären; **3.** *(Schwierigkeit)* beseitigen.

sol·vency [ˈsɒlvənsɪ] Zahlungsfähigkeit, Solvenz *f;* **sol·vent** [ˈsɒlvənt] **I** *adj* zahlungsfähig, solvent, liquid; **II** *s chem* Lösungsmittel *n;* **solvent abuse** Schnüffeln *n;* Lösungsmittelmißbrauch *m.*

So·ma·li [ˌsəʊˈmaːlɪ] **I** *adj* somali; **II** *s* Somali *m f,* Somalier(in) *m (f);* **So·ma·lia** [ˌsəʊˈmaːlɪə] Somalia *n.*

sombre, *Am* **som·ber** [ˈsɒmbə(r)] *adj*

1. düster, dunkel *a. fig;* 2. *fig* ernst; 3. traurig, melancholisch.

some [sʌm] **I** *adj* **1.** einige; ein paar; **2.** *(mit Singular)* etwas; **3.** manche(r, s); **4.** *(unbestimmt)* irgendein; **5.** *(verstärkend)* ziemlich; *(in Ausrufen, iro)* vielleicht (ein); ► **would you like ~ nuts?** möchten Sie gern (ein paar) Nüsse? **~ more tea?** noch etwas Tee? **do you have ~ money?** hast du Geld? **~ people say** manche Leute sagen; **to ~ extent** in gewisser Weise; **~ woman phoned up** da hat irgend so eine Frau angerufen; **in ~ way or another** irgendwie; **(at) ~ time before lunch** irgendwann vor dem Mittagessen; **~ other time** ein andermal; **~ time or other** irgendwann einmal; **~ day** eines Tages; **quite ~ time** ganz schön lange; **that was ~ holiday!** das waren vielleicht Ferien! **~ teacher you are!** du bist vielleicht ein Lehrer! **II** *prn* **1.** einige; manche; welche; **2.** *(mit Bezug auf Singular)* etwas; manches; welche(r, s); ► **~ ... others** manche ..., andere; **~ of them** einige; **try ~** probieren Sie doch mal; **would you like ~?** möchten Sie welche? **III** *adv* **1.** ungefähr, etwa; **2.** *Am fam* etwas; viel; ► **~ more** noch ein paar; noch etwas; **~ place** irgendwo; **(at) ~ time (or other)** (irgendwann) einmal; **~ twenty of them** etwa zwanzig von ihnen; **for ~ time** (für) einige Zeit, eine Zeitlang; **~ time ago** vor einiger Zeit; **in ~ way or other** irgendwie.

some·body ['sʌmbədɪ] *prn* (irgend) jemand, irgendwer; ► **~ else** jemand anders; **~ or other** irgend jemand; **be (a) ~** jemand sein.

some·how ['sʌmhaʊ] *adv* irgendwie; ► **~ or other** irgendwie.

some·one ['sʌmwʌn] *prn* (irgend) jemand.

some·place ['sʌmpleɪs] *adv Am* irgendwo; irgendwohin.

som·er·sault ['sʌməsɔ:lt] **I** *s* Purzelbaum *m;* Salto *m;* **II** *itr (turn a ~)* e-n Purzelbaum schlagen; einen Salto machen; sich überschlagen.

some·thing ['sʌmθɪŋ] **I** *prn* etwas; ► **~ nice** etwas Nettes; **~ or other** irgend etwas; **he has ~ to do with books** er hat etwas mit Büchern zu tun; **it was quite ~,** *Am* **it was ~ else** das war toll; **it's ~ to be a director at his age** das will schon etwas heißen, in seinem Alter Direktor zu sein; **or ~** *fam* oder so (was); **there is ~ in that** da ist schon etwas dran; **II** *s:* ► **a little ~** eine Kleinigkeit; **the certain ~** das gewisse Etwas; **III** *adv* **1.** etwas; ungefähr; **2.** irgendwie; ► **~ like that** etwas Ähnliches; **~ of a surprise** eine ziemliche Überraschung.

some·time ['sʌmtaɪm] **I** *adv* irgendwann; gelegentlich; ► **at ~ or other** irgendwann (ein)mal; **II** *adj* früher, ehemalig.

some·times ['sʌmtaɪmz] *adv* machmal, ab und zu, gelegentlich.

some·way ['sʌmweɪ] *adv Am* irgendwie.

some·what ['sʌmwɒt] *adv* etwas, ein wenig; ► **~ of a nuisance** ziemlich lästig; **be ~ of a connoisseur** ein ziemlicher Kenner sein; **more than ~** mehr als das.

some·where ['sʌmweə(r)] *adv* irgendwo; irgendwohin; ► **~ else** anderswo, irgendwo anders; **~ or other** irgendwo; **get ~** zu positiven Ergebnissen gelangen; **or ~** oder sonstwo; **~ around forty** so um (die) vierzig.

som·nam·bu·lism [sɒm'næmbjʊlɪzəm] Schlafwandeln *n;* **som·nam·bu·list** [sɒm'næmbjʊlɪst] Schlafwandler(in) *m (f);* **som·nol·ent** ['sɒmnələnt] *adj* **1.** schläfrig; **2.** einschläfernd.

son [sʌn] Sohn *m a. fig;* ► **~ of a bitch** *Am sl* gemeiner Kerl; gemeines Ding; **~ of a gun** *Am sl* Schlitzohr *n.*

so·nata [sə'nɑ:tə] *mus* Sonate *f.*

song [sɒŋ] **1.** Gesang *m;* **2.** Lied *n;* **3.** (kurzes) Gedicht *n;* ► **for a ~** für e-n Spottpreis; spottbillig; **burst into ~** zu singen beginnen; **make a ~ and dance about s.th.** ein Theater wegen e-r S machen; **song·bird** Singvogel *m;* **song·book** Liederbuch *n;* **song·ster** ['sɒŋstə(r)] **1.** Sänger *m;* **2.** *zoo* Singvogel *m;* **song·stress** ['sɒŋstrɪs] Sängerin *f.*

sonic ['sɒnɪk] *adj:* ► **~ bang, boom** Knall *m* beim Durchbrechen der Schallmauer; Überschallknall *m;* **sonic barrier** Schallmauer *f;* **sonic speed** Schallgeschwindigkeit *f.*

son-in-law ['sʌnɪnlɔ:] ⟨*pl* sons-in-law⟩ Schwiegersohn *m.*

son·net ['sɒnɪt] Sonett *n.*

son·ny ['sʌnɪ] *fam* Kleine(r) *m.*

son·or·ity [sə'nɒrətɪ] Klang *m,* Klangfülle *f;* **son·or·ous** [sə'nɔ:rəs] *adj* **1.** klangvoll, -reich; **2.** wohltönend; **3.** *(Ton)* voll.

soon [su:n] *adv* bald; früh, zeitig; rasch; gern; ► **as ~ as** *conj* sobald, sowie; **as ~ as possible** sobald wie möglich; **just as ~** genauso gern; **~ after his arrival** kurz nach seiner Ankunft; **~ afterwards** kurz danach; **how ~ can you be here?** wann kannst du da sein? **too ~** zu früh; **I would as ~ not** lieber nicht; **sooner** ['su:nə(r)] *adv (Komparativ)* eher, früher, zeitiger; lieber; ► **~ or later** früher oder später, schließlich doch einmal; **the ~ the better** je eher, desto besser; **no ~ ... than** kaum ..., als; **no ~ said than done** gesagt, getan; **I would ~ leave** ich möchte lieber gehen.

soot [sʊt] Ruß *m.*
soothe [suːð] *tr* **1.** beruhigen, besänftigen; **2.** *(Schmerz)* lindern; **sooth·ing** [ˈ—ɪŋ] *adj* **1.** beruhigend; **2.** lindernd.
sooty [ˈsʊtɪ] *adj* **1.** rußig, verrußt; **2.** schwarz.
sop [sɒp] **I** *s* **1.** eingetunktes Stück *(Brot);* **2.** *fig* Beruhigungspille *f;* **II** *tr (~ up)* auftunken; aufwischen; aufsaugen.
soph·is·ti·cated [səˈfɪstɪkeɪtɪd] *adj* **1.** weltgewandt, kultiviert; **2.** intellektuell; **3.** gepflegt; elegant; edel; **4.** *(Publikum)* anspruchsvoll; **5.** *(Maschine)* kompliziert; hochentwickelt; technisch ausgereift; **6.** *(System, Ansatz)* komplex; **soph·is·ti·ca·tion** [səˌfɪstɪˈkeɪʃn] **1.** Kultiviertheit; Eleganz *f;* hohes Niveau; **2.** hoher Entwicklungsstand; **3.** Komplexität, Differenziertheit *f.*
sopho·more [ˈsɒfəmɔː(r)] *Am* Student(in) *m (f)* im zweiten Studienjahr.
sop·or·ific [ˌsɒpəˈrɪfɪk] *adj* einschläfernd.
soppy [ˈsɒpɪ] *adj fam* rührselig, kitschig.
so·prano [səˈprɑːnəʊ] ⟨*pl* -pranos⟩ *mus* Sopran *m;* Sopranistin *f.*
sorbet [ˈsɔːbeɪ] Fruchteis *n.*
sor·cerer [ˈsɔːsərə(r)] Zauberer, Hexenmeister *m;* **sor·cer·ess** [ˈsɔːsərɪs] Zauberin, Hexe *f;* **sor·cery** [ˈsɔːsərɪ] Zauberei, Hexerei *f.*
sor·did [ˈsɔːdɪd] *adj* **1.** schmutzig; **2.** elend, miserabel; **3.** gemein, schmutzig.
sore [sɔː(r)] **I** *adj* **1.** schmerzhaft, schmerzend; **2.** wund, entzündet; **3.** *fig fam* beleidigt, verärgert; **4.** schmerzlich, betrüblich; ▶ **a ~ point** ein wunder Punkt; **have a ~ throat** Halsweh haben; **touch a ~ spot** e-n wunden Punkt berühren; **be ~** weh tun; **my knee is ~** mir tut das Knie weh; **II** *s* wunde Stelle; Verletzung *f;* ▶ **open old ~s** alte Wunden aufreißen; **sore·head** [ˈsɔːhed] *Am fam* Brummbär *m;* **sore·ly** [ˈsɔːlɪ] *adv* äußerst; sehr; ▶ **I was ~ tempted ...** ich kam stark in Versuchung ...
sor·or·ity [səˈrɒrətɪ] *Am* Studentinnenverbindung *f,* -klub *m.*
sor·row [ˈsɒrəʊ] **I** *s* Kummer *m,* Leid *n,* Jammer, Schmerz *m* (*at* über; *for* um); ▶ **to my ~** zu meinem Bedauern; **drown one's ~s** seine Sorgen ertränken; **II** *itr* Kummer haben, sich grämen (*at, for, over* um); klagen, trauern (*at, over, for, after* um, wegen); **sor·row·ful** [ˈsɒrəʊfl] *adj* bekümmert, betrübt.
sorry [ˈsɒrɪ] *adj* **1.** betrübt, bekümmert; **2.** traurig, kläglich; armselig; **3.** erbärmlich, jämmerlich, elend; ▶ **I am ~ to ...** es tut mir leid zu ..., daß ...; leider muß ich ... **I'm really ~** es tut mir wirklich leid; **I am ~ for you** Sie tun mir leid; **I am ~ for it** es tut mir leid; **I am so ~** es tut mir so leid; entschuldigen Sie vielmals; **~!** Verzeihung! leider nicht! schade!
sort [sɔːt] **I** *s* **1.** Sorte, Art, Gattung, Klasse *f;* **2.** Charakter *m,* Natur *f,* Typ *m;* **3.** Güte, Qualität *f;* **4.** *mot* Marke *f;* ▶ **after a ~, in a ~** bis zu e-m gewissen Grade; **of ~s, of a ~** so was wie ... **of all ~s** aller Art; **out of ~s** *fam (gesundheitlich)* nicht auf dem Posten; *fam* schlechter Laune; **all ~s of things** alles mögliche; **nothing of the ~** nichts Derartiges, nichts dergleichen; **such ~ of thing** etwas Derartiges, so (et)was; **what ~ of ...?** was für ein ...? **not a bad ~** (gar) nicht so übel; **a decent ~** ein anständiger Kerl; **II** *adv:* ▶ **~ of** *fam* gewissermaßen, eigentlich, irgendwie; **I am ~ of glad** ich bin eigentlich, im Grunde froh; **I have ~ of a hunch** ich habe so eine Ahnung; **I ~ of knew that ...** ich habe es irgendwie gewußt, daß ... **she is ~ of interesting** sie ist nicht uninteressant; **III** *tr* sortieren; **IV** *itr (~ ill, well)* (gut, schlecht) passen (*with* zu); ▶ **~ through s.th.** etw durchsehen; **V** *(mit Präposition)* **sort out** *tr* **1.** (aus)sortieren; **2.** *fig* in Ordnung bringen; *(Problem)* lösen; *(Situation)* klären; ▶ **it'll ~ itself out** das wird sich schon geben; **~ o.s. out** zur Ruhe kommen; **~ s.o. out** *fam* jdm etwas erzählen; **sorter** [ˈsɔːtə(r)] Sortierer(in) *m (f);* Sortiermaschine *f.*
sor·tie [ˈsɔːtiː] **1.** Ausflug *m* (*into town* in die Stadt); **2.** *mil* Ausfall *m; aero* Feindflug, Einsatz *m.*
SOS [ˌesəʊˈes] SOS *n.*
so-so [ˌsəʊˈsəʊ] *adv* so lala; so einigermaßen.
sot [sɒt] Trunkenbold *m;* **sot·tish** [ˈsɒtɪʃ] *adj* dem Trunk ergeben; benebelt.
sou·bri·quet [ˈsuːbrɪkeɪ] *s. sobriquet.*
sought [sɔːt] **I** *v s. seek;* **II** *adj (~-after, ~-for)* gesucht, gefragt, begehrt.
soul [səʊl] **1.** Seele *f a. fig;* **2.** Herz *fig,* Gemüt *n;* **3.** (das) Innerste, Wesen *n;* **4.** *mus* Soul *m;* **5.** *pl (mit Zahlwort)* Seelen *f pl,* Menschen *m pl;* ▶ **not a ~** nicht eine lebende Seele; **with all my ~** von ganzem Herzen; **be the life and ~ of s.th.** *fig* von etw die Triebfeder sein; **keep body and ~ together** Leib u. Seele zusammenhalten; **she's in it heart and ~** sie ist mit Leib u. Seele dabei; **All S~s' Day** Allerseelen *n;* **poor ~** armer Teufel; **poor little ~** armes Ding; **she's a nice ~** sie ist ein netter Mensch; **soul brother, sister** Bruder *m,* Schwester *f;* **soul-de·stroy·ing** [ˈsəʊldɪˌstrɔɪɪŋ] *adj* geisttötend; nervtötend; **soul·ful** [ˈsəʊlfl] *adj* seelenvoll; **soul·less** [ˈsəʊllɪs] *adj* seelenlos; **soul music** Soul *m;* **soul searching** Gewissensprüfung *f;* **soul-stir·ring** [ˈsəʊlstɜːrɪŋ] *adj* herzergreifend.

sound[1] [saʊnd] *adj* **1.** gesund; **2.** einwandfrei, fehlerfrei, -los; **3.** unbeschädigt, unversehrt, in gutem Zustand, solide; **4.** lebensfähig, kräftig, stark, widerstandsfähig; **5.** *(Anspruch)* begründet; *(Grund)* stichhaltig, triftig; **6.** zuverlässig, vernünftig, verständig; **7.** *(Rat)* gut; **8.** *(Schlaf)* tief, fest, gesund; ▶ **sleep ~ly** tief schlafen; **~ asleep** fest eingeschlafen.

sound[2] [saʊnd] **I** *s* Geräusch *n; ling* Laut *m; phys* Schall *m; mus* Klang *m; fam* Sound *m; tech radio TV* Ton *m;* ▶ **not to make a ~** still sein; **within ~ of** in Hörweite *gen;* **not a ~ was heard** es war kein Ton zu hören; **~s of laughter** Gelächter *n;* **I don't like the ~ of it** das hört sich gar nicht gut an; **that has a familiar ~** das klingt vertraut; **II** *itr* **1.** ertönen, erschallen, erklingen; **2.** sich anhören, klingen; ▶ **that ~s fishy to me** das klingt nicht ganz geheuer; **she ~s angry** sie hört sich verärgert an; **he ~s like a nice person** er scheint ein netter Mensch zu sein; **III** *tr* **1.** ertönen, erklingen lassen; *(Ton)* spielen; *(Buchstaben)* aussprechen; **2.** *med* abhorchen, abklopfen; ▶ **~ the alarm** Alarm schlagen; **~ the horn** hupen; **~ the retreat** zum Rückzug blasen; **~ a note of warning** warnen; **IV** *(mit Präposition)* **sound off** *itr fam* viel reden, sich wichtig machen.

sound[3] [saʊnd] **I** *tr mar* (aus)loten, sondieren *a. fig; mete* messen; ▶ **~ing line** Lot *n;* **~ing balloon** Versuchsballon *m;* **II** *(mit Präposition)* **sound out** *tr (jdn)* ausfragen; *(Absichten)* herausfinden.

sound[4] [saʊnd] Meerenge *f,* Meeresarm *m.*

sound ar·chives ['saʊnd, ɑ:(r)kaɪvz] *pl* Tonarchiv *n;* **sound bar·rier** ['saʊndbærɪə(r)] **1.** Schallmauer *f;* **2.** Lärmschutzwall *m;* Lärmschutzwand *f;* **sound-board** *s. sounding-board;* **sound-box** Schallkörper *m;* **sound effects** *pl* Toneffekte *m pl;* **sound-engineer** Tontechniker(in) *m (f);* **sound-film** Tonfilm *m.*

sound·ing ['saʊndɪŋ] *mar* Loten *n,* Peilung *f;* ▶ **take ~s on s.th.** über etw Untersuchungen durchführen.

sound·ing-board ['saʊndɪŋ,bɔ:d] Resonanzboden *m a. fig;* ▶ **use s.o. as a ~** an jdm die Reaktion testen.

sound·less ['saʊndlɪs] *adj* geräusch-, lautlos, still.

sound·ness ['saʊndnɪs] **1.** guter Zustand; **2.** Solidität *f; (von Argument)* Stichhaltigkeit *f; (von Kenntnissen)* Gründlichkeit *f; (von Idee, Politik)* Vernünftigkeit *f;* **3.** *com fin* Stabilität *f;* **4.** *jur* Rechtmäßigkeit *f;* **5.** *(von Schlaf)* Tiefe *f.*

sound·proof ['saʊndpru:f] **I** *adj* schalldicht; **II** *tr* schalldicht machen, schalldämmen; **sound-recording** Tonaufnahme *f;* **sound reproduction** Tonwiedergabe *f;* **sound-shift** *ling* Lautverschiebung *f;* **sound system** *(einer Sprache)* Lautsystem *n;* **soundtrack** ['saʊndtræk] **1.** Tonspur *f;* **2.** Soundtrack *m,* Musik *f* zu einem Film; **sound velocity** Schallgeschwindigkeit *f;* **sound-wave** Schallwelle *f.*

soup [su:p] **I** *s* Suppe *f;* ▶ **be in the ~** in der Tinte sitzen; **II** *(mit Präposition)* **soup up** *tr* frisieren, hochzüchten.

soup·çon ['su:psɒn, *Am* su:p'sɒn] Spur *f;* Andeutung *f* (*of* von).

soup-kit·chen ['su:p,kɪtʃɪn] Volksküche *f;* Feldküche *f;* **soup-plate** Suppenteller *m;* **soup-spoon** Suppenlöffel *m;* **soup-tureen** Suppenschüssel *f.*

sour ['saʊə(r)] **I** *adj* **1.** sauer; säuerlich; **2.** *(Milch)* sauer; **3.** *fig* verärgert; mißmutig; ▶ **turn ~** sauer werden; **turn ~ on s.o.** jdm nicht mehr gefallen; *(Plan)* schiefgehen; **it's ~ grapes!** die Trauben sind sauer; **II** *tr* **1.** sauer werden lassen; **2.** *fig* verärgern, verstimmen, verbittern; **III** *itr* **1.** sauer werden; **2.** *fig* ärgerlich, mißmutig, verbittert werden.

source [sɔ:s] **1.** Quelle *f a. fig;* **2.** *el* Strom-, Energiequelle *f;* **3.** *fig* Ursprung *m,* Wurzel *f;* ▶ **from official ~s** aus amtlichen Quellen; **have its ~** seinen Ursprung haben (*in* in); **take its ~** entspringen (*from* aus); **taxation at ~** direkte Besteuerung; **~ of errors** Fehlerquelle *f;* **~ of income** Einkommensquelle *f;* **~ of light** Lichtquelle *f;* **~s of manpower** Arbeitskräftereserven *f pl;* **~ of supply** Bezugsquelle *f.*

sour·puss ['saʊəpʊs] *fam* Trauerkloß *m.*

souse [saʊs] *tr* **1.** (ein)pökeln; in Salzlake legen; **2.** ein-, untertauchen; ins Wasser werfen; **3.** (völlig) durchnässen; ▶ **get ~d** *sl* sich besaufen.

south [saʊθ] **I** *s* **1.** Süd(en) *m;* **2.** südliche Richtung; **II** *adj* südlich, Süd-; **III** *adv* im Süden; in südlicher Richtung; nach Süden; ▶ **~ of** südlich von; **the S~ of France** Südfrankreich; **South Africa** Südafrika *n;* **South America** Südamerika *n;* **South American I** *adj* südamerikanisch; **II** *s* Südamerikaner(in) *m (f);* **south·bound** ['saʊθbaʊnd] *adj* nach Süden fahrend; **south·east** [,saʊθ'i:st] **I** *adj* südöstlich; **II** *s* Südosten *m;* **south·easter** [,saʊθ'i:stə(r)] (starker) Südostwind *m;* **south·easter·ly** [,saʊθ'i:stəlɪ] *adj, adv* südöstlich; aus Südost; **south·eastern** [,saʊθ'i:stən] *adj* südöstlich; aus Südost; **south-east·wards** [,saʊθ'i:stwədz] *adv* nach Südosten; südostwärts; **south·er·ly** ['sʌðəlɪ] **I** *adj* südlich; nach Süden; **II** *adv* nach Süden; **III** *s* Südwind *m;* **south·ern** ['sʌðən] *adj* südlich; aus Süden; Süd-; südländisch; ▶ ~ **hemisphere** Südhalbkugel *f;* **south·erner** ['sʌðənə(r)] Bewohner(in) *m (f)* des Südens; Südländer(in) *m (f);* Südengländer(in) *m (f);* Südstaatler(in) *m (f);* Süddeutsche(r) *f m;* **south·paw** ['saʊθpɔ:] *sport* Linkshänder *m;* **South Pole** Südpol *m;* **south·ward(s)** ['saʊθwəd(z)] **I** *adj* südlich; **II** *adv* nach Süden, südwärts; **south·west** [ˌsaʊθ'west] **I** *s* Südwesten *m;* **II** *adj* südwestlich; **III** *adv* nach Südwest; südwestwärts; ▶ ~ **of** südwestlich von; **south·wester** [ˌsaʊθ'westə(r)] (starker) Südwestwind *m;* **south·wester·ly** [ˌsaʊθ'westəlɪ] *adj* südwestlich; aus Südwest; **southwestern** [ˌsaʊθ'westən] *adj* südwestlich; aus Südwest; **south-westward(s)** [ˌsaʊθ'westwəd(z)] *adv* nach Südwesten.

sou·venir [ˌsu:və'nɪə(r)] (Reise)Andenken, Souvenir *n* (*of* an).

sou'wester [ˌsaʊ'westə(r)] Südwester *m.*

sov·er·eign ['sɒvrɪn] **I** *adj* **1.** höchste(r, s), oberste(r, s); *(Verachtung)* tiefste(r, s); **2.** unumschränkt; souverän; ▶ ~ **cure** Allheilmittel *n;* **II** *s* **1.** Monarch(in), Herrscher(in) *m (f);* **2.** *hist (Großbritannien)* Zwanzigshillingstück *n;* **sovereign rights** *pl* Hoheitsrechte *n pl;* **sovereign territory** Hoheitsgebiet *n;* **sov·er·eignty** ['sɒvrəntɪ] Staatshoheit, Herrschaft *f;* Souveränität *f.*

so·viet ['səʊvɪət] **I** *s* Sowjet *m;* **II** *adj* sowjetisch; ▶ **S~ citizen** Sowjetbürger(in) *m (f);* **Soviet Union** Sowjetunion *f.*

sow[1] [səʊ] ‹*irr* **sowed, sowed** *od* **sown**› **1.** *(Saat)* (aus)säen; **2.** *mil (Minen)* legen; **3.** *fig (Nachricht)* verbreiten; ▶ ~ **one's wild oats** *fig* sich die Hörner abstoßen; sich ausleben; ~ **discontent, hatred** Unzufriedenheit, Haß säen.

sow[2] [saʊ] **1.** *zoo* Sau *f;* Dächsin *f;* **2.** *tech* Massel *f;* Masselgraben *m.*

sow·ing ma·chine ['səʊɪŋmə'ʃi:n] Sämaschine *f;* **sown** [səʊn] *v s. sow[1].*

sox [sɔks] *Am sl s. socks.*

soya, *Am* **soy** ['sɔɪə, sɔɪ] Soja *f; (~ bean)* Sojabohne *f;* **soya bean** Sojabohne *f;* **soya flour** Sojamehl *n;* **soya sauce** Sojasoße *f.*

soz·zled ['sɒzld] *adj Br fam* beschwipst.

spa [spɑ:] **1.** Mineral-, Heilquelle *f;* **2.** (Heil)Bad *n;* Kurort *m.*

space [speɪs] **I** *s* **1.** Raum, Platz *m;* **2.** Zwischenraum *a. mus,* Abstand *m;* **3.** Zeit(raum *m*), Frist *f;* **4.** *(outer ~)* der Weltraum; ▶ **take up** ~ Platz einnehmen; **stare into** ~ Löcher in die Luft starren; **a short** ~ ein Weilchen, eine kurze Zeit; **for a** ~ eine Zeitlang; **wide open ~s** weites, offenes Land; **within the ~ of** innerhalb von *od gen;* **advertising** ~ Reklamefläche *f;* **air** ~ Luftraum *m;* **blank** ~ freie Stelle; **office** ~ Bürofläche *f;* **parking** ~ Platz *m* zum Parken; **II** *tr (~ out)* **1.** mit Abstand, in Abständen, in Zwischenräumen anordnen; **2.** *(zeitlich)* verteilen; **3.** *sl* high machen *sl;* ▶ ~ **out** *typ* sperren; ~ **out evenly** gleichmäßig verteilen; **~d out** *sl* high *sl;* **space age** Weltraumzeitalter *n;* **space agency** Weltraumbehörde *f;* **space-bar** *(Schreibmaschine)* Leertaste *f;* **space-based** ['speɪsbeɪst] *adj* weltraumgestützt; **space capsule** Raumkapsel *f;* **space centre** Raumfahrtzentrum *n;* **space·craft** ['speɪsˌkrɑ:ft] Raumfahrzeug *n;* Raumkörper *m;* **space defence** Weltraumabwehr *f;* **space fiction** Zukunftsromane *pl* über den Weltraum; **spaceflight** Raumfahrt *f;* **space-heater** Raumheizkörper *m;* **space lab(oratory)** Weltraumlabor *n;* **space·man** ['speɪsmən] ‹*pl* -men› Raumfahrer *m;* **space medicine** Raumfahrtmedizin *f;* **space probe** Raumsonde *f;* **spacer** ['speɪsə(r)] **1.** Leertaste *f;* **2.** *tech* Abstandsstück *n;* **space research** Raumforschung *f;* **space-saving** *adj* platz-, raumsparend; **space·ship** ['speɪsʃɪp] Raumschiff *n;* **space-shuttle** Raumfähre *f,* Raumtransporter *m;* **space station** Raumstation *f;* **space suit** Raumanzug *m;* **space travel** Raumfahrt *f;* **space traveller** Raumfahrer(in) *m (f);* **space walk** Spaziergang *m* im All; **space weapon** Weltraumwaffe *f;* **spac·ing** ['speɪsɪŋ] Zwischenraum, Abstand *m;* Intervall *n;* ▶ **single-, double-~** *typ* einzeiliger, zweizeiliger Abstand; **spacious** ['speɪʃəs] *adj* **1.** geräumig; **2.** ausgedehnt, weit(läufig); **spacious·ness** [—nəs] **1.** Geräumigkeit *f;* **2.** Weitläufigkeit *f.*

spade [speɪd] **1.** Spaten *m;* **2.** *pl (Kartenspiel)* Pik *n;* ▶ **call a ~ a ~** *fig* das Kind beim Namen nennen; **Queen of S~s** Pik-Dame *f;* **spade-work** Vorarbeit(en *pl*) *f.*

spa·ghetti [spə'getɪ] Spaghetti *pl;* **spaghetti western** *fam* Italowestern *m.*

Spain [speɪn] Spanien *n.*

span [spæn] **I** *s* **1.** Spanne *f;* Abstand *m;* **2.** *(~-length)* Spannweite *f; arch* lichte Weite; **3.** *(~ of time)* Zeitspanne *f;* ▶ ~ **of life** Lebensspanne *f;* **II** *tr* **1.** (über)spannen (*with* mit); überbrücken; **2.** *fig* umfassen.

spangle ['spæŋgl] **I** *s* Flitter *m,* Paillette *f;* **II** *tr* **1.** mit Pailletten besetzen; **2.** *fig* übersäen, schmücken (*with* mit); **spangled** ['spæŋgld] *adj:* ▶ **the star-~ banner** das Sternenbanner *(die Flagge der USA).*

Span·iard ['spænɪəd] Spanier(in) *m (f).*

span·iel ['spænɪəl] *zoo* Spaniel *m.*
Span·ish ['spænɪʃ] **I** *adj* spanisch; ▶ ~ **America** spanischsprachiges Lateinamerika; **s~ chestnut** Edelkastanie *f;* **II** *s* (das) Spanisch(e); ▶ **the** ~ *pl* die Spanier *m pl.*
spank [spæŋk] **I** *tr* (das Hinterteil) versohlen (*s.o.* jdm); verprügeln; **II** *itr* (~ *along)* dahinflitzen; **III** *s* Klaps *m;* ▶ **give s.o. a ~ on the bottom** jdm das Hinterteil versohlen; **spank·ing** ['—ɪŋ] **I** *adj* schnell; ▶ **at a ~ pace** mit großer Geschwindigkeit; **II** *s* ▶ **give s.o. a good ~** jdm das Hinterteil tüchtig versohlen.
span·ner ['spænə(r)] Schraubenschlüssel *m;* ▶ **a ~ in the works** Sand im Getriebe; **put a ~ in the works** jdm Knüppel zwischen die Beine werfen.
spar¹ [spɑ:(r)] *mar* Spiere *f,* Rundholz *n.*
spar² [spɑ:(r)] *min* Spat *m.*
spar³ [spɑ:(r)] *itr (Boxen)* ein Sparring machen; *fig* sich zanken.
spare [speə(r)] **I** *adj* **1.** übrig, überzählig; **2.** *(Teil, Reifen usw)* Ersatz-; **3.** *(Bett, Zimmer)* Gäste-; **4.** mager; dürftig; **5.** *fam* wahnsinnig, verrückt; ▶ **do you have a ~ pen?** hast du einen Schreiber für mich? **if you have a ~ minute** wenn du mal eine Minute Zeit hast; **there are two ~ seats** es sind zwei Plätze frei; **drive s.o. ~** jdn wahnsinnig machen; **go ~** wahnsinnig werden; **~ battery** Reservebatterie *f;* **~ capacity** freie Kapazität; **~ parts** *pl* Ersatzteile *n pl;* **~ parts catalogue** Ersatzteilkatalog *m;* **~ part surgery** Ersatzteilchirurgie *f;* **~ rib** Rippchen *n;* **~ room** Gästezimmer *n;* **~ time** Freizeit *f;* **~ tyre** Ersatzreifen *m; hum* Rettungsring *m;* **~ wheel** Ersatzrad *n;* **II** *s* Ersatzteil *n;* Ersatzreifen *m;* **III** *tr* **1.** übrig haben; **2.** verzichten auf; **3.** sparsam umgehen mit; *(Mühe, Geld)* scheuen; **4.** verschonen; *(Gefühle)* schonen; ▶ **~ o.s. s.th.** sich etw ersparen; **~ s.o. s.th** jdm etw übriglassen; **have s.th. to ~** etw übrig haben; **enough and to ~** mehr als genug; **I can't ~ him, that** ich kann auf ihn, das nicht verzichten, ich brauche ihn, das unbedingt; **they ~d no expense** sie haben keine Kosten gescheut; **spar·ing** ['—ɪŋ] *adj* sparsam, haushälterisch (*of* mit); ▶ **be ~ of s.th.** mit etw sparen, mit etw geizen.
spark [spɑ:k] **I** *s* **1.** Funke(n) *m a. el;* **2.** *fig* Fünkchen *n,* Spur *f;* ▶ **a ~ of interest, life** ein Fünkchen *n* Interesse, Leben; **the ~s fly** die Funken fliegen; **a bright ~** *fam* ein Intelligenzbolzen *m fam;* **II** *itr* **1.** Funken sprühen; **2.** *mot* zünden; **III** *tr* (~ *off)* **1.** entzünden; *(Explosion)* auslösen, verursachen; **2.** *fig* auslösen; *(Begeisterung)* wecken; **spark·ing-plug** ['spɑ:kɪŋplʌg] Zündkerze *f.*
sparkle ['spɑ:kl] **I** *itr* **1.** funkeln, glitzern (*with* vor); **2.** *(Flüssigkeit)* sprudeln, perlen, schäumen; **II** *s* Funkeln, Glitzern *n;* **spark·ler** ['spɑ:klə(r)] **1.** Wunderkerze *f;* **2.** *sl* Diamant *m;* **spark·ling** ['spɑ:klɪŋ] *adj* **1.** funkelnd, glitzernd; **2.** sprudelnd; *(Wein)* perlend; **3.** *(Geist)* sprühend.
spark-plug ['spɑ:kplʌg] *mot* Zündkerze *f.*
spar·ring ['spɑ:rɪŋ] (Trainings)Boxen, Sparring *n;* **sparring match** (Freundschafts-, Trainings)Boxkampf *m;* **sparring partner** Trainingspartner *m (beim Boxen); fig* Kontrahent(in) *m (f).*
spar·row ['spærəʊ] Spatz, Sperling *m.*
sparse [spɑ:s] *adj* **1.** dünn; **2.** (weit) verstreut; **3.** spärlich.
Spar·tan ['spɑ:tn] **I** *s* Spartaner(in) *m (f);* **II** *adj (fig: s~)* spartanisch.
spasm ['spæzəm] *med* Krampf *m;* Anfall *m;* ▶ **cardiac ~** Herzkrampf *m;*
spas·modic [spæz'mɒdɪk] *adj* **1.** krampfartig; **2.** *fig* sporadisch.
spas·tic ['spæstɪk] **I** *adj* **1.** *med* spastisch; **2.** *sl* schlecht; **II** *s* Spastiker(in) *m (f).*
spat¹ [spæt] *v s. spit².*
spat² [spæt] **I** *itr* zanken, streiten; **II** *s* Wortwechsel *m.*
spat³ [spæt] Gamasche *f.*
spat⁴ [spæt] Muschellaich *m.*
spate [speɪt] ▶ **a river in (full) ~** ein Hochwasser führender Fluß; **a ~ of** e-e Menge, ein Andrang *m gen.*
spa·tial ['speɪʃl] *adj* räumlich; ▶ **~ distribution** Raumverteilung *f.*
spat·ter ['spætə(r)] **I** *tr* (be)spritzen (*with* mit); **II** *itr* **1.** spritzen; **2.** *(Regen)* (nieder)prasseln; **III** *s* Spritzer *m;* ▶ **a ~ of rain** ein paar Tropfen Regen.
spat·ula ['spætjʊlə] Spa(ch)tel *m.*
spavin ['spævɪn] *vet* Spat *m (d. Pferde).*
spawn [spɔ:n] **I** *itr* laichen; **II** *tr fig* produzieren; **III** *s* Laich, Rogen *m.*
spay [speɪ] *tr (weibl. Tier)* verschneiden, sterilisieren.
speak [spi:k] ‹*irr* spoke, spoken› **I** *itr* **1.** sprechen (*of* von; *on, about* über; *to, (Am) with* mit, zu; *for* für); **2.** reden (*of* von, über); sich äußern (*of* über); **3.** e-e Rede, e-n Vortrag halten (*to s.o.* vor jdm); **4.** zeugen (*of* von); **5.** *mus* ertönen; ▶ **~ing!** *tele* am Apparat! **~ down to s.o.** mit jdm herablassend sprechen; **not to ~ of** ganz zu schweigen von; **nothing to ~ of** nicht der Rede wert; **so to ~** sozusagen, gewissermaßen; **~ to the point** zur Sache sprechen; **~ well for s.o.** zu jds Gunsten sprechen; **~ well of s.o.** Gutes von jdm sagen; **II** *tr* **1.** (aus)sprechen, sagen, äußern, ausdrükken; **2.** *(Sprache)* sprechen; ▶ **~ one's mind** seine Meinung sagen; **~ volumes** *fig* Bände sprechen (*for* für); **III** *(mit*

Präposition) **speak against** *tr* sprechen gegen; sich aussprechen gegen; kritisieren; **speak for** *tr (Vorschlag)* unterstützen; ▶ ~ **for s.o.** in jds Namen sprechen; sich für jdn einsetzen; ~ **for o.s.** für sich selbst sprechen; ~**ing for myself** was mich betrifft; ~ **for yourself!** du vielleicht! **that ~s well for him** das spricht für ihn; **I can ~ for his loyalty** ich kann mich für seine Loyalität verbürgen; **that ~s for itself** das sagt alles; **be spoken for** vergeben sein; **speak out** *itr* **1.** laut reden; **2.** *fig* seine Meinung sagen; ▶ ~ **out in favour of** sich einsetzen für; ~ **out against** sich äußern gegen; **speak up** *itr* **1.** laut(er) reden; **2.** *fig* seine Meinung sagen; ▶ ~ **up for s.o., s.th.** für jdn, etw eintreten.

speaker ['spi:kə(r)] **1.** Sprecher(in) *m (f);* Vorsitzende(r) *f m;* Redner(in) *m (f);* **2.** *(loud-~)* Lautsprecher(box *f*) *m;* ▶ **Mr S~** *parl* Herr Präsident; **speak·ing** ['spi:kɪŋ] **I** *adj* **1.** sprechend; **2.** sprechend ähnlich; **3.** *(suffix)* -sprachig; ▶ **generally ~** im allgemeinen; im großen u. ganzen; **strictly ~** genaugenommen; **not to be on ~ terms with s.o.** mit jdm nicht (mehr) sprechen; jdn nicht näher kennen; ~ **clock** *Br* telefonische Zeitansage *f;* ~ **tube** Sprachrohr *n;* **II** *s* Sprechen *n;* Reden *f pl;* ~ **voice** Sprechstimme *f.*

spear [spɪə(r)] **I** *s* **1.** Speer, Spieß *m,* Lanze *f;* **2.** *bot* Halm, Schaft *m;* **II** *tr* durchbohren; aufspießen; mit Speeren fangen; **spear-head I** *s* **1.** Speer-, Lanzenspitze *f;* **2.** *mil* Angriffsspitze *f;* **3.** *fig* führender Kopf; **II** *tr* an der Spitze stehen von; **spear·mint** ['spɪəmɪnt] *bot* Grüne Minze.

spec [spek] **1.** ▶ **on ~** auf Verdacht; **2.** *fam s. specification 3., 4., 5.*

special ['speʃl] **I** *adj* **1.** besondere(r, s); **2.** un-, außergewöhnlich, außerordentlich; **3.** speziell; ▶ **for ~ duty** zur besonderen Verwendung; ~ **agent** Agent(in) *m (f);* **S~ Branch** *Br* Sicherheitspolizei *f;* ~ **bonus** Sonderzulage, -dividende *f;* ~ **case** Sonder-, Spezialfall *m;* ~ **committee** Sonderausschuß *m;* ~ **constable** *Br* Hilfspolizist(in) *m (f);* ~ **correspondent** *(Presse)* Sonderberichterstatter(in) *m (f);* ~ **delivery** Eilzustellung *f;* ~ **desire** Sonderwunsch *m;* ~ **discount** Sonderrabatt *m;* ~ **edition** Sonderausgabe *f;* ~ **effects** *(Film) pl* Tricks *pl;* ~ **leave** Sonderurlaub *m;* ~ **meeting** außerordentliche Versammlung; ~ **mission** Sonderauftrag *m;* ~ **offer** *com* Sonderangebot *n;* ~ **pleading** *jur* Beibringung *f* neuen Beweismaterials; ~ **power** Sondervollmacht *f;* ~ **price** Sonder-, Vorzugspreis *m;* ~ **regulation** Sonderbestimmung *f;* ~ **right** Sonder-, Vorrecht *n;* ~ **subject** *(Schule)* Leistungsfach *n;* *(Uni)* Schwerpunktfach *n,* Spezialisierung *f;* ~ **(train)** Sonderzug *m;* ~ **waste** Sondermüll *m;* **II** *s* **1.** Sonderdruck *m,* -ausgabe, -nummer *f;* **2.** Extrablatt *n;* **3.** Sonderzug *m;* **4.** *(television ~)* Extrasendung *f;* **5.** *Am* Sonderangebot *n;* **6.** *(Restaurant)* Tagesspezialität *f;* **7.** Hilfspolizist *m.*

spe·cial·ism ['speʃəlɪzm] Spezialisierung *f;* Spezialgebiet *n;* **spe·cial·ist** ['speʃəlɪst] **I** *adj* Fach-; ▶ ~ **supplier** *com* Fachhändler *m;* ~ **term** Fachwort *n;* ~ **text** Fachtext *m;* **II** *s* **1.** Spezialist(in) *m (f),* Fachmann *m,* -frau *f;* **2.** Facharzt *m,* -ärztin *f;* ▶ **heart ~** Facharzt *m* für Herzkrankheiten; **spe·ci·al·ity,** *Am* **spe·ci·al·ty** [ˌspeʃɪ'ælətɪ, 'speʃəltɪ] Spezialität *f;* **spe·cial·iz·ation** [ˌspeʃəlaɪ'zeɪʃn] Spezialisierung *f;* **spe·cial·ize** ['speʃəlaɪz] **I** *tr* spezialisieren; besonders einrichten (*for* für); **II** *itr* sich spezialisieren (*in* in, auf); **spe·cial·ly** ['speʃəlɪ] *adv* besonders; insbesondere.

spe·cies ['spi:ʃi:z] ⟨*pl* -⟩ Art *f bes. zoo bot.*

spe·ci·fic [spə'sɪfɪk] **I** *adj* **1.** genau festgelegt, begrenzt, bestimmt; **2.** genau; **3.** besondere(r, s), charakteristisch, typisch; **4.** spezifisch; ▶ **in each ~ case** in jedem Einzelfall; **be ~** genau sein; ~ **gravity** *phys* spezifisches Gewicht; **II** *s* **1.** *med* Spezifikum *n;* **2.** *pl* Einzelheiten *f pl;* **spe·cifi·cal·ly** [spə'sɪfɪklɪ] *adv* **1.** besonders; **2.** genau, klar; **3.** insbesondere, nämlich.

spec·ifi·ca·tion [ˌspesɪfɪ'keɪʃn] **1.** Spezifizierung, genaue Angabe *f;* **2.** Bedingung *f;* Bestimmung *f;* **3.** Patentbeschreibung *f;* **4.** *arch* Baubeschreibung *f;* **5.** *pl tech* technische Daten *pl;* **spec·ify** ['spesɪfaɪ] *tr* **1.** einzeln, genau angeben; **2.** an-, aufführen, spezifizieren; **3.** vorschreiben; ▶ **for a specified purpose** für e-n bestimmten Zweck.

speci·men ['spesɪmɪn] **1.** Exemplar *n;* Muster *n;* **2.** *(Blut, Harn)* Probe *f;* **3.** *fam* Typ, Kerl, Bursche *m;* ▶ **a beautiful ~** ein Prachtexemplar; **a ~ of one's work** eine Probe seiner Arbeit; ~ **copy** Belegexemplar *n;* ~ **page** Probeseite *f;* ~ **signature** Unterschriftsprobe *f.*

spe·cious ['spi:ʃəs] *adj* scheinbar; trügerisch, bestechend.

speck [spek] Fleck(chen *n*) *m;* ▶ **a ~ (of)** ein bißchen (...), ein (klein) wenig (...).

speckle ['spekl] (Farb)Fleck *m,* Tüpfel *m* od *n;* **speckled** ['spekld] *adj* getüpfelt, gesprenkelt.

specs [speks] *pl fam* Brille *f.*

spec·tacle ['spektəkl] **1.** Schauspiel *n;* **2.** *pl (pair of ~s)* Brille *f;* ▶ **a sad ~** ein trauriger Anblick; **spectacle case** Brillenetui *n;* **spec·tacled** ['spektəkld] *adj* brillentragend.

spec·tacu·lar [spek'tækjʊlə(r)] **I** *adj* sensationell; spektakulär; atemberaubend; **II** *s* Show *f;* Fernsehschau *f.*

spec·ta·tor [spek'teɪtə(r)] Zuschauer(in) *m (f).*

spec·ter ['spektə(r)] *Am s. spectre;* **spec·tral** ['spektrəl] *adj* gespenstisch, geisterhaft; ▶ ~ **analysis** Spektralanalyse *f;* **spectre,** *Am* **spec·ter** ['spektə(r)] Gespenst *n.*

spec·trum ['spektrəm] ‹*pl* -tra› [—trə] **1.** *opt* Spektrum *n;* **2.** *fig* Skala *f.*

specu·late ['spekjʊleɪt] *itr* **1.** nachdenken, (nach)sinnen, sich Gedanken machen (*on, upon, about* über); **2.** *com* spekulieren (*in* mit; *on* an); **specu·la·tion** [ˌspekjʊ'leɪʃn] **1.** Vermutung, Spekulation *f;* **2.** *com* Spekulation *f;* **specu·lat·ive** ['spekjʊlətɪv] *adj* **1.** *philos* spekulativ; theoretisch; **2.** *com* Spekulations-; ▶ ~ **builder** Bauspekulant *m;* **specu·la·tor** ['spekjʊleɪtə(r)] Spekulant(in) *m (f).*

sped [sped] *v s. speed.*

speech [spi:tʃ] **1.** Sprache *f;* Sprechen *n;* Sprechweise *f;* **2.** Ansprache *f;* Rede *f;* ▶ **deliver, make a** ~ e-e Rede halten (*on, about* über; *to* vor); **after-dinner** ~ Tischrede *f;* **freedom of** ~ Redefreiheit *f;* **power of** ~ Sprachvermögen *n;* **speech act** *ling* Sprechakt *m;* **speech community** Sprachgemeinschaft *f;* **speech-day** (Schul)Schlußfeier *f;* **speech defect** Sprachfehler *m;* **speech·ify** ['spi:tʃɪfaɪ] *itr hum* große Reden schwingen; **speech·less** ['spi:tʃlɪs] *adj* sprachlos (*with* vor); **speech recognition** *EDV* Spracherkennung *f;* **speech therapist** Sprachtherapeut(in) *m (f),* Logopäde *m,* Logopädin *f;* **speech therapy** *med* **1.** logopädische Behandlung, Sprachtherapie *f;* **2.** Logopädie *f;* **speech·writer** ['spi:tʃraɪtə(r)] Verfasser(in) *m (f)* von Reden; *pol* Redenschreiber(in) *m (f).*

speed [spi:d] ‹*irr* **speeded** *od* **sped, speeded** *od* **sped**› **I** *s* **1.** Schnelligkeit *f;* **2.** Geschwindigkeit *f;* Tempo *n;* **3.** *tech* Drehzahl *f;* **4.** *mot* Gang *m;* **5.** *film* Empfindlichkeit *f;* ▶ **at a** ~ **of** mit e-r Geschwindigkeit von; **at full, top** ~ mit Höchstgeschwindigkeit; **cruising** ~ Reisegeschwindigkeit *f;* **II** *itr* **1.** *(nicht irr)* zu schnell fahren; **2.** *(irr)* jagen, sausen; *(Zeit)* schnell vergehen; **III** *(mit Präposition)* **speed along** *itr* entlangsausen; *(Arbeit)* gut vorangehen; *tr* beschleunigen; **speed off** *itr* davonrasen; **speed up** *itr (nicht irr)* schneller werden; *mot* beschleunigen; *tr* beschleunigen; *(jdn)* antreiben.

speed-boat ['spi:dbəʊt] Rennboot *n;* **speed check, control** Geschwindigkeitskontrolle *f;* **speed-cop** *sl* Verkehrsstreife *f (Polizist);* **speed·ing** ['spi:dɪŋ] *mot* Tempoüberschreitung *f,* Überschreiten *n* der Geschwindigkeitsgrenze; **speed-limit** Geschwindigkeitsbegrenzung *f,* Tempolimit *n;* **speedo·meter** [spi:'dɒmɪtə(r)] Geschwindigkeitsmesser *m;* **speed range** Drehzahlbereich *m;* **speed trap** Radarfalle *f;* **speed-up** ['spi:dʌp] **1.** Beschleunigung *f;* schnelleres Tempo; **2.** Produktions-, Leistungssteigerung *f;* **speed·way** ['spi:dweɪ] **1.** Motorradrennen *n,* -rennbahn *f;* **2.** *Am* Schnellstraße *f;* **speedy** ['spi:dɪ] *adj* **1.** schnell; **2.** prompt.

spe·le·ol·ogist [ˌspi:lɪ'ɒlədʒɪst] Höhlenforscher(in) *m (f);* **spe·le·ol·ogy** [ˌspi:lɪ'ɒlədʒɪ] Höhlenforschung *f.*

spell[1] [spel] Zauber *m a. fig;* Zauberwort *n,* -formel *f,* -spruch *m;* ▶ **be under s.o.'s** ~ von jdm verzaubert, gebannt sein; in jds Bann stehen; **cast a** ~ **on** verzaubern; ganz für sich einnehmen.

spell[2] [spel] ‹*irr* **spelled** *od* **spelt, spelled** *od* **spelt**› **I** *tr* **1.** buchstabieren; **2.** (richtig) schreiben (*with* mit); **3.** bedeuten, gleichkommen (*s.th.* e-r S); **II** *itr* richtig schreiben; buchstabieren; ▶ **he can't** ~ *fam* er kann keine Rechtschreibung; **III** *(mit Präposition)* **spell out** *tr* buchstabieren; entziffern; *fig* klarmachen (*s.th. for s.o.* jdm etw).

spell[3] [spel] **I** *s* (kurze) Zeit, (Zeit)Dauer, Periode *f;* ▶ **by** ~**s** dann u. wann; **for a** ~ e-e Weile; **take** ~**s** sich ablösen; **cold, hot** ~ Kälte-, Hitzewelle *f;* **II** *tr* ablösen.

spell·bind ['spelbaɪnd] *tr irr s. bind* ver-, bezaubern, faszinieren, fesseln; **spell·bound** ['spelbaʊnd] *adj* verzaubert, gebannt, fasziniert; mit-, hingerissen.

speller ['spelə(r)] ▶ **be a bad** ~ viele Rechtschreibfehler machen; **spell·ing** ['spelɪŋ] **1.** Buchstabieren *n;* **2.** Rechtschreibung *f;* **spelling check** *EDV* Rechtschreibprüfung *f.*

spelt [spelt] *v s. spell*[2].

spend [spend] ‹*irr* **spent, spent**› **I** *tr* **1.** verbrauchen, erschöpfen; **2.** *(Geld)* ausgeben; **3.** auf-, verwenden (*on, upon* für); **4.** *(Zeit)* ver-, zubringen; **5.** verschwenden; *(Vermögen)* durchbringen; ▶ ~ **a lot of effort on s.th.** sich für etw sehr anstrengen; **II** *itr* **1.** (sein) Geld ausgeben; **2.** (sich) verbrauchen, sich verzehren; **spend·ing** ['—ɪŋ] Ausgaben *f pl;* **spending cut** Ausgaben-, Etatkürzung *f;* **spending money** Taschengeld *n;* **spending power** Kaufkraft *f;* **spending spree** Großeinkauf *m;* ▶ **on a** ~ im Kaufrausch; **spend·thrift** ['spendθrɪft] **I** *adj* verschwenderisch; **II** *s* Verschwender(in) *m (f).*

spent [spent] **I** *v s. spend;* **II** *adj* **1.**

erschöpft, abgespannt, ermattet; **2.** *tech* verbraucht.

sperm [spɜːm] Sperma *n,* männlicher Samen; **sperm donor** Samenspender *m.*

sper·ma·ceti [ˌspɜːməˈsetɪ] Walrat *n.*

sperm-whale [ˈspɜːmweɪl] Pottwal *m.*

spew [spjuː] **I** *itr* **1.** *(~ forth, out)* sich ergießen; hervorsprudeln, hervorquellen; **2.** *sl* brechen, kotzen; **II** *tr* **1.** *(~ up) sl* ausspucken; **2.** *(~ out)* speien; *(Wasser)* ablassen.

sphere [sfɪə(r)] **1.** *math* Kugel *f;* **2.** *(~ of life) fig* Sphäre *f,* Lebensbereich *m;* Gebiet *n,* Wirkungskreis *m;* Umwelt *f,* Milieu *n;* ▶ **~ of influence, of interest** *pol* Einflußbereich *m,* Interessensphäre *f;* **~ of operation** Wirkungsbereich *m;* **spheri·cal** [ˈsferɪkl] *adj* kugelförmig.

spice [spaɪs] **I** *s* **1.** Gewürz *n;* **2.** *fig* Würze *f;* **II** *tr* würzen *a. fig.*

spick and span [ˌspɪkənˈspæn] *adj* (funkel)nagelneu; wie aus dem Ei gepellt.

spicy [ˈspaɪsɪ] *adj* **1.** (stark) gewürzt; **2.** *fig* pikant, anregend.

spi·der [ˈspaɪdə(r)] Spinne *f a. tech;* **spider('s)-web** Spinnwebe *f,* Spinnengewebe *n;* **spi·dery** [ˈspaɪdərɪ] *adj* krakelig; spinnwebartig; spinnenhaft.

spiel [ʃpiːl] *sl* Gequassel *n;* Geschichte *f.*

spigot [ˈspɪgət] Spund *m; Am* Hahn *m.*

spike [spaɪk] **I** *s* **1.** (Metall)Spitze *f;* **2.** *(~ nail)* großer Nagel; **3.** *pl* Rennschuhe *m pl;* **II** *tr* **1.** aufspießen; durchbohren; **2.** *fig (Gerüchte)* verhindern; **3.** *Am* versetzen; e-n Schuß Alkohol tun in; ▶ **~ s.o.'s guns** jdm e-n Strich durch die Rechnung machen; **spiky** [ˈspaɪkɪ] *adj* **1.** (lang u.) spitz, spitzig; stachelig; **2.** *fig* empfindlich.

spill[1] [spɪl] ⟨*irr* **spilled** *od* **spilt, spilled** *od* **spilt**⟩ **I** *tr* **1.** aus-, verschütten, vergießen; **2.** *(~ out)* ver-, ausstreuen; **3.** kleckern (*on* auf); **4.** gießen (*on* über); **5.** *fam* unter die Leute bringen, verbreiten; ▶ **~ the beans** *fam* das Geheimnis verraten; **~ blood** Blut vergießen; **there is no use crying over spilt milk** es hat keinen Sinn, Vergangenem nachzuweinen; **II** *itr* **1.** *(~ out)* herausquellen; **2.** *(~ over)* überlaufen, -fließen; **III** *s* Sturz *m (vom Pferd, Rad);* ▶ **take, have a ~** herunter-, hinfallen.

spill[2] [spɪl] **1.** (Holz)Span *m;* **2.** Fidibus *m.*

spilt [spɪlt] *v s. spill*[1].

spin [spɪn] ⟨*irr* **spun, spun**⟩ **I** *tr* **1.** spinnen *a. zoo;* **2.** (schnell) drehen; herumwirbeln; **3.** *(Wäsche)* schleudern; **II** *itr* **1.** spinnen; **2.** *(~ round)* sich schnell drehen, im Kreis herumwirbeln; **3.** *(Wäsche)* schleudern; ▶ **my head is ~ning** mir dreht sich alles im Kopf; **III** *s* **1.** Drehung *f;* **2.** Schleudern *n;* **3.** *(Ball)* Drall *m;* **4.** *aero* Trudeln *n;* **5.** kurze Fahrt; ▶ **go for a ~** *mot fam* spazierenfahren; **go into a ~** sich um die eigene Achse drehen; trudeln; **in a flat ~** *fam* in Panik; **IV** *(mit Präposition)* **spin along** *itr* sausen, rasen; **spin out** *tr* strecken; *(Zeit, Versammlung)* in die Länge ziehen; *(Geschichte)* ausspinnen; **spin round** *itr* sich drehen; herumwirbeln; sich schnell umdrehen; *tr* schnell drehen.

spi·na bi·fi·da [ˌspaɪnəˈbɪfɪdə] offene Wirbelsäule.

spin·ach [ˈspɪnɪdʒ, *Am* ˈspɪnɪtʃ] Spinat *m.*

spi·nal [ˈspaɪnl] *adj:* ▶ **~ column** Wirbelsäule *f;* **~ cord, marrow, medulla** Rückenmark *n;* **~ curvature** Rückgratkrümmung *f.*

spindle [ˈspɪndl] *tech* Spindel *f;* Schaft *m;* **spin·dly** [ˈspɪndlɪ] *adj* spindeldürr.

spin-drier [ˌspɪnˈdraɪə(r)] Trockenschleuder *f (für Wäsche);* **spin dry** *tr, itr* schleudern.

spine [spaɪn] **1.** *bot zoo* Dorn *m;* **2.** Rückgrat *n;* **3.** (Buch)Rücken *m;* **spine-chilling** [ˈspaɪntʃɪlɪŋ] *adj* gruselig; unheimlich; **spine·less** [ˈ—lɪs] *adj* rückgratlos *a. fig.*

spin·na·ker [ˈspɪnəkə(r)] *mar* Spinnaker *m.*

spin·ner [ˈspɪnə(r)] **1.** Spinner(in) *m (f);* **2.** Schleuder *f;* **3.** *(Angeln)* Spinnköder *m.*

spin·ney [ˈspɪnɪ] Gehölz, Dickicht *n.*

spin·ning [ˈspɪnɪŋ] Spinnen *n;* **spinning-jenny** Jennymaschine *f;* **spinning-mill** Spinnerei *f;* **spinning-top** Kreisel *m;* **spinning-wheel** Spinnrad *n.*

spin-off [ˈspɪnɒf] Nebenprodukt *n.*

spin·ster [ˈspɪnstə(r)] *jur* unverheiratete Frau; ▶ **old ~** *pej* alte Jungfer.

spiny [ˈspaɪnɪ] *adj* stach(e)lig, dornig *a. fig.*

spi·ral [ˈspaɪərəl] **I** *adj* spiralig; gewunden; in Spiralen; ▶ **~ nebula** *astr* Spiralnebel *m;* **~ staircase** Wendeltreppe *f;* **II** *s* Spirale *f;* ▶ **the ~ of rising prices and wages** die Lohn-Preis-Spirale; **III** *itr* sich in e-r Spirale bewegen; ▶ **~ up** sich in die Höhe schrauben.

spire [ˈspaɪə(r)] Turmspitze *f.*

spirit [ˈspɪrɪt] **I** *s* **1.** Geist *m;* **2.** Mut *m;* Schwung *m;* Tatkraft *f;* **3.** Geist *m;* Stimmung *f;* Einstellung *f;* **4.** *chem* Spiritus *m;* **5.** *pl* Spirituosen *pl,* geistige Getränke *n pl;* ▶ **in high, great ~s** in gehobener Stimmung; gut aufgelegt; **in poor, low ~s** niedergeschlagen; schlecht aufgelegt; **be with s.o. in ~** in Gedanken bei jdm sein; **enter into the ~ of s.th.** sich an etw anpassen; **keep up one's ~s** sich nicht niederdrücken lassen; **community ~** Gemeinschaftssinn *m;* **leading ~** führender Kopf; **public ~** Gemeinsinn *m;* **~ of enterprise** Unternehmungsgeist *m;* **that's the ~!** so ist's recht! **II** *tr (~ away, off)* wegzaubern; **spirited** ['spɪrɪtɪd] *adj* **1.** lebhaft; **2.** energisch, kraftvoll; mutig; **spir·it·ism** ['spɪrɪtɪzəm] Spiritismus *m;* **spirit·less** ['spɪrɪtlɪs] *adj* **1.** träge, schläfrig, schlaff; **2.** niedergedrückt; **spirit-level** Wasserwaage *f.*

spiri·tual ['spɪrɪtʃʊəl] **I** *adj* **1.** geistig, seelisch, innerlich; **2.** geistlich, kirchlich, religiös; **II** *s* (Neger)Spiritual *n;* **spiri·tu·al·ism** ['spɪrɪtʃʊəlɪzəm] Spiritismus *m;* **spiri·tu·al·is·tic** [ˌspɪrɪtʃʊə'lɪstɪk] *adj* spiritistisch.

spit[1] [spɪt] **I** *s* **1.** Bratspieß *m;* **2.** Landzunge *f;* Sandbank *f;* **II** *tr* aufspießen.

spit[2] [spɪt] ⟨*irr* spat, spat⟩ **I** *tr* **1.** *(~ out)* ausspeien, -spucken; **2.** ausstoßen; **3.** *(Worte)* heraussprudeln; ► **~ s.o. in the eye** *fig* auf jdn pfeifen; **II** *itr* **1.** speien, spucken (*at, on, upon* auf *a. fig*); **2.** *(Katze)* fauchen; ► **be s.o.'s ~ting image** *fam* jdm wie aus dem Gesicht geschnitten sein; **III** *s* **1.** Speichel *m;* **2.** *(Insekt)* Schaum *m;* **3.** *fam (~ting image)* Ebenbild *n;* ► **~ and polish** sorgfältige Reinigung; **IV** *(mit Präposition)* **spit at** *tr* verächtlich abtun; **spit down** *itr* herabsprühen; **spit out** *tr* ausspukken; *(Worte)* hervorstoßen; ► **~ it out!** nun sag's schon! **spit upon** *tr* verächtlich zurückweisen.

spite [spaɪt] **I** *s* Bosheit *f,* böser Wille (*against* gegen); ► **from, out of ~** aus Bosheit; **in ~ of** trotz *gen;* **in ~ of the fact that** obgleich ..., obwohl ... **II** *tr* ärgern; ► **cut one's nose off to ~ one's face** *fig* sich ins eigene Fleisch schneiden; **do s.th. to ~ s.o.** etw jdm zum Trotz tun; **spite·ful** ['spaɪtfl] *adj* boshaft; schadenfroh.

spit·fire ['spɪtˌfaɪə(r)] giftiger Mensch.

spittle ['spɪtl] Speichel *m.*

spit·toon [spɪ'tu:n] Spucknapf *m.*

splash [splæʃ] **I** *tr* **1.** (ver)spritzen; gießen; **2.** bespritzen; **3.** *(Presse)* groß rausbringen; ► **~ s.th. over s.o.** jdn mit etw anspritzen; **II** *itr* **1.** spritzen (*in all directions* nach allen Richtungen); **2.** *(Regen)* klatschen; **3.** *(Tränen)* tropfen; **4.** *(Mensch)* platschen; planschen; **III** *s* **1.** Spritzen *n;* Platsch(en *n*) *m;* **2.** *(Wellen)* Plätschern, Klatschen *n;* **3.** Spritzer *m;* Klecks *m;* Farbfleck *m;* **4.** *fam* Schuß *m* Sodawasser; ► **make a ~** *fig* Furore machen, Aufsehen erregen; **~ of mud** Dreckspritzer *m;* **with a ~** mit e-m Plumps; **IV** *(mit Präposition)* **splash about** *tr* **1.** herumspritzen; **2.** *fam (Geld)* verschleudern; **3.** *(Geschichte)* groß rausbringen; *itr* herumspritzen; herumplatschen; herumplanschen; **splash down** *itr* **1.** *(Raumsonde)* wassern; **2.** *(Regen)* herunterprasseln; **splash out** *itr fam* viel Geld ausgeben (*on* für); **splash-board** Spritzblech *n;* **splash-down** ['splæʃdaʊn] Wasserung *f.*

splay [spleɪ] **I** *s arch* Ausschrägung, Fensterlaibung *f;* **II** *tr* **1.** ausbreiten, -dehnen, erweitern; *arch* ausschrägen; **2.** *(Finger)* spreizen; **III** *itr (~ out)* nach außen gehen; sich nach außen biegen; *arch* ausgeschrägt sein; **splay-foot** nach außen gesteller Fuß.

spleen [spli:n] *anat* Milz *f;* ► **vent one's ~** seinem Ärger Luft machen (*on* gegen).

splen·did ['splendɪd] *adj* **1.** prachtvoll, prächtig; **2.** großartig; glanzvoll; **3.** *fam* herrlich, ausgezeichnet, blendend; **splen·dif·er·ous** [splen'dɪfərəs] *adj hum fam* glänzend; **splen·dour,** *Am* **splen·dor** ['splendə(r)] Glanz *m,* Pracht, Herrlichkeit *f.*

splice [splaɪs] **I** *tr* **1.** *mar* spleißen, splissen; **2.** verzahnen, verbinden; **3.** *film* zusammenkleben; ► **get ~d** *fam* heiraten; **II** *s* **1.** Verbindung *f;* Splissung *f;* **2.** *film* Klebestelle *f;* **splicer** ['splaɪsə(r)] (Film)Klebegerät *n.*

splint [splɪnt] **I** *s med* Schiene *f;* **II** *tr med* schienen.

splin·ter ['splɪntə(r)] **I** *tr* zersplittern; zerhacken; *fig* spalten; **II** *itr* (zer)splittern; *fig* sich spalten; **III** Splitter, Span *m;* **splinter group** Splittergruppe *f;* **splinter party** Splitterpartei *f;* **splinter-proof** *adj (Glas)* splittersicher *a. mil.*

split [splɪt] ⟨*irr* split, split⟩ **I** *tr* **1.** spalten, aufsplittern; **2.** *fig* trennen, (auf)spalten, entzweien; **3.** *(Kosten)* aufteilen; verteilen; **4.** *chem phys* spalten; **5.** *(Aktien)* splitten; ► **~ the difference** e-n Kompromiß schließen, auf halbem Weg entgegenkommen; **~ hairs** Haarspalterei (be)treiben; **~ one's sides (laughing, with laughter)** platzen vor Lachen; **II** *itr* **1.** sich spalten, (zer)splittern (*into* in); **2.** (zer)brechen, (zer)reißen, bersten; **3.** *fig* uneins werden, sich entzweien; **4.** *fam* den Gewinn teilen, Halbpart machen; ► **~ into s.th.** sich in etw teilen, aufsplittern; **~ open** aufplatzen; bersten; **~ with s.o.** mit jdm brechen; mit jdm teilen; **my head is ~ting** ich habe furchtbare Kopfschmerzen; **let's ~!** *fam* hauen wir ab! **III** *s* **1.** (Zer)Splittern *n;* **2.** Spalt, Riß, Sprung *m;* **3.** *fig* Entzweiung, Spaltung *f a. pol;* **4.** Aufteilung, Aufspaltung *f,* Split(ting *n*) *m;* **5.** *pl sport* Spagat *m;* ► **banana ~** Bananensplit *m;* **IV** *adj* gespalten; ► **in a ~ second** im Bruchteil e-r Sekunde; **a ~ decision** *(Boxkampf)* eine nicht einstimmige Entscheidung; **V** *(mit Präposition)* **split off** *tr* abtrennen; abspalten; abbrechen; *itr* abbrechen; sich lösen; *fig* sich trennen (*from* von); **split up** *tr* aufteilen; *(Partei)* spalten; *(Versammlung)* beenden; *(Leute)* trennen; *(Menge)* zerstreuen; *itr* zerbrechen; sich teilen; *(Versammlung)* sich spalten; *(Menschen)* sich voneinander trennen.

split-level [ˌsplɪtˈlevl] *adj*: ► ~ **flat** Wohnung über mehrere Ebenen; **split peas** *pl* gespaltene, halbe Erbsen *f pl;* **split personality** gespaltene Persönlichkeit; **split·ting** [ˈsplɪtɪŋ] **I** *adj (Kopfschmerzen)* stark, heftig, rasend; ► **a ~ sound** ein Geräusch, als ob etw zerrisse, zerbräche; **ear-~** *adj* ohrenbetäubend; **II** *s* **1.** (Auf)Spaltung, Teilung *f;* **2.** *(Steuer)* Splitting *n;* Aktiensplit *m;* ► **the ~ of the atom** die Kernspaltung; **split-up** [ˈsplɪtʌp] Bruch *m;* Trennung *f; (Partei)* Spaltung *f.*

splodge, splotch [splɒdʒ, splɒtʃ] Fleck, Klecks *m;* **splotchy** [ˈsplɒtʃɪ] *adj* fleckig.

splurge [splɜ:dʒ] *fam* **I** *s* Großeinkauf *m;* **II** *itr* das Geld zum Fenster hinauswerfen; ► **~ out on s.th.** sich etw leisten.

splut·ter [ˈsplʌtə(r)] **I** *itr* **1.** zischen; spritzen (*over* über); **2.** *(Mensch)* prusten; stottern; **3.** *mot* stottern; **II** *tr* (~ *out)* heraussprudeln; *(Drohung)* ausstoßen; **III** *s* **1.** Zischen *n;* Spritzen, Sprühen *n;* **2.** Prusten *n;* Stottern *n;* **3.** *mot* Stottern *n.*

spoil [spɔɪl] ⟨*irr* spoilt *od* spoiled, spoilt *od* spoiled⟩ **I** *tr* **1.** vernichten, zerstören; beschädigen; **2.** vereiteln; **3.** verderben, (stark) beeinträchtigen; **4.** verwöhnen, verziehen; ► **~ s.o.'s fun** jdm die Freude verderben; **be spoilt for choice** die Qual der Wahl haben; **II** *itr* verderben, verkommen, schlecht werden, (ver)faulen; ► **be ~ing for** (ganz) verrückt sein nach; abzielen auf; **III** *s* **1.** Beute *f;* **2.** *pl* Gewinn *m;* **spoiler** [—ə(r)] *mot* Spoiler *m;* **spoil-sport** Spiel-, Spaßverderber(in) *m (f);* **spoilt** [spɔɪlt] *v s. spoil.*

spoke[1] [spəʊk] **1.** Speiche *f;* **2.** *(Leiter)* Sprosse *f;* ► **put a ~ in s.o.'s wheel** *fig* jdm Steine in den Weg legen.

spoke[2]**, spoken** [spəʊk, ˈspəʊkən] *v s. speak;* **spokes·man** [ˈspəʊksmən] ⟨*pl* -men⟩ Sprecher, Meinungs-, Wortführer *m;* **spokes·per·son** [ˈspəʊkspɜ:sn] Sprecher(in) *m (f);* Meinungs-, Wortführer(in) *m (f).*

spo·li·ation [ˌspəʊlɪˈeɪʃn] Plünderung *f.*

sponge [spʌndʒ] **I** *s* **1.** Schwamm *m;* **2.** (~ *cake)* Rührkuchen *m;* Biskuit *m;* ► **give s.th. a ~** etw aufwischen; etw abwaschen; **II** *tr* **1.** mit e-m Schwamm abwischen; abtupfen; **2.** *fam* schnorren; **III** *(mit Präposition)* **sponge down** *tr* (ab)waschen; **sponge off** *tr* abwischen; **sponge on s.o.** jdm auf der Tasche liegen; **sponge out** *tr* herausreiben; auswaschen; **sponge up** *tr* aufwischen; **sponge-bag** Kulturbeutel *m;* **sponge-cake** Rührkuchen *m;* Biskuit *m;* **sponger** [ˈspʌndʒə(r)] Schmarotzer *m;* **spongy** [ˈspʌndʒɪ] *adj* **1.** schwammig; **2.** nachgiebig, weich; **3.** *(Kuchen)* lokker.

spon·sor [ˈspɒnsə(r)] **I** *s* **1.** Förderer *m,* Förderin *f;* Bürge *m,* Bürgin *f;* **2.** *com* Geldgeber(in) *m (f),* Sponsor(in) *m (f);* **3.** Pate *m,* Patin *f;* ► **stand ~ for s.o.** jdn fördern; **II** *tr* **1.** fördern, unterstützen; **2.** garantieren; finanzieren; sponsern; **3.** die Patenschaft übernehmen von; **spon·sor·ing group** [ˈspɒnsərɪŋˌgru:p] Projektträger *m.*

spon·ta·neity [ˈspɒntəˈneɪətɪ] Ungezwungenheit *f;* Spontaneität *f;* **spon·ta·neous** [spɒnˈteɪnɪəs] *adj* spontan; impulsiv; von sich aus; ► **~ combustion** Selbstentzündung *f.*

spook [spu:k] *hum* Gespenst *n;* **spooky** [ˈspu:kɪ] *adj fam* gespensterhaft.

spool [spu:l] Spule *f;* Rolle *f.*

spoon [spu:n] **I** *s* Löffel *m;* **II** *tr* löffeln; ► **~ out** ausschöpfen; **~ up** (aus)löffeln; **spoon-feed** [ˈspu:nfi:d] *tr irr s. feed* **1.** *(Kind)* füttern; **2.** *fig* gängeln; **spoonful** [ˈspu:nfʊl] Löffel *m.*

spor·adic [spəˈrædɪk] *adj* sporadisch; gelegentlich.

spore [spɔ:(r)] *bot* Spore *f.*

sport [spɔ:t] **I** *s* **1.** Sport *m;* **2.** *pl* Sportveranstaltung *f;* **3.** Zeitvertreib *m,* Vergnügen *n,* Spaß *m;* **4.** *zoo bot* Spielart *f;* **5.** *fam* prima Kerl; ► **do s.th. for, in ~** etw zum Spaß tun; **say s.th. in ~** etw im Spaß sagen; **be good at ~(s)** gut im Sport sein; **be a (good) ~** alles mitmachen; **II** *itr* herumtollen; herumspielen; **III** *tr* **1.** *(Kleid)* anhaben; **2.** *fam* protzen mit; **sport·ing** [ˈ—ɪŋ] *adj* sportlich; Sports-; fair; ► **~ events** Wettkämpfe *m pl;* **a ~ man** ein Sportsmann; **give s.o. a ~ chance** jdm e-e faire Chance geben.

sport·ive [ˈspɔ:tɪv] *adj* lustig; verspielt.

sports-car [ˈspɔ:tskɑ:(r)] Sport-, Rennwagen *m;* **sports·cast** [ˈspɔ:tsˌkɑ:st] Sportübertragung *f;* **sports·caster** [—ə(r)] Sportreporter(in), Kommentator(in) *m (f);* **sports field** Sportplatz *m;* **sports jacket** Sportjackett *n,* Sakko *m;* **sports·man** [ˈspɔ:tsmən] ⟨*pl* -men⟩ **1.** Sportler *m;* **2.** anständiger Kerl; **sports·man·like** [ˈspɔ:tsmənlaɪk] *adj* **1.** sportlich; **2.** fair; **sports·man·ship** [ˈspɔ:tsmənʃɪp] Sportlichkeit *f,* sportliche Haltung; **sports page** *(Zeitung)* Sportseite *f;* **sports·wear** [ˈspɔ:tsweə(r)] Sportkleidung *f;* **sports·woman** [ˈspɔ:tswʊmən] ⟨*pl* -women⟩ [—wɪmɪn] Sportlerin *f;* **sport·writer**

['spɔ:traɪtə(r)] Sportjournalist(in) *m (f)*.

sporty ['spɔ:tɪ] *adj* **1.** sportbegeistert, sportlich; **2.** *fig* flott.

spot [spɒt] **I** *s* **1.** Tupfen, Punkt *m;* **2.** *fig* Makel *m;* **3.** *med* Fleck *m;* Pickel *m;* **4.** Punkt *m;* Stelle *f;* **5.** *fig* Klemme *f;* **6.** *TV* Spot, Werbekurzfilm *m;* **7.** *theat* Scheinwerfer *m;* ► **~s of ink** *pl* Tintenkleckse *m pl;* **knock ~s off s.o.** jdn in den Schatten stellen; **break out in ~s** Pickel bekommen; **a pleasant ~** ein schönes Fleckchen; **on the ~** an Ort und Stelle; auf der Stelle; **an on-the-~ report** ein Bericht vom Ort des Geschehens; **a ~ of** ein bißchen; **be in a (tight) ~** in der Klemme sein; **put s.o. in a ~** jdn in Verlegenheit bringen; **II** *tr* **1.** entdecken, sehen; erkennen; ausmachen; **2.** bespritzen; ► **~ the winner** richtig tippen; **III** *itr* Flecken bekommen; **spot cash** *com* sofortige Bezahlung; **spot check** Stichprobe *f;* **spot-check** *tr* Stichproben machen bei; **spot deal** Kassageschäft *n;* **spot goods** *pl* Lokowaren *f pl;* **spot height** Höhenangabe *f;* **spot·less** ['spɒtlɪs] *adj* **1.** tadellos; **2.** *(Ruf)* makellos, untadelig; **spot·light** ['spɒtlaɪt] **I** *s* Scheinwerfer(licht *n*), Strahler *m;* ► **be in the ~** im Rampenlicht stehen; **turn the ~ on s.o.** *fig* die Aufmerksamkeit auf jdn lenken; **II** *tr fig* aufmerksam machen auf; **spot-market** Kassamarkt *m;* **spot-on** [spɒt'ɒn] *adj fam* exakt, haarscharf richtig; **spot price** *fin* Lokopreis *m;* Kassakurs *m;* **spot-remover** Fleckentferner *m;* **spot·ted** ['spɒtɪd] *adj* gesprenkelt, gefleckt, getüpfelt; **spot·ter** ['spɒtə(r)] **1.** *mil* Aufklärer *m;* **2.** *Am* Detektiv *m;* **spotty** ['spɒtɪ] *adj* fleckig; pickelig.

spouse [spaʊz] Gatte *m,* Gattin *f.*

spout [spaʊt] **I** *s* **1.** Ausguß *m,* Tülle *f;* Ausflußrohr *n;* **2.** *(Kanne)* Schnauze *f;* **3.** Fontäne *f;* **4.** *(Wal)* Atemloch *n;* ► **up the ~** *sl* im Eimer; **water ~** Wasserhose *f;* **II** *tr* **1.** *(~ out)* herausspritzen; speien; **2.** *fig* vom Stapel lassen; hervorsprudeln; von sich geben; **III** *itr* **1.** herausschießen, -spritzen, -sprudeln; **2.** *fig* palavern; ► **~ out of s.th.** aus etw hervorspritzen.

sprain [spreɪn] **I** *tr* verrenken, verstauchen; ► **~ one's ankle** sich den Fuß verstauchen; **II** *s* Verrenkung, Verstauchung *f.*

sprang [spræŋ] *v s. spring.*

sprat [spræt] *zoo* Sprotte *f.*

sprawl [sprɔ:l] **I** *itr* **1.** der Länge nach hinfallen; sich hinflegeln; **2.** *bot* wuchern; **II** *tr:* ► **be ~ed over s.th.** ausgestreckt auf etw liegen; **III** *s* Lümmeln, Flegeln *n;* ► **in the urban ~** in der riesigen Stadtlandschaft; **spraw·ling** [—ɪŋ] *adj (Stadt)* wildwuchernd; *(Körper)* ausgestreckt; *(Handschrift)* riesig.

spray[1] [spreɪ] **I** *s* **1.** Sprüh-, Staubregen *m;* Gischt, Sprühnebel *m;* **2.** *(~ can)* Sprühdose *f;* *(~ bottle)* Zerstäuber *m;* **3.** Spray *n* od *m;* **4.** Besprühen *n;* **II** *tr* **1.** zerstäuben, spritzen; **2.** *(Pflanzen)* besprühen; **3.** *(Wasser)* sprühen; **4.** spritzlackieren; **III** *itr* sprühen; spritzen.

spray[2] [spreɪ] **1.** Strauß *m;* Zweig *m;* **2.** Brosche *f.*

spread [spred] ⟨*irr* **spread, spread**⟩ **I** *s* **1.** Spannweite, Flügelspanne *f;* **2.** *(Punkte)* Verteilung, Streuung *f;* **3.** *(Ideen)* Spektrum *n;* **4.** *(Größe)* Ausbreitung *f;* Ausdehnung *f;* **5.** *fam* Festessen *n;* **6.** Decke *f;* **7.** Brotaufstrich *m;* **8.** *typ* Doppelseite *f;* ► **middle-age ~** Altersspeck *m;* **cheese ~** Streichkäse *m;* **II** *tr* **1.** ausbreiten; ausstrecken; auslegen; **2.** *(Brot)* bestreichen; **3.** *(Tisch)* decken; **4.** *(Sand)* verteilen; streuen; **5.** *(Wissen)* verbreiten; ► **~ a cloth on s.th.** ein Tuch über etw breiten; **~ about, around** verbreiten; **III** *itr* **1.** sich erstrecken, sich ausdehnen (*over, across* über); sich ausbreiten; sich verbreiten; **2.** *(Butter)* sich streichen lassen; ► **~ to s.th.** etw erreichen; auf etw übergreifen; **~ into s.th.** sich in etw erstrecken; **IV** *refl* sich ausstrecken; sich verbreiten.

spread-eagle [ˌspred'i:gl] *tr:* ► **be ~d** mit ausgestreckten Armen daliegen; alle viere von sich strecken; **spreader** ['spredə(r)] Spachtel *f.*

spree [spri:] : ► **buying, shopping ~** Großeinkauf *m;* **be, go out on a ~** e-e Zechtour machen.

sprig [sprɪg] Zweig *m.*

spright·ly ['spraɪtlɪ] *adj* munter, lebendig, lebhaft.

spring [sprɪŋ] ⟨*irr* **sprang, sprung**⟩ **I** *s* **1.** Quelle *f;* **2.** Frühling *m;* **3.** Sprung, Satz *m;* **4.** *mech* Feder *f;* **5.** Federung *f;* Elastizität *f;* ► **~s** *pl fig* Ursprung *m;* **in ~** im Frühjahr; **in the ~ of his life** im Frühling seines Lebens; **in one ~** mit e-m Satz; **make a ~ at s.o.** sich auf jdn stürzen; **walk with a ~ in one's step** mit federnden Schritten gehen; **II** *adj* **1.** Frühlings-; **2.** gefedert; **III** *tr* **1.** überspringen; **2.** federn; **3.** *(Schock)* auslösen; **4.** *(Mine)* explodieren lassen; **5.** *(Schloß)* zuschnappen lassen; **6.** *sl* rausholen; ► **~ s.th. on s.o.** jdn mit etw konfrontieren; **~ a leak** undicht werden; ein Leck bekommen; **~ a surprise on s.o.** jdn völlig überraschen; **IV** *itr* **1.** springen; ausgelöst werden; zuschnappen; **2.** *(~ forth)* hervorquellen; sprühen; hervorsprießen (*from* aus); **3.** *(Familie)* abstammen (*from* von); **4.** *(Idee)* enstehen (*from* aus); **5.** *(Interesse)* herrühren (*from* von); ► **~ back** zurückspringen; zurückschnellen; **~ up** hervorsprießen; aufspringen; erwachen, entstehen; auftauchen; **~ at s.o.** jdn anspringen; ~ **out at s.o.** auf jdn losspringen; ~ **open** aufspringen; ~ **to one's feet** aufspringen; ~ **into action** aktiv werden; ~ **to arms** zu den Waffen eilen; ~ **to mind** einem einfallen; ~ **into existence** plötzlich entstehen; ~ **out of bed** aus dem Bett hüpfen; **spring-balance** Federwaage *f;* **spring binder** Klemmhefter *m;* **spring-board** *sport* Sprungbrett *n a. fig;* **spring-clean I** *tr* gründlich putzen; **II** *itr* Frühjahrsputz machen; **spring-cleaning** Frühjahrsputz *m;* **spring onion** Lauch-, Frühlingszwiebel *f;* **spring tide** Springflut *f;* **spring·time** ['sprɪŋtaɪm] Frühlingszeit *f,* Frühjahr *n.*

springy ['sprɪŋɪ] *adj* elastisch; federnd.

sprinkle ['sprɪŋkl] **I** *tr* **1.** sprenkeln; **2.** *(Rasen)* besprengen, bespritzen; **3.** *(Kuchen)* bestreuen; **4.** *(Salz)* streuen; **II** *s* ein paar Spritzer; Prise *f;* ▶ **a ~ of rain** ein paar Regentropfen; **sprink·ler** ['sprɪŋklə(r)] **1.** Berieselungsapparat, Sprinkler *m;* **2.** *(Garten)* Rasensprenger *m;* **3.** Gießkannenkopf *m;* Brause *f;* **4.** *rel* Weihwasserwedel *m;* **sprink·ling** ['sprɪŋklɪŋ] **1.** ein paar Tropfen; Prise *f;* **2.** *fig* Anflug *m,* Spur *f;* ▶ **a ~ of freckles** ein paar Sommersprossen.

sprint [sprɪnt] **I** *itr* sprinten; rennen; **II** *s* Lauf, Sprint *m;* ▶ **put on a ~** e-n Sprint vorlegen; **sprinter** ['sprɪntə(r)] Sprinter(in) *m (f),* Kurzstreckenläufer(in) *m (f).*

sprite [spraɪt] Kobold *m.*

sprocket ['sprɒkɪt] *tech* Kettenrad *n;* Kettenzahnrad *n.*

sprout [spraʊt] **I** *itr* **1.** sprießen; keimen; Triebe bekommen; **2.** *(~ up)* emporschießen, sprießen; **II** *tr* sprießen, wachsen, keimen lassen; **III** *s* **1.** *bot* Trieb, Sproß *m;* Keim *m;* **2.** *pl (Brussels ~s)* Rosenkohl *m.*

spruce[1] [spru:s] **I** *adj* sauber; gepflegt; adrett, schmuck; flott; **II** *tr:* ▶ **~ up** herausputzen; auf Vordermann bringen; **~ o.s. up** sich in Schale werfen; sich schönmachen; **all ~d up** geschniegelt und gebügelt; zurechtgemacht.

spruce[2] [spru:s] *bot* Fichte, Rottanne *f.*

sprung [sprʌŋ] *v s. spring.*

spry [spraɪ] *adj* rüstig.

spud [spʌd] *fam* Kartoffel *f.*

spume [spju:m] Schaum, Gischt *m.*

spun [spʌn] **I** *v s. spin;* **II** *adj* gesponnen.

spunk [spʌŋk] *fam* Mumm *m.*

spur [spɜ:(r)] **I** *s* **1.** Sporn *m a. zoo;* **2.** *fig* Ansporn, Antrieb *m* (*to* für); **3.** *(Gebirge)* Vorsprung *m;* **4.** *rail* Nebengleis, Rangiergleis *n;* ▶ **on the ~ of the moment** ganz spontan; **win one's ~s** sich die Sporen verdienen; **II** *tr* **1.** die Sporen geben (*a horse* e-m Pferd); **2.** *fig* anspornen; ▶ **~red (on) by ambition** vom Ehrgeiz getrieben; **III** *itr* galoppieren.

spu·ri·ous ['spjʊərɪəs] *adj* **1.** *(Dokument)* falsch, unecht; **2.** *(Forderung)* unberechtigt.

spurn [spɜ:n] *tr* verschmähen.

spurt [spɜ:t] **I** *tr:* ▶ **the wound ~ed blood** aus der Wunde spritzte Blut; **II** *itr* **1.** hervorsprudeln (*from* aus); **2.** *sport* spurten; **III** *s* **1.** Strahl *m;* **2.** *sport* Spurt *m;* ▶ **final ~** Endspurt *m;* **~s of flame** Stichflammen *f pl.*

sput·ter ['spʌtə(r)] *s. splutter.*

spu·tum ['spju:təm] *med* Auswurf *m.*

spy [spaɪ] **I** *tr* sehen, erspähen; ▶ **~ out** ausfindig machen; **~ out the land** *fig* die Lage peilen; **II** *itr* spionieren, Spionage treiben; ▶ **~ into s.th.** in etw herumspionieren; **~ on s.o.** jdn bespitzeln; **III** *s* Spion(in) *m (f);* Spitzel *m;* **spy-glass** Fernglas *n;* **spy-hole** Guckloch *n,* Spion *m;* **spy satellite** Aufklärungs-, Spionagesatellit *m.*

squabble ['skwɒbl] **I** *itr* sich zanken, sich streiten; **II** *s* Zank, Streit *m.*

squad [skwɒd] **1.** *mil* Korporalschaft *f;* **2.** *(Polizei)* Kommando *n;* Dezernat *n;* **3.** *sport* Mannschaft *f;* **4.** *(Arbeiter)* Trupp *m;* **squad car** *Am* Streifenwagen *m;* **squad·die** ['skwɔdɪ] *fam pej* Gefreite(r) *m.*

squad·ron ['skwɒdrən] **1.** *mar* Geschwader *n;* **2.** *(Kavallerie)* Schwadron *f;* **3.** *aero* Staffel *f.*

squalid ['skwɒlɪd] *adj* **1.** schmutzig und verwahrlost; **2.** *(Dasein)* elend, erbärmlich; **3.** *(Motiv)* gemein, niederträchtig.

squall [skwɔ:l] **I** *s* **1.** Bö *f;* Gewitter *n,* Sturm *m;* **2.** Schrei *m;* **II** *itr* schreien; **squally** ['skwɔ:lɪ] *adj* böig; stürmisch.

squalor ['skwɒlə(r)] Schmutz *m;* Verkommenheit *f;* Verwahrlosung *f.*

squan·der ['skwɒndə(r)] *tr* **1.** verschwenden, vergeuden; **2.** *(Geld) fam* durchbringen.

square [skweə(r)] **I** *s* **1.** *math* Quadrat *n;* **2.** Quadratzahl *f;* **3.** Viereck, Rechteck *n;* Kästchen, Karo *n;* **4.** Platz *m;* **5.** *Am* Block *m;* **6.** Winkelmaß *n;* Zeichendreieck *n;* **7.** *(Schachbrett)* Feld *n;* **8.** *sl* Spießer *m;* ▶ **a 2 metre ~** 2 Meter im Quadrat; **cut in ~s** in Quadrate zuschneiden; **go back to ~ one** noch einmal von vorne anfangen; **be out of ~** nicht rechtwinklig sein; **be on the ~** *fig* in Ordnung sein; **be a ~** *sl* von gestern sein; **II** *adj* **1.** quadratisch; viereckig; vierkantig; **2.** *(Winkel)* recht; rechtwinklig; **3.** *(Klammer)* eckig; **4.** *math* Quadrat-; **5.** *(Essen)* anständig, ordentlich; **6.** *(Spiel)* fair; ehrlich; **7.** *sl* spießig; überholt; ▶ **2 ~ metres** 2 Quadratmeter; **be a ~ peg in a round hole** am falschen Platz sein; **give s.o. a ~ deal** jdn gerecht behandeln; **be ~** in Ordnung sein; **get ~ with s.o.** mit jdm abrechnen;

we are (all) ~ *sport* wir stehen alle gleich; **III** *adv* **1.** rechtwinklig; **2.** direkt, genau; **3.** ehrlich, fair; ▶ **fair and** ~ offen und ehrlich; **IV** *tr* **1.** quadratisch, rechtwinklig machen; **2.** *math* quadrieren; **3.** *(Schulden)* begleichen; abrechnen mit; **4.** *fam* schmieren; ▶ ~ **one's shoulders** sich aufrichten; **try to** ~ **the circle** die Quadratur des Kreises versuchen; 3 **~d is 9** 3 hoch 2 ist 9; ~ **one's accounts** abrechnen (*with* mit); ~ **off** in Quadrate einteilen; **V** *itr* übereinstimmen; ▶ ~ **up** abrechnen; ~ **up to s.o.** jdm die Stirn bieten; ~ **up to s.th.** sich e-r S stellen; **square brackets** *pl* eckige Klammern *f pl;* **square-built** [ˌskweəˈbɪlt] *adj* breit gebaut, vierschrötig; stämmig; **square dance** Square-Dance *m;* **square measure** Flächenmaß *n;* **square mile** Quadratmeile *f;* **square number** Quadratzahl *f;* **square root** *math* Quadratwurzel *f.*

squash[1] [skwɒʃ] **I** *tr* **1.** zerdrücken, zermalmen; aus-, zerquetschen; **2.** *fig* zum Schweigen bringen; **3.** quetschen; ▶ **be ~ed to a pulp** zu Brei zerquetscht werden; ~ **s.o. in** jdn einquetschen; **be ~ed together** eng zusammengepreßt sein; **II** *itr* **1.** zerdrückt werden; **2.** sich quetschen; ▶ ~ **in** sich einquetschen; **III** *s* **1.** Fruchtsaft *m;* **2.** Menschenmenge *f,* Gedränge *n.*

squash[2] [skwɒʃ] Kürbis *m.*

squash[3] [skwɒʃ] *sport* Squash *m;* **squash court** Squashhalle *f;* **squash racket** Squashschläger *m.*

squashy [ˈskwɒʃɪ] *adj* weich; saftig; matschig.

squat [skwɒt] **I** *itr* **1.** hocken, kauern; **2.** *(~ down)* sich hinhocken; **3.** sich illegal ansiedeln; ▶ ~ **in a house** ein Haus besetzt halten; **II** *adj* **1.** gedrungen, kompakt; **2.** *(Stuhl)* niedrig; **III** *s* **1.** Unterschlupf *m;* **2.** Hausbesetzung *f;* **3.** besetztes Haus; **squat·ter** [ˈskwɒtə(r)] Hausbesetzer(in) *m (f).*

squaw [skwɔː] Squaw *f.*

squawk [skwɔːk] **I** *itr* **1.** schreien; kreischen; **2.** *fam* protestieren; **II** *s* **1.** heiserer Schrei; **2.** *fam* Protest *m.*

squeak [skwiːk] **I** *itr* **1.** quietschen, knarren; **2.** *(Tier)* quieken; **II** *tr* quieksen; **III** *s* **1.** Quietschen, Kreischen *n;* **2.** *(Maus)* Piepsen *n;* ▶ **have a narrow** ~ mit knapper Not davonkommen; **squeaky** [ˈskwiːkɪ] *adj* quietschend, knarrend; ▶ ~ **clean** blitzsauber.

squeal [skwiːl] **I** *itr* **1.** schreien, quieken; kreischen; **2.** *fam* jammern; **3.** *fam* verpfeifen, verraten (*on s.o.* jdn); ▶ ~ **with pain** vor Schmerz aufheulen; ~ **for s.o.** nach jdm schreien; **II** *tr* **1.** schreien, kreischen; **2.** *fam* singen; petzen; **III** *s* Schrei *m;* Kreischen *n;* Quieken *n.*

squeam·ish [ˈskwiːmɪʃ] *adj* **1.** *(Magen)* empfindlich; heikel; **2.** *fig* überempfindlich, feinfühlig; ▶ **I felt a bit** ~ mir war leicht übel; **I'm not** ~ mir wird nicht so schnell übel; ich bin nicht so zimperlich.

squee·gee [ˌskwiːˈdʒiː] Gummiwischer *m; phot* Rollenquetscher *m.*

squeeze [skwiːz] **I** *tr* **1.** drücken; ausdrücken; **2.** *(Orange)* auspressen, ausquetschen; **3.** *(Hand)* einquetschen; ▶ ~ **out water** Wasser herauspressen; ~ **s.th. dry** etw auswringen; ~ **money out of s.o.** Geld aus jdm herausquetschen; **be ~d to death** erdrückt werden; **II** *itr:* ▶ ~ **in, out** sich hinein-, hinausdrängen; ~ **past s.o.** sich an jdm vorbeidrücken; ~ **through a hole** sich durch ein Loch zwängen; **III** *s* **1.** Drücken, Pressen *n;* **2.** Händedruck *m;* **3.** Gedränge *n;* **4.** *fig* Spritzer *m;* **5.** *fin (credit ~)* Kreditbeschränkung *f;* ▶ **give s.th. a** ~ etw drücken; **it was a tight** ~ es war fürchterlich eng; **be in a tight** ~ in der Klemme sein; **put the** ~ **on s.o.** *fig* jdm die Daumenschrauben anlegen; **squeezer** [ˈskwiːzə(r)] Presse *f.*

squelch [skweltʃ] **I** *tr:* ▶ ~ **one's way through s.th.** durch etw platschen; **II** *itr* platschen, quatschen; **III** *s* Platschen, Glucksen *n.*

squib [skwɪb] Knallfrosch *m;* ▶ **a damp** ~ *fig* ein Reinfall.

squid [skwɪd] *zoo* Tintenfisch *m.*

squiggle [ˈskwɪgl] Schnörkel *m.*

squint [skwɪnt] **I** *itr* **1.** schielen (*at* nach); **2.** blinzeln; **II** *s* **1.** Schielen *n;* **2.** Seitenblick *m;* ▶ **have a** ~ **at s.th.** e-n Blick auf etw werfen; **III** *adj* schief; **squint-eyed** [ˌskwɪntˈaɪd] *adj* schielend.

squire [ˈskwaɪə(r)] **1.** *hist* Knappe *m;* **2.** *(früher)* Gutsbesitzer *m.*

squirm [skwɜːm] *itr* sich winden, sich krümmen; schaudern.

squir·rel [ˈskwɪrəl] Eichhörnchen *n.*

squirt [skwɜːt] **I** *itr* spritzen; **II** *tr* an-, bespritzen; ▶ ~ **water at s.o.** jdn mit Wasser bespritzen; **III** *s* **1.** Spritzer *m;* **2.** Spritze *f;* **3.** *fam* Pimpf *m.*

stab [stæb] **I** *tr* **1.** e-n Stich versetzen (*s.o.* jdm); einstechen auf; **2.** niederstechen; ▶ ~ **s.o. to death** jdn erstechen; ~ **s.o. with a knife** jdn mit e-m Messerstich verletzen; ~ **s.o. in the back** *fig* jdm in den Rücken fallen; **II** *itr:* ▶ ~ **at s.o.** nach jdm stechen; auf jdn zeigen; **III** *s* Stich *m;* ▶ ~ **wound** Stichwunde *f;* **feel a** ~ **of conscience** ein schlechtes Gewissen haben; **a** ~ **in the back** *fig* ein Dolchstoß; **stab·bing** [ˈ—ɪŋ] *adj (Schmerz)* stechend.

sta·bil·ity [stəˈbɪlətɪ] **1.** Stabilität *f;* **2.** *fig* Beständigkeit, Dauerhaftigkeit *f;* **sta·bil·iz·ation** [ˌsteɪbəlaɪˈzeɪʃn] Stabilisierung *f;* **sta·bil·ize** [ˈsteɪbəlaɪz] **I** *tr* stabilisieren; **II** *itr* sich stabilisieren; **sta·bi·lizer** [ˈsteɪbəlaɪzə(r)] Stabilisa-

tor *m.*
stable[1] ['steɪbl] *adj* **1.** fest, stabil; sicher; **2.** *fig* beständig, dauerhaft; **3.** *(Charakter)* gefestigt; ► **his condition is ~** sein Zustand ist stabil.
stable[2] ['steɪbl] **I** *s* Stall *m;* ► **be out of the same ~** *fig* aus dem gleichen Stall stammen; **II** *tr* in den Stall bringen; **stable-boy, -lad** Stallknecht *m.*
stack [stæk] **I** *s* **1.** Stapel, Stoß, Haufen *m;* **2.** (Heu)Schober *m;* **3.** Gewehrpyramide *f;* **4.** *fam* Haufen *m;* **5.** *pl (Bibliothek)* Magazin *n;* **6.** *geol* Felssäule *f;* ► **be in the ~** *aero* Warteschleifen ziehen; **have ~s of time** jede Menge Zeit haben; **smoke ~** Schornstein *m;* **II** *tr* **1.** stapeln; **2.** *Am (Karten)* packen; ► **~ up** aufstapeln; **the cards are ~ed against us** wir haben keine großen Chancen; **III** *itr* sich stapeln lassen.
sta·dium ['steɪdɪəm] Stadion *n.*
staff [stɑ:f] **I** *s* **1.** Personal *n;* Lehrkörper *m;* Mitarbeiterstab *m;* **2.** Stab *m;* Stock *m;* **3.** *fig* Stütze *f;* **4.** *mil* Stab *m;* **5.** *mus* ‹*pl* **staves**› Notensystem *n;* ► **be on the ~** zum Personal gehören; **adminstrative ~** Verwaltungsstab *m;* **editorial ~** Redaktion *f;* **a large ~** viel Personal; **~ of office** Amtsstab *m;* **the ~ of life** das wichtigste Nahrungsmittel; **II** *tr* Personal einstellen für; ► **be well ~ed** gut besetzt sein; **staff costs** *pl* Personalkosten *pl;* **staff·ing** ['stɑ:fɪŋ] Stellenbesetzung *f;* **staff nurse** *Br* vollausgebildete Krankenschwester; Vollschwester *fam;* **staff officer** *mil* Stabsoffizier *m; (Universität)* Personalbeauftragte(r) *f m;* **staff room** Lehrerzimmer *n.*
stag [stæg] **I** *s* **1.** *zoo* Hirsch *m;* **2.** *com* Spekulant *m;* **II** *adv:* ► **go ~** solo ausgehen.
stage [steɪdʒ] **I** *s* **1.** *theat* Bühne *f;* **2.** Podium *n;* **3.** Stadium *n;* Phase *f;* **4.** *(Rennen)* Abschnitt *m,* Etappe *f;* **5.** Teilstrecke, Zahlgrenze *f;* **6.** *(~-coach)* Postkutsche *f;* **7.** *(Rakete)* Stufe *f;* ► **the ~** das Theater, die Bühne; **be on the ~** beim Theater sein; **go on ~** die Bühne betreten; **come off ~** von der Bühne abtreten; **hold the ~** die Szene beherrschen; **at this ~ in the game** zu diesem Zeitpunkt; **in the early ~s** im Anfangsstadium; **experimental ~** Versuchsstadium *n;* **in, by ~s** etappenweise; **II** *tr* **1.** *(Stück)* auf die Bühne bringen, aufführen; **2.** *fig* inszenieren; arrangieren; veranstalten; ► **~ a comeback** sein Comeback machen; **stage-coach** Postkutsche *f;* **stage direction** Bühnenanweisung *f;* **stage door** Künstlereingang *m;* **stage-effect** Bühnenwirkung *f;* **stage fright** Lampenfieber *n;* ► **suffer from ~** Lampenfieber haben; **stage-hand** Bühnenarbeiter(in) *m (f);* **stage-manage** *tr* inszenieren *a. fig;* Inspizient sein bei; **stage manager** Inspizient *m;* **stage name** Künstlername *m;* **stager** ['steɪdʒə(r)] ► **be an old ~** ein alter Hase sein; **stage-struck** ['steɪdʒstrʌk] *adj* theaterbegeistert; **stage-whisper** Bühnengeflüster *n.*
stag·fla·tion [ˌstæg'fleɪʃn] *fin* Stagflation *f.*
stag·ger ['stægə(r)] **I** *itr* (sch)wanken, taumeln; torkeln; **II** *tr* **1.** *(Nachrichten)* den Atem verschlagen (*s.o.* jdm); **2.** *(Ferien)* staffeln, stufen; **III** *s* Wanken, Schwanken, Taumeln *n;* ► **give a ~** taumeln, schwanken; **stag·gered** ['stægəd] *adj* **1.** gestaffelt; **2.** *fig* überrascht, verblüfft; **stag·ger·ing** ['stægərɪŋ] *adj* **1.** (sch)wankend, torkelnd; **2.** *fig* atemberaubend, umwerfend; ► **give s.o. a ~ blow** jdm e-n Schlag versetzen *a. fig.*
stag·ing ['steɪdʒɪŋ] **1.** Inszenierung *f;* **2.** Bühne *f.*
stagn·ant ['stægnənt] *adj* **1.** *(Wasser)* stehend, abgestanden; **2.** *(Luft)* verbraucht; **3.** *fig* träge, untätig; **4.** *com* stagnierend; **stag·nate** [stæg'neɪt] *itr* **1.** stagnieren *a. fig;* **2.** *(Wasser)* abstehen; **3.** *(Luft)* verbraucht werden; **4.** *(Handel)* stocken, stagnieren; **5.** *(Geist)* einrosten; **stag·na·tion** [stæg'neɪʃn] **1.** Stagnation, Stockung *f;* **2.** *com* Flaute, Lustlosigkeit *f;* **3.** *(Geist)* Verlangsamung *f.*
stag-party ['stægpɑ:tɪ] *fam* Herrengesellschaft *f,* -abend *m.*
stagy ['steɪdʒɪ] *adj* theatralisch.
staid [steɪd] *adj* gesetzt, ruhig, gelassen.
stain [steɪn] **I** *tr* **1.** beflecken; **2.** beizen; färben; **II** *itr* **1.** Flecken hinterlassen; **2.** fleckig werden; **III** *s* **1.** Fleck *m;* **2.** *fig* Schandfleck *m;* **3.** Farbe *f,* Farbstoff *m;* Beize *f;* ► **~ remover** Fleckenentferner *m;* **without a ~ on his character** ohne Makel; **stained** [steɪnd] *adj* **1.** *(Glas)* bunt; **2.** *(Kleid)* fleckig, befleckt; ► **~-glass window** Buntglasfenster *n;* **stain·less** ['—lɪs] *adj* **1.** flecken-, makellos *bes. fig;* **2.** *(Stahl)* rostfrei; ► **~ steel** rostfreier (Edel)Stahl; **"~ steel"** „rostfrei".
stair [steə(r)] **1.** (Treppen)Stufe *f;* **2.** *pl* Treppe *f;* ► **at the top of the ~s** oben an der Treppe; **stair-carpet** Treppenläufer *m;* **stair-case** Treppe *f;* Treppenhaus *n;* **stair-rail** Treppengeländer *n;* **stair·way** ['steəweɪ] Treppenhaus *n.*
stake [steɪk] **I** *s* **1.** Pfahl, Pfosten, Pflock *m;* **2.** Scheiterhaufen *m;* **3.** *(Spiel)* Einsatz *m;* **4.** *com* Anteil *m;* **5.** *pl* Gewinn *m;* ► **go to the ~** auf dem Scheiterhaufen sterben; **be at ~** auf dem Spiel stehen; **have a ~ in s.th.** e-n Anteil an etw haben; **II** *tr* **1.** *(Tier)* anpflocken; **2.** *(~ up)* hochbinden; **3.** *(Wette)* setzen

(*on* auf); ► ~ **one's life on s.th.** seine Hand für etw ins Feuer legen; ~ **a claim to s.th.** ein Anrecht auf etw sichern; ~ **out** abstecken; *sl* überwachen; **stake-out** ['steɪkaʊt] *Am sl* Überwachung *f.*

stal·ac·tite ['stæləktaɪt] *geol* Stalaktit *m;* **stal·ag·mite** ['stæləgmaɪt] *geol* Stalagmit *m.*

stale [steɪl] *adj* **1.** *(Bier)* schal, abgestanden; **2.** *(Brot)* altbacken; **3.** *(Fleisch, Ei)* nicht mehr ganz frisch; **4.** *(Wasser, Luft)* verbraucht; **5.** *fig* abgegriffen, abgedroschen.

stale·mate ['steɪlmeɪt] **I** *s* **1.** *(Schach)* Patt *n;* **2.** *fig* Sackgasse *f,* Patt *n,* Pattsituation *f;* **II** *tr* **1.** *(Schach)* patt setzen; **2.** *fig* matt setzen.

stalk[1] [stɔ:k] **I** *itr* **1.** stolzieren; **2.** *(Jagd)* pirschen; **II** *tr* **1.** *(Jagd)* sich heranpirschen an; **2.** *fig* sich anschleichen an.

stalk[2] [stɔ:k] *bot* Stengel, Halm *m;* Strunk *m.*

stall [stɔ:l] **I** *s* **1.** Box, Bucht *f;* **2.** (Markt)Bude *f,* (Verkaufs)Stand *m;* **3.** *rel* Kirchenstuhl *m;* **4.** *pl theat Br* Parkett *n;* **5.** *aero* überzogener Flug; **II** *tr* **1.** *(Kuh)* einstellen; **2.** *(Flugzeug)* überziehen; **3.** *mot* abwürgen; **4.** *fig* aufschieben, hinhalten, vertrösten; **III** *itr* **1.** *mot* absterben; **2.** *aero* überziehen; **3.** *fig* Zeit schinden; ► ~ **on a decision** e-e Entscheidung hinauszögern; ~ **for time** versuchen, Zeit zu gewinnen.

stal·lion ['stælɪən] *zoo* (Zucht)Hengst *m.*

stal·wart ['stɔ:lwət] **I** *adj* **1.** kräftig, robust; **2.** *(Glaube)* unentwegt, unerschütterlich; **II** *s* treuer Anhänger.

sta·men ['steɪmen] *bot* Staubfaden *m.*

stam·ina ['stæmɪnə] Stehvermögen, Durchhaltevermögen *n.*

stam·mer ['stæmə(r)] **I** *tr* stammeln; **II** *itr* stottern; **III** *s* Stottern *n;* **stammerer** ['stæmərə(r)] Stotterer *m,* Stotterin *f.*

stamp [stæmp] **I** *tr* **1.** (zer)stampfen; **2.** *(Brief)* frankieren; **3.** *(Papier)* stempeln; prägen; aufprägen; **4.** *fig* ausweisen (*as* als); ► ~ **one's foot** mit dem Fuß aufstampfen; ~ **the ground** auf den Boden stampfen; ~ **on** aufprägen; **be ~ed on s.o.'s memory** sich jdm eingeprägt haben; ~ **out** austreten; ausrotten; unterdrücken; *tech* ausstanzen; **II** *itr* stampfen, trampeln; *tech* stanzen; ► ~ **in** hineinstapfen; **III** *s* **1.** Briefmarke *f;* **2.** (Stempel)Marke *f;* **3.** (Rabatt)Marke *f;* **4.** Aufkleber *m;* **5.** Stempel *m;* ► **collect ~s** Briefmarken sammeln; **a man of his ~** ein Mann seines Schlags; **bear the ~ of the expert** den Stempel des Experten tragen; **stamp-album** Briefmarkenalbum *n;* **stamp-collector** Briefmarkensammler(in) *m (f);* **stamp-dealer** Briefmarkenhändler(in) *m (f).*

stam·pede [stæm'pi:d] **I** *s* wilde Flucht; Massenansturm *m* (*on* auf); **II** *tr* in Panik versetzen; ► ~ **s.o. into doing s.th.** jdn dazu drängen, etw zu tun; **III** *itr* durchgehen; losstürmen (*for* auf).

stamp·ing-ground ['stæmpɪŋ,graʊnd] *fam* Lieblingsaufenthalt *m.*

stand [stænd] ⟨*irr* **stood, stood**⟩ **I** *s* **1.** Platz, Standort *m;* **2.** *fig* Standpunkt *m,* Einstellung *f* (*on* zu); **3.** *mil* Widerstand *m;* **4.** *(Taxi)* Stand *m;* **5.** *theat* Gastspiel *n;* **6.** Ständer *m;* **7.** *(Markt)* Stand *m;* **8.** Podium *n;* **9.** *sport* Tribüne *f;* **10.** *Am jur* Zeugenstand *m;* ► **take a ~** e-e Einstellung vertreten; **II** *tr* **1.** stellen; **2.** *(Druck)* standhalten; gewachsen sein (*s.th.* e-r S); **3.** *(Klima)* vertragen; **4.** *(Lärm)* ertragen, aushalten; **5.** *(Verlust)* verkraften; ► **I can't ~ him** ich kann ihn nicht ausstehen; ~ **s.o. a drink** jdm e-n Drink spendieren; ~ **a round** *fam* eine Runde schmeißen *fam;* **III** *itr* **1.** stehen; aufstehen; **2.** *(Baum)* hoch, groß sein; **3.** *fig* bestehen bleiben; **4.** *(Versprechen)* gelten; gültig bleiben; **5.** *(Rekord)* stehen; **6.** *(Thermometer)* stehen (*at* auf); ► ~ **still** stillstehen; ~ **as a candidate** kandidieren; ~ **to lose a lot** Gefahr laufen, e-e Menge zu verlieren; **how do we ~?** wie stehen wir? **as things ~** nach Lage der Dinge; **as it ~s** so wie die Sache aussieht; ~ **alone** unerreicht sein; ~ **in the way of s.th./s.o.** *fig* etw verhindern/jdm im Wege stehen; **IV** *(mit Präposition)* **stand about** *itr* herumstehen; **stand apart** *itr* abseits stehen; sich fernhalten; **stand aside** *itr* auf die Seite treten, beiseite treten; abseits stehen; zurücktreten; **stand back** *itr* **1.** zurücktreten; zurückstehen; **2.** *fig* Abstand nehmen; **stand by** *itr* **1.** danebenstehen; herumstehen; **2.** sich bereithalten; ► ~ **by and do nothing** tatenlos zusehen; ~ **by for further news** auf weitere Nachrichten warten; ~ **by a promise** ein Versprechen halten; **stand down** *itr* **1.** verzichten; **2.** *jur* den Zeugenstand verlassen; **3.** *mil* aufgelöst werden; **stand for** *itr* **1.** kandidieren für, sich zur Wahl stellen für; **2.** stehen für; **3.** hinnehmen, sich gefallen lassen; ► ~ **for election** kandidieren; **stand in** *itr* einspringen; **stand off** *itr mar* seewärts anliegen; **stand out** *itr* **1.** (her)vorstehen, vorragen; **2.** *(Kontrast)* hervorstechen, auffallen; ► ~ **out against s.th.** sich von etw abheben; weiterhin gegen etw Widerstand leisten; ~ **out for s.th.** auf etw bestehen; **stand over** *itr* **1.** liegenbleiben; **2.** *fig* auf die Finger sehen (*s.o.* jdm); **stand up** *itr* **1.** aufstehen; stehen; **2. (Argument)** überzeugen; *tr* **1.** hinstellen; **2.** *fam* versetzen; ► ~ **up for s.o.** für jdn eintreten; ~ **up to s.th.** e-r S standhalten; e-r S gewachsen sein; ~ **up**

to s.o. sich jdm gegenüber behaupten.

stan·dard ['stændəd] **I** *s* **1.** Norm *f;* Maßstab *m;* **2.** *pl* sittliche Maßstäbe *m pl;* **3.** Niveau *n;* **4.** *com* Maßeinheit *f.* Standard *m;* Münzfuß *m;* **5.** Mast *m;* **6.** Flagge, Fahne *f;* Stander *m;* ► **set a good ~** Maßstäbe setzen; **above, below ~** über, unter der Norm; **be up to ~** den Anforderungen genügen; **conform to society's ~s** den Wertvorstellungen der Gesellschaft entsprechen; **~ of living** Lebensstandard *m;* **of high, low ~** von hohem, niedrigem Niveau; **industry ~** Industrienorm *f;* **monetary ~** Währungsstandard *m;* **II** *adj* **1.** üblich; Standard-; Normal-; **2.** *(Arbeit)* durchschnittlich; **3.** *ling* gebräuchlich; ► **~ English** korrektes Englisch; **~ German** Hochdeutsch *n;* **~ time** Normalzeit *f;* **standard-bearer** ['stændəd,beərə(r)] Fahnenträger(in) *m (f);* **standard gauge** *rail* Normalspur(weite) *f.*

stan·dard·iz·ation [,stændədaı'zeıʃn] **1.** Normung, Standardisierung *f;* **2.** Vereinheitlichung *f;* **stan·dard·ize** ['stændədaız] *tr* **1.** normen; **2.** vereinheitlichen.

stan·dard lamp ['stændədlæmp] Stehlampe *f;* **standard quality** *com* Standard *m;* **standard size** Normalgröße *f.*

stand·by ['stændbaı] **I** *s* **1.** Ersatzmann, Ersatz *m;* **2.** *sport* Ersatzspieler(in) *m (f);* **3.** *aero* Entlastungsflugzeug *n;* **4.** Standby-Ticket *n;* ► **on ~** in Bereitschaft; **be on 24-hour ~** 24 Stunden Bereitschaftsdienst haben; **II** *adj* Reserve-, Ersatz-; Standby-; **stand-in** ['stændın] *film* Double *n;* Ersatzmann *m;* Ersatz *m;* Stellvertreter(in) *m (f).*

stand·ing ['stændıŋ] **I** *adj* **1.** ständig; bestehend; **2.** *mil* stehend; **3.** aus dem Stand; **4.** *(Ticket)* Stehplatz-; **5.** *(Stein)* stehend; ► **it's a ~ joke** es ist schon ein Witz geworden; **~ order** *com* Dauerauftrag *m;* **~ orders** *mil* Vorschrift *f;* **~ room only** nur Stehplätze; **receive a ~ ovation** stürmischen Beifall ernten; **II** *s* **1.** Rang, Stand *m,* Stellung *f;* Position *f;* **2.** Ruf *m,* Ansehen *n;* **3.** Dauer *f;* ► **of high ~** von hohem Rang; von hohem Ansehen; **be in good ~ with s.o.** gute Beziehungen zu jdm haben; **of long ~** alt, langjährig; von langer Dauer.

stand-of·fish [,stænd'ɒfıʃ] *adj* hochnäsig; reserviert; **stand·point** ['stændpɔınt] Standpunkt *m;* **stand·still** ['stændstıl] Stillstand *m;* ► **be at a ~** stocken; ruhen, stillstehen; **come to a ~** stehenbleiben; ins Stocken geraten, zum Stillstand kommen; **stand-up** ['stænd,ʌp] *adj* **1.** Steh-; **2.** *(Essen)* im Stehen; ► **~ comedian** Alleinunterhalter(in) *m (f);* **~ fight** Schlägerei *f.*

stank [stæŋk] *v s. stink.*

stan·za ['stænzə] Stanze, Strophe *f.*

staple[1] ['steıpl] **I** *s* **1.** Klammer *f;* **2.** Heftklammer *f;* **II** *tr* heften.

staple[2] ['steıpl] **I** *s* **1.** Haupterzeugnis *n;* Ausgangsmaterial *n;* **2.** Hauptnahrungsmittel *n;* **3.** Rohbaumwolle *f;* Rohwolle *f;* **II** *adj* Grund-; Haupt-; ► **~ diet** Grundnahrung *f.*

sta·pler ['steıplə(r)] Heftmaschine *f.*

star [stɑ:(r)] **I** *s* **1.** Stern *m;* **2.** *typ* Sternchen *n;* **3.** *(Person)* Star *m;* ► **the S~s and Stripes** *pl* das Sternenbanner; **be born under a lucky ~** unter e-m glücklichen Stern geboren sein; **thank one's lucky ~s** von Glück sagen; **it's all in the ~s** es steht alles in den Sternen; **see ~s** Sterne sehen; **S~ Wars** *pl* Krieg *m* der Sterne; **II** *adj* Haupt-; Star-; **III** *tr* **1.** mit Sternen versehen; **2.** *fig* übersäen; ► **~ s.o.** jdn in der Hauptrolle zeigen; **~ring ...** in der Hauptrolle ... **IV** *itr* die Hauptrolle spielen; **star-bil·ling** [,stɑ:'bılıŋ] ► **get ~** auf Plakaten groß herausgestellt werden.

star·board ['stɑ:bəd] **I** *s mar* Steuerbord *n;* **II** *adv* (nach) Steuerbord.

starch [stɑ:tʃ] **I** *s* Stärke *f;* **II** *tr (Wäsche)* stärken; **starchy** ['stɑ:tʃı] *adj* **1.** stärkehaltig; **2.** *fig* steif, förmlich, formell.

star·dom ['stɑ:dəm] *film* Berühmtheit *f.*

stare [steə(r)] **I** *itr* starren; große Augen machen, die Augen weit aufreißen; ► **~ at s.o.** jdn anstarren; **~ at s.o. in horror** jdn entsetzt anstarren; **II** *tr:* ► **the answer was staring us in the face** die Antwort lag klar auf der Hand; **~ down, out of countenance** durch Anstarren aus der Fassung bringen; **III** *s* starrer Blick; ► **give s.o. a ~** jdn anstarren.

star·fish ['stɑ:fıʃ] ⟨*pl* -⟩ *zoo* Seestern *m;* **star-gazer** ['stɑ:,geızə(r)] *hum* Sterngucker(in) *m (f).*

star·ing ['steərıŋ] *adj* starrend; ► **~ eyes** *pl* starrer Blick.

stark [stɑ:k] **I** *adj* **1.** *(Kontrast)* kraß; **2.** *(Armut, Wahrheit)* nackt; **3.** *(Kleidung)* schlicht; **4.** *(Verrücktheit)* schier, rein; **5.** *(Klippen)* nackt, kahl; **6.** *(Licht)* grell; **7.** *(Farbe)* eintönig; **II** *adv* völlig, gänzlich; ► **~-naked** splitter(faser)nackt; **~ raving mad** *fam* total verrückt; **star·kers** ['stɑ:kə(r)s] *adj fam* splitternackt.

star·less ['stɑ:lıs] *adj* sternenlos; **star·let** ['stɑ:lıt] *theat film* Filmsternchen, Starlet *n;* **star·light** ['stɑ:laıt] Sternenlicht *n.*

star·ling ['stɑ:lıŋ] *(Vogel)* Star *m.*

star·lit ['stɑ:,lıt] *adj* sternhell, -klar; **starry** ['stɑ:rı] *adj* **1.** sternenklar; **2.** *(Augen)* strahlend, leuchtend; **starry-eyed** [,stɑ:rı'aıd] *adj* romantisch; arglos; **star-stud·ded** [,stɑ:'stʌdıd] *adj film* mit zahlreichen Stars in den Hauptrollen.

start[1] [stɑ:t] **I** *s* Zusammenfahren *n;*

Aufschrecken *n;* ▶ **give s.o. a ~** jdn erschrecken; **wake with a ~** aus dem Schlaf hochschrecken; **II** *itr* auf-, hochschrecken; zusammenfahren; ▶ **~ from one's chair** aus dem Stuhl hochfahren; **tears ~ed to her eyes** Tränen traten ihr in die Augen; **~ up** auf-, hochschrecken; **III** *tr* aufscheuchen (*from* aus).

start[2] [stɑ:t] **I** *itr* **1.** beginnen, anfangen; **2.** *(Maschine)* anspringen, starten; **3.** anfahren; **4.** *(Bus)* abfahren; **5.** *(Boot)* ablegen; **6.** *(Gerücht)* in Umlauf kommen; ▶ **~ing from ...** ab ... **~ for home** sich auf den Heimweg machen, aufbrechen; **~ for work** zur Arbeit gehen; **to ~ off with** erstens; zunächst; **~ after s.o.** jdn verfolgen; **get ~ed** anfangen; **~ on a journey** sich auf e-e Reise machen; **~ talking, to talk** zu sprechen beginnen; **II** *tr* **1.** anfangen mit; beginnen; antreten; **2.** *sport* starten; **3.** *(Zug)* abfahren lassen; **4.** *(Gerücht)* in Umlauf setzen; **5.** *(Reaktion)* auslösen; **6.** *(Feuer)* anzünden; **7.** *(Firma)* gründen; **8.** *(Motor)* anlassen; ▶ **~ work** anfangen zu arbeiten; **~ smoking** mit dem Rauchen anfangen; **~ s.o. thinking** jdn nachdenklich machen; **~ s.o. on a career** jdm zu e-r Karriere verhelfen; **III** *s* **1.** Beginn, Anfang *m;* **2.** *sport* Start *m;* **3.** *(Reise)* Aufbruch *m;* **4.** *(Gerücht)* Ausgangspunkt *m;* **5.** *sport* Vorsprung *m* (*over* vor); ▶ **at the ~** am Anfang; **for a ~** fürs erste; zunächst einmal; **from the ~** von Anfang an; **from ~ to finish** von Anfang bis Ende; **give s.o. a good ~ in life** jdm e-e gute Starthilfe geben; **a head ~** ein Vorsprung, Vorteil *m;* **make a ~ on s.th.** mit etw anfangen; **make an early ~** frühzeitig aufbrechen; **IV** *(mit Präposition)* **start back** *itr* sich auf den Rückweg machen; **start in** *itr fam* loslegen, anfangen; ▶ **~ in on s.th.** sich an etw machen; **start off** *itr* **1.** anfangen; losgehen; **2.** *(Reise)* aufbrechen; **3.** *sport* starten; *tr* anfangen; ▶ **~ s.o. off talking** jdm das Stichwort geben; **~ s.o. off on s.th.** jdn auf etw bringen; **start out** *itr* **1.** *fam* aufbrechen; **2.** anfangen, beginnen; ▶ **~ out on a journey** sich auf eine Reise machen, begeben; **start up** *itr* **1.** anspringen; in Gang kommen; **2.** anfangen; *tr mot* anlassen; in Gang bringen, in Bewegung setzen, ankurbeln.

starter ['stɑ:tə(r)] **1.** *(Rennen)* Teilnehmer(in) *m (f);* **2.** *sport* Starter(in) *m (f);* **3.** *mot* Starter, Anlasser *m;* **4.** *(Essen)* Vorspeise *f;* ▶ **be under ~'s orders** auf das Startkommando warten; **be a slow ~** langsam in Schwung kommen; **for ~s** *sl* für den Anfang.

start·ing ['stɑ:tɪŋ] *adj* Start-; ▶ **~ block** Startblock *m;* **~ gun** Startpistole *f;* **~ point** Ausgangspunkt *m;* **~ post** Startpflock *m.*

startle ['stɑ:tl] **I** *tr* erschrecken; aufschrecken; **II** *itr:* ▶ **he ~s easily** er ist sehr schreckhaft; **start·ling** ['stɑ:tlɪŋ] *adj* erschreckend, überraschend; alarmierend; aufregend.

start-up ['stɑ:tʌp] *fam* Anfang, Beginn *m;* **start-up capital** Startkapital *n.*

star·va·tion [stɑ:'veɪʃn] Aushungern *n;* Hunger *m;* ▶ **die of ~** verhungern; **live on a ~ diet** Hunger leiden; **starvation diet** Hungerkur, Nulldiät *f;* **starvation wages** *pl* Hungerlohn *m;* **starve** [stɑ:v] **I** *itr* verhungern; hungern; ▶ **~ to death** verhungern; **I'm starving!** *fam* ich sterbe vor Hunger! **~ for s.th.** nach etw hungern; **II** *tr* hungern lassen; aushungern; verhungern lassen; ▶ **~ o.s.** hungern; **~ s.o. of s.th.** jdm etw vorenthalten; **be ~d of affection** zu wenig Zuneigung erfahren; **~ out** aushungern.

stash [stæʃ] *tr (~ away) sl* verschwinden lassen; beiseite schaffen.

state [steɪt] **I** *s* **1.** Zustand *m;* **2.** Stand, Rang *m;* **3.** Pomp, Aufwand *m;* **4.** *pol* Staat *m;* ▶ **~ of health** Gesundheitszustand *m;* **single ~** Ledigenstand *m;* **the ~ of the nation** die Lage der Nation; **in a liquid ~** im flüssigen Zustand; **in a good ~** in gutem Zustand; **what a ~ of affairs!** was sind das für Zustände! **get into a ~ (about s.th.)** (wegen etw) durchdrehen; **travel in ~** pompös reisen; **lie in ~** aufgebahrt sein; **the S~s** *pl* die Vereinigten Staaten *m pl;* **affairs** *pl* **of ~** Staatsangelegenheiten *f pl;* **II** *tr* darlegen, vortragen; nennen; angeben; ▶ **~ that ...** feststellen, daß ... **~ one's case** seine Sache vortragen; **unless otherwise ~d** wenn nicht ausdrücklich anders festgestellt; **III** *adj* staatlich, Staats-; bundesstaatlich; ▶ **~-aided** staatlich gefördert; **~ bank** Staatsbank *f;* **state·craft** ['steɪtkrɑ:ft] die Staatskunst; **stated** ['steɪtɪd] *adj* **1.** *(Summe)* angegeben, genannt; **2.** *(Betrag)* festgesetzt; ▶ **at the ~ intervals** in den festgelegten Abständen; **on the date ~** zum festgesetzten Termin; **State Department** *Am pol* Außenministerium *n;* **state education** staatliche Erziehung; *(System)* staatliches Erziehungswesen; **state·less** ['steɪtlɪs] *adj* staatenlos.

state·li·ness ['steɪtlɪnɪs] Stattlichkeit, Würde *f;* **state·ly** ['steɪtlɪ] *adj* **1.** stattlich, würdig, würdevoll; **2.** *(Schritte)* gemessen; **3.** *(Schloß)* prächtig.

state·ment ['steɪtmənt] **1.** Darstellung *f;* **2.** Feststellung *f;* Behauptung *f;* Erklärung, Stellungnahme *f;* Aussage *f;* **3.** *philos* Behauptung, These *f;* **4.** *fin* Rechnung *f;* Auszug *m;* ▶ **a clear ~ of the facts** e-e klare Feststellung der Tatsachen; **make a ~ to the press** e-e Presseerklärung abgeben.

state-of-the-art ['steɪtəvðiː,ɑ:t] *adj*

► ~ **technology** neueste Technik, Spitzentechnologie *f*.
state-owned ['steɪtˌəʊnd] *adj* staatseigen; **state prison** Staatsgefängnis *n;* **state·room** ['steɪtrʊm] **1.** *mar* Kabine *f;* **2.** *Am rail* Privatabteil *n;* **State's evidence** *Am jur* Aussage *f* e-s Kronzeugen; ► **turn** ~ als Kronzeuge auftreten; **states·man** ['steɪtsmən] ⟨*pl* -men⟩ Staatsmann *n;* **states·manship** [—ʃɪp] Staatskunst *f;* **state visit** Staatsbesuch *m*.
static ['stætɪk] *adj* **1.** *phys* statisch; **2.** *fig* konstant; feststehend; **stat·ics** ['stætɪks] *pl* **1.** *radio* atmosphärische Störungen *f pl;* **2.** *mit sing* Statik *f*.
sta·tion ['steɪʃn] **I** *s* **1.** Station *f;* **2.** *(Polizei)* Wache *f;* **3.** *(space ~)* Raumstation *f;* **4.** *Am* Tankstelle *f;* **5.** *rail* Bahnhof *m;* Station *f;* **6.** *mil* Stellung *f,* Posten *m;* **7.** *(Australien)* Farm *f;* **8.** *TV* Sender *m,* Sendestation *f;* **9.** Platz *m;* **10.** Stand, Rang *m;* ► **at the** ~ auf dem Bahnhof; **work** ~ Arbeitsplatz *m;* **frontier** ~ Grenzstellung *f;* **take up one's** ~ sich aufstellen, seinen Platz einnehmen; ~ **in life** Stellung *f,* Rang *m;* **II** *tr* aufstellen; stationieren.
sta·tion·ary ['steɪʃənrɪ] *adj* parkend; haltend; feststehend; ► **be** ~ stehen; **remain** ~ sich nicht bewegen; stillstehen.
sta·tioner ['steɪʃnə(r)] Schreibwarenhändler(in) *m (f);* ► ~**'s (shop)** *Br* Schreibwarenhandlung *f;* **sta·tionery** ['steɪʃənrɪ] **1.** Briefpapier *n;* **2.** Schreibwaren *pl*.
sta·tion-house ['steɪʃnˌhaʊs] *Am* Polizeiwache, -dienststelle *f;* **stationmaster** *rail* Bahnhofsvorsteher *m;* **station police** Bahnpolizei *f;* **station selector** *(Radio)* Sendereinstellung *f;* **station-wagon** *Am* Kombi(wagen) *m*.
stat·is·ti·cal [stə'tɪstɪkl] *adj* statistisch; **stat·is·ti·cian** [ˌstætɪ'stɪʃn] Statistiker(in) *m (f);* **stat·is·tics** [stə'tɪstɪks] *pl* **1.** Statistiken *f pl;* **2.** *mit sing* Statistik *f*.
statu·ary ['stætʃʊərɪ] **I** *adj* statuarisch; **II** *s* Bildhauerei *f*.
statue ['stætʃu:] Standbild *n,* Statue *f;* **statu·esque** [ˌstætʃʊ'esk] *adj* standbildhaft.
stat·ure ['stætʃə(r)] **1.** Statur *f;* Wuchs *m;* **2.** *fig* Format *n*.
status ['steɪtəs] Stellung *f;* Status *m;* ► **equal** ~ Gleichstellung *f;* **marital** ~ Familienstand *m;* **desire** ~ nach Prestige streben; **status quo** [ˌsteɪtəs'kwəʊ] Status quo *m;* **status symbol** Statussymbol *n*.
stat·ute ['stætʃu:t] Gesetz *n;* Satzung *f,* Statut *n;* ► **by** ~ gesetzlich; satzungsgemäß; **statute book** Gesetzbuch *n;* **statute law** Gesetzesrecht *n;* **statutory** ['stætʃʊtrɪ] *adj* **1.** gesetzlich; gesetzlich vorgeschrieben; **2.** satzungs-, bestimmungsgemäß; **3.** *(Recht)* verbrieft; ► ~ **rape** Notzucht *f*.
staunch[1] [stɔ:ntʃ] *tr (Blut)* stillen.
staunch[2] [stɔ:ntʃ] *adj* überzeugt; loyal; ergeben; zuverlässig.
stave [steɪv] **I** *s* **1.** (Faß)Daube *f;* **2.** *(Leiter)* Sprosse *f;* **3.** *mus* (Noten)Linie *f;* **4.** Strophe *f;* **II** *tr* ► ~ **in** eindrücken; einschlagen; ~ **off** zurückschlagen; abwehren; hinhalten.
staves [steɪvz] *mus pl s. staff*.
stay[1] [steɪ] **I** *itr* **1.** bleiben; **2.** wohnen; übernachten; **3.** stehenbleiben; ► ~ **for supper** zum Abendessen bleiben; **if it ~s fine** wenn es schön bleibt; ~ **at a hotel** im Hotel wohnen; **he came to** ~ er ist zu Besuch gekommen; ~ **put** an Ort und Stelle bleiben; **II** *tr* **1.** Einhalt gebieten (*s.th.* e-r S); **2.** *(Hunger)* stillen; **3.** *jur* aussetzen; ► ~ **one's hand** sich zurückhalten; ~ **the course** durchhalten; **III** *s* **1.** Aufenthalt *m;* **2.** *jur* Aussetzung *f;* ► **a short** ~ **in hospital** ein kurzer Krankenhausaufenthalt; ~ **of execution** *fig* Galgenfrist *f;* **IV** *(mit Präposition)* **stay away** *itr* wegbleiben; sich fernhalten (*from* von); **stay behind** *itr* zurückbleiben; **stay down** *itr* e-e Klasse wiederholen; **stay in** *itr* **1.** zu Hause, daheim bleiben; **2.** *(Schule)* nachsitzen; **stay on** *itr* **1.** *(Licht)* anbleiben; **2.** *(Besuch)* noch bleiben, noch nicht fortgehen; **3.** *(Deckel)* haften, klebenbleiben; **stay out** *itr* **1.** draußen bleiben; **2.** *(Streik)* weiterstreiken; **3.** wegbleiben; ► ~ **out of s.th.** sich aus etw heraushalten; **stay up** *itr* **1.** aufbleiben, nicht zu Bett gehen; **2.** *(Zelt)* stehen bleiben; **3.** *(Bild)* hängen bleiben; **4.** an der Uni bleiben.
stay[2] [steɪ] **1.** Stütztau, Halteseil *n;* **2.** *mar* Stag *n;* ► **the** ~ **of one's old age** *fig* die Stütze seines Alters.
stay-at-home ['steɪəthəʊm] Stubenhocker(in) *m (f);* **stayer** ['steɪə(r)] *sport* Steher *m;* **stay·ing-power** ['steɪɪŋˌpaʊə(r)] Ausdauer *f;* Stehvermögen *n*.
STD [ˌesti:'di:] *Abk:* **subscriber trunk dialling** *tele* Selbstwählfernverkehr, Selbstwählferndienst *m;* ► ~ **code** Vorwahl *f*.
stead [sted] ► **in s.o.'s** ~ an jds Stelle; **stand s.o. in good** ~ jdm zustatten kommen.
stead·fast ['stedfɑ:st] *adj* **1.** fest; **2.** *(Blick)* unverwandt; **3.** *(Ablehnung)* standhaft; **4.** *(Glaube)* unerschütterlich.
steady ['stedɪ] **I** *adj* **1.** ruhig; fest, unverwandt; **2.** *(Wind)* ständig; ununterbrochen; beständig; **3.** *(Personal)* verläßlich, zuverlässig; **4.** *(Job)* fest; ► ~ **on one's legs** sicher auf den Beinen; **hold s.th.** ~ etw ruhig halten; **II** *adv* ~! vor-

sichtig! **III** *s sl* fester Freund, feste Freundin; **IV** *tr* beruhigen; ausgleichen; ► **~ o.s.** festen Halt finden; **V** *itr* sich beruhigen; ruhiger werden.

steak [steɪk] **1.** Steak *n;* **2.** (Fisch)Filet *n.*

steal [sti:l] ⟨*irr* stole, stolen⟩ **I** *tr* stehlen *a. fig;* ► **~ s.th. from s.o.** jdm etw stehlen; **~ a march on s.o.** jdm zuvorkommen; **~ a glance at s.o.** verstohlen zu jdm hinschauen; **~ the show** die Schau stehlen; **II** *itr* **1.** stehlen; **2.** sich stehlen, sich schleichen; ► **~ away** sich wegstehlen; **~ about** herumschleichen; **~ up on s.o.** sich an jdn heranschleichen; **III** *s Am fam* Geschenk *n.*

stealth [stelθ] List *f;* ► **by ~** durch List; **stealthy** [ˈstelθɪ] *adj* heimlich, verstohlen.

steam [sti:m] **I** *s* **1.** Dampf *m;* **2.** Dunst *m;* ► **~-covered windows** beschlagene Fenster; **driven by ~** dampfgetrieben; **full ~ ahead!** volle Kraft voraus! **get up ~** *fig* in Schwung kommen; **let off ~** Dampf ablassen *a. fig;* **run out of ~** *fig* den Schwung verlieren; **under one's own ~** *fig* allein, ohne Hilfe; **II** *tr* **1.** dämpfen; **2.** *(Essen)* dünsten; ► **be all ~ed (up)** ganz beschlagen sein; *fig* sich aufregen; **III** *itr* **1.** dampfen; **2.** *(Schiff)* fahren; ► **the ship ~ed into the harbour** das Schiff lief in den Hafen ein; **IV** *(mit Präposition)* **steam off** *itr* abfahren; **steam over** *itr* beschlagen; **steam up** *itr* beschlagen; *tr fam* auf Touren bringen, *itr* kommen; ► **be ~ed up** *fam* vor Wut kochen (*about* wegen).

steam·boat [ˈsti:mbəʊt] Dampfschiff *n,* Dampfer *m;* **steam-engine** Dampfmaschine *f;* **steamer** [ˈsti:mə(r)] **1.** Dampfer *m;* **2.** Dampfkochtopf *m;* **steam-roller I** *s* Dampfwalze *f a. fig;* **II** *tr* glattwalzen; ► **~ a bill through parliament** ein Gesetz im Parlament durchpeitschen; **steam·ship** [ˈsti:mʃɪp] Dampfschiff *n,* Dampfer *m;* **steam-turbine** Dampfturbine *f;* **steamy** [ˈsti:mɪ] *adj* **1.** dampfig, dunstig; **2.** *(Glas)* beschlagen.

steed [sti:d] *lit* od *hum* Roß *n.*

steel [sti:l] **I** *s* Stahl *m a. fig;* ► **a man of ~** ein stahlharter Mann; **II** *adj* Stahl-; **III** *refl* sich wappnen (*for* gegen); **~ o.s. to do s.th.** allen Mut zusammennehmen, um etw zu tun; **steel-clad** [ˈsti:lklæd] *adj* stahlgepanzert; **steel grey** Stahlgrau *n;* **steel mill** Stahlwalzwerk *n;* **steel wool** Stahlwolle *f;* **steel worker** Stahlarbeiter(in) *m (f);* **steel works** *pl mit sing* Stahlwerk *n;* **steely** [ˈsti:lɪ] *adj* stählern *a. fig.*

steep[1] [sti:p] *adj* **1.** steil; **2.** *fam (Preis)* gesalzen, unverschämt; ► **it's a bit ~ that ...** es ist ein starkes Stück, daß ...

steep[2] [sti:p] *tr* **1.** eintauchen; ziehen lassen; einweichen; **2.** sich vollsaugen lassen; ► **be ~ed in s.th.** von etw durchdrungen sein; **~ed in ignorance** durch und durch unwissend.

steepen [ˈsti:pən] **I** *tr* steiler machen; **II** *itr* steiler werden.

steeple [ˈsti:pl] Kirchturm *m;* **steeple-chase** [—tʃeɪs] **1.** *(Pferde)* Hindernisrennen *n;* **2.** *(Leichtathletik) sport* Hindernislauf *m;* **steeple·chaser** [—ə(r)] *(Pferd)* **1.** Steepler; *(Jockey)* Reiter(in) *m (f)* in einem Hindernisrennen; **2.** *(Leichtathletik)* Hindernisläufer(in) *m (f).*

steer[1] [stɪə(r)] **I** *tr* **1.** steuern *a. fig;* **2.** *fig* lenken, leiten, führen; ► **~ a course for s.th.** *fig* auf etw zusteuern; **II** *itr* lenken; steuern; **~ due south** Kurs nach Süden halten; **~ for s.th.** etw ansteuern; auf etw zusteuern; **~ clear of s.o.** jdm aus dem Weg gehen; **~ clear of s.th.** etw meiden.

steer[2] [stɪə(r)] junger Ochse.

steer·age [ˈstɪərɪdʒ] *mar* Zwischendeck *n.*

steer·ing [ˈstɪərɪŋ] Steuerung *f;* **steering committee** Lenkungsausschuß *m;* **steering gear** *(Flugzeug)* Leitwerk *n; mot* Lenkung *f; mar* Ruderanlage *f;* **steering wheel** Lenk-, Steuerrad *m;* **steers·man** [ˈstɪəzmən] ⟨*pl* -men⟩ Steuermann *m.*

stein [staɪn] Maßkrug *m.*

stel·lar [ˈstelə(r)] *adj* stellar.

stem [stem] **I** *s* **1.** *bot* Stiel *m;* Stamm *m;* Halm *m;* **2.** *(Glas)* Stiel *m;* **3.** *(Pfeife)* Hals *m;* **4.** *(Wort)* Stamm *m,* Wurzel *f;* **5.** *mar* Vordersteven *m;* **6.** *fig* Hauptlinie *f,* Hauptzweig *m;* **7.** *(Thermometer)* Röhre *f;* ► **from ~ to stern** von vorne bis achtern; **II** *tr* **1.** aufhalten; **2.** *(Flut)* eindämmen; **3.** *(Blut)* stillen; **4.** *fig* Einhalt gebieten (*s.th.* e-r S); **III** *itr* ► **~ from s.th.** von etw kommen, von etw herrühren; auf etw zurückgehen.

stench [stentʃ] Gestank *m.*

sten·cil [ˈstensl] **I** *s* **1.** Schablone *f;* **2.** *typ* Matrize *f;* **II** *tr* mit Schablone zeichnen; auf Matrize schreiben.

sten·ogra·pher [stəˈnɒgrəfə(r)] Stenograph(in) *m (f);* **sten·ogra·phy** [stəˈnɒgrəfɪ] Stenographie, Kurzschrift *f.*

step [step] **I** *s* **1.** Schritt *m;* Tritt *m;* **2.** kurze Strecke; **3.** Takt *m;* **4.** Tanzschritt *m;* **5.** Stufe *f;* **6.** *fig* Stufe *f,* Abschnitt *m;* **7.** *fig* Maßnahme *f;* ► **take a ~** e-n Schritt machen; **~ by ~** Schritt für Schritt; **follow in s.o.'s ~** in jds Fußstapfen treten; **watch one's ~** achtgeben; sich vorsehen; **be in ~** im Gleichschritt sein; im Takt sein (*with* mit); **be out of ~** nicht im Tritt sein; nicht im Gleichklang sein (*with* mit); **get out of ~** aus dem Takt kommen; **break ~** aus dem Schritt kommen; **fall into ~** in den gleichen Takt kommen (*with* mit); **it's only a few ~s** es sind nur ein paar Schritte; **it's a great ~ forward** es ist ein großer Schritt nach vorn; **that would be a ~ back** das wäre ein Rückschritt; **take ~s to do s.th.** Maßnahmen ergreifen, um etw zu tun; **take legal ~s** gerichtlich vorgehen; **mind the ~!** Vorsicht Stufe! **II** *itr* gehen; **~ into, out of s.th.** in etw, aus etw treten; **~ on s.th.** in etw steigen; auf etw treten; **~ on s.o.'s foot** jdm auf den Fuß treten; **~ over s.o.** über jdn steigen; **~ this way, please** hier entlang, bitte! **~ on board** an Bord gehen; **~ inside** hineintreten; **~ outside** hinaustreten; **~ on it!** mach mal ein bißchen schneller; gib Gas! **III** *tr* abstufen; **IV** *(mit Präposition)* **step aside** *itr* Platz machen; zur Seite treten; **step back** *itr* zurücktreten, zurückweichen; ▶ **~ back from s.th.** von etw Abstand gewinnen; **step down** *itr* **1.** hinabsteigen; **2.** *pol* zurücktreten; ▶ **~ down in favour of s.o.** jdm Platz machen; **step in** *itr* **1.** eintreten; **2.** *fam* eingreifen, einschreiten; **step off** *itr* **1.** aussteigen; **2.** losmarschieren; **step out** *itr* **1.** hinausgehen; **2.** schnell, zügig gehen; *tr* abschreiten; **step up** *itr* **1.** vortreten; **2.** *fig* ansteigen, zunehmen; *tr* steigern; erhöhen; ▶ **~ up to s.o.** auf jdn zugehen.

step [step] *pref* Stief-; **step·brother** Stiefbruder *m;* **step·daughter** Stieftochter *f;* **step·father** Stiefvater *m;* **step·mother** Stiefmutter *f;* **step·son** Stiefsohn *m.*

step-lad·der ['step,lædə(r)] Stufen-, Trittleiter *f.*

steppe [step] Steppe *f.*

step·ping-stone ['stepɪŋstəʊn] **1.** Trittstein *m;* **2.** *fig* Sprungbrett *n.*

stereo ['sterɪəʊ] **1.** Stereo *n;* **2.** Stereoanlage *f;* **stereo·phonic** [,sterɪəʊ'fɒnɪk] *adj* stereophon; **stereo·phony** [,sterɪ'ɒfənɪ] Stereophonie *f.*

stereo·scope ['sterɪəskəʊp] Stereoskop *n;* **stereo·scopic** [,sterɪə'skɒpɪk] *adj* stereoskopisch.

stereo·type ['sterɪətaɪp] **I** *s* **1.** *typ* Druckplatte *f;* **2.** *fig* Klischee, Stereotyp *n;* **II** *tr* **1.** *typ* stereotypieren; **2.** *fig* klischeehaft zeichnen, darstellen.

ster·ile ['steraɪl] *adj* **1.** unfruchtbar *a. fig;* **2.** *(Keim)* steril, keimfrei; **3.** *fig* steril; ergebnislos, nutzlos; **ste·ril·ity** [stə'rɪlətɪ] **1.** Unfruchtbarkeit *f;* **2.** Sterilität, Keimfreiheit *f;* **3.** *fig* Ergebnislosigkeit *f;* **ster·il·iz·ation** [,sterəlaɪ'zeɪʃn] Sterilisation, Sterilisierung *f;* **ster·il·ize** ['sterəlaɪz] *tr* sterilisieren.

ster·ling ['stɜ:lɪŋ] **I** *adj* **1.** *com* Sterling-; **2.** *fig* gediegen; **3.** *attr* aus Sterlingsilber; ▶ **~ area** Sterlingländer *n pl;* **in pounds ~** in Pfund Sterling; **II** *s* das Pfund Sterling, das englische Pfund.

stern[1] [stɜ:n] *adj* ernst, streng, hart; ▶ **with a ~ face** mit strenger Miene.

stern[2] [stɜ:n] *mar* Heck *n.*

stern·ness ['stɜ:nnɪs] Ernst *m,* Strenge *f.*

ster·num ['stɜ:nəm] *anat* Brustbein *n.*

stetho·scope ['steθəskəʊp] *med* Stethoskop *n.*

steve·dore ['sti:vədɔ:(r)] *mar* Stauer *m.*

stew [stju:] **I** *tr* schmoren; dünsten; ▶ **~ed apples** *pl* Apfelkompott *n;* **II** *itr* schmoren; *(Tee)* bitter werden; ▶ **let s.o. ~ in his own juice** *fig fam* jdn im eigenen Saft schmoren lassen; **III** *s* Eintopf *m;* ▶ **be in a ~** außer sich sein.

stew·ard ['stjʊəd] **1.** *mar aero* Steward *m;* **2.** *(Tanz, Demonstration)* Ordner *m;* **3.** *(Anwesen)* Verwalter *m;* ▶ **shop ~** gewerkschaftlicher Vertrauensmann; **stew·ard·ess** [,stjʊə'des] *aero* Stewardeß *f.*

stick[1] [stɪk] **I** *s* **1.** Stock *m;* Zweig *m;* **2.** *mus* Taktstock *m;* **3.** *sport* Schläger *m;* **4.** *(Schlagzeug)* Schlegel *m;* **5.** Stange *f;* **6.** *aero* Steuerknüppel *m;* **7.** *(Kreide)* Stück *n;* **8.** *(Deo)* Stift *m;* **9.** *fam* Kerl *m;* ▶ **give s.o. the ~, take the ~ to s.o.** jdm e-e Tracht Prügel geben; **give s.o. ~** jdn herunterputzen; **get hold of the wrong end of the ~** etw falsch verstehen; **in the ~s** in der hintersten Provinz; **take a lot of ~** viel einstecken müssen; **II** *tr* *(Pflanzen)* stützen.

stick[2] [stɪk] ⟨*irr* **stuck, stuck**⟩ **I** *tr* **1.** kleben; **2.** stecken; **3.** *(Dolch)* stoßen; **4.** *(Schwein)* abstechen; **5.** *fam* tun; stekken; **6.** *(Perlen)* besetzen; **7.** *fam* aushalten; durchhalten; ▶ **~ a stamp on s.th.** e-e Briefmarke auf etw kleben; **~ the blame on s.o.** jdm die Schuld zuschieben; **~ one's hat on** (sich) den Hut aufsetzen; **I can't ~ it any longer!** ich halte das nicht mehr aus! **~ s.o. with s.th.** jdm etw aufladen; jdm etw andrehen; **II** *itr* **1.** kleben (*to* an); **2.** steckenbleiben; klemmen; **3.** stecken (*in* in); **4.** *(Karten)* halten; **5.** bleiben; haften bleiben; ▶ **make a charge ~** genügend Beweismaterial haben; **it stuck in my foot** das ist mir im Fuß steckengeblieben; **~ in s.o.'s mind** jdm im Gedächtnis bleiben; **make s.th. ~ in one's mind** sich etw einprägen; **III** *(mit Präposition)* **stick around** *itr sl* in der Nähe bleiben; **stick at** *itr* **1.** bleiben an; **2.** zurückschrecken vor; **stick by** *itr fam* halten zu; stehen zu; **stick down** *tr* **1.** ankleben; zukleben; **2.** aufschreiben; **stick in** *tr* **1.** einkleben; **2.** hineinstecken; *itr* steckenbleiben; ▶ **~ s.th. in s.th.** etw in etw stecken; **stick on** *itr* **1.** kleben, haften; **2.** *(Pferd)* oben bleiben; *tr* **1.** aufkleben; **2.** *(Geld)* aufschlagen auf; **stick out** *itr* **1.** *(Nagel)* herausstehen; **2.** *(Ohren)* abstehen; **3.** *fig* auffallen; *tr* hinausstrecken; **stick out for** *itr* sich stark machen für; **stick to** *itr* **1.** bleiben bei; treubleiben; **2.** *(Aufgabe)* bleiben an; **stick together** *itr* zusammenkleben; zusammenhalten; **stick up** *itr* **1.** *(Kragen)* hochstehen; **2.** *(Nagel)* heraustehen; *tr* **1.** zukleben; **2.** *fam* überfallen; ► **~ 'em up!** Hände hoch! **stick up for** *itr* eintreten für; ► **~ up for o.s.** sich behaupten; **stick with** *itr* bleiben bei; halten zu.

sticker ['stɪkə(r)] **1.** Aufkleber *m;* Klebeschildchen *n;* **2.** *fig* zäher Kerl; **sticking-plas·ter** ['stɪkɪŋ,plɑ:stə(r)] Heftpflaster *n;* **stick-in-the-mud** ['stɪkɪnðəmʌd] **I** *s* Muffel *m;* **II** *adj* rückständig.

stick·ler ['stɪklə(r)] ► **be a ~ for s.th.** es mit etw peinlich genau nehmen.

stick-on ['stɪkɒn] *adj* Aufklebe-; **stick-pin** ['stɪk,pɪn] *Am* Krawattennadel *f;* **stick-up** ['stɪkʌp] Überfall *m.*

sticky ['stɪkɪ] *adj* **1.** klebrig; **2.** *(Wetter)* schwül, drückend; **3.** *(Farbe)* feucht; **4.** *(Hände)* verschwitzt; **5.** *(Problem)* schwierig; **6.** *(Situation)* heikel; ► **come to a ~ end** ein böses Ende nehmen; **be on a ~ wicket** in der Klemme sein.

stiff [stɪf] **I** *adj* **1.** steif, starr; **2.** *(Bürste)* hart; **3.** *(Teig)* fest; **4.** *(Kampf)* zäh, hart; **5.** *(Grog)* steif; **6.** *(Brise)* steif; **7.** *(Examen)* schwer, schwierig; **8.** *(Preis)* hoch; ► **that's a bit ~** *fam* das ist ganz schön happig; **II** *adv* steif; **III** *s sl* Leiche *f;* **stiffen** ['stɪfn] **I** *tr* **1.** steif machen; **2.** *(Hemd)* stärken; **3.** *(Glied)* steif werden lassen; **4.** *fig* verstärken; **II** *itr* **1.** steif, hart werden; **2.** *fig* sich verhärten; **stiff·en·ing** ['stɪfnɪŋ] Einlage *f;* **stiff-necked** [,stɪf'nekt] *adj fig* halsstarrig.

stifle ['staɪfl] **I** *tr* **1.** ersticken; **2.** *fig* unterdrücken; **II** *itr* ersticken; **stifl·ing** ['staɪflɪŋ] *adj* **1.** *(Hitze)* erstickend; drückend; **2.** *fig* beengend.

stigma ['stɪgmə] ⟨*pl* -ta⟩ [—tə] **1.** Wundmal *n;* **2.** ⟨*pl* -s⟩ Brandmal, Stigma *n;* **3.** *bot* Narbe *f;* **stig·ma·tize** ['stɪgmətaɪz] *tr* brandmarken; stigmatisieren *(a. rel).*

stile [staɪl] Zaunübertritt *m.*

sti·letto [stɪ'letəʊ] ⟨*pl* -letto(e)s⟩ Stilett *n;* **stiletto heel** Pfennigabsatz *m.*

still[1] [stɪl] **I** *adj* **1.** still, ruhig; **2.** bewegungs-, reglos; ► **keep ~** stillhalten; **hold s.th. ~** etw ruhig halten; **be ~** stillstehen; **stand ~** still stehen; **a ~ small voice** ein leises Stimmchen; **II** *adj* ohne Kohlensäure; **III** *s* **1.** Stille *f;* **2.** *film* Standfoto *n;* **IV** *tr* beruhigen; besänftigen; abklingen lassen.

still[2] [stɪl] *adv* **1.** noch; immer noch; noch immer; nach wie vor; **2.** trotzdem; **3.** *(mit Komparativ)* noch; ► **he is ~ busy** er ist noch beschäftigt; **it ~ hasn't come** es ist immer noch nicht gekommen; **I will ~ be here** ich werde noch da sein; **~, she ist my mother** sie ist trotz allem meine Mutter; **~ better** noch besser; **~ more because ...** und um so mehr, als ...

still[3] [stɪl] Destillierapparat *m.*

still-birth ['stɪlbɜ:θ] Totgeburt *f;* **still-born** ['stɪl,bɔ:n] *adj a. fig* totgeboren; **still-life** ⟨*pl* -lifes⟩ *(Kunst)* Stilleben *n;* **still·ness** ['stɪlnɪs] **1.** Reglosigkeit *f;* **2.** Stille, Ruhe *f.*

stilt [stɪlt] **1.** Stelze *f;* **2.** *arch* Pfahl *m;* ► **walk on ~s** auf Stelzen laufen.

stilted ['stɪltɪd] *adj fig* gespreizt, anspruchsvoll.

stimu·lant ['stɪmjʊlənt] **I** *adj* anregend, stimulierend; **II** *s* **1.** Anregungsmittel *n;* **2.** *fig* Ansporn *m;* **stimu·late** ['stɪmjʊleɪt] *tr* **1.** anregen; beleben; **2.** *med* stimulieren; **3.** *(Nerven)* reizen; **4.** *fig* animieren, anspornen; **5.** *com* ankurbeln; **stimu·lation** [,stɪmjʊ'leɪʃn] **1.** Anregung *f;* **2.** *med* Stimulation *f;* **3.** *(sexuell)* Erregung *f;* **4.** *fig* Anreiz, Ansporn *m;* **5.** *com* Ankurbelung *f;* **stimu·lus** ['stɪmjʊləs] ⟨*pl* -li⟩ [—laɪ] **1.** Ansporn *m;* Aufmunterung *f;* **2.** *psych* Stimulus *m;* Reiz *m;* ► **under the ~ of ...** angespornt von ...

sting [stɪŋ] ⟨*irr* stung, stung⟩ **I** *tr* **1.** stechen; verbrennen; **2.** *fig* treffen, schmerzen; ► **~ s.o. into doing s.th.** jdn antreiben, etw zu tun; **~ s.o. into action** jdn aktiv werden lassen; **~ s.o. for s.th.** *fam* jdn bei etw ausnehmen; **II** *itr* **1.** stechen; brennen; **2.** *(Hagel)* wie mit Nadeln stechen; **3.** *fig* schmerzen; ► **make a ~ing remark** e-e bissige Bemerkung machen; **III** *s* **1.** Stachel *m;* **2.** Stich *m;* Brennen *n;* **3.** stechender Schmerz; **4.** *fig* Stachel *m;* ► **a ~ of remorse** Gewissensbisse *m pl;* **take the ~ out of s.th.** etw entschärfen.

stin·gi·ness ['stɪndʒɪnɪs] Knauserigkeit *f,* Geiz *m;* **stingy** ['stɪndʒɪ] *adj* **1.** geizig, knauserig, knickerig; **2.** *(Portion)* schäbig.

stink [stɪŋk] ⟨*irr* stank, stunk⟩ **I** *itr* **1.** stinken; **2.** *fam* miserabel sein; ► **the idea ~s** das ist e-e miserable Idee; **II** *tr* ► **~ out** verstänkern; ausräuchern; **~ up** verpesten; **III** *s* **1.** Gestank *m* (*of* nach); **2.** *fam* Stunk *m;* ► **kick up a ~** Stunk machen.

stinker ['stɪŋkə(r)] **1.** *fam* Ekel *n;* **2.** *sl* gesalzener Brief; **3.** *fam* harter Brokken.

stint [stɪnt] **I** *tr* sparen, knausern mit; ► **~ o.s.** sich einschränken; **~ s.o. of s.th.** jdm gegenüber mit etw knausern; **II** *itr* ► **~ on s.th.** mit etw sparen; **III** *s* Arbeit, Aufgabe *f;* ► **do one's ~** seine Arbeit tun; **without ~** ohne Einschränkung.

stipu·late ['stɪpjʊleɪt] *tr* **1.** zur Auflage machen, verlangen; **2.** *(Preis)* festsetzen; vorschreiben; **3.** *(Bedingungen)* stellen; **stipu·la·tion** [ˌstɪpjʊ'leɪʃn] **1.** Auflage *f;* **2.** Festsetzung *f;* Stellen, Fordern *n.*

stir [stɜ:(r)] **I** *tr* **1.** umrühren; rühren; **2.** *(Glieder)* bewegen; rühren; **3.** *fig* aufwühlen; anstacheln, erregen; ▶ ~ **one's tea** den Tee umrühren; ~ **s.o. to do s.th.** jdn bewegen, etw zu tun; ~ **s.o. to pity** jds Mitleid erregen; ~ **one's stumps** *fam* die Beine unter den Arm nehmen; ~ **up** umrühren; *fig* anregen; wachrufen; schüren; ~ **up trouble** Unruhe stiften; ~ **s.o. up to s.th.** jdn zu etw anstacheln; **II** *itr* sich regen; sich rühren; sich bewegen; **III** *s* **1.** Rühren *n;* **2.** *fig* Aufruhr *m;* ▶ **give s.th. a** ~ etw umrühren; **cause, create, make a** ~ Aufsehen erregen; **stir·ring** ['—ɪŋ] *adj* aufregend, bewegend, aufwühlend; bewegt.

stir·rup ['stɪrəp] Steigbügel *m.*

stitch [stɪtʃ] **I** *s* **1.** Stich *m;* Masche *f;* **2.** *med* Seitenstiche *m pl;* **3.** *(Stricken)* Muster *n;* ▶ **put a few ~es in s.th.** etw mit ein paar Stichen nähen; **put ~es in a wound** e-e Wunde nähen; **have not a ~ on** *fam* splitternackt sein; **be in ~es** *fam* sich schieflachen; **II** *tr* **1.** nähen *a. med;* **2.** *(Buch)* zusammenheften; **3.** sticken; ▶ ~ **on** annähen; ~ **up** nähen, zunähen; hochnähen; **III** *itr* nähen (*at* an).

stoat [stəʊt] *zoo* Wiesel *n.*

stock [stɒk] **I** *s* **1.** Vorrat *m;* Bestand *m* (*of* an); **2.** Viehbestand *m;* **3.** *(Essen)* Brühe *f;* **4.** *com* Anleihe-, Grundkapital *n;* Anteil *m;* Staatsanleihe *f;* **5.** *bot* Stamm *m;* Stock *m;* Wildling *m;* **6.** Stamm *m;* Abstammung *f;* **7.** *ling* Sprachfamilie *f;* **8.** Griff *m;* **9.** Halsbinde *f;* **10.** *rail* rollendes Material; **11.** *theat Am* Repertoire *n;* ▶ ~ **of knowledge** Wissensschatz *m;* **have s.th. in** ~ etw vorrätig haben; **be in, out of** ~ vorrätig, nicht vorrätig sein; **keep s.th. in** ~ etw auf Vorrat haben; **take** ~ Inventur machen; **take** ~ **of s.o.** jdn abschätzen; **take** ~ **of s.th.** sich über etw klarwerden; **surplus** ~ Überschuß *m;* **~s and shares** *pl* Wertpapiere *n pl;* **be of good** ~ guter Herkunft sein; **be on the ~s** *mar* im Bau sein; **II** *adj* Standard-; Serien-; stereotyp; **III** *tr* **1.** *(Waren)* führen; **2.** ausstatten; füllen; **3.** *(Farm)* mit e-m Viehbestand versehen; **IV** *itr* ▶ ~ **up** sich eindecken (*on* mit); e-n Vorrat, Reserven anlegen (von).

stock·ade [stɒ'keɪd] Palisade *f;* Einfriedung *f.*

stock·broker ['stɒkˌbrəʊkə(r)] Börsenmakler(in) *m (f);* **stock·broking** ['stɒkˌbrəʊkɪŋ] Börsen-, Effektenhandel *m;* **stock·car** ['stɒkkɑ:(r)] **1.** *Am rail* Viehwagen *m;* **2.** *mot* Serienwagen *m;* **stock company 1.** *com* Aktiengesellschaft *f;* **2.** *theat Am* Repertoiretheater *n;* **stock-cube** Suppenwürfel *m;* **stock exchange** Börse *f;* Börsenplatz *m;* **stock-farmer** Viehhalter *m;* **stock·fish** ['stɒkfɪʃ] ⟨*pl* -⟩ Stockfisch *m;* **stock·holder** ['stɒkˌhəʊldə(r)] Aktionär(in) *m (f).*

stock·ing ['stɒkɪŋ] Strumpf *m;* ▶ **in one's** ~ **feet** in Strümpfen.

stock-in-trade [ˌstɒkɪn'treɪd] Handwerkszeug *n a. fig;* **stock-job·ber** ['stɒkˌdʒɒbə(r)] Börsenspekulant *m;* **stock-job·bing** ['stɒkˌdʒɒbɪŋ] Börsenspekulation *f;* **stock-list 1.** *com* Warenliste *f;* **2.** *fin* Börsenzettel *m;* **stock-market** Börse *f;* **stock·pile** ['stɒkpaɪl] **I** *s* Vorrat *m* (*of* an); Lager *n;* ▶ **the nuclear** ~ das Kernwaffenarsenal; **II** *tr* Vorräte an ... anlegen; **stock price** Aktienkurs *m;* **stock room** Lagerraum *m;* **stock-still** [ˌstɒk'stɪl] *adj, adv* ▶ **stand** ~ stockstill stehen; **stock-tak·ing** ['stɒkteɪkɪŋ] Bestandsaufnahme, Inventur *f a. fig.*

stocky ['stɒkɪ] *adj* stämmig, untersetzt.

stock-yard ['stɒkjɑ:d] Viehhof *m.*

stodge [stɒdʒ] *sl* Pampe *f;* **stodgy** ['stɒdʒɪ] *adj* **1.** *(Essen)* schwer, pampig; **2.** *(Buch)* schwer verdaulich; **3.** *(Stil)* schwerfällig; **4.** *(Mensch)* langweilig, fad.

stoic ['stəʊɪk] Stoiker *m;* **sto·ic(al)** ['stəʊɪk(l)] *adj* stoisch; **sto·icism** ['stəʊɪsɪzəm] *philos* Stoizismus *m.*

stoke [stəʊk] **I** *tr (Feuer)* (~ *up)* beheizen; schüren; **II** *itr* ~ **up** sich vollschlagen; **stoker** ['stəʊkə(r)] Heizer *m.*

stole[1] [stəʊl] Stola *f.*

stole[2] [stəʊl] *v s. steal;* **stolen** ['stəʊlən] **I** *v s. steal;* **II** *adj* gestohlen.

stolid ['stɒlɪd] *adj* blöd(e), stupide, stumpf(sinnig), schwerfällig.

stom·ach ['stʌmək] **I** *s* **1.** Magen *m;* Bauch *m;* **2.** *fig* Lust *f* (*for* auf); Interesse *n* (*for* an); ▶ **lie on one's** ~ auf dem Bauch liegen; **on an empty** ~ auf leeren, nüchternen Magen; **on a full** ~ mit vollem Magen; **I have no** ~ **for that** ich habe keine Lust dazu; **II** *tr* vertragen; ausstehen; **stomach-ache** Magenschmerzen *m pl;* **stomach upset** Magenverstimmung *f.*

stone [stəʊn] **I** *s* **1.** Stein *m;* **2.** *Br Gewichtseinheit = 6,35 kg;* ▶ **a heart of** ~ ein Herz aus Stein; **a ~'s throw from ...** nur einen Katzensprung von ... entfernt; **within a ~'s throw of success** den Erfolg in greifbarer Nähe; **leave no** ~ **unturned** nichts unversucht lassen; **II** *adj* aus Stein; **III** *tr* **1.** mit Steinen bewerfen; steinigen; **2.** *(Frucht)* entsteinen; **Stone Age** Steinzeit *f;* **stone-blind** *adj* stockblind; **stone-broke** *adj Am fam* völlig abgebrannt; **stone-**

cold *adj* eiskalt; **stone-dead** *adj* mausetot; **stone-deaf** *adj* stocktaub; **stone-fruit** Steinobst *n;* **stone-mason** ['stəʊnˌmeɪsən] Steinmetz *m;* **stone-pit** Steinbruch *m;* **stone-wall** [ˌstəʊn'wɔ:l] *itr* **1.** *parl* obstruieren; **2.** *(Frage)* ausweichen; **3.** *sport* mauern; **stone·ware** ['stəʊnweə(r)] Steingut *n;* **stony** ['stəʊnɪ] *adj* **1.** steinig; **2.** *(Substanz)* steinartig; **3.** *fig* steinern; kalt; ▶ **~-broke** *Br fam* völlig abgebrannt.

stood [stʊd] *v s. stand.*

stooge [stu:dʒ] **1.** *theat* Stichwortgeber *m;* **2.** *fam* Handlanger *m.*

stool [stu:l] **1.** Hocker, Schemel *m;* **2.** *med* Stuhl(gang) *m;* ▶ **fall between two ~s** *fig* sich zwischen zwei Stühle setzen; **stool pigeon** *fam* Spitzel *m.*

stoop[1] [stu:p] **I** *itr* sich bücken, sich beugen, sich neigen; ▶ **~ing shoulders** *pl* krumme Schultern *f pl;* **~ to s.th.** sich zu etw herablassen; **II** *tr* beugen; einziehen; **III** *s* gebeugte Haltung; krummer Rücken; ▶ **have a ~** e-n Buckel haben.

stoop[2] [stu:p] *Am* Treppe *f.*

stop [stɒp] **I** *tr* **1.** anhalten; stoppen; **2.** *(Maschine)* abstellen; **3.** *(Verbrecher)* aufhalten; zum Stehen bringen; **4.** *(Verbrechen)* ein Ende machen (*s.th.* e-r S); **5.** *(Arbeit)* beenden; **6.** *(Blutung)* stillen, unterbinden; **7.** *(Inflation)* aufhalten, hemmen; **8.** *(Produktion)* zum Stillstand bringen; **9.** aufhören mit; unterlassen; **10.** *(Zahlung)* einstellen; **11.** *(Scheck)* sperren; **12.** *(Vertrag)* kündigen; **13.** *(Zeitung)* abbestellen; **14.** verhindern; unterbinden; abhalten; **15.** verstopfen; zustopfen; **16.** *(Zahn)* füllen; **17.** *mus (Saite)* greifen; ▶ **~ thief!** haltet den Dieb! **~ s.o. dead** jdn urplötzlich anhalten lassen; **~ doing s.th.** aufhören, etw zu tun; etw nicht mehr tun; **~ smoking** mit dem Rauchen aufhören; **~ o.s.** sich beherrschen, sich zurückhalten; **~ s.o. (from) doing s.th.** jdn davon abhalten, etw zu tun; **~ o.s. from doing s.th.** sich zurückhalten und etw nicht tun; **~ s.o.'s mouth** *fam* jdm den Mund stopfen; **~ one's ears with one's fingers** sich die Finger in die Ohren stecken; **don't let me ~ you** ich will Sie nicht davon abhalten; **II** *itr* **1.** anhalten; stoppen; haltmachen; **2.** *(Uhr)* stehenbleiben; **3.** *(Maschine)* nicht mehr laufen; **4.** aufhören; **5.** *(Schmerzen)* vergehen; **6.** *(Herz)* aufhören zu schlagen; **7.** *(Lieferung)* eingestellt werden; **8.** *(Film)* zu Ende sein; **9.** *fam* bleiben (*at* in); ▶ **~ at nothing** vor nichts haltmachen; **~ dead** plötzlich stehenbleiben; **~ doing s.th.** aufhören, etw zu tun; **~ for supper** zum Abendessen bleiben; **III** *s* **1.** Halt *m,* Stoppen *n;* **2.** Aufenthalt *m;* **3.** Pause *f;* **4.** *aero* Zwischenlandung *f;* **5.** *rail* Station *f;* Haltestelle *f;* **6.** *mar* Anlegestelle *f;* **7.** *gram* Punkt *m;* **8.** *mus* Griffloch *n;* Register *n;* **9.** *typ* Feststelltaste *f;* **10.** *phot* Blende *f;* **11.** *(Phonetik)* Verschlußlaut *m;* ▶ **be at a ~** stillstehen; **bring s.th. to a ~** etw zum Stehen bringen; *fig* e-r S ein Ende machen; **come to a ~** anhalten; eingestellt werden; **come to a dead ~** abrupt anhalten; **glottal ~** *(Phonetik)* Knacklaut *n;* **put a ~ to s.th.** e-r S e-n Riegel vorschieben; **pull out all the ~s** *fig* alle Register ziehen; **IV** *(mit Präposition)* **stop away** *itr fam* wegbleiben; **stop behind** *itr fam* dableiben, länger bleiben; **stop by** *itr* kurz vorbeikommen; hereinschauen; **stop down** *itr phot* abblenden; **stop in** *itr fam* drinbleiben; **stop off** *itr* e-n kurzen Halt machen, (unterwegs) kurz anhalten; **stop out** *itr fam* wegbleiben; **stop over** *itr* kurz haltmachen; Zwischenstation machen (*in* in); **stop up** *tr* zu-, verstopfen; *itr* aufbleiben.

stop·cock ['stɒpkɒk] Absperr-, Abstellhahn *m;* **stop·gap** ['stɒpgæp] Lückenbüßer *m;* (Not)Behelf, Ersatz *m;* ▶ **a ~ measure** e-e Überbrückungsmaßnahme, Verlegenheitslösung; **~ aid** Soforthilfe *f;* **stop-go** [ˌstɒp'gəʊ] *adj* ▶ **~ policies** *pl* Politik *f* des ewigen Hin und Her; **stop light 1.** Bremslicht *n;* **2.** *Am* rotes Licht; **stopover** ['stɒpəʊvə(r)] Zwischenstation *f;* Zwischenlandung *f.*

stop·page ['stɒpɪdʒ] **1.** Unterbrechung *f;* Stockung *f;* **2.** Stopp *m;* Streik *m;* **3.** *(Scheck)* Sperrung *f;* **4.** Abzug *m;* **5.** Verstopfung *f,* Stau *m.*

stop·per ['stɒpə(r)] **I** *s* Stöpsel *m;* Pfropfen *m;* **II** *tr* verstöpseln.

stop·ping ['stɒpɪŋ] Füllung, Plombe *f;* ▶ **~ and starting** Stop-and-Go-Verkehr *m;* **~ place** Haltestelle *f;* **~ train** Personenzug *m.*

stop-press ['stɒppres] *(Zeitung)* letzte Meldungen *f pl;* **stop sign** Stoppschild *n;* **stop·watch** ['stɒpwɒtʃ] Stoppuhr *f.*

stor·age ['stɔ:rɪdʒ] **1.** Lagerung *f;* Aufbewahrung *f;* **2.** *(Wasser)* Speicherung *f,* Speichern *n;* **3.** Lagergeld *n;* ▶ **put s.th. into ~** etw einlagern; **storage battery** Akku(mulator) *m;* **storage capacity** *EDV* Speicherkapazität *f;* **storage charge** Lagergeld *n;* **storage heater** Nachtspeicherofen *m;* **storage space** Lagerraum *m;* Stauraum *m; EDV* Speicherplatz *m;* **storage tank** Vorratstank *m.*

store [stɔ:(r)] **I** *s* **1.** Vorrat *m* (*of* an); **2.** *fig* Fülle *f,* Reichtum *m* (*of* an); **3.** Lager *n;* Lagerhaus *n;* Lagerraum *m;* **4.** Kaufhaus, Warenhaus *n;* **5.** *Am* Laden *m;* ▶ **~s** *pl* Vorräte *m pl;* **lay in a ~ of food** e-n Lebensmittelvorrat anlegen; **have, keep s.th. in ~** etw lagern; **be in ~ for s.o.** jdm bevorstehen; **that's a**

treat in ~ for you da habt ihr noch was Schönes vor euch; **set great ~ by s.th.** viel von etw halten; **a fine ~ of knowledge** ein großer Wissensschatz; **II** *adj Am* von der Stange; **III** *tr* **1.** lagern; aufbewahren; **2.** *(Wärme)* speichern; **3.** *EDV* abspeichern; ► **~ s.th. away** etw verwahren; **~ s.th. up** e-n Vorrat von etw anlegen; etw anstauen; **IV** *itr* sich lagern lassen; **store detective** Kaufhausdetektiv(in) *m (f)*; **store-house** ['stɒ(r)haʊs] Lagerhaus *n; fig* Fundgrube *f*; **store-keeper** Lagerverwalter(in) *m (f); Am* Ladenbesitzer(in) *m (f)*; **store-room** Lagerraum *m;* Vorratskammer *f.*

sto·rey, *Am* **story** ['stɔ:rɪ] Stockwerk *n,* Etage *f;* ► **on the second ~** im zweiten Stock; *Am* im ersten Stock; **-storeyed,** *Am* **-stor·ied** ['stɔ:rɪd] *adj (Suffix)* -stöckig; ► **three-~** dreistöckig; **multi-~** mehrstöckig.

stork [stɔ:k] *zoo* Storch *m.*

storm [stɔ:m] **I** *s* **1.** Sturm *m;* Unwetter *n;* Gewitter *n;* **2.** *fig* Flut *f* (*of* von); Sturm *m;* Hagel *m;* ► **there is a ~ blowing** es stürmt; **a ~ in a teacup** ein Sturm im Wasserglas; **~ of protest** Proteststurm *m;* **a ~ of cheering** stürmischer Jubel; **II** *itr* **1.** toben, wüten (*at* gegen); **2.** stürmen; **3.** *mil* stürmen (*at* gegen); **III** *tr* stürmen; **storm-beaten** ['stɔ:mbi:tn] *adj* sturmgepeitscht; **storm-bound** ['stɔ:mbaʊnd] *adj* durch Stürme festgehalten; **storm-centre,** *Am* **storm-center 1.** *mete* Sturmzentrum *n;* **2.** *fig* Unruheherd, -stifter *m;* **storm-cloud** Sturm-, Wetterwolke *f;* **storm-tossed** ['stɔ:mtɒst] *adj* sturmgepeitscht; **stormy** ['stɔ:mɪ] *adj* **1.** stürmisch *a. fig;* **2.** *(Protest)* leidenschaftlich, heftig.

story[1] ['stɔ:rɪ] **1.** Geschichte *f;* Erzählung *f;* **2.** Witz *m;* **3.** *(Presse)* Artikel *m;* **4.** Handlung *f;* **5.** *fam* Märchen *n;* ► **the ~ goes that ...** man erzählt sich, daß ... **according to your ~** dir zufolge; **to cut a long ~ short** um es kurz zu machen; **tell stories** Märchen erzählen.

story[2] ['stɔ:rɪ] *Am s. storey.*

story-book ['stɔ:rɪbʊk] **I** *adj* märchenhaft; Märchen-; **II** *s* Geschichten-, Märchenbuch *n;* **story·teller 1.** Geschichtenerzähler(in) *m (f);* **2.** *fig* Lügenbold *m.*

stout [staʊt] **I** *adj* **1.** korpulent; füllig; untersetzt; **2.** *(Pferd)* kräftig; **3.** *(Mauer)* fest; stark; **4.** mutig, tapfer; beherzt; **5.** *(Ablehnung)* entschieden; ► **with ~ heart** tapferen Herzens; **II** *s* Starkbier *n;* **stout-hearted** [ˌstaʊt'hɑ:tɪd] *adj* beherzt, tapfer; **stout·ly** ['staʊtlɪ] *adv* ► **~ built** (Mensch) kräftig; *(Haus)* solide gebaut; **~-made** solide gebaut; **~ believe** etw fest glauben; **defend s.th. ~** etw tapfer verteidigen.

stove [stəʊv] Ofen *m;* Herd *m;* **stove-pipe** Ofenrohr *n.*

stow [stəʊ] *tr* **1.** *(Fracht)* verstauen, -packen, verladen; **2.** verstauen (*in* in); ► **~ away** verstauen; verstecken; sich als blinder Passagier verstecken; **stow-age** ['stəʊɪdʒ] **1.** *mar* Lade-, Stauraum *m;* **2.** *mar* Verstauen *n;* **stow·away** ['stəʊəweɪ] blinder Passagier.

straddle ['strædl] **I** *tr* **1.** rittlings sitzen auf; **2.** breitbeinig, mit gespreizten Beinen stehen, sitzen auf; **3.** *fig* überbrükken; ► **~ the border** sich über beide Seiten der Grenze erstrecken; **II** *s sport* Grätsche *f.*

straggle ['strægl] *itr* **1.** *(Häuser)* verstreut liegen; **2.** *(Haare)* unordentlich hängen; **3.** *(Pflanze)* wuchern; ► **~ behind** zurückbleiben; **~ in** vereinzelt kommen; **strag·gler** ['stræglə(r)] Nachzügler(in) *m (f);* **stragg·ling** ['stræglɪŋ] *adj* **1.** weit verteilt; zurückgeblieben; **2.** *(Häuser)* zerstreut liegend; **3.** *(Haar)* unordentlich; **4.** *(Pflanze)* hochgeschossen.

straight [streɪt] **I** *adj* **1.** gerade; direkt; **2.** *(Haar)* glatt; **3.** *(Hosen)* gerade geschnitten; **4.** *(Denken)* klar; **5.** *(Antwort)* offen, direkt, ehrlich; **6.** *(Ablehnung)* ohne Umschweife; **7.** *(Drink)* pur, unverdünnt; **8.** *pol* direkt; **9.** ununterbrochen; **10.** *theat* konventionell; ernsthaft; **11.** *fam (Mensch)* etabliert; spießig *pej;* **12.** *fam (Mensch)* normal, hetero; ► **pull s.th. ~** etw geradeziehen; **as ~ as a die** kerzengerade; **keep a ~ face** ernst bleiben, das Gesicht nicht verziehen; **be ~ with s.o.** offen und ehrlich zu jdm sein; **keep s.o. ~** dafür sorgen, daß jem ehrlich bleibt; **~ A's** *(Schule)* glatte Einsen; **a ~ play** ein reines Drama; **be all ~** in Ordnung sein; **put s.o. ~ about s.th.** jdm etw klarmachen; **II** *adv* **1.** gerade; aufrecht; **2.** *(Ziel)* direkt; **3.** sofort; **4.** *(Denken)* klar; **5.** *fig* offen, rundheraus; **6.** *theat* konventionell; **7.** *(Drink)* pur; ► **~ through s.th.** glatt durch etw; **look ~ ahead** geradeaus sehen; **drive ~ on** geradeaus weiterfahren; **go ~** keine krummen Sachen machen; **look s.o. ~ in the eye** jdm direkt in die Augen sehen; **~ after this** sofort danach; **~ away** sofort; **come ~ to the point** sofort zur Sache kommen; **give s.o. s.th. ~ from the shoulder** jdm etw unverblümt sagen; **III** *s* **1.** *sport* Gerade *f;* **2.** *(Linie)* Gerade *f;* ► **the final ~** die Zielgerade; **the ~ and narrow** der Pfad der Tugend; **keep s.o. on the ~ and narrow** dafür sorgen, daß jem ehrlich bleibt.

straight·away [ˌstreɪtə'weɪ] *adv* geradewegs; sofort.

straighten ['streɪtn] **I** *tr* **1.** gerade machen, begradigen; **2.** *(Tuch)* glattziehen; **3.** *tech* geradebiegen *a. fig;* **4.** *fig* in Ordnung bringen; **5.** *(Schultern)* straffen; **II** *itr* gerade werden; glatt werden; **III** *refl* sich aufrichten; **IV** *(mit Präposition)* **straighten out** *tr* **1.** gerade machen; geradebiegen; **2.** *fig* klären; in Ordnung bringen; **straighten up** *itr* sich aufrichten; *tr* gerade machen; begradigen.

straight·for·ward [ˌstreɪtˈfɔːwəd] *adj* **1.** aufrichtig; **2.** *(Blick)* offen, freimütig; **3.** *(Problem)* einfach; **4.** offen, frei, ehrlich; **straight-out** [ˌstreɪtˈaʊt] *adj fam* unverblümt, offen, glatt; **straight ticket** *Am* ► **vote the ~** seine Stimme e-r einzigen Partei geben; **vote a ~** Kandidaten nur einer Partei wählen.

strain¹ [streɪn] **I** *tr* **1.** spannen; **2.** *(Freundschaft)* belasten; strapazieren; **3.** *(Wort)* dehnen; **4.** *med* zerren; verrenken; **5.** überanstrengen; belasten; **6.** durchsieben; ► **~ one's ears to ...** angestrengt lauschen, um zu ... **~ every nerve** jeden Nerv anspannen; **~ o.s.** sich anstrengen; **~ off water** Wasser abgießen; **II** *itr* **1.** sich anstrengen, sich abmühen; **2.** *fig* sich bemühen, streben; ► **~ to do s.th.** sich anstrengen, etw zu tun; **~ at s.th.** sich mit etw abmühen; **~ after s.th.** nach etw streben; **~ after effects** auf Wirkung aussein; **~ against s.o.** sich an jdn drücken; **III** *s* **1.** *tech* Belastung, Beanspruchung *f;* Spannung *f;* Druck *m;* **2.** *fig* Belastung *f;* Anstrengung *f;* Last *f;* **3.** *med* Zerrung *f;* ► **the ~ on a rope** die Seilspannung; **put a ~ on s.th.** etw belasten; **take the ~ off s.th.** etw entlasten; **suffer from ~** überlastet sein, im Streß sein; **show signs of ~** Zeichen von Überlastung zeigen; **to the ~s of** zu den Klängen von.

strain² [streɪn] **1.** Hang, Zug *m,* Veranlagung *f;* **2.** *(Stil)* Anflug *m;* **3.** Rasse *f;* Sorte *f;* Geschlecht *n;* ► **a ~ of weakness** ein Hang zur Schwäche.

strained [streɪnd] *adj* **1.** durchgesiebt; abgegossen; **2.** *(Muskel)* gezerrt; überanstrengt; **3.** *(Stil)* unnatürlich, gekünstelt; **4.** *(Lächeln)* gezwungen; **5.** *(Beziehungen)* angespannt; **strainer** [ˈstreɪnə(r)] Filter *m;* Sieb *n.*

strait [streɪt] **1.** *geog* Meerenge, Straße *f;* **2.** *fig pl* Nöte, Schwierigkeiten *f pl;* ► **the S~s of Dover** die Straße von Dover; **be in dire ~s** in großen Nöten sein; **straitened** [ˈstreɪtnd] *adj* **1.** *(Mittel)* beschränkt; **2.** *(Verhältnisse)* bescheiden, dürftig; **strait·jacket** Zwangsjacke *f a. fig;* **strait-laced** [ˌstreɪtˈleɪst] *adj* prüde, puritanisch.

strand¹ [strænd] **I** *s* Strand *m;* **II** *tr* **1.** *(Schiff)* stranden lassen; **2.** *(ohne Geld)* seinem Schicksal überlassen; ► **be (left) ~ed** auf dem trockenen sitzen.

strand² [strænd] **1.** (Haar)Strähne *f;* **2.** Strang *m;* **3.** *(Wolle)* Faden *m;* **4.** *(Draht)* Litze *f;* **5.** *(Wein)* Ranke *f;* **6.** *fig* Handlungsfaden; **7.** *(Perlen)* Schnur *f.*

strange [streɪndʒ] *adj* **1.** seltsam, sonderbar, merkwürdig; **2.** *(Umgebung)* fremd; ungewohnt; ► **by a ~ chance** komischerweise; **~ to say** so seltsam es klingen mag; **I am ~ to the work** die Arbeit ist mir fremd; **strange·ly** [—lɪ] *adv* seltsam, sonderbar, merkwürdig; **stran·ger** [ˈstreɪndʒə(r)] Fremde(r) *m (f);* ► **I'm a ~ here** ich bin hier fremd; **hallo ~!** *fam* hallo, lange nicht gesehen! **she's a perfect ~ to me** ich kenne sie überhaupt nicht; **you're quite a ~ here** *fam* man kennt dich ja gar nicht mehr; **he is no ~ to misfortune** Leid ist ihm nicht fremd.

strangle [ˈstræŋgl] *tr* **1.** erwürgen, erdrosseln; **2.** *fig* abwürgen, ersticken; ► **the collar is strangling me** der Kragen schnürt mir den Hals zu; **strangle·hold** [ˈstræŋglhəʊld] Würgegriff *m;* absolute Machtposition; **stran·gu·la·tion** [ˌstræŋgjʊˈleɪʃn] Ersticken *n;* Erwürgen *n.*

strap [stræp] **I** *s* **1.** Riemen, Gurt *m;* **2.** *(Schuh)* Riemchen *n;* **3.** *(Bus)* Lasche *f;* **4.** *(Kleid)* Träger *m;* **II** *tr* **1.** festschnallen (*to* an); **2.** *(Mensch)* verprügeln; **3.** *(Bein)* bandagieren; ► **~ s.th. onto s.th.** etw auf etw schnallen; **~ s.o. down** jdn festschnallen; **~ on one's watch** sich die Uhr umbinden; **~ up a suitcase** e-n Koffer zuschnallen; **strap-hanger** Pendler(in) *m (f);* **strap·less** [ˈstræplɪs] *adj* trägerlos; **strap·ping** [ˈstræpɪŋ] *adj fam* stramm, kräftig.

strat·agem [ˈstrætədʒəm] *mil fig* Kriegslist *f.*

stra·tegic [strəˈtiːdʒɪk] *adj* strategisch *fig;* taktisch; **stra·teg·ist** [ˈstrætədʒɪst] Stratege *m; a. fig* Taktiker(in) *m (f);* **strat·egy** [ˈstrætədʒɪ] **1.** *mil* Strategie *f;* **2.** *fig* Taktik *f.*

strat·ify [ˈstrætɪfaɪ] **I** *tr* schichten; ► **a highly stratified society** e-e vielschichtige Gesellschaft; **II** *itr* Schichten bilden; in Schichten zerfallen.

strato·sphere [ˈstrætəsfɪə(r)] Stratosphäre *f.*

stra·tum [ˈstrɑːtəm] ⟨*pl* -ta⟩ [—tə] *geol* Schicht *f a. fig.*

straw [strɔː] **I** *s* **1.** Stroh *n;* **2.** Strohhalm *m;* **3.** Trinkhalm *m;* ► **it's the last ~!** das ist der Gipfel! **it's a ~ in the wind** das ist ein Vorzeichen; **clutch at ~s** sich an e-n Strohhalm klammern; **man of ~** Strohmann *m;* **not worth a ~** keinen Pfifferling wert; **II** *adj* Stroh-; aus Stroh.

straw·berry [ˈstrɔːbrɪ] Erdbeere *f.*

straw col·oured [ˈstrɔːkʌləd] *adj* strohfarben; strohblond; **straw man** Strohmann *m;* Scheingegner *m;* **straw poll, vote** Probeabstimmung *f.*

stray [streɪ] **I** *itr* **1.** umherschweifen, -irren; sich verirren; **2.** *fig* abschweifen; ▶ ~ **(away) from s.th.** von etw abkommen; ~ **from, off a path** von e-m Weg abkommen; **II** *s* streunendes Tier; herrenloses Tier; **III** *adj* **1.** verirrt, verlaufen, verloren; **2.** *(Tier)* herrenlos, streunend; **3.** *(Bemerkung)* einzeln; **4.** gelegentlich, vereinzelt.

streak [stri:k] **I** *s* **1.** Streifen *m;* **2.** *(Licht)* Strahl *m;* **3.** *(Haar)* Strähne *f;* **4.** *(Fett)* Schicht *f;* **5.** *fig* Spur *f;* Zug *m;* Anflug *m;* ▶ ~ **of lightning** Blitzstrahl *m;* **a winning** ~ e-e Glückssträhne; **II** *tr* streifen; ▶ **be ~ed** gestreift sein; **~ed with dirt** schmutzverschmiert; **III** *itr* **1.** *(Blitz)* zucken; **2.** blitzen, flitzen; ▶ ~ **along** entlangflitzen; **streaky** ['stri:kɪ] *adj* **1.** *(Fenster)* streifig, verschmiert; **2.** *(Fleisch, Speck)* durchwachsen.

stream [stri:m] **I** *s* **1.** Bach, Fluß *m;* **2.** Strom *m,* Strömung *f;* **3.** *(Licht)* Flut *f;* **4.** *(Worte)* Schwall *m;* **5.** *(Schule)* Leistungsgruppe *f;* ▶ **go with, against the** ~ mit dem, gegen den Strom schwimmen; ~ **of consciousness** Bewußtseinsstrom *m;* **be on** ~ in Betrieb sein; **come on** ~ in Betrieb genommen werden; **II** *itr* **1.** strömen, fließen, rinnen; **2.** *(Augen)* tränen; **3.** *(Licht)* fluten; **4.** *(Fahne)* wehen; ▶ **his face was ~ing with sweat** sein Gesicht war in Schweiß gebadet; ~ **down** herunterströmen; ~ **in** hineinströmen; **streamer** ['stri:mə(r)] **1.** Wimpel *m,* Banner *n;* **2.** Band *n;* ▶ ~ **headline** *Am* Balkenüberschrift *f;* **stream·let** ['strɪ:mlɪt] Bächlein *n.*

stream·line ['stri:mlaɪn] *tr fig* rationalisieren; **stream·lined** ['stri:mlaɪnd] *adj* **1.** *(Auto)* stromlinienförmig; **2.** *fig* rationell, modern, zeitgemäß.

street [stri:t] Straße *f;* ▶ **in,** *Am* **on the** ~ auf der Straße; **it's right up my** ~ *fam* das ist genau mein Fall; **he's not in the same** ~ **as her** zwischen ihm und ihr ist ein himmelweiter Unterschied; **be ~s ahead of, better than s.o.** *fam* jdm haushoch überlegen sein; **go on the ~s** *fam* auf den Strich gehen; **street battle** Straßenschlacht *f;* **street·car** ['stri:tkɑ:(r)] *Am* Straßenbahn(wagen *m*) *f;* **street fighter** Straßenkämpfer(in) *m (f);* **street door** Haustür *f;* **street party** Straßenfest *n;* **street lamp** Straßenlaterne *f;* **street lighting** Straßenbeleuchtung *f;* **street credibility** *fam* Milieunähe *f;* Glaubwürdigkeit *f* (innerhalb e-r Gruppe); **streetwalker** ['stri:twɔ:kə(r)] Prostituierte *f.*

strength [streŋθ] **1.** Kraft, Stärke *f a. fig;* **2.** *(Tisch etc)* Stabilität *f;* **3.** *(Schuhe)* Festigkeit *f;* **4.** *(Meinung)* Überzeugtheit *f;* **5.** *fig* Überzeugungskraft *f;* **6.** *(Maßnahme)* Drastik *f;* **7.** *(Gesundheit)* Robustheit *f;* Stärke *f;* **8.** *(Farbe)* Intensität *f;* **9.** *mil* Stärke *f;* **10.** *(Währung)* Stärke *f;* Stabilität *f;* ▶ ~ **of will** Willensstärke *f;* **on the** ~ **of s.th.** auf Grund e-r S; **be beyond s.o.'s** ~ über jds Kräfte gehen; **save one's** ~ mit seinen Kräften haushalten; **be up to** ~ die volle Stärke haben; **be at full** ~ vollzählig sein; **strengthen** ['streŋθn] **I** *tr* **1.** kräftigen, stärken; **2.** *fig* bestärken; **3.** *(Markt)* festigen; ▶ ~ **s.o.'s hand** jdn bestärken; **II** *itr* stärker werden; sich verstärken.

strenu·ous ['strenjʊəs] *adj* **1.** mühsam, anstrengend; **2.** *(Versuch)* unermüdlich, energisch; **3.** *(Ablehnung)* hartnäckig; **4.** *(Protest)* heftig.

strep·to·coc·cus [ˌstreptə'kɒkəs] ⟨*pl* -ci⟩ [—'kɒkaɪ] *med* Streptokokkus *m.*

stress [stres] **I** *s* **1.** Streß *m;* Belastung *f;* **2.** *med* Überlastung *f;* **3.** Betonung *f;* Akzent *m,* Hauptgewicht *n;* **4.** *tech* Belastung, Beanspruchung *f;* ▶ **times of** ~ Krisenzeiten *f pl;* **put, lay** ~ **on s.th.** großen Wert auf etw legen; **put s.o. under great** ~ jdn großen Belastungen aussetzen; **II** *tr* **1.** betonen; großen Wert legen auf; **2.** *tech* belasten; **stress-free** ['stresfri:] *adj* streßfrei; **stress·ful** ['stresfʊl] *adj* anstrengend, stressig.

stretch [stretʃ] **I** *tr* **1.** strecken; dehnen; ausbreiten; **2.** *(Seil)* spannen; **3.** *(Reserven)* voll ausnutzen; **4.** *(Arbeit)* fordern; **5.** *(Bedeutung)* äußerst weit fassen; **6.** *(Gesetz)* großzügig auslegen; ▶ **become ~ed** ausleiern; ~ **s.th. tight** etw straffen; ~ **o.s. out** sich auf den Boden legen; ~ **one's legs** sich die Beine vertreten; ~ **one's neck** den Hals rekken; **be fully ~ed** *fig* voll ausgelastet sein; ~ **a point** ein Auge zudrücken; **II** *itr* **1.** sich strecken, sich dehnen; **2.** *(Zeit)* sich erstrecken (*to* bis); **3.** *(Geld)* reichen; ▶ ~ **to reach s.th.** sich recken, um etw zu erreichen; ~ **back to** zurückreichen bis; ~ **out** sich hinlegen; sich ausbreiten; sich erstrecken; **III** *s* **1.** Strecken, Dehnen *n;* **2.** Elastizität, Dehnbarkeit *f;* **3.** Strecke *f,* Stück *n;* Abschnitt *m;* **4.** *(zeitlich)* Zeitraum *m;* ▶ **give s.th. a** ~ etw dehnen; **be at full** ~ bis zum äußersten gedehnt sein; mit aller Kraft arbeiten; **by no** ~ **of the imagination** beim besten Willen nicht; **for hours at a** ~ stundenlang.

stretcher ['stretʃə(r)] *med* Tragbahre *f;* **stretcher-bearer** Krankenträger *m.*

strew [stru:] ⟨*irr* **strewed, strewed** *od* **strewn**⟩ [stru:n] *tr* verstreuen; streuen; bestreuen; ▶ **the floor was ~n with flowers** Blumen lagen überall auf dem Boden verstreut.

stri·ated [straɪ'eɪtɪd] *adj* gestreift; gefurcht.

stricken ['strɪkən] **I** *v s. strike;* **II** *adj* verwundet; leidgeprüft; schmerzerfüllt, leidend; ▶ ~ **with guilt** voller Schuldgefühle; **panic-~** von Panik ergriffen.

strict [strɪkt] *adj* **1.** streng; strikt; **2.** *rel* strenggläubig; **3.** *(Neutralität)* absolut; **4.** *(Übersetzung)* genau; ▶ **in ~ confidence** streng vertraulich; **strict·ly** ['strɪktlɪ] *adv* streng; genau; ▶ ~ **speaking** genau genommen.

stride [straɪd] ‹*irr* **strode, stridden**› ['strɪdn] **I** *itr* schreiten; ▶ ~ **along** ausschreiten; ~ **away** sich mit schnellen Schritten entfernen; **II** *s* Schritt *m;* Fortschritt *m;* ▶ **take s.th. in one's ~** mit etw spielend fertigwerden; **put s.o. off his ~** jdn aus dem Konzept bringen.

stri·dent ['straɪdnt] *adj* schrill, kreischend.

strife [straɪf] Unmut *m;* Zwietracht *f.*

strike [straɪk] ‹*irr* **struck, struck** *od* **stricken**› **I** *tr* **1.** schlagen; schlagen an; **2.** *(Kugel)* treffen; **3.** *(Metall)* hämmern; **4.** *(Schmerz)* durchzucken; **5.** *(Unglück)* treffen; **6.** stoßen gegen, fahren gegen; **7.** *(Auge)* treffen; **8.** *(Blitz)* einschlagen in; **9.** *(Instrument)* anschlagen; **10.** *(Wurzeln)* schlagen; **11.** *fig* in den Sinn kommen (*s.o.* jdm); **12.** beeindrucken; **13.** *(Münze)* prägen; **14.** *(Übereinkommen)* sich einigen auf, aushandeln; **15.** *(Öl)* stoßen auf; **16.** *(Zelt)* abbrechen; **17.** *(Segel)* einholen, streichen; ▶ ~ **one's fist on the table** mit der Faust auf den Tisch schlagen; ~ **s.o. a blow** jdm e-n Schlag versetzen; ~ **a blow for s.th.** *fig* e-e Lanze für etw brechen; **be struck by lightning** vom Blitz getroffen werden; ~ **one's head against s.th.** mit dem Kopf gegen etw stoßen; ~ **difficulties** in Schwierigkeiten geraten; ~ **the hour** die volle Stunde schlagen; ~ **s.o. as cold** jdm kalt vorkommen; **that ~s me as a good idea** das kommt mir sehr vernünftig vor; **it ~s me that ...** ich habe den Eindruck, daß ... **a thought struck me** mir kam plötzlich ein Gedanke; **be struck by s.th.** von etw beeindruckt sein; **be struck with s.o.** von jdm begeistert sein; **be struck on s.o.** auf jdn versessen sein; **how does it ~ you?** wie finden Sie das? ~ **a light** Feuer machen; **be struck blind** blind werden; ~ **fear into s.o.'s heart** jdn mit Angst erfüllen; ~ **it rich** das große Geld machen; **be struck from a list** von e-r Liste gestrichen werden; **II** *itr* **1.** treffen; **2.** *(Blitz)* einschlagen; **3.** *mil* zuschlagen, angreifen; **4.** *(Panik)* ausbrechen; **5.** *(Uhr)* schlagen; **6.** *(Arbeiter)* streiken; **7.** *(Streichholz)* zünden; **8.** *mar* auflaufen (*on* auf); **9.** *(Fisch)* anbeißen; **10.** Wurzeln schlagen; ▶ ~ **against s.th.** gegen etw stoßen; ~ **at s.o.** nach jdm schlagen; ~ **at the roots of s.th.** etw an der Wurzel treffen; ~ **on a new idea** e-e neue Idee haben; ~ **across country** querfeldein gehen; ~ **right** sich nach rechts wenden; **III** *s* **1.** Streik, Ausstand *m;* **2.** *(Gold)* Fund *m;* **3.** *mil* Angriff *m;* **4.** Schlag *m;* ▶ **be on ~** streiken, im Ausstand sein; **come out, go on ~** in den Streik treten; **make a ~** fündig werden; **a lucky ~** ein Glücksfall, Treffer *m;* **IV** *(mit Präposition)* **strike back** *itr* **1.** zurückschlagen; **2.** *fig* sich wehren; ▶ ~ **back at s.o.** sich gegen jdn zur Wehr setzen; **strike down** *tr* **1.** niederschlagen; vernichten; **2.** *fig* zu Fall bringen; ▶ **be struck down** niedergeschlagen werden; getroffen werden; **strike in** *itr* sich einmischen, dazwischen platzen; **strike off** *tr* **1.** abschlagen; **2.** *(Geschriebenes)* (aus-, durch)streichen; **3.** *(Doktor)* die Zulassung entziehen (*s.o.* jdm); **4.** *(Preis)* abziehen; **5.** *typ* drucken; *itr* *(Straße)* abbiegen; **strike out** *itr* **1.** schlagen; **2.** *(Richtung)* zuhalten (*for* auf); sich aufmachen, losziehen; *tr* ausstreichen; ▶ ~ **out wildly** wild um sich schlagen; ~ **out for home** sich auf den Heimweg machen; ~ **out in a new direction** neue Wege gehen; **strike through** *tr* durchstreichen; **strike up** *tr* **1.** *(Melodie)* anstimmen; **2.** *(Bekanntschaft)* machen, anknüpfen; **3.** *(Konversation)* anfangen; *itr (Musik)* einsetzen.

strike ac·tion ['straɪkækʃn] Streikaktion *f;* **strike ballot** Urabstimmung *f;* **strike-bound** ['straɪkbaʊnd] *adj* bestreikt; **strike-breaker** ['straɪkˌbreɪkə(r)] Streikbrecher(in) *m (f);* **strike committee** Streikleitung *f;* **strike fund** Streikkasse *f;* **strike-leader** Streikführer(in) *m (f);* **strike-pay** Streikgeld *n.*

striker ['straɪkə(r)] Streikende(r) *f m.*

strik·ing ['straɪkɪŋ] *adj* **1.** *(Ähnlichkeit)* auffallend; **2.** *(Unterschied)* verblüffend; **3.** *(Schönheit)* eindrucksvoll; **4.** *(Arbeiter)* streikend; **5.** *(Uhr)* mit Schlagwerk.

string [strɪŋ] ‹*irr* **strung, strung**› **I** *s* **1.** Schnur, Kordel *f,* Bindfaden *m;* **2.** Faden *m;* Draht *m;* **3.** *(Perlen)* Schnur *f;* **4.** *(Menschen)* Schlange *f;* **5.** *fig* Serie, Reihe *f;* **6.** *mus* Saite *f;* **7.** *bot* Faden *m;* ▶ **have s.o. on a ~** jdn am Gängelband haben; **pull ~s** *fig* Fäden ziehen; **without ~s** *fig* ohne Bedingungen; **the ~** *pl mus* die Streichinstrumente *pl;* die Streicher *pl;* **have two ~s to one's bow** zwei Eisen im Feuer haben; **II** *tr* **1.** *(Instrument)* besaiten, bespannen; **2.** *(Perlen)* aufziehen, aufreihen; **3.** *(Bohnen)* Fäden abziehen von; **4.** aufreihen; ▶ ~ **objects** Gegenstände zusammenbinden; **III** *(mit Präposition)* **string along** *itr* sich anschließen; ▶ ~ **s.o. along** jdn hinhalten; **string out** *itr* sich verteilen; *tr* aufhängen; **string up** *tr* aufhängen; ▶ **be strung up** aufgeregt sein; **~ o.s. up to do s.th.** sich seelisch und moralisch darauf vorbereiten, etw zu tun.

string-bag ['strɪŋbæg] Einkaufsnetz *n;* **string-band** Streichorchester *n;* **string-bean** *bot* grüne Bohne; **stringed** [strɪŋd] *adj mus* Saiten-; ▶ **~ instrument** Saiteninstrument *n.*

strin·gency ['strɪndʒənsɪ] **1.** Strenge, Härte *f;* **2.** *com* Knappheit, Verknappung *f;* **strin·gent** ['strɪndʒənt] *adj* **1.** streng; **2.** *(Training)* hart; **3.** *(Maßnahmen)* streng, energisch; **4.** *com (Markt)* angespannt; ▶ **~ economies** *pl* schärfste Sparmaßnahmen *f pl.*

string player *mus* Streicher *m;* **string-puller** ['strɪŋpʊlə(r)] Drahtzieher *m;* **string quartet** Streichquartett *n;* **stringy** ['strɪŋɪ] *adj* **1.** *(Fleisch)* sehnig, zäh, faserig; **2.** *(Wurzel)* lang und dünn.

strip [strɪp] **I** *tr* **1.** ausziehen; **2.** *(Bett)* abziehen; **3.** *(Wand)* abkratzen; die Tapeten abziehen von; *(Holzoberfläche)* abbeizen; **4.** *(Schrank)* ausräumen; **5.** *fig* berauben (*of* gen); **6.** *tech* demontieren; auseinandernehmen; **7.** *(Schraube)* überdrehen; ▶ **~ s.o. naked, to the skin** jdn bis auf die Haut, nackt ausziehen; **~ s.th. off s.th.** etw von etw entfernen; **~ the bark from the trees** die Bäume schälen, entrinden; **~ s.th. away** etw wegnehmen; **~ped of s.th.** ohne etw; **~ down** zerlegen; **~ off** ausziehen; abmachen; entfernen; **II** *itr* sich ausziehen; sich freimachen; ▶ **~ to the waist** den Oberkörper freimachen; **~ off** sich ausziehen; sich abschälen lassen; **III** *s* **1.** Streifen *m;* schmales Stück; **2.** *sport* Trikot *n,* Dreß *m;* **3.** *aero* Start- und Landebahn *f;* ▶ **do a ~** *fam* strippen; **tear a ~ off s.o.** jdn zur Schnecke machen; **strip cartoon** Comic(strip) *m,* Bildgeschichte *f.*

stripe [straɪp] **1.** Streifen *m;* **2.** *mil* Streifen *m;* Tresse *f;* **striped** [straɪpt] *adj* gestreift; ▶ **be ~ (with) blue** blaue Streifen haben.

strip light ['strɪplaɪt] Neonröhre *f;* **strip-light·ing** ['strɪplaɪtɪŋ] Neonbeleuchtung *f;* **strip mill** Walzwerk *n;* **strip mining** *Am min* Tagebau *m.*

strip·per ['strɪpə(r)] **1.** Stripper(in) Stripteasetänzer(in) *m (f);* **2.** *(paint ~)* Farbentferner *m;* **strip show** Stripteaseshow *f;* **strip·tease** ['strɪpti:z] Striptease *m.*

strive [straɪv] ⟨*irr* strove, striven⟩ ['strɪvn] *itr* **1.** sich bemühen; **2.** kämpfen; ▶ **~ to do s.th.** bestrebt sein, etw zu tun; **~ for s.th.** etw anstreben; **~ against s.th.** gegen etw kämpfen; **~ with s.o.** mit jdm ringen.

strobe [strəʊb] **I** *adj* stroboskopisch; **II** *s (~ light)* Stroboskoplampe *f;* **strobo·scope** ['strəʊbəskəʊp] Stroboskop *n;* **strobo·scop·ic** [ˌstrəʊbəʊ'skɒpɪk] *adj* stroboskopisch.

strode [strəʊd] *v s. stride.*

stroke [strəʊk] **I** *s* **1.** Schlag, Hieb, Stoß *m;* **2.** *sport* Schlag *m;* Stoß *m;* Zug *m;* **3.** *(Rudern)* Schlagmann *m;* **4.** *(Bürste)* Strich *m;* **5.** *fig* Schlag *m;* Schachzug *m;* **6.** *(Uhr)* Schlag *m;* **7.** *tech* Hub *m;* **8.** *med* Schlaganfall *m;* ▶ **put s.o. off his ~** jdn aus dem Takt bringen; **he doesn't do a ~** er rührt keinen Finger; **a ~ of luck** ein Glücksfall *m;* **at a, one ~** mit e-m Schlag; **give s.o. a ~** jdn streicheln; **have a ~** einen Schlaganfall bekommen; **two-~ engine** Zweitaktmotor *m;* **II** *tr* streichen; ▶ **~ one's hair down** sich das Haar glattstreichen; **~ a boat** als Schlagmann rudern.

stroll [strəʊl] **I** *itr* spazieren, bummeln; ▶ **~ along the road** die Straße entlangbummeln; **II** *s* Spaziergang, Bummel *m;* ▶ **take a ~** e-n Bummel machen; **stroller** ['strəʊlə(r)] **1.** Spaziergänger(in) *m (f);* **2.** *Am (Kinder-)* Sportwagen *m.*

strong [strɒŋ] **I** *adj* **1.** stark, kräftig, kraftvoll; **2.** *(Wand)* stabil, solide; **3.** *(Gesichtszüge)* ausgeprägt; **4.** *(Konstitution)* robust; **5.** *(Augen)* gut; **6.** *(Charakter)* fest; **7.** *(Land)* mächtig; **8.** *(Einfluß)* groß, stark; **9.** *(Argument)* überzeugend; **10.** *(Protest)* energisch; **11.** *(Maßnahme)* drastisch; **12.** *(Brief)* geharnischt; **13.** *(zahlenmäßig)* stark; **14.** *(Anhänger)* begeistert; überzeugt; unerschütterlich; **15.** *(Parfüm)* stark; **16.** *(Geruch)* streng; **17.** *(Butter)* ranzig; **18.** *(Farbe)* kräftig; **19.** *(Akzent)* stark; **20.** *(Lösung)* konzentriert; **21.** *(Preise)* stabil; *(Währung)* stark; ▶ **she's getting ~er every day** sie wird mit jedem Tag kräftiger; **have ~ feelings about s.th.** in bezug auf etw stark engagiert sein; **have ~ feelings for s.th.** e-e starke Bindung an etw haben; **his ~ point** seine Stärke; **he is ~ in s.th.** etw ist seine Stärke; **~ breath** Mundgeruch *m;* **a ~ drink** ein steifer Drink; **protest in the ~est terms** energisch protestieren; **II** *adv* ▶ **be going ~** gut in Form sein; in Schwung sein; **strong-arm** ['strɒŋɑ:m] *adj* gewalttätig, brutal; **strong-box** Geldkassette *f;* **strong-hold** ['strɒŋhəʊld] **1.** Festung *f;* **2.** *fig* Bollwerk *n,* Hochburg *f;* **strong·ly** ['strɒŋlɪ] *adv* **1.** stark; kräftig; energisch; **2.** *(Interesse)* brennend; **3.** *(Glaube)* fest; **4.** *(Bitte)* inständig; kräftig; ▶ **I ~ advise you ...** ich möchte Ihnen dringendst raten ...; **strong-minded** [ˌstrɒŋ'maɪndɪd] *adj* willensstark; **strong-room** Stahlkammer *f,* Tresor *m.*

stron·tium ['strɒntɪəm] *chem* Strontium *n.*

strop [strɒp] I *s* Streichriemen *m;* II *tr (Rasiermesser)* abziehen.

stroppy ['strɒpɪ] *adj fam* schlecht gelaunt; pampig *fam.*

strove [strəʊv] *v s. strive.*

struck [strʌk] *v s. strike.*

struc·tural ['strʌktʃərəl] *adj* 1. strukturell; 2. *arch* baulich; 3. *(Fehler)* Konstruktions-; 4. *fig* Struktur-; 5. *(Balken)* tragend; 6. *fig* essentiell, notwendig; ▶ ~ **change** Strukturwandel *m;* ~ **engineering** Bautechnik *f;* ~ **unemployment** strukturelle Arbeitslosigkeit; **structure** ['strʌktʃə(r)] 1. Struktur *f,* Gefüge *n,* Aufbau *m;* 2. *(Auto)* Konstruktion *f;* 3. Bau *m,* Gebilde, Gerüst *n;* 4. *biol* Organismus *m;* ▶ **bone** ~ Knochenbau *m.*

struggle ['strʌgl] I *itr* 1. kämpfen; sich wehren; 2. *(finanziell)* in Schwierigkeiten sein; 3. *fig* sich abmühen; sich quälen; ▶ ~ **to do s.th.** sich sehr anstrengen, etw zu tun; ~ **for s.th.** um etw kämpfen; ~ **against s.o.** gegen jdn kämpfen; ~ **with s.o.** mit jdm kämpfen; ~ **with s.th.** sich mit etw herumschlagen; mit etw ringen; ~ **to get up** sich hochquälen; ~ **along** sich durchschlagen; II *s* 1. Kampf *m* (*for* um); 2. *fig* Anstrengung *f;* ▶ **without a** ~ kampflos; ~ **for survival, existence** Überlebens-, Daseinskampf *m.*

strum [strʌm] I *tr* klimpern auf; II *itr* klimpern (*on* auf).

strung [strʌŋ] *v s. string.*

strut[1] [strʌt] I *itr* (herum)stolzieren; II *s* Stolzieren *n.*

strut[2] [strʌt] *arch* Strebe, Stütze *f.*

strych·nine ['strɪkni:n] Strychnin *n.*

stub [stʌb] I *s* 1. Stummel *m;* 2. *(Zigarette)* Kippe *f;* 3. *(Scheck)* Abschnitt *m;* II *tr* ▶ ~ **one's toe** mit dem Zeh an etw stoßen; ~ **out a cigarette** e-e Zigarette ausdrücken.

stubble ['stʌbl] Stoppeln *f pl;* ▶ **designer-**~ Dreitagebart *m;* **stubbly** ['stʌblɪ] *adj* stoppelig.

stub·born ['stʌbən] *adj* 1. stur; störrisch; 2. *(Ablehnung)* hartnäckig; 3. *(Material)* widerspenstig.

stubby ['stʌbɪ] *adj* untersetzt, stämmig, kräftig.

stucco ['stʌkəʊ] ⟨*pl* **stucco(e)s**⟩ I *s* 1. Stuck *m;* 2. (~ *work*) Stuckarbeit, Stukkatur *f;* II *tr* mit Stuck verzieren.

stuck [stʌk] I *v s. stick*[2]; II *adj* ▶ **be** ~ nicht zurechtkommen; **he is** ~ **for s.th.** es fehlt ihm an etw; **I was** ~ **for an answer** ich wußte nicht, was ich sagen sollte; **get** ~ **into s.o.** jdn richtig in die Mangel nehmen; **get** ~ **into s.th.** etwas in Angriff nehmen; **be** ~ **on s.o.** *fam* in jdn verknallt sein; **be** ~ **with s.th.** etw am Hals haben.

stuck-up [ˌstʌk'ʌp] *adj fam* hochnäsig, arrogant.

stud[1] [stʌd] I *s* 1. Ziernagel *m;* 2. Kragen-, Hemdknopf *m;* 3. Ohrstecker *m;* ▶ **reflector** ~ Katzenauge *n;* II *tr* übersäen (*with* mit).

stud[2] [stʌd] 1. Stall *m,* Gestüt *n;* 2. Sexprotz *m;* **put to** ~ zur Züchtung verwenden.

stu·dent ['stju:dnt] 1. Student(in) *m (f);* 2. *Am* Schüler(in) *m (f);* ▶ **fellow** ~ Kommilitone *m,* Kommilitonin *f;* **medical** ~ Medizinstudent(in) *m (f);* **be a** ~ **of** ...... studieren; **student teacher** (Studien)Referendar(in) *m (f);* **student union** Studentenvereinigung *f.*

stud-farm ['stʌdfɑ:m] Gestüt *n;* **stud-horse** Zuchthengst *m.*

studied ['stʌdɪd] *adj* 1. gut durchdacht, wohlüberlegt; 2. *(Stil)* kunstvoll; 3. *(Beleidigung)* gewollt, beabsichtigt; berechnet; 4. *(Pose)* einstudiert.

stu·dio ['stju:dɪəʊ] ⟨*pl* **-dios**⟩ 1. Studio *n;* 2. *(Maler)* Atelier *n;* 3. *radio* Senderaum *m;* **studio audience** Publikum *n* im Studio; **studio couch** Schlafcouch *f.*

stu·di·ous ['stju:dɪəs] *adj* 1. fleißig; eifrig; 2. *(Kind)* lernbegierig; 3. *(Aufmerksamkeit)* gewissenhaft, sorgfältig; 4. *(Höflichkeit)* bewußt; gewollt; 5. *(Bemühung)* beflissen.

study ['stʌdɪ] I *s* 1. Studium *n;* Lernen *n;* 2. *(Natur)* Beobachtung *f;* 3. Studie *f* (*of* über); Untersuchung *f;* 4. Arbeits-, Studierzimmer *n;* ▶ **the** ~ **of cancer** die Krebsforschung; **make a** ~ **of s.th.** etw untersuchen; **during my studies** während meines Studiums; **spend one's time in** ~ seine Zeit mit Studieren verbringen; II *tr* 1. studieren; lernen; 2. *(Natur)* beobachten; 3. *(Text)* sich befassen mit; 4. erforschen; III *itr* studieren (*for s.th.* etw); ▶ ~ **under s.o.** bei jdm studieren; **study group** Arbeitsgruppe *f;* **study visit** Studienreise *f.*

stuff [stʌf] I *s* 1. Zeug *n;* 2. *sl (Drogen)* Stoff *m;* 3. *fam* Kram *m,* Sachen *f pl;* ▶ **green** ~ Grünzeug *n;* **food** ~**s** *pl* Lebensmittel *pl;* **the** ~ **that heroes are made of** der Stoff, aus dem Helden gemacht sind; **it's poor** ~ das ist schlecht; **books and** ~ Bücher und so; **and** ~ **like that** und so was; **do one's** ~ *fam* seine Nummer abziehen; **know one's** ~ wissen, wovon man redet; II *tr* 1. voll-, zustopfen; 2. *(Umschlag)* stekken (*into* in); 3. *(Gans)* füllen; 4. *(Kissen)* füllen; ausstopfen; ▶ ~ **s.o. with food** jdn mästen; ~ **s.th. away** etw wegstecken; ~ **one's head with nonsense** sich den Kopf mit Unsinn vollstopfen; **be** ~**ed up** verschnupft sein; ~ **it** *sl* halt's Maul; **get** ~**ed!** *fam* du kannst mich mal! *fam;* **stuffed shirt** *fam* aufgeblasener Kerl; **stuff·ing** ['stʌfɪŋ] **1.** *(Essen)* Füllung *f;* **2.** Polstermaterial *n;* ▶ **knock the ~ out of s.o.** *fam* jdn kleinkriegen, jdn fertigmachen.

stuffy ['stʌfɪ] *adj* **1.** stickig, dumpf; **2.** *fig* spießig; prüde; **3.** *(Atmosphäre)* steif, gezwungen; langweilig.

stul·tify ['stʌltɪfaɪ] *tr* lähmen; verkümmern lassen.

stumble ['stʌmbl] **I** *itr* **1.** stolpern; **2.** *(Rede)* stottern; ▶ **~ against s.th.** gegen etw stoßen; **~ on s.th.** auf etw stoßen; **she ~d through her speech** stockend hielt sie ihre Rede; **II** *s* **1.** Stolpern *n;* **2.** Stocken *n;* **stum·bling-block** ['stʌmblɪŋblɒk] *fig* Hürde *f,* Hindernis *n.*

stump [stʌmp] **I** *s* **1.** (Baum-, Zahn)Stumpf *m;* **2.** *(Zigarette)* Stummel *m;* **3.** *Am pol* Rednertribüne *f;* **4.** *(Kricket)* Stab *m;* ▶ **stir one's ~s** sich rühren, sich regen; **II** *tr* **1.** *Am pol* als Wahlredner bereisen; **2.** *(Kricket)* ausschalten; ▶ **you've got me ~ed** *fam* da bin ich überfragt; **~ up money** *sl* Geld lockermachen; **III** *itr* stapfen; ▶ **~ along** entlangstapfen; **~ up** *sl* blechen; **stumpy** ['stʌmpɪ] *adj* stämmig, untersetzt; klein und gedrungen.

stun [stʌn] *tr* **1.** betäuben; benommen machen; **2.** *fig* aus der Fassung bringen.

stung [stʌŋ] *v s. sting.*

stunk [stʌŋk] *v s. stink.*

stunned [stʌnd] *adj* **1.** betäubt; benommen; **2.** *fig* fassungslos; **stun·ner** ['stʌnə(r)] *fam* Pfundskerl *m;* tolle Frau; **stun·ning** ['stʌnɪŋ] *adj* **1.** wuchtig; **2.** betäubend; **3.** *fam* prächtig, toll, blendend.

stunt[1] [stʌnt] *tr* **1.** *(Entwicklung)* hemmen; **2.** *(Verstand)* verkümmern lassen.

stunt[2] [stʌnt] *fam* Kunststück *n;* Nummer *f;* Gag *m.*

stunted ['stʌntɪd] *adj* verkümmert, zurückgeblieben.

stunt·man ['stʌntmən] ‹*pl* -men› *film* Stuntman *m,* Double *n.*

stu·pe·fac·tion [ˌstju:pɪ'fækʃn] Verblüffung *f;* **stu·pefy** ['stju:pɪfaɪ] *tr* **1.** benommen machen; **2.** *fig* verblüffen.

stu·pen·dous [stju:'pendəs] *adj* **1.** überwältigend; **2.** *(Anstrengung)* gewaltig, ungeheuer.

stu·pid ['stju:pɪd] **I** *adj* **1.** dumm; blöd(e); **2.** benommen, benebelt; ▶ **don't be ~** sei nicht so blöd; **drink o.s. ~** sich sinnlos betrinken; **II** *s* Blödmann, Dummkopf *m;* **stu·pid·ity** [stju:'pɪdətɪ] Dummheit, Blödheit *f.*

stu·por ['stju:pə(r)] Benommenheit *f;* ▶ **in a drunken ~** im Vollrausch.

sturdy ['stɜ:dɪ] *adj* **1.** kräftig, stämmig; **2.** *(Material)* kräftig, robust; **3.** *(Auto)* stabil; **4.** *fig* entschlossen, unnachgiebig.

stur·geon ['stɜ:dʒən] *zoo* Stör *m.*

stut·ter ['stʌtə(r)] **I** *tr, itr* stottern; stammeln; **II** *s* Stottern *n;* **stut·terer** ['stʌtərə(r)] Stotterer *m,* Stotterin *f.*

sty [staɪ] Schweinestall *m a. fig.*

sty(e) [staɪ] ‹*pl* sties, styes› *med* Gerstenkorn *n.*

style [staɪl] **I** *s* **1.** Stil *m;* Ausdrucksweise *f;* **2.** *(Kunst, fig)* Stil *m;* **3.** Art *f;* **4.** *(Mode)* Stil *m;* Schnitt *m;* **5.** Titel *m,* Anrede *f;* **6.** *bot* Griffel *m;* ▶ **~ of painting** Malstil *m;* **~ of life** Lebensstil *m;* **that's the ~** *fam* so ist's richtig; **in ~** stilvoll; **do things in ~** alles im großen Stil tun; **a new ~ of car** ein neuer Autotyp; **all the latest ~s** die neueste Mode; **II** *tr* **1.** nennen; **2.** entwerfen; gestalten; **3.** *(Frisur)* stylen *fam;* **styl·ing** ['staɪlɪŋ] Stylen, Styling *n;* Design *n;* Schnitt *m;* **styl·ish** ['staɪlɪʃ] *adj* **1.** modisch, elegant; **2.** *(Haus)* vornehm; **3.** *(Möbel)* stilvoll; **4.** *(Lebensweise)* großartig, im großen Stil; **sty·list** ['staɪlɪst] **1.** Modeschöpfer(in) *m (f);* **2.** *(hair ~)* Friseur(in) *m (f),* Friseuse *f;* **3.** *lit* Stilist(in) *m (f);* **sty·lis·tic** [staɪ'lɪstɪk] *adj* stilistisch; **sty·lize** ['staɪəlaɪz] *tr* stilisieren.

sty·lus ['staɪləs] **1.** *(Plattenspieler)* Nadel *f;* **2.** *hist* Griffel *m.*

sty·mie ['staɪmɪ] *tr fig* matt setzen; ▶ **be ~d** aufgeschmissen sein.

styp·tic ['stɪptɪk] **I** *s* blutstillendes Mittel; **II** *adj* Blutstill-.

suave [swɑ:v] *adj* liebenswürdig; aalglatt.

sub [sʌb] *pref* Unter-, sub-; **sub·al·tern** ['sʌbltən] *mil* Subalternoffizier *m;* **sub-class** ['sʌbklɑ:s] Unterabteilung *f;* **sub·com·mit·tee** ['sʌbkəˌmɪtɪ] Unterausschuß *m;* **sub·con·scious** [ˌsʌb'kɒnʃəs] **I** *adj* unterbewußt; **II** *s* ▶ **the ~** das Unterbewußtsein; **sub-con·ti·nent** [ˌsʌb'kɒntɪnənt] *geog* Subkontinent *m;* **sub·con·tract** [ˌsʌb'kɒntrækt] **I** *s* Nebenvertrag *m;* **II** *tr* [ˌsʌbkən'trækt] vertraglich weitervergeben (*to* an); **sub·cul·ture** [ˌsʌb'kʌltʃə(r)] Subkultur *f;* **sub·cu·taneous** [ˌsʌbkju:'teɪnɪəs] *adj med* subkutan; **sub·di·vide** [ˌsʌbdɪ'vaɪd] **I** *tr* unterteilen; **II** *itr* sich aufteilen; **sub·di·vi·sion** [ˌsʌbdɪ'vɪʒn] **1.** Unterteilung *f;* **2.** Unterabteilung *f.*

sub·due [səb'dju:] *tr* **1.** besiegen, unterwerfen; **2.** *(Gefühl)* unterdrücken; **3.** *(Licht, Ton)* dämpfen; **4.** *(Tier)* zähmen; **5.** *(Schmerz)* lindern; ▶ **talk in a ~d voice** mit gedämpfter Stimme reden.

sub·ject ['sʌbdʒɪkt] **I** *adj* **1.** unterworfen; **2.** anfällig (*to* für); ▶ **be ~ to s.th.** e-r S unterworfen sein; für etw anfällig sein; **prices are ~ to change without notice** Preisänderungen vorbehalten; **be ~ to taxation** besteuert werden; **~ to correction** vorbehaltlich Änderungen;

II *s* **1.** *pol* Staatsbürger(in) *m (f); (Monarchie)* Untertan(in) *m (f);* **2.** *gram* Subjekt *n;* **3.** *mus* Thema *n;* **4.** *(Schule)* Fach *n;* Spezialgebiet *n;* **5.** Grund, Anlaß *m* (*for* zu); **6.** Gegenstand *m;* Versuchsperson *f;* ► **change the ~** das Thema wechseln; **on the ~ of ...** zum Thema ... **that's off the ~** das gehört nicht zum Thema; **III** *tr* [səbˈdʒekt] unterwerfen, -jochen; ► **~ s.o. to s.th.** jdn e-r S aussetzen; **~ s.o. to insults** jdn beschimpfen; **~ o.s. to s.th.** etw hinnehmen; sich e-r S unterziehen; **subject catalogue** Schlagwortkatalog *m;* **subject index** Sachregister *n.*

sub·jec·tion [səbˈdʒekʃn] **1.** Unterwerfung *f;* **2.** *pol* Abhängigkeit *f* (*of* von).

sub·jec·tive [səbˈdʒektɪv] *adj* subjektiv.

sub·ject mat·ter [ˈsʌbdzɪktˌmætə(r)] Stoff *m;* Inhalt *m.*

sub·ju·gate [ˈsʌbdʒʊgeɪt] *tr* unterjochen, -werfen.

sub·junc·tive [səbˈdʒʌŋktɪv] **I** *adj* konjunktivisch; ► **~ mood** Konjunktiv *m;* **II** *s* Konjunktiv *m.*

sub·lease [ˌsʌbˈliːs] **I** *s* Untervermietung *f;* Unterverpachtung *f;* **II** *tr* weiterverpachten; untervermieten.

sub·let *tr irr s. let* untervermieten.

sub-lieu·ten·ant [ˌsʌbləˈtenənt, *Am* ˌsʌbluːˈtenənt] *Br* Oberleutnant *m* zur See.

sub·li·mate [ˈsʌblɪmeɪt] **I** *tr chem psych* sublimieren; **II** *s chem* Sublimat *n.*

sub·lime [səˈblaɪm] *adj* **1.** erhaben; überragend, unvergleichlich; **2.** *fam (Frechheit)* unglaublich.

sub·lim·inal [ˌsʌbˈlɪmɪnl] *adj psych* unterschwellig.

sub·mar·ine [ˌsʌbməˈriːn, ˈsʌbməˌriːn] **I** *adj* unterseeisch, submarin; **II** *s* Unterseeboot, U-Boot *n.*

sub·menu [ˌsʌbˈmenjuː] *EDV* Untermenü *n.*

sub·merge [səbˈmɜːdʒ] **I** *tr* **1.** untertauchen; **2.** überschwemmen, -fluten; ► **~ s.th. in water** etw in Wasser tauchen; **II** *itr* tauchen; **sub·merged** [səbˈmɜːdʒd] *adj* **1.** unter Wasser; **2.** *(Wrack)* gesunken.

sub·mission [səbˈmɪʃn] **1.** Unterwerfung *f* (*to* unter); Gehorsam *m;* **2.** *jur* Unterbreitung, Vorlage *f;* **3.** Einwurf *m;* ► **force s.o. into ~** jdn zwingen, sich zu ergeben; **starve s.o. into ~** jdn aushungern; **make a ~ to s.o.** jdm e-e Vorlage machen; **sub·mis·sive** [səbˈmɪsɪv] *adj* demütig, gehorsam; ► **~ to authority** autoritätsgläubig.

sub·mit [səbˈmɪt] **I** *tr* **1.** vorlegen, unterbreiten, einreichen (*to* bei); **2.** verweisen an; ► **~ s.th. to tests** etw Tests unterziehen; **~ s.th. to heat** etw der Hitze aussetzen; **II** *itr* **1.** sich fügen, nachgeben; **2.** *mil* sich ergeben; **3.** *sport* aufgeben; ► **~ to s.th.** sich e-r S beugen; sich etw gefallen lassen; **III** *refl* ► **~ o.s. to s.th.** sich e-r S unterziehen.

sub·nor·mal [ˌsʌbˈnɔːml] *adj* **1.** *(Intelligenz)* unterdurchschnittlich; **2.** *psych* minderbegabt.

sub·or·di·nate [səˈbɔːdɪnət] **I** *adj* rangniedriger; untergeordnet; ► **~ clause** Nebensatz *m;* **be ~ to s.o.** jdm untergeordnet sein; **II** *s* Untergebene(r) *f m;* **III** *tr* [səˈbɔːdɪneɪt] unterordnen; **sub·or·di·na·tion** [səˌbɔːdɪˈneɪʃn] Unterordnung *f* (*to* unter).

sub·orn [səˈbɔːn] *tr jur (Zeugen)* beeinflussen.

sub·poena [səˈpiːnə] *jur* **I** *s* Vorladung *f;* **II** *tr* vorladen.

sub·scribe [səbˈskraɪb] **I** *tr* **1.** *(Geld)* zeichnen; **2.** spenden (*to* für); ► **~ one's name to a document** ein Dokument unterzeichnen; **II** *itr* spenden, geben; ► **~ to an appeal** sich an e-r Spendenaktion beteiligen; **~ to a magazine** e-e Zeitschrift abonnieren; **~ to s.th.** *fig* etw gutheißen, etw billigen; **sub·scriber** [səbˈskraɪbə(r)] **1.** Abonnent(in) *m (f);* **2.** Spender(in) *m (f);* **3.** *tele* Teilnehmer(in) *m (f);* **4.** *(Anleihe)* Zeichner *m;* **subscriber trunk dialling** *Br tele* Selbstwählferndienst, -verkehr *m;* **sub·scrip·tion** [səbˈskrɪpʃn] **1.** Subskription, Zeichnung *f;* **2.** Beitrag *m;* **3.** Abonnement *n;* ► **take out a ~ to s.th.** etw abonnieren; **by public ~** mit Hilfe von Spenden; **subscription rate** Abonnements-, Bezugspreis *m.*

sub·sec·tion [ˈsʌbˌsekʃn] Unterabschnitt *m,* -abteilung *f.*

sub·se·quent [ˈsʌbsɪkwənt] *adj* **1.** (nach)folgend; **2.** *(zeitlich)* später, anschließend; ► **~ to** im Anschluß an; **sub·se·quent·ly** [—lɪ] *adv* später; anschließend.

sub·ser·vi·ent [səbˈsɜːvɪənt] *adj* **1.** unterwürfig (*to* gegenüber); **2.** unterworfen.

sub·set [ˈsʌbset] *math* Teilmenge *f.*

sub·side [səbˈsaɪd] *itr* **1.** *(Flüssigkeit)* sich setzen; **2.** *(Flut)* sinken; **3.** *(Boden)* sich senken; **4.** *(Wind)* abflauen, nachlassen, sich legen; **5.** *(Ärger)* abklingen; **sub·sid·ence** [səbˈsaɪdns] (Boden-)Senkung *f.*

sub·sidi·ary [səbˈsɪdɪərɪ] **I** *adj* **1.** *(Rolle)* Neben-; **2.** *(Firma)* Tochter-; ► **be ~ to s.th.** e-r S untergeordnet sein; **II** *s (~ company)* Tochtergesellschaft *f.*

sub·si·dize [ˈsʌbsɪdaɪz] *tr* finanziell unterstützen; subventionieren; **sub·sidy** [ˈsʌbsədɪ] Zuschuß *m;* Subvention *f.*

sub·sist [səbˈsɪst] *itr* leben, sich ernähren (*on* von); **sub·sis·tence** [səbˈsɪstəns] **1.** Existenz *f;* **2.** (Lebens-)

Unterhalt *m*, Auskommen *n;* ▶ **enough for ~** genug zum Leben; **subsistence allowance** Unterhaltszuschuß *m;* **subsistence level** Existenzminimum *n;* **subsistence wage** Mindestlohn *m.*

sub·sonic [ˌsʌbˈsɒnɪk] *adj* unter Schallgeschwindigkeit (fliegend).

sub·stance [ˈsʌbstəns] **1.** Substanz, Materie *f,* Stoff *m;* **2.** Substanz *f,* Gehalt *m;* Kern *m;* **3.** Gewicht *n;* ▶ **in ~** im wesentlichen; **the argument lacks ~** das Argument hat keine Durchschlagskraft; **a man of ~** ein vermögender Mann.

sub·stan·dard [ˌsʌbˈstændəd] *adj* **1.** *(Qualität)* minderwertig; unzulänglich; **2.** *gram* nicht korrekt.

sub·stan·tial [səbˈstænʃl] *adj* **1.** kräftig; **2.** *(Gebäude)* solide, fest; **3.** *(Beweis)* schlüssig; **4.** *(Grund)* stichhaltig; **5.** *(Einkommen)* beträchtlich, bedeutend, umfangreich; **6.** körperlich; ▶ **be in ~ agreement** im wesentlichen übereinstimmen; **sub·stan·tially** [səbˈstænʃəlɪ] *adv* **1.** erheblich, beträchtlich, wesentlich; **2.** im wesentlichen.

sub·stan·ti·ate [səbˈstænʃɪeɪt] *tr* erhärten, untermauern.

sub·stan·tive [ˈsʌbstəntɪv] **I** *s gram* Substantiv, Hauptwort *n;* **II** *adj* **1.** *(Argument)* überzeugend, stichhaltig; **2.** *(Fortschritt)* beträchtlich, wesentlich, bedeutend.

sub·sta·tion [ˈsʌbsteɪʃn] *el* Umspannstation *f.*

sub·sti·tute [ˈsʌbstɪtjuːt] **I** *s* **1.** Ersatz *m;* Vertretung *f;* **2.** *sport* Ersatzspieler(in) *m (f);* ▶ **find a ~ for s.o.** für jdn Ersatz finden; **II** *tr* ersetzen (*s.th. for s.th.* etw durch etw); ▶ **~ margarine for butter** Butter durch Margarine ersetzen; **III** *itr* ▶ **~ for s.o.** jdn vertreten; **~ for s.th.** etw ersetzen; **IV** *adj* stellvertretend; Ersatz-; **sub·sti·tu·tion** [ˌsʌbstɪˈtjuːʃn] **1.** Ersatz *m;* **2.** *sport* Austausch *m.*

sub·stra·tum [ˌsʌbˈstrɑːtəm] ⟨*pl* -ta⟩ [—tə] **1.** Substrat *n;* **2.** *geol* Untergrund *m.*

sub·sume [səbˈsjuːm] *tr* ▶ **~ s.th. under s.th.** etw unter etw zusammenfassen.

sub·ten·ant [ˌsʌbˈtenənt] Unterpächter(in), -mieter(in) *m (f).*

sub·ter·fuge [ˈsʌbtəfjuːdʒ] Vorwand *m,* Ausflucht *f;* Trick *m.*

sub·ter·ranean [ˌsʌbtəˈreɪnɪən] *adj* unterirdisch.

sub·title [ˈsʌbtaɪtl] **I** *tr (Film)* mit Untertiteln versehen; **II** *s* Untertitel *m;* **subtitling** [—ɪŋ] Untertitelung *f.*

subtle [ˈsʌtl] *adj* **1.** *(Parfüm, Charme)* fein, zart; unaufdringlich; **2.** *(Bemerkung)* scharfsinnig; raffiniert; **3.** *(Beobachter)* aufmerksam; fein; **subtlety** [ˈsʌtltɪ] **1.** Feinheit, Zartheit *f;* Unaufdringlichkeit *f;* **2.** Scharfsinn *m;* Raffiniertheit *f;* **3.** Aufmerksamkeit *f.*

sub·tract [səbˈtrækt] *tr, itr* abziehen (*from* von).

sub·tropi·cal [ˌsʌbˈtrɒpɪkl] *adj* subtropisch.

sub·urb [ˈsʌbɜːb] Vorort *m;* ▶ **in the ~s** am Stadtrand; **sub·ur·ban** [səˈbɜːbən] *adj* **1.** vorstädtisch; **2.** *pej* kleinbürgerlich, spießig; ▶ **~ line** Vorortstrecke *f;* **sub·ur·bia** [səˈbɜːbɪə] Vororte *m pl.*

sub·ven·tion [səbˈvenʃn] Subvention *f.*

sub·ver·sion [səbˈvɜːʃn] **1.** Umsturz *m;* **2.** *(von Rechten)* Unterwanderung *f;* **sub·vers·ive** [səbˈvɜːsɪv] **I** *adj* umstürzlerisch, subversiv; **II** *s* Umstürzler(in) *m (f),* Subversive(r) *f m;* **subvert** [sʌbˈvɜːt] *tr* **1.** *(Regierung)* zu stürzen versuchen; **2.** *(Glaube)* untergraben.

sub·way [ˈsʌbweɪ] **1.** (Fußgänger)Unterführung *f;* **2.** *Am* Untergrundbahn, U-Bahn *f.*

sub-zero [ˌsʌbˈzɪərəʊ] *adj* unter Null, unter dem Gefrierpunkt.

suc·ceed [səkˈsiːd] **I** *itr* **1.** erfolgreich sein, Erfolg haben; **2.** *(Plan)* gelingen; **3.** nachfolgen; ▶ **~ in business** geschäftlich erfolgreich sein; **I ~ed in doing it** es gelang mir, es zu tun; **~ to an office** in e-m Amt nachfolgen; **~ to an estate** e-n Besitz erben; **II** *tr* **1.** folgen auf; **2.** Nachfolger(in) *m (f)* werden (*s.o.* jds); ▶ **~ s.o. in a post** jds Nachfolger(in) werden; **suc·ceed·ing** [—ɪŋ] *adj* aufeinander-, nachfolgend.

suc·cess [səkˈses] Erfolg *m;* ▶ **meet with ~** Erfolg haben, erfolgreich sein; **make a ~ of s.th.** mit etw Erfolg haben; **be a ~ with s.o.** bei jdm ankommen; **without ~** ohne Erfolg, erfolglos; **~ story** Erfolgsstory *f;* **suc·cess·ful** [səkˈsesfl] *adj* erfolgreich (*in everything* bei allem); ▶ **be entirely ~** ein voller Erfolg sein.

suc·cession [səkˈseʃn] **1.** Folge, Serie *f;* Aufeinanderfolge *f;* **2.** *jur* Erbfolge *f;* Nachfolge *f;* ▶ **in ~** nach-, hintereinander; **in quick ~** in rascher Folge; **in ~ to s.o.** in jds Nachfolge; **~ to the throne** Thronfolge *f;* **suc·cess·ive** [səkˈsesɪv] *adj* aufeinanderfolgend; **suc·cessor** [səkˈsesə(r)] Nachfolger(in) *m (f)* (*to* für); *(Produkt, Auto)* Nachfolgemodell *n.*

suc·cinct [səkˈsɪŋkt] *adj* kurz (u. bündig), knapp; prägnant.

suc·cour, *Am* **suc·cor** [ˈsʌkə(r)] Beistand *m.*

suc·cu·lent [ˈsʌkjʊlənt] *adj* **1.** *(Pfirsich)* saftig; **2.** *bot* fleischig.

suc·cumb [səˈkʌm] *itr* **1.** erliegen (*to* dat); **2.** *(Drohungen)* sich beugen.

such [sʌtʃ] **I** *adj* solche(r, s); ▶ **~ a book**

so ein Buch; **all ~ people** all solche Leute; **~ a thing** so etwas; **no ~ thing** nichts dergleichen; **in ~ a case** in e-m solchen Fall; **men ~ as these** Männer wie diese; **she's ~ a beauty** sie ist solch e-e Schönheit; **his behaviour was ~ that ..., ~ was his behaviour that ...** sein Verhalten war so, daß ... **II** *adv* so, solch; ▶ **it's ~ a long time ago** es ist so lange her; **III** *prn* ▶ **~ being the case ...** in diesem Fall ... **~ was not my intention** das war nicht meine Absicht; **~ is life!** so ist das Leben! **as ~** an sich; **~ as it is** so, wie es nun mal ist; **such-and-such** *adj* ▶ **~ a time** die und die Zeit; **such·like** ['sʌtʃlaɪk] *adj* dergleichen.

suck [sʌk] **I** *tr* **1.** saugen an; **2.** *(Bonbon, Eis)* lutschen an; ▶ **~ the juice out of, from s.th.** den Saft aus etw heraussaugen; **~ s.o. dry** jdn bis aufs Blut aussaugen; **II** *itr* **1.** saugen; nuckeln; **2.** *(Pfeife)* ziehen (*at* an); **III** *s* Saugen, Lutschen *n;* **IV** *(mit Präposition)* **suck down** *tr* hinunterziehen; **suck in** *tr* **1.** auf-, ansaugen; einziehen; **2.** *(Wissen)* aufsaugen; **suck under** *tr* hinunterziehen; verschlingen; **suck up** *tr* aufsaugen; ▶ **~ up to s.o.** *sl* jdm schöntun; **sucker** ['sʌkə(r)] **1.** *zoo* Saugnapf *m;* **2.** *bot* unterirdischer Ausläufer; **3.** *Am* Lutscher *m;* **4.** *sl* Idiot(in) *m (f);* ▶ **be a ~ for s.th.** auf etw hereinfallen; **sucking-pig** ['sʌkɪŋpɪg] Spanferkel *n.*

suckle ['sʌkl] *tr* stillen; säugen.

su·crose ['su:krəʊs] Saccharose *f,* pflanzlicher Zucker.

suc·tion ['sʌkʃn] Saugwirkung *f;* Sog *m;* Sogwirkung *f;* **suction pump** Saugpumpe *f.*

Sudan [su:'dæn] der Sudan; **Sudan·ese** [ˌsu:də'ni:z] **I** adj sudan(es)isch; **II** *s* Sudanese *m,* Sudanesin *f;* Sudaner(in) *m (f).*

sud·den ['sʌdn] **I** *adj* **1.** plötzlich, jäh; **2.** *fig* unerwartet, unvorhergesehen; **II** *s* ▶ **all of a ~** (ganz) plötzlich; **sud·den·ly** [—lɪ] *adv* plötzlich.

Su·de·ten·land [su:'deɪtənˌlænd] *hist* Sudetenland *n.*

suds [sʌdz] *pl* Seifenwasser *n,* -lauge *f,* -schaum *m.*

sue [sju:] **I** *tr* **1.** *jur* verklagen, belangen; **2.** *lit* bitten (*for* um); ▶ **~ s.o. for s.th.** jdn wegen etw verklagen; **~ s.o. for damages** jdn auf Schadensersatz verklagen; **II** *itr* **1.** *jur* klagen, e-n Prozeß anstrengen; **2.** bitten (*to s.o. for* jdn um); ▶ **~ for divorce** die Scheidung einreichen; **~ for peace** um Frieden bitten.

suede [sweɪd] **I** *adj* aus Wildleder, Wildleder-; **II** *s* Wildleder *n.*

suet ['su:ɪt] Nierentalg *m,* -fett *n.*

suf·fer ['sʌfə(r)] **I** *tr* **1.** erleiden; **2.** *(Hunger)* leiden; **3.** *(Krankheit)* leiden unter; **4.** dulden, ertragen; **5.** zulassen; ▶ **~ defeat** e-e Niederlage erleiden; **~ s.th. to be done** zulassen, daß etw geschieht; **II** *itr* **1.** leiden (*from* an); **2.** büßen (*for* für); ▶ **she's still ~ing from the effects** sie leidet immer noch an den Folgen; **~ for one's sins** für seine Sünden büßen; **he doesn't ~ fools gladly** er hat keine Geduld mit dummen Leuten; **suf·fer·ance** ['sʌfərəns] Duldung *f;* ▶ **on ~** (nur) geduldet; **suf·ferer** ['sʌfərə(r)] Leidende(r) *f m* (*from* an); **suf·fer·ing** ['sʌfərɪŋ] Leiden *n.*

suf·fice [sə'faɪs] **I** *itr* genügen, ausreichen; **II** *tr* genügen; zufriedenstellen; ▶ **~ it to say ...** es reicht wohl, wenn ich sage ...; **suf·fi·ciency** [sə'fɪʃnsɪ] Hinlänglichkeit *f;* ▶ **have a ~** genügend haben; **suf·fi·cient** [sə'fɪʃnt] *adj* genügend, aus-, hinreichend, genug; ▶ **be ~** genügen, ausreichen, genug sein.

suf·fix ['sʌfɪks] *gram* Nachsilbe *f,* Suffix *n.*

suf·fo·cate ['sʌfəkeɪt] *tr, itr* ersticken *a. fig;* **suf·fo·cat·ing** [—ɪŋ] *adj* erstikkend; erdrückend.

suf·frage ['sʌfrɪdʒ] Wahlrecht *n;* Stimme *f;* ▶ **universal ~** das allgemeine Wahlrecht; **female ~** Frauenwahlrecht *n;* **suf·fra·gette** [ˌsʌfrə'dʒet] *hist* Frauenrechtlerin, Suffragette *f.*

sugar ['ʃʊgə(r)] **I** *s* **1.** Zucker *m;* **2.** *fam* Liebling *m,* Schätzchen *n;* **II** *tr* **1.** zukkern, süßen; **2.** *fig* versüßen, mildern; ▶ **~ the pill** die Pille versüßen; **sugar-basin** Zuckerdose *f;* **sugar-beet** Zukkerrübe *f;* **sugar-cane** Zuckerrohr *n;* **sugar-coated** [ˌʃʊgə'kəʊtɪd] *adj* mit Zucker überzogen; **sugar-daddy** *sl* älterer, großzügiger Liebhaber; **sugar-loaf** ⟨*pl* -loaves⟩ Zuckerhut *m;* **sugar-lump** Stück *n* Würfelzucker; **sugar-tongs** *pl* Zuckerzange *f;* **sugary** ['ʃʊgərɪ] *adj* **1.** süß; **2.** *fig* zuckersüß, süßlich.

sug·gest [sə'dʒest] **I** *tr* **1.** vorschlagen; anregen; **2.** *(Theorie)* vorbringen, nahelegen; **3.** andeuten; unterstellen; **4.** *(Gedicht)* denken lassen an; andeuten; ▶ **I ~ going** ich schlage vor zu gehen; **I ~ (to you) that ...** ich möchte (Ihnen) nahelegen, daß ... **what are you trying to ~?** worauf wollen Sie hinaus? **~ s.th. to s.o.** jdm etw suggerieren; **II** *refl (Plan)* sich aufdrängen, sich anbieten, naheliegen; **sug·gest·ible** [—əbl] *adj* beeinflußbar; **sug·ges·tion** [sə'dʒestʃən] **1.** Vorschlag *m;* Anregung *f;* **2.** Vermutung *f;* **3.** Andeutung, Anspielung *f;* Unterstellung *f;* **4.** Spur *f;* **5.** Eindruck *m,* Vorstellung *f;* **6.** *psych* Suggestion *f;* ▶ **following his ~** auf seinen Vorschlag hin; **make the ~ that ...** die Vermutung äußern, daß ... **with**

a ~ of irony mit e-r Spur von Ironie; **sug·ges·tive** [sə'dʒestɪv] *adj* **1.** anregend, zu denken gebend; **2.** zweideutig, pikant; **3.** *psych* suggestiv; ▶ **be ~ of s.th.** den Eindruck von etw erwecken; auf etw hindeuten.

sui·cidal [ˌsju:ɪ'saɪdl] *adj* selbstmörderisch; selbstmordgefährdet; ▶ **have ~ tendencies** zum Selbstmord neigen; **sui·cide** ['sju:ɪsaɪd] **1.** Selbstmord, Suizid *m;* **2.** Selbstmörder(in) *m (f);* ▶ **commit ~** Selbstmord begehen.

suit [su:t] **I** *s* **1.** Anzug *m;* Kostüm *n;* **2.** *jur* Prozeß *m,* Verfahren *n;* **3.** *(Kartenspiel)* Farbe *f;* **4.** *lit* Werbung *f;* **5.** Anliegen *n;* ▶ **~ of clothes** Garnitur *f;* **~ of armour** Rüstung *f;* **bring a ~ against s.o. for s.th.** gegen jdn wegen etw Klage erheben; **follow ~** Farbe bedienen; *fig* jds Beispiel folgen; **press one's ~** seinem Anliegen Nachdruck verleihen; **II** *tr* **1.** passen; bekommen; gefallen (*s.o.* jdm); **2.** geeignet sein für; **3.** *(Kleider)* gut stehen (*s.o.* jdm); **4.** anpassen; **5.** gefallen (*s.o.* jdm), zufriedenstellen; ▶ **that ~s me fine!** das ist mir recht; **they are well ~ed (to each other)** sie passen gut zusammen; **~ one's style to the audience** sich nach dem Publikum richten; **you can't ~ everybody** man kann es nicht jedem recht machen; **III** *refl* ▶ **he ~s himself** er tut, was er will; **~ yourself!** wie du willst! **IV** *itr* passen.

suit·able ['su:təbl] *adj* passend, geeignet, angemessen; **be ~ for s.o.** jdm passen; für jdn geeignet sein; **be ~ for s.th.** für etw geeignet sein; **she's not ~ for him** sie paßt nicht zu ihm.

suit·case ['su:tkeɪs] Koffer *m.*

suite [swi:t] **1.** Gefolge *n;* **2.** *(Möbel)* Garnitur *f;* **3.** *(Zimmer)* Suite, Zimmerflucht *f;* **4.** *mus* Suite *f.*

suitor ['su:tə(r)] **1.** *jur* Kläger(in) *m (f);* **2.** *obs* Freier *m.*

sul·fate *Am s. sulphate;* **sul·fide** *Am s. sulphide;* **sul·fur** *Am s. sulphur;* **sul·fur·ic** *Am s. sulphuric;* **sul·fur·ous** *Am s. sulphurous.*

sulk [sʌlk] **I** *itr* schmollen, eingeschnappt sein; **II** *s* Schmollen *n;* ▶ **have a ~** schmollen; **sulky** ['sʌlkɪ] *adj* eingeschnappt, beleidigt.

sul·len ['sʌlən] *adj* **1.** verdrießlich, mürrisch; **2.** *(Himmel)* düster, finster.

sully ['sʌlɪ] *tr (Ruf)* beflecken.

sul·phate, *Am* **sul·fate** ['sʌlfeɪt] *chem* Sulfat *n;* **sul·phide,** *Am* **sul·fide** ['sʌlfaɪd] *chem* Sulfid *n;* **sul·phona·mide,** *Am* **sul·fona·mide** [sʌl'fɒnəmaɪd] *med* Sulfonamid *n;* **sul·phur,** *Am* **sul·fur** ['sʌlfə(r)] *chem* Schwefel *m;* **sulphur dioxide** ['sʌlfə(r)daɪ'ɒksaɪd] *chem* Schwefeldioxid *n;* **sul·phu·ric,** *Am* **sul·fur·ic** [sʌl'fjʊərɪk] *adj* Schwefel-; ▶ **~ acid** Schwefelsäure *f;* **sul·phur·ous,** *Am* **sul·fur·ous** ['sʌlfərəs] *adj* schwefel(halt)ig.

sul·tan ['sʌltən] Sultan *m;* **sul·tana** [sʌl'tɑ:nə] **1.** *(Person)* Sultanin *f;* **2.** *(Rosinenart)* Sultanine *f.*

sul·try ['sʌltrɪ] *adj* **1.** schwül; **2.** *fig* feurig, leidenschaftlich.

sum [sʌm] **I** *s* **1.** (Geld)Summe *f,* Betrag *m;* **2.** Ergebnis, Resultat *n;* **3.** *math* Rechenaufgabe *f;* ▶ **the ~ total of my ambitions** das Ziel meiner Wünsche; **do ~s (in one's head)** (im Kopf) rechnen; **in ~** mit e-m Wort; **II** *tr* ▶ **~ up** zusammenfassen; einschätzen; **she ~med me up at a glance** sie taxierte mich mit e-m Blick; **III** *itr* ▶ **~ up** zusammenfassen; **to ~ up we can say ...** zusammenfassend können wir feststellen ...

sum·mar·ize ['sʌməraɪz] *tr* zusammenfassen; **sum·mary** ['sʌmərɪ] **I** *adj* **1.** knapp, kurzgefaßt; **2.** *jur* summarisch; **II** *s* Zusammenfassung *f;* Abriß *m;* ▶ **~ of contents** Inhaltsangabe *f.*

sum·ma·tion [sʌ'meɪʃn] **1.** *math* Addition *f;* **2.** Zusammenfassung *f;* **3.** *jur Am* Schlußplädoyer *n.*

sum·mer ['sʌmə(r)] **I** *s* Sommer *m;* ▶ **in (the) ~** im Sommer; **two ~s ago** im Sommer vor zwei Jahren; **a ~'s day** ein Sommertag; **II** *adj* Sommer-; **III** *itr* den Sommer verbringen; **summer holidays** *pl* Sommerferien *pl;* **summer-house** Gartenhaus *n;* **sum·mer·time** ['sʌmətaɪm] Sommerszeit *f;* Sommerzeit *f;* **sum·mery** ['sʌmərɪ] *adj* sommerlich.

sum·ming-up [ˌsʌmɪŋ'ʌp] Resümee *n.*

sum·mit ['sʌmɪt] **1.** Gipfel *m;* **2.** *fig* Höhepunkt *m;* **3.** *pol (~ conference)* Gipfelkonferenz *f.*

sum·mon ['sʌmən] *tr* **1.** *jur* vor Gericht laden, vorladen; **2.** *(Tagung)* einberufen, anberaumen; **3.** herbeirufen, kommen lassen; ▶ **~ s.o. to do s.th.** jdn auffordern, etw zu tun; **~ up one's strength** seine Kraft aufbieten; **~ up one's courage** seinen Mut zusammennehmen; **~ up arguments** Argumente einholen.

sum·mons ['sʌmənz] ⟨*pl* -monses⟩ **I** *s* **1.** *jur* Vorladung *f;* **2.** Aufruf *m,* Aufforderung *f;* ▶ **take out a ~ against s.o.** jdn vorladen lassen; **II** *tr jur* vorladen.

sump [sʌmp] **1.** *min* Sumpf *m;* **2.** *mot* Ölwanne *f.*

sump·tu·ous ['sʌmptʃʊəs] *adj* **1.** kostspielig, aufwendig; **2.** *(Essen)* üppig, verschwenderisch.

sun [sʌn] **I** *s* Sonne *f;* ▶ **be up with the ~** in aller Frühe aufstehen; **there is no reason under the ~ why ...** es gibt keinen Grund auf Erden, warum ... **a place in the ~** *fig* ein Platz an der Sonne; **II** *tr* der Sonne aussetzen; **III** *refl* sich sonnen; **sun·baked**

['sʌnbeɪkt] *adj* ausgedörrt; **sun·bath** ['sʌnbɑːθ] Sonnenbad *n;* **sun·bathe** ['sʌnbeɪð] *itr* sonnenbaden; **sun·beam** ['sʌnbiːm] Sonnenstrahl *m a. fig;* **sun-blind** ['sʌnblaɪnd] Jalousie *f;* Markise *f;* **sun·burn** ['sʌnbɜːn] Sonnenbrand *m;* **sun·burnt** ['sʌnbɜːnt] *adj* sonnenverbrannt; sonnengebräunt.

sun·dae ['sʌndeɪ] Eisbecher *m* mit Früchten.

Sun·day ['sʌndɪ] Sonntag *m;* ► **on** ~ am Sonntag, **on** ~**s** sonntags; **on** ~ **afternoon** am Sonntag nachmittag; **a month of** ~**s** e-e Ewigkeit; **Sunday best, clothes** *pl fam* Sonntagsstaat *m;* **Sunday-school** Sonntagsschule *f,* Kindergottesdienst *m.*

sun deck ['sʌndek] *mar* Sonnendeck *n;* **sun·dew** ['sʌndjuː] *bot* Sonnentau *m;* **sun·dial** ['sʌndaɪəl] Sonnenuhr *f;* **sun-down** ['sʌndaʊn] *Am* Sonnenuntergang *m;* **sun·downer** ['sʌndaʊnə(r)] *fam* Dämmerschoppen *m.*

sun·dry ['sʌndrɪ] **I** *adj* verschiedene; **II** *prn* ► **all and** ~ jedermann; **III** *s pl* Verschiedenes.

sun·fast ['sʌnfæst] *adj Am* lichtecht; **sun·flower** ['sʌnˌflaʊə(r)] Sonnenblume *f.*

sung [sʌŋ] *v s. sing.*

sun-glasses ['sʌnˌglɑːsɪz] *pl* Sonnenbrille *f;* **sun-hat** Sonnenhut *m;* **sun-helmet** Tropenhelm *m.*

sunk [sʌŋk] *v s. sink*[2]; **sunk·en** ['sʌŋkən] *adj* **1.** *(Schiff)* versunken, untergegangen; **2.** *(Garten)* tiefliegend; **3.** *(Wangen)* eingefallen; **4.** *(Augen)* tiefliegend.

sun-lamp ['sʌnlæmp] Höhensonne *f;* **sun·less** ['sʌnlɪs] *adj* ohne Sonne; **sun·light** ['sʌnlaɪt] Sonnenlicht *n;* ► **in the** ~ in der Sonne; **sun·lit** ['sʌnlɪt] *adj* von der Sonne beschienen.

sunny ['sʌnɪ] *adj* **1.** sonnig; **2.** *fig* heiter, freundlich; ► ~**-side up** nur auf e-r Seite gebraten; **on the** ~ **side of 50** noch keine, noch unter 50.

sun par·lor ['sʌnˌpɑːlə(r)] *Am* Wintergarten *m;* **sun protection factor** Lichtschutzfaktor *m;* **sun-ray** Sonnenstrahl *m;* **sun-ray lamp** Höhensonne *f;* **sun-ray treatment** Ultraviolett-/Infrarotbestrahlung *f;* **sun·rise** ['sʌnraɪz] Sonnenaufgang *m;* ► **at** ~ bei Sonnenaufgang; **sun-roof 1.** Sonnenterrasse *f;* **2.** *mot* Schiebedach *n;* **sun·set** ['sʌnset] Sonnenuntergang *m;* ► **at** ~ bei Sonnenuntergang; **sun·shade** ['sʌnʃeɪd] **1.** Sonnenschirm *m;* **2.** Sonnendach *n,* Markise *f;* **sun·shine** ['sʌnʃaɪn] Sonnenschein *m a. fig;* ► **hours of** ~ Sonnenstunden *f pl;* **sunshine roof** *mot* Schiebedach *n;* **sunspot** ['sʌnspɒt] *astr* Sonnenfleck *m;* **sun·stroke** ['sʌnstrəʊk] Sonnenstich *m;* **sun·tan** ['sʌntæn] Sonnenbräune *f;* **suntan lotion, oil** Sonnenmilch *f,* -öl *n;* **sun·tanned** ['sʌntænd] *adj* braungebrannt; **sun-trap** sehr sonniges Plätzchen; **sun-worshipper** Sonnenanbeter(in) *m (f).*

super ['suːpə(r)] **I** *s* **1.** *theat fam* Statist(in) *m (f);* **2.** *fam* Aufseher(in) *m (f);* **II** *adj fam* super, erstklassig, prima.

super·abun·dant [ˌsuːpərə'bʌndənt] *adj* (über)reichlich.

super·an·nu·ate [ˌsuːpər'ænjʊeɪt] *tr* in den Ruhestand versetzen; **super·an·nu·ated** [ˌsuːpər'ænjʊeɪtɪd] *adj* **1.** pensioniert; **2.** *fig* veraltet, altmodisch; **super·an·nu·ation** ['suːpərˌænjʊ'eɪʃn] **1.** Pensionierung *f;* **2.** Pension, Ruhestand; **3.** Altersruhegeld, Rente *f.*

su·perb [suː'pɜːb] *adj* **1.** großartig, prächtig; **2.** *(Qualität)* ausgezeichnet, hervorragend.

super·cili·ous ['suːpə'sɪlɪəs] *adj* hochnäsig, herablassend.

super·ego ['suːpəregəʊ] *psych* Über-Ich *n.*

super·fi·cial [ˌsuːpə'fɪʃl] *adj* **1.** oberflächlich; **2.** *(Ähnlichkeit)* äußerlich, scheinbar; **super·fi·cial·ity** [ˌsuːpəˌfɪʃɪ'ælətɪ] Oberflächlichkeit *f.*

super·flu·ous [suː'pɜːflʊəs] *adj* überflüssig.

super·glue ['suːpəgluː] Sekundenkleber *m.*

super·high·way [ˌsuːpə'haɪweɪ] *Am* Autobahn *f.*

super·hu·man [ˌsuːpə'hjuːmən] *adj* übermenschlich.

super·im·pose [ˌsuːpərɪm'pəʊz] *tr* ► ~ **s.th. on s.th.** etw auf etw legen; etw mit etw überlagern.

super·in·tend [ˌsuːpərɪn'tend] *tr* beaufsichtigen, überwachen; **super·in·tendence** [—əns] Oberaufsicht *f;* **super·in·tend·ent** [—ənt] **1.** Aufsicht *f;* **2.** Bademeister(in) *m (f);* **3.** Parkwächter(in) *m (f);* **4.** Leiter(in) *m (f); (Polizei)* Kommissar(in) *m (f).*

su·perior [suː'pɪərɪə(r)] **I** *adj* **1.** besser (*to* als); **2.** *(Fähigkeit)* überlegen (*to s.o.* jdm); **3.** großartig, hervorragend; **4.** *(Verstand)* überragend; **5.** *(im Rang)* höher; **6.** *(Kraft)* überlegen; stärker; **7.** *(Art)* überheblich; **8.** *typ* hochgestellt; ► **goods of** ~ **quality** Waren *f pl* bester Qualität; ~ **officer** Vorgesetzte(r) *f m;* **be** ~ **to s.o.** jdm übergeordnet sein; ~ **in number(s)** zahlenmäßig überlegen; ~ **number** Hochzahl *f;* **II** *s* **1.** Vorgesetzte(r) *f m;* **2.** Überlegene(r) *f m;* **3.** *typ* Hochzahl *f;* ► **be s.o.'s** ~ jdm überlegen sein; **Father** ~ *rel* Vater Superior; **Mother** ~ Oberin *f;* **su·perior·ity** [suːˌpɪərɪ'ɒrətɪ] **1.** bessere Qualität; Überlegenheit *f;* **2.** überragende Eigenschaft; **3.** *(Rang)* höhere Stellung; **4.**

(zahlenmäßig) Überlegenheit *f;* **5.** Überheblichkeit *f.*
su·per·la·tive [su:ˈpɜ:lətɪv] **I** *s gram* Superlativ *m;* **II** *adj* überragend, unübertrefflich.
super·man [ˈsu:pəmæn] ⟨*pl* -men⟩ Übermensch *m.*
super·mar·ket [ˈsu:pəmɑ:kɪt] Supermarkt *m;* **supermarket trolley** Einkaufswagen *m.*
super·natu·ral [ˌsu:pəˈnætʃrəl] *adj* übernatürlich.
super·nu·mer·ary [ˌsu:pəˈnju:mərərɪ] **I** *adj* **1.** zusätzlich; **2.** überzählig; **II** *s* **1.** *theat* Statist(in) *m (f);* **2.** Zusatzperson *f.*
super-power [ˌsu:pəˈpaʊə(r)] *pol* Welt-, Groß-, Supermacht *f.*
super·sede [ˌsu:pəˈsi:d] *tr* **1.** ablösen; **2.** *(Glauben)* an die Stelle treten von.
super·sonic [ˌsu:pəˈsɒnɪk] *adj* Überschall-; ► **~ travel** Reisen *n* mit Überschallgeschwindigkeit.
super·sti·tion [ˌsu:pəˈstɪʃn] Aberglaube *m;* **super·sti·tious** [ˌsu:pəˈstɪʃəs] *adj* abergläubisch.
super·struc·ture [ˈsu:pəstrʌktʃə(r)] Überbau *m.*
super·vene [ˌsu:pəˈvi:n] *itr* hinzukommen, dazwischentreten.
super·vise [ˈsu:pəvaɪz] **I** *tr* beaufsichtigen; überwachen; **II** *itr* Aufsicht führen; **super·vi·sion** [ˌsu:pəˈvɪʒn] **1.** Aufsicht *f;* Beaufsichtigung *f;* **2.** Überwachung *f;* ► **under the ~ of** unter der Aufsicht von; **super·vi·sor** [ˌsu:pəˈvaɪzə(r)] **1.** Aufseher(in) *m (f),* Aufsicht(sperson) *f;* **2.** Leiter(in) *m (f);* **super·vis·ory** [ˌsu:pəˈvaɪzərɪ] *adj* beaufsichtigend, überwachend; ► **in a ~ post** in e-r Aufsichtsposition; **~ board** Aufsichtsrat *m.*
su·pine [ˈsu:paɪn] *adj* **1.** auf dem Rücken liegend; **2.** *fig* passiv, lethargisch; ► **in a ~ position** auf dem Rücken liegend, in Rückenlage.
sup·per [ˈsʌpə(r)] Abendessen *n;* ► **have ~** zu Abend essen; **the Lord's S~** das Abendmahl; **~-time** Zeit *f* des Abendessens.
sup·plant [səˈplɑ:nt] *tr* ablösen, ersetzen; ausstechen; verdrängen.
supple [ˈsʌpl] *adj* **1.** biegsam, geschmeidig, elastisch *a. fig;* **2.** *(Geist)* beweglich, flexibel.
supple·ment [ˈsʌplɪmənt] **I** *s* **1.** Ergänzung *f,* Zusatz *m* (*to* zu); **2.** *(Buch)* Nachtrag, Anhang *m;* **3.** Ergänzungsband *m;* **4.** *(Zeitung)* Beilage *f;* **II** *tr* [ˈsʌplɪment] ergänzen; ► **~ one's income** sein Einkommen aufbessern; **supple·men·tary** [ˌsʌplɪˈmentərɪ] *adj* ergänzend, zusätzlich; Zusatz-; Nachtrags-; ► **~ angle** Ergänzungswinkel *m;* **~ benefit** Sozialhilfe *f;* Arbeitslosenhilfe *f.*
supple·ness [ˈsʌplnɪs] Geschmeidigkeit, Elastizität *f a. fig;* Flexibilität *f.*
sup·pli·ant, sup·pli·cant [ˈsʌplɪənt, ˈsʌplɪkənt] **I** *s* Bittsteller(in) *m (f);* **II** *adj* flehend; **sup·pli·ca·tion** [ˌsʌplɪˈkeɪʃn] Flehen *n.*
sup·plier [səˈplaɪə(r)] *com* Lieferant(in) *m (f);* Anbieter(in) *m (f);* **supply** [səˈplaɪ] **I** *tr* **1.** sorgen für; liefern; stellen; **2.** *com* beliefern; **3.** *(Stadt)* versorgen (*with* mit); **4.** *(Bedarf)* befriedigen, decken; **5.** *(Mangel)* ausgleichen, kompensieren; **II** *s* **1.** Versorgung *f;* **2.** *com* Lieferung *f;* Angebot *n;* **3.** Vorrat *m;* Proviant *m;* **4.** *(~ teacher)* Aushilfslehrer(in) *m (f);* **5.** *parl* Etat *m;* ► **electricity ~** Stromversorgung *f;* **~ and demand** Angebot und Nachfrage; **cut off the ~** das Gas, Wasser abstellen; **lay in supplies** e-n Vorrat anlegen; **be in short ~** knapp sein; **medical supplies** *pl* Arzneimittel *pl;* **be on ~** aushilfsweise unterrichten; **supply base** Vorratslager *n;* **supply depot** Versorgungslager *n;* **supply industry** Zulieferungsindustrie *f;* **supply lines** *pl* Versorgungslinien *f pl;* **supply teacher** Aushilfslehrer(in) *m (f).*
sup·port [səˈpɔ:t] **I** *tr* **1.** *arch* (ab)stützen; tragen; **2.** *fig* unterstützen; fördern, begünstigen; billigen; **3.** *(Grund)* eintreten für; **4.** *(Theorie)* erhärten, untermauern; **5.** *(Benehmen)* dulden, ertragen; ► **without his family to ~ him** ohne die Unterstützung seiner Familie; **II** *refl* sich stützen (*on* auf); sich unterstützen; **III** *s* **1.** Stütze *f;* **2.** *fig* Unterstützung *f;* ► **give ~ to s.o.** jdn stützen; **lean on s.o. for ~** sich auf jdn stützen; **in ~ of** zur Unterstützung; **depend on s.o. for financial ~** von jdm finanziell abhängig sein; **sup·port·able** [—əbl] *adj* erträglich; **sup·porter** [səˈpɔ:tə(r)] **1.** Anhänger(in) *m (f);* **2.** Befürworter(in) *m (f);* **3.** *sport* Fan *m;* ► **~ of disarmament** Rüstungsgegner(in) *m (f);* **sup·port·ing** [—ɪŋ] *adj* tragend; ► **~ programme** *film* Beiprogramm *n;* **~ role** *theat* Nebenrolle *f.*
sup·pose [səˈpəʊz] *tr* **1.** annehmen; sich vorstellen; **2.** annehmen, denken, meinen; **3.** *(in Passivkonstruktion)* sollen; **4.** voraussetzen; ► **let's ~ that ...** angenommen, daß ..., nehmen wir einmal an, daß ... **I ~ he'll do it** er wird es wohl *od* vermutlich tun; **I don't ~ he'll do it** ich glaube kaum, daß er es tut; **I ~ so** ich glaube schon; **I don't ~ so** ich glaube kaum; **I ~ not** wohl kaum; **she is ~d to be intelligent** sie soll intelligent sein; **be ~d to do s.th.** etw tun sollen; **you are not ~d to know that** das solltest du eigentlich nicht wissen; **~ we go now?** wie wär's, wenn wir jetzt gingen? **sup·posed** [səˈpəʊzd] *adj* vermutet; mut-

maßlich; ► **let it be ~ that** gesetzt den Fall, daß; nehmen wir den Fall an, daß; **sup·pos·ed·ly** [—ɪdlɪ] *adv* angeblich; **sup·pos·ing** [—ɪŋ] *conj* angenommen (*that* daß); **sup·po·si·tion** [ˌsʌpəˈzɪʃn] Vermutung, Annahme *f;* ► **on the ~ that** unter der Annahme, daß.

sup·posi·tory [səˈpɒzɪtrɪ] *med* Zäpfchen *n.*

sup·press [səˈpres] *tr* **1.** unterdrücken; **2.** *el* entstören; **sup·pression** [səˈpreʃn] **1.** Unterdrückung *f;* **2.** *el* Entstörung *f.*

sup·pu·rate [ˈsʌpjʊreɪt] *itr* eitern.

su·prem·acy [sʊˈpreməsɪ] Vormachtstellung *f;* ► **air, naval ~** Luft-, Seeherrschaft *f;* **su·preme** [su:ˈpri:m] *adj* **1.** höchste(r, s), oberste(r, s); **2.** größte(r, s), äußerste(r, s); ► **the ~ authority** die Regierungsgewalt; **~ commander** Oberbefehlshaber *m.*

sur·charge [ˈsɜ:tʃɑ:dʒ] **I** *tr* mit Zuschlag, mit e-r Strafgebühr belegen; **II** *s* Zuschlag *m;* Strafgebühr *f;* Nachporto *n.*

sure [ʃʊə(r)] **I** *adj* sicher; *(Beweis, Tatsache)* sicher, eindeutig; *(Methode, Mittel, Freund)* zuverlässig; ► **be ~ of s.th.** etw sicher wissen; **be ~ of winning** sicher gewinnen; **be ~ of o.s.** sich seiner Sache sicher sein; selbstsicher sein; **make ~** nachsehen, kontrollieren, sich vergewissern; **make ~ you ...** achten Sie darauf, daß Sie ... **make ~ of one's facts** sich der Fakten versichern; **for ~** sicher, gewiß; **to be ~** tatsächlich; **~ thing** *Am fam* klar, sicher; **he is ~ to come** er kommt sicher; **be ~ not to forget your book** vergessen Sie ja ihr Buch nicht; **are you ~ you won't come?** wollen Sie wirklich nicht kommen? **I'm ~ I don't know** ich weiß es sicher nicht; **I'm not ~ why, how** ich weiß nicht genau, warum, wie; **II** *adv* sicher, klar, gewiß; ► **~ enough** tatsächlich; bestimmt; **as ~ as can be** todsicher; **sure-footed** [ˌʃʊəˈfʊtɪd] *adj* ► **be ~** e-n sicheren, festen Tritt haben; **sure·ly** [ˈʃʊəlɪ] *adv* sicher(lich), gewiß; ► **he ~ ought to know that** das müßte er doch wissen; **surety** [ˈʃʊərətɪ] *jur* **1.** Garantie, Bürgschaft *f;* **2.** Bürge *m,* Bürgin *f,* Garant *m;* ► **go, stand ~** Bürgschaft leisten (*for* für).

surf [sɜ:f] **I** *s* Brandung *f;* **II** *itr* surfen, wellenreiten; ► **go ~ing** surfen, zum Wellenreiten gehen.

sur·face [ˈsɜ:fɪs] **I** *s* **1.** Oberfläche *f a. fig;* **2.** (Straßen)Belag *m;* **3.** *math* Fläche *f;* Flächeninhalt *m;* **4.** *aero* Tragfläche *f;* ► **on the ~** oberflächlich betrachtet; nach außen hin; **at, on, up to the ~** *min* über Tage; **II** *adj* **1.** oberflächlich; **2.** *min* über Tage; **3.** *(Transport)* auf dem See-/Landweg; **III** *tr* **1.** *(Straße)* mit e-m Belag versehen; **2.** *(U-Boot)* auftauchen lassen; **IV** *itr* auftauchen *a. fig;* **surface area** *math* Flächeninhalt *m;* **surface mail** auf dem See-/Landweg beförderte Post; **surface-noise** *(Schallplatte)* Reibungsgeräusch *n;* **sur·face-to-air** [ˌsɜ:fɪstʊˈeə(r)] *adj:* ► **~ missile** Boden-Luft-Rakete *f.*

surf·board [ˈsɜ:fbɔ:d] Brett zum Wellenreiten, Surfbrett *n;* **surf·boarder** [—ə(r)] *s. surfer.*

sur·feit [ˈsɜ:fɪt] **I** *s* Übermaß *n* (*of* an); **II** *tr* übersättigen, überfüttern.

surfer [ˈsɜ:fə(r)] Wellenreiter(in), Surfer(in) *m (f);* **surf·ing, surf-rid·ing** [ˈsɜ:fɪŋ, ˈsɜ:fˌraɪdɪŋ] Wellenreiten, Surfen *n.*

surge [sɜ:dʒ] **I** *s* **1.** Welle, Woge *f a. fig;* **2.** *fig* Flut *f; (Gefühle)* Aufwallung *f;* ► **~ in demand** Nachfrageschub *m;* **~ of adrenalin** Adrenalinstoß *m;* **II** *itr* **1.** wogen, branden; **2.** *(Menschen)* drängen, strömen; **3.** *(Gefühl) (~ up)* (auf)wallen; **4.** *el, (Fluß)* anschwellen; ► **blood ~d to his face** das Blut schoß ihm ins Gesicht.

sur·geon [ˈsɜ:dʒən] **1.** Chirurg(in) *m (f);* **2.** *mil* Stabsarzt *m,* -ärztin *f;* Marinearzt *m,* -ärztin *f;* ► **dental ~** Zahnarzt *m,* -ärztin *f;* **sur·gery** [ˈsɜ:dʒərɪ] **1.** Chirurgie *f;* **2.** Sprechzimmer *n;* Sprechstunde *f;* ► **have ~** operiert werden; **surgery hours** *pl* Sprechstunde(n *pl*) *f;* **sur·gi·cal** [ˈsɜ:dʒɪkl] *adj* operativ; chirurgisch; ► **~ boot** orthopädischer Schuh; **~ ward** chirurgische Station, Chirurgie *f.*

sur·ly [ˈsɜ:lɪ] *adj* schlecht-, übelgelaunt, mürrisch.

sur·mise [ˈsɜ:maɪz] **I** *s* Vermutung *f;* **II** *tr* [səˈmaɪz] vermuten, annehmen.

sur·mount [səˈmaʊnt] *tr* überwinden; ► **be ~ed by s.th.** von etw gekrönt sein.

sur·name [ˈsɜ:neɪm] Familien-, Nachname *m.*

sur·pass [səˈpɑ:s] *tr* **1.** übertreffen, -ragen (*in s.th.* in etw); **2.** hinausgehen über.

sur·plus [ˈsɜ:pləs] **I** *s* **1.** Überschuß *m* (*of* an); **2.** Mehrbetrag *m;* Rest(betrag) *m;* **3.** *(~ profit)* Mehrertrag *m,* -einnahme *f,* Gewinnüberschuß *m;* **4.** nicht ausgeschütteter Gewinn; **5.** *(Versicherung)* Exzedent *m;* **II** *adj* überschüssig, -zählig; ► **Army ~ goods** *pl* Stegwaren *f pl;* **~ demand** Nachfrageüberhang *m;* **~ goods** *pl* Überschußgüter *n pl;* **~ load** Mehrbelastung *f;* **~ production** Über(schuß)produktion *f;* **~ purchasing power** Kaufkraftüberhang *m;* **~ revenue** Mehreinkommen *n;* **~ stock** Mehrbestand *m;* **sale of ~ stock** Verkauf *m* von Lagerbeständen; **~ supply** Überangebot *n;* **~ value** Mehrwert *m;* **~ weight** Über-, Mehrgewicht *n.*

sur·prise [səˈpraɪz] **I** *tr* **1.** überraschen; **2.** (plötzlich) überfallen, überrumpeln; **3.** in Erstaunen versetzen, verwundern, befremden; ► **be ~d** überrascht sein; **be ~d at s.th.** sich über etw wundern, über etw staunen; ~ **s.o. into doing s.th.** jdn so verblüffen, daß er etw tut; ~ **in the act** auf frischer Tat ertappen; **I should not be ~d** es würde mich nicht überraschen; **I'm ~d to see you here** ich bin erstaunt, Sie hier zu sehen; **nothing ~s me any more** ich wundere mich über nichts mehr; **I'm ~d at you!** Sie überraschen mich! **II** *s* **1.** Überraschung *f;* **2.** plötzlicher Angriff, Überfall; **3.** Erstaunen *n,* Verwunderung *f* (*at* über); ► **(much) to my ~** zu meiner (großen) Überraschung; **catch, take by ~** überraschen; plötzlich überfallen; **give s.o. a ~** jdm e-e Überraschung bereiten; **you'll get the ~ of your life** Sie werden Ihr blaues Wunder erleben; ~ **attack** Überrumpelungs-, Überraschungsangriff *m;* **sur·pris·ing** [—ɪŋ] *adj* erstaunlich, überraschend; **sur·pris·ing·ly** [—ɪŋlɪ] *adv* überraschenderweise.

sur·real·ism [səˈrɪəlɪzəm] Surrealismus *m;* **sur·real·ist** [səˈrɪəlɪst] **I** *adj* surrealistisch; **II** *s* Surrealist(in) *m (f);* **sur·real·is·tic** [sərɪəˈlɪstɪk] *adj* surrealistisch.

sur·ren·der [səˈrendə(r)] **I** *tr* **1.** übergeben; *(Waffen)* ausliefern, aushändigen; **2.** *(Hoffnung, Anspruch, Recht)* aufgeben; **3.** *(Versicherungspolice)* einlösen; **4.** *(Mietvertrag)* kündigen; **II** *itr* **1.** sich ergeben; **2.** *jur* sich stellen; **3.** *mil* kapitulieren; die Waffen strecken; **III** *refl* ► ~ **o.s. to s.th.** sich e-r S hingeben; **IV** *s* **1.** Übergabe *f;* Aushändigung, Auslieferung *f;* Aufgabe, Preisgabe *f;* Einlösen *n;* Kündigung *f;* **2.** *mil fig* Kapitulation *f;* ► ~ **value** Rückkaufswert *m;* **no ~!** wir kapitulieren nicht!

sur·rep·ti·tious [ˌsʌrəpˈtɪʃəs] *adj* heimlich; *(Blick)* verstohlen.

sur·ro·ga·cy [ˈsʌrəgəsɪ] Leihmutterschaft *f;* **sur·ro·gate** [ˈsʌrəgɪt] **I** *s* **1.** Ersatz *m;* **2.** *Br rel* Weihbischof *m;* **II** *adj* **1.** Ersatz-; **2.** *rel* Weih-; ► ~ **mother** Leihmutter *f.*

sur·round [səˈraʊnd] **I** *tr* **1.** umgeben; **2.** einschließen *a. mil,* umzingeln; **3.** herumstehen um; ► **be ~ed with, by** umringt sein von; **II** *s* Einfassung *f,* Rand *m;* **sur·round·ing** [—ɪŋ] **I** *adj* umliegend; **II** *s meist pl* Umgebung *f.*

sur·tax [ˈsɜːtæks] Sondersteuer *f.*

sur·veil·lance [sɜːˈveɪləns] Überwachung *f;* ► **be under ~** überwacht werden.

sur·vey [səˈveɪ] **I** *tr* **1.** betrachten, sich ansehen; begutachten; mustern; **2.** untersuchen; einer Prüfung unterziehen; **3.** einen Überblick geben über; **4.** *(Land)* vermessen; *(Gebäude)* begutachten; **II** [ˈsɜːveɪ] **1.** Überblick *m* (*of* über); Musterung *f;* **2.** Untersuchung *f; (Statistik)* Umfrage *f;* **3.** *(Land)* Vermessung *f;* Vermessungsgutachten *n; (Haus)* Begutachtung *f;* Gutachten *n;* **sur·veyor** [səˈveɪə(r)] **1.** Landvermesser(in) *m (f);* **2.** Bauinspektor(in), -gutachter(in) *m (f);* ► **quantity ~** Baukostenkalkulator(in) *m (f).*

sur·vival [səˈvaɪvl] **1.** Überleben *n;* **2.** Überrest *m,* -bleibsel *n;* ► **on ~** im Erlebensfalle; ~ **of the fittest** *biol* natürliche Auslese; ~ **kit** Überlebensausrüstung *f;* **sur·vive** [səˈvaɪv] **I** *tr* **1.** überleben; **2.** überstehen; **3.** *fam* aushalten; **II** *itr* **1.** überleben, am Leben bleiben; **2.** weiterbestehen; **3.** übrigbleiben; **sur·viv·ing** [—ɪŋ] *adj* überlebend; **sur·vivor** [səˈvaɪvə(r)] Überlebende(r) *f m;* Hinterbliebene(r) *f m.*

sus·cep·tible [səˈseptəbl] *adj* **1.** leicht beeinflußbar; **2.** *med* anfällig (*to* für); ► ~ **of proof, change** beweisbar, veränderbar; **be ~ to s.th.** für etw empfänglich, zugänglich sein; **be ~ to attack** Angriffen ausgesetzt sein; **she is very ~ to remarks about her figure** wenn jem etwas über ihre Figur sagt, reagiert sie empfindlich; **he was not ~ to her tears** er ließ sich von ihren Tränen nicht erweichen.

sus·pect [ˈsʌspekt] **I** *s* Verdächtigte(r) *f m;* **II** *adj* verdächtig; **III** *tr* [səˈspekt] **1.** *(jdn)* verdächtigen (*of s.th.* e-r S); *(Betrug, Verschwörung)* vermuten; **2.** *(Wahrheit)* anzweifeln; **3.** vermuten; ► ~ **s.o. of having done s.th.** jdn verdächtigen, etw getan zu haben; **he is a ~ed member** er steht im Verdacht, Mitglied zu sein; **I ~ed as much** das habe ich mir doch gedacht; **a ~ed case of cholera** ein Fall, bei dem Choleraverdacht besteht.

sus·pend [səˈspend] *tr* **1.** (frei) (auf)hängen (*from* an); **2.** (zeitweilig) einstellen, unterbrechen; **3.** *(Verhandlung, Urteil)* aussetzen; **4.** *(Genehmigung)* einziehen; *(Rechte)* aussetzen; **5.** *(Beamte)* suspendieren; *sport* (zeitweilig) ausschließen; sperren; ► ~ **payment** die Zahlungen einstellen; ~ **from duty** suspendieren; **be ~ed** hängen; *(Rechte)* ruhen; **be given a ~ed sentence** seine Strafe zur Bewährung ausgesetzt bekommen; **~ed animation** vorübergehende Leblosigkeit.

sus·pender [səˈspendə(r)] **1.** *Br* Strumpfhalter *m;* Sockenhalter *m;* **2.** *pl Am* Hosenträger *m pl;* **suspender belt** Hüftgürtel *m.*

sus·pense [səˈspens] Spannung *f;* ► **in ~** in der Schwebe, unentschieden; **don't keep me in ~ any longer** spanne mich nicht länger auf die Folter! **wait in ~** gespannt warten; **the ~ is killing me** ich bin wahnsinnig gespannt.

sus·pen·sion [səˈspenʃn] **1.** *mot* Federung *f;* (Rad)Aufhängung *f;* **2.** *chem* Suspension *f;* **3.** *mus* Vorhalt *m,* Halten *n (e-s Tones);* **4.** (zeitweilige) Einstellung *f;* **5.** *(von Verein)* (zeitweiliger) Ausschluß *m; sport* Sperren *n;* **6.** *jur* Aussetzung *f;* **7.** *(von Beamten)* (vorläufige) Suspendierung *f;* ► ~ **of payment** Zahlungseinstellung *f;* ~ **of work** Arbeitseinstellung *f;* **suspension bridge** Hängebrücke *f;* **suspension points** *pl* Auslassungspunkte *m pl;* **suspension railway** Schwebebahn *f.*

sus·pi·cion [sə'spɪʃn] **1.** Verdacht, Argwohn *m* (*of, about* gegen); **2.** *fig* Andeutung, Spur *f,* Hauch *m* (*of* von); ► **above** ~ über jeden Verdacht erhaben; **on (the)** ~ unter dem Verdacht (*of having done s.th.* etw getan zu haben); **be under** ~ unter Verdacht stehen; **sus·pi·cious** [sə'spɪʃəs] *adj* **1.** verdächtig (*to* dat); **2.** argwöhnisch, mißtrauisch (*of s.o.* gegen jdn; *about, of s.th.* gegen etw).

suss [sʌs] *tr Br fam* dahinterkommen; ► **I can't ~ him out** bei ihm blicke ich nicht durch.

sus·tain [sə'steɪn] *tr* **1.** *(Gewicht)* aushalten, tragen; **2.** *(Familie)* sorgen für, ernähren; **3.** *(Körper)* bei Kräften halten; *(Leben)* erhalten; *(Wohlfahrtsverein)* unterstützen; **4.** ermutigen, trösten; **5.** aufrechterhalten; **6.** *(Verlust)* erleiden; **7.** *jur (Einspruch)* stattgeben (*s.th.* e-r S); **8.** *theat (Rolle)* durchhalten; **9.** *mus (Note)* aushalten; **sus·tain·ing** [—ɪŋ] *adj (Mahlzeit)* stärkend; ► ~ **program** *Am radio* Programm *n* ohne Reklameeinschaltungen; ~ **wall** Stützmauer *f.*

sus·ten·ance ['sʌstɪnəns] **1.** Nahrung *f;* **2.** Nährwert *m.*

svelte [svelt] *adj* **1.** schlank; anmutig; **2.** vornehm.

swab [swɒb] **I** *s* **1.** *mar* Mop *m;* **2.** *med* Tupfer *m;* Abstrich *m;* **II** *tr* **1.** scheuern; **2.** *med* abtupfen.

swaddle ['swɒdl] *tr (Säugling)* wickeln; **swad·dling-clothes** ['swɒdlɪŋkləʊðz] *pl* Windeln *f pl.*

swag·ger ['swægə(r)] *itr* **1.** *(~ about)* (einher)stolzieren; **2.** angeben, prahlen.

swal·low[1] ['swɒləʊ] *zoo* Schwalbe *f.*

swal·low[2] ['swɒləʊ] **I** *tr* **1.** (hinunter-, ver)schlucken; **2.** *fig* schlucken; *(Beleidigung)* (hinunter)schlucken, einstecken; ► **that's hard to** ~ das kann man kaum glauben; ~ **one's words** nuscheln; nichts sagen; seine Worte zurücknehmen; **II** *itr* schlucken; **III** *s* Schlucken *n;* Schluck *m;* **IV** *(mit Präposition)* **swallow down** *tr* hinunterschlucken; **swallow up** *tr* verschlingen; *(Nebel)* verschlucken, verschwinden lassen; ► **I wish the ground would open and ~ me up** ich könnte in den Boden versinken.

swal·low dive ['swɒləʊdaɪv] *Br sport* Kopfsprung *m.*

swam [swæm] *v s. swim.*

swamp [swɒmp] **I** *s* Sumpf *m;* **II** *tr* **1.** überschwemmen, -fluten, unter Wasser setzen; **2.** *mar* vollaufen lassen; **3.** *fig* überschwemmen; **swamp fever** Sumpffieber *n;* **swamp·land** ['swɒmp,lænd] Sumpfland *n;* **swampy** ['swɒmpɪ] *adj* sumpfig, morastig.

swan [swɒn] **I** *s* Schwan *m;* **II** *itr* **1.** *(~ around)* sich herumtreiben; **2.** *(~ off)* abhauen, abzwitschern; ► **a ~ning job** eine gemütliche Arbeit; **swan dive** *Am* Kopfsprung *m.*

swank [swæŋk] *fam* **I** *s* **1.** Angeberei *f;* **2.** Angeber *m;* **II** *itr* protzen, angeben (*about* mit); **swanky** ['swæŋkɪ] *adj fam* großspurig; protzig.

swan song ['swɒnsɒŋ] *fig* Schwanengesang *m.*

swap, swop [swɒp] **I** *tr* tauschen (*for* für); *(Geschichten, Erinnerungen)* austauschen; ► ~ **s.th. for s.th.** etw für etw eintauschen; ~ **places with s.o.** mit jdm (die Plätze) tauschen; **II** *itr* tauschen; **III** *s* Tausch(handel) *m;* ► **do a ~ with s.o.** mit jdm tauschen.

swarm [swɔ:m] **I** *s* (Bienen-, Menschen)Schwarm *m;* **II** *itr* schwärmen; ► **the place was ~ing with** es wimmelte von; ~ **up** hinaufklettern.

swarthy ['swɔ:ðɪ] *adj* dunkel; dunkelhäutig.

swash·buck·ling ['swɒʃ,bʌklɪŋ] *adj* draufgängerisch, verwegen.

swas·tika ['swɒstɪkə] Hakenkreuz *n.*

swat [swɒt] **I** *tr (Fliege)* totschlagen; *(Wand)* schlagen auf; ► ~ **at** schlagen nach; **II** *s* **1.** Schlag *m;* **2.** Fliegenklatsche *f.*

sway [sweɪ] **I** *itr* **1.** schwanken; **2.** schwingen; **3.** *fig* (hin)neigen, tendieren (*towards* zu); **II** *tr* **1.** schwingen, schwenken; **2.** *fig* geneigt machen (*towards* für); beeinflussen; ► ~ **s.o. from s.th.** jdn von etw abbringen; **be easily ~ed** leicht beeinflußbar sein; **III** *s* **1.** Schwanken *n;* **2.** *(Korn)* Wogen *n;* **3.** Macht *f;* ► **hold ~ over s.o.** jdn in der Gewalt haben; **under his ~** seinem Willen unterworfen.

swear [sweə(r)] ⟨*irr* swore, sworn⟩ **I** *itr* **1.** schwören; **2.** *jur* unter Eid aussagen; beschwören (*to s.th.* etw; *to having done s.th.* etw getan zu haben); **3.** fluchen (*at s.th.* auf etw); ► **I wouldn't like to ~ to it** ich könnte es nicht beschwören; **II** *tr* **1.** schwören; *(Eid)* leisten; **2.** vereidigen; **III** *(mit Präposition)* **swear by** schwören auf; **swear in** *tr* vereidigen; **swear off** abschwören (*s.th.* e-r S); **swear-word** Fluch *m.*

sweat [swet] **I** *itr* **1.** schwitzen (*with* vor); **2.** *(Gefäß, Scheibe)* sich beschlagen; **3.** *fam* schwer arbeiten; **4.** zittern, Angst haben; ▶ ~ **blood** *fig* Blut u. Wasser schwitzen; **II** *s* **1.** Schweiß *m;* **2.** *tech* Schwitzwasser *n;* **3.** *fig* Plackerei *f;* **4.** Aufregung *f;* ▶ **by the ~ of his brow** im Schweiße seines Angesichts; **be in a ~** schwitzen; **in a cold ~** mit Angstschweiß auf der Stirn; **no ~!** *fam* kein Problem; **III** *(mit Präposition)* **sweat out** *tr* **1.** herausschwitzen; **2.** *fam* durchhalten, durchstehen; **sweat·band** ['swetbænd] Schweißband *n;* **sweated** ['swetɪd] *adj* **1.** für Hungerlöhne hergestellt; **2.** *(Arbeit)* schlecht bezahlt; **3.** *(Personal)* ausgebeutet; **sweater** ['swetə(r)] Pullover *m;* **sweat-shirt** Sweatshirt *n;* Trainingsbluse *f;* **sweat-shop** Ausbeuterbetrieb *m;* **sweaty** ['swetɪ] *adj* **1.** schwitzend; schweißbedeckt; verschwitzt; **2.** *(Arbeit)* anstrengend.

swede [swi:d] *Br* Steckrübe *f.*

Swede [swi:d] Schwede *m,* Schwedin *f;* **Swe·den** ['swi:dn] Schweden *n;* **Swedish** ['swi:dɪʃ] **I** *adj* schwedisch; **II** *s* (das) Schwedisch(e).

sweep [swi:p] ‹*irr* swept, swept› **I** *tr* **1.** kehren, fegen; ausfegen; wegfegen; **2.** absuchen (*for* nach); *(vermintes Gebiet)* durchkämmen; *(Minen)* räumen; **3.** *(Wind, Rock)* fegen über; *(Wellen)* überspülen; *(Blick)* gleiten über; *fig* überrollen; *(Krankheit)* sich verbreiten in; **4.** wegfegen; fortschwemmen; fortreißen; **5.** großen Erfolg haben bei, im Sturm erobern; *(Wahl)* haushoch gewinnen; ▶ ~ **all before one** *fig* überall Erfolg haben; ~ **the board** *fig* e-n vollen Erfolg verbuchen; ~ **under the carpet** *fig* unter den Teppich kehren; **II** *itr* **1.** kehren, fegen; **2.** vorbei-, hinausrauschen; *(Fahrzeug)* fegen; **3.** *(Straße)* sich in weitem Bogen winden (*round* um); ▶ **the disease swept through the country** die Krankheit griff im Land um sich; **III** *s* **1.** Kehren, Fegen *n;* **2.** *(chimney ~)* Kaminkehrer(in), Schornsteinfeger(in) *m (f);* **3.** Schwenken *n,* Schwung *m; (Schwert)* Streich *m;* **4.** *(Kleidung, Stoff)* Rauschen *n;* **5.** *(Radar, Licht)* Strahl *m;* **6.** Bereich *m;* Schußbereich *m;* **7.** *(Straße, Fluß)* Bogen *m; (Umriß)* Schwung *m;* **8.** Ausdehnung, Fläche *f;* ▶ **give s.th. a ~** etw kehren, fegen; **make a clean ~** *fig* Ordnung schaffen; sehr erfolgreich sein; **at, in one ~** auf einmal; **IV** *(mit Präposition)* **sweep along** *itr* dahinrauschen; dahingleiten; dahinbrausen; *tr* mitreißen; **sweep aside** *tr* wegfegen; *fig* vom Tisch fegen; **sweep away** *itr* davonrauschen; davonsausen; davongleiten; *tr* wegfegen; wegreißen; wegschwemmen; *fig* zunichte machen; *(alte Gesetze)* abschaffen; **sweep down** *itr* hinunterrauschen; hinunterschießen; hinuntergleiten; *(Hang, Straße)* sanft abfallen; *tr* abfegen; ▶ ~ **down on s.o.** sich auf jdn stürzen; **sweep off** *itr* davonrauschen; davonsausen; davongleiten; *tr* hinunterfegen, -werfen; ▶ ~ **s.o. off to Gretna Green** jdn nach Gretna Green entführen; **he was swept off to bed, into hospital** er wurde schnell ins Bett, Krankenhaus gebracht; ~ **s.o. off his feet** jdn mitreißen; **she swept him off his feet** sie hat ihm völlig den Kopf verdreht; **sweep out** *itr* hinausfegen; hinausrauschen; hinausgleiten; *tr* ausfegen, auskehren; **sweep up** *itr* **1.** (zusammen)fegen, -kehren; **2.** heransausen; herangleiten; **3.** *(Straße)* im Bogen hinaufführen; *tr* **1.** zusammenfegen, -kehren; **2.** *(Gegenstände)* zusammenraffen; **3.** *(jdn)* hochreißen; *(Haare)* hochstekken.

sweeper ['swi:pə(r)] **1.** Straßenkehrer(in) *m (f);* **2.** Kehrmaschine *f;* **3.** *sport* Ausputzer *m; (Fußball)* Libero *m;* ▶ **carpet-~** Teppichkehrmaschine *f;* **sweep hand** Sekundenzeiger *m;* **sweep·ing** ['—ɪŋ] **I** *adj* **1.** *(Geste)* weitausholend; schwungvoll; *(Blick)* schweifend; **2.** *fig* gründlich, durchgreifend, radikal; *(Urteil)* pauschal; *(Erfolg)* glänzend; **II** *s pl* Kehricht *m; fig* Abschaum *m;* **sweep·stake** ['swi:psteɪk] *Art* Lotterie *f (bei der der Gesamteinsatz an die Spieler ausgezahlt wird).*

sweet [swi:t] **I** *adj* **1.** süß *a. fig;* **2.** *fig* angenehm, lieblich, duftig; **3.** anmutig, hübsch; **4.** lieb, freundlich (*to* gegenüber, zu); **5.** frisch, unverbraucht; **6.** *fam* reizend, goldig; ▶ **be ~ on s.o.** in jdn verliebt sein; **II** *s* **1.** Süßigkeit *f;* **2.** Süßspeise *f,* Nachtisch *m;* **3.** *fig* Liebling *m;* **4.** *pl* Süßigkeiten *f pl,* Bonbons *m* od *n pl;* **sweet-and-sour** *adj (Küche)* süßsauer; **sweet·brier, sweet·briar** [ˌswi:t'braɪə(r)] Hecken-, Hundsrose *f;* **sweet chestnut** Eßkastanie *f;* **sweet corn** *bot* Zuckermais *m;* **sweeten** ['swi:tn] *tr* **1.** süßen, zuckern; **2.** *fig* versüßen; **3.** *sl* bestechen; **4.** mildern, abschwächen; **5.** besänftigen; **sweetener** ['swi:tnə(r)] **1.** Süßstoff *m;* **2.** *sl* Bestechungsgeld *n;* **sweet·heart** ['swi:thɑ:t] Liebchen *n;* **sweet·ness** ['swi:tnɪs] Süßigkeit, Süße *f;* ▶ **all is ~ and light** es herrscht eitel Freude und Sonnenschein; **sweet pea** *bot* spanische Wikke; **sweet potato** Süßkartoffel, Batate *f;* **sweet tooth:** ▶ **have a ~** *fam* gerne Süßes essen; **sweet william** *bot* Bartnelke *f.*

swell [swel] ‹*irr* swelled, swollen *od* swelled› **I** *itr* **1.** *(~ up, out)* (an)schwellen (*into* zu; *with* von); **2.** sich (auf)blähen *a. fig* (*with* vor); sich bauschen; **3.** sich ausdehnen; zunehmen, anwachsen (*to* zu); ► ~ **with pride** vor Stolz schwellen; **II** *tr* **1.** anschwellen lassen; **2.** aufblasen, -blähen (*with* vor) *a. fig;* **3.** erweitern, vergrößern, ausweiten; ► **swollen with pride** stolzgeschwellt; **swollen with rage** wutentbrannt; ~ **s.o.'s head** jdm zu Kopfe steigen; **III** *s* **1.** *(Meer)* Wogen *n;* Woge *f;* **2.** feine Dame, feiner Herr; **3.** *mus* Anschwellen, Crescendo *n; (Knopf)* Schweller *m;* **IV** *adj fam* prima, großartig; **swell-box** *mus* Schwellwerk *n;* **swell·head** ['swelhed] *Am* Fatzke *m;* **swell·ing** ['—ɪŋ] Schwellung, Geschwulst, Beule *f.*

swel·ter ['sweltə(r)] *itr* vor Hitze umkommen; **swel·ter·ing** ['sweltrɪŋ] *adj* heiß; schwül.

swept [swept] *v s. sweep.*

swerve [swɜːv] **I** *itr* **1.** abweichen, -schweifen, -gehen (*from* von); **2.** *mot* rasch ausbiegen; **II** *s mot* Ausbiegen *n.*

swift [swɪft] *adj* schnell, rasch, flink; **swift·ly** [—lɪ] *adv* geschwind, schnell; **swift·ness** [—nɪs] Schnelligkeit *f.*

swig [swɪg] *fam* **I** *tr, itr* trinken; **II** *s* tüchtiger Schluck (*at a bottle* aus e-r Flasche).

swill [swɪl] **I** *tr* **1.** spülen, abwaschen; **2.** hinunterspülen; **3.** *fam* trinken; **II** *s* **1.** Schweinefutter *n;* **2.** Getränk *n.*

swim [swɪm] ⟨*irr* swam, swum⟩ **I** *itr* schwimmen (*on* auf) *a. fig;* ► **my head is ~ming** es schwimmt mir alles vor den Augen; **II** *tr* **1.** schwimmen; **2.** durchschwimmen; **III** *s* Schwimmen *n;* ► **be in (out of) the** ~ (nicht) auf dem laufenden sein; **have, take, go for a** ~ schwimmen, baden (gehen); **swim·mer** ['swɪmə(r)] Schwimmer(in) *m (f);* **swim·ming** ['—ɪŋ] **I** *s* Schwimmen *n;* **II** *adj* **1.** Schwimm-;schwimmend; **2.** schwind(e)lig; **swimming-bath, swimming-pool** Schwimmbad, -bekken *n;* **swimming cap** Bademütze *f;* **swimming costume** Badeanzug *m;* **swim·ming·ly** ['—ɪŋlɪ] *adv* spielend, wie am Schnürchen; ► **everything went** ~ alles ging glatt (vonstatten); **swimming match** Wettschwimmen *n;* **swimming trunks** *pl* Badehose *f;* **swim suit** Badeanzug *m.*

swindle ['swɪndl] **I** *tr* **1.** beschwindeln, betrügen (*s.o. out of s.th., s.th. out of s.o.* jdn um etw); **2.** erschwindeln (*s.th. out of s.o.* etw von jdm); **II** *s* Schwindel, Betrug *m;* **swin·dler** ['swɪndlə(r)] Schwindler(in), Betrüger(in) *m (f).*

swine [swaɪn] ⟨*pl* swine, *fig:* swines⟩ Schwein *n a. fig pej.*

swing [swɪŋ] ⟨*irr* swung, swung⟩ **I** *itr* **1.** schwingen; **2.** schlenkern, baumeln, schaukeln; **3.** hängen (*for* wegen); **4.** sich drehen; **5.** *(aufs Pferd)* sich schwingen; **6.** *fig* Schwung haben, auf Zack sein; ► ~ **at anchor** schaukelnd vor Anker liegen; ~ **at s.o. with s.th.** etw gegen jdn schwingen; ~ **from tree to tree** sich von Baum zu Baum schwingen; ~ **into action** aktiv werden; ~ **to and fro** hin und her schwingen, pendeln; ~ **open, shut** sich öffnen, zuschlagen; **a ~ing party** eine Party, bei der was los ist; **II** *tr* **1.** schwingen; **2.** schaukeln; **3.** *(Propeller)* anwerfen; **4.** *fig* beeinflussen; *(Meinung)* umschwenken lassen; *(jdn)* umstimmen; **5.** *mus* schwungvoll machen; schwungvoll spielen; **6.** *(~ round)* herumschwenken; **7.** *fam (Sache)* schaukeln, drehen; ► ~ **one's hips** mit den Hüften wackeln, sich in den Hüften wiegen; ~ **the lead** *Br fam* sich drücken; ~ **an axe at s.o.** eine Axt gegen jdn schwingen; ~ **o.s. into the saddle** sich in den Sattel schwingen; **that swung it for me** das hat für mich den Ausschlag gegeben; **there isn't room to** ~ **a cat** *fam* es ist so eng, daß man sich nicht einmal umdrehen kann; ~ **a deal** ein Geschäft machen; **III** *s* **1.** Schwung *m;* Schwingen *n; (Nadel)* Ausschlag *m;* **2.** *(Boxen)* Schwinger *m; (Golf, Skilaufen)* Schwung *m;* **3.** *fig* (Meinungs)Umschwung *m;* **4.** *(Musik)* Schwung *m; (Tanz)* Swing *m;* **5.** *(für Kinder)* Schaukel *f;* **6.** *Am (full ~)* freier Lauf; freie Hand; ► **get into the** ~ **of things** in Fahrt kommen; **go with a** ~ ein voller Erfolg sein; **be in full** ~ voll im Gang sein; **give one's imagination full** ~ *Am* seiner Phantasie freien Lauf lassen; **give s.o. full** ~ **to make the decisions** *fam* jdm bei allen Entscheidungen freie Hand lassen; **IV** *(mit Präposition)* **swing across** *itr* hinüberschwingen; sich hinüberhangeln; **swing back** *itr* zurückschwingen; *(Meinung)* umschlagen; *tr* zurückschwingen; *(Meinung)* umschlagen lassen; **swing round** *itr* sich umdrehen; herumschwenken; *(Nadel)* ausschlagen; *fig* umschwenken; *tr* herumschwenken; *fig* umstimmen; *(Meinung)* umschlagen lassen; **swing to** *itr (Tür)* zuschlagen.

swing-bridge ['swɪŋbrɪdʒ] Drehbrücke *f;* **swing-door** Pendeltür *f.*

swinge·ing ['swɪndʒɪŋ] *adj fam* gewaltig, mächtig; extrem; *(Angriff)* scharf.

swing·ing ['swɪŋɪŋ] *adj fig* beschwingt, schwungvoll; *fam (Mensch)* flott; ► ~ **door** Pendeltür *f.*

swin·ish ['swaɪnɪʃ] *adj pej* schweinisch; gemein.

swipe [swaɪp] **I** *s* harter Schlag, Hieb *m;* **II** *tr* **1.** e-n Hieb versetzen (*s.o.* jdm); **2.** *fam* mopsen, klauen; **III** *itr* schlagen (*at* nach).

swirl [swɜːl] **I** *itr, tr* herumwirbeln (*about the street* auf der Straße); **II** *s* Wirbel, Strudel *m.*

swish [swɪʃ] **I** *itr* **1.** schwirren, zischen;

2. rascheln, rauschen; **II** *tr* wedeln (*its tail* mit dem Schwanz); **III** *s* Surren, Rascheln, Zischen *n*.

Swiss [swɪs] **I** *adj* Schweizer, schweizerisch; ▶ **~ cheese** Emmentaler *m;* **~ German** Schweizerdeutsch *n;* **~ roll** Biskuitrolle *f;* **II** *s* Schweizer(in) *m (f);* ▶ **the ~** *pl* die Schweizer *pl*.

switch [swɪtʃ] **I** *s* **1.** Gerte, Rute *f;* **2.** (Licht)Schalter *m;* **3.** *rail* Weiche *f;* **4.** *fig* Wechsel *m;* **5.** *com* Tauschgeschäft *n;* ▶ **do, make a ~** tauschen; **II** *tr* **1.** wechseln; ändern; **2.** *(Aufmerksamkeit)* lenken (*to* auf); **3.** *(Produktion)* verlegen; *(Gegenstand)* umstellen; **4.** *fam* tauschen; vertauschen; **5.** *el* umschalten; **6.** *(Schwanz, Rute)* schlagen mit; **7.** *Am rail* rangieren; ▶ **~ schools** die Schule wechseln; **I ~ed trousers with him** wir haben die Hosen getauscht; **III** *itr* **1.** *(~ over)* überwechseln (*to* zu); **2.** *el radio* umschalten (*to* auf); **3.** *(~ round, over)* tauschen; **4.** *(Wind)* drehen (*to* nach); **5.** *rail* rangieren; **IV** *(mit Präposition)* **switch back** *itr* **1.** zu Gehabtem zurückkehren; **2.** *el radio TV* zurückschalten (*to* zu); *tr* zurückschalten (*to* auf); **switch off** *tr* ausschalten; abschalten; abstellen; *itr* **1.** ausschalten; **2.** *fig* abschalten; **switch on** *tr* **1.** anschalten; anstellen; **2.** *sl* munter machen; high machen; *itr* anschalten; sich einschalten; ▶ **be ~ed on to s.th.** *sl* auf etw stehen; **switch over** *itr* umschalten; *fig* überwechseln (*to* zu); *tr* verlegen; umstellen (*to* auf); ▶ **~ the programme over** auf ein anderes Programm umschalten; **switch round** *tr* vertauschen; umstellen; *itr* tauschen; **switch through** *tr tele* durchstellen (*to* zu).

switch·back ['swɪtʃbæk] **1.** Berg-, Gebirgsbahn *f;* **2.** Berg-und-Tal-Bahn *f;* Achterbahn *f;* **switch board** **1.** *el* Schalttafel *f;* **2.** *tele* Vermittlung *f;* Zentrale *f;* **switchboard operator** Telefonist(in) *m (f);* **switch-man** ⟨*pl* -men⟩ *Am rail* Weichenwärter *m;* **switch tower** *Am rail* Stellwerk *n;* **switch-yard** *Am* Rangierbahnhof *m*.

Swit·zer·land ['swɪtsələnd] die Schweiz.

swivel ['swɪvl] **I** *s tech* Drehring *m,* -lager *n;* **II** *tr* schwenken, herumdrehen; **III** *itr* sich drehen; **swivel-chair** Drehstuhl *m;* **swivel joint** Universalgelenk *n*.

swol·len ['swəʊlən] *v s. swell*.

swoon [swu:n] **I** *itr* ohnmächtig werden (*with* vor); **II** *s* Ohnmacht *f*.

swoop [swu:p] **I** *itr* **1.** *(~ down) (Raubvogel)* herabschießen (*on* auf); **2.** herfallen (*on* über); **II** *tr (~ up)* (weg)schnappen; emporreißen; **III** *s* **1.** Herabschießen *n;* **2.** *fig* plötzlicher Angriff; Razzia *f;* ▶ **at one (fell) ~** mit e-m Schlag.

swop [swɒp] *s. swap*.

sword [sɔ:d] Schwert *n a. fig;* ▶ **cross ~s** *a. fig* die Klingen kreuzen (*with* mit); **sword-dance** Schwerttanz *m;* **sword-fish** ['sɔ:dfɪʃ] Schwertfisch *m;* **sword-play** Fechten *n;* **sword-point** Schwertspitze *f;* ▶ **at ~** mit vorgehaltener Klinge; **swords·man** ['sɔ:dzmən] ⟨*pl* -men⟩ Schwertkämpfer *m;* Fechter *m;* **swords·man·ship** ['sɔ:dzmənʃɪp] Fechtkunst *f*.

swore, sworn [swɔ:, swɔ:n] *v s. swear*.

swot [swɒt] *Br fam* **I** *itr* ochsen, büffeln, pauken (*for an exam* auf e-e Prüfung); ▶ **~ up on s.th.** sich über etwas informieren; **II** *s* Streber(in) *m (f)*.

swum [swʌm] *v s. swim*.

swung [swʌŋ] *v s. swing*.

syca·more ['sɪkəmɔ:(r)] **1.** *Br* Bergahorn *m;* **2.** *Am* amerikanische Platane; **3.** *(Holz)* Ahorn *m*.

syco·phant ['sɪkəfænt] Speichellecker *m*.

syl·labic [sɪ'læbɪk] *adj* silbisch; **syl-lable** ['sɪləbl] Silbe *f;* ▶ **don't breathe a ~ of this!** kein(en) Ton davon!

syl·la·bus ['sɪləbəs] Lehrplan *m;* Programm *n*.

sylph [sɪlf] **1.** Sylphe, Luftgeist *m;* **2.** *fig* schlankes Mädchen.

sym·bio·sis [ˌsɪmbɪ'əʊsɪs] Symbiose *f;* **sym·bio·tic** [ˌsɪmbɪ'ɒtɪk] *adj* symbiotisch.

sym·bol ['sɪmbl] Sinnbild, Symbol, Zeichen *n;* **sym·bolic(al)** [sɪm'bɒlɪk(l)] *adj* symbolisch (*of* für); **sym·bol·ism** ['sɪmbəlɪzəm] **1.** *lit* Symbolismus *m;* **2.** Symbolik *f;* **sym·bol·ize** ['sɪmbəlaɪz] *tr* symbolisieren.

sym·met·ri·cal [sɪ'metrɪkl] *adj* symmetrisch; **sym·me·try** ['sɪmətrɪ] Symmetrie *f*.

sym·path·etic [ˌsɪmpə'θetɪk] *adj* **1.** mitfühlend; teilnehmend; **2.** empfänglich (*to* für); **3.** *fam* einverstanden (*to* mit), geneigt (*towards* dat); ▶ **~ strike** Sympathiestreik *m;* **sym·path·ize** ['sɪmpəθaɪz] *itr* **1.** sympathisieren (*with* mit); **2.** mitfühlen, Mitleid haben (*with* mit); **3.** Verständnis haben (*with* für); ▶ **~ with s.o.'s views** jds Meinung teilen; **sym·pathy** ['sɪmpəθɪ] **1.** Mitleid, Mitgefühl *n* (*for* mit); *(Tod)* Beileid *n;* **2.** Verständnis *n;* Sympathie *f;* ▶ **feel, have ~ for s.o.** mit jdm Mitleid haben; **you have my ~** *hum* herzliches Beileid; **be in (out of) ~ with** (nicht) einhergehen mit; **our sympathies are with you** wir sind auf Ihrer Seite; **there isn't much ~ between them** sie verstehen sich nicht; **come out in ~, strike in ~** in Sympathiestreik treten.

sym·phonic [sɪm'fɒnɪk] *adj mus* sinfonisch; **sym·phony** ['sɪmfənɪ] Sinfonie *f;* **symphony concert** Sinfoniekonzert; **symphony orchestra** Sinfonieorchester *n.*

sym·po·sium [sɪmˈpəʊzɪəm] ‹*pl* -sia› [—zɪə] Symposium *n,* Konferenz *f.*

symp·tom [ˈsɪmptəm] Symptom, Anzeichen, Merkmal *n* (*of* für); **symp·to·matic** [ˌsɪmptəˈmætɪk] *adj* symptomatisch, charakteristisch (*of* für).

syna·gogue [ˈsɪnəgɒg] *rel* Synagoge *f.*

syn·chro·mesh [ˈsɪŋkrəʊˌmeʃ] Synchrongetriebe *n.*

syn·chron·ize [ˈsɪŋkrənaɪz] **I** *tr* **1.** *(Geräte, bes. Uhren)* aufeinander abstimmen; **2.** *film* synchronisieren; **II** *itr* **1.** gleichzeitig sein; **2.** *(Uhren)* übereinstimmen; **3.** *film* synchronisiert sein; **syn·chron·ous** [ˈsɪŋkrənəs] *adj* gleichzeitig.

syn·co·pate [ˈsɪŋkəpeɪt] *tr mus* synkopieren; **syn·cope** [ˈsɪŋkəpɪ] Synkope *f.*

syn·di·cate [ˈsɪndɪkət] **I** *s* Interessengemeinschaft *f; com* Syndikat *n,* Verband *m; (Presse)* (Presse)Zentrale *f; (crime ~)* Syndikat *n,* Ring *m;* **II** *tr* [ˈsɪndɪkeɪt] *(Artikel, Beitrag)* an mehrere Zeitungen verkaufen.

syn·drome [ˈsɪndrəʊm] Syndrom *n;* Phänomen *n.*

synod [ˈsɪnəd] Synode *f.*

syn·onym [ˈsɪnənɪm] Synonym *n;* **syn·ony·mous** [sɪˈnɒnɪməs] *adj* synonym, sinnverwandt; gleichbedeutend.

syn·op·sis [sɪˈnɒpsɪs] ‹*pl* -ses› [—siːz] Übersicht, Zusammenfassung *f,* Abriß *m.*

syn·tac·tic(al) [sɪnˈtæktɪk(l)] *adj* syntaktisch; **syn·tax** [ˈsɪntæks] Syntax *f.*

syn·thesis [ˈsɪnθɪsɪs] ‹*pl* -theses› [—θɪsiːz] Synthese *f a. chem;* **synthesize** [ˈsɪnθəsaɪz] *tr* **1.** *(Stoff)* synthetisch herstellen (*from* aus); **2.** *(Stoff, Theorien)* zusammenfassen; **synthesizer** [—ər] *el* Synthesizer *m;* **synthetic** [sɪnˈθetɪk] **I** *s* Kunststoff *m;* **II** *adj* synthetisch; Kunst-; *fig* künstlich.

syph·ilis [ˈsɪfɪlɪs] *med* Syphilis *f;* **syphilitic** [ˌsɪfɪˈlɪtɪk] *adj* syphilitisch.

syphon [ˈsaɪfn] *s. siphon.*

Syria [ˈsɪrɪə] Syrien *n;* **Syr·ian** [ˈsɪrɪən] **I** *adj* syrisch; **II** *s* Syrer(in) *m (f),* Syrier(in) *m (f).*

syr·inge [sɪˈrɪndʒ] **I** *s med tech* Spritze *f;* **II** *tr* einspritzen, injizieren; *med* (aus)spülen.

syrup [ˈsɪrəp] **1.** Sirup *m;* **2.** *(fruit-~)* Frucht-, Obstsaft *m;* **syrupy** [ˈsɪrəpɪ] *adj* **1.** klebrig; **2.** *fam fig* süßlich; sentimental.

sys·tem [ˈsɪstəm] **1.** System *n;* **2.** Methode *f;* ► **circulatory, digestive, respiratory ~** Kreislaufsystem *n,* Verdauungs-, Atmungsapparat *m;* **railway ~** Eisenbahnnetz *n;* **if you can't beat the ~ join it** wenn du nicht gegen das System ankommst, arrangiere dich mit ihm; **I have to get it out of my ~** ich muß irgendwie darüber wegkommen; **it's bad for the ~** das ist ungesund; **all ~s go!** jetzt aber voll ran!; **sys·tem·atic** [ˌsɪstəˈmætɪk] *adj* systematisch; **system disk** *EDV* Systemdiskette *f;* **sys·tematize** [ˈsɪstəmətaɪz] *tr* in ein System bringen, nach e-m System (an)ordnen; **system error** Systemfehler *m;* **systems analysis** Systemanalyse *f;* **systems analyst** Systemanalytiker(in) *m (f).*

T

T, t [ti:] ⟨*pl* -'s⟩ T, t *n;* ▶ **to a ~** ganz genau, aufs Haar.

ta [tɑ:] *interj fam* danke.

tab [tæb] **1.** Aufhänger *m;* Öse *f;* Lasche *f;* **2.** Etikett *n;* Namensschild *n;* **3.** (Karten)Reiter *m;* **4.** *aero* Klappe *f;* **5.** *Am fam* Rechnung *f;* **6.** *fam (Schreibmaschine)* Tabulator *m;* ▶ **keep a ~** od **~s on** *fam* genau kontrollieren.

tab·by ['tæbɪ] **I** *adj fam (Katze)* getigert; **II** *s* (weibliche) Katze.

tab·er·nacle ['tæbənækl] **1.** *rel* Stiftshütte *f;* **2.** Gotteshaus *n;* **3.** Tabernakel *n* od *m.*

table ['teɪbl] **I** *s* **1.** Tisch *m;* **2.** Tischgesellschaft *f;* **3.** Tabelle, Liste *f,* Verzeichnis *n;* ▶ **lay (clear) the ~** den Tisch (ab)decken; **at the ~** am Tisch; **at ~** bei Tisch; **lay on the ~** zur Diskussion vorschlagen; *parl Am* auf die lange Bank schieben; **put on the ~** zur Sprache bringen, zur Diskussion stellen; anschneiden; **turn the ~s** *fig* den Spieß umkehren (*on s.o.* gegenüber jdm); **the ~s have turned** das Blatt hat sich gewendet; **~ of contents** *(Buch)* Inhaltsverzeichnis *n;* **multiplication ~s** *pl* Einmaleins *n;* **II** *tr* **1.** in Tabellenform zusammenstellen; **2.** *Br parl (Anfrage)* einbringen; **3.** *Am parl* vertagen; **table cloth** Tischtuch *n;* **table-land** *geog* Tafelland, Plateau *n;* **table-lift·ing** ['teɪbl,lɪftɪŋ] Tischrücken *n (der Spiritisten);* **table-linen** Tischwäsche *f;* **table manners** *pl* Tischmanieren *f pl;* **table mat** Untersetzer *m;* **table-spoon** ['teɪblspu:n] Eßlöffel *m.*

tab·let ['tæblɪt] **1.** Gedenktafel *f;* **2.** *med* Tablette *f;* **3.** *(Seife)* Stück *n; (Schokolade, Wachs)* Täfelchen *n.*

table-talk ['teɪbltɔ:k] Tischgespräch *n;* **table tennis** Tischtennis *n;* **table-ware** ['teɪblweə(r)] Tafelgeschirr *n;* **table wine** Tafelwein *m.*

tab·loid ['tæblɔɪd] *(kleinformatige)* Boulevardzeitung *f.*

ta·boo, ta·bu [tə'bu:] **I** *s* Tabu *n a. fig;* **II** *adj* tabu, verboten; **III** *tr* für tabu erklären.

tabu·lar ['tæbjʊlə(r)] *adj* ▶ **in ~ form** in Tabellenform; **tabu·late** ['tæbjʊleɪt] *tr* in Tabellenform bringen; **tabu·la·tion** [,tæbjʊ'leɪʃn] tabellarische Anordnung; **tabu·la·tor** ['tæbjʊleɪtə(r)] *(Tastatur)* Tabulator *m.*

tacit ['tæsɪt] *adj* stillschweigend; **taci·turn** ['tæsɪtɜ:n] *adj* schweigsam, wortkarg; **taci·tur·nity** [,tæsɪ'tɜ:nətɪ] Schweigsamkeit *f.*

tack [tæk] **I** *s* **1.** Reißbrettstift *m,* Heftzwecke *f;* kleiner Nagel, Stift *m;* **2.** Heftstich *m;* Heften *n;* **3.** *mar* Lavieren *n;* **4.** *fig* Kurs *m;* ▶ **on the wrong ~** *fig* auf dem Holzweg; **take, try a different ~** es anders versuchen; **II** *tr* **1.** mit Stiften befestigen; **2.** heften; **3.** *fig* hinzufügen (*on to s.th.* an etw); ▶ **~ together** zusammenfügen *a. fig;* **III** *itr* **1.** *mar* aufkreuzen; **2.** heften.

tackle ['tækl] **I** *s* **1.** Ausrüstung *f;* **2.** *mar* Tauwerk *n;* **3.** Flaschenzug *m;* **4.** *(Fußball etc)* Angreifen, Tackling *n;* ▶ **fishing ~** Angelsportgerät *n,* Angelzeug *n fam;* **II** *tr* **1.** ergreifen, packen; *sport* angreifen; **2.** *(Problem, Arbeit)* anpacken, in Angriff nehmen; **3.** angehen (*s.o. over* od *about s.th.* jdn wegen etw).

tacky ['tækɪ] *adj* **1.** klebrig; **2.** *fam* schäbig, billig.

tact [tækt] Takt *m,* Fein-, Fingerspitzengefühl *n;* **tact·ful** ['tæktfl] *adj* taktvoll.

tac·ti·cal ['tæktɪkl] *adj* taktisch *a. fig;* **tac·ti·cian** [tæk'tɪʃn] Taktiker(in) *m (f) a. fig;* **tac·tics** ['tæktɪks] *pl* Taktik *f a. fig.*

tac·tile ['tæktaɪl] *adj* ▶ **~ sense** Tastsinn *m.*

tact·less ['tæktlɪs] *adj* taktlos; **tact·less·ness** [—nɪs] Taktlosigkeit *f.*

tad·pole ['tædpəʊl] *zoo* Kaulquappe *f.*

taf·feta ['tæfɪtə] Taft *m.*

tag [tæg] **I** *s* **1.** Etikett *n,* Preiszettel *m;* Schildchen *n;* **2.** Aufhänger *m;* **3.** stehende Redensart, Floskel *f,* Spruch *m;* **4.** *gram* Bestätigungsfrage *f;* **5.** *(Spiel)* Fangen *n;* ▶ **price ~** Preisschild *n;* **II** *tr* **1.** hinzufügen (*to* an); **2.** mit e-m Anhänger, Schildchen, Etikett versehen; **3.** *com* auszeichnen; **4.** *Am fam* einen Strafzettel verpassen *(dat);* **III** *itr* hinterher-, nachlaufen (*after s.o.* jdm); **IV** *(mit Präposition)* **tag along** *itr* mitgehen, -kommen; **tag around with s.o.** mit jdm immer zusammen sein; **tag on** *tr* anhängen; *itr* sich anhängen (*to* an); **tag together** *tr* zusammenheften.

tail [teɪl] **I** *s* **1.** Schwanz, Schweif *m a. fig;* **2.** *fig* Ende *n;* **3.** Rockschoß *m;* Hemdzipfel *m;* **4.** *aero* Heck *n;* **5.** *pl (Münze)* Zahlseite *f;* **6.** *pl* Frack *m;* **7.** *fig* Schatten *m;* **8.** *fam pej* Weiber *pl;* ▶ **wag one's ~** mit dem Schwanz wedeln; **put a ~ on s.o.** jdn beschatten lassen; **put one's ~ between one's legs** *fig* den

Schwanz einziehen; **turn** ~ Reißaus nehmen; **I can't make head nor ~ of it** daraus werde ich nicht schlau; **heads or ~s?** Kopf oder Zahl? **II** *tr* beschatten; folgen (*s.o.* jdm); **III** *(mit Präposition)* **tail after s.o.** jdm hinterherlaufen; **tail back** *itr (Verkehr)* sich gestaut haben; **tail off, away** *itr* **1.** abnehmen; schwächer werden; **2.** schlechter werden, nachlassen.

tail·back ['teɪlbæk] (Auto)Schlange *f,* Stau *m;* **tail board** (Lade)Klappe *f;* **tail-end** hinteres Ende; Schluß *m;* ▶ **at the ~** ganz am Schluß; **tail·gate** ['teɪlgeɪt] **I** *s* Hecktür *f;* Ladeklappe *f;* **II** *itr* dicht auffahren; **tail·less** ['teɪllɪs] *adj* schwanzlos; **tail-light** *mot* Rücklicht *n.*

tailor ['teɪlə(r)] **I** *s* Schneider(in) *m (f);* **II** *tr* **1.** schneidern; **2.** *fig* zuschneiden (*to* auf); **tailor-made** ['teɪləmeɪd] *adj* **1.** nach Maß angefertigt; maßgeschneidert *a. fig;* **2.** *fig* zugeschnitten (*for* auf).

tail-piece ['teɪlpi:s] **1.** Anhang *m,* Anhängsel *n;* **2.** *aero* Heck *n;* **3.** *typ* (Schluß)Vignette *f;* **tail-spin** *aero* Trudeln *n;* **tail wind** Rückenwind *m.*

taint [teɪnt] **I** *tr* **1.** verderben (*with* durch); **2.** *fig (Ruf)* beflecken; **II** *s* **1.** Makel *m;* (Schand)Fleck *m;* **2.** (krankhafte) Anlage *f* (*of* zu); ▶ **be free from ~** *(Fleisch)* (noch) nicht verdorben sein; **taint·less** [—lɪs] *adj* makel-, fleckenlos.

take [teɪk] ⟨*irr* took, taken⟩ **I** *tr* **1.** nehmen; **2.** an sich nehmen; **3.** mitnehmen (*to* zu, nach); **4.** begleiten (*to* zu, nach); **5.** *(Verantwortung)* auf sich nehmen; **6.** *(Preis)* gewinnen; **7.** *(Examen)* machen; **8.** *(Lehrer)* unterrichten; *(Schüler)* nehmen; **9.** *(Reise, Spaziergang)* machen; **10.** *(Tier)* fangen; **11.** ergreifen, packen; gefangennehmen; **12.** *(Arznei)* einnehmen; **13.** *(Temperatur)* messen; **14.** *(Behandlung)* sich unterziehen; **15.** nehmen, (aus)wählen, sich entschließen zu; *(Stelle)* annehmen; **16.** auffassen, ansehen (*for* als), halten (*for* für); **17.** verstehen, begreifen; **18.** *(unpersönliche Konstruktion)* brauchen; **19.** *(Hindernis)* nehmen, sich hinwegsetzen über; *fig* überwinden; **20.** *(Film, Foto)* machen; **21.** sich gefallen lassen; *(Alkohol, Essen)* vertragen; *(Enttäuschung)* fertig werden mit; **22.** *(Nachricht)* reagieren auf; **23.** annehmen; halten (*s.o. for s.th.* jdn für etw); **24.** *math* abziehen; **25.** *gram* stehen mit; ▶ **~ into account** in Betracht ziehen; **~ legal advice** zum Rechtsanwalt, zur Rechtsberatung gehen; **~ one's bearings** sich orientieren; **~ the blame** die Schuld auf sich nehmen; **~ a deep breath** tief Atem holen; **~ a chair, seat** sich setzen, Platz nehmen; **~ the chair** den Vorsitz übernehmen; **~ a chance** etwas wagen, riskieren; **~ charge of** sich kümmern um, achtgeben auf; die Leitung *gen* in die Hand nehmen; **~ into confidence** ins Vertrauen ziehen; **~ into consideration** in Erwägung ziehen; **~ cover** Schutz suchen, in Deckung gehen; **~ a short cut** den Weg abkürzen; **~ a degree** ein Examen ablegen; **~ effect** wirksam werden; **~ fire** Feuer fangen; **~ for granted** für selbstverständlich halten; **~ a hint** e-n Wink verstehen; **~ hold of s.th.** sich e-r S bemächtigen; **~ interest in** Interesse haben an; **~ one's leave** sich verabschieden (*of* von); **~ a liking to s.o.** sich zu jdm hingezogen fühlen; **~ a look** e-n Blick werfen (*at* auf); **~ measures** Maßnahmen ergreifen; **~ the mickey out of s.o.** *fam* jdn veräppeln; **~ a nap** ein Nickerchen machen; **~ a note of s.th.** etw notieren, *fig* bemerken; **~ notes** sich Notizen machen; **~ notice of** beachten, Notiz nehmen von; **~ an oath** e-n Eid leisten; schwören; **~ offence at** sich beleidigt fühlen durch; **~ orders** gehorchen; **~ part in** teilnehmen an; **~ s.o.'s picture** jdn aufnehmen, fotografieren; **~ to pieces** auseinandernehmen; **~ pity on** Mitleid haben mit; **~ place** stattfinden; **~ s.o.'s place** an jds Stelle treten; **~ pleasure in** Vergnügen haben, finden an; **~ possession of** Besitz ergreifen von; **~ a resolution** e-n Entschluß fassen; **~ a rest** sich ausruhen; **~ time** Zeit brauchen; **~ one's time** sich Zeit lassen (*to* zu); **~ the trouble** sich die Mühe machen, sich bemühen (*to* zu); **~ turns** (sich) abwechseln; **~ a turn for the better, worse** e-e Wendung zum Besseren, Schlechteren nehmen; **it ~s 5 hours** man braucht 5 Stunden; **he ~s a size nine shoe** er hat (Schuh)Größe 9; **that doesn't ~ much brains** dazu gehört nicht viel Verstand; **how does that ~ you?** wie findest du das? **~ it from me!** glaube mir! **~ it or leave it** wie du willst; **I can't ~ it any more** ich kann nicht mehr; **I find that hard to ~** es fällt mir schwer, das hinzunehmen, zu verkraften, zu ertragen; **be ~n ill** krank werden; **be ~n with s.o.** von jdm angetan sein; **II** *itr* **1.** *(Pflanze)* anwachsen, Wurzeln schlagen; *(Feuer)* angehen; *(Farbe)* angenommen werden; *(Impfung)* anschlagen; **2.** *(Fisch)* anbeißen; **3.** Anklang, Beifall finden; **4.** Abbruch tun, abträglich sein (*from* dat); ▶ **~ ill** krank werden; **~ long** lange dauern; **III** *s* **1.** *Am* Einnahmen *f pl;* **2.** Beute *f;* Fang *m* **3.** *film* Aufnahme *f;* **IV** *(mit Präposition)* **take aback** *tr* überraschen; **take after** *itr* **1.** nachschlagen (*s.o.* jdm); **2.** ähnlich sein (*s.o.* jdm); **take along** *tr* mitnehmen; **take apart** *tr* auseinandernehmen *a. fig;* **take away** *tr* **1.**

wegnehmen; **2.** *math* abziehen; **3.** *(Essen)* mitnehmen; ▶ ~ **away from s.th.** etw schmälern, mindern; **take back** *tr* **1.** zurücknehmen; **2.** *(Ware)* zurückbringen; **3.** erinnern (*to* an); **take down** *tr* **1.** herunternehmen; abnehmen; **2.** ab-, einreißen; abbauen; **3.** demütigen; **4.** aufschreiben; notieren; ▶ **I took him down a peg or two** *fig* ich habe ihm e-n Dämpfer aufgesetzt; **take for** *tr* halten für; **take home** *tr* **1.** nach Hause bringen; **2.** *(Geld)* netto verdienen; **take in** *tr* **1.** annehmen; **2.** *(Kleid)* enger machen; **3.** einschließen; **4.** wahrnehmen; verstehen, begreifen; **5.** täuschen, hereinlegen; **6.** zu sich nehmen, aufnehmen; *com* in Kost nehmen; **7.** *(Ernte)* einbringen; **8.** *(Geld)* einnehmen; **take off** *tr* **1.** wegnehmen; **2.** *(Telefonhörer, Deckel)* abnehmen; **3.** *(Kleidung)* ausziehen; *(Hut)* abnehmen; **4.** abziehen, subtrahieren; *(vom Preis)* nachlassen; **5.** *(Zug)* ausfallen lassen; **6.** nachmachen, -äffen; **7.** *(Tag)* freinehmen; **8.** *(Person)* mitnehmen; abführen; *itr* **1.** sich entfernen; **2.** *aero* starten; ▶ ~ **o.s. off** weggehen; ~ **s.o.'s mind off s.th.** jdn von etw ablenken; ~ **s.th. off s.o.'s hands** jdm etw abnehmen; **take on** *tr* **1.** beschäftigen, einstellen; **2.** auf sich nehmen; *(Arbeit)* annehmen; **3.** spielen gegen; kämpfen gegen; sich auseinandersetzen mit; **4.** *(Farbe, Ausdruck)* bekommen, annehmen; *itr* **1.** *fam* sich furchtbar ärgern; **2.** *fam* ankommen, in Mode kommen (*among* bei); **take out** *tr* **1.** herausnehmen, entfernen; **2.** hinausbringen; hinausfahren; **3.** *(Geld)* abheben; **4.** *(Patent)* nehmen, erwirken; *(Versicherung)* abschließen; **5.** *Am (Essen)* mitnehmen; **6.** ausführen, begleiten; **7.** *mil euph* zerstören; töten; ▶ ~ **it out of s.o.** jdn mitnehmen, jdn schlauchen; ~ **it out on s.o.** seinen Ärger an jdm auslassen; ~ **s.o. out of himself** jdn seine Sorgen vergessen lassen; **take over** *tr* **1.** *(Geschäft, Amt)* übernehmen; **2.** *(Person)* hinüberbringen; mitnehmen; *itr* an die Macht, Regierung kommen; *fam* das Heft an sich reißen; ▶ ~ **over from s.o.** jdn ablösen; **take to** *itr* **1.** Gefallen finden an; *(Person)* sympathisch finden; **2.** Zuflucht nehmen zu; ▶ ~ **to doing s.th.** anfangen, etw zu tun; **take up** *tr* **1.** aufnehmen; hochheben; **2.** hinaufbringen; **3.** aufsaugen, absorbieren; **4.** *(Zeit)* in Anspruch nehmen; *(Platz)* einnehmen; **5.** übernehmen; **6.** *(Beschäftigung)* aufnehmen; **7.** *(Kredit, Einladung)* annehmen; **8.** *(Hobby)* sich zulegen; **9.** *(Rock)* kürzer machen; **10.** *(Angelegenheit)* besprechen; eingehen auf; **11.** *(Thema)* wiederaufnehmen; **12.** *(Redner)* berichtigen; **13.** *(Wohnung)* beziehen; **14.** *(Gedanken)* aufgreifen; **15.** fördern, sich einsetzen für; *itr* weitermachen; ▶ **I'll ~ you up on that** ich nehme Sie beim Wort; **be ~n up with** beschäftigt sein mit; **take up with** sich anfreunden mit.

take-away ['teɪkəweɪ] **1.** Essen *n* zum Mitnehmen; **2.** Imbißstube *f;* Restaurant *n* für Außer-Haus-Verkauf; **take-home pay** ['teɪkhəʊm'peɪ] Nettolohn *m;* **take-in** ['teɪkɪn] *fam* Schwindel *m,* Gaunerei *f,* Betrug *m;* **taken** ['teɪkn] *v s. take;* **take-off** ['teɪkɒf] **1.** *aero* Abflug, Start *m a. fig;* **2.** *fam* Nachmachen *n,* Karikieren *n;* Nachahmung *f;* ▶ ~ **clearance** Startfreigabe *f;* **do a ~ of s.o.** jdn nachmachen; **take-out** ['teɪkaʊt] *Am sl* Fertiggericht *n* zum Mitnehmen; **take·over** ['teɪkˌəʊvə(r)] Übernahme *f;* **takeover bid** Übernahmeangebot *n.*

taker ['teɪkə(r)] **1.** Käufer(in) *m (f);* Interessent(in) *m (f);* **2.** Wettende(r) *f m;* ▶ **any ~s?** wer wettet? *(bei Auktion)* wer bietet? *fig* wer ist (daran) interessiert?

take-up ['teɪkʌp] **1.** Anspruchnahme *f;* **2.** *(Tonband)* Aufwickeln, Aufspulen *n;* **take-up spool** *(Tonband)* Aufwikkelspule *f.*

tak·ing ['teɪkɪŋ] **I** *adj* sympathisch; **II** *s* **1.** Entnahme *f;* **2.** *pl* Einnahmen *f pl;* **3.** *mil* Einnahme *f;* ▶ **on** ~ bei Entnahme; ~ **an inventory** Inventur *f;* ~ **out a policy** Abschluß *m* e-r Versicherung; **tak·ing-over** [ˌteɪkɪŋ'əʊvə(r)] Übernahme *f;* **tak·ing-up** [ˌteɪkɪŋ'ʌp] *com* Aufnahme *f;* ▶ ~ **of a loan** Kreditaufnahme *f.*

talc [tælk] *min* Talk *m;* **tal·cum** ['tælkəm] *(~ powder)* Körperpuder *m.*

tale [teɪl] **1.** Erzählung, Geschichte *f;* **2.** Lüge, Erfindung *f;* **3.** Bericht *m;* Gerede *n;* ▶ **tell ~s** klatschen, (aus)plaudern.

tal·ent ['tælənt] **1.** Talent *n,* Begabung, Fähigkeit *f;* **2.** *fam* anziehende Frau; ▶ **to have a ~ for** begabt sein für; **talented** [—ɪd] *adj* begabt, befähigt.

tal·is·man ['tælɪzmən] ⟨*pl* -mans⟩ Talisman, Glücksbringer *m.*

talk [tɔ:k] **I** *itr* **1.** sprechen, reden (*about, of, on* von, über; *to, with s.o.* mit jdm); **2.** plaudern, schwatzen; klatschen; ▶ ~ **big** *sl* angeben, prahlen; ~ **through one's hat** *sl* Unsinn reden; **now you are ~ing** das läßt sich hören! **you can ~!** du hast gut reden! ~ **to o.s.** Selbstgespräche führen; **~ing of holidays** da wir gerade vom Urlaub sprechen; **II** *tr* **1.** *(Sprache)* sprechen; *(Unsinn)* reden; **2.** reden, sprechen über; **3.** überreden (*into doing s.th.* etw zu tun); ▶ ~ **s.o. into s.th.** jdm etw einreden; ~ **s.o. out of s.th.** jdm etw ausreden; **be ~ed about** *od* **of** ins Gerede kommen; **let's ~ business** kommen wir zur Sache; ~ **scandal** klatschen; ~ **sense** vernünftig reden; ~ **shop** fachsimpeln; **III** *s* **1.** Rede *f,* Gespräch *n*, Unterhaltung *f;* **2.** Diskussion, Aussprache, Besprechung *f;* **3.** Gerede, Geschwätz *n;* **4.** Vortrag *m;* ▶ **be all ~** immer nur reden; **be the ~ of the town** in aller Munde sein; **there is ~ of** man spricht von, man sagt; **small ~** Small Talk *m;* **IV** *(mit Präposition)* **talk back** *itr* (scharf) erwidern, antworten; frech sein; **talk down** *tr* **1.** zum Schweigen bringen; **2.** *aero* heruntersprechen; ▶ **~ down to s.o.** mit jdm herablassend reden; **talk on** *itr* weiterreden; **talk out** *tr* **1.** *(Thema)* erschöpfen(d behandeln); **2.** *parl* durch lange Debatten hinauszögern; ▶ **~ s.o. out of s.th.** jdn von etw abbringen; **~ one's way out of s.th.** sich aus etw herausreden; **talk over** *tr* bereden, besprechen; **talk round** *tr* umstimmen; ▶ **~ round s.th.** um etw herumreden; **talk through;** ▶ **~ s.th. through** etw diskutieren; **~ s.o. through s.th.** etw mit jdm durchsprechen.

talka·tive ['tɔ:kətɪv] *adj* redselig, gesprächig; **talker** ['tɔ:kə(r)] **1.** Sprecher(in), Redner(in) *m (f);* **2.** Schwätzer(in) *m (f);* **talk·ing** ['tɔ:kɪŋ] **I** *adj* sprechend; ▶ **~ film, picture** Tonfilm *m;* **II** *s* Reden *n;* **talking-point** Gesprächsgegenstand *m;* **talk·ing-to** ['tɔ:kɪŋtu:] *fam* Schimpfe, Schelte *f;* **talk show** *TV* Talkshow *f.*

tall [tɔ:l] *adj* groß; hoch; lang; ▶ **a ~ order** eine Zumutung; **a ~ story** eine unglaubliche Geschichte; **tall·boy** ['tɔ:lbɔɪ] Aufbaukommode *f;* **tall·ness** ['tɔ:lnɪs] Größe *f.*

tal·low ['tæləʊ] Talg *m.*

tally ['tælɪ] **I** *s* **1.** Anschreibbuch *n;* **2.** (Ab)Rechnung *f;* ▶ **keep a ~ of** Buch führen über; **II** *tr (~ up)* zusammenrechnen, -zählen; **III** *itr* übereinstimmen, sich decken (*with* mit).

tally-ho [ˌtælɪ'həʊ] *interj (Jagd)* hallo.

tally·man ['tælɪmən] ⟨*pl* -men⟩ Ladungs-, Staugüterkontrolleur *m;* **tally sheet** Strichliste *f.*

talon ['tælən] *zoo fig* Kralle *f.*

tam·able ['teɪməbl] *adj* zähmbar.

tam·ar·ind ['tæmərɪnd] *bot* Tamarinde *f.*

tam·ar·isk ['tæmərɪsk] *bot* Tamariske *f.*

tam·bour ['tæmbʊə(r)] **1.** *mus* Trommel *m;* **2.** *arch* Säulentrommel *f;* **3.** Stickrahmen *m;* **4.** *(Schreibtisch)* Rollo *n;* **tam·bour·ine** [ˌtæmbə'ri:n] Tamburin *n.*

tame [teɪm] **I** *adj* **1.** zahm; gezähmt; **2.** matt, fade, schal; **3.** langweilig, uninteressant; **II** *tr* **1.** (be)zähmen; **2.** *fig* gefügig machen; **tamer** ['teɪmə(r)] (Tier)Bändiger(in), Dompteur(in) *m (f).*

tam-o'-shan·ter [ˌtæmə'ʃæntə(r)] (runde) Schottenmütze *f.*

tamp [tæmp] *tr* **1.** ab-, verdämmen; **2.** feststampfen; **tam·per** ['tæmpə(r)] **1.** Ramme *f;* **2.** (Pfeifen)Stopfer *m.*

tam·per with ['tæmpə(r) 'wɪð] *tr* sich zu schaffen machen an; herumpfuschen an; *(Abrechnungen)* frisieren; *(Dokument)* fälschen; **tamper-proof** ['tæmpə(r)-pru:f] *adj* gegen Mißbrauch geschützt.

tam·pon ['tæmpən] *med* Tampon *m.*

tan [tæn] **I** *s* **1.** Hellbraun *n;* **2.** Sonnenbräune *f;* **II** *adj* hellbraun; **III** *tr* **1.** gerben; **2.** *(in der Sonne)* bräunen; ▶ **~ s.o.'s hide** jdn verdreschen; **IV** *itr (in der Sonne)* braun werden.

tan·dem ['tændəm] **I** *s* Tandem *n;* **II** *adv* hintereinander.

tang [tæŋ] penetranter Geruch; scharfer Geschmack.

tan·gent ['tændʒənt] Tangente *f;* ▶ **fly, go off at a ~** *fig* vom Thema abkommen; plötzlich e-e andere Richtung einschlagen; **tan·gen·tial** [tæn'dʒenʃl] *adj math* tangential; ▶ **this is only ~ to the question** das berührt die Frage nur am Rande.

tan·ger·ine [ˌtændʒə'ri:n, *Am* 'tændʒəri:n] *bot* Mandarine *f.*

tan·gible ['tændʒəbl] *adj* **1.** fühl-, greifbar; **2.** *fig (Beweis, Resultat)* greifbar.

tangle ['tæŋgl] **I** *tr* verwirren; ▶ **get ~d (up)** sich verwickeln, sich verwirren; *fig* verwickelt werden (*in* in); **II** *s* **1.** Gewirr *n;* **2.** *fig* Wirrwarr *m,* Durcheinander *n;* **3.** Streit *m,* Auseinandersetzung *f.*

tango ['tæŋgəʊ] ⟨*pl* tangos⟩ **I** *s* Tango *m;* **II** *itr* Tango tanzen.

tangy ['tæŋɪ] *adj* stark riechend; scharf (schmeckend).

tank [tæŋk] **I** *s* **1.** Tank, Behälter *m;* Kessel *m;* **2.** Tank, Panzer *m;* **II** *(mit Präposition)* **tank up** *tr* **1.** auftanken; volltanken; **2.** *sl* sich besaufen; ▶ **be ~ed up** besoffen sein.

tank·ard ['tæŋkəd] Maß(krug *m*) *n.*

tanker ['tæŋkə(r)] **1.** Tanker *m,* Tankschiff *n;* **2.** *(flying ~)* Tankerflugzeug *n;* **3.** *mot* Tankwagen, -lastzug *m.*

tan·ner ['tænə(r)] Gerber(in) *m (f);* **tan·nery** ['tænərɪ] Gerberei *f;* **tan·nic** ['tænɪk] *adj* ▶ **~ acid** Gerbsäure *f;* **tan·nin** ['tænɪn] Tannin *n;* **tan·ning** ['tænɪŋ] **1.** *(Prozeß)* Gerben *n;* *(Fertigkeit)* Gerberei *f;* **2.** *fam* Dresche *f.*

tan·noy ['tænɔɪ] *Wz* Lautsprecheranlage *f.*

tan·ta·lize ['tæntəlaɪz] *tr* **1.** auf die Folter spannen; **2.** foppen; quälen; **tan·ta·liz·ing** [—ɪŋ] *adj* verlockend; verführerisch.

tan·ta·mount ['tæntəmaʊnt] *adj* gleichbedeutend (*to* mit); ▶ **be ~ to s.th.** e-r S gleichkommen.

tan·trum ['tæntrəm] Wutanfall *m.*

tap[1] [tæp] **I** *s* Hahn *m;* ▶ **on ~** *(Bier)* vom Faß; *fig* verfügbar; **turn a ~ on, off** e-n Hahn auf-, zudrehen; **II** *tr* **1.** anzapfen *a. el;* **2.** *(Telefon)* abhorchen, -hören; **3.** *(Markt)* erschließen; ▶ **~ the**

reserves die Vorräte angreifen.
tap[2] [tæp] **I** *tr* klopfen (*s.o. on the shoulder* jdm auf die Schulter); ▶ ~ **s.th. against s.th.** mit e-r S an etw klopfen; **II** *s* **1.** Klopfen *n* (*on the window* an das Fenster; *at the door* an die Tür); **2.** Klaps *m;* **3.** *pl mil* Zapfenstreich *m;* **tap-dance** ['tæpdɑ:ns] **I** *itr* steppen; **II** *s* Stepptanz *m.*
tape [teɪp] **I** *s* **1.** Band *n;* **2.** (Papier)Streifen *m;* Klebestreifen *m;* **3.** *tele* Lochstreifen *m;* **4.** Ton-, Videoband *n;* **5.** *sport* Zielband *n;* ▶ **adhesive** ~ Klebestreifen *m;* **red** ~ Bürokratie *f;* Amtsschimmel *m;* **II** *tr* **1.** mit e-m Band befestigen; mit einem Klebestreifen verkleben; **2.** auf Band aufnehmen; ▶ **have s.th., s.o. ~d** *fam* etw, jdn gründlich kennen; **tape-cassette** Tonbandkassette *f;* **tape-deck** Tapedeck *n;* **tape measure** Bandmaß *n.*
taper ['teɪpə(r)] **I** *s* (Wachs)Kerze *f;* **II** *tr* spitz zulaufen lassen; **III** *itr* spitz zulaufen, sich verjüngen; abnehmen; ▶ ~ **off** abklingen; auslaufen, zu Ende gehen.
tape-reader ['teɪpˌri:də(r)] Lochstreifenleser *m;* **tape-re·cord** ['teɪprɪ'kɔ:d] *tr* auf Band aufnehmen; **tape-re·corder** ['teɪprɪ'kɔ:də(r)] Tonbandgerät *n;* **tape-re·cord·ing** ['teɪprɪ'kɔ:dɪŋ] Bandaufnahme *f.*
tap·es·try ['tæpɪstrɪ] Wandbehang, -teppich, Gobelin *m.*
tape·worm ['teɪpwɜ:m] Bandwurm *m.*
tapi·oca [ˌtæpɪ'əʊkə] Tapioka(mehl *n*) *f.*
ta·pir ['teɪpə(r)] *zoo* Tapir *m.*
tap·pet ['tæpət] *tech* Stößel, Mitnehmer *m.*
tap·room ['tæprʊm] Schankraum *m;* **tap-water** Leitungswasser *n.*
tar [tɑ:(r)] **I** *s* Teer *m;* **II** *tr* teeren; ▶ **they are ~red with the same brush** von ihnen ist einer nicht mehr wert als der andere.
ta·ran·tula [tə'ræntjʊlə] *zoo* Tarantel *f.*
tardy ['tɑ:dɪ] *adj* **1.** spät; **2.** säumig, verspätet; ▶ **be** ~ **for s.th.** zu etw zu spät kommen.
tare [teə(r)] *com* Tara *f.*
tar·get ['tɑ:gɪt] **I** *tr* zielen auf; richten auf; **II** *s* **1.** Schieß-, Zielscheibe *f a. fig;* **2.** *pol com* Ziel *n;* **3.** *(Produktion)* Soll *n,* Planziffer *f;* ▶ **sales** ~ Verkaufsziel *n;* **target date 1.** *com* Fälligkeitsdatum *n;* **2.** Liefertermin *m;* **target figures** *pl* Sollzahlen *f pl;* **target language** Zielsprache *f;* **target practice** *mil* Zielschießen *n;* **target price 1.** Richtpreis *m;* **2.** angestrebter Preis; **tar·get·ted** ['tɑ:gɪtəd] *adj* zielgerichtet.
tar·iff ['tærɪf] **1.** (Zoll-, Versicherungs)Tarif *m;* Zoll(satz) *m;* **2.** Gebührensatz *m;* **3.** Preisliste *f.*
tar·mac ['tɑ:mæk] **I** *tr* asphaltieren; **II** *s* **1.** Asphalt, Teermakadam *m;* **2.** *aero* (asphaltiertes) Rollfeld.
tarn [tɑ:n] Bergsee *m.*
tar·nish ['tɑ:nɪʃ] **I** *tr* **1.** *fig* beflecken; **2.** *(Metall)* stumpf werden lassen; mattieren; **II** *itr* seinen Glanz verlieren; trübe, matt werden; anlaufen; **III** *s* **1.** Anlaufen *n;* Beschlag *m;* **2.** *fig* Makel *m.*
tar·pau·lin [tɑ:'pɔ:lɪn] Zeltplane *f.*
tar·ra·gon ['tærəgən] *bot* Estragon *m.*
tarry ['tɑ:rɪ] *adj* teerig.
tar·sus ['tɑ:səs] ⟨*pl* -si⟩ ['tɑ:saɪ] *anat* Fußwurzel *f.*
tart[1] [tɑ:t] *adj* **1.** scharf, herb, sauer; **2.** *fig* beißend, spitz.
tart[2] [tɑ:t] **1.** Obsttorte *f;* **2.** *Am* Törtchen *n;* ▶ **apple-, cherry-~** Apfel-, Kirschtorte *f.*
tart[3] [tɑ:t] **I** *s fam pej* Nutte *f;* **II** *(mit Präposition)* **tart up** *tr* aufmachen, auftakeln, herausputzen.
tar·tan ['tɑ:tn] Schottenmuster *n.*
tar·tar[1] ['tɑ:tə(r)] *fig* Tyrann *m;* Xanthippe *f;* ▶ **catch a** ~ an den Unrechten kommen.
tar·tar[2] ['tɑ:tə(r)] Wein-, Zahnstein *m;* **tar·taric** [tɑ:'tærɪk] *adj* ▶ ~ **acid** Weinsteinsäure *f;* **tartar(e) sauce** Remouladensoße *f.*
task [tɑ:sk] Aufgabe *f;* Pflicht *f;* ▶ **take to** ~ zur Rede stellen (*for, about* wegen); **task-force** Sondereinheit *f;* **task-master** Zuchtmeister *m;* ▶ **a hard** ~ ein strenger Meister.
tas·sel ['tæsl] Troddel, Quaste *f.*
taste [teɪst] **I** *tr* **1.** *(Speise)* kosten, versuchen; **2.** (ab)schmecken; **3.** essen; **4.** *fig* erfahren, erleben; **II** *itr* schmecken (*of* nach); **III** *s* **1.** Geschmack(ssinn) *m;* Geschmack *m (e-r Speise);* **2.** Kostprobe *f;* **3.** *fig* Vorgeschmack *m;* **4.** (guter) Geschmack *m;* **5.** Vorliebe *f* (*for* für); Neigung *f* (*for* zu); Sinn *m* (*for* für); ▶ **in (good)** ~ geschmack-, taktvoll; **in bad, poor** ~ geschmacklos; **to** ~ *(Küche)* nach Geschmack; **to s.o.'s** ~ nach jds Geschmack; **leave a bad** ~ **in one's mouth** *a. fig* e-n schlechten Nachgeschmack haben; **taste·bud** ['teɪstbʌd] Geschmacksknospe *f;* **taste·ful** ['teɪstfl] *adj* geschmackvoll; **taste·less** [—lɪs] *adj* **1.** fade, nach nichts schmeckend; **2.** *fig* geschmacklos; **taster** ['teɪstə(r)] (Wein-, Tee)Schmekker, Probierer *m;* **tasty** ['teɪstɪ] *adj* **1.** wohlschmeckend; **2.** *sl* interessant.
tat [tæt] **I** *s* ▶ **give tit for** ~ etw mit gleicher Münze heimzahlen; **II** *tr, itr* (in) Schiffchenarbeit herstellen.
tat·ter ['tætə(r)] **1.** Fetzen, Lumpen *m;* **2.** *pl* abgerissene Kleidung; ▶ **tear to ~s** *fig* zerfetzen, zerreißen; **tat·tered** ['tætəd] *adj* zerlumpt, abgerissen.
tattle ['tætl] **I** *itr* plaudern; klatschen; **II** *s* Gerede *n;* **tat·tler** ['tætlə(r)] Klatschbase *f.*

tat·too[1] [tə'tu:] **I** *tr* tätowieren; **II** *s* Tätowierung *f.*
tat·too[2] [tə'tu:] **1.** *mil* Zapfenstreich *m;* **2.** Trommeln *n;* **3.** Musikparade *f;* ► **beat, sound the ~** den Zapfenstreich blasen.
tatty ['tætɪ] *adj fam* schäbig.
taught [tɔ:t] *v s. teach.*
taunt [tɔ:nt] **I** *tr* verspotten (*with cowardice* wegen Feigheit); **II** *s* **1.** Spott *m;* **2.** spöttische Bemerkung.
Taurean [tɔ:'rɪan] **I** *adj* Stier-; **II** *s* Stier *m;* **Taurus** ['tɔ:rəs] *astr* Stier *m.*
taut [tɔ:t] *adj* **1.** gespannt, straff; **2.** *(Gesicht) fig* angespannt; **3.** *(Stil)* knapp.
tauto·logi·cal [ˌtɔ:tə'lɒdʒɪkəl], **taut·ol·ogous** [tɔ:'tɒləgəs] *adj* tautologisch; **taut·ol·ogy** [tɔ:'tɒlədʒɪ] Tautologie *f.*
tav·ern ['tævən] Schenke *f.*
taw·dry ['tɔ:drɪ] *adj* billig, geschmacklos; kitschig.
tawny ['tɔ:nɪ] *adj* gelbbraun; ► **~ owl** Waldkauz *m.*
tax [tæks] **I** *tr* **1.** besteuern; **2.** stark in Anspruch nehmen, anstrengen; **3.** schätzen (*at* auf); **4.** beschuldigen (*with* gen); **II** *s* **1.** Steuer *f;* Abgabe *f* (*on* auf); **2.** Beanspruchung, Inanspruchnahme *f* (*on* gen); ► **after ~** netto, nach Steuern; **before ~** brutto, vor Steuern; **exempt from, free of ~** steuerfrei; **collect ~es** Steuern erheben; **impose, lay, levy, put a ~ on** mit e-r Steuer belegen, besteuern; **pay £ 100 in ~es** £ 100 Steuern zahlen; **for ~ purposes** aus steuerlichen Gründen; **tax·able** [—əbl] *adj* steuerpflichtig; ► **~ entity** Steuersubjekt *n;* **~ income** zu versteuerndes Einkommen; **~ period** Veranlagungszeitraum *m;* **tax allowance** Steuerfreibetrag *m;* Steuervergünstigung *f;* **tax arrears** *pl* Steuerrückstände *m pl;* **tax assessment** Steuerveranlagung *f;* **tax·ation** [tæk'seɪʃn] Besteuerung, Steuerveranlagung *f;* Steuern *f pl;* ► **subject to ~** steuerpflichtig; **tax avoidance** Steuerumgehung *f;* **tax bracket** Steuerklasse *f;* **tax-collector** Steuereinnehmer *m;* *(Bibel)* Zöllner *m;* **tax-deductible** *adj* steuerlich abzugsfähig; **tax disc** *Br* Kraftfahrzeugsteuerplakette *f;* **tax dodging, evasion** Steuerhinterziehung *f;* Steuerflucht *f;* **tax evader** Steuersünder *m;* **tax exemption** Steuerbefreiung *f;* **tax-free** *adj* steuerfrei; **tax haven** Steueroase *f.*
taxi ['tæksɪ] **I** *s* Taxe *f,* Taxi *n;* **II** *itr* **1.** *(take a ~)* mit e-r Taxe fahren; **2.** *aero* rollen; ► **~ to a standstill** *aero* ausrollen.
taxi·der·mist ['tæksɪˌdɜ:mɪst] (Tier)Präparator(in) *m (f);* **taxi·dermy** ['tæksɪˌdɜ:mɪ] Taxidermie *f.*
taxi-driver Taxifahrer(in) *m (f);* **taxi-meter** ['tæksɪmi:tə(r)] Fahrpreisanzeiger, Taxameter *m;* **taxi plane** Flugtaxe *f;* **taxi rank, taxi stand** Taxistand *m.*
tax·man ['tæksmən] ⟨*pl* -men⟩ Steuerbeamte(r) *m;* ► **the ~ keeps ...** das Finanzamt behält ...; **tax-payer** ['tæksˌpeɪə(r)] Steuerzahler(in) *m (f);* **tax rebate** Steuerrückzahlung *f;* **tax relief** Steuererleichterung, -vergünstigung *f;* **tax return** Steuererklärung *f;* **tax year** Steuerjahr *n.*
T-bar ['ti:bɑ:(r)] Bügel *m;* Schlepplift *m*
tea [ti:] Tee *m;* ► **have ~** Tee trinken; **make (the) ~** Tee zubereiten; **not my cup of ~** *fig fam* nicht mein Fall; **beef ~** Fleisch-, Kraftbrühe *f;* **camomile, peppermint ~** Kamillen-, Pfefferminztee *m;* **five-o'-clock ~** Fünfuhrtee *m;* **three ~s please, waiter** (Herr) Ober, dreimal Tee, bitte; **tea bag** Teebeutel *m;* **tea-break** Teepause *f;* **tea-caddy** Teebüchse *f;* Teespender *m;* **tea-cake** Rosinenbrötchen *n.*
teach [ti:tʃ] ⟨*irr* taught, taught⟩ **I** *tr* lehren, unterrichten; ► **~ s.o. to do s.th.** jdm etw beibringen; **this has taught him a lot** er hat viel daraus gelernt; **that'll ~ you!** das wird dir eine Lehre sein; **~ s.o. a lesson** jdm eine Lektion erteilen; **II** *itr* unterrichten; **teacher** ['ti:tʃə(r)] Lehrer(in) *m (f);* **teacher training** Lehrerausbildung *f;* **teacher training college** Lehrerseminar *n;* pädagogische Hochschule.
tea-chest ['ti:tʃest] Teekiste *f.*
teach-in ['ti:tʃɪn] Teach-in *n;* **teach·ing** ['ti:tʃɪŋ] **1.** Unterricht *m;* **2.** Lehrberuf *m;* **3.** *pl* Lehre(n *pl*) *f;* **teaching staff** Lehrkörper *m;* Lehrerschaft *f.*
tea cloth ['ti:klɒθ] Geschirrtuch *n;* **tea-cosy** ['ti:kəʊzɪ] Teewärmer *m;* **tea-cup** ['ti:kʌp] Teetasse *f;* ► **a storm in a ~** ein Sturm im Wasserglas; **tea-garden** **1.** Gartenrestaurant *n;* **2.** Teepflanzung *f;* **tea·house** ['ti:haʊs] Teehaus *n.*
teak [ti:k] Teakbaum *m,* -holz *n.*
tea-leaves ['ti:li:vz] *pl* Teesatz *m,* Teeblätter *pl;* ► **tell s.o.'s fortune from the ~, read the ~** das Glück aus dem Kaffeesatz lesen.
team [ti:m] **I** *s* **1.** *sport* Mannschaft *f;* **2.** Team *n,* Arbeitsgruppe *f;* **3.** *(Ochsen)* Gespann *n;* ► **football ~** Fußballmannschaft *f;* **II** *(mit Präposition)* **team up with** zusammenarbeiten mit; sich zusammentun mit; **team captain** Mannschaftsführer(in) *m (f);* **team effort** Teamarbeit *f;* **team mate** Mannschaftskamerad(in) *m (f);* **team play** Zusammenspiel *n;* **team spirit** Mannschafts-, Teamgeist *m;* **team·ster** ['ti:mstə(r)] *Am* LKW-Fahrer *m;* **team-work** Gemeinschafts-, Gruppenarbeit *f,* Teamwork *n.*
tea·pot ['ti:pɒt] Teekanne *f.*
tear[1] [teə(r)] ⟨*irr* tore, torn⟩ **I** *tr* **1.** zerrei-

ßen (*on a nail* an e-m Nagel); **2.** *(Loch)* reißen; ein-, aufreißen; **3.** (heraus)reißen (*from* aus); **4.** *(Haare)* sich raufen; **5.** *fig* (auf)spalten; zersplittern; **6.** *(innerlich)* hin u. her reißen; ► **be torn between two things** zwischen zwei Dingen hin- und her gerissen sein; **be in a ~ing hurry** es sehr eilig haben; **~ to pieces, to bits** in Stücke reißen; **that's torn it!** *fam fig* das hat alles verdorben! **II** *itr* **1.** (zer)reißen; **2.** zerren, reißen (*at* an); **3.** rasen, sausen; **III** *s* Riß *m;* **IV** *(mit Präposition)* **tear along** *itr* entlangrasen; **tear apart** *tr* **1.** zerreißen; **2.** durcheinanderbringen; **tear at** *tr* reißen, ziehen an; **tear away** *tr* los-, wegreißen; *itr* davonrasen; ► **he couldn't himself ~ away from** er konnte sich nicht trennen von; **tear down** *tr* **1.** abreißen, abbrechen; **2.** herunterreißen (*from* von); *itr* hinunterrasen; **tear into** *tr* ein Loch reißen in; *(Tier)* zerfleischen; ► **~ into the food** übers Essen herfallen; **~ into s.o.** auf jdn losgehen; **tear off** *tr* abreißen; *itr* davonrasen; ► **~ s.o. off a strip** mit jdm schimpfen; **the button tore off** der Knopf ist ab(gerissen); **tear open** *tr* aufreißen; **tear out** *tr* (her)ausreißen; **tear up** *tr* **1.** zerreißen *a. fig;* **2.** *(Straße)* aufreißen.

tear² [tɪə(r)] Träne *f;* ► **in ~s** in Tränen (aufgelöst), weinend; **burst into ~s** in Tränen ausbrechen; **shed ~s** Tränen vergießen.

tear·away [ˈteərəweɪ] Schlingel *m.*

tear-drop [ˈtɪədrɒp] Träne *f;* **tear·ful** [ˈtɪəfl] *adj* **1.** weinend; **2.** traurig; **3.** *(Gesicht)* tränenüberströmt; **tear-gas** Tränengas *n;* **tear-jer·ker** [ˈtɪəˌdʒɜːkə(r)] *fam* sentimentaler Film; Schnulze *f;* **tear·less** [ˈtɪəlɪs] *adj* tränenlos.

tea·room [ˈtiːrʊm] Teestube *f.*

tease [tiːz] **I** *tr* **1.** hänseln, necken (*about* wegen); **2.** *(Tier)* quälen; **3.** *fig* auf den Arm nehmen; **4.** *tech (Flachs)* hecheln; *(Wolle)* krempeln; *(Tuch)* kardieren; **II** *itr* sticheln, frotzeln; Spaß machen; **III** *s* Schäker(in) *m (f);* **teaser** [ˈtiːzə(r)] **1.** Schelm *m,* Schäker(in) *m (f);* **2.** *fam* harte Nuß.

tea-ser·vice, tea-set [ˈtiːˌsɜːvɪs, ˈtiːset] Teeservice *n;* **tea·spoon** [ˈtiːspuːn] Teelöffel *m;* **tea·spoon·ful** [—fʊl] Teelöffelvoll *m;* **tea-strainer** Teesieb *n.*

teat [tiːt] **1.** *zoo* Zitze *f;* **2.** Sauger *m.*

tea-time [ˈtiːtaɪm] Teestunde *f;* Abendessenszeit *f;* **tea towel** Geschirrtuch *n;* **tea tray** Tablett *n;* **tea trolley,** *Am* **tea wagon** Teewagen *m;* **tea urn** Teemaschine *f.*

tech [tek] *Abk:* **technical college** technische Fachschule.

tech·ni·cal [ˈteknɪkl] *adj* **1.** *a. sport* technisch; **2.** fachlich; ► **~ college** technische Fachschule; **~ knowledge** Fachkenntnisse *pl,* Fachwissen *n;* **~ question** Verfahrensfrage *f;* **~ school** Gewerbeschule *f;* **~ term** Fachausdruck *m;* **that's too ~ for me** dazu fehlt mir die nötige Fachkenntnis; **tech·ni·cal·ity** [ˌteknɪˈkælətɪ] **1.** technische Einzelheit; **2.** *jur* Formsache *f;* **tech·ni·cian** [tekˈnɪʃn] **1.** Techniker(in) *m (f);* **2.** Facharbeiter(in) *m (f);* **tech·nique** [tekˈniːk] Technik *f,* Verfahren *n;* Methode *f;* **tech·noc·racy** [tekˈnɒkrəsɪ] Technokratie *f;* **tech·no·logi·cal** [ˌteknəˈlɒdʒɪkl] *adj* technologisch; technisch; **tech·nol·ogy** [tekˈnɒlədʒɪ] Technologie, Technik *f;* ► **college of T~** technische Fachschule.

techy [ˈtetʃɪ] *s. tetchy.*

teddy bear [ˈtedɪbeə(r)] Teddybär *m.*

tedi·ous [ˈtiːdɪəs] *adj* langweilig; uninteressant; **tedi·ous·ness** [—nɪs] Langweiligkeit *f;* **te·dium** [ˈtiːdɪəm] Lang(e)weile *f.*

tee [tiː] **I** *s (Golf)* Tee *n;* **II** *(mit Präposition)* **tee off** *tr (Golfball)* abschlagen; *itr fig* anfangen.

teem [tiːm] *itr* wimmeln (*with* von); ► **it's ~ing with rain** es gießt in Strömen; **teem·ing** [—ɪŋ] *adj* wimmelnd (*with* von).

teen·age [ˈtiːneɪdʒ] *adj* jugendlich; **teen·ager** [ˈtiːneɪdʒə(r)] Teenager *m,* Jugendliche(r) *f m (zwischen 13 u. 19 Jahren);* **teens** [tiːnz] *pl* ► **she is still in her ~** sie ist noch im Teenageralter.

teeny [ˈtiːnɪ] *adj* winzig, klein; **tee·ny-bop·per** [ˈtiːnɪbɒpə(r)] Teeny, Teenie *m;* Teenager und Popfan *m;* **tee·ny-wee·ny** [ˌtiːnɪˈwiːnɪ] *adj* winzig.

tee-shirt [ˈtiːʃɜːt] T-Shirt *n.*

tee·ter [ˈtiːtə(r)] *itr* **1.** *Am* schaukeln, wippen; **2.** schwanken.

teeth [tiːθ] *s. tooth;* **teethe** [tiːð] *itr* zahnen; **teeth·ing troubles** [ˈtiːðɪŋ ˈtrʌblz] *pl fig* Kinderkrankheiten *f pl.*

tee·total [tiːˈtəʊtl, *Am* ˈtiːtəʊtl] *adj* abstinent; **tee·total·ler,** *Am* **tee·totaler** [tiːˈtəʊtlə(r), *Am* ˈtiːtəʊtlə(r)] Abstinenzler(in), Alkoholgegner(in) *m (f).*

tele·cast [ˈtelɪkɑːst] **I** *s* Fernsehsendung, -übertragung *f;* **II** *tr irr s. cast* im Fernsehen übertragen, senden; **tele·com·muni·ca·tions** [ˈtelɪkəˌmjuːnɪˈkeɪʃnz] *pl* Telekommunikation *f;* Fernmeldewesen *n;* Fernmeldetechnik *f;* **tele·copier** [ˈtelɪkɒpɪə] Tele-, Fernkopierer *m;* **tele·copy** [ˈtelɪkɒpɪ] Tele-, Fernkopie *f,* Telefax *n;* **tele·fax** [ˈtelɪfæks] Telefax *n;* **tele·genic** [ˌtelɪˈdʒenɪk] *adj* telegen.

tele·gram [ˈtelɪgræm] **I** *s* Telegramm *n;* ► **by ~** telegraphisch; **II** *itr* telegraphieren; **telegram form** Telegrammformular *n.*

tele·graph ['telɪgrɑ:f] **I** *s* Telegraph *m;* **II** *tr, itr* telegrafieren; **tel·egra·phese** [ˌtelɪgrə'fi:z] Telegrammstil *m;* **tele·graphic** [ˌtelɪ'græfɪk] *adj* telegrafisch; ▶ ~ **address** Telegrammadresse *f;* ~ **answer** Drahtantwort *f;* **telegraph-pole, telegraph-post** Telegraphenmast *m;* **tel·egra·phy** [tɪ'legrəfɪ] Telegrafie *f.*

tele·pathic [ˌtelɪ'pæθɪk] *adj* telepathisch; **tel·epa·thy** [tɪ'lepəθɪ] Telepathie, Gedankenübertragung *f.*

tele·phone ['telɪfəʊn] **I** *s* Fernsprecher *m,* Telefon *n;* ▶ **by** ~ telefonisch, fernmündlich; **on the** ~ am Telefon; **are you on the** ~**?** haben Sie Telefon? **answer the** ~ ans Telefon gehen; **be on the** ~ am Apparat sein; **he is wanted on the** ~ er wird am Telefon verlangt; **II** *itr* telefonieren; anrufen, -läuten; **III** *tr* **1.** *(Nachricht)* telefonisch durchgeben, -sagen; **2.** *(Person)* anrufen *(s.o.* jdn); **telephone booth, telephone-box** Telefon-, Fernsprechzelle *f;* **telephone call** (Telefon)Anruf *m,* -gespräch *n;* **telephone connection** Fernsprechverbindung *f;* **telephone conversation** Telefongespräch *n;* **telephone directory, telephone book** Telefonbuch, -verzeichnis *n;* **telephone exchange** Telefonvermittlung, -zentrale *f;* **telephone information service** Telefonansage *f;* **telephone message** telefonische Nachricht, Durchsage *f;* **telephone number** Telefonnummer, Rufnummer *f;* **telephone operator** Telefonist(in) *m (f);* **telephone rates** *pl* Fernsprechgebühren *f pl;* **tel·ephon·ist** [tɪ'lefənɪst] Telefonist(in) *m (f);* **tel·eph·ony** [tɪ'lefənɪ] Fernsprechwesen *n.*

tele·photo lens [ˌtelɪ'fəʊtəʊ 'lens] Teleobjektiv *n.*

tele·prin·ter ['telɪprɪntə(r)] Fernschreiber *m.*

tele·promp·ter ['telɪprɒmptə(r)] *Wz* Teleprompter *m.*

tele·re·cord·ing [ˌtelɪrɪ'kɔ:dɪŋ] (Fernseh)Aufzeichnung *f.*

tele·scope ['telɪskəʊp] **I** *s* Fernrohr, Teleskop *n;* **reflecting** ~ Spiegelreflektor *m;* **II** *itr* sich ineinanderschieben; **III** *tr* **1.** ineinanderschieben; **2.** *fig* verkürzen; **tele·scopic** [ˌtelɪ'skɒpɪk] *adj* **1.** teleskopisch; **2.** ausziehbar, ineinanderschiebbar.

tele·tex ['telɪteks] Teletex *n.*

tele·type ['telɪtaɪp] **I** *s Wz Am* Fernschreiber *m;* **II** *tr* als Fernschreiben übermitteln; **tele·type·writer** [ˌtelɪ'taɪpraɪtə(r)] *Am* Fernschreiber *m.*

tele·view·er ['telɪˌvju:ə(r)] Fernsehteilnehmer(in) *m (f);* **tele·vise** ['telɪvaɪz] *tr* im Fernsehen übertragen; ▶ ~**d debate** Fernsehdebatte *f;* **tele·vi·sion** ['telɪˌvɪʒn] **1.** Fernsehen *n;* **2.** *fam (~ set)* Fernseher *m;* ▶ **watch** ~ fernsehen; **be on** ~ im Fernsehen kommen; **see s.th. on** ~ etw im Fernsehen sehen; **television advertising** Fernsehwerbung *f;* **television announcer** Fernsehansager(in) *m (f);* **television camera** Fernsehkamera *f;* **television program(me)** Fernsehprogramm *n;* **television receiver, set** Fernsehempfänger, -apparat *m;* **television studio** Fernsehstudio *n;* **television transmitter** Fernsehsender *m;* **television viewer** (Fernseh)Zuschauer(in) *m (f).*

telex ['teleks] **I** *tr* telexen; **II** *s* Telex *n.*

tell [tel] ⟨*irr* told, told⟩ **I** *tr* **1.** erzählen, berichten; **2.** sagen; **3.** mitteilen; **4.** ankündigen; **5.** enthüllen, bloßlegen; **6.** erkennen, feststellen; **7.** unterscheiden, auseinanderhalten *(from* von); **8.** anweisen, beauftragen, befehlen *(s.o.* jdm); **9.** versichern *(s.o.* jdm); ▶ **all told** alles in allem, summa summarum; ~ **in advance** voraussagen; ~ **fortunes from cards** aus den Karten wahrsagen; ~ **lies** lügen; ~ **s.o. the time** jdm sagen, wie spät es ist; ~ **the truth** die Wahrheit sagen; **to** ~ **the truth** ehrlich gesagt; **I told you** ich habe es Ihnen doch gesagt; **you are** ~**ing me!** wem sagen Sie das! **II** *itr* **1.** erzählen, berichten *(of* von; *about* über); **2.** es sagen; **3.** hinweisen, -deuten *(of* auf); **4.** Bedeutung, Gewicht haben; sich auswirken *(on* auf); ▶ **I can't** ~ das weiß ich nicht; **you never can** ~ man kann nie wissen; **who can** ~**?** wer weiß? **III** *(mit Präposition)* **tell against** nachteilig sein für; **tell apart** *tr* auseinanderhalten; **tell off** *tr* ausschimpfen, anschnauzen; **tell on s.o.** jdn verraten; sich schlecht auf jdn auswirken.

tel·ler ['telə(r)] **1.** Erzähler(in) *m (f);* **2.** (Aus-, Stimm)Zähler(in) *m (f);* **3.** Kassenbeamte(r) *m,* -beamtin *f;* ▶ **fortune-**~ Wahrsager(in) *m (f);* **tell·ing** ['telɪŋ] **I** *adj* **1.** wirkungsvoll; **2.** aufschlußreich; **II** *s* ▶ **there is no** ~ **what may happen** man weiß nie, was (alles) passieren kann; **tell·ing-off** ['telɪŋ'ɒf] Schimpfe *f;* **tell·tale** ['telteɪl] **I** *s* Petze *f;* **II** *adj* verräterisch.

telly ['telɪ] *fam* Fernsehen *n.*

te·mer·ity [tɪ'merətɪ] (Toll)Kühnheit *f.*

temp [temp] *fam (Büro)* Ersatzkraft, Zeitarbeitskraft *f;* ▶ **work as a** ~ für eine Zeitarbeitsfirma arbeiten.

tem·per ['tempə(r)] **I** *tr* **1.** mäßigen, mildern, abschwächen *(with* durch); **2.** *tech* tempern; *(Stahl)* härten; **II** *s* **1.** Wesen(sart *f) n;* **2.** Laune, Stimmung *f; (bad ~)* Wut *f;* **3.** *tech* Härtegrad *m;* ▶ **be in a** ~ wütend sein; **be out of** ~ **with s.o.** jdm böse sein; **get, fly into a** ~ **about** ärgerlich werden über; **keep, control one's** ~ sich beherrschen; **lose one's** ~ die Geduld verlieren.

tem·pera ['tempərə] Temperamalerei *f*, -farben *f pl.*
tem·pera·ment ['temprəmənt] Temperament *n;* Charakter *m;* **tem·pera·men·tal** [ˌtemprə'mentl] *adj* 1. temperamentvoll; 2. launisch; 3. anlagemäßig; angeboren; ► **be ~** Mucken haben.
tem·per·ance ['tempərəns] 1. Mäßigkeit *f;* 2. Abstinenz *f;* **tem·per·ate** ['tempərət] *adj* 1. mäßig, gemäßigt, maßvoll; 2. *(Klima)* gemäßigt.
tem·pera·ture ['temprətʃə(r)] Temperatur *f;* ► **have, run a ~** Fieber haben; **take s.o.'s ~** die Temperatur messen; **~ chart** Fieberkurve *f.*
tem·pest ['tempɪst] Sturm *m a. fig;* **tem·pes·tu·ous** [tem'pestjʊəs] *adj* stürmisch *a. fig; fig* ungestüm.
tem·plate, tem·plet ['templɪt] Schablone *f.*
temple[1] ['templ] *rel* Tempel *m.*
temple[2] ['templ] *anat* Schläfe *f;* ► **get, go grey at the ~s** an den Schläfen grau werden.
tempo ['tempəʊ] ⟨*pl* tempos, *mus:* tempi⟩ ['tempi:] Tempo *n.*
tem·poral ['tempərəl] *adj* 1. *anat* Schläfen-; 2. zeitlich; vergänglich; 3. weltlich; 4. *gram* temporal; **tem·por·ar·ily** ['temprərəlɪ, *Am* ˌtempə'rerəlɪ] *adv* vorübergehend; **tem·por·ary** ['temprərɪ, *Am* 'tempərerɪ] **I** *adj* zeitlich begrenzt, vorübergehend, zeitweilig; provisorisch; ► **~ credit** Zwischenkredit *m;* **~ exit** *(Autobahn)* Behelfsausfahrt *f;* **~ injunction** *jur* einstweilige Verfügung; **~ storage** Zwischenlagerung *f;* **~ store** Zwischenlager *n;* **II** *s* Aushilfskraft *f;* **tem·por·ize** ['tempəraɪz] *itr* 1. Zeit (zu) gewinnen (suchen); 2. hinhalten (*with s.o.* jdn).
tempt [tempt] *tr* 1. versuchen, verlokken; 2. in Versuchung führen; reizen, locken; ► **be ~ed to do s.th.** versucht sein, etw zu tun; **~ the appetite** den Appetit anregen; **~ fate** das Schicksal herausfordern; **temp·ta·tion** [temp'teɪʃn] Versuchung *f;* ► **lead into ~** in Versuchung führen; **temp·ter** ['temptə(r)] Verführer *m;* **temp·ting** ['temptɪŋ] *adj* verführerisch; *(Angebot)* verlockend; **temp·tress** ['temptrɪs] Verführerin *f.*
temp-work ['tempwɜ:k] Zeitarbeit *f.*
ten [ten] **I** *adj* zehn; ► **~ to one** höchstwahrscheinlich *adv;* **II** *s* Zehn *f;* ► **count in ~s** in Zehnern zählen; **buy in ~s** in Zehnerpackungen kaufen.
ten·able ['tenəbl] *adj* 1. zu halten(d); 2. haltbar; 3. *(Amt)* verliehen (*for* für, auf).
ten·acious [tɪ'neɪʃəs] *adj* 1. *(Griff)* fest, eisern; 2. zäh; 3. festsitzend, haftend (*of* an); 4. *fig* unbeugsam, unermüdlich; 5. *(Gedächtnis)* gut; **ten·ac·ity** [tɪ'næsətɪ] 1. Festigkeit *f;* Zähigkeit *f;* Beharrlichkeit *f;* 2. *(Gedächtnis)* Zuverlässigkeit *f.*
ten·ancy ['tenənsɪ] Pacht-, Mietverhältnis *n,* -dauer *f,* -besitz *m;* ► **during my ~** als ich Mieter, Pächter war; **ten·ant** ['tenənt] **I** *s* Pächter(in) *m (f);* Mieter(in) *m (f);* **II** *tr* in Pacht, Miete haben; **tenant farmer** Pächter(in) *m (f).*
tench [ten(t)ʃ] Schleie *f (Fisch).*
tend[1] [tend] *tr* sich kümmern um; *(Schafe)* hüten; *(Kranken)* pflegen; *(Land)* bestellen; *(Maschine)* bedienen.
tend[2] [tend] *itr* 1. gehen, führen, gerichtet sein (*towards* nach); 2. *fig* tendieren; geneigt sein (*to, towards* zu); ► **it ~s to go wrong** das geht oft schief; **he ~s to come early** er kommt meist früh; **ten·dency** ['tendənsɪ] *fig* Hang *m,* Neigung *f;* Tendenz *f* (*to, towards* zu); **ten·den·tious** [ten'denʃəs] *adj* tendenziös.
ten·der[1] ['tendə(r)] **I** *tr* 1. anbieten; 2. *(Beweis)* erbringen; 3. *(Gesuch)* einreichen; 4. *(Dank)* aussprechen; ► **~ exact fare!** Fahrgeld abgezählt bereithalten! **II** *itr* ein Angebot machen; **~ for a contract** sich an e-r Ausschreibung beteiligen; **III** *s* Angebot *n;* ► **by ~** in Submission; **legal ~** gesetzliches Zahlungsmittel; **invite ~s for s.th.** etw ausschreiben.
ten·der[2] ['tendə(r)] 1. (Auf)Wärter(in) *m (f);* 2. *mar* Lichter, Leichter(schiff *n*) *m;* 3. *rail* Tender *m;* ► **bar ~** Barmixer *m.*
ten·der[3] ['tendə(r)] *adj* 1. weich, zart; 2. empfindlich; anfällig; 3. (schmerz)empfindlich; 4. *(Alter, Farbton)* zart; 5. *fig* zärtlich, liebevoll; 6. feinfühlig; empfindlich; *(Herz)* weich; 7. *(Thema)* heikel; **ten·der·foot** ['tendəfʊt] ⟨*pl* -foots⟩ Neuling, Anfänger *m;* **ten·der-hearted** [ˌtendə'hɑ:tɪd] *adj* weichherzig, gutmütig; **ten·der·ize** ['tendəraɪz] *tr (Fleisch)* zart machen; **ten·der·iz·er** [—ə(r)] Mürbesalz *n;* **ten·der·loin** ['tendəlɔɪn] *(Küche)* Filet *n;* **ten·der·ness** ['tendənɪs] 1. Zartheit *f;* 2. Empfindlichkeit *f;* 3. Zärtlichkeit *f* (*to* gegen, zu); 4. Mit-, Feingefühl *n.*
ten·don ['tendən] *anat* Sehne *f.*
ten·dril ['tendrəl] *bot* Ranke *f.*
ten·ement ['tenəmənt] 1. *jur* Mietbesitz *m;* 2. Miet-, Wohnhaus *n;* **tenement-house** Mietshaus *n.*
Ten·erife [ˌtenə'ri:f] Teneriffa *n.*
ten·fold ['tenfəʊld] *adj, adv* zehnfach.
ten·nis ['tenɪs] *(lawn-~)* Tennis *n;* **tennis court** Tennisplatz *m;* **tennis elbow** Tennisarm *m;* **tennis racket** Tennisschläger *m.*
tenon ['tenən] *tech* Zapfen *m.*
tenor ['tenə(r)] 1. Grundhaltung, -tendenz *f;* 2. Verlauf, Gang *m;* 3. wesentlicher Inhalt; Wortlaut *m;* 4. *mus* Tenor *m.*
ten·pin ['tenpɪn] *Am* 1. *(Spiel)* Kegel *m;*

2. *pl mit sing* Bowling, Kegeln *n.*
tense[1] [tens] **I** *adj* **1.** gespannt; **2.** *fig* spannungsgeladen; **3.** *(Lage)* gespannt; **II** *tr* straffen; anspannen; ► **be ~d up** nervös sein; **III** *itr* sich anspannen.
tense[2] [tens] *gram* Tempus *n,* Zeit(form) *f;* ► **present ~** Gegenwart *f;* **past ~** Vergangenheit *f;* **future ~** Zukunft *f.*
ten·sion ['tenʃn] **1.** Spannung *f a. fig;* **2.** *fig* Anspannung *f;* **3.** *pol* Gespanntheit, gespannte Lage *f;* **4.** *phys* Zug *m;* **5.** *el* Spannung *f;* **6.** *(Dampf)* Druck *m;* **7.** *(Stricken)* Festigkeit *f;* ► **high ~** *el* Hochspannung *f;* **check the ~** *(Stricken)* eine Maschenprobe machen.
tent [tent] Zelt *n.*
ten·tacle ['tentəkl] *zoo* Fühler *m a. fig;* Fangarm *m.*
ten·ta·tive ['tentətɪv] *adj* **1.** vorläufig, provisorisch; **2.** vorsichtig; ► **~ agreement** Vorvertrag *m;* Probevereinbarung *f;* **ten·ta·tive·ly** [—lɪ] *adv* versuchsweise; vorsichtig, zögernd.
ten·ter-hooks ['tentəhʊks] *pl* ► **be on ~** wie auf glühenden Kohlen sitzen; **keep s.o. on ~** jdn auf die Folter spannen.
tenth [tenθ] **I** *adj* zehnte(r, s); **II** *s* Zehntel *n;* Zehnte(r, s); *mus* Dezime *f;* **tenth·ly** [—lɪ] *adv* zehntens.
tent-peg ['tentpeg] Zeltpflock, Hering *m;* **tent-pole** Zeltstange *f.*
tenu·ous ['tenjʊəs] *adj* **1.** dünn, fein; *(Gas)* flüchtig; **2.** *fig* unbedeutend, schwach.
ten·ure ['tenjʊə(r)] **1.** Besitz *m;* **2.** Bestallung, Anstellung *f;* **3.** *(~ of office)* (Amts)Dauer *f.*
tepee ['ti:pi:] Tipi, Indianerzelt *n.*
tepid ['tepɪd] *adj* lau(warm); **tepid·ity, tepid·ness** [te'pɪdətɪ, 'tepɪdnɪs] Lauheit *f.*
ter·cen·ten·ary [ˌtɜ:sen'ti:nərɪ] Dreihundertjahrfeier *f.*
term [tɜ:m] **I** *s* **1.** Dauer *f,* Zeitraum *m;* *(Vertrag)* Laufzeit *f;* **2.** Frist *f;* **3.** *(Schule, Universität)* Trimester, Semester *n;* **4.** *(sprachlich)* Ausdruck, Terminus, Fachbegriff *m;* Benennung *f,* Begriff *m;* **5.** *math* Term *m,* Glied *n;* *(~ in parentheses)* Klammerausdruck *m;* **6.** *pl* Verhältnis, Beziehung *f;* **7.** *pl* (Vertrags-, Geschäfts-, Zahlungs)Bedingungen *f pl;* ► **in ~s of** was ... betrifft; **in the long ~** auf lange Sicht, langfristig; **in the short ~** auf kurze Sicht, kurzfristig; **on easy ~s** zu günstigen Bedingungen; **be on good, bad ~s with s.o.** zu jdm ein gutes, schlechtes Verhältnis haben; **come to ~s** sich einigen (*with s.o.* mit jdm); **come to ~s with a situation** sich mit einer Situation abfinden; **meet s.o. on equal ~s** mit jdm auf gleichem Fuß verkehren; **we are not on speaking ~s** wir sprechen nicht miteinander; **technical ~** Fachausdruck *m;* **~ of delivery** Lieferzeit, -frist *f;* **~ of government, office** Regierungszeit *f,* Amtszeit *f;* **~ of imprisonment** Gefängnisstrafe *f;* **~ of notice** Kündigungsfrist *f;* **~ of notification** Anmeldefrist *f;* **~s** *pl* **of payment** Zahlungsbedingungen *f pl;* **~ of service** *mil* Militärdienst(zeit *f*) *m;* **II** *tr* (be)nennen.
ter·minal ['tɜ:mɪnl] **I** *adj* **1.** letzte(r, s); End-, Abschluß-; **2.** *med* unheilbar; ► **~ ward** Sterbestation *f;* **be a ~ case** unheilbar krank sein; **II** *s* **1.** *el* Pol *m;* **2.** *(von Buslinie etc)* Endstation *f;* **3.** *tech* Endgerät *n;* **4.** *aero* Terminal *m* od *n;* **5.** *EDV* Terminal *n;* **ter·min·ate** ['tɜ:mɪneɪt] **I** *tr* aufhören mit, beend(ig)en; *(Vertrag)* lösen; *(Schwangerschaft)* unterbrechen; **II** *itr* aufhören (*in* mit); enden (*in* auf); *(Vertrag)* ablaufen; **ter·mi·na·tion** [ˌtɜ:mɪ'neɪʃn] Beendigung *f;* Ende *n;* Schluß *m;* ► **bring s.th. to a ~** etw zum Abschluß bringen; **~ of pregnancy** Schwangerschaftsabbruch *m.*
ter·mi·no·logi·cal [ˌtɜ:mɪnə'lɒdʒɪkl] *adj* terminologisch; **ter·mi·nol·ogy** [ˌtɜ:mɪ'nɒlədʒɪ] Terminologie *f.*
ter·mi·nus ['tɜ:mɪnəs] Endstation *f.*
ter·mite ['tɜ:maɪt] *zoo* Termite *f.*
ter·race ['terəs] **I** *s* **1.** Terrasse *f;* **2.** *pl sport* Ränge *m pl;* **3.** Häuserreihe *f;* **II** *tr* terrassenförmig anlegen; **ter·raced house** ['terəst'haʊs] Reihenhaus *n.*
ter·rain [te'reɪn] Gelände, Gebiet *n.*
ter·ra·pin ['terəpɪn] Sumpfschildkröte *f.*
ter·res·trial [tɪ'restrɪəl] *adj* **1.** irdisch, weltlich; **2.** *(Tier)* Land-, auf dem Land lebend; ► **~ globe, magnetism** Erdkugel *f,* -magnetismus *m.*
ter·rible ['terəbl] *adj* schrecklich, furchtbar, fürchterlich; **ter·ribly** ['terəblɪ] *adv* furchtbar, fürchterlich, schrecklich.
ter·rier ['terɪə(r)] Terrier *m.*
ter·rific [tə'rɪfɪk] *adj* unheimlich; sagenhaft, toll; *(Kraft, Geschwindigkeit)* enorm, Mords-.
ter·rify ['terɪfaɪ] *tr* erschrecken, in Angst und Schrecken versetzen; ► **be terrified** fürchterliche Angst haben; **a terrified look** ein angsterfüllter Blick; **ter·rify·ing** [—ɪŋ] *adj* erschreckend, grauenvoll.
ter·ri·torial [ˌterɪ'tɔ:rɪəl] *adj* territorial, Gebiets-; *zoo* Revier-; ► **T~ Army** Territorialheer *n;* **~ changes** *pl,* **~ claims** *pl,* **~ violation** Gebietsveränderungen *f pl,* -ansprüche *m pl,* -verletzung *f;* **~ waters** *pl* Hoheitsgewässer *n pl;* **ter·ri·tory** ['terɪtrɪ, *Am* 'terɪtɔ:rɪ] **1.** (Hoheits)Gebiet, Revier, Territorium *n;* **2.** *com* Vertretergebiet *n;* **3.** *fig* Gebiet, Revier *n.*
ter·ror ['terə(r)] **1.** Entsetzen *n,*

Schreck(en) *m;* 2. Terror *m;* 3. *fam (Mensch)* Alptraum *m;* Scheusal *n;* ► **in ~** in panischer Angst; **ter·ror·ism** ['terərızəm] Terrorismus *m;* ► **act of ~** Terrorakt *m;* **ter·ror·ist** ['terərıst] *adj* Terrorist(in) *m (f);* **ter·ror·istic** [terə'rıstık] *adj* terroristisch; **ter·rori·za·tion** [ˌterəraı'zeıʃn] Terrorisierung *f;* **ter·ror·ize** ['terəraız] *tr* terrorisieren; **ter·ror-stricken, ter·ror-struck** ['terəstrıkən, 'terəstrʌk] *adj* angsterfüllt, zu Tode erschrocken.

terry ['terı] *(Textil)* Frottee *n* od *m.*

terse [tɜ:s] *adj (Stil)* gedrängt, knapp, kurz angebunden.

ter·ti·ary ['tɜ:ʃərı] I *adj* tertiär; ► **~ burns** *pl* Verbrennungen dritten Grades; II *s* **T~** *geol* Tertiär *n.*

tes·sel·lated ['tesəleıtıd] *adj* mosaikartig ausgelegt.

test [test] I *s* 1. Prüfung, Probe, Untersuchung *f,* Versuch, Test *m a. psych;* 2. Prüfungsarbeit *f; (Schule)* Klassenarbeit *f;* 3. *fig* Prüfstein *m,* Probe *f;* Kriterium *n;* ► **put to the ~** auf die Probe stellen; **stand, pass a ~** e-e Prüfung, Probe bestehen; **take a ~** e-e Prüfung ablegen, sich e-r Prüfung unterziehen; **aptitude ~** Eignungsprüfung *f;* **blood ~** Blutprobe *f;* **driving ~** Fahrprüfung *f;* **intelligence ~** Intelligenztest *m;* II *tr* prüfen; erproben; untersuchen, testen (*for* auf ... hin).

tes·ta·ment ['testəmənt] 1. *(last will and ~)* Testament *n,* letztwillige Verfügung; 2. *rel* **T~** Testament *n;* **tes·ta·men·tary** [ˌtestə'mentrı] *adj* testamentarisch; **tes·ta·tor** [te'steıtə(r)] Erblasser *m;* **tes·ta·trix** [te'steıtrıks] Erblasserin *f.*

test ban ['testˌbæn] Versuchsverbot *n;* **test card** *TV* Testbild *n;* **test case** *jur* Muster-, Prädezenzfall *m;* **test drive** Probefahrt *f;* **tester** ['testə(r)] Prüf(end)er *m;* **test flight** Probe-, Testflug *m.*

tes·ticle ['testıkl] Hode(n *m*) *m* od *f.*

tes·tify ['testıfaı] I *tr* bezeugen; II *itr* aussagen (*in s.o.'s favour, on s.o.'s behalf* zu jds Gunsten; *against s.o.* gegen jdn); ► **~ to s.th.** etw bezeugen; etw bestätigen; **refuse to ~** die Aussage verweigern.

tes·ti·mo·nial [ˌtestı'məʊnıəl] 1. Zeugnis, Empfehlungsschreiben *n,* Referenz *f;* 2. Geschenk *n* als Zeichen der Wertschätzung; **tes·ti·mony** ['testımənı] 1. Zeugenaussage *f;* 2. Zeichen *n,* Beweis *m* (*of* für); ► **in ~ whereof** urkundlich dessen; **be called in ~** als Zeuge benannt werden; **bear ~** Zeugnis ablegen (*to* für).

test·ing ['testıŋ] I *s* (Über)Prüfung, Erprobung *f;* ► **~ of goods** Warentest *m;* **testing ground** Versuchsgelände *n;* **testing plant** Versuchseinrichtung, -anlage *f;* **testing stand, bench** Prüfstand *m;* II *adj* hart, schwierig; **test match** Kricket-Testmatch *n;* **test piece** Probestück *n;* **test pilot** *aero* Testpilot(in) *m (f);* **test stage** Versuchsstadium *n;* **test-tube** Reagenzglas *n;* **test-tube baby** Retortenbaby *n.*

testy ['testı] *adj* reizbar, empfindlich; ungeduldig; launisch.

teta·nus ['tetənəs] (Wund)Starrkrampf *m;* ► **anti-~ vaccination** Tetanusimpfung *f.*

tetchy ['tetʃı] *adj* 1. empfindlich, reizbar; 2. mürrisch.

tether ['teðə(r)] I *s* Strick *m;* Kette *f;* ► **be at the end of one's ~** *fig* am Ende seiner Kräfte sein; II *tr (Tier)* anbinden (*to* an); an die Kette legen.

Teu·tonic [tju:'tɒnık] *adj hist* teutonisch; ► **the T~ Order** *hist* der Deutsche Ritterorden.

Tex·an ['teksən] I *adj* texanisch; II *s* Texaner(in) *m (f);* **Tex·as** ['teksəs] Texas *n.*

text [tekst] 1. Text *m;* 2. Bibelstelle *f;* **text·book** ['tekstbʊk] Lehrbuch *n;* **textbook case** Paradefall *m.*

tex·tile ['tekstaıl] I *adj* Textil-, textil; ► **~ factory** Textilfabrik *f;* **~ industry** Textilindustrie *f;* II *s* 1. Stoff *m;* 2. *pl (~ fabrics, materials)* Textilien, Textilwaren *pl.*

tex·tual ['tekstʃʊəl] *adj* Text-.

tex·ture ['tekstʃə(r)] 1. Gewebe *n a. fig;* 2. Struktur *f,* Gefüge *n;* 3. Beschaffenheit *f.*

Thai [taı] I *adj* thailändisch; II *s* 1. Thailänder(in) *m (f);* Thai *m f;* 2. *(Sprache)* Thai *n;* **Thai·land** ['taılənd] Thailand *n.*

tha·lido·mide [θə'lıdəʊmaıd] Contergan *n Wz;* **tha·lido·mide baby** Contergankind *n.*

Thames [temz] Themse *f;* ► **she won't set the ~ on fire** *fig* sie hat das Pulver nicht erfunden.

than [ðən, ðæn] *conj* als; ► **you are taller ~ he (is),** *fam* **~ him** du bist größer als er; **nothing else ~** nichts anderes als; völlig; **no other ~** kein anderer als.

thank [θæŋk] I *tr* 1. danken (*s.o.* jdm); 2. sich bedanken (*s.o.* bei jdm; *for s.th.* für etw); ► **have o.s. to ~ for s.th.** sich etw selbst zuzuschreiben haben; **~ you** danke; **~ you very much!** besten Dank! **no, ~ you,** *fam* **~s!** danke, nein! II *s pl* Dank *m;* ► **~s very much** danke (schön)! vielen Dank! **~s to** dank *dat;* **in ~s for** zum Dank für; **thank·ful** ['θæŋkfl] *adj* dankbar (*for* für); **thank·less** [–lıs] *adj* undankbar; **thanks-giv·ing** [ˌθæŋks'gıvıŋ] Danksagung *f;* ► **T~ Day** *Am* Dankfest *n,* Thanksgiving Day

m (letzter Donnerstag im November);
thank-you ['θæŋkju:] Dankeschön *n;* ► **without even a** ~ ohne ein Wort des Dankes.
that[1] [ðæt, ðət] ⟨*pl* those⟩ **I** *prn* **1.** das; **2.** *(hinweisend)* das da, jenes; ► **what is** ~**?** was ist das? **as stupid as** ~ so dumm; **and all** ~ und so; **like** ~ so; ~**'s it!** das ist es! richtig! das wär's! **after, before, over** ~ danach, davor, darüber; **II** *adj* der, die, das; jene(r, s); ► ~ **poor dog** der arme Hund; **what about** ~ **car of yours?** was ist mit deinem Auto? **III** *adv fam* so; ► **I was** ~ **pleased** ich habe mich so gefreut.
that[2] [ðæt, ðət] *relativ prn* der, die, das; ► **everything, nothing** ~ alles, nichts was; **the man** ~ **told me** der Mann, der mir erzählte; **the minute** ~ **he arrived** in dem Augenblick, als er ankam; **the day** ~ **. . .** an dem Tag, als . . .
that[3] [ðæt, ðət] *conj* daß; ► **I told you** ~ **I couldn't come** ich habe dir gesagt, daß ich nicht kommen kann; ~ **I should live to see this!** daß ich das erleben muß!
thatch [θætʃ] **I** *s* **1.** Stroh-, Binsendach *n;* Dachstroh *n;* **2.** *hum* (Haar)Schopf *m;* **II** *tr* mit Stroh decken; ► ~**ed roof** Strohdach *n.*
thaw [θɔ:] **I** *itr* **1.** (auf)tauen; **2.** *fig* auftauen, warm werden; ► **it is** ~**ing** es taut; **II** *tr (~ out)* auftauen *a. fig;* **III** *s* Tauwetter *n a. fig.*
the [ðə, *vor Vokal, betont:* ði:] *Artikel* der, die, das; ► ~ **. . .** ~ **. . .** je . . . desto . . . **all** ~ **better, worse** um so besser, schlimmer; ~ **sooner** ~ **better** je eher, je lieber; **play** ~ **piano** Klavier spielen.
the·atre, *Am* **the·ater** ['θɪətə(r)] **1.** Theater *n;* Schauspielhaus *n;* **2.** Hörsaal *m;* **3.** *fig* Schauplatz *m;* ► **go to the** ~ ins Theater gehen; **it's good** ~ es eignet sich für die Bühne; **open-air** ~ Freilichtbühne *f;* **operating** ~ Operationssaal *m;* **picture** ~ Filmtheater *n;* ~ **of war** Kriegsschauplatz *m;* **theatre company** Theaterensemble *n;* Theater-, Schauspieltruppe *f;* **theatre critic** Theaterkritiker(in) *m (f);* **theatre-goer** ['θɪətə(r)gəʊə(r)] Theaterbesucher(in) *m (f);* **the·atri·cal** [θɪ'ætrɪkl] **I** *adj* **1.** bühnenmäßig; dramatisch; Theater-; **2.** *fig* theatralisch; **II** *s pl* **1.** Theateraufführungen *f pl;* **2.** Laienspiele *n pl.*
thee [ði:] *prn obs poet* dich; dir.
theft [θeft] Diebstahl *m.*
their [ðeə(r)] *possessives adj* ihr; ► **everyone knows** ~ **duty** jeder kennt seine Pflicht; **theirs** [ðeəz] *prn* ihre(r, s); der, die, das ihre, ihrige; ► **a friend of** ~ e-r ihrer Freunde, ein Freund von ihnen; **it's** ~ es gehört ihnen.
the·ism ['θi:ɪzəm] Theismus *m.*
them [ðem, ðəm] *prn pl* **1.** sie *acc;* ihnen *dat;* **2.** *(inkorrekt)* diese; ► **of** ~ ihrer; **that's** ~ das sind sie; **with their children around** ~ mit ihren Kindern um sich.
the·mat·ic [ˌθi:m'ætɪk] *adj* thematisch.
theme [θi:m] Thema *n; (Musik)* Thema, Leitmotiv *n; (Film)* Melodie *f;* **theme music, song** Titelmusik *f;* Erkennungsmelodie *f;* **theme park** Vergnügungspark *m.*
them·selves [ðəm'selvz] *prn pl* **1.** sich *acc* u. *dat;* **2.** *(betont)* (sie) selbst; ► **(all) by** ~ (ganz) allein; ohne Hilfe; **they'll do it** ~ sie machen es selbst; **they . . .** ~ sie . . . selbst; **to** ~ zu sich (selbst).
then [ðen] **I** *adv* **1.** dann; **2.** damals; da; **3.** außerdem, ferner; **4.** in d(ies)em Fall; folglich; ► **before** ~ zuvor; **but** ~ aber dann; **by** ~ bis dahin; **(every) now and** ~ dann u. wann; **from** ~ **onwards** von da an; **until** ~ bis dahin; ~ **and there, there and** ~ auf der Stelle; **what** ~**?** was dann? **II** *adj* damalig.
thence [ðens] *adv obs* **1.** von dort; von da an; von dannen; **2.** deshalb; **thenceforth, thence·for·ward** [ˌðens'fɔ:θ, ˌðens'fɔ:wəd] *adv obs* von da an, seitdem.
the·oc·racy [θɪ'ɒkrəsɪ] Theokratie *f.*
the·odo·lite [θɪ'ɒdəlaɪt] Theodolit *m.*
theo·lo·gian [ˌθɪə'ləʊdʒən] Theologe *m,* Theologin *f;* **theo·logi·cal** [ˌθɪə'lɒdʒɪkl] *adj* theologisch; **the·ol·ogy** [θɪ'ɒlədʒɪ] Theologie *f.*
the·orem ['θɪərəm] Lehrsatz *m,* Theorem *n.*
the·or·eti·cal [θɪə'retɪkl] *adj* theoretisch; **the·or·ist** ['θɪərɪst] Theoretiker(in) *m (f);* **the·or·ize** ['θɪəraɪz] *itr* theoretisieren (*about* über); **the·ory** ['θɪərɪ] Theorie *f;* ► **in** ~ in der Theorie; ~ **of relativity** Relativitätstheorie *f;* ~ **of sets** Mengenlehre *f.*
thera·peutic(al) [ˌθerə'pju:tɪk(l)] *adj* therapeutisch; **thera·peutics** [ˌθerə'pju:tɪk(s)] *pl mit sing* Therapeutik *f;* **thera·pist** ['θerəpɪst] Therapeut(in) *m (f);* **ther·apy** ['θerəpɪ] Therapie, Behandlung *f;* ► **occupational** ~ Beschäftigungstherapie *f.*
there [ðeə(r)] **I** *adv* dort, da; dort-, dahin; **here and** ~ hier u. da; gelegentlich; **over** ~ dort drüben; **then and** ~ auf der Stelle; ~ **is, are** es ist, sind; es gibt; ~ **you are!** da hast du's (haben Sie's)! da sind Sie (bist du) ja! ~ **is no one** ~ es ist niemand da; **II** *interj* nanu! na also! da haben wir es! ► ~**, that's enough** so, nun ist's aber genug! **there·about(s)** ['ðeərəbaʊt(s)] *adv* in der Gegend; so etwa; ► **at 3 or** ~ so um 3 Uhr herum; **there·after** [ðeər'ɑ:ftə(r)] *adv* danach; seither; **there·by** [ðeə'baɪ] *adv* dadurch; dabei; daran; ► ~ **hangs a tale** da gibt es eine Geschichte dazu; **therefore** ['ðeəfɔ:(r)] *adv* **1.** deshalb, -wegen,

darum; **2.** folglich; **there·in** [ðeər'ɪn] *adv* darin; in dieser Sache; **there·of** [ðeər'ɒv] *adv* davon; dessen; **there-under** [ðeər'ʌndə(r)] *adv* darunter *a. fig;* **there·upon** [ˌðeərə'pɒn] *adv* darauf, danach; daraufhin.

therm [θɜ:m] *(Gas)* 100 000 Wärmeeinheiten *f pl;* **ther·mal** ['θɜ:ml] **I** *adj* **1.** thermisch; *phys* Wärme-; **2.** warm, heiß; ▶ ~ **baths** *pl* Thermalbäder *n pl;* ~ **springs** *pl* Thermalquellen *f pl;* ~ **underwear** Thermowäsche *f;* ~ **unit** *phys* Wärmeeinheit *f;* **II** *s meist pl* Thermik *f;* **thermo·dynam·ic** [ˌθɜ:məʊdaɪ'næmɪk] **I** *adj* thermodynamisch; **II** *s pl mit sing* Thermodynamik *f;* **thermo·elec·tric** [ˌθɜ:məʊɪ'lektrɪk] *adj* thermoelektrisch; **ther·mom·eter** [θə'mɒmɪtə(r)] Thermometer *n;* **thermometer scale** Thermometerskala *f;* **ther·mo·nu·clear** [ˌθɜ:məʊ'nju:klɪə(r)] *adj* ▶ ~ **weapons** *pl* thermonukleare Waffen *f pl;* **ther·mos bottle, thermos flask** ['θɜ:məs'bɒtl, flɑ:sk] *Wz* Thermosflasche, -kanne *f;* **thermo-stat** ['θɜ:məʊstæt] Thermostat *m;* **thermo·stat·ic** [ˌθɜ:məʊ'stætɪk] *adj* thermostatisch; ▶ ~ **switch** Temperaturschalter *m.*

the·sau·rus [θɪ'sɔ:rəs] Thesaurus *m.*

these [ði:z] *s. this.*

the·sis ['θi:sɪs] ⟨*pl* -ses⟩ ['θi:si:z] **1.** These, Behauptung *f;* **2.** Dissertation *f,* Doktorarbeit *f;* **3.** Diplomarbeit *f.*

they [ðeɪ] *prn* sie *pl;* man; es; ▶ ~ **who** diejenigen, welche; **they'll** [ðeɪl] = *they shall; they will;* **they're** [ðeɪr] = *they are;* **they've** [ðeɪv] = *they have.*

thick [θɪk] **I** *adj* **1.** dick; **2.** dicht; **3.** dickflüssig; **4.** *(Luft)* schlecht; **5.** *(Akzent)* stark, breit; **6.** *fig* dumm, stupide; **7.** *fam* dick, eng befreundet (*with* mit); ▶ ~ **with** voller, voll von; **be as ~ as thieves** *fam* dicke Freunde sein; **it's a bit ~** *fam* das ist ein starkes Stück; ~ **on the ground** *fam* wie Sand am Meer; **II** *adv* **1.** dick; **2.** dicht; ▶ **lay it on ~** *fam fig* dick auftragen, übertreiben; **III** *s* dickster, dichtester Teil; ▶ **in the ~ of** mitten in; **through ~ and thin** durch dick und dünn; **thicken** ['θɪkən] **I** *itr* **1.** sich verdicken; **2.** sich verdichten; dichter werden; **3.** sich verwickeln, sich verwirren; ▶ **the plot ~s** der Knoten schürzt sich; **II** *tr (Sauce)* eindicken; **thick·en·ing** ['θɪkənɪŋ] *(Küche)* Bindemittel *n.*

thicket ['θɪkɪt] Dickicht *n.*

thick-headed [ˌθɪk'hedɪd] *adj* blöd(e), dumm; **thick·ness** ['θɪknɪs] **1.** Dicke, Stärke *f;* **2.** Dichte *f;* Dickflüssigkeit *f;* **3.** *fig* Dummheit *f;* **4.** Lage, Schicht *f;* **thick-set** [ˌθɪk'set] *adj* **1.** dicht gepflanzt; **2.** untersetzt; **thick-skinned** [ˌθɪk'skɪnd] *adj fig* dickfellig.

thief [θi:f] ⟨*pl* thieves⟩ ['θi:vz] Dieb *m;* ▶ **stop ~!** haltet den Dieb!; **thieve** [θi:v] *tr, itr* stehlen; **thieving** ['θi:vɪŋ] **I** *s* Stehlen *n;* **II** *adj* diebisch.

thigh [θaɪ] (Ober)Schenkel *m;* **thigh-bone** Oberschenkelknochen *m.*

thimble ['θɪmbl] Fingerhut *m.*

thin [θɪn] **I** *adj* **1.** dünn; **2.** mager, hager; *(Gesicht)* schmal; **3.** fein(verteilt); **4.** spärlich, dürftig; **5.** dünn, wässerig; **6.** *(Gewebe)* (hauch)dünn, fein, zart; **7.** *fig (Ausrede)* schwach; fadenscheinig; **8.** *com* flau; gering; unzureichend; ▶ ~ **on the ground** *fig* dünn gesät; **have a ~ time of it** *fam* e-e üble Zeit durchmachen; **II** *adv* dünn; schwach; **III** *tr* **1.** dünn(er) machen; verdünnen; **2.** *(Wald)* lichten; **3.** *(Bevölkerung)* verringern; **IV** *itr (Haare)* schütter werden; *(Nebel)* sich lichten; *(Menge)* sich verlaufen; **V** *(mit Präposition)* **thin down** *itr* dünner werden; abnehmen; *tr* verdünnen; **thin out** *itr* schwächer werden; *(Menge)* kleiner werden; *(Haare)* sich lichten; *tr (Haare)* ausdünnen; *(Wald)* lichten; *(Pflanzen)* verziehen; *(Bevölkerung)* verkleinern.

thine [ðaɪn] *prn obs* dein.

thing [θɪŋ] **1.** Ding *n,* Sache *f a. jur;* Gegenstand *m;* **2.** *fam* Ding, Dingsda, Dingsbums *n;* **3.** *pl* Sachen *f pl;* Kleider *n pl;* ▶ **among other ~s** unter anderem; **do one's own ~** *fam* tun, was man will; **first ~** zuerst, zunächst (einmal); **first ~ in the morning 1.** früh am Morgen; **2.** morgens früh als erstes; **first ~s first!** immer schön der Reihe nach! **for one ~** einmal, vor allem; **in all ~s** in jeder Hinsicht; **just the ~** genau das Richtige; **no such ~** nichts dergleichen; **no small ~** keine Kleinigkeit; **quite the ~** die Sache; **the real ~** das richtige; **the very ~** genau das; **a ~ like that** so etwas, *fam* so was; **have a ~ about** e-e Schwäche, e-e Vorliebe haben für; **he's got a ~ about snakes** er kann Schlangen nicht ausstehen; **know a ~ or two** *fam* einiges loshaben; etwas können; **not to feel quite the ~** nicht auf der Höhe sein; **it's a funny ~, but ...** es ist seltsam, aber ...; **make a good ~ of s.th.** aus etw Nutzen ziehen; **make a ~ of s.th.** etw wichtig nehmen; **that was a near ~!** das ist noch mal gutgegangen; **how are ~s?** wie geht's? **I'm going to tell him a ~ or two** dem werde ich was erzählen! **there is no such ~** so was gibt es nicht; **it's a good ~ to ...** es ist vernünftig zu ...; **a ~ of beauty** etwas Schönes; **it's a peculiar ~** es ist eigenartig; **the ~ is ...** die Sache ist die, ...; **the nice ~ about it** das Schöne daran; **another ~** noch etwas; etwas anderes; **~s are going well** es geht gut; **think ~s over** (sich) die Sache überlegen; **you**

poor ~! du Arme(r)! **you must be seeing ~s!** du siehst wohl nicht richtig!
thing·uma·bob, thing·uma·jig ['θɪŋ(ə)məbɒb, 'θɪŋ(ə)mədʒɪg] Dingsda *n.*

think [θɪŋk] ⟨*irr* thought, thought⟩ **I** *tr* **1.** denken; **2.** glauben, meinen; **3.** sich vorstellen; sich einbilden; **4.** halten für, ansehen als; ▶ **I ~ you had better do that** ich meine, du solltest das lieber tun; **I should ~ not!** das will ich auch nicht hoffen! **do you ~ he'll manage?** glauben Sie, er schafft es? **you must ~ me rude** Sie müssen mich für unhöflich halten; **that's what you ~!** das meinst du wohl! **what do you ~?** was meinen Sie (dazu)? **who would have thought it!** wer hätte das gedacht! **~ nothing of it!** das ist nicht der Rede wert! **~ nothing of** nichts halten von; **II** *itr* **1.** denken (*of* an; *about* über); **2.** glauben, meinen, der Meinung sein (*that* daß); **3.** planen, beabsichtigen (*to do* zu tun); **4.** nachdenken, -sinnen (*about, on, upon* über); **5.** (sich) überlegen, sich durch den Kopf gehen lassen (*about s.th.* etw); **6.** meinen (*about* zu); **7.** halten (*of* von); **8.** sich mit dem Gedanken tragen (*of doing* zu tun); **9.** sich erinnern (*of* an), sich besinnen (*of* auf); ▶ **~ aloud** laut denken; **~ better of s.th.** sich etw noch mal überlegen; **~ fit, good to do** es für gut halten, zu tun; **~ highly, much of** viel halten von; **~ twice** (es) sich noch mal überlegen; **act without ~ing** unüberlegt handeln; **he wasn't ~ing** *fig* er hat geschlafen; **I ~ so** ich denke schon; **it makes you ~** das stimmt einen nachdenklich; **let me ~** laß mich überlegen; **just ~** stell dir mal vor; **III** *s* ▶ **have a ~ about s.th.** sich etw überlegen; über etw nachdenken; **IV** *(mit Präposition)* **think about** *itr* nachdenken über; sich überlegen; vorhaben (*doing s.th.* etw zu tun); **think ahead** *itr* vorausdenken; **think back** *itr* sich zurückversetzen (*to* in); **think of, about** *itr* denken an; sich vorstellen; sich ausdenken; ▶ **what do you ~ of him, it?** was halten Sie von ihm, davon? **think on** *itr* nachdenken über; planen, vorhaben; **think out** *tr* ausdenken; sich gut überlegen; **think over** *tr* überdenken, -legen; nachdenken (über); **think through** *tr* durchdenken; **think up** *tr* (sich) ausdenken.

think·able ['θɪŋkəbl] *adj* denk-, vorstellbar; **thinker** ['θɪŋkə(r)] Denker(in) *m (f)*; **think·ing** ['θɪŋkɪŋ] **I** *adj* vernünftig; denkend; ▶ **put one's ~ cap on** *fam* seinen Grips anstrengen, scharf nachdenken; **II** *s* Denken *n;* Nachdenken *n;* Meinung *f;* ▶ **to my ~** meiner Meinung nach; **that's wishful ~** das ist ein frommer Wunsch; **think tank** Denkfabrik *f.*

thin·ner ['θɪnə(r)] *tech* Verdünner *m,* Verdünnungsmittel *n;* **thin·ness** ['θɪnnɪs] **1.** Dünnheit *f;* Dünnflüssigkeit *f;* **2.** Feinheit *f;* **3.** *(Mensch)* Magerkeit *f;* **4.** *(Stimme)* Schwäche *f; (Entschuldigung)* Dürftigkeit, Fadenscheinigkeit *f;* ▶ **the ~ of his hair** sein spärlicher Haarwuchs; **the ~ of the population** die geringe Bevölkerungsdichte; **thin-skinned** ['θɪnskɪnd] *adj fig* empfindlich, leicht beleidigt.

third [θɜ:d] **I** *adj* **1.** dritte(r, s); **II** *s* **1.** Dritte(r, s); **2.** Drittel *n;* **3.** *mot* dritter Gang; **third-class mail** *Am* Drucksache *f;* **third degree 1.** dritter Grad; **2.** strenges Verhör *n;* **third degree burns** Verbrennungen *pl* dritten Grades; **third·ly** [—lɪ] *adv* drittens; **third party** *jur* Dritte(r) *m,* dritte Person; **third-party liability, insurance** Haftpflichtversicherung *f;* **third-rate** [ˌθɜ:d'reɪt] *adj* drittrangig, minderwertig; **Third World** Dritte Welt.

thirst [θɜ:st] **I** *s* **1.** Durst *m a. fig;* **2.** *fig* Verlangen *n,* Sehnsucht *f* (*for* nach); ▶ **~ for knowledge 1.** *s* Wissensdurst *m;* **2.** *itr* nach Wissen dürsten; **II** *itr fig* verlangen, sich sehnen (*for* nach); **thirsty** ['θɜ:stɪ] *adj* **1.** durstig; **2.** *fig* begierig (*for, after* nach).

thir·teen [ˌθɜ:'ti:n] *adj* dreizehn; **thirteenth** [ˌθɜ:'ti:nθ] **I** *adj* dreizehnte(r, s); **II** *s* Dreizehntel *n;* Dreizehnte(r, s); **thir·ti·eth** ['θɜ:tɪəθ] **I** *adj* dreißigste(r, s); **II** *s* Dreißigstel *n;* Dreißigste(r, s); **thirty** ['θɜ:tɪ] dreißig.

this [ðɪs] ⟨*pl* these⟩ **I** *prn adj* diese(r, s); ▶ **~ one** *(substantivisch)* diese(r, s); **by ~ time** jetzt; schon lange; bis dahin; **~ day** heute; **~ day week** heute in acht Tagen; **~ minute** augenblicklich; **~ morning, evening, night** heute morgen, abend, nacht; **~ time** diesmal; **~ time last month** letzten Monat um diese Zeit; **these days** heutzutage; **what are you doing these days?** was machen Sie (so) in letzter Zeit? **II** *prn substantivisch* dies, das; ▶ **what is ~?** was ist das? **who is ~?** wer ist das? **these are my friends** das sind meine Freunde; **~ is to prove ...** hiermit wird bewiesen ... **~ and that** dieses und jenes; **it's like ~** es ist so; **~ is Sarah (speaking)** hier (ist) Sarah; **III** *adv* so; ▶ **~ late** so spät; **~ much** soviel.

thistle ['θɪsl] Distel *f.*

tho' [ðəʊ] *s. though.*

thong [θɒŋ] Lederriemen *m.*

tho·rax ['θɔ:ræks] *anat* Brust(kasten *m,* -korb *m*) *f.*

thorn [θɔ:n] **1.** Dorn *m;* **2.** Dornbusch, -strauch *m;* ▶ **that's a ~ in my flesh** *fig* das ist mir ein Dorn im Auge; **thorny** ['θɔ:nɪ] *adj* **1.** dornig *a. fig;* **2.** *fig* schwierig; heikel.

thor·ough ['θʌrə, 'θʌrəʊ] *adj* **1.** sorgfältig, gründlich, genau; **2.** vollendet; **3.** vollständig, völlig; **thor·ough·bred** ['θʌrəbred] **I** *s* Vollblut(pferd) *n,* Vollblüter *m;* **II** *adj* reinrassig; Vollblut-; **thor·ough·fare** ['θʌrəfeə(r)] Durchfahrtsstraße *f;* ▶ **no ~!** keine Durchfahrt! **thor·ough·go·ing** ['θʌrə,gəʊɪŋ] *adj* gründlich; *(Reform, Änderung)* grundlegend; **thor·ough·ly** [—lɪ] *adv* gründlich; völlig; **thor·ough·ness** [—nɪs] Sorgfalt, Gründlichkeit *f.*

those [ðəʊz] *s. that* [1].

thou [ðaʊ] *prn obs poet* du.

though [ðəʊ] **I** *conj* obgleich; wenn auch; ▶ **as ~** als ob; **even ~** obwohl; **II** *adv* doch; ▶ **she did do it ~** sie hat es aber doch getan.

thought [θɔ:t] **I** *v s. think;* **II** *s* **1.** (Nach)Denken *n;* Überlegung *f;* **2.** Denkfähigkeit *f,* Verstand *m;* **3.** Gedanke, Einfall *m;* **4.** Denkweise *f;* **5.** Aufmerksamkeit, Rücksicht *f;* ▶ **a ~** *fig* ein bißchen, etwas, *fam* e-e Idee; **after serious ~, on second ~s** nach reiflicher Überlegung; **(lost) in ~** in Gedanken (versunken); **without ~** gedankenlos; **have no ~ of doing s.th.** nicht daran denken, etw zu tun; **have second ~s about s.th.** sich etwas noch einmal überlegen; **give ~ to** nachdenken über; **don't give it another ~** denken Sie gar nicht daran; **thought·ful** ['θɔ:tfl] *adj* **1.** nachdenklich; wohlüberlegt; **2.** aufmerksam, rücksichtsvoll; **thought·less** [—lɪs] *adj* **1.** gedankenlos, unbesonnen; **2.** rücksichtslos (*of* gegen); unachtsam; **3.** unbekümmert (*of* um); **thought-out** [,θɔ:t'aʊt] *adj* ▶ **a well ~ plan** ein wohldurchdachter Plan; **thought-pro·vok·ing** [,θɔ:tprə'vəʊkɪŋ] *adj* geistige Anstöße vermittelnd; anregend; **thought-read·ing** ['θɔ:t,ri:dɪŋ] Gedankenlesen *n.*

thou·sand ['θaʊznd] **I** *adj (a ~)* tausend; ▶ **a ~ thanks** tausend Dank; **a ~ times** tausendmal; **II** *s* Tausend *n;* **one ~** eintausend; **thou·sandth** ['θaʊzntθ] **I** *adj* tausendste(r, s); **II** *s* Tausendstel *n;* Tausendste(r, s).

thrash [θræʃ] **I** *tr* **1.** verprügeln; verdreschen; einschlagen auf; **2.** *fam* (vernichtend) besiegen, schlagen; ▶ **~ one's arms about** (mit den Armen) um sich schlagen; **II** *itr (~ about)* um sich schlagen; **III** *(mit Präposition)* **thrash out** *tr (Thema)* gründlich erörtern; *(Plan)* ausdiskutieren; **thrash·ing** [—ɪŋ] **1.** Tracht *f* Prügel; **2.** *fig* völlige Niederlage; ▶ **give s.o. a good ~** jdm e-e tüchtige Tracht Prügel verabreichen.

thread [θred] **I** *s* **1.** *(Textil)* Faden *m a. fig;* (Näh)Garn *n;* **2.** *(Licht)* Strahl *m;* **3.** *tech* Gewinde *n* (*on a screw* an e-r Schraube); ▶ **hang by a ~** *fig* an einem seidenen Faden hängen; **lose the ~** *fig* den Faden verlieren; **pick up the ~s** *fig* den Faden wiederaufnehmen; **II** *tr* **1.** einfädeln; **2.** aufreihen; **3.** *fig* sich durchwinden durch; **4.** *tech* mit einem Gewinde versehen; ▶ **~ one's way through** sich durchschlängeln; **III** *itr* **1.** sich (hin)durchwinden; **2.** sich durchziehen (*through* durch); **thread·bare** ['θredbeə(r)] *adj* abgewetzt; abgetragen; *(Teppich)* abgelaufen; *fig (Argument)* fadenscheinig.

threat [θret] **1.** Drohung *f* (*of* mit); **2.** Bedrohung *f* (*to* gen), Gefahr *f* (*to* für); ▶ **utter a ~ against s.o.** jdm drohen; **there's a ~ of rain** es sieht nach Regen aus; **threaten** ['θretn] *tr* **1.** *(jdn)* bedrohen (*with* mit); **2.** androhen (*s.o. with s.th.* jdm etw); **3.** drohend ankündigen; **4.** drohen (*s.th.* mit etw; *to do* zu tun); **threaten·ing** [—ɪŋ] *adj* drohend; ▶ **~ letter** Drohbrief *m.*

three [θri:] **I** *adj* drei; **II** *s* Drei *f;* **three-cor·nered** [,θri:'kɔ:nəd] *adj* **1.** dreieckig; **2.** zu dreien; ▶ **~ hat** Dreispitz *m;* **three-dimensional** [,θrɪdaɪ'menʃənl], **three-D** [,θri:'di:] *adj* dreidimensional; **three·fold** ['θri:fəʊld] *adj, adv* dreifach; **three·penny bit** ['θrepənɪbɪt] Dreipennystück *n;* **three-piece** [,θri:'pi:s] *adj* dreiteilig; ▶ **~ suite** dreiteilige Polstergarnitur; **three-ply** [,θri:'plaɪ] **I** *adj* dreifach; dreischichtig; **II** *s* **1.** Sperrholz *n;* **2.** Dreifachwolle *f;* **three-quarter** [,θri:'kwɔ:tə(r)] *adj* dreiviertel; **three·some** ['θri:səm] Dreiergruppe *f;* Dreier *m;* ▶ **in a ~** zu dritt; **three-wheeler** [θrɪ'wi:lə(r)] Dreiradwagen *m.*

thresh [θreʃ] *tr, itr* dreschen; **threshing machine** ['θreʃɪŋ mə'ʃi:n] Dreschmaschine *f.*

thresh·old ['θreʃhəʊld] **1.** Schwelle *f a. fig;* **2.** *fig* Anfang, Beginn *m;* ▶ **at the ~ of an era** an der Schwelle e-s Zeitalters; **be on the ~ of one's career** am Anfang seiner Laufbahn stehen; **~ of consciousness** Bewußtseinsschwelle *f;* **threshold countries** *com* Schwellenländer *n pl.*

threw [θru:] *v s. throw.*

thrice [θraɪs] *adv* dreimal, -fach.

thrift [θrɪft] Sparsamkeit *f;* **thrifty** ['θrɪftɪ] *adj* **1.** sparsam (*of, with* mit); **2.** *Am* gedeihend, blühend.

thrill [θrɪl] **I** *tr* **1.** mitreißen; in Spannung versetzen; erregen; **2.** erschauern lassen; ▶ **be ~ed to bits** sich fürchterlich freuen; **II** *itr* **1.** erregt, aufgewühlt sein; **2.** zittern, beben (*with* vor); **III** *s* Schauer, Nervenkitzel *m;* Sensation *f;* Erregung *f;* Reiz *m;* ▶ **a ~ of joy** e-e freudige Erregung; **give us a ~!** *fam* laß uns mal was sehen! **thriller** ['θrɪlə(r)] Reißer, Krimi *m;* **thrill·ing** ['θrɪlɪŋ] *adj* aufregend; reißerisch; spannend, sensationell.

thrive [θraɪv] ⟨*irr* thrived *od* throve,

thrived *od* thriven⟩ ['θrɪvn] *itr* **1.** (gut) gedeihen *a. fig;* **2.** Erfolg haben; **thriving** [—ɪŋ] *adj fig* (gut) gedeihend; blühend.

throat [θrəʊt] **1.** Kehle, Gurgel *f;* **2.** Rachen, Schlund *m;* Hals *m a. fig;* ▶ **cancer of the** ~ Kehlkopfkrebs *m;* **clear one's** ~ sich räuspern; **grip s.o. by the** ~ jdn an der Kehle packen; **jump down s.o.'s** ~ *fig fam* jdm ins Gesicht springen; **ram, thrust s.th. down s.o.'s** ~ jdm etw aufzwingen; **stick in s.o.'s** ~ *fig* für jdn nicht akzeptabel sein; *(Worte)* jdm im Halse steckenbleiben; **sore** ~ Halsweh *n;* **throaty** ['θrəʊtɪ] *adj* **1.** *(Stimme)* belegt, rauh; **2.** *(Mensch)* heiser.

throb [θrɒb] **I** *itr (Herz)* (heftig) schlagen, klopfen (*with* vor); *(Maschine)* klopfen; *(Trommeln)* dröhnen; *fig* pulsieren; **II** *s* (Herz-, Puls)Schlag *m; fig* Klopfen, Zittern, Dröhnen *n.*

throes [θrəʊz] ▶ **be in the** ~ **of s.th.** mitten in etw sein.

throm·bo·sis [θrɒm'bəʊsɪs] *med* Thrombose *f.*

throne [θrəʊn] Thron *m a. fig;* ▶ **come to the** ~ den Thron besteigen.

throng [θrɒŋ] **I** *s* Gedränge, Gewühl *n,* Andrang *m;* (Menschen)Menge *f;* **II** *itr* (sich) drängen; strömen; **III** *tr* sich drängen in, um.

throttle ['θrɒtl] **I** *s (~-valve)* Drosselventil *n;* ▶ **at full** ~ mit Vollgas; **II** *tr* **1.** erdrosseln; **2.** *fig* unterdrücken; **III** *(mit Präposition)* **throttle back, down** *tr* drosseln; *itr* Gas wegnehmen.

through, *Am* **thru** [θru:] **I** *prep* **1.** *(räumlich)* durch; **2.** *(zeitlich)* über; ▶ ~ **the night** die Nacht über; **all** ~ **her life** ihr ganzes Leben lang; **3.** *Am* bis einschließlich; ▶ **Monday** ~ **Friday** von Montag bis (einschließlich) Freitag; **4.** *(kausal)* durch, infolge *gen;* mit Hilfe *gen;* ▶ ~ **the post** mit der Post; **II** *adv* durch; ▶ ~ **and** ~ durch u. durch, völlig; **all day** ~ den ganzen Tag über; **he knew it all** ~ er wußte es die ganze Zeit; **wet** ~ patschnaß; **carry** ~ zu Ende bringen; **get** ~ durchkommen; **get** ~ **with** *fam* zu Ende kommen mit; **put** ~ *tele* verbinden (*to s.o.* mit jdm); **I didn't get** ~ *tele* ich bin nicht durchgekommen; **III** *adj* **1.** fertig; **2.** *tele* verbunden; ▶ **I'm** ~ **with him** der ist für mich gestorben; **I'm** ~ **with that job** ich habe diese Arbeit satt; **through car, through coach** *rail* Kurswagen *m;* **through flight** Direktflug *m;* **through·out** [θru:'aʊt] **I** *prep* **1.** überall in; **2.** während; ▶ ~ **his stay** seinen ganzen Aufenthalt über; ~ **his life** sein ganzes Leben lang; **II** *adv* **1.** überall; **2.** die ganze Zeit (über); **through·put** ['θru:pʊt] Durchsatz *m;* **through ticket** *rail* durchgehende Fahrkarte; **through traffic** Durchgangsverkehr *m;* **through train** durchgehender Zug; **through·way** ['θru:weɪ] *Am* Schnellstraße *f.*

throve [θrəʊv] *v s. thrive.*

throw [θrəʊ] ⟨*irr* threw, thrown⟩ **I** *tr* **1.** werfen (*to the ground* auf den Boden); schleudern (*at* nach); **2.** *(vom Pferd)* abwerfen; **3.** *(Blick)* zuwerfen (*s.o.* jdm); **4.** *(Hebel)* ein-, ausschalten; **5.** *(Brücke)* schlagen (*over, across* über); **6.** *(Junge)* werfen; **7.** *(auf der Drehscheibe)* töpfern, drehen; **8.** *fam* drausbringen, verwirren; **9.** *fam (Anfall)* bekommen; **10.** *fam (Party)* geben, schmeißen; ▶ ~ **into confusion, disorder** in Unordnung bringen; ~ **dice** würfeln; ~ **a fit** *fam* e-n Wutanfall bekommen; ~ **s.th. open** etw weit öffnen; ~ **overboard** über Bord werfen *a. fig;* ~ **into prison** ins Gefängnis werfen; ~ **shadow(s)** Schatten werfen; ~ **that light this way, please** bitte, leuchten Sie hierher; ~ **o.s. at s.o.** *fig* sich jdm an den Hals werfen; ~ **o.s. into s.th.** *fig* sich auf etw stürzen; **be** ~**n upon o.s.** auf sich selbst angewiesen sein; **II** *itr* werfen; **III** *s* Wurf *m;* **IV** *(mit Präposition)* **throw away** *tr* **1.** fort-, wegwerfen; verschwenden; **2.** *(Gelegenheit)* verpassen; **throw back** *tr* zurückwerfen; *itr biol* zurückgehen; ▶ **be** ~**n back upon** angewiesen sein auf; **throw down** *tr* **1.** hinunterwerfen; **2.** *fig (Waffen)* wegwerfen; **throw in** *tr* **1.** *sport* einwerfen; **2.** *com* zugeben; hinzufügen; **3.** *(e-e Bemerkung)* einwerfen; ▶ ~ **in (one's lot) with s.o.** mit jdm gemeinsame Sache machen; ~ **in the sponge** *od* **towel** *fig* das Handtuch werfen; **throw off** *tr* **1.** abwerfen; **2.** *(Funken, Geruch)* von sich geben; **3.** *(Erkältung)* losbekommen; **4.** *(von e-r Spur)* ablenken; *(Verfolger)* abschütteln; **throw on** *tr (Kleidungsstück)* (schnell) überwerfen, -ziehen; **throw open** *tr* **1.** *(Tür)* aufstoßen; **2.** *(Gebäude)* der Öffentlichkeit freigeben; **throw out** *tr* **1.** hinauswerfen; wegwerfen; **2.** *(Gesetzesvorlage)* ablehnen; **3.** *(Bemerkung, Gedanken)* äußern; **4.** *(Schößlinge)* treiben; **5.** *(Hitze)* abgeben; **6.** *(Berechnungen, Pläne)* durcheinanderbringen; ▶ ~ **out of work** entlassen; arbeitslos machen; **throw over** *tr* **1.** über den Haufen werfen; **2.** *(Theorie)* verwerfen; **3.** *(Liebhaber)* sitzenlassen; **throw together** *tr* **1.** zusammenstoppeln; **2.** *(Personen)* zusammenbringen; **throw up** *tr* **1.** hervorbringen; an den Tag bringen; **2.** hochwerfen, in die Höhe werfen; **3.** *(Arbeit)* aufgeben; *(Gelegenheit)* sich entgehen lassen; **4.** *(Essen)* erbrechen; **5.** vorwerfen (*s.th. to s.o.* jdm etw); **6.** *(Frage)* aufwerfen; *itr* sich übergeben.

throw·away ['θrəʊəˌweɪ] *adj* **1.** Wegwerf-; *(Flasche)* Einweg-; **2.** *(Bemerkung)* beiläufig; *(Stil)* lässig; ► **~ paper cup** Papierbecher *m* zum Wegwerfen; **~ society** Wegwerfgesellschaft *f;* **~ prices** *pl* Schleuderpreise *m pl;* **throw-back** ['θrəʊbæk] Rückfall *a. fig,* Atavismus *m; fig* Rückgriff *m* (*to* auf); **thrower** ['θrəʊə(r)] Werfer(in) *m (f);* **throw-in** ['θrəʊɪn] *sport* Einwurf *m;* **throw·ing** ['θrəʊɪŋ] Werfen *n;* ► **~ the hammer, the javelin** *sport* Hammer-, Speerwerfen *n;* **thrown** [θrəʊn] *v s. throw.*

thru [θru:] *Am s. through.*

thrum [θrʌm] **I** *tr* klimpern; *(Gitarre)* spielen; *fig* trommeln auf; **II** *itr* klimpern.

thrush¹ [θrʌʃ] *orn* Drossel *f.*

thrush² [θrʌʃ] *med* Sohr *m,* Mundfäule *f,* Schwämmchen *n; (Pferde)* Strahlfäule *f.*

thrust [θrʌst] ⟨*irr* **thrust, thrust**⟩ **I** *tr* **1.** (heftig, fest) stoßen; drängen; **2.** durchbohren; **3.** *(Nadel)* stecken (*into* in); ► **~ o.s. (up)on s.o.** sich jdm aufdrängen; **~ o.s. forward** sich in den Vordergrund drängen; **~ one's hands into one's pockets** die Hände in die Tasche stecken; **~ one's way through** sich e-n Weg bahnen durch; **II** *itr* **1.** stoßen, stechen (*at* nach); **2.** sich drängen (*into* in; *through* durch); **III** *s* **1.** Stoß, Stich, Hieb *m;* **2.** *tech* Schub *m a. geol;* **thrust·ful** ['θrʌstfl] *adj* resolut, energisch; **thrust·ing** ['θrʌstɪŋ] *adj (Mensch)* aufdringlich, unverfroren.

thru·way ['θru:weɪ] *Am* Schnellstraße *f.*

thud [θʌd] **I** *s* (dumpfer) Schlag *m,* (dumpfes) Geräusch *n, fam* Bums *m;* **II** *itr* dumpf aufschlagen (*to* auf).

thug [θʌg] Schläger(typ) *m.*

thumb [θʌm] **I** *s* Daumen *m;* ► **twiddle one's ~s** Däumchen drehen; **under s.o.'s ~** unter jds Fuchtel; **he is all ~s** er hat zwei linke Hände; **~s down!** pfui! **~s up!** bravo! **give s.th., s.o. the ~s up** e-r Sache, jdm grünes Licht geben; **II** *tr (~ through) (Buch)* durchblättern; ► **~ a lift, a ride** *fam* per Anhalter fahren; **a well ~ed book** ein zerlesenes Buch; **thumb-index** *(Buch)* Daumenregister *n;* **thumb·nail** ['θʌmneɪl] Daumennagel *m;* **thumbnail sketch** kleine Skizze; kurze Skizze; **thumb-print** Daumenabdruck *m;* **thumb-screw** ['θʌmskru:] **1.** *tech* Flügelschraube *f;* **2.** *(Folter)* Daumenschraube *f;* **thumb-tack** *Am* Heftzwecke *f,* Reißnagel *m.*

thump [θʌmp] **I** *s* dumpfer Schlag; **II** *tr* schlagen; schlagen auf, an; **III** *itr* **1.** dumpf aufschlagen; stampfen; **2.** heftig schlagen (*on, at* an, auf); **3.** *(Herz)* pochen (*with* vor); **IV** *adv* bums; **thumping** [—ɪŋ] *adj fam* riesig.

thun·der ['θʌndə(r)] **I** *s* **1.** Donner(schlag) *m a. fig;* **2.** *fig* Getöse *n; (Applaus)* Sturm *m;* ► **steal s.o.'s ~** *fig* jdm den Wind aus den Segeln nehmen; **II** *itr* **1.** donnern *a. fig;* **2.** anbrüllen (*at s.o.* jdn); **III** *tr* brüllen; **thun·der·bolt** ['θʌndəbəʊlt] **1.** Blitz u. Donnerschlag *m;* **2.** *fig* Blitz *m* aus heiterem Himmel; **thun·der·clap** ['θʌndəklæp] Donnerschlag *m;* **thunder-cloud** Gewitterwolke *f a. fig;* **thun·der·ing** ['θʌndərɪŋ] *adj fam* verflixt; **thun·der·ous** ['θʌndərəs] *adj* stürmisch; *fig* donnernd; **thun·der·storm** ['θʌndəstɔ:m] Gewitter *n;* **thun·der·struck** ['θʌndəstrʌk] *adj fig* wie vom Schlag getroffen; **thun·dery** ['θʌndərɪ] *adj* gewitt(e)rig.

Thurs·day ['θɜ:zdɪ] Donnerstag *m;* ► **on ~** am Donnerstag; **on ~s** donnerstags.

thus [ðʌs] *adv* **1.** so, auf diese Weise; **2.** folglich; ► **~ far** so weit.

thwart¹ [θwɔ:t] *tr* **1.** *(Plan)* durchkreuzen; **2.** *(Absicht)* vereiteln; **3.** e-n Strich durch die Rechnung machen (*s.o.* jdm).

thwart² [θwɔ:t] *mar* Ruderbank, Ducht *f.*

thy [ðaɪ] *prn obs poet* dein.

thyme [taɪm] *bot* Thymian *m.*

thy·roid ['θaɪrɔɪd] **I** *adj* Schilddrüsen-; **II** *s (~ gland)* Schilddrüse *f.*

ti·ara [tɪ'ɑ:rə] **1.** Tiara *f;* **2.** Diadem *n.*

tibia ['tɪbɪə] ⟨*pl* **tibiae**⟩ ['tɪbɪi:] Schienbein *n.*

tic [tɪk] *med* Gesichts-, Muskelzucken *n.*

tick¹ [tɪk] **I** *s* **1.** Ticken *n;* **2.** Häkchen *n;* **3.** *fam* Augenblick *m;* ► **in a ~** gleich, sofort; **II** *itr* ticken; **I don't know what makes her ~** ich weiß nicht, was in ihr vorgeht; **III** *tr* abhaken, anstreichen; **IV** *(mit Präposition)* **tick off** *tr* **1.** abhaken; **2.** abkanzeln; **tick over** *itr* **1.** *mot* leer laufen; **2.** *fig* ordentlich gehen.

tick² [tɪk] *zoo* Zecke *f.*

tick³ [tɪk] Matratzenbezug *m;* Inlett *n.*

tick⁴ [tɪk] *fam* Kredit *m;* ► **buy on ~** auf Pump kaufen.

ticker ['tɪkə(r)] **1.** *tele* Börsenfernschreiber *m;* **2.** *fam* Uhr *f;* **3.** *sl* Herz *n;* **ticker tape** Lochstreifen *m;* **ticker tape parade** Konfettiparade *f.*

ticket ['tɪkɪt] **1.** (Eintritts-, Theater-, Fahr-, Flug)Karte *f;* Fahrschein *m;* **2.** (Gepäck)Schein *m;* Abschnitt, Zettel *m;* Park(Schein) *m;* **3.** Etikett, Schildchen *n;* Preiszettel *m;* **4.** *Am parl* Kandidatenliste *f;* Wahlprogramm *n;* **5.** *jur* gebührenpflichtige Verwarnung; Strafzettel *m;* ► **vote the straight ~** die Parteiliste wählen; **that's the ~!** *fam* das ist die Sache! **admission-~** Eintrittskarte *f;* **airline ~** Flugticket *n,* Flugschein *m;* **cloakroom-~** Garderobenmarke *f;* **lottery-~** Lotterielos *n;* **luggage-~,** *Am* **baggage-~** Gepäckschein *m;* **monthly ~** Monatskarte *f;* **return-~,** *Am* **round-**

trip ~ Rückfahrkarte *f* (*to* nach); **season-**~ Dauer-, Zeitkarte *f;* **single** ~ einfache Fahrkarte; **theatre** ~ Theaterkarte *f;* **ticket-agency** Verkaufsstelle *f; theat* Vorverkaufsstelle *f;* **ticket-collector** Fahrkartenkontrolleur(in), Schaffner(in) *m (f);* **ticket holder** Karteninhaber(in) *m (f);* **ticket machine** Fahrscheinautomat *m;* **ticket-number** *(Lotterie)* Losnummer *f;* **ticket-office** Fahrkartenschalter *m; theat* Kasse *f.*

tick·ing-off ['tɪkɪŋ'ɒf] *fam* Anpfiff, Anschnauzer *m;* ▶ **give s.o. a** ~ jdn ausschimpfen.

tickle ['tɪkl] **I** *tr* **1.** kitzeln *a. fig;* **2.** schmeicheln, gefallen, angenehm sein (*s.o.* jdm); erheitern; ▶ **be ~d pink** od **to death** sich fürchterlich freuen; ~ **s.o.'s fancy** jdm gefallen; **II** *itr* kitzeln; jucken; **III** *s* Kitzeln *n;* ▶ **give s.o. a** ~ jdn kitzeln; **tick·lish** ['tɪklɪʃ] *adj* **1.** *(Mensch)* kitz(e)lig; **2.** *fig (Sache)* heikel.

ti·dal ['taɪdl] *adj* ▶ ~ **current** Gezeitenstrom *m;* ~ **river** Tidefluß *m;* ~ **wave** Flutwelle *f a. fig.*

tid·bit ['tɪdbɪt] *Am s. titbit.*

tid·dly ['tɪdlɪ] *adj fam* **1.** angeheitert; **2.** winzig.

tid·dly·winks ['tɪdlɪwɪŋks] Flohhüpfen *n (Spiel).*

tide [taɪd] **I** *s* **1.** Ebbe u. Flut *f,* Gezeiten *pl;* **2.** *fig* Auf u. Ab *n;* **3.** *fig* Strom *m,* Strömung *f;* ▶ **the** ~ **is in, out** es ist Flut, Ebbe; **the** ~ **turns** *fig* das Blatt wendet sich; **ebb, low** ~ Ebbe *f,* Niedrigwasser *n;* **flood, high** ~ Flut *f,* Hochwasser *n;* **at high** ~ bei Flut; **go, swim against the** ~ gegen den Strom schwimmen; **II** *(mit Präposition)* **tide over** *tr* über Wasser halten; ▶ **will that** ~ **you over?** wird dir das ausreichen? **tide·land** ['taɪdlænd] *Am* Watt *n;* **tide-mark** Flutmarke *f;* Pegelstand *m;* **tide-water** Flut *f; Am* Watt *n;* **tide-way** Priel *m.*

ti·di·ness ['taɪdɪnɪs] Ordentlichkeit *f;* Sauberkeit *f;* **tidy** ['taɪdɪ] **I** *adj* **1.** ordentlich; sauber; **2.** *fam (Geldsumme)* ganz nett, hübsch; **II** *tr* **1.** in Ordnung bringen; hübsch machen; **2.** *(~ up)* aufräumen.

tie [taɪ] **I** *tr* **1.** binden *a. fig* (*to* an); **2.** zusammenknoten; *(Paket)* zusammenschnüren; **3.** *(Knoten)* machen; *(Band, Schnürsenkel)* binden; **4.** verbinden, verknüpfen; ▶ **the match was ~d** das Spiel war unentschieden; **my hands are ~d** mir sind die Hände gebunden; **II** *itr* gleich stehen (*with* mit); *sport* punktgleich sein; unentschieden spielen; **III** *s* **1.** Band *n a. fig;* **2.** *fig* Bindung, Verpflichtung *f;* Belastung *f;* **3.** *pl* Verbindungen *f pl;* **4.** *(neck~)* Krawatte *f,* Schlips *m;* **5.** *sport* Unentschieden *n;* unentschiedenes Spiel; **6.** *mus* Ligatur *f;* ▶ **the game ended in a** ~ das Spiel endete unentschieden; **business** ~ Geschäftsverbindung *f;* **family ~s** *pl* familiäre Bindungen *f pl;* **~s** *pl* **of blood, of friendship** Bande *n pl* des Blutes, der Freundschaft; **IV** *(mit Präposition)* **tie back** *tr* zurückbinden; **tie down** *tr* **1.** festbinden; **2.** *fig* binden (*to* an); **3.** *(Bedeutung, Gesprächspartner)* festlegen, festnageln; ▶ **he doesn't want to** ~ **himself down** er möchte sich nicht binden, festlegen; **a pet really ~s you down** mit einem Haustier ist man angebunden; **tie in** *itr* zusammenpassen; *tr* in Einklang bringen; ▶ ~ **in with s.th.** zu etw passen; **tie on** *tr* anbinden; **tie up** *itr* **1.** zusammenpassen; zusammenhängen (*with* mit); **2.** *mar* festmachen; *tr* **1.** *(Paket)* verschnüren; *(Schnürsenkel)* binden; **2.** *(Tier)* anbinden; *(Gefangene)* fesseln; *(Boot)* festmachen; **3.** *(Geschäft, Pläne)* festmachen; **4.** *(Kapital)* anlegen; **5.** *(Menschen)* beschäftigen; *(Maschinen)* auslasten; **6.** *(Produktion)* stillegen; ▶ **I am ~d up tomorrow** morgen bin ich belegt, beschäftigt; **be ~d up with s.th.** mit etw zusammenhängen; **be ~d up with s.o.** zu jdm Verbindung haben.

tie-breaker ['taɪbreɪkə(r)] *(Tennis)* Tie-breaker *m;* **tie clip** Krawattennadel *f;* **tie-in** [ˌtaɪ'ɪn] **1.** Verbindung, Beziehung *f;* **2.** *Am com (~ sale)* Koppelungsgeschäft *n;* **tie-on label** [ˌtaɪ'ɒn'leɪbl] Anhängeadresse *f;* **tie-pin** Krawattennadel *f.*

tier [tɪə(r)] **1.** (Sitz)Reihe *f; theat* Rang *m;* **2.** *fig* Stufe *f;* **3.** *(Kuchen)* Etage *f;* ▶ **in ~s** *adj* stufenförmig; *adv* stufenweise; **three-~ed** *adj* dreigestuft; dreistöckig.

tie-up ['taɪʌp] **1.** *Am* Stockung *f,* Stillstand *m;* **2.** Verbindung *f;* Zusammenschluß *m.*

tiff [tɪf] kleiner Streit, Krach *m.*

ti·ger ['taɪgə(r)] Tiger *m.*

tight [taɪt] **I** *adj* **1.** (luft-, wasser)dicht; **2.** fest(sitzend); *(Umarmung)* fest; **3.** eng(anliegend), zu eng, knapp; **4.** *fig (Kontrolle)* streng; **5.** *(Seil, Haut)* straff; **6.** *(Platz)* eng; **7.** *(Zeit, Geld)* knapp; **8.** *(Lage)* schwierig; **9.** *sport* knapp; **10.** *fam (Mensch)* geizig; **11.** *sl* blau, besoffen; ▶ **the cork is too** ~ der Korken sitzt zu fest; **air-, water-~** luft-, wasserdicht; **II** *adv* **1.** fest; **2.** eng; **3.** straff; ▶ **hold** ~ fest halten; **shut** ~ fest zumachen; **sit** ~ sich nicht rühren; **sleep** ~! schlafe gut! **tighten** ['taɪtn] **I** *tr* **1.** anziehen, straffen; **2.** enger machen; *(Gürtel)* enger schnallen; **3.** *(Bestimmungen)* verschärfen; **II** *itr (~ up)* **1.** enger werden; **2.** sich straffen; **3.** *(Bestimmungen, Kontrollen)* strenger werden; **4.**

(Markt) sich versteifen; **tight-fisted** [ˌtaɪtˈfɪstɪd] *adj* filzig, knauserig; **tight-fit·ting** [ˌtaɪtˈfɪtɪŋ] *adj* **1.** enganliegend; **2.** *tech* genau eingepaßt; **tight-lipped** [ˌtaɪtˈlɪpt] *adj* **1.** mit zusammengepreßten Lippen; **2.** *fig* verschwiegen; **tightness** [ˈtaɪtnɪs] **1.** Dichte *f;* Enge *f;* **2.** Knappheit, Verknappung *f;* **3.** Knauserigkeit *f;* **tight-rope** (Draht)Seil *n;* ► **walk a ~** *fig* einen Balanceakt vollführen, eine Gratwanderung machen; **tightrope walker** Seiltänzer(in) *m (f).*

tights [taɪts] *pl Br* Strumpfhose *f;* **tightwad** [ˈtaɪtwɒd] *Am* Knicker, Knauser *m.*

ti·gress [ˈtaɪgrɪs] Tigerin *f a. fig.*

tile [taɪl] **I** *s* **1.** (Dach)Ziegel *m;* **2.** Kachel, Fliese *f;* **3.** *(Kork, Isolierung)* Platte *f; (Teppich)* Fliese *f;* ► **have a night on the ~s** *fam* herumsumpfen; **II** *tr (Fußboden)* mit Fliesen belegen; *(Dach)* mit Ziegeln decken; kacheln; **tiler** [ˈtaɪlə(r)] Dachdecker(in) *m (f).*

till[1] [tɪl] **I** *prep (zeitlich)* bis (zu); ► **not ~** nicht vor; erst; **~ now** bis jetzt; **~ then** bis dahin; **II** *conj* bis; ► **~ such time as** bis.

till[2] [tɪl] *tr* beackern; *(den Boden)* bearbeiten.

till[3] [tɪl] (Laden)Kasse *f;* ► **have one's fingers in the ~** Geld aus der Ladenkasse entwenden.

tiller [ˈtɪlə(r)] *mar* Ruderpinne *f.*

tilt [tɪlt] **I** *tr* **1.** kippen; **2.** schräg stellen; schief halten; **II** *itr* **1.** geneigt, schräg sein; **2.** sich neigen; **3.** anrennen *a. fig (at* gegen); **4.** losziehen *(at* gegen); ► **~ at windmills** gegen Windmühlen kämpfen; **III** *s* **1.** Neigung *f,* schiefe Lage; **2.** *hist* Turnier *n;* Stoß *m;* ► **(at) full ~** mit aller Gewalt; **have a ~** sich neigen; **have a ~ at s.o.** *fig* jdn angreifen; **IV** *(mit Präposition)* **tilt back** *itr* sich nach hinten neigen; *tr* nach hinten neigen, kippen; **tilt over** *itr* sich neigen; umkippen; *tr* neigen; kippen; **tilt up** *itr* (nach oben) kippen; *tr* kippen; schräg nach oben halten.

tim·ber [ˈtɪmbə(r)] **1.** Bau-, Schnitt-, Nutzholz *n;* Balken *m;* **2.** *mar* Spant *n;* **3.** Baumbestand, Wald *m;* ► **~!** Baum fällt! **a man of his ~** *Am* ein Mann von seinem Schlag(e); **standing ~** Nutzwald *m;* **tim·bered** [ˈtɪmbəd] *adj* baumbestanden, bewaldet; ► **half-~** *(Haus)* Fachwerk-; **timber-work** Gebälk *n;* Fachwerk *n.*

time [taɪm] **I** *s* **1.** Zeit(raum *m,* -spanne) *f;* **2.** (Zeit)Dauer *f;* **3.** Arbeitszeit *f,* -lohn *m;* **4.** Zeitmaß, Tempo *n,* Geschwindigkeit *f;* **5.** *mus* Takt, Rhythmus *m;* **6.** Zeitpunkt *m,* genaue Zeit, richtiger Augenblick; **7.** Frist *f,* Termin *m;* **8.** Mal *n,* Gelegenheit *f;* **9.** *meist pl* Zeiten *f pl;* ► **against the ~** in größter Eile; **ahead of one's ~** seiner Zeit voraus; **ahead of ~** zu früh; **all the ~** die ganze Zeit (über); **another ~** ein andermal; **any number of ~s** x-mal; **at ~s** manchmal; hin u. wieder; **at all ~s** immer; **at the same ~** zur gleichen Zeit, gleichzeitig; **at that ~** damals, zu der Zeit; **by that ~** bis dahin, unterdessen; **every ~** jedesmal; **for the ~ being** im Augenblick; zur Zeit; **from ~ to ~** von Zeit zu Zeit; **in half the ~** in der halben Zeit; **in ~** rechtzeitig; **in due ~** termingemäß; **in no ~** im Nu; **many ~s, many a ~** oft(mals); **next ~** das nächste Mal; **on ~** pünktlich *adv;* **this ~** diesmal; **up to this, the present ~** bis heute, bis zum heutigen Tage; **once upon a ~ (there was)** es war einmal *(Märchenbeginn);* **ask s.o. the ~ of day** jdn nach der Uhrzeit fragen; **be behind ~** sich verspätet haben; **be behind the ~s** hinter seiner Zeit zurück sein; **beat ~** den Takt schlagen; **bide one's ~** auf e-n günstigen Augenblick warten; **do ~** *fam* (im Gefängnis) sitzen; **have no ~ to lose** keine Zeit zu verlieren haben; **have a good ~** sich gut unterhalten, sich amüsieren; **keep ~** *mus* den Takt halten; **make good ~** aufholen; ein hohes Tempo haben; **take ~** Zeit erfordern; **work against the ~** unter Zeitdruck arbeiten; **what ~ do we eat?** um wieviel Uhr essen wir? **~ is up** die Zeit ist (her)um, vorbei; **take your ~ over it** lassen Sie sich Zeit dazu; **~ will tell** die Zeit wird es lehren; **local ~** Ortszeit *f;* **loss of ~** Zeitverlust *m;* **a matter of ~** e-e Frage der Zeit; **spare ~** Freizeit *f;* **waste of ~** Zeitverschwendung *f;* **~ of arrival, of departure** Ankunfts-, Abfahrtszeit *f;* **the ~ of day** die Tageszeit; **II** *tr* **1.** den richtigen Zeitpunkt aussuchen für; **2.** *(Bombe)* einstellen; **3.** *(mit Uhr)* stoppen; *(Geschwindigkeit)* messen; timen; ► **you ~d that beautifully** sie haben genau den richtigen Augenblick gewählt; **~ yourself to see how long it takes you** sehen Sie auf die Uhr, um herauszufinden, wie lange Sie brauchen.

time-and-mo·tion study [ˈtaɪmənˌməʊʃnstʌdɪ] Zeitstudie, Bewegungsstudie *f;* **time-bomb** Zeitbombe *f a. fig;* **time card** *(am Arbeitsplatz)* Stechkarte *f;* **time clock** Stechuhr *f;* **time-consum·ing** [ˈtaɪmkənˌsjuːmɪŋ] *adj* zeitraubend; **time deposits** *pl* Termineinlagen *f pl;* **time difference** Zeitunterschied *m;* **time-fuse** Zeitzünder *m;* **time·keeper** [ˈtaɪmˌkiːpə(r)] *sport* Zeitnehmer *m;* **time-lag** Verzögerung *f;* zeitliche Verschiebung; Zeitunterschied *m;* **time-lapse** [ˈtaɪmlæps] *adj* Zeitraffer-; im Zeitraffer; **time·less** [ˈtaɪmlɪs] *adj* zeitlos; immerwährend; **time-limit** Zeitbeschränkung *f;* Frist *f;* ► **put a ~**

on s.th. etw befristen; **time lock** Zeitschloß *n;* **time·ly** ['taɪmlɪ] *adj* rechtzeitig, im rechten Augenblick, zur rechten Zeit (stattfindend); **time-out** [ˌtaɪm'aʊt] *Am* **1.** *sport* Auszeit *f;* **2.** Pause *f;* **timer** ['taɪmə(r)] **1.** Zeitmesser *m;* Schaltuhr *f;* **2.** *sport* Zeitnehmer *m;* **time-sav·ing** ['taɪmˌseɪvɪŋ] *adj* zeitsparend; **time scale** zeitlicher Rahmen; Zeitmaßstab *m;* **time-share** ['taɪmʃeə(r)] Anteil *m* an einer Ferienwohnung; **time sharing** Timesharing *n;* Anteile *pl* an einer Ferienwohnung; **time switch** Zeitschalter *m;* **time·table** ['taɪmˌteɪbl] **1.** *rail* Fahrplan *m;* **2.** *aero* Flugplan *m;* **3.** *(Schule)* Stundenplan *m;* **4.** *(Kongreß)* Programm *n;* **time·worn** ['taɪmwɔ:n] *adj* abgenutzt, verbraucht; *(Stein)* verwittert; **time zone** Zeitzone *f.*

timid ['tɪmɪd] *adj* **1.** furchtsam, ängstlich (*of* vor); **2.** schüchtern; **timid·ity** [tɪ'mɪdətɪ] **1.** Furchtsamkeit, Ängstlichkeit *f;* **2.** Schüchternheit *f.*

tim·ing ['taɪmɪŋ] **1.** Terminplanung *f;* **2.** Wahl *f* des richtigen Zeitpunkts; Timing *n;* **3.** *mot* Steuerung *f;* Einstellung *f;* **4.** Zeitmessung *f;* Stoppen *n;* ▶ **that was perfect ~** das war gerade der richtige Zeitpunkt.

tim·or·ous ['tɪmərəs] *adj* ängstlich, furchtsam.

tim·pani ['tɪmpənɪ] *pl mus* Kesselpauke *f.*

tin [tɪn] **I** *s* **1.** Zinn *n;* **2.** Weißblech *n;* **3.** *Br* (Konserven)Büchse, -Dose *f;* **II** *adj* zinnern; aus Blech, Blech-; **III** *tr* **1.** *Br* eindosen; konservieren; **2.** verzinnen; **tin can 1.** *Br* Blechdose *f;* **2.** *Am sl* Zerstörer *m.*

tin·der ['tɪndə(r)] Zunder *m a. fig.*

tin·foil ['tɪnfɔɪl] Stanniol, Silberpapier *n;* (Aluminium)Folie *f.*

ting [tɪŋ] **I** *s* heller Klang; **II** *tr* hell klingen lassen; **III** *itr* klingen.

tinge [tɪndʒ] **I** *tr* **1.** (leicht) färben, tönen (*with* mit); **2.** *fig* e-n Anstrich, Beigeschmack geben (*s.th.* e-r S; *with* von); **II** *s* **1.** Tönung *f;* **2.** *fig* Anflug *m* (*of* von).

tingle ['tɪŋgl] *itr* **1.** prickeln, stechen; **2.** zittern (*with excitement* vor Aufregung).

tin god ['tɪngɒd] *fig* Götze *m;* Bonze *m;* **tin hat** *mil fam* Stahlhelm *m;* **tin·horn** ['tɪnhɔ:n] *Am sl* Angeber *m.*

tin·ker ['tɪŋkə(r)] **I** *s* Kesselflicker *m;* ▶ **not to be worth a ~'s cuss** keinen Pfifferling wert sein; **II** *itr* herumbasteln, -pfuschen (*with* an).

tinkle ['tɪŋkl] **I** *itr, tr* klingeln, läuten; **II** *s* Geklingel *n;* ▶ **give s.o. a ~** *Br fam* jdn anrufen.

tinned [tɪnd] *adj* ▶ **~ fruit** Obstkonserven *f pl;* **~ meat** Büchsenfleisch *n;* **~ music** *pej* Konservenmusik *f;* **tinny** ['tɪnɪ] *adj (Ton)* blechern; *(Geschmack)* nach Blech; *(Ware)* billig; **tin-opener** ['tɪnəʊpənə(r)] Dosen-, Büchsenöffner *m;* **Tin Pan Alley** [ˌtɪnpæn'ælɪ] Schlagerindustrie *f;* **tin-plate** Weißblech *n;* **tin·pot** ['tɪnpɒt] *adj Br fam* minderwertig.

tin·sel ['tɪnsl] **1.** Flitter(gold *n*) *m;* Rauschgoldgirlande *f;* Lametta *n;* **2.** *fig* falscher Glanz, Kitsch *m.*

tint [tɪnt] **I** *s* **1.** Färbung, Tönung *f;* **2.** Farbton *m;* **II** *tr* tönen.

tiny ['taɪnɪ] *adj* winzig.

tip¹ [tɪp] **I** *s* **1.** Spitze *f;* **2.** *(Zigarette)* Mundstück *n;* **3.** *(Berg)* Spitze *f;* Gipfel *m;* ▶ **from ~ to toe** vom Scheitel bis zur Sohle; **I have it on the ~ of my tongue** *fig* es liegt mir auf der Zunge; **finger-~** Fingerspitze *f;* **II** *tr* mit e-r Spitze versehen; ▶ **~ped cigarette** Filterzigarette *f.*

tip² [tɪp] **I** *s* **1.** Trinkgeld *n;* **2.** Tip *m;* Hinweis *m;* ▶ **give s.th. a ~** etw antippen, etw leicht berühren; **II** *tr* **1.** ein Trinkgeld geben (*s.o.* jdm); **2.** *(Rennen)* wetten auf, setzen auf; **3.** leicht berühren; antippen; **III** *itr* Trinkgeld geben; **IV** *(mit Präposition)* **tip off** *tr* einen Tip geben (*s.o.* jdm).

tip³ [tɪp] **I** *tr* kippen, umkippen; *(Flüssigkeit, Sand)* schütten; ▶ **~ the scales at 60 kg** 60 kg auf die Waage bringen; **~ the scales in s.o.'s favour** sich zu jds Gunsten auswirken; **II** *itr* **1.** kippen; **2.** Schutt abladen; **III** *s Br* **1.** Schuttabladeplatz *m;* Müllhalde *f;* Kohlenhalde *f;* **2.** *fig* Schweinestall *m;* **IV** *(mit Präposition)* **tip back** *itr, tr* nach hinten kippen; **tip out 1.** *tr* auskippen; ausschütten; **2.** *itr* herauskippen, -laufen, -rutschen, -fallen; **tip over** *itr, tr* umkippen; **tip up** *itr, tr* (um)kippen; hochklappen.

tip-off ['tɪpɒf] *fam* Wink, Tip *m.*

tipple ['tɪpl] **I** *itr* (gewohnheitsmäßig) trinken; **II** *s* Schnaps *m;* ▶ **she enjoys the occasional ~** ab und zu trinkt sie ganz gern mal einen; **tip·pler** ['tɪplə(r)] *fam* Säufer(in) *m (f).*

tip·ster ['tɪpstə(r)] Tipgeber *m (bei Pferderennen).*

tipsy ['tɪpsɪ] *adj* angeheitert, beschwipst.

tip·toe ['tɪptəʊ] **I** *itr* auf Zehenspitzen gehen; **II** *s* ▶ **on ~** auf Zehenspitzen; **tip·top** [ˌtɪp'tɒp] *adj fam* tipptopp, erstklassig, prima; **tip-up seat** ['tɪpʌp'si:t] Klappsitz *m.*

ti·rade [taɪ'reɪd] Schimpferei *f.*

tire¹ ['taɪə(r)] **I** *itr* müde werden (*of doing s.th.* etw zu tun); **II** *tr* ermüden; **~ out** völlig erschöpfen; ▶ **be ~d out** erschöpft sein (*from* von).

tire² ['taɪə(r)] *Am s. tyre.*

tired ['taɪəd] *adj* **1.** müde (*with* von); **2.** *(~ out)* erschöpft; **3.** überdrüssig (*of s.th.* e-r S); ▶ **I'm ~ of it** ich habe es satt; **tired·ness** ['taɪədnɪs] Müdigkeit *f;*

tire·less ['taɪəlɪs] *adj* unermüdlich; **tire·some** ['taɪəsəm] *adj* langweilig; lästig, ärgerlich; **tir·ing** ['taɪrɪŋ] *adj* anstrengend; ermüdend.

'tis [tɪz] *poet* = *it is.*

tis·sue ['tɪʃu:] **1.** Gewebe *n;* **2.** *(~paper)* Seidenpapier *n;* **3.** Papiertaschentuch *n;* ▶ ~ **cell** Gewebezelle *f;* **a ~ of lies** ein Lügengespinst.

tit¹ [tɪt] ▶ **give ~ for tat** etw mit gleicher Münze heimzahlen.

tit² [tɪt] *orn* Meise *f.*

tit³ [tɪt] *sl (Brust)* Titte *f.*

ti·tanic [taɪ'tænɪk] *adj* titanenhaft.

ti·ta·nium [taɪ'teɪnɪəm] *chem* Titan *n.*

tit·bit ['tɪtbɪt] Leckerbissen *m.*

tit·il·late ['tɪtɪleɪt] *tr* erregen; anregen; *(Gaumen)* kitzeln; **tit·il·la·tion** [ˌtɪtɪ'leɪʃn] Anregung *f;* Erregung *f; fig* Kitzel *m.*

titi·vate ['tɪtɪveɪt] *itr* sich hübsch machen.

title ['taɪtl] **1.** *(Buch, Person)* Titel *m; (Kapitel)* Überschrift *f; (Film)* Untertitel *m;* **2.** Recht(sanspruch *m*) *n* (*to* auf); Eigentumsurkunde *f;* ▶ **under the same ~** in der gleichen Rubrik; **title-deed** Eigentumsurkunde *f;* **title-holder** Titelinhaber, *sport* -verteidiger *m;* **title-page** *(Buch)* Titelseite *f;* **title-role** *theat* Haupt-, Titelrolle *f.*

tit·ter ['tɪtə(r)] **I** *itr* kichern; **II** *s* Gekicher *n.*

tittle-tattle ['tɪtltætl] **I** *s* Geschwätz *n,* Tratsch *m;* **II** *itr* schwatzen, klatschen.

tizzy ['tɪzɪ] *fam* tolle Aufregung; ▶ **be in a ~** sich fürchterlich aufregen.

to [tu:, *vor Vokal a.:* tʊ, *vor Konsonant:* tə] **I** *prep* **1.** *(Richtung)* zu; *(Länder, Städte)* nach; ▶ **go ~ school** zur Schule gehen; **go ~ the lawyer** zum Anwalt gehen; **go ~ the theatre, cinema** ins Theater, Kino gehen; **go ~ America, New York** nach Amerika, New York gehen *od* fahren; ~ **Switzerland** in die Schweiz; **go ~ bed** ins *od* zu Bett gehen; **come ~ me!** komm zu mir! **2.** *(Erstreckung)* bis; ▶ **(up) ~ the age of 10** bis 10 Jahre; **(from) 30 ~ 40** 30 bis 40; **10 kms ~ Stuttgart** 10 km nach Stuttgart; ~ **this day** bis auf den heutigen Tag; **3.** *(als Dativobjekt) mit Dativ;* ▶ **give s.th. ~ s.o.** jdm etw geben; **I said ~ myself** ich habe mir gesagt; **sing ~ o.s.** vor sich hin singen; **addressed ~ me** an mich adressiert; **4.** *(Widmung)* an; *(Trinkspruch)* auf; **5.** *(Nähe, Berührung)* an; ▶ **close ~ s.th.** dicht an etw; **nail s.th. ~ the wall** etw an die Wand nageln; **6.** *(Uhrzeit)* vor; ▶ **20 (minutes) ~ 3** 20 (Minuten) vor 3; **7.** *(Vergleich)* als; ▶ **superior ~** besser als; **8.** *(Beziehung)* zu; ▶ **3 goals ~ 1** 3 zu 1 Toren (3 : 1); **a majority of 5 ~ 1** eine Mehrheit von 5 zu 1; **9.** pro; ▶ **one litre ~ one person** ein Liter pro Person; **10.** *(Wendungen)* ~ **my knowledge** meines Wissens; ~ **my surprise** zu meiner Überraschung; ~ **his taste** nach seinem Geschmack; **II** *(beim Infinitiv)* zu; ▶ ~ **hope ~ succeed** hoffen, Erfolg zu haben; **I want you ~ do that** ich möchte, daß Sie das tun; **do you want ~ do that?** möchten Sie das tun? ~ **hear you talk one could think** wenn man dich so reden hört, könnte man meinen; ~ **tell the truth** um ehrlich zu sein; **he is not the type ~ do that** er ist nicht der Typ, der so etwas tun würde; **you'll be the first ~ hear it** Sie werden der erste sein, der das erfährt; **it's hard ~ go** es ist schwer zu gehen; **does he want ~?** will er denn? **I would like ~ but I can't** ich würde ja gerne, aber ich kann nicht; **III** *adv* ▶ ~ **and fro** hin und her; auf und ab; **IV** *adj (Tür)* zu; angelehnt.

toad [təʊd] Kröte *f a. fig;* **toad-in-the-hole** [ˌtəʊdɪnðə'həʊl] Fleischpastete *f;* **toad·stool** ['təʊdstu:l] (Gift)Pilz *m;* **toady** ['təʊdɪ] **I** *s* Speichellecker *m;* **II** *itr* niedrig schmeicheln; sich anbiedern (*to s.o.* jdm).

to-and-fro [ˌtu:ən'frəʊ] Hin und Her *n.*

toast¹ [təʊst] **I** *tr* rösten; ▶ ~ **o.s.** sich auf-, durchwärmen; **II** *itr* braun u. knusprig werden; **III** *s* Toast *m.*

toast² [təʊst] **I** *s* Trinkspruch, Toast *m;* ▶ **propose, give a ~** e-n Toast ausbringen (*to s.o.* auf jdn); **II** *tr* **1.** zutrinken (*s.o.* jdm); **2.** hochleben lassen.

toaster ['təʊstə(r)] Brotröster, Toaster *m.*

toast·master ['təʊstmɑ:stə(r)] Zeremonienmeister *m.*

toast·rack ['təʊstræk] Toastständer *m.*

to·bacco [tə'bækəʊ] Tabak *m;* **to·bacco·nist** [tə'bækənɪst] Tabakhändler(in) *m (f);* ▶ **~'s (shop)** Tabakladen *m.*

to-be [tə'bi:] *adj* ▶ **my wife ~** meine zukünftige Frau.

to·bog·gan [tə'bɒgən] **I** *s* Rodel(schlitten) *m;* **II** *itr* rodeln; Schlitten fahren; **toboggan run** Rodelbahn *f.*

toby ['təʊbɪ] *(~ jug)* Bierkrug *m (als Figur).*

tod [tɒd] *sl* ▶ **on one's ~** allein.

to·day [tə'deɪ] **I** *adv* heute; heutzutage; **II** *s* heutiger Tag; Gegenwart *f;* ▶ **~'s** heutig; **of ~** von heute; **~'s rate** *com* Tageskurs *m.*

toddle ['tɒdl] *itr* **1.** tappen, watscheln; **2.** *fam* gehen; **3.** *fam (~ off)* abhauen; **tod·dler** ['tɒdlə(r)] Kleinkind *n.*

toddy ['tɒdɪ] (Whisky)Grog *m.*

to-do [tə'du:] *fig* Theater *n;* ▶ **make a ~ about s.th.** viel Aufhebens von e-r S machen.

toe [təʊ] **I** *s* **1.** Zehe *f;* **2.** *(Schuh)* Kappe *f;* **3.** *(Socken)* Spitze *f;* ▶ **from top to ~**

von Kopf bis Fuß; **be on one's ~s** *fig* auf Draht sein; **step, tread on s.o.'s ~s** *fig* jdm zu nahe treten; **big, little ~** große, kleine Zehe; **II** *tr* ► **~ the line** *fig* nicht aus der Reihe tanzen, spuren; **~ the party line** sich nach der Parteilinie richten; **toe-cap** *(Schuh)* Kappe *f;* **toe-hold** *fig* Halt *m;* ► **get a ~** *fig* festen Fuß fassen; **toe-nail** Zehen-, Fußnagel *m.*

toff [tɒf] *sl* feiner Pinkel.

toffee, toffy ['tɒfɪ, *Am* 'tɔ:fɪ] Karamelbonbon *m* od *n;* **toffee apple** kandierter Apfel; **toffee-nosed** ['tɒfɪnəʊzd] *adj Br fam* eingebildet.

to·gether [tə'geðə(r)] *adv* **1.** zusammen (*with* mit); **2.** miteinander, gemeinsam; **3.** zugleich, zu gleicher Zeit; **4.** ununterbrochen; ► **close, near ~** nahe beieinander; **to·gether·ness** [—nɪs] **1.** Beisammensein *n;* **2.** Zusammengehörigkeit *f.*

toggle ['tɒgl] Knebelknopf *m; tech* Knebel *m;* **toggle switch** Kippschalter *m.*

Togo ['təʊgəʊ] Togo *n.*

toil [tɔɪl] **I** *itr* sich abmühen, sich plagen; ► **he's ~ing** *fam* er tut sich schwer; **II** *s* Mühe, Plage *f.*

toilet ['tɔɪlɪt] **1.** Toilette *f,* Klosett *n;* **2.** (Morgen)Toilette *f;* **3.** Kleidung *f;* **toilet-paper** Toilettenpapier *n;* **toi·let·ries** ['tɔɪlɪtrɪz] *pl* Toilettenartikel *pl;* **toilet-roll** Rolle *f* Klosettpapier; **toilet-soap** Toilettenseife *f;* **toilet-water** Toilettenwasser *n.*

to-ing and fro-ing [ˌtu:ɪŋən'frəʊɪŋ] Hin und Her *n.*

to·ken ['təʊkən] **I** *adj* Schein-, Proforma-; ► **~ payment** Proforma-Bezahlung *f;* **~ strike** Warnstreik *m;* **~ woman** Vorzeige-, Alibifrau *f;* **II** *s* **1.** Zeichen *n;* **2.** Andenken *n,* Erinnerung(sstück *n*) *f;* **3.** (Wert)Marke *f;* Gutschein, Bon *m;* ► **by the same ~** aus dem gleichen Grund; **in, as a ~ of** zum Zeichen *gen.*

told [təʊld] *v s. tell.*

tol·er·able ['tɒlərəbl] *adj* erträglich; *fig* annehmbar; **tol·er·ably** ['tɒlərəblɪ] *adv* leidlich, ziemlich; **tol·er·ance** ['tɒlərəns] **1.** Duldung *f;* **2.** Toleranz *f a. fin tech med;* ► **~ limit** Toleranzgrenze *f;* **tol·er·ant** ['tɒlərənt] *adj* tolerant (*of* gegen); **tol·er·ate** ['tɒləreɪt] *tr* **1.** dulden, zulassen; **2.** ertragen, aushalten; **tol·er·ation** [ˌtɒlə'reɪʃn] Duldung *f.*

toll[1] [təʊl] **1.** Brücken-, Wegegeld *n,* -zoll *m;* Maut *f;* Autobahngebühr *f;* **2.** Standgeld *n;* **3.** *Am* Fernsprechgebühr *f;* **4.** *fig* Zoll, Tribut *m;* ► **it took a heavy ~ of life** es hat viele Menschenleben gekostet; **the ~ on the roads** die Straßenverkehrsopfer *n pl.*

toll[2] [təʊl] **I** *tr (Glocke)* läuten; **II** *itr* läuten, schallen; ► **for whom the bell ~s** wem die Stunde schlägt; **III** *s* Glokkengeläut *n;* Glockenschlag *m.*

toll-bar, toll-gate ['təʊlbɑ:(r), 'təʊlgeɪt] Schlagbaum *m,* Mautschranke *f;* **toll bridge** gebührenpflichtige Brücke, Mautbrücke *f;* **toll-call** *Am tele* Ferngespräch *n;* **toll-free** *adj Am* gebührenfrei; **toll-house** Maut-, Zollhaus *n;* **toll road** gebührenpflichtige Straße, Mautstraße *f.*

tom [tɒm] Männchen *n (einiger Tiere); (~cat)* Kater *m;* ► **any T~, Dick or Harry** jeder x-beliebige.

toma·hawk ['tɒməhɔ:k] Tomahawk *m.*

tom·ato [tə'mɑ:təʊ, *Am* tə'meɪtəʊ] ⟨*pl* -atoes⟩ Tomate *f;* **tomato juice** Tomatensaft *m;* **tomato ketchup** (Tomaten)Ketchup *m* od *n;* **tomato soup** Tomatensuppe *f.*

tomb [tu:m] Grab(gewölbe) *n.*

tom·bola [tɒm'bəʊlə] Tombola *f.*

tom·boy ['tɒmbɔɪ] Wildfang *m;* ► **be a ~** *(Mädchen)* ein richtiger Junge sein.

tomb·stone ['tu:mstəʊn] Grabstein *m.*

tom·cat ['tɒmkæt] Kater *m.*

tome [təʊm] Band *m;* Wälzer *m fam.*

tom·fool·ery [tɒm'fu:lərɪ] Dummheit *f.*

Tommy-gun ['tɒmɪgʌn] Maschinenpistole *f;* **tommy-rot** [ˌtɒmɪ'rɒt] *fam obs* Unsinn *m.*

to·mo·graph ['tɒməgrɑ:f] *med* Tomograph *n;* **to·mo·graphy** [tə'mɒgrəfɪ] *med* Tomographie *f.*

to·mor·row [tə'mɒrəʊ] **I** *adv* morgen; ► **~ morning, afternoon, night** morgen früh, nachmittag, abend; **~ week** morgen in acht Tagen; **the day after ~** übermorgen; **II** *s* der morgige Tag.

tom·tom ['tɒmtɒm] Trommel *f.*

ton [tʌn] **1.** Tonne *f (Gewichtseinheit); (long ~) Br 2240 lb.* = 1016,05 kg; *(short ~) Am 2000 lb.* = 907,18 kg; *(metric ~)* 1000 kg *(2204,6 lb.);* **2.** *mar* Registertonne *f (100 Kubikfuß = 2,83 m*^{3}*);* **3.** *sl mot* Geschwindigkeit *f* von 100 Meilen pro Stunde; ► **~s of** e-e Menge, Masse; **that, he weighs a ~** *fig* das, er ist wahnsinnig schwer; **do a, the ~** *mot sl* hundert Sachen fahren.

tone [təʊn] **I** *s* **1.** Ton *m a. fig mus;* Klang *m; Am* Note *f;* **2.** *(Malerei)* Farbton *m;* **3.** *physiol* Tonus *m;* Spannkraft, Elastizität *f;* ► **in an angry ~** mit zorniger Stimme; **don't speak to me in that ~ (of voice)** ich verbiete mir einen solchen Ton; **lower the ~ of the conversation** sich unfein ausdrücken; **~ quality** Klangcharakter *m;* **II** *tr* **1.** (ab)tönen; **2.** *phot* tonen; **III** *itr* farblich harmonieren; **IV** *(mit Präposition)* **tone down** *tr* dämpfen; abschwächen; mäßigen; *itr* schwächer werden; abnehmen; **tone in** *itr* harmonieren (*with* mit); **tone up** *tr* stärken; **tone arm** *Am* Tonarm *m;* **tone control** Klangregler *m;* **tone**

deaf *adj* ohne musikalisches Gehör; **tone·less** [—lıs] *adj* tonlos; *(Musik)* eintönig; *(Farbe)* stumpf; **tone poem** Tongedicht *n.*

to·ner ['təʊnə(r)] *(für Drucker, Kopiergerät)* Toner *m.*

tongs [tɒŋz] *pl* Zange *f;* Lockenstab *m;* Brennschere *f;* ► **a pair of** ~ e-e Zange; **sugar** ~ Zuckerzange *f.*

tongue [tʌŋ] **1.** Zunge *f;* **2.** *fig* Sprache *f;* **3.** *(Schuh)* Lasche, Zunge *f;* **4.** *(Glocke)* Klöppel *m;* **5.** *(Waage)* Zeiger *m;* **6.** züngelnde Flamme; ► **find one's** ~ die Sprache wiederfinden; **get one's** ~ **around** korrekt aussprechen; **have lost one's** ~ kein Wort herausbringen; ~ **in cheek** nicht ernst (gemeint); **hold one's** ~ den Mund halten; **keep a civil** ~ **in one's head** höflich bleiben; **a slip of the** ~ ein Lapsus, Versprecher *m;* **native** ~ Muttersprache *f;* **put, stick out one's** ~ **at s.o.** jdm die Zunge herausstrecken; **tongue-tied** ['tʌŋtaɪd] *adj* ► **be** ~ gehemmt sein; **tongue-twister** ['tʌŋˌtwɪstə(r)] Zungenbrecher *m.*

tonic ['tɒnɪk] **I** *adj* **1.** *med* stärkend, anregend; **2.** *mus* Grundton-; **3.** *(Phonetik)* betont; **II** *s* **1.** *med* Tonikum *n;* *(kosmetisch)* Lotion *f;* *(Haar)* Haarwasser *n;* **2.** *(~ water)* Tonic(water) *n;* **3.** *mus* Tonika *f;* ► **it was a real** ~ es hat mir richtig gutgetan.

to·night [tə'naɪt] **I** *adv* heute abend; heute nacht; **II** *s* der heutige Abend; diese Nacht.

ton·nage ['tʌnɪdʒ] Tonnage *f.*

ton·sil ['tɒnsl] *anat* Mandel *f;* **ton·sil·litis** [ˌtɒnsɪ'laɪtɪs] Mandelentzündung *f.*

too [tu:] *adv* **1.** zu, allzu, gar zu; **2.** auch, gleichfalls; **3.** auch noch; ► ~ **bad** zu schade; bedauerlich; **it's** ~ **much for him** es geht über seine Kräfte; ~ **much** zuviel; *fam* toll.

took [tʊk] *v s. take.*

tool [tu:l] **I** *s* **1.** Werkzeug, Gerät *n;* **2.** Instrument *n a. fig jur;* **3.** *fig* Werkzeug *n (Mensch);* ► **machine** ~ Werkzeugmaschine *f;* **down** ~**s** die Arbeit niederlegen; **II** *tr* **1.** bearbeiten; **2.** *(Leder, Buch)* punzen; **tool-bag** Werkzeugtasche *f;* **tool-box, tool-chest** Werkzeugkasten *m;* **tool-kit** Werkzeug(ausrüstung *f*) *n;* **tool-maker** ['tu:lmeɪkə(r)] Werkzeugmacher(in) *m (f);* **tool·shed** ['tu:lʃed] Geräteschuppen *m.*

toot [tu:t] *itr, tr* tuten, hupen.

tooth [tu:θ] ⟨*pl* teeth⟩ [ti:θ] Zahn *m a. tech fig;* ► **long in the** ~ alt; ~ **and nail** *fig* mit aller Gewalt; erbittert; **cast, throw s.th. in s.o.'s teeth** *fig* jdm etw ins Gesicht schleudern; **cut one's teeth** zahnen; **escape by, with the skin of one's teeth** mit knapper Not davonkommen; **have a sweet** ~ gern naschen; **have a** ~ **out,** *Am* **pulled** sich e-n Zahn ziehen lassen; **get one's teeth into s.th.** *fig* sich in etw hineinknien; **(set of) false teeth** Gebiß *n;* **tooth·ache** ['tu:θeɪk] Zahnschmerzen *m pl,* -weh *n;* **tooth-brush** ['tu:θbrʌʃ] Zahnbürste *f;* **tooth-comb** ['tu:θkəʊm] ► **go through with a fine** ~ kritisch prüfen; **tooth·paste** ['tu:θpeɪst] Zahnpasta *f;* **tooth·pick** ['tu:θpɪk] Zahnstocher *m;* **tooth·some** ['tu:θsəm] *adj* wohlschmeckend, schmackhaft; **toothy** [tu:θɪ] *adj* mit vorstehenden Zähnen.

tootle ['tu:tl] **I** *itr* **1.** tuten; dudeln; **2.** *(~ along)* dahinschlendern; dahinzockeln; weggehen; **II** *s* Tuten *n.*

toots ['tʊts] *fam* Schätzchen *n.*

top¹ [tɒp] **I** *s* **1.** oberer Teil; Spitze *f;* *(Baum)* Gipfel, Wipfel *m;* *(Berg)* Gipfel *m;* *(Welle)* Kamm *m;* **2.** *(Pflanzen)* Kraut *n;* **3.** *(Tisch, Bett)* Kopfende *n;* oberes Ende; **4.** *(Kleid, Bikini)* Oberteil *n;* **5.** Oberfläche *f,* obere Seite; **6.** Dekkel *m;* Kappe *f;* (Flaschen)Kapsel *f;* **7.** *fig* Gipfel, Höhepunkt *m;* höchste Stellung; **8.** Oberkörper *m;* **9.** *(working ~)* Arbeitsfläche *f;* **10.** *mot* höchster Gang; **at the** ~ **of the tree** *fig* auf der höchsten Sprosse; **at the** ~ **of one's voice, of one's lungs** aus vollem Halse; **from** ~ **to bottom** von oben bis unten; von vorn bis hinten; **from** ~ **to toe** von Kopf bis Fuß; **in** ~ **(gear)** mit dem höchsten Gang; **on** ~ oben; *fig* obenauf; **on** ~ **of** auf, über; *fig* über ... hinaus; ► **its getting on** ~ **of me** es wächst mir über den Kopf; **over the** ~ übertrieben; **come to the** ~ *fig* an die Spitze kommen; **you are** ~**s with me** bei mir bist du ganz groß angeschrieben; ~ **of the pops** Spitzenreiter *m* (in der Hitparade); **II** *adj* oberste(r, s); höchste(r, s); beste(r, s); **III** *tr* **1.** *(Pflanze)* kappen; **2.** bedecken; **3.** die Spitze bilden (*s.th.* e-r S); **4.** maximal erreichen; **5.** an der Spitze stehen (*s.th.* e-r S); **6.** übersteigen; ► **to** ~ **it all** zur Krönung des ganzen; ~ **o.s.** *sl* sich umbringen; **IV** *(mit Präposition)* **top off** *tr* abrunden; **top up** *tr* auffüllen.

top² [tɒp] Kreisel *m.*

to·paz ['təʊpæz] *min* Topas *m.*

top-coat ['tɒpkəʊt] **1.** Mantel *m;* **2.** oberste Farbschicht; **top-dog** der Boß vom Ganzen; **top drawer** *adj* erstklassig; vornehm; **top-flight** *adj fam* erstklassig; **top hat** Zylinder *m;* **top-heavy** *adj* kopflastig *a. fig.*

topi, topee ['təʊpɪ] Tropenhelm *m.*

topic ['tɒpɪk] Thema *n;* ► **provide a** ~ **for discussion** ein Diskussionsthema abgeben; **topi·cal** ['tɒpɪkl] *adj* aktuell; ► ~ **index** Sachregister *n;* **topi·cal·ity** [ˌtɒpɪ'kælətɪ] **1.** Aktualität *f;* **2.** *pl* Gegenwartsprobleme *n pl.*

top·less ['tɒplɪs] *adj* oben ohne, Oben-

ohne-; topless; **top-level** *adj, s* Spitzen-; ▶ **on** ~ auf höchster Ebene; **top loader** ['tɒpləʊdə(r)] Toplader *m;* **top manage·ment** Unternehmens-, Führungsspitze *f;* **top·most** ['tɒpməʊst] *adj* oberste(r, s); **top·notch** [ˌtɒp'nɒtʃ] *adj fam* großartig, phantastisch, prima.
topo·gra·pher [tə'pɒgrəfə(r)] Topograph(in) *m (f);* **topo·graphi·cal** [ˌtɒpə'græfɪkl] *adj* topographisch; **topogra·phy** [tə'pɒgrəfɪ] Topographie *f.*
top·per ['tɒpə(r)] *fam* Zylinder *m.*
top·ping ['tɒpɪŋ] **I** *adj fam* prächtig, großartig; **II** *s* ▶ **with a ~ of cream** mit e-r Sahnehaube, mit Sahne.
topple ['tɒpl] **I** *itr* **1.** wackeln; **2.** fallen; **3.** *fig* gestürzt werden; **II** *tr* **1.** umwerfen; hinunterwerfen; **2.** *fig* stürzen; **III** *(mit Präposition)* **topple down** *itr* umfallen; umkippen; herunterfallen; **topple over** *itr* fallen.
top price ['tɒp'praɪs] Höchstpreis *m;* **top·sail** ['tɒpsl] Marssegel *n;* **top salary** Spitzengehalt *n;* **top secret** *adj* streng geheim; **top·soil** ['tɒpsɔɪl] Humusboden *m,* -schicht *f;* **top speed:** ▶ **at** ~ mit Höchstgeschwindigkeit; **top·spin** ['tɒpspɪn] *(Tennis)* Topspin *m.*
topsy-turvy [ˌtɒpsɪ'tɜ:vɪ] *adv, adj* kopfüber, drunter u. drüber, durcheinander; ▶ **turn** ~ das Oberste zuunterst kehren.
torch [tɔ:tʃ] **1.** *Br* Taschenlampe *f;* **2.** Fackel *f a. fig;* **3.** *fig* Licht *n,* Flamme *f;* **4.** *(~-lamp)* Lötlampe *f;* Schweißbrenner *m;* ▶ **carry a ~ for s.o.** in jdn verknallt sein; **torch·light** ['tɔ:tʃlaɪt] Fackelschein *m;* Licht *n* der Taschenlampe; **torchlight procession** Fackelzug *m.*
tore [tɔ:(r)] *v s. tear*[1].
tor·ment ['tɔ:ment] **I** *s* **1.** Qual, Folter, Pein *f;* **2.** *(Kind)* Quälgeist *m;* **II** *tr* [tɔ:'ment] quälen, martern, peinigen (*with* mit); **tor·men·tor** [tɔ:'mentə(r)] Peiniger(in) *m (f).*
torn [tɔ:n] *v s. tear*[1].
tor·nado [tɔ:'neɪdəʊ] ‹*pl* -nadoes› Wirbelsturm, Tornado *m.*
tor·pedo [tɔ:'pi:dəʊ] ‹*pl* -pedoes› **I** *s mar* Torpedo *m;* **II** *tr* torpedieren *a. fig; fig* unterminieren, hintertreiben.
tor·pid ['tɔ:pɪd] *adj* träge; apathisch, stumpf; **tor·por** ['tɔ:pə(r)] **1.** Stumpfheit, Trägheit *f;* **2.** Erstarrung *a. zoo,* Betäubung *f.*
torque [tɔ:k] *phys* Drehmoment *n.*
tor·rent ['tɒrənt] **1.** Sturz-, Gießbach *m;* **2.** *fig* Strom *m,* Flut *f;* ▶ **it rained in ~s** es goß in Strömen; **tor·ren·tial** [tə'renʃl] *adj (Regen)* wolkenbruchartig.
tor·sion ['tɔ:ʃn] Torsion *f.*
torso ['tɔ:səʊ] ‹*pl* torsos› Körper, Rumpf *m; (Kunst)* Torso *m a. fig.*
tor·toise ['tɔ:təs] (Land)Schildkröte *f;* **tor·toise·shell** ['tɔ:təsʃel] Schildpatt *n.*
tor·tu·ous ['tɔ:tjʊəs] *adj* **1.** gewunden, kurvenreich; **2.** *fig* verwickelt; umständlich.
tor·ture ['tɔ:tʃə(r)] **I** *s* **1.** Folter *f;* **2.** *fig* Qual *f;* **II** *tr* foltern; quälen *a. fig;* peinigen; **tor·turer** ['tɔ:tʃərə(r)] **1.** Folterknecht *m,* Folterer *m;* **2.** *fig* Peiniger(in) *m (f).*
Tory ['tɔ:rɪ] *Br pol* **I** *adj* konservativ; Tory-; **II** *s* Konservative(r) *f m;* **Tory·ism** [—ɪzm] Konservatismus *m.*
tosh [tɒʃ] *fam* Quatsch, Blödsinn *m.*
toss [tɒs] **I** *tr* **1.** werfen; *(Reiter)* abwerfen; **2.** in die Höhe werfen; **3.** *(Salat)* durcheinandermachen; **4.** *(Kopf)* hoch-, zurückwerfen; **5.** *(mit e-r Münze)* auslosen (*for s.th.* etw); ▶ ~ **s.o. for s.th.** mit jdm um etw losen; **II** *itr* **1.** *(~ o.s. about)* sich (unruhig) hin und her werfen, wälzen; **2.** *(Schiff)* schlingern; *(Korn)* wogen; **3.** *(~ up)* losen (*for* um); **III** *s* **1.** Wurf *m;* **2.** (Aus)Losen *n;* **3.** *(Schiff)* Schlingern *n;* ▶ **win, lose the** ~ beim Losen gewinnen, verlieren; **IV** *(mit Präposition)* **toss about** *itr* sich hin und her werfen; *tr* hin und her schütteln; *(Schiff)* schaukeln lassen; *fig* diskutieren; **toss away** *tr* wegwerfen; **toss off** *tr* hinunterstürzen, -spülen; *fig* aus dem Ärmel schütteln; *itr, refl sl* sich einen runterholen *sl;* **toss out** *tr* **1.** wegwerfen; **2.** hinauswerfen; **toss up** *itr* losen (*for* um); *tr* werfen.
toss-up ['tɒsʌp] Losen *n;* ▶ **it's a** ~ das hängt ganz vom Zufall ab (*whether* ob).
tot [tɒt] **I** *s* **1.** *Br fam* Schluck *m (Schnaps);* **2.** *fam (tiny ~)* Knirps *m;* **II** *(mit Präposition)* **tot up** *tr* zusammenzählen, -rechnen.
to·tal ['təʊtl] **I** *adj* ganz, völlig, vollständig; gesamt; ▶ ~ **amount** Gesamtbetrag *m;* ~ **cost** Gesamtkosten *pl;* **II** *s* Gesamtbetrag *m,* Summe *f;* Gesamtmenge *f;* ▶ **in** ~ insgesamt; **what does the ~ come to?** wie hoch ist der Gesamtbetrag? **sum** ~ Gesamtsumme *f,* -betrag *m;* **III** *tr* **1.** *(~ up)* zusammenzählen, -rechnen; **2.** sich belaufen auf.
to·tali·tar·ian [ˌtəʊtælɪ'teərɪən] *adj pol* totalitär; **to·tali·tar·ian·ism** [—ɪzəm] Totalitarismus *m.*
to·tal·ity [təʊ'tælətɪ] **1.** Gesamtheit *f;* **2.** *astr* totale Verfinsterung; ▶ **in** ~ im ganzen, insgesamt.
to·tal·iz·ator, to·tal·izer ['təʊtəlaɪˌzeɪtə(r), 'təʊtəlaɪzə(r)] *(Pferderennen)* Totalisator *m.*
to·tal·ly ['təʊtəlɪ] *adv* völlig, vollständig, ganz, gänzlich.
tote[1] [təʊt] *fam (Pferderennen)* Totalisator *m.*
tote[2] [təʊt] *tr fam* schleppen; bei sich tragen; **tote bag** *Am* Einkaufstasche *f.*

to·tem ['təʊtəm] Totem *n;* **totem pole** Totempfahl *m.*

tot·ter ['tɒtə(r)] *itr* **1.** schaukeln; **2.** torkeln, (sch)wanken; **3.** wackeln; **4.** *fig* schwanken; **tot·tery** ['tɒtərɪ] *adj* (sch)wankend; wack(e)lig; tatterig, zitterig.

tou·can ['tu:kæn] *(Vogel)* Tukan *m.*

touch [tʌtʃ] **I** *tr* **1.** be-, anrühren, anfassen; **2.** rühren, stoßen an; **3.** grenzen an; streifen; **4.** *fig* erreichen, heranreichen an; **5.** benutzen, gebrauchen; **6.** *(Thema)* berühren; betreffen, angehen; **7.** *(seelisch)* rühren; **8.** treffen (*to the quick* ins Mark); **9.** *sl* anhauen, -pumpen (*for* um); ► **don't ~ it!** faß das nicht an! **they can't ~ me** *fig* sie können mir nichts anhaben; **I haven't ~ed a tennis racket for years** ich habe schon seit Jahren nicht mehr Tennis gespielt; **~ bottom** *fig (der Sache)* auf (den Grund) kommen; auf e-m Tiefpunkt ankommen; **II** *itr* sich berühren; *(Grundstücke)* aneinanderstoßen; **III** *s* **1.** (leichte) Berührung *f;* **2.** Pinselstrich *m;* **3.** Tastsinn *m;* **4.** Gefühl *n;* Empfindung *f;* **5.** Verbindung, Fühlung *f;* **6.** Anflug, Hauch *m;* Idee, Spur *f;* **7.** *med* leichter Anfall; **8.** *mus* Anschlag *m;* ► **at a ~** bei bloßer Berührung; **be, keep in ~ with** in Verbindung stehen, bleiben mit; **be out of ~ with** nicht mehr in Verbindung stehen mit; **IV** *(mit Präposition)* **touch at** *itr mar* anlaufen; **touch down** *itr* **1.** *aero* aufsetzen, landen; **2.** *sport* einen Versuch erzielen; *tr (Ball)* hinlegen; **touch in** *tr* einfügen; **touch on** *(Thema)* berühren, anschneiden, erwähnen; **touch off** *tr* hervorrufen, auslösen; **touch up** *tr* **1.** *(Farbe)* auffrischen; *(Foto)* retuschieren; *(Aufsatz)* überarbeiten; **2.** *fam (Person)* befummeln; **touch upon** *tr (Thema)* kurz berühren, streifen.

touch-and-go [ˌtʌtʃən'gəʊ] *adj* riskant, gewagt; **touch-down** ['tʌtʃdaʊn] **1.** *aero* Landung *f;* **2.** *sport* Versuch *m;* **touched** [tʌtʃt] *adj* gerührt, ergriffen; ► **~ in the head** nicht ganz klar im Kopf; **touchi·ness** ['tʌtʃɪnəs] Empfindlichkeit *f;* **touch·ing** ['tʌtʃɪŋ] *adj* rührend, ergreifend; **touch-sensitive** ['tʌtʃ'sensɪtɪv] *adj* ► **~ screen** Kontaktbildschirm *m;* **touch·stone** ['tʌtʃstəʊn] *fig* Prüfstein *m;* **touch-type** *tr, itr* blindschreiben.

touchy ['tʌtʃɪ] *adj* **1.** empfindlich; **2.** heikel, riskant.

tough [tʌf] **I** *adj* **1.** zäh; robust; **2.** widerstandsfähig; **3.** hartnäckig; **4.** mitleidslos, hart; **5.** schwierig, schwer; **6.** rauflustig, streitsüchtig; ► **it is really ~ that** es ist wirklich hart, daß; **that's a ~ nut to crack** *fig* das ist e-e harte Nuß; **have a ~ time** eine schwere Zeit durchmachen; **~ (luck)!** Pech! **~ customer** schwieriger Patron; **II** *s* Raufbold *m;* **toughen** ['tʌfn] **I** *itr* hart werden; zäh werden; sich verhärten; **II** *tr* **1.** *(Material)* härten; **2.** *(Menschen)* stählen; hart machen; **3.** *(Gesetze, Disziplin)* verschärfen; **toughness** [—nɪs] Zäheit *f;* Zähigkeit *f;* Härte *f;* Schwierigkeit *f.*

toupée ['tu:peɪ] Toupet *n.*

tour [tʊə(r)] **I** *s* **1.** Tour *f;* Reise, Fahrt *f;* *(im Gebäude)* Rundgang *m;* **2.** Führung *f;* Rundfahrt *f;* **3.** *(~ of inspection)* Runde *f,* Rundgang *m;* **4.** *theat sport* Tournee *f;* ► **go on a ~ of France** eine Reise durch Frankreich machen; **make a ~ of the building** einen Rundgang durchs Gebäude machen; **on ~** auf Tournee; **guided ~** Führung *f;* **coach ~** Busreise *f;* **II** *itr* **1.** eine Reise machen; **2.** *theat sport* eine Tournee machen; auf Tournee sein; **III** *tr* **1.** bereisen, reisen durch; **2.** einen Rundgang machen durch; besichtigen; **3.** *theat sport* eine Tournee machen durch.

tour·ism ['tʊərɪzəm] Fremdenverkehr, Tourismus *m;* **tour·ist** ['tʊərɪst] Tourist(in) *m (f);* ► **travel ~** in der Touristenklasse reisen; **tourist agency, office,** *Am* **bureau** Reisebüro *n;* **tourist class** Touristenklasse *f;* **tourist guide 1.** *(Buch)* Reiseführer *m;* **2.** *(Person)* Fremdenführer(in) *m (f);* **tourist industry** Fremdenverkehr(sindustrie *f*) *m;* **tourist season** Reisezeit *f;* **tourist ticket** Rundreise(fahr)karte *f.*

tour·na·ment ['tɔ:nəmənt, *Am* 'tɜ:nəmənt] Turnier *n a. sport.*

tour op·er·ator ['tʊə(r)'ɒpəreɪtə(r)] Reiseveranstalter(in) m (f).

tousle ['taʊzl] *tr* zerzausen.

tout [taʊt] **I** *itr* **1.** *fam* auf Kunden-, Stimmenfang gehen (*for* für); **2.** *(~ round)* auf Pferderennen Tips verkaufen; **II** *tr* **1.** *(Pferd)* als Favoriten angeben; **2.** *(Lage, Ställe)* auskundschaften; **3.** *(Information)* anbieten; *(Karten)* schwarz verkaufen; **4.** *fig* anpreisen, aufschwatzen (*s.o. s.th.* jdm etw); **III** *s* **1.** *(Person)* Schlepper *m;* **2.** Tipgeber *m.*

tow¹ [təʊ] **I** *tr mot mar* (ab)schleppen; **II** *s* Schleppen *n; mar* Treideln *n;* ► **have, take in ~** im Schlepptau haben; ins Schlepptau nehmen; **can we give you a ~?** können wir Sie abschleppen?

tow² [təʊ] Werg *n.*

to·ward(s) [tə'wɔ:d(z), *Am* tɔ:rd(z)] *prep* **1.** auf ... zu, nach ... zu, in Richtung auf *a. fig;* **2.** gegenüber *dat;* **3.** *(zeitlich)* gegen.

tow-bar ['təʊbɑ:(r)] *mot* Anhängerkupplung *f;* **tow-boat** Schlepper *m;* **tow-car** *Am* Abschleppwagen *m.*

towel ['taʊəl] **I** *s* Hand-, Badetuch *n;* ► **throw in the ~** *(Boxen u. fig)* aufgeben, das Handtuch werfen; **kitchen ~** Geschirrtuch *n;* **sanitary ~** Damenbinde *f;* **II** *tr* abtrocknen, trockenreiben; **towel·ling,** *Am* **towel·ing** [—ɪŋ] Frottee *m;* **towel-rail** Handtuchhalter *m.*

tower ['taʊə(r)] **I** *s* **1.** Turm *m; aero (control ~)* Kontrollturm *m;* **2.** *fig (~ of strength)* (sicherer) Hort *m;* Stütze *f;* **II** *itr* ragen; **III** *(mit Präposition)* **tower above, tower over** *itr* emporragen über; überragen; **tower up** *itr* emporragen; **tower-block** Hochhaus *n;* **tower·ing** [—ɪŋ] *adj* **1.** *(Gebäude)* alles überragend; *(Berge)* hochragend; *(Baum, Mensch)* hoch aufragend; **2.** *fig* gewaltig, heftig.

town [taʊn] **1.** Stadt *f;* **2.** London *n;* **3.** Stadtbevölkerung *f;* ▶ **in ~** in der Stadt; **be out of ~** verreist sein; **go to ~** in die Stadt gehen; *fig fam* es übertreiben (*on* mit); **paint the ~ red** die Stadt auf den Kopf stellen; **town centre** Stadtzentrum *n,* -mitte *f;* **town-clerk** Stadtdirektor *m;* **town council** Stadtrat *m;* **town-councillor** Stadtrat *m,* Stadträtin *f,* Stadtratsmitglied *n;* **town gas** Stadtgas *n;* **town hall** Rathaus *n;* **town house** Stadthaus *n,* -wohnung *f;* **town planning** Stadtplanung, Städteplanung *f;* **town·scape** ['taʊnskeɪp] Stadtbild *n,* Stadtlandschaft *f;* **towns-folk** ['taʊnzfəʊk] *pl* Städter *m pl;* **town·ship** ['taʊnʃɪp] *Am* (Amts)Bezirk *m;* Ortschaft *f; (Südafrika)* Township *f;* **towns·people** ['taʊnz,pi:pl] *pl* Städter, Bürger *m pl;* **town twinning** Städtepartnerschaft *f.*

tox·aemia, *Am* **tox·emia** [tɒk'si:mɪə] Blutvergiftung *f;* **toxic** ['tɒksɪk] *adj* giftig; ▶ **~ waste** Giftmüll *m;* **toxi·col·ogy** [,tɒksɪ'kɒlədʒɪ] Toxikologie *f;* **toxin** ['tɒksɪn] Gift, Toxin *n.*

toy [tɔɪ] **I** *s* Spielzeug *n; pl* Spielwaren *f pl;* **II** *adj* **1.** klein; **2.** *(Hund)* Zwerg-; **III** *itr* spielen *a. fig* (*with* mit); **toy car** Spielzeugauto *n;* **toy-shop** Spielwarenhandlung *f.*

trace¹ [treɪs] **I** *s* **1.** Spur *f a. fig;* **2.** *meist pl* Spur, geringe Menge *f a. chem;* ▶ **without a ~** spurlos; **lose ~ of** aus den Augen verlieren; **II** *tr* **1.** folgen (*a path* e-m Pfad); **2.** nachgehen, -spüren (*s.o.* jdm); **3.** *(Ereignisse) (~ back)* zurückverfolgen, zurückführen (*to* auf); **4.** aufspüren, ausfindig machen; **5.** zeichnen; nachzeichnen; durchpausen; **6.** (mühsam) schreiben.

trace² [treɪs] ▶ **kick over the ~s** *fig* über die Stränge schlagen.

trace·able ['treɪsəbl] *adj* **1.** zurückzuverfolgen(d); **2.** nachweisbar; **3.** zurückführbar (*to* auf); **4.** auffindbar; **tracer** ['treɪsə(r)] **1.** *(~ bullet)* Leuchtspurgeschoß *n;* **2.** *(radioactive ~)* Isotopenindikator *m;* **3.** Suchzettel *m;* ▶ **~ ammunition** Leuchtspurmunition *f.*

tracery ['treɪsərɪ] *arch* Maßwerk *n.*

tra·chea [trə'kɪə, *Am* 'treɪkɪə] ⟨*pl* -cheae⟩ [—kɪi:] *anat* Luftröhre *f.*

trac·ing ['treɪsɪŋ] **1.** Aufspüren *n;* **2.** (Durch)Pausen *n;* **tracing paper** Pauspapier *n.*

track [træk] **I** *s* **1.** Spur, Fährte *f;* **2.** Pfad, Weg *m;* **3.** *fig* Bahn *f,* Gang *m;* **4.** (Renn-, Aschen)Bahn *f;* Rennsport *m;* **5.** *fig* (Gedanken)Gang *m;* **6.** *rail* Gleis *n,* Schienenstrang *m;* **7.** *(Raupenfahrzeug)* Gleiskette *f; mot* Spur(weite) *f;* **8.** Musikstück *n (auf Band, Schallplatte); (Band)* Spur *f;* ▶ **off the ~** auf falscher Fährte; *fig* auf dem Holzweg; **off the beaten ~** ungewöhnlich; **be born on the wrong side of the ~s** *Am fig* aus niedrigem Niveau stammen; **be on the ~ of s.o.** jdm auf der Spur sein; **go off the ~** entgleisen; **keep ~ of s.o.** jdn im Auge behalten; **keep ~ of s.th.** sich etw genau merken; etw verfolgen; **leave the ~s** entgleisen; **lose ~ of s.o.** jdn aus den Augen verlieren; **make ~s** *fam* abhauen; **II** *tr* **1.** *(jdn, e-e Spur)* verfolgen; **2.** folgen (*s.o.* jdm); **3.** aufspüren; **4.** Spuren hinterlassen in, auf; **III** *itr* **1.** *mot* Spur halten; **2.** *film* sich bewegen; **3.** Fährten lesen; **IV** *(mit Präposition)* **track down** *tr* ausfindig machen; **track-and-field events** *pl* Leichtathletikkämpfe *m pl;* **tracker dog** ['trækə,dɒg] Spürhund *m;* **track events** *pl sport* Laufdisziplinen *f pl;* **track·ing sta·tion** ['trækɪŋ'steɪʃn] Beobachtungsstation *f (Raumflug);* **track·less** ['træklɪs] *adj* **1.** spur-, pfadlos; **2.** *(Fahrzeug)* ohne Ketten; **track record** Leistungsnachweis *m;* ▶ **what's his ~?** was hat er vorzuweisen? **track shoe** Lauf-, Turnschuh *m;* **track-suit** Trainings-, Jogginganzug *m.*

tract¹ [trækt] **1.** *anat* (Verdauungs)Trakt *m;* (Atem)Wege *m pl;* **2.** *(Land)* Gebiet *n;* ▶ **a narrow ~ of land** ein schmaler Streifen Land.

tract² [trækt] *bes. rel* Traktat *n.*

tract·able ['træktəbl] *adj* folgsam, lenkbar.

trac·tion ['trækʃn] **1.** Zug *m,* Zugkraft *f;* **2.** *(Fahrzeug)* Bodenhaftung *f;* **3.** *med* Streckverband *m;* **traction engine** Zugmaschine *f;* **trac·tor** ['træktə(r)] Traktor *m,* Zugmaschine *f;* Sattelschlepper *m;* **~ truck** *Am* Sattelschlepper *m.*

trad [træd] *(~ jazz)* Originaljazz *m.*

trade [treɪd] **I** *s* **1.** Gewerbe *n;* Handwerk *n;* **2.** *com* Handel *m;* **3.** Beruf *m;* **4.** *com* Fachwelt *f;* **5.** Wirtschafts-, Erwerbszweig *m;* Branche *f;* **6.** Tauschgeschäft *n,* -handel *m;* ▶ **the T~s** *pl* der Passat, die Passatwinde *m pl;* **by ~** von Beruf; **II** *itr* **1.** handeln, Handel treiben; (*in s.th.* mit e-r S; *with s.o.* mit jdm); Geschäfte machen (*with s.o.* mit jdm); **2.**

Am fam kaufen (*at* bei); **III** *tr* eintauschen (*s.th. for s.th.* etw für etw); **IV** *(mit Präposition)* **trade in** *tr* in Zahlung geben (*for* für); **trade on s.o.** jdn ausnutzen; **trade association** Fachverband *m;* **trade directory** Branchen-, Firmenverzeichnis *n;* **trade discount** Händler-, Großhandelsrabatt *m;* **trade fair** (Fach)Messe *f;* **trade gap** Außenhandelsdefizit *n;* **trade-in** ['treɪdɪn] in Zahlung gegebener Gegenstand; **trade-in value** Gebrauchtwert *m;* **trade-mark** Warenzeichen *n;* **trade name** Handelsname *m;* **trade price** Großhandelspreis *m;* **trader** ['treɪdə(r)] **1.** Händler(in) *m (f);* **2.** *(Börse)* freie(r) Makler(in) *m f;* **3.** *mar* Handelsschiff *n;* **trade register** Handelsregister *n;* **trade route** Handelsweg *m;* **trade secret** Betriebsgeheimnis *n;* **trades·man** ['treɪdzmən] ⟨*pl* -men⟩ Ladeninhaber, -besitzer *m;* Handwerker *m;* **tradesmen's entrance** Eingang *m* für Lieferanten; **trades·people** ['treɪdzˌpi:pl] *pl* Geschäftsleute *pl;* **trade-union** [ˌtreɪd'ju:njən] Gewerkschaft *f;* ▶ **form a** ~ sich gewerkschaftlich organisieren, zusammenschließen; **trade-unionism** Gewerkschaftsbewegung *f;* **trade-unionist** Gewerkschaftler(in) *m (f);* **trade war** Handelskrieg *m;* **trade-wind** Passatwind *m.*

trad·ing ['treɪdɪŋ] **I** *adj* handeltreibend; **II** *s* Handel *m;* **trading area** Absatzgebiet *n;* **trading estate** Gewerbegebiet *n;* **trading licence** Gewerbeschein *m;* **trading stamp** Rabattmarke *f;* **trading volume** Handelsvolumen *n.*

tra·di·tion [trə'dɪʃn] Tradition *f;* Brauch *m;* **tra·di·tional** [trə'dɪʃənl] *adj* traditionell, herkömmlich; üblich; **tra·di·tion·al·ism** [trə'dɪʃənəlɪzəm] Traditionalismus *m;* **tra·di·tion·al·ist** [trə'dɪʃənəlɪst] Traditionalist(in) *m (f).*

traf·fic ['træfɪk] ⟨*ppr* -ficking, *pp* -ficked⟩ **I** *s* **1.** Verkehr *m;* Flugverkehr *m;* **2.** Handel *m* (*in* in, mit); **3.** (Waren)Umschlag *m;* ▶ **air** ~ Luftverkehr *m;* **freight, goods, merchandise** ~ Fracht-, Güterverkehr *m;* **one-way** ~ Einbahnverkehr *m,* -straße *f;* **II** *itr* (Schwarz-, Schleich)Handel treiben, handeln (*in s.th.* mit etw); **traffic accident** Verkehrsunfall *m;* **traf·fi·ca·tor** ['træfɪkeɪtə(r)] *mot* Fahrtrichtungsanzeiger, Blinker *m;* **traffic circle** *Am* Kreisverkehr *m;* **traffic island** Verkehrsinsel *f;* **traffic jam** Verkehrsstokkung *f,* -stau(ung *f*) *m;* **traf·ficker** ['træfɪkə(r)] Schwarzhändler, Schieber *m;* **traffic lights** *pl* Verkehrsampel *f;* **traffic patrol** Verkehrsstreife *f;* **traffic regulation** Verkehrsregelung *f; pl* Verkehrsvorschriften *f pl;* **traffic sign** Verkehrszeichen, -schild *n;* **traffic signals** *pl* Verkehrsampel *f;* **traffic warden** Verkehrspolizist(in) *m (f);* Politesse *f.*

tra·gedy ['trædʒədɪ] Trauerspiel *n,* Tragödie *f a. fig;* **tra·gic** ['trædʒɪk] *adj* tragisch *a. fig;* **tragi-com·edy** [ˌtrædʒɪ'kɒmədɪ] Tragikomödie *f a. fig.*

trail [treɪl] **I** *tr* **1.** nach-, hinter sich herschleifen; **2.** nachziehen, -schleppen; **3.** verfolgen; **II** *itr* **1.** schleifen; **2.** *bot* ranken, kriechen; **3.** sich dahinschleppen; **4.** *fig* weit abgeschlagen sein; **III** *s* **1.** *(Rauch)* Fahne *f; (Meteor)* Schweif *m;* **2.** Spur, Fährte *f;* **3.** Pfad *m;* ▶ **(hot) on s.o.'s** ~ (dicht) auf jds Spur; **blaze the** ~ den Weg bahnen *a. fig;* ~ **of blood** Blutspur *f;* ~ **of dust** Staubwolke *f;* **IV** *(mit Präposition)* **trail along** *itr* entlangtrotten; *tr* entlangschleppen; **trail away, trail off** *itr (Stimme)* sich verlieren; verstummen; **trail behind** *itr* **1.** hinterhertrotten; **2.** *fig* zurückgefallen sein; *tr* hinter sich herschleppen.

trail·blazer ['treɪl'bleɪzə(r)] *fig* Wegbereiter, Bahnbrecher, Pionier *m.*

trailer ['treɪlə(r)] **1.** *bot* Kletterpflanze *f;* **2.** *(~ car)* Anhänger *m* (e-s Fahrzeuges); **3.** Wohnwagen *m;* **4.** (Film)Vorschau *f;* **trailer camp, park** *Am* Campingplatz *m* für Wohnwagen; Wohnwagenkolonie *f.*

train¹ [treɪn] **1.** (Eisenbahn)Zug *m;* **2.** langer Zug; Karawane *f;* Wagenkolonne *f; (~ of barges)* Schleppzug *m; (Menschen)* Schlange *f;* Gefolge *n;* **3.** *fig* Reihe, Serie, Kette, Folge *f;* **4.** *tech* Walzenstrecke, -straße *f;* **5.** *(Kleid)* Schleppe *f;* ▶ **by** ~ mit dem Zuge, mit der Bahn; **in** ~ im Gange; **get into, get on, board a** ~ in e-n Zug einsteigen; **put in** ~ in Gang setzen; **change ~s** umsteigen; **on the** ~ im Zug; ~ **of thought** Gedankengang *m;* **it brought a drought in its** ~ es brachte eine Dürre mit sich.

train² [treɪn] **I** *tr* **1.** ausbilden, schulen; *(Tier)* abrichten, dressieren; *(Kind)* erziehen; *(Auszubildende, Anfänger)* einweisen, unterweisen; **2.** *sport* trainieren; *(Gehirn)* schulen; **3.** *(Gewehr, Fernglas)* richten (*on* auf); **4.** *(Pflanze)* wachsen lassen; am Spalier ziehen; ▶ ~ **o.s. to do s.th.** sich dazu erziehen, etw zu tun; ~ **s.o. as s.th.** jdn zu etw ausbilden; **II** *itr* **1.** *bes. sport* trainieren; **2.** ausgebildet werden; ▶ ~ **as a teacher** eine Lehrerausbildung machen, für das Lehramt studieren.

train ac·ci·dent ['treɪnˌæksɪdənt] Eisenbahnunglück *n;* **train-collision** Zugzusammenstoß *m;* **train connection** Zugverbindung *f;* **train driver** Zug-, Lokführer(in) *m (f).*

trained ['treɪnd] *adj* gelernt; ausgebildet; *(Tier)* dressiert; *(Auge, Ohr)* geschult; ▶ ~ **workers** *pl* Fachkräfte *f* *pl;* **well-~ child** guterzogenes Kind.

trainee [treɪˈniː] Auszubildende(r) *f m,* Azubi *f m;* Praktikant(in) *m (f);* ▶ **he is a ~** er befindet sich noch in der Ausbildung; **trainee teacher** Referendar(in) *m (f);* **trainer** [ˈtreɪnə(r)] **1.** Trainer *m;* **2.** Ausbilder(in) *m (f);* **3.** *(Tier)* Dresseur(in), Dompteur(in) *m (f);* **4.** *aero (~ plane)* Schulflugzeug *n;* Simulator *m.*

train-ferry [ˈtreɪnˌferɪ] Eisenbahnfähre *f.*

train·ing [ˈtreɪnɪŋ] **1.** Schulung, Ausbildung *f;* **2.** Dressur *f;* **3.** Training *n;* ▶ **in, out of ~** *sport* in, aus der Übung; **go into ~** sich vorbereiten (*for* auf); **training camp** Trainingslager *n;* **training college** Hochschule *f* für die Lehrerausbildung; **training course** Ausbildungs-, Schulungskurs *m;* **training objective** Ausbildungsziel *n;* **training personnel** Lehrpersonal *n;* **training plane** Schulflugzeug *n;* **training programme** Ausbildungsprogramm *n;* **training ship** Schulschiff *n.*

train·man [ˈtreɪnmən] ‹*pl* -men› *Am* Eisenbahner *m;* Bremser *m;* **train schedule** Fahrplan *m;* **train service** Zugverkehr *m;* Zugverbindung *f.*

traipse [treɪps] *itr fam* latschen; ▶ **~ round the town for s.th.** sich in der Stadt die Beine nach etw ablaufen.

trait [treɪt] Eigenschaft *f;* (Charakter-, Wesens-, Gesichts)Zug *m.*

trai·tor [ˈtreɪtə(r)] Verräter(in) *m (f)* (*to* an); **trai·tor·ous** [ˈtreɪtərəs] *adj* verräterisch; **trai·tress** [ˈtreɪtrɪs] Verräterin *f.*

tra·jec·tory [trəˈdʒektərɪ] Flugbahn *f.*

tram [træm] Straßenbahn *f;* ▶ **go by ~** mit der Straßenbahn fahren; **tram·line** [ˈtræmlaɪn] Straßenbahnlinie *f.*

tram·mel [ˈtræml] **I** *s pl fig* Fesseln *f pl;* **II** *tr* behindern, einengen, hemmen.

tramp [træmp] **I** *itr* **1.** fest auftreten, stapfen; **2.** wandern, marschieren; umherziehen; **II** *tr* **1.** durchwandern, -streifen; **2.** *(Schmutz)* herumtreten; **III** *s* **1.** (schwerer) Tritt *m;* **2.** Fußmarsch *m,* Wanderung *f;* **3.** Wohnsitzlose(r) *f m;* Landstreicher(in) *m (f);* **4.** *(Frau) pej* Flittchen *n;* **5.** *mar (~ steamer)* Trampschiff *n;* **IV** *(mit Präposition)* **tramp down** *tr (Erde)* festtreten, -stampfen; *(Blumen, Gras)* niedertrampeln; **tramp in** *tr* in den Boden treten.

trample [ˈtræmpl] **I** *tr* zertrampeln; ▶ **~ s.o. underfoot** *fig* jdn überfahren; **~ s.th. into the ground** etw in den Boden trampeln; **II** *itr* stampfen, trampeln; ▶ **~ on s.o.** auf jdm herumtrampeln.

tram·po·line [ˈtræmpəliːn] Trampolin *n.*

tram·way [ˈtræmweɪ] Straßenbahn(strecke) *f.*

trance [trɑːns] Trance(zustand *m*) *f;* ▶ **send s.o. into a ~** jdn in Trance versetzen.

tranny [ˈtrænɪ] *fam* Transistor *m,* Kofferradio *n.*

tran·quil [ˈtræŋkwɪl] *adj* **1.** ruhig, friedlich; **2.** *(Mensch)* ruhig, gelassen; **tran·quil·lity,** *Am* **tran·quil·ity** [træŋˈkwɪlətɪ] Ruhe *f;* **tran·quil·lize,** *Am* **tran·quil·ize** [ˈtræŋkwɪlaɪz] *tr* beruhigen; **tran·quil·li·zer,** *Am* **tran·quil·izer** [ˈtræŋkwɪlaɪzə(r)] Beruhigungsmittel *n.*

trans·act [trænˈzækt] *tr* abwickeln; *(Geschäfte)* aus-, durchführen, abschließen, tätigen; **trans·ac·tion** [trænˈzækʃn] **1.** Aus-, Durchführung *f;* **2.** Abschluß *m,* Tätigung *f;* **3.** *(legal ~)* Rechtsgeschäft *n;* **4.** *fin* Transaktion *f;* **5.** *pl* Sitzungsbericht *m;* Verhandlungsprotokoll *n;* ▶ **cash ~** Barverkauf *m;* **exchange ~** Börsengeschäft *n.*

trans·al·pine [trænzˈælpaɪn] *adj* transalpin.

trans·at·lan·tic [ˌtrænzətˈlæntɪk] *adj* transatlantisch; ▶ **~ liner** Überseedampfer *m.*

trans·ceiver [trænˈsiːvə(r)] *radio* Sende- u. Empfangsgerät *n.*

tran·scend [trænˈsend] *tr fig* überschreiten, -steigen, hinausgehen über; **tran·scen·dent** [trænˈsendənt] *adj rel philos* transzendent; *fig* überragend; **tran·scen·den·tal** [ˌtrænsenˈdentl] *adj* überirdisch; *philos* transzendental; *(Zahl)* transzendent.

trans·con·ti·nen·tal [ˈtrænzkɒntɪˈnentl] *adj* transkontinental.

tran·scribe [trænˈskraɪb] *tr* **1.** kopieren; **2.** übertragen, transkribieren; **3.** *mus* umsetzen; **4.** *radio* auf Band aufnehmen; **tran·script** [ˈtrænskrɪpt] **1.** Kopie *f;* Protokoll *n;* Niederschrift *f;* **2.** *Am* (Zeugnis)Abschrift *f.*

tran·scrip·tion [trænˈskrɪpʃn] **1.** Abschrift *f;* **2.** Transkription, Umschrift *f;* **3.** *mus* Umsetzung *f;* **4.** *radio* Ton-, Bandaufnahme *f;* ▶ **phonetic ~** Lautschrift, phonetische Schrift *f.*

trans·ducer [ˌtrænsˈdjuːsə(r)] Umformer *m.*

tran·sept [ˈtrænsept] *arch* Querschiff *n.*

trans·fer [trænsˈfɜː] **I** *tr* **1.** verlegen (*from ... to* von ... nach); **2.** versetzen (*to* nach); **3.** *(Eigentum, Recht, fig)* übertragen (*to* auf); **4.** *(Geld)* überweisen (*to* auf); **5.** *com* übertragen, vortragen, umbuchen; **II** *itr* **1.** überwechseln (*to* zu); umstellen (*to* auf); **2.** *rail* umsteigen; **III** *s* [ˈtrænsfɜː(r)] **1.** Verlegung *f;* **2.** Versetzung *f* (*to* nach); **3.** *jur* Übertragung *f* (*to* auf); **4.** *(Geschäft)* Umzug *m;* **5.** *com* Überweisung *f;* Transfer *m;* Umbuchung *f;* **6.** Umsteigen *n;* Umsteigefahrkarte *f;* **7.** Abziehbild *n;* **8.** *sport* Transfer *m;* Transferspieler(in) *m (f);* ▶ **he is a ~ from another department** er ist von einer anderen Abteilung versetzt

worden; **technology** ~ Technologietransfer *m;* **trans·fer·able** [træns'fɜ:rəbl] *adj* übertragbar; **trans·fer·ence** ['trænsfərəns] **1.** Übertragung *f a. psych;* **2.** *(Geld)* Überweisung *f,* Transfer *m.*
trans·fig·ure [træns'fɪgə(r)] *tr* **1.** umgestalten (*into* in); **2.** *rel fig* verklären.
trans·fix [træns'fɪks] *tr* **1.** durchbohren; **2.** *fig* lähmen; ► **be ~ed to the spot** wie gelähmt, wie angewurzelt dastehen.
trans·form [træns'fɔ:m] *tr* **1.** verwandeln; **2.** umformen, umwandeln (*to* in) *a. math phys el;* **trans·form·ation** [ˌtrænsfə'meɪʃn] Verwandlung *f;* Umgestaltung *f;* Umformung, Umwandlung *f;* **trans·former** [træns'fɔ:mə(r)] *el* Transformator, Umformer *m.*
trans·fuse [træns'fju:z] *tr (Blut)* übertragen; *fig* erfüllen; **trans·fusion** [træns'fju:ʒn] *(blood ~)* Bluttransfusion, -übertragung *f;* ► **(blood) ~ service** Blutspendedienst *m.*
trans·gress [trænz'gres] **I** *tr (Gesetz)* übertreten, verstoßen gegen; **II** *itr* sündigen; **trans·gress·ion** [trænz'greʃn] **1.** Übertretung *f,* Verstoß *m;* **2.** *rel* Sünde *f;* **trans·gressor** [træns'gresə(r)] **1.** Rechtsbrecher(in), Übel-, Missetäter(in) *m (f);* **2.** *rel* Sünder(in) *m (f).*
tran·si·ent ['trænzɪənt, *Am* 'trænʃnt] **I** *adj* **1.** vorübergehend; kurz(lebig); flüchtig; **2.** *Am* nichtansässig; **II** *s Am* Durchreisende(r) *f m.*
tran·sis·tor [træn'zɪstə(r)] **1.** *el* Transistor *m;* **2.** *(~ radio)* Kofferradio *n;* **tran·sis·tor·ize** [træn'zɪstəraɪz] *tr* mit Transistoren bestücken.
tran·sit ['trænsɪt] **1.** Durchgang *m a. astr;* **2.** Transit-, Durchgangsverkehr *m;* **3.** *(Waren)* Transport *m;* ► **in ~** auf dem Transport, unterwegs; **transit business, transit trade** Transithandel *m;* **transit camp** Durchgangslager *n;* **transit desk** *aero* Transitschalter *n;* **transit duty** Durchgangszoll *m;* **transit goods** *pl* Transitwaren *f pl;* **transit trade** Transithandel *m.*
tran·si·tion [træn'zɪʃn] Übergang *m; (period of ~)* Übergangszeit *f;* **tran·sitional** [træn'zɪʃənl] *adj* Übergangs-.
tran·si·tive ['trænsətɪv] *adj gram* transitiv.
transit lounge ['trænsɪtˌlaʊndʒ] Transitraum *m.*
tran·si·tory ['trænsɪtrɪ] *adj* vorübergehend; kurz(lebig).
tran·sit pas·sen·ger ['trænsɪt 'pæsɪndʒə(r)] Transitreisende(r) *f m;* **transit traffic** Transitverkehr *m;* **transit visa** Durchreise-, Transitvisum *n.*
trans·lat·able [trænz'leɪtəbl] *adj* übersetzbar; **trans·late** [trænz'leɪt] **I** *tr* **1.** übersetzen, -tragen (*into German* ins Deutsche; *from (the) Italian* aus dem Italienischen); **2.** *(Wort in die Tat)* umsetzen; **II** *itr* sich übersetzen lassen, übersetzbar sein; übersetzen; **trans·la·tion** [trænz'leɪʃn] Übersetzung, -tragung *f;* **trans·la·tor** [trænz'leɪtə(r)] Übersetzer(in) *m (f).*
trans·li·ter·ate [trænz'lɪtəreɪt] *tr* transliterieren; **trans·li·ter·at·ion** [ˌtrænzlɪtə'reɪʃn] Transliteration *f.*
trans·lu·cent, trans·lu·cid [trænz'lu:snt, trænz'lu:sɪd] *adj* lichtdurchlässig.
trans·mi·gra·tion [ˌtrænzmaɪ'greɪʃn] *(~ of the soul)* Seelenwanderung *f.*
trans·mis·sible [trænz'mɪsəbl] *adj* übertragbar; **trans·mission** [trænz'mɪʃn] **1.** Übersendung, -mittlung *f;* **2.** Übertragung *f a. biol phys;* **3.** *tech* Transmission *f; mot* Getriebe *n;* **4.** *radio* Sendung *f;* **5.** *EDV* Datenübertragung *f;* **trans·mit** [trænz'mɪt] *tr* **1.** übersenden, -mitteln; **2.** übertragen; **3.** *phys* übertragen; leiten; **4.** *radio* senden; **trans·mit·ter** [trænz'mɪtə(r)] **1.** Übermittler *m;* **2.** *radio* Sender *m;* **3.** *(Telefon)* Mikrophon *n;* **trans·mit·ting** [—ɪŋ] *adj* ► **~-station** Sendestelle *f;* **~ set** Sender *m.*
trans·mog·rify [trænz'mɒgrɪfaɪ] *tr hum fig* ummodeln.
trans·mu·ta·tion [ˌtrænsmju:'teɪʃn] **1.** *chem* Umwandlung *f;* **2.** *biol* Transmutation *f;* **trans·mute** [trænz'mju:t] *tr* umwandeln (*into* in).
trans·oceanic ['trænzˌəʊʃɪ'ænɪk] *adj* überseeisch.
tran·som ['trænsəm] Querbalken, -träger *m; (~ window)* Oberlicht *n.*
trans·par·ency [træns'pærənsɪ] **1.** Durchsichtigkeit, Transparenz *f;* **2.** Diapositiv *n;* **3.** Overheadfolie *f;* **trans·par·ent** [træns'pærənt] *adj* **1.** durchsichtig *a. fig;* **2.** *fig* durchschaubar; offenkundig, offensichtlich; ► **it became ~** es wurde offensichtlich.
tran·spi·ra·tion [ˌtrænspɪ'reɪʃn] Ausdünstung, Transpiration *f;* **tran·spire** [træn'spaɪə(r)] **I** *tr* **1.** ausdünsten, -schwitzen; **2.** *bot* verdunsten; **II** *itr* **1.** schwitzen, transpirieren; **2.** *fig* bekannt werden; durchsickern; **3.** geschehen.
trans·plant [træns'plɑ:nt] **I** *tr* **1.** umpflanzen; **2.** *(Menschen)* verpflanzen (*to* nach); **3.** *med (Gewebe)* transplantieren, verpflanzen; **II** ['trɑ:nsplɑ:nt] **1.** Transplantation *f;* **2.** Transplantat *n;* **trans·plan·ta·tion** [ˌtrænsplɑ:n'teɪʃn] **1.** *bot* Umpflanzen *n;* **2.** *med* Transplantation *f; (Organ)* Transplantat *n.*
trans·port [træn'spɔ:t] **I** *tr* befördern, transportieren; *hist* deportieren; **II** ['trænspɔ:t] **1.** Beförderung *f,* Transport *m;* **2.** *mil* Transportschiff *n;* Transportflugzeug *n;* **3.** Beförderungsmittel *n;* **4.**

Am Fracht, Ladung *f;* ▶ **in a ~, in ~s of, ~ed with** hingerissen vor; **means of ~** Beförderungs-, Transportmittel *n;* **passenger ~** Personenverkehr *m;* **public ~** öffentliche Verkehrsmittel *n pl;* **road ~** Güterkraftverkehr *m;* **~ by rail** (Eisenbahn)Güterverkehr *m;* **trans·port·able** [træns'pɔ:təbl] *adj* transportierbar, versandfähig; **trans·por·ta·tion** [ˌtrænspɔ:'teɪʃn] **1.** Beförderung *f;* **2.** Beförderungs-, Transportmittel *n;* Verkehrsmittel *n;* **3.** Versand-, Transportkosten *pl;* **transport café** Fernfahrerlokal *n;* **trans·porter** [træn'spɔ:tə(r)] **1.** Autotransporter *m;* **2.** Laufkran *m;* **3.** (*~ line*) Transportband *n.*

trans·pose [træn'spəʊz] *tr* **1.** vertauschen; **2.** *math mus* transponieren.

trans·sex·ual [træns'seksjʊəl] Transsexuelle(r) *f m.*

trans·verse ['trænzvɜ:s] *adj* diagonal, quer verlaufend (*to* zu); *(Lage)* horizontal; *(Motor)* querstehend.

trans·ves·tite [træns'vestaɪt] Transvestit *m.*

trap [træp] **I** *s* **1.** Falle *f a. fig;* **2.** *(Hunderennen)* Box *f;* **3.** *(Schießen)* Wurfmaschine *f;* **4.** (*~door*) Falltür, *theat* Versenkung *f;* **5.** *tech* Siphon *m;* **6.** zweirädriger Einspänner; **7.** *sl* Schnauze *f;* ▶ **set a ~ for s.o.** jdm e-e Falle stellen; **fall, walk into a ~** in e-e Falle gehen; **II** *tr* **1.** fangen; **2.** *(Menschen)* in die Falle locken; **3.** in die Enge treiben; einschließen; absperren; **4.** *(Ball)* stoppen; **5.** *(Gas, Wasser)* stauen; ▶ **~ s.o. into doing s.th.** jdn dazu bringen, daß er etw tut; **the miners were ~ped** die Bergleute waren von der Außenwelt abgeschlossen; **I feel ~ped** ich fühle mich wie im Gefängnis; **~ one's finger in a drawer** sich den Finger in einer Schublade einklemmen; **trap door** Falltür *f.*

tra·peze [trə'pi:z] *sport* Trapez *n;* **trapezium** [trə'pi:zɪəm] *math Br* Trapez *n; Am* Trapezoid *n;* **trap·ezoid** ['træpɪzɔɪd] *math Br* Trapezoid *n; Am* Trapez *n.*

trap·per ['træpə(r)] Trapper(in) *m (f).*

trap·pings ['træpɪŋz] *pl* **1.** *fig* Aufmachung *f;* **2.** Abzeichen *n pl.*

Trap·pist ['træpɪst] Trappist *m.*

trap-shoot·ing ['træpˌʃu:tɪŋ] Wurftaubenschießen *n.*

trash [træʃ] **1.** *Am* Abfall *m;* **2.** *fig* Schund, Plunder *m;* **3.** Unsinn *m;* **4.** Gesindel *n;* ▶ **white ~** *Am* arme Weiße *m pl;* **trash-can** *Am* Abfalleimer *m;* **trash-dump** *Am* Mülldeponie *f;* **trashy** ['træʃɪ] *adj* wertlos; minderwertig.

trauma ['trɔ:mə, *Am* 'traʊmə] Trauma *n;* **trau·matic** [trɔ:'mætɪk, *Am* traʊ'mætik] *adj* traumatisch; **trau·matize** ['trɔ:mətaɪz, *Am* 'traʊmətaɪz] *tr* traumatisieren.

travel ['trævl] **I** *itr* **1.** reisen *a. com* (*in* in); fahren; eine Reise machen; **2.** *tech* sich bewegen; **3.** sich ausbreiten, sich fortpflanzen; **II** *tr* **1.** bereisen; **2.** *(Strecke)* zurücklegen; fahren; **III** *s* **1.** Reisen *n,* Reise *f;* **2.** *pl* Reisen *f pl;* **3.** *tech* Kolbenweg, Hub *m; (Instrumente)* Ausschlag *m;* **travel agency, travel bureau** Reisebüro *n;* **travel·led,** *Am* **traveled** ['trævld] *adj* **1.** *(Mensch)* weitgereist; **2.** *(Straße)* (viel) befahren; **travel·ler,** *Am* **traveler** ['trævlə(r)] Reisende(r) *f m; a. com;* ▶ **commercial ~** Vertreter(in) *m (f);* **~'s cheque,** *Am* **check** Reisescheck *m;* **travel expenses** *pl* Reisekosten *pl.*

travel·ling, *Am* **travel·ing** ['trævlɪŋ] Reisen *n;* **travelling-allowance** Reisespesen *pl;* **travelling bag** Reisetasche *f;* **travelling circus** Wanderzirkus *m;* **travelling clock** Reisewecker *m;* **travelling crane** Laufkran *m;* **travelling salesman** ⟨*pl* -men⟩ Handelsreisende(r) *f m.*

travel insurance ['trævlɪn'ʃʊərens] Reiseversicherung *f;* **travel-sick** ['trævlsɪk] *adj* reisekrank; **travel sickness** ['trævlsɪknəs] Reisekrankheit *f.*

trav·elogue, *Am* **trav·elog** ['trævəlɒg] Reisebericht *m;* Lichtbildervortrag *m* über Reiseerlebnisse.

tra·verse ['trævɜ:s] **I** *tr* **1.** durch-, überqueren; **2.** *(Zeit)* überdauern; **3.** *(Bergsteigen)* queren; **II** *s* Querlinie *f,* -balken *m,* -gang *m.*

trav·esty ['trævəstɪ] **I** *s* **1.** Travestie *f;* **2.** *fig* Zerrbild *n;* ▶ **a ~ of justice** ein Hohn auf die Gerechtigkeit; **II** *tr fig* verzerren, entstellen.

trawl [trɔ:l] **I** *s (~-net)* Schleppnetz *n;* **II** *itr, tr* mit dem Schleppnetz fischen; **trawler** ['trɔ:lə(r)] Fischdampfer, Trawler *m.*

tray [treɪ] **1.** Tablett *n;* **2.** (flache) Schale *f;* Backblech *n;* **3.** *(Büro)* Ablage(korb *m) f;* **4.** Koffereinsatz *m;* ▶ **ash-~** Aschenbecher *m;* **in-, out-~** (Ablage *f* für) eingehende, ausgehende Post.

treach·er·ous ['tretʃərəs] *adj* **1.** verräterisch, treulos (*to s.o.* jdm); **2.** heimtückisch; gefährlich; **3.** *(Gedächtnis)* trügerisch; **treach·ery** ['tretʃərɪ] Treulosigkeit *f* (*to* gegen); Verrat *m* (*to* an).

treacle ['tri:kl] Sirup *m;* **treac·ly** ['tri:klɪ] *adj* **1.** sirupartig; **2.** *fig* süßlich.

tread [tred] ⟨*irr* trod, trodden⟩ **I** *tr* **1.** gehen, schreiten auf; **2.** *(Weg)* machen; ▶ **~ a risky path** einen gefährlichen Weg beschreiten; **~ grapes** Trauben stampfen; **~ water** Wasser treten; **~ dirt into the carpet** Schmutz in den Teppich treten; **II** *itr* **1.** schreiten, gehen; **2.** treten, trampeln (*on, upon* auf); ▶ ~ **on air** *fig* im Glück schwimmen; ~ **in s.o.'s (foot)steps** *fig* in jds Fußstapfen treten; ~ **on s.o.'s heels** *fig* jdm nicht von den Fersen gehen; ~ **on s.o.'s toes** *fig* jdm zu nahe treten; ~ **carefully** vorsichtig gehen; *fig* vorsichtig vorgehen; **III** *s* **1.** Tritt, Schritt *m;* **2.** Tritt(brett *n*) *m;* (Treppen)Stufe *f;* (Leiter)Sprosse *f;* **3.** *(Rad)* Lauffläche *f; (Gummireifen)* Profil *n;* **IV** *(mit Präposition)* **tread down, tread in** *tr* festtreten; **tread out** *tr* austreten.

treadle ['tredl] *tech* Pedal *n.*

tread-mill ['tredmɪl] Tretmühle *f a. fig.*

trea·son ['tri:zn] Verrat *m* (*to* an); **trea·son·able** ['tri:zənəbl] *adj* verräterisch.

treas·ure ['treʒə(r)] **I** *s* Schatz *m a. fig;* **II** *tr* **1.** *(~ up)* horten, sammeln; **2.** *fig* sehr schätzen; **treasure-house** Schatzkammer *f; fig* Fundgrube *f;* **treasure hunt** Schatzsuche *f;* **treas·urer** ['treʒərə(r)] Schatzmeister *m;* Stadtkämmerer *m;* Leiter(in) *m (f)* der Finanzabteilung; Kassenverwalter(in), -wart(in) *m (f);* **treas·ure trove** ['treʒəˌtrəʊv] **1.** Schatz *m;* **2.** Schatzgrube *f;* **treas·ury** ['treʒərɪ] **1.** Schatzamt *n,* Fiskus *m;* Finanzministerium *n;* **2.** Kasse *f;* **3.** *fig* Schatz *m,* Sammlung *f;* Fundgrube *f;* **treasury bill** kurzfristiger Schatzwechsel; **treasury bond, note** Schatzanweisung *f.*

treat ['tri:t] **I** *tr* **1.** behandeln (*for* wegen; *with* mit); umgehen mit; **2.** ansehen, betrachten (*as* als); **3.** *(Thema)* behandeln, sich befassen mit; **4.** *(Material)* behandeln; *(Abwasser)* klären; *(Altpapier)* verarbeiten, recyceln; **5.** bewirten, freihalten (*to s.th.* mit etw); ▶ ~ **o.s. to s.th.** sich etw gönnen; **I am going to** ~ **you** ich lade dich ein; ~ **lightly** auf die leichte Schulter nehmen; **II** *itr* **1.** handeln (*of* von); **2.** ver-, unterhandeln (*with* mit; *for* wegen); **III** *s* **1.** Bewirtung *f;* Fest(essen) *n;* **2.** (Hoch)Genuß *m,* Freude *f,* Vergnügen *n;* ▶ **stand** ~ *fam* die Zeche bezahlen; **I stand ~, it's my** ~ das geht auf meine Rechnung; **give s.o. a** ~ jdm eine besondere Freude machen; **it's a real** ~ das ist ein wahrer Genuß; **it's coming along a** ~ *fam* das macht sich prächtig.

treat·ise ['tri:tɪz] Abhandlung *f* (*upon, on* über).

treat·ment ['tri:tmənt] Behandlung *f* (*for* wegen); *(Abwasser)* Klärung *f.*

treaty ['tri:tɪ] Vertrag *m,* Abkommen *n,* Übereinkunft *f;* ▶ **commercial** ~ Handelsabkommen *n;* **peace** ~ Friedensvertrag *m.*

treble[1] ['trebl] **I** *adj* dreifach; **II** *adv* dreimal; **III** *tr* verdreifachen; **IV** *itr* sich verdreifachen; **V** *s* (das) Dreifache.

treble[2] ['trebl] *mus* Diskant, Sopran *m;* **treble clef** Violinschlüssel *m;* **treble recorder** Altflöte *f.*

tree [tri:] **I** *s* **1.** Baum *m a. tech;* **2.** *(shoe ~)* Leisten *m;* **3.** *(family ~)* Stammbaum *m;* **4.** *(clothes ~)* Kleiderständer *m;* ▶ **up a** ~ *fam* in der Klemme; **at the top of the** ~ *fig* ganz oben; **they don't grow on ~s** *fig* die fallen nicht vom Himmel; **II** *tr* auf e-n Baum jagen; **tree-frog** *zoo* Laubfrosch *m;* **tree·less** [−lɪs] *adj* baumlos; **tree-lined** ['tri:laɪnd] *adj* baumbestanden; **tree-top** ['tri:tɒp] (Baum)Wipfel *m;* **tree trunk** Baumstamm *m.*

tre·foil ['trefɔɪl] **1.** Klee *m;* **2.** *(Symbol)* Kleeblatt *n;* **3.** *arch* Dreipaß *m.*

trek [trek] **I** *itr* ziehen; mühsam gehen; **II** *s* Treck, Zug *m;* mühsamer Weg.

trel·lis ['trelɪs] Spalier *n.*

tremble ['trembl] **I** *itr* **1.** zittern (*with* vor); **2.** vibrieren, zittern; **3.** sehr besorgt sein, zittern (*for* um); **II** *s* ▶ **be all of a** ~ *fam* am ganzen Leibe zittern.

tre·men·dous [trɪ'mendəs] *adj* **1.** gewaltig, riesig; **2.** *fig* toll; hervorragend.

trem·olo ['treməlәʊ] ⟨*pl* -olos⟩ *mus* Tremolo *n.*

tremor ['tremə(r)] Zittern, Beben *n;* *(earth~)* Erdstoß *m,* Beben *n;* ▶ **without a** ~ gelassen, ruhig; **tremu·lous** ['tremjʊləs] *adj* **1.** zitternd, bebend; **2.** ängstlich, nervös.

trench [trentʃ] **I** *tr* e-n Graben ziehen in; Schützengräben ausheben in; **II** *s* Graben *m;* Schützengraben *m.*

trench·ant ['trentʃənt] *adj (Satire)* scharf, schneidend; *(Kritik, Geist)* scharf; *(Sprache, Ausdruck)* treffend, treffsicher.

trench-coat ['trentʃkəʊt] Regen-, Wettermantel *m.*

trencher·man ['trentʃəmən] ⟨*pl* -men⟩ guter Esser.

trend [trend] **I** *itr fig* gerichtet sein, tendieren (*towards* nach); **II** *s* **1.** Richtung, Tendenz *f,* Trend *m;* **2.** *fig* Verlauf *m,* Entwicklung *f;* **3.** Mode *f,* Trend *m;* **trend-set·ter** ['trendˌsetə(r)] Trendsetter *m;* **trendy** ['trendɪ] **I** *adj* modisch; schickimicki *fam;* **II** *s* Modefan *m;* Schickimicki *fam m;* ▶ **the trendies** *pl* die Schickeria.

trepi·da·tion [ˌtrepɪ'deɪʃn] **1.** Aufgeregtheit *f,* Bangen *n;* **2.** Verzagtheit *f;* ▶ **in fear and** ~ mit Zittern und Bangen.

tres·pass ['trespəs] **I** *itr* **1.** widerrechtlich betreten (*on, upon s.th.* etw); **2.** zu sehr in Anspruch nehmen (*on, upon s.o.'s time* jds Zeit); *(Rechte, Bereich)* eingreifen (*on, upon* in); **3.** *(Bibel)* sündigen (*against* gegen, wider); ▶ **no ~ing!** Betreten verboten! **II** *s* **1.** unerlaubtes Betreten; **2.** *(Bibel)* Sünde *f;* **tres·passer** ['trespəsə(r)] ▶ **~s will be prosecuted!** Betreten (bei Strafe) verboten!

trestle ['tresl] Bock *m*, Gestell *n;* **trestle table** Tisch *m* auf Böcken; Tapeziertisch *m.*

trial ['traɪəl] **1.** Versuch *m;* Probe *f;* **2.** Untersuchung, Prüfung *f;* **3.** *jur* Gerichtsverfahren *n;* (Gerichts)Verhandlung *f;* **4.** *pl (horse ~s)* Querfeldeinrennen *n;* **5.** *fig* Unannehmlichkeit *f;* schwere Belastung, Last *f* (*to s.o.* für jdn); ► **~s and tribulations** Aufregungen, Schwierigkeiten *pl;* **by (way of) ~ and error** durch Ausprobieren; **on ~** auf, zur Probe; **bring to ~** vor Gericht bringen; **be on ~** angeklagt sein; **give s.th. a ~** etw ausprobieren; **put s.th. to the ~** etw testen; **year of ~** Probejahr *n;* **~ by jury** Schwurgerichtsverfahren *n;* **~ of strength** Kraftprobe *f;* **trial flight** Testflug *m;* **trial marriage** Ehe *f* auf Probe; **trial period** Probezeit *f;* **trial run** Generalprobe *f;* Probelauf *m;* Versuchs-, Probefahrt *f.*

tri·angle ['traɪæŋgl] **1.** Dreieck *n;* **2.** *mus* Triangel *m;* **3.** *fig* Dreiecksbeziehung *f;* **tri·angu·lar** [traɪ'æŋgjʊlə(r)] *adj* dreieckig.

tribal ['traɪbl] *adj* Stammes-; ► **~ chief** Stammeshäuptling *m;* **tribe** [traɪb] **1.** (Volks)Stamm *m;* **2.** *bot* Gattung *f;* **3.** *pej* Sippschaft *f;* **tribes·man** ['traɪbzmən] ‹*pl* -men› Stammesangehörige(r) *m.*

tribu·la·tion [ˌtrɪbjʊ'leɪʃn] (großer) Kummer *m; fig* schwere Prüfung.

tri·bu·nal [traɪ'bju:nl] Gericht(shof *m) n;* Untersuchungsausschuß *m;* Tribunal *n.*

tri·bune¹ ['trɪbju:n] Tribüne *f.*

tri·bune² ['trɪbju:n] *hist* Tribun *m.*

tribu·tary ['trɪbjʊt(ə)rɪ] **I** *adj* tributpflichtig (*to* dat); **II** *s (~ river)* Nebenfluß *m;* **trib·ute** ['trɪbju:t] Tribut *m a. fig;* Zeichen *n* der Hochachtung; ► **pay (a) ~ to s.o.** jdm Anerkennung zollen.

trice [traɪs] ► **in a ~** im Nu.

tri·chi·na [trɪ'kaɪnə] ‹*pl* -nae› [trɪ'kaɪni:] Trichine *f;* **trichi·no·sis** [ˌtrɪkɪ'nəʊsɪs] *med* Trichinose *f.*

trick [trɪk] **I** *s* **1.** List *f,* Trick *m;* **2.** Kunststück *n;* **3.** Streich *m;* **4.** (schlechte) Angewohnheit, Eigenheit *f;* **5.** *(Kartenspiel)* Stich *m;* ► **that should do the ~** so müßte es gehen; **know a ~ or two** sich auskennen, gewitzt sein; **I know a ~ worth two of that** das kann ich besser; **she never misses a ~** ihr entgeht nichts; **play a ~ on s.o.** jdm einen Streich spielen; **I'm on to his ~s** ich kenne seine Schliche; **how's ~s?** *fam* wie geht's? **card ~** Kartenkunststück *n,* -trick *m;* **a ~ of the light** eine Täuschung; **II** *tr* beschwindeln, betrügen; überlisten; an der Nase herumführen; ► **~ s.o. into doing s.th.** jdn dazu verleiten, etw zu tun; **~ out** herausputzen, ausstaffieren; **trick·ery** ['trɪkərɪ] Schwindel, Betrug *m,* Gaunerei *f.*

trickle ['trɪkl] **I** *itr* tröpfeln *a. fig;* **II** *tr* träufeln; **III** *s* Rinnsal *n;* ► **a ~ of people** tröpfchenweise ankommende Leute; **IV** *(mit Präposition)* **trickle away** *itr (Menge)* sich verlaufen; **trickle out** *itr* durchsickern *fig;* herausströmen (*of* aus).

trick·ster ['trɪkstə(r)] Schwindler(in), Betrüger(in) *m (f);* **tricksy** ['trɪksɪ] *adj* heimtückisch; schlau; **tricky** ['trɪkɪ] *adj* **1.** gerissen, durchtrieben; **2.** kompliziert; *(Problem)* schwierig; *(Situation)* kitzlig.

tri·cycle ['traɪsɪkl] Dreirad *n.*

tri·dent ['traɪdnt] Dreizack *m.*

tried [traɪd] *adj* erprobt.

tri·en·nial [traɪ'enɪəl] *adj* alle drei Jahre stattfindend; drei Jahre dauernd.

trier ['traɪə(r)] *fam* jem, der sich Mühe gibt.

trifle ['traɪfl] **I** *s* **1.** Kleinigkeit *f;* Belanglosigkeit *f* (*to* für); **2.** *(Nachspeise)* Trifle *m;* ► **a ~** ein bißchen; **II** *(mit Präposition)* **trifle away** *tr* vergeuden; **trifle with** *itr* spielen mit *a. fig;* nachlässig umgehen mit; ► **he is not a person to be ~d with** mit ihm ist nicht zu spaßen; **trif·ling** ['traɪflɪŋ] *adj* nichtig, unbedeutend.

trig·ger ['trɪgə(r)] **I** *s (Gewehr)* Abzug *m; (Kamera)* Auslöser *m;* ► **be quick on the ~** schnell abdrücken; **pull the ~** abdrücken; **II** *tr (~ off)* auslösen; **trigger-happy** *adj* schießwütig.

trig·on·om·etry [ˌtrɪgə'nɒmətrɪ] Trigonometrie *f.*

trike [traɪk] Dreirad *n.*

tri·lat·eral [ˌtraɪ'lætərəl] *adj* dreiseitig.

trilby ['trɪlbɪ] Schlapphut *m.*

tri·lin·gual [ˌtraɪ'lɪŋgwəl] *adj* dreisprachig.

trill [trɪl] **I** *s* Triller *m;* **II** *tr, itr* trillern; trällern.

tril·lion ['trɪlɪən] *Br* Trillion *f; Am* Billion *f.*

tril·ogy ['trɪlədʒɪ] *lit theat* Trilogie *f.*

trim [trɪm] **I** *tr* **1.** *(Hecke, Bart)* beschneiden, stutzen; *(Haare)* nachschneiden; *(Holzstück)* zurechtschneiden; **2.** *(Budget, Aufsatz)* kürzen; **3.** besetzen; schmücken; **4.** *mar (Schiff)* trimmen; *(Segel)* brassen; **5.** *aero* (aus)trimmen; anpassen; **6.** *Am fam* übers Ohr hauen; **7.** *Am sport* völlig besiegen; **II** *s* **1.** guter Zustand, gute Verfassung; **2.** Ausstattung, Einrichtung *f;* Ausrüstung *f;* **3.** *mot* Innenausstattung *f;* **4.** *mar* Trimm *m;* **5.** *aero* Trimmlage, Fluglage *f;* ► **in good, proper ~** in gutem Zustand; *fam* in Form; **give s.th. a ~** etw zurechtschneiden; etw stutzen; **III** *adj* sauber; gepflegt; hübsch, fesch; gut proportioniert; **IV** *(mit Präposition)* **trim away** *tr* wegschneiden; **trim down** *tr* kürzen; stutzen; schneiden; **trim off** *tr* abschneiden; **trim up** *tr* stutzen; **trim·ming** [—ɪŋ] **1.** Besatz *m,* Verzierung *f;* **2.** *pl* Zutaten *f pl;* Zubehör *m;* **3.** *pl* Abfälle *m pl;* Papierschnitzel *pl;* ▶ **with all the ~s** *fig* mit allem Drum und Dran.

Tri·ni·dad [ˈtrɪnɪdæd] Trinidad *n.*

Trin·ity [ˈtrɪnətɪ] **1.** *rel* Dreieinigkeit *f;* **2.** *(t~)* Sommertrimester *n;* ▶ **~ (Sunday)** Sonntag *m* Trinitatis.

trin·ket [ˈtrɪŋkɪt] kleines Schmuckstück.

trio [ˈtri:əʊ] ⟨*pl* trios⟩ *mus* Trio *n a. fig.*

trip [trɪp] **I** *s* **1.** Reise *f;* Ausflug *m;* **2.** *sl (Drogen)* Trip *m;* **3.** Stolpern *n;* **4.** *sport* Beinstellen *n;* **5.** Fehler, Lapsus *m;* **6.** *tech* Auslösung *f;* **II** *itr* **1.** trippeln; **2.** stolpern (*over* über); **3.** *fig* e-n Irrtum begehen, e-n Schnitzer machen; **4.** *(Drogen)* auf einen Trip gehen; **III** *tr* **1.** *(~ up)* stolpern lassen; ein Bein stellen (*s.o.* jdm); **2.** *fig* scheitern lassen, zu Fall bringen; **3.** *tech* in Gang setzen; auslösen; betätigen; **IV** *(mit Präposition)* **trip over** *itr* stolpern (über); **trip up** *itr* **1.** stolpern; **2.** *fig* einen Fehler machen; *tr* **1.** stolpern lassen; zu Fall bringen; **2.** *fig* eine Falle stellen (*s.o.* jdm).

tri·par·tite [ˌtraɪˈpɑ:taɪt] *adj* dreiseitig.

tripe [traɪp] **1.** *(Küche)* Kaldaunen, Kutteln *f pl;* **2.** *fam fig* Schund, Kitsch *m.*

triple [ˈtrɪpl] **I** *adj* dreifach; ▶ **~ jump** Dreisprung *m;* **II** *tr* verdreifachen; **III** *itr* sich verdreifachen; **trip·let** [ˈtrɪplɪt] **1.** *mus* Triole *f;* **2.** *meist pl* Drilling *m;* **trip·li·cate** [ˈtrɪplɪkət] **I** *adj* **1.** dreifach; **2.** in dreifacher Ausfertigung; ▶ **in ~** in dreifacher Ausfertigung; **II** *tr* [ˈtrɪplɪkeɪt] dreifach ausfertigen.

tri·pod [ˈtraɪpɒd] **1.** Dreifuß *m;* **2.** *phot* Stativ *n.*

trip·per [ˈtrɪpə(r)] Ausflügler(in) *m (f).*

trip·ping [ˈtrɪpɪŋ] *adj* trippelnd; ▶ **~ device** Auslösemechanismus *m.*

trip·tych [ˈtrɪptɪk] Triptychon *n.*

tri·sect [traɪˈsekt] *tr* in drei (*math* gleiche) Teile teilen.

trite [traɪt] *adj* abgedroschen; banal.

tri·umph [ˈtraɪʌmf] **I** *s* Triumph, Sieg *m* (*over* über); **II** *itr* **1.** triumphieren (*over* über); **2.** e-n Triumph feiern; **tri·um·phal** [traɪˈʌmfl] *adj* triumphal; Sieges-; ▶ **~ arch** Triumphbogen *m;* **tri·um·phant** [traɪˈʌmfnt] *adj* **1.** triumphierend; siegreich; **2.** jubelnd.

trivia [ˈtrɪvɪə] *pl* Trivialitäten *f pl;* **triv·ial** [ˈtrɪvɪəl] *adj* **1.** trivial; **2.** belanglos, unwichtig; **3.** *(Mensch)* oberflächlich; **triv·ial·ity** [ˌtrɪvɪˈælətɪ] **1.** Trivialität, Nebensächlichkeit *f;* **2.** Belanglosigkeit *f;* **triv·ial·ize** [ˈtrɪvɪəlaɪz] *tr* trivialisieren.

tro·chaic [trəʊˈkeɪɪk] *adj* trochäisch; **tro·chee** [ˈtrəʊki:] *(Versfuß)* Trochäus *m.*

trod, trodden [trɒd, ˈtrɒdn] *v s. tread.*

trog·lo·dyte [ˈtrɒglədaɪt] *hist* Höhlenmensch *m.*

Tro·jan [ˈtrəʊdʒən] **I** *s* Trojaner(in), Troer(in) *m (f);* ▶ **work like a ~** arbeiten wie ein Pferd; **II** *adj* **1.** trojanisch; **2.** *fig* übermenschlich; ▶ **T~ Horse** Trojanisches Pferd; **T~ War** Trojanischer Krieg.

trol·ley [ˈtrɒlɪ] **1.** Handkarren *m;* **2.** *rail* Draisine *f;* **3.** *el* Kontaktrolle *f;* **4.** *(shopping, supermarket ~)* Einkaufswagen *m;* ▶ **~-bus** Obus *m;* **tea ~** Teewagen *m;* **he's off his ~** *fam* er hat einen Dachschaden *fam.*

trol·lop [ˈtrɒləp] Schlampe *f;* Dirne *f.*

trom·bone [trɒmˈbəʊn] Posaune *f;* **trom·bon·ist** [trɒmˈbəʊnɪst] Posaunist(in) *m (f).*

troop [tru:p] **I** *s* **1.** Gruppe *f;* **2.** Haufe(n), Trupp *m;* **3.** Schar, Herde *f;* **4.** *(Pfadfinder)* Stamm *m;* **5.** *pl mil* Truppen *pl;* **II** *itr* strömen; ▶ **~ out of** scharenweise herauskommen aus; **~ into** hineinströmen in; **~ past s.th.** an etw vorbeiziehen; **III** *tr* ▶ **~ the colours** eine Fahnenparade abhalten; **troop-carrier** *aero mar* Truppentransporter *m;* **trooper** [ˈtru:pə(r)] **1.** Kavallerist *m;* **2.** *Am (state ~)* Polizist *m;* ▶ **swear like a ~** fluchen wie ein Kutscher.

trophy [ˈtrəʊfɪ] Trophäe *f.*

tropic [ˈtrɒpɪk] **1.** *geog* Wendekreis *m;* **2.** *pl* Tropen *pl;* ▶ **T~ of Cancer, Capricorn** Wendekreis *m* des Krebses, des Steinbocks; **tropi·cal** [ˈtrɒpɪkl] *adj* tropisch; ▶ **~ clothing** Tropenkleidung *f;* **~ disease** Tropenkrankheit *f.*

tro·po·sphere [ˈtrəʊpəsfɪə(r)] *mete* Troposphäre *f.*

trot [trɒt] **I** *itr* trotten; traben; *fam* gehen; **II** *tr* traben lassen; **III** *s* **1.** Trab *m a. fig;* **2.** *pl fam* Durchfall *m;* ▶ **go for a ~** *fam* sich die Füße vertreten; **keep s.o. on the ~** *fig* jdn in Trab halten; **three weeks on the ~** drei Wochen lang; **IV** *(mit Präposition)* **trot along, trot off** *itr fam* losziehen; **trot out** *itr* hinausgehen; *tr fig* produzieren; **trot·ter** [ˈtrɒtə(r)] *(Rennpferd)* Traber *m;* ▶ **pig's ~s** *pl* Schweinsfüße *m pl.*

trouble [ˈtrʌbl] **I** *tr* **1.** beunruhigen, bedrücken, aufregen; **2.** belästigen; bemühen (*for* um); **3.** Kummer, Sorgen machen (*s.o.* jdm); ▶ **be ~d about s.th.** sich wegen etw Sorgen machen; **I am sorry to ~ you** es tut mir leid, daß ich Sie stören muß; **~ to do s.th.** sich bemühen, etw zu tun; **may I ~ you?** darf ich Sie bitten (*for* um; *to do* zu tun); **II** *itr* sich bemühen (*to do* zu tun); **I shan't ~ with that** das werde ich mir ersparen; **III** *s* **1.** Schwierigkeiten *f pl;* Ärger *m,* Unannehmlichkeiten *f pl;* **2.** Mühe *f,* Umstände *m pl;* **3.** *med* Krankheit *f,* Leiden *n;* **4.** Unruhe *f,* Durcheinander *n; pol* Wirren *pl;* **5.** *tech* Störung *f,* Defekt *m;*

► **ask, look for ~** sich Ärger einhandeln; **be in ~** in Schwierigkeiten sein; **be a ~ to s.o.** jdm Ärger machen; **get into ~** sich Unannehmlichkeiten einhandeln; **get a girl into ~** *euph* ein Mädchen ins Unglück bringen; **get s.o. into ~** jdn in Schwierigkeiten bringen; **have ~ with** Ärger, Scherereien haben mit; **make ~** Ärger machen; **(it will be) no ~ (at all)** das ist nicht der Rede wert; **what's the ~?** was ist los? **the ~ is that** das Problem ist, daß; **liver, heart ~** Leber-, Herzleiden *n;* **labour ~** Arbeiterunruhen *f pl;* **troubled** ['trʌbld] *adj* beunruhigt; bekümmert; *(Zeiten)* unruhig; *(See)* aufgewühlt; ► **fish in ~ waters** *fig* im trüben fischen; **trouble-free** ['trʌblfrɪ:] *adj* sorglos; **trouble-maker** ['trʌbl,meɪkə(r)] Unruhestifter(in) *m (f);* **trouble-shooter** ['trʌbl,ʃu:tə(r)] **1.** Störungssucher(in) *m (f);* **2.** Schlichter(in), Vermittler(in) *m (f);* **trouble·some** ['trʌblsəm] *adj* **1.** störend, lästig, unangenehm; **2.** beschwerlich, mühevoll; **trouble spot** Krisenherd *m.*

trough [trɒf, *Am* trɔ:f] **1.** Trog *m;* **2.** Furche, Rille *f;* **3.** Wellental *n;* **4.** *mete* Tief *n;* ► **~ of barometric depression** Tiefdruckrinne *f.*

troupe [tru:p] (Schauspiel)Truppe *f;* **trouper** ['tru:pə(r)] Mitglied *n* e-r Truppe *f;* ► **old ~** *fig* alter Hase.

trouser clip ['traʊzə,klɪp] Hosenklammer *f;* **trouser leg** Hosenbein *n;* **trousers** ['traʊzəz] *pl (pair of ~)* (lange) Hose *f;* ► **wear the ~** *fig* die Hosen anhaben; **trouser suit** Hosenanzug *m.*

trous·seau ['tru:səʊ] Aussteuer *f.*

trout [traʊt] Forelle *f;* **trout farm(ing)** Forellenzucht *f;* **trout fishing** Forellenfang *m.*

trowel ['traʊəl] Kelle *f;* ► **lay it on with a ~** *fig* dick auftragen.

troy [trɔɪ] *(~ weight)* Troy-, Juwelengewicht *n;* **troy ounce** Feinunze *f.*

Troy [trɔɪ] Troja *n;* ► **Helen of ~** die schöne Helena.

tru·ancy ['tru:ənsɪ] Schulschwänzen *n;* **tru·ant** ['tru:ənt] Schulschwänzer(in) *m (f);* ► **play ~** (die Schule) schwänzen.

truce [tru:s] Waffenstillstand *m.*

truck[1] [trʌk] **I** *s* **1.** Schub-, Handkarren *m;* **2.** *Am* Lastwagen *m,* -auto *n;* **3.** offener Güterwagen; **II** *tr Am* transportieren; **III** *itr Am* Lastwagen fahren.

truck[2] [trʌk] **1.** *Am (garden ~)* Gemüse *n* für den Markt; **2.** *hist* Tauschsystem *n;* ► **have no ~ with s.o.** mit jdm nichts zu tun haben.

truck-driver ['trʌk,draɪvə(r)] LKW-Fahrer(in), Last(kraft)wagenfahrer(in) *m (f);* **trucker** ['trʌkə(r)] *Am* **1.** Lastwagenfahrer(in) *m (f);* Spediteur *m;* **2.** Gemüsegärtner(in) *m (f);* **truck farming** Gemüseanbau *m* für den Markt; **truck·ing** ['trʌkɪŋ] *Am* Spedition *f;* **truck·man** ['trʌkmən] ⟨*pl* -men⟩ *Am* Lastwagenfahrer *m;* **truck shop** *Am* Fernfahrerlokal *n;* **truck trailer** LKW-Anhänger *m.*

trucu·lence ['trʌkjʊləns] Aufsässigkeit *f;* **trucu·lent** ['trʌkjʊlənt] *adj* aufsässig.

trudge [trʌdʒ] **I** *itr* sich schleppen, sta(m)pfen (*through* durch); **II** *s* langer mühsamer Marsch.

true [tru:] **I** *adj* **1.** wahr; **2.** *(Bericht, Beschreibung)* wahrheitsgemäß; *(Kopie)* getreu; **3.** *(Gefühle)* wahr, echt; *(Grund)* wirklich; **4.** *(Leder etc)* echt; **5.** *(Eigentümer, Erbe)* rechtmäßig; **6.** *(Mann, Freund)* treu; **7.** *(Wand, Fläche)* gerade; *(Kreis)* rund; *mus* rein; **8.** *phys* tatsächlich; ► **(it is) ~** allerdings, zwar; **II** *adv* wahrhaftig, wirklich; genau; ► **come ~** Wirklichkeit werden; **prove ~** sich bewahrheiten; **tell me ~!** sag mir die Wahrheit! **III** *s* ► **out of ~** schief, nicht gerade; **IV** *(mit Präposition)* **true up** *tr* genau einstellen; genau ausrichten; **true-blue I** *adj* waschecht, echt; **II** *s Br* echter Tory; **true·born** *adj* gebürtig; echt; rechtmäßig; **true-hearted** [,tru:'hɑ:tɪd] *adj* aufrichtig, ehrlich; (ge)treu; **true-life** *adj* lebensecht; **true-love** Liebchen *n,* Geliebte(r) *f m.*

truffle ['trʌfl] Trüffel *f.*

tru·ism ['tru:ɪzəm] Binsenwahrheit *f.*

truly ['tru:lɪ] *adv* **1.** aufrichtig; wahrhaftig; **2.** wirklich, tatsächlich; ► **yours ~** hochachtungsvoll.

trump[1] [trʌmp] **I** *s* Trumpf(karte *f*) *m a. fig;* ► **play one's ~-card** *fig* seine Trümpfe ausspielen; **turn up ~s** *fig fam* alle Erwartungen übertreffen; Glück haben; **II** *tr* übertrumpfen *a. fig;* **III** *(mit Präposition)* **trump up** *tr* erfinden.

trump[2] [trʌmp] Trompete *f;* ► **the Last T~** die Posaune des Jüngsten Gerichts.

trump·ery ['trʌmpərɪ] **I** *adj* kitschig; wertlos; **II** *s* Plunder *m;* Unsinn *m.*

trum·pet ['trʌmpɪt] **I** *s* Trompete *f;* ► **blow one's own ~** *fig* sein eigenes Lob singen; **II** *tr, itr* **1.** trompeten; **2.** *(~ forth) fig* ausposaunen; **trum·peter** ['trʌmpɪtə(r)] Trompeter(in) *m (f).*

trun·cate [trʌŋ'keɪt] **I** *tr* **1.** stutzen, verkürzen; **2.** abschneiden; **3.** verstümmeln; **II** *adj* ['trʌŋkeɪt] stumpf; abgestumpft.

trun·cheon ['trʌntʃən] (Gummi)Knüppel *m.*

trundle ['trʌndl] **I** *itr* (dahin)rollen; **II** *tr* rollen, ziehen, schieben.

trunk [trʌŋk] **1.** (Baum)Stamm *m;* **2.** *(Mensch)* Rumpf *m;* **3.** *(Elefant)* Rüssel *m;* **4.** (großer) Koffer; **5.** *Am mot* Kofferraum *m;* **6.** *pl* Turn-, Badehose *f;* **trunk call** *Br tele* Ferngespräch *n;* **trunk line 1.** *rail* Hauptlinie *f;* **2.** *tele* Fernleitung *f;* **trunk road** *Br* Fernstraße *f.*

truss [trʌs] **I** *tr* **1.** abstützen; **2.** *(Küche)* wickeln, dressieren; **3.** *(Heu)* bündeln; **II** *s* **1.** Bündel *n;* **2.** (Eisen)Band *n,* Klammer *f;* **3.** *arch* Fachwerk *n;* Dachsparren *m pl;* Tragbalken *m;* **4.** *med* Bruchband *n.*

trust [trʌst] **I** *s* **1.** Vertrauen *n* (*in* zu, auf); Zutrauen *n* (*in* zu); **2.** Verantwortung *f;* **3.** *fin com* Treuhandverhältnis *n,* Treuhandvermögen *n;* **4.** Stiftung *f;* **5.** *(~ company)* Kartell *n,* Trust *m;* ▶ **in ~** zu treuen Händen; treuhänderisch; **on ~** auf Treu u. Glauben; **put one's ~ in s.o.** auf jdn sein Vertrauen setzen; **II** *itr* **1.** Vertrauen haben, vertrauen, bauen (*to* auf); **2.** sich verlassen (*to* auf); **III** *tr* **1.** vertrauen (*s.o.* jdm); **2.** trauen (*s.th.* e-r S); **3.** sich verlassen (*s.o. to do s.th.* darauf, daß jem etw tut; *to* auf); **4.** erwarten; hoffen; ▶ **~ s.o. to do s.th.** jdm vertrauen, daß er etw tut; jdm zutrauen, daß er etw tut; **~ s.o. with s.th.** jdm etw anvertrauen; **~ you!** typisch! **I ~ not!** ich hoffe es nicht; **you are coming, I ~** Sie kommen doch hoffentlich; **trusted** [ˈtrʌstɪd] *adj* **1.** *(Methode)* bewährt; **2.** *(Diener, Freund)* (ge)treu; **trustee** [trʌsˈtiː] **1.** Treuhänder(in) *m (f);* Vermögensverwalter(in) *m (f);* **2.** *(Institution)* Kurator, Verwalter *m;* **trust·ful** [ˈtrʌstfl] *adj* vertrauensvoll; gutgläubig; **trust fund** Treuhandvermögen *n;* **trust·ing** [ˈtrʌstɪŋ] *adj* vertrauensvoll; **trust·worthi·ness** [ˈtrʌstˌwɜːðɪnɪs] Vertrauenswürdigkeit *f;* Glaubhaftigkeit *f;* **trust·worthy** [ˈtrʌstˌwɜːðɪ] *adj* vertrauenswürdig; *(Geschichte)* glaubwürdig; **trusty** [ˈtrʌstɪ] *adj* treu, zuverlässig.

truth [truːθ] ‹*pl* truths› [truːðz] Wahrheit *f;* ▶ **in ~** in Wirklichkeit; **to tell the ~** ehrlich gesagt; **I told him the plain ~** ich habe ihm reinen Wein eingeschenkt; **there is no ~ in it** es ist nichts Wahres daran; **home ~s** *pl* bittere Wahrheiten *f pl;* **truth·ful** [ˈtruːθfl] *adj* ehrlich; **truth·ful·ness** [—nəs] Ehrlichkeit *f;* *(e-r Aussage)* Wahrheit *f.*

try [traɪ] **I** *tr* **1.** versuchen (*doing s.th.* etw zu tun); **2.** probieren; **3.** auf die Probe stellen; **4.** *jur (Menschen)* vor Gericht stellen; *(Fall)* verhandeln; ▶ **~ one's hand at s.th.** etw probieren; **~ one's luck** sein Glück versuchen; **be tried for murder** wegen Mordes vor Gericht stehen; **just you ~ it!** versuch's bloß (nicht)! **why don't you ~ him** warum versuchst du es nicht mal mit ihm; **tried and tested** erprobt; **these things are sent to ~ us!** man ist schon gestraft! **II** *itr* versuchen; ▶ **I'll ~** ich werde es versuchen; **~ and come** versuche zu kommen; **III** *s* Versuch *m;* ▶ **give s.th. a ~** etw versuchen; **have a ~!** versuchen Sie es mal! **it was a good ~** das war gar nicht schlecht; **IV** *(mit Präposition)* **try for** *itr* sich bemühen um; **try on** *tr* **1.** anprobieren; *(Hut)* aufprobieren; **2.** *fig* ▶ **he's ~ing it on** er probiert, wie weit er gehen kann; er will nur provozieren; **~ it on with s.o.** jdn provozieren; **don't ~ it on with me** komm mir bloß nicht so; **try out** *tr* ausprobieren; *(Angestellten)* einen Versuch machen mit; **try over** *tr mus* proben; **try·ing** [—ɪŋ] *adj* anstrengend, mühsam (*to* für); ▶ **how ~!** wie ärgerlich! **try-on** [ˈtraɪɒn] ▶ **it's just a ~** er, sie tut nur so; **try-out** [ˈtraɪaʊt] Probe *f;* Probefahrt *f;* Probespiel *n;* Probezeit *f;* ▶ **give s.th. a ~** etw ausprobieren.

tsar [zɑː(r)] Zar *m;* **tsa·rina** [zɑːˈriːnə] Zarin *f;* **tsar·ist** [ˈzɑːrɪst] **I** *s* Zarist *m;* **II** *adj* zaristisch.

tsetse [ˈtsetsɪ] *(~ fly) zoo* Tsetsefliege *f.*

T-Shirt [ˈtiːʃɜːt] T-Shirt *n;* **T-square** [ˈtiːskweə(r)] Reißschiene *f.*

tub [tʌb] **1.** Tonne *f,* Faß *n;* Kübel *m;* Zuber *m;* **2.** Becher *m;* **3.** *fam* (Bade)Wanne *f;* **4.** *pej fam* Kahn *m;* **tubby** [ˈtʌbɪ] *adj fam* klein u. dick; mollig; pummelig; rundlich.

tube [tjuːb] **1.** Rohr *n;* Schlauch *m;* Sprachrohr *n;* **2.** *(Zahnpasta usw)* Tube *f;* **3.** *el TV* Röhre *f;* **4.** *anat* Eileiter *m;* **5.** *(London)* U-Bahn *f;* ▶ **bronchial ~s** *pl* Bronchien *pl;* **tubeless** [—lɪs] *adj mot* schlauchlos.

tu·ber [ˈtjuːbə(r)] *bot* Knolle *f.*

tu·ber·cu·lar [tjuːˈbɜːkjʊlə(r)] *adj* tuberkulös; **tu·ber·cu·lo·sis** [tjuːˌbɜːkjʊˈləʊsɪs] Tuberkulose, Tb(c) *f;* **tu·ber·cu·lous** [tjuːˈbɜːkjʊləs] *adj* tuberkulös.

tube station [ˈtjuːbsteɪʃn] *(London)* U-Bahn-Station *f.*

tub-thumper [ˈtʌbθʌmpə(r)] Volksredner *m.*

tuck [tʌk] **I** *tr* **1.** stecken; **2.** *(Nähen)* mit Biesen versehen; **II** *s* **1.** Saum *m;* Biese *f;* **2.** Süßigkeiten *f pl;* **III** *(mit Präposition)* **tuck away** *tr* wegstecken; *fam (Essen)* wegputzen; **tuck in** *tr* **1.** hineinstecken; **2.** *(Kind)* zudecken; *itr fam* (beim Essen) zulangen; **tuck up** *tr* hochstecken; *(Ärmel)* hochkrempeln; *(Beine)* unterschlagen; ▶ **~ up in bed** ins Bett stecken; **tucker** [ˈtʌkə(r)] ▶ **in one's best bib and ~** im Sonntagsstaat; **tuck-in** [ˌtʌkˈɪn] *fam* solide Mahlzeit; **tuck-shop** *fam* Süßwarengeschäft *n.*

Tues·day [ˈtjuːzdɪ] Dienstag *m;* ▶ **on ~** am Dienstag; **on ~s** dienstags.

tuft [tʌft] Büschel *n.*

tug [tʌg] **I** *itr* fest ziehen, zerren, reißen (*at* an); **II** *tr* **1.** zerren, heftig ziehen *(an);* **2.** *mar* schleppen; **III** *s* **1.** Zerren *n;* **2.** *mar (~boat)* Schlepper *m;* ▶ **~ of war** *sport* Tauziehen *n a. fig;* **give s.th. a ~** an etw ziehen.

tu·ition [tjuːˈɪʃn] Unterricht *m.*

tu·lip [ˈtjuːlɪp] Tulpe *f.*

tumble ['tʌmbl] **I** *s* **1.** Sturz *m;* **2.** Durcheinander *n;* ▶ **have, take a ~** stürzen; *fig* fallen; **in a ~** durcheinander; **II** *itr* **1.** straucheln, stolpern (*over* über); **2.** stürzen, fallen (*off a bicycle* vom Fahrrad; *out of a window* aus e-m Fenster); **3.** *com (Preise)* fallen; **4.** *fam* plötzlich kapieren (*to s.th.* etw); **III** *tr* **1.** stoßen; **2.** *(Haar)* zerzausen; **IV** *(mit Präposition)* **tumble about** *itr* durcheinanderpurzeln; **tumble down** *itr* **1.** hinfallen; herunterfallen; *(Gebäude)* einfallen; **2.** herunter-, hinunterrennen; **tumble in** *itr* hereinpurzeln; **tumble over** *itr* umfallen; **tumble·down** ['tʌmbl,daʊn] *adj* baufällig; **tumble-drier** *el* Wäschetrockner *m;* **tum·bler** ['tʌmblə(r)] **1.** Akrobat *m;* **2.** *(Spielzeug)* Stehaufmännchen *n;* **3.** Becherglas *n;* **4.** *el* Wäschetrockner *m.*

tu·mes·cence [tu:'mesns] Schwellung *f;* **tu·mes·cent** [tu:'mesnt] *adj* anschwellend.

tummy ['tʌmɪ] *fam* Bauch *m;* **tummy-ache** Bauchweh *n.*

tu·mour, *Am* **tu·mor** ['tju:mə(r)] *med* Geschwulst *f,* Tumor *m.*

tu·mult ['tju:mʌlt] **1.** Lärm, Tumult *m;* **2.** Durcheinander *n;* **tu·mul·tu·ous** [tju:'mʌltʃʊəs] *adj* **1.** lärmend; **2.** turbulent, stürmisch.

tu·mu·lus ['tju:mjʊləs] ⟨*pl* -li⟩ [—laɪ] Hügelgrab *n.*

tun [tʌn] Faß *n.*

tuna ['tju:nə] Thunfisch *m.*

tun·dra ['tʌndrə] *geog* Tundra *f.*

tune [tju:n] **I** *s* Melodie *f;* ▶ **in ~** *mus* (gut) gestimmt; in Harmonie (*with* mit); *fig* auf der gleichen Wellenlänge (*with* wie); **out of ~** *mus* verstimmt; *mot* falsch eingestellt; *fig* im Widerspruch (*with* zu); **to the ~ of** *fam* zum Preise, in Höhe von; **change one's ~** *fig* andere Töne anschlagen; **II** *tr* **1.** *(Musikinstrument)* stimmen; **2.** *tech radio* einstellen; **3.** *mot* tunen; **III** *(mit Präposition)* **tune in** *tr radio* einschalten; ▶ **~ in to s.th.** etw einschalten; **tune up** *itr mus* die Instrumente stimmen; *tr mot (Motor)* tunen; richtig einstellen; **tune·ful** ['tju:nfl] *adj* klangvoll, melodisch; **tune·less** [—lɪs] *adj* mißtönend; **tuner** ['tju:nə(r)] **1.** *(piano ~)* Klavierstimmer(in) *m (f);* **2.** *radio* Tuner *m;* **tune-up** ['tju:nʌp] *tech mot* Justierung *f.*

tung·sten ['tʌŋstən] *chem* Wolfram *n.*

tu·nic ['tju:nɪk] **1.** lange (Damen)Bluse *f;* Kittel *m;* **2.** *mil* Waffenrock *m.*

tun·ing ['tju:nɪŋ] **1.** *mus* Stimmen *n;* **2.** *radio mot* Einstellen *n;* **3.** *mot* Tunen, Tuning *n;* **tuning fork** Stimmgabel *f;* **tuning knob** Abstimmknopf *m;* **tuning range** Abstimmbereich *m.*

Tu·ni·sia [tju:'nɪzɪə] Tunesien *n;* **Tu·ni·sian** [tju:'nɪzɪən] **I** *s* Tunesier(in) *m (f);* **II** *adj* tunesisch.

tun·nel ['tʌnl] **I** *s* **1.** Tunnel *m;* Unterführung *f;* **2.** *min* Stollen *m;* **3.** *zoo* Bau *m;* ▶ **Channel T~** Kanaltunnel *m;* **II** *tr* untertunneln; **III** *itr* e-n Tunnel anlegen (*through* durch; *into* in).

tunny ['tʌnɪ] *zoo* Thunfisch *m.*

tup·pence ['tʌpəns] zwei Pence *m pl;* ▶ **I don't care ~** das ist mir egal; **tup·penny** ['tʌpənɪ] *adj* für zwei Pence; Zweipence-; **tup·penny-ha'penny** ['tʌpnɪ'heɪpnɪ] *adj Br fam* lächerlich.

tur·ban ['tɜ:bən] Turban *m.*

tur·bid ['tɜ:bɪd] *adj* **1.** *(Flüssigkeit)* trüb(e), schmutzig; **2.** *fig* wirr, konfus.

tur·bine ['tɜ:baɪn] Turbine *f;* **turbo-car** [,tɜ:bəʊ'kɑ:(r)] Turbinenauto *n;* **turbo-charged** ['tɜ:bəʊ,tʃɑ:dʒəd] *adj mot* mit Turbolader *m;* **turbo·charger** ['tɜ:bəʊ,tʃɑ:dʒə(r)] *mot* Turbolader *m;* **turbo-diesel** ['tɜ:bəʊ,di:sl] *mot* Turbodiesel *m;* **turbo engine** ['tɜ:bəʊ ,endʒɪn] Turbomotor *m;* **tur·bo·jet** [,tɜ:bəʊ'dʒet] Düsenflugzeug *n;* Turbotriebwerk *n;* **turbo·prop** ['tɜ:bəʊ'prɒp] Turboprop *f;* Turbo-Prop-Flugzeug *n.*

tur·bot ['tɜ:bət] *zoo* (Stein)Butt *m.*

tur·bu·lence ['tɜ:bjʊləns] **1.** Unruhe *f;* **2.** Turbulenz *f a. phys;* Böigkeit *f;* **tur·bu·lent** ['tɜ:bjʊlənt] *adj* **1.** unruhig, ungestüm; **2.** wirr, stürmisch, aufgeregt; **3.** *phys* turbulent; **4.** *(Wetter)* böig.

turd [tɜ:d] *vulg* **1.** Kacke *f,* Kot *m;* **2.** Scheißkerl *m.*

tu·reen [tjʊ'ri:n] Suppenschüssel *f.*

turf [tɜ:f] ⟨*pl* **turfs, turves**⟩ [tɜ:vz] **I** *s* Grasnarbe *f,* Rasen *m;* ▶ **the T~** die (Pferde)Rennbahn; das Pferderennen; **II** *tr* mit Rasen(stücken) bedecken; ▶ **~ out** *sl* rausschmeißen; **turf accountant** Buchmacher(in) *m (f).*

tur·gid ['tɜ:dʒɪd] *adj* **1.** *med* geschwollen *a. fig;* **2.** *fig* schwülstig.

Turk [tɜ:k] Türke *m,* Türkin *f.*

tur·key ['tɜ:kɪ] Puter, Truthahn *m;* ▶ **talk ~** kein Blatt vor den Mund nehmen.

Turkey ['tɜ:kɪ] die Türkei; **Tur·kish** ['tɜ:kɪʃ] **I** *adj* türkisch; ▶ **~ bath** türkisches Bad, Schwitzbad *n;* **~ delight, paste** Lokum *n;* **~ towel** Frottiertuch *n;* **II** *s* (das) Türkisch(e).

tur·moil ['tɜ:mɔɪl] Aufruhr *m;* Durcheinander *n;* ▶ **her mind was in a ~** sie war völlig durcheinander.

turn [tɜ:n] **I** *s* **1.** Drehung *f;* Umdrehung *f;* **2.** *(Straße)* Kurve *f; sport* Wende *f a. fig;* **3.** Reihenfolge *f;* **4.** (guter) Dienst *m;* **5.** *med* Anfall *m;* **6.** Tendenz *f,* Hang *m;* Neigung *f;* **7.** *bes. theat* Nummer *f;* **8.** Zweck *m;* **9.** Spaziergang *m;* Spazierfahrt *f;* **10.** *(~ of phrase)* Ausdruck *m;* ▶ **do s.o. a good ~** jdm einen guten Dienst erweisen; **give s.th. a ~** etw drehen; **give s.o. a ~** jdm einen Schrekken einjagen; **have an analytical ~ of**

mind analytisch begabt sein, analytisch denken; **make a ~ to the right** eine Rechtskurve machen; rechts ein-, abbiegen; **serve s.o.'s ~** jds Zwecken dienen; **take a ~ for the better** besser werden; **take ~s at doing s.th.** sich bei etw abwechseln, etw abwechselnd tun; **take a ~ in the park** einen Spaziergang im Park machen; **at every ~** auf Schritt und Tritt; **by ~s, in ~** abwechselnd; **in ~** der Reihe nach; **~ and ~ about** abwechselnd; **out of ~** außer der Reihe; *fig* unberechtigt; **be on the ~** *(Nahrungsmittel)* nicht mehr ganz gut sein; **the ~ of the century** die Jahrhundertwende; **the ~ of events** der Verlauf der Dinge; **~ of the tide** Gezeitenwechsel *m; fig* Umschwung *m,* (Trend)Wende *f;* **it gave me quite a ~** es hat mir einen schönen Schrecken eingejagt; **it's your ~** du bist an der Reihe, du bist dran; **it has served its ~** es hat seinen Zweck erfüllt; **whose ~ is it?** wer ist an der Reihe? wer ist dran? **II** *tr* **1.** drehen; *(Rad etc)* antreiben; *(Purzelbaum)* schlagen; **2.** *(Kopf)* drehen, wenden; *(Rücken)* zudrehen, zuwenden (*to s.o.* jdm); *(Magen)* umdrehen; **3.** *(Heu, Kragen, Auto)* wenden; *(Seite)* umblättern; *(Schallplatte, Bild, Stuhl)* umdrehen; **4.** *(Gedanken, Blicke, Aufmerksamkeit, Gewehr)* richten (*to* auf); *(Schritte)* lenken; **5.** *(bestimmtes Alter)* überschreiten; **6.** verwandeln (*into* in); *(Milch)* sauer werden lassen; **7.** *(Holz, Gegenstand)* drechseln; *(Metall)* drehen; ► **~ s.o.'s head** *fig* jdm den Kopf verdrehen; jdm zu Kopf steigen; **~ s.o.'s brain** jdn verwirren; jdn verstören; **~ one's hand to s.th.** etw versuchen; **it has ~ed two o'clock** es ist zwei Uhr vorbei; **the lorry ~ed the corner** der Lastwagen bog um die Ecke; **~ s.o.'s hair grey** jds Haar grau werden lassen; **~ s.th. black** etw schwarz werden lassen; **nothing will ~ him from his goal** nichts wird ihn von seinem Ziel abbringen; **a well-~ed phrase** ein gutformulierter Satz; **~ s.o. loose** jdn freilassen; **III** *itr* **1.** sich drehen; sich drehen lassen; *(Magen)* sich umdrehen; **2.** *(Fahrer, Auto)* abbiegen; wenden; *(Flugzeug, Schiff)* abdrehen; wenden; *(Mensch)* sich umdrehen; *(Wind)* drehen; **3.** sich wenden (*to* an); **4.** *(Blätter)* sich färben; *(Nahrungsmittel)* schlecht werden; sauer werden; *(Wetter)* umschlagen; **5.** *(Alter, Beruf)* werden; ► **~ traitor** zum Verräter werden; **his hair ~ed grey** sein Haar wurde grau; **~ into s.th.** zu etw werden; sich in etw verwandeln; **~ red** rot werden; **our luck ~ed** das Blatt hat sich gewendet; **he didn't know which way to ~** er wußte nicht mehr aus noch ein; **IV** *(mit Präposition)* **turn about** *itr* umdrehen; kehrtmachen; *tr (Auto)* wenden; **turn against** *itr* sich wenden gegen; *tr* aufbringen gegen; *(Argument)* verwenden gegen; **turn away** *tr* **1.** fort-, wegschicken; **2.** *(Gesicht)* wegwenden; *itr* sich abwenden; ► **~ away business** Aufträge ablehnen; **turn back** *itr* umkehren; sich umdrehen; *(im Buch)* zurückblättern; *tr* **1.** *(Menschen)* zurückschicken; zurückweisen; **2.** *(Uhr)* zurückstellen; zurückdrehen; **3.** *(Bettdecke)* zurückschlagen; *(Buchseite)* umknicken; **turn down** *tr* **1.** herunterklappen; **2.** *(Bild)* umdrehen; **3.** *(Flamme)* herunterdrehen, klein stellen; **4.** *(Sache)* abschlagen, -lehnen; **5.** *(Radio)* leiser stellen; **6.** *(Person)* ab-, zurückweisen; e-n Korb geben (*s.o.* jdm); *itr* einbiegen in *(e-e Straße);* **turn in** *itr* **1.** *(Auto)* einbiegen; **2.** *fam* zu Bett gehen; *tr* **1.** *fam* zurückgeben; abgeben; **2.** eintauschen (*for* gegen); **3.** *(bei Polizei)* anzeigen; ► **her toes ~ in** ihre Zehen gehen nach innen; **~ in on o.s.** sich in sich selbst zurückziehen; **~ it in!** *Br sl* hör auf! **turn into** *itr* sich verwandeln in; *tr* verwandeln in; **turn off** *tr* **1.** *(Wasser, Gas)* abstellen; **2.** *(Strom)* ab-, *(Licht)* ausschalten; *itr* **1.** vom Wege abbiegen; **2.** *(Straße)* abzweigen, -biegen; ► **~ s.o. off** jdn abschrecken; **turn on** *tr* **1.** *(Wasser)* aufdrehen; **2.** *(el. Gerät)* einschalten; **3.** *(Licht)* anmachen; ► **~ on s.o.** sich gegen jdn wenden; **~ on s.th.** von etw abhängen; **~ s.o. on** *sl* jdn scharf machen; jdm gefallen; **turn out** *tr* **1.** nach außen kehren; *(Tasche)* umkehren; **2.** hinauswerfen, wegjagen, entlassen; **3.** *(Licht)* ausmachen; **4.** produzieren, herstellen; **5.** *(Saldo)* aufweisen; *itr* **1.** (heraus)kommen (*for* zu); **2.** sich erweisen, sich herausstellen (*to be good* als gut); **3.** ausgehen, ausfallen; werden (*wet* regnerisch); **4.** *(well)* gut gelingen; ► **it ~ed out to be right** es stellte sich heraus, daß es richtig war; **how did it ~ out?** wie ist es geworden? **turn over** *tr* **1.** umdrehen; **2.** aus-, abliefern; **3.** *com* umsetzen, verkaufen; **4.** nachdenken über; **5.** *mot* laufen lassen; *itr* sich umdrehen, sich auf die andere Seite legen; umkippen; **turn round** *itr* **1.** sich umdrehen; umkehren; **2.** *fig* einfach gehen; *tr* **1.** umdrehen; drehen; **2.** *(Schiff)* abfertigen; *(Waren)* fertigstellen; ► **~ round the corner** um die Ecke biegen; **the earth ~s round the sun** die Erde dreht sich um die Sonne; **she just ~ed round and left, hit him** sie ging einfach, sie schlug ihn einfach; **turn to** *itr* sich an die Arbeit machen; ► **~ to s.o.** sich an jdn wenden; **~ to one's work** sich an die Arbeit machen; **turn up** *itr* **1.** auftauchen; **2.** geschehen; sich ergeben; **3.** *(Nase, Seite)* nach oben gebogen sein; *tr*

1. *(Kragen)* hochschlagen; *(Ärmel)* hochkrempeln; 2. *(Gas, Heizung)* höher stellen; *(Radio)* lauter stellen; *(Lautstärke)* aufdrehen; *(Licht)* heller machen; 3. finden, entdecken; ausfindig machen; 4. *(Boden)* umpflügen; ► **~ up one's nose at s.th.** die Nase über etw rümpfen; **a ~ed up nose** eine Himmelfahrtsnase; **~ it up!** *Br sl* hör auf!

turn·about, turn·around ['tɜ:nə,baʊt, 'tɜ:nə,raʊnd] Kehrtwendung *f a. fig; com* Tendenzwende *f; fig* Umschwung *m.*

turn·coat ['tɜ:nkəʊt] Abtrünnige(r) *m.*

turner ['tɜ:nə(r)] Drechsler *m;* Dreher *m.*

turn·ing ['tɜ:nɪŋ] 1. Biegung, Kurve *f;* Straßenecke *f;* Abzweigung *f;* 2. Drechslerei *f;* Drehen *n;* **turning area** *mot* Wendefläche *f;* **turning lathe** Drehbank *f;* **turning point** Wendepunkt *m.*

tur·nip ['tɜ:nɪp] Kohl-, Steckrübe *f.*

turn-off ['tɜ:nɒf] (Straßen)Gabelung, Abzweigung *f;* ► **it's a real ~** *fam* da vergeht e-m doch alles; **turn-out** ['tɜ:naʊt] 1. Teilnahme, Beteiligung *f;* Besucherzahl *f; m pl;* 2. Reinigung *f;* 3. Produktion *f;* 4. Aufmachung, Kleidung *f;* ► **give s.th. a ~** etw saubermachen; **turn·over** ['tɜ:n,əʊvə(r)] *com* Umsatz *m; (Kapital)* Umlauf *m; (Waren, Lager)* Umschlag *m; (Personal)* Fluktuation *f;* **turn·pike** ['tɜ:npaɪk] 1. Schlagbaum *m,* Mautschranke *f;* 2. *Am* (gebührenpflichtige) Autobahn *f;* **turn·stile** ['tɜ:nstaɪl] Drehkreuz *n;* **turn-table** 1. *rail* Drehscheibe *f;* 2. Plattenteller *m;* **turntable ladder** Drehleiter *f;* **turn-up** ['tɜ:nʌp] 1. *Br (Hose)* Aufschlag *m;* 2. *fam* Überraschung *f;* ► **a ~ for the book** e-e tolle Überraschung.

tur·pen·tine ['tɜ:pəntaɪn] Terpentin *n.*

tur·pi·tude ['tɜ:pɪtju:d] Schändlichkeit, Verderbtheit *f.*

turps [tɜ:ps] *fam* Terpentin *n.*

tur·quoise ['tɜ:kwɔɪz] 1. *min* Türkis *m;* 2. *(Farbe)* Türkis *n.*

tur·ret ['tʌrɪt] 1. Türmchen *n;* 2. *mil* Geschütz-, Panzerturm *m;* 3. *aero mil* Kanzel *f.*

turtle ['tɜ:tl] (Wasser)Schildkröte *f;* ► **turn ~** *mar* kentern; **turtle-dove** Turteltaube *f a. fig;* **turtle-neck** Schildkrötenkragen *m.*

tusk [tʌsk] Stoßzahn *m;* Eckzahn *m;* Hauer *m.*

tussle ['tʌsl] I *itr* 1. sich raufen; 2. *fig* streiten (*with* mit); II *s* Balgerei *f.*

tus·sock ['tʌsək] (Gras)Büschel *n.*

tut [tʌt] *interj* pfui! ► **~-~!** Unsinn!

tu·te·lage ['tju:tɪlɪdʒ] 1. Vormundschaft *f;* 2. Anleitung, Führung *f.*

tu·tor ['tju:tə(r)] I *s (Universität)* Tutor(in) *m (f); Am* Assistent(in) *m (f);* Hauslehrer(in) *m (f);* II *tr* 1. unterrichten; Nachhilfeunterricht geben (*s.o.* jdm); 2. *fig (Gefühle)* beherrschen; **tutorial** [tju:'tɔ:rɪəl] Kolloquium *n;* Seminarübung *f.*

tux·edo [tʌk'si:dəʊ] ⟨*pl* -edos⟩ *Am* Smoking *m.*

TV [ti:'vi:] Fernsehen *n;* Fernseher *m;* ► **on ~** im Fernsehen; **TV guide** Fernsehzeitschrift *f;* **TV satellite** Fernsehsatellit *m;* **TV star** Fernsehstar *m.*

twaddle ['twɒdl] Geschwätz *n.*

twang [twæŋ] I *s* 1. Näseln *n;* 2. *(Geräusch)* Ping *n;* Doing *n;* II *tr (Gitarre)* zupfen; III *itr* ping, doing machen; ► **~ on a guitar** auf einer Gitarre klimpern.

tweak [twi:k] *tr* zwicken, kneifen.

twee [twi:] *adj fam* niedlich; geziert; verniedlichend.

tweed [twi:d] 1. *(Textil)* Tweed *m;* 2. *pl* Kleidungsstücke *n pl* aus Tweed; **tweedy** ['twi:dɪ] *adj* 1. in Tweed gekleidet; 2. burschikos; formlos.

tweez·ers ['twi:zəz] *pl (a pair of ~)* Pinzette *f.*

twelfth [twelfθ] I *adj* zwölfte(r, s); II *s* Zwölftel *n;* Zwölfte(r, s); **twelve** [twelv] I *adj* zwölf; II *s* Zwölf *f.*

twen·ti·eth ['twentɪəθ] I *adj* zwanzigste(r, s); II *s* Zwanzigstel *n;* Zwanzigste(r, s); **twenty** ['twentɪ] I *adj* zwanzig; II *s* 1. Zwangzig *f;* 2. *(Geld)* Zwanziger *m.*

twerp [twɜ:p] *sl* blöder Kerl.

twice [twaɪs] *adv* zweimal; doppelt, zweifach; ► **~ the amount** der doppelte Betrag; **~ as much, many** doppelt, noch einmal soviel(e); **twice-told** [,twaɪs'təʊld] *adj* oft erzählt; abgedroschen.

twiddle ['twɪdl] I *tr* (herum)spielen mit; ► **~ one's thumbs** Däumchen drehen; II *itr* herumdrehen (*with* an).

twig [twɪg] I *s* Zweig(lein *n*) *m;* II *tr, itr fam* kapieren, begreifen.

twi·light ['twaɪlaɪt] (Abend)Dämmerung *f;* ► **at ~** in der Dämmerung; **the T~ of the Gods** die Götterdämmerung.

twin [twɪn] I *adj* paarig, doppelt; Zwillings-; Doppel-; II *s* 1. Zwilling *m;* 2. *(Ding)* Gegenstück, Pendant *n;* ► **fraternal, identical ~s** *pl* zwei-, eineiige Zwillinge *m pl;* III *tr (Städte)* durch Partnerschaft verbinden; **twin beds** *pl* zwei Einzelbetten *n pl;* **twin brother** Zwillingsbruder *m;* **twin carburettors** *pl* Doppelvergaser *m;* **twin-cylinder engine** Zweizylindermotor *m.*

twine [twaɪn] I *s* Bindfaden *m,* Schnur *f;* II *tr* 1. verflechten; 2. winden (*s.th. round s.th.* etw um etw); 3. umfassen, umschlingen.

twin-en·gined [,twɪn'endʒɪnd] *adj* zweimotorig.

twinge [twɪndʒ] leichter Schmerz; ► **~s**

pl **of conscience** Gewissensbisse *m pl;* **a ~ of regret** (ein) leichtes Bedauern.

twinkle ['twɪŋkl] **I** *itr* **1.** flimmern, funkeln, glitzern; **2.** *(Augen)* blitzen; **3.** *fig* schnell hin u. her tanzen, huschen; **II** *s* Flimmern, Flackern, Funkeln *n;* ▶ **there was a ~ in his eyes** seine Augen blitzten; **when you were still a ~ in your father's eye** als du noch nicht auf der Welt warst; **in a ~** im Nu; **twink·ling** ['twɪŋklɪŋ] Funkeln *n;* Aufblitzen *n;* ▶ **in the ~ of an eye** im Nu.

twin·ning ['twɪnɪŋ] *(town ~)* Städtepartnerschaft *f;* **twin-set** ['twɪnset] Twinset *n;* **twin sister** Zwillingsschwester *f;* **twin town** Partnerstadt *f;* **twin-tub washing-machine** Waschmaschine *f* mit getrennter Schleuder.

twirl [twɜ:l] **I** *tr* **1.** im Kreise drehen; **2.** *(Haar)* zwirbeln, winden (*round* um); **II** *itr* wirbeln; **III** *s* Wirbel(n *n*) *m,* schnelle Umdrehung; ▶ **give a ~** sich drehen; **give s.th. a ~** etw herumdrehen.

twist [twɪst] **I** *tr* **1.** drehen; wickeln (*around* um); **2.** verbiegen; verdrehen; verrenken; **3.** *fig* verdrehen, entstellen; ▶ **~ s.th. out of shape** etw verbiegen; **~ one's ankle** sich den Fuß vertreten; **his face was ~ed** sein Gesicht war verzerrt; **~ s.o.'s arm** jdm den Arm verdrehen; *fig* jdn überreden; **she can ~ him round her little finger** sie kann ihn um den (kleinen) Finger wickeln; **II** *itr* **1.** sich drehen, sich winden *a. fig;* **2.** *(Rauch)* sich ringeln; **3.** *(Tanz)* twisten; **III** *s* **1.** (Bind)Faden *m;* **2.** Twist *m (Tanz);* **3.** Tabakrolle *f;* **4.** (Hefe)Zopf *m;* **5.** *tech sport* Drall *m;* **6.** Drehung *f;* **7.** Kurve, Biegung *f;* **8.** *fig (Geschichte)* Wendung *f;* ▶ **round the ~** *sl* bekloppt; **IV** *(mit Präposition)* **twist off** *tr (Kappe)* abschrauben; **twist out of** *tr* herauswinden aus; **twisted** ['twɪstɪd] *adj* **1.** verdreht; verbogen; **2.** *(Fuß)* verrenkt; **3.** *fig (Gedanken, Logik)* verdreht; **4.** *fam fig* unredlich; **twister** ['twɪstə(r)] **1.** *sport* geschnittener Ball; **2.** *Am* Wirbelsturm *m;* **3.** *Br fig* schwieriges Problem; **4.** *fam* Schwindler *m;* **5.** Twisttänzer(in) *m (f);* **twisty** ['twɪstɪ] *adj (Straße)* gewunden.

twit [twɪt] **I** *tr* verspotten, aufziehen (*s.o. with, about s.th.* jdn mit etw); **II** *s fam* Depp *m.*

twitch [twɪtʃ] **I** *tr* **1.** zupfen, zerren; **2.** zucken mit; **II** *itr* zucken; **III** *s* **1.** Zucken *n;* Zuckung *f;* **2.** Ruck *m.*

twit·ter ['twɪtə(r)] **I** *itr* **1.** zwitschern; **2.** *fig* schnattern; **II** *s* **1.** Gezwitscher *n;* **2.** *fig* Geschnatter *n;* ▶ **in a ~** aufgeregt.

two [tu:] *adj* zwei; ▶ **the ~** die beiden; **by, in ~s, ~ and ~** zu zweit, zu zweien, paarweise; **in ~** entzwei; **break in ~** in zwei Teile brechen; **in a day or ~** in ein paar Tagen; **one or ~** ein paar; **the ~ of us** wir beide; **be in ~ minds about doing s.th.** unentschlossen sein, ob man etw tun soll; **cut in ~** halbieren; **put ~ and ~ together** sich die Sache zusammenreimen; **that makes ~ of us** das betrifft auch mich; **two-bit** *adj Am fam* schlecht; **two-dimensional** ['tu:daɪ'menʃənl] *adj* zweidimensional; **two-door** *adj* zweitürig; **two-edged** [ˌtu:'edʒd] *adj* zweischneidig *a. fig;* **two-faced** [ˌtu:'feɪst] *adj fig* falsch, heuchlerisch; **two·fold** ['tu:fəʊld] *adj* zweifach, doppelt; **two-party system** Zweiparteiensystem *n;* **two·pence** ['tʌpəns, *Am* 'tu:pens] zwei Pence; **two·penny** ['tʌp(ə)nɪ, *Am* 'tu:penɪ] *adj* **1.** Zweipence-; für zwei Pence; **2.** *fig* billig, wertlos; **two-phase** *adj el* Zweiphasen-; **two-piece** *adj* zweiteilig; ▶ **~ bathing-suit** zweiteiliger Badeanzug; **two-seater** ['tu:si:tə(r)] Zweisitzer *m;* **two·some** ['tu:səm] Pärchen *n;* ▶ **go out in a ~** zu zweit ausgehen; **two-stroke** *(Motor)* Zweitakter *m; (Kraftstoff)* Zweitaktgemisch *n;* **two-thirds majority** *parl* Zweidrittelmehrheit *f;* **two-time** ['tu:taɪm] *tr fam (in der Liebe)* betrügen; **two-tim·ing** ['tu:taɪmɪŋ] *adj* falsch; **two-way** [ˌtu:'weɪ] *adj (Sprechverkehr)* in beide Richtungen; *(Stoff)* auf beiden Seiten tragbar; *(Straße)* mit Verkehr in beiden Richtungen; ▶ **~ radio** Funksprechgerät *n;* **~ switch** Wechselschalter *m;* **~ adaptor** Doppelstecker *m.*

ty·coon [taɪ'ku:n] Großindustrielle(r) *m;* ▶ **oil ~** Ölmagnat *m.*

tyke, tike [taɪk] **1.** Köter *m;* **2.** Lümmel *m;* **3.** *Am* kleines Kind.

tym·pa·num ['tɪmpənəm] **1.** Mittelohr *n;* **2.** Trommelfell *n.*

type[1] [taɪp] **I** *s* **1.** Art *f;* Sorte *f; (Mensch, Charakter)* Typ *m;* **2.** *fam* Typ *m;* Type *f;* ▶ **this ~ of car** dieser Autotyp; **a person of this ~** ein Mensch der Art; **that ~ of behaviour** solches Benehmen; **she is not my ~** sie ist nicht mein Typ; **he is not the ~ to do that** er ist nicht der Typ, der so etwas tut; **II** *tr* bestimmen, klassifizieren.

type[2] [taɪp] **I** *s typ* Type *f;* ▶ **small ~** kleine Buchstaben; **bold ~** Fettdruck *m;* **italic ~** Kursive *f;* **Roman ~** Antiqua *f;* **in ~** gedruckt; maschinegeschrieben; **set s.th. up in ~** etw setzen; **II** *tr* mit der Maschine schreiben, tippen; **III** *itr* maschineschreiben, tippen; **IV** *(mit Präposition)* **type out** *tr* schreiben, tippen; *(Fehler)* ausixen; **type up** *tr* auf der Maschine schreiben.

type·cast ['taɪpkɑ:st] *tr irr s. cast theat* für e-e Rolle auswählen; *fig* auf eine bestimmte Rolle festlegen; **type·face** ['taɪpfeɪs] Schrift *f;* **type·script** ['taɪpˌskrɪpt] Schreibmaschinenmanuskript *n;* **type·set·ter** ['taɪpsetə(r)] **1.** *(Beruf)* Schriftsetzer(in) *m (f);* **2.** *(Maschine)* Setzmaschine *f;* **type·write** ['taɪpraɪt] *irr s. write* **I** *itr* maschineschreiben; **II** *tr* auf der Maschine schreiben; **type·writer** ['taɪpˌraɪtə(r)] Schreibmaschine *f;* **typewriter ribbon** Farbband *n;* **type·writing-paper** ['taɪpraɪtɪŋ'peɪpə(r)] Schreibmaschinenpapier *n;* **type·written** ['taɪpˌrɪtn] *adj* maschinengeschrieben, getippt.

ty·phoid ['taɪfɔɪd] *(~ fever)* Typhus *m.*

ty·phoon [taɪ'fu:n] *mete* Taifun *m.*

ty·phus ['taɪfəs] Flecktyphus *m.*

typi·cal ['tɪpɪkl] *adj* typisch, charakteristisch, kennzeichnend (*of* für); **typ·ify** ['tɪpɪfaɪ] *tr* kennzeichnend sein für.

typ·ing ['taɪpɪŋ] **I** *s* Maschineschreiben, Tippen *n;* **II** *adj* Schreibmaschinen-; ► ~ **error** Tippfehler *m;* ~ **pool** Schreibzentrale *f;* ~ **speed** (Schreib)Geschwindigkeit *f,* Anschläge *m pl* pro Minute; **typ·ist** ['taɪpɪst] Maschinenschreiber(in) *m (f),* Schreibkraft *f.*

ty·pogra·pher [taɪ'pɒgrəfə(r)] Buchdrucker(in) *m (f);* **ty·po·graphic(al)** [ˌtaɪpə'græfɪk(l)] *adj* typographisch, drucktechnisch; Druck-; ► ~ **error** Druckfehler *m;* **ty·pogra·phy** [taɪ'pɒgrəfɪ] Buchdruck(erkunst *f*) *m;* Typographie *f.*

ty·ran·ni·cal [tɪ'rænɪkl] *adj* tyrannisch; **tyr·an·nize** ['tɪrənaɪz] **I** *itr* e-e Gewaltherrschaft ausüben (*over* über); **II** *tr* tyrannisieren; **tyr·anny** ['tɪrənɪ] Gewaltherrschaft *f;* Tyrannei *f;* **ty·rant** ['taɪərənt] Tyrann(in) *m (f) a. fig.*

tyre, *Am* **tire** ['taɪə(r)] *mot* Reifen *m;* ► **put air in the** ~ den Reifen aufpumpen; **a flat** ~ ein platter Reifen; **tyre gauge** Reifendruckmesser *m;* **tyre pressure** Reifendruck *m.*

tzar [zɑ:(r)] *s. tsar.*

tzetze ['tsetsɪ] *s. tsetse.*

U

U, u [ju:] ‹*pl* -'s› **I** *s* U, u *n;* **II** *adj* **1.** vornehm; **2.** *film* jugendfrei.
ubi·qui·tous [ju:'bɪkwɪtəs] *adj* allgegenwärtig; **ubi·quity** [ju:'bɪkwətɪ] Allgegenwart *f.*
U-boat U-Boot *n.*
ud·der ['ʌdə(r)] Euter *n.*
UFO ['ju:fəʊ] *Abk:* **unidentified flying object** Ufo, UFO *n.*
Ugan·da [ju:gændə] Uganda *n;* **Ugan·dan** [—n] **I** *adj* ugandisch; **II** *s* Ugander(in) *m (f).*
ugh [ɜ:h] *interj* äh! pfui!
ug·li·ness ['ʌglɪnɪs] Häßlichkeit *f;* **ugly** ['ʌglɪ] *adj* **1.** häßlich; **2.** widerlich, scheußlich, gräßlich; **3.** *fig* gemein, abstoßend; ► ~ **customer** *fam* übler Patron; ~ **duckling** häßliches Entlein.
UK [ˌju:'keɪ] *Abk:* **United Kingdom** Vereinigtes Königreich.
uke·lele [ˌju:kə'leɪlɪ] *mus* Ukulele *f.*
Ukraine [ju:'kreɪn] ► **the** ~ die Ukraine; **Ukrain·ian** [—ɪən] **I** *adj* ukrainisch; **II** *s* **1.** Ukrainer(in) **I** *m (f);* **2.** *(Sprache)* Ukrainisch *n.*
ul·cer ['ʌlsə(r)] *med* Geschwür *n a. fig;* ► **stomach** ~ Magengeschwür *n;* **ul·cer·ate** ['ʌlsəreɪt] **I** *tr med* ein Geschwür verursachen; eitern lassen; **II** *itr* ein Geschwür bilden; eitern; **ul·cer·ous** ['ʌlsərəs] *adj med* geschwürartig; eiternd.
ul·lage ['ʌlɪdʒ] Leckage *f,* Schwund *m.*
ulna ['ʌlnə] ‹*pl* **ulnae**› ['ʌlni:] *anat* Elle *f.*
Ulster ['ʌlstə(r)] Ulster *n.*
ul·terior [ʌl'tɪərɪə(r)] *adj (selten)* jenseitig; ► ~ **motive** Hintergedanke(n *pl*) *m.*
ul·ti·mate ['ʌltɪmət] **I** *adj* **1.** entfernteste(r, s), weiteste(r, s), äußerste(r, s); **2.** letzte(r, s); endlich, schließlich; endgültig; **3.** fundamental, grundlegend, primär; **4.** maximal, größte(r, s), größtmöglich; **5.** vollendet, perfekt; ► **the** ~ **cause** die eigentliche Ursache; ~ **consumer** Endverbraucher *m;* **II** *s* (das) Beste; (das) Nonplusultra; **ul·ti·mate·ly** ['ʌltɪmətlɪ] *adv* schließlich, letzten Endes; im Grunde.
ul·ti·ma·tum [ˌʌltɪ'meɪtəm] ‹*pl* -tums, -ta› [—tə] *pol* Ultimatum *n* (*to* an); ► **deliver an** ~ ein Ultimatum stellen.
ul·timo ['ʌltɪməʊ] *adv* letzten Monats.
ultra [ˌʌltrə] *pref* ultra-; **ultrahigh frequency, UHF** Ultrakurzwellenbereich *m;* **ultra·mar·ine** [ˌʌltrəmə'ri:n] *adj* ultramarin; **ultra·mod·ern** [ˌʌltrə'mɒdən] *adj* supermodern; **ultra-short wave** *radio* Ultrakurzwelle *f,* UKW; **ultra·sonic** [ˌʌltrə'sɒnɪk] *adj* Überschall-, Ultraschall-; ► ~ **cleaning** Ultraschallreinigung *f;* **ultra·sound** ['ʌltrəsaʊnd] Ultraschall *m;* **ultrasound picture** *med* Ultraschallaufnahme *f;* **ultra·vio·let** [ˌʌltrə'vaɪələt] *adj phys* ultraviolett; ► ~ **treatment** Ultraviolettbestrahlung *f.*
umbel ['ʌmbəl] *bot* Dolde *f.*
um·ber ['ʌmbə(r)] **I** *s* Umber *m,* Umbra *f;* **II** *adj* dunkelbraun.
um·bili·cal [ʌm'bɪlɪkl] *adj* ► ~ **cord 1.** *anat* Nabelschnur *f;* **2.** *(Raumfahrt)* Kabelschlauch *m.*
um·brage ['ʌmbrɪdʒ] ► **take** ~ Anstoß, Ärgernis nehmen (*at* an).
um·brella [ʌm'brelə] **1.** (Regen)Schirm *m;* Sonnenschirm *m;* **2.** *mil* Abschirmung *f;* Jagdschutz *m;* **3.** *fig* Kontrolle *f;* ► **under the** ~ **of** unter der Kontrolle von; **umbrella case, cover** Schirmhülle *f;* **umbrella organization** Dachorganisation *f,* -verband *m;* **umbrella stand** Schirmständer *m.*
um·pire ['ʌmpaɪə(r)] **I** *s* Schiedsrichter(in) *m (f);* **II** *tr sport* als Schiedsrichter leiten; **III** *itr* Schiedsrichter sein (*in a dispute* bei e-m Streit).
ump·teen ['ʌmpti:n] *adj fam* zig; e-e Menge, Masse ... ► ~ **times** x-mal; **ump·teenth** ['ʌmpti:nθ] *adj fam* zigste(r, s), soundsovielte(r, s).
UN [ju:'en] *Abk:* **United Nations** UNO, UN *f.*
un·abashed [ˌʌnə'bæʃt] *adj* nicht bange, beherzt, mutig; unverfroren; unerschrocken.
un·abated [ˌʌnə'beɪtɪd] *adj* unvermindert.
un·able [ʌn'eɪbl] *adj* untauglich, unfähig; ► **be** ~ **to do s.th.** etw nicht tun können, außerstande sein, etw zu tun; ~ **to pay** zahlungsunfähig.
un·abridged [ˌʌnə'brɪdʒd] *adj (Text)* ungekürzt.
un·ac·cept·able [ˌʌnək'septəbl] *adj* unannehmbar (*to* für).
un·ac·com·panied [ˌʌnə'kʌmpənɪd] *adj* ohne Begleitung *a. mus.*
un·ac·count·able [ˌʌnə'kaʊntəbl] *adj* unerklärlich; **un·ac·counted for** [ˌʌnə'kaʊntɪd'fɔ:(r)] *adj* ungeklärt; *(Person)* vermißt.
un·ac·cus·tomed [ˌʌnə'kʌstəmd] *adj* ungewohnt; ► **be** ~ **to s.th.** etw nicht gewohnt sein.

un·acknow·ledged [ˌʌnəkˈnɔlɪdʒd] *adj* **1.** *(Brief)* unbeantwortet; **2.** *(Fehler)* uneingestanden.
un·ad·dressed [ˌʌnəˈdrest] *adj* ohne Anschrift.
un·adopted [ˌʌnəˈdɒptɪd] *adj* **1.** *(Straße)* nicht öffentlich unterhalten; **2.** *(Kind)* nicht adoptiert.
un·adorned [ˌʌnəˈdɔ:nd] *adj* schlicht; ungeschminkt.
un·adul·terated [ˌʌnəˈdʌltəreɪtɪd] *adj* unverfälscht, rein.
un·ad·vent·ur·ous [ˌʌnədˈventʃərəs] *adj* wenig abenteuerlich, ereignislos; *(Mensch)* wenig unternehmungslustig.
un·ad·vis·able [ˌʌnədˈvaɪzəbl] *adj* nicht ratsam.
un·af·fec·ted [ˌʌnəˈfektɪd] *adj* **1.** unbeeinflußt (*by* von); **2.** ungekünstelt, natürlich.
un·afraid [ˌʌnəˈfreɪd] *adj* unerschrokken, furchtlos.
un·aid·ed [ʌnˈəɪdɪd] adv ohne (fremde) Hilfe; selbständig.
un·alike [ˌʌnəˈlaɪk] *adj* unähnlich.
un·al·loyed [ˌʌnəˈlɔɪd] *adj fig* ungetrübt.
un·al·tered [ˌʌnˈɔ:ltəd] *adj* unverändert.
un·am·big·u·ous [ˌʌnæmˈbɪgjʊəs] *adj* eindeutig, unzweideutig.
un-Ameri·can [ˌʌnəˈmerɪkən] *adj* unamerikanisch.
una·nim·ity [ˌju:nəˈnɪmətɪ] Einstimmigkeit *f;* **unani·mous** [ju:ˈnænɪməs] *adj* einstimmig.
un·an·nounced [ˌʌnəˈnaʊnst] *adj* ohne Ankündigung.
un·an·swer·able [ˌʌnˈɑ:nsərəbl] *adj* **1.** unbestreitbar, unwiderleglich; **2.** nicht beantwortbar; **un·an·swered** [ˌʌnˈɑ:nsəd] *adj* unbeantwortet.
un·ap·pet·iz·ing [ˌʌnˈæpɪtaɪzɪŋ] *adj* unappetitlich; *fig* wenig verlockend.
un·ap·proach·able [ˌʌnəˈprəʊtʃəbl] *adj* unzugänglich.
un·armed [ˌʌnˈɑ:md] *adj* unbewaffnet; ▶ ~ **combat** Nahkampf *m* ohne Waffe.
un·ashamed [ˌʌnəˈʃeɪmd] *adj* schamlos; ▶ **be ~ about s.th.** sich e-r S nicht schämen.
un·asked [ˌʌnˈɑ:skt] *adj* **1.** ungefragt; **2.** ungebeten; ▶ **~-for** unerwünscht.
un·as·sign·able [ˌʌnəˈsaɪnəbl] *adj jur* nicht übertragbar.
un·as·sum·ing [ˌʌnəˈsju:mɪŋ] *adj* zurückhaltend, bescheiden.
un·at·tached [ˌʌnəˈtætʃt] *adj* **1.** unbefestigt; **2.** *mil* nicht zugeteilt; **3.** *sport* keinem Verein angehörend; **4.** unabhängig, frei; **5.** ohne Anhang; **6.** parteilos.
un·at·tain·able [ˌʌnəˈteɪnəbl] *adj* unerreichbar.
un·at·tended [ˌʌnəˈtendɪd] *adj* **1.** ohne Pflege; **2.** unbeaufsichtigt.
un·at·trac·tive [ˌʌnəˈtræktɪv] *adj* unschön; unattraktiv; unsympathisch.
un·auth·or·ized [ˌʌnˈɔ:θəraɪzd] *adj* unbefugt, nicht ermächtigt; ▶ **no entry for ~ persons!** Zutritt für Unbefugte verboten!
un·avail·able [ˌʌnəˈveɪləbl] *adj* nicht verfügbar; unerhältlich; **un·avail·ing** [ˌʌnəˈveɪlɪŋ] *adj* nutzlos, unnütz, vergeblich.
un·avoid·able [ˌʌnəˈvɔɪdəbl] *adj* unvermeidlich; *(Folgerung)* unausweichlich.
un·aware [ˌʌnəˈweə(r)] *adj* nicht bewußt; ▶ **be ~ of s.th.** e-r S nicht bewußt sein; etw nicht bemerken; etw nicht wissen; **un·awares** [ˌʌnəˈweəz] *adv* unabsichtlich; versehentlich; unerwartet; ▶ **catch, take s.o. ~** jdn überraschen.
un·bal·anced [ˌʌnˈbælənst] *adj* **1.** unausgewogen; einseitig; **2.** *(mentally ~)* verrückt, nicht normal; **3.** *com* nicht saldiert.
un·bar [ˌʌnˈbɑ:(r)] *tr* **1.** aufschließen; **2.** *fig (Weg)* eröffnen.
un·bear·able [ˌʌnˈbeərəbl] *adj* unerträglich; unausstehlich.
un·beat·able [ˌʌnˈbi:təbl] *adj* unschlagbar, unbesiegbar; unübertrefflich; **un·bea·ten** [ˌʌnˈbi:tn] *adj* ungeschlagen; *(Rekord)* ungebrochen.
un·be·com·ing [ˌʌnbɪˈkʌmɪŋ] *adj* **1.** *fig* unschicklich, ungehörig (*to, for* für); **2.** *(Kleidung)* unvorteilhaft.
un·be·known(st) [ˌʌnbɪˈnəʊn] *adv* ▶ ~ **to us** ohne daß wir etw gewußt hätten.
un·be·lief [ˌʌnbɪˈli:f] *rel* Unglaube(n) *m;* **un·be·liev·able** [ˌʌnbɪˈli:vəbl] *adj* unglaublich; **un·be·liev·er** [ˌʌnbɪˈli:və(r)] Ungläubige(r) *f m;* **un·be·liev·ing** [ˌʌnbɪˈli:vɪŋ] *adj* ungläubig.
un·bend [ˌʌnˈbend] *irr s. bend* **I** *tr* geradebiegen; *(Arm)* strecken; **II** *itr* **1.** sich aufrichten; **2.** aus sich herausgehen; **un·bend·ing** [—ɪŋ] *adj fig* fest entschlossen.
un·bias(·s)ed [ˌʌnˈbaɪəst] *adj* unvoreingenommen; wertfrei.
un·bid·den [ˌʌnˈbɪdn] *adj* ungebeten.
un·bind [ˌʌnˈbaɪnd] *tr irr s. bind* **1.** losbinden, -machen; **2.** befreien.
un·bleached [ˌʌnˈbli:tʃt] *adj* ungebleicht.
un·blink·ing [ˌʌnˈblɪnkɪŋ] *adj* unverwandt; starr.
un·blush·ing [ˌʌnˈblʌʃɪŋ] *adj fig* schamlos.
un·bolt [ˌʌnˈbəʊlt] *tr* aufriegeln, -schließen, öffnen.
un·born [ˌʌnˈbɔ:n] *adj* **1.** ungeboren; **2.** *fig* (zu)künftig; ▶ **generations yet ~** kommende Generationen.
un·bosom [ˌʌnˈbʊzəm] *tr* freien Lauf lassen (*one's feelings* seinen Gefühlen).
un·bounded [ˌʌnˈbaʊndɪd] *adj* **1.** unbegrenzt; **2.** *fig* grenzen-, schrankenlos.
un·bowed [ˌʌnˈbaʊd] *adj fig* ungebeugt.
un·break·able [ˌʌnˈbreɪkəbl] *adj* unzer-

brechlich; *(Versprechen)* unverbrüchlich; *(Regel)* unumstößlich.
un·bri·bable [ˌʌnˈbraɪbəbl] *adj* unbestechlich.
un·bridled [ˌʌnˈbraɪdld] *adj fig* hemmungs-, zügellos, unbeherrscht; ▶ **~ tongue** loses Mundwerk.
un-Brit·ish [ˌʌnˈbrɪtɪʃ] *adj* unbritisch.
un·bro·ken [ˌʌnˈbrəʊkən] *adj* **1.** unzerbrochen, heil, ganz; **2.** *fig* ungebrochen; gleichbleibend; ununterbrochen.
un·buckle [ˌʌnˈbʌkl] *tr* auf-, los-, abschnallen.
un·bur·den [ˌʌnˈbɜːdn] *tr* **1.** entlasten *a. fig;* **2.** *fig* sich befreien von, sich erleichtern um; ▶ **~ o.s.** sein Herz ausschütten.
un·busi·ness·like [ˌʌnˈbɪznɪslaɪk] *adj* ungeschäftsmäßig; dem Geschäftsgebahren nicht entsprechend; unsystematisch, unordentlich.
un·but·ton [ˌʌnˈbʌtn] *tr* aufknöpfen.
un·called-for [ˌʌnˈkɔːldfɔː(r)] *adj* **1.** unangebracht, ungerechtfertigt; **2.** überflüssig.
un·canny [ˌʌnˈkænɪ] *adj* unheimlich.
un·cared-for [ˌʌnˈkeədfɔː(r)] *adj* vernachlässigt.
un·car·pet·ed [ˌʌnˈkɑːpɪtɪd] *adj* ohne Teppich *pred.*
un·ceas·ing [ˌʌnˈsiːsɪŋ] *adj* unaufhörlich.
un·cer·emo·ni·ous [ˌʌnˌserɪˈməʊnɪəs] *adj* **1.** zwanglos; **2.** unfreundlich.
un·cer·tain [ʌnˈsɜːtn] *adj* **1.** unbestimmt *(a. Wetter);* **2.** unsicher, problematisch; **3.** vage, ungenau; ▶ **in no ~ terms** klipp u. klar; **un·cer·tainty** [ʌnˈsɜːtntɪ] **1.** Ungewißheit, Unbestimmtheit *f;* **2.** Unsicherheit, Fragwürdigkeit *f;* **3.** Unbeständigkeit *f.*
un·chal·lenged [ˌʌnˈtʃælɪndʒd] *adj* unbestritten, unangefochten.
un·changed [ˌʌnˈtʃeɪndʒd] *adj* unverändert.
un·char·ac·ter·is·tic [ˌʌnkærəktəˈrɪstɪk] *adj* uncharakteristisch, untypisch.
un·chari·table [ˌʌnˈtʃærɪtəbl] *adj* lieblos, kalt.
un·checked [ˌʌnˈtʃekt] *adj* **1.** unbe-, ungehindert; **2.** unkontrolliert, ungeprüft.
un·chris·tian [ˌʌnˈkrɪstʃən] *adj* unchristlich *a. fig.*
un·civil [ˌʌnˈsɪvl] *adj* unhöflich.
un·clad [ˌʌnˈklæd] *adj* unbekleidet, nackt.
un·claimed [ˌʌnˈkleɪmd] *adj* **1.** nicht bestellt, unverlangt; **2.** *(Brief)* nicht abgeholt, unzustellbar; **3.** *(Eigentum)* besitzerlos.
un·clas·si·fied [ˌʌnˈklæsɪfaɪd] *adj* **1.** nicht geordnet; **2.** nicht geheim; ▶ **~ road** Landstraße *f.*
uncle [ˈʌŋkl] Onkel *m.*
un·clean [ˌʌnˈkliːn] *adj a. fig rel* unrein; unsauber; schmutzig.
un·clear [ˌʌnˈklɪə(r)] *adj* unklar; ▶ **be ~ about s.th.** sich über etw nicht im klaren sein.
un·clut·tered [ˌʌnˈklʌtəd] *adj* schlicht, einfach; *(Raum)* nicht überfüllt, nicht überladen.
un·col·lected [ˌʌnkəˈlektɪd] *adj* **1.** *(Waren)* nicht abgeholt; **2.** *(Gebühren)* nicht erhoben.
un·col·oured, *Am* **un·col·ored** [ˌʌnˈkʌləd] *adj fig* ungeschminkt.
un·com·fort·able [ʌnˈkʌmftəbl] *adj* **1.** unbehaglich; **2.** verlegen; ▶ **feel ~** sich nicht wohl fühlen.
un·com·mit·ted [ˌʌnkəˈmɪtɪd] *adj* **1.** nicht gebunden (*to* an); ungebunden; **2.** *pol* bündnis-, blockfrei; ▶ **remain ~** sich nicht festlegen.
un·com·mon [ˌʌnˈkɒmən] *adj* ungewöhnlich; außergewöhnlich; **un·com·mon·ly** [ʌnˈkɒmənlɪ] *adv* bemerkenswert; ungewöhnlich.
un·com·muni·cat·ive [ˌʌnkəˈmjuːnɪkətɪv] *adj* schweigsam.
un·com·pro·mis·ing [ʌnˈkɒmprəmaɪzɪŋ] *adj* unnachgiebig, unbeugsam; entschieden; kompromißlos.
un·con·cerned [ˌʌnkənˈsɜːnd] *adj* **1.** interesselos, uninteressiert (*with* an); **2.** unbekümmert, gleichgültig, teilnahmslos (*about* an); **3.** unbeteiligt (*in* an).
un·con·di·tional [ˌʌnkənˈdɪʃənl] *adj* bedingungs-, vorbehaltlos.
un·con·firmed [ˌʌnkənˈfɜːmd] *adj* unbestätigt.
un·con·nec·ted [ˌʌnkəˈnektɪd] *adj* **1.** nicht miteinander in Beziehung stehend; **2.** unzusammenhängend.
un·con·ge·nial [ˌʌnkənˈdʒiːnɪəl] *adj* unangenehm.
un·con·scion·able [ʌnˈkɒnʃ(ə)nəbl] *adj* unerhört.
un·con·scious [ʌnˈkɒnʃəs] **I** *adj* **1.** unbewußt (*of s.th.* e-r S) *a. psych;* unabsichtlich; **2.** bewußtlos, ohnmächtig; ▶ **be ~ of s.th.** sich e-r S nicht bewußt sein; **II** *s psych* (das) Unbewußte; **un·con·scious·ly** [—lɪ] *adv* unbewußt; **un·con·scious·ness** [—nɪs] **1.** *med* Bewußtlosigkeit *f;* **2.** Unkenntnis *f;* **3.** Ungewolltheit *f.*
un·con·sid·ered [ˌʌnkənˈsɪdəd] *adj* **1.** unbedacht, unüberlegt; **2.** *(Tatsache)* unbeachtet, unberücksichtigt.
un·con·sti·tu·tional [ˈʌnˌkɒnstɪˈtjuːʃənl] *adj* verfassungswidrig.
un·con·sum·mated [ˌʌnˈkɒnsjʊmeɪtɪd] *adj* unvollzogen.
un·con·tested [ˌʌnkənˈtestɪd] *adj* **1.** unbestritten; **2.** *(Wahl)* ohne Gegenkandidaten.
un·con·trol·lable [ˌʌnkənˈtrəʊləbl] *adj* unkontrollierbar; unbezwingbar; **un·con·trolled** [ˌʌnkənˈtrəʊld] *adj* **1.** un-

beaufsichtigt; **2.** ungehindert; *(Lachen)* unkontrolliert; *(Weinen)* hemmungslos.
un·con·tro·versial [ˌʌnkɒntrəˈvɜːʃl] *adj* unverfänglich.
un·con·vinced [ˌʌnkənˈvɪnst] *adj* nicht überzeugt; **un·con·vinc·ing** [ˌʌnkənˈvɪnsɪŋ] *adj* nicht überzeugend.
un·cooked [ˌʌnˈkʊkt] *adj* ungekocht, roh.
un·co·op·er·ative [ˌʌnkəʊˈɒpərətɪv] *adj* nicht entgegenkommend; wenig hilfsbereit; ► **be ~** nicht zur Kooperation, Mithilfe bereit sein; nicht mittun.
un·cork [ˌʌnˈkɔːk] *tr* entkorken.
un·cor·rob·or·ated [ˌʌnkəˈrɒbəreɪtɪd] *adj* unbestätigt; *(Beweis)* nicht bekräftigt.
un·couple [ˌʌnˈkʌpl] *tr tech* abkuppeln.
un·couth [ʌnˈkuːθ] *adj* ungehobelt, ordinär.
un·cover [ʌnˈkʌvə(r)] *tr* **1.** auf-, abdekken; **2.** *fig* enthüllen, aufdecken.
un·criti·cal [ˌʌnˈkrɪtɪkl] *adj* unkritisch.
un·crowned [ˌʌnˈkraʊnd] *adj* ungekrönt.
un·crush·able [ʌnˈkrʌʃəbl] *adj* **1.** knitterfrei; **2.** *fig (Wille)* unbeugsam.
unc·tion [ˈʌŋkʃn] *rel* Salbung *f;* ► **the extreme ~** *rel* die Letzte Ölung; **unc·tu·ous** [ˈʌŋktʃʊəs] *adj* salbungsvoll.
un·cut [ˌʌnˈkʌt] *adj* **1.** *(Haare)* ungeschnitten; **2.** *(Buch)* unbeschnitten; **3.** *(Stein)* ungeschliffen; **4.** *fig* ungekürzt.
un·dated [ˌʌnˈdeɪtɪd] *adj* undatiert.
un·daunted [ˌʌnˈdɔːntɪd] *adj* unerschrocken, furchtlos; nicht entmutigt.
un·de·ceive [ˌʌndɪˈsiːv] *tr* ► **~ s.o.** jdm reinen Wein einschenken.
un·de·cided [ˌʌndɪˈsaɪdɪd] *adj* **1.** unentschieden; **2.** unentschlossen, unschlüssig.
un·de·clared [ˌʌndɪˈkleəd] *adj* **1.** *(Zoll)* nicht deklariert; **2.** *(Liebe)* heimlich; **3.** *(Krieg)* nicht erklärt.
un·de·fined [ˌʌndɪˈfaɪnd] *adj* undefiniert; undefinierbar.
un·de·liv·erable [ˌʌndɪˈlɪvrəbl] *adj* *(Post)* unzustellbar; **un·de·liv·ered** [ˌʌndɪˈlɪvəd] *adj (Post)* nicht zugestellt.
un·de·mand·ing [ˌʌndɪˈmɑːndɪŋ] *adj* anspruchslos.
un·demo·cratic [ˌʌndeməˈkrætɪk] *adj* undemokratisch.
un·de·mon·stra·tive [ˌʌndɪˈmɒnstrətɪv] *adj* reserviert, zurückhaltend.
un·de·ni·able [ˌʌndɪˈnaɪəbl] *adj* unleugbar, unbestreitbar; **un·de·ni·ably** [—ɪ] *adv* zweifelsohne, zweifellos; unbestreitbar.
under [ˈʌndə(r)] **I** *prep* **1.** unter *a. fig;* **2.** *(zeitlich)* unter, während; **3.** unter, weniger als; geringer als; **4.** *jur* gemäß, laut, nach; ► **from ~** unter ... hervor; **~ an act** auf Grund e-s Gesetzes; **~ anaesthetic** in der Narkose; **~-age** unmündig, minderjährig; **~ these circumstances, conditions** unter diesen Umständen *od* Bedingungen; **~ construction** im Bau (befindlich); **~ discussion** zur Debatte; **~ s.o.'s (very) eyes** vor jds Augen; **~ the impression** unter dem Eindruck; **~ a misapprehension** im Irrtum; **~ s.o.'s name** unter jds Namen; **~ oath** unter Eid; **~ repair** in Reparatur; **~ treatment** in Behandlung; **be ~ control** in Ordnung sein; **be ~ the impression** den Eindruck haben *(that* daß); **come ~ s.th.** unter etw fallen; **II** *adv* **1.** unten; nach unten; (dar)unter; **2.** bewußtlos; **3.** *(zahlenmäßig)* darunter; ► **get out from ~** langsam wieder klarkommen.
under·achieve [ˌʌndərəˈtʃiːv] *itr* hinter den Erwartungen zurückbleiben; **under·act** [ˌʌndərˈækt] *tr, itr theat* verhalten spielen; **under-age** [ˌʌndərˈeɪdʒ] *adj* minderjährig; von Minderjährigen; **under·bid** [ˌʌndəˈbɪd] *tr irr s. bid com* unterbieten; **under·car·riage** [ˈʌndəkærɪdʒ] *aero* Fahrgestell, -werk *n;* **under·charge** [ˌʌndəˈtʃɑːdʒ] **I** *tr* **1.** zu wenig berechnen (*s.o.* jdm); **2.** ungenügend belasten; **II** *s* **1.** ungenügende Ladung; **2.** zu geringe Berechnung; **3.** zu geringe Belastung; **under·clothes, under·cloth·ing** [ˈʌndəkləʊðz, ˈʌndəkləʊðɪŋ] Unter-, Leibwäsche *f;* **under·coat** [ˈʌndəkəʊt] **1.** *tech* Grundanstrich *m;* **2.** *mot* Unterbodenschutz *m;* **under·cover** [ˌʌndəˈkʌvə(r)] *adj* geheim; ► **~ agent** Spitzel, Geheimagent *m;* **under·cur·rent** [ˈʌndəkʌrənt] Unterströmung *f a. fig;* **under·cut** [ˌʌndəˈkʌt] *tr irr s. cut com* unterbieten; **under·de·vel·oped** [ˌʌndədɪˈveləpt] *adj* unterentwikkelt; Entwicklungs-; **under·dog** [ˈʌndədɒg] *fig* Verlierer(in) *m (f),* Benachteiligte(r), Unterprivilegierte(r) *f m;* **under·done** [ˌʌndəˈdʌn] *adj* nicht gar; **under·em·ployed** [ˌʌndərɪmˈplɔɪd] *adj* unterbeschäftigt; **under·esti·mate** [ˌʌndərˈestɪmeɪt] **I** *tr* unterschätzen; **II** *s* [ˌʌndərˈestɪmət] Unterbewertung, Unterschätzung *f;* **under·ex·pose** [ˌʌndərɪkˈspəʊz] *tr phot* unterbelichten; **under·expo·sure** [ˌʌndərɪkˈspəʊʒə(r)] *phot* Unterbelichtung *f;* **under·fed** [ˌʌndəˈfed] *adj* unterernährt: **under·felt** [ˈʌndəfelt] Filzunterlage *f;* **under·floor heat·ing** [ˌʌndəˈflɔːhiːtɪŋ] Fußbodenheizung *f;* **under·foot** [ˌʌndəˈfʊt] *adv* **1.** am Boden; **2.** im Wege; **under·gar·ment** [ˈʌndəgɑːmənt] Leibwäsche *f;* **under·go** [ˌʌndəˈgəʊ] *tr irr s. go* **1.** erfahren; **2.** durchmachen; **3.** sich unterziehen (müssen) (*s.th.* e-r S); **under·grad·uate** [ˌʌndəˈgrædʒʊət] Student(in) *m (f).*
under·ground [ˈʌndəgraʊnd] **I** *s* **1.** *fig* Untergrund-, Widerstandsbewegung *f;* **2.** *Br* Untergrundbahn, U-Bahn *f;* ► **go, travel by ~** mit der U-Bahn fahren; **II**

adj **1.** unterirdisch; **2.** *fig* geheim; Untergrund-; ► ~ **car park** Tiefgarage *f;* ~ **dump** Untertagedeponie *f;* **III** *adv* **1.** unter der Erdoberfläche; **2.** *min* unter Tage; ► **go** ~ untertauchen; *pol* in den Untergrund gehen.

under·growth ['ʌndəgrəʊθ] Gestrüpp, Unterholz *n;* **under·hand** ['ʌndəhænd] **I** *adj* **1.** heimlich, geheim; **2.** hinterhältig; **3.** *sport* unter der Schulterhöhe ausgeführt; **II** *adv* im geheimen; hinterhältig; **under·in·sure** [ˌʌndərɪn'ʃʊə(r)] *tr* unterversichern; **under·lay** [ˌʌndə'leɪ] *tr irr s. lay* unterlegen (*with* mit); **under·lie** [ˌʌndə'laɪ] *tr irr s. lie* **1.** liegen unter; **2.** zugrunde liegen (*s.th.* e-r S); die Grundlage bilden (*s.th.* für etw); **underline** [ˌʌndə'laɪn] *tr* **1.** unterstreichen *a. fig;* **2.** *fig* betonen, hervorheben.

under·ling ['ʌndəlɪŋ] Untergebene(r) *f m.*

under·ly·ing [ˌʌndə'laɪɪŋ] *adj* **1.** tiefer liegend; **2.** *(Grund)* eigentlich; tiefer; *(Problem)* zugrundeliegend; *(Ehrlichkeit)* grundlegend; **under·man·ned** [ˌʌndə'mænd] *adj* **1.** *mar* ungenügend bemannt; **2.** unterbesetzt; **under·manning** [ˌʌndə'mænɪŋ] Personalmangel *m; (absichtlich)* Unterbesetzung *f;* **under·men·tioned** [ˌʌndə'menʃnd] *adj* unten erwähnt; **under·mine** [ˌʌndə'maɪn] *tr* **1.** unterminieren; auswaschen; **2.** *fig* untergraben, (unmerklich) schwächen; **under·most** ['ʌndəməʊst] *adj* unterste(r, s).

under·neath [ˌʌndə'ni:θ] **I** *adv* darunter; **II** *prep* unter; **III** *s* Unterseite *f.*

under·nour·ished [ˌʌndə'nʌrɪʃt] *adj* unterernährt; **under·paid** [ˌʌndə'peɪd] *adj* unterbezahlt; **under·pants** ['ʌndəpænts] *pl* Unterhose *f;* **underpass** ['ʌndəpɑ:s] Unterführung *f;* **under·pay** [ˌʌndə'peɪ] *tr irr s. pay* unterbezahlen; **under·play** ['ʌndəpleɪ] *tr* **1.** *(Karten)* nicht voll ausspielen; **2.** *fig* sich zurückhalten; **under·popu·lated** [ˌʌndə'pɒpjʊleɪtɪd] *adj* unterbevölkert; **under·privi·leged** [ˌʌndə'prɪvəlɪdʒd] *adj* unterprivilegiert, benachteiligt; ► **the** ~ *pl* die Unterprivilegierten *m pl;* **under·rate** [ˌʌndə'reɪt] *tr* unterbewerten, unterschätzen *fig;* **underscore** [ˌʌndə'skɔ:(r)] **I** *tr* **1.** unterstreichen; **2.** *fig* hervorheben, betonen; **II** *s* Unterstreichung *f;* **under·seal** ['ʌndəsi:l] **I** *s Br mot* Unterbodenschutz *m;* **II** *tr* mit Unterbodenschutz versehen; **under·sell** [ˌʌndə'sel] *tr irr s. sell* verschleudern; unter (dem) Preis verkaufen; **under·shirt** ['ʌndəʃɜ:t] *Am* Unterhemd *n;* **under·shorts** [ˌʌndə'ʃɔ:ts] *pl Am* Unterhose *f;* **underside** ['ʌndəsaɪd] Unterseite *f;* **undersigned** ['ʌndəsaɪnd] **I** *adj* unterzeichnet; **II** *s* Unterzeichnete(r) *f m;* **undersized** [ˌʌndə'saɪzd] *adj* unter Normalgröße; **under·skirt** ['ʌndəskɜ:t] Unterrock *m;* **under·staffed** [ˌʌndə'stɑ:ft] *adj* unterbesetzt; ► **be** ~ an Personalmangel leiden.

under·stand [ˌʌndə'stænd] ⟨*irr* understood, understood⟩ **I** *tr* **1.** verstehen (*by* unter); **2.** begreifen, einsehen; **3.** annehmen, voraussetzen; **4.** entnehmen, schließen (*from* aus); ► **I** ~ **that...** ich habe gehört, daß ...; **am I to** ~ **that...?** soll das heißen, daß ...? ~ **one another** sich, einander (gut) verstehen; **give s.o. to** ~ jdm zu verstehen geben; **make o.s. understood** sich verständlich machen; **it's understood** es ist selbstverständlich, es versteht sich von selbst (*that* daß); **is that understood?** ist das klar? **II** *itr* **1.** Verständnis, Einsicht haben; **2.** Bescheid wissen; ► **(so) I** ~ wie ich höre; **understand·able** [—əbl] *adj* verständlich; **under·stand·ing** [—ɪŋ] **I** *s* **1.** Verständnis *n* (*of* für); Einsicht *f* (*of* in); **2.** Absprache *f,* Übereinkommen *n,* Verständigung *f,* Einvernehmen *n* (*between* zwischen); **3.** Voraussetzung *f;* ► **on this** ~ unter dieser Voraussetzung; **on the** ~ **that** unter der Voraussetzung, daß; **come to, reach an** ~ zu e-r Verständigung kommen (*with* mit); sich einigen; **II** *adj* verständnis-, einsichtsvoll, einsichtig.

under·state [ˌʌndə'steɪt] *tr* unter treiben; **under·state·ment** ['ʌndəsteɪtmənt] Untertreibung *f,* Understatement *n;* **under·stocked** [ˌʌndə'stɒkt] *adj:* ► **be** ~ zu wenig Vorrat haben (*with* an).

under·stood [ˌʌndə'stʊd] *v s. understand.*

under·study ['ʌndəstʌdɪ] **I** *s theat* Ersatzdarsteller(in) *m (f);* **II** *tr* einspringen für.

under·take [ˌʌndə'teɪk] *tr irr s. take* **1.** *(Aufgabe)* übernehmen; **2.** *(Pflicht)* auf sich nehmen; **3.** *(Risiko)* eingehen; **4.** sich verpflichten (*to do* zu tun); **5.** sich verbürgern, garantieren; **6.** *(Arbeit, Reise)* unternehmen; **under·taker** ['ʌndəteɪkə(r)] Beerdigungsunternehmer(in), Leichenbestatter(in) *m (f);* **under·tak·ing** [ˌʌndə'teɪkɪŋ] **1.** Unternehmen *n;* Projekt *n;* **2.** Zusicherung *f;* **3.** Beerdigungsgewerbe *n.*

under-the-counter [ˌʌndəðə'kaʊntə(r)] *adj:* ► ~ **sale** Verkauf *m* unter dem Ladentisch; **under·tone** ['ʌndətəʊn] **1.** gedämpfter Ton; **2.** *fig* Unterton *m;* **under·value** [ˌʌndə'vælju:] *tr* zu niedrig schätzen; unterbewerten; **underwater** ['ʌndəwɔ:tə(r)] *adj:* ► ~ **camera** Unterwasserkamera *f;* ~ **swimming** Unterwasserschwimmen *n;* **underwear** ['ʌndəweə(r)] Unterwäsche *f;* **under·weight** [ˌʌndə'weɪt] *adj* untergewichtig; ▶ **he is several pounds** ~ er hat mehrere Pfund Untergewicht; **under·world** ['ʌndəwɜ:ld] Unterwelt *f;* **under·write** [ˌʌndə'raɪt] *tr irr s. write* **1.** *fin* garantieren; **2.** *(Versicherung)* übernehmen; **3.** *(ein Risiko)* versichern; **4.** *(Anleihe)* die Plazierung übernehmen für; **under·writer** ['ʌndəˌraɪtə(r)] **1.** Emissionsbank *f,* Konsorte *m;* **2.** Versicherer *m;* **3.** *pl* Konsortium *n.*

un·de·sir·able [ˌʌndɪ'zaɪərəbl] *adj* unerwünscht.

un·de·tected [ˌʌndɪ'tektɪd] *adj* unentdeckt.

un·de·vel·oped [ˌʌndɪ'veləpt] *adj* **1.** unentwickelt; **2.** *com* unerschlossen.

un·did [ʌn'dɪd] *v s. undo.*

un·dies ['ʌndɪz] *pl fam* (Unter-) Wäsche *f.*

un·dis·closed [ˌʌndɪs'kləʊzd] *adj* **1.** nicht enthüllt, unbekannt; **2.** verheimlicht.

un·dis·covered [ˌʌndɪs'kʌvəd] *adj* unentdeckt.

un·dis·pu·ted [ˌʌndɪ'spju:tɪd] *adj* unbestritten.

un·dis·tin·guished [ˌʌndɪ'stɪŋgwɪʃt] *adj* mittelmäßig, durchschnittlich.

un·di·vided [ˌʌndɪ'vaɪdɪd] *adj* **1.** ungeteilt; **2.** *com* nicht verteilt.

undo [ʌn'du:] ⟨*irr* undid, undone⟩ *tr* **1.** aufmachen; *(Knoten)* lösen; *(Paket)* öffnen; **2.** zerstören, vernichten; ruinieren; **3.** *(Tat)* ungeschehen machen; **un·do·ing** [—ɪŋ] Ruin *m,* Verderben, Unglück *n;* **un·done** [ˌʌn'dʌn] **I** *v s. undo;* **II** *adj* **1.** *(Arbeit)* unerledigt; **2.** *(Kleid, Paket)* offen; ▶ **leave nothing** ~ nichts unversucht lassen; **come** ~ aufgehen.

un·doubted [ʌn'daʊtɪd] *adj* unbestritten; **un·doubted·ly** [—lɪ] *adv* zweifellos, gewiß, sicher.

un·dreamed-of, undreamt-of [ʌn'dri:mdɒv, ʌn'dremtɒv] *adj* ungeahnt, unerwartet.

un·dress [ʌn'dres] **I** *tr* entkleiden, ausziehen; **II** *itr* sich ausziehen, seine Kleider ablegen; **III** *s* ▶ **in a state of** ~ halb bekleidet; **un·dressed** [ˌʌn'drest] *adj* **1.** unbekleidet; **2.** *(Wunde)* unverbunden; **3.** *(Häute)* ungegerbt; **4.** *(Salat)* nicht angerichtet; ▶ **get** ~ sich ausziehen.

un·due [ˌʌn'dju:] *adj* übertrieben; ungebührlich.

un·du·late ['ʌndjʊleɪt] *itr* wellig sein; wogen; **un·du·la·ting** [—ɪŋ] *adj* wellenförmig; *(Landschaft)* hügelig.

un·duly [ˌʌn'dju:lɪ] *adv* (zu) sehr; übermäßig.

un·dy·ing [ˌʌn'daɪɪŋ] *adj* unsterblich; unvergänglich, ewig.

un·earned [ˌʌn'ɜ:nd] *adj* **1.** *(Geld)* nicht verdient; **2.** *fig (Lob)* unverdient; ▶ ~ **income** Kapitaleinkommen *n;* ~ **increment** Wertzuwachs *m.*

un·earth [ʌn'ɜ:θ] *tr* **1.** ausgraben; **2.** *fig* ausfindig machen, entdecken; **un·earth·ly** [ʌn'ɜ:θlɪ] *adj* **1.** unheimlich; **2.** *(Schönheit)* überirdisch; ▶ **at this** ~ **hour** zu dieser unchristlichen Stunde.

un·ease [ʌn'i:z] Unbehagen *n;* Unruhe *f;* **un·easy** [—ɪ] *adj* **1.** unruhig (*about* wegen); besorgt (*about* um); **2.** unbehaglich; **3.** ungeschickt; ▶ **be** ~ sich in seiner Haut nicht wohl fühlen; **I feel** ~ mir ist unbehaglich (zumute) (*about s.th.* wegen etw).

un·econ·omic(al) ['ʌnˌi:kə'nɒmɪk(l)] *adj* unwirtschaftlich; unrentabel, verschwenderisch.

un·edu·cated [ʌn'edʒʊkeɪtɪd] *adj* ungebildet.

un·emo·tional [ˌʌnɪ'məʊʃənl] *adj* nüchtern, sachlich; kühl; unbewegt.

un·em·ploy·able [ˌʌnɪm'plɔɪəbl] *adj* *(Mensch)* arbeitsunfähig; **un·em·ployed** [ˌʌnɪm'plɔɪd] *adj* **1.** arbeitslos; erwerbslos; **2.** unbe-, ungenutzt; **3.** *(Kapital)* tot; ▶ **the** ~ *pl* die Arbeitslosen *m pl;* **un·em·ploy·ment** [ˌʌnɪm'plɔɪmənt] Erwerbs-, Arbeitslosigkeit *f;* ▶ ~ **among young people** Jugendarbeitslosigkeit *f;* ~ **benefit** Arbeitslosenunterstützung *f;* ~ **insurance** Arbeitslosenversicherung *f;* ~ **rate** Arbeitslosenquote *f.*

un·en·force·able [ˌʌnɪn'fɔ:səbl] *adj* nicht erzwingbar; nicht klagbar.

un·en·light·ened [ˌʌnɪn'laɪtnd] *adj* **1.** *fig* unaufgeklärt, uneingeweiht; **2.** rückständig; **3.** intolerant.

un·en·vi·able [ˌʌn'envɪəbl] *adj* wenig beneidenswert.

un·equal [ˌʌn'i:kwəl] *adj* **1.** ungleich; unausgeglichen; **2.** nicht gewachsen (*to a task* e-r Aufgabe); **un·equal·led,** *Am* **un·equaled** [ˌʌn'i:kwld] *adj* einzig(artig); beispiellos; unübertroffen; ▶ **be** ~ seinesgleichen suchen.

un·equivo·cal [ˌʌnɪ'kwɪvəkl] *adj* unzweideutig.

un·err·ing [ʌn'ɜ:rɪŋ] *adj* **1.** unfehlbar; **2.** untrüglich.

UNESCO [ju:'neskəʊ] *Abk:* **United Nations Educational, Scientific and Cultural Organisation** UNESCO *f.*

un·even [ˌʌn'i:vn] *adj* **1.** uneben; ungleich; **2.** unregelmäßig; **3.** *fig (Qualität)* ungleichmäßig; **4.** *fig* uneinheitlich, unausgeglichen; **5.** *(Zahl)* ungerade.

un·event·ful [ˌʌnɪ'ventfʊl] *adj* ereignislos.

un·ex·ampled [ˌʌnɪg'zɑ:mpld] *adj* beispiellos, einmalig.

un·ex·cep·tion·able [ˌʌnɪk'sepʃənəbl] *adj* untadelig, einwandfrei; **un·ex·cep·tional** [ˌʌnɪk'sepʃnəl] *adj* **1.** gewöhnlich; **2.** ausnahmslos.

un·ex·cit·ing [ˌʌnɪk'saɪtɪŋ] *adj* nicht besonders aufregend.

un·ex·pected [ˌʌnɪkˈspektɪd] *adj* unerwartet, unvorhergesehen.

un·ex·peri·enced [ˌʌnɪkˈspɪərɪənst] *adj* unerfahren; unerprobt.

un·ex·plod·ed [ˌʌnɪkˈspləʊdɪd] *adj* nicht explodiert.

un·ex·ploit·ed [ˌʌnɪkˈsplɔɪtɪd] *adj* ungenutzt; brachliegend.

un·ex·pressed [ˌʌnɪkˈsprest] *adj* unausgesprochen; ungeäußert.

un·ex·pres·sive [ˌʌnɪkˈspresɪv] *adj* ausdruckslos.

un·ex·pur·ga·ted [ˌʌnˈekspɜːgeɪtɪd] *adj (Buch)* ungekürzt.

un·fail·ing [ʌnˈfeɪlɪŋ] *adj* unerschöpflich; zuverlässig.

un·fair [ˌʌnˈfeə(r)] *adj* **1.** unfair, ungerecht; **2.** unsportlich, unfair; **3.** *(Wettbewerb)* unlauter (*to* gegenüber).

un·faith·ful [ˌʌnˈfeɪθfʊl] *adj* **1.** untreu (*to* gegenüber); **2.** ungenau.

un·fal·ter·ing [ʌnˈfɔːltərɪŋ] *adj* **1.** nicht wankend; **2.** *fig* unerschütterlich.

un·fam·il·iar [ˌʌnfəˈmɪlɪə(r)] *adj* **1.** ungewohnt; **2.** nicht vertraut (*with* mit); ▶ **be ~ with s.th.** etw nicht kennen.

un·fas·ten [ˌʌnˈfɑːsn] **I** *tr* los-, aufmachen; **II** *itr* aufgehen.

un·fath·om·able [ʌnˈfæðəməbl] *adj* unergründlich, unerforschlich; **un·fath·omed** [ʌnˈfæðəmd] *adj* unerforscht.

un·fa·vour·able, *Am* **un·fa·vor·able** [ˌʌnˈfeɪvrəbl] *adj* ungünstig, unvorteilhaft (*for, to* für).

un·feel·ing [ʌnˈfiːlɪŋ] *adj* empfindungslos, grausam.

un·feigned [ʌnˈfeɪnd] *adj* aufrichtig; unverhohlen.

un·filled [ʌnˈfɪld] *adj* leer; *(Stelle)* frei, offen, unbesetzt.

un·fin·ished [ˌʌnˈfɪnɪʃt] *adj* unvollendet; *tech* unbearbeitet.

un·fit [ˌʌnˈfɪt] *adj* **1.** unfähig, untüchtig; **2.** untauglich (*for* für); **3.** *sport* nicht in Form; ▶ **~ for work** arbeitsunfähig.

un·flag·ging [ˌʌnˈflægɪŋ] *adj* unermüdlich.

un·flap·pable [ˌʌnˈflæpəbl] *adj* unerschütterlich.

un·flinch·ing [ʌnˈflɪntʃɪŋ] *adj* unnachgiebig, entschlossen; unerschütterlich, unerschrocken.

un·fold [ʌnˈfəʊld] **I** *tr* **1.** entfalten; **2.** *fig* offen darlegen, enthüllen; **II** *itr* **1.** sich entfalten; **2.** bekannt werden; **3.** *(Knospe)* sich öffnen.

un·fore·see·able [ˌʌnfɔːˈsiːəbl] *adj* unvorhersehbar; **un·fore·seen** [ˌʌnfɔːˈsiːn] *adj* unvorhergesehen.

un·for·get·table [ˌʌnfəˈgetəbl] *adj* unvergeßlich.

un·for·giv·able [ˌʌnfəˈgɪvəbl] *adj* unverzeihlich.

un·for·tu·nate [ʌnˈfɔːtʃʊnət] **I** *adj* **1.** unglücklich; **2.** bedauerlich; **3.** erfolg-, aussichtslos; **4.** *(Bemerkungen)* unpassend; **II** *s* Pechvogel *m;* **un·for·tu·nate·ly** [—lɪ] *adv* unglücklicherweise, leider.

un·founded [ˌʌnˈfaʊndɪd] *adj* unbegründet, grundlos.

un·freeze [ˌʌnˈfriːz] *tr, itr irr s. freeze* **1.** auf-, abtauen; **2.** *fig (Preisstopp)* aufheben; **3.** *(Guthaben)* freigeben.

un·fre·quented [ˌʌnfrɪˈkwentɪd] *adj* wenig besucht; einsam.

un·friend·ly [ˌʌnˈfrendlɪ] *adj* **1.** unfreundlich (*to* gegen); **2.** ungünstig (*for, to* für).

un·furl [ʌnˈfɜːl] **I** *tr* aufrollen; entfalten; **II** *itr* sich entfalten; sich aufrollen.

un·fur·nished [ˌʌnˈfɜːnɪʃt] *adj* unmöbliert, leer.

un·gain·ly [ʌnˈgeɪnlɪ] *adj* unbeholfen, plump; ungraziös.

un·gen·er·ous [ʌnˈdʒenərəs] *adj* kleinlich.

un·gentle·man·ly [ʌnˈdʒentlmənlɪ] *adj* unfein, ungebildet; ▶ **that is ~** so etwas tut ein Gentleman nicht.

un·get-at-able [ˌʌngetˈætəbl] *adj fam* schwer erreichbar, unerreichbar.

un·god·ly [ʌnˈgɒdlɪ] *adj* **1.** gottlos; **2.** *fam* verdammt; abscheulich; **3.** *fam* gotteslästerlich; unmöglich; ▶ **at an ~ hour** zu nachtschlafender Zeit.

un·gov·ern·able [ʌnˈgʌvənəbl] *adj* unbezähmbar; zügellos; *(Volk)* nicht zu regieren(d).

un·grace·ful [ˌʌnˈgreɪsfl] *adj* ohne Anmut, plump.

un·gra·cious [ˌʌnˈgreɪʃəs] *adj* unhöflich.

un·grate·ful [ʌnˈgreɪtfl] *adj* undankbar (*to* gegen).

un·grudg·ing [ˌʌnˈgrʌdʒɪŋ] *adj* entgegenkommend; großzügig; **un·grudg·ing·ly** [—lɪ] *adv* gern.

un·guarded [ˌʌnˈgɑːdɪd] *adj* **1.** unbewacht; **2.** *sport* ungedeckt; **3.** sorglos, nachlässig; ▶ **in an ~ moment** in e-m unbedachten Augenblick.

un·guent [ˈʌŋgwənt] Salbe *f.*

un·hal·lowed [ʌnˈhæləʊd] *adj* ungeweiht.

un·happy [ʌnˈhæpɪ] *adj* **1.** unglücklich; traurig; **2.** nicht zufrieden; ▶ **feel ~ about s.th.** nicht glücklich über etw sein; ein ungutes Gefühl bei etw haben.

un·harmed [ʌnˈhɑːmd] *adj* wohlbehalten, unversehrt.

un·healthy [ʌnˈhelθɪ] *adj* **1.** kränklich; **2.** ungesund *a. fig.*

un·heard [ʌnˈhɜːd] *adj* ungehört; **unheard-of** [ʌnˈhɜːdɒv] *adj* unerhört.

un·hinge [ʌnˈhɪndʒ] *tr* verwirren, verstören.

un·holy [ʌnˈhəʊlɪ] *adj* **1.** ungeweiht; *(Geister)* böse; **2.** *fam* entsetzlich, schrecklich.

un·hook [ʌn'hʊk] *tr* los-, aufhaken; losmachen.
un·hoped-for [ʌn'həʊptfɔ:(r)] *adj* unerwartet, unverhofft.
un·horse [ˌʌn'hɔ:s] *tr* aus dem Sattel werfen.
un·hurt [ʌn'hɜ:t] *adj* unverletzt.
UNICEF ['ju:nɪsef] *Abk:* **United Nations International Children's Emergency Fund** UNICEF *f*, Weltkinderhilfswerk *n* der UNO.
uni·corn ['ju:nɪkɔ:n] Einhorn *n*.
un·iden·ti·fied [ˌʌnaɪ'dentɪfaɪd] *adj* nicht identifiziert; unbekannt; ► ~ **flying object, UFO** unbekanntes Flugobjekt.
uni·fi·ca·tion [ˌju:nɪfɪ'keɪʃn] Vereinheitlichung *f;* Einigung *f;* **unification treaty** *pol* Einigungsvertrag *m*.
uni·form ['ju:nɪfɔ:m] **I** *adj* **1.** gleich(bleibend), gleichförmig, -mäßig; **2.** einförmig; einheitlich; **3.** übereinstimmend; **II** *s* Uniform *f;* **uni·form·ity** [ˌju:nɪ'fɔ:mətɪ] **1.** Gleichmäßigkeit *f;* **2.** Einheitlichkeit *f;* **3.** *pej* Eintönigkeit *f*.
unify ['ju:nɪfaɪ] *tr* vereinheitlichen; einigen; vereinigen.
uni·lat·eral [ˌju:nɪ'lætrəl] *adj* einseitig.
un·im·ag·in·able [ˌʌnɪ'mædʒnəbl] *adj* unvorstellbar.
un·im·peach·able [ˌʌnɪm'pi:tʃəbl] *adj* unanfechtbar; einwandfrei, untadelig.
un·in·formed [ˌʌnɪn'fɔ:md] *adj* nicht unterrichtet, nicht informiert (*on* über).
un·in·hab·it·able [ˌʌnɪn'hæbɪtəbl] *adj* unbewohnbar.
un·in·hib·ited [ˌʌnɪn'hɪbɪtɪd] *adj* ungehemmt.
un·in·jured [ˌʌn'ɪndʒəd] *adj* unverletzt.
un·in·sur·able [ˌʌnɪn'ʃʊərəbl] *adj* nicht versicherungsfähig; **un·in·sured** [ˌʌnɪn'ʃʊəd] *adj* unversichert.
un·in·tel·li·gent [ˌʌnɪn'telɪdʒənt] *adj* unintelligent; **un·in·tel·li·gible** [ˌʌnɪn'telɪdʒəbl] *adj* unverständlich.
un·in·ten·tional [ˌʌnɪn'tenʃənl] *adj* unabsichtlich; **un·in·ten·tional·ly** [ˌʌnɪn'tenʃnəlɪ] *adv* unbeabsichtigt.
un·in·ter·ested [ʌn'ɪntrɪstɪd] *adj* uninteressiert (*in* an); **un·in·ter·est·ing** [ʌn'ɪntrɪstɪŋ] *adj* uninteressant.
un·in·ter·rupted [ˌʌnɪntə'rʌptɪd] *adj* ununterbrochen.
union ['ju:nɪən] **1.** Vereinigung *f*, Zusammenschluß *m;* Verbindung *f;* **2.** (Staaten)Bund *m*, Union *f;* **3.** *(trade ~)* Gewerkschaft *f;* **4.** *tech (pipe ~)* Rohrverbindung *f;* **5.** *(Textil)* gemischtes Gewebe; **6.** *math* Vereinigungsmenge *f;* **7.** *fig* Eintracht *f;* ► **in perfect** ~ in voller Eintracht; **union contract** Tarifvertrag *m;* **union dues** *pl* Gewerkschaftsbeiträge *m pl;* **union·ist** [—ɪst] **1.** Gewerkschaft(l)er(in) *m (f);* **2.** *pol* Unionist(in), Unionsanhänger(in) *m (f);* **union·ize** ['ju:nɪənaɪz] *tr* gewerkschaftlich organisieren; **Union Jack** ['ju:nɪən'dʒæk] britische Nationalflagge; **union member** Gewerkschaftsmitglied *n;* **union official** Gewerkschaftsfunktionär(in) *m (f);* **union representative** (gewerkschaftliche) Vertrauensperson *f*.
unique [ju:'ni:k] *adj* **1.** einzig; einmalig; **2.** einzigartig, ungewöhnlich; **3.** *math* eindeutig.
uni·sex ['ju:nɪseks] *adj* einheitlich für beide Geschlechter; Unisex-.
uni·son ['ju:nɪsn] **1.** Einklang *m;* **2.** *fig* Übereinstimmung *f;* **3.** *mus* Gleichklang *m;* ► **in** ~ einstimmig; **in** ~ **with** in Einklang mit.
unit ['ju:nɪt] **1.** Einheit *f a. math mil;* **2.** Einzelteil, Anbauteil, Element *n;* **3.** *tech* Anlage *f;* **4.** *math* Einer *m;* **5.** *(Organisation)* Abteilung *f;* ► ~ **of account** Rechnungseinheit *f;* ~ **of charge** Gebühreneinheit *f;* ~ **of sampling** Stichprobeneinheit *f;* ~ **of value** Wertmaßstab *m;* **generative** ~ Aggregat *n;* **compressor** ~ Kompressor *m;* **kitchen** ~ Teil *n* einer Einbauküche.
unite [ju:'naɪt] **I** *tr* vereinigen, verbinden; *fig* vereinen; **II** *itr* sich vereinigen, sich zusammenschließen; ► ~ **in doing s.th.** etw gemeinsam tun; **united** [ju:'naɪtɪd] *adj* **1.** vereinigt; verbunden; **2.** *(Gruppe)* geschlossen; **3.** *(Kräfte)* vereint; ► **U~ Arab Republic** Vereinigte Arabische Republik; **U~ Kingdom** Vereinigtes Königreich; **U~ Nations (Organization)** Vereinte Nationen *pl;* **U~ States (of America)** *pl* Vereinigte Staaten *pl* (von Amerika).
unity ['ju:nətɪ] **1.** Einheit *f a. math;* **2.** Einigkeit, Eintracht, Solidarität, Harmonie *f* (*among* unter); **3.** Einheitlichkeit, Geschlossenheit *f;* ► **in** ~ **with** in Übereinstimmung mit; **economic** ~ Wirtschaftseinheit *f*.
uni·ver·sal [ˌju:nɪ'vɜ:sl] *adj* allgemein, allumfassend, universal; universell; ► ~ **agent** Generalvertreter, -bevollmächtigte(r) *f m;* ~ **education** Allgemeinbildung *f;* **he is a** ~ **favourite** er ist allgemein beliebt; ~ **heir** Alleinerbe *m;* ~ **joint, coupling** *tech* Universalgelenk *n;* **U~ Postal Union** Weltpostverein *m;* ~ **suffrage** allgemeines Wahlrecht.
uni·verse ['ju:nɪvɜ:s] Weltall, Universum *n*.
uni·ver·sity [ˌju:nɪ'vɜ:sətɪ] Universität *f;* ► **be at** ~ die Universität besuchen, studieren; **university education** akademische Bildung; **university lecture** Vorlesung *f;* **university lecturer** Dozent(in) *m (f);* **university library** Universitätsbibliothek *f;* **university town** Universitätsstadt *f*.
un·just [ˌʌn'dʒʌst] *adj* ungerecht (*to* gegen); **un·jus·ti·fi·able** [ʌn'dʒʌstɪ-

faɪəbl] *adj* **1.** nicht zu rechtfertigen, ungerechtfertigt; **2.** unentschuldbar; **un·jus·ti·fied** [ʌnˈdʒʌstɪfaɪd] *adj* ungerechtfertigt; **un·just·ly** [ˌʌnˈdʒʌstlɪ] *adv* zu Unrecht; ungerecht.
un·kempt [ˌʌnˈkempt] *adj* **1.** ungekämmt, zerzaust, verwahrlost; **2.** unordentlich.
un·kind [ʌnˈkaɪnd] *adj* unfreundlich; **un·kind·ly** [—lɪ] *adv* herzlos; unfreundlich.
un·know·ing [ˌʌnˈnəʊɪŋ] *adj* nichts wissend (*of* von); **un·known** [ˌʌnˈnəʊn] **I** *adj* unbekannt; fremd (*to s.o.* jdm); ► **~ quantity** unbekannte Größe; *math* Unbekannte *f;* **~ territory** Neuland *n a. fig;* **it's ~ for him to do that** das tut er sonst eigentlich nicht; **II** *s* Unbekannte(r) *f m; math* Unbekannte *f; (Gegend)* unerforschtes Gebiet; ► **the ~** das Unbekannte; das Ungewisse.
un·law·ful [ˌʌnˈlɔːfʊl] *adj* widerrechtlich, ungesetzlich, illegal.
un·lead·ed [ˌʌnˈledɪd] *adj (Benzin)* bleifrei, unverbleit.
un·learn [ˌʌnˈlɜːn] *tr irr s. learn* verlernen, vergessen; sich abgewöhnen.
un·leash [ʌnˈliːʃ] *tr* **1.** von der Leine lassen; **2.** *fig* entfesseln.
un·leav·ened [ˌʌnˈlevnd] *adj (Brot)* ungesäuert.
un·less [ənˈles] *conj* **1.** wenn nicht; außer wenn; es sei denn, daß; **2.** vorausgesetzt, daß nicht.
un·li·censed [ˌʌnˈlaɪsənst] *adj* unkonzessioniert.
un·like [ˌʌnˈlaɪk] **I** *adj* ungleich; verschieden; **II** *prep* **1.** unähnlich (*s.o.* jdm); **2.** im Gegensatz zu; **un·like·ly** [ʌnˈlaɪklɪ] *adj* unwahrscheinlich.
un·limited [ʌnˈlɪmɪtɪd] *adj* unbegrenzt; unbeschränkt; grenzenlos; ► **~ liability** unbeschränkte Haftung.
un·listed [ʌnˈlɪstɪd] *adj* nicht verzeichnet.
un·load [ʌnˈləʊd] *tr, itr* **1.** *(Ladung)* ab-, ausladen; **2.** *mar* löschen; **3.** *(Fahrzeug)* entladen; **4.** *fig fam* abladen; abwälzen; **5.** *fin* abstoßen.
un·lock [ˌʌnˈlɒk] *tr* aufschließen, -sperren; **un·locked** [ˌʌnˈlɒkt] *adj* unverschlossen.
un·looked-for [ʌnˈlʊktfɔː(r)] *adj* unerwartet, überraschend.
un·lucky [ʌnˈlʌkɪ] *adj* **1.** unglücklich; **2.** unheilvoll; ► **be ~** Pech haben.
un·man [ˌʌnˈmæn] *tr* mutlos machen, entmutigen; **un·manned** [ˌʌnˈmænd] *adj* unbemannt; nicht besetzt.
un·man·ner·ly [ʌnˈmænəlɪ] *adj* ungesittet, unmanierlich.
un·mar·ried [ˌʌnˈmærɪd] *adj* unverheiratet, ledig.
un·mask [ʌnˈmɑːsk] **I** *tr* **1.** demaskieren *a. fig;* **2.** *fig* entlarven, bloßstellen; **II** *itr* **1.** sich demaskieren; **2.** *fig* die Maske fallen lassen.
un·matched [ʌnˈmætʃt] *adj* unübertroffen, unvergleichlich.
un·men·tion·able [ʌnˈmenʃənəbl] *adj* unaussprechlich; **un·men·tioned** [ˌʌnˈmenʃnd] *adj* unerwähnt.
un·mind·ful [ʌnˈmaɪndfl] *adj* unachtsam, unaufmerksam; ► **be ~ of s.th.** etw nicht beachten.
un·mis·tak(e)·able [ˌʌnmɪˈsteɪkəbl] *adj* unverkennbar.
un·miti·gated [ʌnˈmɪtɪgeɪtɪd] *adj* **1.** ungemildert, unvermindert; **2.** vollkommen, völlig; vollendet.
un·moved [ʌnˈmuːvd] *adj* **1.** unbewegt; **2.** *fig* ungerührt.
un·natu·ral [ʌnˈnætʃrəl] *adj* **1.** unnatürlich; **2.** widernatürlich, unnormal, abnorm; ► **it is ~ for her to do that** das tut sie normalerweise nicht.
un·nec·ess·ar·ily [ˌʌnˈnesəsərəlɪ] *adv* unnötigerweise; übermäßig; **un·nec·ess·ary** [ʌnˈnesəsrɪ] *adj* unnötig, unnütz, überflüssig.
un·nerve [ˌʌnˈnɜːv] *tr* **1.** zermürben; **2.** den Mut nehmen (*s.o.* jdm).
un·no·ticed [ˌʌnˈnəʊtɪst] *adj* unbemerkt.
un·num·bered [ˌʌnˈnʌmbəd] *adj* **1.** ungezählt, zahllos; **2.** unnumeriert.
un·ob·tain·able [ˌʌnəbˈteɪnəbl] *adj* nicht erhältlich; ► **this number is ~** kein Anschluß unter dieser Nummer.
un·ob·trus·ive [ˌʌnəbˈtruːsɪv] *adj* **1.** *(Sache)* unaufdringlich; **2.** *(Mensch)* zurückhaltend, bescheiden.
un·oc·cupied [ˌʌnˈɒkjʊpaɪd] *adj* **1.** unbewohnt; **2.** unbeschäftigt, müßig; **3.** *mil* unbesetzt.
un·of·fi·cial [ˌʌnəˈfɪʃl] *adj* inoffiziell, nicht amtlich.
un·or·gan·ized [ˌʌnˈɔːgənaɪzd] *adj* **1.** chaotisch; unmethodisch; ungeordnet; **2.** *(Arbeiter)* nicht gewerkschaftlich organisiert.
un·or·tho·dox [ˌʌnˈɔːθədɒks] *adj* unorthodox, unkonventionell.
un·pack [ˌʌnˈpæk] *tr, itr* auspacken.
un·paid [ˌʌnˈpeɪd] *adj* **1.** unbezahlt; **2.** unfrankiert; **3.** *(Stellung)* ehrenamtlich.
un·pal·at·able [ˌʌnˈpælətəbl] *adj* ungenießbar; *(Wahrheit)* bitter.
un·par·al·leled [ʌnˈpærəleld] *adj* unvergleichlich; einmalig.
un·par·lia·men·tary [ˌʌnˌpɑːləˈmentrɪ] *adj* unparlamentarisch.
un·per·turbed [ˌʌnpəˈtɜːbd] *adj* gelassen, nicht aus der Ruhe zu bringen.
un·pick [ˌʌnˈpɪk] *tr (Naht)* auftrennen.
un·placed [ˌʌnˈpleɪst] *adj sport* unplaziert.
un·pleas·ant [ʌnˈpleznt] *adj* **1.** unangenehm; **2.** ungefällig, unfreundlich; **un·pleas·ant·ness** [—nɪs] **1.** Unstimmigkeit *f;* **2.** Unannehmlichkeit *f.*

un·plug [ˌʌnˈplʊg] *tr* den Stecker herausziehen.
un·plumbed [ˌʌnˈplʌmd] *adj* unerforscht.
un·polished [ˌʌnˈpɒlɪʃt] *adj* **1.** unpoliert, rauh *a. fig;* **2.** *fig* grob; unausgeglichen.
un·pol·luted [ˌʌnpəˈluːtɪd] *adj* unverschmutzt.
un·popu·lar [ˌʌnˈpɒpjʊlə(r)] *adj* unbeliebt, unpopulär; **un·popu·lar·ity** [ʌnˌpɒpjʊˈlærətɪ] Unbeliebtheit *f.*
un·prac·ti·cal [ˌʌnˈpræktɪkl] *adj* unpraktisch.
un·prac·ticed, *Am* **un·prac·tised** [ʌnˈpræktɪst] *adj* ungeübt, unerfahren (*in* in).
un·prece·dented [ʌnˈpresɪdentɪd] *adj* **1.** einmalig, beispiellos; noch nie dagewesen; **2.** *jur* ohne Präzedenzfall.
un·pre·dict·able [ˌʌnprɪˈdɪktəbl] *adj* **1.** unvorhersehbar; **2.** *(Person)* unberechenbar.
un·preju·diced [ʌnˈpredʒʊdɪst] *adj* vorurteilsfrei, unvoreingenommen.
un·pre·medi·tated [ˌʌnprɪˈmedɪteɪtɪd] *adj* unüberlegt; nicht vorsätzlich.
un·pre·ten·tious [ˌʌnprɪˈtenʃəs] *adj* zurückhaltend, bescheiden; schlicht.
un·prin·cipled [ʌnˈprɪnsəpld] *adj* ohne Grundsätze; gewissenlos.
un·pro·duc·tive [ˌʌnprəˈdʌktɪv] *adj* unproduktiv, unergiebig (*of* an); ► ~ **capital** totes Kapital.
un·pro·fes·sional [ˌʌnprəˈfeʃənl] *adj* *(Verhalten)* berufswidrig; *(Arbeit)* unfachmännisch, laienhaft.
un·prof·it·able [ˌʌnˈprɒfɪtəbl] *adj* unrentabel.
un·prompted [ˌʌnˈprɒmptɪd] *adj* aus eigenem Antrieb, spontan.
un·pro·vided for [ˌʌnprəˈvaɪdɪdfɔː] *adj* unversorgt.
un·pub·lished [ˌʌnˈpʌblɪʃt] *adj* unveröffentlicht.
un·punc·tual [ˌʌnˈpʌŋktʃʊəl] *adj* unpünktlich.
un·quali·fied [ʌnˈkwɒlɪfaɪd] *adj* **1.** unqualifiziert, ungeeignet, nicht befähigt; **2.** uneingeschränkt, vorbehaltlos.
un·ques·tion·able [ʌnˈkwestʃənəbl] *adj* unbestritten; fraglos; **un·ques·tion·ing** [ʌnˈkwestʃnɪŋ] *adj* *(Glaube)* bedingungslos, blind.
un·quote [ʌnˈkwəʊt] *interj* Zitatende *n;* **un·quoted** [ʌnˈkwəʊtɪd] *adj* *(Börse)* nicht notiert.
un·ravel [ʌnˈrævl] *tr* **1.** auftrennen, -ziehen; **2.** *(Fäden)* entwirren *a. fig;* **3.** *fig* klären, lösen.
un·read·able [ˌʌnˈriːdəbl] *adj* **1.** unleserlich; **2.** unlesbar.
un·real [ʌnˈrɪəl] *adj* unwirklich.
un·real·is·tic [ˌʌnˌrɪəˈlɪstɪk] *adj* unrealistisch, realitätsfern.
un·real·ized [ʌnˈrɪəlaɪzd] *adj* **1.** *com* nicht realisiert; **2.** unverwirklicht.
un·reas·on·able [ʌnˈriːznəbl] *adj* **1.** unvernünftig; unsinnig; **2.** unmäßig; **3.** unangemessen; **4.** übertrieben, exorbitant; **un·reas·on·ing** [ʌnˈriːsənɪŋ] *adj* unvernünftig.
un·re·deemed [ˌʌnrɪˈdiːmd] *adj* **1.** *rel* unerlöst; **2.** *(Pfand)* nicht eingelöst; *(Schuld)* ungetilgt; ► ~ **by** nicht aufgehoben durch.
un·re·fined [ˌʌnrɪˈfaɪnd] *adj* **1.** nicht raffiniert; **2.** *(Mensch)* unkultiviert.
un·re·flect·ing [ˌʌnrɪˈflektɪŋ] *adj* gedankenlos; *(Handlung)* unüberlegt; *(Gefühl)* unreflektiert.
un·reg·is·tered [ˌʌnˈredʒɪstəd] *adj* **1.** nicht eingetragen, nicht registriert; nicht gemeldet; **2.** *(Brief)* nicht eingeschrieben; **3.** *(Warenzeichen)* nicht eingetragen.
un·re·lent·ing [ˌʌnrɪˈlentɪŋ] *adj* unablässig; hartnäckig, unnachgiebig; unbarmherzig.
un·re·lia·bil·ity [ˈʌnrɪˌlaɪəˈbɪlətɪ] Unzuverlässigkeit *f;* **un·re·li·able** [ˌʌnrɪˈlaɪəbl] *adj* unzuverlässig.
un·re·lieved [ˌʌnrɪˈliːvd] *adj* **1.** ununterbrochen; **2.** ungemildert.
un·re·mit·ting [ˌʌnrɪˈmɪtɪŋ] *adj* unablässig, unaufhörlich, ununterbrochen.
un·re·peat·able [ˌʌnrɪˈpiːtəbl] *adj* nicht zu wiederholen.
un·re·quit·ed [ˌʌnrɪˈkwaɪtɪd] *adj* *(Liebe)* unerwidert.
un·re·served [ˌʌnrɪˈzɜːvd] *adj* nicht reserviert *a. fig;* **un·re·serv·ed·ly** [ˌʌnrɪˈzɜːvɪdlɪ] *adv* rückhaltlos; frei, offen.
un·rest [ʌnˈrest] Unruhen *f pl;* Unzufriedenheit *f;* ► **focus of** ~ Unruheherd *m;* **student** ~ Studentenunruhen *f pl.*
un·re·strained [ˌʌnrɪˈstreɪnd] *adj* uneingeschränkt; *(Gefühle)* ungehemmt; *(Freude, Atmosphäre)* ungezügelt; *pej* unbeherrscht.
un·re·stricted [ˌʌnrɪˈstrɪktɪd] *adj* **1.** unbeschränkt; **2.** *(Geschwindigkeit)* unbegrenzt.
un·ripe [ˌʌnˈraɪp] *adj* unreif.
un·ri·valled, *Am* **un·ri·valed** [ʌnˈraɪvld] *adj* konkurrenzlos; unvergleichlich, einzigartig.
un·roll [ʌnˈrəʊl] **I** *tr* aufrollen *a. fig;* **II** *itr* sich entfalten.
un·ruffled [ʌnˈrʌfld] *adj* unbewegt, ruhig.
un·ruly [ʌnˈruːlɪ] *adj* **1.** widersetzlich, undiszipliniert; **2.** ungehorsam, aufsässig; **3.** *(Haar)* widerspenstig.
un·saddle [ˌʌnˈsædl] *tr* **1.** *(Pferd)* absatteln; **2.** aus dem Sattel werfen.
un·safe [ˌʌnˈseɪf] *adj* nicht sicher, unsicher; gefährlich.
un·said [ˌʌnˈsed] *adj* unausgesprochen; ► **leave s.th.** ~ etw ungesagt sein las-

sen.

un·sal·aried [ˌʌnˈsælərɪd] *adj (Arbeit)* unbezahlt; ehrenamtlich.

un·sal(e)·able [ˌʌnˈseɪləbl] *adj* unverkäuflich.

un·sat·is·fac·tory [ˈʌnˌsætɪsˈfæktrɪ] *adj* unbefriedigend; **un·sat·is·fied** [ˌʌnˈsætɪsfaɪd] *adj* unbefriedigt.

un·sa·voury, *Am* **un·sa·vory** [ˌʌnˈseɪvərɪ] unerfreulich; widerwärtig.

un·say [ʌnˈseɪ] *tr irr s. say* ungesagt machen.

un·scathed [ʌnˈskeɪðd] *adj* unbeschädigt, unverletzt.

un·sched·uled [ˌʌnˈʃedju:ld] *adj* außerplanmäßig.

un·schooled [ˌʌnˈsku:ld] *adj* ungebildet; unausgebildet.

un·screened [ˌʌnˈskri:nd] *adj* **1.** *(Film)* nicht gezeigt; **2.** nicht abgeschirmt; **3.** nicht überprüft; nicht untersucht.

un·scripted [ʌnˈskrɪptɪd] *adj* improvisiert.

un·scru·pu·lous [ʌnˈskru:pjʊləs] *adj* skrupel-, gewissenlos.

un·seal [ˌʌnˈsi:l] *tr* öffnen; entsiegeln; **un·sealed** [ˌʌnˈsi:ld] *adj* offen; unversiegelt.

un·seat [ˌʌnˈsi:t] *tr* **1.** des Amtes entheben; *parl* seinen Sitz nehmen (*s.o.* jdm); **2.** *(Reiter)* abwerfen.

un·se·cured [ˌʌnsɪˈkjʊəd] *adj* **1.** ungesichert; **2.** *com* ungedeckt.

un·see·ing [ˌʌnˈsi:ɪŋ] *adj* **1.** nicht sehend; **2.** *fig* blind; *(Blick)* leer.

un·seem·ly [ʌnˈsi:mlɪ] *adj* unpassend, unschicklich.

un·seen [ʌnˈsi:n] **I** *adj* ungesehen; unbemerkt; **II** *s (Schule)* Herübersetzung *f.*

un·self·ish [ˌʌnˈselfɪʃ] *adj* selbstlos, uneigennützig.

un·ser·vice·able [ˌʌnˈsɜ:vɪsəbl] *adj* unbrauchbar (*to* für).

un·settle [ˌʌnˈsetl] *tr* **1.** durcheinanderbringen; aufregen; verstören; **2.** beunruhigen; aufregen; verunsichern; **3.** *(Fundament)* erschüttern; **un·settled** [ˌʌnˈsetld] *adj* **1.** *(Gebiet)* unbesiedelt; **2.** *(Rechnung)* unbezahlt; **3.** *(Frage)* ungeklärt; *(Zukunft)* ungewiß; **4.** *(Wetter, Markt, Verhältnisse)* unbeständig; *(Leben)* unstet; ▶ **be ~** *(Mensch)* aus dem Gleichgewicht geworfen sein; **feel ~** sich nicht wohl fühlen; **un·sett·ling** [—ɪŋ] *adj* **1.** aufreibend; **2.** *(Wissen, Nachricht)* beunruhigend; ▶ **have an ~ influence on** durcheinanderbringen, aus dem Gleichgewicht bringen; **have an ~ effect on** aus dem Gleis werfen; verunsichern; verstören.

un·shak·able [ʌnˈʃeɪkəbl] *adj* unerschütterlich.

un·sha·ven [ˌʌnˈʃeɪvn] *adj* unrasiert.

un·shod [ˌʌnˈʃɒd] *adj* **1.** barfuß; **2.** *(Pferd)* unbeschlagen.

un·shrink·able [ˌʌnˈʃrɪŋkəbl] **1.** nicht schrumpfend; **2.** *(Gewebe)* nicht einlaufend; **un·shrink·ing** [ˌʌnˈʃrɪŋkɪŋ] *adj* furchtlos.

un·sight·ly [ʌnˈsaɪtlɪ] *adj* unansehnlich, häßlich.

un·signed [ˌʌnˈsaɪnd] *adj* nicht unterzeichnet.

un·skilled [ˌʌnˈskɪld] *adj* ungelernt; ungeübt; ▶ **~ labo(u)r, workers** ungelernte Arbeitskräfte, Hilfsarbeiter *m pl.*

un·soci·able [ʌnˈsəʊʃəbl] *adj* ungesellig.

un·social [ˌʌnˈsəʊʃl] *adj* unsozial; ▶ **work ~ hours** außerhalb der normalen Arbeitszeiten arbeiten.

un·sold [ˌʌnˈsəʊld] *adj* unverkauft.

un·sol·ici·ted [ˌʌnsəˈlɪsɪtɪd] *adj* unverlangt; unaufgefordert.

un·soph·is·ti·cated [ˌʌnsəˈfɪstɪkeɪtɪd] *adj* **1.** einfach; **2.** natürlich, ungekünstelt; **3.** naiv; unkritisch.

un·sound [ˌʌnˈsaʊnd] *adj* **1.** krank; *(Gesundheit)* schlecht; **2.** *(Gebäude)* baufällig; *(Finanzen)* unsicher; **3.** *(Grund)* nicht stichhaltig; *(Rat)* töricht; *(Urteil)* unzuverlässig; *(Politik)* unvernünftig; **4.** *com* finanzschwach; unsicher; ▶ **of ~ mind** *jur* unzurechnungsfähig; **be ~ on a subject** auf einem Gebiet unsicher, schlecht bewandert sein.

un·spar·ing [ʌnˈspeərɪŋ] *adj* **1.** verschwenderisch, freigebig (*of* mit); **2.** reichlich, großzügig (*of* mit); **3.** schonungslos (*of* gegen); ▶ **be ~ in one's efforts** keine Mühe scheuen.

un·speak·able [ʌnˈspi:kəbl] *adj* unaussprechlich, unsagbar; scheußlich.

un·spec·ified [ˌʌnˈspesɪfaɪd] *adj* nicht spezifiziert, nicht einzeln angegeben.

un·stable [ˌʌnˈsteɪbl] *adj* **1.** labil; unsicher, schwankend *a. fig;* **2.** *fig* unbeständig *a. chem.*

un·stressed [ˌʌnˈstrest] *adj (Silbe)* unbetont.

un·stuck [ˌʌnˈstʌk] *adj* nicht fest; lose; ▶ **come ~** sich lösen; *(Plan)* schiefgehen; *(Redner)* steckenbleiben; **we came ~** wir sind gescheitert.

un·stud·ied [ˌʌnˈstʌdɪd] *adj* ungekünstelt, natürlich.

un·sub·stan·tial [ˌʌnsəbˈstænʃl] *adj* **1.** dürftig, nicht solide; **2.** *(Geist)* körperlos; **3.** *(Essen)* leicht; **4.** *(Beweis)* haltlos; *(Anspruch)* unberechtigt.

un·suc·cess·ful [ˌʌnsəkˈsesfl] *adj* erfolglos; *(Versuch)* vergeblich; *(Ergebnis)* nicht erfolgreich; ▶ **be ~ in doing s.th.** mit etw keinen Erfolg haben.

un·suit·able [ˌʌnˈsu:təbl] *adj* unpassend, unangebracht; ungeeignet (*to, for* für).

un·sullied [ˌʌnˈsʌlɪd] *adj* unbefleckt.

un·sure [ˌʌnˈʃʊə(r)] *adj* unsicher; *(Methode)* unzuverlässig.

un·sus·pect·ing [ˌʌnsəˈspektɪŋ] *adj*

nichtsahnend.
un·swerv·ing [ˌʌnˈswɜːvɪŋ] *adj* unerschütterlich, standhaft.
un·tapped [ˌʌnˈtæpt] *adj* ungenutzt.
un·taxed [ˌʌnˈtækst] *adj* unbesteuert, steuerfrei.
un·ten·able [ˌʌnˈtenəbl] *adj* unhaltbar.
un·ten·anted [ˌʌnˈtenəntɪd] *adj* unbewohnt.
un·think·able [ʌnˈθɪŋkəbl] *adj* undenkbar; **un·think·ing** [ʌnˈθɪŋkɪŋ] *adj* gedankenlos; unbedacht; **un·thought-of** [ʌnˈθɔːtɒv] *adj* ungeahnt.
un·ti·di·ness [ʌnˈtaɪdɪnɪs] Unordentlichkeit *f;* **un·tidy** [ʌnˈtaɪdɪ] *adj* unordentlich.
un·tie [ˌʌnˈtaɪ] *tr* aufbinden, -knoten; losbinden.
un·til [ənˈtɪl] **I** *prep (zeitlich)* bis, bis zu; ► **not ~** nicht vor; erst; **~ further notice** bis auf Widerruf, bis auf weiteres; **II** *conj* bis (daß); ► **not ~** nicht bevor; erst als, erst wenn.
un·time·ly [ʌnˈtaɪmlɪ] *adj* **1.** ungelegen, unangebracht; **2.** vorzeitig.
un·told [ˌʌnˈtəʊld] *adj* **1.** nicht erzählt; **2.** ungezählt, unzählig; **3.** *(Reichtum)* unermeßlich.
un·touched [ˌʌnˈtʌtʃt] *adj* **1.** unberührt *a. fig;* **2.** nicht erwähnt; **3.** unverletzt, intakt; **4.** ungerührt; unbeeinflußt; **5.** *fig* unerreicht.
un·to·ward [ˌʌntəˈwɔːd] *adj* **1.** ungünstig, unglücklich; **2.** unschicklich, unziemlich; ► **I hope nothing ~ has happened** ich hoffe, daß nichts Schlimmes passiert ist.
un·trans·fer·able [ˌʌntrænsˈfɜːrəbl] *adj com* nicht übertragbar.
un·trans·lat(e·)able [ˌʌntrænsˈleɪtəbl] *adj* unübersetzbar.
un·true [ˌʌnˈtruː] *adj* **1.** unwahr, falsch; **2.** unrichtig.
un·trust·worthy [ˌʌnˈtrʌstˌwɜːðɪ] *adj* unzuverlässig.
un·truth [ʌnˈtruːθ] Unwahrheit *f;* **un·truth·ful** [ʌnˈtruːθfl] *adj* **1.** unwahr, falsch; **2.** unwahrhaft, unaufrichtig, lügnerisch.
un·turned [ˌʌnˈtɜːnd] *adj* ► **leave no stone ~** *fig* nichts unversucht lassen.
un·tu·tored [ˌʌnˈtjuːtəd] *adj* ungeschult.
un·used [ʌnˈjuːzd] *adj* **1.** ungebraucht, unbenutzt; **2.** *(Kredit)* nicht beansprucht; **3.** [ʌnˈjuːst] nicht gewöhnt (*to* an); nicht gewohnt (*to doing* zu tun).
un·usual [ʌnˈjuːʒl] *adj* **1.** ungewöhnlich; **2.** selten; **un·usually** [ʌnˈjuːʒəlɪ] *adv* ungewöhnlich; sehr; in höchstem Maße.
un·ut·ter·able [ʌnˈʌtərəbl] *adj* **1.** unaussprechlich *a. fig;* **2.** unbeschreiblich.
un·var·nished [ʌnˈvɑːnɪʃt] *adj (Wahrheit)* ungeschminkt.
un·veil [ˌʌnˈveɪl] **I** *tr* **1.** entschleiern; **2.** enthüllen, aufdecken *a. fig;* **3.** *fig* ans Licht, an den Tag bringen; den Schleier lüften von; **II** *itr* den Schleier fallen lassen.
un·versed [ˌʌnˈvɜːst] *adj* unerfahren (*in* in).
un·war·ranted [ˌʌnˈwɒrəntɪd] *adj* ungerechtfertigt.
un·wa·ver·ing [ʌnˈweɪvərɪŋ] *adj* standhaft, unerschütterlich.
un·well [ʌnˈwel] *adj* unwohl, unpäßlich; ► **feel ~** sich nicht wohl fühlen.
un·wieldy [ʌnˈwiːldɪ] *adj* **1.** unhandlich, sperrig; **2.** ungeschickt, schwerfällig.
un·will·ing [ˌʌnˈwɪlɪŋ] *adj* widerwillig; ► **be ~** keine Lust haben (*to do* zu tun); **un·will·ing·ly** [—lɪ] *adv* ungern.
un·wind [ˌʌnˈwaɪnd] *irr s. wind* **I** *tr* abwickeln *a. fig;* **II** *itr* **1.** *fam* sich erholen; **2.** *(Rolle)* sich abwickeln; *(Handlung)* sich entwickeln, abrollen.
unwise [ʌnˈwaɪz] *adj* unklug.
un·wit·ting [ʌnˈwɪtɪŋ] *adj* unbewußt; unabsichtlich; unwissentlich; **un·wit·ting·ly** [—lɪ] *adv* unwissentlich; ohne Absicht; ahnungslos.
un·wonted [ʌnˈwəʊntɪd] *adj* **1.** ungewohnt (*to do* zu tun); **2.** ungewöhnlich, selten.
un·work·able [ˌʌnˈwɜːkəbl] *adj* nicht durchführbar; *(Plan)* unausführbar; *(Material)* nicht bearbeitbar; *min* nicht abbauwürdig.
un·world·ly [ˌʌnˈwɜːldlɪ] *adj* weltabgewandt; weltfremd.
un·worthy [ʌnˈwɜːðɪ] *adj* unwürdig; ► **be ~ of s.th.** e-r S nicht wert, würdig sein; **that's ~ of you** das ist unter deiner Würde.
un·wrap [ˌʌnˈræp] *tr* auswickeln, -packen.
un·writ·ten [ˌʌnˈrɪtn] *adj* ungeschrieben; ► **~ law** ungeschriebenes Gesetz.
un·yield·ing [ʌnˈjiːldɪŋ] *adj* **1.** nicht nachgebend, starr; **2.** *fig* unnachgiebig.
un·zip [ˌʌnˈzɪp] *tr* den Reißverschluß öffnen (*s.th.* e-r S).
up [ʌp] **I** *adv* **1.** oben; nach oben; ► **~ here** hier oben; **~ there** da oben; **on the way ~** auf dem Weg hinauf; *fig* auf dem Weg nach oben; **go ~** hinauf-, hochgehen; **jump ~** aufspringen; hinaufspringen; **look ~** hochsehen; **things are looking ~** es geht bergauf; **throw ~** hochwerfen; *fam* kotzen *fam;* **(stand) ~!** steh auf! **~ in Hamburg** oben in Hamburg; **2.** *(nicht im Bett)* auf; ► **get ~** aufstehen; **3.** *(Preise)* gestiegen; **4.** *(Gebäude)* gebaut; ► **be ~** stehen; *(Gerüst)* aufgestellt sein; *(Bild, Mitteilung, Tapete, Vorhänge)* hängen; **5.** *(Zahlen)* aufwärts; **from £ 3 ~** von 3 £ aufwärts, ab 3 £; **from the age of 18 ~** ab 18 Jahren; **~ to 100 DM** bis zu 100 DM; **6.** *(Begrenzung)* bis; ► **~ to here, now** bis hier, jetzt; **7.** *sport* in Führung;

be one ~ on s.o. *fig* jdm um einen Schritt voraus sein; **8.** *(in Kenntnissen)* beschlagen (*in, on* in); ▶ **be well ~ in s.th.** sich in etw auskennen; **9.** zu Ende, vorüber, um; ▶ **time's ~** die Zeit ist um; **it's all ~ with her** es ist aus mit ihr; **10.** *(~ to)* gewachsen; abhängig; ▶ **be, feel ~ to s.th.** e-r S gewachsen sein; **it's ~ to him to do that** es hängt von ihm ab, das zu tun, es liegt bei ihm, das zu tun; **it's ~ to my boss** das ist Aufgabe meines Chefs; **it's not ~ to much** das taugt nicht viel; **11.** *(mit anderen Präpositionen)* **~ against** gegen; ▶ **be ~ against problems** Schwierigkeiten haben; **be ~ against a difficult opponent** einem schwierigen Gegner gegenüberstehen; **I know what we're ~ against** ich weiß, wie schwer das ist; **~ and down** auf und ab; hin und her; **~ and ~** immer höher; **12.** *(Wendungen)* **what are you ~ to?** was machst du?; was hast du vor? **he is ~ to no good** er führt irgend etwas im Schilde; **what's ~?** *fam* was ist los? **what's ~ with you?** was ist mit dir los? **there is something ~ with him, it** irgend etwas stimmt mit ihm, damit nicht; **be ~ for sale** zu verkaufen sein, zum Verkauf stehen; **be ~ for discussion** zur Diskussion stehen; **be ~ for election** aufgestellt sein; **be ~ for trial** vor Gericht stehen; **II** *prep* hinauf; oben auf; ▶ **go ~ the hill** den Berg hinaufgehen; **III** *s* Höhepunkt *m;* ▶ **~s and downs** Höhen und Tiefen; **be on the ~ and ~** immer besser werden; *sl* sauber sein; **IV** *tr fam* erhöhen; *(Produktion)* ankurbeln; **V** *itr fam* aufstehen; ▶ **she ~ped and kissed him** sie gab ihm plötzlich einen Kuß.

up-and-com·ing ['ʌpən'kʌmɪŋ] *adj* aufstrebend; im Aufstieg *pred.*

up-beat ['ʌpbi:t] *mus* Auftakt *m.*

up·braid [ˌʌp'breɪd] *tr* tadeln (*for, with* wegen).

up·bring·ing ['ʌpbrɪŋɪŋ] Erziehung *f.*

up·com·ing ['ʌpˌkʌmɪŋ] *adj Am* bevorstehend.

up-coun·try [ˌʌp'kʌntrɪ] *adj* landeinwärts, im Landesinneren.

up·date [ˌʌp'deɪt] *tr* auf den neuesten Stand bringen, modernisieren, aktualisieren; **up·dat·ing** [—ɪŋ] Aktualisierung *f.*

up·end [ʌp'end] *tr* **1.** umstülpen; **2.** auf den Kopf, hochkant stellen.

up·grade ['ʌpˌgreɪd] **I** *s Am* Steigung *f (im Gelände);* ▶ **be on the ~** *fig* auf dem Weg nach oben sein; **II** *adj Am* ansteigend; **III** *adv Am* bergauf; **IV** *tr* [ˌʌp'greɪd] höher einstufen; befördern; *(Image, Verdienst)* aufbessern, -werten, anheben; *EDV* erweitern; **up·grad·ing** [ˌʌp'greɪdɪŋ] **1.** Höhergruppierung *f;* **2.** Beförderung *f;* **3.** *EDV* Erweiterung *f.*

up·heaval [ˌʌp'hi:vl] *fig* Umwälzung *f,* Umsturz *m.*

up·hill [ˌʌp'hɪl] **I** *adv* bergan, bergauf; **II** *adj* **1.** (an)steigend; **2.** *fig* mühselig, anstrengend.

up·hold [ˌʌp'həʊld] *tr irr s. hold* wahren; *(Gesetz)* hüten; *(Entscheidung, jdn)* unterstützen; *jur* bestätigen.

up·hol·ster [ʌp'həʊlstə(r)] *tr* polstern; ▶ **well ~ed** *(Mensch)* gut gepolstert; **up·hol·sterer** [ʌp'həʊlstərə(r)] Polsterer *m;* **up·hol·stery** [ˌʌp'həʊlstərɪ] Polsterung *f;* Polstern *n;* Polsterei *f.*

up·keep ['ʌpki:p] **1.** Instandhaltung *f;* **2.** Instandhaltungs-, Unterhaltungskosten *pl.*

up·land ['ʌplənd] *oft pl* Hochland *n.*

up·lift ['ʌplɪft] **I** *s fig* Erbauung *f;* Erhebung *f;* **II** *tr* [ʌp'lɪft] **1.** *fig* erheben; **2.** *(schottisch)* abholen; ▶ **feel ~ed** sich erbaut fühlen.

up·market ['ʌp'mɑ:kɪt] *adj (Produkt)* für den anspruchsvollen Kunden; *(Haus, Hotel usw)* luxuriös; Luxus-; *(Zeitschrift, Kunde)* anspruchsvoll.

upon [ə'pɒn] *prep* = *on;* ▶ **once ~ a time** es war einmal; **~ inquiry** auf Erkundigungen hin; **~ this** hierauf, danach, dann; **~ my word** auf mein Wort.

up·per ['ʌpə(r)] **I** *adj* höhe(r, s), obere(r, s) *a. fig;* ▶ **~ arm, jaw, lip** Oberarm *m,* -kiefer *m,* -lippe *f;* **U~ Egypt** Oberägypten *n;* **~ income bracket** obere Einkommensgruppe; **get, have the ~ hand of** die Oberhand gewinnen, haben über; **the ~ circle** *theat* der erste Rang; **the U~ House** *parl* das Oberhaus; **the ~ storey** oberes Stockwerk; *fam* das Oberstübchen; **the ~ crust** *fam* die oberen Zehntausend; **II** *s* **1.** *pl* Oberleder, -material *n;* **2.** *sl* Peppille *f;* ▶ **be on one's ~s** auf den Hund gekommen sein; **upper case** *typ* Großbuchstabe *m;* **upper class** Oberschicht *f;* **upper-class** *adj* der Oberschicht; vornehm, fein; **upper-cut** *(Boxen)* Kinnhaken *m;* **upper deck** *mar* Oberdeck *n;* **up·per·most** ['—məʊst] **I** *adj* oberste(r, s), höchste(r, s); **II** *adv* ganz oben; ▶ **say whatever comes ~** sagen, was e-m gerade einfällt.

up·pish, up·pity ['ʌpɪʃ, 'ʌpətɪ] *adj* dünkelhaft, überheblich.

up·right ['ʌpraɪt] **I** *adj* **1.** aufrecht, senkrecht; **2.** aufrecht, ehrlich; **II** *adv* aufrecht, gerade; senkrecht; **III** *s* **1.** Ständer, Pfosten *m;* **2.** *mus* Klavier *n.*

up·ris·ing ['ʌpraɪzɪŋ] Aufstand *m.*

up·roar ['ʌprɔ:(r)] Lärm, Spektakel *m;* **up·roari·ous** [ʌp'rɔ:rɪəs] *adj* tobend, lärmend, laut; fürchterlich komisch.

up·root [ˌʌp'ru:t] *tr* **1.** entwurzeln; **2.** *fig (Übel)* ausmerzen.

up·set [ˌʌp'set] ⟨*irr* upset, upset⟩ **I** *tr* **1.** umstoßen, umwerfen, umkippen; **2.** *(jdn)* bestürzen, mitnehmen; aus der

Fassung bringen; aus dem Gleichgewicht bringen; aufregen; verletzen; **3.** *(Pläne, Berechnungen)* durcheinanderbringen; *(Theorie)* umstoßen; **4.** *(Magen)* verderben; ▶ **don't ~ yourself** regen Sie sich nicht auf; **now you've ~ her** jetzt ist sie beleidigt; jetzt regt sie sich auf; **what's ~ you?** was hast du denn? **fat food ~s my stomach, me** fettes Essen vertrage ich nicht; **II** *itr* umkippen; **III** *adj* **1.** mitgenommen, geknickt; bestürzt; ärgerlich; gekränkt; **2.** *(Magen)* verstimmt, verdorben; ▶ **don't be ~!** nimm's nicht so schwer! **I'd be ~ if he did that** ich würde mich aufregen, wenn er das täte; **IV** *s* ['ʌpset] **1.** Störung *f;* böse Überraschung; **2.** Aufregung *f;* Ärger *m;* **3.** verdorbener Magen, Magenverstimmung *f;* ▶ **that was an ~ to our plans** das hat unsere Pläne durcheinandergeworfen; **upset price** Mindestpreis *m.*

up·shot ['ʌpʃɒt] Ergebnis, Resultat *n.*

up·side-down [ˌʌpsaɪd 'daʊn] *adv* verkehrt herum; ▶ **turn s.th. ~** etw auf den Kopf stellen; **the world is ~** die Welt steht kopf.

up·stage [ˌʌp'steɪdʒ] **I** *adv* im Hintergrund der Bühne; **II** *adj fam* eingebildet, hochmütig; **III** *tr fig* an die Wand spielen, in den Hintergrund drängen.

up·stairs [ˌʌp'steəz] **I** *adv* **1.** oben, im oberen Stock; **2.** (die Treppe) hinauf, in den oberen Stock; ▶ **go ~** nach oben, hinaufgehen; **II** *adj* im oberen Stockwerk; **III** *s* obere Stockwerke *n pl.*

up·stand·ing [ˌʌp'stændɪŋ] *adj fig* rechtschaffen; ▶ **be ~** *jur* stehen; aufstehen.

up·start ['ʌpstɑ:t] Emporkömmling *m.*

up·state ['ʌpsteɪt] *adj Am* im Norden (des Bundesstaates); in den Norden.

up·stream [ˌʌp'stri:m] *adv* fluß-, stromaufwärts.

up·surge ['ʌpsɜ:dʒ] **1.** Aufwallung *f;* **2.** *fig* steiler Aufstieg, Anstieg.

up·swing ['ʌpswɪŋ] *fig* Anstieg, Aufschwung *m; com* Konjunkturaufschwung *m.*

up·take ['ʌpteɪk] ▶ **be quick on the ~** schnell begreifen; **be slow on the ~** schwer von Begriff sein.

up·tight [ʌp'taɪt] *adj sl* verklemmt; verärgert; nervös; ▶ **be ~ about s.th.** etw eng sehen; **get ~ about s.th.** *fam* wegen etw ausflippen.

up-to-date [ˌʌptə'deɪt] *adj* **1.** auf dem neuesten Stand; hochaktuell; **2.** modern; ▶ **keep ~** auf dem laufenden bleiben; **bring ~** auf den neuesten Stand bringen; **up-to-the-min·ute** ['ʌptəðə'mɪnɪt] *adj* modernste(r, s); *(Information)* auf dem neuesten Stand.

up·town [ˌʌp'taʊn] *Am* **I** *adv* im, in den Norden (der Stadt); im, ins Villenviertel; **II** *s* Villenviertel *n.*

up·trend ['ʌptrend] Aufwärtstrend *m.*

up·turn ['ʌptɜ:n] *fig* Besserung *f,* Aufschwung *m;* ▶ **economic ~** Konjunkturbelebung *f;* **up·turned** [ˌʌp'tɜ:nd] *adj* umgedreht, -gestülpt; ▶ **~ nose** Stupsnase *f.*

up·ward ['ʌpwəd] **I** *adj* Aufwärts-, nach oben; ▶ **~ movement** Aufwärtsbewegung *f;* **~ mobility** Aufstiegsmöglichkeiten *f pl;* **~ slope** Steigung *f;* **II** *adv (a. ~s)* aufwärts *a. fig;* ▶ **and ~s** u. mehr, u. darüber; **go ~s** in die Höhe gehen; **up·ward·ly** [—lɪ] *adv* ▶ **~ mobile** beruflich erfolgreich; auf der Karriereleiter; **upward trend** steigende Tendenz; **~ of prices, of wages** Preis-, Lohnauftrieb *m.*

ur(a)e·mia [jʊə'ri:mjə] *med* Urämie, Harnvergiftung *f.*

ura·nium [jʊ'reɪnɪəm] *chem* Uran *n;* ▶ **~ deposit, fission, ore** Uranvorkommen *n,* -spaltung *f,* -erz *n.*

Ura·nus [jʊ'reɪnəs] *astr* Uranus *m.*

ur·ban ['ɜ:bən] *adj* städtisch; ▶ **~ and regional policy** Raumordnungspolitik *f;* **~ renewal** Stadtsanierung *f;* **~ warfare** Stadtguerilla *f;* **~ sprawl** Ballungsgebiet *n;* unkontrollierte Ausdehnung e-r Stadt.

ur·bane [ɜ:'beɪn] *adj* höflich; weltmännisch; **ur·ban·ity** [ɜ:'bænətɪ] Kultiviertheit *f;* Höflichkeit *f; pl* gute Umgangsformen *f pl.*

ur·ban·iz·ation [ˌɜ:bənaɪ'zeɪʃn] Verstädterung *f;* **ur·ban·ize** ['ɜ:bənaɪz] *tr* verstädtern; ▶ **highly ~d region** Ballungsgebiet *n,* -raum *m.*

ur·chin ['ɜ:tʃɪn] **1.** *zoo* Seeigel *m;* **2.** Lausbub *m.*

urethra [ˌjʊə'ri:θrə] Harnröhre *f.*

urge [ɜ:dʒ] **I** *tr* **1.** inständig bitten; **2.** drängen auf; **3.** *(Anspruch)* betonen; *(Argument)* anführen; **4.** *(~ on)* weiter-, vorantreiben; ▶ **~ s.o. to do s.th.** jdn drängen, etw zu tun; jdm zureden, etw zu tun; **~ s.th. on s.o.** jdm etw aufdrängen; **II** *s* Verlangen, Bedürfnis *n;* Drang *m; (körperlich)* Trieb *m;* **III** *(mit Präposition)* **urge on** *tr* vorantreiben, antreiben; anfeuern.

ur·gency ['ɜ:dʒənsɪ] Dringlichkeit *f;* ▶ **a matter of ~** dringend; **there is no ~** es eilt nicht; **~ measure** Dringlichkeitsmaßnahme *f;* **~ motion** Dringlichkeitsantrag *m;* **ur·gent** ['ɜ:dʒənt] *adj* **1.** dringend, (vor)dringlich, eilig; **2.** *(Ton, Bitte)* dringlich; ▶ **be ~** eilen; **be in ~ need of s.th.** etw dringend brauchen; **be ~ about s.th.** etw eindringlich betonen; **give ~ attention to s.th.** etw vordringlich behandeln; **very ~** eilt sehr; **ur·gent·ly** [—lɪ] *adv* dringend.

uri·nal ['jʊərɪnl] **1.** *med* Harnglas *n,* Urinflasche; **2.** Pissoir *n;* **uri·nary**

['jʊərɪnrɪ] *adj* Harn-; **uri·nate** ['jʊərɪneɪt] *itr* Wasser lassen; **urine** ['jʊərɪn] Urin, Harn *m.*

urn [ɜːn] **1.** *(funeral ~)* (Toten)Urne *f;* **2.** Tee-, Kaffeemaschine *f.*

us [əs, *betont:* ʌs] *prn* uns *dat u. acc;* ▶ **all of ~** wir alle; **both of ~** wir beide; **it's ~** wir sind es.

usage ['juːzɪdʒ] **1.** Brauch *m,* Sitte, Gewohnheit *f;* Handelsbrauch *m;* **2.** (Sprach)Gebrauch *m;* **3.** Behandlung *f;* ▶ **come into ~** üblich werden; **that's local ~** das ist ortsüblich; das ist (so) Brauch.

use [juːz] **I** *tr* **1.** benützen, benutzen; verwenden; gebrauchen; *(Methode, Behandlung, Gewalt, Fähigkeiten)* anwenden; *(Medikamente)* nehmen; **2.** (aus)nutzen, (aus)nützen; *(Vorteil)* nutzen; *(Abfallprodukte)* verwerten, nutzen; **3.** *(mit „can")* (ge)brauchen; **4.** *(~ up)* verbrauchen; **5.** *pej* ausnutzen; **6.** [juːs] *s. used³* ▶ **~ s.th. for s.th.** etw für etw verwenden; **~ s.th. as s.th.** etw als etw verwenden; **~ s.o.'s name** jds Namen verwenden; *(als Referenz)* jds Namen nennen, angeben; **I could ~ a whisky** ich könnte einen Whisky vertragen; **I could ~ a few pounds** ich könnte ein paar Pfund (gut) gebrauchen; **I feel ~d** ich komme mir ausgenutzt vor; **II** *s* [juːs] **1.** Verwendung *f;* Benutzung *f;* Gebrauch *m;* **2.** *(Gewalt, Methode)* Anwendung *f;* **3.** Nutzung *f;* *(Abfallprodukte)* Verwertung *f;* **4.** Nutzen *m;* **5.** Gebrauch *m,* Benutzung, *jur* Nutznießung *f;* **6.** Brauch *m;* ▶ **be in ~** benutzt werden; in Betrieb sein; **be out of ~** nicht in Gebrauch sein; nicht in Betrieb sein; **be of ~** nützlich sein *(for s.o.* jdm); **come into ~** in Gebrauch kommen; **fall, go out of ~** außer Gebrauch kommen; **have the ~ of s.th.** etw benutzen können; **have no ~ for s.th.** etw nicht gebrauchen können; für etw keine Verwendung haben; **make ~ of s.th.** etw benutzen; etw ausnutzen; **put to ~** Gebrauch machen von; **for the ~ of** für; **direction for ~** Gebrauchsanweisung *f;* **ready for ~** gebrauchsfertig; einsatzbereit; **he, it is no ~** er, das nützt nichts, ist nicht zu gebrauchen; **it's no ~ telling him** es hat keinen Zweck, es ihm zu sagen; **can I be of any ~?** kann ich irgendwie helfen? **it's no ~!** es hat keinen Zweck! **what's the ~** was nützt das schon; **III** *(mit Präposition)* **use up** *tr* verbrauchen; aufbrauchen; verwerten; ▶ **it's ~d up** es ist alle; **feel ~d up** sich ausgelaugt fühlen.

used¹ [juːzd] *adj (Waren, Auto)* gebraucht; Gebraucht-; *(Briefmarke)* gestempelt; *(Handtuch, Taschentuch etc)* benutzt.

used² [juːst] *adj* gewohnt; ▶ **be ~ to s.th.** an etw gewöhnt sein, etw gewohnt sein; **get ~ to s.th.** sich an etw gewöhnen.

used³ [juːst] *aux (nur in der Vergangenheit)* üblicherweise getan haben; ▶ **I ~ to like it** früher mochte ich das; **things aren't what they ~ to be** es ist alles nicht mehr so wie früher; **he didn't use to smoke, he ~ not to smoke** er hat früher nicht geraucht.

use·ful ['juːsfl] *adj* **1.** nützlich; brauchbar; praktisch; **2.** *fam* fähig, tüchtig; ▶ **prove (to be) ~** sich als nützlich erweisen; **make o.s. ~** sich nützlich machen; **come in ~** sich als nützlich erweisen; **~ life** *tech* Lebensdauer *f;* **use·ful·ness** ['juːsflnɪs] Nützlichkeit, Brauchbarkeit *f;* **use·less** ['juːslɪs] *adj* **1.** nutzlos, unnütz, zwecklos; **2.** unbrauchbar.

user ['juːzə(r)] **1.** Benutzer(in) *m (f);* **2.** *com* Verbraucher(in) *m (f);* **3.** *EDV* Anwender(in), Bediener(in) *m (f);* ▶ **~'s guide, handbook** Benutzerhandbuch *n;* **road ~** Verkehrsteilnehmer(in) *m (f);* **ultimate ~** Letzt-, Endverbraucher *m;* **user-friendly** ['juzə'frendlɪ] *adj* benutzerfreundlich; **user interface** *EDV* Benutzeroberfläche *f;* **user program** *EDV* Anwenderprogramm *n;* **user software** Anwendersoftware *f.*

usher ['ʌʃə(r)] **I** *s* **1.** Platzanweiser *m;* **2.** *jur* Gerichtsdiener *m;* **II** *tr* begleiten, bringen; ▶ **~ into a room** in ein Zimmer bringen; **~ out of a room** hinausbringen; **~ s.o. in** jdn hineinführen; **~ in a new era** ein neues Zeitalter einleiten; **usher·ette** [ˌʌʃə'ret] Platzanweiserin *f.*

usual ['juːʒl] *adj* gewöhnlich, üblich; ▶ **as ~** wie gewöhnlich; **the ~** das Übliche; wie üblich; **usually** ['juːʒəlɪ] *adv* gewöhnlich, im allgemeinen.

usu·fruct ['juːsjuːfrʌkt] *jur* Nießbrauch *m.*

usurer ['juːʒərə(r)] Wucherer *m;* **usuri·ous** [juː'zjʊərɪəs] *adj* Wucher-.

usurp [juː'zɜːp] *tr* widerrechtlich Besitz ergreifen von; usurpieren; an sich reißen; **usurper** [juː'zɜːpə(r)] unrechtmäßiger Machthaber, Usurpator *m; fig* Eindringling *m.*

usury ['juːʒərɪ] Wucher *m.*

uten·sil [juː'tensl] Gerät, Utensil *n.*

uterine ['juːtəraɪn] *adj* der Gebärmutter; ▶ **~ brother, sister** Halbbruder *m,* Halbschwester *f* mütterlicherseits; **uterus** ['juːtərəs] Gebärmutter *f,* Uterus *m.*

utili·tar·ian [juːˌtɪlɪ'teərɪən] **I** *adj* auf Nützlichkeit ausgerichtet; utilitaristisch; **II** *s* Utilitarist *m.*

util·ity [juː'tɪlətɪ] **I** *s* **1.** Nützlichkeit *f,* Nutzen *m;* **2.** *(public ~)* (öffentlicher) Versorgungsbetrieb *m;* **II** *attr adj* Gebrauchs-; ▶ **~ room** Abstellraum *m.*

util·iz·ation [ˌjuːtɪlaɪ'zeɪʃn] Verwendung,

Nutzung *f;* Auswertung *f;* **util·ize** ['ju:tɪlaɪz] *tr* verwenden; nutzen; verwerten.

ut·most ['ʌtməʊst] **I** *adj* **1.** größte(r, s), höchste(r, s); **2.** äußerste(r, s), weiteste(r, s); ▶ **of the ~ importance** äußerst wichtig; **with the ~ speed** so schnell wie möglich; **II** *s* (das) Beste; (das) Äußerste; ▶ **do one's ~** sein möglichstes tun; **that is the ~ I can pay** mehr kann ich nicht bezahlen; **to the ~** aufs äußerste; **at the ~** höchstens.

ut·ter¹ ['ʌtə(r)] *tr* **1.** äußern, von sich geben; *(Schrei)* ausstoßen; *(Verleumdung)* verbreiten; **2.** *(Geld)* in Umlauf bringen; *(Scheck)* ausstellen.

ut·ter² ['ʌtə(r)] *adj* **1.** völlig, total; **2.** unverbesserlich; ▶ **what ~ nonsense!** was für ein Unsinn!

ut·ter·ance ['ʌtərəns] **1.** Äußerung *f;* **2.** Sprechen *n;* Ausdruck *m;* ▶ **give ~ to s.th.** e-r S Ausdruck geben, etw zum Ausdruck bringen.

ut·ter·ly ['ʌtəlɪ] *adv* völlig, total; ▶ **despise s.o. ~** jdn zutiefst verachten; **~ beautiful** unsagbar schön.

ut·ter·most ['ʌtəməʊst] *s. utmost.*

U-turn ['ju:tɜ:n] Kehrtwendung *f a. fig;* ▶ **no ~s!** Wenden verboten!

uvula ['ju:vjʊlə] *anat* Zäpfchen *n.*

ux·ori·ous [ˌʌk'sɔ:rɪəs] *adj (Mann)* äußerst liebevoll, anhänglich.

V

V, v [vi:] ⟨*pl* -'s⟩ V, v *n.*
vac [væk] *fam* Ferien *pl.*
va·cancy ['veɪkənsɪ] **1.** Leere *f;* **2.** *(Hotel)* freies Zimmer; **3.** *(Firma)* offene Stelle; **4.** *fig* geistige Leere; ▶ **advertise a ~** e-e freie Stelle ausschreiben; **fill a ~** e-e Stelle besetzen; **Vacancies** *(Zeitungsrubrik)* Stellenangebote *n pl,* Stellenmarkt *m; (Hotel)* Zimmer frei; **va·cant** ['veɪkənt] *adj* **1.** leer; **2.** *(Raum, Wohnung, Haus)* leerstehend, unbewohnt; **3.** *(Toilette, Zimmer, Platz)* frei; **4.** *(Stelle)* unbesetzt, frei, vakant; **5.** *fig* geistesabwesend; ▶ **be ~** leer stehen; **~ possession** sofort beziehbar; **va·cate** [və'keɪt, *Am* 'veɪkeɪt] *tr* **1.** *(Wohnung)* räumen; **2.** *(Stelle)* aufgeben; **3.** *(Amt)* niederlegen, zur Verfügung stellen; **4.** *(Platz)* freimachen; **va·ca·tion** [və'keɪʃn, *Am* veɪ'keɪʃn] **I** *s* **1.** Räumung *f;* **2.** (Amts)Niederlegung *f;* **3.** (Schul-, Semester-, Gerichts)Ferien *pl;* Urlaub *m;* ▶ **on ~** in Urlaub; **take a ~** *Am* Ferien machen; Urlaub nehmen; **summer ~** Sommerferien *pl;* **II** *itr Am* Urlaub, Ferien machen (*in, at* in); **va·ca·tioner, va·ca·tion·ist** [veɪ'keɪʃənə(r), veɪ'keɪʃənɪst] *Am* Urlauber(in) *m (f).*
vac·ci·nate ['væksɪneɪt] *tr* impfen (*against* gegen); **vac·ci·na·tion** [ˌvæksɪ'neɪʃn] Impfung *f;* **vac·cine** ['væksi:n] Impfstoff *m.*
vac·il·late ['væsɪleɪt] *itr* wanken, schwanken *a. fig* (*between* zwischen); **vac·il·la·tion** [ˌvæsɪ'leɪʃn] *fig* Schwanken *n,* Unschlüssigkeit *f.*
vacu·ity [və'kju:ətɪ] **1.** Leere *f;* **2.** *fig* Gedanken-, Geistlosigkeit *f;* **vacu·ous** ['vækjʊəs] *adj* **1.** leer; ausdruckslos; **2.** gedanken-, geistlos; **vac·uum** ['vækjʊəm] ⟨*pl* -uums, -uua⟩ [—jʊəmz, —jʊə] **I** *s* (luft)leerer Raum, Vakuum *n;* **II** *tr* mit e-m Staubsauger reinigen; **vacuum bottle, vacuum flask** Thermosflasche *Wz,* Isolierkanne *f;* **vacuum cleaner** Staubsauger *m;* **vac·uum-packed** [ˌvækjʊəm'pækt] *adj* vakuumverpackt.
vaga·bond ['vægəbɒnd] Landstreicher(in) *m (f),* Vagabund *m obs.*
va·gary ['veɪgərɪ] Laune, Grille *f;* verrückte Idee; ▶ **the vagaries of life** die Wechselfälle des Lebens.
va·gina [və'dʒaɪnə] Scheide, Vagina *f.*
va·grancy ['veɪgrənsɪ] Landstreicherei *f;* **va·grant** ['veɪgrənt] **I** *s* Landstreicher(in) *m (f);* **II** *adj* **1.** vagabundierend; **2.** *fig* unstet.
vague [veɪg] *adj* **1.** vage, unbestimmt; **2.** ungenau, unklar, verschwommen; **3.** zerstreut; ▶ **not the ~st idea** nicht die leiseste Ahnung; **vague·ness** ['—nɪs] Unbestimmtheit, Unklarheit, Verschwommenheit *f;* Zerstreutheit *f.*
vain [veɪn] *adj* **1.** eitel; eingebildet; **2.** zweck-, nutzlos, vergeblich; ▶ **in ~** umsonst, vergeblich; **take s.o.'s name in ~** respektlos, leichtfertig von jdm sprechen; **vain·glorious** [ˌveɪn'glɔ:rɪəs] *adj* prahlerisch; *(Person)* dünkelhaft.
val·ance ['væləns] Volant *m.*
vale [veɪl] *poet* Tal *n;* ▶ **this ~ of tears** dieses Jammertal.
val·edic·tion [ˌvælɪ'dɪkʃn] **1.** Abschied *m,* Lebewohl *n;* **2.** Abschiedsworte *n pl; Am* Abschiedsrede *f;* **val·edic·tory** [ˌvælɪ'dɪktərɪ] *Am* Abschiedsrede *f.*
val·ence, val·ency ['væləns, 'veɪlənsɪ] **1.** *chem* Wertigkeit *f;* **2.** *ling* Valenz *f.*
Val·en·tine ['væləntaɪn] Valentin *m;* ▶ **v~** am Valentinstage *(14. Februar)* erwählter Schatz; **v~ (card)** Karte *f* zum Valentinstag.
val·erian [və'lɪərɪən] *bot* Baldrian *m.*
valet ['vælɪt] **1.** (Kammer)Diener *m;* **2.** Hoteldiener *m;* **valet service** *(Hotel)* Reinigungsdienst *m.*
val·etu·di·nar·ian [ˌvælɪtju:dɪ'neərɪən] **I** *adj* **1.** kränklich; **2.** hypochondrisch; **II** *s* **1.** kränklicher Mensch; **2.** Hypochonder *m.*
val·iant ['vælɪənt] *adj* tapfer, mutig.
valid ['vælɪd] *adj* **1.** gültig; *(Vertrag)* bindend, rechtskräftig; *(Anspruch)* berechtigt; **2.** *(Grund)* stichhaltig, triftig; *(Einwand)* berechtigt; ▶ **~ for three months** drei Monate gültig; **~ until recalled** gültig bis auf Widerruf; **become ~** rechtswirksam werden; **remain ~** Geltung behalten; **vali·date** ['vælɪdeɪt] *tr* für gültig erklären, bestätigen; **valid·ity** [və'lɪdətɪ] **1.** Gültigkeit *f;* Rechtswirksamkeit *f;* **2.** Stichhaltigkeit *f.*
val·ley ['vælɪ] Tal *n.*
val·our, *Am* **valor** ['vælə(r)] *lit* Tapferkeit *f,* Mut *m.*
valu·able ['væljʊəbl] **I** *adj* **1.** wertvoll, kostbar; **2.** geschätzt; **II** *s pl* Wertgegenstände *m pl,* -sachen *f pl;* **valu·ation** [ˌvæljʊ'eɪʃn] **1.** (Ab)Schätzung, Wertermittlung *f;* **2.** Veranschlagung, Bewertung, Wertfestsetzung *f;* **3.** Schätz-, Taxwert *m;* **4.** *fig* Beurteilung *f;* **valu·ator**

['væljʊeɪtə(r)] Taxator, Schätzer *m;*
value ['vælju:] **I** *s* **1.** Wert *m;* **2.** Nutzen *m;* **3.** *pl* sittliche Werte *m pl;* **4.** *math* Wert *m;* **5.** *mus* Quantität *f;* ▶ **at ~** zum Tageskurs; **of lasting ~** von bleibendem Wert; **of no, little ~** nichts, wenig wert; **be of ~ to s.o.** jdm nützen; **of great ~** sehr wertvoll; **to the ~ of** im Wert(e) von; **attach ~ to s.th., put a ~ on s.th.** e-r S Wert, Bedeutung beimessen; **what's the ~ of it?** was ist es wert? **go down in ~** an Wert verlieren; **it's good ~** das ist preiswert; **get ~ for money** reell bedient werden; **increase in ~** Wertsteigerung *f;* **loss in ~** Wertverlust *m;* **nominal ~** Nennwert *m;* **II** *tr* **1.** (ab)schätzen, bewerten, taxieren (*at* auf); **2.** *fig* (wert)schätzen; **value-added tax, VAT** Mehrwertsteuer, MwSt *f;* **valued** ['vælju:d] *adj* geschätzt; **value·less** ['vælju:lɪs] *adj* **1.** wertlos; **2.** *(Beurteilung)* wertfrei; **valuer** ['vælju:ə(r)] Schätzer, Taxator *m.*
valve [vælv] **1.** Ventil *n;* **2.** *radio TV* Röhre *f;* **3.** *anat* Klappe *f.*
va·moose [və'mu:s] *itr Am sl* abhauen, türmen.
vamp[1] [væmp] **I** *s* **1.** Oberleder *n;* **2.** improvisierte Begleitmusik; **II** *tr* **1.** flikken; **2.** *mus* improvisieren; ▶ **~ up** *sl* aufmotzen; **III** *itr mus* improvisieren.
vamp[2] [væmp] **I** *s (Frau)* Vamp *m;* **II** *itr* verführerisch sein.
vam·pire ['væmpaɪə(r)] Vampir *m.*
van[1] [væn] **1.** *Br* Lieferwagen *m;* Möbelwagen *m;* **2.** *rail* Güterwagen *m;* **3.** *fam* Wohnwagen *m;* ▶ **gipsy's ~** Zigeunerwagen *m;* **removal ~** Möbelwagen *m;* **luggage ~** *rail* Gepäckwagen *m.*
van[2] [væn] *(Tennis) Abk:* **advantage** Vorteil *m.*
van[3] [væn] *Abk:* **vanguard** Vorhut *f a. fig.*
van·dal ['vændl] *fig* Rowdy *m;* **van·dal·ism** ['vændəlɪzəm] mutwillige Sachbeschädigung, Vandalismus *m;* **van·dal·ize** ['vændəlaɪz] *tr* mutwillig zerstören.
vane [veɪn] **1.** Wetterfahne *f;* **2.** *(Propeller)* Flügel *m;* **3.** *tech* Schaufel *f.*
van·guard ['vængɑ:d] **1.** *mil* Vorhut *f;* **2.** *fig* Avantgarde *f;* ▶ **be in the ~ of s.th.** an der Spitze von etw stehen.
va·nilla [və'nɪlə] *bot* Vanille *f.*
van·ish ['vænɪʃ] *itr* verschwinden; *(Angst, Sorgen)* sich legen; *(Hoffnung)* schwinden; *(Rasse, Kultur)* untergehen; ▶ **~ing cream** Tagescreme *f;* **~ing point** Fluchtpunkt *m; fig* Nullpunkt *m.*
van·ity ['vænətɪ] **1.** Eitelkeit, Selbstgefälligkeit *f;* Einbildung *f;* **2.** Nichtigkeit *f;* Vergeblichkeit *f;* **3.** *Am* Frisiertisch *m;* **vanity bag, vanity case** Kosmetikkoffer *m.*
van·quish ['væŋkwɪʃ] *tr* besiegen.
van·tage ['vɑ:ntɪdʒ] Vorteil *m (a. Tennis);* **vantage-point** günstiger Aussichtspunkt; ▶ **from a modern ~** aus moderner Sicht.
vapid ['væpɪd] *adj fig* nichtssagend; fade.
va·por·iz·ation [ˌveɪpəraɪ'zeɪʃn, *Am* ˌveɪpərɪ'zeɪʃn] Verdampfung *f;* Verdunstung *f;* **va·por·ize** ['veɪpəraɪz] *tr, itr* verdampfen; verdunsten; **va·por·izer** ['veɪpəraɪzə(r)] Verdampfer *m;* Zerstäuber *m;* **va·pour,** *Am* **va·por** ['veɪpə(r)] Dampf *m;* Dunst *m;* ▶ **water ~** Wasserdampf *m;* **vapo(u)r pressure** Dampfdruck *m;* **vapo(u)r trail** *aero* Kondensstreifen *m.*
varia·bil·ity [ˌveərɪə'bɪlətɪ] Veränderlichkeit *f;* **vari·able** ['veərɪəbl] **I** *adj* **1.** veränderlich; *(Winde)* wechselnd; **2.** *tech* regulierbar; einstellbar, **3.** *fig (Wetter, Stimmung)* unbeständig; **II** *s math* Variable *f,* veränderliche Größe.
vari·ance ['veərɪəns] **1.** Unterschied *m;* Abweichung *f;* **2.** *(Statistik)* Streuung *f;* ▶ **at ~** *(Sachen)* im Widerspruch (*with* zu); **be at ~ with s.o.** anderer Meinung sein als jem.
vari·ant ['veərɪənt] **I** *adj* andere(r, s), verschiedenartig; **II** *s* Variante *f;* **vari·ation** [ˌveərɪ'eɪʃn] **1.** Veränderung *f;* Variation *f; mete fin* Schwankung *f;* **2.** *mus* Variation *f* (*on* zu); **3.** Variante *f a. biol;* ▶ **~ in quality** unterschiedliche Qualität.
vari·cose ['værɪkəʊs] *adj* ▶ **~ veins** *pl* Krampfadern *f pl.*
var·ied ['veərɪd] *adj* **1.** mannigfach, verschiedenartig; unterschiedlich; **2.** abwechslungsreich.
varie·gated ['veərɪgeɪtɪd] *adj* bunt, farbenprächtig; *(Blatt)* panaschiert.
var·iety [və'raɪətɪ] **1.** Mannigfaltigkeit, Vielfalt *f;* **2.** Abwechslung *f;* **3.** Auswahl *f;* Art, Sorte *f;* **4.** Spielart, Variante *f;* **5.** *theat* Varieté *n;* ▶ **add, give ~ to s.th.** Abwechslung in etw bringen; **there is not much ~** es ist nicht sehr abwechslungsreich; **a ~ of colours** die verschiedensten Farben; **for a ~ of reasons** aus verschiedenen Gründen; **~ is the spice of life** *prov* Abwechslung muß sein; **variety act** Varietenummer *f;* **variety show** Varieté *n; radio TV* Unterhaltungssendung *f;* **variety theatre** Varietétheater *n.*
vari·ous ['veərɪəs] *adj* **1.** verschiedene; **2.** *fam* mehrere; ▶ **at ~ times** zu verschiedenen Zeiten; **for ~ reasons** aus verschiedenen Gründen.
var·mint ['vɑ:mɪnt] **1.** *Am* Halunke *m;* **2.** *(Tier)* Schädling *m.*
var·nish ['vɑ:nɪʃ] **I** *s* **1.** Firnis *m;* Politur *f;* Lack *m; (Töpferei)* Glasur *f;* **2.** *fig* (äußerer) Schein *m;* **II** *tr* **1.** firnissen; polieren; lackieren; **2.** *fig* beschönigen.

vars·ity ['vɑːsətɪ] *fam* Uni(versität) *f.*
vary ['veərɪ] **I** *tr* abändern; variieren; **II** *itr* **1.** sich wandeln, sich (ver)ändern, veränderlich sein; variieren; **2.** sich unterscheiden (*from* von); **vary·ing** [—ɪŋ] *adj* **1.** veränderlich; **2.** unterschiedlich.
vas·cu·lar ['væskjʊlə(r)] *adj anat zoo bot* ▶ ~ **system** Gefäßsystem *n.*
vase [vɑːz, *Am* veɪs] (Blumen)Vase *f.*
vas·sal ['væsl] *hist* Vasall, Lehensmann *m;* **vassal state** Vasallenstaat *m;* **vas·sal·age** ['væsəlɪdʒ] *hist* Lehenspflicht *f* (*to* gegenüber); *fig* Unterworfenheit *f* (*to* unter).
vast [vɑːst] *adj* **1.** riesig; **2.** enorm; beträchtlich, umfangreich; ▶ ~ **majority** überwiegende Mehrheit; **vast·ly** ['—lɪ] *adv* in hohem Maße; **vast·ness** ['—nɪs] **1.** Weite, Ausgedehntheit *f;* **2.** gewaltige Größe.
vat [væt] (großes) Faß *n,* Bottich *m.*
VAT [ˌviːeɪ'tiː] *Abk:* **value-added tax** *fin* Mehrwertsteuer, MwSt *f.*
Vati·can ['vætɪkən] Vatikan *m.*
vaude·ville ['vɔːdəvɪl] Varieté(vorstellung *f*) *n.*
vault[1] [vɔːlt] **1.** Gewölbe *n a. biol,* Wölbung *f;* **2.** Keller *m;* **3.** Gruft *f;* **4.** Stahlkammer *f,* Tresor(raum) *m.*
vault[2] [vɔːlt] **I** *s sport* Sprung *m;* **II** *tr* überspringen, springen über; **III** *itr* springen.
vaulted ['vɔːltɪd] *adj* gewölbt; **vault·ing** ['vɔːltɪŋ] *arch* Wölbung *f;* Gewölbe *n.*
vault·ing horse ['vɔːltɪŋhɔːs] *(Turnen)* Pferd *n;* **vaulting pole** Sprungstab *m.*
vaunt [vɔːnt] **I** *s* Loblied *n;* **II** *tr* rühmen.
VCR [ˌviːsiː'ɑː(r)] *Abk:* **video cassette recorder** Videorecorder *m.*
VD [viː'diː] *Abk:* **venereal disease(s)** Geschlechtskrankheit(en *pl*) *f.*
VDU [ˌviːdiː'juː] *Abk:* **visual display unit** Datensicht-, Bildschirmgerät *n.*
veal [viːl] Kalbfleisch *n;* **veal cutlet** Kalbsschnitzel *n.*
vec·tor ['vektə(r)] **1.** *math* Vektor *m;* **2.** *med* Träger *m.*
veer [vɪə(r)] **I** *itr* **1.** sich drehen, sich wenden; **2.** *mar* (ab)drehen; **3.** *fig* seine Meinung ändern, umschwenken (*to* zu); **II** *s* **1.** *(Wind)* Drehung *f;* **2.** *(Schiff, fig)* Kurswechsel *m;* **3.** *mot* Ausscheren *n;* **4.** *(Straße)* Knick *m,* scharfe Kurve; **III** *(mit Präposition)* **veer (a)round** *tr (Auto)* herumreißen; wenden.
veg [vedʒ] *fam* (gekochtes) Gemüse *n;* **veg·etable** ['vedʒtəbl] **I** *adj* pflanzlich; **II** *s* Gemüse *n;* ▶ **become a mere** ~ nur noch dahinvegetieren; **vegetable butter, fat** Pflanzenfett *n;* **vegetable food** Pflanzenkost *f,* pflanzliche Nahrung; **vegetable garden** Gemüsegarten *m;* **vegetable kingdom** Pflanzenreich *n;* **vegetable oil** Pflanzenöl *n.*
veg·etar·ian [ˌvedʒɪ'teərɪən] **I** *s* Vegetarier(in) *m (f);* **II** *adj* vegetarisch; **veg·etate** ['vedʒɪteɪt] *itr fig* (dahin)vegetieren; **veg·eta·tion** [ˌvedʒɪ'teɪʃn] **1.** Vegetation *f;* **2.** *fig* Dahinvegetieren *n.*
ve·he·mence ['viːəməns] Heftigkeit *f;* Leidenschaftlichkeit *f;* **ve·he·ment** ['viːəmənt] *adj* **1.** heftig, stark, gewaltig; **2.** *fig* leidenschaftlich.
ve·hicle ['viːɪkl] **1.** Fahrzeug *n;* **2.** *fig* Träger *m;* **3.** Medium, Mittel *n;* ▶ **commercial** ~ Nutzfahrzeug *n;* **motor** ~ Kraftfahrzeug *n;* ~ **of, for propaganda** Propagandamittel *n;* **vehicle currency** Leitwährung *f;* **vehicle registration centre** Kraftfahrzeugzulassungsstelle *f;* **vehicle registration number** Kraftfahrzeugkennzeichen *n;* **ve·hicu·lar** [vɪ'hɪkjʊlə(r)] *adj* ▶ ~ **traffic** Fahrzeugverkehr *m.*
veil [veɪl] **I** *s* **1.** Schleier *a. fig;* **2.** *fig* Deckmantel *m;* ▶ **under the** ~ **of** *fig* unter dem Schleier, unter dem Deckmantel *gen;* **draw a** ~ **over** *fig* e-n Schleier ziehen über; **raise the** ~ den Schleier lüften; **II** *tr* verschleiern; verhüllen, verbergen; **veiled** [veɪld] *adj* verschleiert *a. com;* versteckt.
vein [veɪn] **1.** *anat* Ader *f;* Vene *f;* **2.** *bot min* Ader *f;* **3.** *(Holz)* Faser *f;* **4.** *fig* Ader, Anlage, Veranlagung, Neigung *f* (*of* zu); **5.** *fig* Stimmung *f;* ▶ **a** ~ **of truth** eine Spur von Wahrheit; **veined** [veɪnd] *adj* geädert.
ve·lar ['viːlə(r)] **I** *adj* velar; **II** *s* Velar(laut) *m.*
Vel·cro ['velkrəʊ] *Wz* : ▶ ~ **fastener** Klett(en)verschluß *m.*
veld(t) [velt] Grasland *n (in Südafrika).*
vel·oci·pede [vɪ'lɒsɪpiːd] *Am* (Kinder)Dreirad *n.*
vel·oc·ity [vɪ'lɒsətɪ] Geschwindigkeit *f;* ▶ **at the** ~ **of** mit der Geschwindigkeit von; **initial, final** ~ Anfangs-, Endgeschwindigkeit *f;* ~ **of light** Lichtgeschwindigkeit *f;* ~ **of sound** Schallgeschwindigkeit *f.*
vel·vet ['velvɪt] Samt *m;* **vel·vet·een** [ˌvelvɪ'tiːn] Veloursamt *m;* **vel·vety** ['velvɪtɪ] *adj* samtweich.
ve·nal ['viːnl] *adj* käuflich; korrupt; **ve·nal·ity** [vɪ'nælətɪ] Käuflichkeit *f;* Korruption *f.*
vend [vend] *tr* verkaufen; **vend·ing ma·chine** ['vendɪŋməˌʃiːn] Verkaufs-, Warenautomat *m;* **vendor** ['vendə(r)] Verkäufer(in) *m (f);* **ven·due** ['vendjuː] *Am* Auktion *f.*
ven·det·ta [ven'detə] Fehde *f;* Blutrache *f.*
ve·neer [və'nɪə(r)] **I** *tr* furnieren; **II** *s* **1.** Furnier *n;* **2.** *fig* Tünche *f.*
ven·er·able ['venərəbl] *adj* ehrwürdig; **ven·er·ate** ['venəreɪt] *tr* verehren; *(Andenken)* ehren; **ven·er·ation** [ˌvenə'reɪʃn] Verehrung *f* (*for* für);

▶ **hold s.o. in ~** jdn verehren; **hold s.o.'s memory in ~** jds Andenken ehren.
ve·nereal [vəˈnɪərɪəl] *adj* Geschlechts-; ▶ **~ disease, VD** Geschlechtskrankheit *f.*
ve·ne·tian blind [vəˌniːʃnˈblaɪnd] Jalousie *f.*
ven·geance [ˈvendʒəns] Rache *f;* ▶ **with a ~** *fam* wie toll, wie verrückt; **take ~ (up)on s.o.** sich an jdm rächen.
ve·nial [ˈviːnɪəl] *adj* verzeihlich; ▶ **~ sin** läßliche Sünde.
ven·ison [ˈvenɪzn] Reh(fleisch) *n.*
venom [ˈvenəm] **1.** Gift *n;* **2.** *fig* Bosheit *f;* **venom·ous** [ˈvenəməs] *adj* **1.** giftig *bes. zoo;* **2.** *fig* boshaft, bösartig; ▶ **~ snake** Giftschlange *f.*
ve·nous [ˈviːnəs] *adj* **1.** *physiol* venös; **2.** *bot* geädert.
vent [vent] **I** *s* **1.** Öffnung *f; (Kamin)* Abzug *m; (Faß)* Spundloch *n;* **2.** *(Kleidung)* Schlitz *m;* **3.** *fig* Ventil *n;* ▶ **give ~ to s.th.** etw ausdrücken; **give ~ to one's feelings** s-n Gefühlen freien Lauf lassen; **give ~ to one's anger** sich Luft machen; **II** *tr (Gefühle)* abreagieren (*on* an).
ven·ti·late [ˈventɪleɪt] *tr* **1.** (ent-, be)lüften; **2.** *physiol* Sauerstoff zuführen (*s.th.* e-r S); **3.** *fig (Frage)* ventilieren, erörtern; *(Beschwerde)* vorbringen; **ven·ti·la·tion** [ˌventɪˈleɪʃn] **1.** Be-, Entlüftung, Ventilation *f;* **2.** *physiol* Sauerstoffzufuhr *f;* **3.** *fig* (freie) Aussprache *f;* **ventilation duct** Lüftungsleitung *f;* **ven·ti·la·tor** [ˈventɪleɪtə(r), *Am* ˈventəleɪtə(r)] Ventilator *m.*
ven·tricle [ˈventrɪkl] *anat* Herzkammer *f,* Ventrikel *m.*
ven·tril·oquist [venˈtrɪləkwɪst] Bauchredner(in) *m (f).*
ven·ture [ˈventʃə(r)] **I** *s* Unternehmen, Unterfangen *n;* Projekt *n;* ▶ **that's his latest ~** darauf hat er sich neuerdings verlegt; **his first ~ at doing this** sein erster Versuch, das zu tun; **business ~** Unternehmen, Projekt *n;* **II** *tr* wagen; aufs Spiel setzen, riskieren; ▶ **may I ~ an opinion?** darf ich sagen, was ich darüber denke? **III** *itr* sich wagen (*on, upon s.th.* an etw); **IV** *(mit Präposition)* **venture on s.th.** sich an etw wagen; ▶ **he ~d on a statement** er hatte den Mut, eine Erklärung abzugeben; **venture out** *itr* sich hinauswagen; **venture capital** *fin* Risikoanlagekapital *n;* **ven·ture·some** [—səm] *adj* abenteuerlich.
venue [ˈvenjuː] Treffpunkt *m,* Begegnungsstätte *f; sport* Austragungsort *m; jur* Verhandlungsort *m.*
Venus [ˈviːnəs] *astr* Venus *f.*
ver·acious [vəˈreɪʃəs] *adj* **1.** ehrlich; **2.** wahr, richtig; **ver·ac·ity** [vəˈræsətɪ] **1.** Ehrlichkeit *f;* **2.** Wahrheit *f.*
ve·ran·da(h) [vəˈrændə] Veranda *f.*
verb [vɜːb] *gram* Verb, Zeitwort *n;* **ver·bal** [ˈvɜːbl] *adj* **1.** mündlich; **2.** *(Übersetzung)* wörtlich; wortgetreu; **3.** *(Fehler, Fähigkeit)* sprachlich; **4.** *gram* verbal; ▶ **~ memory** Wortgedächnis *n;* **~ note** *pol* Verbalnote *f;* **~ noun** Verbalsubstantiv *n;* **ver·bal·ize** [ˈvɜːbəlaɪz] *tr* **1.** in Worten ausdrücken; **2.** *gram* verbal formulieren; **ver·bal·ly** [ˈvɜːbəlɪ] *adv* **1.** mündlich; **2.** *gram* verbal; **ver·ba·tim** [vɜːˈbeɪtɪm] *adv, adj* wörtlich; Wort für Wort; **ver·bi·age** [ˈvɜːbɪɪdʒ] Wortreichtum, -schwall *m;* **ver·bose** [vɜːˈbəʊs] *adj* wortreich, langatmig; **ver·bos·ity** [vɜːˈbɒsətɪ] Langatmigkeit *f.*
ver·dant [ˈvɜːdnt] *adj* grün, frisch.
ver·dict [ˈvɜːdɪkt] Urteil *n bes. jur; (Wähler)* Entscheidung *f;* ▶ **arrive at a ~** zu e-m (Urteils)Spruch kommen; **~ of guilty** Schuldspruch *m;* **~ of not guilty** Freispruch *m;* **what is the ~?** wie lautet das Urteil? **what is your ~ on this book?** wie beurteilen Sie dieses Buch? **give one's ~ on, about s.th.** sein Urteil über etw abgeben.
ver·di·gris [ˈvɜːdɪgrɪs] Grünspan *m.*
verge [vɜːdʒ] **I** *s* Rand *m; (Straße)* Bankett *n,* Seitenstreifen *m;* ▶ **on the ~ of** *fig* am Rande *gen;* nahe an; **be on the ~ of doing s.th.** im Begriff, nahe daran sein, etw zu tun; **II** *(mit Präposition)* **verge on** grenzen an; ▶ **he is verging on sixty** er ist fast sechzig.
verger [ˈvɜːdʒə(r)] Kirchendiener, Küster *m.*
veri·fi·able [ˈverɪfaɪəbl] *adj* nachprüfbar; **veri·fi·ca·tion** [ˌverɪfɪˈkeɪʃn] **1.** Nach-, Überprüfung, Kontrolle *f;* **2.** Bestätigung *f;* Nachweis *m;* Beurkundung *f;* ▶ **on ~ of this** urkundlich dessen; **ver·ify** [ˈverɪfaɪ] *tr* **1.** *(auf Echtheit, Richtigkeit)* (über)prüfen, kontrollieren; **2.** bestätigen, (urkundlich) belegen; beglaubigen; beweisen; **3.** *(Verdacht, Furcht)* bestätigen.
veri·si·mili·tude [ˌverɪsɪˈmɪlɪtjuːd] Wahrscheinlichkeit *f.*
veri·table [ˈverɪtəbl] *adj* wahr(haft), wirklich.
ver·mi·celli [ˌvɜːmɪˈselɪ] *pl* Fadennudeln *f pl.*
ver·mi·cide [ˈvɜːmɪsaɪd] Wurmmittel *n.*
ver·mi·form [ˈvɜːmɪfɔːm] *adj* wurmförmig; ▶ **~ appendix** *anat* Wurmfortsatz *m.*
ver·mil·ion [vəˈmɪlɪən] *adj* zinnoberrot.
ver·min [ˈvɜːmɪn] **1.** Ungeziefer *n;* Schädling *m;* **2.** *fig* Gesindel *n;* **ver·min·ous** [ˈvɜːmɪnəs] *adj* voller Ungeziefer.
ver·mouth [ˈvɜːməθ, *Am* vərˈmuːθ] Wermut *m.*
ver·nacu·lar [vəˈnækjʊlə(r)] **I** *adj* *(Sprache)* mundartlich; (ein)heimisch; **II**

s Mundart *f;* Landessprache *f.*

ver·nal equi·nox [ˈvɜ:nlˈi:kwɪnɒks] Frühjahrs-Tagundnachtgleiche *f (21. März).*

ve·ron·ica [vəˈrɒnɪkə] *bot* Ehrenpreis *m* od *n,* Veronika *f.*

ver·ruca [vəˈru:kə] Warze *f.*

ver·sa·tile [ˈvɜ:sətaɪl, *Am* ˈvɜ:sətl] *adj* vielseitig; **ver·sa·til·ity** [ˌvɜ:səˈtɪlətɪ] Vielseitigkeit *f.*

verse [vɜ:s] **1.** Strophe *f;* **2.** Dichtung *f;* **3.** *rel* Vers *m;* ▶ **in ~** in Versform; **give, quote chapter and ~ for s.th.** etw genau belegen.

versed [vɜ:st] *adj* erfahren, bewandert, versiert (*in* in).

ver·sify [ˈvɜ:sɪfaɪ] **I** *itr* Verse machen, dichten; **II** *tr* in Versform bringen.

ver·sion [ˈvɜ:ʃn] **1.** Version *f;* **2.** Darstellung *f;* **3.** *(Auto etc)* Modell *n,* Ausführung *f;* **4.** Übersetzung *f.*

verso [ˈvɜ:səʊ] ‹*pl* versos› Rückseite *f.*

ver·sus [ˈvɜ:səs] *prep jur sport* gegen.

ver·te·bra [ˈvɜ:tɪbrə] ‹*pl* -brae› [—bri:] Rückenwirbel *m;* **ver·te·bral** [ˈvɜ:tɪbrl] *adj* ▶ **~ column** Wirbelsäule *f,* Rückgrat *n;* **ver·te·brate** [ˈvɜ:tɪbrət] Wirbeltier *n.*

ver·tex [ˈvɜ:teks] ‹*pl* -tices› [—tɪsi:z] **1.** Spitze *f,* Gipfel *m a. fig;* **2.** *math* Scheitel(punkt) *m;* **3.** *astr* Zenit *m.*

ver·ti·cal [ˈvɜ:tɪkl] **I** *adj* senkrecht, lotrecht, vertikal; ▶ **~ clearance** lichte Höhe; **~ integration** vertikale Unternehmenskonzentration; **~ take-off aircraft** Senkrechtstarter *m;* **II** *s* Senkrechte, Vertikale *f;* ▶ **out of the ~** aus der Senkrechten.

ver·ti·gin·ous [vɜ:ˈtɪdʒɪnəs] *adj* schwindelerregend; **ver·tigo** [ˈvɜ:tɪgəʊ] **1.** Schwindel(gefühl *n*) *m;* **2.** *med* Gleichgewichtsstörung *f.*

verve [vɜ:v] **1.** Schwung *m,* Begeisterung *f,* Feuer *n;* **2.** Ausdruckskraft, -gewalt *f.*

very [ˈverɪ] **I** *adv* **1.** sehr; **2.** äußerst; **3.** gerade, (ganz) genau; ▶ **~ much** sehr; **thank you ~ much** vielen Dank; **~ possible** gut möglich; **how ~ peculiar!** wie eigenartig! **the ~ best** der, die, das allerbeste; **at the ~ latest** allerspätestens; **the ~ same** genau derselbe; **the ~ next day** gleich am nächsten Tag; **the ~ same day** noch am selben Tag; **my ~ own** mein eigenes; **~ well** na, nun gut; sehr wohl; **V~ Important Person, VIP** bedeutende Persönlichkeit; VIP *m;* **II** *adj* **1.** genau; **2.** äußerste(r, s); **3.** bloß, allein, schon; sogar; ▶ **in the ~ act** auf frischer Tat; **to the ~ heart** tief ins Herz; **the ~ thought** der bloße Gedanke; **the ~ thing** genau das richtige; **at the ~ end** am äußersten Ende.

Very light [ˈverɪˌlaɪt] *Wz mil* Leuchtpatrone *f;* **Very pistol** *Wz* Leuchtpistole *f.*

ves·icle [ˈvesɪkl] *anat zoo bot* Bläschen *n.*

ves·pers [ˈvespəz] *pl* Vesper *f.*

vessel [ˈvesl] **1.** Gefäß *n a. anat bot;* Behälter *m;* **2.** *mar* Schiff *n;* ▶ **blood ~** Blutgefäß *n.*

vest¹ [vest] **1.** *Br* Unterhemd *n;* **2.** *Am* Weste *f.*

vest² [vest] *tr* verleihen (*s.o. with s.th., s.th. in s.o.* jdm etw); ▶ **be ~ed with the power to do s.th.** das Recht haben, etw zu tun; **the authority ~ed in him** die ihm verliehene Macht; **have a ~ed interest in s.th.** finanziell an etw beteiligt sein; *fig* persönliches Interesse an etw haben.

ves·tal [ˈvestl] *(~ virgin)* Vestalin *f.*

ves·ti·bule [ˈvestɪbju:l] **1.** Eingang(shalle *f*) *m,* Vorraum *m;* **2.** *anat* Vorhof *m.*

ves·tige [ˈvestɪdʒ] Spur *f;* Überrest *m;* ▶ **not a ~ of** keine Spur von.

vest·ment [ˈvestmənt] **1.** (Amts)Tracht, Robe *f;* **2.** *rel* Meßgewand *n.*

vest-pocket [ˈvestˌpɒkɪt] *adj Am* ▶ **~ edition** *(Buch)* Miniaturausgabe *f;* **~ size** Westentaschenformat *n.*

ves·try [ˈvestrɪ] Sakristei *f.*

vet¹ [vet] **I** *s Abk:* **veterinary surgeon** Tierarzt *m,* -ärztin *f;* **II** *tr* überprüfen.

vet² [vet] *Am fam Abk:* **veteran** Veteran(in) *m (f).*

vetch [vetʃ] *bot* Wicke *f.*

vet·eran [ˈvetərən] **1.** Veteran(in) *m (f);* **2.** *fig* alter Praktikus; **veteran car** Oldtimer *m.*

vet·eri·nar·ian [ˌvetərɪˈneərɪən] *Am* Tierarzt *m,* -ärztin *f;* **vet·erin·ary** [ˈvetrɪnrɪ] *adj* tierärztlich; veterinär-; ▶ **~ medicine** Veterinärmedizin *f;* **~ surgeon** *s. veterinarian.*

veto [ˈvi:təʊ] ‹*pl* vetoes› **I** *s* **1.** Veto *n,* Einspruch *m;* **2.** *(power, right of ~)* Veto-, Einspruchsrecht *n;* **II** *tr* **1.** sein Veto einlegen gegen; **2.** verbieten, untersagen.

vex [veks] *tr* **1.** ärgern, aufregen, rasend machen; **2.** plagen, quälen; ▶ **be ~ed about** verärgert sein über; **be ~ed with s.o.** auf jdn böse sein; **a ~ed question** eine schwierige, vieldiskutierte, umstrittene Frage; **vex·ation** [vekˈseɪʃn] **1.** Ärger *m;* Plage, Qual *f;* **2.** *pl* Ärgernisse *n pl,* Unannehmlichkeiten *f pl;* **vex·atious** [vekˈseɪʃəs] *adj* **1.** lästig, ärgerlich, verdrießlich; **2.** *jur* schikanös.

VHF [ˌvi:eɪtʃˈef] *Abk:* **very high frequency** UKW *f.*

via [ˈvaɪə] *prep* über; per.

vi·abil·ity [ˌvaɪəˈbɪlətɪ] **1.** Lebensfähigkeit *f;* **2.** Machbarkeit *f;* **3.** *com* Rentabilität *f;* **vi·able** [ˈvaɪəbl] *adj* **1.** lebensfähig; **2.** *(Plan)* machbar; **3.** *com* rentabel; lebensfähig.

vi·aduct [ˈvaɪədʌkt] Viadukt *m* od *n.*

vibes [vaɪbz] *pl* **1.** *fam* Vibraphon *n;* **2.** *sl fig* Atmosphäre *f;* Reaktion *f;* Ausstrahlung *f;* **vi·brant** ['vaɪbrənt] *adj* **1.** vibrierend, schwingend; **2.** *fig* pulsierend, lebhaft; **vi·bra·phone** ['vaɪbrəfəʊn] *mus* Vibraphon *n;* **vi·brate** [vaɪ'breɪt] **I** *itr* **1.** vibrieren; **2.** zittern (*with* vor); ► ~ **with life** vor Leben sprühen; ~ **with activity** von regem Treiben erfüllt sein; **II** *tr* in Schwingungen versetzen; vibrieren lassen; **vi·bra·tion** [vaɪ'breɪʃn] **1.** Schwingung, Vibration *f;* **2.** *oft pl sl* Ausstrahlung *f;* Atmosphäre *f;* Feeling *n;* ► **he got ~s from her** er spürte ihre Ausstrahlung; **vi·brator** [vaɪ'breɪtə(r)] Vibrator *m.*

vicar ['vɪkə(r)] *rel* Pfarrer, Pastor *m;* **vicar·age** ['vɪkərɪdʒ] Pfarrhaus *n.*

vi·cari·ous [vɪ'keərɪəs, *Am* vaɪ'keərɪəs] *adj* **1.** stellvertretend; **2.** *fig* nachempfunden; Ersatz-.

vice[1] [vaɪs] **1.** Laster *n;* **2.** Fehler *m a. com;* ► ~ **squad** Sittenpolizei *f.*

vice[2], *Am* **vise** [vaɪs] Schraubstock *m;* ► **~-like grip** eiserner Griff.

vice[3] [vaɪs] **I** *s fam* Vize(präsident(in)) *m (f);* **II** *pref* Vize-; **vice-chairman** stellvertretender Vorsitzender; **vice-chancellor** Vizekanzler(in) *m (f); (Universität)* Rektor(in) *m (f);* **vice-president** Vizepräsident(in) *m (f).*

vice versa [ˌvaɪsɪ'vɜ:sə] *adv* umgekehrt.

vi·cin·ity [vɪ'sɪnətɪ] Nachbarschaft, Nähe *f;* ► **in close ~ to** ganz nahe bei; **in the immediate ~** in unmittelbarer Umgebung; **in the ~ of 1,000 DM** um die 1.000 DM (herum), ca. 1.000 DM.

vi·cious ['vɪʃəs] *adj* **1.** tückisch, bösartig, gefährlich; **2.** *(Hund)* bissig; **3.** boshaft; **4.** gemein, grausam; **5.** lasterhaft; **vicious circle** Teufelskreis *m.*

vi·ciss·itude [vɪ'sɪsɪtju:d] **1.** Wechsel *m;* Unbeständigkeit *f;* **2.** *pl* Wechselfälle *m pl,* Auf und Ab *n.*

vic·tim ['vɪktɪm] **1.** Opfer *n;* **2.** Geschädigte(r) *f m;* ► **fall ~ to** das Opfer werden von; ~ **of circumstances** Opfer *n* der Verhältnisse; **vic·tim·ize** [—aɪz] *tr* unfair behandeln; schikanieren.

vic·tor ['vɪktə(r)] Sieger, Gewinner *m.*

Vic·tor·ian [vɪk'tɔ:rɪən] *adj* **1.** *hist* viktorianisch; **2.** *fig* spießbürgerlich, prüde.

vic·tori·ous [vɪk'tɔ:rɪəs] *adj* siegreich (*over* über); **vic·tory** ['vɪktərɪ] Sieg *m a. fig;* ► **gain, win a narrow ~ over** e-n knappen Sieg erringen über; ~ **at the elections** Wahlsieg *m.*

vict·ual ['vɪtl] **I** *s meist pl* Lebensmittel *n pl;* **II** *tr* verpflegen, verproviantieren; **III** *itr* sich verpflegen, sich verproviantieren; **vict·ual·ler** ['vɪtlə(r)] Lebensmittelhändler(in) *m (f);* ► **licensed ~** für den Verkauf von Alkohol konzessionierter Lebensmittelhändler.

vide·licet, viz [vɪ'di:lɪsət, *Am* vɪ'delɪsət, vɪz] *adv* nämlich; und zwar.

video ['vɪdɪəʊ] ⟨*pl* videos⟩ **I** *tr* auf Band aufnehmen; **II** *s Am* Fernsehen *n;* Videogerät *n,* -recorder *m;* **video camera** Videokamera *f;* **video cassette** Videokassette *f;* **video conference** Videokonferenz *f;* **video game** Video-, Telespiel *n;* **video-phone** Fernsehtelefon *n;* **video recorder** Videorecorder *m,* -gerät *n;* **video set** Video(-Fernseh)gerät *n;* **video show** Fernsehprogramm *n;* **video-tape** Videoband *n;* **video·tex** ['vɪdɪəʊteks] Bildschirmtext *m;* **video transmission** Fernsehübertragung *f;* **video transmitter** Fernsehsender *m.*

vie [vaɪ] *itr* wetteifern (*with s.o.* mit jdm; *for* um).

Vi·en·na [vɪ'enə] Wien *n;* **Vi·en·nese** [ˌvɪə'ni:z] **I** *s* Wiener(in) *m (f);* **II** *adj* wienerisch, Wiener-.

Vi·et·cong [ˌvjet'kɒŋ] Vietcong *m;* **Vi·et·nam** [ˌvjet'næm] Vietnam *n;* **Vi·et·nam·ese** [ˌvjetnə'mi:z] **I** *s* **1.** Vietnamese *m,* Vietnamesin *f;* **2.** (das) Vietnamesisch(e); **II** *adj* vietnamesisch.

view [vju:] **I** *s* **1.** Sicht *f;* **2.** Aussicht *f;* **3.** Meinung, Ansicht *f;* **4.** Absicht *f;* ► **at first ~** auf den ersten Blick; **in ~** zu sehen; *fig* in Aussicht; **in ~ of** im Hinblick auf; **in my ~** meines Erachtens, meiner Ansicht nach; **on ~** ausgestellt; *com* zur Ansicht; **out of ~** nicht zu sehen; **with a ~ to, with the ~ of** mit der Absicht zu; **in full ~ of all these people** vor den Augen all dieser Leute; **come into ~** in Sicht kommen; **keep s.th. in ~** etw im Auge behalten; **go out of ~** außer Sicht kommen, verschwinden; **hidden from ~** nicht zu sehen; **a nice ~ of the mountains** ein schöner Blick auf die Berge; **see the ~s** die Sehenswürdigkeiten ansehen; **take the ~ that** die Ansicht vertreten, daß; **a general ~ of a problem** ein Überblick über ein Problem; **have s.th. in ~** etw beabsichtigen; **lose ~ of s.th.** etw aus den Augen verlieren; **take a dim, poor ~ of s.th.** etw nicht gut finden; **II** *tr* **1.** ansehen, betrachten; **2.** besichtigen; **3.** *fig (Problem)* sehen, beurteilen; **III** *itr* fernsehen; **viewer** ['vju:ə(r)] **1.** (Fernseh)Zuschauer(in) *m (f);* **2.** Diabetrachter *m;* **view-finder** *opt phot* Sucher *m;* **view·ing** ['vju:ɪŋ] **1.** Besichtigung *f;* **2.** Fernsehen *n;* ► ~ **figures** *pl* Einschaltquote *f;* **peak ~ time** Haupteinschaltzeit *f;* **view·point** ['vju:pɔɪnt] Gesichts-, Standpunkt *m.*

vigil ['vɪdʒɪl] Nachtwache *f;* ► **keep ~** Nachtwache halten (*over* bei).

vigi·lance ['vɪdʒɪləns] Wachsamkeit *f;* **vigi·lant** ['vɪdʒɪlənt] *adj* wachsam.

vi·gnette [vi:'njet] **1.** Vignette *f;* **2.** Charakterskizze *f.*

vig·or·ous ['vɪgərəs] *adj* **1.** stark, kräftig, kraftvoll, robust; **2.** energisch, nachdrücklich; **vig·our,** *Am* **vigor** ['vɪgə(r)] **1.** Stärke, Kraft, Robustheit *f;* **2.** Energie, Vitalität *f.*
vile [vaɪl] *adj* **1.** *(sittlich)* schlecht, gemein; **2.** widerlich, ekelhaft; **3.** *fam* schlecht, abscheulich.
vil·ify ['vɪlɪfaɪ] *tr* verleumden, herabwürdigen.
vil·lage ['vɪlɪdʒ] Dorf *n;* **village community** Dorfgemeinschaft *f;* **village green** Dorfwiese *f;* **village inn** Dorfgasthaus *n;* **vil·lager** ['vɪlɪdʒə(r)] Dorfbewohner(in) *m (f).*
vil·lain ['vɪlən] **1.** Schuft, Schurke *m;* Bösewicht *m;* **2.** *hum* Schelm, Schlingel *m;* **3.** *fam* Verbrecher *m;* **vil·lain·ous** [vɪlənəs] *adj* **1.** schurkisch; **2.** *fam* miserabel, schlecht; **vil·lainy** ['vɪlənɪ] Schuftigkeit, Gemeinheit *f.*
vim [vɪm] *fam* Schwung *m.*
vin·ai·grette [ˌvɪnɪ'gret] Vinaigrette *f;* Salatsoße *f.*
vin·di·cate ['vɪndɪkeɪt] *tr* **1.** rechtfertigen; **2.** rehabilitieren; **vin·di·ca·tion** [ˌvɪndɪ'keɪʃn] **1.** Rechtfertigung, Verteidigung *f;* **2.** Rehabilitation *f;* ▶ **in ~ of** zur Rechtfertigung *gen.*
vin·dic·tive [vɪn'dɪktɪv] *adj* nachtragend; rachsüchtig.
vine [vaɪn] **1.** Weinstock *m,* Rebe *f;* **2.** Kletterpflanze *f.*
vin·egar ['vɪnɪgə(r)] Essig *m;* **vin·egary** ['vɪnɪgərɪ] *adj* säuerlich, sauer *a. fig.*
vine·yard ['vɪnjəd] Weinberg *m.*
vin·tage ['vɪntɪdʒ] **I** *s* **1.** (Wein)Lese *f;* **2.** Jahrgang *m;* **II** *adj* hervorragend; alt; ▶ **~ car** *mot* Autoveteran *m;* **~ wine** Qualitätswein *m;* **~ year** guter Jahrgang; **vint·ner** ['vɪntnə(r)] Weinhändler *m.*
vinyl ['vaɪnɪl] Vinyl, PVC *n.*
viol ['vaɪəl] *hist* Viola *f;* ▶ **bass ~** Gambe *f.*
vi·ola[1] [vɪ'əʊlə] Bratsche *f;* ▶ **~ da gamba** Gambe *f.*
vi·ola[2] ['vaɪəʊlə] *bot* Veilchen *n.*
vi·ol·ate ['vaɪəleɪt] *tr* **1.** *(Recht)* verletzen; *(Gesetz)* übertreten, verstoßen gegen; *(Vertrag, Versprechen)* brechen; **2.** *(geweihten Ort)* entehren; *(Gefühl, Empfinden)* verletzen, beleidigen; *(Stille)* stören; **3.** *(Frau)* vergewaltigen; **vi·olation** [ˌvaɪə'leɪʃn] **1.** Verletzung *f,* Verstoß *m;* **2.** Entehrung *f;* Verletzung *f;* Störung *f;* **3.** Vergewaltigung *f;* ▶ **~ of a treaty** Vertragsbruch *m;* **~ of human rights** Menschenrechtsverletzung *f;* **vi·ol·ence** ['vaɪələns] **1.** Gewalt *f;* Gewalttätigkeit *f;* **2.** Heftigkeit *f;* Stärke *f;* ▶ **do ~ to s.o., s.th.** jdm, e-r S Gewalt antun *a. fig; (Tatsachen)* etw verdrehen; **crimes of ~** Gewaltverbrechen *n pl;* **robbery with ~** Raubüberfall *m;* **an outbreak of ~** ein Ausbruch von Gewalttätigkeiten; **vi·ol·ent** ['vaɪələnt] *adj* **1.** gewaltsam; gewalttätig; **2.** heftig, stark; **3.** leidenschaftlich; ▶ **meet with a ~ death** e-s gewaltsamen Todes sterben; **have a ~ temper** jähzornig sein; **by ~ means** unter Gewaltanwendung.
vi·olet ['vaɪələt] **I** *s* Veilchen *n;* ▶ **II** *adj* violett.
vi·olin [ˌvaɪə'lɪn] Geige, Violine *f;* ▶ **play the ~** Geige spielen; **~ bow, case, string** Geigenbogen, -kasten *m,* -saite *f;* **violin·ist** ['vaɪəlɪnɪst] Geiger(in) *m (f);* **vi·olon·cel·list** [ˌvaɪələn'tʃelɪst] Cellist(in) *m (f);* **vi·olon·cello** [ˌvaɪələn'tʃeləʊ] ⟨*pl* -cellos⟩ Cello *n.*
V.I.P., VIP [ˌviːaɪ'piː] *Abk:* **very important person** bedeutende Persönlichkeit, VIP *m;* ▶ **give s.o. the ~ treatment** jdn wie einen Ehrengast behandeln.
vi·per ['vaɪpə(r)] **1.** Viper *f;* **2.** *fig* Schlange *f.*
vir·ago [vɪ'rɑːgəʊ] ⟨*pl* -ago(e)s⟩ Xanthippe *f,* Zankteufel *m.*
vir·gin ['vɜːdʒɪn] **I** *s* Jungfrau *f;* **II** *adj* **1.** jungfräulich *a. Schnee;* **2.** *fig (Land)* unberührt; ▶ **~ birth** *rel* jungfräuliche Geburt; *bot* Jungfernzeugung *f;* **virginal** ['vɜːdʒɪnl] *adj* jungfräulich; **virgin forest** Urwald *m;* **vir·gin·ity** [və'dʒɪnətɪ] Unschuld, Jungfräulichkeit *f.*
Virgo ['vɜːgəʊ] ⟨*pl Virgos*⟩ *astr* Jungfrau *f;* ▶ **v~ intacta** unberührte Jungfrau.
vir·ile ['vɪraɪl, *Am* 'vɪrəl] *adj* **1.** männlich; **2.** *fig* kraftvoll; **vir·il·ity** [vɪ'rɪlətɪ] **1.** Männlichkeit *f;* Potenz, Manneskraft *f;* **2.** Ausdruckskraft *f.*
vi·rol·ogy [vaɪə'rɒlədʒɪ] Virologie *f.*
vir·tual ['vɜːtʃʊəl] *adj* **1.** wirklich, tatsächlich, eigentlich; **2.** *phys* virtuell; ▶ **~ value** Effektivwert *m;* **vir·tual·ly** [—lɪ] *adv* fast, praktisch, so gut wie.
vir·tue ['vɜːtʃuː] **1.** Tugend *f;* **2.** Tugendhaftigkeit *f;* **3.** Vorteil *m,* Qualität *f;* **4.** Wirkung *f;* Heilkraft *f;* ▶ **by ~ of** kraft, aufgrund *gen;* **make a ~ of necessity** *prov* aus der Not e-e Tugend machen; **a woman of easy ~** ein Flittchen *n.*
vir·tu·os·ity [ˌvɜːtjʊ'ɒsətɪ] Virtuosität *f;* **vir·tu·oso** [ˌvɜːtjʊ'əʊzəʊ] ⟨*pl* -osos, -osi⟩ [—əʊzəʊz, —əʊziː] *mus* Virtuose *m.*
vir·tu·ous ['vɜːtʃʊəs] *adj* tugendhaft.
viru·lence ['vɪrʊləns] **1.** *med* Heftigkeit, Bösartigkeit *f;* **2.** *fig* Boshaftigkeit *f;* **viru·lent** ['vɪrʊlənt] *adj* **1.** *med* bösartig; *(Gift)* stark, tödlich; **2.** *fig* boshaft, gehässig.
vi·rus ['vaɪərəs] *med* Virus *m.*
visa, *Am* **visé** ['viːzə, *Am* 'viːzeɪ] **I** *s* Visum *n;* Sichtvermerk *m;* ▶ **entrance ~** Einreisevisum *n;* **transit ~** Durchreisevisum *n;* **II** *tr* mit e-m Visum versehen.
vis-à-vis ['viːzəviː] *prep* gegenüber.
vis·cera ['vɪsərə] *pl anat* Eingeweide *n*

pl.

vis·cose ['vɪskəʊz] Viskose *f.*

vis·cos·ity [vɪs'kɒsətɪ] Zähflüssigkeit, Viskosität *f.*

vis·count ['vaɪkaʊnt] Vicomte *m;* **vis·count·ess** ['vaɪkaʊntɪs] Vicomtesse *f.*

vis·cous ['vɪskəs] *adj* zähflüssig, viskos.

vise [vaɪs] *Am s. vice*[2].

visé ['vi:zeɪ] *Am s. visa.*

vis·ibil·ity [ˌvɪzə'bɪlətɪ] **1.** Sichtbarkeit *f;* **2.** Sicht(weite) *f;* Sichtverhältnisse *n pl;* ▶ **~ was poor** die Sicht war schlecht; **vis·ible** ['vɪzəbl] *adj* **1.** sichtbar, wahrnehmbar; **2.** *fig* offensichtlich, deutlich.

vi·sion ['vɪʒn] **1.** Sehen *n;* Sehkraft *f,* -vermögen *n;* **2.** Vision *f;* **3.** Vorstellung *f;* **4.** Voraussicht *f,* Weitblick *m;* ▶ **~ of the future** Zukunftsvision *f;* Vorstellung *f* von der Zukunft; **field of ~** Gesichts-, Blickfeld *n;* **have ~s of fame** von Ruhm träumen; **I had ~s of having to do it all again** ich sah mich das schon alles noch einmal machen; **vi·sion·ary** ['vɪʒənrɪ] **I** *adj* **1.** visionär, unwirklich, phantastisch; **2.** unpraktisch, undurchführbar; **3.** hellseherisch; **II** *s* **1.** Hellseher(in) *m (f);* **2.** Phantast(in) *m (f).*

visit ['vɪzɪt] **I** *tr* **1.** auf-, besuchen; auf Besuch sein bei; **2.** besichtigen; **3.** *rel* heimsuchen; **II** *itr* **1.** e-n Besuch machen; **2.** *Am* sich unterhalten, plaudern (*with* mit); **III** *s* **1.** Besuch *m* (*to* bei); **2.** Kontrolle *f;* ▶ **pay s.o., s.th. a ~** jdn, etw besuchen; **courtesy ~** Höflichkeitsbesuch *m;* **visi·ta·tion** [ˌvɪzɪ'teɪʃn] **1.** Besichtigung *f;* Visitation, Inspektion *f;* **2.** *(Geist)* Erscheinung *f;* **3.** *rel* Heimsuchung *f;* **visit·ing** ['vɪzɪtɪŋ] *adj* ▶ **be on ~ terms** sich (gegenseitig) besuchen; **~-card** Visitenkarte *f;* **~ hours** *pl* Besuchszeit *f;* **~ professor** Gastprofessor *m;* **the ~ team** die Gäste; **visi·tor** ['vɪzɪtə(r)] **1.** Besucher(in) *m (f)* (*to a castle* e-s Schlosses); **2.** Gast *m;* **3.** Inspekteur(in) *m (f);* ▶ **~s' book** Gästebuch *n.*

vi·sor ['vaɪzə(r)] **1.** *hist (Helm)* Visier *n;* **2.** Mützenschirm *m;* **3.** *mot (sun-~)* Sonnenblende *f.*

vista ['vɪstə] **1.** Ausblick *m,* -sicht *f;* **2.** *fig* Aussicht *f* (*of* auf); *(von Vergangenheit)* Bild *n;* ▶ **open new ~s** *fig* neue Möglichkeiten eröffnen.

vis·ual ['vɪʒʊəl] *adj* **1.** visuell; **2.** Seh-; ▶ **~ aids** *pl* Anschauungsmaterial *n;* **~ display unit** Sichtgerät *n,* Bildschirm *m;* **~ field** Gesichts-, Blickfeld *n;* **~ instruction** Anschauungsunterricht *m;* **~ memory** visuelles Gedächtnis; **~ nerve** Sehnerv *m;* **vis·ual·ize** ['vɪʒʊəlaɪz] *tr* **1.** sich vorstellen; **2.** erwarten, rechnen mit.

vi·tal ['vaɪtl] **I** *adj* **1.** lebenswichtig, -notwendig; Lebens-; **2.** *fig* wesentlich, unerläßlich (*to* für); **3.** *(Fehler)* schwerwiegend; ▶ **~ force** Lebenskraft *f;* **~ organs** *pl* lebenswichtige Organe *n pl;* **~ parts** *pl* wichtige Teile *m pl;* **~ problem** Kernproblem *n;* **~ statistics** *pl* Bevölkerungsstatistik *f; (Frau)* Körpermaße *n pl;* **at the ~ moment** im entscheidenden, kritischen Augenblick; **of ~ importance** äußerst wichtig; **it is ~ that** es ist unbedingt notwendig, daß; **how ~ is it?** wie wichtig ist es? **II** *s pl* lebenswichtige Organe *n pl; hum* Genitalien *pl;* **vi·tal·ity** [vaɪ'tælətɪ] **1.** Lebendigkeit *f;* **2.** Vitalität, Energie *f;* **3.** Beständigkeit *f;* **vi·tal·ize** ['vaɪtəlaɪz] *tr* beleben.

vit·amin ['vɪtəmɪn, *Am* 'vaɪtəmɪn] Vitamin *n;* **vitamin deficiency** Vitaminmangel *m;* **vitamin tablets** *pl* Vitamintabletten *f pl.*

vit·reous ['vɪtrɪəs] *adj* **1.** gläsern; glas(art)ig; **2.** *geol* glasig; **vit·rify** ['vɪtrɪfaɪ] **I** *tr* zu Glas schmelzen, verglasen; **II** *itr* zu Glas werden.

vit·riol ['vɪtrɪəl] **1.** *chem* Vitriol *n;* **2.** Schwefelsäure *f;* **3.** *fig* beißender Spott; ▶ **blue ~** Kupfervitriol *n;* **vit·riolic** [ˌvɪtrɪ'ɒlɪk] *adj fig* bissig, sarkastisch.

vit·uper·ate [vɪ'tju:pəreɪt] *tr* schmähen, heruntermachen, beschimpfen; **vit·uper·ation** [vɪˌtju:pə'reɪʃn] Beschimpfung *f.*

vi·va·cious [vɪ'veɪʃəs] *adj* lebhaft; (quick)lebendig, munter; **vi·vac·ity** [vɪ'væsətɪ] Lebhaftigkeit *f;* Lebendigkeit, Munterkeit *f.*

vi·var·ium [vaɪ'veərɪəm] Vivarium, Aquarium *n* (mit Terrarium).

viva voce [ˌvaɪvə'vəʊsɪ] **I** *adj* mündlich; **II** *s* mündliche Prüfung.

vivid ['vɪvɪd] *adj* **1.** lebhaft, lebendig; **2.** *(Farbe)* kräftig, leuchtend; *(Licht)* hell; **3.** *(Erinnerung)* frisch, lebhaft.

vi·vipar·ous [vɪ'vɪpərəs, *Am* vaɪ'vɪpərəs] *adj zoo* lebendgebärend.

vivi·sect [ˌvɪvɪ'sekt] *tr* vivisezieren; **vivi·sec·tion** [ˌvɪvɪ'sekʃn] Vivisektion *f.*

vixen ['vɪksn] **1.** Füchsin *f;* **2.** *fig* Xanthippe *f,* Zankteufel *m.*

viz [vɪz] *s. videlicet.*

vo·cabu·lary [və'kæbjʊlərɪ] **1.** Wörterverzeichnis, Vokabular, Glossar *n;* **2.** Wortschatz *m.*

vo·cal ['vəʊkl] *adj* **1.** Stimm-; **2.** mündlich; **3.** *fig* lautstark; ▶ **become ~** sich hören lassen, seine Meinung lautstark kundtun; **~ cords** *pl* Stimmbänder *n pl;* **~ music** Vokalmusik *f,* Gesang *m;* **~ part** Gesangspartie *f;* **vo·cal·ist** ['vəʊkəlɪst] Sänger(in) *m (f);* **vo·cal·ize** ['vəʊkəlaɪz] *tr* **1.** aussprechen; **2.** *(Konsonanten)* vokalisieren.

vo·ca·tion [vəʊ'keɪʃn] **1.** Berufung *f;* **2.** Eignung *f* (*for* für); **3.** Beruf *m;* **vo·ca·tional** [vəʊ'keɪʃənl] *adj* beruflich; Berufs-; ▶ **~ adviser, counsellor** Berufsberater(in) *m (f)*; ~ **education** Berufsausbildung *f*; ~ **guidance** Berufsberatung *f*; ~ **retraining** Umschulung *f*; ~ **school** *Am* Berufsschule *f*; ~ **training** Berufsausbildung *f*.

vo·cif·er·ate [vəˈsɪfəreɪt] *tr, itr* schreien, brüllen; **vo·cif·er·ation** [vəˌsɪfəˈreɪʃn] Geschrei, Gebrüll *n*; **vo·cif·er·ous** [vəˈsɪfərəs] *adj* laut; lautstark.

vogue [vəʊg] Mode *f*; ▶ **all the** ~ der letzte Schrei; **be in** ~ Mode sein; **come into, go out of** ~ in Mode, aus der Mode kommen; **have a great** ~ sehr beliebt sein; in großer Mode sein.

voice [vɔɪs] **I** *s* **1.** Stimme *f a. mus fig pol*; **2.** Mitspracherecht *n*; **3.** *gram* Aktionsart *f*; **4.** *(Phonetik)* Stimmhaftigkeit *f*; ▶ **by a majority of** ~**s** mit Stimmenmehrheit; **in a loud** ~ mit lauter Stimme; **with one** ~ einstimmig; **give** ~ **to s.th.** etw zum Ausdruck bringen; **have a** ~ **in s.th.** bei e-r S (ein Wörtchen) mitzureden haben; **raise one's** ~ seine Stimme erheben (*against* gegen); lauter sprechen; anschreien (*to s.o.* jdn); **I have no** ~ **in the matter** ich habe in der Angelegenheit wenig zu sagen; **active, passive** ~ *gram* Aktiv, Passiv *n*; **casting** ~ ausschlaggebende Stimme; **chest, head** ~ Brust-, Kopfstimme *f*; **II** *tr* **1.** äußern, zum Ausdruck bringen, ausdrücken; **2.** *(Phonetik)* stimmhaft aussprechen; **voice-box** Kehlkopf *m*; **voiced** [vɔɪst] *adj (Phonetik)* stimmhaft; **voice·less** [ˈvɔɪslɪs] *adj* **1.** stumm; **2.** *parl* nicht stimmberechtigt; **3.** *(Phonetik)* stimmlos.

void [vɔɪd] **I** *adj* **1.** leer; **2.** nichtig, sinnlos; **3.** *jur* ungültig, nichtig; ▶ ~ **of** ohne; **null and** ~ null u. nichtig; **II** *s* Leere *f*; **III** *tr* **1.** (aus)leeren; **2.** *jur* ungültig machen, für ungültig, nichtig erklären.

vol·atile [ˈvɒlətaɪl, *Am* ˈvɒlətl] *adj* **1.** *chem* flüchtig *a. fig*; **2.** *fig* impulsiv; sprunghaft; **3.** *pol* gespannt, brisant; **4.** *fin* unbeständig.

vol·canic [vɒlˈkænɪk] *adj* **1.** *geol* vulkanisch; **2.** *fig* explosiv; ▶ ~ **eruption** Vulkanausbruch *m*; ~ **rock** Eruptivgestein *n*; **vol·cano** [vɒlˈkeɪnəʊ] ⟨*pl* -cano(e)s⟩ Vulkan *m*.

vole [vəʊl] *(field-~)* Feldmaus *f*; ▶ **water-**~ Wasserratte *f*.

vo·li·tion [vəˈlɪʃn, *Am* vəʊˈlɪʃn] Wille *m*; ▶ **power of** ~ Willenskraft *f*; **do s.th. of one's own** ~ etw aus eigenem Antrieb tun.

vol·ley [ˈvɒlɪ] **I** *s* **1.** *mil* Salve *f*; **2.** *fig* Hagel *m*; Flut *f*; **3.** *sport* Flugball *m*; **II** *itr* **1.** e-e Salve abfeuern; **2.** *sport* einen Volley spielen; **III** *tr* ▶ ~ **the ball** einen Volley spielen; **vol·ley·ball** [ˈvɒlɪbɔːl] Volleyball *m*.

volt [vəʊlt] *el* Volt *n*; **volt·age** [ˈvəʊltɪdʒ] Spannung *f*; ▶ **what** ~ **is it?** wieviel Volt hat es? **voltage detector** *el* Spannungsprüfer *m*; **voltage drop** *el* Spannungsabfall *m*.

volte-face [ˌvɒltˈfɑːs] (Meinungs-, Stimmungs)Umschwung *m*.

vol·uble [ˈvɒljʊbl] *adj* **1.** gesprächig, redselig, geschwätzig; **2.** wortreich; **3.** *(Rede)* flüssig.

vol·ume [ˈvɒljuːm] **1.** Band *m*, Buch *n*; **2.** Rauminhalt *m*, Volumen *n*; (großer) Umfang *m*; **3.** Lautstärke *f*; *mus* Klangfülle *f*; ▶ ~**s of** ein Schwall *gen*; **speak** ~**s** *fig* Bände sprechen (*for* für); **odd** ~ Einzelband *m*; ~ **of business** Geschäftsvolumen *n*; ~ **of goods sold** Absatzvolumen *n*; ~ **of sales, of trade** Umsatz *m*; **volume control, regulator** Lautstärkeregler *m*; **vol·umi·nous** [vəˈljuːmɪnəs] *adj* **1.** voluminös; üppig; **2.** *(Schriften)* umfangreich; **3.** *(Rock)* bauschig.

vol·un·tary [ˈvɒləntrɪ] **I** *adj* **1.** freiwillig; **2.** *physiol* willkürlich; **3.** *psych* spontan; **4.** *(Verbrechen)* vorsätzlich; **II** *s* Orgelsolo *n*; **vol·un·teer** [ˌvɒlənˈtɪə(r)] **I** *s* Freiwillige(r) *f m*; **II** *tr* **1.** *(Hilfe)* anbieten; **2.** *(Vorschlag)* machen; *(Auskunft)* geben; **III** *itr* sich freiwillig melden; etw freiwillig tun; ▶ ~ **for s.th.** sich für etw zur Verfügung stellen; ~ **to do s.th.** anbieten, etw zu tun.

vo·lup·tu·ous [vəˈlʌptʃʊəs] *adj* **1.** sinnlich; **2.** *(Leben)* ausschweifend; **3.** *(Körper)* üppig.

vo·lute [vəˈljuːt] *arch* Volute, Schnecke *f*.

vomit [ˈvɒmɪt] **I** *s med* **1.** (Er)Brechen *n*; **2.** (das) Erbrochene; **II** *itr* sich erbrechen; **III** *tr* **1.** erbrechen, wieder von sich geben; **2.** ausstoßen; **3.** *(Feuer)* speien.

voo·doo [ˈvuːduː] Voodoo, Wodu *m*.

vo·racious [vəˈreɪʃəs] *adj* **1.** gefräßig; **2.** unersättlich *a. fig*; **vo·racity** [vəˈræsətɪ] **1.** Gefräßigkeit *f*; **2.** *fig* Gier *f*.

vor·tex [ˈvɔːteks] ⟨*pl* -texes, -tices⟩ [—teksəz, —tɪsiːz] Strudel *m a. fig*.

vote [vəʊt] **I** *s* **1.** Wahl, Abstimmung *f*; **2.** Stimmabgabe *f*; **3.** (Wahl)Stimme *f*; **4.** Wahl-, Stimmrecht *f*; **5.** Wahl-, Abstimmungsergebnis *n*; **6.** Bewilligung *f*, bewilligte Summe; ▶ **by 5** ~**s to 3** mit 5 gegen 3 Stimmen; **by a majority of 2** ~**s** mit e-r Mehrheit von 2 Stimmen; **by a majority** ~ mit Stimmenmehrheit; **bring, put to the** ~ zur Abstimmung bringen; **cast one's** ~ seine Stimme abgeben; **have a** ~ Stimmrecht haben (*in* bei); **take the** ~ **on** abstimmen über; **abstention from** ~ Stimmenthaltung *f*; **casting of** ~**s** Stimmabgabe *f*; **counting of** ~**s** Stimmenzählung *f*; **final** ~ Schlußabstimmung *f*; **number of** ~**s** Stimmenzahl *f*; ~ **of confidence** Vertrauensvotum *n;* **ask for a ~ of confidence** die Vertrauensfrage stellen; **pass a ~ of confidence to s.o.** jdm das Vertrauen aussprechen; **~ of censure** Mißbilligungsvotum *n;* **~ of no confidence** Mißtrauensvotum *n;* **II** *itr* wählen; seine Stimme abgeben (*for* für); **III** *tr* **1.** wählen; wählen zu; **2.** bewilligen, genehmigen; **IV** *(mit Präposition)* **vote down** *tr* überstimmen; ablehnen; **vote in** *tr* wählen (*s.o.* jdn); *(Gesetz)* beschließen; **vote on** abstimmen über; **vote out** *tr* ablehnen; abwählen; **voter** ['vəʊtə(r)] Wähler(in) *m (f);* **vot·ing** ['—ɪŋ] **1.** Wahl *f;* **2.** Wahlbeteiligung *f;* ► **return a blank ~ paper** e-n leeren Stimmzettel abgeben; **system of ~** Wahlsystem *n;* **voting booth** Wahlzelle *f;* **voting box** Wahlurne *f;* **voting machine** Stimmenzählmaschine *f.*

vouch [vaʊtʃ] *itr* sich verbürgen, garantieren (*for* für); **voucher** ['vaʊtʃə(r)] **1.** Gutschein *m;* **2.** Beleg *m,* Bescheinigung *f;* **3.** *jur* Schuldschein *m;* ► **luncheon ~** Essensbon *m;* **credit ~** Gutschrift *f;* **gift ~** Geschenkgutschein *m;* **vouch·safe** [vaʊtʃ'seɪf] *tr* gewähren (*s.o.* jdm); ► **he ~d (me) no reply** er würdigte mich keiner Antwort.

vow [vaʊ] **I** *s* **1.** *rel* Gelübde *n;* **2.** Versprechen, Gelöbnis *n;* ► **lover's ~** Treueschwur *m;* **make a ~ to do s.th.** geloben, etw zu tun; **take one's ~s** sein Gelübde ablegen; **be under a ~ to do s.th.** verpflichtet sein, etw zu tun; **II** *tr* geloben; feierlich erklären.

vowel ['vaʊəl] Vokal, Selbstlaut *m.*

voy·age ['vɔɪɪdʒ] **I** *s* **1.** Reise *f;* **2.** *(Raumfahrt)* Flug *m;* ► **on the ~ out, home** auf der Hin-, Rückreise; **II** *itr* **1.** e-e (See)Reise machen; **2.** fliegen; **voy·ager** ['vɔɪədʒə(r)] Passagier *m;* Raumfahrer(in) *m (f).*

voyeur [vwa:'jɜ:(r)] Voyeur *m.*

vto(l) [ˌvi:ti:'əʊ, ˌvi:ti:əʊ'el] *Abk:* **vertical take-off (and landing);** ► **~ aircraft** Senkrechtstarter *m.*

vul·can·ite ['vʌlkənaɪt] Hartgummi *m* od *n,* Ebonit *n;* **vul·can·iz·ation** [ˌvʌlkənaɪ'zeɪʃn] Vulkanisierung *f;* **vul·can·ize** ['vʌlkənaɪz] *tr* vulkanisieren.

vul·gar ['vʌlgə(r)] *adj* **1.** vulgär; ordinär; geschmacklos; **2.** *math (Bruch)* gemein; ► **~ beliefs** *pl* volkstümliche Auffassungen; **in the ~ tongue** in der Sprache des Volkes; **~ Latin** Vulgärlatein *n;* **vul·gar·ity** [vʌl'gærətɪ] Vulgarität *f;* Anstößigkeit *f;* Geschmacklosigkeit *f;* **vul·gar·ize** ['vʌlgəraɪz] *tr* **1.** popularisieren, verbreiten; **2.** vulgär werden lassen.

Vul·gate ['vʌlgeɪt] *rel* Vulgata *f.*

vul·ner·able ['vʌlnərəbl] *adj* **1.** verwundbar *a. fig;* **2.** ungeschützt; ► **~ to the cold** kälteempfindlich; **~ to temptation** für Versuchungen anfällig; **be ~ to criticism** der Kritik ausgesetzt sein; keine Kritik vertragen; **a ~ point, spot** eine schwache Stelle.

vul·ture ['vʌltʃə(r)] *a. fig* Geier *m.*

vulva ['vʌlvə] (äußere) weibliche Scham, Vulva *f.*

vy·ing ['vaɪɪŋ] **I** *ppr von vie;* **II** *adj* wetteifernd; **III** *s* Konkurrenzkampf *m* (*for* um).

W

W, w ['dʌblju:] ⟨*pl* -'s⟩ W, w *n*.
wack [wæk] *Br sl* Kumpel *m;* **wacky** ['wækɪ] *adj fam* verrückt, blöd.
wad [wɒd] **I** *s* **1.** Knäuel *n; (in Geschoß)* Pfropfen *m; (Watte)* Bausch *m;* **2.** *(Geld)* Bündel *n;* ▶ **~s of money** ein Haufen Geld; **II** *tr* **1.** stopfen; zusammenknüllen; **2.** *(Nähen)* wattieren; **wad·ding** ['wɒdɪŋ] Füllsel *n;* Wattierung, Watte *f; med* Wattetupfer *m*.
waddle ['wɒdl] **I** *itr* watscheln; **II** *s* Watscheln *n*.
wade [weɪd] *itr* **1.** waten (*through* durch); **2.** *fig* sich (mühsam) (hin)durcharbeiten (*through* durch); **3.** *fam fig* sich hineinstürzen (*in, into* in); ▶ **~ into s.o.** *fam* auf jdn losgehen; **wader** ['weɪdə(r)] **1.** *zoo* Wattvogel *m;* **2.** *pl* (hohe) Gummistiefel *m pl*.
wa·fer ['weɪfə(r)] **1.** Waffel *f;* **2.** *med* Oblate *f a. rel;* **3.** *rel* Hostie *f;* **4.** *(silicone ~) EDV* Chip *m,* Siliziumplättchen *n;* ▶ **~-thin** hauchdünn.
waffle[1] ['wɒfl] Waffel.
waffle[2] ['wɒfl] *Br fam* **I** *itr* quasseln, schwafeln; **II** *s* Gequassel, Geschwafel *n*.
waffle iron Waffeleisen *n*.
waft [wɒft] **I** *tr* (weg-, fort)wehen, -blasen; **II** *itr* wehen; schweben; **III** *s* Hauch *a. fig,* Luftzug *m;* Duft *m*.
wag[1] [wæg] **I** *tr* wippen mit; wedeln mit; ▶ **~ one's finger at s.o.** jdm mit dem Finger drohen; **II** *itr* wippen; wedeln; ▶ **his tongue never stops ~ging** sein Mund steht nie still; **set tongues ~ging** Anlaß zum Gerede geben; **III** *s* Wackeln, Wedeln *n*.
wag[2] [wæg] Witzbold *m;* ▶ **he's a bit of a ~** er ist ein alter Witzbold.
wage[1] [weɪdʒ] *meist pl* (Arbeits)Lohn *m;* ▶ **at a ~ of** bei e-m Lohn von; **basic ~s** *pl* Grundlohn *m;* **weekly ~** Wochenlohn *m;* **the ~s of sin** die gerechte Strafe.
wage[2] [weɪdʒ] *tr :* ▶ **~ war** Krieg führen.
wage costs ['weɪdʒ kɒsts] *pl* Lohnkosten *pl;* **wage claim, de·mand** Lohnforderung *f;* **wage dispute** *pl* Lohnauseinandersetzung *f;* **wage earner** Lohnempfänger(in) *m (f);* **wage freeze** Lohnstopp *m;* **wage increase** Lohnerhöhung *f;* **wage level** Lohnniveau *n;* **wage-packet** Lohntüte *f*.
wa·ger ['weɪdʒə(r)] **I** *s* Wette *f;* ▶ **lay, make a ~** e-e Wette abschließen; **II** *tr, itr* wetten.
wage scale ['weɪdʒskeɪl] Lohnskala *f;* **wages clerk** Lohnbuchhalter(in) *m (f);* **wage settlement** Tarifabschluß *m;* **wage slip** Lohnstreifen *m;* **wages policy** Lohnpolitik *f;* **wage worker** *Am* Lohnarbeiter(in) *m (f)*.
wag·gish ['wægɪʃ] *adj* spaßig, scherzhaft.
waggle ['wægl] **I** *tr* wackeln mit; wedeln mit; wippen mit; **II** *itr* wackeln; wedeln; wippen; **III** *s* Wackeln *n;* Wedeln *n;* ▶ **with a ~ of its tail** mit einem Schwanzwedeln; **wagg·ly** ['wæglɪ] *adj* wackelnd; wackelig; *(Schwanz)* wedelnd.
wag(·g)on ['wægən] **1.** Wagen *m;* **2.** *rail* Waggon *m;* ▶ **be on the ~** *fam* keinen Alkohol trinken; **wag(·g)oner** ['wægənə(r)] Fuhrmann *m;* **wag(g)on·load** ['wægənləʊd] Waggon-, Wagenladung *f;* **wagon train** *Am hist* Zug *m* von Planwagen.
waif [weɪf] **1.** herrenloses Tier; **2.** Obdachlose(r) *f m;* **3.** verwahrlostes Kind; ▶ **~s and strays** heimatlose Kinder.
wail [weɪl] **I** *itr* **1.** wimmern, schreien; **2.** wehklagen, jammern (*for* um; *over* über); **3.** *(Wind)* heulen; **II** *s* Wimmern *n;* Jammern, Klagen *n;* Heulen *n;* **wail·ing** ['weɪlɪŋ] Wehklagen *n;* ▶ **W~ Wall** Klagemauer *f (in Jerusalem)*.
wain·scot ['weɪnskət] Wandverkleidung *f*.
waist [weɪst] **1.** Taille *f;* **2.** *mar* Mitteldeck *n;* ▶ **strip to the ~** den Oberkörper freimachen; **waist·band** ['weɪstbænd] (Rock-, Hosen)Bund *m;* **waist·coat** ['weɪstkəʊt] *Br* Weste *f;* **waist deep** *adj* hüfthoch; bis zur Hüfte; **waisted** ['weɪstɪd] *adj* tailliert; **waist-line** Taille *f;* ▶ **watch one's ~** auf die schlanke Linie achten.
wait [weɪt] **I** *itr* **1.** warten (*for* auf; *until* bis); **2.** unerledigt bleiben; **3.** aufwarten (*on s.o.* jdm; *at, (Am) on table* bei Tisch); bedienen (*on s.o.* jdn); **4.** *mot* halten; ▶ **~ a minute!** Augenblick! **~ and see** abwarten; **~ at table** bei Tisch aufwarten, bedienen; **~** *(Verkehrsampel)* warten; **I can't ~** ich kann's kaum erwarten; ich bin gespannt; **keep ~ing** warten lassen; **~-and-see-policy** Politik *f* des Abwartens; abwartende Haltung; **what are you ~ing for?** worauf wartest du? **II** *tr* **1.** warten auf, ab-, erwarten; **2.** *fam* verschieben; ▶ **~ dinner** mit dem

Essen warten (*for* auf); ~ **one's turn** abwarten, bis man an der Reihe ist; ~ **at table** bei Tisch servieren; **III** *s* Warten *n*, Wartezeit; ▶ **have a long** ~ lange warten müssen; **lie in** ~ **for s.o.** jdm auflauern; **IV** *(mit Präposition)* **wait about, wait around** *itr* warten (*for* auf); **wait behind** *itr* zurückbleiben (und warten); **wait in** *itr* zu Hause warten; **wait on** *itr* noch länger warten; ▶ ~ **on s.o.** jdn bedienen; auf jdn warten; **wait out** *tr* das Ende abwarten von; **wait up** *itr* aufbleiben (*for* wegen).

waiter ['weɪtə(r)] Kellner *m; (head* ~*)* Ober(kellner) *m;* ▶ ~ **the bill,** *Am* **check, please!** Ober, bitte zahlen!

wait·ing ['weɪtɪŋ] **1.** Warten *n;* **2.** Dienen *n* bei Hof; **3.** Servieren, Bedienen *n;* ▶ **lady-in-**~ Hofdame *f;* **no** ~ *(Schild)* Halteverbot *n;* **waiting game** Wartespiel, Warten *n;* Geduldsprobe *f;* **waiting list** Warteliste *f;* **waiting-room** Wartezimmer *n (beim Arzt); rail* Wartesaal *m.*

wait·ress ['weɪtrɪs] Kellnerin *f; (Anrede)* Fräulein.

waive [weɪv] *tr* **1.** *jur* verzichten auf, aufgeben, zurücktreten von; **2.** *(Einwurf, Frage)* abtun; ▶ ~ **one's right to speak** *parl* auf das Wort verzichten; **waiver** ['weɪvə(r)] Verzicht(erklärung *f*) *m* (*of* auf); Außerkraftsetzung *f.*

wake[1] [weɪk] ⟨*irr* **woke, woken** *od* **waked**⟩ **I** *itr* **1.** *(~ up)* auf-, erwachen, munter werden; **2.** wachen, wach, munter sein; **3.** *(~ up)* aufmerksam werden (*to* auf); sich klar werden (*to* über); **II** *tr* **1.** (auf)wecken *a. fig;* **2.** *(Gefühl)* erwekken; **3.** *(Erinnerungen)* wachrufen; **4.** *(Echo)* hervorrufen; **III** *s* **1.** *(Irland)* Totenwache *f;* **2.** *pl (Nordengland)* jährlicher Urlaub; **IV** *(mit Präposition)* **wake up** *itr* aufwachen; *tr* aufwecken; *fig* wachrütteln; ▶ ~ **up to s.th.** sich e-r S bewußt werden; ~ **s.o. up to s.th.** jdm etw klarmachen.

wake[2] [weɪk] Kielwasser *n;* ▶ **in the** ~ **of** *fig* im Gefolge *gen;* unmittelbar nach.

wake·ful ['weɪkfl] *adj* wach(sam); schlaflos; **waken** ['weɪkən] **I** *itr* **1.** auf-, erwachen; munter werden; **2.** *fig* sich bewußt werden (*to s.th.* gen); **II** *tr* **1.** (auf)wecken (*from, out of* von, aus); **2.** *fig* auf-, ermuntern, antreiben; **wakey** ['weɪkɪ] *interj fam* aufwachen!

Wales ['weɪlz] Wales *n.*

walk [wɔ:k] **I** *itr* **1.** gehen; **2.** zu Fuß gehen; wandern; spazierengehen; **3.** *(Gespenst)* umgehen, spuken; **4.** *fam* einfach verschwinden; ▶ ~ **in one's sleep** schlafwandeln; **it takes 5 minutes to** ~ **there** zu Fuß sind es 5 Minuten; **I like to go** ~**ing** ich gehe gerne spazieren, wandern; **II** *tr* **1.** spazierengehen mit, spazierenführen; ausführen; **2.** *(Strecke)* gehen, laufen; **3.** *Am sport* einen Walk geben (*s.o.* jdm); ▶ ~ **s.o. home** jdn (zu Fuß) nach Hause bringen, begleiten; ~ **s.o. off his legs** jdn müde machen; **he** ~**ed his bicycle** er hat sein Rad geschoben; **you can** ~ **it from here** von hier aus kannst du zu Fuß gehen; ~ **the boards** beim Theater sein; ~ **the streets** durch die Straßen streifen, irren; *(Prostituierte)* auf den Strich gehen; **III** *s* **1.** Spaziergang *m;* Wanderung *f;* **2.** *sport* Gehen *n;* Geher-Wettkampf *m;* Marsch *m;* **3.** Gang(art *f*) *m;* **4.** Weg *m;* **5.** *Am sport* Walk *m;* ▶ **at a** ~ im Schritt; **go for a** ~**, take a** ~ einen Spaziergang machen; **it's a long** ~ es ist ein weiter Weg; **from all** ~**s of life** aus allen Schichten und Berufen; **it's a 5 minutes'** ~ es ist 5 Minuten zu Fuß; **take s.o. for a** ~ einen Spaziergang mit jdm machen; **IV** *(mit Präposition)* **walk about, walk around** *itr* herumgehen, -laufen; *tr* auf und ab führen; herumführen; **walk away** *itr* weggehen; ▶ **he** ~**ed away unhurt** er ist unverletzt davongekommen; ~ **away with s.th.** etw mitnehmen; etw leicht gewinnen; **walk back** *itr* zurückgehen; **walk in** *itr* hineingehen; ▶ **please** ~ **in!** bitte eintreten! **walk into** *tr* **1.** hineingehen in; **2.** anrempeln; laufen gegen; **3.** zufällig treffen; **4.** ohne Mühe bekommen; ▶ ~ **into a trap** in eine Falle gehen; **walk off** *tr* ab-, herunterlaufen; *(Rausch)* an der frischen Luft loswerden; *itr* weggehen; ▶ ~ **off with** einfach mitnehmen; *(Preis)* gewinnen; **walk on** *itr* **1.** weitergehen; **2.** betreten; **3.** *theat* auftreten; auf der Bühne erscheinen; **walk out** *itr* **1.** gehen; **2.** verlassen (*of s.th.* etw; *on s.o.* jdn); im Stich lassen (*on s.o.* jdn); **3.** in Streik treten; **walk over** *itr* **1.** leicht besiegen; **2.** auf der Nase rumtanzen (*all over s.o.* jdm); herumschikanieren (*all over s.o.* jdn); **walk through** *tr* **1.** *fam (Examen)* spielend schaffen, mit links machen; **2.** *theat (Rolle)* durchgehen; **walk up** *itr* **1.** hinaufgehen; zu Fuß hinaufgehen; **2.** zugehen (*to* auf); ▶ ~ **up!** treten Sie näher!

walk·about ['wɔ:kəbaʊt] persönliche Fühlungnahme mit dem Volk; **walk-away** ['wɔ:kəweɪ] *Am* leichter Sieg; **walker** ['wɔ:kə(r)] **1.** Fuß-, Spaziergänger(in) *m (f);* **2.** *sport* Geher(in) *m (f);* **walker-on** ['wɔ:kər'ɒn] *theat* Statist(in) *m (f);* **walkie-talkie** [ˌwɔ:kɪ'tɔ:kɪ] Hand-, Sprechfunkgerät, Walkie-talkie *n;* **walk·in** ['wɔ:kɪn] **I** *s Am* leichter Sieg; **II** *adj* ▶ ~ **cupboard** begehbarer Schrank.

walk·ing ['wɔ:kɪŋ] **I** *s* Gehen *n;* Spazierengehen *n;* Wandern *n;* **II** *attr adj* **1.** *hum* wandelnd; **2.** *(Puppe)* laufend, Lauf-; ▶ **at a** ~ **pace** im Schritt; **good** ~

gute Wandermöglichkeiten *pl;* **the ~ wounded** *pl* die Leichtverletzten *m pl;* **within ~ distance** zu Fuß erreichbar, zu erreichen; **walking-shoes** *pl* Wanderschuhe *m pl;* **walking-stick** Spazierstock *m;* **walking-tour** (Fuß)Wanderung *f.*

walk·man ['wɔ:kmən] *Wz* Walkman *m.*

walk-on ['wɔ:kɒn] *(~-on part) theat* Statistenrolle *f;* **walk-out** ['wɔ:kaʊt] *fam* Ausstand, Streik *m;* demonstratives Verlassen des Saales; **walk-over** ['wɔ:kəʊvə(r)] *(~ victory)* leichter Sieg; *fig* Kinderspiel *n;* **walk-up** ['wɔ:kʌp] *Am fam* Mietshaus *n,* Wohnung *f* ohne Fahrstuhl; **walk·way** ['wɔ:kweɪ] Fußweg *m.*

wall [wɔ:l] **I** *s* **1.** Wand *f a. anat;* Mauer *f a. fig;* **2.** (Trenn-, Scheide)Wand *f;* ► **the Great W~ of China** die Chinesische Mauer; **the north ~ of the Eiger** die Eigernordwand; **with one's back to the ~** *fig* in die Enge getrieben; **drive, push s.o. to the ~** *fig* jdn an die Wand drücken; **drive s.o. up the ~** jdn auf die Palme bringen; **the ~s have ears** die Wände haben Ohren; **go to the ~** *fig* an die Wand gedrückt werden; den kürzeren ziehen; *fam (Firma)* kaputtgehen; **go up the ~** wahnsinnig werden; **run one's head against a ~** *fig* mit dem Kopf gegen die Wand rennen; **II** *tr* ummauern, mit einer Mauer umgeben; **III** *(mit Präposition)* **wall in** *tr* mit Mauern umgeben; *fig* umgeben, einschließen; **wall off** *tr* durch eine Mauer abtrennen; unterteilen; ► **~ o.s. off** *fig* sich abriegeln; **wall up** *tr* zumauern; **wall bars** *pl sport* Sprossenwand *f;* **wall chart** Wandkarte *f;* Diagramm *n;* **wall clock** Wanduhr *f.*

wal·let ['wɒlɪt] Brieftasche *f.*

wall·flower ['wɔ:lˌflaʊə(r)] **1.** *bot* Goldlack *m;* **2.** *fig* Mauerblümchen *n;* **wall hanging** Wandbehang *m;* **wall map** Wandkarte *f.*

Walloon [wɒ'lu:n] **I** *s* **1.** Wallone *m,* Wallonin *f;* **2.** (das) Wallonisch(e) ; **II** *adj* wallonisch.

wal·lop ['wɒləp] *sl* **I** *tr* **1.** verprügeln; **2.** erledigen, fertigmachen; **II** *s* **1.** Schlag *m;* **2.** Tempo *n;* **wal·lop·ing** [—ɪŋ] *adj fam* gewaltig, enorm, riesig; *(Preise)* saftig.

wal·low ['wɒləʊ] **I** *itr* **1.** sich wälzen; sich suhlen; **2.** *mar* rollen, schlingern; **3.** *fig* schwelgen (*in* in); ► **~ in money** *fam* im Geld schwimmen; **~ in self-pity** in Selbstmitleid schwelgen; **II** *s* Suhle *f;* Bad *n.*

wall·pa·per ['wɔ:lpeɪpə(r)] **I** *s* Tapete *f;* **II** *tr* tapezieren; **wall socket** *el* Steckdose *f;* **wall-to-wall** ['wɔltə'wɔ:l] *adj* ► **~ carpeting** Teppichboden *m.*

wal·nut ['wɔ:lnʌt] **1.** Walnuß *f;* **2.** (Wal)Nußbaum *m;* **3.** Nußbaum(holz *n*) *m.*

wal·rus ['wɔ:lrəs] *zoo* Walroß *n;* **walrus moustache** Hängeschnurrbart *m.*

waltz [wɔ:ls] **I** *s* Walzer *m;* **II** *itr* Walzer tanzen; herumwirbeln; **III** *tr* Walzer tanzen mit; **IV** *(mit Präposition)* **waltz about, around** *itr* herumtanzen; **waltz in** *itr* hereintanzen; **waltz off** *itr* abtanzen; ► **~ off with** abziehen mit; **waltz up to** *itr* zuschlendern auf.

wan [wɒn] *adj* blaß, bleich; müde, schwach.

wand [wɒnd] Zauberstab *m.*

wan·der ['wɒndə(r)] *itr* **1.** umherwandern, -streifen, -schweifen; **2.** abbiegen (*from* von); **3.** *(~ away)* sich verlaufen, sich verirren *a. fig;* **4.** *(~ off) fig (vom Thema)* abschweifen (*from* von); **5.** *(Blick)* umherschweifen, gleiten; **6.** *(Fluß)* sich schlängeln, sich winden; ► **his mind is ~ing** er ist geistig abwesend; **wan·derer** ['wɒndərə(r)] Wanderer *m,* Wand(r)erin *f;* Herumtreiber(in) *m (f);* **wan·der·ing** ['wɒndərɪŋ] *adj* **1.** wandernd, umherstreifend; unstet; *(Sänger)* fahrend; **2.** nomadisch; **3.** *fig (Gedanken)* abschweifend; **4.** *(Weg)* sich schlängelnd; **wan·der·ings** ['wɒndərɪŋz] Fahrten *f pl;* Wanderleben *n; fig* wirre Gedanken; wirres Gerede.

wane [weɪn] **I** *itr* **1.** *(Mond)* abnehmen; **2.** schwächer werden, nachlassen *a. fig;* **3.** *fig* vergehen, (dahin)schwinden, verfallen; **II** *s* ► **be on the ~** im Abnehmen sein.

wangle ['wæŋgl] *sl* **I** *tr* **1.** hinkriegen, drehen, deichseln; **2.** rausschlagen (*s.th. out of s.o.* etw aus jdm); ergattern; **II** *s* Schiebung *f.*

want [wɒnt] **I** *tr* **1.** wollen; mögen; **2.** nötig haben, brauchen; **3.** sollen, müssen; **4.** nicht haben; ► **~ to do s.th.** etw tun wollen; **I ~ you to do it** ich möchte, will, daß du das machst; **I was ~ing to leave sooner** ich wäre gerne früher gegangen; **you ~ to get professional advice** Sie sollten einen Fachmann befragen; **that's all I ~ed!** das hat mir gerade noch gefehlt! **your hair ~s cutting** du solltest zum Friseur gehen; **~ed by the police** polizeilich gesucht; **feel ~ed** das Gefühl haben, daß man gebraucht wird; **you are ~ed on the telephone** Sie werden am Telefon verlangt; **we ~ time** uns fehlt die Zeit; **all it ~s is a little paint** es braucht nur etwas Farbe; **II** *itr* **1.** wollen; mögen; **2.** nicht haben (*for s.th.* etw); **3.** *lit* Mangel haben; in Armut leben; ► **if you ~ (to)** wenn Sie möchten; **as you ~** wie du willst; **they ~ for nothing** es fehlt ihnen an nichts; **III** *s* **1.** Mangel *m* (*of* an); **2.** Not, Armut *f;* **3.** Bedürfnis *n;* Wunsch *m;* ► **for ~ of** aus Mangel an, mangels *gen;* **for ~ of something to do** weil ich nichts zu tun hatte; **feel the ~ of s.th.** etw vermissen; **be in ~ of s.th.** etw brauchen; **a long-felt ~** ein langgehegter Wunsch; **all s.o.'s ~s** alles, was jem braucht; **it wasn't for ~ of trying** nicht, daß er sich nicht bemüht hätte; **IV** *(mit Präposition)* **want in** *itr fam* hereinwollen; **want out** *itr fam* rauswollen.

want ad ['wɒnt 'æd] *fam* Kaufgesuch *n;* **want·age** ['wɒntɪdʒ] *Am* Fehlbetrag *m;* **want·ing** ['wɒntɪŋ] *adj* fehlend, nicht vorhanden; ▶ **be ~** fehlen; nicht enthalten sein (*in* in); es fehlen lassen (*in* an), nicht haben (*in s.th.* etw); **be found ~** *(Mensch)* für zu leicht befunden werden; sich als mangelhaft erweisen; **he's a bit ~** er ist etwas minderbemittelt.

wan·ton ['wɒntən] *adj* **1.** unbeherrscht, zügellos; **2.** ausschweifend, lüstern; **3.** ausgelassen, mutwillig, übermütig; **4.** *(Vernachlässigung, Verschwendung)* sträflich.

wapi·ti ['wɒpɪtɪ] *Am* Wapiti, Elk *m.*

war [wɔ:(r)] **I** *s* **1.** Krieg *m a. fig;* **2.** *fig* Kampf, Streit, Konflikt *m;* ▶ **at ~** im Krieg(szustand) (*with* mit); **in case, in the event of ~** im Kriegsfall; **in time(s) of ~** in Kriegszeiten; **carry the ~ into the enemy's camp** *fig* zum Gegenangriff übergehen; **declare ~ (on a country)** (e-m Land) den Krieg erklären; **declare ~ on s.o.** *fig* jdm den Kampf ansagen; **have been in the ~s** *fig fam* übel aussehen; **he looks as though he's been in the ~s** er sieht ziemlich mitgenommen aus; **make, wage ~ (up)on** Krieg führen gegen; **civil ~** Bürgerkrieg *m;* **declaration of ~** Kriegserklärung *f;* **outbreak of ~** Kriegsausbruch *m;* **prisoner of ~** Kriegsgefangene(r) *f m;* **world ~** Weltkrieg *m;* **~ of aggression** Angriffskrieg *m;* **~ of attrition** Zermürbungskrieg *m;* **~ of independence** Unabhängigkeitskrieg *m;* **~ of nerves** Nervenkrieg *m;* **II** *itr* **1.** Krieg führen (*for* um); **2.** kämpfen, streiten *(against* gegen; *with* mit); **war atrocities** *pl* Kriegsgreuel *m pl;* **war baby** Kriegskind *n.*

warble ['wɔ:bl] **I** *itr* **1.** *(Lerche)* trillern; **2.** *(Mensch)* trällern; **II** *tr* trällern; **war·bler** ['wɔ:blə(r)] *zoo* Grasmücke *f;* Waldsänger *m.*

war bond ['wɔ:bɒnd] Kriegsanleihe *f;* **war bulletin** Kriegsbericht *m;* **war correspondent** Kriegsberichterstatter(in) *m (f);* **war crime** Kriegsverbrechen *n;* **war criminal** Kriegsverbrecher(in) *m (f);* **war cry** Kriegsruf *m; fig* Schlachtruf *m.*

ward [wɔ:d] **I** *s* **1.** Mündel *n;* **2.** (Gefängnis-, Krankenhaus)Abteilung *f; med* Station *f;* **3.** (Stadt-, Verwaltungs)Bezirk *m;* ▶ **in ~** unter Vormundschaft; **II** *(mit Präposition)* **ward off** *tr* abwehren, fernhalten.

war·den ['wɔ:dn] **1.** Herbergsvater *m,* -mutter *f;* Jagdaufseher(in) *m (f);* Feuerwart(in) *m (f);* Aufseher(in) *m (f);* **2.** Rektor(in), Direktor(in) *m (f);* **3.** *Am* Gefängnisdirektor(in) *m (f);* **4.** Heimleiter(in) *m (f);* ▶ **air-raid ~** Luftschutzwart *m;* **traffic ~** Verkehrspolizist(in) *m (f), fam* Politesse *f.*

war·der ['wɔ:də(r)] Gefängniswärter(in) *m (f);* **war·dress** ['wɔ:drɪs] Aufseherin, Wärterin *f.*

ward·robe ['wɔ:drəʊb] **1.** Garderobe *f;* **2.** Kleiderschrank *m;* ▶ **~ trunk** Schrankkoffer *m.*

ward·ship ['wɔ:dʃɪp] Vormundschaft *f* (*of, over* über).

war effort ['wɔ:(r)'efət] Kriegsanstrengungen *pl.*

ware·house ['weəhaʊs] **I** *s* (Waren)Lager *n;* Lagerhaus *n,* Speicher *m;* ▶ **~-keeper, ~man** Lagerhalter *m;* **II** *tr* einlagern.

wares [weəz] *pl* Waren *f pl.*

war·fare ['wɔ:feə(r)] Krieg(führung *f*) *m;* ▶ **guerilla ~** Guerillakrieg *m;* **psychological ~** Nervenkrieg *m;* **war game** Kriegsspiel *n;* **war-grave** ['wɔ:greɪv] Kriegs-, Soldatengrab *n; pl* Kriegsgräber *n pl;* **war·head** ['wɔ:hed] Sprengkopf *m.*

wari·ly ['weərɪlɪ] *adv* vorsichtig; mißtrauisch; ▶ **tread ~** sich vorsehen, vorsichtig sein.

war·like ['wɔ:laɪk] *adj* kriegerisch; **war·lord** ['wɔ:lɔ:d] Kriegsherr *m.*

warm [wɔ:m] **I** *adj* **1.** warm; **2.** wärmend; **3.** erhitzt; **4.** *fig* hitzig, erregt, aufgeregt; ▶ **I feel, am ~** mir ist warm; **make things ~ for s.o.** *fig* jdm einheizen; **II** *tr* **1.** (er)wärmen; **2.** *(~ up) (Speise)* aufwärmen, warm machen; **3.** *fig* erwärmen, begeistern (*to* für); **III** *itr* **1.** *(~ up)* warm werden, sich erwärmen *a. fig* (*to* für); **2.** *fig* sich erhitzen, sich begeistern, entflammen (*to, towards* für); **IV** *s fam* **1.** Warmwerden *n,* Erwärmung *f;* **2.** warmer Platz; **V** *(mit Präposition)* **warm up** *tr* (er)wärmen; *(Essen)* an-, aufwärmen; *fig* in Schwung bringen, anfeuern, begeistern; *mot* warmlaufen lassen; *itr* warm, wärmer werden; in Schwung kommen, sich begeistern, sich erregen; *sport* sich in Form bringen, sich warm laufen; **warm-blooded** [ˌwɔ:m'blʌdɪd] *adj zoo* warmblütig; *fig* heißblütig; **warm front** *mete* Warmluftfront *f;* **warm-hearted** [ˌwɔ:m'hɑ:tɪd] *adj* warmherzig, freundlich, mitfühlend, herzlich; **warm start** *EDV* Warmstart *m;* **warmth** [wɔ:mθ] **1.** Wärme *f a. fig;* **2.** *fig* Herzlichkeit *f;* **3.** Eifer *m,* Heftigkeit *f;* **warm-up**

[ˈwɔːmʌp] *sport* Sichwarmlaufen *n.*

warn [wɔːn] **I** *tr* warnen (*of, about, against* vor); *jur* verwarnen; ► **~ s.o. not to do s.th.** jdn davor warnen, etw zu tun; **~ s.o. that** jdn darauf hinweisen, daß; **you might have ~ed us** du hättest (auch) vorher Bescheid sagen können; **II** *itr* warnen (*of* vor); **III** *(mit Präposition)* **warn off** *tr* warnen; ► **~ s.o. off doing s.th.** jdn davor warnen, etw zu tun; **~ s.o. off a certain subject, product** jdm von einem bestimmten Thema, Produkt abraten; **warn·ing** [—ɪŋ] **I** *s* **1.** Warnung *f; jur* Verwarnung *f;* **2.** (Voraus)Benachrichtigung, Mitteilung *f,* Wink *m;* ► **at a minute's ~** fristlos; **without any ~** überraschend, unerwartet; **give s.o. a ~, give a ~ to s.o.** jdn verwarnen; **give me some days' ~** sagen Sie mir einige Tage vorher Bescheid; **let that be a ~ to you!** lassen Sie sich das eine Warnung sein! **take ~ from s.th.** sich etw als Warnung dienen lassen; **gale ~** Sturmwarnung *f;* **II** *adj* warnend; Warn-; ► **~ light** Warnlicht *n;* **~-shot** Warnschuß *m;* **~ sign** Warnzeichen *n; fig* erstes Anzeichen; **~ triangle** *mot* Warndreieck *n.*

warp [wɔːp] **I** *s* **1.** Verwerfung *f;* **2.** Biegung, Verkrümmung *f;* **3.** *fig* Verdrehung, Entstellung *f;* **4.** *(Weberei)* Kette *f;* **5.** Schleppleine *f;* **II** *tr* **1.** verziehen, verbiegen; **2.** *fig* verdrehen, entstellen; **III** *itr* sich werfen, sich verziehen.

war·paint [ˈwɔːpeɪnt] Kriegsbemalung *f a. fig;* **war-path** Kriegspfad *m;* ► **be on the ~** auf dem Kriegspfad sein *a. fig.*

warped [wɔːpt] *adj* **1.** verzogen; **2.** *fig* verschroben, pervers; *(Urteil)* verzerrt.

war·rant [ˈwɒrənt] **I** *s* **1.** *com* Garantie *f;* **2.** *jur* Haftbefehl *m;* Durchsuchungsbefehl *m;* Beschlagnahmeverfügung *f;* **3.** *(death ~)* Hinrichtungsbefehl *m;* **4.** *mil* Patent *n,* Beförderungsurkunde *f;* **5.** Berechtigung *f;* Befugnis *f;* **6.** *fin* Optionsschein *m;* ► **take out a ~ against s.o.** e-n Haftbefehl gegen jdn erwirken; **a ~ is out against him** er wird steckbrieflich gesucht; **search ~** Durchsuchungsbefehl *m;* **~ of arrest** Haftbefehl *m;* **~ of attorney** Prozeßvollmacht *f;* **~ for payment** gerichtlicher Zahlungsbefehl; **II** *tr* **1.** rechtfertigen; **2.** verdienen; **3.** garantieren, gewährleisten; **war·ran·tee** [ˌwɒrənˈtiː] Garantienehmer *m;* **warrant officer 1.** *mil* Stabsfeldwebel *m;* **2.** *mar* (Ober)Stabsbootsmann *m;* **war·ran·tor** [ˈwɒrəntɔː(r)] Garantiegeber *m;* **war·ranty** [ˈwɒrəntɪ] Garantie *f;* ► **it's under ~** darauf ist Garantie.

war·ren [ˈwɒrən] **1.** Kaninchenbau *m;* **2.** *fig* Gewirr *n.*

war·ring [ˈwɔːrɪŋ] *adj* kriegführend; *fig* gegensätzlich; *(Parteien)* sich bekämpfend; **war·rior** [ˈwɒrɪə(r)] Krieger(in), Kämpfer(in) *m (f).*

Warsaw Pact, Treaty [ˈwɔːsɔːˈpækt, —ˈtriːtɪ] *hist* Warschauer Pakt, Vertrag.

war·ship [ˈwɔːʃɪp] Kriegsschiff *n.*

wart [wɔːt] *bot zoo med* Warze *f;* **wart-hog** [ˈwɔːthɒg] Warzenschwein *n.*

war·time [ˈwɔːtaɪm] Kriegszeit *f;* ► **in ~** in Kriegszeiten; **war·torn** [ˈwɔːtɔːn] *adj* vom Krieg erschüttert; **war-weary** *adj* kriegsmüde.

wary [ˈweərɪ] *adj* vorsichtig; umsichtig; *(Blick)* mißtrauisch; ► **be ~ of s.th.** sich vor etw vorsehen; **be ~ about doing s.th.** seine Zweifel haben, ob man etw tun soll; **keep a ~ eye on** ein wachsames Auge haben auf.

war zone [ˈwɔːzəʊn] Kriegsgebiet *n.*

was [wɒz] *1. u. 3. Person Singular Präteritum von be.*

wash [wɒʃ] **I** *tr* **1.** waschen; *(Geschirr)* abwaschen, spülen; *(Boden)* aufwischen; *(Körperteile)* sich *dat* waschen; **2.** *(Wellen)* be-, umspülen; schlagen gegen; **3.** *(Gestein, Rinne)* auswaschen, ausspülen; **4.** *(Fluß, See)* (weg)spülen; **5.** *(Wände)* tünchen; *(Papier)* kolorieren; ► **~ the dishes** abwaschen, das Geschirr spülen; **~ one's dirty linen in public** seine schmutzige Wäsche in der Öffentlichkeit waschen; **~ one's hands** sich die Hände waschen; **~ one's hands of s.th.** *fig* mit etw nichts zu tun haben wollen; **the body was ~ed ashore** die Leiche wurde an Land gespült, geschwemmt; **II** *itr* **1.** sich waschen; **2.** (die Wäsche) waschen; **3.** *(Stoff)* sich waschen lassen; **4.** *(Meer)* branden, schlagen (*against* gegen); **5.** *fig* einer Prüfung standhalten; *(Entschuldigung)* gelten; ► **that won't ~** das läßt sich nicht waschen; *fig fam* das kauft dir keiner ab; **III** *s* **1.** Waschen *n;* **2.** Wäsche *f;* **3.** *mar* Kielwasser *n; aero* Luftstrudel *m;* **4.** *(Wellen)* Wellenschlag *m;* Geplätscher *n;* **5.** Mundwasser *n;* **6.** Spülwasser *n a. fig pej;* **7.** Tünche *f,* Anstrich *m;* **8.** *(Kunst)* Kolorierung, Tönung *f;* ► **be in the ~** in der Wäsche sein; **it'll all come out in the ~** es wird sich noch alles zeigen; **have a ~** sich waschen; **give s.th. a ~** etw waschen; **need a ~** gewaschen werden müssen; **IV** *(mit Präposition)* **wash away** *tr* wegspülen; ► **~ s.o.'s sins away** jdn von Sünden reinwaschen; **wash down** *tr* **1.** (ab)spülen; **2.** *(Wagen)* waschen; **3.** *(Bissen)* hinunterspülen; **wash off** *tr* weg-, abwaschen; **wash out** *itr* sich wegwaschen lassen; *tr* **1.** auswaschen; ausspülen; **2.** *fig* ins Wasser fallen lassen; ► **our party was ~ed out** unsere Party ist ins Wasser gefallen; **wash over** *tr* überstreichen, -pinseln; ► **it all just ~ed over him** das alles schien spurlos an ihm vorbeizugehen; **wash up** *tr* **1.** *(Geschirr)* ab-, aufwaschen, spülen; **2.** *(Meer)* anspülen; *itr* **1.** Geschirr spülen, abwaschen; **2.** *Am* sich waschen; ▶ **be ~ed up** *fig* fertig, erledigt sein.

wash·able ['wɒʃəbl] *adj* waschbar; **wash-and-wear** ['wɒʃn'weə(r)] *adj* bügelfrei; **wash·bag** ['wɒʃbæg] *Am* Kulturbeutel *m;* **wash basin** ['wɒʃˌbeɪsn] Waschbecken *n;* **wash board** ['wɒʃbɔ:d] Waschbrett *n;* **wash-bowl** ['wɒʃbəʊl] Waschschüssel *f;* Waschbecken *n;* **wash cloth** *Am* Waschlappen *m;* **wash·day** ['wɒʃdeɪ] Waschtag *m;* **wash-down** ['wɒʃdaʊn] *mot* (Wagen)Waschen *n;* **washed-out** [ˌwɒʃt'aʊt] *adj* **1.** *(Farbe)* verwaschen, verblaßt; **2.** *fam* abgespannt, müde; ausgelaugt *fam;* **washer** ['wɒʃə(r)] **1.** Wäscher(in) *m (f);* **2.** Waschmaschine *f;* **3.** *tech* Dichtungsring *m;* ▶ **dish-~** Geschirrspülmaschine *f;* **wash-hand-basin** ['wɒʃhændˌbeɪsn] Handwaschbecken *n;* **wash-house** ['wɒʃhaʊs] Waschküche *f;* -haus *n.*

wash·ing ['wɒʃɪŋ] Wäsche *f;* Waschen *n;* ▶ **do the ~** Wäsche waschen; **he dislikes ~** er wäscht sich nicht gern; **washing-machine** Waschmaschine *f;* **washing-powder** Waschpulver *n;* **washing soda** Bleichsoda *f;* **washing-up** [ˌwɒʃɪŋ'ʌp] Abwaschen, Geschirrspülen *n;* **washing-up · bowl, basin** Spülschüssel *f;* **washing-up liquid** (Geschirr)Spülmittel *n.*

wash-leather ['wɒʃleðə(r)] Waschleder *n;* **wash·out** ['wɒʃaʊt] **1.** Reinfall *m,* Fiasko *n;* **2.** *(Mensch)* Niete *f;* **wash-rag** *Am* Waschlappen *m;* **wash·room** ['wɒʃrʊm] Waschraum *m;* **wash-stand** Waschtisch *m.*

wasn't [wɒznt] = *was not.*

wasp [wɒsp] Wespe *f.*

Wasp [wɒsp] *Abk:* **White Anglo-Saxon Protestant** *Am* weiße(r), angelsächsische(r) Protestant(in); **wasp·ish** [—ɪʃ] *adj fig* gemein, giftig; **wasp's nest** Wespennest *n;* **wasp-waisted** [ˌwɒsp'weɪstɪd] *adj* mit e-r Wespentaille.

wast·age ['weɪstɪdʒ] **1.** Abnutzung *f,* Schwund *m;* **2.** (Material)Verlust *m;* **3.** *tech* Abfall, Ausschuß *m;* ▶ **natural ~** Verschleiß *m.*

waste [weɪst] **I** *tr* **1.** verschwenden, vergeuden, nutzlos vertun; **2.** auszehren, schwächen; *(Kraft)* aufzehren; **3.** verwüsten; ▶ **you're wasting your time** das ist reine Zeitverschwendung; **you didn't ~ much time!** das ging ja schnell; **all our efforts were ~d** alle Mühe war umsonst, vergeblich; **you are ~d on that man** für den Mann bist du viel zu schade; **art is ~d on him** er hat keinen Sinn für Kunst; **~ o.s. on s.o.** sich an jdn verschwenden; **you're wasting your breath** du redest vergeblich, spar dir deine Worte; **he didn't ~ any words** er hat nicht viele Worte gemacht; **II** *itr (Nahrung)* umkommen; *(Fähigkeiten)* verkümmern; *(Körper, Patient)* verfallen; *(Kraft, Vermögen)* schwinden; **III** *adj* **1.** überschüssig; ungenutzt; **2.** Abfall-; ▶ **lay ~** verwüsten; **lie ~** brachliegen; **IV** *s* **1.** Verschwendung *f;* **2.** Abfall *m;* Abfallstoffe *m pl;* **3.** Ödland *n,* Wildnis *f;* ▶ **go, run to ~** umkommen, verkommen; *(Fähigkeiten, Geld, Land)* ungenutzt bleiben; *(Talent)* verkümmern; **~ of energy, money, time** Kraft-, Geld-, Zeitverschwendung *f;* **what a ~!** so eine Verschwendung! **nuclear ~** Atommüll *m;* **toxic ~** Giftmüll *m;* **V** *(mit Präposition)* **waste away** *itr* dahinsiechen; immer weniger werden; **waste-basket, waste-bin** Papierkorb *m;* **waste dispos·al** Müllbeseitigung *f;* **waste-disposal unit** Müllschlucker *m;* **waste·ful** ['weɪstfl] *adj* verschwenderisch (*of* mit); unrentabel; **waste heat** Abwärme *f;* **waste·land** ['weɪstlænd] Ödland *n;* **waste management** (Abfall)Entsorgung *f;* **waste·paper** ['weɪst'peɪpə(r)] Papierabfälle *m pl;* Makulatur *f a. fig; (zum Wiederverwerten)* Altpapier *n;* **wastepaper basket** Papierkorb *m;* **waste pipe** Abflußrohr *n;* **waste product** Abfallprodukt *n; biol* Ausscheidungsstoff *m;* **waste reprocessing** Müllverwertung *f;* **waster** ['weɪstə(r)] Verschwender *m;* Taugenichts *m;* **waste steam** Abdampf *m;* **wast·ing** ['weɪstɪŋ] *adj (Krankheit)* zehrend; **wast·rel** ['weɪstrəl] Verschwender *m.*

watch¹ [wɒtʃ] (Armband)Uhr *f.*

watch² [wɒtʃ] **I** *s* **1.** Wache *f a. mar;* **2.** Be-, Überwachung *f;* **3.** (gespannte) Aufmerksamkeit, Wachsamkeit *f;* **4.** Wache, Wachmannschaft *f;* **5.** Wachmann, Wächter *m;* ▶ **on ~** auf Wache; **be on the ~** auf der Hut sein; Ausschau halten (*for* nach); **keep ~** Wache halten; aufpassen (*on* auf); **II** *itr* **1.** aufpassen, achtgeben (*over* auf); **2.** zusehen, beobachten; **3.** abpassen, -warten (*for s.th.* etw); **4.** wachen; Wache halten; ▶ **~ for s.o., s.th.** nach jdm, etw Ausschau halten; **~ for certain symptoms** auf gewisse Symptome achten; **III** *tr* **1.** bewachen, aufpassen auf, achtgeben auf; nicht aus den Augen lassen; **2.** achten auf; **3.** abwarten; ▶ **~ one's step** vorsichtig zu Werke gehen; **~ your step!** Achtung, Stufe!; Seien Sie vorsichtig! **she ~ed her chance** sie wartete auf e-e günstige Gelegenheit; **~ your health** achte auf deine Gesundheit; **~ your language!** drück dich bitte etwas gepflegter aus! **~ it, yourself!** sei vorsichtig! **he needs close ~ing** man muß ihm auf die Finger sehen; **a ~ed pot never boils** *prov* wenn man daneben steht, kocht das Wasser nie; **IV** *(mit Präposition)* **watch out** *itr* aufpassen, achtgeben; ausschauen (*for s.o.* nach jdm); sich hüten (*for s.o.* vor jdm); ► **~ out!** Vorsicht!

watch·band, watch·strap ['wɒtʃbænd, 'wɒtʃstræp] Uhrarmband *n.*

watch-dog ['wɒtʃdɒg] Wachhund *m a. fig; fig* Stallwache *f;* **watcher** ['wɒtʃə(r)] **1.** Wächter(in) *m (f);* Wärter(in) *m (f);* **2.** Beobachter(in) *m (f);* **watch·ful** ['wɒtʃfl] *adj* wachsam, aufmerksam (*for* auf).

watch-maker ['wɒtʃˌmeɪkə(r)] Uhrmacher(in) *m (f).*

watch·man ['wɒtʃmən] ⟨*pl* -men⟩ **1.** Wachmann *m;* **2.** *(night ~)* (Nacht)Wächter *m;* **watch strap** Uhrarmband *n;* **watch-tower** Wachtturm *m;* **watch·word** ['wɒtʃwɜ:d] Kennwort *n,* Parole *f.*

water ['wɔ:tə(r)] **I** *s* **1.** Wasser *n a. med;* **2.** Flüssigkeit *f;* **3.** Urin *m,* Wasser *n;* **4.** *pl* Gewässer *n;* ► **above ~** über Wasser *a. fig;* **by ~** auf dem Wasserweg; **of the first, purest ~** reinsten Wassers; **be in deep ~(s)** *fig* in Schwierigkeiten stekken; **get into hot ~** *fig* in Teufels Küche kommen; **have ~ on the brain** einen Wasserkopf haben; *fig* den Verstand verloren haben; **hold ~** wasserdicht, *fig* stichhaltig sein; **keep one's head above ~** *fig* sich über Wasser halten; **make ~** *mar* lecken; **make, pass ~** *med* Wasser lassen; **stay above ~** sich über Wasser halten; **spend money like ~** mit Geld um sich werfen; **take, drink the ~s** eine (Trink)Kur machen; **throw cold ~ on s.th.** *fig* die Begeisterung für etw dämpfen; **the boat draws ten feet of ~** das Schiff hat zehn Fuß Tiefgang; **drinking ~** Trinkwasser *n;* **high ~** Hochwasser *n;* Flut *f;* **holy ~** Weihwasser *n;* **low ~** Niedrigwasser *n;* Ebbe *f;* **II** *tr* **1.** *(Vieh)* tränken; **2.** bewässern, begießen, sprengen; **3.** *(~ down)* (mit Wasser) verdünnen; **4.** *fig* verwässern; ► **~ down** *fig* verwässern, abschwächen, mildern; **III** *itr* **1.** *(Tier)* saufen; **2.** Wasser einnehmen, tanken; **3.** *(Augen)* tränen; ► **my mouth ~s** mir läuft das Wasser im Munde zusammen.

water·bird ['wɔ:təbɜ:d] Wasservogel *m;* **water biscuit** Wasserzwieback *m;* **water-borne** ['wɔ:təbɔ:n] *adj* auf dem Wasserweg befördert; *(Seuche)* durch Wasser übertragen; **water bottle** Wasserflasche *f;* Feldflasche *f;* **water butt** Regenwassertonne *f;* **water cannon** ['wɔ:təˌkænən] Wasserwerfer *m;* **water carrier** Wasserträger *m;* ► **the W~** *astr* der Wassermann; **water cart** Wasser-, Sprengwagen *m;* **water closet** (Spül-, Wasser)Klosett *n;* **water colour,** *Am* **water color 1.** Wasserfarbe, Aquarellfarbe *f;* **2.** Aquarell *n;* **3.** *pl* Aquarellmalerei *f;* **water-cooled** ['wɔ:təku:ld] *adj tech* wassergekühlt; **water-cool·ing** ['wɔ:təku:lɪŋ] *tech* Wasserkühlung *f;* **water·course** ['wɔ:təkɔ:s] **1.** Wasserlauf *m;* **2.** Fluß-, Kanalbett *n;* **water·craft** ['wɔ:təkrɑ:ft] Wasserfahrzeug(e *pl*) *n;* **water·cress** ['wɔ:təkres] *bot* Brunnenkresse *f;* **water cure** Wasser-, Kneippkur *f;* **water·fall** ['wɔ:təfɔ:l] Wasserfall *m;* **water·fowl** ['wɔ:təfaʊl] Wasservögel *m pl;* **water·front** ['wɔ:təfrʌnt] **1.** Uferbezirk *m (e-r Stadt);* **2.** Hafenviertel *n;* **water gauge** Pegel *m;* Wasserstandsmesser *m;* **water-heater** Warmwasserbereiter *m,* Heißwassergerät *n;* **water hole** Wasserloch *n;* **water hose** Wasserschlauch *m;* **water ice** Wassereis *n; (Speiseeis n aus Wasser, Zucker u. Fruchtsaft).*

water·ing ['wɔ:tərɪŋ] **1.** Sprengen, Begießen, (Be)Wässern *n;* **2.** *(Vieh)* Tränken *n;* **watering can** Gießkanne *f;* **watering cart** Sprengwagen *m;* **watering place 1.** Kurort *m;* Badeort *m;* **2.** *(Tiere)* Tränke *f.*

water·less ['wɔ:təlɪs] *adj* wasserlos, trocken; **water level 1.** Wasserspiegel *m;* **2.** Wasserstand *m;* Pegelstand *m;* **water lily** Seerose *f;* **water line** *mar* Wasserlinie *f;* **water-logged** ['wɔ:təlɒgd] *adj* **1.** voll(er) Wasser; **2.** vollgesogen; **water main 1.** Hauptwasserrohr *n;* **2.** *pl* Wasserleitungsnetz *n;* **water·man** ['wɔ:təmən] ⟨*pl* -men⟩ Fähr-, Bootsmann *m;* **water·mark** ['wɔ:təmɑ:k] **I** *s* **1.** Hochwasserstandsmarke *f;* **2.** *(Papier)* Wasserzeichen *n;* **3.** *pl mar* Tiefgangsmarken *f pl;* **II** *tr (Papier)* mit e-m Wasserzeichen versehen; **water·melon** ['wɔ:təmelən] Wassermelone *f;* **water meter** Wassermesser *m,* -uhr *f;* **water pipe 1.** Wasserrohr *n;* **2.** Wasserpfeife *f;* **water pistol** Wasserpistole *f;* **water plane** Wasserflugzeug *n;* **water pollution** Wasserverschmutzung, -verunreinigung *f;* **water polo** Wasserball(spiel *n*) *m;* **water power** Wasserkraft *f;* **water-power plant, station** Wasserkraftwerk *n;* **water pressure** Wasserdruck *m;* **water·proof** ['wɔ:təpru:f] **I** *adj* wasserdicht; wasserundurchlässig; wasserfest; **II** *s* Regenmantel *m;* **III** *tr* imprägnieren; **water-repellent** *adj* wasserabstoßend; **water·shed** ['wɔ:təʃed] **1.** Wasserscheide *f;* **2.** *fig* Wendepunkt *m;* **water shortage** Wassermangel *m;* **water·side** ['wɔ:təsaɪd] Ufer *n,* Strand *m;* **water-ski I** *s* Wasserski *m;* **II** *itr* Wasserski fahren; **water softener** Enthärter *m;* **water-soluble** *adj* wasserlöslich; **water spout** **1.** Regenrinne *f;* **2.** *mete* Wasserhose *f;* **water supply** Wasserversorgung *f;* **water supply pipe** Wasserleitungsrohr *n;* **water supply point** Wasserstelle *f;* **water-table** ['wɔ:təteɪbl] **1.** Grundwasserspiegel *m;* **2.** *arch* Wasserabflußleiste *f;* **water tank** Wasserbehälter, -tank *m;* **water·tight** ['wɔ:tətaɪt] *adj* **1.** wasserdicht; **2.** *fig* stichhaltig; **water tower** Wasserturm *m;* **water vapour,** *Am* **water vapor** Wasserdampf *m;* **water vole** Wasserratte *f;* **water wave** *(Frisur)* Wasserwelle *f;* **water·way** ['wɔ:təweɪ] Wasserweg *m;* Schleppkanal *m;* Fahrrinne *f;* **water·wings** ['wɔ:təwɪŋz] *pl* Schwimmflügel *m pl;* **water·works** ['wɔ:təwɜ:ks] *pl oft mit sing* Wasserwerk *n;* ▶ **turn on the ~** *fam* auf die Tränendrüsen drücken; **do you have trouble with your ~?** *fam* du hast wohl 'ne schwache Blase?

wat·ery ['wɔ:tərɪ] *adj* **1.** wässerig; **2.** *(Augen)* tränend, feucht; **3.** *(Himmel, Sonne)* blaß; ▶ **a ~ grave** ein feuchtes Grab.

watt [wɒt] *el* Watt *n;* **wat·tage** ['wɒtɪdʒ] Wattleistung *f;* ▶ **what ~?** wieviel Watt?

wave ['weɪv] **I** *s* **1.** Welle *f a. fig;* **2.** *fig* Woge *f;* **3.** Wink(zeichen *n*) *m;* ▶ **give s.o. a ~** jdm (zu)winken; **in ~s** in (aufeinanderfolgenden) Wellen; **heat ~** Hitzewelle *f;* **~ of enthusiasm** Welle *f* der Begeisterung; **~ of one's hand** Handbewegung *f;* **~ of strikes** Streikwelle *f;* **II** *itr* **1.** winken (*to s.o.* jdm); **2.** *(Fahne)* wehen; *(Korn)* wogen; *(Äste)* sich bewegen; **3.** *(Haare)* sich wellen; **III** *tr* **1.** winken mit; schwenken; **2.** durch Winkzeichen zu verstehen geben (*s.o.* jdm); **3.** *(Haare)* wellen; ▶ **~ one's hand at s.o.** jdm winken; **~ s.o. goodbye** jdm zum Abschied winken; **he ~d us over to his table** er winkte uns zu sich an den Tisch herüber; **IV** *(mit Präposition)* **wave aside** *tr* **1.** zur Seite winken; **2.** *fig* einfach abtun; **wave down** *tr* anhalten; **wave on** *tr* weiter winken; **wave through** *tr* durchwinken; *fig (Antrag)* ohne Einwände annehmen; **wave-band** Frequenzband *n;* **wave-length** Wellenlänge *f a. fig.*

wa·ver ['weɪvə(r)] *itr* **1.** (hin- u. her)schwanken, flattern; **2.** *fig* schwanken; zaudern; *(Mut)* wanken; *(Unterstützung)* nachlassen; **3.** *(Licht)* flackern.

wave-range ['weɪvreɪndʒ] Wellenbereich *m.*

wa·verer ['weɪvərə(r)] Zauderer *m;* **wa·ver·ing** ['weɪvərɪŋ] *adj fig* unentschlossen; *(Mut, Unterstützung)* wankend; nachlassend.

wavy ['weɪvɪ] *adj* wellenförmig; wellig; ▶ **~ line** Schlangenlinie *f.*

wax[1] [wæks] **I** *s* **1.** *(bees~)* (Bienen)Wachs *n;* **2.** *(ear-~)* Ohrenschmalz *n;* **3.** *(sealing ~)* Siegellack *m;* **II** *tr* (ein)wachsen; bohnern.

wax[2] [wæks] *itr* zunehmen; ▶ **~ing moon** zunehmender Mond.

wax-paper ['wækspeɪpə(r)] Wachspapier *n;* **wax·works** ['wækswɜ:ks] *pl* Wachsfigurenkabinett *n;* **waxy** ['wæksɪ] *adj* wachsartig; wächsern, Wachs-.

way [weɪ] **I** *s* **1.** Weg *m;* **2.** Entfernung, (Weg)Strecke *f;* **3.** Richtung *f;* *mar* Kurs *m;* **4.** *fig* Art, Weise, Art u. Weise *f;* **5.** Verhaltensweise, Art *f;* **6.** Möglichkeit, Gelegenheit *f;* **7.** Hinsicht, Beziehung *f;* **8.** Verfassung *f,* Zustand *m;* **9.** *pl mar* Helling *f;* ▶ **ask the ~** nach dem Weg fragen; **be out of the ~** abgelegen sein; **be on the ~ in** im Kommen sein; **be on the ~ out** *fig* im Begriff sein, unmodern zu werden; **do s.th. the hard ~** sich etw schwermachen; **get, have one's (own) ~** seinen Willen durchsetzen; **get into the ~ of doing s.th.** sich angewöhnen, etw zu tun; **give ~** nachgeben *a. fig;* Platz machen (*to s.o.* jdm); *mot* die Vorfahrt beachten; **go out of one's ~** sich große Mühe geben (*for* wegen); **go one's own ~** *fig* seinen eigenen Weg gehen; **have a ~ with s.o.** mit jdm umzugehen verstehen; **have it both ~s** das eine tun und das andere nicht lassen; **have it your own ~!** wie du willst! **have right of ~** Vorfahrt haben; **lead the ~** vorangehen *a. fig; fig* ein Beispiel geben; **lose one's ~** sich verlaufen; sich verfahren; **make ~** Platz machen (*for* für); **make one's ~** vorwärts-, weiter-, vorankommen *a. fig;* **pave the ~ for s.o.** *fig* jdm den Weg ebnen; **that's the ~ he wants it** so will er es haben; **no ~!** *sl* ich denke nicht daran! **a long ~ from** weit entfernt von; **a long ~ off** weit weg; **he'll go a long ~** er wird es weit bringen; **he worked his ~ up** er hat sich nach oben gearbeitet; **things are in a bad ~** es steht schlecht; **~ home** Heimweg *m;* **~ in, out** Ein-, Ausgang *m;* **~-out!** irre! **~s and means** *pl* Mittel *n pl* u. Wege *m pl;* **across the ~** gegenüber; **any ~** auf jeden Fall; **by ~ of** über, durch; mittels, mit Hilfe *gen;* **by the ~** übrigens; **in a ~** in gewisser Weise; gewissermaßen; **in the ~** im Wege, hinderlich, lästig; **in the ~ of** hinsichtlich *gen;* **in no ~** durchaus nicht, keineswegs; **in the family ~** *fam* in anderen Umständen; **on the ~** auf dem Weg, unterwegs (*to* nach); **one ~ or another** irgendwie; **there are no two ~s about it** da gibt es gar nichts; **this, that ~** so, auf diese Weise; **this ~** hierher; hier entlang, hindurch; **this ~ or that ~** so oder so; **"this ~ up"** „hier oben"; **under ~**

unterwegs, auf dem Wege; *fig* in Gang; **be under** ~ *fig* vorankommen, Fortschritte machen; **get under** ~ in Gang kommen; **II** *adv fam* weit, ein tüchtiges Stück, ganz; ► ~ **back** weit zurück; *(zeitlich)* vor langer Zeit; ~ **behind, down, up** ganz hinten, unten, oben; **he was** ~ **out** er hat weit gefehlt; ~ **out, over** weit draußen, drüben.

way-bill ['weɪbɪl] Frachtbrief *m;* **way-lay** [ˌweɪ'leɪ] *tr irr s. lay* auflauern (*s.o.* jdm); **way out** [ˌweɪ'aʊt] Ausgang *m; (Straße, Parkplatz)* Ausfahrt *f;* **way-out** [ˌweɪ'aʊt] *adj sl* irre; **way·side** ['weɪsaɪd] Straßenrand *m;* ► **by the** ~ am Weges-, Straßenrand; **fall by the** ~ auf der Strecke bleiben; **wayside inn** Rasthaus *n.*

way·ward ['weɪwəd] *adj* **1.** *(Mensch)* widerspenstig, eigensinnig, -willig; **2.** *(Bitte, Vorstellung)* abwegig; **3.** *lit* launisch.

we [wi:] *prn* wir.

weak [wi:k] *adj* **1.** schwach *a. gram fig;* **2.** *(Spieler)* schlecht; **3.** *(Flüssigkeit)* dünn; **4.** *(Charakter)* labil, willenlos; **5.** *(Argument)* nicht überzeugend; **weaken** ['wi:kən] **I** *tr* **1.** schwächen; **2.** verringern; **II** *itr* **1.** schwächer werden; **2.** *(Mensch)* schwach werden, nachgeben; **weak·ling** ['wi:klɪŋ] Schwächling *m;* **weak·ly** ['wi:klɪ] *adj, adv* schwächlich; **weak-minded** [ˌwi:k'maɪndɪd] *adj* **1.** willensschwach; **2.** schwachsinnig; **weak·ness** ['wi:knɪs] **1.** Schwäche *f;* **2.** *fig* schwache Seite, Schwäche *f* (*for* für).

weal¹ [wi:l] Wohl *n;* ► **the common, public, general** ~ das Wohl der Allgemeinheit.

weal² [wi:l] Striemen *m.*

wealth [welθ] **1.** Reichtum *m;* Vermögen *n;* **2.** *fig* Fülle *f* (*of* von); **wealth creation** Vermögensbildung *f;* **wealth tax** Vermögenssteuer *m;* **wealthy** ['welθɪ] *adj* vermögend, wohlhabend; ► **the** ~ *pl* die Reichen *m pl.*

wean [wi:n] *tr (Kind)* entwöhnen; ► ~ **s.o. from s.th.** jdm etw abgewöhnen.

weapon ['wepən] Waffe *f a. fig;* ► **atomic** ~**s** *pl* Atomwaffen *f pl;* ~**s of mass destruction** *pl* Massenvernichtungswaffen *pl.*

wear [weə(r)] ⟨*irr* wore, worn⟩ **I** *tr* **1.** *(Kleidung, Schmuck, Brille)* tragen; **2.** abnutzen; *(Kleidung)* abtragen; *(Ärmel)* durchwetzen; *(Stufen)* austreten; *(Reifen)* abfahren; **3.** *fig fam* annehmen; ► ~ **smooth** abgreifen; austreten; glattmachen; verwittern lassen; **what did she** ~? was hatte sie an? **what shall I** ~? was soll ich anziehen? **he has nothing to** ~ er hat nichts anzuziehen; **II** *itr* **1.** *(Stoff, Material)* halten; **2.** sich abnutzen; kaputtgehen; abgefahren werden; ► ~ **to its end, close** langsam zu Ende gehen; ~ **smooth** verwittern; abgegriffen werden, sein; glatt, stumpf werden; **my patience is** ~**ing thin** mit meiner Geduld ist es am Ende, ich bin mit meiner Geduld am Ende; **the excuse is** ~**ing thin** die Ausrede zieht langsam nicht mehr; **he has worn well** *fig fam* er hat sich gut gehalten; **III** *s* **1.** *(Kleidung)* Tragen *n;* **2.** Kleidung *f;* **3.** Abnutzung *f,* Verschleiß *m;* **4.** *(Material)* Haltbarkeit *f;* ► **have had a lot of** ~ **out of s.th.** etw oft getragen haben; **there is a lot of** ~ **left in this material** dieses Material hält noch lange; **for hard** ~ strapazierfähig; **for long** ~ haltbar; **be the worse for** ~ abgetragen, abgenutzt, in schlechtem Zustand sein; **I was none the worse for** ~ ich war völlig auf der Höhe; **foot** ~ Fußbekleidung *f,* Schuhwerk *n;* **men's, women's, children's** ~ Herren-, Damen-, Kinder(be)kleidung *f;* **a dress for evening** ~ ein Kleid für den Abend; **suit for everyday** ~ Alltagsanzug *m;* **summer, winter** ~ Sommer-, Winterkleidung *f;* ~ **and tear** Abnutzung *f,* Verschleiß *m;* **IV** *(mit Präposition)* **wear away** *tr* **1.** *(Stein, Fels)* abtragen; aushöhlen; auswaschen; *(Stufen)* austreten; *(Inschrift)* verwischen; verwittern lassen; **2.** *fig* schwächen; *(Geduld)* zehren an; *itr* **1.** abgetragen werden; sich abschleifen; *(Inschrift)* verwittern; verwischen; **2.** *fig* schwinden; **wear down** *tr* **1.** abnutzen; **2.** ermüden; **3.** *(Widerstand)* zermürben; **4.** *(Geduld)* erschöpfen; **wear off** *itr* **1.** sich abnutzen; **2.** vergehen; *(Aufregung)* sich legen; *(Eindruck)* sich verlieren; **wear on** *itr (Zeit)* (dahin)schleichen, langsam vergehen; **wear out** *tr* **1.** abtragen, abnutzen; **2.** erschöpfen; ermüden.

wear·able ['weərəbl] *adj* tragbar.

wear·ing ['weərɪŋ] *adj* ermüdend.

wear·i·some ['wɪərɪsəm] *adj* **1.** ermüdend, mühselig; **2.** langweilig; **3.** unangenehm, lästig.

weary ['wɪərɪ] **I** *adj* **1.** abgespannt, erschöpft (*with* von); **2.** ermüdend; lästig, unangenehm; **II** *tr* ermüden; langweilen; **III** *itr* überdrüssig werden (*of s.th.* e-r S); ► **he never wearied of it** er wurde es nie leid.

wea·sel ['wi:zl] **I** *s zoo* Wiesel *n;* **II** *itr Am* sich herausreden; **III** *(mit Präposition)* **weasel out** *itr* sich drücken (*of* vor).

weather ['weðə(r)] **I** *s* Wetter *n,* Witterung *f;* ► **in wet** ~ bei nassem Wetter; **in all** ~**s** bei jeder Witterung; **under the** ~ *fam* nicht auf dem Posten; nicht glücklich; in der Patsche; **keep one's** ~ **eye open** *fig fam* aufpassen; **make heavy** ~ **of s.th.** etw schwierig finden; **II** *tr* **1.** verwittern lassen; *(Haut)* gerben;

2. *(Holz)* (aus)trocknen, ablagern lassen; 3. *mar* luvwärts umschiffen; vorbeifahren an; 4. *fig (~ out)* gut überstehen; **weather-beaten** ['weðə,bi:tn] *adj* 1. durch Witterungseinflüsse beschädigt; 2. *(Haut)* wettergegerbt; **weather-board, weather-boarding** Holzverschalung *f;* **weather-bound** ['weðəbaʊnd] *adj* durch schlechtes Wetter gehindert; **weather bureau** Wetterwarte *f;* **weather chart** Wetterkarte *f;* **weather·cock** ['weðəkɒk] Wetterhahn *m;* **weather conditions** *pl* Wetterlage *f,* -verhältnisse *n pl;* **weather forecast** Wettervorhersage *f,* -bericht *m;* **weather·man** ['weðəmæn] ⟨*pl* -men⟩ Meteorologe *m;* **weather·proof** ['weðəpru:f] **I** *adj* wetterfest; **II** *tr* wetterfest machen.

weave [wi:v] ⟨*irr* wove, woven⟩ **I** *tr* 1. weben, wirken; 2. (ein)flechten (*into* in); 3. *fig* ausdenken, ersinnen; 4. verflechten (*with* mit; *into* in, zu); 5. *mot* ständig Spur wechseln; ▶ **~ one's way** sich durchlavieren (*through* durch); **II** *itr* 1. weben; 2. sich hin- u. herbewegen; *(Weg)* sich schlängeln; ▶ **get weaving** *fam* sich ins Zeug legen; **III** *s* Webart *f;* Gewebe *n;* **weaver** ['wi:və(r)] Weber *m;* **weaver bird** Webervogel *m.*

web [web] 1. Gewebe *n;* 2. *(cob~)* Spinnennetz *n;* 3. *zoo* Schwimmhaut *f;* ▶ **~ of lies** Lügengewebe, -gespinst *n;* **web-footed** [,web'fʊtɪd] *adj* schwimmfüßig; **web-offset** Rollenrotations-Offsetdruck *m.*

wed [wed] **I** *tr* 1. heiraten; *(Pfarrer)* trauen; 2. *fig* eng verbinden, vereinigen (*with, to* mit); **II** *itr* sich verheiraten.

we'd [wi:d] = *we had; we would.*

wedded ['wedɪd] *adj* 1. verheiratet; 2. *fig* (eng) verbunden (*to* mit); ▶ **~ bliss** Eheglück *n;* **wed·ding** ['wedɪŋ] Hochzeit *f; fig* Verbindung *f;* **wedding anniversary** Hochzeitstag *m;* **wedding breakfast** Hochzeitsessen *n;* **wedding cake** Hochzeitskuchen *m;* **wedding day** Hochzeitstag *m,* Tag *m* der Trauung; **wedding dress** Hochzeitskleid *n;* **wedding guest** Hochzeitsgast *m;* **wedding night** Hochzeitsnacht *f;* **wedding present** Hochzeitsgeschenk *n;* **wedding ring** Trauring, Ehering *m.*

wedge [wedʒ] **I** *s* 1. Keil *m;* 2. *(keilförmiges)* Stück *n (Torte, Kuchen);* 3. *(Schuh)* Keilabsatz *m;* ▶ **the thin end of the ~** *fig* der Anfang, das Vorspiel; **II** *tr* 1. verkeilen; 2. *(~ in)* (hinein)drücken, zusammenpferchen; ▶ **~ o.s. in** sich hineinzwängen, -drängen; **be ~d between** eingekeilt, eingezwängt sein zwischen.

wed·lock ['wedlɒk] Ehe *f;* ▶ **born out of ~** unehelich geboren.

Wed·nes·day ['wenzdɪ] Mittwoch *m;* ▶ **on ~** am Mittwoch; **on ~s** mittwochs; **Ash ~** Aschermittwoch *m.*

wee [wi:] *adj* winzig (klein); ▶ **a ~ bit** ein bißchen, ein wenig.

weed [wi:d] **I** *s* 1. Unkraut *n a. fig;* 2. *fig* Schwächling *m;* 3. *fam (Tabak)* Kraut *n;* 4. *sl (Marihuana)* Gras *n;* **II** *tr* 1. *(Garten)* jäten; 2. *(~ out) fig* aussondern; **weed·killer** ['wi:dkɪlə(r)] Unkrautvertilgungsmittel *n;* **weedy** ['wi:dɪ] *adj* 1. voller Unkraut; 2. *fig* schwächlich.

week [wi:k] Woche *f;* ▶ **by the ~** wochenweise; wöchentlich; **for ~s** wochenlang; **this day, yesterday, Sunday ~** heute, gestern, Sonntag in 8 Tagen; **a ~ from tomorrow** morgen in 8 Tagen; **once a ~** (einmal) wöchentlich; **~ in, ~ out** Woche für Woche; **a ~ or two** ein paar Wochen; **a 40-hour ~** e-e 40-Stunden-Woche; **what day of the ~?** an welchem Tag?; **week·day** ['wi:kdeɪ] Wochen-, Arbeitstag *m;* ▶ **work (on) ~s** werktags arbeiten; **week·end** [,wi:k'end] **I** *s* Wochenende *n;* ▶ **long ~** verlängertes Wochenende; **~ ticket** Sonntagsrückfahrkarte *f;* **II** *itr* das Wochenende verbringen; **week·ender** [,wi:k'endə(r)] Wochenendausflügler *m;* **week·ly** ['wi:klɪ] **I** *adj, adv* wöchentlich; ▶ **~ report** Wochenbericht *m;* **II** *s* Wochenblatt *n.*

weeny ['wi:nɪ] *adj fam* winzig.

weep [wi:p] ⟨*irr* wept, wept⟩ **I** *itr* 1. weinen (*for* um; *at, over* über); 2. *(Wunde)* nässen; ▶ **~ for joy** vor Freude weinen; **II** *tr* beweinen, beklagen; ▶ **~ bitter tears** bittere Tränen weinen; **~ o.s. to sleep** sich in den Schlaf weinen; **weep·ing** [—ɪŋ] **I** *s* Weinen *n;* **II** *adj* weinend; ▶ **~ willow** Trauerweide *f.*

weigh [weɪ] **I** *tr* 1. wiegen; 2. *fig* abwägen; *(in one's mind)* erwägen; ▶ **~ anchor** den Anker lichten; **II** *itr* 1. wiegen; 2. *fig* lasten (*on* auf); 3. *(Wort, Meinung)* gelten, Gewicht haben; **III** *(mit Präposition)* **weigh down** *tr* 1. beugen, niederdrücken; 2. *fig* belasten, niederdrücken; **weigh in** *itr* 1. *sport* sich wiegen lassen; 2. das Gepäck wiegen lassen; 3. *fig fam* beispringen, sich einmischen; ▶ **~ in at 80 kilos** 80 Kilo wiegen; **weigh out** *tr* abwiegen; **weigh up** *tr* abwägen; *(Menschen)* einschätzen; **weigh·bridge** ['weɪbrɪdʒ] Brückenwaage *f;* **weigh-in** ['weɪɪn] *sport* Wiegen *n.*

weight [weɪt] **I** *s* 1. Gewicht *n a. fig;* 2. *fig* (schwere) Last, Bürde *f;* 3. Wichtigkeit, Bedeutung *f,* Einfluß *m;* 4. *(Statistik)* Wertigkeit *f;* ▶ **by ~** nach Gewicht; **of ~** gewichtig; **over, under ~** zu schwer, zu leicht; **attach ~ to s.th.** *fig* e-r S Gewicht beimessen; **carry ~** *fig* Gewicht, Macht, Einfluß haben (*with* auf); **lose ~** abnehmen; **put on ~** *(Mensch)* zunehmen; **throw one's ~ about** *fam* sich wichtig machen; **atomic ~** *chem* Atomgewicht *n;* **dead ~** Leer-, Eigengewicht *n;* **excess, surplus ~** Übergewicht *n;* **II** *tr* **1.** beschweren; **2.** *(Statistik)* gewichten; verfälschen; ▶ **~ in s.o.'s favour** zu jds Gunsten beeinflussen; **be ~ed against s.o.** jdn benachteiligen; **III** *(mit Präposition)* **weight down** *tr* **1.** überladen; **2.** beschweren; **3.** *fig* belasten; **weight·ing** ['weɪtɪŋ] Zulage *f;* **weight·less** [—lɪs] *adj* schwerelos; **weight·lifter** ['weɪtlɪftə(r)] *sport* Gewichtheber(in) *m (f);* **weight-lifting** ['weɪtlɪftɪŋ] *sport* Gewichtheben *n;* **weighty** ['weɪtɪ] *adj* **1.** schwer *a. fig;* **2.** *fig* (ge)wichtig, schwierig; **3.** *(Grund)* triftig.

weir [wɪə(r)] **1.** Wehr *n,* Damm *m;* **2.** (Fisch)Reuse *f.*

weird [wɪəd] *adj* **1.** unheimlich; übernatürlich; **2.** *fam* seltsam; **weirdie, weirdo** ['wɪədɪ, 'wɪədəʊ] *sl* komischer Kauz.

wel·come ['welkəm] **I** *adj* **1.** willkommen, gern gesehen; **2.** erfreulich, angenehm; ▶ **you are ~ to use my car** mein Wagen steht zu Ihrer Verfügung; **(you are) ~!** bitte sehr, nichts zu danken! gern geschehen! **II** *s* Willkomm(en *n*) *m;* Willkommensgruß *m;* ▶ **give s.o. a warm ~** jdm e-n herzlichen Empfang bereiten; **III** *interj* herzlich willkommen! **IV** *tr* **1.** bewillkommnen, willkommen heißen; **2.** *fig* begrüßen, gern sehen; ▶ **I should ~ it if ...** ich würde es begrüßen, wenn ...; **wel·com·ing** [—ɪŋ] *adj* Begrüßungs-; *(Atmosphäre)* freundlich.

weld [weld] **I** *tr* **1.** *tech* schweißen; **2.** *fig* zusammenschweißen; **II** *s* Schweißstelle *f;* **welder** ['weldə(r)] **1.** Schweißer(in) *m (f);* **2.** Schweißgerät *n;* **weld·ing** [—ɪŋ] Schweißen *n;* **welding torch** Schweißbrenner *m.*

wel·fare ['welfeə(r)] **1.** Wohlergehen *n;* **2.** Wohlfahrt, Fürsorge *f;* **welfare state** Wohlfahrtsstaat *m;* **welfare work** Sozialarbeit *f;* **welfare worker** Sozialarbeiter(in) *m (f).*

we'll [wi:l] = *we shall; we will.*

well[1] [wel] **I** *s* **1.** Brunnen(schacht) *m;* **2.** *min* Bohrloch *n;* Ölquelle *f;* **3.** Quelle *f a. fig;* **4.** *arch* Treppenhaus *n;* Fahrstuhlschacht *m;* **5.** *Br jur* eingefriedeter Platz der Anwälte; **6.** *theat* Parkett *n;* **7.** *(ink~)* Tintenfaß *n;* ▶ **drive, sink a ~** e-n Brunnen bohren; **II** *itr* quellen, sprudeln, fließen (*from* aus); **III** *(mit Präposition)* **well up** *itr* **1.** emporquellen; **2.** *fig* aufsteigen; *(Geräusch)* anschwellen; ▶ **tears ~ed up in her eyes** ihr traten Tränen in die Augen.

well[2] [wel] ‹*Komparativ* better, *Superlativ* best› **I** *adv* **1.** gut; **2.** durchaus, mit Recht, mit gutem Grund; **3.** weit, sehr; **4.** (ganz) genau; ▶ **do ~** seine Sache gut machen; **business, the patient is doing ~** die Geschäfte gehen gut, dem Patienten geht es gut; **do as ~ as one can** es so gut man kann machen; **do ~** gut vorankommen; *(Patient)* wohlauf sein; **do ~ in an exam** in einer Prüfung gut abschneiden; **do ~ out of s.th.** bei etw profitieren; **you would do ~ to come early** es wäre gut, wenn Sie früh kämen; **you did ~ to go** es war richtig *od* gut, daß Sie gegangen sind; **~ done!** bravo! **do ~ by s.o.** jdm gegenüber großzügig sein; **go ~** gut gehen; **go as ~** mitgehen; **let ~ alone** die Finger davon lassen; **speak ~ of s.o.** gut von jdm sprechen; **stand ~ with s.o.** bei jdm gut angeschrieben sein; **~ past, over, under** weit nach, über, unter; **~ played!** gut gespielt! **as ~** auch; **as ~ as** ebenso wie; **all too ~, only too ~** nur zu gut; **~ and truly** wirklich; richtig; **pretty ~ enough** ziemlich genug; **you might as ~ come** du könntest eigentlich kommen; **I might as ~** warum eigentlich nicht; **I might as ~ not be there** ich könnte ebensogut nicht da sein; **he may ~ have said that** es kann gut sein, daß er das gesagt hat; **I can't very ~ not go** ich kann nicht gut nicht hingehen; **you may ~ ask!** das kann man wohl fragen! **I am ~ content** ich bin sehr zufrieden; **he can ~ afford it** er kann es sich sehr gut leisten; **it was ~ worth it** es hat sich sehr gelohnt; **II** *adj* **1.** gesund; **2.** *(Lage, Zustand)* gut; ▶ **get ~ soon!** gute Besserung! **she is not ~** es geht ihr nicht gut; **I don't feel ~** ich fühle mich nicht wohl; **all is not ~** es steht gar nicht gut; **that's very ~ but** das ist ja gut und schön, aber; **it's very ~ for you to talk** Sie haben gut reden; **it would be just as ~ to tell him** es wäre wohl gut, wenn man es ihm sagen würde; **just as ~ you asked** nur gut, daß Sie gefragt haben; **you're ~ out of it** sei froh, daß du damit nichts zu tun hast; **all's ~ that ends ~** *prov* Ende gut, alles gut; **III** *interj* also; na; na ja; ▶ **~, ~!** na so etwas! **~ now** also; **very ~ (then)** na gut *od* schön; **IV** *s* (das) Gute; ▶ **wish s.o. ~** jdm alles Gute wünschen.

well-ad·vised [ˌweləd'vaɪzd] *adj* wohlüberlegt; ▶ **be ~** gut beraten sein; **well-ap·pointed** [ˌwelə'pɔɪntɪd] *adj* gut ausgerüstet, gut ausgestattet; **well-bal·anced** [ˌwel'bælənst] *adj* **1.** wohl ausgewogen; **2.** gut ausgeglichen, im Gleichgewicht; **well-behaved** [ˌwelbɪ'heɪvd] *adj* wohlerzogen, artig; **well-be·ing** [ˌwel'bi:ɪŋ] Wohl *n;* **well-bred** [ˌwel'bred] *adj* wohlerzogen; **well-chosen** [ˌwel'tʃəʊzn] *adj* gut (aus)gewählt, passend; **well-con·nec-**

ted [ˌwelkəˈnektɪd] *adj* mit guten Beziehungen; **well-developed** [ˌweldɪˈveləpt] *adj (Mensch)* gut entwickelt; *(Wirtschaft)* hochentwickelt; **well-de·served** [ˌweldɪˈsɜːvd] *adj* wohlverdient; **well-dis·posed** [ˌweldɪˈspəʊzd] *adj* freundlich gesonnen (*towards* dat); **well-done** [ˌwelˈdʌn] *adj (Fleisch)* gar, gut durch; **well-dressed** [ˌwelˈdrest] *adj* gut angezogen, gut gekleidet; **well-earned** [ˌwelˈɜːnd] *adj* wohlverdient; **well educated** *adj* gebildet; **well-fed** [ˌwelˈfed] *adj* wohlgenährt; **well-founded** [ˌwelˈfaʊndɪd] *adj* (wohl)begründet; **well-groomed** [ˌwelˈgruːmd] *adj (Pferd, Mensch)* gepflegt; **well-heeled** [ˌwelˈhiːld] *adj fam* betucht; **well-informed** [ˌwelɪnˈfɔːmd] *adj* gut informiert, unterrichtet.

wel·ling·ton (boot) [ˈwelɪŋtən (buːt)] *Br* Gummistiefel *m.*

well-intentioned [ˌwelɪnˈtenʃənd] *adj* wohlmeinend; **well-knit** [ˌwelˈnɪt] *adj* gut gebaut; *fig* gut durchdacht; **well-known** [ˌwelˈnəʊn] *adj* (wohl)bekannt; **well-man·nered** [ˌwelˈmænəd] *adj* höflich; **well-mean·ing** [ˌwelˈmiːnɪŋ] *adj* wohlmeinend; **well-meant** [ˌwelˈment] *adj* gutgemeint; **well-nigh** [ˈwelnaɪ] *adv* beinahe, fast; **well-off** [ˌwelˈɒf] *adj* **1.** reich, wohlhabend; **2.** gut daran; ► **be** ~ es gut haben; **well--oiled** [ˌwelˈɔɪld] *adj fam* beschwipst; **well-pro·por·tioned** [ˌwelprəˈpɔːʃnd] *adj* wohlproportioniert; **well-read** [ˌwelˈred] *adj* belesen; **well-spoken** [ˌwelˈspəʊkən] *adj* gepflegt sprechend; ► **be** ~ sich gepflegt ausdrücken; **well-thought-of** [ˌwelˈθɔːtɒv] *adj* angesehen, von gutem Ruf; **well-timed** [ˌwelˈtaɪmd] *adj* im rechten Augenblick; **well-to-do** [ˌweltəˈduː] *adj* wohlhabend; **well-turned** [ˌwelˈtɜːnd] *adj fig* gut ausgedrückt; **well-wisher** [ˈwelwɪʃə(r)] Gönner(in), Freund(in) *m (f);* **well-worn** [ˌwelˈwɔːn] *adj (Kleidung)* abgetragen; *(Teppich)* abgelaufen; *(Weg)* ausgetreten; *fig* abgedroschen.

welly [ˈwelɪ] *Br fam* Gummistiefel *m.*

Welsh [welʃ] **I** *adj* walisisch; ► ~ **dresser** Anrichte *f;* ~ **rabbit, rarebit** Toast *m* mit zerlassenem Käse; **II** *s* (das) Walisisch(e); **Welsh·man** [ˈwelʃmən] ⟨*pl* -men⟩ [—men] Waliser *m;* **Welsh·woman** [ˈwelʃwʊmən] ⟨*pl* -women⟩ [—wɪmɪn] Waliserin *f.*

welt [welt] **1.** Stoßkante *f;* **2.** *(Schuh)* Rahmen *m;* **3.** Strieme(n *m*) *f.*

wel·ter-weight [ˈweltəweɪt] Weltergewicht(sboxer *m*) *n.*

wend [wend] *tr* ► ~ **one's way to** seinen Weg machen nach.

went [went] *v s. go.*

wept [wept] *v s. weep.*

were [wɜː(r)] *2. Person Singular, 1., 2. und 3. Person Plural Präteritum von be.*

we're [wɪə(r)] = *we are.*

weren't [wɜːnt] = *were not.*

west [west] **I** *s* Westen *m;* ► **the W~** der Westen; *Am* die Weststaaten *m pl;* **in the** ~ im Westen; **to the** ~ nach Westen; **to the ~ of** westlich von; **II** *adj* westlich; **III** *adv* nach Westen; ► ~ **of** westlich von; **go** ~ *fig fam* draufgehen; **west·bound** [ˈwestbaʊnd] *adj* nach Westen gehend *od* fahrend; **West Germany** *hist* Westdeutschland *n,* die (alte) Bundesrepublik (Deutschland); **west·er·ly** [ˈwestəlɪ] *adj* westlich; **west·ern** [ˈwestən] **I** *adj* westlich; ► ~ **Germany** der westliche Teil Deutschlands; die alten Bundesländer; **II** *s* Wildwestgeschichte *f,* -roman, -film *m,* Western *m;* **west·erner** [ˈwestənə(r)] **1.** Abendländer(in) *m (f);* **2.** *(amerik.)* Weststaatler(in) *m (f);* **west·ern·ize** [ˈwestənaɪz] *tr* verwestlichen; **west·ward(s)** [ˈwestwəd(z)] *adj, adv* westwärts, nach Westen.

wet [wet] ⟨*irr* **wet** *od* **wetted, wet** *od* **wetted**⟩ **I** *adj* **1.** naß, feucht (*with* von); **2.** regennaß, feucht, regnerisch; **3.** *(Farbe)* frisch; **4.** *Br fam* weichlich; ► ~ **to the skin** naß bis auf die Haut; **be** ~ **through (and through)** durch u. durch naß sein; ~ **blanket** *fig fam* Miesmacher(in) *m (f);* ~ **cell** Naßzelle *f;* ~ **dock** Dock, Flutbecken *n;* ~ **paint!** frisch gestrichen! **II** *s* **1.** Nässe, Feuchtigkeit *f;* **2.** Regenzeit *f;* **3.** *Br sl fig* Waschlappen *m;* **III** *tr* naß machen; ► ~ **one's whistle** *fam* sich e-n hinter die Binde kippen; ~ **the bed** ins Bett machen, bettnässen.

weth·er [ˈweðə(r)] *zoo* Hammel, Schöps *m.*

wet-nurse [ˈwetnɜːs] Amme *f;* **wet season** Regenzeit *f;* **wet·ting** [ˈwetɪŋ] ► **get a** ~ durchnäßt, naß werden.

we've [wiːv] = *we have.*

whack [wæk] **I** *tr, itr* schlagen; **II** *s* **1.** heftiger Schlag, Knall *m;* **2.** *fam* Versuch *m;* **3.** *fam* Anteil *m;* ► **have a ~ at s.th.** *fam* etw probieren; **whacked** [wækt] *adj fam* hundemüde; **whack·ing** [ˈwækɪŋ] *fam* **I** *adj* gewaltig, kolossal; **II** *s* Tracht Prügel *f;* ► **get a** ~ verprügelt werden; *sport* haushoch geschlagen werden.

whale [weɪl] Wal(fisch) *m;* ► **a ~ of ...** *fam* e-e wahnsinnige Menge *gen;* **we had a ~ of time** es war phantastisch; **whal·ing** [—ɪŋ] Walfang *m;* ► **go** ~ auf Walfang gehen.

wham [wæm], **whang** [wæŋ] Knall, Bums *m.*

wharf [wɔːf] ⟨*pl* **wharfs, wharves**⟩ [wɔːvz] Kai *m.*

what [wɒt] **I** *prn* **1.** *(fragend u. ausrufend)* was; wie; **2.** *(relativ)* was; das, was; ► **and ~ not** und was nicht noch alles; **~ about, of ...?** wie steht es mit ...? **~ for?** warum? weshalb? wozu? **~ if** (und) was ist, wenn; **~ is more** außerdem; dazu kommt noch ... **~ is it called?** wie heißt es? **~'s your name?** wie heißen Sie? **~ does it matter?** was macht das schon? **~ is he like?** wie ist er? **and ~'s more** und außerdem; **~ next?** was nun? **~'s up?** was ist (denn) los? **that's just ~** gerade das; **give s.o. ~ for** es jdm tüchtig geben; **she knows ~'s ~** sie kennt sich aus; **I don't know ~'s ~ any more** ich kenne mich nicht mehr aus; **~'s that to you?** was geht Sie das an? **so ~?** na und? **~ with overwork and undernourishment she fell ill** wegen Überarbeitung und Unterernährung wurde sie krank; **Mr ~-d'you-call-him, Mr ~'s-his-name** Herr Soundso; **II** *adj* **1.** *(fragend)* welche(r, s), *fam* was für ein(e); **2.** *(relativ)* der, die, das; **3.** *(ausrufend)* was für ein(e); ► **~ age?** wie alt? **~ good would that be?** wozu sollte das gut sein? **~ time is it?** wieviel Uhr ist es? **~ sort of** was für ein(e); **~ else** was noch; **~ a lucky man** so ein Glückspilz; **~ an idiot I have been!** was war ich doch für ein Idiot! **III** *interj* was!; **what·ever** [wɒt'evə(r)] **I** *prn* was (auch immer); egal was; ► **~ does he want?** was will er wohl? *(ungeduldig)* was will er denn? **~ does he mean?** was meint er bloß? **II** *adj* **1.** egal welche(r, s); **2.** *(verneint)* überhaupt; **3.** *(fragend)* was denn, was wohl; ► **~ reason** welcher Grund auch immer; **nothing ~** überhaupt nichts; **~ good can that be?** was kann das schon helfen?; **what·not** ['wɒtnɒt] Dingsbums *n;* **whats·it** ['wɒtsɪt] Dings(da) *n;* **what·so·ever** [ˌwɒtsəʊ'evə(r)] *s. whatever.*

wheat [wi:t] Weizen *m;* ► **shredded ~** Weizenflocken *f pl;* **wheat belt** *Am* Weizengürtel *m.*

wheel [wi:l] **I** *s* **1.** Rad *n;* **2.** *mot (steering ~)* Steuer(rad), Lenkrad *n;* **3.** *(spinning-~)* Spinnrad *n;* **4.** *(potter's ~)* Töpferscheibe *f;* **5.** *mil* Schwenkung *f;* **6.** *pl fig* Mühlen *f pl;* ► **at the ~** am Steuer; **on ~s** auf Rädern; **put one's shoulders to the ~** *fig* Hand ans Werk legen; **~s within ~s** Beziehungen *f pl;* **II** *tr* **1.** schieben; ziehen; *(Rollstuhl)* fahren; **2.** drehen; **III** *itr* drehen; *(Vogel, Flugzeug)* kreisen; *mil* schwenken; **IV** *(mit Präposition)* **wheel in** *tr* **1.** hereinfahren; **2.** *fig fam* vorstellen, anschleppen; **wheel round** *itr* sich schnell umdrehen; *mil* schwenken; **wheel·bar·row** ['wi:lˌbærəʊ] Schubkarren *m;* **wheel brace** Kreuzschlüssel *m;* **wheel-chair** Rollstuhl *m;* **wheel clamp** Parkkralle *f;* **wheel·house** ['wi:lhaʊs] *mar* Ruderhaus *n;* **wheel·ing** ['wi:lɪŋ] ► **~ and dealing** Machenschaften *f pl.*

wheeze [wi:z] **I** *itr* keuchen; **II** *tr (~ out) (Worte)* pfeifend herausbringen; **III** *s* **1.** pfeifendes Geräusch, Keuchen *n;* **2.** Witz *m;* **wheezy** ['wi:zɪ] *adj* pfeifend; keuchend.

whelp [welp] **I** *s* junger Hund, Welpe *m;* **II** *itr* (Junge) werfen.

when [wen] **I** *adv* **1.** *(fragend)* wann; **2.** *(relativ)* als, wo, da; ► **since, until ~** seit, bis wann? **II** *conj* **1.** wenn; als; **2.** *(mit Verlaufsform)* beim; wobei; **3.** wo ... doch; ► **~ singing that song** beim Singen dieses Lieds; **III** *s* ► **the ~ and where of s.th.** die zeitlichen u. örtlichen Umstände e-r S.

whence [wens] *adv* **1.** *obs* woher, von wo *a. fig;* **2.** *fig* woraus, wodurch.

when·ever [wen'evə(r)] *adv* **1.** wann auch immer; sobald; **2.** jedesmal wenn.

where [weə(r)] **I** *adv* wo; ► **~ (to)** wohin; **~ (from)** woher; **II** *conj* wo; da, wo; wohin; **this is ~ we were** da waren wir; **~ this is concerned** was das betrifft; **where·about(s)** [ˌweərə'baʊt(s)] **I** *adv* wo; wohin; **II** *s pl mit sing* ['weərəbaʊts] Aufenthalt(sort) *m;* **where·as** [weər'æz] *conj* **1.** während, wohingegen; **2.** *jur* da nun; mit Rücksicht darauf, daß; **where·by** [weə'baɪ] *adv* wodurch, woran; **where·in** [weər'ɪn] *adv* worin; **where·upon** [ˌweərə'pɒn] *adv* worauf; **wher·ever** [ˌweər'evə(r)] **I** *conj* **1.** egal wo, wo auch immer; **2.** wohin (auch immer); **3.** überall wo; **II** *adv* wo nur; **where·withal** ['weəwɪðɔ:l] ► **the ~** die (erforderlichen) Mittel *n pl.*

whet [wet] *tr* **1.** wetzen, schleifen; **2.** *(den Appetit)* anregen.

whether ['weðə(r)] *conj* ob; ► **~ ... or (~)** ob ... oder (ob); **~ ... or not** ob ... oder (ob) nicht; **~ or not** auf jeden Fall.

whet·stone ['wetstəʊn] Wetz-, Schleifstein *m.*

whew [fju:] *interj* puh!

whey [weɪ] Molke *f.*

which [wɪtʃ] **I** *prn* **1.** *(relativ)* der, die, das; welche(r, s); was; **2.** *(fragend)* welche(r, s); wer; **II** *adj* welche(r, s); **which·ever** [wɪtʃ'evə(r)] *prn, adj* welche(r, s) auch immer.

whiff [wɪf] **1.** leichter Windstoß, (Luft)Zug *m;* **2.** vorüberstreichender Geruch; **3.** *fam* Zigarillo *m* od *n;* **4.** Atemzug *m;* **5.** *fig* Hauch *m;* Spur *f;* **whiffy** ['wɪfɪ] *adj* übelriechend.

Whig [wɪg] *(England) hist* Whig, Liberale(r) *f m.*

while [waɪl] **I** *s* Weile *f;* ► **a long ~ ago** vor langer Zeit; **all this ~** die ganze Zeit; **for a ~** e-e Zeitlang; **in a little ~** bald, in kurzem; **once in a ~** gelegentlich; **a short ~** e-e kleine Weile; **be worth ~** der Mühe wert sein, sich lohnen; **II** *conj (a. whilst)* **1.** während; solange; **2.** zwar, obwohl; **3.** *(gegenüberstellend)* während; **III** *(mit Präposition)* **while away** *tr (Zeit)* sich vertreiben.

whim [wɪm] Einfall *m,* Laune *f.*

whim·per ['wɪmpə(r)] **I** *itr, tr* **1.** wimmern; **2.** *(Hund)* winseln; **II** *s* **1.** Gewimmer *n;* **2.** Gewinsel *n.*

whim·si·cal ['wɪmzɪkl] *adj* launisch; schrullig, wunderlich; **whim·si·cal·ity** [ˌwɪmzɪ'kæləti] **1.** Wunderlichkeit *f;* **2.** Laune, Grille *f;* **whimsy** ['wɪmzɪ] **1.** Laune, Grille *f;* **2.** schrulliger Humor.

whin [wɪn] *bot* (Stech)Ginster *m.*

whine [waɪn] **I** *itr* wimmern; winseln; jammern; **II** *tr* weinerlich sagen; **III** *s* Gewimmer, Gejammer *n.*

whinny ['wɪnɪ] **I** *itr* wiehern; **II** *s* Wiehern *n.*

whip [wɪp] **I** *tr* **1.** peitschen, schlagen; **2.** *(Sahne, Eiweiß)* (zu Schaum, Schnee) schlagen; **3.** (um)säumen, überwendlich nähen; **4.** *fam fig* abhängen, schlagen; **5.** *fam* schnell nehmen; schnell bringen; ▶ **~ s.o. into shape** jdn auf Vordermann bringen; **II** *itr* rennen, rasen, flitzen; **III** *s* **1.** Peitsche *f a. fig;* **2.** Peitschenschlag *m;* **3.** *(Küche)* Creme *f;* **4.** *parl* Einpeitscher *m;* **5.** *parl* Appell *m,* Aufforderung *f (zur Abstimmung zu kommen);* **IV** *(mit Präposition)* **whip away** *tr* wegreißen; **whip back** *itr* **1.** *(Zweig)* zurückschnellen; **2.** *fam* schnell zurückgehen; **whip off** *tr (Kleidung)* herunterreißen; *(Tuch)* wegziehen; *(jdn)* schnell bringen; **whip on** *tr* **1.** antreiben; **2.** *(Kleidung)* schnell anziehen; **whip out** *tr* herausholen; **whip up** *tr* **1.** an sich reißen; **2.** *(Pferde)* antreiben; **3.** *(Küche)* schlagen; verrühren; *fam (Essen)* schnell zubereiten; **4.** *fig (Unterstützung)* auf die Beine stellen; *(Interesse)* entfachen; *(Publikum)* mitreißen.

whip·cord ['wɪpkɔ:d] **1.** Peitschenschnur *f;* **2.** Whipcord *m (Gewebe);* **whip-hand** ▶ **have the ~** *fig* das Heft in der Hand haben; **have the ~ over s.o.** die Oberhand über jdn haben; **whip-lash** Peitschenschnur *f; (~ injury) med mot* Peitschenhiebverletzung *f;* **whipped cream** Schlagsahne *f,* -rahm *m;* **whip-per-in** *(Jagd)* Pikör *m.*

whip·per-snap·per [wɪpəsnæpə(r)] *obs* kleiner Angeber.

whip·pet ['wɪpɪt] *(Rennhund)* Whippet *m.*

whip·ping ['wɪpɪŋ] **1.** Tracht *f* Prügel; Prügelstrafe *f;* **2.** Niederlage *f;* **whipping-boy** Prügelknabe *m;* **whipping cream** Schlagsahne *f;* **whipping top** Kreisel *m;* **whip-round** ['wɪpraʊnd] (Geld)Sammlung *f.*

whirl [wɜ:l] **I** *itr* **1.** wirbeln, sich schnell drehen, rotieren; **2.** *fig (Gedanken)* durcheinanderwirbeln; **3.** schwindlig werden; **4.** rasen, sausen; ▶ **~ about** herumwirbeln; **II** *tr* **1.** wirbeln; **2.** schnell bringen; **III** *s* **1.** Wirbeln *n;* **2.** Wirbel *m a. fig;* **3.** Schwindel(gefühl *n*) *m;* **4.** *fig* Trubel *m;* Durcheinander, geschäftiges Hin u. Her *n;* ▶ **my head is in a ~** mir schwirrt der Kopf; **give s.th. a ~** *fig fam* etw versuchen; **whirli·gig** ['wɜ:lɪgɪg] **1.** Kreisel *m;* **2.** Karussell *n;* **whirl-pool** Strudel *m a. fig;* **whirl-wind** ['wɜ:lwɪnd] **1.** Wirbelwind *m;* **2.** *fig* Wirbel, Sturm *m;* ▶ **a ~ romance** eine stürmische Romanze; **reap the ~** Sturm ernten; **whirly·bird** ['wɜ:lɪˌbɜ:d] *Am sl* Hubschrauber *m.*

whirr [wɜ:(r)] *itr* surren.

whisk [wɪsk] **I** *tr* **1.** *(~ away)* (weg)wischen, fegen, kehren; **2.** *(~ away)* rasch (weg)nehmen; **3.** *(Sahne, Eiweiß)* schlagen; ▶ **the horse was ~ing its tail** das Pferd wedelte mit dem Schweif; **II** *itr* sausen, huschen; **III** *s* **1.** schnelle Bewegung; **2.** (Staub)Wedel *m;* **3.** *(egg ~)* Schneebesen *m.*

whiskers ['wɪskəz] *pl* **1.** Backenbart *m;* **2.** *zoo (bes. Katze)* Schnurrhaare *n pl;* ▶ **by a whisker** fast, um ein Haar; **he thinks he's the cat's ~s** er hält sich für wer weiß was.

whis·k(e)y ['wɪskɪ] Whisky *m.*

whis·per ['wɪspə(r)] **I** *itr, tr* **1.** wispern, flüstern; **2.** *(Wind)* rauschen; **3.** ausplaudern, weitererzählen; **4.** zuflüstern (*to s.o.* jdm); **II** *s* **1.** Geflüster *n;* **2.** Tuscheln *n;* Gerücht *n;* ▶ **talk in a ~** im Flüsterton reden; **whis·per·ing** ['wɪspərɪŋ] *adj* ▶ **~ campaign** *pol* Verleumdungskampagne *f;* **~ propaganda** Flüsterpropaganda *f.*

whist [wɪst] *(Kartenspiel)* Whist *n.*

whistle ['wɪsl] **I** *itr* pfeifen (*to s.o.* jdm); ▶ **he'll have to ~ for it** er wird darauf warten müssen; **II** *tr (Ton, Lied)* pfeifen; **III** *s* Pfeife *f;* Pfiff *m.*

whit [wɪt] ▶ **not a ~ of ...** nicht ein bißchen, kein Jota, keine Spur von ...

white [waɪt] **I** *adj* **1.** weiß; **2.** hell; **3.** blaß (*with terror* vor Schrecken); ▶ **black or ~?** *(Kaffee)* mit oder ohne Milch? **II** *s* **1.** Weiß *n;* **2.** das Weiße (*of the eye* im Auge); **3.** *(~ of egg)* Eiweiß *n;* **4.** weiße Kleidung; **5.** Weiße(r) *(m)f;* **white ant** *zoo* Termite *f;* **white-bait** ⟨*pl* -⟩ Weißfisch *m;* **white-col·lar** [ˌwaɪt'kɒlə(r)] *adj* ▶ **~ crime** Wirtschaftsverbrechen *n;* **~ job** Bürotätigkeit *f;* **~ union** Angestelltengewerkschaft *f;* **~ worker** Angestellte(r) *f m;* **white corpuscle** weißes Blutkörperchen; **white elephant** nutzloser Gegenstand; **white ensign** *mar* Fahne *f* der britischen Marine; **white feather** ▶ **show the ~** sich feige benehmen; **white flag** ▶ **hoist the ~** die weiße Fahne zeigen, sich ergeben.

White·hall [waɪtˈhɔ:l] *fig* die britische Regierung.
white heat [ˌwaɪtˈhi:t] Weißglut *f a. fig; fig* Feuereifer *m;* **white horse** Schaumkrone *f;* **White House, the** das Weiße Haus *(Regierungssitz des Präsidenten der USA);* **white lead** Bleiweiß *n;* **white lie** Notlüge *f;* **white man, the** der weiße Mann, die Weißen *m pl;* **white meat** Geflügel, Kalb- u. Schweinefleisch *n.*
whiten [ˈwaɪtn] **I** *tr* weiß machen, bleichen; **II** *itr* weiß, heller werden; **whiten·ing** [ˈwaɪtnɪŋ] **1.** Weißen, Tünchen *n;* **2.** Schlämmkreide *f.*
white-out [ˈwaɪtaʊt] starkes Schneegestöber; **white paper** *pol* Weißbuch *n;* **white sale** *com* Weiße Woche *f;* **white slave** *adj* ▶ ~ **trade** Mädchenhandel *m;* **white spirit** Terpentinersatz *m;* **white·thorn** [ˈwaɪtθɔ:n] *bot* Weißdorn *m;* **white tie** ▶ **a** ~ **tie occasion** eine Veranstaltung mit Frackzwang; **white·wash** [ˈwaɪtwɒʃ] **I** *s* **1.** Tünche *f;* Kalk(anstrich) *m;* **2.** *fig* Schönfärberei *f;* **II** *tr* **1.** tünchen, weißen; **2.** *fig* reinwaschen; **3.** *(Sache)* bemänteln, beschönigen; **white wine** Weißwein *m.*
whither [ˈwɪðə(r)] *adv poet lit* wohin.
whit·ing[1] [ˈwaɪtɪŋ] Schlämmkreide *f.*
whit·ing[2] [ˈwaɪtɪŋ] *(Fisch)* Merlan *m.*
Whit Mon·day [ˌwɪtˈmʌndɪ] Pfingstmontag *m;* **Whit·sun** [ˈwɪtsn] **I** *adj* Pfingst-; **II** *s* Pfingsten *n;* **Whit Sunday** [ˌwɪtˈsʌndɪ] Pfingstsonntag *m;* **Whit·sun·tide** [ˈwɪtsntaɪd] Pfingsten *n.*
whittle [ˈwɪtl] **I** *tr* schnitzen; **II** *itr* ▶ ~ **(away) at s.th.** an etw herumschnitzen; **III** *(mit Präposition)* **whittle away** *tr* **1.** wegschneiden, -schnitzen; **2.** *fig* verringern, reduzieren; **whittle down** *tr* **1.** zurechtschneiden; **2.** *fig* verringern, vermindern.
whiz(z) [wɪz] **I** *itr* **1.** zischen, surren, pfeifen; **2.** sausen, rasen; **II** *s Am* Kanone *f,* Könner *m;* ▶ **gee** ~! Donnerwetter!; **whiz(z) kid** [ˈwɪzkɪd] *fig* Senkrechtstarter *m;* Genie *n.*
WHO [ˈdʌblju:eɪtʃˌəʊ] *Abk:* **World Health Organisation** Weltgesundheitsorganisation *f.*
who [hu:] *prn* **1.** *(fragend)* wer; *dat* wem; *acc* wen; **2.** *(relativ)* der, die, das; welche(r, s); ▶ **know** ~**'s** ~ die Personen kennen; ~ **would have thought it?** wer hätte das gedacht?
whoa [wəʊ] *interj* halt! brr!
who·dun·it [ˌhu:ˈdʌnɪt] *fam* Krimi *m;* **who·ever** [hu:ˈevə(r)] *prn* **1.** wer auch (immer); *dat* wem auch immer; *acc* wen auch immer; **2.** *(fragend)* wer ... denn? **3.** *(ärgerlich)* wer zum Kuckuck? **4.** egal wer.
whole [həʊl] **I** *adj* **1.** ganz; **2.** intakt, vollständig; ▶ **with one's** ~ **heart** von ganzem Herzen; **II** *s* das Ganze, Gesamtheit *f;* **the** ~ **of** der, die, das ganze, alle(s); **(taken) as a** ~ als Ganzes, im ganzen; **on the** ~ im ganzen gesehen, alles in allem; **whole·food** [ˈhəʊlfu:d] Vollwert-, Natur-, Biokost *f;* **wholefood shop** Naturkost-, Bioladen *m;* **whole-hearted** [ˌhəʊlˈhɑ:tɪd] *adj* **1.** rückhaltlos; **2.** aufrichtig, ernst; **wholemeal bread** [ˈhəʊlmi:lˈbred] Vollkornbrot *n.*
whole·sale [ˈhəʊlseɪl] **I** *s* Großhandel *m;* **II** *adj* **1.** *attr* Großhandels-; **2.** *fig* umfassend; *(Vernichtung, Entlassungen)* Massen-; *pej* pauschal; ▶ ~ **arrests** *pl,* **destruction** Massenverhaftungen *f pl,* -vernichtung *f;* ~ **dealer, merchant, trader** Großhändler, Grossist *m;* ~ **insurance** Gruppenversicherung *f;* ~ **price** Großhandels-, Grossistenpreis *m; (Börse)* Kurs *m* im Freiverkehr; ~ **trade** Großhandel *m;* **III** *adv* **1.** im Großhandel; **2.** *fig* massenweise; *pej* pauschal; **IV** *tr* im Großhandel vertreiben; **V** *itr* im Großhandel kosten (*at £ 5* 5 £); **whole·saler** [ˈhəʊlseɪlə(r)] Großhändler(in) *m (f).*
whole·some [ˈhəʊlsəm] *adj* gesund.
who'll [hu:l] = *who will; who shall.*
wholly [ˈhəʊlɪ] *adv* ganz, gänzlich, vollständig, völlig.
whom [hu:m] *prn* **1.** *(fragend)* wen; *(to* ~*)* wem; **2.** *(relativ)* den; dem.
whoop [hu:p] **I** *s* **1.** (Freuden)Geschrei *n;* **2.** *med* Keuchen *n;* **II** *itr* schreien, brüllen; **III** *tr* ▶ ~ **it up** ein großes Fest veranstalten; sich toll amüsieren.
whoopee [ˈwʊpɪ] ▶ **make** ~ *sl* die Sau rauslassen.
whoop·ing cough [ˈhu:pɪŋkɒf] Keuchhusten *m.*
whoops [wu:ps] *interj* hoppla!
whop [wɒp] *tr sl* **1.** verdreschen, versohlen; **2.** besiegen; **whop·per** [ˈwɒpə(r)] *fam* **1.** Riesenbiest, Mordsding *n;* **2.** faustdicke Lüge; **whop·ping** [ˈwɒpɪŋ] *adj fam* **1.** gewaltig, riesig; **2.** *(Lüge)* faustdick.
whore [hɔ:(r)] Hure *f.*
whorl [wɜ:l] **1.** (Spinn)Wirtel *m a. bot;* **2.** *anat zoo* Windung *f,* Ring *m.*
whortle·berry [ˈwɜ:tlˌberɪ] *bot* Heidelbeere *f;* ▶ **red** ~ Preiselbeere *f.*
who's [hu:z] = *who is; who has.*
whose [hu:z] *prn* wessen; dessen, deren.
why [waɪ] **I** *adv* **1.** warum, weshalb, wofür; **2.** wieso; aus welchem Grunde; **3.** zu welchem Zweck; **II** *interj* sieh da! nun! ▶ ~**, yes!** natürlich! **III** *s* ▶ **the** ~**s and wherefores** das Warum u. Wieso.
wick [wɪk] Docht *m;* ▶ **get on s.o.'s** ~ jdm auf den Wecker, *fam* auf den Geist gehen.
wicked [ˈwɪkɪd] *adj* **1.** böse, schlecht; **2.**

(Sache) böse, übel; **3.** *(Schlag)* schlimm.

wicker ['wɪkə(r)] Flechtwerk, Geflecht *n;* **wicker basket** Weidenkorb *m;* **wicker bottle** Korbflasche *f;* **wicker chair** Korbstuhl *m;* **wicker furniture** Korbmöbel *pl;* **wicker·work** ['wɪkəwɜ:k] Flechtwerk *n;* Korbwaren *f pl.*

wicket ['wɪkɪt] **1.** *(~-door, -gate)* Pförtchen *n;* **2.** Drehkreuz *n;* **3.** Schalterfenster *n;* **4.** *(Kricket)* Dreistab *m;* Tor *n;* **wicket-keeper** ['wɪkɪtˌki:pə(r)] *(Kricket)* Torhüter *m.*

wide [waɪd] **I** *adj* **1.** weit; **2.** breit; groß; **3.** *fig* umfangreich, umfassend; **4.** *(Kleidung)* weit, lose, locker fallend; **5.** *(Auswahl)* reich; **6.** *(Interessen)* vielseitig; **II** *adv* **1.** *(~ of)* weit (weg), fern; weitab; **2.** daneben; ► **far and ~** weit u. breit; **~ of the mark** danebengeschossen, verfehlt; **wide-angle** *adj phot film* Weitwinkel-; **wide-awake** [ˌwaɪdə'weɪk] *adj* **1.** ganz, völlig wach; **2.** wachsam, aufmerksam (*to* auf); **3.** *fig* hellwach; **wide boy** *Br fam* Fuchs, Gauner *m;* **wide-eyed** ['waɪdaɪd] *adj* ► **look at s.o. ~** jdn groß anschauen; **wide·ly** ['waɪdlɪ] *adv* **1.** weit; weit u. breit; **2.** in hohem Maße, sehr; ► **differ ~** sehr verschieden sein; sehr verschiedener Meinung sein; **widen** ['waɪdn] **I** *tr* **1.** verbreitern; **2.** *(Kluft)* vertiefen; **3.** *(Interesse)* erweitern; **II** *itr* **1.** breiter werden; **2.** *(Interessen)* sich ausbreiten; **wide-open** *adj* **1.** ganz offen; **2.** völlig unentschieden; **wide·spread** ['waɪdspred] *adj* weitverbreitet.

widow ['wɪdəʊ] Witwe *f;* ► **grass ~** Strohwitwe *f;* **wid·owed** ['wɪdəʊd] *adj* verwitwet; **widower** ['wɪdəʊə(r)] Witwer *m;* **widow·hood** ['wɪdəʊhʊd] Witwenschaft *f,* -stand *m;* **widow's allowance** Witwengeld *n;* **widow's peak** spitzer Haaransatz; **widow's pension** Witwenrente *f.*

width [wɪdθ] **1.** Weite *f;* Breite *f;* **2.** *fig* Vielfalt *f;* **3.** (Stoff)Breite, Bahn *f;* ► **be 10 feet in ~** 10 Fuß breit sein.

wield [wi:ld] *tr* **1.** *(Schwert, Feder)* führen; *(Schlaginstrument)* schwingen; **2.** *(Macht)* ausüben (*over* über).

wife [waɪf] ⟨*pl* wives⟩ [waɪvz] (Ehe)Frau, Gattin *f;* **wife·ly** [—lɪ] *adj* ehelich, der Ehefrau.

wig [wɪg] Perücke *f.*

wiggle ['wɪgl] **I** *tr* wackeln mit; **II** *itr* (hin u. her) wackeln.

wig·wam ['wɪgwæm, *Am* 'wɪgwɑ:m] Wigwam *m.*

wild [waɪld] **I** *adj* **1.** wild; **2.** unbewohnt, unbebaut, öde; **3.** wild, primitiv, unzivilisiert; **4.** unbändig, zügellos; **5.** *(Schmerz, Wut)* rasend; **6.** ausgelassen, toll; stürmisch; **7.** (leidenschaftlich) begeistert; **8.** wahnsinnig (*with* vor); **9.** *fam* wütend (*about* über); **10.** plan-, ziellos; **11.** *fam* fetzig *fam;* ► **be ~ about s.th.** auf etw erpicht sein; **drive s.o. ~** jdn zur Raserei bringen; **go ~** kein Maß mehr kennen; **sow one's ~ oats** sich die Hörner abstoßen; **reserve for the preservation of ~life** Naturschutzgebiet *n;* **II** *s* Wildnis, (freie) Natur *f;* ► **in the ~** in der Wildnis; **in the ~s of Scotland** im tiefsten Schottland; **observe an animal in the ~** ein Tier in freier Wildbahn beobachten; **III** *adv* **1.** wild; frei; **2.** aufs Geratewohl; daneben; ► **run ~** *(Tier)* frei herumlaufen; *(Kind)* herumtoben; *(Garten)* verwildern; **let one's imagination run ~** seiner Phantasie freien Lauf lassen; **wild beast** wildes Tier; Raubtier *n;* ► **~ show** Raubtierschau *f;* **wild-boar** Wildschwein *n;* **wild·cat** ['waɪldkæt] **I** *s* **1.** Wildkatze *f a. fig;* **2.** *Am fam* riskante Sache; *(Ölindustrie)* Probebohrung *f;* **II** *adj* **1.** unreell, schwindelhaft; **2.** Probe-, Versuchs-; **3.** riskant; ► **~ strike** wilder Streik; **wil·der·ness** ['wɪldənɪs] Wildnis *f a. fig;* **wild·fire** ['waɪldˌfaɪə(r)] ► **spread like ~** *fig* sich wie ein Lauffeuer verbreiten; **wild-fowl** ['waɪldfaʊl] Wildvögel *m pl;* **wild-goose** ⟨*pl* -geese⟩ Wildgans *f;* **wild-goose chase** *fig* vergebliches Bemühen; **wild·life** ['waɪldlaɪf] Tierwelt *f;* **wild·ly** ['waɪldlɪ] *adv* **1.** wild, wütend, stürmisch; **2.** bei weitem; erheblich; **wild·ness** ['waɪldnɪs] Wildheit *f.*

wile [waɪl] List *f,* Trick *m.*

wil·ful, *Am* **will·full** ['wɪlfl] *adj* **1.** absichtlich, vorsätzlich; **2.** eigensinnig; ► **~ homicide** vorsätzliche Tötung.

wili·ness ['waɪlɪnɪs] Verschlagenheit *f.*

will[1] [wɪl] ⟨*Präteritum* would⟩ **I** *aux* werden; wollen; ► **I won't be a minute** ich bin gleich wieder da; **this window won't open** dieses Fenster läßt sich nicht öffnen; **he ~ keep interrupting me** er muß mich dauernd unterbrechen; **~ you be quiet!** sei gefälligst ruhig! **boys ~ be boys** Jungs sind halt so; **II** *itr* wollen.

will[2] [wɪl] **I** *s* **1.** Wille *m;* **2.** Wunsch *m,* Verlangen *n;* **3.** Befehl *m,* Anordnung, Anweisung *f;* **4.** *(last ~ and testament)* Letzter Wille, Testament *n;* ► **against s.o.'s ~** gegen jds Willen; **at ~** nach Wunsch *od* Belieben; *jur* auf Widerruf; **by ~** letztwillig; **of one's free ~** aus freiem Willen; **do s.o.'s ~** jdm seinen Willen tun; **have a ~ of one's own** einen eigenen Willen haben; **read a ~** ein Testament eröffnen; **where there's a ~ there's a way** *prov* wo ein Wille ist, ist auch ein Weg; **II** *tr* **1.** *obs* wollen, bestimmen; **2.** stark wollen; erzwingen; **3.** testamentarisch vermachen; **III** *itr* wollen.

wil·lies ['wɪlɪz] *pl sl* ► **give s.o. the ~** jdn nervös machen.

will·ing [ˈwɪlɪŋ] *adj* **1.** willig, geneigt; **2.** bereitwillig; ▶ **God** ~ so Gott will; **will·ing·ness** [—nɪs] Bereitwilligkeit *f;* Bereitschaft *f.*

will-o'-the-wisp [ˌwɪləðəˈwɪsp] **1.** Irrlicht *n a. fig;* **2.** *fig* Täuschung *f.*

wil·low [ˈwɪləʊ] *bot (~-tree)* Weide *f;* **wil·lowy** [ˈwɪləʊɪ] *adj fig* schlank, graziös.

will-power [ˈwɪlˌpaʊə(r)] Willenskraft *f.*

willy-nilly [ˌwɪlɪˈnɪlɪ] *adv* wohl oder übel, notgedrungen.

wilt [wɪlt] *itr* **1.** (ver)welken; **2.** *fig* erschlaffen; müde werden.

wily [ˈwaɪlɪ] *adj* listig, verschlagen, schlau.

win [wɪn] ⟨*irr* won, won⟩ **I** *itr* gewinnen, siegen; ▶ ~ **hands down** *fam* leichtes Spiel haben; **you can't** ~ *fig* man macht's doch immer falsch; **II** *tr* **1.** gewinnen; *(Sieg)* erringen; **2.** *(Ruf)* erlangen; *(Vertrag, Stipendium)* bekommen; **3.** *(Rohstoffe)* gewinnen; ▶ ~ **a competition** ein Preisausschreiben gewinnen; ~ **the day** den Sieg davontragen; **III** *s* Sieg *m;* **IV** *(mit Präposition)* **win back** *tr* zurückgewinnen; **win over, win round** *tr* für sich gewinnen; bekehren; **win through** *itr (Patient)* durchkommen; ▶ **we'll** ~ **through** wir werden es schaffen.

wince [wɪns] **I** *itr* zusammenzucken (*under a blow* unter e-m Hieb; *at an insult* bei e-r Beleidigung); **II** *s* ▶ **without a** ~ ohne e-e Miene zu verziehen.

winch [wɪntʃ] **I** *s* Winde *f;* **II** *tr* ▶ ~ **out** herauswinden.

wind[1] [wɪnd] **I** *s* **1.** Wind *m;* **2.** *(Jagd)* Wind *m;* **3.** Atem *m;* **4.** *med* Blähungen *pl;* **5.** *fig* dummes Gerede, Unsinn *m;* Aufschneiderei *f;* **6.** *pl mus* Blasinstrumente *n pl;* ▶ **break** ~ einen Wind streichen lassen; **get, have** ~ **of s.th.** von e-r S Wind kriegen, haben; **get one's second** ~ wieder zu Atem kommen; **know how the** ~ **blows** *fig* wissen, woher der Wind weht; **put the** ~ **up s.o.** *fig sl* jdm bange machen; **sail close to the** ~ *fig* mit e-m Fuß im Gefängnis stehen; **see which may the** ~ **blows** sehen, woher der Wind weht; **take the** ~ **out of s.o.'s sails** *fig* jdm den Wind aus den Segeln nehmen; **I got the** ~ **up** *sl* das Herz fiel mir in die Hose; **sound in** ~ **and limb** kerngesund; **II** *tr* **1.** *(Jagd)* wittern; **2.** den Atem nehmen *(dat);* **3.** *(Tier)* verschnaufen lassen.

wind[2] [waɪnd] ⟨*irr* wound, wound⟩ **I** *tr* **1.** drehen, kurbeln; **2.** winden, (auf)wickeln, spulen; **3.** umwinden, -wickeln; **4.** *(~ up)* hochwinden; **5.** *(Uhr)* aufziehen; ▶ ~ **s.o. round one's (little) finger** *fig* jdn um den (kleinen) Finger wickeln; ~ **one's way into s.o.'s affections** sich bei jdm einschmeicheln; **II** *itr* sich winden (*about, around* um); sich schlängeln; **III** *s* **1.** Drehung *f;* **2.** Biegung, Windung, Kurve *f;* **IV** *(mit Präposition)* **wind back** *tr (Film)* zurückspulen; **wind down** *tr* **1.** *(Scheibe)* herunterkurbeln; **2.** reduzieren; *itr* **1.** *(Uhr)* ablaufen; **2.** *fig* sich beruhigen; **3.** *com* sich mehr und mehr zurückziehen; **wind on** *tr (Film)* weiterspulen; **wind up** *tr* **1.** aufwickeln; hochwinden; **2.** *(Uhr)* aufziehen; **3.** *fig* beschließen; **4.** *(Geschäft)* abwickeln; liquidieren, auflösen; *itr* **1.** *(Rede)* abschließen; **2.** *fam* enden, landen; ▶ **he got wound up about it** er regte sich darüber auf.

wind·bag [ˈwɪndbæg] *fam fig* Schwätzer(in) *m (f);* **wind·break** [ˈwɪndbreɪk] Windschutz *m;* **wind cone** Windsack *m;* **wind energy** Windenergie *f.*

winder [ˈwaɪndə(r)] **1.** Winde, Kurbel *f;* **2.** Aufziehschraube *f;* **3.** *bot* Schlingpflanze *f.*

wind·fall [ˈwɪndfɔːl] **1.** Fallobst *n;* **2.** *fig* unverhoffter Glücksfall.

wind generator [ˈwɪndˈdʒenəreɪtə(r)] Windgenerator *m.*

wind·ing [ˈwaɪndɪŋ] **I** *s* **1.** Drehung *f;* **2.** Winden, (Auf)Wickeln *n;* **3.** *el* Wickelung *f;* **II** *adj* sich windend, sich schlängelnd, gewunden; **winding-rope** Förderseil *n;* **winding-sheet** Leichentuch *n;* **winding staircase** Wendeltreppe *f;* **wind·ing-up** [ˌwaɪndɪŋˈʌp] Aufziehen *n; fig* Beendigung *f,* Abschluß *m,* Abwick(e)lung *f;* Liquidation *f;* **winding-up sale** Verkauf *m* wegen Geschäftsaufgabe, Räumungsverkauf *m.*

wind in·stru·ment [ˈwɪnd ˈɪnstrʊmənt] *mus* Blasinstrument *n;* **wind-jam·mer** [ˈwɪndˌdʒæmə(r)] Windjammer *m.*

wind·lass [ˈwɪndləs] **1.** Winde, Haspel *f;* **2.** *mar* Anker-, Gangspill *n.*

wind·mill [ˈwɪndmɪl] Windmühle *f;* ▶ **fight, tilt at ~s** *fig* gegen Windmühlen kämpfen.

win·dow [ˈwɪndəʊ] **1.** Fenster *n;* **2.** Schalter *m;* **3.** *(shop-~)* Schaufenster *n,* Auslage *f;* **4.** *pl* **W~s** *Wz EDV* Windows *pl;* ▶ **dress a** ~ ein Schaufenster dekorieren; **ticket** ~ Fahrkartenschalter *m;* **window box** Blumenkasten *m;* **window cleaner** Fensterputzer(in) *m (f);* **window display** (Schaufenster)Auslage *f;* **window display competition** Schaufensterwettbewerb *m;* **window-dressing** **1.** Schaufensterdekoration *f;* **2.** *fig* Aufmachung, Reklame *f;* Mache *f;* **window envelope** Fenster(brief)umschlag *m;* **window frame** Fensterrahmen *m;* **window pane** Fensterscheibe *f;* **window shopping** Schaufensterbummel *m;* ▶ **go** ~ e-n Schaufensterbummel machen; **window sill** Fensterbank *f;* Fenstersims *m.*

wind·pipe [ˈwɪndpaɪp] *anat* Luftröhre *f;*

wind power Windkraft *f;* **wind·screen,** *Am* **wind·shield** ['wɪndskri:n, 'wɪndʃi:ld] Windschutzscheibe *f;* **windscreen wiper** Scheibenwischer *m;* **wind-sock** *aero* Windsack *m;* **wind·surf·er** ['wɪndsɜ:fə(r)] Windsurfer(in) *m (f);* **windsurfing** ['wɪndsɜ:fɪŋ] Windsurfen *n;* ▶ **go ~** windsurfen; **wind·swept** ['wɪndswept] *adj* **1.** sturmgepeitscht; **2.** zerzaust; **wind-tunnel** *aero* Windkanal *m;* **wind turbine** *tech* Windrad *n;* **wind·ward** ['wɪndwəd] **I** *adj* gegen den Wind; **II** *s* Windseite *f;* **windy** ['wɪndɪ] *adj* **1.** windig; **2.** *fig* langatmig; **3.** *fam* ängstlich, nervös.

wine [waɪn] **I** *s* Wein *m;* **II** *tr* mit Wein bewirten; **wine-bottle** Weinflasche *f;* **wine-cooler** Sektkühler *m;* **wine-glass** ['waɪnglɑ:s] Weinglas *n;* **wine-grower** ['waɪngrəʊə(r)] Winzer(in) *m (f);* **wine-grow·ing** ['waɪngrəʊɪŋ] Weinbau *m;* **wine list** Weinkarte *f;* **wine-merchant** Weinhändler *m;* **wine·press** ['waɪnpres] Kelter *f;* **win·ery** ['waɪnərɪ] *Am* Weinkellerei *f;* **wine tasting** Weinprobe *f;* **wine waiter** Weinkellner *m.*

wing [wɪŋ] **I** *s* **1.** Flügel *m;* **2.** *aero* Tragfläche *f;* **3.** *mot* Kotflügel *m;* **4.** (Tür-, Fenster)Flügel *m;* **5.** *arch* (Seiten)Flügel *m;* **6.** *theat pl* Kulisse *f;* **7.** *fig* Flügel *m (e-r Partei);* **8.** *aero* Gruppe *f, Am* Geschwader *n;* ▶ **in the ~s** hinter den Kulissen *a. fig;* **on the ~** im Fluge; **under s.o.'s ~s** *fig* unter jds Fittichen; **clip s.o.'s ~s** *fig* jdm die Flügel stutzen; **give, lend ~s** *fig* Flügel verleihen; **take ~** davonfliegen; **take ~s** *fig* spurlos verschwinden; **II** *tr* **1.** durch-, überfliegen; **2.** in den Flügel treffen; **3.** *fam* in den Arm schießen; **wing-assembly** *aero* Tragwerk *n;* **wing chair** Ohrensessel *m;* **wing-commander** *aero* **1.** Oberstleutnant *m* der Luftwaffe; **2.** *Am* Geschwaderkommodore *m;* **winged** ['wɪŋd] *adj* **1.** geflügelt *a. bot;* **2.** *fig* beflügelt, beschwingt; **winger** ['wɪŋə(r)] *sport* Außen-, Flügelstürmer(in) *m (f);* **wing nut** Flügelmutter *f;* **wing-span, wing-spread** Spannweite *f.*

wink [wɪŋk] **I** *itr* **1.** blinzeln; **2.** mit den Augen zwinkern; **3.** *(Stern)* flimmern; **4.** *(Auto)* blinken; ▶ **~ at s.o.** jdm zuzwinkern, zublinzeln; **~ at s.th.** etw geflissentlich übersehen; **II** *tr* blinzeln zuzwinkern (*s.o.* jdm); **III** *s* **1.** Blinzeln, Zwinkern *n;* **2.** Augenblick *m;* **3.** *mot* Blinken *n;* ▶ **give s.o. a ~** jdm e-n Blick zuwerfen; **tip s.o. the ~** *sl* jdm e-n Wink geben; **I did not sleep a ~, I could not get a ~ of sleep (all night)** ich habe (die ganze Nacht) kein Auge zugetan; **winker** ['wɪŋkə(r)] *Br mot* Blinker *m.*

win·ner ['wɪnə(r)] **1.** Gewinner(in) *m (f);* Sieger(in) *m (f);* **2.** *fam* todsichere Sache; **win·ning** ['wɪnɪŋ] **I** *adj fig* gewinnend, einnehmend, anziehend; ▶ **~ party** siegreiche Partei; *jur* obsiegende Partei; **~-post** *sport* Ziel *n;* **~ ticket** Gewinnlos *n;* **II** *s* **1.** *min* Gewinnung, Förderung *f,* Abbau *m;* **2.** *pl* (Geld)Gewinn *m;* ▶ **~ of iron** Eisengewinnung *f.*

win·now ['wɪnəʊ] *tr* **1.** *(Getreide)* schwingen, worfeln; **2.** *fig* aussortieren, -scheiden; trennen (*from* von).

win·some ['wɪnsəm] *adj* gewinnend, anziehend, reizend.

win·ter ['wɪntə(r)] **I** *s* Winter *m a. fig;* ▶ **nuclear ~** nuklearer Winter; **II** *itr, tr* überwintern (*in, at* in); **winter coat** *(Menschen)* Wintermantel *m; (Tiere)* Winterfell *n;* **win·ter·ize** ['wɪntəraɪz] *tr Am* winterfest machen; **winter season** Wintersaison *f;* **winter solstice** Wintersonnenwende *f;* **winter sports** *pl* Wintersport *m;* **win·tery, win·try** ['wɪntrɪ] *adj* winterlich.

wipe [waɪp] **I** *tr* **1.** (ab)wischen, abreiben, abtrocknen (*on a towel* an e-m Handtuch); **2.** säubern, reinigen; **3.** putzen (*one's nose* die Nase); **4.** *sl* schlagen; ▶ **~ dry** trockenwischen; **~ the floor with s.o.** *sl* jdn völlig fertigmachen; **II** *s* **1.** (Ab)Wischen *n;* **2.** *sl* Schlag, Hieb *m;* ▶ **give s.th. a ~** etw abwischen; etw putzen; **III** *(mit Präposition)* **wipe down** *tr* (naß) abwischen; **wipe off** *tr* weg-, *com (Schulden)* abtragen; **wipe out** *tr* **1.** völlig vernichten, auslöschen; **2.** reinigen; auswischen; **wipe up** *tr* **1.** aufwischen; **2.** *(Geschirr)* abtrocknen.

wiper ['waɪpə(r)] *mot (windscreen ~)* Scheibenwischer *m.*

wire ['waɪə(r)] **I** *s* **1.** Draht *m;* **2.** *fam* Telegramm *n;* ▶ **by ~** telegraphisch; **get one's ~s crossed** mißverstanden, verwirrt werden; **pull (the) ~s** *fig* die Fäden in der Hand haben; **live ~** *fig (Mensch)* Energiebündel *n;* **II** *tr* **1.** mit Draht befestigen; **2.** *el* e-e Leitung legen in; **3.** telegraphieren, drahten; **wire-cutters** *pl* Drahtschere *f;* **wire fence** Drahtzaun *m;* **wire-haired terrier** ['waɪəheəd 'terɪə(r)] Drahthaarterrier *m.*

wire·less ['waɪəlɪs] **I** *s obs* (Rund)Funk *m;* Radio(apparat *m*) *n;* ▶ **by ~** durch Funkspruch, funktelegraphisch; **on, over the ~** im Rundfunk; **II** *tr, itr* funken; **wireless operator** (*aero* Bord)Funker *m;* **wireless set** Radioapparat *m.*

wire·photo ['waɪəˌfəʊtəʊ] Bildtelegramm *n;* Bildtelegraphie *f;* **wire-pul·ler** ['waɪəˌpʊlə(r)] *fig* Drahtzieher *m;* **wire-pul·ling** ['waɪəˌpʊlɪŋ] *fig* Machenschaften *f pl;* **wire tap·ping** ['waɪəˌtæpɪŋ] *tele* Abhören *n;* **wire transfer** *Am* telegrafische Geldüberweisung.

wir·ing [ˈwaɪərɪŋ] Leitungsnetz *n,* Verkabelung *f;* **wiring diagram** Schaltplan *m.*

wiry [ˈwaɪərɪ] *adj fig* sehnig.

wis·dom [ˈwɪzdəm] Weisheit *f;* Klugheit *f;* **wisdom-tooth** ⟨*pl* -teeth⟩ Weisheitszahn *m.*

wise [waɪz] **I** *adj* **1.** weise; **2.** klug, vernünftig; **3.** klug, intelligent; ▶ **be none the ~r for s.th.** durch etw nicht schlauer geworden sein; **be, get ~ to s.th.** *fam* über etw im Bilde sein; von etw e-e Ahnung bekommen; **put s.o. ~ to s.th.** jdm in e-r S ein Licht aufstecken; **II** *(mit Präposition)* **wise up** *tr Am sl* aufklären, informieren; *itr* dahinterkommen; **wise·acre** [ˈwaɪzˌeɪkə(r)] Neunmalkluge(r) *f m,* Angeber(in) *m (f);* **wise-crack** [ˈwaɪzkræk] *fam* **I** *s* witzige Bemerkung; **II** *itr* witzig reden; **wise guy** *fam* Neunmalkluge(r), Angeber *m.*

wish [wɪʃ] **I** *tr* **1.** (sich) wünschen; wollen; **2.** *(Glück)* wünschen; **3.** aufhalsen (*on s.o.* jdm); ▶ **~ s.o. (good) luck** jdm Glück wünschen; **~ s.o. well, ill** jdm wohl-, übelwollen; **I ~** ich möchte *od* wollte; **II** *itr* sich etwas wünschen; **III** *s* **1.** Wunsch *m;* **2.** Wille *m;* **3.** Bitte *f* (*for* um), Verlangen *n* (*for* nach); **4.** *pl (good ~es)* Glückwünsche *m pl;* ▶ **with best ~es** mit herzlichen Glückwünschen; **wish-bone** *(Vogel)* Gabelbein *n;* **wish·ful** [ˈwɪʃfl] *adj* ▶ **~ thinking** Wunschdenken *n.*

wishy-washy [ˈwɪʃɪwɒʃɪ] *adj* **1.** wässerig, dünn; **2.** *fig* wischiwaschi.

wisp [wɪsp] **1.** Büschel, Bündel *n;* **2.** (Wolken)Fetzen *m;* (Rauch)wölkchen *n;* **3.** *fig* Hauch *m;* ▶ **a ~ of a girl** ein schmächtiges Ding; **~ of hair** Haarsträhne *f;* **wispy** [ˈwɪspɪ] *adj* klein, dünn.

wist·ful [ˈwɪstfl] *adj* sehnsuchtsvoll, sehnsüchtig.

wit [wɪt] **1.** Verstand *m,* geistige Fähigkeiten *f pl;* Intelligenz *f;* **2.** Geist, Witz *m;* **3.** witziger Kopf; ▶ **be at one's ~s' end** mit seiner Kunst am Ende sein; **have, keep one's ~s about one** e-n klaren Kopf behalten; **live by one's ~s** sich (geschickt) durchs Leben schlagen; **scared out of one's ~s** verrückt vor Angst.

witch [wɪtʃ] Hexe *f;* **witch·craft** [ˈwɪtʃkrɑːft] Hexerei, Zauberei *f;* **witch-doctor** Medizinmann *m;* **witch·ery** [ˈwɪtʃərɪ] **1.** Hexerei *f;* **2.** Zauber, Reiz *m;* **witch-hunt** Hexenverfolgung *f;* **witch·ing** [ˈwɪtʃɪŋ] *adj* ▶ **the ~ hour** die Geisterstunde.

with [wɪð, wɪθ] *prep* **1.** mit; **2.** *(instrumental)* durch; **3.** *(kausal)* durch, an, vor; nebst; bei; auf; trotz; vor; ▶ **~ the window open** bei offenem Fenster; **~ all his faults** bei all seinen Fehlern, trotz all seiner Fehler; **be ~ it** *fam* auf Draht sein; **be in ~** eng verbunden sein mit; **have s.th. ~ one** etw bei sich haben; **part ~** sich trennen von; **are you still ~ me?** sind Sie mitgekommen? **~ anger, love, hunger** vor Ärger, Liebe, Hunger.

with·draw [wɪðˈdrɔː] *irr s. draw* **I** *tr* **1.** zurückziehen, -nehmen (*from* von, aus); **2.** entziehen (*s.o. s.th.* jdm etw); **3.** *(Geld)* abheben; entnehmen; **4.** widerrufen; abberufen; ▶ **~ from circulation** *(Geld)* aus dem Verkehr ziehen; **~ from school** von der Schule nehmen; **II** *itr* **1.** sich zurückziehen; **2.** zurücktreten; austreten; **3.** ausscheiden (*from* von); **4.** *parl* seinen Antrag zurücknehmen; **with·drawal** [wɪðˈdrɔːəl] **1.** Zurücknahme, -ziehung *f* (*from* von); **2.** Entnahme *f;* Abhebung *f (vom Konto);* **3.** Ausscheiden *n,* Rücktritt *m* (*from* von); **4.** Widerruf *m;* **5.** *mil* Rückzug *m;* **6.** *(aus der Gesellschaft)* Ausstieg *m;* **withdrawal symptoms** *pl* Entzugserscheinungen *f pl.*

wither [ˈwɪðə(r)] **I** *itr* **1.** *(~ up)* (ver)welken, verdorren, vertrocknen; **2.** *fig* welken; schwinden; **II** *tr* **1.** vertrocknen, verdorren lassen; **2.** *fig* einschüchtern (*with a look* mit e-m Blick); **wither·ing** [ˈwɪðərɪŋ] *adj (Blick)* vernichtend.

with·hold [wɪðˈhəʊld] *tr irr s. hold* **1.** zurückhalten; **2.** verweigern, vorenthalten (*s.th. from s.o.* jdm etw); **3.** verhindern; versagen; **4.** *(Steuern)* einbehalten.

with·in [wɪðˈɪn] **I** *adv* innen (drin), im Innern, innerlich; ▶ **from ~** von innen (her); **II** *prep* **1.** in; innerhalb *gen (a. zeitl. u. graduell);* **2.** im Bereich *gen;* in den Grenzen, im Rahmen *gen;* **3.** *(zeitl.)* binnen; ▶ **~ one's income** im Rahmen seines Einkommens; **be ~ walking distance** zu Fuß erreichbar sein; **~ hearing, reach, sight** in Hör-, Reich-, Sichtweite.

with·out [wɪðˈaʊt] **I** *prep* ohne; ▶ **~ saying a word** ohne ein Wort zu sagen; **~ number** *fig* unzählig; **~ doubt** zweifellos; **II** *adv obs lit* außen; ▶ **from ~** von draußen; von außen; **III** *adj* ohne; **be ~ s.th.** etw nicht haben.

with·stand [wɪðˈstænd] *tr irr s. stand* **1.** sich widersetzen, widerstehen (*s.o., s.th.* jdm, e-r S); **2.** aus-, standhalten (*hard wear* starker Beanspruchung).

wit·ness [ˈwɪtnɪs] **I** *s* **1.** Zeugnis *n;* **2.** Zeuge *m* (*to* für); **3.** Urkundsperson *f;* Beweis(stück, -mittel *n*) *m* (*to* für); ▶ **in ~ thereof, whereof** zu Urkund, zum Zeugnis dessen; **bear ~** Zeugnis ablegen (*of, to s.th.* von e-r S; *against, for s.o.* gegen, für jdn); **call as, to ~** als Zeugen benennen *od* vorladen; **hear a ~** e-n Zeugen vernehmen; **hearing of ~es**

Zeugenvernehmung, Beweisaufnahme *f;* **marriage ~** Trauzeuge *m,* -zeugin *f;* **principal ~** Haupt-, Kronzeuge *m,* -zeugin *f;* **~ of an accident** Unfallzeuge *m,* -zeugin *f;* **~ for the defence, prosecution** Ent-, Belastungszeuge *m,* -zeugin *f;* **~ on oath** vereidigter Zeuge; **II** *tr* **1.** bezeugen; **2.** erkennen lassen; **3.** beurkunden, bestätigen, beglaubigen; **4.** Augenzeuge sein *gen;* **III** *itr* bezeugen (*to s.th.* etw); **witness-box,** *Am* **witness-stand** Zeugenstand *m.*

witty ['wɪtɪ] *adj* geistreich, witzig.

wiz·ard ['wɪzəd] **I** *s* **1.** Zauberer, Hexenmeister *m a. fig;* **2.** Genie *n;* **II** *adj Br fam* blendend, prachtvoll, prima; **wizardry** ['wɪzədrɪ] Zauberei *f a. fig.*

wiz·ened ['wɪznd] *adj* vertrocknet, verhutzelt.

wobble ['wɒbl] **I** *itr* **1.** wackeln; (sch)wanken; **2.** *(Knie)* schlottern; **3.** *(Stimme)* zittern; **II** *tr* zum Wackeln bringen; **III** *s* Wackeln *n;* Zittern *n;* **wob·bly** ['wɒblɪ] *adj* (sch)wankend, wack(e)lig.

woe [wəʊ] Weh, Leid *n,* Schmerz *m; pl* Übel *n pl,* Nöte *f pl;* **woe·be·gone** ['wəʊbɪgɒn] *adj* jämmerlich, erbärmlich; **woe·ful** ['wəʊfl] *adj* **1.** traurig, betrüblich; **2.** jämmerlich.

wog [wɒg] *pej* (dunkelhäutiger) Ausländer; Kanake *m pej.*

woke(n) ['wəʊk(n)] *v s. wake[1].*

wolf [wʊlf] ⟨*pl* wolves⟩ [wʊlvz] **I** *s* **1.** Wolf *m;* **2.** *sl* Schürzenjäger *m;* ► **cry ~** *fig* blinden Alarm schlagen; **keep the ~ from the door** *fig* sich über Wasser halten; **II** *tr (~ down)* hinunterschlingen; **wolf-cub 1.** junger Wolf; **2.** Jungpfadfinder, Wölfling *m;* **wolf-hound** Schäfer-, Wolfshund *m;* **wolf whistle** Pfiff *m* für e-e Schöne.

woman ['wʊmən] ⟨*pl* women⟩ ['wɪmɪn] Frau *f;* ► **single ~** Junggesellin *f;* **women's book** Frauenbuch *n;* **women's group** Frauengruppe *f;* **women's magazine** Frauenzeitschrift *f,* -blatt *n;* **women's refuge** Frauenhaus *n;* **women's representative** Frauenbeauftragte *f;* **women's rights** *pl* Frauenrechte *n pl;* **women's liberation movement** Frauenrechtsbewegung *f;* **women's libber** Frauenrechtlerin *f;* **woman doctor** Ärztin *f;* **woman driver** (Auto)Fahrerin *f;* **woman·hood** ['wʊmənhʊd] Weiblichkeit, Fraulichkeit *f;* ► **reach ~** *(Mädchen)* heranwachsen; **womanish** ['wʊmənɪʃ] *adj* weiblich; weibisch; **woman·ize** ['wʊmənaɪz] *itr fam* es mit den Frauen haben; **woman·kind** ['wʊməkaɪnd] die Frauen *f pl,* das weibliche Geschlecht; **woman·ly** [—lɪ] *adj* weiblich, fraulich.

womb [wu:m] *anat* Gebärmutter *f;* ► **in the ~** im Mutterleib.

women·folk ['wɪmɪnfəʊk] Frauen *f pl.*

won [wʌn] *v s. win.*

wonder ['wʌndə(r)] **I** *s* **1.** Verwunderung *f,* Erstaunen *n;* **2.** Wunder *n;* ► **in ~** voller Staunen; **the ~ of architecture** das Wunder der Architektur; **do, work ~s** Wunder wirken; **(it's) no ~ that** (es ist) kein Wunder, daß; **the ~ of it is** das Erstaunliche daran ist; **~s will never cease!** *prov* es geschehen noch Zeichen und Wunder! **~ of the world** Weltwunder *n;* **II** *tr* sich fragen; ► **~ why** sich fragen, warum; **~ what, how** gespannt sein, was, wie; **III** *itr* **1.** gespannt sein; sich fragen; **2.** sich wundern; ► **it set him ~ing** das gab ihm zu denken; **I was just ~ing** das war nur so ein Gedanke; **I ~!** na ja, mal sehen! **~ about s.th.** sich über etw Gedanken machen; **~ about doing s.th.** es sich überlegen, ob man etw tut; **I was ~ing if you would like one** möchten Sie vielleicht eines? **I ~ that he didn't say anything** es wundert mich, daß er nichts gesagt hat; **~ at s.th.** sich über etw wundern; **I shouldn't ~** es würde mich nicht überraschen; **wonder boy** Wunderknabe *m;* **wonder drug** Wundermittel *n.*

won·der·ful ['wʌndəfl] *adj* wundervoll, -bar.

won·der·land ['wʌndəlænd] **1.** Wunder-, Zauber-, Märchenland *n a. fig;* **2.** *fig* Paradies *n;* **won·der·ment** ['wʌndəmənt] Verwunderung *f,* Erstaunen *n.*

wonky ['wɒŋkɪ] *adj fam* wack(e)lig, kipp(e)lig, unsicher.

wont [wəʊnt, *Am* wɔ:nt] **I** *s obs* Gewohnheit *f;* **II** *adj* ► **be ~** gewöhnt sein, pflegen (*to do* zu tun); **as is his ~** wie er zu tun pflegt.

won't [wəʊnt] = *will not.*

woo [wu:] *tr* **1.** umwerben; *(Wähler)* zu gewinnen suchen; **2.** *fig* streben nach, trachten nach; ► **~ s.o. away** jdn abwerben.

wood [wʊd] **I** *s* **1.** Holz *n;* **2.** Wald *m;* **3.** Holzfaß *n;* **4.** *pl mus* Holzblasinstrumente *n pl;* ► **from the ~** vom Faß; **out of the ~(s)** *fig* über den Berg; **be unable to see the ~ for the trees** *fig* den Wald vor (lauter) Bäumen nicht sehen; **touch ~!** unberufen! **II** *adj* hölzern, Holz-; **wood alcohol** Holzgeist *m;* **woodbine** ['wʊdbaɪn] *bot* **1.** Geißblatt *n;* **2.** *Am* wilder Wein; **wood-carver** Holzschnitzer(in) *m (f);* **wood·craft** ['wʊdkrɑ:ft] **1.** Weidmannskunst *f;* **2.** Holzarbeiten *f pl;* **wood·cut** ['wʊdkʌt] Holzschnitt *m;* **wood·cut·ter** ['wʊd,kʌtə(r)] **1.** Holzfäller(in) *m (f);* **2.** Holzschnitzer *m;* **wooded** ['wʊdɪd] *adj* bewaldet; **wooden** ['wʊdn] *adj* **1.** hölzern *a. fig;* **2.** *fig* steif; langweilig; ► **~ construction** Holzkonstruktion *f;* **~**

floor Holzfußboden *m;* **~-headed** dumm, doof; **wood·land** ['wʊdlænd] Waldland *n;* **wood panelling** Holzvertäfelung *f;* **wood·pecker** ['wʊd,pekə(r)] Specht *m;* **wood·pile** ['wʊdpaɪl] Holzstoß *m;* ▶ **nigger in the ~** *fig* Ursache *f* aller Schwierigkeiten; **wood preservative** Holzschutzmittel *n;* **wood-pulp** Holzschliff *m;* **wood-shed** ['wʊdʃed] Holzschuppen *m;* **wood·sy** ['wʊdzɪ] *adj Am* waldig; **wood·wind** ['wʊdwɪnd] *(pl)* (Holz)Blasinstrument(e *pl*) *n;* **wood-work** ['wʊdwɜ:k] **1.** Holzarbeiten *f pl;* **2.** hölzerne Bauteile *m pl,* Balkenwerk *n;* **wood·worm** ['wʊdwɜ:m] Holzwurm *m;* **woody** ['wʊdɪ] *adj* **1.** bewaldet, waldig; **2.** holzig.

woof [wu:f] (Hunde)Gebell *n.*

wool [wʊl] Wolle *f a. tech;* ▶ **pull the ~ over s.o.'s eyes** *fig* jdm das Fell über die Ohren ziehen; **wool-gather·ing** ['wʊl,gæðərɪŋ] Geistesabwesenheit, Zerstreutheit *f;* **wool·len,** *Am* **woolen** ['wʊlən] **I** *adj* wollen; **II** *s pl (~ goods)* Wollwaren, -sachen, Strickwaren *f pl;* **wool·sack** ['wʊlsæk] Wollsack *m (Sitz des britischen Lordkanzlers im Oberhaus);* **wool trade** Wollhandel *m;* **wool·ly,** *Am* **wooly** ['wʊlɪ] **I** *adj* **1.** wollen; **2.** wollig, flauschig, weich; **3.** *fig* nebelhaft; verworren; **II** *s* wollenes Kleidungsstück.

woozy ['wu:zɪ] *adj fam* schwindelig.

wop [wɒp] *sl pej* Itaker *m.*

word [wɜ:d] **I** *s* **1.** Wort *n;* **2.** *mil* Befehl *m;* Kennwort *n;* **3.** *fig* kurze Äußerung, Bemerkung *f* (*about* über); **4.** Rede *f,* Spruch *m;* **5.** Zusage *f;* (Ehren)Wort *n;* **6.** Bescheid *m,* Nachricht *f;* **7.** *pl* Wortwechsel, Streit *m;* ▶ **at a ~** auf e-n Wink, sofort; **by ~ of mouth** mündlich; **in a, one ~** mit e-m Wort; **in other ~s** mit anderen Worten; **in so many ~s** genauso, wörtlich *adv;* **of many ~s** redselig, gesprächig; **not to be the ~ for s.th.** etw nicht richtig wiedergeben; **break, keep one's ~** sein Wort brechen, halten; **give one's ~ upon s.th.** sein Wort auf etw geben; **have a ~ with s.o.** kurz mit jdm sprechen; **have ~ from** Nachricht haben von; **have ~s with s.o.** sich mit jdm streiten; **have no ~s for s.th.** für etw keine Worte finden; **have the last ~** das letzte Wort haben; **leave ~** eine Nachricht, Bescheid hinter-, zurücklassen (*with* bei; *at the office* im Büro); **put into ~s** in Worte kleiden; **put in, say a (good) ~ for s.o.** für jdn ein gutes Wort einlegen; **send ~** e-e Nachricht zukommen lassen (*to s.o.* jdm); **take s.o. at his ~** jdn beim Wort nehmen; **he is as good as his ~** man kann sich auf ihn verlassen; **he didn't say a ~ about it** er hat kein Wort, keinen Ton davon gesagt; **by ~ of mouth** mündlich; **II** *tr* in Worte kleiden, formulieren; **word break** *typ* Trennung *f;* **word division** *typ* Silbentrennung *f;* **word-ing** [—ɪŋ] Formulierung, Wortwahl *f;* Wortlaut *m;* ▶ **~ of the law** Gesetzestext *m;* **~ of the oath** Eidesformel *f;* **word·less** [—lɪs] *adj* wort-, sprachlos; **word order** *gram* Wortstellung *f;* **word-per·fect** [,wɜ:d'pɜ:fɪkt] *adj* ▶ **be ~** seine Rolle auswendig können, rollensicher sein; **word-play** Wortspiel *n;* **word processing** Textverarbeitung *f;* **word processor** **1.** Textverarbeitungsanlage *f;* **2.** Textverarbeitungsprogramm *n;* **word·wrap** *typ* Fließsatz *m;* **wordy** ['wɜ:dɪ] *adj* wortreich; weitschweifig.

wore [wɔ:(r)] *v s. wear.*

work [wɜ:k] **I** *s* **1.** Arbeit *f;* **2.** Tätigkeit, Beschäftigung *f;* **3.** Unternehmen *n;* **4.** Werk *n,* (Arbeits)Leistung *f;* (Kunst)Werk *n;* **5.** *pl* Werke *n pl a. rel,* Taten *f pl;* Werke *n pl (e-s Dichters);* **6.** *pl mit sing* (Werk-, Industrie)Anlage(n *f pl*) *f;* Werk(e *pl*) *n,* Fabrik, Anstalt *f;* **7.** *pl arch* Baustelle *f;* **8.** *pl tech* Getriebe *n;* Uhrwerk *n;* ▶ **the ~s** *fam* der ganze Kram *fam;* **brain ~** geistige Arbeit; **casual ~** Gelegenheitsarbeit *f;* **clerical, office ~** Büroarbeit *f;* **gas ~s** *pl mit sing* Gaswerk *n;* **iron ~s** *pl mit sing* Eisenhütte *f,* -werk *n;* **public ~s** *pl* Stadt-, Versorgungswerke *n pl;* **water ~s** *pl* Wasserwerk *n;* **~ of art** Kunstwerk *n;* **at ~** bei der Arbeit; beschäftigt (*upon* mit); in Betrieb, im Gange, tätig; **fit for ~** arbeitsfähig; **in ~** in Arbeit stehend; **out of ~** arbeitslos; **the ~s** *sl* alles Drum und Dran; **give s.o. the ~s** *sl* jdn fertigmachen; jdn verwöhnen; **have one's ~ cut out** schwer arbeiten müssen; **make light ~ of s.th.** mit etw leicht fertig werden; **make short, quick ~ of** kurzen Prozeß machen mit; **II** *itr* **1.** arbeiten (*at* an); **2.** beschäftigt, tätig sein (*at* mit); **3.** funktionieren; wirksam sein; **4.** Einfluß ausüben (*on, upon* auf); zu überreden suchen (*on, upon s.o.* jdn); **5.** sich abmühen, sich plagen; **6.** in Bewegung, in Erregung sein; **7.** *(Pläne)* glücken, gelingen; ▶ **~ loose** lose werden, los-, abgehen; **~ towards s.th.** auf etw hinarbeiten; **it won't ~** das klappt nicht; **her face ~ed** in ihrem Gesicht arbeitete es; **III** *tr* **1.** be-, ver-, erarbeiten, ausarbeiten; **2.** *(Aufgabe)* lösen, ausrechnen; **3.** zustande bringen, bewerkstelligen; hervorbringen, -rufen, auslösen, (be)wirken; **4.** arbeiten mit, betätigen, in Betrieb setzen, in Gang bringen; **5.** *(Maschine)* bedienen; beanspruchen; **6.** *(Betrieb)* leiten; **7.** *(Gut)* bewirtschaften; **8.** *(Gebiet)* bereisen, bearbeiten; **9.** *fam* spielen lassen, ausnutzen, Gebrauch machen von; **10.** *(etw)* herausschlagen; ▶ ~ **o.s. hard** hart arbeiten; ~ **one's way through s.th.** sich durch etw durcharbeiten; ~ **it** *sl* es fertigbringen, es schaffen; **IV** *(mit Präposition)* **work away** *itr* vor sich hin arbeiten; **work in** *tr* einfügen, -flechten; einarbeiten; *itr* sich einfügen (*with* in); **work off** *itr* sich losmachen; *tr* abarbeiten; *(Energie)* loswerden; *(Gefühl)* abreagieren; **work on** *itr* weiterarbeiten; *tr* **1.** arbeiten an; **2.** ausgehen von; **3.** bearbeiten (*s.o.* jdn); **work out** *tr* **1.** ausarbeiten, entwickeln; **2.** aus-, zusammenrechnen; **3.** lösen; **4.** *fam* verstehen; **5.** herausfinden; **6.** *min* abbauen; *itr* **1.** funktionieren, klappen; **2.** *(Aufgabe, Rätsel)* aufgehen; **3.** ergeben (*at* acc); **4.** *sport* trainieren; ▶ **things didn't ~ out for me** es ist mir schiefgegangen; **how is it ~ing out?** wie geht's damit? **work over** *tr* überarbeiten; ▶ ~ **s.o. over** jdn zusammenschlagen; **work round** *itr* **1.** sich mühsam durcharbeiten (*to* nach); **2.** *(Wind)* sich drehen; **work up** *tr* **1.** ausarbeiten; **2.** aufstacheln; **3.** *(Begeisterung)* aufbringen; *(Appetit)* sich machen; *(Geschäft)* zum Erfolg bringen; *itr (Rock)* sich hochschieben; ▶ ~ **one's way up** sich hocharbeiten; **get ~ed up about s.th.** sich über etw aufregen; ~ **o.s. up** sich aufregen; ~ **up to s.th.** auf etw hinauswollen; etw im Sinn haben; ~ **up to a climax** sich zu einem Höhepunkt steigern.

work·able ['wɜ:kəbl] *adj* **1.** bearbeitbar; zu gebrauchen(d), brauchbar, praktizierbar, durchführbar; **2.** *min* abbaufähig, -würdig; **work·a·day** ['wɜ:kədeɪ] *adj* **1.** werktäglich; **2.** alltäglich, gewöhnlich, abgedroschen; **work-bag** Nähbeutel *m;* **work·bench** ['wɜ:kbentʃ] Werkbank *f;* **work·book** ['wɜ:kbʊk] Arbeitsheft *n;* **work camp** Arbeitslager *n;* **work creation scheme** Arbeits(platz)beschaffungsprogramm *n;* **work·day** ['wɜ:kdeɪ] **I** *s* Arbeits-, Werk-, Wochentag *m;* ▶ **on ~s** an Wochen-, Werktagen, werktäglich *adv;* **II** *adj* werktäglich.

worker ['wɜ:kə(r)] **1.** Arbeiter(in), Arbeitnehmer(in) *m (f);* **2.** *zoo (~ bee)* Arbeiterin *f;* ▶ **factory, industrial ~** Fabrikarbeiter(in) *m (f);* **manual ~** Handarbeiter(in) *m (f).*

work force ['wɜ:kfɔ:s] **1.** Belegschaft *f;* Arbeitskräfte *pl;* **2.** Arbeitskräftepotential *n;* **work horse** Arbeitspferd *n a. fig;* **work-in** ['wɜ:kɪn] Betriebsbesetzung *f* durch die Arbeitnehmer.

work·ing ['wɜ:kɪŋ] **I** *adj* **1.** arbeitend; werktätig, berufstätig; *(Partner)* aktiv; **2.** betriebs-, arbeitsfähig; **3.** *(Hypothese, Modell)* Arbeits-; *(Mehrheit)* arbeitsfähig; **4.** *(Tag, Bedingungen, Kleidung)* Arbeits-; ▶ ~ **capital** Betriebskapital *n;* ~ **committee** Arbeitsausschuß *m;* ~ **day** Arbeits-, Werktag *m;* ~ **girl** Berufstätige *f; Am fig* Gunstgewerblerin *f;* ~ **hours** *pl* Arbeitszeit *f;* ~ **knowledge** ausreichende praktische Kenntnisse *f pl;* ~ **lunch** Arbeitsessen *n;* ~ **man** Arbeiter *m;* **I am a ~ man** ich arbeite den ganzen Tag; ~ **model** funktionsfähiges Modell; **in ~ order** gebrauchs-, betriebsfähig; ~ **paper** Arbeitsunterlage *f;* Arbeitspapier *n;* ~ **party** Arbeitsgruppe *f;* ~ **place** Arbeitsplatz *m;* ~ **population** erwerbstätige Bevölkerung; ~ **process** Arbeitsprozeß, -vorgang *m;* ~ **week** Arbeitswoche *f;* **35-hour ~ week** 35-Stunden-Woche *f;* ~ **wife** berufstätige Ehefrau; ~ **woman** berufstätige Frau *f;* **II** *s* **1.** Arbeit(en *n*) *f;* **2.** *pl* Funktion, Arbeitsweise *f;* **3.** *pl min* Schächte *m pl;* Grube *f;* ▶ **~s of the mind** Gedankengänge *m pl;* **working-class** *adj* der Arbeiterklasse, Arbeiter-; *pej* proletenhaft; **working class(es)** *(pl)* Arbeiterklasse *f;* **work·ing-out** ['wɜ:kɪŋ'aʊt] Ausarbeitung *f;* Berechnung *f;* **work·ing-over** ['wɜ:kɪŋ'əʊvə(r)] *fam* Tracht *f* Prügel.

work load ['wɜ:kləʊd] Arbeit(slast) *f;* **work·man** ['wɜ:kmən] ⟨*pl* -men⟩ Handwerker *m;* **work·man·like** ['wɜ:kmənlaɪk] *adj* fachmännisch; **work·man·ship** ['wɜ:kmənʃɪp] Arbeitsausführung *f;* Qualität *f;* **work-out** ['wɜ:kaʊt] *sport* Training *n;* **work permit** Arbeitserlaubnis *f;* **work·shop** ['wɜ:kʃɒp] **1.** Werkstatt, -stätte *f;* **2.** Arbeitsgruppe *f,* -kreis, Kurs *m;* **work-shy** ['wɜ:kʃaɪ] *adj* arbeitsscheu; **work station** Arbeitsplatz *m;* Fertigungsstation *f; EDV* Bildschirmarbeitsplatz *m;* **work·study** Arbeitsstudie *f;* **work-table** ['wɜ:kˌteɪbl] Arbeitstisch *m;* **work·top** Arbeitsplatte *f;* **work-to-rule** [ˌwɜ:ktə'ru:l] Dienst *m* nach Vorschrift.

world [wɜ:ld] Welt *f;* ▶ **all the ~ knows** alle wissen; **all the ~ and his wife** Gott und die Welt; **not for all the ~** um nichts in der Welt; **be all the ~ to s.o.** jds ein und alles sein; **a ~ of ...** eine Menge; sehr; **be ~s apart** völlig verschieden sein; **in the ~** auf der Welt; **all over the ~** in der ganzen Welt; **all the ~ over** überall; **out of this ~** *fig sl* sagenhaft; **round the ~** (rund) um die Welt; **bring s.o. into the ~** jdn auf die, zur Welt bringen; **bring s.th. into the ~** etw in die Welt setzen; **come into the ~** auf die, zur Welt kommen; **come, go down in the ~** herunterkommen; **go up in the ~** es zu etwas bringen; **feel on top of the ~** sich nicht besser fühlen können; **have the best of both ~s** auf nichts verzichten müssen, können; **think the ~ of s.o.** große Stücke auf jdn halten; **it's**

not the end of the ~ deshalb geht die Welt nicht unter; **how goes the ~ with you?** wie geht's, wie steht's? **what in the ~?** was in aller Welt? **the New, Old, Third W~** die Neue, Alte, Dritte Welt; **a man of the ~** ein Mann von Welt.

world beater ['wɜːldˌbiːtə(r)] alles überragende Person, Sache; **world clock** Weltzeituhr *f;* **world congress** Weltkongreß *m;* **World Cup** Fußballweltmeisterschaft *f;* Weltpokal *m;* **World Fair** Weltausstellung *f;* **world-famous** *adj* weltberühmt; von Weltrang; **world language** Weltsprache *f.*

world·ly ['wɜːldlɪ] *adj* **1.** weltlich, irdisch; diesseitig; weltzugewandt; **2.** *(~ wise)* weltklug.

world opinion ['wɜːldə'pɪnjən] Weltöffentlichkeit *f;* **world population** Weltbevölkerung *f;* **world power** ['wɜːldˌpaʊə(r)] Weltmacht *f;* **world record** Weltrekord *m;* **world-shattering** *adj* welterschütternd; **world view** Weltbild *n;* **world war** Weltkrieg *m;* **world-weary** [ˌwɜːld'wɪərɪ] *adj* lebensmüde; **world-wide** [ˌwɜːld'waɪd] *adj, adv* weltweit; ► **~ reputation** Weltruf *m.*

worm [wɜːm] **I** *s* **1.** Wurm *m a. fig;* **2.** (Schrauben)Gewinde *n;* **II** *tr* **1.** mit e-m Wurmmittel behandeln; **2.** *fig* herausziehen, -locken (*s.th., a secret out of s.o.* etw, ein Geheimnis aus jdm); **3.** zwängen (*into* in); ► **~ o.s., ~ one's way in** sich einschleichen; **~ o.s., ~ one's way through** sich hindurchwinden; **worm-eaten** ['wɜːmˌiːtn] *adj* **1.** wurmstichig; **2.** *sl* alt; **worm-hole** Wurmloch *n (in e-m Möbelstück);* **wormy** ['wɜːmɪ] *adj* **1.** wurmig; **2.** wurmstichig.

worn [wɔːn] **I** *v s. wear;* **II** *adj* **1.** verbraucht, abgenutzt; **2.** abgetragen; **3.** erschöpft; abgespannt; **4.** *fig* abgedroschen; **worn-out** [ˌwɔːn'aʊt] *adj* **1.** unbrauchbar (geworden); **2.** erschöpft, abgespannt.

wor·ried ['wʌrɪd] *adj* **1.** besorgt, beunruhigt (*about* über); **2.** gequält; **worrisome** ['wʌrɪsəm] *adj* **1.** besorgniserregend; **2.** lästig; **worry** ['wʌrɪ] **I** *tr* **1.** beunruhigen, Sorgen machen (*s.o.* jdm); **2.** belästigen, stören; **3.** *(Hund)* beißen, packen; ► **~ s.o. with s.th.** jdn wegen etw stören; **~ s.o. for s.th.** jdn um etw plagen; **I won't let that ~ me** darüber lasse ich mir keine grauen Haare wachsen; **II** *itr* besorgt, beunruhigt sein, sich Sorgen machen; in Ängsten sein (*about* um); ► **don't ~!** machen Sie sich keine Sorgen! seien Sie unbesorgt! **III** *s* Sorge(n *pl*) *f;* **it's a great ~ to me** ich mache mir deswegen große Sorgen; **worry·ing** [—ɪŋ] **I** *adj* beunruhigend; ► **it's ~ for me** es macht mir Sorgen; **II** *s* Sorgen *f pl;* ► **~ won't help** es hilft nichts, wenn man sich Sorgen macht.

worse [wɜːs] ⟨*Komparativ von* bad, badly⟩ **I** *adj* **1.** schlechter, übler, schlimmer, ärger; **2.** *(~ off)* schlechter, übler dran; kränker; **II** *adv* schlimmer, ärger; **III** *s* (das) Schlimmmere, Ärgere; **IV** *(Wendungen)* ► **all, so much the ~** um so schlimmer; **from bad to ~** immer schlimmer; **~ and ~** immer schlimmer; **I'm ~ (off)** es geht mir schlechter; **he's none the ~ for it** es hat ihm nichts geschadet; **~ was to follow** es sollte noch schlimmer kommen; **my shoes are the ~ for wear** meine Schuhe sind ganz abgetragen; **~ luck!** leider! unglücklicherweise! **a change for the ~** e-e Wendung zum Schlechteren; **worsen** ['wɜːsn] **I** *itr* sich verschlimmern, sich verschlechtern; **II** *tr* verschlechtern.

wor·ship ['wɜːʃɪp] **I** *s* **1.** *rel* Verehrung, Anbetung *f;* **2.** Gottesdienst *m;* **3.** tiefe Hingabe; ► **Your W~** Euer Gnaden; Herr Bürgermeister; **II** *tr* **1.** verehren, anbeten; **2.** vergöttern; **III** *itr* den Gottesdienst abhalten; **wor·ship·per** [—ə(r)] *(Kirche)* Gottesdienstbesucher(in) *m (f); (Gottheit)* Anbeter(in) *m (f); (Person)* Verehrer(in) *m (f).*

worst [wɜːst] ⟨*Superlativ von* bad, badly⟩ **I** *adj* schlechteste(r, s), übelste(r, s), schlimmste(r, s); **II** *adv* am schlimmsten, am ärgsten; **III** *s* (das) Schlechteste, Schlimmste; **IV** *(Wendungen)* ► **at (the) ~** schlimmstenfalls; **at his, her, its ~** im ungünstigsten Moment; **if the ~ comes to the ~** im allerschlimmsten Fall; **be ~ off** am schlimmsten dran sein; **be prepared for the ~** auf das Schlimmste gefaßt sein; **get the ~ of it** den kürzeren ziehen; am meisten zu leiden haben; **the ~ of it is that ...** das Schlimmste daran ist, daß ... **do your ~!** mach, was du willst! **let him do his ~!** laß ihn machen, was er will! **the ~ is yet to come** das dicke Ende kommt noch (nach).

wor·sted ['wʊstɪd] Kammgarn(stoff *m*) *n.*

worth [wɜːθ] **I** *s* Wert *m;* Gegenwert *m;* ► **a pound's ~ of apples** für ein Pfund Äpfel; **did you get your money's ~?** sind Sie auf Ihre Kosten gekommen? **II** *adj* wert; ► **be ~** wert sein; sich lohnen; **it's ~ a lot to me** es ist mir viel wert; *fig* es bedeutet mir sehr viel; **be ~ a million** Millionär sein; **is it ~ it?** lohnt es sich; **he isn't ~ it** er ist es nicht wert; **~ reading, living, seeing, mentioning** lesens-, lebens-, sehenswert, der Rede wert; **for all one is ~** mit ganzer Kraft, so gut man kann; **for what it's ~** so wie es ist; ohne Garantie; **it's ~ the trouble** die Mühe lohnt sich; **worth·less** [—lɪs] *adj* **1.** wertlos; **2.** *fig* unwürdig; **worth-while** [ˌwɜːθ'waɪl] *adj* lohnend; ► **be ~**

sich lohnen; der Mühe wert sein; **worthy** ['wɜːðɪ] *adj* **1.** würdig, wert (*of s.th.* e-r S); **2.** ehrenwert; würdig; löblich; ► ~ **of credit** glaub-, *com* kreditwürdig.

would [wʊd] *v s. will*[1]; ► **he ~ do it** er würde es tun; **he ~ have done it** er hätte es getan; **he said he ~ do it** er sagte, er würde es tun; **but he ~ do it** *(betont)* aber er muß es unbedingt machen; ~ **he do it?** würde er es vielleicht tun? ~ **he have done it?** hätte er es getan? **who ~ have thought it?** wer hätte das gedacht; **you ~ think** ... man sollte meinen ... **you ~ be the one who** ... typisch, daß ausgerechnet du ... **I ~n't know** was weiß ich (das); **he ~ go there every year** er ging jedes Jahr dahin; **it ~ seem** es scheint so; **would-be** ['wʊdbiː] *attr adj* **1.** angeblich; Möchtegern-; **2.** gutgemeint; **wouldn't** = *would not.*

wound[1] [wuːnd] **I** *s* **1.** Wunde *f* (*in the arm* am Arm); Verletzung *f a. fig;* **2.** *fig* Kränkung, Beleidigung *f* (*to* für); **II** *tr* verwunden, verletzen *a. fig;* ► ~ **fatally** tödlich verwunden.

wound[2] [waʊnd] *v s. wind*[2].

wounded ['wuːndɪd] *adj* **1.** verwundet, verletzt *a. fig;* **2.** *(Eitelkeit)* gekränkt.

wove(n) ['wəʊv(n)] *v s. weave.*

wow [waʊ] **I** *interj* Mensch! **II** *s sl* **1.** Mordsspaß *m;* **2.** toller Kerl, tolle Frau; **3.** *theat* Bombenerfolg *m.*

wrack [ræk] Seetang *m;* ► **go to ~ and ruin** in die Brüche gehen.

wraith [reɪθ] Geist *m (bes. e-s Sterbenden).*

wrangle ['ræŋgl] **I** *itr* (sich) zanken, (sich) streiten, disputieren (*with s.o. about, over s.th.* mit jdm über etw); **II** *s* Gerangel *n;* **wrangler** ['ræŋglə(r)] *Am* Cowboy *m.*

wrap [ræp] **I** *tr* **1.** *(~ up)* einwickeln, -schlagen; ein-, verpacken (*in* in); **2.** wickeln (*round* um); ► **be ~ped in** *fig* gehüllt sein in; **II** *s* Umschlagtuch *n;* Stola *f;* Cape *n;* Mantel *m;* **under ~s** versteckt, geheim; **III** *(mit Präposition)* **wrap up** *tr* **1.** einpacken; **2.** *fam* unter Dach und Fach bringen; *itr* **1.** sich warm anziehen; **2.** *sl* den Mund halten; ► **be ~ped up in s.th.** ganz in etw aufgehen; von etw völlig in Anspruch genommen sein; **wrap·per** ['ræpə(r)] **1.** Streif-, Kreuzband *n;* **2.** *(Buch)* Schutzumschlag *m; (Zigarre)* Deckblatt *n;* **3.** Verpackung(smaterial *n*) *f;* (Bonbon)Papier *n;* ► **wrapping paper** Packpapier *n;* Geschenkpapier *n.*

wrath [rɒθ] Zorn *m;* **wrath·ful** ['rɒθfl] *adj* zornig.

wreak [riːk] *tr (Schaden, Chaos)* anrichten; *(Rache)* üben (*on, upon* an); *(Ärger)* auslassen (*on* an); ► ~ **havoc** verheerenden Schaden anrichten; sich verheerend auswirken (*on* auf).

wreath [riːθ] Girlande *f;* Kranz *m;* ► ~ **of smoke** Rauchfahne *f;* **wreathe** [riːð] **I** *tr* **1.** winden; **2.** flechten (*into a wreath* zu e-m Kranz); **3.** bekränzen; **4.** einhüllen; **II** *itr* **1.** sich winden, sich kräuseln; **2.** sich ringeln (*round* um).

wreck [rek] **I** *s* **1.** Wrack *n;* **2.** *mar* Schiffbruch *m;* **3.** *jur* Strandgut *n;* **4.** *fig* (elendes) Wrack *n;* **5.** Verderben *n,* Untergang, Ruin *m,* Zerstörung *f;* ► **be a mere ~ of one's former self** nur noch ein Schatten seiner selbst sein; **II** *tr* **1.** zerstören *a. fig;* zertrümmern, zerschlagen; **2.** *fig* ruinieren, zugrunde richten; **3.** *(Pläne)* vernichten; **wreck·age** ['rekɪdʒ] Trümmer *pl a. fig;* **wrecker** ['rekə(r)] **1.** *Am* Abbrucharbeiter, -unternehmer *m;* Schrotthändler *m;* **2.** *Am* Bergungsdampfer *m;* Bergungsarbeiter *m; pl* Bergungsmannschaft *f,* -trupp *m;* **3.** *Am mot* Abschleppwagen *m;* **4.** *(ship~)* jem der durch falsche Signale ein Schiff zum Stranden bringt; **5.** *fig* Umstürzler(in) *m (f);* ► ~ **service** *Am mot* Abschleppdienst *m.*

wren [ren] *(Vogel)* Zaunkönig *m.*

Wren [ren] *Angehörige des weiblichen Marinedienstes (Womens Royal Naval Service).*

wrench [rentʃ] **I** *s* **1.** (plötzlicher) Ruck *m;* **2.** *med* Zerrung, Verrenkung, Verstauchung *f;* **3.** *fig* Stich *(ins Herz),* Abschiedsschmerz *m;* **4.** *tech* Schraubenschlüssel *m;* ► **monkey ~** Universalschraubenschlüssel *m;* **II** *tr* **1.** heftig reißen, ziehen (*from* von); zerren; **2.** *med* verrenken, -stauchen; ► ~ **away** entreißen (*from s.o.* jdm).

wrestle ['resl] **I** *itr* **1.** ringen *a. fig;* **2.** kämpfen (*for* um; *with* mit); **3.** sich herumschlagen, sich abquälen (*with* mit); **II** *tr* **1.** ringen mit; **2.** *(Ringkampf)* austragen; **III** *s* Ringkampf *m;* **wres·tler** ['reslə(r)] Ring(kämpf)er(in) *m (f);* **wres·tling** ['reslɪŋ] Ringen *n a. fig;* **wrestling bout, match** Ringkampf *m.*

wretch [retʃ] **1.** unglücklicher Mensch; **2.** *pej* Wicht *m;* **wretched** ['retʃɪd] *adj* **1.** unglücklich; **2.** elend; erbärmlich; **3.** scheußlich.

wriggle ['rɪgl] **I** *itr* **1.** sich winden; **2.** sich unruhig hin u. her bewegen; **3.** *fig* sich (drehen u.) winden; **4.** sich unbehaglich fühlen; **II** *tr* wackeln mit; ► ~ **(o.s.) out,** ~ **one's way out** sich herauswinden (*of s.th.* aus etw); **III** *s* Winden *n;* Krümmung *f.*

wring [rɪŋ] ⟨*irr* **wrung, wrung**⟩ *tr* **1.** *(~ out)* auswringen, -drücken, -pressen, -quetschen; **2.** *(~ out)* herausdrücken, -pressen; **3.** *(Bekenntnis)* erpressen (*from, out of* von); **4.** *(Hals)* umdrehen; ► ~ **one's hands** die Hände ringen; ~

s.o.'s heart jdm (großen) Kummer machen; jdm ans Herz greifen; **wringer** ['rɪŋə(r)] Mangel *f.*

wrinkle ['rɪŋkl] **I** *s* **1.** Falte, Runzel *f;* **2.** *(Papier)* Kniff *m;* **II** *tr* **1.** zerknittern; **2.** runzlig machen; **3.** *(Stirn)* runzeln; *(Nase)* rümpfen; **III** *itr* **1.** knittern; **2.** Falten schlagen; **3.** runzlig werden; **wrinkled, wrinkly** ['rɪŋkld, 'rɪŋklɪ] *adj* **1.** runz(e)lig, faltig; **2.** *(Stoff)* leicht knitternd.

wrist [rɪst] Handgelenk *n;* **wrist-band** **1.** Armband *n;* Schweißband *n;* **2.** Armbündchen *n;* **wrist·let** ['rɪstlɪt] Armband *n;* **wrist-watch** ['rɪstwɒtʃ] Armbanduhr *f.*

writ [rɪt] *jur* Verfügung, Anweisung *f;* (~ *of summons)* Vorladung *f;* ► **issue a ~ against s.o., serve a ~ (up)on s.o.** jdm e-e Vorladung zustellen; **Holy W~** Heilige Schrift.

write [raɪt] ‹*irr* wrote, written› **I** *tr* **1.** schreiben; auf-, niederschreiben, zu Papier bringen; **2.** aufzeichnen, ab-, verfassen; **3.** *jur* aufsetzen; **4.** *(Bescheinigung, Scheck)* ausstellen; **5.** *(Scheck)* ausschreiben; **6.** *(Formular)* ausfüllen; **7.** *(Papier)* beschreiben; **8.** *(Vertrag)* aufsetzen; **9.** (schriftlich, brieflich) mitteilen (*s.th. to s.o., s.o. s.th.* jdm etw); ► **~ in full** ausschreiben; **~ shorthand** stenographieren; **~ s.o. a letter** jdm e-n Brief schreiben; **II** *itr* **1.** schreiben; **2.** bestellen, kommen lassen (*for s.th.* etw); **III** *(mit Präposition)* **write away** *itr* auswärts bestellen (*for s.th.* etw); **write back** *itr* zurückschreiben; **write down** *tr* nieder-, aufschreiben; **write in** *tr* **1.** einfügen, eintragen; **2.** *Am (Wahlschein)* ausfüllen; seine Stimme abgeben für; *itr* sich schriftlich bewerben (*for* um); **write off** *tr* **1.** *com u. fig* abschreiben; **2.** *(Auto)* zu Schrott fahren; als Totalschaden abschreiben; **3.** schnell hinschreiben; **write out** *tr* **1.** (voll) ausschreiben; **2.** *(Scheck)* ausfüllen; **write up** *tr* **1.** e-n schriftlichen Bericht machen über, eingehend berichten; *(Aufzeichnungen)* ausarbeiten; **2.** *(schriftlich)* aufs laufende bringen; **3.** eine Kritik schreiben über; **4.** *(Wert)* zu hoch ansetzen.

write-in ['raɪtɪn] *Am* Stimmabgabe *f* für einen nicht aufgeführten Kandidaten; **write-off** ['raɪtɒf] *com* Abschreibung *f; mot* Totalschaden *m;* **write-protected** ['raɪtprə'tektəd] *adj EDV* schreibgeschützt.

writer ['raɪtə(r)] **1.** Schreiber(in) *m (f);* Schriftsteller(in) *m (f);* Verfasser(in) *m (f);* **2.** *Am* Versicherer *m;* ► **~ of a cheque** Scheckaussteller *m;* **~'s cramp** Schreibkrampf *m;* **I am a poor ~** ich schreibe nicht gerne Briefe; ich schreibe schlecht.

write-up ['raɪtʌp] **1.** *com* Heraufsetzung *f* des Buchwertes; **2.** Pressebericht *m;* Kritik *f.*

writhe [raɪð] *itr* sich krümmen, winden (*with* vor).

writ·ing ['raɪtɪŋ] **1.** Schreiben *n;* Schriftstück *n;* **2.** (Hand)Schrift *f;* **3.** Buch, Werk *n;* **4.** Schriftstellerei *f;* ► **in ~** schriftlich; **put in ~** niederschreiben; **writing-case** Schreibmappe *f;* **writing desk** Schreibtisch *m;* **writing-pad** Schreibunterlage *f;* Notiz-, Briefblock *m;* **writing-paper** Schreibpapier.

writ·ten ['rɪtn] **I** *v s. write;* **II** *adj* schriftlich; *(Wort)* geschrieben; ► **~ language** Schriftsprache *f.*

wrong [rɒŋ, *Am* rɔ:ŋ] **I** *adj* **1.** unrichtig, falsch; **2.** unrecht; **3.** unangebracht, unpassend; ► **~ side out** mit der Innenseite nach außen; **be ~** unrecht haben; sich irren; nicht in Ordnung sein, nicht stimmen; **get on the ~ side of s.o.** sich jdn zum Gegner machen; **there is s.th. ~** da stimmt etw nicht (*with* mit); **what's ~?** stimmt etw nicht? **sorry, ~ number!** *tele* Verzeihung, falsch verbunden! **~-foot s.o.** jdn auf dem falschen Fuß erwischen; **I was ~-footed by the question** die Frage traf mich unvorbereitet; **II** *adv* falsch, nicht richtig, nicht recht; ► **do s.th. ~** etw falsch, verkehrt machen; **go ~** schiefgehen, scheitern; nicht richtig funktionieren; **get it ~** sich verrechnen; es falsch verstehen; **take s.th. ~** etw übelnehmen; **III** *s* **1.** Unrecht *n;* Ungerechtigkeit *f;* **2.** *jur* Rechtswidrigkeit *f;* ► **be in the ~** im Unrecht sein; **do ~** Unrecht tun (*to s.o.* jdm); sich etw zuschulden kommen lassen; **put in the ~** ins Unrecht setzen; **IV** *tr* **1.** ein Unrecht zufügen (*s.o.* jdm); **2.** ungerecht behandeln, benachteiligen, beeinträchtigen; **3.** unrecht tun (*s.o.* jdm); **wrong-doer** ['rɒŋˌduə(r)] Übel-, Missetäter(in) *m (f);* **wrong·doing** [ˌrɒŋ'du:ɪŋ] Übeltat *f;* Missetaten *f pl;* **wrong·ful** ['rɒŋfl] *adj* ungerechtfertigt, zu Unrecht; **wrong-headed** [ˌrɒŋ'hedɪd] *adj* starrsinnig, querköpfig, halsstarrig; **wrong·ly** ['rɒŋlɪ] *adv* falsch, unrichtig; zu Unrecht.

wrote [rəʊt] *v s. write.*

wrought [rɔ:t] **I** *obs Präteritum, pp von work* ► **great changes have been ~** es wurden große Veränderungen herbeigeführt; **the storm ~ destruction** der Sturm richtete Zerstörung an; **II** *adj (Eisen)* Schmiede-; *(Silber)* getrieben; ► **~ iron** Schmiedeeisen *n;* **wrought-up** [rɔ:t'ʌp] *adj* erregt; aufgeregt, -gewühlt.

wrung [rʌŋ] *v s. wring.*

wry [raɪ] *adj* ironisch; *(Lächeln)* gezwungen; ► **make a ~ face** das Gesicht verziehen; **a ~ sense of humour** ein trockener Humor.

X

X, x [eks] ⟨*pl* -'s⟩ **1.** X, x *n;* **2.** *math fig* x, unbekannte Größe; **3.** *(in Briefen nach Namen)* Kuß *m;* ► **x number of people** x Leute; **Mrs. x** Frau X; **x marks the spot where ...** die Stelle, an der ..., ist mit einem Kreuzchen bezeichnet; **x-axis** x-Achse *f;* **x-cer·ti·fi·cate** ['ekssəˌtɪfɪkət] *adj (Film)* nicht jugendfrei, ab 18 Jahren; **X-chromosome** ['eksˌkrəʊməsəʊm] *biol* X-, Geschlechtschromosom *n.*

xeno·phobia [ˌzenə'fəʊbɪə] Fremdenhaß *m,* Xenophobie *f.*

Xerox ['zɪərɒks] *Wz* **I** *s* Xerokopie *f;* Xeroxverfahren *n;* **II** *tr* xerokopieren.

Xmas ['eksməs, 'krɪsməs] *fam s. Christmas.*

X-ray ['eksreɪ] **I** *s* **1.** Röntgenaufnahme *f;* **2.** *pl* Röntgenstrahlen *m pl;* ► **take an ~ of s.o.** jdn röntgen; **have an ~** geröntgt werden; **~ apparatus** Röntgenapparat *m;* **~ diagnosis, examination, test** Röntgenuntersuchung *f;* **II** *tr* röntgen, durchleuchten.

xylo·phone ['zaɪləfəʊn] *mus* Xylophon *n.*

Y

Y, y [waɪ] ⟨*pl* -'s⟩ **1.** Y, y *n;* **2.** *math* y, zweite Unbekannte; ▶ **y-axis** y-Achse *f.*

yacht [jɒt] **I** *s mar* (Segel-, Motor)Jacht, Yacht *f;* **II** *itr* auf e-r Jacht fahren, segeln; **yacht·ing** [—ɪŋ] Segeln *n;* ▶ **they go ~** sie gehen zum Segeln; **yachts·man** ['jɒtsmən] ⟨*pl* -men⟩ Jachtfahrer, Segler *m.*

yak [jæk] *itr fam* quasseln.

yam [jæm] *bot* **1.** Jamswurzel *f;* **2.** *Am* Süßkartoffel *f.*

yank [jæŋk] **I** *s* Ruck *m;* **II** *tr* mit e-m Ruck ziehen; **III** *(mit Präposition)* **yank off** *tr* abreißen; **yank out** *tr* ausreißen; *(Zahn)* ziehen.

Yank [jæŋk] *fam* Ami *m;* **Yan·kee** ['jæŋkɪ] Amerikaner, Yankee *m.*

yap [jæp] **I** *itr* **1.** kläffen *a. fig;* **2.** *fam* schwätzen; *(dumm)* quatschen; **II** *s* **1.** Gekläff *n;* **2.** *fam* Gequatsche *n.*

yard[1] [jɑ:d] **1.** Yard *n (= 0,914 m);* **2.** *mar* Rahe *f;* ▶ **square ~** Quadratyard *n;* **by the ~** meterweise; *fig* unendlich viel, lang.

yard[2] [jɑ:d] **1.** Hof *m;* **2.** (Arbeits-, Bau-, Lager)Platz *m;* **3.** *Am* Garten *m;* ▶ **in the ~** auf dem Hof; **the Y~, Scotland Yard** die englische Polizei; **shipbuilding ~** Werft *f.*

yard·stick ['jɑ:dstɪk] **1.** Elle *f,* Yardstock *m;* **2.** *fig* Maßstab *m;* ▶ **~ of performance** Erfolgsmaßstab *m.*

yarn [jɑ:n] **I** *s* **1.** Garn *n,* Faden *m;* **2.** *fig* Seemannsgarn *n;* **II** *itr (spin a ~)* ein Seemannsgarn spinnen (*about* über).

yaw [jɔ:] **I** *itr mar aero* gieren, vom Kurs abweichen; **II** *s* (Kurs)Abweichung *f.*

yawl [jɔ:l] *mar* Jolle *f;* Beiboot *n.*

yawn [jɔ:n] **I** *itr* **1.** gähnen *a. fig;* **2.** *fig* klaffen, sich öffnen; **II** *s* Gähnen *n;* ▶ **it was a ~** *fam* es war langweilig; **yawn·ing** [—ɪŋ] *adj* gähnend *a. fig.*

yea [jeɪ] **I** *adv* ja (doch); **II** *s* **1.** Ja *n;* **2.** Jastimme *f;* **yeah** [jeə] *adv fam* ja.

year [jɜ:(r), jɪə(r)] Jahr *n;* Jahrgang *m;* ▶ **all the ~ round** das ganze Jahr über; **for, in ~s** seit Jahren, jahrelang; **for his ~s** für sein Alter; **in the ~ 1837** im Jahre 1837; **last, this, next ~** letztes, dieses, nächstes Jahr; **~s ago** vor Jahren; **~ in, ~ out** jahraus, jahrein; **difference in ~s** Altersunterschied *m;* **~ of assessment** Steuerjahr *n;* **~ of birth** Geburtsjahr *n;* **~ of manufacture** Baujahr *n;* **~ under report, review** Berichtsjahr *n;* **~s of service** Dienstjahre *n pl;* **year·book** Jahrbuch *n;* **year·ling** ['jɜ:lɪŋ, 'jɪəlɪŋ] *zoo* Jährling *m;* **year-long** [ˌjɜ:'lɒŋ, 'jɪə'lɒŋ] *adj* ein volles Jahr dauernd; **year·ly** ['jɜ:lɪ, 'jɪəlɪ] *adj, adv* jährlich; ▶ **~ income, output, subscription** Jahreseinkommen *n,* -produktion *f,* -beitrag *m.*

yearn [jɜ:n] *itr* sich sehnen, verlangen (*for, after* nach; *to do* zu tun); **yearn·ing** [—ɪŋ] Sehnsucht *f,* Verlangen *n.*

yeast [ji:st] Hefe *f;* **yeasty** ['ji:stɪ] *adj* hefig, nach Hefe.

yell [jel] **I** *s* Schrei *m;* ▶ **give me a ~ when you're ready** sag Bescheid, wenn du fertig bist; **college ~** *Am* anfeuernder Zuruf eines Colleges; **II** *itr (~ out)* schreien; ▶ **~ at s.o.** jdn anbrüllen; **III** *tr (~ out)* schreien, brüllen; rufen.

yel·low ['jeləʊ] **I** *adj* **1.** gelb; **2.** *fam* feige; ▶ **the ~ peril** die gelbe Gefahr; **he has a ~ streak in him** er ist feige; **parking on the ~ lines** Parken im Parkverbot; **II** *s* **1.** Gelb *n;* **2.** Eigelb *n;* **III** *tr* gelb färben; **IV** *itr* **1.** gelb werden; **2.** vergilben; **yellow belly** *sl* Feigling *m;* **yellow-dog** *adj Am* gewerkschaftsfeindlich; **yellow fever** *med* Gelbfieber *n;* **yellow jack 1.** *Am* Gelbfieber *n;* **2.** (gelbe) Quarantäneflagge *f;* **yellow pages** *pl* Gelbe Seiten *f pl,* Branchenverzeichnis *n.*

yelp [jelp] **I** *itr* **1.** kläffen, jaulen; **2.** aufschreien; **II** *s* **1.** kurzes Bellen, Jaulen *n;* **2.** Aufschrei *m.*

yen [jen] Sehnsucht *f;* Lust *f* (*for* auf); ▶ **he has a ~ to be alone** er möchte gar zu gerne allein sein.

yeo·man ['jəʊmən] ⟨*pl* -men⟩ *hist* Freisasse *m;* kleiner Grundbesitzer; ▶ **Y~ of the Guard** königlicher Leibgardist; **yeo·manry** [—rɪ] bäuerlicher Mittelstand; **yeoman('s) service** treue Dienste *m pl.*

yep [jep] *adv sl* ja.

yes [jes] **I** *adv* ja, jawohl; doch; **II** *s* Ja *n;* **yes-man** ⟨*pl* -men⟩ Jasager *m.*

yes·ter·day ['jestədɪ, 'jestədeɪ] **I** *adv* gestern; ▶ **the day before ~** vorgestern; **~ morning, afternoon, night** gestern morgen, nachmittag, nacht; **~ week** vor acht Tagen; **II** *s* der gestrige Tag.

yet [jet] **I** *adv* **1.** *(zeitlich)* noch; jetzt; schon; schon noch; **2.** *(vor Komparativ)* noch, sogar; außerdem; trotzdem; ▶ **as ~** bis jetzt; **not ~** noch nicht; **I have ~ to see it myself** ich muß es selbst noch sehen; **II** *conj* (je)doch, dennoch, trotzdem.

yew [ju:] *(a. ~-tree) bot* Eibe *f.*

Yid·dish ['jɪdɪʃ] Jiddisch *n.*

yield [ji:ld] **I** *tr* **1.** hervorbringen, liefern; **2.** einbringen, abwerfen, (her)geben; **3.** *(Zinsen)* gewähren; **4.** *fig* aufgeben; abtreten (*to s.o.* an jdn); **II** *itr* **1.** *agr* tragen; **2.** *com* Zinsen tragen; **3.** sich fügen; es aufgeben; **4.** nachgeben; **5.** *mot* die Vorfahrt lassen, beachten; **6.** *Am* das Wort überlassen (*to s.o.* jdm); ▶ **~ to conditions** auf Bedingungen eingehen; **~ to force** der Gewalt weichen; **~ to none** niemandem nach-, hinter niemandem zurückstehen; **III** *s* **1.** Ertrag, (erzielter) Gewinn *m;* **2.** Ernte *f;* **3.** Ausbeute *f;* effektive Verzinsung; *com* Rendite *f;* **IV** *(mit Präposition)* **yield up** *tr* abtreten (*to* an); *(Leben)* aufgeben; ▶ **~ up to one's fate** sich in sein Schicksal ergeben, fügen; **yield·ing** [—ɪŋ] *adj* **1.** nachgebend; **2.** *fig* nachgiebig.

yip·pee ['jɪpɪ] *interj* juhe! hurra!

yob, yob·bo [jɒb, 'jɒbəʊ] Lümmel *m.*

yodel, yodle ['jəʊdl] **I** *itr* jodeln; **II** *s* Jodler *m.*

yoga ['jəʊgə] Joga *n.*

yog·h(o)urt ['jɒgət] Joghurt *m.*

yogi ['jəʊgɪ] Yogi *m.*

yoke [jəʊk] **I** *s* **1.** *agr fig* Joch *n;* **2.** *(Kleid)* Passe *f;* ▶ **throw off the ~** *fig* das Joch abschütteln; **II** *tr* **1.** *(Zugtiere)* anjochen, anspannen (*to* an); **2.** *fig* koppeln, verbinden (*to* mit).

yokel ['jəʊkl] *pej* Tölpel *m.*

yolk [jəʊk] Dotter *m* od *n,* Eigelb *n.*

yon·der ['jɒndə(r)] *adv* dort (drüben).

yore [jɔ:(r)] ▶ **in days of ~** in alten Zeiten.

you [ju:] *prn* **1.** du; dich *acc;* dir *dat;* **2.** *pl* ihr; euch *acc* u. *dat;* **3.** *(Höflichkeitsform)* Sie *a. acc;* Ihnen *dat;* **4.** *(unbestimmt)* man; einen *acc;* einem *dat;* ▶ **all of ~** ihr alle; Sie alle; **if I were ~** ich an deiner, Ihrer Stelle; **it's ~** du bist es; ihr seid's; Sie sind es; **~ teachers** ihr Lehrer; **there's a nice job for ~** das ist eine nette Arbeit; **that hairstyle just isn't ~** die Frisur paßt einfach nicht zu dir; **you'll** [ju:l] = *you will; you shall.*

young [jʌŋ] **I** *adj* **1.** jung *a. geol;* **2.** jugendlich; **3.** frisch, kräftig; **4.** unerfahren; ▶ **the night is still ~** der Abend hat erst angefangen; **II** *s zoo* (das) Junge; ▶ **the ~** *pl* die Jungen, die jungen Leute *pl;* **with ~** *(Tier)* trächtig; **young people** *pl* junge Leute *pl;* **young persons** *pl* Jugendliche *m pl;* **young·ster** ['jʌŋstə(r)] Junge, Bursche *m.*

your [jɔ:(r), jʊə(r)] *prn* **1.** dein; euer, eure, euer *pl;* **2.** *(Höflichkeitsform)* Ihr; **3.** *(unbestimmt)* sein; **4.** *(typisch)* der, die, das; ▶ **~ average German** der durchschnittliche Deutsche; **you register and then you get ~ form** man meldet sich an, und dann bekommt man sein Formular; **one of ~ friends** einer deiner, Ihrer Freunde.

you're [jʊə(r)] = *you are.*

yours [jɔ:z, jʊəz] *prn* **1.** deine(r, s); der, die, das deine; **2.** *pl* eure(r, s); der, die, das eure; **3.** *(Höflichkeitsform)* Ihre(r, s); der, die, das Ihre; ▶ **a friend of ~s** einer deiner, eurer, Ihrer Freunde; **this book is ~s** dies Buch gehört dir, euch, Ihnen; **~ sincerely** mit freundlichen Grüßen; **~s truly, faithfully** hochachtungsvoll.

your·self [jɔ:'self, jə'self, *Am* jʊər'self] ⟨*pl* -selves⟩ *prn* **1.** dich *acc;* dir *dat;* **2.** *pl* euch *acc* u. *dat;* **3.** *(Höflichkeitsform)* sich; **4.** *(betont)* (du, ihr, Sie) selbst; ▶ **(all) by ~** (ganz) allein; ohne Hilfe; **be ~!** *fam* reiß dich zusammen! **you don't seem to be ~ today** Sie sind heute wohl nicht ganz auf der Höhe; **will you do it ~?** machst du das selbst? machen Sie das selbst? **you ~ said it** das hast du, das habt ihr, das haben Sie selbst gesagt.

youth [ju:θ] ⟨*pl* youths⟩ [ju:ðz] **1.** Jugend *f;* **2.** Jugendlichkeit, -frische *f;* **3.** *mit sing od pl* Jugend *f;* junge Leute *pl;* **4.** junger Mann, Jugendliche(r) *m;* ▶ **the friends of his ~** seine Jugendfreunde *m pl;* **vigour of ~** Jugendkraft *f;* **youth centre, youth club** Haus *n* der Jugend, Jugendzentrum *n;* **youth·ful** ['ju:θfl] *adj* **1.** jung; **2.** jugendlich; **youth hostel** Jugendherberge *f;* **youth training scheme** Ausbildungsförderungsprogramm *n;* **youth unemployment** Jugendarbeitslosigkeit *f.*

you've [ju:v] = *you have.*

yowl [jaʊl] *itr* jaulen.

yo-yo ['jəʊjəʊ] *(Kinderspielzeug)* Jo-Jo *n;* ▶ **up and down like a ~** immer auf und ab.

Yu·go·slav ['ju:gəʊ'slɑ:v] **I** *adj* jugoslawisch; **II** *s* Jugoslawe *m,* Jugoslawin *f;* **Yu·go·sla·via** ['ju:gəʊ'slɑ:vɪə] Jugoslawien *n;* **Yu·go·sla·vian** ['ju:gəʊ'slɑ:vɪən] *adj* jugoslawisch.

yukky ['jʌkɪ] *adj fam* ekelhaft.

yule [ju:l] Weihnacht(en *n* od *pl*) *f;* **yule-log** Weihnachtsscheit *n;* **yule-tide** Weihnachtszeit *f.*

yuppie, yuppy ['jʌpɪ] *Abk:* **young urban professional** Yuppie *m f.*

Z

Z, z [zed, *Am* zi:] ‹*pl* -'s› Z, z *n.*
Zam·bia ['zæmbɪə] Sambia *n.*
zany ['zeɪnɪ] *adj* komisch, spaßig.
zap [zæp] *EDV fam* löschen.
zeal [zi:l] Eifer *m;* **zealot** ['zelət] **1.** Fanatiker(in) *m (f);* **2.** *rel* Zelot *m;* **zealous** ['zeləs] *adj* eifrig; begeistert, enthusiastisch.
zebra ['zi:brə] Zebra *n;* **zebra crossing** Zebrastreifen *m.*
zen·ith ['zenɪθ, *Am* 'zi:nɪθ] Zenit *m a. fig.*
zero ['zɪərəʊ] ‹*pl* zero(e)s› **I** *s* **1.** Null *f;* **2.** Nullpunkt *m (e-r Skala);* **3.** Gefrierpunkt *m;* **4.** *fig* Null-, Tiefpunkt, -stand *m;* **5.** Nichts *n a. fig;* ▶ **be at ~** auf Null stehen; **fall to ~** auf null Grad fallen; **II** *adj* null, Null-; ▶ **~ altitude flying** Tiefflug *m;* **~ degrees** null Grad; **~ gravity** Schwerelosigkeit *f;* **~ growth** Nullwachstum *n;* **~ hour** die Stunde X; **~ option** *pol* Nullösung *f;* **~-rated** ohne Mehrwertsteuer; **I have ~ interest in that** *fam* ich habe null Interesse daran; **III** *(mit Präposition)* **zero in** *itr mil* sich einschießen (*on* auf); ▶ **~ in on s.o.** jdn einkreisen; **~ in on s.th.** sich etw herausgreifen; sich auf etw stützen.
zest [zest] **1.** Begeisterung *f;* **2.** *fig* Pfiff, Schwung *m;* **3.** Zitronen-, Orangenschale *f;* ▶ **~ for life** Lebensfreude *f;* **with ~** mit Eifer, Begeisterung; **add, give ~ to s.th.** e-r S Würze verleihen, e-e S interessant machen.
Zeus [zju:s] Zeus *m.*
zig·zag ['zɪgzæg] **I** *s* Zickzack(linie *f,* -weg *m) m;* **II** *adv* im Zickzack; **III** *adj* Zickzack-; zickzackförmig; ▶ **~ path** Zickzackweg *m;* **IV** *itr* im Zickzack (ver)laufen.
Zim·ba·bwe [zɪm'bɑ:bwɪ] *geog* Simbabwe, Zimbabwe *n.*
zinc [zɪŋk] Zink *n.*
zip [zɪp] **I** *s* **1.** Pfeifen, Zischen, Surren *n;* **2.** *fig fam* Dynamik *f,* Schwung *m;* **3.** *(~ fastener)* Reißverschluß *m;* **II** *itr* pfeifen, schwirren, surren; **III** *tr* **1.** *(~ shut)* mit e-m Reißverschluß schließen; **2.** *(~ open)* den Reißverschluß aufmachen (*s.th.* e-r S); ▶ **will you ~ me up?** würdest du meinen Reißverschluß zumachen? **zip code, ZIP code** *Am* Postleitzahl *f;* **zip-fas·tener, zip·per** ['zɪpˌfɑ:snə(r), 'zɪpə(r)] Reißverschluß *m;* **zippy** ['zɪpɪ] *adj fam* schwungvoll; schnell.
zither ['zɪðə(r)] *mus* Zither *f.*
zo·diac ['zəʊdɪæk] *astr* Tierkreis *m;* ▶ **sign of the ~** Tierkreiszeichen *n.*
zom·bie ['zɒmbɪ] **1.** *(Westindien)* Zombi *m;* **2.** *fig fam* Trottel *m;* ▶ **like a ~** total im Tran *fam.*
zonal ['zəʊnl] *adj* Zonen-, zonal; **zone** [zəʊn] **I** *s* **1.** Zone *f;* **2.** Gebiet *n,* Bereich *m;* **3.** (Post)Bezirk *m; Am* Gebührenzone *f;* ▶ **danger ~** Gefahrenzone *f,* -bereich *m;* **frigid, temperate, torrid ~** kalte, gemäßigte, heiße Zone; **occupation ~** Besatzungszone *f;* **II** *tr* **1.** in Zonen *od* Bezirke einteilen; **2.** *(Gelände)* für e-n bestimmten Zweck vorsehen; **zon·ing** [—ɪŋ] Gebiets-, Flächenaufteilung *f;* **zoning ordinance** Bebauungsplan *m; pl* baurechtliche Vorschriften *f pl.*
zoo [zu:] Zoo *m;* **zo·ol·ogi·cal** [ˌzəʊə'lɒdʒɪkl] *adj* zoologisch; ▶ **~ gardens** *pl* zoologischer Garten, Tierpark *m;* **zo·ol·ogist** [zəʊ'ɒlədʒɪst] Zoologe *m,* Zoologin *f;* **zo·ol·ogy** [zəʊ'ɒlədʒɪ] Zoologie *f.*
zoom [zu:m] **I** *s* **1.** *phot (~ lens)* Zoom(objektiv) *n;* **2.** *aero* Steilflug *m,* steiler Aufstieg; **3.** *(Geräusch)* Surren *n;* **II** *tr* **1.** *aero* steil hochziehen; **2.** *mot* auf Hochtouren bringen; **III** *itr* **1.** *aero* steil aufsteigen; **2.** *(Preise)* in die Höhe schnellen; **3.** sausen, rasen; schnell arbeiten; **4.** surren; ▶ **he just ~ed through it** er hatte das im Nu fertig; **IV** *(mit Präposition)* **zoom in** *itr* **1.** *phot* nah herangehen; **2.** *fam* hereinsausen; ▶ **~ in on s.th.** etw heranholen; *fig fam* etw sofort herausgreifen; **zoom out** *itr* **1.** *phot* aufziehen; **2.** *fam* hinaussausen.
zuc·chi·ni [zu'ki:nɪ] Zucchini *pl.*

PONS

Deutsch – Englisch

herausgegeben von Prof. Dr. Erich Weis

Deutsch-Englisch
neubearbeitet und ergänzt
von Christian Nekvedavičius

Neubearbeitung 1991

Kompaktwörterbuch
Ernst Klett Verlag für Wissen und Bildung
Stuttgart · Dresden

PONS – Kompaktwörterbuch Deutsch-Englisch
herausgegeben von Prof. Dr. Erich Weis

Deutsch-Englisch neubearbeitet und ergänzt
von Christian Nekvedavičius

Neubearbeitung unter Mitwirkung und
Leitung der Verlagsredaktion Wörterbücher
Mitarbeit: Louise Aidulis, Dr. Andreas Cyffka,
Elisabeth Meyer-Koch

Erläuterungen

I. Schriftarten

Fettdruck für die Stichworteinträge;

Halbfettdruck für die Anwendungsbeispiele und Redewendungen der Quellsprache und für die römischen und arabischen Ziffern;

Grundschrift für die englischen Übersetzungen der deutschen Stichwörter, Anwendungsbeispiele und Redewendungen;

Grundschrift für grammatische Angaben in ⟨ ⟩;

Kursivschrift für Angaben von Wortart und Genus etc., für Erklärungen in ( ), für Bezeichnungen des Sachgebiets und der Sprachebene;

Beispiel: **aber** ['a:bɐ] **I** *conj* **1.** *(Gegensatz)* but; ▶ **oder ~** or else; **~ trotzdem** but still; **schönes Wetter! — aber ziemlich kalt.** nice day! — rather cold, though; **2.** *(Verstärkung):* ▶ **~, ~!** *interj* come, come! **~ ja!** oh, yes! **bist du ~braun!** aren't you brown! **nun ist ~ Schluß!** now that's enough! **II** *adv* **tausend und ~ tausend** thousands upon thousands.

II. Stichwortanordnung und Gliederung der Stichworteinträge

Alle fett gedruckten Stichwörter sind alphabetisch geordnet. Die Umlaute ä, ö, ü sind den Buchstaben a, o, u gleichgestellt.

Römische Ziffern kennzeichnen die verschiedenen Wortarten, denen ein Stichwort angehört.

Beispiel: **al•so** ['alzo] **I** *adv* so; *(als Füllwort)* well; ▶ **~ doch!** so ... after all! **~ gut!** well all right then! **II** *conj (daher)* therefore.

Verschiedene Bedeutungen eines Stichwortes sind durch **arabische Ziffern** gekennzeichnet.

Beispiel: **Raum** [raʊm, *pl* 'rɔɪmə] ⟨-(e)s, ¨e⟩ *m* **1.** *astr* space; **2.** *(Zimmer)* room; **3.** *(Gebiet)* area; **4.** *fig (Spiel~)* scope; ▶ **~ schaffen** make some space; **der ~ Frankfurt** the Frankfurt area.

Arabische Ziffern (hochgestellt) unterteilen Homographe.

Beispiel: **Pack**[1] [pak] ⟨-(e)s⟩ *m* **1.** *(Haufen)* stack; **2.** *(Bündel)* bundle; ▶ **mit Sack u. ~** *fam* with bag and baggage.
Pack[2] *n (Gesindel)* rabble, riffraff.

III. Tilde ~

Die Tilde ~ ersetzt in den Redewendungen und Anwendungsbeispielen sowie in den ( ) Erklärungen das (fett gedruckte) Stichwort.

Beispiel: **Wehr•dienst** *m* military service; ▶ **jdn zum ~ einberufen** *Br* call s.o.up, *Am* draft s.o.
Zie•gel ['tsi:gl] ⟨-s, -⟩ *m* **1.** *(~stein)* brick; **2.** *(Dach ~)* tile.

IV. Grammatische Angaben

Die grammatischen Angaben beschreiben in knapper Form die grammatischen Eigenschaften eines Wortes und sein grammatisch bedingtes Verhalten bei der Verwendung im Satzzusammenhang. Sie sollen dem Benutzer helfen, das Wort grammatisch richtig zu gebrauchen bzw. in seinem Gebrauch zu erkennen und der grammatisch richtigen englischen Entsprechung zuzuordnen.

Die grammatischen Angaben bestehen im wesentlichen aus der Bezeichnung der Wortart, Angaben zur Flexion und Hinweisen zur Verbindung mit anderen Satzteilen (Kasusgebrauch, Verwendung bestimmter Präpositionen). Sie ordnen das jeweilige Stichwort grundsätzlich einer Klasse von Worten zu, deren Mitglieder sich grammatisch gleich verhalten, d. h. einer Wortklasse. Individuelle Besonderheiten eines Wortes sind dann vermerkt, wenn sie sich aus dem allgemeinen Verhalten der gesamten Wortklasse nicht ableiten lassen; hierzu dienen vor allem auch die zahlreich aufgenommenen Anwendungsbeispiele.
Zum Verständnis der verwendeten Abkürzungen und sonstigen Zeichen sollte sich der Benutzer unbedingt mit den folgenden Erläuterungen vertraut machen.

1. Substantive

Die Bezeichnung des grammatischen Geschlechts als *m* (Maskulinum, best. Art. „der"), *f* (Femininum, best. Art. „die") oder *n* (Neutrum, best. Art. „das") schließt ein, daß es sich um ein Substantiv handelt.
Substantive, die wie Adjektive dekliniert werden und sowohl eine männliche als auch eine weibliche Form haben, sind folgendermaßen gekennzeichnet:

Angestellte(r) *f m* = der Angestellte, ein Angestellter
= die Angestellte, eine Angestellte

Männliche Substantive, die wie Adjektive dekliniert werden, sind folgendermaßen gekennzeichnet:

Beamte(r) *m* = der Beamte, ein Beamter

Substantive, die die weibliche Form mit **-in** bilden, sind folgendermaßen gekennzeichnet:

Ingenieur(in) *m (f)*
Chirurg(in) *m (f)*
Agent(in) *m (f)*

Auf die Angabe des grammatischen Geschlechts folgt in spitzen Klammern ⟨ ⟩ die Flexionsendung, die dem Wort im Genitiv Singular bzw. (durch Komma getrennt) im Nominativ Plural angehängt wird (runde Klammern bezeichnen weglaßbare und/oder wenig gebräuchliche Elemente):

z. B.: **Ha•se** *m* ⟨-n, -n⟩ *für* ⟨*Gen. Sing.* Hasen, *Nom. Pl.* Hasen⟩
Haar *n* ⟨-(e)s, -e⟩ *für* ⟨Haars (Haares), Haare⟩

Erscheint nur ein „-“ ohne Endung, so heißt das, daß die betreffende Form mit der (im Nominativ gegebenen) Grundform gleichlautend ist:

Kat•ze *f* ⟨-, -n⟩ *für* ⟨Katze, Katzen⟩
Ham•ster *m* ⟨-s, -⟩ *für* ⟨Hamster, Hamster⟩

Wird der Stammvokal der Grundform bei der Pluralbildung umgelautet (a, o, u, au → ä, ö, ü, äu), so steht das Zeichen ¨ vor der Pluralendung:

Zahn *m* ⟨(e)s, ¨e⟩ *für* ⟨Zahn(e)s, Zähne⟩
Haus *n* ⟨-es, ¨er⟩ *für* ⟨Hauses, Häuser⟩

Bei Wörtern, die gewöhnlich keinen Plural bilden, erscheint nur die Endung des Genitiv Singular:

Ei•fer *m* ⟨-s⟩ *für* ⟨Eifers, *kein Plural*⟩
Lie•be *f* ⟨-⟩ *für* ⟨Liebe, *kein Plural*⟩

Bei Wörtern, die in der Grundform auf -ß enden und die Schreibung bei den flektierten Formen zu -ss- ändern, ist dies folgendermaßen angegeben:

Fluß *m* ⟨-sses, ¨sse⟩ *für* ⟨Flusses, Flüsse⟩
Haß *m* ⟨-sses⟩ *für* ⟨Hasses, *kein Plural*⟩

Bei einigen Fremdwörtern (z. B. auf -mus, -ium, -(u)um) wird die gegebene Pluralendung nicht an die Grundform angehängt, sondern ersetzt im Plural den entsprechenden Teil der Grundform:

Or•ga•nis•mus *m* ⟨-, -men⟩ *für* ⟨Organismus, Organismen⟩
Ora•to•rium *n* ⟨-s, -ien⟩ *für* ⟨Oratoriums, Oratorien⟩
Kon•ti•nu•um *n* ⟨-s, -ua⟩ *für* ⟨Kontinuums, Kontinua⟩

Bei zusammengesetzten Substantiven sind die Flexionsangaben unter dem Eintrag des letzten Teilworts zu finden.
Eine große Zahl von Wörtern im Deutschen ist durch Anhängen bestimmter, unselbständiger Nachsilben (Suffixen) von anderen Wörtern abgeleitet. Bei solchen Bildungen ist die Flexion (überwiegend auch das grammatische Geschlecht) regelmäßig durch die jeweilige Endung bestimmt und braucht daher in der Regel nicht in jedem Einzelfall angegeben zu werden. Da diese Ableitungsendungen keine selbständigen Stichworteinträge bilden, sind sie mit den jeweiligen Flexionsmustern in folgender Liste zusammengestellt:

-chen	*n* ⟨-s, -⟩	**(das) Kerl•chen**	⟨Kerlchens, Kerlchen⟩
-e	*m f* ⟨-n, -n⟩	**(der/die) Ge•fan•ge•ne**	⟨Gefangenen, Gefangenen⟩
-ei	*f* ⟨-, (-en)⟩	**(die) Sau•er•ei**	⟨Sauerei, (Sauereien)⟩
-er	*m* ⟨-s, -⟩	**(der) Leh•rer**	⟨Lehrers, Lehrer⟩
(gilt nur für Ableitungen auf -er, siehe unten Anm. 1)			
-heit	*f* ⟨-, -en⟩	**(die) Frei•heit**	⟨Freiheit, Freiheiten⟩
-in	*f* ⟨-, -nen⟩	**(die) Leh•rer•in**	⟨Lehrerin, Lehrerinnen⟩
-keit	*f* ⟨-, -en⟩	**(die) Klei•nig•keit**	⟨Kleinigkeit, Kleinigkeiten⟩

-lein *n* ⟨-s, -⟩ **(das) Männ•lein** ⟨Männleins, Männlein⟩
-ling *m* ⟨-s, -e⟩ **(der) Misch•ling** ⟨Mischlings, Mischlinge⟩
-nis *n* ⟨-ses, -se⟩ **(das) Ver•hält•nis** ⟨Verhältnisses, Verhältnisse⟩
f ⟨-, (-se)⟩ **(die) Be•dräng•nis** ⟨Bedrängnis, (Bedrängnisse)⟩
-schaft *f* ⟨-, -en⟩ **(die) Ei•gen•schaft** ⟨Eigenschaft, Eigenschaften⟩
-tum *n* ⟨-s, ¨er⟩ **(das) Hei•lig•tum** ⟨Heiligtums, Heiligtümer⟩
(*Ausnahme:* Irrtum *m*)
-ung *f* ⟨-, -en⟩ **(die) Be•deu•tung** ⟨Bedeutung, Bedeutungen⟩

Anm. 1. Bei einer Reihe von Wörtern ist die Endung -er nicht Ableitungssilbe, sondern ein eigentlicher Teil des Wortes (z. B. Eimer *m*, Feier *f*, Feuer *n*). In diesen Fällen werden die jeweiligen grammatischen Angaben stets gemacht.

Anm. 2. Ob ein Wort im Einzelfall tatsächlich im Plural gebraucht wird, hängt davon ab, ob das betreffende Substantiv „zählbar" ist.

Bei vielen Fremdwörtern im Deutschen ist die Flexion (oft auch das grammatische Geschlecht) ebenfalls regelmäßig an ihrer jeweiligen Endung zu erkennen, so daß die Angaben zur Flexion häufig entfallen können. Die wichtigsten und verläßlichsten dieser Endungen sind mit den jeweiligen Flexionsmustern in folgender Liste zusammengestellt:

-anz *f* ⟨-, -en⟩ **(die) To•le•ranz** ⟨Toleranz, Toleranzen⟩
-ar *m* ⟨-s, -e⟩ **(der) Ar•chi•var** ⟨Archivars, Archivare⟩
n ⟨-s, -e⟩ **(das) In•ven•tar** ⟨Inventars, Inventare⟩
-är *m* ⟨-s, -e⟩ **(der) Pen•sio•när** ⟨Pensionärs, Pensionäre⟩
-enz *f* ⟨-, -en⟩ **(die) Po•tenz** ⟨Potenz, Potenzen⟩
-graph *m* ⟨-en, -en⟩ **(der) Geo•graph,** ⟨Geographen, Geographen⟩
-ie *f* ⟨-, -n⟩ **(die) Har•mo•nie** ⟨Harmonie, Harmonien⟩
(Ausnahme: **Ge•nie** *n* ⟨-s, -s⟩)
-ien *n* ⟨-s, (-)⟩ **(das) Spa•ni•en** ⟨Spaniens, (Spanien)⟩
-ier *m* ⟨-s, -⟩ **(der) Spa•ni•er** ⟨Spaniers, Spanier⟩
-ik *f* ⟨-, -en⟩ **(die) Kri•tik** ⟨Kritik, Kritiken⟩
-iker *m* ⟨-s, -⟩ **(der) Kri•ti•ker** ⟨Kritikers, Kritiker⟩
-ion *f* ⟨-, -en⟩ **(die) Na•tion** ⟨Nation, Nationen⟩
-ium *n* ⟨-s, -ien⟩ **(das) Po•di•um** ⟨Podiums, Podien⟩
-oge *m* ⟨-n, -n⟩ **(der) As•tro•loge** ⟨Astrologen, Astrologen⟩
-or *m* ⟨-s, -en⟩ **(der) Mo•tor** ⟨Motors, Motoren⟩
-smus *m* ⟨-, -smen⟩ **(der) Or•ga•nis•mus** ⟨Organismus, Organismen⟩
-st *m* ⟨-en, -en⟩ **(der) Kom•mu•nist** ⟨Kommunisten, Kommunisten⟩

-tät	*f* ⟨-, -en⟩	**(die) Prio•ri•tät**	⟨Priorität, Prioritäten⟩
-tiv	*n* ⟨-s, -e⟩	**(das) Ad•jek•tiv**	⟨Adjektivs, Adjektive⟩
	m ⟨-s, -e⟩	**(der) Ge•ni•tiv**	⟨Genitivs, Genitive⟩
-ur	*f* ⟨-, -en⟩	**(die) Agen•tur**	⟨Agentur, Agenturen⟩

Substantive, die ohne Anfügen einer Endung von einem Verb abgeleitet sind und mit diesem gleichlauten, flektieren als Neutra und bilden einen Plural nur dann, wenn sie „zählbar" sind:

Wan•dern	*n* ⟨-s⟩	für ⟨Wanderns, kein Plural⟩
Mar•schie•ren	*n* ⟨-s⟩	für ⟨Marschierens, kein Plural⟩
Le•ben	*n* ⟨-s, (-)⟩	für ⟨Lebens, (Leben)⟩
Ver•bre•chen	*n* ⟨-s, -⟩	für ⟨Verbrechens, Verbrechen⟩

2. Adjektive und Adverbien

Die Bezeichnung eines Wortes als *adj* schließt ein, daß das Wort in gleicher Form im Deutschen auch als Adverb *(adv)* gebraucht wird.
Als Flexionsangaben erscheinen bei Adjektiven in spitzen Klammern die unregelmäßigen Steigerungsformen und diejenigen Steigerungsformen, bei denen der Stammvokal der Grundform umgelautet wird. Dabei bezeichnet die erste der gegebenen Formen den Komparativ, die zweite den Superlativ (bzw. die Bildung der jeweiligen Form).

z. B.:	**gut**	*adj* ⟨besser, best⟩	
	alt	*adj* ⟨-er, -est⟩	*für* ⟨älter, ältest⟩
	nah	*adj* ⟨-er, nächst⟩	*für* ⟨näher, nächst⟩
	hoch	*adj* ⟨höher, höchst⟩	

3. Verben

1. Die Bezeichnung eines Wortes als *tr, itr* oder *refl* schließt ein, daß es sich um ein Verb handelt. Kommt ein Verb in mehreren dieser Verwendungsarten vor, dann ist der Eintrag entsprechend unterteilt.
   Die Bezeichnungen stehen für folgende Verwendung:
   - **I.** *tr* Das Verb tritt mit direktem (Akkusativ-)Objekt auf, das im Passiv als Subjekt erscheint.
   - **II.** *itr* Das Verb tritt ohne Objekt, mit indirektem Objekt und/oder mit präpositionalem Objekt auf. Im Zweifelsfalle ist nach englischer Entsprechung in runden Klammern die jeweilige Präposition angegeben, die das Verb im Englischen und Deutschen vorzugsweise regiert.
   - **III.** *refl* Das Verb wird mit dem Reflexivpronomen „sich" konstruiert, das in den flektierten Verbformen entsprechend der Person flektiert wird.

2. Die sog. „starken" und sonstigen unregelmäßigen Verben des Deutschen sind als *irr* bezeichnet und mit der Angabe ihrer Stammformen in einer besonderen Liste zusammengefaßt.

3. Die Bildung der „zusammengesetzten" Zeiten (Perfekt, Plusquamperfekt, Futur II) erfolgt mit den Hilfszeitwörtern **haben** oder **sein**. Wenn keine Angabe gemacht ist, so erfolgt die Bildung mit **haben**. Verben,

die diese Zeiten mit **sein** bilden, erhalten den Zusatz ‹sein›; bei unregelmäßigen, als *irr* gekennzeichneten Verben ist diese Angabe in der Liste der Stammformen zu finden.
Verben, die die zusammengesetzten Zeiten unterschiedslos mit **haben** oder **sein** bilden können, erhalten die Angabe ‹h *oder* sein›.
Gelegentlich ist die Bildung mit **haben** oder **sein** beim gleichen Verb mit einem Unterschied in der Kontruktionsweise des Verbs verbunden. In solchen Fällen ist bei der entsprechenden Unterteilung des Eintrags jeweils der Hinweis ‹h› bzw. ‹sein› gegeben.

4. Die Bildung des Partizip Perfekt: mit oder ohne (-)ge-:

Bei einfachen deutschen, Verben erfordert die Bildung des Partizip Perfekt in der Regel die Verwendung der (unbetonten) Vorsilbe **ge-**:

z. B.: **bau•en** — gebaut
hö•ren — gehört
le•sen — gelesen

Bei zusammengesetzten deutschen Verben, die mit einem sog. „trennbaren" (und dann stets betonten), abverbialen Präfix gebildet sind (bezeichnet durch einen senkrechten Trennstrich zwischen Präfix und Verb, siehe unten), wird die Silbe **-ge-** zwischen Präfix und Grundform des Verbs eingeschoben:

auf|bau•en — auf**ge**baut
zu|hö•ren — zu**ge**hört
vor|le•sen — vor**ge**lesen

Wichtig: Eine große Zahl von Verben bildet das Partizip Perfekt regelmäßig ohne die Vorsilbe **ge-**. Es ist möglich und vielfach üblich, in jedem einzelnen Falle die Angabe ‹ohne ge-› oder ähnlich zu machen. Diese Angabe kann jedoch unterbleiben, wenn man bedenkt, daß diese Verben (mit sehr wenigen Ausnahmen) zu zwei großen Gruppen gehören:

1. ‹ohne ge-› Alle Verben auf -ieren:

mar•schie•ren — marschierte — (ist) marschiert
pro•bie•ren — probierte — (hat) probiert

N. B. Diese Verben bilden das Part.Perf. auch dann ‹ohne ge-›, wenn sie mit einem „trennbaren" (betonten) Präfix zusammengesetzt sind:

ab|mar•schie•ren marschierte— ab (ist) abmarschiert
aus|pro•bie•ren — probierte aus (hat) ausprobiert

2. ‹ohne ge-› Alle Verben, bei denen eine der folgenden, stets unbetonten (und daher „untrennbaren") Vorsilben bereits vorhanden ist:

be-, emp-, ent-, er-, ge-, ver-, zer-,

be•bau•en — bebaute — (hat) bebaut
er•hö•ren — erhörte — (hat) erhört
ge•stal•ten — gestaltete — (hat) gestaltet
ver•lan•gen — verlangte — (hat) verlangt

Zu dieser Gruppe gehören grundsätzlich auch solche Verben, die mit einem „untrennbaren" (dann ebenfalls unbetonten) Präfix zusammengesetzt sind (gekennzeichnet durch das Fehlen des senkrechten Trennstriches, siehe unten):

um•ge•hen — umging — (hat) umgangen
un•ter•su•chen— untersuchte — (hat) untersucht
über•set•zen — übersetzte — (hat) übersetzt

N. B. Diese Verben bilden das Part. Perf. auch dann ‹ohne ge-›, wenn sie ihrerseits wieder mit einem „trennbaren" (betonten) Präfix zusammengesetzt sind:

um|ge•stal•ten — gestaltete um — (hat) umgestaltet
ab|ver•lan•gen — verlangte ab — (hat) abverlangt
zu•rück|über•set•zen — übersetzte zurück — (hat) zurückübersetzt

Einige — sehr wenige — Verben, die nicht zu einer dieser beiden Gruppen gehören (z. B. miauen, trompeten, stibitzen — man bemerke jedoch die Betonung!), bilden das Part. Perf. ebenfalls ‹ohne ge-› und erhalten die entsprechende Angabe im Stichworteintrag.

V. Aussprache

Die Angabe der Aussprache steht in eckigen Klammern [ ]. Verwendet werden die Zeichen des Internationalen Phonetischen Alphabets; maßgeblich für das Deutsche ist das *DUDEN-Aussprachewörterbuch, 2. Auflage 1974.* Die verwendeten Zeichen sind mit Beispielen in einer besonderen Liste zusammengestellt (siehe Liste der Aussprachezeichen).

Die Aussprache deutscher Wörter ist im allgemeinen aus dem Schriftbild gut zu erschließen; dabei wird vorausgesetzt, daß gewisse Grundkenntnisse der Wiedergabe deutscher Lautwerte in der Schrift vorhanden sind. Oft ist es nur nötig zu wissen, welche Silbe eines Wortes betont ist (ob ein betonter Vokal kurz oder lang ist, geht meist aus dem Schriftbild hervor). Wo die Aussprache nicht eigens angegeben ist, gelten folgende Regeln:

1. Bei zusammengesetzten Wörtern entfällt die Angabe, wenn sie sich regulär aus der Aussprache der einzelnen Teilwörter ableiten läßt. Die Aussprache der Teilwörter ist bei dem jeweiligen Einzelstichwort zu finden, oder — wenn es sich um eine flektierte Form oder eine reguläre Ableitung (siehe unten) handelt — bei dem entsprechenden Grundwort.
2. Zusammengesetzte Substantive betonen überwiegend auf dem ersten Teilwort. Bei Abweichungen und in Zweifelsfällen, wo es allein auf die Kennzeichnung der betonten Silbe ankommt, ist die Angabe nach folgendem Muster gemacht (die waagerechten Striche stehen für je eine Sprechsilbe):

Alt•wei•ber•som•mer [-ˈ----]
Ar•beit•ge•ber•an•teil [--ˈ----]
Fa•schings•diens•tag [--ˈ--]
In•an•spruch•nah•me [-ˈ----]

Wichtige alternative Betonungsmöglichkeiten sind (durch Schrägstrich getrennt) in folgender Form angegeben:

At•ten•tat [atən'ta:t/'---]
Ar•beit•ge•ber ['----/--'--]

3. Zusammengesetzte Adjektive/Adverbien.

Zusammengesetzte Adjektive/Adverbien, die auf dem ersten Teilwort betont werden, erhalten keine besondere Angabe; doch gibt es zahlreiche, jeweils nach obigem Muster bezeichnete Abweichungen. Das gilt insbesondere für die recht eigenwilligen Bildungen mit negativen Vorsilben (*z. B.* **un-**), die zwar oft, aber durchaus nicht immer auf der ersten Silbe betont werden. Auch die häufig möglichen, alternativen Betonungsweisen sind in wichtigen Fällen angegeben; wo solche Alternativen gleichberechtigt verwendet werden, kann die Angabe entfallen.
Bei einer Reihe von Adjektiven/Adverbien schwankt die Betonung regelmäßig je nach der Stellung im Satz (attributiv oder prädikativ). dabei gilt allgemein, daß die Betonung auf dem ersten Teil der Zusammensetzung liegt, wenn das Wort attributiv verwendet wird; in prädikativer Stellung, am Satzende, und oft auch bei besonders nachdrücklicher oder „emotionaler" Aussprache rückt die Betonung auf den zweiten (letzten) Teil der Zusammensetzung.
Gelegentlich sind bei zusammengesetzten Adjektiven/Adverbien beide Teilwörter (selten mehr) als gleich stark betont angegeben, wie dies für die „Nennform" nötig ist:

blut•rot ['-'-]	**but•ter•weich** ['--'-]
eis•kalt ['-'-]	**brand•ei•lig** ['-'--]

Auch hier gilt, daß in attributiver Stellung — wo sie möglich ist — die Betonung auf dem ersten Teil überwiegt.

4. Adjektivische/adverbiale Elemente

Einige — meist recht produktive — **adjektivische/adverbiale Elemente** kommen nur in Zusammensetzungen vor. Insoweit, als sie sich für ihre Aussprache nicht ohne weiteres aus verwandten oder phonetisch gleichlautenden Einträgen ableiten lassen, sind sie in folgender Liste zusammengestellt:

-förmig	[-fœrmiç]	**-jährig**	[-jɛ:riç]
-halber	[-halbɐ]	**-stöckig**	[-ʃtœkiç]
-haltig	[-haltiç]	**-stündig**	[-ʃtʏndiç]
-maßen	[-ma:sən]	**-tägig**	[-tɛ:giç]
-mütig	[-my:tiç]	**-wärts**	[-vɛrts]

Dazu kommen als **substantivische Bildungen** diejenigen auf:

-gänger *m*	[-gɛngɐ]	(von gehen)
-länder *m*	[-lɛndɐ]	(von -land)
-nahme *f*	[-na:mɐ]	(von nehmen).

5. Bildungen mit unselbständigen Suffixen.

Bei den überaus zahlreichen Wortbildungen des Deutschen, die mit Hilfe bestimmter Nachsilben aus anderen Wörtern abgeleitet sind, kann in der Regel ebenfalls auf die Angabe der Aussprache verzichtet werden. Da diese Ableitungssilben keine selbständigen Stichworteinträge bilden, sind sie hier mit ihrer Aussprache und Hinweisen zur Betonung zusammengestellt.

Die folgenden (einheimisch-deutschen) Suffixe sind selber immer unbetont. Wörter, die mit diesen Suffixen gebildet sind, betonen regelmäßig wie das Wort, von dem sie abgeleitet sind (mit ganz wenigen, dann jeweils bezeichneten Ausnahmen); die betonte Silbe ist bei den folgenden Beispielen durch Unterstreichung hervorgehoben:

-bar	[-ba:ɐ]	Wunder — wunderbar
		vertreten — vertretbar
-haft	[-haft]	Gewissen — gewissenhaft
-heit	[-haɪt]	sicher — Sicherheit
-ig	[-ɪç]	Vorsicht — vorsichtig
		sofort — sofortig
		ABER: lebend — lebendig
-keit	[-kaɪt]	regelmäßig — Regelmäßigkeit
-lich	[-lɪç]	Vorbild — vorbildlich
		vertrauen — vertraulich
		ABER: Abscheu — abscheulich
-ling	[lɪŋ]	Finger — Fingerling
-los	[-lo:s]	Gewissen — gewissenlos
		Hemmung — hemmungslos
-nis	[-nɪs]	finster — Finsternis
		geheim — Geheimnis
-sam	[-za:m/-zam]	Arbeit — arbeitsam
		unterhalten — unterhaltsam
-schaft	[-ʃaft]	eigen — Eigenschaft
-tum	[-tu:m]	Verbrecher — Verbrechertum
-ung	[-ʊŋ]	ausarbeiten — Ausarbeitung
		betonen — Betonung

Verben, die durch Anhängen von **-(e)n** [-(ə)n] aus Substantiven abgeleitet sind, werden wie das jeweilige Grundwort betont.

6. Einige besondere Fälle.

-ei [-aɪ] Feminine Substantive auf **-ei** (meist in der Form **-(e)lei** [-(ə)'lai], **-(e)rei** [-(ə)'rai]) werden immer auf dieser (Ableitungs-)Silbe betont:

trödeln — Trödelei	Liebe — Liebelei
fragen — Fragerei	Schwein — Schweinerei

-er [-ɐ] Maskuline Ableitungen mit dieser Endung (meist Agentive, Herkunftsbezeichnungen o. ä., auch in der Form **-ler, -ner**) betonen wie das jeweilige Grundwort:
vertreten — Vertreter   Hamburg — Hamburger
Abweichungen (z. B. **-aner** [-ˈa:nɐ]) sind jeweils verzeichnet.
Zur Betonung in Verbindung mit „Fremdwörtern" (besonders -ier, -iker) vergleiche unten.

-in [-ɪn] Feminine Bildungen mit dieser „weiblichen" Endung (häufig in der Form **-erin** [-ərin]) betonen wie das „männliche" Grundwort:
Vertreter — Vertreterin
Arbeiter — Arbeiterin
Dies gilt allgemein auch für entsprechende Ableitungen von Fremdwörtern (**-graph/-graphin; -ist/-istin; -loge/-login** etc.).
Zur Betonung der Bildungen vom Typ **-or/-orin** vergleiche unten.

-isch [-ɪʃ] Adjektive, die mit dieser Endung von einheimisch-deutschen Wörtern abgeleitet sind, betonen in der Regel wie das Grundwort:
Heim — heimisch
Verbrecher — verbrecherisch
Für Fremdwörter auf **-isch** läßt sich die entsprechende Regel günstiger etwas anders formulieren, vergleiche unten.

7. Fremdwörter.

Bei Wörtern, die im Deutschen als Fremdwörter gelten, ist die Betonung mit großer Regelmäßigkeit an ihrer jeweiligen Endung erkennbar. Damit ist auch die Aussprache meist ohne weiteres erschließbar und braucht — besonders, wo Fremdwörter in sinnverwandten Gruppen auftreten — nicht in jedem Einzelfall angegeben zu werden.
Die wichtigsten Endungen sind in der folgenden Liste aufgeführt; Wörter mit diesen Endungen werden wie die jeweils gegebenen Beispiele betont:

-al	[-a:l]	normal, rational, horizontal ideal, Material, prozentual
-ant	[-ant]	vakant, relevant, Ignorant
-anz	[-an(t)s]	Vakanz, Relevanz, Arroganz
-ar	[-a:ɐ]	Exemplar, elementar, nuklear
-är	[-ɛ:ɐ]	regulär, Sekretär, humanitär
-at	[-a:t]	Demokrat, Sekretariat
-ell	[-ɛl]	formell, strukturell, sensationell idell, industriell, sexuell
-ent	[-ɛnt]	potent, konsequent, kongruent
-enz	[-ɛn(t)s]	Potenz, Konsequenz, Kongruenz
-eur	[-ø:ɐ]	Friseur, Amateur, Ingenieur
-ien	[-iən]	In Ländernamen: Spanien, Argentinien

-ier	[-iɐ]	Nur bei Volks- oder Gruppenzugehörigkeit: Spanier, Argentinier **ABER:** Kavalier
-iker	[-ikɐ]	Agentivableitungen von Wörtern auf **-ik,** vgl. unten: Musiker, Komiker, Mathematiker, Informatiker
-ion	[-jo:n]	Region, Kommunion, Rebellion

Häufige Verbindungen mit vorausgehenden Konsonanten:

-sion	[-zjo:n]	Illusion, Explosion
-ssion	[-sjo:n]	Passion, Kommission
-tion	[-tsjo:n],	auch als -ation, -ition: Redaktion, Konstitution Information, Organisation Position, Intuition
-isch	[-ɪʃ]	Bei nicht-einheimisch-germanischen Adjektiven liegt die Betonung auf der vorausgehenden Silbe: melodisch, phonetisch, medizinisch Häufig sind Bildungen auf **-alisch, -atisch** etc.: musikalisch, problematisch
-ismus	[-ɪsmʊs]	Kommunismus, Materialismus
-ist	[-ɪst]	Kommunist, Materialist
-istik	[-ɪstɪk]	Statistik, Linguistik
-istisch	[-ɪstɪʃ]	kommunistisch, materialistisch
-ium	[-iʊm]	Planetarium, Laboratorium
-or	[-ɔr/-o:ɐ]	Faktor, Professor, Kommentator Schwankende Betonung (jeweils bezeichnet): Autor / Autor, Motor, / Motor Ausnahmen (Humor, Labor etc.) sind bezeichnet.
-oren	[-o:rən]	Plural von Bildungen auf **-or,** regelmäßig: Faktoren, Professoren, Kommentatoren, Autoren, Motoren
-orin	[-o:rɪn]	Weibliche Entsprechungen zu Wörtern auf **-or:** Autorin, Professorin, Kommentatorin
-ös	[-ø:s]	nervös, religiös
-tät	[-tɛ:t]	Meist in Bildungen der Form **-ität** [-iˈtɛ:t]: Qualität, Aktivität, Regularität
-ur	[-u:ɐ]	Klausur, Tortur, Korrektur, Makulatur

Verben auf **-ieren** [-i:rən] betonen regelmäßig wie folgt:
probieren, informieren, variieren, funktionieren

Häufig sind Bildungen auf:
-isieren [-iˈzi:rən]: normalisieren, rationalisieren
-izieren [-iˈtsi:rən]: praktizieren, identifizieren

In einigen Fällen ist die Angabe erforderlich, da verschiedene Betonungsmuster zugrunde liegen können. Dazu zählen Wörter auf:

-ie	1.	[-i:]	Betonung auf der Endsilbe, z. B.: Manie, Batterie, Hysterie, Harmonie und alle auf **-graphie, -logie, -nomie;**

	2. [-iə]	auf der vorhergehenden Silbe: Linie, Materie, Familie, Begonie
-ik	1. [-i:k]	Betonung auf der Endsilbe: Musik, Politik, Mathematik
	2. [-ɪk]	auf der vorhergehenden Silbe: Komik, Phonetik, Informatik (so auch die Bildungen auf **-istik,** vgl. oben);
-iv	1. [-i:f]	Betonung auf der Endsilbe: Motiv, intensiv, Objektiv
	2. [-i:f]	Dativ, Konjunktiv, negativ Bei anderen, mehrsilbigen Wörtern schwankt die Betonung zwischen den beiden Möglichkeiten.

N. B. Die angegebenen Betonungsmuster gelten für „einfache", d. h. nicht weiter zusammengesetzte Wörter (z. B. nicht für Bildungen mit negativen Vorsilben, nicht für Verben mit „trennbaren" Präfixen, vgl. unten).

8. Zusammengesetzte Verben mit Vorsilbe oder Präfix.

1. Die folgenden, „nicht-trennbaren" Vorsilben sind immer unbetont (auch in abgeleiteten Adjektiven und Substantiven):

be- [bə-] emp- [ɛmp-] ent- [ɛnt-] er- [ɛr-]
ge- [gə-] ver- [fɛr-] zer- [tsɛr-]

z. B.: be•to•nen, er•le•ben, ge•den•ken, ver•ant•worten

2. Verben mit einem Präfix, das als „trennbar" gekennzeichnet ist (durch senkrechten Strich zwischen Präfix und Grundverb), haben die Betonung auf dem Präfix:

z. B.: ab|tren•nen, wei•ter|sa•gen, zu•sam•men|set•zen
aus|pro•bie•ren, an|mon•tie•ren, ein|stu•die•ren

3. Bei Präfixen, die sowohl „trennbar" als auch „untrennbar" vorkommen, entscheidet der Trennstrich über die Betonung:

durch|le•sen	**aber:**	durchblu•ten
unter|brin•gen	**aber:**	un•tersu•chen
wider|spie•geln	**aber:**	wi•der•spre•chen

Wichtig: In einer Reihe solcher Fälle ist die unterschiedliche Betonung mit einem Unterschied in der Bedeutung verbunden:

durch|fah•ren	'pass through without stopping'
durchfah•ren	'pass through'
um|ge•hen	'
umge•hen	'circumvent'
über|set•zen	'cross by boat'
überset•zen	'translate'
wieder|ho•len	'get back, retrieve'
wiederho•len	'repeat'

9. Wichtige Besonderheiten.

Zwei Erscheinungen der deutschen Aussprache verdienen besondere Erwähnung, da es nur mit sehr großem Aufwand möglich wäre, sie in jedem Einzelfalle anzugeben. Sie können für den Zweck dieses Wörterbuchs durch folgende Regeln beschrieben werden.

1. Die Auslautverhärtung.

Hierbei handelt es sich um den regelmäßigen Wechsel bestimmter Konsonanten zwischen einer „harten" und einer „weichen" Aussprache; betroffen sind **b d g v** und **s**, die im Auslaut (d. h. am Silbenende, besonders Wortende) „hart" ausgesprochen werden, als [p t k f s].
Wenn aber an solche Wörter eine Flexionssilbe oder Ableitungssilbe angehängt wird, die mit einem Vokal beginnt, dann werden diese Laute „weich" ausgesprochen, so wie im Schriftbild (außer bei s) wiedergegeben, als [b d g v z]:

Dieb	[di:p]	aber:	Diebes	['di:bəs]	**die•bisch**	['di:bɪʃ]
Raub	[raʊp]	aber:	Raubes	['raʊbəs	**rau•ben**	['raʊbən]
Leid	[laɪt]	aber:	leiden	['laɪdən]	**lei•der**	['laɪdɐ]
Held	[hɛlt]	aber:	Helden	['hɛldən]	**Hel•din**	['hɛldɪn]
Sieg	[zi:k]	aber:	siegen	['zi:gən]	**Sie•ger**	['zi:gɐ]
Berg	[bɛrk]	aber:	Berge	['bɛrgə]	**ber•gig**	['bɛrgɪç]
Mo•tiv	[mo'ti:f]	aber:	**Mo•ti•ve**	[mo'ti:və]		
	[mo'ti:f]	aber:	**mo•ti•vie•ren**	[moti'vi:rən]		
Preis	[praɪs]	aber:	Preise	['praɪzə]	**prei•sen**	['praɪzən]
Puls	[pʊls]	aber:	Pulse	['pʊlzə]	**pul•sie•ren**	[pʊl'zi:rən]

Man beachte auch folgende Fälle:

Le•ben	['le:bən]	aber:	**leb•haft**	['le:phaft]
En•de	['ɛndə]	aber:	**end•los**	['ɛntlo:s]
fol•gen	['fɔlgən]	aber:	**folg•lich**	['fɔlklɪç]
wei•se	['vaɪzə]	aber:	**Weis•heit**	['vaɪshaɪt]

Am Wortende wird **ig** mit dem Reibelaut als [-ɪç] ausgesprochen:
Kö•nig ['kø:nɪç]
ei•nig ['aɪnɪç]
In einer mit Vokal anlautenden Endung wird **ig** als [-ɪg-] ausgesprochen:
Kö•ni•gin ['kø:nɪgɪn]
ei•ni•gen ['aɪnɪgən]

2. Das sogenannte „vokalische /r/".

Dem DUDEN-Aussprachewörterbuch folgend ist das im Schriftbild erscheinende **-r** in einigen Fällen mit der Aussprache als Vokal [ɐ] wiedergegeben,wie sie in der Umgangssprache vorherrscht:

— **unsilbisch:** nach langem Vokal im Auslaut;
— **silbisch:** für **-er** in den Endsilben **-er, -ern.**

Dabei ist zu beachten, daß wiederum **[r]** bzw. **[tr]** gesprochen wird, wenn eine mit Vokal beginnende Endung angeschlossen wird, z. B.:

Jahr [ja:ɐ] — Jah**re** ['ja:rə]
Uhr [u:ɐ] — Uh**ren** ['u:rən]
Tier [ti:ɐ] — tie**risch** ['ti:rɪʃ]
Kul•tur [kʊl'tu:ɐ] — kultu**rell** [kʊltu'rɛl]
Fe•der ['fe:dɐ] — Fede**rung** ['fe:dərʊŋ]
for•dern ['fɔrdɐn] — Forde**rung** ['fɔrdərʊŋ]

N. B. Diese Reglung gilt insbesondere für die häufigen Einträge der Form **-er(in)** (sowie **-ar(in)** etc.):
Leh•rer(in) ['le:rɐ] — (Lehrer**in** ['le:rərɪn])
Eng•län•der(in) ['ɛŋlɛndɐ] — (Engländer**in** ['ɛŋlɛndərɪn])

10. Sonstiges

Wo in deutschen Stichwörtern die Trennung von **'c'** und **'k'** möglich ist (*z. B.* **drucken**), wird dies durch **(k•k)** hinter dem Stichwort angezeigt **drucken (k•k)**.
In den Fällen, in denen zusammengesetzte Substantive einen (dritten) gleichlautenden Konsonanten verloren haben, wird er, um die mögliche Silbentrennung anzuzeigen, in ( ) eingefügt (z. B. **Dampfschif(f•)fahrt.**

VI. Liste der Abkürzungen

a.	auch	*also*
Abk	Abkürzung	*abbreviation*
acc	Akkusativ	*accusative*
adj	Adjektiv	*adjective*
adv	Adverb	*adverb*
aero	Luftfahrt	*aeronautics*
agr	Landwirtschaft	*agriculture*
allg	allgemein	*commonly*
Am	amerikanisches Englisch	*Americanism*
anat	Anatomie	*anatomy*
arch	Architektur	*architecture*
astr	Astronomie, Astrologie	*astronomy, astrology*
attr	attributiv	*attributive*
aux	Hilfsverb	*auxiliary*
bes.	besonders	*particularly*
biol	Biologie	*biology*
bot	Botanik	*botany*
Br	britisches Englisch	*British English*
chem	Chemie	*chemistry*
com	Handel	*commerce, commercial*
conj	Konjunktion	*conjunktion*
dat	Dativ	*dative*
eccl	kirchlich	*ecclesiastical*
EDV	elektronische Datenverarbeitung	*electronic data processing*
e-e, e-m	eine, einem	
e-n, e-r	einen, einer,	*a*
e-s	eines	
el	Elektrizität	*electricity*
etc.	und so weiter	*et cetera*
etw	etwas	*something*
euph	euphemistisch	*euphemistic*
f	Femininum	*feminine gender*
fam	umgangssprachlich	*colloquial*
fig	bildlich	*figurative*
film	Film	*film*
fin	Finanzwesen	*finances*
geog	Geographie	*geography*
geol	Geologie	*geology*
gen	Genitiv	*genitive*
gram	Grammatik	*grammar*
hist	historisch	*historical*
hum	humoristisch	*humorously*
impers	unpersönlich	*impersonal*
inf	Infinitiv	*infinitive*
interj	Interjektion	*Interjection*

iro	ironisch	*ironical*
irr	unregelmäßig	*irregular*
itr	intransitives Verb	*intrasitive verb*
jem *jdm* *jdn* *jds*	jemand(em, en, es)	*someone('s)*
jur	juristisch	*legal*
ling	Linguistik	*linguistics*
lit	literarisch, Literatur	*literary, literature*
m	Maskulinum	*masculine gender*
mar	Seefahrt	*marine*
markt	Marketing	*marketing*
math	Mathematik	*mathematics*
med	Medizin	*medicine*
mete	Meteorologie	*meteorology*
mil	Militärwesen	*military*
min	Mineralogie, Bergbau	*mineralogy, mining*
mot	Auto und Verkehr	*motoring*
mus	Musik	*music(al)*
n	Neutrum	*neuter gender*
num	Zahlwort	*numeral*
obs	veraltet	*obsolete*
od, od	oder	*or*
opt	Optik	*optics*
orn	Vogelkunde	*ornithology*
o.s.	sich	*oneself*
päd	Pädagogik, Schulsprache	*education*
parl	parlamentarisch	*parliamentary*
pej	pejorativ	*pejorative*
philos	Philosophie	*philosophy*
phot	Photographie	*photography*
phys	Physik	*physics*
physiol	Physiologie	*physiology*
pl	Plural	*plural*
pl mit sing	Plural mit Singularkonstruktion	*plural with singular construction*
poet	poetisch	*poetical*
pol	Politik	*politics*
pp	Partizip Perfekt	*past participle*
ppr	Partizip Präsens	*present participle*
pred	prädikativ	*predicative*
pref	Präfix	*prefix*
prep	Präposition	*preposition*
prn	Pronomen	*pronoun*
prov	Sprichwort	*proverb*
psych	Psychologie	*psychology*
radio	Rundfunk	*radio*

rail	Eisenbahnwesen	*railway, railroad*
refl	reflexiv	*reflexive*
rel	Religion	*religion*
S	Sache	*thing*
s	Substantiv	*noun*
s.	siehe	*see*
s-e, s-m	seine, seinem,	*someone's*
s-n, s-r	seinen, seiner	
s-s	seines	
sing	Singular	*singular*
sl	salopp	*slang*
s.o.	jemand(en, em)	*someone*
s.o.'s	jemandes	*someone's*
sport	Sport	*sports*
s.th.	etwas	*something*
tech	technisch	*technical*
tele	Nachrichtentechnik	*telecommunications*
theat	Theater	*theatre*
tr	transitives Verb	*transitive verb*
TV	Fernsehen	*television*
typ	Typographie, Buchdruck	*typography*
u., u.	und	*and*
v	Verb	*verb*
vet	Tiermedizin	*veterinary medicine*
vulg	vulgär	*vulgar*
Wz	Warenzeichen	*trademark*
zoo	Zoologie	*zoology*

VII. Liste der Lautschriftzeichen

Allgemeine Zeichen

[:] Der vorausgehende Vokal ist lang
['] Die folgende Silbe ist betont
[ˌ] Die folgende Silbe hat eine Nebenbetonung (selten verwendet)
[ʔ] Der sog. „Knacklaut" vor Vokal (selten verwendet)
[-] In Reihung: vertretend für je eine Sprechsilbe; bei Teilumschrift: vertretend für den Rest des Wortes

Vokale

[i] bieten ['bi:tən]
zivil [tsi'vi:l]
[ɪ] bitten ['bɪtən]
[e] beten ['be:tən]
wehren ['ve:rən]
[ɛ] betten ['bɛtən]
währen ['vɛ:rən]
[a] Maat [ma:t]
wahren ['va:rən]
banal [ba'na:l]
[o] Ofen ['o:fən]
Ozon [o'tso:n]
[ɔ] offen ['ɔfən]
[Ø] Öfen *pl* ['Ø:fən]
Höhle ['hØ:lə]
[œ] öffnen ['œfnən]
Hölle ['hœlə]
[u] Pute ['pu:tə]
zumute [tsu'mu:tə]
[ʊ] Putte ['pʊtə]
Mutter ['mʊtɐ]
[y] Tüte ['ty:tə]
[ʏ] Hütte ['hʏtə]
[ɐ] aber ['a:bɐ]
Ruhr [ru:ɐ]
[ə] beleben [bə'le:bən]
[aɪ] mein [maɪn]
[aʊ] Mais [maʊs]
[ɔɪ] neu [nɔɪ]
Mäuse *pl* ['mɔɪzə]
[ã] Balance [ba'lã:s]
[õ] Bonbon [bõ'bõ:]
[œ̃] Parfum [par'fœ̃:]
[ɛ̃] Bassin [ba'sɛ̃:]

Konsonanten

[b] Bibel ['bi:bəl]
[ç] nicht [nɪçt]
ächten ['ɛçtən]
[x] Nacht [naxt]
achten ['axtən]
[d] doch [dɔx]
[f] Frevel ['fre:fəl]
Vielfalt ['fi:lfalt]
[g] gegen [ge:gən]
[ʒ] Genie [ʒe'ni:]
Garage [ga'ra:ʒə]
[h] Hahn [ha:n]
[j] jagen ['ja:gən]
[k] Krieg [kri:k]
Knick [knɪk]
[l] lallen ['lalən]
labil [la'bi:l]
[m] Mumm [mʊm]
[n] nennen ['nɛnɛn]
[ŋ] fangen ['faŋən]
denken ['dɛŋkən]
[p] Pappe ['papə]
[r] Rohre *pl* ['ro:rə]
[s] Mars [mars]
küssen ['kʏsən]
fließen ['fli:sən]
[z] Sense ['zɛnzə]
sausen ['zauzən]
[ʃ] Schau [ʃaʊ]
stehlen ['ʃte:lən]
spielen ['ʃpi:lən]
[t] Tat [ta:t]
Tod [to:t]
[ts] Zoo [tso:]
Zitze [tsɪtse]
[v] Wein [vaɪn]

A

A, a [a:] ‹-, -› *n* A, a; **das ~ und O** the be-all and end-all; ▶ **Wer ~ sagt, muß auch B sagen** in for a penny, in for a pound; **von ~ bis Z** from beginning to end.

Aal [a:l] ‹-(e)s, -e› *m zoo* eel; ▶ **sich winden wie ein ~** wriggle like an eel.

aa·len *refl (faulenzen)* stretch out.

aal·glatt *adj* slick, slippery as an eel.

Aas [a:s] ‹*1.* -es, -e; *2.* -es, Äser› *n (Tierkadaver)* carrion; **Aas·gei·er** *m a. fig* vulture.

ab [ap] **I** *adv* away, off; ▶ **~ und zu** now and again; **~ durch die Mitte!** *fam* beat it! **London ~ 8.35 Uhr** *rail* leaving London 8:35; **von heute ~** from this day; **auf und ~ gehen** walk up and down; **II** *prp:* ▶ **~ Werk** *com* ex works *pl;* **von nun ~, von jetzt ~** from now on; **~ heute** from today; **~ sofort** as of now.

ab|än·dern *tr* alter (*in* to); *(revidieren)* revise; ▶ **ein Gesetz ~** amend a bill.

Ab·än·de·rung *f* **1.** alteration; **2.** *parl* amendment; ▶ **in ~ des ...** in amendment of ...; **Ab·än·de·rungs·an·trag** *m parl* proposed amendment.

ab|ar·bei·ten I *tr* **1.** *allg* work; **2.** *(Schuld)* work off; **II** *refl* **1.** *(Material)* wear off; **2.** *(Person)* slave away.

Ab·art *f* **1.** *allg* variety; **2.** *(Variation)* variation.

ab·ar·tig *adj* **1.** *(abnorm)* abnormal; **2.** *fig sl* kinky.

Ab·bau ‹-(e)s› *m* **1.** *min* mining; *(über Tage)* quarrying; **2.** *com (Preis~)* cut (*von* in); **3.** *chem (Auflösung, Trennung)* decomposition; **4.** *(von Fabrikeinrichtung)* dismantling; ▶ **~ von Arbeitskräften** reduction in labour *sing.*

ab|bau·en I *tr* **1.** *min* mine; *(über Tage)* quarry; **2.** *com (Preis)* reduce; **3.** *(demontieren)* dismantle; **4.** *chem* decompose; **II** *itr (erlahmen)* flag, wilt.

ab|bei·ßen *irr tr* bite off.

ab|bei·zen *tr* strip; **Ab·beiz·mit·tel** *n* paint stripper.

ab|be·kom·men *irr tr:* ▶ **etw ~** *(erhalten)* get some of it; *(beschädigt werden)* get damaged; *(verletzt werden)* get injured.

ab|be·stel·len *tr* cancel; ▶ **jdn ~** tell s.o. not to come; **e-e Zeitung ~** cancel a newspaper subscription; **Ab·be·stel·lung** *f* cancellation.

ab|be·zah·len *tr* pay off.

ab|bie·gen *irr* **I** *tr* ‹h› **1.** *allg* bend off; **2.** *fam (verhindern)* head off; *(sich e-r Aufgabe entziehen)* manage to get out of ...; **II** *itr* ‹sein› **1.** *mot (Fahrzeug)* turn off (*in* into); **2.** *(Straße)* bend; ▶ **nach links ~** turn to the left.

Ab·bie·ge(r)·spur *f mot* filter lane.

Ab·bild *n* **1.** *(Kopie)* copy; **2.** *(~ e-s Menschen)* image; **ab|bil·den** *tr* portray; ▶ **auf Seite 15 ist ein Schloß abgebildet** there's a castle shown on page 15.

Ab·bil·dung *f* **1.** *(Wiedergabe)* reproduction; **2.** *(Illustration)* illustration; ▶ **mit ~en versehen** illustrate.

ab|bin·den *irr tr* **1.** *allg* untie; **2.** *med* ligature.

Ab·bit·te *f* apology; ▶ **~ leisten** apologize (*bei jdm wegen etw* to s.o. for s.th.).

ab|bit·ten *irr tr:* ▶ **jdm etw ~** beg someone's pardon for s.th.

ab|bla·sen *irr tr* **1.** *fig fam* call off; **2.** *(Staub etc)* blow off (*von etw* s.th.).

ab|blät·tern *itr (sich abschälen)* flake off.

ab|blen·den *tr* **1.** *(Lampe)* screen; **2.** *mot Br* dip, *Am* dim; **3.** *phot* stop down; **4.** *film* fade out.

Ab·blend·licht *n Br* dipped (*Am* dimmed) headlights *pl.*

ab|blit·zen ‹sein› *itr fam* be sent packing; ▶ **jdn ~ lassen** *fam* send s.o. packing.

ab|blocken (k·k) *tr a. fig* block.

ab|brau·sen I *tr* ‹h› *(Körperteil)* wash under a shower; **II** *itr* ‹sein› *fam (wegfahren)* roar off; **III** *refl* ‹h› take a shower.

ab|bre·chen *irr* **I** *tr* ‹h› **1.** *allg* break off; *(Häuser)* tear down; **2.** *(aufhören)* break off; ▶ **brich dir (mal) keinen ab!** *fam* don't make such a dance! **sich e-n ~** *(Umstände machen) sl* make heavy weather of it; **II** *itr* **1.** *allg* ‹sein› break off; **2.** *(aufhören)* ‹h› stop.

ab|bren·nen *irr* **I** *tr* ‹h› *(Bewuchs)* burn off; *(Gebäude)* burn down; *(Feuerwerk)* let off; **II** *itr* ‹sein› burn down.

ab|brin·gen *irr tr (Gegenstand)* get off; ▶ **jdn von etw ~** make s.o. change his (*od* her) mind about s.th. **ich laß' mich davon nicht ~!** nothing will make me change my mind about it! **jdn vom Rauchen ~** get s.o. to stop smoking.

ab|bröckeln (k·k) ‹sein› *itr* **1.** *allg* crumble away; **2.** *fig a. com* drop off.

Ab·bruch ‹-(e)s› *m* **1.** *(von Gebäude)* demolition; **2.** *fig (von Beziehungen)* breaking off; **3.** *fig (Schaden)* harm;

► **e-r Sache ~ tun** do harm to s.th.

ab·bruch·reif *adj* only fit for demolition.

ab|brü·hen *tr* scald.

ab|bu·chen *tr com* debit (*von* to); ► **etw ~ lassen** pay s.th. by direct debiting order (*von* from).

Ab·bu·chung *f com* direct debiting.

ab|bür·sten *tr* brush (down).

ab|bü·ßen *tr (Strafe)* serve.

Abc [abe'tse:] ‹-, -s› *n:* ► **nach dem ~ ordnen** arrange alphabetically; **ABC-Schüt·ze** *m fam* school beginner; **ABC-Waf·fen** *f pl mil* NBC-weapons.

ab|dan·ken *itr pol* resign; *(von Herrschern)* abdicate.

ab|decken (k·k) *tr* **1.** *(Dach)* untile; **2.** *(Haus)* tear the roof off; **3.** *(Tisch)* clear; **4.** *(ver-, zudecken)* cover; **5.** *(Bett)* turn down.

ab|dich·ten *tr allg* seal up; ► **gegen Lärm ~** make soundproof; **gegen Wasser ~** make watertight.

Ab·dich·tung *f (Verschluß)* seal.

ab|drän·gen *tr* push away (*von* from).

ab|dre·hen I *tr (Gas, Wasser)* turn off; *el* switch off; **II** *itr aero* veer off.

ab|drif·ten *itr* ‹sein› drift off.

ab|dros·seln *tr mot* throttle down.

Ab·druck[1] ‹-(e)s, ⸚e› *m allg* imprint; *(von Finger, Fuß)* print; ► **man sieht jeden ~ auf dieser Lederjacke** you can see every mark on this leather jacket.

Ab·druck[2] *m typ (Nachdruck)* reprint.

ab|drucken (k·k) *tr* print; *(wieder ~)* reprint.

ab|drücken (k·k) I *tr:* ► **jdn ~** *fam* squeeze s.o.; **jdm die Luft ~** squeeze all the breath out of s.o.; **II** *itr (Schußwaffe)* pull (*od* squeeze) the trigger.

ab|dun·keln *tr* dim.

ab|eb·ben ‹sein› *itr* **1.** *(Meer)* go out; **2.** *fig (sich beruhigen)* die down; fade away.

Abend ['a:bənt] ‹-s, -e› *m* evening; ► **am ~** in the evening; **am nächsten ~** the next evening; **gegen ~** towards evening; **heute ~** this evening; *(später)* tonight; **gestern ~** last night; **morgen ~** tomorrow evening; **es ist noch nicht aller Tage ~** *fig* it's early days still; **zu ~ essen** have supper (*od* dinner); **Abend·an·zug** *m* dinner suit; **Abend·brot (Abend·es·sen)** *n* supper; **Abend·däm·me·rung** *f* dusk; **abend·fül·lend** *adj* taking up the whole evening; **Abend·kas·se** *f theat* box office; **Abend·kleid** *n* evening dress; **Abend·kurs** *m* evening classes *pl;* **Abend·land** *n* western world; **abend·län·disch** *adj* western; **Abend·mahl** *n eccl* Holy Communion; ► **das ~ empfangen** take communion; **Abend·rot** *n* sunset; **abends** ['a:bənts] *adv* in the evening; **Abend·schu·le** *f päd* night school; **Abend·son·ne** *f* setting sun; **Abend·stern** *m* evening star.

Aben·teu·er ['a:bəntɔɪɐ] ‹-s, -› *n* adventure; ► **ein ~ mit jdm haben** *euph* have an affair with s.o.; **Aben·teu·er·fe·ri·en** *pl* adventure holidays; **aben·teu·er·lich** *adj* **1.** *allg* adventurous; **2.** *(unglaublich)* bizarre; **Aben·teu·er·spiel·platz** *m* adventure playground; **Aben·teu·rer(in)** ['a:bəntɔɪrɐ] *m (f)* adventurer (adventuress).

aber ['a:bɐ] **I** *conj* **1.** *(Gegensatz)* but; ► **oder ~** or else; **~ trotzdem** but still; **schönes Wetter! — aber ziemlich kalt** nice day! — rather cold, though; **2.** *(Verstärkung):* ► **~, ~!** *interj* come, come! **~ ja!** oh, yes! **bist du ~ braun!** aren't you brown! **nun ist ~ Schluß!** now that's enough! **II** *adv* **tausend und ~ tausend** thousands upon thousands.

Aber ‹-s, -› *n* but; ► **ohne Wenn und ~** without any ifs and buts *pl.*

Aber·glau·be *m* superstition.

aber·gläu·bisch *adj* superstitious.

ab|er·ken·nen *irr tr:* ► **jdm etw ~** deprive s.o. of s.th.; *jur a. sport* disallow s.o. s.th.

aber·mals ['a:bɐma:ls] *adv* once again.

ab|ern·ten *tr* harvest.

ab|fackeln (k·k) *tr (Erdgas)* burn off.

ab·fahr·bereit *adj* ready to leave.

ab|fah·ren *irr* **I** *itr* ‹sein› **1.** *allg* leave, *(gehoben)* depart (*nach* for); *mar* sail (*nach* for); **2.** *sport (Ski)* ski down; **II** *tr* ‹h› *(fortschaffen)* cart off.

Ab·fahrt *f* **1.** *allg* departure; **2.** *(beim Skifahren)* descent; **Ab·fahrts·lauf** *m (Ski)* downhill; **Ab·fahrt(s)·tag** *m* day of departure; **Ab·fahrt(s)·zeit** *f* time of departure.

Ab·fall *m* **1.** *(Müll) Br* rubbish, *Am* garbage; **2.** *fig a. pol* break (*von* with); ► **in den ~ kommen** go into the dustbin (*Am* trashcan); **Ab·fall·be·sei·ti·gung** *f* refuse disposal; **Ab·fall·ei·mer** *m Br* wastebin, *Am* garbage can.

ab|fal·len ‹sein› *irr itr* **1.** drop off; **2.** *fig (übrigbleiben)* be left; **3.** *fig (rebellieren)* revolt; **4.** *(von Gelände)* slope away; ► **wieviel fällt ab für mich?** *fam* how much do I get? **vom Glauben ~** break with the faith.

ab·fäl·lig *adj* disparaging, deprecatory; ► **von jdm ~ sprechen** speak disparagingly of s.o.; **~e Bemerkungen über jdn machen** make derogatory (*od* disparaging) remarks about s.o.

Ab·fall·pro·dukt *n a. fig* by-product; **Ab·fall·ver·bren·nung** *f* refuse incineration; **Ab·fall·ver·bren·nungs·an·la·ge** *f* refuse incineration plant; **Ab·fall·ver·wer·tung** *f* recycling.

ab|fan·gen *irr tr* **1.** *(erwischen)* catch; **2.** *(Briefe, Meldungen)* intercept; **3.** *aero* pull out; **Ab·fang·jä·ger** *m mil aero* interceptor.

ab|fär·ben *itr (Wäschestück)* run; ▶ **auf jdn ~** *fig* rub off on s.o.

ab|fas·sen *tr (verfassen)* write, draft.

ab|fer·ti·gen *tr* **1.** *(versandfertig machen)* get ready for dispatch; **2.** *(Gepäck)* check(in); **3.** *(an Grenze)* clear; **4.** *(Kundschaft)* deal with, attend to; ▶ **jdn kurz ~** snub s.o.

Ab·fer·ti·gung *f com* **1.** *(Gebäude)* dispatch office; **2.** *(Tätigkeit)* clearance; **Ab·fer·ti·gungs·schal·ter** *m* check-in desk.

ab|feu·ern *tr* fire.

ab|fin·den *irr* **I** *tr* pay off; **II** *refl:* ▶ **sich mit jdm ~** come to terms with s.o.; **sich mit etw schwer ~** find it hard to accept s.th.; **Ab·fin·dung** *f* **1.** *allg* paying off; **2.** *(Entschädigung)* compensation, indemnification.

ab|flau·en ['apflaʊən] ⟨sein⟩ *itr* **1.** *(Wind)* die down, subside; **2.** *fig* fade; **3.** *com (Nachfrage, Geschäft)* fall (*od* drop) off.

ab|flie·gen *irr itr aero* ⟨sein⟩ take off (*nach* for).

Ab·flug *m aero* **1.** *(von Flugzeug)* take-off; **2.** *(für Fluggäste)* departure (*nach* for); **Ab·flug·hal·le** *f* departure lounge; **Ab·flug·zeit** *f* departure time.

Ab·fluß *m* **1.** *(Rohr)* wastepipe; **2.** *(~ von Gewässern)* outlet.

ab|for·dern *tr:* ▶ **jdm etw ~** demand s.th. from s.o.

ab|fra·gen *tr allg* question s.o. (*über etw* on s.th.); *päd* test s.o. orally.

Ab·fuhr ['apfu:ɐ] ⟨-, -en⟩ *f* **1.** *allg* removal; **2.** *fig fam (Rüge)* rebuff, snub; ▶ **jdm e-e ~ erteilen** snub s.o.; **sich e-e ~ holen** be snubbed.

ab|füh·ren I *tr* **1.** *allg* lead away; **2.** *fin (Geld)* pay (*an* to); **II** *itr med* have a laxative effect.

Ab·führ·mit·tel *n med* laxative.

ab|fül·len *tr* **1.** *(in Flaschen)* bottle; **2.** *(aus Gefäß)* ladle off; **3.** *sl (betrunken machen)* get sloshed.

Ab·ga·be *f* **1.** *(das Abgeben)* delivery; **2.** *fin* contribution; *(Steuer)* duty, tax; **ab·ga·be·pflich·tig** *adj fin* liable to taxation.

Ab·gang *m* **1.** *(Aufbruch)* departure; **2.** *theat* exit; **3.** *sport* dismount; **4.** *med (von Blasenstein etc)* passing; **Ab·gangs·prü·fung** *f* leaving examination; **Ab·gangs·zeug·nis** *n* leaving certificate.

Ab·gas *n mot* exhaust fumes *pl;* **ab·gas·arm** *adj* with low exhaust emission; *(Fahrzeug a.)* low-pollution; **Ab·gas·rei·ni·gung** *f* purification of exhaust gases; **Ab·gas·rück·füh·rung** *f mot* exhaust gas recirculation; **Ab·gas·son·der·un·ter·su·chung** *f mot compulsory annual test of a car's emission levels.*

ab|ge·ben *irr tr* **1.** *allg* hand in; *(fortgeben)* give away; **2.** *com* sell; **3.** *sport (Punkte)* concede; *(Ball)* pass; **4.** *(Erklärung, Urteil)* give; ▶ **jdm etw ~** give s.th. to s.o.; **sich mit etw ~** bother o.s. with s.th.; **sich mit jdm ~** associate with s.o.; **seine Meinung ~ über ...** express one's opinion about ...; **e-e Nachricht bei jdm ~** leave a message with s.o.

ab·ge·brannt *adj fig fam* (stony) broke.

ab·ge·brüht *adj fig fam* hardened.

ab·ge·dro·schen *adj* well-worn; *fam* hackneyed.

ab·ge·feimt ['apgəfaɪmt] *adj* crafty, cunning.

ab·ge·hackt *adj fig* clipped; ▶ **~ sprechen** speak in a clipped manner.

ab·ge·han·gen *adj* hung.

ab·ge·här·tet *adj* hardy (*gegen* to).

ab|ge·hen ⟨sein⟩ *irr itr* **1.** *rail (Zug)* leave (*nach* for); **2.** *(Straße)* branch off; **3.** *(von Schule)* leave; **4.** *(Knopf)* come off; ▶ **es ist alles gut abgegangen** everything went (*od* passed) off well; **von e-r Meinung ~** change one's opinion; **davon kann ich nicht ~** I must insist on that.

ab·ge·kar·tet *adj:* ▶ **e-e ~e Sache** a put-up job.

ab·ge·klärt *adj (Alter)* serene; **Ab·ge·klärt·heit** *f* serenity.

ab·ge·la·gert *adj (Wein)* matured; *(Holz)* seasoned.

ab·ge·lau·fen *adj* **1.** *com (Wechsel)* due, payable; **2.** *(Zeit)* expired.

ab·ge·le·gen *adj* remote.

ab·ge·macht *interj* O.K.! ▶ **das ist e-e ~e Sache** that's a fix.

ab·ge·neigt *adj:* ▶ **~ sein** be adverse (*od* reluctant) to ... ; **jdm ~ sein** dislike s.o.; **ich wäre nicht ~** I wouldn't mind.

ab·ge·nutzt *adj* worn; *mot (Reifen)* worn-down.

Ab·ge·ord·ne·te(r) ⟨-n, -n⟩ *f m allg* representative; *parl* member of parliament; **Ab·ge·ord·ne·ten·haus** *n* parliament.

ab·ge·reich·ert *adj (Uran)* depleted.

ab·ge·ris·sen *adj* **1.** *fam (Person)* ragged; **2.** *(Kleider)* shabby.

ab·ge·run·det *adj* rounded.

Ab·ge·sand·te(r) ⟨-n -n⟩ *f m* delegate; *pol* envoy.

ab·ge·schabt *adj* threadbare.

ab·ge·schie·den *adj (abgelegen)* remote, solitary; **Ab·ge·schie·den·heit** *f* seclusion.

ab·ge·schlafft *adj fam* whacked.

ab·ge·schla·gen *adj (müde)* worn-out.

ab·ge·schlos·sen *adj* **1.** *allg (verschlossen)* locked; **2.** *fig (isoliert)* isolated; *(Wohnung)* self-contained.

ab·ge·schmackt ['apgəʃmakt] *adj* fatuous.

ab·ge·se·hen *adj:* ▶ **~ von ...** apart from ... ; **es auf jdn ~ haben** have it in for s.o.; **es auf etw ~ haben** have one's eye on s.th.
ab·ge·spannt *adj (müde)* weary, tired out.
ab·ge·stan·den *adj* stale; *(Bier)* flat.
ab·ge·stor·ben *adj (Pflanze, Gewebe)* dead; *(Glieder)* numb.
ab·ge·stumpft *adj* **1.** *(von Gefühl)* dull; **2.** *fig (geistig)* insensitive (*gegenüber* to).
ab|ge·win·nen *irr tr:* ▶ **jdm etw ~** win s.th. from s.o.; **e-r Sache Geschmack ~** get a taste for s.th.
ab|ge·wöh·nen *tr:* ▶ **sich etw ~** give up doing s.th.; **jdm etw ~** cure s.o. of s.th.
Ab·glanz *m* reflection.
Ab·gleich ⟨-s⟩ *m* comparison; **ab|glei·chen** *irr tr* **1.** *(Bau)* level out; **2.** *el* tune; **3.** *fig* coordinate.
ab|glei·ten *irr itr* slip, slide.
Ab·gott *m* idol; ▶ **jds ~ sein** be idolized by s.o.; **ab·göt·tisch** ['apgœtɪʃ] *adj* idolatrous; ▶ **jdn ~ lieben** idolize s.o.
ab|gra·sen *tr* **1.** *allg* graze; **2.** *fig fam* comb.
ab|gren·zen I *tr* **1.** *(mit Einzäunung)* fence off; **2.** *fig* delimit (*gegen* from); **II** *refl fig:* ▶ **sich ~ gegen ...** dis(as)sociate o.s. from ...
Ab·gren·zung *f* **1.** *(Zaun)* fencing; **2.** *fig* delimitation.
Ab·grund *m* **1.** *allg* precipice; **2.** *fig* abyss.
ab·grün·dig *adj fig* cryptic.
ab·grund·tief *adj a. fig* profound.
ab|gucken (k·k) *itr* copy (*bei* from).
Ab·guß *m* **1.** *(Gießen)* founding; **2.** *(abgegossenes Bild)* cast.
ab|hacken (k·k) *tr* chop off.
ab|ha·ken *tr* **1.** *(von Haken)* unhook; **2.** *(abstreichen auf Liste) Br* tick (*Am* check) off.
ab|hal·ten *irr tr* **1.** keep off; **2.** *(Sitzung)* hold; **3.** *(Fest)* celebrate; **4.** *(verhindern)* stop; ▶ **jdn davon ~, etw zu tun** keep s.o. from doing s.th.; **laß dich nicht ~!** don't let me, them *etc* stop you! **ein Kind ~** allow a child to pee.
ab|han·deln *tr* **1.** *(vom Preis)* get s.o. to knock a bit off; **2.** *(erörtern)* deal with, treat.
ab·han·den|kom·men [ap'handən-] ⟨sein⟩ *irr itr* get lost.
Ab·hand·lung *f* treatise, discourse (*über* on).
Ab·hang *m* slope.
ab|hän·gen I *tr* **1.** take down; *rail mot (Zug)* uncouple; **2.** *fig mot (nach d. Überholen)* shake off; **II** *irr itr fig:* ▶ **~ von ...** depend on; **das hängt davon ab!** that depends!
ab·hän·gig *adj (Person)* dependent (*von* on).
Ab·hän·gig·keit *f* **1.** *(von Personen)* dependence; **2.** *gram* subordination; dependency.
ab|här·ten I *tr* toughen up; **II** *refl fig* harden o.s. (*gegen* to).
Ab·här·tung *f* **1.** *allg* toughening up; **2.** *fig* hardening.
ab|hau·en *irr* **I** *tr (Gegenstand etc)* cut off; **II** *itr* ⟨sein⟩ *sl (weggehen)* push off; ▶ **hau ab!** get lost!
ab|he·ben *irr* **I** *tr* **1.** *(Gegenstand)* take off; **2.** *(anheben)* lift; **3.** *(Geld)* withdraw; ▶ **e-e Karte ~** take a card; **II** *itr aero* take off; *(Rakete)* lift off; **III** *refl:* ▶ **sich ~ von** stand out against.
ab|hel·fen *irr itr:* ▶ **e-r Sache ~** remedy s.th.
ab|het·zen I *tr* tire out; **II** *refl* wear o.s. out.
Ab·hil·fe *f* remedy; ▶ **~ schaffen** take remedial action.
ab|ho·beln *tr* plane down.
ab|ho·len *tr* **1.** *(Person)* call for; **2.** *(Gegenstand)* collect, fetch; ▶ **etw ~ lassen** send for s.th.; **jdn am Bahnhof ~** meet s.o. at the station.
Ab·hol·markt *m* cash and carry.
ab|hol·zen *tr (Wald)* chop down; *(ganze Gebiete)* clear; **Ab·hol·zung** *f* deforestation; clearing.
Ab·hör·af·fä·re *f* bugging affair; **Ab·hör·ak·tion** *f* bugging operation.
ab|hor·chen *tr med* auscultate.
Ab·hör·ein·rich·tung *f* bugging system.
ab|hö·ren *tr* **1.** *päd* hear a pupil's lesson; **2.** *(Gespräch)* bug; **ab·hör·si·cher** *adj* bugproof.
Ab·itur ⟨-s, -e⟩ *n* Abitur, *German school-leaving examination and university entrance qualification.*
Ab·itu·ri·ent(in) *m (f) person who has done the Abitur.*
ab|ja·gen *tr:* ▶ **jdm etw ~** get s.th. off s.o.
ab|kap·seln *refl* cut o.s. off.
ab|kau·en *tr (Fingernägel)* bite; *(Bleistift)* chew.
ab|kau·fen *tr:* ▶ **jdm etw ~** buy s.th. from s.o.
ab|keh·ren *refl:* ▶ **sich ~ von ...** turn away from ...
ab|klap·pern *tr fam* scour (*nach* for).
ab|klä·ren *tr* clarify.
Ab·klatsch ⟨-es, -e⟩ *m fig pej* poor imitation.
ab|klin·gen ⟨sein⟩ *irr itr* **1.** *(Krankheit)* ease off; **2.** *(Effekt, Wirkung)* wear off.
ab|klop·fen *tr med* sound; ▶ **jdn auf etw ~** *fig fam* sound s.o. out about s.th.; **etw auf etw ~** go into s.th. to find out whether ...
ab|knal·len *tr sl:* ▶ **jdn ~** shoot s.o. down.
ab|knap·sen *tr:* ▶ **sich etw ~** scrape

s.th. together; **jdm etw ~** get s.th. off s.o.

ab|knöp·fen *tr allg* unbutton; ▶ **jdm etw ~** *fam* get s.th. off s.o.

ab|knut·schen I *tr: fam* ▶ **jdn ~** canoodle s.o.; **II** *refl* canoodle.

ab|ko·chen *tr* boil; *(sterilisieren)* sterilize; *(Milch)* scald.

ab|kom·man·die·ren *tr* detail (*zu* for).

Ab·kom·men ⟨-s, -⟩ *n* agreement; ▶ **ein ~ treffen mit ...** come to an agreement with ...

ab|kom·men ⟨sein⟩ *irr itr* get away; ▶ **vom Weg ~** lose one's way; **von etw ~** give up s.th.; **von e-m Thema ~** get off a subject.

ab·kömm·lich *adj* available, free; ▶ **nicht ~ sein** be unavailable.

Ab·kömm·ling ['apkœmlɪŋ] *m (Nachkomme)* descendant.

ab|kop·peln *tr tech* uncouple.

ab|krat·zen I *tr* ⟨h⟩ scrape (*od* scratch) off; **II** *itr* ⟨sein⟩ *fig vulg (sterben)* kick the bucket, pop off.

ab|krie·gen *tr* **1.** *(bekommen)* get; **2.** *fig (verletzt werden)* get hurt.

ab|küh·len I *tr a. fig* cool; **II** *refl* cool down; **Ab·küh·lung** *f* cooling.

ab|kup·fern *tr fam* crib, copy.

ab|kür·zen *tr* **1.** *(ein Wort)* abbreviate; **2.** *(verkürzen)* cut short; ▶ **den Weg ~** take a short cut.

Ab·kür·zung *f* **1.** *gram* abbreviation; **2.** *(von Weg)* short cut; **Ab·kür·zungs·ver·zeich·nis** *n* list of abbreviations.

ab|la·den *irr tr (Last)* unload; *(Müll etc)* dump.

Ab·la·ge *f allg* place to keep s.th.; *(im Büro)* filing.

ab|la·gern I *tr (deponieren)* store; *(anhäufen)* deposit; **II** *itr (Wein)* mature; *(Holz)* season.

Ab·la·ge·rung *f a. geol* deposit.

ab|las·sen[1] *irr itr (aufhören)* desist; ▶ **von etw ~** abandon s.th.

ab|las·sen[2] *irr tr (Flüssigkeit)* drain; *(Dampf)* let off; *mot (Motoröl)* drain off; ▶ **jdm etw vom Preis ~** knock s.th. off the price for s.o.

Ab·lauf *m* **1.** *(das Ablaufen)* drain; **2.** *(von Ereignissen)* course; **3.** *(e-r Frist)* expiry; ▶ **nach ~ von ...** at the end of ...; **Ab·lauf·brett** *n (an Spüle)* draining board.

ab|lau·fen *irr* **I** *itr* ⟨sein⟩ **1.** *(Flüssigkeit)* run off; **2.** *fig (Frist)* run out; **3.** *(Uhr)* run down; ▶ **wie ist es abgelaufen?** how did it go? **II** *tr* ⟨h⟩ *(Schuhe etc)* wear out; ▶ **jdm den Rang ~** steal a march on s.o.

Ab·le·ben *n (Tod)* decease.

ab|lecken (k·k) *tr* lick off.

ab|le·gen I *tr* **1.** *(ausziehen)* take off; **2.** *fig (Gewohnheiten)* give up; **3.** *(Last)* lay down; **4.** *(Akten)* file; ▶ **e-n Eid ~** take an oath; **e-e Probe von etw ~** give a proof of s.th.; **e-e Prüfung ~** pass (*od* take) an examination; **II** *itr (Schiff)* cast off.

ab|leh·nen *tr allg* decline; *(Angebot, Stelle)* reject.

Ab·leh·nung *f allg* refusal; *(von Angebot, Stelle)* rejection; ▶ **auf ~ stoßen** meet with disapproval.

ab|lei·sten *tr:* ▶ **s-n Wehrdienst ~** serve one's time.

ab|lei·ten I *tr* **1.** *(Gewässer)* divert; **2.** *ling (Wort)* derive (*aus, von* from); **II** *refl ling:* ▶ **sich ~ aus ...** be derived from ...

Ab·lei·tung *f* **1.** *(e-s Flusses)* diversion; **2.** *ling* derivative.

ab|len·ken I *tr* **1.** *allg* turn away; **2.** *(zerstreuen)* distract; **II** *itr:* ▶ **vom Thema ~** change the subject.

Ab·len·kung *f (Zerstreuung)* diversion; ▶ **~ vom Thema** changing of the subject; **~ brauchen** need s.th. to take one's mind off things; **Ab·len·kungs·ma·nö·ver** *n:* ▶ **~ betreiben** bring in a red herring (*od* lay a false scent).

ab|le·sen *irr itr tr (von e-m Blatt, Zählerstand)* read.

ab|leug·nen *tr* deny.

ab|lich·ten *tr (fotokopieren)* photocopy; *(fotografieren)* photograph.

Ab·lich·tung *f phot* photocopy.

ab|lie·fern *tr (übergeben)* hand over (*bei* to); *com* deliver.

Ab·lie·fe·rung *f* handing-in; *(von Waren)* delivery; ▶ **bei ~** on delivery.

ab·lös·bar *adj (trennbar)* detachable.

ab|lö·sen I *tr* **1.** *(entfernen)* take off; **2.** *fin (Schulden)* pay off; ▶ **jdn ~** take the place of s.o.; **II** *refl:* ▶ **sich ~** *(abgehen)* come off; *(Haut)* peel off; *(Kollegen, Wache)* take turns.

Ab·lö·sung *f* **1.** *mil* relief; **2.** *fin (von Schulden)* redemption.

Ab·luft *f tech* waste air.

ABM *f Abk von* **Arbeitsbeschaffungsmaßnahme** job creation scheme.

ab|ma·chen[1] *tr* take off.

ab|ma·chen[2] *tr (vereinbaren)* agree (*etw* on s.th.).

Ab·ma·chung *f* agreement.

ab|ma·gern ⟨sein⟩ *itr* get thinner; **Ab·ma·ge·rungs·kur** *tr* diet; ▶ **eine ~ machen** be on a diet.

ab|mah·nen *tr* caution; **Ab·mah·nung** *f* caution.

ab|ma·len *tr* copy.

Ab·marsch *m* departure; **ab·marsch·be·reit** *adj* ready to move off.

ab|mar·schie·ren ⟨sein⟩ *itr* march off.

ab|mel·den I *tr (Abonnement)* cancel; ▶ **sein Telephon ~** have one's telephone disconnected; **II** *refl:* ▶ **sich bei jdm ~** tell s.o. that one is leaving.

ab|mes·sen *irr tr a. fig* measure; **Ab·mes·sung** *f* measurement.

ab|mon·tie·ren *tr (Gegenstand)* take off (*von etw* s.th.).
ABM-Stel·le *f temporary post (through job creation scheme).*
ab|mü·hen *refl:* ▶ **sich** ~ struggle.
ab|nab·eln *refl fig fam:* ▶ **sich** ~ cut oneself loose.
ab|na·gen *tr:* ▶ **e-n Knochen** ~ gnaw off meat from a bone.
Ab·nah·me[1] *f (das Abnehmen)* taking down.
Ab·nah·me[2] *f* **1.** *(Verringerung)* decrease; **2.** *com* decline; **3.** *(TÜV)* inspection.
ab|neh·men *irr* **I** *tr* **1.** *(Gegenstand)* take off; **2.** *med (Glied)* amputate; ▶ **den Hörer** ~ lift the receiver; **jdm etw** ~ take s.th. from s.o.; **das nehme ich dir nicht ab!** *fig fam* I don't buy that tale! **II** *itr* **1.** *(an Zahl)* decrease; *(an Gewicht)* lose weight; **2.** *(Mond)* wane; ▶ **sein Erfolg nimmt ab** his success is on the wane.
Ab·neh·mer(in) *m (f) com* buyer, customer, purchaser.
Ab·nei·gung *f* dislike (*gegen* of); aversion (*gegen* to).
ab·norm [ap'nɔrm] *adj* abnormal.
ab|nut·zen *tr refl* wear out; **Ab·nut·zung** *f* wear and tear.
Abon·ne·ment [abɔn(ə)'mɑ̃:] ‹-s, -s› *n* subscription; **Abon·ne·ment·fern·se·hen** *n* pay TV.
Abon·nent(in) [abɔ'nɛnt] ‹-en, -en› *m (f) (von Zeitung etc)* subscriber; **Abon·nen·ten·wer·bung** *f markt* circulation promotion.
abon·nie·ren *tr* subscribe to ...
ab|ord·nen *tr* delegate; **Ab·ord·nung** *f* delegation.
Ab·ort [a'bɔrt] ‹-s, -e› *m* **1.** lavatory, toilet; **2.** *med* abortion.
ab|pflücken (k·k) *tr* pick.
ab|pla·gen *refl:* ▶ **sich mit etw** ~ slave away at s.th.
ab|pral·len ‹sein› *itr a. fig* bounce off.
ab|put·zen *tr (Schmutz)* clean (off); ▶ **sich die Hände** ~ wipe one's hands.
ab|rah·men *tr* skim.
ab|ra·ten *irr itr* warn (*von* against).
Ab·raum ‹-(e)s› *m min* mining debris.
ab|räu·men *tr* clear away; ▶ **den Tisch** ~ clear the table.
ab|rea·gie·ren *refl* let off steam, work it off.
ab|rech·nen I *tr (abziehen)* deduct; **II** *itr com* cash up; ▶ **mit jdm** ~ *a. fig* settle up with s.o.
Ab·rech·nung *f* **1.** *com (an der Kasse)* cashing up; **2.** *(Aufstellung)* statement (*über* for); **3.** *(Rechnung) allg* bill; *com* invoice; **4.** *fig* revenge; **Ab·rech·nungs·zeit·raum** *m com* accounting period.
ab·re·gen *refl:* ▶ **sich** ~ *fam* calm (*od* cool) down.
ab|rei·ben *irr tr* **1.** *(Schmutz etc)* rub off; **2.** *(Schuhe etc)* wipe.
Ab·rei·bung *f:* ▶ **e-e** ~ **kriegen** *fam* get a good hiding.
Ab·rei·se *f* departure (*nach* for); ▶ **bei meiner** ~ **von hier** on leaving this place.
ab|rei·sen ‹sein› *itr* depart, leave (*nach* for).
ab|rei·ßen *irr* **I** *tr* ‹h› tear off; *(Haus)* pull down; ▶ **ich habe mir e-n Knopf abgerissen** I've torn a button off; **II** *itr* ‹sein› *(abgehen)* come off; ▶ **mein Schnürsenkel ist abgerissen** my shoestring has broken.
Ab·reiß·ka·len·der *m* tear-off calendar.
ab|rich·ten *tr (Tiere)* train.
ab|rie·geln *tr* **1.** *(Straße)* block off; **2.** *(Türe)* bolt.
Ab·riß *m* **1.** *(von Gebäude)* demolition; **2.** *(Übersicht)* summary.
ab|rol·len I *tr* ‹h› *(von Rolle)* unroll; *(von Spule)* unreel; *(Kabel etc)* uncoil; **II** *itr* ‹sein› **1.** *rail* roll off; **2.** *fig (sich ereignen)* unfold.
ab|rücken (k·k) I *itr* ‹sein› **1.** *allg (fortziehen)* move out; **2.** *fig* disassociate o.s. (*von* from); **II** *tr* ‹h› *(Gegenstand)* move away.
Ab·ruf *m:* ▶ **sich auf** ~ **bereithalten** be ready to be called for; **ab|ru·fen** *irr tr* **1.** *allg* call away; **2.** *fin (von Konto)* withdraw; **3.** *EDV (aus Datenbank)* retrieve.
ab|run·den *tr* **1.** *(rund machen) a. fig* round off; **2.** *fin (e-e Summe)* round down.
ab|rü·sten *tr itr mil pol* disarm; **Ab·rü·stung** *f mil pol* disarmament; **Ab·rü·stungs·kon·fe·renz** *f mil pol* disarmament conference.
ab|rut·schen ‹sein› *itr* 1. *allg* slip; **2.** *fig (in Schule)* drop down (*auf* to).
ABS *n Abk von* **Antiblockier-System** *mot* anti-lock braking system.
ab|sacken (k·k) ‹sein› *itr* **1.** *allg* sink; **2.** *aero* drop; **3.** *päd (in der Leistung)* drop off.
Ab·sa·ge ['apza:gə] ‹-, -n› *f* refusal; ▶ **jdm e-e** ~ **erteilen** reject s.o.
ab|sa·gen I *tr* cancel; *(Einladung)* decline; **II** *itr:* ▶ **jdm** ~ tell s.o. that one cannot come.
ab|sä·gen *tr* **1.** *(Ast etc)* saw off; **2.** *fig fam* sling out.
Ab·satz *m* **1.** *(Abschnitt)* paragraph; **2.** *(Schuh~)* heel; **3.** *com (Waren~)* sales *pl;* **4.** *(von Treppe)* landing; **Ab·satz·ge·biet** *n* market.
ab|scha·ben *tr* scrape off.
ab|schaf·fen *tr* abolish, do away with.
Ab·schaf·fung *f* abolition.
ab|schal·ten I *tr el* switch off; **II** *itr fig fam* switch off.

ab|schät·zen *tr* assess; ▶ **ein ~der Blick** an appraising look.
ab·schät·zig ['apʃɛtsɪç] *adj* disparaging; ▶ **e-e ~e Bemerkung** a derogatory remark.
Ab·schaum ‹-(e)s› *m:* ▶ **der ~ der Menschheit** the scum of the earth.
Ab·scheu ‹-(e)s› *m* abhorrence (*vor* at); ▶ **vor etw ~ haben** loathe s.th.
ab·scheu·lich [ap'ʃɔɪlɪç] *adj (widerlich)* abominable; *(heimtückisch)* heinous; ▶ **~!** *interj* terrible!
ab|schicken (k·k) *tr* send (off); *(mit Post) Br* post, *Am* mail.
ab|schie·ben *irr* **I** *tr* **1.** *(deportieren)* deport; **2.** *(loswerden)* get rid of ... ; **II** *itr* ‹sein› *fig fam* push off.
Ab·schied ['apʃi:t] ‹-(e)s, (-e)› *m* farewell, parting; ▶ **von jdm ~ nehmen** say goodbye to s.o.; **Ab·schieds·brief** *m* farewell letter; **Ab·schieds·fei·er** *f* farewell party; **Ab·schieds·re·de** *f* farewell speech.
ab|schie·ßen *irr tr* **1.** *(Pfeil)* shoot; *(Gewehr)* fire; **2.** *mil (Flugzeug)* shoot down.
Ab·schirm·dienst *m mil* counterespionage service.
ab|schir·men *tr* shield; **Ab·schir·mung** *f* shielding.
ab|schlach·ten *tr fig* butcher.
ab|schlaf·fen ‹sein› *itr fig fam* wilt.
Ab·schlag *m* **1.** *sport (von Fußball)* goal kick; **2.** *com (bei Handel)* reduction; **3.** *(~zahlung)* part payment (*auf* of).
ab|schla·gen *irr tr* **1.** *(Gegenstand etc)* cut off; **2.** *mil (Angriff)* beat off; **3.** *(verweigern)* turn down.
ab·schlä·gig ['apʃlɛ:gɪç] *adj* negative; ▶ **meine Bewerbung wurde ~ beschieden** my application was rejected.
Ab·schlags·zah·lung *f* part payment.
ab|schlei·fen *irr tr (Gegenstand)* grind down; ▶ **Rost ~** polish off rust.
ab|schlep·pen *tr* **1.** *mot mar* tow; **2.** *fam (Person)* pick up.
Ab·schlepp·seil *n* towrope; **Ab·schlepp·stange** *f* tow bar; **Ab·schlepp·wa·gen** *m* recovery vehicle.
ab|schlie·ßen *irr* **I** *tr* **1.** *(Tür)* lock up; **2.** *fig (beenden)* complete; ▶ **e-e Versicherung ~** take out an insurance; **e-n Vertrag ~** conclude a treaty; **II** *refl:* ▶ **sich ~ von ...** cut o.s. off from ...; **ab·schlie·ßend** *adj (Bemerkung)* final.
Ab·schluß *m* **1.** *(Ende)* end; **2.** *com* business deal; ▶ **kurz vor dem ~ stehen** be in the final stages *pl;* **Ab·schluß·prü·fung** *f päd* final examination; **Ab·schluß·zeug·nis** *n päd* leaving certificate, *Am* diploma.
ab|schmecken (k·k) *tr* **1.** *(probieren)* taste; **2.** *(würzen)* season.
ab|schmie·ren *tr mot* grease.
ab|schmin·ken *refl* **1.** take off one's make up; **2.** *fig fam:* ▶ **sich etw ~** get s.th. out of one's head.
ab|schnal·len **I** *tr* undo; **II** *itr:* ▶ **da schnallste ab!** *fam* it blows your mind!
ab|schnei·den *irr* **I** *tr* cut off; *(Haar)* cut; ▶ **jdm das Wort ~** cut s.o. short; **II** *itr fig:* **bei etw gut (schlecht) ~** come off well (badly) in s.th.
Ab·schnitt *m* **1.** *(Sektion)* section; **2.** *math* segment; **3.** *(in Buch)* passage; **4.** *(Zeit~)* period.
ab|schöp·fen *tr* skim off; ▶ **Gewinn ~** *com* siphon off the profits *pl.*
ab|schrau·ben *tr* unscrew.
ab|schrecken (k·k) *tr* **1.** deter; **2.** *(Speisen)* rinse with cold water; **ab·schreckend (k·k)** *adj* deterrent; ▶ **ein ~es Beispiel** a warning.
Ab·schreckung (k·k) *f mil* deterrence; **Ab·schreckungs·mit·tel (k·k)** *n mil* deterrent.
ab|schrei·ben *irr* **I** *tr* **1.** copy out; **2.** *com* deduct; ▶ **jdn ~** *fig* write s.o. off; **II** *itr (in der Schule)* crib; ▶ **jdm ~** tell s.o. that one cannot come to a meeting.
Ab·schrei·bung *f com* deduction; *(Wertminderung)* depreciation.
Ab·schrift *f* copy.
ab|schür·fen *tr* graze.
Ab·schür·fung *f (Wunde)* graze.
Ab·schuß *m* **1.** *mil (e-r Waffe)* firing; **2.** *mil (von Raketengeschoß, Torpedo)* launching; **3.** *mil (e-s Flugzeuges)* shooting down; *(e-s Panzers)* knocking out.
ab·schüs·sig ['apʃʏsɪç] *adj* sloping.
Ab·schuß·ram·pe *f a. mil* launching pad.
ab|schüt·teln *tr a. fig* shake off.
ab|schwä·chen *tr* **1.** weaken; **2.** *(beschönigen)* tone down.
ab|schwei·fen ['apʃvaɪfən] ‹sein› *itr* digress; ▶ **vom Thema ~** deviate from the subject.
ab·seh·bar *adj (Zeit)* before long, imaginable; ▶ **nicht ~** not to be foreseen; **in ~er Zeit** in the foreseeable future.
ab|se·hen *irr* **I** *tr:* ▶ **es ist abzusehen, daß ...** it's easy to see that ...; **ein Ende ist noch nicht abzusehen** the end is not yet in sight; **II** *itr:* ▶ **ich will (mal) davon ~** I'm going to dispense with it.
Ab·seits *n* ‹-› *sport* offside.
ab·seits ['apzaɪts] **I** *adv sport* offside; **II** *prp* ▶ **~ der Straße** away from the road.
Ab·seits·fal·le *f sport (Fußball)* off-side trap; **Ab·seits·tor** *n sport* goal scored from an off-side position.
ab|sen·den *irr tr* send; *(Briefe) Br* post, *Am* mail; *com* dispatch.
Ab·sen·der(in) *m (f)* sender.
ab·setz·bar *adj* **1.** *(Person)* dismissible; **2.** *com* sal(e)able; **3.** *fin (Betrag)* deductible.

ab|set·zen I *tr* **1.** *allg (Gegenstand)* take off; **2.** *com (verkaufen)* sell; **3.** *(entlassen)* dismiss; *(Herrscher)* depose; **4.** *typ* compose; **5.** *(Fahrgast)* drop; **6.** *theat (Stück)* take off; **7.** *fin (Betrag)* deduct; **II** *itr (unterbrechen)* stop.

Ab·sicht ⟨-, -en⟩ *f* intention; ► **die ~ haben, etw zu tun** intend to do s.th.

ab·sicht·lich *adj* intentional; ► **etw ~ tun** do s.th. on purpose.

ab|sit·zen *irr* **I** *itr* ⟨sein⟩ dismount; **II** *tr:* ► **s-e Strafe ~** serve one's time.

ab·so·lut [apzo'lu:t] *adj* absolute.

ab·son·der·lich [ap'zɔndɐlɪç] *adj* odd, quaint.

ab|son·dern I *tr* **1.** *(Personen)* separate; *(isolieren)* isolate; **2.** *med* secrete; **II** *refl:* ► **sich ~** cut o.s. off.

Ab·son·de·rung *f med* secretion.

ab·sor·bie·ren [apzɔr'bi:rən] *tr* absorb.

ab|spal·ten *tr a. refl* split off.

ab|spa·ren *tr:* ► **sich etw vom Munde ~** scrimp and save for s.th.

ab|spei·chern *tr EDV* save, file.

ab·spen·stig ['apʃpɛnstɪç] *adj:* ► **jdm jdn ~ machen** lure s.o. away from s.o.

ab|sper·ren *tr* **1.** *(Straße)* block; **2.** *tech* turn off; *(Tür)* lock.

ab|spie·len I *tr (Tonmedien)* play; **II** *refl:* ► **sich ~** happen.

Ab·spra·che *f* arrangement.

ab|spre·chen *irr* **I** *tr (Termin)* arrange; ► **jdm etw ~** *(verweigern)* dispute s.o. s.th.; **II** *refl:* ► **sich mit jdm ~** arrange things with s.o.

ab|sprin·gen ⟨sein⟩ *irr itr* jump down (*von* from); *(mit Fallschirm)* jump.

ab|sprit·zen I *tr (etw od jdn ~)* spray (s.th. *od* s.o.); **II** *refl (mit Wasserstrahl)* spray o.s. down.

Ab·sprung *m* jump; ► **den ~ schaffen** *fig fam* make the break.

ab|spü·len I *tr* rinse; **II** *itr (Geschirr)* do the dishes.

ab|stam·men *itr* **1.** *(Mensch)* be descended (*von* from); **2.** *ling* be derived (*von* from); **Ab·stam·mung** *f* **1.** *(gesellschaftlich)* descent; **2.** *geog* origin.

Ab·stand *m* **1.** *(räumlich)* distance; **2.** *(zeitlich)* interval; **3.** *(Ablösungssumme)* indemnity; ► **mit ~** by far; **kurzer ~** short gap; **~ halten** keep one's distance.

ab|stat·ten *tr:* ► **jdm e-n Besuch ~** pay s.o. a visit.

ab|stau·ben *tr* **1.** *(Gegenstände)* dust; **2.** *fig fam* cadge (*bei jdm* from s.o.); ► **etw ~** *fig fam* nick s.th.

ab|ste·chen *irr* **I** *tr* **1.** *(töten)* stick; **2.** *(Boden)* dig up; **II** *itr (sich abheben):* ► **von etw ~** stand out against s.th.

Ab·ste·cher *m* **1.** excursion; **2.** *fig* digression.

ab|stecken (k·k) *tr* mark out; *(Kleid)* pin.

ab|ste·hen *irr itr* stick out.

ab|stei·gen ⟨sein⟩ *irr itr* **1.** get off (*von* s.th.); **2.** *(im Hotel)* put up (*in* at); ► **sich auf dem ~den Ast befinden** *fig fam* be on the decline.

ab|stel·len *tr* **1.** *(Gegenstand)* put down; **2.** *tech (Maschine)* stop; *(abdrehen)* turn off; **3.** *(Fahrzeug)* park; **4.** *fig (Mißstände)* bring to an end.

Ab·stell·gleis *n rail* siding.

ab|stem·peln *tr* **1.** *allg* stamp; **2.** *fig* brand (*zu* as).

ab|ster·ben ⟨sein⟩ *irr* **1.** *itr a. fig* die; **2.** *fig (durch mangelnde Blutzirkulation)* go numb.

Ab·stieg ['apʃti:k] ⟨-(e)s, (-e)⟩ *m* **1.** *allg* descent; **2.** *fig* decline.

ab|stim·men I *tr* **1.** *radio* tune (*auf* to); **2.** *(in Einklang bringen)* match (*auf* with); **3.** *(Termine)* coordinate (*auf* with); **II** *itr pol* take a vote (*über* on); ► **über etw ~ lassen** put s.th. to the vote; **III** *refl:* **sich mit jdm ~** come to an agreement with s.o.

Ab·stim·mung *f* vote; ► **e-e ~ vornehmen** take a vote (*über* on).

ab·sti·nent [apsti'nɛnt] *adj* teetotal; *(sexuell)* abstinent; ► **~ leben** live a life of abstinence.

Ab·sti·nenz·ler(in) *m (f)* teetotal(l)er.

Ab·stoß *m sport (beim Fußball)* goal-kick; **ab|sto·ßen** *irr* **I** *tr* **1.** *(fortstoßen)* push off; *sport (beim Fußball)* make a goal kick; **2.** *(Möbel)* batter; **3.** *com* get rid of ... ; **4.** *fig* repel; **II** *itr fig* be repulsive; **ab·sto·ßend** *adj* repulsive.

ab|stot·tern *tr fam* pay off.

ab|strah·len *tr* **1.** *(Wärme)* emit; **2.** *(Fassade)* sandblast.

ab·strakt [ap'strakt] *adj* abstract.

ab|strei·fen *tr* ⟨h⟩ **1.** *(Gegenstand)* slip off; **2.** *(Schmutz etc)* wipe off.

ab|strei·ten *irr tr (leugnen)* deny.

ab|stu·fen I *tr* **1.** *(Farben)* shade; **2.** *(Haare)* layer; **3.** *com fin* grade; **II** *refl (von Gelände):* ► **sich ~** be terraced.

ab|stump·fen ⟨sein⟩ *itr* **1.** *(stumpf werden)* blunt; **2.** *fig* dull.

Ab·sturz *m* **1.** fall; **2.** *aero* crash.

ab|stür·zen ⟨sein⟩ *itr* **1.** *(Mensch)* fall; **2.** *aero (Flugzeug)* crash.

ab|su·chen *tr* **1.** *(Gelände etc)* search; **2.** *mil (mit Scheinwerfern)* sweep.

ab·surd [ap'zʊrt] *adj* absurd.

Ab·szeß [aps'tsɛs] ⟨-sses, -sse⟩ *m med* abscess.

Abt [apt *pl* 'ɛptə] ⟨-(e)s, ⸚e⟩ *m eccl* abbot.

ab|ta·sten *tr* **1.** feel; *med* palpate; *(~ auf Waffen etc)* frisk (*auf* for); **2.** *el* scan.

ab|tau·en I *tr* defrost; **II** *itr* ⟨sein⟩ thaw.

Ab·tau·vor·rich·tung *f tech Br* defroster, *Am* demister.

Ab·tei [ap'taɪ] *f eccl* abbey.

Ab·teil [ap'taɪl] *n rail* compartment.

ab|tei·len *tr (durch Wand)* partition off; **Ab·tei·lung** [-ˈ--] *f* **1.** department; **2.** *mil* unit; **Ab·tei·lungs·lei·ter(in)** *m (f)* head of department.

Äb·tis·sin [ɛpˈtɪsɪn] *f eccl* abbess.

ab|tö·ten *tr (Zahnnerv)* deaden.

ab|tra·gen *irr tr* **1.** *(Gebäude etc)* take down; **2.** *(Geschirr)* clear away; **3.** *(Schuld)* pay off; **4.** *(Kleidung)* wear out.

ab·träg·lich [ˈaptrɛ:klɪç] *adj* harmful, injurious.

Ab·trans·port *m* transportation; *(Evakuierung)* evacuation.

ab|trei·ben *irr itr* **1.** ⟨sein⟩ *aero mar* be driven off course; **2.** ⟨h⟩ *med* have an abortion.

Ab·trei·bung *f med* abortion; ▶ **e-e ~ vornehmen (lassen)** have an abortion.

ab|tren·nen *tr* **1.** take off; *(Abschnitt)* detach; *(mit Messer od Schere)* cut off; **2.** *(räumlich)* divide off.

ab|tre·ten *irr* **I** *tr* ⟨h⟩ **1.** *(abnutzen)* wear out; **2.** *jur (Ansprüche, Gebiet)* cede; **II** *itr* ⟨sein⟩ *(vom Amt)* resign; *theat* go off.

ab|trock·nen I *tr* ⟨h⟩ dry; **II** *itr* ⟨sein⟩ dry up.

ab·trün·nig [ˈaptrʏnɪç] *adj pol* rebel; *eccl* apostate; ▶ **jdm ~ werden** *pol* desert s.o.; **Ab·trün·ni·ge(r)** *f m pol* rebel; *eccl* apostate, recusant.

ab|tun *irr tr fig (von sich schieben)* dismiss.

ab|ur·tei·len *tr:* ▶ **jdn ~** pass sentence upon s.o.

ab|wä·gen *irr tr fig (gegeneinander ~)* weigh up; *(Worte)* weigh.

ab|wäh·len *tr* vote out (of office).

ab|wäl·zen *tr fig* shift (*auf* onto).

ab|wan·deln *tr* **1.** *(variieren)* modify; **2.** *mus* adapt.

ab|wan·dern ⟨sein⟩ *itr* migrate (*aus* from).

Ab·wär·me *f tech* waste heat.

ab|war·ten I *tr:* ▶ **etw ~** wait s.th. out; **II** *itr* wait; ▶ **warte nur ab!** just wait! **~ und Tee trinken** wait and see.

ab·wärts [ˈapvɛrts] *adv* down; ▶ **es geht mit ihm ~** he is on the decline.

ab|wa·schen *irr* **I** *tr (Schmutz)* wash off; *(Geschirr)* wash up; *(Gesicht)* wash; **II** *itr* do the washing up.

Ab·wasch·was·ser *n* dish-water.

Ab·was·ser *n* sewage; **Ab·was·ser·ka·nal** *m* sewer.

ab|wech·seln *refl* alternate, change, vary; ▶ **sich miteinander ~** *(Personen)* take turns; **ab·wech·selnd** *adv* alternately.

Ab·wechs·lung *f* change; ▶ **zur ~** for a change; **hier gibt es wenig ~** there's not much variety in life here.

Ab·weg *m:* ▶ **auf ~e geraten** go astray.

ab·we·gig [ˈapve:gɪç] *adj fam* off-beat; *(Verdacht)* groundless.

Ab·wehr *f allg* defence; *mil* counter-intelligence; ▶ **auf ~ stoßen** be repulsed; **Ab·wehr·kräf·te** *f pl med* the body's defences; **Ab·wehr·maß·nahme** *f* defence reaction; **Ab·wehr·me·cha·nis·mus** *m* defence mechanism.

ab|weh·ren I *tr* **1.** *allg* ward off; *(Angriff)* repulse; **2.** *fig* dismiss; ▶ **II** *itr* **1.** *sport* clear; **2.** *fig* refuse.

ab|wei·chen ⟨sein⟩ *irr itr* **1.** *(von Kurs etc)* deviate; *(Weg)* swerve; *phys* decline; *(von Wahrheit)* depart; **2.** *(Meinungen)* differ.

Ab·wei·chung *f* deviation.

ab|wei·sen *irr tr* **1.** *(Person)* turn away; **2.** *(Antrag etc)* reject, turn down.

ab·wei·send *adj (Haltung)* cold.

ab|wen·den *irr* **I** *tr (Unglück etc)* avert; **II** *refl:* ▶ **sich ~** *a. fig* turn away.

ab|wer·ben *irr tr:* ▶ **jdn ~** entice s.o. away.

ab|wer·fen *irr tr* **1.** throw (*od* cast) off; *(aus der Luft)* drop; *(Blätter etc)* shed; *(Spielkarte)* discard; **2.** *com (einbringen)* yield.

ab|wer·ten *tr* **1.** *fin* devaluate; **2.** *fig* cheapen.

Ab·wer·tung *f fin* devaluation.

ab·we·send [ˈapve:zənt] *adj* **1.** absent; **2.** *fig* far-away; **Ab·we·sen·de(r)** *f m* absentee.

Ab·we·sen·heit *f* **1.** *allg* absence; **2.** *fig (Geistes~)* abstraction; ▶ **durch ~ glänzen** *fig* be conspicuous by one's absence.

ab|wickeln (k·k) *tr* **1.** unwind; **2.** *fig (Angelegenheit)* deal with ...; **3.** *com (Geschäft)* conclude; **Ab·wick·lung** *f* **1.** *com (von Geschäft)* completion; **2.** *(von Kontrolle, Prüfung)* carrying out; ▶ **für e-e reibungslose ~ von etw sorgen** make sure that s.th. goes off smoothly.

ab|wim·meln *tr fam:* ▶ **jdn ~** get rid of s.o.

ab|win·ken *itr fig:* ▶ **jdm ~** put s.o. off.

ab|wi·schen *tr (Schmutz etc)* wipe off; *(Gesicht etc)* wipe; *(Tränen)* dry.

Ab·wurf *m allg* throwing off; *(aus Flugzeug)* dropping.

ab|wür·gen *tr* **1.** *fam* scotch; **2.** *(Motor)* stall.

ab|zah·len *tr* pay off.

ab|zäh·len *tr (Geld)* count.

Ab·zah·lung *f (Rückzahlung)* paying off; ▶ **auf ~ kaufen** *Br* buy on hire purchase (*Am* on the instalment plan); **Ab·zah·lungs·ge·schäft** *n com* hire purchase; **Ab·zah·lungs·kre·dit** *m* consumer credit.

ab|zap·fen *tr* draw off; ▶ **jdm Blut ~** *fam* take blood from s.o.

Ab·zei·chen *n* **1.** *(an Anzug od Kleid)* badge; **2.** *mil* insignia *pl.*

ab|zeich·nen I *tr* **1.** *(jdn od etw)* draw; **2.**

(mit Sichtvermerk) initial; **II** *refl* **1.** *allg* stand out (*gegen* against); **2.** *fig* become apparent.

ab|zie·hen *irr* **I** *tr* ‹h› **1.** *(Schlüssel)* take out; **2.** *(Bett)* strip; **3.** *(Haut)* skin; **4.** *(in Flaschen)* bottle; **5.** *(Zahl)* take away, substract; *(vom Preis)* take off; **6.** *phot (Bild)* print; **II** *itr* ‹sein› **1.** *(Gase etc)* escape; **2.** *mil (Truppen)* withdraw.

ab|zie·len *itr fig:* ▶ **~ auf ...** be aimed at ...

Ab·zug *m* **1.** *mil* withdrawal; **2.** *com* discount; *(vom Lohn)* deduction; **3.** *typ* copy; **4.** *phot* print; **5.** *(Gewehr~)* trigger; ▶ **nach ~ der Kosten** expenses deducted.

ab·züg·lich ['aptsy:klɪç] *prep* less ...

Ab·zugs·hau·be *f (Dunst~)* extractor hood.

ab|zwei·gen I *itr* ‹sein› *(Weg etc)* branch off; **II** *tr* ‹h› *(Geld)* spare.

Ab·zwei·gung *f allg* junction; *rail* branch-line.

Ach *n:* ▶ **mit ~ und Krach** by the skin of one's teeth.

ach [ax] *interj* oh! ▶ **~ nee!** really! **~ so!** I see!

Ach·se ['aksə] ‹-, -n› *f* **1.** *mot* axle; **2.** *math* axis; ▶ **auf ~ sein** *fam (mit Kfz unterwegs)* be on the road.

Ach·sel ['aksəl] ‹-, -n› *f* armpit; ▶ **die ~n zucken** shrug one's shoulders; **Ach·sel·höh·le** *f anat* armpit.

Acht [axt] ‹-› *f:* ▶ **außer a~ lassen** disregard; **sich in a~ nehmen** watch out.

acht *num* eight; ▶ **alle ~ Tage** every week; **vor ~ Tagen** a week ago; **heute in ~ Tagen** today week.

acht·bar *adj* respectable.

ach·te *adj* eighth.

Acht·eck *n* octagon; **acht·eckig (k·k)** *adj* octagonal.

Ach·tel ['axtəl] ‹-s, -› *n* eighth.

ach·ten ['axtən] **I** *tr (schätzen)* respect; **II** *itr:* ▶ **auf etw ~** pay attention to s.th.; **auf jdn ~** look after s.o.

äch·ten ['ɛçtən] *tr* outlaw, proscribe.

ach·tens ['axtəns] *adv* in the eighth place.

Ach·ter ‹-s, -› *m* **1.** *sport (Boot)* the eight; **2.** *sport (Figur)* figure eight; **Ach·ter·bahn** *f Br* big dipper, *Am* roller coaster; **Ach·ter·deck** *n mar* quarterdeck.

ach·tern *adv mar* astern.

acht·fach *adj* eightfold; ▶ **in ~er Ausfertigung** with seven copies; **acht·jäh·rig** *adj* eight-year-old.

acht·los *adj* careless; **Acht·lo·sig·keit** *f* carelessness.

acht·mal *adv* eight times.

Acht·stun·den·tag ['-'---] *m* eight-hour day.

acht·tä·gig *adj* lasting a week.

Ach·tung ['axtʊŋ] *f* **1.** respect (*vor* for); **2.** *interj:* **~!** attention! ▶ **sich ~ verschaffen** gain respect for o.s.; **alle ~!** *interj* good for you! (*od* her, *etc*).

Äch·tung ['ɛçtʊŋ] *f* proscription, outlawing.

acht·zehn *num* eighteen; **acht·zehn·te** *adj* eighteenth.

acht·zig ['axtsɪç] *num* eighty; **acht·zig·jäh·rig** *adj* eighty-year-old; **acht·zig·ste** *adj* eightieth.

äch·zen ['ɛçtsən] *itr* groan (*vor* with).

Acker (k·k) ['akɐ] ‹-s, ¨› *m* field; ▶ **den ~ bestellen** till the soil; **Acker·bau (k·k)** *m* agriculture, farming; **Acker·land (k·k)** *n* arable land.

ackern (k·k) *itr fig fam* slog away.

Acryl [a'kry:l] ‹-s› *n chem (in Zss.)* acrylic; **Acryl·far·be** *f* acrylic paint; **Acryl·glas** *n* acrylic glass.

Ad·ap·ter [a'daptɐ] ‹-s, -› *m* adapter, adaptor.

ad·die·ren [a'di:rən] *tr* add.

Ad·di·tion *f* addition.

Adel ['a:dəl] ‹-s› *m* nobility; *(niederer ~)* gentry; ▶ **von ~** of noble birth.

ad(e)·lig *adj* noble; ▶ **~ sein** be of noble birth.

Ad(e)·li·ge(r) ['a:d(ə)lɪgə] ‹-n, -n› *f m* nobleman (noblewoman); **Ad(e)·li·ge** *pl* the aristocracy *sing.*

adeln ['a:dəln] *tr* **1.** knight; **2.** *fig* ennoble.

Ader ['a:dɐ] ‹-, -n› *f* **1.** *anat* blood vessel; **2.** *bot min* vein; *el* core; **3.** *(Holz~)* grain, streak; ▶ **er hat e-e musikalische ~** *fig* he has a feeling for music.

Adieu [a'djø:] ‹-, (-s)› *n* farewell.

Ad·jek·tiv ['atjɛkti:f] ‹-s, -e› *n gram* adjective.

Ad·ju·tant [atju'tant] ‹-en, -en› *m mil* adjutant.

Ad·ler ['a:dlɐ] ‹-s, -› *m zoo* eagle; **Ad·ler·na·se** *f* aquiline nose.

Ad·mi·ral [atmi'ra:l] ‹-s, -e/(¨e)› *m mil* admiral; **Ad·mi·ra·li·tät** *f mil* **1.** *(Gesamtheit der Admirale)* the admirals *pl;* **2.** *(Ministerium) Br* the Admiralty.

ad·op·tie·ren [adɔp'ti:rən] *tr* adopt.

Ad·op·ti·on *f* adoption.

Ad·op·tiv·el·tern *pl* adoptive parents; **Ad·op·tiv·kind** *n* adopted child.

Ad·re·na·lin [adrena'li:n] ‹-s› *n* adrenalin; **Ad·re·na·lin·spie·gel** *m* adrenalin level.

Adres·sat ‹-en, -en› *m* addressee.

Adres·sa·ten·grup·pe *f,* **Adres·sa·ten·kreis** *m fig* target group.

Adreß·buch *n* directory.

Adres·se [a'drɛsə] ‹-, -n› *f allg a. EDV* address; ▶ **per ~ ...** care of ... (*Abk* c/o); **an die falsche ~ kommen** *fig* pick the wrong person.

adres·sie·ren *tr* address (*an* to).

Adres·sier·ma·schi·ne *f tech* addressograph.

Adria ['a:dria] *f* Adriatic Sea.

Ad·vent [at'vɛnt] *m eccl* Advent; **Ad·vents·kranz** *m* Advent wreath.
Ad·verb [at'vɛrp] *n gram* adverb.
Ad·vo·kat [atvo'ka:t] ⟨-en, -en⟩ *m* advocate.
Ae·ro·bic [ɛə'rɔbɪk] ⟨-s⟩ *n* aerobics *sing.*
ae·ro·dy·na·misch ['ɛ:rody'na:mɪʃ] *adj* aerodynamic.
Af·fe ['afə] ⟨-n, -n⟩ *m* monkey; *(Menschen~)* ape; ▶ **ein eingebildeter ~** a conceited ass.
Af·fekt [a'fɛkt] ⟨-(e)s, -e⟩ *m:* ▶ **im ~ handeln** act in the heat of the moment.
af·fek·tiert [afɛk'ti:ɐt] *adj* affected.
Af·fen·hit·ze *f fam* incredible heat.
af·fig *adj* affected.
Af·gha·ne (Af·gha·nin) [af'ga:nə] ⟨-n, -n⟩ *m (f)* Afghan.
Afri·ka ['a(:)frika] ⟨-s⟩ *n* Africa; **Afri·ka·ner(in)** *m (f)* African; **afri·ka·nisch** *adj* African.
Afro-Ame·ri·ka·ner(in) *m (f)* Afro-American; **afro-ame·ri·ka·nisch** *adj* Afro-American.
Af·ter ['aftɐ] ⟨-s, -⟩ *m anat* anus.
Agent(in) [a'gɛnt] ⟨-en, -en⟩ *m (f)* agent; **Agen·tur** ⟨-, -en⟩ *f* agency.
Ag·gre·gat [agre'ga:t] ⟨-(e)s, -e⟩ *n tech* unit.
agie·ren [a'gi:rən] *itr* act.
Agi·ta·tor *m pol* agitator; **agi·ta·to·risch** *adj pol* agitative; ▶ **e-e ~e Rede** an inflammatory speech.
agi·tie·ren *itr* agitate.
Agrar·staat [a'gra:ɐ-] *m* agrarian state.
Ägyp·ten [ɛ'gʏptən] ⟨-s⟩ *n* Egypt; **Ägyp·ter(in)** *m (f);* **ägyp·tisch** *adj* Egyptian.
aha [a'ha(:)] *interj* I see! **Aha-Er·leb·nis** *n* sudden insight.
Ah·le ['a:lə] ⟨-, -n⟩ *f* awl.
Ahn [a:n] ⟨-s/-en, -en⟩ *m* forefather, *(gehoben)* ancestor.
ahn·den ['a:ndən] *tr* punish.
äh·neln ['ɛ:nəln] *itr* be like ..., resemble.
ah·nen ['a:nən] *tr* foresee, know; ▶ **ich ahne nicht Gutes** I have a premonition that all is not well; **das kann ich doch nicht ~!** I couldn't be expected to know that!
Ah·nen·ta·fel *f* genealogical table.
ähn·lich ['ɛ:nlɪç] *adj* similar; ▶ **ziemlich ~ wie ...** pretty much as ... ; **jdm ~ sehen** resemble s.o.; **das sieht ihm ~** *fam* that is just like him.
Ähn·lich·keit *f* similarity; ▶ **mit etw ~ haben** resemble s.th.
Ah·nung *f* **1.** *(Vorgefühl)* presentiment; **2.** *(Wissen)* idea; ▶ **hast du e-e ~!** that's what you know! **keine ~!** no idea!
ah·nungs·los *adj* unsuspecting.
Ahorn ['a:hɔrn] ⟨-s, -e⟩ *m bot* maple-tree.
Äh·re ['ɛ:rə] ⟨-, -n⟩ *f* ear; **~n lesen** glean.
Aids, AIDS [eɪts] ⟨-⟩ *n Abk von* **Acquired Immune Deficiency Syndrome** *med* aids, AIDS; **Aids-Er·re·ger** *m* aids virus; **Aids-Hil·fe** *f (Institution)* aids-centre; **aids·in·fi·ziert** *adj* aids-infected, infected with aids; **Aids-In·fi·zier·te** *m f* person infected with aids; **aids-po·si·tiv** *adj* tested positive for aids; **Aids-Test** *m* aids test.
Air·bag ['ɛəbæg] ⟨-s, -s⟩ *m mot* airbag.
Air·bus ['ɛəbus] *m aero* airbus.
Aja·tol·lah [aja'tɔla] ⟨-(s), -s⟩ *m rel* ayatollah.
Aka·de·mie [akade'mi:] *f* academy.
Aka·de·mi·ker(in) *m (f) (Hochschulabsolvent(in))* university graduate.
aka·de·misch *adj* academic.
Aka·zie [a'ka:tsiə] *f bot* acacia.
ak·kli·ma·ti·si·eren [aklimati'zi:rən] **I** *tr* acclimatize; **II** *refl* become acclimatized.
Ak·kord [a'kɔrt] ⟨-(e)s, -e⟩ *m* **1.** *mus* chord; **2.** *(Stücklohn)* piece rate; ▶ **im ~ arbeiten** do piecework; **Ak·kord·ar·beit** *f* piece work; **Ak·kord·ar·bei·ter(in)** *m (f)* piece-worker.
Ak·kor·de·on [a'kɔrdeɔn] ⟨-s, -s⟩ *n mus* accordion.
ak·kre·di·tie·ren [akredi'ti:rən] *tr pol (~ bei)* accredit to ...
Ak·kre·di·tiv [---'-] *n* **1.** *pol* credentials *pl;* **2.** *fin* letter of credit.
Ak·ku(·mu·la·tor) [akumu'la:tɔr] ⟨-s, -s⟩ *m el* accumulator.
ak·ku·rat [aku'ra:t] *adj* precise.
Ak·ku·sa·tiv ['akuzati:f] ⟨-s, -e⟩ *m gram* accusative.
Akon·to·zah·lung [a'kɔnto-] *f* payment on account.
Akro·bat(in) [akro'ba:t] ⟨-en, -en⟩ *m (f)* acrobat; **akro·ba·tisch** *adj* acrobatic.
Akt [akt] ⟨-(e)s, -e⟩ *m* **1.** *(Tat)* act, action; **2.** *theat* act; **3.** *jur (Vorgang)* file; **4.** *(Malerei: Nacktbild)* nude; **5.** *euph (Geschlechtsakt)* coitus.
Akt·en *pl* files, records; ▶ **zu den ~ legen** file away; **ak·ten·kun·dig** *adj* on record; **Ak·ten·no·tiz** *f* memo; **Ak·ten·ord·ner** *m* file; **Ak·ten·schrank** *m* filing cabinet; **Ak·ten·ta·sche** *f* brief-case, portfolio; **Ak·ten·zei·chen** *n* reference.
Ak·teur(in) *m (f) film theat a. fig* protagonist.
Akt·fo·to *n* nude (photograph).
Ak·tie ['aktsiə] *f* share; ▶ **in ~n anlegen** invest in shares; **na, wie stehen die ~?** *fig hum* how are things? **Ak·tien·ge·sell·schaft** *f* joint-stock company; **Ak·tien·ka·pi·tal** *n* share capital; **Ak·tien·mehr·heit** *f:* ▶ **die ~ besitzen** hold the controlling interest.
Ak·tion [ak'tsjo:n] *f* action; *(Einsatz)* operation; *com (Sonderangebot)* special offer; ▶ **in ~ treten** go into action.
Ak·tio·när(in) ⟨-s, -e⟩ *m (f) Br* share-

holder, *Am* stockholder.
Ak·tions·preis *m com* special-offer price; **Ak·tions·ra·dius** *m aero mar* radius, range.
ak·tiv [ak'ti:f] *adj* active; ▶ **sich ~ an etw beteiligen** take an active part in s.th.
Ak·ti·va *pl fin* assets.
ak·ti·vie·ren *tr* **1.** *chem* activate; **2.** *fig (in Bewegung setzen)* get moving.
Ak·ti·vist(in) *m (f) pol* activist.
Ak·ti·vi·tät *f* activity.
ak·tua·li·sie·ren *tr* make topical; update *a. EDV;* **Ak·tua·li·sie·rung** *f* update.
Ak·tua·li·tät [aktuali'tɛ:t] *f* topicality.
ak·tu·ell [aktu'ɛl] *adj* topical; ▶ **~e Mode** latest fashion; **das ist nicht mehr ~** that's no longer relevant; **e-e ~e Sendung** *radio TV* a current-affairs programme.
Aku·pres·sur *f med* acupressure.
Aku·punk·tur *f med* acupuncture.
Aku·stik [a'kʊstɪk] *f* acoustics *pl;* **Aku·stik·kopp·ler** ‹-s, -› *m EDV* acoustic coupler.
aku·stisch *adj* acoustic; ▶ **ich habe Sie ~ nicht verstanden** I simply didn't catch what you said.
akut [a'ku:t] *adj* **1.** *med* acute; **2.** *(vordringlich)* urgent.
AKW ‹-s, -s› *n Abk von* **Atomkraftwerk** nuclear power station.
Ak·zent [ak'tsɛnt] ‹-(e)s, -e› *m* **1.** *ling* accent; **2.** *fig* stress (*auf* on).
Ak·zep·tanz *f* acceptance, approval.
ak·zep·tie·ren *tr* accept.
Ala·ba·ster [ala'bastɐ] ‹-s, (-)› *m* alabaster.
Alarm [a'larm] ‹-(e)s, -e› *m* alarm; ▶ **~ schlagen** sound the alarm; **Alarm·an·la·ge** *f* alarm system; **alar·mie·ren** *tr* alert; **Alarm·zu·stand** *m:* ▶ **in den ~ versetzen** put on the alert.
Al·ba·ni·en [al'ba:niən] ‹-s› *n* Albania; **Al·ba·ni·er(in)** *m (f)* Albanian; **al·ba·nisch** *adj* Albanian.
al·bern ['albɐn] *adj (kindisch)* silly.
al·bern *itr* behave foolishly.
Al·bern·heit *f* **1.** *(alberne Art)* silliness; **2.** *(alberner Streich)* silly prank.
Al·bum ['albʊm, *pl* albən] ‹-s, -ben› *n* album.
Al·ge ['algə] ‹-, -n› *f bot* alga *pl* algae; **Al·gen·ent·wick·lung** *f* algae development (*od* growth).
Al·ge·bra ['algebra] ‹-› *f math* algebra.
al·go·rith·misch [algo'ritmɪʃ] *adj* algorithmic; **Al·go·rith·mus** ‹-, -men› *m* algorithm.
Ali·bi ['a:libi] ‹-s, -s› *n* alibi; **Ali·bi·frau** *f* token woman; **Ali·bi·funk·tion** *f:* ▶ **~ haben** be used as an alibi.
Ali·men·te [ali'mɛntə] *pl* maintenance *sing.*
Al·ko·hol ['alkoho:l] ‹-s, -e› *m* alcohol; **al·ko·hol·arm** *adj* low in alcohol; **Al·ko·hol·ein·fluß** *m:* ▶ **unter ~** under the influence of alcohol; **al·ko·hol·frei** *adj* non-alcoholic; ▶ **~e Getränke** soft drinks; **Al·ko·hol·ge·halt** *m* alcohol content; **al·ko·hol·hal·tig** *adj* alcoholic.
Al·ko·ho·li·ker(in) [alko'ho:likɐ] *m (f)* alcoholic; **Al·ko·hol·miß·brauch** *m* alcohol abuse; **Al·ko·hol·test** *m* breath test; **Al·ko·hol·ver·bot** *n* ban on alcohol.
All [al] ‹-s› *n* space; *philos* universe.
al·le ['alə] *adj pred:* ▶ **~ sein** be all gone; **~ werden** run out; **all(e, s)** *prn* all; ▶ **~s in ~em** on the whole; **~es, was ...** all that ... ; **~e beide** both of us (*od* you, them **etc**); **~e 2 Tage** every other day; **~e 8 Tage** once a week; **auf ~e Fälle** at all events; **ein für ~emal** once and for all; **dies ~es** all this; **~es, was Sie wollen** anything you like; **vor ~em** above all; **wer war ~es da?** who was there? **was soll das ~es?** what's all this supposed to mean?
Al·lee [a'le:, *pl* a'le:ən] ‹-, -n› *f* avenue.
al·lein [a'laɪn] *adj u. adv* alone; *(einsam)* lonely; ▶ **von ~** by o.s.; **das weiß ich von ~!** you don't have to tell me that! **al·lein·er·zie·hend** *adj:* ▶ **~e Eltern** single parents; **Al·lein·er·zie·hen·de(r)** *f m* single parent; **Al·lein·gang** *m a. sport* solo run; **Al·lein·herr·schaft** *f pol* autocratic rule.
al·lei·nig *adj* sole.
Al·lein·sein *n* loneliness; **al·lein·ste·hend** *adj* **1.** *(Haus)* isolated; **2.** *(ledig)* single; **Al·lein·ver·tre·tung** *f* **1.** *com* sole agency; **2.** *pol* sole representation.
al·le·mal ['alə'ma:l] *adv:* **~!** *interj* no problem! ▶ **ein für ~** once and for all.
al·len·falls ['alən'fals] *adv* if need be; *(höchstens)* at most.
al·lent·hal·ben ['--'--] *adv* everywhere.
al·ler·beste ['alɐ'bɛst] *adj* best of all, very best; ▶ **es ist am ~n wenn ...** the best thing would be if ...
al·ler·dings ['alɐ'dɪŋs] **I** *adv (aber)* but; **II** *interj* **~!** certainly!
al·ler·er·ste *adj* very first; ▶ **zu allererst** first and foremost.
Al·ler·gie [alɛr'gi:] *f med* allergy; **Al·ler·gi·ker(in)** *m (f)* person suffering from an allergy; ▶ **er ist ~** he suffers from an allergy; **al·ler·gisch** *adj* allergic (*gegen* to).
Al·ler·go·lo·ge (Al·ler·go·lo·gin) *m (f) med* allergist.
Al·ler·hei·li·gen [--'---] *n eccl* All Saints' Day.
al·ler·lei ['alɐ'laɪ] *adj* all sorts of things; **al·ler·letz·te** *adj* very last; ▶ **das ist das ~!** *fam* that's the absolute end! **al·ler·meiste** *adj* by far the most;

▶ **am ~n** most of all; **die ~n** the vast majority; **al·ler·nächste** *adj* the very next; ▶ **in ~r Zukunft** in the very near future; **al·ler·neue·ste** *adj* very latest.

Al·ler·see·len [--ˈ--] *pl eccl* All Souls' Day.

al·ler·seits [ˈalɐˈzaɪts] *adv:* ▶ **guten Morgen ~!** good morning to everybody!

al·ler·we·nigst *adj* least of all; ▶ **das wissen die ~en** very few people know that; **al·ler·we·nig·stens** *adv* at the very least.

al·le·samt [ˈ--ˈ-] *adv* all.

all·ge·mein [ˈalgəˈmaɪn] *adj* general; **im ~en** generally, in general; **all·ge·mein·bil·dend** *adj (Schule)* providing general education; **All·ge·mein·bil·dung** *f* general education; **All·ge·mein·heit** *f* general public; **all·ge·mein·ver·ständ·lich** *adj* intelligible to all; **All·ge·mein·wohl** *n* public good.

All·heil·mit·tel [alˈhaɪl-] *n* panacaea, cure-all.

Al·li·anz [aliˈan(t)s] ‹-, -en› *f* alliance.

Al·li·ier·te [aliˈi:ɐtə] *m f* ally; ▶ **die ~n** *pl* the Allies.

all·jähr·lich [-ˈ--] *adj* annual, yearly.

all·mäch·tig [-ˈ--] *adj* omnipotent; ▶ **~er Gott!** *interj* heavens above!

all·mäh·lich [alˈmɛ:lɪç] **I** *adj* gradual; **II** *adv* gradually, step by step; ▶ **wir sollten ~ gehen** we should think about going.

All·rad·an·trieb [ˈ----] *m mot* all-wheel drive.

all·sei·tig [ˈalzaɪtɪç] *adj:* ▶ **~ interessiert sein** have all-round interests *pl.*

All·tag [ˈalta:k] *m* **1.** weekday; **2.** *fig* everyday life.

all·täg·lich [-ˈ--] *adj* **1.** daily; **2.** *(gewöhnlich)* everyday.

all·wis·send *adj* omniscient.

all·zu·häu·fig [ˈ--ˈ--] *adv* much too often.

all·zu·sehr [ˈ--ˈ-] *adv* too much; ▶ **nicht ~** not all that much.

all·zu·viel [ˈ--ˈ-] *adv* too much; ▶ **~ ist ungesund** you can have too much of a good thing.

All·zweck- [ˈ--] *(in Zss.)* all-purpose ...

Alm [alm] ‹-, -en› *f* alpine pasture.

Al·pen [ˈalpən] *pl geog:* ▶ **die ~** the Alps; **Al·pen·veil·chen** *n bot* cyclamen.

Al·pha·bet [alfaˈbe:t] ‹-(e)s, -e› *n* alphabet; **al·pha·be·tisch** *adj* alphabetical; ▶ **~ ordnen** arrange alphabetically.

al·pha·nu·me·risch *adj* alphanumeric.

Al·pi·nist *m* Alpinist.

Alp(·traum) *m* night-mare.

Al·rau·ne [alˈraʊnə] *f bot* mandrake.

als [als] *conj* **1.** *(nach Komparativen)* than; **2.** *(bei Vergleich)* as ... as; **3.** *(temporal)* when; ▶ **meine Schwester ist größer ~ ich** my sister is taller than I; **wir machen das anders ~ ihr** we do it differently to you; **alles andere ~ ...** anything but ... ; **es sieht so aus, ~ würde es regnen** it looks like rain; **~ ich nach Hause kam ...** when I came home ...; **gerade, ~** just as; **gleich, ~** as soon as; **~ Kind** as a child; **~ ob das so einfach wäre** as if it were as easy as that.

als·dann [-ˈ-] *adv:* **~!** *interj* well then!

al·so [ˈalzo] **I** *adv* so; *(als Füllwort)* well; ▶ **~ doch!** so ... after all! **~ gut!** well all right then! **II** *conj (daher)* therefore.

alt [alt] ‹¨er, ¨est› *adj* **1.** *(Person)* old; **2.** *(historisch)* ancient; ▶ **mein A~er** *(Mann, Vater)* my old man; **meine A~e** *(Frau, Mutter)* my old lady; **~e Sprachen** classical languages; **wie ~ bist du?** how old are you? **er ist nicht mehr der A~e** he is not the man he used to be; **alles beim ~en lassen** leave everything as it was; **~ aussehen** *fig fam* look a right fool; **etw ~ kaufen** buy s.th. second-hand.

Alt[1] *n (Bierart)* top-fermented German dark beer.

Alt[2] *m mus* alto.

Al·tar [alˈta:ɐ, *pl* alˈtɛ:rə] ‹-(e)s, ¨e› *m eccl* altar.

alt·bac·ken [ˈ---] *adj* stale.

Alt·bau *m* **1.** *(altes Haus)* old building; **2.** *(Hausteil)* old part of a house.

Alt·bau·sa·nie·rung *f* redevelopment of old buildings.

alt·be·währt [ˈ--ˈ-] *adj* of long standing.

alt·ein·ge·ses·sen *adj* old-established.

Alt·ei·sen *n* scrap iron.

Al·ten·pfle·ge·heim *n* geriatric care centre.

Al·ter [ˈaltɐ] ‹-s› *n* age; ▶ **hohes ~** old age; ▶ **im ~ von ...** at the age of ... ; **das ist doch kein ~!** that's no age at all!

al·tern ‹sein› *itr* **1.** *(von Mensch)* get older; **2.** *(von Wein, Spirituosen)* mature.

al·ter·na·tiv *adj (Weg, Methode, Lebensweise, Energiegewinnung)* alternative; *pol* unconventional; *(umweltbewußt)* ecologically minded.

Al·ter·na·tiv- *(in Zss.)* alternative; *(Bäckerei, Landwirtschaft)* organic.

Al·ter·na·ti·ve ‹-, -n› *f* alternative.

Al·ter·na·ti·ve(r) ‹-n, -n› *f m pol* member of the alternative movement.

Al·ters·ge·nos·se *m* contemporary; **Al·ters·gren·ze** *f* age limit; ▶ **die ~ erreichen** reach retirement age; **Al·ters·grup·pe** *f* age group; **Al·ters·heim** *n* old people's home; **Al·ters·py·ra·mi·de** *f* age pyramid; **Al·ters·ru·he·geld** *n* old-age pension; **Al·ters·schwä·che** *f* **1.** *(von Mensch)* infirmity; **2.** *(von Material)* decrepitude; **Al·ters·ver·sor·gung** *f* provision for old age.

Al·ter·tum ['altetu:m] *n* antiquity.

al·ter·tüm·lich ['altety:mlɪç] *adj* **1.** *(altmodisch)* old-fashioned; **2.** *(veraltet)* antiquated.

Al·te·rungs·be·stän·dig·keit *f* aging resistance (*od* stability).

Alt·glas·con·tai·ner *m* bottle bank.

alt·her·ge·bracht [-'---] *adj* traditional.

alt·klug *adj* precocious.

Alt·last ‹-, -en› *f dangerous waste from the past.*

ält·lich ['ɛltlɪç] *adj* oldish.

Alt·ma·te·ri·al *n* scrap; **Alt·mei·ster** *m; sport* ex-champion; **alt·mo·disch** *adj* old-fashioned; **Alt·öl** *n* waste oil; **Alt·öl·tank** *m* slop-tank; **Alt·pa·pier** *n* wastepaper; **Alt·pa·pier·samm·lung** *f* wastepaper collection; **Alt·stadt** *f* old part of town; **Alt·wa·gen** *m* used car; **Alt·wa·ren·händ·ler** *m* second-hand dealer; **Altwei·ber·som·mer** [-'----] *m* Indian summer.

Alu·fo·lie ['alufo:ljə] *f* tin foil, *Br* aluminium (*Am* aluminum) foil.

Alu·mi·ni·um [alu'mi:niʊm] ‹-s› *n Br* aluminium, *Am* aluminum.

am [am] ► (= **an dem**) ~ **1. November** on November 1st; **Frankfurt ~ Main** F. on the Main; ~ **Abend** in the evening; ~ **Anfang** at the beginning; ~ **Ende** after all, at last, in short; ~ **Himmel** in the sky; **ich war gerade ~ Weggehen ...** I was just leaving ... ; ~ **Tag** by day; ~ **Tag darauf** on the following day; ~ **Lager** *com* in stock; ~ **besten** best; ~ **meisten** most; ~ **Leben** alive.

Ama·teur(in) [ama'tø:ɐ] ‹-s, -e› *m (f)* amateur; **Ama·teur·fun·ker(in)** *m (f)* radio amateur; *fam* radio ham.

Am·boß ['ambɔs] ‹-sses, -sse› *m* anvil.

Am·bu·lanz *f med* **1.** *(im Krankenhaus)* outpatients *sing;* **2.** *(Krankenwagen)* ambulance.

Amei·se ['a:maɪzə] ‹-, -n› *f zoo* ant; **Amei·sen·bär** *m zoo* anteater; **Amei·sen·hau·fen** *m* anthill; **Amei·sen·säu·re** *f chem* formic acid.

amen ['a:mɛn] *interj eccl* amen! ► **ja u. ~ zu etw sagen** give one's blessing to s.th.

Ame·ri·ka [a'me:rika] ‹-s, (-)› *n* America; ► **die Vereinigten Staaten von ~** the United States of America (*Abk* **USA**); **Ame·ri·ka·ner(in)** [ameri'ka:nɐ] *m (f)* American; **ame·ri·ka·nisch** *adj* American; **ame·ri·ka·ni·si·eren** *tr* Americanize.

Am·mo·ni·ak ['amonjak] ‹-s› *n chem* ammonia.

Am·ne·stie [amnɛs'ti:] *f pol* amnesty; **am·ne·stie·ren** *tr* grant an amnesty to ...

Amö·be [a'mø:bə] ‹-, -n› *f* am(o)eba.

Amok ['a:mɔk] ‹-s› *m Br* amok, *Am* amuck; ► ~ **laufen** run amok; **Amok·schüt·ze** *m* crazed gunman.

amor·ti·sie·ren [amɔrti'zi:rən] *refl:* ► **sich ~** pay for itself.

Am·pel ['ampəl] ‹-, -n› *f* **1.** *(Verkehrs~)* traffic lights *pl;* **2.** *(Hängelampe)* hanging lamp.

Am·pere [am'pɛ:ɐ] ‹-(s), -› *n el* ampere; **Am·pere·me·ter** *n el* ammeter.

Am·phi·bie [am'fi:biə] ‹-, -n› *f zoo* amphibian.

am·phi·bisch *adj* amphibious.

Am·pul·le [am'pʊlə] ‹-, -n› *f med* ampoule.

am·pu·tie·ren [ampu'ti:rən] *tr* amputate.

Am·sel ['amzəl] ‹-, -n› *f zoo* blackbird.

Amt [amt, *pl* 'ɛmtɐ] ‹-(e)s, ¨-er› *n* **1.** *(öffentliches)* office; **2.** *(Aufgabe)* duty, task; **3.** *(Behörde)* department; **4.** *tele* exchange; ► **zum zuständigen ~ gehen** go to the relevant authority; **von ~s wegen** officially; **sich um ein ~ bewerben** apply for a post.

am·tie·ren *itr* hold office, be in office; ► ~ **als ...** *(fungieren)* act as ...

amt·lich *adj* official; ► **~es Kennzeichen** *Br* registration number, *Am* license number.

Amts·an·ma·ßung *f* unauthorized assumption of authority; **Amts·an·tritt** *m* assumption of office; **Amts·arzt** *m* medical officer; **Amts·eid** *m* oath of office; **Amts·ge·richt** *n Br* county court, *Am* district court; **Amts·hand·lung** *f* official duty; **Amts·rich·ter** *m Br* county court judge, *Am* district court judge; **Amts·zei·chen** *n tele Br* dialling tone, *Am* dial tone; **Amts·zeit** *f* period of office; **Amts·zim·mer** *n* office.

Amu·lett [amu'lɛt] ‹-(e)s, -e› *n* amulet, charm.

amü·sant [amy'zant] *adj* amusing.

amü·sie·ren I *tr* amuse; **II** *refl* enjoy o.s., have a good time; ► **sich über etw ~** find s.th. funny.

Amü·sier·vier·tel *n* nightclub district.

an [an] **I** *prep* **1.** *(räumlich):* ► ~ **der Wand stehen** stand by the wall; ~ **etw vorbeigehen** pass s.th.; **sie ging ~s Fenster** she went to the window; **~s Telephon gehen** answer the phone; **2.** *(zeitlich):* ~ **diesem Abend** that evening; **es ist ~ der Zeit** the time has come; **3.** *fig:* **jdn ~ etw erkennen** recognize s.o. by s.th.; **was haben Sie ~ Weinen da?** what wines do you have? ~ **etw schuld sein** be to blame for s.th.; **ich habe e-e Bitte ~ Sie** I have a request to make of you; **II** *adv* **1.** *(etwa):* ~ **die 500 Schüler** about five hundred pupils; **von nun ~** from today onwards; **2.** *rail (Ankunft):* **Stuttgart ~ 16.25** arriving Stuttgart 16:25.

Ana·bo·li·kum [ana'bo:likum] ‹-s, -ka› *n* anabolic steroid.
Ana·chro·nis·mus *m* anachronism.
ana·log [ana,lo:k] *adj* **1.** *allg* analogous; **2.** *EDV* analog.
Ana·lo·gie [analo'gi:] *f* analogy.
Ana·log·rech·ner *m EDV* analog computer.
An·al·pha·bet(in) ['analfabe:t, ---'-] ‹-en, -en› *m (f)* illiterate; **An·al·pha·be·ten·tum** *n* illiteracy.
Ana·ly·se [ana'ly:zə] ‹-, -n› *f* analysis.
ana·ly·sie·ren *tr* analyze.
Ana·nas ['ananas] ‹-, -/(-se)› *f bot* pineapple.
Anar·chie [anar'çi:] *f* anarchy.
Anar·chist(in) *m (f)* anarchist.
Ana·to·mie [anato'mi:] *f* **1.** anatomy; **2.** *(Institut)* anatomical institute.
ana·to·misch [ana'to:mɪʃ] *adj* anatomical.
an|bah·nen I *tr* initiate; **II** *refl (bevorstehen)* be in the offing.
an|bän·deln ['anbɛndəln] *itr fam (flirten)* flirt (*mit* with).
An·bau[1] ‹-(e)s, -ten› *m (Gebäude)* extension.
An·bau[2] ‹-(e)s› *m (landwirtschaftlich)* cultivation.
an|bau·en *tr* **1.** *(landwirtschaftlich)* cultivate, grow; **2.** *(an ein Gebäude)* add, build on.
An·bau·flä·che *f* arable land; area under cultivation.
an·bei [-'-] *adv com* enclosed please find.
an|bei·ßen *irr* **I** *itr* **1.** bite; **2.** *fig* swallow the bait; **II** *tr* bite into.
an|be·lan·gen *itr* concern; ► **was mich anbelangt** as far as I am concerned.
an|bel·len *tr* bark at ...
an|be·rau·men *tr* arrange, fix.
an|be·ten *tr* **1.** *rel* worship; **2.** *fig* adore.
An·be·tracht *m:* ► **in ~ ...** in view of ...; **in ~ dessen, daß ...** considering the fact that ...
an|bie·dern *refl:* ► **sich bei jdm ~** curry favour with s.o.
an|bie·ten *irr* **I** *tr* offer (*jdm etw* s.o. s.th.); **II** *refl* **1.** *(Mensch)* offer one's services; **2.** *(Gelegenheit)* present itself.
an|bin·den *irr tr* tie (up); ► **kurz angebunden** *fig* curt.
An·blick *m* sight; ► **beim ersten ~** at first sight.
an|blicken (k·k) *tr* glance at, look at ...
an|boh·ren *tr* bore into; *(e-e Quelle etc)* open up.
an|bre·chen *irr* **I** *tr* ‹h› **1.** *(Packung etc)* open; **2.** *(Geld etc)* break into; **II** *itr* ‹sein› *fig (Tag)* break, dawn; *(Nacht)* fall.
an|bren·nen ‹sein› *irr itr* catch fire; *(Essen)* get burnt; ► **~ lassen** burn; **nichts ~ lassen** not miss one's chances.
an|brin·gen *irr tr* **1.** *(festmachen)* fix (*an* to); **2.** *(installieren)* install; **3.** *(äußern: Bitte, Beschwerde etc)* make (*bei* to); ► **s-e Kritik ~** get one's criticism in.
An·bruch ‹-(e)s› *m* beginning; ► **bei ~ des Tages** at day-break; **bei ~ der Nacht** at nightfall.
An·dacht ['andaxt] ‹-, -en› *f* devotion; *(Gottesdienst)* prayers *pl.*
an·däch·tig ['andɛçtɪç] *adj* devout; *(im Gebet)* in prayer.
an|dau·ern *itr* continue; **an·dau·ernd** *adj (ständig)* continuous; *(anhaltend)* continual; ► **jdn ~ unterbrechen** keep on interrupting s.o.
An·den·ken ‹-s, -› *n* **1.** memory; **2.** *(Gegenstand)* keepsake (*an* from); *(Reise~)* souvenir; ► **zum ~ an ...** in memory (*od* remembrance) of ...
an·de·rer·seits ['--(-)'-] *adv* on the other hand.
an·de·re *adj* **1.** *(verschieden)* different; **2.** *(noch ein)* other; ► **am ~n Morgen** the next morning; **kein ~r** no one else; **etw ~s** s.th. else; **das ist etw ~s** that is different; **der e-e — der ~e** the one — the other; **nichts ~s als ...** nothing but ...; **alles ~ als ...** anything but ...; **~ Kleider anziehen** change one's clothes; **es blieb mir nichts ~s übrig, als selbst hinzugehen** I had no alternative but to go myself; **ein ~s Mal** another time; **es kam eins zum ~n** one thing led to another; **unter ~m** among other things **pl; e-r nach dem ~n** one at a time; **nichts ~s** nothing else; **~ Saiten aufziehen** *fig* change one's tune; **sich e-s ~n besinnen** change one's mind; **und vieles ~ mehr** and much more besides.
än·dern ['ɛndɐn] **I** *tr* alter; *(wechseln)* change; ► **ich kann es nicht ~** I can't do anything about it; **II** *refl* alter, change.
an·dern·falls *adv* otherwise.
an·ders ['andɐs] *adv* differently; ► **jem ~** s.o. else; **es sich ~ überlegen** change one's mind; **es geht nicht ~** there's no other way; **das klingt schon ganz ~** now that's more like it; **es war nicht ~ möglich** there was no other way.
An·ders·den·ken·de(r) *f m* dissenter.
an·ders·ge·sinnt *adj* of a different opinion.
an·ders·he·rum *adv* the other way round.
an·ders·wo ['---] *adv* elsewhere; **an·ders·wo·her** *adv* from elsewhere; **an·ders·wo·hin** ['---(')-] *adv* elsewhere.
an·dert·halb ['andɐ'talp] *num* one and a half; **an·dert·halb·fach** *adj* one and a half times.
Än·de·rung ['ɛndərʊŋ] *f* alteration, change.
an·der·wei·tig ['----] **I** *adj* other; **II** *adv (woanders)* elsewhere; ► **~ vergeben**

werden be given to s.o. else.
an|deu·ten *tr (erkennen lassen)* indicate; *(zu verstehen geben)* hint *(jdm etw* s.th. to s.o.).
An·deu·tung *f:* ▶ **e-e ~ über ... machen** hint at ...; **versteckte ~en machen** drop veiled hints.
An·drang ⟨-(e)s⟩ *m (von Menschen)* crowd, rush; *(von Blut)* rush.
an|dre·hen *tr* **1.** *(Licht)* switch on; *(Gas)* turn on; **2.** *(befestigen)* tighten; *(Schraube)* screw in; ▶ **jdm etw ~** *fig* palm s.th. off on s.o.
an|dro·hen *tr:* ▶ **jdm etw ~** threaten s.o. with s.th.
an|ecken (k·k) ⟨sein⟩ *itr fam:* ▶ **bei jdm ~** rub s.o. up the wrong way.
an|eig·nen *refl:* ▶ **sich etw ~** acquire s.th.; *(widerrechtlich)* appropriate s.th.; *fig* learn s.th.
an·ein·an·der ['--'--] *adv* each other; ▶ **sich ~ gewöhnen** get used to each other; **an·ein·an·der|fü·gen** *tr* join together; **an·ein·an·der|ge·ra·ten** *irr itr* clash; **an·ein·an·der|gren·zen** *itr* border on each other; **an·ein·an·der|rei·hen I** *tr (Perlen etc)* string together; **II** *refl* **1.** *(Perlen etc)* be strung together; **2.** *(Tage etc)* run together; **an·ein·an·der|sto·ßen** *irr* **I** *itr* ⟨sein⟩ collide; **II** *tr* ⟨h⟩ bang together.
An·ek·do·te [anɛk'do:tə] ⟨-, -n⟩ *f* anecdote.
an|ekeln *tr* disgust; ▶ **es ekelt mich an** it's making me sick.
Ane·mo·ne [ane'mo:nə] ⟨-, -n⟩ *f bot* anemone.
An·er·bie·ten *n* offer.
an|er·ken·nen *irr tr* **1.** *allg* recognize, acknowledge; *com* accept; **2.** *(lobend)* appreciate; ▶ **ein ~der Blick** an appreciative look; **An·er·ken·nung** *f* **1.** *allg* recognition, acknowledgement; **2.** *(lobende ~)* appreciation.
an|fa·chen *tr* **1.** *allg* fan; ▶ **2.** *fig* arouse.
an|fah·ren ⟨sein⟩ *irr* **I** *itr mot* start; *rail* pull up; **II** *tr* **1.** *mar* put in at ...; **2.** ⟨h⟩ *(zusammenstoßen)* run into; **3.** ⟨h⟩ *(liefern)* deliver; ▶ **jdn ~** *fig* shout at s.o.
An·fahrt *f* **1.** *(Reise)* journey; **2.** *(Zufahrt)* approach.
An·fall *m* **1.** *med* attack; *(Schlag~)* fit (of apoplexy); **2.** *fin (von Kosten)* amount *(an* of); ▶ **in e-m ~ von ...** in a fit of ...
an|fal·len *irr* **I** ⟨h⟩ *tr* attack; **II** ⟨sein⟩ *itr* arise; ▶ **die ~de Arbeit** the work which comes up.
an·fäl·lig ['anfɛlɪç] *adj (von schwacher Gesundheit)* delicate; ▶ **für etw ~ sein** be susceptible to s.th.
An·fang ['anfaŋ] ⟨-(e)s, ⸚e⟩ *m* beginning; ▶ **~ Mai** at the beginning of May; **für den ~** for the present; **von ~ an** right from the beginning; **den ~ machen** begin, start.
an|fan·gen *irr tr itr* begin, start; ▶ **von vorn ~** begin (*od* start) again; **fang nicht wieder damit an!** don't start all that again! **bei e-r Firma ~** start with a firm; **Streit ~** start an argument; **ich weiß nicht, was ich damit ~ soll** I don't know what to do with it.
An·fän·ger(in) *m (f)* beginner.
an·fäng·lich ['anfɛŋlɪç] **I** *adj* initial; **II** *adv* at first.
an·fangs ['anfaŋs] *adv* at first.
An·fangs·buch·sta·be *m* first letter; ▶ **großer ~** capital initial; **kleiner ~** small initial; **An·fangs·ge·halt** *n* starting salary; **An·fangs·ge·schwin·dig·keit** *f phys* initial velocity; **An·fangs·sta·di·um** *n* initial stage.
an|fas·sen *tr* touch; ▶ **e-e Sache falsch ~** *fig* tackle a problem the wrong way; **jdn ~** *fig (behandeln)* treat s.o.; **zum A~** *(Mensch, Sache)* accessible; *(Mensch a.)* approchable.
an·fecht·bar *adj* contestable.
an|fech·ten *irr tr allg* contest; *jur* appeal against; *(Vertrag)* dispute.
an|fein·den *tr* treat with hostility.
an|fer·ti·gen *tr* make; ▶ **etw ~ lassen** have s.th. made.
an|feuch·ten *tr* moisten, wet.
an|feu·ern *tr* **1.** *(Ofen)* light; **2.** *fig* spur on.
an|fle·hen *tr* implore (*um* for).
An·flug *m* **1.** *aero (das Anfliegen)* approach; **2.** *(Spur)* trace; **3.** *(Hauch)* hint; ▶ **mit einem ~ von Spott** with a hint of derision.
an|for·dern *tr* request.
An·for·de·rung *f* **1.** *(Belastung)* demand; **2.** *(Bedürfnis)* requirement; **3.** *(das Anfordern)* request (*von* for); ▶ **hohe ~en an jdn stellen** demand a lot of s.o.; **den ~en genügen** be able to meet the demands.
An·fra·ge *f* inquiry; *parl* question.
an|fra·gen *itr* inquire (*bei jdm* of s.o.).
an|freun·den *refl:* ▶ **sich mit jdm ~** make friends with s.o.; **sich mit etw ~** *fig* get to like s.th.
an|fü·gen *tr* add.
an|füh·len *tr refl* feel.
an|füh·ren *tr* **1.** *(als Führer)* lead; **2.** *(zitieren)* cite, quote; ▶ **ein Beispiel ~** give an example.
An·füh·rer *m* leader; *(Anstifter)* ringleader.
An·füh·rungs·zei·chen *n pl* inverted commas, quotation marks.
an|fül·len *tr* fill up.
An·ga·be[1] *f* **1.** *(Aussage)* statement; **2.** *(nähere)* detail; ▶ **~n über etw machen** give details about s.th.
An·ga·be[2] *(Prahlerei)* showing off.
an|ge·ben[1] *irr tr* **1.** *(nennen)* give; **2.** *(behaupten)* maintain; ▶ **seinen Na-**

men ~ give one's name; **Gründe ~** state reasons; **sein Vermögen ~** state one's fortune.
an|ge·ben² *irr itr fam (prahlen)* boast, show off.
An·ge·ber(in) *m (f) fam (Prahler)* show-off.
an·geb·lich ['ange:plıç/ -'--] **I** *adj* so-called; **II** *adv* allegedly; ▶ **er fährt ~ e-n Rolls-Royce** he is said to drive a Rolls-Royce.
an·ge·bo·ren *adj* innate; ▶ **~e Kurzsichtigkeit** congenital short-sightedness.
An·ge·bot *n* offer; *(Waren~)* supply; ▶ **~ und Nachfrage** supply and demand.
an·ge·bracht *adj (sinnvoll)* reasonable.
an·ge·brannt *adj* burnt.
an·ge·gos·sen *adj:* ▶ **wie ~ sitzen** fit like a glove.
an·ge·grif·fen *adj:* ▶ **~e Gesundheit** weak health; **sie sieht ~ aus** she looks strained.
an·ge·hei·tert ['angəhaıtet] *adj* tipsy.
an|ge·hen *irr* **I** *itr* ⟨sein⟩ *(Feuer)* start burning; ▶ **gegen etw ~** fight s.th.; **II** *tr* ⟨h⟩ *(betreffen)* concern; ▶ **das geht Sie nichts an!** that's none of your business! **was geht das mich an?** what's that got to do with me? **was mich angeht ...** for my part ...; **an·ge·hend** *adj:* ▶ **ein ~er Ehemann** a prospective husband.
an|ge·hö·ren *itr (Familie etc)* be a member of ...
An·ge·hö·ri·ge(r) *f m:* ▶ **meine Angehörigen** *pl* my relatives.
An·ge·klag·te(r) ⟨-n, -n⟩ *f m* accused, defendant.
An·gel¹ ['aŋəl] ⟨-, -n⟩ *f (Fenster~, Tür~)* hinge; ▶ **etw aus den ~n heben** *fig* revolutionize s.th. completely; **e-e Tür aus den ~n heben** unhinge a door.
An·gel² *f (Fisch~) Br* rod and line, *Am* fishing pole.
An·ge·le·gen·heit *f* matter; ▶ **das ist nicht meine ~** that's not my business; **kümmere dich um deine eigenen ~en!** mind your own business! *sing.*
an·ge·lernt *adj:* ▶ **~er Arbeiter** semi-skilled worker.
an·geln ['aŋəln] *itr tr:* ▶ **~ gehen** go fishing; **nach etw ~** *fig* fish for s.th.; **den werde ich mir ~!** *fig fam* I'll give him a piece of my mind!
An·gel·ru·te *f* fishing rod.
an·ge·mes·sen *adj* appropriate; *(Preis)* reasonable.
an·ge·nehm ['angəne:m] *adj* agreeable, pleasant; ▶ **ist es Ihnen so ~?** is that all right for you? **~ Reise!** have a pleasant journey!
an·ge·nom·men I *adj:* ▶ **~er Name** adopted name; **II** *conj:* ▶ **~, daß ...** assuming that ...

an·ge·se·hen *adj* respected.
an·ge·sichts *prp* in view of, considering.
An·ge·stell·te(r) *f m* employee; ▶ **~ sein bei ...** be on the staff of ...; **An·ge·stell·ten·ver·si·che·rung** *f* employees' insurance.
an·ge·strengt I *adj:* ▶ **ein ~es Gesicht** a strained face; **II** *adv:* ▶ **~ arbeiten** work hard.
an·ge·tan *adv:* ▶ **von jdm (etw) ~ sein** be impressed by s.o (s.th.); **es jdm ~ haben** appeal to s.o.
an·ge·trun·ken *adj* inebriated.
an·ge·wandt *adj:* ▶ **~e Mathematik** applied mathematics *pl.*
an·ge·wie·sen *adj:* ▶ **~ sein auf ...** be dependent on ... ; **darauf bin ich nicht ~** I can get along without it.
an|ge·wöh·nen I *tr:* ▶ **jdm etw ~** accustom s.o. to s.th.; **II** *refl:* ▶ **sich etw ~** get accustomed to s.th.
An·ge·wohn·heit *f* habit; ▶ **die ~ haben, etw zu tun** be in the habit of doing s.th.
An·gi·na [aŋ'gi:na] ⟨-⟩ *f med* angina.
an|glei·chen *irr* **I** *tr* bring into line (*an* with); **II** *refl:* ▶ **sich ~** grow closer together.
Ang·ler(in) ['aŋle] *m (f)* angler.
an|glie·dern *tr allg* affiliate (*an* to); *pol* annex (*an* to).
An·glist(in) [aŋ'glıst] ⟨-en, -en⟩ *m (f)* anglicist; *(Student)* student of English; *(Dozent etc)* English lecturer; **An·gli·stik** *f* study of English philology.
an·greif·bar *adj fig* open to attack.
an|grei·fen *irr tr* **1.** *(feindlich)* attack; **2.** *(in Anspruch nehmen: Vorräte, Geld)* draw on ... ; **3.** *(etw anfassen)* tackle; **4.** *(schwächen)* weaken; *(beeinträchtigen)* affect.
An·grei·fer(in) *m (f)* aggressor, attacker.
an|gren·zen *itr:* ▶ **~ an ...** border on ...; **an·gren·zend** *adj* adjacent (*an* to).
An·griff *m* attack (*auf* to); ▶ **etw in ~ nehmen** tackle s.th.; **zum ~ übergehen** take the offensive; **An·griffs·flä·che** *f:* ▶ **jdm e-e ~ bieten** lay o.s. open to an attack.
an·griffs·lu·stig *adj* aggressive.
An·griffs·punkt *m* **1.** *(Ziel) a. fig* target; **2.** *tech (Schwachstelle)* weak-spot; ▶ **der Plan bietet der Opposition zu viele ~e** the plan is too vulnerable to attack by the opposition.
an|grin·sen *tr* grin at ...
Angst [aŋst, *pl* 'ɛŋstə] ⟨-, ¨-e⟩ *f* anxiety (*um* about); *(Furcht)* fear (*vor* of); ▶ **~ haben vor etw** be afraid of s.th.; **~ haben um jdn** be anxious about s.o.; **keine ~!** don't be afraid!
äng·sti·gen ['ɛŋstıgən] **I** *refl:* ▶ **sich vor etw ~** be afraid of s.th.; **sich wegen**

etw ~ worry about s.th.; **II** *tr:* ▶ **jdn ~** frighten s.o.
ängst·lich ['ɛŋstlɪç] *adj (angstvoll)* anxious; *(schüchtern)* timid.
Angst·zu·stän·de *pl psych* state of anxiety *sing;* ▶ **~ bekommen** get in a state of panic.
an|gucken (k·k) *tr* look at ...
an|gur·ten *refl:* ▶ **sich ~** fasten one's seat belt.
an|ha·ben *irr tr* **1.** *(Kleidungsstücke)* have on, wear; **2.** *(beeinträchtigen):* ▶ **das kann mir nichts ~** that can't do me any harm; **sie können mir nichts ~** they can't touch me.
an|haf·ten *itr* stick (*an* to).
An·halt ⟨-(e)s, (-e)⟩ *m (~spunkt)* clue; ▶ **jdm e-n ~ gewähren** give a clue to s.o.; **ich habe keinen ~ dafür, daß ...** I have no grounds to suppose that ...
an|hal·ten *irr* **I** *tr* stop; ▶ **die Luft ~** hold one's breath; **jdn zu etw ~** encourage s.o. to do s.th.; **II** *itr* **1.** *(stehenbleiben)* stop; **2.** *(andauern)* last; ▶ **um jds Hand ~** propose to s.o.; **an·hal·tend** *adj* incessant.
An·hal·ter(in) *m (f)* hitch-hiker; ▶ **per ~ fahren** hitch-hike.
An·halts·punkt *m (s.* Anhalt).
An·hang *m* **1.** appendix; **2.** *(von Partei etc)* followers *pl;* **3.** *fam (Familie)* family.
an|hän·gen *tr* **1.** *mot (Anhänger)* hitch up (*an* to); **2.** *(hinzufügen)* add; ▶ **jdm etw ~** *fig* blame s.th. on s.o.
An·hän·ger *m* **1.** *(Gefolgsmann)* follower, supporter; **2.** *(Gepäck~)* tag; *(Schmuckstück)* pendant; **3.** *mot* trailer.
An·hän·ger·schaft *f* supporters *pl.*
an·häng·lich *adj* clinging.
An·häng·lich·keit *f* devotion.
an|hau·en *irr tr fam:* ▶ **jdn ~** make a pass at s.o., touch s.o. for s.th.
an|häu·fen I *tr* amass; *(sammeln, hamstern)* hoard up; **II** *refl* pile up.
An·häu·fung *f* amassing; *(von Waren)* hoarding.
an|he·ben *irr tr* raise; *(hochheben)* lift up.
an|hef·ten *tr* fasten (*an* to); *(mit Reißnagel)* tack on; *(mit Stecknadel)* pin to.
an·hei·melnd ['anhaɪməlnt] *adj* homely.
an·heim|fal·len [an'haɪm-] ⟨sein⟩ *irr itr:* ▶ **der Vergessenheit ~** sink into oblivion; **an·heim|stel·len** *tr:* ▶ **jdm etw ~** leave s.th. to someone's discretion.
an|hei·zen *tr* **1.** *(Kamin etc)* light; **2.** *fig (positiv)* stimulate; *(negativ)* aggravate.
an|heu·ern *itr tr mar* sign up.
An·hieb *m:* ▶ **auf ~** straight off.
an|him·meln *tr:* ▶ **jdn ~** make sheep's eyes at s.o.
An·hö·he *f* hill.
an|hö·ren I *tr:* ▶ **jdn ~** hear s.o.; **etw ~** listen to s.th.; **II** *refl:* ▶ **das hört sich ja gut an!** that sounds good!
An·hö·rung *f parl* hearing.
ani·ma·lisch *adj* animal.
Ani·ma·teur(in) [anima'tø:ɐ] ⟨-s, -e⟩ *m (f)* host (hostess).
ani·mie·ren [ani'mi:rən] *tr* encourage; ▶ **sich animiert fühlen, etw zu tun** feel prompted to do s.th.
Anis ['a:nɪs/a'ni:s] ⟨-es, -e⟩ *m* anise.
An·kauf *m* purchase.
an|kau·fen *tr* buy, purchase.
An·ker ['aŋkɐ] ⟨-s, -⟩ *m* **1.** *mar* anchor; **2.** *el* armature; ▶ **vor ~ gehen** drop anchor; **den ~ lichten** weigh anchor.
an·kern ['aŋkən] *itr (vor Anker liegen)* be anchored.
An·ker·ket·te *f mar* anchor cable; **Anker·platz** *m* anchorage.
an|ket·ten *tr* chain up (*an* to).
An·kla·ge *f* **1.** *jur* charge; **2.** *(Staatsanwalt als ~vertreter)* prosecution; ▶ **jdn unter ~ stellen** charge s.o. (*wegen* with); **gegen jdn ~ erheben** bring charges against s.o.; **An·kla·ge·bank** *f jur* dock; ▶ **auf der ~** in the dock.
an|kla·gen *tr* charge (*wegen* with); ▶ **jdn ~, etw getan zu haben** accuse s.o. of having done s.th.
An·klä·ger(in) *m (f) jur* prosecutor.
an|klam·mern I *tr (mit Klammer)* clip (*an* to); **II** *refl* cling (*an* to).
An·klang *m (Beifall):* ▶ **~ bei jdm finden** be well received by s.o.
an|kle·ben I *tr* ⟨h⟩ stick up (*an* on); **II** *itr* ⟨sein⟩ stick.
an|klei·den *tr refl* dress.
An·klei·de·zim·mer *n* dressing-room.
an|klop·fen *itr* knock (*an* at); ▶ **bei jdm ~ wegen etw** *fig* come knocking at someone's door for s.th.
an|knip·sen *tr (Licht)* switch on.
an|knüp·fen I *tr* **1.** tie on (*an* to); **2.** *fig* start up; ▶ **Beziehungen ~** establish relations; **II** *itr:* ▶ **an etw ~** take s.th. up.
an|kom·men[1] ⟨sein⟩ *irr itr* **1.** arrive; **2.** *(bei Bewerbungen)* be taken on (*bei* by); **3.** *(Anklang finden)* go down (*bei* with); ▶ **bist du gut angekommen?** did you get there all right? **jdm mit etw ~** come to s.o. with s.th.; **bei jdm ~** *fam* have success with s.o.; **komm bloß damit nicht wieder an!** *fam* don't start up again with this!
an|kom·men[2] ⟨sein⟩ *irr itr (wichtig sein):* ▶ **es kommt darauf an** it depends; **es kommt darauf an, daß ...** what matters is that ...; **es darauf ~ lassen** chance it; **laß es nicht darauf ~!** don't push your luck! **es auf e-n Prozeß ~ lassen** let it get as far as the courts; **darauf soll es mir nicht ~** that's not the problem.
an|kot·zen *tr sl* **1.** *(etw ~)* puke over; **2.**

fig vulg: ▶ **das kotzt mich an!** that's enough to make me sick!

an|kün·di·gen I *tr* announce; **II** *refl fig* be heralded (*durch* by).

An·kün·di·gung *f* announcement.

An·kunft ['ankʊnft] ⟨-⟩ *f* arrival; ▶ **bei** ~ on arrival; **An·kunfts·zeit** *f* time of arrival.

an|kur·beln *tr fig* boost.

an|lä·cheln *tr:* ▶ **jdn** ~ give s.o. a smile.

an|la·chen *tr* smile at; ▶ **sich jdn** ~ *fig fam* pick s.o. up.

An·la·ge *f* **1.** *(Fabrik~)* plant; **2.** *(Park)* public park, gardens *pl;* **3.** *(Garten~)* grounds *pl;* **4.** *(Beilage)* enclosure; **5.** *(Entwurf)* layout; **6.** *el* installation; **7.** *EDV radio* system; **8.** *fin* investment; ▶ **als** ~ **erhalten Sie ...** enclosed please find ...; **An·la·ge·pa·pier** *n fin* long-term investment bond.

An·laß ['anlas, *pl* 'anlɛsə] ⟨-sses, ¨sse⟩ *m* **1.** *(Ursache)* cause (*zu* for); **2.** *(Gelegenheit)* occasion; ▶ **es besteht kein** ~ **...** there is no reason ...; **etw zum** ~ **nehmen, zu ...** use s.th. as an opportunity to ...; **festlicher** ~ festive occasion; **beim geringsten** ~ for the slightest reason.

an|las·sen *irr tr* **1.** *mot (in Gang setzen)* start; **2.** *(nicht ausziehen z. B. Jacke)* keep on; **3.** *(Geräte)* leave on.

An·las·ser ⟨-s, -⟩ *m mot* starter.

an·läß·lich ['anlɛslɪç] *prp* on the occasion of ...

An·lauf *m:* ▶ **e-n** ~ **nehmen** take a run-up; **erst beim zweiten** ~ *fig* only at the second go.

an|lau·fen *irr* **I** *itr* ⟨sein⟩ **1.** *(anfangen)* begin, start; *film* open; **2.** *med* swell up; **3.** *(beschlagen)* steam up; *(von Metall)* tarnish; **II** *tr* ⟨h⟩ *mar (e-n Hafen)* call at.

An·lauf·stel·le *f* shelter, refuge; ▶ ~ **für Drogensüchtige** *Br* Drug Crisis Centre (*Am* Center).

An·lauf·zeit *f fig:* ▶ **das braucht ein paar Wochen** ~ it needs a few weeks to get going.

An·laut *m ling* initial sound.

an|le·gen I *tr* **1.** *(daranlegen)* lay (*an* next to); **2.** *(anziehen)* don; **3.** *fin* invest; **4.** *(Kartei)* start; **5.** *(Vorräte)* lay in; ▶ **e-e Leiter** ~ **an ...** put up a ladder to ...; **sein Lineal** ~ set one's ruler; **es darauf** ~**, daß ...** be determined that...; **sich mit jdm** ~ pick a quarrel with s.o.; **II** *itr mar* berth.

An·le·ger(in) *m (f) fin* investor.

An·le·ger *m mar* landing-stage; *(für Ozeandampfer)* berth.

an|leh·nen I *tr* lean (*an* against); *(Tür)* leave ajar; **II** *refl* lean (*an* against); ▶ **sich an etw** ~ *fig* follow s.th.

an|lei·ern *tr fam (in die Wege leiten)* launch, get on the road.

An·lei·he ['anlaɪə] ⟨-, -n⟩ *f* **1.** *(Darlehen)* loan; **2.** *(Wertpapier)* bond; ▶ **e-e** ~ **aufnehmen** take a loan; **bei jdm e-e** ~ **machen** *a. fig* borrow from s.o.

an|lei·men *tr* stick on (*an* to).

an|lei·ten *tr* instruct; ▶ **jdn zu etw** ~ teach s.o. s.th.

An·lei·tung *f a. tech* instructions *pl;* ▶ **unter** ~ **von ...** under the guidance of ...

An·lie·gen ['anli:gən] ⟨-s, -⟩ *n* **1.** *(Bitte)* request; **2.** *(Angelegenheit)* matter.

an|lie·gen *irr itr (Kleider)* fit closely (*an* s.th.); *(Haare)* lie flat (*an* against).

an·lie·gend *adj* **1.** *(benachbart)* adjacent; **2.** *(Kleider)* tight-fitting; **3.** *(beiliegend)* enclosed.

An·lie·ger(in) ⟨-s, -⟩ *m (f) (Anwohner)* local resident; ▶ ~ **frei** residents only.

an|locken (k·k) *tr* attract; *(Tiere)* lure.

an|lö·ten *tr* solder on (*an* to).

an|lü·gen *irr tr:* ▶ **jdn** ~ lie to s.o.

an|ma·chen *tr* **1.** *(befestigen)* put up (*an* on); **2.** *(Salat)* dress; **3.** *(Feuer)* light; **4.** *fig fam (jdn ansprechen)* chat up s.o.; **5.** *fig fam (erregen)* turn on; **6.** *(beschimpfen)* slam; ▶ **(das) Licht** ~ turn on the light.

An·marsch *m* walk; ▶ **im** ~ **sein auf ...** *mil* be advancing on ...; *fig* be on one's way.

an|ma·ßen ['anma:sən] *refl:* ▶ **sich** ~**, etw zu tun** have the presumption to do s.th.; **sich etw** ~ claim s.th.; **an·ma·ßend** ['anma:sənt] *adj* presumptuous.

An·ma·ßung *f* **1.** presumption; **2.** *(Unverschämtheit)* insolence.

An·mel·de·for·mu·lar *n* registration form; **An·mel·de·ge·bühr** *f* registration fee.

an|mel·den I *tr* **1.** *allg* announce; **2.** *(für Abgaben, Zoll etc)* declare; **3.** *tele (Gespräch)* book; ▶ **jdn bei e-r Schule** ~ enrol s.o. at a school; **jdn zu e-m Kurs** ~ enrol s.o. for a course; **s-n Fernseher** ~ get a licence for one's TV set; **II** *refl* **1.** *allg* announce one's arrival; **2.** *(für e-n Kurs)* enrol o.s.; ▶ **sich polizeilich** ~ register with the police.

An·mel·dung *f* **1.** *(Ankündigung)* announcement; **2.** *(zu e-m Kurs etc)* enrolment; *(bei Polizei)* registration; **3.** *(Reception)* reception.

an|mer·ken *tr* **1.** *(anstreichen)* mark; **2.** *(bemerken)* say; **3.** *(schriftlich)* note; ▶ **sich etw** ~ **lassen** let s.th. show.

An·mer·kung *f* **1.** *(schriftlich)* note; **2.** *(Bemerkung)* remark.

An·mut ['anmu:t] ⟨-⟩ *f* grace.

an·mu·tig *adj* graceful.

an|nä·hen *tr* sew on (*an* to).

an|nä·hern I *tr* bring more into line (*an* with); **II** *refl* approach (*e-r S* s.th.); **an·nä·hernd** ['annɛ:ɐnt] **I** *adj* approximate; **II** *adv (etwa)* about, approximately.

An·nä·he·rung *f* approach (*an* towards); **An·nä·he·rungs·ver·such** *m* advances *pl.*
An·nah·me ['anna:mə] ‹-, -n› *f* acceptance; *(Vermutung)* assumption; ▶ **der ~ sein, daß ...** assume that ...; **in der ~, daß ...** on the assumption that ...
An·nah·me·schluß *m* deadline.
an·nehm·bar *adj* acceptable, admissible; ▶ **ein ~er Preis** a reasonable price.
an|neh·men *irr tr* **1.** *(Angebotenes ~)* accept; **2.** *(aufnehmen)* take; **3.** *fig (vermuten)* presume; **4.** *fig (voraussetzen)* assume; ▶ **von jdm etw ~** expect s.th. of s.o.; **e-n Auftrag ~** take on an order; ▶ **sich e-r Sache ~** see to a matter.
An·nehm·lich·keit *f* convenience; ▶ **die ~en des Lebens** the comforts of life.
an·nek·tie·ren [anɛk'ti:rən] *tr pol* annex.
An·non·ce, an·non·cie·ren (*s.* Anzeige, anzeigen).
an·nul·lie·ren [anʊ'li:rən] *tr jur* annul.
an|öden ['anø:dən] *tr fam* bore stiff.
an·onym [ano'ny:m] *adj* anonymous; ▶ **A~e Alkoholiker** *pl* Alcoholics Anonymous *pl.*
an·ony·mi·sie·ren *tr (Daten, Fragebögen)* make anonymous.
Ano·rak ['anorak] ‹-s, -s› *m* anorak.
an|ord·nen *tr* **1.** *(aufstellen)* arrange; **2.** *(befehlen)* order.
An·ord·nung *f* **1.** *(Aufstellung)* arrangement; **2.** *(Befehl)* order; ▶ **auf ~ meines Arztes** on my doctor's orders *pl.*
an|pac·ken *tr* **1.** *allg* grab; **2.** *fig* tackle; ▶ **kannst du mal mit ~?** can you lend me a hand?
an|pas·sen I *tr (Kleidung etc)* fit (on); *tech* fit (to); ▶ **etw e-r Sache ~** suit s.th. to s.th.; **II** *refl:* ▶ **sich ~ an etw** adapt o.s. to s.th.
An·pas·sung *f* **1.** *allg* adjustment; **2.** *(Angepaßtheit)* conformity; **an·pas·sungs·fä·hig** *adj* adaptable; **An·pas·sungs·ver·mö·gen** *n* adaptability.
an|pei·len *tr radio:* ▶ **etw ~** take a bearing on s.th.; *fig (im Auge haben)* have one's sights on s.th.
an|pflan·zen *tr* grow.
An·pflan·zung *f (bepflanzte Fläche)* cultivated area.
an|pran·gern ['anpraŋən] *tr* denounce.
an|prei·sen *irr tr* extol; ▶ **sich ~ als ...** sell o.s. as ...
An·pro·be *f* fitting.
an|pro·bie·ren *tr* try on.
an|pum·pen *tr fig fam:* ▶ **jdn um £ 2 ~** touch s.o. for £ 2.
an|rech·nen *tr* **1.** *(berechnen)* charge; **2.** *(gutschreiben)* take into account; ▶ **wieviel rechnen Sie mir für mein altes Auto noch an?** how much will you allow me for my old car?
An·recht *n:* ▶ **ein ~ haben auf etw** be entitled to s.th.
an|re·den *tr* address; ▶ **gegen den Lärm ~** make o.s. heard against the noise.
an|re·gen *tr* **1.** *(stimulieren)* stimulate; **2.** *(ermuntern)* prompt (*zu* to); ▶ **jds Appetit ~** whet someone's appetite; **an·re·gend** *adj* stimulating.
An·re·gung *f* **1.** *(Stimulierung)* stimulation; **2.** *(Vorschlag)* idea; ▶ **auf ~ von ...** on the suggestion of ...
an|rei·chern ['ənraɪçern] **I** *tr* **1.** *allg a. fig* enrich; **2.** *(vergrößern)* enlarge; ▶ **angereichert werden** *chem* be accumulated; **II** *refl chem* accumulate.
An·rei·che·rung *f* **1.** *chem* accumulation; **2.** *fig* enrichment.
An·rei·se *f* journey.
An·reiz *m* incentive.
an|rei·zen *tr* encourage.
an|rem·peln *tr:* ▶ **jdn ~** bump into s.o.; *(böswillig)* jostle s.o.
an|ren·nen ‹sein› *irr itr:* ▶ **gegen etw ~** run against s.th.; *fig* fight against s.th.
An·rich·te ['anrɪçtə] ‹-, -n› *f* **1.** sideboard; **2.** *(Raum)* pantry.
an|rich·ten *tr* **1.** *(Mahlzeit)* prepare; **2.** *fig (verursachen)* bring about; ▶ **da hat er was Schönes angerichtet!** he's really made a fine mess there!
an·rü·chig ['anryçɪç] *adj* notorious.
An·ruf *m tele* call; **An·ruf·be·ant·wor·ter** *m* (telephone) answering machine.
an|ru·fen *irr tr* **1.** *(jdn ~)* shout to (s.o.); **2.** *tele* call, ring; ▶ **darf ich mal bei Ihnen ~?** can I make a call from here?
an|rüh·ren *tr* **1.** *(berühren)* touch; **2.** *(Farbe ~)* mix; *(Sauce)* blend.
an·rüh·rend *adj* touching.
An·sa·ge ['anza:gə] ‹-, -n› *f* announcement.
an|sa·gen I *tr* **1.** *allg* announce; **2.** *(bei Kartenspiel):* ▶ **Sie sagen an!** it is your turn to bid! **II** *refl* say that one is coming; ▶ **angesagt sein** be recommended, be suggested; *(modisch)* be the in thing; **Spannung ist angesagt** we are in for a bit of exitement.
An·sa·ger(in) *m (f) radio* announcer.
an|sam·meln *tr* accumulate; ▶ **Vorräte ~** build up provisions.
An·samm·lung *f* **1.** *(von Gegenständen)* collection; **2.** *(von Menschen)* crowd.
an·säs·sig ['anzɛsɪç] *adj* resident.
An·satz *m* **1.** *(Haar~)* hair-line; **2.** *tech* attachment; *(zur Verlängerung)* extension; **3.** *(Ablagerung)* layer; **4.** *philos* approach; ▶ **die ersten ¨e zeigen** be in the initial stages.
an|sau·gen *tr* draw (*od* suck) in.
An·saug·fil·ter *m mot* suction filter.

an|schaf·fen I *tr (kaufen)* buy, purchase; **II** *itr sl (Prostituierte)* be on the game.

An·schaf·fung *f* acquisition; ▶ **~en machen** make purchases; **An·schaf·fungs·wert** *m* cost-value.

an|schal·ten *tr el radio* switch on.

an|schau·en *tr* look at ...

an·schau·lich *adj (klar)* clear, graphic; *(lebendig)* vivid; ▶ **ein ~es Beispiel** a concrete example.

An·schau·ung *f* opinion, view; ▶ **etw aus eigener ~ kennen** know s.th. from one's own experience; **An·schau·ungs·ma·te·ri·al** *n* visual aids *pl.*

An·schein ‹-(e)s› *m* appearance; ▶ **allem ~ nach** to all appearances *pl;* **es hat den ~, als ob ...** it seems as if ...; **sich den ~ geben** pretend to be.

an·schei·nend I *adj* apparent; **II** *adv* apparently.

an|schie·ben *irr tr* push.

an|schie·ßen *irr* **I** *tr* ‹h› shoot; **II** *itr* ‹sein› *fam:* ▶ **angeschossen kommen** come shooting along.

An·schlag *m* **1.** *(Mord~)* murderous attempt; **2.** *(Bekanntmachung)* notice; *(Poster)* poster; **3.** *(auf Schreibmaschine)* touch; **4.** *tech (bei Hebel etc)* stop; ▶ **e-m ~ zum Opfer fallen** be assassinated; **dreh den Knopf bis zum ~!** push the knob right down! **An·schlag·brett** *n Br* notice-board, *Am* bulletin board.

an|schla·gen *irr* **I** *tr* **1.** *(annageln etc)* nail on (*an* to); **2.** *(Bekanntmachung aushängen)* post (*an* on); **3.** *(Vase, Teller etc)* chip; **II** *itr* **1.** *(Brecher)* beat (*an* against); **2.** *med (wirken)* take effect.

an|schlie·ßen *irr* **I** *tr* **1.** *allg* lock (*an* to); **2.** *el tech* connect; **II** *refl:* ▶ **sich jdm ~** join s.o.; **ich schließe mich (Ihrer Meinung) an** I'll second you.

An·schluß *m* **1.** *rail* connection; **2.** *(freiwilliger ~)* joining (*an* of); **3.** *tele* telephone; ▶ **im ~ an ...** following ...; **den ~ verpassen** *rail* miss one's connection; *fig* miss the bus; **~ haben nach ...** *rail* have a connection to ...; **e-n ~ beantragen** *tele* apply for a telephone to be connected; **An·schluß·flug** *m* connecting flight; **An·schluß·zug** *m* connection.

an|schmie·gen *refl* **1.** *(Mensch)* snuggle up (*an* to), nestle (*an* against); **2.** *(Kleidung: passen, eng anliegen)* cling to ...

an·schmieg·sam *adj (Material, Stoff)* smooth.

an|schnal·len I *tr* strap on; ▶ **seine Skier ~** clip on one's skis; **II** *refl aero mot* fasten one's seat belt.

An·schnall·pflicht *f aero mot* obligatory wearing of seat belts.

an|schnau·zen *tr:* ▶ **jdn ~** yell at s.o.

an|schnei·den *irr tr* **1.** cut; **2.** *fig (Frage etc)* touch on ...

an|schrau·ben *tr* screw on (*an* to).

an|schrei·ben *irr tr* **1.** *(an Wand etc)* write up (*an* on); *(an Tafel)* chalk s.th. up; **2.** *(auf Kredit ~)* chalk up; ▶ **~ lassen** *fam* buy on tick; **jdn ~** *(durch Brief)* write s.o. a letter.

an|schrei·en *irr tr* shout at ...

An·schrift *f* address.

an|schul·di·gen *tr* accuse (*wegen* of).

An·schul·di·gung *f* accusation.

an|schwei·ßen *tr tech* weld on (*an* to).

an|schwel·len ‹sein› *irr itr* swell.

An·schwel·lung *f a. med* swelling.

an|schwem·men I *tr* ‹h› wash up; **II** *itr* ‹sein› be washed up.

An·se·hen ['anze:ən] ‹-s› *n* **1.** *(Aussehen)* appearance; **2.** *(Achtung)* reputation; ▶ **zu ~ gelangen** acquire standing; **an ~ verlieren** lose credit.

an|se·hen *irr tr* **1.** look at ...; **2.** *(besichtigen)* have a look at (*etw* s.th.); **3.** *TV* watch (*etw* s.th.); ▶ **sieh mal (einer) an!** well, I never! **etw ~ als ...** *fig* regard s.th. as ...; **sich etw genau ~** take a close look at s.th.; **das sieht man ihr nicht an** she doesn't look it; **das kann ich nicht länger mit ~!** I can't stand it any more!

an·sehn·lich *adj* **1.** *(Person)* handsome; **2.** *(beträchtlich)* considerable; ▶ **ein ~es Sümmchen** *fam* a tidy little sum.

an|sei·len I *tr:* ▶ **jdn ~** rope s.o. up; **II** *refl* rope o.s. up.

an|set·zen I *tr* **1.** *(anfügen)* put on (*an* to); **2.** *fig (bestimmen)* fix; *(veranschlagen)* estimate; ▶ **Fett ~** put on weight; **e-e Leiter an die Wand ~** put a ladder onto the wall; **II** *refl (Ablagerungen)* form.

An·sicht ‹-, -en› *f* **1.** view; **2.** *fig* opinion; **3.** *tech (Zeichnung)* drawing; ▶ **meiner ~ nach** in my opinion; **der ~ sein, daß ...** be of the opinion that ...; **ich bin ganz Ihrer ~** I entirely agree with you; **zur ~** on approval; **An·sichts·kar·te** *f* picture (post)card; **An·sichts·sa·che** *f* matter of opinion.

an|sie·deln *tr (Menschen)* settle; *(Industrie)* establish.

An·sied·lung *f* settlement.

an|span·nen *tr* **1.** *(Seil etc)* tighten; **2.** *fig (anstrengen)* strain; ▶ **das spannt mich zu sehr an!** that's too much of a strain for me!

An·span·nung *f* strain.

an|spie·len I *itr sport (Fußball)* kick off; ▶ **auf etw ~** *fig* allude to s.th.; **worauf spielen Sie an?** *fig* what are you driving at? **II** *tr sport (Fußball)* pass to.

An·spie·lung *f* allusion (*auf* to).

an|spit·zen *tr (Gegenstand)* sharpen.

An·sporn ['anʃpɔrn] ‹-(e)s› *m* incentive.

an|spor·nen *tr fig:* ▶ **jdn zu etw ~** encourage s.o. to do s.th.

An·spra·che *f* address; ► **e-e ~ halten** make a speech.
an|spre·chen *irr* **I** *tr* **1.** speak to ...; **2.** *fig (gefallen)* appeal to ...; **II** *itr (reagieren)* respond (*auf* to); ► **die Bremsen sprechen gut an** the brakes are very responsive.
an·spre·chend *adj* attractive.
An·sprech·part·ner(in) *m (f)* person to talk to, contact.
an|sprin·gen *irr* **I** *itr* ‹sein› *mot* start; ► **auf etw ~** *fig* jump at s.th.; **II** *tr* jump.
An·spruch *m* claim (*auf* to); ► **auf etw ~ haben** have a right to s.th.; **jdn völlig in ~ nehmen** take up all of someone's time.
an·spruchs·los *adj* **1.** *(Mensch)* modest; **2.** *(Lektüre)* light.
an·spruchs·voll *adj* **1.** *allg* demanding; **2.** *fig* ambitious.
an|sta·cheln *tr* spur on.
An·stalt ['anʃtalt] ‹-, -en› *f* **1.** *(Institut)* institute; **2.** *jur (Institution)* institution; ► **für etw ~en treffen** *fig* take measures for s.th.
An·stand *m* decency, propriety; ► **keinen ~ haben** have no manners.
an·stän·dig ['anʃtɛndɪç] *adj a. fig* decent; ► **ein ~es Essen bekommen** get a square meal.
an·stands·los *adv* without difficulty.
an|star·ren *tr* stare at ...
an·statt [an'ʃtat] *prp, conj* instead of ...
an|ste·chen *irr tr* pierce; ► **ein Faß Bier ~** tap a keg (of beer).
an|stecken[1] **(k·k)** *tr* **1.** *(mit Nadel etc)* pin on; **2.** *(Ring)* slip on.
an|stecken[2] **(k·k)** *tr (anzünden)* light; ► **ein Haus ~** set fire to a house.
an|stecken[3] **(k·k) I** *tr med (infizieren)* infect; **II** *refl:* ► **sich mit etw ~** catch s.th. (*bei* from); **an·steckend (k·k)** *adj* contagious, infectious; ► **~e Krankheit** infectious disease.
An·steckung (k·k) *f* infection; **An·steckungs·ge·fahr (k·k)** *f* risk of infection.
an|ste·hen *irr itr* **1.** *(Schlange stehen)* queue (up); *(nach Waren ~)* stand in line (*nach* for); **2.** *fig (noch folgen)* be due to be dealt with.
an|stei·gen ‹sein› *irr itr* rise.
an|stel·len I *tr* **1.** *(anlehnen)* lean (*an* against); **2.** *tech mot* start; *el radio* turn on; **3.** *(einstellen)* employ; ► **ich weiß nicht, wie ich es ~ soll** I don't know how to manage it; **stell bloß keinen Unsinn an!** don't get up to mischief! **II** *refl* **1.** *(in Schlange)* queue up; **2.** *(sich verhalten)* act up; ► **stell dich nicht an!** don't make such a fuss!
An·stel·lung *f* employment; ► **e-e feste ~** a permanent position.
an|stif·ten *tr:* ► **jdn zu etw ~** incite s.o. to do s.th.
An·stif·ter *m* instigator.
an|stim·men *tr:* ► **ein Lied ~** begin singing a song.
An·stoß *m* **1.** *sport* kick-off; **2.** *(Ärgernis)* annoyance; ► **jdm den ~ geben, etw zu tun** induce s.o. to do s.th.; **~ erregen** cause offence (*bei* to); **den ~ zu etw geben** get s.th. going.
an|sto·ßen *irr itr* **1.** ‹sein› knock, bump; **2.** ‹h› *(mit Gläsern)* touch glasses; **3.** ‹h› *sport (Fußball)* kick off; ► **auf etw ~** drink to s.th.
an·stö·ßig ['anʃtø:sɪç] *adj* offensive.
an|strei·chen *irr tr* **1.** *(anmalen)* paint; **2.** *(markieren)* mark.
An·strei·cher *m* painter.
an|stren·gen I *tr* strain; ► **sein Gedächtnis ~** rack one's brains *pl;* **II** *refl* make an effort; **an·stren·gend** *adj* strenuous; ► **das ist ~ für die Augen** it's a strain on the eyes.
An·stren·gung *f* effort; *(große ~)* strain; ► **große ~en machen** make every effort *sing.*
An·strich *m* **1.** *(das Anstreichen)* painting; **2.** *(Farbschicht)* coat of paint; **3.** *fig (Hauch)* touch.
An·sturm ‹-(e)s› *m* rush.
an|stür·men ‹sein› *itr (gegen etw ~) a. fig* attack s.th.
Ant·ark·tis [ant'arktɪs] ‹-› *f geog:* ► **die ~** the Antarctic; **ant·ark·tisch** *adj* antarctic.
an|ta·sten *tr* **1.** *allg* touch; **2.** *fig (Frage)* touch on ...; **3.** *(Rechte)* question; ► **Vorräte ~** break into supplies.
An·teil *m* share; ► **(tiefen) ~ nehmen an etw** *(mitfühlend)* be (deeply) sympathetic over s.th.; **an etw (regen) ~ nehmen** show a (lively) interest in s.th.
an·tei·lig ['antaɪlɪç] *adj* proportionate.
An·teil·nah·me ['antaɪlna:mə] ‹-› *f* sympathy (*an* with).
An·ten·ne [an'tɛnə] ‹-, -n› *f* **1.** *radio* aerial; **2.** *zoo* antenna.
An·thra·zit [antra'tsi:t] ‹-s, (-e)› *m* anthracite.
An·ti·al·ko·ho·li·ker(in) *m (f)* teetotaller.
an·ti·au·to·ri·tär *adj* antiauthoritarian.
An·ti-Ba·by-Pil·le [anti'be:bi-] *f* contraceptive pill.
An·ti·bio·ti·kum [antibi'o:tikʊm] ‹-s, -ka› *n med* antibiotic.
An·ti·blockier·sy·stem (k·k) *n mot* anti-lock braking system.
An·ti·hist·amin [antihɪsta'mi:n] ‹-s, -e› *n med* antihistamine.
an·tik [an'ti:k] *adj* **1.** *com* antique; **2.** *(aus der Antike)* ancient; **An·ti·ke** [an'ti:kə] ‹-, -n› *f:* ► **die ~** antiquity.
An·ti·kör·per ['----] *m med* anti-body.
An·ti·lo·pe [anti'lo:pə] ‹-, -n› *f zoo* antelope.
An·ti·pa·thie [antipa'ti:] *f* antipathy

(*gegen* to).

An·ti·qua [an'ti:kva] ⟨-⟩ *f typ* Roman type.

An·ti·qua·riat [antikvari'a:t] ⟨-s, -e⟩ *n* **1.** *(Geschäft)* second-hand bookshop; **2.** *(Abteilung)* second-hand department.

an·ti·qua·risch *adj* second-hand.

An·ti·qui·tä·ten [antikvi'tɛ:tn] *pl* antiques *pl.*

An·ti·schäum·mit·tel *n chem (in Motoröl)* foam inhibitor.

An·ti·se·mit [antize'mi:t] ⟨-en, -en⟩ *m* anti-Semite.

an·ti·se·mi·tisch *adj* anti-Semitic.

an·ti·sta·tisch *adj* antistatic.

An·ti·ter·ror- *(in Zss.)* antiterrorist.

Ant·litz ['antlɪts] ⟨-es, (-e)⟩ *n* countenance.

An·trag ['antra:k, *pl* 'antrɛ:gə] ⟨-(e)s, ⸚e⟩ *m* **1.** *allg* application (*auf* for); **2.** *jur* petition; **3.** *parl* motion; ▶ **e-n ~ auf etw stellen** make an application for s.th.; *jur* file a petition for s.th.; *parl* propose a motion for s.th.; **auf ~ von ...** at the request of ...; **An·trags·for·mu·lar** *n* application form; **An·trag·stel·ler(in)** *m (f)* applicant.

an|tref·fen *irr tr* find; *(zufällig)* come across.

an|trei·ben *irr* **I** *tr* **1.** *a. mot* drive; **2.** *fig (drängen)* urge; **II** *itr* ⟨sein⟩ wash ashore.

an|tre·ten *irr* **I** *tr* ⟨h⟩ *(Reise etc)* begin; ▶ **e-e neue Stellung ~** take up a new job; **II** *itr* ⟨sein⟩ **1.** *sport* compete; **2.** *(neue Stellung)* start.

An·trieb *m* **1.** *fig* drive; *(plötzlicher)* impetus; **2.** *mot tech* drive; ▶ **aus eigenem ~** on one's own initiative; **An·triebs·wel·le** *f mot* half-shaft.

An·tritt *m sport* acceleration; ▶ **bei ~ der Reise** when beginning one's journey.

An·tritts·re·de *f* inaugural speech.

an|tun *irr tr:* ▶ **jdm etw ~** do s.th. to s.o.; **sich etw ~** do away with o.s.; **tun Sie sich keinen Zwang an!** don't stand on ceremony!

an|tur·nen ['antœrnən] *tr sl* turn on.

Ant·wort ['antvɔrt] ⟨-, -en⟩ *f* answer, reply; ▶ **jdm e-e ~ geben** reply to s.o.; **keine ~ ist auch e-e ~!** your silence is answer enough! **als ~ auf etw** in response to s.th.

ant·wor·ten ['antvɔrtən] *itr tr* answer, reply; ▶ **auf etw ~** answer s.th.

Ant·wort·cou·pon *m* reply coupon.

an|ver·trau·en I *tr:* ▶ **jdm etw ~** entrust s.o. with s.th.; *fig* confide s.th. to s.o.; **II** *refl:* ▶ **sich jdm ~** entrust o.s. to s.o.; *fig* confide in s.o.

an|wach·sen ⟨sein⟩ *irr itr* **1.** *bot* take root; **2.** *fig (zunehmen)* increase.

An·walt ['anvalt, *pl* 'anvɛltə] ⟨-(e)s, ⸚e⟩ *m,* **An·wäl·tin** [anvɛltɪn] *f* lawyer; *fig* advocate; **An·walts·ko·sten** *pl* legal expenses.

An·wand·lung *f:* ▶ **aus e-r ~ heraus** on an impulse.

An·wär·ter(in) *m (f) allg* candidate (*auf* for); *sport* contender.

an|wei·sen *irr tr* **1.** *fin* transfer; **2.** *(anleiten)* instruct; **3.** *(befehlen)* order; ▶ **jdm e-n Platz ~** show s.o. a seat.

An·wei·sung *f* **1.** *fin* transfer; **2.** *fin (~sformblatt)* payment slip; **3.** *(Anleitung)* instructions *pl;* **4.** *(Anordnung)* instruction; ▶ **auf ~ von ...** on the instructions of ...

an·wend·bar *adj* applicable (*auf* to).

an|wen·den *irr tr* use (*auf* on); ▶ **sich auf etw ~ lassen** be applicable to s.th.

An·wen·der(in) ⟨-s, -⟩ *m (f)* user; **An·wen·der·pro·gramm** *n* user program; **An·wen·der·soft·ware** *f* user software.

An·wen·dung *f* **1.** *allg* use; **2.** *(Übertragung)* application; **An·wen·dungs·vor·schrift** *f* instructions for use.

an|wer·ben *irr tr* recruit (*für* to).

An·wer·be·stopp *m* recruitment freeze.

An·we·sen ⟨-s, -⟩ *n (Gut)* estate.

an·we·send *adj* present; ▶ **sehr verehrte A~e!** Ladies and Gentlemen!

An·we·sen·heit *f* presence; ▶ **in ~ von ...** in the presence of ...; **An·we·sen·heits·li·ste** *f* attendance register.

an|wi·dern ['anvi:dən] *tr* disgust; ▶ **es widert mich an** it makes me feel sick.

an|wur·zeln ⟨sein⟩ *itr fig:* ▶ **ich war wie angewurzelt** I stood rooted to the spot.

An·zahl ⟨-⟩ *f* number.

an|zah·len *tr:* ▶ **können Sie 20 Pfund auf den Mantel ~?** can you pay £ 20 as a deposit on this coat?

An·zah·lung *f* deposit; ▶ **e-e ~ machen auf ...** pay a deposit on ...

an|zap·fen *tr* **1.** *(Faß)* tap; **2.** *el* tap.

An·zei·ge ['antsaɪgə] ⟨-, -n⟩ *f* **1.** *(bei der Polizei)* report (*wegen* of); **2.** *markt* advertisement; 3. *EDV (Bildschirm~)* display; ▶ **wegen etw e-e ~ bei der Polizei erstatten** report s.th. to the police.

an|zei·gen *tr* **1.** : ▶ **jdn ~** report s.o.; **2.** *tech (auf Skala etc)* indicate; **3.** *(bekanntgeben)* announce; **4.** *markt* advertise.

An·zei·gen·an·nah·me *f* advertising office; **An·zei·gen·blatt** *n* advertising journal.

an|zet·teln *tr* instigate.

an|zie·hen *irr* **I** *tr* **1.** *(Kleidung)* put on; **2.** *tech (Schraube)* tighten; **3.** *mot (Handbremse)* apply; **4.** *(an sich her~)* draw up; **5.** *fig (a. Staub, Späne etc)* attract; **II** *itr* **1.** *com (Preise)* rise; **2.** *(beschleunigen)* accelerate; **III** *refl (sich ankleiden)* get dressed; **an·zie·hend** *adj* attractive.

An·zie·hung *f* attraction.
An·zie·hungs·kraft *f* **1.** *phys* force of attraction; **2.** *fig* appeal.
An·zug *m* **1.** *(Kleidung)* suit; **2.** *fig (Anrücken)* approach; ▶ **im ~ sein** *fig* be in the offing; **An·zug·ho·se** *f* suit trousers *pl.*
an·züg·lich [ˈantsy:klɪç] *adj:* ▶ **~ werden** *(beleidigend)* get personal; *(sexuell)* make lewd remarks.
an|zün·den *tr (Feuer, Streichholz)* light; *(Gebäude)* set on fire.
apart [aˈpart] *adj* distinctive.
apa·thisch [aˈpa:tɪʃ] *adj* apathetic.
Ape·ri·tif [aperiˈti:f] ⟨-s, -s⟩ *m* aperitif.
Ap·fel [ˈapfəl, *pl* ˈɛpfəl] ⟨-s, ¨⟩ *m* apple; ▶ **in den sauren ~ beißen** *fig* (have to) swallow the bitter pill; **Ap·fel·baum** *m* apple-tree; **Ap·fel·ku·chen** *m* apple cake; **Ap·fel·mus** *n* apple sauce; **Ap·fel·saft** *m* apple juice.
Ap·fel·si·ne [apfəlˈzi:nə] ⟨-, -n⟩ *f* orange.
Ap·fel·wein *m* cider.
Apo·stel [aˈpɔstəl] ⟨-s, -⟩ *m eccl* apostle; **Apo·stel·ge·schich·te** *f* Acts of the Apostles *pl.*
Apo·stroph [aposˈtro:f] ⟨-s, -e⟩ *m gram* apostrophe.
Apo·the·ke [apoˈte:kə] ⟨-, -n⟩ *f* chemist's shop; *Am* pharmacy.
Apo·the·ker(in) [--ˈ--] ⟨-s, -⟩ *m (f)* chemist, pharmacist, *Am a.* druggist.
Ap·pa·rat [apaˈra:t] ⟨-(e)s, -e⟩ *m* **1.** *a. fig* apparatus; *(Vorrichtung)* appliance; *fam* contraption, gadget; **2.** *(Gerät)* set; *(Photo~)* camera; **3.** *tele (Telephon)* (tele)phone; ▶ **am ~!** *tele* speaking! **bleiben Sie am ~!** *tele* hold the line, please! **Ap·pa·ra·te·me·di·zin** *f* high-tech medicine.
Ap·pa·ra·tur *f* equipment.
Ap·par·te·ment [apartəˈmɑ̃:] ⟨-s, -s⟩ *n Br* flat, *Am* apartment.
Ap·par·te·ment·haus *n Br* block of flats, *Am* condominium, apartment house.
Ap·pell [aˈpɛl] ⟨-s, -e⟩ *m* appeal; **e-n ~ an jdn richten** make an appeal to s.o.
ap·pel·lie·ren *itr* appeal (*an* to).
Ap·pe·tit [apəˈti:t] ⟨-(e)s, (-e)⟩ *m* appetite (*auf etw* for s.th.); ▶ **~ bekommen** get an appetite; **jdm den ~ verderben** spoil someone's appetite; **~ auf etw haben** feel like s.th.
ap·pe·tit·lich *adj* **1.** *allg* appetizing; **2.** *fig* attractive; ▶ **das sieht ~ aus!** that looks tempting!
Ap·pe·tit·lo·sig·keit *f* lack of appetite; **Ap·pe·tit·züg·ler** *m* appetite suppressant.
ap·plau·die·ren [aplaʊˈdi:rən] *itr* applaud; **Ap·plaus** [aˈplaʊs] ⟨-es⟩ *m* applause.
Apri·ko·se [apriˈko:zə] ⟨-, -n⟩ *f bot* apricot.
April [aˈprɪl] ⟨-(s), (-e)⟩ *m* April; ▶ **der 1. ~** All Fools' Day; ▶ **~, ~!** April fool! **April·scherz** *m* April fool's trick.
apro·pos [aproˈpo:] *adv:* ▶ **~ ...** by the way (*od* that reminds me ...); ▶ **~ Gesundheit ...** talking about health.
Aqua·pla·ning [akvaˈpla:nɪŋ] ⟨-s⟩ *n* aquaplaning.
Aqua·rell [akvaˈrɛl] ⟨-(e)s, -e⟩ *n* watercolour (painting).
Äqua·tor [ɛˈkva:to:ɐ] ⟨-s⟩ *m geog* equator; **Äqua·tor·tau·fe** *f* crossing the line ceremony.
Ära [ˈɛ:ra] ⟨-, (**Ären**)⟩ *f* era.
Ara·ber(in) [ˈarabɐ] *m (f)* Arab (Arabian woman); **Ara·bi·en** [aˈra:biən] *n* Arabia; **ara·bisch** *adj* Arabic.
Ar·beit [ˈarbaɪt] ⟨-, -en⟩ *f* **1.** *allg* work; **2.** *(Lohn für Arbeit)* labour; **3.** *(Stellung, Job)* job; **4.** *päd (Klassen~)* test; ▶ **jdm viel ~ machen** be a lot of work for s.o.; **an der ~ sein** be working; **an die ~ gehen** get down to work; **mein Fernseher ist gerade in ~** work on my TV-set is in progress; **jdm ~ machen** put s.o. to trouble; **machen Sie sich keine ~!** don't bother! **e-e ~ suchen als ...** look for a job as ...; **ohne ~ sein** be out of work; **e-e ~ schreiben** *päd* do a test.
ar·bei·ten [ˈarbaɪtən] *itr tr* **1.** work (*an* on); **2.** *tech mot* operate; *(laufen)* run; **3.** *(Teig)* work; *(Holz)* warp; ▶ **die ganze Anlage arbeitet automatisch** the plant is automatic; **sich krank ~** work o.s. silly; **sich nach oben ~** work one's way up.
Ar·bei·ter(in) [ˈarbaɪtɐ] ⟨-s, -⟩ *m (f)* worker; *(ungelernter)* labourer; **Ar·bei·ter·schaft** *f* work force; **Ar·bei·ter·vier·tel** *n* working-class district.
Ar·beit·ge·ber(in) *m (f)* employer; **Ar·beit·ge·ber·an·teil** *m (für Sozialbeiträge)* employer's contribution; **Ar·beit·ge·ber·ver·band** *m* employer's association; **Ar·beit·neh·mer(in)** *m (f)* employee; **Ar·beit·neh·mer·sei·te** [--ˈ----] *f* employees' side; **ar·beit·sam** *adj* industrious.
Ar·beits·amt *n* employment exchange; **Ar·beits·be·din·gun·gen** *pl* working conditions; **Ar·beits·be·schaf·fungs·maß·nah·me** *f* job-creation scheme, job scheme; **Ar·beits·ein·stel·lung** *f* walkout; **Ar·beits·er·laub·nis** *f* work permit; **Ar·beits·er·leich·te·rung** *f:* ▶ **das ist e-e große ~ für mich** that makes work much easier for me; **Ar·beits·es·sen** *n* working lunch.
ar·beits·fä·hig *adj* able to work.
Ar·beits·feld *n* sphere of activity.
Ar·beits·frie·den *m* peaceful labour relations *pl.*
Ar·beits·ge·biet *n* field of work; **Ar-**

beits·ge·mein·schaft *f* **1.** *allg* team; **2.** *päd* study-group; **Ar·beits·ge·richt** *n* industrial tribunal; **ar·beits·in·ten·siv** *adj* labour-intensive; **Ar·beits·kampf** *m* industrial dispute; **Ar·beits·klei·dung** *f* working clothes *pl;* **Ar·beits·kraft** *f* **1.** *(körperlich)* capacity to work; **2.** *(Arbeiter)* worker; **Ar·beits·kräf·te** *f pl* labour *sing;* **Ar·beits·kräf·te·man·gel** *m* labour shortage; **Ar·beits·kreis** *m* study group; **Ar·beits·la·ger** *n* labour camp; **Ar·beits·lei·stung** *f* performance; **Ar·beits·lohn** *m* wages *pl.*

ar·beits·los *adj* out of work, unemployed.

Ar·beits·lo·se(r) *f m* unemployed person; **Ar·beits·lo·sen·geld** *f* earnings-related benefit; **Ar·beits·lo·sen·hil·fe** *f* unemployment benefit; **Ar·beits·lo·sen·in·itia·ti·ve** *f* self-help group of the unemployed; **Ar·beits·lo·sen·quo·te** *f* rate of unemployment; **Ar·beits·lo·sen·un·ter·stüt·zung** *f:* ~ **bekommen** draw unemployment benefit; **Ar·beits·lo·sen·ver·si·che·rung** *f Br* National Insurance, *Am* social insurance; **Ar·beits·lo·sig·keit** *f* unemployment; **Ar·beits·markt** *m* labour market; **Ar·beits·ma·te·ri·al** *n* work material; **Ar·beits·nie·der·le·gung** *f* walk-out; **Ar·beits·pa·pier** *n* working paper; **Ar·beits·platz** *m* **1.** *(im Betrieb)* workplace; **2.** *(Stelle)* job; **Ar·beits·platz·be·schrei·bung** *f* job description; **Ar·beits·platz·tei·lung** *f* job sharing; **Ar·beits·platz·wech·sel** *m* change of jobs; **Ar·beits·schutz** *m* maintenance of industrial health and safety standards; **Ar·beits·schutz·vor·schrif·ten** *pl* health and safety regulations *pl;* **Ar·beits·spei·cher** *m EDV* working storage; **Ar·beits·stun·de** *f* man hour; **Ar·beits·tag** *m* working day, workday; **Ar·beits·ta·gung** *f* conference; **Ar·beits·tei·lung** *f* division of labour.

ar·beits·un·fä·hig *adj* **1.** *(krank)* unfit for work; **2.** *(dauernd)* unable to work.

Ar·beits·ver·dienst *m* earned income; **Ar·beits·ver·hält·nis** *n* **1.** *(im Betrieb)* employee-employer relationship; **2.** *(Stellung)* employment; **Ar·beits·ver·mitt·lung** *f* **1.** *(Agentur)* employment agency; **2.** *(im Arbeitsamt)* employment exchange; **Ar·beits·vor·gang** *m* work process; **Ar·beits·wei·se** *f* **1.** *(menschliche ~)* working method; **2.** *(e-r Maschine)* mode of operation.

Ar·beits·zeit *f* working hours *pl;* **gleitende** ~ flexible working hours *pl; fam* flexitime *sing;* **Ar·beits·zeit·ver·kür·zung** *f* reduction in working hours; **Ar·beits·zeug·nis** *n* reference from one's employer; **Ar·beits·zim·mer** *n* study.

Ar·chäo·lo·ge [arçɛo'lo:gə] *m* archaeologist; **Ar·chäo·lo·gie** [arçɛolo'gi:] *f* archaeology; **ar·chäo·lo·gisch** *adj* archaeological.

Ar·chi·tekt(in) [arçi'tɛkt] ‹-en, -en› *m (f)* architect; **ar·chi·tek·to·nisch** *adj* architectural; **Ar·chi·tek·tur** *f* architecture.

Ar·chiv [ar'çi:f] ‹-s, -e› *n* archives *pl.*

Are·al [are'a:l] ‹-s, -e› *n* area.

Are·na [a're:na, *pl* a're:nən] ‹-, -nen› *f hist a. fig* arena; *(Zirkus~, etc)* ring.

arg [ark] ‹ërger, ërgst› **I** *adj* **1.** *(böse)* wicked; **2.** *(stark, schlimm)* terrible; ► **mein ⁼ster Feind** my worst enemy; **etw noch ⁼er machen** make s.th. worse; **II** *adv (sehr)* awfully, very.

Ar·gen·ti·ni·en [argɛn'ti:niən] ‹-s› *n* Argentina; **Ar·gen·ti·ni·er(in)** *m (f)* Argentine; **ar·gen·ti·nisch** *adj* Argentinian.

Är·ger ['ɛrgɐ] ‹-s› *m (Wut)* anger; *(Unannehmlichkeit)* trouble; ► **aus** ~ out of anger; **jdm** ~ **machen** cause s.o. a lot of trouble; ~ **kriegen** get into trouble; **mach keinen** ~! *fam* cool it! **so ein** ~! what a nuisance!

är·ger·lich *adj* **1.** *(verärgert)* annoyed, cross; **2.** *(Ärger erregend)* annoying; ► **das ist** ~ that is a nuisance; ~ **über etw sein** be cross about s.th.

är·gern ['ɛrgɐn] **I** *tr* **1.** *allg* annoy, irritate; **2.** *(belästigen)* pester, torment; **II** *refl:* ► **sich über jdn** ~ get angry with s.o.

Är·ger·nis *n* offence; ► ~ **erregen** cause offence.

arg·los *adj* **1.** *(harmlos)* innocent; **2.** *(ohne Argwohn)* unsuspecting.

Ar·gu·ment [argu'mɛnt] ‹-(e)s, -e› *n* argument.

ar·gu·men·tie·ren *itr* argue.

Arg·wohn ['arkvo:n] ‹-(e)s› *m* suspicion; ► ~ **gegen jdn schöpfen** become suspicious of s.o.; ► **voller** ~ suspiciously.

arg·wöh·nen ['arkvø:nən] *tr* suspect.

arg·wöh·nisch *adj* suspicious (*gegen* of).

Arie ['a:riə] ‹-, -n› *f mus* aria.

Ari·sto·krat(in) [arɪsto'kra:t] ‹-en, -en› *m (f)* aristocrat; **Ari·sto·kra·tie** *f* aristocracy; **ari·sto·kra·tisch** *adj* aristocratic.

Arith·me·tik [arɪt'me:tɪk] *f* arithmetic.

arith·me·tisch *adj* arithmetical.

Ark·tis ['arktɪs] ‹-› *f geog:* ► **die** ~ the Arctic.

ark·tisch *adj* arctic; ~**e Kaltluft** polar air.

Arm [arm] ‹-(e)s, -e› *m* **1.** *anat* arm; **2.** *(von Leuchter)* branch; **3.** *(von Waage)* beam; ► ~ **in** ~ arm in arm; **jdn in den** ~ **nehmen** take s.o. in one's arms *pl;* **jdn auf den** ~ **nehmen** *fig fam* pull someone's leg, take s.o. for a ride; **jdm in die ~e laufen** bump into s.o.; **e-n langen ~ haben** *fig* have a lot of pull; **e-n längeren ~ haben** *fig* have more pull.

arm [arm] ⟨ermer, ermst⟩ *adj* poor; ► **~ an etw sein** be somewhat lacking in s.th.; **das Land ist ~ an Bodenschätzen** the country is poor in mineral resources; **die A~en** the poor; **~ dran sein** *fam* have a hard time of it; **~es Schwein** *fig fam* poor so-and-so.

Ar·ma·tur [armaˈtu:ɐ] ⟨-, -en⟩ *f tech* fitting; **Ar·ma·tu·ren·brett** *n mot* dash-board; *rail mar* instrument panel.

Arm·band *n* **1.** *(von Uhr)* strap; **2.** *(Schmuckstück)* bracelet; **Arm·band·uhr** *f* wrist watch.

Arm·bin·de *f* armband.

Arm·brust *f* crossbow.

Ar·mee [arˈme:, *pl* arˈme:ən] ⟨-, -n⟩ *f* army; ► **bei der ~ sein** be in the army.

Är·mel [ˈɛrməl] ⟨-s, -⟩ *m* sleeve; ► **etw aus dem ~ schütteln** *fig* produce s.th. just like that; **Är·mel·auf·schlag** *m* cuff.

Är·mel·ka·nal *m:* ► **der ~** the (English) Channel.

Arm·leh·ne *f* armrest.

Arm·leuch·ter *m sl (Idiot)* twit.

ärm·lich [ˈɛrmlıç] *adj* (**s.** armselig**)**.

arm·se·lig [ˈarmse:lıç] *adj* **1.** *(elend)* miserable; **2.** *fig* paltry.

Ar·mut [ˈarmu:t] ⟨-⟩ *f* poverty.

Ar·muts·gren·ze *f* poverty line; **Ar·muts·zeug·nis** *n:* ► **sich ein ~ ausstellen** *fig* show one's own shortcomings *pl.*

Aro·ma [aˈro:ma, *pl* aˈro:mən/aˈro:mas/aˈro:mata] ⟨-s, -men/-mas/-mata⟩ *n* **1.** *(Duft)* aroma; **2.** *(Geschmack)* flavour.

aro·ma·tisch *adj* **1.** *(duftend)* aromatic; **2.** *(würzig)* spicy.

Ar·rest [aˈrɛst] ⟨-(e)s, -e⟩ *m* **1.** *a. jur (Haft)* detention; **2.** *jur (Beschlagnahme)* distress; **Ar·rest·zel·le** *f* detention cell.

ar·ro·gant *adj* arrogant; **Ar·ro·ganz** *f* arrogance.

Arsch [arʃ, *pl* ˈɛrʃə] ⟨-(e)s, ⸚e⟩ *m fam* arse; ► **leck mich am ~!** *interj vulg* fuck off! **Arsch·krie·cher** *m vulg pej* ass-kisser; **Arsch·loch** *n vulg a. fig* arsehole; ► **du ~!** *vulg* you bastard! you asshole!

Ar·sen [arˈze:n] ⟨-s⟩ *m chem* arsenic.

Ar·se·nal ⟨-(e)s, -e⟩ *n mil* arsenal.

Art [art] ⟨-, -en⟩ *f* **1.** *allg* kind, sort; *(Typ)* type; **2.** *biol* species; **3.** *(Benehmen)* behaviour; **4.** *(Methode)* way; **5.** *(Wesen)* nature; ► **auf diese ~** in this way; **alle ~en von Menschen** all sorts of people; **die einfachste ~, etw zu tun** the simplest way of doing s.th.; **was ist denn das für e-e ~!** what sort of a way to behave is that!

Ar·ten·schutz *m* protection of species.

Ar·te·rie [arˈte:riə] ⟨-, -n⟩ *f* artery; **Ar·te·ri·en·ver·kal·kung** *f med* arteriosclerosis.

Art·ge·nos·se *m* s.o. of the same type; ► **s-e ~n** *fam* the likes of him.

ar·tig [ˈartıç] *adj (Kinder)* good, well-behaved; ► **sei schön ~!** be a good child!

Ar·ti·kel [arˈti:kəl] ⟨-s, -⟩ *m* **1.** *gram* article; **2.** *com (Ware)* article; *(einzelner Posten)* item; **3.** *(Zeitungs~)* article, feature.

ar·ti·ku·lie·ren I *tr* articulate; **II** *refl* express o.s.

Ar·til·le·rie [artılə'ri:] *f mil* artillery.

Ar·ti·schocke (k·k) [artiˈʃɔkə] ⟨-, -n⟩ *f bot* artichoke.

Ar·tist [arˈtıst] ⟨-en, -en⟩ *m* artiste.

Arz·nei [artsˈnaı] ⟨-, -en⟩ *f* medicine; **Arz·nei·mit·tel** *n* drug; **Arz·nei·mit·tel·ab·hän·gig·keit** *f med* drug dependence; **Arz·nei·mit·tel·miß·brauch** *m* drug abuse.

Arzt [artst, *pl* ˈɛrtstə] ⟨-es, ⸚e⟩ *m* doctor, physician; ► **praktischer ~** general practitioner.

Ärz·te·kam·mer *f Br* General Medical Council, *Am* State Medical Board of Registration.

Arzt·hel·fe·rin *f* (doctor's) receptionist.

Ärz·tin [ˈɛrtstın] *f* woman doctor.

ärzt·lich *adj* medical; ► **in ~er Behandlung sein** be under medical care; **sich ~ behandeln lassen** get medical treatment.

As¹ [as] ⟨-, -⟩ *n mus* A flat; **As-Dur/As-Moll** A flat major/minor.

As² ⟨-ses, -se⟩ *n (Spielkarte) a. fig* ace.

ASCII-Code [ˈaskıko:d] ⟨-s, -s⟩ *m EDV* ASCII code.

Asche [ˈaʃə] ⟨-, (-n)⟩ *f* ash, ashes *pl;* ► **zu ~ werden** turn to dust; **Aschen·bahn** *f sport* cinder track; **Aschen·be·cher** *m* ashtray; **Aschen·brö·del** *n* Cinderella; **Ascher·mitt·woch** [--ˈ--] *m eccl* Ash Wednesday.

asch·fahl [ˈ-ˈ-] *adj* ashen.

asch·grau [ˈ-ˈ-] *adj* ash-grey.

As·cor·bin·säu·re *f chem* ascorbic acid.

äsen [ˈɛ:zən] *itr* graze, browse.

Asi·at(in) *m (f)* Asian; **asia·tisch** *adj* Asian.

Asi·en [ˈa:ziən] *n* Asia.

As·ket [asˈke:t] ⟨-en, -en⟩ *m* ascetic.

as·ke·tisch *adj* ascetic.

aso·zi·al [ˈazotsja:l] *adj* antisocial.

As·phalt [asˈfalt] ⟨-(e)s, -e⟩ *m* asphalt.

as·phal·tie·ren *tr* asphalt.

As·sem·bler [əˈsɛmblə] ⟨-s, -⟩ *m EDV* assembler.

As·si·mi·la·tion [asimilaˈtsjo:n] ⟨-, -en⟩ *f* **1.** *ling, chem* assimilation; **2.** *fig* adjustment (*an* to).

as·si·mi·lie·ren *tr chem* assimilate; ▶ **sich an etw ~** adjust to s.th.

As·si·stent(in) [asɪsˈtɛnt] ‹-en, -en› *m (f)* assistant.

As·si·stenz [asɪsˈtɛnts] *f*: ▶ **unter (der) ~ von ...** with the assistance of ...; **As·si·stenz·arzt** *m Br* houseman, *Am* intern.

as·si·stie·ren *itr*: ▶ **jdm ~** assist s.o. (*bei etw* in doing s.th.).

Ast [ast, *pl* ˈɛstə] ‹-(e)s, ⸚e› *m* **1.** bough, branch; **2.** *(im Holz)* knot; **3.** *anat (Nerven, Arterien)* branch; **4.** *math (Geometrie)* branch; ▶ **sich e-n ~ lachen** *fam* double up with laughter; **den ~ absägen, auf dem man sitzt** *fig* dig one's own grave.

Aster [ˈastɐ] ‹-, -n› *f bot* aster.

Äs·thet [ɛsˈteːt] ‹-en, -en› *m* (a)esthetic.

Äs·the·tik *f* (a)esthetics *pl*.

äs·the·tisch *adj* (a)esthetic(al).

Asth·ma [ˈastma] ‹-s› *n med* asthma.

asth·ma·tisch *adj* asthmatic.

Ast·loch *n* knothole.

ast·rein *adj fig fam* above board; ▶ **nicht ganz ~** *fig fam* somewhat fishy.

Astro·lo·ge [astroˈloːgə] ‹-n, -n› *m* astrologer; **Astro·lo·gie** *f* astrology; **astro·lo·gisch** *adj* astrologic(al).

Astro·nom [astroˈnoːm] ‹-en, -en› *m* astronomer; **Astro·no·mie** *f* astronomy; **astro·no·misch** *adj a. fig* astronomic(al).

Astro·phy·sik *f phys* astrophysics *pl;* **Astro·phy·si·ker(in)** *m (f)* astrophyicist.

ASU [ˈaːzu] ‹-› *f Abk von* **Abgassonderuntersuchung** *mot anti-pollution test of exhaust fumes.*

Asyl [aˈzyːl] ‹-(e)s, -e› *n pol* asylum; *fig (Schutzort)* sanctuary; ▶ **~ suchen** *pol* seek asylum; **Asy·lant(in)** *m (f) person seeking political asylum;* **Asy·lan·ten·wohn·heim** *n home for people seeking political asylum;* **Asyl·be·wer·ber(in)** *m (f)* applicant for political asylum; **Asyl·recht** *n pol* right of (political) asylum.

Ate·lier [atəˈljeː] ‹-s, -s› *n* studio.

Atem [ˈaːtəm] ‹-s› *m* breath; ▶ **~ holen** take breath; **wieder zu ~ kommen** regain breath; **den ~ anhalten** hold one's breath; **außer ~ kommen** get out of breath, lose one's breath; **außer ~ sein** be out of breath, be panting; **atem·be·rau·bend** *adj* **1.** breath-taking; **2.** *fig* exciting; **Atem·be·schwer·den** *pl* respiratory trouble, trouble in breathing *sing;* **Atem·ge·rät** *n* oxygen apparatus; **atem·los** *adj* breathless, out of breath; **Atem·luft** *f* inhaled air; **Atem·not** *f* difficulty in breathing; *med* dyspn(o)ea; **Atem·pau·se** *f* **1.** *fig (Entspannung)* breather; **2.** *(Pause)* respite; **Atem·schutz·ge·rät** *n* breathing apparatus; **Atem·we·ge** *pl* respiratory tract *sing;* **Atem·zug** *m* breath; ▶ **in e-m ~** with the same breath; **den letzten ~ tun** *fig (sterben)* breathe one's last; **bis zum letzten ~** to the last breath.

Athe·is·mus [ateˈɪsmʊs] ‹-› *m* atheism; **Athe·ist(in)** ‹-en, -en› *m (f)* atheist; **athei·stisch** *adj* atheistical.

Äther [ˈɛːtɐ] ‹-s› *m* **1.** *chem* ether; **2.** *radio:* ▶ **über den ~** on the air; **äthe·risch** [ɛˈteːrɪʃ] *adj a. fig* ethereal; ▶ **~es Öl** volatile (*od* essential) oil.

Äthio·pi·en [ɛtiˈoːpiən] *n* Ethiopia; **Äthio·pi·er(in)** *m (f)* Ethiopian; **äthio·pisch** *adj* Ethiopian.

Ath·let(in) [atˈleːt] ‹-en, -en› *m (f)* athlete; **ath·le·tisch** *adj* athletic.

At·lan·tik [atˈlantɪk] ‹-s› *m:* ▶ **der ~** the Atlantic; **at·lan·tisch** *adj* atlantic; ▶ **der A~e Ozean** the Atlantic Ocean.

At·las [ˈatlas, *pl* atˈlantən] ‹-, -lanten› *m* **1.** *geog* Atlas; **2.** *(Kartenwerk)* atlas.

At·men *n* breathing.

at·men [ˈaːtmən] *itr* breathe; *(gehoben)* respire; ▶ **tief ~** draw (*od* fetch) a deep breath; **wieder ~ können** recover one's breath.

At·mo·sphä·re [atmoˈsfɛːrə] ‹-, -n› *f* atmosphere; **at·mo·sphä·risch** *adj* atmospheric.

At·mung [ˈaːtmʊŋ] *f* breathing, respiration.

Atom [aˈtoːm] ‹-s, -e› *n* atom; **ato·mar** [atoˈmaːɐ] *adj* atomic, nuclear; **Atom·bom·be** *f* atomic bomb, A-bomb; **Atom·bom·ben·ex·plo·sion** *f* atomic explosion; **Atom·ener·gie** *f* atomic (*od* nuclear) energy; **Atom·for·schungs·zen·trum** *n* atomic (*od* nuclear) research centre; **Atom·ge·wicht** *n* atomic weight; **Atom·in·du·strie** *f* nuclear industry; **Atom·kern** *m* atomic nucleus; **Atom·kraft** *f* nuclear (*od* atomic) energy; **Atom·kraft·werk** *n* nuclear power station; **Atom·krieg** *m* nuclear war; **Atom·macht** *f* nuclear (*od* atomic) power; **Atom·müll** *m* radioactive waste; **Atom·müll·de·po·nie** *f* radioactive waste dump; **Atom·müll·lage·rung** *f* radioactive waste storage; **Atom·phy·sik** *f* nuclear physics *pl;* **Atom·pilz** *m* mushroom cloud; **Atom·re·ak·tor** *m* atomic (*od* nuclear) reactor; **Atom·spal·tung** *f* atomic fission; **Atom·test** *m* nuclear test; **Atom·test·stopp** *m* nuclear test ban; **Atom·waf·fe** *f mil* nuclear weapon; **atom·waf·fen·frei** *adj* nuclear-free; **Atom·waf·fen·ver·such** *m* nuclear test; **Atom·zeit·al·ter** *n* nuclear age.

ätsch [ɛːtʃ] *interj (Schadenfreude)* serves you right!

At·ten·tat [atɛn'ta:t/ '---] ‹-(e)s, -e› *n* attempt on someone's life; ▶ **es wurde ein ~ auf ihn verübt** an attempt was made on his life; **At·ten·tä·ter(in)** [atɛn'tɛ:tɐ/ '----] *m (f)* assassin, assailant.

At·test [a'tɛst] ‹-(e)s, -e› *n* attest(ation), certificate; ▶ **ärztliches ~** *Br* medical certificate, *Am* doctor's certificate; **ein ~ ausstellen** grant a certificate.

At·trap·pe [a'trapə] ‹-, -n› *f* dummy; *(Schaustück, leere Packung etc)* show piece.

At·tri·but [atri'bu:t] ‹-(e)s, -e› *n* **1.** *(Abzeichen, Sinnbild)* emblem, symbol; *(äußeres Zeichen)* attribute; *(Merkmal)* characteristic, property; **2.** *gram* attribute; **at·tri·bu·tiv** [atribu'ti:f/ '----] *adj gram* attributive.

ät·zen ['ɛtsən] *tr* corrode; *med* cauterize; *(beim Kupferstich)* etch; **ät·zend** *adj* **1.** corrosive, caustic *a. fig;* **2.** *fig (beißend)* biting, mordant; **3.** *fig fam (abscheulich, fürchterlich)* revolting, sickening, nauseating.

au(a) *interj* ouch!

auch [aʊx] *adv* **1.** also, too; **2.** *(steigernd)* even; **3.** *(gleichermaßen)* likewise; **4.** *(wirklich)* certainly, indeed; ▶ **ich ~** I too, me too; **ich ~ nicht** neither do I, me neither; **nicht nur ... sondern ~** not only ... but also; **er ist ~ so einer** he ist another one of those; **wie dem ~ sei ...** be that as it may; **u. mag er ~ noch so reich sein ...** let him be ever so rich; **was ~ ...** whatever ...; **wenn ~ ...** (even) though (*od* if), although ...; **wer ~ ...** whoever ... ; **wo ~ immer** wheresoever; **wozu ~?** what is the good of it?

Au·di·enz [aʊdi'ɛn(t)s] ‹-, -en› *f* audience (*bei* with); ▶ **um e-e ~ bitten bei ...** request an audience with ...; **jdm e-e ~ gewähren** grant an audience to s.o.

Au·di·to·ri·um [aʊdi'to:riʊm] ‹-s, -rien› *n* **1.** *(Räumlichkeit)* auditorium, lecture-hall; **2.** *(Zuhörer)* audience.

Au [aʊ] ‹-, -en› *f poet* green, meadow.

Au·er·ochse *m zoo* bison.

auf [aʊf] **I** *prp* **1.** *(örtlich)* at; ▶ **~ der Post** at the post office; **~ der Schule** at school; **2.** *(örtlich)* in; **~ dem Land** in the country; **~ der Straße** in the street (*Am* on); **~ der Welt** in the world; **~ dem Markt** in the market-place; *com* on the market; **~ der Karte** on the map; **3.** *(räumlich)* on; **etw ~ etw legen (stellen)** put s.th. on (*od* on top of) s.th.; **sich ~ den Boden setzen** sit down on the floor; **~ der Insel Wight** on the Isle of Wight; **etw ~ einen Zettel schreiben** write s.th. on a piece of paper; **4.** *(sonstiger Gebrauch):* **~ Anfrage** on inquiry; **~ Befehl von ...** by order of ...; **~ Besuch sein bei ...** stay with ...; **~ deutsch** in German; **~ einmal** all at once; **~ jeden Fall** in any case; **~ keinen Fall** on no account; **~ der Geige spielen** play the violin; **~ Kredit kaufen** *fam* buy on tick; **~ diese Weise** in this manner; **Einfluß ~ jdn haben** have influence over s.o.; **II** *adv* **1.** *(offen):* **~ stehen** be open; **2.** *(hinauf):* **~ und ab** up and down; **3.** *(sonstiger Gebrauch):* **~ und davon** up and away; **noch ~ sein** be still up; **von klein ~** from childhood; **III** *(mit conj):* **~ daß ...** that ...; **IV** *interj:* **~! (los!)** come along!

auf|ar·bei·ten *tr* **1.** *(auffrischen)* refurbish; **2.** *(Polstersachen)* upholster; ▶ **Rückstände ~** clear the backlog.

auf|at·men *itr* breathe a sigh of relief.

auf|bah·ren *tr* lay out (*feierlich* in state).

Auf·bau ‹-(e)s› *m* **1.** *(Tätigkeit)* building; **2.** *fig (e-r Organisation)* set-up; **3.** *mot* body; **4.** *(Struktur)* structure; *(e-s Kunstwerkes)* composition.

auf|bau·en *tr* **1.** *(errichten)* put up; *el mot* assemble; **2.** *fig* build up; ▶ **jdn ~** *fig (beruflich)* promote s.o.; **sich ~ auf ...** be based on ...; **sich vor jdm ~** *fam* plant o.s. before s.o.

auf|bäu·men ['aʊfbɔɪmən] *refl* **1.** *(von Tieren)* rear; **2.** *fig* rebel.

auf|bau·schen I *tr* **1.** blow out; **2.** *fig* blow up, exaggerate; **II** *refl* **1.** blow out; **2.** *fig* blow up (*zu* into).

Auf·bau·ten *pl* **1.** *mar* superstructure *sing;* **2.** *film* set *sing.*

auf|be·hal·ten *irr tr* **1.** *(Hut)* keep on; **2.** *(Augen)* keep open.

auf|be·rei·ten *tr* **1.** *allg* process; **2.** *(von Kohle)* prepare; *(von Wasser)* condition, treat; *(von Erz)* dress; **3.** *EDV* (Daten) edit.

Auf·be·rei·tung *f allg* processing; *(von Kohle)* preparation; *(von Wasser* conditioning; *(von Erz)* dressing; ▶ **~ radioaktiver Abfälle** processing radio-active waste; **Auf·be·rei·tungs·an·la·ge** *f (für Kernbrennstoff)* nuclear fuel reprocessing plant.

auf|bes·sern *tr:* ▶ **jds Gehalt ~** increase (*od* raise) someone's salary.

auf|be·wah·ren *tr* keep; *(Wertsachen ~)* look after; ▶ **sein Gepäck ~ lassen** leave one's luggage; **jds Dokumente ~** have someone's documents in one's keeping.

Auf·be·wah·rung *f* keeping, storage; *(Gepäck~)* left-luggage office; ▶ **sein Gepäck zur ~ geben** deposit one's luggage.

auf|bie·ten *irr tr allg* muster; *mil (a. Polizei)* call in; ▶ **alle Kräfte ~** strain every nerve *sing.*

auf|bin·den *irr tr (öffnen)* undo, untie; ▶ **jdm e-e Lüge** *fig* **~** take s.o. in.

auf|blä·hen I *tr* **1.** *allg* blow out; *med* swell; **2.** *fig* inflate; **II** *refl* **1.** *allg* blow

out; **2.** *fig* puff o.s.
auf·blas·bar *adj* inflatable.
auf|bla·sen *irr* **I** *tr* **1.** *(mit Luft füllen)* blow up; *mot* inflate; **2.** *(hochblasen)* blow up; **II** *refl fig* puff o.s. up.
auf|blei·ben ‹sein› *irr itr* **1.** *(offen bleiben)* stay open; **2.** *(nicht schlafen gehen)* stay up.
auf|blen·den *itr tr* **1.** *mot* turn the headlights on full; **2.** *phot* increase the aperture.
auf|blicken (k·k) *itr:* ▶ **zu jdm ~** look up to s.o.
auf|blit·zen *itr* **1.** *(Licht)* flash; **2.** *fig* ‹sein› *(Idee etc)* flare up.
auf|blü·hen ‹sein› *itr* **1.** blossom; **2.** *fig (gedeihen)* flourish.
auf|bocken (k·k) *tr mot* jack up.
auf|brau·chen *tr* use up.
auf|brau·sen ‹sein› *itr* **1.** fizz up; **2.** *fig* flare up.
auf|bre·chen *irr* **I** *tr* ‹h› break (*od* force) open; ▶ **ein Schloß ~** pick a lock; **II** *itr* ‹sein› **1.** *(Wunden)* burst; *(Knospen)* open; **2.** *(fortgehen)* set out (*nach* for).
auf|bren·nen *irr tr:* ▶ **e-m Tier ein Zeichen ~** brand an animal.
auf|brin·gen *irr tr* **1.** *(Tür)* get open; **2.** *(Mut)* summon up; **3.** *(Geld)* raise; **4.** *fig (jdn reizen)* irritate (s.o.); ▶ **jdn gegen jdn ~** set s.o. against s.o.
Auf·bruch *m* **1.** *(das Losgehen)* departure; **2.** *(Riß)* crack.
auf|brü·hen *tr* brew up.
auf|brum·men *tr fam:* ▶ **jdm etw ~** land s.o. with s.th.
auf|bür·den *tr:* ▶ **jdm etw ~** load s.th. onto s.o.; *fig* encumber s.o. with s.th.
auf|decken (k·k) *tr* **1.** *allg* uncover; *(Bett)* turn down; **2.** *fig* uncover; ▶ **ein Geheimnis ~** disclose (*od* reveal) a secret; **s-e Karten ~** show one's hand *sing.*
auf|drän·gen I *tr:* ▶ **jdm etw ~** force s.th. on s.o.; **II** *refl:* ▶ **sich jdm ~** impose o.s. on s.o.
auf|dre·hen I *tr (Hahn)* turn on; *(Schraube)* unscrew; **II** *itr* **1.** *fig (loslegen)* get going; **2.** *mot fam* open up.
auf·dring·lich *adj allg (a. Benehmen)* obtrusive; *(Person)* pushing.
Auf·dring·lich·keit *f allg* obtrusiveness; *(von Person)* pushiness.
Auf·druck *m allg* imprint; *(Stempel)* overprint.
auf|drucken (k·k) *tr:* ▶ **etw auf etw ~** print s.th. on s.th.
auf|drücken (k·k) *tr* **1.** *(stempelnd):* ▶ **etw auf etw ~** press s.th. on s.th.; *typ* stamp s.th. on s.th.; **2.** *(öffnen)* press (*od* break) open.
auf·ein·an·der [ˈaʊfaɪˈnandɐ] *adv* **1.** *(folgend)* one after another; **2.** *(körperlich)* one on top of the other; **auf·ein·an·der|fol·gen** *itr* follow one another; **auf·ein·an·der|häu·fen** *tr* heap up; **auf·ein·an·der|sto·ßen** ‹sein› *irr itr* bump into each other; *mot* collide.
Auf·ent·halt [ˈaʊfəntalt] ‹-(e)s, -e› *m* **1.** *allg* stay; *(dauernder Wohnort)* residence; **2.** *rail* stop; ▶ **Sie haben 5 Minuten ~ in München** you have a five-minute stop in Munich; **wie lange haben wir hier ~?** how long do we stop here? **Auf·ent·halts·ge·neh·mi·gung** *f* residence permit; **Auf·ent·halts·ort** *m* whereabouts *pl.*
auf|er·le·gen I *tr* impose; *(Strafe)* inflict; **II** *refl:* ▶ **sich Zwang ~** force o.s.
auf|er·ste·hen ‹sein› *irr itr rel* rise (*von den Toten* from the dead).
Auf·er·ste·hung *f rel* resurrection.
auf|es·sen *irr tr* eat up.
auf|fah·ren *irr* **I** *itr* ‹sein› **1.** *(hochschrecken)* start; **2.** *mot (auf jdn ~)* drive into s.o.; **II** *tr* ‹h› *mil (Artillerie ~)* place.
Auf·fahrt *f* **1.** *(Haus~)* drive; **2.** *(Autobahn~)* slip road.
Auf·fahr·un·fall *m* front-end collision.
auf|fal·len ‹sein› *irr itr (~d sein)* be remarkable (*durch* for); ▶ **was fällt dir an diesem Haus auf?** what strikes you about this house? **auf·fal·lend I** *adj* conspicuous, striking; **II** *adv:* ▶ **~ gekleidet** showily dressed.
auf·fäl·lig [ˈaʊffɛlɪç] *adj* striking; ▶ **~e Farben** loud colours.
auf|fan·gen *irr tr* **1.** catch (up); **2.** *(Stöße ~)* cushion; **3.** *(Regenwasser ~)* collect.
Auf·fang·la·ger *n* refugee camp.
auf|fas·sen *tr fig (ansehen)* understand (*als* as); *(begreifen)* grasp.
Auf·fas·sung *f (Meinung)* opinion, view; ▶ **nach meiner ~** in my opinion, to my mind.
auf|fin·den *irr tr* locate.
auf|flie·gen ‹sein› *irr itr* **1.** *(Vögel)* fly up; **2.** *(Türen)* fly open; **3.** *fig (Schmugglerring etc)* be busted.
auf|for·dern *tr* ask; *(gerichtlich)* summon; ▶ **jdn zum Tanzen ~** ask s.o. to dance; **Auf·for·de·rung** *f* request; *(Bitte)* invitation; *jur* incitement.
auf|for·sten [ˈaʊffɔrstən] *tr* afforest; ▶ **e-n Kahlschlag ~** retimber a clearing.
Auf·for·stung *f* reafforestation.
auf|fres·sen *irr tr* eat up.
auf|fri·schen *tr* **1.** freshen up; **2.** *fig (Vorräte)* replenish; *(Kenntnisse)* brush up; *(Erinnerungen)* refresh; **Auf·fri·schungs·kurs** *m päd* refresher course.
auf|füh·ren I *tr* **1.** *theat* perform; **2.** *(auflisten)* list; **II** *refl* behave.
Auf·füh·rung *f theat* performance; ▶ **eine gelungene ~** a successful performance.
auf|fül·len *tr* **1.** *(ganz füllen)* fill up; **2.** *(nachfüllen)* top up; **3.** *fig (ergänzen)*

replenish.

Auf·ga·be ['aʊfga:bə] *f* **1.** *allg* task; **2.** *päd* exercise; *(Haus~)* homework; **3.** *allg (Verzicht)* surrender; *sport* retirement; **4.** *(das Aufgeben)* giving up; ▶ **das ist nicht deine ~** that's not your job; **sich etw zur ~ machen** make s.th. one's business.

auf|ga·beln *tr* **1.** *allg* fork up; **2.** *fig fam* pick up; ▶ **wo hast du denn das Buch aufgegabelt?** where did you get hold of this book?

Auf·ga·ben·be·reich *m* area of responsibility.

Auf·gang *m* **1.** *astr (~ der Gestirne)* rising; **2.** *(Treppen~)* staircase, stairs *pl*, steps *pl*, *Am* stairway.

auf|ge·ben *irr* **I** *tr* **1.** *(verzichten)* give up; **2.** *(Hausaufgaben)* give; **3.** *(Gepäck)* register; ▶ **e-n Koffer ~** register a suitcase; **e-e Anzeige ~** place an advertisement; **e-n Brief ~** post a letter; **II** *itr* give up.

auf·ge·bla·sen *adj fig* puffed-up.

Auf·ge·bot *n* **1.** *(von Menschen)* contingent; **2.** *(standesamtlich)* notice of (one's) intended marriage, banns *pl*.

auf·ge·bracht *adj* outraged.

auf·ge·don·nert *adj fam* dressed to kill.

auf·ge·dun·sen ['aʊfgədʊnzən] *adj* bloated.

auf|ge·hen ‹sein› *irr itr* **1.** *astr (Gestirne)* rise; **2.** *(von Kleidung)* open; *(Knopf)* come undone; **3.** *(Teig)* rise; **4.** *(Saat)* come up; **5.** *math* work out; ▶ **in Flammen ~** go up in flames; **jetzt geht mir ein Licht auf!** now I get it! now it dawns on me! **in e-r Sache ganz ~** be taken up with s.th.; **mein Schuh(band) ist aufgegangen** my shoestring has come undone.

auf·ge·klärt *adj a. hist* enlightened; ▶ **~ sein** *euph (sexuell)* know the facts of life.

auf·ge·legt *adj:* ▶ **~ sein, etw zu tun** feel like doing s.th.; **gut (schlecht) ~ sein** be in a good (bad) mood.

auf·ge·regt *adj* excited; *(nervös)* nervous.

auf·ge·schmis·sen *adj fam:* ▶ **~ sein** be all at sea.

auf·ge·sprun·gen *adj:* ▶ **~e Lippen** chapped lips.

auf·ge·ta·kelt *adj fam* all dolled up.

auf·ge·weckt *adj fig* bright, quick-witted.

auf|gie·ßen *irr tr (Tee)* brew; *(Kaffee)* make.

auf|glie·dern **I** *tr* split up (*in* into); **II** *refl* divide (*in* into).

auf|grei·fen *irr tr fig* take up (again).

auf·grund *prp* on the basis of; *(wegen)* because of.

Auf·guß *m* **1.** *allg* infusion; **2.** *fig* rehash;

Auf·guß·beu·tel *m* tea (*od* coffee *od* herb) bag.

auf|ha·ben *irr* **I** *tr* **1.** *(Hut etc)* have on, wear; **2.** *(Augen, Mund)* have open; **3.** *(Schularbeiten ~)* have to do; **II** *itr (Laden)* be open.

auf|hal·ten *irr* **I** *tr* **1.** *(offen halten)* keep open; **2.** *(hemmen)* stop; *(hinhalten)* delay; ▶ **ich will Sie nicht länger ~** don't let me keep you; **II** *refl* stay; ▶ **sich mit etw ~** spend time dealing with s.th.

auf|hän·gen **I** *tr* **1.** *(Gegenstand)* hang up; **2.** *(erhängen)* hang; **II** *refl* hang o.s. (*an* from); **Auf·hän·ger** *m (für Kleider)* loop; ▶ **ein ~ für etw** *fig* a peg to hang s.th. on.

Auf·hän·gung *f mot (für Batterie, Stoßdämpfer etc)* mounting; ▶ **~ der Vorderräder** front-wheel suspension.

Auf·he·ben ‹-s› *n* fuss; ▶ **viel ~(s) um etw machen** make a lot of fuss about s.th.

auf|he·ben *irr tr* **1.** *(hochheben)* pick up; **2.** *(aufbewahren)* keep; **3.** *parl* abolish; *(Vertrag)* cancel; **4.** *(Sitzung)* break up; ▶ **kannst du das für mich ~?** *(aufbewahren)* can you put this aside for me? **Auf·he·bung** *f parl (Abschaffung)* abolition.

auf|hei·tern **I** *tr* brighten, cheer up; **II** *refl (Wetter)* clear up; **Auf·hei·te·rung** *f (von Wetter)* brighter period.

auf|hel·len **I** *tr* brighten; **II** *refl (Wetter, a. Miene)* brighten up.

auf|het·zen *tr fig* stir up; ▶ **jdn gegen jdn ~** stir up someone's animosity against s.o.

auf|ho·len **I** *tr* **1.** *(Zeitverlust)* make up; **2.** *mar (den Anker)* haul up; ▶ **ich muß noch in Latein ~** *päd* I must catch up on Latin; **II** *itr sport* make up ground; *rail* make up time.

auf|hor·chen *itr* prick up one's ears.

auf|hö·ren *itr* stop; *(enden)* come to an end; ▶ **sie hörte nicht auf zu singen** she kept on singing; **hör doch endlich auf!** will you stop it! **also, da hört bei mir der Spaß auf!** I'm not amused by that!

auf|kau·fen *tr* buy up.

auf|klap·pen *tr allg* open up; *(Buch)* open; *(Klappe)* let down.

auf|kla·ren ['aʊfkla:rən] *itr mete a. fig* brighten (*od* clear) up.

auf|klä·ren **I** *tr* clear up; *(Verbrechen)* solve; ▶ **jdn (sexuell) ~** tell s.o. the facts of life; **II** *refl fig* be resolved; **Auf·klä·rer** *m aero mil* reconaissance plane.

Auf·klä·rung *f* **1.** *allg* clearing up; **2.** *hist* enlightenment; **3.** *(Information)* informing; ▶ **sexuelle ~** sex education.

Auf·klä·rungs·sa·tel·lit *m* reconnaissance satellite.

auf·kleb·bar *adj* adhesive.
auf|kle·ben *tr* stick on (*auf* to); *(mit Klebstoff)* glue on.
Auf·kle·ber *m* sticker.
auf|knöp·fen *tr* unbutton.
auf|knüp·fen *tr* **1.** *(Knoten)* untie; **2.** *(erhängen)* hang (*an* from).
auf|ko·chen *itr* ⟨sein⟩ come to the boil.
auf|kom·men ⟨sein⟩ *irr itr* **1.** *(~ für Schäden etc)* pay for ...; **2.** *(entstehen)* arise; ▶ **ein schwacher Wind ist aufgekommen** a gentle breeze has sprung up; **für die Kosten ~** bear the costs; **Zweifel ~ lassen** give rise to doubts.
auf|krem·peln *tr:* ▶ **sich die Ärmel ~** roll up one's sleeves.
auf|krie·gen *tr fam (s.* aufbekommen).
auf|la·chen *itr* give a laugh.
auf|la·den *irr* **I** *tr* **1.** *(Last)* load; **2.** *el* charge; ▶ **jdm etw ~** burden s.o. with s.th.; **II** *refl el* become charged.
Auf·la·ge *f* **1.** *typ (von Buch)* edition; *(von Zeitung)* circulation; **2.** *(~nhöhe)* number of copies; **3.** *(Bedingung)* condition; ▶ **jdm etw zur ~ machen** impose s.th. on s.o. as a condition; **Auf·la·gen·hö·he** *f* number of copies published.
auf|las·sen *irr tr* **1.** *(offen lassen)* leave open; **2.** *(Hut etc)* leave on.
auf|lau·ern *itr:* ▶ **jdm ~** lie in wait for s.o.
Auf·lauf *m* **1.** *(Menschen~)* crowd; **2.** *(Speise)* baked pudding.
auf|lau·fen *irr* **I** *itr* ⟨sein⟩ **1.** *(Zinsen)* accumulate; **2.** *mar* run aground (*auf* on); **II** *tr* ⟨h⟩ ▶ **sich die Füße ~** get sore feet.
Auf·lauf·form *f* ovenproof dish.
auf|le·ben ⟨sein⟩ *itr* liven up; ▶ **etw (wieder) ~ lassen** revive s.th.
auf|le·gen *tr* **1.** *allg* put on; *(Geschirr)* lay; *tele (Hörer)* replace; **2.** *typ (ein Buch ~)* publish; **3.** *fin (Aktien)* issue.
auf|leh·nen *refl:* ▶ **sich ~ gegen ...** revolt against ...
auf|le·sen *irr tr* pick up.
auf|leuch·ten ⟨h *od* sein⟩ *itr a. fig* light up.
auf|loc·kern *tr* **1.** *(Erde etc)* break up; **2.** *päd (Unterricht etc)* give relief to ... (*durch* with); ▶ **aufgelockerte Atmosphäre** relaxed mood.
auf·lös·bar *adj (in Flüssigkeit)* soluble; **2.** *(Vertrag)* revocable.
auf|lö·sen **I** *tr* **1.** *(in Flüssigkeiten)* dissolve; **2.** *(zerlegen)* resolve (*in* into); **3.** *(Versammlung)* break up; **4.** *(Geschäft)* wind up; ▶ **sein Konto ~** close one's account; **II** *refl* **1.** *allg* dissolve; **2.** *fig* be dissolved.
Auf·lö·sung *f* **1.** *(e-r Versammlung)* dispersal; **2.** *(von Aufgabe, Rätsel)* solution.
auf|ma·chen **I** *tr allg* open; **II** *refl (aufbrechen)* set out (*nach* for).
Auf·ma·chung *f* **1.** *(e-r Person)* rig-out; **2.** *(e-s Buches)* presentation; **3.** *typ (e-r Druckseite)* lay-out.
auf|mar·schie·ren ⟨sein⟩ *itr* march up; ▶ **~ lassen** *a. mil* deploy.
auf·merk·sam ['aʊfmɛrkzam] *adj* attentive; ▶ **jdn auf etw ~ machen** draw someone's attention to s.th.
Auf·merk·sam·keit *f* attention, attentiveness; ▶ **das ist nur e-e kleine ~!** that's just a little something!
auf|mö·beln *tr fig:* ▶ **jdn ~** buck s.o. up.
auf|mucken (k·k) *itr fam* balk, jib.
auf|mun·tern ['aʊfmʊntən] *tr:* ▶ **jdn ~** cheer s.o. up.
auf·müp·fig ['aʊfmʏpfɪç] *adj fam* rebellious.
Auf·nah·me ['aʊfna:mə] ⟨-, -n⟩ *f* **1.** *(Empfang)* reception; **2.** *(Zulassung)* admission (*in* to); **3.** *phot (Vorgang)* taking; **4.** *(Photo)* photo; **5.** *radio (auf Tonband)* recording; **6.** *fin (von Geldern)* raising; ▶ **e-e ~ machen** *phot* take a photo; **~ (diplomatischer) Beziehungen** establishment of (diplomatic) relations; **Auf·nah·me·be·din·gun·gen** *f pl* conditions of admission; **auf·nah·me·fä·hig** *adj markt* active; ▶ **ich bin nicht mehr ~** *fig* I can't take anything else in; **Auf·nah·me·ge·bühr** *f* admission fee; **Auf·nah·me·la·ger** *n* reception camp; **Auf·nah·me·land** *n* host country; **Auf·nah·me·prü·fung** *f* entrance examination.
auf|neh·men *irr tr* **1.** *(Gegenstand)* pick up; **2.** *(zulassen)* admit (*in* to); **3.** *(empfangen)* receive; **4.** *(auf Band)* record; **5.** *(etw beginnen)* begin; ▶ **Kontakt mit jdm ~** contact s.o.; **es mit jdm ~ können** be a match for s.o.; **er kann alles sehr schnell ~** he's very quick on the uptake; **Verhandlungen ~** enter into negotiations.
auf|nö·ti·gen *tr:* ▶ **jdm etw ~** force s.th. on s.o.
auf|op·fern **I** *refl* sacrifice o.s.; **II** *tr* give up.
auf|pas·sen *itr:* ▶ **paß auf!** watch out! **auf jdn ~** keep an eye on s.o.
Auf·pas·ser(in) *m (f)* watchdog *fam.*
auf|peit·schen *tr* **1.** *fig* inflame; **2.** *(Sturm: das Meer)* whip up.
auf|pep·pen *tr fam* jazz up.
auf|pflan·zen **I** *tr:* ▶ **das Bajonett ~** fix the bajonet; **II** *refl fam:* ▶ **sich vor jdm ~** plant o.s. in front of s.o.
auf|plat·zen ⟨sein⟩ *itr* burst open.
Auf·prall ⟨-s, -e⟩ *m* impact.
auf|pral·len ⟨sein⟩ *itr:* ▶ **auf den Boden ~** hit the ground; **auf e-n anderen Wagen ~** collide with another car.
Auf·preis *m* surcharge; ▶ **gegen ~ von ...** for an extra charge of ...
auf|pum·pen *tr (Reifen)* inflate, pump up.

auf|put·schen *tr (aufhetzen)* inflame; *(erregen)* stimulate.
Auf·putsch·mit·tel *n* stimulant.
auf|raf·fen *refl:* ▶ **sich ~** pull o.s. up; *fig* pluck up courage.
auf|ra·gen ⟨sein⟩ *itr* rise; *(höher)* tower.
auf|räu·men I *tr* tidy; **II** *itr fig:* ▶ **mit etw ~** do away with s.th.
Auf·räu·mungs·ar·be·iten *f pl* clearing-up operation *sing.*
auf·recht ['aʊfrɛçt] *adj* erect, upright; ▶ **~ sitzen** sit up; ▶ **~ stehen** stand erect; **auf·recht|er·hal·ten** *irr tr allg* maintain; *(Verbindung, Kontakt)* keep up; *(Gebräuche, Urteil, Lehre u. a.)* uphold.
auf|re·gen I *tr (ärgern)* annoy; ▶ **reg mich nicht auf!** don't drive me mad! **II** *refl* get (over)excited *(über* about).
Auf·re·gung *f* excitement; ▶ **nur keine ~!** don't get in a state!
auf|rei·ben *irr* **I** *tr* **1.** *fig (erschöpfen)* wear down *(od* out); **2.** *mil (vernichten)* annihilate, wipe out; **3.** *(wundreiben)* chafe; **II** *refl fig* wear o.s. out.
auf|rei·ßen *irr tr* **1.** tear up; **2.** *(öffnen)* fling open; ▶ **sich die Hand ~** gash one's hand.
auf|rei·zen *tr* **1.** *(ärgern)* provoke; **2.** *(erregen)* excite.
auf|rich·ten I *tr* **1.** set upright; **2.** *fig (seelisch)* lift; **II** *refl* straighten up; *(aufsitzen)* sit up.
auf·rich·tig *adj* sincere *(zu* towards); ▶ **mein ~es Beileid** my sincere condolences *pl;* **Auf·rich·tig·keit** *f* sincerity.
Auf·riß(zeich·nung) *m (f) tech* elevation; ▶ **etw (von vorne/von der Seite) im ~ zeichnen** draw (the front/the side) elevation of s.th.
auf|rol·len I *tr* **1.** *(zusammenrollen)* roll up; *(Kabel)* coil up; **2.** *(entfalten)* unroll; ▶ **e-e Frage ~** go into a problem; **II** *refl* unroll.
Auf·ruf *m* **1.** appeal *(an* to); **2.** *aero EDV* call.
auf|ru·fen *irr tr a. EDV* call; ▶ **e-n Schüler ~** ask a pupil a question; **zum Widerstand ~** call for resistance.
Auf·ruhr ['aʊfru:ɐ] ⟨-(e)s, -e⟩ *m* **1.** *(Aufstand)* rebellion, uprising; **2.** *fig (Aufgewühltheit)* turmoil.
auf|rüh·ren *tr fig (Skandal, alte Geschichte)* rake up.
Auf·rüh·rer *m* rabble-rouser; **auf·rüh·re·risch** *adj* **1.** *(aufständisch)* rebellious; **2.** *(Rede)* inflammatory.
auf|run·den *tr (Betrag)* round up.
auf|rü·sten *tr* (re)arm.
Auf·rü·stung *f* rearmament.
auf|rüt·teln *tr* **1.** *(aus dem Schlaf etc)* rouse *(aus* from); **2.** *fig (jdn ~)* stir s.o.
auf|sa·gen *tr (rezitieren)* recite.
auf|sam·meln *tr* pick up.
auf·säs·sig ['aʊfzɛsɪç] *adj* rebellious.
Auf·satz *m* **1.** *(Abhandlung)* essay; *päd* composition; **2.** *(oberer Teil)* top, upper part.
auf|sau·gen *tr* **1.** *allg* soak up; **2.** *fig* absorb.
auf|schau·en *itr* look up.
auf|scheu·chen *tr* startle.
auf|schich·ten *tr* pile up, stack.
auf|schie·ben *irr tr* **1.** *fig* put off, postpone; **2.** *(Fenster, Türe etc)* slide open.
Auf·schlag *m* **1.** *(Aufprall)* impact; **2.** *(Hosen~)* turn-up; **3.** *sport (beim Tennis)* service; **4.** *com (Preis~)* surcharge; ▶ **wer hat ~?** *(beim Tennis)* whose serve?
auf|schla·gen *irr* **I** *itr* **1.** *com (Preise)* rise, go up; **2.** *(beim Tennis)* serve; **3.** *(aufprallen)* hit; **II** *tr* **1.** *(Nuß etc)* crack; **2.** *(öffnen)* open; **3.** *(verwunden)* cut; ▶ **ein Zelt ~** pitch a tent.
auf|schlie·ßen *irr* **I** *tr* unlock; **jdm ~** unlock the door for s.o.; **II** *itr sport* catch up *(zu* with).
auf|schlit·zen *tr* rip (open); *(mit Messer a.)* slit (open).
Auf·schluß *m:* ▶ **können Sie mir darüber ~ geben?** can you give me information about it?
auf·schluß·reich *adj* informative, instructive.
auf|schnal·len *tr* **1.** *(auflösen)* unbuckle; **2.** *(Rucksack etc aufbinden)* buckle on.
auf|schnap·pen *tr (ein Wort etc)* pick up.
auf|schnei·den *irr* **I** *tr* cut open; *med* lance; **II** *itr (übertreiben)* boast, brag.
Auf·schnitt ⟨-(e)s⟩ *m* sliced cold meat.
auf|schnü·ren *tr* undo.
auf|schrau·ben *tr* **1.** *(losschrauben)* unscrew; **2.** *(daraufschrauben)* screw on *(auf* to).
auf|schrecken (k·k) I *tr* ⟨h⟩ startle; **II** *itr* ⟨sein⟩ give a start; **aus dem Schlaf ~** wake up with a start.
Auf·schrei *m* **1.** *allg* yell; **2.** *fig* outcry.
auf|schrei·ben *irr tr* put *(od* write) down.
auf|schrei·en *irr itr* yell out.
Auf·schrift *f* inscription; *(auf Poster etc)* caption; *(auf Etikett)* label.
Auf·schub *m* delay, postponement.
auf|schüt·ten *tr* **1.** *(Flüssigkeit)* pour on; *(Erde)* deposit; **2.** *(Damm)* throw up.
auf|schwat·zen *tr fam:* ▶ **jdm etw ~** talk s.o. into taking s.th.
auf|schwin·gen *irr refl fig:* ▶ **sich zu etw ~ (sich aufraffen)** bring o.s. to do s.th.
Auf·schwung *m* **1.** *fig* upswing; **2.** *sport (beim Turnen)* swing-up; **3.** *com* boom, upturn, upswing; ▶ **das gibt mir (wieder) neuen ~** this is giving me a lift.
Auf·se·hen ⟨-s⟩ *n:* ▶ **~ erregen** cause

(*od* create) a sensation; **ohne großes ~** without any to-do.

auf|se·hen *irr itr (s.* aufblicken**).**

Auf·se·her(in) *m (f) (Gefängnis~)* warden; *(im Museum)* attendant; *(im Betrieb)* supervisor.

auf|set·zen I *tr* **1.** *(Gegenstand auf etw ~)* put on; **2.** *(Kaffee~)* make; **3.** *(schriftlich entwerfen)* draft; **II** *itr aero* touch down.

Auf·sicht *f* **1.** *(Überwachung)* supervision; **2.** *(mit der ~ Beauftragter)* person in charge; ▶ **über etw ~ führen** be in charge of s.th.; **Auf·sichts·be·hör·de** *f* supervisory body; **Auf·sichts·rat** *m* board of directors; **Auf·sichts·rats·vor·sit·zen·de(r)** *f m* chairman, chairwoman of the board.

auf|sit·zen ⟨sein⟩ *irr itr* mount.

auf|spal·ten *tr* **1.** split; **2.** *fig* split up.

Auf·spal·tung *f* **1.** *biol* fission; **2.** *chem* disintegration; **3.** *allg* splitting.

auf|span·nen *tr* **1.** spread out; **2.** *(Stoff)* stretch (*auf* onto); ▶ **s-n Schirm ~** open one's umbrella.

auf|spa·ren *tr* save up.

auf|spei·chern *tr* store up.

auf|sper·ren *tr (aufschließen)* unlock; ▶ **sperr deine Ohren auf!** prick up your ears!

auf|spie·len *refl* give o.s. airs; ▶ **sich ~ als etw** set o.s. up as s.th.

auf|spie·ßen *tr* spear; *(mit der Gabel)* prong; *(mit den Hörnern)* gore.

auf|sprin·gen ⟨sein⟩ *irr itr* **1.** *(Person)* jump to one's feet; **2.** *(Risse bekommen)* crack; *(Haut)* chap; **3.** *(Tür)* fly open.

auf|spü·ren *tr* track down.

auf|sta·cheln *tr:* ▶ **jdn ~, etw zu tun** urge s.o. into doing s.th.

Auf·stand *m* rebellion, insurrection.

Auf·stän·di·sche(r) ⟨-n, -n⟩ *f m* insurgent, rebel.

auf|sta·peln *tr* pile (*od* stack) up.

auf|ste·chen *irr tr* puncture; *med* lance.

auf|stecken (k·k) *tr* **1.** *(Gegenstand)* put on (*auf* to); *(mit Nadeln)* pin up; **2.** *(Haar)* put up; **3.** *fig fam (aufgeben)* pack it in.

auf|ste·hen *irr itr* **1.** ⟨h⟩ *(offen stehen)* be open; **2.** ⟨sein⟩ *(sich erheben)* get up.

auf|stei·gen ⟨sein⟩ *irr itr* **1.** *(auf Berg, Leiter)* climb (up); **2.** *(Nebel)* rise; *(Vogel, Drachen)* soar (up); **3.** *fig (Gefühl)* rise; **4.** *(beruflich ~)* be promoted.

Auf·stei·ger(in) *m (f)* climber.

auf|stel·len I *tr* **1.** *(hinstellen)* put up; *(Maschine)* install; **2.** *sport (Mannschaft)* draw up; **3.** *(Kandidaten)* nominate; ▶ **e-e Behauptung ~** put forward an assertion; **e-n Rekord ~** set up a record; **e-e Liste ~** make a list; **II** *refl* stand; ▶ **sich hintereinander ~** line up.

Auf·stel·lung *f* **1.** putting-up; **2.** *sport (die Mannschaft)* line-up; **3.** *(Liste)* list.

Auf·stieg ['aʊfʃti:k] ⟨-(e)s, -e⟩ **1.** ascent; **2.** *fig (beruflich)* advancement, promotion.

Auf·stiegs·chan·cen *pl* prospects of promotion.

auf|stö·bern *tr (aufspüren)* ferret out.

auf|stocken (k·k) *tr* **1.** *(Haus)* build another storey onto; **2.** *com (Kredit)* increase; ▶ **sein Kapital ~** raise additional funds.

auf|sto·ßen *irr* **I** *tr* push open; **II** *itr* burp; **III** *refl:* ▶ **sich den Knöchel ~** graze one's ankle.

auf|strei·chen *irr tr* spread (*auf* on).

Auf·strich *m (Brotbelag)* spread; ▶ **was willst du als ~?** what would you like on your bread?

auf|stül·pen *tr (Hut etc)* pull on.

auf|stüt·zen I *tr (Körperteil)* rest (*auf* on); **II** *refl* support o.s.

auf|su·chen *tr:* ▶ **jdn ~** call on s.o.; **etw ~** pick up s.th.; **e-e Stadt auf der Karte ~** find a town on the map.

auf|ta·keln *refl:* ▶ **sich ~** *fam* deck oneself out.

Auf·takt *m* **1.** *mus* up-beat; **2.** *fig (Eröffnung, Beginn)* prelude; ▶ **den ~ zu etw bilden** mark the start of s.th.

auf|tan·ken *tr mot* fill up; *aero* refuel.

auf|tau·chen ⟨sein⟩ *itr* **1.** *(plötzlich erscheinen)* appear; **2.** *mar* surface; **3.** *fig* arise.

auf|tau·en *tr* ⟨h⟩ *itr* ⟨sein⟩ *a. fig* thaw.

auf|tei·len *tr* **1.** *(an Personen)* share out (*an* between); **2.** *(unterteilen)* split up (*in* into); **Auf·tei·lung** *f* **1.** *(Verteilung)* sharing out; **2.** *(Unterteilung)* division.

auf|ti·schen ['aʊftɪʃən] *tr (Speisen)* serve up; ▶ **jdm etw ~** *fig* come up with s.th.

Auf·trag ['aʊftra:k, *pl* 'aʊftrɛ:gə] ⟨-(e)s, ⸚e⟩ *m* **1.** *(Anweisung)* instructions *pl;* **2.** *com* order; ▶ **in jds ~ handeln** act on someone's behalf; **jdm den ~ geben, etw zu tun** instruct s.o. to do s.th.; **etw bei ... in ~ geben** order s.th. from ...

auf|tra·gen *irr tr* **1.** *(Speisen)* serve; **2.** *(Farbe etc)* put on; ▶ **jdm etw ~** instruct s.o. to do s.th.; **dick ~** *fig* lay it on thick.

Auf·trag·ge·ber(in) *m (f) com* purchaser, customer, client; principal.

Auf·trag·neh·mer(in) *m (f)* contractor.

Auf·trags·be·stä·ti·gung *f com* confirmation of order; **Auf·trags·buch** *n com* orderbook; **Auf·trags·ein·gang** *m* incoming orders *pl.*

auf·trags·ge·mäß *adv allg* as instructed; *com* as per order.

auf|trei·ben *irr* **I** *tr* ⟨h⟩ *(ausfindig machen)* get hold of ...; **II** *itr* ⟨sein⟩ *med* become bloated.

auf|tren·nen *tr* undo.

Auf·tre·ten *n* **1.** *(Vorkommen)* appearance; **2.** *(Benehmen)* behaviour; ▶ **ein sicheres ~ haben** have self-assured manners *pl;* **bei ~ von Schwierigkeiten** in case difficulties should arise.

auf|tre·ten *irr itr* ‹sein› **1.** *allg* tread; **2.** *(erscheinen)* appear; **3.** *fig (sich zeigen)* arise; **4.** *(sich verhalten)* behave.

Auf·trieb *m* **1.** *fig* impetus; **2.** *aero* lift; ▶ **das gibt mir wieder ~** that gives me a lift.

Auf·tritt *m* **1.** *(Erscheinen)* appearance; **2.** *theat (Szene) a. fig* scene.

auf|trump·fen *itr* show how good one is.

auf|tun *irr* **I** *refl* **1.** *(Abgrund)* yawn; **2.** *fig (sich bieten)* open up; **II** *tr fig fam (finden)* find.

auf|tür·men **I** *tr* pile up; **II** *refl* **1.** *allg* tower up; **2.** *fig* mount up.

auf|wa·chen ‹sein› *itr* wake up.

auf|wach·sen ‹sein› *irr itr* grow up.

auf|wal·len ‹sein› *itr* **1.** *tr* boil up; **2.** *fig* surge up.

Auf·wand ['aʊfvant] ‹-(e)s› *m* **1.** *fin* expenditure (*an* of); *(Kosten a.)* expense; **2.** *(Prunk etc)* extravagance; ▶ **das erfordert e-n großen ~ an Arbeit** that requires a lot of work.

auf|wär·men **I** *tr* **1.** *(Speisen)* heat up; **2.** *fig* bring up; **II** *refl* warm o.s. up.

auf·wärts ['aʊfvɛrts] *adv* up, upward(s).

Auf·wärts·ent·wick·lung *f* upward trend.

auf|wa·schen *irr tr (s.* abwaschen).

auf|wecken (k·k) *tr* wake up.

auf|wei·chen **I** *tr* ‹h› make sodden; **II** *itr* ‹sein› get sodden.

auf|wei·sen *irr tr* show; ▶ **etw aufzuweisen haben** have s.th. to show for o.s.

auf|wen·den *irr tr* **1.** *allg* use; **2.** *fin* spend; **auf·wen·dig** *adj* **1.** *(teuer)* costly; **2.** *(prunkvoll)* lavish; ▶ **ein ~es Leben führen** live extravagantly.

auf|wer·fen *irr tr* **1.** *(Graben)* dig; **2.** *fig (Frage etc)* raise.

auf|wer·ten *tr* **1.** *fin* revalue, *Am a.* revaluate; **2.** *fig* increase the value of ...

Auf·wer·tung *f fin* revaluation.

auf|wickeln (k·k) *tr* **1.** *(aufrollen)* roll up; **2.** *(loswickeln)* untie.

auf|wie·geln *tr* stir up.

auf|wir·beln *tr* **1.** *(Blätter etc)* whirl up; **2.** *fig:* ▶ **das wird viel Staub ~** that is going to cause a big stir.

auf|wi·schen **I** *tr* mop up; **II** *itr* wipe the floor.

auf|wüh·len *tr fig* stir up.

auf|zäh·len *tr* enumerate, list.

Auf·zäh·lung *f* enumeration.

auf|zeh·ren *tr* **1.** *(verzehren)* eat up; **2.** *fig (erschöpfen)* exhaust.

auf|zeich·nen *tr* **1.** *(mit Stift)* draw; **2.** *radio TV* record.

Auf·zeich·nung *f* **1.** *(Niederschrift)* note; **2.** *radio TV* recording.

auf|zei·gen *tr* show, demonstrate.

auf|zie·hen *irr* **I** *tr* ‹h› **1.** *fig:* ▶ **jdn ~** make fun of s.o. (*mit* about); **2.** *(Uhr etc)* wind up; **3.** *(Vorhang etc)* draw back; **4.** *(Gegenstände)* pull up; **5.** *fig (ein Kind)* raise; **6.** *(Photo etc)* mount; **II** *itr* ‹sein› **1.** *allg* come up; **2.** *mil* march up.

Auf·zucht ‹-› *f (von Vieh)* rearing.

Auf·zug *m* **1.** *(Fahrstuhl) Br* lift, *Am* elevator; **2.** *(Parade etc)* parade; **3.** *theat* act; **4.** *(Kleidung)* get-up.

auf|zwin·gen *irr tr:* ▶ **jdm etw ~** force s.th. upon s.o.

Aug·ap·fel *m* eyeball.

Au·ge ['aʊgə] ‹-s, -n› *n* **1.** eye; **2.** *(Punkt beim Spiel)* point; ▶ **mit den ~n zwinkern** wink; **ich habe es mit eigenen ~n gesehen** I have seen it with my own eyes; **etw im ~ haben** *(Staubkorn etc)* have s.th. in one's eye; *fig* have one's eye on s.th.; **ich konnte kaum aus den ~n gucken** I could hardly see straight; **vor aller ~n** in front of everybody; **ein ~ zudrücken** *fam* turn a blind eye (to); **jdm etw aufs ~ drücken** *fam* impose s.th. on s.o.; **ich werde es im ~ behalten** I'll bear it in mind; **er läßt sie nicht aus den ~n** he won't let her out of his sight; **jdn aus den ~n verlieren** lose sight of s.o.; **das kann leicht ins ~ gehen!** *fig fam* it might easily go wrong! **in meinen ~n ...** in my opinion ...; **das fällt ins ~** that leaps to the eye; **unter vier ~n** in private.

Au·gen·arzt *m* eye specialist; oculist.

Au·gen·blick *m* moment; ▶ **e-n ~ bitte!** one moment please! **~ mal!** just a second! **im letzten ~** at the last moment.

au·gen·blick·lich **I** *adj* **1.** *(umgehend)* immediate; **2.** *(gegenwärtig)* current; **II** *adv* **1.** *(umgehend)* at once; **2.** *(zur Zeit)* at present, *bes. Am* presently.

Au·gen·braue *f* eyebrow; **Au·gen·ent·zün·dung** *f* ophtalmia; **Au·genfar·be** *f* colour of eyes; **Au·gen·hö·he** *f:* ▶ **in ~** at eye-level; **Au·gen·höh·le** *f* eye socket; **Au·gen·licht** *n* eyesight; **Au·gen·lid** *n* eyelid; **Au·gen·maß** *n:* ▶ **nach ~** by eye; **Au·gen·merk** ‹-(e)s› *n:* ▶ **sein ~ richten auf ...** direct one's attention to ...; **Au·gen·schein** ‹-(e)s› *m:* ▶ **dem ~ nach** by all appearances *pl;* **etw in ~ nehmen** have a close look at s.th.; **Au·gen·trop·fen** *pl* eyedrops; **Au·gen·wei·de** *f* feast (*od* treat) for the eyes; ▶ **das ist nicht gerade e-e ~!** *(ironisch)* that's a bit of an eyesore! **Au·gen·zeu·ge (Au·gen·zeu·gin)** *m (f)* eyewitness (*bei* to).

Au·gust [1. aʊ'gʊst, 2. '--] *m* **1.** *(Monat)* August; **2.** *(Name)* Augustus; ▶ **der dumme ~** the clown.

Auk·tion [aʊk'tsjo:n] ‹-, -en› *f* auction.

Auk·tio·na·tor *m* auctioneer.
Au·la ['aʊla] ‹-, -len/-s› *f* hall.
Au·ri·kel [aʊ'ri:kəl] ‹-, -n› *f bot* auricula.
Aus ‹-› *n* **1.** *sport* touch, offside; **2.** *fig* end, finish; ▶ **ins ~ gehen** go out.
aus [aʊs] **I** *prep* **1.** *(örtlich, räumlich, zeitlich)* from; *(von innen)* out of; ▶ **~ dem Fenster fallen** fall out of the window; **ich komme ~ Deutschland** I'm from Germany; **trink bitte nicht ~ der Flasche!** please don't drink from (*od* out of) the bottle! **dieser Stuhl stammt ~ dem 18. Jahrhundert** this chair's from the 18th century; **2.** *(begründend):* ▶ **das habe ich nur ~ Spaß gesagt** I said it just for fun; **~ Versehen** by mistake; **~ Haß** through hatred; **~ Erfahrung** from experience; **~ Mitleid** out of sympathy; **3.** *(sonstige):* ▶ **~ der Sache ist nichts geworden** nothing came of it; **was ist ~ ihr geworden?** what has become of her? **das ist doch ~ der Mode!** that's out of fashion! **II** *adv:* ▶ **so, jetzt ist's ~!** that'll do now! **von mir ~** as far as I'm concerned; **vom Turm ~ konnte man den Fluß sehen** one could see the river from the tower.
aus|ar·bei·ten *tr* work out; *(vorbereiten)* prepare.
aus|ar·ten ‹sein› *itr* **1.** *(außer Kontrolle geraten)* get out of control; **2.** *(über die Stränge schlagen)* get out of hand.
aus|at·men *itr tr* breathe out.
aus|ba·den *tr:* ▶ **etw ~ müssen** *fam* carry the can for s.th.
aus|bag·gern *tr (Baugrube)* excavate.
aus|bal·do·wern ['aʊsbal͵do:vɐn] ‹ohne ge-› *tr fam:* ▶ **etw ~** nose (*od* scout) s.th. out; ▶ **~, ob ...** nose (*od* scout) around to find out whether ...
Aus·bau ‹-(e)s, -ten› *m* **1.** *tech (von Motor, Gerät etc)* removal; **2.** *(Erweiterung)* extension; **aus|bau·en** *tr* **1.** *tech (Motor, Gerät etc)* remove (*aus* from); **2.** *(Dachboden etc)* fit out; **3.** *(erweitern) a. fig* extend; **aus·bau·fä·hig** *adj* that can be extended.
aus|be·din·gen ‹ausbedungen› *irr tr:* ▶ **ich muß mir ~, daß ...** I must make it a condition that ...
aus|bei·ßen *irr tr:* ▶ **sich e-n Zahn ~** break a tooth; **an dem wirst du dir noch die Zähne ~!** *fig* you'll have a tough time of it with him!
aus|bes·sern *tr* mend, repair; *(Fehler)* correct.
Aus·bes·se·rung *f* mending, repair.
aus|beu·len *tr mot* beat out.
Aus·beu·te *f* gain; *(Ertrag)* yield (*an* in).
aus|beu·ten *tr* exploit; **Aus·beu·ter(in)** *m (f)* exploiter.
Aus·beu·tung *f* exploitation.
aus|be·zah·len *tr (Betrag)* pay out; *(Miteigentümer etc)* buy out.
aus|bil·den **I** *tr* **1.** *allg* train; *(geistig)* educate; **2.** *(ausgestalten)* shape; **II** *refl fig* develop, form.
Aus·bil·der(in) *m (f)* instructor.
Aus·bil·dung *f* training, instruction; *(geistige ~)* education; **Aus·bil·dungs·bei·hil·fe** *f* educational grant; **Aus·bil·dungs·för·de·rung** *f* promotion of training; **Aus·bil·dungs·platz** *m* traineeship; **Aus·bil·dungs·stand** *m* level of training.
aus|bit·ten *irr tr:* ▶ **sich etw ~ von jdm** request s.th. from s.o.; **das bitte ich mir auch aus!** I should think so too!
Aus·blei·ben *n* **1.** *(Fernbleiben)* non-appearance; **2.** *(~ der Zahlung)* non-payment.
aus|blei·ben ‹sein› *irr itr (Person)* stay out; ▶ **unsere Gäste sind ausgeblieben** our guests have failed to appear; **es konnte nicht ~, daß ...** it was inevitable that ...
aus|blen·den *tr film radio* fade out.
Aus·blick *m* **1.** *allg* view (*auf* of); **2.** *fig* prospect (*auf* for).
aus|bor·gen *tr:* ▶ **sich etw von jdm ~** borrow s.th. from s.o.
aus|bre·chen ‹sein› *irr itr* **1.** *(aus Gefängnis etc)* escape (*aus* from); **2.** *(entstehen)* break out; **3.** *(von Vulkan)* erupt; ▶ **in Tränen ~** burst into tears; **in Gelächter ~** burst out laughing.
aus|brei·ten **I** *tr* **1.** spread out; *(entfalten)* display; **II** *refl* spread; ▶ **sich über etw ~** *fig* spread on s.th.; **Aus·brei·tung** *f (das Ausbreiten)* spreading.
aus|bren·nen *irr* **I** *tr* ‹h› *(Wunden)* cauterize; **II** *itr* ‹sein› *(Feuer)* burn out.
Aus·bruch *m* **1.** *(aus Gefängnis etc)* escape; **2.** *(Beginn)* outbreak; **3.** *(Vulkan~)* eruption; **4.** *(Gefühls~)* outburst; ▶ **zum ~ kommen** break out; *fig* erupt.
aus|brü·ten *tr* **1.** *(Eier)* hatch; **2.** *fig (Pläne)* hatch up.
aus|büch·sen *itr fam (ausreißen)* break out, run away.
aus|bud·deln *tr* dig out.
aus|bür·gern ['aʊsbʏrgən] *tr* expatriate.
aus|bür·sten *tr (Kleid etc)* brush; *(Staub)* brush out.
Aus·dau·er *f* endurance; *(Beharrlichkeit)* perseverance; *(Hartnäckigkeit)* persistence.
aus|deh·nen **I** *tr* **1.** *(räumlich, durch Wärme)* expand; *(Stoffe etc)* stretch; **2.** *fig (Macht)* extend (*auf* to); **II** *refl* **1.** *(Stoffe etc)* stretch; **2.** *(sich erstrecken)* extend.
Aus·deh·nung *f* **1.** *(Größe)* extension; **2.** *(Umfang)* expanse.
aus|den·ken *irr tr:* ▶ **sich etw ~** think s.th. up; *(in der Phantasie)* imagine s.th.
aus|dre·hen *tr (Gas)* turn off; *(Lampe)* switch off.
Aus·druck ‹-(e)s, ⸚e› *m* **1.** *(Terminus)* term; **2.** *(Miene)* expression; **3.** *EDV*

(Computer~) print-out; ▶ **etw zum ~ bringen** express s.th.; **das ist gar kein ~!** that's not the word for it!

aus|drucken (k·k) *tr* **1. EDV** print (out).

aus|drücken (k·k) *tr (Zigarette)* stub out; **2.** express; ▶ **sich ~** express o.s.

aus·drück·lich *adv:* ▶ **ich möchte ~ betonen, daß ...** I should like to emphasize particularly that ...

aus·drucks·los *adj* inexpressive.

Aus·drucks·ver·mö·gen *n* expressiveness; *(Gewandtheit)* articulateness; **aus·drucks·voll** *adj* expressive; **Aus·drucks·wei·se** *f* mode of expression; ▶ **was ist denn das für 'ne ~!** what sort of language is that to use!

aus|dün·nen *tr (Haare etc)* thin out.

Aus·dün·stung *f* vaporization; *(von Körper)* transpiration.

aus·ein·an·der [aʊsaɪˈnandɐ] *adv* apart; ▶ **weit ~ liegen** lie wide apart; **etw ~ schreiben** write s.th. as two words; **aus·ein·an·der|bringen** *irr tr* be able to get (s.o., s.th.) apart; **aus·ein·an·der|fal·len** ⟨sein⟩ *irr itr* fall apart; **aus·ein·an·der|fal·ten** *tr* unfold; **aus·ein·an·der|ge·hen** ⟨sein⟩ *irr itr* **1.** *(sich trennen)* part; *(Gesellschaft)* break up; *(Menge)* disperse; **2.** *(Wege)* divide; **3.** *fig (Meinungen)* differ; **4.** *(aus den Fugen gehen)* fall apart; **aus·ein·an·der|hal·ten** *irr tr* **1.** *allg* keep apart; **2.** *fig (unterscheiden)* distinguish (*zwischen* between); **aus·ein·an·der·neh·men** *irr tr a. tech* take apart; **aus·ein·an·der|set·zen I** *tr:* ▶ **jdm etw ~** explain s.th. to s.o.; **II** *refl:* ▶ **sich ~ mit etw** have a critical look at s.th.

Aus·ein·an·der·set·zung *f (Streit)* argument.

aus·er·le·sen *adj* select.

aus|er·wäh·len *tr* choose.

aus|fah·ren *irr* **I** *itr* ⟨sein⟩ **1.** *(spazierenfahren)* go for a ride; **2.** *aero (Fahrgestell)* come out; **II** *tr*⟨h⟩ **1.:** ▶ **jdn ~** take s.o. for a ride; **2.** *(Waren etc)* deliver; **3.** *aero (Fahrgestell)* lower.

Aus·fahrt *f* **1.** *(für Kraftfahrzeuge)* exit; **2.** *(Spazierfahrt etc)* ride.

Aus·fall *m* **1.** *mot tech* failure; **2.** *(Verlust)* loss; **2.** *(von Unterricht etc)* cancellation; **4.** *mil* sortie.

aus|fal·len ⟨sein⟩ *irr itr* **1.** *(nicht stattfinden)* be cancelled; **2.** *mot tech* fail; ▶ **der Aufsatz ist schlecht ausgefallen** the composition has turned out badly; **die Schule fällt morgen aus** there's no school tomorrow.

aus·fal·lend (aus·fäl·lig) *adj (Verhalten)* impertinent; *(Sprache)* abusive; ▶ **~ werden** become personal.

Aus·fall·stra·ße *f* main road (leading out of a city).

aus|fer·ti·gen *tr (Auftrag)* make out; *(Paß)* issue.

Aus·fer·ti·gung *f* **1.** *(das Ausfertigen)* drawing up; *(von Paß)* issuing; **2.** *(Kopie)* copy; ▶ **in doppelter ~** in duplicate; **in dreifacher ~** in triplicate.

aus·fin·dig [ˈaʊsfɪndɪç] *adv:* ▶ **~ machen** find; *(aufspüren)* trace.

aus|flie·ßen ⟨sein⟩ *irr itr* **1.** flow out (*aus* of); **2.** *(auslaufen)* leak (*aus* out of).

aus|flip·pen *itr sl* freak out.

Aus·flucht [ˈaʊsflʊxt, *pl* ˈaʊsflʏçtə] ⟨-, ¨e⟩ *f* excuse; ▶ **¨e machen** make excuses.

Aus·flug *m* trip; ▶ **e-n ~ machen** go on a trip.

Aus·flüg·ler(in) [ˈaʊsfly:klɐ] *m (f)* tripper.

Aus·fluß *m* **1.** *(das Ausfließen)* flowing out; **2.** *med* vaginal discharge.

aus|fra·gen *tr* question (*nach* about).

aus|fres·sen *irr tr fig:* ▶ **etw ~** do s.th. wrong.

Aus·fuhr [ˈaʊsfu:ɐ] ⟨-, -en⟩ *f* export, exportation.

aus·führ·bar *adj* feasible, practicable.

Aus·fuhr·be·stim·mun·gen *f pl* export regulations.

aus|füh·ren *tr* **1.** *(exportieren)* export; **2.** *fig (Bestellungen, Aufträge, Pläne)* carry out; **3.** *fig (genauer darstellen)* explain.

Aus·fuhr·land *n* exporting country.

aus·führ·lich [ˈaʊsfy:ɐlɪç/ -ˈ--] **I** *adj* detailed; **II** *adv* in detail; **~er** in greater detail.

Aus·fuhr·pa·pie·re *pl com* export documents (*od* papers); **Aus·fuhr·zoll** *m* export duty.

Aus·füh·rung *f* **1.** *(von Aufträgen, Plänen)* execution; **2.** *(Bauplan)* design; *(Typ)* model; *com* quality; **3.** *(Darstellung)* statement; ▶ **~en** *pl* report *sing.*

Aus·füh·rungs·be·stim·mun·gen *f pl* regulations.

aus|fül·len *tr* **1.** *(Graben etc)* fill up; **2.** *(Formular)* fill in; ▶ **das füllt mich nicht ganz aus** that doesn't satisfy me completely.

Aus·ga·be *f* **1.** *(Geld etc)* expense; **2.** *(Buch)* edition; **3.** *(Austeilung)* distribution; **5.** *EDV (Daten~)* output; ▶ **~n** *pl (Auslagen)* costs.

Aus·ga·be·da·ten *pl EDV* output data; **Aus·ga·be·ge·rät** *n EDV* output device.

Aus·gang *m* **1.** *(Öffnung nach außen)* exit; **2.** *fig (Ergebnis)* outcome; ▶ **~ haben** have a day-off; **Aus·gangs·punkt** *m* starting-point; **Aus·gangs·sper·re** *f* **1.** *(für Zivilisten)* curfew; **2.** *mil (Disziplinarstrafe)* confinement to barracks; **Aus·gangs·stel·lung** *f* starting position.

aus|ge·ben *irr tr* **1.** *(verteilen)* give out, distribute; *(Karten)* deal; **2.** *(Befehle, Banknoten, Fahrkarten)* issue; **3.** *(Geld)* spend; ► **sich für etw ~** pass o.s. off as s.o.; **e-n ~** *fam* stand a round.

aus·ge·bucht *adj* booked up, fully booked.

aus·ge·bufft ['aʊsgəbʊft] *adj fam (trickreich)* shrewd, fly.

aus·ge·dehnt *adj* **1.** *fig (umfassend)* extensive; **2.** *(Gummiband etc)* stretched; ► **ein ~er Spaziergang** a long walk.

aus·ge·dient *adj (Gerät etc)* clapped-out *fam.*

aus·ge·fal·len *adj* extravagant; *(ungewöhnlich)* exceptional.

aus·ge·flippt *adj sl* flipped, freaked out.

aus·ge·fuchst *adj fam* crafty, wily.

aus·ge·gli·chen *adj* balanced; ► **~es Klima** even climate.

Aus·ge·gli·chen·heit *f* balance.

aus|ge·hen ⟨sein⟩ *irr itr* **1.** *(ins Freie)* go out; **2.** *(Vorräte)* run out; **3.** *(Feuer)* go out; **4.** *(Haare)* fall out; ► **schlecht ~** turn out badly; **mir ging das Geld aus** I ran out of money; **leer ~** come away empty-handed; **wir können davon ~, daß ...** we can proceed from the assumption that; **ihm ging die Puste aus** he ran out of breath; *fig fin* he ran out of funds.

aus·ge·las·sen *adj* **1.** *(lärmend)* boisterous; **2.** *(Stimmung)* mad.

aus·ge·macht *adj* **1.** *(abgemacht)* agreed; **2.** *fig (vollkommen)* utter.

aus·ge·nom·men *conj* except.

aus·ge·powert [aʊsgə'paʊət] *adj fam (erledigt, erschöpft)* washed out, tired.

aus·ge·prägt *adj* distinct; ► **ein ~es Interesse** a marked interest.

aus·ge·rech·net *adv fig:* ► **~ ich mußte den Ausweis vergessen** of all people, I had to forget my passport; **~ in Paris mußte ich meinen Photoapparat verlieren** I would have to lose my camera in Paris; **~ im Juni war das Schwimmbad geschlossen** in June, of all times, the swimming baths were shut.

aus·ge·reift *adj tech* fully developed.

aus·ge·schlos·sen *adj* impossible.

aus·ge·schnit·ten *adj (Kleid)* low-cut.

aus·ge·spro·chen I *adj fig* definite; **II** *adv* really.

aus·ge·stor·ben *adj* **1.** *allg* extinct; **2.** *fig (gänzlich verlassen)* deserted.

aus·ge·sucht I *adj* choice, select; **II** *adv (besonders)* exceptionally.

aus·ge·wählt *adj* select.

aus·ge·wo·gen *adj* balanced.

aus·ge·zeich·net ['----/ '--'--] *adj* excellent; ► **es geht mir ~!** I'm feeling marvellous!

aus·gie·big *adj* substantial; ► **~en Gebrauch machen von ...** make full use of ...; **~ frühstücken** have a substantial breakfast.

aus|gie·ßen *irr tr* **1.** *(Flüssigkeit)* pour out; **2.** *(Fugen)* fill in.

Aus·gleich ['aʊsglaɪç] ⟨-(e)s, -e⟩ *m* **1.** *allg* balance; **2.** *com (Konto~)* balancing; **3.** *fin (von Schulden)* settling; ► **zum ~ für etw** in order to compensate for s.th.

aus|glei·chen *irr* **I** *tr* **1.** *(gleich machen)* level out; **2.** *com (Konto)* balance; **3.** *fin (Schulden)* settle; **II** *itr sport* equalize.

Aus·gleichs·sport *m* remedial exercise.

aus|glei·ten ⟨sein⟩ *irr itr* slip (*auf* on).

aus|gra·ben *irr tr* **1.** *(Gegenstand etc) a. fig* dig up; **2.** *(Loch etc)* dig out.

Aus·gra·bun·gen *f pl* excavations.

aus|gren·zen *tr* exclude; *(Person a.)* ostracize.

Aus·guck ['aʊsgʊk] ⟨-(e)s, -e⟩ *m mar* lookout.

Aus·guß *m (in der Küche)* sink.

aus|hal·ten *irr* **I** *tr (ertragen)* bear, stand; ► **es ist nicht zum A~!** it's unbearable! **er hält viel aus** he can take a lot; **II** *itr* hold out.

aus|hän·di·gen ['aʊshɛndɪgən] *tr* hand over; *(ausliefern)* deliver.

Aus·hang ⟨-(e)s, ⸚e⟩ *m (Bekanntmachung)* notice.

aus|hän·gen I *tr* **1.** *(aushaken)* unhook; **2.** *(eine Tür)* unhinge; **3.** *(bekanntmachen)* put up; **II** *irr itr* have been put up.

Aus·hän·ge·schild *n* sign.

aus|har·ren *itr* wait.

aus|he·ben *irr tr* **1.** *(Graben etc)* dig; **2.** *fig (Bande etc)* make a raid on ...

aus|hecken (k·k) *tr fig (Pläne)* cook up.

aus|hei·len ⟨sein⟩ *itr* be cured; *(Wunde)* heal.

aus|hel·fen *irr itr:* ► **jdm ~** help s.o. out.

Aus·hil·fe *f* **1.** *allg* help; **2.** *(Person)* temporary worker.

aus·hilfs·wei·se *adv* temporarily.

aus|höh·len *tr* **1.** *allg* hollow out; **2.** *fig* undermine.

aus|ho·len *itr* **1.** *(zum Schlag)* raise one's hand; *(zum Wurf)* reach back; **2.** *fig* go far afield.

aus|hor·chen *tr:* ► **jdn ~** sound s.o. out.

aus|ken·nen *irr refl* **1.** *fig* know a lot (*in* about); **2.** *allg* know one's way around.

Aus·klang *m* end.

aus|klap·pen *tr* open out.

aus|klei·den I *tr* **1.** *(entkleiden)* undress; **2.** *(mit Bezugsstoff beziehen)* line; **II** *refl* get undressed.

aus|klin·gen ⟨sein⟩ *irr itr* finish.

aus|klop·fen *tr (Kleidung)* beat the dust out of ...; *(Teppich)* beat.

aus|knip·sen *tr (Licht)* switch out.

aus|ko·chen *tr* boil.

Aus·kom·men *n* livelihood; ► **sein ~ haben** get by.

aus|kom·men ⟨sein⟩ *irr itr* manage (*mit* on); ► **ohne etw ~** do without s.th.; **mit jdm gut ~** get along well with s.o.

aus|ko·sten *tr fig* make the most of ...
aus|kra·men *tr* **1.** *allg* turn out; **2.** *fig* bring up.
aus|krat·zen *tr* scrape out.
aus|kund·schaf·ten *tr* find out, spy out; *mil* reconnoitre.
Aus·kunft ['aʊskʊnft, *pl* 'aʊskʏnftə] ⟨-, ¨-e⟩ *f* **1.** *allg* information; **2.** *tele* directory inquiries *pl;* **3.** *(~sschalter)* information desk.
Aus·kunf·tei *f* credit inquiry agency.
aus|la·chen *tr* laugh at ...; ▶ **laß dich nicht ~!** don't make a fool of yourself!
aus|la·den *irr* **I** *tr* **1.** unload; **2.** *fig (Gast)* uninvite; **II** *itr arch* jut out.
Aus·la·ge *f* **1.** *(Kosten)* expense; *(ausgelegtes Geld)* outlay; **2.** *(Waren)* display; **3.** *(Schaufenster)* shop window.
Aus·land ⟨-(e)s⟩ *n* foreign countries *pl;* ▶ **ins, im ~** abroad; **aus dem ~** from abroad.
Aus·län·der(in) *m (f)* foreigner; *(bes. jur)* alien; **aus·län·der·feind·lich** *adj* hostile to foreigners, xenophobic; **Aus·län·der·feind·lich·keit** *f* hostility to foreigners, xenophobia.
aus·län·disch *adj* foreign; *bot* exotic.
Aus·lands·auf·ent·halt *m* stay abroad; **Aus·lands·ge·spräch** *n tele* international call; **Aus·lands·kor·re·spon·dent(in)** *m (f)* foreign correspondent; **Aus·lands·rei·se** *f* trip abroad.
aus|las·sen *irr tr* **1.** *(Fett etc)* melt; **2.** *(weglassen)* leave out; **3.** *radio mot (a. Kleidung)* leave off; ▶ **sich über etw ~** go on about s.th.; **sich an jdm ~** vent on s.o.
Aus·lauf ⟨-(e)s, (¨-e)⟩ *m* **1.** *(Gelände)* run; **2.** *(Ausfluß)* outlet.
Aus·lau·fen *n* **1.** *mar (von Schiffen)* sailing; **2.** *(von Programm od Serie)* phasedown.
aus|lau·fen ⟨sein⟩ *irr itr* **1.** *(Flüssigkeit)* run out; *(lecken)* leak; **2.** *mar* sail; **3.** *(Serie)* be discontinued; **4.** *(Vertrag)* run out.
Aus·läu·fer *m* **1.** *bot* runner; **2.** *(Berg~)* foothill.
Aus·laut *m ling* final position.
aus|lau·ten *itr ling* end (*auf* in).
aus|le·ben *refl* live it up.
aus|lecken (k·k) *tr* lick out.
aus|lee·ren *tr* empty.
aus|le·gen *tr* **1.** *(Waren)* display, lay out; **2.** *(auskleiden)* line; **3.** *(erklären)* explain; **4.** *(Geld)* lend; **5.** *(technisch ausstatten)* design (*für* for); ▶ **mit Teppich ~** carpet; **etw falsch ~** misinterpret s.th.
Aus·le·ger *m* **1.** *tech (von Kran)* boom; **2.** *mar (von Boot)* outrigger.
Aus·le·ge·wa·re *f* carpets and rugs *pl.*
Aus·le·gung *f* interpretation.
aus|lei·hen *irr tr (verleihen)* lend; ▶ **etw von jdm ~** borrow s.th. from s.o.
aus|ler·nen *tr:* ▶ **man lernt nie aus** you live and learn.
Aus·le·se ['aʊsle:zə] ⟨-, -n⟩ *f* selection; **aus|le·sen** *irr tr* **1.** *(auswählen)* select; **2.** *fam (ein Buch)* finish reading.
aus|lie·fern *tr* **1.** *(übergeben)* hand over; **2.** *(Waren ~)* deliver; **3.** *pol (jdn ~)* extradite; ▶ **jdm ausgeliefert sein** be at someone's mercy.
Aus·lie·fe·rung *f* **1.** *com* delivery; **2.** *pol* extradition; **Aus·lie·fe·rungs·la·ger** *n* distribution depot.
aus|lie·gen *irr itr* be displayed; *(Zeitungen)* be available.
aus|lö·schen *tr* **1.** *meist fig* extinguish; *(Licht)* put out; **2.** *(Schrift)* erase.
aus|lo·sen *tr allg* draw lots for ...; *(Preis etc)* draw.
aus|lö·sen *tr* **1.** *allg a. tech* trigger; *(Kameraverschluß)* release; **2.** *fig* arouse; **3.** *(Gefangene)* release; ▶ **e-e Wirkung ~** produce an effect.
Aus·lö·ser *m (allg tech)* trigger; *phot* shutter release.
Aus·lo·sung *f* draw.
aus|ma·chen *tr* **1.** *(Feuer)* put out; **2.** *el radio* turn off; **3.** *(vereinbaren)* agree; **4.** *(betragen)* come to; **5.** *(ermitteln)* make out; ▶ **e-n Termin ~** agree on a time; **ein Treffen ~** arrange a meeting; **das macht nichts aus** that doesn't matter; **macht es Ihnen etw aus, wenn ...?** do you mind if ...?
aus|ma·len *refl:* ▶ **sich etw ~** imagine s.th.
Aus·maß *n* **1.** *allg* size; **2.** *fig* extent; ▶ **in größerem ~** on a bigger scale.
aus|mer·zen ['aʊsmɛrtsən] *tr* **1.** *allg* eradicate; **2.** *fig* weed out.
aus|mes·sen *irr tr* measure out.
aus|mi·sten *tr* **1.** *(Stall)* muck out; **2.** *fig (säubern)* tidy out.
Aus·nah·me *f* exception; ▶ **mit ~ von ...** with the exception of ...; **ohne ~** without exception; **~n bestätigen die Regel** the exception proves the rule; **Aus·nah·me·fall** *m* exceptional case; **Aus·nah·me·zu·stand** *m* state of emergency; ▶ **den ~ verhängen** declare a state of emergency.
aus·nahms·los I *adv* without exception; **II** *adj* unanimous.
aus·nahms·wei·se *adv* as an exception, once.
aus|neh·men *irr* **I** *tr* **1.** *(ausweiden)* draw; **2.** *(ausschließen)* make an exception of ...; **3.** *(Bande etc)* raid; **4.** *fig fam* fleece.
aus·neh·mend *adv* exceptionally.
aus|nut·zen *tr* make use of ...; ▶ **jdn ~** take advantage of s.o.
aus|packen (k·k) I *tr (aus Verpackung)* unwrap; ▶ **s-n Koffer ~** unpack one's suitcase; **II** *itr fig sl (Neuigkeiten)* talk.
aus|peit·schen *tr* whip.

aus|pfei·fen *irr tr theat* hiss off the stage.
aus|plau·dern *tr* let out.
aus|plün·dern *tr* pillage, plunder; ▶ **jdn ~** *fig fam* clean s.o. out.
aus|po·sau·nen ⟨ohne ge-⟩ *tr fig fam* broadcast.
aus|pres·sen *tr* **1.** *(Früchte etc)* squeeze out; **2.** *fig:* ▶ **jdn ~** bleed s.o. white.
aus|pro·bie·ren *tr* try out.
Aus·puff ['aʊspʊf] ⟨-(e)s, -e⟩ *m* exhaust; **Aus·puff·ga·se** *pl* exhaust fumes; **Aus·puff·rohr** *n* exhaust pipe; **Aus·puff·topf** *m Br* silencer, *Am* muffler.
aus|pum·pen *tr* **1.** *allg* pump out; **2.** *fig (erschöpfen)* drain.
aus|quar·tie·ren ['aʊskvarti:rən] *tr* move out.
aus|quet·schen *tr* squeeze out; ▶ **jdn ~** *fig sl (ausfragen)* grill s.o.
aus|ra·die·ren *tr* **1.** *allg* erase; **2.** *fig mil (dem Erdboden gleichmachen)* wipe out.
aus|ran·gie·ren *tr* throw out; *(Auto)* scrap.
aus|rau·ben *tr* rob.
aus|räu·chern *tr* **1.** *allg* fumigate; **2.** *fig* smoke out.
aus|räu·men *tr* **1.** *(Schrank)* clear out; **2.** *(Möbel)* move out; **3.** *fig (Bedenken)* put aside.
aus|rech·nen *tr* work out; *(berechnen)* calculate.
Aus·re·de *f* excuse.
aus|re·den *itr* finish speaking; ▶ **jdn ~ lassen** let s.o. speak out.
aus|rei·chen *itr* be sufficient.
aus|rei·fen ⟨sein⟩ *itr* ripen.
Aus·rei·se *f:* ▶ **bei der ~** on departure.
Aus·rei·se·an·trag *m* application for an exit visa; **Aus·rei·se·ge·neh·mi·gung** *f* exit permit.
aus·rei·sen ⟨sein⟩ *itr* leave the country.
Aus·rei·se·vi·sum *n* exit visa.
aus|rei·ßen *irr* **I** *tr* ⟨h⟩ pull out; *(Haare)* tear out; **II** *itr* ⟨sein⟩ **1.** *(einreißen)* tear; **2.** *fig fam (weglaufen)* run away.
Aus·rei·ßer *m* runaway.
aus|rei·ten ⟨sein⟩ *irr itr* go for a ride.
aus|ren·ken ['aʊsrɛŋkən] *tr* dislocate.
aus|rich·ten *tr* **1.** *(erreichen)* achieve; **2.** *(Nachricht ~)* tell; **3.** *tech* align; ▶ **jdm etw ~** give s.o. a message.
Aus·rich·tung *f* **1.** *tech* alignment; **2.** *pol* orientation (*auf* towards).
Aus·ritt *m* ride.
aus|rol·len **I** *tr* ⟨h⟩ *(Teig, Teppich)* roll out; **II** *itr* ⟨sein⟩ *aero* taxi to a standstill; *mot* coast to a stop.
aus|rot·ten ['aʊsrɔtən] *tr* **1.** *allg* wipe out, exterminate; **2.** *fig* stamp out.
aus|rücken (k·k) **I** *itr* ⟨sein⟩ **1.** turn out; *(Feuerwehr, Polizei)* be called out; *mil* move off; **2.** *fam (ausreißen)* make off; *(heimlich)* run away; **II** *tr* ⟨h⟩ *typ* move out.
Aus·ruf *m* cry, exclamation.
aus|ru·fen *irr tr itr* exclaim; *(verkünden)* call out; ▶ **jdn ~ lassen** put out a call for s.o., have s.o. paged.
Aus·ru·fe·zei·chen *n* exclamation mark.
aus|ru·hen *itr* rest; ▶ **sich ein wenig ~** have a rest.
aus|rü·sten *tr* equip; **Aus·rü·stung** *f* equipment.
aus|rut·schen ⟨sein⟩ *itr* slip.
Aus·rut·scher *m fig fam* gaffe, slip.
Aus·saat *f* **1.** *(das Säen)* sowing; **2.** *(die Saat)* seed.
Aus·sa·ge ['aʊsza:gə] ⟨-, -n⟩ *f* statement; *(Zeugen~)* evidence; ▶ **nach ~ von ...** according to ...; **es steht ~ gegen ~** it's one person's word against another's.
Aus·sa·ge·kraft *f* expressiveness.
aus|sa·gen *tr allg* say; *jur* state; ▶ **gegen jdn ~** testify against s.o.
aus|schach·ten ['aʊsʃaxtən] *tr* dig, *(gehoben)* excavate.
aus|schal·ten *tr* **1.** *el* turn off; **2.** *fig (eliminieren)* eliminate.
Aus·schank ['aʊsʃaŋk] ⟨-(e)s⟩ *m* **1.** *(Lokal)* bar; **2.** *(Tätigkeit)* serving of drinks.
Aus·schau ⟨-⟩ *f:* ▶ **~ halten nach ...** be on the lookout for ...
aus|schau·en *itr* **1.** *(aussehen)* look like; **2.** *:* ▶ **nach jdm ~** look out for s.o.
aus|schei·den *irr* **I** *itr* ⟨sein⟩ **1.** *allg* leave (*aus etw* s.th.); *(aus e-m Amt)* retire (*aus* from); *sport* be disqualified, drop out; **2.** *(nicht in Betracht kommen)* be ruled out; **II** *tr* ⟨h⟩ **1.** *allg (fallen lassen)* drop; **2.** *med* excrete.
Aus·schei·dung *f* **1.** *sport* elimination; **2.** *med:* **~en** *pl* secretions.
Aus·schei·dungs·kampf *m sport* qualifying contest.
aus|schen·ken *tr* serve.
aus|schicken (k·k) *tr* send out.
aus|schil·dern *tr* signpost.
aus|schimp·fen *tr* tell off, scold.
aus|schlach·ten *tr* **1.** *(Fahrzeug)* cannibalize; **2.** *fig* exploit.
aus|schla·fen *irr* **I** *tr (Rausch etc)* sleep off; **II** *itr* have a good sleep.
Aus·schlag ⟨-(e)s, (¨·e)⟩ *m* **1.** *med (Haut~)* rash; **2.** *(e-s Zeigers)* swing; ▶ **den ~ geben** *fig* be the decisive factor.
aus|schla·gen *irr* **I** *tr* **1.** *allg* knock out; **2.** *(mit Bezugsstoff)* line; **3.** *(ablehnen)* turn down; **II** *itr* **1.** *bot* come out; **2.** *(Tiere)* kick; **3.** *(Zeiger)* swing.
aus·schlag·ge·bend *adj* decisive; ▶ **von ~er Bedeutung sein** be of prime importance.
aus|schlie·ßen *irr tr* **1.** *allg* lock out; **2.** *sport* disqualify; **3.** *fig* exclude; *(ausstoßen)* expel.
aus·schließ·lich **I** *adj* exclusive; **II** *adv*

exclusively.

aus|schlüp·fen ‹sein› *itr (Küken etc)* hatch.

Aus·schluß *m* exclusion; *sport* disqualification; ▶ **unter ~ der Öffentlichkeit stattfinden** be closed to the public.

aus|schmüc·ken *tr* **1.** decorate; **2.** *fig (Erzählung etc)* embroider.

aus|schnei·den *irr tr* **1.** *allg* cut out; **2.** *(Bäume)* prune.

Aus·schnitt *m* **1.** *fig (Teil)* part, section; *(Detail)* detail; **2.** *(bei Kleid)* neckline; ▶ **e-n tiefen ~ haben** have a low neckline; **ein ~ aus e-m Buch** an extract from a book.

aus|schöp·fen *tr* **1.** *allg* ladle out; *(Wasser aus e-m Boot)* bale out; **2.** *fig (Thema)* exhaust.

aus|schrei·ben *irr tr* **1.** *(veröffentlichen)* advertise; *(Bauvorhaben etc)* invite tenders for ...; **2.** *(Rechnung)* make out; **3.** *allg* write out.

Aus·schrei·bung *f (e-r offenen Stelle)* advertising; *(e-s Bauvorhabens)* invitation of tenders.

Aus·schrei·tung *f* riot.

Aus·schuß *m* **1.** *(Komitee)* committee; **2.** *com* rejects *pl;* **3.** *(Geschoßaustrittsöffnung)* exit wound; **Aus·schuß·sitzung** *f* committee meeting.

aus|schüt·teln *tr* shake out.

aus|schüt·ten *tr* **1.** tip out; *(Flüssigkeit aus Behältnis)* empty; **2.** *com (Dividenden)* distribute; ▶ **jdm sein Herz ~** *fig* pour out one's heart to s.o.

Aus·schüt·tung *f com* distribution.

aus·schwei·fend *adj (Leben)* dissipated; ▶ **e-e ~e Phantasie haben** have got a wild imagination.

Aus·schwei·fung *f* dissipation.

aus|schwen·ken *itr (Kran)* swing out.

Aus·se·hen ‹-s› *n* appearance.

aus|se·hen *irr itr* look; ▶ **du siehst gut aus** you look good; **~ wie jem** look like s.o.; **wie sieht's aus?** *fig fam* how's things? **so siehst du aus!** *fig fam* that's what you think! **es sieht nicht gut aus** things don't look too good.

au·ßen ['aʊsən] *adv* on the outside; ▶ **~ vor sein** *fig* be out of it.

Au·ßen·an·strich *m* outside coating.

Au·ßen·be·zirk *m* fringe area, outskirts.

aus|sen·den *irr tr* send out.

Au·ßen·dienst *m* external duty; ▶ **im ~ tätig sein** work as a sales representative; **Au·ßen·dienst·mit·ar·bei·ter(in)** *m (f)* sales representative.

Au·ßen·han·del *m* foreign trade.

Au·ßen·mi·ni·ster(in) *m (f) allg* foreign minister; *Br* foreign secretary, *Am* secretary of state; **Au·ßen·mi·ni·ste·rium** *n allg* foreign ministry; *Br* foreign office, *Am* state department; **Au·ßen·po·li·tik** *f* foreign policy; **au·ßen·po·li·tisch** *adj* foreign policy; **Au·ßen·sei·te** *f* outside; **Au·ßen·sei·ter(in)** *m (f) fig u. sport* outsider; **Au·ßen·spie·gel** *m mot* outside mirror; **Au·ßen·stän·de** *pl fin* outstanding debts; **Au·ßen·stür·mer** *m sport* wing; **Au·ßen·tem·pe·ra·tur** *f* outside temperature; **Au·ßen·ver·tei·di·ger** *m sport* outside defender.

au·ßer ['aʊsɐ] **I** *prp* **1.** *(räumlich)* out of; **2.** *(ausgenommen)* except; *(abgesehen von)* apart from; ▶ **~ sich sein vor ...** be beside o.s. with ...; **~ Haus sein** be out; **II** *(mit conj):* ▶ **~ wenn ...** except when ...

au·ßer·dem [aʊsɐ'de:m] *adv* besides.

Äu·ße·re ['ɔɪsərə] ‹-n› *n* exterior; *(von Personen)* outward appearance.

äu·ße·re *adj* **1.** *allg* outer; **2.** *fig* outward; ▶ **der ~ Durchmesser** the external diameter.

au·ßer·ehe·lich *adj* extramarital; *(Kind)* illegitimate.

au·ßer·ge·wöhn·lich I *adj* unusual; **II** *adv (sehr)* extremely.

au·ßer·halb I *prp* outside; ▶ **~ der Geschäftsstunden** out of office hours; **~ der Legalität** outside the law; **II** *adv* outside; ▶ **~ wohnen** live out of town.

äu·ßer·lich ['ɔɪsɐlɪç] *adj* **1.** *(Sache)* external; **2.** *fig (oberflächlich)* superficial; ▶ **rein ~ betrachtet** on the face of it.

Äu·ßer·lich·keit *f (Formalität)* formality; *(Oberflächlichkeit)* superficiality.

äu·ßern ['ɔɪsɐn] **I** *tr* say; ▶ **s-e Wünsche ~** express one's wishes; **II** *refl* speak; ▶ **ich will mich dazu nicht ~** I don't want to say anything about that.

au·ßer·or·dent·lich I *adj* extraordinary; ▶ **A~es leisten** achieve some remarkable things; **II** *adv* exceptionally, extraordinarily.

au·ßer·par·la·men·ta·risch *adj* extraparliamentary.

au·ßer·plan·mä·ßig *adj* unscheduled; *(zusätzlich)* additional.

au·ßer·schu·lisch *adj* extracurricular.

äu·ßerst ['ɔɪsɐst] *adv* exceedingly, extremely.

au·ßer·stan·de [aʊsɐ'ʃtandə] *adj:* ▶ **~ sein, etw zu tun** be incapable of doing s.th.

äu·ßer·sten·falls *adv* at most.

äu·ßer·ste *adj* **1.** *(räumlich)* furthest; *(Schicht)* outermost; **2.** *(zeitlich)* latest possible; **3.** *fig* extreme, utmost; ▶ **im ~n Falle** if the worst comes to the worst; **mit ~r Kraft** with all one's strength; **Äu·ßer·ste** *n:* ▶ **bis zum ~n gehen** *fig* go to extremes *pl;* **auf das ~ gefaßt sein** be prepared for the worst; **äu·ßer·sten·falls** *adv* at most.

au·ßer·ta·rif·lich *adj:* ▶ **~ bezahlt werden** be paid non-union rates.

Äu·ße·rung *f* comment, remark; *(Aus-*

druck) expression.

aus|set·zen I *tr* **1.** *(Kind, Tier)* abandon; **2.** *(e-e Belohnung)* offer; **3.** *jur* suspend; **4.** *(unterbrechen)* interrupt; ▶ **ein Boot ~** lower a boat; **e-e Strafe zur Bewährung ~** give a suspended sentence; **an jdm etw auszusetzen haben** find fault with s.o.; **was hast du daran auszusetzen?** what don't you like about it? **daran kann ich nichts ~** there's nothing wrong with it; **II** *itr (aufhören)* stop; *mot (Motor)* fail; ▶ **ohne auszusetzen** without a break.

Aus·set·zung *f* **1.** *(von Kind, Tier)* abandonment; **2.** *(Unterbrechung)* interruption; ▶ **durch ~ e-r Belohnung** by the offer of a reward.

Aus·sicht *f* **1.** *(Blick)* view (*auf* of); **2.** *fig* prospect (*auf* of); ▶ **die ~, daß etw geschieht** the chances of s.th. happening; **ein Zimmer mit ~ auf den Garten** a room overlooking the garden; **jdm die ~ nehmen** block someone's view; **jdm etw in ~ stellen** promise s.o. s.th.; **etw in ~ haben** have good prospects of s.th.; **das sind ja (feine** *etc*) **~en!** *(ironisch)* what a prospect! *sing.*

aus·sichts·los *adj (zwecklos)* pointless; *(hoffnungslos)* hopeless; **Aus·sichts·lo·sig·keit** *f (Zwecklosigkeit)* pointlessness; *(Hoffnungslosigkeit)* hopelessness; **aus·sichts·reich** *adj* promising; **Aus·sichts·turm** *m* lookout (*od* observation) tower.

aus|sie·ben *tr a. fig* sift out.

aus|sie·deln *tr* evacuate.

Aus·sied·lung *f* evacuation.

aus|sit·zen *irr tr (Problem)* sit out.

aus|söh·nen ['auszø:nən] **I** *tr:* ▶ **jdn mit jdm (etw) ~** reconcile s.o. with s.o. (to s.th.); **II** *refl:* ▶ **sich mit jdm ~** become reconciled with s.o.

Aus·söh·nung *f* reconciliation (*mit jdm* with s.o.; **mit etw** to s.th.).

aus|son·dern *tr* pick out.

aus|sor·tie·ren *tr* sort out.

aus|span·nen I *itr (sich erholen)* have a break, relax; **II** *tr* **1.** *(Wäscheleine etc)* put up; *(Tuch etc)* spread out; **2.** *(Tiere aus Wagengeschirr)* unhitch; ▶ **jdm seine Freundin ~** *fig fam* pinch someone's girlfriend.

Aus·span·nung *f (Erholung)* relaxation.

aus|spa·ren *tr* **1.** *(frei lassen)* leave blank; **2.** *fig (vorläufig auslassen)* omit.

Aus·spa·rung *f (Lücke)* gap.

aus|sper·ren *tr* lock out.

Aus·sper·rung *f* lockout.

aus|spie·len *tr* **1.** *(Karten)* play; **2.** *fig* display; ▶ **jdn gegen jdn ~** play s.o. off against s.o.

aus|spio·nie·ren *tr* spy out.

Aus·spra·che *f* **1.** *ling* pronunciation; **2.** *(Gespräch)* discussion; ▶ **mit jdm e-e ~ haben** talk the matter fully out with s.o.

aus|spre·chen *irr* **I** *tr* **1.** *a. jur* pronounce; **2.** *(einen Satz)* finish; **3.** *(äußern)* express; ▶ **e-e Warnung ~** deliver a warning; **II** *itr* finish speaking; **III** *refl* talk things out; ▶ **sich für etw ~** declare o.s. in favour of s.th.; **sich mit jdm über etw ~** have a talk with s.o. about s.th.

Aus·spruch *m (Bemerkung)* remark; *(Sprichwort)* saying.

aus|spucken (k·k) *tr* **1.** *allg* spit out; **2.** *fig fam (Geld etc)* cough up.

aus|spü·len *tr* rinse out.

aus|staf·fie·ren ['aʊsʃtafi:rən] *tr (etw ~)* fit out; *(jdn ~)* kit out.

Aus·stand *m:* ▶ **im ~ sein** be on strike; **in den ~ treten** go on strike.

aus|stan·zen *tr (Loch)* punch out.

aus|stat·ten ['aʊsʃtatən] *tr* equip.

Aus·stat·tung *f* equipment.

aus|ste·chen *irr tr* **1.** *(Auge)* put out; *(Rasen)* dig up; **2.** *fig:* ▶ **jdn ~** outdo s.o.

aus|ste·hen *irr* **I** *tr* bear, endure; ▶ **ich kann ihn nicht ~** I can't stand him; **II** *itr* be due, be outstanding; ▶ **die Antwort steht noch aus** the answer is still due; **Geld ~ haben** have money owing.

aus|stei·gen ⟨sein⟩ *irr itr* **1.** *allg* get out (*aus* of); *(aus Verkehrsmittel)* get off (*aus* s.th.); **2.** *fig fam (aus der Gesellschaft)* drop out.

Aus·stei·ger(in) *m (f) fam* dropout.

aus|stel·len *tr* **1.** *(auf Ausstellung)* exhibit, show; *(in Schaufenster)* display; **2.** *(Pässe, Zeugnisse)* issue; *(Rezept)* write; *(Rechnung, Quittung)* make out.

Aus·stel·ler *m* **1.** *(auf Ausstellung)* exhibitor; **2.** *com (eines Schecks)* drawer.

Aus·stel·lung *f* **1.** exhibition; **2.** *(von Schriftstück)* making out; *(von Dokument)* issuing; **Aus·stel·lungs·hal·le** *f* exhibition hall.

aus|ster·ben ⟨sein⟩ *irr itr* die out; *(Tiere)* become extinct.

Aus·steu·er ⟨-, -n⟩ *f* dowry.

Aus·stieg ['aʊsʃti:k] ⟨-(e)s, -e⟩ *m* exit, *(aus Gesellschaft, aus Kernenergie)* withdrawal.

aus|stop·fen *tr* stuff.

Aus·stoß ⟨-ßes, (¨-ße)⟩ *m* **1.** *tech* ejection; **2.** *com* output; **3.** *(Ausschluß)* expulsion.

aus|sto·ßen *irr tr* **1.** *allg* eject; **2.** *(ausschließen)* expel (*aus* from); **3.** *(Gase, Dampf etc)* emit.

aus|strah·len *tr* radiate; *radio TV* broadcast.

Aus·strah·lung *f* **1.** radiation; **2.** *fig* charisma; **3.** *radio TV* broadcasting.

aus|strecken (k·k) I *tr* extend (*nach* towards); **II** *refl* stretch o.s. out.

aus|strei·chen *irr tr* **1.** *(Geschriebenes)*

cross out; **2.** *(Teig)* spread out.

aus|streu·en *tr* **1.** scatter, spread; **2.** *(Gerüchte)* spread.

aus|strö·men I *tr* ⟨h⟩ **1.** *allg* give off; **2.** *fig* radiate; **II** *itr* ⟨sein⟩ pour out (*aus* of); *(Gase)* escape.

aus|su·chen *tr* choose; ▶ **darf ich mir was ~?** can I pick what I want?

Aus·tausch ⟨-(e)s⟩ *m* exchange; *(von Ideen)* interchange.

aus·tausch·bar *adj* interchangeable.

aus|tau·schen *tr* exchange (*gegen* for); *(ersetzen)* replace (*durch* with).

aus|tei·len *tr* **1.** distribute (*an* among); *(Spielkarten)* deal out; *(Essen)* serve; **2.** *(Befehle)* give.

Aus·tei·lung *f (Verteilung)* distribution; *(Zuteilung: von Verpflegung etc)* serving.

Au·ster ['aʊstɐ] ⟨-, -n⟩ *f* oyster; **Au·stern·bank** *f* oysterbed.

Au·stern·pilz *m* chinese mushroom.

aus|to·ben *refl:* ▶ **sich ~** let off steam; *(Kinder)* romp about.

aus|tra·gen *irr* **I** *tr* **1.** *(Briefe, Waren)* deliver; **2.** *(ein Kind)* carry to the full term; **3.** *sport (Kampf)* hold; **II** *refl (aus e-r Liste)* sign out.

Aus·tra·gung *f sport* holding; **Aus·tra·gungs·ort** *m sport* venue.

aus|trei·ben *irr* **I** *itr (Pflanzen)* sprout; **II** *tr rel (Teufel)* exorcize; ▶ **das werde ich ihm noch ~!** I'll cure him of that!

aus|tre·ten *irr* **I** *itr* ⟨sein⟩ **1.** *(aus e-r Kirche)* leave (*aus* s.th.); **2.** *(von Flüssigkeit)* come out (*aus* of); *(von Gas)* escape (*aus* from); **3.** *fam (zur Toilette gehen)* go to the loo; **II** *tr* ⟨h⟩ **1.** *allg* tread out; **2.** *(Schuhe)* wear out.

aus|trick·sen *tr fam* outwit.

Aus·tritt *m* **1.** *(aus Kirche etc)* leaving (*aus* s.th.); **2.** *(von Flüssigkeit)* outflow; *(von Gas)* escape; **Aus·tritts·er·klä·rung** *f* resignation.

aus|trock·nen I *itr* ⟨sein⟩ dry out; *(Fluß)* dry up; *(Gaumen)* become parched; **II** *tr* ⟨h⟩ *(Gefäß)* wipe dry.

aus|üben *tr* **1.** *(Beruf)* practise; *(Amt)* perform; **2.** *(Druck)* exert (*auf* on); **Aus·übung** *f:* ▶ **in ~ seines Berufes** in pursuance of his profession.

aus|ufern ⟨sein⟩ *itr* escalate, get out of hand.

Aus·ver·kauf *m* **1.** *com* (clearance) sale; *(wegen Geschäftsaufgabe)* closing-down sale; **2.** *fig pol* sell-out; ▶ **im ~** at the sales *pl.*

aus|ver·kau·fen *tr* clear, sell off; **aus·ver·kauft** *adj* sold out; ▶ **vor ~em Hause spielen** *theat* play to a full house.

aus|wach·sen *irr* **I** *refl fig:* ▶ **sich zu etw ~** turn into s.th.; **II** *itr* ⟨sein⟩ ▶ **aus den Kleidern** *(etc)* **~** grow out of one's clothes (etc); **das ist ja zum A~!** *fig fam* it's enough to drive you round the bend!

Aus·wahl ⟨-⟩ *f* **1.** selection (*an* of); **2.** *sport* representative team; **3.** *(Vielfalt)* variety; ▶ **e-e reiche ~ an ...** a wide range of ...; **s-e ~ treffen** make one's choice; **hier gibt es keine ~** there is no choice; **drei Bücher stehen zur ~** there are three books to choose from.

aus|wäh·len *tr* choose, select (*unter* from among).

Aus·wahl·ver·fah·ren *n* selection procedure.

aus|wal·zen *tr* **1.** *(Blech)* roll out; **2.** *fig (Thema etc)* drag out.

Aus·wan·de·rer (Aus·wan·de·rin) *m (f)* emigrant.

aus|wan·dern ⟨sein⟩ *itr* emigrate (*nach* to); *(Volk)* migrate.

Aus·wan·de·rung *f* emigration; *(von Volk)* migration.

aus·wär·tig ['aʊsvɛrtɪç] *adj* non-local; ▶ **die ~en Schüler** the pupils from out of town; **der ~e Dienst** the foreign service; **das A~e Amt** *Br* the Foreign Office, *Am* the State Department.

aus·wärts ['aʊsvɛrts] *adv* **1.** *(nach außen)* outwards; **2.** *(außerhalb des Wohnsitzes)* away from home; ▶ **sie kommt von ~** she comes from out of town; **~ essen** dine (*od* eat) out.

Aus·wärts·spiel *n sport* away game.

aus|wa·schen *irr tr* **1.** wash out (*aus* of); *(säubern)* rinse; **2.** *geol* erode.

Aus·wa·schung *f* soil erosion, washout.

aus·wech·sel·bar *adj* exchangeable; *(untereinander)* interchangeable; *(ersetzbar)* replaceable.

aus|wech·seln *tr allg* change (*gegen* for); *(austauschen)* exchange (*gegen* for); *(ersetzen)* replace (*gegen* by); *sport* substitute (*gegen* for); **Aus·wech·sel·spie·ler** *m sport* substitute.

Aus·wechs·lung *f* exchange; *(Ersatz)* replacement.

Aus·weg *m fig* way out; ▶ **der letzte ~** the last resort; **ich weiß keinen ~ mehr** I don't know any way out (*aus* of).

aus·weg·los *adj* hopeless.

aus|wei·chen ⟨sein⟩ *irr itr* make way for ...; ▶ **e-r Sache ~** evade s.th.; *(Schlag, Geschoß)* dodge s.th.; **jdm ~** avoid s.o.; **aus·wei·chend** *adv:* ▶ **~ antworten** make an evasive answer; **Aus·weich·gleis** *n rail* siding; **Aus·weich·ma·nö·ver** *n* evasive action; **Aus·weich·mög·lich·keit** *f fig* alternative.

aus|wei·nen *refl* have a good cry; ▶ **sich die Augen ~** cry one's eyes out.

Aus·weis ['aʊsvaɪs] ⟨-es, -e⟩ *m (Personal~/Mitglieds~)* (identity/membership) card; ▶ **Ihren ~ bitte!** your papers please!

aus|wei·sen *irr* **I** *tr* **1.** *(verweisen)* expel; **2.** *(identifizieren)* identify; **II** *refl* ident-

ify o.s.
Aus·weis·kon·trol·le *f* identity check; **Aus·weis·pa·pie·re** *pl* identity papers.
Aus·wei·sung *f* expulsion.
aus|wei·ten I *tr allg* widen; *(Gummiband etc)* stretch; **II** *refl* **1.** *(Gummiband)* stretch; **2.** *fig* expand (zu **into**).
aus·wen·dig ['aʊsvɛndɪç] *adj:* ▶ ~ **lernen** learn by heart; **das kenne ich schon ~!** *(ironisch)* I know that inside out!
aus|wer·fen *irr tr* **1.** *(Leine etc)* cast; **2.** *tech* eject; **3.** *(Lava etc)* throw out.
aus|wer·ten *tr* **1.** *allg* utilize; **2.** *(analysieren)* analyse.
Aus·wer·tung *f* **1.** *(von Lage)* utilization; **2.** *(Meßwerte)* analysis.
aus|wic·keln *tr* unwrap.
aus|wir·ken *refl* have an effect (*auf* on); ▶ **sich günstig ~** have a favourable effect; **sich zu jds Vorteil ~** turn out to someone's advantage.
Aus·wir·kung *f* **1.** *(Wirkung)* effect; **2.** *(Folge)* consequence.
aus|wi·schen *tr* wipe out; ▶ **jdm eins ~** *fig fam* get one over on s.o.
aus|wrin·gen ['aʊsvrɪŋən] *irr tr* wring out.
Aus·wuchs *m* **1.** *fig (Produkt)* product; **2.** *(Übersteigerung)* excess.
aus·wuch·ten *tr mot (Räder)* balance.
Aus·wurf *m med* sputum.
aus|zah·len *tr (Lohn etc)* pay out; ▶ **sich ~** *fig* pay; **er bekommt 3000 Mark ausgezahlt** his net pay is 3000 marks.
aus|zäh·len *tr* **1.** *sport (im Boxkampf)* count out; **2.** *parl (Stimmen)* count.
Aus·zah·lung *f* **1.** *(Summe)* payment; **2.** *(von Gehalt etc)* paying off; *(durch Bank)* paying out; **3.** *(von Partner)* buying out; ▶ **zur ~ kommen** be paid out.
aus|zeich·nen I *tr* **1.** *com (Waren)* label; **2.** *fig (ehren)* honour; ▶ **jdn mit e-m Preis ~** award a prize to s.o.; **II** *refl* distinguish o.s.
Aus·zeich·nung *f* **1.** *com (von Ware)* labelling; **2.** *fig (Ehrung)* distinction; **3.** *(Orden)* decoration; ▶ **e-e Prüfung mit ~ bestehen** pass an examination with distinction.
aus·zieh·bar *adj* extensible; ▶ **~e Antenne** telescopic aerial.
aus|zie·hen *irr* **I** *tr* ⟨h⟩ **1.** *(Schublade etc)* pull out; *(verlängern)* extend; **2.** *(Kleider)* take off; **3.** *(extrahieren)* extract; ▶ **jdn ~** undress s.o.; **jdm die Jacke ~** take off someone's jacket; **II** *refl* ⟨h⟩ undress; *fam (in Bar)* strip; **III** *itr* ⟨sein⟩ set out; *(aus e-m Haus ~)* move (*aus* out of).
Aus·zieh·tisch *m* extending table.
Aus·zu·bil·den·de(r) *f m* trainee.
Aus·zug *m* **1.** *(Fortgehen)* departure; *(aus der Wohnung)* move; **2.** *chem (Extrakt)* extract; **3.** *(e-s Werkes)* excerpt; *(Inhalt)* summary; **4.** *fin (Konto~)* statement.
aus·zugs·wei·se *adv* in extracts.
aut·ark [aʊ'tark] *adj* self-sufficient.
au·then·tisch [aʊ'tɛntɪʃ] *adj* authentic.
Au·then·ti·zi·tät *f* authenticity.
Au·tis·mus [aʊ'tɪsmʊs] ⟨-⟩ *m med* autism; **au·ti·stisch** *adj* autistic.
Au·to ['aʊto] ⟨-s, -s⟩ *n* car; ▶ **~ fahren** drive; ▶ **mit dem ~ fahren** go by car; **Au·to·ab·ga·se** *pl* motor vehicle exhaust fumes; **Au·to·apo·the·ke** *f* first-aid kit; **Au·to·at·las** *m* road atlas; **Au·to·bahn** *f* motorway; **Au·to·bahn·aus·fahrt** *f* motorway exit; **Au·to·bahn·be·nut·zungs·ge·bühr** *f* toll; **Au·to·bahn·drei·eck** *n* motorway merging point; **Au·to·bahn·ein·fahrt** *f* motorway entrance; **Au·to·bahn·ge·bühr** *f* toll; **Au·to·bahn·kreuz** *n* motorway intersection; **Au·to·bahn·rast·stät·te** *f* motorway service area; **Au·to·bahn·zu·brin·ger** *m* approach road.
Au·to·bio·gra·phie [aʊtobiogra'fi:] *f* autobiography.
Au·to·bom·be *f* car bomb.
Au·to·bus ['aʊtobʊs] *m* bus.
Au·to·di·dakt [autodi'dakt] ⟨-en, -en⟩ *m* self-educated person.
Au·to·dieb *m* car thief; **Au·to·fäh·re** *f mar* car ferry; **Au·to·fah·rer(in)** *m (f)* driver; **Au·to·fahrt** *f* drive; **Au·to·fried·hof** *m* breaker's yard *fam,* car dump; **Au·to·gas** *n* liquified petroleum gas.
au·to·gen [aʊto'ge:n] *adj* autogenous; ▶ **~es Training** relaxation through selfhypnosis.
Au·to·gramm *n* autograph; **Au·to·gramm·jä·ger(in)** *m (f)* autograph hunter.
Au·to·kar·te *f* road map; **Au·to·ki·no** *n film* drive-in cinema.
Au·to·mat [aʊto'ma:t] ⟨-en, -en⟩ *m* **1.** *com* vending machine; *(Spiel~)* slot-machine; **2.** *el (Sicherung)* cut-out; **Au·to·ma·ten·ver·kauf** *m* automatic vending.
Au·to·ma·tik *f* **1.** *mot* automatic transmission; **2.** *(System)* automatic system; **Au·to·ma·tik·gurt** *m mot* automatic safety belt, inertia-reel seat belt; **Au·to·ma·tik·schal·tung** *f mot Br* automatic gear change, *Am* automatic gear shift; **Au·to·ma·tik·wa·gen** *m* automatic.
Au·to·ma·tion *f* automation.
au·to·ma·tisch *adj* automatic.
au·to·ma·ti·sie·ren ⟨ohne ge-⟩ *tr* automate; **Au·to·ma·ti·sie·rung** *f* automation.
Au·to·mo·bil [aʊtomo'bi:l] ⟨-s, -e⟩ (*s.*

Auto); **Au·to·mo·bil·aus·stel·lung** *f* motor-show; **Au·to·mo·bil·bau** *m* car (*Am* automobile) manufacture.

au·to·nom [aʊto'no:m] *adj* autonomous; **Au·to·no·me** *m f pol* independent; **Au·to·no·mie** *f* autonomy.

Aut·op·sie [autɔ'psi:] ‹-, -n› *f med* post-mortem, autopsy.

Au·tor ['aʊto:ɐ] *m* author.

Au·to·ra·dio *n* car radio; **Au·to·rei·fen** *m* car tyre (*Am* tire); **Au·to·rei·se·zug** *m* motorail train; **Au·to·ren·nen** *n* car race; **Au·to·re·pa·ra·tur·werk·statt** *f* garage.

Au·to·rin [aʊ'to:rɪn] *f* authoress.

au·to·ri·sie·ren *tr* authorize.

au·to·ri·tär *adj* authoritarian.

Au·to·ri·tät *f* authority.

Au·to·schal·ter *m (in Bank)* drive-in counter; **Au·to·schlan·ge** *f* stream of cars; **Au·to·schlos·ser** *m* panel beater; **Au·to·shop** *m (in Tankstelle)* accessory shop.

Au·to·sug·ge·stion *f psych* auto-suggestion.

Au·to·ver·kehr *m* motor traffic; **Au·to·ver·mie·tung** *f* car hire (*od* rental) firm; **Au·to·wrack** *n* derelict car; **Au·to·zu·be·hör** *n* car accessories *pl.*

au·weh *interj* oh dear!

avi·sie·ren [avi'zi:rən] *tr* advise of ...

Axt [akst, *pl* 'ɛkstə] ‹-, ⸚e› *f Br* axe, *Am* ax.

Aya·tol·lah *m s.* Ajatollah.

Aza·lee [atsa'le:ə] ‹-, -n› *f bot* azalea.

Aze·ty·len [atzety'le:n] ‹-s› *n* acetylene.

Azo·ren [a'tso:rən] *pl geog:* ▶ **die** ~ the Azores.

Azu·bi [a'tsu:bi, 'a:tsubi] ‹-s, -s› *m* ‹-, -s› *f Abk von* **Auszubildende(r)** trainee.

B

B, b [be:] ‹-, -› *n* B, b.

Ba·by ['be:bi/ 'beɪbɪ] ‹-s, -s› *n* baby; **Ba·by·aus·stat·tung** *f* layette; **Ba·by·hös·chen** *n* baby pants *pl;* **Ba·by·schu·he** *pl* bootees; **Ba·by·sit·ter** *m* baby-sitter; **Ba·by·tra·ge·ta·sche** *f* carrycot.

Bach [bax, *pl* 'bɛçə] ‹-(e)s, ⁼e› *m* brook.

Ba·che ['baxə] ‹-, -n› *f zoo* wild sow.

Bach·stel·ze *f orn* wagtail.

Back·blech *n* baking tray.

Back·bord ['bakbɔrt] ‹(-s)› *n mar* port.

Backe (k·k) ['bakə] ‹-, -n› *f* **1.** *anat (Wange)* cheek; **2.** *tech (Einspann∼)* jaw; **3.** *mot (Brems∼)* shoe.

backen (k·k) ['bakən] *irr tr* bake; *(in der Pfanne)* fry.

Backen·bart (k·k) *m* sideburns *pl;* **Backen·kno·chen (k·k)** *m* cheek bone; **Backen·zahn (k·k)** *m* molar.

Bäcker (k·k) ['bɛkɐ] *m* baker; **Bäcke·rei (k·k)** *f* bakery; **Bäcker·mei·ster (k·k)** *m* master baker.

Back·fisch *m* fried fish; *fig obs (junges Mädchen)* young thing; **Back·form** *f* baking tin; **Back·obst** *n* dried fruit; **Back·ofen** *m* oven; **Back·pflau·me** *f* prune; **Back·pul·ver** *n* baking powder; **Back·stu·be** *f* bakery; **Back·wa·ren** *pl* bread, cakes and pastries.

Bad [ba:t, *pl* 'bɛ:dɐ] ‹-(e)s, ⁼er› *n* **1.** *(in der Wanne)* bath; **2.** *(Badezimmer)* bathroom; **3.** *(Badeort)* spa; ▶ **ein ∼ einlaufen lassen** run a bath; **ein ∼ nehmen** have a bath.

Ba·de·an·stalt *f obs* swimming baths *pl;* **Ba·de·an·zug** *m* swimsuit; **Ba·de·ho·se** *f* trunks *pl;* **Ba·de·kap·pe** *f* bathing cap; **Ba·de·man·tel** *m* beach robe; *(Morgenmantel)* bathrobe; **Ba·de·mei·ster(in)** *m (f)* swimming-pool attendant.

ba·den ['ba:dən] **I** *itr* have a bath; *(im Meer)* have a swim; ▶ **∼ gehen** go swimming; *fig fam* come a cropper; **II** *tr* bathe.

Ba·de·ofen *m obs* boiler; **Ba·de·ort** *m* **1.** *(Heilbad)* spa; **2.** *(Seebad)* resort; **Ba·de·schu·he** *m pl* bathing shoes; **Ba·de·strand** *m* bathing beach; **Ba·de·tuch** *n* bath towel; **Ba·de·wan·ne** *f* bath; **Ba·de·zeug** *n* swimming things *pl;* **Ba·de·zim·mer** *n* bathroom; **Ba·de·zu·satz** *m* bath salts *pl.*

baff [baf] *adj:* ▶ **∼ sein** *fam* be flabbergasted.

BAföG ['ba:fœk] ‹-, -› *n Abk von* **Bundesausbildungsförderungsgesetz** grant; ▶ **er kriegt ∼** *fam* he gets a grant.

Ba·ga·tel·le [baga'tɛlə] ‹-, -n› *f* trifle.

ba·ga·tel·li·sie·ren *tr* trivialize.

Bag·ger ['bagɐ] ‹-s, -› *m* excavator.

bag·gern *itr* excavate, *fam (arbeiten)* slog; ▶ **∼ wie blöde** *sl* slog one's guts out.

Bahamas *f pl geog* Bahamas *pl.*

Bahn [ba:n] ‹-, -en› *f* **1.** *(Weg, Kurs)* path, track; **2.** *astr* orbit; **3.** *(Tapeten∼ etc)* length; **4.** *rail Br* railway, *Am* railroad; ▶ **etw in die richtigen ∼en lenken** channel s.th. properly; **sich ∼ brechen** *fig* make headway; **jdn aus der ∼ werfen** *fig* throw s.o. out of gear; **∼ frei!** make way! **Bahn·be·am·te(r)** *m Br* railway (*Am* railroad) official; **bahn·bre·chend** *adj* pioneering; **Bahn·bre·cher** *m* pioneer; **Bahn·damm** *m* railway embankment.

bah·nen ['ba:nən] *tr:* ▶ **sich e-n Weg ∼** force one's way; **e-r Sache den Weg ∼** *fig* pave the way for s.th.

Bahn·fahrt *f* railway journey; **Bahn·hof** *m Br* railway (*Am* railroad) station; ▶ **auf dem ∼** at the station; **ich verste·he nur ∼** *fig fam* it's as clear as mud; **Bahn·hofs·hal·le** *f* concourse; **Bahn·hofs·vor·ste·her** *m* stationmaster; **Bahn·hofs·gast·stät·te** *f* station buffet.

bahn·la·gernd *adj com* to be collected from the station; **Bahn·po·li·zei** *f* transport police; **Bahn·schran·ke** *f Br* level crossing barrier, *Am* grade crossing gate; **Bahn·steig** *m* platform; **Bahn·steig·kar·te** *f* platform ticket; **Bahn·trans·port** *m* **1.** *(Beförderungsart)* rail transport; **2.** *com (Stückgutsendung)* consignment sent by rail; **Bahn·über·gang** *m Br* level (*Am* grade) crossing; **Bahn·ver·bin·dung** *f* train connection; **Bahn·wär·ter(in)** *m (f) Br* attendant, *Am* gatekeeper.

Bah·re ['ba:rə] ‹-, -n› *f* stretcher; *(Toten∼)* bier.

Bai [baɪ] ‹-, -en› *f* bay.

Bais·se ['bɛ:s(ə)] ‹-, -n› *f com* slump.

Ba·jo·nett [bajo'nɛt] ‹-(e)s, -e› *n* bayonet.

Ba·ke ['ba:kə] ‹-, -n› *f* **1.** *(Verkehrs∼)* distant warning signal; **2.** *mar* marker buoy.

Bak·te·rie [bak'te:riə] *f* bacterium, *pl* bacteria.

bak·te·ri·ell *adj* bacterial.

Bak·te·rio·lo·ge (Bak·te·rio·lo·gin) [bakterio'lo:gə] *m (f)* bacteriologist; **Bak·te·rio·lo·gie** *f* bacteriology; **bak·te·rio·lo·gisch** *adj* bacteriological.

bak·te·ri·zid [bakteri'tsi:t] *adj* bactericidical.

Ba·lan·ce [ba'lã:s(ə)] ‹-, -n› *f* balance; ▶ **die ~ behalten** keep one's balance.

ba·lan·cie·ren ‹sein› *itr* balance; ▶ **über etw ~** balance one's way across s.th.

bald [balt] *adv* **1.** soon; **2.** *(fast)* almost, nearly; ▶ **möglichst ~** as soon as possible; **kommst du ~?** will you be coming soon? **wird's bald?!** get a move on! **bis ~!** see you soon! **~ ... ~ ...** sometimes ... sometimes ...

Bal·da·chin ['baldaxi:n] ‹-(e)s, -e› *m* canopy.

bal·digst (bald·mög·lichst) *adv* **1.** *allg* as soon as possible; **2.** *com* at your earliest convenience.

Bal·dri·an ['baldria:n] ‹-s› *m bot* valerian.

Ba·le·aren [bale'a:rən] *pl:* ▶ **die ~** the Balearic Islands *pl.*

Balg[1] [balk, *pl* 'bɛlgə] ‹-(e)s, ⸚e› *m* **1.** *(abgezogene Tierhaut)* skin; **2.** *(Blase~, a. phot)* bellows *pl.*

Balg[2] [balk, *pl* 'bɛlge] ‹-(e)s, ⸚er› *n fam (freches Kind)* brat.

Bal·kan ‹-s› *m* Balkans *pl;* **Bal·kan·län·der** *n pl geog* Balkan States.

Bal·ken ['balkən] ‹-s, -› *m* **1.** *(Holz~)* beam; *(Stütz~)* prop; **2.** *(auf Uniform)* stripe; ▶ **lügen, daß sich die ~ biegen** *fig fam* lie in one's teeth; **Bal·ken·decke (k·k)** *f* ceiling with wooden beams; **Bal·ken·dia·gramm** *n* bar chart; **Bal·ken·ko·de** *m* bar code; **Bal·ken·kon·struk·tion** *f* timber-frame construction.

Bal·kon [bal'kɔŋ/bal'ko:n] ‹-s, -s/-e› *m* **1.** *arch* balcony; **2.** *theat* dress circle; **Bal·kon·tür** *f* French window.

Ball[1] [bal, *pl* 'bɛlə] ‹-(e)s, ⸚e› *m* ball; ▶ **~ spielen** play ball; **am ~ bleiben** *sport* keep the ball; **am ~ sein** *sport* have the ball; **bei jdm am ~ bleiben** *fig* keep in with s.o.

Ball[2] *m (Tanz)* ball.

Bal·la·de [ba'la:də] ‹-, -n› *f* ballad.

Bal·last ['balast/ -'-] ‹-(e)s, (-e)› *m* **1.** *aero mar* ballast; **2.** *fig* burden.

Bal·last·stof·fe *pl* roughage *sing.*

Bal·len ['balən] ‹-s, -› *m* **1.** *(Stoff~)* bale; **2.** *anat* ball.

bal·len ['balən] **I** *tr (die Faust)* clench; **II** *refl* **1.** *(Wolken)* build up; **2.** *(Menschen)* crowd.

Bal·lett [ba'lɛt] ‹-(e)s, -e› *n* ballet; **Bal·let(t·)tän·zer(in)** *m (f)* ballet dancer.

bal·li·stisch *adj* ballistic.

Ball·jun·ge *m (Tennis)* ball boy.

Ball·kleid *n* ball (*od* evening) dress.

Bal·lon [ba'lɔŋ/ba'lo:n] ‹-s, -s/-e› *m* **1.** *(Gummi~)* balloon; **2.** *(Glasgefäß, Glas~)* carboy.

Ball·spiel *n* ball game.

Bal·lung ['balʊŋ] *f* concentration.

Bal·lungs·ge·biet *n* conurbation.

Bal·sam ['balza:m] ‹-s, -e› *m* **1.** *bot* balsam; **2.** *fig (Linderung)* balm.

bal·sa·mie·ren *tr* embalm.

Bal·te ['baltə] ‹-n, -n› *m* Balt; **Bal·tikum** ['baltikʊm] *n geog* the Baltic; **Baltin** ['baltɪn] *f* Balt; **bal·tisch** *adj* Baltic; ▶ **das ~e Meer** the Baltic.

Bam·bus ['bambʊs] ‹-/-ses, -se› *m* bamboo; **Bam·bus·rohr** *n* bamboo (cane); **Bam·bus·spros·sen** *pl* bamboo shoots.

Bam·mel ['baməl] ‹-s› *m fam:* ▶ **~ vor etw haben** be scared of s.th.

ba·nal [ba'na:l] *adj* trite.

Ba·na·li·tät *f* banality.

Ba·na·ne [ba'na:nə] ‹-, -n› *f* banana; **Ba·na·nen·re·pu·blik** *f fam pej* banana republic.

Ba·na·nen·stecker (k·k) *m el* jack plug.

Ba·nau·se [ba'naʊzə] ‹-n, -n› *m fam* philistine.

Band[1] [bant, *pl* 'bɛnde] ‹-(e)s, ⸚er› *n* **1.** *(Stoffband)* ribbon; *(Maß~)* tape; **2.** *radio (Ton~)* tape; **3.** *(Fließ~)* conveyor belt; ▶ **etw auf ~ aufnehmen** tape s.th.; **etw auf ~ sprechen** record s.th. on tape; *Am laufenden ~ fam* continuously; in endless succession.

Band[2] [bant, *pl* 'bɛndə] ‹-(e)s, ⸚e› *m (Buch)* volume; ▶ **das spricht ⸚e** *fig* that speaks volumes.

Ban·da·ge [ban'da:ʒə] ‹-, -n› *f* bandage.

ban·da·gie·ren *tr* bandage.

Band·auf·nah·me *f radio* tape-recording.

Band·brei·te *f* **1.** *radio* wave band, frequency range; **2.** *fig* range.

Ban·de[1] ['bandə] ‹-, -n› *f sport (am Billardtisch)* cushion.

Ban·de[2] *f (Verbrecher~)* gang.

Ban·de·ro·le [bandə'ro:lə] ‹-, -n› *f* tax seal.

Bän·der·riß *m med* torn ligament.

bän·di·gen ['bɛndɪgən] *tr* **1.** *allg* tame; **2.** *(unter Kontrolle halten)* control; **3.** *fig (Leidenschaft etc)* master.

Ban·dit [ban'di:t] ‹-en, -en› *m* bandit.

Band·lauf·werk *n EDV* tape streamer.

Band·maß *n* tape measure.

Band·sä·ge *f* band-saw.

Band·schei·be *f anat* intervertebral disc; **Band·schei·ben·scha·den** *m* damaged disc.

Band·wurm *m* tape-worm.

bang(e) [baŋ(ə)] *adj:* ▶ **sei nicht ~!** don't be afraid! **jdn ~ machen** scare s.o.; **e-e ~ Ahnung** a sense of foreboding; **Ban·ge·ma·chen** *n* scaremongering.

ban·gen ['baŋən] **I** *itr:* ▶ **mir bangt davor** I am afraid of it; **II** *refl* be anxious (*um* about).

Bank[1] [baŋk, *pl* 'bɛŋkə] ⟨-, ¨-e⟩ *f* **1.** *(pl Bänke)* bench; **2.** *(Untiefe)* sandbank; ▶ **etw auf die lange ~ schieben** *fig* put s.th. off.

Bank[2] [baŋk, *pl* 'baŋkən] ⟨-, -en⟩ *f com (pl Banken)* bank; ▶ **ein Konto bei e-r ~ eröffnen** open an account with a bank; **Bank·an·ge·stell·te(r)** *f m* bank employee; **Bank·an·wei·sung** *f* banker's order; **Bank·au·to·mat** *m* cash dispenser; **Bank·kre·dit** *m* bank loan, bank credit.

Ban·kett[1] [baŋ'kɛt] ⟨-s, -s/-e⟩ *n* banquet.

Ban·kett[2] *n (Straßen~) Br* verge, *Am* shoulder.

Bank·gut·ha·ben *n* bank balance.

Ban·kier [baŋ'kje:] ⟨-s, -s⟩ *m* banker.

Bank·kauf·frau (-mann) *f (m)* bank clerk; **Bank·kon·to** *n* bank account; **Bank·leit·zahl** *f* bank (sorting) code; **Bank·no·te** *f Br* banknote, *Am* bill; **Bank·raub** *m* bank robbery; **Bank·räu·ber(in)** *m (f)* bank robber.

Bank·rott [baŋ'krɔt] ⟨-(e)s, -e⟩ *m* bankruptcy; **~ machen** go bankrupt; **bank·rott** *adj* **1.** *allg* bankrupt; **2.** *fig (Politik etc)* discredited; ▶ **~ machen** go bankrupt.

Bank·über·wei·sung *f* bank transfer; **Bank·ver·bin·dung** *f* banking arrangements *pl; (Kontonummer)* banking details *pl.*

Bann [ban] ⟨-(e)s⟩ *m* spell; ▶ **er ist ganz in ihrem ~** he is completely under her spell; **jdn in s-n ~ schlagen** captivate s.o.

ban·nen ['banən] *tr rel (böse Geister etc)* exorcize; ▶ **e-e Gefahr ~** avert a danger.

Ban·ner ['banɐ] ⟨-s, -⟩ *n* banner.

Bar [ba:ɐ] ⟨-, -s⟩ *f* bar.

bar *adj* **1.** *fin* cash; **2.** *(bloß)* bare; **3.** *(völlig)* pure; **4.** *(ohne)* devoid of; ▶ **~ zahlen** pay cash (down); **~ auf die Hand** cash on the nail; **etw für ~e Münze nehmen** *fig* take s.th. at face value; **~er Unsinn** utter nonsense.

Bär [bɛ:ɐ] ⟨-en, -en⟩ *m* bear; ▶ **der Große ~** *astr* the Great Bear; **jdm e-n ~en aufbinden** *fig* have s.o. on.

Ba·racke (k·k) [ba'rakə] ⟨-, -n⟩ *f* shack.

Bar·bar(in) [bar'ba:ɐ] ⟨-s/-en, -en⟩ *m (f)* barbarian; **Bar·ba·rei** [barba'raɪ] *f* barbarism; **bar·ba·risch** *adj* barbarous.

Bar·bi·tu·rat ⟨-s, -e⟩ *n pharm* barbiturate.

Bar·da·me *f* barmaid; *(Animierdame)* hostess.

Ba·rett [ba'rɛt] ⟨-(e)s, -e/-s⟩ *n* **1.** *(Baskenmütze)* beret; **2.** *(Richter~ etc)* biretta.

bar·fuß *adj* barefoot(ed).

Bar·geld *n* cash.

bar·geld·los *adj* non-cash; ▶ **~er Zahlungsverkehr** transfer of money not involving cash.

Bärin ['bɛ:rɪn] *f* she-bear.

Bar·kas·se [bar'kasə] ⟨-, -n⟩ *f mar* launch.

Bar·kauf *m* cash purchase.

Bar·ke ['barkə] ⟨-, -n⟩ *f mar* skiff.

Bar·kee·per *m* barkeeper.

barm·her·zig [barm'hɛrtsɪç] *adj* compassionate; ▶ **der ~e Samariter** the good Samaritan.

Barm·her·zig·keit *f* compassion.

Bar·mi·xer *m* cocktail waiter.

Ba·rock [ba'rɔk] ⟨-s⟩ *n* baroque.

ba·rock *adj* **1.** *arch* baroque; **2.** *fig (Figur)* buxom.

Ba·ro·me·ter [baro'me:tɐ] *n* barometer.

Ba·ron [ba'ro:n] ⟨-s, -e⟩ *m* baron.

Ba·ro·nin *f* baroness.

Bar·ren ['barən] ⟨-s, -⟩ *m* **1.** *(Edelmetall~)* ingot; **2.** *sport (zum Turnen)* parallel bars *pl.*

Bar·rie·re [ba'rje:rə] ⟨-, -n⟩ *f* barrier.

Bar·ri·ka·de [bari'ka:də] ⟨-, -n⟩ *f* barricade; ▶ **~n bauen** raise barricades; **auf die ~n gehen** *fig* protest.

Barsch [barʃ] ⟨-(e)s, -e⟩ *m zoo* perch.

barsch *adj* brusque; ▶ **jdn ~ anfahren** snap at s.o.

Bar·scheck *m* open (*od* uncrossed) cheque.

Bart[1] [ba:ɐt, *pl* 'bɛrtə] ⟨-(e)s, ¨-e⟩ *m* beard; ▶ **sich e-n ~ wachsen lassen** grow a beard; **der ~ ist ab!** *fig fam* you've had it! **der Witz hat e-n Bart!** *fig* that's a real oldie!

Bart[2] *m (Schlüssel~)* bit.

Bart·flech·te *f* **1.** *med* barber's itch, sycosis; **2.** *bot* beard moss.

Bar·zah·lung *f* cash payment, payment in cash; ▶ **bei ~ 2% Skonto** 2% discount for cash.

Ba·salt [ba'zalt] ⟨-(e)s, -e⟩ *m* basalt.

Ba·sar [ba'za:ɐ] ⟨-s, -e⟩ *m* bazaar.

Ba·se[1] ['ba:zə] ⟨-, -n⟩ *f obs (Cousine)* cousin.

Ba·se[2] *chem* base.

ba·sie·ren [ba'zi:rən] **I** *tr (~ auf)* base on; **II** *itr (~ auf)* rest upon.

Ba·si·li·kum [ba'zi:likum] ⟨-s⟩ *n bot* basil.

Ba·sis ['ba:zɪs] ⟨-, Basen⟩ *f* **1.** *allg a. mil* base; **2.** *fig* basis; **3.** *pol:* ▶ **die ~** the grass roots *pl;* **auf breiter ~ ruhen** *fig* be firmly established; **Ba·sis·de·mo·kra·tie** *f* grass-roots democracy; **Ba·sis·grup·pe** *f* action group; **Ba·sis·wis·sen** *n* basic knowledge.

Bas·ke (Bas·kin) ['baskə] ⟨-n, -n⟩ *m (f)* Basque.

Baß [bas, *pl* 'bɛsə] ⟨-sses, ¨-sse⟩ *m* bass.

Bas·sin [ba'sɛ̃:] ⟨-s, -s⟩ *n* pool.

Bas·sist [ba'sɪst] ‹-en, -en› *m* **1.** *(Sänger)* bass singer; **2.** *(Orchester~)* bass player.

Bast [bast] ‹-(e)s, -e› *m* **1.** *(Binde~)* raffia; **2.** *(am Hirschgeweih)* velvet; **3.** *bot* bast.

ba·sta ['basta] *interj:* ▶ **und damit ~!** and that's that!

Ba·stard ['bastart] ‹-(e)s, -e› *m* bastard.

Ba·stei [bas'taɪ] *f hist* bastion.

ba·steln ['bastəln] *itr:* ▶ **ich bastele gerne** I like to do handicrafts; **an etw ~ (arbeiten)** work on s.th.; **an etw (herum)~** mess around with s.th.

Ba·tail·lon [batal'jo:n] ‹-s, -e› *n mil* battalion.

Ba·tist [ba'tɪst] ‹-(e)s, -e› *m* cambric.

Bat·te·rie [batə'ri:] *f* **1.** *el* battery; **2.** *mil* battery; **3.** *(Anzahl)* row; **Bat·te·rie·be·trieb** *m* battery operation; **bat·te·rie·be·trie·ben** *adj* battery operated; **Bat·te·rie·la·de·ge·rät** *n* battery charger.

Bau [baʊ] ‹-(e)s, -ten› *m* **1.** *(das Bauen)* construction; **2.** *(Bauart)* structure; **3.** *(Gebäude)* building; **4.** *(Baustelle)* building site; **5.** *(Kaninchen~)* burrow; ▶ **im ~** under construction; **auf dem ~ arbeiten** be a building (*Am* construction) worker; **Bau·amt** *n* planning department and building control office; **Bau·ar·bei·ten** *pl* construction work *sing;* **Bau·ar·bei·ter(in)** *m (f)* construction worker; **Bau·art** *f* **1.** *arch* style; **2.** *tech* construction, design; *(Type)* model, type; **Bau·be·ginn** *m* start of building.

Bauch [baʊx, *pl* 'bɔɪçə] ‹-(e)s, ⸚e› *m* **1.** *anat* stomach; **2.** *fig* belly, tummy; **3.** *(Fett~)* paunch, potbelly *fam;* ▶ **mir tut der ~ weh** I have (a) stomach ache; **mit etw auf den ~ fallen** *fig* come a cropper with s.th.; **sich den ~ vollschlagen** *fam* gorge (*od* stuff) o.s; **Bauch·decke (k·k)** *f anat* abdominal wall.

bau·chig ['baʊxɪç] *adj* bulbous; **Bauch·lan·dung** *f aero* belly landing; **Bauch·na·bel** *m* navel; **Bauch·red·ner(in)** *m (f)* ventriloquist; **Bauch·schmer·zen** *pl:* ▶ **ich habe ~** I have (a) stomach ache *sing;* **Bauch·tanz** *m* belly dance; *(das Tanzen)* belly dancing.

Bau·ele·ment *n* **1.** *arch* building component; **2.** *tech* construction element.

bau·en ['baʊən] **I** *tr* build, construct; ▶ **e-n Unfall ~** *fam* cause an accident; **II** *itr* build; **hier wird viel gebaut** there's a lot of building going on here.

Bau·er[1] ‹-n/(-s), -n› *m* **1.** *(Acker~)* farmer; **2.** *(Schachfigur)* pawn; **3.** *(Kartenfigur)* knave.

Bau·er[2] ‹-s, -› *n (od m) (Vogel~)* cage.

Bäu·er·chen *n (Luftaufstoßen in der Kindersprache)* burp; ▶ **ein ~ machen** do a burp.

Bäue·rin ['bɔɪərɪn] *f* farmer; *(Frau eines Bauern)* farmer's wife.

bäu·er·lich *adj* rural.

Bau·ern·auf·stand *m* peasants' revolt; **Bau·ern·haus** *n* farmhouse; **Bau·ern·hof** *m* farm; **Bau·ern·re·gel** *f* country saying; **bau·ern·schlau** *adj* cunning, shrewd.

bau·fäl·lig *adj* dilapidated.

Bau·fir·ma *f* building contractor; **Bau·ge·län·de** *n* building site; **Bau·ge·neh·mi·gung** *f* planning and building permission; **Bau·ge·rüst** *n* scaffolding; **Bau·gru·be** *f* excavation; **Bau·herr(in)** *m (f)* client; **Bau·holz** *n Br* timber, *Am* lumber; **Bau·in·ge·nieur(in)** *m (f)* civil engineer; **Bau·jahr** *n* year of construction; *(vom Auto)* model; **Bau·ka·sten** *m* building kit; **Bau·kon·junk·tur** *f* building boom; **Bau·ko·sten** *pl* building costs; **Bau·land** *n* building land; **Bau·lei·tung** *f* **1.** *(Büro)* site office; **2.** *(Bauaufsicht)* site supervision.

bau·lich *adj* structural; ▶ **in gutem ~en Zustand** structurally sound.

Baum [baʊm, *pl* 'bɔɪmə] ‹-(e)s, ⸚e› *m* tree; ▶ **auf dem ~** in the tree; **auf e-n ~ steigen** climb a tree.

Bau·maß·nah·men *f pl* building measures; **Bau·ma·te·ria·lien** *n pl* building materials.

Baum·blü·te *f* blossom.

bau·meln ['baʊməln] *itr* dangle (*an* from).

Baum·gren·ze *f* tree line; **baum·los** *adj* treeless; **Baum·rin·de** *f* bark; **Baum·schu·le** *f* nursery; **Baum·stamm** *m* tree-trunk; **Baum·ster·ben** *n (Umwelt)* dying (off) of trees; **Baum·stumpf** *m* tree stump.

Baum·wol·le *f* cotton; **baum·wol·len** *adj* cotton.

Bau·ord·nung *f* building by-law, building regulations *pl;* **Bau·plan** *m* building plan; **Bau·pla·nung** *f* project planning; **Bau·platz** *m* site; **Bau·po·li·zei** *f* building control department.

Bausch [baʊʃ] ‹-(e)s, -e/⸚e› *m* ball; ▶ **in ~ u. Bogen** *fam* lock, stock and barrel.

Bau·schä·den *pl* structural damages.

bau·schen ['baʊʃən] **I** *itr* become bunched; **II** *refl* billow out; **III** *tr:* ▶ **der Wind bauscht die Segel** the wind is filling the sails.

Bau·schlos·ser(in) *m (f)* locksmith.

Bau·schutt *m* rubble.

bau·spa·ren *itr* save with a building society; **Bau·spar·kas·se** *f Br* building society, *Am* building and loan association; **Bau·spar·ver·trag** *m Br* building society savings agreement, *Am* savings contract with a building and loan association.

Bau·stein *m* 1. *allg* stone; 2. *fig* constituent; ► **elektronischer** ~ chip; **Bau·stel·le** *f (Haus~)* building site; *(Straßen~) Br* roadworks *sing, Am* construction work; **Bau·stoff** *m* building-material; **Bau·teil** *n* prefabricated part (of building).
Bau·ten *pl* buildings.
Bau·trupp *m* construction team; **Bau·un·ter·neh·mer(in)** *m (f)* building contractor; **Bau·vor·ha·ben** *n* building scheme; **Bau·wei·se** *f* type of construction; **Bau·werk** *n* building.
Bau·xit [baʊ'ksi:t] ‹-s, -e› *m* bauxite.
Bau·zaun *m* (building site) fencing.
Bay·er(in) ‹-n, -n› *m (f)* Bavarian; **Bay·ern** ['baɪɐn] *n* Bavaria; **bay(e)·risch** *adj* Bavarian.
Ba·zil·lus [ba'tsɪlʊs] ‹-, -llen› *m* bacillus, germ.
be·ab·sich·ti·gen *tr* intend; ► **das war beabsichtigt!** that was intentional!
be·ach·ten *tr* 1. *(aufmerksam ~)* pay attention to ...; 2. *(Vorschrift)* observe; ► **jds Ratschlag** ~ follow someone's advice.
be·acht·lich *adj* considerable.
Be·ach·tung *f:* ► **die ~ der Verkehrsregeln** observance of traffic regulations; ~ **finden** receive attention; **jdm keine ~ schenken** take no notice of s.o.
Be·am·te (Be·am·tin) [bə'amtə] *m (f)* civil servant; **Be·am·ten·an·wär·ter(in)** *m (f)* civil service trainee; **Be·am·ten·deutsch** *n* officialese; **Be·am·ten·lauf·bahn** *f:* ► **die ~ einschlagen** join the civil service; **Be·am·ten·tum** *n* civil service; **be·am·tet** *adj* permanently appointed as a civil servant.
be·äng·sti·gend *adj* alarming.
be·an·spru·chen *tr* 1. *(Recht)* claim; 2. *(Aufmerksamkeit)* demand; *(erfordern)* take; 3. *tech* use; ► **jds Hilfe** ~ ask for someone's help; **etw ~ können** be entitled to s.th.
Be·an·spru·chung *f* 1. *(Inanspruchnahme)* demand (*von* on); 2. *(Belastung)* use.
be·an·stan·den *tr* complain about ...
Be·an·stan·dung *f* complaint.
be·an·tra·gen *tr* 1. *(Erlaubnis)* apply for (*bei* to); 2. *(bei Diskussion etc)* propose.
be·ant·wor·ten *tr* answer; ► **leicht zu** ~ easily answered.
be·ar·bei·ten *tr* 1. *allg* work on ...; 2. *(Buch etc)* edit; 3. *(Land)* cultivate; 4. *EDV* process; ► **Bestellungen** ~ deal with orders; **etw mit dem Hammer** ~ hammer s.th.
Be·ar·bei·tung *f* 1. *(Neu~)* revision; 2. *(von Vorgang)* handling.
Be·ar·bei·tungs·ge·bühr *f* processing fees *pl.*
be·arg·wöh·nen *tr* regard with suspicion.
be·at·men *tr:* ► **jdn künstlich** ~ give s.o. artificial respiration.
Beat ['bi:t] ‹-s, -s› *m* beat; **Beat·mu·sik** *f* beat (music); **Beatnik** [bi:tnɪk] ‹-s, -s› *m* beatnik.
be·auf·sich·ti·gen *tr* supervise.
Be·auf·sich·ti·gung *f* supervision.
be·auf·tra·gen *tr* 1. *(mit Auftrag versehen)* engage; 2. *(anweisen)* instruct; ► **jdn mit etw** ~ employ s.o. to do s.th.
Be·auf·trag·te(r) *f m* representative.
be·bau·en *tr* 1. build on; 2. *(Land)* cultivate.
Be·bau·ungs·dich·te *f* density of development; **Be·bau·ungs·plan** *m* development scheme.
Be·ben ['be:bən] ‹-s, -› *n* earthquake.
be·ben *itr* shake, tremble.
be·bil·dern *tr* illustrate.
Be·cher ['bɛçɐ] ‹-s, -› *m* cup; *(Glas~)* tumbler; *(Ton~)* mug.
be·chern ['bɛçɐn] *itr fam* have a few.
Becken (k·k) ['bɛkən] ‹-s, -› *n* 1. basin; *(Küchen~)* sink; *(Schwimm~)* pool; 2. *anat* pelvis; 3. *mus* cymbal.
Bec·que·rel [bɛkə'rɛl] ‹-, -› *n* Becquerel.
Be·dacht *m:* ► **etw mit ~ tun** do s.th. deliberately.
be·dacht [bə'daxt] *adj* careful, cautious; ► **auf etw ~ sein** be concerned about s.th.
be·däch·tig [bə'dɛçtɪç] *adj* deliberate.
Be·däch·tig·keit *f* deliberateness.
be·dan·ken *ref:* ► **ich möchte mich bei Ihnen ~ für ...** I should like to thank you for ...; **dafür können Sie sich bei ... bedanken** *iro* you've got ... to thank; **ich bedanke mich** thank you very much.
Be·darf [bə'darf] ‹-(e)s› *m* 1. *(Bedürfnis)* need (*an* for); 2. *(Waren~)* requirements *pl;* ► **bei ~** when required; **an etw ~ haben** be in need of s.th.; **je nach** ~ according to demand; **Be·darfs·deckung (k·k)** *f* filling of demand (*od* needs *pl);* **Be·darfs·hal·te·stel·le** *f* request stop.
be·dau·er·lich [bə'daʊɐlɪç] *adj* regrettable, unfortunate; ► **wie ~!** how unfortunate! **be·dau·er·li·cher·wei·se** *adv* unfortunately, regrettably.
Be·dau·ern ‹-s› *n* regret; ► **zu meinem größten** ~ much to my regret.
be·dau·ern [bə'daʊɐn] *tr* 1. *(etw)* regret; 2. *(jdn)* be sorry for ...; ► **bedaure!** I'm sorry! **er ist zu** ~ one must feel sorry for him; **be·dau·erns·wert** *adj (Mensch)* pitiful; *(Zustand)* deplorable.
be·decken (k·k) I *tr* cover; ► **von etw bedeckt sein** be covered in s.th.; II *refl* cover o.s.; ► **der Himmel bedeckt sich** the sky is becoming overcast; **be·deckt**

adj (Himmel) clouded, overcast; ▶ **sich bedeckt halten** *fig* keep a low profile.

Be·deckung (k·k) *f* **1.** *mil* escort; **2.** *(Leibwache)* guard.

Be·den·ken ‹-s, -› *n* doubt; ▶ **mir kommen** ~ I'm having second thoughts; **ohne** ~ without thinking.

be·den·ken *irr tr* **1.** consider; **2.** *:* **jdn** ~ remember s.o.; ▶ **wenn man es recht bedenkt** if you think about it properly; **man muß bedenken, daß ...** one must take into consideration the fact that ...; **be·den·ken·los** *adj* **1.** *(ohne zu zögern)* unhesitating; **2.** *(rücksichtslos)* heedless of others; ▶ ~ **zustimmen** agree without hesitation.

be·denk·lich *adj* **1.** *(Lage etc)* alarming, serious; **2.** *(zweifelhaft)* dubious; **3.** *(besorgt)* anxious; ▶ **sein Zustand ist** ~ his condition is giving cause for concern.

Be·denk·zeit *f:* ▶ **können Sie mir e-n Tag** ~ **geben?** can you give me one day to think about it?

be·deu·ten *tr itr* mean; ▶ **was soll das** ~**?** what does that mean? **was soll denn das** ~**?** what's the meaning of that? **das hat nichts zu** ~ it doesn't mean anything; **be·deu·tend I** *adj* **1.** *(gewichtig)* important; **2.** *(groß)* considerable; **II** *adv (erheblich)* considerably; **be·deut·sam** *adj* **1.** *(bedeutungsvoll)* meaningful; **2.** *(wichtig)* important.

Be·deu·tung *f* **1.** *allg* meaning; **2.** *(Wichtigkeit)* importance; ▶ **von** ~ **sein** be important; **von großer** ~ **sein** be of great importance; **nichts von** ~ nothing of any importance; **be·deu·tungs·los** *adj* **1.** *(unwichtig)* insignificant; **2.** *(ohne Sinn)* meaningless; **Be·deu·tungs·lo·sig·keit** *f* insignificance.

be·die·nen I *itr tr* **1.** attend to, serve; **2.** *(beim Kartenspiel)* follow suit; **3.** *tech (Apparate, Maschinen)* operate; ▶ **hier wird man gut bedient** the service is good here; **na, ich bin bedient!** *iro* I've had all I can take! **II** *refl* help o.s. (*mit* to); **Be·die·ner(in)** *m (f) EDV* operator, user; **Be·die·ner·füh·rung** *f EDV* context-sensitive help.

Be·dien·ste·te(r) *f m* **1.** *(im öffentlichen Dienst)* public employee; **2.** *pl (Diener):* ▶ **seine** ~**n** his servants.

Be·die·nung *f* **1.** *(im Laden)* service; **2.** *(von Geräten)* operation; ▶ ~**!** waiter (waitress)! **Be·die·nungs·an·lei·tung** *f* operating instructions *pl.*

be·din·gen [bəˈdɪŋən] *irr tr* **1.** *(voraussetzen)* demand; **2.** *(bewirken)* cause.

be·dingt *adj:* ▶ **nur** ~ **richtig** only partially right; ~ **tauglich** *mil* fit for limited duties.

Be·din·gung *f* condition; ▶ **unter der** ~**, daß ...** on condition that ...; **unter keiner** ~ under no circumstances *pl;* **nur unter einer** ~ only on one condition; **zu günstigen** ~**en** on favourable terms; **be·din·gungs·los** *adj* unconditional.

be·drän·gen *tr* **1.** *(belästigen)* plague; **2.** *sport* pressurize.

Be·dräng·nis *f:* ▶ **in** ~ **bringen** get into trouble; **in** ~ **geraten** get into difficulties *pl.*

be·dro·hen *tr* threaten.

be·droh·lich *adj* threatening; ▶ **sich** ~ **verschlechtern** deteriorate alarmingly.

Be·dro·hung *f* threat.

be·drücken (k·k) *tr fig* depress.

be·drückt *adj* depressed.

Be·dui·ne [beduˈi:nə] ‹-n, -n› *m* Bedouin.

be·dür·fen *irr tr:* ▶ **es bedarf einiger Mühe** some effort is required; **das bedarf keiner weiteren Erklärung** there's no need for any further explanation.

Be·dürf·nis *n* need; ▶ **ich hatte das dringende** ~ ... I felt an urgent need to ...

be·dürf·tig *adj* needy.

Beef·steak [ˈbi:fste:k] ‹-s, -s› *n* steak.

be·ei·d(i·g)en *tr* swear to.

be·ei·digt *adj jur:* ▶ ~**e Aussage** sworn evidence.

be·ei·len *refl* hurry up; ▶ **beeil dich!** hurry up! get a move on! **Be·ei·lung** *f:* ▶ ~**!** hurry up!

be·ein·drucken (k·k) *tr* impress; ▶ **davon lasse ich mich nicht** ~ I won't be impressed by that.

be·ein·flus·sen *tr* influence; ▶ **kannst du sie nicht** ~**?** can't you persuade her?

be·ein·träch·ti·gen *tr:* ▶ **den Wert von etw** ~ reduce the value of s.th.

be·en·den *tr* **1.** finish; **2.** *EDV* terminate.

Be·en·di·gung *f (Abschluß)* completion.

be·en·gen [bəˈɛŋən] *tr* **1.** *allg* cramp; **2.** *fig* inhibit; ▶ ~**de Kleidung** tight clothing.

be·er·ben *tr:* ▶ **jdn** ~ be heir to s.o.

be·er·di·gen [bəˈe:ɐdɪgən] *tr* bury.

Be·er·di·gung *f* **1.** *(Bestattung)* burial; **2.** *(Feier)* funeral.

Bee·re [ˈbe:rə] ‹-, -n› *f bot* berry; **Bee·ren·aus·le·se** *f (Weinart)* vintage wine of selected grapes.

Beet [be:t] ‹-(e)s, -e› *n* bed.

be·fä·hi·gen [bəˈfɛ:ɪgən] *tr* enable; **befä·higt** *adj* capable; ▶ **zu etw** ~ **sein** be capable of doing s.th.

Be·fä·hi·gung *f* ability, capability.

be·fahr·bar *adj:* ▶ **nicht** ~ **sein** be closed to traffic.

be·fah·ren *irr tr* drive on ...; ▶ **diese Straße ist stark** ~ this road is used a lot.

be·fal·len *irr tr (Krankheit)* strike; ▶ **von Schädlingen** ~ **sein** be infested with parasites.

be·fan·gen *adj* **1.** *(scheu)* bashful; **2.** *(voreingenommen)* prejudiced; ▶ **in e-m Irrtum ~ sein** labour under a misapprehension.
Be·fan·gen·heit *f:* ▶ **jdn wegen ~ ablehnen** *jur* object to s.o. on grounds of interest.
be·fas·sen *tr:* ▶ **sich mit etw ~** deal with s.th.; **mit etw befaßt sein** be dealing with s.th.
Be·fehl [bəˈfe:l] ‹-(e)s, -e› *m* command, order; *EDV* instruction, command; ▶ **den ~ haben über ...** have command of ...; **~ ist ~** orders are (*fam* is) orders; **auf ~ handeln** act under orders.
be·feh·len *irr tr* order; ▶ **du hast mir gar nichts zu ~!** I won't take orders from you! **er befiehlt gern** he likes giving orders; **Be·fehls·fol·ge** *f EDV* command sequence; **be·fehls·ge·mäß** *adj* as ordered; **Be·fehls·ge·walt** *f:* **~ haben über ...** have command over ...; **Be·fehls·ha·ber** *m mil* commander.
Be·fehls·kode *m EDV* command code; **Be·fehls·spra·che** *f EDV* command language; **Be·fehls·ver·wei·ge·rung** *mil f* insubordination.
be·fe·sti·gen *tr* **1.** *(Gegenstand)* fasten (*an* to); **2.** *(Straße etc)* make up; **3.** *fig* consolidate.
Be·fe·sti·gung *f* **1.** *(Vorrichtung)* fastening; **2.** *mil* fortification.
be·feuch·ten *tr* moisten.
Be·fin·den ‹-s› *n:* ▶ **wie ist Ihr ~?** how are you feeling? **be·fin·den** *irr* **I** *refl (sein)* be; ▶ **die Abbildung befindet sich auf der nächsten Seite** the illustration can be found on the next page; **II** *itr (entscheiden)* decide (*über* about).
be·flecken (k·k) *tr* **1.** *allg* stain; **2.** *fig* sully; ▶ **sich die Hose mit Öl ~** get oil on one's trousers.
be·flie·gen *irr tr aero (Strecke)* fly.
be·flis·sen [bəˈflɪsən] *adj* keen; ▶ **~ sein, etw zu tun** be concerned to do s.th.
Be·flis·sen·heit *f* zeal.
be·flü·geln *tr fig* inspire; ▶ **Freude beflügelte seine Schritte** *lit* joy winged his steps.
be·fol·gen *tr* **1.** *(Beispiel, Rat, Regel)* follow; **2.** *(Vorschrift)* comply with ...; ▶ **befolge meinen Rat!** take my advice!
be·för·dern *tr* **1.** *allg* carry; *(Waren)* transport; **2.** *(dienstlich)* promote; ▶ **etw mit Luftpost ~** send s.th. by airmail.
Be·för·de·rung *f* **1.** *(von Waren)* transport; **2.** *(dienstlich)* promotion; **Be·för·de·rungs·be·din·gun·gen** *pl com* terms of carriage.
be·frach·ten *tr* **1.** *(Fahrzeug)* load; **2.** *fig* burden.
be·fra·gen *tr* **1.** *(ausfragen)* question; **2.** *(um Rat, a. Bücher)* consult; ▶ **jdn um Rat ~** ask someone's advice.
Be·fra·gung *f (Verhör)* questioning; *(Erhebung)* survey.
be·frei·en *tr allg* free; *fin mil (freistellen)* exempt (*von* from); ▶ **jdn vom Militärdienst ~** exempt s.o. from military service; **Be·frei·er(in)** *m (f)* liberator; **Be·frei·ung** *f* **1.** *allg* liberation; **2.** *fig (Erleichterung)* relief; **Be·frei·ungs·or·ga·ni·sa·tion** *f* liberation organisation; **Be·frei·ungs·ver·such** *m* escape attempt.
be·frem·den [bəˈfrɛmdən] *tr* ▶ **das befremdet mich** I find it displeasing.
Be·frem·den (Be·frem·dung) ‹-s› *n (f):* ▶ **zu meinem ~** to my displeasure; **be·frem·dend (be·fremd·lich)** *adj* displeasing.
be·freun·den [bəˈfrɔɪndən] *refl* make friends (*mit* with); ▶ **sich mit etw ~** *fig* grow accustomed to s.th.; **be·freun·det** *adj:* ▶ **miteinander ~ sein** be friends; **gut ~ sein** be close friends.
be·frie·di·gen [bəˈfri:dɪgən] **I** *tr* satisfy; ▶ **jds Ansprüche ~** meet someone's demands; **II** *refl (sexuell)* masturbate; **be·frie·di·gend** *adj* **1.** *allg* satisfactory; **2.** *päd (Schulzensur)* fair.
Be·frie·di·gung *f* satisfaction.
be·fri·sten *tr* restrict (*auf* to); ▶ **etw ~** put a time limit on s.th.
be·fri·stet *adj* restricted; ▶ **~ sein** be valid for a limited time.
be·fruch·ten *tr* **1.** *biol* fertilize; **2.** *bot* pollinate; **3.** *fig* stimulate; ▶ **künstlich ~** inseminate artificially.
Be·fruch·tung *f* insemination.
Be·fug·nis [bəˈfu:knɪs] *f* authorization.
be·fugt *adj:* ▶ **~ sein, etw zu tun** be authorized to do s.th.
be·füh·len *tr* feel, finger.
Be·fund ‹-(e)s, -e› *m* **1.** *allg* findings *pl;* **2.** *med* diagnosis; ▶ **ohne ~** *med* (results) negative; **Ihr Magen ist ohne Befund** the results of the tests on your stomach are negative.
be·fürch·ten *tr* fear; ▶ **es ist zu ~, daß ...** it is to be feared that ...; **das ist nicht zu ~** there is no fear of that.
Be·fürch·tung *f:* ▶ **die schlimmsten ~en haben** fear the worst *sing.*
be·für·wor·ten [bəˈfy:ɐvɔrtən] *tr* approve.
Be·für·wor·ter(in) *m (f)* supporter, advocate.
be·gabt [bəˈga:pt] *adj* talented; *(bes. geistig, musisch a.)* gifted; ▶ **für etw ~ sein** be talented at s.th.
Be·ga·bung [bəˈga:bʊŋ] *f* **1.** *(Fähigkeit)* talent; **2.** *(begabte Person)* talented person; ▶ **mangelnde ~** insufficient talent.
be·ge·ben *irr refl* **1.** *(aufbrechen nach)* go (to), set out (for); **2.** *(sich ereignen)*

come to pass; ▶ **sich zur Ruhe ~** retire; **sich in Gefahr ~** put o.s. in danger; **sich in ärztliche Behandlung ~** undergo medical treatment.

Be·ge·ben·heit *f* event, occurrence.

be·geg·nen [bəˈgeːgnən] ⟨sein⟩ *itr* meet; ▶ **sich ~** meet; **jdm ist etw begegnet** s.th. has happened to s.o.; **Schwierigkeiten ~** face difficulties.

Be·geg·nung *f* **1.** *allg* meeting; **2.** *sport* encounter; **Be·geg·nungs·stät·te** *f* venue for meetings.

be·ge·hen *irr tr* **1.** *(Weg etc)* use; **2.** *(tun, machen)* commit; **3.** *(feiern)* celebrate; ▶ **e-e Dummheit ~** do s.th. stupid; **e-n Fehler ~** make a mistake.

be·geh·ren [bəˈgeːrən] *tr* desire.

Be·geh·ren *n* desire (**nach** for); ▶ **auf mein ~** at my request; **be·geh·rens·wert** *adj* desirable; **be·gehrt** *adj* in demand; *(Ort)* coveted, desirable; ▶ **ein begehrter Junggeselle** an eligible bachelor.

be·gei·stern [bəˈgaɪstɐn] **I** *tr* fill with enthusiasm; *(inspirieren)* inspire; **II** *refl:* ▶ **sich für etw ~** be enthusiastic about s.th.; **be·gei·stert** *adj* enthusiastic (*von* about).

Be·gei·ste·rung *f* enthusiasm; ▶ **etw mit ~ tun** do s.th. with enthusiasm.

Be·gier(de) ⟨-, -den⟩ *f* desire (*nach* for).

be·gie·rig *adj* eager; *(gierig)* greedy; ▶ **auf etw ~ sein** be eager for s.th.

be·gie·ßen *irr tr (Blumen)* water; *(Braten)* baste; ▶ **das müssen wir ~!** *fam* that calls for a drink!

Be·ginn [bəˈgɪn] ⟨-(e)s⟩ *m* beginning; ▶ **bei ~** at the beginning; **gleich zu ~** at the very beginning.

be·gin·nen *irr* **I** *itr* begin, start; **II** *tr* begin, start.

be·glau·bi·gen [bəˈglaʊbɪgən] *tr* **1.** *(Schriftstück)* witness; *(Kopie)* authenticate; *(durch Gutachten)* attest; **2.** *pol* accredit (*bei* to); ▶ **etw ~ lassen** have s.th. witnessed.

Be·glau·bi·gung *f* **1.** witnessing; authentication, attestation; **2.** accrediting, accreditation *(form);* **Be·glau·bi·gungs·schrei·ben** *n* credentials.

be·glei·chen *irr tr (bezahlen)* settle; ▶ **mit jdm e-e Rechnung zu ~ haben** *fig* have a score to settle with s.o.

be·glei·ten *tr a. fig* accompany; ▶ **meine besten Wünsche ~ Sie** my best wishes go with you.

Be·glei·ter(in) *m (f)* **1.** *allg* companion; **2.** *mus* accompanist.

Be·gleit·er·schei·nung *f* concomitant; **Be·gleit·in·stru·ment** *n mus* accompanying instrument; **Be·gleit·mu·sik** *f* accompaniment; **Be·gleit·schrei·ben** *n com* covering letter.

Be·glei·tung *f* **1.** company; **2.** *(Begleiter)* companion; **3.** *mus* accompaniment; ▶ **in ~ von** accompanied by.

be·glücken (k·k) *tr* make happy; ▶ **ein ~des Gefühl** a cheering feeling; **beglückt über etw sein** be delighted about s.th.

be·glück·wün·schen *tr* congratulate (*zu* on).

be·gna·det [bəˈgnaːdət] *adj:* ▶ **ein ~er Künstler** a gifted artist.

be·gna·di·gen *tr jur* reprieve.

Be·gna·di·gung *f jur* reprieve; **Be·gna·di·gungs·ge·such** *n:* ▶ **ein ~ einreichen** file a plea for reprieve.

be·gnü·gen [bəˈgnyːgən] *refl:* ▶ **sich mit etw ~** be content with s.th.; **damit begnüge ich mich nicht** that doesn't satisfy me.

be·gra·ben *irr tr* **1.** *allg* bury; **2.** *fig* abandon; ▶ **das ist längst ~** *fig* that was over long ago.

Be·gräb·nis [bəˈgrɛːpnɪs] *n* **1.** burial; **2.** *(Feier)* funeral.

be·gra·di·gen [bəˈgraːdɪgən] *tr* straighten.

be·grei·fen *irr tr* understand; ▶ **~, daß ...** realize that ...; **es ist kaum zu ~** it's almost incomprehensible; **be·greif·lich** *adj* understandable; ▶ **jdm etw ~ machen** make s.th. clear to s.o.; **be·greif·li·cher·wei·se** *adv* understandably (enough).

be·gren·zen *tr* **1.** *allg* mark the boundary of ...; **2.** *fig* restrict (*auf* to); ▶ **begrenzt haltbare Waren** non-durable goods.

Be·gren·zung *f* **1.** *allg* demarcation; **2.** *fig* restriction.

Be·griff ⟨-(e)s, -e⟩ *m* **1.** *(Vorstellung)* idea; **2.** *(Ausdruck)* term; ▶ **sein Name ist mir kein ~** his name doesn't mean anything to me; **sich e-n ~ von etw machen** imagine s.th.; **du machst dir keinen ~ davon** you've no idea about it; **für meine ~e** in my opinion *sing;* **im ~ sein, etw zu tun** be about to do s.th.; **schwer von ~ sein** *fam* be slow on the uptake.

be·griffs·stut·zig *adj* dense, slow.

be·grün·den *tr* **1.** *(Gründe geben für)* give reasons for ...; **2.** *(gründen)* establish, found; ▶ **können Sie Ihr Verhalten ~?** can you account for your behaviour? **be·grün·det** *adj* **1.** *allg* well-founded; **2.** *(berechtigt)* justified; ▶ **nicht ~ sein** be unfounded.

Be·grün·dung *f* reason *sing,* grounds *pl;* ▶ **etw als ~ anführen** say s.th. in explanation.

be·grü·nen *tr (beim Straßenbau)* put turf down; **Be·grü·nung** *f* planting with trees and grass.

be·grü·ßen *tr* **1.** *allg* greet; **2.** *fig* welcome; ▶ **es ist zu ~, daß ...** it's a good thing that ...

Be·grü·ßung *f* greeting; *(das Willkom-*

men) welcome.

be·gün·sti·gen [bəˈgʏnstɪgən] *tr* **1.** *(günstig sein für)* encourage; **2.** *(fördern)* favour; **3.** *jur* aid and abet.

Be·gün·sti·gung *f* **1.** *(Bevorzugung)* preferential treatment; **2.** *jur* aiding and abetting.

be·gut·ach·ten *tr* give expert advice about; *päd* judge; ▶ **etw ~ lassen** get expert advice about s.th.

Be·gut·ach·tung *f* assessment.

be·gü·tert [bəˈgy:tɐt] *adj* wealthy.

be·haart [bəˈha:ɐt] *adj* hairy; *(Tiere)* hirsute.

be·hä·big [bəˈhɛ:bɪç] *adj* **1.** *(von Mensch)* portly; **2.** *fig* comfortable.

be·haf·tet [bəˈhaftət] *adj (mit Fehlern, Mängeln)* full of ...

Be·ha·gen ⟨-s⟩ *n* contentment; ▶ **er aß mit sichtlichem ~** he ate with obvious pleasure; **be·ha·gen** [bəˈha:gən] *itr* please; **be·hag·lich** *adj* cosy; ▶ **~ warm** comfortably warm; **Be·hag·lich·keit** *f* cosiness.

be·hal·ten *irr tr* **1.** *allg* keep; **2.** *fig (im Gedächtnis)* remember; **3.** *fig (zurückbehalten)* be left with; ▶ **die Nerven ~** *fig* keep one's nerve *sing;* **etw für sich ~** keep s.th. to o.s.; **jdn in guter Erinnerung ~** have happy memories of s.o.

Be·häl·ter [bəˈhɛltɐ] *m* container.

be·han·deln *tr* **1.** *allg* treat; **2.** *fig (Problem etc)* deal with; ▶ **der ~de Arzt** the doctor in attendance; **s-e Zähne ~ lassen** have one's teeth attended to.

Be·hand·lung *f* treatment; ▶ **ich war früher in ~ bei Dr. X wegen ...** Dr. X used to treat me for ...

be·hän·gen *tr* decorate; ▶ **sich ~ mit ...** deck o.s. out with ...

be·har·ren *itr:* ▶ **auf seiner Meinung ~** insist on one's opinion; **auf seinen Grundsätzen ~** stick to one's principles.

be·harr·lich *adj* insistent; *(unerschütterlich)* steadfast.

Be·harr·lich·keit *f* persistence.

be·hau·en *irr tr (Steine etc)* cut.

be·haup·ten [bəˈhaʊptən] **I** *tr* **1.** *(aussagen)* claim; **2.** *fig* maintain; ▶ **von jdm ~, daß ...** say of s.o. that ...; **II** *refl* assert o.s.

Be·haup·tung *f* claim; *(unbewiesene)* assertion; ▶ **e-e ~ aufstellen** make an assertion.

Be·hau·sung [bəˈhaʊzʊŋ] *f* dwelling.

be·he·ben *irr tr (Schwierigkeiten)* remove; *(Schaden etc)* repair.

be·hei·ma·tet [bəˈhaɪma:tət] *adj* resident.

Be·helf [bəˈhɛlf] ⟨-(e)s, -e⟩ *m* makeshift.

be·hel·fen *irr refl* get by.

be·helfs·mä·ßig *adj* makeshift, provisional; *(vorläufig)* temporary.

be·hel·li·gen [bəˈhɛlɪgən] *tr* bother.

be·hen·de [bəˈhɛndə] *adj* agile, nimble.

be·her·ber·gen [bəˈhɛrbɛrgən] *tr* house; ▶ **Gäste ~** accommodate guests.

be·herr·schen I *tr* **1.** *allg* govern, rule; **2.** *fig* dominate; **3.** *fig (können)* master; **II** *refl* control o.s.; ▶ **ich kann mich ~!** *fam* not likely!

Be·herr·schung *f* **1.** *(Selbst~)* self-control; **2.** *(Können)* mastery.

be·her·zi·gen [bəˈhɛrtsɪgən] *tr* heed.

Be·her·zi·gung *f* heeding.

be·herzt [bəˈhɛrtst] *adj* courageous.

Be·herzt·heit *f* courage.

be·hilf·lich *adj:* ▶ **jdm bei etw ~ sein** help s.o. with s.th.

be·hin·dern *tr* hinder; ▶ **jdn bei etw ~** hinder s.o. in s.th.; **jds Sicht ~** impede someone's view; **be·hin·dert** *adj* handicapped; **Be·hin·der·te(r)** *f m* handicapped person; ▶ **die ~n** *pl* the handicapped; **Be·hin·der·ten·werk·statt** *f* sheltered workshop; **Be·hin·de·rung** *f* **1.** *allg* hindrance; **2.** *(Verkehrs~)* obstruction; **3.** *(Körper~)* handicap.

Be·hör·de [bəˈhø:ɐdə] ⟨-, -n⟩ *f* authority; ▶ **die zuständige ~** the proper authorities *pl.*

be·hörd·lich *adj* official.

be·hü·ten *tr:* ▶ **jdn vor etw ~** protect s.o. from s.th.; **be·hü·tet** *adj:* ▶ **~ aufwachsen** have a sheltered upbringing.

be·hut·sam [bəˈhu:tza:m] *adj* careful, cautious; ▶ **mit etw ~ umgehen** handle s.th. with care.

bei [baɪ] *prp* **1.** *(räumlich)* at, near, with; ▶ **ich war ~ meinem Onkel** I was at my uncle's; **~ jdm zu Hause sein** stay with s.o.; **~ mir zu Hause** at home; **ein Konto ~ der Bank haben** have an account at the bank; **hast du etwas Geld ~ dir?** have you any money on you? **2.** *(zeitlich)* at, during, on; ▶ **~ den schweren Regenfällen** during the heavy rains; **~ Tag** by day; **~ Nacht** at night; **~ Beginn der Vorstellung** at the beginning of the performance; **3.** *(sonstiger Gebrauch):* ▶ **~ guter Gesundheit sein** be in good health; **~m Arbeiten sah er ...** when he was working, he saw ...; **~ reiflicher Überlegung** upon mature reflection; **~ zwanzig Grad unter Null** when it's twenty degrees below zero; **~ offenem Fenster schlafen** sleep with the window open; **~ aller Vorsicht** despite all one's caution; **es geht ~m besten Willen nicht!** with the best will in the world it's not possible!

bei|be·hal·ten *irr tr* keep; ▶ **s-e Gewohnheit ~** keep up one's habit.

bei|brin·gen *irr tr* **1.** *(lehren):* ▶ **jdm etw ~** teach s.o. s.th.; **2.** *(mitteilen)* break s.th. to s.o.; ▶ **Dokumente ~** furnish documents.

Beich·te [ˈbaɪçtə] ⟨-, -n⟩ *f* confession; ▶ **zur ~ gehen** go to confession.

beich·ten *tr* confess (*jdm etw* s.th. to s.o.); **Beicht·va·ter** *m* father confessor.

bei·de ['baɪdə] *prn* both, the two; ▶ **ihr ~n** you two; **alle ~** both of them; **keiner von ~n** neither of them; **~s** both; either; **bei·de·mal(e)** *adv* both times; **bei·der·lei** ['baɪdelaɪ/--'-] *adj* both; **bei·der·sei·tig** *adj* **1.** *(auf beiden Seiten)* on both sides; **2.** *(gegenseitig)* bilateral; ▶ **in ~em Einvernehmen** by mutual agreement; **bei·ein·an·der** ['--'--] *adv* together; ▶ **du hast sie nicht alle ~!** you can't be all there! *fam.*

Bei·fah·rer(in) *m (f) mot* **1.** *(in Kfz)* (front-seat) passenger; **2.** *(bei Motorrad)* pillion rider; **Bei·fah·rer·sitz** *m* passenger seat.

Bei·fall ‹-s› *m* **1.** *(Applaus)* applause; **2.** *fig (Billigung)* approval; ▶ **~ finden** meet with approval.

bei·fäl·lig *adj:* ▶ **~ aufnehmen** receive favourably.

bei|fü·gen *tr* enclose.

Bei·fü·gung *f* **1.** *:* ▶ **unter ~ e-s Verrechnungsschecks** enclosing a crossed cheque; **2.** *gram* attributive.

Bei·ga·be *f com (Zugabe)* free gift; ▶ **unter ~ von** *(beim Kochen)* adding.

beige [be:ʃ] *adj* beige.

bei|ge·ben *irr* **I** *tr* add; **II** *itr:* ▶ **klein ~** give in.

Bei·ge·schmack *m* aftertaste, residual flavour; ▶ **e-n unangenehmen ~ haben** have an unpleasant taste to it; **das hat e-n ~ von ...** *fig* that smacks of ...

Bei·heft *n* supplement.

Bei·hil·fe *f* **1.** *(Unterstützung)* financial assistance; **2.** *(staatliche)* allowance; **3.** *jur* abetment.

bei|kom·men ‹sein› *irr itr:* ▶ **jdm ~** get hold of s.o.

Beil [baɪl] ‹-(e)s, -e› *n* axe; *(kleines ~)* hatchet.

Bei·la·ge *f* **1.** *(in Zeitung)* insert; *(in Buch)* insertion; **2.** *(Essens~)* side-dish.

bei·läu·fig ['baɪlɔɪfɪç] *adj* casual; ▶ **~ gesagt** by the way.

bei|le·gen *tr* **1.** *(e-r Sendung)* insert; *(e-m Briefe etc)* enclose (in); **2.** *(beimessen)* ascribe, attribute; **3.** *(schlichten)* settle; ▶ **e-r Sache Gewicht ~** attach importance to s.th.; **Bei·le·gung** *f (von Streit etc)* settlement.

bei·lei·be [baɪ'laɪbə] *adv:* ▶ **~ nicht!** certainly not! **~ kein Held** by no means a hero.

Bei·leid ‹-(e)s› *n:* ▶ **mein aufrichtiges ~!** my heartfelt condolences! *pl.*

bei|lie·gen *irr itr (in Brief)* be enclosed; *(e-r Zeitung etc)* be inserted (in); **bei·lie·gend** *adj* enclosed; ▶ **~ sende ich ...** enclosed please find ...

bei|mes·sen *irr tr:* ▶ **e-r Sache Bedeutung ~** attach importance to s.th.

bei|mi·schen *tr* add.

Bei·mi·schung *f allg* addition, admixture.

Bein [baɪn] ‹-(e)s, -e› *n anat* leg; ▶ **jdm ein ~ stellen** *a. fig* trip s.o. up; **jdm ~e machen** *fam* make s.o. get a move on; **etw auf die ~e stellen** *fig* get s.th. off the ground.

bei·na·he [baɪ'na:ə] *adv* almost, nearly; ▶ **ich hätte ~ gesagt ...** I nearly said ...

Bei·na·me *m* epithet.

Bein·bruch *m* fracture of the leg; ▶ **das ist kein ~!** *fig* it could be worse!

be·in·hal·ten [bə'ɪnhaltən] *tr* **1.** *allg (enthalten)* contain; **2.** *(besagen)* express, say; **3.** *(bedeuten)* imply.

Bein·pro·the·se *f* artificial leg.

Bei·pack·zet·tel *m* instruction leaflet.

bei|pflich·ten ['baɪpflɪçtən] *itr:* ▶ **jdm in etw ~** agree with s.o. on s.th.

Bei·rat *m* advisory council.

be·ir·ren [bə'ɪrən] *tr:* ▶ **sich durch nichts ~ lassen** not to let o.s. be put off by s.th.

bei·sam·men [baɪ'zamən] *adv* together; ▶ **gut ~sein** *fig* be in good shape; **nicht alle ~haben** *fam* be not (quite) all there; **Bei·sam·men·sein** *n* get-together.

Bei·schlaf *m* intercourse.

Bei·sein *n:* ▶ **in meinem ~** in my presence.

bei·sei·te [baɪ'zaɪtə] *adv* aside; ▶ **jdn ~ schaffen** get rid of s.o.; **etw ~schaffen** misappropriate s.th.; **Spaß ~!** joking apart!

bei|set·zen *tr* **1.** *(beerdigen)* bury; **2.** *mar (Segel)* spread.

Bei·set·zung *f* funeral; *(Urnen~)* installing in its resting place.

Bei·sit·zer(in) *m (f) allg* committee member; *jur* assessor.

Bei·spiel *n* example; ▶ **zum ~** for instance (*Abk.* e.g.); **wie zum ~** such as; **jdm ein ~ geben** set s.o. an example; **sich ein ~ an jdm nehmen** take s.o. as an example; **bei·spiel·los** *adj* **1.** *allg (ohne Beispiel)* unprecedented; **2.** *(unverschämt)* outrageous; **bei·spiels·wei·se** *adv* for example (*od* instance).

bei·ßen ['baɪsən] *irr tr itr* **1.** bite; **2.** *(Gewürz, Geschmack)* sting; ▶ **in den Augen ~** make one's eyes sting; **bei·ßend** *adj* **1.** *(Kälte etc)* biting; *(Schmerz)* stinging; *(Geschmack)* pungent, sharp; **2.** *(Bemerkung)* cutting.

Beiß·zan·ge *f* pincers *pl;* **e-e ~** a pair of pincers.

Bei·stand *m:* ▶ **jdm ~ leisten** give s.o. assistance; **Bei·stands·pakt** *m pol* mutual assistance treaty.

bei|ste·hen *irr itr:* ▶ **jdm ~** stand by s.o.

Bei·stell·tisch *m* occasional table.

Bei·trag ['baɪtra:k, *pl* ['baɪtrɛ:gə] ‹-(e)s, ¨-e› *m* **1.** *(Geldsumme)* contribution;

(Mitglieds~) (member's) fee; *(Versicherungs~)* premium; **2.** *(Anteil)* contribution; ▶ **e-n ~ zu etw leisten** make a contribution to s.th.

bei·trags·pflich·tig *adj* contributory; ▶ **~ sein** have to pay contributions *pl.*

Bei·trags·satz *m* rate of subscription.

bei|tre·ten ⟨sein⟩ *irr itr* **1.** *(e-r Partei etc)* join; **2.** *(e-m Vertrag)* accede to ...

Bei·tritt *m* **1.** *allg* joining; **2.** *(zu e-m Vertrag)* accession to ...; ▶ **s-n ~ erklären** become a member.

Bei·wa·gen *m (von Motorrad)* sidecar.

bei|woh·nen *itr:* ▶ **e-r Sache ~** be present at s.th.; **e-m Treffen ~** attend a meeting.

Bei·ze ['baɪtsə] ⟨-, -n⟩ *f* **1.** *(für Holz)* stain; **2.** *(für Speisen)* marinade.

bei·zei·ten [baɪ'tsaɪtən] *adv* in good time.

bei·zen ['baɪtsən] *tr* **1.** *(Holz)* stain; **2.** *(Speisen)* marinate.

be·ja·hen [bə'ja:ən] *tr itr* **1.** *(ja sagen zu)* answer in the affirmative; **2.** *(gutheißen)* approve of; **be·ja·hend** *adj* affirmative; ▶ **e-e ~e Lebenseinstellung** a positive attitude towards life.

be·jahrt [bə'ja:ɐt] *adj* advanced in years; ▶ **ein ~er Mann** an elderly man.

be·jam·mern *tr (etw)* lament; *(jdn)* lament for ...

be·kämp·fen *tr* fight; ▶ **sich ~** fight one another; **Schädlinge ~** control pests.

Be·kämp·fung *f allg* fight; *(Schädlings~)* controlling; ▶ **bei ~ von ...** in fighting ...

be·kannt [bə'kant] *adj* well-known (*wegen* for); ▶ **wie ist das ~ geworden?** how did that come to be so well-known? **das ist mir ~** I know about that; **jdn mit jdm ~ machen** introduce s.o. to s.o.; **wir sind miteinander ~** we have already met; **Be·kann·te(r)** *f m* acquaintance; ▶ **ein ~r von mir** a friend of mine; **Be·kann·ten·kreis** *m* circle of friends.

be·kannt|ge·ben *irr tr* announce.

be·kannt·lich *adv* as is (well) known; **Be·kannt·ma·chung** *f* **1.** *allg* announcement; **2.** *(Publikation)* publication; **Be·kannt·schaft** *f:* ▶ **jds ~ machen** make someone's acquaintance; **mit etw ~ machen** come into closer contact with s.th.

be·keh·ren I *tr rel* convert; **II** *refl* become converted.

Be·keh·rung *f* conversion.

be·ken·nen *irr tr* confess; ▶ **sich zu etw ~** declare one's belief for s.th.; **sich schuldig ~** admit one's guilt; **sich zur Demokratie ~** declare one's belief in democracy; **Be·ken·ner·brief** *m* letter claiming responsibility.

Be·kennt·nis *n* **1.** *allg* confession; **2.** *rel* *(Glaubens~)* denomination.

be·kla·gen I *tr* lament; ▶ **jds Tod ~** mourn someone's death; **II** *refl* complain (*über* about); ▶ **sich bei jdm über etw ~** complain to s.o. about s.th.; **ich kann mich nicht ~** I can't complain; **Sie können sich nicht ~!** you have no reason to complain!

be·kla·gens·wert *adj* pitiable; ▶ **ein ~er Unfall** a terrible accident.

Be·klag·te(r) *f m jur (im Zivilprozeß)* defendant.

be·kle·ben *tr* **1.** *(mit Klebstoff)* paste over; **2.** *(mit Gegenständen):* ▶ **etw mit etw ~** stick s.th. onto s.th.

be·kleckern (k·k) I *tr* stain; **II** *refl:* ▶ **sich mit etw ~** spill s.th. over o.s.

be·klei·den *tr* **1.** *(anziehen)* dress (*mit* in); **2.** *fig (gehoben) (Stellung)* hold; ▶ **bekleidet sein mit ...** be wearing ...

Be·klei·dung *f* clothes *pl.*

be·klem·men *tr fig* oppress.

Be·klem·mung (Be·klom·men·heit) *f* apprehensiveness.

be·klom·men [bə'klɔmən] *adj* apprehensive.

be·kloppt [bə'klɔpt] *adj fam* loony.

Be·klopp·te(r) *f m fam* nit.

be·kom·men *irr* **I** *tr* ⟨h⟩ *(erhalten)* get, receive; ▶ **wir ~ bald Regen** we're going to have rain; **was ~ Sie dafür?** *(im Laden)* how much is that? **jdn dazu ~, etw zu tun** get s.o. to do s.th.; **Flecken ~** get spotty; **e-e Glatze ~** go bald; **etw zu essen ~** get s.th. to eat; **es mit jdm zu tun ~** get into trouble with s.o.; **II** *itr* ⟨sein⟩ *(bekömmlich sein):* ▶ **jdm gut ~** do s.o. good; **wohl bekomm's!** your health!

be·kömm·lich [bə'kœmlɪç] *adj (Speisen)* digestible.

be·kö·sti·gen [bə'kœstɪgən] *tr (gehoben)* cater for.

Be·kö·sti·gung *f (gehoben)* catering.

be·kräf·ti·gen *tr* confirm; ▶ **jdn in etw ~** strengthen s.o. in s.th.

Be·kräf·ti·gung *f* confirmation.

be·krän·zen [bə'krɛntsən] *tr* garland.

be·kreu·zi·gen *refl rel* cross o.s.

be·krie·gen *tr* **1.** *mil* wage war on ...; **2.** *fig* fight.

be·krit·teln *tr fam pej* criticize.

be·krit·zeln *tr* scribble over.

be·küm·mern I *tr* worry; **II** *refl:* ▶ **sich über etw ~** worry about s.th.; **be·küm·mert** *adj* worried.

be·kun·den *tr (aussagen)* state.

be·lä·cheln *tr* smile at ...

be·la·den *irr tr* **1.** *allg* load; **2.** *fig* burden.

be·la·den *adj* **1.** *allg* loaded; **2.** *fig (a. von Mensch)* laden.

Be·lag [bə'la:k, *pl* bə'lɛ:gə] ⟨-(e)s, ¨e⟩ *m* coating; *(Straßen~)* surface; *(der Zunge)* fur; *(Zahn~)* film; *(Brot~)* topping.

be·la·gern *tr* besiege, lay siege to.
Be·la·ge·rung *f* siege; **Be·la·ge·rungs·zu·stand** *m* state of siege.
Be·lang [bə'laŋ] ⟨-(e)s, -e⟩ *m* importance; ▶ **nicht von ~** of no importance; **meine ~e** my interests.
be·lan·gen *tr* **1.** *jur (heranziehen)* sue (*wegen* for); **2.** *(angehen)* concern.
be·lang·los *adj* irrelevant, trivial.
be·las·sen *irr tr:* ▶ **wollen wir es dabei ~!** let's leave it at that! **alles beim alten ~** leave things as they are; **etw an s-m Ort ~** leave s.th. in its place.
be·la·sten I *tr* **1.** *allg (mit Gewicht)* put weight on ...; *(Fahrzeug etc)* load; **2.** *fig* burden; **3.** *jur* incriminate; **4.** *fin (Bankkonto)* charge; ▶ **das belastet mich sehr** that weighs heavily upon my mind; **die Atmosphäre ~** pollute the atmosphere; **II** *refl jur* incriminate o.s.
be·lä·sti·gen [bə'lɛstɪgən] *tr* **1.** *(lästig sein)* bother; **2.** *(zudringlich werden)* pester.
Be·lä·sti·gung *f* annoyance; ▶ **etw als ~ empfinden** find s.th. a nuisance.
Be·la·stung [bə'lastʊŋ] *f* **1.** *fig* burdening; *(Anstrengung)* strain; **2.** *(von Fahrzeug etc)* load; **3.** *fin (von Bankkonto)* charge (on); ▶ **höchstzulässige ~** maximum load; **Be·la·stungs·fä·hig·keit** *f* **1.** *(durch Streß)* ability to take stress; **2.** *(durch Gewicht)* load-bearing capacity; **Be·la·stungs·gren·ze** *f* **1.** *fig* limit; **2.** *(durch Gewicht)* weight limit; **Be·la·stungs·zeu·ge** *m* witness for the prosecution.
be·lau·ern *tr* keep under observation.
be·lau·fen *irr refl:* ▶ **sich ~ auf ...** amount (*od* come) to ...
be·lau·schen *tr* eavesdrop on ...
be·le·ben I *tr* liven up; ▶ **jds Hoffnungen ~** stimulate someone's hopes; **II** *refl fig* **1.** *(zum Leben erwachen)* come to life; **2.** *fin (Konjunktur)* be stimulated; **be·le·bend** *adj* invigorating.
be·lebt *adj (Straße)* crowded; *fig* busy.
Be·le·bung *f* **1.** *fin (von Konjunktur etc)* stimulation; **2.** *(Wiederaufleben)* revival.
Be·leg [bə'le:k] ⟨-(e)s, -e⟩ *m* **1.** *fin* receipt; **2.** *(~stelle)* reference.
be·le·gen *tr* **1.** *(nachweisen)* verify; **2.** *(Platz)* reserve; **3.** *(bedecken)* cover; ▶ **e-e Vorlesung ~** enrol for a lecture.
Be·leg·ex·em·plar *n typ* specimen copy; **Be·leg·le·ser** *m EDV* optical reader; **Be·leg·schaft** *f* staff.
be·legt *adj* **1.** *(Stimme)* hoarse; **2.** *(Zunge)* furred; **3.** *(Platz)* occupied; ▶ **~e Brote** open sandwiches.
be·leh·ren *tr* instruct, teach; ▶ **jdn e-s Besseren ~** teach s.o. otherwise; **sich eines anderen ~ lassen** learn otherwise.
Be·leh·rung *f (Instruktion)* instruction; *jur* caution; ▶ **ich verbitte mir deine ~en!** there's no need to lecture me!
be·leibt [bə'laɪpt] *adj* corpulent, stout.
be·lei·di·gen [bə'laɪdɪgən] *tr* insult; *fig (beleidigend sein)* offend; ▶ **ich wollte Sie nicht ~** no offence! **bist du jetzt beleidigt?** have I offended you?
Be·lei·di·gung *f* insult; ▶ **etw als ~ auffassen** take s.th. as an insult.
be·lei·hen *irr tr (Gegenstände)* lend money on ...; *(Immobilien)* mortgage.
be·lem·mert [bə'lɛmɐt] *adj sl (betreten)* sheepish.
be·le·sen *adj* well-read.
Be·le·sen·heit *f* wide reading.
be·leuch·ten *tr* **1.** light; *(festlich)* illuminate; **2.** *fig (untersuchen)* examine.
Be·leuch·tung *f* **1.** *(Lichtanlage)* lights *pl;* **2.** *fig* examination; ▶ **die ~ einschalten** turn on the lights; **Be·leuch·tungs·an·lage** *f* lighting equipment; **Be·leuch·tungs·kör·per** *m* lighting appliance.
Bel·gien ['bɛlgiən] *n* Belgium; **Bel·gier(in)** *m (f)* Belgian; **bel·gisch** *adj* Belgian.
be·lich·ten *tr phot* expose.
Be·lich·tung *f phot* exposure; **Be·lich·tungs·au·to·ma·tik** *f phot* automatic exposure; **Be·lich·tungs·mes·ser** *m phot* exposure meter; **Be·lich·tungs·zeit** *f* exposure time.
Be·lie·ben ⟨-s⟩ *n:* ▶ **ganz nach Ihrem ~** at your discretion.
be·lie·ben *itr:* ▶ **wie es Ihnen beliebt** as you wish; **du beliebst wohl zu scherzen!** *hum* you must be joking!
be·lie·big *adj* optional; any *attr;* ▶ **zu jeder ~en Zeit** at any time; **von ~er Größe** of any size; **in ~er Reihenfolge** in any order whatever.
be·liebt *adj* popular; **sich bei jdm ~ machen** make o.s. popular with s.o.
Be·liebt·heit *f* popularity.
be·lie·fern *tr:* ▶ **jdn mit etw ~** supply s.o. with s.th.
bel·len ['bɛlən] *itr* bark.
Bel·le·tri·stik [bɛle'trɪstɪk] *f* fiction and poetry; **bel·le·tri·stisch** *adj:* ▶ **~e Literatur** fiction and poetry; **~e Zeitschrift** literary magazine.
be·loh·nen *tr* reward.
Be·loh·nung *f* recompense, reward; ▶ **zur ~ für ...** as a reward for ...
be·lüf·ten *tr* ventilate.
Be·lüf·tung *f* **1.** ventilating; **2.** *(Anlage)* ventilation; **Be·lüf·tungs·schacht** *m mot* intake air shaft.
be·lü·gen *irr tr:* ▶ **jdn ~** tell lies to s.o.
be·lu·sti·gen *tr* amuse; ▶ **sich mit etw ~** amuse o.s. by (doing) s.th.
be·lu·stigt *adj:* ▶ **~ über etw** amused with s.th.
Be·lu·sti·gung *f* amusement; ▶ **zu meiner ~** to my amusement.

be·mäch·ti·gen [bə'mɛçtɪgən] *refl:* ▶ **sich e-r Sache** ~ seize hold of s.th.; **sich jds** ~ *fig* come over s.o.

be·ma·len I *tr* paint; **II** *refl* paint o.s.

be·män·geln [bə'mɛŋəln] *tr* find fault with ...

be·mannt [bə'mant] *adj (Rakete, Raumfahrzeug)* manned.

be·merk·bar *adj* noticeable, perceptible; ▶ **sich** ~ **machen** draw attention to o.s.; *fig* make itself felt.

be·mer·ken *tr* **1.** *(merken)* notice; **2.** *(sagen)* remark; ▶ **nebenbei bemerkt** by the way.

be·mer·kens·wert *adj* remarkable.

Be·mer·kung *f* comment, remark.

be·mes·sen *irr tr (zumessen)* allocate; **meine Zeit ist knapp** ~ my time is limited.

be·mit·lei·den [bə'mɪtlaɪdən] *tr* pity; ▶ **sich selbst** ~ feel sorry for o.s.; **be·mit·lei·dens·wert** *adj* pitiable, pitiful.

be·moost [bə'mo:st] *adj* mossy.

be·mü·hen [bə'my:ən] **I** *tr* trouble; ▶ **jdn zu sich** ~ call in s.o.; **II** *refl* try hard; ▶ **sich um jdn** ~ look after s.o.; **bitte** ~ **Sie sich nicht!** please don't trouble yourself! **sich um e-e Stelle** ~ try to get a job.

Be·mü·hung *f* effort, endeavour; ▶ **vielen Dank für Ihre** ~ thank you for your trouble.

be·mut·tern [bə'mʊtɐn] *tr* mother.

be·nach·bart [bə'naxba:ɐt] *adj* neighbouring; ▶ **das** ~**e Haus** the house next door.

be·nach·rich·ti·gen [bə'na:xrɪçtɪgən] *tr* inform (*von* of).

Be·nach·rich·ti·gung *f* notification; ▶ **e-e** ~ **erhalten** be notified.

be·nach·tei·li·gen [bə'na:xtaɪlɪgən] *tr* discriminate against ...

Be·nach·tei·li·gung *f* **1.** *(Zustand)* discrimination; **2.** *(das Benachteiligen)* disadvantaging.

Be·neh·men ⟨-s⟩ *n* behaviour.

be·neh·men *irr refl* behave; ▶ **benimm dich!** behave yourself!

be·nei·den *tr:* ▶ **jdn um etw** ~ envy s.o. s.th.; **er ist nicht zu** ~ I don't envy him; **be·nei·dens·wert** *adj* enviable.

Be·ne·lux-Staa·ten *pl* Benelux Economic Union *sing.*

be·nen·nen *irr tr* name.

Be·nen·nung *f (Bezeichnung)* name.

Ben·gel ['bɛŋəl] ⟨-s, -/-s⟩ *m fig fam* rascal.

be·nom·men [bə'nɔmən] *adj* dazed.

be·nö·ti·gen [bə'nø:tɪgən] *tr* need, require; ▶ **dringend** ~ be in urgent need of ...

be·nut·zen *tr* use; ▶ **etw als Vorwand** ~ use s.th. as an excuse; **Be·nut·zer(in)** *m (f)* user; **be·nut·zer·freund·lich** *adj* user-friendly; **Be·nut·zer·hand·buch** *n tech* user's guide, user handbook; **Be·nut·zer·ober·flä·che** *f EDV* user (*od* system) interface.

Be·nut·zung *f* use; ▶ **etw in** ~ **haben** be using s.th.

Ben·zin [bɛn'tsi:n] ⟨-s, -e⟩ *n Br* petrol, *Am* gasoline (*fam* gas); **Ben·zin·gut·schein** *m Br* petrol (*Am* gas) coupon; **Ben·zin·ka·ni·ster** *m Br* petrol (*Am* gasoline) can; **Ben·zin·pum·pe** *f* fuel pump; **Ben·zin·tank** *m Br* fuel (*Am* gasoline) tank; **Ben·zin·ver·brauch** *m* fuel consumption.

be·ob·ach·ten [bə'o:baxtən] *tr* observe, watch; ▶ **etw an jdm** ~ notice s.th. in s.o.

Be·ob·ach·ter(in) *m (f)* observer.

Be·ob·ach·tung *f* observation; **Be·ob·ach·tungs·ga·be** *f* power of observation; **Be·ob·ach·tungs·sa·tel·lit** *m mil mete* observation satellite.

be·or·dern *tr:* ▶ **jdn an e-n Ort** ~ instruct s.o. to go somewhere.

be·quem [bə'kve:m] *adj* **1.** *(komfortabel)* comfortable; **2.** *fig (leicht)* easy; ▶ **es sich** ~ **machen** make o.s. comfortable; **es** ~ **haben** have an easy time of it.

be·que·men *refl:* ▶ **sich zu etw** ~ deign to do s.th.

Be·quem·lich·keit *f* **1.** *(Komfort)* comfort; **2.** *(Faulheit)* idleness.

be·ra·ten *irr* **I** *tr* **1.** *(Rat geben)* advise; **2.** *(beratschlagen)* discuss; ▶ **sich von jdm** ~ **lassen** ask someone's advice; **sich von e-m Anwalt** ~ **lassen** consult a lawyer; **II** *refl* discuss; ▶ **sich mit jdm** ~ **über etw** consult with s.o. about s.th.; **be·ra·tend** *adj* advisory.

Be·ra·ter(in) *m (f)* adviser.

be·rat·schla·gen *itr* confer.

Be·ra·tung *f* **1.** *(Konsultation)* consultation; **2.** *(Besprechung)* discussion; **Be·ra·tungs·stel·le** *f* advice centre.

be·rau·ben *tr* rob; ▶ **jdn e-r Sache** ~ rob s.o. of s.th.

be·rau·schen I *tr* **1.** intoxicate; **2.** *fig* enrapture; **II** *refl* **1.** become intoxicated (*an etw* with s.th.); **2.** *fig* be enraptured (*an* by); **be·rau·schend** *adj* intoxicating; ▶ **das war nicht sehr** ~! *fig fam* that wasn't very exciting!

Ber·ber ['bɛrbɐ] ⟨-s, -⟩ *m* **1.** *(Teppich)* Berber carpet (*od* rug); **2.** *(Volkszugehöriger)* Berber; **3.** *fam (Obdachloser)* tramp.

be·re·chen·bar [bə'rɛçənba:ɐ] *adj* **1.** *fin* calculable; **2.** *fig* predictable.

be·rech·nen *tr* **1.** *math a. fig* calculate; **2.** *(in Rechnung stellen)* charge; ▶ **Sie haben mir das zu teuer berechnet** you've charged me too much for this; **be·rech·nend** *adj* calculating.

Be·rech·nung *f* calculation; ▶ **nach meiner** ~ according to my calculations *pl.*

be·rech·ti·gen [bəˈrɛçtɪgən] *tr* entitle; ► **das berechtigt zu der Annahme, daß ...** this justifies the assumption that ...
be·rech·tigt *adj* legitimate; ► **~ sein, etw zu tun** be entitled to do s.th.
Be·rech·ti·gung *f* **1.** *(Recht)* right; **2.** *(Rechtmäßigkeit)* legitimacy.
be·re·den *tr* talk over; ► **sich mit jdm über etw ~** talk s.th. over with s.o.
Be·red·sam·keit *f* eloquence.
be·redt [bəˈre:t] *adj* eloquent.
Be·reich [bəˈraɪç] ‹-(e)s, -e› *m* **1.** area; **2.** *fig* sphere; ► **im ~ des Möglichen** within the bounds of possibility.
be·rei·chern I *tr* enrich; **II** *refl* make a lot of money (*an* out of).
Be·rei·che·rung *f* **1.** *allg* money-making; **2.** *fig* enrichment.
be·rei·fen *tr mot* put tyres on ...
Be·rei·fung *f mot* set of tyres.
be·rei·ni·gen *tr (ins Reine bringen)* clear up; ► **sich ~** resolve itself.
be·rei·sen *tr com* travel; ► **England ~** travel around England.
be·reit [bəˈraɪt] *adj* **1.** *allg* ready; **2.** *(bereitwillig)* prepared, willing; ► **~ sein, etw zu tun** be willing to do s.th.
be·rei·ten *tr* **1.** *(zubereiten)* prepare; **2.** *(verursachen)* cause; ► **jdm Kummer ~** cause s.o. grief; **Vergnügen ~** give pleasure.
be·reit|hal·ten *irr tr* **1.** *allg* have ready; **2.** *fig* have in store.
be·reits [bəˈraɪts] *adv* already; ► **~ am nächsten Tag** on the very next day.
Be·reit·schaft *f* **1.** readiness; **2.** *(~sdienst)* emergency service; ► **welcher Arzt hat heute ~?** which doctor is on call today? **welche Apotheke hat heute ~?** which chemist is open after-hours today? **etw in ~ haben** have s.th. ready; **Be·reit·schafts·dienst** *m* emergency service; **Be·reit·schafts·po·li·zei** *f* crowd control police *(Br)*; riot police.
be·reit|stel·len *tr* **1.** *allg* get ready; **2.** *(zur Lieferung ~)* provide, supply.
be·reit·wil·lig *adj* eager; ► **~ Auskunft erteilen** give information willingly.
be·reu·en [bəˈrɔɪən] *tr* regret; ► **das wirst du (noch) ~!** you'll be sorry for that!
Berg [bɛrk] ‹-(e)s, -e› *m* **1.** mountain; *(Hügel)* hill; **2.** *fig* heap, pile; ► **in die ~e fahren** go to the mountains; **über den ~ sein** *fig* be out of the wood; **über alle ~e sein** *fig* be long gone; **ihr standen die Haare zu ~e** her hair stood on end; **berg·ab** [bɛrkˈap] *adv* downhill; **berg·an** *adv* (*s.* bergauf); **Berg·ar·bei·ter** *m* miner; **Berg·ar·bei·ter·streik** *m* miner's strike; **berg·auf** [bɛrkˈaʊf] *adv* uphill; ► **es geht ~ mit ihm** *fig* things are looking up for him; **Berg·bahn** *f* mountain railway; **Berg·bau** *m* mining.
ber·gen [ˈbɛrgən] *irr tr* **1.** *(retten)* rescue, save; **2.** *mar* salvage; **3.** *(enthalten)* hold; ► **das birgt natürlich die Gefahr, daß ...** this involves the danger that ...
Berg·füh·rer(in) *m (f)* mountain guide; **Berg·gip·fel** *m* mountain top; **Berg·ket·te** *f* mountain range; **Berg·kri·stall** *m* rock crystal; **Berg·kup·pe** *f* (round) mountain top; **Berg·land** *n* hilly region; **Berg·mann** ‹-(e)s, -leute› *m* miner; **Berg·rüc·ken** *m* mountain ridge; **Berg·rutsch** *m* landslide; **Berg·schuh** *m* climbing boot; **Berg·stei·gen** *n* mountaineering; **Berg·stei·ger(in)** *m (f)* mountain climber, mountaineer; **Berg-und-Tal·bahn** *f Br* switch-back, *Am* roller-coaster.
Ber·gung [ˈbɛrgʊŋ] *f* **1.** *(Rettung)* rescue, saving; **2.** *mar* salvage; **Ber·gungs·ar·beit** *f* **1.** *(Rettungsarbeit)* rescue work; **2.** *mar* salvage work; **Ber·gungs·trupp** *m* rescue team.
Berg·wacht *f* mountain rescue service; **Berg·wand** *f* mountain face; **Berg·wan·de·rung** *f* hike in the mountains; **Berg·werk** *n* mine.
Be·richt [bəˈrɪçt] ‹-(e)s, -e› *m* report; ► **e-n ~ abfassen über etw** give a report on s.th.; **jdm über etw ~ erstatten** give s.o. a report on s.th.
be·rich·ten *tr itr* report; ► **er berichtete, daß ...** he said that ...; **gibt es Neues zu ~?** has anything new happened? **nun berichte mal von dir!** now tell me about yourself!
Be·richt·er·stat·ter(in) *m (f) (Presse)* reporter; *(Korrespondent)* correspondent.
Be·richt·er·stat·tung *f* reporting.
be·rich·ti·gen [bəˈrɪçtɪgən] *tr* correct.
Be·rich·ti·gung *f* correction.
be·rie·seln *tr (Rasen etc)* sprinkle.
Be·rie·se·lung *f* **1.** *(mit Wasser)* watering; **2.** *fig:* ► **die ~ durch etw** the constant stream of s.th.; **Be·rie·se·lungs·an·lage** *f* sprinkler system.
be·rit·ten [bəˈrɪtən] *adj mil (a. Polizei)* mounted.
Ber·li·ner[1] [bɛrˈli:nɐ] ‹-s, -› *m (Gebäck)* doughnut.
Ber·li·ner[2]**(in)** *m (f)* Berliner.
ber·li·nern *tr* speak with a Berlin accent.
Bern·stein *m* amber.
ber·sten [ˈbɛrsten] ‹sein› *irr itr (auf~)* crack; *(platzen)* burst; ► **vor Ungeduld ~** *fig* be bursting with impatience.
be·rüch·tigt [bəˈrʏçtɪçt] *adj* infamous, notorious.
be·rück·sich·ti·gen [bəˈrʏkzɪçtɪgən] *tr* **1.** *(in Betracht ziehen)* consider; **2.** *(bedenken)* take into consideration; ► **etw nicht ~** disregard s.th.

Be·rück·sich·ti·gung *f* consideration; ▶ **unter ~ der Tatsache, daß ...** in view of the fact that ...

Be·ruf [bəˈru:f] ‹-(e)s, -e› *m* occupation; *(Handwerk)* trade; ▶ **e-n ~ ausüben** have an occupation; **was sind Sie von ~?** what's your job?

be·ru·fen *irr* **I** *tr (ernennen)* appoint; **II** *refl* refer (*auf etw* to s.th.).

be·ru·fen *adj (zuständig)* competent; ▶ **sich zu etw ~ fühlen** feel one has a mission to do s.th.

be·ruf·lich *adj* professional; ▶ **~e Probleme** problems at work; **sich ~ weiterbilden** undertake further job training; **~ unterwegs sein** be away on business.

Be·rufs·aus·bil·dung *f* training; **Be·rufs·be·ra·ter(in)** *m (f)* careers adviser; **Be·rufs·be·ra·tung** *f* careers guidance; **Be·rufs·be·zeich·nung** *f* job title; **Be·rufs·bild** *n* job description; **be·rufs·er·fah·ren** *adj* professionally experienced; **Be·rufs·fach·schu·le** *f* technical college; **Be·rufs·ge·nos·sen·schaft** *f* professional association; *(für Handwerk)* trade association; **Be·rufs·krank·heit** *f* occupational disease; **Be·rufs·le·ben** *n* professional life; **Be·rufs·ri·si·ko** *n* occupational hazard; **Be·rufs·schu·le** *f allg* vocational college; *(technische)* technical college; **Be·rufs·schul·leh·rer(in)** *m (f)* vocational school teacher; **Be·rufs·sol·dat** *m* professional soldier; **Be·rufs·sport·ler(in)** *m (f)* professional sportsman (sportswoman); **be·rufs·tä·tig** *adj* working; **Be·rufs·tä·ti·ge(r)** *f m* working person; **Be·rufs·un·fall** *m* professional accident; **Be·rufs·ver·band** *m* professional organization; **Be·rufs·ver·kehr** *m* commuter traffic; **Be·rufs·wahl** *f* choice of occupation.

Be·ru·fung *f* **1.** *fig* vocation; *rel* calling; **2.** *jur* appeal; ▶ **in die ~ gehen** *jur* appeal; **unter ~ auf ...** with reference to ...

be·ru·hen *itr* be founded (*od* based) on ...; ▶ **etw auf sich ~ lassen** let s.th. rest.

be·ru·hi·gen [bəˈru:igən] **I** *tr* calm (down); ▶ **ich kann Sie (da) ~!** I can reassure you! **na, dann bin ich ja beruhigt!** well I must say I'm quite relieved! **II** *refl* **1.** *allg* calm down; **2.** *(Verkehr)* subside; ▶ **hat sich dein Magen jetzt beruhigt?** has your stomach settled down now?

Be·ru·hi·gung *f:* ▶ **zu meiner großen ~** much to my relief; **zu Ihrer ~ kann ich sagen ...** you'll be reassured to know that ...; **Be·ru·hi·gungs·mit·tel** *n med* sedative, tranquillizer.

be·rühmt [bəˈry:mt] *adj* famous; ▶ **~ für etw sein** be famous for s.th.; **Be·rühmt·heit** *f* **1.** *(großer Ruf)* fame; **2.** *(bekannte Person)* celebrity.

be·rüh·ren *tr* **1.** touch; **2.** *fig (nahe angehen)* move; ▶ **das berührt mich nicht** that's nothing to do with me.

Be·rüh·rung *f* touch; ▶ **in ~ kommen mit ...** come in(to) contact with ...; **bei ~ Lebensgefahr!** danger! do not touch!

Be·rüh·rungs·angst *f* fear of contact; **Be·rüh·rungs·punkt** *m* point of contact; ▶ **~e** *pl (Wechselbeziehung)* interface *sing.*

be·sa·gen *tr* say; ▶ **das besagt nicht viel** that doesn't mean a lot; **das besagt nicht, daß ...** that doesn't say that ...

be·sagt [bəˈza:kt] *adj* said, *(gehoben)* aforementioned.

be·sänf·ti·gen [bəˈzɛnftɪgən] *tr* calm down, soothe.

Be·sänf·ti·gung *f* calming, soothing.

be·sät [bəˈzɛ:t] *adj* covered; ▶ **mit Blättern ~** strewn with leaves.

Be·satz *m* edging, trimming.

Be·sat·zung *f* **1.** *mil (e-r Stadt, Garnison)* garrison; **2.** *(Schiffs- etc)* crew; **Be·sat·zungs·ar·mee** *f* army of occupation; **Be·sat·zungs·macht** *f* occupying power; **Be·sat·zungs·streit·kräf·te** *f pl* occupying forces.

be·sau·fen *irr refl sl* get plastered.

be·schä·di·gen *tr* damage.

Be·schä·di·gung *f* damage (*von* to).

be·schaf·fen *tr* get hold of ..., obtain.

be·schaf·fen *adj:* ▶ **so ~ sein, wie ...** be the same as ...

Be·schaf·fen·heit *f allg* composition; *(seelische ~)* disposition, nature.

Be·schaf·fung *f* obtaining, procuring; **Be·schaf·fungs·kri·mi·na·li·tät** *f (Drogenszene)* drug-related crime.

be·schäf·ti·gen [bəˈʃɛftɪgən] **I** *refl:* ▶ **er ist beschäftigt** he is busy; **sich mit etw ~** occupy o.s. with s.th.; **sich mit jdm ~** devote one's attention to s.o.; **ich beschäftige mich gerade mit meiner Arbeit** I'm busy with my work just now; **II** *tr* **1.** *allg* occupy; **2.** *(Arbeit geben)* employ; **be·schäf·tigt** *adj* busy, occupied; ▶ **~ bei ...** employed by ..., working for ...

Be·schäf·tig·te(r) *f m* employee.

Be·schäf·ti·gung *f* **1.** *allg (Tätigkeit)* occupation; **2.** *fig (mit Problem etc)* preoccupation; **3.** *(Beruf)* job, employment; **Be·schäf·ti·gungs·la·ge** *f* employment situation; **Be·schäf·ti·gungs·pro·gramm** *n (Schaffung von Arbeitsplätzen)* job creation scheme; **Be·schäf·ti·gungs·the·ra·pie** *f* occupational therapy.

be·schä·men *tr* **1.** *(jdn ~)* shame; **2.** *(~d sein für)* embarrass.

be·schämt *adj* embarrassed.

Be·schä·mung *f* embarrassment; *(Scham)* shame.

be·schat·ten *tr a. fig* shadow; ▶ **jdn ~ lassen** *fig* have s.o. shadowed.

Be·schat·tung *f* shading.

be·schau·en *tr* behold, look at ...

be·schau·lich *adj* **1.** *(geruhsam)* tranquil; **2.** *(in sich gekehrt)* contemplative.

Be·schau·lich·keit *f* **1.** *(Geruhsamkeit)* tranquillity; **2.** *(in sich Gekehrtheit)* contemplativeness.

Be·scheid [bəˈʃaɪt] ‹-(e)s, -e› *m* **1.** *(Antwort)* answer, reply; *(Auskunft)* information; **2.** *(Entscheidung)* decision; ▶ **ich warte noch auf ~** I'm still waiting to hear; **jdm ~ stoßen** *fam* tell s.o. where to get off; **jdm über etw Bescheid geben** let s.o. know about s.th.; **weißt du darüber ~?** do you know about this? **entschuldigen Sie, wissen Sie hier ~?** excuse me, do you know your way around?

be·schei·den *irr* **I** *tr:* ▶ **jdn abschlägig ~** turn s.o. down; **II** *refl:* ▶ **sich mit etw ~** content o.s. with s.th.

be·schei·den *adj* **1.** *(genügsam)* modest; **2.** *(mittelmäßig)* mediocre; ▶ **~es Auftreten** unassuming manners *pl.*

Be·schei·den·heit *f* *(Genügsamkeit)* modesty; *(Anspruchslosigkeit)* unassumingness; ▶ **bei aller ~** with all due modesty; **nur keine falsche ~!** no false modesty now!

be·schei·ni·gen [bəˈʃaɪnɪgən] *tr* certify; ▶ **den Empfang von ... ~** acknowledge receipt of ...; **hiermit wird bescheinigt, daß ...** this is to certify that ...; **können Sie mir ~, daß ...?** can you confirm in writing that ...?

Be·schei·ni·gung *f* certificate; *(Quittung)* receipt.

be·schei·ßen *irr* **I** *tr sl:* ▶ **jdn ~** do s.o. (*um* out of); **wir sind ganz schön beschissen worden!** *sl* we've really been had! *fam.*

be·schen·ken *tr:* ▶ **jdn mit etw ~** give s.o. s.th.; **sich gegenseitig ~** give each other presents.

be·sche·ren [bəˈʃeːrən] *tr:* ▶ **die Kinder ~** give the children their Christmas presents.

Be·sche·rung *f (zu Weihnachten)* distribution of Christmas presents; ▶ **e-e schöne ~!** this is a nice mess! **da haben wir die ~!** what did I tell you!

be·scheu·ert [bəˈʃɔɪɐt] *adj sl* dumb.

be·schich·ten *tr tech* coat, cover.

be·schicken (k·k) *tr tech* charge, feed, load.

be·schie·ßen *irr tr* **1.** *allg* fire on ...; *(durch Geschütze)* shell; **2.** *fig phys* bombard.

Be·schie·ßung *f* **1.** *(mit Geschossen)* firing (*von* on); *(durch Geschütze)* shelling; **2.** *phys* bombarding.

Be·schil·de·rung *f* signposting.

be·schimp·fen *tr* abuse, swear at ...

Be·schimp·fung *f* insult.

be·schir·men *tr* protect, shield.

be·schis·sen *adj vulg:* ▶ **es geht mir ~** I feel lousy *fam (od* pissed off *sl).*

Be·schlag *m* **1.** *(an Tür etc)* mounting; *(Koffer~ etc)* fitting; **2.** *(Niederschlag auf Metall)* tarnish; ▶ **etw mit ~ belegen** *fig* monopolize s.th.

be·schla·gen[1] *irr tr* **1.** *allg* fit with furnishings; **2.** *(Pferd)* shoe.

be·schla·gen[2] ‹sein› *irr itr (Scheiben etc)* get steamed; *(von Metall)* tarnish.

be·schla·gen *adj:* ▶ **gut ~ sein in ...** *fig* be well versed in ...; **der Spiegel ist ~** the mirror is misted over.

Be·schlag·nah·me *f* confiscation.

be·schlag·nah·men *tr* **1.** *jur* confiscate; **2.** *fig* monopolize.

be·schleu·ni·gen [bəˈʃlɔɪnɪgən] *tr* accelerate, hasten, speed (up); *(Lieferung, Verkauf)* expedite; ▶ **die Fahrt ~** pick up speed; **seine Schritte ~** quicken one's steps.

Be·schleu·ni·gung *f* acceleration, speeding up; **Be·schleu·ni·gungs·ver·mö·gen** *n mot* acceleration.

be·schlie·ßen *irr tr* **1.** *(Resolution etc)* decide on; *parl (Gesetz)* pass; **2.** *(beenden)* conclude; ▶ **über etw ~** decide on s.th.

Be·schluß *m* decision, resolution; **be·schluß·fä·hig** *adj a. parl:* ▶ **~ sein** have a quorum; **be·schluß·un·fä·hig** *adj a. parl:* ▶ **~ sein** be inquorate.

be·schmie·ren **I** *tr* smear; ▶ **die Wände mit ... ~** smear ... on the walls; **die Tafel ~** scribble all over the blackboard; **II** *refl* get dirty.

be·schmut·zen **I** *tr a. fig* dirty, soil; **II** *refl* get o.s. dirty.

be·schnei·den *irr tr* **1.** *allg* trim; *(Bäume etc)* prune; **2.** *rel, med (Vorhaut)* circumcise; **3.** *fig* curtail.

Be·schnei·dung *f* **1.** *rel, med (der Vorhaut)* circumcision; **2.** *fig* curtailment.

be·schnüf·feln (be·schnup·pern) *tr* sniff at ...; ▶ **jdn ~** *fig* spy s.o. out.

be·schö·ni·gen [bəˈʃøːnɪgən] *tr* gloss over.

be·schrän·ken [bəˈʃrɛŋkən] **I** *tr* limit, restrict (*auf* to); **II** *refl:* ▶ **sich ~ auf ...** confine o.s. to ...; **sich auf das Wesentliche ~** confine o.s. to the essentials *pl.*

be·schränkt *adj* **1.** limited; **2.** *(geistig)* limited, narrow; ▶ **Gesellschaft mit ~er Haftung** *Br* private limited company, *Am* corporation.

Be·schränkt·heit *f a. fig* limitedness.

Be·schrän·kung *f* limitation, restriction; ▶ **jdm ~en auferlegen** impose restrictions on s.o.

be·schrei·ben *irr tr* **1.** *(schildern)* describe; **2.** *(Papier etc)* write on ...; **3.** *math (Kreis etc)* describe; ▶ **nicht zu ~**

sein be beyond description.

Be·schrei·bung *f* **1.** *allg* description; **2.** *(Funktionsdarstellung)* instructions *pl.*

be·schrei·ten *irr tr:* ▶ **neue Wege ~** *fig* follow new paths.

be·schrif·ten [bəˈʃrɪftən] *tr* **1.** *(mit Schrift versehen)* write on; *(mit Lettern versehen)* inscribe; **2.** *(etikettieren)* label.

Be·schrif·tung *f (Aufschrift)* inscription.

be·schul·di·gen [bəˈʃʊldɪgən] *tr (e-r S)* accuse (s.o.) of ..., charge (s.o.) with ...

Be·schul·di·gung *f* accusation, charge.

Be·schuß ‹-sses› *m* **1.** *mil* fire; **2.** *phys* bombarding; ▶ **unter ~ nehmen** fire on ...; *fig* launch an attack on ...

be·schüt·zen *tr* protect, shelter (*vor* from).

Be·schüt·zer(in) *m (f)* protector (protectress).

be·schwat·zen *tr fam* **1.** talk over; **2.** *(schwatzen über)* have a chat about ...; ▶ **jdn zu etw ~** talk s.o. into s.th.

Be·schwer·de [bəˈʃveːɐdə] ‹-, -n› *f* **1.** *(Klage)* complaint; **2.** *(Schmerzen etc)* trouble; ▶ **mit etw ~n haben** have trouble with s.th.; **e-e ~ einlegen** lodge a complaint.

be·schwe·ren I *refl* complain; **II** *tr (mit Gewicht)* weigh down.

be·schwer·lich *adj* arduous; ▶ **jdm ~ fallen** be a burden to s.o.

be·schwich·ti·gen [bəˈʃvɪçtɪgən] *tr* appease, calm.

be·schwin·deln *tr* **1.** *(betrügen)* swindle; **2.** *(belügen)* tell s.o. a fib *fam;* ▶ **jdn um etw ~** cheat s.o. out of s.th.

be·schwingt [bəˈʃvɪŋt] *adj* **1.** *(lebhaft, munter)* lively, sprightly; **2.** *(rasch, schnell)* swift; ▶ **~e Laune** cheerful mood.

be·schwipst [bəˈʃvɪpst] *adj fam* tipsy.

be·schwö·ren *irr tr* **1.** *(durch Schwur bekräftigen)* swear to ...; **2.** *(anflehen)* beseech, implore; **3.** *(heraufbeschwören) a. fig* conjure up.

Be·schwö·rung *f* **1.** *(durch Zauberer etc)* conjuration; **2.** *(inständiges Bitten)* entreaty.

be·see·len *tr* fill, inspire.

be·se·hen *irr tr* look at; ▶ **sich etw aus der Nähe ~** look at s.th. closely.

be·sei·ti·gen [bəˈzaɪtɪgən] *tr* **1.** *(entfernen)* get rid of ..., remove; **2.** *sl (töten)* do away with, liquidate.

Be·sei·ti·gung *f* **1.** *allg* removal; **2.** *(Liquidierung)* elimination.

Be·sen [ˈbeːzən] ‹-s, -› *m* broom; *(Reisig~)* besom; ▶ **ich fresse einen ~, wenn ...** *fig fam* I'll eat my hat if ...; **Be·sen·stiel** *m* broom-stick.

be·ses·sen [bəˈzɛsən] *adj* **1.** *rel (von bösen Geistern)* possessed (*von* by); **2.** *fig* obsessed (*von* with); ▶ **arbeiten wie ~** work like one possessed.

be·set·zen *tr* **1.** *allg a. mil* occupy; **2.** *(mit Verzierungen)* trim; **3.** *(Stelle, Posten)* fill; **4.** *(Rolle)* cast; ▶ **ist dieser Platz besetzt?** is this seat taken? **besetzt** *adj* **1.** *(Platz)* taken; *(Toilette)* occupied; **2.** *tele Br* engaged, *Am* busy; **3.** *(ausgebucht)* booked.

Be·setzt·zei·chen *n tele Br* engaged (*Am* busy) tone.

Be·set·zung *f* **1.** *mil* occupation; **2.** *mus* instrumentation; *theat* cast; *sport* team.

be·sich·ti·gen [bəˈzɪçtɪgən] *tr* have a look at ...; *(Stadt)* visit.

Be·sich·ti·gung *f* **1.** *(e-r Stadt)* visit (to); *(von Sehenswürdigkeiten)* sightseeing tour; **2.** *(Inspektion)* inspection.

be·sie·deln *tr* settle (*mit* with); ▶ **dicht besiedelt** densely populated; **dünn besiedelt** sparsely populated.

Be·sie·d(e)·lung *f* settlement; *(Kolonisierung)* colonization; ▶ **dünne ~** sparse population.

be·sie·geln *tr* seal.

be·sie·gen *tr* **1.** *(Feind)* defeat; *(Land)* conquer; **2.** *fig* overcome.

Be·sieg·te *m f* **1.** *(~r Feind)* defeated foe; **2.** *sport* loser.

be·sin·nen *irr refl* **1.** *(es sich anders überlegen)* have second thoughts; **2.** *(sich erinnern an)* remember; **3.** *(nachdenken)* think, reflect; ▶ **sich anders ~** change one's mind; **ohne sich lange zu ~** without thinking twice; **sich e-s Besseren ~** think better of ...; **wenn ich mich recht besinne** if I remember correctly.

be·sinn·lich *adj* contemplative.

Be·sin·nung *f* consciousness; reflection; ▶ **die ~ verlieren** lose consciousness; **wieder zur ~ kommen** regain consciousness; *fig* come to one's senses *pl;* **jdn zur ~ bringen** bring s.o. round; *fig* bring s.o. to his senses *pl;* **nicht bei ~ sein** be unconscious; **be·sin·nungs·los** *adj* insensible, unconscious; ▶ **~ vor Wut** blind with rage.

Be·sitz ‹-es› *m* **1.** *allg* possession; **2.** *(Grundvermögen)* property, (real) estate; ▶ **von etw ~ ergreifen** seize possession of s.th.; **etw in ~ nehmen** take possession of s.th.; **wir sind im ~ von Dokumenten, die ... Ihres Schreibens vom** we have documents in our possession which .../we are in receipt of your letter of ...; **be·sitz·an·zei·gend** *adj gram* possessive; **be·sit·zen** *irr tr allg (haben)* have; *(gehoben)* own, possess; ▶ **jds Vertrauen ~** have someone's confidence; **be·sitz·er·grei·fend** *adj* possessive; **Be·sitz·er·grei·fung** *f* seizure; **Be·sit·zer(in)** *m (f)* owner, proprietor; ▶ **den ~ wechseln** change hands; **be·sitz·los** *adj* without possessions; **Be·sitz·tum** *n* **1.** *(Eigen-*

tum) possession, property; **2.** *(Landgut)* estate; **Be·sit·zung** *f* **1.** *allg* possession; **2.** *(Land~)* estates *pl.*

be·sof·fen [bə'zɔfən] *adj fam* canned, pissed *sl,* tight *fam.*

be·soh·len [bə'zo:lən] *tr* sole.

be·sol·den [bə'zɔldən] *tr* pay.

Be·sol·dung *f* pay.

be·son·de·re [bə'zɔndərə] *adj* **1.** *allg* special; **2.** *(außergewöhnlich)* exceptional; ▶ **ohne ~ Begeisterung** without any particular enthusiasm; **wir legen ~n Wert auf ...** we place special emphasis on ...

Be·son·der·heit *f* peculiarity.

be·son·ders *adv* **1.** *(hauptsächlich)* chiefly, particularly; **2.** *(speziell)* specially; ▶ **das ist nicht ~ lustig!** that's not particularly funny! **das Essen ist nicht ~** the food is nothing to write home about; **Wie geht's? — Nicht ~** How are you? — Not too hot.

be·son·nen [bə'zɔnən] *adj* considered.

Be·son·nen·heit *f* level-headedness.

be·sor·gen *tr* **1.** *(beschaffen)* get; **2.** *(erledigen)* see to.

Be·sorg·nis *f* anxiety, worry; ▶ **es besteht kein Grund zur ~** there's no reason for concern; **be·sorgt** [bə'zɔrkt] *adj* anxious, worried (*wegen* about); ▶ **um seine Sicherheit ~ sein** be concerned for one's safety; **Be·sorgt·heit** *f (s.* Besorgnis).

Be·sor·gung *f:* ▶ **~en machen** do some shopping *sing;* **für jdn e-e ~ machen** get s.th. for s.o.

be·span·nen *tr* **1.** *(mit Bezugsmaterial)* cover; **2.** *(Pferdewagen etc)* harness up; **Be·span·nung** *f (Bespannmaterial)* covering.

be·spie·len *tr* record.

be·spre·chen *irr tr* **1.** discuss, talk over; **2.** *(Film, Theaterstück)* criticize; *(Buch)* review; ▶ **sich mit jdm über etw ~** confer with s.o. about s.th.

Be·spre·chung *f* **1.** *(Unterredung)* discussion; **2.** *(Sitzung)* conference; **3.** *(Buch~)* review; **Be·spre·chungs·zim·mer** *m* meeting room.

be·sprit·zen *tr (mit Wasser)* spray; *(mit Schmutz etc)* splash; *(mit Blut)* stain.

bes·ser ['bɛsɐ] *adj u. adv* better; ▶ **~ werden** get better, improve; **um so ~!** so much the better! **das ist auch ~ so** it's better that way; **ich habe B~es zu tun** I have better things to do; **jdn e-s B~en belehren** teach s.o. otherwise; **das solltest du ~ nicht tun** you had better not do that.

bes·sern I *tr* better, improve; **II** *refl* **1.** *(Zustand)* get better, improve; **2.** *(sittlich)* mend one's ways *pl.*

Bes·se·rung *f* improvement; ▶ **gute ~!** I hope you get well soon! **auf dem Wege der ~ sein** be on the way to recovery.

Bes·ser·wis·ser(in) *m (f) Br* know-all, *Am* know-it-all.

Be·stand [bə'ʃtant] *m* **1.** *(Fortdauer)* continued existence; **2.** *com (Lager~)* stock (*an* of); ▶ **von ~ sein** be permanent; **~ aufnehmen** *com* take stock.

be·stän·dig *adj* **1.** *(ständig)* constant, continual; **2.** *(gleichbleibend)* constant; *(Wetter)* settled; **3.** *(dauerhaft)* resistant (*gegen* to); *(Farbe)* fast.

Be·stän·dig·keit *f* **1.** *(Standhaftigkeit)* constancy; **2.** *(Dauerhaftigkeit) tech* resistance.

Be·stands·auf·nah·me *f a. com* stocktaking.

Be·stand·teil *m* **1.** *allg* component, part; **2.** *fig* integral part; ▶ **in s-e ~e zerlegen** take apart; **sich in s-e ~e auflösen** fall to pieces.

be·stär·ken *tr* confirm; ▶ **jdn in seinem Vorhaben ~** confirm s.o. in his intention; **das hat mich nur (darin) bestärkt** that made me all the more determined.

be·stä·ti·gen [bə'ʃtɛ:tɪgən] **I** *tr* **1.** *allg* confirm; **2.** *(den Empfang ~)* acknowledge (receipt of); ▶ **hiermit wird bestätigt, daß ...** this is to certify that ...; **sich in etw bestätigt finden** be confirmed in s.th.; **II** *refl* prove (*od* be proved) true; **be·stä·ti·gend** *adj* confirmative; **Be·stä·ti·gung** *f* **1.** *allg* confirmation; **2.** *(Empfangs~)* acknowledg(e)ment of receipt.

be·stat·ten [bə'ʃtatən] *tr* bury.

Be·stat·tung *f* burial; *(Feier)* funeral; **Be·stat·tungs·in·sti·tut** *n Br* undertaker's, *Am* mortician's.

be·stäu·ben [bə'ʃtɔɪbən] **1.** *(von Blüten)* pollinate; **2.** *(mit Pulver etc)* dust.

be·ste ['bɛstə] *adj* best; ▶ **~n Dank!** many thanks! **der erste ~** the first that comes along; **mit den ~n Grüßen** with best wishes; **ich hielte es für das ~, wenn ...** I thought it best if ...; **das ~ wäre, wir ...** it would be the best for us to ...; **wir wollen das B~ hoffen** let's hope for the best; **es ist zu deinem B~n** it is for your own good.

be·ste·chen *irr tr* **1.** bribe, corrupt; **2.** *fig (faszinieren)* captivate, fascinate; ▶ **sich ~ lassen** take bribes; **be·stech·lich** [bə'ʃtɛçlɪç] *adj* bribable, corruptible; **Be·stech·lich·keit** *f* corruptibility; **Be·ste·chung** *f* bribery, corruption.

Be·steck [bə'ʃtɛk] ⟨-(e)s, -e/(-s)⟩ *n Br* cutlery, *Am* flatware.

Be·ste·hen *n* **1.** *(Existenz)* existence; **2.** *(einer Prüfung)* passing; ▶ **bei ~ der Prüfung** on passing the exam(ination).

be·ste·hen *irr* **I** *itr* **1.** *(existieren)* exist; **2.** *(zusammengesetzt sein aus)* consist (*aus* of); ▶ **~ bleiben** remain; **es be-**

steht die Aussicht, daß ... there is a prospect that ...; **das Problem besteht darin, daß ...** the problem is that ...; **II** *tr* **1.** *(Prüfung)* pass; **2.** *(Kampf)* win; ▶ **e-e Prüfung mit 'Befriedigend' ~** pass an exam with 'fair'.

be·stei·gen *irr tr* **1.** *(erklettern)* climb; *(gehoben)* ascend; **2.** *(betreten) mot* get into; *mar* go aboard; ▶ **den Thron ~** ascend the throne.

Be·stei·gung *f* climbing.

be·stel·len *tr* **1.** *(Waren etc)* order; **2.** *(ausrichten)* leave a message; **3.** *(Land)* till; ▶ **soll ich etw ~?** can I take a message? **er hat hier nichts zu ~!** *fig fam* he doesn't have any say here! **ich war für zehn Uhr bestellt** I have an appointment for ten o'clock; **wir sitzen hier wie bestellt und nicht abgeholt** *fam* we're sitting here all dressed up and nowhere to go.

Be·stel·ler(in) *m (f)* customer; *(einer Zeitung etc)* subscriber.

Be·stell·num·mer *f* order number; **Be·stell·schein** *m* order form.

Be·stel·lung *f* **1.** *(Auftrag)* order; **2.** *(Botschaft)* message; ▶ **e-e (Hotelzimmer)~ rückgängig machen** cancel a (hotel) reservation.

be·sten·falls *adv* at best.

be·stens *adv* very well; ▶ **er läßt Sie ~ grüßen** he sends his best regards.

be·steu·ern *tr* tax.

Be·steue·rung *f* taxation.

be·stia·lisch [bɛsti'a:lɪʃ] *adj* **1.** *allg* bestial; **2.** *fig (ekelhaft)* beastly.

Be·stie ['bɛstiə] *f* **1.** *(Tier)* beast; **2.** *fig (Mensch)* animal, brute.

be·stim·men I *tr* **1.** *(festlegen)* determine; *(Zeit, Ort)* fix, set; **2.** *(berechnen)* ascertain; **3.** *(vorsehen)* mean; **II** *itr* decide (*über* on); ▶ **er hat hier nicht zu ~!** he doesn't make the decisions here! **be·stim·mend** *adj* determining; ▶ **für etw ~ sein** be characteristic of s.th.

be·stimmt I *adj* **1.** *(festgelegt)* fixed, set; **2.** *fig (fest)* firm; ▶ **ich suche ein ~es Buch** I want a particular book; **II** *adv* certainly, definitely; ▶ **~ wissen, daß ...** know for certain that ...; **das ist für dich ~** that's meant for you; **das ist ~ für dich!** *(Post etc)* it's bound to be for you!

Be·stimmt·heit *f* certainty; ▶ **mit ~** for certain, positively.

Be·stim·mung *f* **1.** *(Vorschrift)* regulation; **2.** *(Schicksal)* destiny; **3.** *(das Bestimmen)* determining; ▶ **gesetzliche ~en** legal regulations (*od* requirements); **Be·stim·mungs·land** *n* (country of) destination; **Be·stim·mungs·ort** *m* destination.

Best·lei·stung *f* best performance.

best·mög·lich *adj* best possible; ▶ **sein B~es tun** do one's best.

be·stra·fen *tr* punish.

Be·stra·fung *f* punishment.

be·strah·len *tr* **1.** *(bescheinen)* shine on ...; **2.** *(anstrahlen)* illuminate; **3.** *med* give ray treatment to ...

Be·strah·lung *f med* radiotherapy, ray treatment.

Be·stre·ben ⟨-s⟩ *n* effort, endeavour.

be·strebt *adj:* ▶ **~ sein, etw zu tun** endeavour to do s.th.

Be·stre·bung *f* attempt, endeavour; ▶ **~en sind im Gange** efforts are being made.

be·strei·chen *irr tr:* ▶ **etw mit etw ~** spread s.th. on s.th.

be·strei·ken *tr* black; ▶ **dieser Betrieb wird bestreikt** this factory is on strike.

be·strei·ten *irr tr* **1.** *allg* contest, dispute; **2.** *(leugnen)* deny; **3.** *(aufkommen für)* defray; ▶ **das will ich nicht ~** I'm not disputing it; **es läßt sich nicht ~, daß ...** there's no denying the fact that ...

be·streu·en *tr* **1.** cover (*mit* with); **2.** *(Speisen)* sprinkle.

be·stücken (k·k) *tr* **1.** *allg (ausstatten)* equip, fit; **2.** *mil* arm.

Be·stückung (k·k) *f* **1.** *(Ausstattung)* equipment; **2.** *mil* armaments *pl.*

be·stür·men *tr* **1.** *mil* assail, storm; **2.** *fig (angehen)* bombard, inundate.

be·stürzt [bə'ʃtʏrtst] *adj* dismayed.

Be·stür·zung *f* consternation, dismay; ▶ **zu unserer ~** to our dismay.

Be·such [bə'zu:x] ⟨-(e)s, -e⟩ *m* **1.** visit; **2.** *(Teilnahme)* attendance; **3.** *(Besucher)* visitor; ▶ **bei jdm zu ~ sein** be visiting s.o.; **von jdm ~ erhalten** get a visit from s.o.; **bekommst du viel ~?** do you have a lot of visitors?

be·su·chen *tr* **1.** visit; **2.** *(gehen zu)* go to; **3.** *(teilnehmen)* attend.

Be·su·cher(in) *m (f)* visitor; **Be·su·cher·zahl** *f* attendance.

Be·suchs·zeit *f* visiting time; **Be·suchs·zim·mer** *n* visitor's room.

be·sucht *adj* **1.** *(Ort, Lokal)* frequented; **2.** *film theat* attended, patronized; ▶ **gut (schwach) ~** well (poorly) attended.

be·su·deln [bə'zu:dəln] *tr* **1.** *allg* soil; **2.** *fig* sully.

Be·ta·blocker ⟨-s, -⟩ *m med* beta blocker.

be·tagt [bə'ta:kt] *adj* aged.

be·ta·sten *tr* feel.

be·tä·ti·gen [bə'tɛ:tɪgən] **I** *tr* operate; ▶ **die Bremsen ~** apply the brakes; **II** *refl* busy o.s.; ▶ **sich literarisch ~** do some writing; **sich politisch ~** be active in politics.

Be·tä·ti·gung *f* **1.** *(Tätigkeit)* activity; **2.** *(Bedienung)* operation; **3.** *(Aktivierung)* activation.

be·täu·ben [bəˈtɔıbən] *tr* **1.** *med (narkotisieren)* anaesthetize; **2.** *(benommen machen)* stun; ▶ **~der Lärm** deafening noise.

Be·täu·bung *f* **1.** *(Narkotisierung)* anaesthetization; **2.** *(Narkose)* anaesthetic.

Be·täu·bungs·mit·tel *n* anaesthetic.

Be·te [ˈbe:tə] ‹-, -n› *f:* ▶ **rote ~** beetroot.

be·tei·li·gen [bəˈtaılıgən] **I** *refl* participate, take part (*an* in); ▶ **sich an den Kosten ~** contribute to the expenses; **II** *tr:* ▶ **jdn an etw ~** let s.o. take part in s.th.; **be·tei·ligt** *adj:* ▶ **an etw ~ sein** be involved in s.th.; *fin* have a share in s.th.

Be·tei·lig·te *m f* person involved; *jur* party.

Be·tei·li·gung *f* **1.** participation; **2.** *(Teilhaberschaft)* partnership; **3.** *(Anteil)* share, interest; **4.** *(Zuhörerschaft)* attendance.

be·ten [ˈbe:tən] *itr* pray.

be·teu·ern [bəˈtɔıɐn] *tr* declare; ▶ **s-e Unschuld ~** protest one's innocence.

Be·teue·rung *f* declaration.

be·ti·teln 1. *(mit Titel versehen)* entitle; **2.** *(beschimpfen)* call.

Be·ton [beˈtɔŋ] ‹-s, -s› *m* concrete.

be·to·nen [bəˈto:nən] *tr a. fig* emphasize, stress.

be·to·nie·ren [betoˈni:rən] *tr* **1.** *allg* concrete; **2.** *fig (festigen)* firm up.

Be·ton·misch·ma·schi·ne *f* concrete mixer; **Be·ton·si·lo** *m pej (Hochhaus)* concrete block.

be·tont [bəˈto:nt] *adj:* ▶ **~ einfach** markedly simple.

Be·to·nung *f* **1.** *(von Wort)* stress; **2.** *(Nachdruck)* emphasis.

be·tö·ren [bəˈtø:rən] *tr* beguile, bewitch.

Be·tracht [bəˈtraxt] ‹-(e)s› *m:* ▶ **in ~ kommen** be considered; **in ~ ziehen** take into consideration; **etw außer ~ lassen** disregard s.th.; **nicht in ~ kommen** be out of the question.

be·trach·ten *tr* **1.** *allg* look at; **2.** *fig (ansehen als)* consider, regard; ▶ **sich etw ~** have a look at s.th.

Be·trach·ter(in) *m (f)* observer.

be·trächt·lich [bəˈtrɛçtlıç] *adj* considerable.

Be·trag [bəˈtra:k, *pl* bəˈtrɛ:gə] ‹-(e)s, ¨-e› *m* amount, sum; ▶ **~ dankend erhalten** payment received with thanks; **ein Scheck über den ~ von 300 DM** a cheque (*Am* check) for 300 marks.

Be·tra·gen *n* behaviour; *(Führung)* conduct.

be·tra·gen *irr* **I** *itr* be; **II** *refl* behave.

be·trau·en *tr:* ▶ **jdn mit etw ~** entrust s.o. with s.th.

be·trau·ern *tr* mourn.

Be·treff [bəˈtrɛf] ‹-(e)s› *m:* ▶ **~: ...** re: ...

be·tref·fen *irr tr (angehen)* concern, relate to ...; ▶ **was das betrifft** as far as that goes; **be·tref·fend** *adj u. prp* concerned, in question; ▶ **der ~e Brief** the letter referred to.

be·trei·ben *irr tr* **1.** *(Studien)* pursue; *(Geschäft)* carry on; **2.** *(e-e Angelegenheit)* push ahead; ▶ **auf B~ von** at the instigation of; **Be·trei·ber(in)** ‹-s, -› *m (f)* runner.

be·tre·ten *irr tr* **1.** *(Raum)* enter, go into; **2.** *(Boden)* walk on (to); ▶ **B~ verboten!** keep off!

be·treu·en [bəˈtrɔıən] *tr* look after.

Be·trieb *m* **1.** *(Geschäft)* business, concern; **2.** *(e-r Fabrik etc)* operation; **3.** *(Betriebsamkeit)* bustle; *(Verkehr)* traffic; ▶ **wann kommst du heute aus dem ~?** when are you leaving work today? **außer ~** out of order; **in der Stadt war viel ~** the town was very busy.

Be·triebs·an·lei·tung *f* operating instructions *pl;* **Be·triebs·arzt** *m* company doctor; **Be·triebs·aus·flug** *m* firm's outing; **Be·triebs·fe·rien** *pl* annual holiday *sing;* **Be·triebs·fest** *n* office party; **Be·triebs·ka·pi·tal** *n* working capital; **Be·triebs·kli·ma** *n* working conditions *pl;* **Be·triebs·ko·sten** *pl* **1.** *tech* running costs; **2.** *com* overheads; **Be·triebs·lei·ter(in)** *m (f)* (works) manager; **Be·triebs·lei·tung** *f* management; **Be·triebs·rat** *m* **1.** *(Kollegium)* works committee; **2.** *(Angehöriger des ~es)* works committee member; **Be·triebs·rats·vor·sit·zen·de(r)** ‹-s, -› *f m* chair of works (*od* factory) committee; **Be·triebs·stil(l·)le·gung** *f* closing down, shutdown; **Be·triebs·sy·stem** *n EDV* operating system; **Be·triebs·tem·pe·ra·tur** *f tech* operating temperature; **Be·triebs·un·fall** *m* industrial accident; **Be·triebs·ver·fas·sungs·ge·setz** *n* Industrial Constitution Law; **Be·triebs·wirt(in)** *m (f)* business economist; **Be·triebs·wirt·schaft** *f* business management.

be·trin·ken *irr refl* get drunk.

be·trof·fen [bəˈtrɔfən] *adj* **1.** *(bestürzt)* full of consternation; **2.** *(erfaßt)* affected (*von* by); ▶ **~ sind verschiedene Mitarbeiter** several staff members are concerned.

be·trü·ben *tr* distress, sadden; **be·trüb·lich** [bəˈtry:plıç] *adj* deplorable.

be·trübt *adj* distressed.

Be·trug [bəˈtru:k] ‹-(e)s› *m* deceit, deception; *jur* fraud; ▶ **das ist ~!** it's all a fraud!

be·trü·gen [bəˈtry:gən] *irr tr* cheat, deceive; ▶ **jdn um etw ~** cheat s.o. out of s.th.; **s-n Mann ~** be unfaithful to one's husband.

Be·trü·ger(in) *m (f) (beim Spiel)* cheat;

(geschäftlich) swindler; *(Hochstapler)* con-man; **Be·trü·ge·rei** *f* cheating, swindling.

be·trü·ge·risch *adj* deceitful; ▶ **in ~er Absicht** with intent to defraud.

be·trun·ken [bə'trʊŋkən] *adj* drunk; ▶ **ein Betrunkener** a drunk.

Bett [bɛt] ‹-(e)s, -en› *n* **1.** *(Liege~)* bed; **2.** *(Ober~)* quilt; ▶ **das ~ machen** make the bed; **im ~** in bed; **Frühstück im ~** breakfast in bed; **zu ~ gehen** go to bed; **mit jdm ins ~ gehen** go to bed with s.o.; **Bett·be·zug** *m* quilt-cover; **Bett·dec·ke** *f* **1.** *(flache ~)* blanket; **2.** *(Steppdecke)* quilt.

bet·tel·arm [--'-] *adj* destitute.

bet·teln *itr* beg; ▶ **bei jdm um etw ~** beg s.o. for s.th.

bett·lä·ge·rig ['bɛtlɛ:gərɪç] *adj* bed-ridden, confined to one's bed.

Bett·laken *n* sheet.

Bett·ler(in) *m (f)* beggar.

Bett·näs·ser(in) *m (f)* bedwetter; **Bett·ru·he** *f:* ▶ **jdm ~ verordnen** order s.o. to stay in bed; **Bet(t·)tuch** *n* sheet; **Bett·vor·le·ger** *m* bedside rug; **Bett·wä·sche** *f* bed linen; **Bett·zeug** *n* bedding.

beu·gen ['bɔɪgən] **I** *tr* **1.** bend; *(Kopf)* bow; incline; **2.** *fig* break; **3.** *gram* inflect; *(Verb)* conjugate; *(Substantiv, Adjektiv)* decline; **II** *refl* **1.** *allg* bend; **2.** *fig* submit (to); ▶ **sich nach vorne ~** lean forward.

Beu·le ['bɔɪlə] ‹-, -n› *f* **1.** *(Schwellung)* bump, swelling; *(Eiter~)* boil; **2.** *(im Blech etc)* dent.

be·un·ru·hi·gen [bə'ʊnru:igən] *tr* worry; ▶ **~d sein** give cause for concern.

Be·un·ru·hi·gung *f* concern; ▶ **kein Grund zur ~** no cause for alarm.

be·ur·kun·den *tr* certify.

Be·ur·kun·dung *f* certification.

be·ur·lau·ben *tr* give leave; ▶ **beurlaubt sein** be on leave; **sich ~ lassen** take leave.

be·ur·tei·len *tr* judge (*nach* by, from); ▶ **etw falsch ~** misjudge s.th.

Be·ur·tei·lung *f* **1.** *(das Beurteilen)* judg(e)ment; **2.** *(Rezension)* review.

Beu·te ['bɔɪtə] ‹-› *f* booty, loot, spoil; ▶ **reiche ~ machen** make a big haul; **jdm zur ~ fallen** fall a prey to s.o.

Beu·tel ['bɔɪtəl] ‹-s, -› *m* bag; ▶ **tief in den ~ greifen** dig deep into one's pocket.

be·völ·kern [bə'fœlkɐn] *tr* inhabit; ▶ **das Land ist dicht bevölkert** it's a densely populated country.

Be·völ·ke·rung *f* population; **Be·völ·ke·rungs·dich·te** *f* density of population; **Be·völ·ke·rungs·ex·plo·sion** *f* population explosion; **Be·völ·ke·rungs·rück·gang** *m* decline in population; **Be·völ·ke·rungs·zu·nah·me** *f* increase in population.

be·voll·mäch·ti·gen [bə'fɔlmɛçtɪgən] *tr* authorize (*zu etw* to do s.th.).

Be·voll·mäch·tig·te(r) *f m* authorized representative.

be·vor [bə'fo:ɐ] *conj* before; ▶ **~ nicht** ... until ...

be·vor·mun·den [bə'fo:ɐmʊndən] *tr* tell s.o. what he should be doing.

Be·vor·mun·dung *f:* ▶ **ich lasse mir diese ~ nicht gefallen** I hate having my mind made up for me.

be·vor·rech·tigt [bə'fo:ɐrɛçtɪçt] *adj* **1.** *(privilegiert)* privileged; **2.** *(vorrangig)* high-priority.

be·vor|ste·hen *irr itr* lie ahead; *(unmittelbar drohend)* be imminent; ▶ **wer weiß, was ihr noch bevorsteht** who knows what is still in store for her; **be·vor·ste·hend** *adj* forthcoming, approaching; **die ~e Gefahr** the imminent danger; **der ~e Winter** the approaching winter.

be·vor·zu·gen *tr* prefer; *(begünstigen)* favour.

Be·vor·zu·gung *f* preferential treatment (*bei* in).

be·wa·chen *tr* guard.

be·wach·sen [bə'vaksən] *adj:* ▶ **mit** ... overgrown with ...

Be·wa·chung *f* **1.** *(das Bewachen)* guarding; **2.** *(Wache)* guard.

be·waff·nen [bə'vafnən] *tr* arm; **be·waff·net** *adj* armed.

Be·waff·nung *f* **1.** *(Vorgang)* arming; **2.** *(Waffen)* armament, arms *pl.*

be·wah·ren [bə'va:rən] *tr* **1.** *(aufheben)* keep; **2.** *(beschützen)* protect (*vor* from); ▶ **Gott bewahre!** heaven forbid!

be·wäh·ren [bə'vɛ:rən] *refl* **1.** *(Mensch)* prove one's worth; **2.** *(Gerät etc)* prove worthwhile.

be·wahr·hei·ten [bə'va:ɐhaɪtən] *refl* prove well-founded.

be·währt *adj* tried and tested; ▶ **ein ~es Mittel** a proven remedy.

Be·wäh·rung *f jur* probation; ▶ **e-e Strafe zur ~ aussetzen** impose a suspended sentence; **Be·wäh·rungs·frist** *f jur* probation period; **Be·wäh·rungs·hel·fer(in)** *m (f)* probation officer.

be·wal·det [bə'valdət] *adj* wooded.

be·wäl·ti·gen [bə'vɛltɪgən] *tr* **1.** *(meistern)* manage; **2.** *(überwinden)* get over.

be·wan·dert [bə'vandɐt] *adj* expert, knowledgeable; ▶ **in etw gut ~ sein** be well versed in s.th.

Be·wandt·nis [bə'vantnɪs] *f:* ▶ **damit hat es folgende ~** ... the facts are these ...

be·wäs·sern [bə'vɛsɐn] *tr (Land)* irrigate; *(Rasen etc)* water.

Be·wäs·se·rung *f* irrigation.
be·we·gen [bə'veːgən] **I** *tr a. fig* move; ▶ **jdn zu etw** ~ induce s.o. to do s.th.; **können Sie ihn dazu** ~? can you get him to do it? **II** *refl* **1.** *allg* move; ▶ **es bewegt sich etwas** *fig* things happen, things get going; **2.** *(sich Bewegung verschaffen)* get some exercise.
Be·weg·grund *m* motive.
be·weg·lich [bə'veːklɪç] *adj* **1.** movable; *(leicht manövrierbar)* manoevrable; **2.** *(flink)* agile; **3.** *(geistig* ~*)* nimble.
Be·weg·lich·keit *f* **1.** *allg* movability; **2.** *(Agilität, a. geistige)* agility.
be·wegt [bə'veːkt] *adj* **1.** *(Wasser: aufgerührt)* choppy; **2.** *fig* moved; **3.** *fig (ereignisreich)* eventful; ▶ ~**e See** rough sea.
Be·we·gung *f* **1.** *allg* movement, motion; **2.** *(körperlich)* exercise; **3.** *fig (seelisch)* agitation, emotion; ▶ **politische** ~ political movement; **in** ~ **bringen** set in motion; **etwas kommt in** ~ *fig* s.th. gets moving; **jdn in** ~ **bringen** get s.o. moving; **keine (falsche)** ~! freeze! *fam;* **sich** ~ **verschaffen** get some exercise; **Be·we·gungs·frei·heit** *f* **1.** *allg* freedom of movement; **2.** *fig (Ellenbogenfreiheit)* elbow-room; **be·we·gungs·los** *adj* motionless; **Be·we·gungs·lo·sig·keit** *f* immobility, motionlessness; **Be·we·gungs·the·ra·pie** *f med* kinesiotherapy.
be·wei·nen *tr* weep for; *(betrauern)* mourn.
Be·weis [bə'vaɪs] ‹-es, -e› *m* proof; *jur* evidence; *math* demonstration; ▶ **als** ~ **dienen** serve as evidence; **den** ~ **erbringen** produce proof; **den** ~ **führen** prove; **zum** ~ **von ...** in proof of ...; **Be·weis·auf·nah·me** *f* hearing of evidence; **be·weis·bar** *adj* demonstrable, provable; **Be·weis·bar·keit** *f* demonstrability.
be·wei·sen *irr tr* **1.** prove; **2.** *(zeigen)* show; ▶ **was noch zu** ~ **wäre** that remains to be seen.
Be·weis·füh·rung *f* **1.** *jur* presentation of one's case; **2.** *(Argumentation)* reasoning; **Be·weis·ma·te·rial** *n* evidence.
Be·wen·den *n:* ▶ **damit hatte es sein** ~ that was the end of the matter.
be·wen·den *tr impers:* ▶ **lassen wir es dabei** ~! let's leave it at that!
be·wer·ben *irr refl:* ▶ **sich bei jdm um e-e Stelle** ~ apply to s.o. for a job.
Be·wer·ber(in) *m (f)* applicant.
Be·wer·bung *f* application; ▶ **seine** ~ **einreichen** file one's application; **Be·wer·bungs·ge·spräch** *n* (job) interview; **Be·wer·bungs·schrei·ben** *n* letter of application; **Be·wer·bungs·ver·fah·ren** *n* application procedure.
be·wer·fen *irr tr:* ▶ **jdn mit etw** ~ throw s.th. at s.o.
be·werk·stel·li·gen *tr* manage.
be·wer·ten *tr* judge; *(schätzen auf)* value; ▶ **etw zu hoch (niedrig)** ~ overvalue (undervalue) s.th.
Be·wer·tung *f* judg(e)ment; *(Schätzung)* valuation; **Be·wer·tungs·kri·te·ri·en** *n pl* valuation criteria.
be·wil·li·gen [bə'vɪlɪgən] *tr (zugestehen)* allow; *fin* grant.
Be·wil·li·gung *f* allowance; *fin* grant; *(amtliche* ~*)* approval.
be·wir·ken *tr* bring about, cause; ▶ **e-e Veränderung** ~ effect a change.
be·wir·ten *tr:* ▶ **jdn** ~ entertain s.o. to a meal.
be·wirt·schaf·ten *tr* **1.** *(Gut etc)* administer, manage; **2.** *(Acker)* cultivate; **3.** *(Mangelware)* ration; *(Wohnraum)* control.
Be·wirt·schaf·tung *f* **1.** *(Betreibung)* management; **2.** *(von Grund u. Boden)* cultivation.
Be·wir·tung *f (zu Hause)* hospitality; *(im Gasthaus)* service.
be·wohn·bar *adj* habitable.
be·woh·nen *tr* live in; ▶ **bewohnt sein** be inhabited (*od* occupied).
Be·woh·ner(in) *m (f) (Einwohner)* inhabitant; *(Haus*~*)* occupant.
be·wöl·ken [bə'vœlkən] *refl* cloud over; **be·wölkt** *adj* cloudy.
Be·wöl·kung *f* clouds *pl.*
Be·wuchs *m* natural cover.
Be·wun·de·rer (Be·wun·de·rin) *m (f)* admirer.
be·wun·dern *tr* admire (*wegen* for); **be·wun·derns·wür·dig** *adj* admirable.
Be·wun·de·rung *f* admiration.
be·wußt [bə'vʊst] **I** *adj* **1.** *(wissend)* conscious; **2.** *(willentlich)* deliberate; **3.** *(besagt)* in question; ▶ **sich e-r Gefahr** ~ **sein** be aware of a danger; **die** ~**e Sache** the matter in question; **es war e-e** ~**e Lüge** it was a deliberate lie; **II** *adv (absichtlich)* deliberately; **be·wußt·los** *adj* unconscious; ▶ ~ **werden** lose consciousness; ~ **zusammenbrechen** fall senseless; **Be·wußt·lo·sig·keit** *f* unconsciousness.
be·wußt|ma·chen *tr:* ▶ **jdm etw** ~ make s.o. aware of s.th.
Be·wußt·sein ‹-s› *n* consciousness; ▶ **in dem** ~ **...** conscious of ...; **es kommt jdm zu** ~ it dawns upon s.o.; **jdm etw zum** ~ **bringen** bring s.th. home to s.o.; **das** ~ **verlieren** lose consciousness; **wieder zu** ~ **kommen** regain consciousness; **be·wußt·seins·er·wei·ternd** *adj* mind-expanding; **Be·wußt·seins·schwel·le** *f* threshold of consciousness; **be·wußt·seins·ver·än·dernd** *adj (Droge)* which alters one's (state of) awareness.
be·zah·len *tr* pay; ▶ **ein Fahrrad** ~ pay

for a bike; **kannst du mir das nicht ~?** could you pay for it for me? **be·zahlt** *adj:* ▶ **sich ~ machen** pay off.

Be·zah·lung *f* **1.** *(das Zahlen)* payment; **2.** *(Entlohnung)* pay.

be·zau·bern *tr fig* charm, fascinate; **be·zau·bernd** *adj* charming, fascinating.

be·zeich·nen *tr* **1.** *(mit Zeichen versehen)* mark; **2.** *(beschreiben)* describe; **3.** *(benennen)* call; ▶ **so kann man es (natürlich) auch ~** you can call it that too; **be·zeich·nend** *adj* characteristic (*für* of); ▶ **das ist wieder ~!** that is just typical!

Be·zeich·nung *f* *(Ausdruck)* term; ▶ **das ist e-e zutreffende ~!** that hits the nail on the head!

be·zeu·gen *tr* testify.

be·zich·ti·gen [bəˈtsɪçtɪgən] *tr* (*s.* beschuldigen).

be·zie·hen *irr* **I** *tr* **1.** *(mit Bezugsmaterial)* cover; **2.** *(Haus, Wohnung)* move into ...; **3.** *(bekommen)* get, obtain; ▶ **die Betten ~** change the beds; **e-e Zeitung ~** take a newspaper; **e-n Standpunkt ~** *fig* adopt a point of view; **etw auf sich ~** take s.th. personally; **II** *refl* **1.** *(mit Wolken)* cloud over; **2.** *(betreffen)* ▶ **sich ~ auf ...** refer to ...

Be·zie·her(in) *m* *(f)* **1.** *(e-r Zeitung)* subscriber; **2.** *com* purchaser; **3.** *(von Unterstützung)* drawer; ▶ **~ niedriger Einkommen** *pl* earners of low wages.

Be·zie·hung *f* **1.** *(Verhältnis)* relationship; **2.** *(menschliche ~)* relations *pl;* **3.** *(Verbindung)* connections *pl;* ▶ **keine ~ zu etw haben** have no bearing on s.th.; **er hat ~en** he knows the right people; **in jeder ~** in every respect; **Be·zie·hungs·ki·ste** *f fam* affair, relationship.

be·zie·hungs·wei·se *adv* **1.** *(aber)* respectively; ▶ **Kinder ~ Jugendliche ...** children and/or young people (respectively); **2.** *(oder vielmehr)* or rather.

be·zif·fern [bəˈtsɪfen] **I** *tr:* ▶ **etw auf etw ~** estimate s.th. at ...; **II** *refl:* ▶ **sich ~ auf ...** amount to ...

Be·zirk [bəˈtsɪrk] ‹-(e)s, -e› *m* district; **Be·zirks·ver·wal·tung** *f* district administration.

Be·zug [bəˈtsu:k] *m* **1.** *allg (Überzug)* cover; **2.** *(Kauf)* purchase; **3.** *fin (Erhalt)* drawing; *(von Zeitung)* taking; ▶ **⸚e** *fin* earnings; **~ nehmen auf ...** refer to ...

be·züg·lich [bəˈtsy:klɪç] *prp* regarding, with regard to ...

Be·zugs·per·son *f:* ▶ **jds ~** person to whom one relates; **Be·zugs·quel·le** *f* source of supply.

be·zwecken (k·k) [bəˈtsvɛkən] *tr (beabsichtigen)* aim at ...; ▶ **was soll das ~?** what's the point of that?

be·zwei·feln *tr* call in question, doubt.

be·zwin·gen *irr* **I** *tr* **1.** *allg* conquer; *(besiegen)* defeat; **2.** *fig (überwinden)* master; **II** *refl* control one's feelings.

BH [be:ˈha:] ‹-s, -s› *m* bra.

Bhag·wan ‹-s› *m* Bhagwan.

Bi·bel [ˈbi:bəl] ‹-, -n› *f* Bible; **Bi·bel·stel·le** *f* quotation from the Bible.

Bi·ber [ˈbi:bɐ] ‹-s, -› *m* beaver.

Bi·blio·gra·phie [bibliograˈfi:] *f* bibliography.

Bi·blio·thek [biblioˈte:k] ‹-, -en› *f* library.

Bi·blio·the·kar(in) *m* *(f)* librarian.

bie·der [ˈbi:dɐ] *adj* **1.** *(rechtschaffen)* honest; **2.** *fam (spießig)* conventional.

bie·gen [ˈbi:gən] *irr* **I** *tr* bend; **II** *itr* ‹sein› *(ab~)* turn; **III** *refl* bend; *(sich verziehen)* warp; ▶ **sich vor Lachen ~** double up with laughter.

bieg·sam *adj* flexible; *(geschmeidig)* supple.

Bieg·sam·keit *f* flexibility; *(Geschmeidigkeit)* suppleness.

Bie·gung *f* bend; ▶ **e-e ~ machen** bend.

Bie·ne [ˈbi:nə] ‹-, -n› *f* bee; **Bie·nen·ho·nig** *m* natural honey; **Bie·nen·kö·ni·gin** *f* queen bee; **Bie·nen·schwarm** *m* swarm of bees; **Bie·nen·stock** *m* beehive; **Bie·nen·wa·be** *f* honeycomb; **Bie·nen·wachs** *n* beeswax.

Bier [bi:ɐ] ‹-(e)s, -e› *n* beer; ▶ **zwei ~ bitte!** two beers, please! **das ist mein ~!** *fig fam* that's my business! **das ist dein Bier!** *fig fam* that's your funeral! **Bier·do·se** *f* beer can; **Bier·fla·sche** *f* beer bottle; **Bier·ka·sten** *m* beer crate; **Bier·krug** *m* beermug, tankard; **Bier·trin·ker(in)** *m* *(f)* beer drinker; **Bier·zelt** *n* beer tent.

Biest [bi:st] ‹-(e)s, -er› *n* *(Tier)* creature; ▶ **du ~!** *sl (zu Frau)* you bitch! *(zu Mann)* you beast!

bie·ten [bi:tən] *irr* **I** *tr* **1.** *(an~)* offer; **2.** *(dar~)* present; ▶ **wer bietet mehr?** will anyone offer more? **das lasse ich mir nicht ~!** I won't stand for that! **II** *itr* bid; **III** *refl* present itself.

Bi·ga·mie [bigaˈmi:] *f* bigamy.

Bi·ki·ni [biˈki:ni] ‹-s, -s› *m* bikini.

Bi·lanz [biˈlants] ‹-, -en› *f* **1.** *fin (Lage)* balance; **2.** *(Abrechnung)* balance sheet; **3.** *fig* outcome; ▶ **~ ziehen** take stock (*aus* of).

Bild [bɪlt] ‹-(e)s, -er› *n* **1.** *allg* painting, picture; **2.** *phot* picture; ▶ **sie ist nicht im ~e darüber** *fig* she is not in the picture about it; **sich von etw ein ~ machen** *fig* get an idea of s.th.; **Bild·auf·lö·sung** *f TV EDV* resolution.

bil·den [ˈbɪldən] **I** *tr* **1.** *(darstellen)* constitute; **2.** *(formen) a. fig* form; **3.** *(geistig ~)* educate; ▶ **sich ein Urteil ~** form a judgment; **e-e Gefahr ~** constitute a danger; **II** *refl* **1.** *(sich entwikkeln)* develop, form; **2.** *(sich geistig ~)*

improve one's mind; **bil·dend** *adj:* ► **die ~en Künste** *pl* the fine arts.

Bil·der·bo·gen *m* illustrated broadsheet; **Bil·der·buch** *n* picture book; **Bil·der·ha·ken** *m* picture hook; **Bil·der·rah·men** *m* picture-frame; **Bil·der·rät·sel** *n* picture-puzzle; **Bil·der·schrift** *f* pictographic writing system.

Bild·flä·che *f:* ► **auf der ~ erscheinen** appear on the scene; **von der ~ verschwinden** vanish from the scene; **Bild·fol·ge** *f* sequence of pictures; **Bilde·ge·schich·te** *f* strip cartoon; **Bild·haue·rei** *f* sculpture; **Bild·hau·er(in)** *m (f)* sculptor; **bild·hübsch** ['-'-] *adj* pretty as a picture.

bild·lich *adj:* ► **~ gesprochen** figuratively speaking; **sich etw ~ vorstellen** picture s.th. in one's mind; **Bild·nis** ['bɪltnɪs] *n* portrait; **Bild·plat·te** *f TV* video disc; **Bild·plat·ten·spie·ler** *m TV* video disc player; **Bild·punkt** *m* microdot; **Bild·schirm** *m TV* screen; **Bild·schirm·ab·strah·lung** *f EDV* screen radiation; **Bild·schirm·ar·beit** *f* on-screen work; **Bild·schirm·ar·beits·platz** *m* work station; **Bild·schirm·ge·rät** *n* visual display unit, VDU; **Bild·schirm·text** *m* viewdata, videotex; **bild·schön** ['-'-] *adj* superb, gorgeous; **Bild·stö·rung** *f TV* interference; **Bild·te·le·fon** *n TV* videophone.

Bil·dung ['bɪldʊŋ] *f* **1.** *(geistige ~)* education; **2.** *(Formung) a. fig* formation; ► **~ haben** be educated; **Bil·dungs·grad** *m* degree of instruction, educational level; **Bil·dungs·gut** *n* cultural heritage; **Bil·dungs·lücke (k·k)** *f* gap in s.o.'s education; **Bil·dungs·ni·veau** *n* standard of education; **Bil·dungs·pla·nung** *f* education planning; **Bil·dungs·po·li·tik** *f* educational policy; **Bil·dungs·ur·laub** *m* educational holiday; **Bil·dungs·we·sen** *n* education system.

Bil·lard ['bɪljart] ‹-s› *n* billiards *pl;* ► **~ spielen** play billiards; **Bil·lard·ku·gel** *f* billiard ball; **Bil·lard·stock** *m* billiard cue.

bil·lig ['bɪlɪç] *adj* **1.** *(preiswert)* cheap; **2.** *fig (primitiv)* shabby; ► **e-e ~e Ausrede** *fig* a feeble excuse; **~ davonkommen** *fig* get off lightly.

bil·li·gen ['bɪlɪgən] *tr* approve of ...

Bil·lig·flag·ge *f mar com* flag of convenience; **Bil·lig·land** *n com* country with low production costs.

Bil·li·gung *f* approval; ► **jds ~ finden** meet with someone's approval.

Bil·li·on [bɪl'jo:n] *f Br* billion, *Am* trillion.

bim·bam ding-dong!

Bims·stein *m* pumice stone.

bi·när *adj* binary.

Bin·de ['bɪndə] ‹-, -n› *f* **1.** *med* bandage; **2.** *(Armschlinge)* sling; **3.** *(Damen~) Br* sanitary towel, *Am* napkin; **4.** *(Armband)* armband; **5.** *(Augen~)* blindfold; ► **sich e-n hinter die ~ gießen** *fig fam* whet one's whistle.

Bin·de·ge·we·be *n anat* connective tissue; **Bin·de·glied** *n* link; **Bin·de·haut** *f anat* conjunctiva; **Bin·de·haut·ent·zün·dung** *f* conjunctivitis; **Bin·de·mit·tel** *n* binder, binding agent.

bin·den ['bɪndən] *irr* **I** *tr* **1.** *(fest~)* tie; **2.** *fig* bind; **3.** *(Staub etc)* bind; **4.** *(absorbieren)* absorb; ► **jdm die Hände ~** *a. fig* tie someone's hands; **II** *refl fig* commit o.s. (*an* to); **bin·dend** *adj* binding.

Bin·de·strich *m* hyphen; ► **ein Wort mit ~ schreiben** hyphenate a word.

Bind·fa·den *m* piece of string.

Bin·dung ['bɪndʊŋ] *f* **1.** *fig* relationship; **2.** *sport (Ski~)* binding; ► **enge ~en an die Heimat haben** have close ties to one's home country.

bin·nen ['bɪnən] *prp* within; ► **~ kurzem** before long.

Bin·nen·ge·wäs·ser *n* inland water; **Bin·nen·ha·fen** *m* inland port; **Bin·nen·han·del** *m* domestic trade; **Bin·nen·land** *n* interior; **Bin·nen·markt** *m* home *od* domestic market; ► **europäischer ~** EC's single market; **Bin·nen·meer** *n* inland sea; **Bin·nen·schif(f·)fahrt** *f* inland navigation.

Bin·se ['bɪnzə] ‹-, -n› *f bot* rush; ► **in die ~n gehen** *fig fam* be a wash-out.

Bin·sen·weis·heit *f* truism.

Bio·che·mie [bioçe'mi:] *f* biochemistry; **Bio·che·mi·ker(in)** *m (f)* biochemist; **bio·dy·na·misch** *adj* biodynamic; **Bio·gas** *n* biogas, methane gas; **Bio·gra·phie** *f* biography; **bio·gra·phisch** *adj* biographical; **Bio·la·den** *m* wholefood shop; **Bio·lo·ge (Bio·lo·gin)** *m (f)* biologist; **Bio·lo·gie** [biolo'gi:] *f* biology; **bio·lo·gisch** *adj* biological; ► **~ abbaubar** biodegradable; **~e Abwasserreinigung** biological purification of sewage; **~e Kläranlage** biological sewage plant; **Bio·mas·se** ‹-› *f chem* biomass; **Bio·müll** *m* organic waste; **Bio·phy·sik** *f* biophysics *pl;* **Bio·rhyth·mus** *m* biorhythm; **Bio·tech·nik, Bio·tech·no·lo·gie** *f* biotechnology; **bio·tech·nisch** *adj* biotechnological; **Bio·top** ‹-s, -e› *n* biotope; **Bio-Wasch·mit·tel** *n* biological detergent.

Bir·ke ['bɪrkə] ‹-, -n› *f* birch; **Bir·ken·pilz** *m* boletus.

Bir·ma ['bɪrma] ‹-s› *n* Burma; **Bir·mane (Birmanin)** ‹-n, -n› *m (f)* Burmese; **bir·ma·nisch** *adj* Burmese.

Birn·baum *m* pear tree.

Bir·ne ['bɪrnə] ‹-, -n› *f* **1.** *(Frucht)* pear; **2.** *el (Glüh~)* bulb; **3.** *sl (Kopf)* nut *fam.*

bir·nen·för·mig *adj* pear-shaped.

bis [bɪs] **I** *prp* **1.** *(räumlich)* to; ► **~ hierher** (to) here; **~ hierher und nicht weiter** this far and no further; **2.** *(zeit-*

lich) till, until; *(bis spätestens)* by; **ich werde ~ Ende der Woche zurück sein** I'll be back by the end of this week; **~ wann?** till when? **~ einschließlich ...** up to and including ...; **von ... ~ ...** *Br* from ... till ..., *Am* from ... thru ...; **~ dann!** see you then! **~ bald!** see you soon! **II** *adv* **1.** *(räumlich)* till, until; *(bis spätestens)* by; ▶ **~ auf weiteres** until further notice; **2.** *(sonstige):* **alle ~ auf einen** all except for one; **III** *conj:* ▶ **es wird lange dauern, ~ sie es merken** it'll be a long time before they'll find out.

Bi·sam ['bi:zam] ‹-s, -e/-s› *m* **1.** *zoo* musk; **2.** *(Pelz)* musquash; **Bi·sam·rat·te** *f* muskrat.

Bi·schof ['bɪʃɔf, *pl* 'bɪʃø:fə] ‹-s, ⸚e› *m* bishop; **bi·schöf·lich** *adj* episcopal; **Bi·schofs·müt·ze** *f* mitre; **Bi·schofs·sitz** *m* diocesan town; **Bi·schofs·stab** *m* crosier.

bi·se·xu·ell ['bi:zɛksuˌɛl] *adj* bisexual.

bis·her [bɪs'he:ɐ] *adv* hitherto, until now; ▶ **~ wußte ich das noch nicht** I didn't know that before; **~ noch nicht** not as yet; **bis·he·rig** *adj* previous; ▶ **die ~en Nachrichten** the news received to date.

Bis·ka·ya [bɪs'ka:ja] *f geog* Biscay; ▶ **Golf von ~** Bay of Biscay.

Bis·kuit [bɪs'kvi:t] ‹-(e)s, -s/-e› *m* od *n* sponge (cake).

bis·lang [bɪs'laŋ] *adv* (*s.* bisher).

Bi·son ['bi:zɔn] ‹-s, -s› *m zoo* bison.

Biß [bɪs] ‹-sses, -sse› *m* bite; ▶ **~ haben** *fig* have bite.

biß·chen ['bɪsçən] *n adv adj:* ▶ **ein ~ ...** a bit of ...; **warten Sie ein ~** wait a while; **ein ~ länger** a little longer; ▶ **kein ~** not a bit; **das ist ein ~ zu wenig** that's not quite enough; **das ist ein ~ wenig** that's not very much.

Bis·sen ['bɪsən] ‹-s, -› *m* mouthful; ▶ **ich rühre keinen ~ an** I won't eat a thing.

bis·sig *adj (Hund)* snappy; *(Bemerkung)* cutting, biting.

Bis·sig·keit *f a. fig* viciousness.

Bis·tum ['bɪstu:m, *pl* 'bɪsty:mɐ] *n* bishopric, diocese.

bis·wei·len [bɪs'vaɪlən] *adv* from time to time, now and then.

Bit ‹-s, -s› *n EDV* bit.

Bit·te ['bɪtə] ‹-, -n› *f* request; ▶ **auf meine ~** at my request; **ich habe e-e ~ an Sie** I have a favour to ask (of) you.

bit·te *interj* please; ▶ **wie ~ ?** sorry? pardon? **~ nicht!** please don't! **~ nach Ihnen!** after you; **~?** *(was möchten Sie?)* can I help you? **ich kündige! — ~!** I resign! — ~ go ahead! **na ~!** there you are!

bit·ten *irr tr* ask; ▶ **jdn um etw ~** ask s.o. for s.th.; **aber ich bitte Sie!** not at all! **wenn ich ~ darf** if you wouldn't mind; **ich muß doch sehr ~!** well I must say! **jdn ins Zimmer ~** ask s.o. to come in.

bit·ter ['bɪtɐ] *adj a. fig* bitter; ▶ **das ist mein ~er Ernst!** I mean it! **~e Wahrheit** sad truth; **etw ~ nötig haben** be in dire need of s.th.; **bit·ter·bö·se** *adj* furious; **Bit·ter·keit** *f* bitterness.

bit·ter·lich *adv:* ▶ **~ weinen** cry bitterly.

Bitt·stel·ler(in) *m (f)* petitioner.

Bi·wak ['bi:vak] ‹-s, -e/-s› *n mil* bivouac.

bi·zarr [bi'tsar] *adj* bizarre.

Black·out ‹-s, -s› *m (Ohnmacht, Gedächtnisverlust)* blackout.

blä·hen ['blɛ:ən] **I** *tr refl (Segel etc)* swell; **II** *itr* cause flatulence; **blä·hend** *adj med* flatulent.

Blä·hung *f* flatulence, wind.

bla·ma·bel *adj* disgraceful.

Bla·ma·ge [bla'ma:ʒə] ‹-, -n› *f* disgrace.

bla·mie·ren I *tr* disgrace; ▶ **damit hast du uns schön blamiert!** you've really put us in a spot! **II** *refl* make a fool of o.s.; ▶ **damit hast du dich unsterblich blamiert!** you've made yourself look a hopeless fool!

blank [blaŋk] *adj* **1.** *(glänzend)* shining; **2.** *(~ gescheuert)* shiny; **3.** *(entblößt)* bare; **4.** *fig (rein)* sheer; ▶ **~er Unsinn** sheer nonsense; **etw ~ scheuern** clean s.th. till it shines; **ich bin ~** *fig fam* I am dead broke.

Blan·ko·scheck *m Br* blank cheque, *Am* blank check; **Blan·ko·voll·macht** *f* carte blanche.

Bla·se [bla:zə] ‹-, -n› *f* **1.** *(Luft~)* bubble; **2.** *med (Haut~)* blister; **3.** *anat (Harn~)* bladder; ▶ **~n werfen** blister; **sich die ~ erkälten** get a chill on the bladder.

Bla·se·balg *m* (pair of) bellows *pl.*

bla·sen *irr itr tr* blow; ▶ **ein Horn ~** blow a horn; **dir werde ich was ~!** I'll give you a piece of my mind!

Bla·sen·stein *m* bladder stone.

Blä·ser(in) ['blɛ:zɐ] *m (f) mus* windplayer.

bla·siert [bla'zi:ɐt] *adj* blasé.

Blas·in·stru·ment *n mus* wind-instrument; **Blas·ka·pel·le** *f* brass band.

Blas·phe·mie [blasfe'mi:] *f rel* blasphemy.

blaß [blas] *adj* pale; ▶ **~ werden** grow pale; **~ aussehen** look pale; **keinen blassen Schimmer haben** *fig fam* not to have the faintest idea.

Bläs·se ['blɛsə] ‹-› *f* **1.** *allg* paleness, pallor; **2.** *fig* colourlessness.

Blatt [blat, *pl* 'blɛtɐ] ‹-(e)s, ⸚er› *n* **1.** *bot* leaf; **2.** *(~ Papier)* sheet; **3.** *(Zeitung)* paper; **4.** *(bei Kartenspiel)* hand; ▶ **ein ~ Papier** a sheet of paper; **das steht auf einem anderen ~** *fig* that is another story; **er nimmt kein ~ vor den Mund** *fig* he doesn't mince his words *pl.*

Blät·ter·teig *m Br* puff pastry, *Am* puff paste.

Blatt·gold *n* gold leaf; **Blatt·grün** *n* chlorophyll; **Blatt·pflan·ze** *f* foliate plant; **Blatt·stiel** *m* leafstalk; **Blatt·werk** *n* foliage.

blau [blaʊ] *adj* **1.** *(Farbe)* blue; **2.** *fig fam (betrunken)* blotto, canned, tight; ▶ **ein ~es Auge** a black eye; **Montag ~ machen** *fam* keep St. Monday; **~e Flecken** *(am Körper)* bruises; **sein ~es Wunder erleben** *fig fam* get the surprise of one's life; **mit e-m ~en Auge davonkommen** *fig* get off cheaply; **blau·äu·gig** *adj* **1.** *allg* blue-eyed; **2.** *fig (naiv)* naïve. **Blau·äu·gig·keit** *f* **1.** *(Augenfarbe)* blue eyes *pl;* **2.** *fig (Naivität)* naïvety.

Blau·bee·re *f Br* bilberry, *Am* blueberry.

Blaue ['blaʊə] *n:* ▶ **das ~** the blue; **das ~ vom Himmel herunterlügen** *fig* tell a pack of lies; **Fahrt ins ~e** mystery tour.

Bläue ['blɔɪə] ⟨-⟩ *f* blueness.

Blau·fuchs *m* **1.** *zoo* arctic fox; **2.** *(Pelz)* blue fox.

blau·grau *adj* bluish grey, livid.

Blau·helm *m fam (UNO-Soldat)* Blue Helmet.

bläu·lich ['blɔɪlɪç] *adj* bluish.

Blau·licht *n* flashing blue light; **blau|ma·chen** *itr fam* skive off work; **Blau·mei·se** *f* bluetit; **Blau·säu·re** *f chem* prussic (*od* hydrocyanic) acid; **Blau·strumpf** *m pej* bluestocking.

Blech [blɛç] ⟨-(e)s, -e⟩ *n* **1.** *allg* sheet metal; **2.** *(Stück ~)* metal plate; **3.** *fam (Blödsinn)* rubbish; ▶ **red kein ~!** *fam* don't talk rot! **Blech·büch·se, Blech·do·se** *f Br* tin, *Am* can; ▶ **in ~n** *Br* tinned, *Am* canned.

ble·chen ['blɛçən] *tr itr fam (bezahlen)* cough up, fork out.

ble·chern ['blɛçɐn] *adj* **1.** *allg* metal; **2.** *fig (im Klang)* tinny.

Blech·in·stru·ment *n* brass instrument; **Blech·ka·ni·ster** *m* metal can; **Blech·scha·den** *m mot* damage to the bodywork; **Blech·sche·re** *f* **1.** *(Handgerät)* metal shears *pl;* **2.** *(Schrottschere)* metal shearer.

Blei [blaɪ] ⟨-(e)s, -e⟩ *n* lead; ▶ **aus ~** leaden; **meine Füße sind wie ~** *fam* my feet feel like lead.

Blei·be ['blaɪbə] ⟨-, (-n)⟩ *f:* ▶ **keine ~ haben** have nowhere to stay; **eine ~ suchen** look for a place to stay.

blei·ben ['blaɪbən] ⟨sein⟩ *irr itr* **1.** *(da~)* remain, stay; **2.** *(übrig~)* be left; ▶ **bleibt's dabei?** so we'll stick to this? **du bleibst zu Hause, und dabei bleibt's!** you stay at home, and that's that! **bei der Wahrheit ~** stick to the truth; **wo bleibt er nur?** where's he got to? **ruhig ~** keep calm; **wo bleibst du so lange?** what's keeping you? **sieh zu, wo du bleibst!** you're on your own! **jds Freund ~** remain someone's friend; **das bleibt unter uns!** that is between you and me! **es bleibt dabei!** agreed! **es bleibt mir nichts anderes übrig** I have no other choice; **lassen Sie das lieber ~!** you had better leave that alone! **am Leben ~** survive; **blei·bend** *adj* lasting.

bleich [blaɪç] *adj* pale.

blei·chen *itr tr* bleach.

blei·ern ['blaɪɐn] *adj* leaden.

blei·frei *adj* unleaded; *(Benzin)* lead-free, unleaded; **Blei·fuß** *m fig:* ▶ **mit ~ fahren** keep one's foot down; **blei·hal·tig** *adj (Benzin)* containing lead; ▶ **das ist ~es Benzin** that's leaded petrol (*od Am* gas); **Blei·rohr** *n* lead-pipe.

Blei·stift *m* pencil; **Blei·stift·spit·zer** *m* pencil sharpener.

Blen·de ['blɛndə] ⟨-, -n⟩ *f* **1.** *(Sonnen~)* blinds *pl;* **2.** *phot* aperture; ▶ **die ~ einstellen** *phot* set the aperture.

blen·den I *tr* **1.** *allg u. fig* blind; **2.** *fig (faszinieren)* dazzle; **II** *itr (Licht)* be dazzling; **blen·dend** *adj fig (wunderbar)* splendid; ▶ **ich habe mich ~ amüsiert** I had a wonderful time.

Blen·der(in) *m (f) fig* phoney.

blend·frei *adj:* ▶ **~er Rückspiegel** anti-glare rear view mirror.

Blend·schutz·an·pflan·zung *f* anti-dazzle screen planting; **Blend·schutz·zaun** *m* anti-dazzle barrier.

Blen·dung *f* blinding.

Bles·se ['blɛsə] ⟨-, -n⟩ *f (von Pferd) (weißer Stirnfleck)* blaze.

Blick [blɪk] ⟨-(e)s, -e⟩ *m* **1.** *allg* look; **2.** *(Ausblick)* view; ▶ **auf den ersten ~** at first glance; **jdm e-n ~ zuwerfen** look at s.o.; **ohne jdn e-s ~es zu würdigen** without deigning to look at s.o.; **mit e-m ~** at a glance; **e-n ~ auf etw tun** glance at s.th.; **ein Zimmer mit ~ auf den Park** a room overlooking the park.

blicken (k·k) *itr* look; ▶ **er läßt sich gar nicht mehr bei uns ~** he never visits us these days; **das läßt ja tief ~!** that tells a tale! **lassen Sie sich (bloß) nicht mehr ~!** never show your face here again! **sich ~ lassen** let o.s. be seen.

Blick·fang *m* eye-catcher; **Blick·feld** *n* range of vision; **Blick·kon·takt** *m* visual contact; **Blick·punkt** *m:* ▶ **im ~ stehen** be in the limelight; **Blick·win·kel** *m:* ▶ **etw aus e-m anderen ~ betrachten** regard s.th. from a different point of view.

blind [blɪnt] *adj* blind (*für* to); ▶ **~er Alarm** false alarm; **~e Gewalt** brute force; **~er Eifer** blind enthusiasm; **Liebe macht ~** *prov* love is blind; **~er Passagier** stowaway.

Blind·darm *m (Wurmfortsatz)* appendix; *(eigentlicher ~)* caecum; **Blind·darm·ent·zün·dung** *f* appendicitis; **Blind·darm·ope·ra·tion** *f* appendix operation, *med* appendectomy.

Blin·de [blɪndə] *m (f)* blind man (blind woman); ▶ **das sieht doch ein ~r!** *fig* any fool can see that! **Blin·de·kuh** *f:* ▶ **~ spielen** play blind-man's-buff; **Blin·den·heim** *n* home for the blind; **Blin·den·hund** *m* guide-dog; **Blin·den·schrift** *f* braille; **Blind·flug** *m aero* blind flight; **Blind·gän·ger** *m mil a. fig* dud; **Blind·heit** *f* blindness; ▶ **mit ~ geschlagen** *fig* blind; **Blind·lan·dung** *f* blind landing.

blind·lings ['blɪntlɪŋs] *adv* blindly.

Blind·schlei·che ['blɪntʃlaɪçə] *f zoo* slow-worm.

blin·ken ['blɪŋkən] *itr* **1.** gleam, glitter, sparkle; *(Sterne)* twinkle; flash *(a. mot);* **2.** *mot* signal, indicate; ▶ **links ~** indicate left.

Blink·licht *n mot* indicator.

blin·zeln ['blɪntsəln] *itr* **1.** *(vor Helligkeit)* squint; **2.** *(Augenzeichen geben)* wink.

Blitz [blɪts] ‹-es, -e› *m* **1.** lightning; **2.** *phot* flash; ▶ **vom ~ getroffen werden** be struck by lightning; **wie vom ~ getroffen** thunder-struck; **wie ein geölter ~** *fam* like greased lightning; **ein ~ aus heiterem Himmel** *fig* a bolt from the blue; **Blitz·ab·lei·ter** *m* lightning conductor; **blitz·ar·tig I** *adj* lightning; **II** *adv* like lightning; **blitz·blank** ['-'-] *adj* spick and span.

blit·zen *itr* **1.** *:* ▶ **es blitzt** there is lightning; **2.** *(strahlen)* flash; **3.** *phot* use flash.

Blitz·ge·rät *n phot* flash gun; **Blitz·ge·spräch** *n tele* special priority telephone call; **Blitz·krieg** *m* blitz; **Blitz·licht** *n phot* flash; **blitz·sau·ber** ['-'--] *adj* (*s.* blitzblank); **Blitz·schlag** *m* flash of lightning; **blitz·schnell** ['-'-] *adj* (*s.* blitzartig); **Blitz·wür·fel** *m phot* flash-cube.

Block [blɔk, *pl* blœkə] ‹-(e)s, ⸚e› *m* **1.** *allg (a. Häuser~)* block; **2.** *(Holz~)* log; **3.** *(Schreib~)* pad.

Blocka·de [blɔ'ka:də] ‹-, -n› *f* blockade; ▶ **die ~ aufheben** raise the blockade; **die ~ durchbrechen** run the blockade.

Block·flö·te *f* recorder.

block·frei *adj pol* non-aligned.

Block·haus *n* log-cabin.

blockie·ren I *tr* **1.** *allg* block; **2.** *fig* obstruct; **II** *itr (Lenkung, Rad)* lock.

Block·satz *m typ* justification; **Block·schrift** *f* block letters *pl.*

blö·de ['blø:də] *adj* silly, stupid; ▶ **ein ~s Gefühl** *fam* a funny feeling.

blö·deln ['blø:dəln] *itr* clown about, fool around.

Blöd·heit *f* stupidity; **Blöd·mann** *m fam* idiot, silly ass; **Blöd·sinn** *m:* ▶ **mach keinen ~!** don't mess about! **was soll der ~ hier?** what fool did this?

blöd·sin·nig *adj* stupid.

blö·ken ['blø:kən] *itr (Rind)* low; *(Schaf)* bleat.

blond [blɔnt] *adj* blond, fair.

Blon·di·ne [blɔn'di:nə] ‹-, -n› *f* blonde.

bloß [blo:s] **I** *adj* **1.** *(nackt)* bare; **2.** *(nichts als)* mere; ▶ **der ~e Gedanke** the mere idea, the very thought; **mit ~en Fäusten** with bare fists; **~ er Schwindel** pure swindle; **mit ~em Auge** with the naked eye; **mit ~em Kopf** bare-headed; **II** *adv* only; ▶ **es handelt sich ~ um einige Tage** it's only a matter of a few days; **was sie ~ hat?** whatever is wrong with her? **hau ~ ab!** just get lost! **~ nicht!** God forbid! **komm ~ nicht näher!** don't you dare come any nearer!

Blö·ße ['blø:sə] ‹-, -n› *f* bareness, nakedness; ▶ **sich e-e ~ geben** show one's ignorance.

bloß|le·gen *tr* **1.** *allg* uncover; **2.** *fig* reveal; **bloß|stel·len I** *tr* show up; **II** *refl* show o.s. up.

Bluff [blʊf] ‹-s, -s› *m fam* bluff.

blü·hen ['bly:ən] *itr* **1.** *(Blumen)* bloom; *(Bäume)* blossom; **2.** *(Wirtschaft, Geschäfte)* flourish, prosper, thrive; **3.** *fig (bevorstehen)* be in store; ▶ **dir blüht noch was!** you'll be in for it! **blü·hend** ['bly:ənt] *adj* **1.** blooming; **2.** *fig* flourishing; *(Gesundheit)* glowing.

Blüm·chen ['bly:mçən] *n* little flower.

Blu·me ['blu:mə] ‹-, -n› *f* **1.** flower; **2.** *(Wein: Bouquet)* bouquet; **Blu·men·beet** *n* flowerbed; **Blu·men·kohl** *m* cauliflower; **Blu·men·kü·bel** *m* flower tub; **Blu·men·stän·der** *m* flowerstand; **Blu·men·strauß** *m* bunch of flowers; **Blu·men·topf** *m* flowerpot; ▶ **keinen ~ mit etw gewinnen können** *fam* not to get anywhere with s.th.; not to get a fig out of s.th.; **Blu·men·va·se** *f* vase; **Blu·men·zwie·bel** *f* bulb.

blu·mig ['blu:mɪç] *adj fig* flowery; ▶ **ein ~er Stil** *fig* an ornate style.

Blu·se ['blu:zə] ‹-, -n› *f* blouse.

Blut [blu:t] ‹-(e)s› *n* blood; ▶ **ich kann kein ~ sehen** I can't stand the sight of blood; **das gibt böses ~** *fig* that'll cause ill feeling; **nur ruhig ~!** *fig fam* keep your shirt on! **das liegt ihm im ~** *fig* that's in his blood; **jetzt hab' ich ~ geleckt!** *fig* now I've developed a taste for it! **das geht einem ins ~** *fig* it gets in your blood; **blut·arm** *adj* **1.** *med* anaemic; **2.** *fig (farblos)* colourless; **Blut·ar·mut** *f med* anaemia; **Blut·bad** *n* bloodbath; **Blut·bank** *f* blood bank; **blut·be·fleckt** *adj* bloodstained; **Blut·druck** *m* blood pressure.

Blü·te ['bly:tə] ‹-, -n› *f* **1.** *(Blumen~)* bloom; *(Baum~)* blossom; **2.** *fig fam (falsche Banknote)* dud; ▶ **in ~ stehen** be in full bloom (*od* blossom); *fig* be flourishing.

Blut·egel *m* leech.

blu·ten ['blu:tən] *itr* bleed (*aus* from); ▶ **mir blutet das Herz!** *iro* my heart bleeds for you! **dafür wirst du ~ müssen!** *fig fam* you'll have to cough up a lot for this!

Blü·ten·blatt *n* petal; **Blü·ten·staub** *m* pollen.

Blu·ter(in) ['blu:tɐ] *m (f) med* haemophiliac.

Blut·er·guß *m* ha(e)matoma; *(blauer Fleck)* bruise.

Blü·te·zeit *f* **1.** *:* ▶ **in der ~ sein** be in blossom; **2.** *fig (~ des Lebens)* prime; ▶ **die ~ der Künste** the heyday of the arts.

Blut·fleck *m* bloodstain; **Blut·ge·fäß** *n* blood vessel; **Blut·ge·rinn·sel** *n* blood clot; **Blut·grup·pe** *f* blood group; **Blut·hund** *m* bloodhound.

blu·tig *adj* bloody; ▶ **ein ~er Anfänger** an absolute beginner.

Blut·kör·per·chen *n* blood corpuscle; **Blut·kreis·lauf** *m* blood circulation; **blut·leer** *adj* bloodless; **Blut·plas·ma** *n* blood plasma; **Blut·pro·be** *f med* blood test; **Blut·ra·che** *f* blood feud; **blut·rot** ['-'-] *adj* blood-red; **blut·rün·stig** ['blu:trʏnstɪç] *adj* bloodthirsty; **Blut·sau·ger** *m* blood-sucker; **Blut·schan·de** *f* incest; **Blut·sen·kung** *f* sedimentation of the blood; **Blut·spen·de** *f* donation of blood; **Blut·spen·der(in)** *m (f)* blood donor; **Blut·spur** *f* trail of blood.

blut·stil·lend *adj* styptic.

Bluts·trop·fen *m* drop of blood; **bluts·ver·wandt** *adj* related by blood; **Bluts·ver·wand·te(r)** *f m* blood relation; **Bluts·ver·wandt·schaft** *f* blood relationship; **Blut·tat** bloody deed; **Blut·über·tra·gung** blood transfusion; **Blu·tung** *f* bleeding; *(Monats~)* period; **blut·un·ter·lau·fen** *adj* bloodshot; **Blut·un·ter·su·chung** *f* blood examination (*od* test); **Blut·ver·gie·ßen** *n* bloodshed; **Blut·ver·gif·tung** *f* blood-poisoning; **Blut·ver·lust** *m* loss of blood; **Blut·wä·sche** *f med* detoxification of the blood; **Blut·wurst** *f* blood sausage.

BMX-Rad *n* BMX bike.

Bö [bø:] ‹-, -en› *f* gust, sudden squall.

Bock [bɔk, *pl* 'bœkə] ‹-(e)s, ⸚e› *m* **1.** *(Nager, Rotwild)* buck; *(Schaf~)* ram; *(Ziegen~)* he-goat; **2.** *mot (Gestell)* ramp; **3.** *sport* vaulting horse; ▶ **~ auf etw haben** *sl* fancy s.th.; **keinen ~ haben, etw zu tun** *fam* not to feel like doing s.th.

Bock·bier *n* bock beer.

boc·ken *itr* **1.** *(Pferd)* refuse; **2.** *(Auto)* jerk; **3.** *fig (bockig sein)* act up.

boc·kig *adj* contrary.

Bocks·horn ['bɔkshɔrn] *n fig:* ▶ **laß dich nicht ins ~ jagen!** don't let yourself get into a state!

Bock·sprin·gen *n* **1.** *sport* vaulting; **2.** *(Spiel)* leap-frog; **Bock·sprung** *m* **1.** *sport* vault; **2.** *(Spiel)* leap.

Bo·den ['bo:dən, *pl* 'bø:dən] ‹-s, ⸚› *m* **1.** *(Erd~)* ground; *(Acker~)* soil; **2.** *(Fuß~)* floor; **3.** *(Dach~)* loft; **4.** *(Gefäß, Behälter, Meeres~)* bottom; ▶ **zu ~ fallen** fall to the ground; **am ~ zerstört sein** *fig* be shattered; **an ~ gewinnen** *fig* gain ground; **auf dem ~ der Tatsachen bleiben** stick to the facts *pl.*

Bo·den·be·lag *m* floor covering; **Bo·den·be·schaf·fen·heit** *f etc)* condition of the soil; **Bo·den·be·wirt·schaf·tung** *f* soil management; **Bo·den·frei·heit** *f mot* ground clearance; **Bo·den·frost** *m* ground frost; **Bo·den·haf·tung** *f mot* road holding.

bo·den·los *adj* **1.** bottomless; **2.** *fig (unglaublich)* incredible; ▶ **e-e ~e Frechheit** (an) unbounded cheek.

Bo·den·ne·bel *m* ground mist; **Bo·den·nut·zung** *f* land use; **Bo·den·per·so·nal** *n aero* ground staff (*od* personnel); **Bo·den·pro·be** *f* soil sample; **Bo·den·re·form** *f* land reform; **Bo·den·satz** *m allg* deposit, sediment; *(von Kaffee)* dregs *pl;* **Bo·den·schät·ze** *pl* mineral resources.

Bo·den·see *m geog* Lake Constance.

Bo·den·sen·ke *f* depression; **Bo·den·sta·tion** *f radio* ground station; **Bo·den·streit·kräf·te** *pl mil* ground forces; **Bo·den·tur·nen** *n* floor exercises *pl;* **Bo·den·un·ter·su·chung** *f* soil exploration (*od* survey); **Bo·den·ver·bes·se·rung** *f* land improvement (*od* amelioration); **Bo·den·ver·dich·tung** *f* soil compaction, surface sealing of soil; **Bo·den·ver·seu·chung** *f* contamination of the ground.

Bo·dy ‹-, bodies› *m* body stocking (*od* suit); **Bo·dy·buil·der(in)** *m (f)* bodybuilder; **Bo·dy·buil·ding** ‹-s› *n* bodybuilding; **Bo·dy·suit** ‹-, -s› *m* (*s.* Body).

Bo·gen ['bo:gən, *pl* 'bø:gən] ‹-s, -/⸚› *m* **1.** *allg* curve; **2.** *(Waffe)* bow; **3.** *(Papier~)* sheet; ▶ **er hat den ~ heraus** *fig fam* he's got the hang of it; **e-n ~ machen** *fig* curve; **jdn in hohem ~ hinauswerfen** send s.o. flying out.

bo·gen·för·mig *adj* arched.

Bo·gen·gang *m arch* arcade; **Bo·gen·schüt·ze (-schüt·zin)** *m (f)* archer.

Boh·le ['bo:lə] ‹-, -n› *f* thick board.

böh·misch ['bø:mɪʃ] *adj* Bohemian; ▶ **das sind ihm ~e Dörfer** *fig* that is Greek to him.

Boh·ne ['bo:nə] ‹-, -n› *f* bean; ► **dicke ~n** broad beans; **das juckt mich nicht die ~** *fam* I don't care a fig; **Boh·nen·kaf·fee** *m* ground coffee; **Boh·nen·stan·ge** *f* **1.** *allg* bean support; **2.** *fig* beanpole.

boh·nern ['bo:nɐn] *tr* polish.

Boh·ner·wachs *n* floor polish (*od* wax).

boh·ren ['bo:rən] *itr* **1.** *allg* bore; *(mit Bohrer)* drill; **2.** *fig (nachfragen)* keep on; ► **~de Zweifel** gnawing doubts.

Boh·rer *m (Kraftbohrmaschine)* drill; *(Handbohrer)* gimlet.

Bohr·in·sel *f* oil rig; **Bohr·loch** *n* drill-hole; **Bohr·ma·schi·ne** *f* drill; **Bohr·turm** *m (für Öl)* derrick.

Boi·ler ['bɔɪlɐ] ‹-s, -› *m* tank.

Bo·je ['bo:jə] ‹-, -n› *f* buoy.

Boll·werk ['bɔlvɛrk] ‹-(e)s, -e› *n* bulwark, stronghold.

Bol·sche·wis·mus [bɔlʃe'vɪsmʊs] *m* Bolshevism; **Bol·sche·wist(in)** *m (f)* Bolshevist; **bol·sche·wi·stisch** *adj* Bolshevist.

Bol·zen ['bɔltsən] ‹-s, -› *m tech* **1.** *(Schraub~)* bolt; **2.** *(Zapfen, Stift)* pin.

Bom·bar·de·ment [bɔmbardə'mã:] ‹-s, -s› *n* bombardment.

bom·bar·die·ren *tr* **1.** *mil* bomb; **2.** *fig* bombard.

bom·ba·stisch *adj pej* bombastic.

Bom·be ['bɔmbə] ‹-, -n› *f* bomb; ► **die Nachricht schlug wie e-e ~ ein** the news struck like a bombshell; **Bom·ben·an·griff** *m* bomb raid; **Bom·ben·an·schlag** *m* bomb attack; **Bom·ben·er·folg** ['---'-] *m* smash hit; **Bom·ben·ge·schäft** ['---'-] *n fam:* ► **ein ~ ma·chen** do a roaring trade.

Bom·ber ['bɔmbɐ] *m mil* bomber.

Bon [bɔŋ/bõ:] ‹-s, -s› *m com (Gutschein)* voucher.

Bon·bon [bɔŋ'bɔŋ/bõ'bõ:] ‹-s, -s› *m* od *n Br* sweet, *Am* candy.

Bo·ni·tät ‹-› *f fin* financial standing, credit-worthiness.

Bon·ze ['bɔntsə] ‹-n, -n› *m* **1.** *rel (buddhistischer Priester)* bonze; **2.** *fig pej (Partei~ etc)* bigwig, big shot.

boomen ['bu:mən] *itr fam* boom.

Boot [bo:t] ‹-(e)s, -e› *n* boat; ► **~ fahren** go boating; **Boots·fahrt** *f* boat trip; **Boots·flücht·lin·ge** *pl* boat people; **Boots·haus** *n* boathouse.; **Boots·lie·ge·platz** *m* landing stage, mooring; **Boots·mann** ‹-s, -leute› *mar* boatswain (*Abk* bosun); *mil* petty officer; **Boots·ver·leih** *m* boat hire business.

Bor [bo:ɐ] ‹-s› *n chem* boron.

Bord [bɔrt] ‹-(e)s, -e› *n* **1.** *(das Bücher~)* shelf; **2.** *aero mar* board; ► **an ~ gehen** board the plane/ship; **über ~ werfen** *a. fig* throw overboard; **von ~ gehen** disembark.

Bor·dell [bɔr'dɛl] ‹-s, -e› *n* brothel.

Bord·fun·ker(in) *m (f) aero mar* radio operator; **Bord·kar·te** *f* boarding card, boarding pass; **Bord·ki·no** *n mar* ship's cinema; **Bord·per·so·nal** *n aero* air-crew; **Bord·ver·pfle·gung** *f aero* flight rations *pl;* **Bord·waf·fen** *pl aero* aircraft armaments; **Bord·werk·zeug** *aero* tool kit.

bor·gen ['bɔrgən] *tr itr* borrow (*von* from).

Bor·ke ['bɔrkə] ‹-, -n› *f* bark; **Bor·ken·kä·fer** *m zoo* bark beetle.

bor·niert [bɔr'ni:ɐt] *adj pej* narrow-minded.

Bör·se ['bœrzə] ‹-, -n› *f* **1.** *(Geldbeutel)* purse; **2.** *com (Gebäude)* the stock-exchange; **3.** *com (~nmarkt)* stock market; **Bör·sen·be·richt** *m* stock market report; **Bör·sen·krach** *m* (stock market) crash; **Bör·sen·mak·ler(in)** *m (f)* stockbroker; **Bör·sen·platz** *m* stock exchange.

Bor·ste ['bɔrstə] ‹-, -n› *f* bristle.

Bor·te ['bɔrtə] ‹-, -n› *f* braid trimming.

bös·ar·tig *adj* **1.** *(Menschen)* malicious; *(Tiere)* vicious; **2.** *med (Tumor etc)* malignant.

Bös·ar·tig·keit *f* **1.** *(von Lebewesen)* ill nature, viciousness; **2.** *(von Tumor etc)* malignancy.

Bö·schung ['bœʃʊŋ] *f (von Straße)* embankment; *(Fluß~)* bank.

bö·s(e) [bø:s/'bø:zə] *adj* **1.** evil; *(schlimm, schlecht)* bad; **2.** *(frech)* nasty; ► **das war nicht ~ gemeint** I didn't mean it nastily; **ein ~es Erwachen** a rude awakening; **die ~e Stiefmutter** the wicked stepmother; **er meinte es nicht ~** he meant no harm; **~e sein (auf jdn)** be angry (with s.o.).

Bö·se·wicht ['bø:zəvɪçt] ‹-(e)s, -er/-e› *m* villain.

bos·haft ['bo:shaft] *adj* malicious, spiteful.

Bos·haf·tig·keit *f* maliciousness.

Bos·heit *f* nastiness.

bös·wil·lig *adj* malevolent; *jur* malicious; ► **e-e ~e Verleumdung** a malevolent defamation.

Bös·wil·lig·keit *f* malice.

Bo·ta·nik [bo'ta:nɪk] *f* botany; **Bo·ta·ni·ker(in)** *m (f)* botanist; **bo·ta·nisch** *adj* botanical; ► **~er Garten** botanical gardens *pl.*

Bo·te (Bo·tin) ['bo:tə] ‹-n, -n› *m (f)* messenger; **Bo·ten·gang** *m* errand; ► **e-n ~ machen** run an errand.

Bot·schaft ['bo:tʃaft] *f* **1.** *(Nachricht)* message; **2.** *pol (Botschaftsgebäude)* embassy; ► **gute ~** good news *pl;* **e-e ~ übermitteln** deliver a message.

Bot·schaf·ter(in) *m (f)* ambassador.

Bött·cher(in) ['bœtçɐ] ‹-s, -› *m (f)* cooper.

Bot·tich ['bɔtɪç] ‹-(e)s, -e› *m* tub.
Bouil·lon [bʊl'jõ:] ‹-, -s› *f* bouillon, consommé.
Bou·le·vard·pres·se [bulə'va:ɐprɛsə] *f* popular press.
Bou·tique [bu'ti:k] ‹-, -n› *f* boutique.
Bow·le ['bo:lə] ‹-, -n› *f* **1.** *(Gefäß)* punchbowl; **2.** *(Getränk)* punch; ▶ **e-e ~ ansetzen** prepare some punch.
Box [bɔks] ‹-, -en› *f* box; speaker.
bo·xen ['bɔksən] *itr* box; ▶ **gegen jdn ~** fight s.o.
Bo·xer *m (a. Hunderasse)* boxer; **Bo·xer-Shorts** *pl* boxer shorts *pl.*
Bo·xer·mo·tor *m* opposed cylinder engine.
Box·hand·schuh *m* boxing glove.
Box·kampf *m* boxing match.
Boy·kott [bɔɪ'kɔt] ‹-(e)s, -e› *m* boycott.
boy·kot·tie·ren *tr* boycott.
brach [bra:x] *adj* **1.** *(von Acker)* fallow; **2.** *fig (unausgenutzt)* unexploited; ▶ **~liegende Kenntnisse** unexploited knowledge; **Brach·feld** *n* fallow field.
Bra·chi·al·ge·walt [braxi'a:lgəvalt] *f:* ▶ **mit ~** by brute force.
Brack·was·ser ['brakvasɐ] *n* brackish water.
Brain·stor·ming ['breɪnstɔ:mɪŋ] ‹-s› *n* brainstorming.
Bran·che ['brã:ʃə] ‹-, -n› *f com* branch; *(Fach)* department, field; **Bran·chen·füh·rer** *m* market leader; **Bran·chen·kennt·nis** *f* knowledge of the trade; **Bran·chen·ver·zeich·nis** *n tele* yellow pages *pl.*
Brand [brant, *pl* 'brɛndə] ‹-(e)s, ⸚e› *m* **1.** *(Feuer)* fire; **2.** *med (Gangrän)* gangrene; **3.** *bot (Getreidepilz)* blight; **4.** *(starker Durst nach Rausch)* raging thirst; ▶ **in ~ geraten** catch fire; **in ~ setzen** (*od* **stecken)** set on fire, set fire to; **in ~ stehen** be on fire; **Brand·bla·se** *f* blister; **Brand·bom·be** *f* incendiary bomb.
brand·ei·lig ['-'--] *adj* extremely urgent, pressing.
bran·den ['brandən] *itr* surge; ▶ **~ ge·gen ...** break against ...
Brand·herd *m* **1.** *(Feuerentstehungsort)* source of the fire; **2.** *fig (Gefahrenherd)* trouble spot.
bran·dig *adj* **1.** *bot (Getreide etc)* suffering from blight; **2.** *med* gangrenous; ▶ **~ riechen** have a burnt smell.
Brand·mal ‹-s, -e› *n* **1.** *(Narbe)* brand.
brand·mar·ken *tr* brand; ▶ **jdn als etw ~** *fig* brand s.o. as s.th.
Brand·mau·er *f* fire-proof wall; **Brand·ro·dung** *f* slash-and-burn; **Brand·sal·be** *f* ointment for burns; **Brand·scha·den** *m* fire damage; **Brand·schutz** *m* fire protection; **Brand·stel·le** *f* **1.** *(Ort des Brands)* fire; **2.** *(verbrannte Stelle)* burnt patch; **Brand·stif·ter(in)** *m (f)* fire-raiser; **Brand·stif·tung** *f* arson, fire-raising.
Bran·dung ['brandʊŋ] *f* surf, breakers *pl.*
Brand·wa·che *f* **1.** *(Tätigkeit)* firewatch; **2.** *(Gruppe)* firewatch team; **Brand·wun·de** *f* burn; *(durch Verbrühung)* scald; **Brand·zei·chen** *n* brand.
Brannt·wein *m* spirits *pl.*
Bra·si·lia·ner(in) [brazi'lja:nɐ] *m (f)* Brazilian; **bra·si·lia·nisch** *adj* Brazilian; **Bra·si·li·en** [bra'zi:liən] *n* Brazil.
Brat·apfel *m* baked apple.
Bra·ten ‹-s, -› *m* roast (meat); ▶ **den ~ begießen** baste the roast; **den ~ rie·chen** *fig* smell a rat.
bra·ten ['bra:tən] *irr itr tr* roast; *(in der Pfanne)* fry; ▶ **etw knusprig ~** fry s.th. until it is crispy.
Bra·ten·fett *n* dripping.
Brat·hähn·chen *n* roast chicken; **Brat·he·ring** *m* fried herring; **Brat·huhn** *n* roast chicken; **Brat·kar·tof·feln** *pl* fried potatoes; **Brat·pfan·ne** *f* frying-pan; **Brat·rost** *m* grill.
Brat·sche ['bra:tʃə] ‹-, -n› *f mus* viola.
Brat·spieß *m* skewer; **Brat·wurst** *f* **1.** *(zum Braten)* frying sausage; **2.** *(gebratene Wurst)* fried sausage.
Brauch [braʊx, *pl* 'brɔɪçə] ‹-(e)s, ⸚e› *m (Sitte)* common usage, custom; ▶ **das ist bei uns so ~** that's traditional with us.
brauch·bar *adj* **1.** *(nützlich)* useful; **2.** *(verwendungsfähig)* usable; **3.** *fig (gut, vernünftig)* decent; ▶ **ein ~er Hinweis** a useful hint; *ein ~er Plan* a plan that works.
brau·chen ['braʊxən] *tr* **1.** *(nötig haben, bedürfen)* need, require; **2.** *(gebrauchen)* use; ▶ **Zeit ~** take time; **er braucht nur 2 Stunden, um es zu tun** it will take him only 2 hours to do it; **wie lange wird er noch ~?** how much longer will it take him? **Sie ~ es nur zu sagen** you only need to say so; **das brauchst du dir nicht gefallen zu lassen** you don't have to stand for that; **den Wagen kann ich nicht ~** I have no use for this car.
Brauch·tum *n* customs, traditions *pl.*
Brauch·was·ser *n* industrial water.
Braue ['braʊə] ‹-, -n› *f* eyebrow.
brau·en ['braʊən] *tr (Bier etc)* brew.
Braue·rei *f* brewery.
braun [braʊn] *adj* brown; ▶ **~ werden** *(von der Sonne)* get a tan, tan.
Bräu·ne ['brɔɪnə] ‹-› *f* brownness; *(Sonnen~)* tan; ▶ **gesunde ~** healthy tan.
bräu·nen I *tr* **1.** *(in Fett)* brown; **2.** *(in der Sonne)* tan; **II** *refl (in der Sonne)* tan.
bräun·lich *adj* brownish.
brau·sen *itr* **1.** ‹h› *(rauschen)* roar; *(Wasser)* foam; **2.** *fig* ‹h› *(Beifall)*

thunder; **3.** *mot* ‹sein› *(rasen)* race; ▶ **das ~ des Sturmes.**

Brau·se·pul·ver *n* lemonade powder; **Brau·se·ta·blet·te** *f* lemonade tablet.

Braut [braʊt, *pl* 'brɔɪtə] ‹-, ¨-e› *f* bride.

Bräu·ti·gam ['brɔɪtigam] ‹-s, -e› *m* groom.

Braut·jung·fer *f* bridesmaid; **Braut·kleid** *n* wedding dress; **Braut·paar** *n* bride and (bride)groom; **Braut·schlei·er** *m* wedding veil.

brav [bra:f] *adj* **1.** *(rechtschaffen)* honest, upright; **2.** *(von Kindern)* good, well-behaved.

Break·dance ['brəɪkdə:ns] *m* breakdancing.

Brech·durch·fall *m med* diarrhoea and sickness.

Brech·ei·sen *n* crowbar; *(Stemmeisen) Br* jemmy, *Am* jimmy *fam.*

bre·chen ['brɛçən] *irr* **I** *tr* ‹h› **1.** *a. fig* break; *(Steine, Gestein)* cut; **2.** *(erbrechen)* bring up, vomit; ▶ **sich das Bein ~** break one's leg; **II** *itr* **1.** *allg* ‹sein› break; **2.** ‹h› *(erbrechen)* throw up; ▶ **mit jdm ~** break with s.o.; **III** *refl* **1.** *(Wellen)* break; **2.** *(Schall)* rebound (*an* off).

Bre·cher ['brɛçɐ] *m (Welle)* breaker.

Brech·mit·tel *n med* emetic; **Brech·reiz** *m* nausea.

Bre·chung *f (von Wellen)* breaking; *opt (von Strahlen)* refraction.

Brei [braɪ] ‹-(e)s, -e› *m* mash; ▶ **jdn zu ~ schlagen** *fig fam* beat s.o. to a pulp; **um den (heißen) ~ herumreden** *fig fam* beat about the bush.

brei·ig ['braɪɪç] *adj* mushy.

breit [braɪt] *adj* broad; *(weit, a. fig)* wide; ▶ **machen Sie sich bitte nicht so ~!** please don't take up so much room! **etw ~er machen** widen s.th.; **die ~e Masse** the masses *pl;* **~ gebaut** sturdily built.

Breit·band·ka·bel *n el* broadband cable.

breit·bei·nig *adj* with one's legs apart.

Brei·te ['braɪtə] ‹-, -n› **1.** breadth; *(bei Maßen)* width; **2.** *geog* latitude; ▶ **e-e ~ von 10 Metern haben** be 10 meters in width; **in die ~ gehen** *fam* put on weight.

breit|schla·gen *irr tr fig fam:* ▶ **jdn ~** talk s.o. round; **sich ~ lassen** let o.s. be talked round.

breit·schul·t(e)·rig *adj* broad-shouldered; **Breit·sei·te** *f mar* broadside; **Breit·wand·film** *m film* wide-screen picture.

Brems·bac·ke *f* brake block; **Brems·be·lag** *m* brake lining; ▶ **den ~ erneuern** reline the brakes.

Brem·se[1] ['brɛmzə] ‹-, -n› *f zoo (Insekt)* horsefly.

Brem·se[2] *f mot* brake; ▶ **die ~n nachstellen** adjust the brakes; **die ~en entlüften** bleed the brakes.

brem·sen **I** *itr* brake; **II** *tr fig* slow down; ▶ **er ist nicht zu ~** there is no stopping him.

Brems·flüs·sig·keit *f* brake fluid; **Brems·haupt·zy·lin·der** [-'----] *m mot* brake master cylinder; **Brems·klotz** *m mot* brake block; **Brems·kraft·ver·stär·ker** *m* servo-assistance unit; **Brems·licht** *n* brake light; **Brems·pe·dal** *n* brake pedal; **Brems·ra·ke·te** *f aero* retro rocket; **Brems·schlauch** *m mot* brake hose; **Brems·schlupf·reg·ler** *m mot* anti-block braking system; **Brems·spur** *f* skid mark; **Brems·trom·mel** *f* brake drum; **Brems·weg** *m* braking distance.

brenn·bar ['brɛnba:ɐ] *adj* combustible; *(entzündlich)* inflammable.

Brenn·dau·er *f el (von Glühbirne)* life; **Brenn·ele·ment** *n* fuel element.

bren·nen ['brɛnən] *irr* **I** *itr* **1.** *(Feuer)* burn; **2.** *el* be on; **3.** *fig (Verletzung)* sting; *(Druckstelle)* hurt; ▶ **das brennt in den Augen!** that burns my eyes! **laß das Licht nicht ~!** don't leave the light on! **es brennt!** fire! fire! **darauf ~, etw zu tun** *fig* be dying to do s.th.; **II** *tr* **1.** *(Ziegel)* bake; **2.** *(Schnaps)* distil; **brennend** *adj* **1.** *allg* burning; *(Pfeife, Zigarette)* lighted; **2.** *(Hitze)* scorching; **3.** *fig (Schmerz)* smarting; **4.** *fig (Frage)* urgent, vital.

Bren·ner ‹-s, -› *m* **1.** *tech (Schweiß~)* welding torch; **2.** *tech (Gas~, Öl~)* burner; **3.** *(Schnaps~)* distiller.

Bren·ne·rei *f (für Schnaps)* distillery.

Brenn·glas *n* burning glass; **Brenn·holz** *n* firewood; **Brenn·ma·te·rial** *n* fuel; **Bren(n·)nes·sel** ['brɛnnɛsəl] *f* stinging nettle; **Brenn·punkt** *m fig u.opt* focus; ▶ **im ~ stehend** *fig* focal; **etw in den ~ rücken** focus attention on s.th.; **Brenn·spi·ri·tus** *m* methylated spirits *pl;* **Brenn·stab** *m* fuel rod; **Brenn·stoff** *m* fuel; **Brenn·wei·te** *f opt* focal length.

brenz·lig ['brɛntslɪç] *adj* **1.** *obs (nach Brand riechend):* **es riecht ~ hier** there is a smell of burning; **2.** *fam (gefährlich)* dicey, precarious; ▶ **e-e ~e Angelegenheit** (*od* **Geschichte)** *fam* a delicate matter; **die Sache wird ~ (für jdn)** *fam* the matter is getting too hot (for s.o.).

Bre·sche ['brɛʃə] ‹-, -n› *f* breach, gap; ▶ **in die ~ springen** *fig* step into the breach.

Bre·ta·gne [bre'tanjə] ‹-› *f geog:* ▶ **die ~** Brittany; **Bre·tone (Bretonin)** [bre'to:nə] ‹-n, -n› *m (f)* Breton; **bre·to·nisch** *adj* Breton.

Brett [brɛt] ‹-(e)s, -er› *n* **1.** board; *(dickeres ~)* plank; **2.** *(Spiel~)* board; **3.**

(Frühstück~, Eß~) platter; ▶ **der hat 'n Brett vorm Kopf** *fig fam* he's as thick as two short planks; **Schwarzes ~** notice board; **Bret·ter·bu·de** *f* shack; **Bret·ter·wand** *f* wooden wall; *markt* hoarding; **Bret·ter·zaun** *m* wooden fence.

Brett·spiel *n* board game.

Bre·zel ['bre:tsəl] ‹-, -n› *f* pretzel.

Brief [bri:f] ‹-(e)s, -e› *m* letter; ▶ **etw als ~ schicken** send s.th. by letter post; **jdm ~ und Siegel auf etw geben** *fig* assure s.o. on one's oath; **Brief·ab·la·ge** *f* letter-files *pl;* **Brief·be·schwe·rer** *m* paper-weight; **Brief·bo·gen** *m* sheet of note paper; **Brief·bom·be** *f* letter bomb; **Brief·freund(in)** *m (f)* pen-friend; **Brief·ge·heim·nis** *n* privacy of the post; **Brief·ka·sten** *m (am Haus) Br* letter-box, *Am* mail box; *(in Säule) Br* pillar box, post box, *Am* mail box; **Brief·kopf** *m* letter-head; *(von Hand)* heading.

brief·lich *adj* by letter; ▶ **~er Verkehr** correspondence; **mit jdm ~ verkehren** correspond with s.o.

Brief·mar·ke *f* stamp; **Brief·mar·ken·au·to·mat** *m* (postage) stamp slot machine; **Brief·mar·ken·samm·ler(in)** *m (f)* philatelist, stamp collector; **Brief·mar·ken·samm·lung** *f* stamp collection.

Brief·öff·ner *m* letter opener; **Brief·pa·pier** *n* letter-(*od* writing-)paper, notepaper; **Brief·post** *f* letter post; **Brief·ta·sche** *f Br* wallet, *Am* billfold; **Brief·tau·be** *f* carrier pigeon; **Brief·trä·ger(in)** *m (f) Br* postman (postwoman), *Am* mailman (mailwoman); **Brief·um·schlag** *m* envelope; **Brief·waa·ge** *f* letter scales *pl;* **Brief·wahl** *f pol* postal vote; **Brief·wech·sel** *m* correspondence; ▶ **in ~ stehen mit jdm** correspond with s.o.; **Brief·wer·bung** *f* direct mail advertising.

Bri·ga·de [bri'ga:də] ‹-, -n› *f* brigade.

Bri·ga·de·kom·man·deur *m mil Br* brigadier, *Am* brigadier general.

Brigg [brɪk] ‹-, -s› *f mar* brig.

Bri·kett [bri'kɛt] ‹-s, -s/(-e)› *n* briquette.

Bril·le ['brɪlə] ‹-, -n› *f* **1.** glasses *pl; (Schutz~)* goggles *pl;* **2.** *(von Toilettensitz)* (toilet) seat; ▶ **e-e ~ tragen** wear glasses; **Bril·len·etui** *n* spectacle case; **Bril·len·ge·stell** *n* spectacle-frame; **Bril·len·glas** *n* lens; **Bril·len·schlan·ge** *f* **1.** *zoo* cobra; **2.** *fig pej (Brillenträgerin)* four-eyes; **Bril·len·trä·ger(in)** *m (f):* ▶ **~ sein** wear glasses.

brin·gen ['brɪŋən] *irr* **1.** *tr (zu e-m)* bring; **(von e-m weg, wegtragen, befördern)** take; **2.** *(veröffentlichen)* publish; ▶ **jdn dazu ~, etw zu tun** get s.o. to do s.th., make s.o. do s.th.; **es weit ~** (*od* **zu etw ~**) *fig* get somewhere, make one's way; **jdn nach Hause ~** see s.o. home; **jdn auf den Gedanken ~** suggest s.th. to s.o.; **du bringst mich auf den Gedanken ...** you make me think that ...; **auf die Seite ~** put aside; **ich brachte sie auf meine Seite** I brought her over to my side; **er brachte es bis zum General** he rose to be a general; **in Erfahrung ~** get to know, learn; **Gewinn ~** yield a profit; **in Verlegenheit ~** embarrass; **mit sich ~** *fig* imply, involve; **jdn um etw ~** deprive s.o. of s.th.; *(betrügen)* cheat s.o. out of s.th.; **sich ums Leben ~** commit suicide; **jdn um den Verstand ~** drive s.o. mad; **zum Abschluß ~, zu Ende ~** bring to a close; **jdn zur Besinnung ~** bring s.o. to his senses *pl;* **zu Fall ~** bring down; **jdn zum Lachen ~** make s.o. laugh; **jdn zum Schweigen ~** silence s.o.; **jdn wieder zu sich ~** bring s.o. round; **jdn zur Vernunft ~** bring s.o. to reason; **das bringt's auch nicht!** that's no use either! **das bringt nichts!** that's pointless!

Bri·se ['bri:zə] ‹-, -n› *f* breeze.

Bri·tan·nien [bri'taniən] *n poet* Britannia.

Brite (Britin) ‹-n, -n› *m (f)* Briton; ▶ **die ~n** the British; **bri·tisch** *adj* British.

bröckeln (k·k) ['brœkəln] ‹sein› *itr* crumble.

Brocken (k·k) ['brɔkən] ‹-s, -› *m* chunk; *(Klumpen)* lump; ▶ **ein harter ~ sein** *fig* be a tough nut to crack.

bro·deln ['bro:dəln] *itr (Suppe)* bubble; *(Lava, Schmelze etc)* seethe.

Bro·kat [bro'ka:t] ‹-(e)s, -e› *m* brocade.

Brok·ko·li *pl* broccoli *pl.*

Brom [bro:m] ‹-s› *n chem* bromine.

Brom·bee·re ['brɔmbe:rə] *f* blackberry, bramble; **Brom·beer·strauch** *m* bramble bush.

bron·chi·al [brɔnçi'a:l] *adj* bronchial; **Bron·chi·al·ka·tarrh** *m* bronchial catarrh; **Bron·chien** ['brɔnçiən] *f pl* bronchi, bronchial tubes *pl;* **Bron·chi·tis** ‹-, -tiden› *f* bronchitis.

Bron·ze ['brõ:sə] ‹-, -n› *f* bronze; **bron·ze·far·ben** *adj* bronze-coloured; **Bron·ze·me·dai·lle** *f* bronze medal.

bron·zen *adj* (of) bronze.

Bron·ze·zeit *f* Bronze Age.

Bro·sche ['brɔʃə] ‹-, -n› *f* brooch.

bro·schiert [brɔ'ʃi:ɐt] *adj:* ▶ **~e Ausgabe** paperback edition.

Bro·schur *f,* **Bro·schur·ein·band** *m typ* cut flush binding.

Bro·schü·re [brɔ'ʃy:rə] ‹-, -n› *f* booklet.

Brot [bro:t] ‹-(e)s, -e› *n* **1.** *allg* bread; loaf of bread; **2.** *(Butter~)* sandwich.

Bröt·chen ['brø:tçən] *n* roll; ▶ **belegtes ~** filled roll; **kleinere ~ backen** *fig* set one's sights lower.

Brot·ein·heit *f Br* carbohydrate exchange, *Am* bread unit; **Brot·ka·sten**

m bread bin; **Brot·kru·me** *f* breadcrumb; **brot·los** *adj fig (ohne Stellung)* unemployed; ▶ ~ **werden** lose one's livelihood; **jdn ~ machen** put s.o. out of work; **Brot·rin·de** *f* crust; **Brot·schnei·de·ma·schi·ne** *f* bread slicer.

Bruch[1] [brʊx, *pl* 'brʏçə] ‹-(e)s, ¨-e› *m* **1.** *allg a. tech* break; *med (Knochen~)* fracture; **2.** *med (der Eingeweide)* hernia, rupture; **3.** *(e-s Versprechens)* breach (of promise); *(der Freundschaft)* breach (of friendship); *jur (Vertrags~)* infringement; *(e-s Gesetzes)* violation; **4.** *math* fraction; ▶ **zu ~ gehen** get broken; **ein Auto zu ~ fahren** smash a car; **in die ¨~e gehen** *fig* break up; **sich einen ~ heben** do o.s. an injury.

Bruch[2] *m (Sumpf)* fen, marsh.

Bruch·band *n med* truss.

Bruch·bu·de *f fam* tumbledown shanty.

bruch·fest *adj* unbreakable.

brü·chig ['brʏçɪç] *adj* **1.** *(zerbrechlich)* fragile; *(von Metallen)* flawed; *(spröde)* brittle; **2.** *(rissig)* cracked; **3.** *fig (zerbröckelnd)* crumbling; ▶ **~e Stimme** rough voice.

Bruch·rech·nung *f math* fractions *pl.*

Bruch·ril·le *f (bei Tablette)* score-mark.

Bruch·strich *m math* line of a fraction.

Bruch·stück *n* fragment.

bruch·stück·haft *adj* fragmentary.

Bruch·teil *m* fraction; ▶ **im ~ einer Sekunde** in a split second.

Brücke (k·k) ['brʏkə] ‹-, -n› *f* **1.** *(auch el)* bridge; **2.** *med (Zahn~)* bridge; **3.** *(Teppich)* rug; **4.** *sport (Gymnastik)* crab; ▶ **jdm e-e ~ bauen** *fig* give s.o. a helping hand; **die ~n hinter sich abbrechen** *fig* burn one's bridges (*od* boats); **Brücken·bau (k·k)** *m* bridge construction; **Brücken·ge·län·der (k·k)** *n* parapet; **Brücken·kopf (k·k)** *m mil* bridgehead; **Brücken·pfei·ler (k·k)** *m* pier.

Bru·der ['bru:dɐ, *pl* 'bry:dɐ] ‹-s, ¨-› *m* brother; ▶ **unter Brüdern** between friends; **liebe Brüder!** my brethren!

Bru·der·krieg *m mil* fratricidal war.

brü·der·lich *adj* brotherly, fraternal.

Brü·der·lich·keit *f* fraternity.

Bru·der·mord *m* fratricide.

Bru·der·schaft *f* brotherhood.

Brü·he ['bry:ə] ‹-, -n› *f* **1.** *(Fleisch~)* broth; **2.** *(trübe Flüssigkeit)* sludge; **3.** *fam (dünnes Getränk)* muck.

brü·hen *tr (Speisen)* blanch; ▶ **Tee ~** brew tea.

brüh·warm ['-'-] *adj* **1.** *(vom Erhitzen)* boiling hot; **2.** *fig (brandneu)* hot from the press; ▶ **sie verbreitete die Nachricht ~** she spread the news red hot.

Brüh·wür·fel *m* stock-cube.

brül·len ['brʏlən] *itr* roar; *(Stier)* bellow; *(Kind)* bawl; ▶ **das ist zum B~!** *fam* it's a scream!

Brumm·bär *m fig fam* grouch.

brum·men ['brʊmən] *itr* **1.** *(summen)* hum; **2.** *(von Raubtier)* growl; **3.** *(Käfer, Fliegen etc)* buzz; **4.** *mot (Motor)* drone, purr; **5.** *(von Menschen)* growl, grumble, snarl; **6.** *fig sl (Strafe absitzen)* be locked up; ▶ **er brummte etw in seinen Bart** *fig* he muttered s.th. in his beard; **mir brummt der Kopf** my head is spinning.

Brum·mer *m fam* **1.** *(Fliege)* blue-bottle (fly); **2.** *(LKW)* juggernaut.

brum·mig *adj (verdrießlich)* grouchy, grumpy.

brü·nett [bry'nɛt] *adj* dark-haired.

Brü·net·te ‹-n, -n› *f* brunette.

Brun·nen ['brʊnən] ‹-s, -› *m* **1.** *(Schöpf~)* well; **2.** *(Spring~)* fountain; **3.** *(Mineral~)* spring; **Brun·nen·kres·se** *f bot* watercress; **Brun·nen·rand** *m* brim (*od* edge) of a well; **Brun·nen·was·ser** *n* well water.

Brunst [brʊnst, *pl* 'brʏnstə] ‹-, ¨-e› *f* *(Paarungszeit der Tiere)* mating season.

brün·stig ['brʏnstɪç] *adj (Tiere)* in heat.

brüsk [brʏsk] *adj (kurz angebunden)* brusque; *(barsch)* curt.

brüs·kie·ren *tr* snub.

Brüs·sel ['brʏsəl] ‹-s› *n* Brussels.

Brust [brʊst, *pl* 'brʏstə] ‹-, ¨-e› *f* **1.** *(weibliche)* breast; **2.** *(Brustkorb)* chest; ▶ **jdn an die ~ drücken** press s.o. to one's bosom; **e-m Kind die ~ geben** feed a baby; **e-n zur ~ nehmen** *fam* have a quick one; **Brust·bein** *n anat* breastbone, sternum; **Brust·beu·tel** *m* money bag.

brü·sten ['brʏstən] *refl* boast, brag (*mit etw* about s.th.).

Brust·fell *n anat* pleura; **Brust·fell·ent·zün·dung** *f* pleurisy; **Brust·korb** *m* chest, thorax; **Brust·mus·kel** *m anat* pectoral muscle; **Brust·schwim·men** *n* breast-stroke; **brust|schwim·men** ‹sein› *irr itr* do the breast-stroke; **Brust·ta·sche** *f* **1.** *(außen)* breast pocket; **2.** *(innen)* inside pocket; **Brust·um·fang** *m (weiblicher ~)* bust measurement; *(männlicher ~)* chest measurement.

Brü·stung ['brʏstʊŋ] *f* parapet.

Brust·war·ze *f* nipple.

Brut ['bru:t] ‹-, -en› *f* **1.** *(Nest mit Jungen)* brood; *(~ der Fische)* fry, spawn; **2.** *fig (verächtlich: von Menschen)* lot, mob, rabble; **3.** *(Kinder)* brats *pl;* **4.** *(das Brüten)* brooding, sitting.

bru·tal [bru'ta:l] *adj* brutal; ▶ **ein ~er Kerl** a beast, a brute.

Bru·ta·li·sie·rung *f* brutalization.

Bru·ta·li·tät *f* brutality.

Brut·ka·sten *m* incubator.

brü·ten ['bry:tən] *itr tr* **1.** brood, sit; **2.** *fig (nachdenken)* ponder (*über* over); ▶ **~de Hitze** oppressive heat.

Brü·ter ‹-s, -› *m tech (Brutreaktor):* ► **schneller ~** fast-breeder (reactor).
Brut·stät·te *f fig* hotbed.
brut·to ['brʊto] *adj* gross.
Brut·to·ein·kom·men *n* gross income; **Brut·to·ge·wicht** *n* gross weight; **Brut·to·preis** *m* gross price; **Brut·to·re·gi·ster·tonne** *f* register ton; **Brut·to·so·zial·pro·dukt** *n* gross national product.
Btx *Abk von* **Bildschirmtext** viewdata, videotex.
Bu·b(e) [bu:p/'bu:bə] ‹-n, -n› *m* **1.** *(Junge)* boy, lad; **2.** *(bei Kartenspiel)* jack, knave.
Buch [bu:x, *pl* 'by:çɐ] ‹-(e)s, ⸚er› *n* **1.** *(Druckwerk)* book; **2.** *(Band e-s ~es)* volume; ► **über etw ~ führen** keep a record of s.th.; **reden wie ein ~** talk like a book; **er ist ein Lehrer, wie er im ~e steht** he is a perfect example of a teacher; **Buch·bin·der(in)** *m (f)* bookbinder; **Buch·bin·de·rei** *f (Werkstatt)* bookbindery; **Buch·club** *m* bookclub; **Buch·druck** *m* letterpress; **Buch·drucker(in) (k·k)** *m (f)* printer.
Bu·che ['bu:xə] ‹-, -n› *f* beech; **Buch·ecker (k·k)** *f* beechnut; **Bu·chen·holz** *n* beechwood; **Bu·chen·wald** *m* beechwood.
Bü·cher·brett *n* bookshelf; **Bü·che·rei** *f* library; **Bü·cher·gut·schein** *m* book token; **Bü·cher·schrank** *m* bookcase; **Bü·cher·stüt·ze** *f* book-end; **Bü·cher·wurm** *m fig* bookworm.
Buch·fink *m* chaffinch.
Buch·füh·rung *f* accounting, book-keeping; ► **doppelte ~** double entry book-keeping; **Buch·hal·ter(in)** *m (f)* bookkeeper; **Buch·hal·tung** *f* (*s.* Buchführung); **Buch·han·del** *m* book-trade; **Buch·händ·ler(in)** *m (f)* bookseller; **Buch·hand·lung** *f Br* bookshop, *Am* bookstore; **Buch·hül·le** *f* dust jacket (*od* cover); **Buch·klub** *m* book club; **Buch·ma·cher(in)** *m (f)* bookmaker, *fam* bookie; **Buch·prü·fer(in)** *m (f) fin com* auditor; **Buch·prü·fung** *f* audit.
Buchs(·baum) ['bʊksbaʊm] ‹-es, -e› *m* box(-tree).
Büch·se ['bʏksə] ‹-, -n› *f* **1.** *(Dose)* can; *(Konserven~)* tin; *(Sammel~)* collecting box; **2.** *(Gewehr)* rifle; **Büch·sen·fleisch** *n* canned (*Br* tinned) meat; **Büch·sen·milch** *f* evaporated (*Br* tinned) milk; **Büch·sen·öff·ner** *m* can (*Br* tin) opener.
Buch·sta·be ['bu:xʃta:bə] ‹-ns, -n› *m* character, letter; ► **in ~n** in words; **~ für ~** letter by letter; **großer ~** capital letter; **kleiner ~** small letter; **dem ~n nach** literally.
buch·sta·bie·ren *tr* spell; ► **falsch ~** misspell.
buch·stäb·lich ['bu:xʃtɛ:plɪç] *adj* literal; ► **etw ~ nehmen** take s.th. literally.
Bucht [bʊxt] ‹-, -en› *f* bay; *(kleine)* cove.
Bu·chung ['bu:xʊŋ] *f com* entry; *(Reservierung)* booking, reservation; **Bu·chungs·sy·stem** *n* booking system.
Buch·wei·zen *m* buckwheat.
Buch·wert *m fin com* book value.
Buckel (k·k) ['bʊkəl] ‹-s, -› *m* **1.** *anat (buckliger Rücken)* hump, humpback; **2.** *anat (Rücken)* back; **3.** *(bucklige Wölbung)* bulge, hump; ► **einen ~ machen** hunch one's back; **du kannst mir den ~ herunterrutschen!** *fig fam* you can get knotted! **den ~ hinhalten** *fig fam* carry the can.
buck·lig *adj* hunchbacked; ► **~e Straße** bumpy road.
Buck·(e)lige(r) (k·k) *f m* humpback, hunchback.
bücken (k·k) ['bʏkən] *refl* bend, stoop; ► **sich nach etw ~** stoop to pick s.th. up.
Bück·ling[1] *m (Räucherhering)* bloater, kipper.
Bück·ling[2] *m fam (Verbeugung)* bow.
bud·deln ['bʊdəln] *itr fam* dig.
Bud·dhis·mus [bʊ'dɪsmʊs] *m* Buddhism.
Bud·dhist(in) *m (f)* Buddhist.
Bu·de ['bu:də] ‹-, -n› *f* **1.** *(Bretter~)* hut; **2.** *(Verkaufsstand)* booth, stall, stand; **3.** *(Unterkunft)* bedsit(ter); room; ► **jdm die ~ auf den Kopf stellen** *fam* turn someone's place upside down; **jdm auf die ~ rücken** *fam* descend on s.o.; **e-e sturmfreie ~ haben** *hum* be able to have visitors any time.
Bud·get [by'dʒe:] ‹-s, -s› *n com* budget.
Bü·fett [bʏ'fɛt/bʏ'fe:] ‹-(e)s, -s/-e› *n* **1.** *(Möbel)* sideboard; **2.** *(Schanktisch)* bar; ► **kaltes ~** cold buffet.
Büf·fel ['bʏfəl] ‹-s, -› *m* buffalo; **Büf·fel·le·der** *n* buff (leather).
büf·feln ['bʏfəln] **I** *tr fam (Lernstoff)* swot up (on) ...; **II** *itr fam* cram, swot.
Bug [bu:k] ‹-s, -e› *m mar* bow; *aero* nose.
Bü·gel ['by:gəl] ‹-s, -› *m* **1.** *(Kleider~)* hanger; **2.** *(Steig~)* stirrup.
Bü·gel·brett *n* ironing board; **Bü·gel·ei·sen** *n* iron; **Bü·gel·fal·te** *f (in der Hose)* crease; **bü·gel·frei** *adj* non-iron; **Bü·gel·ma·schi·ne** *f* rotary iron.
bü·geln *tr (Wäsche)* iron; *(Kleidungsstück)* press.
buh·len ['bu:lən] *itr:* ► **um jds Gunst ~** court someone's favour.
Buh·ne ['bu:nə] ‹-, -n› *f* breakwater, groyne.
Büh·ne ['by:nə] ‹-, -n› *f* **1.** *theat* stage; **2.** *fig (Theater)* theatre; **3.** *mot (Hebe~)* ramp; ► **auf der ~** on stage; **hinter der ~** *a. fig* behind the scenes *pl;* **etw über die ~ bringen** *fig* stage s.th.; **Büh·nen-**

be·ar·bei·tung *f* stage adaptation; **Büh·nen·bild** *n* stage set; **Büh·nen·bild·ner(in)** *m (f)* stage designer; **Büh·nen·stück** *n* play.

büh·nen·wirk·sam *adj* effective on the stage; **Büh·nen·wir·kung** *f* dramatic effect.

Buh·ruf *m* boo.

Bu·ka·rest ‹-s› *n* Bucharest.

Bu·kett [bu'kɛt] ‹-(e)s, -e/-s› *n* **1.** *(Strauß)* bouquet; **2.** *(Duft des Weines)* bouquet, nose.

Bul·ga·re (Bul·ga·rin) [bʊl'ga:rə] ‹-n, -n› *m (f)* Bulgarian; **Bul·ga·rien** *n* Bulgaria; **bul·ga·risch** *adj* Bulgarian.

Bu·li·mie ‹-› *f med* bulimia.

Bull·au·ge ['bʊlaʊgə] *n mar* porthole.

Bull·dog·ge *f zoo* bulldog.

Bull·do·zer ['bʊldo:zɐ] ‹-s,-› *m* bulldozer.

Bul·le ['bʊlə] ‹-n, -n› *m* **1.** *zoo* bull; **2.** *(bulliger Mann)* great ox of a man; **3.** *sl (Polizist)* cop *fam.*

Bul·len·hit·ze ['--'--] *f fam* boiling heat.

Bulle·tin [bʏl'tɛ̃:] ‹-s, -s› *n* bulletin.

Bu·me·rang ['bu:məraŋ] ‹-s, -e/-s› *m a. fig* boomerang.

Bum·mel ['bʊməl] ‹-s, -› *m* stroll; ▶ **e-n ~ machen** go for a stroll.

Bum·me·lant(in) [bʊmə'lant] ‹-en, -en› *m (f) Br* slowcoach, *Am* slowpoke.

Bum·me·lei *f* dawdling.

bum·meln *itr* **1.** *(umherschlendern)* ‹sein› stroll; **2.** *(trödeln)* ‹h› dawdle.

Bum·mel·streik *m* **1.** *allg* go-slow; **2.** *(im öffentlichen Dienst)* work-to-rule.

Bum·mel·zug *m fam Br* slow train, *Am* accommodation train.

bums [bʊms] *interj* bang! thud!

bum·sen ['bʊmzən] **I** *itr* **1.** *(schlagen)* thump; **2.** *fam (Geschlechtsverkehr haben)* screw, bang, have sex *fam;* ▶ **es hat gebumst!** *mot* there's been a crash! **gegen die Tür ~** hammer on the door; **II** *tr:* ▶ **jdn ~** *fam* have sex with s.o.; screw s.o. *fam.*

Bund[1] [bʊnt] ‹-(e)s, -e› *m* bunch.

Bund[2] [bʊnt, *pl* 'bʏndə] ‹-es, (¨-e)› *m* **1.** *fam (Bundesrepublik)* Federal Government; **2.** *(Vereinigung)* association; **3.** *pol (Staaten~)* alliance; **4.** *fam (Bundeswehr)* the services *pl;* ▶ **den ~ fürs Leben schließen** take the marriage vows *pl.*

Bün·del ['bʏndəl] ‹-s, -› *n* **1.** bundle; *(Bund)* bunch; **2.** *fig* cluster; ▶ **ein ~ von Vorschlägen** a set of suggestions.

bün·deln *tr* **1.** bundle up; **2.** *opt* focus.

Bun·des·ar·beits·ge·richt [--'----] *n* Federal Labour Court; **Bun·des·aus·bil·dungs·för·de·rungs·ge·setz** *n law regarding grants for higher education;* **Bun·des·bahn** *f* Federal Railway; **Bun·des·be·hör·de** *f* Federal authority; **Bun·des·fi·nanz·hof** [---'--] *m* Federal Finance Court; **Bun·des·ge·biet** *n* federal territory; **Bun·des·ge·richts·hof** [---'--] *m* Federal Supreme Court; **Bun·des·in·nen·mi·ni·ster(in)** [--'-----] *m (f)* Federal Minister of the Interior; **Bun·des·kanz·ler(in)** *m (f)* West German Chancellor; **Bun·des·li·ga** *f* National League; **Bun·des·prä·si·dent(in)** *m (f) (Deutschland)* Federal President; *(Schweiz)* President of the Federal Council; **Bun·des·rat** *m (Deutschland)* Bundesrat; *(Schweiz)* Federal Government; **Bun·des·re·gie·rung** *f* Federal Government; **Bun·des·re·pu·blik** *f* Federal Republic; *(Deutschland)* Federal Republic of Germany; **Bun·des·schatz·brief** *m* Federal Government bond; **Bun·des·staat** *m* federal state; **Bun·des·stra·ße** *f* federal highway; **Bun·des·tag** *m* Bundestag; **Bun·des·tags·mit·glied** *n* member of the Bundestag; **Bun·des·tags·prä·si·dent(in)** *m (f)* President of the Bundestag; **Bun·des·tags·wahl** *f* elections to (*od* for) the Bundestag; **Bun·des·trai·ner(in)** *m (f)* coach of the German national team; **Bun·des·ver·fas·sungs·ge·richt** [---'----] *n* Federal Constitutional Court; **Bun·des·ver·samm·lung** *f (Deutschland)* Federal Convention; *(Schweiz)* Federal Assembly; **Bun·des·wehr** *f* Federal Armed Forces *pl.*

Bund·fal·ten·ho·se *f Br* pleated trousers *pl, Am* pegged (*od* pleated) pants *pl.*

bün·dig ['bʏndɪç] *adj* **1.** *tech (fluchtrecht)* flush; **2.** *fig (schlüssig)* conclusive; ▶ **kurz und ~** tersely.

Bünd·nis [bʏntnɪs] *n* alliance.

Bun·ker ['bʊnkɐ] ‹-s, -› *m* **1.** *mil* bunker; *(Schutz~)* air-raid shelter; **2.** *mil sl* clink.

bunt [bʊnt] *adj* **1.** *(vielfarbig)* colourful; *(farbig)* coloured; **2.** *fig (allerlei enthaltend)* mixed; *(verschiedenartig)* varied; ▶ **~es Glas** stained glass; **ein ~er Abend** *fig* a social; **in ~er Reihenfolge** *fig* in a varied sequence; **jetzt wird's mir aber zu ~!** *fig fam* that's going too far!

Bunt·me·tall *n* non-ferrous metal.

Bunt·sand·stein *m* new red sandstone.

Bunt·specht *m* spotted woodpecker.

Bunt·stift *m* coloured pencil, crayon.

Bür·de ['bʏrdə] ‹-, -n› *f* **1.** *(aufgebürdete Last)* load; **2.** *fig* burden.

Burg [bʊrk] ‹-, -en› *f* castle; **Burg·an·la·ge** *f* castle complex.

Bür·ge ['bʏrgə] ‹-n, -n› *m* guarantor; ▶ **e-n ~n stellen** offer surety.

bür·gen *tr:* ▶ **für etw ~** guarantee s.th.; **für jdn ~** stand surety for s.o.; *fig* vouch for s.o.

Bür·ger(in) *m (f) (Staats~)* citizen; ▶ **die ~ unserer Stadt** the people of our town.
Bür·ger·ini·tia·ti·ve *f* citizens' action group.
Bür·ger·krieg *m* civil war.
bür·ger·lich *adj* civil; ▶ **das ~e Gesetzbuch** the Civil Code.
Bür·ger·mei·ster(in) *m (f)* mayor; **bür·ger·nah** *adj (Politiker)* close to the people; *attr bes. Am* grass-roots.
Bür·ger·recht *n* civil rights *pl;* **Bür·ger·recht·ler(in)** *m (f)* civil righter; **Bür·ger·rechts·be·we·gung** *f* civil rights movement.
Bür·ger·schaft *f* **1.** *(die Bürger)* citizens *pl;* **2.** *(Stadtparlament)* City Parliament.
Bür·ger·steig *m Br* pavement, *Am* sidewalk.
Bür·ger·ver·samm·lung *f* town meeting; **Bür·ger·wehr** *f* militia.
Burg·gra·ben *m* castle moat.
Bürg·schaft ['bʏrkʃaft] *f* security, surety; ▶ **für jdn ~ leisten** stand surety for s.o.
Bur·gund [bʊr'gʊnt] ‹-s› *n* Burgundy; **Bur·gun·der** *m (Wein)* burgundy; **bur·gun·disch** *adj* Burgundian.
Burg·ver·lies *n* (castle) dungeon.
bur·lesk [bʊr'lɛsk] *adj* burlesque.
Bü·ro [by'ro:] ‹-s, -s› *n* office; **Bü·ro·an·ge·stell·te** *m f* office worker; **Bü·ro·ar·beit** *f* office work; **Bü·ro·be·darf** *m* office supplies *pl;* **Bü·ro·hengst** *m pej* pen pusher; **Bü·ro·klam·mer** *f* paper clip; **Bü·ro·kom·mu·ni·ka·tion** *f* office communications *pl;* **Bü·ro·kom·mu·ni·ka·tions·sy·stem** *n EDV* office communications system.
Bü·ro·krat(in) *m (f)* bureaucrat; **Bü·ro·kra·tie** [bʏrokra'ti:] *f* bureaucracy; **bü·ro·kra·tisch** *adj* bureaucratic.
Bü·ro·ma·schi·nen *pl* office machines; **Bü·ro·stun·den** *pl* office hours; **Bü·ro·vor·ste·her(in)** *m (f)* chief clerk.
Bur·sche ['bʊrʃə] ‹-n, -n› *m* **1.** *(Halbwüchsiger)* boy, chap, lad; **2.** *(Kerl)* fellow, guy; ▶ **ein kluger ~** a clever fellow; **ein übler ~** *fam* a bad lot.
bur·schi·kos [bʊrʃi'ko:s] *adj* tomboyish.
Bür·ste ['bʏrstə] ‹-, -n› *f* brush.
bür·sten *tr* brush; ▶ **sich die Haare ~** brush one's hair.
Bür·sten·haar·schnitt *m* crew cut; **Bür·sten·mas·sa·ge** *f* brush massage.
Bus [bʊs] ‹-ses, -se› *m* bus; **Bus·bahn·hof** *m* bus (*od* coach) station.
Busch [bʊʃ, *pl* 'bʏʃə] ‹-es, ⸚e› *m* **1.** *(Gesträuch)* bush; *(einzelner Strauch)* shrub; **2.** *(kleines Gehölz, Dickicht)* copse, thicket; *(Wald, Urwald)* jungle; ▶ **jdm auf den ~ klopfen** *fig fam* sound s.o. out; **sich in die Büsche schlagen** *fig fam* slip away; **etw ist im ~** *fig fam* there's s.th. up; **Busch·boh·ne** *f* dwarf bean.
Bü·schel ['bʏʃəl] ‹-s, -› *n (von Haaren etc)* tuft, wisp; *(von Stroh etc)* bundle; **bü·schel·wei·se** *adv* in tufts.
Bu·sen ['bu:zən] ‹-s, -› *m* breast; ▶ **am ~ der Natur** *hum* in the lap of nature; **Bu·sen·freund(in)** *m (f)* bosom friend.
Bus·hal·te·stelle *f* bus stop.
Bus·sard ['bʊsart] ‹-s, -e› *m orn* buzzard.
Bu·ße ['bu:sə] ‹-, -n› *f* **1.** *eccl (Bußsakrament)* penance; *(Reue)* penitence, repentance; **2.** *(Geld~)* fine; ▶ **~ tun** do penance; **jdn zu e-r ~ verurteilen** fine s.o.
bü·ßen ['by:sən] *tr itr:* ▶ **das wirst du mir (noch) ~!** I'll make you pay for that! **er mußte schwer dafür ~** he had to pay dearly for it.
Buß·geld *n* fine; **Buß·geld·be·scheid** *m* notice of payment due.
Buß·tag *m* day of repentance.
Bü·ste ['bʏstə] ‹-, -n› *f* bust; **Bü·sten·hal·ter** *m* brassiere.
Bu·tan·gas [bu'ta:n-] *n* butane.
Butt [bʊt] ‹-(e)s, -e› *m zoo* flounder.
Büt·te ['bʏtə] ‹-, -n› *f (Kufe, Wanne)* tub; *(Zuber)* vat.
Büt·ten(·pa·pier) *n (handgeschöpftes ~)* handmade paper; *(Werksbütten)* rag paper.
But·ter ['bʊtɐ] ‹-› *f* butter; ▶ **alles in ~!** *fig fam* everything ok! **sich eine Scheibe Brot mit ~ bestreichen** spread butter on a slice of bread; **ranzige ~** rancid butter.
But·ter·berg *fam m* butter mountain.
But·ter·blu·me *f bot* buttercup.
But·ter·brot *n* bread and butter; *(belegtes ~)* sandwich; ▶ **jdm etw (ständig) aufs ~ schmieren** *fig* keep rubbing s.th. in; **But·ter·brot·pa·pier** *n* greaseproof paper; **But·ter·milch** *f* buttermilk; **But·ter·schmalz** *n* clarified butter.
but·ter·weich ['--'-] *adj a. fig* beautifully soft.
But·ton [bʌtn] ‹-s, -s› *m* badge, button.
But·zen·schei·be *f* bull's-eye (window)pane.
By·pass-Ope·ra·tion *f med* bypass operation.
Byte [bait] ‹-(s), -(s)› *n EDV* byte.
By·zanz [bytsants] *n* Byzantium.

C

C, c [tse:] ‹-,-› *n* C, c.
CAD ‹-› *n Abk von* **Computer Aided Design** CAD.
Cad·mi·um ['katmiʊm] ‹-s› *n chem* cadmium.
Café [ka'fe:] ‹-s, -s› *n* café; **Ca·fe·te·ria** [kafete'rɪa] ‹-, -s› *f* cafeteria.
Call·boy ['kɔ:lbɔɪ] ‹-s, -s] *m* callboy.
Call·girl ['kɔ:lgœrl] ‹-s, -s› *n* callgirl.
Cam·cor·der ['kɛmkɔrdɐ] ‹-s, -› *m* camcorder.
Camp [kɛmp] ‹-s, -s› *n* camp.
Cam·ping ['kɛmpɪŋ] ‹-s› *n* camping; ▸ **zum ~ fahren** go camping; **Cam·ping·aus·rü·stung** *f* camping gear; **Cam·ping·bus** *m* camper, dormobile *Wz;* **Cam·ping·ge·schirr** *n* camping eating utensils *pl;* **Cam·ping·platz** *m* camping (*od* caravan) site.
Cap·pu·ci·no [kapʊ'tʃi:no] ‹-s, -s› *m* cappucino.
Cä·si·um ['tsɛ:ziʊm] ‹-s› *n chem Br* caesium, *Am* cesium.
Cat·cher(in) ['kɛtʃɐ] ‹-s, -› wrestler.
CB-Funk *m* citizen's band, (*Abk* CB).
CD ‹-, -s› *f Abk von* **Compact Disc** CD, compact disc; **CD-Spie·ler** *m* compact disc player, CD player.
Cel·list(in) [tʃɛ'lɪst] *m (f)* cellist.
Cel·lo ['tʃɛlo, *pl* 'tʃɛli/'tʃɛlos] ‹-s, -i/-s› *n* cello.
Cel·lo·phan [tsɛlo'fa:n] ‹-s› *n* cellophane.
Cel·si·us ['tsɛlziʊs] ‹-,-› *n* centigrade; ▸ **8 Grad ~** eight degrees centigrade.
Cem·ba·lo ['tʃɛmbalo, *pl* 'tʃɛmbali/tʃɛmbalos] ‹-s, -i/-s› *n* cembalo, harpsichord.
Ces [tsɛs] ‹-, (-)› *n mus* C flat.
Cey·lon ['tsaɪlɔn] ‹-s› *n* Ceylon.
Cha·mä·le·on [ka'mɛ:leɔn] ‹-s, -s› *n zoo a. fig* chameleon.
Cham·pa·gner [ʃam'panjɐ] ‹-s, -› *m* champagne.
Cham·pi·gnon ['ʃampɪnjɔŋ] ‹-s, -s› *m* mushroom.
Chan·ce ['ʃã:s(ə)] ‹-, -n› *f* chance; ▸ **keine ~n haben** not to stand a chance; **bei jdm ~n haben** stand a chance with s.o.; **Chan·cen·gleich·heit** *f* equal opportunities *pl;* **chan·cen·los** *adj (Spieler, Partei)* bound to lose, *(Plan, Produkt)* bound to fail.
Chan·son [ʃã'sõ:] ‹-s, -s› *n* song.
Cha·os ['ka:ɔs] ‹-› *n* chaos.
Cha·ot(in) [ka'o:t] ‹-en, -en› *m (f)* **1.** *pol* anarchist; **2.** *sl (unordentlicher Mensch)* chaotic person; *(ausgeflippte Person)* freak.
chao·tisch [ka'o:tɪʃ] *adj* chaotic.
Cha·rak·ter [ka'raktɐ, *pl* karak'te:rə] ‹-s, -e› *m* **1.** *(Wesenszug, Merkmal)* character; **2.** *(Persönlichkeit)* personality; **3.** *(Art)* nature; **Cha·rak·ter·ei·gen·schaft** *f* character trait.
cha·rak·ter·fest *adj* of firm character, strong-minded; **Cha·rak·ter·fe·stig·keit** *f* firmness of character, strong-mindedness.
cha·rak·te·ri·sie·ren *tr* characterize.
Cha·rak·te·ri·sie·rung *f* characterization.
Cha·rak·te·ri·stik *f* **1.** *allg* characteristics *pl;* **2.** *(Schilderung)* description.
Cha·rak·te·ri·sti·kum ‹-s, -ka› *n* characteristic.
cha·rak·te·ri·stisch *adj* characteristic; ▸ **~e Eigenschaft** typical feature.
cha·rak·ter·lich *adv* character; ▸ **~ unbeständig** having an unsteady character.
cha·rak·ter·los *adj* **1.** *(von Person)* unprincipled; **2.** *fig (farblos)* colourless.
Cha·rak·ter·lo·sig·keit *f* **1.** *(Eigenschaft)* lack of principles; **2.** *(Tat)* unprincipled act.
Cha·rak·ter·zug *m* characteristic, trait; ▸ **das ist kein schöner ~!** that is an unpleasant character trait!
char·mant [ʃar'mant] *adj* charming.
Charme [ʃarm] ‹-s› *m* charm.
Char·ta ['karta] ‹-, -s› *f* charter; ▸ **die ~** ▸ **der Vereinten Nationen** the United Nations Charter.
Char·ter·flug ['tʃa:ɐtɐ-] *m* charter flight; **Char·ter·ma·schi·ne** *f aero* charter plane.
char·tern ['tʃa:ɐtɐn] *tr aero mar* charter; *(anheuern)* hire.
Chas·sis [ʃa'si:] ‹-, -› *n mot tech* chassis, frame.
Chauf·feur(in) [ʃɔ'fø:ɐ] ‹-s, -e› *m (f)* chauffeur.
chauf·fie·ren *tr* ‹h› *itr* ‹sein› *mot* drive.
Chau·vi [ʃo:vi] ‹-s, -s› *m fam pej* male chauvinist pig (*Abk* MCP); **Chau·vi·nis·mus** [ʃovi'nɪsmʊs] *m* **1.** *pol* chauvinism, jingoism; **2.** *(männlicher ~)* male chauvinism; **Chau·vi·nist(in)** *m (f)* **1.** *pol* chauvinist; **2.** *(männlicher ~)* male chauvinist; **chau·vi·ni·stisch** *adj* **1.** *pol* chauvinistic; **2.** *(männlich ~)* chauvinist.
checken (k·k) ['tʃɛkn̩] *tr* **1.** *(überprü-*

fen) check; **2.** *(begreifen) fam* get it.

Chef(in) [ʃɛf] ‹-s, -s› *m (f) allg* boss; *(von Polizei)* chief; **Chef·arzt (-ärz·tin)** *m (f)* senior consultant; **Chef·eta·ge** *f* executive floor; **Chef·koch (-kö·chin)** *m (f)* chef; **Chef·re·dak·teur(in)** *m (f)* editor-in-chief; **Chef·se·kre·tä·r(in)** *m (f)* personal assistant (*Abk* PA); **Chef·zim·mer** *n* executive's office.

Che·mie [çe'mi:] *f* chemistry; **Che·mie·fa·ser** *f* synthetic fibre; **Che·mie·müll** *m* chemical waste; **Che·mie·un·fall** *m* chemical accident; **Che·mie·waf·fe** *f* chemical weapon; **Che·mi·ka·lien** [çemi'ka:liən] *f pl* chemicals.

Che·mi·ker(in) *m (f)* chemist.

che·misch *adj* chemical; ▶ **~e Kampfstoffe** chemical warfare agents; **~e Reinigung** dry cleaner's.

Che·mo·the·ra·pie [çemotera'pi:] *f med* chemotherapy.

Chif·fre ['ʃɪfrə] ‹-, -n› *f* **1.** *(Code~)* cipher; **2.** *(in Zeitungsannoncen)* box number; **Chif·fre·an·zei·ge** *f* box number advertisement.

chif·frie·ren [ʃɪ'fri:rən] *tr* encode, encipher; ▶ **chiffrierte Nachricht** coded message.

Chi·le ['çi:le/'tʃi:le] ‹-s› *n* Chile; **Chi·le·ne (Chi·le·nin)** ['çi'le:nə] ‹-n, -n› *m (f)* Chilean; **chi·le·nisch** *adj* Chilean.

Chi·na ['çi:na] ‹s› *n* China; **Chi·na·re·stau·rant** *n* Chinese restaurant; **Chi·ne·se (Chi·ne·sin)** [çi'ne:zə] ‹-n, -n› *m (f)* Chinese *(sing u. pl)*; **chi·ne·sisch** *adj* Chinese; ▶ **die ~e Mauer** the Great Wall of China.

Chi·nin [çi'ni:n] ‹-s› *n* quinine.

Chip [tʃɪp] ‹-s, -s› *m* **1.** *(Kartoffel~) Br* crisp, *Am* potato chip; **2.** *(Spiel~)* chip; **3.** *EDV* chip.

Chir·urg(in) [çi'rʊrk] ‹-en, -en› *m (f)* surgeon.

Chir·ur·gie [çirʊr'gi:] ‹-, -n› *f* surgery.

chir·ur·gisch *adj* surgical; ▶ **~er Eingriff** surgery.

Chlor [klo:ɐ] ‹-s› *n chem* chlorine.

chlo·ren ['klo:rən] *tr* chlorinate.

Chlo·rid [klo'ri:t] ‹-(e)s, -e› *n chem* chloride.

Chlo·ro·form [kloro'fɔrm] ‹-s› *n* chloroform; **chlo·ro·for·mie·ren** *tr* chloroform.

Chlo·ro·phyll [kloro'fʏl] ‹-s› *n* chlorophyll.

Chlor·was·ser *n* chlorinated water; **Chlor·was·ser·stoff** [-'---] *m chem* chlorhydric acid.

Cho·le·ra ['ko:lera/'kɔləra] ‹-› *f* cholera.

Cho·le·ri·ker(in) *m (f)* choleric person.

cho·le·risch *adj* choleric.

Cho·le·ste·rin [kolɛste'ri:n] ‹-s› *n med* cholesterol; **Cho·le·ste·rin·spie·gel** *m med* cholesterol level.

Chor[1] [ko:ɐ, *pl* 'kø:rə] ‹-(e)s, ¨-e› *m mus* choir; *theat* chorus; ▶ **im ~ singen** sing in the choir.

Chor[2] *m arch eccl* chancel, choir.

Cho·ral [ko'ra:l, *pl* ko'rɛ:lə] ‹-s, ¨-e› *m eccl mus* chant.

Cho·reo·graph(in) [koreo'gra:f] ‹-en, -en› *m (f)* choreographer; **Cho·reo·gra·phie** [koreogra'fi:] *f* choreography.

Chor·kna·be *m* choirboy.

Chor·sän·ger *m eccl* chorister.

Cho·se ['ʃo:zə] ‹-, -n› **f fam:** ▶ **die ganze ~** all of it, the whole lot of it.

Christ(in) [krɪst] ‹-en, -en› *m (f)* Christian; **Christ·baum** *m* Christmas tree.

Chri·sten·heit *f* Christendom; **Chri·sten·tum** *n* Christianity.

Christ·kind *n* Christ Child; ▶ **das ~ kommt!** Father Christmas is coming!

christ·lich I *adj* Christian; ▶ **~er Verein Junger Männer** Young Men's Christian Association (*Abk* Y. M. C. A.); **~e Zeitrechnung** Christian Era; **II** *adv* as a Christian; ▶ **jdn ~ erziehen** bring s.o. up as a Christian.

Christ·met·te *f* Midnight Mass.

Chri·stus ['krɪstʊs] *m* Christ; ▶ **vor Christi Geburt** before Christ (*Abk* B. C.); **700 nach ~** in the year 700 of our Lord (*Abk* A. D.).

Chrom [kro:m] ‹-s› *n* chrome.

Chro·mo·som [kromo'zo:m] ‹-s, -en› *n* chromosome.

Chrom·pfle·ge·mit·tel *n* chrome polish; **Chrom·stahl** *m* chromium steel; **Chrom·teil** *n a. mot* chrome-plated part.

Chro·nik ['kro:nɪk] *f* chronicle.

chro·nisch *adj med a. fig* chronic.

Chro·nist [kro'nɪst] *m* chronicler.

chro·no·lo·gisch [krono'lo:gɪʃ] *adj* chronological.

Chro·no·me·ter [krono'me:tɐ] ‹-s, -› *m* chronometer.

Chry·san·the·me [kryzan'te:mə] ‹-, -n› *n bot* chrysanthemum.

cir·ca ['tsɪrka] *adv* about, circa *(Abk ca.)*.

Cis [tsɪs] ‹-, -› *n mus* C sharp.

Clea·ring ['kli:rɪŋ] ‹-s, -s› *com* clearing.

Cle·men·ti·ne [klemɛn'ti:nə] ‹-, -n› *f bot* clementine.

cle·ver ['klɛvɐ] *adj* clever.

Clinch [klɪntʃ] ‹-(e)s› *m fam:* ▶ **mit jdm im ~ liegen** *fig* be at loggerheads with s.o.

Clip [klɪp] ‹-s, -s› *m* **1.** *(an Schreibgerät)* clip; **2.** *(Ohrclip)* earring.

Cli·que ['klɪkə] ‹-, -n› *f fam* group, set; ▶ **Paul und seine (ganze) ~** Paul and his set.

Chlo·chard [klɔ'ʃa:r] ‹-s, -s› *m* tramp.

Clou [klu:] ‹-s, -s› *m:* ▶ **das ist doch der ~!** that's the whole point! **das ist ja**

gerade der ~! but that's just it! **der ~ des Abends** the highlight of the evening.

Clown [klaʊn] ‹-s, -s› *m* clown; ▶ **sich zum ~ machen** make a clown of o.s.

Cock·pit ['kɔkpɪt] ‹-s, -s› *n* **1.** *aero* cockpit.

Code [ko:d] ‹-s, -s› *m* code; ▶ **genetischer ~** *biol* genetic code.

co·die·ren *tr* codify, encode.

Col·la·ge [kɔ'la:ʒə] ‹-, -n› *f* collage.

Colt [kɔlt] ‹-s, -s› *m Wz* colt.

Come·back [kam'bɛk] ‹-s, -s› *n a. sport* comeback.

Co·mic·heft *n* comic.

Com·pu·ter [kɔm'pju:tɐ] ‹-s, -› *m EDV* computer; **Com·pu·ter·ar·beits·platz** *m* work station; **Com·pu·ter·dia·gno·se** *f med* computer diagnosis; **Com·pu·ter·freak** *m fam* computer freak; **com·pu·ter·ge·steu·ert** *adj* computer-controlled; **Com·pu·ter·gra·phik** *f* computer graphics *sing;* **Com·pu·ter·in·tel·li·genz** *f* artificial intelligence; **com·pu·te·ri·sie·ren** *tr* computerize; **Com·pu·ter·kri·mi·na·li·tät** *f* computer crime; **com·pu·ter·les·bar** *adj (Ausweis etc)* machine-readable; **Com·pu·ter·lin·gui·stik** *f* computer linguistics; **Com·pu·ter·satz** *m typ* computer typesetting; **Com·pu·ter·spiel** *n* computer game; **Com·pu·ter·to·mo·gra·phie** *f med* computer tomography; **Com·pu·ter·vi·rus** *m* computer virus; **Com·pu·ter·zeit·schrift** *f* computer magazine.

Con·fé·ren·cier [kõferãsj'e:] ‹-s, -s› *m* compère.

Con·tai·ner [kɔn'te:nɐ] ‹-s, -› *m (zum Transport)* container; *(für Bauschutt)* skip; **Con·tai·ner·brücke (k·k)** *f mar* transporter container-loading bridge; **Con·tai·ner·dorf** *n* village of prefab huts; **Con·tai·ner·schiff** *n* container ship; **Con·tai·ner·sta·pel** *m* unit load; **Con·tai·ner·stap·ler** *m tech* container carrier truck; **Con·tai·ner·ter·mi·nal** *m* container berth (*od* terminal).

Con·ter·gan·kind [kɔntɛr'ga:n-] *n* thalidomide baby.

cool [kʊ:l] *adj fam* cool.

Cord ‹-s, -s› *m* cord, corduroy; **Cord·jeans** ['kɔrtʒi:ns] *pl* corduroy jeans, cords.

Corn·flakes ['kɔ:nfleɪks] *pl* cornflakes.

Couch [kaʊtʃ] ‹-, -en› *f* couch; **Couch·gar·ni·tur** *f* suite; **Couch·tisch** *m* coffee table.

Count·down ['kaʊntdaʊn] ‹-s, -s› *m a. fig* countdown.

Cou·pon [ku'põ:] ‹-s, -s› *m* coupon.

Cou·ra·ge [kʊ'raʒə] ‹-› *f fam* guts.

Cou·sin(e) [ku'zɛ̃: (*f* ku'zi:nə)] ‹-, -s› *m (f)* cousin.

Cou·vert [ku've:ɐ] ‹-s, -s› *n* envelope.

Crack [krɛk] **1.** ‹-s, -s› *m (a. Sportler(in))* ace; **2.** ‹-› *n (Droge)* crack.

Creme [krɛ:m/kre:m] ‹-, -s› *f* cream.

creme·far·ben *adj* cream-coloured.

Creme·tor·te *f* cream gateau.

cre·mig *adj* creamy.

Cur·ri·cu·lum [kʊ'rɪkulʊm] ‹-s, -la› *n päd* curriculum.

Curry ['kœrɪ] ‹-s, -s› *n* curry; **Cur·ry·wurst** ['kœrivʊrst] *f* curried sausage.

Cur·sor ['kœ:rzɐ] ‹-s, -› *m EDV* cursor.

Cut·ter(in) ['katɐ] ‹-s, -› *m (f) film* cutter.

D

D, d [deː] ‹-,-› *n* D, d.

D-Zug [ˈdeːtsuːk] *m rail* fast train.

da [daː] **I** *adv* **1.** *(örtlich: dort)* there; **2.** *(örtlich: hier)* here; *(bei der Hand)* at hand; **3.** *(zeitlich)* then; ► **das Haus ~** the house over there; **~ haben wir's!** that had to happen! **wer ~?** who goes there? **wir sind gleich ~** we'll soon be there; **~, nimm schon!** here, take it! **~ siehst du, was du angerichtet hast!** now see what you've done! **was gibt's denn ~ zu lachen?** what's funny about that? **~ kann man nichts machen** there's nothing to be done about it; **~ kann ich bloß lachen!** I can't help laughing! **~ fällt mir gerade ein, ...** it just occurred to me ...; **II** *conj (weil)* as, since, seeing that.

DAAD ‹-› *m Abk von* **Deutscher Akademischer Austauschdienst** Academic Exchange Service.

da·bei [daˈbaɪ/ˈdaːbaɪ] *adv* **1.** *(örtlich):* ► **ist die Beschreibung ~?** are the instructions attached? **2.** *(zeitlich):* ► **hör auf, Klavier zu spielen! ~ kann ich mich nicht konzentrieren!** do stop playing the piano! I can't concentrate! **~ darf man (allerdings) nicht vergessen, daß ...** it shouldn't be forgotten here that ...; **3.** *(sonstige):* ► **es kommt doch nichts ~ heraus** nothing will come of it (after all); **... und ~ bleibt's!** ... and that's that! **lassen wir es ~ (bewenden)!** let's leave it at that! **was ist schon ~?** so what of it? **was hast du dir ~ gedacht?** what were you thinking of?

da|blei·ben ‹sein› *irr itr* stay.

Dach [dax, *pl* ˈdɛçɐ] ‹-s, ⸚er› *n* roof; ► **unterm ~ wohnen** live right on the top floor; **unter ~ und Fach sein** be in the bag; **eins aufs ~ kriegen** *fig fam* get told off; **Dach·bal·ken** *m* roof beam; **Dach·bo·den** *m* attic; **Dach·decker (k·k)** *m* tiler; **Dach·fen·ster** *n* dormer window; *(Dachluke)* skylight; **Dach·first** *m* ridge of the roof; **Dach·gar·ten** *m* roof garden; **Dach·ge·päck·trä·ger** *m mot* roof rack; **Dach·ge·sell·schaft** *f* holding company; **Dach·haus** *n* penthouse; **Dach·kam·mer** *f* attic room; **Dach·lu·ke** *f* skylight; **Dach·or·ga·ni·sa·tion** *f* parent organization; **Dach·pap·pe** *f* roofing felt; **Dach·pfan·ne** *f* tile; **Dach·rin·ne** *f* gutter.

Dachs [daks] ‹-es, -e› *m zoo* badger.

Dach·scha·den *m:* ► **du hast ja 'n ~!** *fig fam* you've a screw loose! **Dach·stuhl** *m* roof truss; **Dach·woh·nung** *f* attic flat; **Dach·zie·gel** *m* roofing tile.

Dackel (k·k) [ˈdakəl] ‹-s, -› *m zoo* dachshund.

da·durch [ˈdaːdʊrç] *adv* **1.** *(örtlich: dort durch)* that way, through there; **2.** *(Grund: durch dieses Mittel)* by that, in that way; ► **er rettete sich ~, daß er aus dem Fenster sprang** he saved himself by jumping out of the window.

da·für [ˈdaːfyːɐ/daˈfyːɐ] *adv* **1.** *(für das)* for it (*od* that); ► **ich bin ganz ~!** I'm all for it! *fam;* **ich bin ~, nach Hause zu gehen** I'm for going home; **sie gibt ihr ganzes Geld ~ aus** she spends all her money on it; **ich werde ~ sorgen, daß ...** I'll see to it that ...; **2.** *(andererseits):* ► **der Anzug ist teuer, ~ paßt er aber gut** the suit is expensive, but then it fits well.

Da·für·hal·ten [-ˈ---] *n:* ► **nach meinem ~** in my opinion.

da·ge·gen [ˈdaːgeːgən/daˈgeːgən] **I** *adv* **1.** *allg* against that (*od* it); **2.** *(örtlich)* into (*od* against) s.th.; **3.** *(verglichen mit)* compared with ...; ► **er schlug ~** he hammered on it; **ich habe nichts ~** I don't object, I've no objections; **haben Sie etw ~, wenn ich gehe?** do you mind if I leave? **~ kann man nichts machen** nothing can be done about it; **II** *conj (andererseits)* on the other hand.

Da·heim [daˈhaɪm] ‹-s› *n* home.

da·heim *adv* at home; ► **wieder ~ sein** be home again.

da·her [ˈdaːheːɐ/daˈheːɐ] **I** *adv* **1.** *(örtlich)* from there; **2.** *(aus diesem Grund)* that's why ..., hence; ► **das kommt ~, daß ...** that's because ...; **II** *conj (deswegen)* that's why ...

da·hin [ˈdaːhɪn/daˈhɪn] *adv* **1.** *(örtlich)* there; **2.** *(zeitlich: bis ~)* by that time, by then, until then; **3.** *(vorbei, vergangen)* gone; ► **ist es noch weit bis ~?** is it still a long way? **meine Meinung geht ~, daß ...** I tend to the opinion that ...; **mir steht's bis ~!** *fam* I've had it up to here! **da·hin·ge·stellt** [-ˈ---] *adj:* ► **ich lasse das mal (so) ~** I leave it open whether ...; **da·hin|sa·gen** [-ˈ---] *tr* say without really thinking; ► **das war nur so dahingesagt** I just said that; **da·hin|schwin·den** [-ˈ---] ‹sein› *irr itr* **1.** *(räumlich)* dwindle; **2.** *(Zeit)* go past.

da·hin·ten [daˈhɪntən] *adv* over there.

da·hin·ter [daˈhɪntɐ] *adv* behind that

(*od* it); ▶ **es steckt etw ~** *fig* there is s.th. in it; **es steckt nichts ~** *fig* there's nothing in it; **da·hin·ter|klem·men** *refl fam:* ▶ **können Sie sich mal ('n bißchen) ~?** can't you make a bit of an effort? **da·hin·ter|kom·men** ‹sein› *irr itr* **1.** *(herausfinden)* find out; **2.** *fam (schlau werden)* get wise.

da·hin|ve·ge·tie·ren *itr* vegetate.

Dal·ma·ti·en [dal'ma:tsiən] *n geog* Dalmatia.

da·ma·lig ['da:ma:lıç] *adj* at that time; ▶ **der ~e Gesandte ...** the then ambassador ...

Da·mast [da'mast] ‹-(e)s, -e› *m* damask.

Da·me ['da:mə] ‹-, -n› *f* **1.** *(Frau)* lady; **2.** *(im Damespiel)* king; **3.** *(im Kartenspiel)* queen; ▶ **meine ~n u. Herren!** Ladies and Gentlemen! **Da·me·brett** *n Br* draught(s) board, *Am* checkerboard; **Da·men·bin·de** *f Br* sanitary towel, *Am* napkin; **Da·men·fahr·rad** *n* ladies' bicycle (*od fam* bike); **Da·men·un·ter·wä·sche** *f* lingerie; **Da·men·wahl** *f (beim Tanz)* ladies' choice.

Da·me·spiel *n Br* draughts, *Am* checkers *pl.;* **Da·me·stein** *m Br* draughtsman, *Am* checker.

Dam·hirsch ['damhırʃ] *m* fallow deer.

da·mit ['da:mıt/da'mıt] **I** *adv:* ▶ **was willst du ~?** what do you want with that? **was soll ich ~?** what am I meant to do with that? **was ist ~?** what about it? **wie wär's ~?** how about it? **das hat ~ gar nichts zu tun** that has nothing to do with it; **hör auf ~!** stop it! **was wollen Sie ~ sagen?** what's that supposed to mean? **sind Sie ~ einverstanden?** do you agree to that? **her ~!** *fam* give it here! **II** *conj:* ▶ **~ ... nicht ...** so that ... not ...

däm·lich ['dɛ:mlıç] *adj* dumb, stupid.

Damm [dam, *pl* 'dɛmə] ‹-(e)s, ⸚e› *m* **1.** *(Ufer~)* embankment; **2.** *(Deich)* dyke; **3.** *fig (Hindernis)* barrier; **4.** *anat* perineum; ▶ **nicht auf dem ~ sein** *fig fam* not to feel up to the mark; **wieder auf dem ~ sein** *fig fam* be all right again; **Damm·bruch** *m* breach in a dyke.

däm·me·rig ['dɛmərıç] *adj (Beleuchtung)* dim, faint; **Däm·mer·licht** *n* gloom, half-light; *(Zwielicht)* twilight.

däm·mern ['dɛmɐn] *itr* **1.** *(morgens: day)* dawn; *(abends: dusk, evening, night)* fall; **2.** *fig (dahin ~)* doze; ▶ **jetzt dämmert's mir!** now it is beginning to dawn on me! **es dämmerte ihr** it dawned upon her.

Däm·me·rung ['dɛmərʊŋ] *f* twilight; ▶ **bei ~** *(abends)* when dusk begins to fall.

Dä·mon ['dɛ:mɔn, *pl* dɛ'mo:nən] ‹-s, -en› *m* demon; **dä·mo·nisch** *adj* demonic.

Dampf [dampf, *pl* 'dɛmpfə] ‹-(e)s, ⸚e› *m (Wasser~)* steam; *(Dunst)* vapour; ▶ **~ ablassen** *a. fig* let off steam; **jdm ~ machen** *fig fam* make s.o. get a move on; **Dampf·bad** *n* steam (*od* vapour) bath; **Dampf·bü·gel·ei·sen** *n* steam iron; **Dampf·druck** *m* vapour pressure.

damp·fen ['dampfən] *itr* **1.** *(aus ~)* steam; **2.** *(voll von Dampf sein)* be full of steam.

dämp·fen ['dɛmpfən] *tr* **1.** *fig* muffle; *(Stimme)* lower; **2.** *fig (Freude)* dampen; **3.** *(Speisen)* steam.

Damp·fer ['dampfɐ] ‹-s, -› *m* steamer, steamship; ▶ **da bist du aber auf dem falschen ~!** *fig fam* you're on the wrong track!

Dämp·fer ['dɛmpfɐ] ‹-s, -› *m* **1.** *mot (Schall~) Br* silencer, *Am* muffler; **2.** *(Schall~ bei Schußwaffe)* silencer; **3.** *mus (bei Trompete)* mute.

Damp·fer·fahrt *f* boat trip.

Dampf·hei·zung *f* steam heating.

damp·fig *adj* steamy.

Dampf·kes·sel *m* **1.** *tech* steam boiler; **2.** *(Kochkessel)* steamer; **Dampf·koch·topf** *m* pressure cooker; **Dampf·kraft·werk** *n* steam power plant; **Dampf·ma·schi·ne** *f* steam engine; **Dampf·schif(f·)fahrt** *f* steam navigation; **Dampf·schif(f·)fahrts·ge·sell·schaft** *f* steamship company; **Dampf·tur·bi·ne** *f* steam turbine; **Dampf·wal·ze** *f* steamroller.

da·nach ['da:nax/da'na:x] *adv* **1.** *(zeitlich: darauf)* after, after that; **2.** *(demgemäß)* accordingly; **3.** *(in Richtung)* at, towards; ▶ **er sieht auch ~ aus** that's just what he looks like; **~ siehst du gerade aus!** *iron* I can see that! **mir ist nicht ~ zumute** I don't feel like it; **sich ~ erkundigen, ob ...** enquire whether ...

Dä·ne (Dä·nin) ['dɛ:nə] ‹-n, -n› *m (f)* Dane.

da·ne·ben [da'ne:bən/'da:ne:bən] *adv* **1.** *(räumlich)* next to (s.o. *od* s.th.); **2.** *(zusätzlich)* in addition; *(gleichzeitig)* at the same time; ▶ **dicht ~** hard (*od* close) by; **rechts ~** to the right of it; **~ nimmt sich das Haus ganz klein aus** the house looks very small in comparison; **da·ne·ben|ge·hen** [-'----] ‹sein› *irr itr* **1.** *(verfehlen)* miss; **2.** *fig fam* go wrong.

Dä·ne·mark ['dɛ:nəmark] ‹-s› *n* Denmark; **dä·nisch** *adj* Danish.

Dank [daŋk] ‹-(e)s› *m* **1.** *(Dankbarkeit)* gratitude; **2.** *interj:* **~!** thanks! ▶ **vielen ~!** thanks a lot! **jdm zu ~ verpflichtet sein** owe s.o. a debt of gratitude; **mit bestem ~ zurück!** thanks for lending it to me! **ist das also dein ~ dafür?!** is that your way of saying thank you?

dank *prp mit dat* thanks to ...

dank·bar *adj* **1.** *allg* grateful; **2.** *fig (lohnend)* rewarding; ▶ **jdm ~ sein für etw** be grateful to s.o. for s.th.; **ich wäre Ihnen ~, wenn Sie mir das Geld gleich geben würden** I'd appreciate it if you gave me the money right now; **ein ~es Publikum** an appreciative audience.

Dank·bar·keit *f* gratitude.

dan·ke *interj* thanks; ▶ **~ schön** thank you.

dan·ken *itr (jdm ~)* thank s.o. (*für* for); ▶ **jdm ~ lassen** send s.o. one's thanks; **~d ablehnen** decline with thanks; **nichts zu ~!** don't mention it!

dann [dan] **1.** *(danach)* then; **2.** *(dann also)* then; **3.** *(obendrein)* on top of that; ▶ **~ und wann** now and then; **selbst ~ nicht, wenn ...** not even if ...; **~ eben nicht!** *fam* well, in that case ...; **also, ~ bis morgen!** see you tomorrow then!

dar·an [da'ran/'da:ran] *adv* **1.** *(räumlich: an etw)* on (s.th.); *(festmachen an etw)* to (s.th.); **2.** *fig (an etw)* in s.th.; **3.** *(zeitlich):* ▶ **im Anschluß ~** following it; **nahe ~ sein ...** *fig* be on the point of ...; **nahe ~ sein, etw zu tun** very nearly do s.th.; **ich bin ~ interessiert** I'm interested in it; **das Schönste ~ ist, ...** the best thing about it is ...; **dar·an|ge·hen** ⟨sein⟩ [-'---] *irr itr:* ▶ **~, etw zu tun** *fam* set about doing s.th.; **dar·an|ma·chen** [-'---] *refl:* ▶ **sich ~, etw zu tun** *fam* get down to doing s.th.; **dar·an|·set·zen** [-'---] *tr* risk, stake.

dar·auf ['da:rauf/da'rauf] *adv* **1.** *(räumlich)* on (s.th.); **2.** *(zeitlich)* after that; **3.** *fig (auf etw)* to that; ▶ **am Tag ~** the next day; **drei Jahre ~** three years later; **ich werde ~ nicht antworten** I won't answer that; **~ steht Gefängnis** that is punishable by imprisonment; **ich bestehe ~, daß Sie ein neues Getriebe einbauen** I insist on your fitting a new gearbox; **wie kommst du ~?** what makes you think that? **(nur) ~ aus sein, etw zu tun** be (only) interested in doing s.th.

dar·auf·hin[1] *adv* **1.** *(als Folge)* as a result; **2.** *(danach)* after that.

dar·auf·hin[2] *adv (im Hinblick darauf)* with regard to (s.th.).

dar·aus ['da:raus/da'raus] *adv* **1.** *(aus e-m Gegenstand heraus)* out of (s.th.); **2.** *fig (aus Material)* from (s.th.); **3.** *fig (folgend aus etw)* from (s.th.); ▶ **~ wird nichts!** *fam* nothing doing! **~ mache ich mir nichts** I'm not very keen on that.

dar·ben ['darbən] *itr* live in want.

dar|bie·ten ['da:ebi:tən] *irr* **I** *tr* **1.** *(Aufführung etc)* perform; **2.** *(Speisen: anbieten)* serve; **II** *refl* present itself.

Dar·bie·tung *f theat* performance.

dar·ein- (*od* **drein-**) [da'raın-] *prp:* ▶ **traurig ~blicken** look sad; **jdm dreinreden** interfere in someone's affairs.

dar·in ['da:rın/da'rın] *adv* **1.** *(räumlich)* in (s.th.); **2.** *fig* in that respect; ▶ **der Unterschied liegt darin, daß ...** the difference is that ...

dar|le·gen ['da:ele:gən] *tr* explain (*jdm etw* s.th. to s.o.); *(Plan, Theorie a.)* expound.

Dar·le·h(e)n ['da:ele:(ə)n] ⟨-s, -⟩ *n* loan (*an, für* to); ▶ **ein ~ aufnehmen** raise (*od* take up) a loan; **Dar·lehens·ge·ber** *m* lender; **Dar·lehens·neh·mer** *m* borrower.

Darm [darm, *pl* 'dɛrmə] ⟨-(e)s, ⸚e⟩ *m* **1.** *anat* bowel, intestines *pl;* **2.** *(Wursthaut)* skin; **Darm·er·kran·kung** *f* intestinal disease; **Darm·grip·pe** *f med* gastric influenza; **Darm·krebs** *m* cancer of the intestine.

dar|rei·chen ['da:eraıçən] *tr* offer (*jdm etw* s.o. s.th.).

dar|stel·len ['da:eʃtɛlən] **1.** *tr (vorzeigen)* show; *(beschreiben)* describe; **2.** *theat* play; **3.** *(bedeuten)* constitute, represent; ▶ **was soll das ~?** what is that supposed to be?

Dar·stel·le·r(in) *m (f) theat* actor (actress).

Dar·stel·lung *f* **1.** *(bildlich)* portrayal; **2.** *fig* representation; *(Beschreibung)* description; **3.** *(graphische ~)* graph; ▶ **falsche ~** misrepresentation.

dar·über ['da:rybe/da'ry:be] *adv* **1.** *(räumlich)* over s.th.; *(quer ~)* across s.th.; **2.** *fig (über)* about (s.th.); ▶ **~ hinweg sein** *fig* have got over it; **~ hinaus** over and above that; **es geht nichts ~** there's nothing to beat it.

dar·um ['da:rum/da'rum] *adv* **1.** *(örtlich)* round s.th.; **2.** *fig (deshalb)* that's why ...; ▶ **es geht ~, daß ...** the thing is that ...; **~ geht es gar nicht** that isn't the point; **ach ~!** so that's why!

dar·un·ter ['da:runte/da'runte] *adv* **1.** *(räumlich)* under (*od* beneath) s.th.; **2.** *(unter e-r Anzahl)* among them; **3.** *(weniger)* under that; ▶ **was verstehen Sie ~?** what do you understand by it?

das [das] **1.** *(Artikel)* the; **2.** *prn nom sing* who, which, that; *acc sing* whom, which; *pl* those.

da|sein ['da:zaın] *irr itr* be there; ▶ **ich bin gleich wieder da** I'll be right back; **ich bin noch da** I'm still there; **ist noch (etw) Tee da?** is there any tea left? **ist die Post schon da?** has the post come yet?

Da·sein ['da:zaın] ⟨-s⟩ *n* **1.** *(Anwesendsein)* presence; **2.** *(Existenz)* existence; ▶ **etw ins ~ rufen** call s.th. into existence.

daß [das] *conj* that; ▶ **~ du es mir nicht verlierst!** see that you don't lose it! **ich bin dagegen, ~ wir jetzt gehen** I'm against us leaving now.

das·sel·be [das'zɛlbə] *prn* the same; ► **das ist genau ~** it is just the same.

Da·tei [da:'taɪ] *f EDV* file; **Da·tei·na·me** *m* file name.

Da·ten ['da:tən] *pl (von Datum: Angaben)* the facts; ► **technische ~** technical data; **Da·ten·ab·ruf** *m* data retrieval; **Da·ten·auf·be·rei·tung** *f EDV* data preparation; **Da·ten·aus·tausch** *m* data exchange (*od* interchange); **Da·ten·bank** *f EDV* data bank; **Da·ten·ba·sis** *f* database; **Da·ten·be·stand** *m* database; **Da·ten·ein·ga·be** *f EDV* data input; **Da·ten·er·fas·sung** *f EDV* data capture; **Da·ten·fern·ver·ar·bei·tung** *f* teleprocessing; **Da·ten·miß·brauch** *m* data abuse; **Da·ten·netz** *n* data network; **Da·ten·schutz** *m* data protection; **Da·ten·schutz·be·auf·trag·te(r)** *f m allg* data protection specialist; **Da·ten·sicht·ge·rät** *n* visual display unit (*Abk* VDU); **Da·ten·trä·ger** *m* data carrier; **Da·ten·ty·pist(in)** *m (f)* terminal operator; **Da·ten·ver·ar·bei·tung** *f EDV* data processing; ► **elektronische ~** electronic data processing; **Da·ten·zen·tra·le** *f* data centre.

da·tie·ren [da'ti:rən] *tr* date; ► **datiert sein vom ...** date from ...

Da·tiv ['da:ti:f] ‹-s, -e› *m gram* dative.

Dat·tel ['datəl] ‹-, -n› *f* date; **Dat·tel·pal·me** *f* date palm.

Da·tum ['da:tʊm] ‹-s, -ten› *n* date; ► **was ist heute für ein ~?** what is the date today? **ich hab' mich im ~ vertan** I've got the wrong date; **welches ~ hat der Brief?** when is the letter dated? **Da·tum·stem·pel** *m* date stamp.

Dau·er ['daʊɐ] ‹-› *f* **1.** *allg* duration; **2.** *(Zeitspanne)* length; ► **für die ~ von ...** for a period of ...; **auf die ~** in the long term; **von kurzer ~ sein** be short-lived; **das kann auf die ~ nicht so weitergehen** it can't go on like that indefinitely; **Dau·er·auf·trag** *m com* standing order; **Dau·er·be·hand·lung** *f* permanent treatment; **Dau·er·be·trieb** *m* continuous (*od* non-stop) operation; **Dau·er·bren·ner** *m (Ofen)* slow-burning stove; **Dau·er·er·folg** *m* permanent result; **dau·er·haft** *adj* durable, lasting; *(ständig)* permanent; **Dau·er·haf·tig·keit** *f* **1.** *allg (von Material)* durability; **2.** *fig (Permanenz)* permanence; **Dau·er·lauf** *m sport* jogging; ► **e-n ~ machen** go jogging.

dau·ern *itr* go on, last; ► **dauert das noch lange?** will it take much longer? **wie lange dauert das denn noch?** how much longer will it take? **das dauert mir zu lange** it takes too long; **es dauert nicht mehr lange** it won't take much longer; **dau·ernd** ['daʊɐnt] *adj (andauernd)* lasting; *(ständig)* permanent; ► **etw ~ tun** keep doing s.th.

Dau·er·re·gen *m* lasting rain; **Dau·er·scha·den** *m* permanent injury; **Dau·er·stel·lung** *f* permanent position; **Dau·er·wel·le** *f (Frisur)* permanent wave, *fam* perm; **Dau·er·wir·kung** *f* lasting effect; **Dau·er·zu·stand** *m* permanent state of affairs.

Dau·men ['daʊmən] ‹-s, -› *m* thumb; ► **am ~ lutschen** suck one's thumb; **halten Sie mir den ~!** keep your fingers crossed for me!

Dau·ne ['daʊnə] ‹-, -n› *f* down feather; **Dau·nen·decke (k·k)** *f* continental quilt, duvet; **Dau·nen·jacke (k·k)** *f* quilted jacket.

da·von ['da:fɔn/da'fɔn] *adv* **1.** *(räumlich)* from (s.th.); **2.** *(dadurch)* from (s.th.); ► **das kommt ~!** *fam* I told you so! **das hängt ~ ab, ob ...** that depends on whether ...; **ich habe keine Ahnung ~** I've no idea about it; **da·von|flie·gen** [-'---] ‹sein› *irr itr* fly away; **da·von|kom·men** ‹sein› *irr itr* escape, get away; ► **mit dem Schrecken ~** escape with no more than a shock; **da·von·lau·fen** ‹sein› *irr itr* run away (*vor jdm* from s.o.); **da·von|ma·chen** *refl* make off; **da·von|tra·gen** *irr tr* **1.** *allg* carry away; **2.** *fig (Schaden, Verletzung)* suffer; **3.** *(Preis, Sieg)* carry off, win.

da·vor ['da:fo:ɐ/da'fo:ɐ] *adv* **1.** *(örtlich)* in front of (s.th.); **2.** *(zeitlich)* before (s.th.); ► **hast du Angst ~?** are you afraid of it?

da·zu ['da:tsu/da'tsu:] *adv* **1.** *(räumlich)* there; **2.** *(Zweck)* for that; ► **ich kam nicht ~, es zu tun** I never got around to doing it; **noch ~, wo ...** when ... too; **wie konnte es nur ~ kommen?** how could that happen? **wie komme ich ~!** why on earth should I! **ich habe keine Lust ~** I don't feel like it; **da·zu|ge·hö·ren** [-'----] *itr:* ► **das gehört mit dazu** it's all part of it; **es gehört schon einiges dazu** that takes a lot; **da·zu|tun** *irr tr* add.

da·zwi·schen ['da:tsvɪʃən/da'tsvɪʃən] *adv* **1.** *(örtlich)* between; **2.** *(mittendrin)* amongst them; **da·zwi·schen|fah·ren** [-'----] ‹sein› *irr itr (unterbrechen)* interrupt; **da·zwi·schen|kom·men** ‹sein› *irr itr* come between; ► **wenn nichts ~kommt** if all goes well, if nothing crops up; **da·zwi·schen|tre·ten** ‹sein› *irr itr* intervene.

Deal ['i:l] ‹-s, -s› *m fam (Drogenhandel)* deal.

dea·len ['di:lən] *itr fam* deal in drugs, push *fam.*

Dea·ler(in) *m (f) fam* pusher; *(international)* traffiker.

De·bat·te [deˈbatə] ‹-, -n› *f* debate; ▶ **etw zur ~ stellen** put s.th. up for discussion; **das steht hier nicht zur ~** that's not the issue.

de·bat·tie·ren *itr tr:* ▶ **mit jdm über etw ~** discuss s.th. with s.o.

De·büt [deˈby:] ‹-s, -s› *n:* ▶ **sein ~ geben** make one's debut.

de·chif·frie·ren [deʃɪˈfri:rən] *tr* decipher, decode.

Deck [dɛk] ‹-(e)s, -s/(-e)› *n* **1.** *mar* deck; **2.** *(von Omnibus)* top; **3.** *(Parkhaus~)* level; ▶ **an ~ gehen** go on deck; **von ~ gehen** go below deck; **Deck·an·strich** *m* top coat(ing); **Deck·blatt** *n* **1.** *(von Zigarre)* wrapper; **2.** *bot* bract; **3.** *(zur Einlage)* overlay.

Decke (k·k) [ˈdɛkə] ‹-, -n› *f* **1.** *(Woll~)* blanket; *(Stepp~)* quilt; **2.** *mot (Reifen~)* cover; **3.** *(Zimmer~)* ceiling; ▶ **an die ~ gehen** *fig* blow one's top; **mit jdm unter e-r ~ stecken** *fig* be hand in glove with s.o.

Deckel (k·k) [ˈdɛkəl] ‹-s, -› *m* **1.** *allg* cover, lid; **2.** *(von Buch)* cover; **3.** *fam (Hut)* hat.

decken (k·k) [ˈdɛkən] **I** *tr* **1.** *(be~)* cover; **2.** *(Tisch)* lay, set; **3.** *fig* cover; **4.** *(Tiere begatten)* cover; ▶ **ein Tuch über etw ~** put a cloth over s.th.; **II** *refl* **1.** *math* be congruent; **2.** *fig* coincide.

Decken·be·leuch·tung (k·k) *f* ceiling lighting.

Deck·man·tel *m fig:* ▶ **unter dem ~ von ...** under the guise of ...; **Deck·na·me** *m (im Geheimdienst)* code name.

Deckung (k·k) [ˈdɛkʊŋ] *f* **1.** *mil (Schutz)* cover; **2.** *fin* cover; ▶ **in ~ gehen** take cover; **jdm ~ geben** *mil* give s.o. cover.

De·co·der [diˈkoʊdə] ‹-s, -› *m* decoder.

De·fekt [deˈfɛkt] ‹-(e)s, -e› *m* defect, fault.

de·fekt [deˈfɛkt] *adj* defective; faulty; *(beschädigt)* damaged.

de·fen·siv [defɛnˈzi:f] *adj* defensive.

De·fen·si·ve [defɛnˈzi:və] ‹-, -n› *f* defensive; ▶ **in der ~** on the defensive.

de·fi·nie·ren [defiˈni:rən] ‹ohne ge-› *tr* define.

De·fi·ni·t·ion *f* definition.

de·fi·ni·tiv [definiˈti:f] *adj (eindeutig)* definite; *(endgültig)* definitive; ▶ **etw ~ abklären** clear s.th. up definitively (*od* once and for all).

De·fi·zit [ˈde:fitsɪt] ‹-s, -e› *n* **1.** *allg* deficit; **2.** *fig* deficiency (*an* of); ▶ **ein ~ von 500 $ aufweisen** be $ 500 short *fam.*

De·fla·ti·on [deflaˈtsjo:n] *f fin* deflation.

de·for·mie·ren [defɔrˈmi:rən] *tr* deform.

De·gen [ˈde:gən] ‹-s, -› *m* rapier.

De·ge·ne·ra·ti·on [de:genəratsiˈo:n] ‹-› *f* degeneration.

de·ge·ne·rie·ren [degeneˈri:rən] ‹sein› *itr* degenerate (*zu* into).

de·gra·die·ren [degraˈdi:rən] *tr* **1.** *mil* demote (*zu* to); **2.** *fig* lower (*jdn zu etw* s.o. to the level of s.th.).

dehn·bar [ˈde:nba:ɐ] *adj* **1.** *allg* elastic; **2.** *fig* flexible.

Dehn·bar·keit *f* **1.** *allg* elasticity; **2.** *fig (von Begriff etc)* flexibility.

deh·nen [ˈde:nən] **I** *tr* **1.** stretch; **2.** *(Worte)* lengthen; **II** *refl* stretch.

Deh·nung *f* **1.** *allg* stretching; **2.** *ling* lengthening; **Deh·nungs·fu·ge** *f tech* contraction (*od* expansion) joint.

Deich [daɪç] ‹-(e)s, -e› *m Br* dyke, *Am* dike.

Deich·sel [ˈdaɪksəl] ‹-, -n› *f* shaft.

deich·seln *tr fam (fertigbringen)* wangle.

dein [daɪn] *prn* yours; deine(r, s) *prn (substantivisch)* yours; **dei·ner·seits** [ˈdaɪnɐˈzaɪts] *adv* on your part; **dei·nes·glei·chen** [ˈdaɪnəsˈglaɪçən] *prn* the likes of you; **dei·net·we·gen** [ˈdaɪnətwe:gən] *adv (wegen dir)* because of you; *(dir zuliebe)* for your sake; **dei·ni·ge** [ˈdaɪnɪgə] *m f n* yours; *(für dich)* on your behalf.

de·ka·dent [dekaˈdɛnt] *adj* decadent.

De·ka·denz *f* decadence.

De·kan [deˈka:n] ‹-s, -e› *m* dean.

de·kla·mie·ren [deklaˈmi:rən] *tr* declaim.

De·kla·ra·tion [deklaraˈtsjo:n] *f* declaration.

de·kla·rie·ren *tr* declare.

De·kli·na·t·ion [deklinaˈtsjo:n] *f* **1.** *gram* inflexion; **2.** *phys (Abweichung)* declination.

de·kli·nie·ren *tr* decline, inflect.

De·ko·ra·teur(in) [dekoraˈtø:ɐ] ‹-s, -e› *m (f)* **1.** *(Schaufenster~)* window-dresser; **2.** *(Innen~)* interior designer; **De·ko·ra·tion** *f allg* decoration; *theat* set; **de·ko·rie·ren** *tr a. fig* decorate; *(Schaufenster)* dress.

De·kret [deˈkre:t] ‹-(e)s, -e› *n* decree.

De·le·ga·tion [delegaˈtsjo:n] *f* delegation.

De·le·gier·te *m f* delegate.

de·li·kat [deliˈka:t] *adj* **1.** *(köstlich)* delicious; **2.** *(heikel)* delicate; ▶ **e-e ~e Angelegenheit** a delicate (*od* sensitive) issue.

De·li·ka·tes·se [delikaˈtɛsə] ‹-, -n› *f* delicacy.

De·likt [deˈlɪkt] ‹-(e)s, -e› *n jur (Vergehen)* offence; *(Verbrechen)* crime.

De·lin·quent(in) [delɪŋˈkvɛnt] ‹-en, -en› *m (f)* delinquent, offender.

De·li·ri·um [deˈli:riʊm] *n* delirium.

Del·phin [dɛlˈfi:n] ‹-s, -e› *m* dolphin.

Del·ta [ˈdɛlta] ‹-(s), -s› *n* delta; **del·ta-**

för·mig *adj* delta-shaped.
dem [de(:)m] *(dat von der, das):* ▶ **wie ~ auch sei** be that as it may; **wenn ~ so ist** if that is the way it is.
Dem·ago·ge (-go·gin) [dema'go:gə] *m (f)* demagogue; **Dem·ago·gie** ⟨-, -n⟩ *f* demagogy.
de·mas·kie·ren [demas'ki:rən] **I** *tr* unmask; ▶ **jdn als etw ~** expose s.o. as s.th.; **II** *refl* unmask o.s. ▶ **sich als etw ~** show o.s. to be s.th.; reveal o.s. as s.th.
De·men·ti [de'mɛnti] ⟨-s, -s⟩ *n (offizielle Berichtigung)* denial.
de·men·tie·ren I *tr (offiziell berichtigen)* deny; **II** *itr* deny it.
dem·ent·spre·chend I *adv* correspondingly; **II** *adj* appropriate.
dem·nächst [dem'nɛ:kst] *adv* soon.
De·mo ⟨-, -s⟩ *f fam* demo.
De·mo·kra·tie [demokra'ti:] *f* democracy; **Demokrat(in)** *m (f)* democrat; **de·mo·kra·tisch** *adj* democratic.
de·mo·kra·ti·sie·ren *tr* democratize; **De·mo·kra·ti·sie·rung** *f* democratization.
de·mo·lie·ren [demo'li:rən] *tr* wreck.
De·mon·strant(in) *m (f)* demonstrator.
De·mon·stra·tion [demɔnstra'tsjo:n] *f a. pol* demonstration; **De·mon·stra·tions·ein·satz** *m (~ der Polizei)* demonstration duty.
de·mon·stra·tiv [demɔnstra'ti:f] *adj* demonstrative; **De·mon·stra·tiv·pro·no·men** *n gram* demonstrative pronoun.
de·mon·strie·ren *tr itr* demonstrate; ▶ **für etw ~** demonstrate in support of s.th.; **gegen etw ~** demonstrate against s.th.
De·mon·ta·ge [demɔn'ta:ʒə] ⟨-, -n⟩ *f* dismantling.
de·mon·tie·ren *tr* dismantle.
de·mo·ra·li·sie·ren *tr* demoralize.
De·mo·sko·pie [demosko'pi:] *f* opinion poll(s *pl*).
De·mut ['de:mu:t] ⟨-⟩ *f* humility.
de·mü·tig ['de:my:tɪç] *adj* humble; **de·mü·ti·gen** *tr* humble; **De·mü·ti·gung** *f* humiliation.
denk·bar *adj* conceivable; ▶ **das ist durchaus ~** that is feasible.
den·ken ['dɛŋkən] *irr tr itr* think; ▶ **an etw ~** think of s.th.; **ich denke nicht daran!** no way! *fam;* **daran hatte ich gar nicht mehr gedacht** I had forgotten about that; **das kann ich mir ~** I can imagine; **das habe ich mir gleich gedacht** I thought that all along; **dacht' ich's mir doch!** I knew it!
Den·ker(in) *m (f)* thinker.
Denk·fa·brik *f* think tank.
Denk·mal ['dɛŋkma:l] ⟨-s, -mɛ:ler/(-male)⟩ *n* **1.** *(Monument)* monument; **2.** *(Statue)* statue; **Denk·mal·schutz** *m* protection of historical monuments; ▶ **unter ~ stehen** be under a preservation order; **Denk·pro·zeß** *m* process of reasoning; **Denk·schrift** *f* memorandum; **Denk·zet·tel** *m:* ▶ **jdm e-n ~ geben** give s.o. a lesson.
denn [dɛn] **I** *conj* for; ▶ **es sei ~, daß ...** unless ...; **II** *adv* then; **wo ~?** oh, where? **wieso ~?** how come? **warum ~ nicht?** why not? **was soll das ~?** what's all this then?
den·noch *adv* nevertheless, still.
De·nun·ziant(in) *m (f)* informer.
de·nun·zie·ren *tr* inform against (*jdn bei* s.o. to).
Deo ⟨-s, -s⟩ *n,* **De·odo·rant** ⟨-s, -e *od* -s⟩ *n* deodorant; **Deo·rol·ler** ⟨-s, -⟩ *m* roll-on deodorant; **Deo·spray** *n od m* deodorant spray.
De·po·nie [depo'ni:] *f* dump; ▶ **geordnete ~** *Br* officially approved rubbish dump, *Am* sanitary fill; **wilde ~** unauthorized refuse disposal site.
de·po·nie·ren *tr* deposit.
de·por·tie·ren [depɔr'ti:rən] *tr* deport.
De·pot [de'po:] ⟨-s, -s⟩ *n* **1.** *(in Bank)* strong room; **2.** *(Lager)* warehouse.
De·pres·sion [deprɛ'sjo:n] *f* depression.
de·pri·mie·ren [depri'mi:rən] *tr* depress.
der [de:ɐ] *(Artikel)* the; *prn* that; *(derjenige)* the one; **der·art** ['--] *adv* in such a way, so; ▶ **~, daß ...** so much that ...; **der·ar·tig** *adj* of that kind.
derb [dɛrp] *adj* **1.** *(kräftig)* strong, tough; **2.** *(rauh, grob)* coarse, crude.
de·rent·we·gen ['de:rənt've:gən] *adv (von Personen)* on whose account; *(von Sachen)* on account of which.
der·ge·stalt ['---] *adv:* ▶ **~, daß ...** so ... that ...; **der·glei·chen** ['-'--] *adj* of that kind, such; ▶ **und ~** and the like; **der·je·ni·ge (die-, das-)** ['de:ɐje:nɪgə] *prn:* ▶ **~ welcher ...** he who ...; **ach, du warst (also) ~, welcher ...!** so it was you who ...! **der·ma·ßen** ['de:ɐ'ma:sən] *adv:* ▶ **~, daß ...** so much that ...
der·sel·be (die-, das-) [de:ɐ'zɛlbə] *prn* the same; *(auf Vorhergehendes weisend)* he, she, it; ▶ **eben ~** the very same; **es sind immer dieselben!** it's always the same people!
der·zeit ['--] *adv* at present; **der·zei·tig** *adj* present.
Des *n mus* D flat.
De·sa·ster ⟨-s, -⟩ *n* disaster.
De·ser·teur [dezɛr'tø:ɐ] ⟨-s, -e⟩ *m* deserter.
de·ser·tie·ren ⟨sein⟩ *itr* desert.
des·glei·chen [dɛs'glaɪçən] *adv* likewise.
des·halb ['--] *adv* therefore; ▶ **~ also!** so that's why! **~ frage ich ja!** that's exactly why I'm asking!

De·sign [di'zaın] design; **de·sig·nen** *itr* design; **De·sig·ner·mo·de** *f* designer fashion.
Des·in·fek·tion [dezınfɛk'tsjo:n] *f* disinfection; **Des·in·fek·tions·mit·tel** *n* disinfectant.
des·in·fi·zie·ren *tr* disinfect.
Des·in·for·ma·tion *f* disinformation.
Desk·top-Pu·bli·shing ['dɛsktɔp'pablıʃıŋ] ‹-› *n* desktop publishing.
des·odo·rie·ren [dezodo'ri:rən] *tr* deodorize.
Des·pot [dɛs'po:t] ‹-en, -en› *m* despot; **des·po·tisch** *adj* despotic.
des·sen ['dɛsən] *prn (von Personen)* of whom, whose; *(von Sachen, Tieren)* of which.
Des·sert [dɛ'sɛ:ɐ] ‹-s, -s› *n* dessert.
de·sta·bi·li·sie·ren *tr* destabilize; **De·sta·bi·li·sie·rung** *f* destabilization.
de·stil·lie·ren [dɛstı'li:rən] *tr* distil.
de·sto ['dɛsto] *conj:* ► ~ **mehr** all the more; ~ **besser** all the better.
de·struk·tiv [destrʊk'ti:f/'---] *adj* destructive.
De·tail [de'taı(l)/de'ta(:)j] ‹-s, -s› *n* detail; ► **ins** ~ **gehen** go into detail(s *pl*); **alle** ~**s** full details; **de·tail·lie·ren** [deta'ji:rən] *tr* give full particulars of ..., specify; **de·tail·liert** *adj* detailed.
De·tek·tei *f* detective agency.
De·tek·tiv(in) [detɛk'ti:f] ‹-s, -e› *m (f)* private investigator.
De·to·na·t·ion [detona'tsjo:n] ‹-, -en› *f* explosion.
de·to·nie·ren ‹sein› *itr* explode.
deu·ten ['dɔıtən] **I** *tr (interpretieren)* interpret; ► **etw falsch** ~ misinterpret s.th.; **II** *itr (auf etw ~)* indicate; point out.
deut·lich ['dɔıtlıç] *adj* clear; ► **ich füh·le** ~**, daß ...** I have the distinct feeling that ...; **muß ich** ~**er werden?** have I not made myself plain enough? **Deut·lich·keit** *f* clarity; ► **ich muß (einmal) mit aller** ~ **sagen ...** I must make it perfectly clear ...
deutsch [dɔıtʃ] *adj* German; ► **auf** ~ **heißt das ...** in German it means ...; **auf gut** ~ *fam* in plain English; **Deut·sche**[1] ‹-n› *n (Sprache)* German.
Deut·sche[2] ‹-n, -n› *m f* German.
Deut·sche De·mo·kra·tische Re·pu·blik (DDR) *hist* German Democratic Republic (GDR).
deutsch·feind·lich *adj* anti-German; **deutsch·freund·lich** *adj* pro-German; **Deutsch·land** ‹-s, (-)› *n* Germany **Deutsch·stäm·mi·ge** *pl* ethnic Germans *pl.*
Deu·tung *f* interpretation.
De·vi·se [de'vi:zə] ‹-, -n› *f* **1.** *(Wahlspruch)* motto; **2.** *fin* foreign currency; **De·vi·sen·brin·ger** *m* earner of foreign exchange; **De·vi·sen·ver·ge·hen** *n* breach of exchange control regulations.
De·zem·ber [de'tsɛmbɐ] ‹-(s), (-)› *m* December.
de·zent [de'tsɛnt] *adj* discreet.
de·zen·tral *adj* decentralized; **de·zen·tra·li·sie·ren** *tr* decentralize.
De·zer·nat [detsɛr'na:t] ‹-(e)s, -e› *n* department.
De·zer·nent(in) [detsɛr'nɛnt] *m (f)* head of department.
de·zi·mal [detsi'ma:l] *adj* decimal; **De·zi·mal·rech·nung** *f* decimals *pl.*
de·zi·mie·ren [detsi'mi:rən] *tr* decimate.
Dia·be·ti·ker(in) [dia'be:tıkɐ] *m (f)* diabetic.
dia·bo·lisch [dia'bo:lıʃ] *adj* diabolical.
Dia·dem [dia'de:m] ‹-s, -e› *n* diadem.
Dia·gno·se [dia'gno:zə] ‹-, -n› *f* diagnosis; **Dia·gno·se·stand** *m mot* diagnostic test bay.
dia·gno·sti·zie·ren [diagnɔsti'tsi:rən] *tr* diagnose.
dia·go·nal [diago'na:l] *adj* diagonal.
Dia·go·na·le ‹-, -n› *f* diagonal.
Dia·gramm [dia'gram] ‹-s, -e› *n* diagram.
Dia·kon [dia'ko:n] ‹-s/-en, -e/-en› *m eccl* deacon; **Dia·ko·nis·sin** *f eccl* deaconess.
Dia·lekt [dia'lɛkt] ‹-(e)s, -e› *m* dialect.
Dia·lek·tik *f* dialectics *pl.*
Dia·log [dia'lo:k] ‹-(e)s, -e› *m* dialogue; *EDV* dialog; **Dia·log·be·trieb** *m EDV* conversational mode.
Dia·ly·se [dia'ly:zə] ‹-, -n› *f med* dialysis.
Dia·mant [dia'mant] ‹-en, -en› *m* diamond; **dia·man·ten** *adj* diamond; **Dia·mant·ring** *m* diamond-ring.
Di·ät [di'ɛ:t] ‹-› *f* diet; ► ~ **halten** be on a diet.
Diä·ten [di'ɛ:tən] *pl parl* parliamentary allowance *sing.*
Di·ät·kur *f* diet.
Di·ät·salz *n* dietetic salt.
dich [dıç] **I** *pers prn* you; **II** *refl prn* yourself.
dicht [dıçt] **I** *adj* **1.** *(Beschaffenheit)* thick; **2.** *(~ geschlossen)* heavy; ► ~**es Laub** dense foliage; ~ **schließen** shut tightly; **du bist wohl nicht ganz** ~! *fig fam* you must be daft! **II** *adv* **1.** *(nahe daran)* closely; **2.** *(Gegenteil von dünn)* densely; ► ~ **beieinander sitzen** sit close together; **dicht·be·wölkt** ['--'-] *adj* heavily overcast.
Dich·te ‹-, (-n)› *f phys* density.
dich·ten[1] ['dıçtən] **I** *tr (verfassen)* write; **II** *itr* write poems.
dich·ten[2] *tr (ab~)* seal.
Dich·ter(in) *m (f)* poet(ess); **dich·te·risch** *adj* poetic; ► ~**e Freiheit** poetic licence.
dicht|hal·ten *irr tr fig fam* hold one's

tongue, keep one's mouth shut.

Dicht·kunst *f* art of poetry.

Dich·tung[1] *f* **1.** *(Verskunst)* poetry; **2.** *(Literatur)* literature.

Dich·tung[2] *f (Ab~) tech allg* seal.

Dich·tungs·schei·be *f* washer.

dick [dɪk] *adj* **1.** thick; **2.** fat, hefty; ▶ **er ist ein ~er Brocken** *fig fam* he is a tough nut to crack; **das ist ein ~er Hund** *fig fam* that's a bit much; **~e Freunde** *fam* firm (close) friends; **dick·bäu·chig** ['dɪkbɔɪçɪç] *adj* potbellied; **Dick·darm** *m* colon.

Dicke (k·k) ['dɪkə] ‹-, -n› *f* **1.** *(Beleibtheit)* fatness; **2.** *(Maßangabe)* thickness; **dick·fel·lig** ['dɪkfɛlɪç] *adj fam* thick-skinned; **dick·flüs·sig** *adj* thick, viscous.

Dickicht (k·k) ['dɪkɪçt] ‹-(e)s, -e› *n* **1.** *allg* thicket; **2.** *fig (Wirrwarr)* maze.

Dick·kopf *m fig:* ▶ **e-n ~ haben** be obstinate; **dick·köp·fig** *adj fig* obstinate, stubborn.

Dick·milch *f* soured milk.

Dick·wanst *m fam* fatso.

die [di(:)] *f (Artikel)* the; *(diejenige)* the one.

Dieb(in) [di:p, *f* 'di:bɪn] ‹-s, -e› *m (f)* thief; ▶ **haltet den ~!** stop thief!

die·bisch *adj* **1.** thieving; **2.** *:* ▶ **sich über etw ~ freuen** gloat over s.th.

Dieb·stahl *m* theft; **Dieb·stahl·si·che·rung** *f mot* anti-theft device.

Die·le[1] ['di:lə] ‹-, -n› *f (Brett)* floorboard.

Die·le[2] *(Hausflur)* hall(way).

die·nen ['di:nən] *itr* serve; ▶ **womit kann ich ~?** can I help you? **damit ist mir nicht gedient** that doesn't help me; **zu etw ~** serve for s.th.

Die·ner *m* **1.** servant; **2.** *(Verbeugung)* bow; **Die·ne·rin** *f* maid.

dien·lich *adj* **1.** *(brauchbar)* useful; **2.** *(geraten)* advisable; ▶ **es für ~ halten** deem it expedient.

Dienst [di:nst] ‹-es, -e› *m* **1.** *allg* service; **2.** *(~ausübung)* duty; ▶ **öffentlicher ~** public service; **~ nach Vorschrift** work-to-rule; **~ haben** *(Arzt)* be on duty; *(Apotheke)* be open; **es leistet mir gute ~e** I find it very useful; **jdm e-n schlechten ~ erweisen** do s.o. a bad turn; **jdm gute ~e leisten** serve s.o. well; **Dienst·ab·teil** *n rail Br* guard's compartment, *Am* conductor's car.

Diens·tag ['di:nsta:k] ‹-(e)s, -e› *m* Tuesday.

Dienst·äl·te·ste(r) *f m* senior member of staff; **Dienst·an·wei·sung** *f* regulations *pl;* **dienst·frei** *adj:* ▶ **e-n ~en Tag haben** have a day off; **Dienst·grad** *m* rank; ▶ **was ist er für ein ~?** what rank does he have? **dienst·ha·bend** *adj* duty; **Dienst·jah·re** *n pl* years of service; **Dienst·lei·stung** *f* service.

dienst·lich *adj* official; ▶ **ich bin ~ hier** I'm here on business; **möchten Sie ihn ~ oder privat sprechen?** do you want to speak to him on a business or private matter?

Dienst·pflicht *f* compulsory service; **Dienst·rei·se** *f* business trip; **Dienst·stel·le** *f* office; **Dienst·stun·den** *pl* working hours; **dienst·tu·end** *adj* duty; **Dienst·vor·schrift** *f* official regulations *pl;* **Dienst·wa·gen** *m* official car; *(Firmenwagen)* company car; **Dienst·weg** *m:* ▶ **auf dem ~** through official channels *pl;* **Dienst·woh·nung** *f* **1.** *(Betriebswohnung)* company flat (*od* house); **2.** *(dienstlicher Wohnsitz)* official residence; **Dienst·zeit** *f* period of service.

dies·be·züg·lich ['----] *adj* regarding this.

Die·sel ['di:zəl] ‹-s, -› *m* **1.** *(Motor)* diesel (engine); **2.** *(Fahrzeug)* diesel; **3.** *(Kraftstoff)* diesel oil; **Die·sel·an·trieb** *m mot:* ▶ **mit ~** diesel powered; **Die·sel(·kraft·stoff)** *m Br* derv, *Am* diesel oil; **Die·sel·lo·ko·mo·ti·ve** *f* diesel locomotive; **Die·sel·mo·tor** *m* diesel engine.

die·s(e, er, es) ['di:s ('di:zə, 'di:ze, 'di:zəs)] *prn* this; *pl* these; ▶ **dies und das** this and that; **dies alles** all this.

die·sig ['di:zɪç] *adj* hazy, misty.

dies·jäh·rig *adj* this year's; **dies·mal** *adv* this time; **dies·sei·tig** *adj* **1.** *allg* nearside; **2.** *fig eccl* of this world.

Dies·seits ['di:szaɪts] ‹-› *n eccl* this life; ▶ **im ~** in this life.

dies·seits *adv* on this side of ...

Diet·rich ['di:trɪç] ‹-s, -e› *m (Nachschlüssel)* picklock, skeleton-key.

dif·fa·mie·ren [dɪfa'mi:rən] *tr* defame.

Dif·fe·ren·tial [dɪfərɛn'tsja:l] ‹-s, -e› *n mot* differential.

Dif·fe·ren·tial·rech·nung *f math* differential calculus.

Dif·fe·renz [dɪfə'rɛnts] *f* **1.** *(Unterschied)* difference; **2.** *(Auseinandersetzung)* argument; **dif·fe·ren·zie·ren** *tr* make distinctions.

dif·fe·rie·ren *itr* differ.

di·gi·tal [digi'tɑ:l] *adj* digital; **di·gi·ta·li·sie·ren** *tr (Daten, Signale)* digitize; **Di·gi·ta·li·sie·rung** *f* digitization; **Di·gi·tal·rech·ner** *m* digital computer; **Di·gi·tal·uhr** *f* digital clock; *(Armbanduhr)* digital watch.

Dik·tat [dɪk'ta:t] ‹-(e)s, -e› *n* **1.** dictation; **2.** *pol (Befehl)* dictate; ▶ **ein ~ aufnehmen** take a dictation.

Dik·ta·tor *m* dictator; **dik·ta·to·risch** *adj* dictatorial.

Dik·ta·tur *f* dictatorship.

dik·tie·ren *tr* dictate.

Dik·tier·ge·rät *f* dictating machine.

Di·let·tant(in) [dilɛ'tant] ‹-en, -en› *m*

(f) amateur; **di·let·tan·tisch** *adj* amateurish.

Dill [dɪl] ‹-(e)s, -e› *m bot* dill weed.

Di·men·sion [dimɛnˈzjoːn] *f* dimension.

Dim·mer [ˈdɪmɐ] ‹-s, -› *m el* dimmer (switch).

Ding [dɪŋ] ‹-(e)s, -e› *n (Gegenstand)* thing; ▶ **er hat ein tolles ~ gedreht** *fam* he pulled off a good job; **reden wir von anderen ~en!** let's talk about s.th. else! *sing.*

ding·fest *adj:* ▶ **~ machen** *fam* take into custody.

di·nie·ren [diˈniːrən] *itr (gehoben)* dine.

Di·ode [diˈoːdə] ‹-, -n› *f EDV* diode.

Di·oxin [ˈdiɔksiːn] ‹-s, -e› *n chem* dioxane; **di·oxin·hal·tig** *adj* dioxinated.

Diph·the·rie [dɪfteˈriː] *f* diphtheria.

Di·plom [diˈploːm] ‹-(e)s, -e› *n* diploma; ▶ **sein ~ machen** take one's degree.

Di·plo·mat(in) [diploˈmaːt] ‹-en, -en› *m (f)* diplomat; **Di·plo·ma·ten·kof·fer** *m* executive case; **Di·plo·ma·tie** [diplomaˈtiː] *f* diplomacy; **di·plo·ma·tisch** *adj* diplomatic.

Di·plom·in·ge·nieur(in) *m (f)* qualified engineer.

dir [diːɐ] *prn (dat von* du) (to) you; ▶ **mir nichts ~ nichts** just like that.

di·rekt [diˈrɛkt] **I** *adj* direct; ▶ **e-e ~e Verbindung** *aero* a direct flight; *rail* a through train; **II** *adv Br* directly, *Am* right (-away), straight; ▶ **~ gegenüber von ...** straight across ...; **~ nach Hause kommen** come home right away; **ich konnte ihn ~ vor mir sehen, als sie von ihm sprach** I could almost see him in front of me when she was speaking about him.

Di·rek·tion [dirɛkˈtsjoːn] *f (Verwaltung)* management; **Di·rek·tor(in)** *m (f) allg* director; *(Schul~) Br* headmaster (headmistress), *Am* principal; *(Gefängnis~) Br* governor, *Am* warden; **Di·rek·to·r·ium** [dirɛkˈtoːrium, *pl* dirɛkˈtoːriən] *n* **1.** *hist o. pl* directory; **2.** *(Vorstand)* board of directors; **Di·rek·tri·ce** [dirɛkˈtriːsə] ‹-, -n› *f* manageress.

Di·rekt·über·tra·gung *f radio TV* live broadcast; **Di·rekt·ver·trieb** *m com* direct marketing; **Di·rekt·zu·griff** *m* direct access; **Di·rekt·zu·griffs·spei·cher** *m EDV* random access memory (RAM).

Di·ri·gent(in) [diriˈgɛnt] *m (f) mus* conductor.

di·ri·gie·ren *tr* **1.** *mus* conduct; **2.** *fig* direct.

di·ri·gi·stisch *adj (Maßnahmen)* dirigiste.

Dir·ne [ˈdɪrnə] ‹-, -n› *f (Prostituierte)* prostitute.

Dis [dɪs] ‹-, (-)› *n mus* D sharp.

dis·har·mo·nisch *adj mus u. fig* discordant, disharmonious.

Dis·ket·te *f* (floppy) disk, diskette; **Dis·ket·ten·lauf·werk** *n* disk drive.

Dis·kont [dɪsˈkɔnt] ‹-(e)s, -e› *m fin* discount; **Dis·kont·la·den** *m* discount house; discount store; discounter; **Dis·kont·satz** *m fin* discount rate.

Dis·ko ‹-, -s› *f fam* disco; **Dis·ko·thek** [dɪskoˈteːk] ‹-, -en› *f* discotheque.

dis·kret [dɪsˈkreːt] *adj* discreet; *(zurückhaltend)* reserved; *(behutsam)* cautious.

Dis·kre·ti·on [dɪskretˈsjoːn] *f* discretion.

dis·kri·mi·nie·ren [dɪskrimiˈniːrən] *tr* discriminate; **Dis·kri·mi·nie·rung** *f* discrimination.

Dis·kus [ˈdɪskʊs] ‹-, -se/disken› *m sport* discus.

Dis·kus·sion [dɪskʊˈsjoːn] *f* discussion; ▶ **da gibt's gar keine ~!** I'm not having any discussions about it!

Dis·kus·wer·fen *m* throwing the discus; **Dis·kus·wer·fer(in)** *m (f)* discus-thrower.

dis·ku·tie·ren [dɪskuˈtiːrən] *tr itr* discuss; ▶ **über etw ~** discuss s.th.

dis·pen·sie·ren [dɪspɛnˈziːrən] *tr* excuse (*von* from).

Dis·play [dɪsˈpleɪ] ‹-s, -s› *n* display.

dis·po·nie·ren [dɪspoˈniːrən] *tr (Anordnungen treffen)* make arrangements; ▶ **über etw ~ können** have s.th. at one's disposal.

Dis·po·si·tion [dɪspoziˈtsjoːn] *f:* ▶ **s-e ~en treffen** make one's arrangements.

dis·qua·li·fi·zi·eren [dɪskvalifiˈtsiːrən] *tr* disqualify (*von* from).

Dis·ser·ta·t·ion [dɪsɛrtaˈtsjoːn] *f (Doktorarbeit)* thesis.

Dis·si·dent [dɪsiˈdɛnt] ‹-en, -en› *m* dissenter, dissident.

dis·so·nant [dɪsoˈnant] *adj* dissonant.

Di·stanz [dɪsˈtants] ‹-, -en› *f* distance; ▶ **auf ~ gehen** *fig* become distant.

di·stan·zie·ren *refl* distance; ▶ **sich von etw ~** dissociate o.s. from s.th.

Di·stel [ˈdɪstəl] ‹-, -n› *f bot* thistle.

Di·strikt [dɪsˈtrɪkt] ‹-(e)s, -e› *m* district.

Dis·zi·plin [dɪstsiˈpliːn] ‹-, -en› *f* **1.** *(Ordnung)* discipline; **2.** *(Wissenszweig, Fach)* discipline; ▶ **~ halten** keep good discipline.

dis·zi·pli·na·risch [dɪstsipliˈnaːrɪʃ] *adj* disciplinary; ▶ **~e Maßnahmen** disciplinary measures.

dis·zi·pli·nie·ren *tr* discipline; **dis·zi·pli·niert** *adj* disciplined.

Di·va [ˈdiːva] ‹-, -s/-ven› *f* star.

di·vers [diˈvɛrs] *adj* diverse, various.

Di·ver·si·fi·ka·tion *f com* diversification; **di·ver·si·fi·zie·ren** *tr* diversify.

Di·vi·den·de [diviˈdɛndə] ‹-, -n› *f fin* dividend.

di·vi·die·ren *tr* divide.

Di·vi·si·on [diviˈzjoːn] *f mil* division.

DNS ‹-› *f Abk von* **Desoxyribonuklein-**

säure desoxyribonucleic acid, DNA.
doch [dɔx] *conj u. adv* **1.** *(dennoch)* yet; **2.** *(aber)* but; ▸ **das ist ~ nicht dein Ernst!** you can't be serious! **wenn er ~ käme!** if only he would come! **Sie kommen ~?** you're coming, aren't you? **denk ~!** just imagine! **nicht ~!** don't do that! **~, ~!** well, yes ...; **das ist ~ interessant!** that's really interesting! **komm ~!** do come!
Docht [dɔxt] ‹-(e)s, -e› *m* wick.
Dock [dɔk] ‹-(e)s, -s› *n mar* dock; **Dock·ar·bei·ter** *m* docker.
Dog·ge ['dɔgə] ‹-, -n› *f zoo* mastiff.
Dog·ma ['dɔgma] ‹-s, -men› *n a. eccl* dogma; **dog·ma·tisch** *adj* dogmatic.
Doh·le ['do:lə] ‹-, -n› *f orn* jackdaw.
Dok·tor(in) ['dɔktɔr] *m (f)* doctor; ▸ **s-n ~ machen** do a doctorate; **Dok·tor·ar·beit** *f* thesis.
Dok·trin [dɔk'tri:n] ‹-, -en› *f a. pol* doctrine.
Do·ku·ment [doku'mɛnt] ‹-(e)s, -e› *n* document; **Do·ku·men·tar·film** *m* documentary; **do·ku·men·ta·risch** *adj* documentary; **Do·ku·men·ta·tion** [dokumɛnta'tsjo:n] *f* documentation.
do·ku·men·tie·ren I *tr allg a. EDV* document; **II** *refl fig* become evident.
Dolch [dɔlç] ‹-(e)s, -e› *m* dagger.
Dol·de ['dɔldə] ‹-, -n› *f bot* umbel.
Dol·lar ['dɔlar] ‹-s, -s› *m* dollar; *Am fam* buck; **Dol·lar·kri·se** *f* dollar crisis.
dol·met·schen ['dɔlmɛtʃən] *tr itr* interpret; **Dol·met·scher(in)** *m (f)* interpreter.
Dom [do:m] ‹-(e)s, -e› *m* **1.** *arch (Kathedrale)* cathedral; **2.** *(Kuppel)* dome.
Do·mä·ne [do'mɛ:nə] ‹-, -n› *f* **1.** *hist (Staatsgut)* domain; **2.** *(Fach)* domain, province.
do·mi·nant [domi'nant] *adj* dominant.
do·mi·nie·ren *itr* **1.** *(Eigenschaft)* be predominant; **2.** *(Mensch)* dominate.
Do·mi·no ['do:mino] ‹-s, -s› *m (Spiel)* dominoes *pl;* ▸ **~ spielen** play dominoes.
Dom·pfaff ['do:mpfaf] ‹-s, -en› *m orn* bullfinch.
Domp·teur [dɔmp'tø:ɐ] ‹-s, -e› *m* tamer.
Do·nau ['do:naʊ] ‹-› *f* the Danube.
Don·ner ['dɔnɐ] ‹-s› *m* thunder; **Don·ner·grol·len** *n* roll of thunder; **don·nern** ['dɔnɐn] *itr* thunder.
Don·ners·tag *m* Thursday.
Don·ner·wet·ter *n fig (Schelte)* scolding; ▸ **~!** *interj* hang it all! damn it!
doof [do:f] *adj fam* daft, thick; **Doof·heit** *f fam* dumbness.
do·pen ['do:pən] *tr sport* dope; **Do·ping** ['-pɪŋ] ‹-s, -s› *n sport* doping.
Dop·pel ['dɔpəl] ‹-s, -› *n* **1.** *(Duplikat)* duplicate; **2.** *sport (beim Tennis)* doubles *pl;* **Dop·pel·be·schluß** *m pol* two-track (*od* twin-track) decision; **Dop·pel·bett** *n* double-bed; **Dop·pel·decker (k·k)** *m* **1.** *aero* biplane; **2.** *(Bus)* double-decker; **Dop·pel·fen·ster** *n* double window; **Dop·pel·gän·ger(in)** *m (f)* double; **Dop·pel·haus** *n*, semi-detached house; **Dop·pel·kinn** *n* double chin; **Dop·pel-Null-Lö·sung** *f pol* double zero option; **Dop·pel·punkt** *m* colon; **Dop·pel·stecker (k·k)** *m el* two-way adaptor.
dop·pelt ['dɔpəlt] **I** *adj* double; ▸ **die ~e Menge** twice (*od* double) the amount; **~e Buchführung** double-entry book-keeping; **in ~er Hinsicht** in two respects *pl;* **II** *adv* doubly, twice; ▸ **~ so viel** twice as much.
Dop·pel·ver·die·ner *pl* couple with two incomes; **Dop·pel·zim·mer** *n* double room.
Dopp·ler·ef·fekt *m phys* Doppler effect.
Dorf [dɔrf, *pl* 'dœrfɐ] ‹-(e)s, ¨er› *n* village; **Dorf·be·woh·ner(in)** *m (f)* villager.
Dorn [dɔrn] ‹-(e)s, -en/(¨er)› *m* **1.** thorn; **2.** *(an Schnalle)* tongue; **3.** *tech (Ahle)* awl; ▸ **das ist mir schon lange ein ~ im Auge** it has been a thorn in my flesh for a long time.
dor·nig *adj* **1.** *allg* spiny, thorny; **2.** *fig (Frage, Problem)* difficult.
dör·ren (dor·ren) ['dœrən, 'dɔrən] *tr itr* dry; **Dörr·obst** *n* dried fruit.
Dorsch [dɔrʃ] ‹-(e)s, -e› *m zoo* cod.
dort [dɔrt] *adv* there; ▸ **~ kommt er ja!** here he comes! **es liegt ~ drüben** it's over there; **dort·her** ['-'-] *adv* from there, thence; **dort·hin** ['-'-] *adv* there; **dor·tig** *adj* there.
Do·se ['do:zə] ‹-, -n› *f* **1.** *(Holz~)* box; *(Plastik~)* pack; **2.** *(Konserven~) Br* tin, *Am* can; **3.** *el (Steck~)* socket.
dö·sen ['dø:zən] *itr* doze.
Do·sen·bier *n* canned beer; **Do·sen·milch** *f* tinned (*od* canned) milk; **Do·sen·öff·ner** *m Br* tin (*Am* can) opener.
do·sie·ren [do'zi:rən] *tr* measure out.
Do·sie·rung *f* dosage, dose.
Do·sis ['do:zɪs, *pl* 'do:zən] ‹-, dosen› *f* dose.
do·tie·ren [do'ti:rən] *tr* **1.** *(bezahlen)* remunerate; **2.** *(mit Preis etc)* endow; **do·tiert** *adj:* ▸ **e-n gut ~en Posten suchen** look for a remunerative position.
Dot·ter ['dɔtɐ] ‹-s, -› *m* yolk.
Dou·ble ['du:b(ə)l] ‹-s, -s› *n film* substitute.
Dow-Jones-Ak·tien·in·dex *m* Dow Jones Average.
Down-Syn·drom *n med* Down's syndrome.
Do·zent(in) [do'tsɛnt] ‹-en, -en› *m (f) Br* lecturer (*für* in), *Am* assistant profes-

sor (*für* of); **do·zie·ren** *itr (belehrend vortragen)* hold forth (*über* on).

Dra·che ['draxə] ‹-n, -n› *m (Fabeltier)* dragon; **Dra·chen** ‹-s, -› *m* **1.** *(Papier~)* kite; **2.** *sl pej (zänkische Frau)* battle-axe; **3.** *sport* hang-glider; ▶ **einen ~n steigen lassen** fly a kite; **Dra·chen·flie·gen** *n sport* hang-gliding; **Dra·chen·flie·ger(in)** *m (f)* hang-glider.

Dra·gee [dra'ʒe:] ‹-s, -s› *n* coated tablet.

Draht [dra:t, *pl* 'drɛ:tə] ‹-(e)s, ⸚e› *m* wire; ▶ **er ist auf ~** *fig fam* he is on the ball; **Draht·bür·ste** *f* wire brush; **Draht·git·ter** *n* wire netting.

drah·tig *adj* wiry.

draht·los *adj radio* wireless.

Draht·seil *n* wire-cable; **Draht·seil·akt** *m a. fig* balancing act; **Draht·zie·her(in)** *m (f) fig* wire-puller; ▶ **der ~ sein** pull the strings.

Drai·na·ge [drɛ(:)'na:ʒə] ‹-, -n› *f* drainage; **drai·nie·ren** *tr* drain.

dra·ko·nisch [dra'ko:nɪʃ] *adj* draconian.

Drall [dral] ‹-(e)s› *m* **1.** *phys* spin; **2.** *fig (Tendenz)* inclination, tendency.

drall [dral] *adj* buxom.

Dra·ma ['dra:ma, *pl* 'dramən] ‹-s, -men› *n* drama; ▶ **sie machte immer ein ~ daraus** *fig* she used to make quite a fuss about it; **Dra·ma·ti·ker(in)** [dra'ma:tikɐ] *m (f)* dramatist; **dra·ma·tisch** *adj* dramatic; **dra·ma·ti·sie·ren** *tr* **1.** *allg* dramatize; **2.** *fig (etw hochspielen)* make a to-do about s.th.

dran [dran] *adv:* ▶ **du bist ~!** *(beim Spiel)* it's your turn! **jetzt bist du ~!** *fam* now you are for it! **er ist arm ~** he's badly off; **drauf und ~ sein ...** be on the verge of ...; **mit allem Drum und D~** with all the trimmings *pl.*

Drang [draŋ] ‹-(e)s, (⸚e)› *m* impulse, urge.

drän·geln ['drɛŋəln] *itr* **1.** *(vor~)* jostle, push; **2.** *(drangsalieren)* pester.

drän·gen ['drɛŋən] **I** *itr* **1.** *(vor~)* press, push; **2.** *fig (~d sein)* be pressing; **3.** *fig (dringen)* press (*auf* for); ▶ **darauf ~, daß etw getan wird** press for s.th. to be done; **II** *tr* push.

drang·sa·lie·ren [draŋza'li:rən] *tr* **1.** *pol (peinigen)* oppress; **2.** *(belästigen)* pester, plague.

dran|krie·gen *tr fam:* ▶ **ihr habt mich schön drangekriegt!** you really got me!

dra·stisch ['drastɪʃ] *adj* drastic.

drauf ['draʊf] *adv fam* (*s. a.* darauf): ▶ **der hat schwer 'was ~!** he knows his trade! *pl.*

Drauf·gän·ger(in) ['draʊfgɛŋɐ] ‹-s, -› *m (f)* go-getter.

drauf|ge·hen ‹sein› *irr itr fam* **1.** *(sterben)* snuff it; **2.** *(Geld)* disappear; **drauf·ha·ben** *tr fam (Sprüche, Antwort)* come out with; **drauf·set·zen** *tr fam:* ▶ **eins** (*od* **einen**) **~** go one better.

drau·ßen ['draʊsən] *adv* outside; *(im Freien)* in the open air, out of doors; ▶ **da ~** out there.

drech·seln ['drɛksəln] **I** *tr* turn; **II** *itr* work the lathe.

Drechs·ler(in) ['drɛkslɐ] *m (f)* turner.

Dreck [drɛk] ‹-(e)s› *m* **1.** dirt, stuff; **2.** *fam (Kleinigkeit)* little thing; ▶ **das geht dich e-n ~ an!** *vulg* that's none of your damn business! **kümmere dich um deinen eigenen ~!** *vulg* mind your own bloody business!

dreckig (k·k) *adj* dirty; ▶ **es geht ihm ~** *fam* he's badly off.

Dreh [dre:] ‹-(e)s, -s/-e› *m fam (Trick)* trick; ▶ **den ~ heraushaben** have got the hang of it; **Dreh·bank** *f* lathe; **dreh·bar** *adj* revolving, rotating; **Dreh·blei·stift** *m Br* propelling (*Am* mechanical) pencil.

Dreh·buch *n film* script; **Dreh·buch·au·tor(in)** *m (f)* scriptwriter.

dre·hen I *tr* **1.** *allg a. tech* turn; **2.** *(rotieren)* rotate; **3.** *(Zigarette, Augen)* roll; **4.** *film* shoot; ▶ **ein Ding ~** *fam (Gaunerstückchen)* pull off a prank; *(Verbrechen)* pull a job; **II** *refl* **1.** *allg* turn (*um* about); **2.** *fig:* ▶ **um was dreht es sich?** what's it all about? **mir dreht sich alles** my head is spinning; **sich im Kreise ~** turn round and round; *fig* be going round in circles; **es dreht sich darum, ob ...** the point is whether ...

Dre·her(in) *m (f)* lathe operator.

Dreh·kreuz *n* turnstile; **Dreh·mo·ment** *n mot tech* torque; **Dreh·or·gel** *f* hurdy-gurdy; **Dreh·schei·be** *f* **1.** *tele* dial; **2.** *rail* turntable; **Dreh·strom** *m el* three-phase current; **Dreh·stuhl** *m* swivel-chair; **Dreh·tür** *f* revolving door; **Dre·hung** *f* **1.** *allg* turn; **2.** *(Rotation)* rotation; **Dreh·zahl** *f mot* revolutions per minute (*Abk* r. p. m.).

drei [draɪ] *num* three; *(in Zss.)* three-, tri-; **Drei·eck** *n* triangle; **drei·eckig (k·k)** *adj* triangular; **drei·er·lei** ['draɪɐ'laɪ] *adj* three sorts of; **drei·fach** ['draɪfax] *adj* threefold, triple; **Drei·fach·stecker (k·k)** *m el* three-way adapter; **drei·hun·dert** *adj* three hundred; **drei·jäh·rig** *adj* three-year-old; **Drei·kampf** *m sport* three-part competition; **Drei·klang** *m mus* triad; **Drei·punkt·si·cher·heits·gurt** *m mot* three-point safety belt; **Drei·rad** *n* tricycle.

drei·ßig ['draɪsɪç] *adj* thirty; **drei·ßig·jäh·rig** *adj* thirty years old; *attr* thirty-year-old; ▶ **der ~e Krieg** the Thirty Years' War; **Drei·ßig·ste** *adj* thirtieth; **Drei·ßig·stel** ‹-s, -› *n* thirtieth.

dreist [draɪst] *adj* **1.** *(kühn)* bold; **2.** *(frech)* cheeky, impudent.

drei·stel·lig *adj (Zahlen)* three-figure.

Drei·stig·keit ['draɪstɪçkaɪt] *f* **1.** *(Kühnheit)* boldness; **2.** *(Frechheit)* impudence.

drei·stöckig (k·k) *adj* three-storied; **drei·stu·fig** *adj* three-stage; **drei·tä·gig** *adj* three-day; ▶ **ein ~er Kurs** a three-day course; **drei·tei·lig** *adj* three-piece; **Drei·zack** *m* trident; **drei·zehn** *num* thirteen; **drei·zehn·te** *adj* thirteenth.

Dre·sche ['drɛʃə] ‹-› *f fam* thrashing; ▶ **~ kriegen** get a good hiding.

dre·schen *irr tr* **1.** *(Korn etc)* thresh; **2.** *sl (prügeln)* thrash; ▶ **Phrasen ~** *fig* mouth empty phrases.

Dresch·fle·gel *m* flail; **Dresch·ma·schi·ne** *f* threshing machine.

dres·sie·ren [drɛ'si:rən] *tr* train.

Dres·sur *f* training.

Drill [drɪl] ‹-(e)s› *m mil* drill.

dril·len ['drɪlən] *tr* **1.** *mil* drill; **2.** *tech* drill; ▶ **auf etw gedrillt sein** *fig* be practised at doing s.th.

Dril·ling ['drɪlɪŋ] ‹-s, -e› *m (Gewehr)* triple-barrelled (shot)gun.

Dril·lin·ge *pl* triplets.

drin [drɪn] *adv fam* (*s.* darin): ▶ **er ist da ~** he is in there; **bis jetzt ist noch alles ~** *fam* everything is still quite open.

drin·gen ['drɪŋən] *irr itr* come through, penetrate (*an* to); ▶ **auf etw ~** insist on s.th.; **an die Öffentlichkeit ~** leak out; **drin·gend (dring·lich)** *adj* pressing, urgent; ▶ **~ verdächtig** strongly suspected; **Dring·lich·keit** *f* urgency.

dritt [drɪt] *adj* third; ▶ **der D~e im Bunde sein** make a third; **die D~e Welt** the Third World; **wir waren zu ~** there were three of us; **aus ~er Hand** indirectly; **Drit·tel** ['drɪtəl] ‹-s, -› *n* third; **drit·tens** ['drɪtəns] *adv* thirdly; **Drit·te-Welt-La·den** *m* OXFAM shop.

dro·ben ['dro:bən] *adv allg* up there.

Dro·ge ['dro:gə] *f* drug; **Dro·gen·fahn·der(in)** *m (f)* drug squad officer; **Dro·gen·kon·sum** *m* drug consumption; **Dro·gen·rausch** *m:* ▶ **im ~ sein** be on a trip *sl;* **dro·gen·süch·tig** *adj* addicted to drugs; **Dro·gen·süch·ti·ge(r)** *f m* drug addict.

Dro·ge·rie [drogə'ri:] *f Br* chemist's (shop), *Am* drugstore; **Dro·gist(in)** *m (f) Br* chemist, *Am* druggist.

Droh·brief *m* threatening letter.

dro·hen ['dro:ən] *itr* **1.** *(jdm ~)* threaten; **2.** *(~d bevorstehen)* be imminent; ▶ **da droht Gefahr** that could be dangerous; **dro·hend** *adj* **1.** *(bevorstehend)* imminent; **2.** *(Gebärde etc)* threatening, *(gehoben)* menacing.

Droh·ne ['dro:nə] ‹-, -n› *f* **1.** *zoo* drone; **2.** *fig (Nichtstuer)* parasite.

dröh·nen ['drø:nən] *itr* **1.** *(Triebwerk etc)* roar; *(Lautsprecher)* boom; **2.** *(widerhallen)* resound; ▶ **mir ~ die Ohren** my ears are ringing.

Dro·hung ['dro:ʊŋ] *f* threat.

drol·lig ['drɔlɪç] *adj* droll, funny; *(Person)* odd.

Dro·me·dar ['dro:meda:ɐ/drome'da:ɐ] *n zoo* dromedary.

Dros·sel ['drɔsəl] ‹-, -n› *f* **1.** *orn* thrush; **2.** *tech* throttle valve; **3.** *el* choking coil.

dros·seln ['drɔsəln] *tr* **1.** *mot* choke; **2.** *(zurückdrehen)* turn down; **3.** *fig* cut down (*etw* on).

drü·ben ['dry:bən] *adv* over there.

drü·ber ['dry:bɐ] *adv (s.* darüber).

Druck[1] [drʊk, *pl* 'drʏkə] ‹-s, (¨e)› *m allg a. fig* pressure; ▶ **in ~ sein wegen ...** be pressed for ...; **jdn unter ~ setzen** put pressure on s.o.; **hinter etw ~ machen** put some pressure on s.th.

Druck[2] [drʊk, *pl* 'drʊkə] ‹-s, -e› *m* **1.** *(Buch~)* printing; **2.** *(~erzeugnis)* copy; **3.** *(Schrifttype)* print; ▶ **das Buch ist im ~** the book is being printed; **Druck·ab·fall** *m tech* pressure drop (*od* loss); **Druck·an·stieg** *m tech* pressure increase (*od* rise); **Druck·aus·gleich** *m* pressure compensation; **Druck·buch·sta·be** *m* printed letter; ▶ **bitte in ~n schreiben** please write in block capitals.

Drücke·ber·ger (k·k) *m fam* shirker, slacker.

drucken (k·k) ['drʊkən] *tr* print; ▶ **etw ~ lassen** have s.th. printed.

drücken (k·k) ['drʏkən] **I** *tr* **1.** *allg* press; *(kneifen, von Schuhen)* pinch; **2.** *(Preise)* force down, lower; ▶ **wo drückt der Schuh?** *fig* what's the trouble? **jdm etw in die Hand ~** slip s.th. into someone's hand; **II** *refl* shirk (*vor etw* s.th.); ▶ **sich um etw ~** get out of s.th.; **drückend (k·k)** *adj* **1.** *(Last)* heavy; **2.** *fig (Hitze)* oppressive; *(Luft)* sultry.

Drucker (k·k) *m a. EDV* printer.

Drücker (k·k) *m (Druckknopf)* button; ▶ **am ~ sitzen** *fig fam* be in a key position.

Drucke·rei (k·k) *f* printing works *pl;* **Drucker·pres·se (k·k)** *f* printing press; **Druck·feh·ler** *m* misprint, printer's error; **Druck·ka·bi·ne** *f* pressurized cabin; **Druck·knopf** *m* **1.** *(Klingel, an Instrumentenbrett)* push-button; **2.** *(bei Kleidung)* press-stud; **Druck·luft** *f* compressed air; **Druck·plat·te** *f typ* printing plate; **Druck·sa·che** *f* printed matter.

druck·sen ['drʊksən] *itr fam* hum and haw.

Druck·ver·lust *m* head loss; **Druck·was·ser·re·ak·tor** *m* pressurized water reactor.

drum [drʊm] *n:* ▶ **das D~ und Dran** the incidentals, the fancy bits *pl;* **mit allem D~ und Dran** with all the trimmings *pl.*

drun·ten ['drʊntən] *adv* down there.

drun·ter ['drʊntɐ] *adv* underneath; ► **~ und drüber gehen** be topsy-turvy.

Drü·se ['dry:zə] ‹-, -n› *f* gland.

Dschun·gel ['dʒʊŋəl] ‹-s, -› *m* jungle.

du [du:] *prn* you; *(alt)* thou; ► **bist ~ es?** is that you? **mach ~ das doch!** why don't you do it!

Dü·bel ['dy:bəl] ‹-s, -› *m* plug.

ducken (k·k) ['dʊkən] **I** *refl* **1.** *allg* duck (*vor etw* s.th.); **2.** *fig (unterwürfig)* cringe; **II** *tr (erniedrigen)* humiliate.

Duck·mäu·ser ['dʊkmɔɪzɐ] ‹-s, -› *m pej* moral coward.

Du·del·sack ['du:dəlzak] *m* bagpipes *pl.*

Du·ell [du'ɛl] ‹-s, -e› *n* duel.

Duft [dʊft, *pl* 'dʏftə] ‹-(e)s, ⸚e› *m (Geruch)* scent, smell; *(von Blume)* fragrance; *(von Parfüm etc)* perfume; **duf·ten** ['dʊftən] *itr* smell (*nach* of); **duf·tend** *adj* fragrant (*nach* with).

duf·tig *adj:* ► **ein ~es Sommerkleid** a light summery frock.

dul·den ['dʊldən] **I** *tr (zulassen)* tolerate; ► **er ist hier nur geduldet** he's only tolerated here; **II** *itr (leiden)* suffer; **duld·sam** [dʊltza:m] *adj* tolerant (*gegenüber jdm* towards s.o.).

dumm [dʊm] ‹dümmer, dümmst› *adj* **1.** *Br* stupid, *Am* dumb; **2.** *(unangenehm)* annoying; ► **red kein ~es Zeug!** don't talk such rubbish! **frag nicht so ~!** don't ask such silly questions! **jdm ~ kommen** *fam* get funny with s.o.; **der D~e sein** be the sucker *fam;* **das ist gar nicht so ~** that's not a bad idea; **jetzt wird's mir zu ~!** now I've had enough! **Dumm·heit** *f* **1.** stupidity; **2.** *(dummer Fehler)* stupid thing; **Dumm·kopf** *m fam* blockhead.

dumpf [dʊmpf] *adj* **1.** *(Ton)* hollow, muffled; **2.** *(muffig)* musty; ► **ein ~es Gefühl** a vague feeling.

Dü·ne ['dy:nə] ‹-, -n› *f* dune.

Dung [dʊŋ] ‹-(e)s› *m* dung, manure.

Dün·ge·mit·tel *n* fertilizer.

dün·gen ['dʏŋən] *tr (natürlich)* dung; *(künstlich)* fertilize; **Dün·ger** *m (natürlicher)* dung; *(künstlicher)* fertilizer.

Dun·kel ['dʊŋkəl] ‹-s› *n* darkness; ► **im ~n tappen** *fig* grope in the dark.

dun·kel ['dʊŋkəl] *adj* **1.** *(Farbe)* dark; **2.** *fig (tief)* deep; **3.** *fig (vage, unbestimmt)* vague; ► **es wird ~** it's getting dark.

Dün·kel ['dʏŋkəl] ‹-s› *m* arrogance, conceit.

dunkel- *(in Zssgn)* dark.

dün·kel·haft *adj* arrogant.

dun·kel·häu·tig *adj* dark-skinned.

Dun·kel·heit *f* darkness; ► **bei Eintritt der ~** at nightfall; **Dun·kel·kam·mer** *f phot* darkroom; **dun·keln** *itr:* ► **es dunkelt schon** *lit* it's growing dark.

dün·ken ['dʏŋkən] *irr: obs, lit* **I** *itr* ► **mich ~, er kommt nicht mehr** Methinks he will not come; **II** *refl:* ► **sich klug ~** have a high opinion of o.s.

dünn [dʏn] *adj* thin; *(Haar)* fine: ► **~ besiedelt** sparsely settled; **sich ~(e) machen** *fig fam* beat it, make off.

Dünn·darm *m* small intestine.

Dünn·säu·re *f chem* dilute acid; **Dünn·säu·re·ver·klap·pung** *f* dumping of dilute acid (into the sea).

Dunst [dʊnst, *pl* 'dʏnstə] ‹-es, ⸚e› *m* **1.** *(Dampf)* steam; **2.** *(diesige Luft)* haze; ► **keinen blassen ~ haben** *fam* not to have an inkling; **Dunst·ab·zugs·hau·be** *f* extractor hood.

dün·sten ['dʏnstən] *tr itr* steam.

Dunst·glocke (k·k) *f* enveloping haze, haze canopy.

dun·stig ['dʊnstɪç] *adj allg* hazy, misty.

Du·pli·kat [dupli'ka:t] ‹-(e)s, -e› *n* duplicate.

Dur [du:ɐ] ‹-, -en› *n mus* major.

durch [dʊrç] **I** *prp* **1.** *(räumlich)* through; **2.** *(mittels)* by means of ...; **3.** *(wegen)* due (*od* owing) to ...; ► **~ den Fluß** across the river; **sechs ~ zwei ist drei** two into six makes three; **~ Zufall** by chance; **II** *adv:* ► **es ist schon fünf ~** it's past five; **du darfst hier nicht ~** you can't come through here; **ist das Fleisch gut ~?** is the meat well done? **gut ~(-gebraten)** well done; **durch|ar·bei·ten I** *tr (Aufgabe, Text)* work through; **II** *itr* work through; **durch|at·men** *itr* breathe deeply.

durch·aus ['--/-'-] *adv:* ► **ich bin ~ deiner Meinung** I absolutely agree with you; **es ist ~ möglich** it's perfectly possible; **er ist ~ nicht dumm** he is by no means stupid.

durch|bie·gen *irr* **I** *tr* bend; **II** *refl* sag; **durch·blät·tern** *tr (Buch)* leaf through; **Durch·blick** *m fig fam* comprehension; ► **ihm fehlt der ~** he does'nt quite get it **durch|blicken (k·k)** *itr* look through; *fam (verstehen)* understand; ► **etw ~ lassen** *fig* hint at s.th.; **ich blicke (da) nicht ~** *fig* I don't get it.

durch·boh·ren *tr* stab; **durch·boh·rend** *adj* piercing; *(Blicke a.)* penetrating.

durch|bra·ten *irr tr* cook through.

durch|bre·chen[1] *irr* **I** *tr* ‹h› break; **II** *itr* ‹sein› **1.** *allg* break; **2.** *fig (Sonne)* break through.

durch·bre·chen[2] ‹ohne -ge-› *tr* **1.** *allg* break through; **2.** *fig* break.

durch|bren·nen[1] *itr* ‹sein› *el* blow.

durch|bren·nen[2] ‹sein› *itr fam (sich davonmachen)* run away.

durch|brin·gen *irr* **I** *tr* **1.** *fam (verschwenden)* blow; **2.** *(e-n Kranken)* pull through; **3.** *(durchsetzen)* get through; **II** *refl* make ends meet; ► **ich bringe mich gerade so durch** I just manage to get by.

Durch·bruch ['--] ‹-(e)s, ⸚e› *m* **1.** *fig (Erfolg)* breakthrough; **2.** *(Wand~)* opening.

durch·den·ken ‹ohne -ge-› *irr tr* think through.

durch|drän·ge(l)n *refl* force one's way through.

durch|drin·gen[1] ‹sein› *irr itr* **1.** *(durchkommen)* come through; **2.** *fig (sich durchsetzen)* get through; **durch·drin·gen**[2] *tr* penetrate.

durch|drücken (k·k) *tr* **1.** *allg (durchpressen)* press through; **2.** *fig fam (erzwingen)* enforce.

Durch·ein·an·der ‹-s› *n* mess, muddle.

durch|fah·ren *irr itr* go through; ► **bei Rot** ~ jump the lights; **plötzlich durchfuhr mich ein Gedanke** *fig* suddenly a thought flashed through my mind; **Durch·fahrt** ['--] *f* **1.** *(das Durchfahren)* thoroughfare; **2.** *(Tor)* gateway; **3.** *(Durchreise)* way through; ► ~ **verboten!** no thoroughfare!

Durch·fall *m* **1.** *med Br* diarrhoea, *Am* diarrhea; **2.** *(Mißerfolg)* failure, flop; **durch|fal·len** ‹sein› *irr itr* **1.** *(durch Öffnung)* fall (*od* drop) through; **2.** *(im Examen)* fail; ► **in e-r Prüfung** ~ fail an exam.

durch|fin·den *irr refl* find one's way through.

durch·for·schen *tr* **1.** search; **2.** *fig* search through.

durch|fra·gen *refl* ask one's way.

durch·führ·bar *adj* feasible, practicable; **Durch·führ·bar·keit** *f* feasibility; viability; **durch|füh·ren I** *tr (ausführen)* carry out; **II** *itr (Straße)* go through (*unter etw* under); **Durch·füh·rung** *f (Ausführung)* carrying out.

Durch·gang *m* **1.** *(Verbindungsgang)* gateway; **2.** *(Weg)* way; ► ~ **gesperrt!** closed to traffic! **kein** ~**!** no thoroughfare! private road! **Durch·gangs·stra·ße** *f* thoroughfare; **Durch·gangs·verkehr** *m* through (*Am* thru) traffic; ► **kein** ~**!** no through road!

durch|ge·ben *irr tr* **1.** *(durchreichen)* pass through; **2.** *radio TV (Meldung)* give.

durch·ge·bra·ten *adj* well done.

durch|ge·hen ‹sein› *irr* **I** *itr* **1.** *allg* go (*od* walk) through; *(Antrag etc)* be carried (*od* passed); **2.** *fig fam (durchpassen)* go through; **3.** *aero rail* be direct; **4.** *(Pferd)* bolt; ► **jdm etw** ~ **lassen** let s.o. get away with s.th.; **durch·ge·hend** *adj:* ► ~**er Zug** through train; ~ **geöffnet** open 24 hours.

durch|grei·fen *irr itr* **1.** *(durchfassen)* reach through; **2.** take vigorous action; **durch·grei·fend** *adj* drastic; ► ~**e Änderung** radical change.

durch|hal·ten *irr* **I** *itr* hold out; **II** *tr* stand.

durch|hau·en *irr tr* chop (*od* hack) in two.

durch|kom·men ‹sein› *irr itr* **1.** come through; **2.** *fig (Erfolg haben)* succeed; *(ungestraft ~)* get away with ...; **3.** *(genesen)* pull through; **4.** *(Prüfung)* get through, pass.

durch·kreu·zen ‹ohne -ge-› *tr fig* foil, thwart.

durch|las·sen *irr tr* **1.** *allg* let through; **2.** *fig* let pass; **durch·läs·sig** ['dʊrçlɛsɪç] *adj* permeable; *(wasser~)* (s.th.) that lets water in; **Durch·läs·sig·keit** *f* permeability.

durch|lau·fen *irr* **I** *tr (Schuhe, Socken)* wear through; **II** *itr* run through.

Durch·lauf·er·hit·zer ['-----] *m tech* continuous-flow water heater.

durch|le·sen *irr tr* read through.

durch·leuch·ten ‹ohne -ge-› *tr* **1.** *med (röntgen)* X-ray; **2.** *fig (untersuchen)* investigate; **Durch·leuch·tung** [-'--] *f med* X-ray examination.

durch·lö·chern [dʊrç'lœçən] ‹ohne -ge-› *tr* make holes in ...

durch|ma·chen *tr* **1.** *(erleben)* go through; **2.** *(durchlaufen)* undergo; **3.** *(durchfeiern)* make a night of it *fam;* **4.** *(durcharbeiten)* work through.

Durch·marsch *m* **1.** *allg* march(ing) through; **2.** *fig fam (Durchfall)* the runs *pl;* **durch|mar·schie·ren** ‹sein› *itr* march through.

Durch·mes·ser *m* diameter.

durch|mo·geln *refl* fiddle one's way through.

durch·näs·sen *tr* soak, wet through; ► **ganz durchnäßt** drenched to the skin.

durch|neh·men *irr tr (in der Schule)* go through.

durch|pau·sen ['dʊrçpaʊzən] *tr* trace.

durch|peit·schen *tr* **1.** *(auspeitschen)* flog; **2.** *fig parl (ein Gesetz)* rush through.

durch|prü·geln *tr* beat, cudgel, thrash.

durch·que·ren [dʊrç'kve:rən] ‹ohne -ge-› *tr* cross, *(gehoben)* traverse.

durch|rech·nen *tr* calculate.

durch|reg·nen *itr:* ► **es regnet durch** the rain is coming through.

Durch·rei·se ['---] *f:* ► **ich bin nur auf der** ~ I'm only passing through; **durch|rei·sen** *itr (auf der Durchreise sein)* pass (*od* travel) through; **Durch·rei·sen·de(r)** *f m Br* through-passenger, *Am* transient; **Durch·rei·se·vi·sum** *n* transit visa.

durch|rei·ßen *irr itr* ‹sein› *tr* ‹h› tear in half.

durch|ro·sten ‹sein› *itr* rust through.

durch|rühren *tr* mix thoroughly.

Durch·sa·ge ['dʊrçza:gə] ‹-, -n› *f radio* announcement.

durch|sa·gen *tr radio* announce.

durch|sä·gen *tr* saw through.
durch·schau·en ‹ohne -ge-› *itr fig* see through (*jdn* s.o.).
durch|schei·nen *irr itr* shine through.
durch·schei·nend ['---] *adj (lichtdurchlässig)* transparent.
Durch·schlag *m (Schreibmaschinen~)* (carbon) copy; **durch·schla·gen**[1] *irr tr (Geschoß)* pass (clean) through; **durch|schla·gen**[2] ‹h› *irr* **I** *itr* ‹haben› *fig (zum Vorschein kommen)* show through; **II** *refl fig* fight one's way through; **durch·schla·gend** *adj* **1.** *(effektiv)* effective; **2.** *(total)* sweeping; **Durch·schlag·pa·pier** *n* carbon paper; **Durch·schlags·kraft** *f* **1.** *(von Geschoß)* penetrating power; **2.** *fig* force, impact.
durch|schlän·geln ['dʊrçʃlɛŋəln] *refl fig* manoevre one's way through.
durch|schlüp·fen ‹sein› *itr* slip through.
durch|schnei·den *irr tr* cut in two (*od* through); ▶ **etw in der Mitte** ~ cut s.th. through the middle.
Durch·schnitt ['dʊrçʃnɪt] *m* average; ▶ **im** ~ on an average; **über dem** ~ above the average.
durch·schnitt·lich ['dʊrçʃnɪtlɪch] **I** *adj* average; **II** *adv* on an average.
Durch·schnitts·ein·kom·men *n* average income; **Durch·schnitts·ge·schwin·dig·keit** *f* average speed; **Durch·schnitts·wert** *m* average (*od* mean) value.
durch·schnüf·feln *tr* nose through.
Durch·schrift *f* (carbon-)copy.
Durch·schuß *m* **1.** *(Schußwunde)* gunshot wound; **2.** *typ* space.
durch|se·hen *irr* **I** *itr allg* look through; **II** *tr fig* check through.
durch|set·zen **I** *tr (durchführen)* carry through; *(erzwingen)* push through; ▶ **etw bei jdm** ~ get s.o. to agree to s.th.; **s-n Willen** ~ impose one's will (*bei* on); **II** *refl* assert o.s. (*bei* with).
durch·seu·chen ‹h› ‹ohne -ge-› *tr* infect; **Durch·seu·chung** [-'--] *f med* spread of an epidemic (*od* infection).
Durch·sicht ['dʊrçzɪçt] *f:* ▶ **bei** ~ **von** ... on checking ...; **durch·sich·tig** *adj (Material, a. fig)* transparent; *(Wasser, Luft)* clear; *(Kleidungsstück)* see-through; **Durch·sich·tig·keit** *f allg a. fig* transparency; *(von Wasser)* clarity.
durch|sickern (k·k) ‹sein› *itr* **1.** trickle out; **2.** *fig (Nachrichten etc)* leak out.
durch|spre·chen *irr tr* talk over.
durch|stö·bern *tr* (*od* -'--) ransack (*nach* in search of); *(Gegend: durchsuchen)* scour (*nach* for).
durch·sto·ßen ‹ohne -ge-› *irr tr mil (feindliche Linien)* break through.
durch|strei·chen *irr tr* cross out, *(gehoben)* delete.
durch·strei·fen ‹ohne -ge-› *tr* rove through.
durch|sty·len *tr fam* give style to.
durch·su·chen [*od* '---] ‹ohne -ge-› *tr* search (*nach* for); **Durch·su·chung** [dʊrç'zu:xʊŋ] *f* search.
durch|tre·ten *irr tr (Pedal)* step on ...
durch·trie·ben [dʊrç'tri:bən] *adj* cunning, sly; **Durch·trie·ben·heit** *f* cunning, slyness.
durch·wa·chen ‹ohne -ge-› *tr:* ▶ **die Nacht** ~ stay awake all night.
durch·wach·sen ‹sein› *irr itr* grow through.
durch·wach·sen **I** *adj (Fleisch)* with fat running through; ▶ ~**er Speck** streaky bacon; **II** *adv fig fam (leidlich)* so-so.
durch|wa·ten ‹sein› *tr* (*od* -'--) wade through.
durch·weg(s) ['dʊrçvɛk/(-'ve:ks)] *adv* without exception.
durch|win·den *irr refl a. fig* worm one's way through.
durch|win·ken *tr:* ▶ **jdn an der Grenze** ~ wave s.o. through.
durch·wüh·len[1] ‹ohne -ge-› *tr* **1.** *fig (durchstöbern)* rummage (through) (*nach* for); **2.** *(Erde)* dig up.
durch|wüh·len[2] *refl* **1.** *allg* burrow through; **2.** *fig* plough through.
durch|zäh·len **I** *tr* count over; **II** *itr mil a. sport* count off.
durch|zie·hen[1] *irr* **I** *tr* **1.** *allg* draw through; **2.** *fig fam (erledigen)* get through; **II** *itr* ‹sein› *(durchmarschieren) a. fig* go through.
durch·zie·hen[2] *irr tr* **1.** *(teilen)* run through; **2.** ‹sein› *(durchwandern)* go (*od* pass) through; ▶ **ein scharfer Geruch durchzog die Luft** a pungent smell filled (*od* pervaded) the air.
Durch·zug *m* **1.** *(Zugluft)* draught; **2.** *(Durchmarsch)* march through.
dür·fen ['dʏrfən] *irr itr:* ▶ **darf ich fragen, ...?** may I ask ...? **ich darf nicht ...** I must not (*od* I am not allowed) to ...; **darf man hier rauchen?** are you allowed to smoke here? **was darf ich Ihnen bringen?** what can I bring you? **ich darf wohl sagen ...** I dare say ...; **das darf doch (wohl) nicht wahr sein!** that can't be true! **wenn ich bitten darf** if you please; **das dürfte wohl das Beste sein** that is probably the best thing; **das dürfte reichen** that should be enough.
dürf·tig ['dʏrftɪç] *adj* **1.** *(armselig)* wretched; **2.** *(unzulänglich)* scanty.
dürr [dʏr] *adj* **1.** *(trocken)* dry; *(~er Boden)* arid, barren; **2.** *(mager)* scrawny; ▶ **mit** ~**en Worten** *fig* in plain terms; **ein** ~**er Ast** a withered bough.
Dür·re ‹-, -n› *f* **1.** *(Trockenzeit)* drought; **2.** *(Magerkeit)* scrawniness.
Durst [dʊrst] ‹-es› *m* thirst (*nach* for);

▶ ~ **haben** be thirsty; **seinen ~ löschen** (*od* **stillen)** quench one's thirst; **einen über den ~ trinken** have one over the eight.

dur·sten *itr:* ▶ ~ **müssen** have to go thirsty.

dür·sten *tr fig:* ▶ ~ **nach ...** be thirsty for ...

dur·stig *adj* thirsty.

durst·lö·schend (durst·stil·lend) *adj* thirst-quenching.

Du·sche ['du:ʃə/'dʊʃə] ‹-, -n› *f* shower; **du·schen** ['du:ʃən/'dʊʃən] *itr* take a shower; **Dusch·gel** ‹-s, -s› *n* shower foam; **Dusch·ka·bi·ne** *f* shower (cubicle); **Dusch·vor·hang** *m* shower curtain; **Dusch·wan·ne** *f* shower basin.

Dü·se ['dy:zə] ‹-, -n› *f (Luft-, Wasser~)* nozzle; *(Kraftstoff~)* jet.

dü·sen *itr fam* dash.

Dü·sen·an·trieb *m* jet-propulsion; **Dü·sen·flug·zeug** *n* jet (plane).

duss·lig ['dʊslɪç] *adj fam* daft.

dü·ster ['dy:stɐ] *adj* **1.** *allg* dark, gloomy; **2.** *fig (drohend, finster)* dismal, sinister.

Duty-free-Shop ‹-s, -s› *m* duty free shop.

Dut·zend ['dʊtsənt] ‹-s, -e› *n* dozen; **dut·zend·mal** *adv* dozens of times; **dut·zend·wei·se** *adv* by the dozen.

dy·na·misch [dy'na:mɪʃ] *adj* dynamic.

Dy·na·mit [dyna'mɪt/dyna'mi:t] ‹-(e)s› *n od m* dynamite.

Dy·na·mo ['dynamo] *m tech* dynamo.

Dy·na·stie [dyna'sti:] ‹-, -n› *f* dynasty.

E

E, e [eː] ‹-, -› *n* E, e.

EAN *f Abk von* **Europäische Artikelnummer** European article number, EAN.

Eb·be [ˈɛbə] ‹-, -n› *f* **1.** *(sinkender Wasserspiegel)* ebb (tide); *(gesunkener Wasserspiegel, Niedrigwasser)* low tide; **2.** *fig:* ▶ **bei** (*od* **in**) **etw herrscht ~** s.th. is at a low ebb; **~ u. Flut** ebb and flow; **bei ~** *(wenn der Wasserspiegel sinkt)* when the tide is going out; *(bei Niedrigwasser)* at low tide.

eben [ˈeːbən] **I** *adj (gleichmäßig)* even; *(von gleicher Höhe)* level; *(flach)* flat; *(glatt)* smooth; *math* plane; ▶ **auf ~er Strecke** on the flat; **zu ~er Erde** at ground level; **II** *adv* **1.** *(gerade noch)* just; **2.** *(genau)* exactly, precisely; **3.** *(einfach, nun einmal)* just, simply; ▶ **schau doch ~ mal bei mir vorbei!** will you please drop in on me for a minute! **ich erreichte mein Flugzeug noch (so) ~** I just caught the plane; **er ist ~ ganz einfach ein Faulpelz** he's simply a lazybones, that's all there is to it.

Eben·bild *n* image; ▶ **Dein Sohn ist wirklich dein ~** Your son really is the very picture of you.

eben·bür·tig [ˈeːbənbʏrtɪç] *adj* **1.** *(gleichwertig)* equal (*jdm* someone's, *an* in); **2.** *hist (von gleicher Geburt, gleichem Rang)* of equal birth; ▶ **einander ~ sein** be equals *pl.*

Ebe·ne [ˈeːbənə] ‹-, -n› *f* **1.** *(Tiefland)* plain; *(Hochland)* plateau; **2.** *math* plane; **3.** *fig* level; ▶ **auf höchster (gleicher) ~** *fig* at the highest (same) level.

eben·falls *adv* as well, likewise; *(bei Negation)* either.

Eben·holz *n* ebony.

Eben·maß *n* due proportion, symmetry.

eben·so *adv* **1.** *(genauso)* just as; **2.** *(ebenfalls)* as well; **eben·so·sehr (eben·so·viel)** *adv* just as much; **eben·so·we·nig** *adv* just as little.

Eber [ˈeːbɐ] ‹-s, -› *m zoo* boar.

Eber·esche *f bot* mountain ash, rowan.

eb·nen [ˈeːbnən] **1.** *tr* level (off); **2.** *fig* smooth.

EC ‹-, -s› *m Abk von* **EuroCity(-Zug)** EC.

Echo [ˈɛço] ‹-s, -s› *n* **1.** echo; **2.** *fig (Antwort)* response (*auf* to); ▶ **bei der Bevölkerung ein lebhaftes ~ finden** *fig* meet with a lively response from the population.

Echo·lot *n* echo-sounder; *(mit Ultraschall)* supersonic echo sounding.

echt [ɛçt] **I** *adj a. adv* **1.** *(nicht falsch, nicht gefälscht)* genuine; *(Urkunde, Unterschrift)* authentic; *(wirklich)* real; *(natürlich)* natural; **2.** *(lauter, aufrichtig)* sincere; **3.** *(typisch)* typical; **4.** *(von Farbe)* fast; ▶ **~es Gold** real gold; **~ englisch** typically English; **II** *adv fam* really; ▶ **das ist ~ klasse!** that's really smashing! **das ist ~ geil!** *sl* that's really groovy! *fam;* **Echt·heit** *f* **1.** genuineness; *(Authentizität)* authenticity; **2.** *(Aufrichtigkeit)* sincerity; **3.** *(von Farbe)* fastness; **Echt·zeit** *f EDV* real time.

Eck [ɛk] ‹-(e)s, -e(n)› *n* **1.** *sport:* ▶ **langes (kurzes) ~** far (near) corner of the goal; **2.** ▶ **über ~** crosswise, diagonally across.

Eck·ball *m sport (Fußball)* corner.

Ecke (k·k) [ˈɛkə] ‹-, -n› *f* **1.** *allg (a. sport: Eckball)* corner; **2.** *(Kante, Rand)* edge; **3.** *(Kuchen~ etc)* wedge; **4.** *fam (Gegend)* corner; **5.** *fam (Entfernung, Strecke)* way; ▶ **(gleich) um die ~** (just) round the corner; **Queensborough Terrace ~ Bayswater Road** at the corner of Queensborough Terrace and Bayswater Road; **jdn um die ~ bringen** *fig fam* do away with s.o.; **an allen ~n u. Enden sparen** scrimp and save; **jdn in die linke ~ abdrängen** *pol fig fam* label s.o. (as) left (*od* as a leftie *fam*); **diese ~ Deutschlands** *fam* this corner of Germany; **bis London ist's noch 'ne ganze ~** *fam* London's still a fair way away.

eckig (k·k) *adj* **1.** angular; *(Schulter, Klammer, Tisch)* square; **2.** *fig (unbeholfen)* awkward; *(ruckartig)* jerky.

Eck·knei·pe *f fam Br* pub (*Am* bar *od* saloon) on the corner; **Eck·stein** *m a. fig* cornerstone; **Eck·zahn** *m* canine tooth; **Eck·zins** *m fin* minimum lending rate.

Ecu, ECU [eˈkyː] ‹-(s), -(s)› *m od* ‹-, -› *f Abk von* **European Currency Unit** ECU.

edel [ˈeːdəl] *adj* **1.** *(adlig, vornehm, a. fig)* noble; **2.** *(hochwertig)* precious; *(Pferde)* thoroughbred; **3.** *fig (großherzig)* generous; **Edel·frau** *f hist* noblewoman; **Edel·gas** *n chem* noble gas, inert gas; **Edel·ka·sta·nie** *f bot* sweet (*od* Spanish) chestnut; **Edel·kitsch** *m* pretentious kitsch; **Edel·mann** ‹-s, -leute› *m hist* nobleman; **Edel·me·tall**

n precious metal; **Edel·mut** *m* magnanimity; **edel·mü·tig** ['e:dəlmy:tɪç] *adj* magnanimous; **Edel·pilz·kä·se** *m* green mould (*od* blue vein) cheese; **Edel·stahl** *m* refined (*od* high-grade) steel; **Edel·stein** *m* precious stone; *(geschliffen)* gem, jewel; **Edel·tan·ne** *f bot* noble fir; **Edel·weiß** *n bot* edelweiss.

edie·ren *tr EDV* edit.

Edikt [e'dɪkt] ‹-(e)s, -e› *n hist* edict.

edi·tie·ren *tr* (*s.* edieren); **Edi·tor** ‹-s, -en› *m EDV* editor.

EDV [e:de:'faʊ] ‹-› *Abk von* **elektronische Datenverarbeitung** EDP; **EDV-An·la·ge** *f* EDP equipment; **EDV-Bran·che** *f* data processing business.

Efeu ['e:fɔɪ] ‹-s› *m* ivy.

Eff·eff [ɛf'ɛf] *m fam:* ▶ **etw aus dem ~ können** (*od* **beherrschen**) can do s.th. standing on one's head.

Ef·fekt [ɛ'fɛkt] ‹-(e)s, -e› *m* effect.

Ef·fek·ten *pl fin (Wertpapiere)* stocks and bonds; **Ef·fek·ten·bör·se** *f fin* stock exchange.

Ef·fekt·ha·sche·rei *f fam pej* **1.** cheap gimmicks; **2.** *(Prahlerei)* showing-off.

ef·fek·tiv *adj* **1.** *(wirkungsvoll)* effective; **2.** *(tatsächlich)* actual.

Ef·fek·ti·vi·tät *f* effectiveness.

EG [e:'ge:] ‹-› *f Abk von* **Europäische Gemeinschaft** European Community, EC.

egal [e'ga:l] *adj fam* **1.** *(gleichartig)* equal, the same; **2.** *(gleichgültig):* ▶ **das ist mir ganz ~** it's all the same to me (*od* I couldn't care less).

EG-Be·hör·de *f* EC institution.

Eg·ge ['ɛgə] ‹-, -n› *f* harrow.

eg·gen *tr itr* harrow.

EG-Kom·mis·sion *f* EC Commission; **EG-Mi·ni·ster·rat** *m* Council of Ministers; **EG-Mit·glieds·land** *n* EC member state; **EG-Norm** *f* EC standard.

Ego·is·mus [ego'ɪsmʊs] *m* ego(t)ism; **Ego·ist(in)** *m (f)* ego(t)ist; **egoistisch** *adj* ego(t)istical.

EG-Staat *m* EC country.

ehe ['e:ə] *conj (bevor)* before; *(bis)* until.

Ehe ['e:ə] ‹-, -n› *f* marriage; ▶ **Kinder aus erster (zweiter) ~** children from someone's first (second) marriage; **mit jdm die ~ schließen** (*od* **eingehen**) marry s.o.; **in den Stand der ~ eintreten** enter into matrimony; **unsere ~ wurde letztes Jahr geschieden** we were divorced last year; **Ehe·be·ra·tung** *f* **1.** *(Vorgang)* marriage guidance; **2.** *(Stelle)* marriage guidance council; **Ehe·bre·cher(in)** *m (f)* adulterer (adulteress); **Ehe·bruch** *m* adultery.

Ehe·frau *f* wife; **Ehe·gat·te, (Ehe·gat·tin)** *m (f) (gehoben)* spouse; **Ehe·krach** *m* marital row; **Ehe·leu·te** *pl* married couple *sing.*

ehe·lich *adj* **1.** conjugal, marital; **2.** *(von Kindern)* legitimate; ▶ **für ~ erklären** legitimate.

ehe·los *adj (ledig)* single, unmarried; **Ehe·lo·sig·keit** *f* **1.** single life, unmarried state; **2.** *eccl (Zölibat)* celibacy.

ehe·ma·lig ['e:əma:lɪç] *adj* former, onetime; ▶ **er ist ein E~er** *euph (Exsträfling)* he's an ex-con.

Ehe·mann ‹-(e)s, -menner› *m* **1.** *(als männlicher Ehepartner)* husband; *fam* hub, hubby; **2.** *(allg: verheirateter Mann)* married man; **Ehe·paar** *n* married couple; **Ehe·part·ner** *m* marriage partner, spouse.

eher ['e:ɐ] *adv* **1.** *(früher)* earlier, sooner; **2.** *(lieber)* rather; **3.** *(vielmehr)* more; **4.** *(leichter)* more easily; **5.** *(wahrscheinlicher)* more likely; ▶ **je ~, desto besser** the sooner the better; **ich würde ~ sterben als ...** I would rather die than ...; **nicht ~, als ...** not until ...; **so geht es am ehesten** that's the easiest way to do it; **um so ~** the more so; **das ist schon ~ möglich** that is more likely.

Ehe·ring *m* wedding ring; **Ehe·schei·dung** *f* divorce; **Ehe·schlie·ßung** *f* wedding.

ehr·bar *adj* **1.** *(ehrenhaft)* honourable; **2.** *(respektgebietend, achtenswert)* respectable.

Eh·re ['e:rə] ‹-, -n› *f* honour; ▶ **auf ~ u. Gewissen** on my (*od* his, her *etc*) honour; **damit kannst du wenig ~ einlegen** that does not do you any credit; **etw allein um der ~ willen tun** do s.th. for the very honour of it; **jdm die letzte ~ erweisen** pay one's last respects to s.o.; **er macht s-r Familie ~** he is an honour to his family; **~, wem ~ gebührt** credit where credit is due; **jdm zur ~ gereichen** do (*od* be an) honour to s.o.; **zu ~n von ...** in honour of ...; **mit wem habe ich die ~?** to whom do I have the honour of speaking? **was verschafft mir die ~?** to what do I owe the honour of your visit? **es ist mir e-e ~, ...** it is an honour for me ...; **Ihr Wissen in allen ~, aber ...** with all due deference to your knowledge, but ...; **mit militärischen ~n** with full military honours.

eh·ren *tr* honour; ▶ **Ihre Einstellung zu dieser Frage ehrt Sie** your attitude towards this question does you credit; **ich fühle mich durch Ihren Besuch geehrt** I am honoured by your visit.

Eh·ren·amt *n* honorary office (*od* post); **eh·ren·amt·lich I** *adj* honorary; **II** *adv* in an honorary capacity; **Eh·ren·bür·ger(in)** *m (f)* honorary citizen (*od* freeman); **Eh·ren·dok·tor** *m* honorary doctor; **Eh·ren·gast** *m* guest of honour; **eh·ren·haft** *adj* honourable; **eh·ren·hal·ber** *adv* ▶ **Doktor ~** (*Abk.* Dr.

e.h. *od* h.c.) honorary doctor; **Eh·ren·mal** ‹-(e)s, ¨-er/(-e)› *n* cenotaph; **Eh·ren·mann** ‹-s, ¨-er› *m* man of honour; **Eh·ren·mit·glied** *n* honorary member; **Eh·ren·platz** *m* **1.** place of honour; **2.** *fig (hervorgehobener Platz)* special place; **Eh·ren·rech·te** *pl jur:* ▶ **Verlust der bürgerlichen** ~ loss of civil rights; **Eh·ren·sa·che** *f* point fo honour; **Eh·ren·tor (Eh·ren·tref·fer)** *n (m) sport* consolation goal; **eh·ren·voll** *adj,* **eh·ren·wert** *adj* honourable.

Eh·ren·wort ‹-(e)s, -e› *n* word of honour; ▶ **ich gebe mein** ~ I promise on my honour; **sein** ~ **brechen (halten)** break (keep) one's word; **du hast mir dein** ~ **gegeben, nichts zu erzählen** I've put you on your honour not to tell; **jdm Urlaub auf** ~ **gewähren** let s.o. out on parole; **~? (~!)** *fam* cross your heart? (cross my heart!).

ehr·er·bie·tig *adj (respektvoll)* respectful; *(rücksichtsvoll)* deferential.

Ehr·er·bie·tung *f (Respekt)* respect; *(Achtung)* deference; **Ehr·furcht** *f (Respekt)* deep respect (*vor* for); *(Scheu)* awe; ▶ **vor jdm (etw)** ~ **haben** respect s.o. (s.th.); **jdm** ~ **einflößen** strike s.o. with awe; **ehr·fürch·tig** *adj,* **ehr·furchts·voll** *adj* reverent; **Ehr·ge·fühl** *n* sense of honour.

Ehr·geiz *m* ambition; **ehr·gei·zig** *adj* ambitious.

ehr·lich *adj* honest; *(aufrichtig)* sincere; ▶ **ob er es wohl** ~ **mit uns meint?** I wonder if he is being honest with us; ~ **gesagt ...** frankly speaking ...; **~!** honestly! really! **er hat ~e Absichten** *(aufrichtige)* his intentions are sincere; *(ehrbare)* his intentions are honourable; ~ **währt am längsten** *prov* honesty is the best policy; **Ehr·lich·keit** *f* honesty; *(Aufrichtigkeit)* sincerity.

ehr·los *adj* dishonourable; **Ehr·lo·sig·keit** *f* dishonourableness.

Eh·rung *f* honour (*jds* bestowed (up)on s.o.).

Ehr·wür·den *f (Titel)* Reverend (*Abk* Rev.)

ehr·wür·dig *adj* venerable.

Ei [aɪ] ‹-(e)s, -er› *n* **1.** *(Hühner~ etc)* egg; **2.** *sl:* **~er** *pl Br (Pfund)* quid *sing, Am (Dollar)* bucks *pl, (DM)* marks *pl;* **3.** *vulg:* **~er** *pl (Hoden)* balls; ▶ **~er von freilaufenden Hennen** free-range eggs; **das** ~ **des Kolumbus** just the thing; **einander wie ein** ~ **dem andern gleichen** be as alike as two peas in a pod; **nicht gerade das Gelbe vom** ~ **sein** *fig* be not quite the thing; **das sind doch alles ungelegte ~er!** *fig fam* we can't cross those bridges before we come to them! **jdn wie ein rohes** ~ **behandeln** *fig* handle s.o. with kid gloves; **wie aus dem** ~ **gepellt aussehen** *fig fam* look smart; **das macht zusammen 20 ~er** *sl (Br Pfund, Am Dollar, DM)* altogether that's 20 quid, bucks, marks.

Ei·be ['aɪbə] ‹-, -n› *f bot* yew.

Eich·amt ['aɪç-] *n Br* Weights and Measures Office, *Am* gaging-office.

Ei·che ['aɪçə] ‹-, -n› *f* oak.

Ei·chel ['aɪçəl] ‹-, -n› *f* **1.** *bot* acorn; **2.** *anat* glans; **Ei·chel·hä·her** ['aɪçəlhɛ:ɐ] ‹-s, -› *m orn* jay.

ei·chen ['aɪçən] *tr* calibrate.

Ei·chen·holz *n* oak; **Ei·chen·wald** *m* oakwood.

Eich·hörn·chen *n zoo* squirrel.

Eich·maß *n* standard; **Ei·chung** *f* standardization.

Eid [aɪt] ‹-(e)s, -e› *m* oath; ▶ **e-n** ~ **leisten** (*od* **schwören)** take (*od* swear) an oath (*auf* on); **ich kann e-n** ~ **darauf ablegen** I can swear to it; **unter** ~ **aussagen** give evidence under oath; **an ~es Statt** *jur* in lieu of oath; **eid·brü·chig** *adj jur:* ~ **werden** break one's oath.

Ei·dech·se ['aɪdɛksə] ‹-, -n› *f zoo* lizard.

Ei·des·for·mel *f* wording of the oath; ▶ **sprechen Sie mir die** ~ **nach ...!** repeat the oath ...!

ei·des·statt·lich *adj:* ▶ **e-e ~e Erklärung abgeben** make a solemn declaration; **hiermit erkläre ich ~, daß ...** herewith I affirm that ...

Eid·ge·nos·sen·schaft *f:* ▶ **Schweizerische** ~ Swiss Confederation.

eid·lich I *adj* given under oath, sworn; **II** *adv* under (*od* on oath).

Ei·er·be·cher *m* eggcup; **Ei·er·ku·chen** *m (Pfannkuchen)* pancake.

ei·ern *itr fam (Rad)* wobble.

Ei·er·scha·le *f* eggshell; **Ei·er·stock** *m anat* ovary; **Ei·er·teig·wa·ren** *pl* pasta.

Ei·fer ['aɪfɐ] ‹-s› *m* **1.** *(Eifrigkeit)* eagerness, zeal; **2.** *(Begeisterung)* enthusiasm; ▶ **blinder** ~ **schadet nur** more haste less speed; **er ist mit großem** ~ **bei der Sache** he's really put his heart into it; **im** ~ **des Gefechtes** *fig* in the heat of the moment; **Ei·fe·rer** ['aɪfərɐ] *m rel* zealot; **ei·fern** ['aɪfɐn] *itr:* ▶ **nach etw** ~ strive for s.th.; **Ei·fer·sucht** *f* jealousy (*auf* of); ▶ **aus** ~ out of jealousy; **vor lauter** ~ for pure jealousy; **ei·fer·süch·tig** *adj* jealous (*auf* of).

ei·för·mig *adj* egg-shaped, oval.

eif·rig ['aɪfrɪç] *adj* **1.** eager, zealous; **2.** *(begeistert)* enthusiastic.

Ei·gelb *n* egg yolk.

ei·gen ['aɪgən] *adj* **1.** *(zu etw od jdm gehörend)* own; **2.** *(selbständig, abgetrennt)* separate; **3.** *(~tümlich)* peculiar, strange; **4.** *(pingelig)* fussy, particular; **5.** *(typisch)* typical (*jdm* of s.o.); ▶ **ein ~es Haus haben** have a house of one's own; **ich habe es mir zu** ~ **gemacht, ...**

(angewöhnt) I've made it a habit to ...; **sich e-e Idee zu ~ machen** adopt an idea; **in ~er Sache** on one's own account; **meine Wohnung hat e-n ~en Eingang** my flat has a separate entrance; **er hat e-e ganz ~e Art zu malen** he has quite a peculiar way of painting; **er ist sehr ~ in bezug auf s-e Kleidung** he is very particular about his clothes.

Ei·gen·art *f* **1.** *(Besonderheit)* peculiarity; **2.** *(Individualität)* individuality; **3.** *(charakterische Eigenschaft)* characteristic; **ei·gen·ar·tig** *adj* peculiar; *(sonderbar)* odd, strange.

Ei·gen·be·darf *m (e-s Menschen)* (one's own) personal use; *(des Staates)* domestic requirements *pl;* **ei·gen·ge·setz·lich** *adj* autonomous; **Ei·gen·ge·wicht** *n tech* dead weight; *(Leergewicht e-s LKWs etc)* unladen weight; *com* net weight; **ei·gen·hän·dig** *adj* **1.** *(mit eigener Hand)* in (*od* with *od* under) one's own hand; **2.** *(persönlich, selbst)* personal; ► **~e Unterschrift** one's own signature; **e-e Arbeit ~ erledigen** do a job personally (*od* o.s.); **Ei·gen·heim** *n* house of one's own; **Ei·gen·lie·be** *f* self-love; **Ei·gen·lob** *m* self-praise; ► **Eigenlob stinkt** self-praise no honour.

ei·gen·mäch·tig I *adj* **1.** *(in Eigenverantwortung)* done on one's own authority; **2.** *(unbefugt)* unauthorized; **3.** *(selbstherrlich)* high-handed; **II** *adv* **1.** on one's own authority; **2.** without any authorization; **3.** high-handedly.

Ei·gen·mit·tel *pl fin* one's own resources.; **Ei·gen·na·me** *m* proper name; **Ei·gen·nutz** *m* self-interest; **ei·gen·nüt·zig** *adj* selfish.

Ei·gen·schaft *f* *(Attribut)* quality; *(Merkmal)* characteristic; *phys chem* property; *(Funktion)* capacity; ► **in seiner ~ als ...** in his capacity as (*od* of) ...; **Ei·gen·schafts·wort** ⟨-(e)s, ⸚er⟩ *n gram* adjective; **Ei·gen·sinn** ⟨-s⟩ *m* obstinacy, stubbornness; **ei·gen·sin·nig** *adj* obstinate, stubborn.

ei·gent·lich I *adj* **1.** *(wirklich, tatsächlich)* actual, real, true; **2.** *(ursprünglich)* original; ► **im ~en Sinne des Wortes** what this word really means is ...; **II** *adv* **1.** *(tatsächlich)* actually, really; **2.** *(überhaupt)* anyway; ► **~ sollten Sie das nicht tun** you shouldn't really do that; **ich bin ~ nur gekommen, um zu ...** actually I've only come to ...; **was wollen Sie ~?** what do you want anyway?

Ei·gen·tor *n sport* own goal.

Ei·gen·tum *n* property; ownership; **Ei·gen·tü·mer(in)** *m (f)* owner, proprietor (proprietress).

ei·gen·tüm·lich *adj* **1.** *(typisch)* characteristic, typical (*jdm, e-r Sache* of s.o., of s.th.); **2.** *(sonderbar)* odd, peculiar, strange; **Ei·gen·tüm·lich·keit** *f* **1.** *(Eigenheit)* peculiarity; **2.** *(charakteristisches Merkmal)* characteristic.

Ei·gen·tums·vor·be·halt *m jur* reservation of proprietary rights; **Ei·gen·tums·woh·nung** *f* owner-occupied flat.

ei·gen·wil·lig *adj* **1.** *(eigensinnig)* self-willed; **2.** *(e-e eigene Meinung etc habend)* with a mind of one's own; **3.** *(unkonventionell)* unconventional.

eig·nen ['aɪgnən] *refl* be suitable (*zu, für* for, *als* as).

Eig·nung *f (Brauchbarkeit)* suitability; *(Qualifikation, Befähigung)* aptitude.

Eil·bo·te *m* special (*od* express) messenger; ► **e-n Brief per ~n schicken** send a letter express.

Eil·brief *m Br* express letter, *Am* special-delivery letter.

Ei·le ⟨-⟩ *f* hurry; ► **ich bin in ~** I am in a hurry; **das hat keine ~** there is no hurry about it; **nur keine ~!** don't rush! ► **in aller ~** hurriedly.

Ei·lei·ter *m anat* oviduct.

ei·len ['aɪlən] *itr* **1.** ⟨sein⟩ *(hasten)* hurry, rush; **2.** ⟨h⟩ *(dringlich sein)* be urgent; ► **jdm zu Hilfe ~** rush to help s.o.; **die Sache eilt** the matter is urgent; **eilt!** *(auf Briefen etc)* urgent!

Eil·gut *n* express freight.

ei·lig ['aɪlɪç] *adj* **1.** *(rasch, hastig)* hasty, hurried; **2.** *(dringend)* urgent; ► **es ~ haben** be in a hurry; **die Sache ist sehr ~** the matter is very urgent.

Eil·zug *m rail* fast stopping train.

Eil·zu·stel·lung *f* express delivery; *(Post)* special delivery.

Ei·mer ['aɪmɐ] ⟨-s, -⟩ *m* bucket, pail; ► **im ~ sein** *fig sl* be done for.

ein[1] [aɪn] *adv* **1.** *(auf Elektrogeräten):* ► **e~/aus** on/off; **2.** ► **~ u. aus gehen** come and go; **er geht hier praktisch ~ u. aus** he is almost always round here; **er wußte nicht mehr ~ noch aus** he was at his wits' end.

ein[2] **I** *num* one; ► **~ gewisser Herr ...** a certain Mr ...; **das ist ~ und dasselbe** it is one and the same thing; **das wirst du ~es Tages bereuen!** you'll regret it one day! **II** *prn* (*od* einer, eines) one; ► **du bist mir ~e(r)!** *fam* you're a one! **~er nach dem anderen** one after the other; **sieh mal ~er an!** *fam* how can one be expected to know that! **das muß ~em doch gesagt werden!** *fam* how can one be expected to know that! **kannst du ~en denn nie in Ruhe lassen?** *fam* why can't you ever leave me alone? **~es sage ich Ihnen ...** I'll tell you one thing ...; **das ist mir alles ~s** *fam* it's all the same to me; **sich ~en genehmigen** *fam* have one on the sly; **jdm ~e runterhau-**

en *fam* give s.o. a clout (round the ears); **III** *(Artikel)* a; *(vor Vokal)* an; ▶ **das ist (vielleicht) ~ Bier!** that's some beer! **ich hatte aber auch ~en Hunger!** was I hungry!

Ein·ak·ter ⟨-s, -⟩ ['aɪnaktɐ] *m theat* one-act play.

ein·an·der [aɪ'nandɐ] *prn* each other, one another.

ein|ar·bei·ten I *tr* **1.** *(anlernen)* train; **2.** *(integrieren, einbauen)* work in (*in* to); **II** *refl* get used to the work.

Ein·ar·bei·tungs·zeit *f* training period.

ein·ar·mig *adj* one-armed.

ein|äschern ['aɪnɛʃərn] *tr* **1.** *(Häuser, Städte etc)* burn to ashes; **2.** *(Leichen)* cremate.

ein|at·men *tr itr* breathe in.

ein·äu·gig ['aɪnɔɪgɪç] *adj* one-eyed.

Ein·bahn·stra·ße *f* one-way street.

ein|bal·sa·mie·ren *tr* embalm.

Ein·band ⟨-(e)s, ⸚e⟩ *m (Buchdecke)* book cover, case.

ein·bän·dig ['aɪnbɛndɪç] *adj* in one volume; *(nur attr)* one-volume.

Ein·bau ['aɪnbaʊ] *m tech* installation.

ein|bau·en *tr* **1.** *(installieren)* install; **2.** *fig (Zitat etc)* work in (*in* to).

Ein·bau·kü·che *f* fitted kitchen.

Ein·baum *m (Boot)* dug-out.

Ein·bau·mö·bel *n pl* built-in furniture; **Ein·bau·schrank** *m* built-in cupboard.

ein|be·hal·ten *irr tr* keep back; *(Lohn)* stop.

ein|be·ru·fen *irr tr* **1.** *(Versammlung)* convene; *parl* summon; **2.** *mil Br* call up, *Am* draft.

Ein·be·ru·fung *f* **1.** *(e-r Versammlung)* convention; *parl* summoning; **2.** *mil Br* conscription, *Am* draft call.

ein|bet·ten *tr* embed.

ein|beu·len *tr (bes. mot)* dent in.

ein|bie·gen *irr* **I** *tr* ⟨h⟩ *(verbiegen)* bend in; **II** *itr* ⟨sein⟩ turn off (*in* into, *(nach) links od rechts* to the left *od* right).

ein|bil·den *refl* **1.** *(phantasieren)* imagine; **2.** *(eingebildet, stolz sein)* be conceited (*od* vain); ▶ **sich viel auf etw ~** be conceited about s.th.; **bilden Sie sich nur nicht ein, daß ...!** don't imagine that ...! **das bildest du dir alles nur ein!** you're just imagining things! **ich bilde mir nicht ein, ein großer Künstler zu sein** I'm not pretending to be a great artist; **er bildet sich wunder was ein** he thinks he's too wonderful for words; **darauf kannst du dir nicht gerade etw ~** that's nothing to be proud of.

Ein·bil·dung *f* **1.** *(Phantasie, Vorstellung)* imagination; **2.** *(Illusion)* illusion; **3.** *(Dünkel)* conceit; **Ein·bil·dungs·kraft** *f (n)* (powers *pl* of) imagination.

ein·bin·den *irr tr* **1.** *(Buch)* bind; **2.** *fig (Person)* integrate.

Ein·bin·dung *f fig* integration.

ein|blen·den *tr film radio TV (Werbespots etc)* slot in.

ein|bleu·en *tr fam:* ▶ **jdm etw ~** thump s.th. into s.o.

Ein·blick *m* **1.** *(Einsicht in etw hinein)* view (*in* of); **2.** *fig (Kenntnis)* insight (*in* into).

ein|bre·chen[1] *irr* **I** *itr* ⟨sein⟩ **1.** *(zusammenfallen)* fall in; **2.** *fig (einsetzen: Nacht)* fall; **3.** ▶ **auf dem Eis ~** fall through the ice; **II** *tr* ⟨h⟩ **1.** *(Mauer, Tür etc)* break down; **2.** *(Eis)* break through.

ein|bre·chen[2] *irr itr* **1.** ⟨h *u.* sein⟩ *(Einbruch begehen)* break in, burgle, *Am* burglarize; **2.** *mil* ⟨sein⟩ *(in feindliches Terrain)* invade (*in etw* s.th.); ▶ **in dem Gebäude (bei mir) wurde eingebrochen** thieves broke into the place (my home), the place (I) was burgled.

Ein·bre·cher(in) *m (f)* burglar.

ein|bren·nen *irr* **I** *tr (Brandzeichen)* brand; **II** *refl fig (sich einprägen)* engrave itself (*in* on).

ein|brin·gen *irr* **I** *tr* **1.** *parl (Antrag)* introduce; *(Gesetzentwurf)* bring in; **2.** *(Ernte)* gather in; **3.** *fin (Ertrag, Zinsen)* earn (*jdm etw* s.o. s.th.); *(Nutzen, Geld)* bring in (*jdm etw* s.th. to s.o.) yield; **4.** *(hin~, mitbringen)* bring in (*in* -to), contribute; *(integrieren)* integrate; **II** *refl* commit o.s.; ▶ **das bringt nichts ein** *fig* it's not worth it.

ein|brocken (k·k) *tr* **1.** *(Brot etc)* crumble (*in* into); **2.** *fig fam:* ▶ **sich (jdm) etw ~** land o.s. (s.o.) in the soup; **da hast du mir aber was Schönes eingebrockt!** see what you've let me in for now!

Ein·bruch[1] *m* **1.** *(Einsturz)* collapse; **2.** *(von Wasser etc)* penetration; **3.** *fig (von Nacht)* fall; *(von Winter)* onset; ▶ **bei ~ der Dunkelheit** (*od* **Dämmerung**) at dusk; **bei ~ der Nacht** at nightfall.

Ein·bruch[2] *m* **1.** *(~sdiebstahl)* burglary (*in* in); **2.** *mil (in Front)* breakthrough (*in* of); *(Invasion)* invasion (*in* of).

Ein·bruchs·dieb·stahl *m jur* burglary.

ein|buch·ten *tr sl (einsperren)* put behind bars.

ein|bür·gern I *tr (a. fig: Wort, Sitte etc)* naturalize; **II** *refl a. fig* become naturalized.

Ein·bu·ße *f* loss (*an* to).

ein|bü·ßen *tr* **1.** *(verlieren)* lose; **2.** *(verwirken)* forfeit.

ein|checken (k·k) *tr aero* check in.

ein|däm·men *tr* **1.** *(Fluß etc)* dam; **2.** *fig (hemmen)* check; *(in Grenzen halten, vor allem pol)* contain; **Ein·däm·mungs·po·li·tik** *f pol* policy of containment.

ein|damp·fen *tr* evaporate.

ein|decken (k·k) I *tr fam (überhäufen)* inundate; **II** *refl* **1.** *(Vorräte schaffen)*

stock up (*mit* on).
ein·deu·tig *adj* **1.** *(nicht mehrdeutig)* unambiguous; **2.** *(klar)* clear.
ein|dicken (k·k) *tr* thicken.
ein|drin·gen ⟨sein⟩ *irr itr* **1.** penetrate (*in etw* into s.th.); **2.** ► **auf jdn ~** *(bestürmen)* go for s.o. (*mit* with); **in ein Land ~** invade (*od* penetrate into) a country; **entschuldigen Sie, wenn wir hier so ~, wir wollten nur ...** forgive the intrusion, we only wanted to ...
Ein·dring·ling *m* intruder.
Ein·druck ⟨-(e)s, ⸚e⟩ *m* impression; ► **sie hat großen ~ auf mich gemacht** she made a great impression on me; **die Worte des Präsidenten haben großen ~ auf die Bevölkerung hinterlassen** the President's words made quite a strong impression on the population; **den ~ haben, daß ...** be under the impression that ...; **du willst wohl unbedingt ~ schinden!** *fam* you must be hell-bent on impressing!
ein|drücken (k·k) I *tr (zus.-drücken)* crush; *(flach machen)* flatten; **II** *refl* leave an impression.
ein·drucks·voll *adj* impressive.
ein|eb·nen *tr a. fig.* level.
ein·ei·ig *adj (Zwillinge)* identical.
Ein·el·tern·fa·mi·lie *f* single-parent familiy.
ein|en·gen *tr a. fig* constrict; ► **jdn in s-r Freiheit ~** constrict someone's freedom.
Ei·ner ⟨-s, -⟩ *m* **1.** *(Boot)* single scull; **2.** *math* unit; ► **Deutscher Meister im ~** *(Rudersport)* German champion in the single sculls; **Zehner u. ~** *pl* tens and units *pl.*
Ei·ner·lei ['aɪnɐ'laɪ] ⟨-s⟩ *n* sameness, monotony; **ei·ner·lei** *adj* **1.** *(der-, die-, dasselbe)* (one and) the same; **2.** *(gleichgültig)* all the same; ► **es ist mir alles ~** it is all one (*od* the same) to me; **~, was (wer) ...** no matter what (who) ...; **ei·ner·seits** *adv* on the one hand.
ein·fach ['aɪnfax] **I** *adj* **1.** *allg* simple; *(schlicht)* plain; **2.** *(nicht doppelt)* simple; *(Fahrt, Fahrkarte)* single; **3.** *(leicht)* easy; ► **~e Fahrkarte** single (*od* one-way) ticket; **einmal ~, bitte!** *(in Bus, Bahn etc)* one single, please! **~e Kost** plain fare; **II** *adv (geradezu)* simply; ► **~ unerträglich** simply intolerable; **so etw tut man ~ nicht** that simply isn't done.
Ein·fach·heit *f* simplicity, plainness.
ein|fä·deln ['aɪnfɛ:dəln] **I** *tr* **1.** thread (*in* through); **2.** *fig fam (Komplott, Intrige)* set up; **II** *refl mot:* ► **sich in den laufenden Verkehr ~** filter into the stream of traffic.
ein|fah·ren *irr* **I** *tr* ⟨h⟩ **1.** *mot (ein Auto) Br* run in, *Am* break in; **2.** *aero (Fahrgestell)* retract; **3.** *(Ernte, Gewinne)* bring in; *(Verluste)* make; **4.** *(Tor, Zaun, Wand etc)* knock down; **II** *itr* ⟨sein⟩ *(Zug)* come in (*auf, in* at, into).
Ein·fahrt *f* **1.** *(Eingang)* entrance; **2.** *(das Einfahren)* entry (*in* to); *min (in den Schacht)* descent; ► **keine ~!** no entrance! **bitte zurücktreten, der Zug hat ~!** please stand well back, the train is arriving!
Ein·fall *m* **1.** *(plötzlicher Gedanke)* (sudden) idea; **2.** *mil* invasion (*in* of); **3.** *phys (von Licht)* incidence; ► **das brachte mich auf den ~, ihn zu fragen, ...** that gave me the idea of asking him ...; **auf den ~ kommen, etw zu tun** get the idea of doing s.th.; **ach, es war nur so ein ~** oh, it was just an idea.
ein|fal·len ⟨sein⟩ *irr itr* **1.** *(einstürzen)* collapse; **2.** *phys (Strahlen etc)* be incident; **3.** *(Licht)* come in (*in* -to); **4.** *mil (eindringen)* invade (*in ein Land* a country); **5.** *(Wangen, Augen etc)* become sunken; **6.** *(in den Sinn kommen)* occur (*jdm* to s.o.); **7.** *(ins Gedächtnis kommen):* ► **jdm (wieder) ~** come (back) to s.o.; **was fällt Ihnen ein?** what's the idea? what are you thinking of? **mir fällt einfach nichts ein** I just can't think of anything; **da fällt mir eben ein, ...** by the way, it just occurred to me ...; **dabei fällt mir ein, wie ich ...** that reminds me of how I ...
ein·falls·los *adj* unimaginative.
Ein·falls·win·kel *m phys* angle of incidence.
Ein·falt ['aɪnfalt] ⟨-⟩ *f* **1.** *(Naivität)* simplicity; **2.** *(Dummheit)* simple-mindedness; **ein·fäl·tig** ['aɪnfɛltɪç] *adj* **1.** *(naiv)* simple; **2.** *(dumm)* simple-minded; **Ein·falts·pin·sel** *m fam* simpleton.
Ein·fa·mi·lien·haus *n* detached house.
ein|fan·gen *irr tr a. fig* catch.
ein·far·big *adj* of one colour; *(Stoff)* self-coloured; *typ* monochrome.
ein|fas·sen *tr* **1.** *(umsäumen)* edge; *(Knopfloch, Naht etc)* trim; **2.** *(Edelstein)* set (*mit* in); **Ein·fas·sung** *f* **1.** *(Umsäumung)* edging; *(von Knopfloch, Naht etc)* trimming; **2.** *(von Edelsteinen)* setting.
ein|fet·ten *tr* grease.
ein|fin·den *irr refl* **1.** *(kommen)* come; **2.** *(eintreffen)* arrive.
ein|flö·ßen *tr:* ► **jdm etw ~** *(eingeben)* give s.o. s.th.; *fig* instil s.th. into s.o.
Ein·flug·schnei·se *f aero* air corridor, approach line.
Ein·fluß *m fig* influence (*auf* over, on); ► **darauf haben Sie keinen ~** you can't influence that; **~ auf jdn haben (ausüben)** have (exert) an influence on s.o.; **Ein·fluß·be·reich** *m* sphere of influence; **Ein·fluß·nah·me** *f* influencing control; **ein·fluß·reich** *adj* influential.

ein·för·mig ['aɪnfœrmɪç] *adj* **1.** *(uniform)* uniform; **2.** *(eintönig)* monotonous; **Ein·för·mig·keit** *f* **1.** *(Gleichförmigkeit)* uniformity; **2.** *(Eintönigkeit)* monotony.

ein|frie·den ['aɪnfri:dən] *tr* enclose.

Ein·frie·dung *f* enclosure.

ein|frie·ren *irr* **I** *itr* ‹sein› *(zufrieren)* freeze (up); **II** *tr* ‹h› **1.** *(Lebensmittel, a. fig com fin: Löhne, Guthaben)* freeze; **2.** *fig pol (Beziehungen)* suspend.

ein|fü·gen I *tr* **1.** *(einpassen)* fit (*in* into); **2.** *(nachträglich hinzufügen)* insert (*in* in); **II** *refl* **1.** *(passen)* fit in (*in* -to); **2.** *(sich anpassen)* adapt (*in* to).

ein|füh·len *refl* empathise (*in* with).

Ein·füh·lungs·ver·mö·gen *n* empathy.

Ein·fuhr ['aɪnfu:ɐ] ‹-, -en› *f com* import; **Ein·fuhr·be·stim·mun·gen** *f pl com* import regulations.

ein|füh·ren I *tr* **1.** *com (importieren)* import; **2.** *(markt: neue Produkte)* introduce (*in* to); *(neue Mode, Trend)* set; **3.** *(hineinstecken)* insert (*in* into); ▶ **einige ~de Worte** some words of introduction; **II** *refl (sich vorstellen)* introduce o.s.

Ein·fuhr·sper·re *f com* ban on imports; ▶ **e-e ~ für Autos** a ban on the import of cars.

Ein·füh·rung *f* **1.** *((Neu-)Vorstellung, Einleitung)* introduction (*in* to); **2.** *(Amts~)* installation; **Ein·füh·rungs·kam·pa·gne** *f markt* introductory (*od* launching) campaign; **Ein·füh·rungs·ko·sten** *pl* introduction cost *sing;* **Ein·füh·rungs·preis** *m* introductory price.

Ein·fuhr·zoll *m* import duty.

ein|fül·len *tr* pour in; ▶ **etw in Flaschen (Fässer, Säcke) ~** bottle (barrel, sack) s.th.

Ein·ga·be *f* **1.** *(Gesuch)* petition (*an* to); **2.** *EDV (Daten~)* input; **Ein·ga·be·da·ten** *pl EDV* input data; **Ein·ga·be·ge·rät** *m EDV* input device; **Ein·ga·be·ta·ste** *f* return (*od* enter) key.

Ein·gang *m* **1.** *(Tür, Tor etc)* entrance (*in* to); **2.** *(Zutritt, a. fig)* entry (*in* into, *zu* to); **3.** *com (Erhalt)* receipt; *(von Waren)* delivery; ▶ **kein ~** keep out! no entrance! **nach ~** *com* on receipt; **gleich beim ~ sind die Waren zu prüfen** *com* the goods must be checked on delivery.

ein|ge·ben *irr tr* **1.** *(verabreichen)* administer, give; **2.** *EDV (Daten)* enter, key in; **3.** *fig (Gedanken)* inspire (*jdm etw* s.o. with s.th.).

ein·ge·bil·det *adj* **1.** *(nicht wirklich)* imaginary; **2.** *(hochmütig)* conceited.

ein·ge·bo·ren *adj (einheimisch)* native.

Ein·ge·bo·re·ne(r) *f m* native.

Ein·ge·bung *f* inspiration; ▶ **göttliche ~** divine inspiration.

ein·ge·fah·ren *adj fig (abgegriffen, abgedroschen)* well-worn; ▶ **aus dem ~en Gleis herauskommen** *fig* get out of the rut.

ein·ge·fal·len *adj (Wangen, Augen)* sunken; *(Gesicht, Leib)* haggard.

ein·ge·fleischt ['aɪngəflaɪʃt] *adj* **1.** *(in Fleisch u. Blut übergegangen)* ingrained; **2.** *(unverbesserlich, echt)* dyed-in-the-wool; **3.** *(überzeugt)* confirmed; ▶ **~er Junggeselle** confirmed bachelor.

ein|ge·hen ‹sein› *irr* **I** *itr* **1.** *(schrumpfen, einlaufen)* shrink; **2.** *(sterben: von Pflanzen u. Tieren)* die (*an* of); *com fig fam (von Zeitungen, Betrieben)* fold up; **3.** *(verstanden werden):* ▶ **es will mir einfach nicht ~, warum ...** I just cannot understand why ...; **4.** ▶ **auf e-e Frage ~** *(behandeln)* go into a question; *(sich widmen)* give one's time and attention to a question; **5.** *(ankommen)* arrive; **6.** *fig (einfließen)* leave its mark (*in* on); *(angenommen werden)* be adopted (*in* in); **7.** *(zustimmen)* agree (*auf* to); ▶ **die ~de Post** the incoming mail; **diese Hitze ist zum E~** *fam* this heat is killing; **auf etw näher ~** go into the particulars of s.th.; **II** *tr:* ▶ **e-e Wette ~** make a bet; **ein Risiko ~** take a risk.

ein·ge·hend *adj* **1.** *(ausführlich)* detailed; **2.** *(gründlich)* thorough.

Ein·ge·mach·te ‹-n› *n (Marmelade)* preserves *pl; (in Essig)* pickles *pl.*

ein|ge·mein·den *tr* incorporate (*nach, in* into).

Ein·ge·mein·dung *f* incorporation.

ein·ge·nom·men *adj* **1.** ▶ **von sich (jdm, etw) ~ sein** fancy oneself (s.o., s.th.) *fam;* **2.** ▶ **für jdn (etw) ~ sein** be taken with s.o. (s.th.); **3.** ▶ **gegen jdn (etw) ~ sein** be biased against s.o. (s.th.).

ein·ge·schnappt *adj fig fam* cross, peeved.

ein·ge·schränkt *adj (eingeengt)* limited, restricted.

ein·ge·schrie·ben *adj (Brief, Mitglied etc)* registered.

ein·ge·stan·de·ner·ma·ßen *adv* admittedly.

Ein·ge·ständ·nis *n* admission, confession.

ein|ge·ste·hen *irr tr* admit, confess (*etw* to s.th.).

ein·ge·stellt *adj:* ▶ **auf etw ~ sein** be prepared for s.th.; **gegen jdn (etw) ~ sein** be set against s.o. (s.th.); **konservativ ~ sein** be a conservative; **sozial ~** socially minded (*od* oriented).

ein·ge·tra·gen *adj* registered.

Ein·ge·wei·de ['aɪngəvaɪdə] ‹-s, -› *n sing u. pl* bowels, entrails *pl.*

Ein·ge·weih·te(r) *f m* initiate.

ein|ge·wöh·nen *refl* settle down.

ein·glei·sig *adj* **1.** *rail* single-track; **2.**

fig: ► ~ **denken** have a one-track mind.

ein|glie·dern I *tr (Betriebsteile, Firma)* incorporate *(with, into); (Personen)* integrate (*in* into); **II** *refl* integrate o.s. (*in* into); **Ein·glie·de·rung** *f* incorporation, integration; ► ~ **Behinderter** integration of the disabled.

ein|gra·ben *irr* **I** *tr* dig in; **II** *refl mil a. fig* dig o.s. in.

ein|gra·vie·ren *tr* engrave.

ein|grei·fen *irr itr* **1.** *tech (von Maschinenteilen)* mesh (*in* with); **2.** *(intervenieren)* intervene; ► **in ein Gespräch** ~ intervene in a conversation; **in jds Rechte** ~ infringe (up)on someone's rights.

Ein·griff *m* **1.** *med* operation; **2.** *fig (Einmischung)* intervention; ► **ein** ~ **in jds Rechte (Privatsphäre)** an infringement of someone's rights (privacy).

ein·grup·pie·ren *tr* group (*in* in).

Ein·grup·pie·rung *f* classification, grouping.

ein|ha·ken I *tr* hook in (*in* -to); **II** *itr fam (etw aufgreifen, sich einmischen)* intervene; **III** *refl:* ► **er hakte sich bei mir ein** he put his arm through mine.

Ein·halt *m:* ► **e-r Sache** ~ **gebieten** put a stop to s.th.

ein|hal·ten *irr* **I** *tr (sich halten an, beachten)* keep; ► **e-e Frist** ~ meet a deadline; **e-n Termin** ~ keep a term; **den Kurs** ~ *mar aero* stay on course; **II** *itr* **1.** *(innehalten)* pause; **2.** *(aufhören)* stop; **Ein·hal·tung** *f (Beachtung)* keeping (of *od* to).

ein|häm·mern I *tr* **1.** *(Nagel etc)* hammer in (*in* -to); **2.** *fig:* ► **jdm etw** ~ hammer s.th. into s.o.; **II** *itr:* ► **auf etw** ~ hammer on s.th.; **auf jdn** ~ *fig* pound s.o.

ein|han·deln *tr* **1.** *com* trade (*gegen, für* for); **2.** *fig fam:* ► **sich etw** ~ get s.th.

ein·hei·misch *adj (Menschen, Tiere, Pflanzen)* native; *(lokal)* local.

ein|heim·sen ['aɪnhaɪmzən] *tr fam (Ruhm, Beifall)* walk off with.

Ein·heit ['aɪnhaɪt] *f* **1.** *(staatlich, national)* unity; *(Ganzes)* whole; **2.** *mil* unit.

ein·heit·lich *adj* **1.** *(standardisiert)* standard(ized); **2.** *(gleichförmig)* uniform; **3.** *(ein geschlossenes Ganzes bildend)* unified; ► ~ **gekleidet** dressed the same.

Ein·heits·ge·bühr *f* consolidated (*od* flat) rate; **Ein·heits·li·ste** *f pol* single list; **Ein·heits·preis** *m com* standard price (*od* rate); **Ein·heits·ta·rif** *m* standard tariff.

ein|hei·zen *itr* **1.** *(heizen)* put the heating on; **2.** *fig fam:* ► **jdm tüchtig** ~ *(ihm zusetzen)* make things hot for s.o.

ein·hel·lig ['aɪnhɛlɪç] *adj* unanimous.

ein|ho·len I *tr* **1.** *(Fahne, Segel)* lower; **2.** *mar (Netze, Boot etc)* haul in; **3.** *(erreichen)* catch up; **4.** *(gutmachen: Verlust)* make good; *(Zeit)* make up (for); **5.** *(einkaufen)* buy; ► **bei jdm Rat** ~ obtain someone's advice; **ärztlichen Rat** ~ take medical advice; **Versäumtes** ~ make up for lost time; **II** *itr* shop.

ein|hül·len *tr* wrap up.

ei·nig ['aɪnɪç] *adj* **1.** *(e-r Meinung)* in agreement, agreed (*in* on, *über* about); **2.** *(geeint)* united; ► **sich über etw** ~ **werden** agree on s.th.; **miteinander** ~ **werden** come to an agreement; **sie sind sich darüber** ~**, daß ...** they are agreed that ...

ei·ni·ge ['aɪnɪgə] *prn* some; ► **in** ~**r Entfernung** some distance away; **ich weiß** ~**s über sie** I know a thing or two about her; **das wird** ~**s kosten** that will cost s.th.; ~ **andere** *(mehrere)* several others; **in** ~**n Tagen** *(in wenigen Tagen)* in a few days.

ei·ni·gen I *tr* **1.** *(Nation)* unite; **2.** *(streitende Parteien)* reconcile; **II** *refl* agree, come to an agreement (*über* on, about).

ei·ni·ger·ma·ßen ['aɪnɪgɐ'ma:sən] **I** *adv* **1.** *(etwa)* to a certain extent; **2.** *(ziemlich)* somewhat; ► **wie gehen die Geschäfte? — na, so** ~ how's business? — well, so-so; **II** *adj fam (leidlich)* all right.

Ei·nig·keit *f* **1.** *(Eintracht)* unity; **2.** *(Übereinstimmung)* agreement (*in, über* on); ► ~ **macht stark** unity is strength.

Ei·ni·gung *f* **1.** *(Übereinstimmung)* agreement; **2.** *jur (Vergleich)* settlement; **3.** *pol* unification; ► **über e-e strittige Frage** ~ **erzielen** reach agreement on a controversial question; **Ei·ni·gungs·ver·such** *m (Schlichtungsversuch)* attempt at reconciliation.

ein|imp·fen *tr* **1.** *(impfen)* vaccinate (*jdm etw* s.o. with s.th.); **2.** *fig* instil (*jdm etw* s.th. into s.o.).

ein|ja·gen *tr:* ► **jdm Furcht** ~ frighten s.o.; **jdm e-n Schrecken** ~ give s.o. a fright.

ein·jäh·rig ['aɪnjɛ:rɪç] *adj* **1.** *(ein Jahr alt)* one-year-old; **2.** *bot (nicht perennierend)* annual; **3.** *(ein Jahr dauernd)* of one (*od* a) year.

ein|kal·ku·lie·ren *tr* take into account.

ein|kas·sie·ren *tr (Geld)* collect.

Ein·kauf *m* **1.** *(das Kaufen)* buying; **2.** *(das Gekaufte)* purchase; **3.** *com (*~*sabteilung)* buying (department); **ein|kau·fen I** *tr* buy; **II** *itr (privat)* shop; *com (durch Einkaufsabteilung)* buy, do the buying; **III** *refl com* buy o.s. (*in* into).

Ein·käu·fer(in) *m (f) com* buyer.

Ein·kaufs·bum·mel *m* shopping spree; ► **e-n** ~ **machen** go on a shopping spree; **Ein·kaufs·ge·nos·sen·schaft** *f* consumers' co-operative society; **Ein·kaufs·preis** *m com* wholesale price;

Ein·kaufs·wa·gen *m* shopping cart, trolley; **Ein·kaufs·zen·trum** *n* shopping *Br* centre (*Am* center).

Ein·kehr ['aɪnke:ɐ] ⟨-⟩ *f* **1.** *(Rast)* stop; **2.** *fig a. rel* contemplation; ► **in e-m Gasthof ~ halten** stop at an inn; **innere ~ halten** *fig* contemplate.

ein|keh·ren ⟨sein⟩ *itr* **1.** *(in Gasthof)* stop (off) (*in* at); **2.** *(Friede, Sorge, Ruhe etc)* come (*bei* to); ► **bei jdm ~** call on s.o.; **der Friede ist (bei uns) wieder eingekehrt** peace has returned (to us).

ein|kel·lern *tr* store in a cellar.

ein|klam·mern *tr (in Klammern setzen)* bracket, put in brackets.

Ein·klang *m* **1.** *(Harmonie)* harmony; **2.** *mus* unison; ► **in ~ bringen** bring into accord; **in ~ mit etw sein** (*od* **stehen**) be in accord with s.th.

ein|kle·ben *tr* stick in (*in* -to).

ein|klei·den *tr mil* fit out with a uniform; ► **jdn (sich) neu ~** buy s.o. (o.s.) new clothes.

ein|klem·men *tr (quetschen)* jam; ► **hinter dem Steuer eingeklemmt werden** be pinned behind the wheel.

ein|ko·chen I *tr (Gemüse etc)* preserve; *(Marmelade)* bottle; **II** *itr (Marmelade etc)* boil down.

Ein·kom·men ⟨-s, -⟩ *n* income; **Ein·kom·mens·ge·fäl·le** *n* income differential; **Ein·kom·men(s)·steu·er** *f* income tax; **Ein·kom·men(s)·steu·er·er·klä·rung** *f* income tax return.

ein|krei·sen *tr* **1.** *mil* encircle, surround; **2.** *fig (Fragen, Probleme)* isolate.

Ein·künf·te ['aɪnkʏnftə] *pl* income, revenue *sing.*

ein|la·den *irr tr* **1.** *(Waren)* load (*in* into); **2.** *(Gäste)* invite (*jdn zu etw* s.o. to s.th.); ► **darf ich Sie zu e-m** (*od* **auf ein) Bier ~?** may I invite you for a beer? **ich lade Sie ein** I'm treating you; **ein·la·dend** *adj* inviting; *(verlockend)* enticing. **Ein·la·dung** *f* invitation.

Ein·la·ge *f* **1.** *fin (Spar~)* deposit; *(Investition)* investment; **2.** *(Spiel~)* stake; **3.** *theat* interlude; **4.** *(Einlegesohle)* insole; *(orthopädische Schuh~)* support.

ein|la·gern *tr* store.

Ein·laß ['aɪnlas, *pl* 'aɪnlɛsə] ⟨-sses, ⸚sse⟩ *m (Zutritt)* admission.

ein|las·sen *irr* **I** *tr* **1.** *(her~)* let in; **2.** *(einsetzen, einfügen)* set in (*in* -to); ► **sich ein Bad ~** run o.s. a bath; **Wasser in die Badewanne ~** run water into the bath(tub); **II** *refl:* ► **sich auf etw ~** *(in etw verwickelt werden)* let o.s. in for s.th.; *(e-r Sache zustimmen)* agree to s.th.; **sich mit jdm ~** *(Umgang haben)* get mixed up with s.o.

Ein·lauf *m* **1.** *med* enema; **2.** *sport (Ziel~)* finish.

ein|lau·fen *irr* **I** *itr* ⟨sein⟩ **1.** *(einfahren etc)* come in (*in* -to); *(Wasser)* run in (*in* -to); **2.** *(Stoff)* shrink; ► **„läuft garantiert nicht ein"** *(bei der Wäsche)* guaranteed non-shrink; **II** *tr* ⟨h⟩ *(Schuhe)* wear in.

ein|le·ben *refl* settle down (*in* in, *an* at).

ein|le·gen *tr* **1.** *(Intarsien etc)* inlay; **2.** *(hin~, -tun)* put in (*in* -to); **3.** *(in Essig)* pickle; **4.** *fin (Geld)* deposit; ► **Widerspruch ~** (register a) protest; **sein Veto ~** use one's veto; **den ersten Gang ~** *mot* engage first (gear); **e-n Film ~** *phot* load a (*od* the *od* my *etc*) camera; **e-e Pause ~** have a pause; **e-e Sonderschicht ~** put on an extra shift; **ein gutes Wort für jdm ~** put in a good word for s.o.

Ein·le·ge·soh·le *f* insole.

ein|lei·ten *tr* **1.** *(beginnen)* start; *(eröffnen)* open; **2.** *(initiieren)* initiate; *(Schritte, Maßnahmen etc)* take; ► **ein Verfahren gegen jdn ~** *jur* take legal proceedings *pl* against s.o.; **s-e Wahl leitete e-e neue Ära ein** his election inaugurated a new era; **ein·lei·tend** *adj* introductory; **Ein·lei·tung** *f* **1.** *(e-s Buches)* introduction; *mus* prelude; **2.** *(das Ingangsetzen)* initiation.

ein|len·ken *itr fig* give way, yield; ► **„So war es nicht gemeint", lenkte er ein** 'It wasn't meant like that', he said, giving in.

ein|leuch·ten *itr* be clear (*jdm* to s.o.); ► **das leuchtet mir ein** I can see the point; **das will mir einfach nicht ~** I simply can't see that.

ein·leuch·tend *adj* clear, plausible.

ein|lie·fern *tr (bringen, abliefern)* deliver; ► **jdn ins Krankenhaus ~** admit s.o. to hospital; **jdn ins Gefängnis ~** commit s.o. to prison.

Ein·lie·fe·rung *f* delivery; ► **~ ins Krankenhaus** admission to hospital; **~ ins Gefängnis** committal to prison.

ein|lö·sen *tr* **1.** *(Pfand)* redeem; **2.** *com (Wechsel, Scheck)* cash (in); **3.** *(Verpflichtung)* discharge; *(Versprechen, Wort)* keep.

ein|ma·chen *tr (Gemüse, Obst)* preserve; *(in Gläser)* bottle; *(in Büchsen) Br* tin, *Am* can.

Ein·mach·glas *n* bottling jar.

ein·mal ['aɪnma:l] *adv* **1.** *(nicht zweimal)* once; **2.** *(ehemals)* once (upon a time); **3.** *(in Zukunft)* one day, some time; **4.** *(erstens)* first of all; ► **auf ~** *(zugleich)* at once; *(plötzlich)* all of a sudden; **noch ~** again, once more; *(ein letztes Mal)* one last time; **nicht ~** not even ..., not so much as ...; **wenn du sie ~ siehst** if you happen to see her; **das war ~!** that was then! **~ ist keinmal** once won't hurt; **warst du schon ~ in London?** have you ever been to London? **so liegen die Dinge nun ~** that's just the way things are.

Ein·mal·eins [aɪnma:lˈaɪns] ⟨-⟩ *n* (multiplication) tables *pl;* ▶ **das große (kleine)** ~ tables over (up to) ten; **das ~ aufsagen** say one's tables.

ein·ma·lig [ˈ---/-ˈ--] *adj* **1.** *(einzigartig)* unique; *fam* fantastic; **2.** *(nur einmal nötig)* single; ▶ **e-e ~e Gelegenheit** a unique chance; **~e Abfindung** lump-sum payment.

Ein·mann·be·trieb *m* one-man business; **Ein·mann·ka·pel·le** *f mus* one-man band.

Ein·marsch *m mil* invasion (*in* of).

ein|mar·schie·ren ⟨sein⟩ *itr* march in (*in* -to).

ein|men·gen *tr (hinzufügen, unterrühren)* mix in (*in* -to).

Ein·mi·schung *f* interference, meddling (*in* in).

ein·mo·to·rig [ˈaɪnmoto:rɪç] *adj aero* single-engine(d).

ein|mot·ten [ˈaɪnmɔtən] *tr* **1.** *(Kleidung)* put in mothballs; **2.** *fig* mothball.

ein|mum·men [ˈaɪnmʊmən] *tr refl fam* muffle up.

ein|mün·den ⟨sein⟩ *itr (Flüsse)* flow in (*in* -to); *(Straßen)* run in (*in* -to).

Ein·mün·dung *f (Flüsse)* confluence; *(Straßen)* junction; ▶ **die ~ der Mosel in den Rhein** the confluence of the Moselle and the Rhine.

ein·mü·tig [ˈaɪnmy:tɪç] *adj* unanimous.

Ein·mü·tig·keit *f* unanimity.

Ein·nah·me [ˈaɪnna:mə] *f* **1.** *mil* seizure; *(e-r Stadt od Stellung)* capture; **2.** *com* receipt; **3.** *com fin:* **~n** *pl (Einkommen)* income *sing; (Geschäfts~n)* takings *pl; (des Fiskus)* revenue *sing;* **Ein·nah·me·quel·le** *f* source of income (*od* revenue).

ein|neh·men *irr tr* **1.** *(zu sich nehmen, a. med)* take; **2.** *(verdienen)* earn; *(Steuern)* collect; *com* take; **3.** *(Platz, Posten, a. fig)* occupy; **4.** *mil (erobern)* take; ▶ **jdn für etw ~** win s.o. over to s.th.; **jdn für sich ~** win s.o. over; **jdn gegen sich (jdn, etw) ~** set s.o. against o.s. (s.o., s.th.); **ein·neh·mend** *adj* likeable; ▶ **ein ~es Wesen haben** *(gewinnend sein)* be a likeable character.

ein|nicken (k·k) ⟨sein⟩ *itr fam* drop (*od* nod *od* doze) off.

ein|ni·sten *refl* **1.** *(nisten)* nest; **2.** *fig* settle (*in* in, *bei jdm* at someone's place).

Ein·öde [ˈaɪnˀø:də] ⟨-, -n⟩ *f a. fig* wasteland.

ein|ölen *tr* oil.

ein|ord·nen I *tr* **1.** *(in e-e Ordnung bringen)* put in order; *(Karteikarten, Aktenordner)* file; **2.** *(klassifizieren)* classify; **II** *refl* **1.** *(sich ein- od anpassen)* fit in (*in* -to); **2.** *mot* get in lane; ▶ **sich rechts (links) ~** get into the right (left) lane.

ein|packen (k·k) I *tr* **1.** *(in Packpapier etc, a. fig fam: in warme Kleidung)* wrap up (*in* in); **2.** *(Koffer etc)* pack (*in* in); **3.** *(Päckchen, Paket)* pack up; **II** *itr* pack; ▶ **wenn er erst einmal loslegt, dann können wir alle ~** *fam* once he gets going we can all pack it all in.

ein|par·ken *tr itr mot* park (*zwischen zwei Autos* between two cars).

ein|pas·sen *tr tech* fit in (*in* -to).

ein·pen·deln *refl* even out.

ein|pfer·chen *tr* **1.** *(Tiere)* pen in (*in* -to); **2.** *fig* coop up (*in* in).

ein|pla·nen *tr (planen)* include in one's plans; *(von vornherein berücksichtigen)* allow for ...

ein|prä·gen I *tr* **1.** *(Muster etc)* impress, imprint; **2.** *fig* impress (*jdm etw* s.th. on s.o.); **3.** *fig:* ▶ **sich etw ~** *(merken)* memorize s.th.; **II** *refl* make an impression (*jdm* on s.o.).

ein·präg·sam [ˈaɪnprɛ:kza:m] *adj* easily remembered.

ein|pro·gram·mie·ren *tr EDV* feed in.

ein|quar·tie·ren [ˈaɪnkvarti:rən] **I** *tr* quarter (*bei* with, *mil* on); **II** *refl* be quartered (*bei* with, *mil* on).

Ein·rad *n* unicycle.

ein|rah·men *tr a. fig* frame.

ein|ram·men *tr* ram in (*in* -to).

ein·ra·sten *itr* engage.

ein|räu·men *tr* **1.** *(verstauen)* put away; **2.** *(leeren Schrank etc)* fill; **3.** *(zugeben)* admit, concede; **4.** *(zugestehen)* allow.

ein|rech·nen *tr* include; ▶ **die Kosten eingerechnet** including the costs.

ein|re·den I *tr:* ▶ **jdm (sich) etw ~** talk s.o. (o.s.) into believing s.th.; **II** *itr:* ▶ **auf jdn ~** keep on and on at s.o.

ein|rei·ben *irr tr* rub in; ▶ **sich (das Gesicht) mit etw ~** rub o.s. with s.th. (*od* rub s.th. into one's face).

ein|rei·chen *tr* **1.** *(Unterlagen)* submit (*bei* to); **2.** *(Pensionierung, Versetzung etc)* apply for ...; ▶ **e-e Klage gegen jdn ~** institute proceedings *pl* against s.o.

ein|rei·hen I *tr* **1.** *(klassifizieren)* classify; **2.** *(einordnen, -räumen, -fügen)* put in (*in* -to); **II** *refl* join (*in etw* s.th.).

Ein·rei·se *f* entry (*in* to); ▶ **bei der ~** on entry; **Ein·rei·se·be·stim·mun·gen** *f pl* entry regulations *pl;* **Ein·rei·se·be·wil·li·gung (-er·laub·nis, -ge·neh·mi·gung)** *f* entry permit.

ein|rei·sen ⟨sein⟩ *itr* enter the country; ▶ **nach England ~** enter England.

Ein·rei·se·ver·bot *n* refusal of entry; ▶ **~ haben** have been refused entry.

ein|rei·ßen *irr* **I** *tr* ⟨h⟩ *(Haus, Zaun etc)* pull (*od* tear) down; **II** *itr* ⟨sein⟩ **1.** *(Fingernagel, Papier etc)* tear; **2.** *fig fam (Mißstände)* catch on.

ein|ren·ken [ˈaɪnrɛŋkən] **I** *tr* **1.** *(Glieder, Gelenke)* set; **2.** *fig fam* sort out; **II** *refl* *fig fam* sort itself out.

ein|ren·nen *irr tr* **1.** *(Hindernisse)* batter down; **2.** *fig:* ▶ **offene Türen ~** kick at an open door *sing;* **3.** *fig fam:* ▶ **jdm die Bude ~** pester s.o.

ein|rich·ten I *tr* **1.** *(gründen)* establish; *(Bankkonto)* open; **2.** *tech (justieren)* set up; **3.** *(möblieren)* furnish; *(ausstatten)* fit out; **4.** *(arrangieren, a. mus)* arrange; *theat TV* adapt; ▶ **s-e Wohnung neu ~** refurnish one's flat; **können Sie es ~, mich um sechs (Uhr) zu treffen?** can you arrange to meet me at six (o'clock)? **II** *refl* **1.** *(sich niederlassen)* settle (down); **2.** *(sich vorbereiten)* prepare o.s. (*auf* for); **3.** *(s-e Wohnung möblieren)* furnish one's flat.

Ein·rich·tung *f* **1.** *(Gründung)* establishment; *(e-s Bankkontos)* opening; **2.** *tech* setting-up; **3.** *(das Möblieren)* furnishing; *(das Ausstatten)* fitting-out; **4.** *(Möbel)* furnishings *pl; (Ausstattung)* fittings *pl;* **5.** *mus (Bearbeitung)* arrangement; *theat TV* adaptation; **6.** *(Institution)* institution; *(staatlich, öffentlich: Verkehrsbetriebe, Bibliotheken etc)* facility; ▶ **kulturelle (öffentliche, soziale) ~en** cultural (public, social) facilities.

ein|rit·zen *tr* carve in (*in* -to).

ein|rol·len *tr refl* roll up.

ein|ro·sten ⟨sein⟩ *itr* **1.** *(Rost ansetzen)* rust up; **2.** *fig fam (Gelenke, Körper)* stiffen up.

ein|rücken (k·k) I *itr* ⟨sein⟩ *mil (einmarschieren)* march in (*in* -to); **II** *tr* ⟨h⟩ *typ (Zeile)* indent.

Eins [aɪns] ⟨-, -en⟩ *f* **1.** *(Ziffer)* one; **2.** *päd (Note „sehr gut")* A; **3.** *(beim Würfeln)* one; ▶ **e-e ~ schreiben (würfeln)** get an A (throw a one).

eins [aɪns] *num* one; ▶ **~ a** *fam (erstklassig)* A 1; **es läuft ja doch alles auf ~ hinaus** *(auf dasselbe)* it always comes to the same thing anyway; **(es steht) ~ zu ~ (zwei** *etc*) *sport* (the score is) one all (one-two *etc*).

ein|sacken[1] **(k·k)** ⟨h⟩ *tr* **1.** *(in Säcke packen)* sack; **2.** *fig fam (kassieren)* rake in.

ein|sacken[2] **(k·k)** ⟨sein⟩ *itr (versinken)* sink.

ein|sal·zen *irr tr* salt.

ein·sam ['aɪnza:m] *adj* **1.** *(Mensch)* lonely; *(einzeln)* solitary; **2.** *(abgelegen)* secluded; *(Strand etc: leer)* empty; ▶ **~e Spitze** *fam* absolutely great.

Ein·sam·keit *f* **1.** *(von Mensch)* loneliness, solitariness; *(das Alleinsein)* solitude; **2.** *(von Ort)* emptiness, seclusion.

ein|sam·meln *tr (Ernte)* gather (in); *(Geld)* collect (in).

Ein·satz *m* **1.** *(eingesetztes Stück, Teil)* inset; *(Schubfach, Koffer~)* tray; **2.** *(Spiel~)* stake; *com fin (Kapital~)* investment; **3.** *mil (Aktion)* action; **4.** *(Gebrauch, Anwendung)* use; *(von Arbeitskräften)* employment; **5.** *(Engagement)* commitment (*für etw* to s.th.); **6.** *mus* entry; *theat* entrance; ▶ **s-n ~ wieder herausbekommen** recover one's stake; **s-n ~ verpassen** *mus* miss one's entrance; **dem Orchester (den Streichern** *etc*) **den ~ geben** bring in the orchestra (the strings *etc*); **zum ~ kommen** *(verwendet werden)* be put to use; *(von Personal)* be employed; *mil (von Truppen)* go into action; **unter ~ aller Kräfte** *(mit größtem Kraftaufwand)* by summoning up all one's strength; **im ~** in action; **unter ~ ihres Lebens** at the risk of her life; **ein·satz·be·reit** *adj* ready for use (*mil:* action); **Ein·satz·be·reit·schaft** *f* readiness for use (*mil:* action); **Ein·satz·mög·lich·keit** *f* range (*od* field) of application.

ein|schal·ten I *tr* **1.** *(Maschinen, Licht)* switch on; *(Gerät)* turn on; **2.** *(einschieben)* interpolate; **3.** ▶ **jdn (bei etw) ~** *fig* bring s.o. in (on s.th.); **II** *refl (sich einmischen)* intervene.

Ein·schalt·quo·te *f radio TV* audience rating; **Ein·schal·tung** *f* **1.** *(das Anmachen)* switching (*od* turning) on; **2.** *(Einschub)* interpolation; **3.** *(von Personen, Institutionen)* bringing in.

ein|schär·fen *tr* impress (*jdm etw* s.th. (up) on s.o.).

ein|schät·zen I *tr* assess; ▶ **falsch ~** *(beurteilen)* misjudge; **II** *refl* rate o.s.

ein|schen·ken *tr* pour (out); ▶ **jdm reinen Wein ~** *fig* tell s.o. the (unvarnished) truth.

ein|schicken (k·k) *tr* send in.

ein|schie·ben *irr tr* **1.** *(hin~)* put in (*in* -to); **2.** *(dazwischenschieben)* interpolate; **3.** *(einfügen)* insert, put in.

ein|schie·ßen *irr* **I** *tr* **1.** *(mit Gewehr)* shoot in; *(mit Ball etc)* smash; **2.** *typ (Zwischenblätter)* interleave; **II** *refl* **1.** *mil (bei Schießübungen)* get one's eye in; **2.** *fig:* ▶ **sich auf jdn ~** line s.o. up for the kill.

ein|schif·fen I *tr* ship; **II** *refl* embark.

Ein·schif·fung *f* embarkation.

ein|schla·fen ⟨sein⟩ *irr itr* **1.** fall asleep; **2.** *(von Gliedern)* go to sleep; **3.** *fig (allmählich aufhören)* peter out.

ein|schlä·fern ['aɪnʃlɛ:fɐn] *tr* **1.** *(schläfrig machen)* make sleepy; **2.** *fig (einlullen)* lull; **3.** *(Tiere töten)* put to sleep; **ein·schlä·fernd** *adj* **1.** *(narkotisierend)* soporific; **2.** *fig (langweilig)* monotonous, soporific.

Ein·schlag *m* **1.** *(am Kleid)* fold; *(von Gewebe)* weft, woof; **2.** *(von Geschoß)* impact; *(von Blitz)* striking; **3.** *(Zusatz, Charakterelement)* element; **ein|schlagen** *irr* **I** *tr* **1.** *(Nagel etc)* drive in; **2.** *(Scheibe, Tür etc)* smash; *(Zähne)* knock out; **3.** *(einwickeln)* wrap (up); **4.** *(Kleid, Stoff etc)* turn up; **5.** *mot (Lenkrad)* turn; **6.** *(Weg, Kurs, a. fig)* take; **II** *itr* **1.** *(Geschoß)* hit (*in etw* s.th.); *(Blitz)* strike (*in etw* s.th.); **2.** *fam:* **gut ~** *(gut ankommen)* be a big hit; **3.** *(prügeln)* hit out (*auf jdn, etw* at s.o., s.th.); ► **wie e-e Bombe ~** burst like a bombshell; **komm, schlag ein!** *fam* come on, let's shake (hands) on it!

ein·schlä·gig ['aɪnʃlɛːgɪç] *adj* **1.** *(geeignet)* appropriate; *(Literatur, Gesetzesvorschrift)* relevant; **2.** *jur:* ► **~ vorbestraft sein** have been previously convicted (*od* have a previous conviction) for a similar *Br* offence (*Am* offense).

ein|schlei·chen *irr refl a. fig* creep in (*in* -to).

ein|schlep·pen *tr fig (Krankheit)* bring in.

ein|schleu·sen *tr* smuggle in (*in, nach* -to).

ein|schlie·ßen *irr tr* **1.** *(in Zimmer etc)* lock up; **2.** *mil* encircle, surround; **3.** *fig* include; **ein·schließ·lich I** *prp* including, inclusive of; ► **~ Mehrwertsteuer** V.A.T. included; **II** *adv:* ► **von Mittwoch bis ~ Freitag** from Wednesday to Friday inclusive, *Am a.* from Wednesday thru Friday.

ein|schmei·cheln *refl* ingratiate o.s. (*bei jdm* with s.o.); **ein·schmei·chelnd** *adj (gewinnend)* winning; *(Musik)* enticing.

ein|schmie·ren *tr (einfetten)* grease; *(ölen)* oil; *mot* lubricate.

ein|schmug·geln *tr a. fig* smuggle in (*in* -to).

ein|schnap·pen ⟨sein⟩ *itr* **1.** *(Schloß, Tür)* click shut; **2.** *fig fam (beleidigt sein)* get peeved (*über* about, at).

ein|schnei·den *irr tr* **1.** *(Papier, Stoff)* cut; **2.** *(einkerben)* carve (*in* into); **einschnei·dend** *adj fig (drastisch)* drastic; *(weitreichend)* far-reaching.

Ein·schnitt *m* **1.** *(Schnitt)* cut; *med* incision; **2.** *(Spalte)* cleft; **3.** *fig (Wendepunkt)* decisive point.

ein|schnü·ren *tr* **1.** *(Taille)* lace in; *(einschneiden)* cut into; **2.** *(Paket)* tie up.

ein|schrän·ken ['aɪnʃrɛŋkən] **I** *tr (reduzieren)* reduce; *(begrenzen)* limit; *(Behauptung, Kritik)* qualify; ► **~d möchte ich sagen, daß ...** I should like to qualify this by saying that ...; **II** *refl (sparen)* economize; ► **sich finanziell ~** cut down on one's expenses.

Ein·schrän·kung *f* **1.** *(Reduzierung)* reduction; *(Begrenzung)* limitation; *(Vorbehalt)* qualification; **2.** *(das Einsparen)* economizing; *(Einsparung)* economy (*bei* in); ► **ohne ~** without reservations *pl;* **mit ~** in a qualified sense.

Ein·schrei·be·brief *m,* **Ein·schrei·ben** *n Br* registered (*Am* certified) letter.

ein|schrei·ben *irr* **I** *tr (eintragen)* enter; **II** *refl* **1.** *(an Universität)* register; **2.** *(in Verein)* enrol(l); ► **sich in ein Buch ~** enter one's name in a book; **e-n Brief ~ lassen** have a letter *Br* registered (*Am* certified).

Ein·schrei·bung *f* **1.** *(an Universität)* registration; **2.** *(in Verein)* enrol(l)ment.

ein|schrei·ten ⟨sein⟩ *irr itr (Maßnahmen ergreifen)* take action (*gegen* against); *(eingreifen)* intervene.

ein|schrump·fen ⟨sein⟩ *itr* shrink.

ein|schüch·tern *tr* intimidate.

Ein·schüch·te·rung *f* intimidation; **Ein·schüch·te·rungs·ver·such** *m* attempt at intimidation.

ein|schu·len *tr:* ► **eingeschult werden** start school; **Ein·schu·lung** *f* enrol(l)ment in elementary school.

Ein·schuß *m* **1.** *(Wunde)* bullet hole; **2.** *sport* shot into goal; **3.** *(beim Weben)* weft, woof.

ein|schwei·ßen *tr (in Plastik)* shrinkwrap; **Ein·schweiß·fo·lie** *f* shrink wrap.

ein|seg·nen *tr eccl* **1.** *(segnen)* consecrate; **2.** *(konfirmieren)* confirm.

ein|se·hen *irr* **I** *tr* **1.** *(Akten etc)* look at ...; **2.** *(begreifen)* see; **II** *itr* **1.** *(in Gelände)* see (*in etw* s.th.); **2.** *(in Akten)* look (*in* at).

ein|sei·fen *tr* **1.** *(mit Seife)* soap; **2.** *fig fam (hereinlegen)* con.

ein·sei·tig ['aɪnzaɪtɪç] *adj* **1.** *(von e-r Seite, a. fig)* one-sided; **2.** *(voreingenommen)* bias(s)ed; **3.** *(Nahrung)* unbalanced; **4.** *jur pol* unilateral; **Ein·sei·tig·keit** *f* **1.** *(Beschränktheit)* onesidedness; **2.** *(Voreingenommenheit)* bias(s)edness (*gegenüber* towards); **3.** *(Unausgewogenheit)* imbalance.

ein|sen·den *irr tr* send in.

Ein·sen·der(in) *m (f)* **1.** *(von Post)* sender; **2.** *(von Preisausschreiben)* competitor; **Ein·sen·dung** *f* sending in.

ein·setz·bar *adj* applicable, usable.

ein|set·zen I *tr* **1.** *(hin~, einfügen)* put *od* fit in (*in* -to); **2.** *(Geld beim Spiel)* stake; **3.** *(zum Einsatz bringen, gebrauchen)* use; *mil (Truppen etc)* bring into action; **4.** *(ernennen)* appoint (*jdn als etw* s.o. s.th., *jdn in etw* s.o. to s.th.); ► **sein Leben ~** risk one's life; **II** *itr (anfangen)* start; **III** *refl* **1.** *(sich engagieren)* commit o.s. (*für etw* to s.th.); **2.** *(sich verwenden)* give one's support (*für jdn* to s.o.).

Ein·set·zung *f (Ernennung)* appointment (*als, zu* to).

Ein·sicht ⟨-, -en⟩ *f* **1.** *(Erkenntnis)* insight; *(Verständnis)* understanding; *(Vernunft)* reason; **2.** *(in Akten, Bücher etc)* look (*in* at); ► **ich bin zu der ~ gelangt, daß ...** I have come to the conclusion that ...; **jdm ~ in etw gewähren** allow s.o. to look at s.th.; **~ nehmen in etw** take a look at s.th.; **ein·sich·tig** *adj* **1.** *(vernünftig)* reasonable; *(verständnisvoll)* understanding; **2.** *(begreiflich)* understandable.

Ein·sicht·nah·me ['aɪnzɪçtna:mə] *f (in Akten etc)* perusal; ▶ **zur ~** *(Aufschrift auf Aktenstücken)* for attention.

ein|sickern (k·k) ⟨sein⟩ *itr (in den Boden etc)* seep in (*in* -to).

Ein·sied·ler(in) *m (f)* hermit.

ein·sil·big ['aɪnzɪlbɪç] *adj* **1.** *gram* monosyllabic; **2.** *fig (schweigsam)* uncommunicative; *(kurz, lakonisch)* monosyllabic.

ein|sin·ken ⟨sein⟩ *irr itr* **1.** *(in Sumpf etc)* sink in (*in* -to); **2.** *(von Boden)* subside.

ein|span·nen *tr* **1.** *(in Rahmen)* fit in (*in* -to); *(in Schraubstock)* clamp in (*in* -to); *(in Schreibmaschine)* insert (*in* in(to)); **2.** *(Pferde)* harness; **3.** *fig fam (heranziehen zu Arbeiten etc)* rope in (*für etw* to s.th., *etw zu tun* to do s.th.).

ein|spa·ren *tr* **1.** *(sparen)* save; **2.** *(reduzieren)* reduce.

Ein·spa·rung *f* economy (*bei, in* in).

ein|spei·sen *tr el* feed in (*in* -to); *(Daten, Programm)* enter.

ein|sper·ren *tr* **1.** *(in Zimmer etc)* lock in (*in* -to); **2.** *fam (ins Gefängnis)* put away.

ein|spie·len I *tr* **1.** *theat film (Geld)* bring in; **2.** *mus (auf Band od Schallplatte)* record; **II** *refl* **1.** *sport (warm werden)* warm up; **2.** *(nach e-r Anlaufzeit funktionieren)* work out; ▶ **das wird sich schon noch ~** that will work out (come out) all right in the end.

ein|sprin·gen ⟨sein⟩ *irr itr (helfen)* stand in (*für jdn* for s.o.).

ein|sprit·zen *tr mot med* inject (*etw* s.th., *jdm etw* s.o. with s.th.).

Ein·sprit·zer, Ein·spritz·mo·tor *m mot* fuel-injection engine; **Ein·spritz·pum·pe** *f mot* fuel injection.

Ein·spruch *m a. jur* objection; ▶ **gegen etw ~ erheben** *allg* object to s.th.; *jur* file an objection to s.th.; **(ich erhebe) ~! — (~) abgelehnt!** *jur (vor Gericht)* objection! — (objection) overruled! **(dem ~ wird) stattgegeben!** (objection) sustained! **Ein·spruchs·recht** *n* veto.

ein·spu·rig ['aɪnʃpu:rɪç] *adj rail* single-track; *mot* single-lane.

einst(mals) [aɪn(t)st, '-ma:ls] *adv* **1.** *(früher)* once; **2.** *(künftig)* some day.

ein|stamp·fen *tr (Bücher, Papier)* pulp.

Ein·stand *m (Anfang)* start; ▶ **s-n ~ geben** celebrate starting one's new job.

Ein·stands·preis *m com* cost price.

ein|stecken (k·k) *tr* **1.** *(hin~)* put in (*in* to); **2.** *(in Tasche, a. fig: Profite, Kritik, Beleidigung)* pocket; ▶ **hast du dein Feuerzeug eingesteckt?** have you got your lighter with you?

ein|ste·hen ⟨sein⟩ *irr itr* **1.** *(Verantwortung übernehmen)* answer (*für etw* for s.th.); **2.** *(Schaden ersetzen)* make good (*für etw* s.th.); **3.** *(bürgen)* vouch (*für jdn, etw* for s.o., s.th.).

Ein·stei·ge·kar·te *f aero* boarding pass (*od* card).

ein|stei·gen ⟨sein⟩ *irr itr* **1.** *(hineingehen)* get in (*in* -to); *(in Zug, Bus etc)* get on (*in* -to); **2.** *fam (in Geschäft, Politik etc)* go in (*in etw* -to s.th., *bei jdm* with s.o.); **3.** *sport sl:* ▶ **hart ~** go in hard; **~!** *interj rail* all aboard! **alles ~!** *fam* everybody pile in!

Ein·steig·öff·nung *f* manhole.

ein·stell·bar *adj* adjustable.

ein|stel·len I *tr* **1.** *(beenden)* stop; *(zeitweilig)* suspend; *mil (Feuer, Kämpfe etc)* cease; **2.** *(Arbeiter)* hire; *(Angestellte)* take on staff; **3.** *tech (Geräte etc)* adjust (*auf* to); *radio TV (Sender)* tune in to ...; *(Gerät)* tune; *phot (Brennpunkt)* focus (*auf* on); ▶ **e-n Rekord ~** *fig* beat a record; **II** *refl* **1.** *(erscheinen, kommen)* appear; **2.** *(sich bereit machen od halten)* prepare o.s. (*auf* for); **3.** *(sich anpassen)* adapt o.s. (*auf* to).

ein·stel·lig *adj math* single-digit.

Ein·stel·lung *f* **1.** *(Haltung, Ansicht)* attitude; *rel pol (Gesinnung)* views *pl;* **2.** *(von Arbeitskräften)* employment; **3.** *tech (von Geräten)* adjustment; *radio TV* tuning (*auf* in to); *phot* focus(s)ing; **4.** *(Beendigung)* stopping; *(zeitweilig)* suspension; **Ein·stel·lungs·stopp** *m* job freeze.

ein|stu·fen *tr* classify; ▶ **in e-e Kategorie ~** put into a category.

Ein·stu·fung *f* classification.

ein·stün·dig ['aɪnʃtʏndɪç] *adj* one-hour; ▶ **nach ~em Aufenthalt** after an hour's wait, after a one-hour wait.

ein|stür·men ⟨sein⟩ *itr:* ▶ **auf jdn ~** *(a. fig: mit Fragen etc)* assail s.o. (*mit* with).

Ein·sturz ⟨-es⟩ *m* collapse; *geol min* caving-in.

ein|stür·zen ⟨sein⟩ *itr (zusammenfallen)* collapse; *(Decke, Boden, Stollen)* cave in; ▶ **auf jdn ~** *fig (ihn überwältigen)* overwhelm s.o.

einst·wei·len ['aɪnst'vaɪlən] *adv* **1.** *(in der Zwischenzeit)* in the meantime; **2.** *(vorübergehend)* temporarily.

einst·wei·lig ['aɪnst'vaɪlɪç] *adj* temporary; *jur* interim; ▶ **~e Verfügung** *jur* interim injunction (order).

ein·tä·gig ['aɪntɛ:gɪç] *adj (e-n Tag dauernd)* one-day *attr.*

Ein·tags·flie·ge *f* **1.** *zoo* mayfly; **2.** *fig fam* nine days' wonder.

ein|ta·sten *tr tele EDV* key in.

ein|tau·chen I *tr* ⟨h⟩ **1.** *(eintunken)* dip

in (*in* -to); **2.** *(untertauchen, versenken)* immerse (*in* to); **II** *itr* ‹sein› dive.

ein|tau·schen *tr* exchange; *fam* swap (*für, gegen* for); *(Geld)* change.

ein|tei·len *tr* **1.** *(aufteilen)* divide (*in* into); *(in Grade)* graduate; **2.** *(organisieren)* organize; *fin (Mittel)* budget; **3.** *(für bestimmte Aufgabe etc)* detail (*zu, für* for, *etw zu tun* to do s.th.).

Ein·tei·ler *m (einteiliger Badeanzug)* one-piece; **ein·tei·lig** *adj (attributiv)* one-piece; *(prädikativ)* of one piece.

Ein·tei·lung *f* **1.** *(Aufteilung)* division; *(Grad~)* gradation; **2.** *(Organisation)* organization; *fin (Budgetierung)* budgeting; **3.** *(für bestimmte Aufgabe etc)* detailment.

ein·tö·nig ['aɪntøːnɪç] *adj* monotonous.

Ein·tö·nig·keit *f* monotony.

Ein·topf(·ge·richt) *m (n)* stew.

Ein·tracht ['aɪntraxt] ‹-› *f* harmony.

ein·träch·tig ['aɪntrɛçtɪç] *adj* peaceable.

Ein·trag ['aɪntraːk, *pl* 'aɪntrɛːgə] ‹-(e)s, ⸚e› *m (in Buch)* entry (*in* in); **ein|tra·gen** *irr* **I** *tr* **1.** *(in Liste, Buch etc)* enter; *(registrieren)* register; **2.** *(einbringen)* bring (*jdm etw* s.o. s.th.); **II** *refl* put one's name down.

ein·träg·lich ['aɪntrɛːklɪç] *adj* lucrative, profitable.

Ein·tra·gung *f* entry.

ein|träu·feln *tr:* ► **jdm etw** ~ *(Medizin etc)* give s.o. s.th. by drops; **jdm Medizin ins Ohr** ~ put some drops of medicine in someone's ear.

ein|tref·fen ‹sein› *irr itr* **1.** *(ankommen)* arrive; **2.** *fig (sich bestätigen, verwirklichen)* come true.

ein|trei·ben *irr tr (Geldsummen)* collect; *(Schulden)* recover.

ein|tre·ten *irr* **I** *tr* ‹h› *(Tür)* kick in; **II** *itr* ‹sein› **1.** *(betreten)* enter (*in etw* s.th.); **2.** *(beitreten)* join (*in etw* s.th.); **3.** ► **für jdn (etw)** ~ stand for s.o. (s.th.); **4.** *(einsetzen, beginnen)* set in; **5.** *(geschehen)* happen, occur; ► **treten Sie bitte ein!** do come in (, please)! **in Verhandlungen** ~ *fig pol* enter into negotiations; **wann wird Spacelab in s-e Umlaufbahn ~?** when will Spacelab go into its orbit? **sollte der Fall ~, daß ...** should it happen, that ...; **sollte dies(er Fall) ~ ...** should this happen (this case occur) ...

ein|trich·tern *tr fam:* ► **jdm etw** ~ drum s.th. into s.o.; **jdm ~, daß ...** drum it into s.o. that ...

Ein·tritt *m* **1.** *(das Betreten, a. Berufs~)* entry (*in* (in)to); **2.** *(Beitritt)* joining (*in* of); **3.** *(Zutritt)* admittance; **4.** *(~sgeld)* admission (*in* to); **5.** *(Beginn)* onset; **Ein·tritts·geld** *n* charge for admission; **Ein·tritts·kar·te** *f* ticket.

ein|trock·nen ‹sein› *itr* dry up.

ein|tun·ken *tr* dip in (*in* -to).

ein|üben *tr* practise; *theat (proben)* rehearse.

ein|ver·lei·ben ['aɪnfɛɐlaɪbən] *tr* incorporate (*etw e-r Sache* s.th. into s.th.); *pol (annektieren)* annex (*etw e-r Sache* s.th. to s.th.); ► **sich etw** ~ *pol (ein Land etc)* annex s.th.; *(Nahrung, Wissen)* assimilate s.th.

Ein·ver·neh·men ['aɪnfɛɐneːmən] *n* **1.** *(Übereinstimmung)* agreement; **2.** *(Harmonie)* harmony; ► **in gutem ~ leben** live in perfect harmony; **im ~ mit jdm** in agreement with s.o.

ein·ver·stan·den ['aɪnfɛɐʃtandən] *adj:* ► **mit jdm (etw) ~ sein** agree with s.o. (to s.th.); **~!** *interj* agreed!

Ein·ver·ständ·nis *n* **1.** *(Zustimmung)* consent; *jur (mit etw Strafbarem)* connivance (*mit, bei* at); **2.** *(Übereinstimmung)* agreement; ► **in gegenseitigem** ~ by mutual consent; **sein ~ mit etw erklären** give one's agreement *od* consent to s.th.

Ein·wand ['aɪnvant, *pl* 'aɪnvɛndə] ‹-(e)s, ⸚e› *m* objection; ► **e-n ~ erheben** raise an objection.

Ein·wan·de·rer, (Ein·wan·de·rin) *m (f)* immigrant.

ein|wan·dern ‹sein› *itr* immigrate (*nach, in* to).

Ein·wan·de·rung *f* immigration.

ein·wand·frei *adj* **1.** *(fehlerfrei)* perfect; **2.** *(unanfechtbar, unbestreitbar)* indisputable.

ein·wärts ['aɪnvɛrts] *adv* inwards.

Ein·weg·er·zeug·nis *n* one-way (*od* throw-away) product; **Ein·weg·fla·sche** *f* non-returnable (*od* one-way) bottle.

ein|wei·chen *tr* soak, steep.

ein|wei·hen *tr* **1.** *(eröffnen)* inaugurate; **2.** ► **jdn in etw** ~ initiate s.o. into s.th.; **eingeweiht sein** be in the know; **Ein·wei·hung** *f (Eröffnungsfeier)* inauguration.

ein|wei·sen *irr tr* **1.:** ► **jdn (in s-e Arbeit)** ~ introduce s.o. to his (*od* her) job; **2.** *(in Krankenhaus, geschlossene Anstalt etc)* admit (*in* to); ► **jdn ins Krankenhaus** ~ *Br* admit s.o. to hospital, *Am* hospitalize s.o.

ein|wen·den *irr tr* object (*gegen* to).

Ein·wen·dung *f* objection.

ein|wer·fen *irr* **I** *tr* **1.** *(Scheiben)* break; **2.** *(Brief) Br* post, *Am* mail; **3.** *sport (Ball)* throw in; **4.** *fig (Bemerkung)* throw in (*in* to); **II** *itr* **1.** *sport (Einwurf ausführen)* throw in; **2.** *(einwenden)* object.

ein|wickeln (k·k) *tr* **1.** wrap up; **2.** *fig fam (hereinlegen)* take in.

ein|wil·li·gen ['aɪnvɪlɪgən] *itr* agree, consent (*in* to).

Ein·wil·li·gung *f* agreement, consent.

ein|wir·ken *itr* **1.** *(Wirkung zeigen)* have

an effect (*auf* on); **2.** *med* work in; ► **etw ~ lassen** let s.th. work in; **auf jdn ~** influence s.o.
Ein·wir·kung *f* **1.** *(Wirkung)* effect; **2.** *(Einfluß)* influence.
Ein·woh·ner(in) *m (f)* inhabitant; **Ein·woh·ner·mel·de·amt** ['---'---] *n* registration office; **Ein·woh·ner·schaft** *f* population, inhabitants *pl.*
Ein·wurf *m* **1.** *(Öffnung, Münz~)* slot; *(Briefkastenschlitz)* slit; **2.** *fig (Einwand)* objection; **3.** *fig (Gesprächs~, Bemerkung)* interjection; **4.** *sport* throw-in.
Ein·zahl *f gram* singular.
ein|zah·len *tr* pay in (*auf ein Konto* -to an account).
Ein·zah·lung *f* deposit.
ein|zäu·nen ['aɪntʃɔɪnən] *tr* fence in.
Ein·zel·bett *n* single bed.
Ein·zel·blatt·ein·zug *m tech (von Drucker)* cut-sheet feed.
Ein·zel·fahr·schein *m* ticket (for one journey).
Ein·zel·fall *m* **1.** *(der einzelne Fall)* individual case; **2.** *(der spezielle Fall, Ausnahme)* isolated case.
Ein·zel·gän·ger(in) ['aɪntsəlgɛŋɐ] *m (f)* loner.
Ein·zel·haft *f (Gefängnis)* solitary confinement.
Ein·zel·han·del *m* retail trade.
Ein·zel·händ·ler *m* retailer.
Ein·zel·heit *f* detail; ► **in allen ~en** in great detail *sing;* **auf ~en eingehen** go into details; **bis in die kleinsten ~en** right down to the last detail *sing.*
Ein·zel·kind *n* only child.
ein·zel·lig ['aɪntsɛlɪç] *adj zoo* monocellular, unicellular.
ein·zeln ['aɪntsəln] *adj* **1.** *(individuell)* individual; **2.** *((ab)getrennt)* separate; **3.** *pl:* ► **~e** *(einige, wenige)* some; **4.** ► **der (die) ~e** the individual; **5.** ► **das ~e** *(nicht das Allgemeine)* the particular; **~ (herein)kommen** come (in) separately; **im ~en aufführen** list in detail; **~ aufführen** list separately; **jeder ~e** each and every one; **ein ~er Handschuh** an odd glove.
Ein·zel·per·son *f* individual.
Ein·zel·rad·auf·hän·gung *f mot* independent suspension.
Ein·zel·teil *n* **1.** *(Bestandteil)* component (part); **2.** *(einzelnes Teil)* separate part.
Ein·zel·zim·mer *n (im Hotel)* single room.
ein|zie·hen *irr* **I** *tr* ⟨h⟩ **1.** *(zurückziehen, a. aero: Fahrgestell)* retract; *(Bauch)* draw in; *(Segel, Flagge)* lower; **2.** *(Gebühren, Steuern, Miete etc)* collect (*bei, von* from); **3.** *(aus dem Verkehr ziehen: Geldscheine, Münzen, a. Führerschein)* withdraw; *(konfiszieren)* confiscate; **4.** *mil (Wehrpflichtige) Br* call up, *Am* draft; **5.** *(einsaugen)* suck in; **6.** *(einbauen: Wand, Kabel etc)* put in; ► **Erkundigungen über jdn (etw) ~** make inquiries about s.o. (s.th.); **den Kopf ~** duck one's head; **den Schwanz ~** *a. fig sl* put one's tail between one's legs; **II** *itr* ⟨sein⟩ **1.** *(in Wohnung)* move in (*in* -to, *bei* with); **2.** *(Ruhe u. Ordnung etc)* come (*in etw, bei jdm* to s.th., to s.o.); **3.** *(Substanz)* soak in (*in* -to); ► **ins Parlament ~** take up one's seat (in Parliament); **lassen Sie die Farbe erst einmal ~!** leave the colour to soak in first!
ein·zig ['aɪntsɪç] **I** *adj* **1.** *(nur)* only, sole; **2.** *pred (ohnegleichen)* unique; **II** *adv:* ► **~ und allein** simply and solely.
ein·zig·ar·tig *adj* unique.
ein|zuckern (k·k) *tr* sugar.
Ein·zug *m* **1.** *(in Wohnung)* move, moving in; **2.** *(Kassieren von Geld)* collection; **Ein·zugs·be·reich** *m* **1.** *allg* catchment area; **2.** *(e-r Großstadt)* commuter belt; **Ein·zugs·ver·fah·ren** *n fin* direct debit.
Eis [aɪs] ⟨-es⟩ *n* **1.** *(gefrorenes Wasser)* ice; **2.** *(Speise~)* ice-cream; ► **zu ~ werden** turn to ice; **auf ~ legen** *fig* put into cold storage; **Eis·bahn** *f* icerink; **Eis·bär** *m* polar bear; **Eis·be·cher** *m (Speise)* sundae; **Eis·bein** *n (Speise)* knuckle of pork; **Eis·berg** *m* iceberg; **Eis·beu·tel** *m* ice-pack; **Eis·bre·cher** *m* **1.** *(Schiff)* icebreaker; **2.** *(an Brükken)* ice-guard; **Eis·creme** *f* ice-cream; **Eis·decke (k·k)** *f* sheet of ice; **Eis·die·le** *f* ice-cream parlour.
Ei·sen ['aɪzən] ⟨-s⟩ *n* iron; ► **das gehört zum alten ~** *fig* that's ready for the scrap heap; **noch ein ~ im Feuer haben** *fig* have another iron in the fire; **ein heißes ~ sein** *fig* be a hot potato.
Ei·sen·bahn *f* (*s.* Bahn) *Br* railway, *Am* railroad; ► **mit der ~ fahren** travel by rail (*od* train); **es ist höchste ~** *fam* it's high time; **Ei·sen·bah·ner** *m Br* railwayman, *Am* railroader; **Ei·sen·bah·ner·ge·werk·schaft** *f Br* railway union, *Am* railroad brotherhood; **Ei·sen·bahn·fäh·re** *f* train ferry; **Ei·sen·bahn·kno·ten·punkt** *m* railway junction; **Ei·sen·bahn·netz** *n Br* railway (*Am* railroad) network; **Ei·sen·bahn·über·füh·rung** *f* **1.** *(für Kfz) Br* railway (*Am* railroad) over-pass; **2.** *(für Fußgänger)* footbridge; **Ei·sen·bahn·un·glück** *n* railway accident; **Ei·sen·bahn·un·ter·füh·rung** *f Br* railway (*Am* railroad) underpass; **Ei·sen·bahn·wa·gen** *m Br* railway carriage, *Am* railroad car; *(Güterwagen)* goods wagon.
Ei·sen·blech *n* sheet iron; **Ei·sen·erz** *n* iron ore; **Ei·sen·git·ter** *n* iron bars *pl.*

ei·sen·hal·tig ['aɪzənhaltɪç] *adj* ferruginous; ► **das Wasser ist ~** the water contains iron.

Ei·sen·hand·lung *f Br* ironmonger's, *Am* hardware store; **Ei·sen·hüt·te** *f* steel mill, ironworks *pl;* **Ei·sen·man·gel** *m med* iron deficiency; **Ei·sen·stan·ge** *f* iron bar.

ei·sern ['aɪzɐn] *adj* **1.** *(aus Eisen)* iron; **2.** *fig (unbeugsam)* inflexible, iron; ► **aber ~!** *fam* absolutely! **~ trainieren** train resolutely; **~e Gesundheit** iron constitution.

eis·frei *adj* ice-free; **eis·ge·kühlt** *adj* chilled; **Eis·glät·te** *f (auf Fahrbahn)* black ice; **Eis·hockey (k·k)** *n Br* ice hockey, *Am* hockey.

ei·sig ['aɪzɪç] *adj* icy.

Eis·kaf·fee *m* iced coffee.

eis·kalt ['-'-] **I** *adj* **1.** *allg* icy-cold; **2.** *fig (kaltblütig)* cold-blooded; **II** *adv fig fam (unverschämterweise)* as cold as you please; ► **aber ~!** *fig fam (aber bestimmt)* no problem!

Eis·kri·stall *m* ice crystal; **Eis·kunst·lauf** *m* figure skating; **Eis·lau·fen** *n* ice skating; **Eis·läu·fer(in)** *m (f)* ice-skater; **Eis·schol·le** *f* ice floe; **Eis·ver·käu·fer** *m* ice-cream man; **Eis·wür·fel** *m* ice cube; **Eis·zap·fen** *m* icicle; **Eis·zeit** *f* Ice Age.

ei·tel ['aɪtəl] *adj* vain; *(eingebildet)* conceited; ► **sie ist ~** she's vain about her appearance; **Ei·tel·keit** *f* vanity.

Ei·ter ['aɪtɐ] ‹-s› *m* pus; **ei·te·rig** *adj (voll von Eiter)* purulent; *(eiternd)* festering; **ei·tern** *itr* fester, suppurate.

Ei·weiß *n* **1.** egg-white; **2.** *chem* protein; **ei·weiß·reich** *adj* rich in proteins.

Ei·zel·le *f biol* eggcell, ovum.

eja·ku·lie·ren [ejaku'li:rən] *itr* ejaculate.

Ekel[1] ['e:kəl] ‹-s› *m* disgust; ► **vor etw e-n ~ haben** have a loathing of s.th.

Ekel[2] ‹-s, -› *n (Person)* revolting person, *fam* creep.

ekel·haft (eke·lig) *adj* disgusting, revolting.

ekeln I *itr:* ► **mich ekelt vor ......** fills me with revulsion; **II** *refl:* ► **sie ekelt sich vor ...** she finds ... disgusting (*od* revolting).

Ek·sta·se [ɛk'sta:zə] ‹-, -n› *f* ecstasy; ► **in ~ geraten** go into ecstasies *pl.*

Ek·zem [ɛk'tse:m] ‹-s, -e› *n med* eczema.

ela·stisch [e'lastɪʃ] *adj* elastic.

Ela·sti·zi·tät *f* elasticity; *(Flexibilität)* flexibility.

Elch [ɛlç] ‹-(e)s, -e› *m* elk.

Ele·fant [ele'fant] ‹-en, -en› *m* elephant.

ele·gant [ele'gant] *adj* elegant.

Ele·ganz *f* elegance.

elek·tri·fi·zie·ren [elɛktrifi'tsi:rən] *tr* electrify.

Elek·tri·fi·zie·rung *f* electrification.

Elek·tri·ker [e'lɛktrikɐ] *m* electrician.

elek·trisch [e'lɛktrɪʃ] *adj* electric; ► **~e Geräte** electrical appliances; **~er Schlag** electric shock.

elek·tri·sie·ren [elɛktri'zi:rən] *tr a. fig* electrify; ► **sie stand wie elektrisiert** she was standing there as if electrified.

Elek·tri·zi·tät *f* electricity. **Elek·tri·zi·täts·ge·sell·schaft** *f* electric power company. **Elek·tri·zi·täts·werk** *n (Kraftwerk)* power station.

Elek·tro·an·trieb [e'lɛktro-] *m* electric drive; **Elek·tro·au·to** *n* electric car.

Elek·tro·de [elɛk'tro:də] ‹-, -n› *f* electrode.

Elek·tro·fil·ter *m tech (Industrieabgas- u. Staubfilter)* electrostatic filter; **Elek·tro·herd** *m* electric cooker; **Elek·tro·in·du·strie** *f* electrical industry; **Elek·tro·in·ge·nieur** *m* electrical engineer; **Elek·tro·kar·dio·gramm** [-'----'-] *n med* electrocardiogram; **Elek·tro·lok(o·mo·ti·ve)** *f* electric locomotive; **Elek·tro·ly·se** [elɛktro'ly:zə] ‹-, -n› *f* electrolysis; **Elek·tro·ma·gnet** *m* electromagnet; **elek·tro·ma·gne·tisch** [-'---'--] *adj* electromagnetic.

Elek·tro·mo·tor *m* electric motor.

Elek·tro·nen [elɛk'tro:nən] *n pl* electrons; **Elek·tro·nen·blitz** *m phot* electronic flash; **Elek·tro·nen·hirn** *n* electronic brain; **Elek·tro·nen·mi·kro·skop** *n* electron microscope; **Elek·tro·nen·rech·ner** *m* electronic computer; **Elek·tro·nen·rö·hre** *f Br* valve, *Am* electron tube.

Elek·tro·nik [elɛk'tro:nɪk] *f* electronics; **Elek·tro·nik·in·du·strie** *f* electronics industrie.

elek·tro·nisch *adj* electronic; ► **~e Datenverarbeitung** electronic data processing.

Elek·tro·ra·sen·mä·her *m* electric lawn mower; **Elek·tro·ra·sie·rer** *m* electric shaver; **Elek·tro·schock** *m* electric shock; **Elek·tro·schock·be·hand·lung** *f* electric shock treatment; **Elek·tro·tech·nik** *f* electrical engineering; **Elek·tro·tech·ni·ker** *m* electrical engineer.

Ele·ment [ele'mɛnt] ‹-(e)s, -e› *n* **1.** *(Grundstoff)* element; **2.** *el (Batteriezelle)* cell; ► **in s-m ~ sein** be in one's element.

ele·men·tar [elemɛn'ta:ɐ] *adj* **1.** *(grundlegend)* elementary; **2.** *(heftig)* elemental; ► **~e Bedürfnisse** elementary (*od* primary) needs.

Ele·men·tar·teil·chen *n phys* elementary particle.

Elend ['e:lɛnt] ‹-(e)s› *n* **1.** *(Unglück)* distress, misery; **2.** *(Armut)* poverty; ► **das ~ des Krieges** the misery caused by war; **es ist wirklich ein ~ mit dir!**

fam you really make me want to weep!

elend *adj* **1.** *(krank, übel)* awful, ill; **2.** *(niederträchtig)* wretched; **3.** *fam (gewaltig)* dreadful; ▶ **mir ist ~ (zumute)** I feel really awful; **e-e ~e Hitze heute!** *fam* dreadfully hot today!

Elends·vier·tel *n* slums *pl.*

elf [ɛlf] *adj* eleven.

El·fe ['ɛlfə] ⟨-, -n⟩ *f* elf, fairy.

El·fen·bein ['ɛlfənbaɪn] ⟨-(e)s⟩ *n* ivory; ▶ **aus ~** ivory.

el·fen·bein·far·ben *adj* ivory-coloured.

El·fen·bein·kü·ste *f geog* Ivory Coast.

El·fen·bein·turm *m fig:* ▶ **in seinem ~ sitzen** sit in one's ivory tower.

Elf·me·ter [ɛlf'me:tɐ] ⟨-s, -⟩ *m* penalty kick; ▶ **e-n ~ schießen** take a penalty; **Elf·me·ter·mar·ke** *f* penalty spot.

elf·te *adj* eleventh.

Elf·tel ['ɛlftəl] ⟨-s, -⟩ *n* eleventh part.

eli·mi·nie·ren [elimi'ni:rən] *tr* eliminate.

Eli·sa·beth [e'li:zabɛt] ⟨-⟩ *f* Elizabeth.

eli·sa·be·tha·nisch *adj* Elizabethan; ▶ **das ~e Zeitalter** the Elizabethan age.

eli·tär *adj* elite; ▶ **ein ~er Zirkel** an elite circle.

Eli·te [e'li:tə] ⟨-, -n⟩ *f* elite.

Eli·te·ein·heit *f mil* crack troops *pl.*

Eli·xier [elɪ'ksi:ɐ] ⟨-s, -e⟩ *n* elixir.

Ell·bo·gen ['ɛlbo:gən] ⟨-s, -⟩ *m* elbow; **Ell·bo·gen·ge·sell·schaft** *f pej* dog-eat-dog society.

El·le ['ɛlə] ⟨-, -n⟩ *f* **1.** *(Maß)* cubit; **2.** *anat* ulna.

El·lip·se [ɛ'lɪpsə] ⟨-, -n⟩ *f math* ellipse.

el·lip·tisch *adj* elliptical.

El·saß ['ɛlzas] ⟨-⟩ *n* Alsace; **El·saß-Loth·rin·gen** *n* Alsace-Lorraine; **El·säs·ser(in)** ['ɛlzɛsɐ] *m (f)* Alsatian; **el·säs·sisch** ['ɛlzɛsɪʃ] *adj* Alsatian.

El·ster ['ɛlstɐ] ⟨-, -n⟩ *f* magpie; ▶ **e-e diebische ~ sein** *fig* be a thieving magpie.

el·ter·lich ['ɛltɐlɪç] *adj* parental.

El·tern ['ɛltɐn] *pl* parents; **El·tern·abend** *m päd* parents' evening; **El·tern·haus** *n* (parental) home; **El·tern·lie·be** *f* parental love; **el·tern·los** *adj* parentless; **El·tern·sprech·tag** *m päd* open day.

Email(·le) [e'ma:j/e'maɪ(l)] ⟨-, -n⟩ *n (f)* enamel; **Email·le·schicht** *f* enamel coating.

email·lie·ren [ema'(l)ji:rən] *tr* enamel.

Eman·ze [e'mantsə] ⟨-, -n⟩ *f fam pej* women's libber.

Eman·zi·pa·tion [emantsipa'tsjo:n] *f* emancipation.

eman·zi·pie·ren **I** *tr* emancipate; **II** *refl* emancipate o.s.

Em·bar·go [ɛm'bargo] ⟨-s, -s⟩ *n* embargo.

Em·bryo ['ɛmbryo] ⟨-s, -s⟩ *m* embryo.

Emi·grant(in) [emi'grant] ⟨-en, -en⟩ *m (f)* emigrant; **Emi·gra·tion** *f* emigration.

emi·grie·ren ⟨sein⟩ *itr* emigrate.

Emis·si·on [emɪ'sjo:n] *f* **1.** *phys* emission; **2.** *fin (Ausgabe)* issue.

Emp·fang [ɛm'pfaŋ, *pl* ɛm'pfɛŋə] ⟨-(e)s, ⸚e⟩ *m* **1.** *(von Personen)* reception; **2.** *(von Sachen)* receipt; ▶ **bei ~** on receipt; *(von Waren)* on delivery; **in ~ nehmen** receive; **den ~ bestätigen von ...** acknowledge receipt of ...; **nach ~** after receipt; **e-n ~ geben** give a reception.

emp·fan·gen *irr tr allg* receive.

Emp·fän·ger(in) [ɛm'pfɛŋɐ] *m (f)* **1.** *(von Brief)* addressee; *(von Waren)* consignee; **2.** *radio (Apparat)* receiver; ▶ **~ unbekannt** not known at this address.

emp·fäng·lich *adj* susceptible *(für* to).

Emp·fäng·nis *f* conception; **emp·fäng·nis·ver·hü·tend** *adj* contraceptive; ▶ **~es Mittel** contraceptive; **Emp·fäng·nis·ver·hü·tung** *f* contraception.

Emp·fangs·be·schei·ni·gung (Emp·fangs·be·stä·ti·gung) *f com* (acknowledgement of) receipt; **Emp·fangs·chef(in)** *m (f)* head porter; **Emp·fangs·da·me** *f* receptionist; **Emp·fangs·zim·mer** *n* reception room.

emp·feh·len [ɛm'pfe:lən] *irr* **I** *tr* recommend; ▶ **jdm etw ~** recommend s.th. to s.o.; **es ist nicht zu ~** it's not to be recommended; **II** *refl* **1.** *(sich anbieten)* recommend itself; **2.** *(sich verabschieden) obs* take one's leave; ▶ **ob sich das empfiehlt?** I wonder whether it's advisable; **sich auf französisch ~** *fig fam obs* take French leave; **emp·feh·lens·wert** *adj* recommendable.

Emp·feh·lung *f* **1.** *allg* recommendation; **2.** *(Referenz)* reference; ▶ **auf ~ von ...** on the recommendation of ...

Emp·feh·lungs·schrei·ben *n* letter of recommendation, testimonial.

emp·fin·den [ɛm'pfɪndən] *irr tr (fühlen)* feel; ▶ **das empfinde ich nicht so** I feel differently about it; **~ Sie das auch so?** do you feel the same way?

emp·find·lich [ɛm'pfɪntlɪç] *adj* **1.** *(empfindungsvoll)* sensitive; **2.** *(leicht verletzt)* touchy; *(reizbar)* irritable; **3.** *(schmerzlich)* grievous; ▶ **~e Kälte** severe cold; **er ist ~ gegen solche Bemerkungen** he's sensitive about comments like that; **Emp·find·lich·keit** *f* **1.** *(Empfindungsfähigkeit)* sensitiveness; **2.** *(Verletzbarkeit)* touchiness.

emp·find·sam [ɛm'pfɪntza:m] *adj* sensitive; **Emp·find·sam·keit** *f* sentimentality.

Emp·fin·dung *f (Gefühl)* feeling.

Emp·fin·dungs·ver·mö·gen *n* sensibility.
em·por [ɛm'po:ɐ] *adv* upwards; **em·por|ar·bei·ten** *refl* work one's way up.
em·pö·ren [ɛm'pø:rən] **I** *tr (aufbringen)* outrage; **II** *refl* **1.** *(aufgebracht werden)* be indignant (*über* at); **2.** *(rebellieren)* rebel.
em·pö·rend *adj* scandalous.
Em·por·kömm·ling [ɛm'po:ɐkœmlɪŋ] *m pej* upstart.
em·por|·ra·gen *itr* tower (*über* above).
em·pört *adj* indignant (*über* at).
Em·pö·rung [ɛm'pø:rʊŋ] *f (Entrüstung)* indignation (*über* at).
em·sig ['ɛmzɪç] *adj* **1.** *(geschäftig)* busy; *(fleißig)* industrious; *(eifrig)* eager; **2.** *(unermüdlich)* assiduous.
End- ['ɛnt-] *(in Zss.)* final; **End·ab·neh·mer** *m com* ultimate buyer; **End·bahn·hof** *m* terminus.
En·de ['ɛndə] ‹-s, -n› *n* **1.** *(räumlich, zeitlich)* end; **2.** *(kleines Stück)* piece; **3.** *(Resultat)* result; **4.** *(Ausgang)* ending; ► **von e-m ~ zum anderen** from end to end; **gegen ~ Dezember** towards the end of December; **zu ~ sein** be at an end; **mit s-r Weisheit am ~ sein** be at one's wits' end; **ein Buch bis zu ~ lesen** read a book to the end; **zu ~ gehen** come to an end; **ein böses ~ nehmen** come to a bad end; **etw zu ~ bringen** finish off s.th.; **sie ist ~ dreißig** she is in her late thirties; **ein ~ mit Schrecken nehmen** end in disaster; **das ~ vom Lied sein** *fig fam* be the end of it.
End·ef·fekt *m:* ► **im ~** in the end.
En·de·mie [ɛnde'mi:] ‹-, -n› *f med* endemic; **en·de·misch** [ɛn:de:mɪʃ] *adj med* endemic.
en·den *itr* end, finish; ► **das wird böse ~!** no good will come of it! **als Säufer ~** end up (as) an alcoholic.
End·er·geb·nis *n* final result; **End·ge·rät** *n EDV tele* terminal (equipment).
end·gül·tig *adj* definite; ► **jetzt ist ~ Schluß!** that's it!
End·hal·te·stel·le *f* terminus.
En·di·vie [ɛn'di:viə] *f* endive.
End·kampf *m sport* final.
End·la·ger *n* final depot, permanent storage depot; **end·la·gern** *tr* put into permanent storage; **End·la·ge·rung** *f* permanent (*od* final) storage.
end·lich *adv math philos* finite; ► **hör ~ auf!** will you stop that! **komm jetzt ~!** get a move on! **na ~!** at last! **schließlich und ~** at long last.
end·los *adj* endless; ► **~ dauern** *hum* take ages *pl fam.*
End·lo·sig·keit *f* endlessness.
End·los·pa·pier *n EDV* continous form (*od* stationary).
End·pro·dukt *n* final product; **End·run·de** *f* **1.** *sport* finals *pl;* **2.** *(beim Boxen)* final round; **End·sil·be** *f* last syllable; **End·spurt** *m* final spurt; **End·sta·tion** *f* terminus; **End·sum·me** *f* total; **En·dung** *f gram* ending; **End·ver·brau·cher** *m* consumer; **End·ziel** *n* ultimate goal.
Ener·gie [enɛr'gi:] *f* energy; ► **~ sparen** save energy; **mit aller ~** with all one's energies *pl;* **Ener·gie·be·darf** *m* energy requirement; **ener·gie·be·wußt** *adj* energy conscious; **Ener·gie·ge·win·nung** *f* generation of energy; **Ener·gie·knapp·heit** *f* energy shortage; **Ener·gie·kri·se** *f* energy crisis; **Ener·gie·po·li·tik** *f* energy policy; **Ener·gie·quel·le** *f* source of energy; **ener·gie·spa·rend** *adj* energy-saving; **Ener·gie·spar·maß·nah·men** *f pl* energy-saving measures *pl;* **Ener·gie·ver·brauch** *m* consumption of energy; **Ener·gie·ver·sor·gung** *f* supply of energy; **Ener·gie·ver·sor·gungs·un·ter·neh·men** *n* energy supply company.
ener·gisch [e'nɛrgɪʃ] *adj (tatkräftig)* energetic; ► **~ durchgreifen** take vigorous action.
eng [ɛŋ] *adj* **1.** *(schmal)* narrow; **2.** *(~ sitzend)* tight; **3.** *(innig)* close; ► **etw ~ sehen** *fam* see s.th. narrowly; **in der ~eren Wahl sein** be on the short list; **~er machen** *(Kleidung)* take in; **wir sind ~ befreundet** we are close friends; **~ zusammen** close together.
En·ga·ge·ment [ãgaʒə'mã:] ‹-s, -s› *n* **1.** *(Anstellung)* engagement; **2.** *(Verpflichtung)* engagement.
en·ga·gie·ren [ãga'ʒi:rən] **I** *tr (verpflichten)* engage; **II** *refl* become committed (*für* to); ► **ich wollte mich nicht zu sehr ~** I didn't want to get too involved; **en·ga·giert** *adj* committed, engaged.
En·ge ['ɛŋə] ‹-, -n› *f* **1.** *(Schmalheit)* narrowness; **2.** *(Beengtheit)* crampedness; ► **jdn in die ~ treiben** *fig* drive s.o. into a corner; corner (*jdn* s.o.).
En·gel ['ɛŋəl] ‹-s, -› *m* **1.** *rel* angel; **2.** *(als Kosewort)* darling, sweetheart; ► **rettender ~** saviour.
En·gels·ge·duld ['---'-] *f:* ► **e-e ~ haben** have the patience of a saint.
En·ger·ling ['ɛŋɐlɪŋ] *m zoo* grub (*od* larva) of the cockchafer.
Eng·land ['ɛŋlant] *n* England; **Eng·län·der(in)** ['ɛŋlɛndɐ] ‹-s, -› *m (f)* Englishman (Englishwoman); **eng·lisch** ['ɛŋlɪʃ] *adj* English; ► **das E~e, die ~e Sprache** English, the English language.
eng·ma·schig *adj* close-meshed.
Eng·paß *m* **1.** *geog* defile, narrow pass; **2.** *com (a. Straßenverengung)* bottleneck.
En·kel(in) ['ɛŋkəl] ‹-s, -› *m (f)* grandson (granddaughter); *(Enkelkind)* grand-

child.

enorm [e'nɔrm] *adj* enormous.

En·sem·ble [ã'sã:bəl] ‹-s, -s› *n theat* cast.

ent·ar·ten [ɛnt'artən] ‹sein› *itr* degenerate (*zu* into); **ent·ar·tet** *adj* degenerate.

Ent·ar·tung *f* degeneration.

ent·beh·ren [ɛnt'be:rən] *tr (auskommen ohne)* do without.

ent·behr·lich *adj* dispensable; *(überflüssig)* unnecessary.

Ent·beh·rung *f:* ▶ **~en auf sich nehmen** make sacrifices.

ent·bin·den *irr tr* **1.** *(von e-m Baby)* deliver (*von* of); **2.** *(lossprechen)* release (*von* from).

Ent·bin·dung *f* delivery; **Ent·bin·dungs·kli·nik** *f* maternity clinic; **Ent·bin·dungs·sta·tion** *f* maternity ward.

ent·blö·ßen [ɛnt'blø:sən] *tr* **1.** *(von Kleidung befreien)* bare; **2.** *fig (bloßstellen)* lay bare; **ent·blößt** *adj* bare.

ent·bren·nen ‹sein› *irr itr* **1.** *(ausbrechen: fig)* erupt; **2.** *(ergriffen werden: fig)* become inflamed (*vor* with).

ent·decken (k·k) *tr allg* discover; *(herausfinden)* find out; *(sehen)* spot.

Ent·decker(in) (k·k) *m (f)* discoverer.

Ent·deckung (k·k) *f* discovery; **Ent·deckungs·rei·se (k·k)** *f* expedition; ▶ **auf ~ gehen** go exploring.

En·te ['ɛntə] ‹-, -n› *f* **1.** *zoo* duck; **2.** *(Zeitungslüge)* canard, hoax; **3.** *fig fam (Citroën 2 CV)* deux-chevaux.

ent·eh·ren *tr* dishonour; **ent·eh·rend** *adj* degrading.

Ent·eh·rung *f* degradation.

ent·eig·nen [ɛnt'aɪgnən] *tr* dispossess, expropriate.

Ent·eig·nung *f* expropriation.

ent·ei·sen [ɛnt'aɪzən] *tr (Scheibe etc)* de-ice.

En·ten·bra·ten *m* roast duck.

ent·er·ben *tr* disinherit.

en·tern ['ɛntɐn] *tr (v. Schiff, a. Flugzeug) enter with violence and take possession of.*

En·ter·tai·ner(in) ['ɛntɐteɪnɐ] ‹-s, -› *m (f)* entertainer.

En·ter-Ta·ste *f EDV* enter key.

ent·fa·chen [ɛnt'faxən] *tr a. fig* kindle.

ent·fah·ren ‹sein› *irr itr (gehoben):* ▶ **die unbedachten Worte, die mir ~ sind** the thoughtless words which escaped me.

ent·fal·len ‹sein› *irr itr:* ▶ **dieses Wort ist mir ~** this word slipped my mind; **die morgige Vorstellung entfällt** tomorrow's performance has been cancelled; **bei diesem Wort entfällt das ‚e' im Plural** this word drops the 'e' in the plural.

ent·fal·ten I *tr* **1.** *(auseinanderfalten)* unfold; **2.** *fig (entwickeln)* develop; **II** *refl* **1.** *(aufblühen)* open, unfold; **2.** *fig (sich entwickeln)* develop; **Ent·fal·tung** *f fig (Entwicklung)* development.

ent·fär·ben *tr* take the colour out of ..., decolorize.

ent·fer·nen [ɛnt'fɛrnən] **I** *refl* **1.** *(fortgehen)* go away (*von* from); **2.** *fig (sich entfremden)* become estranged; *(abweichen)* depart; **II** *tr allg* remove (*aus, von* from).

ent·fernt I *adj* **1.** *(räumlich, zeitlich)* distant; **2.** *fig (gering)* remote, vague; **~ sein von ...** be away from ...; **II** *adv* remotely, slightly; ▶ **sie sind sich nicht im ~esten ähnlich** they're not even remotely similar; **nicht im ~esten!** not in the least! **~ verwandt** distantly related.

Ent·fer·nung *f* **1.** *allg* distance; **2.** *(das Entfernen)* removal; ▶ **in zwei Metern ~** at a distance of two metres; **aus der ~ sieht das ganz anders aus** seen from a distance it looks different; **auf e-e ~ von ...** at a range of ...; **auf kurze ~** at close range; **unerlaubte ~ von der Truppe** *mil* absence without leave.

Ent·fer·nungs·mes·ser *m phot* rangefinder.

ent·fes·seln *tr fig* unleash.

ent·flamm·bar *adj* inflammable.

ent·flam·men I *itr* ‹sein› **1.** *(Feuer fangen)* catch fire; **2.** *fig (Person)* be inflamed; **3.** *fig (ausbrechen)* flare up; **II** *tr* ‹h› *(begeistern)* inflame.

ent·flech·ten *irr tr* **1.** *pol (von Kartell)* break up; **2.** *(von Haar, Garn etc)* disentangle.

Ent·flech·tung *f (com)* breaking up.

ent·flie·gen ‹sein› *irr itr* fly away.

ent·flie·hen ‹sein› *irr itr* escape, flee (*aus* from).

ent·frem·den [ɛnt'frɛmdən] **I** *tr* alienate, estrange; **II** *refl* become alienated (*od* estranged) (*von* from).

Ent·frem·dung *f* estrangement.

Ent·fro·ster ‹-s, -› *m mot* defroster.

ent·füh·ren *tr* **1.** *(Menschen)* kidnap; **2.** *(Flugzeug)* hijack; **3.** *fam (entwenden)* make off with ...

Ent·füh·rer(in) *m (f)* kidnapper.

Ent·füh·rung *f* **1.** *(e-r Person)* kidnapping; **2.** *(e-es Flugzeuges)* hijacking.

ent·ge·gen [ɛnt'ge:gən] **I** *prep* contrary to; ▶ **~ meinen Erwartungen** contrary to what I expected; **das ist ~ unserer Abmachung** that is contrary to our agreement; **II** *adv* towards; ▶ **er ging ihr ~** he walked towards her.

ent·ge·gen|brin·gen *irr tr:* ▶ **jdm Vertrauen ~** have confidence in s.o.

ent·ge·gen|ge·hen ‹sein› *irr itr* **1.** *(auf jdn zugehen)* go to meet; *(in jds Richtung)* go towards; **2.** *fig* face; ▶ **der Krieg geht s-m Ende entgegen** the war is approaching its end.

ent·ge·gen·ge·setzt *adj* **1.** *(Richtung)* opposite; **2.** *fig (Meinung)* opposing.

ent·ge·gen|hal·ten *irr tr* **1.** *(Gegenstand)* hold s.th. out (*jdm* to s.o.); **2.** *fig (dagegenstellen)* object.

ent·ge·gen|kom·men ⟨sein⟩ *irr itr* come to meet; ► **auf halbem Weg ~** *a. fig* meet halfway; **ent·ge·gen·kom·mend** *adj fig* obliging.

ent·ge·gen|neh·men *irr tr:* ► **können Sie diesen Brief ~?** can you accept this letter?

ent·ge·gen|se·hen *irr itr:* ► **wir sehen Ihrer baldigen Antwort entgegen ...** looking forward to your early reply ...

ent·ge·gen|set·zen *tr:* ► **e-r Sache Widerstand ~** put up resistance against s.th.; **können Sie dem irgend etwas ~?** can you put up any resistance to this?

ent·ge·gen|ste·hen *irr itr:* ► **was steht dem entgegen?** what obstacle is there to that? **dem steht allerdings entgegen, daß ...** what stands in the way of that is that ...

ent·ge·gen|tre·ten ⟨sein⟩ *irr itr* **1.** *(in den Weg treten)* step up to ...; **2.** *fig (angehen gegen)* counter.

ent·geg·nen [ɛnt'ge:gnən] *tr* reply (*auf etw* to s.th.).

ent·ge·hen ⟨sein⟩ *irr itr:* ► **das ist mir entgangen** I missed that; **mir ist (durchaus) nicht entgangen, daß ...** it didn't escape me that ...; **laß dir das nicht ~!** don't miss your chance!

ent·gei·stert [ɛnt'gaɪstɐt] *adj (verstört)* thunderstruck; *(verblüfft)* flabbergasted *fam.*

Ent·gelt [ɛnt'gɛlt] ⟨-(e)s, -e⟩ *n (Entschädigung)* compensation; ► **nur gegen ~!** only for a consideration!

ent·gif·ten *tr* detoxicate.

Ent·gif·tung *f* detoxication; **Ent·gif·tungs·an·la·ge** *f tech* decontamination plant.

ent·glei·sen [ɛnt'glaɪzən] ⟨sein⟩ *itr* **1.** *rail* be derailed, jump the rails; **2.** *fig (sich taktlos benehmen)* misbehave; ► **e-n Zug ~ lassen** derail a train.

Ent·glei·sung *f* **1.** derailment; **2.** *fig* faux pas, gaffe.

ent·glei·ten ⟨sein⟩ *irr itr* slip away.

ent·grä·ten [ɛnt'grɛ:tən] *tr* bone.

ent·haa·ren [ɛnt'ha:rən] *tr* remove hair from ...

Ent·haa·rungs·mit·tel *n* depilatory.

ent·hal·ten *irr* **I** *tr (in sich haben)* contain; *(fassen)* hold; **II** *refl* abstain; ► **sie konnte sich nicht ~, e-e Bemerkung zu machen** she couldn't refrain from making a remark.

ent·halt·sam *adj* **1.** *(von Genußmitteln)* abstemious; **2.** *(sexuell ~)* continent.

Ent·halt·sam·keit *f* **1.** *(Essen, Trinken)* abstemiousness; **2.** *(sexuell)* continence.

ent·här·ten *tr (Wasser)* soften.

Ent·här·tungs·an·la·ge *f (Wasser~)* softening plant.

ent·haup·ten [ɛnt'haʊptən] *tr* behead, decapitate; **Ent·haup·tung** *f* beheading, decapitation.

ent·he·ben *irr tr:* ► **jdn seines Amtes ~** remove s.o. from (his) office.

ent·hül·len *tr* reveal, uncover.

Ent·hül·lung *f fig (Aufdeckung)* disclosure, revelation.

En·thu·si·as·mus [ɛntuzi'asmʊs] *m* enthusiasm.

en·thu·si·astisch *adj* enthusiastic (*über* about, at).

ent·kal·ken *tr* decalcify.

ent·ker·nen *tr (Kernobst)* core; *(Steinobst)* stone.

ent·klei·den *tr refl* undress.

ent·kof·fei·niert *adj* decaffeinated.

ent·kom·men ⟨sein⟩ *irr itr* escape; ► **mit knapper Not ~** have a narrow escape.

ent·kor·ken *tr* uncork.

ent·kräf·ten [ɛnt'krɛftən] *tr* **1.** *(die Kräfte rauben)* wear out; **2.** *fig (widerlegen)* invalidate.

Ent·kräf·tung *f* exhaustion; *fig* invalidation.

ent·kri·mi·na·li·sie·ren *tr* decriminalize.

ent·la·den *irr* **I** *tr (abladen, ausladen)* unload; **II** *refl* **1.** *el (Batterie)* discharge; **2.** *fig (Ärger)* vent itself; **Ent·la·dung** *f* **1.** *(Ausladung)* unloading; **2.** *el* discharge; ► **etw zur ~ bringen** *(Explosion)* detonate s.th.

ent·lang [ɛnt'laŋ] *adv* along; ► **hier ~ bitte!** this way please!

ent·lar·ven [ɛnt'larfən] *tr fig* expose; ► **sich ~** reveal one's true character.

ent·las·sen *irr tr allg* **1.** *(aus Stellung)* dismiss; **2.** *(erlauben zu verlassen)* discharge; **Ent·las·sung** *f* **1.** *(aus Stellung)* dismissal; **2.** *(aus Klinik)* discharge; **Ent·las·sungs·zeug·nis** *n päd* school leaving certificate.

ent·la·sten *tr* **1.** *(von Last befreien)* relieve the load on ...; **2.** *fig (Arbeit abnehmen)* relieve (*von* of); **3.** *jur* exonerate; **Ent·la·stung** *f (Erleichterung)* relief; **Ent·la·stungs·zeu·ge, (-zeu·gin)** *m (f)* witness for the defence; **Ent·la·stungs·zug** *m* relief train.

ent·lau·ben *tr mil* defoliate; **Ent·lau·bung** *f mil* defoliation; **Ent·lau·bungs·mit·tel** *n mil* defoliant.

ent·lau·fen ⟨sein⟩ *irr itr* run away; ► **„Katze ~"** "cat missing".

ent·le·di·gen [ɛnt'le:dɪgən] *refl:* ► **sich e-r Sache ~** rid o.s. of s.th.

ent·lee·ren *tr* empty.

ent·le·gen [ɛnt'le:gən] *adj* remote.

ent·leh·nen *tr fig* borrow (*von* from).

Ent·leh·nung *f fig* borrowing.

ent·lei·hen *irr tr* borrow (*aus* from).
ent·locken (k·k) *tr* elicit (*jdm etw* s.th. from s.o.).
ent·loh·nen *tr* pay; **Ent·loh·nung** *f* pay; ▶ **nur gegen ~** for payment only.
ent·lüf·ten *tr* **1.** *(von Luft befreien)* air, ventilate; **2.** *mot (Bremsen)* bleed; **Ent·lüf·tung** *f* ventilation.
ent·mi·li·ta·ri·sie·ren *tr* demilitarize.
ent·mün·di·gen *tr* incapacitate.
ent·mu·ti·gen *tr* discourage, dishearten.
ent·neh·men *irr tr* **1.** *(weg~)* take out (*aus* of); **2.** *(e-m Buch)* take (*aus* from); **3.** *fig (folgern)* infer (*aus* from); ▶ **sie entnahm aus s-m Brief ...** she gathered from his letter ...
ent·ölen *tr* deoil.
ent·pup·pen [ɛntpʊpən] *refl:* ▶ **sich ~ als ...** turn out to be ...
ent·rah·men *tr* skim.
ent·rät·seln *tr* **1.** *(Geheimnis)* solve; **2.** *(Geheimschrift)* decipher.
ent·rei·ßen *irr tr:* ▶ **jdm etw ~** snatch s.th. away from s.o.
ent·rich·ten *tr fin* pay.
Ent·rin·nen *n:* ▶ **es gibt kein ~!** there is no escape!
ent·rin·nen ‹sein› *irr itr* escape from ...
ent·rol·len *tr (Aufgerolltes)* unroll.
ent·ro·sten *tr* derust.
ent·rüm·peln [ɛntˈrʏmpəln] *tr* clear out.
ent·rü·sten [ɛntˈrʏstən] **I** *tr (empören)* outrage; **II** *refl* be outraged (*über* at).
ent·rü·stet *adj* indignant, outraged.
Ent·rü·stung *f* indignation (*über* at).
ent·saf·ten [ɛntˈzaftən] *tr* extract the juice from ...
Ent·saf·ter *m tech* juice extractor.
ent·sa·gen *itr (gehoben):* ▶ **dem muß ich leider ~** I'm afraid I shall have to forego that.
Ent·sa·gung *f (Entbehrung)* privation.
ent·schä·di·gen *tr* **1.** *(für Verluste)* indemnify; **2.** *(für geleistete Dienste)* compensate; **3.** *(für Auslagen)* reimburse.
Ent·schä·di·gung *f* compensation, recompense.
ent·schär·fen *tr (Bombe)* defuse; ▶ **die Situation ~** alleviate the situation.
Ent·scheid [ɛntˈʃaɪt] ‹-(e)s, -e› *m* (*s.* Entscheidung).
ent·schei·den *irr tr refl* decide; ▶ **wie habt ihr euch entschieden?** what did you decide? **du mußt ~, was du tun willst** you must decide what to do; **ich kann mich nicht ~** I don't know (*od* I can't decide); **jetzt wird es sich ~** now we'll see; **das mußt du ~** it's your decision; **ent·schei·dend** *adj* decisive; ▶ **ein ~er Fehler** a crucial error; **die ~e Stimme** *pol* the casting vote.
Ent·schei·dung *m* decision; ▶ **e-e ~ treffen** make a decision; **wie ist die ~ ausgefallen?** which way did the decision go? **um die ~ spielen** *sport* play the decider; **es geht um die ~** it's going to decide things; **Ent·schei·dungs·fin·dung** *f* decision-making; **ent·schei·dungs·freu·dig** *adj* decisive; **Ent·schei·dungs·kri·te·ri·um** *n* deciding factor; **Ent·schei·dungs·pro·zeß** *m* decision-making process; **Ent·schei·dungs·spiel** *n* decider.
ent·schie·den [ɛntˈʃiːdən] *adj* determined, resolute.
Ent·schie·den·heit *f* determination, resolution.
ent·schlacken (k·k) *tr med* purify.
ent·schla·fen ‹sein› *irr itr euph* pass away.
ent·schlie·ßen *irr refl* decide, determine; ▶ **wozu hast du dich entschlossen?** what did you decide? **sich ~, etw zu tun** determine to do s.th.; **ich habe mich anders entschlossen** I've changed my mind.
Ent·schlie·ßung *f* resolution; **Ent·schlie·ßungs·ent·wurf** *m* draft resolution.
ent·schlos·sen [ɛntˈʃlɔsən] *adj* determined, resolute; ▶ **kurz ~** without further ado; **fest ~ sein** be absolutely determined; **ich bin jetzt zu allem ~** I'm ready for anything now.
Ent·schluß *m* decision, resolution; ▶ **e-n ~ fassen** make a decision; **mein ~ ist gefaßt** my mind is made up; **es ist mein fester ~ ...** it's my firm intention ...; **ent·schluß·freu·dig** *adj* decisive.
ent·schlüs·seln *tr* **1.** *(Geheimschrift)* decipher; **2.** *(Funkspruch)* decode.
Ent·schlüs·se·lung *f* deciphering, decoding.
ent·schuld·bar *adj* excusable.
ent·schul·di·gen I *tr* excuse; ▶ **~ Sie bitte!** excuse me! sorry! **entschuldige, daß ich gefragt habe!** excuse me for asking! **und nun ~ Sie mich, ich habe zu arbeiten** and now if you will excuse me I have work to do; **II** *refl* apologize (*bei* to, *wegen* for); ▶ **sich ~ lassen** send one's apologies.
Ent·schul·di·gung *f* **1.** *allg* excuse; **2.** *(~sbrief)* excuse note; ▶ **ich habe e-e gute ~, warum ich nicht hingehen kann** I've a good excuse for not going; **was sagte Sie zu ihrer ~?** what did she say in her defence? **~!** excuse me!
Ent·schul·di·gungs·brief *m päd* excuse note.
Ent·schul·dung [ɛntˈʃʊldʊŋ] *f fin* regulation of debts.
ent·schwe·feln *tr tech* desulphurize; **Ent·schwe·fe·lung** *f tech* desulphurization; **Ent·schwe·fe·lungs·an·la·ge** *f* desulphurization plant.
ent·schwin·den ‹sein› *irr itr* disappear, vanish.
ent·seelt [ɛntˈzeːlt] *adj (gehoben: tot)*

lifeless.

ent·sen·den *irr tr* dispatch, send off.

Ent·set·zen ‹-s› *n* horror; ▶ **zu meinem ~** to my horror.

ent·set·zen I *tr* **1.** *(erschrecken)* horrify; **2.** *mil (von Einschließung befreien)* relieve; **II** *refl* be horrified (*über* at).

ent·setz·lich [ɛnt'zɛtslɪç] *adj* **1.** *(gräßlich)* appalling, dreadful; **2.** *fam (sehr)* awful; ▶ **wie ~, daß das passieren mußte!** what a dreadful thing to happen!

ent·setzt *adj* horrified (*über* at); ▶ **sie fuhr ~ zurück** she shrank back in horror.

ent·seu·chen *tr tech* decontaminate; **Ent·seu·chung** *f tech* decontamination; **Ent·seu·chungs·mit·tel** *n* **1.** *med* disinfectant; **2.** *chem* decontaminating agent.

ent·si·chern *tr (Pistole etc)* release the safety catch of ...

ent·sin·nen *irr refl* recollect, remember; ▶ **soweit ich mich ~ kann** as far as I can recollect.

ent·sor·gen *tr:* ▶ **eine Stadt ~** dispose of a town's refuse and sewage; **Ent·sor·gung** [ɛnt'zɔrgʊŋ] *f* sewage and refuse disposal, waste management; **Ent·sor·gungs·park** *m (nuklearer ~)* waste dump.

ent·span·nen I *tr* **1.** *(Körperteile, Muskeln etc)* relax; **2.** *fig (Lage etc)* ease; **II** *refl a. fig* relax.

Ent·span·nung *f* **1.** *pol* détente; **2.** *fig (Zerstreuung)* diversion; **3.** *(Gelöstheit) a. fig* relaxation; **Ent·span·nungs·po·li·tik** *f* policy of détente.

ent·spin·nen *irr refl* arise, develop.

ent·spre·chen *irr itr* **1.** *(übereinstimmen, ähnlich sein)* correspond to ...; **2.** *(nachkommen)* comply with ..., conform to ...; ▶ **allen Anforderungen ~** answer (*od* meet) all requirements; **jds Erwartungen ~** come up to (meet) someone's expectations; **ent·spre·chend I** *adj* **1.** *(angemessen)* appropriate; **2.** *(gleichend)* corresponding; **II** *adv* accordingly, according to.

Ent·spre·chung *f* counterpart, equivalent; ▶ **die deutsche ~ des englischen Wortes** the German equivalent of the English word.

ent·sprin·gen ‹sein› *irr itr* **1.** *(Flüsse)* rise; **2.** *fig (herrühren)* arise (*aus* from).

ent·ste·hen ‹sein› *irr itr* come into being; *(sich bilden)* arise; ▶ **die Legende ist in ... entstanden** the legend originated in ...; **wodurch ist das Feuer entstanden?** what was the cause of the fire?

Ent·ste·hung *f* **1.** *allg* coming into being; *(Ursprung)* origin; **2.** *(Bildung)* formation.

ent·stei·gen ‹sein› *irr itr (dem Wasser)* emerge from ...

ent·stei·nen *tr (Obst)* stone.

ent·stel·len *tr* **1.** *(verunstalten)* disfigure; **2.** *(verändern) a. fig* distort; ▶ **s-e Worte wurden von der Presse entstellt wiedergegeben** he was misrepresented in the papers.

Ent·stel·lung *f* **1.** *fig (Verdrehung)* distortion; **2.** *(Verunstaltung)* disfigurement.

ent·sticken (k·k) *tr tech (Stickstoff entziehen)* denitrify; **Ent·stickung (k·k)** *f tech* denitrification; **Ent·stickungs·an·la·ge (k·k)** *f tech* denitrification plant.

ent·stö·ren *tr* **1.** *radio tele* free from interference; **2.** *mot el* suppress.

Ent·stö·rungs·stel·le *f tele* telephone maintenance service.

ent·strö·men ‹sein› *itr* **1.** *(Flüssigkeit)* pour out (*aus* of); **2.** *(Gas etc)* escape (*aus* from).

ent·täu·schen *tr* disappoint; ▶ **in e-r Prüfung ~d abschneiden** do disappointingly in an exam.

ent·täuscht *adj* disappointed; ▶ **von jdm ~ sein** be disappointed in s.o.

Ent·täu·schung *f* disappointment; ▶ **so e-e ~!** how disappointing!

ent·waff·nen [ɛnt'vafnən] *tr a. fig* disarm.

ent·waff·nend *adj fig* disarming.

Ent·war·nung *f (Signal)* all-clear.

ent·wäs·sern [ɛnt'vɛsɐn] *tr* **1.** *(Boden)* drain; **2.** *chem* dehydrate.

Ent·wäs·se·rung *f (Kanalisation e-s Hauses)* drainage.

ent·we·der [ɛnt've:dɐ/'---] *conj:* ▶ **~ ... oder ...** either ... or ...; **~ oder!** make up your mind!

ent·wei·chen ‹sein› *irr itr* **1.** *(Gase etc)* escape (*aus* from); *(lecken)* leak (*aus* out of); **2.** *(entfliehen)* escape (*aus* from).

ent·wen·den *tr* purloin (*jdm etw* s.th. from s.o.).

ent·wer·fen *irr tr* **1.** *(zeichnerisch)* sketch; *(Modell)* design; **2.** *(Schriftstück etc)* draft, draw up.

ent·wer·ten *tr* **1.** *(wertlos machen)* devalue; **2.** *fig (entkräften)* undermine; ▶ **s-n Fahrschein ~** cancel one's ticket.

Ent·wer·ter ‹-s, -› *m* ticket(-cancelling) machine.

ent·wickeln (k·k) I *tr* **1.** *allg* develop; **2.** *(entstehen lassen)* produce; ▶ **e-e Theorie ~** evolve a theory; **II** *refl* **1.** *allg* develop (*zu* into); **2.** *(sich bilden)* be produced.

Ent·wick·ler *m phot* developer.

Ent·wick·lung *f* **1.** *allg* development; **2.** *(Erzeugung)* generation, production; **Ent·wick·lungs·dienst** *m Br* Voluntary Service Overseas, *Am* Peace Corps; **ent·wick·lungs·fä·hig** *adj* capable of development; **Ent·wick·lungs·ge·schich·te** *f* developmental history, evolution; **Ent·wick·lungs·hel·fer(in)** *m (f) Br person involved in foreign aid, e.g. doing Voluntary Service Overseas, Am Peace Corps worker;* **Ent·wick·lungs·hil·fe** *f* foreign aid; **Ent·wick·lungs·land** *n* developing country; **Ent·wick·lungs·maß·nah·men** *f pl* development measures; **Ent·wick·lungs·pla·nung** *f* development planning; **Ent·wick·lungs·sta·dium** *n* stage of development.

ent·wir·ren *tr* unravel.

ent·wi·schen ‹sein› *itr* get away.

ent·wöh·nen [ɛntˈvøːnən] *tr:* ▶ **jdn e-r Sache** ~ cure s.o. of s.th.

Ent·wurf *m* **1.** *(Zeichnung, Plan)* outline, sketch; **2.** *(Modell)* design; **3.** *(~ von Resolution etc)* draft.

ent·wur·zeln *tr a. fig* uproot.

ent·zer·ren *tr phot* rectify.

ent·zie·hen *irr* **I** *tr* **1.** *(fortnehmen)* take away; **2.** *chem (extrahieren)* extract; ▶ **jdm den Führerschein** ~ revoke someone's driving (*Am* driver's) licence; **II** *refl (e-r Sache)* evade s.th.; ▶ **sich der Festnahme** ~ elude arrest; **das entzieht sich meiner Kenntnis** that is beyond my knowledge.

Ent·zie·hungs·an·stalt *f* treatment centre (for alcoholics *od* for drug addicts).

Ent·zie·hungs·kur *f* **1.** *(für Drogensüchtige)* cure for drug addiction; **2.** *(für Alkoholiker)* alcoholism cure; ▶ **e-e** ~ **mitmachen** take a cure for drug addiction (*od* an alcoholism cure).

ent·zif·fern [ɛntˈtsɪfən] *tr* **1.** *(Geheimschrift)* decipher; **2.** *(Funkspruch)* decode; ▶ **nicht zu** ~ indecipherable.

Ent·zücken (k·k) [ɛnˈtsʏkən] ‹-s› *n:* ▶ **in** ~ **geraten** go into raptures *pl;* **jdn in** ~ **versetzen** send s.o. into raptures *pl.*

ent·zücken (k·k) *tr:* ▶ **entzückt sein über (von)** ... be in raptures over (about) ...; **ent·zückend (k·k)** *adj* charming.

Ent·zug *m* withdrawal; *(Behandlung)* (*s.* Entziehungskur); **Ent·zugs·er·schei·nung** *f* withdrawal symptom.

ent·zünd·bar *adj* inflammable; ▶ **leicht** ~ highly inflammable.

ent·zün·den I *tr* **1.** *(Feuer)* light; **2.** *med (infizieren)* inflame; **3.** *fig (entfachen)* start; **II** *refl* **1.** *(Feuer fangen)* catch fire; **2.** *med* become inflamed; **3.** *fig (sich entfachen)* be sparked off; **ent·zün·det** *adj med* inflamed; **ent·zünd·lich** *adj* inflammable.

Ent·zün·dung *f med* inflammation.

ent·zwei [ɛnˈtsvaɪ] *adj* **1.** *(in zwei Teile zerbrochen)* in two; **2.** *(kaputt)* broken.

ent·zwei·en *refl:* ▶ **sie haben sich entzweit** they've fallen out with each other.

ent·zwei|ge·hen ‹sein› *itr* break in two.

En·zi·an [ˈɛntsiaːn] ‹-s, -e› *m* **1.** *bot* gentian; **2.** *(Likör)* gentian spirit.

En·zy·klo·pä·die [ɛntsyklopɛˈdiː] *f* encyclop(a)edia.

Epi·de·mie [epideˈmiː] *f* epidemic; **Epi·de·mio·lo·ge** *m;* **Epi·de·mio·lo·gin** *f* epidemiologist; **Epi·de·mio·lo·gie** *f* epidemiology; **epi·de·mio·lo·gisch** *adj* epidemiological.

Epi·lep·sie [epilɛˈpsiː] *f* epilepsy.

Epi·lep·ti·ker(in) *m (f)* epileptic.

epi·lep·tisch *adj* epileptic.

Epi·log [epiˈloːk] ‹-s, -e› *m* epilogue.

episch [ˈeːpɪʃ] *adj* epic.

Epi·so·de [epiˈzoːdə] ‹-, -n› *f* episode.

Epo·che [eˈpɔxə] ‹-, -n› *f* epoch; **epo·che·ma·chend** *adj* epoch-making.

Epos [ˈeːpɔs] ‹-, ʒpen› *n* epic poem.

er [eːɐ] *prn* he; ▶ ~ **selbst** he himself; ~ **ist es** it's him.

Er·ach·ten [ɛrˈaxtən] *n:* **meines ~s** in my opinion.

er·ar·bei·ten I *tr* **1.** *(Vermögen etc)* work for ...; **2.** *(erwerben)* acquire; **3.** *(ausarbeiten)* work out; **II** *refl* **1.** *(Vermögen)* earn; **2.** acquire.

Erb·adel *m* hereditary nobility.

Erb·an·la·ge *f* hereditary factor.

Er·bar·men ‹-s› *n* pity, compassion (*mit* on); *(Gnade)* mercy (*mit* on); ▶ ~! for pity's sake! **mit jdm** ~ **haben** feel pity for s.o.; **es ist zum** ~ it's pitiful.

er·bar·men [ɛɐˈbarmən] *refl:* ▶ **sich jds** ~ have pity on s.o.

er·bärm·lich [ɛɐˈbɛrmlɪç] *adj* **1.** *fig (niederträchtig)* miserable; **2.** *(erbarmungswürdig)* wretched; ▶ **mir geht's** ~ I feel wretched.

er·bar·mungs·los *adj* merciless, pitiless.

er·bau·en *tr* build.

Er·bau·er(in) *m (f)* builder.

Er·bau·ung *f* building, construction.

Er·be[1] (Er·bin) [ˈɛrbə] ‹-n, -n› *m (f) (der Erbende)* heir (heiress).

Er·be[2] ‹-s› *n* **1.** *(Erbteil)* inheritance; **2.** *fig* heritage.

er·be·ben [-ˈ--] ‹sein› *itr* shake, tremble.

er·ben [ˈɛrbən] *tr* inherit (*von* from).

er·bet·teln *tr* get by begging.

er·beu·ten [ɛɐˈbɔɪtən] *tr* **1.** *(Diebesgut)* get away with ...; **2.** *(Raubtier: Tierbeute)* carry off.

Erb·fak·tor *m* gene; **Erb·feh·ler** *m* hereditary defect.

Erb·fol·ge *f* succession.

Erb·gut *n biol* genetic make-up, genotype; **erb·gut·schä·di·gend** *adj* genetically damaging (*od* harmful).

er·bie·ten *irr refl:* ▶ **sich ~, etw zu tun** offer to do s.th.

Erb·in·for·ma·tion *f biol* genetic information.

er·bit·ten *irr tr* ask for, request.

er·bit·tern [ɛɐˈbɪtɐn] *tr* enrage, incense.
er·bit·tert *adj* bitter.
Er·bit·te·rung *f* bitterness.
Erb·krank·heit *f* hereditary disease.
er·blas·sen (er·blei·chen) [ɛrˈblasən] ⟨sein⟩ *itr* go (*od* turn) pale (*vor* with).
Erb·las·se·r(in) [ˈɛrplasɐ] ⟨-s, -⟩ *m (f) jur* testator (testatrix).
erb·lich *adj* hereditary.
er·blicken (k·k) *tr* behold.
er·blin·den ⟨sein⟩ *itr* go blind.
Er·blin·dung *f* loss of sight; ▶ **das kann zur ~ führen** that can lead to loss of sight.
er·blü·hen ⟨sein⟩ *itr* bloom, blossom.
Erb·mas·se [ˈɛrpmasə] ⟨-, (-n)⟩ *f* **1.** *(das Geerbte)* inheritance; **2.** *biol* genetic make-up.
Er·bre·chen ⟨-s⟩ *n med* vomiting.
er·bre·chen *irr* **I** *tr* **1.** *(aufbrechen)* break open; **2.** *(Mageninhalt ~)* throw up; **II** *refl* vomit; ▶ **ich glaub', ich muß mich ~** I think I'm going to be sick.
Erb·recht *n* law of inheritance.
er·brin·gen *irr tr:* ▶ **den Beweis ~** furnish proof, produce evidence.
Erb·schaft *f* inheritance; ▶ **e-e ~ machen** come into an inheritance; **Erb·schafts·steu·er** *f* death duty.
Erb·schein *m* certificate of inheritance.
Erb·schlei·cher(in) *m (f)* legacy-hunter; **Erb·schlei·che·rei** *f* legacy-hunting.
Erb·se [ˈɛrpsə] ⟨-, -n⟩ *f* pea; **Erb·sen·sup·pe** *f* pea soup.
Erb·stück *n* heirloom; **Erb·teil** *n* inheritance.
Erd·ach·se *f* earth's axis; **Erd·an·zie·hung** *f* gravitational pull of the earth; **Erd·ar·bei·ten** *pl* excavation *sing;* **Erd·ball** *m* globe; **Erd·be·ben** *n* earthquake; **Erd·be·ben·gür·tel** *m* earthquake zone; **Erd·bee·re** *f* strawberry; **Erd·bo·den** *m* ground, earth; ▶ **dem ~ gleichmachen** level, raze to the ground.
Er·de [ˈeːɐdə] ⟨-, -n⟩ *f* **1.** *(Welt)* earth, world; **2.** *(Boden)* ground; **3.** *(Bodenart)* soil; **4.** *el Br* earth, *Am* ground; ▶ **auf der ~** on earth; **den Himmel auf ~n** heaven on earth; **zur ~ fallen** fall to earth; **über (unter) der ~** above (below) ground.
er·den·ken *irr tr* devise, think up.
er·denk·lich *adj* imaginable; ▶ **alles E~e tun** do everything imaginable.
erd·far·ben [ˈeːɐtfarbən] *adj* earth-coloured.
Erd·gas *n* natural gas; **Erd·gas·feld** *n* gas field; **Erd·gas·lei·tung** *f* (natural gas) pipeline.
Erd·ge·schoß *n Br* ground floor, *Am* first floor; ▶ **im ~** on the ground (*od* first) floor.
Erd·hau·fen *m* mound of earth.
er·dich·ten *tr* fabricate.
er·dig [ˈeːɐdɪç] *adj* earthy.
Erd·in·ne·re *n* interior of the earth; **Erd·ka·bel** *n* underground cable; **Erd·kar·te** *f* map of the earth; **Erd·klum·pen** *m* clod of earth; **Erd·kru·ste** *f geol* earth's crust; **Erd·ku·gel** *f* globe; **Erd·kun·de** *f* geography; **Erd·nuß** *f bot* peanut; **Erd·ober·flä·che** *f* earth's surface; **Erd·öl** *n* oil, petroleum; **Erd·öl·em·bar·go** *n* oil embargo; **erd·öl·ex·por·tie·rend** *adj* oil-exporting; **Erd·öl·ver·ar·bei·tung** *f* processing of crude oil; **Erd·reich** *n* earth, soil.
er·drei·sten [ɛrˈdraɪstən] *refl:* ▶ **sich ~, etw zu tun** have the audacity (*od* cheek) to do s.th.
er·dros·seln *tr* strangle.
er·drücken (k·k) *tr* **1.** *(zermalmen)* crush; **2.** *fig (überwältigen)* overwhelm.
Erd·rutsch [ˈeːɐtrʊtʃ] ⟨-es, -e⟩ *m (auch fig)* landslide; **Erd·rutsch·sieg** *m pol* landslide (victory); **Erd·schol·le** *f* clod of earth; **Erd·stoß** *m* seismic shock; **Erd·strah·len** *m pl* field lines *pl;* **Erd·teil** *m* continent.
er·dul·den *tr* endure.
Erd·um·dre·hung *f* rotation of the earth; **Erd·um·lauf·bahn** *f* earth orbit; **Erd·um·seg·lung** *f* circumnavigation of the globe.
Er·dung [ˈeːɐdʊŋ] *f el Br* earthing, *Am* grounding.
Erd·wär·me *f* geothermal energy, geothermy; **Erd·wär·me·kraft·werk** *n* geothermal power station.
er·ei·fern [ɛɐˈaɪfɐn] *refl* get worked up (*über* over).
er·eig·nen [ɛɐˈaɪgnən] *refl* happen, occur.
Er·eig·nis *n* event, occurrence.
er·eig·nis·reich *adj* eventful.
er·fah·ren *irr tr* **1.** *(hören)* hear, learn (*von* from); *(herausfinden)* find out; **2.** *(erleben)* experience; ▶ **er hat nie wirklichen Kummer ~** he has had no experience of real grief.
er·fah·ren *adj* experienced.
Er·fah·rung *f* experience; ▶ **die ~ lehrt, daß ...** experience proves that ...; **etw aus ~ wissen** know s.th. by experience; **aus eigener ~** from one's own personal experience.
er·fah·rungs·ge·mäß *adv* as experience shows.
er·fas·sen *tr* **1.** *fig (begreifen)* grasp; **2.** *fig (registrieren)* record, register; **3.** *(einschließen)* include; **4.** *(ergreifen)* catch; ▶ **diese Tatsachen sind nirgends erfaßt** these facts aren't recorded anywhere.
er·fin·den *irr tr* **1.** *(e-e Erfindung machen)* invent; **2.** *(etw ausdenken)* fabricate; ▶ **e-e Story ~** *fam* cook up a story.

Er·fin·der(in) *m (f)* inventor.
er·fin·de·risch *adj* inventive; ▶ **Not macht** ~ *prov* necessity is the mother of invention.
Er·fin·dung *f* invention; **Er·fin·dungs·reich·tum** *m* inventiveness, ingenuity.
Er·folg [ɛɐ̯'fɔlk] ⟨-(e)s, -e⟩ *m* **1.** *(Gelingen)* success; **2.** *(Ergebnis)* result; ▶ **ohne** ~ without success; **viel** ~**!** wishing you every success! **mit etw** ~ **haben** make a success of s.th.; ~ **haben** meet with success; **ein voller** ~ **sein** be entirely successful; **bei jdm** ~ **haben** be a success with s.o.; **ich möchte e-n** ~ **sehen!** I want to see results *pl*! **wir hatten damit großen** ~ we had very good results with this; **... mit dem** ~**, daß ...** with the consequence that ...
er·fol·gen ⟨sein⟩ *itr* **1.** *(Zahlungen)* be made; **2.** *(stattfinden)* occur, take place.
er·folg·los *adj* unsuccessful, without success.
Er·folg·lo·sig·keit *f* lack of success, unsuccessfulness; ▶ **zur** ~ **verurteilt sein** be destined to failure.
er·folg·reich *adj* successful.
Er·folgs·bi·lanz *f* record of succes; **Er·folgs·druck** *m pressure to succeed;* **Er·folgs·er·leb·nis** *n psych* feeling of success, sense of achievement; **Er·folgs·kon·trol·le** *f päd* testing; **Er·folgs·re·zept** *n* recipe for success.
er·folg·ver·spre·chend *adj* promising.
er·for·der·lich [ɛɐ̯'fɔrdɐlɪç] *adj* necessary, requisite; ▶ **falls** ~ if required; **alle** ~**en Qualifikationen** all the necessary qualifications; **die dazu** ~**e Zeit** the requisite time; **das E**~**e tun** do what is necessary.
er·for·dern *tr* call for, require; ▶ **das erfordert große Sorgfalt** it requires great care.
Er·for·der·nis *n* requirement.
er·for·schen *tr* **1.** *(erkunden)* explore; **2.** *(untersuchen)* research (*etw* into s.th.).
Er·for·schung *f* **1.** *(Erkundung)* exploration; **2.** *(Untersuchung)* research (*von etw* into s.th.).
er·fra·gen *tr* ask, inquire; ▶ **zu** ~ **bei ...** apply to ..., inquire at ...
er·freu·en I *tr* delight, please; ▶ **jdn** ~ give s.o. pleasure; **II** *refl* delight (*an* in); ▶ **sich an Büchern** ~ find pleasure in books; **sich großer Nachfrage** ~ be in great demand.
er·freu·lich *adj* pleasant; ▶ ~**!** how nice! **es ist** ~**, zu erfahren, daß ...** it's gratifying to learn that ...
er·freu·li·cher·wei·se *adv* fortunately, happily.
er·freut *adj:* ▶ **sehr** ~**!** pleased to meet you! **über etw** ~ **sein** be delighted (*od* pleased) about (*od* at).
er·frie·ren ⟨sein⟩ *irr itr* **1.** *(totfrieren)* freeze to death; **2.** *(abfrieren)* get frostbitten; **3.** *(Pflanze)* be killed by frost; ▶ **seine Füße sind erfroren** his feet got frostbite.
er·fri·schen *tr itr* refresh; **er·fri·schend** *adj a. fig* refreshing.
Er·fri·schung *f* refreshment; ▶ **e-e** ~ **zu sich nehmen** take some refreshment.
Er·fri·schungs·raum *m* cafeteria, snack bar.
er·fül·len *tr* **1.** *(ausführen)* fulfil; **2.** *(vollmachen) a. fig* fill; ▶ **die Prophezeiung erfüllte sich** the prophecy was fulfilled; **der Gedanke erfüllt mich mit Entsetzen** the thought fills me with horror; **Verpflichtungen** ~ carry out obligations; **s-e Pflicht** ~ perform one's duty; **jds Erwartungen** ~ come up to someone's expectations; **jdm e-n Wunsch** ~ grant s.o. a wish.
Er·fül·lung *f* fulfilment; ▶ **in** ~ **gehen** be fulfilled; ~ **finden** feel fulfilled.
er·gän·zen [ɛɐ̯'gɛntsən] *tr* complete, supplement; ▶ **sich** (*od* **einander**) ~ complement one another.
Er·gän·zung *f* **1.** *(das Vervollständigen)* completion; **2.** *(das Ergänzte)* addition; **3.** *gram* complement; ▶ ~**en** *(zu Buch)* addenda *pl;* **Er·gän·zungs·ab·ga·be** *f fin* supplementary tax; **Er·gän·zungs·band** *m* supplement.
er·gat·tern [ɛɐ̯'gatɐn] *tr fam* get hold of ...
er·ge·ben *irr* **I** *tr* amount (*od* come) to; **II** *refl* **1.** *(aufgeben)* surrender, yield; **2.** *(resultieren)* result (*aus* from); ▶ **hieraus ergibt sich, daß ...** it follows from this that ...
Er·geb·nis *n* result; ▶ **zu keinem** ~ **führen** lead nowhere; **er·geb·nis·los** *adj* unsuccessful, without result; ▶ ~ **bleiben** come to nothing.
er·ge·hen ⟨sein⟩ *irr itr* **1.** *(erteilt werden)* go out; ▶ **etw über sich** ~ **lassen** submit to ...; **2.** *(geschehen):* ▶ **es ist ihr schlecht ergangen** she fared badly; **wie wird es ihm** ~**?** what will become of him?
er·gie·big [ɛɐ̯'gi:bɪç] *adj (ertragreich) a. fig* productive; *(lukrativ)* lucrative, profitable.
er·gie·ßen *irr refl* pour out.
er·glü·hen ⟨sein⟩ *itr* **1.** *(glühend werden)* glow; **2.** *fig (brennen)* burn (*vor* with); ▶ **ihre Augen erglühten vor Zorn** her eyes glowed with anger.
Er·go·me·ter ⟨-s, -⟩ *n* ergometer.
Er·go·no·mie *f* ergonomics *sing;* **er·go·no·misch** *adj* ergonomic.
er·grau·en ⟨sein⟩ *itr* go (*od* turn) grey.
er·grei·fen *irr tr* **1.** grasp, seize; **2.** *fig (rühren)* move; ▶ **jds Partei** ~ take someone's side; **er·grei·fend** *adj fig* moving; **Er·grei·fung** *f* capture.
er·grif·fen [ɛɐ̯'grɪfən] *adj (bewegt)*

moved.

er·grün·den *tr* fathom; ▶ **das wollen wir jetzt mal ~!** now let's get to the bottom of this!

Er·guß [ɛɐ'gʊs, *pl* ɛɐ'gʏsə] ‹-sses, ¨-sse› *m* **1.** *(Blut~)* bruise; **2.** *(Samen~)* ejaculation; **3.** *fig hum* od *pej (Geschriebenes)* effusion.

er·ha·ben [ɛɐ'ha:bən] *adj* **1.** *fig (feierlich erhoben)* elevated, exalted; **2.** *(erhöht)* embossed, raised; ▶ **~e Gedanken** elevated thoughts; **~e Gefühle** lofty sentiments; **über jeden Verdacht ~ sein** be above suspicion; **über solche Dinge bin ich ~** I'm above such things.

Er·ha·ben·heit *f fig* sublimity.

er·hal·ten *irr tr* **1.** *(bekommen)* get, receive; **2.** *(bewahren)* preserve; **3.** *(unterhalten)* maintain; ▶ **dankend ~** received with thanks; **gut ~** well preserved; **sich gesund ~** keep healthy; **er·hält·lich** [ɛɐ'hɛltlɪç] *adj* available, obtainable.

Er·hal·tung *f allg* preservation; *(von Maschinen etc)* maintenance; *(von Bauten)* upkeep; **Er·hal·tungs·do·sis** *f med* booster (*od* maintenance) dose; **Er·hal·tungs·maß·nah·men** *pl* conservation measures.

er·hän·gen I *tr* hang; **II** *refl* hang o.s.

er·här·ten *tr fig* substantiate; ▶ **e-e Theorie ~** corroborate a theory.

er·ha·schen [ɛɐ'haʃən] *tr a. fig* catch.

er·he·ben *irr* **I** *tr* **1.** *(Gegenstand)* raise; **2.** *fin (Abgaben etc)* levy; ▶ **gegen jdn Anklage ~** bring a charge against s.o.; **ein Geschrei ~** set up a cry; **II** *refl* **1.** *(aufstehen)* get up, rise; **2.** *(sich auflehnen)* revolt.

er·heb·lich *adj* considerable; *(ernstlich)* serious.

Er·he·bung *f* **1.** *(kleiner Hügel)* rise; **2.** *(Aufstand)* uprising; **3.** *(offizielle Befragung)* inquiry; **4.** *(Einziehung von Gebühren)* levying.

er·hei·tern [ɛɐ'haɪtɐn] **I** *tr* cheer up; **II** *refl* be amused (*über* by).

Er·hei·te·rung *f* amusement; ▶ **zur allgemeinen ~** to everybody's amusement.

er·hel·len I *tr* **1.** *(durch Licht)* illuminate, light up; **2.** *fig (erläutern, erklären)* elucidate; **II** *refl* brighten.

er·hit·zen [ɛɐ'hɪtsən] **I** *tr* heat up (*auf* to); **II** *refl* heat up; ▶ **nach dem Dauerlauf erhitzt sein** be sweaty after long-distance running.

er·hof·fen *tr* hope for; ▶ **man kann sich nichts anderes ~** you can't hope for anything else.

er·hö·hen [ɛɐ'hø:ən] **I** *tr* increase, raise; ▶ **erhöhte Temperatur haben** have a temperature; **II** *refl* increase, rise.

Er·hö·hung *f* **1.** *(Vermehrung)* increase; **2.** *(Gelände~)* rise; **3.** *(Intensivierung)* heightening, intensification; **Er·hö·hungs·zei·chen** *n mus* sharp.

er·ho·len *refl (sich ausruhen)* take a rest; *(sich entspannen)* relax; ▶ **sich von e-r Krankheit ~** recover from an illness; **er·hol·sam** *adj* refreshing, restful; **Er·ho·lung** *f (Ruhe)* rest; *(Entspannung)* recovery; ▶ **gute ~!** have a good rest! **du brauchst ein wenig ~ nach der Arbeit!** you need some relaxation after work; **ich kann dir sagen, das war alles andere als eine ~!** it was no holiday, I can tell you! **ich brauche dringend ~** I badly need a holiday (*Am* vacation); **Er·ho·lungs·an·la·ge** *f* leisure centre; **Er·ho·lungs·ge·biet** *n* recreational area; **Er·ho·lungs·wert** *m* recreational value.

er·hö·ren *tr:* ▶ **Herr, erhöre unser Gebet!** Lord, hear our prayer!

er·in·nern [ɛɐ'ɪnɐn] **I** *tr* remind (*jdn an etw* s.o. of s.th.); ▶ **jdn daran ~, etw zu tun** remind s.o. to do s.th.; **s-e Gegenwart erinnerte mich an ...** his presence was a reminder of ...; **II** *refl* remember (*an* s.th.); ▶ **soweit ich mich ~ kann** as far as I can remember; **ich kann mich nicht ~** I have no recollection of it.

Er·in·ne·rung *f* memory, recollection; ▶ **ich habe nur eine vage ~ daran** my recollection of it is vague; **in ~en schwelgen** walk down memory lane *fam;* **zur ~ an ...** in memory of ...

er·kal·ten ‹sein› *itr* **1.** *(kalt werden)* go cold; **2.** *fig (Gefühle etc)* cool down.

er·käl·ten [ɛr'kɛltən] *refl* catch a cold; **er·käl·tet** *adj:* ▶ **~ sein** have a cold.

Er·käl·tung *f* cold; ▶ **e-e schwere ~** a bad cold; **sich e-e ~ holen** catch a cold.

er·kämp·fen *tr refl* win.

er·kenn·bar *adj* **1.** *(sichtbar)* visible; **2.** *(wahrnehmbar)* discernible; ▶ **ohne ~es Einkommen** *jur* with no visible means of support.

er·ken·nen *irr tr* **1.** *(wieder~)* recognize (*an* by); **2.** *(wahrnehmen)* discern; **3.** *(klar sehen)* see; ▶ **~ Sie die Melodie?** do you recognize this tune? **ich hätte sie in der Verkleidung nicht erkannt** I wouldn't have recognized her in her disguise; **ich erkannte nur zu deutlich, daß ...** I saw only too clearly that ...

er·kennt·lich [ɛɐ'kɛntlɪç] *adj:* ▶ **sich jdm für etw ~ zeigen** show s.o. one's gratitude for s.th.

Er·kennt·nis *f* **1.** *(Wissen)* knowledge; **2.** *(Erkennen)* realization; **3.** *(Einsicht)* insight; ▶ **die Polizei hat keine neuen ~se über seine Aktivitäten** the police have no knowledge of his activities; **Er·kennt·nis·stand** *m* level of knowledge.

Er·ken·nungs·dienst *m (~ der Polizei)* police records department; **Er·ken·nungs·me·lo·die** *f radio* signature tune; **Er·ken·nungs·zei·chen** *n* identification.

Er·ker [ˈɛrkɐ] ‹-s, -› *m arch* bay.

er·klär·bar *adj* explainable, explicable; ▶ **das ist leicht** ~ that's easy to explain; **das ist nicht** ~ that's inexplicable.

er·klä·ren I *tr* **1.** *(begründen)* explain *(jdm etw* s.th. to s.o.); **2.** *(bekanntgeben)* declare; *(sagen)* say; ▶ **ich hoffe, Sie können das** ~ you'd better explain yourself; **was meinst du mit „dumm"? erklär mir das!** what do you mean "stupid"? explain yourself! **jdm den Krieg** ~ *a. fig* declare war on s.o.; **ich erkläre diese Sitzung für geschlossen** I declare this meeting closed; **der Regierungssprecher erklärte ...** the government spokesman said ...; **II** *refl* be explained; ▶ **das erklärt sich durch ...** that is explained by ...; **das erklärt sich von selbst** that's self-explanatory.

er·klär·lich *adj* (*s.* erklärbar); ▶ **mir ist einfach nicht ~, wie ...** I simply cannot understand how ...

er·klärt *adj:* ▶ **~er Feind** open (*od* sworn) enemy; **~er Liebling** acknowledged favourite.

Er·klä·rung *f* **1.** *(Begründung, Erläuterung)* explanation; **2.** *(Bekanntgabe)* declaration; *(Aussage)* statement; ▶ **es bedarf e-r kurzen** ~ it needs a little explanation; **e-e** ~ **abgeben** make a declaration; *(Regierungssprecher etc)* make a statement.

er·klin·gen ‹sein› *irr itr* **1.** *(hallen)* resound (*von* with); **2.** *(erschallen)* be heard; ▶ **um 9 Uhr erklangen die Kirchenglocken** at 9 o'clock the church bells rang.

er·kran·ken ‹sein› *itr* be taken sick, fall ill; ▶ **sie ist erkrankt** she is ill.

Er·kran·kung *f* disease.

er·kun·den [ɛɐˈkʊndən] *tr* **1.** *(ausfindig machen)* find out; **2.** *mil (ausspähen)* reconnoitre, scout.

er·kun·di·gen [ɛɐˈkʊndɪgən] *refl:* ▶ **sich bei jdm nach etw** ~ enquire s.th. of s.o.; **sich nach etw** ~ ask about s.th.

Er·kun·di·gung *f:* ▶ **~en einziehen über ...** make enquiries about ...

Er·kun·dung *f* reconnaissance.

er·lah·men ‹sein› *itr (Interesse, Begeisterung)* flag.

er·lan·gen [ɛɐˈlaŋən] *tr* achieve, attain.

Er·laß [ɛɐˈlas, *pl* ɛɐˈlɛsə] ‹-sses, ⸚sse› *m* **1.** *(Verordnung)* decree, edict; **2.** *(e-r Strafe)* remission.

er·las·sen *irr tr:* ▶ **jdm die Gebühren** ~ waive the fees for s.o.; **er erließ mir den Rest** he let me off paying the rest; **ein Gesetz** ~ enact a law.

er·lau·ben [ɛɐˈlaʊbən] *tr (gestatten)* allow, permit; ▶ **jdm ~, etw zu tun** allow s.o. to do s.th.; **wenn Sie** ~ if you permit; **wenn ich mir** ~ **darf, meine Meinung zu sagen** if I may venture an opinion; **was** ~ **Sie sich!** how dare you! ~ **Sie mal!** well I must say!

Er·laub·nis *f* permission; ▶ **mit Ihrer** ~ with your permission; **jdm die** ~ **geben, etw zu tun** give s.o. permission to do s.th.; **jdn um** ~ **bitten** ask permission of s.o.

er·läu·tern [ɛɐˈlɔɪtɐn] *tr* explain; *(kommentieren)* comment on ...

Er·läu·te·rung *f* explanation; *(Kommentar)* comment.

Er·le [ˈɛrlə] ‹-, -n› *f bot* alder.

er·le·ben *tr* **1.** *(durchmachen)* experience; **2.** *(lebend sehen)* live to see; ▶ **er hat zwei Kriege erlebt** he lived through two wars; **ich möchte mal erleben, daß du ein Versprechen hältst** I'd like to see the day you keep a promise; **du kannst was ~!** you're going to be in for it! *fam;* **ich möchte mal was** ~ I want to have a good time; **Sie werden (noch) Ihr blaues Wunder ~!** *fig* you'll get the shock of your life!

Er·leb·nis *n* experience; ▶ **ich hatte ein unangenehmes** ~ I had a nasty experience.

er·le·di·gen [ɛɐˈle:dɪgən] *tr* **1.** *(ausführen)* settle; **2.** *(vernichten)* finish; *fam (umbringen)* do in; ▶ **ich habe noch einiges zu** ~ I still have a few things to see to; **er ist erledigt** he's done for; **er ist für mich erledigt** I'm finished with him.

er·le·gen *tr (Wild)* shoot.

er·leich·tern [ɛɐˈlaɪçtɐn] *tr* **1.** *(leichter machen)* make easier; **2.** *fig (lindern)* relieve; ▶ **jds Lage** ~ lighten someone's burden *fig;* **jdn um s-e Geldbörse** ~ *fam* relieve someone of his purse; **es würde die Sache** ~ it would facilitate matters.

er·leich·tert *adj:* ▶ ~ **sein** feel relieved.

Er·leich·te·rung *f:* ▶ **jdm** ~ **verschaffen** bring s.o. relief.

er·lei·den *irr tr* suffer.

er·ler·nen *tr* learn.

er·le·sen *adj* exquisite, select.

er·leuch·ten *tr* illuminate, light up.

Er·leuch·tung *f fig* inspiration.

er·lie·gen ‹sein› *irr itr* succumb to ...; ▶ **e-m Irrtum** ~ be the victim of an error.

Er·lie·gen [ɛɐˈli:gən] *n:* ▶ **zum** ~ **kommen** come to a standstill.

Er·lös [ɛɐˈlø:s] ‹-es, -e› *m* proceeds *pl.*

er·lo·schen *adj (Vulkan, Spezies)* extinct.

er·lö·schen ‹sein› *irr itr* **1.** *(Feuer: ausgehen)* go out; **2.** *fig* die; **3.** *(Versicherung)* become void.

er·lö·sen *tr* **1.** *rel* redeem; *(von Qualen)* deliver; **2.** *(bei Verkauf)* get.

Er·lö·sung *f* **1.** *(von Qual)* release; **2.** *rel* redemption.

er·mäch·ti·gen [ɛɐˈmɛçtɪgən] *tr* auth-

orize, empower; ▶ **ermächtigt sein, etw zu tun** be empowered to do s.th.
er·mah·nen *tr* reprove (*wegen* for).
Er·mah·nung *f* admonition, rebuke.
Er·man·ge·lung *f:* ▶ **in ~ eines Besseren** for want of anything better.
er·mä·ßi·gen [ɛɐ'mɛ:sɪgən] *tr* reduce.
Er·mä·ßi·gung *f* reduction.
er·mat·tet *adj* exhausted.
Er·mes·sen *n:* ▶ **das liegt in Ihrem ~** that's within your discretion; **nach meinem ~** in my estimation; **nach menschlichem ~** as far as anyone can judge.
er·mes·sen *irr tr* **1.** *(abwägen)* gauge; **2.** *(begreifen)* realize.
Er·mes·sens·fra·ge *f* matter of discretion.
er·mit·teln [ɛɐ'mɪtəln] **I** *tr* **1.** *(bestimmen)* determine; *(feststellen)* establish; **2.** *(ausfindig machen)* trace; ▶ **jds Identität ~** establish someone's identity; **II** *itr (polizeilich ~)* investigate; ▶ **gegen jdn ~** investigate s.o.; **in e-m Fall ~** investigate a case.
Er·mitt·lung *f (polizeiliche ~):* ▶ **~en anstellen** make inquiries (*über* about); **Er·mitt·lungs·ver·fa·hren** *n* preliminary proceedings *pl.*
er·mög·li·chen [ɛɐ'mø:klɪçən] *tr* facilitate, make possible; ▶ **es jdm ~, etw zu tun** make it possible for s.o. to do s.th.
er·mor·den *tr* murder.
Er·mor·dung *f* murder.
er·mü·den [ɛɐ'my:dən] *tr* ‹h› itr ‹sein› tire.
er·mü·dend *adj* tiring.
Er·mü·dung *f* fatigue, weariness.
er·mun·tern [ɛɐ'mʊntən] *tr* **1.** *(aufmuntern)* cheer up; **2.** *(ermutigen)* encourage.
er·mu·ti·gen [ɛɐ'mu:tɪgən] *tr* encourage; ▶ **jdn ~, etw zu tun** encourage s.o. to do s.th.
er·näh·ren I *tr* **1.** *(speisen)* feed; **2.** *(erhalten)* maintain, support; **II** *refl* live (*von* on).
Er·näh·rung *f* **1.** *(Nahrung)* food, nourishment; **2.** *(das Ernähren)* feeding.
er·nen·nen *irr tr* appoint; ▶ **jdn zu etw ~** appoint s.o. s.th.
Er·nen·nung *f* appointment (*zum* as).
er·neu·er·bar *adj:* ▶ **~e Energiequellen** renewable energy resources.
er·neu·ern [ɛɐ'nɔɪɐn] *tr* **1.** *mot (auswechseln)* replace; **2.** *fig (wiederherstellen)* renew; ▶ **s-e Bekanntschaft mit jdm ~** renew one's acquaintance with s.o.; **jds Paß ~** renew someone's passport.
er·nied·ri·gen [ɛɐ'ni:drɪgən] *tr (demütigen)* humiliate; ▶ **~de Behandlung** humiliating treatment.
Er·nie·dri·gungs·zei·chen *n mus* flat.
Ernst [ɛrnst] ‹-es› *m* **1.** *(ernster Wille)* seriousness; **2.** *(ernsthafte Gesinnung)* earnestness; ▶ **im ~** in earnest; **ganz im ~** in all seriousness; **diesmal meine ich es im ~** this time I'm serious; **das ist mein ~** I'm serious about it; **das kann nicht dein ~ sein!** you can't be serious! **wollen Sie das im ~?** do you seriously want to do that? **ist das Ihr ~?** do you mean that seriously?
ernst *adj* **1.** *(ernsthaft)* earnest, serious; **2.** *(bedrohlich)* serious; ▶ **er meint es ~ mit ihr** he is serious about her; **das meinst du doch nicht ~!** you can't be serious! **es wird ~** it's getting serious; **etw (jdn) ~ nehmen** take s.th. (s.o.) seriously.
Ernst·fall *m* emergency; ▶ **im ~** in case of emergency.
ernst·haft *adj* earnest, serious.
Ernst·haf·tig·keit *f* (*s.* Ernst).
ernst·lich *adv:* ▶ **~ wütend werden** get really angry.
Ern·te ['ɛrntə] ‹-, -n› *f* **1.** *(das Ernten) a. fig* harvest; **2.** *(Ertrag)* crop; ▶ **die ~ einbringen** bring the crops in; **Ern·te·dank·fest** *n* harvest festival.
ern·ten ['ɛrntən] *tr itr* **1.** *(Getreide, Wein)* harvest, reap; **2.** *fig* reap; ▶ **Undank ~** *fig* get little thanks *pl;* **Kartoffeln ~** dig potatoes; **Äpfel ~** pick apples.
er·nüch·tern [ɛɐ'nʏçtən] *tr (zur Vernunft bringen)* sober up.
Er·nüch·te·rung *f* disillusionment.
Er·obe·rer [ɛɐ'o:bərɐ] ‹-s, -› *m* conqueror.
er·obern [ɛɐ'o:bən] *tr a. fig* conquer; ▶ **sie eroberten die vom Feinde beherrschte Stadt** they captured the town from the enemy.
Er·obe·rung *f (a. Person)* conquest.
er·öff·nen *tr (mit etw beginnen)* open; ▶ **e-e Ausstellung ~** open an exhibition; **ein Konto ~** open an account; **der Arzt eröffnete ihm nicht, wie hoffnungslos sein Zustand war** the doctor did not reveal to him how hopeless his situation was.
Er·öff·nung *f* **1.** *(Beginn)* opening; **2.** *(Mitteilung)* disclosure.
er·ör·tern [ɛɐ'œrtən] *tr* discuss; ▶ **ich möchte das nicht weiter ~** I don't want to discuss it any further.
Er·ör·te·rung *f* discussion; ▶ **das ist noch in der ~** that is still under discussion.
Ero·tik [e'ro:tɪk] *f* eroticism.
ero·tisch *adj* erotic.
Er·pel ['ɛrpəl] ‹-s, -› *m* drake.
er·picht [ɛɐ'pɪçt] *adj:* ▶ **auf etw ~ sein** be keen on s.th.
er·pres·sen *tr* **1.** *(unter Druck setzen)* blackmail; **2.** *(abpressen)* extort (*von* from).
Er·pres·ser(in) *m (f)* blackmailer.
Er·pres·ser·brief *m* **1.** blackmail letter;

2. *(Brief von Entführern)* ransom note.
er·pres·se·risch *adj* blackmailing.
Er·pres·sung *f* blackmail; **Er·pres·sungs·ver·such** *m* blackmail attempt.
er·pro·ben *tr* test, try; **er·probt** *adj (bewährt)* proven.
Er·pro·bung *f* test, trial.
er·quicken (k·k) [ɛɐ'kvɪkən] *tr lit* refresh.
er·quick·lich *adj:* ▶ **nicht sehr ~** not very pleasant.
er·ra·ten *irr tr* guess; ▶ **wie hast du das bloß ~?** how did you guess? **das wirst du nie ~!** you'll never guess! **sie hat es fast ~** her guess was nearly right.
er·rech·nen *tr* calculate, work out.
er·reg·bar [ɛɐ're:kba:ɐ] *adj* excitable; *(sexuell) a.* easily aroused; *(empfindlich)* sensitive.
er·re·gen [ɛɐ're:gən] **I** *tr* **1.** *(bewirken)* cause, create; **2.** *(aufregen)* excite; **3.** *(anregen)* arouse; ▶ **Aufsehen ~** attract publicity; **Mitleid ~** provoke pity; **jdn ~** *(sexuell)* excite s.o.; **jds Verdacht ~** arouse someone's suspicion; **II** *refl* get excited, get worked up (*über* about).
Er·re·ger *m med* pathogene.
Er·re·gung *f (Erregtheit)* agitation; *(Wut)* rage.
er·reich·bar *adj:* ▶ **die Berge sind leicht ~** the mountains are within easy reach; **nicht ~** *(nicht zu erlangen)* unattainable; **telephonisch ~ sein** have a phone connection; **er ist nie ~** he is never available; **Er·reich·bar·keit** *f (verkehrsgünstige Lage)* accessibility.
er·rei·chen *tr* **1.** *(zustande bringen)* manage; **2.** *(gelangen zu ..., ergreifen)* reach.
er·ret·ten *tr* deliver (*aus, von* from).
er·rich·ten *tr* **1.** *(bauen)* erect; **2.** *(gründen)* establish.
Er·rich·tung *f* **1.** *(das Bauen)* erection; **2.** *(Gründung)* establishment.
er·rin·gen *irr tr* achieve, gain; ▶ **e-n Sieg ~** win a victory.
er·rö·ten [ɛɐ'rø:tən] ⟨sein⟩ *itr* blush (*vor* with). **er·rö·tend** *adj* with a blush.
Er·run·gen·schaft [ɛɐ'rʊŋənʃaft] *f* **1.** *(Leistung)* achievement; **2.** *hum (Liebschaft)* acquisition.
Er·satz [ɛɐ'zats] ⟨-es⟩ *m* replacement, substitute; ▶ **für jdn ~ finden** find a substitute for s.o.; **als ~** as a substitute; **Er·satz·be·frie·di·gung** *f psych* substitutive (*od* vicarious) satisfaction; **Er·satz·dienst** *m* alternative service; **Er·satz·lö·sung** *f* alternate solution; **Er·satz·mann** ⟨-s, -leute⟩ *m allg* replacement; *sport* substitute; **Er·satz·mi·ne** *f* refill. **Er·satz·rei·fen** *m mot* spare tyre; **Er·satz·teil** *n* spare.
er·sau·fen ⟨sein⟩ *irr itr sl (ertrinken)* drown.
er·säu·fen [ɛɐ'zɔɪfən] *tr* drown.
er·schaf·fen *irr tr* create.
Er·schaf·fung *f* creation.
er·schal·len ⟨sein⟩ *irr itr* **1.** *(widerhallen)* resound; **2.** *(ertönen)* sound; ▶ **im Korridor erschallten Schritte** feet sounded in the corridor; **er ließ s-e tiefe Baßstimme ~** his deep bass voice rang out.
er·schau·ern ⟨sein⟩ *itr* shiver (*vor* with); *(schaudern)* shudder.
Er·schei·nen *n* **1.** appearance; **2.** *(Publizierung)* publication.
er·schei·nen ⟨sein⟩ *irr itr* **1.** *(publiziert werden)* be published, come out; **2.** *(sichtbar werden)* appear; ▶ **vor Gericht ~** appear in court.
Er·schei·nung *f* **1.** *(Natur~)* phenomenon; **2.** *(Geister~)* apparition; ▶ **äußere ~** outward appearance; **in ~ treten** appear; **Er·schei·nungs·ter·min** *m* publication date.
er·schie·ßen *irr* **I** *tr* shoot; **II** *refl* shoot o.s.
Er·schie·ßung *f mil* shooting.
er·schlaf·fen [ɛɐ'ʃlafən] **I** *itr* ⟨sein⟩ **1.** *(Person)* go limp; **2.** *(Seil etc)* flag, wane; **II** *tr* ⟨h⟩ *(ermüden)* tire.
er·schla·gen *irr tr* slay; ▶ **vom Blitz ~ werden** be struck by lightning.
er·schla·gen *adj fam (erschöpft) fam* dead-beat.
er·schlei·chen *irr tr* obtain in an underhand way.
er·schlie·ßen *irr tr* **1.** *(Rohstoffquellen etc)* tap; **2.** *(Gelände, Markt)* develop, open up; **3.** *(Einnahmequelle)* find acquire.
Er·schlie·ßungs·ko·sten *pl* development costs.
er·schöp·fen *tr* exhaust; ▶ **das Klima erschöpft einen** the climate is exhausting; **meine Geduld ist erschöpft** I've run out of patience; **er·schöp·fend** *adj* **1.** *(ausführlich)* exhaustive; **2.** *(ermüdend)* exhausting.
Er·schöp·fung *f* exhaustion.
er·schrecken (k·k) **I** *itr* ⟨sein⟩ *(auffahren)* start; **II** *tr* frighten, startle; ▶ **jdn ~** startle s.o.; **ich stellte erschreckt fest, ...** I was startled to see ...
er·schrocken (k·k) *adj* startled.
er·schüt·tern [ɛɐ'ʃʏtɐn] *tr* **1.** *(erzittern lassen)* shake; **2.** *fig (aus der Fassung bringen)* upset, *fam* shatter; ▶ **von etw erschüttert sein** be distressed about s.th.
Er·schüt·te·rung **1.** *(Vibration)* vibration; **2.** *fig (Ergriffenheit)* shock.
er·schwe·ren [ɛɐ'ʃve:rən] *tr* **1.** *(schwerer machen)* make more difficult; **2.** *(verschlimmern)* aggravate; ▶ **~de Umstände** aggravating circumstances.
er·schwing·lich [ɛɐ'ʃvɪŋlɪç] *adj* within one's means.
er·se·hen *irr tr:* ▶ **wie aus meinem**

Bericht zu ~ ist as will be gathered from my report; **soviel ich aus dem Bericht ersehe ...** as far as I can see from the report ...
er·seh·nen *tr* long for ...
er·set·zen *tr* replace; *(an jds Stelle treten a.)* take the place of; ▶ **du mußt mir den Schaden ~** you've got to compensate me for the loss; **jds Auslagen ~** refund someone's expenses.
er·sicht·lich [ɛɐ'zɪçtlɪç] *adj* obvious; ▶ **hieraus ist ~, daß ...** this shows that ...
er·spä·hen *tr* espy, spot.
er·spa·ren *tr* save; ▶ **erspar dir die Mühe!** spare yourself the trouble! **es erspart uns sehr viel Mühe, wenn wir ...** it'll save a lot of hard work if we ...; **mir blieben sehr viele Ausgaben erspart** I've been spared a lot of expense.
Er·spar·nis *f* **1.** *(Einsparung)* saving (*an* of); **2. ~se** *fin pl* savings.
erst [e:ɐst] *adv* **1.** *(zuerst)* at first; **2.** *(nicht eher, als)* not until; ▶ **~ einmal** in the first place; **~ hast du aber etw anderes gesagt** that's not what you said first; **~ gehe ich schwimmen** first of all I'm going for a swim; **ich muß das ~ fertigmachen** I must finish this first; **überlege ~, bevor du etw unterschreibst!** think first before you sign anything! **ich habe ~ vor fünf Minuten davon gehört** I heard nothing of it until five minutes ago; **er kommt ~, wenn Sie ihn einladen** he won't come until you invite him; **sie fingen ~ an, als wir da waren** they didn't start until we came; **~ gestern** only yesterday; **~ vor kurzem** only a short time ago; **jetzt ~ recht!** that makes me all the more determined! **das ist fürs ~e genug** that's enough to begin with.
er·star·ren ‹sein› *itr* **1.** *(steif werden)* grow stiff, stiffen; **2.** *(flüssige Masse: fest werden)* solidify; **3.** *(unbeweglich werden)* ossify; ▶ **erstarrte Finger** numb fingers.
Er·star·rung *f (Steifheit von Gliedern)* numbness, stiffness.
er·stat·ten [ɛɐ'ʃtatən] *tr (Auslagen)* refund, reimburse; ▶ **diese Ausgaben werden erstattet** these expenses are refundable; **Er·stat·tung** *f (von Kosten)* refund, reimbursement.
Erst·auf·füh·rung *f theat* first-night (performance).
Er·stau·nen ‹-s› *n* astonishment, amazement; ▶ **in ~ setzen** amaze; **ich höre mit ~, daß ...** I'm astonished to learn that ...; **zu meinem großen ~** much to my amazement.
er·stau·nen I *tr* ‹h› amaze, astonish; **II** *itr* ‹sein› be astonished (*über* at); ▶ **nein, wirklich? da bin ich aber erstaunt!** no, really? you amaze me!
er·staun·lich *adj* amazing, astonishing.
er·staun·li·cher·wei·se *adv:* ▶ **~ hat er es gleich beim ersten Mal richtig gemacht** amazingly, he got it right first time.
Erst·aus·ga·be *f* first edition.
er·ste *adj (m f n)* first; ▶ **er war der ~, der das gemacht hat** he was the first to do that; **wer ist der ~?** who's first? **wann haben Sie ihn das ~ Mal getroffen?** when did you first meet him? **sie kamen als ~** they were the first to come; **er war als ~r zu Hause** he was the first home; **das ist das ~, was ich höre** that's the first I've heard of; **in ~r Linie** first and foremost.
er·ste·chen *irr tr* stab (to death).
er·stei·gen *irr tr* climb.
er·sticken (k·k) [ɛɐ'ʃtɪkən] **I** *tr* ‹h› *(töten)* suffocate; ▶ **der Mörder erstickte das Opfer** the murderer suffocated the victim; **II** *itr* ‹sein› suffocate; choke; ▶ **sie erstickte an einer Fischgräte** she choked on a fishbone.
Er·stickung (k·k) *f* suffocation.
erst·klas·sig ['e:ɐstklasɪç] *adj* first-class (*od* -rate).
Erst·la·ge·rung *f (von Atommüll)* initial storage.
erst·ma·lig ['e:ɐstma:lɪç] *adj* first.
erst·mals ['e:ɐstma:ls] *adv* for the first time.
er·stre·ben *tr* strive after (*od* for), aspire to ...
er·strecken (k·k) *refl* extend; *(räumlich a.)* reach (*bis* to, as far as) strech (*auf, über* over); *(zeitlich a.)* carry on, last (*auf, über* for).
Erst·schlag *m mil (nuklearer ~)* first strike.
er·stür·men *tr mil* storm.
Er·su·chen ‹-s, -› *n* request; ▶ **auf ~ von ...** at the request of ...
er·su·chen *tr* request (*jdn um etw* s.th. of s.o.).
er·tap·pen *tr:* ▶ **jdn bei etw ~** catch s.o. at s.th.; **auf frischer Tat ertappt** caught in the act, caught red-handed.
er·tei·len *tr* give; ▶ **e-e Erlaubnis ~** grant permission.
er·tö·nen [ɛɐ'tø:nən] ‹sein› *itr* sound; ▶ **bei E~ des Signals ...** at the sounding of the signal ...
Er·trag [ɛɐ'tra:k, *pl* ɛɐ'trɛ:gə] ‹-(e)s, ⸚e› *m* **1.** *(Gewinn)* proceeds *pl,* return; **2.** *(von Boden)* yield.
er·tra·gen *irr tr* bear, endure; ▶ **sie kann es nicht ~, wenn man über sie lacht** she can't bear being laughed at.
er·träg·lich [ɛɐ'trɛ:klɪç] *adj* bearable, endurable; ▶ **wie geht es dir? — noch ganz ~** how are you getting on? — quite tolerably.
er·trag·reich *adj:* ▶ **~er Boden** fertile soil; **~e Goldmine** productive goldmine.

Er·trags·aus·fall *m* reduced yields *pl.*
Er·trags·aus·schüt·tung *f fin* dividend distribution.
Er·trags·stei·ge·rung *f* increase of efficiency.
er·trän·ken *tr* drown; ► **seine Sorgen im Alkohol** ~ *fig* drown one's sorrows (in drink).
er·trin·ken ‹sein› *irr itr* drown.
er·tüch·ti·gen [ɛɐˈtʏçtɪgən] *refl* keep fit.
er·üb·ri·gen [ɛɐˈy:brɪgən] **I** *tr* spare; **II** *refl* be unnecessary; ► **es erübrigt sich, zu sagen ...** it's superfluous to say ...
er·wa·chen ‹sein› *itr* awake, wake (up); ► **als er erwachte, war ein Einbrecher im Zimmer** he woke up to find a burglar in the room; **als sie erwachte, sangen die Vögel** she woke to the sounds of birds singing; **von etw** ~ be woken up by s.th.
er·wach·sen [ɛɐˈvaksən] ‹sein› *irr itr fig* arise, develop; ► **daraus werden Ihnen einige Kosten** ~ some costs will accrue to you from this.
er·wach·sen *adj* adult, grown-up; **Er·wach·se·ne(r)** *f m* grown-up (person), adult; **Er·wach·se·nen·bil·dung** *f* adult education.
er·wä·gen *irr tr* consider.
Er·wä·gung *f:* ► **in** ~ **ziehen** take into consideration.
er·wäh·nen [ɛɐˈvɛ:nən] *tr* mention; ► **er wurde mehrfach lobend erwähnt** he was mentioned in several dispatches.
er·wär·men I *tr* heat, warm; **II** *refl* heat up; ► **sich für etw** ~ *fig* take to s.th.
er·war·ten *tr* **1.** *(annehmen)* expect; **2.** *(entgegensehen)* await; ► **etw von jdm** ~ expect s.th. from s.o.; **das war zu** ~ that was to be expected; **ich weiß, was mich erwartet** I know what to expect; **das habe ich erwartet** I expected as much; **ich habe eigentlich erwartet, daß sie kommt** I was expecting her to come; **Sie** ~ **doch wohl nicht, daß ich dem zustimme?** you can't expect me to agree to that; **ich erwarte dich morgen** I'll be expecting you tomorrow; **der lange erwartete Tag** the long awaited day; **ich kann das Wochenende kaum noch** ~ I can hardly wait for the weekend.
Er·war·tung *f* expectation; ► **in** ~ ... in expectation of ...; **jds** ~**en entsprechen** come up to someone's expectations; **Er·war·tungs·druck** *m* pressure of expectation; **Er·war·tungs·hal·tung** *f psych* anticipation.
er·war·tungs·voll *adj* expectant.
er·wecken (k·k) *tr lit (aus dem Schlaf)* rouse; ► **Verdacht** ~ raise suspicion; **Interesse** ~ arouse interest.
er·weh·ren *refl:* ► **sich jds** ~ ward s.o. off.
er·wei·chen [ɛɐˈvaɪçən] *tr fig (milde stimmen)* move; ► **sich nicht** ~ **lassen** be unmoved.
er·wei·sen *irr* **I** *tr* **1.** *(beweisen)* prove; **2.** *(zuteil werden lassen)* show; ► **jdm die letzte Ehre** ~ pay one's last respects to s.o.; **das muß erst noch erwiesen werden** that remains to be proved; **II** *refl* prove o.s. (*als etw* as s.th.); ► **sich als unfähig** ~ show o.s. to be incompetent; **sich als nützlich** ~ prove useful.
er·wei·ter·bar *adj* **1.** expandable; **2.** *EDV* upgradeable.
er·wei·tern [ɛɐˈvaɪtɐn] *tr (vergrößern)* enlarge; *(verbreitern)* widen; *(Geschäft etc)* expand; ► **erweiterte Ausgabe** enlarged edition; **s-n Horizont** ~ *fig* broaden one's mind (*od* horizons *pl*); **s-e Macht** ~ extend one's power.
Er·werb [ɛɐˈvɛrp] ‹-(e)s, -e› *m (Kauf)* purchase.
er·wer·ben *irr tr* acquire; ► **erworbene Eigenschaften** acquired characteristics; **mehr Wissen** ~ gain in knowledge.
Er·werbs·ar·beit *f* waged work; **Er·werbs·be·völ·ke·rung** *f* working population; **Er·werbs·fä·hi·ge** *m f* person able to work (*od* fit for work); **Er·werbs·le·ben** *n* working life; **er·werbs·los** *adj* unemployed; **er·werbs·tä·tig** *adj* (gainfully) employed; ~**e Bevölkerung** economically active population; **Er·werbs·tä·ti·ge(r)** *f m* gainfully employed person; **er·werbs·un·fä·hig** *adj* unable to work, incapacitated.
Er·wer·bung *f* acquisition.
er·wi·dern [ɛɐˈvi:dɐn] *tr* **1.** *(antworten)* answer, reply; **2.** *(vergelten)* return; ► **jds Liebe** ~ return someone's love; **das Feuer** ~ *mil* return fire.
Er·wi·de·rung *f* reply, retort.
er·wie·se·ner·ma·ßen *adv* as has been proved.
er·wir·ken *tr* obtain.
er·wi·schen *tr* **1.** *(fangen)* catch; **2.** *(zufällig bekommen)* get hold of; ► **sich** ~ **lassen** get caught; **jdn bei etw** ~ catch s.o. at s.th.; **hab' ich dich erwischt!** aha, caught you! **in flagranti erwischt** caught in the act.
er·wünscht *adj* desirable; ► **nicht** ~**e Person** persona non grata.
er·wür·gen [ɛɐˈvʏrgən] *tr* strangle.
Erz [e:ɐts/ɛrts] ‹-es, -e› *n* ore.
er·zäh·len *tr* tell; ► **jdm von etw** ~ tell s.o. about (*od* of) s.th.; **ich erzählte meinem Freund, was geschehen war** I told my friend what had happened; **so hat man es mir jedenfalls erzählt** or so I've been told; **wem** ~ **Sie das!** *fam* you're telling me! **na, dem werd' ich was** ~**!** *fam* I'll give him a piece of my mind! **er·zäh·lend** *adj* narrative.
Er·zäh·ler(in) *m (f)* narrator.

Er·zäh·lung *f* story, tale.
Erz·bi·schof *m* archbishop.
Erz·bis·tum *n* archbishopric.
Erz·en·gel *m* archangel.
er·zeu·gen *tr* produce; ▶ **aus Kohle Energie ~** generate electricity from coal.
Er·zeu·ger *m com* manufacturer; **Erzeu·ger·ge·mein·schaft** *f* manufacturers' association.
Er·zeug·nis *n* produce.
Er·zeu·gung *f allg* generation; *(Produktion)* production.
Erz·feind(in) *m (f)* arch-enemy.
Erz·her·zog *m* archduke; **Erz·her·zo·gin** *f* archduchess.
er·zie·hen *irr tr* **1.** *(aufziehen)* bring up; **2.** *(ausbilden)* educate; ▶ **jdn dazu ~, etw zu tun** bring s.o. up to do s.th.
Er·zie·her(in) *m (f)* **1.** *(Hauslehrer(in))* (private) tutor; **2.** *(Internats~)* educator.
er·zie·he·risch *adj* educational.
Er·zie·hung *f* **1.** *(Erziehungszeit)* upbringing; **2.** *(Bildung)* education; **Er·zie·hungs·be·rech·tig·te(r)** *f m* parent; guardian; **Er·zie·hungs·geld** *n* subsidy for parents; **Er·zie·hungs·ur·laub** *m paid leave for working parents of newly-born baby;* **Er·zie·hungs·we·sen** *n* educational system; **Er·zie·hungs·wis·sen·schaft** *f* educational science; **Er·zie·hungs·wis·sen·schaft·ler(in)** *m (f)* educationalist.
er·zie·len *tr (erreichen)* reach; ▶ **e-n Erfolg ~** achieve a success; **ein Ergebnis ~** obtain a result; **ein Tor ~** score a goal.
Erz·la·ger *n* ore deposit.
Erz·schiff *n* ore carrier.
er·zür·nen [ɛɐ'tsʏrnən] **I** *tr* anger; **II** *refl* grow angry (*über* about).
er·zwin·gen *irr tr* force; ▶ **etw von jdm ~** force s.th. from s.o.; **ein Geständnis von jdm ~** force a confession out of s.o.
Es [ɛs] ‹-, -› *n mus* E flat.
es [ɛs] *prn* it; ▶ **~ gibt viele Leute, die ...** there are a lot of people who ...; **~ ist kalt** it's cold; **~ klopft** there's a knock (at the door); **~ meldete sich niemand** nobody replied; **~ sei denn, daß ...** unless ...; **~ wurde gesagt, daß ...** it was said that ...; **ich bin's** it's me; **ich hab's** I've got it; **wer ist es?** who is it?
Esche ['ɛʃə] ‹-, -n› *f bot* ash.
Esel ['e:zəl] ‹-s, -› *m* donkey; ▶ **alter ~!** you're an ass!
Ese·lin *f* she-ass.
Esels·brücke (k·k) *f* mnemonic; ▶ **jdm e-e ~ bauen** give s.o. a hint.
Esels·ohr *n fig* dog-ear.
es·ka·lie·ren [ɛska'li:rən] *tr* escalate.
Es·ki·mo ['ɛskimo] ‹-s, -s› *m* Eskimo.
Es·kor·te [ɛs'kɔrtə] ‹-, -n› *f* escort.
es·kor·tie·ren *tr* escort.
Es·pe ['ɛspe] ‹-, -› *f bot* aspen; **Es·pen·laub** *n:* ▶ **zittern wie ~** tremble like a leaf.
eß·bar ['ɛsba:ɐ] *adj* eatable, edible; *(Pilz)* edible.
Eß·be·steck *n* cutlery (knife, fork and spoon).
Es·sen ‹-s, -› *n* **1.** *(Kost, Verpflegung)* food; **2.** *(Mahlzeit)* meal; ▶ **komm zum ~!** come round for a meal! **warmes ~** hot meal; **Sie sollten während des ~s nicht rauchen** you shouldn't smoke at meal times; **ich lade dich zum ~ ein** I'll invite you for a meal.
es·sen ['ɛsən] *irr tr itr* eat; ▶ **ich hab' schon ewig nichts mehr gegessen!** I haven't eaten for ages! **ich hab' seit zwei Tagen nichts mehr richtiges gegessen** I haven't had a proper meal for two days; **die Sache ist gegessen** *fig fam* that's history; **in dem Lokal kann man gut ~** that's a good restaurant; **sich (ordentlich) satt ~** eat one's fill; **~ Sie gern Rosenkohl?** do you like Brussels sprouts? **~ gehen** eat out.
Es·sens·mar·ke *f* meal voucher.
Es·senz [ɛ'sɛnts] *f* essence.
Es·ser(in) ['ɛsɐ] *m (f)* eater; ▶ **ein guter (schlechter) ~ sein** be a good (poor) eater.
Eß·ge·schirr *n* **1.** *(im Haus)* dinner-service; **2.** *mil* mess kit.
Es·sig ['ɛsɪç] ‹-s, (-e)› *m* vinegar; ▶ **damit ist's ~!** *fam* it's all off! **Es·sig·baum** *m* stag's horn sumac; **Es·sig·gur·ke** *f* pickled gherkin.
Es·sig·säu·re *f chem* acetic acid.
Eß·löf·fel *m* soup (*od* dessert) spoon; ▶ **ein ~ voll** a tablespoonful; **eß·löf·fel·wei·se** *adj* by the spoonful; **Eß·stäb·chen** *pl* chopsticks; **Eß·tisch** *m* dining table; **Eß·wa·ren** *pl* food *sing*, provisions; **Eß·zim·mer** *n* dining-room.
Este (Estin) ['e:stə] ‹-n, -n› *m (f)* Estonian; **Est·land** *n* Estonia; **est·nisch** *adj* Estonian.
Estra·gon ['ɛstragɔn] ‹-› *m bot* tarragon.
Eta·ge [e'ta:ʒə] ‹-, -n› *f* floor; ▶ **er wohnt auf der 3. ~** he lives on the 3rd floor; **Eta·gen·bad** *n (im Hotel)* shared bath; **Eta·gen·du·sche** *f (im Hotel)* shared shower; **Eta·gen·kell·ner(in)** *m (f)* waiter (waitress) on room-service.
Etap·pe [e'tapə] ‹-, -n› *f* **1.** *(Teilstrecke)* stage; **2.** *mil* communications zone.
Etat [e'ta:] ‹-s, -s› *m fin* budget.
ete·pe·te·te ['e:təpə'te:tə] *adj fam:* ▶ **sie ist sehr ~** she's very finicky.
Eter·nit [etɛr'ni:t] ‹-s› *n Wz* asbestos cement.
Ethik ['e:tɪk] *f* ethics *pl.*
ethisch *adj* ethical.

Eth·no·gra·phie [ɛtnograˈfiː] *f* ethnography.
Eth·no·lo·gie [ɛtnoloˈgiː] *f* ethnology.
Eti·kett [etiˈkɛt] ‹-(e)s, -e/-s› *n* label.
Eti·ket·te [etiˈkɛtə] ‹-› *f* etiquette; ► **gegen die ~ verstoßen** offend against etiquette.
eti·ket·tie·ren *tr* label.
et·li·che [ˈɛtlɪçə] *prn* quite a few; ► **es hat sich ~s geändert** things have changed a lot.
Etui [ɛˈtviː] ‹-s, -s› *n* case.
et·wa [ˈɛtva] *adv (ungefähr)* about, approximately; ► **soll das ~ heißen, daß ...?** is that supposed to mean that ...? **es ist ~ so groß** it's about this size; **es ist ~ so** it's more or less like this; **wann ~?** roughly when? **sind Sie ~ nicht einverstanden?** do you mean to say that you don't agree?
et·wa·ig *adj* possible; ► **~e Einwände ...** any objections ...
et·was [ˈɛtvas] *prn* **1.** *(substantivisch)* something; *(Frage: verneint)* anything; **2.** *(adjektivisch)* some; ► **das ist immerhin ~** well, that's something; **das gewisse E~** that certain something; **~ mehr als 200** something over 200; **hast du heute abend schon ~ vor?** are you doing anything tonight? **kaum ~** hardly anything; **noch ~ Tee?** some more tea? **laß mir ~ Kuchen übrig!** leave some cake for me!
Ety·mo·lo·gie *f* etymology; **ety·mo·lo·gisch** *adj* etymological.
euch [ɔɪç] *prn* you; ► **es liegt an ~** it's because of you; **setzt ~!** sit down! **wascht ~!** wash yourselves!
euer, eure [ˈɔɪɐ, ˈɔɪrə] *prn* your; ► **sind das eure?** are these yours?
Eu·le [ˈɔɪlə] ‹-, -n› *f* owl; ► **~n nach Athen tragen** *prov* carry coals to Newcastle.
Eu·nuch [ɔɪˈnuːx] ‹-en, -en› *m* eunuch.
eu·res·glei·chen [ˈ-ˈ--] *prn* the likes of you.
eu·ret·we·gen [ˈɔɪrətveːgən] *adv* because of you.
eu·ret·wil·len [ˈɔɪrətvɪlən] *adv:* ► **um ~** for your sake.
eu·ri·ge [ˈɔɪrɪgə] *prn* yours; ► **tut ihr das E~** (you) do your bit.
Eu·ro·Ci·ty-Zug *m* European Inter-City Train.
Eu·ro·pa [ɔɪˈroːpa] ‹-s› *n* Europe; **Eu·ro·pa·cup** *m* Eurepean cup; **Eu·ro·pä·er(in)** [ɔɪroˈpɛːɐ] ‹-s, -› *m (f)* European; **eu·ro·pä·isch** *adj* European; ► **~e Artikelnummer** (*Abk* EAN) *(Warenauszeichnung)* European Article Number; **~es Sicherheitssystem** *mil* European security system; **~es Währungssystem, EWS** European Monetary System, EMS; **E~e Gemeinschaft** European Community, Common Market.
Eu·ro·pa·mei·ster(in) *m (f)* European champion; **Eu·ro·pa·par·la·ment** *m* European Parliament, **Eu·ro·pa·paß** *m* European passport; **Eu·ro·pa·po·kal** *m sport* European cup; **Eu·ro·pa·rat** *m* Council of Europe; **Eu·ro·pa·wah·len** *f pl* European elections.
Eu·ro·scheck *m* Eurocheque; **Eu·ro·scheck·kar·te** *f* Eurocheque card.
Eu·ter [ˈɔɪtɐ] ‹-s, -› *n* udder.
eva·ku·ie·ren [evakuˈiːrən] *tr* evacuate.
Eva·ku·ie·rung *f* evacuation.
evan·ge·lisch [evaŋˈgeːlɪʃ] *adj* Protestant.
Evan·ge·li·um [evaŋˈgeːliʊm] *n* gospel.
even·tu·ell [evɛntuˈɛl] **I** *adj (etwaig)* possible; **II** *adv* if the occasion arises; *(nötigenfalls)* if need be; *(vielleicht)* perhaps, possibly; ► **ich komme ~ ein bißchen später** I might come a little later.
ewig [ˈeːvɪç] *adj rel philos* eternal; ► **das dauert ja ~!** *fig* it goes on forever! **ich mag diese ~en Diskussionen nicht** I don't like these never-ending discussions.
Ewig·keit *f rel* eternity; ► **ich habe ihn eine ~ nicht mehr gesehen** *fig* I haven't seen him for ages *pl;* **das dauert ja eine ~!** *fig* it's taking ages!
EWS [eːweˈɛs] ‹-› *n Abk von* **Europäisches Währungssystem** EMS.
EWU [eːwːuː] ‹-› *f Abk von* **Europäische Währungsunion** EMU.
ex·akt [ɛˈksakt] *adj* exact; ► **~ arbeiten** work accurately.
Ex·amen [ɛˈksaːmən, *pl* ɛˈksaːmina] ‹-s, -/-mina› *n* examination; *fam* exam; ► **~ machen** take one's exams *pl.*
Exe·ku·tion [ɛksekuˈtsjoːn] *f* execution.
Exe·ku·tions·kom·man·do *n* firing squad.
Ex·em·pel [ɛˈksɛmpəl] ‹-s, -› *n* example; ► **die Probe aufs ~ machen** put it to the test; **ein ~ an jdm statuieren** make an example of s.o.
Ex·em·plar [ɛksɛmˈplaːɐ] ‹-s, -e› *n* **1.** *(Buch)* copy; **2.** *(Muster)* sample; **3.** *(Pflanze)* specimen.
ex·em·pla·risch *adj* exemplary; ► **jdn ~ bestrafen** punish s.o. as an example.
ex·er·zie·ren [ɛksɛrˈtsiːrən] *itr* drill.
Ex·er·zier·platz *m* parade ground.
ex·hu·mie·ren [ɛkshuˈmiːrən] *tr* exhume.
Exil [ɛˈksiːl] ‹-s, -e› *n* exile; ► **ins ~ gehen** go into exile.
Exi·stenz [ɛksɪsˈtɛnts] *f (Dasein)* existence; ► **sich e-e ~ aufbauen** make a life for o.s.; **glauben Sie an die ~ von Engeln?** do you believe in the existence of angels?
Exi·stenz·be·rech·ti·gung *f* right to exist; **Exi·stenz·grund·la·ge** *f* basis

of one's livelihood; **Exi·stenz·grün·dung** *f* establishing one's livelihood; **Exi·stenz·mi·ni·mum** *n* subsistence level; ▶ **mein Gehalt liegt unter dem** ~ my salary is not enough to live on.
exi·stie·ren *itr* **1.** *(bestehen)* exist; **2.** *(leben können)* live, subsist (*von* on).
Ex·klu·siv·recht *n* exclusive rights *pl.*
Ex·kre·men·te [ɛkskre'mɛntə] *pl* faeces, fecales.
ex·ma·tri·ku·lie·ren I *refl* withdraw from the university register; **II** *tr* take off the university register.
exo·tisch [ɛ'kso:tɪʃ] *adj* exotic.
Ex·pe·di·t·ion [ɛkspedi'tsjo:n] *f* expedition; ▶ **auf e-e** ~ **gehen** go on an expedition.
Ex·pe·ri·ment [ɛksperi'mɛnt] ‹-(e)s, -e› *n* experiment; ▶ **ein** ~ **machen** do an experiment.
ex·pe·ri·men·ti·eren *itr* experiment.
Ex·per·te (Ex·per·tin) [ɛks'pɛrtə] ‹-n, -n› *m (f)* expert (*für* in); **Ex·per·ten·sy·stem** *m EDV* expert system.
ex·plo·die·ren [ɛksplo'di:rən] ‹sein› *itr* explode.
Ex·plo·sion *f* explosion; ▶ **etw zur** ~ **bringen** detonate s.th.; **ex·plo·sions·ar·tig** *adj* explosive; **Ex·plo·sions·ge·fahr** *f* danger of explosion.
ex·plo·siv [ɛksplo'zi:f] *adj* explosive.
ex·po·nie·ren [ɛkspo'ni:rən] *refl* take a prominent stance; ▶ **exponierte Lage** prominent position.
Ex·port [ɛks'pɔrt] ‹-(e)s, -e› *m* export.
Ex·port·ar·ti·kel *m pl* exports.
Ex·por·teur [ɛkspɔr'tø:ɐ] ‹-s, -e› *m* exporter.
ex·por·tie·ren *tr* export.
Ex·preß [ɛks'prɛs] *adv (Postsendung)* by express.
Ex·press·gut·ab·fer·ti·gung *f rail* express goods office.
Ex·pres·sio·nis·mus [---'-] *m* expressionism.
ex·pres·sio·ni·stisch *adj* expressionist.
ex·tra ['ɛkstra] **I** *adv:* ▶ **das hast du** ~ **getan!** you did that on purpose! **jetzt tu ich's** ~**!** just for that I'll do it! **diese Frage wird** ~ **diskutiert** there will be separate discussions on this question; **II** *adj:* ▶ **ein** ~ **Blatt Papier** a separate sheet of paper.
Ex·tra·aus·stat·tung *f mot* special fittings *pl;* **Ex·tra·blatt** *n* special edition; **ex·tra·fein** *adj* superfine.
ex·tra·kor·po·ral *adj med* extracorporal; ▶ ~**e Befruchtung** artificial insemination.
Ex·trakt [ɛks'trakt] ‹-(e)s, -e› *m* extract.
ex·tra·ute·rin *adj med* extra-uterine; ▶ ~**e Befruchtung** artificial insemination.
ex·tra·va·gant [ɛkstrava'gant] *adj* extravagant.
Ex·tra·wurst *f fig:* ▶ **er muß immer e-e** ~ **gebraten haben** he always has to have s.th. special.
Ex·trem ‹-s, -e› *n* extreme; ▶ **von e-m** ~ **ins andere fallen** go from one extreme to the other.
ex·trem [ɛks'tre:m] *adj* extreme; ▶ **die** ~**e Linke** *pol* the extreme left.
Ex·tre·mist(in) *m (f)* extremist.
Ex·tre·mi·tä·ten *f pl anat* extremities.
Ex·trem·wert *m* extreme value.
ex·tro·ver·tiert ['ɛkstrovɛrti:ɐt] *adj psych* extrovert.
Ex·zel·lenz [ɛkstsɛ'lɛnts] *f* Excellency.
ex·zen·trisch [ɛks'tsɛntrɪʃ] *adj* eccentric.
Ex·zeß [ɛks'tsɛs] ‹-sses, -sse› *m* excess; ▶ **bis zum** ~ to excess.
ex·zes·siv [--'-] *adj* excessive.

F

F, f [ɛf] ‹-, -› *n* F, f; **F-Dur** ['ɛf'du:ɐ] *f mus* F Major; **F-Schlüs·sel** *m mus* F clef.

Fa·bel ['fa:bəl] ‹-, -n› *f* **1.** *(Tier~)* fable; **2.** *fam (Erdichtung, unglaubliche Geschichte)* fantastic story; **fa·bel·haft** *adj* **1.** *(unglaublich)* incredible; **2.** *(wunderbar)* fabulous; **3.** *(großartig, hervorragend)* splendid; **Fa·bel·tier (Fa·bel·we·sen)** *n* mythical creature.

Fa·brik [fa'bri:k] ‹-, -en› *f* factory; *(Werk)* works *pl; (Anlage, Anwesen)* establishment, plant; **Fa·bri·kant(in)** [fabri'kant] ‹-en, -en› *m (f)* **1.** *(Besitzer)* factory-owner; **2.** *(Erzeuger)* manufacturer; *(Hersteller)* maker; **Fa·brik·ar·bei·ter(in)** *m (f)* factory worker; **Fa·bri·kat** ‹-(e)s, -e› *n* **1.** *(Marke, Fertigung)* brand, make; **2.** *(Erzeugnis)* article, product; **Fa·bri·ka·tion** *f* manufacture, manufacturing, production; **Fa·bri·ka·tions·feh·ler** *m* manufacturing fault; **Fa·brik·be·sit·zer(in)** *m (f)* factory-owner; **Fa·brik·ge·län·de** *n* factory premises *pl;* **fa·brik·neu** *adj* brand-new; **Fa·brik·schorn·stein** *m* smoke stack; **Fa·brik·stil·le·gung** *f* closing down (of a factory), industrial dereliction.

fa·bri·zie·ren [fabri'tsi:rən] *tr* manufacture; *(herstellen)* make; *(produzieren)* produce.

fa·bu·lie·ren [fabu'li:rən] *itr* romance.

Fach [fax, *pl* 'fɛçɐ] ‹-(e)s, ⸚er› *n* **1.** *(Abteil)* compartment, division; *(Schub~)* drawer; *(Ablage~)* filing cabinet; *(Schrankabteil)* partition; **2.** *fig (Zweig)* branch, business, line; *(Arbeitsgebiet)* province; **3.** *(Unterrichts~)* subject; ► **ein Mann (eine Frau) vom ~** an expert; **das schlägt nicht in mein ~** that is not in my line; **er versteht sein ~** he knows his business.

Fach·ar·bei·ter(in) *m (f)* skilled worker.

Fach·arzt (-ärz·tin) *m (f)* specialist *(für* in); ► **~ für innere Medizin** specialist for internal medicine; **Fach·aus·druck** *m* technical term.

fä·cheln ['fɛçəln] *itr* fan.

Fä·cher ['fɛçɐ] ‹-s, -› *m* fan.

Fach·frau *f* expert; **Fach·ge·biet** *n* (special) field (of work); **Fach·ge·schäft** *n* specialist *Br* shop, (*Am* store); **Fach·händ·ler** *m* specialist supplier; **Fach·hoch·schu·le** *f* college, polytechnic; **Fach·idi·ot** *m fam* one-track specialist; **Fach·kennt·nis·se** *pl* special knowledge *sing.*

fach·kun·dig *adj* competent, expert.

fach·lich *adj* **1.** technical; **2.** *(beruflich)* professional.

Fach·li·te·ra·tur *f* technical literature; **Fach·mann** ‹-s, **-leute/(-männer)**› *m* expert, specialist; **fach·män·nisch** *adj* expert; **Fach·maß·nah·men** *f pl* specific measures; **Fach·mes·se** *f* trade fair; **Fach·pres·se** *f* trade press; **Fach·schu·le** *f* technical college; **fach·sim·peln** ['-zɪmpəln] *itr fam* talk shop; **Fach·spra·che** *f* technical language; **Fach·text** *m* specialist (*od* technical) text; **Fach·werk** *n* half-timbering; **Fach·werk·haus** *n* half-timbered house; **Fach·welt** *f* experts *pl;* **Fach·wis·sen** *n* expertise; **Fach·wort** *m* technical term; **Fach·zeit·schrift** *f (technisch)* technical journal; *(naturwissenschaftlich)* scientific journal; *(Branchen~)* trade journal.

Fackel (k·k) ['fakəl] ‹-, -n› *f* torch.

fackeln (k·k) *itr fam:* ► **da wird nicht lange gefackelt!** there won't be any dilly-dallying!

fa·de ['fa:də] *adj* **1.** stale, tasteless; **2.** *(abgeschmackt)* inspid; *(langweilig)* dull, flat.

Fa·den ['fa:dən, *pl* 'fɛ:dən] ‹-s, ⸚› *m* **1.** thread, *(an Marionetten)* string; **2.** *(Maß)* fathom; ► **ihr Schicksal hängt an e-m dünnen ~** *fig* her fate hangs by a thread; **der rote ~** *fig* the main idea; **alle ⸚ in der Hand halten** *fig* hold the reins; **den ~ verlieren** *fig* lose the thread.

Fa·den·nu·deln *f pl* vermicelli.

fa·den·schei·nig *adj* **1.** *a. fig* threadbare, flimsy; **2.** *(schäbig)* shabby.

Fad·heit *f* **1.** *(Abgeschmacktheit)* insipidity; **2.** *(Langweiligkeit)* dullness.

Fa·gott [fa'gɔt] ‹-(e)s, -e› *n mus* bassoon.

fä·hig ['fɛ:ɪç] *adj* able, capable; *(qualifiziert)* fit, qualified; ► **er ist zu allem ~** he is capable of anything; **e-n ~en Kopf haben** have a (clever) mind.

Fä·hig·keit *f* ability, capability.

fahl [fa:l] *adj* fallow; *(matt)* faded; *(bleich)* livid, pale.

fahn·den ['fa:ndən] *itr* search (*nach* for).

Fahn·dung *f* search (*nach* for); **Fahn·dungs·li·ste** *f* list of wanted criminals, wanted list.

Fah·ne ['fa:nə] ⟨-, -n⟩ *f* **1.** flag; **2.** *typ* galley (proof); **3.** *fam:* ▶ **e-e ~ haben** *fig fam* reek of the bottle; **mit fliegenden ~n untergehen** *fig* go down with all flags flying; **die ~ hochhalten** *fig* keep the flag flying.

Fah·nen·ab·zug *m typ* galley-proof; **Fah·nen·eid** *m* oath of allegiance; **Fah·nen·flucht** *f mil a. fig* desertion; **fah·nen·flüch·tig** *adj mil a. fig:* ▶ **~ sein** have deserted; **~ werden** desert; **Fah·nen·stan·ge** *f* flagpole; **Fah·nen·trä·ger(in)** *m (f)* standard-bearer.

Fähn·rich ['fɛ:nrɪç] ⟨-s, -e⟩ *m mil* sergeant.

Fahr·aus·weis *m* ticket; **Fahr·bahn** *m* lane; **Fahr·bahn·ver·en·gung** *f* lane closures *pl; (auf Schildern)* road narrows; **fahr·bar** *adj (beweglich)* mobile; ▶ **~er Untersatz** *fam* wheels *pl;* **Fahr·bi·blio·thek** *f* mobile library; **Fahr·dienst·lei·ter** *m rail Br* assistant station-master, *Am* station agent.

Fäh·re ['fɛ:rə] ⟨-, -n⟩ *f* ferry.

fah·ren ['fa:rən] *irr* **I** *itr* ⟨sein⟩ **1.** *(mit e-m Fahrzeug)* go; *(im Wagen, auf dem Rad)* drive, ride; *(mit e-m Schiff)* sail; **2.** *(von Fahrzeugen)* run; **II** *tr* ⟨h⟩ **1.** *(e-n Wagen lenken)* drive; *(Boot)* row; *(Schiff)* sail (*nach* for); **2.** *(befördern)* convey; *(Steine)* cart; ▶ **er kann Auto (Motorrad) ~** he knows how to drive a car (ride a motorcycle); **wollen wir ~ od zu Fuß gehen?** shall we go by car (*od* bus, train *etc*) or walk? **was ist in sie ge~?** *fig* what's got into her? **per Anhalter ~** hitch(hike); **~ über ...** *(Fluß etc)* cross ...; **etw ~ lassen** *(aufgeben)* abandon, give up, let go; **rechts ~!** keep right! **um die Ecke ~** turn the corner; **der Gedanke fuhr mir durch den Kopf** the thought flashed through my mind; **sich mit der Hand über das Gesicht ~** pass one's hand over one's face; **in die Höhe ~** *(aufschrecken)* start (up); **(nicht) schlecht bei etw ~** *fig* (not) to come off badly with **Sie ~ besser, wenn ...** *fig* you would do better if ...; **fahrend** *adj* itinerant; ▶ **~er Sänger** *hist* itinerant minstrel.

Fah·rer(in) *m (f)* driver; **Fah·rer·flucht** *f* hit-and-run.

Fahr·er·laub·nis *f* driver's permit, *Br* driving licence (*Am* driver's license); ▶ **jdm die ~ entziehen** revoke someone's driving licence.

Fahr·gast *m* passenger; **Fahr·geld** *n* fare; **Fahr·ge·le·gen·heit** *f* conveyance; *(für Anhalter)* lift; **Fahr·ge·mein·schaft** *f* driving pool, *Am* car pool; **Fahr·ge·stell** *n* **1.** *mot* chassis; *aero Br* undercarriage, *Am* landing gear; **2.** *fam hum (Beine)* legs *pl.*

fah·rig ['fa:rɪç] *adj* fidgety.

Fahr·kar·te *f rail* ticket; ▶ **einfache ~** *Br* single (*Am* one-way ticket); **Fahr·kar·ten·au·to·mat** *m* (automatic) ticket (vending) machine; **Fahr·kar·ten·schal·ter** *m* ticket office; **Fahr·kom·fort** *m mot* motoring comfort.

fahr·läs·sig ['fa:ɐlɛsɪç] *adj jur* negligent; ▶ **~e Körperverletzung** physical injury caused by negligence; **~e Tötung** manslaughter through culpable negligence.

Fahr·läs·sig·keit *f jur* negligence; ▶ **grobe ~** culpable negligence.

Fahr·leh·rer *m* driving instructor.

Fähr·li·nie *f* ferry line; **Fähr·mann** ⟨-s, -menner/-leute⟩ *m* ferryman.

Fahr·plan *m rail Br* time-table, *Am* (railroad) schedule.

fahr·plan·mä·ßig *adj* scheduled; ▶ **~ ankommen** arrive on schedule; **alles verlief ~** *fig* everything went according to schedule.

Fahr·pra·xis *f* driving experience; **Fahr·preis** *m* fare; **Fahr·preis·er·mä·ßi·gung** *f* fare reduction; **Fahr·prü·fung** *f mot* driving test; **Fahr·rad** *n* bicycle, cycle, *fam* bike; **Fahr·rin·ne** *f mar* shipping channel; **Fahr·schein** *m* ticket; **Fahr·schein·au·to·mat** *m* ticket machine; **Fahr·schu·le** *f* driving school; **Fahr·schü·ler(in)** *m (f)* learner (driver); **Fahr·spur** *f* lane; **Fahr·spur·mar·kie·rung** *f* lane marking; **Fahr·stuhl** *m Br* lift, *Am* elevator; **Fahr·stuhl·füh·rer** *m Br* liftboy, *Am* elevator boy.

Fahrt [fa:ɐt] ⟨-, -en⟩ *f* **1.** *(im Wagen)* drive, ride; **2.** *(Reise)* journey, trip; *mar (See~)* voyage; *(Über~)* passage; *(Kreuz~)* cruise; **3.** *(~geschwindigkeit)* speed; ▶ **in voller ~** (at) full speed; **~ verlieren** *(Schiff, Flugzeug)* lose headway; **~ aufnehmen** pick up speed; **in ~ kommen** *fig* get into one's stride.

Fähr·te ['fɛ:ɐtə] ⟨-, -n⟩ *f* track, trail; ▶ **auf falscher ~** on the wrong track.

Fahr·ten·buch *n mot* driver's log; **Fahr·ten·schrei·ber** *m mot* tachograph; **Fahrt·ko·sten** *pl* travelling expenses *pl;* **Fahrt·rich·tung** *f* direction; **in ~ sitzen** sit facing the engine; **Fahrt·rich·tungs·an·zei·ger** *m* **1.** *mot* indicator; **2.** *rail* destination board.

fahr·tüch·tig *adj* **1.** *(Kfz)* roadworthy; **2.** *(Fahrer)* fit to drive.

Fahr·tüch·tig·keit *f* **1.** *(Kfz)* roadworthiness; **2.** *(Fahrer)* fitness to drive.

Fahrt·un·ter·bre·chung *f* break in the journey.

Fahrt·wind *m* air stream, head wind.

fahr·un·tüch·tig *adj* unfit to drive.

Fahr·ver·bot *n* suspension of someone's *Br* driving licence (*Am* driver's license); ▶ **jdm (ein) ~ erteilen** suspend someone's driving licence; **Fahr·ver·hal·ten** *n* **1.** *(von Kfz)* road performance; **2.**

(von Fahrer) driving behaviour; **Fahr·was·ser** *n* **1.** *mar* fairway; **2.** *fig:* ▶ **im richtigen ~ sein** be in one's element; **Fahr·zeit** *f* running-time; *(Reisedauer)* duration (of a journey).

Fahr·zeug *n* vehicle; **Fahr·zeug·hal·ter(in)** *m (f)* owner of a vehicle.

Fak·si·mi·le [fak'zi:mile] ‹-s, -s› *n* facsimile.

fak·tisch ['faktɪʃ] *adj* effective, real.

Fak·tor *m math* factor.

Fak·tum ['faktʊm] *n* fact.

Fa·kul·tät [fakʊl'tɛ:t] *f (Universitäts~)* faculty.

fa·kul·ta·tiv [fakʊlta'ti:f/'----] *adj* optional.

Fal·ke ['falkə] ‹-n, -n› *m orn* falcon.

Fall[1] [fal] ‹-(e)s, (¨e)› *m* **1.** *(Sturz)* fall; *(von Preisen, Kursen, Barometer etc)* drop, fall (*e-r Sache* in s.th.); **2.** *fig (Sturz)* fall; *(e-r Regierung, e-s Menschen)* downfall; ▶ **zu ~ bringen** make fall; *fig* cause the downfall of ...; **zu ~ kommen** *(hin~en)* fall; **Knall auf ~ entlassen werden** *fam* be sacked on the spot.

Fall[2] [fal, *pl* 'fɛlə] ‹-(e)s, ¨e› *m* **1.** *(Umstand, Sachverhalt)* case, instance; **2.** *jur med gram* case; ▶ **gesetzt den ~, daß ...** supposing that ...; **in diesem ~** in this case (*od* instance); **in jedem (keinem) ~** always (never); **auf jeden (keinen) ~** at any rate (on no account); **für den ~, daß er ...** in case he ...; **auf alle ¨e** anyway; **auf alle ¨e gefaßt** prepared for anything; **im besten (schlimmsten) ~** at best (worst); **von ~ zu ~** from case to case; **ein klarer ~ sein** be a clear-cut case; **klarer ~!** *fam* sure thing! **das ist ganz mein ~** *fam* that's right up my street! **er ist ganz mein ~** *fam* he's just my type; **das ist nicht mein ~** *fam* that's not my cup of tea.

Fall·beil *n* guillotine.

Fal·le ['falə] ‹-, -n› *f* **1.** *a. fig* trap; **2.** *fam (Bett)* sack; ▶ **in die ~ gehen** get caught in the trap; *fig* fall into the trap; *fam (ins Bett gehen)* hit the sack; **jdn in e-e ~ locken** *fig* trick s.o.; **jdm e-e ~ stellen** *fig* set a trap for s.o.

fal·len ['falən] ‹sein› *irr itr* **1.** drop, fall; **2.** *(Preise, Temperatur etc)* go down; **3.** *(Schuß)* be fired; **4.** *(Entscheidung)* be made; *(Urteil)* be passed; **5.** *(im Krieg sterben)* be killed; **6.** *(stattfinden)* fall (*auf* on); **7.** *(gehören)* come (*unter* under, *in* within); **8.** *(zu~: Erbschaft etc)* go (*an* to); **9.** *(reichen)* come down (*bis auf* to); **10.** *(Wort)* be uttered; *(Bemerkung)* be made; *(Name)* be mentioned; ▶ **er fiel durch die Prüfung** *fam* he failed the exam; **über etw ~** trip over s.th.; **im Preis ~** go down in price; **im Kurs ~** *(Aktien etc)* go down; **in Schlaf ~** fall asleep; **ins Schloß ~** *(von Tür)* click shut; **endlich fiel ein Tor** *sport* finally a goal was scored; **mit der Tür ins Haus ~** *fig* blurt things out; **ins Gewicht ~** *fig* be crucial; **nicht ins Gewicht ~** *fig* be of no consequence; **in Ohnmacht ~** faint; **jdm um den Hals ~** fling one's arms around someone's neck; **jdm in den Rücken ~** *fig* stab s.o. in the back; **er ist nicht auf den Mund ge~** *fig fam* he's not at a loss for words; **er ist nicht auf den Kopf ge~** *fig fam* he's smart.

fäl·len ['fɛlən] *tr* **1.** *(Bäume etc)* fell; **2.** *fig (Entscheidung)* make; *(Urteil)* pass; **3.** *math:* ▶ **das Lot ~** drop a perpendicular; **4.** *chem* precipitate.

Fal·len·stel·ler *m* trapper.

Fall·ge·schwin·dig·keit *f phys* speed of fall; **Fall·ge·setz** *n phys* law of gravity; **Fall·gru·be** *f* **1.** pit; **2.** *fig* pitfall.

fäl·lig ['fɛlɪç] *adj a. fin* due; ▶ **die Zahlung ist ~** the payment is due; **~ werden** fall due; *(Wechsel)* mature; **jetzt bist du ~!** *fam* you're for it!

Fäl·lig·keit *f fin* settlement date; *(von Wechsel)* maturity; ▶ **bei ~** by settlement date (*od* at maturity).

Fall·obst *n bot* windfall(s *pl*).

falls [fals] *conj* **1.** *(wenn)* if; **2.** *(für den Fall, daß ...)* in case ...

Fall·schirm *m* parachute; ▶ **mit dem ~ abspringen** parachute (*über* out over); **mit dem ~ abwerfen** drop by parachute; **Fall·schirm·ab·sprung** *m* parachute jump; **Fall·schirm·jä·ger** *m mil* paratrooper; **Fall·schirm·sprin·ger(in)** *m (f)* parachutist.

Fall·strick *m fig* snare, trap.

Fall·stu·die *f* case study.

Fäl·lung ['fɛlʊŋ] *f* **1.** *(e-s Baumes)* felling; **2.** *chem* precipitation; **3. jur (e-s Urteils)** pronouncement; (e-r Entscheidung) reaching.

falsch [falʃ] *adj* **1.** *(verkehrt)* wrong; **2.** *(Name, Zähne)* false; **3.** *(Paß, Alibi etc)* fake, forged, *fam* phon(e)y; *(Geld)* counterfeit; **4.** *(betrügerisch)* bogus, *fam* phon(e)y; **5.** *(unpassend, unangebracht)* false; ▶ **~ gehen** *(Uhr)* be wrong; **etw ~ aussprechen (schreiben, beurteilen, verstehen)** mispronounce (misspell, misjudge, misunderstand) s.th.; **~ singen (spielen)** *mus (unrein)* sing (play) out of tune; **~ spielen** *mus (e-n ~en Ton)* play the wrong note(s); *(beim Kartenspiel betrügen)* cheat; **damit liegst du ~** *fig fam* you're wrong about that; **bei mir gerätst du an den F~en** you've picked the wrong man (woman, person *etc*) in me; **~er Alarm** *a. fig* false alarm; **du treibst ein ~es Spiel mit mir** you're playing me false; **so ein ~er Hund!** *fam* he's such a snake-in-thegrass!

fäl·schen ['fɛlʃən] *tr* **1.** fake, forge; *(Geld)* counterfeit; **2.** *com (Rechnung, Bilanz)* falsify; **3.** *(Tatsachen)* falsify.

Fäl·scher(in) *m (f)* forger.

Falsch·geld *n* counterfeit money.

Falsch·heit *f* falseness.

fälsch·lich ['fɛlʃlɪç] *adj* false; **fälsch·li·cher·wei·se** *adv* falsely, wrongly.

Falsch·mün·zer(in) *m (f)* counterfeiter, forger; **Falsch·par·ker** *m* person who parks illegally; **Falsch·spie·ler(in)** *m (f)* cheat.

Fäl·schung ['fɛlʃʊŋ] *f* **1.** *(Vorgang)* faking, forging; *(von Geld)* counterfeiting; **2.** *(Ergebnis)* fake, forgery; **fäl·schungs·si·cher** *adj (Ausweis etc)* unforgeable, forgery-proof.

Falt·blatt *n (Prospekt) Br* leaflet, *Am* folder; **Falt·boot** *n Br* collapsible boat, *Am* foldboat; **Falt·dach** *n mot* collapsible (*od* convertible) top, folding roof.

Fal·te ['faltə] ‹-, -n› *f* **1.** *allg* fold; **2.** *(Bügel~)* crease; *(von Tuch, Kleid)* pleat; **3.** *(Gesichts~)* wrinkle; ► **die ~n glätten** smooth the folds; **in ~n legen** fold, pleat; **~n werfen** crease, pucker; **die Stirn in ~n legen** (*od* **ziehen**) knit one's brow; **fal·ten** *tr (zusammenlegen)* fold; *(Stoff)* crease, pleat; ► **die Hände ~** clasp one's hands; **fal·ten·los** *adj* **1.** without folds; **2.** *(ohne Runzeln)* unwrinkled; **fal·ten·reich** *adj (runzlig)* wrinkled; **Fal·ten·rock** *m* pleated skirt; **Fal·ten·wurf** *m* drapery.

Fal·ter ‹-s, -› *m (Schmetterling)* butterfly.

fal·tig *adj* **1.** *(zerknittert)* creased; **2.** *(Stirn, Haut etc)* wrinkled.

Falz [falts] ‹-es, -e› *m* **1.** *(Kniff, Faltung)* fold; **2.** *(Buchbinder~)* joint; **3.** *tech (Nutnaht)* rabbet.

fal·zen ['faltsən] *tr* **1.** *(Papier)* fold; **2.** *tech (Holz etc)* rabbet.

fa·mi·li·är [fami'ljɛ:ɐ] *adj* **1.** *(zur Familie gehörig)* family *(nur attributiv)*; **2.** *(zwanglos)* informal.

Fa·mi·lie [fa'mi:liə] *f* family; ► **aus guter ~ sein** come from good family; **es liegt in der ~** it runs in the family; **Fa·mi·li·en·an·schluß** *m:* ► **mit ~** as one of the family; **Fa·mi·lien·an·zei·ge** *f* personal announcement; **Fa·mi·li·en·fei·er** *f* family party; **Fa·mi·li·en·kreis** *m* family circle; **Fa·mi·lien·le·ben** *n* family life; **Fa·mi·li·en·mit·glied** *n* member of the family; **Fa·mi·li·en·name** *m Br* surname, *Am* last name; **Fa·mi·li·en·pla·nung** *f* family planning; **Fa·mi·li·en·stand** *m* marital status; **Fa·mi·li·en·un·ter·neh·men** *n* family business; **Fa·mi·li·en·va·ter** *m* father of a family; **Fa·mi·li·en·zu·sam·men·füh·rung** *f* reuniting of families.

fa·mos [fa'mo:s] *adj (ausgezeichnet) Br* splendid, capital, *Am* swell.

Fan [fɛn] ‹-s, -s› *m fam* fan, *sl* freak.

Fa·na·ti·ker(in) [fa'na:tɪkɐ] *m (f)* fanatic; **fa·na·tisch** *adj* fanatical.

Fan·club *m* fan club.

Fan·fa·re [fan'fa:rə] ‹-, -n› *f* **1.** *mus* fanfare; **2.** *mot* horn.

Fang [faŋ, *pl* 'fɛŋə] ‹-(e)s, ⸚e› *m* **1.** *(Beute, a. fig)* catch; **2.** *(Jagd)* hunting; *(Fisch~)* fishing; **3.** *(Kralle)* talon; **4.** *(~zahn)* fang; *(von Keiler)* tusk; ► **ein guter ~** a good catch; **in jds ⸚en** in someone's clutches; **Fang·arm** *m zoo* tentacle.

fan·gen ['faŋən] *irr* **I** *tr* **1.** catch; *(mit Fallen)* trap; **2.** *fig (durch Fangfragen)* trap; *(überlisten)* trick; ► **du fängst dir gleich e-e!** *fam* you're going to catch it! **II** *refl* **1.** *(in e-r Falle)* get caught; **2.** *fig (das Gleichgewicht wiedererlangen)* steady o.s.

Fang·flot·te *f* fishing fleet; **Fang·fra·ge** *f* catch question; **Fang·lei·ne** *f mar* hawser.

Farb·ab·zug *m* coloured print; **Farb·auf·nah·me** *f* colour photo(graph).

Farb·band *n (von Schreibmaschine)* typewriter ribbon; **Farb·band·kas·set·te** *f* ribbon cassette.

Far·be ['farbə] ‹-, -n› *f* **1.** *allg* colour; *(dunkle Tönung)* shade; *(helle Tönung)* tint; *(von Gesicht)* complexion; **2.** *(Färberei)* dye; *typ (Druck~)* ink; *(Anstrich)* paint; **3.** *(von Kartenspiel)* suit; **4.** *pl (Fahne)* colours *pl;* ► **~ bekennen** *(sich entscheiden)* nail one's colours to the mast; *(gestehen)* come clean; **~ bekommen** get a bit of colour.

farb·echt *adj* colourfast.

fär·ben ['fɛrbən] **I** *tr* colour; *(Stoff, Haare)* dye; **II** *refl* change colour; ► **sich gelb (grün** *etc*) **~** turn yellow (green *etc*).

far·ben·blind *adj* colour-blind.

Far·b(en)·druck ‹-(e)s, -e› *m* **1.** *typ* colour print(ing); **2.** *(Bild)* chromotype; **Far·ben·fa·brik** *f* paint factory; **far·ben·freu·dig** *adj* colourful; **Far·b(en)·ka·sten** *m* paintbox; **Far·ben·leh·re** *f* chromatology; **Far·ben·pracht** *f* blaze of colour; **Far·ben·reich·tum** *m* wealth of colours.

Fär·ber ['fɛrbɐ] *m* dyer; **Fär·be·rei** *f* **1.** *(Betrieb)* dyeing works *pl od sing;* **2.** *(Gewerbe)* dyer's trade.

Farb·fern·se·hen *n* colour TV; **Farb·fern·se·her** *m (Gerät)* colour TV.

Farb·film *m* colour film.

far·big ['farbɪç] *adj* **1.** coloured; **2.** *opt* chromatic; **3.** *fig (Schilderung)* colourful, vivid.

Far·bi·ge(r) *f m* coloured man (*od* woman *od* person).

Farb·ko·pie·rer *m* colour copier.

farb·los *adj a. fig* colourless.
Farb·pho·to(·gra·phie) *n (f)* **1.** *(Verfahren)* colour photography; **2.** *(Bild)* colour photo(graph).
Farb·ska·la *f* colour range; **Farb·stift** *m* coloured pencil (*od* crayon); **Farbstoff** *m* colouring; *(Pigment)* pigment.
Farb·ton *m* hue, shade; *(Tönung)* tint.
Fär·bung ['fɛrbʊŋ] *f* **1.** *(das Färben)* colouring; **2.** *(Farbe)* colour, tinge; *(Schattierung)* shade; **3.** *fig (Tendenz)* slant.
Far·ce [fars] ‹-, (-n)› *f theat a. fig* farce.
Farm [farm] ‹-, -en› *f* farm; **Far·mer** *m* farmer.
Farn [fɑrn] ‹-(e)s, -e› *m bot* fern.
Fa·san [fa'za:n] ‹-(e)s, -e(n)› *m orn* pheasant.
Fa·sching ['faʃɪŋ] ‹-s, -e/-s› *m* carnival.
Fa·schings·diens·tag *m* Shrove Tuesday.
Fa·schis·mus [fa'ʃɪsmʊs] ‹-› *m pol* fascism; **Fa·schist(in)** *m (f)* fascist; **fa·schi·stisch** *adj* fascist.
Fa·se·lei [fa:zə'laɪ] *f fam pej* drivel, twaddle; **fa·seln** ['fa:zəln] *fam pej* **I** *itr* drivel, gas; **II** *tr:* ▶ **dummes Zeug ~** talk drivel.
Fa·ser ['fa:zɐ] ‹-, -n› *f bot anat Br* fibre, *Am* fiber; **fa·se·rig** ['fa:zərɪç] *adj* fibrous; *(Fleisch, Spargel etc)* stringy.
fa·sern *itr* fray.
Faß [fas, *pl* 'fɛsɐ] ‹-sses, ¨sser› *n* barrel; ▶ **vom ~** on tap; *(Bier)* on draught; **Bier vom ~** draught beer; **das ist doch ein ~ ohne Boden** *fig fam* it's a bottomless pit; **das schlägt dem ~ den Boden aus!** *fig fam* that's the last straw!
Fas·sa·de [fa'sa:də] ‹-, -n› *f a. fig* façade.
fas·sen ['fasən] **I** *tr* **1.** *(ergreifen)* take hold of ...; *(packen)* grab; *(festnehmen)* apprehend; **2.** *(Edelsteine)* set; **3.** *(enthalten)* hold; **4.** *(begreifen)* grasp, understand; **5.** *fig (Entschluß, Mut etc)* take; **6.** *fig (ausdrücken)* express; ▶ **jds Hand ~** take someone's hand; **jdn beim Arm ~** take s.o. by the arm; **den Vorsatz ~, etw zu tun** take a resolution to do s.th.; **zu jdm Vertrauen ~** come to trust s.o.; **etw in Worte ~** put s.th. into words; **diesen Teil der Story müssen Sie neu ~** you must revise this part of the story; **es ist nicht zu ~** it's unbelievable; **etw ins Auge ~** contemplate s.th.; **sich ein Herz ~** pluck up courage; **II** *itr* **1.** *(an~)* feel, touch (*an etw* s.th.); **2.** *(Halt finden, greifen)* grip; **III** *refl (sich sammeln)* compose o.s.; ▶ **sich kurz ~** be brief; **sich in Geduld ~** be patient.
faß·lich ['faslɪç] *adj* comprehensible.
Fas·sung ['fasʊŋ] *f* **1.** *(von Juwelen)* setting; *el (Birnen~)* socket; **2.** *fig (Ruhe)* composure; **3.** *(Version, Bearbeitung)* version; ▶ **jdn aus der ~ bringen** disconcert s.o.; **die ~ verlieren (bewahren)** lose (maintain) one's composure; **etw mit ~ tragen** take s.th. calmly; **e-e ungekürzte ~** an unabridged version.
Fas·sungs·kraft *f* (power of) comprehension; ▶ **das übersteigt die menschliche ~** that is beyond human understanding.
fas·sungs·los *adj* aghast, stunned; **Fas·sungs·ver·mö·gen** *n a. fig* capacity; ▶ **das übersteigt mein ~** that is beyond me.
fast [fast] *adv* almost, nearly; ▶ **~ dasselbe** much the same; **~ nichts** hardly anything; **~ nie** hardly ever.
fa·sten ['fastən] *itr* fast; **Fa·sten·kur** *f* hunger cure; **Fa·sten·zeit** *f eccl* Lent.
Fast-Food ['fa:st'fu:d] ‹-› *n* fast food.
Fast·nacht *f* **1.** Shrovetide; **2.** *(Dienstag)* Shrove Tuesday.
fas·zi·nie·ren [fastsi'ni:rən] *tr itr* fascinate (*an* about); ▶ **fasziniert sein** be fascinated (*von, durch* by); **fas·zi·nie·rend** *adj* fascinating.
fa·tal [fa'ta:l] *adj* **1.** *(verhängnisvoll)* disastrous, fatal; *(unglücklich)* unlucky; **2.** *(unangenehm)* awkward.
Fa·ta·lis·mus *m* fatalism.
Fatz·ke ['fatskə] ‹-n/-s, -n/-s› *m fam pej* **1.** *(Geck)* dandy, fop; **2.** *(hochnäsiger Dummkopf)* stuck-up twit *fam.*
fau·chen ['faʊxən] *itr* hiss.
faul [faʊl] *adj* **1.** *(Eier, Äpfel etc, a. fig)* rotten; *(von Zähnen)* decayed; **2.** *(träge)* idle, lazy; **3.** *fam (verdächtig)* fishy; *(fadenscheinig)* flimsy; ▶ **~es Geschwätz** *fam* idle talk; **an der Sache ist etw ~** *fam* there's s.th. fishy about the whole business; **auf der ~en Haut liegen** *fam* laze about; **~er Witz** lame joke; **~er Zauber** *fam* humbug.
fau·len ['faʊlən] ‹sein› *itr* rot.
fau·len·zen ['faʊlɛntsən] *itr* laze (*od* loaf) about.
Fau·len·zer(in) *m (f)* lazybones *sing; (Bummler)* loafer, idler; *fam* slacker; **Fau·len·ze·rei** *f* lazing (*od* loafing) about.
Faul·gas *n* sewer gas.
Faul·heit *f* idleness, laziness.
fau·lig *adj (Eier, Äpfel etc)* going rotten; *(Geruch, Geschmack)* foul, putrid; *(Wasser)* stale.
Fäul·nis ['fɔɪlnɪs] ‹-› *f (Fäule)* rottenness, *med* putrefaction; *(Zahn~)* caries; ▶ **in ~ übergehen** go rotten; **Fäul·nis·pro·zeß** *m* breakdown, decomposition.
Faul·pelz *m fam* lazybones *sing;* **Faul·schlamm** *m* **1.** *allg* sludge; **2.** *geol* sapropel; **Faul·tier** *n* **1.** *zoo* sloth; **2.** *fig fam* sluggard; **Faul·turm** *m (im Klärwerk)* digestion tower.
Fau·na ['faʊna] ‹-, -nen› *f* fauna.

Faust [faʊst, *pl* ˈfɔɪstə] ‹-, ⸚e› *f* fist; ▶ **die ~ ballen** clench one's fist; **auf eigene ~** *fig fam* off one's own bat; **das paßt wie die ~ aufs Auge** *fam* it's completely out of place.

Fäust·chen [ˈfɔɪstçən] *n:* ▶ **sich ins ~ lachen** laugh up one's sleeve.

faust·dick [ˈ-ˈ-] *adj* as big as a fist; ▶ **er hat es ~ hinter den Ohren** *fam* he's a crafty one; **e-e ~e Lüge** *fig fam* a whopping lie.

Faust·hand·schuh *m* mitt(en); **Faust·pfand** *n* pledge; **Faust·re·gel** *f* rule of thumb; **Faust·schlag** *m* punch.

Fa·vo·rit(in) [favoˈriːt] ‹-en, -en› *m (f)* favourite.

Fax [ˈfaks] ‹-, -e› *n* fax; **fa·xen** *tr itr* fax; send by fax.

FCKW *m Abk von* **Fluorchlorkohlenwasserstoff** *chem* CFC.

Fa·zit [ˈfaːtsɪt] ‹-s, -e/-s› *n fig* result; ▶ **das ~ ziehen** draw the conclusion(s) *(aus etw* from).

Fe·bru·ar [ˈfeːbruaːɐ] ‹-(s), (-e)› *m* February.

fech·ten [ˈfɛçtən] *irr itr* fence, fight.

Fech·ter(in) *m (f) sport* fencer.

Fecht·mei·ster *m* fencing master.

Fe·der [ˈfeːdɐ] ‹-, -n› *f* **1.** *(Vogel~)* feather; *(Gänse~)* quill; *(Hut~)* plume; **2.** *tech* spring; **3.** *(Schreib~)* pen; *(Stahl~, Spitze e-r ~)* nib; ▶ **noch in den ~n liegen** *fam* be still in one's bed; **sich mit fremden ~n schmücken** deck o.s. out in (*od* adorn o.s. with) borrowed plumes; **mit spitzer ~** *fig* with a deadly pen; **Fe·der·ball** *m* **1.** *(Ball)* shuttlecock; **2.** *sport (~spiel)* badminton; **Fe·der·bett** *n Br* quilt, *Am* feather comforter; **Fe·der·busch** *m* **1.** *orn* crest; **2.** *(an Helm, Hut etc)* plume; **Fe·der·fuch·ser** *m pej (Schreiberling)* pen-pusher; **fe·der·füh·rend** *adj fig* in (overall) charge (*bei, für* of); **Fe·der·ge·wicht** *n sport* featherweight; **Fe·der·hal·ter** *m* pen; **fe·der·leicht** [ˈ--ˈ-] *adj* light as a feather; **Fe·der·le·sen** *n:* ▶ **nicht viel ~(s) machen** make short work (*mit* of).

fe·dern ‹sein› **I** *itr* **1.** *(elastisch sein)* be springy; **2.** *(zurück~)* spring back; **3.** ‹h› *(von Polster etc)* shed; **II** *tr* **1.** *tech* spring; **2.** *mot* fit with suspension; **fe·dernd** *adj* **1.** *(elastisch)* springy; **2.** *tech* sprung; ▶ **~er Gang** springy step.

Fe·de·rung *f* **1.** *tech* springing; **2.** *mot* (spring) suspension.

Fe·der·vieh *obs, a. hum n* poultry.

Fe·der·zeich·nung *f* pen-and-ink drawing.

Fee [feː, *pl* ˈfeːən] ‹-, -n› *f* fairy.

feen·haft *adj* fairylike.

Fe·ge·feu·er *n eccl* purgatory.

fe·gen [ˈfeːgən] **I** *tr* ‹h› sweep; *(säubern)* sweep clean; **II** *itr* ‹h› **1.** sweep (up); **2.** ‹sein› *fam (jagen)* sweep; ▶ **um die Ecke ~** sweep round the corner.

Feh·de [ˈfeːdə] ‹-, -n› *f hist* feud; ▶ **mit jdm in ~ liegen** *a. fig* feud with s.o.

Fehl *m:* ▶ **ohne ~ u. Tadel** without (a) blemish; **fehl** [feːl] *adj:* ▶ **~ am Platze sein** be out of place; **Fehl·an·zei·ge** *f:* ▶ **~!** no go! **Fehl·be·trag** *m com fin* deficit; **Fehl·ein·schät·zung** *f* misjudg(e)ment.

feh·len [ˈfeːlən] *itr* **1.** *(nicht da sein)* be missing; *(in Schule etc)* be away (*in* from); **2.** *(mangeln)* be lacking; ▶ **es fehlt ihm an etw, ihm fehlt etw** he lacks s.th.; **hier fehlt etw** there's s.th. missing here; **mir ~ die Worte** words fail me; **das hat uns gerade noch gefehlt!** *fam iro* that was all we needed! **was fehlt Ihnen?** what's the matter with you? **wo fehlt es?** what's the trouble? **es fehlt ihm nie an e-r Ausrede** he is never at a loss for an excuse; **jetzt fehlt nur noch, daß ...** ... is all we need; **weit gefehlt!** *fig (ganz im Gegenteil)* far from it!

Feh·ler [ˈfeːlɐ] *m* **1.** *(Fehlgriff, Schreib~ etc)* mistake; *(Irrtum)* error; **2.** *(Mangel)* defect, fault; ▶ **e-n ~ begehen** (*od* **machen)** make a mistake; **~!** *sport* fault! **das war nicht mein ~** that was not my fault; **e-n ~ (an sich) haben** have a fault; **sie hat den ~, daß ...** the trouble with her is that ...; **feh·ler·an·fäl·lig** *adj* error-prone; **Feh·ler·an·zei·ge** *f EDV* error message; **feh·ler·frei (feh·ler·los)** *adj* perfect; *(makellos)* faultless, flawless; **feh·ler·haft** *adj* defective, faulty; *(stümperhaft)* poor.

Fehler·mel·dung *f* (*s.* Fehleranzeige); **Feh·ler·quel·le** *f* source of error; **Feh·ler·quo·te** *f* error rate.

Fehl·funk·tion *f* inadequate function, malfunction.

Fehl·ge·burt *f* miscarriage.

fehl|ge·hen ‹sein› *irr itr* **1.** *(sich verirren)* go wrong, miss the way; **2.** *fig (sich irren)* be wrong (*od* mistaken).

Fehl·griff *m fig* mistake; **Fehl·kal·ku·la·tion** *f* miscalculation; **Fehl·kon·struk·tion** *f* bad design; **Fehl·lei·stung** *f* **1.** *päd* mistake, slip; **2.** *psych* failure of purposive action; ▶ **Freudsche ~** Freudian slip; **Fehl·prog·no·se** *f* incorrect prognosis; **Fehl·schal·tung** *f* faulty circuit; **Fehl·schlag** *m fig* failure; **fehl|schla·gen** ‹sein› *irr itr fig* fail; **Fehl·schluß** *m* false conclusion; **Fehl·start** *m Br* false start, *Am* wrong start; **Fehl·tritt** *m fig* false step, lapse; **Fehl·ur·teil** *n jur* miscarriage of justice; **Fehl·zün·dung** *f mot* backfiring.

Fei·er [ˈfaɪɐ] ‹-, -n› *f (Fest)* celebration; *(zeremonielle ~)* ceremony; *(Party)* party; ▶ **zur ~ des Tages** in honour of the occasion.

Fei·er·abend *m* **1.** *(Arbeitsschluß)* end of work; *(Geschäftsschluß) Br* closing (*Am* quitting) time; **2.** *(arbeitsfreie Zeit abends)* evening; ▶ **~ machen** finish work; **machen wir ~ für heute!** let's call it a day! **nach ~** after work; **schönen ~!** have a nice evening! **~!** *(in Pub etc)* time, please!

fei·er·lich *adj* **1.** *(würdig, erhebend)* solemn; **2.** *(festlich)* festive; **3.** *(förmlich)* ceremonious; **Fei·er·lich·keit** *f* **1.** solemnity; **2.** *(Festivität)* festivity; ▶ **~en** *(Veranstaltungen)* celebrations.

fei·ern ['faɪɐn] *tr* **1.** *(Festtag halten)* keep; *(Fest, Geburtstag etc)* celebrate; **2.** *(rühmen, preisen)* fête.

Fei·er·tag *m* holiday; *eccl* feast; ▶ **gesetzlicher ~** *Br* public (*Am* legal) holiday.

Fei·ge ['faɪgə] ‹-, -n› *f bot* fig.

fei·g(e) [faɪk/'faɪgə] **I** *adj* cowardly, *fam* gutless; **II** *adv* in a cowardly way, like a coward.

Fei·gen·baum *m* fig tree; **Fei·gen·blatt** *n a. fig* fig leaf.

Feig·heit ['faɪkhaɪt] *f* cowardice.

Feig·ling *m* coward.

Fei·le ['faɪlə] ‹-, -n› *f* file; **fei·len I** *tr* file; **II** *itr* **1.** file (*an etw* away at s.th.); **2.** *fig (verbessern)* polish (*an etw* s.th. up).

feil·schen ['faɪlʃən] *itr* haggle (*um* over).

Feil·spä·ne *m pl* filings.

fein [faɪn] **I** *adj* **1.** *(nicht grob)* fine; **2.** *(zart, a. fig)* delicate; **3.** *(erlesen)* choice; *(nur attr)* excellent; **4.** *(prima, sehr gut)* splendid, *fam Br* great, *Am* swell; **5.** *(vornehm)* refined, *fam* posh; **6.** *(sinnesscharf, einfühlsam)* sensitive; *(Gehör, Geruchssinn)* acute; ▶ **~er Regen** drizzling rain; **das hast du ~ gemacht** you did it beautifully; **er ist ein ~er Kerl** *fam* he's a great guy; **~!** *fam (schön) Br* great! *Am* swell! *(in Ordnung)* fine! **du hast dich heute aber ~ gemacht!** *fam (gut angezogen)* you're dressed to kill today! **II** *adv :* ▶ **~ säuberlich (still** *etc*) nice and neat (quiet *etc*).

Fein·ab·stim·mung *f radio* fine tuning.

Fein·des·land *n* enemy territory.

Feind(in) [faɪnt] ‹-(e)s, -e› *m (f)* enemy; *(unversöhnliche(r) ~)* foe; ▶ **sich jdn zum ~ machen** make an enemy of s.o.; **jdn zum ~ haben** have s.o. as an enemy; **feind·lich** *adj* **1.** *(feindselig)* hostile (*gegen* to); **2.** *mil (gegnerisch)* enemy; ▶ **im ~en Lager** *a. fig* in the enemy camp; **Feind·schaft** *f* enmity; ▶ **dadurch hat er sich meine ~ zugezogen** that made him my enemy; **feind·se·lig** *adj* hostile; **Feind·se·lig·keit** *f* hostility; ▶ **die ~en eröffnen (einstellen)** commence (suspend, stop) hostilities.

Fein·ein·stel·lung *f* fine adjustment; **fein·füh·lend** *adj* sensitive; *(taktvoll)* tactful; **Fein·füh·lig·keit (Fein·ge·fühl)** *f (n)* sensitivity; *(Takt)* tact; **fein·ge·mah·len** ['--'--] *adj* fine(ly) ground; **Fein·gold** *n* refined gold; **Fein·heit** *f* **1.** *(Dünne)* fineness; **2.** *(Zartheit, a. fig)* delicacy; **3.** *(Erlesenheit)* excellence; **4.** *(Vornehmheit)* refinement, *fam* poshness; **5.** *(der Sinne, des Gefühls)* keenness; *(Gehör, Geruchssinn)* acuteness; ▶ **~en** *pl* niceties; **fein·kör·nig** *adj* fine-grained.

Fein·kost·ge·schäft *n* delicatessen; **fein·ma·schig** *adj* fine-meshed; **Fein·me·cha·nik** *f* precision engineering; **Fein·schmecker(in) (k·k)** *m (f)* **1.** gourmet; **2.** *fig (Kenner)* connoisseur; **Fein·sieb** *n* micro-strainer; *(in Kläranlage)* fine screen; **Fein·staub** *m* fine dust; **Fein·un·ze** *f* troy ounce; **Fein·wä·sche** *f* **1.** *(Wäschestücke)* delicate clothes *pl;* **2.** *(Waschvorgang)* programme for delicates *pl;* **Fein·wasch·mit·tel** *n* mild detergent.

feist [faɪst] *adj* fat, plump.

fei·xen ['faɪksən] *itr fam* smirk.

Feld [fɛlt] ‹-(e)s, -er› *n* **1.** *(Korn~ etc, Acker; a. sport: Spiel~, Gruppe der Verfolger)* field; **2.** *(freies ~)* open country; **3.** *mil (Schlacht~)* (battle)field; **4.** *(Schachbrett~)* square; **5.** *fig (Arbeits~, -bereich)* area, field; **6.** *phys chem min el* field; ▶ **auf freiem ~** in the open country; **das ~ beherrschen** be on top; **das ~ behaupten** *fig* hold the field; **das ~ räumen** *fig* give way (*jdm, e-r Sache* to s.o., s.th.); **etw ins ~ führen** *fig* bring s.th. to bear; **gegen jdn (etw) zu ~e ziehen** *fig* crusade against s.o. (s.th.); **einander das ~ streitig machen** *fig* fight for the same ground; **er ließ das ~ hinter sich** *sport* he left the rest of the field behind; **das ist natürlich ein weites ~** *fig* of course, this is a very broad field.

Feld·ar·beit *f* **1.** *(landwirtschaftliche ~)* work in the fields; **2.** *(wissenschaftliche ~)* fieldwork; **Feld·bett** *n* campbed; **Feld·blu·me** *f* wild flower; **Feld·fla·sche** *f* waterbottle; **Feld·geist·li·che** *m mil* army chaplain; **Feld·herr** *m* commander-in-chief (*Abk* cominch); **Feld·kü·che** *f mil* field kitchen; **Feld·la·ger** *n mil* (military) camp; **Feld·la·za·rett** *n mil* field hospital; **Feld·mar·schall** *m mil* field marshal; **Feld·maus** *f zoo* field mouse; **Feld·mes·ser** *m* (land) surveyor; **Feld·post** *f mil* forces' postal service; **Feld·sa·lat** *m bot* lamb's lettuce; **Feld·spat** ['fɛltʃpa:t] ‹-(e)s, (-e)› *m geol* feldspar; **Feld·stär·ke** *f phys* field strength; **Feld·ste·cher** *m* (pair of) field glasses; **Feld·we·bel** ['fɛltve:bəl] ‹-s, -› *m mil* sergeant; **Feld·weg** *m* path (*od* track) (across the

fields); **Feld·zug** *m a. fig* campaign.
Fel·ge ['fɛlgə] ⟨-, -n⟩ *f tech* (wheel) rim; **Fel·gen·brem·se** *f* caliper brake.
Fell [fɛl] ⟨-(e)s, -e⟩ *n* **1.** *(Pelz)* fur; *(Vlies)* fleece; **2.** *(bei toten Tieren: zum Abziehen)* skin; *(bei Rindern)* hide; **3.** *fig fam (Haut e-s Menschen)* hide; **4.** *mus (von Trommel)* skin; ▶ **ihm schwimmen alle ~e davon** *fig* his hopes are all being dashed; **e-m Tier das ~ abziehen** skin an animal; **ein dickes ~ haben** *fig fam* be thickskinned, have a thick skin; **jdm das ~ über die Ohren ziehen** *fig fam* pull the wool over someone's eyes.
Fels·block *m* boulder.
Fel·s(en) ['fɛls, 'fɛlzən] ⟨-s, -en⟩ *m* rock.
fel·sen·fest ['--'-] *adj* firm as a rock; **~er Glaube** *fig* unwavering faith; **davon bin ich ~ überzeugt** *fig* I am dead certain about it.
Fels·ge·stein *n* rock material (*od* formation).
fel·sig ['fɛlzıç] *adj* craggy, rocky.
Fels·wand *f* rock face.
fe·mi·nin *adj* feminin; **Fe·mi·nis·mus** *m* feminism; **Fe·mi·nist(in)** ⟨-en, -en⟩ *m (f)* feminist; **fe·mi·ni·stisch** *adj* feminist.
Fen·chel ['fɛnçəl] ⟨-s, -⟩ *m bot* fennel.
Fen·ster ['fɛnste] ⟨-s, -⟩ *n* window; ▶ **das Geld zum ~ hinauswerfen** *fig* pour money down the drain; **Fen·ster·bank (Fen·ster·brett)** *f (n)* windowsill; **Fen·ster·brief·um·schlag** *f* window envelope; **Fen·ster·flü·gel** *m* casement; **Fen·ster·he·ber** *m mot* window winder; *(elektronisch)* window control; **Fen·ster·kur·bel** *f mot* window crank; **Fen·ster·la·den** *m* shutter; **Fen·ster·le·der** *n* chamois (leather); **Fen·ster·ni·sche** *f* windowbay; **Fen·ster·platz** *m* window seat; **Fen·ster·put·zer(in)** *m (f)* window cleaner; **Fen·ster·rah·men** *m* window frame; **Fen·ster·schei·be** *f* (window) pane; **Fen·ster·tech·nik** *f EDV* split-screen technique; **Fen·ster·um·schlag** *m* window envelope.
Fe·ri·en ['fe:riən] *f pl* **1.** *Br* holidays *pl, Am* vacation *sing;* **2.** *(~reise) Br* holiday *sing, Am* vacation *sing;* **3.** *parl jur* recess *sing;* ▶ **die großen ~** *Br* the summer holidays, *Am* the long vacation; **~ machen (haben)** take a (be on) holiday (*Am* vacation); **in die ~ fahren** go on holiday (*Am* vacation); **Fe·rien·haus** *n* holiday cottage; *(Wochenendhaus)* weekend chalet; **Fe·ri·en·kurs** *m* holiday course; **Fe·ri·en·la·ger** *f* holiday camp; **Fe·rien·woh·nung** *f* holiday (*Am* vacation) dwelling (*od* apartment *od* chalet); **Fe·ri·en·zeit** *f* holiday time.
Fer·kel ['fɛrkəl] ⟨-s, -⟩ *n* **1.** *(Schweinchen)* piglet; **2.** *fig fam (Dreckspatz)* mucky pup; **3.** *(unanständiger Mensch)* dirty pig.
Fer·ment [fɛr'mɛnt] ⟨-(e)s, -e⟩ *n obs* enzyme.
fern [fɛrn] **I** *adj* **1.** *(räumlich)* distant, faraway; **2.** *(zeitlich)* far-off; ▶ **von ~** from a distance, from afar; **~ von hier** a long way from here; **es liegt mir ~, zu behaupten ...** I am far from pretending ...; **der Tag ist nicht mehr ~, an dem ...** the day is not far when ...; **II** *prp* far (away) from.
Fern·amt *n tele Br* (telephone) exchange, *Am* long-distance office (*od* exchange); **Fern·bahn** *f rail* main-line service; **Fern·be·die·nung** *f* remote control; **Fern·blei·ben** *n (vom Arbeitsplatz)* absenteeism.
fern|blei·ben ⟨sein⟩ *irr itr* stay away (*jdm, von etw* from s.o., s.th.).
Fern·blick *m* distant view (*auf* of).
Fern·emp·fang *m radio tele* long-range (*od* long-distance) reception.
fer·ner ['fɛrne] **I** *adj (weiter)* further; **II** *adv* **1.** *(weiterhin)* further(more); **2.** *(künftig)* in future; ▶ **~ liefen ...** *sport* also-rans ...; **wir kamen unter „~ liefen"** *fig fam* we were among the also-rans; **... und so wollen wir es auch ~ halten** ... and we shall continue to do so.
Fern·fah·rer(in) *m (f) mot* long-distance *Br* lorry, *Am* truck driver; **Fern·flug** *m* long-distance flight; **Fern·gas** *n* long-distance gas; **fern·ge·lenkt (fern·ge·steu·ert)** *adj* **1.** *(Rakete etc)* remote-controlled; **2.** *fig* manipulated; **Fern·ge·spräch** *n Br* trunk (*Am* long-distance) call; **Fern·glas** *n* (pair of) field glasses; **fern|hal·ten** *irr tr refl* keep away (*von* from); **Fern·hei·zung** *f* district heating; **Fern·ko·pie** *f tele* fax; **fern·ko·pie·ren** *tr itr* fax, send by fax; **Fern·ko·pie·rer** *m tele* telecopier, fax terminal, facsimile terminal; **Fern·kurs(us)** *m* correspondence course; **Fern·la·ster** *m* long-distance lorry (*Am* truck); **Fern·lei·tung** *f* **1.** *tele Br* trunk-line, *Am* long-distance line; **2.** *el* (long-distance) transmission line; **Fern·len·kung** *f* remote control; *(drahtlos) Br* wireless control, *Am* radio control; **Fern·licht** *n mot Br* main beam, *Am* high beam.
fern|lie·gen *irr itr fig:* ▶ **es liegt mir fern, zu ...** I am far from ...
Fern·mel·de·dienst *m* telecommunications service; **Fern·mel·de·sa·tel·lit** *m* communications satellite; **Fern·mel·de·tech·nik** *f* telecommunications engineering.
fern·münd·lich I *adj* telephone; **II** *adv* by telephone.
Fern·ost [fɛrn'ɔst] *m:* ▶ **in ~** in the Far East.

Fern·rohr *n* **1.** *astr* telescope; **2.** *(Feldstecher)* (pair of) field glasses; **Fern·ruf** *m tele* **1.** *(Anruf)* (telephone) call; **2.** *(Teilnehmernummer)* telephone number; **Fern·schnell·zug** *m rail* long-distance express train; **Fern·schrei·ben** *n* telex; **Fern·schrei·ber** *m* teleprinter; *com* telex; **fern·schrift·lich** *adj* by telex.

Fern·seh·an·sa·ger(in) *m (f)* television announcer; **Fern·seh·an·ten·ne** *f* television aerial; **Fern·seh·ap·pa·rat** *m* television (set), TV.

Fern·se·hen *n* television (*Abk* TV); *Br fam* telly; ▶ **im ~ übertragen werden** be televised; **er hat e-n Job beim ~** he's got a job in television; **im ~** on television (*od* TV *od Br fam* the telly); **~ haben** *(ein Fernsehgerät)* have a TV; **fast alle Länder haben heutzutage ~** almost all countries have television nowadays.

fern|se·hen *irr itr* watch television (*od* TV *od Br fam* telly).

Fern·se·her *m* **1.** *(Gerät)* television (*od* TV *od Br fam* telly); **2.** *(Zuschauer)* (TV) viewer.

Fern·seh·film *m* television film; **Fern·seh·ge·rät** *n* television (*od* TV) set; **Fern·seh·ka·me·ra** *f* television (*od* TV) camera; **Fern·seh·netz** *n* television network; **Fern·seh·pro·gramm** *n* **1.** *(Erstes, Zweites etc ~) Br* channel, *Am* station; **2.** *(Sendefolge)* program(me)s *pl;* **3.** *(einzelne Sendung)* program(me); **4.** *(Programmzeitschrift)* (television) program(me) guide; **Fern·seh·sa·tel·lit** *m* TV satellite; **Fern·seh·sen·der** *m* television station; **Fern·seh·sen·dung** *f* television program(me); **Fern·seh·spiel** *n* television play; **Fern·seh·tech·nik** *f* television engineering; **Fern·seh·tech·ni·ker** *m* television engineer; **Fern·seh·teil·neh·mer** *m* television licence holder; **Fern·seh·über·tra·gung** *f* television broadcast; **Fern·seh·zeit·schrift** *f* TV guide.

Fern·sicht *f* clear view.

Fern·sprech·amt *n Br* telephone exchange, *Am* telephone central office; **Fern·sprech·an·la·ge** *f* telephone installation; **Fern·sprech·an·sa·ge·dienst** *f* information services *pl;* **Fern·sprech·an·schluß** *m* telephone; **Fern·sprech·auf·trags·dienst** *m* answering service; **Fern·sprech·aus·kunft** *f* directory enquiries *pl;* **Fern·spre·cher** *m* telephone; ▶ **öffentlicher ~** public telephone; **Fern·sprech·ge·büh·ren** *f pl* telephone charges; **Fern·sprech·netz** *n* telephone network; **Fern·sprech·num·mer** *f* (tele)phone number; **Fern·sprech·orts·netz** *n* local telephone network; **Fern·sprech·teil·neh·mer** *m* (telephone) subscriber; **Fern·sprech·ver·kehr** *m* telephone traffic; **Fern·sprech·ver·mitt·lung** *f Br* telephone exchange, *Am* telephone central office.

Fern·steue·rung *f* remote control; *(drahtlos)* radio control; **Fern·stu·di·um** *n* correspondence degree course; *Br* Open University course; **Fern·ver·kehr** *m mot* long-distance traffic; **Fern·ver·kehrs·stra·ße** *f Br* trunk road, *Am* highway; **Fern·wär·me** *f* municipal heat distribution; **Fern·wär·me·ver·sor·gung** *f* district (*od* municipal) heating; **Fern·was·ser·ver·sor·gung** *f* long-distance water supply; **Fern·weh** *n* wanderlust; **Fern·wir·kung** *f phys* long-distance effect.

Fer·se ['fɛrzə] ⟨-, -n⟩ *f anat* heel; ▶ **jdm auf den ~n folgen** be on someone's heels; **Fer·sen·bein** *n anat* heel bone; **Fer·sen·geld** *n fam:* ▶ **~ geben** take to one's heels.

fer·tig ['fɛrtɪç] *adj* **1.** *(bereit)* ready; **2.** *(vollendet)* finished; *(ausbildungsmäßig)* qualified; **3.** *(reif)* mature; **4.** *fig fam (ruiniert)* finished; *(völlig erschöpft)* done in, shattered *fam;* ▶ **das Essen ist ~** dinner is ready; **bist du mit deiner Arbeit ~?** have you finished your work? **mit dir bin ich ~** I am through (*od* finished) with you; **sind Sie ~ ausgebildeter ...?** are you a fully qualified ...? **ich muß erst ~ essen** I must finish eating first; **mit jdm (etw) ~ werden** *fig* cope with s.o. (s.th.); **ich werde auch ohne dich ~** *fig* I'll get along without you; **..., und damit ~!** *fig fam* ... and that's that! *(erschöpft)* I'm really done in *fam;* **der ist ~** *fig fam (ruiniert)* he's done for.

Fer·tig·bau ⟨-s, -bauten⟩ prefab(ricated house); **Fer·tig·bau·wei·se** *f arch* prefabricated construction; ▶ **Haus in ~** prefab.

fer·tig|brin·gen *irr tr* **1.** *(vollenden)* get done; **2.** *(imstande sein)* manage; **3.** *iro fam:* ▶ **der bringt es glatt fertig, und ...** he's quite capable of ...

fer·ti·gen ['fɛrtɪgən] *tr (herstellen)* manufacture.

Fer·tig·fa·bri·kat *n* finished product.

Fer·tig·ge·richt *n* ready-to-serve (*od* instant) meal; **Fer·tig·haus** *n arch* prefabricated house, prefab.

Fer·tig·keit *f (Geschick)* skill; *(im Sprechen)* fluency; ▶ **er hat (e-e) große ~ darin** he is very skilled at it.

fer·tig|ma·chen *tr* **1.** *(vollenden)* finish; **2.** *(bereitmachen)* get ready; **3.** *fig fam:* ▶ **jdn ~** *(herunterputzen)* lay into s.o.; *(erledigen)* do for s.o.; *(ermüden)* take it out of s.o.; *(deprimieren)* get s.o. down.

fer·tig|stel·len *tr* complete.
Fer·tig·stel·lung *f* completion; **Fer·tig·teil** *n* finished part; **Fer·ti·gung** *f* production; **Fer·ti·gungs·stra·ße** *f* assembly line; production line.
Fes[1] [fɛs] ⟨-, -⟩ *n mus* F flat.
Fes[2] [fe:s] ⟨-, -e⟩ *m (Kopfbedeckung)* fez.
fesch [fɛʃ] *adj* smart.
Fes·sel[1] ['fɛsəl] ⟨-, -n⟩ *f anat* **1.** *(beim Menschen)* ankle; **2.** *(bei Tieren)* pastern.
Fes·sel[2] *f a. fig* bond, fetter, shackle; ► **jdn in ~n legen, jdm ~n anlegen** fetter (*od* shackle) s.o.; **die ~n der Unterdrückung** the chains of oppression.
Fes·sel·bal·lon *m* captive balloon.
fes·seln *tr* **1.** *(binden)* bind; *(mit F~)* fetter, shackle; *(mit Handschellen)* handcuff; **2.** *fig (faszinieren)* grip; ► **jdn an Händen und Füßen ~** fetter (*od* bind) s.o. hand and foot; **meine Krankheit fesselt mich ans Bett** *fig* my illness confines me to bed; **jdn an sich ~** *fig* bind s.o. to o.s.
fes·selnd *adj (packend)* gripping; *(faszinierend)* fascinating.
Fest [fɛst] ⟨-(e)s, -e⟩ *n (Feier)* celebration; *(Gesellschaft)* party; ► **frohes ~!** *(Weihnachts~)* Merry Christmas!
fest [fɛst] **I** *adj* **1.** *(hart, stabil)* solid; **2.** *fin com (Kurse etc)* stable; **3.** *(nicht nachgebend, sicher, kräftig)* firm; **4.** *(nicht leicht od locker)* tight; *(Schlag)* hard; *fig (Schlaf)* sound; **5.** *(ständig)* regular; *(Lohn, Gehalt, Preise)* fixed; *(Stellung, Beruf, Wohnsitz)* permanent; ► **~e Nahrung** solid food; **mit fester Stimme erklärte er ...** with a steady voice he explained ...; **~ versprechen** promise faithfully; **~ packen** grip tightly; **ich bin ~ entschlossen** I am absolutely determined; **wir sind ~ befreundet** *(gute Freunde)* we are good friends; *(mein(e) Freund(in) u. ich)* we are going steady; **~e(r) Freund(in)** steady boyfriend (girlfriend); **sie ist in ~en Händen** *hum fam* she's spoken for; **II** *adv fam (kräftig, tüchtig)* properly; *(nachdrücklich, eifrig)* with a will.
fest·an·ge·stellt *adj* permanently employed.
fest|bin·den *irr tr* tie up; ► **jdn (etw) an etw ~** tie s.o. (s.th.) to s.th.
fest|blei·ben ⟨sein⟩ *irr tr* remain firm.
Fest·es·sen *n* banquet.
fest|fah·ren *irr refl* **1.** get stuck; **2.** *fig* be at a deadlock.
fest|hal·ten *irr* **I** *tr* **1.** hold (tight); **2.** *(betonen)* emphasize; **3.** *(speichern)* record; ► **jdn am Arm ~** hold on to someone's arm; **diese Tatsachen sind nirgends festgehalten** these facts are not recorded anywhere; **II** *itr* hold (*an etw* to s.th.); **III** *refl* hold on (*an* to); **halt dich fest!** hold tight! *fam (sei gefaßt)* brace yourself!
fe·sti·gen ['fɛstɪgən] **I** *tr* strengthen; **II** *refl* become stronger; **Fe·sti·ger** *m (Haar~)* setting lotion; **Fe·stig·keit** *f* **1.** *(Stärke, Kraft)* strength; **2.** *fig (Standhaftigkeit)* steadfastness; *(Beständigkeit)* firmness; **Fe·sti·gung** *f (Be-, Verstärkung)* strengthening.
fest|klam·mern *refl* cling on (*an* to).
fest|kle·ben *tr* ⟨h⟩ itr⟨sein⟩ stick (firmly) (*an* to).
Fest·land *n* **1.** *(das europäische ~)* continent; **2.** *(als Gegensatz zu Insel)* mainland.
fest|le·gen I *tr* **1.** *(bestimmen)* lay down; *(festsetzen)* fix; *(vorschreiben)* stipulate; **2.** *fin (Geld)* tie up; **3.** *(verpflichten)* commit (*jdn auf etw* s.o. to s.th.); *(festnageln)* tie down (*jdn auf etw* s.o. to s.th.); **II** *refl* **1.** *(beschließen)* decide (*auf* on); **2.** *(sich verpflichten)* commit o.s. (*auf* to); *(e-e einzige Möglichkeit ins Auge fassen)* tie o.s. down (*auf* to).
Fest·le·gung *f* **1.** *(Bestimmung)* laying-down; *(Festsetzung)* fixing; *(Vorschrift: in Vertrag etc)* stipulation; **2.** *(Verpflichtung)* commitment (*auf* to).
fest·lich ['fɛstlɪç] *adj* **1.** festive; **2.** *(feierlich)* solemn; ► **in ~er Stimmung** in a festive mood; **~ begehen** celebrate.
Fest·lich·keit *f* **1.** *(Feier)* festivity; **2.** *(Feststimmung)* festiveness.
fest|lie·gen *irr itr* **1.** *(bestimmt sein)* have been laid down; *(festgesetzt sein)* have been fixed; **2.** *fin (Geld)* be tied up (*od* on time deposit); **3.** *(Schiff)* be aground.
fest|ma·chen I *tr* **1.** *(festbinden)* fasten (*an* on to); **2.** *(befestigen)* fix on (*an* to); **3.** *mar* moor; **4.** *(abmachen)* arrange; **II** *itr mar* moor.
Fest·me·ter *m (Holz)* cubic *Br* metre, *Am* meter (of solid timber).
fest|na·geln *tr* **1.** nail (up *od* on *od* down, *etw an etw* s.th. to s.th.); **2.** *fig fam:* ► **jdn auf etw ~** pin s.o. down to s.th.
Fest·nah·me ['fɛstna:mə] ⟨-, -n⟩ *f* arrest.
fest|neh·men *irr tr* (put under) arrest.
Fest·plat·te *f EDV* hard disk; **Fest·plat·ten·lauf·werk** *n EDV* hard disk drive.
Fest·preis *m com* fixed price.
Fest·red·ner(in) *m (f)* main speaker.
fest|schnal·len *tr* buckle; **fest|schrau·ben** *tr* screw (in *od* on *od* down) tight; **fest|set·zen I** *tr* **1.** *(bestimmen)* fix (*auf, bei* at); **2.** *(in Haft nehmen)* detain; **II** *refl* **1.** *(sich sammeln: Schmutz etc)* collect; **2.** *fig (Ideen)* take root; **fest|sit·zen** *irr itr (nicht weiterkönnen)* be stuck (*an, bei* on); *mar* be

aground.

Fest·spiel *n* festival (performance); ▶ **~e** *pl* festival *sing.*

fest|ste·hen *irr itr* **1.** *(gewiß sein)* be certain; **2.** *(endgültig sein)* be definite; **3.** *(beschlossene Sache sein)* have been fixed.

fest·stell·bar *adj* **1.** *(herausfindbar)* ascertainable; **2.** *tech* securable.

fest|stel·len *tr* **1.** *(herausfinden)* ascertain, find (out); **2.** *(erkennen)* tell (*an* from); **3.** *(entdecken)* discover; *(einsehen)* realize; **4.** *(betonend äußern)* emphasize; **5.** *tech* lock, stop.

Fest·stel·lung *f* **1.** *(Ermittlung)* ascertainment; *(von Personalien, Sachverhalt, Ursache)* establishment; **2.** *(Schlußfolgerung)* conclusion; **3.** *(Bemerkung)* remark, statement.

Fest·tag *m (Feiertag)* holiday; *eccl* feast.

Fe·stung [ˈfɛstʊŋ] *f* fort(ress).

fest·ver·zins·lich *adj fin* fixed-interest *(nur attributiv)*, with fixed interest.

Fest·zins(·satz) *m fin* fixed rate of interest.

Fest·zug *m* (festive) procession, parade.

Fe·tisch [ˈfeːtɪʃ] ‹-(e)s, -e› *m* fetish; **Fe·ti·schist** *m* fetishist.

Fett [fɛt] ‹-(e)s, (-e)› *n* **1.** fat; **2.** *(Schmiere)* grease; ▶ **~ ansetzen** put on weight; **er hat sein ~ weg** *fam* he's got his come-uppance.

fett *adj* **1.** *(a. fig fam)* fat; **2.** *(Boden, Weide etc, a. fig fam: Gewinn, Beute etc)* rich; **3.** *(~haltig: Essen etc)* fatty; **4.** *fig fam (einträglich)* lucrative; **5.** *mot (Gemisch)* rich; **6.** *typ* bold; ▶ **er ißt gern ~** he likes (to eat) fatty food; **die ~en Jahre sind vorbei** the fat years are over; **~ gedruckt** *typ* printed in bold (face); **fett·arm** *adj* with a low fat content; **Fett·au·ge** *n* globule of grease; **Fett·druck** *m typ* bold print, bold typeface.

fet·ten I *tr (schmieren)* lubricate, oil; **II** *itr* **1.** *(fettig sein)* be greasy; **2.** *(Fett absondern)* get greasy.

Fett·fleck *m* grease spot; **fett·ge·druckt** *adj* bold-type; **Fett·ge·halt** *m* fat content; **fet·tig** *adj* greasy; *(ölig, Haut)* oily; **Fett·kloß** *m fig fam (Mensch)* fatty; **fett·lei·big** [ˈfɛtlaɪbɪç] *adj* corpulent; **Fett·lei·big·keit** *f* corpulence; **Fett·näpf·chen:** ▶ **ins ~ treten** put one's foot in it; **Fett·pol·ster** *n* **1.** *anat* subcutaneous fat; **2.** *hum fam* padding; ▶ **er hat ganz hübsche ~** he's quite well-padded; **Fett·säu·re** *f chem* fatty acid; **Fett·sucht** *f med* obesity.

Fet·zen [ˈfɛtsən] ‹-s, -› *m (Abgerissenes)* shred; *(Kleider~, Lappen)* rag; *(Stoff~, Papier~, a. fig: Gesprächs~)* scrap; ▶ **... daß die ~ nur so fliegen** *fig fam* ... like mad.

fet·zen *itr sl:* ▶ **diese Musik fetzt echt!** that music really blows your mind! *sl;* **fet·zig** *adj sl* wild, crazy; *(Kleidung a.)* racy.

feucht [fɔɪçt] *adj* damp, moist; *(Klima)* humid; *(Hände)* sweaty; ▶ **das geht dich e-n ~en Dreck an!** *sl* that's none of your *Br* bloody (*Am* goddam) business! **Feucht·bio·top** *m* od *n* damp biotope; **Feucht·ge·biet** *n* marshland; **Feuch·tig·keit** *f* **1.** *(Zustand)* dampness, moistness; *(von Klima)* humidity; *(von Körperteil)* sweatiness; **2.** *(Flüssigkeit)* moisture; *(Luft~)* humidity; **Feuch·tig·keits·cre·me** *f* moisturizing cream; **feucht·warm** *adj (Klima)* humid, muggy.

feu·dal [fɔɪˈdaːl] *adj* **1.** *pol* feudal; **2.** *fig fam (prächtig, prima) Br* plush, *Am* swell.

Feu·da·lis·mus *m hist* feudalism.

Feu·er [ˈfɔɪɐ] ‹-s, -› *n* **1.** *(Herd~, Kamin~, Brand, mil: Gewehr~)* fire; **2.** *(für Zigarette)* light; **3.** *(Glanz, Scheinen)* sparkle; **4.** *fig (Glut, Leidenschaft)* ardour; ▶ **am ~** by the fire; **~ (an)machen** light a fire; **~ legen** start a fire; **~ an etw legen** set fire to s.th.; **Spiel mit dem ~** *fig a. pol* brinkmanship; **~ fangen** catch fire; *fig* be really taken (*bei* with); **für jdn durchs ~ gehen** *fig* go through fire and water for s.o.; **können Sie mir ~ geben?** can I have a light? can you give me a light? **mit dem ~ spielen** *fig* play with fire; **sie ist ganz ~ u. Flamme für ...** *fig fam* she's crazy about ...; **~ (frei)!** *mil* (open) fire! **Feu·er·alarm** *m* fire alarm; **Feu·er·an·zün·der** *m* firelighter; **Feu·er·be·fehl** *m mil* order to fire; **feu·er·be·stän·dig** *adj* fire-resistant; **Feu·er·be·stat·tung** *f* cremation; **Feu·er·ei·fer** *m* zeal; ▶ **mit ~ arbeiten** work with great zeal; **mit ~ bei der Sache sein** be full of zeal for the cause; **Feu·er·ein·stel·lung** *f mil* cease-fire; **feu·er·fest** *adj* fireproof; *(Glas)* heat-resistant; **Feu·er·gas·se** *f* fire lane; **Feu·er·ge·fahr** *f* fire hazard; ▶ **bei ~** in the event of fire; **feu·er·ge·fähr·lich** *adj* combustible, (in)flammable; **Feu·er·ge·fecht** *n* gun fight; **Feu·er·ha·ken** *m (Schüreisen)* poker; **Feu·er·lei·ter 1.** *(Nottreppe)* fire escape; **2.** *(Leiter e-s Feuerwehrfahrzeugs)* fireman's ladder; **Feu·er·lösch·ein·rich·tung** *f* fire fighting device; **Feu·er·lö·scher** *m* fire extinguisher; **Feu·er·mel·der** *m* fire alarm; *(automatischer)* fire detector; **Feu·er·scha·den** *m* fire damage.

feu·ern I *itr* **1.** *mil (schießen)* fire (*auf* at, on, upon); **2.** *(heizen):* ▶ **mit Öl ~** have oil heating; **II** *tr* **1.** *(heizen)* heat; **2.** *fam (schmeißen)* fling; **3.** *fig fam (entlassen)* fire, sack; ▶ **jdm e-e ~** *fam* *(schlagen)* thump s.o. one; **den Ball ins Tor ~** *fam (Fußball)* slam the ball in; **gefeuert werden** *fig fam (entlassen werden)* get the sack.

Feu·er·pau·se *f mil* pause in firing; **feu·er·rot** ['--'-] *adj* fiery red; **Feu·ers·brunst** *f (gehoben)* conflagration; **feu·er·si·cher** *adj* fireproof; **Feu·er·sprit·ze** *f* fire hose; **Feu·er·stein** *m* flint; **Feu·er·über·fall** *m mil* armed attack; **Feue·rung** *f* **1.** *(das Heizen)* heating; **2.** *(Brennmaterial)* fuel; **3.** *(~sanlage)* heating system; **Feu·er·ver·si·che·rung** *f* fire insurance; **Feu·er·wa·che** *f* fire station; **Feu·er·wehr** ['fɔɪɐveːɐ] ‹-, -en› *f Br* fire brigade, *Am* fire department; **Feu·er·wehr·au·to** *n Br* fire engine, *Am* fire truck; **Feu·er·wehr·frau** *f* firewoman; **Feu·er·wehr·lei·ter** *f* fireman's ladder; **Feu·er·wehr·mann** *m* fireman; **Feu·er·werk** *n* **1.** fireworks *pl;* **2.** *fig* cavalcade.

Feu·er·zeug *n* (cigarette) lighter.

Feuil·le·ton [fœj(ə)'tõ(ː)] ‹-s, -s› *n* **1.** *(Zeitungssparte)* feature pages *pl;* **2.** *(Artikel)* feature (article).

feu·rig ['fɔɪrɪç] *adj a. fig* fiery.

Fi·as·ko [fi'asko] ‹-s, -s› *n* failure, fiasco.

Fi·bel[1] ['fiːbəl] ‹-, -n› *f (Schul~)* primer.

Fi·bel[2] *f (Spange)* clasp, fibula.

Fich·te ['fɪçtə] ‹-, -n› *f bot* spruce.

Fick [fɪk] ‹-s, (-e)› *m vulg* fuck.

ficken (k·k) *tr itr vulg* fuck *(jdn, mit jdm* s.o.).

fi·del [fi'deːl] *adj* jolly, merry.

Fi·dschi·in·seln *pl* Fiji Islands.

Fie·ber ['fiːbɐ] ‹-s, (-)› *n* **1.** *(Krankheit, a. fig)* fever; **2.** *(Temperatur)* temperature; ▶ **jdm das ~ messen** take someone's temperature; **(39 °C) ~ haben** have a temperature (of 39 °C); **Fie·ber·an·fall** *m* attack of fever; **fie·ber·frei** *adj* free from fever; **fie·ber·haft** *adj fig (hektisch)* feverish; **fieb·rig** ['fiːb(ə)rɪç] *adj* feverish, *med* febrile; **fie·ber·krank** *adj* sick with fever, suffering from fever; **Fie·ber·kur·ve** *f* temperature curve.

fie·bern *itr* **1.** *(Fieber haben)* have a temperature (*od* a fever); **2.** *fig:* ▶ **nach etw ~** long feverishly for s.th.; **vor ... ~** be in a fever of ...

Fie·ber·phan·ta·sie *f* delirious ravings *pl;* **fie·ber·sen·kend** *adj* fever-reducing; **Fie·ber·ther·mo·me·ter** *n* (clinical) thermometer.

Fie·del ['fiːdəl] ‹-, -n› *f* fiddle.

fie·deln *tr itr* fiddle.

fies *adj fam (Mensch, Arbeit, Geruch)* nasty, horrid, horrible; *(Charakter, Methoden a.)* mean.

fif·ty-fif·ty ['fɪfti'fɪfti] *adv fam:* ▶ **mit jdm ~ machen** go fifty-fifty with s.o.

Fi·gur [fi'guːɐ] ‹-, -en› *f* **1.** *(Abbildung, Statuette, a. sport mus math)* figure; **2.** *(Gestalt, Körperform; Persönlichkeit)* figure; **3.** *(~ in e-m Film od Roman; a. fam: Mensch)* character; ▶ **ich muß auf meine ~ achten** I must watch my figure; **e-e traurige (gute) ~ machen** cut a sorry (good) figure.

fi·gür·lich [fi'gyːɐlɪç] *adj (übertragen)* figurative.

Fi·let [fi'leː] ‹-s, -s› *n (Fleischstück) Br* piece of sirloin (*Am* tenderloin).

Fi·let·steak *n* fillet steak.

Fi·lia·le [fi'ljaːlə] ‹-, -n› *f* branch.

Fi·li·al·lei·ter *m* branch manager.

Fi·li·pi·no ‹-s, -s› *m* Filipino.

Film [fɪlm] ‹-(e)s, -e› *m* **1.** *(Häutchen, Schleier, Schicht, Belag)* coat, film; **2.** *phot* film; **3.** *(Kino~) Br* film, *Am* movie, motion picture; **4.** *(~branche) Br* films *pl, Am* movies *pl;* ▶ **e-n ~ drehen** shoot a film (*Am* movie); **e-n ~ (in e-e Kamera) einlegen** load (a film into) a camera; **in e-n ~ gehen** go and see a film; **zum ~ gehen** go into (*Br* films, *Am* movies); **Film·ar·chiv** *n* film archives *pl;* **Film·ate·lier** *n* film studio.

Fil·me·ma·cher(in) *m (f)* film-maker.

fil·men ['fɪlmən] *tr itr film (machen)* film.

fil·misch *adj* cinematic.

Film·ka·me·ra *f Br* film (*Am* movie) camera; **Film·kunst** *f* cinematic art; **Film·pro·jek·tor** *m Br* film (*Am* movie) projector; **Film·prüf·stel·le** *f* film censorship office; **Film·re·gis·seur(in)** *m (f) Br* film (*Am* movie) director; **Film·riß** *m fig fam* mental blackout; **Film·satz** *m typ* film-setting, photocomposition; **Film·schau·spie·ler(in)** *m (f) Br* film (*Am* movie) actor (actress); **Film·star** *m Br* film (*Am* movie) star; **Film·thea·ter** *n Br* cinema, *Am* movie theater; **Film·ver·leih (Film·ver·trieb)** *m* **1.** *(Tätigkeit)* film distribution; **2.** *(Firma)* film distributors *pl;* **Film·vor·füh·rung (Film·vor·stel·lung)** *f* film (*Am* movie) show; **Film·vor·führ·ge·rät** *n* cine-projector; **Film·vor·schau** *f* **1.** *(für Kritiker etc)* preview, *Am a.* prevue; **2.** *(Reklame für das nächste Programm e-s Kinos)* trailer *(auf* of); **Film·zen·sur** *f* film censorship.

Fil·ter ['fɪltɐ] ‹-s, -› *m od n el phot radio tech* filter; **Fil·ter·ag·gre·gat** *n* filter unit; **Fil·ter·an·la·ge** *f* filter (*od* filtration) plant; **Fil·ter·ein·satz** *m* filter pad; **Fil·ter·ge·we·be** *n* filtering fabric; **Fil·ter·kaf·fee** *m Br* filter (*Am* drip) coffee.

fil·tern *tr itr* filter.

Fil·ter·pa·pier *n* filter paper; **Fil·ter·wir·kung** *f* filter efficiency; **Fil·ter·zi·ga·ret·te** *f* (filter-)tipped (*od* filter) cigarette.

fil·trie·ren *tr* filter.

Filz [fɪlts] ‹-es, -e› *m* **1.** *(Stoff)* felt; **2.** *fam (Hut)* felt hat; **3.** *fig pol (Korruption)* corruption; *(Vetternwirtschaft)* nepotism.

fil·zen I *tr fam* **1.** *(berauben)* do over; **2.** *(durchsuchen)* frisk; **II** *itr* **1.** *(Stoff)* felt.

fil·zig *adj* **1.** *(filzartig)* feltlike.

Filz·laus *f zoo* crablouse.

Fil·zo·kra·tie *f pol hum* corruption and nepotism.

Filz·pan·tof·fel felt slipper.

Filz·schrei·ber (Filz·stift) *m* felt-pen, felt-tip pen.

Fim·mel ['fɪməl] ‹-s, -› *m fam* craze; ► **du hast wohl e-n ~!** you must be crazy!

Fi·na·le [fi'na:lə] ‹-s, -/(-s)› *n* **1.** *sport* final(s *pl); 2. mus* finale.

Fi·nanz [fi'nants] ‹-› *f* financial world; **Fi·nanz·amt** *n* tax (*od* fiscal) office; **Fi·nanz·be·am·te (-be·am·tin)** *m (f)* tax official.

fi·nan·ziell [finan'tsjɛl] *adj* financial.

fi·nan·zie·ren *tr* finance.

Fi·nan·zie·rung *f* financing; **Fi·nan·zie·rungs·ge·sell·schaft** *f* finance company.

Fi·nanz·mi·ni·ster *m Br* Chancellor of the Exchequer, *Am* Secretary of the Treasury; *(andere Länder)* minister of finance; **Fi·nanz·mi·ni·ste·rium** *n Br* the Exchequer, *Am* Treasury Department; *(andere Länder)* ministry of finance; **Fi·nanz·po·li·tik** *f* financial policy; **Fi·nanz·ver·wal·tung** *f* financial administration; *(Steuer)* Board of Inland Revenue.

Fin·del·kind ['fɪndəlkɪnt] *n* foundling.

fin·den ['fɪndən] *irr* **I** *tr* **1.** *(entdecken, vor~)* find; **2.** *(halten für, ansehen als, meinen)* think; ► **er ist nirgends zu ~** he is nowhere to be found; **ich finde nichts dabei** I think nothing of it; **Bestätigung ~** be confirmed; **Beifall ~** meet with applause; **ich finde einfach nicht die Kraft zu ...** I simply can't find the strength to ...; **~ Sie es auch schön hier?** do you find it quite nice here, too? **etw gut ~** think s.th. is good; **wir ~ sie alle sehr nett** we all think she is very nice; **II** *itr:* **zu sich selbst ~** sort o.s. out; **III** *refl* **1.** *(auftauchen)* be found; **2.** *(in Ordnung kommen)* sort itself (*od bei Menschen* o.s.) out; **3.** *(sich ab~)* reconcile o.s. (*in etw* to s.th.); ► **niemand fand sich, der ...** there was no-one (to be found) who ...; **es wird sich schon alles ~** *(auftauchen)* it will turn up; *(in Ordnung kommen)* it will all sort itself out.

Fin·der(in) *m (f)* finder.

Fin·der·lohn *m* finder's reward.

fin·dig *adj* resourceful.

Fin·dig·keit *f* resourcefulness.

Find·ling *m* **1.** *(Kind)* foundling; **2.** *geol* erratic block.

Fi·nes·se [fi'nɛsə] ‹-, -n› *f (Feinheit)* refinement; ► **mit allen ~n** with every refinement *sing.*

Fin·ger ['fɪŋɐ] ‹-s, -› *m* finger; ► **jdm auf die ~ sehen** keep a close eye on s.o.; **sich etw aus den ~n saugen** *fig* dream s.th. up; **sich in den ~ schneiden** cut one's finger; **man kann es sich an den fünf ~n abzählen** it sticks out a mile *fig;* **jdm auf die ~ klopfen** *fig* rap someone's knuckles; **die ~ von jdm (etw) lassen** keep one's hands off s.o. (s.th.); **überall s-e ~ drin haben** *fig fam* have a finger in every pie; **für den mache ich keinen ~ krumm** *fig fam* I won't lift a finger to help him; **sich die ~ nach etw lecken** *fig fam* be dying for s.th.

Fin·ger·ab·druck ‹-(e)s, ⸚e› *m* fingerprint; ► **jds ⸚e nehmen** fingerprint s.o., take someone's fingerprints; **fin·ger·dick** ['--'-] *adj* as thick as a finger; **fin·ger·fer·tig** *adj* dext(e)rous; **Fin·ger·fer·tig·keit** *f* dexterity; **Fin·ger·glied** *n anat* phalanx; **Fin·ger·hut** *m* **1.** *(Nähutensil)* thimble; **2.** *bot* foxglove.

fin·gern *itr:* **an** (*od* **mit**) **etw ~** fiddle with s.th.

Fin·ger·na·gel *m* fingernail; **Fin·ger·spit·ze** *f* fingertip; **Fin·ger·spit·zen·ge·fühl** *n fig* **1.** *(Feingefühl, Takt)* tact; **2.** *(Einfühlungsvermögen)* instinctive feel(ing).

Fin·ger·zeig *m* hint.

fin·gie·ren [fɪŋ'gi:rən] *tr* fake.

Fink [fɪŋk] ‹-en, -en› *m orn* finch.

Fin·ne (Fin·nin) ‹-n, -n› *m (f)* Finn; **fin·nisch** *adj* Finnish.

Finn·land ‹-s› *n* Finland.

fin·ster ['fɪnstɐ] *adj* **1.** *(dunkel)* dark; **2.** *fig (unheimlich)* sinister; **3.** *fig (mürrisch, verdrossen)* grim, sullen; **4.** *fig (zweifelhaft, anrüchig)* shady; ► **im F~n** in the dark; **es sieht ~ aus** *fig fam* things look bleak; **e-e ~e Angelegenheit** *fig* a shady business.

Fin·ster·ling ‹-(e)s, -e› *m fam* shady type.

Fin·ster·nis ‹-, -se› *f* darkness.

Fin·te ['fɪntə] ‹-, -n› *f* **1.** *sport* feint; **2.** *(List)* ruse, trick.

Fir·ma ['fɪrma, *pl* 'fɪrmən] ‹-, -men› *f com* **1.** *(Unternehmen)* company, firm; **2.** *(Name des Unternehmens)* name; **unter der ~ ...** under the name of ...; **~ X u. Y** *(Briefanschrift)* Messrs. X and Y.

Fir·ma·ment [fɪrma'mɛnt] ‹-s, (-e)› *n (gehoben)* firmament, heavens *pl.*

fir·men ['fɪrmən] *tr eccl* confirm.

Fir·men·grün·dung *f* formation of a company; **Fir·men·lei·tung** *f* management; **Fir·men·na·me** *m* corporate name; **Fir·men·schild** *m* (shop) sign; **Fir·men·schlie·ßung** *f* closing-down; **Fir·men·stem·pel** *m* firm stamp; **Fir·men·wa·gen** *m* company car; **Fir·men·zei·chen** *n* logo.

Firm·ling *m eccl* candidate for confirmation; **Fir·mung** *f eccl* confirmation.

Firn [fɪrn] ‹-s, -e› *m* firn.

First [fɪrst] ‹-es, -e› *m* **1.** *(Dach-)* ridge; **2.** *(Berg)* crest, (mountain) ridge.

Fis [fɪs] ‹-, -› *n mus* F sharp.

Fisch [fɪʃ] ‹-(e)s, -e› *m* **1.** *zoo* fish; **2.** *astr (Sternbild)* Pisces *pl;* ▶ **(zehn) ~e fangen** catch (ten) fish(es); ▶ **kleine ~e** *fig fam (e-e leichte Aufgabe)* child's play; **er ist nur ein kleiner ~** *fig sl (unbedeutender Mensch)* he's only one of the small fry; **ich bin ~** *astr* I am (a) Pisces; **gesund wie ein ~ im Wasser** as sound as a bell; **Fisch·bein** *n* whalebone; **Fisch·damp·fer** *m* trawler.

fi·schen *tr itr a. fig* fish; ▶ **im trüben ~** *fig* fish in troubled waters *pl.*

Fi·scher *m* fisherman; **Fi·sche·rei** *f* **1.** *(Vorgang)* fishing; **2.** *(~ branche)* fishing industry; **Fisch·fang** *m* fishing; ▶ **vom ~ leben** live by fishing; **zum ~ auslaufen** set off for the fishing grounds; **Fisch·händ·ler(in)** *m (f) Br* fishmonger, *Am* fish dealer.

Fisch·kon·ser·ve *f* canned fish; **Fisch·mehl** *n* fish meal; **Fisch·ot·ter** *m zoo* otter; **fisch·reich** *adj* rich in fish; **Fisch·stäb·chen** *n* fish finger; **Fisch·ster·ben** *n* death of fish; **Fisch·trep·pe** *f* fish leap (*od* pass); **Fisch·zucht** *f* fish culture, fish-farming.

fis·ka·lisch [fɪsˈkaːlɪʃ] *adj* fiscal.

Fis·kus [ˈfɪskʊs] ‹-› *m Br* exchequer, *Am* treasury.

Fi·stel [ˈfɪstəl] ‹-, -n› *f med* fistula.

Fi·stel·stim·me *f* falsetto.

fit [fɪt] *adj* fit, in good shape.

Fit·neß [ˈfɪtnɛs] ‹-› *f* fitness; **Fit·neß·cen·ter** [ˈfɪtnɛsˈsɛntɐ] ‹-s, -› *n* health center.

fix [fɪks] *adj* **1.** *(feststehend)* fixed; **2.** *fam (flink)* quick; ▶ **~e Idee** *psych* idee fixe, obsession; **~ u. fertig sein** *fam (erschöpft, erledigt)* be finished; *(ruiniert)* be done for; *(bereit)* be all ready; **jdn ~ u. fertig machen** *fam (erschöpfen)* wear s.o. out; *(ruinieren)* do for s.o. *fam; (bereit machen)* get s.o. all ready.

fi·xen *itr* **1.** *sl (Rauschgift spritzen)* (give o.s. a) fix, shoot; **2.** *fin (an der Börse)* bear; **Fixer(in)** *m (f)* **1.** *sl* fixer; *(Süchtige(r))* junkie; **2.** *fin* bear.

fi·xie·ren *tr* **1.** *(festlegen)* define, specify; **2.** *(schriftlich festhalten)* record; **3.** *(starr ansehen)* fix one's eyes on ...; **fi·xiert** *adj* fixated (*auf* on).

Fi·xie·rung *f* **1.** *(Festlegung)* specification; **2.** *(schriftliche ~)* recording; **3.** *(starres Ansehen)* fixing of one's eyes (*e-r Person, e-r Sache* on s.o., on s.th.); **4.** *psych (Mutter~ etc)* fixation (*auf* on).

Fi·xum [ˈfɪksʊm, *pl* ˈfɪksa] ‹-s, -xa› *n com* basic (salary).

FKK-Strand [ɛfkaˈka-] *m* nudist beach area.

flach [flax] *adj* **1.** *(eben, niedrig, platt)* flat; *(Haus)* low; **2.** *(nicht tief)* shallow; **3.** *(Böschung)* gentle; *(Kiel e-s Bootes)* flat-bottomed; **4.** *fig (seicht)* shallow; *(oberflächlich)* superficial; ▶ **~ machen** flatten; **die ~e Hand** the flat of one's hand; **sich ~ auf den Boden legen** lie down flat on the ground; **~ liegen** lie flat.

Flach·bild·schirm *m TV* flat screen; **Flach·dach** *n* flat roof; **Flach·druck** ‹-(e)s, -e› *m typ* **1.** *(Verfahren)* planography; **2.** *(Ergebnis)* planograph.

Flä·che [ˈflɛçə] ‹-, -n› *f (~ninhalt, Ausdehnung, math)* area; *(Ober~)* surface; *(Wasser~)* expanse; **Flä·chen·aus·deh·nung** *f* surface area; **Flä·chen·in·halt** *m* area; **Flä·chen·maß** *n* unit of square measure.

flach|fal·len ‹sein› *irr itr fam* **1.** *(wegfallen)* end; **2.** *(nicht stattfinden)* not come off.

Flach·land *n* lowland.

Flachs [flaks] ‹-es› *m* **1.** *bot* flax; **2.** *fam (Jux)* kidding; ▶ **das war doch nur ~** *fam* I (*od* he, she *etc*) was only kidding.

flachs·blond *adj* flaxen-haired.

flach·sen *itr fam* kid around.

flackern (k·k) [ˈflakɐn] *itr a. fig* flicker.

Fla·den [ˈflaːdən] ‹-s, -› *m* **1.** *(Brot)* flat cake; **2.** *(Kuhmist)* cowpat.

Flag·ge [ˈflagə] ‹-, -n› *f* flag; ▶ **die ~ streichen** strike the flag; *fig* show the white flag; **die ~ hissen** *(aufziehen)* hoist the flag; **die ~ hochhalten** *fig* keep the flag flying.

flag·gen *itr* fly flags (*od* a flag); **Flag·gen·si·gnal** *n* flag signal; **Flagg·schiff** *n mar aero a. fig* flagship.

Flak [flak] ‹-, -(s)› *f (Fliegerabwehrkanone) mil sl* **1.** *(Gerät)* anti-aircraft gun; **2.** *(Einheit)* anti-aircraft unit.

Fla·kon [flaˈkõː] ‹-s, -s› *n* phial; *(Parfüm)* scent bottle.

Fla·me (Flä·min) [ˈflaːmə (flɛːmɪn)] *m (f)* Fleming.

Fla·min·go [flaˈmɪŋgo] ‹-s, -s› *m orn* flamingo.

flä·misch [ˈflɛːmɪʃ] *adj* Flemish.

Flam·me [ˈflamə] ‹-, -n› *f* **1.** *a. fig* flame; **2.** *fig fam (alte Liebe)* flame; ▶ **in ~n aufgehen** go up in flames; **in hellen ~n stehen** be ablaze; **etw auf kleiner ~ kochen** cook s.th. on a low flame; *fig* let s.th. just tick over; **sie ist e-e alte ~ von mir** *fig fam* she's an old flame of mine.

flam·men *itr* blaze; **flam·mend** *adj* blazing; *(feurig)* fiery.

Flam·men·wer·fer *m mil* flame-

thrower.
Flan·dern ['flandən] ‹-s› *n geog* Flanders *sing.*
Fla·nell [fla'nɛl] ‹-s, -e› *m* flannel.
Flan·ke ['flaŋkə] ‹-, -n› *f* **1.** *anat mil* flank; *(von Fahrzeug)* side; **2.** *sport (beim Turnen)* side-vault; *(beim Fußball)* centre pass; ▶ **offene ~** open flank.
flan·ken *itr sport (Fußball)* centre.
flan·kie·ren *tr a. fig* flank; ▶ **~de Maßnahmen** supporting measures.
Flansch [flanʃ] ‹-(e)s, -e› *m tech* flange.
Fla·sche ['flaʃə] ‹-, -n› *f* **1.** bottle; **2.** *fam (Schwächling, Versager)* dead loss; ▶ **in ~n füllen** bottle; **mit der ~ aufziehen** bottle-feed; **zur ~ greifen** take to the bottle; **du alte ~!** *fam* you're a dead loss, you are!
Fla·schen·bier *n* bottled beer; **Fla·schen·bür·ste** *f* bottle-brush; **Fla·schen·ge·stell** *n* bottle rack; **Fla·schen·hals** *m* neck of a bottle; **Fla·schen·öff·ner** *m* bottle-opener; **Fla·schen·zug** *m* pulley.
flat·ter·haft *adj* fickle; **Flat·ter·haf·tig·keit** *f* fickleness.
flat·tern ['flatɐn] *itr* **1.** ‹sein› *(Vogel)* flutter; **2.** ‹h› *(Fahne)* stream, wave.
flau [flaʊ] *adj* **1.** *(schwach)* weak; **2.** *(Saison, Wind)* slack; **3.** *(übel)* queasy; ▶ **mir ist ganz ~** I feel queasy.
Flau·heit *f* **1.** *(Schwäche)* weakness; **2.** *(von Saison, Wind)* slackness; **3.** *(im Magen)* queasiness.
Flaum [flaʊm] ‹-(e)s› *m* down, fluff; **Flaum·fe·der** *f* down feather; **flau·mig** *adj* downy, fluffy.
Flausch [flaʊʃ] ‹-(e)s, -e› *m* fleece.
Flau·sen ['flaʊzən] *pl fam* **1.** *(Unsinn)* nonsense; **2.** *(Illusionen)* fancy ideas *pl.*
Flau·te ['flaʊtə] ‹-, -n› *f* **1.** *(Windstille)* calm; **2.** *fig fin com* slack period.
Flech·te ['flɛçtə] ‹-, -n› *f* **1.** *(Haar)* braid, plait; **2.** *bot* lichen; **3.** *med* herpes.
flech·ten *irr tr (Haar)* plait; *(Korb, Matte)* weave; *(Kranz)* wreathe.
Flecht·werk *n* interlacing.
Fleck [flɛk] ‹-(e)s, -e› *m* **1.** *(Stelle)* spot; **2.** *(Schmutz~)* blot, stain; *(Farb~)* splotch; ▶ **vom ~ weg** on the spot; **nicht vom ~ kommen** *a. fig* not to make any headway; **sie hat das Herz auf dem rechten ~** *fig* her heart is in the right place; **ein weißer ~** *(auf der Landkarte)* a blank area; **~en machen** stain (*in od auf etw* s.th.); **blauer ~** bruise; **er hatte überall blaue ~en** he was bruised all over.
Flecken (k·k) ['flɛkən] ‹-s, -› *m (Ort)* market town; **flecken·los (k·k)** *adj a. fig* spotless.
Fleck·ent·fer·ner (Flecken·was·ser) (k·k) *m (n)* stain-remover.
fleckig (k·k) ['flɛkɪç] *adj* stained.
Fle·der·maus ['fle:dɐmaʊs] *f* bat.
Fle·gel ['fle:gəl] ‹-s, -› *m (rüpelhafter Mensch)* uncouth fellow; **Fle·ge·lei** *f* uncouth behaviour; **fle·gel·haft** *adj* uncouth; **Fle·gel·jah·re** *pl* awkward adolescent phase *sing.*
Fle·hen ['fle:ən] *n* entreaty.
fle·hen *itr* plead (*um etw* for s.th., *zu jdm* with s.o.), entreat (*um etw* for s.th.; *zu jdm* s.o.); **fle·hent·lich** ['fle:əntlɪç] *adj* entreating, imploring; ▶ **ich bitte Sie ~, zu ...** I implore you to ...
Fleisch [flaɪʃ] ‹-(e)s› *n* **1.** *(lebendes ~)* flesh; **2.** *(Nahrung)* meat; **3.** *(Obst~)* flesh; ▶ **vom ~ fallen** *fam* lose a lot of weight; **sich ins eigene ~ schneiden** *fig* cut off one's nose to spite one's face; **es ist mir in ~ u. Blut übergegangen** *fig* it has become second nature to me; **Fleisch·be·schau** *f* **1.** meat inspection; **2.** *fam hum (Striptease etc)* cattle market *fig fam;* **Fleisch·brü·he** *f* broth, *(gehoben)* consommé; **Fleisch·brüh·wür·fel** *m* bouillon cube; **Flei·scher** *m* butcher; **Fleisch·ex·trakt** *m* beef extract, extract of meat; **fleisch·far·ben** *adj* flesh-coloured; **fleisch·fres·send** *adj bot zoo* carnivorous.
flei·schig *adj* **1.** fleshy; **2.** *(Obst)* pulpy.
Fleisch·klöß·chen *n* meat-ball.
Fleisch·kost *f* meat diet.
fleisch·lich *adj* **1.** *(Kost, Nahrung)* meat; **2.** *eccl (Begierde, Lüste)* carnal.
fleisch·los *adj* **1.** *(ohne Fleisch)* meatless; **2.** *(vegetarisch)* vegetarian.
Fleisch·to·ma·te *f* beef tomato; **Fleisch·pa·ste·te** *f* meat pie; **Fleisch·ver·gif·tung** *f* botulism; **Fleisch·wa·ren** *f pl* meat products; **Fleisch·wa·ren·fa·brik** *f* packing house; **Fleisch·wolf** *m Br* mincer, *Am* meat grinder; **Fleisch·wun·de** *f* flesh wound; **Fleisch·wurst** *f* pork sausage.
Fleiß [flaɪs] ‹-es› *m* **1.** *(Fleißigsein)* industry; **2.** *(als Wesenseigenschaft)* industriousness; **3.** *(Ausdauer)* application; ▶ **ohne ~ kein Preis** no pains, no gains; **mit großem ~** very industriously.
flei·ßig *adj* **1.** *(Fleiß, Sorgfalt zeigend)* diligent, industrious; *(arbeitsam)* hardworking; **2.** *fam (unverdrossen)* keen.
flen·nen ['flɛnən] *itr fam pej* blubber.
flet·schen ['flɛtʃən] *tr:* ▶ **die Zähne ~** show one's teeth.
fle·xi·bel *adj* flexible; ▶ **~e Arbeitszeit** flexitime; **Fle·xi·bi·li·sie·rung** *f:* ▶ **~ der Arbeitszeit** transition to flexible working hours; **Fle·xi·bi·li·tät** *f* flexibility.
Fle·xi·on [flɛ'ksjo:n] *f gram* inflection, inflexion.
Flicken (k·k) ‹-s, -› *m* patch; **flicken (k·k)** ['flɪkən] *tr* mend; *(mit F~)* patch; **Flicken·tep·pich (k·k)** *m* rag rug.
Flick·zeug *n* **1.** *(Nähzeug)* sewing kit; **2.**

(für Reifen) (puncture) repair outfit.

Flie·der ['fli:dɐ] ‹-s, -› *m bot* lilac.

Flie·ge ['fli:gə] ‹-, -n› *f* **1.** *zoo* fly; **2.** *(Krawatte)* bow tie; ▶ **zwei ~n mit e-r Klappe schlagen** *fig* kill two birds with one stone; **er kann keiner ~ etw zuleide tun** *fig* he wouldn't hurt a fly; **komm, mach die** (*od* **'ne) ~!** *sl* piss off! *vulg.*

flie·gen ['fli:gən] *irr* **I** *itr* **1.** *(als Fortbewegungsart, a. wehen)* fly; *(Raumschiff)* travel; **2.** *(eilen)* fly (*jdm in die Arme* into someone's arms); **3.** *(Puls)* race; **4.** *fam (fallen)* fall (*von etw* off s.th.); **5.** *sl (entlassen werden)* be kicked out (*aus, von* of) *fam;* ▶ **mit Pan Am ~** fly (by) Pan Am; **in die Ferien ~** fly on *Br* holiday (*Am* vacation); **~ kann ich leider noch nicht!** *fam (schneller kann ich nicht arbeiten etc)* sorry, I haven't got wings yet! **in die Luft ~** *fam* go up; **auf jdn ~** *fam* be mad about s.o.; **durch e-e Prüfung ~** *fam* flunk one's exam; **II** *tr* fly; **III** *refl:* ▶ **diese Maschine fliegt sich leicht (schwer)** this plane is easy (difficult) to fly.

flie·gend *adj* flying.

Flie·gen·fän·ger *m* fly-paper; **Flie·gen·ge·wicht** *n sport a. fig* flyweight; **Flie·gen·klat·sche** *f* fly-swat.

Flie·gen·pilz *m bot* fly agaric.

Flie·ger ['fli:gɐ] *m aero* **1.** *(Flugzeugführer)* airman; **2.** *mil (Rang) Br* aircraftman, *Am* airman (basic); ▶ **bei den ~n sein** be in the air force; **Flie·ger·alarm** *m* air-raid warning; **Flie·ger·an·griff** *m* air-raid; **Flie·ger·horst** *m mil Br* RAF station, *Am* air-base.

flie·hen ['fli:ən] ‹sein› *irr* **I** *itr* flee (*vor jdm* from s.o.); **II** *tr* **1.** *(meiden)* avoid, shun; **2.** *(entkommen)* escape (*aus* from); ▶ **aus dem Lande ~** flee the country; **zu jdm ~** take refuge with s.o.

Flie·se ['fli:zə] ‹-, -n› *f* tile; ▶ **~n legen** lay tiles; **Flie·sen·le·ger** *m* tiler.

Fließ·band *n* assembly line; ▶ **am ~ arbeiten** (*od* **stehen)** work on the assembly line; **vom ~ rollen** come off the assembly line; **Fließ·band·ar·beit** *f* assembly-line work; **Fließ·(band)·fer·ti·gung** *f* (conveyor-) belt production.

flie·ßen ['fli:sən] ‹sein› *irr itr* flow; **flie·ßend I** *adj* **1.** flowing; **2.** *fig (Sprache, Rede etc)* fluent; *(Grenze, Übergang)* fluid; ▶ **~es Wasser** running water; **~ Englisch sprechen** speak English fluently, speak fluent English.

Fließ·heck *n mot* fastback; **Fließ·satz** *m typ* wordwrap.

flim·mern ['flɪmɐn] *itr* glimmer, shimmer; *(Sterne)* twinkle; *(Filmleinwand, TV-Bildschirm)* flicker.

flink [flɪŋk] *adj* **1.** *(schnell)* quick; **2.** *(geschickt)* nimble.

Flin·te ['flɪntə] ‹-, -n› *f* rifle; *(Schrot~)* shot gun; ▶ **die ~ ins Korn werfen** *fig* throw in the sponge.

Flip-Chart ['flɪptʃa:rt] ‹-, -s (-s, -s)› *f (n)* flip chart.

Flip·per·(au·to·mat) [f'lɪpɐ] ‹-s, -› *m fam (Spielautomat)* pinball machine.

flip·pern *itr fam* play pinball.

flip·pig ['flɪpɪç] *adj fam* kooky, eccentric, wild.

Flirt [flɪrt/flœrt] ‹-(e)s, -s› *m* flirtation.

flir·ten *itr* flirt.

Flitt·chen *n fam pej* slut.

Flit·ter ['flɪtɐ] ‹-s› *m* **1.** *(Pailletten)* sequins, spangles *pl;* **2.** *fig (Tand)* frippery; **Flit·ter·gold** *n* tinsel; **Flit·ter·wo·chen** *pl* honeymoon *sing;* ▶ **sie fahren in die ~** they are going on their honeymoon.

flit·zen ['flɪtsən] ‹sein› *itr fam* whizz.

Flocke (k·k) ['flɔkə] ‹-, -n› *f (Woll~)* flock; *(Schnee~, Schokoladen~)* flake; *(Staub~)* ball (of fluff); **flockig (k·k)** *adj* fluffy.

Floh [flo:, *pl* 'flø:ə] ‹-(e)s, ¨-e› *m* **1.** *zoo* flea; **2.** *sl pl: (Geld)* **¨~e** dough *sing;* ▶ **jdm e-n ~ ins Ohr setzen** *fig* put an idea into someone's head; **die ¨~e husten hören** *fam hum* imagine things; **Floh·markt** *m* flea market.

Flo·ka·ti [flo'ka:ti] ‹-s, -s› *m* flokati.

Flop [flɔp] ‹-s, -s› *m* flop.

Flor[1] [flo:ɐ] ‹-(e)s,(-e)› *m* **1.** *(dünnes Gewebe)* gauze; *(Trauer~)* crêpe; **2.** *(Samt~ etc)* pile.

Flor[2] *m* **1.** *(alle Blüten e-r Pflanze)* bloom; **2.** *(Blumenfülle)* abundance (of flowers); **3.** *fig (literarisch: Schar, Schwarm)* bevy.

Flo·rett [flo'rɛt] ‹-(e)s, -e› *n* foil.

flo·rie·ren [flo'ri:rən] *itr* bloom, flourish.

Flos·kel ['flɔskəl] ‹-, -n› *f* set phrase; ▶ **e-e abgedroschene ~** a hackneyed phrase.

Floß [flo:s, *pl* 'flø:sə] ‹-es, ¨-e› *n* raft.

Flos·se ['flɔsə] ‹-, -n› *f* **1.** *zoo mar aero* fin; **2.** *(e-s Tauchers)* flipper; **3.** *sl (Hand)* paw *fam;* ▶ **nimm deine ~n weg!** *sl* take your paws off! *fam.*

flö·ßen ['flø:sən] *tr itr* raft.

Flö·ßer *m Br* raftsman, *Am* riverdriver.

Flö·te ['flø:tə] ‹-, -n› *f* **1.** *mus* pipe; *(Quer~)* flute; **2.** *(beim Kartenspiel)* flush.

flö·ten *itr* **1.** *mus* play (on) the flute; **2.** *(Vogel)* warble; **3.** *(pfeifen)* whistle.

flö·ten|ge·hen ‹sein› *irr itr sl* go west.

Flö·ten·spie·ler(in) *m (f)* flautist, piper.

Flö·tist(in) *m (f) mus* flautist.

flott [flɔt] *adj* **1.** *(schnell)* quick; *(Musik)* lively; **2.** *(Kleidung)* smart; *(Tänzer)* good; *(Stil, Artikel)* racy; **3.** *(lustig, lebenslustig)* fast-living; *mar (Schiff)* afloat; ▶ **mach mal ein bißchen ~!** make it snappy! **~ leben** be a fast liver; **wieder ~ sein** *mar (Schiff)* be afloat again; *fig fam mot (Auto)* be back on the road; **flott|be·kom·men** *irr* **(flott|ma·chen)** *tr* **1.** *mar (Schiff)* float off; **2.** *fig fam mot (Auto)* get on the road.

Flot·te ['flɔtə] ‹-, -n› *f mar* fleet; **Flot·ten·ab·kom·men** *n pol* naval treaty; **Flot·ten·stütz·punkt** *m mil* naval base.

Flöz [flø:ts] ‹-es, -e› *n min (Kohlen~)* seam.

Fluch [flu:x, *pl* 'fly:çə] ‹-(e)s, ⸚e› *m* **1.** *(Verfluchung)* curse; *meist eccl (Bannfluch, Exkommunikation)* anathema; **2.** *(Kraftausdruck)* swearword, *Am fam* cuss; **flu·chen** ['flu:xən] *itr* **1.** *(Flüche ausstoßen)* swear (*über* about), *Am fam* cuss; **2.** *(verfluchen)* curse (*jdn, e-e Sache* s.o., s.th.).

Flucht [flʊxt] ‹-, -en› *f* **1.** *(Fliehen)* flight; *(erfolgreiche ~)* escape; **2.** *fig (Häuser~)* row; *(Treppen~)* flight of steps; *(Zimmer~)* suite; ▶ **in die ~ schlagen** put to flight; **die ~ ergreifen** flee, take flight; **auf der ~ sein** *(Flüchtling)* be fleeing; *(vor der Polizei)* be on the run.

flucht·ar·tig *adj (eilends)* hasty.

flüch·ten ['flʏçtən] ‹sein› *itr* **1.** flee; *(entkommen)* escape; **2.** *(Zuflucht suchen, a. refl)* take refuge.

Flucht·hel·fer(in) *m (f)* escape helper.

Flucht·hil·fe *f* escape aid; ▶ **(jdm) ~ leisten** aid someone's escape.

flüch·tig ['flʏçtɪç] *adj* **1.** *(auf der Flucht)* fugitive; **2.** *(oberflächlich)* cursory; **3.** *(sorglos, nachlässig)* careless; **4.** *(schnell vorübergehend)* brief, fleeting; *(kurzlebig)* short-lived; **5.** *chem* volatile; **~ sein** *(Ausbrecher etc)* be still at large; **ich habe es nur ~ gelesen** I only skimmed through it; **jdn ~ kennen** know s.o. slightly (*od* have a nodding acquaintance with s.o.); **ein ~er Bekannter** a passing (*od* nodding) acquaintance; **Flüch·tig·keit** *f* **1.** *(Kürze)* brevity; **2.** *(Oberflächlichkeit)* cursoriness; **3.** *(Sorglosigkeit, Nachlässigkeit)* carelessness; **4.** *(Vergänglichkeit)* fleetingness; **5.** *chem* volatility; **Flüch·tig·keits·feh·ler** *m* careless mistake.

Flücht·ling *m* refugee; **Flücht·lings·la·ger** *n* refugee camp.

Flucht·ver·such *m* escape attempt.

Flug [flu:k, *pl* 'fly:gə] ‹-(e)s, ⸚e› *m* flight; **yim ~** in flight, on the wing; *fig (eilig)* in a twinkling; **Flug·ab·wehr** *f mil* anti-aircraft *Br* defence, *Am* defense; **Flug·ab·wehr·kör·per** *m mil* anti-aircraft missile; **Flug·asche** *f* flue dust, fly ash; **Flug·auf·kom·men** *n* air traffic; **Flug·bahn** *f* **1.** *math* trajectory; **2.** *aero* flight path; **Flug·be·glei·ter(in)** *m (f) aero Br* steward(ess, air hostess), *Am* flight attendant; **Flug·blatt** *n* leaflet; *(Werbe~)* handbill; **Flug·blatt·ak·tion** *f* leaflet campaign; **Flug·boot** *n aero mar* flying boat; **Flug·da·ten·schrei·ber** *m* flight recorder; **Flug·dau·er (Flug·zeit)** *f aero* flying time; **Flug·dra·chen** *m* hang glider.

Flü·gel ['fly:gəl] ‹-s, -› *m* **1.** *(von Vogel, Haus, Tragfläche)* wing; **2.** *(von Ventilator, Hubschrauber)* blade; *(Windmühlen~)* vane; **3.** *(von Fenster)* casement; *(von Tür)* leaf, side; **4.** *mil (a. sport)* wing; **5.** *anat (Lungen~)* lobe; *(Nasen~)* nostril; **6.** *mus (Piano)* grand piano; ▶ **mit den ~n schlagen** *(Vogel)* flap its wings; **jdm die ~ beschneiden** (*od* **stutzen**) *fig* clip someone's wings; **die ~ hängen lassen** *fig* be downcast.

flü·gel·lahm *adj* **1.** *(Vogel)* with (an) injured wing(s); **2.** *fig (kränkelnd)* ailing; **Flü·gel·mut·ter** *f tech* wing nut; **Flü·gel·schlag** *m* wing stroke; **Flü·gel·schrau·be** *f* wing screw.

Flü·gel·tür *f* double door.

Flug·gast *m aero* (airline) passenger.

flüg·ge ['flʏgə] *adj* (fully-)fledged; ▶ **~ werden** *fig* leave the nest.

Flug·ge·schwin·dig·keit *f* flying speed; **Flug·ge·sell·schaft** *f aero* airline; **Flug·ha·fen** *m aero (Zivil~)* airport; *mil Br* aerodrome, *Am* airdrome; **Flug·hö·he** *f aero* altitude; ▶ **wir befinden uns in e-r ~ von ...** we are flying at an altitude of ...; **Flug·ka·pi·tän** *m aero* captain; **Flug·kör·per** *m* **1.** *allg* flying object; **2.** *mil* missile; **Flug·lärm** *m* aircraft (*od* air-traffic) noise; **Flug·leh·rer** *m aero* flight instructor; **Flug·leit·sy·stem** *n aero* flight control system; **Flug·lei·tung** *f* flight control; **Flug·leit·zen·trum** *n* mission control centre; **Flug·lot·se** *m aero* air-traffic controller, flight controler; **Flug·num·mer** *f* flight number; **Flug·plan** *m aero* flight schedule; **Flug·platz** *m aero* airfield; **Flug·rei·se** *f* flight.

flugs [flu:ks] *adv* instantly, without delay.

Flug·schein *m* **1.** *(Flugkarte)* plane ticket; **2.** *(„Führerschein" für Piloten)* pilot's licence (*Am* license); **Flug·schnei·se** *f aero* aerial corridor, flying lane; **Flug·si·cher·heit** *f aero* air safety; **Flug·si·che·rung** *f aero* air traffic control; **Flug·strecke (k·k)** *f* air route; **Flug·tech·nik** *f aero* **1.** *(Flugzeugbau)* aircraft engineering; **2.** *(Technik des Fliegens)* flying technique; **Flug·ticket (k·k)** *n* air ticket; **Flug·ver·bot** *n aero* grounding order; ▶ **jdm ~ erteilen** ground s.o.; **Flug·ver·kehr** *m aero* air traffic; **Flug·we·sen** *n aero (mit Ballon etc)* aeronautics *pl; (mit Flugzeug)* aviation; **Flug·zeit** *f* flying time.

Flug·zeug ['flu:ktsɔɪk] ‹-(e)s, -e› *n* aircraft, plane; **Flug·zeug·ab·sturz** *m* air (*od* plane) crash; **Flug·zeug·bau** *m* aircraft construction; **Flug·zeug·be·sat·zung** *f* aircrew; **Flug·zeug·ent·füh·rer(in)** *m (f)* hijacker; **Flug·zeug·ent·füh·rung** *f* hijack(ing); **Flug·zeug·fa·brik** *f* aircraft factory; **Flug·zeug·hal·le** *f* hangar; **Flug·zeug·kon·struk·teur(in)** *m (f)* aircraft designer; **Flug·zeug·park** *m* fleet of aircraft; **Flug·zeug·trä·ger** *m* aircraft carrier; **Flug·zeug·un·glück** *m* plane crash; **Flug·zeug·ver·band** *m mil* aircraft formation; **Flug·zeug·wrack** *n:* ► **ein (zwei, drei etc) ~(s)** the wreckage of a (two, three etc) plane(s).

fluk·tu·ie·ren [flʊktu'i:rən] *itr* fluctuate.

Flun·ke·rei [flʊŋkə'raɪ] *f fam* **1.** *(das Flunkern)* story-telling; **2.** *(kleine Lüge)* fib.

flun·kern ['flʊŋkɐn] *itr* tell fibs.

Flu·or ['flu:ɔr] ‹-s› *n chem* fluorine; **Flu·or·chlor·koh·len·was·ser·stoff,** (*Abk* FCKW) *m chem* chlorofluorocarbon (*Abk* CFC); **Flu·or·koh·len·was·ser·stoff** *m chem* fluorocarbon.

Fluo·res·zenz [fluorɛs'tsɛnts] *f phys* fluorescence; **fluo·res·zie·ren** *itr* fluoresce; **fluo·res·zie·rend** *adj* fluorescent.

Flur[1] [flu:ɐ] ‹-(e)s, -e› *m (Haus~)* hall; *(Korridor)* corridor.

Flur[2] ‹-, -en› *f (unbewaldetes Land)* open fields *pl;* ► **der Kanzler stand allein auf weiter ~** *fig* the chancellor was out on a limb.

Flur·be·rei·ni·gung *f* reparcelling of the fields of a village; **Flur·na·me** *m* field-name; **Flur·scha·den** *m* damage to crops.

Fluß [flʊs, *pl* 'flʏsə] ‹-sses, ⸚sse› *m* **1.** *(Gewässer)* river; **2.** *(das Fließen)* flow; **3.** *tech (Schmelz~)* molten mass; **4.** *(Ausfluß, el, fig)* flux; ► **(unten) am ~** down by the river; **in ~ kommen** *tech* begin to melt; *fig (beginnen)* get going; **etw in ~ bringen** *(sich verändern)* move into a state of flux; *fig* get s.th. going; **im ~ sein** *tech* be molten; *fig (vorankommen)* be going on; *(sich verändern)* be in a state of flux.

fluß·ab·wärts [-'-(-)] *adv* downstream; **Fluß·arm** *m* arm of a (*od* the) river; **fluß·auf·wärts** [-'-(-)] *adv* upstream; **Fluß·bett** *n* river bed.

Fluß·dia·gramm *n* flow chart, flow diagram.

flüs·sig ['flʏsɪç] *adj* **1.** *(nicht fest)* liquid; *(Metall, Glas)* molten; **2.** *(fließend)* flowing, fluid; *(Sprechen, Lesen, Schreiben)* fluent; **3.** *com fin (Geld)* available; ► **~ machen** liquefy; *(schmelzen)* melt; *com fin (Wertpapiere etc)* convert; **nicht ~ sein** *fig fam* be out of funds; **~ sein** *fig fam* be in funds.

Flüs·sig·gas *n* liquefied gas (*Abk* L.P. gas).

Flüs·sig·keit *f* **1.** *(flüssiger Stoff)* liquid; **2.** *(Zustand)* liquidity; **3.** *com fin (von Geldern)* availability; **4.** *fig (des Stils, Ausdrucks etc)* fluidity.

Flüs·sig·kri·stall *m* liquid crystal; **Flüs·sig·kri·stall·an·zei·ge** *f tech (in elektronischen Taschenrechnern etc)* liquid crystal display (*Abk* LCD).

Fluß·krebs *m zoo Br* crayfish, *Am* crawfish; **Fluß·lauf** *m* course of a (*od* the) river; **Fluß·nie·de·rung** *f* river plain; **Fluß·pferd** *n zoo* hippopotamus; **Fluß·schif(f·)fahrt** *f (Verkehr)* river traffic; *(~swesen)* river navigation; **Fluß·ufer** *n* riverbank.

flü·stern ['flʏstɐn] *tr itr* whisper (*jdm etw ins Ohr* s.th. in someone's ear); ► **das kann ich dir ~** *fam (glaub es mir)* take it from me; **Flü·ster·pro·pa·gan·da** *f* underground rumours *pl;* **Flü·ster·ton** *m* whisper; **im ~** in whispers *pl.*

Flut [flu:t] ‹-, -en› *f* **1.** *(im Gegensatz zu Ebbe)* flood (*od* high) tide; **2.** *pl (Wassermassen)* waters *pl;* **3.** *fig (Menge)* flood(s *pl*); **es ist ~** *(die ~ kommt)* the tide is coming in; *(die ~ ist da)* it is high tide, the tide is in; **flu·ten I** *itr* ‹sein› flood, pour, stream; **II** *tr* ‹h› *mar:* **die Tanks ~** flood the tanks; **Flut·ka·ta·stro·phe** *f* flood disaster; **Flut·licht** *n el* floodlight; *Am fam* flood; **Flut·wel·le** *f* tidal wave.

Fö·de·ra·lis·mus [fødera'lɪsmʊs] *m pol* federalism; **fö·de·ra·li·stisch** *adj pol* federalist; **fö·de·ra·tiv** *adj pol* federal.

Foh·len ['fo:lən] ‹-s, -› *n zoo* foal; *(Hengst~)* colt; *(Stuten~)* filly.

foh·len *itr* foal.

Föhn [fø:n] ‹-(e)s, -e› *m mete* foehn, föhn.

Föh·re ['fø:rə] ‹-, -n› *f bot* Scots pine.

Fol·ge ['fɔlgə] ‹-, -n› *f* **1.** *(Aufeinander~)* succession; *(Reihen~)* order; *(Serie)* series; *math* sequence; **2.** *radio TV (Fortsetzung)* episode; **3.** *(Konsequenz)* consequence; *(Ergebnis)* result; **4.** *(gehoben, formell):* **~ leisten** comply with (*e-r Sache* s.th.); **in zwangloser ~** in no particular order; **in der ~** subsequently; **als ~ davon** in consequence (*od* as a result); **dies hatte zur ~, daß ...** the consequence (*od* result) of this was that ...; **die Sache wird ~n haben** the affair will have serious consequences; **die ~n tragen** take the consequences; **Fol·ge·er·schei·nung** *f* consequence, result.

fol·gen ‹sein› *itr* **1.** *(a. fig: verstehen)* follow (*jdm, e-r Sache* s.o., s.th.); **2.** *(resultieren)* follow (*aus* from); **3.** *(gehorchen)* do as one is told; ► **es folgt daraus, daß ...** hence it follows that ...; **Fortsetzung folgt** to be continued; **jds Beispiel ~** follow someone's example; **~**

Sie meinem Rat! take my advice! **auf den Frühling folgt der Sommer** spring is followed by summer; **fol·gend** *adj* following; ▶ **am ~en Tage** the following day; **er schreibt ~es ...** he writes (as follows) ...; **es handelt sich um ~es ...** the matter is this ...; **fol·gen·der·ma·ßen (fol·gen·der·wei·se)** *adv* as follows; **fol·gen·schwer** *adj* of serious consequence(s); *(bedeutsam)* momentous; **fol·ge·rich·tig** *adj* consistent, logical; **Fol·ge·rich·tig·keit** *f* (logical) consistency.

fol·gern ['fɔlgɐn] *tr itr* conclude, infer from; **Fol·ge·rung** *f* conclusion; **die ~en können Sie selber ziehen** draw your own conclusions.

Fol·ge·zeit *f* time to come.

folg·lich ['fɔlklɪç] *conj* consequently, therefore.

folg·sam ['fɔlkza:m] *adj* obedient.

Folg·sam·keit *f* obedience.

Fo·li·ant [fo'ljant] ‹-en, -en› *m* **1.** *(Folioband)* folio (volume); **2.** *(dickes Buch)* tome.

Fo·lie ['fo:liə] ‹-, -n› *f (Metall~, Schicht)* foil; *(Plastik~)* film.

Fo·lio ['fo:lio] ‹-s, -s/-lien› *n* folio.

Folk·lo·re [fɔlk'lo:rə] ‹-, -n› *f* folklore; **Folk·lo·re·kleid** *n* ethnic dress; **Folk·lo·rist(in)** *m (f)* folklorist; **folk·lo·ri·stisch** *adj* folkloric.

Folk·sän·ger(in) *m (f)* folk singer; **Folk·song** *m* folk song.

Fol·ter ['fɔltɐ] ‹-, -n› *f* **1.** torture; **2.** *fig* torment; ▶ **jdn auf die ~ spannen** *a. fig* put s.o. on the rack; **Fol·ter·bank** *f* rack; **fol·tern I** *tr* torture; ▶ **jdn ~ lassen** have s.o. tortured; **II** *itr* use torture.

Fol·te·rung *f* torture.

Fön [fø:n] ‹-(e)s, -e› *m (Haartrockner)* hair-dryer.

Fond [fõ:] ‹-s› *m mot* back, rear.

Fonds [fõ:] ‹-, -› *m* **1.** *fin (Geldreserve)* funds *pl; (Schuldverschreibung)* government bond; **2.** *fig (gehoben)* fund.

fö·nen *tr:* ▶ **s-e Haare ~** dry one's hair (with a hair-dryer).

Fon·tä·ne [fɔn'tɛ:nə] ‹-, -n› *f* **1.** *(Strahl)* jet; **2.** *(Springbrunnen)* fountain.

fop·pen ['fɔpən] *tr fam:* ▶ **jdn ~** *(für dumm verkaufen)* make a fool of s.o.

for·cie·ren [fɔr'si:rən] *tr* force; *(nach oben zwingen)* force (*od* push) up; ▶ **s-e Anstrengungen ~** increase one's efforts.

För·der·an·la·ge *f* hauling plant; **För·der·band** *n* conveyor belt.

För·de·rer *m* sponsor; *(Gönner)* patron.

För·der·ge·rät *n tech* conveyor; **För·der·ge·rüst** *n min* pithead; **För·der·ge·schwin·dig·keit** *f* velocity of conveying; **För·der·korb** *m min* mine cage; **För·der·land** *n* producer country.

för·der·lich *adj* beneficial (*jdm, e-r Sache* to s.o., to s.th.).

För·der·men·ge *f* capacity, delivery; *(von Öl)* output.

for·dern ['fɔrdɐn] **I** *tr* **1.** *(verlangen)* demand (*von jdm* of s.o.); *(Anspruch erheben auf, a. fig: Opfer, Menschenleben etc)* claim; **2.** *(er~)* call for ...; **3.** *(heraus~, a. fig)* challenge; ▶ **richtig** (*od* **wirklich**) **gefordert werden** *fig* be faced with a real challenge; **II** *itr* make demands.

för·dern ['fœrdɐn] *tr* **1.** *(unterstützen)* support; *(finanziell)* sponsor; **2.** *(propagieren, voranbringen, steigern)* promote; **3.** *min (Bodenschätze)* extract; *(Erz, Kohle)* mine; ▶ **zu Tage ~** *fig* bring to light.

För·der·schacht *m min* winding shaft.

För·der·turm *m min* winding tower.

For·de·rung *f* **1.** *(Verlangen)* demand (*nach* for); *(Lohn~ etc)* claim (*nach* for); **2.** *(Erfordernis)* requirement; **3.** *com (gegenüber Schuldnern)* claim (*gegen* against); **4.** *(Heraus~)* challenge.

För·de·rung *f* **1.** *(Unterstützung)* support; *(finanzielle)* sponsorship; **2.** *(Voranbringen)* promotion; **3.** *fam (~ssumme)* grant; **4.** *min* extraction, mining.

För·de·rungs·pro·gramm *n* development (*od* aid) program(me).

Fo·rel·le [fo'rɛlə] ‹-, -n› *f zoo* trout.

Form [fɔrm] ‹-, -en› *f* **1.** form; *(Umriß, Gestalt)* shape; **2.** *tech (Gieß~)* mould; *(Back~)* baking *Br* tin, *Am* pan; **3.** *pl (Umgangs~en)* manners *pl;* **4.** *fig sport (Kondition)* condition, form; ▶ **in guter ~ sein** *fig sport* be in good form; **in ~ von ...** in the form of ...; **e-e bestimmte ~ haben** be in a certain form; **e-r Sache ~ geben** (*od* **verleihen**) *a. fig* shape s.th.; **in aller ~ um Entschuldigung bitten** make a formal apology; **die ~ wahren** observe the proprieties *pl;* **der ~ wegen** for form's sake; **feste ~ annehmen** *fig* take shape.

for·mal [fɔrma:l] *adj* **1.** formal; **2.** *(äußerlich)* technical.

Form·al·de·hyd ‹-s› *m chem* formaldehyde.

For·ma·li·tät *f* formality.

For·mat [fɔr'ma:t] ‹-(e)s, -e› *n* **1.** format; **2.** *fig (Niveau)* quality; *(Rang)* stature; ▶ **ein Staatsmann von ~** *fig* a statesman of high *Br* calibre, *Am* caliber.

for·ma·tie·ren *tr EDV* format; **For·ma·tie·rung** *f EDV* formatting.

For·ma·tion *f* formation.

form·bar *adj a. fig* malleable; **Form·bar·keit** *f a. fig* malleability; **form·be·stän·dig** *adj* **1.** *tech* retaining its form; **2.** *fig sport* consistent in form.

Form·blatt *n* (blank) form.

For·mel ['fɔrməl] ‹-, -n› *f* **1.** formula; **2.** *(Wortlaut e-s Eides etc)* wording; ▶ **~-1-Rennen** *mot sport* Formula-one race; **um dies alles auf e-e ~ zu bringen ...** (in order) to reduce this all to a formula ...

for·mell [fɔr'mɛl] *adj* formal.

for·men ['fɔrmən] *tr* form, shape; ▶ **~de Kraft** formative power; **For·men·leh·re** *f ling geog* morphology; **For·me·rei** *f* moulding shop; **For·mer(in)** *m (f)* moulder.

Form·feh·ler *m* **1.** *jur* flaw; **2.** *(gesellschaftlich)* social blunder.

for·mie·ren I *tr* form; *mil (Truppen etc zus.-ziehen)* draw up; **II** *refl* form up.

For·mie·rung *f* formation; *mil (von Truppen)* drawing-up.

förm·lich ['fœrmlɪç] *adj* **1.** *(formell)* formal; *(feierlich)* ceremonious; **2.** *(regelrecht)* positive, real.

Förm·lich·keit *f* formality; ▶ **bitte keine ~en!** please don't stand on ceremony! *sing.*

form·los *adj* **1.** *(gestaltlos)* formless; **2.** *fig (zwanglos)* casual; **3.** *(Antrag etc)* unaccompanied by any forms.

Form·sa·che *f* formality; ▶ **das ist e-e ~** that's a matter of form.

For·mu·lar [fɔrmu'la:ɐ] ‹-s, -e› *n Br* form, *Am* blank; ▶ **ein ~ ausfüllen** *Br* fill in a form, *Am* fill out a blank; **for·mu·lie·ren** *tr* formulate, word; ▶ **ich möchte es so ~: ...** I should like to put it like this: ...; **ich werde die Frage anders ~** I'll put the question another way; **For·mu·lie·rung** *f* formulation, wording; ▶ **e-e bestimmte ~** a particular phrase.

For·mung *f* **1.** *(das Formen)* forming; **2.** *(Form)* shape.

form·voll·en·det *adj* perfect in form.

forsch [fɔrʃ] *adj* **1.** *(schneidig)* dashing; **2.** *(naß~)* brash.

for·schen ['fɔrʃən] *itr* **1.** *(suchen)* search (*nach* for); **2.** *(wissenschaftlich)* do research work, research.

For·scher(in) *m (f)* **1.** *(Wissenschaftler)* research scientist; **2.** *(Forschungsreisender)* explorer.

For·schung *f* research; **For·schungs·ab·tei·lung** *f* research department; **For·schungs·an·stalt** *f* research institute; **For·schungs·er·geb·nis** *n* result of research; **For·schungs·la·bor** *n* research laboratory; **For·schungs·rei·se** *f* expedition; **For·schungs·sa·tel·lit** *m* resarch satellite; **For·schungs·zen·trum** *n* research centre.

Forst [fɔrst] ‹-(e)s, -e(n)› *m* forest; **Forst·amt** *n* forestry office; **Forst·ar·bei·ter(in)** *m (f)* forestry worker; **Forst·auf·se·her(in)** *m (f)* ranger; **Forst·be·am·te(r) (-be·am·tin)** *m (f)* forestry official.

För·ster(in) ['fœrstɐ] *m (f) Br* forester, *Am* forest ranger.

Forst·haus *n Br* forester's (*Am* ranger's) lodge; **Forst·wirt·schaft** *f* forestry.

fort [fɔrt] *adv* **1.** *(weg)* away; *(verschwunden)* gone; **2.** *(weiter)* on; ▶ **ich muß ~** I must be off; **meine Uhr ist ~** my watch is gone; **~! ~ mit dir!** *interj* away with you! **~ u. ~** on and on; **in einem ~** without a break; **u. so ~** and so on, and so forth.

Fort·be·stand *m* continuance; ▶ **~ gefährdeter Tierarten** continuance of endangered species.

fort|be·ste·hen *irr itr* continue (to exist); **fort|be·we·gen** *tr refl* move on (*od* away); **Fort·be·we·gung** *f* locomotion; **Fort·be·we·gungs·mit·tel** *n* means of locomotion; **fort|bil·den** *tr refl* continue someone's (one's) education; **Fort·bil·dung** *f* further education; ▶ **berufliche ~** further vocational training; **fort|brin·gen** *irr tr* **1.** take away; *(zur Reinigung, Reparatur etc)* take in; **2.** *(bewegen)* move.

Fort·dau·er *f* continuance.

fort|dau·ern *itr* continue; **fort·dau·ernd I** *adj* continuing; *(bei Vergangenem)* continued; **II** *adv* continuously.

Fort·ent·wick·lung *f* (further) development; ▶ **dieses Modell ist e-e ~ seines Vorgängers.** this model is a further development on the previous one.

fort|fah·ren *irr* **I** *itr* ‹sein› **1.** *(wegfahren)* go (*od mot* drive) away; **2.** *(~ wie bisher* continue (*in, mit etw* with s.th.); ▶ **~ etw zu tun** to do *od* doing s.th.); **„wie ich schon sagte ...", fuhr er fort** ... "as I already told you ...", he continued ...; **II** *tr* ‹h› take (*od mot* drive) away.

Fort·fall ‹-(e)s› *m* discontinuance; **fort·fal·len** ‹sein› *irr itr* **1.** *(abgeschafft werden)* be abolished; **2.** *(nicht mehr erfolgen* be stopped; **3.** *(aufhören, zu existieren)* cease to exist; **4.** *(nicht mehr zutreffen)* cease to apply; **fort|flie·gen** ‹sein› *irr itr* fly away; **fort|füh·ren** *irr tr* **1.** *(fortsetzen)* continue, go on with ...; *(Geschäft, Krieg)* carry on; **2.** *(wegführen)* take (*od* lead) away; **Fort·füh·rung** *f (Fortsetzung)* continuation; **Fort·gang** ‹-(e)s, (¨e)› *m* **1.** *(Weggang)* departure (*von, aus* from); **2.** *(Verlauf)* progress; ▶ **bei s-m ~** when he left; **s-n ~ nehmen** progress; **fort|ge·hen** ‹sein› *irr itr* go away; ▶ **von zu Hause ~** leave home.

fort·ge·schrit·ten *adj* advanced; **zu ~er Stunde** at a late hour; **eine Krankheit im ~en Stadium** an advanced stage of an illness.

fort·ge·setzt *adj* continual, incessant; *(wiederholt)* repeated.

fort|ja·gen I *tr* ‹h› chase out (*von aus* of); **II** *itr* ‹sein› race off.

Fort·kom·men *n (a. fig: Fortschritt)* progress.

fort|kom·men ‹sein› *irr itr* **1.** *(wegkommen)* get away; **2.** *fig (vorankommen)* get on well; **3.** *(abhanden kommen)* disappear; ► **machen Sie, daß Sie ~!** be off! make yourself scarce!

fort|lau·fen *irr itr* run away (*jdm* from s.o.); **fort·lau·fend** *adj* ongoing; *(ausdauernd)* continual; ► **~ numeriert** *(Geldscheine)* serially numbered; *(Buchseite)* consecutively paginated.

fort|le·ben *itr* live on.

fort|pflanzen I *tr biol (vermehren)* reproduce; **II** *refl* **1.** *biol* reproduce; **2.** *phys (Wellen) a. fig* propagate; **Fort·pflan·zung** *f* **1.** *biol* reproduction; **2.** *phys (von Wellen)* transmission; **3.** *(Vermehrung von Pflanzen)* propagation; **Fort·pflan·zungs·fä·hig·keit** *f* **1.** *biol* reproductiveness; **2.** *phys* transmissibility; **Fort·pflan·zungs·or·gan** *n* reproductive organ; **Fort·pflan·zungs·trieb** *m* reproductive instinct.

fort|schaf·fen *tr* remove; **fort|schik·ken** *tr* send away; **fort|schrei·ten** ‹sein› *irr itr* **1.** *(vorwärtsschreiten)* progress; *(Wissenschaft)* advance; **2.** *(sich entwickeln)* develop; **3.** *(weitergehen)* continue.

Fort·schritt *m* **1.** progress; **2.** *(wissenschaftlicher)* advance; ► **~e machen** (*od* **erzielen**) make progress; **dem ~ dienen** further progress.

fort·schritt·lich *adj* progressive.

fort|set·zen I *tr (fortführen)* continue; **wird fortgesetzt** *(Fortsetzung folgt)* to be continued; **II** *refl* **1.** *(sich ausbreiten)* extend; **2.** *(weitergehen, weiter dauern)* continue; **Fort·set·zung** *f* **1.** *(das Fortsetzen)* continuation; **2.** *(e-s Romans, a. radio: ~ des Programms)* instal(l)ment; ► **~ folgt** to be continued; **Fort·set·zungs·ge·schich·te** *f* serial.

fort·wäh·rend [ˈ-ˈ--] *adj* continual, incessant.

fort|wir·ken *itr* continue to have an effect.

fos·sil *adj (a. Brennstoff)* fossil.

Fo·to [ˈfo:to] ‹-s, -s› *n* (*s.* Photographie).

fo·to·gen [fotoˈge:n] *adj* photogenic.

Fö·tus ‹-(ses), se/-ten› *m* foetus.

Fot·ze [ˈfɔtsə] ‹-, -n› *f vulg* cunt, *Br a.* twat.

Foul [faul] ‹-s, -s› *n* foul.

fou·len *tr sport* foul.

Fracht [fraxt] ‹-, -en› *f* **1.** *(Ladung)* freight; *mar aero* cargo; **2.** *(~gebühr)* freight(age); ► **etw per ~ versenden** send s.th. freight; **~ berechnen** charge freight; **Fracht·brief** *m* consignment note; *mar* bill of lading; **Fracht·dampfer** *m* cargo steamer; **Frach·ter** *m* freighter; **Fracht·flug·zeug** *n* freight plane, freighter; **fracht·frei** *adj* carriage paid (*od* free); **Fracht·gut** *n* freight; **Fracht·ko·sten** *pl* freight charges; **Fracht·raum** *m* **1.** *(Raum für die Fracht)* hold; **2.** *(Ladekapazität)* cargo space; **Fracht·schiff** *n* cargo ship, freighter; **Fracht·ta·rif** *m* freight rate; **Fracht·ver·kehr** *m* goods traffic.

Frack [frak, *pl* ˈfrɛkə] ‹-(e)s, ⁻e/-s› *m* **1.** tail coat; **2.** *fam (Jackett)* jacket; ► **im ~** in tails *pl.*

Fra·ge [ˈfra:gə] ‹-, -n› *f* **1.** question; **2.** *(Problem)* problem; ► **ich möchte Ihnen e-e ~ stellen** I should like to ask you a question; **ich habe hierzu noch e-e ~** I have another question on this; **ich habe e-e ~ an Sie** I have a question for you; **die deutsche ~** *pol hist* the German issue (*od* question); **entscheidende ~** crucial question; **das ist e-e andere ~** that is another question; **e-e ~ aufwerfen** raise a question; **das ist (doch sehr) die ~** that's the whole problem; **e-e ~ des Geldes** a question of money; **etw in ~ stellen** call s.th. into question; **in ~ kommen** *(möglich sein)* be possible; *(in Betracht kommen)* be considered (*für etw* for s.th.); **nicht in ~ kommen** be out of the question (*für jdn oder etw* for s.o. *od* s.th.); **das ist (gar) keine ~** that is (absolutely) beyond question; **ohne ~** without doubt; **das ist nur e-e ~ der Zeit** that's only a matter of time; **nur diese ~ ist noch strittig** this is the only controversial problem.

Fra·ge·bo·gen *m* questionnaire.

fra·gen [ˈfra:gən] **I** *tr itr* ask (*jdn od etw* s.o. *od* s.th., *nach jdm od etw* about s.o. *od* s.th.); ► **ich fragte ihn nach s-m Namen** I asked him (what) his name (was); **wir mußten nach dem Weg ~** we had to ask the way; **ich möchte Sie um Rat ~** I would like to ask your advice; **darf ich Sie etw ~?** may I ask you a question? **frag mich bloß das nicht!** ask me another! **frag doch nicht so dumm!** don't ask (such) silly questions! **danach fragt sie doch überhaupt nicht** *(das kümmert sie nicht)* she doesn't bother about that at all; **man wird ja wohl noch ~ dürfen** *fam* I only asked; **II** *refl* wonder; ► **da fragt man sich doch wirklich, ob ...** one can't help wondering if ...; **es fragt sich, ob ...** it's questionable whether.

Fra·ge·rei *f fam pej* questions *pl;* ► **was soll die ganze ~?** why all these questions?

Fra·ge·satz *m gram* interrogative sentence; **Fra·ge·stel·ler(in)** *m (f)* questioner; **Fra·ge·stel·lung** *f* **1.** *(Formulierung e-r Frage)* formulation of a question; **2.** *(Problem, Frage)* question; **Fra·ge·stun·de** *f parl* question time; **Fra·ge·wort** *n gram* interrogative; **Fra·ge·zei·chen** *n a. fig* question mark.

frag·lich ['fra:klɪç] *adj* **1.** *(in Frage stehend)* in question *(attributiv)*, questionable; **2.** *(zweifelhaft)* doubtful; **3.** *(ungewiß)* uncertain.

frag·los *adj* unquestionable.

Frag·ment [frag'mɛnt] ‹-(e)s, -e› *n* fragment; **frag·men·ta·risch** *adj* fragmentary.

frag·wür·dig *adj* **1.** doubtful; **2.** *(dubios)* dubious.

Frak·tion [frak'tsjo:n] *f pol Br* parliamentary (*Am* congressional) party.

Frak·tions·füh·rer(in) *m (f) pol* party whip.

frank [fraŋk] *adj* frank, open; ▶ **~ u. frei** frankly, openly.

fran·kie·ren *tr (manuell)* stamp; *(maschinell)* frank.

Fran·kier·ma·schi·ne *f* franking machine.

Fran·kie·rung *f* franking.

fran·ko ['fraŋko(:)] *adj (bei Postbeförderung)* postpaid, *Abk* P.P.; *com (frei Haus)* carriage paid.

Frank·reich ['fraŋkraɪç] *n* France.

Fran·se ['franzə] ‹-, -n› *f (an Teppich etc)* fringe; *(von Haar)* strand of hair.

Franz [frants] *m* Francis; **Fran·zis·ka** [fran'tsɪska] *f* Frances.

Fran·zo·se [fran'tso:zə] ‹-n, -n› *m* Frenchman; ▶ **die ~n** *(das Volk)* the French; **ich bin ~** I'm French; **Fran·zö·sin** [fran'tsø:zɪn] *f* French woman.

fran·zö·sisch *adj* French; ▶ **sich auf ~ empfehlen** take French leave.

frä·sen ['frɛ:zən] *tr tech* mill(-cut); *(Holz)* mould.

Fräs·ma·schi·ne *f* milling machine.

Fraß [fra:s] ‹-es› *m sl (schlechtes Essen)* muck; ▶ **der Märtyrer wurde den Löwen zum ~ vorgeworfen** the martyr was fed to the lions.

Frat·ze ['fratsə] ‹-, -n› *f* **1.** *(Grimasse)* grimace; **2.** *fam (häßliches Gesicht)* ugly face; **3.** *fig (Zerrbild)* grotesque caricature; ▶ **~n schneiden** pull a face (*jdm* at s.o.).

Frau [fraʊ] ‹-, -en› *f* **1.** *(als Geschlechtsbezeichnung)* woman; **2.** *(Ehe~)* wife; **3.** *(Anrede: verheiratete Frau)* Mrs(.); *(Familienstand unbekannt)* Ms(.); ▶ **e-e ~ haben** be married; **jdn zur ~ haben** be married to s.o.; **~ u. Kinder haben** have a wife and children; **Ihre ~ Mutter** *obs* your mother; **kann ich Ihnen helfen, gnädige ~?** can I help you, madam? **Frau·en·arzt** *m* gyn(a)ecologist; **Frau·en·be·auf·trag·te** *m f* official women's representative; **Frau·en·be·we·gung** *f* feminist movement.

Frau·en·eman·zi·pa·tion *f* emancipation of women; *(als Bewegung)* women's lib(eration); **Frau·en·grup·pe** *f* women's group; **Frau·en·haus** *n* women's refuge, refuge (for battered women); **Frau·en·kli·nik** *f* gyn(a)ecological hospital; **Frau·en·lei·den** *n* gyn(a)ecological illness; **Frau·en·po·li·tik** *f* feminist politics *sing;* **Frau·en·recht·le·r(in)** *m (f)* feminist, *fam* Women's Libber; **Frau·en·zeit·schrift** *f* women's magazine; **Frau·en·zim·mer** *n hum fam, a. pej* female; *Am fam* broad.

Fräu·lein ['frɔɪlaɪn] ‹-s, -s› *n* **1.** *obs (unverheiratete Frau, junge Frau)* young lady; **2.** *obs (Anrede)* Miss; Ms; *(Kellnerin)* waitress; ▶ **Ihr ~ Tochter** *obs* your daughter; **~ Smith** Miss Smith.

freak [fri:k] ‹-s, -s› *m fam* freak; **freakig** *adj* freaky.

frech [frɛç] *adj* insolent; *(unverschämt)* impudent; *fam (keck) Br* cheeky, *Am* fresh; *(trotzig)* saucy, *Am fam* sassy; ▶ **e-e ~e Lüge** a brazen lie; **~e Antwort** backtalk; **werd nicht ~!** don't be fresh with me! **sei nicht so ~!** don't be cheeky!

Frech·dachs *m fam* cheeky monkey; **Frech·heit** *f* **1.** *(freches Verhalten)* cheek(iness), impudence, insolence, sauciness; **2.** *(freche Bemerkung, Handlung)* bit of impudence (*od* cheek); ▶ **sie besaß die ~, zu ...** she had the impudence (*od fam* nerve) to ...; **so e-e ~!** what a cheek!

Fre·gat·te [fre'gatə] ‹-, -n› *f mar* frigate; **Fre·gat·ten·ka·pi·tän** *m mar* commander.

frei [fraɪ] *adj* **1.** *(unbehindert, unabhängig)* free; *(~beruflich)* freelance; *(privat, nicht-staatlich)* private; **2.** *(Posten, Amt, Wohnung)* vacant; *(Taxi)* for hire; **3.** *(kostenlos)* free; **4.** *(freisinnig)* liberal; *(freimütig)* free; **5.** *(unbekleidet)* bare; **6.** *(verfügbar, erhältlich)* available; *(Beamter, Angestellter, Zeit)* free; ▶ **~e Wahl des Arbeitsplatzes** free movement of labour; **~e Hand haben (jdm lassen)** have (give s.o.) a free hand; **Eintritt ~!** admission free! **sind Sie ~?** are you free? **~ an Bord** *com* free on board (*Abk* f.o.b.); **auf ~em Felde** in the open country; **unter ~em Himmel** in the open air; **auf ~er Strecke** *rail* between stations *pl; mot* on the road; **aus ~en Stücken** of one's own free will; **keine ~e Minute haben** not have a moment to o.s.; **ich bin so ~** may I? **endlich gab er dem Projekt ~e Fahrt** *fig* at last he gave the green light for the project; **~es Geleit** safe conduct; **jdn auf ~en Fuß setzen** set s.o. free; **kannst du dich von dieser Vorstellung nicht ~ machen?** can't you free yourself from that idea? **den Dingen ~en Lauf lassen** let things take their course; **das ~e Spiel der Kräfte** the free play of forces; **machen Sie die Straße ~!** clear the road! **ich arbeite als ~er Mitarbeiter** I am working freelance; **~e Marktwirtschaft** free-market (*od* open market) economy; **e-n Tag ~ bekommen (haben, nehmen)** get (have, take) a day off; **morgen ist ~** tomorrow is a holiday; **unser Haus steht völlig ~** *(allein, isoliert)* our house stands quite by itself; **sie hat heute abend ~** she is off tonight; **haben Sie noch etw ~?** *(ein Zimmer)* have you got any vacancies? *pl;* **~ reden, ~ sprechen** *(offen)* speak openly; *(nicht vom Blatt ablesen)* extemporize; **diese Stelle wird nächsten Monat ~** this position will become vacant next month.

Frei·bad *n* open-air (swimming) pool.

frei·be·ruf·lich *adj* self-employed; *(Journalist, Autor)* freelance; **Frei·be·trag** *m (bei Steuern)* tax allowance; **Frei·bier** *n* free beer; **Frei·brief** *m* **1.** *(Vorrechte)* privilege; **2.** *fig Br* licence, *Am* license.

Frei·den·ker *m* freethinker.

Freie ⟨-n⟩ *n:* ▶ **das ~** the open (air); **im ~n** in the open (air); **im ~n übernachten** sleep out in the open.

Frei·er *m* **1.** *hum (Verehrer)* suitor; **2.** *fam (Kunde e-r Prostituierten) Br* client, *Am* john.

Frei·exem·plar *n* free copy.

frei|ge·ben *irr* **I** *tr* **1.** *(Vermögen, Personen, a. Nachrichten für die Presse)* release (*für, an* to); *(Gefangene, Ehegatten)* set free; *(gesperrte Konten)* deblock; *(Preise)* decontrol; **2.** *(eröffnen)* open (*für etw* to s.th.); **3.** *(e-n Film)* pass; ▶ **dieser Film ist (für Jugendliche) ab 16 (Jahren) freigegeben** this film may be seen by people over (the age of) 16; **ein Produkt für den Markt ~** allow a product to be sold on the market; **II** *itr:* ▶ **jdm (e-e Woche) ~** give s.o. a (week's) holiday; **jdm (für) e-n Tag ~** give s.o. a day off.

frei·ge·big ['fraɪge:bɪç] *adj* generous; ▶ **~ mit Geld sein** be liberal with one's money; **Frei·ge·big·keit** *f* generosity; **Frei·geist** *m* freethinker; **Frei·ge·las·se·ne(r)** *f m hist* freedman; **Freige·päck** *n* baggage allowance; **Frei·ha·fen** *m* free port.

frei|hal·ten *irr* **I** *tr* **1.** *(Platz etc)* keep free; *(reservieren)* keep; **2.** *(für jdn bezahlen)* pay for ...; **II** *refl (vermeiden)* avoid (*von etw* s.th.).

Frei·han·del *m com pol* free trade; **Frei·han·dels·zo·ne** *f com pol:* ▶ **Europäische ~** European Free Trade Area (*Abk* EFTA).

frei·hän·dig ['fraɪhɛndɪç] *adj (Schießen)* offhand; *(Zeichnen)* freehand; *(Radfahren)* without hands.

Frei·heit ['fraɪhaɪt] *f* **1.** freedom; *(als Idealvorstellung)* liberty; **2.** *(Recht, Privileg, oft pl: ~en)* freedom; ▶ **endlich bin ich wieder in ~** at last I am free again; **ich schenke dir die ~** I am giving you your freedom; **jdn in ~ setzen** set s.o. free; **dichterische ~** poetic *Br* licence, *Am* license; **persönliche ~** personal freedom; **~ der Presse** freedom of the press; **du hast doch alle ~en, was willst du noch?** you have all the freedom possible, what else do you want? **sich die ~ nehmen, etw zu tun** take the liberty of doing s.th.; **sich ~en herausnehmen** take liberties.

frei·heit·lich *adj* liberal; ▶ **die ~-demokratische Grundordnung** the free democratic constitutional structure.

Frei·heits·be·rau·bung *f jur* wrongful deprivation of personal liberty; **Frei·heits·drang** *m* thirst (*od* desire) for freedom; **Frei·heits·krieg** *m* war of liberation; **Frei·heits·stra·fe** *f* prison sentence; ▶ **zu e-r ~ von vier Jahren verurteilt werden** be sentenced to four years' imprisonment, be given a four-year prison sentence.

Frei·kar·te *f* free (*od* complimentary) ticket.

frei|kau·fen *tr* ransom.

Frei·kör·per·kul·tur *f* (*Abk.* FKK) nudism.

frei|las·sen *irr tr* set free; *(Häftling)* release (*aus* from); *(Sklaven)* emancipate; ▶ **gegen Kaution ~** release on bail.

Frei·las·sung *f* release.

Frei·lauf *m (beim Fahrrad)* freewheel.

frei|le·gen *tr a. fig* expose.

Frei·lei·tung *f el* aerial line, overhead cable.

frei·lich ['fraɪlɪç] *adv* **1.** *(natürlich)* certainly, of course, *Am* sure; **2.** *(allerdings)* admittedly; ▶ **ja ~!** to be sure! yes, of course!

Frei·licht·büh·ne *f* open-air theatre.

Frei·los *n* free lottery ticket.

frei|ma·chen **I** *tr (frankieren)* stamp; *(maschinell)* frank; **II** *itr (nicht arbeiten)* take a day (*od* two *etc* days, a week, a month *etc*) off; **III** *refl (sich entkleiden)* take one's clothes off.

Frei·mau·rer *m hist* Freemason; **Frei·mau·re·rei** *f hist* Freemasonry.

Frei·mut *m* candour, frankness, openness; **frei·mü·tig** ['fraɪmy:tɪç] *adj* candid, frank, open; **Frei·mü·tig·keit** *f* frankness, openness.

frei|spre·chen *irr tr jur* acquit (*jdn von etw* s.o. of s.th.); ▶ **ich wurde wegen erwiesener Unschuld freigesprochen** I was proved not guilty; **Frei·spruch** *m jur* acquittal; ▶ **die Verteidigung plädierte auf ~** the *Br* defence (*Am* defense) pleaded not guilty; **Frei·staat** *m* free state; **Frei·statt (Frei·stät·te)** ⟨-, -stätten (-, -n)⟩ *f (literarisch)* sanctuary.

frei|ste·hen *irr itr* **1.** *(leerstehen)* stand empty; **2.** *(dem jeweiligen Gutdünken)* be up (*jdm* to s.o.).

frei|stel·len *tr* **1.** *(ausnehmen, befreien)* exempt (*jdn von etw* s.o. from s.th.); **2.** *(Arbeiter, Angestellte)* release (*für* for); **3.** *(anheimstellen)* leave (*jdm etw* s.th. (up) to s.o.).

Frei·stoß *m sport (Fußball)* free kick.

Frei·tag ['fraɪta:k] ⟨-(e)s, -e⟩ *m* Friday.

Frei·tod *m* suicide; **Frei·trep·pe** *f* open stairs *pl;* **Frei·um·schlag** *m* stamped envelope; ▶ **adressierter ~** stamped addressed envelope; **Frei·wild** *n fig* fair game.

frei·wil·lig *adj* voluntary; *(Schulbesuch, Krankenversicherung etc)* optional; ▶ **~e Feuerwehr** voluntary fire brigade.

Frei·wil·li·ge(r) *f m* volunteer; ▶ **~ vor!** volunteers, one pace forward! **Frei·wil·lig·keit** *f* voluntariness.

Frei·zei·chen *n tele* dialling tone; **Frei·zeit** *f* **1.** *(arbeitsfreie Zeit)* leisure time, free time; **2.** *(Urlaubsreise)* holiday course; **Frei·zeit·aus·gleich** *m* free time compensation; **Frei·zeit·ge·sell·schaft** *f* leisure society; **Frei·zeit·ge·stal·tung** *f* organization of one's leisure time; **Frei·zeit·hemd** *n* casual shirt; **Frei·zeit·in·du·strie** *f* leisure industry; **Frei·zeit·klei·dung** *f* **1.** *(was jem in s-r Freizeit trägt)* casual clothes *pl;* **2.** *(Warengattung)* leisure wear; **Frei·zeit·park** *m* amusement park; **Frei·zeit·wert** *m* recreational value.

frei·zü·gig *adj* **1.** *(liberal)* liberal; **2.** *(offen, geradeheraus)* permissive.

Frei·zü·gig·keit *f* **1.** *pol* freedom of movement; **2.** *(Großzügigkeit)* liberalness; **3.** *(ethisch, moralisch)* permissiveness.

fremd [frɛmt] *adj* **1.** *(anders, unvertraut)* strange; *(ausländisch)* foreign; **2.** *(unbekannt)* unknown (*jdm od für jdn* to s.o.); **3.** *(nicht eigen, jem anderem gehörend)* s.o. else's; ▶ **ich bin hier ~** I am a stranger here; **solches Verhalten ist mir ~** I don't understand how one can behave like that; **er ist mir völlig ~** he is a complete stranger to me; **wir sind einander ~ geworden** we have grown apart; **unter e-m ~en Namen** under an assumed name; **nicht für ~e Ohren bestimmt sein** be not meant to be heard by other people.

fremd·ar·tig ['frɛmta:ɐtɪç] *adj* strange; *(exotisch)* exotic; **Fremd·ar·tig·keit** *f* strangeness; *(Exotisches)* exoticism.

Fremde ['frɛmdə] ⟨-⟩ *f* foreign parts *pl;* ▶ **in die ~ gehen** go to foreign parts; *(ins Ausland)* go abroad.

Frem·de(r) ⟨-n, -n⟩ *f m* **1.** *(orts~ od unbekannte Person)* stranger; **2.** *(Ausländer)* foreigner; **Frem·den·füh·rer(in)** *m (f)* guide; **Frem·den·le·gion** *f* Foreign Legion; **Frem·den·ver·kehr** *m* tourism; **Frem·den·ver·kehrs·zen·trum** *n* tourist *Br* centre (*Am* center); **Frem·den·zim·mer** *n* guest room.

Fremd·fi·nan·zie·rung *f com* outside financing; **Fremd·herr·schaft** *f* foreign rule; **Fremd·ka·pi·tal** *n com* outside capital; **Fremd·kör·per** *m* **1.** *med* foreign body; **2.** *fig* alien element.

fremd·län·disch ['frɛmtlɛndɪʃ] *adj* **1.** *(ausländisch)* foreign; **2.** *(exotisch)* exotic.

Fremd·ling *m* stranger.

Fremd·spra·che *f* foreign language; **Fremd·spra·chen·se·kre·tär(in)** *m (f)* bilingual secretary.

fremd·spra·chig *adj:* ▶ **~er Unterricht** *(Unterricht, in dem die Fremdsprache gesprochen wird)* teaching in a foreign language; **fremd·sprach·lich** *adj:* ▶ **~er Unterricht** *(das Lehren der Fremdsprache)* (foreign-)language teaching.

Fremd·wäh·rung *f* foreign currency; **Fremd·wort** *n* foreign word.

fre·ne·tisch *adj* frenetic, frenzied; *(Beifall a.)* wild.

Fre·quenz [fre'kvɛnts] ⟨-, -en⟩ *f (Häufigkeit) a. phys* frequency.

Fres·ko ['frɛsko] ⟨-s, -ken⟩ *n* fresco.

Fres·sa·li·en [frɛ'sa:liən] *pl fam* grub *sing.*

Fres·se ['frɛsə] ⟨-, -n⟩ *f vulg* **1.** *(Mund)* gob, trap, *Br* cakehole; **2.** *(Gesicht)* mug; ▶ **jdm die ~ polieren** *vulg* give s.o. a sock in the kisser; **halt endlich deine ~!** *vulg* won't you shut your trap!

Fres·sen ⟨-s⟩ *n* **1.** *(für Tiere)* food; **2.** *sl (schlechtes Essen, Fraß)* grub, muck *fam;* ▶ **ein gefundenes ~** *fig fam* a heaven-sent opportunity.

fres·sen *irr* **I** *itr* **1.** *(von Tieren)* eat, feed; **2.** *sl (von Menschen)* eat; ▶ **er ißt nicht, er frißt** *fam (solche Mengen)* he doesn't eat, he stuffs himself; *fam (unmanierlich)* he eats like a pig; **jdm aus der Hand ~** *(a. fig fam)* eat out of someone's hand; **II** *tr* **1.** *(verzehren, a. sl bei Menschen)* eat; *sl (gierig essen)* scoff; **2.** *(sich ernähren von)* feed on ...; **3.** *(verbrauchen, „schlucken": Benzin etc) fam* gobble up; **4.** *fig (Haß, Neid etc)* eat up; ▶ **du frißt mir noch die Haare vom Kopf!** *fig fam* you're going to eat me out of house and home! **ich habe dich zum F~ gern** *fam* I could eat you; **hast du's jetzt endlich ge~?** *fig fam (kapiert)* have you got it at last? **jdn (etw) ge~ haben** *fig fam (verabscheuen)* be fed up with s.o. (s.th.); **ich fresse e-n Besen, wenn ...** *fig fam* I'll eat my hat if ...; **III** *refl (sich hinein-*

bohren) eat one's way (*durch* through, *in* into).

Freß·napf *m* feeding bowl.

Frett·chen ['frɛtçən] ‹-s, -› *n zoo* ferret.

Freu·de ['frɔɪdə] ‹-, -n› *f* joy (*über* at); *(Entzücken)* delight (*über* at); *(Vergnügen)* pleasure; ▶ **vor ~** with joy; **vor ~ außer sich sein** be mad with joy; **vor ~ weinen** weep for joy; **mit ~n** gladly; **ich habe einfach keine ~ am Lesen** I simply don't get any pleasure from (*od* out of) reading; **~ am Leben haben** enjoy life; **jdm e-e ~ machen** make s.o. happy; **jdm die ~ verderben** spoil someone's pleasure; **herrlich u. in ~n leben** live a life of ease; **zu s-r großen ~** to his great delight; **ihr Sohn macht ihnen wenig ~** their son is not much of a joy to them; **Freu·den·ge·schrei** *n* shrieks *pl* of joy; **Freu·den·mäd·chen** *n euph (Prostituierte)* woman of easy virtue; **Freu·den·trä·nen** *f pl* tears of joy.

freu·de·strah·lend *adj* beaming with delight.

freu·dig ['frɔɪdɪç] *adj* **1.** *(froh)* joyful; *(bereitwillig)* willing; **2.** *(glücklich, beglückend)* happy; ▶ **das war e-e ~e Überraschung** that was a delightful surprise; **in ~er Erwartung Ihrer Ankunft ...** looking forward to your arrival with great pleasure ...; **ein ~es Ereignis** *(meist: Geburt)* a happy event.

freud·los ['frɔɪtlo:s] *adj* joyless.

freu·en ['frɔɪen] **I** *tr:* **das freut mich** I'm really pleased; **es freut mich, zu ... (daß ...)** I'm pleased to ... (that ...); **II** *refl* **1.** *(froh sein)* be pleased (*od* glad) (*über* about); **2.** *(Vorfreude)* look forward (*auf etw* to s.th., *auf jdn* to seeing *od* meeting s.o.); ▶ **ich habe mich riesig über dein Geschenk gefreut** I was ever so pleased about your present; **ich freue mich mit Ihnen** I share your happiness; **sich an etw (sehr) ~** get (a lot of) pleasure from s.th.; **er freut sich s-s Lebens** he enjoys life; **„Er ist also doch noch zurückgekommen", freute sie sich** *(sagte sie voller Freude)* "So he did come back in the end", she said joyfully; **da hast du dich wohl zu früh gefreut!** it seems you got your hopes up too soon!

Freund [frɔɪnt] ‹-(e)s, -e› *m* **1.** *(Kamerad)* friend; **2.** *(Liebhaber)* boyfriend; **3.** *fig (Kunst~ etc)* lover; *(Mäzen)* friend; ▶ **dicke ~e** *fam* great friends; **mit jdm gut ~ sein** be good friends with s.o.; **jdn zum ~ haben** have s.o. for a friend; **du bist mir ein schöner ~** *fam (ironisch)* a fine friend you are; **kein ~ von Katzen** no lover of cats; **ich bin kein ~ vieler Worte** I'm not one of the talking kind; **Freund·chen** *n fam:* ▶ **jetzt hör mal zu, mein ~!** now listen, loverboy! *fam hum;* **Freun·din** ['frɔɪndɪn] *f* **1.** *(Kameradin)* friend; **2.** *(Liebhaberin)* girlfriend; **3.** *fig (Kunst~ etc)* lover; *(Mäzenin)* friend.

freund·lich ['frɔɪntlɪç] *adj* **1.** *(wohlgesonnen)* friendly; **2.** *(gütig, nett)* kind (*zu* to); **3.** *(angenehm)* pleasant; *(heiter)* cheerful; ▶ **~er Empfang** friendly welcome; **~es Zimmer** cheerful room; **wären Sie wohl so ~, zu ...?** would you be so kind as to ...? **das Wetter ist ~** the weather is pleasant; **~e Börsentendenz** *com fin* favourable stock market trend; **Freund·lich·keit** *f* **1.** friendliness; **2.** *(nette Art)* kindliness; **3.** *(Heiterkeit)* cheerfulness; **4.** *(Gefälligkeit)* favour, kindness; **5.** *(freundliche Äußerung)* kind remark; ▶ **hätten Sie wohl die ~, zu ...?** would you be so kind as to ...?

Freund·schaft *f* **1.** friendship; **2.** *(Freundeskreis)* friends *pl;* ▶ **~ schließen mit jdm** make friends with s.o.; **freund·schaft·lich** *adj* friendly; ▶ **~e Gesinnung** friendly disposition; **auf ~em Fuße mit jdm stehen** be on friendly terms with s.o.; **~e Gefühle** feelings of friendship.

Freund·schafts·be·such *m pol* goodwill visit; **Freund·schafts·spiel** *n sport* friendly (match).

Fre·vel ['fre:fəl] ‹-s, -› *m* **1.** *rel (Sünde)* sin (*gegen* against); **2.** *fig (Verbrechen)* crime (*an* against); *(Sakrileg)* sacrilege; **fre·vel·haft** *adj* sacrilegious, sinful; **fre·veln** *itr* sin (*gegen, an* against); **Frev·le·r(in)** *m (f)* sinner.

Frie·de(n) ['fri:dən] ‹-s, (-)› *m* **1.** peace; **2.** *(Ruhe)* tranquillity; ▶ **im ~** in time of peace; **in ~ u. Freiheit** in peace and freedom; **~ schließen** *pol* make peace; **(s-n) ~ mit der Welt schließen** make one's peace with the world; **der Westfälische ~** *hist* the Peace of Westphalia; **der häusliche ~** domestic harmony; **um des lieben ~s willen** *fam* for the sake of peace and quiet; **laß mich in ~!** leave me alone!

frie·dens·be·wegt *adj fam (Person)* pacifist; **Frie·dens·be·weg·te(r)** *f m fam* peace activist; **Frie·dens·be·we·gung** *f* peace movement.

Frie·dens·bruch *m* violation of (the) peace; **Frie·dens·ge·sprä·che** *n pl* peace talks; **Frie·dens·in·itia·ti·ve** *f (für den Frieden eintretende Gruppe)* peace campaigners *pl;* **Frie·dens·kon·fe·renz** *f* peace conference; **Frie·dens·marsch** *m* peace march; **Frie·dens·pfei·fe** *f* peace-pipe; ▶ **die ~ rauchen** smoke the peace-pipe; **Frie·dens·re·ge·lung** *f* arrangement (*od* settlement) of peace; **Frie·dens·rich·ter(in)** *m (f)* justice of the peace (*Abk* J.P.); **Frie·dens·schluß** *m* conclusion of peace; **Frie·dens·stif·ter(in)** *m (f)* peacemaker; **Frie·dens·ver·hand-**

lun·gen *f pl* peace negociations; **Frie·dens·ver·trag** *m* peace treaty; **Frie·dens·zeit** *f:* ▶ **in ~en** in times of peace, in peacetime.
fried·fer·tig *adj* peaceable.
Fried·hof ['fri:tho:f] *m* cemetery.
fried·lich *adj* peaceful; *(friedfertig)* peaceable; ▶ **~e Lösung, ~er Weg** peaceful solution; **bist du dann endlich ~?** *fam* will that make you happy? **nun sei doch endlich ~!** *fam* now, give it a rest!
fried·lie·bend *adj* peace-loving.
frie·ren [fri:rən] *irr itr tr (a. ge~)* freeze; ▶ **mich friert (ich friere)** I am cold, I feel cold; **ich friere** (*od* **mich friert es) an den Fingern** my fingers are cold; **wird es heute nacht ~?** will it freeze tonight?
Fries [fri:s] ⟨-es, -e⟩ *m arch* frieze.
fri·gi·de [fri'gi:də] *adj* frigid.
Fri·ka·del·le *f* meatball.
Fris·bee·schei·be *f Wz* frisbee disc *Wz.*
frisch [frɪʃ] *adj* **1.** *allg* fresh; *(noch feucht)* wet; **2.** *(kühl)* chilly, cool; **3.** *(Aussehen, Gesichtsfarbe)* fresh; **4.** *(munter)* bright, cheery; ▶ **~e Eier** new-laid eggs; **~es Obst** fresh-picked fruit; **~ gestrichen** newly painted; *(als Warnung auf Hinweisschild) Br* wet (*Am* fresh) paint; **auf ~er Tat ertappt werden** be caught in the act; **~en Mut fassen** gain new courage; **~ von der Schulbank** fresh out of college; **an der ~en Luft** in the fresh air; **jdn an die ~e Luft setzen** *fam* kick s.o. out; **mit ~er Kraft** with renewed vigour; **nur immer ~ drauflos!** just go ahead! don't hold back! **sie schreibt einfach ~ drauflos** she just writes away; **~ verheiratet** newly married; **ein ~er Wind** a fresh wind; *fig* the wind of change.
Fri·sche ['frɪʃə] ⟨-⟩ *f* **1.** *allg* freshness; *(Feuchtigkeit: von Fleck, Farbe)* wetness; **2.** *(Kühle)* coolness; **3.** *(Aussehen)* freshness; *(Munterkeit)* brightness.
Frisch·fleisch *n* fresh meat; **Frisch·hal·te·da·tum** *n* sell-by date; **Frisch·hal·te·fo·lie** *f* cling film; **Frisch·hal·te·packung (k·k)** *f* air-tight (*od* vacuum) pack(age); ▶ **in ~** aroma-sealed, vacuum-packed; **Frisch·kä·se** *m* cream cheese; **Frisch·zel·len·the·ra·pie** *f med* cellular therapy, live-cell therapy.
Fri·seur(in) (Fri·seu·se) [fri'zø:ɐ, fri'zø:zə] ⟨-s, -e (-, -n)⟩ *m (f)* hairdresser;
fri·sie·ren I *tr* **1.** ▶ **jdm das Haar ~, jdn ~** do someone's hair; *(kämmen)* comb someone's hair; **2.** *fam (manipulieren)* fiddle; ▶ **die Bilanz ~** *fin fam* cook the books; **3.** *fam mot (die Leistung erhöhen)* hot (*od* soup) up; **II** *refl* do one's hair; **Fri·sier·sa·lon** *m (für Damen)* hairdressing salon; *(für Herren)* barber's shop.
Fri·sör(in) *m (f)* (*s.* Friseur(in)).
Frist [frɪst] ⟨-, -en⟩ *f* **1.** *(Zeitraum)* period *(für Nachricht, Kündigung etc* of notice); **2.** *(Zeitpunkt)* deadline (*für, zu* for); *com (Zahlungsziel)* last date for payment; *(~verlängerung, Aufschub)* period of grace; ▶ **nach Ablauf der ~** after expiration of the term; **binnen kürzester ~** without delay; **die ~ verstreichen lassen** let the deadline (*od bei Zahlungsziel* the last date for payment) pass; **e-e ~ einhalten (versäumen)** meet (miss) a deadline; **jdm e-e ~ von sieben Tagen gewähren** grant (*od* give) s.o. seven days grace.
fri·sten *tr* ▶ **sein Dasein mit etw ~** eke out one's existence with s.th.; **sein Leben kümmerlich ~** eke out a miserable existence.
Fri·sten·re·ge·lung *f jur (in Zus.hang mit Schwangerschaftsabbruch) latest point at which abortion is legally permitted.*
frist·ge·recht *adj* within the period stipulated; **frist·los** *adj* without notice; ▶ **~ entlassen** dismiss without notice.
Fri·sur *f* hairdo, hairstyle.
Fri·teuse *f* deep-fryer; chip pan.
fri·tie·ren *tr* deep-fry.
fri·vol [fri'vo:l] *adj* frivolous.
froh [fro:] *adj* **1.** *(dankbar, glücklich)* glad; *(erfreut)* pleased; **2.** *(erfreulich)* happy; ▶ **über etw ~ sein** be glad about (*od* pleased with) s.th.; **sie wird ihres Lebens nicht mehr ~** she doesn't enjoy life any more; **~e Ostern (Weihnachten)!** Happy Easter (Christmas)!
fröh·lich ['frø:lɪç] *adj* cheerful, gay, merry; **Fröh·lich·keit** *f* cheerfulness, happiness.
froh·locken (k·k) [fro'lɔkən] ⟨ohne ge-⟩ *itr (gehoben)* rejoice (*über* at).
Froh·sinn ⟨-s⟩ *m* cheerfulness.
fromm [frɔm] *adj* **1.** *rel (gläubig)* religious; *(hingegeben)* devout; **2.** *(gehorsam, zahm)* docile; ▶ **das ist ja wohl nur ein ~er Wunsch!** thats just a pipe-dream! **e-e ~e Lüge** a well-meant deception.
Fröm·me·lei [frœmə'laɪ] *f pej* false (*od* affected) piety.
fröm·meln ['frœməln] *itr pej* affect piety.
Fröm·mig·keit *f rel* religiousness.
Frömm·ler(in) *m (f) pej (Heuchler(in))* sanctimonious hypocrite.
Fron(·ar·beit) ['fro:n-] ⟨-, (-en)⟩ *f* **1.** *hist (Frondienst)* socage; **2.** *fig* drudgery.
frö·nen ['frø:nən] *itr* indulge (*e-r Sache* in s.th.).
Fron·leich·nams·fest n [-'--(-)] *eccl* Feast of Corpus Christi.
Front [frɔnt] ⟨-, -en⟩ *f* **1.** *(Vorderseite)* front; **2.** *mete (Wetter~)* front; **3.** *mil*

front; *(Kampflinie)* front line; **4.** *sport (Spitze)* lead; ► **gegen diese Entscheidung werden wir ~ machen** *fig* we will make a stand against this decision; **an der ~** *mil* at the front; **wir müssen endlich klare ~en schaffen** *fig* it's high time we made our position clear; **die ~en wechseln** *fig* change sides.

fron·tal [frɔnˈtaːl] **I** *adj* frontal; **II** *adv* frontally, head on; **Fron·tal·zu·sam·men·stoß** head on-collision.

Front·schei·be *f mot Br* windscreen, *Am* windshield.

Frosch [frɔʃ, *pl* ˈfrœʃə] ‹-(e)s, ⸚e› *m zoo* frog; ► **ich hab' e-n ~ im Hals!** *fam fig* I've got a frog in my throat! **komm, sei kein ~!** *fam (kein Spielverderber)* come on, be a sport! **Frosch·laich** *m zoo* frogspawn; **Frosch·schen·kel** *m* frog's leg.

Frost [frɔst, *pl* ˈfrœstə] ‹-(e)s, ⸚e› *m* frost; ► **strenger (eisiger) ~** heavy (crisp) frost; **Frost·beu·le** *f med* chilblain.

frö·steln [ˈfrœstəln] *itr* shiver.

fro·stig *adj a. fig* frosty.

Fro·stig·keit *f fig* frostiness.

Frost·scha·den *m* frost damage; **Frost·schutz·mit·tel** *n mot* anti-freeze.

Frot·tee [ˈfrɔteː] ‹-s, -› terry towelling; **Frot·tee·hand·tuch** *n* terry towel; **Frot·tee·kleid** *n* towelling dress.

frot·tie·ren *tr refl* rub (down).

frot·zeln [ˈfrɔtsəln] *itr fam* tease; ► **über jdn (etw) ~** make fun of s.o. (s.th.).

Frucht [frʊxt, *pl* ˈfrʏçtə] ‹-, ⸚e› *f* **1.** *bot a. fig* fruit; *(Getreide)* crops *pl;* **2.** *med* f(o)etus; **3.** *pl (Obst)* fruit *sing;* ► **⸚e tragen, ⸚e bringen** *a. fig* bear fruit.

frucht·bar *adj* **1.** *a. fig* fertile, prolific; **2.** *fig (nutzbringend)* productive; **Frucht·bar·keit** *f* **1.** *a. fig* fertility, prolificness; **2.** *fig* productiveness.

fruch·ten [ˈfrʊxtən] *itr fig* bear fruit; ► **nichts ~** be fruitless; **Frucht·fleisch** *n* flesh (of a fruit); **frucht·los** *adj fig* fruitless; **Frucht·lo·sig·keit** *f fig* fruitlessness; **Frucht·saft** *m* fruit juice; **Frucht·was·ser·un·ter·su·chung** *f med* amneocentesis; **Frucht·wech·sel** *m agr* crop rotation.

früh [fryː] **I** *adj* early; ► **am ~en Nachmittag** in the early afternoon; **in ~er Jugend** in one's early youth; **seit meiner ~esten Kindheit** since I was a very small child; **II** *adv* **1.** early; **2.** *(schon in der Kindheit od Jugend)* at an early age; ► **heute (morgen) ~** this (tomorrow) morning; **es ist noch ~ am Tag** it's still early in the day; **Sonntag ~** Sunday morning; **von ~ bis spät** from morning till night; **Früh·auf·ste·her(in)** *m (f)* early riser.

Frü·he [ˈfryːə] ‹-› *f* ► **in aller (der) ~** at the crack of dawn (early in the morning).

frü·her [ˈfryːɐ] **I** *adj* **1.** earlier; **2.** *(ehemalig)* former; *(vorherig)* previous; ► **in ~en Zeiten** in the past; **der ~e Besitzer** the previous owner; **II** *adv* **1.** earlier; **2.** formerly, previously; ► **~ am Abend** earlier on in the evening; **ich habe ihn ~ einmal gekannt** I used to know him; **ich kenne ihn noch von ~** I've known him for some time; **es ist alles genau wie ~** everything's just as it used to be; **~ od später** sooner or later; **da mußt du ~ aufstehen** *fig fam* you have to be quicker off the mark.

Früh·er·ken·nung *f med* early diagnosis.

frü·he·ste *adj* **1.** earliest; **2.** *(erste)* first; **frü·he·stens** *adv* at the earliest; ► **wann kannst du ~ kommen?** what is the earliest you can come?

Früh·ge·burt *f* **1.** *(zu frühe Geburt)* premature birth; **2.** *(zu früh geborenes Kind)* premature baby; **Früh·jahr (Früh·ling)** *n (m)* spring; **Früh·jahrs-, (Früh·lings-)** *(in Zssgn.)* spring; **Früh·jahrs·mü·dig·keit** *f* springtime lethargy; **Früh·lings·rol·le** *f* spring roll; **Früh·lings·sup·pe** *f* mixed early vegetables soup; **früh·mor·gens** *adv* early in the morning; **Früh·pen·sio·nie·rung** *f* early retirement; **früh·reif** *adj* **1.** *(körperlich)* mature at an early age; **2.** *fig* precocious; ► **~es Kind** precocious child; **Früh·rei·fe** *f* **1.** early maturity; **2.** *fig* precocity; **Früh·schicht** *f* early shift; **Früh·schop·pen** *m* morning (*od* lunchtime) drinking; ► **e-n ~ machen** go for a morning drink; **Früh·stück** *n* breakfast; ► **sollen wir Eier zum ~ essen?** shall we have eggs for breakfast? **Übernachtung u. ~** bed and breakfast; **früh·stücken (k·k) I** *itr* have breakfast; **II** *tr* breakfast on ...; **Früh·warn·sy·stem** *n mil* (distant) early warning system; **früh·zei·tig** *adj* **1.** *(früh)* early; **2.** *(vorzeitig)* premature.

Früh·zün·dung *f mot* pre-ignition.

Frust [frʊst] ‹-s› *m fam* frustration; **Fru·stra·tion** *f* frustration; **fru·strie·ren** *tr* frustrate.

Fuchs [fʊks, *pl* ˈfʏksə] ‹-es, ⸚e› *m* **1.** *zoo (a. ~pelz)* fox; **2.** *(Pferd)* chestnut; *(Rotfuchs)* sorrel; **3.** *fig:* **ein schlauer (***od* **alter) ~** a cunning old devil, a sly fox; **Fuchs·bau** *m* fox's den.

Füch·sin [ˈfʏksɪn] *f zoo* vixen.

Fuchs·jagd *f* fox-hunt(ing); **fuchs·rot** *adj (Pferd)* sorrel; *(Haar)* ginger; **Fuchs·schwanz** *m* **1.** fox's tail; **2.** *(Säge)* handsaw; **3.** *bot* love-lies-bleeding.

fuchs·teu·fels·wild [ˈ-ˈ--ˈ-] *adj fam* hopping mad.

Fuch·tel ['fʊxtəl] ‹-, -n› *f fig fam:* ► **unter jds ~ stehen** be under someone's thumb; **fuch·teln** *itr fam* wave (*mit etw* s.th. about).

Fug [fu:k] *m:* ► **mit ~ u. Recht** with good cause.

Fuge[1] ['fu:gə] ‹-, -n› *f* **1.** joint; **2.** *(Falz)* groove; ► **in allen ~en krachen** creak in every joint; **aus den ~n gehen** (*od* ► **geraten)** *a. fig* come apart (at the seams), go awry; go haywire.

Fuge[2] *f mus* fugue.

fü·gen ['fy:gən] **I** *tr (plazieren)* place; **II** *refl* **1.** *(nachgeben)* be obedient, bow (*jdm* to s.o.; *e-r Sache od in etw* to s.th.); ► **er fügte sich in sein Schicksal** he resigned himself to his fate. **2.** *impers (geschehen):* ► **es hat sich so gefügt, daß ...** it so happened that ...

füg·sam *adj* **1.** *(gehorsam)* obedient; **2.** *(biegsam)* pliant.

Füg·sam·keit *f* **1.** *(Gehorsamkeit)* obedience; **2.** *(Biegsamkeit)* pliability.

Fü·gung *f* chance; *(Zus.treffen)* coincidence; ► **göttliche ~** divine providence.

fühl·bar *adj* **1.** *(greifbar)* palpable; **2.** *(deutlich)* marked; **3.** *(wahrnehmbar)* perceptible; ► **ein ~er Verlust** a grievous loss.

füh·len ['fy:lən] **I** *tr itr refl* feel; *(Puls)* take; ► **~ Sie denn überhaupt kein Mitleid (mit ihm)?** don't you feel any sympathy at all (for him)? **jdm auf den Zahn ~** *fig fam (ihn ausfragen)* pump s.o. for information; **sich verletzt (krank, verantwortlich etc) ~** feel hurt (ill, responsible *etc*); **sich jdm (e-r Sache) gewachsen ~** feel up to s.o. (s.th.).

Füh·ler *m* **1.** *zoo* antenna, feeler; **2.** *fig fam:* ► **s-e ~ ausstrecken nach etw** put out feelers towards s.th.; **Füh·lung** *f* contact, touch; ► **~ haben mit ...** be in touch (*od* contact) with ...; **in ~ bleiben mit ...** keep in touch with ...

Fuh·re ['fu:rə] ‹-, -n› *f a. fig* **1.** *(Ladung)* load; **2.** *(Schub)* batch.

füh·ren ['fy:rən] **I** *tr* **1.** *(an~, vorangehen)* lead; **2.** *(bringen, geleiten)* take; *(Touristen, Blinde)* guide; **3.** *com (im Sortiment haben)* carry, keep; **4.** *(steuern) mot* drive; *mar* sail; *aero* fly; *(bedienen: Fahrstuhl, Bagger etc)* operate; **5.** *(leiten: Unternehmen)* run; *mil (Armee, Kompanie etc)* command; **6.** *(tragen, transportieren, el: Strom)* carry; ► **was führt Sie zu mir?** what brings you here? **etw bei sich ~** carry s.th. on one's person; **jdm den Haushalt ~** keep house for s.o.; **er führte den Beweis s-r Unschuld** he offered proof of his innocence; **er führte sein Glas an die Lippen** he raised his glass to his lips; **er führt über alles genau Buch** he keeps a detailed record of everything; **jdm die Bücher ~** keep someone's books; **~ Sie Badeanzüge?** do you sell bathing suits? **gegen jdn e-n Prozeß ~** take legal action against s.o.; **der Rhein führt im Augenblick Hochwasser** the Rhine is running high at the moment; **etw (nichts Gutes) im Schilde ~** be up to s.th. (to no good); **die Firma X führt in Software** firm X is the leading software dealer; **II** *itr* **1.** *(bewirken):* ► **zu etw ~** lead to s.th.; **zu nichts ~** come to nothing; **2.** *(an der Spitze, in Führung sein)* lead; *sport* be in the lead (*um, mit* by); **3.** *(verlaufen: Weg, Straße, Fahrstuhl etc)* go; *(Leitung, Kabel etc)* run; ► **wohin soll das bloß ~?** where is this leading us? **wollen Sie mich hinters Licht ~?** *fig fam* are you trying to lead me up the garden path? **III** *refl (sich auf~)* conduct o.s.; **füh·rend** *adj* leading; *(Persönlichkeit)* prominent; ► **die Firma A ist bei Videorekordern ~** A is the leading firm for video recorders.

Füh·rer ['fy:rɐ] *m* **1.** *pol* leader; *(Oberhaupt, An~)* head; **2.** *mot (von Fahrzeug)* driver; *(Bagger~, Fahrstuhl~ etc)* operator; **3.** *(Reise~: Mensch u. Buch, Kunst~ etc)* guide; ► **der ~** *pol hist (selbstgeschaffener Titel Adolf Hitlers)* the Fuehrer; **~ durch Frankreich (die Moderne Kunst)** guide to France (Modern Art); **Füh·rer·haus** *n rail mot* (driver's) cab; **Füh·re·rin** *f* **1.** *pol* leader; *(An~)* head; **2.** *mot (Fahrerin)* driver; *(Fahrstuhl~ etc)* operator; **3.** *(Reise~)* guide.

füh·rer·los *adj* **1.** *(Partei etc)* leaderless, without a leader; **2.** *mot (Fahrzeug)* driverless, without a driver; *aero* pilotless, without a pilot.

Füh·rer·schein *m mot Br* driving licence, *Am* driver's license; ► **er macht gerade den ~** he is learning to drive; **wann haben Sie den ~ gemacht?** when did you take your driving test? **Füh·rer·schein·ent·zug** *m* disqualification from driving; **Füh·rer·schein·prü·fung f** driving test.

Füh·rer·stand *m rail* cab.

Fuhr·mann ‹-(e)s, -leute/(-menner)› *m* carter; **Fuhr·park** *m* fleet (of vehicles).

Füh·rung ['fy:rʊŋ] *f* **1.** *(Vorsprung)* lead; **2.** *(Feder~, Verantwortung)* direction, guidance; *mil (Kommando)* command; *com (Unternehmens~)* management; *pol (Partei~)* leadership; **3.** *tech* guide(way); **4.** *(Verhalten)* conduct; **5.** *(Besichtigung)* guided tour (*durch* of); ► **die ~ übernehmen** take the lead; **in ~ liegen** be in the lead; **unter jds ~** under someone's direction (*mil* command, *com* management, *pol* leadership); **sind Sie zur ~ e-s Kraftfahrzeugs berechtigt?** are you licensed to drive a motor vehicle? **Füh·rungs-**

kraft *f* **1.** *com* executive; **2.** *pol* leader; **Füh·rungs·nach·wuchs** *m* **1.** *com* management (*od* executive) trainees *pl;* **2.** *pol* potential leaders; **Füh·rungs·qua·li·tät** *f meist pl* leadership quality; **Füh·rungs·schicht** *f* **1.** *allg* ruling classes *pl*; **2.** *com* managerial class; **3.** *pol* group of leaders; **Füh·rungs·schwä·che** *f* weak leadership; **Füh·rungs·stab** *m* **1.** *mil* operations staff; **2.** *com* top management; **Füh·rungs·stär·ke** *f* strong leadership; **Füh·rungs·stil** *m* style of management; **Füh·rungs·zeug·nis** *n* certificate of conduct.

Fuhr·un·ter·neh·men *n* haulage firm; **Fuhr·un·ter·neh·mer(in)** *m (f)* haulage contractor.

Fül·le ['fʏlə] ⟨-⟩ *f* **1.** *(Vollsein)* fullness; **2.** *(Körper~)* corpulence; **3.** *(Menge):* ▶ **e-e ~ von Problemen (Fragen** *etc*) plenty (*od* a whole host) of problems (questions *etc*); *(Über~)* abundance; **in Hülle u. ~** in abundance.

fül·len I *tr allg* fill; *(Gans, Ente etc)* stuff; ▶ **e-n Zahn ~** fill a tooth; **e-e Lücke ~** *fig* stop a gap; **etw in Flaschen ~** bottle s.th.; **e-n Sack ~** fill a sack; **etw in e-n Sack ~** put s.th. into a sack; **ihre Bücher ~ ihre ganze Wohnung** her books take up her whole flat; **II** *refl* fill up; **ihre Augen füllten sich mit Tränen** her eyes filled with tears.

Fül·ler[1] *m (nur als Seiten~ eingeschobener Zeitungsartikel)* filler.

Fül·ler[2] **(Füll·fe·der·hal·ter)** *m* fountain pen.

Füll·ge·wicht *n* **1.** *com (Nettogewicht)* net weight; **2.** *(e-r Waschmaschine)* maximum load.

Füll·men·gen·an·zei·ge *f (an Tanksäule)* volume readout.

Füll·sel ['fʏlzəl] ⟨-s, -⟩ *n* filler.

Fül·lung *f* **1.** *allg* filling; *(von Gans, Ente etc)* stuffing; *(von Praline) Br* centre, *Am* center; **2.** *(Tür~)* panel; **3.** *(Zahn~)* filling.

Fum·mel *m sl pej (Kleid)* rag.

fum·meln ['fʊməln] *itr fam (hantieren)* fumble (*an etw* with).

Fund [fʊnt] ⟨-(e)s, -e⟩ *m* **1.** *(Auffindung)* finding; **2.** *(gefundene Sache)* find.

Fun·da·ment [fʊnda'mɛnt] ⟨-(e)s, -e⟩ *n a. fig* foundation; ▶ **das ~ für etw schaffen** *fig* lay the foundations *pl* for s.th.

fun·da·men·tal *adj* fundamental.

Fun·da·men·ta·list(in) *m (f)* fundamentalist, radical; **fun·da·men·ta·li·stisch** *adj* fundamentalist, radical.

Fund·bü·ro *n Br* lost-property office, *Am* lost and found office (*od* department).

Fund·gru·be *f fig* treasure trove.

Fun·di ['fʊndɪ] ⟨-s, -s⟩ *m (f) fam* fundamentalist (of the ecology movement).

fun·die·ren [fʊn'di:rən] *tr (begründen)* found; ▶ **gut fundiert** well-founded.

Fund·sa·chen *f pl* lost property *sing.*

fünf [fʏnf] *num* five; ▶ **~e gerade sein lassen** *fig fam* turn a blind eye; **s-e ~ Sinne beieinander haben** have one's wits about one; **es ist ~ (Minuten) vor zwölf** it's five (minutes) to twelve; *fig (fast schon zu spät)* it's at the eleventh hour.

Fünf·eck *n* pentagon; **fünf·eckig (k·k)** *adj* pentagonal; **Fün·fer** ['fʏnvɐ] ⟨-s, -⟩ *m fam (Fünfmarkstück od -schein)* five marks *pl;* **fün·fer·lei** ['fʏnfɐ'laɪ] *adj* of five different sorts; **fünf·fach** *adj* fivefold.

Fünf·gang·ge·trie·be *n mot* five-speed gearbox.

fünf·hun·dert *num* five hundred.

Fünf·jah·res·plan [-'---] *m pol com* five-year plan; **Fünf·kampf** *m sport* pentathlon; **fünf·mal** *adv* five times; **Fünf·ta·ge·wo·che** [-'----] *f* five-day week; **fünf·tau·send** *num* five thousand.

Fünf·tel ['fʏnftəl] ⟨-s, -⟩ *n* fifth.

fünf·tens ['fʏnftəns] *adv* fifth(ly), in the fifth place.

fünf·zehn *num* fifteen.

fünf·zig ['fʏnftsɪç] *num* fifty; **Fünf·zi·ger** *m fam* **1.** *(Fünfzigjähriger)* fifty-year-old; **2.** *(Geldstück)* fifty-pfennig piece; *(Geldschein)* fifty-mark note; ▶ **falscher ~** crook; **fünf·zig·jäh·rig** *adj pred* fifty years old; *attr* fifty-year-old.

fünf·zig·ste *adj* fiftieth.

fun·gie·ren [fʊŋ'gi:rən] *itr* function (*als* as a).

Funk ['fʊŋk] ⟨-s⟩ *m* (*s. a.:* Rundfunk, Radio, Fernsehen) wireless; *(heute meist:)* radio; **Funk·ama·teur(in)** *m (f)* radio amateur; *fam* radio ham; **Funk·aus·stel·lung** *f* radio and television exhibition.

fun·keln ['fʊŋkəln] *itr* sparkle; *(Edelstein)* glitter; *(Augen: vor Freude)* gleam; *(Augen: vor Zorn)* flash; *(Stern)* twinkle.

fun·kel·na·gel·neu ['--'--'-] *adj fam* brand-new.

Fun·ke(n) ⟨-n, -n (-s, -)⟩ *m a. fig* spark; ▶ **ein ~ Verstand** a modicum of sense; **zwischen den beiden ist wohl endlich der ~ übergesprungen** *fig fam* they seem to have clicked at last; **kein ~n Hoffnung** not the slightest gleam of hope; **~n sprühen** spark; *(Augen)* flash; **. . ., daß die ~en fliegen** *fig fam . . .,* like mad.

fun·ken ['fʊŋkən] **I** *tr:* ▶ **SOS ~** radio an SOS; **II** *itr* **1.** *(senden)* radio; **2.** *(Funken sprühen)* spark; ▶ **na, hat's zwischen euch gefunkt?** *fig fam* well, have you clicked?

Fun·ker(in) *m (f)* radio operator; *aero* radioman.

Funk·ge·rät *n* **1.** *(Sprech~)* radio set, *fam* walkie-talkie; **2.** *(Funkausrüstung)* radio equipment; **Funk·haus** *n* broadcasting station; **Funk·kol·leg** *n* educational radio broadcasts *pl;* **Funk·na·vi·ga·tion** *f* radio navigation; **Funk·spruch** *m* **1.** *(Nachricht)* radio message; **2.** *(Signal)* radio signal; **Funk·sta·ti·on** *f* radio station; **Funk·stil·le** *f* radio silence; **Funk·ta·xi** *n* radio taxi, radio cab; **Funk·tech·nik** *f* radio technology; **Funk·te·le·phon** *n* radio-telephone, cordless telephone.

Funk·tion [fʊŋk'tsjo:n] *f* **1.** *(das Funktionieren)* functioning; **2.** *(Amt)* office; **3.** *(Aufgabe, Zweck, math)* function; ▶ **e-e ~ übernehmen** take up a position; **in ~ treten** start to function; **etw außer ~ setzen** stop s.th. functioning.

funk·tio·nal (funk·tio·nell, funk·tions·ge·recht) *adj* functional.

Funk·tio·när(in) *m (f) pol* functionary, official.

funk·tio·nie·ren *itr* **1.** function, work; **2.** *fam (gehorchen)* obey; ▶ **mein Füllfederhalter funktioniert nicht** my fountain pen doesn't work.

Funk·tions·bild *n* job profile; **Funk·tions·prü·fung** *f* functional test; **Funk·tions·ta·ste** *f EDV* function key.

Funk·turm *m* radio tower; **Funk·ver·bin·dung** *f* radio contact; **Funk·ver·kehr** *m* radio traffic, wireless communication.

für [fy:ɐ] *prp* **1.** for; **2.** *(anstatt)* instead of ..., for ...; **3.** *(zugunsten von)* in favour of ..., for ...; **4.** *(Gegenleistung)* (in exchange) for ...; ▶ **er ist gern ~ sich** he likes to be left by himself; **~ mich** for me; *(nach meiner Meinung)* in my view; **~ jdn handeln** act for s.o.; **ein ~ allemal** once and for all; **~s erste** for the time being; **e-e Karte ~ die heutige Vorstellung** a ticket for today's performance; **was ~ ein Mann ist er?** what kind of a man is he? **es ~ ratsam halten** think it advisable; **jdn ~ ... halten** think s.o. is ...; **~ s-n Humor ist er bekannt** he is known for his sense of humour; **sich ~ jdn (etw) entscheiden** decide in favour of s.o. (s.th.); **kannst du denn nie etw ~ dich behalten?** can't you ever keep anything to yourself? **er hat mir ein Maultier ~ ein Pferd verkauft** *(anstelle e-s Pferdes od als Gegenleistung)* he sold me a mule for a horse; **er hat schließlich doch etw ~ sich** he's not so bad after all; **das hat etw ~ sich** there's s.th. in it; **Schritt ~ Schritt** step by step; **Tag ~ Tag** day after day; **Wort ~ Wort** word for word; **an u. ~ sich** actually; **das F~ u. Wider** the pros and cons *pl.*

Fur·che ['fʊrçə] ‹-, -n› *f (Acker~, Falte im Gesicht)* furrow; *(Wagenspur)* rut.

fur·chen *tr* furrow.

Furcht [fʊrçt] ‹-› *f* fear; ▶ **aus ~ vor ...** for fear of ...; **jdm ~ einflößen** frighten s.o.; **~ haben vor ...** be afraid of ...; **bleich vor ~** pale with fear.

furcht·bar *adj* awful, dreadful, terrible.

fürch·ten ['fʏrçtən] **I** *tr* be afraid of, fear; **II** *itr* fear (*um, für* for); **III** *refl* be afraid (*vor* of).

fürch·ter·lich *adj* dreadful, terrible.

furcht·er·re·gend *adj* fearful, terrifying; **furcht·los** *adj* fearless, intrepid; **Furcht·lo·sig·keit** *f* fearlessness, intrepidity; **furcht·sam** *adj* timorous; **Furcht·sam·keit** *f* timorousness.

Fu·rie ['fu:riə] ‹-, -n› *f* **1.** *(in der Mythologie)* Fury; **2.** *fig pej (wütende Frau)* hellcat, termagant.

Fur·nier [fʊr'ni:ɐ] ‹-s, -e› *n* veneer.

fur·nie·ren *tr* veneer.

Fu·ro·re [fu'ro:rə] ‹-› *f Br* furore, *Am* furor; ▶ **Arthur Millers neues Stück machte damals ~** Arthur Miller's latest play caused a furor(e) at that time.

Für·sor·ge ‹-› *f* **1.** *(Betreuung)* care; **2.** *(Sozial~, a. fam: Sozialamt)* welfare; **3.** *fam (~unterstützung)* social security.

Für·sor·ge·amt *n Br* welfare office, *Am* department of welfare.

Für·sor·ger(in) *m (f)* welfare worker.

für·sorg·lich *adj* careful.

Für·spra·che *f* intercession; ▶ **~einlegen** intercede (*für* for, *bei* with).

Für·spre·cher(in) *m (f)* intercessor.

Fürst [fʏrst] ‹-en, -en› *m* prince; ▶ **du lebst wie ein ~** you live like a lord.

Für·sten·tum *n* principality; **Für·stin** *f* princess; **fürst·lich** *adj* **1.** princely; **2.** *fig (üppig)* lavish.

Furt [fʊrt] ‹-, -en› *f* ford.

Fu·run·kel [fu'rʊŋkəl] ‹-s, -› *m med* boil.

Furz [fʊrts, *pl* 'fʏrtsə] ‹-es, ⸚e› *m vulg* fart; ▶ **e-n ~ lassen** *vulg* let off a fart.

fur·zen *itr vulg* fart.

Fu·sel ['fu:zəl] ‹-s, -› *m fam pej Br* gutrot, *Am* hooch.

Fu·si·on [fu'zjo:n] *f* **1.** *phys chem a. fig* fusion; **2.** *com* merger.

fu·sio·nie·ren *itr a. com* merge (*mit* with).

Fu·si·ons·re·ak·tor *m phys* fusion reactor.

Fuß [fu:s, *pl* 'fy:sə] ‹-es, ⸚e› *m* **1.** *anat (a. Längenmaß)* foot (*pl* feet); **2.** *(e-s Gegenstandes)* base; *(e-s Gebirges)* foot; *(an Stuhl, Tisch)* leg; **3.** *(Vers~)* foot; ▶ **mit beiden ⸚en auf der Erde stehen** *fig* have both feet firmly on the ground; **~ fassen** *a. fig* establish o.s.; **jdm auf den ~ treten** tread on someone's foot; **jdm auf die ⸚e treten** *fig* *fam (ihn vor den Kopf stoßen)* put someone's nose out of joint; **einander auf die ≈e treten** *fig fam (weil zu viele Menschen da sind)* tread on each other's toes; **jdn (etw) mit ≈en treten** kick s.o. (s.th.) about; *fig* trample all over s.o. (s.th.); **kalte ≈e bekommen** *a. fig fam* get cold feet; **auf eigenen ≈en stehen** *fig* stand on one's own two feet; **auf großem ~ leben** live in style; **zu ~** on foot; **jdm (e-r Sache) auf dem ~e folgen** be hot on the heels of s.o. (s.th.); *fig* follow hard on s.o. (s.th.); **mit jdm auf gutem ~e stehen** be on good terms with s.o. *pl*; **jdn auf freien ~ setzen** set s.o. free; **jdm zu ≈en fallen** fall at someone's feet.

Fuß·ab·strei·fer (Fuß·ab·tre·ter) *m* doormat, footscraper.

Fuß·an·gel *f* **1.** mantrap; **2.** *fig (Falle)* catch, trap.

Fuß·bad *n* foot bath.

Fuß·ball *m* **1.** *Br* (association) football, *Am* soccer; **2.** *(der Ball) Br* football, *Am* soccer ball; **Fuß·bal·ler(in)** *m (f) fam* footballer; **Fuß·ball·mann·schaft** *f Br* football team, *Am* soccer team; **Fuß·ball·platz** *m Br* football pitch, *Am* soccer ground; **Fuß·ball·row·dy** *m* football hooligan; **Fuß·ball·spiel** *n Br* football (*Am* soccer) match; **Fuß·ball·spie·ler(in)** *m (f)* footballer; **Fuß·ball·toto** *n* football pools *pl*.

Fuß·bank *f* footstool.

Fuß·bo·den *m* floor; **Fuß·bo·den·be·lag** *m* floor covering.

Fuß·brem·se *f mot* footbrake.

Fus·sel ['fʊsəl] ‹-, -n (-s, -)› *f (m) fam* fluff.

fus·se·lig *adj* fluffy; ► **sich den Mund ~ reden** *fig fam* talk till one is blue in the face.

fu·ßen ['fu:sən] *itr a. fig* be based (*auf* on), rest.

Fuß·en·de *n* bottom-end, foot.

Fuß·gän·ger(in) ['fu:sgɛŋər] *m (f)* pedestrian; **Fuß·gän·ger·in·sel** *f* pedestrian island; **Fuß·gän·ger·über·weg** *m* pedestrian crossing; **Fuß·gän·ger·zo·ne** *f* pedestrian precinct.

Fuß·ge·lenk *n* ankle joint.

fuß·ge·recht *adj* foot-contoured, anatomically correct.

Fuß·no·te *f* footnote.

Fuß·pfle·ge *f* chiropody; **Fuß·pfle·ger(in)** *m (f)* chiropodist.

Fuß·raum *m mot* footwell; **Fuß·schal·tung** *f mot* foot gear control, foot shifter.

Fuß·soh·le *f* sole of the foot; **Fuß·spit·ze** *f* **1.** toes *pl;* **2.** *(von Strumpf)* toe; **Fuß·spur (Fuß·stap·fe)** *f* footprint; ► **in jds Fußstapfen treten** *fig* follow in someone's footsteps; **Fuß·tritt** *m (Stoß)* kick; ► **ich bekam e-n ~** *fig* I was kicked out.

Fuß·volk *n fig:* **das ~** the rank and file.

Fuß·weg *m* **1.** *(Entfernung)* walk; **2.** *(Weg für Fußgänger)* footpath.

futsch [fʊtʃ] *adj fam pred* **1.** *(weg)* gone; **2.** *(kaputt)* bust.

Fut·ter[1] ['fʊtɐ] ‹-s› *n* **1.** *(Nahrung für Tiere)* food; *(Vieh~)* fodder; **2.** *fam (Essen)* grub.

Fut·ter[2] ‹-s, -› *n (Stoff~, Briefumschlag~)* lining; *(Tür~)* casing.

Fut·te·ral [fʊtə'ra:l] ‹-s, -e› *n* case.

fut·tern ['fʊtɐn] *hum fam* **I** *tr* scoff; **II** *itr* stuff o.s.

füt·tern[1] ['fʏtɐn] *tr (mit Nahrung versorgen)* feed.

füt·tern[2] *(mit Pelz)* fur; *(mit Tuch)* line.

Fut·ter·napf *m* bowl; **Fut·ter·neid** *m a. fig* envy *(of s.o.'s possessions etc).*

Füt·te·rung ['fʏtərʊŋ] *f* feeding.

Fu·tur [fu'tu:ɐ] ‹-/-s› *n gram* future (tense).

fu·tu·ri·stisch *adj* futurist(ic).

Fu·tu·ro·lo·gie *f* futurology.

G

G, g [ge:] ‹-, -› *n* G, g; **G-dur** *n mus* G major; **G-moll** *n mus* G minor.

Ga·be ['ga:bə] ‹-, -n› *f* **1.** *(Geschenk)* gift, present; **2.** *(Begabung)* gift, talent; **3.** *(Dosis)* dose.

Ga·bel ['ga:bəl] ‹-, -n› *f* **1.** *(zum Essen)* fork; **2.** *(Deichsel)* shafts *pl;* **ga·bel·för·mig** *adj* forked; **ga·beln** ['ga:bəln] *refl* fork; **Ga·bel·stap·ler** *m* fork-lift truck; **Ga·be·lung** *f* fork.

gackern (k·k) ['gakɐn] *itr* cackle.

gaf·fen ['gafən] *itr* gape (*nach* at); **Gaf·fer** *m* gaper.

Gag [gɛk] ‹-s, -s› *m* gag.

Ga·ge ['ga:ʒə] ‹-, -n› *f theat* fee.

gäh·nen ['gɛ:nən] *itr* yawn.

Ga·la·abend *m* gala evening.

ga·lak·tisch *adj* galactic.

ga·lant [ga'lant] *adj* gallant.

Ga·la·vor·stel·lung *f theat* gala performance.

Ga·la·xis [ga'laksɪs] *f* ‹-, **Galaxien**› *astr* galaxy.

Ga·lee·re [ga'le:rə] ‹-, -n› *f* galley.

Ga·le·rie [galə'ri:] *f* gallery.

Gal·gen ['galgən] ‹-s, -› *m* gallows *pl;* ► **am ~ enden** end on the gallows; **Gal·gen·frist** *f fig, a. hum* reprieve; **Gal·gen·hu·mor** *m* gallows humour.

Gal·le ['galə] ‹-, -n› *f* **1.** *anat (Gallenblase)* gallbladder; **2.** *(~nflüssigkeit)* bile, gall; ► **mir läuft gleich die ~ über!** *fig* I'm beginning to seethe! **Gal·len·bla·se** *f* gallbladder; **Gal·len·ko·lik** *f* gallstone colic; **Gal·len·lei·den** *n:* ► **sie hat ein ~** she has trouble with her gallbladder; **Gal·len·stein** *m* gallstone.

gal·lert·ar·tig ['galɐta:ɐtɪç] *adj* gelatinous, jelly-like.

gal·lisch ['galɪʃ] *adj a. hist* Gallic.

Ga·lopp [ga'lɔp] ‹-s, -s/-e› *m* gallop; ► **im ~** at a gallop; **ga·lop·pie·ren** ‹h *u.* sein› *itr, a. fig* gallop (*auf* at); ► **~de Inflation** galloping inflation.

gal·va·nisch [gal'va:nɪʃ] *adj* galvanic; **Gal·va·ni·sier·an·stalt** *f* electroplating works *pl;* **gal·va·ni·sie·ren** *tr* electroplate.

Ga·ma·sche [ga'maʃə] ‹-, -n› *f* gaiter.

Gam·ma·strah·lung *f phys* gamma radiation.

gam·meln ['gaməln] *itr fam* bum around; **Gamm·ler(in)** *m (f)* loafer, layabout.

Gang [gaŋ, *pl* 'gɛŋə] ‹-s, ⸚e› *m* **1.** *(Spazier~)* stroll, walk; *(Besorgung)* errand; **2.** *(von Personen)* gait; **3.** *(Flur)* hallway; *rail (in Eisenbahnwagen)* corridor; **4.** *(beim Essen)* course; **5.** *mot* gear; ► **etw in ~ halten** keep s.th. moving; **etw in ~ setzen** set s.th. going; **etw ist im ~e** something's up; **in den zweiten Gang schalten** change (*Am* shift) into second; **Gang·art** *f* gait, walk; **gang·bar** *adj* **1.** *(Weg)* passable; **2.** *fig* practicable.

Gän·gel·band *n:* ► **jdn am ~ führen** *fig* spoon-feed s.o.; **gän·geln** ['gɛŋəln] *tr* (*s.* Gängelband).

gän·gig ['gɛŋɪç] *adj* **1.** *com* in demand; **2.** *(gebräuchlich)* current.

Gang·schal·tung *f mot* gears *pl.*

Gang·ster ['gɛŋstɐ] ‹-s, -› *m* gangster.

Gang·way ['gɛŋwɛɪ] ‹-, -s› *f aero* steps *pl; mar* gangway.

Ga·no·ve [ga'no:və] ‹-n, -n› *m fam* crook.

Gans [gans, *pl* 'gɛnzə] ‹-, ⸚e› *f* goose; *pl* geese; **dumme ~!** silly goose!

Gän·se·blüm·chen *n* daisy; **Gän·se·bra·ten** *m* roast goose; **Gän·se·füß·chen** *n pl fam* inverted commas, quotation marks; **Gän·se·haut** *f fig* goose-flesh, goose-pimples; ► **e-e ~ bekommen** get goose-flesh (*od* goose-pimples); **Gän·se·le·ber·pa·ste·te** *f* pâté de foie gras; **Gän·se·marsch** *m:* ► **im ~** in single (*od* Indian) file; **Gän·se·rich** ['gɛnzərɪç] ‹-s, -e› *m* gander; **Gän·se·schmalz** *n* goose-dripping.

ganz [gants] **I** *adj* **1.** *(vollständig)* entire, whole; **2.** *fam (heil)* intact; ► **die ~e Zeit** all the time, the whole time; **das ist e-e ~e Menge** that's quite a lot; **~ deiner Meinung** I quite agree; **~e zehn Tage** all of ten days; **II** *adv* **1.** *(völlig)* quite; **2.** *fam (wirklich)* really; ► **~ und gar nicht** by no means, not at all; **im großen und ~en** on the whole; **das haben Sie ~ und gar mißverstanden** you've misunderstood every bit of it; **~ gewiß!** most certainly! **das ist mir ~ gleich** it's all the same to me; **~ wie Sie meinen** just as you think; **~ wenig** a tiny bit; **Gan·ze** ‹-n› *n* whole; ► **aufs ~e gehen** go all out (for); **Ganz·heit** *f* totality; **ganz·heit·lich** *adj* integrated; **Ganz·heits·me·tho·de** *f päd* **1.** *(Unterricht)* global method; **2.** *(Ganzwortmethode)* "look and say" method.

gänz·lich ['gɛntslɪç] *adv* completely, totally.

Ganz·tags·schu·le *f* whole-day school.

gar[1] [ga:ɐ] *adj (von Speisen)* cooked, done.

gar[2] *adv (sogar)* even; ▶ ~ **nicht** not at all; **es fällt ihm ~ nicht ein, es zu tun** he would not even think of doing it; **er geht fast ~ nicht aus** he hardly ever goes out; ~ **nichts** nothing at all.

Ga·ra·ge [ga'ra:ʒə] ‹-, -n› *f* garage.

Ga·rant [ga'rant] ‹-en, -en› *m* guarantor.

Ga·ran·tie [garan'ti:] *f* guarantee; ▶ **hat dein Fernseher noch ~?** is your TV set still under guarantee? **6 Monate ~ haben** have a 6 month guarantee; **darauf gebe ich dir meine ~** I guarantee (you) that; **ga·ran·tie·ren** *tr* guarantee; ▶ **ich kann nicht dafür ~, daß er gut ist** I can't guarantee he will be any good; **Ga·ran·tie·schein** *m* guarantee.

Gar·aus ['ga:'raʊs] *m:* ▶ **jdm den ~ machen** do s.o. in, finish s.o. off *fam.*

Gar·be ['garbə] ‹-, -n› *f* **1.** *bot* sheaf; **2.** *mil (Feuer~)* burst of fire.

Gar·de ['gardə] ‹-, -n› *f* guard.

Gar·de·ro·be [gardə'ro:bə] ‹-, -en› *f* **1.** *(Kleiderablage)* hall-stand; *(Raum) Br* cloakroom, *Am* checkroom; **2.** *(Kleidung)* wardrobe; ▶ **„für ~ wird nicht gehaftet"** "articles deposited at owner's risk"; **sie bevorzugt sportliche ~** she prefers a sporty style of clothing; **Gar·de·ro·ben·stän·der** *m* hatstand, hall stand.

Gar·di·ne [gar'di:nə] ‹-, -n› *f Br* curtain, *Am* drape; ▶ **die ~n auf-, zuziehen** draw the curtains; **hinter schwedischen ~ sitzen** *fig* be behind bars; **Gar·di·nen·pre·digt** *f fam* ticking-off; **Gar·di·nen·stan·ge** *f* curtain rail.

gä·ren ['gɛ:rən] *irr itr allg* ferment; ▶ **es gärt** *fig* s.th. is brewing.

Garn [garn] ‹-(e)s, -e› *n* thread; *(Woll~)* yarn.

Gar·ne·le [gar'ne:lə] ‹-, -n› *f* shrimp.

gar·nie·ren [gar'ni:rən] *tr (Speisen)* garnish.

Gar·ni·son [garni'zo:n] ‹-, -en› *f* garrison.

Gar·ni·tur [garni'tu:ɐ] *f (Satz)* set; ▶ **erste ~** *fig* top rank; **zweite ~** second rank.

Garn·knäu·el *n* ball of thread (*od* yarn); **Garn·rol·le** *f* spool (*od* reel).

gar·stig ['garstɪç] *adj* **1.** *(häßlich)* ugly; **2.** *(gemein)* mean; ▶ **~es Wetter** foul (*od* nasty) weather.

Gar·ten ['gartən, *pl* 'gɛrtən] ‹-s, ⸚n› *m* garden; ▶ **e-n ~ anlegen** lay out a garden; **Gar·ten·ar·beit** *f* gardening; **Gar·ten·ar·chi·tekt(in)** *m (f)* landscape gardener; **Gar·ten·bau** ‹-(e)s› *m* horticulture; **Gar·ten·fest** *n* garden-party; **Gar·ten·ge·rät** *n* gardening tools *pl;* **Gar·ten·haus** *n* **1.** *(Gartenlaube)* summer house; **2.** *(Geräteschuppen)* garden shed; **Gar·ten·lau·be** *f* arbour, bower; **Gar·ten·lo·kal** *n* garden café; **Gar·ten·mö·bel** pl garden furniture; **Gar·ten·sche·re** *f* pruning shears *pl;* **Gar·ten·stadt** *f* garden city; **Gar·ten·tor** *f* garden gate; **Gar·ten·zaun** *m* garden fence.

Gärt·ner(in) *m (f)* gardener; **Gärt·ne·rei** [gɛrtnə'raɪ] *f* market garden.

Gä·rung ['gɛ:rʊŋ] *f* fermentation.

Gas [ga:s] ‹-es, -e› *n* gas; ▶ **~ geben** *mot* accelerate, step on the gas; *(im Leerlauf)* rev up; **~ wegnehmen** *mot* decelerate; **das ~ andrehen** turn on the gas; **Gas·bren·ner** *m tech* gas burner; **Gas·feu·er·zeug** *n* gas-lighter; **Gas·fla·sche** *f* gas canister; **gas·för·mig** *adj* gaseous; **Gas·hahn** *m* gas-tap; **Gas·he·bel** *m mot* throttle; **Gas·hei·zung** *f* gas heating; **Gas·herd** *m* gas cooker (*od* stove); **Gas·kam·mer** *f* gas chamber; **Gas·ko·cher** *m* camping stove; **Gas·la·ter·ne** *f* gas lamp; **Gas·lei·tung** *f* gas pipe; **Gas·mann** *m* gasman; **Gas·mas·ke** *f* gasmask; **Ga·so·lin** [gazo'li:n] ‹-s› *n* petroleum ether; **Gas·pe·dal** *n Br* accelerator, *Am* gas pedal; **Gas·pi·sto·le** *f* gas-pistol.

Gas·se ['gasə] ‹-, -n› *f* lane; ▶ **e-e ~ für jdn bilden** clear a path for s.o.; **Gas·sen·jun·ge** *m pej* street urchin.

Gast [gast, *pl* 'gɛstə] ‹-es, ⸚e› *m* **1.** *allg* guest; **2.** *(Kunde)* customer; ▶ **bei jdm zu ~ sein** be someone's guest; **Gast·ar·bei·ter(in)** *m (f)* foreign worker.

Gä·ste·buch *n* visitors' book.

gast·freund·lich *adj* hospitable; **Gast·freund·schaft** *f* hospitality; **Gast·ge·ber(in)** *m (f)* host (hostess); **Gast·haus** *n* inn; **Gast·hö·rer(in)** *m (f) (an Universität) Br* observer, *Am* auditor; **ga·stie·ren** *itr theat* guest; **Gast·land** *n* host country; **gast·lich** *adj* hospitable; **Gast·mann·schaft** *f sport* visiting side (*od* team).

Ga·stro·no·mie ‹-› *f* gastronomy; **ga·stro·no·misch** *adj* gastronomic(al).

Gast·spiel *n theat* guest performance; **Gast·stät·te** *f* restaurant; **Gast·stu·be** *f* lounge; **Gast·wirt(in)** *m (f)* innkeeper; **Gast·wirt·schaft** *f* inn; **Gast·zim·mer** *n* guest room.

Gas·ver·flüs·si·gung *f* gas liquefaction; **Gas·ver·gif·tung** *f* gas poisoning; **Gas·wol·ke** *f* gas cloud; **Gas·zäh·ler** *m* gas meter.

GATT ‹-s› *n pol Abk von* **General Agreement on Tariffs and Trade (Allgemeines Zoll- und Handelsabkommen)** GATT.

Gat·te ['gatə] ‹-n, -n› *m (gehoben)* husband.

Gat·ter ['gatɐ] ‹-s, -› *n* trellis; *(Eisen~)* grating.

Gat·tin ['gatɪn] *f (gehoben)* wife.

Gat·tung ['gatʊŋ] *f (Art)* kind, sort; *bot* genus; *zoo* species.

Gau, GAU ‹-s, -s› *m (bei Atomreaktor) Abk von* **größter anzunehmender Unfall** nuclear catastrophe, MCA.

Gau·di ['gaʊdi] ‹-, -s› *f fam* fun.

Gau·ke·lei [gaʊkə'laɪ] *f* trickery; **Gaukler** *m* travelling entertainer.

Gaul [gaʊl, *pl* 'gɔɪlə] ‹-(e)s, ⸚e› *m fam* nag.

Gau·men ['gaʊmən] ‹-s, -› *m* palate; ▶ **e-n empfindlichen ~ haben** *fig* have a delicate palate.

Gau·ner ['gaʊnɐ] ‹-s, -› *m* **1.** *(Schwindler)* crook, spiv; **2.** *fam (Schlaukopf)* sly customer; **Gau·ne·rei** *f* cheating, swindling.

Ga·ze ['ga:zə] ‹-, -n› *f* gauze.

Ga·zel·le [ga'tsɛlə] ‹-, -n› *f* gazelle.

Ge·bäck [gə'bɛk] ‹-(e)s› *n* pastries *pl.*

Ge·bälk [gə'bɛlk] ‹-(e)s› *n* timberwork.

ge·ballt *adj* concentrated; ▶ **~e Ladung (Dynamit)** *a. fig* concentrated charge (of dynamite).

Ge·bär·de [gə'bɛ:ɐdə] ‹-, -n› *f* gesture.

ge·bär·den *refl* behave, conduct o.s.

Ge·bär·den·spra·che *f* (use of) gestures, sign language.

ge·bä·ren [gə'bɛ:rən] *irr tr* give birth to; **Ge·bär·mut·ter** *f anat* uterus, womb.

ge·bauch·pin·selt [gə'baʊxpɪnzəlt] *adj fam:* ▶ **sich ~ fühlen** be tickled to death.

Ge·bäu·de [gə'bɔɪdə] ‹-s, -› *n* **1.** *allg* building; **2.** *fig* construct; **Ge·bäu·de·kom·plex** *m* (building) complex.

Ge·beine *n pl (Skelett)* remains *pl.*

Ge·bell [gə'bɛl] ‹-(e)s› *n* barking.

ge·ben ['ge:bən] *irr tr* **1.** *allg* give; **2.** *theat (aufführen)* put on; **3.** *(Karten ~)* deal; ▶ **sich etw ~ lassen** ask s.o. for s.th.; **gib's her!** give it to me! **was gibt's?** what's the matter? **wann gibt's was zu essen?** when are we going to get s.th. to eat? **das gibt's doch nicht!** that can't be true! **geben Sie mir bitte ...** *tele* can I speak to ... please? **er gibt Englisch** *fam* he teaches English; **wer gibt?** *(beim Kartenspiel)* whose deal is it? **das wird sich ~** it'll all work out; **sich mit etw zufrieden ~** be content with s.th.

Ge·bet ‹-(e)s, -e› *n* prayer.

Ge·biet [gə'bi:t] ‹-(e)s, -e› *n* **1.** *allg* area, region; **2.** *fig (Arbeits~)* field.

ge·bie·ten [gə'bi:tən] *irr tr:* ▶ **e-r Sache Einhalt ~** halt (*od* stop) s.th.

Ge·bie·ter(in) *m (f)* lord, master (mistress); **ge·bie·te·risch** *adj* **1.** *(befehlend)* imperious; **2.** *(entschieden)* peremptory.

Ge·biets·lei·ter(in) *m (f)* area manager (manageress).

Ge·bil·de [gə'bɪldə] ‹-s, -› *n* **1.** *(Ding)* object; **2.** *(Konstruktion)* construction.

ge·bil·det *adj* educated; *(kultiviert)* cultured.

Ge·bin·de [gə'bɪndə] ‹-s, -› *n (Blumen~)* arrangement.

Ge·bir·ge [gə'bɪrgə] ‹-s, -› *n* mountains *pl,* mountain chain; **ge·bir·gig** *adj* mountainous; **Ge·birgs·stra·ße** *f* mountain road; **Ge·birgs·zug** *m* mountain range.

Ge·biß [gə'bɪs] ‹-sses, -sse› *n* **1.** *(Zähne)* teeth; **2.** *(künstliches)* dentures.

ge·blümt [gə'bly:mt] *adj allg* flowered; *(Muster)* floral.

ge·bo·gen [gə'bo:gən] *adj* bent.

ge·bo·ren [gə'bo:rən] *adj* born; ▶ **ich wurde 1964 ~** I was born in 1964; **taub ~ sein** be born deaf; **er ist der ~e Lehrer** he is a born teacher; **Maria Braun ~e** (*od* **geb.**) **Schmidt** Maria Braun, née Schmidt.

ge·bor·gen [gə'bɔrgən] *adj* safe, secure.

Ge·bot [gə'bo:t] ‹-(e)s, -e› *n* **1.** *Gesetz* law; **2.** *(Vorschrift)* rule; **3.** *(Grundsatz)* precept; **4.** *(Auktionsangebot)* bid(ding); ▶ **höchstes ~** highest bid; **ein ~ machen** make a bid; **die Zehn ~e** the Ten Commandments *pl;* **ge·bo·ten** *adj* advisable; ▶ **dringend ~** imperative; **Ge·bots·schild** *n* mandatory sign.

Ge·brauch [gə'braʊx, *pl* gə'brɔɪçə] ‹-(e)s, (⸚e)› *m* **1.** *(Anwendung)* use; **2.** *(Gepflogenheit)* custom; ▶ **von etw ~ machen** make use of s.th.; **in ~ sein** be used; **ge·brau·chen** *tr* **1.** *(benutzen)* use; **2.** *(anwenden)* apply; y**das ist nicht mehr zu ~** that's useless; **das kann ich gut ~** that'll come in handy; **ich könnte jetzt e-n Cognac ~** I could do with a cognac now.

ge·bräuch·lich [gə'brɔɪçlɪç] *adj* **1.** *(üblich)* customary; **2.** *(gewöhnlich)* common; ▶ **nicht mehr ~** no longer used.

Ge·brauchs·an·wei·sung *f* directions for use, instructions *pl;* **Ge·brauchs·ar·ti·kel** *m* article of everyday use; **ge·brauchs·fer·tig** *adj* ready for use; **Ge·brauchs·ge·gen·stand** *m* basic commodity; **ge·braucht** *adj* used; **etw ~ kaufen** buy s.th. second-hand; **Ge·braucht·wa·gen** *m* second-hand (*od* used) car.

Ge·bre·chen [gə'brɛçən] ‹-s, -› *n* affliction; **ge·brech·lich** *adj* infirm; ▶ **alt und ~** old and infirm; **Ge·brech·lich·keit** *f* infirmity.

ge·bro·chen [gə'brɔxən] *adj a. fig* broken; ▶ **in ~em Englisch** in broken English.

Ge·brü·der [gə'bry:dɐ] *pl* brothers.

Ge·brüll [gə'brʏl] ‹-(e)s› *n (Menschen)* yelling; *(Rinder)* bellowing, *(Löwen)* roaring.

ge·bückt *adv:* ▶ **~ gehen** stoop.

Ge·bühr [gə'by:ɐ] ‹-, -en› *f* charge; *(Bei-*

trag) fee; *(Straßenbenutzungs~)*; ► **gegen e-e geringe ~** on payment of a small fee; **ge·büh·ren** [gə'by:rən] *itr:* ► **wie es sich gebührt** as it is (right and) proper; **ge·büh·rend** *adj* due; **Ge·büh·ren·ein·heit** *f tele* unit; **Ge·büh·ren·er·hö·hung** *f* increase in charges; **Ge·büh·ren·er·mä·ßi·gung** *f* reduction of fees; **ge·büh·ren·frei** *adj* free of charge; **ge·büh·ren·pflich·tig** *adj* chargeable; ► **~e Autobahn** *Br* toll road, *Am* turnpike; **~e Verwarnung** fine; **Ge·büh·ren·zäh·ler** *m* meter.

ge·bun·den [gə'bʊndən] *adj allg* bound; *(fest~)* tied (*an* to); ► **vertraglich ~ sein** be bound by contract.

Ge·burt [gə'bu:ɐt] ‹-, -en› *f* birth; ► **von ~** by birth; **Ge·bur·ten·an·stieg** *m* rising birth rate; **Ge·bur·ten·kon·trol·le** *f* birth-control; **Ge·bur·ten·rück·gang** *m* drop in the birthrate; **ge·bur·ten·schwach** *adj (Jahrgang)* with a low birth rate; **Ge·bur·ten·über·schuß** *m* excess of births over deaths; **Ge·bur·ten·zif·fer** *f* birthrate.

ge·bür·tig [gə'bʏrtɪç] *adj* born (*aus* in); ► **er ist ~er Ire** he is Irish-born.

Ge·burts·an·zei·ge *f* birth notice; **Ge·burts·da·tum** *n* date of birth; **Ge·burts·jahr** *n* year of birth; **Ge·burts·ort** *m* birth place; **Ge·burts·tag** *m* birthday; ► **herzlichen Glückwunsch zum ~** many happy birthday; **Ge·burts·urkun·de** *f* birth certificate; **Ge·burts·we·hen** *f pl* **1.** *allg* labour pains; **2.** *fig* birth pangs.

Ge·büsch [gə'bʏʃ] ‹-es, -e› *n* bushes *pl.*

ge·dacht [gə'daxt] *adj (imaginär)* imaginary.

Ge·dächt·nis [gə'dɛçtnɪs] *n* memory; ► **sich etw ins ~ zurückrufen** recall s.th.; **zum ~ von ...** in memory of ...; **Ge·dächt·nis·hil·fe** *f* aide-memoire, memory aid; **Ge·dächt·nis·lücke (k·k)** *f* gap in one's memory; **Ge·dächt·nis·schwund** *m* loss of memory, failing memory; **Ge·dächt·nis·stö·rung** *f* dysmnesia.

ge·dämpft *adj* **1.** *(Schall)* muffled; **2.** *(Schwingung)* damped; **3.** *fig (gedrückt)* subdued.

Ge·dan·ke [gə'daŋkə] ‹-ns, -n› *m* **1.** thought; **2.** *(Idee)* idea; ► **sich über etw ~n machen** think about s.th.; **das bringt mich auf e-n guten ~** that gives me a good idea; **sich ~n machen** worry; **auf andere ~n kommen** be distracted; **ich kann doch nicht ~n lesen!** I'm not a mind-reader! **ich mache mir so meine ~n** I've got my ideas; **mir schwebt der ~ vor ...** I'm toying with the idea ..; **Ge·dan·ken·aus·tausch** *m* exchange of ideas; **Ge·dan·ken·gang** *m* train of thought; **ge·dan·ken·los** *adj* **1.** *(rücksichtslos)* thoughtless; **2.** *(zerstreut)* absent-minded; **Ge·dan·ken·lo·sig·keit** *f* **1.** *(Rücksichtslosigkeit)* thoughtlessness; **2.** *(Zerstreutheit)* absentmindedness; **Ge·dan·ken·strich** *m* dash; **Ge·dan·ken·über·tra·gung** *f* telepathy.

ge·dank·lich *adj* intellectual.

Ge·där·me [gə'dɛrmə] *pl* intestines.

Ge·deck [gə'dɛk] ‹-(e)s, -e› *n:* ► **ein ~ auflegen** lay a place.

ge·dei·hen [gə'daɪən]‹sein› *irr itr* prosper, thrive; ► **die Angelegenheit ist soweit gediehen** the affair has now reached such a point; **wie weit sind die Verhandlungen gediehen?** how far have the negotiations progressed?

ge·den·ken *irr itr* **1.** *(denken an):* ► **jds ~** think of s.o.; **2.** *(beabsichtigen):* ► **~, etw zu tun** propose to do s.th.; **Ge·denk·fei·er** *f* commemoration; **Ge·denk·mi·nu·te** *f* minute's silence; **Ge·denk·ta·fel** *f* commemorative plaque; **Ge·denk·tag** *m* remembrance day.

Ge·dicht [gə'dɪçt] ‹-(e)s, -e› *n* poem; **Ge·dicht·samm·lung** *f* anthology.

ge·die·gen [gə'di:gən] *adj* **1.** *min* genuine, pure; **2.** *fig (echt, lauter)* solid, true; **3.** *fig (gründlich)* sound.

Ge·drän·ge [gə'drɛŋə] ‹-s› *n* **1.** *(Menschenmenge)* crowd; **2.** *(Drängelei)* jostling; ► **ins ~ geraten** *fig* get into a fix; **ge·drängt** *adj* **1.** *(räumlich)* packed; **2.** *fig (Stil)* concise; ► **~ voll** crowded.

ge·drückt *adj fig* depressed.

ge·drun·gen [gə'drʊŋən] *adj (Körperbau)* stout, sturdy.

Ge·duld [gə'dʊlt] ‹-› *f* patience; ► **mit etw die ~ verlieren** lose patience with s.th.; **meine ~ ist erschöpft!** I've been patient long enough! **ge·dul·den** *refl* have patience; **ge·dul·dig** *adj* patient; **Ge·dulds·pro·be** *f* trial of (one's) patience.

ge·dun·sen [gə'dʊnzən] *adj* bloated.

ge·ehrt [gə'e:ɐt] *adj (geschätzt)* esteemed; ► **sehr ~e Damen und Herren!** Ladies and Gentlemen!

ge·eig·net [gə'aɪgnət] *adj* suitable; ► **er ist nicht die ~e Person** he is not the right person; **~e Maßnahmen ergreifen** take appropriate action *sing;* **im ~en Augenblick** at the right moment.

Ge·fahr [gə'fa:ɐ] ‹-, -en› *f* **1.** *allg* danger; **2.** *(Risiko)* risk; ► **in ~ schweben** be in danger; **außer ~ sein** be out of danger; **es besteht die ~, daß ...** there is the danger that ...; **auf eigene ~** at one's own risk; **~ laufen, etw zu tun** run the risk of doing s.th.; **ge·fähr·den** [gə'fɛ:ɐdən] *tr* endanger; **Ge·fah·ren·quel·le** *f* source of danger; **Ge·fah·ren·zo·ne** *f* danger area; **Ge·fah·ren-**

zu·la·ge *f* danger money; **Ge·fahr·gut** *n* dangerous goods *pl;* **Ge·fahr·gut·trans·port** *m* transport of dangerous goods; **ge·fähr·lich** [gəfɛːɐlɪç] *adj* dangerous; **Ge·fähr·lich·keit** *f* dangerousness; **ge·fahr·los** *adj* safe.

Ge·fähr·te (Ge·fähr·tin) [gəˈfɛːɐtə] ⟨-n, -n⟩ *m (f)* companion.

Ge·fäl·le [gəˈfɛlə] ⟨-s, -⟩ *n* **1.** *(Abhang)* slope; *(Fluß~)* fall; **2.** *fig* difference.

ge·fal·len *irr itr* please; ▶ **es gefällt mir** I like it; **sich etw ~ lassen** put up with s.th.; **e-e solche Frechheit lasse ich mir nicht ~!** I'm not going to stand for that kind of cheek! **wie hat ihm der Film ~?** how did he enjoy the picture? **das lasse ich mir (schon eher) ~** that's more like it.

ge·fal·len *adj mil* killed in action.

Ge·fal·len¹ ⟨-s, -⟩ *m* favour; ▶ **jdm e-n ~ tun** do s.o. a favour; **jdn um e-n ~ bitten** ask a favour of s.o.

Ge·fal·len² ⟨-s⟩ *n (Vergnügen):* ▶ **an etw ~ finden** delight in s.th., get pleasure from s.th.

Ge·fal·le·ne(r) *f m mil:* ▶ **die ~n** *pl* those killed in action.

ge·fäl·lig [gəˈfɛlɪç] *adj* **1.** *(angenehm)* pleasing; **2.** *(hilfsbereit)* helpful; ▶ **kann ich Ihnen ~ sein?** can I help you? **noch ein Bier ~?** another beer? **Ge·fäl·lig·keit** *f* **1.** *(Gefallen)* favour; **2.** *(Hilfsbereitschaft)* helpfulness; ▶ **aus ~** as a favour; ▶ **jdm e-e ~ erweisen** do s.o. a good turn; **darf ich Sie um e-e ~ bitten?** may I ask a favour of you?

ge·fäl·ligst *adv* kindly; ▶ **mach ~ die Tür zu!** *sl* shut the bloody door! *sl.*

ge·fan·gen *adj* captured; **Ge·fan·ge·ne(r)** *f m* prisoner; **ge·fang·en|hal·ten** *irr tr* keep prisoner; **Ge·fan·gen·nah·me** *f* capture; *(Verhaftung)* arrest; ▶ **bei s-r ~** on his arrest; **Ge·fan·gen·schaft** *f* captivity; ▶ **in ~ geraten** be taken prisoner.

Ge·fäng·nis [gəˈfɛŋnɪs] *n* **1.** *(Ort)* jail, prison; **2.** *(Strafe)* imprisonment; ▶ **ins ~ kommen** be sent to prison; **darauf steht ~** that's punishable by imprisonment; **Ge·fäng·nis·di·rek·tor(in)** *m (f) Br* governor, *Am* warden; **Ge·fäng·nis·stra·fe** *f* prison sentence; **Ge·fäng·nis·wär·ter(in)** *m (f)* warder (wardress).

Ge·fäß [gəˈfɛːs] ⟨-es, -e⟩ *n* **1.** *(Behälter)* container, receptacle; **2.** *anat bot* vessel.

ge·faßt *adj* calm, composed; ▶ **du kannst dich auf was ~ machen!** *fam* I'll give you s.th. to think about! **ich bin auf das Schlimmste ~** I'm prepared for the worst.

Ge·fecht [gəˈfɛçt] ⟨-(e)s, -e⟩ *n* encounter; *(Schlacht)* battle; ▶ **außer ~ setzen** *a. fig* put out of action; **Ge·fechts·kopf** *m mil* warhead; **Ge·fechts·stand** *m* command post.

ge·feit [gəˈfaɪt] *adj:* ▶ **gegen etw ~ sein** be immune to s.th.

Ge·fie·der [gəˈfiːdɐ] ⟨-s, -⟩ *n* feathers *pl;* **ge·fie·dert** *adj* **1.** *zoo* feathered; **2.** *bot* pinnate.

Ge·flecht [gəˈflɛçt] ⟨-(e)s, -e⟩ *n* **1.** *allg* network; *(aus Weiden)* wickerwork; **2.** *anat* plexus.

ge·fleckt *adj* spotted.

ge·flis·sent·lich [gəˈflɪsəntlɪç] *adj (absichtlich)* intentional.

Ge·flü·gel ⟨-s⟩ *n* poultry; **Ge·flü·gel·sa·lat** *m* chicken salad; **Ge·flü·gel·sche·re** *f* poultry shears *pl.*

ge·flü·gelt *adj* winged; ▶ **~e Worte** familiar quotations.

Ge·flü·ster [gəˈflʏstɐ] ⟨-s⟩ *n* whispering.

Ge·fol·ge ⟨-s, -⟩ *n* retinue; **Ge·folg·schaft** *f* following.

ge·frä·ßig [gəˈfrɛːsɪç] *adj* gluttonous; **Ge·frä·ßig·keit** *f* gluttony.

Ge·frei·te [gəˈfraɪtə] *m Br* lance corporal, *Am* private first class.

ge·frie·ren ⟨sein⟩ *irr itr* freeze; **Ge·frier·fach** *n* freezing compartment; **Ge·frier·fleisch** *n* frozen meat; **ge·frier·ge·trock·net** *adj* freeze-dried; **Ge·frier·punkt** *m* freezing point; ▶ **unter dem ~** below zero; **Ge·frier·schrank** *m* (upright) freezer; **Ge·frier·tru·he** *f* deep freeze, freezer; **Ge·frier·vor·rich·tung** *f* freezer.

ge·fro·ren [gəˈfroːrən] *adj* frozen.

Ge·fü·ge [gəˈfyːgə] ⟨-s, -⟩ *n* structure.

ge·fü·gig *adj* submissive; ▶ **jdn ~ machen** make s.o. bend to one's will.

Ge·fühl [gəˈfyːl] ⟨-(e)s, -e⟩ *n* feeling; ▶ **das ist das höchste der ~e** *fam* that's the best I can do for you; **jds ~e erwidern** return someone's affection; **ein ~ für Gerechtigkeit** a sense of justice; **etw im ~ haben** have a feel for s.th.; **ge·fühl·los** *adj* **1.** *(herzlos)* unfeeling; **2.** *(Körperteil)* numb; **Ge·fühl·lo·sig·keit** *f* unfeelingness; **Ge·fühls·aus·bruch** *m* emotional outburst; **ge·fühls·be·tont** *adj* emotional; **Ge·fühls·du·se·lei** [gəˈfyːlsduzəˈlaɪ] *f fam pej* mawkishness; **Ge·fühls·käl·te** *f* coldness; **ge·fühls·mä·ßig** *adj* instinctive; **ge·fühl·voll** *adj* sensitive.

ge·füllt *adj (Speise: mit Füllung)* stuffed.

ge·ge·be·nen·falls *adv* (*Abk* ggf) if need be.

ge·gen [ˈgeːgən] *prp* **1.** *(Gegenteil von: für)* against; **2.** *(an)* against; **3.** *(etwa)* around; **4.** *(etwa: zeitlich)* towards; **5.** *(statt)* for; ▶ **~ etw sein** be against s.th.; **~ bar** for cash; **gut ~ Kopfschmerzen** good for headaches; **~ die Tür schlagen** hammer on the door; **Ge·gen·ar·gu·ment** *n* counter-argument; **Ge-**

gen·an·griff *m* counterattack; **Ge·gen·be·weis** *m:* ▶ **den ~ antreten** produce evidence to counter s.th.

Ge·gend ['ge:gənt] ⟨-, -en⟩ *f* area; ▶ **ungefähr in dieser ~** somewhere round here.

Ge·gen·dar·stel·lung *f* contradiction, denial; **Ge·gen·de·mon·strant(in)** *m (f)* counterdemonstrator.

ge·gen·ein·an·der *adv* against one another; ▶ **~ halten** compare.

Ge·gen·fahr·bahn *f* oncoming carriageway; **Ge·gen·fra·ge** *f* counter-question; **Ge·gen·ge·wicht** *n:* ▶ **das ~ halten** counterbalance; **Ge·gen·gift** *n* antidote (*gegen* to); **Ge·gen·kan·di·dat(in)** *m (f)* rival candidate; **Ge·gen·lei·stung** *f* service in return; ▶ **als ~ für** in return for; **Ge·gen·licht·auf·nah·me** *f phot* contre-jour shot; **Ge·gen·lie·be** *f:* ▶ **mein Vorschlag fand keine ~** my proposal met with no approval; **Ge·gen·maß·nah·me** *f* countermeasure; **Ge·gen·pro·be** *f* cross-check; ▶ **die ~ zu etw machen** cross-check s.th.; **Ge·gen·re·for·ma·tion** *f hist* Counter-Reformation; **Ge·gen·satz** *m* contrast; ▶ **im ~ zu ...** in contrast to ...; **⸚e** *(Streitigkeiten)* differences; **im ~ zu etw stehen** conflict with s.th.; **ge·gen·sätz·lich** ['--zɛtslɪç] *adj* contrasting; ▶ **~e Meinung** different view; **Ge·gen·schlag** *m mil* reprisal; ▶ **e-n ~ führen** strike back; **Ge·gen·sei·te** *f* other side; **ge·gen·sei·tig** ['ge:gənzaɪtɪç] *adj* mutual, reciprocal; **Ge·gen·sei·tig·keit** *f:* ▶ **das beruht auf ~** the feeling is mutual; **Ge·gen·spie·ler(in)** *m (f)* opponent; **Ge·gen·spio·na·ge** *f* counterespionage; **Ge·gen·sprech·an·la·ge** *f* intercom.

Ge·gen·stand *m* **1.** *(Ding)* object, thing; **2.** *fig (als Thema)* subject, topic; **ge·gen·stands·los** *adj* irrelevant; *(unbegründet)* unfounded; ▶ **etw als ~ betrachten** disregard s.th.

Ge·gen·stim·me *f* vote against; **Ge·gen·stoß** *m a. mil* counterattack; **Ge·gen·strö·mung** *f* countercurrent; *(Unterströmung)* undertow; **Ge·gen·stück** *n* counterpart; **Ge·gen·teil** ⟨-s⟩ *n* opposite; ▶ **im ~!** on the contrary; **ins ~ umschlagen** swing to the other extreme; **ganz im ~!** quite the reverse! **ge·gen·tei·lig** *adj* opposite.

Ge·gen·über [--'--] ⟨-s, -⟩ *n:* ▶ **jds ~** person opposite to s.o; **ge·gen·über** [gegən'y:bɐ] **I** *adv* opposite; **II** *prp (in Bezug auf)* as regards, with regard to; ▶ **mir ~ ist sie immer höflich** she is always polite to me; **ge·gen·über·lie·gend** *adj* opposite; **ge·gen·über|ste·hen** *irr itr* stand opposite; **ge·gen·über|stel·len** *tr* **1.** *(Person)* confront; **2.** *(vergleichen)* compare; **Ge·gen·über·stel·lung** *f* **1.** *(von Person)* confrontation; **2.** *(Vergleich)* comparison.

Ge·gen·ver·kehr *m* oncoming traffic; **Ge·gen·vor·schlag** *m* counter-proposal.

Ge·gen·wart ['ge:gənvart] ⟨-⟩ *f* **1.** *(Anwesenheit)* presence; **2.** *(Jetztzeit)* present; **ge·gen·wär·tig** ['ge:gənvɛrtɪç] **I** *adj* present; **II** *adv (zur Zeit)* at present; **Ge·gen·wehr** *f* resistance; **Ge·gen·wert** *m* equivalent; **Ge·gen·wind** *m* headwind.

ge·gen|zeich·nen *tr* countersign.

Geg·ner(in) ['ge:gnɐ] *m (f)* adversary, opponent; *(Feind)* enemy, foe; **geg·ne·risch** *adj* opposing; *(feindlich)* enemy; **Geg·ner·schaft** *f* **1.** *(Einstellung)* opposition; **2.** *(die Gegner)* opponents *pl.*

Ge·ha·be [gə'ha:bə] ⟨-s⟩ *n pej* affected behaviour.

Ge·halt[1] [gə'halt, *pl* gə'hɛltɐ] ⟨-(e)s, ⸚er⟩ *n (Entlohnung)* salary; ▶ **sie hat ein gutes ~** she earns a good salary; **wie hoch ist sein ~?** what is his salary?

Ge·halt[2] ⟨-(e)s, -e⟩ *m (Anteil)* content; **ge·halt·los** *adj* **1.** *(ohne Nährwert)* unnutritious; **2.** *fig (seicht)* empty.

Ge·halts·ab·rech·nung *f* pay slip; **Ge·halts·emp·fän·ger(in)** *m (f)* salary earner; **Ge·halts·er·hö·hung** *f* rise in salary; **Ge·halts·grup·pe** *f* salary group; **Ge·halts·kon·to** *n* current account; **Ge·halts·nach·zah·lung** *f* back-payment; **Ge·halts·zu·la·ge** *f* salary increase.

ge·han·di·kapt [gə'hɛndikɛpt] *adj* handicapped (*durch* by).

ge·häs·sig [gə'hɛsɪç] *adj* spiteful; **Ge·häs·sig·keit** *f* spitefulness.

Ge·häu·se [gə'hɔɪzə] ⟨-s, -⟩ *n* **1.** *tech* case; **2.** *(Obst~)* core.

geh·be·hin·dert ['ge:bəhɪndɐt] *adj:* ▶ **~ sein** have difficulty in walking.

Ge·he·ge [gə'he:gə] ⟨-s, -⟩ *n (Tier~)* enclosure; ▶ **jdm ins ~ kommen** queer someone's pitch *fam.*

ge·heim [gə'haɪm] *adj* secret; ▶ **das bleibt ~** that remains a secret; **etw vor jdm ~ halten** keep s.th. secret from s.o.; **Ge·heim·agent(in)** *m (f)* secret agent; **Ge·heim·dienst** *m* secret service; **Ge·heim·fach** *n* **1.** *(in Schreibtisch etc)* secret drawer; **2.** *(in Wand)* private safe; **ge·heim|hal·ten** *irr tr* keep secret; **Ge·heim·hal·tung** *f* secrecy; ▶ **zur ~ von etw verpflichtet sein** be obliged to keep s.th. a secret.

Ge·heim·nis *n* secret; *(nicht begründbares ~)* mystery; **yein ~ verraten** disclose a secret; **ich habe kein ~ vor dir** I have no secrets *pl* from you; **aus etw kein ~ machen** make no secret of s.th.; **Ge·heim·nis·krä·me·rei** *f* secretiveness; **ge·heim·nis·voll** *adj* mysterious.

Ge·heim·num·mer *f tele* secret number; **Ge·heim·po·li·zei** *f* secret police; **Ge·heim·schrift** *f* code, secret writing; **Ge·heim·tip** *m* quiet tip; **ge·heim|tun** *irr itr fam pej* be secretive; **Ge·heim·tür** *f* secret door; **Ge·heim·zahl** *f* personal identification number (*Abk* PIN).

Ge·heiß [gəˈhaɪs] ‹-es› *n:* ▶ **auf jds ~** at someone's behest.

Ge·hen *n a. sport* walking; ▶ **das Kommen u. ~** the coming and going.

ge·hen [ˈgeːən] ‹sein› *irr itr* **1.** *allg* go; *(zu Fuß)* walk; **2.** *tech* work; *(Uhr)* go, run; **3.** *(Waren)* be selling well; ▶ **schwimmen ~** go swimming; **schlafen ~** go to bed; **über die Straße ~** cross the street; **das geht zu weit** that's going too far; **was geht hier vor?** what's going on here? **wie geht's?** how are you? **es geht** so-so; **das geht doch nicht!** you can't do that! **darum geht es nicht** that's not the point; **wenn es nach mir ginge** if it were up to me; **~ wir!** let's go! **sie ~ miteinander** they are going together; **das will mir nicht in den Kopf ~** I just can't understand it; **es geht nicht** it can't be done, it won't work; **geht es morgen?** will tomorrow be all right? **solange es geht** as long as possible; **worum geht's denn?** what's it about? **es geht nichts über ein gutes Glas Wein** there's nothing better than a good glass of wine; **Ge·her** [ˈgeːɐ] *m sport* walker.

ge·heu·er [gəˈhɔɪɐ] *adj:* ▶ **die Sache ist nicht ~** there's s.th. fishy about it; **es ist mir nicht ganz ~** I feel uneasy about it.

Ge·hil·fe (Ge·hil·fin) [gəˈhɪlfə] *m (f)* assistant.

Ge·hirn [gəˈhɪrn] ‹-(e)s, -e› *n* brain; **Ge·hirn·er·schüt·te·rung** *f* concussion; **Ge·hirn·schlag** *m* stroke; **Ge·hirn·wä·sche** *f fig* brain-washing; ▶ **jdn e-r ~ unterziehen** brainwash s.o.

Ge·höft [gəˈhøːft] ‹-(e)s, -e› *n* farmstead.

Ge·hölz [gəˈhœlts] ‹-es, -e› *n* copse; *(Dickicht)* thicket.

Ge·hör [gəˈhøːɐ] ‹-(e)s› *n* hearing; ▶ **~ finden** gain a hearing; **sich ~ verschaffen** obtain a hearing; **nach dem ~ spielen** play by ear.

ge·hor·chen *itr* obey.

ge·hö·ren *itr* **1.** *(Eigentum sein)* belong to; **2.** *(erfordern)* take; **3.** *(Teil sein von)* be part of; ▶ **dazu gehört schon e-e Portion Unverschämtheit** that takes a lot of cheek; **das gehört nicht hierher** it doesn't go (*od* belong) here; *fig* it's irrelevant here; **du gehörst jetzt zur Familie** now you're one of the family; **das gehört sich einfach nicht** that's just not done; **ge·hö·rig** *adj* **1.** *(gebührend)* proper; **2.** *fam (beträchtlich)* good, sound; ▶ **sie bekamen e-e ~e Tracht Prügel** they got a sound thrashing; **zu etw ~ sein** belong to s.th.

Ge·hör·lo·se(r) *f m* deaf person; **Ge·hör·nerv** *m* auditory nerve.

Ge·hor·sam [gəˈhoːɐzaːm] ‹-s› *m* obedience; **ge·hor·sam** *adj* obedient.

Ge·hör·schutz *m* ear muff (*od* protectors) *pl.*

Ge·hu·pe ‹-s› *n pej* hooting.

Geh·weg ‹-s, -e› *m* **1.** *(Bürgersteig) Br* pavement, *Am* sidewalk; **2.** *(Fußweg)* footpath.

Gei·er [ˈgaɪɐ] ‹-s, -› *m* vulture.

Gei·ge [ˈgaɪgə] ‹-, -n› *f* fiddle, violin; ▶ **die erste ~ spielen** *fig* call the tune; **gei·gen** *itr* fiddle, play the violin; **Gei·ger(in)** *m (f)* fiddler, violinist.

Gei·ger·zäh·ler *m* Geiger counter.

geil [gaɪl] *adj fam a. pej Br* randy, *Am* horny; *fam (toll)* fantastic, brilliant; ▶ **du ~es Schwein!** *vulg* you randy old bastard! **das ist echt ~!** *sl* that's real(ly) groovy!

Gei·sel [ˈgaɪzəl] ‹-s, -n› *f* hostage; ▶ **jdn als ~ nehmen** take s.o. hostage; **Gei·sel·dra·ma** *n* hostage crisis; **Gei·sel·haft** *f* captivity (as hostage); **Gei·sel·nah·me** *f* taking of hostages; **Gei·sel·neh·mer(in)** *m (f)* hostage-taker.

Geiß [gaɪs] ‹-, -en› *f* goat; **Geiß·blatt** *n bot* honeysuckle, woodbine.

Gei·ßel [ˈgaɪsəl] ‹-, -n› *f* scourge; **gei·ßeln** *tr* **1.** whip; *eccl* flagellate; **2.** *fig (kritisieren)* castigate.

Geist [gaɪst] ‹-(e)s, -er/-e› *m* **1.** *(Intellekt)* mind; **2.** *(Gespenst)* ghost; **3.** *(Gesinnung)* spirit; ▶ **etw im ~e vor sich sehen** see s.th. in one's mind's eye; **von allen guten ~ern verlassen sein** have taken leave of one's senses.

Gei·ster·bahn *f* ghost train; **Gei·ster·fah·rer(in)** *m (f)* ghost-driver; *person driving in the wrong direction;* **Gei·ster·glau·be** *m* belief in ghosts; **gei·ster·haft** *adj* ghostly; **Gei·ster·stim·me** *f radio* voice-over; **Gei·ster·stun·de** *f* witching hour.

gei·stes·ab·we·send *adj* absent-minded; **Gei·stes·ab·we·sen·heit** *f* absent-mindedness; **Gei·stes·blitz** *m* brainwave; **Gei·stes·ge·gen·wart** *f* presence of mind; **gei·stes·ge·gen·wär·tig** *adj* quick-witted; **gei·stes·ge·stört** *adj* mentally deranged; ▶ **du bist wohl ~!** *fig fam* you must be out of your mind! **Gei·stes·hal·tung** *f* attitude of mind; **gei·stes·krank** *adj* mentally ill; **Gei·stes·krank·heit** *f* mental illness; **Gei·stes·le·ben** *n* mental life; **gei·stes·ver·wandt** *adj* mentally akin (*mit* to); **Gei·stes·wis·sen·schaf·ten** *f pl* the arts; **Gei·stes·zu·stand** *m* state of mind.

gei·stig ['gaɪstɪç] *adj* **1.** *(intellektuell)* intellectual, mental; **2.** *(seelisch)* spiritual; ▶ ~ **behindert** mentally handicapped; **jds ~e Heimat** someone's spiritual home.

geist·lich ['gaɪstlɪç] *adj* spiritual; **Geist·li·che(r)** *m* clergyman.

geist·los *adj* **1.** *(langweilig)* dull; **2.** *(dumm)* stupid; **3.** *(nichtssagend)* inane; **geist·reich** *adj* witty.

Geiz [gaɪts] ‹-es› *m* meanness; **gei·zen** *itr:* ▶ **mit etw ~** be mean with s.th.; **Geiz·hals (Geiz·kra·gen)** *m* miser, skinflint; **gei·zig** *adj* mean; *(knauserig)* stingy.

Ge·jam·mer [gə'jamɐ] ‹-s› *n* moaning and groaning.

Ge·joh·le [gə'jo:lə] ‹-s› *n* *(Gegröle)* caterwauling; *(Gekreische)* howling.

Ge·ki·cher [gə'kɪçɐ] ‹-s› *n* giggling, tittering.

Ge·kläff [gə'klɛf] ‹-(e)s› *n* yelping.

Ge·klap·per [gə'klapɐ] ‹-s› *n* rattling.

Ge·klin·gel ‹-s› *n* ringing.

Ge·klirr [gə'klɪr] ‹-(e)s› *n* clanking, clinking.

Ge·krit·zel [gə'krɪtsəl] ‹-s› *n* scrawl; *(das Kritzeln)* scribbling.

ge·kün·stelt [gə'kʏnstəlt] *adj* artificial; *(geziert)* affected.

Gel ‹-s, -e› *n* gel.

Ge·läch·ter [gə'lɛçtɐ] ‹-s, -› *n* laughter; ▶ **in ~ ausbrechen** burst out laughing.

ge·lack·mei·ert [gə'lakmaɪɐt] *adj fam:* ▶ **der G~e sein** be the dupe.

ge·la·den *adj* **1.** *el* charged; **2.** *allg* loaded; ▶ ~ **sein** *fig fam* be ratty.

Ge·la·ge [gə'la:gə] ‹-s, -› *n* carouse.

ge·lähmt *adj* paralyzed.

Ge·län·de [gə'lɛndə] ‹-s, -› *n* **1.** *(Grundstück)* grounds *pl;* **2.** *(freies Land)* open country; **Ge·län·de·fahr·zeug** *n* cross-country vehicle; **ge·län·de·gän·gig** *adj* able to go cross-country.

Ge·län·der [gə'lɛndɐ] ‹-s, -› *n* **1.** *(Treppen~)* banisters *pl;* **2.** *(als Begrenzung)* railing.

Ge·län·de·ren·nen *n sport* cross-country race.

Ge·län·der·pfo·sten *m* baluster.

Ge·län·de·wa·gen *m mot* cross-country vehicle.

ge·lan·gen [gə'laŋən] ‹sein› *itr* reach (*zu etw* s.th.); ▶ **ans Ziel ~** *fig* attain one's goal; **zur Überzeugung ~, daß ...** become convinced that ...

ge·las·sen [gə'lasən] *adj* calm; ▶ ~ **bleiben** keep calm; **Ge·las·sen·heit** *f* calmness; *(Fassung)* composure.

ge·läu·fig [gə'lɔɪfɪç] *adj:* ▶ **das ist durchaus ~** that's quite common; **das ist mir ~** I'm familiar with that.

ge·launt [gə'launt] *adj:* ▶ **gut ~** good-tempered, in a good mood; **schlecht ~** bad-tempered, in a bad mood.

Ge·läut(e) [gə'lɔɪt(ə)] ‹-s› *n* ringing.

gelb [gɛlp] *adj* yellow; ▶ **~!** *(bei Verkehrsampel)* amber! **G~e Seiten** *tele (Branchenverzeichnis)* yellow pages; **Gelb·sucht** *f med* jaundice.

Geld [gɛlt] ‹-(e)s, -er› *n* money; ▶ **ins ~ gehen** *fam* cost a pretty penny; **zu ~ machen** sell off; **um ~ spielen** play for money; **~ wie Heu haben** *fam* have money to burn; **etw für sein ~ bekommen** get one's money's worth; **sein ~ wert sein** be good value; **das Fahrrad war wirklich sein ~ wert** I've really had my money's worth out of that bike; **das ist rausgeschmissenes ~!** that's money down the drain! **mit ~ geht alles** money talks; **jdm das ~ aus der Tasche ziehen** squeeze money out of s.o.; **Geld·an·la·ge** *f* investment; **Geld·au·to·mat** *m* *(zum Geldabheben)* cash dispenser, *Am* automatic teller; *(zum Geldwechseln)* change machine; **Geld·au·to·ma·ten·kar·te** *f* cash card; **Geld·be·trag** *m* **1.** *allg* amount of money; **2.** *(angezeigter ~)* cash readout; **Geld·beu·tel** *m* purse; **Geld·bom·be** *f* strongbox; **Geld·ein·wurf** *m* slot; **Geld·ent·wer·tung** *f* currency depreciation; **Geld·ge·ber(in)** *m (f)* financial backer; **geld·gie·rig** *adj* avaricious; **geld·lich** *adj* financial; **Geld·mit·tel** *pl* funds; **Geld·quel·le** *f* source of income; **Geld·schein** *m Br* banknote, *Am* bill; **Geld·schrank** *m* safe; **Geld·spiel·au·to·mat** *m* slot machine; **Geld·stra·fe** *f* fine; **Geld·stück** *n* coin; **Geld·sum·me** *f* sum of money; **Geld·wä·sche** *f* money laundering; **Geld·wechs·ler** *m (Automat)* change machine; **Geld·wert** *m* cash value.

Ge·lee [ʒe'le:] ‹-s, -s› *n* jelly.

ge·le·gen [gə'le:gən] *adj* **1.** *(örtlich) Br* situated, *Am* located; **2.** *(günstig)* opportune; ▶ **es kam mir gerade ~** it came just at the right time; **mir ist nichts daran~** it doesn't matter to me; **Sie kommen mir gerade ~** you are just the man I want to see; **Ge·le·gen·heit** *f* **1.** *(Anlaß)* occasion; **2.** *(günstige ~)* opportunity; ▶ **bei erster ~** at the first opportunity; *com* at one's earliest convenience; **die ~ nutzen, etw zu tun** take the opportunity of doing s.th.; **sobald sich die ~ ergibt** as soon as I get the opportunity; **Ge·le·gen·heits·an·zei·ge** *f* classified advertisement; **Ge·le·gen·heits·ar·beit** *f* casual work; **Ge·le·gen·heits·ar·bei·ter(in)** *m (f)* casual worker; **Ge·le·gen·heits·kauf** *m* bargain; **ge·le·gent·lich I** *adj (zeitweise)* occasional; **II** *adv (hin und wieder)* now and again, occasionally; ▶ **er raucht ~ ganz gern eine Zigarre** he likes an occasional cigar.

ge·leh·rig [gə'le:rɪç] *adj* quick to learn.

ge·lehrt *adj* learned; **Ge·lehr·te(r)** ⟨-n, -n⟩ *f m* scholar.

Ge·leit [gə'laɪt] ⟨-(e)s, -e⟩ *n* **1.** *(Begleitung) a. mil* escort; **2.** *(Grab~)* cortege; ► **freies ~** safe-conduct; **jdm das ~ geben** escort s.o.; **Ge·leit·schutz** *m mil* escort; **Ge·leit·zug** *m mar mil* convoy.

Ge·lenk [gə'lɛnk] ⟨-(e)s, -e⟩ *n* **1.** *anat* joint; **2.** *tech* hinge; **Ge·lenk·bus** *m* articulated bus; **Ge·lenk·ent·zün·dung** *f* arthritis; **ge·len·kig** *adj* **1.** *(geschmeidig)* supple; **2.** *(agil)* agile; **Ge·lenk·rheu·ma·tis·mus** *m* rheumatic fever.

ge·liebt *adj* beloved, dear; **Ge·lieb·te(r)** *f m* lover.

ge·lie·fert *adj:* ► **verdammt, jetzt sind wir ~!** *fam* blast! that's the end!

ge·lind(e) *adj* light, slight; ► **~e gesagt** to put it mildly.

Ge·lin·gen ⟨-s⟩ *n* success; ► **gutes ~!** good luck! **ge·lin·gen** [gə'lɪŋən] ⟨sein⟩ *irr itr* succeed; ► **es gelang mir, es zu tun** I succeeded in doing it.

gel·len ['gɛlən] *itr:* ► **jdm in den Ohren ~** ring in one's ears; **gel·lend** *adj* piercing, shrill.

ge·lo·ben *tr* vow; ► **er hat Stillschweigen gelobt** he is sworn to silence; **Ge·löb·nis** [gə'lø:pnɪs] *n* vow.

gel·ten ['gɛltən] *irr itr* **1.** *allg (Gültigkeit haben)* be valid; **2.** *(~ für)* go for; ► **das lasse ich ~!** I accept that! **das gilt nicht!** *(beim Spiel)* that doesn't count! **das gilt auch für dich!** that goes for you, too! **gel·tend** *adj:* ► **~ machen** assert; **~e Preise** current prices; **~e Meinung** prevailing opinion.

Gel·tung *f* **1.** *(Gültigkeit)* validity; **2.** *(Ansehen)* prestige; ► **~ haben** be valid; **etw zur ~ bringen** show s.th. to advantage; **das Gemälde kommt in diesem Zimmer nicht zur ~** the picture doesn't look good in this room; **sich ~ verschaffen** establish one's position; **Gel·tungs·be·dürf·nis** *n* drive for personal prestige; **Gel·tungs·dau·er** *f* period of validity.

Ge·lüb·de [gə'lʏpdə] ⟨-s, -⟩ *n* vow; ► **ein ~ ablegen** *rel* take a vow.

ge·lun·gen [gə'lʊŋən] *adj* **1.** capital, excellent; **2.** *fig (von Personen)* odd; ► **das war ein ~er Abend** the evening was a success.

ge·mäch·lich [gə'mɛ(:)çlɪç] **I** *adj* unhurried; ► **~e Schritte** unhurried steps; **II** *adv* **1.** *(gemütlich)* leisurely; **2.** *(langsam)* slow; ► **~ gehen** walk at a leisurely pace.

Ge·mahl [gə'ma:l] ⟨-(e)s, (e)⟩ *m* husband; **Ge·mah·lin** *f* wife.

Ge·mäl·de [gə'mɛ:ldə] ⟨-s, -⟩ *n* painting; **Ge·mäl·de·aus·stel·lung** *f* exhibition of paintings; **Ge·mäl·de·ga·le·rie** *f* picture gallery.

Ge·mar·kung [gə'markʊŋ] *f (Ortsteil)* district.

ge·mäß [gə'mɛ:s] **I** *prep* in accordance with; **~ ...** *jur* under ...; **II** *adj (angemessen)* appropriate to.

ge·mä·ßigt [gə'mɛ:sɪçt] *adj* moderate; ► **~es Klima** temperate climate.

Ge·mäu·er [gə'mɔɪɐ] ⟨-s, -⟩ *n* ruins *pl.*

ge·mein [gə'maɪn] *adj* **1.** *(bösartig)* mean, wicked; **2.** *(gemeinsam)* common; ► **das ist e-e ~e Lüge** that's a dirty lie; **sie haben nichts miteinander ~** they have nothing in common; **du ~es Stück!** *fam* you mean thing!

Ge·mein·de [gə'maɪndə] ⟨-, -n⟩ *f* **1.** *(städtische)* community, municipality; **2.** *eccl* parish; **3.** *(Anhängerschaft)* following; **Ge·mein·de·ab·ga·ben** *pl* rates; **Ge·mein·de·haus** *n eccl* parish rooms *pl;* **Ge·mein·de·ord·nung** *f* municipal by-laws *pl;* **Ge·mein·de·rat** *m* **1.** *(Körperschaft)* district council; **2.** *(Person)* district councillor; **Ge·mein·de·schwe·ster** *f* district nurse; **Ge·mein·de·steu·ern** *pl Br* local rates; *(Kopfsteuer)* poll tax; *Am* local taxes; **Ge·mein·de·ver·wal·tung** *f* local authority; **Ge·mein·de·zen·trum** *n* community centre.

ge·mein·ge·fähr·lich *adj* dangerous to the community; **Ge·mein·gut** *n* common property.

Ge·mein·heit *f* **1.** *(Eigenschaft)* meanness; **2.** *(Tat)* dirty trick.

ge·mein·hin *adv* generally; **Ge·mein·nutz** *m* common good; **ge·mein·nüt·zig** *adj* charitable; ► **~er Verein** non-profit-making organization; **ge·mein·sam (ge·mein·schaft·lich) I** *adj* **1.** common; **2.** *(beidseitig)* mutual; ► **mit jdm ~e Sache machen** join up with s.o.; **der G~e Markt** the Common Market; **II** *adv (zusammen)* together; **Ge·mein·schaft** *f* **1.** *(Gemeinde)* community; **2.** *(~sgefühl)* sense of community; **Ge·mein·schafts·an·ten·ne** *f* communal aerial; **Ge·mein·schafts·ar·beit** *f* teamwork; team effort; **Ge·mein·schafts·ge·fühl** *n* sense of community; **Ge·mein·schafts·kun·de** *f* social studies *pl;* **Ge·mein·schafts·pra·xis** *f* group practice; **ge·mein·ver·ständ·lich** *adj:* ► **sich ~ ausdrücken** make o.s. generally understood; **Ge·mein·wohl** *n* public welfare.

Ge·men·ge ⟨-s, -⟩ *n* **1.** *chem (Mischung)* mixture; **2.** *(Menschengewühl)* bustle.

ge·mes·sen *adj:* ► **~en Schrittes** at a measured pace.

Ge·met·zel [gə'mɛtsəl] ⟨-s, -⟩ *n* massacre.

Ge·misch [gə'mɪʃ] ⟨-(e)s, -e⟩ *n allg* mixture.

ge·mischt *adj* mixed.

Gem·me [ˈgɛmə] ‹-, -n› *f* cameo.
Ge·mot·ze ‹-s› *n fam* moaning.
Gem·se [ˈgɛmzə] ‹-, -n› *f* chamois.
Ge·mun·kel ‹-s› *n* **1.** *(Gerücht)* rumours *pl;* **2.** *(Geflüster)* whispers *pl.*
Ge·mur·mel ‹-s› *n* murmuring, muttering.
Ge·mü·se [gəˈmy:zə] ‹-s, -› *n* **1.** *allg* vegetables *pl;* **2.** *fig (verächtlich: junge Dinger)* green young things; **Ge·mü·se·an·bau** *m Br* market gardening, *Am* truck farming; **Ge·mü·se·gar·ten** *m* kitchen garden; **Ge·mü·se·händ·ler** *m* **1.** *(Beruf)* greengrocer; **2.** *(Laden)* greengrocer's.
ge·mu·stert *adj* patterned.
Ge·müt [gəˈmy:t] ‹-(e)s, -er› *n:* ▶ **er hat ein fröhliches ~** he has a happy nature; **sich (etw) zu ~e führen** *hum (zu sich nehmen)* indulge in (. . .); **also, du hast ein ~!** *fam* you're a fine one! **ge·müt·lich** *adj* **1.** *(angenehm, bequem)* comfortable, cosy; *(schnuckelig)* snug; **2.** *(gelassen)* easy-going; ▶ **es sich ~ machen** make o.s. comfortable; **Ge·müt·lich·keit** *f:* **in aller ~** at one's leisure.
Ge·müts·art *f* disposition; **Ge·müts·be·we·gung** *f* emotion; **Ge·müts·mensch** *m:* good-natured person; **Ge·müts·ru·he** *f* composure; **Ge·müts·ver·fas·sung (Ge·müts·zu·stand)** *f (m)* frame of mind.
Gen [ge:n] ‹-s, -e› *n biol* gene; **Gen·bank** *f* gene bank.
ge·nannt [gəˈnant] *adj:* ▶ **der oben G~e** the above-mentioned.
ge·nau [gəˈnaʊ] **I** *adj* **1.** *(exakt)* exact; **2.** *(detailliert)* detailed; **II** *adv* exactly; ▶ **(stimmt) ~!** exactly! **das ist ~ das Wort, nach dem ich gesucht habe** that's just the word I was looking for; **meine Uhr geht ~** my watch keeps accurate time; **paßt ~!** fits perfectly! it's a perfect fit! **ge·nau·ge·nom·men** *adv* strictly speaking; **Ge·nau·ig·keit** *f* exactness.
ge·neh·mi·gen [gəˈne:mɪgən] *tr* **1.** *(amtlich)* approve; **2.** *(gewähren)* grant; **Ge·neh·mi·gung** *f (amtlich)* approval; *(Ermächtigung)* authorization; ▶ **mit ~ von . . .** by permission of . . .; **~ einholen** secure the approval; **~ erteilen** grant a licence; **ge·neh·mi·gungs·pflich·tig** *adj* requiring official approval; **Ge·neh·mi·gungs·ver·fah·ren** *n* approval procedure.
ge·neigt[1] *adj;* inclined, sloping.
ge·neigt[2] *adj* **1.** *(aufgelegt zu)* willing; **2.** *(wohlwollend)* well-disposed.
Ge·ne·ral(in) [genəˈra:l] ‹-s, -e/¨-e› *m (f)* general; **Ge·ne·ral·di·rek·tor(in)** *m (f) Br* chairman (chairwoman), chair, *Am* president; **Ge·ne·ral·in·ten·dant(in)** *m (f) theat* director; **Ge·ne·ral·kon·sul(in)** *m (f)* consul general; **Ge·ne·ral·kon·su·lat** *n* consulate general; **Ge·ne·ral·ma·jor** *m* major general; **Ge·ne·ral·pro·be** *f* dress-rehearsal; **Ge·ne·ral·stab** *m* general staff; **Ge·ne·ral·streik** *m* general strike; **ge·ne·ral·über·ho·len** *tr:* ▶ **~ lassen** have generally overhauled; **Ge·ne·ral·über·ho·lung** *f* thorough going-over; **Ge·ne·ral·un·ter·su·chung** *f med* general check-up; **Ge·ne·ral·ver·samm·lung** *f* general meeting.
Ge·ne·ra·t·ion [genəraˈtsjo:n] *f* generation; **Ge·ne·ra·tions·kon·flikt** *m* generation gap.
Ge·ne·ra·tor [genəˈra:to:ɐ] *m* generator.
ge·ne·rell [genəˈrɛl] *adj* general.
ge·ne·sen [gəˈne:zən] ‹sein› *irr itr* convalesce; **Ge·ne·sung** *f* recovery; ▶ **ich wünsche baldige ~** I wish you a speedy recovery.
Ge·ne·tik [geˈne:tɪk] *f biol* genetics *pl;* **Ge·ne·ti·ker(in)** *f biol* geneticist; **ge·ne·tisch** *adj* genetic.
Genf [gɛnf] ‹-s› *n* Geneva; ▶ **~er See** Lake Geneva, Lake Leman.
Gen·for·scher(in) *m (f)* genetic researcher; **Gen·for·schung** *f* genetic research.
ge·nial [geˈnja:l] *adj* **1.** *(einfallsreich)* ingenious; **2.** *fam (hervorragend)* brilliant; ▶ **das ist e-e ~e Idee!** that's a brilliant idea!
Ge·nick [gəˈnɪk] ‹-(e)s, -e› *n* neck; ▶ **jdm das ~ brechen** break someone's neck; *fig* put paid to s.o.; **Ge·nick·schuß** *m* shot in the neck; **Ge·nick·star·re** *f:* ▶ **~ haben** have a stiff neck.
ge·ni·al *adj* brilliant; **Ge·nia·li·tät** *f* brilliance, genius; **Ge·nie** [ʒeˈni:] ‹-s, -s› *n* genius.
ge·nie·ren [ʒeˈni:rən] *refl* be embarrassed; ▶ **~ Sie sich nicht!** make yourself at home!
ge·nieß·bar *adj* **1.** *(Speisen)* edible; *(Getränke)* drinkable; **2.** *(schmackhaft)* palatable; **ge·nie·ßen** [gəˈni:sən] *irr tr* **1.** *(mit Genuß verzehren)* enjoy; **2.** *(Speise)* eat; *(Getränk)* drink; **Ge·nie·ßer(in)** *m (f)* **1.** *allg* connoisseur; **2.** *(Feinschmecker)* gourmet.
Ge·ni·ta·lien [geniˈta:liən] *pl* genitals.
Ge·ni·tiv [ˈge:niti:f] *m* genitive.
Ge·ni·us [ˈge:niʊs, *pl* ˈge:niən] ‹-, -nien› *m* genius.
ge·normt *adj* standardized.
Ge·nos·se [gəˈnɔsə] ‹-n, -n› *m* **1.** *(Kamerad) Br* mate, *Am* pal; **2.** *pol* comrade; **Ge·nos·sen·schaft** *f* co-operative; **Ge·nos·sen·schafts·bank** *f* co-operative bank.
Gen·tech·nik *f biol* genetic engineering; **Gen·tech·ni·ker(in)** *m (f)* genetic engineer; **gen·tech·nisch** *adj (Fort-*

schritt etc) in genetic engineering; **Gen·tech·no·lo·gie** *f* (*s.* Gentechnik); **Gen·trans·fer** *m* genetic transfer.

ge·nug [gə'nu:k] *adv* enough; ▶ **danke, das ist ~** enough, thank you; **so, jetzt hab' ich aber ~!** I've had enough!

Ge·nü·ge [gə'ny:gə] ‹-› *f:* ▶ **das kenne ich zur ~** I know that well enough; **jdm ~ tun** satisfy s.o.; **ge·nü·gen** *itr* be enough, suffice; ▶ **den Anforderungen ~** fulfil the requirements; **das genügt** that will do; **ge·nü·gend** *adj* **1.** *(ausreichend)* sufficient; **2.** *(befriedigend)* satisfactory; **ge·nüg·sam** *adj* undemanding; **Ge·nüg·sam·keit** *f* simple needs *pl.*

Ge·nug·tu·ung [gə'nu:ktu:ʊŋ] *f* satisfaction; ▶ **für etw ~ leisten** make amends for s.th.; **das hat mir richtig ~ verschafft** that gave me a sense of satisfaction.

Ge·nuß [gə'nʊs, *pl* gə'nʏsə] ‹-sses, ¨-sse› *m* **1.** *(Vergnügen)* pleasure; **2.** *(Verbrauch* consumption; ▶ **in den ~ von etw kommen** enjoy s.th.; **ge·nüß·lich** *adj* pleasureable; **Ge·nuß·mit·tel** *n pl* (semi-)luxury items *pl;* **ge·nuß·süch·tig** *adj* hedonistic; **ge·nuß·voll** *adj* delightful; ▶ **etw ~ trinken** drink s.th. with obvious enjoyment.

Geo·graph(in) ‹-en, -en› *m (f)* geographer; **Geo·gra·phie** [geogra'fi:] *f* geography; **geo·gra·phisch** *adj* geographical.

Geo·lo·gie [geolo'gi:] *f* geology; **geo·lo·gisch** *adj* geological.

Geo·me·trie [geome'tri:] *f* geometry; **geo·me·trisch** *adj* geometric.

Ge·päck [gə'pɛk] ‹-(e)s› *n Br* luggage, *Am* baggage; ▶ **sein ~ aufgeben** check in one's *Br* luggage, *Am* baggage; **Ge·päck·ab·fer·ti·gung** *f aero Br* luggage (*Am* baggage) check in; *rail Br* luggage (*Am* baggage) office; **Ge·päck·auf·kle·ber** *m Br* luggage (*Am* baggage) sticker; **Ge·päck·aus·ga·be** *f aero Br* luggage (*Am* baggage) reclaim; *rail* (*s.* Gepäckabfertigung); ▶ **ich muß noch zur ~** I've still got to collect my luggage (*od Am* baggage); **Ge·päck·kar·ren** *m Br* luggage van, *Am* baggage car; **Ge·päck·netz** *n* luggage (*od* baggage) rack; **Ge·päck·schein** *m* luggage (*Am* baggage) ticket; **Ge·päck·schließ·fach** *n Br* luggage (*Am* baggage) locker; **Ge·päck·stück** *n* piece of luggage (*od* baggage); **Ge·päck·trä·ger** *m* **1.** *(Person) Br* porter, *Am* baggage-handler; **2.** *(an Fahrrad)* carrier.

ge·pfef·fert *adj* peppered; ▶ **e-e ~e Rechnung** a steep bill; **ein ~er Brief** a stiff letter.

ge·pflegt *adj* **1.** *(Rasen, Haus etc)* well cared-for; **2.** *(Person)* well-groomed; ▶ **~ wohnen** live in style; **sich ~ unterhalten** have a civilized conversation.

Ge·pflo·gen·heit [gə'pflo:gənhaɪt] *f* habit.

Ge·plap·per [gə'plapɐ] ‹-s› *n* babbling.

Ge·plät·scher [gə'plɛtʃɐ] ‹-s› *n* splashing.

Ge·pol·ter [ge'pɔltɐ] ‹-s› *n* banging.

Ge·prä·ge [gə'prɛ:gə] ‹-s, -› *n* character; ▶ **die Fachwerkhäuser geben der Stadt ihr ~** the half-timbered houses lend character to the town.

Ge·ra·de ‹-n, -n› *f math* straight line; *(Fluß, Weg, Rennbahn)* straight; ▶ **kurze ~** *(beim Boxen)* jab; **ge·ra·de** [gə'ra:də] **I** *adj* **1.** *(nicht uneben)* even; **2.** *(geradlinig)* straight; ▶ **~ Zahl** even number; **sitz ~!** sit up! **II** *adv (eben) a. fig* just; ▶ **ich wollte ~ gehen** I was just about to leave; **er war nicht ~ freundlich** he wasn't exactly friendly; **~ heute** today of all days; **ich komme ~ so aus** I can just about manage; **sie war ~ hier** she was here a moment ago; **das ist es ja ~!** that's just it! **warum ~ ich?** why me of all people? **ge·ra·de·aus** [---'-] *adv* straight ahead; **ge·ra·de|bie·gen** *irr tr* **1.** *allg* straighten; **2.** *fig* sort out; **ge·ra·de·her·aus** [-'---'-] *adv* frankly; **ge·ra·de·wegs** [-'--'-] *adv* straight.

ge·rä·dert [gə'rɛ:dɐt] *adj:* ▶ **wie ~ sein** be knackered.

ge·ra·de|ste·hen *irr itr* stand up straight; ▶ **~ für etw** *fig* answer for s.th.; **ge·ra·de·zu** [-'---] *adv* **1.** *(beinahe)* almost; **2.** *(wirklich)* really; ▶ **das ist ~ Wahnsinn** that's sheer madness.

ge·rad·li·nig [gə'ra:tli:nɪç] *adj* **1.** *allg* straight; **2.** *(Entwicklung)* linear; **3.** *fig* straight; **Ge·rad·li·nig·keit** *f fig* straightness.

Ge·ra·nie [ge'ra:niə] *f bot* geranium.

Ge·rät [gə'rɛ:t] ‹-(e)s, -e› *n* **1.** *(Apparat)* gadget; *el tech* appliance; **2.** *radio tele TV* set; **3.** *(Werkzeug)* tool; **4.** *(Ausrüstung)* equipment.

ge·ra·ten [gə'ra:tən] ‹sein› *irr* **I** *itr* **1.** *(gelangen)* get (*od* fall) (*in* into); **2.** *fig (ausfallen)* turn out; ▶ **an etw ~** come by s.th.; **an jdn ~** find s.o.; **an den falschen ~** pick the wrong man; **in Gefangenschaft ~** be taken prisoner; **in e-e Falle ~** fall into a trap; **in Brand ~** catch fire; **nach jdm ~** *(gehoben)* take after s.o.

ge·ra·ten *adj:* ▶ **etw für ~ halten** think it best.

Ge·rä·te·tur·nen *n* apparatus gymnastics *sing.*

Ge·ra·te·wohl [gəra:tə'vo:l] *n:* ▶ **aufs ~** at random, on the off-chance.

ge·raum [gə'raʊm] *adj:* ▶ **~e Zeit** a long time; **vor ~er Zeit** (a) long (time) ago.

ge·räu·mig [gə'rɔɪmɪç] *adj* roomy, spacious.

Ge·räusch [gə'rɔɪʃ] ‹-(e)s, -e› *n* noise; **ge·räusch·arm** *adj* low-noise; **ge·räusch·däm·mend** *adj* soundproofing; **Ge·räusch·dämp·fung** *f* sound damping; **ge·räusch·emp·find·lich** *adj* sensitive to noise; **ge·räusch·los** *adj* silent; **Ge·räusch·min·de·rung** *f* noise reduction; **ge·räusch·voll** *adj* noisy.

ger·ben ['gɛrbən] *tr* tan; **Ger·ber(in)** *m (f)* tanner; **Ger·be·rei** *f* **1.** *(Betrieb)* tannery; **2.** *(das Gerben)* tanning.

ge·recht [gə'rɛçt] *adj* just; ► **~er Lohn** fair wages *pl;* **jdm ~ werden** do justice to s.o.; **jds Erwartungen ~ werden** come up to someone's expectations; **Ge·rech·tig·keit** *f* justice; **Ge·rech·tig·keits·lie·be** *f* love of justice.

Ge·re·de ‹-s› *n* talk; ► **das ist nur ~** that's only gossip; **ins ~ kommen** get o.s. talked about.

ge·rei·chen *itr:* ► **das gereicht dir nicht gerade zum Vorteil** *obs (gehoben)* that isn't exactly advantageous for you.

ge·reizt *adj* **1.** *(wütend)* irritated; **2.** *(reizbar)* irritable; ► **~e Stimmung** strained atmosphere.

Ge·richt[1] [gə'rɪçt] ‹-(e)s, -e› *n* dish.

Ge·richt[2] *n* **1.** *jur (Gebäude)* court; **2.** *(Richter)* court; ► **jdn vor ~ bringen** take s.o. to court; **mit etw vor ~ gehen** take legal action about s.th.; **das Jüngste ~** *eccl* the Last Judgment; **mit jdm ins ~ gehen** *fig* judge s.o. harshly; **ge·richt·lich** *adj:* ► **~e Untersuchung** judicial investigation; **gegen jdn ~ vorgehen** take court proceedings against s.o.; **~ vereidigt** sworn; **Ge·richts·ak·ten** *f pl* court records; **Ge·richts·arzt** *m* court doctor; **Ge·richts·bar·keit** *f* jurisdiction; **Ge·richts·be·schluß** *m* court decision; **Ge·richts·fe·rien** *pl* recess; **Ge·richts·hof** *m* Supreme Court; **Ge·richts·ko·sten** *pl* court costs; ► **jdm die ~ auferlegen** order s.o. to pay costs; **Ge·richts·me·di·zin** *f* forensic medicine; **Ge·richts·saal** *m* courtroom; **Ge·richts·stand** *m* court jurisdiction; **Ge·richts·ver·fah·ren** *n* court (*od* legal) proceedings; ► **gegen jdn ein ~ einleiten** institute court proceedings against s.o.; **Ge·richts·ver·hand·lung** *f (Zivil~)* hearing; *(Straf~)* trial; **Ge·richts·voll·zie·her** *m* bailiff.

ge·ring [gə'rɪŋ] *adj* **1.** *(niedrig)* low; **2.** *(~wertig)* little; ► **~e Chance** slight chance; **~e Temperatur** low temperature; **~e Entfernung** short distance; **nicht das G~ste** nothing at all; **~e Qualität** poor quality.

ge·ring·fü·gig [gə'rɪŋfy:gɪç] *adj (klein)* minor; *(unwichtig)* insignificant; **Ge·ring·fü·gig·keit** *f* triviality.

ge·ring|schät·zen *tr* **1.** *(gering einschätzen)* disregard; **2.** *(verachten)* think little of; **ge·ring·schät·zig** *adj* contemptuous; **Ge·ring·schät·zung** *f (Ablehnung)* disdain; *(geringe Meinung)* low opinion (*für* of).

ge·rin·nen [gə'rɪnən] ‹sein› *irr itr* coagulate; *(Milch)* curdle.

Ge·rinn·sel [gə'rɪnzəl] ‹-s, -› *n med* clot.

Ge·rin·nung *f* coagulation.

Ge·rip·pe [gə'rɪpə] ‹-s, -› *n* **1.** *(Skelett)* skeleton; **2.** *arch* frame.

ge·ris·sen [gə'rɪsən] *adj (schlau)* crafty, cunning.

Ger·ma·ne (Ger·ma·nin) [gɛr'ma:nə] ‹-n, -n› *m (f)* Teuton; **ger·ma·nisch** *adj* Teutonic; **Ger·ma·nist(in)** *m (f)* German specialist, German scholar.

gern [gɛrn] *adv* gladly, with pleasure; ► **~ haben** like; **du kannst mich mal ~ haben!** *fam* you know what you can do! **aber ~!** of course! **~ geschehen!** *Br* don't mention it, *Am* you're welcome! **das glaube ich ~** I can well believe it.

Ger·ne·groß ‹-, -e› *m hum, a. pej* show-off.

Ge·röll [gə'rœl] ‹-(e)s, -e› *n* rubble; *(größer)* boulders *pl.*

Ger·ste ['gɛrstə] ‹-› *f* barley; **Ger·sten·korn** *n* **1.** barley-corn; **2.** *med* stye.

Ger·te ['gɛrtə] ‹-, -n› *f* switch.

Ge·ruch [gə'rʊx, *pl* gə'rʏçə] ‹-(e)s, ¨-e› *m* **1.** smell; *(starker ~)* odour; **2.** *(~ssinn)* sense of smell; **ge·ruch·los** *adj* odourless, scentless; **Ge·ruchs·be·lä·sti·gung** *f* offensive smell; **Ge·ruchs·sinn** *m* sense of smell.

Ge·rücht [gə'rʏçt] ‹-(e)s, -e› *n* rumour; ► **es geht das ~, daß ...** it is rumoured that ...

ge·ru·hen *itr:* ► **~, etw zu tun** *(gehoben)* deign to do s.th.; **ge·ruh·sam** *adj* peaceful.

Ge·rüm·pel [gə'rʏmpəl] ‹-s› *n* junk.

Ge·run·di·um [ge'rʊndiʊm, *pl* ge'rʊndiən] ‹-s, -dien› *n gram* gerund.

Ge·rüst [gə'rʏst] ‹-(e)s, -e› *n* **1.** *arch* scaffolding; *(Gestell)* trestle; **2.** *fig* framework.

Ges [gɛs] ‹-, -› *n mus* G flat.

ge·sal·zen *adj* salted; ► **~e Preise** steep prices; **~e Rechnung** stiff bill.

ge·samt [gə'zamt] *adj* entire, whole; ► **die ~en Kosten** the total costs; **Ge·samt·an·sicht** *f* general view; **Ge·samt·aus·ga·be** *f typ* complete edition; **Ge·samt·be·trag** *m* total; **ge·samt·deutsch** *adj* all-German; **Ge·samt·ein·druck** *m* general impression; **Ge·samt·heit** *f* totality; ► **die ~ der ...** all the ...; **in ihrer (seiner) ~ ...** as a whole; **Ge·samt·hoch·schu·le** *f* comprehensive university, polytechnic; **Ge·samt·ko·sten** *pl* overall costs;

Ge·samt·nut·zungs·dau·er *f* useful life; **Ge·samt·schu·le** *f* comprehensive school; **Ge·samt·über·sicht** *f* general survey; **Ge·samt·wer·tung** *f sport* overall placings *pl.*

Ge·sand·te(r) [gə'zantə] ‹-n, -n› *f m* envoy; **Ge·sandt·schaft** *f* legation.

Ge·sang [gə'zaŋ, *pl* gə'zɛŋə] ‹-(e)s, ⸚e› *m* **1.** *(das Singen)* singing; **2.** *(Lied)* song; *(Choral)* chant; **Ge·sang·buch** *n* hymnbook; **Ge·sang·ver·ein** *m* choral society.

Ge·säß [gə'zɛ:s] ‹-es, -e› *n* buttocks *pl.*

Ge·schäft [gə'ʃɛft] ‹-(e)s, -e› *n* **1.** *(Laden) Br* shop, *Am* store; **2.** *com (Gewerbe)* business; ► **ein gutes ~ machen** make a good deal; **ein ~ mit etw machen** make money out of s.th.; **mit jdm ~e machen** do business with s.o.; **ins ~ gehen** go to the office.

Ge·schäf·te·ma·cher(in) ‹-s, -› *m (f)* profiteer.

ge·schäf·tig *adj* busy.

ge·schäft·lich I *adj* business; **II** *adv:* ► **ich muß ihn ~ sprechen** I must see him on business.

Ge·schäfts·an·teil *m* share of a business; **Ge·schäfts·brief** *m* business letter; **Ge·schäfts·es·sen** *n* business lunch; **Ge·schäfts·flä·che** *f markt* trading floor space; **Ge·schäfts·frau** *f* businesswoman; **Ge·schäfts·freund(in)** *m (f)* business associate; **ge·schäfts·füh·rend** *adj* executive; ► **~er Direktor** managing director; **Ge·schäfts·füh·rer(in)** *m (f)* managing director; *(von Verein)* secretary; **Ge·schäfts·füh·rung** *f* management; **Ge·schäfts·jahr** *n* financial year; **Ge·schäfts·ko·sten** *pl* business expenses; ► **das geht auf ~** that's on expenses; **Ge·schäfts·la·ge** *f* business conditions *pl;* **Ge·schäfts·le·ben** *n* business life; **Ge·schäfts·lei·tung** *f* management; **Ge·schäfts·leu·te** *pl* businesspeople; **Ge·schäfts·mann** ‹-(e)s, -leute/(-männer)› *m* businessman; **Ge·schäfts·ord·nung** *f parl* standing orders; **Ge·schäfts·räu·me** *pl* premises; ► **in unseren ~n** on our premises; **Ge·schäfts·rei·se** *f* business trip; **Ge·schäfts·schluß** *m:* closing time; ► **nach ~** *(von Betrieb)* out of working hours *pl; (von Laden)* after closing time; **Ge·schäfts·sinn** ‹-(e)s› *m* business sense; **Ge·schäfts·stel·le** *f* offices *pl; (Zweigstelle)* branch; **Ge·schäfts·stun·den** *pl* office hours; **Ge·schäfts·tä·tig·keit** *f* business activity; **ge·schäfts·tüch·tig** *adj* business-minded; **Ge·schäfts·ver·bin·dung** *f* business connection; ► **mit jdm in ~ stehen** have business connections with s.o.; **Ge·schäfts·vier·tel** *n* shopping centre; **Ge·schäfts·vo·lu·men** *n* volume of trade; **Ge·schäfts·zeit** *f* office hours *pl;* **Ge·schäfts·zim·mer** *n* office.

Ge·sche·hen ‹-s› *n* events *pl.*

ge·sche·hen [gə'ʃe:ən] ‹sein› *irr itr* happen; *(stattfinden)* take place; ► **das geschieht dir recht** that serves you right; **um ihn ist's ~** it's all up with him; **ich wußte nicht, wie mir geschah** I didn't know what was going on; **es muß etw ~** something must be done.

ge·scheit [gə'ʃaɪt] *adj* clever; ► **daraus werde ich nicht ~** I can't make head nor tail of it.

Ge·schenk [gə'ʃɛŋk] ‹-(e)s, -e› *n* gift, present; ► **jdm ein ~ machen** give s.o. a present; **Ge·schenk·abon·ne·ment** *n* gift subscription; **Ge·schenk·bou·tique** *f* gift shop; **Ge·schenk·gut·schein** gift coupon, gift voucher, **Ge·schenk·packung (k·k)** *f* gift pack; **Ge·schenk·pa·pier** *n* wrapping paper, giftwrap.

Ge·schich·te [gə'ʃɪçtə] ‹-, -n› *f* **1.** *(Erzählung)* story; **2.** *(Menschheits~ etc)* history; **3.** *fig (Angelegenheit)* affair; ► **mach keine langen ~n!** don't make a fuss! **immer wieder die alte ~!** it's the same old story! **Ge·schich·ten·er·zäh·ler(in)** *m (f)* storyteller.

ge·schicht·lich *adj* historical; ► **~ bedeutsam** historic; **Ge·schichts·at·las** *m* historical atlas; **Ge·schichts·buch** *n* history book; **Ge·schichts·zahl** *f* historical date.

Ge·schick[1] [gə'ʃɪk] ‹-(e)s, -e› *n (Schicksal)* fate.

Ge·schick[2] ‹-(e)s› *n (Fertigkeit)* skill.

Ge·schick·lich·keit *f* skilfulness, skill.

ge·schickt *adj:* ► **~ sein** be skilful; **das war sehr ~!** that was very clever!

ge·schie·den [gə'ʃi:dən] *adj (Ehe)* divorced; ► **mein G~er** my ex *fam;* **wir sind ~e Leute** we have nothing to do with each other anymore.

Ge·schirr [gə'ʃɪr] ‹-(e)s, -e› *n* **1.** *(Küchen~)* kitchenware; **2.** *(Tafelgedeck)* service; **Ge·schirr·schrank** *m* china cupboard; **Ge·schirr·spül·ma·schi·ne** *f m* dishwasher; **Ge·schirr·spül·mit·tel** *n* washing-up liquid; **Ge·schirr·tuch** *n (Trockentuch)* tear-towel.

Ge·schlecht [gə'ʃlɛçt] ‹-(e)s, -er› *n* **1.** *(menschliches)* sex; **2.** *gram* gender; **3.** *(Familie, Sippe)* house; ► **das schöne ~** *fam hum* the fair sex; **ge·schlecht·lich** *adj* sexual; **Ge·schlechts·akt** *m* coitus; **Ge·schlechts·hor·mon** *n* sex hormone; **ge·schlechts·krank** *adj* suffering from venereal disease (*od* VD); **Ge·schlechts·krank·heit** *f* venereal disease (*Abk* VD); **Ge·schlechts·or·gan** *n* sexual organ; **Ge·schlechts·tei·le** *m pl* genitals; **Ge-**

schlechts·trieb *m* sex urge; **Ge·schlechts·ver·kehr** *m* sexual intercourse; **Ge·schlechts·wort** *n gram* article.

ge·schlif·fen [gəˈʃlɪfən] *adj* **1.** *(Glas)* cut; **2.** *fig* polished.

ge·schlos·sen [gəˈʃlɔsən] **I** *adj* **1.** *(zu)* closed; **2.** *fig (abgerundet)* well-rounded; **3.** *fig (gemeinsam)* united; ▶ **~e Gesellschaft** private party; **II** *adv* unanimously; ▶ **~ hinter jdm stehen** stand solidly behind s.o.

Ge·schmack [gəˈʃmak] ‹-(e)s, ⸚e(r)› *m a. fig* taste; ▶ **an etw ~ finden** acquire a taste for s.th.; **das ist nicht mein ~** that's not my taste; **über ~ läßt sich streiten** there's no accounting for tastes *pl.*

ge·schmack·los *adj a. fig* tasteless; **Ge·schmack·lo·sig·keit** *f* bad taste; **Ge·schmack·sa·che** *f* matter of taste; **ge·schmack·voll** *adj (Person)* elegant, stylish; ▶ **~ gekleidet** dressed tastefully.

Ge·schmei·de [gəˈʃmaɪdə] ‹-s, -› *n* jewellery.

ge·schmei·dig [gəˈʃmaɪdɪç] *adj* **1.** *(weich)* supple; **2.** *fig (Bewegung, Körper)* lissom, lithe; **Ge·schmei·dig·keit** *f* **1.** *(Weiche)* suppleness; **2.** *fig (~ der Bewegung)* litheness.

Ge·schöpf [gəˈʃœpf] ‹-(e)s, -e› *n* creature.

Ge·schoß[1] [gəˈʃɔs] ‹-sses, -sse› *n* **1.** *(Rakete)* missile; **2.** *(Kugel)* bullet.

Ge·schoß[2] *n (Haus~) Br* floor, *Am* stor(e)y.

ge·schraubt *adj fig (gekünstelt)* stilted.

Ge·schrei ‹-s› *n* screaming; *(Rufen)* shouting; ▶ **ein großes ~ über etw machen** make a great fuss about s.th.

Ge·schütz [gəˈʃʏts] ‹-es, -e› *n* cannon; ▶ **schweres ~ auffahren gegen ...** *fig* bring up one's big guns against ...; **Ge·schütz·stel·lung** *f mil* gun emplacement.

Ge·schwa·der [gəˈʃva:dɐ] ‹-s, -› *n* squadron.

Ge·schwa·fel ‹-s› *n fam pej* waffle.

Ge·schwätz [gəˈʃvɛts] ‹-es› *n fam pej* **1.** *(Unsinn)* nonsense; **2.** *(Klatsch)* gossip; **ge·schwät·zig** *adj* gossipy; **Ge·schwät·zig·keit** *f* gossipiness.

ge·schwei·ge [gəˈʃvaɪgə] *adv:* ▶ **~ denn ...** let alone (*od* never mind) ...

ge·schwind [gəˈʃvɪnt] *adj* swift.

Ge·schwin·dig·keit *f* speed; *(Flinkheit)* swiftness; ▶ **mit e-r ~ von ...** at a speed of ...; **Ge·schwin·dig·keits·be·schrän·kung** *f* speed limit; ▶ **gegen die ~ verstoßen** exceed the speed limit; **Ge·schwin·dig·keits·kon·trol·le** *f* speed check; **Ge·schwin·dig·keits·über·schrei·tung** *f* exceeding the speed limit, speeding.

Ge·schwi·ster [gəˈʃvɪstɐ] *pl* brothers and sisters.

ge·schwol·len [gəˈʃvɔlən] *adj* swollen.

Ge·schwo·re·ne(r) [gəˈʃvo:rənə] *f m* juror; ▶ **die ~n** the jury.

Ge·schwulst [gəˈʃvʊlst] ‹-, ⸚e› *f allg* growth; *(Krebs~)* tumour.

Ge·schwür [gəˈʃvy:ɐ] ‹-(e)s, -e› *n (Wund~)* sore; *(Eiterbeule)* boil.

Ge·sel·le [gəˈzɛlə] ‹-n, -n› *m (Handwerks~)* journeyman; ▶ **ein komischer ~** a strange fellow.

ge·sel·len *tr:* ▶ **sich zu jdm ~** join s.o.

ge·sel·lig *adj* sociable; ▶ **~es Beisammensein** social gathering; **Ge·sel·lig·keit** *f (Eigenschaft)* sociability; ▶ **er mag ~ nicht** he doesn't like company.

Ge·sell·schaft [gəˈzɛlʃaft] *f* **1.** society; **2.** *(geladene ~)* party; **3.** *com Br* company, *Am* corporation; ▶ **~ mit beschränkter Haftung** *Br* private limited company (*Abk* Ltd), *Am* incorporated company (*Abk* Inc); **e-e ~ geben** give (*od* throw) a party; **jdm ~ leisten** join s.o., keep s.o. company; **Ge·sell·schaf·ter(in)** *m (f) com* partner; *(nur f)* escort.

ge·sell·schaft·lich *adj* social; **ge·sell·schafts·fä·hig** *adj* **1.** *(Verhalten)* socially acceptable; **2.** *(Aussehen)* presentable; **Ge·sell·schafts·kri·tik** *f* social criticism; **Ge·sell·schafts·ord·nung** *f* social structure; **Ge·sell·schafts·raum** *m* function room; **Ge·sell·schafts·schicht** *f* social stratum; **Ge·sell·schafts·spiel** *n* party game.

Ge·setz [gəˈzɛts] ‹-es, -e› *n* **1.** *(bestehendes ~, Recht)* law; **2.** *parl (~esvorlage)* bill; ▶ **nach dem ~** under the law (*über* on); **ein ungeschriebenes ~** an unwritten rule; **ein ~ erlassen** enact a law; **Ge·setz·blatt** *n* law gazette; **Ge·setz·buch** *n* civil code; **Ge·setz·ent·wurf** *m* bill; **ge·setz·ge·bend** *adj:* ▶ **~e Körperschaft** legislative body; **Ge·setz·ge·ber** *m* legislator; **Ge·setz·ge·bung** *f* legislation.

ge·setz·lich *adj* legal; ▶ **~ geschützt** patented; **~er Erbe** heir apparent; **~es Zahlungsmittel** legal tender.

ge·setz·los *adj* lawless; **Ge·setz·lo·sig·keit** *f* lawlessness; **ge·setz·mä·ßig** *adj* **1.** *(rechtmäßig)* lawful, legitimate; **2.** *(regelmäßig)* regular; **Ge·setz·mä·ßig·keit** *f* **1.** *(Rechtmäßigkeit)* legitimacy; **2.** *(Regelmäßigkeit)* regularity.

ge·setzt **I** *adj (behäbig)* sedate; **II** *conj:* ▶ **~ den Fall, daß ...** supposing that ...; **Ge·setzt·heit** *f (Behäbigkeit)* sedateness.

ge·si·chert *adj* **1.** *(Mensch: ab~)* safe; **2.** *tech* secured; *(Schraube)* locked.

Ge·sicht [gəˈzɪçt] *n* **1.** ‹-(e)s, -er› face; **2.** ‹-(e)s, -e› *(Erscheinung)* apparition, vision; ▶ **jdm etw ins ~ sagen** tell s.o. s.th. to his face; **sein wahres ~ zeigen** *fig* show one's true nature; **den Tatsachen ins ~ sehen** face facts; **jdn zu ~ bekommen** see s.o.; **Ge·sichts·aus·druck** *m* (facial) expression; **Ge·sichts·creme** *f* face cream; **Ge·sichts·far·be** *f* complexion; **Ge·sichts·feld** *n* field of vision, visual field; **Ge·sichts·kreis** *m:* ▶ **jdn aus s-m ~ verlieren** lose sight of s.o.; **Ge·sichts·punkt** *m* point of view; ▶ **das ist natürlich ein ~!** that's certainly one way of looking at it! **Ge·sichts·win·kel** *m* visual angle; **Ge·sichts·zü·ge** *pl* features.

Ge·sims [gəˈzɪms] ‹-es, -e› *n* ledge.

Ge·sin·del [gəˈzɪndəl] ‹-s› *n pej* rabble, riffraff.

ge·sinnt [gəˈzɪnt] *adj* disposed, minded; ▶ **anders ~ sein** hold different views *pl* (*als* from s.o.); **Ge·sin·nung** *f* way of thinking; ▶ **s-e wahre ~ zeigen** show one's true colours *pl;* **Ge·sin·nungs·ge·nos·se** *m* like-minded person; **Ge·sin·nungs·lo·sig·keit** *f* lack of principle; **Ge·sin·nungs·wan·del** *m* change of opinion, volte-face.

ge·sit·tet [gəˈzɪtət] *adj* well-mannered.

Ge·söff [gəˈzœf] ‹-s, (-e)› *n* **1.** *fam (Getränk)* swill; **2.** *pej (billiger Alkohol)* plonk.

Ge·spann [gəˈʃpan] ‹-(e)s, -e› *n* **1.** *fig (Menschen)* pair; **2.** *(Zugtier~)* team.

ge·spannt *adj* **1.** *fig (erwartungsvoll)* eager; *(neugierig)* curious; **2.** *(straff)* taut; **3.** *fig (belastet)* strained; ▶ **da bin ich aber ~!** that I'd like to see! **auf e-n Film ~ sein** be dying to see a film; **Ge·spannt·heit** *f* **1.** *fig (von Situation)* tension; **2.** *(Neugierde)* curiosity.

Ge·spenst [gəˈʃpɛnst] ‹-(e)s, -er› *n* ghost, spectre; ▶ **du siehst ~er!** you're imagining things! **ge·spen·stisch** *adj* **1.** *(Aussehen)* ghostly; **2.** *fig (schauerlich)* eery.

ge·sperrt *adj* **1.** *(Straße)* closed; **2.** *typ* spaced.

Ge·spött [gəˈʃpœt] ‹-(e)s› *n* mockery; ▶ **sich zum ~ machen** make o.s. a laughing-stock.

Ge·spräch [gəˈʃprɛːç] ‹-(e)s, -e› *n* **1.** *allg* conversation, talk; **2.** *tele* call; ▶ **das ~ auf etw bringen** bring the conversation round to s.th.; **ein ~ anmelden** *tele* book a call; **ein ~ mit jdm führen** have a talk with s.o.; **ge·sprä·chig** *adj* talkative; **Ge·sprächs·ein·heit** *f tele* unit; **Ge·sprächs·the·ma** *n* subject, topic (of conversation).

ge·spreizt *adj* **1.** *(auseinanderstehend)* wide apart; **2.** *fig (affektiert)* affected, unnatural.

ge·spren·kelt *adj* speckled.

Ge·spür ‹-s› *n* feel(ing).

Ge·stalt [gəˈʃtalt] ‹-, -en› *f* **1.** *(Form, Mensch)* form; **2.** *(Körperbau)* build; **3.** *(Roman~)* character; ▶ **in ~ von ...** in the form of ...; **ge·stal·ten** *tr allg* form, shape; ▶ **e-n Abend ~** arrange an evening; **s-e Freizeit ~** organize one's leisure time; **Ge·stal·tung** *f (Arrangement)* arrangement.

Ge·stam·mel ‹-s› *n pej* stammering, stuttering.

ge·stän·dig [gəˈʃtɛndɪç] *adj:* ▶ **~ sein** have confessed.

Ge·ständ·nis [gəˈʃtɛntnɪs] *n* confession; ▶ **ein ~ ablegen** make a confession.

Ge·stän·ge [gəʃtɛŋə] ‹-s, -› *n mot* linkage.

Ge·stank [gəˈʃtaŋk] ‹-(e)s› *m fam pej* bad smell, stench, stink.

ge·stat·ten [gəˈʃtatən] **I** *tr* allow, permit; ▶ **jdm etw ~** allow s.o. s.th.; **~?** would you mind? **II** *refl* take the liberty (*etw zu tun* of doing s.th.).

Ge·ste [ˈgɛstə] ‹-, -n› *f* gesture.

ge·ste·hen *irr tr* confess; ▶ **offen gestanden** frankly.

Ge·stein ‹-(e)s, -e› *n* rock.

Ge·stell [gəˈʃtɛl] ‹-(e)s, -e› *n (Bücher~)* shelf; *(Ablage)* rack.

ge·stern [ˈgɛstɐn] *adv* yesterday; ▶ **~ früh** yesterday morning; **~ abend** last night; **~ vor acht Tagen** a week ago yesterday.

ge·stimmt *adj:* ▶ **heiter ~ sein** be in a cheerful mood.

Ge·stirn [gəˈʃtɪrn] ‹-(e)s, -e› *n* **1.** *(Himmelskörper)* celestial body; **2.** *(Stern)* star; **3.** *(Sternbild)* constellation.

ge·sto·chen [gəˈʃtɔxən] *adj:* ▶ **~e Schrift** neat handwriting.

Ge·stot·ter ‹-s› *n* stuttering.

Ge·sträuch [gəˈʃtrɔɪç] ‹-(e)s, -e› *n* bushes *pl.*

ge·streift *adj* striped.

ge·stri·chen [gəˈʃtrɪçən] *adj* painted; ▶ **frisch ~!** wet paint! **~ voll** full to the brim; **ein ~er Eßlöffel** a level tablespoon; **die Nase ~ voll haben von etw** *fig fam* be fed up (to the teeth) with s.th.; **den Kanal ~ voll haben** *fig fam* be completely blotto *fam (od* pissed *sl).*

gest·rig [ˈgɛstrɪç] *adj* of yesterday; ▶ **am ~en Abend** yesterday evening.

Ge·strüpp [gəˈʃtrʏp] ‹-(e)s, -e› *n* brushwood.

Ge·stüt [gəˈʃtyːt] ‹-(e)s, -e› *n* stud farm.

Ge·such [gəˈzuːx] ‹-(e)s, -e› *n* petition *(Antrag)* application; ▶ **ein ~ einreichen auf ...** make an application for ...

ge·sucht *adj* **1.** *(polizeilich)* wanted; **2.** *(begehrt)* sought-after; **3.** *fig (gekünstelt)* artificial.

ge·sund [gəˈzʊnt] *adj* **1.** *(körperlich ~)* healthy; **2.** *fig* sound; ▶ **Milch ist ~** milk is good for you (*od* your health); **bleib ~!** look after yourself! **~er Men-**

schenverstand common sense.
ge·sun·den [gə'zʊndən] ‹sein› *itr* recover.
Ge·sund·heit *f* **1.** *(körperliche ~)* health; **2.** *fig (Zuträglichkeit)* healthiness; ▶ **auf deine ~!** *interj* your health! **~!** *interj* (God) bless you! **ge·sund·heit·lich** *adj:* ▶ **~er Zustand** state of health; **wie geht's ~?** how's your health? **Ge·sund·heits·amt** *n* public health department; **ge·sund·heits·schäd·lich** *adj* bad for one's health, unhealthy; **Ge·sund·heits·wel·le** *f* health craze; **Ge·sund·heits·we·sen** *n* health service; **Ge·sund·heits·zu·stand** *m (e-s Menschen)* state of health; **ge·sund|schrump·fen** *refl fam com* concentrate and consolidate; **ge·sund|sto·ßen** *irr refl fam:* ▶ **bei diesem Geschäft hat er sich gesundgestoßen** he made a pile in this business.
Ge·tier [gə'ti:ɐ] ‹-(e)s› *n* creatures *pl.*
ge·tönt *adj:* ▶ **~e Brillengläser** tinted lenses.
Ge·tö·se [gə'tø:zə] ‹-s› *n* din.
ge·tra·gen *adj* **1.** *(Kleidung: gebraucht)* used; **2.** *(aus zweiter Hand)* secondhand.
Ge·tram·pel ‹-s› *n* trampling.
Ge·tränk [gə'trɛŋk] ‹-(e)s, -e› *n* drink; **Ge·trän·ke·au·to·mat** *m* drinks machine; **Ge·trän·ke·markt** *m* drinks cash-and-carry.
ge·trau·en *refl* dare.
Ge·trei·de [gə'traɪdə] ‹-s, -› *n* grain; *(gehoben)* cereals *pl;* **Ge·trei·de·an·bau** *m* cultivation of grain (*od* cereals *pl*); **Ge·trei·de·ern·te** *f* grain harvest; **Ge·trei·de·pro·dukt** *n* cereal product; **Ge·trei·de·si·lo** *m* silo.
ge·trennt *adj* separate; ▶ **~ bezahlen** go Dutch; **~** *leben* live apart.
ge·treu [gə'trɔɪ] *adj* **1.** faithful, true; **2.** *pred + dat* true to.
Ge·trie·be [gə'tri:bə] ‹-s, -› *n tech* gears *pl; (im Auto)* gearbox; **Ge·trie·be·öl** *n* transmission oil.
ge·trost [gə'tro:st] **I** *adj* confident; **II** *adv:* ▶ **Sie können sich ~ darauf verlassen, daß ...** you can rest assured that ...
ge·trübt *adj a. fig* cloudy.
Get·to ['gɛto] ‹-s, -s› *n* ghetto.
Ge·tue [gə'tu:ə] ‹-s› *n* fuss.
Ge·tüm·mel [gə'tʏməl] ‹-s, -› *n* **1.** *(Volksmenge)* crowd; **2.** *(Durcheinander)* turmoil.
ge·übt *adj (beschlagen)* versed; *(fähig)* proficient.
Ge·wächs [gə'vɛks] ‹-es, -e› *n* herb, plant.
ge·wach·sen *adj:* ▶ **e-r Sache ~ sein** be equal to s.th.; **jdm ~ sein** be a match for s.o..
Ge·wächs·haus *n (Treibhaus)* hothouse, greenhouse.
ge·wagt *adj* risky.
ge·wählt *adj* **1.** *parl* elect; **2.** *fig (ausgewählt)* distinguished; ▶ **sich ~ ausdrücken** choose one's words carefully.
Ge·währ [gə'vɛ:ɐ] ‹-› *f:* ▶ **ohne ~** no liability assumed; **diese Angabe erfolgt ohne ~** this information is supplied without liability; **~ leisten für etw** guarantee s.th.
ge·wah·ren *tr (gehoben)* catch sight of ...
ge·wäh·ren *tr itr (Bitte)* grant; *(bewilligen)* afford; *(gestatten)* allow; ▶ **Vorteil ~** offer an advantage; **jdn ~ lassen** let s.o. do as he likes.
ge·währ·lei·sten *tr (sicherstellen)* ensure; **Ge·währ·lei·stung** *f* guarantee; ▶ **zur ~ von ...** to ensure ...
Ge·wahr·sam [gə'va:ɐza:m] ‹-s, -e› *m:* ▶ **etw in ~ nehmen** take s.th. into safekeeping; **er befindet sich jetzt in sicherem ~** he's in safe custody now.
Ge·währs·mann ‹-(e)s, -menner/-leute› *m* source.
Ge·wäh·rung *f* granting.
Ge·walt [gə'valt] ‹-, -en› *f* **1.** *(~anwendung)* force; **2.** *(Macht)* power; **3.** *(Wucht)* force; ▶ **~ anwenden** use force; **mit aller ~** *fam* for all one is worth; **jdn in s-r ~ haben** have s.o. in one's power; **sich nicht mehr in der ~ haben** have lost control of o.s.; **Ge·walt·an·wen·dung** *f* use of force; **Ge·walt·be·reit·schaft** *f* propensity to violence; **ge·walt·frei** (s. gewaltlos); **Ge·walt·herr·schaft** *f* tyranny.
ge·wal·tig *adj* **1.** *fam (eindrucksvoll)* tremendous; **2.** *(stark)* violent; **3.** *(riesig)* huge; ▶ **da täuscht du dich aber ~!** *fam* you're way out!
ge·walt·los **I** *adj* non-violent; **II** *adv* without force (*od* violence); **Ge·walt·lo·sig·keit** *f* non-violence; **Ge·walt·mo·no·pol** *n* monopoly on the use of force; **ge·walt·sam** **I** *adj* forcible; ▶ **~er Umsturz** violent overthrow; **II** *adv* by force, forcibly; **Ge·walt·tä·ter(in)** *m (f)* violent criminal; **ge·walt·tä·tig** *adj* violent; **Ge·walt·tä·tig·keit** *f* **1.** *(Eigenschaft)* violence; **2.** *(Tat)* act of violence; **Ge·walt·ver·zichts·ab·kom·men** *n* non-aggression treaty.
Ge·wand [gə'vant, *pl* gə'vɛndɐ] ‹-(e)s, ¨-er› *n* gown.
ge·wandt [gə'vant] *adj* **1.** *(flink)* nimble; **2.** *(geschickt)* skilful.
Ge·wäs·ser [gə'vɛsɐ] ‹-s, -› *n* waters *pl, stretch of water;* **Ge·wäs·ser·gü·te** *f* water quality; **Ge·wäs·ser·rein·hal·tung** *f* maintenance of water quality; **Ge·wäs·ser·schutz** *m* prevention of water pollution.
Ge·we·be [gə've:bə] ‹-s, -› *n* **1.** *biol* tissue; **2.** *(Stoff)* fabric; **Ge·webs-**

trans·plan·ta·tion *f med* tissue graft.

Ge·wehr [gə'veːɐ] ‹-(e)s, -e› *n* rifle; **Ge·wehr·kol·ben** *m* butt.

Ge·weih [gə'vaɪ] ‹-(e)s, -e› *n* antlers *pl.*

Ge·wer·be [gə'vɛrbə] ‹-s, -› *n* trade; ▶ **ein ~ ausüben** carry on a trade; **Ge·wer·be·ab·fall** *m* special refuse; **Ge·wer·be·auf·sichts·amt** *n* factory inspectorate; **Ge·wer·be·be·trieb** *m* commercial enterprise; **Ge·wer·be·ge·biet** *n* commercial district; business park; **Ge·wer·be·steu·er** *f* trade tax.

ge·werb·lich [gə'vɛrplɪç] *adj* commercial; *(industriell)* industrial.

ge·werbs·mä·ßig *adj* professional.

Ge·werk·schaft [gə'vɛrkʃaft] *f Br* trade(s) union, *Am* labor union; **Ge·werk·schaft·(l)er(in)** *m (f)* trade unionist; **ge·werk·schaft·lich** *adj Br* trade, *Am* labor; **Ge·werk·schafts·bund** *m* trade unions federation; **Ge·werk·schafts·füh·rer(in)** *m (f)* trade union leader; **Ge·werk·schafts·mit·glied** *n* union member.

Ge·wicht [gə'vɪçt] ‹-(e)s, -e› *n* weight; ▶ **spezifisches ~** *phys* specific gravity; **ins ~ fallen** be of great importance; **nicht ins ~ fallen** be of no consequence; **auf etw ~ legen** lay stress upon s.th.; **ge·wich·tig** *adj fig* important, weighty; **Ge·wichts·kon·trol·le** weight control; **Ge·wichts·ver·lust** *m* weight loss.

ge·wieft [gə'viːft] *adj fam* crafty, smart.

Ge·wie·her ‹-s› *n a. fig* whinnying.

ge·willt [gə'vɪlt] *adj:* ▶ **~ sein, etw zu tun** be willing to do s.th.

Ge·win·de [gə'vɪndə] ‹-s, -› *n tech* thread.

Ge·winn ‹-(e)s, -e› *m* **1.** *com (Erlös)* profit; **2.** *(Preis)* prize; *(Spiel~)* winnings *pl;* ▶ **~ abwerfen** make a profit; **e-n großen ~ machen** win a lot; **Ge·winn·an·teil** *m fin* dividend; **Ge·winn·be·tei·li·gung** *f* **1.** *fin (Grundsatz)* profit-sharing; **2.** *(Ausschüttung)* bonus; **ge·winn·brin·gend** *adj* profitable; ▶ **~ anlegen** invest advantageously; **Ge·winn·ein·bu·ßen** *pl* reduced income *sing.*

ge·win·nen [gə'vɪnən] *irr* **I** *tr* **1.** *(siegen)* win; **2.** *(erzeugen)* produce; *(aus Altware)* reclaim, recover; ▶ **Zeit ~** gain time; **II** *itr* win (*bei* at); ▶ **du kannst dadurch nur ~** you can only gain by it; **ge·win·nend** *adj:* ▶ **ein ~es Wesen** winning manners *pl.*

Ge·win·ner(in) *m (f)* winner; **Ge·winn·los** *n* winning ticket; **Ge·winn·mit·nah·me** *f fin* profit taking; **Ge·winn·span·ne** *f* profit margin; **Ge·win(n·)num·mer** *f* winning number; **Ge·win·nung** *f:* ▶ **~ von Eisenerz** extraction of iron ore; **~ von Energie** generation of energy.

Ge·win·sel ‹-s› *n* whining.

ge·wiß [gə'vɪs] **I** *adj (bestimmt)* certain; ▶ **sie hat das gewisse Etwas** she's got that certain something; **ein gewisser John Smith** a certain John Smith; **II** *adv (sicher)* certainly; ▶ **aber ~ doch!** but of course! why, certainly!

Ge·wis·sen ‹-s, -› *n* conscience; ▶ **das hast du auf dem ~!** it's your fault! **jdm ins ~ reden** have a serious talk with s.o.; **ge·wis·sen·haft** *adj* conscientious; **Ge·wis·sen·haf·tig·keit** *f* conscientiousness; **ge·wis·sen·los** *adj* unscrupulous; **Ge·wis·sen·lo·sig·keit** *f* unscrupulousness; **Ge·wis·sens·bis·se** *m pl* pangs *pl* of conscience; ▶ **er macht sich ~** his conscience is pricking him; **Ge·wis·sens·fra·ge** *f* matter of conscience; **Ge·wis·sens·frei·heit** *f* freedom of conscience; **Ge·wis·sens·kon·flikt** *m* moral conflict.

ge·wis·ser·ma·ßen [-'--'--] *adv* as it were, so to speak.

Ge·wiß·heit *f* certainly; ▶ **ich muß mir ~ darüber verschaffen** I must be certain about it.

Ge·wit·ter [gə'vɪtɐ] ‹-s, -› *n* thunderstorm; ▶ **es ist ein ~ im Anzug** *a. fig* a storm is brewing; **ge·wit·te·rig** *adj* thundery; **ge·wit·tern** *itr:* ▶ **es gewittert** it's thundering; **Ge·wit·ter·schau·er** *m* thundery shower; **Ge·wit·ter·stim·mung** *f a. fig* stormy atmosphere.

ge·wo·gen [gə'voːgən] *adj:* ▶ **jdm ~ sein** be favourably disposed towards s.o., show a liking for s.o.

ge·wöh·nen [gə'vøːnən] **I** *tr:* ▶ **jdn an etw ~** make s.o. used to s.th.; **etw gewöhnt sein** be used to s.th.; **II** *refl:* ▶ **sich an etw ~** get used to s.th.

Ge·wohn·heit [gə'voːnhaɪt] *f* habit; ▶ **die Macht der ~** the force of habit; **es sich zur ~ machen** make it a habit; **aus ~** by habit; **zur ~ werden** grow into a habit; **ge·wohn·heits·mä·ßig** *adj* habitual; **Ge·wohn·heits·mensch** *m* creature of habit; **Ge·wohn·heits·recht** *n* common law.

ge·wöhn·lich [gə'vøːnlɪç] *adj* **1.** *(üblich)* ordinary; **2.** *(unfein)* common, vulgar; ▶ **er wuchs in ~en Verhältnissen auf** he grew up in average circumstances.

ge·wohnt [gə'voːnt] *adj* usual; ▶ **etw ~ sein** be used to s.th.; **~ sein, etw zu tun** be used to doing s.th.

Ge·wöh·nung [gə'vøːnʊŋ] *f (Akklimatisierung)* acclimatization; **Ge·wöh·nungs·sa·che** *f:* ▶ **das ist nur (eine) ~** that's only a question of getting used to it.

Ge·wöl·be [gə'vœlbə] ‹-s, -› *n* vault.

ge·wölbt *adj (Decke)* vaulted; *(Stirn)* domed.

Ge·wühl [gəˈvyːl] ‹-(e)s› *n* **1.** *(Menschen~)* crowd, throng; **2.** *(Wühlen)* rummaging around.
ge·wun·den [gəˈvʊndən] *adj (Fluß, Pfad etc)* winding.
ge·wür·felt *adj (von Nahrungsmitteln)* diced.
Ge·würm [gəˈvʏrm] ‹-(e)s› *n (meist pej)* **1.** *(Ungeziefer a. fig)* vermin; **2.** *(Würmer)* worms *pl.*
Ge·würz [gəˈvʏrts] ‹-es, -e› *n* **1.** *(~art)* spice; **2.** *(Würze)* seasoning; **Ge·würz·bord** *n* spice rack; **Ge·würz·gur·ke** *f* pickled gherkin; **Ge·würz·mi·schung** *f* mixed herbs.
ge·zackt [gəˈtsakt] *adj allg* serrated; *(Fels)* jagged.
Ge·zänk [gəˈtsɛŋk] ‹-(e)s› *n* wrangling.
Ge·zei·ten *f pl* tides; **Ge·zei·ten·kraft·werk** *n* tidal power plant; **Ge·zei·ten·strom** *m* tidal current; **Ge·zei·ten·wech·sel** *m* turn of the tide.
Ge·ze·ter [gəˈtseːtɐ] ‹-s› *n* clamour, yelling; ▶ **mach kein ~!** don't make a scene!
ge·zielt *adj* with a particular aim in mind, purposeful; *(Kritik)* pointed.
ge·ziert *adj* affected.
Ge·zir·pe [gəˈtsɪrpə] ‹-s› *n* chirping.
Ge·zweig ‹-(e)s› *n* branches *pl.*
Ge·zwit·scher [gəˈtsvɪtʃɐ] ‹-s› *n* chirping, twitter.
ge·zwun·gen [gəˈtsvʊŋən] *adj* **1.** *fig (gespannt)* forced; **2.** *fig (unnatürlich)* stiff; **ge·zwun·ge·ner·ma·ßen** [-ˈ---ˈ--] *adv* of necessity.
Ghet·to *n* (*s.* Getto); **ghet·toi·sie·ren** *tr* ghettoize.
Gicht [gɪçt] ‹-› *f med* gout.
Gie·bel [ˈgiːbəl] ‹-s, -› *m* gable.
Gier [giːɐ] ‹-› *f* **1.** *allg* greed (*nach* for); **2.** *(sexuell)* lust; **gie·rig** *adj* greedy (*nach* for); ▶ **sie trank in ~en Zügen** she drank in greedy gulps.
gie·ßen [ˈgiːsən] *irr* **I** *tr* **1.** *allg (in Gefäß)* pour; **2.** *(wässern)* water; **3.** *(Glas)* found; **II** *itr fam (regnen)* pour; ▶ **es gießt (in Strömen)!** it's pouring with rain! **Gie·ßer** *m* caster, founder; **Gie·ße·rei** *f* foundry; **Gieß·kan·ne** *f* watering can.
Gift [gɪft] ‹-(e)s, -e› *n* **1.** *(zubereitetes ~)* poison; *(Tier~)* venom; **2.** *fig (Bosheit)* malice; ▶ **~ nehmen** poison o.s.; **schleichendes ~** slow poison; **Gift·gas** *n* poison gas.
gift·hal·tig *adj* toxiferous; **gif·tig** *adj* **1.** *(vergiftet)* poisonous; *zoo* venomous; *bot med* toxic; **2.** *fig (boshaft)* poisonous, venomous; **Gif·tig·keit** *f* toxicity.
Gift·müll *m* toxic waste; **Gift·pfeil** *m* poisoned arrow; **Gift·pflan·ze** *f* poisonous plant; **Gift·pilz** *m* poisonous toadstool; **Gift·schlan·ge** *f* poisonous snake; **Gift·stoff** *m* toxic substance; **Gift·zwerg** *m fig fam pej* nasty little squirt.
Gi·gant [giˈgant] ‹-en, -en› *m* giant; **gi·gan·tisch** *adj* enormous, gigantic; **Gi·gan·to·ma·nie** ‹-› *f* megalomania.
Gim·pel [ˈgɪmpəl] ‹-s, -› *m* **1.** *orn* bullfinch; **2.** *fig* dunce.
Gin·ster [ˈgɪnstɐ] ‹-s, -› *m* broom; *(Stech~)* gorse.
Gip·fel [ˈgɪpfəl] ‹-s, -› *m* **1.** *(Bergspitze)* peak, summit; **2.** *fig* height; ▶ **also, das ist der ~!** *fam* that takes the cake! **Gip·fel·kon·fe·renz** *f pol* summit (conference); **gip·feln** *itr* culminate (*in* in); **Gip·fel·punkt** *m fig* high point; **Gip·fel·tref·fen** *n* summit (meeting).
Gips [gɪps] ‹-es, -e› *m* plaster; **Gips·ab·druck** *m* plaster cast; **gip·sen** *tr* plaster; **Gips·fi·gur** *f* plaster figure; **Gips·ver·band** *m* plaster cast.
Gi·raf·fe [giˈrafə] ‹-, -n› *f* giraffe.
Gir·lan·de [gɪrˈlandə] ‹-, -n› *f* garland.
Gi·ro [ˈʒiːro] ‹-s, -s› *n* giro; **Gi·ro·kon·to** [ˈʒiːrokɔnto] *n* current account.
Gis [gɪs] ‹-, -› *n mus* G sharp.
Gischt [gɪʃt] ‹-› *f* spray.
Gi·tar·re [giˈtarə] ‹-, -n› *f* guitar; **Gi·tar·rist(in)** ‹-en, -en› *m (f)* guitarist.
Git·ter [ˈgɪtɐ] ‹-s, -› *n* **1.** *(~stangen)* bars *pl;* **2.** *(Viereck~)* grid; **3.** *(Holz~)* lattice, trellis; ▶ **hinter ~n** behind bars; **Git·ter·fen·ster** *n* barred window; **Git·ter·rost** *m* grating; **Git·ter·tor** *n* paled gate; **Git·ter·zaun** *m* paling.
Gla·dio·le [gladiˈoːlə] ‹-, -n› *f bot* gladiolus.
Gla·cé·hand·schuh [glaˈseːhantʃu] *m:* ▶ **jdn mit ~en anfassen** *fig* kid-glove s.o.
Glanz [glants] ‹-es› *m* **1.** gleam; *(von Farbe, Schuh)* shine; **2.** *fig (Ruhm)* glory; ▶ **s-n ~ verlieren** lose its shine.
glän·zen [ˈglɛntsən] *itr* **1.** shine; *(glitzern)* glisten; *(vor Fett)* be shiny; **2.** *fig* be brilliant; ▶ **durch Abwesenheit ~** *fig* be conspicuous by one's absence.
glän·zend *adj* **1.** shining; *(glitzernd)* glistening; **2.** *fig* brilliant.
Glanz·lei·stung *f* brilliant achievement.
glanz·los *adj a. fig* dull; **Glanz·num·mer** *f* big number; **Glanz·pa·pier** *n* glossy paper; **Glanz·po·li·tur** *f* gloss polish; **glanz·voll** *adj* brilliant, splendid; **Glanz·zeit** *f* heyday.
Glas [glaːs, *pl* ˈglɛːzɐ] ‹-es, ⸚er› *n* **1.** *allg* glass; **2.** *(Fern~)* binoculars *pl;* **3.** *opt (Brillen~)* lens; ▶ **ein ~ Marmelade** a jar of jam; **unter ~** behind glass; **Glas·au·ge** *n* glass eye; **Glas·bau·stein** *m* glass block; **Glas·be·häl·ter** *m* glass container (*od* vessel); **Glas·con·tai·ner** *m* bottle bank; **Glas·dach** *n* glass roof; **Gla·ser(in)** *m (f)* glazier; **Gla·se·rei** *f* glazier's workshop.
glä·sern [ˈglɛːzɐn] *adj* **1.** *(aus Glas)*

glass; **2.** *fig (starr)* glassy; *(durchschaubar)* transparent.

Glas·fa·ser·kabel *n tech* fibre optic cable; **Glas·fa·ser·op·tik** *f tech* fibre optics; **Glas·haus** *n:* ▶ **wer im ~ sitzt, soll nicht mit Steinen werfen** *prov* those who live in glasshouses shouldn't throw stones; **Glas·hüt·te** *f* glassworks *pl.*

gla·sig *adj* **1.** *(Speck, Zwiebeln)* transparent; **2.** *fig (Blick)* glassy.

Glas·ka·sten *m* **1.** *allg* glass case; **2.** *fam (verglaster Raum)* glass box; **glasklar** ['-'-] *adj* **1.** *(klar, wie Glas)* clear as glass; **2.** *fig* crystal-clear; **Glas·ma·le·rei** *f* glass painting; **Glas·per·le** *f* glass bead; **Glas·plat·te** *f* glass top; **Glas·röh·re** *f* glass tube; **Glas·schei·be** *f* sheet of glass; *(Fenster)* pane of glass; **Glas·scher·be** *f* fragment of glass, piece of broken glass; **Glas·schrank** *m* glass-fronted cupboard; **Glas·split·ter** *m* splinter of glass; **Glas·tür** *f* glass door.

Gla·sur [gla:'zu:ɐ] *f* **1.** *(auf Keramik)* glaze; **2.** *(Emaille)* enamel; **3.** *(auf Speisen)* frosting, icing.

Glas·ver·si·che·rung *f* glass insurance; **Glas·wol·le** *f* glass wool.

glatt [glat] **I** *adj* **1.** *(eben) a. fig* smooth; **2.** *(schlüpferig)* slippery; *(Stoff)* uncreased; **3.** *fig (ausgesprochen)* downright; ▶ **~ sitzen** *(anliegen)* be a close fit; **II** *adv* **1.** *(eben) a. fig* smoothly; **2.** *(direkt)* flatly; ▶ **er hat es mir ~ ins Gesicht gesagt** he said it straight to my face; **das habe ich doch ~ vergessen** I clean forgot about it.

glatt|bü·geln *tr* **1.** *allg* iron smooth; **2.** *fig* iron out.

Glät·te ['glɛtə] ‹-, (-n)› *f* **1.** *(Ebenheit)* smoothness; **2.** *(Schlüpfrigkeit)* slipperiness; **3.** *fig (Benehmen)* slickness.

Glatt·eis *n* (black) ice; ▶ **jdn aufs ~ führen** *fig* take s.o. for a ride.

glät·ten ['glɛtən] *tr* **1.** *(glatt machen)* smooth out; **2.** *fig (in Ordnung bringen)* iron out.

glatt·weg ['glatvɛk] *adv fam* bluntly, just like that, simply.

Glat·ze ['glatsə] ‹-, -n› *f* bald head; ▶ **e-e ~ bekommen** be going bald; **e-e ~ haben** be bald; **Glatz·kopf** *m fam (Glatzköpfiger)* baldie; **glatz·köp·fig** ['glatskœpfɪç] *adj* bald.

Glau·be ['glaʊbə] ‹-ns, (-n)› *m* **1.** *rel* faith *(an* in); **2.** *(Ansicht)* belief; ▶ **den ~n an etw verlieren** lose faith in s.th.; **laß sie doch in ihrem ~n!** let her keep her illusions! *pl.*

glau·ben *tr itr* **1.** *(meinen)* think; **2.** *(für wahr halten)* believe *(jdm* s.o.; *an etw* in s.th.); ▶ **ich glaube schon** I suppose so; **ich glaube, ja** I think so; **wer's glaubt, wird selig!** *fam* a likely story! **daran ~ müssen** *fig fam* cop it *sl;* **glaubst du?** do you think so? **ob du es glaubst oder nicht** believe it or not; **es ist kaum zu ~** I can hardly believe it; **das glaubst du wohl selbst nicht!** you can't be serious! **Glau·bens·be·kennt·nis** *n rel* creed; **Glau·bens·frei·heit** *f* religious freedom.

glaub·haft *adj* **1.** *(zu glauben)* believable, credible; **2.** *(authentisch, verbürgt)* authentic; ▶ **jdm etw ~ machen** satisfy s.o. of s.th.; **Glaub·haf·tig·keit** *f* credibility.

gläu·big ['glɔɪbɪç] *adj rel* religious; **Gläu·bi·ge(r)** *f m* believer; ▶ **die ~n** the faithful.

Gläu·bi·ger(in) *m (f) com* creditor; **Gläu·bi·ger·bank** *f* creditor bank; **Gläu·bi·ger·land** *n* creditor nation (*od* state).

glaub·lich *adj:* ▶ **es ist kaum ~** it's hardly credible.

glaub·wür·dig *adj* **1.** *(Person)* credible; **2.** *(Hinweis etc: verläßlich)* reliable; **Glaub·wür·dig·keit** *f* **1.** *(von Person)* credibility; **2.** *(von Hinweis etc)* reliability.

gleich [glaɪç] **I** *adj* **1.** *(identisch)* same; **2.** *(ähnlich)* similar; **3.** *(rechnerisch ~)* equal; ▶ **zur ~en Zeit** at the same time; **ich hab' das ~e Buch!** I've got the same book! **in ~em Abstand** at an equal distance; **es war der ~e wie gestern** it was the same one as yesterday; **ist mir ganz ~!** it's all the same to me! **II** *adv* **1.** *(sofort)* at once; **2.** *(in ~er Weise)* equally; ▶ **ich komme ~** I'll be right there; **~!** just a minute! **ich komme ~ wieder** I'll be right back; **warum nicht ~ so?** why didn't you do that straight away? **bis ~!** see you in a while! **wie war das doch ~?** what was that again? **das bleibt sich ~** it doesn't matter.

gleich·alt·rig *adj* of the same age; **gleich·ar·tig** *adj* of the same kind; *(ähnlich)* similar; **gleich·be·deu·tend** *adj:* ▶ **das ist ~ mit ...** that's tantamount to ...; **gleich·be·rech·tigt** *adj* with equal rights; ▶ **~ sein** have equal rights; **Gleich·be·rech·ti·gung** *f* equal rights; **gleich·blei·bend** *adj* constant.

glei·chen ['glaɪçən] *irr itr* be like; ▶ **sie gleicht ihrer Mutter** she looks like her mother.

glei·cher·ma·ßen ['--'--] *adv (in gleicher Weise)* in a similar manner.

gleich·falls *adv (auch)* also; ▶ **danke, ~!** thanks, the same to you! **gleich·för·mig** *adj (eintönig)* monotonous; **gleich·ge·sinnt** *adj* like-minded.

Gleich·ge·wicht *n a. fig* balance; ▶ **das ~ verlieren** lose one's balance; **jdn aus dem ~ bringen** throw s.o. off balance.

gleich·gül·tig *adj* **1.** *(uninteressiert)* indifferent (*gegen* to(wards)); **2.** *(apathisch)* listless; ▶ **ist mir doch völlig ~!** I don't give a damn! *fam;* **Gleich·gül·tig·keit** *f* indifference (*gegen* to(wards)).
Gleich·heit *f* equality; **Gleich·heits·zei·chen** *n math* equals sign.
gleich|kom·men ⟨sein⟩ *irr itr:* ▶ **jdm ~ an ...** match s.o. in ...
gleich·lau·tend *adj* identical; ▶ **~e Abschrift** duplicate, true copy.
gleich|ma·chen *tr* level out; ▶ **dem Erdboden ~** raze to the ground; **Gleich·ma·che·rei** *f pej* levelling down.
gleich·mä·ßig *adj* **1.** *(zu gleichen Teilen)* equal; **2.** *fig (ausgeglichen)* stable, well-balanced; **3.** *(ebenmäßig)* even; **4.** *(regelmäßig)* regular; **Gleich·mä·ßig·keit** *f* **1.** *(Ebenmäßigkeit)* evenness; **2.** *(Regelmäßigkeit)* regularity; **Gleich·mut** ⟨-(e)s⟩ *m* composure, equanimity; **gleich·mü·tig** ['glaɪçmy:tɪç] *adj* composed.
Gleich·nis *n (Parabel) a. eccl* parable.
gleich·sam *adv* as it were, so to speak.
gleich·schenk·lig *adj math* isosceles; **Gleich·schritt** *m:* ▶ **im ~, marsch!** forward march! **gleich·sei·tig** *adj* equilateral; **Gleich·stand** *m sport:* ▶ **den ~ erzielen** draw level; **Gleich·stel·lung** *f* equality; **Gleich·strom** *m el* direct current (*Abk* D.C.).
gleich|tun *irr tr:* ▶ **es jdm ~** match s.o.; **es jdm ~ wollen** vie with s.o.
Glei·chung *f* equation; ▶ **~ 1. Grades** linear equation; **~ mit mehreren Unbekannten** simultaneous equation.
gleich·wer·tig *adj* **1.** *allg* equal; **2.** *(gleichstark)* evenly matched; **3.** *chem* equivalent; **gleich·wink·lig** *adj* equiangular; **gleich·wohl** ['-'-] *adv* nevertheless; **gleich·zei·tig I** *adj* simultaneous; **II** *adv* at the same time.
gleich|zie·hen *irr itr sport:* ▶ **~ mit ...** catch up with ...
Gleis [glaɪs] ⟨-es, -e⟩ *n rail* line, track, rails *pl;* ▶ **von welchem ~ geht der Zug nach ...?** which platform does the train to ... leave from? **jdn aus dem ~ bringen** *fig* put s.o. off his stroke; **Gleis·an·schluß** *m* siding; **Gleis·ar·bei·ten** *pl* track repairs.
glei·ßen ['glaɪsən] *itr* glisten.
Gleit·boot *n* hydroplane.
glei·ten ['glaɪtən] ⟨sein⟩ *irr itr* **1.** glide; **2.** *(Blick)* pass, range; *(Hand a.)* slide; ▶ **~de Arbeitszeit** flexitime; **sie glitt zu Boden** she slid to the ground; **Gleit·flug** *m* glide, gliding; **Gleit·flug·zeug** *m* glider; **Gleit·kar·te** *f fam (Ausweis für Gleitzeitteilnehmer)* flexicard; **Gleit·klau·sel** *f com fin* escalator clause; **Gleit·mit·tel** *n* lubricant; **Gleit·schie·ne** *f (bei Schreibmaschine)* carriage rail; **Gleit·schirm** *m* hang glider; **Gleit·schirm·flie·gen** *n* hang-gliding; **Gleit·wachs** *n (Skiwachs)* wax; **Gleit·zeit** *f* flexitime.
Glet·scher ['glɛtʃɐ] ⟨-s, -⟩ *m* glacier; **Glet·scher·brand** *m* glacial sunburn; **Glet·scher·spal·te** *f* crevasse.
Glied [gli:t] ⟨-(e)s, -er⟩ *n* **1.** *(Körperteil)* limb; **2.** *(Penis)* member; **3.** *(Ketten~) a. fig* link; ▶ **an allen ~ern zittern** be shaking all over; **s-e ~er strecken** stretch o.s.; **Glie·der·arm·band** *n (flexibles ~)* expanding bracelet.
glie·dern ['gli:dɐn] **I** *tr (unter~)* subdivide (*in* into); **II** *refl* be composed, consist (*in* of).
Glie·der·schmer·zen *pl* rheumatic pains; **Glie·de·rung** *f* **1.** *(Struktur)* structure; **2.** *(als Aufgabe)* organization; **Glied·ma·ßen** ['gli:tmasən] *pl* limbs.
glim·men ['glɪmən] *irr itr* **1.** *allg* glow; **2.** *fig* glimmer.
glim·mern *itr* glimmer.
Glimm·sten·gel *m Br fam* fag.
glimpf·lich ['glɪmpflɪç] *adj* light, mild; ▶ **~ davonkommen** get off lightly.
glit·schig ['glɪtʃɪç] *adj* slippery.
glit·zern ['glɪtsɐn] *itr* glitter; *(Stern a.)* twinkle.
glo·bal [glo:'ba:l] *adj:* ▶ **~e Klimaverschlechterung** worldwide deterioration of the climate; **Glo·bus** ['glo:bʊs] ⟨-/-ses, -ben/-se⟩ *m* globe.
Glocke (k·k) ['glɔkə] ⟨-, -n⟩ *f* **1.** *(Turm~)* bell; **2.** *(Klingel)* gong; ▶ **die ~n läuten** ring the bells; **du brauchst es nicht an die große ~ zu hängen** *fig* you don't need to shout it from the rooftops.
Glocken·blu·me (k·k) *f* bellflower, blue-bell; **glocken·för·mig (k·k)** *adj* bell-shaped; **Glocken·ge·läu·te (k·k)** *n* peal of bells; **Glocken·klang (k·k)** *m* ringing of bells; **Glocken·schlag (k·k)** *m* stroke of a bell; **Glocken·spiel (k·k)** *n* chimes *pl;* **Glocken·stuhl (k·k)** *m* bellcage; **Glocken·turm (k·k)** *m* belltower, belfry.
Glöck·ner ['glœknɐ] *m* bellringer.
Glo·rie ['glo:riə] *f (Ruhm)* glory.
glo·ri·fi·zie·ren [glorifi'tsi:rən] *tr* glorify.
glor·reich ['glo:ɐraɪç] *adj* glorious.
Glos·sar [glɔ'sa:ɐ] ⟨-s, -e⟩ *n* glossary.
Glos·se ['glɔsə] ⟨-, -n⟩ *f* gloss (*zu* on); **glos·sie·ren** *tr* write a gloss on.
Glot·ze ⟨-, -n⟩ *f sl TV* goggle-box *fam;* **glot·zen** ['glɔtsən] *itr* stare (*auf* at).
Glück [glʏk] ⟨-(e)s⟩ *n* **1.** *(~sfall)* good luck; **2.** *(Glücklichkeit)* happiness; ▶ **~ gehabt!** that was lucky! **kein ~ haben** be out of luck; **von ~ sagen können** be able to consider o.s. lucky; **sein ~ versuchen** try one's luck; **du hast ~ gehabt**

you were lucky; **ein ~, daß ...** it's a good thing that ...; **ein ~!** how lucky! **zum ~** fortunately; **viel ~!** good luck! **dein ~!** lucky for you! **auf gut ~** on the off-chance; **jdm ~ wünschen zu ...** congratulate s.o. on ...

Glucke (k·k) ['glʊkə] ‹-, -n› *f zoo* broody hen.

glücken (k·k) ['glʏkən] ‹sein› *itr* be a success; ► **es wollte einfach nicht ~** it simply wouldn't go right; **wie ist dir denn das geglückt?** how did you manage to do that?

gluckern (k·k) ['glʊkɐn] *(Wasser)* gurgle.

glück·lich *adj* **1.** *(erfolgreich)* fortunate, lucky; **2.** *(froh)* happy; ► **sich ~ schätzen** consider o.s. lucky; **er ist ~ angekommen** he arrived safely; **glück·li·cher·wei·se** ['---'--] *adv* fortunately, luckily.

Glücks·brin·ger *m* lucky charm; **Glücks·fall** *m Br* stroke of luck, *Am* lucky break; **Glücks·kind** *n* lucky person; **Glücks·klee** *m* four-leaf clover; **Glücks·pfen·nig** *m* lucky penny; **Glücks·pilz** *m fam* lucky fellow (*od* beggar); **Glücks·rad** *m* wheel of fortune; **Glücks·sa·che** *f* matter of luck; **Glücks·spiel** *n* game of chance; **Glücks·spie·ler(in)** *m (f)* gambler; **Glücks·tref·fer** *m* **1.** *sport mil* lucky shot; **2.** *allg (a. Lotterie)* stroke of luck.

Glück·wunsch *m* congratulations *pl;* ► **herzlichen ~ zum Geburtstag!** happy birthday! **Glück·wunsch·kar·te** *f* greetings card; **Glück·wunsch·te·le·gramm** *n* greetings telegram.

Glüh·bir·ne *f* light bulb.

glü·hen ['gly:ən] *itr* glow; ► **ihre Augen glühten vor Zorn** her eyes glowed with anger; **glü·hend** *adj* **1.** *allg* glowing; *(Metall)* red-hot; **2.** *fig* ardent, fervent; ► **~e Hitze** blazing heat; **~ heiß** burning hot; **Glüh·fa·den** *m el* filament; **Glüh·strumpf** *m* gas mantle; **Glüh·wein** *m* mulled wine; **Glüh·würm·chen** *n* glow-worm.

Glupsch·au·ge ['glʊpʃaʊgə] *n fam* goggle eye.

Glut [glu:t] ‹-, -en› *f* **1.** *(Sonnen~)* blaze; **2.** *(glühende Masse)* embers *pl.*

Glu·ta·min [gluta'mi:n] ‹-s, -e› *n chem* glutamine.

Glut·hit·ze ['-'--] *f* sweltering heat; **glut·rot** ['-'-] *adj* fiery red.

Gly·kol [gly'ko:l] ‹-s, -e› *n chem* glycol.

GmbH ‹-, -s› *f Abk von* **Gesellschaft mit beschränkter Haftung** *Br* Ltd, *Am* Inc.

Gna·de ['gna:də] ‹-, -n› *f (Erbarmen)* mercy; favour; ► **~ vor Recht ergehen lassen** temper justice with mercy; **~!** *a. fig* mercy! **Gna·den·frist** *f* reprieve; ► **ich geb' dir noch zwei Stunden ~!** I will give you two hours' grace! **Gna·den·ge·such** *n* plea for clemency; ► **ein ~ einreichen** file a plea for clemency; **gna·den·los** *adj* merciless; **Gna·den·stoß** *m* coup de grâce.

gnä·dig ['gnɛ:dɪç] *adj* **1.** *(erbarmend)* merciful; **2.** *(herablassend)* condescending.

Gnom [gno:m] ‹-en, -en› *m* gnome.

Go-Go-Girl ['go:go gœrl] ‹-s, -s› *n* go-go girl.

Go·be·lin [gobə'lɛ̃:] ‹-s, -s› *m* tapestry.

Gockel(·hahn) (k·k) ['gɔkəl-] ‹-s, -› *m* cock.

Gold [gɔlt] ‹-(e)s› *n* gold; **Gold·bar·ren** *m* gold ingot; **Gold·barsch** *m* redfish; **Gold·be·stand** *m* gold reserve; **Gold·dou·blé** ['gɔltduble:] ‹-s, (-s)› *n* gold plating.

gol·den ['gɔldən] *adj* golden; ► **~er Schnitt** golden section; **die ~e Mitte wählen** strike a happy medium.

Gold·fa·san *m* golden pheasant; **Gold·fisch** *m* goldfish; **Gold·ge·halt** *m* gold contents *pl;* **gold·gelb (gold·farben)** *adj* golden; **gold·gie·rig** *adj* greedy for gold; **Gold·grä·ber** *m* gold-digger; **Gold·gru·be** *f a. fig* gold-mine.

gol·dig *adj fig* cute.

Gold·klum·pen *m* gold nugget; **Gold·lack** *m* **1.** *(goldener Lack)* gold laquer; **2.** *bot* wallflower; **Gold·me·dail·le** *f* gold medal; **Gold·me·dail·len·ge·win·ner(in)** *m (f)* gold medallist; **Gold·mün·ze** *f* gold piece; **Gold·re·gen** *m bot* laburnum; **gold·rich·tig** ['-'--] *adj fam* dead right; **Gold·schmied(in)** *m (f)* goldsmith; **Gold·schnitt** *m typ* gilt edging; **Gold·stück** *n (Münze)* gold coin; **Gold·su·cher** *m* gold-hunter; **Gold·waa·ge** *f* gold-scales *pl;* ► **alle Worte auf die ~ legen** *fig* weigh (one's) words well; **Gold·wäh·rung** *f* gold-standard; **Gold·wa·ren** *pl* gold articles.

Golf[1] [gɔlf] ‹-(e)s, -e› *m geog* gulf.

Golf[2] ‹(-s)› *n (Spiel)* golf.

Golf·krieg *m* Gulf war.

Golf·platz *m* golf course; **Golf·schlä·ger** *m* golf club; **Golf·spie·ler(in)** *m (f)* golfer; **Golf·staat** *m* Gulf state; **Golf·strom** *m geog* Gulf Stream.

Gon·del ['gɔndəl] ‹-, -n› *f* **1.** *(Boot)* gondola; **2.** *(Seilbahnkabine)* car.

gön·nen ['gœnən] *tr:* ► **nicht ~** begrudge; **sich ~** give (*od* allow) o.s.; **das sei dir gegönnt** I don't grudge you that; **er gönnt sich keine Minute Ruhe** he doesn't allow himself a minute's rest.

gön·ner·haft *adj* patronizing; **Gön·ner(in)** *m (f)* patron(ess); **Gön·ner·mie·ne** *f* patronizing air.

Gör (Göre) [gø:ɐ] ‹-(e)s, -en› *n (f* ‹-, -en›*)* brat.

Gos·se ['gɔsə] ‹-, -n› *f* gutter.

Go·te (Go·tin) ['go:tə] ‹-n, -n› *m (f)*

Goth; **Go·tik** ['go:tɪk] *f arch* Gothic; **go·tisch** *adj* Gothic.

Gott [gɔt, *pl* 'gœtɐ] ‹-es/(-s), ¨-er› *m* God; ► **ach ~ ...** well ...; **der liebe ~** the good Lord; **an ~ glauben** believe in God; **leider ~es** unfortunately; **ich habe, weiß ~, keine Zeit für sowas!** I really have no time for that sort of thing! **mein ~, was machen Sie denn da?** for God's sake, what are you doing? **o ~!** dear me! **du bist wohl ganz von ~ verlassen!** *fig* you must be completely out of your mind! **in ~es Namen!** for goodness sake! **um ~es willen!** for heaven's sake; **~ sei Dank** thank God!

Göt·ter·spei·se *f* fruit jelly.

Got·tes·dienst *m* service; ► **zum ~ gehen** go to church; **Got·tes·haus** *n* place of worship; **Got·tes·lä·ste·rung** *f* blasphemy; **gott·ge·wollt** *adj* willed by God; **Gott·heit** *f* **1.** *(Göttlichkeit)* divinity; **2.** *(ein Gott)* godhead; **Göt·tin** ['gœtɪn] *f* goddess; **gött·lich** *adj* divine.

gott·lob! ['-'-] *interj* thank goodness!

gott·los *adj fig (verrucht)* wicked; **gott·ver·las·sen** *adj* godforsaken; **Gott·ver·trau·en** *n* trust in God; ► **na, du hast aber ~!** I wish I had your faith!

Göt·ze ['gœtsə] ‹-n, -n› *m pej* idol.

Gou·ver·neur [guvɛ'nø:ɐ] ‹-s, -e› *m* governor.

Grab [gra:p, *pl* 'grɛ:bər] ‹-(e)s, ¨-er› *n* grave; ► **jdn zu ~e tragen** bear s.o. to his grave; **deine Mutter würde sich im ~ umdrehen, wenn ...** *fig* your mother would turn in her grave if ...; **sie bringt mich noch ins ~!** *fig* she'll be the death of me yet!

Gra·ben ['gra:bən, *pl* 'grɛ:bən] ‹-s, -› *m* ditch; *mil* trench.

gra·ben *irr tr (mit Spaten etc)* dig.

Gra·bes·käl·te ['-'--] *f* deathly cold.

Grab·hü·gel mound; **Grab·in·schrift** *(f)* epitaph; **Grab·mal** *n* monument; **Grab·plat·te** *f* memorial slab; **Grab·re·de** *f* funeral oration; **Grab·schän·der(in)** *m (f)* defiler of graves; **Grab·stein** *m* gravestone.

Grad [gra:t] ‹-(e)s, -e› *m allg* degree; ► **15 ~ Wärme (Kälte)** 15 degrees above (below) zero; **die Waschmaschine auf 60° stellen** set the washing-machine at sixty degrees; **bis zu e-m gewissen~e** to a certain degree; **im höchsten ~e** extremely; **Grad·ein·tei·lung** *f* graduation; **Grad·netz** *n geog tech* latitude and longitude grid.

Graf [gra:f] ‹-en, -en› *m Br* earl; *(ausländischer ~)* count.

Graf·fi·ti [gra'fɪtɪ] *pl* graffiti *pl.*

Grä·fin ['grɛ:fɪn] *f* countess; **Graf·schaft** *f hist* earldom; *Br (modern)* county.

Gram [gra:m] ‹-(e)s› *m* grief, sorrow; ► **jdm g~ sein** bear s.o. ill-will.

grä·men ['grɛ:mən] *refl:* ► **sich über jdn ~** grieve over s.o.

Gramm [gram] ‹-s, (-e)› *n* gram(me).

Gram·ma·tik [gra'matɪk] *f* grammar; **gram·ma·ti·ka·lisch (gram·ma·tisch)** *adj* grammatical.

Gra·nat [gra'na:t] ‹-(e)s, -e› *m (Edelstein)* garnet.

Gra·nat·ap·fel *m* pomegranate.

Gra·na·te [gra'na:tə] ‹-, -n› *f* shell; **Gra·nat·feu·er** *n* shell fire, shelling; **Gra·nat·split·ter** *m* shell splinter; **Gra·nat·trich·ter** *m* shell crater; **Gra·nat·wer·fer** *m* trench mortar.

gran·di·os [gran'djo:s] *adj* magnificent, terrific.

Gra·nit [gra'ni:t] ‹-s, -e› *m* granite.

Gra·phik ['gra:fɪk] *f* **1.** *(künstlerische ~)* graphic; **2.** *(Gewerbe)* graphic arts *pl;* **3.** *(Diagramm)* diagram; **Gra·phik·bild·schirm** *m EDV* graphics screen; **Gra·phi·ker(in)** *m (f)* graphic artist; **Gra·phik·kar·te** *f EDV* graphics card; **gra·phisch** *adj* **1.** *allg* graphic; *(schematisch)* schematic; **2.** *(anschaulich)* vivid; ► **~e Darstellung** graph.

Gra·phit [gra'fi:t] ‹-(e)s, -e› *m* graphite.

Gras [gra:s, *pl* 'grɛ:zər] ‹-es, ¨-er› *n* grass; ► **ins ~ beißen** *fig fam* bite the dust; **über etw ~ wachsen lassen** *fig* let the dust settle over s.th.

gra·sen ['gra:zən] *itr* graze.

gras·grün ['-'-] *adj* grass-green; **Gras·halm** *m* blade of grass; **Gras·hüp·fer** *m zoo* grasshopper; **Gras·land** ‹-(e)s› *n* grassland; **Gras·mücke (k·k)** *f orn* warbler.

gras·sie·ren [gra'si:rən] *itr med* rage; ► **die Seuche grassiert immer mehr** the disease is spreading.

gräß·lich ['grɛslɪç] *adj* **1.** *(grauenvoll)* hideous, horrible; **2.** *(widerlich)* awful, dreadful.

Grat [gra:t] ‹-(e)s, -e› *m* **1.** *(Berg~)* ridge; **2.** *tech* burr.

Grä·te ['grɛ:tə] ‹-, -n› *f* fish-bone.

Gra·ti·fi·ka·tion [gratifika'tsjo:n] *f* bonus.

gra·tis ['gra:tɪs] *adv* free (of charge); **Gra·tis·pro·be** *f* free sample.

Gra·tu·la·tion [gratula'tsjo:n] *f* congratulations *pl;* **gra·tu·lie·ren** *itr* congratulate (on); ► **ich gratuliere!** my congratulations! **jdm zum Geburtstag ~** wish s.o. many happy returns.

Grau ‹-s, -/(-s)› *n* grey; **grau** [graʊ] *adj* grey; ► **der ~e Alltag** dull reality; **~e Haare bekommen** go grey; **in ~er Vorzeit** in the misty past; **grau·äu·gig** ['graʊɔɪgɪç] *adj* grey-eyed; **grau·braun** ['-'-] *adj* greyish brown; **Grau·brot** *n* rye bread.

Grau·en ‹-s› *n (Entsetzen)* horror.
grau·en[1] *imp:* ▶ **mir graut es davor** I dread it; **grau·en·er·re·gend (~haft, ~voll)** *adj* gruesome, horrid.
grau·en[2] ['graʊən] *itr:* ▶ **der Tag fängt schon an zu ~** dawn is beginning to break.
grau·grün ['-'-] *adj* grey-green; **Grau·guß** *tech (Gußeisen)* grey iron; **grau·haa·rig** *adj* grey-haired; **grau·me·liert** ['graʊme'li:ɐt] *adj* greying.
Grau·pe ['graʊpə] ‹-, -n› *f* grain of pearl barley.
Grau·pel·schau·er *m* sleet.
Grau·pen·sup·pe *f* barley broth.
grau·sam ['graʊza:m] *adj* **1.** *(brutal)* cruel (*zu* to); **2.** *fig fam (schlimm)* awful; **Grau·sam·keit** *f* cruelty.
Grau·sen ['graʊzən] ‹-s› **n:** ▶ **da überkommt dich (doch) das kalte ~** it's enough to give you the creeps; **grau·sig** *adj* horrible.
Gra·veur(in) [gra'vø:ɐ] ‹-s, -e› *m (f)* engraver; **gra·vie·ren** *tr* engrave; **Gra·vie·rung** *f* engraving.
Gra·vi·ta·tion [gravita'tsjo:n] *f phys* gravitation; **Gra·vi·ta·tions·kraft** *f phys* gravitational force.
gra·vi·tä·tisch [gravi'tɛ:tɪʃ] *adj* grave, solemn.
Gra·zie ['gra:tsiə] *f* grace; **gra·zi·ös** [gra'tsjø:s] *adj* graceful.
Greif·arm *m* claw arm; **greif·bar** *adj (zur Verfügung)* available; ▶ **in ~er Nähe** within reach.
grei·fen ['graɪfən] *irr* **I** *tr (er~)* grasp; **II** *itr* **1.** *tech (einrasten)* grip; **2.** *fig* have an effect (*bei* on); *(wirksam werden)* be effective; ▶ **in die Saiten ~** hold down the strings; **nach etw ~** reach for s.th.; **an etw ~** *(fassen)* take hold of s.th., grasp s.th.; *(berühren)* touch s.th.; ▶ **zum G~ naheliegen** *fig* be within one's grasp; ▶ **zur Flasche ~** take to the bottle; **Grei·fer** *m tech (Klaue)* grab.
Greis [graɪs] ‹-es, -e› *m* old man; **greis** *adj:* ▶ **sein ~es Haupt schütteln** *a. hum fam* shake one's wise old head; **Grei·sin** *f* old woman.
grell [grɛl] *adj:* ▶ **~e Stimme** shrill voice; **~e Sonne** dazzling sun; **~e Farbe** loud colour.
Grenz·be·am·te (-be·am·tin) *m (f)* passport official; **Grenz·be·reich** *m* border zone; **Grenz·be·völ·ke·rung** *f* inhabitants of the border zone.
Gren·ze ['grɛntsə] ‹-, -n› *f* **1.** *(Staats~)* border; **2.** *(private ~)* boundary; **3.** *fig* limits *pl;* ▶ **alles hat s-e ~n** *fig* there's a limit to everything; **sich (noch) in ~n halten** *fig* be limited; **die ~ überschreiten** cross the border; **die ~ zu Dänemark** the Danish border; **gren·zen** *itr a. fig* border (*an* on); **gren·zen·los** *adj a. fig* boundless; **Grenz·fall** *m* borderline case; **Grenz·ge·biet** *m* border area; **Grenz·kon·flikt** *m* border (*od* frontier) dispute; **Grenz·li·nie** *f* boundary; **Grenz·pfahl** *m* boundary post; **Grenz·po·sten** *m* border guard; **Grenz·schutz** *m* frontier guard; **Grenz·stadt** border-town; **Grenz·station** *f* border station; **Grenz·stein** *m* boundary stone; **Grenz·strei·tig·keit** *f pol* border (*od* frontier) dispute; **Grenz·über·gang** *m* border (*od* frontier) crossing; **Grenz·ver·kehr** *m* border traffic; **Grenz·wert** *m math* limit; **Grenz·zwi·schen·fall** *m* frontier (*od* border) incident.
Greu·el ['grɔɪəl] ‹-s, -› *m* **1.** *(Grauen)* horror; **2.** *(~tat)* outrage; **Greu·el·mär·chen** *n* horror story; **Greu·el·mel·dung** *f* atrocity propaganda; **Greu·el·tat** *f* atrocity; **greu·lich** ['grɔɪlɪç] *adj* abominable, atrocious.
Grie·che (Grie·chin) ['gri:çɐ] ‹-n, -n› *m (f)* Greek; **Grie·chen·land** *n* Greece; **grie·chisch** *adj* Greek.
Grieß(·brei) [gri:s] ‹-es› *m* semolina.
Griff [grɪf] ‹-(e)s, -e› *m* **1.** *(Stiel)* handle; **2.** *(Revolver~)* butt; **3.** *(Tür~)* knob; **4.** *(Hand~)* grasp, grip; ▶ **e-n ~ ansetzen** *(beim Ringen)* apply a hold; **etw in den ~ bekommen** *fig* gain control of s.th.; **griff·be·reit** *adj* handy.
Grif·fel ['grɪfəl] ‹-s, -› *m* **1.** *obs (Schreibgerät)* slate-pencil; **2.** *bot* style.
Grill [grɪl] ‹-s, -s› **1.** *(Brat~)* grill; **2.** *mot (Kühler~)* grille.
Gril·le ['grɪlə] ‹-, -n› *f zoo* cricket.
gril·len ['grɪlən] *tr (in der Küche)* grill; *(im Garten)* barbecue.
Grill·re·stau·rant *n* grillroom.
Gri·mas·se [gri'masə] ‹-, -n› *f* grimace; ▶ **~n schneiden** pull faces.
Grimm [grɪm] ‹-(e)s› *m* wrath (*auf* against); **grim·mig** *adj* **1.** grim; **2.** *(übermäßig)* severe.
Grin·sen ['grɪnzən] ‹-s› *n* grin; **grin·sen** *itr* grin.
grip·pal [grɪ'pa:l] *adj:* ▶ **~er Infekt** influenza infection; **Grip·pe** ['grɪpə] ‹-, -n› *f* influenza, *fam* flu.
Grips [grɪps] ‹-es› *m* brains *pl;* ▶ **streng mal deinen ~ an!** use your brains!
grob [gro:p] ‹grʌber, grʌbst› *adj* **1.** *(von Beschaffenheit)* coarse; **2.** *fig (verletzend)* rude; **3.** *(groß)* gross; ▶ **~ geschätzt** at a rough estimate; **aus dem Gröbsten heraus sein** be out of the woods *fig;* **grob·ge·mah·len** *adj* coarse-ground; **Grob·heit** *f fig* rudeness; ▶ **jdm ~en an den Kopf werfen** be rude to s.o.; **grob·kör·nig** *adj* coarse-grained; **grob·ma·schig** *adj* large-meshed; *(von Pullover)* loose-knit.
grö(h)len ['grø:lən] *itr* bawl.
Groll [grɔl] ‹-(e)s› *m* anger, wrath; ▶ ~

gegen jdn hegen harbour a grudge against s.o.; **grol·len** *itr* **1.** *(jdm ~)* be filled with wrath against (s.o.); **2.** *(Donner)* peal, roll.

Grön·land ['grø:nlant] ‹-s› *n* Greenland.

Gros [gro:, *gen, pl* gro:s] ‹-, -› *n* **1.** bulk, major part; **2.** *com* gross.

Gro·schen·ro·man *m Br* cheap (*Am* dime) novel.

groß [gro:s] ‹grʌßer, grʌßt› **I** *adj* **1.** *(bedeutend)* great; *(räumlich)* large; *(umfangreich, a. fig)* big; *(riesig)* huge; *(hochgewachsen)* tall; *(Fläche)* extensive, vast; **2.** *(großartig)* grand; ▶ **~e Hitze** intense heat; **~ Kälte** severe cold; **~er Fehler** bad mistake; **die ~e Masse** the vast majority; **die ~en Ferien** the long holidays (*Am* vacation); **~e Worte machen** use big words; **ich habe ~e Lust, ins Kino zu gehen** I would really like to go to the cinema (*od Am* movies); **das ist jetzt ~e Mode** that's all the fashion now; **II** *adv:* ▶ **im Trinken ist er ~** he's great at drinking; **(ganz) ~ rauskommen** *fam* make the big time.

Groß·ab·neh·mer *m* bulk purchaser; **groß·ar·tig** *adj (wunderbar)* wonderful; *(hervorragend)* splendid; **~!** great! splendid!; **Groß·auf·nah·me** *f film* close-up; **Groß·auf·trag** *m* large order; **Groß·be·trieb** *m* large concern; **Groß·bild·schirm** *m TV* large screen; **Groß·bri·tan·nien** ['gro:sbrɪ'taniən] ‹-s› *n* Great Britain; **Groß·buch·sta·be** *m typ* capital; **Groß·com·pu·ter** *m* mainframe.

Grö·ße ['grø:sə] ‹-, -n› *f* **1.** *(Umfang, Format, Nummer)* size; **2.** *(Höhe)* height; **3.** *(Ausdehnung)* dimensions *pl;* **4.** *(Wichtigkeit, math, astr)* magnitude; **5.** *(Bedeutung)* greatness; ▶ **in natürlicher ~** full-scale (*od* -length); **unbekannte ~** unknown quantity; **der ~ nach aufstellen** line up in order of height.

Groß·ein·kauf *m* bulk purchase; **Groß·el·tern** *pl* grandparents.

Grö·ßen·ord·nung *f allg* scale; ▶ **in der ~ von** of this size; on the scale of.

gro·ßen·teils *adv* for the most part, mostly.

Grö·ßen·wahn *m* megalomania; **grö·ßen·wahn·sin·nig** *adj* megalomaniac.

Groß·fahn·dung *f* dragnet operation, manhunt; **Groß·fa·mi·lie** *f* extended family; **Groß·feu·er** *n* major fire; **Groß·for·mat** *n* large size; **Groß·grund·be·sit·zer(in)** [-'----] *m (f)* big landowner; **Groß·han·del** *m* wholesale trade; **Groß·händ·ler(in)** *m* wholesaler; **groß·her·zig** *adj* generous, magnanimous; **Groß·her·zig·keit** *f* generosity, magnanimity; **Groß·her·zog(in)** *m (f)* grand duke (duchess); **Groß·her·zog·tum** *n* Grand Duchy; **Groß·hirn** ‹-(e)s› *n* cerebrum.

groß·kot·zig ['gro:skɔtsɪç] *adj sl pej* swanky.

Groß·kü·che *f* canteen kitchen; **Groß·kund·ge·bung** *f* mass rally; **Groß·macht** *f* great power; **Groß·ma·ma** *f* grandma; **Groß·markt** *m* hypermarket; **Groß·maul** *n fam pej* loudmouth; **Groß·mut** *m* magnanimity; **groß·mü·tig** ['gro:smʏ:tɪç] *adj* magnanimous; **Groß·mut·ter** *f* grandmother; **Groß·nef·fe** *m* great-nephew; **Groß·nich·te** *f* great-niece; **Groß·on·kel** *m* great-uncle; **Groß·raum·ab·teil** *n rail* open carriage; **Groß·raum·bü·ro** *n* open-plan office; **Groß·raum·flug·zeug** *n* large-capacity aircraft; **Groß·rech·ner** *m* mainframe; **Groß·rei·ne·ma·chen** [-'----] *n* thorough cleaning; **Groß·stadt** *f* city; **Groß·städ·ter(in)** *m (f)* city-dweller; **groß·städ·tisch** *adj* big-city; **Groß·tan·te** *f* great-aunt.

Groß·teil *m* large part; ▶ **zum ~** for the most part.

größ·ten·teils *adv* for the most part.

Groß·un·ter·neh·men *n* large concern; **Groß·va·ter** *m* grandfather; **Groß·ver·an·stal·tung** *f* big event; **Groß·ver·brau·cher** *m* large consumer; **Groß·ver·sand·haus** *n* mail-order house; **Groß·wet·ter·la·ge** *f* general weather situation; ▶ **die politische ~** the general political climate.

groß|zie·hen *irr tr* raise.

groß·zü·gig ['gro:stsʏ:gɪç] *adj* **1.** *(planend)* large scale; **2.** *(freigebig)* generous, liberal; **3.** *(weiträumig)* spacious; **Groß·zü·gig·keit** *f* **1.** *(räumlich)* spaciousness; **2.** *(Freigebigkeit)* generosity.

gro·tesk [gro'tɛsk] *adj* grotesque.

Grot·te ['grɔtə] ‹-, -n› *f* grotto.

Grou·pie ['gru:pi] ‹-s, -s› *n sl* groupie.

Gru·be ['gru:bə] ‹-, -n› *f* **1.** *(Ton~ etc) a. min* mine, pit; **2.** *(gegrabene ~)* hole, hollow; ▶ **wer andern e-e ~ gräbt, fällt selbst hinein** *prov* you can easily fall into your own trap.

Grü·be·lei *f* brooding; **grü·beln** ['gry:bəln] *itr* brood (*über* over).

Gru·ben·ex·plo·sion *f* colliery explosion; **Gru·ben·un·glück** *n* mine disaster.

Gruft [grʊft, *pl* 'grʏftə] ‹-, ¨-e› *f* **1.** *(Grabgewölbe)* tomb, vault; **2.** *(Grabmal)* mausoleum; **3.** *(Krypta)* crypt.

grün [gry:n] *adj* green; ▶ **e-e Fahrt ins G~e** a trip to the country; **e-e ~e Witwe** a grass widow; **das ist dasselbe in G~** *fig fam* that's one and the same thing; **~e Welle** *mot* phased traffic lights *pl;* **jdm ~es Licht geben** *fig* give s.o. the go-ahead; **der ist mir nicht ~** *fig* I'm not in his good books; **Grün·an·la·ge** *f* park; **grün·äu·gig** ['grʏ:nɔɪgɪç] *adj* green-eyed; **grün·blau** ['-'-] *adj* greeny blue.

Grund[1] [grʊnt, *pl* 'grʏndə] ⟨-(e)s, ⸚e⟩ *m* *(Ursache)* reason; ▶ **aus welchem ~?** for what reason? **jdm zu etw ~ geben** give s.o. good cause for s.th.; **e-n ~ zum Feiern haben** have good cause for celebration; **der ~, weshalb ich gegangen bin** my reason for going (*od* the reason I went); **ich habe allen ~ zu glauben, daß ...** I have every reason to believe that ...; **aus irgendeinem ~e** for some reason or other.

Grund[2] *m* **1.** *(Boden von Gefäß, Grube etc)* bottom; **2.** *(~stück)* land; **3.** *(Erdboden)* ground; ▶ **von ~ auf** completely; **e-r Sache auf den ~ gehen** get to the bottom of s.th.; **im ~e** basically.

Grund·aus·bil·dung *f* basic training; **Grund·be·din·gung** *f* main condition; **Grund·be·griff** *m* basic principle; **Grund·be·sitz** *m* landed property, real estate; **Grund·be·sit·zer(in)** *m (f)* landowner; **Grund·buch** *n* land register; **Grund·buch·amt** *n* land registry.

grün·den ['grʏndən] *tr* found; ▶ **sich ~ auf ...** be based on ...; **Grün·der(in)** *m (f)* founder.

Grund·er·werb *m* land acquisition.

grund·falsch ['-'-] *adj* utterly wrong.

Grund·flä·che *f* floor space.

Grund·for·de·rung *f* basic claim; **Grund·ge·bühr** *f* standing charge; **Grund·ge·dan·ke** *m* basic idea; **Grund·ge·setz** *n* *(bundesdeutsche Verfassung):* ▶ **das ~** the constitution.

grun·die·ren [grʊn'di:rən] *tr* undercoat; **Grun·dier·far·be** *f* undercoat.

Grund·la·ge *f* basis, foundation; ▶ **jeder ~ entbehren** be without any foundation; **grund·le·gend** *adj* fundamental, basic (*für* to).

gründ·lich ['grʏntlɪç] *adj* thorough; ▶ **~ Bescheid wissen** know all about it; **jdm ~ die Meinung sagen** give s.o. a piece of one's mind *fig;* **Gründ·lich·keit** *f* thoroughness.

Grund·lohn *m* basic pay; **grund·los** *adj* **1.** *(unbegründet)* unfounded; **2.** *(sehr tief)* bottomless; **Grund·mau·er** *f* foundation wall; **Grund·nah·rungs·mit·tel** *n* staple food.

Grün·don·ners·tag [-'---] *m* Maundy Thursday.

Grund·recht *n* fundamental right; **Grund·re·gel** *f* basic principle; **Grund·ren·te** *f* basic pension; **Grund·riß** *m arch* ground plan; *(Skizze)* outline, sketch; **Grund·satz** *m* principle; ▶ **es sich zum ~ machen** make it a rule; **grund·sätz·lich** ['grʊntzɛtslɪç] **I** *adv* **1.** *(im Allgemeinen)* in principle; **2.** *(stets)* always; ▶ **~ nicht** absolutely not; **II** *adj (grundlegend)* fundamental; **Grund·satz·pa·pier** *n pol* (written) statement of principles.

Grund·schuld *f* mortgage; **Grund·schu·le** *f* elementary (*od* primary) school; **Grund·schul·leh·rer(in)** *m (f)* elementary (*od* primary) school teacher; **Grund·stein** *m* foundation-stone; ▶ **den ~ legen zu etw** *fig* lay the foundations of s.th.; **Grund·steu·er** *f* property tax; **Grund·stock** ⟨-s⟩ *m* basis, foundation; **Grund·stoff·in·du·strie** *f* primary industry; **Grund·stück** *n* **1.** *(Parzelle)* plot; *(größeres ~)* estate; **2.** *(Grund und Boden)* property; **3.** *(Bau~)* site; **Grund·stücks·mak·ler(in)** *m (f) Br* estate agent, *Am* realtor; **Grund·stücks·preis** *m* land price; **Grund·ton** *m* **1.** *mus* key-note; **2.** *(Farbe)* ground colour; **Grund·übel** *n* **1.** basic evil; **2.** *(Grundproblem)* basic problem.

Grün·dung ['grʏndʊŋ] *f* foundation.

grund·ver·schie·den ['--'--] *adj* entirely different.

Grund·was·ser *n* ground water; **Grund·was·ser·spie·gel** *m* groundwater level; **Grund·wehr·dienst** *m Br* national service, *Am* selective service; **Grund·wort·schatz** *m* basic (*od* essential) vocabulary; **Grund·zahl** *f* **1.** *(Kardinalzahl)* cardinal number; **2.** *math* base number; **Grund·zug** *m* essential feature.

Grü·ne(r) ['gry:nə] *m f pol* ecologist, *fam* Green; ▶ **die ~n** the Green Party, *fam* the Greens.

grü·nen *itr* turn green; **Grün·fink** *m* greenfinch; **Grün·flä·che** *f* green (*od* open) space; **Grün·fut·ter** *n* green fodder; **Grün·kohl** *m* kale; **grün·lich** *adj* greenish; **Grün·pla·nung** *f* open space planning; **Grün·schna·bel** *m pej* greenhorn; **Grün·span** ⟨-s⟩ *m* verdigris; **Grün·strei·fen** *m* **1.** *(am Straßenrand)* grass verge; **2.** *(Mittelstreifen) Br* central reservation, *Am* median strip.

grun·zen ['grʊntsən] *itr* grunt.

Grün·zeug *n fam (Salat etc)* greens *pl.*

Grup·pe ['grʊpə] ⟨-, -n⟩ *f* **1.** *allg* group; *(Arbeits~)* team; **2.** *(Bäume)* cluster; ▶ **in ~n einteilen** group together; **Grup·pen·ar·beit** *f päd* teamwork; **Grup·pen·bild** *n phot* group portrait; **Grup·pen·dy·na·mik** *f psych* group dynamics *pl;* **grup·pen·dy·na·misch** *adj psych* group-dynamic; **Grup·pen·sex** *m* group sex; **grup·pen·wei·se** *adv* in groups; **Grup·pen·zwang** *m* group (*od* peer) pressure.

grup·pie·ren [grʊ'pi:rən] **I** *tr* group; **II** *refl* form groups; **Grup·pie·rung** *f* grouping.

Gru·sel·ge·schich·te *f* gruesome tale.

gru·se·lig ['gru:zəlɪç] *adj* gruesome, horrifying.

Gruß [gru:s, *pl* 'gry:sə] ⟨-es, ⸚e-⟩ *m*

greeting; ▶ **jdm herzliche ⁓e bestellen** give one's kindest regards to s.o.; **schönen ~ zu Hause!** my regards to your family! **viele ⁓e an ...** best wishes to ...; **grü·ßen** ['gry:sən] *tr* greet; *mil* salute; ▶ **grüß dich!** hi! **jdn ~ lassen** send one's compliments (*od* love *od* regards) to ...; **~ Sie Ihre Mutter von mir!** remember me to your mother!

gucken (k·k) ['gʊkən/kʊkən] *itr* look; ▶ **aus dem Fenster ~** look out of the window; **guck mal!** just take a look! **Guck·loch** *n* peephole.

Gue·ril·la·kämp·fer *m* guerilla fighter; **Gue·ril·la·krieg** [ge'rɪl(j)akri:k] *m* guerilla war(fare).

Guil·lo·ti·ne [gɪljo'ti:nə/gijo'ti:nə] ‹-, -n› *f hist* guillotine.

Gu·lasch ['gʊlaʃ] ‹-(e)s, -e› *n* goulash; **Gu·lasch·ka·no·ne** *f mil sl* cooker; **Gu·lasch·sup·pe** *f* goulash soup.

Gul·den ['gʊldən] ‹-s, -› *m* **1.** *hist (Gold~)* florin; **2.** *(niederländischer ~)* guilder.

gül·tig ['gʏltɪç] *adj* valid; ▶ **ist der neue Fahrplan schon ~?** has the new timetable come into force yet? **die ~en Preise** the current prices; **Gül·tig·keit** *f (Währung)* validity; **Gül·tig·keits·dau·er** *f* period of validity.

Gum·mi ['gʊmi] ‹-s, -(s)› *m* **1.** *(a. Radiergummi)* rubber; **2.** *fam (Kondom)* rubber; **Gum·mi·band** *n* **1.** *(für Bürobedarf)* rubber band; **2.** *(für Kleidung)* elastic; **Gum·mi·bär·chen** *n* jelly baby; **Gum·mi·baum** *m* rubber plant; **gum·mie·ren** *tr* gum; **Gum·mi·ge·schoß** *n* rubber bullet; **Gum·mi·hand·schu·he** *m pl* rubber gloves; **Gum·mi·knüp·pel** *m* (rubber) truncheon; **Gum·mi·pa·ra·graph** *m jur fam* elastic clause; **Gum·mi·rei·fen** *m* rubber tyre; **Gum·mi·schlauch** *m* **1.** *mot (in Reifen)* tube; **2.** *(Wasserschlauch)* rubber hose; **Gum·mi·stop·fen** *m* rubber stopper; **Gum·mi·strumpf** *m* elastic stocking; **Gum·mi·zel·le** *f fam* padded cell.

Gunst [gʊnst] ‹-› *f* favour; ▶ **zu deinen ~en** in your favour *sing;* **sich jds ~ verscherzen** lose someone's favour.

gün·stig ['gʏnstɪç] *adj* favourable; ▶ **Gemüse ist jetzt ~** vegetables are reasonable just now; **im ~sten Falle** at best; **ich hab' es ~ gekauft** I bought it for a good price; **in ~er Lage** well-situated.

Günst·ling ['gʏnstlɪŋ] ‹-s, -e› *m* favourite.

Gur·gel ['gʊrgəl] ‹-, -n› *f* throat; ▶ **jdn an der ~ packen** grab s.o. by the throat; **gur·geln** *itr* **1.** *(mit Mundwasser)* gargle; **2.** *(~de Geräusche machen)* gurgle.

Gur·ke ['gʊrkə] ‹-, -n› *f bot* cucumber; *(Essig~, Pfeffer~)* gherkin; **Gur·ken·sa·lat** *m* cucumber salad.

gur·ren ['gʊrən] *itr* coo.

Gurt [gʊrt] ‹-(e)s, -e› *m* **1.** *(Riemen)* strap; **2.** *(Gürtel)* belt.

Gür·tel ['gʏrtəl] ‹-s, -› *m* **1.** *(Hosen~)* belt; **2.** *fig (Absperrung)* cordon; **3.** *fig (Streifen, Zone)* zone; **Gür·tel·li·nie** *f* waist; ▶ **ein Schlag unter die ~** *a. fig* a punch below the belt; **Gür·tel·rei·fen** *m mot* radial-ply tyre (*Am* tire); **Gür·tel·schnal·le** *f* buckle.

Gurt·muf·fel *m mot fam person who fails (*od *refuses) to wear a seat-belt;* **Gurt·pflicht** *f mot:* ▶ **es besteht ~** wearing of seat-belts is compulsory.

Gu·ru ['gu:ru:] ‹-s, -s› *m* guru.

Guß [gʊs, *pl* 'gʏsə] ‹-sses, ⁓sse› *m* **1.** *tech (das Gießen)* casting, founding; **2.** *(Gußeisen)* cast iron; **3.** *(Wasser~)* gush; **4.** *(Regen~)* downpour; **5.** *(Zukker~)* frosting, icing; ▶ **aus e-m ~** *fig* a unified whole; **Guß·ei·sen** *n Br* cast iron, *Am* pig iron; **guß·ei·sern** *adj* cast-iron; **Guß·form** *f* mould.

Gut [gu:t, *pl* 'gy:tɐ] ‹-(e)s, ⁓er› *n* **1.** *(Landgut)* estate; **2.** *com pl:* **⁓er** goods.

gut [gu:t] ‹besser, best› **I** *adj* good; ▶ **wozu ist das ~?** what's that for? **wie ~, daß ...** it's good that ...; **das ist schön und ~, aber ...** it's all very well but ...; **~e Besserung!** get well soon! **schon ~!** all right! OK! **nun ~!** all right then! **du bist vielleicht ~!** *fig fam* some hope! **II** *adv* well; ▶ **du hast ~ lachen!** it's easy for you to laugh! **Sie haben's ~!** you're lucky! **~ so!** that's it! **das kann ~ sein** that may well be; **~ gemacht!** well done! **mach's ~!** bye!

Gut·ach·ten ['gu:taxtən] ‹-s, -› *n* expert opinion; ▶ **ein ~ abgeben** deliver (*od* render) an opinion; **ein ~ einholen** get an opinion; **Gut·ach·ter(in)** *m (f)* expert.

gut·ar·tig *adj med (Geschwulst)* benign; **gut·be·zahlt** *adj* highly-paid; **gut·bür·ger·lich** *adj:* ▶ **~e Küche** home cooking.

Gut·dün·ken ['gu:tdʏŋkən] ‹-s› *n:* ▶ **nach ~** at discretion.

Gü·te ['gy:tə] ‹-› *f* **1.** *(Freundlichkeit)* kindness; **2.** *com (Qualität)* quality; ▶ **(ach) du meine ~!** goodness me!

Gü·ter·ab·fer·ti·gung *f* **1.** *(Vorgang)* dispatch of goods; **2.** *(Gebäude) Br* goods (*Am* freights) office; **Gü·ter·bahn·hof** *m Br* goods (*Am* freights) depot; **Gü·ter·fern·ver·kehr** ['--'---] *m* long-distance haulage; **Gü·ter·ge·mein·schaft** *f jur* community of property; **Gü·ter·nah·ver·kehr** ['--'---] *m* short-distance haulage; **Gü·ter·tren·nung** *f jur* separation of property; **Gü·ter·wa·gen** *m Br* goods truck, *Am* freight car; **Gü·ter·zug** *m Br* goods train, *Am* freight train.

Gü·te·zei·chen *n* **1.** *com* quality mark; **2.** *fig* hallmark.

gut·ge·hend *adj fig* flourishing, thriving; **gut·ge·launt** *adj* cheerful, in good spirits; **gut·ge·meint** *adj* well-meant; **gut·gläu·big** *adj* *(leichtgläubig)* credulous.

Gut·ha·ben ['gu:tha:bən] ‹-s, -› *n* credit; ► **ich habe noch ein ~ von 150 DM** my account is still 150 marks in the black.

gut|hei·ßen *irr tr* approve (*etw* of s.th.).

gü·tig ['gy:tıç] *adj* **1.** *(freundlich)* friendly, kind; **2.** *(voller Güte)* generous.

güt·lich *adj* amicable; ► **sich ~ tun an etw** make free with s.th.

gut·mü·tig ['gu:tmy:tıç] *adj* good-natured; **Gut·mü·tig·keit** *f* goodnaturedness.

Guts·be·sit·zer(in) *m (f)* landowner.

Gut·schein *m* **1.** *(als Zahlung)* coupon, voucher; **2.** *(für umgetauschte Waren)* credit note.

gut|schrei·ben *irr tr* credit; ► **schreiben Sie es bitte meinem Konto gut** credit it to my account please.

Gut·schrift *f* **1.** ‹-› *(Vorgang)* crediting; **2.** *(Bescheinigung)* credit note; *(Betrag)* credit (item).

Guts·hof *m* estate.

gut|tun *irr itr:* ► **das tut gut!** that's good! **das wird dir ~!** that will do you good!

gut·wil·lig *adj* **1.** *(bereitwillig)* willing; **2.** *(nicht böswillig)* well-meaning.

Gym·na·si·ast(in) [gymnazi'ast] ‹-en, -en› *m (f) Br* grammar school pupil, *Am* high school student; **Gym·na·si·um** [gym'na:zium] *n Br* grammar school, *Am* high school.

Gym·na·stik [gym'nastık] *f* keep fit; ► **~ machen** do keep-fit exercises *pl;* **Gym·na·stik·an·zug** *m* leotard.

Gy·nä·ko·lo·ge (Gy·nä·ko·lo·gin) [gynɛko'logə] *m (f)* gynaecologist.

H

H, h [ha:] ‹-, -› *n* H, h; **H** *mus* **1.** *(Note)* B; **2.** *(Tonart: H-Dur)* B major; *(h-Moll)* B minor; **H-Bom·be** *f* H-bomb; **H-Milch** *f* UHT-milk.

ha! [ha] *interj* ha! ah!

Haar [ha:ɐ] ‹-(e)s, -e› *n a. bot zoo* hair; ▶ **blondes ~ (haben)** (have) fair hair; **sie hat ~e auf den Zähnen** *fig fam* she's a tough customer; **sich die ~e kämmen** comb one's hair; **er mußte ~e lassen** *fig fam* he did not escape unscathed; **etw an** (*od* **bei) den ~en herbeiziehen** (*od* **-zerren)** *fig* drag s.th. in by the head and shoulders; **jdn an den ~en ziehen** pull someone's hair; **um ein ~** *fig (beinahe)* within a hair's breadth; **man hat ihr kein ~ gekrümmt** *fig* they didn't harm a hair of her head; **kein gutes ~ an jdm lassen** *fig* pick (*od* pull) s.o. to pieces; **mir standen die ~e zu Berge** *fig fam* my hair stood on end; **sich in die ~e geraten** *fig fam (handgreiflich werden)* come to blows; *(sich streiten)* pick a quarrel (with each other); **sich ständig in den ~en liegen** *fig fam* be constantly quarrel(l)ing; **sich die ~e schneiden lassen** have one's hair cut; **sich über etw keine grauen ~e wachsen lassen** *fig fam* not lose any sleep over s.th.; **ein ~ in der Suppe finden** *fig fam* find s.th. to quibble about; **um kein ~ besser** *fig* not a whit better; **Haar· aus·fall** *m* loss of hair; **Haar·bür·ste** *f* hairbrush.

haa·ren ['ha:rən] *itr* **1.** *(von Tieren)* lose it's hair; **2.** *(von Stoff od Pelz)* shed (hairs).

Haa·res·brei·te ['--'--] *f:* ▶ **um ~** *(verfehlen etc)* by a hair's breadth; **nicht um ~** *(weichen etc)* not an inch; **Haar·far·be** *f* colour of hair; **haar·ge·nau** ['--'-] **I** *adj* exact to a T, meticulous; **II** *adv* to a hair (*od* T).

haa·rig ['ha:rıç] *adj* **1.** *(behaart, a. fig fam: heikel)* hairy; **2.** *fig fam (schlimm)* nasty.

Haar·klam·mer *f Br* hairgrip, *Am* bobby pin.

haar·klein ['-'-] *adv fig fam* minutely, to the last detail.

Haar·na·del *f* hairpin; **Haar·na·del·ku·rve** *f mot* hairpin bend; **Haar·netz** *n* hairnet.

haar·scharf ['-'-] **I** *adj* **1.** *(Gedächtnis, Konturen)* very sharp; **2.** *(Wiedergabe)* exact; **II** *adv fam* by a hair's breadth.

Haar·schnei·der *m* **1.** *(Gerät)* (electric) clippers *pl;* **2.** *(Friseur)* barber; **Haar·schnitt** *m* haircut; **Haar·spal·te·rei** ['---'-] *f pej* hair-splitting; **Haar·span·ge** *f* hair slide; **Haar·spray** *m* hair lacquer (*od* spray); **haar·sträu·bend** *adj* hair-raising; *(unverschämt)* shocking; **Haar·teil** *n* hair-piece; **Haar·tö·ner** ‹-s, -› *m* hair-tinting-lotion; **Haar·trock·ner** *m (Fön, Trockenhaube)* hair-dryer; **Haar·wasch·mit·tel** *n* shampoo; **Haar·was·ser** *n* hair lotion; **Haar·wild** *n* game animals *pl;* **Haar·wuchs** *m* growth of hair; **Haar·wuchs·mit·tel** *n* hair restorer; **Haar·wur·zel** *f* root of a (*od* the) hair.

Hab [ha:p] *n:* ▶ **mit ~ und Gut** with all one's belongings *pl;* **Ha·be** ['ha:bə] ‹-› *f (Besitz)* goods, possessions *pl; (persönliche ~)* belongings *pl;* **Ha·ben** ‹-› *n com* credit (side).

ha·ben ['ha:bən] *irr* **I** *tr* have, *fam* have got; ▶ **noch zu ~** still to be had; *fam (noch nicht verheiratet)* still single; **für etw zu ~ sein** be keen on s.th.; **dafür bin ich nicht zu ~** *(darauf bin ich nicht scharf)* I'm not keen on that; *(da mache ich nicht mit)* I won't lend myself to that; **das ~ Sie davon!** that'll teach you! **es hat nichts auf sich** that's not important; **es hat's in sich** it has hidden depths *pl;* **ich kann das eben nicht ~** *fam (leiden)* I just can't stand it; **ich hab's!** I've got it! **Eile ~, es eilig ~** be in a hurry; **gute Laune ~** be in a good mood; **e-e Erkältung ~** have (got) a cold; **etw fertig ~** have finished s.th.; **jdn zum Freund ~** have s.o. for a friend; **gern ~** be fond of, like; **du kannst mich mal gern ~!** *fam* I don't give a damn! **es gut (schlecht) ~** have a good (bad) time; **lieber ~** prefer; **nötig ~** need; **recht ~** be right; **unrecht ~** be wrong; **die Wahl ~** have the choice; **etw ~ wollen** *(verlangen)* ask for s.th.; *(wünschen)* desire, want s.th.; **er hat's ja!** *fam* he's got what it takes! **wir ~ heute schlechtes Wetter** it's bad weather today; **jetzt ~ wir Winter** it's winter now; **den wievielten ~ wir heute?** what's the date today? **zu tun ~** *(beschäftigt sein)* be busy; **etw zu tun ~ mit ...** have s.th. to do with ...; **was ~ Sie?** what's the matter with you? **das ~ wir gleich!** *fam* we'll have that fixed in a jiffy! **da ~ Sie's!** *fam* there you are! **bei sich ~** have about; **etw (nichts) gegen jdn (etw) ~** have s.th. (nothing) against s.o. (s.th.); **unter sich ~**

be in charge of ...; **es hat seine Richtigkeit** it is quite correct; **aber davon habe ich nichts** but I don't get anything out of that; **was hat es damit auf sich?** what's this all about? **etw von e-m ... (an sich)** ~ be a bit of a ...; **II** *refl fam:* ~ **Sie sich nicht so (deswegen)!** don't make such a fuss (about that)! **und damit hat sich's!** and that's that! **hat sich was!** that's off!

Ha·be·nichts ‹-(es), -e› *m pej* have-not.

hab·gie·rig *adj* covetous, greedy.

hab·haft *adj:* ~ **werden** get hold (*jds* of s.o., *e-r Sache* of s.th.).

Ha·bicht ['ha:bɪçt] ‹-s, -e› *m orn* hawk.

Hab·se·lig·keit(en *pl*) *f* (few) personal belongings *pl (od* effects *pl).*

Hab·sucht *f* covetousness, greed(iness); **hab·süch·tig** *adj* covetous, greedy.

Hack·bra·ten *m roasted minced meat loaf.*

Hacke[1] **(k·k)** ['hakə] ‹-, -n› *f (anat)* heel.

Hacke[2] **(k·k)** *f (Gerät)* hoe; *(Picke)* pick(axe); **hacken (k·k)** ['hakən] **I** *tr* **1.** *(Holz)* chop; *(Fleisch) Br* mince, *Am* grind; **2.** *(Feld, Garten)* hoe; **3.** *(mit Spitzhacke)* hack; **II** *itr* **1.** *(picken)* peck (*nach jdm* at s.o.); **2.** *EDV* hack.

Hacker(in) (k·k) ['hakɐ] ‹-s, -› *m (f) EDV* hacker.

Hack·fleisch *n Br* minced (*Am* ground) meat; ▶ ~ **aus jdm machen** *fig sl* make mincemeat of s.o.; **Hack·klotz** *m* chopping block; **Hack· ord·nung** *f a. fig* pecking order.

Häck·sel ['hɛksəl] ‹-s› *m* od *n* chaff.

Ha·der ['ha:dɐ] ‹-s, (-)› *m* **1.** *(Zank)* dispute; **2.** *(Zwist)* discord; ▶ **in** ~ **mit sich und der Welt leben** be at odds with o.s. and the world; **ha·dern** *itr* quarrel, wrangle (*mit* with, *über* over).

Ha·fen ['ha:fen, *pl* 'hɛ:fən] ‹-s, ¨-› *m* **1.** *mar* harbour, port; **2.** *fig (sicherer Ort)* haven; ▶ **aus e-m** ~ **auslaufen** leave a harbour; **in e-n** ~ **einlaufen** enter a harbour; **Ha·fen·an·la·gen** *pl (Docks)* docks; *(Hafeneinrichtungen)* port facilities; **Ha·fen·ar·bei·ter(in)** *m (f) Br* docker, *Am* longshoreman (longshorewoman); **Ha·fen·be·hör·den** *pl* port authorities; **Ha·fen·ein·fahrt** *f* harbour entrance; **Ha·fen·ge·büh·ren** *pl* harbour-dues; **Ha·fen·knei·pe** *f fam* dockland *Br* pub (*Am* bar); **Ha·fen·rund·fahrt** *f* conducted boat tour of the harbour; **Ha·fen·spei·cher** *m* entrepôt; **Ha·fen·stadt** *f* port; *(am Meer)* seaport.

Ha·fer ['ha:fɐ] ‹-s› *m bot* oats *pl;* ▶ **ihn sticht der** ~ *fig fam* he's feeling his oats; **Ha·fer·flocken (k·k)** *f pl* rolled oats.

Haft [haft] ‹-› *f* **1.** *(~strafe)* imprisonment; **2.** *(vor dem Prozeß)* custody; ▶ **in** ~ in prison (*od* custody); **aus der** ~ **entlassen** release from prison (*od* custody); **in** ~ **nehmen** take into custody.

haft·bar *adj* (legally) responsible (*od* liable) (*für jdn* for s.o. *od für etw* for s.th.); ▶ ~ **machen** make (*od* hold) liable (*od* responsible).

Haft·be·fehl *m* warrant of arrest.

haf·ten ['haftən] *itr* **1.** *(an etw kleben)* adhere, stick (*an* to); **2.** *(haftbar sein)* be liable (*od* responsible) (*für* for, *jdm* to s.o.); **haf·ten|blei·ben** *irr itr* stick (*an* to).

Häft·ling ['hɛftlɪŋ] ‹-s, -e› *m* prisoner.

Haft·pflicht *f jur (Schadenersatzpflicht)* liability (*für* for); **Haft·pflicht·ver·si·che·rung** *f* **1.** *jur Br* personal (*Am* public) liability insurance; **2.** *mot* third-party insurance.

Haft·pul·ver *n (für Gebiß)* denture fixative; **Haft·rei·fen** *m mot* traction *Br* tyre (*Am* tire); **Haft·scha·len** *pl opt* contact lenses; **Haf·tung** *f* **1.** *jur (Schaden/ ersatz)* liability; *(Verantwortung für Personen)* responsibility; **2.** *phys tech* adhesion; ▶ **beschränkte** ~ limited liability; **für Garderobe wird keine** ~ **übernommen** all articles are left at owner's risk! **Haf·tungs·be·schrän·kung** *f jur* limitation of liability; **Haft·ver·kür·zung** *f* shortened sentence.

Ha·ge·but·te ['ha:gəbʊtə] ‹-, -n› *f bot* hip.

Ha·gel ['ha:gəl] ‹-s› *m* **1.** *allg* hail; **2.** *fig (von Steinen etc)* shower; **3.** *fig (von Vorwürfen etc)* stream; **Ha·gel·korn** *n* hailstone; **ha·geln** ['ha:gəln] *tr* ‹h› itr ‹sein› a. fig hail; ▶ **es hagelt** it's hailing; **Schläge hagelten auf ihn (es hagelte Schläge auf ihn)** the blows hailed down on him; **Ha·gel·scha·den** *m* damage (done) by hail; **Ha·gel·schau·er** *m* hailstorm.

ha·ger ['ha:gɐ] *adj* **1.** *(schlank)* lean, thin; **2.** *(abgezehrt)* emaciated; *(ausgemergelt)* gaunt.

ha·ha [ha'ha(:)] *interj (Lachen)* haha! *(triumphierend)* aha!

Hä·her ['hɛ:ɐ] ‹-s, -› *m orn* jay.

Hahn[1] [ha:n, *pl* 'hɛ:nə] ‹-(e)s, ¨-e› *m* **1.** *(Ablaß~) Br* tap, *Am* faucet; *(Sperr~)* stopcock; **2.** *(Zapf~)* spigot; **3.** *(am Gewehr)* hammer; ▶ **den** ~ **spannen** cock the gun; **den** ~ **aufdrehen** turn on the tap.

Hahn[2] *m zoo Br* cock, *Am* rooster; ▶ ~ **im Korb sein** *fig* be the cock of the walk; **es kräht kein** ~ **danach** *fig fam* nobody cares a hoot about it; **Hah·nen·fuß** *m bot* crowfoot; **Hah·nen·schrei** *m* cockcrow; ▶ **beim ersten** ~ at cockcrow; **Hah·nen·tritt** *m* tread.

Hai [haɪ] ‹-(e)s, -e› *m zoo a. fig fam* shark.

Hain [haın] ‹-(e)s, -e› *m poet* grove.

hä·keln ['hɛ:kəln] *tr itr* crochet; **Hä·kel·na·del** *f* crochet hook.

Ha·ken ['ha:kən] ‹-s, -› *m* **1.** *allg (a. sport: Boxhieb)* hook; *(aus Holz)* peg; **2.** *(Zeichen) Br* tick, *Am* check; **3.** *fig fam (Schwierigkeit)* catch, snag; ▶ **jdm e-n ~ versetzen** deal s.o. a hook; **die Sache hat e-n ~** *fig fam* there's a catch in it; **Ha·ken·kreuz** *n* swastika; **Ha·ken·na·se** *f* hooked nose.

halb [halp] **I** *adj a. fig* half; *in Zssg:* half-; *(vor allem tech)* semi-; ▶ **los, wir ma·chen ~e-~e!** *fam* come on, let's go halves! **nichts H~es u. nichts Ganzes** neither one thing nor the other; **es ist ~ eins** it is half past twelve; **mit ~em Herzen** half-heartedly; **zum ~en Preis** at half the price; **e-e ~e Stunde** half an hour; **das ist nur die ~e Wahrheit** that is only half the truth; **jdm auf ~em Wege entgegenkommen** *fig* meet s.o. halfway; **wir machen keine ~en Sachen** we don't do things by halves; **e-e ~e Note** *mus* a half note; **ein ~er Ton** *mus* a semitone; **noch ein ~es Kind sein** be scarcely more than a child; **er ist nur ein ~er Mensch** he's only half a man; **II** *adv* **1.** *(zur Hälfte, a. teilweise)* half; **2.** *(beinahe)* almost; ▶ **~ so viel** half as much; **das ist doch ~ so schlimm** *fam* it's not that bad; **halb·amt·lich** *adj* semiofficial; **halb·au·to·ma·tisch** *adj* semiautomatic; **Halb·bru·der** *m* half-brother; **Halb· dun·kel** *n* **1.** semi-darkness; **2.** *(Zwielicht)* twilight.

hal·ber ['halbɐ] *prp* **1.** *(um ... willen)* for the sake of ...; **2.** *(wegen)* on account of ...

Halb·er·zeug·nis (Halb·fa·bri·kat) *n com* semifinished product; **halb·fer·tig** *adj* semi-finished; **halb·flüs·sig** *adj* semifluid; **Halb·gott** *m a. fig* demigod; **Halb·heit** *f* half-measure; ▶ **keine ~en bitte!** please don't do things by halves (*od* by half-measures)!

hal·bie·ren [hal'bi:rən] *tr* **1.** *allg* halve; **2.** *(zerschneiden)* cut in halves; **3.** *math* bisect; **Hal·bie·rung** *f* **1.** *allg* halving; **2.** *math* bisection.

Halb·in·sel *f* peninsula; **Halb·jahr** *n* half-year, six months *pl;* **Halb·jah·res·abon·ne·ment** *n* semi-annual subscription; **Halb·jah·res·be·richt** *m* semi-annual report; **halb·jäh·rig** *adj* **1.** *(ein halbes Jahr alt)* six-month-old; **2.** *(ein halbes Jahr dauernd)* six month ...; **halb·jähr·lich I** *adj Br* half-yearly, *Am* semiannual; **II** *adv* every six months; **Halb·kreis** *m* semicircle; **Halb·ku·gel** *f* hemisphere; **halb·laut I** *adj* low; **II** *adv* in an undertone; **Halb·lei·ter** *m el phys* semiconductor; **halb·mast** *adv (a. fam hum)* half-mast; ▶ **auf ~** at half-mast; **Halb·mond** *m* **1.** *astr (a. an Fingernagel)* half-moon; **2.** *pol (Wappen)* crescent; **halb·nackt** ['-'-] *adj* half-naked; **halb·of·fen** ['-'--] *adj* half-open; **Halb·pen·sion** *f* demi-pension; **halb·rund** *adj* semicircular; **Halb·schat·ten** *m* **1.** *(Halbdunkel)* half shadow; **2.** *astr* penumbra; **Halb·schrit(t·)ta·ste** *f* condensed key, half-space key; **Halb·schuh** *m* shoe; **Halb·schwer·ge·wicht** *n sport (Boxen)* light-heavyweight; **Halb·schwe·ster** *f* half-sister; **halb·tags** *adj:* ▶ **~ arbei·ten** work part-time; **Halb·tags·ar·beit** *f* part-time job; **halb·tot** ['-'-] *adj a. fig* half-dead (*vor* with); **halb·voll** ['-'-] *adj* half-full.

halb·wegs ['halpve:ks] *adv fig* **1.** *(teilweise)* partly; **2.** *(ein bißchen)* a bit.

Halb·welt *f* demimonde; **Halb·werts·zeit** *f phys chem* half-life (period); **Halb·wüch·si·ge(r)** *f m* adolescent; **Halb·zeit** *f sport* **1.** *(Spielhälfte)* half; **2.** *(Pause)* half-time.

Hal·de ['haldə] ‹-, -n› *f* **1.** *(Schutt~)* waste dump; **2.** *min (Kohlen~)* pithead stock(s *pl); (Schlacken~)* slagheap.

Hälf·te ['hɛlftə] ‹-, -n› *f* **1.** *(halber Teil)* half; **2.** *(Mitte)* middle; ▶ **bis zur ~** *(Mitte)* to the middle; **um die ~** by half; **um die ~ mehr** half as much again; **meine bessere ~** *fam hum* my better half; **mehr als die ~** more than half.

Hal·le ['halə] ‹-, -n› *f* **1.** *(großer Raum)* hall; **2.** *(Vor~)* vestibule; **3.** *(Fabrik~)* shed; **4.** *(Hotel~)* lobby, lounge; **5.** *sport* gym(nasium); ▶ **in der ~** *z. B. sport* indoors.

hal·len ['halən] *itr* (re)sound; *(wider~)* reverberate.

Hal·len·bad *n* indoor swimming pool.

hal·lo [ha'lo:/'halo] *interj* hello!

Hal·lu·zi·na·tion *f* hallucination.

Halm [halm] ‹-(e)s, -e› *m bot (Stengel)* stalk, stem; *(Gras~)* blade; *(Stroh~)* straw.

Ha·lo·gen·bir·ne *f* halogen bulb; **Ha·lo·gen·schein·wer·fer** [halo'ge:n-] *m mot* halogen headlight.

Hals [hals, *pl* 'hɛlzə] ‹-es, ⸚e› *m* **1.** *(Nacken)* neck; **2.** *(Kehle)* throat; **3.** *(Flaschen~)* neck; ▶ **ich habe es im ~** I have a sore throat; **steifer ~** stiff neck; **aus vollem ~e lachen** roar with laughter; **sich den ~ brechen** break one's neck; **jdm den ~ brechen** break someone's neck; **das wird ihm den ~ bre·chen!** *fig* that will cost him his neck! **jdm um den ~ fallen** fall on someone's neck; **sich etw auf den ~ laden** *fig fam* saddle o.s. with s.th.; **jdn auf dem ~e haben** *fig fam* be saddled with s.o.; **das hängt mir zum ~ heraus** *fig fam* I am sick and tired of that; **sie hat es in den falschen ~ bekommen** *fig fam* she took it the wrong way; **sich jdn (etw)**

vom ~ schaffen *fig fam* get s.o. (s.th.) off one's back; **bis an den ~ in Schulden stecken** *fig fam* be in debt up to one's ears; **sich den ~ nach jdm (etw) verrenken** *fig fam* crane one's neck to see s.o. (s.th.); **~ über Kopf** in a rush; **~- und Beinbruch!** *interj* good luck! **sich jdm an den ~ werfen** *fig fam* throw o.s. at s.o.; **du kannst den ~ auch nie voll kriegen!** *fig fam* really, you're never satisfied! **Hals·ab·schnei·der** *m fig fam* cutthroat; **Hals·band** *n (von Hund)* collar; **hals·bre·che·risch** *adj* **1.** *(Tempo)* breakneck; **2.** *(riskant)* daredevil; **Hals·ent·zün·dung** *f* sore throat; **Hals·ket·te** *f* **1.** *(Schmuck)* necklace; **2.** *(für Hund)* collar; **Hals·krau·se** *f* ruff; **Hals·schlag·ader** *f med* carotid (artery); **Hals·schmer·zen** *pl* sore throat *sing;* **hals·star·rig** *adj* **1.** *(verstockt)* obstinate, stubborn; **2.** *(eigensinnig) Br* wilful, *Am* stiff-necked; **Hals·star·rig·keit** *f* **1.** *(Verstocktheit)* obstinacy, stubbornness; **2.** *(Eigensinn) Br* wilfulness, *Am* stiff-neckedness; **Hals·tuch** *n* **1.** *(zum Schmuck)* neckerchief; **2.** *(Schal)* scarf; **Hals·wir·bel** *m anat* cervical vertebra.

Halt [halt] ‹-(e)s, -e› *m* **1.** *(für Füße etc, Festigkeit)* hold; *(Stütze, a. fig)* support; *fig (innerer ~)* stability; **2.** *(Anhalten, Aufenthalt)* halt, stop; ► **ohne ~** non-stop; **ohne jeden ~** *fig* without any backbone; **jdm ein ~ sein** be a support for s.o.

halt[1] *interj* stop! *fam* hold on! *mil* halt!

halt[2] *adv fam (nun einmal)* just, simply; ► **das ist ~ so** that's just the way it is.

halt·bar *adj* **1.** *(Position, Behauptung etc)* tenable; *(Zustand)* tolerable; **2.** *(dauerhaft)* durable; *(Farbe)* fast, permanent; **3.** *(stabil)* solid, strong; **4.** *fam sport (Bälle)* stoppable; *(Tore)* avoidable; **5.** *(Lebensmittel):* ► **nur begrenzt ~** perishable; **~ machen** *(Früchte etc)* preserve; **~ sein** *(Lebensmittel)* keep (well); **Ihre Theorie ist wirklich nicht ~** you really can't maintain your theory; **Halt·bar·keit** *f* **1.** *(von Position etc)* tenability; *(von Zustand)* tolerability; **2.** *(Dauerhaftigkeit)* durability; *(von Farbe)* fastness; **3.** *(Festigkeit, Stabilität)* solidity; **4.** *(von Lebensmitteln)* shelf life (of a product); ► **begrenzte ~** perishability; **Halt·bar·keits·da·tum** *n* eat-by date; **Halt·bar·ma·chung** *f* preservation; **Hal·te·griff** *m* grab handle.

hal·ten ['haltən] *irr* **I** *tr* **1.** *(fest~, zurück~)* hold; **2.** *(aufrechter~, beibe~)* maintain; **3.** *(be~)* keep; *(Rekord, Position etc)* hold; **4.** *(beschäftigen, besitzen, unter~)* keep; **5.** *(tragen, stützen)* hold up, support; **6.** *sport (Torschuß)* save; **7.** *(ein~, erfüllen)* keep; **8.** *(erachten, einschätzen)* think (*jdn für etw* s.o. (to be) s.th.); **9.** *(ab~, veranstalten)* hold; ► **e-e Rede (Vorlesung) ~** give a speech (lecture); **Ruhe (Ordnung) ~** keep quiet (order); **halt den Mund!** *fam* button your lip! shut up! **jdn unter Kontrolle ~** keep s.o. in order; **wenn er betrunken ist, ist er nicht zu ~** *fig* when he's drunk there's no holding him; **etw ans** (*od* **gegen das) Licht ~** hold s.th. up to the light; **es gelang ihm nicht, s-e Angestellten zu ~** he did not succeed in holding his employees; **etw für wahr (falsch) ~** hold s.th. to be true (false); **was ~ Sie von dem Film?** how do you rate the film? **mit jdm Verbindung ~** keep in touch with s.o.; **wofür ~ Sie mich eigentlich?** really, what do you take me for? **was halten Sie von ihm?** what do you think of him? **ich halte nicht viel von ihm** I don't think much of him; **jdm die Treue ~** remain faithful to s.o.; **jdn zum besten ~** make fun of s.o.; **jdn auf dem laufenden ~** keep s.o. posted; **II** *itr* **1.** *(fest~, stand~, haften)* hold; **2.** *(an~)* stop; **3.** *(in e-m Zustand er~)* keep; **4.** *(bestehen bleiben, dauern, haltbar sein)* last; *(Lebensmittel)* keep; *(Stoffe)* wear well; **5.** *sport (als Torwart)* make a save (*od* saves *pl*); ► **Jogging hält fit** jogging keeps you fit; **X hat gestern phantastisch gehalten** *sport* X made phantastic saves yesterday; **zu jdm ~** stand by s.o.; **an sich ~** contain o.s.; **III** *refl* **1.** *(Nahrungsmittel, Blumen etc)* keep; **2.** *(sich behaupten)* last, stay; *(im Kampf etc)* hold out; **3.** *(sich wenden an)* turn (*an jdn* to s.o.); **4.** *(für klug, etw Besonderes etc)* think o.s. (*für etw* (to be) s.th.); ► **sich an die Tatsachen ~** keep to the facts; **sich an die Vorschriften ~** observe the regulations; **er hat sich gut gehalten** *(in e-m Spiel, bei e-r Anstrengung etc)* he did well; *fam (er sieht immer noch gut aus)* he's well-preserved; **sich an ein Versprechen ~** keep a promise; **sich gerade ~** hold o.s. upright; **sich links (rechts) ~** keep (to the) left (right); **sich an das Althergebrachte ~** stay with (*od* stick to) tradition; **der Film hält sich streng an den Roman** the film sticks closely to the novel; **sich an die Spielregeln ~** play the game; **Hal·te·stel·le** *f (Bus~)* stop; *rail* station; **Hal·te·ver·bot** *n mot* ban on stopping; no stopping; *(Bereich)* no stopping zone.

halt·los *adj* **1.** *(schwach)* unstable, unsteady; **2.** *(hemmungslos)* unrestrained; **3.** *(unbegründet)* unfounded; **Halt·lo·sig·keit** *f* **1.** *(Schwäche)* instability, unsteadiness; **2.** *(Hemmungslosigkeit)* lack of restraint; **3.** *(Unbegründetheit)* unfoundedness.

halt|ma·chen *itr* (make a) stop; ► **vor nichts ~** *fig* stop at nothing.

Hal·tung *f* **1.** *(Körper~)* posture; **2.** *fig* attitude; *(Auftreten a.)* bearing; **3.** *fig (inneres Gleichgewicht)* composure; **4.** *fig (Einstellung)* attitude; ~ ▶ **annehmen** *mil* stand to attention; **er bewahrt immer** ~ he always maintains his composure; **e-e andere** ~ **annehmen** change one's position.

Ha·lun·ke [ha'lʊŋkə] ‹-n, -n› *m* **1.** *(Schuft)* scoundrel; **2.** *hum* rascal, scamp.

hä·misch ['hɛ:mɪʃ] *adj* malicious, rancorous, spiteful; ▶ **~es Lächeln** sardonic smile, sneer; **sich** ~ **über etw freuen** gloat over s.th.

Ham·mel ['haməl] ‹-s, -› *m* **1.** *zoo* wether; **2.** *(Fleisch)* mutton; **3.** *fig fam (Dummkopf)* muttonhead; **Ham·mel·bra·ten** *m* roast mutton; **Ham·mel·fleisch** *n* mutton; **Ham·mel·keu·le** *f* leg of mutton; **Ham·mel·ko·te·lett** *n* mutton chop.

Ham·mer ['hamɐ, *pl* 'hɛmɐ] ‹-s, ⸚› *m* **1.** *(Werkzeug, a. sport, anat, Klavier~)* hammer; *(Holz~)* mallet; **2.** *sl (schwerer Schnitzer)* howler; ▶ **du hast wohl 'n ~!** *sl* you must be round the bend! **das ist ja 'n ~!** *sl (toll)* that's terrific! **unter den ~ bringen** *(versteigern)* auction off, bring to the hammer.

häm·mern ['hɛmɐn] *tr itr* **1.** *a. fig* hammer; **2.** *(Blut, Herz, Puls)* pound.

Hä·mor·rho·iden [hɛmɔro'i:dən] *pl med* h(a)emorrhoids.

Ham·pel·mann ['hampəlman] ‹-(e)s, ⸚er› *m* **1.** *(Spielzeug)* jumping jack; **2.** *fig (zappelige Person)* fidget; **3.** *fig fam (willensschwache Person)* puppet.

Ham·ster ['hamstɐ] ‹-s, -› *m zoo* hamster.

ham·stern *tr itr (speichern)* hoard.

Hand [hant, *pl* 'hɛndə] ‹-, ⸚e› *f* **1.** *allg* hand; *in Zssg:* **Hand-** manual; **2.** *(Schrift)* hand(writing); **3.** *sport (Fußball)* **~!** hands! *pl;* ▶ **~ u. Fuß haben** *fig fam* hold water; **weder ~ noch Fuß haben** *fig fam* not to make sense; **mit der** (*od* **von)** ~ by hand; **jdm die ~ geben** give s.o. one's hand; **in die ⸚e klatschen** clap one's hands; **⸚e hoch!** hands up! **⸚e weg!** hands off! **(bei etw) mit ~ anlegen** *(helfen)* lend a hand (with s.th.); **letzte ~ an etw legen** put the finishing (*od* final) touches to s.th.; **~ an sich legen** *(sich töten)* kill o.s.; **die ~ auf etw legen** lay hands on s.th.; **das liegt doch wohl auf der ~** that's obvious, isn't it? **jdm freie ~ geben** *fig* give s.o. a free hand; **bei etw die ~ im Spiel haben** have a hand in s.th., *fam* have a finger in the pie; **~ aufs Herz!** cross your heart! **etw in die ~ nehmen** *(anfassen)* pick s.th. up; *fig (in Angriff nehmen, übernehmen)* take s.th. in hand; **es lag in s-r ~** *fig* it was in his hands *pl;* **alle ⸚e voll zu tun haben** *fig* have one's hands full; **e-e ~ wäscht die andere** *prov* you scratch my back and I'll scratch yours; **ich wasche meine ⸚e in Unschuld** I wash my hands of it; **entsetzt die ⸚e über dem Kopf zusammenschlagen** *fig* throw up one's hands in horror; **an ~ von ...** by means of ...; **von der ~ in den Mund leben** live from hand to mouth; **in festen ⸚en sein** be spoken for; **etw aus erster ~ wissen** know s.th. first hand; **ein Fahrrad aus erster ~** a first-hand bike; **etw bei der** (*od* **zur) ~ haben** have s.th. to hand; *fig (Ausrede, Erklärung etc)* have s.th. ready; **stets mit e-r Antwort bei der ~ sein** never be at a loss for a reply; **jdn bei der ~ nehmen** take s.o. by the hand; **die Situation fest in der ~ haben** have the situation well in hand; **~ in ~** hand in hand; **sich in der ~ haben** *fig* have o.s. under control; **er hat es in der ~, ob ...** *fig* it's up to him whether ...; **mit beiden ⸚en zugreifen** *fig* grasp an opportunity with both hands; **sich mit ⸚en u. Füßen gegen etw wehren** fight s.th. tooth and nail; **die Arbeit geht ihm leicht von der ~** he finds the work easy (to do); **von langer ~ vorbereiten** *fig* prepare long before; **es läßt sich nicht von der ~ weisen, daß ...** *fig* it cannot be denied that ...; **zu ⸚en von ...** *(bei Briefen)* (for the) attention of ...; **das ist bei mir in guten ⸚en** that's in good hands with me; **dem Feind in die ⸚e fallen** fall into the hands of the enemy.

Hand·ar·beit *f* **1.** *(nicht Maschinenarbeit)* hand(i)work; *(kunsthandwerklich)* handicraft; **2.** *(nicht Kopfarbeit)* manual work; **3.** *(Nähen, Stricken, Häkeln etc)* needlework; **4.** *(Unterrichtsfach)* class(es *pl*) in sewing and needlework; ▶ **dieser Tisch ist ~** this table is handmade; **Hand·ball** *m sport (Spiel)* (European) handball; **Hand·be·we·gung** *f* **1.** movement (*od* sweep) of the hand; **2.** *(Geste)* gesture; **Hand·bi·blio·thek** *f* reference library; **Hand·brem·se** *f mot* handbrake; **Hand·buch** *n* **1.** *allg* handbook, manual; **2.** *(Führer)* guide; **3.** *(Kompendium)* compendium.

Händ·chen ['hɛntçən] *n* little hand; ▶ **~ halten** hold hands.

Hän·de·druck ‹-(e)s, ⸚e› *m* handshake.

Han·del ['handəl] ‹-s› *m* **1.** *(das ~n, Warenverkehr)* trade (*mit Ware* in, *mit Partner* with); **2.** *(Geschäft)* deal; **3.** *(Wirtschaftszweig)* commerce; ▶ **etw in den ~ bringen** put s.th. on the market; **etw aus dem ~ ziehen** take s.th. off the market; **~ treiben** trade (*mit jdm* with s.o.).

Han·deln *n* **1.** *(Handeltreiben)* trading; **2.** *(Feilschen)* haggling; **3.** *(Tätigwerden od -sein)* action; *(Verhalten)* behaviour.

han·deln ['handəln] **I** *itr* **1.** *(agieren, tätig werden od sein)* act; *(sich verhalten)* behave; **2.** *(von etw ~, zum Gegenstand haben)* deal (*von, über* with); **3.** *(feilschen)* haggle (*um* about, over); **4.** *fig (ver~)* negotiate (*um* about); **5.** *(Handel treiben)* trade (*mit* in); ▶ **rechtswidrig ~** act unlawfully; **läßt er wohl mit sich ~?** do you think he'll be open to persuasion? **II** *tr:* ▶ **an der Börse gehandelt werden** be quoted; **III** *refl:* ▶ **es handelt sich um ...** it is a matter of ..., it concerns ...; **worum handelt es sich?** what's it about? **darum handelt es sich nicht** that is not the issue.

Han·dels·ab·kom·men *n* trade agreement; **Han·dels·ar·ti·kel** *m* commodity; **Han·dels·bank** *f Br* commercial bank, *Am* investment banking house; **Han·dels·be·zie·hun·gen** *f pl* commercial (*od* trade) relations; ▶ **~ unterhalten** maintain trade relations; **Han·dels·bi·lanz** *f* balance of trade; **Han·dels·de·fi·zit** *n* trade deficit.

han·dels·ei·nig *adj:* ▶ **~ werden** come to terms (*mit jdm* with s.o.).

Han·dels·flot·te *f* merchant (*od* mercantile) fleet; **Han·dels·frei·heit** *f* freedom of trade; **Han·dels·ge·richt** *n* commercial court; **Han·dels·ge·sell·schaft** *f* **1.** *com Br* trading company, *Am* business corporation; **2.** *jur* firm under the mercantile law; ▶ **offene ~** (*Abk* OHG) general partnership; **Han·dels·ge·setz** *n jur* commercial (*od* mercantile) law; **Han·dels·ge·setz·buch** *n jur* code of commerce; **Han·dels·haus** *n* business house (*od* firm); **Han·dels·kam·mer** *f Br* chamber of commerce, *Am* Board of Trade; **Han·dels·krieg** *m* trade war; **Han·dels·ma·ri·ne** *f* merchant (*od* mercantile) marine; **Han·dels·mar·ke** *f* retail label; **Han·dels·nie·der·las·sung** *f* branch (establishment); **Han·dels·part·ner m** trading partner; **Han·dels·recht** *n jur* commercial law; **Han·dels·re·gi·ster** *n com* commercial (*od* trade) register; **Han·dels·schiff** *n* trading ship; **Han·dels·schu·le** *f Br* commercial (*Am* business) school; **han·dels·üb·lich** *adj* customary in trade; **Han·dels·ver·trag** *m* trade agreement; **Han·dels·ver·tre·ter(in)** *m (f)* sales representative; **Han·dels·wa·ren** *f pl* commodities, merchandise *sing;* **Han·dels·zen·trum** *n* trading (*od* trade) centre; **Han·dels·zweig** *m* branch (of trade); **Han·del·trei·ben·de(r)** *f m* trader.

hän·de·rin·gend *adv* **1.** wringing one's hands; **2.** *fig (inständig)* imploringly.

Hand·fe·ger *m* brush; **Hand·fer·tig·keit** *f (Geschick)* dexterity; **hand·fest** *adj* **1.** *(Kerl)* robust, strong; **2.** *(Schlägerei etc)* violent; **3.** *fig (Beweis etc)* solid; *(Betrug etc)* blatant; **Hand·feu·er·waf·fe** *f* hand gun; **Hand·flä·che** *f* palm; **Hand·funk·ge·rät** *n* Walkie-talkie; **hand·ge·ar·bei·tet** *adj* handmade; **Hand·ge·lenk** *n* wrist; **Hand·ge·men·ge** *n* **1.** *mil* hand-to-hand fight; **2.** *(Schlägerei)* scuffle; **Hand·ge·päck** *n Br* hand luggage (*Am* baggage); **hand·ge·schrie·ben** *adj* handwritten; **hand·ge·strickt** *adj* hand-knitted; **Hand·gra·na·te** *f* hand grenade; **hand·greif·lich** *adj* **1.** *(gewalttätig)* violent; **2.** *fig (offensichtlich)* evident, obvious; ▶ **~ werden** *(tätlich) Br* become violent, *Am* get tough; **Hand·griff** *m* **1.** *(an Tür, Schirm etc)* handle, knob; **2.** *(Tätigkeit, Bewegung)* movement; ▶ **das ist doch nur ein ~** *fig* that only needs a flick of the wrist; **Hand·ha·be** ‹-, (-n)› *f* **1.** *a. fig* handle; **2.** *jur:* ▶ **gesetzliche ~** legal grounds *pl;* **hand·ha·ben** ['hantha:bən] *tr* **1.** *(Werkzeug, Waffe etc, a. fig)* handle; **2.** *(Maschine etc)* operate; **3.** *fig (Methode etc)* apply; **Hand·ha·bung** *f* **1.** *(von Gerät etc)* handling; **2.** *tech (Bedienung)* operation; **3.** *fig (Anwendung)* application; **Hand·har·mo·ni·ka** *f mus* accordion; **Hand·kar·ren** *m* handcart; **Hand·kof·fer** *m* small suitcase; **Hand·kuß** *m* kiss on the hand; ▶ **mit ~** *fig fam* gladly (*od* with pleasure); **Hand·lan·ger(in)** *m (f) 1. (Zuarbeiter)* helper; **2.** *fig (verächtlich)* jackal; *(Komplize)* accomplice.

Händler(in) ['hɛndlɐ] *m (f)* **1.** *(Handeltreibende(r))* trader; dealer; **2.** *(Ladeninhaber(in)) Br* shopkeeper, *Am* storekeeper.

hand·lich ['hantlɪç] *adj* **1.** *(vom Format her)* handy; **2.** *(leicht zu handhaben)* manageable.

Hand·lung ['handlʊŋ] *f* **1.** *(Vorgehen)* action; *(Tat)* act; **2.** *(Geschehen)* action; *(im Drama etc)* plot; **Hand·lungs·be·voll·mäch·tig·te(r)** *f m* **1.** *(Prokurist(in))* authorized clerk; **2.** *(Stellvertreter(in))* proxy; **hand·lungs·fä·hig** *adj* capable of acting; **Hand·lungs·frei·heit** *f* freedom of action; **Hand·lungs·wei·se** *f* **1.** *(Art u. Weise, zu handeln)* manner of acting; **2.** *(Verhalten)* behaviour; **3.** *(Vorgehen)* procedure,

Hand·pfle·ge *f* manicure; **Hand·rücken (k·k)** *m* back of the hand; **Hand·satz** ‹-es› *m typ* hand composition; **Hand·schel·le** *f* handcuff, *fam* nipper; **Hand·schlag** ‹-(e)s› *m (Händeschütteln)* handshake; ▶ **keinen ~ tun** *fam* not to do a stroke; **Hand·schrift** *f* **1.** handwriting; **2.** *(Text)* manuscript; **3.** *fig (Charakterzug, „Markenzeichen")* (trade)mark; **hand-**

schrift·lich **I** *adj* (hand)written; **II** *adv* in writing; **Hand·schuh** *m* glove; **Hand·schuh·fach** *n mot* glove compartment; **Hand·stand** *m sport* handstand; **Hand·ta·sche** *f Br* (hand)bag, *Am* purse; **Hand·tel·ler** *m* palm (of the hand); **Hand·tuch** *n* towel; ► **das ~ werfen** *(beim Boxen, a. fig)* throw in the sponge (*od* towel); **Hand·um·dre·hen** *n:* ► **im ~** in a jiffy, in no time; **Hand·voll** ‹-, -› *f* handful; **Hand·werk** *n* **1.** *(im Gegensatz zu industrieller Arbeit)* (handi)craft; **2.** *(Berufsstand)* trade; ► **jdm das ~ legen** *fig* put a stop to someone's game; **sein ~ verstehen** *a. fig* know one's job; **Hand·wer·ker(in)** *m (f)* **1.** (skilled) manual worker; **2.** *(Selbständiger, Kunst~)* craftsperson, craftsman (-woman); **Hand·werks·mei·ster(in)** *m (f)* master craftsperson; **Hand·werks·zeug** *n* **1.** *(Werkzeug, Geräte)* tools *pl;* **2.** *fig* equipment, tools *pl;* **Hand·wur·zel** *f anat* carpus; **Hand·zeich·nung** *f* **1.** *(Zeichnung aus freier Hand)* freehand drawing; **2.** *(Skizze)* sketch; **Hand·zet·tel** *m* flier; handbill; leaflet.

ha·ne·bü·chen ['ha:nəby:çən] *adj (gehoben, obs: unglaublich)* incredible.

Hanf [hanf] ‹-(e)s› *m bot* hemp.

Hang [haŋ, *pl* 'hɛŋə] ‹-(e)s, ⸚e› *m* **1.** *(Abhang)* slope; **2.** *fig (Neigung)* tendency; ► **e-n ~ zu etw haben** be inclined to do s.th., have a tendency towards s.th.

Hän·ge·brücke (k·k) *f* suspension bridge; **Hän·ge·lam·pe** *f* droplight; **Hän·ge·mat·te** *f* hammock.

hän·gen **I** *tr (Gegenstände, a. Verbrecher auf~)* hang; ► **sein Herz an etw ~** set one's heart on s.th.; **II** *irr itr* **1.** *allg (a. gehenkt werden)* hang; **2.** *fam (herum~, sich aufhalten)* hang around; ► **an etw ~** *(an jds Hals, Arm etc, a. fig)* cling to s.th.; *(am Geld etc)* be fond of; **an jdm ~** *fig (ihn gernhaben)* be fond of s.o.; *(wie e-e Klette)* cling to s.o.; **an jds Lippen ~** *fig* hang on someone's every word; **mit H~ u. Würgen** *fig fam* by the skin of one's teeth; **III** *refl* **1.** hang on (*an etw* to s.th.); **2.** *fam (sich anschließen)* latch on (*an jdn* to s.o.); **3.** *fam (verfolgen)* set off in pursuit (*an jdm* of s.o.); *(beschatten)* tail (*an jdn* s.o.); **hän·gen|blei·ben** *irr itr* **1.** *(an Nagel etc)* get caught (*an* on); **2.** *fig (von Blicken, Verdacht etc)* rest (*an* on); **3.** *fig fam (haftenbleiben, von Lehrstoff, Wissen etc)* stick; **4.** *päd (sitzenbleiben)* stay down; ► **an mir bleibt ja doch wieder alles hängen!** *fig fam* I'll be (*od* get) stuck with all that again anyway! **hän·gend** *adj* **1.** *(baumelnd)* hanging; **2.** *(Schultern)* sagging.

Hans·dampf [hans'damf] *m fam:* ► **(ein) ~ in allen Gassen** Jack-of-all-trades.

Han·se ['hanzə] ‹-› *f hist* Hanse, Hanseatic League.

hän·seln ['hɛnzəln] *tr* tease.

Hans·wurst ['--/-'-] ‹-(e)s, -e/(⸚e)› *m* buffoon; *(im Zirkus)* clown; ► **den ~ spielen** fool around; **für andere den ~ machen** do the donkey work for others.

Han·tel ['hantəl] ‹-, -n› *f sport* dumbbell.

han·tie·ren [han'ti:rən] *itr* **1.** *(arbeiten)* work, be busy; **2.** *(herumbasteln)* tinker (*an* on); **3.** *(umgehen)* handle (*mit etw* s.th.).

ha·pern ['ha:pɐn] *itr fam:* ► **es hapert an ...** there's a hitch in ...; **mit der Grammatik hapert es bei ihm** he's weak at grammar; **bei ihm hapert es immer am Geld** he's always short of money.

Hap·pen ['hapən] ‹-s, -› *m fam* morsel, mouthful.

hap·pig *adj fam* steep; ► **das ist ganz schön ~** that's a bit much.

Hap·py-End ['hɛpɪɛnt] ‹-s, -s› *n* happy ending.

Hard·li·ner ['ha:dlaɪnɐ] ‹-s, -› *m pol* hardliner.

Hard Rock ['ha:drɔk] *m mus* hard rock.

Hard·ware ['ha:dɛə] ‹-, -s› *f EDV* hardware.

Har·fe ['harfə] ‹-, -n› *f mus* harp; ► **~ spielen** play the harp; **etw auf der ~ spielen** play s.th. on the harp.

Har·ke ['harkə] ‹-, -n› *f* rake; ► **dir werd' ich zeigen, was 'ne ~ ist!** *fig fam* I'll show you what's what! **har·ken** *tr itr* rake.

Har·le·kin ['harleki:n] ‹-s, -e› *m* harlequin.

Harm [harm] ‹-(e)s› *m poet* **1.** *(Kummer)* grief; **2.** *(Kränkung)* harm; **harm·los** *adj* **1.** *(Mensch, Tier etc)* harmless; **2.** *(Vergnügen)* innocent; **3.** *(Verletzung, Unfall etc)* minor; **Harm·lo·sig·keit** *f* **1.** *(Gutmütigkeit)* harmlessness; **2.** *(von Vergnügen)* innocence; **3.** *(von Wunde etc)* minor nature.

Har·mo·nie [harmo'ni:] *f mus a. fig* harmony; **har·mo·nie·ren** *itr a. fig* harmonize (*mit* with).

Har·mo·ni·ka [har'mo:nika] ‹-, -s/-ken› *f* **1.** *(Zieh~)* concertina; **2.** *(Mund~)* mouth organ.

har·mo·nisch *adj* **1.** *mus* harmonic; **2.** *fig (wohlklingend)* harmonious.

Har·mo·ni·um ‹-s, -nien› *n mus* harmonium.

Harn [harn] ‹-(e)s› *m med* urine; **Harn·bla·se** *f anat* (urinary) bladder.

Har·nisch ['harnɪʃ] ‹-(e)s, -e› *m hist* armour; ► **in ~ geraten** *fig* fly into a rage (*wegen etw* about s.th.).

Harn·röh·re *f med* urethra.

Har·pu·ne [har'pu:nə] ‹-, -n› *f* harpoon;

har·pu·nie·ren *tr itr* harpoon.
har·ren ['harən] *itr* await, wait for (*jds* s.o., *e-r Sache* s.th.).
Harsch [harʃ] ‹-es› *m* crusted snow.
harsch *adj* harsh.
hart [hart] ‹härter, härtest› **I** *adj* **1.** *allg (a. fig: Drogen, Pornographie etc)* hard; **2.** *(Gesichtszüge, Umrisse etc)* sharp; **3.** *(widerstandsfähig)* tough; *(rauh)* rough; **4.** *(solide, stabil)* stable; **5.** *(grausam)* cruel; *(streng)* severe; ▶ **ein ~es Herz** *fig* a hard heart; **~ gefroren** frozen hard; **er ist ~ im Nehmen** *fam* he can take it; **~e Worte** harsh words; **~ zu jdm sein** be hard on s.o.; **~ (gegenüber jdm) bleiben** remain adamant (towards s.o.); **~ werden (~ machen)** *a. fig* harden; **II** *adv* **1.** *allg* hard; **2.** *(scharf)* sharply; **3.** *(rauh)* roughly; **4.** *(streng)* severely; **5.** *(nahe, beinahe)* close (*an* to); ▶ **~ arbeiten** work hard; **das mag ~ klingen, aber ...** that may sound harsh, but ...; **jdn ~ anpacken** be hard on s.o.; **der Tod s-r Frau traf ihn ~** his wife's death hit him hard; **~ an der Grenze von** (*od* **zu) etw** close to (*od* on the very limits of) s.th.
Här·te ['hɛrtə] ‹-, -n› *f* **1.** *allg* hardness; **2.** *(Schärfe)* sharpness; **3.** *(Zähigkeit)* toughness; *(Rauheit)* roughness; **4.** *(Strenge)* severity; **5.** *(Stabilität)* stability; **6.** *(schwere Erträglichkeit)* cruelty, harshness; *(soziale ~)* hardship; **Här·te·fall** *m* hardship case; **Här·te·grad** *m* **1.** *allg* degree of hardness; **2.** *(von Stahl)* temper; **här·ten** *tr itr refl* **1.** *allg a. fig* harden; **2.** *(Stahl)* temper; **Här·te·test** *m* **1.** endurance test; **2.** *fig* acid test.
Hart·fa·ser·plat·te *f Br* hardboard, *Am* fiberboard; **hart·ge·fro·ren** *adj (attributiv)* frozen; *(prädikativ)* frozen hard; **hart·ge·kocht** *adj (Ei)* hard-boiled; **Hart·geld** *n* hard cash; **hart·ge·sot·ten** *adj fig* tough, hard-boiled; **hart·her·zig** *adj* hard-hearted; **Hart·her·zig·keit** *f* hard-heartedness; **Hart·holz** *n* hardwood; **hart·näckig (k·k)** ['hartnɛkɪç] *adj* **1.** *(eigensinnig, stur)* obstinate, stubborn; **2.** *(beharrlich)* persistent; **3.** *med (Krankheit)* refractory; **Hart·näckig·keit (k·k)** *f* **1.** *(Sturheit)* obstinacy, stubbornness; **2.** *(Beharrlichkeit)* persistence; **3.** *med (e-r Krankheit)* refractoriness.
Harz [ha:ɐts] ‹-es, -e› *n bot* resin; **harzig** *adj* resinous.
Hasch [haʃ] ‹-s› *n fam (Haschisch)* boo, grass, pot, shit.
Ha·schee [ha'ʃe:] ‹-s, -s› *n (Hackfleischgericht)* hash.
ha·schen[1] ['haʃən] **I** *tr* **1.** *obs (fangen)* catch; **2.** *(jagen)* chase; **II** *itr* **1.** *obs (schnappen, greifen)* snatch (*nach* for); **2.** *fig* strive (*nach* for); ▶ **nach Effekt ~** *fig* strain for effect; *theat* play to the gallery; **nach Beifall ~** *fig* strive for applause.
ha·schen[2] *itr fam (Haschisch rauchen)* take hash (*od* pot, shit).
Ha·schisch ‹-(s)› *n* od *m* hashish.
Ha·se ['ha:zə] ‹-n, -n› *m zoo* hare; ▶ **falscher ~** *fam (Hackbraten)* meat loaf; **sehen, wie der ~ läuft** *fig fam* see how the cat jumps; **da liegt der ~ im Pfeffer** there's the rub.
Ha·sel·nuß ['ha:zəlnʊs] *f bot* hazel(nut).
Ha·sen·bra·ten *m* roast hare; **Ha·sen·fuß** *m fig (Feigling)* coward; **Ha·sen·pfef·fer** *m* jugged hare; **Ha·sen·schar·te** *f med* harelip.
Haß [has] ‹-sses› *m* **1.** hate, hatred (*auf, gegen* of, for); **2.** *fam (Ärger, Wut) Am* soreness (*auf* at); ▶ **sich jds ~ zuziehen** incur someone's hatred; **aus ~ auf ...** out of hatred of ...; **ich habe e-n richtigen ~ auf ihn** *fam* I'm really sore at him.
has·sen ['hasən] *tr itr* **1.** hate (*wegen* for); **2.** *(verabscheuen)* detest; **has·sens·wert** *adj* hateful, odious; **haß·er·füllt** *adj* filled with hatred; ▶ **jdn ~ ansehen** look daggers at s.o.
häß·lich ['hɛslɪç] *adj* **1.** *(unschön)* ugly; **2.** *(scheußlich)* hideous; **3.** *fig (unangenehm)* unpleasant; **4.** *fig (gemein)* mean, nasty; **Häß·lich·keit** *f* **1.** *(Unschönheit)* ugliness; **2.** *(Scheußlichkeit)* hideousness; **3.** *fig (Unerfreulichkeit)* unpleasantness; **4.** *fig (Gemeinheit)* meanness, nastiness; *(häßliche Bemerkung)* nasty remark.
Hast [hast] ‹-› *f* **1.** *(Eile)* haste, hurry; **2.** *(Überstürzung)* precipitation; ▶ **in großer ~** in great haste; **ha·sten** ‹sein› *itr* hasten, hurry; **ha·stig** *adj* **1.** *(eilig)* hasty, hurried; **2.** *(überstürzt)* precipitate.
hät·scheln ['hɛ(:)tʃəln] *tr* **1.** *(liebkosen)* fondle; **2.** *fig (verzärteln)* pamper.
Hau·be ['haʊbə] ‹-, -n› *f* **1.** *allg* cap, hood; **2.** *mot (Motor~) Br* bonnet, *Am* hood; **3.** *orn (von Vogel)* crest, tuft; ▶ **jdn unter die ~ bringen** *fam hum* marry s.o. off; **unter die ~ kommen** *fam hum* get spliced.
Hauch [haʊx] ‹-(e)s, (-e)› *m* **1.** *(Atem)* breath; *(Luft~)* breeze; *(kalter)* blast; **2.** *fig (Spur)* hint, touch; **hauch·dünn** ['-'-] *adj* **1.** filmy; **2.** *fig* wafer-thin; **hau·chen** ['haʊxən] **I** *itr* breathe; *(blasen)* blow; **II** *tr (leise sprechen)* whisper softly; **hauch·zart** ['-'-] extremely delicate.
Hau·de·gen *m fig* **1.** *pol* old campaigner; **2.** *mil* old warhorse; **Haue** ['haʊə] ‹-, -n› *f* **1.** *(Hacke)* hoe; **2.** *fam (Prügel)* (good) hiding; **hau·en** *irr* **I** *tr itr* **1.** *(Holz, Fleisch)* chop; **2.** *min (Steine, Kohle)* break; *(Erz)* cut; **3.** *fam (schlagen, prügeln)* hit; **4.** *fam (schmei-*

ßen) bang, slam; ▶ **sein Geld auf den Kopf** ~ *fam* blow one's money; **II** *refl fam* **1.** *(sich schlagen)* scrap, fight; **2.** *(sich setzen, legen)* fling o.s.; ▶ **sich in die Falle** ~ *fam* hit the sack.

Hau·er¹ *m zoo (Eberzahn)* tusk.

Hau·er² *m min (Bergmann)* hewer.

Hau·fen ['haʊfən] ‹-s, -› *m* **1.** *allg* heap; *(gleichmäßig)* pile; **2.** *fam (große Anzahl, Menge)* great number; **3.** *(Häufung, Ansammlung)* accumulation; **4.** *fam (bunter* ~, *Menschengruppe etc)* bunch; ▶ **ein** ~**n Arbeit** a load (*od* heap) of work; **über den** ~**n werfen** *(Pläne etc)* upset; *(Bedenken etc)* throw aside; **jdn über den** ~ **rennen** send s.o. cartwheeling; **hau·fen·wei·se** *adj* in heaps; ▶ **etw** ~ **haben** have piles of s.th.; **Hau·fen·wol·ke** *f* cumulus (cloud).

häu·fig ['hɔɪfɪç] **I** *adj* **1.** *(oft vorkommend)* frequent; **2.** *(weit verbreitet)* common, widespread; **II** *adv* frequently, often; **Häu·fig·keit** *f* frequency; **Häu·fung** *f* accumulation.

Haupt [haʊpt, *pl* 'hɔɪptə] ‹-(e)s, ¨er› *n* **1.** *(gehoben für: Kopf, a. fig: Ober~)* head; **2.** *in Zssg:* ~- chief, main, principal; ▶ **mit entblößtem** ~ bareheaded; **zu jds** ¨**ern** at someone's head *sing;* **das** ~ **e-r Verschwörung** the mastermind (*od* head) of a conspiracy; **Haupt·ak·tio·när** *m* major shareholder; **Haupt·al·tar** *m eccl* high altar; **Haupt·an·schluß** *m tele* main extension; **Haupt·auf·ga·be** *f* main (*od* chief) task; **Haupt·au·gen·merk** *n* chief attention; ▶ **sein** ~ **auf etw richten** focus one's special attention on s.th.; **Haupt·bahn·hof** *m rail* central station; **Haupt·be·din·gung** *f* principal condition; **Haupt·be·ruf** *m* main profession; **haupt·be·ruf·lich** *adv* as one's main occupation; **Haupt·be·stand·teil** *m* **1.** principal ingredient; **2.** *(e-r Warensendung)* bulk; **3.** *(e-r Mahlzeit)* substantials *pl;* **Haupt·buch** *n com* ledger; **Haupt·dar·stel·ler(in)** *m (f) film theat* principal actor (actress); ▶ **mit ... als** ~ starring ...; **Haupt·ein·gang** *m* main entrance; **Haupt·fach** *n* main subject; **Haupt·film** *m* main film; **Haupt·ge·richt** *n (Essen)* main course; **Haupt·ge·schäfts·zeit** ['--'--] *f* main business hours *pl;* **Haupt·ge·winn** *m* **1.** *(Erster Preis)* first prize; **2.** *(größter Vorteil)* main profit; **Haupt·grund** *m* principal reason; **Haupt·hahn** *m (Gas, Wasser)* main tap; ▶ **den** ~ **abdrehen** turn off the mains *pl;* **Haupt·lei·tung** *f* **1.** *el* mains; **2.** *(Gas, Abwasser, Wasser etc)* main pipe.

Häupt·ling ['hɔɪptlɪŋ] *m* chief(tain).

Haupt·mahl·zeit *f* chief (*od* main) meal; **Haupt·mann** ‹-(e)s, -leute› *m* **1.** *mil* captain; *aero mil* flight lieutenant; **2.** *(Räuber~)* chieftain; **Haupt·merk·mal** *n* chief characteristic, main feature; **Haupt·nen·ner** *m math* common denominator; **Haupt·nut·zen** *m* main (*od* primary) benefit; **Haupt·per·son** *f* **1.** *a. fig* central figure; **2.** *(Schlüsselfigur)* key man (*od* key woman); **3.** *(e-s Romans)* hero (*od f* heroine); **4.** *film theat* principal character; **Haupt·post(·amt)** *f (n)* Main Post Office; **Haupt·pro·blem** *n* main problem; **Haupt·quar·tier** *n* headquarters *pl (Abk* H.Q.); **Haupt·rol·le** *f theat film* leading role (*od* part); ▶ **die** ~ **spielen** *film* star; *fig* be all-important; **mit ... in der** ~ starring ...; **Haupt·sache** *f* main point; ▶ **das ist die** ~ that's all that matters; **in der** ~ mainly; ~**, es klappt** the main thing is it comes off; **haupt·säch·lich I** *adj* chief, main, principal; **II** *adv* chiefly, mainly, principally; **Haupt·sai·son** *f* high season; **Haupt·satz** *m* **1.** *gram* principal clause; **2.** *mus* principal (movement); **3.** *(e-r wissenschaftl. Theorie)* main proposition; **Haupt·schal·ter** *m* **1.** *el* main switch; **2.** *(im Postamt etc)* main ticket office; **Haupt·schlag·ader** *f med* aorta; **Haupt·schlüs·sel** *m* master key; **Haupt·schuld** *f a. jur* principal fault; **Haupt·schul·di·ge(r)** *f m jur* main offender; **Haupt·sen·de·zeit** *f* prime time; **Haupt·si·che·rung** *f el* main fuse; **Haupt·spei·cher** *m EDV* main storage; **Haupt·stadt** *f* capital; **Haupt·stra·ße** *f* **1.** *(in der Stadt) Br* high (*Am* main) street; **2.** *(für Fernverkehr) Br* arterial road, *Am* highway; **Haupt·tref·fer** *m (bei Lotterie)* jackpot, top prize; **Haupt·ur·sa·che** *f* chief cause; **Haupt·ver·hand·lung** *f jur* (actual) trial, main hearing; **Haupt·ver·kehrs·stra·ße** *f* **1.** *(in der Stadt)* main street; **2.** *(Durchgangsstraße)* main thoroughfare; **3.** *(Städteverbindung)* main highway; **Haupt·ver·kehrs·zeit** *f* rush hour(s *pl*); **Haupt·ver·samm·lung** *f* **1.** *allg* general meeting; **2.** *com (bei AG) Br* shareholders' (*Am* stockholders') general meeting; **Haupt·ver·wal·tung** *f com* head office; **Haupt·wä·sche (Haupt·wasch·gang)** *f (m)* main wash; **Haupt·wort** *n gram* noun.

Haus [haʊs, *pl* 'hɔɪzə] ‹-es, ¨er› *n* **1.** *allg (bes. Wohn~)* house; *(Gebäude)* building; *(Heim)* home; **2.** *fig (Fürsten~, a. com: Firma u. parl)* House; **3.** *theat (fig: Publikum)* house; *(Theatergebäude) Br* theatre, *Am* theater; ▶ **ein volles** ~ *theat* a full house; **Herr X ist nicht im** ~**e** *(nicht im Betrieb)* Mr X is not on the premises *pl,* Mr X is not in; **altes** ~ *fig fam (Freund, Kamerad)* old chum; **Lieferung frei** ~ *com* free delivery;

außer ~ essen eat out; **das ~ Habsburg** *fig* the House of the Habsburgs; **~ an ~ mit jdm wohnen** live next door to s.o.; **aus gutem ~e** from a good family; **~ und Hof** house and home; **der kommt mir nicht ins ~!** I won't have him in the house! **mit der Tür ins ~ fallen** *fig* come straight to the point, blurt s.th. out; **nach ~e** *a. fig* home; **jdn nach ~e bringen** see s.o. home; **von ~ aus** *(ursprünglich)* originally; *(von Natur aus)* naturally; **zu ~e** at home; **wieder zu ~e sein** be back home; **in e-r Sache zu ~e sein** *fig* be at home in s.th.; **er ist in London zu ~e** his home town is London; **ich fühle mich hier wie zu ~e** I feel at home here; **fühlen Sie sich wie zu ~e!** make yourself at home! **das ~ hüten** *(zu ~e bleiben)* stay at home; *(sich ums ~ kümmern)* look after the house; **jdm das ~ verbieten** forbid s.o. (to enter) one's house; **ins ~ stehen** be forth-coming.

Haus·ab·fall *m* domestic refuse; **Haus·an·ge·stell·te** *m f* domestic (servant); **Haus·an·schluß** *m tech* house (*od* service) connection; **Haus·apo·the·ke** *f* (family) medicine-chest; **Haus·ar·beit** *f* **1.** *(Haushalt)* chores *pl*, housework; **2.** *päd* homework; **Haus·ar·rest** *m jur* house arrest; ▶ **jdn unter ~ stellen** put s.o. under house arrest; **Haus·arzt (-ärz·tin)** *m (f)* family doctor; **Haus·auf·ga·be** *f päd* homework; ▶ **s-e ~n machen** do one's homework *sing;* **haus·backen (k·k)** *adj* **1.** *obs (Brot etc)* homemade; **2.** *fig* drab, homespun, homely *(bes Am);* **Haus·bar** *f* cocktail cabinet; **Haus·be·set·zer(in)** *m (f)* squatter; **Haus·be·set·zung** *f* squatting; **Haus·be·sit·zer(in)** *m (f)* **1.** *(Besitzer e-s Hauses)* house owner; **2.** *(Vermieter)* landlord (landlady); **Haus·be·woh·ner(in)** *m (f)* **1.** *(im Hause Wohnende(r))* occupant (of a house); **2.** *(Mieter)* tenant; **Haus·brand** *m* domestic fuel.

Häus·chen ['hɔɪsçən] ⟨-s, -⟩ *n* **1.** *(kleines Haus)* small house; **2.** *(im Grünen, Wochenend~)* cottage; ▶ **ganz aus dem ~ sein** *fig fam (vor Freude, Aufregung etc)* be out of one's mind with joy (*od* excitement *etc*); *fig fam (vor Wut)* hit the ceiling; **das Publikum geriet förmlich aus dem ~** *fig fam* the audience really went berserk.

Haus·ein·gang *m* (house) entrance.

hau·sen ['haʊzən] *itr fam pej (wohnen)* dwell; ▶ **übel ~** *fig* wreak (*od* create) havoc.

Häu·ser·block (*od* **-komplex)** ⟨-(e)s, -s⟩ *m* block (of buildings); **Häu·ser·mak·ler(in)** *m (f)* estate agent.

Haus·flur ⟨-(e)s, -e⟩ *m* **1.** *(Diele) Br* (entrance)hall, *Am* hallway; **2.** *(Gang)* corridor; **3.** *(Treppenhaus)* staircase; **Haus·frau** *f (Berufsbezeichnung)* housewife; **Haus·freund** *m* **1.** *(Freund der Familie)* friend of the family; **2.** *fam euph (Geliebter der Ehefrau)* man friend; **Haus·frie·dens·bruch** *m jur* disturbance of domestic peace and security; **Haus·ge·brauch** *m* domestic use; ▶ **mein Englisch reicht gerade für den ~** *fam* I just about get by with my English; **Haus·ge·burt** *f* home birth; **haus·ge·macht** *adj* homemade; **Haus·halt** ⟨-(e)s, -e⟩ *m* **1.** *(Hausgemeinschaft)* household; **2.** *fin pol (Etat)* budget; ▶ **jdm den ~ führen** keep house for s.o.; **haus|hal·ten** *irr itr* **1.** *(den Haushalt führen)* keep house; **2.** *(sparsam wirtschaften)* be economical; ▶ **mit s-n Kräften ~** *fig* conserve one's strength *sing;* **mit s-n Kräften nicht ~** *fig* burn the candle at both ends; **Haus·häl·ter(in)** *m (f)* housekeeper; **Haus·halts·geld** *n* housekeeping money; **Haus·halts·ge·rät** *n* domestic appliance; **Haus·halts·jahr** *n pol* fiscal (*od* financial) year; **Haus·halts·plan** *m pol* budget; ▶ **den ~ aufstellen** draw up the budget; **Haus·halts·wa·ren** *f pl Br* household articles, *Am* housewares; **Haus·herr** *m* **1.** *(Gastgeber)* host; **2.** *(Hauswirt)* landlord; **haus·hoch** ['-'-] *adj* **1.** *(sehr hoch, a. fig)* enormous, huge; **2.** *fig (Sieg etc)* crushing; ▶ **~ gewinnen** *fig* win by miles.

hau·sie·ren [haʊ'zi:rən] *itr a. fig* hawk (about), peddle (*mit etw* s.th.); ▶ **Betteln u. H~ verboten!** no begging or peddling! **Hau·sie·rer(in)** *m (f)* hawker.

Haus·leh·rer(in) *m (f)* private tutor(ess).

häus·lich ['hɔɪslɪç] *adj* **1.** *(zum Haus gehörig)* domestic; **2.** *(das Zuhause liebend)* home-loving; **3.** *(Familien-)* family; **Häus·lich·keit** *f* domesticity.

Haus·ma·cher·le·ber·wurst *f* homemade liver sausage; **Haus·mäd·chen** *n* (house)maid; **Haus·mann** ⟨-(e)s, ⸚er⟩ *m* house-husband; **Haus·manns·kost** *f* plain fare; **Haus·mei·ster(in)** *m (f) Br* caretaker, *Am* janitor; **Haus·mit·tel** *n med* household remedy; **Haus·müll** *m* domestic rubbish (*od* refuse), *bes Am* domestic garbage; **Haus·num·mer** *f* house number; **Haus·ord·nung** *f* rules *pl* of the (*od* a) house; **Haus·rat** ⟨-(e)s⟩ *m* household effects *pl;* **Haus·rat·ver·si·che·rung** *f* household contents insurance; **Haus·schlüs·sel** *m* front-door key; **Haus·schuh** *m* slipper; **Haus·su·chung** *f jur Br* house search (*Am* check); ▶ **e-e ~ vornehmen** search a house; **Haus·te·le·phon** *n* internal telephone;

Haus·tier *n* **1.** *(kein wildes Tier)* domestic animal; **2.** *(in der Wohnung)* pet; **Haus·tür** *f* front door; **Haus·ver·wal·ter(in)** *m (f) com* property manager; **Haus·wirt(in)** *m (f)* landlord (landlady).

Haut [haʊt, *pl* 'hɔɪtə] ‹-, ¨-e› *f* **1.** *allg* skin; **2.** *(von Tieren, zur Lederverarbeitung)* hide; **3.** *(e-r Frucht)* peel; **4.** *(bei Flüssigkeit)* film; *(bei Milch)* cream, skin; ► **e-e dicke ~ haben** *fig fam* be thick-skinned; **die ~ betreffend** cutaneous; **mit ~ u. Haaren** *fig fam* completely; **sich e-r Sache mit ~ u. Haaren verschreiben** *fig fam* devote o.s. body and soul to s.th.; **nur ~ u. Knochen sein** *fig* be nothing but skin and bone; **mit heiler ~ davonkommen** *fig* escape without a scratch; **das ist zum Aus-der-~-Fahren** *fig fam* that's enough to drive you mad; **den ganzen Tag auf der faulen ~ liegen** *fig fam* idle away one's time; **naß bis auf die ~** soaked to the skin; **ich möchte nicht in seiner ~ stekken** *fig fam* I wouldn't like to be in his shoes *pl;* **sich s-r ~ wehren** *fig* defend o.s vigorously; **das geht e-m unter die ~** *fig fam* that gets under your skin; **Haut·ab·schür·fung** *f med* excoriation; **Haut·arzt (-ärz·tin)** *m (f) med* dermatologist; **Haut·aus·schlag** *m* rash.

Häut·chen ['hɔɪtçən] ‹-s, -› *n* **1.** *(dünne Haut)* thin skin; **2.** *anat bot (Membran)* membrane; *(an Fingernagel)* cuticle.

Haut·creme *f* skin cream.

häu·ten ['hɔɪtən] **I** *tr (Tier)* skin; **II** *refl zoo* shed its skin; *(bei Schlange)* slough.

haut·eng ['-'-] *adj* skin-tight.

Haute·vo·lee [(h)o:tvo'le:] ‹-› *f fam (meist pej)* (the) upper crust.

Haut·far·be *f* skin colour; **Haut·kli·nik** *f* dermatological (*od* skin) clinic; **Haut·krank·heit** *f* skin disease; **Haut·über·tra·gung** *f anat* skin grafting.

Ha·va·rie [hava'ri:] *f mar* average.

he, he da [he:] *interj* hey!

Heb·am·me ['he:pʔamə/'he:bamə] ‹-, -n› *f* midwife.

He·be·büh·ne *f mot* lifting platform.

He·bel ['he:bəl] ‹-s, -› *m* lever; ► **alle ~ in Bewegung setzen** *fig* move heaven and earth; ► **am längeren ~ sitzen** *fig fam* have the whip hand; **He·bel·arm** *m* lever arm; **He·bel·wir·kung** *f* leverage.

he·ben ['he:bən] *irr* **I** *tr* **1.** *(hoch~)* lift, raise; **2.** *fig (aufwerten)* improve; *(vergrößern)* increase; *fig fam:* ► **e-n ~** wet one's whistle; **II** *refl* **1.** *(sich er~, sich nach oben bewegen)* rise; **2.** *(sich verbessern)* improve; *(zunehmen)* increase.

He·brä·er(in) [he'brɛ:ɐ] *m (f)* Hebrew; **he·brä·isch** *adj* Hebrew.

He·bung ['he:bʊŋ] *f* **1.** *(von Küste, Boden etc)* elevation; **2.** *(von Stimme)* accent; **3.** *(betonte Silbe)* stressed syllable; **4.** *fig (Verbesserung)* improvement; *(Erhöhung)* increase.

Hecht [hɛçt] ‹-(e)s, -e› *m zoo* pike; **Hecht·sprung** *m fig sport (beim Schwimmen) Br* pike dive, *Am* jackknife; *(beim Turnen)* long fly; *(e-s Torwarts)* (full-length) dive.

Heck [hɛk] ‹-s, -s› *n mar* stern; *mot* rear; *aero* tail.

Hecke (k·k) ['hɛkə] ‹-, -n› *f* hedge; **Hecken·ro·se (k·k)** *f bot* dogrose; **Hecken·sche·re (k·k)** *f* hedge clippers *pl;* **Hecken·schüt·ze (k·k)** *m mil* sniper.

Heck·klap·pe *f mot* tail gate; **Heck·mo·tor** *m mot* rear engine; **Heck·schei·be** *f mot* rear window; **Heck·schei·ben·hei·zung** *f mot* rear window pane heating; **Heck·spoi·ler** *m mot* rear spoiler.

he·da ['he:da] *interj fam* heigh! hey there!

Heer [he:ɐ] ‹-(e)s, -e› *n* **1.** *mil* army; **2.** *fig (Schwarm)* swarm; **3.** *fig fam (große Menge)* host, large number; ► **stehendes ~** *mil* standing army; **ein ~ von Reportern** *fig fam* a host of reporters; **ein ~ von Fliegen** *fig* a swarm of flies.

He·fe ['he:fə] ‹-, -n› *f (zum Backen etc)* yeast; **He·fe·teig** *m* yeast dough.

Heft[1] [hɛft] ‹-(e)s, (-e)› *n* **1.** *(Griff)* handle; *(Schwert~)* hilt; **2.** *fig (Leitung)* reins *pl.*

Heft[2] ‹-(e)s, -e› *n* **1.** *(Schreib~)* notebook; **2.** *(Übungs~)* exercise book; **3.** *(Broschüre)* booklet; **4.** *(einzelnes ~ e-r Zeitschrift)* issue, number.

hef·ten I *tr* **1.** *(befestigen)* fix; *(feststekken)* pin; **2.** *(Buch)* stitch; **3.** *(Saum, Naht)* baste, tack; **II** *refl:* ► **sich an jds Fersen ~** *fig (verfolgen)* dog someone's heels.

Hef·ter ‹-s, -› *m* **1.** *(Mappe)* folder; **2.** *(Bürogerät)* stapler.

hef·tig ['hɛftɪç] *adj* **1.** *(stark, gewaltig)* violent; **2.** *(Intensität)* intense; **3.** *(Gewitter)* furious; *(Regen)* lashing; ► **~ sein** *(aufbrausend)* be violent-tempered; **~er Widerstand** fierce resistance; **~es Fieber** raging fever; **Hef·tig·keit** *f* **1.** violence; **2.** *(Intensität)* intensity.

Heft·klam·mer *f* paper clip, staple; **Heft·pfla·ster** *n med* adhesive *Br* plaster (*Am* tape); **Heft·zwecke (k·k)** *f Br* drawing-pin, *Am* thumbtack.

he·gen ['he:gən] *tr* **1.** *(pflegen)* care for; **2.** *fig (Gefühle etc)* entertain, have, nourish; ► **den Verdacht ~, daß ...** have a suspicion that ...; **Hoffnung ~** cherish hope(s); **Groll gegen jdn ~** bear s.o. a grudge; **den Wunsch ~** have the wish.

Hehl [he:l] *n:* ▶ **kein ~ machen aus etw** make no secret of s.th.; **Heh·le·rei** *f jur* receiving (of) stolen goods; **Heh·ler(in)** *m (f)* receiver (of stolen goods), fence *sl.*

hehr [he:ɐ] *adj* sublime.

Hei·de[1] **(Hei·din)** ‹-n, -n› *m (f)* heathen, pagan.

Hei·de[2] ['haɪdə] ‹-, -n› *f (Landschaft)* heath; **Hei·de·kraut** ‹-(e)s› *n* heather; **Hei·del·bee·re** ['haɪdəlbe:rə] *f (Blaubeere) Br* bilberry, blueberry, *Am* huckleberry.

Hei·den·angst ['--'-] *f fam* blue funk; ▶ **e-e ~ haben** be in a blue funk; **Hei·den·geld** ['--'-] *n fam:* ▶ **ein ~** lots of money; **Hei·den·lärm** ['--'-] *m fam:* **ein ~** a heck of a noise; **Hei·den·spaß** ['--'-] *m fam* terrific fun; ▶ **e-n ~ haben** have a ball; **Hei·den·tum** *n* **1.** *(die Heiden)* heathendom; **2.** *(heidnischer Glaube)* paganism; **heid·nisch** ['haɪdnɪʃ] *adj* heathen, pagan.

hei·kel ['haɪkəl] *adj* **1.** *(Sache: schwierig, gefährlich)* delicate, ticklish; **2.** *(Person; wählerisch, schwer zu befriedigen)* fussy, particular (*in bezug auf etw* about s.th.).

Heil [haɪl] ‹-(e)s› *n* **1.** *(Wohl)* welfare; **2.** *(Nutzen)* benefit; **3.** *(Glück)* luck; **4.** *eccl* salvation; *(Gnade)* grace; ▶ **sein ~ in der Flucht suchen** seek refuge in flight.

heil *adj* **1.** *(unverletzt)* unhurt, unscathed; **2.** *(ganz, intakt)* undamaged; **3.** *(geheilt)* cured, healed; **Heil·an·stalt** *f* **1.** *allg (Pflegeheim)* nursing home; **2.** *(für Geisteskranke)* mental hospital (*od* home); **heil·bar** *adj* **1.** *(Wunden)* healable; **2.** *(Krankheit)* curable; **Heil·bar·keit** *f* curability; **Heil·be·hand·lung** *f* curative treatment.

Heil·butt *m zoo* halibut.

hei·len ['haɪlən] **I** *tr* ‹h› *a. fig* cure; **II** *itr* ‹sein› heal; **heil·froh** ['-'-] *adj fam* jolly glad; **Heil·gym·na·stik** *f* physiotherapy; **Heil·gym·na·st(in)** *m (f)* physiotherapist.

hei·lig ['haɪlɪç] *adj* **1.** *rel* holy; *(vor Namen von H~en)* Saint; **2.** *fig (ernst)* sacred, solemn; ▶ **H~er Vater** *(Papst)* Holy Father; **das ist mir ~** that is sacred to me; **~er Bimbam!** *interj fam* holy smoke! **jdm etw hoch u. ~ versprechen** promise s.th. to s.o. faithfully; **es war ihr ~er Ernst** she was dead serious; **Hei·lig·abend** *m* Christmas Eve; **Hei·li·ge(r)** ‹-n, -n› *f m* saint; **hei·li·gen** ['haɪlɪgən] *tr* **1.** *(weihen)* sanctify; *(heilighalten)* hallow; **2.** *(rechtfertigen, gutheißen)* justify; ▶ **geheiligt werde Dein Name** hallowed be Thy name; **der Zweck heiligt die Mittel** *prov* the end justifies the means; **Hei·li·gen·schein** *m* **1.** *rel* aureole; **2.** *fig* halo; **Hei·lig·keit** *f rel* holiness; ▶ **Eure ~** *eccl* Your Holiness; **hei·lig|spre·chen** *irr tr eccl* canonize; **Hei·lig·tum** *n* **1.** *(heiliger Ort etc)* sanctuary; **2.** *fam (heiliger Gegenstand)* sacred object; **3.** *fig fam (Ort ungestörter Ruhe)* sanctum.

Heil·kli·ma *n* salubrious climate; **Heil·kraft** *f* **1.** healing power; **2.** *med (e-r Pflanze)* medicinal properties *pl;* **Heil·kraut** *n* medicinal herb; **Heil·kun·de** *f* medicine.

heil·los I *adj* **1.** *(unheilig)* unholy; **2.** *(hoffnungslos)* hopeless; **3.** *(schrecklich)* terrible; **II** *adv (äußerst, sehr)* utterly.

Heil·mit·tel *n a. fig* remedy; **Heil·pflan·ze** *f* medicinal plant; **Heil·prak·ti·ker(in)** *m (f)* non-medical practitioner, *Am* naturopathic doctor; **Heil·quel·le** *f* mineral (*od* medicinal) spring; **heil·sam** *adj a. fig* beneficial; ▶ **e-e ~e Erfahrung** a salutary experience; **Heils·ar·mee** *f* Salvation Army; **Hei·lung** *f* **1.** *(Wund~)* healing; *(Kranken~)* curing; **2.** *(Gesundung)* cure; **3.** *fig (von Lastern etc)* reclamation (*von* from); **Hei·lungs·pro·zeß** *m* healing process.

Heim [haɪm] ‹-(e)s, -e› *n* home; **heim** *adv* home; **Heim·ar·beit** *f* **1.** *(das Zuhause-Arbeiten)* outwork; **2.** *(als Industrieform)* home industry; **3.** *(Produkt)* homemade article.

Hei·mat ['haɪma:t] ‹-› *f* native country; ▶ **in der ~** at home; **s-e ~ verlassen** leave one's home; **Hei·mat·ge·mein·de** *f (Stadt)* native town; *(Dorf)* native village; **Hei·mat·land** *n* native land (*od* country); **hei·mat·lich** *adj (zur Heimat gehörig)* native, of home; **hei·mat·los** *adj* homeless; **Hei·mat·recht** *n jur* right of domicile; **Hei·mat·stadt** *f* home town; **Hei·mat·ver·trie·be·ne(r)** *f m* displaced person.

Heim·chen ['haɪmçən] ‹-s, -› *n* **1.** *zoo* (house) cricket; **2.** *fig pej:* ▶ **~ am Herd** *(Hausmütterchen)* little woman at home.

Heim·com·pu·ter *m* home computer.

heim|fah·ren ‹sein› *irr* **I** *itr* **1.** *(als Fahrer)* drive home; **2.** *(als Gefahrener)* ride home; **II** *tr:* ▶ **jdn ~** drive (*od* take) s.o. home; **Heim·fahrt** *f* return journey (*mar* voyage); ▶ **auf der ~ sein** be on one's way (back) home.

hei·misch *adj* **1.** *(national)* home; *(ein~)* native; *(ortsansässig)* local; **2.** *(vertraut)* at home, familiar; ▶ **~e Gewässer** home waters; **sich ~ fühlen in ...** *a. fig* feel at home in ...; *Brecht fühlte sich in Amerika nie ~* Brecht never became acclimatized to America.

Heim·kehr ['haɪmke:ɐ] ‹-› *f* homecoming, return; **heim|keh·ren (heim|kom·men)** ‹sein› *irr itr* return home (*aus* from); **Heim·keh·rer** *m* **1.** *allg* homecomer; **2.** *pol* repatriate(d prisoner of war).

heim·lich ['haımlıç] *adj* **1.** *(geheim)* secret; **2.** *(verstohlen)* furtive; ▶ **sich ~ entfernen** sneak away; **er ging ~ (still u. leise) weg** he left on the quiet; **Heim·lich·keit** *f* **1.** *(Verborgenheit)* secrecy; **2.** *(Geheimnis)* secret; ▶ **in aller ~** in secrecy; **Heim·lich·tue·rei** *f fam* secretive ways *pl (mit* about); **heim·lich|tun** *irr itr* affect (*od* put on) an air of secrecy.

Heim·rei·se *f* homeward journey (*mar* voyage), journey home; ▶ **auf der ~ sein** be homeward- bound.

heim|su·chen *tr* **1.** *(Geister)* haunt; **2.** *(Ungeziefer)* infest; **3.** *(Unglück)* afflict.

heim·tückisch (k·k) *adj* **1.** *(boshaft)* malicious; **2.** *(Krankheit)* insidious; **3.** *(gefährlich, trügerisch)* treacherous; **4.** *(hinterlistig)* insidious.

heim·wärts ['haımvɛrts] *adv* homeward(s); ▶ **~ ziehen** head for home; **Heim·weg** *m* way home; ▶ **auf dem ~ sein** be on one's way home; **sich auf den ~ machen** set out for home; **Heim·weh** *n* **1.** homesickness; **2.** *fig (Nostalgie)* nostalgia; ▶ **~ haben** be homesick; **krank vor ~ sein** suffer badly from homesickness; **heim|zah·len** *tr fig (vergelten)* pay back (*jdm etw* s.o. for s.th.).

Hei·rat ['haıra:t] ‹-, -en› *f* marriage; *(Hochzeitsfeier)* wedding; **hei·ra·ten I** *tr* marry; **II** *itr* get married; **Hei·rats·an·trag** *m* proposal (of marriage); ▶ **jdm e-n ~ machen** propose to s.o.; **Hei·rats·an·zei·ge** *f* **1.** *(Bekanntgabe)* marriage announcement; **2.** *(Heiratsinserat)* insertion in a Lonely Hearts' column; **hei·rats·fä·hig** *adj* marriageable; ▶ **im ~en Alter** of marriageable age, nubile; **Hei·rats·ur·kun·de** *f* marriage-certificate; **Hei·rats·ver·mitt·ler(in)** *m (f) (Beruf)* marriage broker; **Hei·rats·ver·mitt·lung** *f (Geschäft) Br* marriage agency (*Am* bureau).

hei·schen ['haıʃən] **I** *tr* demand; **II** *itr* strive (*nach etw* for s.th.).

hei·ser ['haıze] *adj* **1.** hoarse; **2.** *(belegt)* husky; ▶ **sich ~ schreien** *a. fig* shout o.s. hoarse; **mit ~er Stimme** in a hoarse (*od* husky) voice; **Hei·ser·keit** *f* hoarseness.

heiß [haıs] *adj* **1.** *allg (Wasser, Wetter etc)* hot; **2.** *(Zone)* torrid; **3.** *fig (Liebe etc)* ardent, burning; **4.** *fig (Kampf)* fierce; *(Temperament)* fiery; ▶ **drückend ~** oppressively hot; **mir ist ~** I am hot; **jdn ~ machen** *fam (sexuell)* turn s.o. on; **etw ~ machen** *(erhitzen)* heat s.th. up; **jdm die Hölle ~ machen** worry the life out of s.o.; **das ist ein ~es Eisen** *fig* that's a hot potato; **ein ~es Eisen anfassen** *fig* bring up a controversial subject; **etw ~ ersehnen** *fig* long for s.th. ardently; **~ umkämpft** fiercely fought over; **~er Draht** *fig* hot line; **~e Spur** *fig* hot trail; **~er Tip** *fig* hot tip; **heiß·blü·tig** ['haısbly:tıç] *adj (leidenschaftlich)* hot-blooded.

hei·ßen ['haısən] *irr* **I** *tr* **1.** *(nennen)* call (*jdn etw* s.o. s.th.); **2.** *(befehlen)* tell (*jdn, etw zu tun* s.o. to do s.th.); ▶ **jdn e-n Lügner ~** call s.o. a liar; **jdn willkommen ~** bid s.o. welcome; **II** *itr* **1.** *(genannt werden)* be called (*nach jdm Br* after, *Am* for s.o.); **2.** *(bedeuten)* mean; ▶ **es heißt** *(man sagt)* it is said, they say; *(es steht geschrieben)* it says; **das heißt** (*Abk* d.h.) that is (*Abk* i.e.); *(mit anderen Worten)* that is to say; **was soll das ~?** *(bei Unleserlichem)* what does this say? *(bei unverständlichem Verhalten)* what's the idea? *(bei unverständlichem Ausspruch)* what do you mean by that? **das will nicht viel ~** that doesn't mean much; **es soll nicht ~, daß ...** it shall not be said that ...; **wie ~ Sie?** what's your name? **wie heißt das?** what do you call this? **was heißt das auf Englisch?** what's that in English? **wie heißt dieser Ort?** what's the name of this place? **da hieß es schnell handeln** that situation called for quick action.

heiß·ge·liebt ['--'-] *adj* ardently beloved; **Heiß·hun·ger** *m* ravenous appetite; **heiß|lau·fen** ‹sein› *irr itr tech* run hot; *mot* overheat; **Heiß·luft** *f* hot air; **Heiß·luft·herd** *m* convection oven; **Heiß·man·gel** *f* (steamheated) mangle; **Heiß·was·ser·spei· cher** [-'----] *m* storage water heater.

hei·ter ['haıte] *adj* **1.** *(sonnig, hell)* bright, fair; **2.** *fig (fröhlich)* cheerful; **3.** *fig (erheiternd)* amusing, funny; **4.** *fig (abgeklärt, ausgeglichen)* serene; ▶ **aus ~em Himmel** *fig* out of the blue; **~er werden** *(Mensch)* cheer up; *(Wetter)* brighten up; **das kann ja noch ~ werden!** *iro* nice prospects indeed! **Hei·ter·keit** *f* **1.** *(Helligkeit, Klarheit)* brightness; **2.** *fig (Fröhlichkeit)* cheerfulness; **3.** *fig (Lachen, Gelächter)* laughter; **4.** *fig (Belustigung)* amusement.

heiz·bar 1. *mot (Heckscheibe)* heated; **2.** *(Wohnung)* with heating; **Heiz·decke (k·k)** *f (im Bett)* electric blanket; **hei·zen** ['haıtsən] **I** *tr* **1.** *(Wohnung etc)* heat; **2.** *(Ofen etc)* fire; **II** *itr* **1.** *(die Heizung in Betrieb haben)* have the heating on; **2.** *(Wärme abgeben)* give off heat; ▶ **mit ... ~** use ... for heating; **Hei·zer** *m mar* stoker; *rail* fireman; **Heiz·kes·sel** *m tech* boiler; **Heiz·kis·sen** *n* electric heat pad; **Heiz·kör·per** *m* radiator; **Heiz·ko-**

sten *pl* heating cost; **Heiz·ko·sten·pau·scha·le** *f* fixed heating cost; **Heiz·kraft·werk** *n* thermal power station; **Heiz·lüf·ter** *m el* warm-air fan heater; **Heiz·ma·te·rial** *n* fuel; **Heiz·öl** *n* fuel oil; **Heiz·son·ne** *f el* electric fire; **Hei·zung** *f tech* heating; ▶ **die ~ anstellen (abstellen)** turn on (turn off) the heating; **Hei·zungs·an·la·ge** *f* heating system; **Hei·zungs·kel·ler** boiler room.

Hekt·ar ['hɛkta:ɐ] ‹-s, (-e)› *m od n* hectare.

Hek·tik ['hɛktɪk] ‹-› *f* hectic pace; ▶ **nur keine ~!** take it easy! **hek·tisch** ['hɛktɪʃ] **I** *adj* hectic; **II** *adv* in a hectic way.

hek·to·gra·phie·ren [hɛktogra'fi:rən] *tr* hectograph.

Hek·to·li·ter ['hɛktoli:tɐ] *m Br* hectolitre, *Am* hectoliter.

hel·den·haft *adj* heroic; **Hel·den·tat** *f* heroic deed; **Hel·den·tum** *n* heroism; ▶**Held(in)** [hɛlt] ‹-en, -en› *m (f)* hero(ine); ▶ **Held des Tages** hero of the hour.

hel·fen ['hɛlfən] *irr itr allg* help (*jdm* s.o., **bei etw** with s.th.); ▶ **jdm aus der Patsche ~** *fam* help s.o. out of a jam; **sich zu ~ wissen** be able to take care of o.s.; **sich nicht zu ~ wissen** be at a loss; **sich nicht mehr zu ~ wissen** be at one's wits' end; **sich selbst ~** help o.s.; **ich kann mir nicht ~, ich hasse ihn** I can't help hating him; **was hilft schon Weinen?** what good is crying? **es hilft nichts** it's no good; **dir ist nicht mehr zu ~** you are beyond help; **da hilft kein Jammern u. kein Klagen** it's no use moaning; **Hel·fer(in)** *m (f)* **1.** *(Helfende(r))* helper; **2.** *(Gehilfe)* assistant; **3.** *(Ratgeber)* advisor; **Hel·fers·hel·fer(in)** *m (f) jur* abettor, accessory.

hell [hɛl] *adj* **1.** *(nicht dunkel)* light; *(leuchtend) a. fig* bright; ▶ **ein ~er Mantel** a light-coloured coat; **es wird schon ~** it's getting light; **er ist ein ~es Köpfchen** *fig fam* he has brains; **2.** *(attr: völlig):* ▶ **~er Wahnsinn** *fam* sheer madness; **hell·auf** *adv (völlig)* completely; ▶ **~ begeistert** totally enthusiastic; **hell·blau** ['-'-] *adj* light blue; **hell·blond** ['-'-] *adj* light blond; **Hel·le** ['hɛlə] ‹-› *f* **1.** *(von Farben etc)* brightness; **2.** *(helles Licht)* (bright) light; **hell·hö·rig** *adj* **1.** *(Person)* keen of hearing; **2.** *(Wohnung)* poorly soundproofed.

hel·licht *adj:* ▶ **am ~en Tage** in broad daylight.

Hel·lig·keit *f* **1.** *allg (a. von TV, Bildschirm)* brightness; **2.** *(Beleuchtung)* lightness; **3.** *phys* light intensity; **Hel·lig·keits·re·ge·lung** *f tech* brightness control; **Hel·lig·keits·reg·ler** *m* brightness control switch; **Hell·se·he·rei** *f* clairvoyance; **Hell·se·her(in)** *m (f)* clairvoyant(e); **hell·wach** *adj* wide-awake.

Helm [hɛlm] ‹-(e)s, -e› *m* helmet; **Helm·pflicht** *f:* ▶ **es besteht ~** wearing of crash helmets is compulsory.

Hemd [hɛmt] ‹-(e)s, -en› *n* **1.** *(Ober~)* shirt; **2.** *(Unter~) Br* vest, *Am* undershirt; **hemds·är·me·lig** *adj a. fig* shirt-sleeved.

He·mi·sphä·re [hemi'sfɛ:rə] ‹-, -n› *f* hemisphere.

hem·men ['hɛmən] *tr* **1.** *(den Fortschritt etc)* hamper, hinder; **2.** *(den Lauf der Dinge)* check; **3.** *psych (seelisch)* inhibit; *(Leidenschaften)* restrain; **4.** *(verlangsamen)* slow down; **Hemm·nis** *n* hindrancen, impediment (*für* to); **Hemm·schuh** *m* **1.** *tech* drag; **2.** *fig* hindrance, impediment (*für* to); **Hemm·schwel·le** *f* inhibition threshold; **Hem·mung** *f* **1.** *(das Verhindern, Verlangsamen)* hindering; *(Eindämmung)* check; **2.** *psych (seelisch)* inhibition; *(Bedenken)* scruple; **hem·mungs·los** *adj* **1.** *(ungezügelt)* unrestrained; **2.** *(skrupellos)* unscrupulous; **Hem·mungs·lo·sig·keit** *f* **1.** *(Zügellosigkeit)* lack of restraint; **2.** *(Skrupellosigkeit)* unscrupulousness.

Hengst [hɛŋst] ‹-es, -e› *m zoo Br* stallion, *Am* stud.

Hen·kel ['hɛŋkəl] ‹-s, -› *m* handle.

hen·ken ['hɛŋkən] *tr* hang; **Hen·ker** *m* **1.** *hist* hangman; **2.** *(Scharfrichter)* executioner; ▶ **zum ~!** *sl* hang it all! **weiß der ~, was ...** *sl* heaven knows what ...; **Hen·kers·mahl·zeit** *f fig* last meal.

Hen·ne ['hɛnə] ‹-, -n› *f zoo* hen.

her [he:ɐ] *adv* **1.** *(örtlich: hier~)* here; *(von ... ~)* from; **2.** *(zeitlich)* ago; ▶ **kommen Sie ~!** come here (to me)! **wo kommen Sie ~?** where do you come from? *(aus welcher Stadt etc)* where are you from? **wo hast du das ~?** where did you get that from? *(wo hast du das gehört?)* who told you that? **~ damit!** give that here! **wie lang Ist das ~?** how long ago was that? **ich kenne ihn noch von früher ~** I used to know him before; **ich kenne ihn von der Universität ~** I have known him since university; **hinter jdm ~ sein** *fig fam* be after s.o.; **mit ihm ist es nicht weit ~** *fig fam* he's no great shakes.

her·ab [hɛ'rap] *adv* down, downward(s); ▶ **von oben ~** from above; *(herablassend)* condescendingly; **her·ab|blik·ken (her·ab|se·hen)** *irr itr a. fig* look down (*auf jdn* on s.o.); **her·ab|fal·len** *irr itr* fall down; **her·ab·ge·setzt** *adj (preislich)* cut-rate; **her·ab|hän·gen** *irr itr* hang down; **her·ab|las·sen** *irr* **I**

tr let down, lower; **II** *refl* **1.** let o.s. down; **2.** *fig* condescend (*etw zu tun* to do s.th.); **her·ab·las·send** *adj fig* condescending; **Her·ab·las·sung** *f* condescension; **her·ab|set·zen** *tr* **1.** *fig (Preise, Steuern etc)* cut (down), reduce; **2.** *fig (schlechtmachen)* belittle, disparage; **Her·ab·set·zung** *f* **1.** *fig (Reduzierung)* reduction; **2.** *fig (Geringschätzung)* disparagement; *(geringschätzige Behandlung)* disparaging treatment.

her·an [hɛˈran] *adv* close, near; ▶ **nur ~! immer ~!** come here! (*od* closer!); **her·an|bil·den I** *tr* **1.** *(ausbilden)* train; **2.** *(erziehen)* educate; **II** *refl* **1.** *(sich ausbilden)* train o.s.; **2.** *(sich erziehen)* educate o.s.; **3.** *(sich entwickeln)* develop; **her·an|fah·ren** *irr itr* **1.** drive close (*an* to); **2.** *(um zu halten)* pull up (*od* over) (*an* to); **her·an|kom·men** *irr itr* **1.** *(näher kommen)* come near; **2.** *fig (Zeit etc)* approach, draw near; **3.** *fig (erreichen)* reach (*an jdn od etw* s.o. *od* s.th.); ▶ **die Dinge an sich ~ lassen** *fig* wait and see what happens; **man kann nur schwer an ihn ~** *(menschlich)* it is difficult to get anywhere near him; **her·an|ma·chen** *refl fam:* ▶ **sich an etw ~** *(mit etw beginnen)* get down to s.th.; **sich an jdn ~** make up to s.o.; **her·an|na·hen** ⟨sein⟩ *itr* approach, draw near; **her·an|rei·chen** *itr* **1.** reach up (*an* to); **2.** *fig* come up (*an* to); **her·an|wach·sen** *irr itr a. fig* grow up; **her·an|zie·hen** *irr* **I** *tr* ⟨h⟩ **1.** *(näher bringen)* pull up (*an* to, *zu* toward(s)); **2.** *(zu Hilfe, Arbeit etc)* call up(on) (*jdn zu etw* s.o. to do s.th.); *(Arzt etc konsultieren)* call in; **3.** *fig (in Betracht ziehen)* take into consideration; *(benutzen)* use; *(zitieren)* refer (*etw* to s.th.); **4.** *fig (aufziehen)* raise; *(ausbilden)* train; **5.** *com (zu Zahlung etc)* subject (*jdn zu etw* s.o. to s.th.); **II** *itr* ⟨sein⟩ approach.

her·auf [hɛˈraʊf] **I** *adv* up; ▶ **von unten ~** from below; **II** *prp* up; **die Treppe ~** up the stairs; **her·auf|be·schwö·ren** *irr tr* **1.** *(wachrufen)* conjure up, evoke; **2.** *(herbeiführen)* bring about; **her·auf|kom·men** *irr itr* come up; **her·auf|zie·hen** *irr* **I** *tr* ⟨h⟩ **1.** *(nach oben ziehen)* pull up; **2.** *fig:* ▶ **jdn zu sich ~** raise s.o. to one's level; **II** *itr* ⟨sein⟩ *(von Gewitter etc)* approach, draw near.

her·aus [hɛˈraʊs] *adv* **1.** out; **2.** *fig:* ▶ **aus ... ~** out of ...; **3.** *fig fam: (entschieden sein)* have been settled; **von innen ~** from within; **nach vorn ~ wohnen** live at the front; **ein Zimmer nach vorn ~** a frontroom; **zum Fenster ~** out of the window; **~ mit dir!** out with you! **~ damit!** *fam (~ mit der Sprache)* out with it! *(her damit!)* hand it over! **das ist noch nicht ~** *fig fam* that's not yet been settled; **aus e-r Notlage ~** *fig* out of necessity; **aus dem Ärgsten ~ sein** *fig* be out of the *Br* wood (*Am* woods); **her·aus|be·kom·men** *irr tr* **1.** *(Wechselgeld)* get back; **2.** *(Nagel, Flekken etc)* get out; **3.** *fig (herausfinden)* find out; *(lösen)* solve; **Ich bekomme noch 3 DM heraus** I still have 3 DM change to come; **wieviel haben Sie ~?** *(Wechselgeld)* how much change did you get back? *fig (herausgefunden)* how much did you find out? **sie werden nicht viel aus ihm ~** *fig (er wird nicht viel sagen)* they won't get much change out of him; **her·aus|brin·gen** *irr tr* **1.** *a. com* bring out; **2.** *(Nagel, Flecken)* get out; **3.** *fig (lösen)* solve; *(herausfinden)* find out; **4.** *fig (hervorbringen, sagen)* get out; ▶ **jdn (etw) groß ~** *fig* give s.o. (s.th.) a big build-up; **her·aus|fah·ren** *irr* **I** *tr* ⟨h⟩ **1.** *(nach draußen)* drive out; **II** *itr* ⟨sein⟩ **1.** *(nach draußen)* drive out; **2.** *(schnell herauskommen)* leap out; **3.** *fig (von Worten)* slip out; **her·aus|finden** *irr* **I** *tr a. fig* find out; **II** *itr* find one's way out.

Her·aus·for·de·rer *m* challenger; **her·aus|for·dern** *tr* **1.** *a. sport* challenge (*zu* to); **2.** *(provozieren)* provoke (*zu etw* to do s.th.); **3.** *(trotzen)* defy; **4.** *(zurückfordern)* reclaim; ▶ **die** (*od* **zur**) **Kritik ~** invite criticism; **jdn zum Duell ~** challenge s.o. to a duel; **her·aus·for·dernd** *adj* **1.** *(frech)* provoking; **2.** *(provokativ)* provocative; **3.** *(trotzig)* defiant; **Her·aus·for·de·rung** *f* **1.** *a. sport* challenge; **2.** *(Provokation)* provocation.

her·aus|ge·ben *irr* **I** *tr* **1.** *(zurückgeben)* return; *(Gefangene)* give up (*jdm jdn* s.o. to s.o.); *(aushändigen)* hand over (*jdm etw* s.th. to s.o.); **2.** *com (Ware)* deliver, hand out; *(Wechselgeld)* give change; **3.** *(herausreichen)* pass out; **4.** *(Buch als Hrsg.)* edit; *(als Verleger)* publish; ▶ **ich kann auf 50 DM nicht ~** I haven't got change for 50 DM; **Sie haben mir zu wenig herausgegeben** you gave me too little change; **II** *itr (Wechselgeld)* give change (*auf* for); ▶ **können Sie mir (auf 50 DM) ~?** can you give me change (for 50 DM)? **Her·aus·ge·ber(in)** *m (f)* **1.** *(Verfasser)* editor; **2.** *(Verleger)* publisher.

her·aus|ge·hen *irr itr* **1.** *(ins Freie etc)* go (*od* walk) out; **2.** *(von Flecken)* come out; ▶ **aus sich ~** come out of one's shell; *(munter werden)* liven up; **her·aus|grei·fen** *irr tr* pick (*od* single) out; **her·aus|gucken (k·k)** *itr fam* peep out; **her·aus|hal·ten** *irr refl* keep out (*aus etw* of s.th.); **her·aus|he·ben** *irr* **I** *tr* **1.** lift out; **2.** *fig (betonen)* set off; **II** *refl fig* stand out (*aus etw* against s.th.); **her·aus|kom·men** *irr itr* **1.** *(a. fig: entdeckt werden)* come out; **2.** *(weg-*

kommen, weggehen, a. fig) get out; **3.** *fig (Buch)* be published, come out; **4.** *fig (als Resultat)* come (*bei etw* of s.th.); *(bei Rechenaufgaben)* be the result; **5.** *fig fam (gestehen)* admit (*mit etw* s.th.); ▶ **es kommt auf eins** (*od* **aufs gleiche) heraus** it comes (down) to the same thing; **groß ~** *fig* be a big hit; **was wird dabei ~?** what will come of it? **dabei kommt nichts ~** that doesn't get us anywhere; **sie kamen aus dem Lachen nicht ~** they just couldn't stop laughing; **her·aus|neh·men** *irr tr a. med* take out; ▶ **sich etw ~** *fig* take liberties *pl*; **sich jdm gegenüber zuviel ~** make too free with s.o.; **er nahm sich die Frechheit heraus, mir zu erzählen, ...** he had the nerve to tell me ...; **sich den Blinddarm ~ lassen** have one's appendix out; **her·aus|ra·gen** *itr* **1.** *(hervorstehen)* jut out; **2.** *(höher sein)* tower (*aus etw* above s.th.); **3.** *fig* stand out; **her·aus|re·den** *refl:* ▶ **sich ~** make excuses; **sich aus etw ~** talk one's way out of s.th.; **her·aus|rei·ßen** *irr tr* pull (*od* tear) out; ▶ **jdn aus etw ~** *fig* tear s.o. away from s.th.; *(aus Schwierigkeiten)* save s.o. from s.th.; **her·aus|rücken (k·k) I** *itr* ⟨sein⟩ *fig:* ▶ **mit etw ~** *(mit der Wahrheit etc)* come out with s.th.; *(mit Geld) Br* fork (*Am* shell) s.th. out; **II** *tr* ⟨h⟩ *fig fam* **1.** *(hergeben)* let go of ...; *(Geld) Br* fork (*Am* shell) out; **2.** *typ* flush (*nach links, an den Rand* to the left, to the margin); **her·aus|rut·schen** ⟨sein⟩ *itr* slip out; **her·aus|schla·gen** *irr* **I** *tr* ⟨h⟩ **1.** *(Nagel etc)* pound out; **2.** *(Zähne)* knock out; ▶ **e-n Vorteil aus etw ~** make a profit out of s.th.; **II** *itr* ⟨sein⟩ *(von Flammen)* leap out; **her·aus|sprit·zen** ⟨sein⟩ *tr itr* squirt out; **her·aus|stel·len I** *tr* **1.** *(Gegenstände)* put out; **2.** *sport (e-n Spieler)* turn out; **3.** *fig (darstellen)* present; *(betonen)* emphasize; ▶ **jdn groß ~** *fig* feature s.o.; **II** *refl (sich zeigen)* turn out; **her·aus|strei·chen** *irr* **I** *tr* **1.** *(durchstreichen)* strike out; **2.** *fig (betonen)* emphasize; *(loben)* crack up; **II** *refl fig* praise o.s.; **her·aus|tröp·feln** *itr* trickle out; **her·aus|wach·sen** *irr itr* grow out (*aus* of); **her·aus|wer·fen** *irr tr* fling (*od* throw) out; **her·aus|zie·hen** *irr tr* **1.** draw (*od* pull) out; **2.** *(entfernen)* remove (*aus* from); **3.** *fig fam (herausschreiben)* extract, take (*aus* from).

herb [hɛrp] *adj* **1.** *(scharf)* sharp; **2.** *fig (bitter)* bitter; *(streng a. von Schönheit)* austere; *(Worte, Kritik etc)* harsh; ▶ **ein ~es Parfum** a tangy perfume; **~er Wein** dry wine.

her·bei [hɛrˈbaɪ] *adv* here; **her·bei|eilen** ⟨sein⟩ *itr* come running (up); **her·bei|füh·ren** *tr* **1.** *fig (bewirken)* bring about; *(verursachen)* cause; **2.** *(nach sich ziehen)* give rise to; **3.** *(veranlassen)* induce; **4.** *(Begegnung etc arrangieren)* arrange for; ▶ **die Entscheidung ~** *sport* decide the match; **her·bei|ru·fen** *irr tr* call (for); **her·bei|zie·hen** *irr tr* draw (*od* pull) near; ▶ **an den Haaren herbeigezogen** *fig* far-fetched.

Her·ber·ge [ˈhɛrbɛrgə] ⟨-, -n⟩ *f* **1.** *(Obdach)* shelter; **2.** *(Gasthof)* inn; **3.** *(Jugend~)* (youth) hostel. **Her·bergs·mut·ter** *f*, **Her·bergs·va·ter** *m* warden.

Her·bi·zid ⟨-(e)s, -e⟩ *n chem* herbicide.

Herbst [hɛrpst] ⟨-(e)s, -e⟩ *m a. fig Br* autumn, *Am* fall; ▶ **im ~** *Br* in autumn, *Am* in the fall; **der ~ des Lebens** *fig poet* the autumn of (one's) life; **herbst·lich** *adj* autumnal; *(attributiv)* autumn; **Herbst·zeit·lo·se** ⟨-, -n⟩ *f bot* meadow saffron.

Herd [heːɐt] ⟨-(e)s, -e⟩ *m* **1.** *(Küchen~)* kitchen stove; *(Elektro~)* electric range; **2.** *fig (Ausgangspunkt)* centre; ▶ **Heim u. ~** hearth and home; **am heimischen ~** by the fireside; **eigener ~ ist Goldes wert** *prov* there's no place like home; **~ e-s Erdbebens** *fig Br* epicentre, *Am* epicenter.

Her·de [ˈheːɐdə] ⟨-, -n⟩ *f* **1.** *(Vieh~)* herd; *(von Schafen)* flock; **2.** *fig (Haufe)* crowd; **Her·den·mensch** *m pej* man of the crowd; **Her·den·trieb** *m a. fig* herd instinct.

her·ein [hɛˈraɪn] *adv* in, into; **~!** *interj* come in! ▶ **immer nur ~!** roll up! **hier ~, bitte!** this way in, please! **von draußen ~** from outside; **her·ein|be·kom·men** *irr tr* **1.** *(Waren)* get in; **2.** *radio (bestimmten Sender)* get; **her·ein|bre·chen** ⟨sein⟩ *irr itr* **1.** *(eindringen)* gush in; **2.** *fig (von Dunkelheit)* close in; *(von Nacht, Dämmerung)* fall; *(von Unwetter etc)* break (*über* over); **3.** *fig (von Unglück)* befall (*über jdn, etw* s.o., s.th.); **her·ein|fal·len** ⟨sein⟩ *irr itr* **1.** *(in Loch etc)* fall in (*in* -to); **2.** *fig (betrogen werden)* be taken in (*auf* by); ▶ **mit jdm (etw) ~** *fig* have a bad deal with s.o. (s.th.); **her·ein|ho·len** *tr* **1.** *(von draußen)* fetch in; **2.** *com (Aufträge)* canvass; **3.** *fig (aufholen: Verluste etc)* make up for; **her·ein|kom·men** ⟨sein⟩ *irr itr* come in(side); ▶ **wie bist du bloß hier hereingekommen?** how on earth did you get in here? **her·ein|las·sen** *irr tr* let in (*in* -to); **her·ein|le·gen** *tr* **1.** *(in Kiste etc)* put in (*in* -to); **2.** *fig fam:* ▶ **jdn ~** take s.o. for a ride; **her·ein|plat·zen** ⟨sein⟩ *itr* burst in.

her|fal·len *irr itr:* ▶ **über jdn ~** *(angreifen)* fall upon s.o.; *fig (mit Fragen)* pitch into s.o.; *fig (kritisieren)* pull s.o. to pieces; **über etw ~** *fig (über Geschenke* *etc)* pounce upon s.th.; **Her·gang** *m* **1.** *(Ablauf)* course of events; **2.** *(Umstände)* details *pl;* **her·ge·bracht** *adj (alt~)* traditional; **her|ge·hen** *irr itr* **1.** *fam imp:* ▶ **es ging hoch her** *(wild)* there were wild goings-on; **es ging lustig her** we had lots of fun; **2.** *:* ▶ **hinter (neben, vor) jdm ~** walk behind (beside, ahead of) s.o.; **her·ge·lau·fen** *adj fam pej:* ▶ **ein ~er Kerl** a bum; **her|hal·ten** *irr itr:* ▶ **immer ~ müssen** be always in for it; **her|ho·len** *tr* fetch, (go and) get; **her|hö·ren** *itr* listen; ▶ **hört mal her!** listen here!

He·ring ['he:rɪŋ] ‹-s, -e› *m* **1.** *zoo* herring; **2.** *(Zeltpflock)* (tent-)peg; **3.** *fig fam hum(dünner Mensch)* shrimp.

her|kom·men ‹sein› *irr itr* **1.** come here; *(sich nähern)* approach; **2.** *(abstammen)* come (*von* from); **her·kömm·lich** ['he:ɐkœmlɪç] *adj* conventional; **Her·kunft** ['he:ɐkʊnft] ‹-› *f* **1.** *(Abstammung)* descent; *(soziale ~)* background; **2.** *(Ursprung)* origin; ▶ **britischer ~** of British origin (*od* descent); **von vornehmer ~** of gentle birth; **von unbekannter ~** of obscure origin; **Her·kunfts·land** *n* country of origin; **her|lei·ten I** *tr* **1.** *(bringen)* bring (here); **2.** *fig (ableiten)* derive (*aus* from); **II** *refl* be derived (*von* from); **her|ma·chen** *fam* **I** *refl:* ▶ **sich ~ über etw** *(in Angriff nehmen)* get stuck into s.th.; *(über Essen etc)* pitch into s.th.; **sich über jdn ~** lay into s.o.; **II** *tr:* ▶ **viel ~** be impressive; **wenig von sich ~** be pretty modest.

Her·me·lin [hɛrmə'li:n] ‹-s, -e› *m* **1.** *zoo* ermine; **2.** *(Pelz)* ermine (fur).

her·me·tisch [hɛr'me:tɪʃ] *adj (adv)* hermetic(ally).

her·nach [hɛr'na:x] *adv* afterward(s).

her|neh·men *irr tr* **1.** *(beschaffen)* get; **2.** *fam (tadeln)* give a (good) talking-to; **3.** *(fordern, belasten):* ▶ **jdn richtig ~** make s.o. sweat.

He·ro·in [hero'i:n] ‹-s› *n* heroine.

he·ro·isch [he'ro:ɪʃ] *adj* heroic; **He·ro·is·mus** [hero'ɪsmʊs] *m* heroism.

He·rold ['he:rɔlt] ‹-(e)s, -e› *m* **1.** *a. fig* herald; **2.** *fig (Vorbote)* harbinger.

Her·pes ‹-› *m med* herpes.

Herr [hɛr] ‹-/(-en)n, -en› *m* **1.** *(Mann)* gentleman; **2.** *(Gebieter)* lord, master; **3.** *(Anrede ohne Namen)* sir; **4.** *(Anrede mit Namen)* Mr (= Mister); ▶ **~ Professor (Maier)** professor (Professor Maier); **meine (Damen u.) ~en!** (ladies and) gentlemen! **sehr geehrter ~ Maier** dear Mr Maier; **sehr geehrte ~en** dear Sirs; **~en** *(Toilette)* Gentlemen, Men('s room); **die ~en X u. Y** Messrs. X and Y; **Ihr ~ Vater** *obs* your father; **~ sein über etw** have the command of s.th.; **sein eigener ~ sein** be one's own boss; **~ über seine Leidenschaften sein** control one's passions; **~ der Lage** master of the situation; **~ über Leben u. Tod sein** have the power of life and death; **e-r Sache ~ werden** master s.th.; **des Feuers ~ werden** get the fire under control; **Her·ren·be·klei·dung** *f* men's wear; **Her·ren(·fahr)·rad** *n* man's bicycle; **Her·ren·haus** *n* mansion; **her·ren·los** *adj jur (Sache)* ownerless; *(verlassen)* abandoned; *(Tier)* stray; **Her·ren·sa·lon** *m* barber's; **Her·ren·toi·let·te** *f* (gentle-) men's lavatory (*od* toilet); **Herr·gott** ‹-s› *m* God, Lord; **~!** ['-'-] *interj fam* good Lord! ▶ **~ noch mal!** *interj fam* damn it all! **Her·rin** ['hɛrɪn] *f* mistress; **her·risch** *adj* **1.** *(gebieterisch)* domineering, imperious; **2.** *(hochmütig)* lordly; **3.** *(anmaßend)* overbearing.

herr·lich *adj* **1.** *(großartig)* magnificent; **2.** *(wunderbar)* marvel(l)ous; **3.** *(glänzend, prächtig)* splendid; **Herr·lich·keit** *f fig:* ▶ **die ganze ~** the whole setout.

Herr·schaft *f* **1.** *(Staatsgewalt)* rule; *(e-s Fürsten)* reign; **2.** *(Macht)* power; *(Kontrolle)* control; **3.** *(Herr u. Herrin)* master and mistress; ▶ **meine ~en!** *(Anrede)* ladies and gentlemen! **die ~ der Vernunft** *fig* the supremacy of reason; **die ~ über etw (jdn) ausüben** rule s.th. (s.o.); **herr·schaft·lich** *adj* **1.** *(e-m hohen Herrn gehörig)* belonging to a (*od* the) lord (*od* master); **2.** *(vornehm)* elegant, grand; **herr·schen** ['hɛrʃən] *itr* **1.** *(die Macht haben)* rule; **2.** *(regieren)* govern; *(als König)* reign; **3.** *fig (vor~)* prevail; **4.** *fig (bestehen)* be; ▶ **hier ~ ja Zustände!** *fam* things are in a pretty state round here! **herr·schend** *adj* **1.** *(Klasse, Partei etc)* ruling; *(König)* reigning; **2.** *fig (vor~)* prevailing; *(augenblicklich)* present; *(Mode, Trend etc)* current; **Herr·scher·fa·mi·lie** *f* reigning family; **Herr·scher·haus** *n* dynasty; **Herr·scher(in)** *m (f) allg* ruler (*über* of); *(Fürst)* sovereign; **Herrsch·sucht** *f* domineering behaviour; **herrsch·süch·tig** *adj* domineering.

her|rüh·ren *itr* come (*von* from), be due (*von* to); **her|sa·gen** *tr* **1.** *(aufsagen)* recite; **2.** *(herunterleiern)* reel off; **her|stel·len** *tr* **1.** *fam (hierher stellen)* put (over) here; **2.** *tele (Verbindung)* put through; **3.** *fig (zuwegebringen)* establish; **4.** *com (erzeugen)* make, produce; **Her·stel·ler(in)** *m (f)* **1.** *com (Produzent)* producer; **2.** *typ (Buch~)* production manager; **Her·stel·lung** *f com typ* production; manufacture; **Her·stel·lungs·ko·sten** *pl* production costs.

her·über [hɛ'ry:bɐ] *adv* over (here);

(über Grenze etc) across.

her·um [hɛˈrʊm] *adv* about, (a)round; ▶ **um ... ~** around ...; **oben ~** round the top; **unten ~** underneath; **immer um jdn ~ sein** be always hanging about s.o.; **es kostet so um die 10 Mark ~** *fam* it costs somewhere round 10 marks; **her·um|är·gern** *refl* keep struggling (*mit* with); **her·um|bum·meln** *itr fam* **1.** *(herumlungern)* loiter; **2.** *(faulenzen)* loaf about; **3.** *(trödeln)* mess about; **her·um|dre·hen I** *tr* **1.** turn round; **2.** *(wenden)* turn over; ▶ **jdm das Wort im Munde ~** *fig* twist someone's words *pl;* **II** *itr* twiddle (*an etw* with s.th.); **III** *refl* **1.** *(im Kreis)* rotate; *(um sich selbst)* spin (a)round; **2.** *(sich (um)wenden)* turn round (*zu jdm* toward(s) s.o.); **her·um|fah·ren** ⟨sein⟩ *irr* **I** *tr* ⟨h⟩ drive about, take around; **II** *itr* ⟨sein⟩ **1.** *(umherfahren)* drive (*od* sail) around; **2.** *(sich schnell umdrehen)* turn round quickly; **her·um|fuch·teln** [hɛˈrʊmfʊxtəln] *itr fam* wave one's hands about; **her·um|füh·ren I** *tr* **1.** *(Tiere, Menschen etc)* lead around (*um etw* s.th.); **2.** *(bei Besichtigung)* show around (*in etw* s.th.); ▶ **etw um etw ~** *(herumbauen)* build s.th. around s.th.; **jdn an der Nase ~** *fig* lead s.o. up the garden path; **II** *itr* go around (*um etw* s.th.); **her·um|ge·hen** *irr itr* **1.** *(umhergehen)* go around (*in etw* s.th.); **2.** *(um etw ~)* walk around (*um etw* s.th.); **3.** *(zirkulieren)* be passed around; **4.** *(zu Ende gehen)* pass; ▶ **etw ~ lassen** *(weiterreichen)* circulate s.th.; **diese Melodie geht mir im Kopf ~** *fig* that tune goes round and round in my head; **das Gerücht geht herum, daß ...** there's a rumour around that ...; **her·um|hor·chen** *itr fam* **1.** *(aus Neugier)* eavesdrop; **2.** *(sich umhören)* keep one's ears open; **her·um|kom·man·die·ren** *tr itr* order around; **her·um|kom·men** ⟨sein⟩ *irr itr* **1.** *(reisen)* get around; **2.** *fig:* ▶ **um etw ~** get out of s.th.; **er ist weit herumgekommen** he has seen a lot of the world; **Sie kommen um die Tatsache nicht herum, daß ...** you cannot overlook the fact that ...; **her·um|kra·men** *itr fam* rummage around; **her·um|krie·gen** *tr fam* **1.** *a. fig fam* get round; **2.** *fig (Zeit)* get through; **her·um|lau·fen** ⟨sein⟩ *irr itr fam* run around; ▶ **frei ~** *(Verbrecher)* be at large; *(Hund)* run free; **her·um|lie·gen** *irr itr fam* lie around; *(verstreut)* be scattered about; *(faul)* laze around; **her·um|lun·gern** [-ˈ-lʊŋən] *itr fam* loaf about; **her·um|rei·chen I** *tr (zirkulieren lassen)* hand round; ▶ **jdn ~** *fig* introduce s.o. to one's friends; **II** *itr* reach round (*um etw* s.th.); **her·um|rei·ten** ⟨sein⟩ *irr itr* **1.** *fam (umherreiten)* ride about; **2.** *(um Hindernis etc ~)* ride (a)round (*um etw* s.th.); ▶ **auf etw ~** *fig (dauernd von etw reden)* harp upon s.th.; **her·um|schla·gen** *irr refl fam* **1.** *(sich prügeln)* scuffle about; **2.** *fig (mit Personen)* battle; *(mit Problemen etc)* struggle (*mit* with); **her·um|schlep·pen** *tr fam* drag about; **her·um|schnüf·feln** *itr fig fam* snoop about (*od* around); **her·um|ste·hen** *irr itr fam* **1.** *(Sachen: herumliegen)* be lying around; **2.** *(Menschen u. Sachen)* stand around (*um jdn, etw* s.o., s.th.); **her·um|su·chen** *itr fam* ferret about (*nach* for); **her·um|trei·ben** *irr refl fam* **1.** *(herumziehen)* knock around (*mit jdm* with s.o.); **2.** *(herumhängen)* hang around; **her·um|wer·fen** *irr* **I** *tr* **1.** *(Lenkrad, Hebel etc)* throw around; **2.** *(den Kopf etc schnell herumdrehen)* turn quickly; ▶ **das Steuer ~** *fig* alter course; **II** *refl* toss about; **her·um|zie·hen** *irr* **I** *itr* ⟨sein⟩ **1.** *(umherziehen)* wander about; **2.** *fam* ⟨h⟩ *(zerren)* pull around (*an etw* at s.th.); **In der Weltgeschichte ~** *fam* roam the world; **II** *tr* ⟨h:⟩ ▶ **etw mit sich ~** take s.th. around with one; **III** *refl* ⟨h⟩ *(von Hecke, Zaun etc)* run around (*um etw* s.th.).

her·un·ter [hɛˈrʊntɐ] **I** *adv* down; ▶ **von oben ~** from above; **vom Berg ~** down the mountain; **gerade ~** straight down; **~ damit!** down with it! **II** *prp* down; ▶ **die Treppe (den Berg) ~** down the stairs (the mountain); **her·un·ter|fal·len** *irr itr* fall down; **her·un·ter|ge·hen** *irr itr* **1.** go down; *(e-e Treppe)* go downstairs; **2.** *aero* descend; **3.** *fig (Preise)* go down, fall.

her·un·ter·ge·kom·men *adj* **1.** down-and-out; **2.** *(äußerlich)* dowdy; **3.** *(finanziell)* run-down; **4.** *(moralisch)* degenerated; **5.** *(verfallen)* dilapidated.

her·un·ter|han·deln *tr (Preis)* beat down; **her·un·ter|hau·en** *irr tr fam:* ▶ **jdm e-e ~** give s.o. a clip on the ear; **her·un·ter|ho·len** *tr* **1.** fetch down; **2.** *mil aero (abschießen)* shoot down; **her·un·ter|klap·pen** *tr (Kragen)* turn down; *(Sitz)* fold down; **her·un·ter|kom·men** *irr itr* **1.** *(nach unten kommen)* come down; **2.** *fig (gesundheitlich)* get run down; *(wirtschaftlich)* go to pot; **3.** *(moralisch)* degenerate; **4.** *(verfallen)* decay; **her·un·ter|ma·chen** *tr fig fam* **1.** *(kritisieren)* tear to pieces; *(schlechtmachen)* run down; **2.** *(abmachen, wegmachen)* take down; **her·un·ter|pur·zeln** ⟨sein⟩ *itr* tumble down; **her·un·ter|put·zen** *tr fam:* ▶ **jdn ~** tear strips off someone; **her·un·ter|schlucken (k·k)** *tr* swallow; **her·un·ter|schrau·ben** *tr fig:* ▶ **s-e Ansprüche ~** lower one's demands; **her·un·ter|wirt·schaf·ten** *tr fam* run down.

her·vor [hɛr'foːɐ] *adv:* ► **aus etw ~** out from s.th.; **unter etw ~** from under s.th.; **her·vor|brin·gen** *irr tr* **1.** *(produzieren)* bring forth, produce; **2.** *(Worte etc äußern)* get out; **her·vor|ge·hen** ⟨sein⟩ *irr itr* **1.** *(als Sieger etc)* come out; **2.** *(entstehen)* develop, spring (*aus* from); **3.** *(folgen, sich ergeben)* follow (*aus* from); *(herrühren)* result (*aus* from); **4.** *(stammen)* come (*aus* from); **her·vor|he·ben** *irr tr* **1.** *(betonen)* emphasize, stress; **2.** *fig (herausstreichen)* point out; **3.** *typ (im Druck etc)* set off; **her·vor|ho·len** *tr* get out, produce; **her·vor|locken (k·k)** *tr* lure out (*aus* from, *hinter* from behind); **her·vor|ra·gen** *itr* **1.** *(hervorstehen)* jut out, *fam* stick out; *(höher sein)* tower (*aus etw* above s.th.); **2.** *fig (hervorstechen)* stand out; **her·vor·ra·gend** *adj* **1.** *(vorstehend)* projecting; *(Körperteile auch)* protruding; **2.** *fig (ausgezeichnet)* excellent, outstanding; **her·vor|ru·fen** *irr tr* **1.** *(verursachen)* cause, give rise to; **2.** *fig (Bewunderung)* arouse; **her·vor·ste·chend** *adj (auffallend)* striking; **her·vor|tre·ten** ⟨sein⟩ *irr itr* **1.** *(heraustreten)* step out; *(von Augen, Adern)* protrude; *(auftauchen)* emerge (from behind); **2.** *fig (vor die Öffentlichkeit treten)* come to the fore; **3.** *fig (Farben, Umrisse etc)* stand out; *(sichtbar werden)* become evident; ► **~ lassen** set off (*vor* against); **her|vor·tun** *irr refl (auszeichnen)* distinguish o.s.; **her·vor|wa·gen** *refl* venture (to come) out.

Herz [hɛrts] ⟨-ens, -en⟩ *n* **1.** *allg a. fig* heart; **2.** *in Zssg* ~- heart-, of the heart; *med anat* cardiac; **3.** *(beim Kartenspiel: Farbe ~)* hearts *pl; (einzelne Spielkarte)* heart; **4.** *(als Kosewort)* love, sweetheart; ► **ein hartes (gutes) ~ haben** be hard-hearted (good-hearted); **jdm sein ~ ausschütten** pour out one's heart to s.o.; **jdm das ~ brechen** break someone's heart; **sein ~ ist angegriffen** his heart is affected; **mein ~ klopft** my heart is beating (*od* pounding); **jdm sein ~ schenken** *poet* give s.o. one's heart; **~ spielen** *(beim Kartenspiel)* play hearts *pl;* **sein ~ verlieren** lose one's heart; **das liegt mir (sehr) am ~en** I am (very) concerned about that; **jdm etw ans ~ legen** recommend s.th. warmly to s.o.; **Hand aufs ~, hast du wirklich ...?** did you honestly ...? **jdm ans ~ gewachsen sein** be very dear to s.o.; **etw auf dem ~en haben** have s.th. on one's mind; **aus tiefstem ~en** from the bottom of one's heart; **im tiefsten ~en** in one's heart of hearts; **im ~en der Stadt** in the heart of the city; **jdn ins ~ schließen** take s.o. to one's heart; **ich kann es nicht übers ~ bringen** I haven't got the heart to do it; **jdm das ~ schwer machen** grieve s.o.; **schweren ~ens** with a heavy heart; **von ~en (gern)** with all one's heart; **jdn auf ~ u. Nieren prüfen** *fig fam* put s.o. to the acid test; **mit ganzem ~** wholeheartedly; **aus ganzem ~en lachen** laugh heartily; **jdm zu ~en gehen** touch someone's heart; **sich etw zu ~en nehmen** take s.th. to heart; **sich ein ~ fassen** take heart; **ein ~ u. e-e Seele sein** be of one and the same mind; **jdm aus dem ~en sprechen** voice someone's innermost thoughts.

Herz·an·fall *m* heart attack; **Herz·beu·tel** *m med* pericardium.

her·zen ['hɛrtsən] *tr obs* **1.** *(umarmen)* embrace, hug; **2.** *(liebkosen)* cuddle.

her·zens·gut ['--'-] *adj* kind-hearted, very kind; **Her·zens·lust** *f:* ► **nach ~** to one's heart's content; **herz·er·grei·fend** *adj* heart-rending; **Herz·feh·ler** *m med* cardiac defect.

herz·haft *adj* **1.** *(mutig)* bold, *fam* plucky; **2.** *(kräftig)* hearty; *(Händedruck etc)* firm.

her|zie·hen *irr* **I** *tr* ⟨h⟩ **1.** *(näher heran ziehen)* draw closer; **2.** *:* ► **jdn (etw) hinter sich ~** drag s.o. (s.th.) along behind one; **II** *itr* ⟨sein⟩ **1.** *(in neue Wohnung ziehen)* move here; **2.** *(gehen, marschieren)* march along (*vor* in front of, *neben* beside, *hinter* behind); ► **über jdn (etw) ~** *fig* rail at s.o. (s.th.).

her·zig ['hɛrtsɪç] *adj* delightful, sweet, *fam* cute.

Herz·in·farkt *m* heart attack; **Herz·kam·mer** *f med* ventricle; **Herz·klap·pe** *f med* cardiac valve; **Herz·klap·pen·feh·ler** *m med* valvular defect of the heart; **Herz·klop·fen** *n med* palpitation (*od* throbbing) of the heart; ► **ich bekam ~** my heart started pounding; **herz·krank** *adj* suffering from a heart condition; **Herz·krank·heit (Herz·lei·den)** *f (n)* heart condition; *med* cardiopathy; **Herz-Kreis·lauf-Sy·stem** *n med* heart circulation system.

herz·lich **I** *adj* **1.** *(Empfang)* warm; **2.** *(Lachen etc)* hearty; **3.** *(Bitte)* sincere; **4.** *(eher formelhaft)* cordial; ► **~e Grüße** kind regards; **~en Dank!** thank you very much indeed! **~es Beileid!** you have my heartfelt sympathy! **II** *adv* **1.** *(sehr)* very; **2.** *(äußerst)* utterly; ► **~ wenig** precious little; **~ gern** with all one's heart; **Herz·lich·keit** *f* **1.** *(Wärme)* warmth; **2.** *(Herzhaftigkeit)* heartiness; **herz·los** *adj* heartless.

Herz-Lun·gen-Ma·schi·ne *f med* heart-lung machine; **Herz·mit·tel** *n* cardiac drug; **Herz·mus·kel** *m med* cardiac muscle.

Her·zog(in) ['hɛrtsoːk] *m (f)* duke (duchess); **Her·zog·tum** *n* **1.** *(Land)* duchy; **2.** *(Würde)* dukedom.

Herz·rhyt·mus·stö·rung *f med* palpitation; **Herz·schlag**[1] *m* **1.** *(einzelner Schlag des Herzens)* heartbeat; **2.** *(Herztätigkeit)* pulse rate; **Herz·schlag**[2] *m med (Stillstand des Herzens)* heart failure; **Herz·schritt·macher** *m med* cardiac pacemaker; **Herz·still·stand** ['-'--] *m med* cardiac arrest; **Herz·tä·tig·keit** *f med* cardiac activity; **Herz·trans·plan·ta·tion** ['-transplanta'tsio:n] ‹-, -en› *f med* heart transplant; **herz·zer·rei·ßend** *adj* heart-rending.

Hes·se (Hes·sin) ['hɛsə] ‹-n, -n› *m (f)* Hessian; **hes·sisch** *adj* Hessian.

he·te·ro·gen *adj* heterogeneous.

Het·ze ['hɛtsə] ‹-, (-n)› *f* **1.** *fam (Eile)* hurry, rush; **2.** *fig* agitation, campaign (*gegen* against); **het·zen** *tr* ‹h› *itr* ‹sein› **1.** *(jagen)* chase, hunt; **2.** *(eilen, antreiben)* hurry, rush; **3.** *fig (aufreizen)* agitate, stir up hatred (*gegen* against); ► **zu Tode ~** hunt to death; *fig* hound; **die Hunde auf jdn ~** set the dogs on s.o.; **Het·ze·rei** *f (Eile)* rush; **Hetz·kam·pa·gne** *f* inflammatory campaign.

Heu [hɔı] ‹-(e)s› *n* hay; ► **~ machen** make hay; **Geld wie ~ haben** *fig fam* have pots of money; **Heu·bo·den** *m* hayloft.

Heu·che·lei [hɔıçə'laı] *f* hypocrisy; **heu·cheln** ['hɔıçəln] **I** *itr (sich verstellen)* play the hypocrite; **II** *tr (vortäuschen)* feign; **Heuch·ler(in)** *m (f)* **1.** hypocrite; **2.** *(Frömmler(in))* canter; **heuch·le·risch** *adj* **1.** hypocritical; **2.** *(frömmelnd)* canting.

heu·er ['hɔıɐ] *adv* this year.

heu·len ['hɔılən] *itr* **1.** *allg (a. Weinen)* howl, *fam* bawl; *(laut)* yell; **2.** *fig* roar; **3.** *(Tiere)* howl, yelp; **4.** *fig (Sirene)* wail; ► **das ~de Elend** *fam* the blues *pl;* **es ist einfach zum H~** *fam* it's enough to make you weep.

Heu·schnup·fen *m* hay fever.

Heu·schrecke (k·k) ['hɔıʃrɛkə] ‹-, -n› *f zoo* grasshopper, locust.

heu·te ['hɔıtə] *adv* today, this day; ► **~ abend** this evening, tonight; **~ früh, ~ morgen** this morning; **~ mittag** *Br* today at twelve o'clock, *Am* today noon; **~ in 8 Tagen** this day week, today week; **~ in e-m Jahr** a year from today; **~ vor 8 Tagen** a week ago today; **den wievielten haben wir ~?** what date is it today? **bis ~** till today (*od* this day); **noch ~ muß das geschehen** it has to be done this very day; **von ~ an** from this day on; **der Mensch von ~** modern man; **die Jugend von ~** the young people of today.

heu·tig *adj* **1.** of this day, today's; **2.** *(gegenwärtig)* contemporary; *(neuzeitlich)* modern; ► **der ~e Tag** today; **bis zum ~en Tag** to this very day; **vom ~en Tag** *com (Brief)* of today('s date).

heut·zu·ta·ge *adv* nowadays, these days, today.

he·xen ['hɛksən] *itr hist* practise witchcraft; *(Wunder wirken)* work miracles; ► **ich kann doch nicht ~!** *fig fam* I am not a magician! **He·xen·kes·sel** *m fig* pandemonium.

He·xen·schuß *m med* lumbago.

He·xe(r) ['hɛksə ('hɛksɐ)] ‹-, -n (-s, -)› *f (m)* witch, (wizard); ► **alte Hexe** *fam pej (alte Frau)* old hag; **He·xe·rei** *f* **1.** *(das Hexen)* sorcery, witchcraft; **2.** *(von Zaubertrick)* magic; ► **das ist doch keine ~** *fig fam* that's no magic.

Hick·hack ‹-s› *n fam* squabbling.

Hi-Fi-Anlage ['haıfaı-/'haıfi-] *f* hi-fi (set).

Hieb [hi:p] ‹-(e)s, -e› *m* **1.** *(Schlag)* blow; *(Streich)* stroke; **2.** *sport (beim Fechten)* slash; ► **~e bekommen** get a thrashing (*od* licking).

hier [hi:ɐ] *adv* **1.** *(räumlich)* here; *(in diesem Land)* in this country; **2.** *(zeitlich)* now; ► **der Herr ~** this gentleman; **sind Sie von ~** are you a local (man (*od* woman))? **~ u. da** *(örtlich)* here and there; *(zeitlich)* now and then; **~ oben** up here; **~ unten** down here; **~ ist** (*od* ► **spricht) Frau W.!** *tele* this is Mrs. W. (speaking)! **~ bin ich** here I am! **es steht mir bis ~** *fig sl (ich hab's satt)* I'm fed up to here; **hier·an** ['--/-'-] *adv* ► **~ läßt sich erkennen, ...** you can see from this ...; **wenn ich ~ denke** when I think of this; **~ kann es keinen Zweifel geben** there can be no doubt about that; **~ erkenne ich es** I recognize it by this; **hier·auf** *adv (zeitlich)* then; **hier·aus** *adv* from this; **hier·bei** *adv* **1.** *(währenddessen)* doing this; **2.** *fig (bei dieser Gelegenheit)* on this occasion; *(in diesem Zus.-hang)* in this connection; **hier·durch** *adv* **1.** *(hier hindurch)* through here; **2.** *fig (hiermit)* by this means, hereby, herewith; **3.** *jur (kraft)* by (virtue of) the present; **hier·für** *adv* for it, for this; **hier·her** *adv* here, over here, this way; ► **~!** come here! **bis ~** *(zeitlich)* so far, up to now; *(räumlich)* up to here; **bis ~ u. nicht weiter** this far and no further; **mir steht es bis ~** *fig sl* I'm fed up to here; **hier·in** *adv a. fig* in this; **hier·mit** *adv* herewith, with this; **hier·über** *adv* **1.** *(nach hier)* over here; **2.** *(oberhalb dieser Stelle)* over it; **3.** *fig (betreffend)* about this; **hier·un·ter** *adv* **1.** *(unter diesem hier)* beneath this, under this; **2.** *fig* by this (*od* that); *(in dieser Kategorie)* among these; **hier·von** *adv* **1.** *(örtlich)* from here; **2.** *(von diesem)* from this; **hier·zu** *adv* **1.** *(dafür)* for this;

(dazu) with this; **2.** *(außerdem)* in addition to this, moreover; **3.** *(zu diesem Punkt)* about this.

hie·sig ['hi:zıç] *adj* local; ▶ **die ~e Bevölkerung** the population here.

high *adj sl (von Drogen)* high; ▶ **~ werden von etw** get a kick from (*od* out of) s.th.; **High·life** ['haılaıf] ‹-s› *n fam* high life; ▶ **~ machen** live it up; **High-Tech** ['haı'tɛk] ‹-(s)› *n* od ‹-› *f* high-tech, hi tech.

Hil·fe ['hılfə] ‹-, -n› *f* **1.** *allg* help; **2.** *(fin. ~stellung)* aid; *(Beistand)* assistance; **3.** *(für Notleidende)* relief; **4.** *(Hilfskraft)* help; ▶ **erste ~e** first aid; **mit ~ des Lineals** with the help of the ruler; **ohne ~ sein** stand alone; **zu ~!** help! help! **jdm seine ~ anbieten** offer one's aid to s.o.; **jdn um ~ bitten** ask for someone's help; **jdm zu ~ kommen** come to someone's aid; **jede ~ kam zu spät** it was too late to help; **jdm ~ leisten** help s.o.; **etw zu ~ nehmen** make use of s.th.; **um ~ rufen** cry for help; **Hil·fe·lei·stung** *f* assistance, help; **Hil·fe·ruf** *m* **1.** cry for help; **2.** *fig* urgent appeal.

hilf·los *adj* helpless; **Hilf·lo·sig·keit** *f* helplessness; **hilf·reich** *adj* **1.** helpful; **2.** *(nützlich)* useful.

Hilfs·ak·tion *f* relief action; **Hilfs·ar·bei·ter(in)** *m (f)* unskilled worker; **hilfs·be·dürf·tig** *adj* **1.** *(Hilfe benötigend)* in need of help; **2.** *(notleidend)* needy; **hilfs·be·reit** *adj* **1.** *(helfend, hilfreich)* helpful; **2.** *(entgegenkommend)* obliging; ▶ **er ist stets ~** he is always ready to help; **Hilfs·da·tei** *f EDV* scratch file; **Hilfs·dienst** *m* **1.** *(Aus~)* auxiliary service; **2.** *(Notdienst)* emergency service; **3.** *mot (bei Autopannen)* breakdown (*Am a.* wrecker) service; **Hilfs·kraft** *f* **1.** *(Assistent)* assistant, help(er); **2.** *(Aus~)* temporary worker; **Hilfs·mit·tel** *n* **1.** *(Hilfe)* aid; **2.** *(Maßnahme)* means, measure; **3.** *pl (Mittel)* resources; **4.** *(Werkzeug)* device; **Hilfs·mo·tor** *m:* ▶ **Fahrrad mit ~** motor-assisted bicycle; **Hilfs·werk** *n* relief organization; **Hilfs·zeit·wort** *n gram* auxiliary verb.

Him·bee·re ['hımbe:rə] ‹-, -n› *f bot* raspberry; **Him·beer·saft** *m* raspberry juice.

Him·mel ['hıməl] ‹-s, -› *m* **1.** *(der sichtbare ~)* sky; **2.** *rel (Sitz der Gottheit)* heaven; *(Paradies)* paradise; *fig (Gott, Schicksal)* Heaven; **3.** *(Decke e-s ~bettes)* canopy; ▶ **bewölkter ~** cloudy (*od* overcast) sky; **Am ~** in the sky; **aus heiterem ~** *fig* out of the blue; **um ~s willen!** for Heaven's sake! **dem ~ sei Dank!** thank Heaven! **du lieber ~!** great Heavens! **unter freiem ~ schlafen** sleep in the open air; **~ u. Erde in Bewegung setzen** move heaven and earth; **jdn in den ~ heben** *fig* praise s.o. to the skies *pl;* **das Blaue vom ~ herunterlügen** *fam* lie a blue streak; **jdm das Blaue vom ~ versprechen** promise s.o. everything under the sun.

Him·mel·bett *n* four-poster; **him·mel·blau** ['--'-] *adj* azure, sky-blue; **Him·mel·fahrt** *f rel* **1.:** ▶ **Christi ~** the Ascension of Christ; **2.** *(~stag)* Ascension Day; ▶ **Mariä ~** the Assumption of the Virgin Mary; **Him·mel·reich** *n rel* Kingdom of Heaven; **him·mel·schrei·end** *adj fig* **1.** *(Unrecht)* outrageous; *(Verhältnisse)* appalling; **2.** *(Unsinn)* utter; **3.** *(Schande, Skandal etc)* crying; **Him·mels·kör·per** *m astr* celestial body; **Him·mels·rich·tung** *f* direction; **him·mel·weit** ['--'-] *adj fig* tremendous; ▶ **es ist ein ~er Unterschied** it makes all the difference in the world.

himm·lisch ['hımlıʃ] **1.** *(zum Himmel gehörig)* heavenly; *poet* celestial; **2.** *fig (wunderbar)* divine; *(grenzenlos)* infinite.

hin [hın] **I** *adv* **1.** *(dort~)* there; *(zu)* towards; **2.** *(entlang)* along; ▶ **nichts wie ~!** *fam* let's go then! **~ u. her** *(auf u. ab)* to and fro; *(~ u. zurück)* there and back; **das H~ u. Her** the comings and goings *pl;* **auf die Gefahr ~, mißverstanden zu werden** at the risk of being misunderstood; **auf s-n Rat ~** on his advice; **~ u. wieder** (every) now and again; **~ u. zurück** there and back; **e-e Fahrkarte** (*od* **Flugkarte**) **~ u. zurück** *Br* a return ticket, *Am* a round-trip ticket; **Sonntag ~, Sonntag her** Sunday or not (*od* or no Sunday); **über die Jahre ~** as years go by; **nach außen ~** *fig* outwardly; **wo sind sie ~?** *fam* where have they gone? **etw ~ u. her überlegen** think about s.th. over and over (again); **II** *adj pred fam* **1.** *(Ruf etc: ruiniert)* ruined; **2.** *(kaputt)* broken; **3.** *fig (erschöpft)* done in; **4.** *fig (begeistert)* carried away; **5.** *fig (tot)* dead; ▶ **sie war ganz ~** *fig fam (~gerissen)* she was really carried away; **dein Ruf ist ~** *fam* your reputation is ruined.

hin·ab [hı'nap] *adv* down, downward(s); ▶ **~ mit dir!** down with you! down you go! **den Berg ~** down the hill, downhill; **den Strom ~** down the river, downstream.

hin|ar·bei·ten *itr* aim (*auf* at).

hin·auf [hı'naʊf] *adv* up; ▶ **da ~** up there; ▶ **die Straße ~** up the street; **hin·auf|fah·ren** *irr* **I** *itr* go (*mot* drive) up; **II** *tr* take (*mot* drive) up; **hin·auf|ge·hen** *irr itr* **1.** go up; *(Treppe)* go upstairs; **2.** *fig (von Preisen etc)* rise; **hin·auf|stei·gen** *irr itr* climb up.

hin·aus [hı'naʊs] *adv* **1.** *(räumlich)* out; ▶ **über ... ~** beyond ...; **2.** *(zeitlich)*

über ... ~ until after ...; 3. *fig:* ▶ **über ... ~** on top of ...; *(jenseits)* beyond ...; **~ (mit Ihnen)!** (get) out! **hier ~** this way out; **sie wohnt nach hinten (vorn) ~** she is living towards the back (the front); **zum Fenster ~** out of the window; **zur Tür ~** out through the door; **auf Jahre ~** for years to come; **darüber ~** on top of this; **über das Grab ~** beyond the grave; **er will zu hoch ~** *fig* he aims too high; **hin·aus|be·för·dern** *tr* kick out, throw out; **hin·aus|be·glei·ten** *tr* see out (*aus* of); **hin·aus|ekeln** *tr* winkle out, *sl* freeze out; **hin·aus|ge·hen** *irr itr* **1.** *(Raum etc verlassen)* go out; **2.** *(Tür, Zimmer, Fenster)* open (*auf* onto); **3.** *fig (überschreiten)* go beyond (*über etw* s.th.); **4.** *fig (übertreffen, übersteigen)* exceed (*über etw* s.th.); **hin·aus|lau·fen** *irr itr* **1.** *(hinausrennen)* run out; **2.** *fig:* ▶ **auf etw ~** come (*od* amount) to s.th.; **hin·aus|leh·nen** *refl* lean out; **hin·aus|schicken (k·k)** *tr* send out; **hin·aus|schie·ben** *irr tr* put off, postpone; **hin·aus|schie·ßen** ‹sein› *irr itr fig:* ▶ **über das Ziel ~** overshoot the mark; **hin·aus|wer·fen** *irr tr* **1.** *(aus Fenster etc)* cast (*od* throw) out; **2.** *fam (entfernen)* chuck (*od* kick out); *(entlassen)* fire, *sl* sack; ▶ **e-n Blick ~** take a glance outside; **Geld zum Fenster ~** *fig fam* pour money down the drain; **hin·aus|wol·len** *irr itr fig (hinzielen, beabsichtigen)* be driving at ...; ▶ **hoch ~** aim high.

hin|bie·gen *irr tr fig fam* sort out.

Hin·blick *m:* ▶ **im** (*od* **in**) **~ auf ...** *(in bezug auf)* with regard to ...; *(angesichts)* in view of ...

hin|brin·gen *irr tr* **1.** *(begleiten)* take there; **2.** *fig (Zeit)* pass, spend.

hin·der·lich [ˈhɪndelɪç] *adj* **1.** *(im Weg)* in the way; **2.** *(lästig)* restricting; *(störend)* embarrassing; ▶ **jdm ~ sein** *(jdm im Wege stehen)* stand in someone's way; *jds Fortkommen ~ sein* be an obstacle to someone's advancement.

hin·dern I *tr* **1.** *(aufhalten)* hinder; *(hemmen)* hamper, impede; **2.** *(ganz abhalten)* prevent (*an* from); **II** *itr (stören)* be a hindrance (*bei* to); **Hin·der·nis** [ˈhɪndenɪs] ‹-ses, -se› *n* **1.** *a. fig* obstacle; **2.** *(Erschwernis)* hindrance; **3.** *(Behinderung)* handicap; ▶ **jdm ~se in den Weg legen** *fig* put obstacles in someone's way; **alle ~se aus dem Wege räumen** remove all obstacles; **auf ~se stoßen** run into obstacles; **Hin·der·nis·ren·nen** *n sport (auf Pferden)* steeplechase.

hin|deu·ten *itr* **1.** *(zeigen)* point (*auf* at); **2.** *fig (anzeigen)* indicate.

Hin·du [ˈhɪndu] ‹-(s), -(s)› *m* Hindu.

hin·durch [hɪnˈdʊrç] *adv* **1.** *(räumlich)* through; **2.** *(zeitlich)* throughout; ▶ **das ganze Jahr ~** all the year round, throughout the year; **den ganzen Tag ~** all day (long); **mitten ~** right (*od* straight) through; **lange Zeit ~** for a long time.

hin·ein [hɪˈnaɪn] *adv* **1.** *(räumlich)* in, inside, into; **2.** *(zeitlich)* into; ▶ **~ mit Ihnen!** in you go! **da ~** in there; **in etw ~** into s.th.; **bis tief in die Nacht ~** well into the night; **hin·ein|fin·den** *irr refl:* ▶ **sich ~ in ...** *(vertraut werden mit)* get familiar with ...; *(sich abfinden)* come to terms with ...; **hin·ein|ge·hen** ‹sein› *irr itr* **1.** go in (*in* -to); **2.** *(hineinpassen):* ▶ **in dieses Faß gehen 20 Liter hinein** this barrel holds 20 liters; **hin·ein|le·gen** *tr a. fig* put in (*od* into); **hin·ein|pas·sen** *itr:* ▶ **in etw ~** fit into s.th.; *fig (in Schema etc)* fit in with s.th.; **hin·ein|re·den** *itr* **1.** *(unterbrechen)* interrupt (*jdm* s.o.); **2.** *fig (sich einmischen)* interfere (*jdm* in someone's affairs); ▶ **sich in s-e Wut ~** talk o.s. into a rage; **hin·ein|stecken (k·k)** *tr* put in (*in* -to); ▶ **viel Mühe in etw ~** put a lot of effort into s.th.; **s-e Nase in alles ~** *fig* poke one's nose into everything; **hin·ein|stei·gern** *refl* work o.s. up (*in e-n Zustand* into a state); ▶ **sich in s-e Wut ~** work o.s. up into a rage; **sich in s-n Kummer ~** let o.s. be completely taken up with one's worries *pl;* **sich in e-e Rolle ~** become completely caught up in a role; **hin·ein|ver·set·zen** *refl* put o.s. in the position (*in jdn* of s.o.).

hin|fah·ren *irr* **I** *tr* ‹h› take (*od* drive) there; **II** *itr* ‹sein› go (*mot auch* drive, *mar* sail) there; **Hin·fahrt** *f* journey there; *mar* voyage out; *rail* outward journey; ▶ **auf der ~** on the way there; **nur ~** *rail Br* single, *Am* one way.

hin|fal·len *irr itr* fall (down); **hin·fäl·lig** *adj* **1.** *(schwach)* frail; **2.** *fig (unhaltbar)* untenable; 3. *fig (ungültig)* invalid; **Hin·fäl·lig·keit** *f* **1.** *(Schwäche)* frailness; **2.** *fig (Ungültigkeit)* invalidity.

Hin·flug *m aero* outward flight.

hin|füh·ren *tr itr a. fig* lead there; ▶ **wo soll das ~?** *fig* where is this leading to?

Hin·ga·be ‹-› *f fig* **1.** *(Ergebenheit)* devotion; **2.** *(Begeisterung)* dedication; **hin|ge·ben** *irr* **I** *tr* **1.** *(aufgeben)* give up; **2.** *(opfern)* sacrifice; **II** *refl:* ▶ **sich e-r Sache ~** *(e-r positiven Sache)* devote o.s. to s.th.; *(e-r negativen Sache)* abandon o.s. to s.th.; sich jdm ~ give o.s. to s.o.; **hin·ge·bungs·voll** devoted.

hin·ge·gen [-ˈ--] *conj (jedoch)* however; *(andererseits)* on the other hand.

hin|ge·hen *irr itr* **1.** go there; **2.** *(von Zeit)* go by, pass; ▶ **etw ~ lassen** *fig (hinnehmen)* let s.th. pass.

hin|hal·ten *irr tr* **1.** *(reichen)* hold out (*jdm* to s.o.); **2.** *fig:* ▶ **jdn ~** put s.o. off; **Hin·hal·te·tak·tik** *f* stalling tactics *pl.*

hin|hau·en *irr* **I** *tr sl* **1.** *(hinschmeißen)* plonk down; **2.** *(hinschmieren)* knock off; **II** *itr sl* **1.** *(ausreichen)* do; **2.** *(klappen)* work; **III** *refl sl (sich schlafen legen)* turn in.

hin·ken ['hɪŋkən] *itr* **1.** *(lahmen)* limp; **2.** *fig (unpassend sein)* be inappropriate; ► **mit dem rechten Bein** ~ have a limp in one's right leg; **der Vergleich hinkt** *fig* that's a lame (*od* poor) comparison.

hin|knien *itr refl* kneel down.

hin·läng·lich *adj* **1.** *(ausreichend)* sufficient; **2.** *(angemessen)* adequate.

hin|le·gen I *tr* **1.** *(niederlegen)* put down; *(flach ~)* lay down; **2.** *fam (Rede, Vortrag, Leistung)* perform effortlessly; **3.** *fam (bezahlen müssen)* fork out; **II** *refl (sich niederlegen)* lie down; ► **sich der Länge nach** ~ *fig fam* be taken aback.

hin|neh·men *irr tr* accept, take; ► **etw als selbstverständlich** ~ take s.th. for granted.

hin|raf·fen *tr poet* carry off.

hin·rei·chend *adj* **1.** *(ausreichend)* sufficient; **2.** *(angemessen)* adequate.

Hin·rei·se *f* journey there; *mar* voyage out; *rail* outward journey; ► **auf der** ~ on the way there; **Hin- u. Rückreise** journey there and back.

hin|rei·ßen *irr tr fig* **1.** *(entzücken)* enrapture, thrill; **2.** *(überwältigen)* force (*jdn zu etw* s.o. into s.th.); ► **sich** ~ **lassen** let o.s. be carried away (*zu e-r Entscheidung* into making a decision); **hin·rei·ßend** *adj (phantastisch)* fantastic; *(bezaubernd)* enchanting; *(Schönheit)* ravishing.

hin|rich·ten *tr (Verbrecher)* execute; ► **jdn durch den Strang** ~ hang s.o.; **Hin·rich·tung** *f* execution.

hin|schmei·ßen *irr tr* **1.** *fam (hinwerfen)* fling down; **2.** *fig fam (aufgeben)* chuck in.

hin|se·hen *irr itr* look; ► **vor sich** ~ look straight ahead.

hin|set·zen I *tr (Gegenstände)* set down; *(Personen)* seat; **II** *refl* sit down; ► **sich gerade** ~ sit up straight.

Hin·sicht *f:* ► **in jeder** ~ in every respect; **in** ~ **auf ...** *(bezüglich)* with regard to ...; *(angesichts)* in view of ...; **in dieser** ~ in this regard; **hin·sicht·lich** *prp (bezüglich)* with regard to; *(angesichts)* in view of.

hin|stel·len I *tr* **1.** *(hinsetzen od -legen)* put (down); **2.** *fam (Häuser etc)* put up; ► **jdn (etw) als jdn (etw)** ~ *fig* make s.o. (s.th.) out to be s.o. (s.th.); **II** *refl* **1.** stand; **2.** *mot (parken)* park.

hin·ten ['hɪntən] *adv* behind; *(am Hinterende, auf der Rückseite)* at the back; ► ~ **im Buch** at the end of the book; ~ **im Bild** in the back of the picture; **nach** ~ to the back; **von** ~ **anfangen** begin from the back; **ein Blick nach** ~ a look behind; ~ **bleiben** stay behind; *fig* lag behind; **von** ~ **(her)** from behind, from the back; **von weit** ~ from the very back; **weit** ~ far behind, far back; **jdn am liebsten von** ~ **sehen** *fig fam* be glad to see the back of s.o.; **jdn** ~ **u. vorne bedienen** wait on s.o. hand and foot; **es jdm** ~ **u. vorne reinstecken** *fig fam* spoon-feed s.o.; **ich weiß nicht mehr, wo** ~ **u. vorn ist** *fig fam* I don't know whether I'm coming or going; **das langt** ~ **u. vorn nicht** *fig fam* that's not enough to make ends meet.

hin·ter ['hɪntɐ] *prp* **1.** *(räumlich)* behind; **2.** *(zeitlich)* after; ► ~ **dem Haus** at the back of (*od* behind) the house; ~ **mir (her)** *(räumlich)* behind me; *(um mich zu kriegen)* after me; ~ **meinem Rükken** behind my back; **sich hinter jdn stellen** stand behind s.o.; *fig* support s.o.; ~ **Schloß u. Riegel** under lock and key; ~ **etw kommen** *fig* get to the bottom of s.th.; ~ etw hervor from behind s.th.; ~ **etw stecken** *fig* be at the bottom of s.th.; **etw** ~ **sich bringen** get s.th. over (and done with); *(Entfernung)* cover s.th.; **etw** ~ **sich haben** *(überstanden)* have got over s.th.; *(Krankheit, schlimme Zeit)* have been through s.th.; *(zurückgelegt)* have covered s.th.; ~ **sich lassen** leave behind.

Hin·ter·ach·se *f mot* rear axle.

Hin·ter·backe (k·k) *f* buttock.

Hin·ter·bein *n* hind leg; ► **sich auf die ~e stellen** *(Pferd etc)* rear up; *fig fam (sich widersetzen)* kick up a fuss.

Hin·ter·blie·be·ne [hɪntɐ'bli:bənə] *m f jur* surviving relative; ► **die ~n** *pl* the bereaved.

hin·ter·brin·gen *irr tr* inform (*jdm etw* s.o. of s.th.).

hin·te·re ['hɪntərə] *adj* back; ► **der (die)** ~ the one at the back.

hin·ter·ein·an·der ['---'--] *adv* **1.** *(zeitlich)* one after the other (*od* another); **2.** *(räumlich)* one behind the other; ► **drei Tage** ~ three days running; **dicht** ~ *(zeitlich)* close behind; *(räumlich)* close on one another.

Hin·ter·ge·da·nke *m* ulterior motive.

hin·ter·ge·hen ⟨h⟩ *irr tr (betrügen)* deceive.

Hin·ter·grund *m* **1.** *(von Zimmer, Gemälde, a. fig)* background; **2.** *theat* back; **Vor diesem** ~ *a. fig* against this background; **im** ~ **bleiben** *a. fig* stay in the background; **Hin·ter·grund·pro·gramm** *n EDV* background program.

Hin·ter·halt *m mil a. fig* ambush; ► **in e-n** ~ **locken** draw into an ambush; **im** ~ **liegen** lie in ambush; **jdn aus dem** ~ **angreifen** ambush s.o.; **jdm im** ~ **auflauern** wait in ambush for s.o.; **hin·ter·häl·tig** ['hɪntɐhɛltɪç] *adj* underhand.

Hin·ter·hand *f:* ► **noch etw in der** ~

haben have s.th. up one's sleeve.
hin·ter·her [--'-] *adv* **1.** *(räumlich)* behind; **2.** *(zeitlich)* afterward(s); **hinter|her·lau·fen** ‹sein› *irr itr* **1.** run behind; **2.** *fig fam* run after (*jdm* s.o.).
Hin·ter·hof *m* backyard.
Hin·ter·kopf *m* back of one's head; ► **etw im ~ haben** *fam* have s.th. in the back of one's mind.
Hin·ter·land ‹-(e)s› *n* hinterland.
hin·ter·las·sen *irr tr* **1.** *(zurücklassen)* leave; **2.** *(testamentarisch)* bequeath (*jdm etw* s.th. to s.o.); **Hin·ter·las·sen·schaft** *f* **1.** *jur* estate; **2.** *fig* legacy.
Hin·ter·lauf *m* hind leg.
hin·ter·le·gen *tr* **1.** *(verwahren lassen)* deposit (*bei* with); **2.** *(als Pfand)* leave.
Hin·ter·list *f* **1.** *(Tücke)* craftiness; *(Verschlagenheit)* cunning; **2.** *(in Betrugsabsicht)* deceitfulness; **3.** *(List)* trick; **hin·ter·li·stig** *adj* **1.** *(tückisch)* crafty; *(verschlagen)* cunning; **2.** *(betrügerisch)* deceitful; **3.** *(falsch)* false, perfidious.
Hin·ter·mann ‹-(e)s, ¨-er› *m* **1.** *(hinter e-m Stehender)* person behind (one); **2.** *fig* backer.
Hin·tern ['hɪntən] ‹-s, -› *m fam* backside, bottom; ► **sich auf den ~ setzen** *fam (hinfallen)* fall on one's bottom; *fig fam (energisch arbeiten)* buckle down to work; **ein Tritt in den ~** *fam* a kick up the backside; **was auf den ~ kriegen** *fam* get one's bottom smacked.
Hin·ter·rad *n rail* back wheel; *mot (a. Fahrrad)* rear wheel; **Hin·ter·rad·antrieb** *m mot* rear wheel drive.
hin·ter·rücks ['hɪntərʏks] *adv* **1.** *(von hinten)* from behind; **2.** *fig (heimtückisch)* behind someone's back.
Hin·ter·sitz *m mot* backseat.
hin·ter·ste *adj* backmost, very back; ► **das ~ Ende** the very end.
Hin·ter·tref·fen *n:* ► **ins ~ kommen** (*od* **geraten**) lose ground; **im ~ sein** be under a handicap.
hin·ter·trei·ben *irr tr (vereiteln)* foil, thwart.
Hin·ter·trep·pe *f* back stairs *pl.*
Hin·ter·tür *f* **1.** *(Tür nach hinten heraus)* back door; **2.** *fig (Ausweg)* loophole; ► **sich ein ~chen offenhalten** leave o.s. a loophole.
Hin·ter·wäld·ler ['hɪntɐvɛltlɐ] *m fam* backwoodsman; *Am a.* hillbilly.
hin·ter·zie·hen *irr tr:* ► **Steuern ~** evade tax(es).
hin·über [hɪ'ny:bɐ] *adv* over; *(durch Überqueren)* across; **hin·über|sein** *irr itr fam* **1.** *(verdorben)* be off; **2.** *(kaputt, tot)* have had it; **3.** *(betrunken)* be (well) away.
hin·un·ter [hɪ'nʊntɐ] *adv prp* down; ► **die Straße ~** down the street; **bis ~ nach ...** down to ...; **hin·un·ter|fahren** *irr* **I** *itr* ‹sein› go down; **II** *tr* ‹h› *(e-n Passagier etc)* take down; *(ein Auto etc)* drive down; **hin·un·ter|ge·hen** ‹sein› *irr itr allg* go down; *(zu Fuß)* walk down; **hin·un·ter|kip·pen** *tr* **1.** tip down; **2.** *fam (Getränk)* knock back.
hin·un·ter|schlucken (k·k) *tr a. fig* swallow.
hin·un·ter|spü·len *tr* **1.** wash down; **2.** *fig (Ärger)* soothe; **hin·un·ter|wer·fen** *irr tr* throw down; ► **e-n Blick ~** glance down; **jdn die Treppe ~** kick s.o. downstairs.
hin·weg [hɪn'vɛk] *adv* **1.** *(fort)* away; **2.** *(zeitlich):* ► **über 10 Jahre ~** over a period of 10 years; **über jdn** (*od* **jds Kopf**) **~** over someone's head; **hinweg|ge·hen** *irr itr:* ► **über etw ~** *(nicht beachten)* pass over s.th.; **hinweg|kom·men** *irr itr fig:* get over; ► **er kann nicht darüber ~** he can't get over it; **hin·weg|se·hen** *irr itr fig:* ► **über jdn** (*od* **etw**) **~** see over s.o. (*od* s.th.); *fig (ignorieren)* ignore s.o. (*od* s.th.); *(außer acht lassen)* overlook s.o. (*od* s.th.); **hin·weg|set·zen I** *itr:* ► **über etw ~** *(springen)* jump over s.th.; **II** *refl fig:* ► **sich ~ über etw** disregard s.th.
Hin·weis ['hɪnvaɪs] ‹-es, -e› *m* **1.** *(Anhaltspunkt)* indication (*auf* to); *(bes. für Polizei)* clue; **2.** *(Anspielung)* allusion (*auf* to); **3.** *(amtlicher ~)* notice; *(Rat)* tip; **4.** *(Verweisung)* reference (*auf* to); **hin|wei·sen** *irr* **I** *tr* point (*jdn auf etw* s.th. out to s.o.); **II** *itr* **1.** *(zeigen)* point (*auf* to); **2.** *(verweisen)* refer (*auf* to); **3.** *(betonen)* emphasize (*auf etw* s.th.).
hin|wer·fen *irr* **I** *tr* **1.** throw down (*jdm etw* s.th. to s.o.); **2.** *fig (flüchtige Bemerkung)* drop casually; **3.** *fam (Arbeit, Stelle)* chuck; **II** *refl* throw o.s. down (*auf die Knie* on one's knees).
hin|zie·hen *irr* **I** *tr* ‹h› **1.** draw (*zu* towards); **2.** *fig (anziehen)* attract (*zu* to); **3.** *fig (in die Länge ziehen)* drag out; **II** *itr* ‹sein› *(über das Land etc)* move (*über* across, *zu, nach* towards); **III** *refl* ‹h› **1.** *(sich erstrecken)* stretch (*bis, nach* to); **2.** *(zeitlich)* drag on.
hin·zu [hɪn'tsu:] *adv* **1.** *(örtlich)* there; **2.** *(außerdem)* besides, in addition; **hinzu|fü·gen** *tr* **1.** add (*e-r Sache* to s.th.); **2.** *(beilegen in Briefen etc)* enclose; **hin·zu|kom·men** *irr itr* **1.** *(herbeikommen)* arrive; **2.** *(sich anschließen)* join (*bei od zu etw* s.th.); **3.** *(beigefügt werden)* be added (*zu etw* to s.th.); ► **es kommt noch hinzu, daß ...** add to this that ...; **kommt sonst noch etw ~?** will there be anything else? **hin·zu|zäh·len** *tr* add; **hin·zu|zie·hen** *irr tr (Arzt etc)* consult.
Hirn [hɪrn] ‹-(e)s, -e› *n* **1.** *anat* brain; **2.** *fam (Verstand, Intelligenz)* brains *pl;* **Hirn·ge·spinst** ['hɪrngəʃpɪnst] ‹-(e)s,

-e› *n pej* fantasy; **Hirn·haut·ent·zün·dung** *f med* meningitis; **Hirn·tod** *m med* brain (*od* cerebral) death; **hirn·ver·brannt** *adj fig fam* crackbrained; ► **du bist völlig ~!** you're really cracked!

Hirsch [hɪrʃ] ‹-(e)s, -e› *m zoo (Rot~)* stag; **Hirsch·fän·ger** *m* hunting-knife; **Hirsch·ge·weih** *n* antlers *pl;* **Hirsch·kä·fer** *m zoo* stag-beetle; **Hirsch·kalb** *n zoo* fawn; **Hirsch·keu·le** *f* haunch of venison; **Hirsch·kuh** *f zoo* hind.

Hir·se ['hɪrzə] ‹-› *f bot* millet.

Hir·te ['hɪrtə] ‹-n, -n› *m* herdsman; *(Schaf~, a. fig eccl: Seelsorger)* shepherd; **Hir·ten·brief** *m eccl* pastoral.

His [hɪs] ‹-, -› *n mus* B sharp.

his·sen ['hɪsən] *tr* hoist (up).

Hi·sto·rie [hɪs'to:riə] ‹-, -n› *f* **1.** *(Welt~)* history; **2.** *(Erzählung)* story; **Hi·sto·ri·ker(in)** *m (f)* historian; **hi·sto·risch** *adj* **1.** *(geschichtlich)* historical; **2.** *fig (sehr bedeutsam)* historic.

Hit·pa·ra·de ‹-, -n› *f* charts *pl.*

Hit·ze ['hɪtsə] ‹-› *f* **1.** *allg* heat; *(Wetter)* hot weather; **2.** *fig (Leidenschaft)* passion; ► **drückende ~** oppressive heat; **in der ~ des Gefechts** *fig* in the heat of the moment; **hit·ze·be·stän·dig** *adj* heat-resistant; **hit·ze·emp·find·lich** *adj* sensitive to heat; **Hit·ze·schutz·schild** *m (bei Raumfahrt)* heat shield; **Hit·ze·wel·le** *f* heat wave.

hit·zig ['hɪtsɪç] *adj* **1.** *fig (aufbrausend)* hot-headed; **2.** *fig (Wortstreit, Debatte)* heated; **3.** *med (Fieber)* high; *(Gesichtsfarbe)* fevered; ► **~ werden** *(Person)* flare up; *(Debatte)* grow heated.

HIV [ha:i:'faʊ] ‹-(s), -(s)› *n Abk von* **Human Immunodeficiency Virus** HIV; **HIV-in·fi·ziert** *adj* HIV(-)infected; **HIV-po·si·tiv** *adj* HIV(-)positive, tested positive for aids; **HIV-Po·si·ti·ve(r)** *f m* HIV-positive person; **HIV-Vi·rus** *m* HIV virus.

Hitz·kopf *m* hothead; **Hitz·schlag** *m med* heat-stroke.

hm [hm] *interj* hm, hum.

H-Milch *f* UHT-milk.

Hob·by ['hɔbi] ‹-s, -s› *n* hobby; **Hob·by·fe·ri·en** *pl* activity holiday *sing.*

Ho·bel ['ho:bəl] ‹-s, -› *m tech* plane; **Ho·bel·bank** *f* joiner's bench; **ho·beln** *tr itr* plane; ► **wo gehobelt wird, da fallen Späne** *prov* you can't make an omelette without breaking eggs.

Hoch [ho:x] ‹-s, -s› *n* **1.** *(~ruf)* cheer (*auf, für* for); **2.** *(in Meteorologie, a. fig)* high; ► **ein dreifaches ~ für ...** three cheers *pl* for ...

hoch [ho:x] ‹höher, höchst› **I** *adj* **1.** *allg* high; *(groß, ~ gewachsen)* tall; **2.** *fig (Preise)* dear, high; **3.** *fig (Ehre)* great; *(Geburt)* noble; *(Strafe)* heavy, severe; ► **ein hohes Alter erreichen** live to a ripe old age; **~ u. niedrig** rich and poor; **in hohem Ansehen stehen** be highly esteemed; **in hoher Blüte stehen** *fig (Handel etc)* be flourishing; *(Kultur etc)* be at its zenith; **e-e hohe Geldstrafe** a heavy fine; **das hohe C** *mus* top C; **ein hohes Tier** *fam fig* a big fish; **im hohen Norden** in the far North; **auf dem hohen Roß sitzen** *fig* be on one's high horse; **auf hoher See** on the high seas *pl;* **in hohem Maße** to a high degree; **II** *adv* **1.** *:* ► **~ oben** high up; **2.** *(nach oben)* up; **3.** *(Qualität etc)* highly; **4.** *math:* ► **2 ~ 3** (= 2^3) 2 to the power of 3; **~ zu Roß** on horseback; **~ u. heilig versprechen** promise faithfully; **Hände ~!** hands up! **Kopf ~!** chin up! **jdm etw ~ anrechnen** think highly of s.o. for s.th.; **~ hinauswollen** aim high; **es geht ~ her** things are pretty lively; **~ lebe der König!** long live the king! **den Kopf ~ tragen** hold one's head high; **die Nase ~ tragen** *fam* go around with one's nose in the air.

Hoch·ach·tung *f* deep respect; ► **mit vorzüglicher ~** *abs (im Brief)* yours faithfully; **meine ~!** well done! **hoch·ach·tungs·voll** *adv (in Briefen)* yours faithfully; **hoch·ak·tu·ell** ['---'-] *adj* highly topical; **Hoch·al·tar** *m eccl* high altar; **Hoch·amt** *n eccl* High Mass; **hoch|ar·bei·ten** *refl* work one's way up; **hoch·auf·lö·send** *adj EDV TV* high-resolution. **Hoch·bahn** *f Br* elevated railway (*Am* railroad); **Hoch·bau** ‹-(e)s› *m* **1.** *tech* building construction, surface engineering; **2.** *arch* high-rise building; **hoch·be·gabt** ['--'-] *adj* highly talented (*od* gifted); **Hoch·be·gab·te(r)** *f m* gifted person; gifted child; **hoch·be·rühmt** ['--'-] *adj* very famous; **hoch·be·tagt** ['--'-] *adj* aged; *pred* advanced (*od* well on) in years; **Hoch·be·trieb** *m* **1.** *(in Geschäft)* peak period; **2.** *(im Verkehr)* rush hour; **3.** *(Hochsaison)* high season; **hoch·be·zahlt** ['--'-] *adj* highly paid; **Hoch·burg** *f fig* stronghold; **hoch·deutsch** *adj* High (*od* standard) German; **Hoch·druck** [-(e)s] *m* **1.** *(Wetter, a. phys)* high pressure; **2.** *typ (Verfahren)* relief printing; **3.** *(Ergebnis)* relief print; **4.** *med (Blut~)* high blood pressure; ► **mit ~ arbeiten** work at full stretch; **Hoch·ebe·ne** *f* plateau; **hoch·ent·wickelt (k·k)** ['-'--] *adj tech* highly advanced (*od* developed); **hoch·er·freut** ['--'-] *adj* overjoyed (*über* at); **hoch·ex·plo·siv** *adj a. fig* highly explosive; **hoch·fah·rend** *adj fig (überheblich)* arrogant; **Hoch·fi·nanz** ‹-› *f* high finance; **hoch·flie·gend** *adj fig* **1.** *(hochgesteckt)* ambitious; **2.** *(übertrieben)* high-flown; **Hoch·form** ‹-› *f sport a. fig* top form; **Hoch·for·mat** *n* vertical format; **Hoch·fre·quenz** *f el* high frequency; **Hoch·ga·ra·ge** *f mot* multi stor(e)y car park; **Hoch·ge·birge** *n* high mountains *pl;* **Hoch·ge·fühl** *n* elation.

hoch|ge·hen ‹sein› *irr itr* **1.** *(steigen)* rise; **2.** *fam (hinaufgehen)* go up; **3.** *fig fam (zornig werden)* hit the ceiling; *fam (explodieren)* blow up; **4.** *fam (gefaßt werden)* get nabbed.

Hoch·ge·nuß *m* real treat; **Hoch·ge·schwin·dig·keits·com·pu·ter** *m* high-speed computer; **Hoch·ge·schwin·dig·keits·zug** *m* high-speed train; **hoch·ge·spannt** *adj fig (groß)* great, high; **Hoch·glanz** *m* high-polish; ► **etw auf ~ bringen** polish s.th. until it gleams; **hoch·gra·dig** *adj* **1.** extreme; **2.** *fig (Unsinn)* absolute, utter; **hoch|hal·ten** *irr tr* **1.** *(hochheben)* hold up; **2.** *fig (achten)* uphold; **Hoch·haus** *n* high-rise building; *(Wolkenkratzer)* skyscraper; **hoch|he·ben** *irr tr (Hand, Arm)* lift raise, hold up; *(Kind, Last)* lift up.

hoch·kant ['ho:xkant] *adv* end up, on end.

Hoch·kon·junk·tur *f com fin* boom; **Hoch·land** ‹-(e)s› *n* highland; ► **das schottische ~** the Scottish Highlands *pl;* **Hoch·lohn·land** *n* country with high wage costs; **hoch·mo·dern** ['-·'-] *adj* very modern; **Hoch·moor** *n* moor; **Hoch·mut** *m* arrogance; ► **~ kommt vor dem Fall** *prov* pride comes before a fall; **hoch·mü·tig** ['ho:xmy:tıç] *adj* haughty, arrogant; **hoch·nä·sig** *adj fam pej* stuck-up, snooty; **Hoch·ofen** *m* (blast) furnace; **hoch·pro·zen·tig** *adj (Alkohol)* high-proof; **hoch·qua·li·fi·ziert** ['----'-] *adj* highly qualified; **Hoch·rech·nung** *f* (computer) projection, projected result; **hoch|rü·sten I** *tr tech* upgrade; **II** *itr mil* increase the weaponry (of a country); rearm; **Hoch·rü·stung** ‹-› *f mil* arms build-up; **Hoch·sai·son** *f* high season; **Hoch·schrank** *m* **1.** *(Einbau~)* floor-to-ceiling wardrobe; **2.** *(hoher Schrank)* high wardrobe; **Hoch·schu·le** *f* college; *(Universität)* university; **Hoch·schul·leh·rer(in)** *m (f)* **1.** *allg* college (*od* university) teacher; **2.** *(Professor)* professor; **Hoch·schul·rei·fe** *f* matriculation standard; **hoch·schwan·ger** ['-'--] *adj* well advanced in pregnancy; **Hoch·see** *f* high sea; **Hoch·see·fi·sche·rei** *f* deep-sea fishing; **hoch·sen·si·bel** *adj (Apparat, Person)* highly sensitive; **Hoch·si·cher·heits·trakt** *m (Gefängnis)* high-security wing; **Hoch·som·mer** *m* midsummer; **Hoch·span·nung** *f el* high-voltage (*Abk* H. V.); *(a. fig)* high-tension (*Abk* H. T.); **Hoch·span·nungs·lei·tung** *f el* high-tension (*od* power) line; **Hoch·span·nungs·mast** *m el* (high-tension) pylon; **Hoch·spra·che** *f* standard language; **Hoch·sprung** *m sport* high jump.

höchst [hø:çst/hø:kst] *adv* highly, most; **Höchstalter** *n* maximum age.

Hoch·stap·ler *m (Schwindler)* confidence trickster, *fam* con-man.

Höchst·be·trag *m* maximum amount; *(Limit)* limit.

höch·ste *adj* **1.** *allg* highest; **2.** *(größte)* tallest; *(längste)* longest; **3.** *(äußerste)* utmost; *(extrem)* extreme; **4.** *(maximal)* maximum *(nur attr);* **5.** *(schwerste)* heaviest; ► **die ~ Instanz** *jur* the supreme court (of appeal); **im ~n Maße** to the highest degree; **im ~n Fall** at the most; **aufs ~ erfreut** highly pleased; **Am ~n** highest; **~ Zeit** high time; **das ist aber das ~ der Gefühle** *fig fam* and that's the end of it.

höch·stens *adv* **1.** *(bestenfalls)* at best, at (the) most; **2.** *(nicht mehr)* not more than ...

Höchst·fall *m:* ► **im ~** at the most; **Höchst·form** *f sport a. fig* top form; **Höchst·ge·bot** *n* highest bid; **Höchst·ge·schwin·dig·keit** *f* maximum (*od* top) speed; ► **zulässige ~** speed limit; **Höchst·gren·ze** *f* upper limit; **Höchst·lei·stung** *f* **1.** *(Bestleistung)* best performance; **2.** *sport* record; **3.** *(Produktions~)* maximum output; **Höchst·maß** *n* maximum amount (*an* of); **höchst·per·sön·lich** *adv* in person; **Höchst·preis** *m com* maximum price; **höchst·wahr·schein·lich** ['--'--] *adv* in all probability, most likely.

hoch·sty·len *tr fam* give style to; *pej (Person)* hype *sl;* ► **hochgestyltes Produkt** stylish product.

höchst·zu·läs·sig *adj* maximum (permissible); ► **~er Wert** maximum value.

Hoch·tech·no·lo·gie *f* high-technology; **Hoch·tem·pe·ra·tur·re·ak·tor** *m* high temperature reactor.

hoch·tra·bend *adj fam (aufgeblasen)* pompous; *(geschwollen)* high-falutin(g).

Hoch·ver·rat *m* high treason.

Hoch·wald *m* timber forest; **Hoch·was·ser** *n* **1.** *(zu hoher Wasserstand)* high water; *(Überschwemmung)* flood; **2.** *(Höchststand von Flut)* high tide; ► **s-e Hose hat ~** *hum fam* his trousers are at half-mast; **Hoch·was·ser·stand** *m* high water level; *(bei Überschwemmung)* flood stage.

hoch·wer·tig *adj pred* of high quality; *attr* high-quality; *(Lebensmittel: nahrhaft)* highly nutritious.

Hoch·zahl *f math* exponent.

Hoch·zeit[1] ['ho:xtsaıt] *f (Blüteperiode)* golden age.

Hoch·zeit[2] ['hɔxtsaıt] *f* marriage, wedding; ► **diamantene (goldene, silber-**

ne) ~ diamond (golden, silver) wedding; **auf allen ~en tanzen** have a finger in every pie; **Hoch·zeits·fei·er** *f* wedding celebration; **Hoch·zeits·gast** *m* wedding guest; **Hoch·zeits·nacht** *f* wedding night; **Hoch·zeits·rei·se** *f* honeymoon; **Hoch·zeits·tag** *m* **1.** *(Tag der Hochzeit)* wedding day; **2.** *(Jahrestag)* wedding anniversary.

Hocke (k·k) ['hɔkə] ‹-, -n› *f (beim Turnen)* squat; ▶ **in die ~ gehen** squat; **hocken (k·k)** *itr* **1.** squat; **2.** *fam (sitzen)* sit (around); ▶ **über s-n Büchern ~** pore over one's books; **Hocker (k·k)** *m (Schemel)* stool; ▶ **das reißt mich nicht vom ~** *fig sl* that doesn't bowl me over.

Höcker (k·k) ['hœkɐ] ‹-s, -› *m zoo (a. kleiner Hügel)* hump.

Ho·de(n) ['ho:dən] ‹-s, -› *f (m) anat* testicle; *(in Zssg)* **Hoden-** scrotal; **Ho·den·sack** *m anat* scrotum.

Hof [ho:f, *pl* 'hø:fə] ‹-(e)s, ⸚e› *m* **1.** *(Platz)* yard; *(Innen~)* courtyard; *(Hinter~)* backyard; **2.** *(Bauern~)* farm; **3.** *(Fürsten~)* court; **4.** *astr (Ring um Mond, Sonne)* halo; ▶ **bei** (*od* **am**) **~e** at court; **am ~e Heinrichs VIII** at the court of Henry VIII; **e-m Mädchen den ~ machen** *obs* court a girl.

hof·fen ['hɔfən] **I** *tr* hope for; **II** *itr* hope (*auf etw* for s.th.); set one's hopes (*auf jdn* on s.o.); ▶ **das Beste ~** hope for the best; **ich hoffe es** I hope so; **es ist sehr zu ~** it is much to be hoped; **ich will nicht ~, daß das wahr ist** I hope that it is not true; **auf Gott ~** trust in God; **hof·fent·lich** ['hɔfəntlɪç] *adv* hopefully, I hope so, it is to be hoped; ▶ **~ nicht** I hope not; **~ kommt sie** I hope she will come; **Hoff·nung** ['hɔfnʊŋ] *f* hope (*auf* in); ▶ **die ~ aufgeben (verlieren)** abandon (lose) hope; **jdm ~en machen** raise someone's hopes; **jdm keine ~en machen** not hold out any hopes for s.o.; **sich ~ machen** have hopes (*auf etw* of getting s.th.); **sie ist meine einzige ~** my only hope is in her; **s-e ~en setzen auf ...** pin one's hope on ...; **in der ~, zu ...** hoping to ...; **guter ~ sein** *euph (schwanger)* be expecting; **hoff·nungs·los** *adj* hopeless; **Hoff·nungs·lo·sig·keit** *f* hopelessness; **Hoff·nungs·schim·mer** *m* glimmer of hope; **Hoff·nungs·strahl** ‹-(e)s› *m* ray of hope; **Hoff·nungs·trä·ger(in)** *m (f)* carrier of hope; **hoff·nungs·voll I** *adj (voller Hoffnung)* hopeful; *(vielversprechend)* promising; **II** *adv* full of hope.

Hof·hund *m* watchdog.

hö·fisch ['hø:fɪʃ] *adj* courtly.

höf·lich ['hø:flɪç] *adj allg* polite; *(zuvorkommend)* courteous; *(respektvoll)* respectful; **Höf·lich·keit** *f* **1.** *(das Höflichsein)* courteousness, politeness; **2.** *meist pl (Komplimente)* compliments.

Höf·ling *m* courtier.

Hof·narr *m* court jester; **Hof·tor** *n* yard gate.

ho·he ['ho:ə] *adj attr (s.* hoch: *Beispiele).*

Hö·he ['hø:ə] ‹-, -n› *f* **1.** *allg* height; **2.** *math astr aero* altitude; **3.** *(Gipfel)* summit; *(An~)* hill; **4.** *(Ausmaß, Größenordnung, Niveau)* level; *(Umfang, Wert, Betrag)* amount; **5.** *(geographische ~)* latitude; **6.** *mus (Ton~)* pitch; *radio (Ton~)* treble; ▶ **das ist doch wohl die ~!** *fig fam* that's the limit! **auf der ~ sein** *fig fam (der Zeit)* be up-to-date; *(der Leistungskraft)* be at one's best; *(gesundheitlich)* be fighting fit; **auf gleicher ~** level with each other; **auf der ~ von Liverpool** *mar* off Liverpool; **an ~ gewinnen** *aero* gain height; **aus der ~** from above; **die Preise in die ~ treiben** *fig* force up the prices; **bis zur ~ von 5 $** up to the amount of $ 5; **ein Betrag in ~ von ...** an amount of ...; **in der ~** on high, up in the air; **in die ~** into the air, up, upwards; **die ~n u. Tiefen des Lebens** the ups and downs of life; **in e-r ~ von 1.000 Fuß** *aero* at an altitude of 1.000 feet; **in die ~ fahren** start up; **in die ~ gehen** *fig (Preise)* go up.

Ho·heit ['ho:haɪt] *f* **1.** *(Erhabenheit)* sublimity; **2.** *(Staats~)* sovereignty (*über* over); **3.** *(Titel)* Highness; ▶ **S-e (Ihre) Königliche ~** His (Her) Royal Highness (*Abk* H.R.H.); **Ho·heits·ge·biet** *n* sovereign territory; **Ho·heits·ge·wäs·ser** *pl* territorial waters; **ho·heits·voll** *adj* majestic; **Ho·heits·zei·chen** *n* national emblem.

Hö·hen·an·ga·abe *f* altitude reading; *(auf Karte)* height marking; **Hö·hen·mes·ser** *m aero* altimeter; **Hö·hen·son·ne** *f el* sunray lamp; **Hö·hen·un·ter·schied** *m* difference in altitude; **hö·hen·ver·stell·bar** *adj (Sitz etc)* vertically adjustable; **Hö·hen·zug** *m* mountain range, ridge of hills; **Hö·he·punkt** *m* **1.** *(höchster Punkt)* highest point; **2.** *fig (e-r Entwicklung)* apex, summit; *(des Tages, e-r Veranstaltung)* high spot; *(der Karriere, der Macht)* peak, pinnacle; *(e-s Dramas, a. Orgasmus)* climax; **3.** *med (Krise)* crisis; **4.** *astr a. fig* zenith.

hö·her ['hø:ɐ] *adj a. fig* higher; *(von Macht)* superior; *(von Klasse)* upper; ▶ **~e Gewalt** an act of God; **~e Instanz** *jur* higher court; *(Behörde)* higher authority; **~e Mathematik** higher mathematics; **~e Schule** *Br* secondary (*Am* high) school; **mein Herz schlägt ~** my heart beats faster.

hohl [ho:l] *adj* **1.** *a. fig* hollow; *(Wangen, Augen)* sunken; **2.** *(gedämpft klingend)* dull, hollow; **3.** *fig (leer)* empty; *(schal, seicht)* shallow.

Höh·le ['hø:lə] ‹-, -n› *f* **1.** cave, cavern; *(Loch)* hole; *(Tier~)* den, hole; **2.** *fig fam (Bude, Verbrecher~)* hole; **3.** *anat* cavity; *(Augen~)* socket; **Höh·len·for·scher(in)** *m (f)* speleologist.

Hohl·heit *f fig (Leere)* emptiness, shallowness; **Hohl·kopf** *m pej* dunce, num(b)skull; **Hohl·kör·per** *m* hollow body; **Hohl·maß** *n* measure of capacity; **Hohl·raum** *m* hollow space; *(Höhlung)* cavity; **Hohl·raum·ver·sie·ge·lung** *f mot* cavity seal; **Hohl·spie·gel** *m* concave mirror.

Höh·lung ['hø:lʊŋ] *f* cavity, hollow.

Hohl·weg *m* narrow pass.

Hohn [ho:n] ‹-(e)s› *m (Geringschätzung)* scorn; *(Spott)* derision, mockery; ► **nur ~ u. Spott ernten** get nothing but scorn and derision; **das ist der reinste ~** it's a sheer mockery; **höh·nen** ['hø:nən] **I** *tr* mock; **II** *itr* sneer (*über* at); **Hohn·ge·läch·ter** *n* scornful laughter; **höh·nisch** ['hø:nɪʃ] *adj* mocking, scornful, sneering; **Hohn·lä·cheln** *n* sneer.

Ho·kus·po·kus [ho:kʊs'po:kʊs] ‹-› *m* **1.** *(Zauberformel)* hey presto; **2.** *fig fam (Täuschung)* hocus-pocus; **3.** *fig fam (Drumherum)* fuss.

hold [hɔlt] **I** *adj lit obs (lieblich, anmutig)* lovely, sweet; **II** *pred (gehoben: zugeneigt)* well-disposed (*jdm* to s.o.); ► **das Glück war ihr ~** *poet* fortune smiled upon her.

ho·len ['ho:lən] *tr* fetch, get; *(Person ab~)* take away; *(erringen, gewinnen)* win; ► **jdn ~ lassen** send for s.o.; **sich e-e Erkältung ~** catch a cold; **sich den Tod ~** *fam* catch one's death; **sich bei jdm Rat ~** ask someone's advice; **Atem ~** draw (a) breath; **da ist nichts zu ~** *fam* there's nothing in it; **bei ihr ist nichts zu ~** *fam* you won't get anything out of her; **hol's der Teufel** (*od* **Henker**)! *sl* confound it! **hol dich der Teufel!** *sl* go to hell!

Hol·land ['hɔlant] ‹-s› *n* Holland.

Hol·län·der[1] ['hɔlɛndɐ] ‹-s› *m (Käse)* Dutch cheese.

Hol·län·der[2] ‹-s, -› *m* Dutchman; **Hol·län·de·rin** *f* Dutchwoman; **hol·län·disch** *adj* Dutch.

Höl·le ['hœlə] ‹-› *f* hell; ► **fahr** (*od* **scher dich) zur ~!** *sl* go to hell! **die ~ auf Erden haben** have a hellish time; **jdm die ~ heiß machen** *fam* give s.o. hell; **jdm das Leben zur ~ machen** *fam* make someone's life a hell; **Höl·len·lärm** ['--'-] *m fam* infernal noise; **Höl·len·stein** *m chem* lunar caustic, silver nitrate; **höl·lisch** *adj* **1.** *(aus od von der Hölle)* infernal; **2.** *fam (sehr, riesig)* hellish; ► **~ aufpassen** keep one's eyes skinned; **e-e ~e Angst haben** *fam* be scared stiff; **~ weh tun** *fam* hurt like hell; **~ schwer** *fam* hellish(ly) difficult.

Ho·lo·caust ‹-s› *m* holocaust.

Ho·lo·gramm [holo'gram] ‹-(e)s, -e› *n opt TV* holograph; **Ho·lo·gra·phie** *f opt TV* holography.

hol·pern ['hɔlpɐn] ‹sein› *itr (von Wagen etc)* bump, jolt; **holp·rig** ['hɔlprɪç] *adj* **1.** *(Weg)* bumpy; **2.** *fig (Stil)* clumsy.

Ho·lun·der [ho'lʊndɐ] ‹-s, -› *m bot* elder.

Holz [hɔlts, *pl* 'hœltsɐ] ‹-es, ⁼er› *n* wood; *(Bau~)* *Br* timber, *Am* lumber; ► **aus ~** made of wood; **aus demselben ~ geschnitzt sein** *fig* be cast in the same mo(u)ld; **aus hartem ~ geschnitzt sein** *fig* be made of stern stuff; **holz·ar·tig** *adj* woodlike, woody; **Holz·be·ar·bei·tung** *f* woodworking.

höl·zern ['hœltsɐn] *adj a. fig* wooden.

Holz·fäl·ler *m* lumberjack, woodcutter; **Holz·fa·ser** *f Br* wood fibre (*Am* fiber); **holz·frei** *adj (Papier)* wood-free; **Holz·hacker (k·k)** *m* woodchopper; **Holz·ham·mer** *m* mallet; ► **jdm etw mit dem ~ beibringen** *fig fam* hammer s.th. into s.o.; **Holz·ham·mer·me·tho·de** *f fig fam* sledgehammer method; **Holz·han·del** *m Br* timber (*Am* lumber) trade.

hol·zig ['hɔltsɪç] *adj* **1.** *(holzartig)* woody; **2.** *(bei Rettich, Spargel etc)* stringy.

Holz·klotz *m* block of wood; **Holz·koh·le** *f* charcoal; **Holz·la·ger** *n Br* timberyard, *Am* lumberyard; **Holz·schnitt** *m* wood engraving; **Holz·schnit·zer(in)** *m (f)* wood carver; **Holz·schuh** *m (hölzerner Schuh)* wooden shoe; *(Pantine)* clog, sabot; **Holz·schutz·mit·tel** *n* wood preservative; **Holz·stich** *m* wood engraving; **Holz·stoß** *m* woodpile; **Holz·weg** *m fig fam:* ► **auf dem ~ sein** be on the wrong track; **Holz·wol·le** *f Br* woodwool, *Am* excelsior; **Holz·wurm** *m zoo* woodworm.

Home·trai·ner *m sport* home exercise machine.

Ho·mo ['ho:mo] ‹(-s), -s› *m fam* queer.

ho·mo·gen [homo'ge:n] *adj* homogeneous; **ho·mo·ge·ni·sie·ren** *tr* homogenize; **Ho·mo·ge·ni·tät** *f* homogeneity.

Ho·möo·pa·thie [homøopa'ti:] *f med* hom(o)eopathy; **ho·möo·pa·thisch** *adj* hom(o)eopathic.

Ho·mo·se·xua·li·tät [-zɛksuali'tɛ:t] *f* homosexuality; **ho·mo·se·xu·ell** *adj* homosexual, *fam* gay; **Ho·mo·se·xu·el·le(r)** *f m* homosexual, *fam* gay.

Ho·nig ['ho:nɪç] ‹-s› *m* honey; **Ho·nig·bie·ne** *f* honey-bee.

Ho·nig·ku·chen·pferd *n fig fam:* ► **wie ein ~ grinsen** grin like a Cheshire cat.

Ho·nig·me·lo·ne *f* honeydew melon; **ho·nig·süß** ['--'-] *adj* **1.** as sweet as honey; **2.** *fig* honeyed; **Ho·nig·wa·be** *f* honeycomb.

Ho·no·rar [hono'ra:ɐ] ‹-s, -e› *n* fee; *(für Autor)* royalty.

Ho·no·ra·tio·ren [honora'tsjo:rən] *pl* dignitaries.

ho·no·rie·ren *tr* **1.** *com* remunerate; *(Wechsel, Scheck)* honour; **2.** *fig* reward.

Hop·fen ['hɔpfən] ‹-s, -› *m bot* hop; *(Brau~)* hops *pl;* ▶ **an ihm ist ~ u. Malz verloren** *fig fam* he's a dead loss.

hopp·hopp ['-'-] **I** *interj* **~!** (be) quick! **II** *adv fam:* ▶ **alles muß ~ gehen** everything has to be done double-quick; **hopp·la** ['hɔpla] *interj:* **~!** (wh)oops! ▶ **~, jetzt komm' ich!** look out, here I come!

Hops [hɔps] ‹-es, -e› *m fam* hop; **hops**[1] *interj:* ▶ **~ war er weg** with a jump he was gone; **hops**[2] *adj pred fam:* ▶ **~ gehen** *(verlorengehen)* get lost; *(kaputtgehen)* get broken; *sl (sterben)* kick the bucket; **hop·sen** ‹sein› *itr fam* hop, skip.

Hör·ap·pa·rat *m tech med* hearing aid; **hör·bar** *adj* audible; **Hör·bril·le** *f* earglasses *pl.*

hor·chen ['hɔrçən] *itr* **1.** *(hören)* listen (*auf* to); **2.** *(an der Tür etc)* eavesdrop; ▶ **horch!** listen! hark!; **Hor·cher(in)** *m (f) (an der Tür)* eavesdropper; **Horch·po·sten** *m mil* listening post.

Hor·de ['hɔrdə] ‹-, -n› *f a. fig* horde.

hö·ren ['hø:rən] *tr itr* **1.** *allg* hear; *(hin~, lauschen)* listen (*auf* to); *(Vorlesung)* go to; **2.** *(erfahren)* hear (*von* about, of); **3.** *(gehorchen)* obey; ▶ **Radio ~** listen to the radio; **etw im Radio ~** hear s.th. on the radio; **~ Sie mich?** *radio* are you receiving me? **mit meinem Radio kann ich Radio Peking ~** I can get Radio Peking with my radio; **auf jdn ~** listen to s.o.; **auf den Namen Bello ~** *(meist von Tieren)* answer to the name of Bello ...; **hört! hört!** *interj (bei Zustimmung)* hear! hear! *(bei Mißfallen)* listen to that! **er will auch gehört werden** he wants to be heard too; **soviel man hört** from what one hears; **nichts ~ wollen von etw** not want to know anything about s.th.; **gut ~** hear well; **schwer** (*od* **schlecht**) **~** be hard of hearing; **das läßt sich ~** *fig* that doesn't sound bad; **von sich ~ lassen** keep in touch (*jdm gegenüber* with s.o.); **ihr verging H~ u. Sehen** *fam* she didn't know whether she was coming or going; **Sie werden noch von mir ~!** *fam (als Drohung)* you'll be hearing from me!

Hö·ren·sa·gen *n* hearsay; ▶ **vom ~** by (*od* from) hearsay.

Hö·rer[1]**(in)** *m (f)* **1.** *radio* listener; **2.** *(Student)* student.

Hö·rer[2] *m* **1.** *tele* receiver; **2.** *(Kopf~)* headphone; ▶ **den ~ abnehmen (auflegen)** *tele* lift (put down) the receiver, (hang up); **Hö·rer·schaft** *f* **1.** *radio* listeners *pl;* **2.** *(Studenten)* (number of) students *pl;* **Hör·feh·ler** *m med* hearing defect; **Hör·ge·rät** *n* hearing aid.

hö·rig *adj* enslaved; sexually dependent (*jdm* on s.o.); ▶ **sie ist ihm völlig ~** she is in complete bondage to him; **Hö·rig·keit** *f (Sklaverei)* bondage; *(geschlechtlich)* sexual dependence.

Ho·ri·zont [hori'tsɔnt] ‹-(e)s, -e› *m a. fig* horizon; ▶ **am ~** on the horizon; **das geht über meinen ~** that's beyond me; **ho·ri·zon·tal** *adj* horizontal; ▶ **das ~e Gewerbe** *fam hum* the oldest profession in the world; **Ho·ri·zon·ta·le** ‹-, -n› *f math* horizontal (line); ▶ **sich in die ~ begeben** *hum (ins Bett gehen)* hit the sack.

Hor·mon [hɔr'mo:n] ‹-s, -e› *n med chem* hormone.

Hör·mu·schel *f tele* earpiece.

Horn [hɔrn, *pl* 'hœrnɐ] ‹-(e)s, ¨-er› *n* **1.** horn; **2.** *(Fühler)* feeler; **3.** *mus (Instrument)* horn; *mil mus* bugle; *mot (Hupe)* horn; ▶ **jdm ¨~er aufsetzen** *fig fam* cuckold s.o.; **in das gleiche ~ stoßen** *fig* chime in; **den Stier bei den ¨~ern fassen** *fig* take the bull by the horns; **sich die ¨~er abstoßen** *fig* sow one's wild oats; **Horn·bril·le** *f* horn-rimmed spectacles *pl.*

Hörn·chen ['hœrnçən] ‹-s, -› *n (Gebäck)* croissant, French roll.

Hör·nerv *m anat* auditory nerve.

Horn·ge·stell *n (Brille)* tortoiseshell frame; **Horn·haut** *f* **1.** horn skin; **2.** *(im Auge)* cornea.

Hor·nis·se [hɔr'nɪsə] ‹-, -n› *f zoo* hornet.

Horn·och·se *m fig fam (als Schimpfwort)* blockhead; **Horn·vieh** *n* **1.** *(Vieh mit Hörnern)* horned cattle; **2.** *fig fam (Dummkopf)* blockhead.

Ho·ro·skop [horo'sko:p] ‹-s, -e› *n* horoscope; ▶ **jdm das ~ stellen** cast someone's horoscope.

Hör·rohr *n* ear-trumpet; *med* stethoscope.

Hor·ror·sze·ne *f* scene of horror, horrific scene; **Hor·ror·trip** *m fam* horror trip.

Hör·saal *m* lecture room; **Hör·spiel** *n radio* radio play.

Horst [hɔrst] ‹-(e)s, -e› *m* **1.** *(Nest)* nest; *(Adler~)* eyrie; **2.** *fig aero (Flieger~)* airbase.

Hör·sturz *m med (plötzlicher Hörverlust)* hearing loss.

Hort [hɔrt] ‹-(e)s, -e› *m* **1.** *(Schatz)* hoard, treasure; **2.** *(Zufluchtsort)* refuge; **3.** *(Kinder~)* day nursery for children of school age; ▶ **ein ~ der Freiheit** a stronghold of liberty; **hor·ten** *tr* hoard.

Hör·ver·mö·gen *n* (capacity of) hearing; **Hör·wei·te** *f* hearing range; ▶ **in ~** within hearing (*od* earshot); **außer ~** out of hearing.

Ho·se ['ho:zə] ‹-, -n› *f (lang) Br* trousers, *Am* pants *pl; (kurz)* shorts *pl; (Unter~)* (under)pants *pl;* ▶ **e-e ~** a pair of *Br* trousers (*Am* pants); **die ~n anhaben** *fig fam* wear the trousers (*od* pants); **das Herz rutschte ihm in die ~** *fig fam* his heart was in his mouth *sing;* **die ~n voll haben** *fam (in die ~ gemacht haben)* have made a mess in one's pants; *fig fam (sehr ängstlich sein)* be wetting o.s.; **in die ~ gehen** *fig sl* be a complete flop; **tote ~ sein** *fam (langweilig)* be a drag; *(erfolglos)* be a dead loss; **Hös·chen·win·del** *f* disposable nappy; **Ho·sen·an·zug** *m Br* trouser suit, *Am* pantsuit; **Ho·sen·auf·schlag** *m Br* turn-up, *Am* cuff; **Ho·sen·bein** *n* trouser leg; **Ho·sen·bund** *m* waistband; **Ho·sen·klam·mer** *f (für Radfahrer)* trouser clip; **Ho·sen·rock** *m* culottes *pl,* pantskirt; **Ho·sen·schei·ßer** *m* **1.** *fam (Dreikäsehoch)* mucky pup; **2.** *sl (Feigling)* chicken; **Ho·sen·schlitz** *m* fly; **Ho·sen·ta·sche** *f* trousers pocket; **Ho·sen·trä·ger** *m (pl) Br* braces, *Am* suspenders *pl.*

Hos·pi·tal [hɔspi'ta:l, *pl* hɔspi'tɛ:lɐ] ‹-s, -e/¨er› *n* hospital, infirmary.

Hos·pi·ta·tion *f päd* sitting in on lectures (*od* classes).

Ho·stie ['hɔstiə] ‹-, -n› *f eccl* host.

Ho·tel [ho'tɛl] ‹-s, -s› *n* hotel; **Ho·tel·boy** *m* bellboy; **Ho·tel·ge·wer·be** *n* hotel business; **Ho·te·lier** [hotə'lie:] ‹-s, -s› *m* hotelkeeper, hotelier; **Ho·tel·ver·zeich·nis** *n* hotel register.

hott [hɔt] *interj* gee up! *(nach rechts)* gee!

hü [hy:] *interj (beim Antreiben der Pferde)* gee up! *(nach links)* wo hi! ▶ **einmal ~, einmal hott** *fam* always chopping and changing.

Hub·raum *m mot* cubic capacity.

hübsch [hʏpʃ] *adj* **1.** *(gutaussehend)* pretty; *(nett)* nice; **2.** *fam (ironisch)* fine, nice, pretty; **3.** *fam (beträchtlich)* pretty, tidy; **4.** *fam (als adv: ziemlich)* pretty; **Ihr zwei H~en** *fam* the two of you; **e-e ~e Summe Geld** a tidy sum of money; **sei ~ artig!** be a good boy (*od* girl)! **ganz ~!** rather pretty! **das wirst du ~ bleiben lassen!** *fam* you're not going to do anything of the kind! **da hast du dir etw H~es eingebrockt!** *fam* now you've got yourself into a fine (*od* pretty) mess!

Hub·schrau·ber *m* helicopter; **Hub·schrau·ber·lan·de·platz** *m* heliport.

Hucke (k·k) ['hʊkə] *f fam:* ▶ **die ~ vollkriegen** get a thrashing; **hucke·pack (k·k)** ['hʊkəpak] *adv* pick-a-back; ▶ **jdn ~ tragen** carry s.o. pick-a-back; **Hucke·pack·ver·fah·ren (k·k)** *n aero rail* piggy-back system.

Huf [hu:f] ‹-(e)s, -e› *m* hoof; **Huf·ei·sen** *n* horseshoe; **huf·ei·sen·för·mig** *adj* horseshoe-shaped; **Huf·ei·sen·mag·net** *m* horseshoe magnet; **Huf·na·gel** *m* horseshoe-nail; **Huf·schmied** *m* farrier.

Hüft·bein *n* hip-bone; **Hüf·te** ['hʏftə] ‹-, -n› *f* hip; **Hüft·hal·ter** *m* (panty-) girdle, suspender belt.

Hü·gel ['hy:gəl] ‹-s, -› *m* hill; *(kleiner)* hillock; **hü·ge·lig** *adj* hilly.

Huhn [hu:n, *pl* 'hy:nər] ‹-(e)s, ¨er› *n* **1.** *allg* fowl; **2.** *(Henne)* hen; **3.** *(Federvieh)* poultry; ▶ **mit den ¨~ern aufstehen** *fam* get up with the lark; **da lachen ja die ¨~er!** *fig fam* it's enough to make a cat laugh! **ein verrücktes ~** *fig fam* a queer fish; **dummes ~!** *fig fam* silly goose!

Hühn·chen ['hy:nçən] ‹-s, -› *n* chicken; *(Brat~)* (roast) chicken; ▶ **mit jdm ein ~ zu rupfen haben** *fig fam* have a bone to pick with s.o.

Hüh·ner·au·ge *n med* corn; **Hüh·ner·brü·he** *f* chicken broth; **Hüh·ner·ei** *n* hen's egg; **Hüh·ner·farm** *f* chicken farm; **Hüh·ner·fut·ter** *n* chicken feed; **Hüh·ner·stall** *m* chicken-coop, hen-house; **Hüh·ner·stan·ge** *f* perch, roost; **Hüh·ner·sup·pe** *f* chicken soup; **Hüh·ner·zucht** *f* chicken farming.

Huld [hʊlt] ‹-› *f obs (Güte)* grace; *(Gunst)* favour; **hul·di·gen** ['hʊldɪgən] *itr* **1.** *(e-n Menschen ehren)* do (*od* pay) homage (*jdm* to s.o.); **2.** *(e-m Laster)* indulge (*e-r Sache* in s.th.); **Hul·di·gung** *f* homage.

Hül·le ['hʏlə] ‹-, -n› *f* **1.** *allg* cover; **2.** *(Brief~, Ballon~)* envelope; *(Schallplatten~)* sleeve; ▶ **in ~ u. Fülle** in abundance; **die sterbliche ~** *(gehoben)* the mortal frame (*od* shell); **die ~n fallen lassen** strip off; **... in ~ u. Fülle** ... galore; **hül·len** *tr (einwickeln)* wrap; *(bedecken)* cover; ▶ **in Dunkel gehüllt** shrouded in darkness; **sich (über etw) in Schweigen ~** remain silent (on s.th.); **hül·len·los** *adj (nackt)* unclothed.

Hül·se ['hʏlzə] ‹-, -n› *f* **1.** *(Schale)* hull, husk; *(Schote)* pod; **2.** *tech* case, shell; *(von Geschoß)* case; *(Kapsel)* capsule; **Hül·sen·frucht** *f bot* legume(n).

hu·man [hu'ma:n] *adj* **1.** humane; **2.** *(verständnisvoll)* considerate (*gegenüber* to(wards)); **Hu·man·ge·ne·ti·ker(in)** *m (f)* human geneticist; **Hu·ma·nis·mus** *m* humanism; **hu·ma·ni-**

tär *adj* humanitarian; **Hu·ma·ni·tät** *f* humaneness.

Hum·mel ['hʊməl] ‹-, -n› *f zoo* bumblebee.

Hum·mer ['hʊmɐ] ‹-s, -› *m zoo* lobster.

Hu·mor [hu'mo:ɐ] ‹-s› *m* (sense of) humour; ► **etw mit ~ (auf)nehmen** take s.th. in good humour; **(Sinn für) ~ haben** have a sense of humour; **so langsam verliere ich den ~** it's getting beyond a joke; **hu·mo·ri·stisch** *adj* humorous; **hu·mor·los** *adj* humourless; **hu·mor·voll** *adj* humorous.

hum·peln ['hʊmpəln] ‹h *od* sein› *itr* **1.** hobble; **2.** *fam (hinken)* limp.

Hum·pen ['hʊmpən] ‹-s, -› *m* tankard.

Hu·mus ['hu:mʊs] ‹-› *m* humus.

Hund [hʊnt] ‹-(e)s, -e› *m* **1.** *zoo* dog; *(Jagd~)* hound; **2.** *fig sl (als Schimpfwort)* bastard, swine; ► **armer ~** *fig* poor devil; **da wird ja der ~ in der Pfanne verrückt!** *fig fam* that's really enough to drive you round the bend! **auf den ~ kommen** *fam* go to the dogs *pl;* **da liegt der ~ begraben** *fam* that's why! there's the rub! **er ist vor die ~e gegangen** *sl (heruntergekommen)* he's gone to the dogs; *sl (krepiert)* he kicked the bucket; **wie ~ u. Katze leben** lead a cat-and-dog life; **das ist ein dicker ~!** *sl* that's a bit much! **er ist bekannt wie ein bunter ~** *fam* he's well-known by sight; **damit kann man keinen ~ hinterm Ofen hervorlocken** *fam* that won't tempt anybody; **Hun·de·hüt·te** *f a. fig fam* (dog-)kennel; **Hun·de·käl·te** ['--'--] *f fam* freezing cold; **Hun·de·ku·chen** *m* dog biscuit; **Hun·de·le·ben** *n fig fam* dog's life; **Hun·de·lei·ne** *f* dog leash; **hun·de·mü·de** ['--'--] *adj* dog-tired.

hun·dert ['hʊndɐt] *num* a (*od* one) hundred; **Hun·dert**[1] ‹-› *f (Zahl)* hundred; **Hun·dert**[2] ‹-s, -e› *n* hundred; ► **zu ~en** by the hundred, in hundreds; **fünf von~** five per cent; **Hun·der·ter** *m* **1.** *math* hundred; **2.** *fin fam (Geldschein)* hundred-pound (*od* -dollar *etc*) note.

hun·der·ter·lei *adj* a hundred and one; **hun·dert·fach I** *adj* hundredfold; **II** *adv* a hundred times; **Hun·dert·jahr·fei·er** *f Br* centenary, *Am* centennial; **hun·dert·jäh·rig** *adj* **1.** *attr (hundert Jahre alt)* (one-)hundred-year-old; *pred* a hundred years old; **2.** *(hundert Jahre lang)* of a hundred years; **hun·dert·pro·zen·tig** *adj* a hundred per cent; **hun·dert·ste** *adj* hundredth; **Hun·dert·stel** ‹-s, -› *n* hundredth.

Hun·de·steu·er *f* dog tax.

Hün·din ['hʏndɪn] *f zoo* bitch; **hün·disch** *adj* **1.** *(hundeartig)* doglike; **2.** *fig attr (kriecherisch)* fawning; *pred* sycophantic.

Hü·ne ['hy:nə] ‹-n, -n› *m (Riese)* giant; **hü·nen·haft** *adj* gigantic.

Hun·ger ['hʊŋɐ] ‹-s› *m* **1.** *allg a. fig* hunger (*nach* for); **2.** *fig (Verlangen, Sehnsucht)* craving, yearning (*nach* for); ► **~ haben** be hungry; **auf etw ~ haben** feel like s.th.; **~ leiden** go hungry, starve; **s-n ~ stillen** satisfy one's hunger; **ich sterbe vor ~** *fam* I'm starving; **Hun·ger·kur** *f* starvation diet; **Hun·ger·land** *n* famine-stricken country; **Hun·ger·lohn** *m pej* starvation (*od* rotten) wages *pl,* pittance; ► **für e-n ~ arbeiten** work for a mere pittance.

hun·gern ['hʊŋɐn] **I** *itr* **1.** *(Hunger leiden)* go hungry, starve; **2.** *(fasten)* go without food; **3.** *fig (verlangen)* hunger (*nach* for); **II** *refl:* ► **sich zu Tode ~** starve o.s. to death.

Hun·gers·not *f* famine; **Hun·ger·streik** *m* hunger strike; **Hun·ger·tuch** *n fig:* ► **am ~ nagen** *fam* be on the breadline.

hung·rig ['hʊŋrɪç] *adj a. fig* hungry (*nach* for).

Hu·pe ['hu:pə] ‹-, -n› *f mot* horn; **hu·pen** *itr* hoot, sound one's horn.

hüp·fen ['hʏpfən] ‹sein› *itr* hop; *(springen)* jump, skip; *(Ball)* bounce; ► **vor Freude ~** jump for joy.

Hür·de ['hʏrdə] ‹-, -n› *f* **1.** *sport a. fig* hurdle; **2.** *(Schaf~)* fold, pen; *(Pferde~)* corral; **Hür·den·lauf** *m sport* hurdling.

Hu·re ['hu:rə] ‹-, -n› *f pej* whore; **Hu·ren·sohn** *m vulg Br* bastard, *Am* son of a bitch.

hur·ra [hʊ'ra:] *interj* hurray, hurrah; **Hur·ra** ‹-s, -s› *n* cheer; ► **ein dreifaches ~** three cheers; **Hur·ra·pa·trio·tis·mus** *m pej obs* jingoism.

husch [hʊʃ] *interj* come on! quickly now! **hu·schen** ['hʊʃən] ‹sein› *itr* dart, flash.

hü·steln ['hy:stəln] *itr* cough slightly.

Hu·sten ['hu:stən] ‹-s› *m* cough; ► **~ haben** have a cough; **hu·sten** *tr itr* cough; ► **dem werd' ich was ~!** *fam* I'll tell him where he can get off! **Hu·sten·an·fall** *m* fit of coughing; **Hu·sten·bon·bon** *m* od *n* cough drop; **Hu·sten·mit·tel** *n* cough medicine; **Hu·sten·reiz** *m* irritation of the throat; **Hu·sten·saft** *m* cough mixture.

Hut[1] [hu:t] ‹-› *f:* ► **auf der ~ sein** be on one's guard (*vor* against).

Hut[2] [hu:t, *pl* 'hy:tə] ‹-(e)s, ¨-e› *m* hat; *(von Pilz)* cap; ► **~ ab!** *interj* hat(s) off! *fig (vor jds Leistung etc)* I take my hat off to you (him, that *etc*); **den ~ abnehmen** take off one's hat (*a. fig* **Vor jdm** to s.o.); **das kannst du dir an den ~ stecken!** *fig fam* you can keep it! **mir geht der ~ hoch** *fig fam* I blow my top; **unter e-n ~ bringen** *fig (widerstreitende Meinungen etc)* reconcile (conflicting opinions *etc*); **das ist ein alter ~** *fig fam* that's old hat; **Hut·ab·la·ge** *f* hat shelf.

hü·ten ['hy:tən] **I** *tr* **1.** look after, tend; **2.** *(Geheimnisse)* keep; ▶ **das Bett ~** stay in bed; **seine Zunge ~** *fig* guard one's tongue; **II** *refl* be on one's guard (*vor* against); ▶ **sich hüten, etw zu tun** take care not to do s.th.; **ich werde mich ~!** I'll do nothing of the kind! **Hü·ter(in)** *m (f)* guardian; *(Aufseher)* custodian; *(Wärter)* keeper.

Hut·ge·schäft *n* hatter's (shop); *(für Damenhüte)* milliner's (shop); **Hut·krem·pe** *f* brim (of a hat); **Hut·schnur** *f:* ▶ **das geht mir über die ~** *fig fam* that's going too far.

Hüt·te ['hʏtə] ‹-, -n› *f* **1.** *allg* hut; *(kleines Häuschen, auch Landhaus)* cottage; *(Holz~, Block~)* cabin; *(Hunde~)* kennel; **2.** *tech (Eisen~)* iron and steel works *pl* **Hüt·ten·schuh** *m* slipper-sock.

Hyä·ne [hy'ɛ:nə] ‹-, -n› *f zoo* hyena.

Hya·zin·the [hya'tsɪntə] ‹-, -n› *f bot* hyacinth.

Hy·drant [hy'drant] ‹-en, -en› *m* hydrant.

Hy·drau·lik [hy'draʊlɪk] *f tech* hydraulics *pl; (~anlage)* hydraulic system; **hy·drau·lisch** *adj* hydraulic.

hy·drie·ren [hy'dri:rən] *tr chem* hydrogenate.

Hy·dro·dy·na·mik ['hydrody'na:mɪk] *f tech* hydrodynamics *pl.*

Hy·dro·kul·tur *f bot* hydroponics *sing.*

Hy·dro·the·ra·pie *f med* hydrotherapy.

Hy·gie·ne [hy'gje:nə] ‹-› *f* hygiene; **Hy·gie·ne·pa·pier** *n* toilet tissue; **hy·gie·nisch** *adj* hygienic.

Hym·ne ['hʏmnə] ‹-, -n› *f allg* hymn.

Hy·per·bel [hy'pɛrbəl] ‹-, -n› *f* **1.** *math* hyperbola; **2.** *(als rhetorischer Begriff)* hyperbole.

Hyp·no·se [hʏp'no:zə] ‹-, -n› *f* hypnosis; ▶ **in** (*od* **unter**) **~** under hypnosis; **Hyp·no·ti·seur(in)** *m (f)* hypnotist; **hyp·no·ti·sie·ren** [hʏpnoti'zi:rən] *tr* hypnotize.

Hy·po·te·nu·se [hypote'nu:zə] ‹-, -n› *f math* hypotenuse.

Hy·po·thek [hypo'te:k] ‹-, -en› *f* **1.** *fin* mortgage; **2.** *fig (Belastung)* burden; ▶ **e-e ~ abtragen** (*od* **abzahlen**) pay off a mortgage; **e-e ~ aufnehmen** raise a mortgage; **etw mit e-r ~ belasten** mortgage s.th.; **Hy·po·the·ken·brief** *m fin* mortgage *Br* deed (*Am* note); **hy·po·the·ken·frei** *adj fin* unmortgaged; **Hy·po·the·ken·gläu·bi·ger** *m fin* mortgagee; **Hy·po·the·ken·pfand·brief** *m fin* mortgage bond.

Hy·po·the·se [hypo'te:zə] ‹-, -n› *f* hypothesis; **hy·po·the·tisch** *adj* hypothetical.

Hy·ste·rie [hʏste'ri:] *f* hysteria; **hy·ste·risch** [hʏs'te:rɪʃ] *adj* hysteric; ▶ **e-n ~en Anfall bekommen** go into hysterics.

I

I, i [iː] ‹-, -› *n* I, i; **I** *n* ▶ **das Tüpfelchen auf dem ~** *fig* the final touch; **i!** [iː] *interj fam* ugh! **~ wo!** not a bit of it! **~gitt ~gitt!** ugh!

IC ‹-, -s› *m rail Abk von* **Intercity(-Zug)** intercity; **IC-Be·treu·er(in)** *m (f)* intercity steward (stewardess).

ICE ‹-, -s› *m Abk von* **Intercity Express** intercity express train.

Ich ‹-(s), -(s)› *n* self; *psych* ego; ▶ **das eigene ~** one's (own) self (*od* ego); **das eigene ~ verleugnen** deny the self; **mein zweites ~** my alter ego; **ich** [ɪç] *prn 1. pers sing* I; **~ nicht!** not I! *fam* not me! **~ selbst** I myself; **~ bin es** it is I; *fam* it is me; **~ Armer!** poor me! **immer ~!** it's always me! **~ Idiot!** what an idiot I am!

IC-Zu·schlag *m* intercity supplement.

Ide·al [ideˈaːl] ‹-s, -e› ideal; **ide·al** *adj* ideal; **idea·li·sie·ren** [idealiˈziːrən] *tr* idealize; **Idea·lis·mus** ‹-› *m* idealism; **Idea·list** ‹-en, -en› *m* idealist.

idea·li·stisch *adj* idealistic.

Idee [iˈdeː] ‹-, -n› *f (Einfall)* idea (*zu* for); ▶ **du kommst wirklich manchmal auf seltsame ~n!** you do have some strange ideas! **das ist e-e fixe ~ von ihr** it's an obsession with her; **wie kommst du denn auf die ~?** whatever gave you that idea? **e-e ~ zu kurz** *fam* a trifle too short; **auf die ~ kommen, etw zu tun** have the idea of doing s.th.; **ide·en·reich** *adj* **1.** *(einfallsreich)* full of ideas; **2.** *(reich an Vorstellungskraft)* imaginative.

Iden·ti·fi·ka·tions·fi·gur *f* role model; **iden·ti·fi·zie·ren** [idɛntifiˈtsiːrən] *tr refl* identify (*mit* with); **Iden·ti·fi·zie·rung** *f* identification.

iden·tisch *adj* identical (*mit* with).

Iden·ti·tät *f* identity; **Iden·ti·täts·kri·se** *f psych* identity crisis.

Ideo·lo·gie [ideoloˈgiː] *f* ideology; **ideo·lo·gisch** *adj* ideological.

Idiom *n ling* idiom; **idio·ma·tisch** [idioˈmaːtɪʃ] *adj* idiomatic.

Idi·ot [iˈdjoːt] ‹-en, -en› *m a. pej* idiot; **Idio·tie** [idioˈtiː] *f* idiocy; **idio·tisch** *adj* idiotic.

Idol [iˈdoːl] ‹-s, -e› *n* idol.

Idyl·l(e) [iˈdʏl] ‹-s, -e (-, -n)› *n (f)* idyll; **idyl·lisch** *adj* idyllic.

Igel [ˈiːgəl] ‹-s, -› *m zoo* hedgehog.

Igno·rant(in) [ɪgnoˈrant] ‹-en, -en› *m (f)* ignoramus; **Igno·ranz** *f* ignorance; **igno·rie·ren** *tr* ignore.

ihm [iːm] *prn 3. pers sing dat m n (für Person)* (to) him; *(für Sache)* (to) it.

ihn [iːn] *prn 3. pers sing acc m (für Person)* him; *(für Sache)* it.

Ih·nen *prn 2. pers sing u. pl dat (Anrede)* (to) you.

ih·nen [ˈiːnən] *prn 3. pers pl dat* (to) them; ▶ **ein Freund von ~** a friend of theirs.

Ihr *prn sing u. pl (Anrede)* your; ▶ **~ ...** *(Briefschluß)* yours, ...; **meine Anschauungen u. ~e** my opinions and yours; **ist das ~es?** is this yours?

ihr [iːɐ] **I** *prn* **1.** *3. pers sing dat f (für Person)* (to) her; *(für Sache)* (to) it; **2.** *2. pers pl nom* you; **II** *possessivum* **1.** *sing f (von Person)* her; *(von Sache)* its; **2.** *pl* their; ▶ **meine u. ~e Anschauungen** my opinions and *sing f* hers (*pl* theirs); **ist das ~(e)s?** is this hers (*pl* theirs)?

Ih·rer *prn 2. pers gen sing u. pl (Anrede)* of you; ▶ **wir werden ~ gedenken** we will remember you.

ih·rer [ˈiːrɐ] *prn 3. pers gen* **1.** *sing f (für Person)* of her; *(für Sache)* of it; **2.** *pl* of them; ▶ **wir werden ~ gedenken** we will remember *sing f* her (*pl* them).

Ih·rer·seits *adv (Anrede) sing u. pl* for your part; *(von Ihrer Seite)* on your part.

ih·rer·seits *adv* **1.** *f sing* for her part; *(von ihrer Seite)* on her part; **2.** *pl* for their part; *(von ihrer Seite)* on their part.

Ih·res·glei·chen *prn (unveränderlich: Anrede) sing u. pl* people like you.

ih·res·glei·chen [ˈ-ˈ--] *prn (unveränderlich)* **1.** *f sing (von e-r Person)* people like her; *(von e-r Sache)* similar ones; **2.** *pl (von Personen)* people like them; *(von Sachen)* similar ones.

Ih·ret·hal·ben (Ih·ret·we·gen, Ih·ret·wil·len) *adv (Anrede) sing u. pl* because of you; *(Ihnen zuliebe)* for your sake.

ih·ret·hal·ben (ih·ret·we·gen, ih·ret·wil·len) *adv* **1.** *f sing (bei Person)* because of her; *(ihr zuliebe)* for her sake; *(bei Sache)* because of it; **2.** *pl* because of them; *(ihnen zuliebe)* for their sake.

il·le·gal [ˈɪlegaːl] *adj* illegal; **Il·le·ga·li·tät** *f* illegality.

il·le·gi·tim [ˈɪlegitiːm] *adj* illegitimate.

Il·lu·mi·na·tion [ɪluminaˈtsjoːn] *f (gehoben)* illumination; **il·lu·mi·nie·ren**

tr a. fig illuminate; ► **eine nicht sehr ~de Bemerkung** not a very enlightening comment.
Il·lu·sion [ɪlu'zjo:n] *f* illusion; ► **sich ~en machen** have illusions.
il·lu·so·risch *adj* illusory.
Il·lu·stra·tion [ɪlʊstra'tsjo:n] *f* illustration; **il·lu·strie·ren** *tr* illustrate (*jdm etw* s.th. for s.o.); **Il·lu·strier·te** ⟨-n, -n⟩ *f* magazine, *fam* mag.
Il·tis ['ɪltɪs] ⟨-ses, -se⟩ *m zoo* polecat.
im [ɪm] (*meist:* in dem) in the ...
Image ['ɪmɪt] ⟨-(s), -s⟩ *n* image; **Image·ver·lust** *m* damage to one's image.
ima·gi·när [imagi'nɛ:ɐ] *adj* imaginary.
Im·biß ['ɪmbɪs] ⟨-sses, -sse⟩ *m* snack; *(Imbißstube)* snack bar; **Im·biß·stu·be** *f* snack bar; *(Cafeteria)* cafeteria.
Imi·ta·tion [imita'tsjo:n] *f* imitation; **imi·tie·ren** *tr* imitate.
Im·ker ['ɪmkɐ] ⟨-s, -⟩ *m* beekeeper.
Im·ma·tri·ku·la·tion [ɪmatrikula'tsjo:n] *f* matriculation; **im·ma·tri·ku·lie·ren** *tr refl* register (*an* at).
im·mer ['ɪmɐ] *adv* **1.** *(häufig, ständig)* always, all the time; **2.** ► **~ mehr** more and more; **3.** *fam (jeweils)* at a time; ► **~ wieder** time (*od* again) and again; **für ~** for ever; **wie ~** as usual; **schon ~** always; **~ noch** still; **~ noch nicht** still not (yet); **~ größer** bigger and bigger; **~ diese Gören!** *fam pej* these wretched brats! **~ geradeaus!** keep straight ahead! **~ weiter, ~ zu!** keep on! **~ ruhig Blut!** *fam* don't get excited! **~ schön langsam!** *fam* take your time! **~ drei auf einmal** three at a time; **was auch ~** what(so)ever; **wer auch ~** who(so)ever; **wie auch ~** how(so)ever; **wo auch ~** where(so)ever.
Im·mer·grün ⟨-(s), ⟩ *n bot* periwinkle.
im·mer·grün *adj* evergreen.
im·mer·hin ['--'-] *adv* **1.** *(wenigstens)* at least; **2.** *(schließlich)* after all.
im·mer·zu ['--'-] *adv* all the time.
Im·mis·sio·nen [ɪmɪ'sjo:nən] *f pl (Gase, Stäube)* airborne substances; **Im·mis·sions·scha·den** *m* pollution damage; **Im·mis·sions·schutz** *m* pollution protection; **Im·mis·sions·schutz·ge·biet** *n* air pollution control area; **Im·mis·sions·schutz·ge·setz** *n* air pollution laws *pl.*
Im·mo·bi·lien [ɪmo'bi:liən] *f pl* real estate *sing;* **Im·mo·bi·lien·mak·ler(in)** *m (f) Br* (real) estate agent, *Am* realtor.
im·mun [ɪ'mu:n] *adj* immune (*gegen* to); ► **dagegen bin ich ~** *fig fam* that doesn't bother me; **Im·mun·ab·wehr** *f med* immune defense; **im·mu·ni·sie·ren** [ɪmuni'zi:rən] *tr* immunize (*gegen* against); **Im·mu·ni·sie·rung** *f* immunization (*gegen* against); **Im·mu·ni·tät** *f med pol* immunity (*gegen* to); **Im·mu·no·lo·ge (Im·mu·no·lo·gin)** *m (f)* immunologist; **im·mu·no·lo·gisch** *adj* immunological; **Im·mun·schwä·che** *f med* immunodeficiency; **Im·mun·schwä·che·krank·heit** *f* immunodeficiency syndrome; **Im·mun·sy·stem** *n* immune system.
Im·pe·ra·tiv ['ɪmperati:f] ⟨-s, -e⟩ *m gram a. philos* imperative.
Im·per·fekt ['ɪmpɛrfɛkt] ⟨-s, -e⟩ *n gram* imperfect (*od* past) tense.
Im·pe·ria·lis·mus [ɪmperia'lɪsmʊs] *m pol* imperialism; **im·pe·ria·li·stisch** *adj pol* imperialistic.
imp·fen ['ɪmpfən] *tr* inoculate, vaccinate (*gegen* against).
Impf·schein *m* certificate of vaccination; **Impf·stoff** *m* vaccine; **Imp·fung** *f* inoculation, vaccination; **Impf·zwang** *m* compulsory vaccination.
im·po·nie·ren [ɪmpo'ni:rən] *itr* impress (*jdm* s.o.); **im·po·nie·rend** *adj* impressive; **Im·po·nier·ge·ha·be** *n* **1.** *zoo* display behaviour; **2.** *fig pej* exhibitionism.
Im·port [ɪm'pɔrt] ⟨-(e)s, -e⟩ *m* import(s); **Im·por·teur** ⟨-s, -e⟩ *m* importer; **im·por·tie·ren** *tr* import.
im·po·sant [ɪmpo'zant] *adj* imposing.
im·po·tent ['ɪmpotɛnt] *adj a. fig* impotent. **Im·po·tenz** ⟨-⟩ *f a. fig* impotence.
im·prä·gnie·ren [ɪmprɛ'gni:rən] *tr* **1.** *(gegen Zerfall etc schützen)* impregnate; **2.** *(Stoffe wasserdicht machen)* waterproof.
Im·pres·sio·nis·mus *m* impressionism; **im·pres·sio·ni·stisch** *adj* impressionistic.
im·pro·vi·sie·ren [ɪmprovi'zi:rən] *tr itr allg* improvise; *mus* extemporize; *fam (Rede)* ad-lib.
Im·puls [ɪm'pʊls] ⟨-es, -e⟩ *m* impulse; ► **aus e-m ~ heraus** on impulse.
im·pul·siv [ɪmpʊl'zi:f] *adj* impulsive.
im·stan·de [ɪm'ʃtandə] *adv* **1.** *(fähig)* ► **~ sein** be able (*etw zu tun* to do s.th.), be capable (*zu etw* of s.th.); **2.** *(in der Lage)* be in a position (*etw zu tun* to do s.th.); ► **er ist ~ und vergißt es** I wouldn't put it past him to forget it.
in [ɪn] **I** *prp* **1.** *(räumlich)* in; *(bei kleineren Ortschaften)* at; *(hinein ~)* into; *(zu, nach)* to; **2.** *(zeitlich)* in; *(bis)* into; *(innerhalb)* within; ► **sind Sie schon einmal ~ London gewesen?** have you ever been to London? **im ersten Stock** on the first floor; **die Kinder sind ~ der Schule** the children are at school; **~ die Schule gehen** go to school; **komm, wir gehen ~s Kino!** let's go to the movies! **komm, wir gehen ~s Haus!** let's go into the house! **im vorigen Jahr** last year; **bis ~s 19. Jahrhundert (hinein)** into the 19th century; **~ der Nacht** at night; **bis ~ die späte Nacht** far into the night; **~ tiefster Nacht** at dead of night; **im**

Alter von ... at the age of ...; **dieser Whisk(e)y hat's aber ~ sich!** *fam* that's quite a whisk(e)y, isn't it? **~ Englisch ist er ziemlich schwach** he's rather weak at English; **II** *adj fam:* ▶ **~ sein** be in.

in·ak·tiv ['ɪnakti:f] *adj* inactive.

In·an·spruch·nah·me [-'----] ‹-, -n› *f* **1.** *(Beanspruchung)* demands (*od* claims) *pl* (*jds* on s.o.); **2.** *(Benutzung von Einrichtungen etc)* utilization.

In·be·griff ['ɪnbəgrɪf] ‹-(e)s› *m* **1.** *(eigentliches Wesen)* epitome; **2.** *(Verkörperung)* embodiment, perfect example.

in·be·grif·fen *adj* included.

In·be·trieb·nah·me [--'---] ‹-, -n› *f* **1.** *(von Bauwerk)* inauguration; **2.** *tech (von Maschinen)* putting into operation.

In·brunst ['ɪnbrʊnst] ‹-› *f* ardour, fervour; **in·brün·stig** ['ɪnbrʏnstɪç] *adj* ardent, fervent.

in·dem [ɪn'de:m] *conj* **1.** *(während)* while, whilst; *(in dem Augenblick)* as; **2.** *(dadurch, daß: mit gerund)* by.

In·der(in) ['ɪndɐ] ‹-s, -› *m (f)* Indian.

in·des(·sen) [ɪn'dɛs(ən)] **I** *adv* **1.** *(zeitlich)* meanwhile, (in the) meantime; **2.** *(jedoch)* however; **II** *conj* **1.** *(zeitlich)* while; **2.** *(jedoch)* however; **3.** *(hingegen, andererseits)* whereas.

In·dex ['ɪndɛks, *pl* 'ɪnditse:s] ‹-(es), -e/ indizes› *m* index (*pl* indexes, indices).

In·di·aner(in) [ɪndi'a:nɐ] ‹-s, -› *m (f)* (Red) Indian.

In·di·en ['ɪndiən] ‹-s› *n* India.

in·dif·fe·rent ['ɪndɪferɛnt/---'-] *adj* **1.** *(gehoben: gleichgültig)* indifferent (*gegenüber* to); **2.** *chem pys* inert.

In·di·ka·tiv ['ɪndikati:f] ‹-s, -e› *m gram* indicative.

in·di·rekt ['ɪndirɛkt] *adj* indirect; ▶ **~e Rede** *gram* indirect speech.

in·disch ['ɪndɪʃ] *adj* Indian; ▶ **I~er Ozean** Arabian Sea.

in·dis·kret ['ɪndɪskre:t] *adj* indiscreet.

In·dis·kre·tion *f* indiscretion.

In·di·vi·dua·lis·mus ‹-› *m* individualismus; **In·di·vi·dua·list(in)** [ɪndividua'lɪst] *m (f)* individualist; **in·di·vi·dua·li·stisch** *adj* individualistic; **In·di·vi·dua·li·tät** *f* **1.** *(eigene Persönlichkeit)* individuality; **2.** *(Charakterzug)* individual characteristic; **In·di·vi·du·al·ver·kehr** *m* private transport; **in·di·vi·du·ell** *adj* individual; ▶ **~e Note** personal note; **~ verschieden sein** differ from person to person (*od* from case to case).

In·di·vi·du·um [ɪndi'vi:duʊm] ‹-s, -duen› *n* individual.

In·diz [ɪn'di:ts] ‹-es, -ien› *n* **1.** *jur (Beweismittel)* piece of circumstantial evidence; **2.** *(Hinweis)* indication (*für* of); **In·di·zi·en·be·weis** *m jur* circumstantial evidence.

In·do·chi·na [ɪndo'çi:na] *n* Indochina.

in·do·ger·ma·nisch ['---'--] *adj* Indo-European.

In·do·ne·si·en [ɪndo'ne:ziən] *n* Indonesia; **in·do·ne·sisch** *adj* Indonesian.

In·dos·sa·ment *n com fin* endorsement; **in·dos·sie·ren** [ɪndɔ'si:rən] *tr com fin* endorse.

In·duk·ti·on [ɪndʊk'tsjo:n] *f phys* induction.

in·du·stria·li·sie·ren [ɪndʊstriali'zi:rən] *tr* industrialize; **In·du·stria·li·sie·rung** *f* industrialization.

In·du·strie [ɪndʊs'tri:] *f* industry; **In·du·strie- u. Han·dels·kam·mer** (*Abk* **IHK**) *f* chamber of industry and commerce; **In·du·strie·ab·was·ser** *n* industrial waste water; **In·du·strie·be·trieb** *m* industrial plant; **In·du·strie·er·zeug·nis** *n* industrial product; **In·du·strie·ge·biet** *n* industrial area; **In·du·strie·ge·werk·schaft** *f* industrial (trade) union; **In·du·strie·land** *n* industrialized country; **In·du·strie·land·schaft** *n* industrial landscape; **in·du·stri·ell** [ɪndʊstri'ɛl] *adj* industrial; **In·du·stri·el·le(r)** [ɪndʊstri'ɛlə] ‹-n, -n› *f m* industrialist; **In·du·strie·mes·se** *f* industries fair; **In·du·strie·müll** *m* industrial waste; **In·du·strie·staat** *m* industrial country (*od* nation); **In·du·strie·stadt** *f* industrial town; **In·du·strie·zen·trum** *n* industrial centre; **In·du·strie·zweig** *m* branch of industry.

in·ein·an·der [ɪnaɪ'nandɐ] *adv* in(to) one another, in(to) each other; **in·ein·an·der|grei·fen** *irr itr* **1.** *tech* mesh (with each other); **2.** *fig (sich überschneiden)* overlap; **in·ein·an·der|schie·ben** *irr tr refl* telescope.

in·fam [ɪn'fa:m] *adj* infamous.

In·fan·te·rie ['ɪnfantri/--'-] *f mil* infantry; **In·fan·te·rist** ‹-en, -en› *m mil* infantryman.

in·fan·til [ɪnfan'ti:l] *adj* infantile.

In·fek·tion [ɪnfɛk'tsjo:n] *f med* infection; **In·fek·tions·herd** *m* focus of infection; **In·fek·tions·krank·heit** *f* infectious disease.

in·fil·trie·ren [ɪnfɪl'tri:rən] *tr* infiltrate.

In·fi·ni·tiv ['ɪnfiniti:f] ‹-s, -e› *m gram* infinitive.

in·fi·zie·ren [ɪnfi'tsi:rən] **I** *tr* infect; **II** *refl* be infected (*bei* by).

In·fla·ti·on [ɪnfla'tsjo:n] *f fin* inflation; **In·fla·tions·ra·te** *f fin* rate of inflation; **in·fla·to·risch** *adj fin* inflationary.

In·fo ‹-, -s› *f fam* info.

in·fol·ge [ɪn'fɔlgə] *prp* as a result of, owing to; **in·fol·ge·des·sen** [---'--] *adv* as a result (of that), because of that, consequently.

In·for·ma·tik [ɪnfɔrma'tik] *f* information (*od* computer) science; **In·for·ma·ti·ker(in)** *m (f)* information (*od* computer) scientist.

In·for·ma·tion [ɪnfɔrma'tsjo:n] *f* information (*über* on, about); **in·for·ma·tio·nell** *adj* informational; **In·for·ma·tions·dienst** *m (in Zeitschriftenform)* news letter; **In·for·ma·tions·fluß** *m* flow of information; **In·for·ma·tions·ge·sell·schaft** *f* information society; **In·for·ma·tions·stand** *m* information stand; **In·for·ma·tions·tech·no·lo·gie** *f* information technology; **In·for·ma·tions·vor·sprung** *m:* ▶ **einen ~ haben** be better informed; **in·for·ma·tiv** [---'-] *adj* informative; **in·for·mie·ren I** *tr* inform (*über, von* about, of); **II** *refl* inform o.s. (*über* about).

in·fra·rot [ɪnfra'ro:t] *adj phys* infra-red; **In·fra·rot·schein·wer·fer** *m* black-out service headlight; **In·fra·schall** *m* infrasound; **In·fra·struk·tur** ['----] ⟨-⟩ *f* infrastructure; **In·fra·struk·tur·maß·nah·me** ['---'----] *f* provision of infrastructure.

In·ge·nieur(in) *m (f)* engineer; **In·ge·nieur·bü·ro** *n* engineering office.

Ing·wer ['ɪŋvɐ] ⟨-s⟩ *m* ginger.

In·ha·ber(in) ['ɪnha:bɐ] *m (f)* **1.** *(Geschäfts~, Firmen~)* owner; *(Besitzer)* proprietor (proprietress); **2.** *(von Konto, Rekord, Patent etc)* holder; *(von Wertpapier, Urkunde)* bearer.

in·haf·tie·ren [ɪnhaf'ti:rən] *tr* take into custody.

In·ha·la·tion [ɪnhala'tsjo:n] *f* inhalation; **in·ha·lie·ren** *tr itr* inhale.

In·halt ['ɪnhalt] ⟨-(e)s, -e⟩ *m* **1.** *allg* contents *pl;* **2.** *fig (von Buch, Film etc)* content; *(Sinn, Bedeutung: des Lebens etc)* meaning; **3.** *math (Flächen~)* area; *(Raum~)* volume; **in·halt·lich** *adj* as regards content; **In·halts·an·ga·be** *f (Zus.fassung)* précis, summary; **in·halts·los** *adj* **1.** *(leer)* empty; **2.** *fig (bedeutungslos)* meaningless; **In·halts·ver·zeich·nis** *n* table of contents.

In·iti·ale [initsi'a:lə] ⟨-, -n⟩ *f* initial.

In·iti·al·zün·dung *f tech* booster detonation.

In·itia·tion [initsia'tsɪo:n] ⟨-, -en⟩ *f a. lit* initiation.

In·itia·ti·ve [initsia'ti:və] ⟨-, -n⟩ *f* initiative; ▶ **die ~ ergreifen** take the initiative; **aus eigener ~** on one's own initiative; **auf jds ~ hin** on someone's initiative.

In·jek·tion [ɪnjɛk'tsjo:n] *f* injection; **In·jek·tions·sprit·ze** *f* hypodermic (syringe).

in·ji·zie·ren [ɪnji'tsi:rən] *tr* inject (*jdm etw* s.o. with s.th.).

In·kas·so [ɪn'kaso] ⟨-s, -s/(-kassi)⟩ *n fin* collection; **In·kas·so·bü·ro** *n* debt-collecting agency.

in·klu·si·ve [ɪnklu'zi:və] **I** *prp* inclusive of; **II** *adv* inclusive.

in·kom·pe·tent ['ɪnkɔmpetɛnt] *adj* incompetent; inefficient; **In·kom·pe·tenz** ['ɪnkɔmpetɛnts] *f* inefficiency.

in·kon·se·quent ['ɪnkɔnzekvɛnt] *adj* inconsistent; **In·kon·se·quenz** *f* inconsistency.

In·kraft·tre·ten [-'---] ⟨-s⟩ *n* coming into force (*od* effect); ▶ **bei ~ von etw** when s.th. comes into force.

In·ku·ba·tions·zeit *f med* [ɪnkuba'--] incubation period.

In·land ['ɪnlant] ⟨-(e)s⟩ *n* **1.** *(das Landesinnere)* inland; **2.** *(im Gegensatz zum Ausland)* home; **in·län·disch** ['ɪnlɛndɪʃ] *adj* domestic, home *(nur attributiv); (von Ware)* home-made; **In·lands·flug** *m* internal flight.

In·lands·markt *m* home market.

in·mit·ten [ɪn'mɪtən] **I** *prp* in the midst of; **II** *adv:* ▶ **~ von ...** amongst ...

in·ne|ha·ben *irr tr* hold; **in·ne|hal·ten** *irr itr (aufhören)* pause, stop.

in·nen ['ɪnən] *adv* inside; *(im Haus)* indoors; *(auf Innenseite)* on the inside; ▶ **nach ~** inward(s); **von ~** from within; **~ u. außen** within and without.

In·nen·an·sicht *f* interior (view); **In·nen·an·ten·ne** *f* indoor aerial; **In·nen·ar·chi·tekt(in)** *m (f)* interior designer; **In·nen·auf·nah·me** *f phot* indoor photo(graph); *film* indoor shot; **In·nen·dienst** *m* office duty; ▶ **im ~ sein** work in the office; **In·nen·le·ben** *n fam* **1.** *(seelisch)* inner life; **2.** *(körperlich)* insides *pl;* **In·nen·mi·ni·ste·rium** *n Br* Home Office, *Am* Department of the Interior; *(bei anderen Ländern)* ministry of the interior; **In·nen·po·li·tik** *f* domestic policy; **in·nen·po·li·tisch** *adj* domestic, internal; **In·nen·raum** *m* interior; **In·nen·sei·te** *f* inside; **In·nen·spie·gel** *m mot* interior mirror; **In·nen·stadt** *f Br* centre (*Am* center) of town (*od, bei Großstadt* of the city); **In·nen·ver·klei·dung** *f mot* interior trim.

in·ner·be·trieb·lich *adj Br* internal, *Am* in-plant.

In·ne·re ['ɪnərə] ⟨-n⟩ *n* **1.** inside, interior; **2.** *fig (Herz)* heart; ▶ **Minister des ~n** *Br* Home Secretary, *Am* Secretary of the Interior; *(bei anderen Ländern)* minister of the interior; **ins ~ des Landes** into the heart of the country; **im tiefsten ~n** *fig* in one's heart of hearts.

in·ne·re *adj allg a. fig* inner; *(im Körper)* internal; ▶ **vor meinem ~n Auge** in my mind's eye; **~e Angelegenheit** *pol* internal affair; **I~e Mission** Home Mission; **~r Monolog** interior monolog(ue); **~e Werte** *pl* inner worth *sing.*

in·ner·halb ['ɪnɐhalp] **I** *prp* within; **II** *adv* inside.

in·ner·lich *adj* **1.** *(körperlich)* internal; **2.** *fig (nach innen)* inward; *(von innen heraus)* inner.

In·ner·lich·keit *f* inwardness.

In·ner·ste ‹-n› *n* **1.** *(innerstes Teil)* innermost part; **2.** (very) heart; ▶ **tief im ~n** in one's heart of hearts; **bis ins ~ getroffen** deeply hurt.

in·ne|woh·nen *itr (gehoben)* be inherent in ...

in·nig ['ɪnɪç] *adj* **1.** *(herzlich)* heartfelt, hearty; **2.** *(vertraut)* intimate; **3.** *(tief)* deep, profound; **In·nig·keit** *f* **1.** *(Wärme)* warmth; *(Aufrichtigkeit)* sincerity; *(Intensität)* intensity; **2.** *(Vertrautheit)* intimacy; **3.** *(Tiefe)* depth.

In·no·va·tion *f* innovation; **in·no·va·tiv** *adj* innovative; **in·no·va·to·risch** *adj* innovatory.

In·nung ['ɪnʊŋ] *f* guild.

in·of·fi·ziell ['ɪnɔfitsjɛl] *adj* unofficial.

ins [ɪns] (= in das) in(to) the.

In·sas·se (In·sas·sin) ['ɪnzasə] ‹-n, -n› *m (f) (e-r Anstalt)* inmate; *(Fahrgast)* passenger; **In·sas·sen·un·fall·ver·si·che·rung** *f mot* passenger cover.

ins·be·son·de·re [ɪnsbə'zɔndərə] *adv* (e)specially, in particular, particularly.

In·schrift *f* inscription; *(auf Münzen)* legend; *(auf Grabstein)* epitaph.

In·sekt [ɪn'zɛkt] ‹-(e)s, -en› *n* insect; **In·sek·ten·be·kämp·fungs·mit·tel** *n Br* insecticide, *Am* pesticide; **In·sek·ten·kun·de** *f* entomology; **In·sek·ten·pul·ver** *n* insect powder; **In·sek·ten·stich** *m* (insect) sting; **In·sek·ti·zid** [ɪnzɛkti'tsi:t] ‹-(e)s, -e› *n* (*s.* Insektenbekämpfungsmittel).

In·sel ['ɪnzəl] ‹-, -n› *f* island, isle; ▶ **künstliche ~** man-made island; **die Britischen ~n** the British Isles.

In·se·rat [ɪnze'ra:t] ‹-(e)s, -e› *n* advertisement, *fam Br* advert, *Am* ad; ▶ **ein ~ aufgeben** put an advertisement in a paper; **In·se·ra·ten·teil** *m* advertisement section, *fam Br* adverts, *Am* ads *pl.*

In·se·rent ‹-en, -en› *m* advertiser.

in·se·rie·ren *tr itr* advertise (*etw* s.th., *in* in).

ins·ge·heim ['--'-] *adv* secretly.

ins·ge·samt ['--'-] *adv* altogether; ▶ **... beläuft sich auf ~ 10 000 DM** ... amounts to a total of DM 10,000.

In·si·der(in) ['ɪnsaɪdɐ] ‹-s, -› *m (f)* insider.

in·so·fern (in·so·weit) [--'-/-'--] *conj* **1.** *(was dies betrifft)* in this respect; **2.** *(falls)* if; ▶ **~ ..., als ......** inasmuch as ...

In·spek·tion [ɪnʃpɛk'tsjo:n] *f* inspection; *mot* service; **In·spek·tions·rei·se** *f* tour of inspection.

In·spek·tor(in) *m (f)* inspector; *(Aufseher, Verwalter)* superintendent.

In·stal·la·teur(in) [ɪnʃtala'tø:ɐ] ‹-s, -e› *m (f) (Klempner)* plumber; *(Monteur)* fitter; *(für Gas)* gas-fitter; **In·stal·la·tion** *f* installation.

in·stal·lie·ren *tr a. fig* install.

in·stand [ɪn'ʃtant] *adj: etw ~ halten (in Ordnung)* maintain s.th.; *(funktionsfähig)* keep s.th. in working order; **etw ~ setzen** *(funktionstüchtig machen)* get s.th. into working order; *(reparieren)* repair s.th.; **in·stand|be·set·zen** *tr:* ▶ **ein Haus ~** squat in a house (and do it up).

in·stän·dig ['ɪnʃtɛndɪç] *adj* urgent; ▶ **~ bitten** beseech, implore; **~ hoffen** hope fervently.

In·stand·set·zung [-'---] *f (Überholung)* overhaul; *(Reparatur)* repair.

In·stanz [ɪn'stan(t)s] ‹-, -en› *f* **1.** *jur* court; **2.** *jur (Stadium der Revision)* instance; **3.** *(Behörde)* authority; ▶ **in erster ~** *jur* in the first instance; **höhere ~** *jur* appellate court; *(höhere Verwaltungsbehörde)* higher authority; **in letzter ~** *jur* in the last instance, without further appeal; **von e-r ~ zur nächsten gehen** *jur* go through all the courts *pl; (von Behörde zu Behörde)* go from one department to the next; **In·stan·zen·weg** *m* **1.** *(bei Behörden)* official channels *pl;* **2.** *jur* stages of appeal *pl;* ▶ **auf dem ~** through the official channels; *jur* through the various stages of appeal.

In·stinkt [ɪn'stɪŋkt] ‹-(e)s, -e› *m* instinct; ▶ **aus ~** by instinct; **in·stink·tiv** [ɪnstɪŋ'ti:f] *adj* instinctive; ▶ **~ handeln** act on (*od* by *od* from) instinct.

In·sti·tut [ɪnsti'tu:t] ‹-(e)s, -e› *n* **1.** institute; **2.** *jur* institution.

In·sti·tu·tion *f* institution.

in·stru·ie·ren [ɪnstru'i:rən] *tr* instruct.

In·struk·tion [ɪnstrʊk'tsjo:n] *f* instruction.

In·stru·ment [ɪnstru'mɛnt] *n* **1.** *allg* instrument; **2.** *tech (Werkzeug)* implement, tool; **In·stru·men·tal·stück** *n mus* instrumental piece.

In·su·la·ner(in) [ɪnzu'la:nɐ] *m (f)* islander.

In·su·lin ‹-s› *n* insulin.

in·sze·nie·ren [ɪnstse'ni:rən] *tr* **1.** *theat* put on the stage; **2.** *film (produzieren)* produce; *(Regie führen)* direct; **3.** *fig (Streit, Skandal etc)* stage.

In·sze·nie·rung *f* production.

in·takt [ɪn'takt] *adj* intact.

In·tar·sie [ɪn'tarziə] *f* inlay, marquetry.

In·te·gral [ɪnte'gra:l] ‹-s, -e› *n math* integral; **In·te·gral·helm** *m* full-face helmet; **In·te·gral·rech·nung** *f math* integral calculus.

In·te·gra·tion *f* integration; **In·te·gra·tions·fi·gur** *f* unifying figure; **in·te-**

gra·tiv *adj (Erziehung, Zusammenarbeit etc)* integrated; **in·te·grie·ren** *tr a. math* integrate; ▶ **ein integrierter Bestandteil** an integral part; **integrierte Gesamtschule** comprehensive (school); **integrierte Schaltung** *el* integrated circuit; **In·te·grie·rung** *f* integration.

In·tel·lekt [ɪntɛˈlɛkt] ⟨-(e)s⟩ *m* intellect.

in·tel·lek·tu·ell [ɪntɛlɛktuˈɛl] *adj* intellectual; **In·tel·lek·tu·el·le(r)** *f m* intellectual, *fam* highbrow.

in·tel·li·gent [ɪntɛliˈgɛnt] *adj* intelligent; **In·tel·li·genz** ⟨-, -en⟩ *f* **1.** *(Denkfähigkeit)* intelligence; **2.** *(als Kollektivbezeichnung für Intellektuelle)* intelligentsia; **In·tel·li·genz·quo·tient** *m* intelligence quotient.

In·ten·dant(in) [ɪntɛnˈdant] ⟨-en, -en⟩ *m (f) theat* director, manager.

In·ten·si·tät [ɪntɛnziˈtɛ:t] *f* intensity.

in·ten·siv [ɪntɛnˈzi:f] *adj* **1.** *(Gefühl, Blick, Farbe)* intense; **2.** *(Arbeit)* intensive; **In·ten·siv·be·hand·lung** *f med* intensive care; **in·ten·si·vie·ren** *tr* intensify; **In·ten·siv·kurs** *m päd* intensive course; **In·ten·siv·sta·tion** *f med* intensive care unit.

in·ter·ak·tiv *adj allg a. EDV* interactive.

In·ter·ci·ty ⟨-s, -s⟩ *m* (*s.* IC).

in·ter·es·sant [ɪnt(ə)rɛˈsant] *adj* interesting; ▶ **er will sich doch nur ~ machen** he just wants to attract everybody's attention; **das ist für uns nicht mehr ~** we are no more interested in it.

In·ter·es·se [ɪnˈtrɛsə] ⟨-s, -n⟩ *n* interest (*für, an* in); ▶ **~ haben an ...** be interested in ...; **es liegt in meinem ureigenen ~** it is in my very own interest; **aus ~** for interest; **für jdn nicht von ~ sein** be of no interest to s.o.; **jds ~n vertreten** (*od* **wahrnehmen)** look after someone's interests; **von allgemeinem ~** of general interest; **im öffentlichen ~** in the public interest; **Fragen von öffentlichem ~** questions of public interest; **in·ter·es·se·hal·ber** *adv* for interest; **in·ter·es·se·los** *adj* indifferent; **In·ter·es·sen·ge·mein·schaft** *f* **1.** *(Interessengleichheit)* community of interests; **2.** *(Personengruppe)* group of people sharing interests; *com* syndicate; **In·ter·es·sen·kon·flikt** conflict of interests; **In·ter·es·sent(in)** *m (f)* interested person (*od* party).

in·ter·es·sie·ren I *tr* interest (*für, an* in); **II** *refl* be interested (*für* in).

In·ter·face [ˈɪntəfeɪs] ⟨-, -s⟩ *n EDV (Schnittstelle)* interface.

In·ter·mez·zo [ɪnteˈmɛtso] ⟨-s, -s/ ...zzi⟩ *n* **1.** *mus* intermezzo; **2.** *fig (Zwischenspiel)* interlude.

in·tern [ɪnˈtɛrn] *adj* internal.

In·ter·nat ⟨-(e)s, -e⟩ *n* boarding school.

in·ter·na·tio·nal [ˈɪntɐnatsioˈna:l] *adj* international; ▶ **~er Währungsfonds** (*Abk* IWF) International Monetary Fund (*Abk* IMF).

in·ter·nie·ren [ɪnteˈni:rən] ⟨ohne ge-⟩ *tr* intern; **In·ter·nier·te(r)** *f m* internee; **In·ter·nie·rung** *f* internment.

in·ter·po·lie·ren [ɪntɐpoˈli:rən] *tr math* interpolate.

In·ter·pre·ta·tion [ɪntɐpretaˈtsjo:n] *f* interpretation; **in·ter·pre·tie·ren** *tr* interpret; ▶ **etw falsch ~** misinterpret s.th; **In·ter·pret(in)** *m (f)* interpreter.

In·ter·punk·tion *f* punctuation; **In·ter·punk·tions·zei·chen** *n* punctuation mark.

In·ter·rail-Kar·te *f* inter-rail ticket.

In·ter·vall [ɪnteˈval] ⟨-s, -e⟩ *n a. mus* interval; **In·ter·vall·schal·tung** *f el* interval switch.

in·ter·ve·nie·ren [-veˈni:rən] *itr* intervene (*bei jdm* with s.o., *bei etw* in s.th.).

In·ter·ven·tion [ɪntevɛnˈtsjo:n] ⟨-, -en⟩ *f mil pol* intervention (*bei* with, *für* for).

In·ter·view [ɪnteˈvju:/ˈɪntevju] ⟨-s, -s⟩ *n* interview.

in·ter·view·en [ɪnteˈvju:ən] ⟨ohne ge-⟩ *tr* interview (*jdn zu od über etw* s.o. on *od* about s.th.).

in·tim [ɪnˈti:m] *adj* intimate (*mit* with); ▶ **mit jdm ~ werden** become intimate with s.o.; **ein ~er Kenner von etw sein** have an intimate knowledge of s.th.; **in ~em Kreise** with one's most intimate friends; **In·tim·be·reich** *m* privacy; **In·ti·mi·tät** *f* intimacy (*mit* with); **In·tim·part·ner(in)** *m (f)* sexual partner; **In·tim·spray** *n* intimate deodorant.

in·to·le·rant [ˈ----] *adj* intolerant (*gegenüber jdm* toward(s) s.o., *gegenüber e-r Sache* of s.th.); **In·to·le·ranz** *f* intolerance.

in·tran·si·tiv [ˈ----] *adj gram* intransitive.

in·tri·gant [ɪntriˈgant] *adj (gehoben)* plotting, scheming.

In·tri·gant(in) ⟨-en, -en⟩ *m (f)* intriguer, plotter, schemer.

In·tri·ge [ɪnˈtri:gə] ⟨-, -n⟩ *f* intrigue.

in·tri·gie·ren *itr* intrigue, plot, scheme.

in·tro·ver·tiert [ˈɪntrovɛrti:ɐt] *adj* introverted.

In·va·li·de [ɪnvaˈli:də] ⟨-n, -n⟩ *m* invalid; ▶ **~ sein** be disabled (*od* invalid); **In·va·li·di·tät** *f* disability.

In·va·sion [ɪnvaˈzjo:n] *f mil, a. fig* invasion.

In·ven·tar [ɪnvɛnˈta:ɐ] ⟨-s, -e⟩ *n com* **1.** *(Warenliste)* inventory; **2.** *(Einrichtung)* fittings *pl;* ▶ **lebendes ~** livestock; **totes ~** fixtures and fittings *pl;* **das ~ aufnehmen** do the inventory; **er gehört schon zum ~** *fig fam* he's part of the furniture.

In·ven·tur *f com Br* stocktaking, *Am* inventory; ▶ **~ machen** *Br* stocktake,

Am make an inventory.
In·ver·sions·wet·ter·la·ge *f mete weather situation comprising temperature inversion.*
in·ve·stie·ren [ɪnvɛsˈti:rən] *tr itr com fin a. fig* invest (*in* in); **In·ve·sti·ti·on** *f com fin* investment; **In·ve·sti·tions·gut** *n meist pl fin com* item of capital expenditure.
In-vi·tro-Fer·ti·li·sa·tion *f med* in vitro fertilization.
in·wen·dig [ˈɪnvɛndɪç] *adj* inside; ▶ **in- u. auswendig** inside out.
in·wie·fern (in·wie·weit) [--ˈ-/-ˈ--] *adv* (in) how far; *(als Frage)* in what way?
In·zucht ‹-› *f* inbreeding.
in·zwi·schen [-ˈ--] *adv* (in the) meantime, meanwhile.
Ion [io:n] ‹-s, -en› *n chem phys* ion.
Irak [iˈra:k] ‹-s› *m:* ▶ **der ~** Iraq; **Ira·ker(in)** *m (f)* Iraqi.
Iran [iˈra:n] ‹-s› *m:* ▶ **der ~** Iran; **Ira·ner(in)** *m (f)* Iranian.
ir·den [ˈɪrdən] *adj* earthen; ▶ **~es Geschirr** earthenware.
ir·disch *adj* earthly, terrestrial; ▶ **der Weg alles I~en** the way of all flesh.
Ire [ˈi:rə] ‹-n, -n› *m* Irishman.
ir·gend [ˈɪrgənt] *adv* **1.** *(überhaupt)* at all; **2.** *:* ▶ **~ jemand** somebody; *(in vernein., frag. od beding. Sätzen)* anybody; **~ etw** s.th.; *(in vernein., frag. od beding. Sätzen)* anything; **wo es ~ geht** where it's at all possible; **ich bin nicht ~ jemand** I'm not just anybody; **ir·gend·ein** *prn* some; *(in vern. frag. od beding. Sätzen)* any; **ir·gend·eine(r, s)** *prn f (m, n) (substantivisch)* **1.** *(bei Personen)* s.o., somebody; *(in vernein., frag. od beding. Sätzen)* anyone, anybody; **2.** *(bei Sachen)* s.th.; *(in vernein., frag. od beding. Sätzen)* anything.
ir·gend·wann *adv* sometime; *(fragend od bedingend)* ever.
ir·gend·wie *adv* somehow (or other); ▶ **das habe ich ~ schon einmal gesehen** I've got a feeling I've seen it before.
ir·gend·wo *adv* somewhere; *(fragend, vern. od beding.)* anywhere; **ir·gend·wo·her** *adv* from somewhere; *(fragend, vern. od beding.)* from anywhere.
ir·gend·wo·hin *adv* somewhere; *(fragend, vern. od beding.)* anywhere.
Irin [ˈi:rɪn] *f* Irishwoman; **irisch** *adj* Irish; **Ir·land** [ˈɪrlant] ‹-s› *n* Ireland; *(auf gälisch)* Eire.
Iro·nie [iroˈni:] *f* irony.
iro·nisch *adj* ironic(al).
ir·ra·tio·nal [ˈ----] *adj a. math* irrational.
irr(e) [ˈɪr(ə)] **I** *adj* **1.** *(verrückt)* crazy, insane, mad; **2.** *fam (wild)* wild; ▶ **wie ~** *fig fam* like crazy; **du machst mich noch ganz ~!** you're going to drive me mad! **~er Typ** *sl* groover; **das ist ja echt ~e!** *sl* that's really mind-bending! **II** *adv* **1.** *(verrückt)* in a mad way; **2.** *sl (sehr)* incredibly; ▶ **~ gut** *sl* way-out.
Ir·re[1] ‹-n, -n› *m f med fam pej* lunatic.
Ir·re[2] ‹-› *f:* ▶ **jdn in die ~ führen** *a. fig* lead s.o. astray.
ir·re·al [ˈ---] *adj* unreal.
ir·re|füh·ren *tr* **1.** *(falschen Weg zeigen)* mislead; **2.** *(täuschen)* deceive; ▶ **sich durch jdn ~ lassen** let s.o. mislead (*od* deceive) one.
ir·re·füh·rend *adj* misleading.
ir·re·le·vant [ˈ----] *adj* irrelevant (*für* for *od* to).
ir·re|ma·chen *irr tr* confuse.
ir·ren [ˈɪrən] **I** *itr* **1.** ‹sein› *(herum~)* roam, wander; **2.** ‹h› *(sich täuschen)* be mistaken; **II** *refl* ‹h› be mistaken (*in jdm* in s.o., *in etw* about s.th.); ▶ **ich habe mich in der Nummer geirrt** I made a mistake about the number; **Sie haben sich um drei Mark geirrt** You've made a mistake of three marks; **I~ ist menschlich** *prov* to err is human; **jeder kann sich mal ~** anyone can make a mistake.
Ir·ren·an·stalt (Ir·ren·haus) *f (n) fam pej* lunatic asylum, *fam* loony-bin; **hier geht's ja zu wie im Irrenhaus!** *fam* this place is an absolute madhouse! **reif fürs Irrenhaus sein** *fam* have gone loony.
Ir·ren·arzt *m fam pej* shrink.
Irr·fahrt *f* odyssey, wandering.
Irr·gar·ten *m* maze.
ir·rig *adj* erroneous; ▶ **in der ~en Annahme** under the wrong assumption.
ir·ri·tie·ren [ɪriˈti:rən] *tr* **1.** *(ärgern)* irritate; **2.** *(verwirren)* confuse.
Irr·läu·fer *m* **1.** *(Brief)* misdirected letter; **2.** *mil* stray bullet.
Irr·licht ‹-(e)s, -er› *n a. fig* jack-o'-lantern, will-o'-the-wisp.
Irr·sinn ‹-(e)s› *m* insanity, madness; ▶ **das ist doch ~!** *fig fam* that's sheer madness! **auf den ~ verfallen, etw zu tun** have the mad idea of doing s.th.
irr·sin·nig *adj* **1.** *(verrückt)* crazy, insane, mad; **2.** *fam (stark, klasse)* groovy, terrific.
Irr·tum *m (schuldhafter ~)* error; *(Fehler, Versehen)* mistake; **~!** that's where you're wrong! ▶ **sehr im ~ sein** be greatly mistaken; **im ~ sein, sich im ~ befinden** be in error; **~ vorbehalten!** *com* errors excepted! **e-n ~ zugeben** admit an error (*od* a mistake); **da muß ein ~ vorliegen** there must be some mistake; **~, mein Lieber!** you're wrong there, my dear boy!
irr·tüm·lich [ˈɪrty:mlɪç] **I** *adj* erroneous, mistaken; **II** *adv* erroneously; *(aus Versehen)* by mistake.
ISBN ‹-› *f Abk von* **Internationale Standardbuchnummer** ISBN.
Is·chi·as [ˈɪʃias] ‹-› *f med* sciatica.
Is·lam [ɪsˈla:m] ‹-s› *m rel* Islam; **is·la-**

misch *adj* Islamic; **Is·la·mi·sie·rung** *f pol rel* Islamization.

Is·land ['i:slant] ‹-s› *n* Iceland; **Is·län·der(in)** ['i:slɛndɐ] *m (f)* Icelander; **is·län·disch** *adj* Icelandic.

Iso·la·tion [izola'tsjo:n] *f* **1.** *allg a. med* isolation; *(von Häftlingen)* (solitary) confinement; **2.** *tech el* insulation; **Iso·la·tions·haft** *f* solitary confinement.

Iso·la·tor *m el* insulator.

Iso·lier·band *n el* insulating tape.

iso·lie·ren I *tr* **1.** *(absondern, a. med)* isolate; **2.** *el (a. Häuser, Fenster etc)* insulate; **II** *refl* isolate o.s. (from the world).

Iso·lier·kan·ne *f* Thermos flask, insulated flask; **Iso·lier·mas·se** *f* insulating compound; **Iso·lier·ma·te·rial** *n* insulating material.

Iso·mat·te *f Wz* karrimat, thermomat.

Iso·ther·me [izo'tɛrmə] ‹-, -n› *f* isotherm.

Iso·top [izo'to:p] ‹-s, -e› *n chem phys* isotope.

Is·ra·el ['ɪsraɛl] *n* Israel; **Is·ra·eli** [ɪsra'e:li] ‹-(s), -(s)› *m* Israeli; **is·ra·elisch** *adj* Israeli; **Is·ra·elit(in)** [ɪsrae'li:t] ‹-en, -en› *m (f) hist* Israelite; **is·ra·elitisch** *adj hist* Israelite.

Ist·be·stand ['ɪstbəʃtant] ‹-(e)s› *m com fin (an Geld)* cash in hand; *(an Waren)* actual stock.

Ita·li·en [i'ta:liən] *n* Italy; **Ita·lie·ner(in)** [ita'lje:nɐ] *m (f)* Italian; **ita·lie·nisch** *adj* Italian.

IWF *m Abk von* **Internationaler Währungsfonds** IMF.

J

J, j [jɔt] ‹-, -› *n* J, j.

ja [ja:] *adv* **1.** *(zustimmend)* yes, *fam* yeah; **2.** *(feststellend):* ► **~ doch** *od* **aber ~** yes, of course; **3.** *(Frage: wirklich?)* really? **4.** *(tatsächlich)* just; **5.** *(schließlich)* after all; **6.** *(sogar)* even; ► **~?** *(richtig?)* right? **zu etw ~ sagen** say yes to s.th.; **nun ~ ...** well ...; **sei ~ vorsichtig!** be careful! **tu es ~ nicht!** I warn you, don't do it! **das ist ~ schrecklich!** that's just terrible! **es schneit ~!** goodness, it's snowing! **es ist ~ nicht so schlimm** after all it's not that bad; **ich sehe Sie also morgen, ~?** I'll see you tomorrow, right (*od* OK)? **ich habe es Ihnen ~ gesagt!** I told you so! **es muß sich ~ e-s Tages bessern** don't worry, it'll have to improve one day; **~, was Sie nicht sagen!** you don't say! **sie ist ~ meine Schwester!** why, she is my sister! **ich komm' ~ schon!** all right, all right, I'm coming!

Jacht [jaxt] ‹-, -en› *f mar sport* yacht.

Jacke (k·k) ['jakə] ‹-, -n› *f* jacket; **das ist ~ wie Hose** *fig fam* that's six of one and half a dozen of the other; **die ~ voll kriegen** *fam* cop a packet; **Jackett (k·k)** [ʒa'kɛt] ‹-(e)s, -e/-s› *n Br* jacket, *Am* coat.

Jagd [ja:kt] ‹-, -en› *f* **1.** *(a. fig: Verfolgung)* hunt (*nach* for); *(das Jagen)* hunting; **2.** *fig* chase (*nach* after); ► **auf die ~ gehen** go hunting; **~ machen auf ...** *a. fig* hunt for ...; **die ~ aufs Geld** the pursuit of money; **Jagd·auf·se·her(in)** *m (f)* gamekeeper; **Jagd·beu·te** *f* bag; **Jagd·bom·ber** *m mil aero* fighter-bomber; **Jagd·flug·zeug** *n mil aero* fighter plane (*od* aircraft); **Jagd·ge·wehr** *n* hunting rifle; **Jagd·haus** *n* hunting lodge; **Jagd·hund** *m* hound; *(Vorstehhund)* pointer; **Jagd·re·vier** *n* shoot; **Jagd·schein** *m* hunting license.

ja·gen ['ja:gən] **I** *tr* **1.** *allg (a. Menschen)* hunt; **2.** *(verfolgen, hetzen)* chase; ► **sich e-e Kugel durch den Kopf ~** *fam* blow one's brains out; **jdn zum Teufel ~** *fig fam* send s.o. to the devil; **ein Unglück jagte das andere** one misfortune followed hard upon the other; **damit kann man mich ~** *fig fam* I wouldn't touch that (kind of) thing with a ten-foot pole; **II** *itr* **1.** *(auf die Jagd gehen)* go hunting; **2.** ‹sein› *fig (rasen)* race; ► **nach etw ~** *fig* chase after s.th.; **III** *refl:* ► **die Ereignisse ~ sich** things happen one after the other.

Jä·ger ['jɛ:gɐ] ‹-s, -› *m* **1.** hunter, huntsman; **2.** *mil* rifleman; **3.** *mil aero (Jagdflugzeug)* fighter (plane); **Jä·ge·rin** *f* huntress; **Jä·ger·zaun** *m* rustic fence.

Ja·gu·ar ['ja:gua:ɐ] ‹-s, -e› *m zoo* jaguar.

jäh [jɛ:] *adj* **1.** *(steil)* steep; **2.** *(plötzlich)* sudden; *(unvermittelt)* abrupt; **3.** *(überstürzt)* headlong, precipitous.

Jahr [ja:ɐ] ‹-(e)s, -e› *n* year; ► **ein halbes ~** six months; **alle ~e** every year; **alle fünf ~e** every five years; **~ für ~** year after year; **das ganze ~ hindurch** (*od* **über)** all the year round; **im ~e 1991** in (the year) 1991; **in den besten ~en** in the prime of one's life *sing;* **in den neunziger ~en** in the nineties; **im Alter von zehn ~en** at the age of ten; **mit den ~en** over the years; **übers ~** a year hence; **viele ~e lang** for many years; **pro ~** a year, per annum; **von ~ zu ~** from year to year; **vor e-m ~** a year ago.

jahr·aus [ja:ɐ'aʊs] *adv:* ► **~, jahrein** year in, year out.

Jahr·buch *n* **1.** *(statistisches ~ etc)* yearbook; **2.** *(Almanach)* almanac.

jah·re·lang I *adj attr* lasting for years; **II** *adv* for years.

jäh·ren ['jɛ:rən] *refl:* ► **es jährt sich heute (zum zehnten Mal), daß ...** it is a year (ten years) ago today that ...

Jah·res·abon·ne·ment *n* annual subscription; **Jah·res·ab·schluß** *m* **1.** end of the year; **2.** *com* annual statement of account; **Jah·res·an·fang** *m* beginning of a (*od* the) (new) year; **Jah·res·bei·trag** *m* annual subscription; **Jah·res·be·richt** *m* annual report; **Jah·res·durch·schnitt** *m* annual average; **Jah·res·ein·kom·men** *n* annual income; **Jah·res·frist** ‹-› *f* year's time; ► **binnen (***od* **noch vor) ~** within a year's time; **Jah·res·tag** *m* anniversary; **Jah·res·ur·laub** *m* annual vacation; **Jah·res·wech·sel (Jah·res·wen·de)** *m (f)* turn of the year; *(Neujahr)* New Year; **Jah·res·zahl** *f* date, year; **Jah·res·zeit** *f* season; **jah·res·zeit·lich** *adj* seasonal; ► **~e Schwankungen** seasonal variations (*od* fluctuations).

Jahr·gang *m* **1.** *(Altersklasse)* age-group; **2.** *(von Zeitschrift)* volume; **3.** *(von Wein)* vintage.

Jahr·hun·dert [-'--] ‹-s, -e› *n* century; **jahr·hun·der·te·lang I** *adj* lasting for centuries; **II** *adv* for centuries; **Jahr·hun·dert·wen·de** *f* turn of the century.

jähr·lich ['jɛ:ɐlɪç] **I** *adj* annual, yearly; **II** *adv* annually, every year, yearly; *com fin* per annum; ▶ **einmal** ~ once a year.

Jahr·markt *m* fair.

Jahr·tau·send [-'--] ‹-s, -e› *n* millenium.

Jahr·zehnt [ja:ɐ'tse:nt] ‹-(e)s, -e› *n* decade; **jahr·zehn·te·lang I** *adj* decades of ..., lasting for decades; **II** *adv* for decades.

Jäh·zorn ['jɛ:tsɔrn] *m* irascibility, violent temper; **jäh·zor·nig** *adj* irascible, violent-tempered.

Ja·lou·sie [ʒalu'zi:] *f Br* (Venetian) blind, *Am* window shades *pl.*

Jam·mer ['jamɐ] ‹-s› *m* **1.** *(Klage)* lamentation, wailing; **2.** *(Elend)* misery, wretchedness; ▶ **es ist ein** ~ it is awful; **ein Bild des ~s bieten** *fig* be the picture of misery; **jäm·mer·lich** ['jɛmɐlɪç] **I** *adj* **1.** *(elend, erbärmlich)* wretched; **2.** *(mitleiderregend)* pitiful; **3.** *(beklagenswert)* lamentable; **4.** *fam (schlecht, mies)* pathetic; **II** *adv fam (sehr)* terribly; **jam·mern** ['jamɐn] *itr* wail (*über* over, *um* for); **jam·mer·scha·de** ['--'--] *adj fam:* ▶ **es ist ~, daß ...** it's a crying shame that ...

Ja·nu·ar ['janua:ɐ] ‹-(s), -e› *m* January.

Ja·pan ['ja:pan] *n* Japan; **Ja·pa·ner(in)** [ja'pa:nɐ] *m (f)* Japanese; **ja·pa·nisch** *adj* Japanese.

Jar·gon [ʒar'gõ:] ‹-s, -s› jargon.

Jas·min [jas'mi:n] ‹-s, -e› *m bot* jasmine.

jä·ten ['jɛ:tən] *tr itr* weed.

Jau·che ['jaʊxə] ‹-, -n› *f* liquid manure; *(Abwasser)* sewage; **Jau·che·gru·be** *f* cesspool.

jauch·zen ['jaʊxtsən] *itr* exult, rejoice.

jau·len ['jaʊlən] *itr a. fig* howl.

Ja·wort *n* consent.

Jazz [dʒɛs/jats] ‹-› *m mus* jazz.

je[1] [je:] *interj:* ▶ ~ **nun ...** well now ...; **o ~!** oh dear!

je[2] **I** *prp (pro)* per; ▶ ~ **Kopf der Bevölkerung** per head of population; **II** *adv* **1.** *(~weils)* each, every; **2.** *(~mals)* ever; ▶ **für ~ zehn Wörter** for every ten words; **schlimmer denn** ~ worse than ever; **III** *conj:* ▶ ~ **eher, desto besser** the sooner the better; ~ **nachdem** that depends; ~ **nach ...** depending on ...

Jeans [dʒi:ns] *pl* jeans, denims; **Jeans·an·zug** *m* denim suit; **Jeans·rock** *m* denim skirt.

je·den·falls *adv* **1.** *(auf jeden Fall)* in any case; **2.** *(zumindest)* at least.

jede(r, s) ['je:də] **I** *prn (substantivisch)* **1.** *(~ einzelne, ~ für sich)* each; **2.** *(~ von allen)* everyone, everybody; **3.** *(~ beliebige)* anyone, anybody; **II** *adj* **1.** *(einzeln, für sich)* each; *(~ von zweien)* either; **2.** *(~ von allen)* every; **3.** *(~ beliebige)* any.

je·der·mann *prn* **1.** *(ein jeder)* everyone, everybody; **2.** *(jeder beliebige)* anyone, anybody.

je·der·zeit ['--'-] *adv* (at) any time.

je·des·mal *adv* each time, every time; ▶ **~, wenn ...** whenever ...

je·doch [je'dɔx] *adv conj* however.

Jeep [dʒi:p] ‹-s, -s› *m (Wz)* jeep.

je·her ['je:he:ɐ/'-'-] *adv:* ▶ **von** (*od* **seit**) ~ always.

je·mals ['je:ma:ls] *adv* ever.

je·mand ['je:mant] *prn* somebody, someone; *(in frag., vernein. od. bedingend. Sätzen)* anybody, anyone; ▶ **sonst ~, ~ anders** somebody (*od: irgend* ~ anybody) else.

je·ne(r, s) ['je:nə] *prn* **I** *f (m, n) (substantivisch)* that one; *pl* those ones; ▶ **bald dieser, bald jener** first one, then the other; **jener** *(letzterer)* the latter; **dies u. jenes** this and that; **II** *(adjektivisch)* that; *pl* those.

jen·sei·tig *adj* opposite, on the other side; **Jen·seits** ‹-› *n* next world; ▶ **jdn ins ~ befördern** *fam* send s.o. to kingdom come; **jen·seits** ['je:nzaɪts] *prp (adv: ~ von)* on the other side of; ▶ **er ist ~ von Gut und Böse** *hum fam* he's past it.

Je·su·it [jezu'i:t] ‹-en, -en› *m eccl* Jesuit; **Je·su·iten·or·den** *m eccl* Jesuit Order.

Je·sus ['je:zʊs] *m* Jesus.

Jet-set ['dʒɛtsɛt] ‹-s› *m fam* jet-set.

jet·ten ['dʒɛtn] *itr fam* jet.

jet·zig ['jɛtsɪç] *adj (im Augenblick)* present; *(laufend)* current; ▶ **in der ~en Zeit** in present times *pl;* **~e Preise** current prices.

jetzt [jɛtst] *adv* now; ▶ **gerade** ~ this very moment; **bis** ~ so far, up to now; ~ **eben** just now; **von ~ an** from now on; **für** ~ for the present, for now; **gleich ~, ~ gleich** right now; **erst** ~ only now; ~ **oder nie!** (it's) now or never!

Jetzt·zeit *f* present time.

je·wei·lig ['je:vaɪlɪç] *adj* **1.** *(derzeitig)* of the day; *(vorherrschend)* prevailing; **2.** *(betreffend)* respective.

je·weils ['je:vaɪls] *adv* **1.** *(zur gleichen Zeit)* at a time; **2.** *(jedesmal)* each time; *(jeder einzelne)* each; ▶ **die ~ erfolgreichsten Kandidaten der beiden Wahlgänge** the most successful candidates of each of the two ballots.

Job [dʒɔp/dʒɔb] ‹-s, -s› *m a. EDV* job.

Job-hop·ping *n* job hopping; **Job-sharing** *n* job sharing.

Joch [jɔx] ‹-(e)s, -e› *n* **1.** *a. fig* yoke; **2.** *(Berg~)* ridge; **3.** *arch* truss; ▶ **sein ~ abschütteln** *fig* shake off one's yoke; **sich e-m ~ beugen** *fig* submit to a yoke.

Jockei (Jockey) (k·k) ['jɔki/dʒɔki] ‹-s, -s› *m* jockey.

Jod [jo:t] ‹-(e)s› *n* iodine.

jo·deln ['jo:dəln] *tr itr* yodel.
Jod·ler[1] *m (Jodelruf)* yodel; **Jod·ler**[2] **(in)** *m (f) (jodelnde Person)* yodeller.
Jod·tink·tur *f* iodine tincture.
Jo·ga ['jo:ga] ‹-(s)› *m* yoga.
jog·gen ['dʒɔgn] *itr* jog; **Jog·ger(in)** ‹-s, -› *m (f)* jogger; **Jog·ging** ‹-s› *n* jogging; **Jog·ging·an·zug** *m* jogging suit.
Jo·ghurt ['jo:gʊrt] ‹-s, -s› *m* od *n* yog(h)urt.
Jo·han·nis·bee·re [jo'hanɪsbe:rə] *f bot* ▶ **rote (schwarze) ~** redcurrant (blackcurrant).
Jo·han·nis·tag *m* Midsummer's Day.
joh·len ['jo:lən] *itr* bawl, howl.
Joint [dʒɔɪnt] ‹-s, -s› *m sl (Haschischzigarette)* joint.
Joint-ven·ture ['dʒɔɪnt'vɛntʃə] ‹-(s), -s› *n com* joint venture.
Jo·jo ‹-s, -s› *n* yo-yo.
Jon·gleur(in) [ʒɔ̃'glø:ɐ] ‹-s, -e› *m (f)* juggler; **jon·glie·ren** *itr a. fig* juggle.
Joule [dʒu:l] ‹-(s), -› *n* joule.
Jour·nal [ʒʊr'na:l] ‹-s, -e› *n* **1.** *(Tagebuch)* diary; **2.** *com* daybook; **3.** *(Fach~)* journal.
Jour·na·lis·mus *f* journalism; **Journa·list(in)** *m (f)* journalist.
jo·vi·al [jo'vja:l] *adj* jovial.
Joy·stick ['dʒɔɪstɪk] ‹-s, -s› *m EDV* joystick.
Ju·bel ['ju:bəl] ‹-s› *m* jubilation; **Ju·bel·jahr** *n* jubilee year; ▶ **alle ~e einmal** *fam* once in a blue moon; **ju·beln** *itr* rejoice, shout with joy.
Ju·bi·lar(in) [jubi'la:ɐ] *m (f)* man (*od* woman) celebrating an anniversary.
Ju·bi·lä·um [jubi'lɛ:ʊm] ‹-s, -leen› *n* jubilee; *(Jahrestag)* anniversary.
jucken (k·k) ['jʊkən] **I** *itr* itch; ▶ **mir juckt die Nase** my nose itches; **das juckt mich doch nicht!** *fig fam* I don't care (a damn)! **es juckt mir in den Fingern** (*od* **es juckt mich), zu ...** I'm itching to ...; **II** *tr (kratzen)* scratch; **Jucken (k·k) (Juck·reiz)** *n (m)* itching.
Ju·de ['ju:də] ‹-n, -n› *m* Jew; **Ju·den·tum** *n* Judaism; Jewry; **Ju·den·ver·fol·gung** *f* persecution of the Jews; **Jü·din** ['jy:dɪn] *f* Jewess; **jü·disch** *adj* Jewish.
Ju·do ['ju:do] ‹-(s)› *n sport* judo.
Ju·gend ['ju:gənt] ‹-› *f* **1.** *(~zeit)* youth; **2.** *(~lichkeit)* youthfulness; **3.** *(junge Menschen)* young people *pl*, youth; ▶ **frühe ~** early youth; **von ~ an** (*od* **auf**) from one's youth; **in meiner ~** when I was young; **die heutige ~** the youth of today, young people of today; **Ju·gend·amt** *n* youth welfare department; **Ju·gend·ar·beits·lo·sig·keit** *f* youth unemployment; **Ju·gend·er·in·ne·rung** *f* memory of one's youth; **Ju·gend·freund(in)** *m (f)* friend of one's youth; **Ju·gend·her·ber·ge** *f* youth hostel; **Ju·gend·her·bergs·aus·weis** *m* youth hostelling card, YHA card; **Ju·gend·kri·mi·na·li·tät** *f* juvenile crime (*od* delinquency).
ju·gend·lich **1.** *(jung)* young; **2.** *(jung wirkend)* youthful; **3.** *jur* juvenile; **Ju·gend·li·che(r)** *f m* **1.** *allg* young person, teenager; **2.** *jur* juvenile; **3.** *(Minderjährige)* minor; **Ju·gend·lich·keit** *f* youthfulness.
Ju·gend·schutz *m jur* protection of children and young people; **Ju·gend·zeit** *f* youth.
Ju·go·sla·we(-win) [jugo'sla:və] *m (f)* Yugoslav; **Ju·go·sla·wien** *n* Yugoslavia; **ju·go·sla·wisch** *adj* Yugoslav(ian).
Ju·li ['ju:li] ‹-(s), -s› *m* July.
jung [jʊŋ] ‹j?nger, j?ngst› *adj a. fig* young.
Jun·ge[1] ['jʊŋə] ‹-n, -n(s)› *m* boy; ▶ **~, ~!** *fam* oh boy! **alter ~** *fig fam (als Anrede)* old pal; **ein schwerer ~** *fam* a bad egg.
Jun·ge[2] ‹-n, -n› *n zoo allg* young one; *(von Hund)* puppy; *(von Katze)* kitten; *(von Raubtier)* cub; *(von Vogel)* nestling; ▶ **die ~n** the young.
Jün·ger *m a. fig* disciple.
jün·ger ['jʏŋɐ] *adj* **1.** *(Komparativ von jung)* younger; **2.** *(Entwicklung, Geschichte etc)* recent; ▶ **sie ist fünf Jahre ~ als ich** she is my junior by five years (*od* five years my junior); **er sieht ~ aus, als er ist** he does not look his age; **die ~e Steinzeit** the New Stone Age.
Jung·fer ['jʊŋfɐ] ‹-, -n› *f hum:* ▶ **alte ~** old maid, spinster; **Jung·fern·fahrt** *f mar* maiden voyage; **Jung·fern·häut·chen** *n anat* hymen, maidenhead.
Jung·fil·mer(in) *m (f)* young film maker.
Jung·frau *f* **1.** *(sexuell unberührt)* virgin; **2.** *astr* Virgo; **jung·fräu·lich** ['jʊŋfrɔɪlɪç] *adj a. fig* virgin.
Jung·ge·sel·le *m* bachelor; ▶ **eingefleischter ~** confirmed (*fam* regular) bachelor; **Jung·ge·sel·lin** *(f)* bachelor girl, single woman.
Jüng·ling ['jʏŋlɪŋ] *m a. fam hum* youth.
jüngst [jʏŋst] *adv* lately, recently; **jüng·ste** *adj* **1.** *(Superlativ von jung)* youngest; **2.** *(letzte)* latest; *(Zeit, Vergangenheit)* recent; ▶ **der J~ Tag, (das J~ Gericht)** Doomsday, (the Last Judg(e)ment); **sein ~er Roman** his latest novel; **sie ist nicht mehr die J~** *fam* she's no (spring) chicken any more; **mein J~r** my youngest; **in der ~n Zeit** recently; **die ~n Ereignisse** the latest events.
Ju·ni ['ju:ni] ‹-(s), -s› *m* June.

ju·ni·or ['ju:niɔr] *adj (unveränderlich)* junior (*Abk* jun. *od* jr.); ► **Sammy Davis ~** Sammy Davis jr; **Ju·nior(in)** ‹-s, -en› *m (f)* junior; **Ju·ni·or-Paß** *m rail* junior rail-pass.

Jun·kie ['dʒaŋki] ‹-s, -s› *m sl* junkie.

Ju·ra[1] ['ju:ra] ‹-› *m geog* Jura Mountains *pl.*

Ju·ra[2] *n pl jur* law *sing;* ► **~ studieren** study (the) law.

Ju·ris·pru·denz [jurɪspru'dɛnts] ‹-› *f* jurisprudence.

Ju·ri·ste·rei *f (fam)* law; **Ju·rist(in)** *m (f)* **1.** *(ausgebildete(r) ~)* jurist; **2.** *(Jurastudent(in))* law student; **ju·ri·stisch** *adj* legal; ► **~e Person** body corporate, corporation, legal entity; **~es Studium** law studies *pl;* **~e Fakultät** *Br* faculty of law, *Am* law school; **~er Beistand** counsel; **~er Kommentar** legal commentary.

Ju·ry [ʒy'ri:/'ʒy:ri] ‹-, -s› *f* jury.

just [jʊst] *adv* exactly, just.

ju·stie·ren [jʊs'ti:rən] *tr (einstellen, einrichten)* adjust; *typ* justify.

Ju·stiz [jʊs'ti:ts] ‹-› *f* justice; ► **jdn der ~ überantworten** hand s.o. over to the law; **Ju·stiz·be·am·te(r) (-be·am·tin)** *m (f)* judicial officer; **Ju·stiz·ge·bäu·de** *n* courthouse; **Ju·stiz·irr·tum** *m* error (*od* miscarriage) of justice; **Ju·stiz·mi·ni·ster(in)** *m (f) Br* Lord (High) Chancellor, *Am* Attorney General; *(anderer Länder)* minister of justice; **Ju·stiz·mi·ni·ste·rium** *n Br (u. von anderen Ländern außer USA)* Ministry (*Am* Department) of Justice; **Ju·stiz·mord** *m* judicial murder.

Ju·wel [ju've:l] ‹-s, -en/*fig* -e› *n a. fig* gem, jewel; **Ju·we·len·han·del** *m* jewel(l)er's trade; **Ju·we·lier(in)** [juve'li:ɐ] ‹-s, -e› *m (f)* jewel(l)er; **Ju·we·lier·ge·schäft** *n* jewel(l)er's (shop).

Jux [jʊks] ‹-es, -e› *m fam* lark; ► **das war doch nur ein ~!** it was only a joke! **sich e-n ~ aus etw machen** make a joke out of s.th.; **aus ~** for a lark; **ju·xig** *adj fam* funny.

K

K, k [ka:] ‹-, -› *n* k.
Ka·ba·rett [kaba'rɛt/kaba're:] ‹-s, -s/-e› *n* **1.** *(Kleinkunst(bühne))* cabaret; **2.** *(~programm)* floor show; ▶ **politisches ~** satirical political revue.
Ka·bel ['ka:bəl] ‹-s, -› *n* **1.** *el* wire; *tele* flex; **2.** *(Drahtseil)* cable; **Ka·bel·an·schluß** *m el* cable connection; **Ka·bel·fern·se·hen** *n* cable television.
Ka·bel·jau ['ka:bəljaʊ] ‹-s, -e/-s› *m zoo* cod.
Ka·bel·klem·me *f el* **1.** *(Kfz)* cable clamp; **2.** *(an Zündkerze)* plug terminal; **ka·beln** ['ka:bəln] *tr itr* cable; **Ka·bel·netz** *n* cable network.
Ka·bi·ne [ka'bi:nə] ‹-, -n› *f* **1.** *(Umkleide~, Dusch~ etc)* cubicle; *tele* booth; *aero mar* cabin; **2.** *(von Drahtseilbahn)* car.
Ka·bi·nett [kabi'nɛt] ‹-s, -e› *n pol* cabinet; **Ka·bi·netts·kri·se** *f pol* ministerial crisis; **Ka·bi·netts·sit·zung** *f pol* cabinet meeting; **Ka·bi·netts·um·bil·dung** *f pol* cabinet reshuffle.
Ka·brio·lett [kabrio'lɛt/'kabriole:] ‹-s, -s› *n mot* convertible.
Ka·chel ['kaxəl] ‹-, -n› *f* (glazed) tile; **Ka·chel·ofen** *m* tiled stove.
Kacke (k·k) ['kakə] ‹-› *f vulg* crap, shit; **kacken** *tr itr vulg* crap, shit.
Ka·da·ver [ka'da:vɐ] ‹-s, -› *m* carcass; **Ka·da·ver·ge·hor·sam** *m pej* blind obedience.
Ka·der ['ka:dɐ] ‹-s, -› *m mil pol* cadre.
Kad·mi·um *n* (*s.* Cadmium).
Kä·fer ['kɛ:fɐ] ‹-s, -› *m* **1.** *(a. mot: VW ~)* beetle, *fam* bug; **2.** *sl (Mädchen)* bird, chick.
Kaff [kaf] ‹-s, -s/¨-er› *n fam pej* dump.
Kaf·fee ['kafe/ka'fe:] ‹-s› *m* **1.** *(Getränk)* coffee; **2.** *obs (Café)* café; ▶ **~ mit Milch** *Br* white coffee, *Am* coffee with milk; **~ kochen** make coffee; **das ist doch alles kalter ~!** *fig fam* that's all old stuff! **zwei ~, bitte!** two coffees, please! **Kaf·fee·boh·ne** *f* coffee bean; **Kaf·fee·fil·ter** *m* coffee filter; **Kaf·fee·haus** *n* café; **Kaf·fee·kan·ne** *f* coffeepot; **Kaf·fee·klatsch (Kaf·fee·kränz·chen)** *m (n) Br* hen party, *Am* coffee klatsch; **Kaf·fee·löf·fel** *m* coffee spoon; **Kaf·fee·ma·schi·ne** *f* coffee machine, (coffee) percolator; **Kaf·fee·müh·le** *f* coffee grinder; **Kaf·fee·pau·se** *f* coffee break; **Kaf·fee·satz** *m* coffee grounds *pl;* **Kaf·fee·ser·vice** *n* coffee set; **Kaf·fee·strauch** *m* coffee tree.
Kä·fig ['kɛ:fɪç] ‹-s, -e› *m* cage; **Kä·fig·hal·tung** *f* caging.
kahl [ka:l] *adj* **1.** *(Mensch)* bald; **2.** *(Landschaft)* barren, bleak; **3.** *(Bäume)* bare; **kahl·ge·scho·ren** ['ka:lgəʃo:rən] *adj (Mensch)* shaven; *(Schaf)* shorn; **Kahl·heit** *f* **1.** *(von Mensch)* baldness; **2.** *(von Landschaft)* barrenness, bleakness; **3.** *(von Bäumen)* bareness; **Kahl·kopf** *m* **1.** *(Glatze)* bald head; **2.** *(Mensch mit Glatze)* bald man (*od* woman); **kahl·köp·fig** ['ka:lkœpfɪç] *adj* bald-headed; **Kahl·schlag** *m* **1.** *(Abholzen)* deforestation; **2.** *fig (Abriß)* demolition; **3.** *fig fam (radikale Kürzung etc)* axing.
Kahn [ka:n, *pl* 'kɛ:nə] ‹-(e)s, ¨-e› *m allg* boat; *(Last~)* barge. ▶ **~ fahren** go boating; **Kahn·fahrt** *f* row.
Kai [kaɪ] ‹-s, -e/-s› *m* quay; **Kai·mau·er** *f* quay wall.
Kai·ser ['kaɪzɐ] ‹-s, -› *m* emperor; *(Deutscher ~)* Kaiser; **Kai·se·rin** *f* empress; **Kai·ser·kro·ne** *f* **1.** imperial crown; **2.** *bot* crown imperial; **kai·ser·lich** *adj* imperial; **Kai·ser·reich** *n* empire; **Kai·ser·schnitt** *m med* Caesarean (section); **Kai·ser·tum** *n* **1.** *(Kaiserreich)* empire; **2.** *(Kaiserwürde)* imperial dignity.
Ka·jü·te [ka'jy:tə] ‹-, -n› *f* cabin.
Ka·ka·du ['kakadu] ‹-s, -s› *m zoo* cockatoo.
Ka·kao [ka'kaʊ] ‹-s› *m* cocoa; ▶ **jdn durch den ~ ziehen** *fig fam (auf den Arm nehmen)* take the mickey (out of s.o.); *(heruntermachen)* run s.o. down; **Ka·kao·boh·ne** *f* cocoa bean.
Ka·ker·la·ke [ka(:)kɐ'la(:)kə] ‹-, -n› *f zoo* cockroach.
Kaktee (Kaktus) [kak'te: ('kaktʊs)] ‹-, -n› *f (m) bot* cactus.
Ka·lau·er ['ka:laʊɐ] ‹-s, -› *m (Wortspiel)* corny pun; *(fauler Witz)* old chestnut.
Kalb [kalp, *pl* 'kɛlbɐ] ‹-(e)s, ¨-er› *n zoo* calf; **kal·ben** ['kalbən] *itr* calve; **Kalb·fleisch** *n* veal; **Kalb(s)·le·der** *n* calf(skin); **Kalbs·schnit·zel** *n* veal cutlet.
Ka·lei·do·skop [kalaɪdo'sko:p] ‹-s, -e› *n* kaleidoscope.
Ka·len·der [ka'lɛndɐ] ‹-s, -› *m* calendar; *(Taschen~)* diary; **Ka·len·der·jahr** *n* calendar year.
Ka·li ['ka:li] ‹-s, -s› *n chem* potash, potassium oxide; **Ka·li·ab·wäs·ser** *pl* pot-

ash mine waste water.

Ka·li·ber [ka'li:bɐ] ‹-s, -› *n tech (a. fig: Format) Br* calibre, *Am* caliber.

Ka·li·for·ni·en [kali'fɔrniən] *n* California.

Ka·li·um ['ka:liʊm] ‹-s› *n chem* potassium; **Ka·li·um·chlo·rid** *n chem* potassium chloride; **ka·li·um·hal·tig** *adj* potassic; **Ka·li·um·per·man·ga·nat** [-pɛrmaŋga'na:t] ‹-s› *n chem* potassium permanganate.

Kalk [kalk] ‹-(e)s, -e› *m* lime; ► **gebrannter ~** quicklime; **gelöschter ~** slaked lime; **Kalk·bo·den** *m* calcareous soil; **Kalk·bren·ne·rei** *f* lime works *pl;* **kal·ken** *tr* **1.** *(tünchen)* whitewash; **2.** *(mit Kalk düngen)* lime; **kalk·hal·tig** *adj (Boden)* chalky; *(Wasser)* hard; **Kalk·man·gel** ‹-s› *m med* calcium deficiency; **Kalk·ofen** *m* lime kiln; **Kalk·sand·stein** *m* calcareous sandstone; **Kalk·stein** ‹-(e)s› *m* limestone.

Kal·ku·la·tion [kalkula'tsjo:n] *f* **1.** *(Berechnung)* calculation; **2.** *(Kostenvoranschlag)* estimate; **kal·ku·lier·bar** *adj* calculable; **kal·ku·lie·ren** *tr* calculate.

Ka·lo·rie [kalo'ri:] *f* calorie; **ka·lo·rien·arm** *adj pred* low in calories; *attr* low-calorie; **Ka·lo·rien·bom·be** *f fam* mass of calories; **Ka·lo·rien·ge·halt** *m* calorie content.

kalt [kalt] ‹kälter, kältest› *adj* **1.** *allg a. fig* cold; **2.** *fig (frigide)* frigid; ► **K~er Krieg** *hist* Cold War; **~er Schweiß brach ihm aus** he broke out in a cold sweat; **~e Platte** cold meal; **es überlief mich ~** cold shivers were running through me; **mir ist ~** I am cold; **das läßt mich ~** that leaves me cold; **~ bleiben** *fig (besonnen bleiben)* keep cool; *(unbewegt bleiben)* remain unmoved; **~e Füße kriegen** *fig fam* get cold feet; **jdm die ~e Schulter zeigen** *fig* give s.o. the cold shoulder; **kalt·blü·tig** ['kaltbly:tɪç] **I** *adj fig (Mensch)* cold-blooded; *(lässig, gelassen)* cool; **II** *adv fig* coolly, in cold blood; **Kalt·blü·tig·keit** *f fig* cold-bloodedness, coolness.

Käl·te ['kɛltə] ‹-› *f* **1.** *allg* cold; **2.** *mete (~periode)* cold spell; **3.** *fig* coldness; ► **zehn Grad ~** ten degrees of frost; **bei dieser ~** in this cold; **die ~ läßt nach** the cold is breaking up; **käl·te·be·stän·dig** *adj* cold-resistant; **käl·te·emp·find·lich** *adj* sensitive to cold; **Käl·te·grad** *m fam (Maßgröße f. Minustemperaturen)* degree of frost; **Käl·te·mi·schung** *f* freezing-mixture; **Käl·te·schutz·mit·tel** *n mot* anti-freeze; **Käl·te·wel·le** *f* cold spell.

kalt·lächelnd ['-'--] *adv fam pej* cool as you please.

Kalt·luft·front *f mete* cold front.

kalt|ma·chen *tr sl* do in.

Kalt·scha·le *f* cold sweet (*od* iced fruit) soup.

kalt·schnäu·zig ['kaltʃnɔɪtsɪç] *adj fam* **1.** *(gefühllos)* callous, cold; **2.** *(frech, unverschämt)* insolent.

Kalt·start *m EDV* cold start; **Kalt·start·au·to·ma·tik** *f cold start device.*

kalt|stel·len *tr* **1.** chill; **2.** *fig* demote.

Kal·zi·um ‹-s› *n chem* Calcium.

Ka·mel [ka'me:l] ‹-(e)s, -e› *n* **1.** *zoo* camel; **2.** *fig fam (Trottel)* dope; **Ka·mel·haar** *n Br* camel-hair, *Am* camel's-hair.

Ka·me·lie [ka'me:liə] *f bot* camellia.

Ka·me·ra ['kamǝra] ‹-, -s› *f phot* camera.

Ka·me·rad [kamə'ra:t] ‹-en, -en› *m* **1.** *mil* comrade; *(Gefährte)* companion; **2.** *fam (Freund)* buddy, chum; **Ka·me·rad·schaft** *f* comradeship; **ka·me·rad·schaft·lich** *adj* comradely; *(Gemeinschaft, Ehe etc)* companionate; **Ka·me·rad·schafts·geist** *m* spirit of comradeship.

Ka·me·ra·frau ‹-, -en› *f* camerawoman; **Ka·me·ra·füh·rung** *f* camera work; **Ka·me·ra·mann** ‹-(e)s, -männer/-leute› *m film* cameraman; **ka·me·ra·scheu** *adj* camera-shy.

Ka·mil·le [ka'mɪlə] ‹-, -n› *f bot* camomile; **Ka·mil·len·tee** *m* camomile tea.

Ka·min [ka'mi:n] ‹-s, -e› *m* **1.** *(Schornstein, a. von Berg)* chimney; **2.** *(im Zimmer)* fireplace, fireside; **Ka·min·auf·satz** *m* mantelpiece; **Ka·min·fe·ger(in)** *m (f)* chimney sweep.

Kamm [kam, *pl* 'kɛmə] ‹-(e)s, ¨-e› *m* **1.** *(Haar~)* comb; **2.** *(von Vögeln, Wellen)* crest; **3.** *(von Berg)* crest, ridge; **4.** *(von Rind)* neck; ► **über e-n ~ scheren** *fig* lump together; **der ~ schwillt ihm** *fig fam (er wird übermütig)* he is getting swollen-headed; *(er wird wütend)* he is bristling up with anger.

käm·men ['kɛmən] **I** *tr (Haare)* comb; *(Wolle)* card; **II** *refl* comb one's hair.

Kam·mer ['kamɐ] ‹-, -n› *f* **1.** *(kleines Zimmer)* small room; **2.** *fig (Behörde, parl)* chamber; *(Ärzte~ etc)* association; **Kam·mer·die·ner** *m* valet; **Kam·mer·zo·fe** *f* chambermaid.

Kam·pa·gne [kam'panjə] ‹-, -n› *f* campaign.

Kampf [kampf, *pl* 'kɛmpfə] ‹-(e)s, ¨-e› *m* **1.** *allg a. fig* fight (*um* for); **2.** *mil (Schlacht)* battle; **3.** *(Wettkampf, Wettstreit)* contest; ► **im ~ für die Freiheit** in the struggle for freedom; **schließlich kam es zum ~** finally fighting broke out; **~ auf Leben u. Tod** life and death struggle; **~ ums Dasein** struggle for existence; **~ bis aufs Messer** *fig* fight to the finish; **ein heißer ~** a ding-dong fight; **jdm (e-r Sache) den ~ ansagen** *fig* declare war on s.o. (s.th.); **im ~ fallen** be killed in action; **Kampf·an·sa·ge** *f fig* declaration of war; **Kampf·bahn** *f sport* arena, sports stadium; **kampf·be·reit** *adj* ready for action; **Kampf·ein·satz** *m mil* combat mission.

kämp·fen ['kɛmpfən] *tr itr* fight (*um, für* for, *gegen jdn od etw* against s.o. *od* s.th.); ► **um sein Leben ~** fight for one's life; **mit den Tränen ~** *fig* fight back one's tears; **mit Schwierigkeiten ~** contend with difficulties; **mit sich selber ~** have a battle with o.s.

Kamp·fer ['kampfɐ] ‹-s› *m chem* camphor.

Kämp·fer(in) *m (f)* fighter; *(Krieger)* warrior; **kämp·fe·risch** *adj* aggressive.

kampf·er·probt *adj* battle-tried; **kampf·fä·hig** *adj mil* fit for action; **Kampf·gas** *n mil* war gas; **Kampf·geist** ‹-(e)s› *m* fighting spirit; **Kampf·grup·pe** *f mil* combat group; *(Spezialeinheit)* task force; **Kampf·hahn** *m a. fig* fighting cock; **Kampf·hand·lung** *f* action, engagement; **Kampf·kraft** *f* fighting strength; **kampf·lu·stig** *adj* pugnacious; ► **er ist ganz schön ~** he's quite eager for the fray; **Kampf·maß·nah·me** *f* offensive measure; ► **~n ergreifen** go on the offensive; **Kampf·platz** *m* **1.** *mil (Schlachtfeld)* battle field; **2.** *sport (Arena)* arena; **Kampf·rich·ter(in)** *m (f) sport allg* referee; *(beim Tennis)* umpire; **Kampf·sport** *m* martial art; **kampf·un·fä·hig** *adj* **1.** *mil* unfit for fighting; **2.** *sport (von Boxer etc)* unfit.

kam·pie·ren [kam'pi:rən] *itr* camp.

Ka·na·da ['kanada] *n* Canada; **Ka·na·dier(in)** [ka'na:diɐ] *m (f)* Canadian; **ka·na·disch** *adj* Canadian.

Ka·nal [ka'na:l, *pl* ka'nɛ:lə] ‹-s, ⸚e› *m* **1.** *(natürlicher)* channel; *(Ärmel~)* Channel; *(künstlicher)* canal; **2.** *(Entwässerungs~)* drain; *(Abwasser~)* sewer; **3.** *radio TV* channel; ► **die haben den ~ aber ganz schön voll** *sl (sie sind ziemlich betrunken)* they're pretty canned, aren't they?; **Ka·nal·deckel (k·k)** *m* drain cover; **Ka·nal·in·seln** *f pl* Channel Islands; **Ka·na·li·sa·tion** [kanaliza'tsjo:n] *f* **1.** *(für Abwässer)* sewerage system; **2.** *(Flußbegradigung)* canalization; **Ka·na·li·sa·tions·netz** *n* sewerage system; **ka·na·li·sie·ren** *tr* **1.** *(mit Kanalröhren versehen)* install sewers (*e-e Stadt etc* in a town); **2.** *(e-n Fluß)* canalize; **3.** *fig (Energie, Gefühle etc)* channel; **Ka·na·li·sie·rung** *f* **1.** *(von Fluß)* canalization; **2.** *fig channelization;* **Ka·nal·rohr** *n* sewer pipe; **Ka·nal·tun·nel** *m* Channel Tunnel.

Ka·na·ri·en·vo·gel [ka'na:riənfo:gəl] *m zoo* canary.

Kan·di·dat(in) [kandi'da:t] ‹-en, -en› *m (f) (Anwärter(in))* candidate; *(Bewerber(in))* applicant; **Kan·di·da·tur** *f Br* candidature, *Am* candidacy (*um* for); **kan·di·die·ren** *itr pol* run, stand (*für* for); ► **für das Amt des Präsidenten ~** run for president.

kan·diert [kan'diɐt] *adj (Früchte etc)* candied.

Kan·dis(·zucker) ['kandɪs] ‹-› *m* (sugar)candy.

Kän·gu·ruh ['kɛŋguru] ‹-s, -s› *n zoo* kangaroo.

Ka·nin·chen [ka'ni:nçən] ‹-s, -› *n zoo* rabbit; **Ka·nin·chen·bau** *m* rabbit burrow.

Ka·ni·ster [ka'nɪstɐ] ‹-s, -› *m* can.

Känn·chen ['kɛnçən] ‹-s, -› *n (für Milch)* jug; *(für Kaffee)* pot.

Kan·ne ['kanə] ‹-, -n› *f allg* can; *(Tee~, Kaffee~)* pot; *(Milch~)* churn.

Kan·ni·ba·le (Kan·ni·ba·lin) [kani'ba:lə] ‹-n, -n› *m (f)* cannibal; **kan·ni·ba·lisch** *adj* cannibal.

Ka·no·na·de [kano'na:də] ‹-, -n› *f* **1.** *mil* cannonade; **2.** *fig (Schimpf~)* tirade.

Ka·no·ne [ka'no:nə] ‹-, -n› *f* **1.** *allg* gun; *hist* cannon; **2.** *fig fam (As, Könner)* ace; **3.** *sl (Revolver)* gat, rod; ► **das ist einfach unter aller ~** *fam* that simply defies description; **Ka·no·nen·boot** *n* gunboat; **Ka·no·nen·boot·po·li·tik** *f* gunboat diplomacy; **Ka·no·nen·fut·ter** *n fam* cannon fodder; **Ka·no·nen·ku·gel** *f* cannon ball; **Ka·no·nen·rohr** *n* gun barrel; ► **heiliges ~!** *fam interj* good grief!

Ka·no·nier [kano'ni:ɐ] ‹-s, -e› *m mil* gunner.

Kan·te ['kantə] ‹-, -n› *f* **1.** *(bei Gegenstand, Fläche etc)* edge; **2.** *(Rand)* border; ► **etw (Geld) auf die hohe ~ legen** *fam* put some money by; **etw (Geld) auf der hohen ~ haben** *fam* have some money put by; **kan·ten** *tr* **1.** *(kippen)* tilt; **2.** *(mit Kanten versehen)* trim; **Kant·holz** *n* squared timber; **kan·tig** *adj* **1.** *(Holz etc)* edged; **2.** *(Gesicht)* angular.

Kan·ti·ne [kan'ti:nə] ‹-, -n› *f allg* canteen; *mil Br* Naafi.

Kan·ton [kan'to:n] ‹-s, -e› *m* canton; **Kan·to·nist** *m obs* canton.

Ka·nu ['ka:nu/ka'nu:] ‹-s, -s› *n* canoe; ► **~ fahren** canoe.

Ka·nü·le [ka'ny:lə] ‹-, -n› *f med* needle.

Kan·zel ['kantsəl] ‹-, -n› *f* **1.** *eccl* pulpit; **2.** *aero* cockpit; ► **auf der ~** *eccl* in the pulpit; **von der ~ herab** *eccl* from the pulpit.

Kanz·lei [kants'laɪ] *f* **1.** *(Dienststelle)* office; *(Rechtsanwalts~)* chambers *pl;* **2.** *hist pol* chancellery.

Kanz·ler(in) ['kantslɐ] *m (f)* chancellor; **Kanz·ler·amt** *n* chancellory.
Kap [kap] ‹-s, -s› *n* cape.
Ka·paun [ka'paʊn] ‹-s, -e› *m* capon.
Ka·pa·zi·tät [kapatsi'tɛ:t] *f* **1.** *(Volumen)* capacity; **2.** *fig (Experte)* authority.
Ka·pel·le [ka'pɛlə] ‹-, -n› *f* **1.** *eccl* chapel; **2.** *mus* band; **Ka·pell·mei·ster** *m mus (Leiter e-r Musikkapelle)* bandmaster; *(Dirigent)* conductor.
Ka·per ['ka:pɐ] ‹-, -n› *f bot* caper.
ka·pern ['ka:pɐn] *tr mar* capture, seize.
ka·pie·ren [ka'pi:rən] *tr fam* get; ▶ **kapiert?** got it? **sie kapiert aber schnell** she really catches on quick.
Ka·pi·tal [kapi'ta:l, *pl* kapi'ta:liən] ‹-s, -e/-ien› *n* **1.** *fin* capital; **2.** *fig* asset (*an etw* in s.th.); ▶ **angelegtes ~** capital investments *pl;* **~ anlegen, ~ hineinstecken** invest capital; **~ aus etw schlagen** *fig* capitalize on s.th; **Ka·pi·tal·ab·fluß** ‹-sses› *m fin* capital outflow; **Ka·pi·tal·an·la·ge** *f fin* capital investment; **Ka·pi·tal·an·la·ge·ge·sell·schaft** *f fin* investment fund; **Ka·pi·tal·be·tei·li·gungs·ge·sell·schaft** *f fin* capital investment company; **Ka·pi·tal·er·trag** *m fin* capital gains *pl;* **Ka·pi·ta·lis·mus** *m* capitalism; **Ka·pi·ta·list(in)** *m (f)* capitalist; **ka·pi·ta·li·stisch** *adj* capitalist(ic); **Ka·pi·tal·man·gel** ‹-s› *m fin* lack of capital; **Ka·pi·tal·markt** *m fin* money market.
Ka·pi·tal·ver·bre·chen *n jur* serious crime.
Ka·pi·tän [kapi'tɛ:n] ‹-s, -e› *m mar aero* captain; ▶ **~ zur See** *Br* captain R.N., *Am* commodore; **Ka·pi·tän·leut·nant** *m* lieutenant-commander.
Ka·pi·tel [ka'pɪtəl] ‹-s, -› *n a. fig* chapter; ▶ **das ist ein ~ für sich** *fig* that's another story.
Ka·pi·tell [kapi'tɛl] ‹-s, -e› *n arch* capital.
Ka·pi·tu·la·tion [kapitula'tsjo:n] *f* surrender; *a. fig* capitulation (*vor* to, *angesichts* in the face of); **ka·pi·tu·lie·ren** *itr* surrender; *a. fig* capitulate (*vor* to, *angesichts* in the face of).
Ka·plan [ka'pla:n, *pl* ka'plɛ:nə] ‹-s, ⸚e› *m eccl* chaplain.
Kap·pe ['kapə] ‹-, -n› *f* **1.** *(Kopfbedekkung)* cap; **2.** *(von Flaschen etc)* top; ▶ **alles auf s-e ~ nehmen** *fig fam* take the full responsibility; **das geht auf meine ~** *fig fam (auf meine Rechnung)* that's on me.
kap·pen ['kapən] *tr a. fig* cut.
Kap·pes ['kapəs] ‹-, (-se)› *m fam* **1.** *bot (Kohl)* cabbage; **2.** *fig (Blödsinn)* rubbish.
Ka·prio·le [kapri'o:lə] ‹-, -n› *f* caper.
Kap·sel ['kapsəl] ‹-, -n› *f allg* capsule.
ka·putt [ka'pʊt] *adj fam* **1.** *(zerbrochen)* broken, *sl* kaput; *(Beziehungen, Ehe etc)* on the rocks; **2.** *(übermüdet)* done in, shattered; **3.** *(Gesundheit)* ruined; ▶ **~er Typ** *sl* bum; **mußt du denn immer alles ~ machen?** do you have to break everything? **dieses ewige Theater macht mich noch ganz ~** this never-ending fuss will be the death of me; **mach dich doch nicht ~!** *(überanstrenge dich nicht)* don't wear yourself out! **ka·putt|ge·hen** ‹sein› *irr itr fam (entzweigehen)* break, *sl* go kaput; *(Maschinen, Geräte etc)* break down; *(Beziehungen etc)* go on the rocks (*an* because of); **ka·putt|la·chen** *refl fam* die laughing; ▶ **er hat sich kaputtgelacht** he was killing himself (laughing); **da lachst du dich kaputt!** this one'll kill you!; **ka·putt|ma·chen** *tr* **1.** break; **2.** *fig (Person)* exhaust, wear out.
Ka·pu·ze [ka'pu:tsə] ‹-, -n› *f* hood; *(von Mönch)* cowl.
Ka·pu·zi·ner [kapu'tsi:nɐ] *m eccl* Capuchin (monk); **Ka·pu·zi·ner·kres·se** *f bot* nasturtium.
Ka·ra·bi·ner [kara'bi:nɐ] ‹-s, -› *m* **1.** *(Gewehr)* carbine; **2.** *(Haken)* karabiner snap link.
Ka·raf·fe [ka'rafə] ‹-, -n› *f* carafe; *(für Wein)* decanter.
Ka·ram·bo·la·ge [karambo'la:ʒə] ‹-, -n› *f* collision, crash; **ka·ram·bo·lie·ren** *itr* **1.** *mot* crash (*mit* into); **2.** *(beim Billard) Br* cannon, *Am* carom.
Ka·rat [ka'ra:t] ‹-(e)s, -e› *n* carat.
Ka·ra·te [ka'ra:tə] ‹-(s)› *n* karate; **Ka·ra·te·kämp·fer(in)** *m (f)* karateka.
Ka·ra·wa·ne [kara'va:nə] ‹-, -n› *f* caravan.
Kar·bid [kar'bi:t] ‹-(e)s, -e› *n chem* carbide.
Kar·di·nal [kardi'na:l, *pl* kardi'nɛ:lə] ‹-s, ⸚e› *m eccl* cardinal.
Kar·di·nal·zahl *f math* cardinal number.
Ka·renz·zeit [ka'rɛntstsaɪt] *f* waiting period.
Kar·frei·tag [ka:ɐ'fraɪta:k] *m eccl* Good Friday.
karg [kark] *adj* **1.** *(mager, spärlich)* meagre, sparse; *(unfruchtbar)* barren; **2.** *(geizig)* mean (*mit* with); **kärg·lich** ['kɛrklɪç] *adj* meagre, sparse.
Ka·ri·bik [ka'ri:bɪk] ‹-› *f* Caribbean.
ka·riert [ka'ri:ɐt] *adj* **1.** *(Stoff) Br* checked, *Am* checkered; **2.** *(Papier)* squared.
Ka·ri·es ['ka:riɛs] ‹-› *f med* caries.
Ka·ri·ka·tur [karika'tu:ɐ] *f* caricature; **Ka·ri·ka·tu·rist(in)** *m (f)* cartoonist; **ka·ri·kie·ren** *tr* caricature.
Karl [karl] *m* Charles; ▶ **~ der Große** Charlemagne.
Kar·ne·val ['karnəval] ‹-s, -e/-s› *m* carnival.

Kärn·ten ['kɛrntən] *n* Carinthia.

Ka·ro ['ka:ro] ‹-s, -s› *n* **1.** *(Quadrat)* square; *(Raute)* lozenge; *(quadratisches Stoffmuster)* check; **2.** *(Kartenfarbe)* diamonds *pl.*

Ka·ros·se [ka'rɔsə] ‹-, -n› *f* state coach.

Ka·ros·se·rie [---'-] *f mot* bodywork.

Ka·rot·te [ka'rɔtə] ‹-, -n› *f bot* carrot.

Kar·pa·ten [kar'pa:tən] *pl* Carpathians.

Karp·fen ['karpfən] ‹-s, -› *m zoo* carp; **Karp·fen·teich** *m* carp pond.

Kar·re(n) ['karən] ‹-s, -› *f (m)* **1.** *(Wagen)* cart; *(Schub~)* (wheel-)barrow; **2.** *fam mot* crate; ► **jdm wegen e-r Sache an den Karren fahren** *fig fam* take s.o. to task for s.th.; **Sie haben den Karren gründlich in den Dreck gefahren!** *fig fam* you got things in a complete mess! **jetzt ziehen Sie den Karren auch wieder aus dem Dreck!** *fig fam* now get things sorted out again (*od* now clear up the mess again)!

Kar·rie·re [ka'rjɛ:rə] ‹-, -n› *f* career; ► **~ machen** get to the top; make a career for o.s; **Kar·rie·re·be·ra·ter(in)** *m (f)* careers adviser; **Kar·rie·re·frau** *f* career woman; **Kar·rie·re·knick** *m* hiccup in one's career; **Kar·rie·re·ma·cher(in)** *m (f) pej* careerist.

Karst [karst] ‹-(e)s, -e› *m geol* chalky formation.

Kar·te ['kartə] ‹-, -n› *f* **1.** *(Land~)* map; *(See~)* chart; **2.** *(Fahr~, Theater~)* ticket; **3.** *(Post~, Spiel~, Besuchs~, Loch~)* card; **4.** *(Speise~)* menu; ► **kannst du ~n lesen?** can you map-read? **ein Spiel ~n** a *Br* pack (*Am* deck) of cards; **decken Sie Ihre ~n auf!** *fig* show your hand! *sing;* **alie ~n in der Hand haben** *fig* hold all the trumps; **~n geben** deal cards; **~ mischen** give the cards a shuffle; **~n spielen** play cards; **jdm die ~n legen** tell someone's fortune from the cards; **er läßt sich nicht in die ~n gucken** *fig* he's playing it close to his chest; **alles auf e-e ~ setzen** *fig* put all one's eggs in one basket.

Kar·tei [kar'taɪ] *f* card file; **Kar·tei·kar·te** *f* file card; **Kar·tei·ka·sten** *m* file-card box; **Kar·tei·lei·che** *f fig hum:* ► **das sind doch bloß ~n** they're just names on the files.

Kar·tell [kar'tɛl] ‹-s, -e› *n com* cartel; **Kar·tell·amt** *n* Monopolies Commission *(Br).*

Kar·ten·haus *n* **1.** *fig* house of cards; **2.** *mar* chart house; **Kar·ten·kunst·stück** *n* card trick; **Kar·ten·le·ger(in)** *m (f)* fortune-teller; **Kar·ten·spiel** *n* **1.** *(das ~en)* card-playing; **2.** *(einzelnes Spiel)* card game; **3.** *(die Karten) Br* pack (*Am* deck) of cards; **Kar·ten·spie·ler(in)** *m (f)* card-player; **Kar·ten·te·le·phon** *n* cardphone; **Kar·ten·vor·ver·kauf** ['--'---] *m theat* advance sale of tickets; **Kar·ten·vor·ver·kaufs·stel·le** *f* ticket agency.

kar·tie·ren *tr (Gebiet)* map out.

Kar·tof·fel [kar'tɔfəl] ‹-, -n› *f bot* potato; ► **~n schälen** peel potatoes; **man ließ ihn fallen wie e-e heiße ~** *fig fam* they dropped him like a hot potato; **Kar·tof·fel·brei** *m* mashed potatoes *pl;* **Kar·tof·fel·chips** *m meist pl* crisps *pl;* **Kar·tof·fel·ern·te** *f (Ernteergebnis)* potato crop; **Kar·tof·fel·kä·fer** *m zoo* Colorado (*od* potato) beetle; **Kar·tof·fel·puf·fer** *m* potato fritter; **Kar·tof·fel·sa·lat** *m* potato salad; **Kar·tof·fel·scha·le** *f* **1.** *(Haut der Kartoffelknolle)* potato-skin; **2.** *(als Abfall)* potato peel.

Kar·ton [kar'tɔŋ] ‹-s, -s/(-e)› *m* **1.** *(Pappe)* cardboard; **2.** *(Schachtel)* cardboard box; **kar·to·nie·ren** [karto'ni:rən] *tr (Buch mit Pappeinband versehen)* bind in boards.

Ka·rus·sell [karʊ'sɛl] ‹-s, -s/-e› *n* car(r)ousel, merry-go-round, *Br* roundabout.

kar·zi·no·gen [kartsino'ge:n] *adj med* carcinogenic; ► **~e Stoffe** carcinogenic agents; **Kar·zi·nom** [kartsi'no:m] ‹-s, -e› *n med* carcinoma, malignant growth.

ka·schie·ren [ka'ʃi:rən] *tr* **1.** *(überdekken)* conceal; **2.** *(Bucheinband)* laminate.

Kä·se ['kɛ:zə] ‹-s, -› *m* **1.** *(Nahrungsmittel)* cheese; **2.** *fig fam (Quatsch)* rubbish; **Kä·se·blatt** *n fam pej (Zeitung)* (local) rag; **Kä·se·glocke (k·k)** *f* cheese cover; **Kä·se·ku·chen** *m* cheesecake; **Kä·se·plat·te** *f* cheese board; **Kä·se·rei** *f (~betrieb)* cheese-dairy.

Ka·ser·ne [ka'zɛrnə] ‹-, -n› *f mil* barracks *pl;* **Ka·ser·nen·hof** *m* barrack square; **Ka·ser·nen·hof·ton** *m:* ► **im ~ sagte er ...** in his sergeant-major's voice he said ...; **ka·ser·nie·ren** *tr* quarter in barracks.

kä·sig ['kɛ:zɪç] *adj* **1.** *(käseartig)* cheesy; **2.** *fig fam (Gesichtsfarbe)* pale, pasty.

Ka·si·no [ka'zi:no] ‹-s, -s› *n* **1.** *(Spiel~)* casino; **2.** *mil* (officers') mess.

Kas·ko·ver·si·che·rung ['kasko-] *f mot (Teil~)* third-party insurance; *(Voll~)* fully comprehensive insurance.

Kas·per ‹-s, -› *m* Punch; *fig* clown; **Kas·per·le·thea·ter** ['kaspələ-] *n* Punch and Judy (*Spiel* show, *Gestell Br* theatre, *Am* theater).

Kas·se ['kasə] ‹-, -n› *f* **1.** *(Geldkasten)* cashbox; **2.** *(Zahlstelle im Laden)* cash point, till; *(im Supermarkt)* check-out; *(Theater~)* box office; *(in Bank)* cash-desk; **3.** *(Bargeld)* cash; ► **knapp bei ~ sein** *fam* be short of cash; **gut bei ~ sein** *fam* be well-off; **bei ~ sein** *fam* be flush; **bei mir stimmt die ~** I'm all right for the money; **gegen ~** for cash; **netto**

~ no discount allowed; ~ **bei Lieferung** cash on delivery; **zahlen Sie bitte an der** ~ *(im Laden)* please pay at the till (*od* desk); **sie wurde beim Griff in die** ~ **ertappt** she was caught with her hands in the till; **jdn zur** ~ **bitten** *fig* make s.o. pay up; ~ **machen** count the money; **Kas·sen·ab·schluß** *m com* cashing-up; **Kas·sen·arzt (-ärz·tin)** *m (f) Br* panel doctor; **Kas·sen·au·to·mat** *m* cash dispenser; **Kas·sen·be·leg** *m* sales receipt, *Am* sales check; **Kas·sen·be·stand** *m com* cash balance; **Kas·sen·bon** *m com Br* sales slip, *Am* sales check; **Kas·sen·pa·tient(in)** *m (f) Br* panel patient; **Kas·sen·sturz** *m com* cashing-up; **Kas·sen·ter·mi·nal** *n* sales point; **Kas·sen·zet·tel** *m* sales slip.

Kas·set·te [ka'sɛtə] ‹-, -n› *f* **1.** *(Kästchen)* case; **2.** *com (Buchkasten)* box; *(Verkaufspackung für mehrere Produkte)* pack, set; **3.** *(Musik~, Film~, Video~)* cassette; **Kas·set·ten·deck** *n* cassette deck; **Kas·set·ten·re·cor·der** *m* cassette recorder.

kas·sie·ren I *tr* **1.** *fin* collect (*bei jdm* from s.o.); *fam (einstecken, verdienen)* pick up (*bei etw* on s.th.); **2.** *jur (Urteil einziehen)* quash; **3.** *fam (wegnehmen)* take away; **4.** *fig fam (schnappen, einlochen)* nab; **II** *itr* **1.** *fin* collect money (*bei jdm* from s.o.); **2.** *fam (Geld machen, verdienen)* make money; *(Kapital aus etw schlagen)* cash in (*bei etw* on s.th.); ► **darf ich bitte** ~? would you like to pay now? **er hat dabei ganz hübsch kassiert** *fam* he really cashed in on it; **Kas·sie·rer(in)** *m (f) com allg* cashier; *(bei Bank)* clerk, teller; *(bei Verein)* treasurer.

Ka·sta·gnet·te [kasta'njɛtə] ‹-, -n› *f mus* castanet.

Ka·sta·nie [kas'ta:niə] ‹-, -n› *f bot* chestnut; ► **für jdn die ~n aus dem Feuer holen** *fig* pull someone's chestnuts out of the fire; **Ka·sta·nien·baum** *m* chestnut tree; **ka·sta·nien·braun** *adj* maroon; *(Haarfarbe)* chestnut.

Käst·chen ['kɛstçən] ‹-s, -› *n* **1.** *(kleiner Kasten)* small box; **2.** *(Karo)* square.

Ka·ste ['kastə] ‹-, -n› *f* caste.

ka·stei·en [kas'taɪən] ‹ohne ge-› *refl* castigate o.s.

Ka·sten ['kastən, *pl* 'kɛstən] ‹-s, ⸚/(-)› *m* **1.** *allg* box; *(Kiste)* case; *(Truhe)* chest; **2.** *fig fam mot (Auto)* crate; **3.** *fig fam (häßliches Gebäude)* ugly building; **4.** *fig fam mar (verrottetes Schiff)* tub.

Ka·strat [ka'stra:t] ‹-en, -en› *m obs* eunuch; **ka·strie·ren** [kas'tri:rən] *tr a. fig* castrate.

Ka·ta·kom·ben [kata'kɔmbən] *f pl* catacombs.

Ka·ta·log [kata'lo:k] ‹-(e)s, -e› *m Br* catalogue, *Am* catalog; **ka·ta·lo·gi·sie·ren** *tr Br* catalogue, *Am* catalog.

Ka·ta·ly·sa·tor [kataly'za:tɔr] ‹-s, -en› *m* **1.** *chem phys a. fig* catalyst; **2.** *mot* catalytic converter; **Ka·ta·ly·sa·tor·wa·gen** *m* car (fitted) with a catalytic converter, cat-car *fam.*

Ka·ta·pult [kata'pʊlt] ‹-(e)s, -e› *m od n* catapult; **ka·ta·pul·tie·ren** *tr aero* catapult.

Ka·tarrh [ka'tar] ‹-s, -e› *m med* catarrh.

Ka·ta·ster [ka'tastɐ] ‹-s, -› *m od n* land register; **Ka·ta·ster·amt** *n* land registry.

ka·ta·stro·phal [katastro'fa:l] *adj* catastrophic; **Ka·ta·stro·phe** [katas'tro:fə] ‹-, -n› *f* catastrophe; **Ka·ta·stro·phen·alarm** *m* disaster warning signal; **Ka·ta·stro·phen·hil·fe** *f* disaster relief; **Ka·ta·stro·phen·op·fer** *n* disaster victim; **Ka·ta·stro·phen·schutz** *m* **1.** *(zur Verhütung)* disaster prevention; **2.** *(zur Eindämmung)* disaster control.

Ka·te·chis·mus [katɛ'çɪsmʊs] ‹-, -men› *m eccl* catechism.

Ka·te·go·rie [katego'ri:] *f* category; **ka·te·go·risch** *adj* categorical.

Ka·ter ['ka:tɐ] ‹-s, -› *m* **1.** *zoo (männl. Katze)* tomcat; **2.** *(Katzenjammer)* hangover.

Ka·the·der [ka'te:dɐ] ‹-s, -› *n (in der Schule)* teacher's desk; *(im Hörsaal)* lectern.

Ka·the·dra·le [kate'dra:lə] ‹-, -n› *f* cathedral.

Ka·tho·de [ka'to:də] ‹-, -n› *f phys* cathode.

Ka·tho·lik(in) [kato'li:k] ‹-en, -en› *m (f) eccl* (Roman) Catholic; **ka·tho·lisch** *adj* (Roman) Catholic.

katz·buckeln ['---] *itr fig pej* grovel (*vor jdm* before s.o.).

Kätz·chen ['kɛtsçən] *n* kitten.

Kat·ze ['katsə] ‹-, -n› *f zoo allg* cat, *fam* pussy; **bei Nacht sind alle ~n grau** all cats are grey at night; **die** ~ **aus dem Sack lassen** *fig fam* let the cat out of the bag; **die** ~ **im Sack kaufen** *fig* buy a pig in a poke; **wenn die** ~ **aus dem Haus ist, tanzen die Mäuse** *prov* when the cat's away the mice will play; **es war alles für die Katz** *fam* it was a sheer waste of time; **nun schleich doch nicht wie die** ~ **um den heißen Brei herum!** *fig* stop beating about the bush! **kat·zen·ar·tig** *adj* cat-like, feline.

Kat·zen·au·ge *n* **1.** *(Rückstrahler)* reflector; **2.** *(Fahrbahnmarkierung)* cat's-eye.

kat·zen·freund·lich ['--'--] *adj fam pej* overfriendly.

Kat·zen·jam·mer *m fam* **1.** *(depressive Stimmung)* the blues *pl;* **2.** *(Kater nach*

Rausch) hangover.

Kat·zen·sprung *m fam* stone's throw; short journey.

Kat·zen·streu *f* cat litter.

Kat·zen·wä·sche *f hum fam* a lick and a promise.

Katz-und-Maus-Spiel *n* cat-and-mouse game.

Kau·der·welsch ['kaʊdɐvɛlʃ] ‹-(s)› *n fam* **1.** *(Sprachgemisch)* hotch potch; **2.** *(unverständliche Ausdrucksweise)* double dutch; **3.** *(Fachjargon)* lingo, jargon.

kau·en ['kaʊən] *tr itr* chew; ► **an den Nägeln ~** chew one's nails; **daran kaue ich immer noch** *fig fam* I still can't get over it.

kau·ern ['kaʊɐn] *itr refl allg* crouch; *(vor Angst in der Ecke)* cower.

Kauf [kaʊf, *pl* 'kɔɪfə] ‹-(e)s, ⸚e› *m* **1.** *(das Ein~en)* buying, purchase; **2.** *(das Einge~te)* buy; ► **ein guter ~** a good buy; **etw zum ~ anbieten** offer s.th. for sale; **e-n ~ tätigen** complete a purchase; **etw in ~ nehmen** *fig* accept s.th., put up with s.th.; **Kauf·ab·sicht** *f markt* purchase intention; **Kauf·be·reit·schaft** *f markt* disposition to buy.

kau·fen ['kaʊfən] **I** *tr* **1.** *(erwerben)* buy; **2.** *fam (bestechen)* buy off; **3.** *fam:* ► **sich jdn ~** fix s.o.; *(ihm gehörig die Meinung sagen)* give s.o. a piece of one's mind; ► **jdm etw ~** buy s.th. for s.o.; **ich habe (mir) eine neue Schreibmaschine gekauft** I bought (myself) a new typewriter; **II** *itr* **1.** *(~ im Gegensatz zu ver~)* buy; **2.** *(ein~, Einkäufe machen)* shop.

Käu·fer(in) ['kɔɪfɐ] *m (f)* buyer, purchaser; *(Kunde)* customer.

Kauf·haus *n* department store; **Kauf·haus·de·tek·tiv(in)** *m (f)* store detective.

Kauf·kraft *f* **1.** *markt* spending power; **2.** *fin* buying (*od* purchasing) power; **kauf·kräf·tig** *adj* **1.** *markt:* ► **~e Kundschaft** customers with money to spend (*od* with considerable spending power); **2.** *fin:* ► **~e Währung** currency with good buying power; **Kauf·kraft·len·kung** *f fin pol* control of consumer spending; **Kauf·la·den** *m* shop, store; *(Spielzeug)* toy shop.

käuf·lich ['kɔɪflɪç] *adj* **1.** *(angeboten)* on (*od* for) sale, purchasable; **2.** *fig (bestechlich)* venal; ► **er ist nicht ~** *fig* one can't buy him (off); **etw ~ erwerben** acquire s.th. by purchase; **~e Liebe** prostitution; **Käuf·lich·keit** *f fig* venality.

Kauf·mann ‹-(e)s, -leute› *m* **1.** *(Einzelhandels~)* small shopkeeper; *(für Lebensmittel)* grocer; **2.** *(Händler)* trader; *(Geschäftsmann)* businessman; **kauf·män·nisch** *adj* commercial; *(geschäftsmäßig)* businesslike; ► **~er Angestellter** clerk; **~e Ausbildung** business training; **Kauf·preis** *m com* selling price; **Kauf·rausch** *m* spending spree; ► **im ~ sein** be on a spending spree; **Kauf·sum·me** *f com* (purchase) money; **Kauf·ver·trag** *m com* contract of sale, sales contract; **Kauf·zwang** *m com* obligation to buy; ► **kein ~** no obligation.

Kau·gum·mi *m* chewing gum.

Kaul·quap·pe ['kaʊlkvapə] ‹-, -n› *f zoo* tadpole.

kaum [kaʊm] **I** *adv* **1.** *(mit Mühe)* hardly, scarcely; **2.** *(wahrscheinlich nicht)* hardly, scarcely; ► **~ zehn Mark** hardly ten marks; **ich glaube ~** I hardly think so; **das wird wohl ~ passieren** that's scarcely likely to happen; **II** *conj* hardly, scarcely; **~ hatte er das gesagt, als ...** hardly had he said this when ...

Kau·ta·bak *m* chewing tobacco.

Kau·tion [kaʊ'tsjo:n] *f* **1.** *jur* bail; **2.** *(Miet~)* deposit; ► **e-e ~ stellen** stand bail; **gegen ~** on bail; **jdn gegen ~ freibekommen** bail s.o. out; **e-e ~ hinterlegen** *(für Mietwohnung)* leave a deposit.

Kau·tschuk ['kaʊtʃʊk] ‹-s, -e› *m* india rubber.

Kauz [kaʊts, *pl* 'kɔɪtsə] ‹-es, ⸚e› *m orn* screech owl; ► **komischer ~** *fig* odd bird.

Ka·va·lier [kava'li:ɐ] ‹-s, -e› *m* gentleman; **Ka·va·liers·de·likt** *n* peccadillo.

Ka·val·le·rie [kavalə'ri:, '----] *f mil hist* cavalry; **Ka·val·le·rist** *m mil hist* cavalry man.

Ka·vi·ar ['ka:viar] ‹-s, -e› *m* caviar.

Kbyte ['kabaɪt] *n EDV* kilobyte.

keck [kɛk] *adj* **1.** *(kühn)* bold; **2.** *(flott)* pert; **3.** *(frech)* cheeky, saucy; **Keck·heit** *f* **1.** *(Kühnheit)* boldness; **2.** *(Flottheit)* pertness; **3.** *(Frechheit)* cheekiness, sauciness.

Ke·gel ['ke:gəl] ‹-s, -› *m* **1.** *math* cone; **2.** *(Figur beim ~n)* ninepin, skittle; *(beim Bowling)* pin; **3.** *typ* body; ► **~ schieben** play at ninepins; **mit Kind u. ~** *hum fam* with the whole lot; **Ke·gel·bahn** *f* skittle-alley; *(für Bowling)* bowling alley; **ke·gel·för·mig** *adj* conic(al); **ke·geln** ['ke:gəln] *itr* play ninepins (*beim Bowling* bowls); **Ke·gel·schnitt** *m math* conic section.

Keh·le ['ke:lə] ‹-, -n› *f* **1.** *anat (Gurgel)* throat; **2.** *tech (Rille)* groove; ► **mir ist die ~ wie zugeschnürt** I've got a lump in my throat; **jdm das Messer an die ~ setzen** *a. fig* hold a knife to someone's throat; **die Worte blieben mir in der ~ stecken** *fig* the words stuck in my throat; **jdn an der ~ packen** seize s.o. by the throat; **jdm die ~ durchschneiden** cut someone's throat; **Kehl·kopf**

m anat larynx; **Kehl·laut** *m* guttural (sound).

Keh·re ['ke:rə] ‹-, -n› *f* **1.** *(Kurve)* (sharp) bend (*od* turn); **2.** *sport (beim Turnen)* rear vault.

keh·ren¹ I *tr itr (drehen, wenden)* turn; ► **jdm (e-r Sache) den Rücken ~** *a. fig* turn one's back on s.o. (s.th.); **in sich gekehrt** *fig (still, verschlossen)* introverted; *(nachdenklich)* pensive; **das Oberste zuunterst ~** turn everything upside down; **II** *refl* **1.** *(sich drehen, wenden)* turn; **2.** *(sich kümmern)* mind (*an etw* s.th.); **3.** *(zurückfallen auf, sich wenden gegen)* rebound (*gegen jdn* on s.o.).

keh·ren² ['ke:rən] *tr itr (fegen)* sweep.

Keh·richt ['ke:rıçt] ‹-s› *m* sweepings *pl.*

Kehr·ma·schi·ne *f* **1.** *(Straßen~)* road-sweeper; **2.** *(Teppich~)* carpet-sweeper.

Kehr·reim *m* chorus, refrain.

Kehr·sei·te *f* **1.** *fam hum (Rücken)* back; *(Gesäß)* backside; **2.** *(von Münze)* reverse; **3.** *fig (Nachteil)* drawback; *(Schattenseite)* other side.

kehrt|ma·chen ['ke:ɐt-] *itr* **1.** *mil* about-turn; **2.** *(umkehren)* turn back; **Kehrt·wen·dung** *f mil a. fig* about-turn.

Kehr·wert *m math* reciprocal value.

kei·fen ['kaıfən] *itr* **1.** *(meckern)* nag; **2.** *(giftig zanken)* bicker.

Keil [kaıl] ‹-(e)s, -e› *m tech a. fig* wedge.

Kei·le ‹-› *pl fam* thrashing; **kei·len I** *tr tech* wedge; **II** *refl fam (sich schlagen)* brawl, fight.

Kei·ler *m zoo (männl. Wildschwein)* wild boar.

Kei·le·rei *f fam (Schlägerei)* brawl, *Br* punch-up.

keil·för·mig *adj* wedge-shaped; **Keil·rie·men** *m mot* fan belt; **Keil·schrift** *f hist* cuneiform (writing).

Keim [kaım] ‹-(e)s, -e› *m* **1.** *(Krankheits~)* germ; **2.** *bot (Schößling)* shoot, sprout; **3.** *fig* seed; ► **etw im ~ erstikken** nip s.th. in the bud; **den ~ zu etw legen** *fig* sow the seeds of s.th. *pl;* **Keim·drü·se** *f anat* gonad; **kei·men** *itr* **1.** *a. fig* germinate; *bot (treiben)* shoot, sprout; **2.** *fig (von Verdacht, Hoffnung etc)* be aroused; **keim·frei** *adj med a. fig* sterile; **Keim·ling** *m* **1.** *med (Embryo)* embryo; **2.** *bot (Sproß)* sprout; **keim·tö·tend** *adj* antiseptic, germicidal; **Kei·mung** *f* germination; **Keim·zel·le** *f* germ cell; *fig* nucleus.

kein(e) [kaın] *prn m n (f) (adjektivisch)* **1.** no; *(vor Subst. im Sing a.)* not a; *(vor Subst. im Pl a.)* not any; **2.** *(kaum, nicht einmal)* less than; ► **sie ist kein Kind mehr** she is no longer a child; **kein Wort mehr!** not another word! **kein bißchen ...** absolutely no ... **kein einziges Mal** not a single time; **kein anderer als Bismarck** no-one else but Bismarck; **keine(r, s)** *prn f (m, s) (substantivisch)* **1.** *(von Menschen: als Subjekt)* no-one, nobody; *(als Subjekt od Objekt)* not anyone, not anybody; **2.** *(von Gegenständen: als Subjekt)* not one *nur sing,* none *sing u. pl; (als Subjekt od Objekt)* not any, none; ► **keiner von uns** none of us; **keiner von uns beiden** neither of us; **kei·ner·lei** *adj attr* not ... at all, no ... whatever; **kei·nes·falls** ['--'-] *adv* on no account, under no circumstances; **kei·nes·wegs** ['--'-] *adv* **1.** *(keinesfalls)* by no means, not at all; **2.** *(nicht im geringsten)* not in the least.

Keks [ke:ks] ‹-(es), -(e)› *m Br* biscuit, *Am* cookie; ► **jdm auf den ~ gehen** *fam* get on s.o.'s wick.

Kelch [kɛlç] ‹-(e)s, -e› *m* **1.** *(Trinkgefäß)* goblet; **2.** *bot* calyx; **3.** *eccl* communion cup; ► **der ~ ist noch einmal an ihm vorübergegangen** *fig* he has been spared again.

Kel·le ['kɛlə] ‹-, -n› *f* **1.** *(Schöpf~)* ladle; **2.** *(Maurer~)* trowel; **3.** *rail (Zugführer~)* signalling disc.

Kel·ler ['kɛlɐ] ‹-s, -› *m* cellar; **Kel·ler·as·sel** [-'asəl] ‹-, -n› *f zoo* wood-louse; **Kel·ler·ge·schoß** *n* basement; **Kel·ler·woh·nung** *f* basement flat.

Kell·ner(in) *m (f)* waiter (waitress).

Kel·te ['kɛltə] ‹-n, -n› *m* Celt.

Kel·ter ['kɛltɐ] ‹-, -n› *f* winepress; *(Obstr~)* press; **kel·tern** *tr* press.

Kenn·da·ten *pl* characteristics.

ken·nen ['kɛnən] *irr tr* know; *(bekannt sein mit)* be acquainted with; ► **oh, ich kenne dich doch!** *(... was du für einer bist!)* oh, I know what you're like! **das Leben ~** know the ways of the world; **~ Sie mich denn nicht mehr?** well, don't you remember me? **ich kenne ihn nur dem Namen nach** I know him only by name; **nur oberflächlich ~** know but slightly; **aber so ~ wir ihn gar nicht!** but we've never known him like this before! **etw in- u. auswendig ~** know s.th. inside out; **ken·nen|ler·nen** *tr* become acquainted with, get to know; *(zum ersten Mal sehen)* meet; ► **Sie werden mich noch ~!** *fam* I'll show you! you'll have me to reckon with! **jdn näher ~** get to know s.o. better.

Ken·ner(in) *m (f)* **1.** *(Wein~ etc)* connoisseur; **2.** *(Experte)* expert (*von* in, on); *(Autorität)* authority (*von* on); **Ken·ner·blick** *m* expert's eye.

Kenn·kar·te *f* identity card; **Kenn·num·mer** *f* identification number.

kennt·lich *adj* **1.** *(erkennbar)* recognizable (*an* by); **2.** *(unterscheidbar)* distinguishable (*an* by); **3.** *(klar)* clear; ► **etw ~ machen** *(kennzeichnen)* mark s.th.; *(klar bezeichnen)* indicate s.th. clearly.

Kennt·nis ['kɛntnıs] ‹-, -se› *f (Wissen)*

knowledge; ► **jdn von etw in ~ setzen** advise s.o. about s.th.; **etw zur ~ nehmen** take note of s.th.; **nehmen Sie bitte zur ~, daß ...** please note that ...; **~ erhalten von etw** hear *od* learn about s.th.; **ohne ~ von etw** without any knowledge of s.th; **Kennt·nis·nah·me** *f:* ► **zu Ihrer ~** for your information; **Kennt·nis·se** *f pl* **1.** *(Talente)* attainments *pl;* **2.** *(Fertigkeiten)* accomplishments *pl;* **3.** *(Wissen)* knowledge *sing (in* of); ► **jdm ~ vermitteln** impart knowledge to s.o.

Kenn·wort *n* **1.** *(Chiffre)* code name; **2.** *mil (Parole)* password; **3.** *bes. EDV* password, keyword; **Kenn·zei·chen** *n* **1.** *(Charakteristikum)* characteristic *(für, von* of); **2.** *(Anzeichen, a. med)* symptom *(für* of); **3.** *(Merkmal, Markierung)* (distinguishing) mark; **4.** *(~ für Qualität)* hallmark *(für, von* of); **5.** *mot Br* number plate, *Am* license plate; **kenn·zeich·nen** *tr* **1.** *(markieren)* mark *(als zerbrechlich etc* fragile etc); **2.** *(charakterisieren)* characterize; **Kenn·zif·fer** *f* **1.** *math* characteristic; **2.** *com* reference number; **3.** *(bei Chiffreanzeige)* box number.

ken·tern ['kɛntɐn] ‹sein› *itr mar* capsize.

Ke·ra·mik [ke'ra:mɪk] *f* **1.** *(Kunst)* ceramics *pl;* **2.** *(Tonwaren)* ceramics *pl,* pottery.

Ker·be ['kɛrbə] ‹-, -n› *f* notch; ► **in die gleiche ~ hauen** *fig fam* take the same line; **ker·ben** *tr* notch.

Kerb·holz *n fig fam:* ► **er hat einiges auf dem ~** he has quite a record; **etw auf dem ~ haben** have done s.th. wrong.

Kerl [kɛrl] ‹-(e)s, -e/(-s)› *m fam* chap, fellow, *Br* bloke, *Am* guy; ► **ein anständiger ~** a decent sort of a fellow; **feiner ~** fine fellow; **sie ist ein netter ~** she's a nice lass; **ein ganzer ~** a real man, a stout fellow; **gemeiner ~!** mean thing!

Kern [kɛrn] ‹-(e)s, -e› *m* **1.** *(Obst~)* pip; *(Kirsch~)* stone; **2.** *tech el* core; *phys* nucleus *(pl* nuclei); **3.** *fig (Hauptsache)* core, heart.

Kern·ar·beits·zeit *f* core time.

Kern·brenn·stoff *m* nuclear fuel; **Kern·ener·gie** *f* nuclear energy; **Kern·ex·plo·sion** *f* nuclear explosion; **Kern·for·schung** *f* nuclear research; **Kern·for·schungs·zen·trum** *n* nuclear research centre *(Am* center); **Kern·fu·sion** *f* **1.** *phys* nuclear fusion; **2.** *biol* karyogamy.

Kern·ge·häu·se *n* core.

kern·ge·sund ['--'-] *adj* as fit as a fiddle.

ker·nig ['kɛrnɪç] *adj* **1.** *(voller Kerne)* full of pips; **2.** *(kräftig)* robust; **3.** *sl (klasse)* groovy.

Kern·kraft *f* nuclear power; **Kern·kraft·be·für·wor·ter(in)** *m (f)* supporter of nuclear power; **Kern·kraft·geg·ner(in)** *m (f)* opponent of nuclear power, anti-nuke activist, antinuclear; **Kern·kraft·werk** *n* nuclear power station; **Kern·la·dung** *f chem phys* nuclear charge.

kern·los *adj* pipless; **Kern·obst** *n bot* pome.

Kern·phy·sik *f* nuclear physics *pl.*

Kern·punkt *m fig* essential *(od* central) point.

Kern·re·ak·tion *f phys* nuclear reaction; **Kern·re·ak·tor** *m* nuclear reactor.

Kern·schat·ten *m astr opt* complete shadow.

Kern·schmel·ze ‹-, -n› *f phys* meltdown; **Kern·spal·tung** *f phys* nuclear fission.

Kern·spei·cher *m EDV* core memory.

Kern·stück *n fig* principal item.

Kern·tech·nik *f phys tech* nucleonics *pl;* **kern·techn·nisch:** ► **~e Anlage** nuclear plant; **Kern·tei·lung** *f biol* nuclear division; **Kern·ver·schmel·zung** *f* **1.** *phys* nuclear fusion; **2.** *biol* cell union; **Kern·waf·fe** *f* nuclear weapon.

Ker·ze ['kɛrtsə] ‹-, -n› *f* **1.** *(Wachs~)* candle; **2.** *mot (Zünd~)* plug; **ker·zen·ge·ra·de** ['---'--] *adj* straight as a die; **Ker·zen·licht** *n* candlelight; **Ker·zen·stän·der** *m* candle holder.

keß [kɛs] *adj fam (keck)* pert, saucy; *(fesch)* jaunty.

Kes·sel ['kɛsəl] ‹-s, -› *m* **1.** *(Tee~)* kettle; **2.** *(Dampf~)* boiler; **3.** *geog (Tal~)* basin; **4.** *mil* encircled area; **Kes·sel·stein** *m* fur, scale.

Kes·sel·trei·ben *n* **1.** *(Treibjagd, a. fig)* battue; **2.** *fig* witchhunt.

Ketch·up ['kɛtʃap] ‹-s› *m od n* ketchup.

Ket·te ['kɛtə] ‹-, -n› *f* **1.** *allg (a. Laden~)* chain; **2.** *(Hals~)* necklace; **3.** *(Berg~)* range; **4.** *fig (Serie)* series, string; ► **an die ~ legen** chain up; **jdn in ~n legen** put s.o. in chains; **e-e ~ von Ereignissen** a chain *(od* series) of events.

ket·ten *tr (an~)* chain *(an* to); ► **sich an jdn (etw) ~** *fig* bind o.s. to s.o. (s.th.); **jdn an sich ~** *fig* bind s.o. to o.s; **Ket·ten·fahr·zeug** *n* tracked vehicle; **Ket·ten·glied** *n* (chain-)link.

Ket·ten·rau·cher(in) *m (f)* chain-smoker.

Ket·ten·re·ak·tion *f* chain reaction.

Ket·ze·rei [kɛtsə'raɪ] *f eccl* heresy; **Ket·zer(in)** *m (f) eccl a. fig* heretic; **ket·ze·risch** *adj eccl a. fig* heretical.

keu·chen ['kɔɪçən] *itr* pant; **Keuch·hus·ten** *m* whooping-cough.

Keu·le ['kɔɪlə] ‹-, -n› *f* **1.** *(Schlagwerkzeug)* club, cudgel; **2.** *(Fleisch~)* leg; ► **chemische ~** chemical mace.

keusch [kɔɪʃ] *adj a. fig* chaste; **Keusch·heit** *f* **1.** *(Tugendhaftigkeit)* chasteness; **2.** *(sexuelle Unberührtheit)* chastity.

Key·board ['ki:bɔ:d] ‹-s, -s› *mus* keyboards *pl.*

ki·chern ['kɪçɐn] *itr* giggle.

Kick·down ['kɪkdaʊn] ‹-s, -s› *n od m mot* kickdown.

kid·nap·pen *tr* kidnap.

Kie·bitz ['ki:bɪts] ‹-es, -e› *m* **1.** *orn* peewit; **2.** *fam (Kartengucker)* kibitzer.

Kiefer[1] ['ki:fɐ] ‹-s, -› *m anat* jaw.

Kiefer[2] ‹-, -n› *f bot* pine.

Kiel[1] [ki:l] ‹-(e)s, -e› *m (Feder~)* quill.

Kiel[2] *m mar* keel; **kiel·ho·len** ['---] *tr mar* **1.** *(von Schiff)* careen; **2.** *(als Strafe)* keelhaul; **Kiel·raum** *m mar* bilge; **Kiel·was·ser** *n mar a. fig* wake; ▶ **in jds ~ segeln** *fig* follow in someone's wake.

Kie·me ['ki:mə] ‹-, -n› *f* gill.

Kies [ki:s] ‹-es, (-e)› *m* **1.** *(Geröll, Schotter)* gravel; **2.** *sl (Geld)* dough.

Kie·sel·er·de *f chem* silica.

Kie·sel(·stein) ['ki:zəl] ‹-s, -(-s, -e)› *m* pebble.

Kies·ge·win·nung *f* gravel working; **Kies·gru·be** *f* gravel pit.

kif·fen *itr fam* smoke (pot).

Ki·ke·ri·ki ['kɪkəri'ki:] ‹-(s), (-s)› *n* cock-a-doodle-doo.

kil·len ['kɪlən] *tr sl* bump off; **Kil·ler** ‹-s, -› *m sl* killer; *(bezahlter Mörder)* hitman.

Ki·lo·byte *n* (*s.* Kbyte).

Ki·lo(·gramm) ['ki:lo] ‹-s, -(s)› *n* kilogram(me).

Ki·lo·hertz *n radio* kilocycle.

Ki·lo·joule *n* kilojoule.

Ki·lo·me·ter [--'--/'----] *m Br* kilometre, *Am* kilometer; **Ki·lo·me·ter·fres·ser** [--'----] *m mot fam* long-haul driver; **Ki·lo·me·ter·geld** *n* mileage allowance; **Ki·lo·me·ter·stand** *m mot* mileage; **Ki·lo·me·ter·stein** *m* milestone; **Ki·lo·me·ter·zä·hler** *m mot Br* mil(e)ometer, *Am* odometer.

Ki·lo·watt·stun·de *f el* kilowatt hour.

Kind [kɪnt] ‹-(e)s, -er› *n* child, *fam* kid; *(Klein~)* baby; ▶ **von ~ auf** from childhood; **mit ~ u. Kegel** *hum fam* with the whole lot; **~er u. Kindeskinder** children and grandchildren; **an ~es Statt annehmen** adopt; **das ~ mit dem Bade ausschütten** *prov* throw out the baby with the bathwater; **sich wie ein ~ freuen** be as pleased as Punch; **sie bekommt ein ~** she's going to have a baby; **sie kann keine ~er mehr bekommen** she is past child-bearing; **ein ~ erwarten** be expecting a baby; **wir werden das ~ schon schaukeln** *fig fam* don't worry, we'll get along somehow; **das ~ beim Namen nennen** call a spade a spade; **sich bei jdm lieb ~ machen** *fam* soft-soap s.o.

Kind·bett *n* childbed; ▶ **im ~** in confinement.

Kin·der·dorf *n* children's village; **Kin·de·rei** *f* childishness; **Kin·der·fahr·kar·te** *f rail* child's ticket, half; **Kin·der·funk** *radio* children's radio; ~ nursery school; **Kin·der·gar·ten** *m* kindergarten; **Kin·der·gärt·ner(in)** *m (f)* nursery-school teacher; **Kin·der·geld** *n* family allowance; **Kin·der·hort** *m* day nursery; **Kin·der·krank·heit** *f* **1.** *med* children's disease; **2.** *fig* teething troubles *pl;* **Kin·der·läh·mung** *f med* polio(myelitis); **kin·der·leicht** ['--'-] *adj* childishly simple, dead easy; **kin·der·lieb** *adj* fond of children; **kin·der·los** *adj* childless; **Kin·der·mäd·chen** *n* nanny; **Kin·der·narr** *m* great lover of children; ▶ **ein ~ sein** adore children; **Kin·der·pro·gramm** *n* children's programme; **kin·der·reich** *adj (Familie)* large, with a lot of children; **Kin·der·reich·tum** *m* abundance of children; **Kin·der·rei·se·bett** *n* collapsible cot; **Kin·der·schuh** *m* child's shoe; ▶ **~e** *pl* children's shoes; **den ~en entwachsen sein** *fig (erwachsen sein)* have grown up; **noch in den ~en stecken** *fig* be still in its infancy; **kin·der·si·cher** *adj* child-proof; **Kin·der·sitz** *m mot* child's safety seat; **Kin·der·spiel** *n* **1.** *(Spiel für Kinder)* children's game, **2.** *fig* child's play; **Kin·der·spiel·platz** *m* children's playground; **Kin·der·spra·che** *f* **1.** *(Sprache von Kindern)* children's language; **2.** *(Babysprache, imitierend)* baby talk; **Kin·der·sterb·lich·keit** *f* infant mortality; **Kin·der·stu·be** *f fig* upbringing; ▶ **ihm fehlt die ~** he hasn't got any upbringing; **Kin·der·ta·ges·stät·te** *f* day nursery; **Kin·der·tel·ler** *m (in Restaurant)* children's portion; **Kin·der·wa·gen** *m Br* pram, *Am* (baby-)carriage; **Kin·der·zim·mer** *n* child's (*bzw* children's) room.

Kin·des·al·ter *n* infancy; **Kin·des·bei·ne** *n pl:* ▶ **von ~n an** from (early) childhood.

kind·ge·recht *adj* child-orient(at)ed.

Kind·heit *f* childhood.

kin·disch *adj* childish.

kind·lich I *adj* childlike; **II** *adv* like a child.

Kind·tau·fe *f* christening.

Kinn [kɪn] ‹-(e)s, -e› *n* chin; **Kinn·bart** *m* goatee (beard); **Kinn·ha·ken** *m (beim Boxen)* hook to the chin; **Kinn·la·de** *f anat* jaw(-bone).

Ki·no ['ki:no] ‹-s, -s› *n* cinema; ▶ **ins ~ gehen** go to the *Br* pictures (*Am* movies); **Ki·no·cen·ter** *n* cinema complex; **Ki·no·gän·ger(in)** *m (f)* cinemagoer; **Ki·no·hit** *m* blockbuster; **Ki·no-**

pro·gramm *n* film programme; *(Übersicht)* film guide; **Ki·no·vor·stel·lung** *f* performance.

Ki·osk [ki'ɔsk/'ki:ɔsk] ‹-(e)s, -e› *m* kiosk.

Kip·pe ['kɪpə] ‹-, -n› *f* **1.** *sport* spring; **2.** *(Müll~)* tip; **3.** *fam (Zigaretten~)* stub; ► **es steht auf der ~** *fig fam* it's touch and go.

kip·pen I *tr* ‹h› *(um~)* tilt; **II** *itr* ‹sein› tip over; *(Mensch)* topple; *(Fahrzeug)* overturn; ► **aus den Latschen ~** *fig fam (vor Staunen etc) fam* fall through the floor; *(ohnmächtig werden)* pass out; **Kipp·schal·ter** *m tech* toggle switch; **Kipp·wa·gen** *m mot* dump truck, tipper.

Kir·che ['kɪrçə] ‹-, -n› *f allg* church; ► **in der ~** at church; **in die** (*od* **zur) ~ gehen** go to church.

Kir·chen·be·such *m* church-going; **Kir·chen·buch** *n* parish register; **Kir·chen·chor** *m* church choir; **kir·chen·feind·lich** *adj* anticlerical; **Kir·chen·fen·ster** *n* church window; **Kir·chen·fürst** *m* prince of the Church; **Kir·chen·ge·mein·de** *f* parish; **Kir·chen·ge·schich·te** *f* church history; **Kir·chen·jahr** *n* ecclesiastical year; **Kir·chen·maus** *f:* ► **so arm wie e-e ~** as poor as a church mouse; **Kir·chen·recht** *n* canon(ical) law; **Kir·chen·staat** ‹-(e)s› *m hist* Papal State(s *pl*); *(Vatikanstaat)* Vatican City; **Kir·chen·steu·er** *f* church tax; **Kir·chen·va·ter** *m* Father of the Church.

Kirch·gän·ger(in) *m (f)* churchgoer; **Kirch·hof** *m* **1.** churchyard; **2.** *(Friedhof)* graveyard.

kirch·lich *adj (attributiv)* church; *(institutionell)* ecclesiastical; *(religiös)* religious; ► **sich ~ trauen lassen** get married in church; **~es Begräbnis** religious funeral.

Kirch·turm *m* church steeple; **Kirch·weih** ‹-› *f (Volksfest) Br* fair, *Am* kermis.

kir·re ['kɪrə] *adj fam* tame; ► **jdn ~ machen** soften s.o. up.

Kirsch·baum *m bot* cherry tree.

Kir·sche ['kɪrʃə] ‹-, -n› *f bot* cherry; ► **mit ihm ist nicht gut ~n essen** *fig* it's best not to tangle with him; **Kirsch·kern** *m* cherry stone; **Kirsch·ku·chen** *m* cherry cake; **Kirsch·was·ser** *n* kirsch.

Kis·sen ['kɪsən] ‹-s, -› *n* cushion; *(Kopf~)* pillow; **Kis·sen·be·zug** *m* cushion cover.

Ki·ste ['kɪstə] ‹-, -n› *f* **1.** *(Behälter)* box; *(Truhe)* chest; *(Wein~)* case; **2.** *fam (Auto, Flugzeug)* crate; *(Fernseher)* box.

Kitsch [kɪtʃ] ‹-(e)s› *m* kitsch; **kit·schig** *adj* kitschy.

Kitt [kɪt] ‹-(e)s, -e› *m (Spachtel a. fig)* cement; *(Glaser~)* putty.

Kitt·chen ['kɪtçən] ‹-s, -› *n fam* clink; ► **ins ~ kommen** be sent to clink.

Kit·tel ['kɪtəl] ‹-s, -› *m* smock; *(Arbeits~)* overall; *(Arzt~ etc)* coat.

kit·ten *tr a. fig* cement; *(Fenster)* putty.

Kitz [kɪts] ‹-es, -e› *n zoo (Zicklein)* kid; *(Reh~)* fawn.

Kit·zel ['kɪtsəl] ‹-s, -› *m* **1.** tickle; **2.** *fig* thrill; **kit·ze·lig** ['kɪts(ə)lɪç] *adj a. fig* ticklish; **kit·zeln** *tr itr a. fig* tickle.

Ki·wi ['ki:vi] ‹-, -s› *f (Frucht)* kiwi.

KKW ‹-s, -s› *n Abk von* **Kernkraftwerk** nuclear power station.

Klacks [klaks] *m fam:* ► **das ist doch nur ein ~** *(wenig Geld)* that's just peanuts *pl; (sehr einfach)* that's but a piece of cake; **wozu habe ich e-en Assistenten, wenn ich jeden ~ allein machen muß?** why do I have an assistant, if I have to do every little chore myself?

klaf·fen ['klafən] *itr* gape.

kläf·fen ['klɛfən] *itr* yap.

Kla·ge ['kla:gə] ‹-, -n› *f* **1.** *jur (zivilrechtlich)* action, suit; *(strafrechtlich)* charge; **2.** *(Beschwerde)* complaint (*über* about); **3.** *(Weh~)* lament (*um, über* for); ► **e-e ~ abweisen** *jur* dismiss a case; **e-e ~ gegen jdn anstrengen** (*od* **einreichen)** *jur* institute proceedings against s.o; **Kla·ge·laut** *m* plaintive cry; **Kla·ge·lied** *n* lament; ► **ein ~ anstimmen** *fig* start to moan (*über* about).

kla·gen ['kla:gən] **I** *itr* **1.** *(sich be~)* complain (*über* about); **2.** *(trauern)* lament (*um jdn od etw* s.o. *od* s.th.); **3.** *(weh~)* moan; **4.** *jur* sue (*auf* for); ► **auf Schadenersatz ~** *jur* sue for damages *pl;* **wir können nicht ~** *fam* we've got nothing to grumble about; **II** *tr:* ► **jdm sein Leid ~** pour out one's sorrow to s.o.

Klä·ger(in) ['klɛ:gɐ] *m (f) jur* plaintiff; ► **wo kein ~ ist, ist auch kein Richter** *prov* well, if no-one complains ...

Kla·ge·schrift *f jur* charge.

kläg·lich ['klɛ:klɪç] **I** *adj* **1.** *(mitleiderregend)* pitiful; **2.** *(dürftig)* pathetic; **3.** *(klagend)* plaintive; **II** *adv (in ~er Weise)* miserably.

klamm [klam] *adj* **1.** *(feuchtkalt)* clammy; **2.** *(erstarrt)* numb.

Klam·mer ['klamɐ] ‹-, -n› *f* **1.** *(Haar~)* (hair)grip; *(Büro~, Hosen~, Wund~)* clip; *(Heft~)* staple; *(Wäsche~)* peg; **2.** *(Satzzeichen, a. math)* bracket; **in ~n setzen** put in brackets; **~ auf (zu)** open (close) brackets; **klam·mern I** *tr (Wäsche)* peg; *(Papier)* staple; **II** *itr sport* clinch; **III** *refl a. fig* cling (*an* to).

klamm·heim·lich ['-'--] *adj adv fam* on the quiet.

Kla·mot·ten [kla'mɔtən] *pl fam (Kleider etc)* gear *sing; (Zeug)* stuff *sing.*

Klang [klaŋ, *pl* 'klɛŋə] ‹-(e)s, ⸚e› *m*

sound; *mus (Tonqualität)* tone; **Klang·far·be** *f* tone colour; **Klang·fül·le** *f* sonority.

klang·lich *adj* tonal.

klang·voll *adj* **1.** *(sonor)* sonorous; **2.** *fig (Namen etc)* fine-sounding.

klapp·bar *adj* **1.** *(zusammen~)* collapsible, folding; **2.** *(nach unten od oben ~)* hinged, tipping.

Klapp·bett *n* folding bed.

Klap·pe ‹-, -n› *f* **1.** *allg* flap; *(Deckel)* lid; **2.** *mus (von Blasinstrument)* key; **3.** *tech (Ventil, a. med: Herz~)* valve; **4.** *sl (Mund)* trap; ► **zwei Fliegen mit e-r ~ schlagen** *fig fam* kill two birds with one stone; **die ~ halten** *sl* pipe down.

klap·pen ['klapən] **I** *itr fig fam (in Ordnung sein)* work; *(gutgehen)* work out; ► **wenn das bloß klappt!** I hope that'll work out! **es hat alles geklappt** everything clicked; **es klappt nichts** everything is going wrong; **alles klappte wie am Schnürchen** everything went like clock-work; **II** *tr* fold (*nach oben, unten, vorn, hinten* up, down, forward, back).

Klap·per ['klapɐ] ‹-, -n› *f* rattle.

klap·per·dürr ['--'-] *adj fam* (as) thin as a rake.

klap·p(e)·rig ['klapərıç] *adj* **1.** rickety; **2.** *fig fam (Mensch)* shaky.

Klap·per·ki·ste *f mot hum fam* boneshaker, rattletrap; **klap·pern** *itr* clatter, rattle; *(mit den Zähnen)* chatter; *(Absatz, Mühle)* clack; **Klap·per·schlan·ge** *f zoo* rattlesnake.

Klapp(·fahr)·rad *n* folding bicycle; **Klapp·mes·ser** *n* jack-knife; **Klapp·sitz** *m* folding seat; **Klapp·stuhl** *m* folding chair; **Klapp·tisch** *m* folding table; **Klapp·ver·deck** *n mot* collapsible (*od* folding) hood.

Klaps [klaps] ‹-es, -e› *m (leichter Schlag)* slap, smack; ► **e-n ~ haben** *fig fam* be off one's rocker; **Klaps·müh·le** *f fam pej Br* loony bin, *Am* bughouse.

klar [kla:ɐ] *adj* **1.** *(deutlich, offensichtlich)* clear; **2.** *(fertig)* ready; ► **~er Fall!** *fam* sure thing! **na ~!** *fam* sure! **alles ~?** *fam* everything OK? **~ u. deutlich** distinctly, plainly; **~e Antwort** plain answer; **sich darüber im ~en sein, daß ...** realize that ...; **sich über etw im ~ sein** be aware of s.th.; **jdm etw ~ zu verstehen geben** make s.th. plain to s.o.; **ist das ~?** do I make myself plain? **~ wie Kloßbrühe** *fig fam* clear as mud.

Klär·an·la·ge *f* sewage plant; **Klär·becken (k·k)** *n* clarification basin, clarifier.

klä·ren ['klɛ:rən] **I** *tr allg (klar machen)* clear; *(Sachlage)* clarify; *(Angelegenheit, Problem)* settle; *(Luft etc reinigen)* purify; **II** *refl* **1.** *(Himmel)* clear; *(Wetter)* clear up; **2.** *(klar, deutlich werden)* become clear; *(aufgeklärt, gelöst werden)* be clarified; *(bereinigt werden)* be settled.

klar|ge·hen *irr itr fam* be OK; ► **das geht schon klar** that's hunky-dory anyway.

Klar·heit *f* **1.** *(Reinheit, Schärfe)* clearness; **2.** *fig (Deutlichkeit)* clarity; **Ich möchte Ihnen in aller ~ sagen, daß ...** I'd like to make it perfectly plain to you that ...; **sich über etw ~ verschaffen** get clear about s.th.

Kla·ri·net·te [klari'nɛtə] ‹-, -n› *f mus* clarinet.

klar|kom·men *irr itr fam* get by; ► **mit jdm (etw) ~** cope with s.o. (s.th.); **klar|le·gen** *tr* make clear, explain; **klar|ma·chen** *tr* **1.** *(erklären)* make clear; **2.** *mar (Schiff)* make ready; ► **sich etw ~** realize s.th.

Klär·schlamm *m* sludge.

klar|se·hen *irr itr* see clearly.

Klar·sicht·fo·lie *f* clear film; **Klar·sicht·hül·le** *f* clear plastic folder.

Klar·text *m* uncoded text; ► **im ~** *fig fam* in plain English; **mit jdm ~ reden** *fig fam* give s.o. a piece of one's mind.

Klas·se ['klasə] ‹-, -n› *f* **1.** *allg (Kategorie)* class; *sport (Spiel~)* league; *com (Güter~)* grade; **2.** *(Schul~)* class, form; *(~nzimmer)* classroom; ► **das ist ja große ~!** *fam (großartig)* that's really great! that's a real smasher! **das ist einsame ~!** *fam* that's a class by itself! **untere, höhere, arbeitende ~** lower, upper, working class(es *pl*); **in ~n einteilen** classify.

Klas·sen·ar·beit *f* class test; **Klas·sen·be·wußt·sein** *n* class-consciousness; **Klas·sen·buch** *n* (class-)register; **Klas·sen·ka·me·rad(in)** *m (f)* classmate; **Klas·sen·kampf** *m pol* class struggle; **Klas·sen·leh·rer(in)** *m (f)* class teacher; **Klas·sen·zim·mer** *n* classroom.

klas·si·fi·zie·ren [klasifi'tsi:rən] *tr* classify.

Klas·sik ['klasık] ‹-› *f* **1.** *(Kunstperiode)* classical period; **2.** *(klassische Musik)* classical music; **Klas·si·ker(in)** *m (f)* classic; **klas·sisch** *adj* **1.** *(die Klassik betreffend)* classical; **2.** *(typisch)* classic.

Klatsch [klatʃ] ‹-(e)s, (-e)› *m* **1.** *(klatschendes Geräusch)* splash; **2.** *fam (Gerede)* gossip; **Klatsch·ba·se** *f fam pej* **1.** *(Quasselstrippe)* chatterbox; **2.** *(Lästermaul)* gossip, scandalmonger.

klat·schen **I** *tr* **1.** *(Takt, Beifall etc)* clap; **2.** *(knallen, schlagen)* slap, smack; ► **jdm Beifall ~** clap s.o.; **II** *itr* **1.** *(mit den Händen)* clap; **2.** *(schlagen, klapsen)* slap; **3.** *(platschen, spritzen etc)* splash; **4.** *fam (tratschen)* gossip (*über* about); ► **er klatschte sich auf die Schenkel** he slapped his thighs; **sie klatschte in die Hände** she clapped her hands; **Regen klatschte an mein Fenster** rain was splashing against my window; **sie klatscht gern** *fam (tratscht gern)* she likes to (spread) gossip.

Klatsch·maul *n sl pej* scandalmonger.

Klatsch·mohn *m bot* poppy.

klatsch·naß ['-'-] *adj fam* sopping wet.

Klatsch·spal·te *f* gossip column.

Klaue ['klaʊə] ⟨-, -n⟩ *f* **1.** *(von Raubtier)* claw; *(von Raubvogel)* talon; **2.** *fig fam (schlechte Schrift)* scrawl.

klau·en *sl* **I** *tr* nick, pinch (*jdm etw* s.th. from s.o.); **II** *itr* pinch things.

Klau·se ['klaʊzə] ⟨-, -n⟩ *f* **1.** *(von Einsiedler)* hermitage; *(Mönchszelle)* cell; **2.** *(Schlucht)* chasm.

Klau·sel ['klaʊzəl] ⟨-, -n⟩ *f jur allg* clause; *(Bedingung)* stipulation; *(Vorbehalt)* proviso.

Klau·sur ⟨-, -en⟩ *f* **1.** *päd* exam, paper; **2.** *nur sing (Abgeschlossenheit)* seclusion.

Kla·vier [kla'viːɐ] ⟨-s, -e⟩ *n* piano; ▶ **~ spielen** play the piano; **Kla·vier·spiel** ⟨-(e)s⟩ *n* piano-playing; **Kla·vier·spie·ler(in)** *m (f)* piano-player; **Kla·vier·stim·mer(in)** *m (f)* piano-tuner.

Kle·be·band *n* adhesive tape; **Kle·be·bin·dung** *f typ* adhesive binding; **Kle·be·flä·che** *f* surface to be glued.

kle·ben ['kleːbən] **I** *tr* glue, paste; ▶ **jdm e-e ~** *fig fam* paste s.o. one; **Bilder in ein Album ~** paste pictures into an album; **II** *itr* **1.** *(anhaften)* stick (*an* to); **2.** *fig (festhalten)* cling (*an* to); **3.** *fam obs (Versicherungsmarken)* pay stamps.

kleb·rig ['kleːbrɪç] *adj* sticky.

Kleb·stoff *m* adhesive; **Kleb·stoff·tu·be** *f* tube of glue; **Kleb(e)·strei·fen** *m* adhesive tape.

kleckern (k·k) ['klɛkɐn] *itr* **1.** *(beim Essen etc)* make a mess; **2.** *fig fam (stückchenweise tun)* fiddle about.

klecker·wei·se (k·k) *adv fam pej* in dribs and drabs; ▶ **das Geld kommt nur ~ herein** the money ist only dribbling in.

Klecks [klɛks] ⟨-es, -e⟩ *m (Tinten~)* blot; *(Farb~)* blob; **kleck·sen** *itr* **1.** blot; **2.** *fig (schlecht malen)* daub.

Klee [kleː] ⟨-s⟩ *m bot* clover; ▶ **über den grünen ~ loben** praise to the skies; **Klee·blatt** *n* **1.** *bot* cloverleaf; **2.** *fig* threesome, trio.

Kleid [klaɪt] ⟨-(e)s, -er⟩ *n* dress; ▶ **~er** *(Kleidung) pl* clothes; **~er machen Leute** *prov* fine feathers make fine birds; **klei·den** ['klaɪdən] **I** *tr* **1.** *(mit Kleidung ausstatten, a. fig)* clothe, dress; **2.** *(kleidsam sein)* suit (*jdn* s.o.); **II** *refl (sich anziehen)* dress (o.s.); **Klei·der·ab·la·ge** *f (Garderobe) Br* cloakroom, *Am* checkroom; **Klei·der·bü·gel** *m* clothes (*od* coat) hanger; **Klei·der·bür·ste** *f* clothes brush; **Klei·der·ha·ken** *m* coat hook; **Klei·der·schrank** *m* **1.** wardrobe; **2.** *fig fam (großer Mensch)* great hulk (of a man); **kleid·sam** *adj* becoming, flattering; **Klei·dung** *f* clothes *pl,* clothing; **Klei·dungs·stück** *n* garment.

Kleie ['klaɪə] ⟨-, -n⟩ *f bot* bran.

klein [klaɪn] *adj* **1.** *(unbedeutend, gering)* little; **2.** *(an Umfang, Wert, Anzahl)* small; **3.** *(kurz, ~ von Wuchs)* short; ▶ **~ beigeben** eat humble pie; **bis ins ~ste** in minute detail; **ein ~ bißchen, ein ~ wenig** *fam* a tiny (*od* little) bit; **~er Buchstabe** small letter; **~er Fehler** trifling error; **haben Sie es nicht etw ~er?** do you not have anything smaller? **einige ~ere Fehler** some minor mistakes; **~er Gauner** petty crook; **~er Beamter** minor official; **im ~en** in miniature; **von ~ auf ist er daran gewöhnt** he's been used to it from his childhood; **~ anfangen** start off in a small way; **er ist e-n Kopf ~er als ich** he is a head shorter than I; **das ~ere Übel** the lesser evil.

Klein·an·zei·ge *f* classified ad; small ad; want ad *(fam).*

Klein·asien [-'--] *n* Asia Minor.

Klein·bau·er *m* small farmer; **Klein·be·trieb** *m* small business; **Klein·bür·ger** *m* petty bourgeois; **Klein·bür·ger·tum** *n* petty bourgeoisie; **Klein·bus** *m* minibus; **Klein·for·mat** *n* small size; **Klein·geld** ⟨-(e)s⟩ *n* small coin (*od* change); ▶ **das nötige ~ haben** *fig fam* have the necessary wherewithal.

klein·gläu·big *adj* **1.** *rel* doubting; **2.** *(ängstlich)* timid.

klein|hacken (k·k) *tr* chop up small.

Klein·heit *f* smallness, small size; **Klein·hirn** *n anat* cerebellum; **Klein·holz** ⟨-es⟩ *n* firewood, kindling; ▶ **~ aus jdm machen** *fig fam* make mincemeat out of s.o.; **~ aus etw machen** *fig fam* smash s.th. to pieces.

Klei·nig·keit ['klaɪnɪçkaɪt] *f* **1.** *(kleines Ding)* little thing; *(Bagatelle)* trifling matter; *(Detail)* minor detail; **2.** *(ein bißchen)* a little, a trifle; ▶ **nur e-e ~ essen** eat but a little s.th.; **das ist e-e ~** that's nothing; **sich nicht mit ~en abgeben** not bother over details; **wegen (*od* bei) jeder ~** for the slightest reason; **das wird Sie aber e-e ~ kosten** *fam iro* but that'll cost you a pretty penny; **die ~ von 50 000 DM** *fam iro* the small matter of DM 50.000; **Klei·nig·keits·krä·mer(in)** *m (f) pej* pedant, stickler (for detail).

Klein·ka·li·ber·ge·wehr *n* small-bore rifle.

klein·ka·riert *adj fig fam* small-time; ▶ **sei doch nicht so ~!** *(engstirnig)* don't be so small-minded! **~ denken** think small; **Klein·kind** *n* infant; **Klein-**

kram *m fam* odds and ends *pl;* **Klein·krieg** *m fig* battle; ▶ **e-n ~ mit jdm führen** be fighting a running battle with s.o.

klein|krie·gen *tr* **1.** *(zerhacken)* chop up; *(zerteilen, aufteilen)* break up; **2.** *fam (unterkriegen)* get down; **3.** *fam (kaputtmachen)* smash.

klein·laut *adj* abashed, meek, subdued.

klein·lich *adj* **1.** *(pedantisch)* petty; *(knauserig)* mean; **2.** *(engstirnig)* small-minded; **Klein·lich·keit** *f* **1.** *(Pedanterie)* pettiness; **2.** *(Engstirnigkeit)* small-mindedness.

klein·mü·tig *adj* fainthearted, timid.

Klein·od ['klaɪno:t, *pl* 'klaɪno:də/ klaɪ'no:diən] ‹-(e)s, -e/-dien› *n a. fig* gem, jewel.

Klein·staat *m* small state; **Klein·stadt** *f* small town; **klein·städ·tisch** *adj (meist pej)* provincial.

Kleinst·ka·me·ra *f* subminiature camera; **Kleinst·wa·gen** *m* midget car, minicar.

Klein·vieh *n:* ▶ **~ macht auch Mist** *prov* many a mickle makes a muckle.

Klein·wa·gen *m mot* small car.

Klei·ster ['klaɪstɐ] ‹-s, -› *m* paste; **klei·stern** *tr itr* paste.

Klem·me ['klɛmə] ‹-, -n› *f* **1.** *(Klammer)* clip; **2.** *fig fam* fix, jam, tight spot; **In e-e ~ geraten** *fig fam* get into a jam; **tief in der ~ sitzen** be deep in a fix.

klem·men I *tr* **1.** *(Draht etc)* clamp, clip; *(verkeilen, fest~)* wedge; **2.** *fam (klauen)* pinch; ▶ **ich habe mir den Finger in der Tür geklemmt** I caught my finger in the door; **II** *itr (Tür etc)* jam, stick; **III** *refl fig fam:* ▶ **sich hinter jdn (etw) ~** get on to s.o. (get stuck into s.th.).

Klemp·ner(in) ['klɛmpnɐ] ‹-s, -› *m (f)* plumber; **Klemp·ne·rei** *f* **1.** *(das Klempnern)* plumbing; **2.** *(Werkstatt)* plumber's workshop.

Klep·per ['klɛpɐ] ‹-s, -› *m zoo* nag.

Kle·ri·ker ‹-s, -› *m eccl* cleric.

Kle·rus ['kle:rʊs] ‹-› *m eccl* clergy.

Klet·te ['klɛtə] ‹-, -n› *f* **1.** *bot* burdock; **2.** *fig fam (Nervensäge)* nuisance; *(lästige Person)* barnacle.

Klet·ter·ge·rüst n climbing frame; **klet·tern** ['klɛtɐn] ‹sein› *itr* climb; **Klet·ter·pflan·ze** *f bot* climbing plant; **Klet·ter·stan·ge** *f* climbing pole.

Klett·ver·schluß *m* Velcro *Wz.*

Kli·ma ['kli:ma] ‹-s, (-s/-ta)› *n a. fig* climate; **Kli·ma·an·la·ge** *f* air-conditioner; **Kli·ma·for·scher(in)** *m (f)* climatologist.

Kli·mak·te·ri·um ‹-s› *n* change of life.

kli·ma·tisch *adj* climatic; **kli·ma·ti·siert** *adj* air-conditioned; **Kli·ma·ti·sie·rung** *f* air-donditioning; **Kli·ma·wech·sel** *m* change of air.

klim·men ['klɪmən] *irr itr* clamber.

Klimm·zug *m sport* pull-up; ▶ **geistige ~e machen** *fig* do intellectual acrobatics.

klim·pern ['klɪmpɐn] *tr itr* tinkle; *mus (schlecht spielen)* plonk away.

Klin·ge ['klɪŋə] ‹-, -n› *f* blade.

Klin·gel ['klɪŋəl] ‹-, -n› *f* bell; **klin·geln** *itr* **1.** *(läuten)* ring (*nach* for); **2.** *mot* knock; ▶ **es hat geklingelt!** somebody just rang the door bell! *tele* the phone just rang! **na, hat's geklingelt?** *fig* has the penny dropped?

klin·gen ['klɪŋən] *irr itr* **1.** *(tönen, sich anhören)* sound (*nach etw* like s.th.); **2.** *(Glocke, Ohr)* ring; *(Metall)* clang; *(Glas)* clink; ▶ **das klingt mir wie Musik in den Ohren** *fig* that is music to my ears.

Kli·nik ['kli:nɪk] *f med* clinic; **Kli·ni·kum** *n* **1.** *(Teil der med. Prüfung)* clinical curriculum; **2.** *(Großkrankenhaus)* clinical complex.

Klin·ke ['klɪŋkə] ‹-, -n› *f (Tür~)* handle; **Klin·ken·put·zer** *m fam pej (Hausierer)* hawker.

Klin·ker ['klɪŋkɐ] ‹-s, -› *m* clinker.

klipp [klɪp] *adv:* ▶ **~ u. klar** *(offen)* frankly; *(deutlich)* plainly; **er sagte mir ~ u. klar, daß ...** he told me flat that ...

Klip·pe ['klɪpə] ‹-, -n› *f* **1.** *(am Steilufer)* cliff; *(im Meer)* rock; **2.** *fig* obstacle, hurdle.

klir·ren ['klɪrən] *itr allg* clink; *(von Waffen)* clash; *(von Ketten)* jangle; *(von Fensterscheiben)* rattle; **Klirr·fak·tor** *m radio (bei HiFi-Verstärker etc)* distortion factor.

Kli·schee [kli'ʃe:] ‹-s, -s› *n 1. typ* block; *2. fig* cliché; **kli·schie·ren** *tr typ* stereotype.

Kli·to·ris ['klitorɪs] ‹-› *f anat* clitoris.

Klit·sche ['klɪtʃə] ‹-, -n› *f fam* tumble-down shanty.

klitsch·naß ['klɪtʃ'nas] *adj fam* sopping wet.

Klo [klo:] ‹-s, -s› *n fam Br* loo, *Am* john.

Kloa·ke [klo'a:kə] ‹-, -n› *f 1. (Abwasserkanal)* sewer; *2. fig* cesspool; **Kloa·ken·jour·na·lis·mus** *m* gutter press (*od* journalism).

klo·big ['klo:bɪç] *1.* bulky; *(Mensch)* hulking great; *2. fig (ungehobelt)* boorish.

Klo·nen ['klo:nən] ‹-s› *n biol* cloning; **klo·nen** *tr* clone.

klö·nen ['klø:nən] *itr fam Br* have a chinwag (*od* a natter).

klop·fen ['klɔpfən] *I itr 1. (an der Tür etc)* knock (*an* at); *(sanft)* tap (*an, auf* at, on); *2. (Herz)* beat; *(stärker)* pound; *3. mot (Motor)* knock, pink; ▶ **es klopft** there is a knock at the door; *jdm auf die Finger ~ fig* rap s.o. on the knuckles; *II tr (Steine etc)* knock down; *(Fleisch, Teppich etc)* beat; ▶ **den Takt ~** beat time; **klopf·fest** *adj mot* anti-knock.

Klöp·pel ['klœpəl] ‹-s, -› *m 1. (von Glocke)* clapper, tongue; *2. (Spitzen~)* bobbin; **klöp·peln** *itr* make lace.

klop·pen ['klɔpən] *refl fam* scrap.

Klops [klɔps] ‹-es, -e› *m fam* meatball.

Klo·sett [klo'zɛt] ‹-s, -e/-s› *n* lavatory, toilet; **Klo·sett·pa·pier** *n* toilet paper.

Kloß [klo:s, *pl* 'klø:sə] ‹-es, ⸚e› *m 1. (Erd~)* clod; *2. (Knödel)* dumpling; *(Fleisch~)* meatball.

Klo·ster ['klo:stɐ, *pl* 'klø:stɐ] ‹-s, ⸚› *n (Mönchs~)* monastery; *(Frauen~)* convent.

Klotz [klɔts, *pl* 'klœtsə] ‹-es, ⸚e› *m 1. (Holz~)* block (of wood); *2. fam (häßliches Haus)* monstrosity; *3. fam (grober Kerl)* great lump; ▶ **auf e-n groben ~ gehört ein grober Keil** *prov* rudeness must be met with rudeness; *sich e-n ~ ans Bein binden fig* tie a millstone around one's neck; **klot·zen** *itr sl (hart arbeiten)* slog (away); *(angeben)* show off.

Klub [klʊp] ‹-s, -s› *m* club; **Klub·ses·sel** *m* club chair.

Kluft [klʊft, *pl* klʏftə] ‹-, ⸚e› *f 1. (Lücke, a. fig)* gap; *2. (Abgrund)* chasm; *(Spalte)* cleft; *(Schlucht)* ravine; *3. sl (Kleidung)* gear; ▶ **e-e ~ überbrücken** *fig* bridge a gulf.

klug [klu:k] ‹kl?ger, kl?gst› *adj* clever, intelligent; *(aufgeweckt)* bright; *(verständig)* sensible, wise; *(geschickt)* shrewd; ▶ **daraus kann ich nicht ~ werden** I cannot make head or tail of it; *durch Schaden wird man ~* one learns by one's mistakes; *aus dem kann ich nicht ~ werden* I wonder what makes him tick; *der Klügere gibt nach prov* discretion is the better part of valour; *das Klügste wäre wohl, zu ...* it would probably be best to ...; **Klug·heit** *f (Verstand)* cleverness, intelligence; *(Weisheit)* wisdom.

Klum·pen ['klʊmpən] ‹-s, -› *m allg* lump;*(Erd~)* clod; *(Gold~)* nugget.

klum·pen *itr (Sauce)* go lumpy.

Klump·fuß *m* club-foot.

Klün·gel ['klʏŋəl] ‹-s, -› *m fam pej (Clique)* clique.

knab·bern ['knabɐn] *tr itr* nibble; ▶ **daran wirst du noch zu ~ haben!** *fig fam* you won't get over it so easily!

Kna·be ['kna:bə] ‹-n, -n› *m obs (gehoben)* boy, lad; ▶ **alter ~** *fam* old chap.

Knäcke·brot (k·k) *n* crispbread.

knacken (k·k) ['knakən] *I itr 1. (reißen)* crack; *2. sl (pennen)* (have a) kip; *II tr 1. (Nüsse, a. fig fam: Rätsel)* crack; *2. sl (Autos, Tresor)* break into.

Knacker (k·k) *m sl:* ▶ **alter ~** old geezer.

Knacki (k·k) *m sl (ehem. Häftling)* jailbird.

Knack·punkt *m fam* critical point, crucial point.

Knacks [knaks] ‹-es, -e› *m 1. (Riß, Sprung)* crack; *2. fam (leichter Defekt):* ▶ **mein Kasettenrecorder hat e-n ~** there's s.th. wrong with my cassette recorder; ▶ **eure Ehe hat doch schon lange e-n ~** *fig fam* your marriage has been cracking up for along time; *er hat einen ~ weg fig fam* he's a bit screwy; *(gesundheitlich)* his health isn't too good; *e-n ~ bekommen fig fam (e-n Rückschritt erleiden)* suffer a setback.

Knall [knal] ‹-(e)s, (-e)› *m 1. (von Peitsche)* crack; *(von Tür)* bang; *(von Sektkorken)* pop; *2. fam (Krach)* trouble; ▶ **e-en ~ haben** *fig fam* be off one's rocker; *~ auf Fall fam* all of a sudden; *jdn ~ auf Fall entlassen fam* dismiss s.o. completely out of the blue; **Knall·bon·bon** *n* cracker; **Knall·ef·fekt** *m fam* surprise (*od* spectacular) effect.

knal·len *I tr* bang, slam; ▶ **ich knalle dir gleich e-e!** *fam* I'll clout you one in a minute! *II itr 1. allg* bang; *(Tür)* bang, slam; *(Sektkorken etc)* (go) pop; *(Peitsche)* crack; *2. fam (Sonne)* blaze down; ▶ **mit der Peitsche ~** crack the whip.

Knall·erb·se *f* toy torpedo; **Knall·gas** *n chem* oxyhydrogen.

knall·rot ['-'-] *adj fam* as red as a beetroot.

knapp [knap] *adj 1. (spärlich)* scarce; *(Kleidung)* scanty; *(Geld)* tight; *(dürftig) Br* meagre, *Am* meager; *2. (kaum ausreichend)* barely sufficient; *3. (Stil)* concise; *(Geste)* terse; *4. (gerade noch, so eben)* just; ▶ **~ bei Kasse sein** *fam* be short of money; *mit ~er Mehrheit* with a narrow majority; *sein ~es Auskommen haben* only just get by; *mit ~er Not entkommen* only just escape; *seit e-m ~en Jahr* for almost a year; *etw wird bei jdm ~* s.o. is running short of s.th.; ▶ **..., aber nicht zu knapp!** *fam (gehörig, und wie!)* ..., and good and proper!

Knap·pe ['knapə] ‹-n, -n› *m 1. hist (Schild~)* squire; *2. min (Berg~)* qualified miner.

Knapp·heit *f 1. (Mangel)* scarcity, shortage; *(von Zeit)* shortness; *2. fig (von Stil etc)* conciseness.

Knapp·schaft *f min* miners' guild.

Knar·re ['knarə] ‹-, -n› *f 1. sl (Gewehr)* shooter; *2. tech (~nschlüssel)* ratchet wrench.

knar·ren *itr* creak.

Knast [knast] ‹-(e)s, -e› *m sl (Gefängnis)* clink, jug, *Am a.* can; ▶ **im ~** in clink; *~ schieben sl* do time.

knat·tern ['knatɐn] *itr (rattern)* rattle; *(Motor)* roar.

Knäu·el ['knɔɪəl] ‹-s, -› *m* od *n (Garn~)* ball.

Knauf [knaʊf, *pl* 'knɔɪfə] ‹-(e)s, ⸚e› *m (Tür~)* knob; *(Degen~)* pommel.

knau·se·rig *adj fam* stingy (*mit* with); **knau·sern** *itr fam* be stingy (*mit* with).

knaut·schen ['knaʊtʃən] *tr itr fam* crumple (up); **Knautsch·zo·ne** *f mot* crumple zone.

Kne·bel ['kne:bəl] ‹-s, -› *m* gag; **Kne·bel·knopf** *m (an Mantel etc)* toggle fastening; **kne·beln** *tr (a. fig: die Presse etc)* gag.

Knecht [knɛçt] ‹-(e)s, -e› *m* **1.** *(Bauern~)* farm hand; *(Diener)* (man) servant; **2.** *fig (Sklave)* slave (*jds* to s.o.); **knech·ten** *tr* enslave; **Knecht·schaft** *f* servitude.

knei·fen ['knaɪfən] *irr* **I** *tr itr* pinch (*jdn* s.o.); ► **jdn in den Arm ~** pinch someone's arm; **II** *itr fam (sich drücken)* chicken out (*vor* of); ► **K~ gilt nicht!** there's no shirking it!

Knei·pe ['knaɪpə] ‹-, -n› *f fam Br* pub, *Am* saloon; **Knei·pen·bum·mel** *m* pub crawl.

Kne·te *f* **1.** *sl (Geld)* dough; **2.** *(Knetgummi)* plasticine; **kne·ten** ['kne:tən] *tr allg* knead; **Knet·gum·mi** *m od n* plasticine; **Knet·mas·se** *f* modelling clay.

Knick [knɪk] ‹-(e)s, -e› *m* **1.** *(Biegung)* sharp bend; **2.** *(Falte)* crease; **knicken (k·k)** *tr itr* snap; *(falten)* fold.

knick(e)·rig *adj fam (geizig)* stingy.

Knicks [knɪks] ‹-es, -e› *m* curts(e)y; ► **vor jdm e-n ~ machen** (drop a) curts(e)y to s.o.; **knick·sen** *itr* curts(e)y (*vor jdm* to s.o.).

Knie [kni:, *pl* 'kni:ə] ‹-s, -› *n* **1.** *anat* knee; **2.** *(von Fluß)* bend; **3.** *tech (Rohr~ etc)* angle; ► **etw übers ~ brechen** *fig* rush at s.th.; **in die ~ sinken** drop to one's knees; **das ~ beugen vor jdm** bend the knee to s.o.; **schließlich ging er doch in die ~** *fig* at last he was brought to his knees; **ich lege ihn gleich übers ~** I'll put him over my lap in a minute; **jdn in die ~ zwingen** *fig* force s.o. to his knees; **Knie·beu·ge** *f sport* knee-bend; **Knie·bund·ho·se** *f* knee-breeches; **Knie·ge·lenk** *n anat* knee joint; **Knie·keh·le** *f anat* hollow of the knee.

knien ['kni:ən] *itr refl* kneel (*vor* before).

Knies [kni:s] *m fam:* ► **~ haben** have a tiff.

Knie·schei·be *f anat* kneecap; **Knie·schüt·zer** *m* kneepad.

Knie·strumpf *m* knee-length sock.

Knie·stück *n tech* elbow joint.

Kniff [knɪf] ‹-(e)s, -e› *m* **1.** *fam (Trick)* knack, trick; **2.** *(Falte)* crease, fold; **3.** *(Kneifen)* pinch; ► **den ~ bei etw heraushaben** *fam* have the knack of s.th.; **ist ein besonderer ~ dabei?** *fam* is there a special knack to it? **kniff·lig** *adj* fiddly; *(heikel)* tricky.

Knilch [knɪlç] ‹-s, -e› *m fam pej* bloke, *Am* a. guy, *sl* nut.

knip·sen ['knɪpsən] **I** *tr* **1.** *phot fam* snap; **2.** *(lochen)* punch; **II** *itr phot fam* take pictures; ► **mit den Fingern ~** *fig* snap one's fingers.

Knirps [knɪrps] ‹-es, -e› *m* **1.** *(kleiner Junge)* whippersnapper; squirt *pej;* **2.** *(Faltschirm Wz)* folding umbrella.

knir·schen ['knɪrʃən] *itr (Schnee)* crunch; *(Getriebe)* grind; ► **mit den Zähnen ~** gnash (*od* grind) one's teeth.

kni·stern ['knɪstɐn] *itr (Feuer)* crackle; *(Kleid, Papier, Seide)* rustle.

knit·ter·frei *adj* crease-resistant; **knit·tern** ['knɪtɐn] *tr itr* crease.

kno·beln ['kno:bəln] *itr* **1.** *(würfeln)* play dice; **2.** *(grübeln, nachdenken)* puzzle (*an* over); ► **(mit jdm) um etw ~** toss (s.o.) for s.th.

Knob·lauch ['kno:blaʊx] ‹-(e)s› *m bot* garlic; **Knob·lauch·pres·se** *f* garlic press.

Knö·chel ['knœçəl] ‹-s, -› *m (von Fuß)* ankle; *(von Hand)* knuckle.

Kno·chen ['knɔxən] ‹-s, -› *m* bone; ► **naß bis auf die ~** soaked to the skin; **er hat einfach keinen Mumm in den ~** *fam* he just has no guts; **mir tun alle ~ weh** *fam* every bone in my body is aching; **sich einen ~ brechen** break a bone; **Kno·chen·ar·beit** *f* hard graft; **Kno·chen·bau** *m* bone structure; **Kno·chen·bruch** *m* fracture; **Kno·chen·ge·rüst** *n* skeleton; **Kno·chen·lei·den** *n* osteopathy; **Kno·chen·mark** *n* bone marrow; **Kno·chen·schin·ken** *m* ham on the bone.

knö·chern ['knœçɐn] *adj (Material)* osseous.

kno·chig ['knɔxɪç] *adj* bony.

Knö·del ['knø:dəl] ‹-s, -› *m* dumpling.

Knol·le ['knɔlə] ‹-, -n› *f* **1.** *bot* nodule; *(von Kartoffel)* tuber; **2.** *fig fam (dicke Nase)* conk.

Knol·len·blät·ter·pilz [--'---] *m bot* deathcup.

Knopf [knɔpf, *pl* 'knœpfə] ‹-(e)s, ⸚e› *m* **1.** *(an Kleidern)* button; **2.** *(an Geräten)* (push-)button; ► **auf den ~ drücken** press (*od* push) the button; **knöp·fen** ['knœpfən] *tr* button (up); **Knopf·loch** *n* buttonhole; **Knopf·zel·le** *f* round cell battery.

Knor·pel ['knɔrpəl] ‹-s, -› *m anat* cartilage; *(an Bratenstücken etc)* gristle; **knor·pe·lig** *adj anat* cartilaginous; *(Fleisch)* gristly.

knor·rig ['knɔrɪç] *adj* **1.** *(Holz)* knotty; *(Baum)* gnarled; **2.** *fig (eigenwillig)* surly.

Knos·pe ['knɔspə] ‹-, -n› *f* bud; **knos·pen** *itr* bud.

Kno·ten ['kno:tən] ‹-s, -› *m* **1.** *allg (a. Haar~)* knot; *astr bot math* node; *med* lump; **2.** *fig (Verwicklung)* plot; ▶ **(in etw) e-n ~ machen** tie a knot (in s.th.); **e-n ~ lösen** undo a knot; *fig* solve a difficulty; **Kno·ten·punkt** *m mot rail* junction.

kno·tig *adj* knotty; *(Hände, Zweige)* gnarled.

Know-how [noʊ'haʊ] ‹-(s)› *n* know-how.

knül·le *adj fam (betrunken)* tight.

knül·len ['knʏlən] *tr itr* crumple.

Knül·ler ['knʏlɐ] ‹-s, -› *m fam* **1.** *(Sensation)* big hit; **2.** *(sensationelle Zeitungsmeldung)* scoop.

knüp·fen ['knʏpfən] **I** *tr* **1.** *(Knoten, Band etc)* knot, tie; *(Netz)* mesh; **2.** *fig (Freundschaft)* form; ▶ **e-e Bedingung an etw ~** add a condition to s.th.; **II** *refl* be linked (*an etw* with s.th.).

Knüp·pel ['knʏpəl] ‹-s, -› *m* **1.** *(Waffe)* cudgel; *(Polizei~)* truncheon; **2.** *aero (Steuer~)* control stick; *mot (an Gangschaltung)* gear stick; ▶ **jdm (e-n) ~ zwischen die Beine werfen** *fig* put a spoke in someone's wheel.

knüp·pel·dick ['--'-] *adj fam:* ▶ **wenn's mal losgeht, dann kommt's auch gleich ~** it never rains but it pours; **Knüp·pel·schal·tung** *f mot* gear shift.

knur·ren ['knʊrən] *tr itr* **1.** *(Hund)* growl; *(wütend ~)* snarl; **2.** *(Magen)* rumble; **3.** *fig (nur itr) (sich beklagen)* groan, moan (*über* about); **knur·rig** *adj (brummig, grantig)* grumpy; *(verstimmt)* disgruntled.

knus·pern ['knʊspɐn] *tr itr* crunch; **knusp·rig** *adj (Brötchen, Braten)* crisp.

knut·schen ['knu:tʃən] *tr itr refl fam* neck, pet, smooch (*jdn od mit jdm* with s.o.); **Knutsch·fleck** *m fam* love bite.

Ko·ali·tion [koali'tsjo:n] *f pol* coalition; **Ko·ali·tions·part·ner** *m* coalition partner; **Ko·ali·tions·re·gie·rung** *f pol* coalition government.

Ko·balt ['ko:balt] ‹-s› *n* cobalt.

Ko·bold ['ko:bɔlt] ‹-(e)s, -e› *m* goblin, imp.

Koch [kɔx, *pl* 'kœçə] ‹-(e)s, ⸚e› *m* cook; ▶ **viele ⸚e verderben den Brei** *prov* too many cooks spoil the broth; **Koch·buch** *n* cookbook, cookery book; **ko·chen** ['kɔxən] **I** *itr* **1.** *(Wasser)* boil; **2.** *(Mahlzeiten)* cook; ▶ **vor Wut ~** *fig fam* be boiling with rage; **er kocht gut** he ist a good cook; **II** *tr* **1.** *(Essen)* cook; **2.** *(Wasser, Suppe)* boil; *(Kaffee)* make.

Ko·cher *m* **1.** *(Herd)* cooker; *(Camping~)* stove; **2.** *(Heizplatte)* hotplate.

Kö·cher ['kœçɐ] ‹-s, -› *m (für Pfeile)* quiver.

Koch·feld *n* ceramic hob: **Koch·ge·le·gen·heit** *f* cooking facilities *pl;* **Koch·ge·schirr** *n (im Haushalt)* pots and pans *pl; mil* mess tin.

Kö·chin ['kœçɪn] ‹-, -nen› *f* cook.

Koch·kunst *f* culinary art; **Koch·löf·fel** *m* cooking spoon; **Koch·ni·sche** *f* kitchenette; **Koch·plat·te** *f* boiling ring, hotplate; **Koch·re·zept** *n* recipe; **Koch·salz** *n* common salt, sodium chloride; **Koch·topf** *m* pot; *(mit Stiel)* saucepan.

Ko·die·rung [ko'di:rʊŋ] *f* coding.

Kö·der ['kø:dɐ] ‹-s, -› *m a. fig* bait; **kö·dern** *tr* **1.** lure; **2.** *fig* entice; ▶ **sich ~ lassen** *fig* swallow the bait.

Kof·fe·in [kɔfe'i:n] ‹-s› *n* caffeine; **kof·fe·in·frei** *adj* decaffeinated.

Kof·fer ['kɔfɐ] ‹-s, -› *m* case, bag; ▶ **s-e ~ packen** *a. fig* pack one's bags.

Kof·fer·ra·dio *m* portable radio; **Kof·fer·raum** *m mot Br* boot, *Am* trunk.

Kohl ‹-(e)s› *m* **1.** *(Gemüse)* cabbage; **2.** *fig fam (Quatsch)* rubbish; ▶ **aufgewärmter ~** *fig fam* old stuff; **das macht den ~ auch nicht fett** *fig fam* you (*od* I *od* they *etc*) won't get fat on that; **Kohl·dampf** *m fam:* ▶ **~ schieben** be starving.

Koh·le ['ko:lə] ‹-, -n› *f* **1.** *(Stein~)* coal; **2.** *tech* carbon; **3.** *sl (Geld)* dough; ▶ **auf heißen ~n sitzen** *fig* be on tenterhooks; **Hauptsache, die ~n stimmen** *sl* the main thing is that the money's right; **Koh·le·fil·ter** *m* carbon filter; **Koh·le·kraft·werk** *n* coal(-fired) power station; **koh·len**[1] *itr* **1.** *(karbonisieren)* carbonize; **2.** *mar* take on coal.

koh·len[2] *itr fam (lügen)* tell lies.

Koh·len·becken *n* coal basin; **Koh·len·berg·bau** *m* coal-mining; **Koh·len·berg·werk** *n* coalmine; **Koh·len·di·oxid** *n chem* carbon dioxide; **Koh·len·flöz** [-flø:ts] ‹-es, -e› *n* layer of coal; **Koh·len·hal·de** *f* pile of coal; **Koh·len·händ·ler** *m* coal merchant; **Koh·len·hand·lung** *f* coal-merchant's business; **Koh·len·herd** *m* range; **Koh·len·hy·drat** *n chem* carbohydrate; **Koh·len·ka·sten** *m* coal-box; **Koh·len·kel·ler** *m* coal cellar; **Koh·len·mon·oxid** *n chem* carbon monoxide; **Koh·len·säu·re** *f chem* carbonic acid; **Koh·len·staub** *m* coaldust; **Koh·len·stoff** ‹-(e)s› *m chem* carbon; **Koh·len·wa·gen** *m* **1.** *mot* coal truck; **2.** *rail (Tender)* tender; **Koh·len·was·ser·stoff** [--'---] *m chem* hydrocarbon.

Koh·le·pa·pier ‹-s› *n* carbon paper.

Köh·ler ['kø:lɐ] ‹-s, -› *m* charcoal burner.

Koh·le·ver·flüs·si·gung *f tech* carbohydrate metabolism; **Koh·le·zeich·nung** *f* charcoal drawing.

Kohl·kopf *m* cabbage; **Kohl·mei·se** *f orn* great tit; **kohl·ra·ben·schwarz** ['-'--'-] *adj* **1.** *(Haar, Augen)* jet black; **2.** *fam (sehr schmutzig)* (as) black as coal; **Kohl·ra·bi** [ko:l'ra:bi] ‹-, -› *m bot* kohlrabi; **Kohl·rou·la·de** *f* stuffed cabbage; **Kohl·rü·be** *f bot* swede; **Kohl·weiß·ling** [-ˈ--] *m zoo* cabbage white.

Ko·itus [ˈkoːitʊs] ‹-› *m* coition, coitus; ▶ ~ **interruptus** coitus interruptus.

Ko·je [ˈkoːjə] ‹-, -n› *f* **1.** *mar* berth, bunk; **2.** *(Messestand)* stand; ▶ **sich in die ~ hauen** *sl* hit the sack.

Ko·jo·te [koˈjoːtə] ‹-n, -n› *m zoo* coyote.

Ko·ka·in [kokaˈiːn] ‹-s› *n* cocaine.

Ko·ke·rei [koːkəˈraɪ] *f* coking plant, coke works *pl.*

ko·kett [koˈkɛt] *adj* coquettish; **Ko·ket·te·rie** [kokɛtəˈriː] *f* coquetry; **ko·ket·tie·ren** *itr a. fig* flirt; ▶ **mit e-m Gedanken ~** *fig* flirt with an idea.

Ko·ko·lo·res [kokoˈloːrəs] ‹-› *m fam* **1.** *(Kram)* shebang; **2.** *(Unsinn, Unfug)* rubbish; **3.** *(viel Aufhebens, Getue)* palaver.

Ko·kon [koˈkõː] ‹-s, -s› *m zoo* cocoon.

Ko·kos [ˈkoːkɔs] ‹-› *n* coconut; **Ko·kos·fa·ser** *f* coco *Br* fibre, (*Am* fiber); **Ko·kos·fett** *n* coconut oil; **Ko·kos·flocken (k·k)** *pl* desiccated coconut *sing;* **Ko·kos·mat·te** *f* coconut matting; **Ko·kos·milch** *f* coconut milk; **Ko·kos·nuß** *f* coconut; **Ko·kos·pal·me** *f* coconut palm.

Koks[1] [koːks] ‹-› *m* **1.** *(Brennstoff)* coke; **2.** *fam (Unsinn, Unfug)* rubbish; **3.** *sl (Geld)* dough.

Koks[2] *m od n sl (Kokain)* coke.

Kol·ben [ˈkɔlbən] ‹-s, -› *m* **1.** *(Gewehr~)* butt; **2.** *bot* spadix; *(Mais~)* cob; **3.** *mot* piston; **4.** *chem (Destillier~)* retort; **Kol·ben·fres·ser** *m mot fam* piston seizure.

Kol·chos(e) [kɔlˈçoːzə] ‹-, -n› *m (f)* kolkhoz.

Ko·li·bri [ˈkoːlibri] ‹-s, -s› *m orn* colibri.

Ko·lik [ˈkoːlɪk/koːˈliːk] *f med* colic.

Kol·la·bo·ra·teur(in) [kɔlɑboraˈtøːɐ] *m (f) pol* collaborator.

Kol·laps [kɔˈlaps/*fam* ˈkɔlaps] *m med* collapse.

Kol·leg [kɔˈleːk] ‹-s, -s/-ien› *n* **1.** *(Reihe von Vorlesungen)* course of lectures; **2.** *(einzelne Vorlesung)* lecture.

Kol·le·ge (Kol·le·gin) [koˈleːgə] ‹-n, -n› *m (f)* colleague; *(Arbeits~)* (work)mate; **kol·le·gial** [koleˈgjaːl] *adj* **1.** *(als Kollege)* like a good colleague; **2.** *(kooperativ, hilfsbereit)* cooperative.

Kol·le·gi·um [kɔˈleːgiʊm] *n (Lehrer~ etc)* staff.

Kol·leg·map·pe *f* document case.

Kol·lek·te [kɔˈlɛktə] ‹-, -n› *f eccl* offertory.

Kol·lek·tiv [kɔlɛkˈtiːf] ‹-s, -e/(-s)› *n* collective; **kol·lek·tiv** *adj* collective; **Kol·lek·tiv·schuld** *f* collective guilt; **Kol·lek·tiv·wirt·schaft** *f pol* collective economy.

Kol·lek·tor ‹-s, -en› *m el* collector.

Kol·ler [ˈkɔlɐ] ‹-s, -› *m fam:* ▶ **e-n ~ kriegen** fly into a rage.

kol·li·die·ren [kɔliˈdiːrən] ‹sein *od* h› *itr a. fig* collide (*mit* with); *(zeitlich)* clash.

Kol·li·sion [kɔliˈzjoːn] ‹-, -en› *f a. fig* collision; *(zeitlich)* clash; **Kol·li·sions·kurs** *m a. fig* collision course; ▶ **auf ~ laufen** *a. fig* be heading on a collision course.

Kol·lo·qui·um [kɔˈloːkviʊm] *n* colloquium.

Köln [kœln] *n* Cologne.

ko·lo·nial [koloˈnjaːl] *adj* colonial; **Ko·lo·nial·herr·schaft** *f:* ▶ **die britische ~ über ...** British colonial supremacy over ...; **in den Zeiten britischer ~** during the times of British colonial power; **Ko·lo·nial·sy·stem** *n* colonial system; **Ko·lo·nie** [koloˈniː] *f* colony; **Ko·lo·ni·sa·tion** *f* colonization; **ko·lo·ni·sie·ren** *tr* colonize; **Ko·lo·nist(in)** *m (f)* colonist; *(Siedler)* settler.

Ko·lon·na·de [kolɔˈnaːdə] ‹-, -n› *f arch* colonnade.

Ko·lon·ne [koˈlɔnə] ‹-, -n› *f allg a. typ* column; *mil* convoy; *mot (Autoschlange)* line; *(Arbeiter~)* gang; ▶ **Fünfte ~** *hist* fifth column.

ko·lo·rie·ren [koloˈriːrən] *tr arch* colour.

Ko·lo·rit [koloˈriːt] ‹-(e)s, -e› *n* **1.** *mus* colour; *(bei Malerei)* colouring; **2.** *fig (Lokal~)* atmosphere.

Ko·loß [koˈlɔs] ‹-sses, -sse› *m* colossus.

ko·los·sal [kolɔˈsaːl] **I** *adj* **1.** *allg* colossal; **2.** *fam (Fehler etc)* crass; **II** *adv fam* tremendously.

Ko·lum·ne [koˈlʊmnə] ‹-, -n› *f typ* column; **Ko·lum·nist(in)** *m (f)* columnist.

Ko·ma [ˈkoːma] ‹-s, -s/-ta› *n med* coma.

Kom·bi·na·tion [kɔmbinaˈtsjoːn] *f* **1.** *(Zusammenstellung)* combination; **2.** *sport (Zus.-spiel)* concerted move; **3.** *(Schlußfolgerung)* deduction; **4.** *(von Kleidung)* ensemble, suit; *aero (Flieger~)* flying suit; **Kom·bi·na·tions·ga·be** *f* power of deduction.

kom·bi·nie·ren I *tr* combine; **II** *itr* **1.** *(folgern)* deduce; **2.** *(vermuten)* suppose.

Kom·bi·wa·gen *m mot Br* estate car, *Am* station wagon.

Kom·bü·se [kɔmˈbyːzə] ‹-, -n› *f mar* galley.

Ko·met [koˈmeːt] ‹-en, -en› *m astr* comet.

Kom·fort [kɔmˈfoːɐ] ‹-s› *m (Luxus)* luxury; *(Bequemlichkeiten)* comfort; **kom·for·ta·bel** [kɔmfɔrˈtaːbəl] *adj* **1.** *(mit Komfort)* luxurious; **2.** *(bequem)* comfortable; **Kom·fort·haus** *n* luxury home.

Ko·mik [ˈkoːmɪk] *f* **1.** *(das Komische)* comic; **2.** *(komisches Moment etc)* comic element; ▶ **die Situation ent-**

behrte nicht e-r gewissen ~ the situation was not without an element of comedy; **Ko·mi·ker(in)** *m (f)* comedian; ▶ **Sie** ~! *fig fam* you must be joking!

ko·misch *adj* **1.** *(lächerlich, spaßig)* comic(al), funny; **2.** *(merkwürdig)* funny, strange; ▶ **das K~e daran ist, daß ...** the funny thing about it is that ...

Ko·mi·tee [komi'te:] ‹-s, -s› *n* committee.

Kom·ma ['kɔma] ‹-s, -s/-ta› *n* comma; *math (Dezimal~)* decimal point; ▶ **zwanzig ~ fünf (20,5)** twenty point five (20.5); **null ~ vier (0,4)** point 4 (.4).

Kom·man·dant(in) [kɔman'dant] ‹-en, -en› *m (f)* commanding officer; **Kom·man·dan·tur** *f* head quarters *pl.*

Kom·man·deur(in) *m (f)* commander; *mil* commanding officer (*Abk* C.O.); *mar* captain.

kom·man·die·ren I *tr* **1.** *(Truppen etc)* command; **2.** *(befehlen)* order (*jdm etw* s.o. to do s.th.); **II** *itr* **1.** *(Kommandeur sein)* be in command; **2.** *(Befehle erteilen)* give the orders.

Kom·man·dit·ge·sell·schaft [--'dit-] *f com (Abk KG)* limited partnership. **Kom·man·di·tist** *m com* limited partner.

Kom·man·do [kɔ'mando] ‹-s, -s› *n* **1.** *(Befehl)* command, order; **2.** *(Befehlsgewalt)* command (*über* of); **3.** *mil (Abteilung)* commando; ▶ **das ~ führen** be in command; **das ~ übernehmen** take command; **Kom·man·do·brücke** *f mar* bridge.

kom·men ['kɔmən] *irr* **I** *itr* **1.** *allg* come; *(an~)* arrive; *(her~)* come over; **2.** *(gelangen, hin~)* get (*nach, zu* to); *((er)reichen)* reach; ▶ **das kommt überhaupt nicht in Frage!** that's absolutely out of the question! **ich komme ja schon!** I'm just coming! **da kommt sie ja!** there she is (*od* here she comes)! **ich komme gleich** I'll be there right away; **~ Sie mir bloß nicht mit der Tour!** *fam* don't come that (game) with me! **komme, was wolle** come what may; **wie kommt's (, daß du immer so knapp bei Kasse bist)?** *fam* how come (you're always that short of money)? **was (wer) kommt als nächstes?** what's (who's) next? **das kommt davon, wenn ...** that's what happens when ...; **das kommt von ...** that's because of ...; **das kommt davon, daß ...** that's because ...; **das kommt davon!** see what happens? **los, komm!** come on! **komm, komm, es ist doch alles nicht so schlimm!** come, come, it's not all that bad! **aber das Schlimmste kommt noch ...**, but the worst is yet to come; **sie kommt so langsam in das Alter, in dem ...** she's just reaching the age when ...; **ich komme nicht auf den richtigen Ausdruck** I can't think of the right expression; **es kam alles ziemlich überraschend** it all came as quite a surprise; **alles zusammen kommt das auf 500 DM** *fam* that comes to DM 500 all together; **auf wieviel Geld ~ Sie pro Monat?** *fam* how much money do you get a month? **mir kommt gerade ein Gedanke** I just had an idea; **das haben wir ~ sehen** we saw it coming; **~ Sie mir bloß nicht so!** *fam* don't try that on me! **er ließ e-n Arzt ~** he sent for a doctor; **die Kupplung ~ lassen** *fam mot* let the clutch in; **nach London ~** get to London; **an die frische Luft ~** get out into the fresh air; **endlich ~ die Dinge in Bewegung** things start to move at last; **ins Gefängnis ~** go to prison; **wer zuerst kommt, mahlt zuerst** *prov* first come first served (*od* first in first out); **~ Sie bloß nicht an diese Vase!** just don't touch this vase! **wie sind wir bloß darauf ge~?** *(zu sprechen ge~)* how on earth did we get onto that? **ich lasse auf diese Frau nichts ~** I won't have a word against this woman; **darauf wäre ich nie ge~** that would never have occurred to me; **wie sind Sie dahinter ge~?** how did you find that out? **um s-n Schlaf ~** not to get any sleep; **gelaufen ~** come running; **dazu kommt (~) noch ...** then there is (are) ...; **ich bin noch nicht dazu ge~** I haven't yet got round to it; **wie sind Sie denn nur zu Ihrem neuen Haus ge~?** how on earth did you get (*od* come by) your new house? **ins Gerede ~** get o.s. talked about; **zu sich ~** *(aus Ohnmacht erwachen)* come to one's senses; *fig (sich über sich selbst klar werden)* sort o.s. out; **soweit ist es ge~!** it has come to that! **es kommt noch so weit, daß ...** it will get to the point where ... **ums Leben ~** lose one's life; **(zu etw) zu spät ~** be late (for s.th.); **zu kurz ~** come off badly; **zu e-r Entscheidung ~** come to a decision; **II** *tr fam:* **das wird Sie teuer zu stehen ~!** that'll cost you dear!

kom·mend *adj* coming; ▶ **~e Woche** next week; **in den ~en Jahren** in the years to come.

Kom·men·tar [kɔmɛn'ta:ɐ] ‹-s, -e› *m* commentary; *(Statement gegenüber Presse etc)* comment; ▶ **kein ~** no comment; **e-n ~ zu etw abgeben** (make a) comment on s.th.; **Kom·men·ta·tor(in)** *m (f)* commentator; **kom·men·tie·ren** *tr* comment on.

kom·mer·zia·li·sie·ren *tr (vermarkten)* commercialize; **kom·mer·ziell** [kɔmɛr'tsjɛl] *adj* commercial; ▶ **rein ~ denken** think purely in commercial terms.

Kom·mi·li·to·ne (Kom·mi·li·to·nin)

[kɔmili'to:nə] ‹-n, -n› *m (f)* fellow student.

Kom·miß [kɔ'mɪs] ‹-sses› *m fam* **1.** *(~leben)* barrack-room life; **2.** *(Heer)* army.

Kom·mis·sar [kɔmɪ'sa:ɐ] ‹-s, -e› *m* **1.** *pol* commissioner; **2.** *(Polizei~)* inspector; **Kom·mis·sa·ri·at** [kɔmɪsari'a:t] ‹-(e)s, -e› *n* **1.** *pol* commissioner's department; **2.** *(Polizeidienststelle)* superintendent's department; **kom·mis·sa·risch** *adj (vorläufig)* temporary.

Kom·mis·sion *f* **1.** *(Komitee)* committee; *(Untersuchungsausschuß)* commission; **2.** *com* commission; ▶ **in ~** *com* on commission; **Kom·mis·sio·när** ‹-s, -e› *m com* **1.** commission agent; **2.** *(im Buchhandel: Großhändler)* wholesale bookseller.

Kom·mo·de [kɔ'mo:də] ‹-, -n› *f* chest of drawers.

kom·mu·nal [kɔmu'na:l] *adj pol* local; *(die Stadt betreffend)* municipal; **Kom·mu·nal·po·li·tik** *f pol* local government politics *pl;* **Kom·mu·nal·wah·len** *f pl pol* local (*od* municipal) elections.

Kom·mu·ne [kɔ'mu:nə] ‹-, -n› *f* **1.** *(Gemeinde, Ortschaft)* community; **2.** *(Wohngemeinschaft)* commune; ▶ **die Pariser ~** *pol hist* the Paris Commune.

Kom·mu·ni·ka·tion *f* communication; **Kom·mu·ni·ka·tions·mit·tel** *n* means of communication; **Kom·mu·ni·ka·tions·sa·tel·lit** *m* communications satellite.

Kom·mu·ni·on [kɔmu'njo:n] *f eccl* Communion.

Kom·mu·ni·qué [kɔmyni'ke:] ‹-s, -s› *n* communiqué.

Kom·mu·nis·mus [kɔmu'nɪsmʊs] *m* communism; **Kom·mu·nist(in)** *m (f)* Communist; **kom·mu·ni·stisch** *adj* communist; ▶ **~e Partei** Communist Party; **~e Internationale** Communistic International; **das K~e Manifest** the Communist Manifesto.

Ko·mö·diant(in) [komø'djant] *m (f)* **1.** *theat* actor (actress); **2.** *fig (Heuchler(in))* play-actor.

Ko·mö·die [ko'mø:diə] ‹-, -n› *f* **1.** *theat* comedy; **2.** *fig* farce; ▶ **~ spielen** *fig* put on an act.

Kom·pa·gnon ['kɔmpanjɔŋ/-'jõ:] ‹-s, -s› *m com* partner.

kom·pakt *adj* comact; **Kom·pakt·ka·me·ra** *f phot* compact camera.

Kom·pa·nie [kɔmpa'ni:] *f* **1.** *mil* company; **2.** *com* trading company (*Abk* Co); **Kom·pa·nie·chef (-füh·rer)** *m mil* company commander.

Kom·pa·ra·tiv ['kɔmparati:f] ‹-s, -e› *m gram* comparative.

Kom·par·se [kɔm'parzə] ‹-n, -n› *m film* extra; *theat* super(numerary).

Kom·paß ['kɔmpas] ‹-sses, -sse› *m* compass; ▶ **nach dem ~** by the compass; **Kom·paß·na·del** *f* compass needle.

kom·pa·ti·bel *adj* compatible; **Kom·pa·ti·bi·li·tät** *f* compatibility.

Kom·pen·sa·tion [kɔmpɛnza'tsjo:n] compensation; **kom·pen·sie·ren** *tr* compensate for ...

kom·pe·tent [kɔmpe'tɛnt] *adj* **1.** *(zuständig)* competent; **2.** *(befugt)* authorized; **Kom·pe·tenz** ‹-, -en› *f* competence, authority; *jur (~bereich e-s Gerichts)* jurisdiction; **Kom·pe·tenz·strei·tig·keit** *f* demarcation dispute.

kom·plett [kɔm'plɛt] *adj* complete.

Kom·plex [kɔm'plɛks] ‹-es, -e› *m* complex; *fam (Minderwertigkeits~)* hang-up; ▶ **er hat ~e wegen s-r großen Nase** he has a complex about his big nose; **kom·plex** *adj* complex.

Kom·pli·ka·tion *f* complication.

Kom·pli·ment [kɔmpli'mɛnt] ‹-(e)s, -e› *n* compliment; ▶ **jdm für etw ~e machen** compliment s.o. on s.th.

Kom·pli·ze (Kom·pli·zin) [kɔm'pli:tsə] ‹-n, -n› *m (f)* accomplice.

kom·pli·ziert *adj* complicated.

Kom·plott [kɔm'plɔt] ‹-(e)s, -e› *n* conspiracy, plot; ▶ **ein ~ (zur Ermordung des Königs) schmieden** hatch a plot (to murder the King).

kom·po·nie·ren [kɔmpo'ni:rən] *tr itr* compose; **Kom·po·nist(in)** *m (f)* composer; **Kom·po·si·tion** *f* composition.

Kom·post [kɔm'pɔst] ‹-(e)s, -e› *m* compost; **Kom·post·hau·fen** *m* compost heap; **Kom·po·stier·an·la·ge** *f* composting plant; **kom·po·stie·ren** *tr* compost; **kom·po·stier·bar** *adj* degradable; **Kom·po·stier·bar·keit** *f* degradability; **Kom·po·stie·rung** *f* biological degradation; **Kom·post·werk** *n* composting plant.

Kom·pott [kɔm'pɔt] ‹-(e)s, -e› *n* compote, stewed fruit.

Kom·pres·se [kɔm'prɛsə] ‹-, -n› *f* compress.

Kom·pres·sor ‹-s, -en› *m tech* compressor.

kom·pri·mie·ren [kɔmpri'mi:rən] *tr* **1.** *tech* compress; **2.** *fig* condense.

Kom·pro·miß [kɔmpro'mɪs] ‹-sses, -sse› *m* compromise; **e-n ~ schließen** (*od* **eingehen**) (make a) compromise; **kom·pro·miß·be·reit** *adj* willing to compromise; **Kom·pro·miß·lö·sung** *f* compromise solution.

kom·pro·mit·tie·ren I *tr* compromise; **II** *refl* compromise o.s.

Kon·den·sat *n* condensate.

Kon·den·sa·tor [kɔndɛn'za:tɔr] ‹-s, -en› *m chem el mot* condenser.

kon·den·sie·ren *tr itr a. fig* condense.

Kon·dens·milch [kɔnˈdɛn(t)s-] *f* condensed milk; **Kon·dens·strei·fen** *m aero* vapour trail; **Kon·dens·was·ser** *n* condensation.

Kon·di·tion [kɔndiˈtsio:n] ⟨-, -en *(sport kein pl)*⟩ *f sport (a. jur pol: Bedingung)* condition.

Kon·di·tor(in) [kɔnˈdi:tɔr] ⟨-s, -en⟩ *m (f)* pastry-cook; **Kon·di·to·rei** *f* cake shop; **Kon·di·tor·wa·ren** *pl* cakes and pastries.

Kon·dom [kɔnˈdo:m] ⟨-s, -e⟩ *n* condom.

Kon·fekt [kɔnˈfɛkt] ⟨-(e)s, -e⟩ *n* confectionery.

Kon·fek·tion [kɔnfɛkˈtsjo:n] *f* (manufacture of) ready-made clothes; **Kon·fek·tions·klei·dung** *f* ready-made clothing.

Kon·fe·renz [kɔnfeˈrɛnts] ⟨-, -en⟩ *f* conference; *(Zusammenkunft)* meeting; ▶ **e-e ~ abhalten** hold a meeting; **Kon·fe·renz·schal·tung** *f* **1.** *radio TV* link-up; **2.** *tele* conference circuit; **Kon·fe·renz·zim·mer** *n* conference room; **kon·fe·rie·ren** *itr* confer (*über* on *od* about).

Kon·fes·sion [kɔnfɛˈsjo:n] *f rel* denomination; ▶ **welcher ~ sind Sie?** what denomination are you? **kon·fes·sio·nell** *adj rel* denominational; **kon·fes·sions·los** *adj rel* non-denominational.

Kon·fet·ti [kɔnˈfɛti] ⟨-(s)⟩ *n* confetti.

Kon·fir·mand(in) [kɔnfɪrˈmant] ⟨-en, -en⟩ *m (f) eccl* candidate for confirmation; **Kon·fir·ma·tion** *f eccl* confirmation; **kon·fir·mie·ren** *tr eccl* confirm.

kon·fis·zie·ren [kɔnfɪsˈtsi:rən] *tr* confiscate.

Kon·fi·tü·re [kɔnfiˈty:rə] ⟨-, -n⟩ *f* jam.

Kon·flikt [kɔnˈflɪkt] ⟨-(e)s, -e⟩ *m* conflict.

kon·form [kɔnˈfɔrm] *adj* concurring; ▶ **mit jdm (in etw) ~ gehen** agree with s.o. (about s.th.).

Kon·fron·ta·tion [kɔnfrɔntaˈtsio:n] *f* confrontation; **kon·fron·tie·ren** *tr* confront (*mit* with).

kon·fus [kɔnˈfu:s] *adj* confused, muddled; ▶ **~ machen** confuse; **Sie machen mich noch ganz ~!** you're really quite confusing me!

Kon·greß [kɔŋˈgrɛs] ⟨-sses, -sse⟩ *m* **1.** *pol* congress; *(Fach~)* convention; **2.** *Am parl* Congress; **Kon·greß·hal·le** *f* congress hall.

kon·gru·ent [kɔŋgruˈɛnt] *adj* **1.** *math* congruent; **2.** *fig (übereinstimmend)* concurring.

Kö·nig [ˈkø:nɪç] ⟨-(e)s, -e⟩ *m* king; **Kö·ni·gin** [ˈkø:nɪgɪn] *f* queen; **kö·nig·lich** [kø:nɪklɪç] *adj* royal; ▶ **sie hat sich ~ amüsiert** *fam* she had the time of her life (*od* a jolly good time); **Kö·nig·reich** *n* kingdom; **Kö·nig·tum** *n* kingship.

Kon·ju·ga·tion [kɔnjugaˈtsjo:n] *f gram* conjugation; **kon·ju·gie·ren** *tr gram* conjugate.

Kon·junk·tion [kɔnjʊŋkˈtsjo:n] *f gram a. astr* conjunction; **Kon·junk·tiv** [ˈkɔnjʊnkti:f] ⟨-s, -e⟩ *m gram* subjunctive.

Kon·junk·tur *f com* **1.** *allg (Wirtschaftslage)* economic situation; **2.** *(Hoch~)* boom; ▶ **steigende (fallende) ~** upward (downward) economic trend; **Kon·junk·tur·ab·schwung** *m com* economic down-turn; **Kon·junk·tur·ein·bruch** *m com* slump; **kon·junk·tu·rell** *adj com* economic; ▶ **~ bedingt** due to economic factors; **Kon·junk·tur·kri·se** *f com* economic crisis; **Kon·junk·tur·rück·gang** *m com* slowdown in the economy; **Kon·junk·tur·tief** *n* trough; **Kon·junk·tur·zy·klus** *m* economic cycle, trade cycle, business cycle.

kon·kav *adj math phys* concave.

kon·kret [kɔŋˈkre:t] *adj* concrete.

Kon·kur·rent [kɔŋkʊˈrɛnt] ⟨-en, -en⟩ *m* **1.** *com* competitor; **2.** *(Rivale)* rival; **Kon·kur·renz** *f* **1.** *com (Wettbewerb)* competition; *(Rivalität)* rivalry; **2.** *(die Konkurrenten)* competitors (*od* rivals); ▶ **scharfe ~** keen competition; **jdm ~ machen** compete with s.o.; **sich gegenseitig ~ machen** be in competition with each other; **Kon·kur·renz·druck** *m* pressure of competition; **kon·kur·renz·fä·hig** *adj* competitive; **Kon·kur·renz·kampf** *m* **1.** *com* competition; **2.** *(Rivalität)* rivalry; **kon·kur·renz·los** *adj* unrival(l)ed, without competition; **kon·kur·rie·ren** *itr* compete (*mit* with).

Kon·kurs [kɔŋˈkʊrs] ⟨-es, -e⟩ *m com* bankruptcy; ▶ **~ anmelden** declare o.s. bankrupt; **in ~ gehen** go bankrupt; **Kon·kurs·mas·se** *f com* bankrupt's estate; **Kon·kurs·ver·fah·ren** *n com jur* bankruptcy proceedings *pl;* **Kon·kurs·ver·wal·ter(in)** *m (f) com jur* (official) receiver.

Kön·nen *n* **1.** *(Fähigkeit)* ability; **2.** *(Kenntnisse)* knowledge.

kön·nen [ˈkœnən] *irr tr itr* **1.** *(beherrschen, verstehen)* know (*etw* s.th.); **2.** *(vermögen)* be able to; **3.** *(dürfen)* be allowed to, may; **4.** *(wahrscheinlich od möglich sein)* be likely to, may; ▶ **ich kann kein (Wort) Deutsch** I have (*Br a.* have got) no German; **sie kann sehr gut Englisch** she knows a lot of English; **tanzen (etc) ~** know how to dance (etc); **Klavier spielen ~** know how to play the piano; **jd kann etw tun** s.o. can (*od* is able to) do s.th.; **ich kann nicht mehr** *(mehr kann ich nicht aushalten)* I can't take any more; *(ich kann nicht weitermachen etc)* I can't go on; *(essen)* I can't eat any more; **die Polizei kann mir nichts (anhaben)** the police can't touch me; **er kann einfach nichts** *(ist unfähig)* he's just incapable; *(er versteht sich auf nichts)* he just doesn't know a thing; **das hätte ich Ihnen gleich sagen ~** I could have told you that straight away; **Sie ~ jetzt gehen** you can (*od* are allowed to) go now; **Sie ~ sich doch wohl nicht beklagen, oder?** you certainly can't complain, can you? **das kann man wohl sagen!** you could well say that! **das kann doch nicht wahr sein!** but that's impossible! (*od* that can't possibly be true!); **ich kann nichts dafür (***od* **dazu)** *fam* it's not my fault (*od* I'm not to blame for that); **kann ich das Fenster öffnen?** may I open the window? **ich kann das Fenster nicht öffnen** I can't open the window; **ich kann mich irren** I may be mistaken; **kann schon sein** maybe; **das könnte durchaus stimmen** that's quite likely to (*od* that may well) be true; **dieser Spinner kann mich mal!** *sl* that crank can get stuffed!

kon·se·quent [kɔnze'kvɛnt] *adj* consistent; ▶ **etw ~ einhalten (***od* **beachten)** observe s.th. strictly.

Kon·se·quenz *f* **1.** *(Folgerichtigkeit)* consistency; *(Härte, Strenge)* rigourousness; **2.** *(Folge)* consequence, result; ▶ **~en ziehen** cut one's losses.

kon·ser·va·tiv [kɔnzɛrva'ti:f/'----] *adj* conservative; *Br pol parl* Conservative, Tory.

Kon·ser·ve [kɔn'zɛrvə] ‹-, -n› *f* preserved food; *(in ~nbüchse) Br* tinned (*Am* canned) food; **Kon·ser·ven·büch·se (-do·se)** *f Br* tin, *Am* can; **Kon·ser·ven·fa·brik** *f Br* tinning factory, *Am* cannery; **kon·ser·vie·ren** *tr* conserve, preserve; **Kon·ser·vie·rung** *f* preservation; **Kon·ser·vie·rungs·mi·ttel** *n* preservative.

Kon·so·le [kɔn'zo:lə] ‹-, -n› *f* console.

kon·so·li·die·ren [kɔnzoli'di:rən] *tr* consolidate.

Kon·so·nant [kɔnzo'nant] ‹-en, -en› *m* consonant.

kon·spi·ra·tiv [kɔnspira'ti:f] *adj* conspiratorial.

kon·stant [kɔn'stant] *adj* constant; **Kon·stan·te** ‹-, -n› *f* constant.

kon·sta·tie·ren [kɔnsta'ti:rən] *tr* notice, see.

Kon·sti·tu·tion [kɔnstitu'tsjo:n] *f pol med* constitution; **kon·sti·tu·tio·nell** *adj pol med* constitutional.

kon·stru·ie·ren [kɔnstru'i:rən] *tr* **1.** *math (a. fig: philos)* construct; **2.** *(entwerfen)* design; **Kon·struk·teur(in)** [kɔnstrʊk'tø:ɐ] ‹-s, -e› *m (f)* engineer, designer; **Kon·struk·tion** *f* **1.** *math a. fig* construction; **2.** *(Entwurf, Bauweise)* design; **Kon·struk·tions·feh·ler** *m* **1.** *(fehlerhafter Entwurf)* design fault; **2.** *(struktureller Fehler)* structural defect.

kon·struk·tiv *adj* constructive.

Kon·sul ['kɔnzʊl] ‹-s, -n› *m pol* consul; **Kon·su·lat** ‹-(e)s, -e› *n pol* consulate.

kon·sul·tie·ren *tr* consult.

Kon·sum [kɔn'zu:m] ‹-s› *m (Verbrauch)* consumption; **Kon·su·ment(in)** ‹-en, -en› *m (f)* consumer; **Kon·sum·ge·sell·schaft** *f* consumer society; **Kon·sum·gü·ter** *n pl* consumer goods; **kon·su·mie·ren** *tr* consume; **Kon·sum·tem·pel** *m pej* shrine to consumerism.

Kon·takt [kɔn'takt] ‹-(e)s, -e› *m allg a. el* contact; ▶ **mit jdm in ~ stehen (kommen)** be in (come into) contact with s.o.; **Kon·takt·an·zei·ge** *f* lonely hearts ad; **Kon·takt·bild·schirm** *m EDV* touch-sensitive screen; **kon·takt·freu·dig** *adj* sociable; **Kon·takt·lin·sen** *f pl opt* contact lenses; **Kon·takt·per·son** *f* contact.

kon·tern *tr itr* counter.

Kon·ter·re·vo·lu·tion *f* counter-revolution.

Kon·ti·nent ['kɔntinɛnt/--'-] ‹-(e)s, -e› *m* continent; **kon·ti·nen·tal** *adj* continental.

Kon·tin·gent [kɔntɪŋ'gɛnt] ‹-(e)s, -e› *n* **1.** *com* quota; **2.** *mil (Truppen~)* contingent; **3.** *(Zuteilung)* allotment; **kon·tin·gen·tie·ren** *tr* fix the quotas (*etw* of s.th.).

kon·ti·nu·ier·lich *adj* continuous; **Kon·ti·nui·tät** [kɔntinui'tɛ:t] *f* continuity.

Kon·to ['kɔnto] ‹-s, -ten/(-s/-ti)› *n* account; ▶ **das geht auf mein ~** *fig fam (es ist meine Schuld)* I am to blame for this; *(es geht auf meine Rechnung)* this is on me; **Kon·to·aus·zug** *m* statement (of account); **Kon·to·be·we·gung** *f* transaction; **Kon·to·füh·rung** *f* running of an account; **Kon·to·in·ha·ber(in)** *m (f)* account holder; **Kon·to·num·mer** *f* account number.

Kon·tor [kɔn'to:ɐ] ‹-s, -e› *n com* office; **Kon·to·rist(in)** *m (f) com* clerk (clerkess).

Kon·to·stand *m* bank balance.

Kon·tra ['kɔntra] ‹-s› *n (Ansage beim Kartenspiel)* double; ▶ **jdm ~ geben** *(beim Kartenspiel)* double; *fig (widersprechen)* contradict s.o.

Kon·tra·hent(in) [kɔntra'hɛnt] ‹-en, -en› *m (f)* **1.** *(Gegenspieler)* opponent; **2.** *com (Vertragspartner)* contracting party.

Kon·tra·in·di·ka·tion *f med* contra-indication.

kon·tra·pro·duk·tiv *adj* counter-productive.

Kon·tra·punkt *m mus* counterpoint.

kon·trär [kɔnˈtrɛːɐ] *adj* contrary, opposite.

Kon·trast [kɔnˈtrast] ‹-(e)s, -e› *m* contrast; **kon·tra·stie·ren** *itr* contrast (*mit* with); **Kon·trast·mit·tel** *n med* contrast medium; **Kon·trast·pro·gramm** *n* alternative program(me); **Kon·trast·reg·ler** *m TV* contrast control; **kon·trast·reich** *adj* rich in contrast.

Kon·tri·bu·tion [kɔntribuˈtsjoːn] *f* contribution.

Kon·troll·ab·schnitt *m com* counterfoil; **Kon·trol(l·)lam·pe** *f allg* pilot lamp; *mot* warning light; **Kon·trol·le** [kɔnˈtrɔlə] ‹-, -n› *f* **1.** *(Überprüfung)* check (*bei jdm od etw, jds od e-r Sache* on s.o. *od* s.th.); **2.** *(Kontrollpunkt, -stelle)* checkpoint; **3.** *(Kontrolleur(in))* inspector; **4.** *(Beherrschung, Gewalt, Regulation)* control (*über jdn od etw* of s.o. *od* s.th.); ▶ **regelmäßige ~n (bei jdm** *od* **etw) durchführen** make regular checks (on s.o. *od* s.th.); **jdn (etw) unter ~ haben** have s.o. (s.th.) under control; **Kon·trol·leur(in)** *m (f)* inspector; **Kon·troll·funk·tion** *f* controlling function; **Kon·troll·ge·rät** *n* controlling device.

kon·trol·lier·bar *adj* **1.** *(beherrschbar)* controllable; **2.** *(überprüfbar)* verifiable.

kon·trol·lie·ren *tr* **1.** *(nachprüfen)* check (*nach, auf etw* for s.th.); *(überwachen)* supervise; **2.** *(beherrschen, lenken)* control.

Kon·trol(l·)li·ste *f* check-list; **Kon·troll·turm** *m aero* control tower; **Kon·troll·uhr** *f* time clock; **Kon·troll·zen·trum** *n* control *Br* centre (*Am* center), mission control.

Kon·tro·ver·se [kɔntroˈvɛrzə] ‹-, -n› *f* controversy.

Kon·tur [kɔnˈtuːɐ] ‹-, -en› *f* contour, outline.

Kon·ven·tion [kɔnvɛnˈtsjoːn] *f* convention; **Kon·ven·tio·nal·stra·fe** *f com* penalty for breach of contract; **kon·ven·tio·nell** *adj* conventional.

Kon·ver·sa·tion [kɔnvɛrzaˈtsjoːn] *f* conversation; **Kon·ver·sa·tions·le·xi·kon** *n* encyclop(a)edia.

kon·ver·tier·bar *adj fin* convertible; **kon·ver·tie·ren** [kɔnvɛrˈtiːrən] **I** *tr* convert (*in* into); **II** *itr* be converted; **Kon·ver·tit(in)** *m (f) rel* convert.

kon·vex [kɔnˈvɛks] *adj math phys* convex.

Kon·voi [kɔnˈvɔɪ/ˈ--] ‹-s, -s› *m* convoy; ▶ **im ~** in convoy.

kon·ze·die·ren [kɔntseˈdiːrən] *tr itr* concede (*jdm etw* s.th.).

Kon·zen·trat [kɔntsɛnˈtraːt] ‹-(e)s, -e› *n* **1.** *chem* concentrate; **2.** *fig* condensed extract.

Kon·zen·tra·tion *f* concentration (*auf* on); **Kon·zen·tra·tions·fä·hig·keit** *f* power of concentration; **Kon·zen·tra·tions·la·ger** *n* concentration camp; **Kon·zen·tra·tions·schwä·che** *f* concentration failure.

kon·zen·trie·ren *tr refl* concentrate (*auf* on).

kon·zen·trisch *adj math* concentric.

Kon·zept [kɔnˈtsɛpt] ‹-(e)s, -e› *n* **1.** *(für Essay, Aufsatz etc)* rough copy; *(Rohentwurf)* draft; **2.** *(Begriff, Vorstellung)* concept; ▶ **jdn aus dem ~ bringen** put s.o. off; *fam (aus dem Gleichgewicht)* upset s.o; **sich aus dem ~ bringen lassen** be put off one's stroke; **das paßte ihm ganz u. gar nicht ins ~** that did not at all fit in with his plans; **Kon·zep·tion** *f* conception.

Kon·zern [kɔnˈtsɛrn] ‹-s, -e› *m com* combine, trust; ▶ **multinationaler ~** multinational company; *fam* multinational.

Kon·zert [kɔnˈtsɛrt] ‹-(e)s, -e› *n* **1.** *(~vorstellung)* concert; **2.** *(musikalische Gattung)* concerto; **Kon·zert·flü·gel** *m* concert grand.

kon·zer·tie·ren *itr mus* give a concert.

Kon·zert·mei·ster(in) *m (f) mus Br* leader, *Am* concertmaster; **Kon·zert·pa·vil·lon** *m* bandstand; **Kon·zert·saal** *m* concert hall.

Kon·zes·sion [kɔntsɛˈsjoːn] *f* **1.** *(Zugeständnis)* concession (*an* to); **2.** *(Lizenz) Br* licence, *Am* franchise; **kon·zes·sio·nie·ren** *tr* license.

Kon·zil [kɔnˈtsiːl] ‹-s, -e/-ien› *n eccl* council.

kon·zi·li·ant *adj* [kɔntsiliˈant] **1.** *(beschwichtigend)* conciliatory; **2.** *(großzügig)* generous.

kon·zi·pie·ren *tr* conceive.

Ko·ope·ra·tion *f* cooperation.

Ko·or·di·na·tion [koɔrdinaˈtsjoːn] ‹-› *f* coordination; **ko·or·di·nie·ren** *tr* coordinate.

Kopf [kɔpf, *pl* ˈkœpfə] ‹-(e)s, ¨-e› *m* **1.** *allg (a. Brief~)* head; *(oberster Teil)* top; **2.** *fig (Verstand)* brain; **3.** *(leitende Persönlichkeit)* leader; **4.** *(einzelner Mensch)* person; **Von ~ bis Fuß** from top to toe; **mit bloßem ~** bare-headed; **~ an ~** shoulder to shoulder; *sport* neck to neck; **~ hoch!** *fam* chin up! **aus dem ~** by heart; **Hals über ~** head over heels; **jdm den ~ waschen** *fig fam* give s.o. a piece of one's mind; **e-n dicken ~ haben** *fam (e-n Kater haben)* have a thick head; **sein Sohn ist ihm über den ~ gewachsen** his son has outgrown him; **s-e Probleme wachsen ihm über den Kopf** *fig* he can't cope with his problems any more; **es will ihr nicht in den ~, daß ...** she won't get it into her head that ...; **er ist ein heller ~** he has a good head on his shoulders; **der ~ e-r Bewegung sein** be the head of a movement; **etw über jds ~ hinweg tun** go over someone's head; **~ u. Kragen riskieren** *fig fam* risk one's neck; **..., und wenn Sie sich auf den ~ stellen** *fig fam ...*, you can say or do what you like; **~ oder Zahl?** heads or tails? **sie war wie vor den ~ geschlagen** she was dumbfounded; **pro ~** per capita (*od* head *od* person); **wir bekamen zehn Mark pro ~** we got ten marks each; **das hältst du ja im ~ nicht aus!** *sl* it's absolutely incredible! **jdn e-n ~ kürzer machen** *fam* cut someone's head off; *jds ~ fordern a. fig* demand someone's head; **nicht auf den ~ gefallen sein** *fig fam* be no fool; **sich etw durch den ~ gehen lassen** think about s.th.; **den ~ hängenlassen** hang one's head; *fig* be downcast; **dieser Gedanke geht mir immer im ~ herum** I can't get that thought out of my head; **muß denn immer alles nach deinem ~ gehen?** do you always have to get your own way? **er hat s-n eigenen ~** *fig* he's got a mind of his own; **sich etw aus dem ~ schlagen** get s.th. out of one's head; **ich habe andere Dinge im ~** I have other things on my mind; **nicht richtig im ~ sein** *fam* be not quite right up top; **sich etw in den ~ setzen** take s.th. into one's head; **e-m in den ~ steigen** go to one's head; **ich weiß nicht, wo mir der ~ steht** I don't know whether I'm coming or going; **etw auf den ~ stellen** *a. fig* turn s.th. upside down; **die Tatsachen auf den ~ stellen** *fig* stand the facts on their heads; **jdn vor den ~ stoßen** *fig* offend s.o.; **jdm den ~ verdrehen** *fig fam* turn someone's head; **den ~ (nicht) verlieren** *fig* lose (keep) one's head; **sich (über etw) den ~ zerbrechen** rack one's brains over s.th.; **jdm etw auf den ~ zusagen** say s.th. straight out to s.o.; **Kopf·ar·bei·ter(in)** *m (f)* brain-worker; **Kopf·be·deckung (k·k)** *f* headgear.

Köpf·chen ['kœpfçən] *n fig fam hum:* ▶ **~ haben** have brains *pl.*

köp·fen ['kœpfən] *tr itr* **1.** *(hinrichten)* behead; *hum fam (Flasche)* crack; **2.** *sport (beim Fußball)* head (*ins Tor* a goal).

Kopf·en·de *n* head; **Kopf·geld·jä·ger** *m* head-hunter; **Kopf·haar** *n* hair on one's head; **Kopf·haut** *f* scalp; **Kopf·hö·rer** *m radio* headphones *pl;* **Kopf·kis·sen** *n* pillow.

kopf·la·stig *adj* **1.** *a. fig* top-heavy; **2.** *aero* nose-heavy.

Kopf·laus *f zoo* head louse; **kopf·los** *adj fig* panicky; ▶ **~ werden** *fig* lose one's head; **Kopf·rech·nen** *n* mental arithmetic; **Kopf·sa·lat** *m bot* lettuce; **kopf·scheu** *adj* shy, timid; ▶ **jdn ~ machen** intimidate s.o.; **Kopf·schmerz (Kopf·weh)** *m (n)* headache; ▶ **rasende ~en haben** have a splitting headache *sing;* **Kopf·schmerz·ta·blet·te** *f* headache tablet; **Kopf·sprung** *m* header; ▶ **e-n ~ machen** take a header.

kopf|ste·hen *irr itr* **1.** *(auf dem Kopf stehen)* stand on one's head; **2.** *fig („wild" werden)* go wild (*vor* with).

Kopf·stim·me *f mus* falsetto; **Kopf·stüt·ze** *f* headrest; **Kopf·tuch** *n* scarf; **kopf·über** [-'--] *adj a. fig* headlong; **Kopf·ver·let·zung** *f* head injury.

Ko·pie [ko'pi:] ‹-, -n› *f* **1.** *allg* copy; *(Durchschlag)* carbon copy; **2.** *phot film* print; **3.** *(Imitation)* imitation; **ko·pie·ren** *tr itr* **1.** *a. fig* copy; *(durchpausen)* trace; **2.** *phot film* print; ▶ **oft kopiert, nie erreicht** often imitated, but never equalled; **Ko·pie·rer** *m,* **Ko·pier·ge·rät** *n* photocopier, copier; **Ko·pier·schutz** *m EDV* copy protection; **Ko·pier·sper·re** *f EDV* anti-copy device.

Kop·pel[1] ['kɔpəl] ‹-s, -› *n mil* belt.

Kop·pel[2] ‹-, -n› *f (Weide)* paddock.

Kop·pel[3] ‹-, -n› *f (Hunde~)* pack; *(Pferde~)* string.

kop·peln *tr* **1.** *(Pferde)* string together; *(Hunde)* leash together; **2.** *(verbinden)* couple, join (*etw an etw* s.th. to s.th.); **3.** *fig* link (*etw an etw* s.th. with s.th.).

Kop·pe·lung *f allg* coupling; *(von Raumschiffen)* link-up.

Ko·pro·duk·tion ['----] *f film* co-production.

Ko·ral·le [ko'ralə] ‹-, -n› *f* coral; **Ko·ral·len·hals·band** *n* coral necklace.

Ko·ran [ko'ra:n] ‹-s› *m rel* Koran.

Korb [kɔrp, *pl* 'kœrbə] ‹-(e)s, ⸚e› *m* **1.** *allg* basket; *(Bienen~)* hive; *min (Förder~)* cage; **2.** *(~geflecht)* wicker; ▶ **jdm e-n ~ geben** *fig* turn s.o. down; **e-n ~ bekommen** *fig* get a refusal; **Korb·ball** *m sport* basket-ball; **Körb·chen** ['kœrpçən] *n (kleiner Korb)* little basket; ▶ **ab ins ~!** *fam (ins Bett)* time for bye-byes! **Korb·fla·sche** *f* demijohn; **Korb·flech·te·rei** *f (das Korbflechten)* basket-making; **Korb·flech·ter(in)** *m (f)* basket-maker; **Korb·mö·bel** *n pl* wicker furniture; **Korb·stuhl** *m* wicker chair.

Kord [kɔrt] ‹-(e)s, -e› *m* corduroy.

Ko·rea [ko're:a] *n* Korea.

Ko·rin·the [ko'rɪntə] ‹-, -n› *f* currant.

Kork [kɔrk] ‹-(e)s, -e› *m bot* cork; **Kork·ei·che** *f* cork oak; **Kor·ken** ['kɔrkən] ‹-s, -› *m* cork; *(Plastik~)* stopper; **Kor·ken·zie·her** *m* corkscrew.

Korn[1] [kɔrn, *pl* 'kœrnɐ] ‹-(e)s, ⸚er› *n* **1.** *(Samen~)* seed; *(Salz~, Sand~, a. phot)* grain; *(Pfeffer~)* corn; **2.** *(Getreide)*

grain, *Br a.* corn.
Korn² ‹-(e)s, › *m fam (Kornbranntwein)* corn schnapps.
Korn³ ‹-(e)s› *n (am Gewehr)* bead, front sight; ▶ **jdn (etw) aufs ~ nehmen** draw a bead on s.o. (s.th.); *fig* hit out at s.o. (s.th.); **die Flinte ins ~ werfen** *fig* throw in the sponge.
Korn·blu·me *f* cornflower.
kör·nen ['kœrnən] *tr* granulate; *(aufrauhen)* roughen.
Korn·kam·mer *f a. fig* granary.
Kör·per ['kœrpɐ] ‹-s, -› *m allg* body; *(Schiffs~)* hull; **Kör·per·bau** *m* build, physique; **kör·per·be·hin·dert** *adj* physically handicapped; **Kör·per·be·hin·der·te(r)** *f m* disabled (*od* handicapped) (person); **kör·per·ei·gen** *adj med biol:* ▶ **~e Abwehrstoffe** endogenous antibodies (*od* antitoxins); **Kör·per·ge·wicht** *n* weight; **Kör·per·grö·ße** *f* height; **Kör·per·hal·tung** *f* bearing, posture; **Kör·per·kraft** *f* physical strength; **Kör·per·län·ge** *f* body length.
kör·per·lich *adj* **1.** *(physisch)* physical; **2.** *(materiell)* material; ▶ **~e Züchtigung** corporal punishment.
Kör·per·lo·tion *f* body lotion; **Kör·per·pfle·ge** *f* personal hygiene; **Kör·per·pu·der** *m* talcum powder; **Kör·per·schaft** *f* corporation; ▶ **gesetzgebende ~** legislative body; **Kör·per·schaft(s)·steu·er** *f* corporation tax; **Kör·per·spra·che** *f* body language; **Kör·per·teil** *m* part of the body; **Kör·per·ver·let·zung** *f jur* bodily injury; **Kör·per·wär·me** *f* body heat.
Korps [ko:ɐ] ‹-(s), -s› *n mil* corps.
kor·pu·lent [kɔrpu'lɛnt] *adj* corpulent; **Kor·pu·lenz** *f* corpulence.
kor·rekt [kɔ'rɛkt] *adj* correct; **Kor·rekt·heit** *f* correctness.
Kor·rek·tor(in) *m (f) typ* proof-reader.
Kor·rek·tur [kɔrɛk'tu:ɐ] ‹-, -en› *f* **1.** *allg (Berichtigung)* correction; **2.** *typ (das ~lesen)* proof-reading; **3.** *typ (~fahne)* proof; ▶ **~ lesen** read the proofs *pl;* **Kor·rek·tur·band** *n* correction tape; **Kor·rek·tur·fah·ne** *f typ* galley proof; **Kor·rek·tur·flüs·sig·keit** *f* correction fluid; **Kor·rek·tur·spei·cher** *m typ EDV* correction memory; **Kor·rek·tur·ta·ste** *f* correction key; **Kor·rek·tur·zei·chen** *n typ* proofreader's mark.
Kor·re·spon·dent(in) [kɔrɛspɔn'dɛnt] ‹-en, -en› *m (f)* correspondent; **Kor·re·spon·denz** *f* correspondence; ▶ **mit jdm in ~ stehen** be in correspondence with s.o.; **kor·re·spon·die·ren** *itr* correspond (*mit jdm* with s.o., *mit etw* to s.th.).
Kor·ri·dor ['kɔrido:ɐ] ‹-s, -e› *m* corridor; *(Hausflur)* hall.
kor·ri·gie·ren [kɔri'gi:rən] *tr* **1.** *(berichtigen)* correct; *typ* read the proofs; *(Aufsätze)* mark; **2.** *(nachstellen)* alter.
Kor·ro·sion [kɔro'zio:n] ‹-, -en› *f* corrosion; **kor·ro·sions·be·stän·dig** *adj* corrosion-resistant.
kor·rum·pie·ren *tr* corrupt.
kor·rupt [kɔ'rʊpt] *adj* corrupt; **Kor·rup·tion** *f* corruption.
Kor·se (Kor·sin) ['kɔrzə] ‹-n, -n› *m (f)* Corsican.
Kor·sett [kɔr'zɛt] ‹-(e)s, -e/-s› *n* corset.
kor·sisch *adj* Corsican.
Kor·vet·te [kɔr'vɛtə] ‹-, -n› *f mar* corvette; **Kor·vet·ten·ka·pi·tän** *f mar* lieutenant commander.
Ko·ry·phäe [kory'fɛ:ə] ‹-, -n› *f* coryphaeus (*pl:* coryphaei).
ko·scher ['ko:ʃɐ] *adj rel a. fig fam* kosher.
ko·sen ['ko:zən] *tr itr poet* caress, fondle (*jdn od mit jdm* s.o.); **Ko·se·na·me** *m* pet name; **Ko·se·wort** *n* term of endearment.
Ko·si·nus ['ko:zinʊs] ‹-, -/(-se)› *f math* cosine.
Kos·me·tik [kɔs'me:tɪk] ‹-› *f* **1.** *(Körperpflege)* beauty treatment; **2.** *(das kosmetische Mittel)* cosmetic; **3.** *fig (Tünche)* cosmetics *pl;* **Kos·me·ti·ka** [kɔs'me:tika] *n pl* cosmetics; **Kos·me·ti·ker(in)** *m (f)* beautician, cosmetician; **Kos·me·tik·tuch** *n* paper tissue; **kos·me·tisch** *adj a. fig* cosmetic; *(Chirurgie)* plastic.
kos·misch ['kɔsmɪʃ] *adj* cosmic.
Kos·mo·naut(in) [kɔsmo'naʊt] ‹-en, -en› *m (f)* cosmonaut.
Kos·mo·po·lit(in) [kɔsmopo'li:t] ‹-en, -en› *m (f)* cosmopolitan.
Kos·mos ['kɔsmɔs] ‹-› *m* cosmos.
Kost [kɔst] ‹-› *f* **1.** *(Essen, Nahrung)* fare, food; **2.** *(Beköstigung, Pension)* board; ▶ **magere ~** meagre fare; *med* low diet; **leichte ~** *fig* easy going; **in ~ sein bei jdm** board with s.o.; **jdn in ~ nehmen** take s.o. as a boarder; **~u. Logis** board and lodging.
kost·bar *adj (wertvoll)* precious, valuable; *(kostspielig, luxuriös)* sumptuous; **Kost·bar·keit** *f* **1.** *(das Kostbarsein)* preciousness, sumptuousness; **2.** *(kostbarer Gegenstand)* treasure; *(Leckerbissen)* delicacy.
Ko·sten ['kɔstən] *pl allg (Preis)* cost(s *pl*); *(Ausgaben)* expenses; *(Auslagen)* outlay *sing;* ▶ **auf jds ~** *a. fig* at someone's expense; **auf ~ s-r Gesundheit** *fig* at the cost of his health; **die ~ bestreiten** defray the expenses; **die ~ für etw tragen** bear the costs of s.th.; **die ~ auf DM 1000 veranschlagen** estimate the cost at DM 1,000; **jdm s-e ~ zurückerstatten** refund someone's expenses; **das ist aber mit ~ verbunden** that involves

costs, you know? **keine ~ scheuen** spare no expense; **weder ~ noch Mühe scheuen** spare neither trouble nor expense; **auf s-e ~ kommen** *(s-e Kosten decken)* cover one's expenses; *fig* get one's money's worth.

ko·sten[1] *tr itr* **1.** *fin a. fig* cost; **2.** *(erfordern)* take; ▶ **koste es, was es wolle** cost what it may (*od* whatever the cost); **was** (*od* **wieviel**) **kostet das?** what (*od* how much) does it cost? **Zeit u. Mühe ~** take time and trouble; **Höflichkeit kostet nichts** *fig* politeness doesn't cost anything.

ko·sten[2] *tr itr (probieren, a. fig)* taste (*(von) etw* s.th.).

Ko·sten·be·tei·li·gung *f* sharing of costs; **ko·sten·deckend (k·k)** *adj* cost-effective; **Ko·sten·er·spar·nis** *f* cost saving; **Ko·sten·fak·tor** *m* cost factor; **Ko·sten·fra·ge** *f* question of cost(s); **ko·sten·los** *adj adv* free; **Kosten-Nut·zen-Ana·ly·se** *f com fin* cost-benefit analysis; **ko·sten·pflich·tig** *adj:* ▶ **das ist ~** there is a charge (on it); **Ko·sten·rah·men** *m* budgeted costs *pl;* **Ko·sten·rech·nung** *f* cost accounting; **Ko·sten·vor·an·schlag** *m* estimate.

köst·lich ['kœstlıç] *adj* **1.** *(wohlschmeckend)* delicious; *(erlesen)* choice, exquisite; **2.** *(amüsant)* priceless; ▶ **sich ~ amüsieren** have a marvellous time.

Kost·pro·be *f* **1.** *(Geschmacksprobe)* taste; **2.** *fig* sample.

kost·spie·lig *adj* costly, expensive.

Ko·stüm [kɔs'ty:m] ‹-s, -e› *n (Jackenkleid)* costume; *(Masken~)* fancy dress; **Ko·stüm·fest** *n* fancy dress ball; **ko·stü·mie·ren** *tr refl* dress up (*als* as); **Ko·stüm·pro·be** *f theat* dress rehearsal.

Kost·ver·äch·ter *m:* ▶ **kein ~ sein** *hum* be a ladies' man.

Kot [ko:t] ‹-(e)s› *m* excrement, faeces *pl.*

Ko·te·lett [kot(ə)'lɛt/'kɔtlɛt] ‹-(-e)s, -s/(e)› *n* chop; **Ko·te·let·ten** *f pl* sideburns, sidewhiskers.

Kö·ter ['kø:tɐ] ‹-s, -› *m pej* cur.

Kot·flü·gel *m mot Br* wing, *Am* fender.

Kot·ze ['kɔtsə] ‹-› *f vulg* puke; **kot·zen** *itr vulg (sich erbrechen)* puke *sl;* ▶ **das ist ja zum K~!** it really makes you sick!

kotz·übel ['-'--] *adj sl:* ▶ **mir ist ~** I feel like I could puke my guts up *sl.*

Krab·be ['krabə] ‹-, -n› *f zoo* **1.** *(Taschenkrebs)* crab; **2.** *(Garnele)* shrimp.

krab·beln ['krabəln] ‹sein› *itr (kriechen)* crawl.

Krach [krax, *pl* ('krɛçə)] ‹-(e)s, ⸚e› *m* **1.** *(Lärm)* din, noise; *(Schlag)* bang, crash; **2.** *fam (Streit)* quarrel, row; *(Krawall, Aufruhr)* racket; ▶ **~ machen** make a noise (*od* racket); **wegen e-r Sache ~ schlagen** *fig fam* kick up a fuss about s.th.; **mit jdm ~ kriegen** have a row with s.o.; **sie haben ~** they're not on speaking terms; **mit Ach u. ~** *fig fam* by the skin of one's teeth; **kra·chen** *itr* **1.** *(Krach machen)* crash; *(Schuß)* crack out; *(Holz)* creak; **2.** *fam (zusammenstoßen)* crash; *(aufplatzen)* rip; ▶ **..., sonst kracht's!** *fam* ... or there'll be trouble! **auf dieser Kreuzung hat es schon wieder gekracht** *fam* there was another crash on this crossing; **Kracher** *m fam (Feuerwerkskörper) Br* banger, *Am* fire-cracker.

kräch·zen ['krɛçtsən] *itr (a. von Menschen)* croak.

Kraft [kraft, *pl* 'krɛftə] ‹-, ⸚e› *f* **1.** *(Körper~)* strength; **2.** *(bewirkende, treibende ~)* force, power; **3.** *(Arbeits~)* employee, worker; **4.** *jur (Gültigkeit)* force; ▶ **mit letzter ~** with one's last ounce of strength; **mit aller ~** with all one's strength; **aus eigener ~** by o.s.; **nach (besten) Kräften** to the best of one's ability; **mit frischer ~** with renewed strength; **s-e ~** (*od* **Kräfte**) **an jdm (etw) messen** pit one's strength against s.o. (s.th.); **die ~ aufbringen, zu ... (für etw)** find the strength to ... (for s.th.); **er war am Ende s-r Kräfte** he couldn't take any more; **es ging über s-e Kräfte** it was too much for him; **wieder zu Kräften kommen** regain one's strength; **volle ~ voraus!** *mar* full speed ahead! *treibende ~ fig* driving force; **Gleichgewicht der Kräfte** *pol* balance of power; **in ~ treten (sein)** *jur* come into (be in) force; **außer ~ treten (sein)** *jur* cease (have ceased) to be in force; **(zeitweilig) außer ~ setzen** *jur* annul (suspend).

kraft *prp* by virtue of (*od* on the strength of); ▶ **~ meines Amtes (meiner Befugnisse)** by virtue of my office (my authority *sing*).

Kraft·akt *m* **1.** strong-man act; **2.** *fig* show of strength; **Kraft·auf·wand** *m* effort; **Kraft·aus·druck** *m* swear-word; **⸚e** *pl* strong language *sing.*

Kräf·te·spiel *n* power play; **Kräf·te·ver·fall** *m* loss of strength.

Kraft·fah·rer(in) *m (f) mot (a. als Berufsbezeichnung)* driver.

Kraft·fahr·zeug *n* motor vehicle; **Kraft·fahr·zeug·brief** *m mot* (vehicle) registration document (*od* book); **Kraft·fahr·zeug·kenn·zei·chen** *n* vehicle registration; **Kraft·fahr·zeug·steu·er** *f* motor vehicle tax; **Kraft·fahr·zeug·ver·si·che·rung** *f* car insurance.

Kraft·feld *n phys* force field.

Kraft·fut·ter *n* concentrated feed.

kräf·tig ['krɛftıç] **I** *adj* **1.** *allg* strong; **2.** *(mächtig, kraftvoll)* powerful; *(Händedruck)* firm; **3.** *(nahrhaft)* nourishing; ▶ **~e Gegenwehr** strong resistance; **e-e**

~e Tracht Prügel a sound thrashing (*od* hiding); **II** *adv* **1.** *allg* strongly; **2.** *(als Verstärkung: viel, stark, sehr)* really; ▶ **~ regnen** rain heavily; **~ schütteln** shake vigorously; **die Preise sind aber ~ gestiegen** prices have really gone up.

kräf·ti·gen ['krɛftɪgən] *tr* invigorate.

kraft·los *adj* *(machtlos)* powerless; *(schwach)* feeble, weak.

Kraft·pro·be *f a. fig* trial of strength; **Kraft·rad** *n mot* motor-cycle; **Kraft·re·ser·ve** *f* power reserve; **Kraft·stoff** *m* fuel; **Kraft·stoff·ge·misch** *n* fuel mixture; **kraft·strot·zend** *adj* vigorous; **Kraft·über·tra·gung** *f tech* power transmission; **kraft·voll** *adj* powerful; *(tatkräftig)* energetic; **Kraft·wa·gen** *m* motor car; **Kraft·werk** *n el* power station.

Kra·gen ['kra:gən] ‹-s, ¨-› *m* collar; ▶ **jdn beim ~ packen** grab s.o. by the collar; *fig fam* collar s.o.; **er riskiert s-n ~** *fig fam* he's risking his neck; **es geht um Kopf und ~!** *fig fam* all is at stake! **das kann ihn den ~ kosten** *fig* that could be his downfall; **jetzt platzt mir aber der ~!** *fig fam* that's the real last straw! **schließlich platzte ihr der ~** *fig fam* at last she blew her top; **jetzt endlich geht's ihm an den ~** *fig fam* now at last he's in for it; **Kra·gen·knopf** *m Br* collar stud, *Am* collar button; **Kra·gen·wei·te** *f* collar size; ▶ **das ist nicht meine ~** *fig fam* that's not my cup of tea; **das ist genau meine ~!** *fig fam* that's right up my street! **dieser Job ist e-e ~ zu groß für mich** *fig fam* this job's too much for me to handle.

Krä·he ['krɛ:ə] ‹-, -n› *f orn* crow.

krä·hen *itr* crow.

Krä·hen·fü·ße *m pl fig* **1.** *(Runzeln)* crow's-feet *pl;* **2.** *(krakelige Schrift)* scrawl *sing.*

kra·kee·len [kra'ke:lən] ‹ohne ge-› *itr fam pej* kick up a racket (*od* row).

Kral·le ['kralə] ‹-, -n› *f* **1.** claw; *(Raubvogel~)* talon; **2.** *sl (Hand)* paw *fam,* mauler *sl;* ▶ **jdm die ~n zeigen** *fig* show s.o. one's claws.

kral·len I *tr* **1.** : ▶ **die Finger in etw ~** claw at, clutch s.th.; **2.** *sl (klauen)* pinch; **II** *refl:* ▶ **sich an jdn (etw) ~** *fig* cling to s.o. (s.th.).

Kram [kra:m] ‹-s› *m fam* **1.** *(Zeug)* stuff; *(Plunder)* junk; **2.** *(Sache, Angelegenheit)* business; ▶ **das paßt mir überhaupt nicht in den ~** *fam* that's a bloody nuisance, really; **den ganzen ~ hinschmeißen** *fam* chuck the whole business; **mach doch deinen ~ selber!** *fam* why don't you do that yourself? **er kennt s-n ~** he knows what's what (*Br a.* he knows his onions); **kra·men** *fam* **I** *itr* rummage about (*in* in, *nach* for); **II** *tr:* ▶ **etw aus etw ~** fish s.th. out of s.th.

Krä·mer ['krɛ:mɐ] ‹-s, -› grocer; **Krä·mer·see·le** *f pej* petty-minded man (*od* woman).

Kram·la·den *m fam pej* tatty little shop.

Krampf [krampf, *pl* 'krɛmpfə] ‹-(e)s, ¨-e› *m* **1.** cramp; *med (einzelner)* spasm; *(wiederholter)* convulsion; **2.** *fam (Getue)* palaver; *(Blödsinn)* nonsense; **Krampf·ader** *f anat* varicose vein; **kramp·fen** *tr (Finger, Hand etc)* clench (*um etw* around s.th.); **krampf·haft** *adj* **1.** *(krampfartig)* convulsive; **2.** *fam (verzweifelt)* desperate, frantic; *(gezwungen, angestrengt)* forced.

Kran [kra:n, *pl* 'krɛ:nə] ‹-(e)s, ¨-e/(-e)› *m* crane; **Kran·füh·rer(in)** *m (f)* crane operator.

Kra·nich ['kra:nɪç] ‹-s, -e› *m orn* crane.

krank [kraŋk] *adj* **1.** *allg* ill, sick; *(Organ)* diseased; *(Zahn, Bein etc)* bad; **2.** *fig (leidend)* ailing; ▶ **~ werden** be taken sick, fall ill; **jdn ~ schreiben** file s.o. a medical certificate; **sie ist schon seit drei Monaten ~ geschrieben** she's been off sick for three months; **sich ~ melden** report (*od telephonisch:* phone in) sick; **dieses Warten macht mich ganz ~** *fig fam* this waiting really drives me round the bend; **sich ~ lachen** *fig fam* split one's sides (laughing), laugh o.s. sick; **Kran·ke(r)** *f m* patient, sick person; ▶ **die ~en** *pl* the ill, the sick.

krän·keln ['krɛŋkəln] *itr* be sickly; *(a. fig: Wirtschaft etc)* be ailing.

kran·ken ['kraŋkən] *itr a. fig* suffer (*an* from).

krän·ken ['krɛŋkən] *tr* hurt (*jdn* s.o. *od* someone's feelings); ▶ **sie war tief gekränkt** she was deeply hurt; **jdn in seiner Ehre ~** offend someone's pride.

Kran·ken·ak·te *f* medical file; **Krank·ken·be·richt** *m* medical report; **Kran·ken·be·such** *m* **1.** *(Besuch bei jdm im Krankenhaus)* visit (to a sick person); **2.** *(Arztbesuch)* (sick) call; **Kran·ken·bett** *n* sick-bed; **Kran·ken·geld** *n* sickness benefit; *(von Firma)* sickpay; **Kran·ken·haus** *n* hospital; ▶ **jdn in ein ~ einliefern** put s.o. in a hospital, hospitalize s.o.; **jdn in ein ~ aufnehmen** admit s.o. to a hospital; **Kran·ken·kas·se** *f* **1.** *(Krankenversicherung)* health insurance; **2.** *(Versicherungsunternehmen)* health insurance company; **Kran·ken·kost** *f* sick diet; **Kran·ken·pfle·ge** *f* nursing; **Kran·ken·pfle·ger** *m* male nurse, orderly; **Kran·ken·pfle·ge·rin** *f* nurse; **Kran·ken·schein** *m* medical insurance record card; **Kran·ken·schwe·ster** *f* nurse; **Kran·ken·trans·port** *m* **1.** *(Transport Kranker)* transportation of sick people; **2.** *(Rettungsdienst)* ambulance service; **Kran-**

ken·ver·si·che·rung *f* health insurance; **Kran·ken·wa·gen** *m* ambulance; **Kran·ken·zim·mer** *n (Zimmer mit Krankem)* sickroom; *(Krankenhauszimmer)* hospital room.

krank|fei·ern *itr fam* be off sick.

krank·haft *adj* **1.** *a. fig* morbid; **2.** *(seelisch)* pathological.

Krank·heit *f* **1.** *allg a. fig* illness, sickness; **2.** *(bestimmte)* disease; ► **ansteckende ~** contagious disease; **e-e ~ durchmachen** suffer from an illness; **sich e-e ~ zuziehen** contract a disease; **e-e ~ vortäuschen** pretend to be ill; **diese Karre ist e-e ~!** *fig fam* this crate's just a joke! **krank·heits·er·re·gend** *adj* pathogenic; **Krank·heits·er·re·ger** *m med* disease-causing agent, pathogene; **Krank·heits·keim** *m med* germ of a (*od* the) disease; **Krank·heits·ver·lauf** *m med* course of a (*od* the) disease.

krank|la·chen *refl* crease up (laughing).

kränk·lich ['krɛŋklɪç] *adj* in poor health, sickly.

Krank·mel·dung *f* notification of illness (to one's employer).

Krän·kung ['krɛŋkʊŋ] *f* insult, offence.

Kranz [krants, *pl* 'krɛntsə] ‹-es, ¨-e› *m* **1.** wreath; **2.** *(ringförmig Eingefaßtes)* ring; **3.** *fig (Zyklus)* cycle.

krän·zen ['krɛntsən] *tr* adorn (with garlands).

kraß [kras] *adj* **1.** *(auffallend)* glaring; *(Unterschied etc)* extreme; **2.** *(unerhört)* blatant, crass; **3.** *(unverblümt)* stark.

Kra·ter ['kra:tɐ] ‹-s, -› *m* crater.

Kratz·bür·ste *f fig fam* crosspatch.

Krät·ze ['krɛtsə] ‹-› *f med* scabies.

krat·zen ['kratsən] *tr* **1.** *(a. itr)* scratch; *(ab~)* scrape (*von* off); **2.** *fam (stören)* bother; ► **es kratzt mich im Hals** (*od* ► **mein Hals kratzt)** my throat feels rough; **das kratzt mich nicht** *fig fam* I don't give a damn (about that); **Kratzer** *m (Schramme)* scratch; **kratz·fest** *adj* mar-resistant.

krau·len[1] ['kraʊlən] ‹sein› **I** *itr sport (Kraulschwimmen)* do the crawl; **II** *tr:* ► **C. hat die 100 m in 85 sec gekrault** C. did the 100 metres in 85 seconds.

krau·len[2] ‹h› *tr (liebkosen)* fondle; ► **jdn am Kinn ~** chuck s.o. under the chin.

kraus [kraʊs] *adj* **1.** crinkly; *(Haar)* frizzy; *(Stirn)* wrinkled; **2.** *fig (konfus)* muddled; ► **die Stirn ~ ziehen** knit one's brow; *(mißbilligend)* frown.

kräu·seln ['krɔɪzəln] **I** *tr (Haar)* make frizzy; *(Wasseroberfläche)* ruffle; *(Lippen)* pucker; **II** *refl (Haare)* go frizzy; *(Wasser)* ripple; *(Rauch)* curl (up).

Kraus·kopf *m* **1.** *(Frisur)* frizzy hair; **2.** *(wirrer Mensch)* curly-head.

Kraut [kraʊt, *pl* 'krɔɪtɐ] ‹-(e)s, ¨-er› *n* **1.** *bot* herb; **2.** *(Kohlgemüse)* cabbage; **3.** *pej (Tabak)* tobacco; ► **ins ~ schießen** run to seed; *fig* run wild; **wie ~ u. Rüben durcheinander** higgledy-piggledy; **dagegen ist kein ~ gewachsen** *fig fam* there is no remedy for that.

Kräu·ter·tee *m* herb tea.

Kraut·kopf *m (Kohl)* head of cabbage.

Kra·wall [kra'val] ‹-s, -e› *m* **1.** *(Aufruhr)* riot; **2.** *(f) (Krach, Lärm)* racket; ► **~ machen** *fam (randalieren)* go on the rampage; **~ schlagen** *fam (sich beschweren)* kick up a fuss.

Kra·wat·te [kra'vatə] ‹-, -n› *f* (neck)tie; **Kra·wat·ten·na·del** *f* tie-pin.

kra·xeln ['kraksəln] ‹sein› *itr fam* clamber.

krea·tiv [kreɑ'ti:f] *adj* creative; **Krea·ti·vi·tät** *f* creativity.

Krea·tur [krea'tu:ɐ] ‹-, -en› *f a.* creature.

Krebs [kre:ps] ‹-es, -e› *m* **1.** *zoo (Fluß~) Br* crayfish, *Am* crawfish; *(Taschen~)* crab; **2.** *astr* Cancer; **3.** *med* cancer; **krebs·ar·tig** *adj* **1.** *zoo* crustaceous; **2.** *med* cancerous; **Krebs·ent·ste·hung** *f* cancerogenesis; **krebs·er·re·gend** *adj med* carcinogenic; **Krebs·for·schung** *f* cancer research; **Krebs·früh·er·ken·nung** *f* early detection of cancer; **Krebs·ge·schwulst** *f med* cancerous growth (*od* tumour); **Krebs·ge·schwür** *n* **1.** *med* carcinoma; **2.** *fig* cancer; **Krebs·kli·nik** *f* cancer clinic; **krebs·krank** *adj* suffering from cancer; **Krebs·vor·sor·ge(·un·ter·su·chung)** *f* cancer check-up.

Kre·dit [kre'di:t] ‹-(e)s, -e› *m* **1.** *(Anleihe)* credit, loan; **2.** *fig (Ruf)* (good) repute, standing; ► **auf ~** on credit; **e-n ~ aufnehmen** raise a loan; **jdm ~ einräumen** grant s.o. a credit; **~ haben** *fin* enjoy credit; *fig* have standing; **Kre·dit·brief** *m fin* letter of credit; **Kre·dit·ge·ber** *m com fin* creditor; **Kre·dit·hai** *m pej* loan shark; **kre·di·tie·ren** *tr com fin* ► **jdm e-n Betrag ~** credit s.o. with an amount; **Kre·dit·in·sti·tut** *n* financial institution; **Kre·dit·kar·te** *f* credit card; **Kre·dit·li·nie** *f fin* line of credit; **Kre·dit·neh·mer** *m com fin* borrower; **kre·dit·wür·dig** *adj fin* credit-worthy.

Krei·de ['kraɪdə] ‹-, -n› *f* **1.** *chem* chalk; **2.** *geol (Erdzeitalter)* Cretaceous (period); ► **bei jdm tief in der ~ stehen** *fig fam* be deep in debt to s.o.; **krei·de·bleich (krei·de·weiß)** ['--'-] *adj* (as) white as chalk; **Krei·de·fel·sen** *m* chalk cliff; **Krei·de·zeich·nung** *f* chalk drawing.

kre·ie·ren [kre'i:rən] *tr* create.

Kreis [kraɪs] ‹-es, -e› *m* **1.** *allg* circle; **2.** *(Sphäre, Wirkungs~)* sphere; **3.** *(Stadt~, Land~)* district; **4.** *el (Strom~)*

circuit; **5.** *fig (Zirkel)* circle; ► **sich im ~(e) drehen** turn round in a circle; *fig* go round in circles *pl;* **e-n ~ beschreiben** describe a circle; **in weiten ~en der Bevölkerung** in wide sections of the population; **weite ~e ziehen** *fig* have wide repercussions; **Kreis·bahn** *f astr* orbit; **Kreis·be·we·gung** *f* gyration; **Kreis·bo·gen** *m allg* arc (of a circle); *arch* circular arch.

krei·schen ['kraɪʃən] *itr* shriek, screech.

Krei·sel ['kraɪzəl] ‹-s, -› *m* **1.** *(Spielzeug)* spinning top; **2.** *tech* gyroscope; **Krei·sel·pum·pe** *f* centrifugal pump.

krei·sen ‹sein› *itr* **1.** *(um e-e Achse, a. fig)* revolve (*um* around); *(Satellit etc)* orbit (*um etw* s.th.); **2.** *(Blut, a. fig)* circulate (*in* through); ► **die Arme ~ lassen** swing one's arms around.

Kreis·dia·gramm *n* pie chart.

Kreis·flä·che *f* **1.** *(der Kreis)* circle; **2.** *math (~ninhalt)* area of a (*od* the) circle; **kreis·för·mig** *adj* circular; **Kreis·lauf** *m* **1.** *allg (Blut~, Öl~, Geld~ etc)* circulation; **2.** *(Zyklus, ewiger ~ der Natur etc)* cycle; **Kreis·lauf·stö·run·gen** *f pl med* circulatory disorders; **Kreis·sä·ge** *f* circular saw.

Kreiß·saal *m* delivery room.

Kreis·stadt *f* district (*od Br* county) town; **Kreis·um·fang** *m math* circumference; **Kreis·ver·kehr** *m Br* roundabout (*Am* rotary) traffic.

Kre·ma·to·rium [krema'to:riʊm] *n Br* crematorium, *Am* crematory.

Kreml ['krɛml: ‹-(s)› *pol* Kremlin.

Krem·pe ['krɛmpə] ‹-, -n› *f* brim.

Krem·pel ['krɛmpəl] ‹-s› *m fam pej (Zeug)* stuff; *(Gerümpel)* junk; ► **ich werfe den ganzen ~ hin!** *fig* I'm really going to chuck the whole business in!

kre·pie·ren [kre'pi:rən] ‹sein› *itr* **1.** *(eingehen)* die; **2.** *sl (sterben)* croak (it); **3.** *mil (platzen)* explode.

Krepp [krɛp] ‹-s, -s/-e› *m* crepe; **Krepp·pa·pier** *n* crepe paper; **Krepp·soh·le** *f* crepe sole.

Kres·se ['krɛsə] ‹-, -n› *f bot* cress.

Kreuz [krɔɪts] ‹-es, -e› *n* **1.** *allg a. fig* cross; **2.** *(Kartenfarbe)* clubs *pl; (einzelne ~karte)* club; **3.** *anat* small of the back; **4.** *mus* sharp; ► **das ~ schlagen** *(sich bekreuzigen)* cross o.s.; **jdn ans ~ schlagen** nail s.o. to the cross; **aufs ~ fallen** *(hinfallen)* fall on one's back; *fig fam* fall through the floor; **jdn aufs ~ legen** *fig fam* take s.o. for a ride; **zu ~e kriechen** *fig* eat humble pie; **es ist ein ~ mit ihr** *fig fam* she's a real plague; **sein ~ auf sich nehmen** *fig* take up one's cross; **ich hab's im ~** *fam* I have back trouble.

kreuz *adv:* ► **~ u. quer (durcheinander)** all over (the place).

kreu·zen I *tr refl* ‹h› *a. fig biol* cross; ► **die Klingen mit jdm ~** *a. fig* cross swords with s.o.; **werden sich unsere Wege jemals wieder ~?** will our ways ever cross again? **II** *itr* ‹sein› **1.** *(Zickzack-fahren)* tack; **2.** *mar* cruise.

Kreu·zer *m mar mil* cruiser.

Kreuz·fahrt *f* **1.** *hist (Kreuzzug)* crusade; **2.** *mar* cruise; ► **e-e ~ machen** *mar* go on a cruise; **Kreuz·feu·er** *n mil a. fig* crossfire; ► **im ~ stehen** *fig* be caught in the crossfire; **kreuz·fi·del** ['--'-] *adj fam* (as) merry as a cricket; **Kreuz·gang** *m arch* cloister.

kreu·zi·gen ['krɔɪtsɪgən] *tr* crucify; **Kreu·zi·gung** *f* crucifixion.

Kreuz·ot·ter *f zoo* adder; **Kreuz·schlitz·schrau·be** *f tech* recessed head screw; **Kreuz·schlitz·schrau·ben·zie·her** *m tech* Phillips screwdriver *(Wz);* **Kreuz·schlüs·sel** *m mot* wheel brace; **Kreuz·schmer·zen** *m pl* backache *sing;* **Kreu·zung** *f* **1.** *(Straßen~) Br* crossroads *pl, Am* intersection; **2.** *biol (Vorgang)* cross-breeding; **3.** *(Ergebnis)* cross-breed, hybrid; **Kreuz·ver·hör** *n* cross-examination; ► **jdn ins ~ nehmen** cross-examine s.o.; **Kreuz·weg** *m* **1.** *(Wegkreuzung, a. fig)* crossroads *pl;* **2.** *eccl* way of the cross.

kreuz·wei·se *adv* crosswise; ► **du kannst mich ~!** *sl* get stuffed!

Kreuz·wort·rät·sel *n* crossword puzzle; **Kreuz·zug** *m a. fig* crusade.

krib·beln ['krɪbəln] *itr* **1.** *(herumkrabbeln)* scurry (around); **2.** *(jucken)* itch, tickle; *(prickeln)* prickle, tingle.

krie·chen [kri:çən] *irr itr* **1.** crawl, creep; **2.** *fig (unterwürfig sein)* grovel (*vor* before); **Krie·cher(in)** *m (f) fig* groveller; **Kriech·spur** *f mot fam* slow (*od* crawler) lane; **Kriech·tem·po** *n mot fam (Geschwindigkeit)* creeping speed.

Krieg [kri:k] ‹-(e)s, -e› *m* war; ► **im ~** *(im Gegensatz zum Frieden)* in war; *(als Soldat)* away in the war; **im ~ sein mit ...** be at war with ...; **~ anfangen mit ...** start a war with ...; **~ führen (mit** *od* **gegen) ...** wage war (on); **~ der Sterne** *pol mil* Star Wars.

krie·gen ['kri:gən] *tr fam (bekommen)* get.

Krie·ger ['kri:gɐ] ‹-s, -› warrior; **Krie·ger·denk·mal** ‹-s, ⸚er› *n* war memorial.

krie·ge·risch *adj* warlike; ► **~e Auseinandersetzung** military conflict.

Krie·ger·wit·we *f* war-widow.

krieg·füh·rend *adj* belligerent; **Krieg·füh·rung** *f* warfare.

Kriegs·aus·bruch *m* outbreak of war; **Kriegs·beil** *n* tomahawk; ► **das ~ begraben** *fig* bury the hatchet; **Kriegs·be·richt·er·stat·ter(in)** *m (f)* war correspondent; **kriegs·be·schä·digt** *adj* war-disabled; **Kriegs·dienst·ver·wei·ge·rer** *m* conscientious objector; **Kriegs·er·klä·rung** *f* declaration of war; **Kriegs·fall** *m* war.

Kriegs·fuß *m fig fam:* ▶ **mit jdm auf ~ stehen** be at loggerheads with s.o.; **mit der deutschen Sprache auf ~ stehen** find the German language rather heavy going.

Kriegs·ge·fan·ge·ne(r) *f m* prisoner of war; **Kriegs·ge·fan·gen·schaft** *f* captivity; ▶ **in ~ sein** be a prisoner of war; **Kriegs·ge·richt** *n mil* court-martial; ▶ **vor das ~ kommen** be tried by court-martial; **jdn wegen etw vors ~ stellen** court-martial s.o. for s.th.; **Kriegs·ha·fen** *m* naval port; **Kriegs·ka·me·rad** *m* fellow soldier; **Kriegs·list** *f* stratagem; **Kriegs·ma·ri·ne** *f* navy; **Kriegs·pfad** *m* war-path; **Kriegs·recht** *n mil* martial law; **Kriegs·schau·platz** *m Br* theatre (*Am* theater) of war; **Kriegs·spiel·zeug** *n* war toy(s); **Kriegs·schiff** *n* man-of-war, warship; **Kriegs·teil·neh·mer** *m* combatant; *(nach Kriegsende) Br* ex-serviceman, *Am* veteran; **Kriegs·trei·ber** *m pej* war-monger; **Kriegs·ver·bre·cher** *m* war criminal; **kriegs·ver·sehrt** *adj* war-disabled; **Kriegs·zu·stand** *m* state of war; ▶ **im ~** at war.

Kri·mi ['krɪmi] ⟨-s, -s⟩ *m fam* thriller.

Kri·mi·nal·be·am·te(-be·am·tin) [krɪmi'na:l-] *m (f)* detective; **Kri·mi·na·li·tät** *f* **1.** *(Verbrechertum)* crime; **2.** *(~srate)* crime rate; **Kri·mi·nal·po·li·zei** *f Br* criminal investigation department, *Am* detective force; **Kri·mi·nal·ro·man** *m* (crime) thriller, detective novel; **kri·mi·nell** *adj a. fig fam* criminal; **Kri·mi·nel·le(r)** *f m* criminal.

Krims·krams ['krɪmskrams] ⟨-(es)⟩ *m fam* **1.** *(Nippes)* knickknacks *pl;* **2.** *(Zeug)* odds and ends *pl.*

Krip·pe ['krɪpə] ⟨-, -n⟩ *f* **1.** *(Weihnachts~)* crib; *(biblisch: im NT)* manger; **2.** *(Futter~)* haybox, rack; **3.** *(Kinder~)* creche; **Krip·pen·tod** *m med* cot death.

Kri·se ['kri:zə] ⟨-, -n⟩ *f* crisis (*pl* crises); **kri·seln** ['kri:zəln] *itr fam:* ▶ **es kriselt** there is a crisis looming.

kri·sen·an·fäl·lig *adj* crisis-prone; **kri·sen·fest** *adj* crisis-proof; **Kri·sen·herd** *m* flashpoint, trouble spot; **Kri·sen·ma·nage·ment** *n com pol* crisis management; **Kri·sen·stab** *m* action committee; **Kri·sen·zeit** *f* time of crisis.

Kri·stall [krɪs'tal] *m* crystal; **kri·stal·len** *adj* crystal; **Kri·stall·glas** *n* crystal glass; **kri·stal·lin(isch)** [krɪsta'li:n(ɪʃ)] *adj* crystalline; **kri·stal·li·sie·ren** *itr refl a. fig* crystallize; **Kri·stall·wa·ren** *pl* crystalware; **Kri·stall·zucker (k·k)** *m* refined sugar in crystals.

Kri·te·ri·um *n* **1.** *allg* criterion; **2.** *(Radsport)* circuit race.

Kri·tik [kri'ti:k] *f* **1.** criticism; **2.** *(Besprechung, Rezension)* review; **3.** *(die ~er)* critics *pl;* **4.** *philos (kritische Analyse)* critique; ▶ **unter aller ~** *fam* beneath contempt; **Kri·ti·ker(in)** *m (f)* critic; **kri·tik·los** *adj* uncritical; **kri·tisch** *adj* critical; ▶ **etw ~ prüfen** scan s.th.; **dann wird es kritisch!** it could be critical!

kri·ti·sie·ren *tr itr* criticize; ▶ **du hast aber auch an allem etw zu ~** you really always have s.th. to criticize.

krit·teln ['krɪtəln] *itr pej* find fault (*an* with).

Krit·ze·lei [krɪtsə'laɪ] *f* scribble; *(an Wänden)* graffiti.

krit·zeln *tr itr* scribble.

Kro·ko·dil [kroko'di:l] ⟨-s, -e⟩ *n zoo* crocodile; **Kro·ko·dils·trä·nen** *f pl fig* crocodile tears; **Kro·ko·le·der** *n fam* alligator (*od* crocodile) skin.

Kro·kus [kro:kʊs] ⟨-, -se⟩ *m bot* crocus.

Kro·ne ['kro:nə] ⟨-, -n⟩ *f* **1.** *(Königs~ etc)* crown; **2.** *(Zahn~)* cap, crown; **3.** *(Baum~)* top; **4.** *(Währungseinheit) (ČSFR)* crown; *(Schweden)* krona; ▶ **das setzt doch wirklich allem die ~ auf!** that really beats everything! **e-n in der ~ haben** *fig fam* have had a drop too much; **die ~ der Schöpfung** *fig* the pride of creation.

krö·nen ['krø:nən] *tr a. fig* crown (**jdn zum König** s.o. king); ▶ **s-e Bemühungen waren von Erfolg gekrönt** *fig* his efforts were crowned with success.

Kron·kor·ken *m* crown cork; **Kron·leuch·ter** *m* chandelier.

Kron·prinz *m* crown prince; *(im Vereinigten Königreich)* Prince of Wales; **Kron·prin·zes·sin** *f* crown-princess; *(im Vereinigten Königreich)* Princess Royal.

Krö·nung ['krønʊŋ] *f* **1.** *(Königs~ etc)* coronation; **2.** *fig (Kulmination)* culmination.

Kron·zeu·ge *m jur:* ▶ **als ~ auftreten** turn *Br* King's (*od* Queen's, *Am* State's) evidence.

Kropf [krɔpf, *pl* 'krœpfə] ⟨-(e)s, ⸚e⟩ *m* **1.** *(bei Taube etc)* crop; **2.** *med* goitre.

Krö·te ['krø:tə] ⟨-, -n⟩ *f* **1.** *zoo* toad; **2.** *pl sl (Geld):* **~n** dough; ▶ **freche ~!** *fig fam* cheeky minx!

Krücke (k·k) ['krʏkə] ⟨-, -n⟩ *f* **1.** *(Gehhilfe)* crutch; **2.** *fig* prop; **3.** *sl (Flasche, Versager)* dead loss.

Krug[1] [kru:k, *pl* 'kry:gə] ⟨-(e)s, ⸚e⟩ *m* jug; *(Bier~)* mug.

Krug[2] ⟨-s⟩ *(Wirtshaus)* inn.

Kru·me ['kru:mə] ⟨-, -n⟩ *f* **1.** *(Brot~)*

crumb; **2.** *(Acker~)* soil.

Krü·mel ['kry:məl] ‹-s, -› *m (Krume)* crumb; **krü·me·lig** *adj* crumbly; **krü·meln** *tr itr* crumble; *(beim Essen)* make crumbs.

krumm [krʊm] *adj* **1.** crooked; *(verbogen)* bent; *(Rücken)* hunched; **2.** *fig fam (nicht ganz legal)* crooked; ▶ **~e Wege** *fig fam* crooked ways; **~e Nase** hooked nose; **keinen Finger (für jdn) ~ machen** *fig fam* not lift a finger (for s.o.); **auf die ~e Tour** *fig fam* by dishonest means; **etw auf die ~e Tour versuchen** *fig fam* try to fiddle s.th.; **krumm·beinig** *adj* bandy-legged.

krüm·men ['krʏmən] **I** *tr* bend; **II** *refl* **1.** *(Straße, Fluß)* wind; **2.** *(Wurm)* writhe; ▶ **sich vor Schmerzen ~** writhe with pain.

krumm|neh·men *irr tr fam:* ▶ **(jdm) etw ~** take s.th. amiss.

Krüm·mung ['krʏmʊŋ] *f (Biegung)* bend, turn; *med (von Rückgrat, a. math u. opt)* curvature.

Krup·pe ['krʊpə] ‹-, -n› *f zoo* croup, crupper.

Krüp·pel ['krʏpəl] ‹-s, -› *m a. fig* cripple; ▶ **jdn zum ~ machen** cripple s.o.; **krüp·pe·lig** *adj* **1.** *med (verkrüppelt)* crippled; **2.** *(mißgestaltet: Baum etc)* deformed.

Kru·ste ['krʊstə] ‹-, -n› *f* crust; *med* scurf; *(Braten~)* crackling; **Kru·sten·tier** *n zoo* crustacean.

Kru·zi·fix ['kru:tsifɪks/krutsi'fɪks] ‹-es, -e› *n eccl* crucifix.

Kryp·ta ['krʏpta] ‹-, -ten› *f* crypt.

Ku·ba ['ku:ba] *n* Cuba; **Ku·ba·ner(in)** [ku'ba:nɐ] *m (f)* Cuban; **ku·ba·nisch** *adj* Cuban.

Kü·bel ['ky:bəl] ‹-s, -› *m (Eimer)* bucket, pail; ▶ **es gießt wie aus ~n** it's really bucketing down.

Ku·bik·wur·zel [ku'bi:k-] *f math* cube root; **Ku·bik·zahl** *f math* cube number; **Ku·bik·zen·ti·me·ter** *m* cubic *Br* centimetre (*Am* centimeter).

Kü·che ['kʏçə] ‹-, -n› *f* **1.** *(Raum)* kitchen; **2.** *(Kochkunst)* cooking, cuisine; **3.** *fig (Essen, Speisen)* dishes, meals *pl.*

Ku·chen ['ku:xən] ‹-s, -› *m* cake.

Kü·chen·ab·fall *m* kitchen slops *pl.*

Ku·chen·blech *n* baking tin.

Kü·chen·chef *m* chef.

Ku·chen·form *f* cake tin.

Kü·chen·herd *m* kitchen range; **Kü·chen·ma·schi·ne** *f* **1.** *allg* food processor; **2.** *(Mixer)* mixer; **Kü·chen·scha·be** *f zoo* cockroach; **Kü·chen·schrank** *m* (kitchen)cupboard.

Ku·chen·teig *m* cake mixture.

Kü·chen·tuch *n* kitchen towel; **Kü·chen·zet·tel** *m* menu.

Kuckuck (k·k) ['kʊkʊk] ‹-s, -e› *m* **1.** *zoo* cuckoo; **2.** *fam (Pfandsiegel)* bailiff's seal; ▶ **zum ~ noch mal!** hell's bells! **hol's der ~!** botheration! **weiß der ~!** heaven knows! **Kuckucks·uhr (k·k)** *f* cuckoo clock.

Ku·fe ['ku:fə] ‹-, -n› *f (Schlitten~)* runner; *aero* skid.

Ku·gel ['ku:gəl] ‹-, -n› *f* **1.** *allg* ball; **2.** *math* sphere; **3.** *(Bleigeschoß)* bullet; ▶ **sich e-e ~ durch den Kopf jagen** blow one's brains out; **e-e ruhige ~ schieben** *fig fam (faulenzen)* swing the lead; **Ku·gel·blitz** *m* ball-lightning; **Ku·gel·fang** *m* butt; **ku·gel·för·mig** *adj* spherical; **Ku·gel·kopf** *m* golf ball; **Ku·gel·kopf·schreib·ma·schi·ne** *f* golf-ball typewriter; **Ku·gel·la·ger** *n* ball bearing; **ku·geln** ['ku:gəln] *tr itr refl* roll; ▶ **ich könnte mich kugeln!** *fig fam* it's killingly funny! **es war zum Kugeln!** *fig fam* I nearly split with laughing! **ku·gel·rund** ['--'-] *adj* **1.** as round as a ball; **2.** *fam (fett)* barrel-shaped; **Ku·gel·schrei·ber** *m* ball-point pen, Biro *(Wz)*; **ku·gel·si·cher** *adj* bullet-proof; **Ku·gel·sto·ßen** *n sport* putting the shot.

Kuh [ku:, *pl* ky:ə] ‹-, ¨e› *f* cow; ▶ **blinde ~** blind-man's-buff; **heilige ~** *a. fig* sacred cow; **Kuh·han·del** *m fig fam* horse-trading; **Kuh·haut** *f* cow-hide; ▶ **das geht auf keine ~!** *fam* that's absolutely staggering! **Kuh·hir·te** *m* cowherd.

kühl [ky:l] *adj* **1.** chilly, cool; **2.** *fig* cool; *(abweisend)* cold; ▶ **mir wird etw ~** I'm getting rather chilly; **abends wird es ~** in the evening it gets chilly; **Kühl·an·la·ge** *f* cooling (*od* refrigerating) plant; **Kühl·becken (k·k)** *n (für Brennelemente)* cooling pond; **Kühl·box** *f* cold box, cooler; **Küh·le** ['ky:lə] ‹-› *f a. fig* coolness; *(Abweisung)* coldness.

küh·len *tr itr* cool; *tech* refrigerate; ▶ **sein Mütchen an jdm ~** *fig fam* take it out on s.o.

Küh·ler *m mot* **1.** radiator; **2.** *fam (~haube) Br* bonnet, *Am* hood; **Küh·ler·grill** *m mot* radiator grille; **Küh·ler·hau·be** *f mot Br* bonnet, *Am* hood.

Kühl·ge·blä·se *n* cooling air fan; **Kühl·haus** *n* cold-storage depot; **Kühl·man·tel** *m tech* cooling jacket; **Kühl·raum** *m* cold-storage room; **Kühl·schlan·ge** *f tech* refrigerating coil; **Kühl·schrank** *m* refrigerator, *Br fam* fridge, *Am* icebox; **Kühl·turm** *m* cooling tower; **Küh·lung** *f* **1.** *(das Kühlen)* cooling; **2.** *(Kühle)* coolness; **Kühl·wa·gen** *m* **1.** *rail* refrigerator waggon (*od Am* car); **2.** *mot (Lastwagen)* refrigerator truck; **Kühl·was·ser** *n* cooling water.

Kuh·milch *f* cow's milk.

kühn [ky:n] *adj a. fig* bold; ▶ **die Vor-**

stellung übertraf meine ~sten Erwartungen the performance surpassed my wildest hopes (*od* dreams); **Kühn·heit** *f* boldness.

Kuh·stall *m* byre, cowshed.

Kü·ken ['ky:kn] ‹-s, -› *n* chicken.

ku·lant *adj* obliging.

Ku·li ['ku:li] ‹-s, -s› *m* **1.** *(Lastträger)* coolie; **2.** *fam (Kugelschreiber)* ballpoint.

ku·li·na·risch [kuli'na:rɪʃ] *adj* culinary.

Ku·lis·se [ku'lɪsə] ‹-, -n› *f* **1.** *theat (a. Landschafts~)* scenery; **2.** *fig (Hintergrund)* background; ► **was geht hinter den ~n vor?** what's going on backstage? **e-n Blick hinter die ~n tun** *fig* have a glimpse behind the scenes.

Kult [kʊlt] ‹-(e)s, -e› *m* cult; *(Verehrung)* worship; **Kult·fi·gur** *f* cult figure; **Kult·film** *m* cult film.

kul·ti·vie·ren [kʊlti'vi:rən] *tr a. fig* cultivate; **kul·ti·viert** *adj a. fig* cultivated; *(verfeinert, anspruchsvoll)* sophisticated; ► **eine ~e Unterhaltung** a refined conversation.

Kult·stät·te *f* place of worship.

Kul·tur [kʊl'tu:ɐ] ‹-, -en› *f* **1.** *(Geistesleben)* culture; **2.** *(Lebensform)* civilization; **3.** *(Bakterien~, Pilz~, Bienen~ etc)* culture; **Kul·tur·aus·tausch** *m* cultural exchange; **Kul·tur·beu·tel** *m* washbag, toilet bag; **Kul·tur·ba·nau·se** *m fam* philistine; **kul·tu·rell** [kʊltu'rɛl] *adj* cultural; **Kul·tur·film** *m* documentary film; **Kul·tur·ge·schich·te** *f* history of civilisation; **Kul·tur·land·schaft** *f* **1.** *(bebautes Land)* agricultural landscape; **2.** *fig* cultural landscape; **Kul·tur·na·tion** *f* cultural nation; **Kul·tur·po·li·tik** *f* politics of culture; **Kul·tur·re·fe·rent(in)** *m (f) convenor responsible for cultural affairs in a community;* **Kul·tur·stu·fe** *f* stage of civilisation; **Kul·tur·volk** *n* civilized nation (*od* people); **Kul·tur·zen·trum** *n* **1.** *(kultureller Mittelpunkt)* cultural *Br* centre (*Am* center); **2.** *(Institution, Anlage)* arts centre.

Kul·tus·mi·ni·ste·rium ['kʊltʊs-] *n* ministry of education and the arts.

Küm·mel ['kʏməl] ‹-s, -› *m* **1.** *(Gewürz)* caraway; **2.** *fam (~branntwein)* kümmel.

Kum·mer ['kʊmɐ] ‹-s› *m (Betrübtheit)* grief, sorrow; *(Ärger)* trouble, worry; ► **ist das Ihr einziger ~?** don't you have any other problems *pl?* **jdm ~ bereiten** cause s.o. worry; **wir sind ~ gewöhnt** *fig fam* it happens all the time.

küm·mer·lich ['kʏmɐlɪç] *adj* **1.** *(karg, armselig)* miserable, wretched; *(spärlich, kläglich)* scanty; **2.** *(schwächlich, mickrig)* puny.

küm·mern **I** *tr (betreffen)* concern; ► **was kümmert mich das?** what's that to me? what do I care about that? **II** *refl* **1.** *(sorgen):* ► **sich um jdn (etw) ~** look after (*od* take care of) s.o. (s.th.); **2.** *(sich befassen)* mind (*um etw* s.th.); ► **~ Sie sich darum, daß ...** see to it that ...; **~ Sie sich nicht um ...** don't worry about ...; **~ Sie sich um Ihre eigenen Angelegenheiten!** mind your own business! **ich muß mich um ein Geschenk für sie ~** I have to see about a present for her.

kum·mer·voll *adj* sorrowful.

Kum·pan [kʊm'pa:n] ‹-s, -e› *m fam* pal; *pej* accomplice.

Kum·pel ['kʊmpəl] ‹-s, -(s)› *m* **1.** *min* pitman; **2.** *fam (Freund, Arbeitskollege) Br* mate, *Am* buddy.

künd·bar ['kʏntba:ɐ] *adj (Vertrag)* terminable; *(Anleihe)* redeemable.

Kun·de (Kun·din) ['kʊndə] ‹-n, -n› *m (f)* customer; *(für Dienstleistung)* client.

Kun·de[1] ‹-› *f obs (gehoben: Nachricht)* news *pl;* ► **der Welt von etw ~ geben** proclaim s.th. to the world; **von etw ~ ablegen** bear witness to s.th.

Kun·den·dienst *m* **1.** *(Service)* after-sales service; **2.** *(~abteilung)* service department; **Kun·den·dienst·sach·be·ar·bei·ter(in)** *m (f)* customer service representative; **Kun·den·dienst·scheck·heft** *n* service coupon book; **Kun·den·kreis** *m* clienta1ele; **Kun·den·num·mer** *f* client code, customer number; **Kun·den·stamm** *m (Kundenschaft)* clientèle; *(Stammkundschaft)* regular customers *pl.*

kund|ge·ben *irr tr* **1.** *(bekanntmachen)* make known; **2.** *(zum Ausdruck bringen)* express; **Kund·ge·bung** *f* **1.** *pol* rally; **2.** *(Erklärung)* declaration; **kundig** *adj (informiert)* well-informed; *(erfahren, sach~)* expert.

kün·di·gen ['kʏndɪgən] **I** *tr* **1.** *(Wohnung, Arbeit)* hand in one's notice for ...; **2.** *(Vertrag)* terminate; *(Mitgliedschaft, Kredite etc)* cancel; **II** *itr* **1.** *(vom Arbeitnehmer, Mieter etc aus)* give in one's notice to s.o.; **2.** *(vom Arbeitgeber aus)* give s.o. his notice (*zum 1. Juli* for *od* as of July 1st); *(vom Vermieter aus)* give s.o. notice to quit; **3.** *(bei Mitgliedschaft)* cancel one's membership; **Kün·di·gung** *f* **1.** *(von Stellung, Wohnung)* notice; **2.** *(von Vertrag, Mitgliedschaft etc)* cancellation; ► **mit monatlicher ~** with a month's notice; **Kün·di·gungs·frist** *f* period of notice; **Kün·di·gungs·schutz** *m* protection against unlawful dismissal.

Kund·schaft *f* customers *pl; (von Dienstleistungsbetrieb)* clients *pl.*

kund·schaf·ten ['---] *tr mil* reconnoitre; **Kund·schaf·ter** *m mil* scout.

künf·tig ['kʏnftɪç] **I** *adj* future; **II** *adv* in future.

Kunst [kʊnst, *pl* 'kʏnstə] ‹-, ⸚e› *f* **1.** *allg (Malerei, Bildhauerei etc)* art; **2.** *(Geschicklichkeit)* skill; **3.** *(Kniff)* trick; ▶ **die bildenden ⸚e** the plastic arts *pl;* **die schönen ⸚e** the fine arts *pl;* **das ist keine ~!** *fig* it doesn't take much! **mit s-r ~ am Ende sein** be at one's wits' end; **die ~ besteht darin, zu ...** the knack is in ... -ing ...; **ärztliche ~** medical skill; **das ist e-e brotlose ~** *fam* there's no money in that; **was macht die ~?** *fam (wie steht's?)* how are things? **Kunst·aka·de·mie** *f* academy of art; **Kunst·aus·stel·lung** *f* art exhibition; **Kunst·dün·ger** *m* artificial fertilizer; **Kunst·fa·ser** *f* synthetic fibre; **kunst·fer·tig** *adj* skillful; **Kunst·fer·tig·keit** *f* skill; **Kunst·ge·gen·stand** *m* object of art; **kunst·ge·recht** *adj* proficient; **Kunst·ge·schich·te** *f* history of art; **Kunst·ge·wer·be (-hand·werk)** *n* arts and crafts *pl;* **Kunst·griff** *m* trick; **Kunst·händ·ler(in)** *m (f)* art dealer; **Kunst·hand·lung** *f* fine-art repository; **Kunst·harz** *m chem* artificial resin; **Kunst·herz** *n* artificial heart; **Kunst·ken·ner(in)** *m (f)* connoisseur; **Kunst·kri·ti·ker(in)** *m (f)* art-critic; **Kunst·le·der** *n* artificial (*od* imitation) leather.

Künst·ler(in) ['kʏnstlɐ] ‹-s, -› *m (f)* **1.** *(Kunstschaffende(r))* artist; **2.** *fig (Könner)* genius (*in* at); **künst·le·risch** ['kʏnstlərɪʃ] *adj* artistic; **Künst·ler·na·me** *m (von Schauspieler)* stage name; *(von Schriftsteller)* pen name.

künst·lich *adj* artificial; *(synthetisch)* synthetic; *(Haar, Zähne etc)* false; ▶ **jdn ~ ernähren** feed s.o. artificially; **sich ~ aufregen** *fam* get all worked up about nothing; **~e Intelligenz** *EDV* (*Abk* KI) artificial intelligence (*Abk* AI).

Kunst·lieb·ha·ber(in) *m (f)* art lover; **kunst·los** *adj* unsophisticated; **Kunst·ma·ler(in)** *m (f)* painter; **Kunst·pau·se** *f (spannungssteigernde Pause)* pause for effect; *(ironisch für: Steckenbleiben im Text)* awkward pause; **Kunst·rei·ter(in)** *m (f)* trick rider; **Kunst·samm·lung** *f* art collection; **Kunst·sei·de** *f* artificial silk; **Kunst·stoff** *m* synthetic material, synthetics *pl;* **kunst·stoff·be·schich·tet** *adj* synthetic-coated; **Kunst·stoff·ka·ros·se·rie** *f mot Br* fibre (*Am* fiber) glass body; **Kunst·stoff·müll** *m* plastic waste; **Kunst·stück** *n* stunt, trick; ▶ **~!** *(ironisch: kein Wunder!)* small wonder! **Kunst·tur·nen** *n* gymnastics sing; **Kunst·werk** *n* work of art.

kun·ter·bunt ['kʊntɐ'bʊnt] *adj* motley; *(vielfarbig)* many-coloured; *(abwechslungsreich)* varied.

Kup·fer ['kʊpfɐ] ‹-s› *n* copper; **Kup·fer·draht** *m* copper wire; **Kup·fer·schmied(in)** *m (f)* coppersmith; **Kup·fer·stich** *m* **1.** *(das Kupferstechen)* copper engraving; **2.** *(~Karte etc)* copperplate.

Kup·pe ['kʊpə] ‹-, -n› *f* **1.** *(Berg~)* rounded hilltop; **2.** *(Finger~)* tip.

Kup·pel ['kʊpəl] ‹-, -n› *f* cupola, dome.

Kup·pe·lei *f jur* procuring.

kup·peln ['kʊpəln] **I** *itr* **1.** *(sich als Kuppler(in) betätigen)* match-make; *jur* procure; **2.** *mot* operate the clutch; **II** *tr tech (verbinden)* couple, join.

Kupp·ler(in) *m (f)* matchmaker; *jur* procurer.

Kupp·lung *f* **1.** *tech (Wellen~, a. das Koppeln)* coupling; **2.** *mot* clutch; ▶ **die ~ treten** *mot* disengage the clutch; **die ~ kommen lassen** *mot* let the clutch in.

Kur [ku:ɐ] ‹-, -en› *f* **1.** *med* cure; **2.** *(Haar~)* treatment.

Kür [ky:ɐ] ‹-, -en› *f (Eiskunstlauf)* free skating.

Ku·ra·to·rium [kura'to:riʊm] ‹-s, -rien› *n* **1.** *(Gremium)* board of trustees; **2.** *(Komitee, Vereinigung)* comittee.

Kur·bel [kʊrbəl] ‹-, -n› *f tech* crank; **Kur·bel·ge·häu·se** *n mot* crankcase; **kur·beln** *tr itr* turn, wind; **Kur·bel·wel·le** *f mot* crankshaft.

Kür·bis ['kʏrbɪs] ‹-ses, -se› *m* **1.** *bot* pumpkin; **2.** *fig fam (Kopf)* nut.

ku·ren ['ku:rən] *itr fam* take a cure.

Kur·fürst *m hist* Elector; **Kur·für·sten·tum** *n hist* electorate.

Kur·gast *m* visitor to (*od* patient at) a health resort; **Kur·haus** *n* spa rooms *pl.*

Ku·rie ['ku:riə] ‹-, -n› *f eccl* Curia.

Ku·rier [ku'ri:ɐ] ‹-s, -e› *m* courier; **Ku·rier·dienst** *m* parcel delivery service.

ku·rie·ren *tr* cure.

ku·ri·os [kuri'o:s] *adj (seltsam)* curious, odd; **Ku·rio·si·tät** *f* **1.** *(einzelner Gegenstand)* curiosity; **2.** *(Merkwürdigkeit)* oddity.

Kur·ort *m* health resort, spa; **Kur·packung (k·k)** *f (für Haare)* hair repair kit; **Kur·pfu·scher(in)** *m (f) fam* quack; **Kur·pfu·sche·rei** *f fam* quackery.

Kurs [kʊrs] ‹-es, -e› *m* **1.** *mar aero a. fig* course; *pol* line; **2.** *com fin (Wechsel~)* rate of exchange; *(Aktien~)* price; **3.** *(Lehrgang)* course (*für, in* in); ▶ **vom ~ abkommen** *aero mar a. fig* deviate from one's course; **den ~ ändern (beibehalten)** *mar aero a. fig* alter (hold) one's course; **~ nehmen auf ...** set course for ...; **zum ~ von ...** *fin* at the rate of ...; **im ~ fallen** fall, go down; **im ~ steigen** go up, rise; **hoch im ~ stehen** *(Aktien)* be high; *fig* be popular (*bei* with); **Kurs·be·richt** *m fin* stock market report; **Kurs·buch** *n rail Br* timetable, *Am* railroad guide.

Kürsch·ner(in) ['kʏrʃnɐ] ‹-s, -› *m (f)* furrier.

kur·sie·ren *itr* circulate.

kur·siv [kʊr'zi:f] *adj* italic; ▶ **etw ~ drucken** print s.th. in italics.

Kurs·no·tie·rung *f fin* quotation; **Kurs·ri·si·ko** *n fin* market risk; **Kurs·rück·gang** *m fin* fall in prices; **Kurs·schwan·kung** *f fin* fluctuation in rates of exchange; **Kurs·sturz** *m fin* sharp fall in prices; **Kurs·teil·neh·mer(in)** *m (f)* student.

Kur·sus ['kʊrzʊs, *pl* 'kʊrzə] ‹-, ôurse› *m (Lehrgang)* course.

Kurs·ver·lust *m fin* loss on the stock exchange; **Kurs·wa·gen** *m rail* through coach; **Kurs·wech·sel** *m pol* change of policy; **Kurs·zet·tel** *m fin* stock exchange list.

Kur·ve ['kʊrvə] ‹-, -n› *f allg a. math* curve; *(Biegung)* bend; *aero* turn; ▶ **weiter vorn macht die Straße e-e ~** further ahead the road bends; **die ~ kratzen** *fig fam* make tracks *pl;* **die ~ raushaben** *fig fam* have the hang of it; **kur·ven·reich** *adj (Straße)* bendy.

Kur·ver·wal·tung *f* spa authorities *pl.*

kurz [kʊrts] **I** *adj* **1.** *allg (räumlich u. zeitlich)* short; **2.** *(bündig)* brief; **3.** *(rasch)* quick; ▶ **mach's ~!** make it brief! **in kürzester Frist** before very long; **binnen ~em** before long; **seit ~em** for a short while; **über ~ od lang** sooner or later; (bis) vor ~em (until) recently; **vor ~er Zeit** lately; **~e Zeit nachher** shortly after; **den kürzeren ziehen** *fig fam* get the worst of it; **¨~er machen** shorten; **II** *adv* **1.** *(nicht lang, nicht weit)* just, shortly; **2.** *(für e-e ~e Zeit)* briefly; ▶ **~ u. gut** in a word, in short; **~ u. bündig** concisely; **~ vor London** just before London; **etw ~ u. klein schlagen** smash s.th. to pieces; **zu ~ kommen** come off badly; **Kurz·ar·beit** *f* short time; **kurz|ar·bei·ten** *itr* be on short time; **Kurz·ar·bei·ter·geld** *n* short time allowance; **kurz·är·me·lig** *adj* short-sleeved; **kurz·at·mig** *adj* **1.** *med* short-winded; **2.** *fig* feeble; **Kurz·brief** *m* memo letter.

Kür·ze ['kʏrtsə] ‹-› *f* **1.** *allg* shortness; *(von Aufsatz, Bericht etc)* briefness; **2.** *fig (Barschheit)* curtness; *(Bündigkeit)* conciseness; ▶ **in aller ~** very briefly; **der ~ halber** for the sake of brevity; **in der ~ liegt die Würze** *prov* brevity is the soul of wit; **kür·zen** *tr* **1.** *(kürzer machen)* shorten; *(Buch)* abridge; **2.** *fig (beschneiden)* cut (back) (back); **3.** *math (e-n Bruch)* cancel (down).

kur·zer·hand ['kʊrtsɐ'hant] *adv* **1.** *(ohne Umschweife)* without further ado; **2.** *(auf der Stelle)* on the spot.

Kurz·fas·sung *f* abridged version; **Kurz·film** *m* filmlet, short; **kurz·fri·stig I** *adj* short-term; **II** *adv* **1.** *(fürs erste)* for the short term; **2.** *(für kurze Zeit)* for a short time; **Kurz·ge·schich·te** *f* short story; **kurz·le·big** *adj* short-lived.

kürz·lich ['kʏrtslɪç] *adv* lately, recently.

Kurz·nach·richt *f* brief account (*od* statement); ▶ **~en** *pl* the news headlines *pl;* **Kurz·park·zo·ne** *f* short-stay parking zone; **Kurz·reise** *f* short trip; **Kurz·schluß** *m el* short-circuit; ▶ **e-n ~ haben (bekommen)** be short-circuited (short-circuit); **Kurz·schluß·hand·lung** *f fig* rash action; **Kurz·schrift** *f* shorthand; **kurz·sich·tig** *adj a. fig* short-sighted; **Kurz·sich·tig·keit** *f a. fig* short-sightedness; **Kurz·strecken·flug (k·k)** *m* short-haul flight; **Kurz·strecken·ra·ke·te (k·k)** *f mil* short-range missile.

Kür·zung ['kʏrtsʊŋ] *f* **1.** *(das Kürzermachen)* shortening; *(bei Buch etc)* abridgement; **2.** *(von Gehältern, Ausgaben etc)* cut (*bei etw od Genitiv: e-r Sache* in s.th.).

Kurz·wa·ren *pl Br* haberdashery, *Am* notions *pl.*

Kurz·weil ['kʊrtsvaɪl] ‹-› *f* pastime; **kurz·wei·lig** *adj* entertaining.

Kurz·wel·le *f radio* short wave; **Kurz·zeit·ge·dächt·nis** *n* short-term memory; **Kurz·zeit·spei·cher** *m EDV* register.

Ku·si·ne [ku'zi:nə] ‹-, -n› *f* cousin.

Kuß [kʊs, *pl* 'kʏsə] ‹-sses, ¨-sse› *m* kiss; **kuß·echt** *adj* kiss-proof.

küs·sen ['kʏsən] *tr itr refl* kiss (*refl a.* each other).

Kü·ste ['kʏstə] ‹-, -n› *f* coast; **Kü·sten·ge·biet** *n* coastal area; **Kü·sten·ge·wäs·ser** *n pl* coastal waters; **Kü·sten·land·schaft** *f* coastal landscape; **Kü·sten·schif(f·)fahrt** *f* coastal shipping; **Kü·sten·schutz** *m* **1.** *(Erhaltung)* coastal preservation; **2.** *(Küstenwache)* coastguard; **Kü·sten·strich** *m* stretch of coast; **Kü·sten·ver·schmut·zung** *f* coastal pollution.

Kü·ster ['kʏstɐ] ‹-s, -› *m eccl* sexton, verger.

Kut·sche ['kʊtʃə] ‹-, -n› *f* **1.** carriage, coach; **2.** *fam (Auto)* jalopy; **Kut·scher** *m* coachman.

Kut·te ['kʊtə] ‹-, -n› *f* habit.

Kut·teln *pl (Speise: saurer Rindermagen)* tripes.

Ku·vert [ku'vɛrt/ku've:ɐ] ‹-(e)s, -e/-s› *n (Briefumschlag)* envelope.

Ky·ber·ne·tik [kybɛr'ne:tɪk] *f* cybernetics *pl;* **ky·ber·ne·tisch** *adj* cybernetic.

ky·ril·lisch [ky'rɪlɪʃ] *adj* Cyrillic.

KZ [ka:'tsɛt] ‹-s, -s› *n Abk von* **Konzentrationslager** concentration camp.

L

L, l [ɛl] ‹-, -› *n* L, l.

la·ben ['la:bən] *tr refl (gehoben)* feast (*an* on); *(erfrischen)* refresh (*jdn* s.o., *sich mit od an etw* o.s. with s.th.); ► **sie ~ sich an dem Anblick** they feast their eyes on the view.

la·bern ['la:bɐn] *tr itr fam* drivel, jabber.

la·bil [la'bi:l] **1.** *(physisch, gesundheitlich)* delicate; **2.** *(psychisch)* weak.

La·bor [la'bo:ɐ] ‹-s, -s/(-e)› *n fam* (= Laboratorium) lab; **La·bo·rant(in)** [labo'rant] *m (f)* lab(oratory) technician; **La·bor·be·fund** *m* laboratory findings *pl;* **La·bo·ra·to·rium** *n* laboratory, *fam* lab.

la·bo·rie·ren *itr fam* labour (*an etw* at s.th.).

La·by·rinth [laby'rɪnt] ‹-(e)s, -e› *n* **1.** *(Irrgarten)* labyrinth; **2.** *fig* maze.

La·che[1] ['laxə] ‹-, -n› *f (Pfütze)* puddle, pool.

La·che[2] ['laxə] ‹-› *f fam* laugh, way of laughing.

lä·cheln ['lɛçəln] *itr* smile (*über* at); ► **lächle doch mal!** give me (*od* us) a smile!

La·chen *n* laughing, laughter; ► **brüllen vor ~** roar with laughter; **können vor ~!** *fam* if only I knew how! **das ist nicht zum ~** that's not funny; **sich das ~ verbeißen** keep a straight face; **Ihnen wird das ~ noch vergehen!** you'll soon be laughing on the other side of your face!

la·chen ['laxən] *tr itr* laugh (*über* at); ► **aus vollem Halse ~** roar with laughter; **daß ich nicht lache!** *fam* don't make me laugh! my eye! **(bei jdm) nichts zu ~ haben** *fig fam* have a tough time of it (with s.o.); **er hat gut ~** it's all right (*od* very well) for him to laugh; **das Glück lacht ihm** fortune smiles on him; **sich ins Fäustchen ~** laugh up one's sleeve; **sich halbtot ~** split one's sides laughing; **wer zuletzt lacht, lacht am besten** *prov* he who laughs last laughs longest; **sie lachte u. lachte** she was laughing away.

La·cher *m* **1.** *(Lachender)* laugher; **2.** *fam (die Lache)* laugh; ► **die ~ auf s-r Seite haben** *(am Ende recht behalten, triumphieren)* have the last laugh.

lä·cher·lich ['lɛçəlɪç] *adj* **1.** *(zum Lachen)* ridiculous; *(komisch)* comical; **2.** *(unbedeutend)* petty; ► **zu e-m ~en Preis** at an absurdly low price; **sich (vor jdm) ~ machen** make a fool of o.s. (in front of s.o.); **jdn ~ machen** expose s.o. to ridicule; **er hat mich vor ihnen ~ gemacht** he made me look stupid in front of them; **etw ins L~e ziehen** make fun of s.th.; **Lä·cher·lich·keit** *f* absurdity.

Lach·gas *n* laughing gas.

lach·haft *adj* laughable.

Lachs [laks] ‹-es, -e› *m zoo* salmon; **lachs·far·ben** *adj* salmon-coloured; **Lachs·fo·rel·le** *f zoo* salmon trout; **Lachs·schin·ken** *m* smoked ham.

Lack [lak] ‹-(e)s, -e› *m* lacquer, varnish; *mot (Auto~)* paint.

lackie·ren (k·k) *tr itr* varnish; *(Fingernägel)* paint; *(Auto)* spray.

Lack·le·der *n* patent leather.

Lack·mus ['lakmʊs] ‹-› *n* od *m chem* litmus; **Lack·mus·pa·pier** *n* litmus paper.

Lack·pfle·ge·mit·tel *n* lacquer preservative; **Lack·schuh** *m* patent-leather shoe.

La·de·ge·rät *n* battery charger; **La·de·hem·mung** *f mil* jam; ► **~ haben** jam.

La·den[1] ['la:dən, *pl* 'lɛ:dən] ‹-s, ⸚› *m (Fenster~)* shutter.

La·den[2] *m* **1.** *(~geschäft) Br* shop, *Am* store; **2.** *fam („Verein", Betrieb)* outfit; ► **na, wie läuft der ~?** *fam* well, how's business? **das ist ja ein feiner ~ hier!** *fam (ironisch gemeint)* a nice outfit you've got here! **den ~ dichtmachen** *fam* shut up shop; **den (ganzen) ~ schmeißen** *sl* run the (whole) show; **den ganzen ~ hinschmeißen** *sl* chuck the whole lot in.

la·den[1] *irr tr* **1.** *(Gäste etc ein~)* invite; **2.** *jur (vor~)* summon.

la·den[2] *irr tr itr* **1.** *(mit Fracht etc be~)* load; **2.** *el phys* charge; **3.** *(Feuerwaffe)* load; ► **sich etw auf den Hals ~** *fig fam* saddle o.s. with s.th.; **schwere Schuld auf sich ~** *fig fam* place o.s. under a heavy burden of guilt.

La·den·be·sit·zer(in) *m (f)* shopkeeper; **La·den·dieb(in)** *m (f)* shoplifter; **La·den·dieb·stahl** *m* shoplifting; **La·den·ein·rich·tung** *f* shopfittings *pl;* **La·den·hü·ter** *m* non-seller, non-selling line; **La·den·ket·te** *f* chain of *Br* shops (*Am* stores); **La·den·preis** *m* retail price; *((fester) ~ von Druckerzeugnissen)* publishing price; **La·den·schild** *n Br* shop (*Am* store) sign; **La·den·schluß** *m* closing time; **La·den·schluß·zei·ten** *f pl* closing hours; **La-**

den·tisch *m* (sales) counter.
La·de·ram·pe *f* loading ramp; **La·de·raum** *m* load room; *mar aero* hold.
lä·die·ren [lɛ'di:rən] *tr (beschädigen)* damage; ► **lädiert sein** *fam hum* be the worse for wear.
La·dung[1] *f jur (Vor~)* summons *sing*.
La·dung[2] *f* **1.** *allg a. fig* cargo load; **2.** *el phys (a. Sprengstoff~)* charge.
La·ge ['la:gə] ⟨-, -n⟩ *f* **1.** *(Situation)* situation; **2.** *(Position)* position; **3.** *(örtliche ~, das Gelegensein)* location; **4.** *(Schicht)* layer; **5.** *fam (Runde Bier, Schnaps etc)* round; ► **Herr der ~ sein** be master of the situation; **die ~ der Nation** the state of the nation; **die ~ der Dinge** the situation; **nach ~ der Dinge** as things stand; **die ~ peilen** *fam* see how the land lies; **sich in jds ~ versetzen** put o.s. in someone's place; **jdn in die ~ versetzen, etw zu tun** put s.o. in a position to do s.th.; **dazu bin ich nicht in der ~** I'm not in a position to do that; **in günstiger ~** *(günstig gelegen)* well-situated; **das Haus hat e-e ruhige ~** the house is in a peaceful location; **La·ge·be·richt** *m* situation report; **La·ge·plan** *m* general (*od* layout *od* site) plan.
La·ger ['lagɐ] ⟨-s, -⟩ *n* **1.** *(Unterkunft; a. fig: Partei)* camp; **2.** *com (Waren~)* store; *(~haus)* warehouse; *(Vorrat)* stock(s *pl*); **3.** *geol (Ab~ung, ~stätte)* deposit; **4.** *mot tech* bearing; ► **ans ~ gefesselt sein** *fig (im Bett liegen müssen)* be confined to bed; **das ~ abbrechen** strike (*od* break) camp; **ein ~ aufschlagen** pitch camp; **das sozialistische ~** *fig pol* the socialist camp; **etw am ~ haben** have s.th. in stock; **etw auf ~ haben** *fig fam (e-n Witz etc)* have s.th. on tap; **La·ger·be·stand** *m* stock, inventory; **La·ger·feu·er** *n* campfire; **La·ger·ge·bühr** *f* storage charge; **La·ger·hal·tung** *f* storekeeping; **La·ger·haus** *n* warehouse, store; **La·ge·rist(in)** *m (f)* storeman (storewoman); **La·ger·lei·ter(in)** *m (f)* camp commander.
la·gern ['la:gɐn] **I** *tr* **1.** *(hinlegen)* lay down; **2.** *com (auf Lager nehmen)* store; **II** *itr* **1.** *(liegen)* lie; **2.** *com (am Lager sein)* be stored; **3.** *(Menschen) a. mil* camp; **III** *refl* settle o.s.
La·ger·platz *m (Rastplatz)* resting-place; **La·ger·raum** *m* storeroom; **La·ge·rung** *f* storage; ► **~ von Abfällen** dumping of refuse; **La·ger·ver·wal·ter(in)** *m (f) com* stores supervisor.
La·gu·ne ⟨-, -n⟩ *f* lagoon.
lahm [la:m] *adj* **1.** *(gelähmt)* lame; **2.** *fig fam* dreary, dull; ► **e-e ~e Entschuldigung** *fig fam* a poor (*od* lame) excuse; **e-e ~e Ente sein** *fig fam* have no zip; **Lahm·arsch** *m sl Br* slowcoach, *Am* slowpoke; **lahm·ar·schig** *adj sl* damn slow; ► **sei doch nicht so ~!** get your *Br* arse (*Am* ass) in gear!
lah·men *itr* be lame (*auf* in).
läh·men ['lɛ:mən] *tr a. fig* paralyse; ► **vor Angst wie gelähmt sein** be paralysed with fear.
lahm|le·gen *tr* paralyse, bring to a standstill.
Läh·mung ['lɛ:mʊŋ] *f a. fig* paralysis.
Laib [laɪp] ⟨-(e)s, -e⟩ *m* loaf.
Laich [laɪç] ⟨-(e)s, -e⟩ *m zoo* spawn; **lai·chen** *itr zoo* spawn.
Laie ['laɪə] ⟨-n, -n⟩ *m* **1.** *eccl a. fig* layman; **2.** *fig* amateur; ► **da staunt der ~, und der Fachmann wundert sich** *fam* that's a real turn-up for the book; **ein blutiger ~ sein** *fig fam (ein Anfänger) Br* be an absolute amateur, *Am a.* be a real tyro; **Lai·en·dar·stel·ler(in)** *m (f)* amateur actor (actress); **lai·en·haft** *adj* **1.** *(amateurhaft)* amateurish; **2.** *(unfachmännisch)* lay *(nur attr)*.
La·kai [la'kaɪ] ⟨-en, -en⟩ *m a. fig* lackey.
La·ken ['la:kən] ⟨-s, -⟩ *n* sheet.
La·kritz(e) [la'krɪts] ⟨-, -n⟩ *m (f)* liquorice.
lal·len ['lalən] *tr itr (Säugling)* babble; *(Betrunkener)* slur.
La·ma[1] ['la:ma] ⟨-(s), -s⟩ *n zoo* llama.
La·ma[2] *m rel (buddhistischer Priester in Tibet)* lama.
La·ma·is·mus ⟨-⟩ *m rel* Lamism.
La·mel·le [la'mɛlə] ⟨-, -n⟩ *f* **1.** *bot* lamella; **2.** *(von Jalousien)* slat.
La·met·ta [la'mɛta] ⟨-s⟩ *f* **1.** tinsel; **2.** *fam hum (Orden)* gongs *pl*.
la·mi·nie·ren [lamɪ'ni:rən] *tr tech* laminate.
Lamm [lam, *pl* 'lɛmɐ] ⟨-(e)s, ⸚er⟩ *n zoo* lamb; **Lamm·fell** *n* lambskin.
Lam·pe ['lampə] ⟨-, -n⟩ *f* lamp; **Lam·pen·fie·ber** *n theat* stage fright; **Lam·pen·schirm** *m* lamp-shade.
Lam·pi·on [lam'pjo:n] ⟨-s, -s⟩ *m* Chinese lantern.
LAN *n EDV Abk von* **local area network** LAN, lan.
lan·cie·ren [lã'si:rən] *tr* launch.
Land [lant, *pl* 'lɛndɐ] ⟨-(e)s, ⸚er⟩ *n* **1.** *allg (Fest~, Gelände)* land; **2.** *(im Gegensatz zur Stadt)* country; **3.** *(Staat)* country; *(Bundesland der BRD)* Land; *(in Österreich)* province; ► **an ~ gehen (setzen)** go (put) ashore; **(das) ~ bebauen** work on (*od* cultivate) the land; **~ sichten** *mar* sight land; **wieder ~ sehen** *fig* be back on dry land again; **~ in Sicht!** *mar* land ahoy! **zu ~ u. zu Wasser** by land and by sea; **sich jdn (etw) an ~ ziehen** *fig fam („angeln")* land s.o. (s.th.); **auf dem ~(e)** in the country; **aufs ~ gehen** go (in)to the country; **außer ~es gehen** leave the country; **aus aller Herren ⸚er** from the four corners of the earth.
Land·adel *m* landed gentry; **Land·ar-**

bei·ter(in) *m (f)* farm (*od* agricultural) worker; **Land·be·sitz** *m* land, landed property (*od* estate); ▶ **~ haben** own land; **Land·be·sit·zer(in)** *m (f)* landowner; **Land·be·völ·ke·rung** *f* rural population.

Lan·de·an·flug *m aero* approach; **Lan·de·bahn** *f aero* runway, landing-strip.

land·ein·wärts [-'--] *adv* inland.

lan·den ['landən] **I** *tr* ‹h› *a. fig* land; ▶ **e-n Coup (gegen jdn (etw)) ~** *fam* pull off a coup (against s.o. (s.th.)); **bei jdm e-n Kinnhaken ~** *sport fam* land s.o. a hook to the chin; **II** *itr* ‹sein› **1.** land; **2.** *fig fam (enden)* land up; **3.** *fig fam (bei jdm „ankommen")* get somewhere; (*mit etw bei jdm* with s.o. by s.th.); ▶ **weich ~** *aero* soft-land; **mit deinen krummen Touren wirst du noch im Gefängnis ~!** *fig fam* those crooked means of yours will land you in jail! **(sofort) im Papierkorb ~** *fig fam* go (straight) into the wastepaper basket; **glaub' nur nicht, daß du damit bei mir ~ kannst!** *fig fam* don't think to get anywhere with me by that!

Land·en·ge *f* isthmus.

Lan·de·platz *m mar* landing place; *aero (ausgebauter ~)* landing strip; *(nicht ausgebauter Platz zum Landen)* place to land.

Län·de·rei·en [lɛndə'raɪən] *pl* estates.

Lan·des·ar·beits·amt ['--'---] *n Br* Regional Labour Exchange, *Am* Regional Labor Office; **Lan·des·ar·beits·ge·richt** ['--'----] *n Br* Labour Court, *Am* Higher Labor Court.

Lan·de·schein·wer·fer *m aero* landing light; **Lan·de·steg** *m* landig-stage.

Lan·des·far·ben *f pl* **1.** *(e-r Nation)* national colours *pl;* **2.** *(e-s Bundeslandes der Bundesrepublik D.)* state colours *pl;* ▶ **Trikots in den ~** *sport* jersey in national colours; **Lan·des·gren·ze** *f* **1.** *(e-s Staates)* national boundary; **2.** *(e-s Bundeslandes der Bundesrepublik D.)* state boundary; **Lan·des·in·ne·re** *n* inland region; ▶ **tief ins ~ vorstoßen** penetrate into the heart of the country; **Lan·des·re·gie·rung** *f (in der Bundesrepublik D.)* government of a Land; *(in Österreich)* provincial government; **Lan·des·so·zial·ge·richt** ['---'---] *n* Higher Social Court; **Lan·des·spra·che** *f* national language; **Lan·des·tracht** *f* national costume; **Lan·des·trau·er** *f* national mourning; **lan·des·üb·lich** *adj* customary; **Lan·des·ver·rat** *m* high treason; **Lan·des·ver·tei·di·gung** *f* national *Br* defence (*Am* defense); **Lan·des·wäh·rung** *f* national currenc.

Land·flucht *f* migration (*od* drift) from the land; **Land·gang** *m mar* shore leave; **Land·ge·mein·de** *f* country community; **land·ge·stützt** *adj mil (Raketen)* land-based; **Land·gut** *n* estate; **Land·haus** *n* country house; **Land·kar·te** *f* map; **Land·kreis** *m* administrative district; ▶ **X, Landkreis Y** X, county (of) Y; **land·läu·fig** *adj* popular; ▶ **nach ~er Meinung** according to popular opinion; **Land·le·ben** *n* country life; **Land·leu·te** *pl* country people.

länd·lich ['lɛntlɪç] *adj* rural.

Land·ma·schi·nen *pl* agricultural machinery *sing;* **Land·pla·ge** *f fig fam* pest; **Land·rat·te** *f hum* landlubber; **Land·re·gen** *m* steady rain.

Land·schaft *f* **1.** *(ländl. Gegend)* countryside; **2.** *(auf Fotos, Gemälden)* landscape; ▶ **in der ~ herumstehen** *fam hum* stand around; **land·schaft·lich** *adj* **1.** *allg* scenic; **2.** *(regional)* regional; ▶ **die ~e Schönheit dieser Gegend** the beauty of the scenery; **Land·schafts·gärt·ner(in)** *m (f)* landscape gardener; **Land·schafts·pfle·ge** *f* landscape management (*od* planning); **Land·schafts·schutz·ge·biet** *n allg* landscape protection area; *Br* Area of Outstanding Natural Beauty *(Abk* AONB).

Lands·knecht *m hist (Söldner)* mercenary.

Lands·mann(-män·nin) ‹-(e)s, -leute/(-männer)› *m (f)* compatriot, fellow countryman; ▶ **was für ein ~ sind Sie?** where do you come from?

Land·stra·ße *f* road; *(im Gegensatz zur Autobahn)* ordinary road; **Land·strei·cher(in)** *m (f)* tramp, *Am* hobo; **Land·streit·kräf·te** *pl* land forces; **Land·strich** *m* area; **Land·tag** *m (in Deutschland)* Landtag (regional parliament); **Land·tags·wah·len** *pl* German regional elections.

Lan·dung ['landʊŋ] *f mar aero mil* landing; ▶ **weiche ~** soft landing; **Lan·dungs·boot** *n mil* landing craft; **Lan·dungs·brücke (k·k)** *f* jetty, landing-stage.

Land·ver·mes·ser(in) *m (f)* land surveyor; **Land·ver·mes·sung** *f* land surveying; **Land·weg** *m:* ▶ **auf dem ~** by land; **Land·wirt(in)** *m (f)* farmer; **Land·wirt·schaft** *f* **1.** *(Agrikultur)* agriculture, farming; **2.** *(Hof)* farm; **3.** *(die Landwirte)* farmers *pl;* **land·wirt·schaft·lich** *adj* agricultural; ▶ **~e Maschinen** agricultural machinery *sing;* **Land·wirt·schafts·mi·ni·ste·rium** *n allg* ministry of agriculture; *Br* Board of Agriculture, *Am* Department of Agriculture; **Land·wirt·schafts·schu·le** *f* agricultural college; **Land·zun·ge** *f* spit of land.

lang [laŋ] ‹lenger, lengst› **I** *adj* **1.** *allg* long; **2.** *fam (groß, hoch aufgeschossen)* tall; ▶ **das weiß ich seit ~em** I have known that (for) a long time; **das habe ich ~e Zeit nicht gewußt** I haven't known that for a long time; **das ist schon ~ her** that's a long time ago; **in nicht allzu ~er Zeit** before too long; **ich fahre für ⁼ere Zeit weg** I'm going away for a long time; **zehn Fuß ~** ten feet long; **auf ~e Sicht** *fig* in the long term; **Sie müssen das auf ~e Sicht betrachten** *fig* you must take the long view; **ein ~es Gesicht machen** pull a long face; **e-n ~en Hals machen** *fam* crane one's neck; **die Zeit wurde uns ~** time began to hang heavy on our hands; **etw ~ und breit erklären** go to great lengths to explain s.th.; **mir wird die Zeit nie ~** I never get bored; **etw auf die ~e Bank schieben** *fig* put s.th. off; **etw von ~er Hand vorbereiten** *fig* prepare s.th. carefully; **II** *adv:* ▶ **drei Tage (Wochen** *etc*) ~ for three days (weeks *etc*); **sein ganzes Leben ~** all his life; **~ ersehnt** longed-for; **~ erwartet** long-awaited; **über kurz od ~** sooner or later; **~ u. breit** *fig* at great length; **lang·ar·mig** *adj* long-armed; **lang·at·mig** *adj fig* long-winded; **lang·bei·nig** *adj* long-legged.

lan·ge ['laŋə] *adv* **1.** *(e-e ~ Zeit)* a long time; *(in Frage- od Verneinungssätzen)* long; **2.** *fam (bei weitem):* **~ nicht so ...** not nearly as ...; **noch ~ nicht** not by any means; **das ist schon ~ her** it's a long time ago; **es ist noch gar nicht ~ her, daß ...** it's not long since ...; **er macht es nicht mehr ~** *fam* he won't last long (*od* much longer); **je ⁼er, je lieber** *fam* the longer the better; **das ist noch ~ kein Beweis** *fam* that's far from being evidence; **was du kannst, das kann ich schon ~** *fam* the things you can do are but child's play to me.

Län·ge ['lɛŋə] ‹-, -n› *f* **1.** *(zeitlich, räumlich, a. sport)* length; **2.** *fig (langatmige Stelle)* long-drawn-out passage; **3.** *astr geog math* longitude; **4.** *fam (Größe e-s Menschen)* height; ▶ **der ~ nach** *(längs)* lengthwise; **der ~ nach hinfallen** fall flat; **etw in die ~ ziehen** protract s.th.; **sich in die ~ ziehen** go on and on; **mit e-r ~ (Vorsprung) gewinnen** *sport* win by a length.

lan·gen ['laŋən] *fam* **I** *tr (reichen)* give, hand, pass (*jdm etw* s.o. s.th.); ▶ **jdm e-e ~** smack someone's face; **II** *itr* **1.** *(genügen)* be enough, do, suffice; **2.** *(sich (er)strecken)* reach (*bis zu od an etw* s.th., *nach* for); ▶ **mir langt's!** I'm fed up with it! **~ Sie zu!** *fam (bei Tisch)* help yourself! **es langt hinten u. vorn nicht** *fam* it's nowhere near enough; **das Geld langt einfach nicht** *fam* there just isn't enough money.

Län·gen·grad *m geog* longitude; **Län·gen·maß** *n* linear measure.

län·ger·fri·stig I *adj* longer-term; ▶ **~es Darlehen** loan taken at relatively long terms; **II** *adv* in the longer term; ▶ **~ planen** plan for the longer term.

Lan·ge·wei·le ['laŋəvaılə/--'--] ‹-› *f* boredom; ▶ **~ haben** be bored.

Lang·fin·ger *m fig fam hum* pickpocket.

lang·fri·stig I *adj* long-term; **II** *adv* in the long term; ▶ **~ planen** plan for the long term.

lang·ge·streckt *adj* long.

lang·jäh·rig I *adj* **1.** *(viele Jahre dauernd)* many years of ...; **2.** *(seit vielen Jahren (bestehend))* long-standing, of many years' standing; ▶ **unser ~er Mitarbeiter** our long-standing employee; **II** *adv* for many years.

Lang·lauf ‹-(e)s› *m sport (Ski~)* cross-country skiing; **Lang·läu·fer(in)** *m (f)* cross-country skier; **Lang·lauf·ski** *m* cross-country ski.

lang·le·big *adj* **1.** *(haltbar)* long-lasting; **2.** *(Gerücht)* long-lived; **Lang·le·big·keit** *f* **1.** *(Haltbarkeit)* long-lastingness; **2.** *(Zähigkeit, langes Leben)* long life.

läng·lich ['lɛŋlıç] *adj* elongated, long.

Lang·mut ‹-› *f* forbearance, patience; **lang·mü·tig** *adj* forbearing, patient.

längs [lɛŋs] **I** *prp* along; **II** *adv* lengthways, lengthwise.

Längs·ach·se *f* longitudinal axis.

lang·sam ['laŋza:m] **I** *adj* slow; **II** *adv* **1.** *allg* slowly; **2.** *fam (allmählich, endlich)* just about; ▶ **~(er) fahren** drive slowly (slow down); **es wird ~ Zeit, daß etw geschieht** *fam* it's about time s.th. happened; **es wurde aber auch ~ Zeit!** *fam* it was really high time! (*od* and about time too!); **~ reicht es mir** *fam* I'm just about fed up with it; **so ~ sollte er kommen!** *fam* it's just about time he was here! **immer schön ~!** *fam* easy does it! **Lang·sam·keit** *f* slowness.

Lang·schlä·fer(in) *m (f)* late riser.

Lang·spiel·plat·te *f* long-playing record.

Längs·schnitt *m* longitudinal section.

längst [lɛŋst] *adv (schon lange)* for a long time; *(vor langer Zeit)* long ago; ▶ **~ nicht so ...** not nearly as ...; **noch ~ nicht** not by any means; **das weiß ich schon ~** I've known that for ages; **..., aber der Zug war ~ weg** ..., but the train had long since gone.

läng·stens *adv* **1.** *(spätestens)* at the latest; **2.** *(höchstens)* at the most; ▶ **ich kann es dir längstens für drei Tage leihen** I can lend it to you for three days at the longest.

Lang·strecken·flug (k·k) *m aero* long-haul flight, long-distance flight; **Lang·strecken·ra·ke·te (k·k)** *f mil aero* long-range missile (*od* rocket); **Lang·strecken·waf·fe (k·k)** *f mil* long-range weapon.

Lan·gu·ste [laŋˈgʊstə] ⟨-, -n⟩ *f* crayfish, *Am* crawfish.

lang·wei·len [ˈlaŋvaɪlən] **I** *tr* bore; **II** *itr* be boring; **III** *refl* be (*od* get) bored; ► **sich zu Tode ~** be bored to death.

lang·wei·lig *adj* **1.** boring, tedious; **2.** *fam (langsam, lahm)* slow; ► **er ist so ~ mit allem** *fam* he's such a *Br* slowcoach (*Am* slowpoke) at everything.

Lang·wel·le *f radio* long wave.

lang·wie·rig [ˈlaŋviːrɪç] *adj* lengthy.

Lang·zeit- *(in Zssgn)* long-term; **Lang·zeit·ar·beits·lo·se(r)** *f m* long-term unemployed person; **Lang·zeit·ri·si·ko** *n* long-term risk; **Lang·zeit·spei·cher** *m EDV* long-term storage; **Lang·zeit·stu·die** *f* long-term study; **Lang·zeit·test** *m* long-term test; **Lang·zeit·wir·kung** *f* long-term effect.

Lan·ze [ˈlantsə] ⟨-, -n⟩ *f* lance; ► **für jdn e-e ~ brechen** *fig* take up the cudgels for s.o.

La·os [ˈlaːɔs] ⟨-⟩ *n* Laos; **La·ote (La·otin)** [laˈoːtə] *m (f)* Laotian; **la·otisch** *adj* Laotian.

Lap·pa·lie [laˈpaːliə] ⟨-, -n⟩ *f fam* mere nothing, trifle.

Lap·pen [ˈlapən] ⟨-s, -⟩ *m (Stück Stoff)* cloth; *(Wisch~)* duster; *(Wasch~)* flannel; ► **jdm durch die ~ gehen** *fam (entwischen)* slip through someone's fingers.

läp·pisch [ˈlɛpɪʃ] *adj* **1.** *(dumm)* silly; **2.** *(sehr gering)* mere; ► **das ist doch ~!** that's silly! **~e zwanzig Mark** a mere twenty marks.

Lap·sus [ˈlapsʊs *pl* ˈlapsuːs] ⟨-, -⟩ *m (gehoben)* slip.

Lär·che [ˈlɛrçə] ⟨-, -n⟩ *f bot* larch.

Lärm [lɛrm] ⟨-(e)s⟩ *m* **1.** *allg* noise; **2.** *(Radau)* row; **3.** *(Aufsehen)* fuss; ► **~ schlagen** give the alarm; *fig* kick up a fuss; **viel ~ um nichts machen** make a lot of fuss about nothing; **Lärm·be·kämp·fung** *f* noise prevention; **Lärm·be·lä·sti·gung** *f* noise disturbance; **Lärm·be·la·stung** *f* noise pollution; **Lärm·ein·wir·kung** *f* effect of noise; **lärm·emp·find·lich** *adj* sensitive to noise.

lär·men *itr* be noisy, make a noise; **lär·mend** *adj* noisy.

Lärm·ku·lis·se *f* acoustic environment; **Lärm·min·de·rung** *f* noise level reduction; **Lärm·pe·gel** *m* noise level; **Lärm·quel·le** *f* source of noise; **Lärm·schutz** *m* noise prevention; **Lärm·schutz·be·reich** *m* noise prevention zone; **Lärm·schutz·maß·nah·men** *f pl* noise prevention measures; **Lärm·schutz·wall (Lärm·schutz·wand)** *m (f)* sound (*od* noise) barrier.

Lar·ve [ˈlarfə] ⟨-, -n⟩ *f* **1.** *biol* larva; **2.** *(Maske)* mask.

lasch [laʃ] *adj* **1.** *(schlaff)* limp; **2.** *(zu nachgiebig)* lax; **3.** *(Geschmack) fam* tasteless.

La·sche [ˈlaʃə] ⟨-, -n⟩ *f (Schuh~)* tongue; *(Schlaufe)* loop.

La·ser [ˈleːzɐ] ⟨-s, -⟩ *m* laser; **La·ser·drucker (k·k)** *m EDV* laser printer; **La·ser·strahl** *m* laser beam; **La·ser·tech·nik** *f* laser technology; **La·ser·waf·fe** *f mil* laser weapon.

las·sen [ˈlasən] *irr* **I** *tr* **1.** *(zulassen, erlauben)* let; **2.** *(veranlassen):* ► **etw tun ~** have (*od* get) s.th. done; **jdn etw tun ~** have (*od* make) s.o. do s.th.; **3.** *(be~)* leave; *(gewähren ~)* let; **4.** *(unter~)* omit; **5.** *(über~):* ► **jdm etw ~** let s.o. have s.th.; **6.** *(zurück~)* leave; **7.** *(hinaus~, hinein~)* let (*aus* out of, *in* into); ► **laßt uns gehen!** let's go! **er ließ sich nicht überreden** he would not be persuaded; **er ließ sich nicht überzeugen** he would not be convinced; **ich lasse mir von dem Jungen helfen** I have the boy help me; **ich lasse meinen Anzug reinigen** I have my suit cleaned; **sich e-n Bart wachsen ~** grow a beard; **er ließ mich (e-e Stunde) warten** he kept me waiting (for an hour); **~ Sie die Dinge, wie sie sind!** leave things as they are! **~ Sie das!** stop it! **laß mich in Ruhe!** leave me alone! **~ wir das jetzt mal!** let's leave this now! **dann ~ wir's eben!** let's drop the whole idea! **~ wir es dabei (bewenden)!** let's leave it at that! **~ Sie mir e-e Woche Zeit!** give me a week! **höflich ist er, das muß man ihm ~** he's polite, you must admit (*od* you've got to give him that); **tu, was du nicht ~ kannst!** do what you think you must! **jdn rufen (*od* kommen) ~** send for s.o.; **~ Sie es sich doch schicken!** have it sent to you! **ich habe mir sagen ~, ...** I've been told ...; **~ Sie sich das gesagt sein!** take it from me! **jdm etw mitteilen ~** let s.o. know s.th.; **von etw ~** keep away from s.th.; **sie kann's einfach nicht ~** she just can't help it; **das läßt sich machen!** that's possible! **laß mich nur machen!** leave it to me! **die Tür läßt sich nicht öffnen** the door doesn't open; **II** *itr (ab~, aufgeben)* give up (*von etw* s.th.).

läs·sig [ˈlɛsɪç] *adj* **1.** *(nach~)* careless; **2.** *(ungezwungen)* casual; **3.** *sl (mit Leichtigkeit, cool)* cool.

Las·so [ˈlaso] ⟨-s, -s⟩ *m od n* lasso.

Last [last] ⟨-, -en⟩ *f* **1.** *allg a. fig* burden, load; **2.** *mar aero* cargo; **3.** *pl fig:* **~en** *(Kostenbe~ung))* charges, costs *pl;* ► **jdm zur ~ fallen** be a burden on s.o.; *(ihm lästig sein)* trouble s.o.; **jdm etw zur ~ legen** lay s.th. to someone's charge, charge s.o. with s.th.; **la·sten** [ˈlastən] *itr* weigh (heavily) (*auf* on); ► **alle Verantwortung lastet auf mir**

all the responsibility rests on me; **La·sten·auf·zug** *m* goods *Br* lift (*Am* elevator); **La·sten·ta·xi** *n* goods taxi.

La·ster[1] ‹-s, -› *m fam (LKW) Br* lorry, *Am* truck.

La·ster[2] ‹-s, -› *n (Untugend, Unsitte)* vice.

Lä·ste·rer ['lɛstərɐ] ‹-s, -› *m* **1.** *(Gottes~)* blasphemer; **2.** *fam (Schandmaul)* malicious tongue; ▶ **ein ~ sein** have a malicious tongue.

la·ster·haft *adj* depraved; **La·ster·haf·tig·keit** *f* depravation.

Lä·ster·maul *n fam (Person)* scandalmonger.

lä·stern ['lɛstɐn] **I** *tr (Gott etc)* blaspheme against; **II** *itr fam* make nasty remarks (*über* about).

lä·stig ['lɛstɪç] *adj (belästigend)* troublesome; *(ärgerlich)* annoying; ▶ **jdm ~ fallen** (*od* **sein**) molest (*od* pester) s.o.; **du kannst wirklich ~ sein** you can be a real nuisance; **er wird langsam ~** he's about becoming a nuisance.

Last·kahn *m* barge; **Last·kraft·wa·gen** *m mot* heavy goods vehicle.

Last·schrift *f com* **1.** *(~anzeige)* debit note; **2.** *(Buchung)* debit entry.

Last·tier *n* pack animal; **Last·trä·ger** *m* porter; **Last·wa·gen** *m Br* lorry, *Am* truck; **Last·zug** *m mot* trailer, truck.

La·sur [la'zu:ɐ] *f* glaze.

La·tein [la'taɪn] ‹-s› *n* Latin; ▶ **ich bin mit meinem ~ am Ende** *fig fam* I'm at my wits' end; **La·tein·ame·ri·ka** *n* Latin America; **la·tei·nisch** *adj* Latin.

la·tent [la'tɛnt] *adj* latent.

La·ter·ne [la'tɛrnə] ‹-, -n› *f* lantern; *(Straßen~)* streetlight; **La·ter·nen·pfahl** *m* lamp post.

Lat·sche ['la:tʃə] ‹-, -n› *f bot* mountain pine.

Lat·schen ['la:tʃən] ‹-s, -› *m fam* **1.** *(Hausschuh)* slipper; **2.** *(alter Schuh)* worn-out shoe; **lat·schen** ‹sein› *itr fam* **1.** *(herumlaufen)* traipse; **2.** *(schlurfen)* slouch along.

Lat·te ['latə] ‹-, -n› *f* **1.** *(Brett)* slat; **2.** *sport (beim Hochsprung)* bar; *(beim Fußball)* crossbar; ▶ **e-e ganze ~ von ...** *fig* a whole string of ...; **du hast sie doch nicht alle auf der ~!** *sl* you've got a screw loose! **Lat·ten·rost** *m* bedlattice; **Lat·ten·ver·schlag** *m* crate; **Lat·ten·zaun** *m* wooden fence.

Latz [lats, *pl* 'lɛtsə] ‹-es, ⸚e› *m* **1.** *(Kleider~)* bib; **2.** *(Hosen~)* flap; ▶ **jdm eins vor den ~ knallen** *sl* clobber (*od* sock) s.o. one; **Latz·ho·se** *f* dungarees *pl.*

lau [laʊ] *adj* **1.** *(~warm: Flüssigkeit; a. fig)* lukewarm; **2.** *(mild)* mild.

Laub [laʊp] ‹-(e)s› *n* leaves *pl;* **Laub·baum** *m* deciduous tree.

Lau·be ['laʊbə] ‹-, -n› *f* **1.** *(~ngang)* arbour; **2.** *(Gartenhäuschen)* summerhouse.

Laub·frosch *m zoo* treefrog; **Laub·sä·ge** *f* fretsaw; **Laub·wald** *m* deciduous forest.

Lauch [laʊx] ‹-(e)s, -e› *m bot* leek; **Lauch·zwie·bel** *f* spring onion.

Lau·er ['laʊɐ] ‹-› *f:* ▶ **auf der ~ liegen** (*od* **sein**) lie in wait.

lau·ern *itr a. fig* lie in wait (*auf* for).

Lauf [laʊf, *pl* 'lɔɪfə] ‹-(e)s, ⸚e› *m* **1.** *(schneller Schritt)* run; **2.** *(~ e-r Maschine, Gang)* operation, running; **3.** *EDV* run; **4.** *sport (Wett~)* race; **5.** *(Gewehr~)* barrel; **6.** *(Bein von Tieren)* leg; **7.** *(Flußver~, a. astr: ~ der Gestirne)* course; **8.** *fig (Ver~, Ab~ von Ereignissen etc)* course; ▶ **der ~ der Dinge** the way things go; **den Dingen ihren** (*od* **freien**) **~ lassen** let things take their course; **s-n Gefühlen freien ~ lassen** give way to one's feelings; **im ~e des Gesprächs** in the course of the conversation; **im ~e der Jahre** in the course of the years; **Lauf·bahn** *f (Beruf)* career; ▶ **e-e ~ einschlagen** enter on a career; **Lauf·bur·sche** *m obs* errand-boy.

lau·fen ['laʊfən] *irr* **I** *itr* **1.** *allg* run; **2.** *(zu Fuß gehen)* walk; **3.** *(Maschine, Uhr)* go; *(funktionieren)* work; **4.** *(undicht sein, lecken)* leak; *(Nase)* run; **5.** *(ver~, Fluß)* run; *(Weg)* go; **6.** *fig (im Gange sein)* go on; *film* be on; ▶ **was läuft im Kino?** what's on at the cinema? **mal sehen, wie die Sache läuft!** *fam* let's see how things go! **die Sache ist ge~** *sl (unter Dach und Fach, erledigt)* it's all wrapped up; **kann Ihr Kind schon ~?** can your child already walk? **wie ~ die Geschäfte?** how's business? **die Geschäfte ~ schlecht** business is going badly; **unter dem Namen ... ~** *fam (... heißen)* go by the name of ...; **das läuft unter der Rubrik ...** *fam* that comes under the category ...; **die Versicherung läuft auf meinen Namen** the insurance is in my name; **II** *tr* **1.** *allg (rennen, a. sport: e-e Rekordzeit)* run; **2.** *(zu Fuß gehen)* walk; **3.** *mot (fahren)* do; ▶ **Gefahr ~, etw zu tun** run the risk of doing s.th.; **Ski (Rollschuh, Schlittschuh) ~** ski (rollerskate, skate); **III** *refl:* ▶ **sich warm ~** warm up; **sich e-e Blase ~** give o.s. a blister; **es läuft sich gut in diesen Schuhen** these shoes are good for walking.

lau·fend I *adj* **1.** *(Monat, Jahr)* current; **2.** *(ständig)* regular; *(regelmäßig)* routine; ▶ **~e Nummer** serial number; **am ~en Band** *fig* continuously; **auf dem ~en bleiben** keep o.s. up-to-date; **jdn auf dem ~en halten** keep s.o. up-to-date; **seid ihr mit eurer Arbeit auf dem ~en?** are you up-to-date on your work? **II** *adv* continually.

lau·fen|las·sen *irr tr* let go.

Läu·fer[1](in) ['lɔɪfɐ] ⟨-s, -⟩ *m (f) sport* runner.

Läufer[2] ⟨-s, -⟩ *m* **1.** *(beim Schachspiel)* bishop; **2.** *(Treppen~)* runner; *(in der Wohnung)* rug; **3.** *tech (Laufkatze)* crab.

Lauf·feu·er *n:* ▶ **die Nachricht verbreitete sich wie ein ~** the news spread like wildfire; **Lauf·flä·che** *f tech* **1.** *(von Reifen)* tread; **2.** *mot (bei Zylinder)* working surface; **3.** *mot (in Lager)* raceway; **Lauf·git·ter** *n* playpen; **Lauf·kat·ze** *f tech* crab; **Lauf·kran** *m* travelling crane; **Lauf·kund·schaft** *f* occasional customers *pl;* **Lauf·ma·sche** *f (im Strumpf) Br* ladder, *Am* run; **Lauf·paß** *m fam:* ▶ **jdm den ~ geben** give s.o. his marching orders *pl;* **sie gab mir den ~** she told me we were through; **Lauf·rich·tung** *f* direction of movement; **Lauf·schie·ne** *f tech* guide rail, track; **Lauf·schritt** ⟨-(e)s⟩ *m* **1.** *allg (schneller Schritt)* trot; **2.** *mil* double-quick; ▶ **im ~** *allg* trotting; *mil* at the double; **Lauf·stall** *m* playpen; **Lauf·steg** *m (für Mannequins)* catwalk; **Lauf·werk** *n EDV* drive; **Lauf·zeit** *f* **1.** *(von Brief, Telegramm etc)* transmission time; **2.** *(Dauer)* duration; *(Lebensdauer)* life; **3.** *(von Vertrag, Wechsel etc)* period of validity; **4.** *sport* time; **Lauf·zet·tel** *m* docket; *(Rundschreiben)* circular.

Lau·ge ['laʊgə] ⟨-, -n⟩ *f* **1.** *chem* leach, lye; **2.** *(Seifen~)* soapy water.

Lau·heit (Lau·ig·keit) *f* **1.** *(von Flüssigkeit, a. fig)* lukewarmness; **2.** *(Mildheit von Wind, Abend etc)* mildness.

Lau·ne ['laʊnə] ⟨-, -n⟩ *f* **1.** *(Grille, Einfall)* whim; **2.** *(Stimmung)* mood; *(schlechte ~)* (bad) temper; ▶ **er hat mal wieder e-e seiner ~n** he's in one of his moods; **guter ~ sein, gute ~ haben** be in a good mood; **schlechter ~ sein, schlechte ~ haben** be in a (bad) mood; **man muß ihn nur bei ~ halten** *fam* you've only got to keep him happy; **aus e-r ~ heraus** on a whim; **lau·nen·haft** *adj* **1.** *(launisch)* moody; **2.** *(unberechenbar)* capricious; **Lau·nen·haf·tig·keit** *f* **1.** moodiness; **2.** *(Unberechenbarkeit)* capriciousness.

lau·nig *adj (witzig)* witty.

lau·nisch *adj pej* **1.** *(launenhaft)* moody; **2.** *(unberechenbar)* capricious.

Laus [laʊs, *pl* 'lɔɪzə] ⟨-, ⸚e⟩ *f zoo* louse, *pl* lice; ▶ **e-e ~ ist ihm über die Leber gelaufen** *fig fam* something's biting him.

lau·schen ['laʊʃən] *itr* **1.** *(zuhören)* listen (*jdm* to s.o., *auf etw* to s.th.); **2.** *(heimlich)* eavesdrop; **Lau·scher** *m* **1.** *(heimlicher Zuhörer)* eavesdropper; **2.** *(in Jägersprache: Ohr)* ear.

lau·schig *adj (gemütlich)* cosy, snug.

Lau·se·jun·ge *m* rascal, scamp.

lau·sen ['laʊzən] *tr (ent~)* delouse; ▶ **mich laust der Affe!** blow me down!

lau·sig *fam* **I** *adj* lousy; **II** *adv* awfully; ▶ **~ schwer** bloody (*od* damn) difficult.

Laut [laʊt] ⟨-(e)s, -e⟩ *m* sound; ▶ **keinen ~ von sich geben** not to make a sound; **~ geben** *(Hund)* give tongue.

laut[1] *adj* **1.** *allg* loud; **2.** *(hörbar, vernehmlich)* audible; **3.** *(lärmend)* noisy; ▶ **~er!** *(als Aufforderung an Redner) Br* speak up! *Am* louder! **mit ~er Stimme** at the top of one's voice; **~ lesen** read aloud; **~ vorlesen** read out; **stell mal das Radio etw ~er!** turn the radio up! **etw ~ sagen** *(mit ~er Stimme)* say s.th. out loud; **das solltest du besser nicht ~ sagen** *fig* you had better not shout that from the rooftops; **~ werden** *fig (bekannt)* become known; **mußt du denn immer gleich ~ werden?** *(losbrüllen)* do you always have to get obstreperous? **~es Gelächter** roars *pl* of laughter.

laut[2] *prp* according to ...

lau·ten *itr allg* be; *(These, Rede etc)* go; *(Inhalt e-s Schreibens etc)* go, read; ▶ **auf den Inhaber ~** be payable to bearer; **die Anklage lautet auf Mord** the charge is (one of) murder.

läu·ten ['lɔɪtən] *tr itr* ring; ▶ **hat es nicht eben geläutet?** hasn't the bell just rung? **ich habe davon etw ~ hören** *fig fam* I've heard s.th. about it.

lau·ter ['laʊtɐ] **I** *adj* **1.** *(rein)* pure; **2.** *(aufrichtig, ehrbar)* honourable; ▶ **~e Wahrheit** honest truth; **II** *adv (nur)* nothing (*od bei Personen:* nobody) but; **das sind ~ Freunde** they're friends, all of them; **man konnte vor ~ Krach nichts verstehen** you couldn't understand a word for all the noise; **~ Lügen!** nothing but lies!

läu·tern ['lɔɪtɐn] *tr* **1.** *rel* purify; **2.** *fig (reformieren)* reform; **Läu·te·rung** *f* **1.** *rel* purification; **2.** *fig* reformation.

laut·hals *adv* at the top of one's voice.

Laut·leh·re *f* phonetics *pl.*

laut·lich *adj* phonetic.

Laut·spre·cher(·box) *m (f) radio TV* (loud)speaker; **Laut·spre·cher·wa·gen** *m* loudspeaker car.

Laut·stär·ke *f* loudness; *radio TV* volume; **Laut·stär·ke·reg·ler** *m radio TV* volume control.

lau·warm *adj* **1.** *(Flüssigkeit, a. fig)* lukewarm; **2.** *(nicht heiß)* slightly warm.

La·va ['la:va] ⟨-, (-ven)⟩ *f* lava.

La·ven·del [la'vɛndəl] ⟨-s, -⟩ *m* lavender.

la·vie·ren [la'vi:rən] *itr* **1.** *mar* tack; **2.** *fig Br* manoeuvre, *Am* maneuver.

La·wi·ne [la'vi:nə] ⟨-, -n⟩ *f a. fig* avalanche; **La·wi·nen·ge·fahr** *f* danger of avalanches; **la·wi·nen·si·cher** *adj*

(Ort) secure from avalanches; **La·wi·nen·ver·bau·ung** *f* avalanche barrier.

lax [laks] *adj* lax.

La·za·rett [latsa'rɛt] ‹-(e)s, -e› *n mil* **1.** *(Militärkrankenhaus)* military hospital; **2.** *(Krankenstation)* sick bay; **La·za·rett·schiff** *n mil* hospital ship; **La·za·rett·zug** *m mil* hospital train.

LCD *Abk von* **liquid crystal display** LCD; **LCD-An·zei·ge (-Dis·play)** *f (n)* LCD-display.

Le·be·mann ‹-(e), ⸚er› *m* rake, roué.

Le·ben ‹-s, -› *n* **1.** *allg* life; **2.** *(Lebhaftigkeit, Betriebsamkeit)* activity, life; ► **so ist das ~** such is life; **er liebt das gute ~** he is fond of good living; **jdm das ~ zur Hölle machen** make someone's life hell; **am ~ bleiben (sein)** stay (be) alive; **sich durchs ~ schlagen** struggle through life; **du hast doch noch das ganze ~ vor dir** you've still got all your life in front of you; **eine Sache auf ~ u. Tod** a matter of life and death; **~ in die Bude bringen** make things hum; **sich das ~ nehmen** take one's (own) life; **Kampf auf ~ u. Tod** life-and-death struggle; **etw ins ~ rufen** bring s.th. into being; **e-m Kind das ~ schenken** give birth to a child; **etw für sein ~ gern haben (tun)** be mad about (doing) s.th.; **überall herrschte reges ~** a lot of activity was all around; **jdn ums ~ bringen** kill someone; **ums ~ kommen** lose one's life; **im ~ stehen** know what life is all about.

le·ben ['le:bən] *tr itr* live; ► **lebt er noch?** is he still alive? **na, du lebst also auch noch?** *hum fam* well, so you're still among the living? **von etw ~** live on s.th.; **~ u. ~ lassen** live and let live; **lang (***od* **es) lebe die Königin!** long live the Queen! **man lebt nur einmal!** *prov* you only live once! **hier läßt es sich wohl ~** life's not too bad here; **er lebt sehr bescheiden (zurückgezogen)** he leads a very modest (retired) life.

lebend *adj attr* live; *pred* alive; ► **er ist der ~e Beweis für ...** he is living proof of ...; **~es Inventar** livestock; **~e Sprachen** modern languages; **die L~en** the living; **Le·bend·ge·burt** *f med* live-birth; **Le·bend·ge·wicht** *n a. hum* live weight.

le·ben·dig [le'bɛndɪç] *adj* **1.** *(nicht tot) attr* live; *pred* alive; **2.** *fig (lebhaft)* lively; *(Erinnerung etc)* vivid; ► **die Ölgesellschaften nehmen's von den L~en!** *hum fam* the oil companies will really have the shirt off your back! **Le·ben·dig·keit** *f fig* liveliness, vividness.

Le·bens·abend *m* old age; **Le·bens·ab·schnitt** *m* period of life; **Le·bens·ader** *f fig* lifeline; **Le·bens·ar·beits·zeit** *f* working life; **Le·bens·ar·beits·zeit·ver·kür·zung** *f* shortening of one's working life; **Le·bens·art** *f* **1.** *(Lebensweise)* way (*od* manner) of living; **2.** *fig (Benehmen)* manners *pl; (Lebensstil, Savoir-vivre)* style, lifestyle, way of live; **Le·bens·auf·ga·be** *f* life's work; **Le·bens·be·din·gun·gen** *pl* living conditions; **le·bens·be·dro·hend** *adj* life-threatening; **Le·bens·dau·er** *f* life; **Le·bens·en·de** *n* end of someone's (*od* one's) life; ► **bis an sein (mein) ~** till the end of his (my) life; **Le·bens·er·fah·rung** *f* experience of life; **le·bens·er·hal·tend** *adj med* life-support; **Le·bens·er·hal·tungs·sy·stem** ['---'----] *n* life-support system; **Le·bens·er·war·tung** *f* life expectancy.

le·bens·fä·hig *adj* **1.** *med* capable of living; **2.** *fig* equipped for life.

Le·bens·freu·de *f* zest for life; **le·bens·froh** *adj* full of the joys of life; **Le·bens·ge·fahr** *f* (mortal) danger; ► **unter ~** at the risk of one's life; **Vorsicht! ~!** Caution! Danger! **es besteht ~** there is danger to life; **in ~ sein** be in danger of one's life; **außer ~ sein** be out of danger; **le·bens·ge·fähr·lich** *adj* highly dangerous; *(Verletzung)* critical; **Le·bens·ge·fähr·te (Le·bens·ge·fähr·tin)** *m(f)* companion through life; **Le·bens·ge·fühl** *n* awareness of life.

Le·bens·hal·tungs·in·dex *m* cost of living *Br* index (*Am* figure); **Le·bens·hal·tungs·ko·sten** *pl* cost of living *sing.*

le·bens·klug *adj* canny; **Le·bens·la·ge** *f* situation; ► **in jeder ~** in any situation; **le·bens·läng·lich** *adj (lebenslang)* lifelong; *(Haft) attr* life; *pred* for life; ► **~ hinter Gittern sitzen** *fam* be behind bars for life; **er hat ~ bekommen** *fam* he got life; **Le·bens·lauf** *m* **1.** *(Lauf des Lebens, Leben)* life; **2.** *(geschriebener) Br* curriculum vitae, *Am* résumé; **le·bens·lu·stig** *adj* lively, fond of life; **Le·bens·mit·tel** *n pl* food *sing;* **Le·bens·mit·tel·ge·schäft** *n Br* grocer's (shop), *Am* grocery (store); **Le·bens·mit·tel·ver·gif·tung** *f* food poisoning; **Le·bens·mit·tel·ver·sor·gung** *f* food supply.

le·bens·müde *adj* tired (*od* weary) of life.

Le·bens·mut *m* vital energy; **Le·bens·nerv** *m fig* mainspring; **Le·bens·qua·li·tät** *f* quality of life; **Le·bens·raum** *m* **1.** *biol* habitat; *allg* environment; **2.** *pol* lebensraum; **Le·bens·ret·ter(in)** *m (f)* rescuer; **Le·bens·rhyth·mus** *m* macrobiotic rhythm; **Le·bens·stan·dard** *m* standard of living, living standards; **Le·bens·stel·lung** *f* job for life; **Le·bens·un·ter·halt** *m* living, livelihood; ► **sich s-n ~ verdienen** earn (*od* make) a living; **Le·bens·ver·si-**

che·rung *f* life assurance, *bes. Am* life insurance; ▶ **e-e ~ abschließen** take out a life assurance (*od* insurance); **Le·bens·wan·del** *m* (way of) life; ▶ **lockerer ~** loose living; **Le·bens·wei·se** *f* way of life, habits *pl;* **Le·bens·weis·heit** *f* **1.** *(Lebenserfahrung)* wisdom; **2.** *(Maxime fürs Leben)* maxim; **le·bens·wert** *adj* worth living; **le·bens·wich·tig** *adj* essential, vital; **Le·bens·zei·chen** *n* sign of life; ▶ **er gab kein ~ mehr von sich** he showed no signs of life any more; **Le·bens·zeit** *f* lifetime; ▶ **auf ~** for life; **Beamter auf ~** permanent civil servant.

Le·ber ['le:bɐ] ‹-, -n› *f anat* liver; ▶ **frisch von der ~ weg reden** *fam* speak frankly, speak one's mind; **was ist ihm über die ~ gelaufen?** *fam* what's biting him? **Le·ber·fleck** *m* mole; **Le·ber·krank·heit (Le·ber·lei·den)** *f (n)* liver disorder; **Le·ber·pa·ste·te** *f* liver pâté; **Le·ber·tran** *m* cod-liver oil; **Le·ber·wurst** *f Br* liver sausage, *Am* liverwurst; ▶ **spiel doch nicht immer die beleidigte ~!** *fam* must you always get into a huff?

Le·be·we·sen *n* living thing (*od* creature).

Le·be·wohl [--'-] ‹-(e)s, -s/-e› *n* farewell; ▶ **jdm ~ sagen** bid s.o. farewell.

leb·haft *adj* **1.** *(voller Leben, a. fig: kräftig)* lively; *(temperamentvoll)* vivacious; **2.** *com (Geschäft)* brisk; ▶ **~e Farben** bright colours; **~er Handel** brisk trade; **~e Phantasie** vivid imagination; **es geht hier recht ~ zu** things are pretty lively here; **etw ~ bedauern** regret s.th. deeply; **Leb·haf·tig·keit** *f* **1.** *(Lebendigkeit)* liveliness; *(von Temperament)* vivaciousness; **2.** *com* briskness.

Leb·ku·chen *m* gingerbread.

leb·los *adj* **1.** *(ohne Leben)* lifeless; *(unbeseelt, com: flau)* inanimate; **2.** *fig (leer, verlassen)* deserted, empty.

Leb·lo·sig·keit *f* **1.** lifelessness; **2.** *fig (Leere)* emptiness; **Leb·tag** *m fam:* ▶ **das habe ich mein ~ noch nicht gesehen** I've never seen that like (of it) in all my life; **Leb·zei·ten** *f pl:* ▶ **zu s-n ~** *(als er noch lebte)* in his lifetime; *(zu s-r Zeit)* in his day.

lech·zen ['lɛçtsən] *itr fig* thirst, crave, long (*nach* for).

Le·ci·thin [lɛtsi'ti:n] ‹-s› *n* lecithin.

Leck [lɛk] ‹-(e)s, -s› *n* leak; **leck** *adj* leaky; ▶ **~ sein** leak; **~ schlagen** hole.

lecken[1] **(k·k)** *itr (undicht sein)* leak.

lecken[2] **(k·k)** *tr itr (schlecken)* lick; ▶ **s-e Wunden ~** *a. fig* lick one's wounds; **sich die Finger nach etw ~** *fig fam* be panting for s.th.; **leck mich am Arsch!** *vulg* fuck off! *(verdammt noch mal!)* fuck it!

lecker (k·k) ['lɛkɐ] *adj (köstlich)* delicious; **Lecker·bis·sen (k·k)** *m* **1.** *(Speise)* titbit; **2.** *fig (Juwel)* gem; **Lecke·rei (k·k)** *f (Süßigkeit)* dainty; **Lecker·maul (k·k)** *n fig fam:* ▶ **ein ~ sein** have a sweet tooth.

Le·der ['le:dɐ] ‹-s, -› *n* **1.** leather; **2.** *sport fig fam (der Fußball)* ball; ▶ **am ~ bleiben** *sport fig fam* stick with the ball; **jdm ans ~ wollen** *fig fam* want to get one's hand on s.o.; **zäh wie ~** *fam* as tough as old boots; **Le·der·be·satz** *m* leather trimming; **Le·der·ein·band** *m* leather binding; **Le·der·hand·schuh** *m* leather glove; **Le·der·ho·se** *f (von Tracht)* leather shorts *pl;* **Le·der·jacke (k·k)** *f* leather jacket.

le·dern I *adj* **1.** *(aus Leder)* leather; **2.** *(zäh)* leathery.

Le·der·pfle·ge·mit·tel *n* leather conditioner; **Le·der·rie·men** *m* leather strap; **Le·der·wa·ren** *pl* leather goods.

le·dig ['le:dɪç] *adj* **1.** *(unverheiratet)* single; **2.** *(frei von)* free; ▶ **~e Mutter** unmarried mother; **aller Pflichten ~ sein** be free of all commitments.

Le·di·ge(r) ‹-n, -n› *f m* single person.

le·dig·lich ['le:dɪklɪç] *adv* merely.

Lee [le:] ‹-› *f mar* lee; ▶ **nach ~ (zu)** leeward.

leer [le:ɐ] *adj* **1.** *allg* empty; **2.** *(~stehend, Wohnung, Haus etc)* vacant; *(unmöbliert)* unfurnished; **3.** *(unbeschrieben)* blank; **4.** *(eitel)* vain; ▶ **~es Gerede** idle talk; **~e Versprechungen** vain promises; **mit ~en Händen** *fig* empty-handed; **~ ausgehen** come away empty-handed; **es waren alles nur ~e Worte** it was all just talk; **~ stehen** stand empty.

Lee·re ['le:rə] ‹-› *f a. fig* emptiness; ▶ **geistige ~** a mental vacuum; **gähnende ~** a yawning void.

lee·ren *tr* empty.

Leer·for·mel *f* empty phrase; **leer·gefegt** *adj fig:* ▶ **die Straßen waren wie ~** the streets were deserted; **Leer·gewicht** *n* unladen weight; **Leer·gut** ‹-(e)s› *n com* empties *pl;* **Leer·lauf** *m* **1.** *tech* idle (*od* lost) motion; **2.** *mot (Gang)* neutral; **2.** *fig* slack; **Leer·ta·ste** *f* space bar.

Lee·rung *f* emptying; ▶ **nächste ~** *(e-s Briefkastens)* next collection.

le·gal [le'ga:l] *adj* legal, lawful; **le·ga·li·sie·ren** *tr* legalize; **Le·ga·li·tät** *f* legality; ▶ **(etw) außerhalb der ~** *euph (illegal)* (slightly) outside the law.

Le·ga·sthe·nie [legaste'ni:] ‹-› *f päd* dyslexia; **Le·ga·sthe·ni·ker(in)** *m (f)* dyslexic.

Le·gat[1] [le'ga:t] ‹-en, -en› *m (päpstlicher Gesandter)* legate.

Le·gat[2] ‹-(e)s, -e› *n jur (Vermächtnis)* legacy.

Le·ge·bat·te·rie *f* hen battery.

le·gen ['le:gən] **I** *tr* **1.** *allg* lay, put; **2.** *(an e-n bestimmten Platz)* place; ► **jdn in Ketten ~** put s.o. in chains; **s-e Stirn in Falten ~** frown; **e-n Brand ~** start a fire; **etw beiseite ~** put s.th. aside; **jdm etw ans Herz ~** entrust s.th. to someone; **Wert auf etw ~** set great store by s.th.; **Eier ~** lay eggs; **jdm das Handwerk ~** *fig* put a stop to someone's game; **II** *refl* **1.** *allg (hin~)* lie down; **2.** *(an e-n best. Platz)* settle (*auf* on); **3.** *fig (aufhören, abklingen)* abate, die down, subside; *(Zorn, Begeisterung)* wear off; ► **sich in die Sonne ~** lie in the sun; **sich in die Kurve ~** lean into the corner; **das legt sich** *fam* that'll sort itself out; **ihr Fieber hat sich gelegt** her fever has come down.

Le·gen·de [le'gɛndə] ‹-, -n› *f* legend.

le·ger [le'ʒɛ:ɐ] *adj* casual.

le·gie·ren [le'gi:rən] *tr (Metalle)* alloy.

Le·gie·rung *f* **1.** *(Verfahren)* alloying; **2.** *(Ergebnis)* alloy.

Le·gion [le'gjo:n] *f* legion; **Le·gio·när** *m* legionary.

Le·gis·la·t·ive ['legɪslati:və] ‹-, -n› *f pol* legislative body, legislature; **Le·gis·la·tur·pe·ri·ode** *f pol Br (u. andere Länder)* parliamentary (*Am* congressional) term.

le·gi·tim [legi'ti:m] *adj* legitimate; **Le·gi·ti·ma·tion** *f* legitimation; **le·gi·ti·mie·ren I** *tr* **1.** *(legitim machen)* legitimize; **2.** *(berechtigen)* entitle; **II** *refl (sich ausweisen)* show proof of one's identity; **Le·gi·ti·mi·tät** *f* legitimacy.

Le·hen ['le:ən] ‹-s, -› *n hist* feoff, fief; **Leh(e)ns·herr** *m hist* feudal lord; **Leh(e)ns·mann** *m hist* vassal.

Lehm [le:m] ‹-(e)s, -e› *m* loam; *(Ton)* clay; **Lehm·bo·den** *m* loamy soil; *(Tonboden)* clayey soil; **leh·mig** *adj* loamy.

Leh·ne ['le:nə] ‹-, -n› *f (Rücken~)* back(rest); *(Arm~)* arm(rest); **leh·nen I** *tr* lean (*an* against); **II** *itr* be leaning (*an* against); **III** *refl* lean (*an* against, *auf* on); ► **nicht aus dem Fenster ~!** *rail* do not lean out! **Leh·nen·ver·stel·lung** *f* backrest adjustment; **Lehn·ses·sel (Lehn·stuhl)** *m* easy-chair.

Lehn·wort *n ling* loan-word.

Lehr·amt *n:* ► **das ~** the teaching profession; **ein ~** a teaching post; **Lehr·amts·stu·di·um** *n* teacher training; **Lehr·an·stalt** *f* educational establishment; **Lehr·be·auf·trag·te(r)** *f m Br* assistant (*Am* associate) lecturer; **Lehr·be·ruf** *m* **1.** *(Beruf e-s Lehrers)* teaching profession; **2.** *(Beruf mit Lehrzeit)* skilled trade; **Lehr·brief** *m* **1.** *(Zeugnis)* certificate of apprenticeship; **2.** *(Lektion bei Fernkurs)* correspondence lesson; **Lehr·buch** *n* textbook.

Leh·re ['le:rə] ‹-, -n› *f* **1.** *(Lektion)* lesson; **2.** *(Lehrmeinung)* doctrine; *(Inhalt des ~ns)* teachings *pl; (Theorie)* theory; **3.** *(Berufsausbildung)* apprenticeship; **4.** *tech (Meß~) Br* gauge, *Am* gage; ► **in die ~ gehen** serve one's apprenticeship (*bei jdm* with s.o.); **die christliche ~** Christian doctrine; **das soll dir e-e ~ sein!** let that be a lesson to you!

leh·ren *tr itr* teach; *(an e-r Universität)* lecture; ► **er lehrt Wirtschaftswissenschaft** he lectures in economics; **ich werde dich ~, zu ...** I'll teach you to ...

Leh·rer(in) *m (f)* **1.** *allg* teacher; **2.** *(Privat~, Nachhilfe~)* tutor; **3.** *(Fahr~ etc)* instructor (instructress).

Lehr·film *m* educational film; **Lehr·gang** *m* course (*für* in); ► **e-n ~ besuchen** take a course; **Lehr·geld** *n hist* (apprenticeship) premium; ► **~ zahlen für etw** *fig* pay dearly for s.th.; **Lehr·jahr** *n* year as an apprentice; ► **~e sind keine Herrenjahre** *prov* life's not easy at the bottom; **Lehr·kör·per** *m* teaching staff.

Lehr·ling *m* apprentice; trainee.

Lehr·mit·tel *n pl päd* teaching materials; **Lehr·plan** *m päd* (teaching) curriculum; *(e-r Klasse(nstufe))* syllabus; **lehr·reich** *adj* **1.** *(informativ)* instructive; **2.** *(von erzieherischem Wert)* educational; **Lehr·satz** *m math* theorem; *eccl* dogma; **Lehr·stel·le** *f* position as an apprentice; **Lehr·stück** *n* **1.** *theat* didactic play; **2.** *fig (Paradebeispiel)* prime example (*in* of); **Lehr·stuhl** *m* chair (*für* of); **Lehr·zeit** *f* apprenticeship.

Leib [laɪp] ‹-(e)s, -er› *m* **1.** *anat (Körper)* body; **2.** *(Unter~)* abdomen, belly; ► **jdm wie auf den ~ geschrieben sein** *fig* be tailor-made for s.o.; **am ganzen ~e zittern** tremble all over; **mit ~ u. Seele** heart and soul; **er war mit ~ u. Seele bei der Sache** he put his heart and soul into it; **bleiben Sie mir damit vom ~e!** *fam* stop pestering me with it! **halt ihn mir vom ~!** keep him away from me; **jdm auf den ~ rücken** *(ihm zu nahe kommen)* crowd s.o.; *(sich jdn vorknöpfen)* get on at s.o.; *hum (besuchen)* move in on s.o.; **ich habe es am eigenen ~e erfahren** I experienced it for myself; **er hat keinen Funken Anstand im ~e** he hasn't got a spark of decency in him; **Leib·arzt** *m* personal physician.

lei·ben ['laɪbən] *itr:* ► **wie er leibt u. lebt** to a T.

Lei·bes·er·zie·hung *f (Sport)* physical training (*Abk* P.T.); **Lei·bes·kräf·te** *f pl:* ► **aus ~n** with all one's might; **Lei·bes·übun·gen** *pl (Schulfach)* physical training (*od* education).

Leib·gar·de *f* bodyguard; **Leib·ge·richt** *n* favourite dish; **leib·haf·tig**

[-'--] **I** *adj* incarnate, personified; **II** *adv* in person.
leib·lich *adj* **1.** *(körperlich)* bodily, physical; **2.** *(Mutter, Vater)* natural; ► **~es Wohlbefinden** material well-being; **die ~en Genüsse** the pleasures of the flesh.
Leib·wäch·ter(in) *m (f)* bodyguard; **Leib·wä·sche** *f* underwear.
Lei·che ['laɪçə] ‹-, -n› *f* body, corpse; ► **über ~n gehen** *fig fam* stop at nothing; **nur über meine ~!** *fam* not over my dead body! **wie e-e ~ auf Urlaub aussehen** *fig fam* look like death warmed up.
Lei·chen·be·gräb·nis *n* funeral; **lei·chen·blaß** ['--'-] *adj* as pale as death; **Lei·chen·gift** *n med* ptomaine; **Lei·chen·hal·le (Lei·chen·haus)** *f (n)* mortuary; **Lei·chen·schän·dung** *f* desecration of corpses; **Lei·chen·schau·haus** *n* morgue; **Lei·chen·star·re** *f med* rigor mortis; **Lei·chen·tuch** *n* shroud; **Lei·chen·ver·bren·nung** *f* cremation; **Lei·chen·wa·gen** *m* hearse; **Lei·chen·zug** *m* funeral procession.
Leich·nam ['laɪçna:m] ‹-(e)s, -e› *m* body.
leicht [laɪçt] **I** *adj* **1.** *(von geringem Gewicht, a. fig)* light; **2.** *einfach)* easy; **3.** *(geringfügig)* slight; ► **man hat's nicht ~** life isn't easy; **das geht nicht so ~** that's not so easy; **mit ~er Hand** *fig (ohne Mühe)* effortlessly; **~er Tabak** mild tobacco; **~ wie e-e Feder** as light as a feather; **~ gekleidet sein** be dressed in light clothes; **~ bekleidet** scantily dressed; **e-e ~e Erkältung** a slight cold; **keinen ~en Stand haben** not to have an easy time of it; **~es Spiel haben** have a walkover; **Sie werden mit ihm ~es Spiel haben** he'll be no problem; **das ist ~ zu verstehen** that's easy to understand (*od* easily understood); **~er gesagt als getan** easier said than done; **~es Mädchen** *fig fam* tart; **~en Herzens** with a light heart; **etw zu ~ nehmen, etw auf die ~e Schulter nehmen** take s.th. too lightly; **II** *adv (unversehens, schnell)* easily; **das werde ich so ~ nicht vergessen** I won't forget that in a hurry; **das ist ~ möglich** that's quite possible; **das kann man sich ~ vorstellen** one can easily imagine that.
Leicht·ath·le·tik *f sport* athletics *pl;* **Leicht·ath·let(in)** *m (f) sport* athlete.
leicht|fal·len ‹sein› *irr itr* be easy (*jdm* for s.o.).
leicht·fer·tig *adj* **1.** *(gedankenlos)* thoughtless; **2.** *(moralisch)* easygoing.
Leicht·ge·wicht *n sport a. fig* lightweight.
leicht·gläu·big *adj* credulous; **Leicht·gläu·big·keit** *f* credulity.
leicht·hin ['-'-] *adv* lightly.
Leich·tig·keit *f fig (Mühelosigkeit)* ease; ► **mit ~** with no trouble at all.
Leicht·kraft·rad *n* moped.
leicht·le·big *adj* easy-going.
leicht|ma·chen tr: ► **es sich ~** make things easy for oneself.
Leicht·me·tall *n* light metal.
Leicht·sinn ‹-(e)s› *m* **1.** *(Gedankenlosigkeit)* thoughtlessness; **2.** *(Unvorsichtigkeit)* foolishness; ► **sträflicher ~** criminal negligence; **so** (*od* **was für) ein ~!** how silly! **leicht·sin·nig** *adj* **1.** *(gedankenlos)* thoughtless; **2.** *(töricht)* foolish; **leicht·ver·dau·lich** *adj attr* easily digestible; **leicht·ver·derb·lich** *adj* perishable; **leicht·ver·wun·det** *adj* slightly wounded.
Leicht·was·ser·re·ak·tor *m tech* light-water reactor.
Leid [laɪt] ‹-(e)s› *n* **1.** *(Sorge, Betrübnis)* grief, sorrow; **2.** *(Schaden)* harm; ► **jdm sein ~ klagen** tell s.o. one's troubles *pl;* **jdm ein ~ antun** harm s.o.; **in Freud' u. ~** come rain, come shine; **Freude u. ~ mit jdm teilen** share one's joys and sorrows with s.o.
leid *adv:* ► **es tut mir ~, daß ...** I regret that ...; **(das) tut mir ~!** (I'm) sorry (about *od* for it)! **es tut mir ~ um sie** (*od* **sie tut mir ~**) I'm sorry for her; **das wird dir noch ~tun!** you'll regret it! **ich bin (habe) es ~** *fam* I'm tired of it; **ich bin Ihr ewiges Gerede ~** *fam* I'm fed up with your eternal chatter.
Lei·den *n* **1.** *allg* suffering; **2.** *(Krankheit)* illness; *(Beschwerden)* complaint; ► **die Freuden u. ~ des Lebens** the ups and downs of life; **das ist ja eben das ~!** *fam* that's just the trouble! **wie das ~ Christi aussehen** *fam* look like death warmed up.
lei·den ['laɪdən] *irr* **I** *tr* **1.** *(er~)* suffer; **2.** *(zulassen)* allow, permit; ► **~ können, gern ~ mögen** like; **Not ~** be in want; **ich kann ihn nicht ~** I don't like him (*od* can't stand him); **bei jdm wohl gelitten sein** *(gehoben)* be held in high regard by s.o.; **II** *itr* suffer (*an, unter* from); **lei·dend** *adj* **1.** *(er~)* suffering; **2.** *(kränklich)* ailing.
Lei·den·schaft *f* passion; ► **e-e ~ für etw haben** have a passion for s.th.; **ein Ausbruch der ~** an outburst of passion; **Lesen ist ihre ~** reading is a passion with her; **lei·den·schaft·lich** *adj* passionate; ► **etw ~ gern tun** be passionately fond of doing s.th.; **Lei·den·schaft·lich·keit** *f* passion; **lei·den·schafts·los** *adj* dispassionate.
Lei·dens·ge·nos·se (-ge·nos·sin) *m* fellow-sufferer.
lei·der ['laɪdɐ] *adv* unfortunately; ► **~ sehe ich, daß ...** I am sorry to see that

...; ~ **muß ich gehen** I'm afraid I have to go; **ja ~!** *interj* I'm afraid so! ~ **läßt sich das nicht machen** unfortunately that can't be done.

lei·dig *adj* tiresome.

leid·lich *adj* reasonable; ▶ **es geht ihr so ~** *fam* she is so-so; **er ist noch so ~ davongekommen** he did not come out of it too badly.

Leid·tra·gen·de(r) *f m (Benachteiligte(r))* sufferer, the one to suffer.

leid·voll *adj* grievous.

Leid·we·sen *n:* ▶ **(sehr) zu meinem ~** (much) to my disappointment.

Lei·er ['laɪɐ] ‹-, -n› *f mus* lyre; ▶ **es ist immer die alte ~** *fig fam* it's always the same old story; **Lei·er·ka·sten** *m* hurdy-gurdy; **Lei·er·ka·sten·frau (-mann)** *f (m)* hurdy-gurdy woman (man).

lei·ern *tr itr* **1.** *(auf der Drehorgel)* grind (*itr:* a barrel organ); **2.** *fig fam (herunter~: Gedicht etc)* drone.

Leih·ar·beit *f* casual labour; **Leih·ar·bei·ter(in)** *m (f)* casual worker; **Leih·bi·blio·thek** *f* lending library.

lei·hen ['laɪən] *irr tr* **1.** *(aus~)* lend; **2.** *(von jdm ent~, borgen)* borrow; ▶ **ich habe es mir geliehen** I've borrowed it; **jdm sein Ohr (s-e Aufmerksamkeit** *etc*) ~ *fig* lend s.o. one's ear (one's attention *etc*).

Leih·ga·be *f* loan; **Leih·ge·bühr** *f* rental charge; *(für Bücher)* lending fee; **Leih·haus** *n* pawnshop; **Leih·mut·ter** *f* surrogate mother; **Leih·mut·ter·schaft** *f* surrogate motherhood, surrogacy; **Leih·schein** *m* paun ticket; *(für Buch)* borrowing slip; **Leih·schwan·ger·schaft** *f* surrogate pregnancy; **Leih·wa·gen** *m* hire(d) car; **leih·wei·se** *adv* on loan.

Leim [laɪm] ‹-(e)s, -e› *m* glue; ▶ **jdm auf den ~ gehen** *fig fam* fall for someone's line; **jdn auf den ~ führen** *fig fam* take s.o. in; **aus dem ~ gehen** *fam (auseinanderfallen)* fall apart; **lei·men** *tr* **1.** *(zusammen~)* glue (together); **2.** *fig fam (hereinlegen)* take for a ride; **Leim·far·be** *f* distemper.

Lei·ne ['laɪnə] ‹-, -n› *f (Wäsche~)* line; *(Schnur)* cord; *(Hunde~)* leash, lead.

Lei·nen ['laɪnən] ‹-s, -› *n* linen; *(Bucheinband)* cloth; ▶ **in ~ gebunden** clothbound; **lei·nen** *adj* linen.

Lein·sa·men *m bot* linseed.

Lein·tuch *n (Bettuch)* sheet; **Lein·wand** *f* **1.** *(für Zelte, a. zum Bemalen)* canvas; **2.** *film* screen.

lei·se ['laɪzə] *adj* **1.** *(still)* quiet; *(nicht laut)* low; **2.** *(schwach, gering, von fern)* faint; **3.** *(weich, sanft)* soft; ▶ **sei doch ~!** don't make such a noise! **stell doch mal das Radio ~r!** turn the radio down! **ich habe nicht die ~ste Ahnung** I haven't got the slightest (*od* faintest) idea; **sprechen Sie doch bitte etw ~r!** please keep your voice down a bit!

Lei·se·tre·ter(in) *m (f) fig fam* pussyfooter.

Lei·ste ['laɪstə] ‹-, -n› *f* **1.** *(Holz~)* strip; *(Umrandung)* border; **2.** *anat* groin.

Lei·sten ['laɪstən] ‹-s, -› *m:* **alles über e-n ~ schlagen** *fig fam* measure everything by the same yardstick.

lei·sten ['laɪstən] *tr* **1.** *(tun)* do; **2.** *(vollbringen)* achieve; ▶ **sich etw ~** *(erlauben)* allow o.s. s.th.; *(gönnen)* treat o.s. to s.th.; **sich etw ~ können** be able to afford s.th.; **jdm Beistand ~** lend s.o. one's support; **jdm e-n Dienst ~** render s.o. a service; **e-n Eid ~** take an oath; **jdm Hilfe ~** help s.o.; **gute Arbeit ~** do a good job; **Ersatz ~** provide a replacement; **jdm Genugtuung ~** give s.o. satisfaction; **jdm Gesellschaft ~** keep s.o. company; **Großes ~** achieve great things *pl;* **das kann ich mir nicht ~** I can't afford that; **er leistete sich die Frechheit, zu ...** he had the cheek to ...; **da hat er sich aber etw (Schönes) geleistet!** *(ironisch)* that was really brilliant of him!

Lei·sten·bruch *m med* hernia; **Lei·sten·ge·gend** *f anat* inguinal region.

Lei·stung *f* **1.** *(Geleistetes)* performance; *(geleistete Arbeit)* work; **2.** *(~sfähigkeit)* capacity; *mot* power; **3.** *(Zahlung durch Versicherung, Krankenkasse)* benefit; **4.** *(betriebliche ~, Ausstoß)* output; ▶ **nach ~ bezahlt werden** be paid on results *pl;* **die ~en sind besser geworden** the levels of performance have improved; **schwache ~!** *fam* poor show! **Lei·stungs·ab·fall** *m tech el* power diminution; *päd:* ▶ **er hat e-n ~** his work has deteriorated; **Lei·stungs·auf·nah·me** *f tech el* power consumption (*od* input); **Lei·stungs·be·wer·tung** *f* efficiency measurement; **Lei·stungs·bi·lanz** *f* balance of goods and services; **Lei·stungs·druck** *m* pressure (to do well), stress of performance; **Lei·stungs·fach** *m päd* special subject; **lei·stungs·fä·hig** *adj* **1.** *(fähig)* able, capable; *(tüchtig)* efficient; **2.** *com (produktiv)* productive; *(konkurrenzfähig)* competitive; **3.** *mot* powerful; **4.** *fin (zahlungskräftig)* solvent; **Lei·stungs·fä·hig·keit** *f* **1.** *(Fähigkeit)* ability; *(Tüchtigkeit)* efficiency; **2.** *com (Produktivität)* productive power; *(Konkurrenzfähigkeit)* competitiveness; **3.** *mot* power; **4.** *fin (Zahlungskraft)* solvency; **Lei·stungs·ge·sell·schaft** *f* performance-oriented society; **Lei·stungs·knick** *m* bend in efficiency; **Lei·stungs·min·de·rung** *f* **1.** *(körperlich, geistig)* drop in efficiency; **2.** *el* power drop; **3.** *tech* drop in output;

Lei·stungs·prü·fung *f* performance test; **Lei·stungs·test** *m* **1.** *allg* performance test; **2.** *päd* achievement test; **Lei·stungs·wil·le** *m* motivation; **Lei·stungs·zu·la·ge** *f* productivity bonus.

Leit·ar·ti·kel *m Br* leader, *Am* editorial; **Leit·ar·tik·ler(in)** *m (f) Br* leader-writer, *Am* editorial-writer; **Leit·bild** *n* model.

lei·ten ['laɪtən] *tr* **1.** *allg (führen)* lead; **2.** *fig (lenken)* guide; **3.** *(verantwortlich sein)* be in charge of; *com (als Manager)* direct, manage; **4.** *phys el* conduct; ► **(etw) gut ~** *phys el* be a good conductor (of s.th.); **etw an die zuständige Stelle ~** pass s.th. on to the proper authority; **sich von jdm (etw) ~ lassen** *a. fig* let o.s. be guided by s.o. (s.th.); **leitend** *adj* **1.** *allg (führend)* leading; **2.** *(Stellung)* managerial; **3.** *phys el* conductive; ► **nicht ~** *el* non-conductive; **~e(r) Angestellte(r)** executive; **der ~e Ingenieur** the engineer in charge.

Lei·ter¹(in) *m (f)* **1.** *allg* leader; *(Chef(in), Abteilungs~)* head; *(Geschäftsführer(in))* manager (manageress); *(Schul~) Br* headmaster (headmistress), *Am* principal; **2.** *phys el (nur m)* conductor.

Lei·ter² ‹-, -n› *f a. fig* ladder; ► **die ~ zum Erfolg** the stairway to success.

Lei·ter·plat·te *f* circuit board.

Leit·fa·den *m* **1.** guide; *(einführendes Handbuch)* introduction; **2.** *fig (in Handlung etc)* main connecting thread; **leit·fä·hig** *adj phys el* conductive; **Leit·ge·dan·ke** *m* central idea; **Leit·ham·mel** *m a. fig fam* bellwether; **Leit·mo·tiv** *n* leitmotiv; **Leit·plan·ke** *f mot* crash-barrier; **Leit·satz** *m* guiding principle; **Leit·stern** *m a. fig* lodestar.

Lei·tung *f* **1.** *(das Führen)* leading; **2.** *fig (das Lenken, Steuern)* guiding; **3.** *(Vorsitz)* leadership; *com (Management)* management; *(Schul~) Br* headship, *Am* principalship; **4.** *(~spersonen, Leiter)* leaders *pl; com (Manager)* management *sing od pl;* **5.** *(Telefon~, Strom~)* wire; *(Gas~, Wasser~ im Haus)* pipe; *(Zuführungs~ für Gas u. Wasser)* main; **6.** *tele (Verbindung)* line; ► **wer hat die ~ dieses Projekts?** who is in charge of this project? **die ~ des Marketingbereichs** *com* the management of the marketing division; **unter der ~ von ...** *mus* conducted by ...; **die ~ ist besetzt** *tele* the line is *Br* engaged (*Am* busy); **er hat e-e ziemlich lange ~** *fig fam* he's rather dense (*od* slow on the uptake); **Lei·tungs·netz** *n* **1.** *el* grid; **2.** *(für Wasser, Gas)* mains system; **3.** *tele* network; **Lei·tungs·rohr** *n* main; *(im Haus)* pipe; **Lei·tungs·was·ser** *n* tap-water; **Lei·tungs·wi·der·stand** *m el* resistance.

Leit·ver·mö·gen *n el* conductivity; **Leit·werk** *n aero* tail unit; **Leit·zins** *m fin* prime rate.

Lek·tion [lɛk'tsjo:n] *f a. fig* lesson; ► **das wird ihm e-e ~ sein** *fig* that'll teach him a lesson.

Lek·tor(in) *m (f) (in e-m Verlag)* editor.

Lek·tü·re [lɛk'ty:rə] ‹-, -n› *f (Lesen)* reading; *(Lesestoff)* reading matter.

Lem·ming ‹-s, -e› *m zoo* lemming.

Len·de ['lɛndə] ‹-, -n› *f anat* loin; **Len·den·bra·ten** *m* loin roast; **Len·den·ge·gend** *f anat* lumbar region; **Len·den·schurz** *m* loincloth; **Len·den·stück** *n (Fleischstück)* piece of loin; **Len·den·wir·bel** *m anat* lumbar vertebra.

lenk·bar *adj (steuerbar)* steerable; *(Rakete)* guided.

Lenk·com·pu·ter *m* guide computer.

len·ken ['lɛŋkən] *tr* **1.** *(führen, leiten)* direct, guide; **2.** *(a. itr) (Fahrzeuge etc steuern)* steer; **3.** *(verwalten)* manage; **4.** *fig (Schritte, Gedanken, Gespräche etc)* direct (*auf* to); ► **jds Aufmerksamkeit auf jdn (etw) ~** draw someone's attention to s.o. (s.th.); **den Blick auf etw ~** turn one's eyes to s.th.; **gelenkte Wirtschaft** planned economy.

Len·ker¹(in) *m (f)* **1.** *(Fahrer(in))* driver; **2.** *fig (Führer(in))* guide.

Len·ker² *m mot (Steuerrad)* steering wheel; *(Lenkstange beim Fahrrad, Motorrad)* handlebars *pl;* **Len·ker·ar·ma·tu·ren** *pl (beim Motorrad)* handlebar fittings.

Lenk·rad *n mot (Steuerrad)* steering wheel; **Lenk·rad·schal·tung** *f mot* column gear *Br* change (*Am* shift); **Lenk·rad·schloß** *n mot* steering-wheel lock.

Lenk·stan·ge *f (an Motorrad, Fahrrad)* handlebars *pl.*

Len·kung *f* **1.** *(das Leiten, Führen)* directing; *(das Steuern)* steering; **2.** *mot (Lenkvorrichtung)* steering.

Lenk·waf·fe *f mil* guided missile.

Lenz [lɛnts] ‹-es, -e› *m lit obs (Frühling, a. fig: ~ des Lebens)* springtime; ► **sich e-n faulen ~ machen** *sl pej* laze about; **25 ~e zählen** *hum* have seen 25 summers.

Leo·pard [leo'part] ‹-en, -en› *m zoo* leopard.

Le·pra ['le:pra] ‹-› *f med* leprosy; **Le·pra·kran·ke(r)** *f m* leper.

Ler·che ['lɛrçə] ‹-, -n› *f orn* lark.

lern·be·gie·rig *adj* eager to learn; **lern·be·hin·dert** *adj* educationally handicapped; **Lern·dis·ket·te** *f* didactic disk.

ler·nen ['lɛrnən] **I** *tr allg* learn (*etw von jdm* s.th. from s.o., *etw zu tun* to do s.th., *von od aus etw* from s.th.); ► **schwimmen (Schreibmaschine) ~**

learn to swim (to type); **du lernst es nie!** you'll never learn! **er lernt Bäcker** he's learning the baker's trade, he's training as a baker; **tja, alles will gelernt sein** well, it's all a question of practice; **II** *itr* **1.** *(sich Wissen aneignen)* learn; **2.** *(ausgebildet werden: in Lehrberuf)* train; *(zur Schule gehen)* go to school; *(studieren)* study; ▶ **von dem kannst du nur ~!** he could really teach you a thing or two! **III** *refl:* **sich leicht (schwer** *etc*) ~ be easy (hard *etc*) to learn.

Ler·ner(in) *m (f)* learner.

Lern·mit·tel·frei·heit *f* free means *pl* of study. **Lern·tech·nik** *f* mnemonics *pl;* **Lern·ziel** *n päd* learning objective.

Les·art ['le:sa:ɐt] *f a. fig* version.

les·bar *adj* **1.** *(leserlich)* legible; **2.** *(lesenswert)* readable.

Les·be ['lɛsbə] ‹-, -n› *f sl Br* dyke, *Am* dike; **Les·bie·rin** ['lɛsbiərɪn] *f* lesbian; **les·bisch** *adj* lesbian.

Le·se·buch *n* reader; **Le·se·ge·rät** *n* **1.** *(Mikrofilm~)* film reader; **2.** *EDV* reading device; **Le·se·lam·pe** *f* reading lamp; **Le·se·map·pe** *f* magazine-sharing club folder.

le·sen¹ ['le:zən] *irr tr* **1.** *(auf~, sammeln)* pick, gather; **2.** *(ver~, sortieren)* sort.

le·sen² *irr* **I** *tr itr* **1.** *allg a. EDV* read; **2.** *(nur itr) päd (Vorlesung halten)* lecture (*über* on); ▶ **s-e Handschrift ist kaum zu ~** his handwriting is hardly legible; **. . ., u. da stand zu ~, daß . . .** . . . and it said there that . . .; **II** *refl* read; **dieses Buch liest sich gut** this book reads well.

le·sens·wert *adj* worth reading.

Le·se·pro·be *f* **1.** *theat* reading; **2.** *(Buchausschnitt)* excerpt; **Le·se·rat·te** *f fig fam* bookworm.

Le·ser(in) *m (f) (Buch~)* reader; **Leser·brief** *m* reader's letter; **Le·ser·kreis** *m* readership; **le·ser·lich** *adj* legible; **Le·ser·schaft** *f* readers *pl.*

Le·se·saal *m* reading room; **Le·se·spei·cher** *m EDV* read only memory (*Abk* ROM); **Le·se·stoff** *m* reading (matter); **Le·se·zei·chen** *n (in Buch)* bookmark; **Le·se·zir·kel** *m* magazine subscription club.

Le·sung *f parl (a. Dichter~)* reading.

Let·te (Let·tin) ['lɛtə] ‹-n, -n› *m (f)* Latvian.

Let·ter ['lɛtɐ] ‹-, -n› *f typ* character.

let·tisch *adj* Latvian.

Lett·land ‹-s› *n* Latvia.

Letzt [lɛtst] *f:* ▶ **zu guter ~** in the end; **das ist ja wohl das ~e!** *fam* that's the real last straw! **sein ~es (her)geben** do one's utmost.

letz·te *adj* **1.** *(zeitlich, räumlich)* last; *(abschließend, endgültig)* final; **2.** *(äußerste)* extreme; **3.** *(neueste)* latest; **4.** *fam (schlechteste)* most terrible; ▶ **bis aufs ~** completely; **bis ins ~** down to the last detail; **er ging als ~r** he was the last to go; **~r Ausweg** last resort; **~n Endes** after all; **jdm die ~ Ehre erweisen** pay one's last respects to s.o.; **~ Meldungen, ~ Nachrichten** latest news; **~ Runde** *sport* final round; **L~r Wille** last will and testament; **an ~r Stelle liegen** *sport (bei Rennen)* be last; *(am Tabellenende)* be bottom; **in den ~n Zügen liegen** *fam* be at one's last gasp *sing;* **in ~r Zeit** recently; **das ist der ~ Dreck** *fam* that's absolute trash; **jdn wie den ~n Dreck behandeln** *fam* treat s.o. like dirt; **letz·tens** ['lɛtstəns] *adv* recently; **letz·te·re** *adj* the latter.

letzt·jäh·rig *adj* last year's; **letzt·lich** *adv* in the end; **letzt·wil·lig** *adj:* **~e Verfügung** last will and testament.

Leucht·an·zei·ge *f* illuminated display; **Leucht·bo·je** *f* light-buoy; **Leucht·bom·be** *f aero mil* flare; **Leucht·di·ode** *f* light-emitting diode (*Abk* LED); **Leucht·di·oden·an·zei·ge** *f* LED-display.

Leuch·te ['lɔɪçtə] ‹-, -n› *f* **1.** *(Licht)* light; *(Lampe)* lamp; **2.** *fig fam (begabter Mensch)* genius, shining star.

leuch·ten *itr* **1.** *(glänzen, scheinen)* shine; *(glühen)* glow; **2.** *(mit einer Lampe)* shine a (*od* the) lamp (*in* into, *auf* onto, *für jdn, jdm* for); **leuch·tend** *adj a. fig* shining; ▶ **ein ~es Beispiel** a shining example; **mit ~en Augen** with shining eyes; **etw in den ~sten Farben schildern** paint s.th. in glowing colours.

Leuch·ter *m (Kerzen~)* candlestick; *(Kron~)* chandelier.

Leucht·far·be *f* fluorescent paint (*od* colour); **Leucht·feu·er** *n* navigational light; **Leucht·kä·fer** *m zoo* glow-worm; **Leucht·kraft** *f* brightness; **Leucht·ku·gel** *f* flare; **Leucht·pi·sto·le** *f* flare pistol; **Leucht·ra·ke·te** *f* signal rocket; **Leucht·re·kla·me** *f* neon sign; **Leucht·schrift** *f* illuminated letters *pl;* **Leucht·spur·mu·ni·tion** *f mil* tracer bullets *pl;* **Leucht·stift** *m* highlighter; **Leucht·stoff·lampe** *f* fluorescent lamp; **Leucht·strei·fen** *m tech* fluorescent strip; **Leucht·turm** *m* lighthouse; **Leucht·wer·bung** *f* illuminated advertising; **Leucht·zei·chen** *n* flare signal; **Leucht·zif·fer·blatt** *n* luminous dial.

leug·nen ['lɔɪgnən] *tr itr* deny (*itr:* everything, **etw getan zu haben** having done s.th.); ▶ **es ist nicht zu ~, daß . . .** it cannot be denied that . . .

Leu·kä·mie [lɔɪkɛ'mi:] *f med* leukaemia.

Leu·mund ['lɔɪmʊnt] *m jur* reputation.

Leu·te ['lɔɪtə] *pl* **1.** *allg* people; **2.** *(als pl von Mann)* men; ▶ **meine ~** *(Mannschaft, Arbeiter)* my men (*od* staff); *fam* *(meine Familie)* my folks; **etw unter die ~ bringen** *fam* spread s.th. around; **ich kenne doch meine ~!** *fam (ich kenne euch Brüder)* I know you lot! **unter die ~ kommen** *fam (Gerüchte)* do the rounds; *(Menschen)* meet people; **was werden die ~ dazu sagen?** what will people say?

Leut·nant ['lɔɪtnant] ‹-e, -s/(-e)› *m mil (beim Heer)* second lieutenant; *(Flieger~) Br* pilot officer, *Am* second lieutenant; ► **~ zur See** *Br* sub-lieutenant, *Am* lieutenant junior grade.

leut·se·lig *adj* affable; **Leut·se·lig·keit** *f* affability.

Le·vi·ten [le'vi:tən] *pl fam:* ► **jdm die ~ lesen** lecture s.o.

Le·xem [lɛ'kse:m] ‹-s, -e› *n ling* lexeme.

le·xi·ka·lisch [lɛksi'ka:lɪʃ] *adj* lexical.

Le·xi·ko·lo·gie *f* lexicology; **le·xi·ko·lo·gisch** *adj* lexicological.

Le·xi·kon ['lɛksikɔn] ‹-s, -ka/(-ken)› *n* **1.** *(Konversations~)* encyclop(a)edia; **2.** *obs (Wörterbuch)* dictionary.

Li·ba·ne·se (Li·ba·ne·sin) [liba'ne:zə] ‹-n, -n› *m (f)* Lebanese; **li·ba·ne·sisch** *adj* Lebanese; **Li·ba·non** ['li:banɔn] *m:* ► **der ~** the Lebanon.

Li·bel·le [li'bɛlə] ‹-, -n› *f* **1.** *zoo* dragonfly; **2.** *tech (an Wasserwaage)* spirit level.

li·be·ral [libe'ra:l] *adj* liberal; **li·be·ra·li·sie·ren** *tr* liberalize; **Li·be·ra·li·sie·rung** *f* liberalization.

Li·be·ro ['li:bero] ‹-s, -s› *m sport* sweeper.

Li·by·en ['li:byən] *n* Libya; **Li·by·er(in)** *m (f)* Libyan; **li·bysch** *adj* Libyan.

Licht [lɪçt] ‹-(e)s, -er› *n* **1.** *a. fig* light; **2.** *fig (Könner)* genius; ► **mach mal das ~ an (aus)!** turn on (switch off) the light! **etw ans ~ bringen** *fig* bring s.th. out into the open; **etw gegen das ~ halten** hold s.th. up to the light; **bei ~ betrachtet** *(am Tage)* in the daylight; *fig* in the cold light of day; **jdn hinters ~ führen** *fig* pull the wool over someone's eyes; **etw ins rechte ~ setzen** *fig (richtigstellen)* show s.th. in its true colours *pl;* **in ein schiefes ~ geraten** *fig* be seen in the wrong light; **du stehst mir im ~** you're standing in my light; **plötzlich ging ihm ein ~ auf** *fig* suddenly it began to dawn on him; **wir müssen ~ in diese Angelegenheit bringen** *fig* we must cast some light on this matter; **man sollte nicht gegen das ~ photographieren** one shouldn't take a photograph into the light.

licht *adj* **1.** *(hell)* light; **2.** *(gelichtet: von Haar)* thin; *(von Wald)* sparse; ► **ein ~er Augenblick** a lucid moment; **am ~en Tag** in broad daylight; **~e Weite** internal diameter.

Licht·an·la·ge *f* **1.** *(die Beleuchtung)* lights *pl;* **2.** *(das Beleuchtungssystem)* lighting system; **Licht·bild** *n (Diapositiv)* slide; **Licht·bil·der·vor·trag** *m* slide-illustrated lecture; **Licht·blick** *m fig* cheering prospect; **Licht·bo·gen** *m* arc; **Licht·bre·chung** *f* refraction; **Licht·druck** *m* **1.** *typ* phototype; **2.** *phys* light pressure; **licht·durch·läs·sig** *adj* light-transmissive; **licht·echt** *adj* non-fade; **Licht·ein·wir·kung** *f* effect (*od* action) of light; **licht·emp·find·lich** *adj allg* sensitive to light; *tech* photosensitive.

lich·ten[1] **I** *tr (ausdünnen)* thin out; **II** *refl* **1.** *(spärlicher werden)* thin out; *(schwinden, schrumpfen)* dwindle; **2.** *(Nebel)* clear; *(Wolken, Dunkel)* lift; **3.** *fig (aufgeklärt werden)* be cleared up.

lich·ten[2] *tr:* ► **den Anker ~** weigh anchor.

lich·ter·loh ['lɪçte'lo:] *adv:* ► **~ brennen** be ablaze.

Licht·fleck *m* light spot; **Licht·ge·schwin·dig·keit** *f phys* speed of light; ► **mit ~** at the speed of light; **Licht·grif·fel** *m EDV* light pen; **Licht·hof** *m* **1.** *arch* air well; **2.** *astr a. phot* halo; **Licht·hu·pe** *f mot* flasher; **Licht·jahr** *n* light year; **Licht·lei·tung** *f* lighting wire; **Licht·ma·schi·ne** *f mot Br* alternator, *Am* generator; **Licht·mast** *m* lamp post; **Licht·meß** *f eccl:* **Mariä ~** Candlemas; **Licht·mes·ser** *m phot* photometer; **Licht·or·gel** *f* **1.** *(in Discothek etc)* clavilux; **2.** *film theat* lighting console; **3.** *(~effekt)* light show; **Licht·pau·se** *f* blueprint; **Licht·quel·le** *f* source of light; **Licht·re·kla·me** *f* neon sign; **Licht·satz** ‹-es› *m typ* filmsetting, photocomposition; **Licht·schacht** *m* **1.** *(in Haus)* air shaft; **2.** *phot (bei Spiegelreflexkamera)* focussing hood; **Licht·schal·ter** *m el* light switch; **Licht·schein** *m* gleam of light; **licht·scheu** *adj* **1.** averse to light; **2.** *fig* shady; **Licht·schutz·fak·tor** *m* protection factor; **Licht·si·gnal** *n* light signal; **licht·stark** *adj opt* intense; *phot* fast; **Licht·stär·ke** *f* **1.** *(e-r Birne)* wattage; **2.** *phot* speed; *opt* luminous intensity; **Licht·strahl** *m* beam of light.

Lich·tung *f* clearing, glade.

licht·un·durch·läs·sig *adj* opaque; **Licht·ver·hält·nis·se** *pl* lighting conditions; **Licht·wel·le** *f phys* light wave; **Licht·zei·chen·an·la·ge** *f (im Straßenverkehr)* set of lights.

Lid [li:t] ‹-(e)s, -er› *n anat* eyelid; **Lid·schat·ten** *m* eye-shadow; **Lid·strich** *m* eye-liner.

lieb [li:p] *adj* **1.** *(teuer, geschätzt)* dear; *(ge~t)* beloved; **2.** *(angenehm)* pleasant; *(nett)* nice; *(~enswürdig)* kind; **3.** *(artig, brav)* good; ► **ich bin ihr von allen der ~ste** I'm her favourite; **es wäre sehr ~,**

wenn Sie ... it would be sweet of you if you ...; **es wäre mir ~, zu ...** I'd like to ...; **ich würde ~er nach Hause gehen** I'd rather go home; **Sie hätten ~er nicht kommen sollen** it would have been better if you hadn't come; **am ~sten würde ich ...** what I'd like most would be to ...; **den ~en langen Tag** the whole livelong day; **s-e ~e Not haben** have no end of trouble (*mit* with); **er hatte s-e ~e Not damit** it was very difficult for him; **um des ~en Friedens willen** *fam* for the sake of peace and quiet; **ach, du ~e Zeit** (*od* **~es bißchen)!** *interj fam* goodness (gracious) me!

lieb·äu·geln ['li:pɔɪgəln] *itr:* ▶ **mit etw ~** have an eye on s.th.; **mit dem Gedanken ~, etw zu tun** be toying with the idea of doing s.th.

Lieb·chen ['li:pçən] *n obs* sweetheart.

Lie·be ['li:bə] ⟨-⟩ *f allg* love (*zu jdm* of *od* for s.o., *zu etw* of s.th.); ▶ **ein Kind der ~** a love-child; **~ macht blind** *prov* love is blind; **sie ist meine große ~** she's the love of my life; **~ machen** *sl* make love; **Lie·be·lei** *f fam* flirtation.

lie·ben *tr itr* **1.** *(sehr gern haben)* love; **2.** *(koitieren)* make love (*jdn* to s.o.); ▶ **etw nicht ~** not to like s.th.; **das würde ich ~d gern tun** I'd love to do so.

lie·bens·wert *adj* lovable.

lie·bens·wür·dig *adj* **1.** *(liebenswert)* amiable; **2.** *(freundlich)* kind; ▶ **wären Sie wohl so ~, ...?** would you be so kind as to ...?; **Lie·bens·wür·dig·keit** *f* kindness.

lie·ber ['li:bɐ] **I** *adj (Komparativ)* dearer; ▶ **er mag Pop ~ als Rock** he prefers pop to rock (*od* likes pop better than rock); **nichts ~ als das** there's nothing I'd rather do; **II** *adv* **1.** *(eher)* rather; **2.** *(besser)* better; ▶ **je länger, je ~** the longer the better; **ich möchte ~ nach Hause gehen** I'd (*od* I would) rather go home; **du bleibst ~ da** *(besser)* you'd (*od* you had) better stay there; **du hättest ~ nachgeben sollen** you'd have done better to have given in.

Lie·bes·brief *m* love letter; **Lie·bes·dienst** *m fig (Gefallen)* favour; **Lie·bes·ent·zug** ⟨-s⟩ *m* withdrawal of favours; **Lie·bes·er·klä·rung** *f* declaration of love; ▶ **jdm e-e ~ machen** declare one's love to s.o.; **Lie·bes·ga·be** *f* alms *pl;* **Lie·bes·kum·mer** *m* lovesickness; ▶ **~ haben** be lovesick; **Lie·bes·lied** *n* love song; **Lie·bes·mü·he** *f fig:* ▶ **alles vergebliche ~** it's all futile; **Lie·bes·paar** *n* lovers *pl,* courting couple.

lie·be·voll *adj* loving.

lieb|ge·win·nen *irr tr* grow fond of.

lieb|ha·ben *irr tr* be fond of, love.

Lieb·ha·ber(in) *m (f)* **1.** *(Geliebte(r))* lover; **2.** *(Enthusiast(in))* enthusiast; *(Kenner(in))* connoisseur; **Lieb·ha·be·rei** [li:pha:bə'raɪ] *f fig (Steckenpferd)* hobby; ▶ **aus ~** as a hobby; **Lieb·ha·ber·stück** *n* collector's item; **Lieb·ha·ber·wert** *m* collector's value.

lieb·ko·sen [li:p'ko:zən] ⟨ohne ge-⟩ *tr* caress, fondle.

lieb·lich *adj (anmutig)* lovely; *(süß)* sweet; *(reizend)* charming; *(köstlich)* delightful.

Lieb·ling *m* **1.** *(Günstling)* favourite; **2.** *(Geliebte(r))* darling.

lieb·los *adj* **1.** *(unfreundlich)* unkind; **2.** *(ohne Liebe)* unloving; **3.** *(unaufmerksam, rücksichtslos)* inconsiderate.

Lieb·lo·sig·keit *f* **1.** *(Charakterzug)* unkindness; **2.** *(Äußerung, Tat etc)* unkind remark (*od* act *etc*).

Lieb·schaft *f* (love)affair.

Lieb·ste(r) ['li:pstə] *f m* sweetheart.

Lied [li:t] ⟨-(e)s, -er⟩ *n* song; ▶ **es ist immer das alte ~** *fig fam* it's always the same old story; **davon kann ich auch ein ~ singen** *fig fam* I could tell you a thing or two about that myself; **das ist dann das Ende vom ~** *fig fam* it always ends like that; **Lie·der·buch** *n* songbook.

lie·der·lich ['li:dɐlɪç] *adj* **1.** *(schlampig)* slovenly; *(nachlässig a.)* sloppy; **2.** *pej (unmoralisch: Mann)* dissolute, dissipated; *(Frau)* loose.

Lie·der·lich·keit *f* **1.** *(Schlampigkeit)* slovenliness; **2.** *(Lebenswandel)* dissoluteness, looseness.

Lie·der·ma·cher(in) *m (f)* singer-songwriter.

Lie·fer·ab·kom·men *n* supply (*od* delivery) contract.

Lie·fe·rant(in) ⟨-en, -en⟩ *m (f)* supplier.

lie·fer·bar *adj (vorrätig)* available; ▶ **die Ware ist sofort ~** the article can be supplied at once; **diese Waren sind auch kurzfristig ~** these goods can be supplied at short notice.

Lie·fer·be·din·gun·gen *f pl* terms of delivery; **Lie·fer·fir·ma** *f* **1.** *(Versorgungsfirma)* supplier; **2.** *(Zustellerfirma)* delivery firm.

lie·fern ['li:fɐn] *tr itr* **1.** *(versorgen mit)* supply; *(aus~)* deliver; **2.** *(zur Verfügung stellen)* furnish, provide; *(Beweis)* produce; *(Ertrag, Ernte)* yield; ▶ **jdm e-e Schlacht ~** do battle with s.o.; **jetzt ist er geliefert** *fam* now he's had it; **wir können nicht ins Ausland ~** we do not supply the foreign market; **ein spannendes Spiel ~** *sport* put on an exciting game.

Lie·fer·schein *m* delivery note; **Lie·fer·ter·min** *m* delivery date.

Lie·fe·rung *f* **1.** *(Versorgung)* supply; **2.** *(Aus~)* delivery; ▶ **Bezahlung bei ~, zahlbar bei ~** payable on delivery; ~

frei Haus free delivery.

Lie·fer·wa·gen *m mot Br* van, *Am* panel truck; *(offener)* pick-up; **Lie·fer·zeit** *f* time of delivery, delivery time.

Lie·ge ['li:gə] ⟨-, -n⟩ *f (Chaiselongue)* couch.

lie·gen ['li:gən] *irr itr* **1.** *allg* lie; **2.** *(gelegen sein)* be situated; *(sein, sich befinden)* be; **3.** *(sich verhalten)* be; **4.** *(passen, zusagen)* suit (*jdm* s.o.), appeal (*jdm* to s.o.); ► **er liegt mir nicht** *fam* he's not my type; **das liegt mir absolut nicht** *fam* that's absolutely not my line; **mir liegt viel daran** it means a lot to me; **daran liegt mir wenig (nichts)** that doesn't matter much (at all) to me; **das liegt nicht an mir** *(das ist nicht meinetwegen so)* that's not because of me; *(das ist nicht meine Schuld)* that's not my fault; **woran liegt es?** what's the cause of it? **an mir soll's nicht ~** *fam (ich habe nichts dagegen)* it's all right by (*od* with) me; **es liegt bei Ihnen, ob ...** it rests with you whether ...; **laß es da ~** leave it there; **der deutsche Läufer liegt weit hinter dem Amerikaner** the German runner is a long way behind the American; **das liegt gar nicht in meiner Absicht** that's not at all my intention; **sein neues Auto liegt sehr gut auf der Straße** his new car holds the road very well; **unser Haus liegt sehr ruhig** our house is in a very peaceful location; **wo liegt Herford?** where is H. situated? **wie die Dinge momentan ~** as things are at the moment.

lie·gen|blei·ben ⟨sein⟩ *irr itr* **1.** *(nicht aufstehen)* remain lying; *(im Bett)* stay (*od* remain) in bed; **2.** *(Briefe)* not be sent off; *(unerledigt bleiben)* be left undone; **3.** *(steckenbleiben: Zug, Auto etc)* break down; **4.** *(nicht verkauft werden)* not to sell; **5.** *(vergessen werden)* be left behind.

lie·gen|las·sen *irr tr* **1.** *(vergessen)* leave behind; **2.** *(Arbeit etc unerledigt lassen)* leave; **3.** *(herum~)* leave lying around; ► **jdn links ~** *fig fam* ignore (*od* disregard) s.o.; **alles stehen- u. ~** *(auf der Stelle aufhören)* drop everything; *(alles hinter sich lassen, zurücklassen)* leave everything behind.

Lie·gen·schaf·ten *pl* real estate *sing;* **Lie·gen·schafts·amt** *n* property register.

Lie·ge·platz *m mar* berth; **Lie·ge·sitz** *m* reclining seat; **Lie·ge·stuhl** *m* deckchair, *fam* loafer; **Lie·ge·wa·gen** *m rail* couchette *Br* coach (*Am* car).

Lift [lɪft] ⟨-(e)s, -e/-s⟩ *m Br* lift, *Am* elevator; **Lift·boy** *m Br* liftboy, *Am* elevator boy.

Lift-off-Kor·rek·tur·band *n typ* lift-off correction tape.

Li·ga ['li:ga] ⟨-, -gen⟩ *f* league.

Li·kör [li'kø:ɐ] ⟨-s, -e⟩ *m* liqueur.

li·la ['li:la] *adj* purple, lilac.

Li·lie ['li:liə] *f bot* lily.

Li·li·pu·ta·ner(in) [lilipu'ta:nɐ] *m (f)* **1.** *poet (Bewohner(in) von Liliput)* Lilliputian; **2.** *(kleiner Mensch)* dwarf, midget.

Li·mo·na·de [limo'na:də] ⟨-, -n⟩ *f* lemonade.

Li·mou·si·ne [limu'zi:nə] ⟨-, -n⟩ *f mot Br* saloon, *Am* sedan.

Lin·de ['lɪndə] ⟨-, -n⟩ *f* **1.** *bot* linden tree; **2.** *(~nholz)* limewood.

lin·dern ['lɪndɐn] *tr* **1.** *(erleichtern)* ease, alleviate, relieve; **2.** *(mildern)* soothe.

Lin·de·rung **1.** *(Erleichterung)* easing, alleviation, relief; **2.** *(Milderung)* soothing.

Li·ne·al [line'a:l] ⟨-s, -e⟩ *n* ruler.

Li·nie ['li:niə] *f* **1.** *allg* line; **2.** *(Straßenbahn~)* number; *rail (Eisenbahn~, a. Bus~)* line; ► **fahren Sie mit ~ zehn!** take number ten! **auf der ganzen ~** *fig* all along the line; **in erster ~** first of all; **~n ziehen** draw lines; **die vorderste ~** *mil* the front line; **auf die schlanke ~ achten** watch one's waistline; **e-e klare ~** *fig* a clear line; **Li·ni·en·bus** *m* public service bus, regular bus; **Li·ni·en·flug** *m aero* scheduled flight; **Li·ni·en·rich·ter(in)** *m (f) sport* linesperson; **Li·ni·en·schiff** *n* liner; **li·ni·en·treu** *adj pol* loyal to the party line; **Li·ni·en·ver·kehr** *m* regular traffic; *aero* scheduled traffic.

li·nie·ren *tr* draw lines on (*od* rule); **li·niert** *adj* ruled.

link *adj sl:* ► **ein ganz ~r Hund** *sl* an absolutely crooked son-of-a-bitch; **ein ganz ~s Ding drehen** *sl* get up to s.th. real crooked.

Lin·ke ⟨-n, -n⟩ *f* **1.** *(Hand)* left hand; *(Seite)* left side; *(beim Boxen)* left; **2.** *pol* left.

linke ['lɪŋkə] *adj* **1.** left; **2.** *pol* left-wing; ► **~ Masche** *(beim Stricken)* purl (stitch); **~ Seite** left-hand side; *(Tuchseite)* wrong side; **mein ~r Nebenmann** my left-hand neighbour; **~r Hand, zur ~n Hand** on (*od* to) the left; **ein ~r Politiker** a left-wing politician; **der ~ Flügel von Labour** Labour's left wing.

lin·ken *tr fam:* ► **jdn ~** *(hereinlegen)* con s.o., take s.o. for a ride.

lin·kisch *adj (ungeschickt)* awkward, clumsy.

links [lɪŋks] *adv a. pol* left; *(auf der Linken)* on the left; *(nach, zur Linken)* to the left; ► **~ sein** *pol fam* be left-wing; **jdn ~ liegenlassen** *fig fam* ignore (*od* disregard) s.o.; **~ von etw** to the left of s.th.; **links von mir** to (*od* on) my left; *pol* left of me; **von ~** from the left; **sich ~ einordnen** *mot* move into the left-hand lane; **Sie haben den Pullover auf ~ an** you have your pullover on inside out; **ganz ~ stehen** *pol* be an extreme leftist; **das mach' ich mit ~** *fig fam* that's kid's stuff for me.

Links·au·ßen [-'--] *m* **1.** *sport (Fußball)* outside left; **2.** *pol* extreme left-winger; **Links·drall** *m* **1.** *sport (von Ball)* swerve to the left; **2.** *fig pol* leftist leaning; ▶ **e-m Ball e-n ~ geben** *sport* hook a ball; **Links·hän·der(in)** *m (f)* left-handed person; **links·hän·dig** ['lɪŋkshɛndɪç] *adj adv* left-handed; **Links·kur·ve** *f* left-hand bend; **links·ra·di·kal** *adj pol* extreme left-wing; ▶ **er ist ein L~er** he is a left-wing radical; **Links·steu·erung** *f mot* left-hand drive (*Abk* LHD); **Links·ver·kehr** *m* driving on the left.

Lin·ole·um [li'no:leʊm] ⟨-s⟩ *n* lino(leum).

Lin·ol·schnitt *m* linocut.

Lin·se ['lɪnzə] ⟨-, -n⟩ *f* **1.** *bot* lentil; **2.** *opt* lens; *phot (Objektiv)* objective.

lin·sen *itr fam (gucken)* peek (*nach* at).

lin·sen·för·mig *adj* lenticular.

Lin·sen·sup·pe *f* lentil soup.

Lip·pe ['lɪpə] ⟨-, -n⟩ *f anat* lip; ▶ **sie brachte kein Wort über die ~n** she could not say a word; **e-e (dicke) ~ riskieren** *sl* be (damn) brazen; **an jds ~n hängen** *fig* hang on someone's every word *sing;* **Lip·pen·be·kennt·nis** *n* lip-service; **Lip·pen·stift** *m* lipstick.

li·qui·die·ren [likvi'di:rən] *tr* **1.** *com* put into liquidation, wind up; **2.** *(Honorar)* charge; **3.** *euph (töten)* liquidate.

Li·qui·di·tät *f com fin* liquidity.

lis·peln ['lɪspəln] *itr tr* lisp.

List [lɪst] ⟨-, -en⟩ *f* **1.** *(Schlauheit, Verschlagenheit)* artfulness, cunning; **2.** *(Trick, Kunstgriff)* ruse, trick; ▶ **zu e-r ~ greifen** resort to a ruse; **mit etw ~ u. Tücke** *hum fam* with a little coaxing.

Li·ste ['lɪstə] ⟨-, -n⟩ *f (Aufstellung)* list; *(Register)* register; ▶ **e-e ~ aufstellen** draw up a list; **etw in e-e ~ eintragen** put s.th. down on a list; **sich in e-e ~ einschreiben** put o.s. on a list; **jdn auf die schwarze ~ setzen** blacklist s.o.; **Li·sten·preis** *m com* list price.

li·stig *adj* cunning.

Li·ta·nei [lita'naɪ] *f eccl a. fig* litany; ▶ **die alte ~** *fam* the same old story; **e-e ganze ~ von Klagen** a long list of complaints.

Li·tau·en ['lɪtaʊən] ⟨-s⟩ *n* Lithuania; **Li·tau·er(in)** *m (f)* Lithuanian; **li·tau·isch** *adj* Lithuanian.

Li·ter ['li:tɐ] ⟨-s, -⟩ *m od n Br* litre, *Am* liter.

li·te·ra·risch [lɪtə'ra:rɪʃ] *adj* literary.

Li·te·rat(in) ⟨-en, -en⟩ *m (f)* man (woman) of letters.

Li·te·ra·tur ⟨-, -en⟩ *f* literature; **Li·te·ra·tur·ge·schich·te** *f* history of literature; **Li·te·ra·tur·preis** *m* award for literature.

Li·ter·fla·sche *f* litre (*Am* liter) bottle.

Lit·faß·säu·le ['lɪtfaszɔɪlə] *f (für Reklame)* advertizing column.

Li·tho·gra·phie [litogra'fi:] *f typ* **1.** *(Verfahren)* lithography; **2.** *(Ergebnis)* lithograph; **li·tho·gra·phisch** *adj typ* lithographic.

Li·tur·gie [litʊr'gi:] *f eccl* liturgy.

Lit·ze ['lɪtsə] ⟨-, -n⟩ *f* **1.** braid; *(an Uniform)* braiding; **2.** *el* flex.

live [laɪf] *adj pred, adv radio TV* live; **Live-Be·richt** *m radio TV* live report; **Live-Sen·dung** *f radio TV* live broadcast.

Liv·land ['li:flant] ⟨-s⟩ *n hist* Livonia.

Li·vree [li'vre:] ⟨-, -n⟩ *f* livery.

Li·zenz [li'tsɛnts] ⟨-, -en⟩ *f Br* licence, *Am* license; ▶ **in ~** under *Br* licence (*Am* license); **Li·zenz·ge·ber(in)** ⟨-s, -⟩ *m (f)* licensor; **Li·zenz·ge·bühr** *f Br* licence (*Am* license) fee; *(im Verlagswesen)* royalty; **Li·zenz·neh·mer(in)** *m (f)* licensee; **Li·zenz·spie·ler(in)** *m (f) sport* professional player.

Lob [lo:p] ⟨-(e)s⟩ *n* praise; ▶ **über alles ~ erhaben** beyond praise; **er singt gern sein eigenes ~** *fam* he likes to blow his own trumpet.

Lob·by ['lɔbi] ⟨-, ies⟩ *f pol parl* lobby.

lo·ben ['lo:bən] *tr* praise; ▶ **da lob' ich mir doch ...!** I always say nothing can beat ...! **das lob' ich mir** that's what I like; **lo·bend** *adj* commendatory; ▶ **jdn (etw) ~ erwähnen** commend s.o. (s.th.).

lo·bens·wert *adj* praiseworthy.

löb·lich ['lø:plɪç] *adj (meist ironisch)* commendable, laudable, praiseworthy.

Lob·lied *n* hymn of praise; ▶ **ein ~ auf jdn anstimmen** *fig* sing someone's praises *pl;* **Lob·re·de** *f* eulogy; ▶ **e-e ~ auf jdn (etw) halten** eulogize s.o. (s.th.); **Lob·red·ner(in)** *m (f) fig* eulogist.

Loch [lɔx, *pl* 'lœçɐ] ⟨-(e)s, ⸚er⟩ *n* **1.** *allg* hole; *(im Reifen)* puncture; *(im Käse)* eye; *(Lücke)* gap; *(beim Billard)* pocket; **2.** *fig fam (schlechte Wohnung)* dump; **3.** *fig sl (Gefängnis)* jug; ▶ **auf (aus) dem letzten ~ pfeifen** *fig fam (kaputt sein)* be on one's last legs *pl; (finanziell am Ende sein)* be on one's beam ends *pl;* **jdm ein ~ in den Bauch fragen** *fig fam* pester the living daylights out of s.o.; **er säuft wie ein ~** *fig fam* he drinks like a fish.

lo·chen *tr* **1.** *(perforieren)* perforate; **2.** *rail (Fahrkarten)* clip.

Lo·cher *m (Gerät zum Lochen)* punch.

Loch·fraß *m (Korrosion)* pitting; **Loch·kar·te** *f EDV* punch card; **Loch·strei·fen** *m EDV* punch tape.

Lo·chung *f* **1.** *(Perforation)* perforation; **2.** *(Loch in Lochkarte)* punching; **Loch·zan·ge** *f tech* punch.

Locke (k·k) ['lɔkə] ‹-, -n› *f* curl, lock; ▶ **~n haben** have curly hair.

locken¹ (k·k) *tr* lure, tempt, entice; ▶ **jdn in e-n Hinterhalt ~** lure s.o. into a trap; **Ihr Angebot lockt mich schon ...** well, I'm really tempted by your offer ...

locken² (k·k) *tr refl (kräuseln)* curl.

Locken·kopf (k·k) *m* **1.** *(lockiges Haar)* curly hairstyle; **2.** *fig (Mensch mit ~)* curlyhead; **Locken·stab (k·k)** *m* curling tongs *pl;* **Locken·wick·ler (k·k)** *m* curler.

locker (k·k) ['lɔkɐ] *adj* **1.** *(lose, a. fig)* loose; *(nicht straff)* slack; **2.** *fig fam (gelöst, entspannt)* relaxed; **3.** *sl (lässig, cool)* cool; ▶ **etw ~ machen** loosen (*od* slacken) s.th.; **bei ihm sitzt die Hand recht ~, er hat e-e ~e Hand** *fig fam* he's quick to hit out; **so etw mache ich ganz ~** *fig fam* I manage such things just like that; **ein ganz schön ~er Vogel** *fam* quite a bit of a lad; **ein ~er Lebenswandel** *fig* a loose life.

locker|las·sen (k·k) *irr itr fam:* ▶ **nicht ~** not to let up; **er ließ nicht locker, bis man ihm das Geld zurückerstattete** he didn't let up until he got his money back.

locker|ma·chen (k·k) *tr fam (Geld etc auftreiben)* fork (*od* shell) out, *Am a.* jar loose with.

lockern (k·k) I *tr* **1.** *(locker machen)* loosen, slacken; **2.** *fig (entspannen)* relax; **II** *refl* **1.** *sport* loosen up; **2.** *fig (abklingen)* ease off; **3.** *fig (gelöst, entspannter werden)* get more relaxed.

lockig (k·k) *adj* curly.

Lock·mit·tel *n* lure; **Lock·ruf** *m* call; **Lock·spit·zel** *m pej* agent provocateur, *fam* stool-pigeon.

Lockung (k·k) *f (a. fig: Ver~)* lure.

Lock·vo·gel *m a. fig* decoy, lure; **Lock·vo·gel·wer·bung** *f markt Br* loss leader advertising, *Am* bait and switch tactics *pl.*

lo·dern ['lo:dɐn] *itr a. fig* blaze.

Löf·fel ['lœfəl] ‹-s, -› *m* **1.** *(Eß~ etc)* spoon; **2.** *(~voll)* spoonful; **3.** *(Hasenohr)* ear; **4.** *tech (von ~bagger)* shovel; ▶ **du glaubst wohl, du hast die Weisheit mit ~n gefressen** *fig fam* you think you know it all; **er hat die Weisheit nicht gerade mit ~n gefressen** *fig fam* he's not so bright after all; **sperr doch deine ~ auf!** *fam* why don't you damn well listen? **du kriegst von mir gleich ein paar hinter die ~!** *fam* I'll give you a clout round the ear in a minute! **sich etw hinter die ~ schreiben** get s.th. into one's thick head; **den ~ abgeben** *fig fam (sterben)* kick the bucket; **Löf·fel·bag·ger** *m* power-shovel, shovel dredger.

löf·feln *tr* spoon.

löf·fel·wei·se *adv* by the spoonful.

Lo·ga·rith·men·ta·fel [loga'rɪtmən-] *f math* log(arithm) table.

Lo·ge ['lo:ʒə] ‹-, -n› *f* **1.** *theat* box; **2.** *(Pförtner~, a. fig: Freimaurer~)* lodge.

lo·gie·ren *itr* lodge, stay.

Lo·gik ['lɔgɪk] ‹-› *f* logic; ▶ **du hast (vielleicht) e-e ~!** your logic is a bit quaint!

Lo·gis [lo'ʒi:] ‹-, -› *n* **1.** *allg* lodgings *pl;* **2.** *mar* crew's quarters *pl;* ▶ **Kost u. ~** board and lodging.

lo·gisch ['lo:gɪʃ] **I** *adj* **1.** *(der Logik entsprechend)* logical; **2.** *fam (selbstverständlich)* natural; **II** *adv (natürlich)* of course.

Lo·gi·stik [lo'gɪstɪk] ‹-› *f mil* logistics *pl.*

Lo·go ['lo:go] ‹-s, -s› *n od m* logo.

Lo·go·pä·de (-pä·din) [logo'pɛ:dɪn] *m (f)* logopedist.

Lohn [lo:n, *pl* 'lø:nə] ‹-(e)s, ⸚e› *m* **1.** *(Arbeits~)* pay, wage(s *pl*); **2.** *fig (Be~ung)* reward; **3.** *(Strafe)* punishment.

Lohn·ab·bau *m* reduction of wages; **Lohn·ab·kom·men** *n* wages agreement; **Lohn·ab·rech·nung** *f* pay slip. **Lohn·aus·fall** *m* loss of earnings; **Lohn·aus·gleich** *m* wage adjustment; ▶ **bei vollem ~** with full pay; **Lohn·bü·ro** *n* wages office; **Lohn·emp·fän·ger(in)** *m (f)* wage earner.

loh·nen ['lo:nən] **I** *tr* **1.** *(be~)* reward (*jdm etw* s.o. for s.th.); **2.** *(wert sein)* be worth; ▶ **etw (jdm etw) mit Undank ~** repay s.th. (s.o. for s.th.) with ingratitude; **II** *refl* be worth it (*od* worthwhile); ▶ **ein Besuch dort lohnt sich** it's worth visiting.

löh·nen ['lø:nən] *itr fam (zahlen)* fork (*od* shell) out.

loh·nend *adj* **1.** *(einträglich)* profitable; **2.** *(nutzbringend)* worthwhile.

Lohn·er·hö·hung *f* wage increase; **Lohn·for·de·rung** *f* wage claim; **Lohn·fort·zah·lung** *f* continued payment of wages; **Lohn·ge·fäl·le** *n* pay differential; **Lohn·ko·sten** *pl* wage costs; **Lohn·kür·zung** *f* wage cut; **Lohn·ni·veau** *n* wage levels *pl;* **Lohn-Preis-Spi·ra·le** *f com* wage-price spiral; **Lohn·run·de** *f* wage round; **Lohn·steu·er** *f* income tax; **Lohn·steu·er·jah·res·aus·gleich** ['---'----] *m* annual adjustment of income tax; **Lohn·steu·er·kar·te** *f* (income) tax card; **Lohn·stopp** *m* wage freeze; **Lohn·tü·te** *f* wage packet.

Loi·pe ['lɔɪpə] ‹-, -n› *f sport* cross-country ski run.

Lo·kal [lo'ka:l] ‹-(e)s, -e› *n* **1.** *(Kneipe) Br* pub, *Am* saloon; **2.** *(Restaurant)* restaurant.

lo·kal *adj* local.

Lo·kal·blatt *n* local paper.

lo·ka·li·sie·ren *tr* **1.** *(Ort feststellen)*

locate; **2.** *med (Krankheitsherd)* localize; *(örtlich beschränken)* limit (*auf* to).

Lo·ka·li·tät *f* **1.** *(Gegend)* locality; **2.** *(Räumlichkeit)* facilities *pl;* **3.** *hum fam (Lokal) Br* pub, *Am* saloon.

Lo·kal·nach·rich·ten *f pl* local news; **Lo·kal·pa·trio·tis·mus** *m* local patriotism; **Lo·kal·ra·dio** *n* local radio, community radio; **Lo·kal·sen·der** *m* local radio (*od* TV) station.

Lo·ko·mo·ti·ve [lokomoˈtiːvə] ⟨-, -n⟩ *f rail (Abk* Lok) engine, locomotive; **Lo·ko·mo·tiv·füh·rer(in)** *m (f) rail Br* engine driver, *Am* engineer; **Lo·ko·mo·tiv·schup·pen** *m rail* engine-shed.

Lo·kus [ˈloːkʊs] ⟨-ses, -se⟩ *m fam Br* loo, *Am* john.

Loo·ping [ˈluːpɪŋ] ⟨-s, -s⟩ *m aero* loop.

Lor·beer [ˈlɔrbeːɐ] ⟨-s, -en⟩ *m* **1.** *(Gewürz)* bayleaf; **2.** *fig pl:* **~en** laurels *pl;* ▶ **(sich) auf s-n ~en ausruhen** *fig* rest on one's laurels.

Lo·re [ˈloːrə] ⟨-, -n⟩ *f rail* truck, wagon.

Los [loːs] ⟨-es, -e⟩ *n* **1.** *(Schicksal)* lot; **2.** *(Lotterie~)* lottery ticket; ▶ **etw durch das ~ entscheiden** decide s.th. by casting lots; **das große ~ (ziehen)** *a. fig* (hit) the jackpot; **das ~ fiel auf mich** it fell to my lot; **sie hat ein schweres ~** her lot is hard.

los [loːs] **I** *adj pred* **1.** *(locker)* loose; **2.** *fam:* ▶ **jdn (etw) ~ sein** be (*od* have got(ten)) rid of s.o. (s.th.); **3.** *fam:* **~ sein** *(vor sich gehen)* be going on; *(nicht in Ordnung sein)* be the matter (*od* wrong); ▶ **was ist ~?** *fam* what's up (*od* the matter *od* wrong)? **hier ist nichts ~** *fam* there's nothing going on here; **mit ihm ist aber auch gar nichts ~!** *fam* he's a dead loss, he is! **was ist denn mit dir ~?** *fam* what's the matter with you? **dann war aber der Teufel ~** *fam* ..., but then it was as if all hell had been let loose; **der Hund ist ~** the dog's got(ten) loose; **II** *adv* **~!** *(vorwärts, komm)* come on! *(weiter, geh)* go on! *(~, beweg dich)* get going! ▶ **von jdm (etw) ~ wollen** want to break away from s.o. (s.th.); **nun aber ~!** *interj* off we (*od* you *etc*) go! **warum wollt ihr denn schon so früh ~?** *fam* why only do you want to be off so early?

lös·bar *adj* soluble.

los|bin·den *irr tr* untie (*von* from).

los|bre·chen *irr* **I** *tr* ⟨h⟩ break off; **II** *itr* ⟨sein⟩ break out.

Lösch·blatt *n* sheet of blotting paper.

lö·schen[1] [ˈlœʃən] **I** *tr* **1.** *(Feuer)* extinguish; *el (Licht)* switch out; **2.** *(Durst)* quench; **3.** *(Kalk)* slake; **4.** *(Daten, Tonband)* erase; *(Speicher, Bildschirm)* clear; *(Information)* cancel; **5.** *(Schuld)* pay off; **6.** *(ausstreichen)* strike off; *(Eintragung)* delete; **7.** *(mit Löschpapier aufsaugen)* blot; ▶ **sein Konto ~** close one's account; **II** *itr* **1.** *(Feuerwehr)* put out a (*od* the) fire; **2.** *(aufsaugen)* blot.

lö·schen[2] *tr itr mar (entladen)* unload.

Lösch·fahr·zeug *n* fire engine; fire boat; **Lösch·ge·rät** *n* fire extinguisher; **Lösch·mann·schaft** *f* team of firemen; **Lösch·pa·pier** *n* blotting paper; **Lösch·ta·ste** *f EDV* erase key.

Lö·schung[1] *f* **1.** *(Namens~)* striking off; **2.** *(e-s Kontos)* closing; **3.** *(Tilgung, Abzahlung)* paying off.

Lö·schung[2] *f mar (von Ladung)* unloading.

lo·se [ˈloːzə] *adj* **1.** *(a. fig: von Lebenswandel)* loose; *(locker)* slack; **2.** *fig (lax, nachlässig)* lax; ▶ **etw ~ verkaufen** sell s.th. loose.

Lö·se·geld *n* ransom.

lo·sen [ˈloːzən] *itr* draw (*od* cast) lots (*um* for).

lö·sen [ˈløːzən] **I** *tr* **1.** *(entfernen, losmachen)* remove (*von* from); **2.** *(lockern)* loosen; **3.** *fig* solve; **4.** *chem a. fig jur pol* dissolve; **5.** *(Fahrkarte)* buy; **II** *refl* **1.** *(sich losmachen, a. fig)* detach (*von* from); **2.** *(losgehen: Schuß)* go off; **3.** *(locker werden)* loosen; **4.** *fig (sich lockern)* come loose; *(sich entspannen)* relax; **5.** *fig (sich trennen)* break away (*von* from); **6.** *(sich aufklären, auf~)* be solved; **7.** *chem a. fig jur pol* dissolve (*in* in); ▶ **Salz löst sich in Wasser** salt dissolves in water; **der Mordfall XY hat sich von selbst gelöst** the XY *Br* murder (*Am* homicide) solved itself.

los|fah·ren ⟨sein⟩ *irr itr mot* drive off; **los|ge·hen** *irr itr* **1.** *fam (sich lösen, abgehen)* come off; **2.** *(weggehen, aufbrechen)* set off; **3.** *(Gewehr, Bombe etc)* go off; **4.** *fam (anfangen)* start; ▶ **auf jdn ~** go for s.o.; **gleich geht's los!** *fam* it's just about to start! **geht das schon wieder los?** *fam (das Gemekkere etc)* here we go again! **ich glaub', es geht los!** *sl* have you gone mad? **los|ha·ben** *irr tr fam:* ▶ **etw (nichts) ~** be pretty clever (stupid); **er hat ganz schön was los** he's really got what it takes; **los|kau·fen** *tr (Entführten)* ransom, pay ransom for; **los|kom·men** *irr itr a. fig* get away (*von* from); **los|las·sen** *irr tr* **1.** *(nicht mehr festhalten)* let go of; **2.** *fig fam;* ▶ **jdn auf jdn ~** let s.o. loose on s.o.; **3.** *fig fam (vortragen, vom Stapel lassen)* come out with; ▶ **laß mich los! ~!** let me go! **laß den Brief los!** let go of the letter! **er ließ die Hunde auf mich los** he set the dogs on me; **wehe, wenn sie losgelassen ...** *hum fam* oh dear, once they're on the loose ...; **dieser Gedanke läßt mich nicht mehr los** *fig* that thought is always haunting me; **dieses Buch läßt e-n**

nicht mehr los *fig* one can't put this book down.

lös·lich ['lø:slıç] *adj* soluble.

los|ma·chen I *tr* **1.** *(lösen)* unfasten; *(Handbremse)* let off; **2.** *(freimachen)* free; **II** *itr* **1.** *mar (ablegen)* cast off; **2.** *fam (sich beeilen)* get a move on; **III** *refl (wegkommen, sich befreien)* get away (*von* from); *(Hund)* get loose; **los|rei·ßen** *irr* **I** *tr* tear off (*von jdm od etw* s.o. *od* s.th.); **II** *refl* **1.** *(Hund)* break free; **2.** *fig* tear o.s. away (*von* from); **los|sa·gen** *refl:* ► **sich von jdm (etw)** ~ break with s.o. (s.th.).

Lo·sung ['lo:zʊŋ] *f* **1.** *mil* password; **2.** *(Devise)* watchword, motto.

Lö·sung ['lø:zʊŋ] *f* **1.** *(Annullierung)* cancellation; **2.** *(e-es Rätsels) a. math chem* solution; **Lö·sungs·mit·tel** *n* solvent.

los|wer·den *irr tr* **1.** *(sich befreien von)* get rid of; **2.** *(verlieren)* lose; ► **gestern bin ich beim Kartenspiel mein ganzes Geld losgeworden** *fam* I got cleaned out gambling at cards yesterday; **los|zie·hen** ‹sein› *irr itr* **1.** *(aufbrechen)* set out (*nach* for); **2.** *fig pej:* ► **gegen jdn (etw)** ~ *(herausziehen)* lay into s.o. (s.th.).

Lot [lo:t] ‹-(e)s, -e› *n* **1.** *(Senkblei)* plumbline; **2.** *math* perpendicular; ► **ein ~ fällen** *math* drop a perpendicular; **wir werden die Sache schon wieder ins (rechte) ~ bringen** *fig* don't worry, we'll sort it out (*od* put matters straight).

lo·ten *tr itr* **1.** *tech* plumb; **2.** *mar* sound.

lö·ten ['lø:tən] *tr itr* solder.

Loth·rin·gen ['lo:trıŋən] ‹-s› *n* Lorraine; **Lo·thrin·ger(in)** *m (f)* Lorrainer; **loth·rin·gisch** *adj* Lorrainese.

Löt·kol·ben *m* soldering iron; **Löt·lam·pe** *f* blowtorch.

Lo·tos ['lo:tɔs] ‹-s› *m bot* lotus.

lot·recht *adj math* perpendicular.

Lot·rech·te *f math* perpendicular.

Löt·rohr *n* blowpipe.

Lot·se ['lo:tsə] ‹-n, -n› *m* **1.** *mar* pilot; *aero (Flug~)* flight controller; **2.** *fig (Führer)* guide.

lot·sen *tr* pilot.

Löt·stel·le *f* soldered point.

Lot·te·rie [lɔtə'ri:] *f* lottery; **Lot·te·rie·los** *n* lottery ticket.

lot·te·rig ['lɔt(ə)rıç] *adj fam (schlampig)* slovenly.

Lot·ter·le·ben *n fam pej* dissolute life.

Lö·we ['lø:və] ‹-n, -n› *m* **1.** *zoo* lion; **2.** *astr* Leo; ► **sich in die Höhle des ~n wagen** *fig* beard the lion in his den; **Lö·wen·an·teil** *m fig fam* lion's share; **Lö·wen·maul** *n bot* snapdragon; **Lö·wen·zahn** *m bot* dandelion; **Lö·win** ['lø:vın] *f zoo* lioness.

loy·al [loa'ja:l] *adj* loyal (*jdm gegenüber* to s.o.); **Loya·li·tät** *f* loyalty (*jdm gegenüber* to s.o.).

Luchs [lʊks] ‹-es, -e› *m zoo* lynx.

Lücke (k·k) ['lʏkə] ‹-, -n› *f a. fig* gap; *(Gesetzes~, Schlupfloch)* loophole; **Lücken·bü·ßer(in) (k·k)** *m (f) fam* stopgap; **Lücken·fül·ler (k·k)** *m* filler; **lücken·haft (k·k)** *adj* **1.** *(voller Lükken)* full of gaps; **2.** *fig (unvollständig)* defective, incomplete; *(fragmentarisch)* fragmentary; **lücken·los (k·k)** *adj fig* **1.** *(vollständig)* complete; **2.** *(ununterbrochen)* unbroken; **3.** *(vollkommen)* perfect.

Lu·der ['lu:dɐ] ‹-s, -› *n fam pej (Biest)* minx; ► **du dummes ~!** you stupid creature! **so ein freches kleines ~!** such a cheeky little minx!

Lu·es *f med (Syphilis)* lues.

Luft [lʊft, *pl* 'lʏftə] ‹-, ⸚e› *f* **1.** *allg* air; *(Atem)* breath; **2.** *tech (Spiel)* room, space; ► **an die frische ~ gehen** get out in the fresh air; **jdn an die ~ setzen** *fig fam* give s.o. the push; **dicke ~!** *fig fam* a pretty bad atmosphere! **die ~ ist rein!** *fig fam* the coast is clear! **ich kriege keine ~ mehr** I can't breathe; **für mich ist er ~** he doesn't exist as far as I am concerned; **das ist völlig aus der ~ gegriffen** *fig fam* that's pure invention; **jdn (etw) in der ~ zerreißen** *fig fam* shoot s.o. (s.th.) down; **ich hänge völlig in der ~** *fig fam* I'm in a real sort of limbo; **es liegt etw in der ~** *fig fam* s.th. is in the air; **sich ~ machen, s·m Herzen ~ machen** give vent to one's feelings; **tief ~ holen** *a. fig fam* take a deep breath; **in die ~ fliegen, in die ~ jagen** blow up; **halt doch endlich mal die ~ an!** *fig fam (halt den Mund)* won't you put a sock in it? **jetzt halt aber mal die ~ an!** *fig fam (laß das Übertreiben)* now, come off it! **Luft·ab·wehr** *f mil* anti-aircraft *Br* defence (*Am* defense); **Luft·an·griff** *m* air-raid (*auf* on); **Luft·bal·lon** *m* balloon; **Luft·be·la·stung** *f* atmospheric pollution; **Luft·bild** *n* aerial picture; **Luft·bla·se** *f* air bubble; **Luft·brücke (k·k)** *f* airlift; **luft·dicht** *adj* airtight; **Luft·druck** *m* air pressure.

lüf·ten ['lʏftən] **I** *tr* **1.** *(mit Luft versorgen)* air; **2.** *(hochheben)* lift, raise; **II** *itr (Luft hereinlassen)* let some air in; ► **e-n Anzug zum L~ hinaushängen** put a suit out to air.

Luft·fahrt *f* aviation; **Luft·fe·de·rung** *f* **1.** *tech* air cushioning; **2.** *mot* air suspension; **Luft·feuch·tig·keit** *f* atmospheric humidity; **Luft·flot·te** *f* air fleet; **Luft·fracht** *f* air freight; **luft·ge·kühlt** *adj mot* air-cooled; **luft·ge·stützt** *adj (Flugkörper)* air-launched; **Luft·ge·wehr** *n* airgun; **Luft·hül·le** *f* mantle of air.

luf·tig *adj* **1.** *(mit od von Luft)* airy;

(windig) breezy; **2.** *fig (dünn)* flimsy, thin.

Luft·kampf *m* air fight; **Luft·kis·sen·boot** *n* hovercraft; **Luft·krieg** *m* aerial warfare; **Luft·küh·lung** *f mot* air-cooling; **Luft·kur·ort** *m* (climatic) health resort; **Luft·lan·de·trup·pen** *pl mil* airborne troops; **luft·leer** *adj:* ▶ **~er Raum** vacuum; **Luft·li·nie** *f (direkte Verbindung)* bee-line; ▶ **~ 100 km** 100 km bee-line (*od* as the crow flies); **Luft·loch** *n* **1.** *tech* airhole; **2.** *aero* airpocket; **Luft-Luft-Ra·ke·te** *f mil* air-to-air missile; **Luft·ma·trat·ze** *f* airbed, lilo *(Wz);* **Luft·pi·rat(in)** *m (f) Br* hijacker, *Am* skyjacker; **Luft·post** *f* airmail; **Luft·pum·pe** *f* pneumatic pump; **Luft·raum** *m* airspace; **Luft·rein·hal·tung** *f* air-purity maintenance prevention of air pollution; **Luft·ret·tungs·dienst** *m* air rescue service; **Luft·röh·re** *f anat* windpipe; **Luft·sack** *m mot* air bag; **Luft·schacht** *m* air shaft; **Luft·schicht** *f* atmospheric layer, layer of air; **Luft·schiff** *n* airship; **Luft·schif(f·)fahrt** *f* aeronautics *pl;* **Luft·schlan·ge** *f* paper streamer; **Luft·schlauch** *m mot Br* inner (*Am* air) tube; **Luft·schleu·se** *f* air lock; **Luft·schloß** *n fig* castle in the air; **Luft·schrau·be** *f* airscrew, propeller; **Luft·schutz** *m* **1.** *(~maßnahmen)* air-raid precautions *pl;* **2.** *(~truppe) Br* Civil Defence Service; **Luft·schutz·bun·ker** *m* concrete air-raid shelter; **Luft·schutz·kel·ler (Luft·schutz·raum)** *m* air-raid shelter; **Luft·sprung** *m* jump in the air; ▶ **er machte vor Freude e-n ~** he jumped for joy; **Luft·strö·mung** *f* current of air; **Luft·stütz·punkt** *m aero mil* air-base; **Luft·ta·xi** *f* air taxi; **Luft·tem·pe·ra·tur** *f* air temperature; **Luft·trans·port** *m* air transport; **Luft·tüch·tig·keit** *f aero (Flugtüchtigkeit)* airworthiness; **Luft·über·wa·chung** *f* air monitoring.

Lüf·tung ['lʏftʊŋ] *f* airing; *(Be~, Ventilation)* ventilation; **Lüf·tungs·schacht** *m* ventilation shaft.

Luft·ver·än·de·rung *f* change of air; **Luft·ver·kehr** *m* air traffic; **Luft·ver·kehrs·ge·sell·schaft** *f* airline; **Luft·ver·kehrs·li·nie** *f (Route)* air route; **Luft·ver·pe·ster** *m pej* air polluter; **Luft·ver·schmut·zung** *f* air pollution; **Luft·ver·tei·di·gung** *f* air *Br* defence (*Am* defense); **Luft·waf·fe** *f aero mil* air force; **Luft·weg 1.** *m aero* air route; **2.** *anat* respiratory tract; ▶ **auf dem ~** *aero* by air; **Luft·wi·der·stand** *m phys* air resistance; **Luft·zu·fuhr** *f* air supply; **Luft·zug** *m Br* draught, *Am* draft.

Lü·ge ['ly:gə] ‹-, -n› *f* lie; ▶ **jdn (etw) ~n strafen** belie s.o. (s.th.); **~n haben kurze Beine** *prov* truth will out.

lü·gen *irr itr* lie, tell a lie (*od* stories); *(flunkern)* fib; ▶ **~ wie gedruckt** *fam* lie like mad; **ich müßte ~, wenn ...** I would be lying if ...; **das ist erstunken u. erlogen!** *fam* that's a pack of lies!

Lü·gen·de·tek·tor *m* lie detector.

lü·gen·haft *adj* made-up, mendacious.

Lüg·ner(in) ['ly:gnɐ] *m (f)* liar.

lüg·ne·risch ['ly:gnərɪʃ] *adj* mendacious, untruthful.

Lu·ke ['lu:kə] ‹-, -n› *f* **1.** *allg* hatch; **2.** *(Dach~)* skylight.

lu·kra·tiv [lukra'ti:f] *adj* lucrative.

Lu·latsch ['lʊlatʃ] *m hum fam:* ▶ **langer ~** beanpole.

Lüm·mel ['lʏməl] ‹-s, -› *m fam (Flegel)* oaf, lout; **Lüm·me·lei** *f fam* **1.** *(Flegelei)* rudeness; **2.** *(Herumlümmeln)* lolling around.

lüm·meln *refl* lounge (about).

Lump [lʊmp] ‹-en, -en› *m (Schuft)* rogue.

Lum·pen ['lʊmpən] ‹-s, -› *m* rag.

lum·pen *itr fam:* ▶ **sich nicht ~ lassen** splash out; **das Essen war ausgezeichnet, er hat sich wahrlich nicht ~ lassen** the dinner was excellent, he certainly splashed out (on it).

Lum·pen·ge·sin·del *pej n* rabble, riff-raff **pl; Lum·pen·händ·ler(in)** *m (f)* rag-and-bone man (woman).

Lunch [lantʃ] ‹-(s), -(s)› *m* lunch.

lunchen *itr* lunch.

Lun·ge ['lʊŋə] ‹-, -n› *f anat* lungs *pl; (einzelner ~nflügel)* lung; ▶ **eiserne ~** *med* iron lung; **der Hyde Park ist die grüne ~ Londons** *fig* Hyde Park is London's lung; **rauchen Sie auf ~?** do you inhale? **Lun·gen·bläs·chen** *n anat* pulmonary alveolus; **Lun·gen·flü·gel** *m anat* (lobe of the) lung; **Lun·gen·heil·stät·te** *f* tuberculosis *Br* sanatorium (*Am* sanitarium); **lun·gen·krank** *adj* tubercular; ▶ **~ sein** have a lung disease; **Lun·gen·krank·heit** *f* lung disease; **Lun·gen·krebs** *m med* lung cancer; **Lun·gen·tu·ber·ku·lo·se** *f* tuberculosis (of the lung).

Lun·te ['lʊntə] ‹-, -n› *f* **1.** *hist (Zündschnur)* fuse; **2.** *(Schwanz des Fuchses)* brush; ▶ **~ riechen** *fig fam (Verdacht schöpfen)* smell a rat; *(Gefahr wittern)* smell danger.

Lu·pe ['lu:pə] ‹-, -n› *f opt* magnifying glass; ▶ **jdn (etw) unter die ~ nehmen** *fig fam* scrutinize (*od* examine) s.o. (s.th.) closely.

Lu·pi·ne [lu'pi:nə] ‹-, -n› *f bot Br* lupin, *Am* lupine.

Lurch [lʊrç] ‹-(e)s, -e› *m zoo* batrachian.

Lust [lʊst, *pl* 'lʏstə] ‹-, ⸚e› *f* **1.** *(Freude)* joy, pleasure; **2.** *(Neigung)* inclination; **3.** *(sinnliche Begierde)* desire; *(Sinnes~)* lust; ▶ **er ging mit ~ u. Liebe an die**

Arbeit he set to work enthusiastically; **s-e ~ an etw haben** take a delight in s.th.; **wenig ~ haben zu etw** not be keen about s.th.; **ich habe keine ~ dazu** I don't feel like it; **alle ~ an etw verlieren** lose all interest in s.th.; **hast du ~, ins Kino zu gehen?** do you feel like going to the movies? **ich hätte fast ~, zu ...** I've half a mind to ...; **mir ist die ~ vergangen** I no longer feel like it.

Lust·bar·keit *f* festivity.

Lü·ster ['lʏstɐ] ‹-s, -› *m* **1.** *(Stoff, Glanzüberzug)* lustre; **2.** *(Kronleuchter)* chandelier.

Lü·ster·klem·me *el* connector.

lü·stern ['lʏstɐn] *adj* lecherous; ► **nach etw ~ sein** lust after s.th.

Lü·stern·heit *f* lecherousness.

lu·stig ['lʊstɪç] *adj* **1.** *(munter)* jolly, merry; **2.** *(komisch, erheiternd)* amusing, funny; ► **es wurde später noch ganz ~** later on things got quite merry; **sich über jdn ~ machen** make fun of s.o.

Lüst·ling ['lʏstlɪŋ] *m pej* debauchee, lecher.

lust·los *adj* **1.** *(ohne Begeisterung)* unenthusiastic; **2.** *com fin (Markt, Börse)* dull, slack; **Lust·molch** *m hum fam* sex maniac; **Lust·mord** *m* sex murder; **Lust·prin·zip** *n psych* pleasure principle; **Lust·schloß** *n* summer residence; **Lust·spiel** *n theat* comedy.

Lu·the·ra·ner(in) [lʊtə'ra:nɐ] *m (f) eccl* Lutheran; **lu·the·risch** ['lʊtərɪʃ, lʊ'te:rɪʃ] *adj* Lutheran.

lut·schen ['lʊtʃən] *tr itr* suck (*an etw* s.th.).

Lut·scher *m fam (Dauer~)* lollipop.

Lutsch·ta·blet·te *f* lozenge.

Luv [lu:f] ‹-› *f mar* windward.

Lu·xem·burg *n* Luxembourg; **Lu·xem·bur·ger(in)** *m (f)* Luxembourger; **lu·xem·bur·gisch** *adj* Luxembourgian.

lu·xu·ri·ös [lʊksuri'ø:s] *adj* luxurious; ► **ein ~es Leben** a life of luxury.

Lu·xus ['lʊksʊs] ‹-› *m* luxury; *pej (Überfluß, Verschwendung)* extravagance; **Lu·xus·ar·ti·kel** *m pl* luxury goods; **Lu·xus·aus·füh·rung** *f* de luxe model; **Lu·xus·hotel** *n* luxury hotel; **Lu·xus·steu·er** *f* tax on luxuries.

Lu·zer·ne [lu'tsɛrnə] ‹-, -n› *f bot (Kleeart) Br* lucerne, *Am* alfalfa.

Lymph·drai·na·ge *f med* lymphatic drainage; **Lym·phe** ['lʏmfə] ‹-, -n› *f anat* lymph; **Lymph·kno·ten** *m anat* lymph node.

lyn·chen ['lʏnçən] *tr* lynch.

Lynch·ju·stiz *f* lynch-law; **Lynch·mord** *m* lynching.

Ly·rik ['ly:rɪk] *f* lyric poetry; **Ly·ri·ker(in)** *m (f)* lyricist; **ly·risch** *adj a. fig* lyrical; ► **ein ~es Gedicht** a lyric poem.

M

M, m [ɛm] ‹-, -› *n* M, m.

M-und-S-Reifen *m mot* winter tyre.

Mach-Zahl *f aero* Mach number.

Mach·art *f* **1.** *(Fabrikat)* make; **2.** *(Muster)* design.

Ma·che ‹-› *f fam (Täuschung)* sham; ▶ **etw in der ~ haben** be working on s.th.; **nur ~ sein** be kidding.

ma·chen ['maxən] *tr* **1.** *(tun)* do; **2.** *(verursachen)* make; **3.** *fig (ausmachen)* matter; ▶ **mach's gut!** so long! **ich mache mir nichts aus ...** I don't care much for ...; **ich mach' mir nichts daraus** I'm not keen on it; **er macht sich** he's getting good; **nun mach aber mal 'n Punkt!** come off it! **gemacht!** O.K.! right! **ich mache das schon** I'll see to that; **was machst du da?** what are you doing there? **was machst du denn hier?** what on earth are you doing here? **ich kann da nichts ~** I can't do anything about it; **was machst du Samstag?** what are you doing on Saturday? **wie macht man das?** how do you do it? **macht dich das an?** *sl* does that do anything for you? **das Essen ~** do the cooking; **er wird's nicht mehr lange ~** he won't last long; **das macht nichts!** that doesn't matter! **macht das was?** does that matter? **mach mal!** get a move on! **in die Hosen ~** wet o.s.

Ma·chen·schaf·ten *f pl* machinations, wheelings and dealings.

Ma·cher ‹-s, -› *m fam* doer.

Ma·cho [matʃo] ‹-s, -s› *fam* macho.

Macht [maxt, *pl* 'mɛçtə] ‹-, ⸚e› *f* power; ▶ **die Partei, die im Augenblick an der ~ ist** the party now in power; **an die ~ kommen** come into power; **mit aller ~** with might and main; **ich habe getan, was in meiner ~ stand** I did all in my power; **Macht·be·reich** *m* sphere of influence; **Macht·er·grei·fung** *f* seizure of power; **Macht·ha·ber(in)** *m (f)* ruler.

mäch·tig ['mɛçtıç] *adj* **1.** *(gewaltig)* powerful; **2.** *fam (sehr groß)* mighty; ▶ **ein ~er Schlag** a powerful punch; **ein ~er Krieger** a mighty warrior; **~ Hunger haben** have a tremendous appetite; **sich ~ anstrengen** make a tremendous effort.

Macht·kampf *m* struggle for power; **macht·los** *adj* powerless; **Macht·lo·sig·keit** *f* powerlessness; **Macht·pro·be** *f* trial of strength; **Macht·stel·lung** *f* position of power; **Macht·über·nah·me** *f* takeover; **Macht·wort** *n:* ▶ **ein ~ sprechen** exercise one's authority.

Mach·werk *n pej* sorry effort.

Macker (k·k) ['makɐ] ‹-s, -› *m sl* guy.

Mäd·chen ['mɛ:tçən] ‹-s, -› *n* girl; ▶ **~ für alles sein** be the general dogsbody; **mäd·chen·haft** *adj* girlish; ▶ **~ aussehen** look like a girl; **Mäd·chen·na·me** *m* **1.** *(Vorname)* girl's name; **2.** *(e-r verheirateten Frau)* maiden-name.

Ma·de ['ma:də] ‹-, -n› *f* maggot; **ma·dig** *adj* worm-eaten; ▶ **jdm etw ~ machen** put s.o. off s.th.; **jdn ~ machen** run s.o. down.

Ma·don·na [ma'dɔna] *f* Madonna.

Ma·ga·zin [maga'tsi:n] ‹-s, -e› *n* **1.** *mil (Waffen~)* magazine; **2.** *(Zeitschrift)* magazine; **3.** *(Lager)* storeroom.

Magd [ma:kt, *pl* 'mɛ:kdə] ‹-, ⸚e› *f* maid(servant) *(auf Bauernhof)* farm lass.

Ma·gen ['ma:gən, *pl* 'mɛ:gən] ‹-s, ⸚/-› *m* stomach; ▶ **auf nüchternen ~** on an empty stomach; **Ma·gen·be·schwer·den** *pl* stomach trouble *sing;* **Ma·gen·bit·ter** ‹-s, -› *m* bitters *pl;* **Ma·gen-Darm·grip·pe** *f* gastro-enteritis; **Ma·gen·ge·gend** *f* stomach region; **Ma·gen·ge·schwür** *n* gastric ulcer; **Ma·gen·knur·ren** *n* stomach rumbles *pl;* **Ma·gen·lei·den** *n* stomach disorder; **Ma·gen·säu·re** *f* gastric acid; **Ma·gen·schleim·haut** *f* stomach lining.

Ma·gen·schmer·zen *pl* stomachache; ▶ **ich habe ~** I have a pain in my stomach.

ma·ger ['ma:gɐ] *adj* **1.** *(dünn)* lean, thin; **2.** *fig fam (dürftig)* meagre, poor; ▶ **das war aber ~!** *fig fam* that was a poor do! **Ma·ger·keit** *f* leanness, thinness; **Ma·ger·milch** *f* skimmed milk; **Ma·ger·quark** *m* low-fat curd cheese; **Ma·ger·sucht** *f med* anorexia.

Ma·gie [ma'gi:] *f* magic; **Ma·gier(in)** ['ma:giɐ] *m (f)* magician; **ma·gisch** *adj* magic(al); ▶ **mit ~er Gewalt** as if by magic.

Ma·gi·strat [magıs'tra:t] ‹-(e)s, -e› *m* municipal authorities *pl.*

Ma·gne·si·um [ma'gne:ziʊm] ‹-s› *n chem* magnesium.

Ma·gnet [ma'gne:t] ‹-(e)s/-en, -e(n)› *m* magnet; **Mag·net·bahn** *f* magnetic railway; **Ma·gnet·band** *n* magnetic tape; **Ma·gnet·feld** *n* magnetic field.

ma·gne·tisch *adj* magnetic; ▶ **~e Bild-**

aufzeichnung magnetic video recording.

Ma·gnet·kar·te *f* magnetic card; **Ma·gnet·kopf** *m radio* magnetic head; **Ma·gnet·na·del** *f* magnetic needle; **Ma·gnet·plat·te** *f EDV* magnetic disk; **Ma·gnet·schal·ter** *m mot* solenoid switch; **Ma·gnet·spu·le** *f* magnetic coil; **Ma·gnet·strei·fen** *m* magnetic strip.

Ma·ha·go·ni [maha'go:ni] ‹-› *n* mahogany.

Mäh·bin·der *m* reaper-binder; **Mäh·dre·scher** *m* combine.

mä·hen ['mɛ:ən] *tr (Rasen)* mow; *(Gras)* cut; **Mä·her(in)** *m (f)* **1.** *(Person)* mower; **2.** *(Rasen~, nur m)* mower; **3.** *(Erntemaschine, nur m)* reaper.

Mahl [ma:l] ‹-(e)s, -e/(¨-er)› *n* meal.

mah·len ['ma:lən] **I** *tr (Korn)* grind; **II** *itr* **1.** *mot (Getrieberäder)* grind; **2.** *mot (Räder im Schlamm)* spin.

Mahl·zeit *f* meal; ▶ **na dann prost ~!** *fig fam iro* that's just great!

Mahn·brief *m* reminder.

Mäh·ne ['mɛ:nə] ‹-, -n› *f* mane.

mah·nen ['ma:nən] *tr* **1.** *(er~)* admonish (*wegen* on account of); **2.** *com (wegen Schulden)* demand payment from; *(schriftlich ~)* send a reminder (*jdn* to s.o.).

Mahn·mal ‹-(e)s, -e/ (¨-er)› *n* memorial.

Mah·nung *f* **1.** *com (Mahnbrief)* reminder; **2.** *(Er~)* admonition.

Mahn·ver·fah·ren *n:* ▶ **ein ~ einlei·ten gegen ...** institute collection proceedings *pl* against ...; **Mahn·wa·che** *f pol* picket.

Mai [maɪ] ‹-(e)s/-, -e› *m* May; ▶ **der Erste ~** May Day; **Mai·fei·er** *f pol* May-Day celebrations *pl;* **Mai·glöck·chen** *n bot* lily of the valley; **Mai·kä·fer** *m* cockchafer.

Mai·land ['maɪlant] *n* Milan.

Mail·box ['meɪlbɔks] ‹-, -en› *f EDV* mailbox.

Mais [maɪs] ‹-es, (-e)› *m bot Br* maize, *Am* corn; **Mais·kol·ben** *m* corn cob.

Ma·je·stät [majɛs'tɛ:t] *f* majesty; ▶ **S-e ~** His Majesty; **ma·je·stä·tisch** *adj* majestic.

Ma·jor(in) [ma'jo:ɐ] ‹-s, -e› *m (f) mil* major.

Ma·jo·ran ['ma:joran] ‹-s, -e› *m* marjoram.

Ma·jo·ri·tät [majori'tɛ:t] *f* majority; ▶ **die ~ haben** have a majority.

ma·ka·ber [ma'ka:bɐ] *adj* macabre.

Make-up ['me:k'ap] *n* make-up.

Ma·kel ['ma:kəl] ‹-s, -› *m* **1.** *com (Defekt)* fault; **2.** *fig (Fehler)* blemish; **ma·kel·los** *adj* **1.** *(Haus, Zimmer)* spotless; **2.** *(Ware)* faultless; ▶ **~er Ruf** impeccable reputation; **~es Benehmen** immaculate behaviour.

mä·keln ['mɛ:kəln] *itr* carp, cavil (*an* at).

Mak·ka·ro·ni [maka'ro:ni] *pl* macaroni *sing.*

Mak·ler(in) ['ma:klɐ] ‹-s, -› *m (f)* **1.** *(Wohnungs~) Br* estate agent, *Am* real estate agent; **2.** *(Börsen~)* broker; **Mak·ler·ge·bühr** *f* brokerage, broker's commission.

Ma·kre·le [ma'kre:lə] ‹-, -n› *f zoo* mackerel.

Ma·kro·kli·ma *n* macro climate.

Ma·kro·ne [ma'kro:nə] ‹-, -n› *f* macaroon.

Ma·ku·la·tur [makula'tu:ɐ] ‹-, -en› *f* wastepaper.

mal *adv fam (einmal):* ▶ **besuch mich doch ~!** come and see me sometime! **sieh ~ her!** now look here! **laß ihn ~ machen!** just let him try! **komm ~ her!** can you come here for a moment! **geh ~ hin, er wird dir sicher helfen** go ahead and see him, I'm sure he'll help you; **sag ~, ist das wahr?** tell me is that true? **ich bin nun ~ so** that's the way I am.

Mal[1] ‹-(e)s, -e› *n (zeitlich):* ▶ **ein einziges ~** once; **das vorige ~** the time before; **das letzte ~** last time; **beim ersten ~** the first time; **mit e-m ~** all at once; **ein für alle ~** once and for all.

Mal[2] [ma:l, *pl* 'mɛ:lɐ] ‹-(e)s, -e/¨-er› *n* **1.** *(Zeichen)* mark; **2.** *(Mahn~)* memorial.

ma·lai·isch [ma'laɪɪʃ] *adj* Malayan.

Ma·la·ria [ma'la:ria] ‹-› *f med* malaria.

Ma·lay·sia [ma'laɪzia] *n* Malaysia.

Mal·buch *n* colouring book.

malen ['ma:lən] *itr (mit Farbe)* paint; *(zeichnen)* draw; ▶ **sich ~ lassen** have one's portrait painted.

Ma·ler(in) *m (f)* painter; **Ma·le·rei** *f* **1.** *(Kunst)* painting; **2.** *(Gemälde)* picture.

ma·le·risch *adj* picturesque.

Mal·heur [ma'lø:ɐ] ‹-s, -s/-e› *n* mishap; ▶ **das ist doch kein ~!** that's not serious!

Mal·ka·sten *m* paintbox.

ma·lo·chen [ma'lo:xən] ‹ohne ge-› *itr sl* drudge, slave.

Ma·lo·cher(in) ‹-s, -› *m (f) sl* grafter.

Mal·stift *m* crayon.

Mal·ta ['malta] *n* Malta.

Mal·ve ['malvə] ‹-, -n› *f bot* hollyhock, mallow.

Malz [malts] ‹-es› *n* malt; **Malz·bier** *n* malt beer; **Malz·bon·bon** *n* malt lozenge; **Malz·kaf·fee** *m* malt coffee.

Ma·ma ['mama] ‹-, -s› *f fam Br* mum(my), *Am* mom; **Ma·ma·söhn·chen** ['mamazø:nçən] *n fam pej* mummy's darling.

Mam·mo·gra·phie [mamogra'fi:] *f med* mammography.

Mam·mon ['mamɔn] ‹-s› *m:* ▶ **der schnöde ~** filthy lucre.

Mam·mut ['mamʊt] ‹-s, -e/-s› *n zoo hist* mammoth; **Mam·mut·baum** *m bot* gi-

ant redwood.
mamp·fen ['mam(p)fən] *itr fam* chomp.
man [man] *prn* one; ▶ ~ **hat mir gesagt** I was told; ~ **kann nie wissen** you never can tell; **das tut ~ nicht** that's not done; ~ **munkelt schon lange davon** it's been rumoured for some time.
Ma·na·ger·krank·heit ['mɛnɪdʒɐ-] *f* stress disease.
manche(r, s) ['mançə] *prn f (m, n)* many a; ▶ **manch einer** many a person; **manche Leute** quite a few people; **manch anderer** many another.
man·cher·lei *adj* various; ▶ ~ **Dinge** a number of things.
man·ches *adj (vieles)* a good many things; ▶ **in manchem hat sie ja recht** she's right about a lot of things.
manch·mal *adv* sometimes.
Man·dant(in) [man'dant] ‹-en, -en› *m (f) jur* client.
Man·da·ri·ne [manda'ri:nə] ‹-, -n› *f bot* mandarin, tangerine.
Man·dat [man'da:t] ‹-(e)s, -e› *n* **1.** *pol (Auftrag)* mandate; **2.** *jur (Anwalts~)* brief; **3.** *parl (Parlamentssitz)* seat; ▶ **sein ~ niederlegen** *parl* resign one's seat; **Man·dats·trä·ger(in)** *m (f)* mandate holder.
Man·del ['mandəl] ‹-, -n› *f* **1.** *bot (Frucht)* almond; **2.** *anat (Drüse)* tonsil; ▶ **gebrannte ~n** sugared almonds; **Man·del·baum** *m bot* almond tree; **Man·del·ent·zün·dung** *f med* tonsillitis; **man·del·för·mig** *adj* almond-shaped; **Man·del·kleie** *f* almond meal.
Man·do·li·ne [mando'li:nə] ‹-, -n› *f mus* mandolin.
Man·dschu·rei [mantʃu'raɪ] *f* Manchuria.
Ma·ne·ge [ma'ne:ʒə] ‹-, -n› *f* arena, ring.
Man·gan [maŋ'ga:n] ‹-s› *n chem* manganese.
Mangel[1] ['maŋəl] ‹-, -n› *f* mangle; *(Heiß~)* rotary iron; ▶ **jdn durch die ~ drehen** *fig fam* put s.o. through the mill; **jdn in die ~ nehmen** *fig fam* give s.o. a grilling.
Mangel[2] ['maŋəl, *pl* 'mɛŋəl] ‹-s, ¨-› *m* **1.** *(Fehlen)* lack; *(Knappheit)* shortage (*an* of); **2.** *(Fehler)* fault; *tech* defect; ▶ ~ **an Arbeitskräften** shortage of staff; **aus ~ an ...** for want of ...; **Man·gel·er·schei·nung** *f med* deficiency symptom.
man·gel·haft *adj (Schulnote)* unsatisfactory; *(unzureichend)* insufficient; *(fehlerhaft)* defective, faulty.
Man·gel·krank·heit *f med* deficiency disease.
man·geln[1] ['maŋəln] *tr (Wäsche)* press.
man·geln[2] *itr (fehlen, unzureichend vorhanden sein)* want; ▶ **es mangelt an etw** there is lack of s.th.; **es mangelt ihr an nichts** she lacks for nothing.
man·gels ['maŋəls] *prp* for lack of ...
Man·gel·wa·re *f* scarce commodity; ▶ ~ **sein** *fig* be a rare thing.
Man·go ['maŋgo ‹-, -s *pl* **-nen**› *f bot* mango.
Ma·nie [ma'ni:] *f* mania.
Ma·nier [ma'ni:ɐ] ‹-, -en› *f* manner; ▶ **höfliche ~en** *pl* (good) manners.
ma·nier·lich *adj (Kind)* well-mannered; *(Aussehen etc)* respectable; ▶ **sich ~ benehmen** behave properly.
Ma·ni·fest [mani'fɛst] ‹-es, -e› *n* manifesto.
Ma·ni·kü·re [mani'ky:rə] ‹-, -n› *f* **1.** *(Hand- u. Nagelpflege)* manicure; **2.** *(Person)* manicurist.
ma·ni·kü·ren ‹ohne ge-› *tr* manicure.
Ma·ni·pu·la·tion *f* manipulation; *(Trick)* manoeuvre, (*Am* manoeuver).
ma·ni·pu·lie·ren [manipu'li:rən] *tr* manipulate.
ma·nisch ['ma:nɪʃ] *adj* manic; **ma·nisch-de·pres·siv** *adj med* manic-depressive.
Man·ko ['maŋko] ‹-s, -s› *n* **1.** *fig (Fehler)* shortcoming; **2.** *com (Fehlbetrag)* deficit.
Mann [man, *pl* 'mɛnɐ] ‹-(e)s, ¨-er› *m* **1.** *allg* man; **2.** *(Gatte)* husband; ▶ **etw an den ~ bringen** get rid of s.th.; **s-n ~ stehen** hold one's own; **pro ~** per head; **~, o ~!** oh boy! **den starken ~ markieren** *fam* act big.
Männ·chen ['mɛnçən] ‹-s, -› *n* **1.** *(kleiner Mann)* mannikin; **2.** *zoo (Tier~)* male; *(Vogel~)* cock; ▶ ~ **machen** sit up and beg.
Man·ne·quin [manə'kɛ̃:] ‹-s, -s› *n* fashion model.
Män·ner·be·ruf *m* male profession; **Män·ner·ge·sell·schaft** *f* male dominated society.
Man·nes·al·ter *n:* ▶ **im besten ~ sein** be in one's prime.
man·nig·fach ['manɪçfax] *adj* manifold.
man·nig·fal·tig *adj* diverse.
männ·lich ['mɛnlɪç] *adj* **1.** *biol* male; **2.** *gram* masculine; **3.** *fig (mannhaft)* manly; **Männ·lich·keit** *f* **1.** *fig (Mannhaftigkeit)* manliness; **2.** *euph (männliche Geschlechtsteile)* manhood.
Mann·schaft *f sport* team; *aero mar* crew; **Mann·schafts·füh·rer(in)** *m (f) sport* captain; **Mann·schafts·wa·gen** *m (Polizei)* police van; *mil* troop carrier.
manns·hoch ['-'-] *adj* as high as a man.
manns·toll *adj fam* man-mad.
Ma·no·me·ter [mano'me:tɐ] ‹-s, -› *n tech* pressure *Br* gauge (*Am* gage); ▶ **~!** *fig fam interj* boy oh boy!
Ma·nö·ver [ma'nø:vɐ] ‹-s, -› *n* **1.** *mil Br* manoeuvre, *Am* maneuver; **2.** *(List)* trick; ▶ **ins ~ gehen** *mil* go on *Br* manoeuvres (*Am* maneuvers) *pl.*

ma·nö·vrie·ren [manø'vri:rən] *tr Br* manoeuvre, *Am* maneuver.
ma·nö·vrier·un·fä·hig *adj* disabled.
Man·sar·de [man'zardə] ‹-, -n› *f* garret; *(Boden)* attic; **Man·sar·den·woh·nung** *f* attic flat.
Man·schet·te [man'ʃɛtə] ‹-, -n› *f* **1.** *(an Hemd)* cuff; **2.** *tech (Dichtungs~)* sleeve; ▶ **~n haben** *fig fam* be in a funk; **Man·schet·ten·knopf** *m* cuff-link.
Man·tel ['mantəl, *pl* 'mɛntəl] ‹-s, ¨› *m* **1.** *(Kleidungsstück)* coat; **2.** *tech (Rohr~)* jacket; **3.** *(Reifen~)* casing; ▶ **den ~ nach dem Wind hängen** *fig* set one's sails to the wind; **Man·tel·auf·schlag** *m* lapel.
Man·tel·ta·rif·ver·trag *m general agreement concerning conditions of employment.*
ma·nu·ell [manu'ɛl] *adj* manual.
Ma·nu·skript [manʊ'skrɪpt] ‹-(e)s, -e› *n* manuscript.
Map·pe ['mapə] ‹-, -n› *f* **1.** *(Aktentasche)* brief-case; **2.** *(Hefter)* folder; **3.** *(Feder~)* pencil case.
Ma·ra·cu·ja [mara'kd̯uja] ‹-, -s› *bot* maracuja.
Ma·ra·thon ['maratɔn] ‹-s, -s› *m* marathon; **Ma·ra·thon·lauf** *m sport* marathon race.
Mär·chen ['mɛ:ɐçən] ‹-s, -› *n* **1.** fairytale; **2.** *fig fam* tall story; **Mär·chen·buch** *n* book of fairytales; **mär·chen·haft** *adj* **1.** *(in der Art e-s Märchens) attr* fairytale; *pred* like a fairytale; **2.** *fig (phantastisch)* fabulous; **Mär·chen·land** *n* fairyland; **Mär·chen·prinz** *m fig* Prince Charming.
Mar·der ['mardɐ] ‹-s, -› *m zoo* marten.
Mar·ga·ri·ne [marga'ri:nə] ‹-› *f* margarine.
Mar·ge·ri·te [margə'ri:tə] ‹-, -n› *f bot* marguerite.
Ma·ria [ma'ri:a] *f* Mary.
Ma·rien·kä·fer *m zoo* ladybird.
Ma·ri·hu·ana [marihu'a:na] ‹-(s)› *n* marijuana; **Ma·ri·hu·ana·zi·ga·ret·te** *f* joint, reefer.
Ma·ri·ne [ma'ri:nə] ‹-, -n› *f* navy; **Ma·ri·ne·flie·ger** *m* naval pilot; **Ma·ri·ne·in·fan·te·rie** *f* marines *pl;* **Ma·ri·ne·of·fi·zier** *m* naval officer; **Ma·ri·ne·stütz·punkt** *f* naval base.
ma·ri·nie·ren *tr* marinate; ▶ **marinierter Hering** pickled herring.
Ma·rio·net·te [mario'nɛtə] ‹-, -n› *f* **1.** *(Holzpuppe)* marionette; **2.** *fig* puppet; **Ma·rio·net·ten·the·ater** *n* puppet *Br* theatre (*Am* theater).
Mark[1] [mark] ‹-(e)s› *n anat* marrow; ▶ **das geht mir durch ~ u. Bein** that goes right through me.
Mark[2] ‹-, (¨er)› *f (Währung)* mark; ▶ **mit jeder ~ rechnen müssen** have to count every penny.
mar·kant [mar'kant] *adj (ausgeprägt)* clear-cut; *(auffallend)* striking.
Mar·ke ['markə] ‹-, -n› *f* **1.** *mot (Auto~)* make; **2.** *com (Warensorte)* brand; **3.** *(Brief~)* stamp; *(Rabatt~)* trading-stamp; *(Essens~)* ticket; **Mar·ken·ar·ti·kel** *m* proprietary article; **Mar·ken·but·ter** *f* best quality butter; **Mar·ken·na·me** *m* brand name; **Mar·ken·zei·chen** *n* **1.** *(Warenzeichen)* trademark; **2.** *mot (Firmenzeichen)* badge.
mar·kie·ren [mar'ki:rən] *tr* **1.** *(mit Markierung versehen)* mark; **2.** *fig fam (simulieren)* play; ▶ **den Dummen ~** play the fool; **er markiert doch nur** he's only acting; **komm, markier' nicht!** stop putting it on! **Mar·kier·stift** *m* highlighter; **Mar·kie·rung** *f* **1.** *(das Markieren)* marking; **2.** *(Zeichen)* mark.
mar·kig *adj* **1.** *(kernig)* pithy; **2.** *(bombastisch)* bombastic.
Mar·ki·se [mar'ki:zə] ‹-, -n› *f* blind.
Mark·kno·chen *m* marrowbone.
Mark·stein *m* **1.** *(Grenzstein)* boundary-stone; **2.** *fig* milestone.
Mark·stück *n* one-mark piece.
Markt [markt, *pl* 'mɛrktə] ‹-(e)s, ¨e› *m* **1.** *(~handel)* market; **2.** *(~platz)* marketplace; ▶ **auf dem ~** at the market; **auf den ~ gehen** go to the market; **auf dem ~ sein** *com* be on the market; **auf den ~ kommen** *com* come on the market; **auf den ~ bringen** *com* put on the market; **wann ist wieder ~?** when is the next market?
Markt·ana·ly·se *f markt* market investigation; **Markt·an·teil** *m com* share of the market; **Markt·bu·de** *f* stall; **Markt·for·schung** *f* market research; **Markt·füh·rer** *m com* market leader; **Markt·hal·le** *f* covered market; **Markt·la·ge** *f* state of the market; **Markt·lücke (k·k)** *f com* gap in the market, opening; ▶ **in e-e ~ stoßen** fill a gap in the market; **Markt·platz** *m* marketplace; **Markt·preis** *m* market price, market rate; **markt·reif** *adj com (Produkt)* ready for the market; **Markt·sät·ti·gung** *f markt* market saturation; **Markt·wert** *m* market value; **Markt·wirt·schaft** *f* market economy; ▶ **freie ~** free-market economy; **markt·wirt·schaft·lich** *adj* free-enterprise.
Mar·me·la·de [marmə'la:də] ‹-, -n› *f* jam.
Mar·mor ['marmɔr] ‹-s, -e› *m* marble; **mar·mo·rie·ren** *tr* marble; **Mar·mor·ku·chen** *m* marble cake; **mar·morn** ['marmɔrn] *adj* marble; **Mar·mor·säu·le** *f* marble column.
Ma·rok·ka·ner(in) [marɔ'ka:nɐ] *m (f)* Moroccan; **ma·rok·ka·nisch** *adj* Moroccan; **Ma·rok·ko** [ma'rɔko] *n* Mo-

rocco.

Ma·ro·ne[1] [ma'ro:nə] ‹-, -n› *f bot (Eßkastanie)* sweet (*od* edible) chestnut.

Ma·ro·ne[2] *f bot (Pilz)* chestnut boletus.

Ma·rot·te [ma'rɔtə] ‹-, -n› *f* quirk.

Mars[1] [mars] ‹-› *m astr* Mars.

Mars[2] *n mar (Segel)* top.

marsch *interj* ~! march!

Marsch[1] [marʃ, *pl* 'mɛrʃə] ‹-(e)s, ⸚e› *m mus mil* march; ▶ **jdm den ~ blasen** *fig* give s.o. a piece of one's mind; **sich in ~ setzen** move off.

Marsch[2] ‹-, -en› *f (Landschaft)* fen, marsh.

Mar·schall ['marʃal, *pl* 'marʃɛlə] ‹-s, ⸚e› *m mil* marshal.

Marsch·be·fehl *m mil* marching orders *pl;* **Marsch·flug·kör·per** *m mil* cruise missile; **Marsch·ge·päck** *n* pack.

mar·schie·ren *itr* march.

Marsch·ko·lon·ne *f* column; **Marsch·kom·paß** *m* compass; **Marsch·mu·sik** *f* military marches *pl;* **Marsch·rich·tung** *f* **1.** *(Richtung des Marsches)* route of march; **2.** *fig* line of approach; **Marsch·ver·pfle·gung** *f* rations *pl.*

Mars·mensch *m* Martian.

Mar·ter ['martɐ] ‹-, -n› *f* torture; **mar·tern** *tr* torment, torture; **Mar·ter·pfahl** *m* stake; **Mar·ter·werk·zeug** *n* instrument of torture.

Mär·ty·rer(in) [mɛr'ty:rɐ] ‹-s, -› *m (f) a. fig* martyr; ▶ **jdn zum ~ machen** *fig* make a martyr of s.o.; **sich als ~ aufspielen** make a martyr of o.s.

Mar·xis·mus [mar'ksɪsmʊs] *m pol* Marxism; **Mar·xist(in)** *m (f) pol* Marxist; **mar·xi·stisch** *adj pol* Marxist.

März [mɛrts] ‹-es/*poet* -en, -e› *m* March; ▶ **Anfang (Mitte, Ende) ~** at the beginning (in the middle, at the end) of March.

Mar·zi·pan [martsi'pa:n] ‹-s, -e› *n* marzipan.

Ma·sche ['maʃə] ‹-, -n› *f* **1.** *(Strick~)* stitch; **2.** *(Netzschlinge)* hole, mesh; **3.** *fig fam (Trick)* trick; ▶ **immer die alte ~!** the same old trick! **jdm durch die ~n gehen** slip through someone's fingers; **das ist die große ~!** it's all the fad!

Ma·schen·draht *m* wire netting; **Ma·schen·wei·te** *f* mesh size.

Ma·schi·ne [ma'ʃi:nə] ‹-, -n› *f* **1.** *tech* machine; **2.** *mot* engine; **3.** *aero (Flugzeug)* plane; ▶ **etw mit der ~ schreiben** type s.th.

ma·schi·nell *adj* mechanical.

Ma·schi·nen·bau *m* mechanical engineering; **Ma·schi·nen·bau·in·ge·nieur(in)** *m (f)* mechanical engineer; **Ma·schi·nen·code** *m* machine code; **Ma·schi·nen·fa·brik** *f* engineering works *pl;* **Ma·schi·nen·ge·wehr** *n mil* machine gun; **ma·schi·nen·les·bar** *adj EDV (Ausweis etc)* machine readable; **Ma·schi·nen·les·bar·keit** *f* machine readability; **Ma·schi·nen·öl** *n* lubricating oil; **Ma·schi·nen·park** *m* plant; **Ma·schi·nen·pi·sto·le** *f mil* submachine gun; **Ma·schi·nen·raum** *m* **1.** *mar* engine-room; **2.** *(in Werk)* plant room; **Ma·schi·nen·scha·den** *m* mechanical fault; **Ma·schi·nen·schlos·ser(in)** *m (f)* engine fitter; **Ma·schi·nen·schrift** *f* typescript.

Ma·schi·ne·rie [maʃinə'ri:] *f a. fig* machinery.

Ma·schi·nist(in) *m (f)* engineer.

Ma·ser ['ma:zɐ] ‹-, -n› *f (in Holz)* grain, vein.

Ma·sern ['ma:zɐn] *pl med* measles.

Ma·se·rung *f* grain.

Mas·ke ['maskə] ‹-, -n› *f* **1.** *(Gesichts~) a. EDV* mask; **2.** *theat* make-up; ▶ **sie ließ ihre ~ fallen** *fig* she slipped her mask; **das ist nur ~** *fig* that's all just *Br* pretence (*Am* pretense); **jdm die ~ vom Gesicht reißen** *fig* unmask s.o.; **Mas·ken·ball** *m* masked ball; **Mas·ken·bild·ner(in)** *m (f)* make-up artist; **Mas·ke·ra·de** [maskə'ra:də] ‹-, -n› *f (Verkleidung)* costume.

mas·kie·ren I *tr* disguise; **II** *refl* disguise o.s.

Maß[1] [ma:s] ‹-es, -e› *n* **1.** *(~einheit)* measure (*für* of); **2.** *(~band)* tape measure; **3.** *(gemessene Größe)* measurement; **4.** *(Aus~)* degree, extent; ▶ **das ~ ist voll!** that's going too far! **ein gewisses ~ an ...** a certain degree of ...; **in höchstem ~e** extremely; **in ~en** in moderation.

Maß[2] ‹-, -(e)› *f (Biermaß: Liter) Br* litre (*Am* liter) of beer.

Mas·sa·ge [ma'sa:ʒə] ‹-, -n› *f* massage; ▶ **~n bekommen** get massage treatment; **Mas·sa·ge·sa·lon** *m* massage parlour.

Maß·ar·beit *f fig* neat piece of work.

Mas·se ['masə] ‹-, -n› *f* **1.** *(ungeformter Stoff)* mass; **2.** *(Menge)* lots (*od* heaps) of; **3.** *(bei Speisenzubereitung)* mixture; **4.** *(Menschenmenge)* crowd; **5.** *el* mass; ▶ **die breite ~** *(von Menschen)* the masses *pl;* **e-e ganze ~ von ...** a great deal of ...; **Mas·se·ka·bel** *n el* ground cable.

Mas·sen·an·drang *m* crush; ▶ **es herrschte ~** there was a terrible crush; **Mas·sen·ar·beits·lo·sig·keit** *f* mass unemployment; **Mas·sen·ar·ti·kel** *m* mass-produced article; **Mas·sen·ent·las·sung** *f* mass redundancy; **Mas·sen·grab** *n* mass grave; **Mas·sen·gü·ter** *n pl* bulk goods.

mas·sen·haft I *adj* on a massive scale; **II** *adv fam (sehr viel)* masses of ...

Mas·sen·ka·ram·bo·la·ge *f mot* pile-up; **Mas·sen·me·dien** *n pl* mass media *pl;* **Mas·sen·mensch** *m* mass man; **Mas·sen·mord** *m* mass murder; **Mas·sen·pro·duk·tion** *f* mass production; **Mas·sen·ster·ben** *n* mass of deaths; **Mas·sen·tier·hal·tung** *f* intensive livestock farming; **Mas·sen·ver·nich·tungs·waf·fe** *f* weapon of mass destruction.

Mas·seur(in) [ma'søːɐ] ‹-s, -e› *m (f)* masseur (masseuse).

Mas·seu·se [ma'søːzə] ‹-, -n› *f obs (Masseurin), euph (Prostituierte)* masseuse.

maß·ge·bend (maß·geb·lich) *adj* authoritative; ► **deine Meinung ist für mich nicht ~** I won't accept your opinion as authoritative; **das ist ein ~es Buch über Archäologie** this is a definitive book on archeology.

maß|hal·ten *irr itr* be moderate.

mas·sie·ren[1] *tr* massage.

mas·sie·ren[2] *tr mil (Truppen)* mass.

mas·sig I *adj* massive; **II** *adv fam* ► **~ viel** stacks of ...

mä·ßig ['mɛːsɪç] *adj* **1.** *(gemäßigt)* moderate, temperate; **2.** *(mittel~)* indifferent; **3.** *(gering)* moderate; **mä·ßi·gen** ['mɛːsɪgən] **I** *tr (mindern)* moderate; **II** *refl* restrain o.s.; **Mä·ßig·keit** *f* **1.** *(das Maßhalten)* moderation; **2.** *(Mittel~)* mediocrity; **Mä·ßi·gung** *f* moderation, restraint.

Mas·siv [ma'siːf] ‹-s, -e› *n* massif.

mas·siv *adj* **1.** *(fest, stabil)* solid; **2.** *fig (grob)* gross.

Maß·klei·dung *f Br* made-to-measure clothing, *Am* custom clothing.

Maß·krug *m Br* litre (*Am* liter) beer mug.

maß·los I *adj* **1.** *(unmäßig)* immoderate; **2.** *(gewaltig)* extreme; ► **~e Übertreibung** extreme exaggeration; **II** *adv (äußerst)* extremely; **Maß·lo·sig·keit** *f* lack of moderation.

Maß·nah·me ‹-, -n› *f* measure; ► **~n ergreifen, um etw zu tun** take measures to do s.th.; **nicht vor ~n zurückschrecken** not shrink from taking action.

Maß·re·gel *f* rule; **maß·re·geln** ['---] *tr* **1.** *(Strafe verhängen)* discipline; **2.** *(tadeln)* reprimand; ► **er wurde für s-e unfreundlichen Worte gemaßregelt** he was rebuked for having spoken unkindly.

maß|schnei·dern *tr* make to measure.

Maß·stab *m* **1.** *fig (Richtlinie)* standard; **2.** *(Zollstock)* rule; **3.** *(maßstäbliches Verhältnis)* scale; ► **hier ist e-e Karte mit kleinem ~** this is a small-scale map; **das ist für mich kein ~** I don't take that as my yardstick; **⁓̈e setzen** set a good standard *sing.*

maß·voll *adj* moderate.

Mast[1] [mast] ‹-(e)s, -en/(-e)› *m* **1.** *el (Strom~)* pylon; **2.** *mar (a. Antennen~)* mast.

Mast[2] ‹-, -en› *f (das Mästen)* fattening.

Mast·baum *m mar* mast.

Mast·darm *m anat* rectum.

mä·sten ['mɛstən] **I** *tr* fatten; **II** *refl hum* stuff o.s.

Mast·schwein *n* fattened pig.

ma·stur·bie·ren [mastʊr'biːrən] *tr itr* masturbate.

Match [metʃ] ‹-es› *n sport* match; **Match·ball** *m sport (beim Tennis)* match point.

Ma·te·ri·al [materi'aːl] ‹-s, -ien› *n* **1.** *(Stoff, Substanz)* material; **2.** *(Gerätschaften)* materials *pl;* **Ma·te·ri·al·feh·ler** *m* material defect.

ma·te·ria·li·sie·ren *refl* materialize.

Ma·te·ria·lis·mus *m a. philos* materialism; **Ma·te·ria·list(in)** *m (f) a. philos* materialist; **ma·te·ria·li·stisch** *adj a. philos* materialistic.

Ma·te·ri·al·ko·sten *pl* cost *sing* of materials.

Ma·te·rie [ma'teːriə] ‹-, -n› *f* **1.** matter; **2.** *(Gegenstand, Thema)* subject-matter; ► **die ~ beherrschen** know one's stuff.

ma·te·ri·ell *adj* **1.** *(die Materie betreffend, a. fig: gewinnsüchtig)* material; **2.** *(geldlich)* financial.

Ma·the·ma·tik [matema'tiːk] *f* mathematics; **Ma·the·ma·ti·ker(in)** *m (f)* mathematician; **ma·the·ma·tisch** *adj* mathematical.

Mat·jes·he·ring ['matjəsheːrɪŋ] *m* young herring.

Ma·trat·ze [ma'tratsə] ‹-, -n› *f* mattress; ► **an der ~ horchen** *hum fam (ein Nickerchen machen)* turn in.

Mä·tres·se [mɛ'trɛsə] ‹-, -n› *f hist* mistress.

Ma·tri·kel [ma'triːkəl] ‹-, -n› *f (Universitäts~)* matriculation register; **Ma·tri·kel·num·mer** *f* registration number.

Ma·trix·drucker (k·k) *m EDV* dot-matrix printer.

Ma·tri·ze [ma'triːtsə] ‹-, -n› *f (Schablone)* stencil; ► **etw auf ~ schreiben** stencil s.th.

Ma·tro·ne [ma'troːnə] ‹-, -n› *f* matron; **ma·tro·nen·haft** *adj* matronly.

Ma·tro·se [ma'troːzə] ‹-n, -n› *m mar* **1.** *(Seemann)* sailor; **2.** *(Dienstgrad)* rating.

Matsch [matʃ] ‹-(e)s› *m (breiweiche Masse)* mush; *(Schlamm)* mud; *(Schnee~)* slush.

mat·schig *adj (breiig)* mushy; *(schlammig)* muddy; *(Schnee)* slushy.

matt [mat] *adj* **1.** *(glanzlos)* dull; **2.** *(schwach)* weak; **3.** *(beim Schach)* mate; ► **~es Papier** mat paper; **~e Glühbirne** opal bulb; **jdn ~ setzen** *a. fig* checkmate s.o.

Mat·te ['matə] ‹-, -n› *f (Decke)* mat; ► **jdn auf die ~ legen** *sport* floor s.o;

auf der ~ stehen *fam* be there and ready for action.

Matt·glanz *m* dull finish; **Matt·glas** ‹-es› *n* frosted (*od* ground) glass; **Matt·lack** *m* mat varnish; **Matt·schei·be** *f fam TV* screen, *Br* telly, *Am* tube; ▶ **er hat ~** *fig fam* he's soft in the head.

Mätz·chen ['mɛtsçən] *n pl:* ▶ **mach keine ~!** don't try anything funny!

mau *adj fam* poor, bad; *(Geschäft)* slack; ▶ **mir ist ~** I feel poorly.

Mau·er ['maʊɐ] ‹-, -n› *f* wall.

mau·ern I *tr* build; lay bricks; **II** *itr (beim Kartenspiel)* hold back.

Mau·er·seg·ler *f orn* swift; **Mau·er·vor·sprung** *m* projection on the wall; **Mau·er·werk** *n* masonry, stonework.

Maul [maʊl, *pl* 'mɔɪlɐ] ‹-(e)s, ⸚er› *n* mouth; *(Tierrachen)* jaws *pl;* ▶ **halt's ~!** *vulg* shut your gob! **jdm das ~ stopfen** *(derb)* muzzle s.o., shut s.o. up; **ein großes ~ haben** *(derb)* be a big-mouth; **nimm das ~ nicht so voll!** *(derb)* don't be too cocksure!

Maul·beer·baum *m bot* mulberry.

mau·len ['maʊlen] *itr* moan.

Maul·esel *m zoo* mule.

maul·faul *adj fam:* ▶ **sei nicht so ~!** haven't you got a tongue in your head?

Maul·korb *m a. fig* muzzle.

Maul·ta·schen *f pl* pasta squares.

Maul·tier *n zoo* mule; **Maul- und Klau·en·seu·che** *f* foot-and-mouth disease; **Maul·wurf** *m zoo* mole; **Maul·wurfs·hau·fen** *m* molehill.

Mau·rer(in) ['maʊrɐ] ‹-s, -› *m (f)* bricklayer; **Mau·rer·kel·le** *f* trowel; **Mau·rer·ko·lon·ne** *f* bricklaying gang; **Mau·rer·mei·ster(in)** *m (f)* master builder.

Maus [maʊs, *pl* 'mɔɪzə] ‹-, ⸚e› *f zoo a. EDV* mouse (*pl* mice); **⸚e** *sl (Geld)* dough *sing;* ▶ **weiße ⸚e sehen** *fig* see pink elephants.

Mäu·se·bus·sard *m orn* buzzard.

Mau·se·fal·le *f* **1.** mousetrap; **2.** *fig* deathtrap; **Mau·se·loch** *n* mouse-hole.

Mau·ser ['maʊzɐ] ‹-› *f orn* moult; ▶ **in der ~ sein** be moulting; **mau·sern** *refl* **1.** *orn* moult; **2.** *fig* blossom out.

mau·se·tot *adj fam* stone dead.

Maus·steue·rung *f EDV* mouse control.

Maut·stel·le *f* toll gate (*od* barrier); **Maut·stra·ße** ['maʊt-] *f* toll-road.

ma·xi·mal [maksi'ma:l] **I** *adj* maximum; **II** *adv* at most.

Ma·xi·me [ma'ksi:mə] ‹-, -n› *f* maxim.

Ma·xi·mum ['maksimʊm] ‹-s, -ma› *n* maximum.

Ma·xi·rock *m* maxi-skirt.

Ma·yon·nai·se [majɔ'nɛ:zə] ‹-, -n› *f* mayonnaise.

Ma·ze·do·nien [matse'do:niən] *n* Macedonia.

Mä·zen [mɛ'tse:n] ‹-s, -e› *m* patron.

Me·cha·nik [me'ça:nɪk] *f* mechanics *pl;* **Me·cha·ni·ker(in)** *m (f)* mechanic; **me·cha·nisch** *adj* mechanical.

me·cha·ni·sie·ren *tr* mechanize; **Me·cha·ni·sie·rung** *f* mechanization; **Me·cha·ni·sie·rungs·pro·zeß** *m* process of mechanization.

Me·cha·nis·mus ‹-, -men› *m* mechanism.

Mecke·rei (k·k) *f* grumbling, grousing; **meckern (k·k)** ['mɛkɐn] *itr* **1.** *(Ziege)* bleat; **2.** *fig fam (Mensch: nörgeln)* bleat, grouse (*über* at).

Me·dail·le [me'daljə] ‹-, -n› *f* medal; **Me·dail·len·ge·win·ner(in)** *m (f)* medallist.

Me·dail·lon [medal'jõ:] ‹-s, -s› *n* locket.

Me·di·en ['me:diən] *pl* media; **Me·dien·for·schung** *f* media research; **Me·di·en·kon·zern** *m* media concern; **Me·di·en·land·schaft** *f* ‹-› *fig* media landscape; **Me·di·en·rum·mel** *m* media excitement; **Me·di·en·ver·bund** *m* **1.** *päd* multimedia system; **2.** *com* media syndicate; **me·di·en·wirk·sam** *adj (Person)* mediagenic.

Me·di·ka·ment [medika'mɛnt] ‹-(e)s, -e› *n* medicine; **Me·di·ka·men·ten·sucht** *f* ‹-› drug dependency; **me·di·ka·men·tös** *adj* medicinal.

Me·di·ta·tion *f* meditation.

me·di·tie·ren [medi'ti:rən] *itr* meditate; ▶ **über etw ~** ponder over s.th.

Me·di·zin [medi'tsi:n] ‹-, -en› *f* **1.** *(Arznei)* medicine; **2.** *(Wissenschaft)* medicine.

Me·di·zi·nal·as·si·stent(in) *m (f) Br* houseman, *Am* intern.

Me·di·zin·ball *m* medicine ball.

Me·di·zi·ner(in) *m (f)* **1.** *(Arzt)* doctor; **2.** *(Medizinstudent)* medic.

me·di·zi·nisch *adj:* ▶ **jdn ~ behandeln** give s.o. medical treatment; **~e Fakultät** faculty of medicine.

Me·di·zi·nisch-Tech·ni·sche(r) As·si·stent(in) *m f* (*Abk* MTA) medical assistant.

Me·di·zin·mann ‹-(e)s, ⸚er› *m* medicine man; **Me·di·zin·stu·dent(in)** *m (f)* medical student.

Meer [me:ɐ] ‹-(e)s, -e› *n* sea; ▶ **die ~e** the oceans; **e-e Stadt am ~** a town by the sea; **als ich aufs ~ hinausblickte** as I looked out to sea; **Meer·bu·sen** *m* bay, gulf; **Meer·en·ge** *f* straits *pl.*

Mee·res·al·ge *f* sea alga; **Mee·res·arm** *m* arm of the sea; **Mee·res·bio·lo·gie** *f* marine biology; **Mee·res·bo·den** *m* seabed; **Mee·res·for·schung** *f* oceanography; **Mee·res·grund** *m* bottom of the sea; **Mee·res·hö·he** *f:* (*s.* Meeresspiegel) **Mee·res·kun·de** *f* oceanography; **mee·res·kund·lich** *adj* oceanographic; **Mee·res·spie·gel**

m sea-level; ▶ **über/unter dem ~** above/below sea-level; **Mee·res·strö·mung** *f* ocean current.

Meer·kat·ze *f zoo* guenon.

Meer·ret·tich *m bot* horseradish.

Meer·schwein·chen *n zoo* guineapig.

Meer·was·ser *n* sea water; **Meer·was·ser·ent·sal·zungs·an·la·ge** *f* desalination plant.

Me·ga·byte ['megabaɪt] *EDV n* megabyte.

Me·ga·hertz ['megahɛrts] *n phys* megahertz.

Me·ga·phon [mega'fo:n] ⟨-s, -e⟩ *n* megaphone.

Mehl [me:l] ⟨-(e)s, -e⟩ *n* **1.** *(Getreide~)* flour; *(grobes)* meal; **2.** *(Pulver)* powder; ▶ **mit ~ bestreuen** flour; **meh·lig** *adj* **1.** *(mehlbestäubt)* floury; **2.** *(Früchte etc)* mealy.

Mehl·tau *m bot (Blattpilz)* mildew.

Mehr ⟨-(s)⟩ *n (Zunahme)* increase (*an* of).

mehr [me:ɐ] *prn adv* more; ▶ **ich will viel ~** I want a lot more; **immer ~** more and more; **etw ~** a little more; **viel(e) ~** much (many) more; **nicht ~ viel(e)** not much (many) more; **nichts ~** no more; **noch ~?** any more? **noch ~** even more; **~ gibt es nicht** there isn't (*od* aren't) any more; **gibt es noch ~?** is (*od* are) there any more? **reden wir nicht ~ darüber!** let's say no more about it! **~ kann man sich doch nicht wünschen** what more could one want? **zum Kindererziehen gehört ~ als nur ...** there's more to bringing up children than just ...; **um so ~** all the more; **je ~ du ihnen gibst, desto ~ verlangen sie** the more you give them, the more they want; **das beschämt mich um so ~** that makes me all the more ashamed; **er hält sich für ~** he thinks he's something more; **es ist kein Wein ~ da** there isn't any more wine; **ich bin ~ als zufrieden** I'm more than satisfied; **kein Wort ~!** not another word! **es war niemand ~ da** everyone had gone; **nicht ~ lange** not much longer.

Mehr·ar·beit *f* overtime; **Mehr·auf·wand** *m* additional expenditure; **Mehr·be·la·stung** *f* **1.** *allg* excess load; **2.** *fig* additional burden; **Mehr·be·reichs·öl** *n mot* multigrade oil; **Mehr·be·trag** *m* surplus.

mehr·deu·tig ['me:ɐdɔɪtɪç] *adj* ambiguous.

Mehr·ein·nah·me *f* additional revenue.

meh·ren ['me:rən] *tr (ver~)* augment, increase.

meh·re·re ['me:rərə] *prn adj* several.

mehr·fach ['me:ɐfax] **I** *adj* **1.** *(vielfach)* multiple; **2.** *(wiederholt)* repeated; **II** *adv (mehrere Male)* several times.

Mehr·fach·fahr·schein *m* multi-journey ticket; **Mehr·fach·stecker (k·k)** *m el* multiple adaptor; **Mehr·fach·tä·ter(in)** *m (f)* serial offender.

Mehr·fa·mi·li·en·haus *n* multiple dwelling *(gehoben);* house for several families.

mehr·far·big *adj* multicoloured.

Mehr·heit *f* majority; ▶ **in der ~ sein** be in a majority; **e-e ~ von drei Stimmen haben** be in a majority of three; **mit knapper ~** by a small majority; **Mehr·heits·be·schluß** *m* majority decision; ▶ **durch ~** by a majority of votes; **mehr·heits·fä·hig** *adj* capable of winning a majority; **Mehr·heits·wahl·recht** *n pol* majority votes system.

mehr·jäh·rig *adj* of several years; ▶ **~e ...** several years of ...

Mehr·ko·sten *pl* additional costs.

mehr·mals *adv* several times.

mehr·mo·to·rig *adj aero* multi-engined; **mehr·platz·fä·hig** *adj EDV* multistation, capable of supporting multi-user operation; **Mehr·platz·rech·ner** *m EDV* multi-user (*od* multistation) system, networked system; **Mehr·preis** *m* extra; surcharge; **mehr·sil·big** *adj* polysyllabic; **mehr·spra·chig** *adj* multilingual; **mehr·stim·mig** *adj mus* for several voices; **mehr·stün·dig** *adj:* ▶ **sie trafen mit ~er Verspätung ein** they arrived several hours late; **mehr·tä·gig** *adj:* ▶ **ein ~er Aufenthalt** a stay of several days; **Mehr·ver·brauch** *m* additional consumption; **Mehr·weg-** *(in Zss)* reusable; **Mehr·weg·fla·sche** *f* deposit bottle, returnable bottle; **Mehr·weg·ver·packung (k·k)** *f* reusable packaging; **Mehr·wert·steu·er** *f* value added tax (*Abk* VAT); **Mehr·zahl** ⟨--⟩ *f* **1.** *gram* plural; **2.** *(Mehrheit)* majority; ▶ **die ~ der Fälle** the majority of cases; **Mehr·zweck·fahr·zeug** *n* multi-purpose vehicle.

mei·den ['maɪdən] *irr tr* avoid.

Mei·le ['maɪlə] *f* mile; ▶ **e-e Fahrt von 50 ~n** a 50-mile journey; **Mei·len·stand** *m* mileage; **Mei·len·stein** *m a. fig* milestone; **mei·len·weit** *adv* miles and miles; ▶ **sie wohnen ~ weg** they live miles away; **vom Thema ~ entfernt sein** be miles off the subject.

Mei·ler ['maɪlɐ] ⟨-s, -⟩ *m* charcoal-kiln.

mein [maɪn] *prn* my; ▶ **ich habe ~e eigene Wohnung** I've got a flat of my own; **~es Wissens** as far as I know; **~e Damen u. Herren!** Ladies and Gentlemen! **e-r ~er Lieblingsausdrücke** a favourite expression of mine.

Mein·eid ['maɪnaɪt] ⟨-(e)s, -e⟩ *m jur* perjury; ▶ **e-n ~ leisten** commit perjury; **zum ~ verleiten** suborn to perjury; **mein·ei·dig** *adj jur* perjured; **~ wer-**

den perjure o.s.

mei·nen ['maınən] *tr itr* **1.** *(denken, glauben)* think; **2.** *(sagen wollen)* mean; ▶ **das habe ich nicht gemeint** I didn't intend that; **was ~ Sie?** what do you think? **~ Sie nicht auch?** don't you agree? **~ Sie?** do you think so? **das will ich ~** I should think so; **~ Sie das im Ernst?** do you really think it? **ich meine nur so ...** I was only thinking ...; **damit bin ich gemeint** that's meant for me; **so war das nicht gemeint** it wasn't meant like that; **wenn du meinst** if you like, I don't mind; **sie meint, sie sei intelligent** she thinks herself intelligent.

mei·ner ['maınɐ] *prn gen* of me.

meine(r, s) *prn f (m, n) (substantivisch)* mine; ▶ **s-e Freunde sind nicht meine** his friends are not mine; **das ist dein Schirm, u. wo ist meiner?** this is your umbrella, and where is mine?

mei·ner·seits *adv* as far as I am concerned, for my part; ▶ **ganz ~!** the pleasure's mine!

mei·nes·glei·chen ['--'--] *prn* **1.** *(mir Ebenbürtige)* my equals *pl;* **2.** *(Leute wie ich)* people *pl* like me.

mei·net·we·gen ['--'--] *adv* **1.** *(von mir aus)* for my part; **2.** *(um meinetwillen)* for my sake; ▶ **er kann ~ sofort gehen** as far as I'm concerned he can leave at once; **kann ich gehen? — ~!** may I go? — All right!

mei·ni·ge ['maınıgə] *prn:* ▶ **der (die, das) ~** mine.

Mei·nung *f* opinion; ▶ **der ~ sein, daß ...** be of the opinion that ...; **meiner ~ nach** in my opinion; **s-e ~ äußern** express an opinion; **jdn nach s-r ~ fragen** ask someone's opinion; **keine gute ~ über jdn haben** have a poor opinion of s.o.; **jdm s-e ~ sagen** give s.o. a piece of one's mind; **s-e ~ ändern** change one's opinion; **e-e vorgefaßte ~** a preconceived view.

Mei·nungs·äu·ße·rung *f* opinion; **Mei·nungs·aus·tausch** *m* exchange of views *(über* on); **Mei·nungs·bil·dung** *f* formation of opinion; **Mei·nungs·for·scher(in)** *m (f)* canvasser, pollster; **Mei·nungs·for·schung** *f* public opinion research; **Mei·nungs·um·fra·ge** *f* opinion poll, canvassing; **Mei·nungs·um·schwung** *m* swing of opinion; **Mei·nungs·ver·schie·den·heit** *f* disagreement; difference of opinion.

Mei·se ['maızə] ‹-, -n› *f orn* titmouse; ▶ **e-e ~ haben** *fig fam* be nuts.

Mei·ßel ['maısəl] ‹-s, -› *m* chisel; **mei·ßeln** *tr itr* chisel.

meist *adv* (*s.* meistens) **meist·bie·tend** *adj* highest bidding; ▶ **~ versteigern** sell to the highest bidder.

mei·sten *adv:* ▶ **am ~ 1.** *(Superlativ von* **sehr***)* most of all; **2.** *(Superlativ von* **viel***)* the most.

mei·stens *adv* mostly, most of the time.

Mei·ster(in) ['maıstɐ] ‹-s, -› *m (f)* **1.** *(Handwerk)* master; **2.** *sport* champion; ▶ **s-n ~ finden** meet one's match; **s-n ~ machen** take one's master craftsman's diploma.

meiste(r, s) *prn f(m, n):* ▶ **die ~n** most people; **das hat mir die meiste Freude gemacht** that gave me the most pleasure; **die meiste Zeit** most of the time; **die meisten sind Studenten** they are mostly students.

mei·ster·haft I *adj* masterly; **II** *adv* in a masterly manner.

Mei·ster·lei·stung *f* masterly performance.

mei·stern *tr* master; ▶ **Schwierigkeiten ~** overcome difficulties.

Mei·ster·prü·fung *f* examination for master craftsman's diploma; **Mei·ster·schaft** *f* **1.** *(meisterliches Können)* mastery; **2.** *sport* championship; **Mei·ster·stück (Mei·ster·werk)** *n fig* masterpiece.

Me·lan·cho·lie [melaŋko'li:] *f* melancholy; **me·lan·cho·lisch** *adj* melancholy.

Mel·de·amt *n* registration office; **Mel·de·frist** *f* registration period; **Mel·de·schein** *m* certificate of registration.

mel·den ['mɛldən] **I** *tr* **1.** *(ankündigen)* announce; **2.** *(benachrichtigen)* report; ▶ **er meldete mir, daß ...** he reported to me that ...; **du hast hier nichts zu ~!** you have no say in this! **II** *refl* **1.** *(in der Schule)* put one's hand up; **2.** *(sich zur Verfügung stellen)* report (*zu* for); **3.** *tele* answer; **4.** *(wieder von sich hören lassen)* get in touch (*bei* with); ▶ **melde dich mal wieder!** keep in touch! **sich krank ~** report sick; **wenn Sie den Fehler gefunden haben, ~ Sie sich bitte!** when you've found the defect please let me know!

Mel·de·pflicht *f* compulsory registration; **mel·de·pflich·tig** *adj* **1.** *(Person)* obliged to register; **2.** *(Krankheit)* notifiable.

Mel·dung *f* **1.** *radio TV* report *(über* on); **2.** *sport* entry; **3.** *(dienstlich)* report; ▶ **s-e ~ zurückziehen** withdraw.

me·liert *adj* mottled, speckled.

mel·ken ['mɛlkən] *irr tr* **1.** milk; **2.** *fig fam (anpumpen)* fleece; **Mel·ker(in)** *m (f)* milker.

Me·lo·die [melo'di:] *f* melody; **me·lo·disch** *adj* melodic, tuneful.

Me·lo·ne [me'lo:nə] ‹-, -n› *f* **1.** *bot (Frucht)* melon; **2.** *(Hut) Br* bowler, *Am* derby.

Mem·bra·n(e) [mɛm'bra:n(ə)] ‹-, -en› *f* **1.** *tech tele* diaphragm; **2.** *anat* membrane.

Mem·me ['mɛmə] ‹-, -n› *f fam pej* cissy.
Me·moi·ren [memo'a:rən] *pl* memoirs.
Me·mo·ran·dum [memo'randʊm] ‹-s, -den/-da› *n* memorandum.
Men·ge ['mɛŋə] ‹-, -n› *f* **1.** *(bestimmte Anzahl)* quantity; **2.** *:* **e-e** ~ *(viele)* a great many, lots of; **3.** *(Menschen~)* crowd; **4.** *math* set; ▶ **e-e ziemliche ~ Essen** quite an amount of food; **ich will jede ~** *fam* I want lots and lots; **sich e-e ~ einbilden** think a lot of o.s.; **Men·gen·an·ga·be** *f* statement of quantity; **Men·gen·leh·re** *math* set theory; **men·gen·mä·ßig** *adj* quantitative; **Men·gen·ra·batt** *m* bulk discount.
Men·sa ['mɛnza] ‹-, -s/-sen› *f* canteen.
Mensch [mɛnʃ] ‹-en, -en› *m* **1.** *(menschliches Wesen)* man, person; **2.** *pl* **~en** *(Leute)* people; ▶ **die ~en** mankind; **der ~ ist ein denkendes Wesen** man is a creature of thought; **~!** *interj fam* wow! **~, daran habe ich gar nicht mehr gedacht!** boy, I forgot all about that! **~, habe ich einen Hunger!** boy, am I hungry! **sei ein ~!** don't be so hard! **ich bin auch nur ein ~** I'm only human after all; **~en gibt's!** the people you meet! **er ist ein guter ~** he's a good soul; **kein ~ war da** nobody was there; **so spricht heutzutage kein ~ (mehr)** nobody speaks like that nowadays.
Men·schen·af·fe *m zoo* ape; **Men·schen·al·ter** *n* generation; **Men·schen·feind(in)** *m (f)* misanthrope; **Men·schen·fleisch** *n* human flesh; **Men·schen·fres·ser** *m* cannibal; **Men·schen·freund** *m* philanthropist; **Men·schen·ge·den·ken** ['---'--] *n:* ▶ **seit ~** within living memory; **Men·schen·han·del** *m* slave trade; **Men·schen·ken·ner(in)** *m (f)* judge of human nature; **Men·schen·kennt·nis** *f* knowledge of human nature; ▶ **~ haben** know human nature; **Men·schen·ket·te** *f* human chain; **Men·schen·le·ben** *n* human life; ▶ **~ waren nicht zu beklagen** no fatalities were reported; **der Unfall hat mehrere ~ gefordert** the accident claimed several lives; **men·schen·leer** ['--'-] *adj* deserted.
Men·schen·lie·be *f:* ▶ **aus reiner ~** from the sheer goodness of one's heart; **Men·schen·men·ge** *f* crowd; **men·schen·mög·lich** *adj* humanly possible; ▶ **das ist doch nicht ~!** but that's ridiculous! **Men·schen·rech·te** *n pl* human rights; **men·schen·scheu** *adj* afraid of people; **Men·schen·rechts·kom·mis·sion** *f* Commission on Human Rights; **Men·schen·rechts·ver·let·zung** *f* violation of human rights; **Men·schen·see·le** ['--'--] *f:* ▶ **keine ~ war da** not a soul was there.
Men·schens·kind ['--'-] *n interj:* ▶ **~!** heavens above!
men·schen·un·wür·dig ['--'---] *adj* beneath human dignity; ▶ **~e Behausung** dwelling unfit for human habitation; **men·schen·ver·ach·tend** *adj* inhuman; **Men·schen·ver·stand** *m:* ▶ **gesunder ~** common sense; **Men·schen·ver·su·che** *m pl* medical tests on men; **Men·schen·wür·de** *f* human dignity.
Mensch·heit *f:* ▶ **die ~** humanity, mankind.
mensch·lich *adj* **1.** *(nicht tierisch)* human; **2.** *(human)* humane; ▶ **die ~e Gesellschaft** the society of man.
Mensch·lich·keit *f* humanity.
Men·strua·tion [mɛnstrua'tsjo:n] *f* menstruation.
Men·ta·li·tät [mɛntali'tɛ:t] *f* mentality.
Me·nü [me'ny:] ‹-s, -s› *n a. EDV* menu; **Me·nü·an·zei·ge** *f* menu display; **Me·nü·füh·rung** *f* menu-driven operation; **me·nü·ge·steu·ert** *adj* menu-driven; **Me·nü·zei·le** *f* menu line.
Mer·gel ['mɛrgəl] ‹-s › *m geol* marl.
Me·ri·di·an [meri'dja:n] ‹-s, -e› *m astr* meridian.
Merk·blatt *n* leaflet.
mer·ken ['mɛrkən] **I** *tr* **1.** *(wahrnehmen)* notice; **2.** *(spüren)* feel; ▶ **merkst du was?** can you feel anything? **woran hast du das gemerkt?** how could you tell that? **II** *refl (im Gedächtnis behalten)* remember; **~ Sie sich das für die Zukunft!** remember that in future! **das werd' ich mir ~!** I won't forget that!
merk·lich *adj* marked, noticeable.
Merk·mal ‹-s, -e› *n* characteristic; ▶ **irgendwelche besonderen ~e?** any distinguishing marks?
Merk·satz *m* mnemotechnic verse.
Mer·kur [mɛr'ku:ɐ] ‹-(s)› *m astr* Mercury.
merk·wür·dig *adj (seltsam)* curious, strange; **merk·wür·di·ger·wei·se** ['----'--] *adv* oddly enough, strange to say.
me·schug·ge [me'ʃʊgə] *adj sl* meshugge, nuts; ▶ **dieser Krach macht mich ganz ~** this row is driving me silly.
meß·bar *adj* measurable.
Meß·be·cher *m* measuring jug; **Meß·da·ten** *pl* readings.
Meß·die·ner(in) *m (f) eccl* server.
Mes·se[1] ['mɛsə] ‹-, -n› *f eccl* mass.
Mes·se[2] *f mar (Offiziers~)* mess.
Mes·se[3] *f com (Ausstellung)* fair; **Mes·se·ge·lä·nde** *n com* exhibition centre.
mes·sen ['mɛsən] *irr* **I** *tr* measure; ▶ **können Sie meinen Blutdruck ~?** could you take my blood pressure? **jds Zeit ~** *sport* time s.o.; **II** *refl* compete (*mit* with).
Mes·ser ['mɛsɐ] ‹-s, -› *n* knife; ▶ **ein Kampf bis aufs ~** a fight to the finish;

unter's ~ kommen *fam med* go under the knife; **jdm das ~ an die Kehle setzen** put a knife to someone's throat; **jdn ans ~ liefern** *fig* shop s.o.; **Mes·ser·spit·ze** *f* knife point; *(in Rezept)* pinch; **Mes·ser·ste·cher** *m* knifer.

Mes·se·stand *m Br* exhibition stand, *Am* booth.

Meß·ge·rät *n Br* gauge, *Am* gage.

Mes·si·as [mɛ'si:as] *m rel* Messiah.

Mes·sing ['mɛsɪŋ] ‹-s› *n* brass; ▶ **mit ~ beschlagen** brass-bound.

Meß·in·stru·ment *n* measuring instrument; **Meß·tech·nik** *f* measuring technique; **Meß·tisch·blatt** *n* ordnance survey map.

Mes·sung *f* **1.** *(das Abmessen)* measuring; **2.** *(das Abgelesene)* reading; **3.** *(Meßergebnis)* measurement.

Meß·wert *m* measurement.

Me·sti·ze [mɛs'ti:tsə] ‹-n, -n› *m* mestizo; **Me·sti·zin** *f* mestiza.

Me·tall [me'tal] ‹-s, -e› *n* metal; **aus ~** metallic; **Me·tall·ar·bei·ter(in)** *m (f)* metalworker; **me·tal·lic** *adj* metallic; **me·tal·lisch** *adj* **1.** *(aus Metall)* metal; **2.** *fig (Klang etc)* metallic; **Me·tall·ver·ar·bei·tung** *f* metal processing.

Me·ta·pher [me'tafɐ] ‹-, -n› *f ling* metaphor.

Me·ta·phy·sik *f* metaphysics; *sing;* **me·ta·phy·sisch** [meta'fy:zɪʃ] *adj* metaphysical.

Me·ta·sta·se [meta'sta:zə] ‹-, -n› *f med* metastasis.

Me·te·or [mete'o:ɐ] ‹-s, -e› *n astr* meteor; **Me·teo·rit** [meteo'ri:t] ‹-en, -en› *m astr* meteorite.

Me·teo·ro·lo·ge (-lo·gin) [meteoro'lo:gə] ‹-n, -n› *m (f)* meteorologist, *fam* weatherman (weather lady).

Me·ter ['me:tɐ] ‹-s, -› *n (m) Br* metre, *Am* meter; ▶ **nach ~n** by the metre; **Me·ter·maß** *n* **1.** *(Zollstock) Br* metre (*Am* meter) rule; **2.** *(Bandmaß)* tape-measure.

Me·tho·de [me'to:də] ‹-, -n› *f* method; ▶ **was sind denn das für (neue) ~n?** what sort of way is that to behave? **me·tho·disch** *adj* methodical.

Me·thyl·al·ko·hol [me'ty:l-] *m chem* methyl alcohol.

me·trisch ['me:trɪʃ] *adj* metric.

Me·tro·po·le [metro'po:lə] ‹-, -n› *f* metropolis.

Met·ze·lei [mɛtsə'laɪ] *f pej* butchery.

Metz·ger(in) [mɛtsgɐ] ‹-s, -› *m (f)* butcher; **Metz·ge·rei** *f* butcher's.

Meu·chel·mord *m* (treacherous) murder; **Meu·chel·mör·der(in)** *m (f)* (treacherous) assassin.

meuch·le·risch ['mɔɪçlərɪʃ] *adj* murderous, treacherous.

Meu·te ['mɔɪtə] ‹-, -n› *f* **1.** *(Jagdhunde)* pack of hounds; **2.** *fig (Pöbel)* mob.

Meu·te·rei [mɔɪtə'raɪ] *f* mutiny; **Meu·te·rer (Meu·t(r)e·rin)** *m (f)* mutineer; **meu·tern** *itr* **1.** *(rebellieren)* mutiny; **2.** *fam (aufmucken)* moan.

Me·xi·ka·ner(in) [mɛksi'ka:nɐ] *m (f)* Mexican; **me·xi·ka·nisch** *adj* Mexican; **Me·xi·ko** ['mɛksiko] *n* Mexico.

mi·au·en [mi'aʊən] ‹ohne ge-› *itr* miaow.

mich [mɪç] *prn* me; *refl* myself.

mick(e)·rig ['mɪk(ə)rɪç] *adj fam* **1.** *(kläglich)* pathetic; **2.** *(lumpig)* mingy; **3.** *(klein, schwächlich)* puny.

Mie·der ['mi:dɐ] ‹-s, -› *n* **1.** *(Leibchen)* bodice; **2.** *(~gürtel)* girdle; **Mie·der·slip** *m* pantie briefs *pl;* **Mie·der·wa·ren** *pl* corsetry *sing.*

Mief [mi:f] ‹-(e)s› *m fam (muffige Luft)* fug; **mie·fen** *itr fam:* ▶ **hier mieft's** there's a pong in here.

Mie·ne ['mi:nə] ‹-, -n› *f* expression, face; ▶ **gute ~ zum bösen Spiel machen** grin and bear it; **ohne e-e ~ zu verziehen** without moving a muscle.

mies [mi:s] *adj fam* lousy; ▶ **mach nicht alles ~!** don't run everything down! **Mies·ma·cher(in)** *m (f) fam* kill-joy; **Mies·ma·che·rei** *f fam* belly-aching.

Miet·au·to *m* hire(d) car.

Mie·te ['mi:tə] ‹-, -n› *f* rent; ▶ **zur ~ wohnen** live in rented accommodation.

mie·ten *tr* rent.

Miet·er·hö·hung *f* rent increase.

Mie·ter(in) *m (f)* tenant; **Mie·ter·schutz** *m* rent control.

miet·frei *adj* rent-free; **Miet·rück·stän·de** *m pl* rent arrears.

Miets·haus *n* tenement, block of flats, *Am* apartment house; **Miets·ka·ser·ne** *f fam* tenement house.

Miet·spie·gel *m* rent level; **Miet·ver·trag** *m* lease; **Miet·wa·gen** *m* hire(d) car; **Miet·wert** *m fin* letting value; **Miet·woh·nung** *f Br* rented flat, *Am* apartment.

Mie·ze ['mi:tsə] ‹-, -n› *f* **1.** *fam (Katze)* pussy; **2.** *sl (Mädchen)* chick.

Mi·grä·ne [mi'grɛ:nə] ‹-, -n› *f med* migraine.

Mi·ka·do [mi'ka:do] ‹-› *n (Spiel)* pick-a-stick.

Mi·kro ['mikro] ‹-s, -s› *m fam Abk von* **Mikrophon** mike.

Mi·kro·be [mi'kro:bə] ‹-, -n› *f biol* microbe.

Mi·kro·chip *m EDV* microchip; **Mi·kro·com·pu·ter** *m* micro(computer); **Mi·kro·elek·tro·nik** *f* microelectronics *sing;* **Mi·kro·film** *m* microfilm; **Mi·kro·kli·ma** *n* micro climate; **Mi·kro·or·ga·nis·mus** *m biol* microorganism.

Mi·kro·phon [mikro'fo:n] ‹-s, -e› *n* microphone.

Mi·kro·pro·zes·sor *m EDV* microprocessor.

Mi·kro·skop [mikro'sko:p] ⟨-s, -e⟩ *n* microscope; **mi·kro·sko·pisch** *adj* microscopic; ▶ **etw ~ untersuchen** examine s.th. under the microscope.

Mi·kro·wel·le *f* microwave; **Mi·kro·wel·len·herd** *m* microwave (oven).

Mil·be ['mɪlbə] ⟨-, -n⟩ *f zoo* mite.

Milch [mɪlç] ⟨-⟩ *f* **1.** *(Kuh~ etc)* milk; **2.** *(Fischsamen)* milt, soft roe; ▶ **dicke ~** curds; **Milch·bart** *m* **1.** downy beard; **2.** *fig* milksop; **Milch·ge·schäft** *n* dairy; **Milch·glas** ⟨-es⟩ *n* frosted glass.

mil·chig ['mɪlçɪç] *adj* milky.

Milch·kaf·fee *m* white coffee; **Milch·kan·ne** *f* milk can; **Milch·kuh** *f a. fig* milk cow.

Milch·mäd·chen·rech·nung *f fig* naïve fallacy.

Milch·pro·duk·te *n pl* dairy (*od* milk) products; **Milch·pul·ver** *n* powdered milk; **Milch·quo·te** *f (EG)* milk quota; **Milch·reis** *m* rice pudding; **Milch·stra·ße** *f astr* Milky Way; **Milch·sup·pe** *f fig fam (dichter Nebel)* pea-souper; **Milch·tü·te** *f* milk carton; **Milch·wirt·schaft** *f* dairy farming; **Milch·zahn** *m* milk tooth.

mild [mɪlt] *adj* **1.** *(sanft)* mild; **2.** *(nachsichtig)* lenient; ▶ **~e gesagt** to put it mildly; **~e Luft** gentle air.

Mil·de ['mɪldə] ⟨-⟩ *f* **1.** *(Sanftheit)* gentleness, mildness; **2.** *(Nachsichtigkeit)* leniency; ▶ **~ walten lassen** be lenient.

mil·dern ['mɪldɐn] *tr* **1.** *(Schmerz)* ease, soothe; **2.** *(mäßigen)* moderate; ▶ **~de Umstände** *allg a. jur* extenuating circumstances; **Mil·de·rung** *f* **1.** *(von Schmerz)* soothing; **2.** *(Mäßigung)* mitigation, moderation; **Mil·de·rungs·grund** *m jur* mitigating cause.

Mi·lieu [mi'ljø:] ⟨-s, -s⟩ *n* **1.** background; *(Umwelt)* environment; **2.** *(örtliche Atmosphäre)* atmosphere; **mi·lieu·ge·schä·digt** *adj psych* maladjusted.

Mi·li·tär [mili'tɛ:ɐ] ⟨-s⟩ *n* armed forces *pl;* ▶ **beim ~ sein** be in the forces; **zum ~ gehen** join up; **Mi·li·tär·bünd·nis** *n* military alliance; **Mi·li·tär·dienst** *m* military service; ▶ **s-n ~ ableisten** do national service; **Mi·li·tär·dik·ta·tur** *f* military dictatorship; **Mi·li·tär·ge·richt** *n* military court, court martial; ▶ **vor ein ~ gestellt werden** be tried by a court martial.

mi·li·tä·risch *adj* military; ▶ **hier geht's aber sehr ~ zu!** it's very regimented here! **~es Ziel** *aero* strategic target.

Mi·li·ta·ris·mus [milita'rɪsmʊs] *m* militarism.

Mi·li·tär·zeit *f* army days *pl.*

Mi·liz [mi'li:ts] ⟨-, -en⟩ *f* militia; **Mi·li·zio·när** [militsjo'nɛ:ɐ] *m* militiaman.

Mil·liar·där(in) *m (f)* multi-millionaire(ss); **Mil·liar·de** [mɪ'ljardə] ⟨-, -n⟩ *f Br* thousand millions *pl, Am* billion; ▶ **sieben ~n Menschen** seven thousand million people; **Mil·liard·stel** *n Br* thousand millionth, *Am* billionth.

Mil·li·me·ter ['mɪli-] *n Br* millimetre, *Am* millimeter; **Mil·li·me·ter·pa·pier** [--'----] *n* graph paper.

Mil·lion [mɪ'ljo:n] *f* million; ▶ **drei ~en Tote** three million casualties.

Mil·lio·när(in) *m (f)* millionaire(ss); **mil·lio·nen·fach I** *adj* millionfold; **II** *adv* a million times; **Mil·lio·nen·ge·winn** *m* **1.** *(Lotto etc)* prize of a million; **2.** *com* profit of millions; **Mil·lio·nen·stadt** *f* town with over a million inhabitants.

Mil·li·rem ['mɪli-] *n* millirem.

Milz [mɪlts] ⟨-, -en⟩ *f anat* spleen.

mi·men ['mi:mən] *tr* **1.** *theat* mime; **2.** *(heucheln)* pretend; ▶ **den Ahnungslosen ~** act the innocent.

Mi·mik ['mi:mɪk] *f* facial expression.

mi·misch *adj* mimic.

Mi·mo·se [mi'mo:zə] ⟨-, -n⟩ *f bot* mimosa; ▶ **die reinste ~ sein** *fig* be oversensitive.

min·der ['mɪndɐ] *adv* less; ▶ **das ist nicht ~ wichtig** that's no less important; **mehr od ~** more or less; **min·der·be·gabt** *adj* less gifted; **min·der·be·mit·telt** *adj* **1.** *(finanziell)* less well-off; **2.** *fig pej (geistig)* mentally less gifted; **min·de·re** *adj (geringere)* lesser; **Min·der·ein·nah·men** *f pl* decrease *sing* in receipts; **Min·der·heit** *f* minority; ▶ **in der ~ sein** be in the minority; **Min·der·hei·ten·fra·ge** *f pol* minorities problem; **Min·der·heits·re·gie·rung** *f* minority government; **min·der·jäh·rig** *adj:* ▶ **~ sein** be a minor; **Min·der·jäh·ri·ge(r)** *f m* minor; **Min·der·jäh·rig·keit** *f* minority.

min·dern *tr* **1.** *(ver~)* lessen; **2.** *(beeinträchtigen)* detract from; **3.** *fin (herabsetzen)* reduce.

Min·de·rung *f* **1.** *jur* erosion; **2.** *(~ des Wertes)* depreciation.

min·der·wer·tig *adj* **1.** *allg* inferior; **2.** *com* low-quality; **Min·der·wer·tig·keit** *f* **1.** *allg* inferiority; **2.** *com* low quality; **Min·der·wer·tig·keits·ge·fühl** *n* feeling of inferiority; ▶ **~e haben** feel inferior; **Min·der·wer·tig·keits·kom·plex** *m* inferiority complex; **Min·der·zahl** ⟨-⟩ *f:* ▶ **in der ~ sein** be in the minority.

Min·dest·ab·stand *m* minimum distance; **Min·dest·al·ter** *n* minimum age; **Min·dest·an·for·de·rung** *f* minimum requirement; **Min·dest·be·trag** *m* minimum amount.

min·de·ste ['mɪndəstə] **I** *adj* least, slightest; ▶ **das wäre ja wohl das ~ gewesen!** that's the least you could have done! **II** *adv:* ▶ **nicht im ~n** not in the least; **min·de·stens** *adv* at least.

Min·dest·ge·halt *n* **1.** *fin* minimum salary; **2.** *(Menge)* minimum content; **Min·dest·halt·bar·keits·da·tum** *n* shelf life, sell-by date; **Min·dest·lohn** *m* minimum wage; **Min·dest·maß** *n* minimum; ▶ **sich auf ein ~ beschränken** limit o.s. to the minimum; **Min·dest·preis** *m* minimum price; **Min·dest·um·tausch** *m hist* minimum obligatory exchange.

Mi·ne ['mi:nə] ⟨-, -n⟩ *f* **1.** *mil* mine; **2.** *(Bleistift~)* lead; *(Kugelschreiber~)* refill; **3.** *min* mine; ▶ **auf e-e ~ laufen** hit a mine; **Mi·nen·feld** *n* minefield; **Mi·nen·such·boot** *n* mine-sweeper; **Mi·nen·wer·fer** *m* trench mortar.

Mi·ne·ral [mine'ra:l] ⟨-s, -e/-ien⟩ *n* mineral; **Mi·ne·ral·bad** *n* **1.** *(Badeort)* spa; **2.** *(Wannenbad)* mineral bath; **mi·ne·ra·lisch** *adj* mineral; **Mi·ne·ral·öl** *n* oil; **Mi·ne·ral·öl·steu·er** *f* tax on oil; **Mi·ne·ral·was·ser** *n* mineral water.

Mi·nia·tur [minia'tu:ɐ] ⟨-, -en⟩ *f* miniature; **Mi·nia·tur·aus·ga·be** *f* **1.** *allg* miniature version; **2.** *(von Buch)* miniature edition.

Mi·ni·bar *f (in Hotel etc)* mini-bar; **Mi·ni·cas·set·te** *f* mini-cassette.

Mi·ni·golf *n* crazy golf.

mi·ni·mal [mini'ma:l] *adj* minimal; **Mi·ni·mal·for·de·rung** *f* minimum demand.

Mi·ni·mum ['mi:nimʊm] ⟨-s, -ma⟩ *n* minimum.

Mi·ni·rock *m* miniskirt.

Mi·ni·spi·on *m* miniaturized bugging device.

Mi·ni·ster(in) [mi'nɪstɐ] ⟨-s, -⟩ *m (f)* minister, secretary.

Mi·ni·ste·ri·al·rat *m* assistant head of government department.

Mi·ni·ste·rium [minɪs'te:riʊm] *n Br* ministry, *Am* department.

Mi·ni·ster·prä·si·dent(in) *m (f)* prime minister; ▶ **der ~ von Hessen** the chief minister of Hessen.

Min·na ['mɪna] *f fam:* ▶ **die grüne ~** *Br* the Black Maria, *Am* the paddy wagon; **jdn zur ~ machen** come down on s.o. like a ton of bricks.

Mi·nus ['mi:nʊs] ⟨-, -⟩ *n* **1.** *fin* deficit; **2.** *fig (~punkt)* bad point; **3.** *fig (Nachteil)* disadvantage.

mi·nus *adv:* ▶ **zehn ~ vier ist sechs** ten minus four are six; **bei 20 Grad ~** at 20 degrees below zero.

Mi·nus·punkt *m* **1.** *sport (Strafpunkt)* penalty point; **2.** *fig* minus point; ▶ **das ist ein ~ für dich** that counts against you; **Mi·nus·zei·chen** *n math* minus sign.

Mi·nu·te [mi'nu:tə] ⟨-, -n⟩ *f* minute; ▶ **in letzter ~** at the last moment; **es dauert keine fünf ~n** it won't take five minutes; **mi·nu·ten·lang I** *adv* for several minutes; **II** *adj* several minutes of; **Mi·nu·ten·zei·ger** *m* minute-hand.

Min·ze ['mɪntsə] ⟨-, -n⟩ *f bot* mint.

mir [mi:ɐ] *prn* to me; ▶ **ich habe ~ den Arm verletzt** I've hurt my arm; **diese Jacke gehört ~** this jacket is mine; **ein Freund von ~** a friend of mine; **von ~ aus!** I don't mind! **~ nichts, dir nichts** just like that.

Mi·ra·bel·le [mira'bɛlə] ⟨-, -n⟩ *f bot* mirabelle.

Misch·ar·beits·platz *m EDV* mixed work station; **Misch·bat·te·rie** *f (an Waschbecken etc)* mixer tap; **Misch·brot** *n bread made from more than one kind of flour;* **Misch·ehe** *f* mixed marriage.

mi·schen ['mɪʃən] **I** *tr* **1.** *(vermengen)* mix; **2.** *(Karten ~)* shuffle; **II** *refl (sich ~ lassen)* mix; ▶ **sich unters Volk ~** mingle with the crowd.

Misch·ge·we·be *n* mixed fibres *pl.*

Misch·ling *m* **1.** *(Tier)* half-breed; **2.** *(Mensch)* half-caste; **Misch·lings·kind** *n* half-caste child.

Misch·masch ['mɪʃmaʃ] ⟨-(e)s, -e⟩ *m fam* hotchpotch.

Misch·ma·schi·ne *f tech* cement-mixer.

Mi·schung *f* **1.** *(Mixtur)* mixture; *(von Kaffee, Tee, Tabak etc)* blend; **2.** *fig (Kombination)* combination (*aus* of); **Mi·schungs·ver·hält·nis** *n* ratio (of a mixture).

Misch·wald *m* mixed woodland.

mi·se·ra·bel [mize'ra:bəl] *adj* **1.** *(mies)* lousy; **2.** *(gemein)* wretched.

Mi·se·re [mi'ze:rə] ⟨-, -n⟩ *f* plight; ▶ **das ist e-e schöne ~!** what a mess!

Mis·pel ['mɪspəl] ⟨-, -n⟩ *f bot* medlar.

miß·ach·ten [mɪs'axtən] *tr* **1.** *(kränken)* despise; **2.** *(vernachlässigen)* disregard, ignore; **Miß·ach·tung** [-'--/'---] *f* **1.** *(Verachtung)* disdain (of); **2.** *(Geringschätzung)* disregard.

Miß·be·ha·gen ['----] *n* uneasiness; ▶ **das bereitet mir ein gewisses ~** that causes me a certain uneasiness of mind.

Miß·bil·dung ['---] *f* deformity, malformation.

miß·bil·li·gen [mɪs'bɪlɪgən] *tr* disapprove of ...; ▶ **~des Gemurmel** murmur of disapproval; **Miß·bil·li·gung** [-'---/'----] *f* disapproval.

Miß·brauch ['--] *m* abuse; *(von Notbremse etc)* improper use; **miß·brau·chen** [-'--] *tr* abuse; ▶ **jdn für etw ~** use s.o. for s.th.; **miß·bräuch·lich** *adj* improper.

miß·deu·ten [mɪs'dɔɪtən] *tr* misinterpret; **Miß·deu·tung** [-'--/'---] *f* misinterpretation.

mis·sen [ˈmɪsən] *tr:* ▶ **ich möchte das nicht ~** I wouldn't do without it.
Miß·er·folg [ˈ---] *m* failure, *fam* flop.
Miß·ern·te [ˈ---] *f* crop failure.
Mis·se·tat [ˈmɪsəta:t] *f* misdeed; **Mis·se·tä·ter(in)** *m (f)* criminal, scoundrel *fam;* ▶ **der jugendliche ~** the young offender.
Miß·fal·len [ˈ--/ˈ---] ⟨-s⟩ *n:* ▶ **jds ~ erregen** incur someone's displeasure; **miß·fal·len** [mɪsˈfalən] *irr itr* displease; ▶ **es mißfällt mir, wenn du rauchst** I dislike your smoking cigarettes.
Miß·ge·burt [ˈ---] *f med* **1.** deformed child; **2.** *fig (Schimpfwort)* freak.
miß·ge·launt *adj* bad-tempered.
Miß·ge·schick *n* mishap; ▶ **ihm ist ein kleines ~ passiert** he's had a slight mishap.
miß·glücken (k·k) [mɪsˈglʏkən] *itr* fail; ▶ **sein Versuch mißglückte** he failed in his attempt.
miß·gön·nen [mɪsˈgœnən] *tr:* ▶ **jdm etw ~** begrudge s.o. s.th.
Miß·griff [ˈ--] *m* mistake.
Miß·gunst [ˈ--] *f* resentment; envy (*gegenüber jdm* of s.o.); **miß·gün·stig** *adj* resentful; envious.
miß·han·deln [mɪsˈhandəln] *tr* ill-treat, maltreat; **Miß·hand·lung** [-ˈ--] *f* maltreatment.
Mis·sion [mɪˈsjo:n] *f eccl pol a. fig* mission; ▶ **innere ~** home mission; **Mis·sio·nar(in)** *m (f) eccl* missionary; **mis·sio·na·risch** *adj* missionary; **Mis·sions·schu·le** *f* mission school.
Miß·klang [ˈ--] *m* **1.** *mus* dissonance; **2.** *fig* discordant note.
Miß·kre·dit [ˈ---] *m:* ▶ **etw in ~ bringen** bring s.th. into discredit.
miß·lich [ˈmɪslɪç] *adj* awkward.
Miß·lin·gen [-ˈ--] *n* failure; **miß·lin·gen** [mɪsˈlɪŋən] *irr itr* fail.
Miß·ma·na·ge·ment ⟨-s⟩ *n* mismanagement.
Miß·mut [ˈ--] *m* displeasure; **miß·mu·tig** *adj* morose.
miß·ra·ten [mɪsˈra:tən] *irr itr* go wrong.
Miß·stand [ˈ--] *m* **1.** *(Mangel)* defect; **2.** *(Ungerechtigkeit)* abuse; ▶ **⁓e abstellen** remedy abuses.
Miß·trau·en [ˈ---] ⟨-s⟩ *n* **1.** distrust, mistrust (*gegenüber* of); **2.** *(Verdacht)* suspicion; ▶ **~ gegen jdn hegen** mistrust s.o.; **miß·trau·en** [mɪsˈtraʊən] *itr* mistrust; **Miß·trau·ens·an·trag** *m parl* motion of 'no confidence'; **Miß·trau·ens·vo·tum** *n parl* vote of 'no confidence'.
miß·trau·isch [ˈmɪstraʊɪʃ] *adj* distrustful; ▶ **Sie sind aber ~!** you do have a suspicious mind!
Miß·ver·hält·nis [ˈ----] *n* discrepancy, disparity.
miß·ver·ständ·lich [ˈ----] *adj* unclear.
Miß·ver·ständ·nis [ˈ----] *n* **1.** *(Nicht- od Falschverstehen)* misunderstanding; **2.** *(leichter Streit)* disagreement.
miß·ver·ste·hen [ˈ----] *irr tr* misunderstand; ▶ **ich glaube, Sie haben mich mißverstanden** I think you've misunderstood me; **Sie dürfen mich nicht ~** don't misunderstand me.
Miß·wirt·schaft [ˈ---] ⟨-⟩ *f* maladministration, mismanagement.
Mist [mɪst] ⟨-(e)s⟩ *m* **1.** *(Dung)* dung; *(Dünger)* manure; **2.** *(Misthaufen)* muck heap; **3.** *fig fam (Blödsinn, Quatsch)* rubbish; ▶ **~!** blast! **was soll der ~!** what a nuisance! **da hast du ~ gemacht!** you've boobed there! **das ist nicht auf s-m ~ gewachsen** he didn't do that off his own bat, that wasn't his doing.
Mi·stel [ˈmɪstəl] ⟨-, -n⟩ *f bot* mistletoe.
Mist·ga·bel *f* pitchfork; **Mist·hau·fen** *m* manure heap; **Mist·kä·fer** *m zoo* dung beetle; **Mist·stück** *n fig sl* **~!** bastard! *(Frau)* bitch! **Mist·wet·ter** *n fam* lousy weather.
mit [mɪt] **I** *prp* with; ▶ **was ist ~ dir los?** what's the matter with you? **bring ein Buch ~** bring a book with you; **ich hab' mein Scheckheft nicht ~** I haven't got my cheque book with me; **da komm' ich nicht ~** *fig* I'm not with you; **~ dem Auto** by car; **komm ~!** come along! **~ e-m Wort** in a word; **~ e-m Mal** all at once; **~ der Zeit** in time; **II** *adv (ebenfalls)* as well; **das kommt noch ~ dazu** that's part and parcel of it.
Mit·an·ge·klag·te(r) *f m* co-defendant.
Mit·ar·beit *f* cooperation, collaboration; *(Teilnahme a. päd)* participation; ▶ **unter ~ von ...** in collaboration with ...; **mit|ar·bei·ten** *itr (bei Projekt etc)* collaborate (*an* on); *(mithelfen)* cooperate (*bei* on); ▶ **im Unterricht ~** take an active part in lessons; **Mit·ar·bei·ter(in)** *m (f)* **1.** *(Angestellte)* employee; **2.** *(Kollege)* colleague; **Mit·ar·bei·ter·stab** *m* staff.
mit|be·kom·men *irr tr* **1.** *(verstehen)* get; **2.** *(als Gabe)* get to take with one; ▶ **hast du den Unfall ~?** did you notice the accident?
mit|be·nut·zen *tr* share.
mit|be·stim·men **I** *itr* have a say (*bei* in); **II** *tr* have an influence on; **Mit·be·stim·mung** *f* **1.** participation in decision-making; **2.** *pol* co-determination; **Mit·be·stim·mungs·ge·setz** *n* worker participation law; **Mit·be·stim·mungs·recht** *n* right of participation.
Mit·be·wer·ber(in) *m (f)* **1.** *com* competitor; **2.** *(für Stelle)* fellow applicant.
Mit·be·woh·ner(in) *m (f)* fellow occupant.
mit|brin·gen *irr tr* **1.** *(Geschenk)* bring;

2. *(Person)* bring along; 3. *fig (besitzen)* have, possess; ▶ **kannst du mir etw ~ (aus der Stadt)?** can you bring s.th. for me (from town)? **Mit·bring·sel** ‹-s, -› *n* 1. *(Geschenk)* small present; 2. *(Andenken)* souvenir.

Mit·bür·ger(in) *m (f)* fellow citizen.

Mit·ei·gen·tü·mer(in) *m (f)* joint owner.

mit·ein·an·der [mɪtaɪˈnandɐ/ˈ----] *adv* 1. with each other; 2. *(gemeinsam)* together; ▶ **alle ~** one and all; **gut ~ auskommen** get along well.

Mit·er·be (Mit·er·bin) *m (f)* joint heir.

mit|er·le·ben *tr* see, witness.

Mit·es·ser *m (Haut~)* blackhead.

mit|fah·ren *irr itr* go with; ▶ **kann ich ~?** can you give me a lift? **Mit·fah·rer·zen·tra·le** *f* agency for arranging lifts; **Mit·fahr·ge·le·gen·heit** *f* lift.

mit|füh·len *tr:* ▶ **ich kann dir das ~** I can feel for you; **mit·füh·lend** *adj* sympathetic.

mit|füh·ren *tr* 1. *(Fluß)* carry along; 2. *(Papiere, Ware)* carry.

mit|ge·ben *irr tr:* ▶ **jdm etw ~** give s.o. s.th. to take with.

Mit·ge·fan·ge·ne(r) *f m* fellow prisoner.

Mit·ge·fühl *n* sympathy.

mit|ge·hen *irr itr* 1. *(mit jdm fortgehen)* go along; 2. *fig (sich mitreißen lassen)* respond (*mit* to); ▶ **etw ~ lassen** *fam* lift s.th.

mit·ge·nom·men *adj* run-down, worn-out; ▶ **du siehst ~ aus** you look the worse for wear.

Mit·gift ‹-, -en› *f* dowry.

Mit·glied *n* member (*bei* of); **Mit·glieds·aus·weis** *m* membership card; **Mit·glieds·bei·trag** *m* membership subscription (*od* fee); **Mit·glied·schaft** *f* membership.

mit|ha·ben *tr* have got s.th.

mit|hal·ten *irr itr* 1. *(beim Essen od Trinken)* keep pace; 2. *(beim Bieten: Versteigerung)* stay in the bidding.

mit|hel·fen *irr itr* help; **Mit·hil·fe** *f* help, assistance; ▶ **unter ~ von ...** with the aid of ...

mit|hö·ren I *tr* 1. *(belauschen)* listen in on ...; 2. *(mitbekommen)* hear; **II** *itr* 1. *(bei etw lauschen)* listen in (*bei* on); 2. *(etw zufällig mitbekommen)* overhear.

Mit·in·ha·ber(in) *m (f) com* joint-proprietor.

mit|kom·men *irr itr* 1. *(begleiten)* come along (*mit* with); 2. *fig (geistig folgen)* keep up; ▶ **ich bin nicht ganz mitgekommen** I didn't catch what you said; **da komm' ich nicht mehr mit** that beats me; **kommst du mit?** *(kommst du auch?)* are you coming too? **ich kann nicht ~** I can't come.

Mit·läu·fer(in) *m (f) pol pej* fellow traveller.

Mit·leid ‹-(e)s› *n* sympathy; compassion, pity (*mit* for); ▶ **mit jdm ~ haben** have pity on s.o.

Mit·lei·den·schaft *f:* ▶ **in ~ ziehen** affect.

mit·lei·dig *adj* pitying; **mit·leid(s)·los** *adj* 1. *(ohne Mitleid)* pitiless; 2. *fig (schonungslos)* ruthless.

mit|ma·chen *tr itr* 1. *(sich beteiligen)* join in, take part in (*etw od bei etw* s.th.); 2. *(leiden)* go through; ▶ **e-n Kurs ~** do a course; **das mache ich nicht länger mit** I've had quite enough of that.

Mit·mensch *m* fellow creature; **mit·mensch·lich** *adj* human.

mit|mi·schen *itr fam:* ▶ **ich wollte da nicht ~** I didn't want to get involved.

mit|müs·sen *itr* have to go too.

Mit·nah·me·markt *m* cash and carry.

mit|neh·men *irr tr* 1. take along; 2. *(erschöpfen)* exhaust, wear out; 3. *(in Mitleidenschaft ziehen)* affect; ▶ **kannst du mich ~?** can you give me a lift?

mit|re·den *tr itr:* ▶ **ich habe da auch ein Wörtchen mitzureden** I'd like to have some say in this too; **da kann ich natürlich nicht ~** I wouldn't know anything about that.

mit|rei·sen *itr* travel (*od* go) too; ▶ **mit jdm ~** travel (*od* go) with s.o.

Mit·rei·sen·de(r) *f m* fellow passenger.

mit|rei·ßen *irr tr* 1. *(mitschleppen)* drag along; 2. *fig* carry away.

mit·samt [mɪtˈzamt] *adv* together with.

mit|schicken (k·k) *tr* 1. *(auch schikken)* send along; 2. *(e-r Sendung beifügen)* enclose.

mit|schnei·den *tr radio TV* tape-record.

mit|schrei·ben *irr* **I** *tr* take down; **II** *itr* take notes.

Mit·schuld ‹-› *f* 1. *(Mitverantwortung)* responsibility (*an* for); 2. *(kriminell)* complicity (*an* in); **mit·schul·dig** *adj* partly to blame (*an* for); **Mit·schul·di·ge(r)** *f m jur (Komplize)* accomplice.

Mit·schü·ler(in) *m (f)* 1. *(Klassenkamerad(in))* class-mate; 2. *(Schulkamerad(in))* school-friend.

mit|spie·len *itr* 1. *allg* play too, join in; 2. *sport* play (*bei* in); 3. *fig (mitmachen)* play along; 4. *fig (Gewicht haben)* be involved (*bei* in); ▶ **jdm übel ~** play s.o. a nasty trick.

Mit·spra·che *f* a say; **Mit·spra·che·recht** *n* right to a say (in a matter); ▶ **jdm ein ~ einräumen** allow s.o. a say (*bei* in).

Mit·tag [ˈmɪtaːk] *m* midday, noon, lunchtime; ▶ **gegen ~** at noon; **zu ~ essen** have dinner; **ich mache jetzt ~** I'm having my lunch-break; **was gibt's zum ~?** what's for lunch? **Mit·tag·es·sen** *n* lunch.

mit·tags *adv* at lunchtime.

Mit·tags·pau·se *f* lunch-hour (*od* -break); **Mit·tags·ru·he** *f* period of quiet; **Mit·tags·schlaf** *m* afternoon nap; **Mit·tags·tisch** *m* dinner-table; ▶ **den ~ decken** lay the table for lunch; **Mit·tags·zeit** *f* lunch-time.

Mit·tä·ter(in) *m (f)* accomplice.

Mit·te ['mɪtə] ‹-, -n› *f* middle; ▶ **ab durch die ~!** *fam* be off with you! **~ Mai** in the middle of May; **Vertreter der ~** *pol* middle-of-the-roader; **links von der ~** *pol* left of centre; **zur ~ spielen** *sport (Fußball)* centre; **~ vierzig** in the middle forties; **~ des Jahres** half-way through the year; **in die ~ nehmen** take between.

mit|tei·len I *tr* tell; ▶ **wir freuen uns (bedauern), Ihnen mitzuteilen ...** we are pleased (regret) to inform you ...; **II** *refl* communicate (*jdm* with s.o.); **mit·teil·sam** *adj* communicative; **Mit·tei·lung** *f* notification; *(Notiz)* memo; ▶ **jdm e-e ~ von etw machen** inform s.o. of s.th., communicate s.th. to s.o.

Mit·tel ['mɪtəl] ‹-s, -› *n* **1.** *(Präparat, Zubereitung)* preparation; *(Medizin)* medicine; **2.** *(Hilfs~)* means; *(Maßnahme, Methode)* method; **3.** *math* average; **4.** *pl fin* funds, resources; ▶ **ein ~ zum Zweck** a means to an end; ▶ **welches ~ nimmst du?** what do you use? **~ u. Wege finden** find ways and means; **mir ist jedes ~ recht** I don't care how I do it; **etw mit allen ~n versuchen** try one's utmost to do s.th.; **sich ein ~ verschreiben lassen gegen ...** get the doctor to prescribe s.th. for ...; **aus öffentlichen ~n** from public funds; **Mit·tel·al·ter** *n* Middle Ages *pl;* **mit·tel·al·ter·lich** *adj* medieval; **Mit·tel·ame·ri·ka** ['---'---] *n* Central America.

mit·tel·bar ['mɪtlba:ɐ] *adj* indirect.

Mit·tel·bau *m* **1.** *arch* central block; **2.** *päd (Uni-Lehrkörper)* non-professorial teaching staff; **Mit·tel·ding** *n fig fam* something in between (*zwischen diesem u. jenem* this and that); **Mit·tel·eu·ro·pa** ['---'--] *n* Central Europe; **mit·tel·eu·ro·pä·isch** *adj* Central European; **Mit·tel·feld** *n* **1.** *sport* midfield; **2.** *fig* centre-field; **Mit·tel·fin·ger** *m* middle finger; **mit·tel·fri·stig** *adj* medium-term; **Mit·tel·ge·bir·ge** *n* low mountain range; **Mit·tel·ge·wicht** *n sport* middleweight; **Mit·tel·klas·se·wa·gen** *m* middle-market car; **Mit·tel·läu·fer** *m sport* centre-half; **Mit·tel·li·nie** *f* centre line.

mit·tel·los *adj* without means; **Mit·tel·lo·sig·keit** *f* lack of means.

mit·tel·mä·ßig *adj* mediocre; **Mit·tel·mä·ßig·keit** *f* mediocrity.

Mit·tel·meer *n* Mediterranean; **mit·tel·präch·tig** *adj fam:* ▶ **wie geht's? — ~** how are you? — middling; **Mit·tel·punkt** *m* centre; ▶ **im ~ stehen** *fig* be in the centre of attention.

mit·tels ['mɪtəls] *prp* by means of ...

Mit·tel·schiff *n arch* nave.

Mit·tels·mann ‹-(e)s, -leute/-männer› *m* intermediary.

Mit·tel·stand *m* middle classes *pl;* **mit·tel·stän·disch** *adj* middle-class; **Mit·tel·stel·lung** *f tech* neutral position; **Mit·tel·strecken·ra·ke·te (k·k)** *f mil* medium-range (*od* intermediate-range) missile; **Mit·tel·strei·fen** *m (auf Straße) Br* central reservation, *Am* median strip; **Mit·tel·stu·fe** *f päd Br* middle school, *Am* junior high school; **Mit·tel·stür·mer(in)** *m (f) sport* centre-forward; **Mit·tel·weg** ‹-(e)s› *m fig* middle course; ▶ **e-n ~ einschlagen** steer a middle course; **Mit·tel·wel·le** *f radio* medium wave; **Mit·tel·wert** *m* mean, average value.

mit·ten ['mɪtən] *adv:* ▶ **~ auf (in, unter) ...** in the midst of ...; **~ durch ...** right across (*od* through) ...; **~ in der Nacht** in the middle of the night; **~ im Winter** in the depth of winter; **mit·ten·drin** ['--'-] *adv* right in the middle (*in etw* of s.th.); **mit·ten·durch** ['--'-] *adv* right through the middle.

Mit·ter·nacht [mɪtenaxt] *f* midnight.

Mitt·ler(in) ['mɪtle] ‹-s, -› *m (f)* mediator; *(lit: Ideen, Sprache etc)* medium.

mitt·le·re ['mɪtlərə] *adj attr* **1.** *(in der Mitte befindlich)* middle; **2.** *(durchschnittlich)* average; **3.** *(mittelmäßig)* mediocre, middling; **4.** *math (~r Wert etc)* mean; **5.** *(mittelschwer)* intermediate; ▶ **von ~m Alter** middle-aged; **~ Entfernung** middle distance; **der (die, das) M~** the one in the middle.

mitt·ler·wei·le ['--'--] *adv* in the meantime, meanwhile.

mit|trin·ken *irr tr:* ▶ **trink e-n mit!** have a drink with me!

Mitt·woch ['mɪtvɔx] ‹-(e)s, -e› *m* Wednesday; **mitt·wochs** *adv* on Wednesdays.

mit·un·ter [mɪt'ʊnte] *adv* from time to time, now and then, occasionally.

mit·ver·ant·wort·lich *adj* jointly responsible; **Mit·ver·ant·wor·tung** *f* share of the responsibility; ▶ **die ~ für etw übernehmen** assume a share of the responsibility for s.th.; **die ~ für etw tragen** bear a share of the responsibility for s.th.

Mit·ver·fas·ser(in) *m (f)* co-author.

mit|ver·si·chern *tr* include in the insurance.

mit|wir·ken *itr* **1.** *(mitarbeiten)* collaborate (*an, bei* on), contribute (*bei* to); **2.** *(beteiligt sein)* be involved (*an, bei* in); **3.** *(mitspielen)* take part (*an, bei* in); **4.** *fig (mit im Spiel sein)* play a part (*an,* *bei* in); **5.** *(auftreten bei Aufführung)* perform (*an, bei* in); **Mit·wir·kung** *f:* ▶ **unter ~ aller Mitglieder** with the cooperation of all members; **unter ~ von ...** with the assistance of ...

Mit·wis·sen *n:* ▶ **ohne mein ~** unknown to me; **Mit·wis·ser(in)** *m (f) jur* accessory (to); ▶ **jdn zum ~ machen** tell s.o. all about it; *jur* make s.o. an accessory.

mit|wol·len *itr:* ▶ **willst du mit?** do you want to come along?

mit|zäh·len I *tr (einrechnen)* count in; **II** *itr fig (eingeschlossen werden)* be included.

Mix·be·cher *m* shaker.

mi·xen ['mɪksən] *tr* mix; **Mi·xer** *m* **1.** *(Bar~)* cocktail waiter; **2.** *(Mixgerät)* blender; *(zum Rühren)* mixer.

Mix·ge·tränk *n* mixed drink.

Mix·tur [mɪks'tu:ɐ] *f* mixture.

Mö·bel ['mø:bəl] ‹-s, -› **1.** *pl* furniture *sing;* **2.** *n (~stück)* piece of furniture; **Mö·bel·po·li·tur** *f* furniture polish; **Mö·bel·spe·di·tion** *f* removal firm; **Mö·bel·stück** *n* piece of furniture; **Mö·bel·tisch·ler(in)** *m (f)* cabinet-maker; **Mö·bel·wa·gen** *m Br* removal van, *Am* furniture truck.

mo·bil [mo'bi:l] *adj* **1.** *(beweglich)* movable; mobile; **2.** *(flink)* nimble.

Mo·bi·le ['mo:bile] ‹-s, -s› *n* mobile.

Mo·bi·li·ar [mobi'lja:ɐ] ‹-s, -e› *n* furnishings *pl.*

mo·bi·li·sie·ren [mobili'zi:rən] *tr a. fig* mobilize.

Mo·bi·li·tät [mobili'tɛ:t] *f* mobility.

mo·bil·ma·chen *itr mil* mobilize; **Mo·bil·ma·chung** *f mil* mobilization.

mö·blie·ren [mø'bli:rən] *tr* furnish; ▶ **möbliertes Zimmer** furnished room.

Mo·da·li·tä·ten [modali'tɛ:tən] *pl* modalities.

Mo·de ['mo:də] ‹-, -n› *f* **1.** *(Kleider~)* fashion; **2.** *(Brauch)* custom; ▶ **wie es so ~ ist** as custom has it; **die neue(ste) ~** all the latest style; **in ~** modern; **es ist große ~** it's all the fashion; **aus der ~ kommen** go out of fashion; **Mo·de·ar·ti·kel** *m* fashion accessory; **Mo·de·aus·druck** *m* trendy expression; **Mo·de·far·be** *f* fashionable colour; **Mo·de·ge·schäft** *n* fashion shop; **Mo·de·heft** *n* fashion magazine.

Mo·dell [mo'dɛl] ‹-s, -e› *n* **1.** *allg* model; **2.** *mot tech (Nachbildung)* mock-up; **3.** *(Photo~ etc)* model; *(Mannequin)* fashion model; ▶ **jdm ~ stehen** sit for s.o.; **mo·del·lie·ren** *tr itr* model; **Mo·dell·ver·such** *m* experiment.

Mo·dem ['mo:dɛm] ‹-s, -s› *n EDV* modem.

Mo·den·schau *f* fashion parade; **Mo·de·pup·pe** *f fam pej* model type.

Mo·de·ra·tor(in) [modə'ra:to:ɐ] *m (f)* *radio TV* presenter.

mo·de·rie·ren *tr itr radio TV* present.

mo·de·rig ['mo:dərɪç] *adj* musty.

mo·dern [mo'dɛrn] *adj* **1.** *(zeitgemäß)* modern, up-to-date; **2.** *(modisch)* fashionable.

mo·dern ['mo:dɐn] *itr (faulen)* moulder.

Mo·der·ne [mo'dɛrnə] ‹-› *f:* ▶ **Vertreter der ~** modernist.

mo·der·ni·sie·ren [modɛrnɪ'zi:rən] *tr* bring up to date.

Mo·de·schmuck *m* fashion jewellery; **Mo·de·schöp·fer(in)** *m (f)* stylist; **Mo·de·wort** *n* in-word; **Mo·de·zeich·ner(in)** *m (f)* fashion illustrator.

mo·disch ['mo:dɪʃ] *adj* fashionable, stylish.

Mo·dul [mo'du:l] ‹-s, -e› *n el* module; **mo·du·lar** *adj* modular; **Mo·dul·tech·nik** *f el* modular technique.

Mo·dus ['mɔdʊs] ‹-, ɲodi› *m* **1.** *(Methode)* method; **2.** *gram* mood; **3.** *EDV* mode.

Mo·fa ['mo:fa] ‹-(s), -s› *n* small moped; **Mo·fa·fah·rer(in)** *m (f)* autocyclist.

mo·geln ['mo:gəln] *itr* cheat.

mö·gen ['mø:gən] *irr* **I** *tr (gern haben)* like; ▶ **ich mag ihn nicht** I don't like him; **was möchten Sie gern?** what would you like? **II** *itr* **1.** *(können)* may; **2.** *(wollen)* want; ▶ **da ~ Sie recht haben** you may be right; **das mag ja sein (, aber ...)** that's as may be ... **man möchte meinen ...** you would think ... **ich möchte es nicht** I do not wish it; **ich möchte allein sein** I wish to be alone; **das mag ja sein** that may be so.

mög·lich ['mø:klɪç] *adj* **1.** *allg* possible; **2.** *(eventuell, potentiell)* potential; ▶ **nicht ~!** never! **schon ~** may be; **~ ist alles** anything is possible; **sein ~stes tun** do one's utmost; **mög·li·cher·wei·se** ['---'--] *adv* possibly; ▶ **kann das ~ stimmen?** can that possibly be true?

Mög·lich·keit *f* **1.** *(das Möglichsein)* possibility; **2.** *(Aussicht)* chance; ▶ **die ~, etw zu tun** the possibility of doing s.th.; **es besteht die ~, daß ...** there is a possibility that ...; **besteht die ~, daß er sich verirrt hat?** is there any chance he might be lost? **ist es die ~!** it's impossible! **mög·lichst** *adv:* ▶ **~ ...** as ... as possible.

Mo·ham·me·da·ner(in) [mohame'da:nɐ] *m (f)* Mohammedan; **mo·ham·me·da·nisch** *adj* Mohammedan.

Mohn [mo:n] ‹-(e)s, (-e)› *m bot* **1.** *(Pflanze)* poppy; **2.** *(Samen)* poppy seed; **Mohn·ku·chen** *m* poppy-seed cake.

Möh·re ['mø:rə] ‹-, -n› *f* carrot.

Mo·kick ['mo:kɪk] ‹-(s), -s› *n* light motorcycle.

mo·kie·ren [mo'ki:rən] *refl* sneer (*über*

at).

Mok·ka ['mɔka] ‹-s, -s› *m* mocha.

Molch [mɔlç] ‹-(e)s, -e› *m zoo* newt.

Mo·le ['mo:lə] ‹-, -n› *f mar* mole.

Mo·le·kül [mole'ky:l] ‹-s, -e› *n chem phys* molecule.

mo·le·ku·lar [moleku'la:ɐ] *adj* molecular; **Mo·le·ku·lar·bio·lo·gie** *f* molecular biology; **Mo·le·ku·lar·ge·wicht** *n chem phys* molecular weight.

Mol·ke ['mɔlkə] ‹-, -n› *f* whey; **Mol·ke·rei** [mɔlkə'raɪ] *f* dairy.

Moll [mɔl] ‹-› *n mus* minor.

mol·lig ['mɔlɪç] *adj* **1.** *(~ warm)* cosy; **2.** *(dick)* plump.

Mo·lo·tow-Cock·tail ['mɔlotɔf-] *m* Molotow Cocktail.

Mo·ment[1] [mo'mɛnt] ‹-(e)s, -e› *m (Augenblick)* moment; ▶ **e-n ~!** one moment! **im ~** at the moment; **im ersten ~** for a moment.

Mo·ment[2] ‹-(e)s, -e› *n* **1.** *phys* moment; **2.** *fig (Element)* element.

mo·men·tan I *adj* momentary; **II** *adv* at the moment.

Mo·narch(in) [mo'narç] ‹-s/-en, -en› *m (f)* monarch; **Mon·ar·chie** [monar'çi:] *f* monarchy; **Mon·ar·chist(in)** *m (f)* monarchist.

Mo·nat ['mo:nat] ‹-(e)s, -e› *m* month; ▶ **wieviel verdient er im ~?** how much does he earn a month? **zweimal im ~** twice a month, twice monthly; **mo·na·te·lang** *adv* for months; ▶ **es hat sich ~ hingezogen** it went on for months.

mo·nat·lich *adj* monthly.

Mo·nats·an·fang *m:* ▶ **am ~** at the beginning of the month; **Mo·nats·bin·de** *f med* sanitary towel; **Mo·nats·blu·tung** *f* menstrual period; **Mo·nats·en·de** *n* end of the month; **Mo·nats·ge·halt** *n* monthly salary; **Mo·nats·kar·te** *f Br* monthly ticket, *Am* commutation(-ticket); **Mo·nats·ra·te** *f* monthly instalment; **Mo·nats·schrift** *f* monthly.

Mönch [mœnç] ‹-(e)s, -e› *m* monk.

Mond [mo:nt] ‹-(e)s, -e› *m* **1.** *(der Erde)* moon; **2.** *astr* satellite; ▶ **scheint heute der ~?** is there a moon tonight? **die ist hinter dem ~** *fig fam* she's out of touch; **du lebst wohl hinter dem ~!?** *fig fam* where have you been!? **Mond·bahn** *f* **1.** *(von Erdmond)* moon's orbit; **2.** *astr* lunar orbit; **Mond·fäh·re** *f astr* lunar module; **Mond·fin·ster·nis** *f* eclipse of the moon; **mond·hell** *adj* moonlit; **Mond·lan·dung** *f* lunar (*od* moon) landing; **Mond·licht** ‹-(e)s› *n* moonlight; **Mond·ra·ke·te** *f* mooncraft; **Mond·schein** ‹-(e)s› *m* moonlight; **Mond·si·chel** *f* crescent moon; **Mond·son·de** *f tech* lunar probe; **Mond·stein** *m (Halbedelstein)* moonstone; **mond·süch·tig** *adj:* ▶ **~ sein** sleepwalk.

Mo·ne·ten [mo'ne:tən] *pl fam* dough *sing.*

Mon·go·le (Mon·go·lin) [mɔŋ'go:lə] *m (f)* Mongol; **Mon·go·lei** *f:* ▶ **die ~** Mongolia; **mon·go·lisch** *adj* Mongolian.

mo·nie·ren [mo'ni:rən] *tr (beanstanden):* ▶ **etw ~** complain about s.th.; **~, daß ...** complain that ...

Mo·ni·tor ['mo:nitɔr] ‹-s, -en› *m TV EDV* monitor.

Mo·no·gramm [mono'gram] ‹-s, -e› *n* monogram.

Mo·no·gra·phie *f* monograph.

Mon·okel [mo'nɔkəl] ‹-s, -› *n* monocle.

Mo·no·kul·tur *f* monoculture.

Mo·no·log [mono'lo:k] ‹-(e)s, -e› *m* monologue; ▶ **e-n ~ sprechen** hold a monologue.

Mo·no·pol [mono'po:l] ‹-s, -e› *n* monopoly (*auf, für* on); **Mo·no·pol·stel·lung** *f* monopoly.

mo·no·ton [mono'to:n] *adj* monotonous; **Mo·no·to·nie** *f* monotony.

Mon·ster ['mɔnstɐ] ‹-s, -› *n* monster; **Mon·ster·film** *m* **1.** *(aufwendiger Film a. pej)* mammoth production; **2.** *(Film mit Ungeheuern)* monster film.

Mon·stranz [mɔn'strants] ‹-, -en› *f eccl* monstrance.

mon·strös *adj* **1.** *(ungeheuerlich)* monstrous; **2.** *(ungeheuer groß)* monster.

Mon·sun [mɔn'zu:n] ‹-s, -e› *m* monsoon.

Mon·tag ['mo:nta:k] ‹-(e)s, -e› *m* Monday.

Mon·ta·ge [mɔn'ta:ʒə] ‹-, -n› *f* **1.** *tech (Errichtung)* installation; **2.** *tech (Montieren)* assembly; *(Einbauen)* fitting; ▶ **auf ~ sein** be away on a job; **Mon·ta·ge·band** *n* assembly line; **Mon·ta·ge·hal·le** *f* assembly shop.

Mon·tan·in·du·strie [mɔn'ta:n-] *f* coal and steel industry; **Mon·tan·uni·on** *f* European Coal and Steel Community.

Mon·teur(in) [mɔn'tø:ɐ] ‹-s, -e› *m (f) tech* fitter; *mot* mechanic; *el* electrician.

mon·tie·ren [mon'ti:rən] *tr* **1.** *tech (aufbauen)* install; **2.** *(zusammenbauen)* assemble; **3.** *typ* mount.

Mon·tur [mɔn'tu:ɐ] ‹-, -en› *f* uniform; *fam* gear.

Mo·nu·ment [monu'mɛnt] ‹-s, -e› *n* monument; **mo·nu·men·tal** *adj* monumental.

Moor [mo:ɐ] ‹-(e)s, -e› *n* bog; *(Hoch~)* moor.

Moos[1] *n sl (Geld)* dough.

Moos[2] [mo:s] ‹-es, (-e)› *n bot* moss; **moos·be·deckt** *adj* moss-covered.

Mop [mɔp] ‹-s, -s› *m* mop.

Mo·ped ['mo:pɛt] ‹-s, -s› *n* moped.

Mops [mɔps, *pl* 'mœpsə] ‹-es, ⸚e› *m* **1.** *zoo* pug; **2.** *fig fam* dumpling.

mop·sen ['mɔpsn] *tr fam* pinch (*jdm*

etw someone s.th. *od* s.th. from s.o.).

Mo·ral [mo'ra:l] ⟨-⟩ *f* moral standards *pl; (e-r Geschichte)* moral; ▶ **e-e lockere ~** loose morals *pl;* **e-e doppelte ~** double standards *pl;* **mo·ra·lisch** *adj* moral; ▶ **kannst du das ~ vertreten?** do your morals allow you to do that? **sich über etw ~ entrüsten** moralize about s.th.; **Mo·ral·pre·digt** *f:* ▶ **jdm e-e ~ halten** give s.o. a sermon.

Mo·rä·ne [mo'rɛ:nə] ⟨-, -n⟩ *f geol* moraine.

Mo·rast [mo'rast, *pl* mo'rɛstə] ⟨-(e)s, -e/⸚e⟩ *m a. fig* morass, mire.

Mor·chel ['mɔrçəl] ⟨-, -n⟩ *f bot* morel.

Mord [mɔrt] ⟨-(e)s, -e⟩ *m* murder; ▶ **e-n ~ begehen** commit a murder; **das gibt ~ u. Totschlag!** there'll be hell to pay! **Mord·an·kla·ge** *f:* ▶ **~ erheben** *Br* lay a murder charge, *Am* lay a charge of homicide; **Mord·an·schlag** *m:* ▶ **e-n ~ auf jdn verüben** carry out an assassination attempt on s.o.; **Mord·dro·hung** *f* murder threat.

mor·den ['mɔrdən] *tr itr* kill, murder.

Mör·der(in) ['mœrdɐ] *m (f)* murderer (murderess); **Mör·der·ban·de** *f* gang of killers.

mör·de·risch *adj* **1.** *(gräßlich)* murderous; **2.** *(rücksichtslos)* cutthroat.

Mord·fall *m Br* murder (*Am* homicide) case; **Mord·kom·mis·sion** *f Br* murder squad, *Am* homicide division.

Mords·glück *n fam* amazing luck; **Mords·kerl** ['-'-] *m fam* hell of a guy; **Mords·krach** ['-'-] *m fam* terrible din; **mords·mä·ßig** *adj fam* incredible; **Mords·wut** ['-'-] *f fam:* ▶ **e-e ~ im Bauch haben** be in a hell of a rage.

Mord·ver·dacht *m:* ▶ **unter ~ stehen** be suspected of murder; **Mord·ver·such** *m* murderous attempt; **Mord·waf·fe** *f* murder weapon.

mor·gen ['mɔrgən] *adv* **1.** tomorrow; **2.**: **heute (gestern) ~** this (yesterday) morning; ▶ **~ in e-r Woche** a week tomorrow; **~ ist er e-e Woche da** he'll have been here a week tomorrow; **von ~ an** as from tomorrow; **reicht es noch bis ~?** will tomorrow do? **bis ~!** see you tomorrow!

Mor·gen[1] *m (Feldmaß)* acre.

Mor·gen[2] ⟨-s, -⟩ *m (Tageszeit)* morning; ▶ **am ~** in the morning; **der ~ däm·merte** morning dawned; **am frühen ~** early in the morning; **früh um 7 am ~** at 7 in the morning; **am nächsten ~** the morning after; **Mor·gen·däm·me·rung** *f* dawn.

mor·gend·lich ['mɔrgəntlɪç] *adj* morning.

Mor·gen·grau·en *n* daybreak; ▶ **im ~** in the first light of dawn; **Mor·gen·gym·na·stik** *f:* ▶ **~ machen** do one's morning exercises *pl;* **Mor·gen·luft** ⟨-⟩ *f* early morning air; ▶ **~ wittern** *fig fam* see one's chance; **Mor·gen·man·tel** *m* dressing gown; **Mor·gen·muf·fel** *m fam:* ▶ **ein ~ sein** be terribly grumpy in the morning; **Mor·gen·rock** *m* housecoat; **Mor·gen·rot** *n* dawn.

mor·gens *adv* in the morning.

Mor·gen·zug *m rail* early train.

mor·gig ['mɔrgɪç] *adj* **1.** *(von morgen)* tomorrow's; **2.** *(am nächsten Tag)* tomorrow; ▶ **unser ~er Ausflug** our trip tomorrow; **der ~e Tag** tomorrow.

Mor·phi·um ['mɔrfiʊm] ⟨-s⟩ *n* morphine; **mor·phi·um·süch·tig** *adj* addicted to morphine.

morsch [mɔrʃ] *adj* rotten.

Mor·se·al·pha·bet *n* Morse code; **Mor·se·ap·pa·rat** *m* Morse telegraph.

mor·sen ['mɔrzən] **I** *tr* send in Morse; **II** *itr* send a message in Morse (code).

Mör·ser ['mœrzɐ] ⟨-s, -⟩ *m a. mil* mortar.

Mor·se·zei·chen *n* Morse signal.

Mör·tel ['mœrtəl] ⟨-s⟩ *m* mortar; **Mör·tel·kel·le** *f* trowel.

Mo·sa·ik [moza'i:k] ⟨-s, -en/(-e)⟩ *n* mosaic; **Mo·sa·ik·fuß·bo·den** *m* mosaic floor.

Mo·schee [mɔ'ʃe:] ⟨-, -n⟩ *f* mosque.

Mo·schus ['mo:ʃʊs] ⟨-⟩ *m* musk.

Mö·se ['mø:zə] ⟨-, -n⟩ *f Br* twat, *Am* snatch.

mo·sern ['mo:zɐn] *itr fam* gripe.

Mos·kau ['mɔskaʊ] *n* Moscow.

Mos·ki·to [mɔs'ki:to] ⟨-s, -s⟩ *m zoo* mosquito; **Mos·ki·to·netz** *n* mosquito-net.

Mos·lem ['mɔslɛm] ⟨-s, -s⟩ *m* Muslim.

Most [mɔst] ⟨-(e)s, -e⟩ *m* **1.** *(Saft)* fruit juice; **2.** *(Wein~)* must.

Mo·tel ['mo:tɛl] ⟨-s,-s⟩ *n* motel.

Mo·tiv [mo'ti:f] ⟨-s, -e⟩ *n* **1.** *(Beweggrund)* motive; **2.** *(Gegenstand)* subject; **3.** *(Malerei, mus)* motif, theme; ▶ **ohne ~** motiveless; **Mo·ti·va·tion** [motiva'tsio:n] ⟨-, -en⟩ *f* motivation.

mo·ti·vie·ren [moti'vi:rən] *tr* **1.** *(anregen)* motivate; **2.** *(begründen)* give reasons (*etw* for s.th.); **Mo·ti·vie·rung** *f* **1.** *(Motiv)* motive; **2.** *(Vorgang)* motivation.

Mo·tor ['mo:tɔr/mo'to:ɐ] ⟨-s, -en⟩ *m mot* engine; **Mo·tor·block** *m mot* engine block; **Mo·tor·boot** *n* motorboat; **Mo·to·ren·ge·räusch** *n* sound of an (*od* the) engine; **Mo·tor·hau·be** *f mot Br* bonnet, *Am* hood.

mo·to·ri·sie·ren [motori'zi:rən] **I** *tr* motorize; **II** *refl* get motorized.

Mo·tor·lei·stung *f* engine performance; **Mo·tor·rad** *n* motorbike; **Mo·tor·rad·fah·rer(in)** *m (f)* motorcyclist; **Mo·tor·rad·ren·nen** *n* motorcycle race; **Mo·tor·raum** *m* engine compartment; **Mo·tor·rol·ler** *m* scooter; **Mo·tor·sä·ge** *f* power saw; **Mo·tor·scha·den** *m* engine trouble; **Mo·tor·schlit·ten** *m* motorized sleigh.

Mot·te ['mɔtə] ⟨-, -n⟩ *f zoo* moth; ▶ **von ~ zerfressen;** moth-eaten; **Mot·ten·ku·gel** *f* mothball.

Mot·to ['mɔto] ⟨-s, -s⟩ *n* **1.** *(persönlicher Wahlspruch)* motto; **2.** *(Wahlspruch in Buch, für Gedicht)* epigraph.

mot·zen ['mɔtsən] *itr sl* beef; ▶ **was hast du zu ~?** what are you beefing about?

Mö·we ['mø:və] ⟨-, -n⟩ *f orn* seagull.

Mücke (k·k) ['mʏkə] ⟨-, -n⟩ *f zoo* gnat, midge; **Mücken·stich (k·k)** *m* gnat bite.

Mucks [mʊks] *m fam:* ▶ **keinen ~ sagen** not to make a sound; **ohne e-n ~** without a murmur; **muck·sen** *refl fam:* ▶ **sich nicht ~** not budge; **mucks·mäus·chen·still** ['mʊks'mɔɪsçən'ʃtɪl] *adj fam* as quiet as a mouse.

mü·de ['my:də] *adj* **1.** *(schläfrig)* tired; **2.** *fig (überdrüssig)* tired, weary; ▶ **mit ~r Stimme** tiredly; **er wird es nie ~, über Politik zu sprechen** he never tires of talking about politics; **Mü·dig·keit** *f* tiredness.

Muff[1] [mʊf] ⟨-(e)s, -s⟩ *m (Handwärmer)* muff.

Muff[2] ⟨-s⟩ *m fam (muffiger Geruch)* musty smell.

Muf·fe ['mʊfə] ⟨-, -n⟩ *f tech* sleeve; ▶ **~ haben** *fig sl* have the shits *pl.*

Muf·fel ['mʊfəl] ⟨-s, -⟩ *m fam* drip, wet blanket.

Muf·fen·sau·sen *n sl:* ▶ **~ haben** be scared stiff.

muf·fig *adj* **1.** *(Geruch)* musty; **2.** *(mürrisch)* grumpy.

Mü·he ['my:ə] ⟨-, -n⟩ *f* trouble; ▶ **mit Müh und Not** with great difficulty; **er machte sich nicht die ~, höflich zu sein** he made no effort to be polite; **es kostet einige ~, ...** it's an effort ...; **sich ~ geben, etw zu tun** be at pains to do s.th.; **das hast du nun für deine ~!** see what you get for your pains! **das ist nicht der ~ wert** it's not worth the trouble; **jdm viel ~ machen** put s.o. to a lot of trouble; **mü·he·los** *adj* effortless; **mü·he·voll** *adj* laborious.

Müh·le ['my:lə] ⟨-, -n⟩ *f* **1.** mill; **2.** *(Kaffee~)* grinder; **3.** *(Spiel)* nine men's morris; **4.** *aero fam* bus, crate; **Mühl·rad** *n* mill wheel; **Mühl·stein** *m* millstone.

müh·sam I *adj* arduous; **II** *adv* with difficulty.

müh·se·lig *adj* toilsome.

Mu·lat·te (Mu·lat·tin) [mu'latə] ⟨-n, -n⟩ *m (f)* mulatto.

Mul·de ['mʊldə] ⟨-, -n⟩ *f* hollow.

Mull [mʊl] ⟨-(e)s, -e⟩ *m* muslin; *med* gauze.

Müll [mʏl] ⟨-(e)s⟩ *m Br* refuse, rubbish, *Am* garbage; ▶ **etw in den ~ werfen** throw s.th. out; **Müll·ab·fuhr** *f Br* refuse (*Am* garbage) collection; **Müll·ab·la·de·platz** *m* rubbish dump; **Müll·auf·be·rei·tung** *f* waste treatment; **Müll·auf·be·rei·tungs·an·la·ge** *f* waste-treatment plant; **Müll·berg** *m* rubbish heap; **Müll·be·sei·ti·gung** *f Br* refuse (*Am* garbage) disposal.

Mull·bin·de *f med* gauze bandage.

Müll·con·tai·ner *m* waste container, rubbish (*Am* garbage) container; **Müll·de·po·nie** *f Br* waste disposal site, *Am* sanitary landfill; **Müll·ei·mer** *m Br* rubbish bin, *Am* garbage can.

Mül·ler(in) ['mʏlɐ] ⟨-s, -⟩ *m (f)* miller.

Müll·hau·fen *m Br* rubbish (*Am* garbage) heap; **Müll·kom·po·stie·rung** *f* waste composting; **Müll·schlucker (k·k)** *m Br* refuse chute, *Am* garbage disposal unit; **Müll·sor·tier·an·la·ge** *f* refuse-sorting plant; **Müll·ton·ne** *f Br* dustbin, *Am* ashcan (*od* trashcan); **Müll·ver·bren·nungs·an·la·ge** *f* incinerating plant; **Müll·ver·wer·tung** *f Br* refuse (*Am* garbage) utilization; **Müll·ver·wer·tungs·an·la·ge** *f* waste reprocessing plant; **Müll·wa·gen** *m Br* dust-cart, *Am* garbage truck.

mul·mig ['mʊlmɪç] *adj fam:* ▶ **mir wird ganz ~ zumute** I'm feeling queasy.

Mul·ti ⟨-s, -s⟩ *m com fam* multinational; **mul·ti·kul·tu·rell** *adj (Gesellschaft etc)* multicultural, multiracial.

mul·ti·na·tio·nal [mʊltinatsio'nɑ:l] *adj* multinational; ▶ **~er Konzern** multinational company; **~e Friedenstruppe** *pol* multinational peace-keeping force.

Mul·ti·pli·ka·tion [mʊltiplika'tsjo:n] *f* multiplication; **mul·ti·pli·zie·ren** *tr a. fig* multiply (*mit* by).

Mul·ti·ta·lent *n* all-rounder.

Mu·mie ['mu:miə] ⟨-, -n⟩ *f* mummy.

Mumm [mʊm] ⟨-s⟩ *m fam:* ▶ **die hat ~ (in den Knochen)**she's got guts *pl.*

Mumps [mʊmps] ⟨-⟩ *m med* mumps.

Mund [munt, *pl* 'mʏndɐ] ⟨-(e)s, ⸚er⟩ *m* mouth; ▶ **halt den ~!** shut up! **jdm den ~ verbieten** order s.o. to be quiet; **jdm nach dem ~ reden** say what s.o. wants to hear; **du nimmst den ~ ganz schön voll!** you're talking pretty big! **da läuft e-m ja das Wasser im ~e zusammen!** that looks (*od* smells) really mouthwatering! **den ~ auftun** *fam* speak out; **jdm etw in den ~ legen** *fig* put s.th. into someone's head; **sich etw vom ~e absparen** stint o.s. for s.th.; **sich den ~ fusselig reden** *fam* talk o.s. blue in the face; **Mund·art** *f* dialect; **Mund·du·sche** *f* water jet.

mun·den ['mʊndən] *itr:* ▶ **sich etw ~ lassen** savour s.th.

mün·den ['mʏndən] *itr* **1.** *(Wasserlauf)* flow (*in* into); **2.** *(Weg etc) a. fig* lead (to).

Mund·ge·ruch ‹-(e)s› *m* bad breath.

Mund·har·mo·ni·ka *f mus* mouth organ.

mün·dig ['mʏndɪç] *adj.* **1.** *jur* of age; **2.** *(verantwortungsbewußt)* responsible; ▶ **jdn für ~ erklären** declare s.o. of age; **Mün·dig·keit** *f* majority.

münd·lich ['mʏntlɪç] *adj* verbal; ▶ **~e Prüfung** oral examination (*od* test); **alles weitere ~!** I'll tell you the rest when I see you!

Mund·pro·pa·gan·da *f* verbal propaganda; **Mund·stück** *n* **1.** *(von Zigarette)* tip; **2.** *mus (von Blasinstrument)* mouthpiece; **mund·tot** *adj:* ▶ **jdn ~ machen** muzzle s.o.

Mün·dung ['mʏndʊŋ] *f* mouth; *(von Schußwaffe)* muzzle; **Mün·dungs·feu·er** *n* flash from the muzzle.

Mund·was·ser *n* mouthwash; **Mund·werk** *n:* ▶ **ein großes ~ haben** have a big mouth; **Mund·win·kel** *m* corner oft the mouth; **Mund-zu-Mund-Be·at·mung** *f* mouth-to-mouth resuscitation.

Mu·ni·ti·on [muni'tsjo:n] *f a. fig* ammunition; **Mu·ni·tions·nach·schub** *m* ammunition supply.

mun·keln ['mʊŋkəln] *itr:* ▶ **man munkelt, daß ...** there is a rumour that ...

Mun-Sek·te *f* Moonies *pl.*

Mün·ster ['mʏnstɐ] ‹-s, -› *n arch eccl* cathedral, minster.

mun·ter ['mʊntɐ] *adj* **1.** *(lebhaft)* lively; *(lustig)* cheerful, merry; **2.** *(wach)* awake; ▶ **gesund u. ~** safe and sound; **Mun·ter·keit** *f (Lebendigkeit)* liveliness; **Mun·ter·ma·cher** *m med fam* stimulant; pick-me-up *fam.*

Münz·au·to·mat *m* slot machine.

Mün·ze ['mʏntsə] ‹-, -n› *f* **1.** *(Geldstück)* coin; **2.** *(Prägestätte)* mint; ▶ **Worte für bare ~ nehmen** take words at their face value; **jdm etw mit gleicher ~ heimzahlen** pay s.o. back in his own coin for s.th.; **Münz·ein·wurf** *m* coin slot.

mün·zen *tr* coin, mint; ▶ **das ist auf dich gemünzt** that's aimed at you.

Münz·fern·spre·cher *m tele* **1.** *(Gerät)* pay phone; **2.** *(Zelle)* callbox; **Münz·samm·lung** *f* coin (*od* numismatic) collection; **Münz·tank** *m mot* coin-operated *Br* petrol (*Am* gas) pump; **Münz·wechs·ler** *m* change machine.

mür·be ['mʏrbə] *adj* **1.** *(krümelig)* crumbly; **2.** *(zart)* tender; **3.** *(brüchig)* brittle; **4.** *fig* worn-down; ▶ **jdn ~ machen** *fig* wear s.o. down; **~ werden** *fig* be worn down; **Mür·be·teig** *m* short pastry.

mur·meln ['mʊrməln] *itr* murmur; *(unverständlich)* mumble, mutter.

Mur·mel·tier *n zoo* marmot; ▶ **wie ein ~ schlafen** *fig fam* sleep like a top.

mur·ren ['mʊrən] *itr* grumble (*über* at).

mür·risch ['mʏrɪʃ] *adj* **1.** *(übelgelaunt)* grumpy; **2.** *(abweisend)* morose, sullen.

Mus [mu:s] ‹-es, -e› *n* mush.

Mu·schel ['mʊʃəl] ‹-, -n› *f* **1.** *zoo* mussel; **2.** *(~schale)* shell; **3.** *tele* mouthpiece.

Mu·se ['mu:zə] ‹-, -n› *f* Muse.

Mu·se·um [mu'ze:ʊm] ‹-s, -seen› *n* museum.

Mu·sik [mu'zi:k] ‹-, -en› *f* music; ▶ **~ machen** play some music; **Mu·sik·aka·de·mie** *f* academy of music.

mu·si·ka·lisch *adj* musical.

Mu·si·kant(in) *m (f)* musician.

Mu·sik·be·glei·tung *f:* ▶ **mit ~** accompanied by music; **Mu·sik·box** *f* juke box; **Mu·sik·cas·set·te** *f* music cassette; **Mu·sik·hoch·schu·le** *f* college of music; **Mu·sik·in·stru·ment** *n* musical instrument; **Mu·sik·ka·pel·le** *f* band; **Mu·sik·leh·rer(in)** *m (f)* music teacher; **Mu·sik·stück** *n* piece of music; **Mu·sik·un·ter·richt** *m* musical lessons *pl.*

mu·si·zie·ren [muzi'tsi:rən] *itr* play instruments.

Mus·ka·tel·ler [mʊska'tɛlɐ] ‹-s, -› *m* *(Weinsorte)* muscatel.

Mus·kat·nuß [mʊs'ka:t-] *f* nutmeg.

Mus·kel ['mʊskəl] ‹-s, -n› *m anat* muscle; **Mus·kel·ka·ter** *m fam* aching muscles *pl;* ▶ **~ haben** be stiff; **Mus·kel·protz** *m fam* muscleman; **Mus·kel·zer·rung** *f* pulled muscle.

mus·ku·lös [mʊsku'lø:s] *adj* muscular; ▶ **~ gebaut sein** have a muscular build.

Muß [mʊs] ‹-› *n:* ▶ **es ist kein ~** it's not a must.

Mu·ße ['mu:sə] ‹-› *f* leisure; ▶ **dafür habe ich keine ~** I don't have the time (for it).

Muß·ehe ['mʊsˌe:ə] *f fam* shot-gun wedding.

müs·sen ['mʏsən] ‹muß, mußte, gemußt› *itr* **1.** *(gezwungen sein)* have to, must; **2.** *(eigentlich sollen)* ought to, should; ▶ **ich muß es nicht tun** I don't have to do it; **mußt du jetzt unbedingt gehen?** have you got to go now? **wir mußten diese Woche schon zweimal zu ihm** we've had to go and see him twice this week; **das muß leider sein** I'm afraid it has to be; **ich muß es wohl verloren haben** I must have lost it; **es ~ fünf gewesen sein** there must have been five of them; **natürlich mußte sie gerade jetzt kommen** she must come just now; **das hätte man tun ~** this ought to have been done; **sein Gesicht hätten Sie sehen ~** you ought to have seen his face; **ich hätte es tun ~** I should have done it; **das müßte eigentlich reichen** this should be enough.

Mu·ße·stun·den *pl* leisure hours.

mü·ßig ['my:sıç] *adj* **1.** *(untätig)* idle; **2.** *(überflüssig)* pointless.

Mu·ster ['mʊstɐ] ‹-s, -› *n* **1.** *(Probestück)* sample; **2.** *(Stoff~)* pattern; **3.** *fig (Vorbild)* model (*an* of); ► **als ~ dienen** serve as a model; **Mu·ster·bei·spiel** *n* classic example; **Mu·ster·ex·em·plar** *n* fine specimen; **mu·ster·gül·tig** *adj* exemplary; **Mu·ster·haus** *n* show house; **Mu·ster·kna·be** *m* paragon.

mu·stern ['mʊstɐn] *tr* **1.** *(kritisch betrachten)* scrutinize; **2.** *mil (auf Wehrdiensttauglichkeit prüfen):* ► **jdn ~** give s.o. his medical.

Mu·ster·packung (k·k) *f* sample pack; **Mu·ster·schü·ler** *m* star pupil.

Mu·ster·ung *f* **1.** *(Wehrdienst~)* medical examination for military service; **2.** *(Durchsicht)* examinaton; ► **nach eingehender ~** on thorough inspection.

Mut [mu:t] ‹-(e)s› *m* courage; ► **ich habe einfach nicht den ~, nein zu sagen** I don't have the courage to refuse; **den ~ verlieren** lose one's courage; **nur ~!** take courage! **jdm ~ machen** encourage s.o.

mu·tig *adj* brave, courageous.

mut·los *adj* discouraged; ► **jdn ~ machen** discourage s.o.; **Mut·lo·sig·keit** *f* discouragement.

mut·ma·ßen ['mu:tma:sən] *tr itr* conjecture; ► **über das, was folgt, kann man nur ~** what will come next is a matter of conjecture; **mut·maß·lich** *adj attr* most probable.

Mut·pro·be *f* test of courage.

Mut·ter[1] ‹-, -n› *f tech* nut.

Mut·ter[2] ['mʊtɐ, *pl* 'mʏtɐ] ‹- ⁼› *f (Elternteil)* mother; ► **wie e-e ~ zu jdm sein** be like a mother to s.o.

Müt·ter·chen ['mʏtɐçən] *n (alte Frau)* granny.

Mut·ter·er·de *f* **1.** *(Mutterboden)* topsoil; **2.** *fig (Heimaterde)* native soil; **Mut·ter·ge·sell·schaft** *f com* parent company; **Mut·ter·got·tes** ['--'--] ‹-› *f rel* Mother of God; **Mut·ter·kom·plex** *m psych* mother complex; **Mut·ter·land** *n* mother country.

müt·ter·lich ['mʏtɐlıç] *adj* maternal, motherly; **müt·ter·li·cher·seits** *adv* on someone's (*od* one's) mother side; ► **meine Großeltern ~** my maternal grandparents.

Mut·ter·mal ‹-s, -e› *n* birthmark, mole; **Mut·ter·milch** *f* mother's milk; **Mut·ter·schaft** *f* motherhood, maternity; **Mut·ter·schafts·geld** *n* maternity grant; **Mut·ter·schafts·ur·laub** *m* maternity leave; **Mut·ter·schutz** *m* maternity regulations *pl.*

mut·ter·see·len·al·lein ['-----'-] *adj adv* all alone.

Mut·ter·söhn·chen *n fam pej* mummy's boy; **Mut·ter·spra·che** *f* mother tongue, native language; **Mut·ter·sprach·ler(in)** *m (f)* native speaker; **Mut·ter·tag** *m* Mother's Day.

Mut·ti ['mʊti] ‹-, (s)› *f fam Br* mummy, *Am* mommy.

mut·wil·lig ['mu:tvılıç] *adj* **1.** *(übermütig)* mischievous; **2.** *(in böser Absicht)* malicious.

Müt·ze ['mʏtsə] ‹-, -n› *f* cap; ► **was auf die ~ kriegen** *fam* get a ticking-off.

Mwst *f fin Abk von* **Mehrwertsteuer** VAT.

Myr·te ['mʏrtə] ‹-, -n› *f bot* myrtle.

my·ste·ri·ös [mʏsteri'ø:s] *adj* mysterious.

My·stik *f* mysticism.

My·tho·lo·gie [mytolo'gi:] *f* mythology.

My·thos ['my:tɔs] ‹-, -then› *m* **1.** *(Gerücht)* myth; **2.** *(Sage)* story, legend.

N

N, n [ɛn] ⟨-, -⟩ *n* N, n.

na [na(:)] *interj fam* well; ► ~ **also!** ~ **eben!** ~ **bitte!** there you are! ~, **wenn schon** even so; ~ **und?** so what? ~, **und ob!** you bet! ~, **dann nicht!** all right, have it your way! ~ **warte!** just you wait! ~ **so was!** well, I never! ~, **wird's bald?** well, how much longer are you going to take?

Na·be ['na:bə] ⟨-, -n⟩ *f (Rad~)* hub.

Na·bel ['na:bəl] ⟨-s, -⟩ *m* **1.** *anat* navel, umbilicus; **2.** *fig (Zentrum)* hub; **Na·bel·schnur** *f med* umbilical cord.

nach [na:x] **I** *prp* **1.** *(zeitlich, a. der Reihenfolge ~)* after; **2.** *(die Richtung angebend)* to; **3.** *(gemäß)* according to; *(in Anlehnung an)* after; ► ~ **jdm (etw) suchen** look for s.o. (s.th.); **sich sehnen** ~ ... long for ...; **riechen (schmecken)** ~ ... smell (taste) of ...; ~ **zwanzig Minuten** after twenty minutes; **sieben Minuten** ~ **neun** seven minutes *Br* past (*Am* after) nine; **zahlbar** ~ **Empfang** payable on receipt; **e-r** ~ **dem anderen** one after the other; **gehen Sie bitte** ~ **hinten (vorn)** please go to the back (front); **der Zug** ~ **Manchester** the train for Manchester; **ich ziehe** ~ **München** I'll move to Munich; ~ **Hause** home; ~ **dem Gesetz** according to the law; ~ **e-m alten chinesischen Märchen** according to an old Chinese fairy-tale; **jdn (etw)** ~ **jdm benennen** name s.o. (s.th.) *Br* after (*Am* for) s.o.; **aller Wahrscheinlichkeit** ~ in all probability; **es sieht** ~ **Regen aus** it looks like rain; **II** *adv* **1.** *(zeitlich):* ► ~ **u.** ~ little by little; ~ **wie vor** still; **2.** *(räumlich):* ► **wir müssen ihm** ~ we must follow him.

nach|äf·fen ['na:xɛfən] *tr (etw nachmachen)* ape; *(jdn karikieren)* mimic.

nach|ah·men ['na:xa:mən] *tr* imitate; **nach·ah·mens·wert** *adj* exemplary; **Nach·ah·mung** *f* imitation; **Nach·ah·mungs·trieb** *m* imitative impulse.

Nach·bar(in) ['naxba:ɐ] ⟨-n/-s, -n⟩ *m (f)* neighbour; **Nach·bar·haus** *n* neighbouring house, house next door; **nach·bar·lich** *adj* **1.** *(benachbart)* neighbouring; **2.** *(nachbarschaftlich)* neighbourly; **Nach·bar·schaft** *f* neighbourhood; **Nach·bar·staat** *m* neighbouring state.

Nach·be·hand·lung *f a. med* aftertreatment.

nach|be·stel·len *tr* order some more, reorder; **Nach·be·stel·lung** *f* **1.** *(Wiederholungsbestellung)* repeat order; **2.** *(nachträgliche Bestellung)* later order.

nach|be·ten *tr fig fam* parrot; ► **mußt du ihm denn immer alles** ~? do you have to repeat everything he says parrot-fashion?

nach|bezahlen I *tr* pay later; **II** *itr* pay the rest.

nach|bil·den *tr* copy; **Nach·bil·dung** *f* imitation, copy.

nach|da·tie·ren *tr* postdate.

nach·dem [na:x'de:m] *conj* after; ► **je** ~ it (all) depends; **je** ~, **wie** ... depending on how ...

nach|den·ken *irr itr* think (*über* about); **nach·denk·lich** *adj* pensive, thoughtful.

Nach·druck¹ ⟨-(e)s⟩ *m* **1.** *(Tatkraft)* energy, vigour; **2.** *(Betonung)* emphasis, stress; ► **besonderen** ~ **auf etw legen** emphasize (*od* stress) s.th. particularly; **mit** ~ **arbeiten** work with vigour.

Nach·druck² ⟨-(e)s, -e⟩ *m typ* **1.** *(das ~en)* reprinting; **2.** *(das Nachgedruckte)* reprint; ► ~ **verboten** no part of this publication may be reproduced without the prior permission of the publisher; **nach|drucken (k·k)** *tr* reprint.

nach·drück·lich ['na:xdrʏklɪç] *adj* emphatic.

nach|ei·fern *itr:* ► **jdm** ~ emulate s.o.

nach|ei·len ⟨sein⟩ *itr* run after (*jdm* s.o., *e-r Sache* s.th.).

nach·ein·an·der ['--'--] *adv* **1.** *(räumlich)* one after another; **2.** *(zeitlich)* in succession.

nach|emp·fin·den *irr tr* **1.** *(nachfühlen)* feel; **2.** *(anpassen, nachgestalten)* adapt (*etw e-r Sache* s.th. from s.th.); ► **können Sie meine Wut** ~? can you really feel my rage? **das kann ich Ihnen** ~ I can understand your feelings.

nach|er·zäh·len *tr* retell; **Nach·er·zäh·lung** *f* retelling; *päd (e-r Geschichte)* reproduction.

Nach·fol·ge *f* **1.** *(Amts~ etc)* succession; **2.** *fig (das Nacheifern)* emulation; **3.** *(im Zssgn)* follow-up; ► **die (jds)** ~ **antreten** succeed (s.o.); ~ **Christi** imitation of Christ; **Nach·fol·ge·mo·dell** *n (von Produkt, Auto)* successor, follow-up model; **nach|fol·gen** ⟨sein⟩ *itr a. fig* follow (*jdm* s.o.); **Nach·fol·ger(in)** *m (f)* **1.** *(Amts~)* successor; **2.** *fig (Nacheiferer)* follower.

nach|for·dern *tr* demand an extra;

Nach·for·de·rung *f* subsequent demand.
nach|for·schen *itr* investigate, try to find out; **Nach·for·schung** *f Br* enquiry, *Am* inquiry; *(amtliche ~)* investigation; ▶ **~en anstellen** make *Br* enquiries (*Am* inquiries) (*bezüglich* into).
Nach·fra·ge *f* **1.** *(Erkundigung) Br* enquiry, *Am* inquiry; **2.** *com* demand (*nach od in* for); **Nach·fra·ge·in·fla·tion** *f* demand inflation; **nach|fra·gen I** *itr* ask, *Br* enquire, *Am* inquire; **II** *tr com* ask for ...; **Nach·fra·ge·schub** *m* surge in demand; **Nach·fra·ge·über·hang** *m* surplus demand.
Nach·frist *f* extension.
nach|füh·len *tr* feel; ▶ **das kann ich dir ~** I can understand your feelings.
nach|fül·len *tr* **1.** *(Leeres wieder vollmachen)* refill; **2.** *(auf~)* top up.
nach|ge·ben *irr itr* **1.** *mot tech (federn)* give; **2.** *fig* give way (*jdm od e-r Sache* to s.o. *od* s.th.); **3.** *com fin (Kurse)* drop, fall.
Nach·ge·bühr *f* excess postage.
Nach·ge·burt *f med* afterbirth.
nach|ge·hen *irr itr* **1.** *(folgen)* follow (*jdm* s.o.); **2.** *(ausüben)* practise (*e-r Sache* s.th.); *(verfolgen: Studium, Interessen etc)* pursue (*e-r Sache* s.th.); **3.** *(erforschen)* investigate, look into (*e-r Sache* s.th.); **4.** *(nicht aus dem Sinn gehen)* haunt (*jdm* s.o.); **5.** *(Uhr)* be slow; ▶ **meine Uhr geht zehn Minuten nach** my watch is ten minutes slow.
Nach·ge·schmack *m a. fig* aftertaste.
nach·ge·wie·se·ner·ma·ßen ['-----'--] *adv* as has been proved; ▶ **er ist ~ schuldig** he has been proved guilty.
nach·gie·big ['na:xgi:bɪç] *adj* **1.** *fig (weich)* soft; *(entgegenkommend)* compliant; **2.** *(biegsam, elastisch)* pliable; **Nach·gie·big·keit** *f* **1.** *fig (Weichheit)* softness; *(Entgegenkommen, Konzilianz)* compliance; **2.** *(Biegsamkeit)* pliability.
nach|grü·beln *itr* muse (*über* about).
Nach·hall *m* **1.** reverberation; **2.** *fig (Anklang)* response (*auf* to); **nach|hal·len** *itr* reverberate.
nach·hal·tig ['na:xhaltɪç] *adj* **1.** *(andauernd)* lasting; **2.** *(ausdauernd)* sustained.
nach|hän·gen *irr itr:* ▶ **s-n Erinnerungen ~** indulge in one's memories.
nach|hel·fen *irr itr:* ▶ **jdm (e-r Sache) ~** give s.o. (s.th.) a helping hand.
nach·her [na:x'he:ɐ/'--] *adv (danach)* afterwards; *(später)* later; ▶ **bis ~!** *interj* so long! see you later!
Nach·hil·fe *f* **1.** *(Hilfe)* assistance, help; **2.** *(~unterricht)* extra (*od* private) tuition; **Nach·hil·fe·stun·de** *f* private lesson.
nach|hin·ken ⟨sein⟩ *itr fig fam* lag behind (*hinter jdm od etw* s.o. *od* s.th.).
Nach·hol·be·darf *m* pent-up demand (*an* for), need to catch up (*an* on), need to make up (*an* for).
nach|ho·len *tr* **1.** *(Versäumtes etc aufholen)* make up (for), catch up (on); **2.** *(später holen)* get over; ▶ **ein Jahr später holte er s-e Familie nach** a year later he got his family over.
Nach·hut ⟨-⟩ *f mil* rearguard.
nach|ja·gen ⟨sein⟩ *itr* **1.** chase after (*jdm od etw* s.o. *od* s.th.); **2.** *fig* pursue (*e-r Sache* s.th.).
nach|kau·fen *tr* **1.** *(zeitl.)* buy later; **2.** *(als Ersatz)* buy replacements (for); **Nach·kauf·ga·ran·tie** *f* availability guarantee.
Nach·kom·me ['na:xkɔmə] ⟨-n, -n⟩ *m* descendant; **nach|kom·men** ⟨sein⟩ *irr itr* **1.** *(später kommen)* come later; *(folgen)* follow (*jdm* s.o.); **2.** *(Schritt halten)* keep up (*mit* with); **3.** *fig (erfüllen)* comply with, fulfil (*e-r Sache* s.th.); **Nach·kom·men·schaft** *f* descendants *pl.*
Nach·kömm·ling ['na:xkœmlɪŋ] ⟨-s, -e⟩ *m* **1.** *(Nachkomme)* descendant; **2.** *hum (Nachzügler(in))* latecomer.
Nach·kriegs·deutsch·land *n* postwar Germany; **Nach·kriegs·zeit** *f* postwar period.
Nach·laß ['na:xlas] ⟨-sses, -sse/¨sse⟩ *m* **1.** *com (Preis~)* discount, reduction (*auf* on); **2.** *(Erbe)* estate; **nach|las·sen** *irr* **I** *tr* **1.** *(Preise)* reduce; **2.** *(lockern)* slacken; ▶ **20 % vom Verkaufspreis ~** give a 20 % discount on the retail price; **II** *itr* **1.** *(abnehmen, zurückgehen)* decrease; **2.** *(sich abschwächen, abklingen)* ease off; *(von Kälte)* abate; **3.** *(fallen: von Preisen)* drop, fall.
nach·läs·sig ['na:xlɛsɪç] *adj* careless, negligent; **Nach·läs·sig·keit** *f* carelessness, negligence.
nach|lau·fen ⟨sein⟩ *irr itr:* ▶ **jdm (e-r Sache) ~** *a. fig* run after s.o. (s.th.).
Nach·le·se *f* **1.** *(Ähren~)* gleaning; **2.** *fig (literarische ~)* further selection.
nach|lö·sen *rail* **I** *tr:* ▶ **eine Fahrkarte im Zug ~** buy a ticket on the train; **II** *itr (zwecks Weiterfahrt)* pay the excess fare.
nach|ma·chen *tr* **1.** *(nachahmen)* copy, imitate; **2.** *(fälschen)* forge; *(kopieren)* copy; **3.** *(parodieren)* mimic; ▶ **das soll mir mal jem ~!** I'd like to see anybody else do that!
nach|mes·sen *irr tr* **1.** *(zur Überprüfung)* check; **2.** *(noch einmal messen)* measure again.
Nach·mit·tag *m* afternoon; ▶ **am ~** in the afternoon; **am ~ des 10. März** on the afternoon of March 10th; **nach·mit·tag** *adv:* ▶ **heute ~** this afternoon; **gestern (morgen, Freitag** *etc*) **~**

yesterday (tomorrow, Friday *etc*) afternoon; **nach·mit·tags** *adv* in the afternoon; **Nach·mit·tags·vor·stel·lung** *f* matinée.

Nach·nah·me *f Br* cash (*Am* collect) on delivery (*Abk* C.O.D.); ▶ **etw per ~ schicken** send s.th. C.O.D.; **Nach·nah·me·ge·bühr** *f* C.O.D. charge.

Nach·na·me *m* last name, surname.

Nach·por·to *n* excess postage.

nach|prü·fen *tr* **1.** *(nochmals prüfen)* re-examine; **2.** *(überprüfen)* check; *(auf Richtigkeit)* verify; **Nach·prü·fung** *f* **1.** *(Überprüfung)* check (*e-r Sache* on s.th.); **2.** *(nochmalige Prüfung)* re-examination; *(spätere Prüfung)* later examination.

nach|rech·nen *tr itr* check.

Nach·re·de *f jur:* ▶ **üble ~** defamation of character; **nach|re·den** *tr (wiederholen)* repeat.

Nach·richt ['na:xrıçt] ‹-, -en› *f* **1.** *(Mitteilung)* message; **2.** *(Meldung)* (piece of) news *pl;* **3.** *(Bestätigung)* confirmation; ▶ **e-e ~** a message (*od* a piece of news); **die ~en** *pl radio TV* the news; **Nach·rich·ten·agen·tur** *f* news agency; **Nach·rich·ten·dienst** *m* **1.** *radio TV* news service; **2.** *mil pol* intelligence (service); **Nach·rich·ten·sa·tel·lit** *m* communications satellite; **Nach·rich·ten·sen·dung** *f radio TV* newscast; **Nach·rich·ten·sper·re** *f* news blackout; **Nach·rich·ten·spre·cher(in)** *m (f) radio TV Br* newsreader, *Am* newscaster; **Nach·rich·ten·tech·nik** *f* telecommunications *sing;* **Nach·rich·ten·we·sen** *n* communications *pl.*

nach|rücken (k·k) *itr* ‹sein› move up.

Nach·ruf *m* obituary.

nach|rü·sten I *tr (Gerät, Auto)* refit; **II** *itr mil* rearm, deplay new arms; **Nach·rü·stung** *f* **1.** *(von Gerät, Auto)* refitting; **2.** *mil* rearmament, deplayment of new arms.

nach|sa·gen *tr (nachsprechen, wiederholen)* repeat; **jdm etw ~** *(behaupten)* say s.th. of s.o.

Nach·sai·son *f* off-season, low season.

nach|schau·en I *tr* have a look at; **II** *itr* **1.** *(hinterhersehen)* gaze after (*jdm* s.o., *e-r Sache* s.th.); **2.** *(nachschlagen)* have a look.

nach|schicken (k·k) *tr (Briefe etc)* forward.

nach|schla·gen *irr* **I** *tr (Wort etc)* look up; **II** *itr (ähneln):* ▶ **jdm ~** take after s.o.; **Nach·schla·ge·werk** *n* reference book.

Nach·schlüs·sel *m* **1.** *(weiterer Schlüssel)* duplicate key; **2.** *(Dietrich)* skeleton key.

Nach·schrift *f* **1.** *(im Brief)* postscript (*Abk* P.S.); **2.** *(Abschrift)* transcript.

Nach·schub ‹-(e)s› *m mil* **1.** *(Verstärkung)* reinforcements *pl;* **2.** *(Verpflegung)* supplies *pl* (*an* of).

Nach·se·hen *n:* ▶ **das ~ haben** be left standing; **der allzu Bescheidene hat immer das ~** *prov* modesty will never get you what you deserve; **nach|se·hen** *irr* **I** *tr* **1.** *(nachschlagen)* look up; **2.** *(nachsichtig sein)* forgive (*jdm etw* s.o. for s.th.); **3.** *(überprüfen)* give a check; **II** *itr* **1.** *(hinterhersehen)* gaze after (*jdm* s.o., *e-r Sache* s.th.); **2.** *(nachschlagen)* have a look; **3.** *(überprüfen)* check.

Nach·sen·de·an·schrift *f* forwarding adress.

nach|sen·den *irr tr (Briefe etc)* forward; ▶ **bitte ~!** please forward! **nicht ~!** not to be forwarded!

Nach·sicht *f (Geduld)* forbearance, leniency; ▶ **~ haben (mit jdm)** be lenient (towards s.o.) *od* be forbearing (with s.o.); **nach·sich·tig** *adj* **1.** *(geduldig)* forbearing (*gegen od mit* with); **2.** *(mild)* lenient (*gegen od mit* towards).

Nach·sil·be *f ling* suffix.

nach|sit·zen *irr itr päd* be kept in, get detention; ▶ **jdn ~ lassen** keep s.o. in, give s.o. detention.

Nach·sor·ge *f med* after-care; **Nach·sor·ge·kli·nik** *f* after-care clinic.

Nach·spei·se *f* dessert, sweet.

Nach·spiel ‹-s› *n* **1.** *theat* epilogue; **2.** *mus* closing section; **3.** *fig* sequel; ▶ **ein tragisches ~ haben** *fig* have a tragic sequel.

nach|spie·len I *tr* play; **II** *itr sport* play extra time.

nach|spre·chen *irr tr itr* repeat (*jdm etw* s.th. after s.o., *jdm* what s.o. says).

nächst [nɛ:çst] *prp 1. (am ~en)* next to; **2.** *(außer)* aside from; **nächst·be·ste** ['-'--] *adj* first; **Näch·ste(r)** *f m* **1.** *(in der Reihenfolge)* next one; **2.** *fig (Mitmensch)* neighbour; **näch·ste** *adj* **1.** *(am ~n gelegen)* nearest; **2.** *(zeitlich od räumlich folgend)* next; **3.** *fig (eng: von Verwandtschaft etc)* closest; ▶ **aus ~r Nähe** from close by; **die ~ Umgebung** the immediate vicinity; **~n Mittwoch** next Wednesday; **in ~r Zukunft** in the near future; **Näch·sten·lie·be** *f* love for one's fellow men.

nach|ste·hen *irr itr* **1.** *(nachgestellt sein)* come after; **2.** *fig (geringer sein):* ▶ **jemandem (in etw) ~** be inferior to s.o. (in s.th.); **jdm in nichts ~** be someone's equal in every aspect.

nach|stel·len I *tr* **1.** *(nachstehen, folgen lassen)* put after; **2.** *tech (neu justieren)* re-adjust; *(Uhr)* put back; **II** *itr:* ▶ **jdm ~** *(ihn verfolgen)* pursue s.o.; *(ihn belästigen)* pester s.o.

Näch·sten·lie·be *f* **1.** *(Barmherzigkeit)* charity; **2.** *(Liebe zum Nächsten)* brotherly love.

näch·stens *adv* **1.** *(bald)* before long, soon; **2.** *(nächstes Mal)* next time.

nächst·lie·gend *adj attr fig* most obvious; ► **das N~e** the most obvious thing.

nach|su·chen *itr* **1.** *(suchen)* look (and see); **2.** *(ersuchen)* apply (*bei jdm um etw* to s.o. for s.th.).

Nacht [naxt, *pl* 'nɛçtə] ‹-, ⸚e› *f a. fig* night; ► **bei ~, des ~s, in der ~** at night; **es wird ~** it's getting dark; **bei ~ u. Nebel** *fig fam* at dead of night; **e-s ~s** one night; **in tiefster ~** at dead of night; **die ganze ~ hindurch** all night (long); **in e-r dunklen ~** on a dark night; **über ~** *a. fig* overnight; **diese ~** *(heute n~)* tonight; **vergangene ~** last night; **über ~ bleiben** stay the night; **gute ~!** good night; **na, dann gute ~!** *fam (ironisch)* nice prospects!

nacht *adv:* ► **heute ~** *(letzte N~)* last night; *(kommende N~)* tonight; **Dienstag ~** Tuesday night.

Nacht·ar·beit *f* night-work; **Nacht·blind·heit** *f* night blindness; **Nacht·creme** *f* night cream; **Nacht·dienst** *m* night duty.

Nach·teil *m* **1.** *(Gegenteil von Vorteil)* disadvantage; **2.** *(Schaden)* detriment; ► **jdm gegenüber im ~ sein** be at a disadvantage with s.o.; **zu jds ~** to someone's disadvantage (*od* detriment); **es soll bestimmt nicht dein ~ sein!** you certainly won't lose by it! **sich zu s-m ~ ändern** change for the worse; **nach·tei·lig** *adj* **1.** *(von Nachteil)* disadvantageous; **2.** *(ungünstig)* unfavourable.

näch·te·lang ['nɛçtə'laŋ] *adv* for nights on end.

Nacht·eu·le *f fig fam* night-bird; **Nacht·fal·ter** *m zoo* moth; **Nacht·flug·ver·bot** *n* ban on night flights; **Nacht·frost** *m* night frost; **Nacht·hemd** *n (Damen~)* nightdress, *fam* nightie; *(Herren~)* nightshirt.

Nach·ti·gall ['naxtɪgal] ‹-, -en› *f orn* nightingale.

Nach·tisch *m* dessert.

Nacht·klub *m* night club; **Nacht·la·ger** *n* place for the night; **Nacht·le·ben** *n* night life.

nächt·lich ['nɛçtlɪç] *adj attr* **1.** *(jede Nacht)* nightly; **2.** *(in der Nacht)* night; *(gehoben)* nocturnal.

Nacht·lo·kal *n* night spot; **Nacht·por·tier** *m* night porter.

Nach·trag ['na:xtra:k, *pl* 'na:xtrɛ:gə] ‹-(e)s, ⸚e› *m* **1.** *(zu e-m Buch)* supplement; *(zu e-m Manuskript)* addendum; **2.** *(zu e-m Brief)* postscript; **nach|tra·gen** *irr tr* **1.** *(hinterhertragen)* carry after; **2.** *(hinzufügen)* add; **3.** *fig:* ► **jdm etw ~** bear s.o. a grudge for s.th.; **nach·tra·gend** *adj* unforgiving.

nach·träg·lich ['na:xtrɛ:klɪç] *adj* **1.** *(zusätzlich)* additional; **2.** *(später)* later; **3.** *(verspätet)* belated; ► **~ herzlichen Glückwunsch** belated best wishes *pl.*

Nach·trags·haus·halt *m* supplementary budget.

nach|trau·ern *itr:* ► **jdm/e-r Sache ~** mourn the loss of s.o./s.th.

Nacht·ru·he *f* **1.** *(Schlaf in der Nacht)* sleep, night's rest; **2.** *(Schlafenszeit)* lights-out.

nachts ['naxts] *adv Br* at night, *Am* nights; ► **bis 2 Uhr ~** till two in the morning.

Nacht·schal·ter *m* night desk; **Nacht·schicht** *f* nightshift; ► **~ haben** be on nightshift; **nacht·schla·fend** *adj fam:* ► **zu ~er Zeit** in the very middle of the night; **aber doch nicht zu dieser ~en Zeit!** but not at this time of night! **Nacht·schwe·ster** *f* night nurse; **Nacht·spei·cher·ofen** *m el* storage heater; **Nacht·ta·rif** *m* night tariff; off-peak tariff; **Nacht·tisch** *m* bedside table; **Nacht·topf** *m* chamber pot; **Nacht·tre·sor** *m Br* night safe (*Am* depository); **Nacht-und-Ne·bel-Ak·tion** *f fam* cloak-and-dagger operation; **Nacht·vor·stel·lung** *f* late-night performance; **Nacht·wa·che** *f* **1.** *allg* night-watch; **2.** *(im Krankenhaus)* night duty; **Nacht·wäch·ter** *m (Wachmann)* night watchman; **Nacht·zeit** *f* night-time.

Nach·un·ter·su·chung *f med* check-up.

nach|voll·zie·hen *irr tr* comprehend.

nach|wach·sen ‹sein› *irr itr (wieder wachsen)* grow again.

Nach·wahl *f pol Br* by-election, *Am* special election.

Nach·we·hen *pl* **1.** *med* after-pains; **2.** *fig* after-effects, painful aftermath *sing.*

nach|wei·nen *itr* shed tears (*jdm od e-r Sache* over s.o. *od* s.th.).

Nach·weis ['na:xvaɪs] ‹-es, -e› *m* **1.** *(Beweis)* proof (*für, über* of); **2.** *(Bescheinigung)* certificate; ► **den ~ für etw führen** furnish proof of s.th.; **nach·weis·bar** *adj* **1.** *(beweisbar)* provable; **2.** *tech (auffindbar)* detectable; **nach|wei·sen** *irr tr* **1.** *(beweisen)* prove; **2.** *tech (Fehler etc auffinden)* detect; **nach·weis·lich** *adj* provable; ► **ein ~er Irrtum** a demonstrable error.

Nach·welt *f:* ► **die ~** posterity.

nach|wer·fen *irr tr:* ► **jdm etw ~** throw s.th. after s.o.; *fig fam* give s.o. s.th. on the cheap.

nach|win·ken *itr:* ► **jdm ~** wave (goodbye) to s.o.

nach|wir·ken *itr* go on to have an effect; **Nach·wir·kung** *f* **1.** *(weitere, spätere Wirkung)* after-effect; **2.** *fig (Auswirkung)* consequence.

Nach·wort ‹-(e)s, -e› *n* epilogue.

Nach·wuchs *m* **1.** *fig (beruflich)* young people *pl;* **2.** *hum (Nachkommen)* offspring *pl.*
nach|zah·len *tr itr* **1.** *(mehr zahlen)* pay extra; **2.** *(später zahlen)* pay later.
nach|zäh·len *tr itr* check.
Nach·zah·lung *f* additional payment.
nach|zeich·nen *tr* **1.** *(Umrisse)* go over; **2.** *(kopieren)* copy.
nach|zie·hen *irr* **I** *tr* **1.** *(Bein)* drag behind one; **2.** *(Striche)* go over; *(Augenbrauen)* pencil over; **3.** *(Schraube)* tighten up; **II** *itr* ⟨sein⟩ *(hinterherziehen)* follow (*jdm* s.o.).
Nach·zug *m:* ▶ ~ **von Familienangehörigen** reuniting of family members, family reunification.
Nach·züg·ler(in) ['na:xtsy:glɐ] *m (f) a. fig* latecomer.
Nacken (k·k) ['nakən] ⟨-s, -⟩ *m* neck; ▶ **jdn im ~ haben** *fig fam* have s.o. on one's tail; **die Furcht saß ihr im ~** *fig fam* she was frightened out of her wits.
nackt [nakt] *adj* **1.** *(Mensch)* naked, nude; **2.** *(entblößt, a. fig: unbewachsen etc)* bare; ▶ **jdn ~ ausziehen** strip s.o. naked; **Nackt·heit** *f* **1.** *(von Mensch)* nakedness, *(gehoben)* nudity; **2.** *fig (Kahlheit)* bareness.
Na·del ['na:dəl] ⟨-, -n⟩ *f* **1.** *allg (a. Näh~)* needle; **2.** *(Ansteck~, etc)* pin; **Na·del·baum** *m bot* conifer; **Na·del·drucker (k·k)** *m EDV* dot-matrix printer; **Na·del·filz** *m* needle felting; **Na·del·höl·zer** *pl* conifers; **Na·del·kis·sen** *n* pincushion; **Na·del·la·ger** *n tech* needle-roller bearing; **Na·del·öhr** ['na:dəlœ:ɐ] ⟨-s, (-e)⟩ *n* eye of a (*od* the) needle; **Na·del·stich** *m* **1.** *(Wunde)* prick; **2.** *(beim Nähen, a. med)* stitch; **3.** *fig* pinprick; **Na·del·wald** *m* coniferous forest.
Na·gel ['na:gəl, *pl* 'nɛ:gəl] ⟨-s, ⸚⟩ *m allg* nail; *(großer)* spike; *(hölzerner)* peg; ▶ **den ~ auf den Kopf treffen** *fig* hit the nail on the head; **⸚ mit Köpfen machen** *fig* do the job properly; **etw an den ~ hängen** *fig fam* chuck s.th. in; **sich etw unter den ~ reißen** *fig fam* pinch s.th.; **an den ⸚n kauen** bite one's nails; **dieses Problem brennt mir unter den ⸚n** *fig* this problem is preying on my mind; **Na·gel·bür·ste** *f* nailbrush; **Na·gel·fei·le** *f* nailfile; **Na·gel·lack** *m* nail varnish; **Na·gel·lack·ent·fer·ner** *m* nail polish (*od* varnish) remover; **na·geln** *tr* nail (*an, auf* (on)to); **na·gel·neu** ['--'-] *adj fam* brand-new; **Na·gel·sche·re** *f* nail-scissors *pl.*
na·gen ['na:gən] *itr tr* **1.** *a. fig* gnaw (*an* at); *(knabbern)* nibble (*an* at); **2.** *(zerfressen)* eat (*an* into); **na·gend** *adj* **1.** *(Hunger)* gnawing; **2.** *fig (Zweifel etc)* nagging; **Na·ger (Na·ge·tier)** *m (n) zoo* rodent.
nah [na:] ⟨neher, nechst⟩ **I** *adj* **1.** *(räumlich) pred* close, near; *attr* nearby; **2.** *(zeitlich)* approaching, *pred a.* near; **3.** *fig (eng, befreundet etc)* close; ▶ **jdm ~e sein** be near to s.o.; **der N~e Osten** the Middle East; **die ~e Zukunft** the near future; **von ~em** from close up; **II** *adv* **1.** *(räumlich)* close, near (*an, bei* to); **2.** *(zeitlich)* close; **3.** *fig (eng, intim etc)* closely; ▶ **~e liegend** nearby; **jdm zu ~e treten** *fig* offend s.o.; **~ bevorstehen** be approaching; **ich war ~e daran zu gehen** *fig* I was on the point of leaving; **III** *prp* close to, near; ▶ **ich war den Tränen ~e** I was on the verge of tears; **Nah·auf·nah·me** *f* close-up.
Nä·he ['nɛ:ə] ⟨-⟩ *f* **1.** *(räumlich)* nearness, proximity; *(Nachbarschaft)* neighbourhood, vicinity; **2.** *(zeitlich)* closeness; ▶ **es ist ganz in der ~** it is quite near; **ich habe ihn gern in meiner ~** I like to have him around; **in unmittelbarer ~ (jds** *od* **e-r Sache)** in close proximity (to s.o. *od* s.th.); **in der (unserer) ~** close by (us); **aus der ~** from close up.
na·he·bei ['na:ə'baɪ] *adv* nearby.
na·he|brin·gen *irr tr:* ▶ **jdm etw ~** bring s.th. home to s.o.
na·he|ge·hen *irr itr fig* affect (*jdm* s.o.).
na·he|kom·men *irr itr fig:* ▶ **einander (***od* **sich) ~** become close; **jdm (e-r Sache) ~** *(fast gleichen)* come close to s.o. (s.th.).
na·he|le·gen *tr fig* suggest (*jdm etw* s.th. to s.o.); **na·he|lie·gen** *irr itr fig* stand to reason, suggest itself; **na·he·lie·gend** *adj fig* manifest, obvious.
na·hen ['na:ən] *itr* ⟨sein⟩ *refl* ⟨h⟩ approach (*jdm* s.o., *e-r Sache* s.th.).
nä·hen ['nɛ:ən] *tr itr* **1.** *allg* sew; **2.** *med* suture.
nä·her ['nɛ:ɐ] **I** *adj* **1.** *(räumlich)* nearer (*jdm* to s.o., *e-r Sache* to s.th.); **2.** *(zeitlich)* closer; **3.** *fig (eingehender)* more detailed; ▶ **können Sie das näher beschreiben?** could you explain that in more detail? **4.** *fig (enger)* closer; ▶ **~e Umgebung** immediate vicinity; **II** *adv* **1.** *(räumlich, zeitlich)* closer, nearer; **2.** *fig (genauer)* more closely; **3.** *fig (eingehender)* in more detail; ▶ **das müssen wir uns einmal ~ ansehen** we ought to go into it; **~ kennenlernen** get to know better; **bitte treten Sie ~!** please step up! **~ kommen** come nearer.
Nä·he·re *n* details *pl;* ▶ **ich möchte Näheres darüber erfahren** I would like to know more about it.
Nah·er·ho·lung *f* local recreation; **Nah·er·ho·lungs·ge·biet** *n* recreational area (close to a town).
Nä·he·rin ['nɛ:ərɪn] *f* seamstress.
nä·her|kom·men *irr itr fig:* ▶ **jdm ~** get closer to s.o.; **das kommt der Sache schon näher** that's nearer the mark.

nä·hern ['nɛ:ɐn] **I** *refl* approach (*jdm* s.o., *e-r Sache* s.th.); **II** *tr* bring closer.

Nä·he·rungs·wert *m math* approximate value.

na·he|ste·hen *irr itr fig* **1.** *(e-m Menschen, e-r Idee)* be close to ...; **2.** *pol (sympathisieren)* sympathize with ...

na·he·zu ['na:ə'tsu:] *adv* almost, nearly.

Näh·garn *m (n)* (sewing) thread.

Nah·kampf *m* **1.** *mil* close combat; **2.** *sport* clinch.

Näh·ka·sten *m* sewing box; **Näh·korb** *m* work-basket; **Näh·ma·schi·ne** *f* sewing machine; **Näh·na·del** *f* (sewing) needle.

Nähr·bo·den *m* **1.** *chem* nutrient medium; **2.** *fig* breeding ground.

näh·ren ['nɛ:rən] **I** *tr* **1.** *(er~)* feed; **2.** *fig* cherish, foster; **II** *itr (nahrhaft sein)* be nourishing; **III** *refl* feed o.s.

nahr·haft ['na:ɐhaft] *adj* **1.** *(Essen)* nourishing, nutritious; **2.** *(Boden)* fertile.

Nähr·lö·sung *f* nutrient solution, substrate; **Nähr·salz** *n* nutritive salt; **Nähr·stoff** *m* nutrient; **nähr·stoff·arm** *adj* **1.** *(Gewässer)* oligotrophic; **2.** *(Nahrung)* low in calories; **nähr·stoff·reich** *adj* **1.** *(Gewässer)* eutrophic; **2.** *(Nahrung)* nutritious.

Nah·rung ['na:rʊŋ] *f* food; **Nah·rungs·ket·te** *f biol* food chain; **Nah·rungs·mit·tel** *n* foodstuff; **Nah·rungs·mit·tel·in·du·strie** *f* food industry; **Nah·rungs·mit·tel·ver·gif·tung** *f* food poisoning; **Nah·rungs·su·che** *f* search for food.

Nähr·wert *m* nutritional value.

Näh·sei·de *f* sewing-silk.

Naht [na:t, *pl* 'nɛ:tə] ‹-, ¨-e› *f* **1.** *(Saum)* seam; **2.** *med bot* suture; **3.** *tech* joint.

naht·los *adj* **1.** *(ohne Nähte)* seamless; **2.** *fig* imperceptible, smooth; ► **~er Übergang** *fig* smooth transition.

Nah·ver·kehr *m* local traffic; **Nah·ver·kehrs·zug** *m* local train, commuter train.

Näh·zeug *n* sewing kit.

na·iv [na'i:f] *adj* naive; **Nai·vi·tät** [naivi'tɛ:t] *f* naivety.

Na·me ['na:mə] ‹-ns, -n› *m* **1.** *(Benennung)* name; **2.** *fig (Ruf)* name, reputation; ► **unter dem ~n XY** under the name of XY; **im ~n der Gerechtigkeit** in the name of justice; **ich gebe meinen ~n für e-e solche Schweinerei nicht her!** I'll not lend my name to such a mean trick! **das Kind beim ~n nennen** *fig fam* call a spade a spade; **in Gottes ~n, ja!** *fam* for heaven's sake, yes! **dem ~n nach** by name; **s-n ~n nennen** give one's name.

na·men·los I *adj (ohne Namen)* nameless; *(anonym)* anonymous; **II** *adv (äußerst)* unutterably.

na·mens I *adv (genannt)* by the name of, named; **II** *prp (im Auftrag von)* in the name of ..., on behalf of ...

Na·mens·tag *m* name day, Saint's day; **Na·mens·ver·zeich·nis** *n* list of names; **Na·mens·vet·ter** *m* namesake; **Na·mens·zug** *m (Unterschrift)* signature.

na·ment·lich I *adj* by name; ► **~e Abstimmung** roll call vote; **II** *adv (besonders)* especially, particularly.

nam·haft *adj* **1.** *(bekannt)* renowned, well-known; **2.** *(beträchtlich)* considerable.

näm·lich ['nɛ:mlɪç] **I** *adj* same; **II** *adv* **1.** *(und zwar)* namely; **2.** *fam (weil)* you see; ► **ich kann nicht kommen, ich habe ~ noch zu tun** I can't come because I've still got some work to do, you see; **die Sache ist ~ die ...** it's like this you see ...

na·nu [na'nu:] *interj:* **~!** well I never! ► **~, wer kommt denn da?** hello, who's this?

Napf [napf, *pl* 'nɛpfə] ‹-(e)s, ¨-e› *m* bowl.

Nar·be ['narbə] ‹-, -n› *f* **1.** *a. fig* scar; **2.** *(Leder~)* grain; **3.** *bot* stigma; **nar·big** *adj* **1.** *allg* scarred; **2.** *(Leder)* grained.

Nar·ko·se [nar'ko:zə] ‹-, -n› *f med* an(a)esthesia; **nar·ko·ti·sie·ren** *tr a. fig* drug.

Narr [nar] ‹-en, -en› *m* **1.** *(Dummkopf)* fool; **2.** *hist (Hof~)* jester; ► **jdn zum ~en halten** make a fool of s.o.; **e-n ~en an jdm (etw) gefressen haben** dote on s.o. (s.th.); **sei kein ~!** don't be foolish! **Nar·ren·haus** *n* madhouse; **Nar·ren·kap·pe** *f* fool's cap; **Narr·heit** *f* **1.** *(das Närrischsein)* folly; **2.** *(närrische Tat)* foolish thing to do.

När·rin *f* fool; **När·risch** ['nɛrɪʃ] *adj* foolish, crazy.

Nar·zis·se [nar'tsɪsə] ‹-, -n› *f bot* narcissus; ► **gelbe ~** daffodil.

Na·sal(·laut) [na'za:l] ‹-s, -e› *m ling* nasal (sound).

na·schen ['naʃən] **I** *itr* **1.** *(Süßigkeiten essen)* eat titbits; **2.** *(verstohlen probieren)* pinch a bit; ► **gern ~** have a sweet tooth; **II** *tr* nibble; **nasch·haft** *adj* fond of sweet things; **Nasch·kat·ze** *f fam:* ► **eine ~ sein** have a sweet tooth.

Na·se ['na:zə] ‹-, -n› *f allg a. fig* nose; ► **auf der ~ liegen** *fig fam (hingefallen sein)* be flat on one's face; *(krank sein)* be laid up; **jdn vor die ~ gesetzt bekommen** *fam* have s.o. plonked in front of one; **pro ~** *fig fam (pro Kopf)* per head; **der ~e nach gehen** follow one's nose; **jdm etw unter die ~ reiben** *fig fam* rub someone's nose in s.th.; **jdm auf der ~ herumtanzen** *fig fam* play s.o. up; **ich lasse mir (von dir) nicht auf der ~ herumtanzen!** *fig fam* I won't stand any cheek (from you)! **jdm etw**

auf die ~ binden *fig fam* spill the beans about s.th. to s.o.; **s-e ~ in anderer Leute Angelegenheiten stecken** *fig fam* poke one's nose into other people's business; **jdn an der ~ herumführen** *fig fam* lead s.o. by the nose; **jdm die Tür vor der ~ zuschlagen** *fam* slam the door in someone's face; **jdm die Würmer aus der ~ ziehen** *fig fam* drag it all out of s.o.; **er hat die richtige ~ dafür** *fig fam* he's got the nose for it; **e-e gute ~ für etw haben** *fig fam* have a good nose for s.th.; **die ~ voll haben von ...** *fig fam* be fed up with ...

nä·seln ['nɛ:zəln] *itr* speak through one's nose.

Na·sen·bein *n anat* nasal bone; **Na·sen·blu·ten** *n* nosebleed; ▶ **er hat ~** his nose is bleeding; **Na·sen·flü·gel** *m anat* side of the nose; **Na·sen·loch** *n anat* nostril; **Na·sen·rücken (k·k)** *m anat* bridge of the nose; **Na·sen·schei·de·wand** *f anat* nasal septum; **Na·sen·schleim·haut** *f anat* mucous membrane; **Na·sen·spit·ze** *f* tip of the nose; ▶ **man sieht es ihm an der ~ an** you can tell by his face; **Na·sen·spray** *n* nose spray; **Na·sen·trop·fen** *pl* nose drops.

Na·se·weis ['na:zəvaɪs] ⟨-es, -e⟩ *m* **1.** *(Besserwisser)* know-all; **2.** *(vorlauter Mensch)* precocious brat; **na·se·weis** *adj* cheeky, saucy.

Nas·horn *n zoo* rhinoceros.

naß [nas] *adj* wet; ▶ **~ bis auf die Haut** wet to the skin; **wie ein nasser Sack** *fig fam* like a wet rag.

Näs·se ['nɛsə] ⟨-⟩ *f* wetness; ▶ **vor ~ schützen** keep dry.

naß·kalt *adj* chilly and damp.

Naß·ra·sur *f* wet shave; **Naß·zel·le** *f arch* sanitary unit.

Na·tion [na'tsjo:n] *f* nation; **na·tio·nal** [natsio'na:l] *adj* national; **Na·tio·nal·hym·ne** *f* national anthem; **Na·tio·na·list(in)** *m (f) pol* nationalist; **na·tio·na·li·stisch** *adj pol* nationalist(ic).

NATO [na:to] *f pol mil Abk von* **North Atlantic Treaty Organization (Nordatlantikpakt-Organisation)** NATO.

Na·tio·na·li·tät *f* nationality; **Na·tio·nal·mann·schaft** *f* national team; **Na·tio·nal·so·zia·lis·mus** *m* national socialism.

Na·tri·um ['na:triʊm] ⟨-s⟩ *n chem* sodium.

Na·tron ['na:trɔn] ⟨-s⟩ *n chem:* ▶ **kohlensaures ~** sodium carbonate.

Nat·ter ['natɐ] ⟨-, -n⟩ *f zoo a. fig* adder, viper.

Na·tur [na'tu:ɐ] *f* **1.** *allg (a. ~zustand)* nature; **2.** *(freie ~, Land)* countryside; ▶ **die** (*od* **Gottes) freie ~** the open countryside; **von ~ aus schüchtern** shy by nature; **das liegt in der ~ der Dinge** that's in the nature of things; **das geht mir wider die ~** that goes against the grain (with me).

Na·tu·ra·li·en [natu'ra:liən] *pl* natural produce *sing;* ▶ **in ~ bezahlt werden** be paid in kind.

na·tu·ra·li·si·eren *tr jur pol* naturalize.

Na·tu·ra·lis·mus *m* naturalism.

Na·tu·ral·lohn *m* payment in kind.

Na·tu·rell [natu'rɛl] ⟨-s, -e⟩ *n* disposition, temperament.

Na·tur·er·eig·nis *n* **(Na·tur·er·schei·nung)** *f* natural phenomenon; **na·tur·far·ben** *adj* natural-coloured; **Na·tur·fa·ser** *f* natural fibre; **Na·tur·for·scher(in)** *m (f)* natural scientist; **Na·tur·freund(in)** *m (f)* nature-lover; **na·tur·ge·mäß I** *adj* natural; **II** *adv* naturally; **Na·tur·ge·setz** *n* law of nature; **na·tur·ge·treu** *adj* **1.** *(wie in der Realität)* lifelike, true to life; **2.** *(lebensgroß)* full-scale, life-size; **Na·tur·haus·halt** *m* ecosystem; **Na·tur·heil·kun·de** *f* nature healing; **Na·tur·ka·ta·stro·phe** *f* natural disaster; **Natur·kost·la·den** *m* health food shop; **Na·tur·kraft** *f* natural power; **⁓e** *pl* physical agents; **Na·tur·kun·de** *f* natural history; **Na·tur·lehr·pfad** *m* nature trail.

na·tür·lich [na'ty:ɐlɪç] **I** *adj* natural; **II** *adv* **1.** *(der Natur entsprechend)* naturally; **2.** *(selbstverständllich)* of course; ▶ **~!** of course! sure! **Na·tür·lich·keit** *f* naturalness.

na·tur·nah *adj* close to nature; **Na·tur·pro·dukt** *n* natural product; **na·tur·rein** *adj* natural, pure; **Na·tur·schön·heit** *f* beauty spot; **Na·tur·schutz** *m* protection of nature; **Na·tur·schutz·be·auf·trag·te(r)** *f m* commissioner for nature preservation; **Na·tur·schutz·ge·biet** *n* nature reserve; **Na·tur·volk** *n* primitive people; **Na·tur·wis·sen·schaft(en)** *f (pl)* natural sciences *pl;* **Na·tur·wis·sen·schaft·ler(in)** *m (f)* scientist.

Na·vel·oran·ge *f* navel orange.

Na·vi·ga·tion [naviga'tsjo:n] *f mar* navigation; **na·vi·gie·ren** *tr itr* navigate.

Nazi ['na:tsi] ⟨-s, -s⟩ *m* Nazi.

Ne·bel ['ne:bəl] ⟨-s, -⟩ *m* **1.** fog; *(dünn)* mist; **2.** *fig* haze; **3.** *astr* nebula; **ne·bel·haft** *adj fig* nebulous; **Ne·bel·horn** *n mar* foghorn; **ne·b(e)·lig** *adj* foggy, misty; **Ne·bel·krä·he** *f orn* hooded crow; **Ne·bel·schein·wer·fer** *m mot* fog *Br* lamp (*Am* light); **Ne·bel·schluß·leuch·te** *f mot* rear fog-light; **Ne·bel·schwa·den** [-ʃva:dən] ⟨-s, -⟩ *m* waft of mist.

ne·ben ['ne:bən] *prp* **1.** *(örtlich)* beside, next to ...; **2.** *(außer) Br* apart (*Am* aside) from ...; **3.** *(im Vergleich zu)* compared with ...; **ne·ben·an** [--ˈ-] *adv* next door.

Ne·ben·an·schluß *m tele* extension; **Ne·ben·aus·ga·ben** *pl* incidentals; **Ne·ben·be·deu·tung** *f* secondary meaning.

ne·ben·bei [--ˈ-] *adv* **1.** *(zu gleicher Zeit)* at the same time; **2.** *(außerdem)* besides, moreover; **3.** *(beiläufig)* incidentally; ▶ ~ **bemerkt** by the way; ~ **arbeiten** work on the side; **das ist kein Problem, so etw mache ich ~!** *fam* that's no problem, I'll do that (with) no bother!

Ne·ben·be·ruf (Ne·ben·be·schäf·ti·gung) *m (f)* sideline; **Ne·ben·buh·ler(in)** [ˈne:bənbu:lɐ] *m (f)* rival; **Ne·ben·ein·an·der** ‹-s› *n* juxtaposition; **ne·ben·ein·an·der** *adv* **1.** *(räumlich)* side by side; **2.** *(zeitlich)* at the same time; **Ne·ben·ein·gang** *m* side entrance; **Ne·ben·ein·nah·men** *pl* additional income *sing;* **Ne·ben·er·schei·nung** *f* side effect; **Ne·ben·fach** *n Br* subsidiary subject, *Am* minor; **Ne·ben·fluß** *m* tributary; **Ne·ben·ge·bäu·de** *n* **1.** *(benachbartes Haus)* adjacent building; **2.** *(Anbau)* annex(e); **Ne·ben·gleis** *n rail Br* siding, *Am* sidetrack; **Ne·ben·ge·räusch** *n tele radio TV* interference.

ne·ben·her [ˈ--ˈ-] *adv* **1.** *(gleichzeitig)* at the same time; **2.** *(nebenbei, beiläufig)* by the by(e).

Ne·ben·kla·ge *f jur* incidental action; **Ne·ben·klä·ger(in)** *m (f) jur* joint plaintiff; **Ne·ben·ko·sten** *pl* additional costs, extra charges; **Ne·ben·li·nie** *f (in Genealogie)* collateral line; **Ne·ben·mann** ‹-(e)s, -menner/-leute› *m* neighbour; **Ne·ben·nie·re** *f anat* suprarenal capsule; **Ne·ben·pro·dukt** *n* by-product; **Ne·ben·rol·le** *f* minor part; **Ne·ben·sa·che** *f* minor matter, trifle; **ne·ben·säch·lich** *adj* minor, unimportant; **Ne·ben·sai·son** *f* dead season, off-season; **Ne·ben·satz** *m gram* subordinate clause; **ne·ben·ste·hend** *adv* in the margin; ▶ **~e Abbildung** illustration opposite; **Ne·ben·stel·le** *f* **1.** *tele* extension; **2.** *com (Vertretung)* agency; *(Filiale)* branch; **Ne·ben·stel·len·an·la·ge** *f tele* switchboard with extensions; **Ne·ben·stra·ße** *f* **1.** *(innerhalb e-r Stadt)* side street; **2.** *(außerhalb der Stadt)* minor road; **Ne·ben·strecke (k·k)** *f rail* branch line; **Ne·ben·ver·dienst** *m* side income; **Ne·ben·wir·kung** *f* side effect; **Ne·ben·zim·mer** *n* next (*od* adjoining) room; ▶ **in e-m ~** in an adjoining room.

nebst [ne:pst] *prp* together with ...

necken (k·k) [ˈnɛkən] **I** *tr* tease (*jdn mit etw* s.o. about s.th.); **II** *refl* have a tease;

neckisch (k·k) *adj* **1.** *(neckend)* teasing; **2.** *fam (keß)* saucy.

Nef·fe [ˈnɛfə] ‹-n, -n› *m* nephew.

Ne·ga·tiv ‹-s, -e› *n phot* negative.

ne·ga·tiv [ˈne(:)gati:f] *adj* negative.

Ne·ger(in) [ˈne:gɐ] ‹-s, -› *m (f)* negro (negress).

ne·gie·ren *tr* **1.** *(verneinen)* negate; **2.** *(bestreiten)* deny.

neh·men [ˈne:mən] *irr tr itr* take; ▶ **etw in die Hand ~** pick s.th. up; *fig* take s.th. in hand; **wieviel ~ Sie dafür?** how much do you take for that? **die ~'s von den Lebendigen** *fam* they make you pay through the nose; **die Dinge ~, wie sie kommen** take things as they come; **sie weiß ihn zu ~** she knows how to take him; **ein Hindernis ~** take an obstacle; **man nehme ...** take ...; **sich e-n Anwalt ~** get a lawyer; **jdn zu sich ~** take s.o. in; **etw zu sich ~** take (*od* have) s.th.; **etw auf sich ~** take s.th. upon o.s.; **wie man's nimmt** *fam* that depends (on your point of view); **es sich nicht ~ lassen, etw zu tun** insist on doing s.th.; **das nahm ihm alle Hoffnung** that took away all his hope.

Neid [naɪt] ‹-(e)s› *m* envy (*auf jdn* of s.o.); ▶ **vor ~ platzen** *fam* be eaten up with envy; **aus ~** out of envy; **der blanke ~** sheer envy; **vor ~ erblassen** grow pale with envy; **nei·den** [ˈnaɪdən] *tr:* ▶ **jdm etw ~** envy s.o. s.th.; **Nei·der(in)** *m (f)* envious person; ▶ **viele ~ haben** be much envied; **nei·disch** *adj* envious, jealous (*auf* of).

Nei·ge [ˈnaɪgə] ‹-, -n› *f* **1.** *(im Glas)* dregs *pl;* **2.** *(Reste)* remains *pl;* ▶ **bis zur bitteren ~** *fig* right to the bitter end; **zur ~ gehen** draw to an end.

nei·gen I *tr (beugen)* bend; *(senken)* lower; *(kippen)* tilt; **II** *itr fig:* ▶ **zu etw ~** tend (*od* have a tendency) to s.th.; **III** *refl* **1.** *(Ebene)* slope; **2.** *(Person)* bend; **3.** *(sich ver~)* bow.

Nei·gung *f* **1.** *(Gefälle)* incline; **2.** *fig (Tendenz)* tendency; *(Hang)* inclination.

Nein [naɪn] ‹-s› *n* no; ▶ **zwei Ja gegen fünf ~** *parl* two ayes to five *Br* noes (*Am* nays); **mit ~ antworten** answer in the negative; **nein** *adv* no; ▶ **da sage ich nicht ~** I wouldn't say no; **~ u. nochmals ~!** for the last time: no! **~, wie kann man bloß!** fancy doing that! **~, so was!** well I never! **Nein·sa·ger(in)** *m (f) fig* engrained obstructionist.

Nek·tar [ˈnɛkta:ɐ] ‹-s› *m* nectar.

Nek·ta·ri·ne [nɛktaˈri:nə] ‹-, -n› *f bot* nectarine.

Nel·ke [ˈnɛlkə] ‹-, -n› *f* **1.** *bot* pink, *(gehoben)* carnation; **2.** *(Gewürz)* clove.

nen·nen [ˈnɛnən] *irr* **I** *tr* **1.** *(be~)* call; **2.** *(aufzählen, angeben)* name; **3.** *(erwähnen)* mention; ▶ **jdn (etw) nach jdm ~**

name s.o. (s.th.) *Br* after (*Am* for) s.o.; ~ **Sie mir bitte e-n guten Arzt** please give me the name of a good doctor; **II** *refl* call o.s.; ▶ **und so was nennt sich Liebe** and that's what they call love; **nen·nens·wert** *adj* worth mentioning; **Nen·ner** *m math* denominator; ▶ **etw auf e-n gemeinsamen ~ bringen** *a. fig* reduce s.th. to a common denominator; **Nenn·wert** *m fin* nominal value; ▶ **zum ~** at par.

Ne·on ['ne:ɔn] ‹-s› *n chem* neon.

Neo·na·zi *m* Neo-Nazi; **Neo·na·zis·mus** *m* Neo-Nazi(i)sm; **neo·na·zis·tisch** *adj* Neo-Nazi.

Ne·on·licht *n* neon light; **Ne·on·röh·re** *f* neon tube.

Nepp [nɛp] *m fam:* ▶ **so was von ~!** that's daylight robbery! **nep·pen** *tr fam* fleece.

Nerv [nɛrf] ‹-s, -en› *m* nerve; ▶ **jdm auf die ~en gehen** *fam* get on someone's nerves; **die ~en verlieren** lose one's head; **die ~en nicht verlieren** not to lose one's cool; **Sie haben ~en!** *fam* you've got a nerve! *sing;* **~en wie Drahtseile** *fig* nerves of steel.

ner·ven *tr fam* irritate; ▶ **jdn ~** get on s.o.'s nerves.

Ner·ven·arzt (-ärz·tin) *m (f) med* neurologist; **ner·ven·auf·rei·bend** *adj* nerve-racking; **Ner·ven·bün·del** *m fig fam* bundle of nerves; **Ner·ven·gift** *n* nerve poison; **Ner·ven·heil·an·stalt** *f* psychiatric clinic; **Ner·ven·krank·heit** *f* nervous disease; **Ner·ven·krieg** *m fig* war of nerves; **Ner·ven·sä·ge** *f fam pej* pain in the arse; **ner·ven·stär·kend** *adj* tonic; **Ner·ven·sy·stem** *n anat* nervous system; **Ner·ven·zel·le** *f anat* nerve cell; **Ner·ven·zen·trum** *n physiol* nerve centre; **Ner·ven·zu·sam·men·bruch** *m* nervous breakdown.

ner·vös [nɛr'vø:s] *adj* nervous; **Ner·vo·si·tät** [nɛrvozi'tɛ:t] *f* nervousness.

nerv·tö·tend *adj* nerve-racking; *(Geräusch)* irritating.

Nerz [nɛrts] ‹-es, -e› *m zoo* mink.

Nes·sel ['nɛsəl] ‹-, -n› *f bot* nettle; ▶ **sich in die ~n setzen** *fig fam* put o.s. in a spot.

Nest [nɛst] ‹-(e)s, -er› *n* **1.** *allg* nest; **2.** *fam (Kleinstadt)* little place; *pej (Dorf)* dump; ▶ **das eigene ~ beschmutzen** *fig* foul one's own nest; **Nest·wär·me** *f fig* love and security.

nett [nɛt] *adj* **1.** *(freundlich)* nice; **2.** *(hübsch)* cute, pretty.

net·to ['nɛto] *adv com* net; **Net·to·ein·kom·men** *n* net income; **Net·to·ge·wicht** *n* net weight; **Net·to·lohn** *m* net wage.

Netz [nɛts] ‹-es, -e› *n* **1.** *allg* net; *(Spinnen~)* web; **2.** *rail radio TV EDV* network; *el* grid; **3.** *(Gepäck~)* rack; ▶ **ans ~ gehen** *(Kraftwerk)* go into service, join up with the national grid; **jdm ins ~ gehen** *fig* fall into someone's trap; **der Ball ging ins ~** *sport* the ball went into the net; **Netz·an·schluß** *m el* mains connection; **netz·ar·tig** *adj* reticular; **Netz·au·ge** *n* compound eye; **Netz·ge·rät** *n el* mains receiver; **Netz·haut** *f anat* retina; **Netz·hemd** *n* string *Br* vest (*Am* undershirt); **Netz·strümp·fe** *m pl* fish-net stockings.

neu [nɔı] *adj* **1.** *allg* new; **2.** *(frisch)* fresh; **3.** *(kürzlich)* recent; ▶ **aufs ~e, von ~em** anew; **wieder ~ anfangen** start all over again; **die ~este Mode** the latest fashion; **~este Nachrichten** latest news; **was gibt es N~es?** *Br* what's the news? *Am* what's new? **das ist mir nichts N~es** that's no news to me; **das ist mir ~** that's new to me.

Neu·an·kömm·ling *m* newcomer; **Neu·an·schaf·fung** *f* new purchase; **neu·ar·tig** *adj* new; **Neu·auf·la·ge** *f* **1.** *(verbesserte, erweiterte etc Auflage)* new edition; **2.** *(unveränderter Nachdruck)* reprint; **Neu·bau** *m* new building; **Neu·bau·ge·biet** *n* development area; **Neu·bau·woh·nung** *f* newly-built *Br* flat (*Am* apartment); **Neu·be·ar·bei·tung** *f (von Buch)* revised edition; **Neu·bil·dung** *f* **1.** *ling* neologism; **2.** *(Regierung)* restructuring.

neu·er·dings ['nɔıɐ'dıŋs] *adv* recently.

Neu·er·schei·nung *f (Buch)* new book.

Neue·rung *f* **1.** *(Innovation, neues Produkt etc)* innovation; **2.** *(Reform)* reform.

Neu·fund·land [nɔı'fʊntlant] ‹-s› *n* Newfoundland.

neu·ge·bo·ren ['--'--] *adj* newborn; ▶ **ich fühle mich wie ~** I feel like a new man (*od* woman); **Neu·ge·stal·tung** *f* rearrangement; **Neu·gier(·de)** ‹-› *f* curiosity; ▶ **aus ~** out of curiosity; **neu·gie·rig** *adj* curious (*auf* about); **da bin ich aber ~!** I can hardly wait! **~ sein, ob ...** wonder if (*od* whether) ...; **sei doch nicht immer so ~!** curiosity killed the cat! **Neu·heit** *f* novelty.

Neu·ig·keit *f* (piece of) news.

Neu·in·sze·nie·rung *f theat film* new production; **Neu·jahr** *n* New Year; ▶ **jdm zu ~ gratulieren** wish s.o. a Happy New Year; **Prost ~!** here's to the New Year!

Neu·ka·le·do·nien *n* New Caledonia.

Neu·land ‹-(e)s› *n fig* new ground.

neu·lich *adv* recently, the other day.

Neu·ling *m* newcomer; **neu·mo·disch** *adj fam* new-fangled; **Neu·mond** *m* new moon.

neun [nɔın] *num* nine; ▶ **alle ~e!** strike! **Neun·tel** ‹-s, -› *n* ninth; **neun·zehn** *num* nineteen; **neun·zehn·te** *adj* nineteenth; **neun·zig** *num* ninety.

Neu·ori·en·tie·rung *f* reorientation; **Neu·phi·lo·lo·ge (-lo·gin)** *m (f)* modern linguist.

Neur·al·gie [nɔɪral'gi:] *f med* neuralgia; **neur·al·gisch** *adj med* neuralgic; ▶ **ein ~er Punkt** *fig* a trouble spot.

Neur·asthe·nie [nɔɪraste'ni:] *f med* neurasthenia.

Neu·re·ge·lung *f* revision; **Neu·rei·che(r)** *f m* nouveau riche.

Neu·ro·chir·urg(in) ['nɔɪroçirʊrk] ⟨-en, -en⟩ *m (f)* neurosurgeon.

Neu·ro·se [nɔɪ'ro:zə] ⟨-, -n⟩ *f med* neurosis; **Neu·ro·ti·ker(in)** *m (f) psych* neurotic; **neu·ro·tisch** *adj psych* neurotic.

Neu·schnee *m* fresh snow.

Neu·see·land [-'--] ⟨-s⟩ *n* New Zealand; **Neu·see·län·der(in)** *m (f)* New Zealander; **neu·see·län·disch** *adj* New Zealand.

neu·tral [nɔɪ'tra:l] *adj* neutral; **neu·tra·li·sie·ren** *tr* neutralize; **Neu·tra·li·tät** *f* neutrality.

Neu·tron [nɔɪ'tro:n] ⟨-s, -en⟩ *n phys* neutron; **Neu·tro·nen·bom·be** *f mil* neutron bomb; **Neu·tro·nen·strah·lung** *f* neutron radiation.

Neu·trum ['nɔɪtrʊm] ⟨-s, -tra⟩ *n gram a. fig* neuter.

Neu·ver·schul·dung *f fin* new borrowings *pl;* **Neu·wa·gen** *m* new car; **Neu·wahl** *f pol* re-election; **Neu·wert** *m* purchase price.

Neu·zeit *f* modern times *pl.*

nicht [nɪçt] *adv* not; ▶ **~ einmal das** not even that; **~ doch!** *(gewiß ~)* certainly not! *(hör auf)* don't! stop it! **durchaus ~ (ganz u. gar ~)** not at all (by no means); **schön, ~?** nice, ain't it? **~ mehr** (*od* **länger**) no longer; **~ mehr als ...** no more than ...; **noch ~** not yet; **du kommst (liebst mich) doch, ~ wahr?** you're coming, aren't you? (you love me, don't you?); **es ist ~ zu glauben** it is unbelievable; **~, daß ich wüßte** not that I know of.

Nicht·ach·tung *f* disregard (*jds od jdm gegenüber* for s.o., *e-r Sache gegenüber* for s.th.).

Nicht·an·er·ken·nung *f* non-recognition.

Nicht·an·griffs·pakt *m pol* non-aggression pact.

Nicht·be·ach·tung *f* non-observance.

Nich·te ['nɪçtə] ⟨-, -n⟩ *f* niece.

Nicht·ein·hal·tung *f* non-compliance (*e-r Sache* with s.th.).

Nicht·ein·mi·schung *f pol* non-intervention (*in* in).

Nicht·er·schei·nen *n jur* non-appearance; *(zum Dienst)* non-attendance (*zu, bei* at); **nicht·eß·bar** *adj* non-edible.

nich·tig *adj* **1.** *jur* invalid, void; **2.** *fig (leer)* empty; *(unbedeutend)* trifling; **Nich·tig·keit** *f* **1.** *jur (Ungültigkeit)* invalidity, voidness; **2.** *fig (Leere, Eitelkeit)* emptiness, vanity; *(Kleinigkeit)* trifle; **Nich·tig·keits·er·klä·rung** *f jur* annulment.

nicht·lei·tend *adj el* non-conducting; **Nicht·lei·ter** *m el* non-conductor.

Nicht·rau·cher(in) *m (f)* non-smoker.

nicht·ro·stend *adj* rust-proof; *(Stahl)* stainless.

Nichts ⟨-⟩ *n* **1.** *philos* nothingness; **2.** *(Geringfügigkeit)* trifle; **3.** *(unbedeutender Mensch)* nobody.

nichts [nɪçts] *prn* nothing; *(in fragenden od bedingenden Sätzen)* not anything; ▶ **~ als ...** nothing (*od* not anything) but ...; **ganz u. gar ~** nothing at all; **um** (*od* **für**) **~** for nothing; **es macht ~** it doesn't matter; **~ zu danken!** don't mention it! **~ da!** *(~ zu machen)* no chance! *(weg da!)* no you don't! **~ zu machen!** nothing doing! **soviel wie ~** next to nothing; **wenn es weiter ~ ist!** if that's all there is to it! **das hat ~ zu bedeuten** that doesn't mean anything; **das ist ~ für mich** that's not my kind of thing.

Nicht·schwim·mer(in) *m (f)* non-swimmer.

nichts·de·sto·we·ni·ger *adv* nevertheless.

Nichts·nutz ['nɪçtsnʊts] ⟨-, (-e)⟩ *m* good-for-nothing.

nichts·sa·gend *adj* **1.** *(bedeutungslos)* meaningless; **2.** *(ausdruckslos)* expressionless, vacant; **3.** *(trivial)* trivial.

Nichts·tuer(in) *m (f)* loafer; **Nichts·tun** *n* **1.** *(Faulenzen)* idleness; **2.** *(Muße)* leisure.

Nicht·wei·ter·ga·be *f (von Atomwaffen etc)* non-proliferation.

Nicht·zah·lung *f:* ▶ **bei ~** in default of payment.

Nicht·zu·tref·fen·de *n:* ▶ **~s (bitte) streichen** delete where non-applicable.

Nickel (k·k) ['nɪkəl] ⟨-s⟩ *n chem* nickel.

nicken (k·k) ['nɪkən] *itr* **1.** *a. fig* nod; **2.** *fam (schlafen)* snooze; **Nicker·chen (k·k)** ['nɪkeçən] *n fam* nap, snooze; ▶ **ein ~ machen** have a nap.

nie [ni:] *adv* never; ▶ **fast ~** hardly ever; **jetzt oder ~** now or never; **~ u. nimmer** never ever; **~ wieder** never again.

nie·der ['ni:dɐ] **I** *adj attr* **1.** *(niedrig)* low; **2.** *(minderbedeutend, ~en Ranges)* lower; **3.** *fig (Triebe etc)* base; **II** *adv* down; ▶ **auf u. ~** up and down; **~ mit ...!** down with ...!

nie·der|beu·gen *tr refl* bend down; **nie·der|bren·nen** *irr tr itr* burn down.

nie·der·deutsch *adj* **1.** *ling* Low German; **2.** *geog (norddeutsch)* North German.

nie·der|drücken (k·k) *tr* **1.** press down;

2. *fig (bedrücken)* depress; **nie·der|fal·len** ⟨sein⟩ *irr itr* fall down.

Nie·der·fre·quenz *f el radio* low frequency.

Nie·der·gang *m fig (Verfall)* decline.

nie·der|ge·hen *irr itr* **1.** *(Regen)* fall; **2.** *aero (a. allg: sinken)* descend.

nie·der·ge·schla·gen *adj* dejected, depressed; **Nie·der·ge·schla·gen·heit** *f* dejection.

nie·der|ho·len *tr (Flagge)* lower; **nie·der|kni·en** ⟨sein⟩ *itr* kneel down; **nie·der|kom·men** ⟨sein⟩ *irr itr obs* be delivered (*mit* of).

Nie·der·kunft ['ni:dekʊnft] ⟨-, ¨-e⟩ *f obs* delivery.

Nie·der·la·ge *f mil sport a. fig* defeat; ► **e-e ~ erleiden** (*od* **einstecken müssen**) suffer a defeat; **jdm e-e ~ beibringen** inflict a defeat on s.o.

Nie·der·lan·de ['ni:delandə] *pl:* ► **die ~** the Netherlands *sing od pl;* **Nie·der·län·der(in)** ['ni:delɛnde] *m (f)* Dutch; **nie·der·län·disch** *adj* Dutch.

nie·der|las·sen *irr refl* **1.** *(sich setzen)* sit down; **2.** *(s-n Wohnsitz nehmen)* settle down; **3.** *(Geschäft etc eröffnen)* establish o.s.; **4.** *(Arzt, Anwalt)* set up a practice; ► **die niedergelassenen Ärzte** the general practitioners.

Nie·der·las·sung *f* **1.** *(das Sich-Niederlassen)* settling; *(e-s Rechtsanwaltes etc)* establishment; **2.** *com (Geschäfts~)* registered office; *(Zweig~)* branch; **3.** *(Siedlung)* settlement; **Nie·der·las·sungs·frei·heit** *f* right of establishment.

nie·der|le·gen I *tr* **1.** *(hinlegen)* lay down; **2.** *fig (Amt)* resign from; **3.** *fig:* ► **die Arbeit ~** stop work; **II** *refl (sich hinlegen)* lie down; **Nie·der·le·gung** *f* **1.** *(von Kranz)* laying; **2.** *fig (von Amt etc)* resignation (*e-r Sache* from s.th.); **3.** *fig (von Gedanken etc)* setting-out.

nie·der·ma·chen *fam (niedermetzeln) tr* butcher, massacre; **nie·der|rei·ßen** *irr tr* **1.** pull down; **2.** *fig (Grenzen etc)* tear down; **nie·der|schie·ßen** *irr tr itr* shoot down.

Nie·der·schlag *m* **1.** *chem* precipitate; **2.** *(Regen, Schnee etc)* precipitation; **3.** *fig (Ergebnis)* result; **nie·der|schla·gen** *irr* **I** *tr* **1.** *(beim Boxen etc)* knock down; **2.** *(Augen)* cast down; **3.** *(unterdrücken)* suppress; **4.** *jur (Verfahren)* dismiss; **II** *refl* **1.** *chem* precipitate; **2.** *(ergeben)* result (*in* in); **Nie·der·schlags·men·ge** *f mete* (amount of) precipitation.

nie·der|schmet·tern *tr* **1.** smash down; **2.** *fig* shatter; **nie·der·schmet·ternd** *adj fig* shattering; **nie·der|schrei·ben** *irr tr* write down; **Nie·der·schrift** *f* **1.** *(das Niederschreiben)* writing down; **2.** *(Ergebnis des Niederschreibens, Notizen)* notes *pl; (Protokoll)* minutes *pl;* **nie·der|set·zen I** *tr* set down; **II** *refl* sit down; **Nie·der·span·nung** *f el* low tension (*od* voltage); **nie·der|sto·ßen** *irr* **I** *tr* knock down; **II** *itr (von Raubvogel)* shoot down; **nie·der|strecken (k·k) I** *tr* lay low; **II** *refl* stretch out.

Nie·der·tracht ⟨-⟩ *f* despicableness, vileness; **nie·der·träch·tig** *adj* despicable, vile, mean.

nie·der|tre·ten *irr tr* trample down.

Nie·de·rung *f* **1.** *(Grasland, Sumpf)* marsh; **2.** *(Senke)* depression.

nie·der|wer·fen *irr* **I** *tr* **1.** *(hinwerfen)* throw down; **2.** *fig (unterdrücken)* suppress; *(besiegen)* overcome; **II** *refl* prostrate o.s.

nied·lich ['ni:tlɪç] *adj* cute, sweet *fam.*

nied·rig ['ni:drɪç] *adj (a. fig: gering, gemein)* low; **Nied·rig·keit** *f a. fig* lowness; **Nie·drig·strah·lung** *f phys* low-level radiation.

nie·mals ['ni:ma:ls] *adv* never.

Nie·mand ⟨-s, (-e)⟩ *m* nobody; **nie·mand** ['ni:mant] *prn* nobody, no-one; ► **ich sehe ~en** I don't see anybody; **~ anders** nobody else; **~ als er** nobody but he; **Nie·mands·land** ⟨-(e)s⟩ *n* no man's land.

Nie·re ['ni:rə] ⟨-, -n⟩ *f anat* kidney; ► **es geht mir an die ~n** *fig fam* it gets me down; **nie·ren·för·mig** *adj* kidney-shaped; **Nie·ren·lei·den** *n* kidney disease; **Nie·ren·scha·le** *f med* kidney dish; **Nie·ren·schüt·zer** *m* kidney belt; **Nie·ren·stein** *m* kidney stone, *med* renal calculus; **Nie·ren·tisch** *m* kidney-shaped table.

nie·seln ['ni:zəln] *itr* drizzle; **Nie·sel·re·gen** *m* drizzle.

nie·sen ['ni:zən] *itr* sneeze.

Nieß·brauch ['ni:sbraʊx] ⟨-(e)s⟩ *m jur* usufruct; **Nieß·brau·cher(in)** *m (f) jur* usufructuary.

Niet [ni:t] ⟨-(e)s, -e⟩ *m (Stift)* rivet; *(an Hosen etc)* stud; **niet- und na·gel·fest** *adj fam* nailed down; **Nie·te** ⟨-, -n⟩ *f* **1.** *(Los)* blank; **2.** *fig fam (Versager(in))* dead loss failure; *(Reinfall)* flop; **nie·ten** *tr* rivet.

Ni·ko·laus ['nɪkolaʊs] ⟨-, ¨-e⟩ *m* **1.** *(Name)* Nicholas; **2.** *eccl* St. Nicholas; **3.** *eccl (Fest)* St. Nicholas' Day.

Ni·ko·tin [niko'ti:n] ⟨-s⟩ *n* nicotine; **ni·ko·tin·arm** *adj* low-nicotine; **ni·ko·tin·frei** *adj* nicotine-free; **Ni·ko·tin·ge·halt** *m* nicotine content; **Ni·ko·tin·ver·gif·tung** *f* nicotine poisoning.

Nil·pferd *n zoo* hippopotamus.

Nim·bus ['nɪmbʊs] ⟨-, -se⟩ *m* **1.** *(Heiligenschein)* halo; **2.** *fig (Aura)* aura.

nim·mer ['nɪme] *adv* never; **Nim·mer·satt** ⟨-(e)s, (-e)⟩ *m Br* glutton, *Am* grab-all; **nim·mer·satt** *adj* insatiable; **Nim·mer·wie·der·se·hen** ['--'----] *n:*

► **auf ~!** I never want to see you again! **auf ~ verschwinden** disappear never to be seen again.

nip·pen ['nɪpən] *itr* sip (*an* at).

Nip·pes (Nipp·sa·chen) ['nɪpəs] ‹-› *pl* knick-knacks *pl.*

nir·gends (nir·gend·wo) ['nɪrgənts] *adv* nowhere, not ... anywhere.

Ni·sche ['ni:ʃə] ‹-, -n› *f* niche.

ni·sten ['nɪsten] *itr* **1.** nest; **2.** *fig* lodge; **Nist·ka·sten** *m* nesting box; **Nist·platz** *m* nesting site.

Ni·trat [ni'tra:t] ‹-(e)s, -e› *n chem* nitrate.

Ni·trit [ni'tri:t] ‹-(e)s, -e› *m chem* nitrite.

Ni·tro·lack ['ni:tro-] *m* cellulose; **Ni·tro·lackie·rung (k·k)** *f* cellulose painting; **Ni·tro·ver·dün·nung** *f* cellulose thinner.

Ni·veau [ni'vo:] ‹-s, -s› *n a. fig* level; ► **er hat ~** he is a man of culture; **das Theaterstück hat ~** the play is of a high standard; **das ist unter meinem ~** that's beneath me.

ni·vel·lie·ren [nivɛ'li:rən] ‹ohne ge-› *tr a. fig* level out; **Ni·vel·lie·rung** *f* **1.** *(beim Vermessen)* levelling; **2.** *fig* levelling out.

Ni·xe [nɪksə] ‹-, -n› *f (Märchen-, Sagenfigur)* water-sprite.

no·bel ['no:bəl] *adj* **1.** *(edelmütig)* noble; **2.** *fam (großzügig)* generous; *(elegant, kostspielig* posh; **No·bel·her·ber·ge** *f fam pej* posh hotel.

No·bel·preis [no'bɛlpraɪs] *m* Nobel prize.

noch [nɔx] **I** *conj:* **weder A, ~ B** neither A nor B; **II** *adv* **1.** *(weiterhin, immer ~)* still; **2.** *(außerdem, sonst)* else; **3.** *(sogar ~)* even; **4.** *(irgendwann)* one day; **5.** *(gerade ~)* (only) just; **6.** *fam:* **Geld ~ u. ~** heaps and heaps of money; ► **~ e-n Kaffee, bitte** another cup of coffee please; **(wünschen Sie) ~ etw?** (do you wish) anything else? **wie war doch ~ Ihr Name?** what was your name again? **~ vor zwei Tagen** no more than two days ago; **~ nicht** not yet; **ich möchte gern ~ bleiben** I'd like to stay on longer; **du wirst es schon ~ verstehen** you'll understand it one day; **~ am selben Tag** on the very same day; **~ heute** this very day; **dumm u. frech ~ dazu** stupid and cheeky with it; **~ obendrein** on top of everything; **ich habe nur ~ e-n Freund** I have only one friend left; **noch·ma·lig** *adj* renewed; **noch·mals** *adv* again.

Nocken·wel·le (k·k) *f tech* camshaft.

No·ma·de (No·ma·din) [no'ma:də] ‹-n, -n› *m (f)* nomad; **No·ma·den·tum** *n* nomadism.

No·men·kla·tur [nomɛnkla'tu:ɐ] *f* nomenclature.

No·mi·nal·wert *m* face value, nominal value.

No·mi·na·tiv ['nominati:f] *m gram* nominative.

no·mi·nie·ren *tr* nominate; **No·mi·nie·rung** *f* nomination.

Non·kon·for·mis·mus ['---'--] *m* nonconformism; **Non·kon·for·mist(in)** *m (f)* nonconformist.

Non·ne ['nɔnə] ‹-, -n› *f* **1.** *eccl* nun; **2.** *zoo (Falter)* nun moth; **Non·nen·klo·ster** *n* convent.

Nord·ame·ri·ka *n* North America.

Nord·at·lan·ti·sches Ver·tei·di·gungs·bünd·nis *n pol mil* NATO Alliance.

Nor·den ['nɔrdən] ‹-s› *m geog* north; ► **von ~** from the north; **nach ~** to the north; **das Zimmer liegt nach ~** the room faces north.

Nord·halb·ku·gel *f* Northern Hemisphere.

Nord·ir·land *n* Northern Ireland.

nor·disch *adj* **1.** *(nördlich)* northern; **2.** *(skandinavisch)* nordic.

nörd·lich ['nœrtlɪç] **I** *adj* northern; ► **~er Polarkreis** Arctic Circle; **II** *adv* north (*von* of); **III** *prp* to the north of ...

Nord·licht *n* northern lights *pl;* **Nord·osten** [-'--] *m* north-east; **nord·öst·lich I** *adj* north-eastern; **II** *adv* north-east (*von* of); **III** *prp* to the north-east of; **Nord·pol** *m* North Pole; **Nord·see** *f* North Sea; **Nord-Süd-Ge·fäl·le** *n pol* North-South divide; **Nord·we·sten** [-'--] *m* north-west; **nord·west·lich I** *adj* north-western; **II** *adv* north-west (*von* of); **III** *prp* to the north-west of ...; **Nord·wind** *m* north wind.

Nör·ge·lei ‹-, -en› *f* grumbling; **nör·geln** ['nœrgəln] *itr* **1.** *(murren, knurren)* grumble; **2.** *(herum~, kritisieren)* carp (*an* about); **Nörg·ler(in)** *m (f)* **1.** *(stets Murrender)* grumbler; **2.** *(Meckerer)* carper.

Norm [nɔrm] ‹-, -en› *f* standard; ► **die ~ sein** *(normal sein)* be the usual thing.

nor·mal [nɔr'ma:l] *adj* **1.** *allg* normal; **2.** *(von Maß, Gewicht)* standard; **Nor·mal·ben·zin** *n* regular (petrol); **Nor·mal·fall** *m* normal case; ► **im ~** normally; **Nor·mal·grö·ße** *f* standard size.

nor·ma·li·sie·ren I *tr* normalize; **II** *refl* get back to normal.

Nor·mal·maß *n* standard measure; **Nor·mal·null** *f* (*Abk* NN) sea-level; **Nor·mal·ver·brau·cher** *m* average consumer; ► **Otto ~** *fam* Mr. Average; **Nor·mal·zeit** *f* standard time; **nor·men (nor·mie·ren)** *tr* standardize; **Nor·mie·rung (Nor·mung)** *f* standardization.

Nor·we·gen ['nɔrve:gən] *n* Norway; **Nor·we·ger(in)** *m (f)* Norwegian; **Nor·we·ger·pull·over** *m* Norwegian pullover; **nor·we·gisch** *adj* Norwegian.

Nost·al·gie [nɔstalˈgiː] ‹-› nostalgia; **nost·al·gisch** *adj* nostalgic.

Not [noːt, *pl* ˈnøːtə] ‹-, ᵗʃe› *f* **1.** *(Mangel)* want; *(Elend)* neediness; **2.** *(Zwang, ~wendigkeit)* necessity; **3.** *(Schwierigkeit)* difficulty, trouble; **4.** *(Bedrängnis)* distress; ▶ **zur ~** *(falls nötig)* if necessary; *(so eben noch)* at a pinch; **aus ~** out of poverty; **s-e liebe ~ haben mit ...** have a hard time with ...; **ich helfe dir, wenn ~ am Mann ist** *fam* I'll help you if you're short; **aus der ~ e-e Tugend machen** *prov* make a virtue of necessity; **~ leiden** suffer deprivation; **in der ~ frißt der Teufel Fliegen** *prov* beggars can't be choosers; **~ macht erfinderisch** *prov* necessity is the mother of invention; **ich bin in großer ~** I'm in great distress; **not** *adj:* ▶ **~ tun** be necessary.

No·tar(in) [noˈtaːɐ] *m (f)* notary; **No·ta·ri·at** [notariˈaːt] ‹-(e)s, -e› *n* notary's office; **no·ta·ri·ell** *adj* notarial; ▶ **~ beglaubigen lassen** have attested by a notary.

Not·arzt (-ärz·tin) *m (f)* emergency doctor; **Not·arzt·wa·gen** *m* emergency doctor's car; **Not·auf·nah·me** *f* casualty (unit); **Not·aus·gang** *m* emergency exit; **Not·be·helf** *m* makeshift; **Not·be·leuch·tung** *f* emergency lighting; **Not·brem·se** *f rail* emergency brake; **Not·dienst** *m:* ▶ **~ haben** *(Apotheke)* be open 24 hours; *(Arzt)* be on call; **Not·durft** [ˈnoːtdʊrft] *f euph:* ▶ **s-e ~ verrichten** relieve o.s.; **not·dürf·tig** *adj* **1.** *(behelfsmäßig)* makeshift; **2.** *(armselig)* poor; ▶ **etw ~ ausbessern** repair s.th. in a rough-and-ready way; **sich ~ verständigen können** be able to just about (*od* at least) communicate.

No·te [ˈnoːtə] ‹-, -n› *f* **1.** *päd* mark; **2.** *pol (Schriftstück)* note; **3.** *mus* note; **4.** *(Eigenart)* touch; ▶ **nach ~n singen (spielen)** sing (play) from music; **ganze ~** *mus Br* semibreve, *Am* whole note; **halbe ~** *mus Br* minim, *Am* half note; **~n** *pl mus* music *sing;* **e-r Sache e-e persönliche ~ geben** give s.th. a personal touch; **No·ten·bank** *f fin* issuing bank, central bank; **No·ten·blatt** *n mus* sheet of music; **No·ten·pa·pier** *n mus* manuscript paper; **No·ten·stän·der** *m mus* music stand.

Not·fall *m* emergency; ▶ **im ~** if needs be; **bei e-m ~** in case of emergency; **not·falls** *adv* if need be; **not·ge·drun·gen** [ˈ--ˈ--] **I** *adj* imperative; **II** *adv* perforce; **Not·gro·schen** *m* nest egg.

no·tie·ren [noˈtiːrən] *tr itr* **1.** *(Notizen machen)* make a note of ..., note (down); **2.** *fin (an der Börse)* quote (*mit* at); **3.** *com (vormerken)* note; **No·tie·rung** *f* **1.** *fin (an der Börse)* quotation; **2.** *com (Auftrags~)* note.

nö·tig [ˈnøːtɪç] **I** *adj* necessary; ▶ **etw (bitter) ~ haben** need s.th. (badly); **habe ich es eigentlich ~, zu ...?** do I really need to ...? **Sie haben's gerade ~, sich zu beschweren!** *fam* you're a fine one to complain! **nur das N~ste** only the bare necessities *pl;* **II** *adv (dringend)* urgently; ▶ **ich muß mal ganz ~** *euph (zur Toilette)* I'm dying to go; **nö·ti·gen** [ˈnøːtɪgən] *tr* **1.** *(zwingen)* compel; **2.** *(auffordern)* urge; ▶ **er läßt sich** (*od* **man muß ihn) immer erst ~** he always needs prompting; **nö·ti·gen·falls** *adv* if necessary; **Nö·ti·gung** *f* **1.** *(Zwang)* compulsion; **2.** *jur* coercion.

No·tiz [noˈtiːts] ‹-, -en› *f* **1.** *(Zeitungs~)* item; **2.** *(Vermerk)* note; ▶ **(keine) ~ nehmen von** take (no) notice of ...; **sich ~en machen** take notes; **No·tiz·block** ‹-(e)s, -s› *m* notepad, memo pad; **No·tiz·buch** *n* notebook; **No·tiz·zet·tel** *m* piece of paper.

Not·la·ge *f (Elend)* plight; ▶ **in e-r ~ sein** be in serious difficulties *pl;* **not|lan·den** ‹sein› *itr aero* make a forced landing; **Not·lan·dung** *f aero* forced (*od* emergency) landing; **not·lei·dend** *adj* needy; **Not·lö·sung** *f* temporary solution; **Not·lü·ge** *f* white lie.

no·to·risch [noˈtoːrɪʃ] *adj* notorious.

Not·ruf *m tele* emergency call; **Not·ruf·säu·le** *f* emergency telephone; **Not·rut·sche** *f aero* escape chute; **Not·sig·nal** *n* signal of distress; **Not·sitz** *m mot* foldaway seat; **Not·stand** *m* **1.** *pol* state of emergency; **2.** *(Krise)* crisis; ▶ **den ~ ausrufen** declare a state of emergency; **e-n ~ beheben** put an end to a crisis; **Not·stands·ge·biet** *n* **1.** *(wirtschaftliches)* depressed area; **2.** *(Katastrophenregion)* disaster area; **Not·stands·ge·setz** *n* emergency law; **Not·strom·ag·gre·gat** *n* emergency generating set; **Not·strom·ver·sor·gung** *f* emergency power supply; **Not·un·ter·kunft** *f* emergency accommodation; **Not·ver·band** *m med* first-aid dressing; **Not·ver·kauf** *m* forced sale; **Not·wehr** *f Br* self-defence (*Am* defense).

not·wen·dig *adj* necessary; ▶ **~ brauchen** need urgently; **das N~ste** *(das Nötigste)* the bare necessities *pl; (das Wesentliche)* the essentials *pl;* **Not·wen·dig·keit** *f* necessity.

Not·zucht ‹-› *f jur* rape (*an* on).

Nou·gat [ˈnuːgat] ‹-s, -s› *m* nougat.

No·vel·le [noˈvɛlə] ‹-, -n› *f* **1.** *(Erzählung)* novella; **2.** *pol parl (Gesetzes~)* amendment.

No·vem·ber [noˈvɛmbɐ] ‹-(s), -› *m* November.

Nu [nu:] *m:* ▶ **im ~** in a flash (*od* a jiffy).
nüch·tern ['nʏçtən] *adj* **1.** *(nicht betrunken)* sober; **2.** *fig (vernünftig)* down-to-earth, rational; **3.** *fig (fade, trocken)* dry, insipid; ▶ **mit ~em (auf ~en) Magen** with (on) an empty stomach; **die ~en Tatsachen** the plain facts; **Nüch·tern·heit** *f* **1.** *(Abstinenz)* sobriety; **2.** *fig (Vernunft)* rationality; **3.** *fig (Fadheit)* insipidity; **4.** *fig (von Tatsachen)* plainness.
Nu·del ['nu:dəl] ⟨-, -n⟩ *f* **1.** *(flache ~)* noodle; *(Faden~n) pl* vermicelli; **2.** *fam:* ▶ **komische ~** funny character; **Nu·del·sup·pe** *f* noodle soup.
nu·kle·ar [nukle'a:ɐ] *adj* nuclear; **Nu·kle·ar·in·du·strie** *f* nuclear industry; **Nu·kle·ar·me·di·zin** *f* nuclear medicine; **Nu·kle·ar·park** *m* nuclear arsenal; **Nu·kle·ar·test** *m* nuclear test.
Nu·kle·in·säu·re [nukle'i:n-] *f chem* nucleid acid.
Null [nʊl] ⟨-, -en⟩ *f* **1.** *(Ziffer)* nought; *(auf Skalen, Thermometer etc)* zero; *tele Br* O [əʊ], *Am* zero; **2.** *fig fam (Versager(in))* wash-out; ▶ **in ~ Komma nichts** *fam* in no time at all.
null *num (a. adj sl: kein)* zero; *tele Br* O [əʊ], *Am* zero; *sport* nil; *(beim Tennis)* love; ▶ **es ist ~ Uhr zwanzig** it's twenty *Br* past (*Am* after) midnight; **~ u. nichtig** null and void; **für ~ u. nichtig erklären** annul; **~ Komma zwei fünf** *math (0,25)* point two five (.25); **~ Ahnung haben von etw** *sl* be zero-rated at s.th.
Null·di·ät *f fam* calorie-free diet; **Null·lö·sung** *f pol* zero option; **Null·punkt** ⟨-(e)s⟩ *m* zero; ▶ **die Stimmung sank unter den ~** *fig* the atmosphere froze; **den** (*od* **s-n**) **~ erreicht haben** *fig* have reached rock-bottom; **Null·ta·rif** *m fam (kostenloses Fahren)* free travel; *(freier Eintritt)* free admission; ▶ **zum ~** free (of charge).
nu·me·rie·ren [nume'ri:rən] *tr* number.
nu·me·risch [nu'me:rɪʃ] *adj* numerical.
Nu·me·rus ['nu:mərʊs] ⟨-, numeri⟩ *m:* ▶ **~ clausus** *univ* restricted entry.
Num·mer ['nʊmɐ] ⟨-, -n⟩ *f* **1.** *allg (a. von Zeitung)* number (*Abk* no., *pl* nos.); **2.** *(Größe)* size; **3.** *fam hum (Typ)* character; ▶ **auf ~ Sicher gehen** *fam* play it safe; **zieh doch deine ~ woanders ab!** *fam* put on your show somewhere else! **laufende ~** serial number; **e-e ~ wählen** *tele* dial a number; **Num·mern·kon·to** *n* numbered account; **Num·mern·schei·be** *f tele* dial; **Num·mern·schild** *n mot Br* number plate, *Am* license plate.
nun [nu:n] *adv* **1.** *(jetzt)* now; **2.** *(dann)* then; **3.** *interj (los!)* come on! ▶ **er will ~ mal nicht** he simply doesn't want to; **~ ja, aber ...** all right, but ...; **~ also** well, then; **von ~ an** from now on; **~, da** ... now that ...; **was ~?** what now? **das habe ich ~ davon** serves me right; **~ erst recht!** just for that! **nun·mehr** *adv* now.
Nun·ti·us ['nʊntsiʊs] ⟨-, -tien⟩ *m eccl* nuncio.
nur [nu:ɐ] *adv* **1.** *(einschränkend)* only; **2.** *(eben)* just; ▶ **schon recht, ~ solltest du ...** all right, only you should ...; **wenn ~ ...** if only ...; **nicht ~ ..., sondern auch ...** not only ..., but also ...; **warum tut er das ~?** why on earth does he do that? **~ zu!** *interj* go on! **du brauchst es ~ zu sagen** just say the word; **sollen sie ~ alle lachen!** let them all laugh! **was hat er ~?** I wonder what's wrong with him?
nu·scheln ['nʊʃəln] *tr itr fam* mumble.
Nuß [nʊs, *pl* 'nʏsə] ⟨-, ⸚sse⟩ *f bot a. fig* nut; ▶ **e-e harte ~ zu knacken haben** *fig* have a tough nut to crack; **er ist e-e harte ~** *fig* he's a tough nut to crack; **Nuß·baum** *m* **1.** *bot* walnut tree; **2.** *(Holz des ~s)* walnut; **Nuß·knacker (k·k)** *m* nutcrackers *pl;* **Nuß·scha·le** *f* **1.** nutshell; **2.** *fig (Boot)* cockleshell.
Nü·ster ['nʏstɐ] ⟨-, -n⟩ *f* nostril.
Nu·te [nu:t(ə)] ⟨-, -en⟩ *f* chase, flute, groove.
Nut·te ['nʊtə] ⟨-, -n⟩ *f sl pej Br* pro, *Am* hooker.
nutz·bar *adj* utilizable; ▶ **~ machen** utilize; **Nutz·bar·ma·chung** *f* utilization; **nutz·brin·gend** *adj* profitable; ▶ **etw ~ anwenden** turn s.th. to good account.
nüt·ze ['nʏtsə] *adj pred:* ▶ **zu etw (nichts) ~ sein** be useful for s.th. (be of no use for anything).
Nutz·ef·fekt *m* efficiency.
Nut·zen ['nʊtsən] ⟨-s⟩ *m* **1.** *(Vorteil)* advantage, benefit; *(Gewinn)* profit; **2.** *(Nützlichkeit)* usefulness; ▶ **zum ~ von ...** for the benefit of ...; **jdm von ~ sein** be useful to s.o.; **wer hat den ~ davon?** who reaps the benefits of it?
nut·zen (nüt·zen) I *tr (gebrauchen)* make use of ..., use; **II** *itr* be of use (*jdm* to s.o., *zu etw* for s.th.); ▶ **es nützt nichts** it's no use; **das nützt wenig** that's not much use; **das nützt doch niemandem** but that's of no use to anyone.
Nutz·fahr·zeug *n com* commercial vehicle; **Nutz·flä·che** *f* **1.** *(in Geschäft etc)* usable floor-space; **2.** *(in Landwirtschaft)* productive land; **Nutz·holz** *n Br* timber, *Am* lumber; **Nutz·last** *f* maximum load; **Nutz·lei·stung** *f tech* useful power; **Nutz·pflan·ze** *f* useful plant.
nütz·lich ['nʏtslɪç] *adj* **1.** *(nutzbringend)* useful; **2.** *(hilfreich)* helpful; **Nütz·lich·keit** *f* **1.** *(Nutzen)* utility; **2.** *(Vorteilhaftigkeit)* advantage; **3.** *(Dienlichkeit)* helpfulness; **Nütz·lich·keits·den·ken**

n utilitarian thinking.
nutz·los *adj* useless; **Nutz·lo·sig·keit** *f* uselessness.
Nutz·nie·ßer(in) ['nʊtsni:sɐ] *m (f) allg* beneficiary; *jur* usufructuary.
Nut·zung *f* **1.** *(Gebrauch)* use; **2.** *(das Ausnutzen)* exploitation; **Nut·zungs-recht** *n jur* usufruct.
Ny·lon ['naɪlɔn] *n chem (Wz)* nylon.
Nym·phe ['nʏmfə] *f* nymph.
Nym·pho·ma·nie [nʏmfoma'ni:] *f* nymphomania; **Nym·pho·ma·nin** *f* nymphomaniac.

O

O, o [o:] ‹-, -› *n* O, o.
o *interj* oh! ▶ ~ **ja!** oh yes! ~ **nein!** oh no! ~ **weh!** oh dear!
O-Bei·ne *pl fam* bandy legs, bowlegs; **o-bei·nig** *adj* bandy-legged.
Oa·se [o'a:zə] ‹-, -n› *f a. fig* oasis.
ob [ɔp] *conj* **1.** *(Frage einleitend)* if, whether; **2.** *(vergleichend):* **als** ~ as if; **3.** *fam:* **und** ~! you bet! ▶ ~ **sie mich wohl liebt?** I wonder if she loves me; **ich weiß nicht,** ~ **sie kommen** I don't know whether or not they're coming; **und** ~ **ich stärker bin!** *fam* you bet I'm stronger! **tu doch nicht so, als** ~ **(dich das interessiert)!** *fam* stop pretending (to be interested)!
Ob·dach *n* shelter; **ob·dach·los** *adj* homeless; ▶ ~ **werden** be made homeless; **Ob·dach·lo·se(r)** *f m* homeless person; **Ob·dach·lo·sen·asyl** *n* shelter for the homeless.
Ob·duk·ti·on [ɔpdʊk'tsjo:n] *f* post-mortem (examination).
oben ['o:bən] *adv* **1.** *(vorher: in Brief)* above; **2.** *(in der Höhe)* up; **3.** *(hoch* ~, *am oberen Ende)* at the top; **4.** *(die Treppe hinauf)* upstairs; **5.** *(an der Oberfläche)* on the surface; ▶ **ganz** ~ *a. fig* right at the top; **hier (dort)** ~ up here (there); **von** ~ **bis unten** from top to bottom; *(bei Person)* from head to toe; **nach** ~ upwards; *(im Haus)* upstairs; **der Befehl kommt von** ~ *fig* it's orders from above; **der Weg nach** ~ **ist hart** *a. fig* it's hard to get to the top; **siehe** ~ see above; **wie** ~ **erwähnt** as mentioned above; **von** ~ **herab** *fig* condescendingly; ~ **ohne (gehen)** *fam* (be) topless; **mit dem Gesicht nach** ~ face uppermost; **oben·an** ['--'-] *adv* at the top; **oben·auf** ['--'-] *adv* on the top; ▶ **wieder** ~ **sein** *fig fam (wieder gesund sein)* be back on form; **oben·drein** ['--'-] *adv fam* on top of everything; **oben·er·wähnt** *adj* above-mentioned.
Ober ['o:bɐ] ‹-s, -› *m* waiter; ▶ **Herr** ~! waiter!
Ober·arm *m* upper arm; **Ober·arzt (-ärz·tin)** *m (f)* senior physician; **Ober·be·fehl** ‹-s› *m mil* supreme command (*über* of); ▶ **den** ~ **haben** be in supreme command; **Ober·be·fehls·ha·ber** *m mil* commander-in-chief (*Abk fam* cominch); **Ober·be·klei·dung** *f* outer clothing; **Ober·bett** *n* quilt; **Ober·bür·ger·mei·ster(in)** *m (f)* Lord Mayor.
Obe·re ‹-n› *n* top; **obe·re** ['ɔbərə] *adj attr* upper; ▶ **die** ~**n Zehntausend** *fam* the upper crust.
Ober·feld·we·bel *m mil* **1.** *(beim Heer) Br* staff (*Am* first) sergeant; **2.** *(bei der Luftwaffe) Br* flight (*Am* master) sergeant; **Ober·flä·che** *f* **1.** *a. fig* surface; **2.** *math* surface area; ▶ **an die** ~ **kommen** (come to the) surface; *fig* emerge; **ober·fläch·lich** *adj a. fig* superficial; **ober·gä·rig** *adj (Altbier etc)* top-fermented; **Ober·ge·schoß** *n* upper floor; ▶ **im dritten** ~ on the *Br* third (*Am* fourth) floor.
ober·halb *adv prp* above.
Ober·hand *f fig:* ▶ **die** ~ **(über jdn) gewinnen** get the better (of s.o.).
Ober·haupt *n* head; **Ober·haus** *n pol* **1.** *allg* upper house; **2.** *Br* House of Lords; **Ober·hemd** *n* shirt.
Obe·rin ['o:bərın] *f* **1.** *eccl* Mother Superior; **2.** *(im Krankenhaus)* matron.
ober·ir·disch *adj* above ground; *el* overhead.
Ober·kell·ner(in) *m (f)* head waiter (waitress); **Ober·kie·fer** *m* upper jaw; **Ober·kom·man·do** *n mil* **1.** *(Oberbefehl)* supreme command; **2.** *(~stab)* headquarters *pl;* **Ober·kör·per** *m* upper part of the body; **Ober·lauf** *m (e-s Flusses)* headwaters *pl,* upper course (*od* reaches *pl*); **Ober·le·der** *n* uppers *pl;* **Ober·lei·tung** *f* **1.** *(Führung)* direction; **2.** *el* overhead cable; **Ober·lei·tungs·om·ni·bus** *m* (*Abk* Obus) trolleybus; **Ober·leut·nant** *m mil* **1.** *(beim Heer)* (*Am* first) *Br* lieutenant; **2.** *(bei der Luftwaffe) Br* flying officer, *Am* first lieutenant; **3.** *mar:* ▶ ~ **zur See** lieutenant; **Ober·licht** *n* **1.** *(Fenster)* high window; **2.** *(an Tür)* fanlight; **Ober·lip·pe** *f* upper lip; **Ober·ma·te·ri·al** ‹-s, -ien› *n (von Schuh)* upper; **Ober·pri·ma** *f obs Br* upper sixth, *Am* senior grade; **Ober·schen·kel** *m* thigh; **Ober·schicht** *f fig* upper strata *pl;* **Ober·schwe·ster** *f* senior nursing officer; **Ober·sei·te** *f* top side.
Oberst ['o:bɐst] ‹-en/-s, -en/(-e)› *m mil* **1.** *(beim Heer)* colonel; **2.** *(Luftwaffen~) Br* group captain, *Am* colonel.
Ober·staats·an·walt (-an·wäl·tin) ['--'---] *m (f) jur Br* public prosecutor, *Am* district attorney.
ober·ste *adj* **1.** topmost, uppermost; **2.** *fig* supreme; ▶ **das O~ zuunterst keh-**

ren turn everything upside down; **O~r Gerichtshof** *allg a. Am* Supreme Court, *Br* High Court of Justice.

Ober·trot·tel *m fam* prize idiot.

Ober·ver·wal·tungs·ge·richt ['---'----] *n jur* Higher Administrative Court.

Ober·was·ser *n (bei Schleuse)* backwater; ▶ **~ haben** *fig fam* have the upper hand.

ob·gleich [-'-] *conj* although, even though.

Ob·hut ['ɔphu:t] ⟨-⟩ *f* care; ▶ **jdn in (s-e) ~ nehmen** take care of s.o.

obi·ge *adj attr* above.

Ob·jekt [ɔp'jɛkt] ⟨-(e)s, -e⟩ *n a. gram* object.

Ob·jek·tiv ⟨-s, -e⟩ *n phot* lens, objective.

ob·jek·tiv *adj* objective.

Ob·jek·ti·vi·tät *f* objectivity; ▶ **sich um größtmögliche ~ bemühen** try to be as objective as possible.

Ob·jekt·satz *m ling* object clause.

ob·lie·gen [-'--] ⟨ohne ge-⟩ *irr itr:* ▶ **jdm ~** be incumbent upon s.o.; **Ob·lie·gen·heit** *f* incumbency.

ob·li·gat [obli'ga:t] *adj* obligatory; **Ob·li·ga·tion** *f a. fin* obligation; **ob·li·ga·to·risch** *adj* obligatory; *päd (von Pflichtfächern)* compulsory.

Ob·mann *m* representative; ▶ **~ der Geschworenen** foreman of the jury.

Oboe [o'bo:ə] ⟨-, -n⟩ *f mus* oboe.

Ob·rig·keit ['o:brɪçkaɪt] *f:* ▶ **die ~** *(die Behörden)* the authorities *pl;* **ob·rig·keit·lich** *adj* authoritarian; **Ob·rig·keits·staat** *m* authoritarian state.

ob·schon [-'-] *conj* although.

Ob·ser·va·to·rium [ɔpzɛrva'to:riʊm] *n* observatory.

Obst [o:pst] ⟨-(e)s⟩ *n* fruit; **Obst·bau** *m* fruit-growing; **Obst·baum** *m* fruit-tree; **Obst·ern·te** *f* fruit-crop; **Obst·gar·ten** *m* orchard; **Obst·hand·lung** *f Br* fruiterer's (shop), *Am* fruit-store; **Obst·mes·ser** *n* fruit-knife; **Obst·pflücker(in) (k·k)** *m (f)* fruit-gatherer; **Obst·sa·lat** *m* fruit-salad; **Obst·tor·te** *f Br* tart, *Am* fruit pie.

ob·szön [ɔps'tsø:n] *adj* obscene; **Ob·szö·ni·tät** *f* obscenity.

O-bus ['o:bʊs] ⟨-ses, -se⟩ *m fam* trolley.

ob·wohl [-'-] *conj* (al)though.

Och·se ['ɔksə] ⟨-n, -n⟩ *m* **1.** *zoo* bullock, ox; **2.** *fig (Schimpfwort)* blockhead, dope; **och·sen** *itr fam* mug, swot; **Och·sen·schwanz·sup·pe** *f* oxtail soup.

Ocker (k·k) ['ɔke] ⟨-s⟩ *m od n* ochre.

Ode ['o:də] ⟨-, -n⟩ *f* ode.

Öde ['ø:də] ⟨-, -n⟩ *f* **1.** *(öde Gegend)* desert, waste(land); **2.** *fig (Langweiligkeit)* dreariness, monotony; **öde** *adj* **1.** *(leer, verlassen)* abandoned, empty; *(unbewohnt)* bleak, desolate; *(unbebaut)* waste; **2.** *fig (langweilig)* dreary, dull.

oder ['o:dɐ] *conj* or; ▶ **~ aber . . .** or else . . .; **~ auch** or perhaps; **entweder . . . ~** either . . . or; **Sie kommen doch, ~?** you're coming, aren't you? **sie kommt nicht, ~ doch?** she won't come, or will she?

Oder-Neiße-Linie *f* Oder-Neisse-Line.

Öd·land *n* wasteland.

Ofen ['o:fən, *pl* 'ø:fən] ⟨-s, -⟩ *m* **1.** *(Herd)* stove; **2.** *(Back~)* oven; **3.** *(Brenn~)* kiln; *el (Heiz~)* heater; **4.** *(Hoch~)* furnace; ▶ **jetzt ist der ~ aus!** *fig fam* now it's curtains for you (*od* us *od* them *etc*)! **Ofen·rohr** *n* stovepipe; **Ofen·schirm** *m* firescreen.

Off ⟨-⟩ *n theat TV film* offstage.

of·fen ['ɔfən] *adj* **1.** *allg (a. fig: freimütig)* open; **2.** *fig (frei, vakant)* vacant; **3.** *fig (unerledigt, a. fin com: ~stehend)* outstanding; ▶ **auf ~er See** on the open sea; **Überfall auf ~er Straße** mugging; **~er Wein** wine by the carafe; **Tag der ~en Tür** open day; **ich bin Vorschlägen gegenüber stets ~** I am always open to suggestions; **~er Widerstand** open resistance; **wir ließen die Angelegenheit ~** we left the matter open; **zu jdm ~ sein** be open with s.o.; **~ gesagt . . .** to tell you the truth . . ., to be honest . . .; **s-e Meinung ~ sagen** speak one's mind; **ein ~es Wort mit jdm reden** have a frank talk with s.o.; **mit ~em Mund dastehen** *fig* stand gaping; **~e Türen einrennen** *fig* kick at an open door *sing;* **~e Handelsgesellschaft** (*Abk* **OHG)** *com* general partnership; **~e Stelle** vacant post, vacancy; **ein ~es Geheimnis** an open secret.

of·fen·bar ['ɔfən'ba:ɐ] **I** *adj* obvious; **II** *adv (vermutlich)* apparently; **of·fen·ba·ren** [--'--] ⟨ohne ge-⟩ **I** *tr* reveal; **II** *refl:* ▶ **sich jdm ~** reveal o.s. to s.o.; **Of·fen·ba·rung** *f* revelation; **Of·fen·ba·rungs·eid** *m jur* oath of manifestation.

of·fen|blei·ben ⟨sein⟩ *irr itr a. fig* remain open.

of·fen|hal·ten *irr tr a. fig* keep open; ▶ **die Ohren ~** keep one's ear open.

Of·fen·heit *f* candour, frankness, openness.

of·fen·her·zig *adj* **1.** *(frank, freimütig)* candid, frank, open-hearted; **2.** *hum fam (tief ausgeschnitten)* revealing.

of·fen·kun·dig ['--'--] *adj* clear, obvious; ▶ **~e Lüge** downright lie.

of·fen|las·sen *irr tr a. fig* leave open.

of·fen·sicht·lich ['--'--] *adj* obvious.

of·fen·siv [ɔfɛn'zi:f] *adj* offensive; **Of·fen·si·ve** ⟨-, -n⟩ *f* offensive; ▶ **in die ~ gehen** take the offensive.

of·fen|ste·hen *irr itr* **1.** *(Fenster, Tür etc)* be open; **2.** *com (Rechnung)* be outstanding; **3.** *fig (zugänglich, erreich-*

bar sein) be open (*jdm* to s.o.).

öf·fent·lich ['œfəntlɪç] *adj* public; ▶ **~es Ärgernis erregen** cause public annoyance; **etw ~ bekanntmachen** make s.th. public; **~e Toilette** *Br* public convenience, *Am* public comfort station; **~e Betriebe** public utilities *pl;* **~e Verkehrsmittel** means of public transport; **Persönlichkeit des ~en Lebens** person in public life; **die ~e Meinung** public opinion; **~es Recht** *jur* public law; **Anstalt ~en Rechts** public institution; **Öf·fent·lich·keit** *f* public; ▶ **mit etw an die ~ treten** bring s.th. before the public; **unter Ausschluß der ~ tagen** meet behind closed doors (*od jur* in camera); **in aller ~** in public; **an die ~ gelangen** become known; **die ~ scheuen** shun publicity; **Öf·fent·lich·keits·ar·beit** *f* public relations *pl;* **öf·fent·lich-recht·lich** *adj* under public law.

of·fi·zi·ell [ɔfi'tsjɛl] *adj* official.

Of·fi·zier [ɔfi'tsi:ɐ] ‹-s, -e› *m mil* officer; ▶ **~ werden** *(zum ~ ernannt werden)* be commissioned; **mein Sohn will ~ werden** *(die ~slaufbahn einschlagen)* my son wants to be an officer; **diensthabender ~** officer of the day; **Of·fi·ziers·an·wär·ter** *m mil* officer cadet.

Off·line-Be·trieb *m EDV* off-line mode.

öff·nen ['œfnən] *tr itr refl* open; **Öff·ner** *m* opener; **Öff·nung** *f* opening; **Öff·nungs·po·li·tik** *f* policy of openness; **Öff·nungs·win·kel** *m phot tech* aperture angle; **Öff·nungs·zei·ten** *pl* hours of business.

Off·set·druck ['ɔfsɛt-] *m typ* offset printing.

oft (oft·mals) [ɔft] *adv* frequently, often; ▶ **je öfter ..., desto ...** the more often ... the ...; **des öfteren** quite often.

öf·ter ['œftɐ] *adv (gelegentlich)* (every) once in a while.

oh [o:] *interj* oh!

oh·ne ['o:nə] **I** *prp* without; ▶ **~ weiteres** just like that; **so ~ weiteres geht das nicht** it doesn't work that easily; **das kann man ~ weiteres sagen** it's quite all right to say that; **die Sache ist nicht ~** *fam (nicht schlecht)* it's by no means bad; **er ist gar nicht so ~** *fam* he's pretty hot indeed; **sei ~ Sorge** don't worry; **II** *conj:* ▶ **~ etw zu tun** without doing s.th.; **~ daß ich es bemerkte, ...** without my noticing it ...; **oh·ne·dies (oh·ne·hin)** [--'-/'---] *adv* anyway; **oh·ne·glei·chen** ['--'--] *adj* unparalleled; ▶ **ein Sieg ~** an unparalleled victory.

Ohn·macht ‹-, -en› *f* **1.** *(Bewußtlosigkeit)* faint, swoon; **2.** *fig (Machtlosigkeit)* powerlessness; ▶ **in ~ fallen** faint (*vor* from); **ohn·mäch·tig** *adj* **1.** *(bewußtlos)* unconscious; **2.** *fig (machtlos)* powerless; ▶ **werden** faint (*vor* from); **sie ist ~ !** she's fainted! **~e Wut** *fig* helpless rage; **e-r Sache ~ gegenüberstehen** *fig* be helpless in the face of s.th.

Ohr [o:ɐ] ‹-(e)s, -en› *n* ear; ▶ **sich aufs ~ legen** *fam* turn in; **ganz ~ sein** *hum fam* be all ears *pl;* **auf dem linken ~ taub sein** be deaf in the left ear; **jdm etw um die ~en hauen** *fam* hit s.o. over the head with s.th.; **viel um die ~en haben** *fig fam* have a lot on one's plate; **jdm zu ~en kommen** reach someone's ears; **sitzt du auf deinen ~en?** *fam* are you deaf or s.th.? **jdn übers ~ hauen** *fig fam* pull a fast one on s.o.; **bis über die ~en in Schulden stecken** *fig fam* be up to one's ears in debt; **bis über beide ~en in jdn verliebt sein** *fig fam* be head over heels in love with s.o.; **jdm mit etw in den ~en liegen** *fig fam* badger s.o. for s.th.; **die ~en steif halten** *fig fam* keep a stiff upper lip; **die ~en spitzen** *fig fam* prick up one's ears; **es geht zum e-n ~ hinein u. zum anderen heraus** *fam* it goes in one ear and out the other; **auf dem ~ bin ich taub!** *fig fam* nothing doing!

Öhr [ø:ɐ] ‹-(e)s, -e› *n (Nadel~)* eye.

oh·ren·be·täu·bend *adj fig* deafening; **Oh·ren·sau·sen** *n* buzzing in one's ears; **Oh·ren·schmalz** *n* earwax; **Oh·ren·schüt·zer** *m pl* earmuffs; **Oh·ren·zeu·ge (-zeu·gin)** *m (f)* earwitness.

Ohr·fei·ge *f* box on the ears; ▶ **jdm e-e ~ geben** slap someone's face; **ohr·fei·gen** *tr* slap; **Ohr·läpp·chen** ['o:ɐlɛpçən] *n* (ear)lobe; **Ohr·mu·schel** *f* outer ear, *anat* auricle; **Ohr·ring** *m* earring; **Ohr·wurm** *m* **1.** *zoo* earwig; **2.** *mus fam* earcatcher.

ok·kult [ɔ'kʊlt] *adj* occult; **Ok·kul·tis·mus** *m* occultism.

Ok·ku·pant [ɔku'pant] *m mil* occupying power; **Ok·ku·pa·tion** *f pol* occupation; **ok·ku·pie·ren** *tr* occupy.

Öko- *pref* ecological; **Öko·lo·ge (Öko·lo·gin)** [øko'lo:gə] *m (f)* ecologist; **Öko·lo·gie** *f* ecology; **Öko·lo·gie·be·we·gung** *f* ecology movement.

Öko·nom (Öko·no·min) [øko'no:m] ‹-en, -en› *m (f)* economist; **Öko·no·mie** *f* **1.** *(Wirtschaftlichkeit)* economy; **2.** *(Wirtschaft)* economy; **3.** *(Wirtschaftswissenschaft)* economics *sing;* **öko·no·misch** *adj* **1.** *(auf die Wirtschaft(lichkeit) bezogen)* economic; **2.** *(sparsam)* economical.

Öko·par·tei *f* ecology party.

Öko·sy·stem *n* eco-system.

Ok·ta·eder [ɔkta'e:dɐ] ‹-s, -› *m math* octohedron.

Ok·tav·band *m* octavo volume.

Ok·ta·ve [ɔk'ta:və] ‹-, -n› *f mus* octave.

Ok·to·ber [ɔk'to:bɐ] ‹-(s), › *m* October.

Oku·lar [oku'la:ɐ] ‹-s, -e› *n* eyepiece, ocular.

oku·lie·ren *tr bot* graft.

Öku·me·ne [øku'me:nə] *f eccl* ecumenical movement; **öku·me·nisch** *adj eccl* ecumenical.

Ok·zi·dent [ɔktsi'dɛnt] ‹-s› *m* occident.

Öl [ø:l] ‹-(e)s, -e› *n* oil; ► **~ ins Feuer gießen** *fig* add fuel to the fire; **in ~ malen** paint in oils *pl;* **auf ~ stoßen** strike oil; **Öl·ab·schei·der** *m (an Garage etc)* oil separator; **Öl·baum** *m bot* olive tree; **Öl·bild (Öl·ge·mäl·de)** *n* oil painting.

Old·ti·mer ['o:lt,taɪmɐ] ‹-s, -› *m mot* **1.** *(Sammlerfahrzeug)* classic car; **2.** *hum (altes Auto)* veteran car.

ölen *tr* oil; ► **wie ein geölter Blitz** *fig fam* like greased lightning.

Öl·far·be *f* oil paint (*od* colour); **Öl·fleck** *m* oilstain; **Öl·ge·mäl·de** *n* oil painting; **Öl·ge·win·nung** *f* oil production; **Öl·ha·fen** *m* oil terminal; **öl·hal·tig** *adj (Öl enthaltend)* containing oil; **Öl·hei·zung** *f* oil(-fired) heating.

ölig *adj a. fig* oily.

Oli·ve [o'li:və] ‹-, -n› *f bot* olive; **Oli·ven·baum** *m* olive tree; **Oli·ven·öl** *n* olive oil; **oliv·grün** *adj* olive-green.

Öl·jacke (k·k) *f mar* oilskin jacket; **Öl·ka·ni·ster** *m* oil can; **Öl·kon·zern** *m* oil company; **Öl·kri·se** *f* oil crisis.

oll [ɔl] *adj fam* old; ► **je ~er, je doller** the older, the sillier; **wo habe ich nur das ~e Ding hingetan?** I wonder where I've put that silly old thing?

Öl·la·che *f* pool of oil; **Öl·lei·tung** *f* **1.** *(Pipeline)* pipeline; **2.** *mot* oil lead; **Öl·lie·fe·rant** *m* oil supplier; **Öl·meß·stab** *m mot* dipstick; **Öl·pest** *f* oil pollution; **Öl·platt·form** *f* oil rig; **Öl·pum·pe** *f mot* oil pump; **Öl·quel·le** *f* oil well; **Öl·raf·fi·ne·rie** *f* oil refinery; **Öl·sar·di·ne** *f* sardine; ► **wie die ~n dasitzen** *fam* be crammed in like sardines; **Öl·scheich** *m hum* oil sheikh; **Öl·schicht** *f* oil film; **Öl·stand** *m mot* oil level; **Öl·stands·mes·ser** *m mot* oil pressure gauge; **Öl·tan·ker** *m* oil tanker; **Öl·tep·pich** *m* oil slick.

Ölung *f* oiling; ► **die Letzte ~** *eccl* the extreme unction.

Öl·ver·brauch *m mot* oil consumption; **Öl·ver·knap·pung** *f* oil shortage; **Öl·vor·kom·men** *n* oil deposit; **Öl·wan·ne** *f mot Br* sump, *Am* oil pan; **Öl·wech·sel** *m mot* oil change; ► **e-n ~ machen** do an oil change.

Olym·pia·de [olʏm'pja:də] ‹-, -n› *f* Olympics *pl.*

olym·pisch *adj* **1.** *rel* Olympian; **2.** *(die O~en Spiele angehend)* Olympic; ► **die O~en Spiele** the Olympic Games.

Oma ['o:ma] ‹-, -s› *f fam* grandma, granny.

Ome·let·te [ɔm(ə)'lɛt] ‹-, -n› *f* omelet(te).

Omen ['o:mən] ‹-s, -› *n* omen; **omi·nös** [omi'nø:s] *adj* ominous.

Om·ni·bus ['ɔmnibʊs] ‹-ses, -se› *m* bus; ► **mit dem ~ fahren** go by bus; **Om·ni·bus·hal·te·stel·le** *f* bus stop; **Om·ni·bus·li·nie** *f* bus line.

Ona·nie [ona'ni:] *f* masturbation.

On·kel ['ɔŋkəl] ‹-s, -› *m* uncle; ► **der ~ Doktor** *fam* the nice doctor.

On·line-Be·trieb *m EDV* on-line mode.

Onyx ['o:nyks] ‹-(es)› *m* onyx.

Opa ['o:pa] ‹-s, -s› *m fam* grandad, grandpa.

Opal [o'pa:l] ‹-s, -e› *m* opal.

Oper ['o:pɐ] ‹-, -n› *f* **1.** *mus (als Gattung)* opera; **2.** *(~nhaus)* opera house; ► **in die ~ gehen** go to the opera.

Ope·ra·teur(in) [opəra'tø:ɐ] ‹-s, -e› *m (f) med* surgeon; **Ope·ra·tion** *f* operation; ► **sich e-r ~ unterziehen** undergo an operation; **Ope·ra·tions·saal** *m med* operating *Br* theatre (*Am* room); **Ope·ra·tions·tisch** *m* operating table.

ope·ra·tiv *adj* **1.** *med* operative; **2.** *mil* operational.

Ope·ret·te [opə'rɛtə] ‹-, -n› *f mus* operetta.

ope·rie·ren I *tr* operate on (*jdn am Magen etc* someone's stomach *etc*); **II** *itr a. mil u. fig* operate; ► **sich ~ lassen** have an operation.

Opern·glas *n* opera glasses *pl;* **Opern·haus** *n* opera house; **Opern·sän·ger(in)** *m (f)* opera singer.

Op·fer ['ɔpfɐ] ‹-s, -› *n* **1.** *(~gabe, a. fig)* sacrifice; **2.** *(Geopferter, Geschädigter)* victim; ► **ein ~ (für jdn) bringen** make a sacrifice (for s.o.); **kein ~ scheuen** consider no sacrifice too great; **jdm etw zum ~ bringen** offer s.th. as a sacrifice to s.o.; **jdm (e-r Sache) zum ~ fallen** fall a victim to s.o. (s.th.); **op·fern I** *tr itr a. fig* sacrifice; **II** *refl* **1.** *(sich auf~)* sacrifice o.s.; **2.** *hum fam (sich hergeben)* be a martyr; **Op·fer·stock** *m eccl* offertory box; **Op·fe·rung** *f* **1.** *(das Opfern)* sacrifice; **2.** *eccl* offertory; **op·fer·wil·lig** *adj* willing to make sacrifices.

Opi·um ['o:piʊm] ‹-s› *n* opium.

op·po·nie·ren [ɔpo'ni:rən] *itr* oppose (*gegen jdn od etw* s.o. *od* s.th.).

op·por·tun [ɔpɔr'tu:n] *adj* opportune; **Op·per·tu·nis·mus** *m* oppertunism; **Op·por·tu·nist(in)** *m (f)* opportunist; **op·por·tu·ni·stisch** *adj* opportunist(ic).

Op·po·si·tion *f* opposition; **Op·po·si·tions·füh·rer(in)** *m (f) parl* opposition leader.

Op·tik ['ɔptɪk] *f* **1.** optics *pl;* **2.** *phot* lens system; ► **nur der ~ wegen** *fig* for visual effect only; **Op·ti·ker(in)** *m (f)* optician.

op·ti·mal [ɔpti'ma:l] *adj* optimal; ▶ **das ist nicht ~** *fam* that's not ideal; **op·ti·mie·ren** *tr* optimize; **Op·ti·mis·mus** *m* optimism; **Op·ti·mist(in)** *m (f)* optimist; **op·ti·mi·stisch** *adj* optimistic.

op·tisch *adj* visual; *opt* optical; ▶ **~e Täuschung** optical illusion; **rein ~** *fam* visually.

Ora·kel [o'ra:kəl] ⟨-s, -⟩ *n* oracle; **ora·keln** ⟨ohne ge-⟩ *itr* **1.** *(in dunklen Worten reden)* speak in riddles; **2.** *hum (über Zukünftiges)* prognosticate.

Orang-Utan ['o:raŋ'u:tan] ⟨-s, -s⟩ *m zoo* orang-outang.

Oran·ge[1] [o'raŋʒə] ⟨-, -n⟩ *f bot* orange.

Orange[2] ⟨-⟩ *n (Farbe)* orange.

oran·ge·far·ben *adj* orange.

Oran·gen·mar·me·la·de *f* marmelade; **Oran·gen·scha·le** *f* orange-peel.

Oran·ge·rie [---'-] *f* orangery.

Ora·to·ri·um [ora'to:riʊm] ⟨-s, -rien⟩ *n mus* oratorio.

Or·che·ster [ɔr'kɛstɐ] ⟨-s, -⟩ *n mus* orchestra; **Or·che·ster·gra·ben** *m* orchestra pit.

Or·chi·dee [ɔrçi'de:] ⟨-, -n⟩ *f bot* orchid.

Or·den ['ɔrdən] ⟨-s, -⟩ *m* **1.** *rel (Mönchs~ etc)* order; **2.** *(Auszeichnung)* decoration; ▶ **jdm e-n ~ für etw verleihen** decorate s.o. for s.th.; **Or·dens·band** *n* **1.** *allg* ribbon; **2.** *mil* medal ribbon; **Or·dens·geist·liche(r)** *m (f) eccl* priest in a religious order.

or·dent·lich ['ɔrdəntlıç] *adj* **1.** *(aufgeräumt)* orderly, tidy; **2.** *(anständig)* decent; *(achtbar)* respectable; **3.** *(annehmbar, vernünftig)* reasonable; **4.** *fam (tüchtig, gehörig)* proper, real; ▶ **ein ~es Frühstück** a proper breakfast; **e-e ~e Tracht Prügel** a proper hiding; **~er Professor** full professor; **sie haben ihn ~ über's Ohr gehauen** they cheated him properly.

Or·der ['ɔrdɐ] ⟨-, -s/-n⟩ *f (Anweisung; a. com: Auftrag)* order; ▶ **an die ~ von ...** *com* to the order of ...; **sich an s-e ~ halten** stick to one's orders *pl.*

or·dern *tr com* order.

or·di·när [ɔrdi'nɛ:ɐ] *adj* **1.** *(vulgär)* vulgar; **2.** *(alltäglich)* ordinary.

Or·di·na·rius [ɔrdi'na:riʊs] ⟨-, -rien⟩ *m* professor *(für* of).

ord·nen ['ɔrdnən] **I** *tr* **1.** *(organisieren)* order, organize; **2.** *(in Ordnung bringen)* put in order; **3.** *(an~, sortieren)* arrange; **II** *refl* **1.** *(in (e-e) Ordnung kommen)* get into order; **2.** *(sich an~, bilden)* form (*zu etw* s.th.); **Ord·ner** *m* **1.** *(bei Versammlung etc)* steward; **2.** *(Akten~)* file.

Ord·nung *f* **1.** *(das Ordnen)* ordering; **2.** *(Ergebnis des Ordnens)* order; **3.** *(Regelung)* rules *pl;* **4.** *(Gesetzmäßigkeit)* routine; **5.** *(Rang, a. math u. biol)* order; ▶ **~ halten (schaffen)** keep (put) things in order; **(er ist) in ~** (he's) all right (*fam* OK); **jdn zur ~ rufen** call s.o. to order; **das bringen Sie wieder in ~!** you'll sort this out! **können Sie diese Maschine wieder in ~ bringen?** can you fix this machine? **die Maschine ist (wieder) in ~** the machine is fixed (again); **mit meinem CD-Spieler ist etwas nicht in ~** there's s.th. wrong with my CD-player; **klar, geht in ~!** *fam* sure, that's OK! **~ muß sein!** we must have order! **man muß sich an die ~ halten** one must stick to the rules; **nur der ~ halber** only as a matter of form; **er ist ein Genie erster ~** he is a genius of the first order.

ord·nungs·ge·mäß *adj* according to the rules; ▶ **~ ablaufen** take its proper course.

Ord·nungs·ruf *m parl* call to order; **Ord·nungs·stra·fe** *f* fine; ▶ **jdn mit e-r ~ belegen** fine s.o.; **ord·nungs·wid·rig** *adj jur* irregular; ▶ **~ handeln** infringe regulations; **Ord·nungs·wid·rig·keit** *f jur* infringement; **Ord·nungs·zahl** *f* **1.** *math* ordinal number; **2.** *phys* atomic number.

Or·gan [ɔr'ga:n] ⟨-s, -e⟩ *n* **1.** *med anat (Körper~)* organ; **2.** *fam (Stimme)* voice; **3.** *fig (Zeitung)* organ; **4.** *fig (Amt, Stelle)* instrument, organ.

Or·gan·spen·de *f* organ donation.

Or·ga·ni·sa·tion [ɔrganiza'tsjo:n] *f* organization; **Or·ga·ni·sa·tions·ta·lent** *n* organizing ability; **Or·ga·ni·sa·tor(in)** *m (f)* organizer; **or·ga·ni·sa·to·risch** *adj* organizational; ▶ **~es Talent besitzen** have a gift for organization.

or·ga·nisch *adj* **1.** *chem a. fig* organic; **2.** *med (körperlich)* physical.

or·ga·ni·sie·ren I *tr itr* **1.** organize; **2.** *sl (klauen)* lift; **II** *refl* organize; ▶ **das organisierte Verbrechen** organized crime.

Or·ga·nis·mus *m* organism.

Or·ga·nist(in) *m (f) mus* organist.

Or·gan·spen·der(in) *m (f) med* (organ) donor; **Or·gan·trans·plan·ta·tion** *f med* transplantation.

Or·gas·mus [ɔr'gasmʊs] *m* orgasm; **or·ga·stisch** *adj* orgasmic.

Or·gel ['ɔrgəl] ⟨-, -n⟩ *f mus* organ; **Or·gel·kon·zert** *n* organ recital; **or·geln** *itr (Orgel spielen)* play the organ; **Or·gel·pfei·fe** *f* organ pipe.

Or·gie ['ɔrgiə] *f* orgy; ▶ **~n feiern** have orgies; *fig* go wild.

Ori·ent ['o:riɛnt/ori'ɛnt] ⟨-⟩ *m* Orient; **Or·ien·ta·le (Or·ien·ta·lin)** *m (f)* man (woman) from the Middle East; **ori·en·ta·lisch** *adj* Middle Eastern.

ori·en·tie·ren I *refl* **1.** *(sich zurechtfinden)* orientate o.s. (*an od nach* by); **2.** *(sich ausrichten, anpassen)* orientate (*an* to); **3.** *(sich informieren)* inform o.s. (*über* about); **II** *tr itr* **1.** *(ausrichten, a. fig)* orientate (*auf od nach* towards); **2.** *(informieren)* inform (*über* about); ► **s-e Ideen am Liberalismus** ~ orientate one's ideas to liberalism.

Ori·en·tie·rung *f* **1.** *(das Zurechtfinden, Ausrichten)* orientation; **2.** *(Informierung)* information; ► **die** ~ **verlieren** *a. fig* lose one's bearings; **Ori·en·tie·rungs·sinn** *m* sense of direction.

Ori·gi·nal [or(i)gi'na:l] ⟨-s, -e⟩ *n* **1.** original; **2.** *fig (origineller Mensch)* character, original person.

ori·gi·nal *adj* original; ► **etw** ~ **übertragen** *radio TV* broadcast s.th. live.

Ori·gi·na·li·tät *f* **1.** *(Ursprünglichkeit, Urtümlichkeit)* originality; **2.** *(Echtheit)* authenticity.

Ori·gi·nal·fas·sung *f* original (version); ► **in der englischen** ~ in the original English version.

ori·gi·nell *adj* **1.** *(geistvoll, witzig)* witty; **2.** *(neu)* novel; **3.** *(original, selbständig)* original.

Or·kan [ɔr'ka:n] ⟨-(e)s, -e⟩ *m* **1.** hurricane; **2.** *fig* storm; **or·kan·ar·tig** *adj* hurricanelike.

Or·na·ment [ɔrna'mɛnt] ⟨-(e)s, -e⟩ *n* ornament; **or·na·men·tal** *adj* ornamental.

Or·nat [ɔr'na:t] ⟨-(e)s, -e⟩ *m* **1.** *allg* regalia *pl;* **2.** *eccl* vestments *pl.*

Oro·pax ⟨-⟩ *n Wz* ear plugs *pl.*

Ort[1] [ɔrt] ⟨-(e)s, -e⟩ *m* **1.** *(Platz, Stelle)* place; **2.** *(~schaft)* place; **3.** *math* locus; ► **am** ~ **des Verbrechens** in the locality of the crime; ~ **der Handlung** *theat film* scene of the action; **an** ~ **u. Stelle** *(sofort, od vor ~)* on the spot; **an** ~ **u. Stelle ankommen** arrive at one's destination; **ein abgelegener** ~ a remote spot; **von** ~ **zu** ~ from place to place; **der nächste** ~ the next village (*od* town).

Ort[2] ⟨-(e)s⟩ *m min* coal face; ► **vor** ~ at the coal face.

Ört·chen ['œrtçən] *n hum euph* ► **das stille** ~ the smallest room.

or·ten *tr aero mar* locate.

or·tho·dox [ɔrto'dɔks] *adj rel a. fig* orthodox.

Or·tho·gra·phie [ɔrtogra'fi:] *f* orthography; **or·tho·gra·phisch** *adj* orthographic(al).

Or·tho·pä·de (-pä·din) [ɔrto'pɛ:də] *m (f) med* orthop(a)edist; **Or·tho·pä·die** [---'-] *f med* orthopaedics *pl;* **or·tho·pä·disch** *adj med* orthopaedic.

ört·lich ['œrtlıç] *adj* local; **Ört·lich·keit** *f* locality; ► **sich mit der** ~ **vertraut machen** familiarize o.s. with the locality.

Orts·an·ga·be *f* **1.** *(bei Briefen)* town; **2.** *(bei Büchern etc)* place of publication; **orts·an·säs·sig** *adj* local; ► **die O~en** the local residents; **Orts·be·sich·ti·gung** *f* local survey, site inspection; **Orts·be·stim·mung** *f* position fixing.

Ort·schaft *f (Stadt)* town; *(Dorf)* village; ► **geschlossene** ~ built-up area.

orts·fremd *adj* non-local; **Orts·ge·spräch** *n tele* local call; **Orts·kran·ken·kas·se** *f (in Deutschland) compulsory medical assurance scheme;* **orts·kun·dig** *adj:* ~ **sein** know one's way around (*od* know the place); **Orts·na·me** *m* place name; **Orts·netz** *n* **1.** *tele* local exchange area; **2.** *el* local grid; **Orts·netz·kenn·zahl** *f tele* STD code; **Orts·schild** *n* place name sign; **Orts·sinn** ⟨-(e)s⟩ *m* sense of direction; **Orts·ta·rif** *m tele* charge for local phone-call; **orts·üb·lich** *adj* ► **es ist hier** ~ it's local custom here; **Orts·ver·band** *m* local committee; **Orts·zeit** *f* local time; **Orts·zu·schlag** *m Br* local weighting allowance.

Or·tung *f mar aero* locating.

Öse ['ø:zə] ⟨-, -n⟩ *f* eyelet.

Os·si ['ɔsı] ⟨-s, -s⟩ *m fam citizen of the former East Germany.*

Ost [ɔst] *m* **1.** *(Himmelsrichtung)* East; **2.** *(~wind)* East wind.

Ost·afri·ka ['-'---] *n* East Africa; **Ost·asien** ['-'--] *n* Eastern Asia; **Ost-Ber·lin** *n* East Berlin; **Ost·block** ⟨-s⟩ *m pol* Eastern Bloc; **ost·deutsch** *adj* East German; **Ost·deutsch·land** *n* **1.** *(geographisch)* Eastern Germany; **2.** *pol hist* East Germany; **Osten** ⟨-s⟩ *m* **1.** *(Himmelsrichtung)* East; **2.** *pol (Ostblock):* **der** ~ the East; ► **der Nahe (Ferne)** ~ the Near (Far) East; **der Mittlere** ~ the Middle East; **im (in den)** ~ in (to) the East.

osten·ta·tiv [ɔstɛnta'ti:f] *adj* pointed.

Oster·ei *n* Easter egg; **Oster·feu·er** *n bonfire lit on Easter Saturday;* **Oster·gloc·ke** *f bot* daffodil; **Oster·ha·se** *m* Easter Bunny.

öster·lich ['ø:stɐlıç] *adj* (of) Easter.

Oster·marsch *m* peace march.

Ostern ['o:stɐn] ⟨-, -⟩ *n* Easter; ► **frohe** ~**!** *pl* Happy Easter! *sing.*

Öster·reich ['ø:st(ə)raıç] *n* Austria; **Öster·rei·cher(in)** *m (f)* Austrian; **öster·rei·chisch** *adj* Austrian.

Ost·frie·se (Ost·frie·sin) ⟨-n, -n⟩ *m (f)* East Frisian; **ost·frie·sisch** *adj* East Frisian; **Ost·fries·land** *n* East Frisia.

Ost·go·te *m hist* Ostrogoth.

ost·in·disch ['-'--] *adj* East Indian.

öst·lich ['œstlıç] **I** *adj* easterly; **II** *adv:* ► ~ **von ...** (to the) east of ...; **III** *prp* (to the) east of ...

Östro·gen [œstro'ge:n] ⟨-s, -e⟩ *n* estrogen.

ost·rö·misch *adj* Byzantine.

Ost·see *f:* **die ~** the Baltic (Sea); **Ost·staa·ten** *pl (der USA)* Eastern states; **Ost·ver·trä·ge** *pl pol* treaties with Eastern Bloc states.

ost·wärts *adv* eastwards.

Ost-West-Beziehungen *pl pol* East-West relations.

Ot·ter[1] ['ɔtɐ] ‹-, -n› *f zoo (Schlange)* adder, viper.

Ot·ter[2] ‹-s, -› *m zoo (Fisch~)* otter.

Ot·to ['ɔto] *m hum fam* ▶ **den flotten ~ haben** *(Durchfall)* have the runs *pl.*

Ot·to·mo·tor *m* otto engine.

Ou·ver·tü·re [ovɛr'ty:rə] ‹-, -n› *f mus* overture.

oval [o'va:l] *adj* oval.

Over·all ['oʊvərɔ:l] ‹-s, -s› *m* overalls *pl.*

Oxid [ɔ'ksi:t] ‹-(e)s, -e› *n chem* oxide; **Oxi·da·tion** *f chem* oxidation.

oxi·die·ren *tr itr chem* oxidise.

Oze·an ['o:tsea:n] ‹-s, -e› *m* ocean; **Oze·an·damp·fer** *m* ocean steamer; **ozea·nisch** *adj* oceanic.

Oze·lot ['o:tselɔt] ‹-s, -e› *m zoo* ocelot.

Ozon [o'tso:n] ‹-s› *n chem* ozone; **Ozon·loch** *n* hole in the ozone layer; **Ozon·schicht** *f* ozone layer, ozonosphere; **Ozon·schild** *m* ozone shield.

P

P, p [pe:] ‹-, -› *n* P, p.

Paar [pa:ɐ] ‹-(e)s, -e› *n* pair; *(zwei Menschen)* couple; ► **ein ~ Schuhe** a pair of shoes; **die beiden sind ein ungleiches ~** the two of them are an odd couple.

paar *adj:* ► **ein ~** a few; *(zwei, drei)* a couple of ...; **vor ein ~ Tagen** a few days ago; **die ~ Leute, die da waren** the few people who were there; **kannst du mir ein ~ Zeilen schreiben?** can you drop me a line?

paa·ren I *tr* **1.** *zoo* mate; **2.** *fig* combine; **II** *refl* **1.** *zoo* mate; **2.** *fig* be combined.

paa·rig *adj* in pairs.

Paar·lauf *m sport* pair scating.

paar·mal *adv:* ► **ein ~** a few times; *(zwei-, dreimal)* a couple of times.

Paa·rung *f* **1.** *zoo* mating; **2.** *sport* match; **3.** *fig* combination.

paar·wei·se *adv* in pairs.

Pacht [paxt] ‹-, -en› *f* **1.** *(~verhältnis)* lease; **2.** *(Entgelt)* rent; ► **etw in ~ geben** let (out) s.th. on lease; ► **etw in ~ nehmen (haben)** take (have) s.th. on lease; **pach·ten** *tr* lease; **etw für sich gepachtet haben** *fig fam* have the (*od* a) monopoly on s.th.; **Päch·ter(in)** ['pɛçtɐ] *m (f)* tenant; **Pacht·ver·trag** *m* lease.

Pack[1] [pak] ‹-(e)s› *m* **1.** *(Haufen)* stack; **2.** *(Bündel)* bundle; ► **mit Sack u. ~** *fam* with bag and baggage.

Pack[2] *n (Gesindel)* rabble, riffraff.

Päck·chen ['pɛkçən] ‹-s, -› *n* **1.** *allg* package; **2.** *(Packung, Schachtel)* packet; **3.** *(Post~)* small parcel.

Pack·eis *n* pack ice.

packen (k·k) I *tr itr* **1.** *(festhalten)* grab, seize; **2.** *fig (begeistern, ergreifen)* grip, thrill; **3.** *(ein~, verstauen)* pack; *(Päckchen, Pakete)* make up; **4.** *sl (hinkriegen, schaffen)* manage; ► **jdn beim Arm ~** grab someone's arm; **jdn am Kragen ~** grab s.o. by the collar; **der Zug geht in zehn Minuten, ~ wir das noch?** *sl* the train leaves in ten minutes, can we still make it? **II** *refl fam (sich davonmachen)* clear off; **packend (k·k)** *adj fig (fesselnd)* gripping, thrilling; **Packer(in) (k·k)** *m (f)* packer; **Pack·esel** *m* **1.** *(Lastesel)* pack-ass; **2.** *fig* packhorse; **Pack·pa·pier** *n* wrapping paper; **Pack·sat·tel** *m* pack-saddle.

Packung (k·k) *f* **1.** *(Päckchen, Schachtel)* packet; **2.** *med* compress; **3.** *tech* gasket; ► **e-e ~ Zigaretten** a *Br* packet (*Am* pack) of cigarettes.

Pack·wa·gen *m rail Br* luggage van, *Am* baggage car.

Päd·ago·ge (-gin) [pɛda'go:gə] *m (f)* education(al)ist; **Päd·ago·gik** [--'--] *f* education; **päd·ago·gisch** *adj* educational, pedagogical; ► **P~e Hochschule** teacher-training college.

Pad·del ['padəl] ‹-s, -› *n* paddle; **Pad·del·boot** *n* canoe; **pad·deln** *itr* canoe, paddle.

paf·fen ['pafən] *fam* **I** *tr* **1.** *(viel rauchen)* puff away at ...; **2.** *(nicht inhalieren)* puff at ...; **II** *itr* **1.** *(viel rauchen)* puff away; **2.** *(nicht inhalieren)* puff.

Pa·ge ['pa:ʒə] ‹-n, -n› *m* **1.** *hist* page; **2.** *(Hotel~) Br* bellboy, *Am* bellhop.

pa·gi·nie·ren [pagi'ni:rən] *tr typ* paginate.

Pai·let·te *f* sequin.

Pa·ket [pa'ke:t] ‹-(e)s, -e› *n* **1.** *(Post~)* parcel; **2.** *(Packung)* packet; **3.** *fig* package; ► **ein ~ aufgeben** mail a parcel; **etw als ~ schicken** send s.th. by parcel post; **Pa·ket·an·nah·me** *f* parcels office; **Pa·ket·aus·ga·be** *f* parcel-delivery; **Pa·ket·kar·te** *f* dispatch form; **Pa·ket·schal·ter** *m* parcels counter.

Pakt [pakt] ‹-(e)s, -e› *m* agreement, pact; **pak·tie·ren** *itr* make a pact.

Pa·last [pa'last, *pl* pa'lɛstə] ‹-es, ¨-e› *m a. fig* palace.

Pa·lä·sti·na [palɛs'ti:na] *n* Palestine; **Pa·lä·sti·nen·ser(in)** [palɛsti'nɛnzɐ] *m (f)* Palestinian; **pa·lä·sti·nen·sisch** *adj* Palestinian.

Pa·la·ver [pa'la:vɐ] ‹-s, -› *n a. fig fam* palaver; **pa·la·vern** ‹ohne ge-› *itr a. fig fam* palaver.

Pa·let·te [pa'lɛtə] ‹-, -n› *f* **1.** *(Maler~)* palette; **2.** *(Transport~)* pallet; **3.** *fig markt (Produkt ~ etc)* range.

Pa·li·sa·de [pali'za:də] ‹-, -n› *f* palisade.

Pal·me ['palmə] ‹-, -n› *f bot* palm (tree); ► **so etw bringt mich wirklich auf die ~!** *fam* such a thing really makes me see red! **Palm·öl** *n* palm oil; **Palm·we·del (Palm·zweig)** *m* palm leaf.

Pam·pe ['pampə] ‹-› *f fam* slop.

Pam·pel·mu·se ['pampəlmu:zə] ‹-, -n› *f* grapefruit.

Pam·phlet [pam'fle:t] ‹-(e)s, -e› *n* lampoon.

pam·pig *adj fam* **1.** *(matschig)* gooey; **2.** *(frech)* stroppy.

pa·nie·ren [pa'ni:rən] *tr* coat with

breadcrumbs; **Pa·nier·mehl** *n* breadcrumbs *pl.*

Pa·nik ['pa:nɪk] *f* panic; ▶ **in ~ geraten** get into a panic; **nach dem Erdbeben brach e-e ~ aus** after the earthquake panic broke out; **Pa·nik·ma·che** *f fam* panicmongering; **pa·nisch** *adj* panic-stricken; ▶ **~e Angst** panic-stricken fear; **e-e ~e Angst vor etw haben (sich ~ vor etw fürchten)** be terrified of s.th.

Pan·ne ['panə] ‹-, -n› *f* **1.** *allg, bes mot (Schaden, Betriebsstörung)* breakdown; **2.** *(Reifen~)* puncture; **3.** *fig fam (Schnitzer) Br* boob, *Am* goof; ▶ **er hatte e-e ~** *(mit dem Auto)* his car broke down; *(e-e Reifen~)* he had a puncture; **da ist mir wohl e-e ~ passiert** *fig fam* I must have *Br* boobed (*Am* goofed) there; **Pan·nen·dienst** *m mot* breakdown service.

Pa·no·ra·ma [pano'ra:ma] ‹-s, -men› *n* panorama.

pan·schen ['pan(t)ʃən] *tr* (*s.* pan(t)-schen).

Pan·sen ['panzən] ‹-s, -› *m zoo* rumen.

Pan·ther ['pantɐ] ‹-s, -› *m zoo* panther.

Pan·ti·ne [pan'ti:nə] ‹-, -n› *f* clog.

Pan·tof·fel [pan'tɔfəl] ‹-s, -n› *m* slipper; ▶ **unterm ~ stehen** *fig fam* be henpecked; **Pan·tof·fel·held** *m fam* henpecked husband; **Pan·tof·fel·ki·no** *n fam obs Br* goggle-box, *Am* tube.

Pan·to·mi·me[1] [panto'mi:mə] ‹-, -n› *f (Kunst)* (panto)mime.

Pan·to·mi·me[2] **(Pan·to·mi·min)** *m(f)* mime; **pan·to·mi·misch** *adj* in mime.

pan(t)·schen ['pan(t)ʃən] **I** *tr (Wein, Whisky etc)* adulterate.

Pan·zer ['pantsɐ] ‹-s, -› *m* **1.** *hist (Rüstung)* armour; **2.** *mil* tank; **3.** *zoo (von Schildkröte etc)* shell; **4.** *fig* shield; **Pan·zer·ab·wehr** *f mil (~truppe)* anti-tank unit; **Pan·zer·ab·wehr·ka·no·ne** *f mil (Abk* **Pak***)* anti-tank gun; **Pan·zer·faust** *f mil* bazooka; **Pan·zer·glas** ‹-es› *n* bulletproof glass; **Pan·zer·gra·na·te** *f mil* armour-piercing shell.

pan·zern I *tr* armour-plate; **II** *refl fig* arm o.s. (*gegen* against).

Pan·zer·schrank *m* safe; **Pan·zer·späh·wa·gen** [--'---] *m mil* armoured scout car; **Pan·zer·wa·gen** *m* armoured car.

Papa (Papi) ['papa/pa'pa:] ‹-(s), -s› *m fam Br* dad(dy), *Am* pa, pop.

Pa·pa·gei [papa'gaɪ] ‹-en/-s, -en/(-e)› *m zoo* parrot; **Pa·pa·gei·en·krank·heit** *f med* parrot fever, psittacosis.

Pa·per·back ['pe:pɐbɛk] ‹-s, -s› *n* paperback.

Pa·pier [pa'pi:ɐ] ‹-s, -e› *n* **1.** *allg (a. Schriftstück)* paper; **2.** *fin (Wert~)* security; ▶ **~e** *pl (Ausweis~)* (identity) papers; *(Dokumente)* documents; **ein Blatt ~** a sheet of paper; **nur auf dem ~ existieren** exist on paper only; **etw zu ~ bringen** put s.th. down on paper; **er verlangte s-e ~e** *(die Entlassungs~e)* he asked for his cards; **Pa·pier·ein·zug** *m (bei Drucker, Schreibmaschine)* paper feed; **Pa·pier·fa·brik** *f* paper mill; **Pa·pier·geld** *n* paper money; **Pa·pier·korb** *m Br* wastepaper basket, *Am* wastebasket; **Pa·pier·kram** *m fam* red tape, *Br a.* bumph; **Pa·pier·krieg** ‹-(e)s› *m fam* red tape; ▶ **e-n endlosen ~ mit den Behörden führen** go through an endless red tape with the authorities; **Pa·pier·ta·schen·tuch** *n* paper handkerchief; **Pa·pier·ti·ger** *m fig* paper tiger; **Pa·pier·tra·ge·ta·sche** *f* paper carrier; **Pa·pier·tü·te** *f* paper bag; **Pa·pier·wa·ren** *f pl* stationery *sing.*

Papp·band *m* **1.** *(Einband)* pasteboard; **2.** *(Buch)* hardback.

Papp·be·cher *m* paper cup.

Pap·pe ['papə] ‹-, -n› *f* cardboard; ▶ **nicht von ~ sein** *fig fam* not to be sneezed at.

Pap·pel ['papəl] ‹-, -n› *f bot* poplar.

päp·peln ['pɛpəln] *tr fam* nourish.

Pap·pen·hei·mer *pl fam:* ▶ **ich kenne meine ~** I know you (*od, bei Urteil über Dritte* that) lot.

Pap·pen·stiel *m fig fam:* ▶ **etw für e-n ~ kriegen** get s.th. for a song; **hundert Mark sind kein ~** a hundred marks isn't chicken-feed.

pap·per·la·papp ['papɐla'pap] *interj fam* rubbish.

pap·pig *adj* sticky.

Papp·kar·ton (Papp·schach·tel) *m (f)* cardboard box; **Papp·ma·ché** ['papmaʃe:] ‹-s, -s› *n* papier-mâché; **Papp·na·se** *f* false nose.

Papp·schnee *m* sticky snow.

Papp·tel·ler *m* paper plate.

Pa·pri·ka ['paprika] ‹-s, -(s)› *m* **1.** *(Gewürz)* paprika; **2.** *(~schote)* red (*od* green) pepper.

Papst [pa:pst, *pl* 'pɛ:pstə] ‹-es, ⸚e› *m* **1.** *eccl* pope; **2.** *fig (Literatur~, Kritiker~ etc)* high priest; **päpst·lich** ['pɛ:pstlɪç] *adj* papal; ▶ **~er als der Papst sein** be more Catholic than the Pope; **Papst·tum** ‹-s› *n eccl* papacy.

Pa·ra·bel [pa'ra:bəl] ‹-, -n› *f* **1.** *(Gleichnis)* parable; **2.** *math* parabola.

Pa·ra·bol·an·ten·ne *f radio TV* satellite dish, parabolic receiving dish.

Pa·ra·de [pa'ra:də] ‹-, -n› *f* **1.** *mil* parade, review; **2.** *sport (Abwehr)* parry; *(Torwart~ beim Fußball)* save; **Pa·ra·de·bei·spiel** *n* outstanding (*od* prime) example; **Pa·ra·de·schritt** ‹-(e)s› *m mil (Stechschritt)* goose-step; **Pa·ra·de·uni·form** *f mil* dress uniform.

pa·ra·die·ren *itr* parade.

Pa·ra·dies [para'di:s] ‹-es, -e› *n rel a. fig* paradise; **pa·ra·die·sisch** *adj* **1.** *rel* paradisiac(al); **2.** *fig* heavenly; ▶ **~ schön sein** *fig* be like paradise.

pa·ra·dox [para'dɔks] *adj* paradoxical; **Pa·ra·dox(on)** [pa'radɔkso:n] ‹-es, -e› *n* paradox.

Par·af·fin [para'fi:n] ‹-s, -e› *n chem* paraffin.

Pa·ra·graph [para'gra:f] ‹-en, -en› *m (Abschnitt)* paragraph; *jur* section; **Pa·ra·gra·phen·dschun·gel** *m* verbiage; ▶ **sich im ~ zurechtfinden** wade one's way through the verbiage.

par·al·lel [para'le:l] *adj math a. fig* parallel (*zu* to); **Par·al·le·le** ‹-, -n› *f math a. fig* parallel (*zu* to); **Par·al·le·lo·gramm** [paralelo'gram] ‹-s, -e› *n math* parallelogram.

Pa·ral·lel·schwung *m sport* parallel turn.

Pa·ral·lel·zu·griff *m EDV* parallel access.

pa·ra·mi·li·tä·risch ['pa:ra-] *adj* paramilitary.

Pa·ra·me·ter [pa'ra:metɐ] ‹-, -› *m* parameter.

Pa·ra·nuß *f* Brazil nut.

pa·ra·phie·ren [para'fi:rən] *tr pol* initial.

Pa·ra·psy·cho·lo·gie ['pa:ra-] *f* parapsychology.

Pa·ra·sit [para'zi:t] ‹-en, -en› *m biol a. fig* parasite.

pa·rat [pa'ra:t] *adj* ready; ▶ **etw ~ haben (halten)** have (keep) s.th. ready.

Par·fum (Par·füm) [par'fœ̃:/(par'fy:m)] ‹-s, -s/-e› *n* perfume, scent; **Par·fü·me·rie** [---'-] *f* perfumery; **Par·füm·fla·sche** *f* perfume bottle; **par·fü·mie·ren I** *tr* perfume, scent; **II** *refl* put perfume on.

Pa·ria ['pa:ria] ‹-s, -s› *m a. fig* pariah.

pa·rie·ren [pa'ri:rən] **I** *tr* **1.** *(e-n Stoß, a. fig)* parry; **II** *itr (gehorchen)* obey.

Pa·ri·ser [pa'ri:zɐ] ‹-s, -› **I** *m (Einwohner von Paris)* Parisian; **II** *adj* Parisian; **Pa·ri·se·rin** *f* Parisienne.

Pa·ri·tät [pari'tɛ:t] *f fin pol* parity.

Park [park] ‹-s, -s/(-e)› *m* park.

Par·ka ['parka] ‹-(s), -s› *m* parka.

Park·bank *f* park bench.

Park·deck *f mot* parking level.

par·ken *tr itr* park; ▶ **P~ verboten!** no parking!

Par·kett [par'kɛt] ‹-(e)s, -e› *n* **1.** *(~fußboden)* parquet (flooring); **2.** *theat Br* stalls *pl, Am* parquet; ▶ **er legte e-e tolle Nummer aufs ~** *fam* he put on a great show; **er kann sich auf jedem ~ bewegen** *fig* he can move in any society; **Par·kett·bo·den** *m* parquet floor.

Park·flä·che *f* parking place; **Park·ge·bühr** *f* parking tax; **Park·haus** *n* multi-stor(e)y covered car park; **Park·kral·le** *f* wheel clamp; **Park·land·schaft** *f* parkland; **Park·licht** ‹-s› *n mot* parking light; **Park·lücke (k·k)** *f* parking gap; **Park·platz** *m* parking lot; **Park·platz·not** *f* dearth of parking spaces; **Park·schei·be** *f* parking disc; **Park·strei·fen** *m* lay-by; **Park·sün·der(in)** *m (f)* parking offender; **Park·uhr** *f* parking meter; **Park·ver·bot** *n* "no parking"; **Park·wäch·ter(in)** *m (f)* **1.** *(in Parkanlage)* park keeper; **2.** *(auf Parkplatz)* car-park attendant.

Par·la·ment [parla'mɛnt] ‹-(e)s, -e› *n* parliament; ▶ **er wurde ins ~ gewählt** he was elected to parliament; **Par·la·men·ta·rier(in)** *m (f)* parliamentarian; **par·la·men·ta·risch** *adj* parliamentary; **Par·la·ments·aus·schuß** *m* parliamentary committee; **Par·la·ments·be·schluß** *m* vote of parliament; **Par·la·ments·fe·rien** *pl* recess; **Par·la·ments·mit·glied** *n* member of parliament; **Par·la·ments·sit·zung** *f* sitting (of parliament); **Par·la·ments·wahl** *f* parliamentary election.

Pa·ro·die [paro'di:] *f* parody (*von* of, *auf* on); **pa·ro·die·ren** *tr* parody.

Pa·ro·le [pa'ro:lə] ‹-, -n› *f* **1.** *mil* password; **2.** *fig pol* slogan; **3.** *fig (Wahlspruch)* motto.

Par·sing *n EDV* parsing.

Par·tei [par'taɪ] ‹-, -en› *f* **1.** *pol* party; **2.** *(Mieter)* tenant; **3.** *jur* party; ▶ **die ~ wechseln** change parties *pl;* **~ sein** *fig* be bias(s)ed; **jds ~** (*od* **für jdn ~**) **ergreifen** *fig* take someone's part; **gegen jdn ~ ergreifen** *fig* take sides against s.o.; **nicht beteiligte ~** *jur* third party; **schuldige ~** party in fault; **die vertragschließenden ~en** *pl jur* the contracting parties; **Par·tei·ap·pa·rat** *m pol* party machinery; **Par·tei·buch** *n pol* party membership book; ▶ **er hat schon immer das richtige ~ gehabt** he's always been in the right party; **Par·tei·en·fi·nan·zie·rung** *f* party financing; **Par·tei·füh·rer(in)** *m (f) pol* party leader; **Par·tei·füh·rung** *f* party leadership; **Partei·ge·nos·se (-ge·nos·sin)** *m (f) pol* party member.

par·tei·isch *adj* bias(s)ed.

Par·tei·lich·keit *f* partiality; **par·tei·los** *adj parl* independent; **Par·tei·mit·glied** *n pol* party member; **Par·tei·nah·me** *f* partisanship; **Par·tei·po·li·tik** *f pol* party politics *pl;* **par·tei·po·li·tisch** *adj pol* party political; **Par·tei·pro·gramm** *n pol Br* (party) manifesto, *Am* platform; **Par·tei·spen·de** *f* party donation; **Par·tei·spen·den·af·fä·re** *f* party donations scandal; **Par·tei·tag** *m pol* party convention; **Par·tei·vor·sit·zen·de(r)** *f m pol* party leader; **Par·tei·zu·ge·hö·rig·keit** *f pol* party membership.

Par·terre [par'tɛr] ‹-s, -s› *n* **1.** *arch Br* ground (*Am* first) floor; **2.** *theat Br* pit, *Am* parterre.

Par·tie [par'ti:] *f* **1.** *(Teil)* part; *(Ausschnitt)* section; **2.** *sport (Spiel)* game; *(Tennis)* set; **3.** *fam (Glücksgriff)* catch; **4.** *com (von Waren)* lot; ▶ **e-e ~ Schach spielen** play a game of chess; **sie ist e-e gute ~ (für ihn)** *fam* she's a good catch (for him); **sie hat e-e gute ~ gemacht** *fam* she has married well; **ich bin mit von der ~** you can count me in.

par·ti·ell [par'tsjɛl] *adj* partial.

Par·ti·san(in) [parti'za:n] ‹-s/-en, -en› *m (f)* partisan.

Par·ti·tur [parti'tu:ɐ] *f mus* score.

Par·ti·zip [parti'tsi:p] ‹-s, -ien› *n gram* participle; ▶ **~ Präsens (Perfekt)** present (past) participle.

Part·ner(in) ['partnɐ] *m (f)* partner; **Part·ner·schaft** *f* partnership; **Part·ner·stadt** *f* twin town.

Par·ty-Ser·vice *m* party catering service.

Par·zel·le [par'tsɛlə] ‹-, -n› *f Br* plot, *Am* lot; **par·zel·lie·ren** *tr* parcel out.

Pa·scha ['paʃa] ‹-s, -s› *m* pasha.

Paß [pas, *pl* 'pɛsə] ‹-sses, ⸚sse› m **1.** *(Gebirgs~)* pass; **2.** *(Reise~)* passport; **3.** *sport (beim Fußball)* pass.

pas·sa·bel *adj (leidlich)* passable.

Pas·sa·ge [pa'sa:ʒə] ‹-, -n› *f* **1.** *allg a. mar* passage; **2.** *(Einkaufs~)* arcade.

Pas·sa·gier [pasa'ʒi:ɐ] ‹-s, -e› *m* passenger; ▶ **blinder ~** *mar* stowaway; **Pas·sa·gier·damp·fer** *m* passenger steamer; **Pas·sa·gier·flug·zeug** *n* airliner.

Pas·sant(in) *m (f)* passer-by.

Pas·sat(·wind) [pa'sa:t] ‹-(e)s, -e› *m* trade wind.

Paß·bild *n* passport photo(graph).

pas·sé [pa'se:] *adj pred* out, passé.

pas·sen ['pasən] **I** *tr* **1.** *(ein~)* fit (*in* in(to)); **2.** *sport (e-n Paß schlagen)* pass; **II** *itr* **1.** *(von der Größe od Form her)* fit; **2.** *(harmonieren)* go (*zu etw* with s.th.; be suited (*zu jdm* to s.o.) **3.** *((an)genehm sein)* suit (*jdm* s.o.); **4.** *sport (e-n Paß schlagen)* pass; **5.** *(beim Kartenspiel, a. beim Quiz)* pass; ▶ **~ Ihnen die Schuhe?** do the shoes fit you? **das Kleid paßt wie angegossen** the dress fits like a glove; **die Zeugenaussagen ~ nicht zusammen** the witnesses' reports don't fit; **diese Farben ~ nicht gut zueinander** these colours don't go together well; **sie ~ gut zueinander** they are well suited to each other; **paßt es Ihnen am Montag?** is Monday all right for you? **wann paßt es Ihnen?** what time would suit you? **pas·send** *adj* **1.** *(von der Größe od Form her)* fitting; **2.** *(von Farbe, Stil etc her)* matching; **3.** *((an)genehm)* suitable; **4.** *(treffend)* appropriate, fitting; ▶ **dazu ~de Schuhe** shoes to match; **haben Sie es ~?** *(Geldbetrag)* have you got the right money?

Passe·par·tout [paspar'tu:] ‹-s, -s› *n* passe-partout.

pas·sier·bar *adj* passable.

pas·sie·ren [pa'si:rən] **I** *tr* **1.** *(vorbeifahren)* pass; **2.** *(durch Sieb ~ lassen)* strain; **II** *itr* ‹sein› *(sich ereignen)* happen (*mit* to); **Pas·sier·schein** *m* pass, permit.

Pas·sion [pa'sjo:n] *f* passion; **pas·sio·niert** *adj* enthusiastic, passionate.

Pas·siv ['pasi:f] ‹-s, (-e)› *n gram* passive (voice); **pas·siv** *adj* passive; ▶ **~er Wortschatz** passive vocabulary; **~es Mitglied** non-active member; **das ~e Wahlrecht** *pol* eligibility; **~er Widerstand** passive resistance.

Pas·si·va [pa'si:va] *pl com* liabilities.

Pas·si·vi·tät *f* passivity.

Pas·siv·rau·chen *n* passive smoking.

Paß·kon·trol·le *f* passport control; **Paß·stel·le** *f* passport office.

Paß·stück *n tech* adapter.

Paß·wort *n EDV* password.

Pa·ste ['pastə] ‹-, -n› *f* paste.

Pa·stell ‹-(s)› *n* pastel; **Pa·stell·far·be** *f* pastel; **Pa·stell·stift** *m* pastel crayon.

Pa·ste·te [pas'te:tə] ‹-, -n› *f* pie.

pa·steu·ri·sie·ren [pastøri'zi:rən] *tr* pasteurize.

Pa·stil·le [pa'stɪlə] ‹-, -n› *f* lozenge, pastille.

Pa·stor ['pastɔr] ‹-s, -en› *m eccl (anglikanisch)* vicar; *(freikirchlich)* minister.

Pa·te ['pa:tə] ‹-n, -n› *m eccl (Tauf~)* godfather; ▶ **bei dieser Entwicklung hat er ~ gestanden** *fig* he sponsored this development; **Pa·ten·kind** *n* godchild; **Pa·ten·schaft** *f a. fig* sponsorship; *(für Täufling)* godparenthood.

Pa·tent [pa'tɛnt] ‹-(e)s, -e› *n* **1.** patent; **2.** *hist mil* commission; ▶ **ein ~ anmelden** apply for a patent (*auf* on).

pa·tent *adj* **1.** *(glänzend, klug)* ingenious; **2.** *fam (praktisch, handlich)* handy; **3.** *fam (prima, klasse)* great.

Pa·tent·amt *n* patent office; **Pa·tent·an·walt (-an·wäl·tin)** *m (f) Br* patent agent (*Am* attorney); **pa·ten·tie·ren** *tr* patent; ▶ **(sich) etw ~ lassen** take out a patent on s.th.; **Pa·tent·in·ha·ber(in)** *m (f)* patentee; **Pa·tent·lö·sung (Pa·tent·re·zept)** *f (n fig)* patent remedy; **Pa·tent·recht** *n* patent law; **Pa·tent·re·gi·ster** *n* patent rolls *pl.*

Pa·ter ['pa:tɐ, *pl* 'patre:s] ‹-s, -/-tres› *m eccl* Father.

pa·the·tisch [pa'te:tɪʃ] *adj* emotive; *(übertrieben ~)* histrionic.

pa·tho·gen [pato'ge:n] *adj* pathogenous.

pa·tho·lo·gisch [pato'logɪʃ] *adj* pathological.

Pa·thos ['pa:tɔs] ⟨-⟩ *n* pathos.

Patient(in) [pa'tsjɛnt] ⟨-en, -en⟩ *m (f)* patient; **Pa·tien·ten·kar·tei** *f* patients file.

Pa·tin ['pa:tɪn] *f eccl (Tauf~)* godmother.

Pa·ti·na ['pa:tina] ⟨-⟩ *f a. fig* patina; **pa·ti·nie·ren** *tr* patinate.

Pa·tri·arch [patri'arç] ⟨-en, -en⟩ *m a. fig* patriarch; **pa·tri·ar·cha·lisch** *adj a. fig* patriarchal.

Pa·tri·ot(in) [patri'o:t] *m (f)* patriot; **pa·tri·otisch** *adj* patriotic; **Pa·trio·tis·mus** *m* patriotism.

Pa·tri·zier(in) [pa'tri:tsiɐ] *m (f)* patrician.

Pa·tron(in) [pa'tro:n] ⟨-s, -e⟩ *m (f)* **1.** *hist (Schirmherr(in))* patron (patroness); **2.** *fig fam:* ▶ **ein schlauer (unangenehmer) ~** a shrewd (tough) customer; **Pa·tro·nat** ⟨-(e)s, -e⟩ *n* patronage (*über* of).

Pa·tro·ne [pa'tro:nə] ⟨-, -n⟩ *f mil film* cartridge.

Pa·trouil·le [pa'trʊljə] ⟨-, -n⟩ *f* patrol; **pa·trouil·lie·ren** [patrʊ'li:rən] *itr* patrol.

patsch *interj (bei Schlag)* smack.

Pat·sche ['patʃə] ⟨-, -n⟩ *f fam* **1.** *(Hand)* paw; **2.** *(Matsch)* mud; **3.** *fig* fix, jam; ▶ **in der ~ sitzen** *fig* be in a fix; **jdm aus der ~ helfen** *fig* get s.o. out of a jam; **pat·schen** *itr* **1.** *(spritzen)* splash; **2.** *(schlagen)* smack; **Patsch·händ·chen** *f fam (von Kindern)* (tiny) hand; **patsch·naß** ['-'-] *adj fam* soaking wet.

Patt [pat] ⟨-s, (-s)⟩ *n a. fig pol* stalemate; **Patt·si·tua·ti·on** *f fig* stale mate.

Pat·zer ['patsɐ] *m fam (Schnitzer) Br* boob, *Am* goof.

patzig *adj fam* snotty.

Pau·ke ['paʊkə] ⟨-, -n⟩ *f mus* kettledrum; ▶ **mit ~n u. Trompeten durchfallen** *fig fam* fail miserably; **auf die ~ hauen** *fam* **1.** *(überschwenglich feiern)* paint the town red; **2.** *(übermäßig angeben)* blow one's own trumpet; **pau·ken I** *tr fam (büffeln)* swot up; **II** *itr* **1.** *mus* drum; **2.** *fam (büffeln)* swot; **Pau·ken·schlag** *m mus* drum beat; ▶ **wie ein ~** *fig* like a thunderbolt; **Pau·ken·wir·bel** *m mus* roll on the kettledrum; **Pau·ker** *m* **1.** *mus* drummer; **2.** *fam (Lehrer)* crammer.

paus·bäckig (k·k) ['paʊsbɛkɪç] *adj* chubby-cheeked.

pau·schal [paʊ'ʃa:l] *adj* **1.** *(geschätzt)* estimated, overall; **2.** *(alles einbegriffen)* inclusive; **3.** *(einheitlich)* flat-rate *(nur attr)*; **4.** *fig (in Bausch u. Bogen)* sweeping, wholesale; ▶ **etw ~ bezahlen** pay s.th. in a lump sum; **jdm etw ~ berechnen** charge s.o. a flat rate for s.th.; **~e Lohnerhöhung** flat-rate wage increase; **ein Volk ~ verdammen** *fig* condemn a people sweepingly (*od* wholesale); **Pau·schal·be·trag** *m* flat sum; **Pau·scha·le** ⟨-, -n⟩ *f* **1.** *(Einheitspreis)* flat rate; **2.** *(Schätzbetrag)* estimated amount; **pau·scha·lie·ren** *tr com* estimate at a flat rate; **pau·scha·li·sie·ren I** *tr* lump together; **II** *itr* lump things together; **Pau·schal·preis** *m* **1.** *(Zirkapreis)* estimated price; **2.** *(Inklusivpreis)* inclusive price; **3.** *(Einheitspreis)* flat rate; **Pau·schal·rei·se** *f* package tour; **Pau·schal·ur·laub** *m* package holiday.

Pau·se[1] ['paʊzə] ⟨-, -n⟩ *f* **1.** *(Erholungs~ etc)* break; *(kurzes Innehalten)* pause; *(Unterbrechung, a. theat)* interval; *(Rast)* rest; **2.** *mus* rest; ▶ **e-e ~ machen** *(zur Erholung, Entspannung)* make a break; *(rasten)* have a rest; *(innehalten)* (make a) pause; **die große ~** *(in der Schule) Br* break, *Am* recess.

Pau·se[2] *f (Durchzeichnung)* tracing.

pau·sen *tr* trace.

Pau·sen·fül·ler *m* stop gap; **pau·sen·los** *adj* incessant, non-stop; ▶ **~ arbeiten** work incessantly (*od* non-stop); **Pau·sen·pfiff** *m sport* time-out whistle; **Pau·sen·stand** *m sport* half-time score; **Pau·sen·zei·chen** *n* **1.** *radio TV* call sign; **2.** *mus* rest.

pau·sie·ren *itr* have a break.

Paus·pa·pier ⟨-s⟩ *n* tracing paper.

Pa·vi·an ['pa:via:n] ⟨-s, -e⟩ *m zoo* baboon.

Pa·vil·lon ['pavɪljɔŋ] ⟨-s, -s⟩ *m* pavilion.

Pa·zi·fik [pa'tsi:fɪk] ⟨-s⟩ *m* Pacific.

Pa·zi·fis·mus [patsi'fɪsmʊs] *m* pacifism; **Pa·zi·fist(in)** *m (f)* pacifist; **pa·zi·fi·stisch** *adj* pacifist.

PC *m* ⟨-s, -s⟩ *Abk von* **Personalcomputer** PC.

Pech [pɛç] ⟨-(e)s, (-e)⟩ *n* **1.** *(Material)* pitch; **2.** *fig fam (Mißgeschick)* tough luck; ▶ **wie ~ und Schwefel zusammenhalten** be as thick as thieves; **bei etw ~ haben** *fig fam* have tough luck in s.th.; **~ gehabt!** *fig fam* tough! **vom ~ verfolgt sein** *fig fam* be dogged by bad luck; **pech·schwarz** ['-'-] *adj* pitch-black; **Pech·sträh·ne** *f fig fam* run of bad luck; **Pech·vo·gel** *m fig fam* unlucky thing.

Pe·dal [pe'da:l] ⟨-s, -e⟩ *n* pedal; ▶ **fest in die ~e treten** pedal hard.

Pe·dant(in) [pe'dant] ⟨-en, -en⟩ *m (f)* pedant; **Pe·dan·te·rie** [pedantə'ri:] *f* pedantry; **pe·dan·tisch** *adj* pedantic.

Pe·dell [pe'dɛl] ⟨-s, -e⟩ *m obs (an Schule)* janitor; *(an Uni)* porter.

Pe·gel ['pe:gəl] ⟨-s, -⟩ *m* **1.** *(Wasserstand)* water-depth gauge; **2.** *radio* level recorder; **Pe·gel·stand** *m* water level.

Peil·an·la·ge *f aero* direction finder; *mar* sounding device; **pei·len** ['paɪlən] *tr* **1.** *mar (ausloten)* sound; **2.** *(e-n Standort, ein U-Boot etc)* take the bearings of ...; ► **die Lage ~** *fig fam* see how the land lies; **über den Daumen ~** *fig fam* guess (*od* estimate) roughly; **Peil·funk** *m* radio direction finder; **Peil·ge·rät** *n* direction finder; **Peil·stab** *m mot* **1.** *(Öl~)* dipstick; **2.** *(Einparkhilfe)* side marker, width indicator; **Peil·sta·tion** *f* direction finding station.

Pein [paɪn] ‹-› *f* agony; **pei·ni·gen** ['paɪnɪgən] *tr* **1.** torture; **2.** *fig* torment; **Pei·ni·ger(in)** *m (f)* **1.** torturer; **2.** *fig* tormentor.

pein·lich *adj* **1.** *(unangenehm)* embarrassing; **2.** *(genau, gewissenhaft)* meticulous; ► **es ist mir sehr ~, aber ich muß es Ihnen einmal sagen** I don't know how to put it, but you really ought to know; **er vermied es ~st, zu ...** he was at great pains not to ...; **er achtet ~st auf sein Äußeres** he takes great pains over his appearance.

Peit·sche ['paɪtʃə] ‹-, -n› *f* whip; **peit·schen** *tr itr* whip; ► **der Regen peitschte gegen die Fensterscheiben** rain was dashing against the window panes; **Peit·schen·hieb** *m* lash, stroke.

Pe·le·ri·ne [pelə'ri:nə] ‹-, -n› *f* pelerine.

Pe·li·kan ['pe:lika:n] ‹-s, -e› *m zoo* pelican.

Pel·le ['pɛlə] ‹-, -n› *f fam* skin; ► **jdn auf der ~ haben** have got s.o. on one's back; **geh mir endlich von der ~!** get off my back! **pel·len I** *tr fam* peel, skin; **II** *refl* peel; **Pell·kar·tof·feln** *f pl* jacket potatoes.

Pelz [pɛlts] ‹-es, -e› *m* **1.** *(gegerbt)* fur; **2.** *(ungegerbtes Fell)* hide, skin; **3.** *(~mantel etc)* fur; ► **jdm auf den ~ rücken** *fig fam* crowd s.o.; **pelz·be·setzt** *adj* fur-trimmed; **pelz·ge·füt·tert** *adj* fur-lined; **Pelz·händ·ler(in)** *m (f)* fur trader; **Pelz·kra·gen** *m* fur collar; **Pelz·man·tel** *m* fur coat; **Pelz·müt·ze** *f* fur hat; **Pelz·tier** *n* fur-bearing animal.

Pen·del ['pɛndəl] ‹-s, -› *n* pendulum; **Pen·del·be·we·gung** *f* pendular movement; **pen·deln** *itr* **1.** *(schwingen)* swing (*hin und her* to and fro); *(gehoben)* oscillate; **2.** *(von Personen)* commute; **Pen·del·tür** *f* swing door; **Pen·del·ver·kehr** *m aero rail* **1.** shuttle service; **2.** *(Vorort ~)* commuter traffic.

Pend·ler(in) *m (f)* commuter.

pe·ne·trant [pene'trant] *adj* **1.** *(Gestank etc)* penetrating; **2.** *fig (aufdringlich)* pushing.

pe·ne·trie·ren *tr* penetrate.

peng [pɛŋ] *interj* **~!** bang.

pe·ni·bel [pe'ni:bəl] *adj* pernickety.

Pe·nis ['pe:nɪs] ‹-, -se› *m* penis.

Pe·ni·zil·lin [penitsɪ'li:n] ‹-s, -e› *n* penicillin.

Pen·nä·ler(in) [pɛ'nɛ:lɐ] *m (f) (Gymnasiast(in))* grammar-school boy (girl).

Penn·bru·der *m fam Br* bum, *Am* hobo.

Pen·ne ['pɛnə] ‹-, -n› *f sl (Schule)* school; **pen·nen** *itr fam* doss down, kip; **Pen·ner(in)** *m (f) fam* **1.** *(Nichtseßhafte(r)) Br* bum, *Am* hobo; **2.** *(Schlafmütze)* sleepyhead.

Pen·si·on [pɛn'zio:n/pã'zio:n] *f* **1.** *(Ruhegehalt)* pension; **2.** *(Ruhestand)* retirement; **3.** *(Gästehaus)* pension; **4.** *(Verpflegung)* board; ► **in ~ sein** *(p~iert sein)* be retired (*od* in retirement); **Pen·sio·när(in)** *m (f)* **1.** *(Ruheständler(in))* pensioner; **2.** *(Dauergast)* boarder; **Pen·sio·nat** ‹-(e)s, -e› *n* boarding school; **pen·sio·nie·ren** *tr* pension off; ► **sich ~ lassen** retire; **pen·sio·niert** *adj* retired; **pen·sions·be·rech·tigt** *adj* entitled to a pension; **Pen·sions·kas·se** *f* pension fund.

Pen·sum ['pɛnzʊm] ‹-s, -sen/-sa› *n* **1.** *allg* workload; **2.** *päd obs* syllabus; ► **tägliches ~** daily quota.

pep·pig *adj fam* lively, upbeat.

per [pɛr] *prp* **1.** *(mittels, a. com: bis, am)* by; **2.** *com (pro)* per; ► **~ Adresse** care of (*Abk* c/o); **~ Post** by post; **sie sind ~ du miteinander** *fam* they're on first-name terms with each other; **~ se** per se; **~ pedes** *hum* on Shank's pony.

Per·fekt ['--] ‹-(e)s, -e› *n gram* perfect (tense).

per·fekt [pɛr'fɛkt] *adj* **1.** *(vollkommen)* perfect; **2.** *pred (abgemacht)* settled; ► **etw ~ machen** *(abschließen, endgültig vereinbaren)* settle s.th.

per·fid [pɛr'fi:t] *adj* perfidious; **Per·fi·die** [--'-] *f* perfidy.

per·fo·rie·ren [pɛrfo'ri:rən] ‹ohne ge-› *tr* perforate.

Per·for·manz [pɛrfɔr'mants] ‹-, -en› *f ling* performance.

Per·ga·ment [pɛrga'mɛnt] *n* parchment; ► **in ~ gebunden** vellum-bound; **Per·ga·ment·pa·pier** *n* greaseproof paper.

Pe·ri·ode [peri'o:də] ‹-, -n› *f* **1.** *(Zeitabschnitt)* period; **2.** *med (Menstruation)* period; **3.** *el* cycle; ► **sie bekam ihre ~ nicht** she missed a period; **4,36 ~** *math* 4.36 recurring; **pe·ri·odisch** *adj* periodic(al); ► **~er Dezimalbruch** *math* recurring decimal fraction.

Pe·ri·phe·rie [perife'ri:] *f* **1.** *(Außenrand)* periphery; *math (von Kreis)* circumference; **2.** *(von Stadt)* outskirts *pl.*

Pe·ri·phe·rie·ge·rät *n EDV* peripheral.

Pe·ri·skop [perɪ'sko:p] ‹-(e)s, -e› *n* periscope.

Per·le ['pɛrlə] ‹-, -n› *f* **1.** *(von Auster etc)* pearl; *(aus Holz, Glas etc)* bead; **2.** *fig* gem; 3. *(Wasser~, Schweiß~)* bead; 4. *(Luftblase)* bubble; **per·len** *itr* 1. *(von Gasen in Flüssigkeit)* sparkle; *(gehoben)* effervesce; 2. *(rinnen, herab~, fallen)* trickle; **Perl·huhn** *n zoo* guinea fowl; **Perl·mu·schel** *f zoo* pearl oyster; **Perl·mutt** ⟨-s⟩ *n* mother-of-pearl.

per·ma·nent [pɛrma'nɛnt] *adj* permanent; **Per·ma·nenz** ⟨-⟩ *f* permanence.

per·plex [pɛr'plɛks] *adj* dumbfounded.

Per·ser(in) ['pɛrzɐ] *m (f)* Persian; **Per·ser·tep·pich** *m* Persian carpet.

Per·si·aner [pɛrzi'a:nɐ] ⟨-s, -⟩ *m* 1. *(Pelz)* Persian lamb; 2. *(Mantel)* Persian lamb coat.

Per·sien ['pɛrziən] *n* Persia; **per·sisch** *adj* Persian.

Per·son [pɛr'zo:n] ⟨-, -en⟩ *f* 1. *(Mensch)* person; 2. *(Einzelwesen)* individual; 3. *theat film* character; 4. *gram* person; ► **ich für meine ~** I for my part; **in eigener ~ erscheinen** appear in person; **die Geduld in ~ sein** be patience personified.

Per·so·nal ⟨-s⟩ *n* 1. *(die Angestellten)* personnel, staff; 2. *(Dienerschaft)* servants *pl;* **Per·so·nal·ab·tei·lung** *f* personnel department; **Per·so·nal·ak·te** *f* personal file; **Per·so·nal·aus·weis** *m* identity card; **Per·so·nal·chef(in)** *m (f)* personnel manager; **Per·so·nal·com·pu·ter** *m* personal computer; **Per·so·na·lien** [pɛrzo'na:liən] *pl* particulars; **per·so·na·li·sie·ren** *tr itr* personalize; **Per·so·nal·pro·no·men** *n* personal pronoun; **Per·so·nal·un·ion** *f hist* personal union.

Per·so·nen·auf·zug *m Br* lift, *Am* elevator; **Per·so·nen·be·för·de·rung** *f* carrying of passengers; **Per·so·nen(-kraft)·wa·gen** *m Br* motorcar, *Am* automobile; **Per·so·nen·kult** *m* personality cult; **Perso·nen·scha·den** *m* injury to persons; **Per·so·nen·schutz** *m* personal security; **Per·so·nen·ver·kehr** *m* passenger services *pl;* **Per·so·nen·waa·ge** *f* scales *pl;* **Per·so·nen·zug** *m* stopping train, passenger train; **per·so·ni·fi·zie·ren** [pɛrzonifi'tsi:rən] *tr* personify.

per·sön·lich [pɛr'zø:nlıç] **I** *adj* personal; **II** *adv* personally; ► **ich ~ meine ...** I for my part think ...; **nehmen Sie doch nicht immer alles ~!** don't always take everything personally! **der Kaiser ~** the Emperor himself; **sich für jdn (etw) ~ interessieren** take a personal interest in s.o. (s.th.); **~!** *(auf Brief)* private! **Per·sön·lich·keit** *f* 1. *(persönliche Eigenschaften)* personality; 2. *(bedeutender Mensch)* personality; ► **e-e ~ des öffentlichen Lebens** a public figure; **Per·sön·lich·keits·ent·fal·tung** *f* personality development; **Per·sön·lich·keits·merk·ma·le** *n pl* personal characteristics, personality traits.

Per·spek·ti·ve [pɛrspɛk'ti:və] ⟨-, -n⟩ *f* 1. *(optisch)* perspective; 2. *fig (Aussichten)* prospects *pl;* 3. *fig (Blick-, Gesichtspunkt)* angle; ► **neue ~n eröffnen** *fig* open new horizons; **aus meiner ~** *fig* from my angle.

per·spek·tiv·los *adj* without prospects; **Per·spek·tiv·lo·sig·keit** *f* lack of prospects.

Pe·ru [pe'ru:] *n* Peru; **Pe·rua·ner(in)** [peru'a:nɐ] *m (f)* Peruvian; **pe·rua·nisch** *adj* Peruvian.

Pe·rüc·ke [pɛ'rʏkə] ⟨-, -n⟩ *f* wig.

per·vers [pɛr'vɛrs] *adj* perverted; **Per·ver·sion** *f* perversion; **Per·ver·si·tät** *f* perversity.

Pes·si·mis·mus [pɛsi'mısmʊs] *m* pessimism; **Pes·si·mist(in)** *m (f)* pessimist; **pes·si·mi·stisch** *adj* pessimistic; ► **da bin ich ziemlich ~** I'm rather pessimistic about it; **ich sehe das recht ~** I view that rather pessimistically.

Pest [pɛst] ⟨-⟩ *f* plague; ► **jdn hassen wie die ~** *fam* hate someone's guts; **etw hassen wie die ~** *fam* loathe s.th. like hell; **stinken wie die ~** *fam* stink like hell.

Pe·ter ['pe:tɐ] *m* Peter.

Pe·ter·si·lie [petɐ'zi:liə] ⟨-⟩ *f bot* parsley.

Pe·tro·le·um [pe'tro:leʊm] ⟨-s⟩ *n Br* paraffin, *Am* kerosene; **Pe·tro·le·um·lam·pe** *f Br* paraffin (*Am* kerosene) lamp.

Pe·trus *m* Peter.

pet·to ['pɛto] *adv fam:* ► **etw in ~ haben** have s.th. up one's sleeve.

Pet·ze(r) *f (m) fam* telltale; **pet·zen** ['pɛtsən] *itr fam* tell tales.

Pfad [pfa:t] ⟨-(e)s, -e⟩ *m* path; **Pfad·fin·der** *m* boy scout; **Pfad·fin·de·rin** *f* girl *Br* guide (*Am* scout).

Pfaf·fe ['pfafə] ⟨-n, -n⟩ *m pej* cleric.

Pfahl [pfa:l, *pl* 'pfɛ:lə] ⟨-(e)s, ⸚e⟩ *m* *(Zaun~)* stake; *(Pfosten)* post; **Pfahl·bau** *m* 1. *(Haus)* pile dwelling; 2. *(Bauweise)* building on stilts; **Pfahl·wur·zel** *f* tap root.

Pfalz [pfalts] ⟨-, -en⟩ *f* 1. *hist (Kaiser~)* imperial palace; 2. *geog:* **die ~** the Palatinate.

Pfand [pfant, *pl* 'pfɛndɐ] ⟨-(e)s, ⸚er⟩ *n* 1. *a. fig* pledge; 2. *(Flaschen~)* deposit; ► **etw als ~ geben** *a. fig* pledge s.th.; **ein ~ einlösen** redeem a pledge; **auf dieser Flasche sind 50 Pf ~** there's a deposit of 50 Pf on this bottle.

pfänd·bar *adj jur* distrainable.

Pfand·brief *m fin* bond.

pfän·den ['pfɛndən] *tr jur (beschlagnahmen)* distrain upon; ► **jdn ~** impound someone's possessions; **jdn ~ lassen** get the bailiffs onto s.o.

Pfand·fla·sche *f* returnable bottle.
Pfand·haus *n* pawnshop.
Pfand·schein *m fin* pawn ticket.
Pfän·dung *f jur* distraint.
Pfan·ne ['pfanə] ⟨-, -n⟩ *f* **1.** *(Brat~)* pan; **2.** *anat* socket; **3.** *(Dach~)* pantile; ► **jdn in die ~ hauen** *fig sl (herunterputzen, vernichtend schlagen)* slam s.o.; *(verreißen, zusammenstauchen)* slate s.o.; *(hereinlegen)* do the dirty on s.o.
Pfann·ku·chen *m* pancake.
Pfarr·amt *n* priest's office; **Pfarr·be·zirk** *m* parish; **Pfar·re (Pfar·rei)** ['pfarə] ⟨-, -n⟩ *f* **1.** *(Gemeinde)* parish; **2.** *(Pfarramt)* priest's office; **Pfar·rer** *m (anglikanisch)* vicar; *(von Freikirchen u. Am)* minister; *(katholisch)* parish priest; **Pfarr·ge·mein·de** *f* parish; **Pfarr·haus** *n (anglikanisch)* vicarage; *(katholisch)* presbytery; **Pfarr·kir·che** *f* parish church.
Pfau [pfaʊ] ⟨-(e)s/-en, -en⟩ *m zoo* peacock; **Pfau·en·au·ge** *n zoo* **1.** *(Tag~)* peacock butterfly; **2.** *(Nacht~)* peacock moth; **Pfau·en·fe·der** *f* peacock feather.
Pfef·fer ['pfɛfɐ] ⟨-s⟩ *m* pepper; ► **er kann bleiben, wo der ~ wächst!** *fam* he can take a running jump! **Pfef·fer·korn** *n* peppercorn.
Pfef·fer·ku·chen *m* gingerbread.
Pfef·fer·minz(bon·bon) *n* peppermint; **Pfef·fer·min·ze** [pfɛfɐ'mɪntsə] ⟨-, -n⟩ *f bot* peppermint; **Pfef·fer·minz·ge·schmack** *m* peppermint flavour; ► **mit ~** peppermint-flavoured.
Pfef·fer·müh·le *f* pepper-mill.
pfef·fern *tr* **1.** *(mit Pfeffer würzen)* pepper; **2.** *fam (schmeißen)* hurl.
Pfei·fe ['pfaɪfə] ⟨-, -n⟩ *f* **1.** *(zum ~n)* whistle; *(Quer~)* fife; *(Orgel~)* pipe; **2.** *(Tabaks~)* pipe; **3.** *fam (Versager)* wash-out; ► **nach jds ~ tanzen** *fig* dance to someone's tune; **~ rauchen** smoke a pipe.
pfei·fen *irr tr itr* **1.** *allg* whistle; **2.** *sport fam (als Schiedsrichter)* ref; **3.** *(Wind, radio)* howl; ► **ich pfeife darauf!** *fig fam* I couldn't care less! **aus dem letzten Loch ~** *fig fam* be on one's last legs; **Pfei·fen·kopf** *m* bowl; **Pfei·fen·stop·fer** *m* tamper.
Pfei·fer *m mus* piper; *mil mus* fifer.
Pfeil [pfaɪl] ⟨-(e)s, -e⟩ *m* **1.** arrow; **2.** *(Wurf~)* dart; ► **wie ein ~ davonschießen** *fig* be off like a shot; **~ u. Bogen** bow and arrow.
Pfei·ler ['pfaɪlɐ] ⟨-s, -⟩ *m a. fig* pillar.
Pfeil·gift *n* arrow poison; **pfeil·schnell** ['-'-] *adj* as swift as an arrow; **Pfeil·spit·ze** *f* arrowhead.
Pfen·nig ['pfɛnɪç] ⟨-(e)s, -e⟩ *m fig* penny; **Pfen·nig·fuch·ser** *m fam pej* skinflint.
Pferch [pfɛrç] ⟨-(e)s, -e⟩ *m* fold, pen.
Pferd ['pfe:ɐt] ⟨-(e)s, -e⟩ *n* **1.** *zoo a. sport* horse; **2.** *(Schachfigur)* knight; ► **zu ~e** on horseback; **immer langsam mit den jungen ~en!** *fig fam* hold your horses! **keine zehn ~e bringen mich dahin** *fig fam* wild horses won't drag me there; **man kann mit ihm ~e stehlen** *fam* he's a real sport! **das ~ beim Schwanz aufzäumen** *fig* put the cart before the horse; **aufs falsche ~ setzen** *a. fig* back the wrong horse; **er arbeitet wie ein ~** *fig fam* he works like a Trojan; **Pfer·de·fleisch** *n* horseflesh; **Pfer·de·fuß** *m fig* ► **die Sache hat e-n ~** there's just one snag; **Pfer·de·renn·bahn** *f* race course; **Pfer·de·ren·nen** *n* horse-race; *(Sportart)* horse racing; **Pfer·de·schwanz** *m* horse's tail; *(Frisur)* pony-tail; **Pfer·de·stall** *m* stable; **Pfer·de·stär·ke** *f (Abk* PS*)* horsepower (*Abk* hp*)*; **Pfer·de·zucht** *f* **1.** *(das Züchten)* horse-breeding; **2.** *(Gestüt)* studfarm.
Pfiff [pfɪf] ⟨-(e)s, -e⟩ *m* **1.** *(Pfeifen)* whistle; **2.** *(Flair)* flair.
Pfif·fer·ling ['pfɪfɐlɪŋ] ⟨-s, -e⟩ *m bot* chanterelle; ► **keinen ~ wert** *fig fam* not worth a straw.
pfif·fig *adj* cute, sharp, sly; **Pfif·fig·keit** *f* cuteness, sharpness; **Pfif·fi·kus** ['pfɪfikʊs] ⟨-/-ses, -se⟩ *m fam* sly fellow.
Pfing·sten ['pfɪŋstən] *n* Whitsun; **Pfingst·fe·rien** *pl* Whit *Br* holidays *pl* (*Am* vacation *sing*); **Pfingst·mon·tag** [-'--] *m* Whit Monday; **Pfingst·ro·se** *f bot* peony; **Pfingst·sonn·tag** [-'--] *m* Whit Sunday; *eccl* Pentecost.
Pfir·sich ['pfɪrzɪç] ⟨-s, -e⟩ *m bot* peach.
Pflan·ze ['pflantsə] ⟨-, -n⟩ *f* plant.
pflan·zen *tr* plant.
Pflan·zen·be·stand *m* plant formation; **Pflan·zen·decke (k·k)** *f* plant (*od* vegetation) cover; **Pflan·zen·fa·ser** *f* plant *Br* fibre (*Am* fiber); **Pflan·zen·fett** *n* vegetable fat; **Pflan·zen·fres·ser** *m* phytophage; **Pflan·zen·gift** *n* **1.** *(für Pflanze)* vegetable poison; **2.** *(aus Pflanze)* plant poison; **Pflan·zen·kun·de** *f* botany; **Pflan·zen·öl** *n* vegetable oil; **Pflan·zen·schutz·mit·tel** *n* pesticide; **Pflan·zer(in)** *m (f)* planter; **Pflan·zung** *f (Plantage)* plantation.
Pfla·ster ['pflastɐ] ⟨-s, -⟩ *n* **1.** *(Straßen~)* pavement; **2.** *(Heft~)* sticking-plaster; ► **ein teures ~** *fig fam* a pricey place; **ein heißes ~** *fig fam* a dangerous place; **Pfla·ster·ma·ler(in)** *m (f)* pavement artist; **pfla·stern** *tr (Straße)* pave; *(mit Kopfsteinpflaster)* cobble; **Pfla·ster·stein** *m* paving-stone; *(Kopfstein)* cobble.
Pflau·me ['pflaʊmə] ⟨-, -n⟩ *f* **1.** *bot* plum; *(getrocknete ~)* prune; **2.** *fam (Blödmann)* dope.
Pflau·men·baum *m* plum(tree); **Pflau·men·mus** *n* plum jam.

Pfle·ge ['pfle:gə] ‹-, -n› *f* **1.** *allg* care; **2.** *(Kranken~)* nursing; **3.** *(von Kunst, Garten)* cultivation; **4.** *tech (Instandhaltung)* maintenance; ► **in ~ nehmen** look after; **jdn (etw) in ~ geben** have s.o. (s.th.) looked after; **pfle·ge·be·dürf·tig** *adj* needing (*od* in need of) care; **Pfle·ge·el·tern** *pl* foster parents; **Pfle·ge·fall** *m* person in need of care; **Pfle·ge·kind** *n* foster child; **Pfle·ge·ko·sten** *f pl* nursing fees; **pfle·ge·leicht** *adj (von Kleidung, a. fig)* easy-care; **Pfle·ge·mut·ter** *f* foster mother.

pfle·gen I *tr* **1.** care for, look after; *(Garten etc)* tend; *(Kranken)* nurse; **2.** *fig (Kunst, Beziehungen etc)* cultivate; **3.** *tech (instandhalten)* maintain; **II** *itr (gewohnt sein)* be accustomed (*zu* to); **III** *refl (sein Äußeres ~)* care about one's appearance.

Pfle·ge·not·stand *m shortage of nursing staff and facilities;* **Pfle·ge·per·so·nal** *n* nursing staff; **Pfle·ger(in)** *m (f)* nurse; **Pfle·ge·satz** *m* hospital charges *pl;* **Pfle·ge·se·rie** *f (Kosmetik)* line of cosmetic products; **Pfle·ge·va·ter** *m* foster father.

pfleg·lich *adj* careful.

Pfleg·schaft *f jur* **1.** *(Vormundschaft)* tutelage; **2.** *(Vermögensverwaltung)* trusteeship.

Pflicht [pflıçt] ‹-, -en› *f* **1.** *(Ver~ung)* duty; **2.** *sport* compulsory exercises *pl;* ► **s-e ~ (gegenüber jdm) erfüllen** do one's duty (by s.o.); **seine ~ verletzen (vernachlässigen)** fail in (neglect) one's duty; **pflicht·be·wußt** *adj* conscious of one's duties; **Pflicht·er·fül·lung** *f* fulfilment of one's duty; **Pflicht·fach** *n (in der Schule)* compulsory subject; **Pflicht·ge·fühl** *n* sense of duty; **Pflicht·teil** *m od n jur* legal portion; **pflicht·ver·ges·sen** *adj* irresponsible.

Pflock [pflɔk, *pl* 'pflœkə] ‹-(e)s, ¨-e› *m* peg.

pflücken (k·k) ['pflʏkən] *tr* pick, pluck; *(sammeln)* gather.

Pflug [pflu:k, *pl* 'pfly:gə] ‹-(e)s, ¨-e› *m Br* plough, *Am* plow; **Pflug·bo·gen** *m sport Br* snowplough turn, *Am* snowplow turn.

pflü·gen ['pfly:gən] *tr itr a. fig Br* plough, *Am* plow.

Pfor·te ['pfɔrtə] ‹-, -n› *f* gate.

Pfört·ner[1] ['pfœrtnɐ] ‹-s, -› *m anat* pylorus.

Pfört·ner(in)[2] *m (f)* porter; *(in Industriebetrieb)* gateman; **Pfört·ner·lo·ge** *f* porter's office; *(in Industriebetrieb)* gatehouse.

Pfo·sten ['pfɔstən] ‹-s, -› *m* post; *(Tür~)* doorpost; *(Mittel~ an Fenstern)* jamb; *(von Fußballtor)* (goal)post.

Pfo·te ['pfo:tə] ‹-, -n› *f* **1.** *(Tier~)* paw; **2.** *sl (Hand)* mitt; ► **jdm eins auf die ~n geben** *fam* rap someone's knuckles; **sich die ~n verbrennen** *fig fam* burn one's fingers; **er hat überall s-e ~n drin** *fig fam* he's got a finger in every pie.

Pfriem [pfri:m] ‹-(e)s, -e› *m* awl.

Pfrop·fen ['pfrɔpfən] ‹-s, -› *m (Stöpsel)* stopper; *(Korken)* cork; *(Holz~, Watte~)* plug; *med (Blut~)* thrombus.

pfrop·fen *tr* **1.** *fam (stopfen)* cram (*in* into); **2.** *bot* graft.

Pfrün·de ['pfrʏndə] ‹-, -n› *f* **1.** *hist eccl* church living, prebend; **2.** *fig* sinecure.

Pfuhl [pfu:l] ‹-(e)s, -e› *m obs* **1.** *(Schlamm~)* mudhole; **2.** *fig* mire.

pfui [pfʊı] *interj* **1.** *(Ausdruck des Ekels)* ugh; **2.** *(der Empörung: P~ruf)* boo; **3.** *(der Mißbilligung: ts ts)* tut tut.

Pfund [pfunt] ‹-(e)s, -e› *n* pound (*Abk* lb, *pl* lbs); ► **~ Sterling** pound (sterling), *Abk* £.

pfun·dig *adj fam (erstklassig) Br* great, *Am* swell.

pfu·schen *itr fam* **1.** *(in Schule, beim Spiel)* cheat; **2.** *(bei Arbeit)* bungle; *(nachlässig ausführen)* scamp (*bei etw* s.th.); ► **jdm ins Handwerk ~** *fig fam* interfere with s.o.'s work; **Pfu·scher(in)** *m (f) fam* botcher, bungler; **Pfu·sche·rei** *f fam* bungling, botch-up.

Pfüt·ze ['pfʏtsə] ‹-, -n› *f* puddle.

Phä·no·men [fɛno'me:n] ‹-s, -e› *n* phenomenon; **phä·no·me·nal** *adj* phenomenal.

Phan·ta·sie [fanta'zi:] *f* fantasy, imagination; **Phan·ta·sie·ge·bil·de** *n (Einbildung)* figment of the (*od* one's) imagination; **phan·ta·sie·ren I** *itr* **1.** *(sich vorstellen)* fantasize (*über* about); **2.** *med (delirieren)* be delirious; **II** *tr (sich ausdenken)* dream up.

Phan·tast [fan'tast] ‹-en,-en› *m* dreamer, visionary; **Phan·ta·ste·rei** *f* fantasy; **phan·ta·stisch** *adj* **1.** fantastic; **2.** *(großartig)* excellent; *fam (bes Am)* swell; **3.** *(unglaublich)* incredible.

Phan·tom [fan'to:m] ‹-s, -e› *n* phantom; ► **e-m ~ nachjagen** *fig* tilt at windmills; **Phan·tom·bild** *n* identikit (picture).

Pha·ri·sä·er [fari'zɛ:ɐ] ‹-s, -› *m* **1.** *hist rel* Pharisee; **2.** *fig (Heuchler)* hypocrite.

Phar·ma·in·du·strie *f* pharmaceutical industry; **Phar·ma·ko·lo·ge (Phar·ma·ko·lo·gin)** [farmako'lo:gə] *m (f)* pharmacologist; **Phar·ma·ko·lo·gie** *f* pharmacology; **Phar·ma·re·fe·rent(in)** *m (f)* medical representative.

Phar·ma·zeut(in) [farma'tsɔıt] *m (f)* pharmacist; **phar·ma·zeu·tisch** *adj* pharmaceutical.

Pha·se ['fa:zə] ‹-, -n› *f* phase.

Phi·lan·trop(in) [filan'tro:p] *m (f)* philanthropist; **phi·lan·tro·pisch** *adj* philanthropic(al).

Phi·la·te·lie [filate'li:] *f* philately; **Phi·la·te·list(in)** *m (f)* philatelist.

Phil·har·mo·nie *f mus* **1.** *(philharmonisches Orchester)* philharmonia; **2.** *(Konzertsaal)* philharmonic hall.

Phi·lip·pi·ne (Phi·lip·pi·nin) *m (f)* Filipino; **Phi·lip·pi·nen** [filɪ'pi:nən] *pl* ▶ **die ~** the Philippines; **phi·lip·pi·nisch** *adj* Philippine.

Phi·li·ster [fi'lɪstɐ] ‹-s, -› *m* **1.** *hist* Philistine; **2.** *fig* philistine; **phi·li·ster·haft** *fig* **I** *adj* philistine; **II** *adv* like a philistine.

Phi·lo·lo·ge (Phi·lo·lo·gin) [filo'lo:gə] *m (f)* philologist; **Phi·lo·lo·gie** *f* philology.

Phi·lo·so·phie [filozo'fi:] *f* philosophy; **phi·lo·so·phie·ren** *itr* philosophize (*über* about); **Phi·lo·soph(in)** *m (f)* philosopher; **phi·lo·so·phisch** *adj* philosophical.

Phleg·ma·ti·ker(in) *m (f)* phlegmatic person; **phleg·ma·tisch** *adj* phlegmatic.

Phon [fo:n] ‹-s, -(s)› *n phys* phon.

Pho·nem [fo'ne:m] ‹-s, -e› *n ling* phoneme.

Pho·ne·tik [fo'ne:tɪk] *f ling* phonetics *pl;* **Pho·ne·ti·ker(in)** *m (f) ling* phonetician; **pho·ne·tisch** *adj ling* phonetic.

Pho·no·bran·che *f* hifi industry.

Pho·no·ty·pi·st(in) [fonoty'pɪstɪn] *m (f)* audio-typist.

Phos·phat [fɔs'fa:t] ‹-(e)s, -e› *n chem* phosphate; **Phos·phat·dün·ger** *m* phosphate fertilizer; **pho·spat·frei** *adj* phosphate-free; **phos·phat·hal·tig** *adj* containing phosphates.

Phos·phor ['fɔsfɔr] ‹-s› *m chem* phosphorus; **phos·pho·res·zie·ren** [fɔsforɛs'tsi:rən] *itr* phosphoresce.

Pho·to ['fo:to] ‹-s, -s› *n* photo; ▶ **ein ~ (von jdm (etw)) machen** take a photo (of s.o. (s.th.)); **Pho·to·ap·pa·rat** *m* camera; **pho·to·gen** [foto'ge:n] *adj* photogenic; **Pho·to·gra·phie** *f* **1.** *(Kunst der ~)* photography; **2.** *(Photo)* photograph; **pho·to·gra·phie·ren I** *tr* (take a) photograph (of); ▶ **sich ~ lassen** have one's photo(graph) taken; **II** *itr* take photo(graph)s; (*bes Am a.* pictures); **Pho·to·graph(in)** [foto'gra:f] *m (f)* photographer; **pho·to·gra·phisch I** *adj* photographic; **II** *adv* photographically.

Pho·to·ko·pie *f* photocopy; **pho·to·ko·pie·ren** *tr* photocopy; **Pho·to·ko·pie·rer** *m* photocopier; **Pho·to·ko·pier·ge·rät** *n* photocopying machine.

Pho·to·mon·ta·ge *f* photomontage; **Pho·to·re·por·ter(in)** *m (f)* press photographer; **Pho·to·satz** ‹-es› *m typ* photo composition; **Pho·to·syn·the·se** *f biol chem* photosynthesis.

Phra·se ['fra:zə] ‹-, -n› *f* phrase; ▶ **e-e abgedroschene ~** a hackneyed phrase; **~n dreschen** *fam* churn out one cliché after another; **Phra·sen·dre·scher(in)** *m (f)* phrasemonger.

pH-Wert *m chem* pH-value.

Phy·sik [fy'zi:k] ‹-› *f* physics *pl;* **phy·si·ka·lisch** *adj* physical; ▶ **~e Experimente** experiments in physics; **Phy·si·ker(in)** *m (f)* physicist.

Phy·sio·gno·mie [fyziogno'mi:] *f* physiognomy.

Phy·sio·lo·gie *f* physiology; **phy·sio·lo·gisch** *adj* physiological.

Phy·sio·the·ra·peut(in) *m (f) med* physiotherapist; **Phy·sio·the·ra·pie** *f med* physiotherapy.

phy·sisch ['fy:zɪʃ] *adj* physical.

Pi [pi:] ‹-(s)› *n math* pi.

Pia·nist(in) [pia'nɪst] *m (f)* pianist.

Pickel[1] (k·k) ['pɪkəl] ‹-s, -› *m tech (Spitzhacke)* pickaxe.

Pickel[2] (k·k) *m (im Gesicht etc)* pimple; **picke·lig (k·k)** ['pɪk(e)lɪç] *adj* pimply.

picken (k·k) ['pɪkən] *tr itr* peck (*nach* at).

Pick·nick ['pɪknɪk] ‹-s, -e/-s› *n* picnic; ▶ **~ machen** have a picnic.

piek·fein ['pi:k'faɪn] *adj fam* posh.

piek·sau·ber ['-'--] *adj fam* spotless.

Piep *m fam* ▶ **keinen ~ sagen** not to say a word; **der sagt** (*od* **macht) keinen ~ mehr!** he's really had it!

piep [pi:p] *interj* chirp.

piep·e(gal) *adj pred fam* all one; ▶ **mir ist alles ~** it's all one to me.

pie·pen *itr (Vögel)* cheep; *(Mäuse, a. Kinder)* squeak; ▶ **zum P~ sein** *fam* be a scream; **bei dir piept's doch!** *fam* you're really off your head!

Pier [pi:ɐ] ‹-s, -e› *m od f mar* jetty, pier.

pie·sacken (k·k) ['pi:zakən] *tr fam* **1.** *(belästigen)* pester; **2.** *(peinigen)* torment.

Pie·tät [pie'tɛ:t] *f* **1.** *rel* piety; **2.** *(Respekt)* respect (*gegenüber* for); *(Ehrfurcht)* reverence (*gegenüber* for); **pie·tät·los** *adj* irreverent; **pie·tät·voll** *adj* reverent.

Pig·ment [pɪ'gmɛnt] ‹-(e)s, -e› *n* pigment.

Pik[1] [pi:k] ‹-(s), -› *n (Karten)farbe)* spade; ▶ **~-As** ace of spades.

Pik[2] ‹-s, -e› *m (Groll)* grudge (*auf jdn* against s.o.).

Pi·ke ['pi:kə] ‹-, -n› *f* pike; ▶ **etw von der ~ auf lernen** *fig* learn s.th. starting from the bottom.

pi·kiert *adj fam* put out (*über* by); ▶ **ein ~es Gesicht machen** look put out.

Pik·ko·lo ['pɪkolo] ‹-s, -s› *m* quarter

bottle (of champagne).

Pik·ko·lo·flö·te *f mus* piccolo.

pik(·s)en ['pi:k(s)ən] *tr itr fam* prick.

Pik·to·gramm *n* pictogram.

Pil·ger(in) ['pɪlgɐ] *m (f)* pilgrim; **Pil·ger·fahrt** *f* pilgrimage.

pil·gern ⟨sein⟩ *itr* **1.** *(e-e Pilgerfahrt machen)* go on a pilgrimage; **2.** *fam (gehen, „marschieren")* wend one's way.

Pil·le ['pɪlə] ⟨-, -n⟩ *f (a. Antibaby~)* pill; ▶ **e-e bittere ~** *fig* a bitter pill; **Pil·len·knick** *m fam* slump in the birth-rate.

Pi·lot(in) [pi'lo:t] ⟨-en, -en⟩ *m (f) aero* pilot; **Pi·lot·an·la·ge** *f* pilot plant; **Pi·lot·pro·jekt** *n* pilot scheme.

Pilz [pɪlts] ⟨-es, -e⟩ *m* **1.** *bot allg* fungus; *(eßbarer)* mushroom; *(Gift~)* toadstool; **2.** *med* ringworm; ▶ **wie ~e aus der Erde schießen** spring up like mushrooms; **Pilz·ver·gif·tung** *f* fungus poisoning.

pin·ge·lig ['pɪŋəlɪç] *adj fam* pernickety.

Pin·gu·in ['pɪŋgui:n] ⟨-s, -e⟩ *m zoo* penguin.

Pi·nie ['pi:niə] *f bot* pine (tree).

pin·keln ['pɪŋkəln] *itr fam* pee.

Pin·ke(·pin·ke) ['pɪŋkə] ⟨-⟩ *f sl (Geld)* dough.

Pinn·wand *f* notice board.

Pin·scher ['pɪnʃɐ] ⟨-s, -⟩ *m* **1.** *zoo* pinscher; **2.** *fig fam* pipsqueak.

Pin·sel ['pɪnzəl] ⟨-s, -⟩ *m* **1.** *(Maler~)* brush; **2.** *fam:* ▶ **ein eingebildeter ~** a jumped-up so-and-so; **pin·seln** *tr itr fam* **1.** *(anstreichen)* paint; **2.** *(schmieren)* daub.

Pin·te ['pɪntə] ⟨-, -n⟩ *f fam (Kneipe) Br* boozer, *Am* beer joint, dive.

Pin·zet·te [pɪn'tsɛtə] ⟨-, -n⟩ *f* a (pair of) tweezers *pl.*

Pio·nier [pio'ni:ɐ] ⟨-s, -e⟩ *m* **1.** *mil* engineer; **2.** *fig (Bahnbrecher)* pioneer; **Pio·nier·geist** *m* pioneering spirit.

Pipi·fax *fam hum m* nonsense.

Pi·rat [pi'ra:t] ⟨-en, -en⟩ *m* pirate; **Pi·ra·ten·sen·der** *m* pirate radio station; **Pi·ra·te·rie** [pɪratə'ri:] *f a. fig* piracy.

Pi·rol [pi'ro:l] ⟨-s, -e⟩ *m orn* oriole.

Pirsch [pɪrʃ] ⟨-⟩ *f* stalk; ▶ **auf die ~ gehen** go stalking.

Pis·se ['pɪssə] ⟨-, (-n)⟩ *f vulg* piss.

pis·sen *itr vulg* **1.** *(urinieren)* piss; **2.** *(regnen)* piss down.

Pi·sta·zie [pɪs'ta:tsiə] ⟨-, -n⟩ *f bot* pistachio.

Pi·ste ['pɪstə] ⟨-, -n⟩ *f* **1.** *aero* runway; *mot* circuit; **2.** *sport (Ski~)* piste; **Pi·sten·rau·pe** *f* piste caterpillar.

Pi·sto·le [pɪs'to:lə] ⟨-, -n⟩ *f* pistol; ▶ **jdm die ~ auf die Brust setzen** *fig* hold a pistol to someone's head; **wie aus der ~ geschossen** *fig* like a shot; **er wurde mit vorgehaltener ~ gezwungen, den Safe zu öffnen** he was forced to open the safe at gunpoint; **Pi·sto·len·schüt·ze (-schüt·zin)** *m (f)* pistol shot; **Pi·sto·len·ta·sche** *f* holster.

Pla·ce·bo [plɑ'tse:bo] ⟨-s, -s⟩ *n med* placebo; **Pla·ce·bo·ef·fekt** *m med* placebo effect.

placken (k·k) ['plakən] *refl fam (sich mühen)* drudge, slave away; **Plackerei (k·k)** *f fam* drudgery, grind.

plä·die·ren [plɛ'di:rən] *itr jur a. fig* plead (*auf, für* for).

Plä·doy·er [plɛdoa'je:] ⟨-s, -s⟩ *n* **1.** *jur Br* address to the jury, *Am* summation; **2.** *fig* plea (*für* for).

Pla·ge ['pla:gə] ⟨-, -n⟩ *f* **1.** *(Seuche)* plague; **2.** *fig* nuisance; ▶ **es ist wirklich e-e ~ mit ihm** *fig* he's a real nuisance; **pla·gen I** *tr* **1.** *(quälen)* harass, plague; *(belästigen)* bother; **2.** *fig (heimsuchen)* haunt; ▶ **von Zweifeln geplagt werden** be plagued by doubts; **II** *refl* **1.** *(sich herumschlagen)* be bothered (*mit* by); **2.** *(sich abmühen)* slog away.

Pla·gi·at [plagi'a:t] ⟨-(e)s, -e⟩ *n* plagiarism; ▶ **ein ~ begehen** plagiarize.

Pla·kat [pla'ka:t] ⟨-(e)s, -e⟩ *n* **1.** *(zum Ankleben od Anheften)* bill, poster; **2.** *(zum Aufstellen)* placard; ▶ **~e ankleben verboten!** bill posters will be prosecuted! **pla·ka·tie·ren** *tr* placard; **Plakat·säu·le** *f* advertisement pillar.

Pla·ket·te [pla'kɛtə] ⟨-, -n⟩ *f* **1.** *(Ansteckknopf)* badge; **2.** *(amtliche ~, a. Tafel an Häusern)* plaque.

plan [pla:n] *adj (eben)* flat, level.

Plan¹ [pla:n, *pl* 'plɛ:nə] ⟨-(e)s, ⸚e⟩ *m* **1.** *(Vorhaben)* plan; **2.** *(Zeit~, Fahr~, Stunden~)* schedule, timetable; **3.** *geog (Stadt~)* map; **4.** *arch (Bau~, Grundriß etc)* plan; ▶ **e-n ~ (für etw) machen** make plans (for s.th.); **sie hat große ⸚~e mit ihrem Sohn** she has great plans for her son; **schließlich faßten sie den ~, zu ...** finally they planned to ...

Plan² ⟨-es⟩ *m gehoben (ebene Fläche, freier Platz)* plain; ▶ **auf den ~ treten** *fig (in Erscheinung treten)* arrive on the scene.

Pla·ne ['pla:nə] ⟨-, -n⟩ *f* **1.** *(wasserdichter Stoff)* tarpaulin; **2.** *(~ndach)* awning; **3.** *(LKW-~)* hood.

pla·nen *tr itr* plan.

Pla·net [pla'ne:t] ⟨-en, -en⟩ *m* planet; **Pla·ne·ta·rium** *n* planetarium.

Plan·fest·stel·lungs·ver·fah·ren *n* plan approval procedure.

pla·nie·ren *tr* **1.** *(Erdboden)* level; **2.** *tech (Werkstück)* planish; **Pla·nier·rau·pe** *f* bulldozer.

Plan·ke ['plaŋkə] ⟨-, -n⟩ *f* board, plank; *(Leit~)* crash barrier.

Plän·ke·lei [plɛŋkə'laɪ] *f* **1.** *mil hist* skirmish; **2.** *fig (Zank(erei))* squabble.

plän·keln ['plɛŋkəln] *itr* **1.** *mil hist* skirmish; **2.** *fig (zanken)* squabble.

Plank·ton ['plaŋktɔn] ‹-s› *n* plankton.

plan·los *adj* **1.** *(ohne Plan)* unsystematic; **2.** *(ohne Ziel)* random; **Plan·lo·sig·keit** *f* lack of planning; **plan·mä·ßig** *adj* **1.** *(wie geplant)* according to plan; **2.** *aero mar rail (fahr~)* on schedule; **Plan·soll** *n com* output target; **Plan·stel·le** *f* (established) post.

Plan·ta·ge [plan'ta:ʒə] ‹-, -n› *f* plantation.

Plan(t)sch·bec·ken *n* paddling pool.

plan·(t)schen *itr* splash around.

Pla·nung *f* planning; ► **(noch) in ~ sein** be (still) being planned.

plan·voll *adj* systematic.

Plan·wa·gen *m* covered wag(g)on.

Plan·wirt·schaft *f* planned economy; **Plan·ziel** *n* target.

Plap·per·maul *n fam* babbler; **plap·pern** ['plapən] *itr* blab.

plär·ren ['plɛrən] *tr itr fam* **1.** *(heulen, weinen)* howl; **2.** *(schlecht singen)* screech; **3.** *(von Schallplatte, Radio, Musik)* blare.

Pla·stik[1] ['plastɪk] *f* **1.** *(Skulptur)* sculpture; **2.** *(Bildhauerkunst)* plastic art; **3.** *med* plastic surgery.

Pla·stik[2] ‹-(s)› *n (Kunststoff)* plastic; **Pla·stik·be·cher** *m* plastic beaker; **Pla·stik·beu·tel** *m* plastic bag; **Pla·stik·bom·be** *f* plastic bomb; **Pla·stik·fo·lie** *f* plastic foil; **Pla·stik·geld** *n fam (Kreditkarten)* plastic money; **Pla·stik·tü·te** *f* plastic bag; carrier bag; **pla·stisch** *adj* **1.** *(formbar)* plastic; **2.** *fig (anschaulich)* vivid; **3.** *(bildhauerisch)* plastic; **4.** *med (Chirurgie)* plastic.

Pla·ta·ne [pla'ta:nə] ‹-, -n› *f bot* plane tree.

Pla·tin ['pla:ti:n] ‹-s› *n chem* platinum.

Pla·ti·tü·de [plati'ty:də] ‹-, -n› *f* platitude.

pla·to·nisch [pla'to:nɪʃ] *adj* platonic.

plät·schern ['plɛtʃən] *itr (Bach, Quelle)* ripple, splash.

platt [plat] *adj* **1.** *(eben, flach)* flat; **2.** *fig (abgeschmackt)* flat; *(gewöhnlich)* dull; **3.** *fig fam pred (überrascht)* flabbergasted; ► **e-n P~en haben** *mot fam* have a flat; **ich war ~, ihn nach zehn Jahren zu treffen** *fig fam* I was flabbergasted to see him again after ten years.

platt·deutsch *adj* Low German.

Plat·te ['platə] ‹-, -n› *f* **1.** *(Metall~, Glas~ etc)* sheet; *(Tisch~)* (table-)top; *(Stein~, Fliese)* flag(stone); *(Holz~)* board; *(Felsen~, Stein~)* ledge, slab; **2.** *phot* plate; **3.** *(Schall~)* record *Br* disc, *Am* disk; **4.** *(Gericht)* dish; *(Servierteller)* platter; **5.** *fam (Glatze)* bald head; ► **kalte ~** cold dish; **die ~ hat e-n Sprung** the record's stuck; **etw auf ~ aufnehmen** record s.th.; **die ~ kenne ich schon!** *fig fam* I know that line! not that again! **leg mal e-e neue ~ auf!** *a. fig fam* could you please change the record?

Plätt·ei·sen *n obs* (smoothing)iron.

plät·ten ['plɛtən] *tr* iron, press.

Plat·ten·fir·ma *f* record firm; **Plat·ten·la·bel** *n* record label; **Plat·ten·lauf·werk** *n EDV* disk drive.

Plat·ten·spie·ler *m* record-player.

Plät·te·rin ['plɛtərɪn] *f obs* ironer.

Platt·form ‹-, -en› *f* **1.** platform; **2.** *fig (Basis)* basis.

Platt·fuß *m* **1.** *anat med* flat foot; **2.** *mot fam (Reifenpanne)* flat.

plat·tie·ren *tr (bei Metallverarbeitung)* plate.

Platz [plats, *pl* 'plɛtsə] ‹-es, ¨-e› *m* **1.** *(Stelle, Ort, Arbeits~, Position, Rang, a. sport)* place; **2.** *(freier Raum)* room, space; **3.** *(öffentlicher ~)* square; **4.** *(Sitz~)* seat; **5.** *sport (Spielfeld)* playing field; *(Tennis~, Handball~)* court; *(Fußball~)* field, pitch; ► **etw (wieder) an s-n ~ stellen** put s.th. (back) in its place; **fehl am ~e sein** be out of place; **auf die Plätze, fertig, los!** *sport* ready, steady, go! **~ nehmen** take a seat; **~ machen** make room (*für* for); *(aus dem Wege gehen)* get out of the way; **das erste Haus am ~** *com (das beste Warenhaus der Stadt)* the best store in town; **ist hier noch ein ~ frei?** is there a free seat here? **dieser ~ ist besetzt** this seat's taken; **der Schiedsrichter stellte den Mittelstürmer vom ~** *sport* the referee sent the centre-forward off; **das nächste Spiel ist auf eigenem (gegnerischem) ~** *sport* the next match will be at home (away); **Platz·angst** ‹-› *f med psych* agoraphobia; **Platz·an·wei·ser(in)** *m (f)* usher(ette).

plat·zen ‹sein› *itr* **1.** *(bersten)* burst; **2.** *(aufreißen)* split; **3.** *fig fam (fehlschlagen)* fall through; *(zerbrechen: von Freundschaft etc)* break up; **4.** *com fig fam (von Wechsel)* bounce; ► **vor Neugierde (Stolz, Wut** *etc***) ~** be bursting with curiosity (pride, rage *etc*); **vor Lachen ~** *fig fam* burst one's sides with laughter; **er platzte ins Zimmer** *fam* he burst into the room; **die Party ist geplatzt** the party is off; **e-n Termin ~ lassen** *fig fam* bust up an appointment; **e-n Plan ~ lassen** *fig fam* make a plan fall through.

Platz·kar·te *f rail* seat reservation ticket; ► **sich e-e ~ bestellen** get a seat reservation; **Platz·man·gel** *m* lack of space.

Platz·pa·tro·ne *f* blank cartridge.

Platz·re·gen *m* downpour.

Platz·re·ser·vie·rung *f* seat reservation.

platz·spa·rend *adj attr* space-saving; *pred* saving space.

Plau·de·rei *f* chat; *(über Nichtssagen-*

des) small talk; **Plau·de·rer (Plau·d(r)e·rin)** *m (f)* conversationalist.

plau·dern ['plaʊden] *itr* **1.** *(plauschen)* chat *(über, von* about); **2.** *(aus~)* talk; ▶ **aus der Schule** ~ *fig* tell tales out of school.

Play·back ['ple:bɛk] ‹-s, -s› *n (bei Schallplattenaufnahme)* double-tracking; *(bei Fernsehaufnahme)* miming.

Play·boy ['ple:bɔɪ] ‹-s, -s› *m* playboy.

pla·zie·ren [pla'tsi:rən] **I** *tr* **1.** *(hinstellen, -setzen, -legen)* put; **2.** *sport (zielen)* place; ▶ **ein plazierter Schuß** *sport* a well-placed shot; **plaziert schießen** *sport* place one's shots well; **II** *refl* **1.** *sport* be placed; **2.** *fam (sich stellen, setzen, legen)* plant o.s.

Ple·bis·zit [plebɪs'tsi:t] ‹-s, -e› *n pol* plebiscite.

Plei·te ['plaɪtə] ‹-, -n› *f fam* **1.** *com* bankruptcy; **2.** *fig* flop; ▶ ~ **machen** *com* go bust; **die ganze Sache war e-e** ~ *fig* the whole affair was a flop; **plei·te** *adj fam* broke, bust; ▶ ~ **gehen** go bust; **ich bin** ~ I'm broke; **Plei·te·gei·er** *m fig fam* **1.** *(bevorstehender Bankrott)* vulture; **2.** *(Bankrotteur)* bankrupt.

Ple·nar·saal *m* [ple'na:e-] *parl* plenary assembly hall; **Ple·nar·sit·zung** *f parl* plenary session.

Ple·num ['ple:nʊm] ‹-s› *n parl* plenum.

Pleu·el·stan·ge ['plɔɪəl-] *f mot* connecting rod.

Plis·see [plɪ'se:] ‹-s, -s› *n* pleats *pl;* **plis·sie·ren** *tr* pleat.

Plom·be ['plɔmbə] ‹-, -n› *f* **1.** *(Verplombung)* lead seal; **2.** *(Zahn~)* filling; **plom·bie·ren** *tr* **1.** *com (versiegeln)* seal; **2.** *(Zähne)* fill.

Plot·ter ‹-s, -› *m EDV* plotter.

plötz·lich ['plœtslɪç] **I** *adj* sudden; **II** *adv* all of a sudden, suddenly.

plump [plʊmp] *adj* **1.** *(ungeschickt)* awkward; *(unbeholfen)* clumsy; **2.** *(taktlos, roh)* crude; **3.** *(unschön, unansehnlich)* ungainly; **Plump·heit** *f* **1.** *(Ungeschicklichkeit)* awkwardness; *(Unbeholfenheit)* clumsiness; **2.** *(Taktlosigkeit, Roheit)* crudeness; **3.** *(der Figur, des Aussehens)* ungainliness.

plumps *interj* bang!

plump·sen ['plʊmpsən] ‹sein› *itr fam* fall.

Plun·der ['plʊnde] ‹-s› *m* junk.

Plün·de·rer(in) ['plʏndəre] *m (f)* looter, plunderer; **plün·dern** *tr* **1.** *itr* loot, plunder; **2.** *fig hum* raid; **Plün·de·rung** *f* looting, pillage.

Plu·ral ['plu:ra:l] ‹-s, -e› *m gram* plural.

Plu·ra·lis·mus *m pol* pluralism; **plu·ra·li·stisch** *adj* pluralistic.

Plus ‹-, -› *n* **1.** *math (~zeichen)* plus; **2.** *com (Mehrumsatz etc)* increase; *(Überschuß)* surplus; *(„schwarze Zahlen")* profit; **3.** *fig (~punkt)* advantage.

plus [plʊs] *adv prp* plus; ▶ **wir haben ~ 15 Grad** it's 15 degrees above zero.

Plüsch [ply:ʃ] ‹-(e)s, -e› *m* plush; **Plüsch·tier** *n* soft toy.

Plus·punkt *m fig* advantage; ▶ **etw als ~ für sich buchen** count s.th. to one's credit; **das ist noch ein ~ für Sie** that's another point in your favour.

Plus·quam·per·fekt [-kvampɛrfɛkt] ‹-s, -e› *n gram* past perfect, pluperfect.

Plus·zei·chen *n* plus sign.

Plu·to·ni·um·wirt·schaft *f* plutonium industry.

pneu·ma·tisch [pnɔɪ'ma:tɪʃ] *adj* pneumatic.

Po [po:] ‹-(s), -s› *m fam (~po)* botty.

Pö·bel ['pø:bəl] ‹-s› *m* mob, rabble; **pö·bel·haft** *adj* vulgar.

po·chen ['pɔxən] *itr* **1.** *(klopfen)* knock *(an* at); *(leicht, leise)* rap; **2.** *(Herz)* pound; *(Blut, Schläfen)* throb; ▶ **auf etw (sein gutes Recht) ~** *fig* insist on s.th (one's rights).

Pocke (k·k) ['pɔkə] ‹-, -n› *f* pock; ▶ **die ~n** *pl med* smallpox; **Pocken·imp·fung (k·k)** *f med* smallpox vaccination; **pocken·nar·big (k·k)** *f* pockmarked.

Po·dest [po'dɛst] ‹-(e)s, -e› *n* **1.** *(Rednerbühne)* platform; **2.** *(Sockel)* pedestal; **3.** *(Treppenabsatz)* landing.

Po·di·um ['po:diʊm] *n a. fig* platform; **Po·di·ums·dis·kus·sion** *f* panel discussion.

Poe·sie [poe'zi:] *f* poetry.

Po·et(in) [po'e:t] ‹-en, -en› *m (f)* poet; **poe·tisch** [po'e:tɪʃ] *adj* poetic.

Poin·te ['poɛ̃:tə] ‹-, -n› *f* **1.** *(von Witz)* punch-line; **2.** *(Hauptsache)* (main) point; **poin·tiert** *adj* pithy.

Po·kal [po'ka:l] ‹-s, -e› *m* **1.** *(Trink~)* goblet; **2.** *sport* cup.

Pö·kel ['pøkəl] ‹-s, -› *m* brine, pickle; **Pö·kel·fleisch** *n* salt meat; **pö·keln** *tr* pickle, salt.

Po·ker ['po:ke] ‹-s› *n* poker; **Po·ker·ge·sicht** *n* poker face; **po·kern** *itr* **1.** *(Poker spielen)* play poker; **2.** *fig (feilschen)* haggle *(um* over).

Pol [po:l] ‹-s, -e› *m a. el* pole.

po·lar *adj* polar; ▶ **~e Kaltluft** an arctic cold front; **Po·lar·eis** *n* polar ice; **Po·lar·for·scher(in)** *m (f)* polar explorer; **po·la·ri·sie·ren** *tr itr* polarize; **Po·la·ri·tät** *f* polarity; **Po·lar·kreis** *m* polar circle; ▶ **nördlicher (südlicher) ~** Arctic (Antarctic) circle; **Po·lar·licht** *n* polar lights *pl;* **Po·lar·stern** *m* Pole Star.

Po·le (Po·lin) ['po:lə] ‹-n, -n› *m (f)* Pole.

Po·le·mik [po'le:mɪk] *f* polemics *pl;* **po·le·misch** *adj* polemic; **po·le·mi·sie·ren** *itr* polemicize; ▶ **~ gegen ...** inveigh against ...

Po·len ['po:lən] ‹-s› *n* Poland.

Po·len·te [po'lɛntə] ‹-› *f sl* cops *pl.*

Po·li·ce [po'li:s(ə)] ‹-, -n› *f* policy.

Po·lier [po'li:ɐ] ‹-s, -e› *m* site foreman.

po·lie·ren *tr* polish; **Po·lier·tuch** *n* polishing cloth; **Po·lier·wachs** *n* wax polish.

Po·li·kli·nik ['po:likli:nɪk] *f* **1.** *(Krankenhaus für ambulante Fälle)* clinic; **2.** *(Krankenhausabteilung)* outpatients.

Po·lit·bü·ro [po'li:t-] *n pol* Politburo.

Po·li·tes·se [poli'tɛsə] ‹-, -n› *f* (woman) traffic warden; *fam* meter maid.

Po·li·tik [poli'ti:k] ‹-, (-en)› *f* **1.** *allg* politics *pl;* **2.** *(bestimmte Richtung)* policy; **3.** *(politischer Standpunkt)* politics *pl;* ► **e-e ~ der Eindämmung betreiben** pursue a policy of containment; **das ist nicht meine ~** these are not my politics; **~ ist etw Faszinierendes** politics is a fascinating thing.

Po·li·ti·ker(in) *m (f)* politician; **Po·li·ti·kum** *n* political issue; **po·li·tisch** *adj* **1.** *(zur Politik gehörig)* political; **2.** *(diplomatisch, klug)* politic.

po·li·ti·sie·ren I *itr* talk politics; **II** *tr* **1.** ► **jdn ~** make s.o. politically aware; **2.** ► **etw ~** politicize s.th.; **Po·li·ti·sie·rung** *f* politicization.

Po·li·to·lo·ge (Po·li·to·lo·gin) *m(f)* political scientist; **Po·li·to·lo·gie** *f* political science.

Po·li·tur [poli'tu:ɐ] ‹-, -en› *f* **1.** *(das Polieren)* polishing; **2.** *(Poliermittel)* polish.

Po·li·zei [poli'tsaɪ] *f* police *pl;* ► **dümmer als die ~ erlaubt** *sl* as thick as a brick; **Po·li·zei·auf·sicht** *f* police supervision; ► **unter ~ stehen** have to report regularly to the police; **Po·li·zei·dienst·stel·le** *f* police station; **Po·li·zei·kel·le** *f* police *Br* signalling disc (*Am* signaling disk).

po·li·zei·lich *adj attr* police, of the police; ► **~ angeordnet** by order of the police; **~ gesucht** wanted by the police; **Rauchen ~ verboten!** No smoking! By order of the police! **Parken ~ verboten!** police notice — no parking.

Po·li·zei·prä·si·dent(in) *m (f) Br* chief constable, *Am* chief of police; **Po·li·zei·prä·si·dium** *n* police headquarters *pl;* **Po·li·zei·re·vier** *n* **1.** *(Wache) Br* police station, *Am* station house; **2.** *(Bezirk) Br* police district, *Am* precinct; **Po·li·zei·spit·zel** *m* police informer, *Br sl* nark; **Po·li·zei·staat** *m* police state; **Po·li·zei·stern** *m* police badge; **Po·li·zei·strei·fe** *f* police patrol; **Po·li·zei·stun·de** *f* closing time; **Po·li·zei·wa·che** *f Br* police station, *Am* station house.

Po·li·zist(in) *m (f)* policeman (police woman).

Pol·kap·pe *f* polar ice cap.

Pol·len·flug *m* pollen count; **Pol·len·flug·vor·her·sa·ge** *f* pollen count forecast.

pol·nisch ['pɔlnɪʃ] *adj* Polish.

Pol·ster ['pɔlstɐ] ‹-s, -› *n* **1.** *(~ung)* upholstery; **2.** *(Wattierung bei Kleidung)* pad(ding); **3.** *(Kissen)* cushion; **4.** *fig (Geldreserven)* reserves *pl;* **Pol·ster·gar·ni·tur** *f* suite; **Pol·ster·mö·bel** *n pl* upholstered furniture *sing;* **pol·stern** *tr* **1.** *(Möbel)* upholster; **2.** *(aus~, ausstopfen: Kleidung, Türen etc)* pad; **Pol·ster·ses·sel** *m* easy chair; **Pol·ste·rung** *f* upholstery.

Pol·ter·abend *m Br* eve-of-wedding ceremony, *Am* shower.

pol·tern ['pɔltɐn] *itr* **1.** *(laut sein, sich laut bewegen)* bang (about); **2.** *(rumpeln)* rumble.

Po·lya·mid [polya'mi:t] ‹-s, -e› *n chem* polyamide.

Po·ly·äthy·len [polyɛty'le:n] ‹-s, -e› *n chem* polyethylene, *Br a.* polythene.

Po·ly·ester [poly'ɛstɐ] ‹-s, -› *m chem* polyester.

po·ly·gam *adj* [poly'ga:m] polygamous; **Po·ly·ga·mie** [---'-] *f* polygamy.

Po·lyp [po'ly:p] ‹-en, -en› *m* **1.** *zoo* polyp; **2.** *med:* **~en** *pl* adenoids; **3.** *sl (Polizist)* cop.

Po·ly·tech·ni·kum [poly'tɛçnikʊm] ‹-s, -ka› *n* polytechnic.

Po·ma·de [po'ma:də] ‹-, -n› *f* pomade.

Po·me·ran·ze [pomə'rantsə] ‹-, -n› *f bot* bitter orange.

Pommes frites ['pɔmfrɪts/pɔm'fri:t(s)] *pl Br* chips, *Am* French fries.

Pomp [pɔmp] ‹-(e)s› *m* pomp; **pom·pös** *adj* **1.** *(grandios)* grandiose; **2.** *(aufgeblasen)* pompous.

Pon·tius ['pɔntsiʊs] *m:* ► **von ~ zu Pilatus** from pillar to post.

Pon·ton [pɔn'tõ:] ‹-s, -s› *m* pontoon; **Pon·ton·brüc·ke** *f* pontoon bridge.

Po·panz ['po:pants] ‹-es, -e› *m* **1.** *(Schreckgespenst)* bog(e)y; **2.** *(Mensch)* puppet.

Po·pel ['po:pəl] ‹-s, -› *m fam (Rotz)* bog(e)y; **po·pe·lig** *adj fam* **1.** *(knauserig)* stingy; **2.** *(armselig)* crummy.

po·peln *itr fam* pick one's nose.

Po·po [po'po:] ‹-(s), -s› *m fam* botty.

Pop·per ['pɔpɐ] ‹-s, -› *m fam* preppie.

po·pu·lär [popu'lɛ:ɐ] *adj* popular (*bei* with); **po·pu·la·ri·si·eren** *tr* popularize; **Po·pu·la·ri·tät** *f* popularity; **po·pu·lär·wis·sen·schaft·lich I** *adj* popular science; **II** *adv* in a popular scientific way.

Po·re ['po:rə] ‹-, -n› *f* pore.

Por·no ['pɔrno] ‹-s, -s› *m* porn; ► **harter ~** hardcore (porn); **Por·no·film** *m* blue movie; **Por·no·gra·phie** *f* pornography; **por·no·gra·phisch** *adj* pornographic.

po·rös [po'rø:s] *adj* **1.** *(mit Poren)* porous; **2.** *(brüchig)* perished.

Por·ree ['pɔre] ‹-s, -s› *m bot* leek.
Por·tal [pɔr'ta:l] ‹-s, -e› *n* portal.
Porte·mon·naie [pɔrtmɔ'ne:] ‹-s, -s› *n* purse.
Por·tier [pɔr'tje:] ‹-s, -s› *m* porter.
Por·ti·on [pɔr'tsjo:n] *f* **1.** *(beim Essen)* portion; **2.** *fig fam (Anteil)* amount; ► **e-e ~ Kaffee** a pot of coffee; **e-e halbe ~** *fig (Schwächling)* a half-pint; **e-e ganz schöne ~ Frechheit** *fig fam* quite a fair amount of cheek.
Por·to ['pɔrto] ‹-s, (-ti)› *n* postage; *(Paket~)* carriage (*für* on); **por·to·frei** *adj* postage paid, post free; **por·to·pflich·tig** *adj* liable (*od* subject) to postage.
Por·trait [pɔr'trɛ:] ‹-s, -s› *n a. fig* portrait; **por·trai·tie·ren** *tr* **1.** *(ein Portrait machen)* paint a portrait (*jdn* of s.o.); **2.** *fig (schildern)* portray.
Por·tu·gal ['pɔrtugal] *n* Portugal; **Por·tu·gie·se (-sin)** [pɔrtu'gi:zə] ‹-n, -n› *m (f)* Portuguese; **por·tu·gie·sisch** *adj* Portuguese.
Por·zel·lan [pɔrtsɛ'la:n] ‹-s, -e› *n* china; *(dünnes ~)* porcelain; **Por·zel·lan·ge·schirr** *n* china.
Po·sau·ne [po'zaʊnə] ‹-, -n› *f mus* trombone.
Po·se ['po:zə] ‹-, -n› *f* pose; **po·sie·ren** *itr* pose; **Po·si·tion** *f* **1.** *allg* position; **2.** *com (auf e-r Liste)* item; **Po·si·tions·licht** *n mar* navigation light.
po·si·tiv ['po:ziti:f] *adj* positive.
Po·si·tur *f* ► **sich in ~ setzen** take up a posture.
Pos·se ['pɔsə] ‹-, -n› *f theat a.fig* farce.
Pos·sen ‹-s, -› *m (Unfug, Streich, Schabernack)* prank, tomfoolery; **pos·sen·haft** *adj* farcical.
pos·sier·lich [pɔ'si:ɐlɪç] *adj* comical, funny.
Post [pɔst] ‹-› *f* **1.** *allg* mail, post; **2.** *(~gebäude, ~wesen)* post office; ► **zur ~ gehen** go to the post office; **die ~ war noch nicht da** the post has not yet come; **mit gleicher (getrennter) ~** *com* by the same post (under separate cover); **e-n Brief auf die ~ geben** *Br* post (*Am* mail) a letter; **po·sta·lisch** [pɔs'ta:lɪʃ] *adj* postal; **Post·amt** *n* post office; **Post·an·wei·sung** *f* money order (*Abk* M.O.), postal order (*Abk* P.O.); ► **telegraphische ~** money telegram; **Post·au·to** *n (LKW)* mail *Br* van (*Am* truck); **Post·be·am·te(r) (-be·am·tin)** *m (f)* post office official; **Post·be·zug** *m* mail-order; **Post·bo·te (-bo·tin)** *m (f) Br* postman (postwoman), *Am* mailman (mailwoman).
Po·sten ['pɔstən] ‹-s, -› *m* **1.** *(Anstellung)* job, position; **2.** *com (~ e-r Aufstellung)* item; **3.** *com (Warenmenge)* lot, quantity; **4.** *(Streik~)* picket; **5.** *mil (Wacht~)* guard, sentry; ► **auf dem ~ sein** *(wachsam sein)* be awake; *fig fam (fit, gesund sein)* be fit; **auf verlorenem ~ stehen** *fig* be fighting a lost cause; **~ aufstellen** *(Wacht~)* post guards; *(Streik~)* set up pickets; **auf ~ stehen** be on guard; **ich bin heute noch nicht ganz auf dem ~** *fig fam* I'm not feeling quite up to par today; **e-n ~ neu besetzen** fill a vacancy.
Post·fach *n* post-office box (*Abk* P.O. box); **Post·ge·heim·nis** *n* secrecy of the post. **Post·gi·ro·amt** *n Br* National Giro office; **Post·gi·ro·kon·to** *n Br* Post Office Giro account.
po·stie·ren I *tr* post; **II** *refl* position o.s.
Post·kar·te *f Br* postcard, *Am* postal card; **Post·kut·sche** *f hist* mail-coach; **post·la·gernd I** *adj* to be called for; **II** *adv* poste restante; **Post·leit·zahl** *f Br* post (*Am* zip) code.
post·mo·dern *adj* postmodern; **Post·mo·derne** *f* postmodernism.
Post·pa·ket *n* parcel; **Post·scheck** *m Br* Post Office Giro cheque.
Post·skrip·tum [pɔst'skrɪptʊm] ‹-s, -ta› *n* postscript (*Abk* PS).
Post·spar·kas·se *f* Post Office savings bank; **Post·spar·buch** *n* Post Office savings book; **Post·stem·pel** *m* postmark; **Post·über·wei·sung** *f* Girobank transfer; **Post·ver·triebs·stück** ['-·'--] *n* post-delivered publication.
post·wen·dend ['-'--] *adv Br* by return of post (*Am* mail).
Post·wert·zei·chen *n* postage stamp; **Post·wurf·sen·dung** *f* postal door-to-door delivery.
Po·ten·tial [potɛn'tsja:l] ‹-s, -e› *n* potential.
po·ten·tiell *adj* potential.
Po·tenz ‹-, -en› *f* **1.** *med a. fig* potency; **2.** *math* power; ► **in höchster ~** *fig* to the highest degree; **die dritte ~ zu vier ist vierundsechzig** *math* four to the power of three is sixty-four.
Pot·pour·ri ['pɔtpʊri] ‹-s, -s› *n mus a. fig* medley, potpourri (*aus* of).
PR *Abk von* **Public Relations** PR.
Prä·am·bel [prɛ'ambəl] ‹-, -n› *f* preamble (*zu e-r Sache* to s.th.).
Pracht [praxt] ‹-› *f a. fig* splendour; **Pracht·aus·ga·be** *f* de luxe edition.
präch·tig ['prɛçtɪç] *adj* splendid.
Pracht·kerl *m fam* **1.** *(großartiger Kerl)* great guy; **2.** *(Prachtexemplar)* beauty; **Pracht·stück** *n fam* beauty; **pracht·voll** *adj* magnificent, splendid.
Prä·di·kat [prɛdi'ka:t] ‹-(e)s, -e› *n* **1.** *gram* predicate; **2.** *(Titel, Rang)* title; **3.** *(Schulzensur)* grade; **Prä·di·kats·no·men** *n gram* complement.
Prä·fix [prɛ'fɪks] ‹-es, -e› *n gram ling* prefix.
Prag [pra:k] ‹-s› *n* Prague.
prä·gen ['prɛ:gən] *tr* **1.** *allg* stamp (*auf*

on); *(Münzen, a. fig: Begriffe, Wörter)* coin; **2.** *fig (formen)* shape; *(kennzeichnen)* characterize; ► **dieses Bild hat sich ihm ins Gedächtnis geprägt** *fig* this picture is engraved on his memory.

Prag·ma·tik [prak'ma:tɪk] ‹-› *phil ling* pragmatics; **Prag·ma·ti·ker(in)** *m (f)* pragmatist; **prag·ma·tisch** *adj* pragmatic.

prä·gnant [prɛ'gnant] *adj* succinct, terse.

Prä·gnanz ‹-› *f* succinctness, terseness.

Prä·gung *f* **1.** *(das Prägen)* stamping; *(von Münzen, a. fig: von Begriffen)* coining; **2.** *fig (das Formen)* shaping; **3.** *(auf Münzen)* strike.

prä·hi·sto·risch *adj* prehistoric.

prah·len ['pra:lən] *itr* show off (*mit etw* s.th., *vor jdm* to s.o.); **Prah·ler(in)** *m (f)* boaster; **Prah·le·rei** *f* **1.** *(Großsprecherei)* bragging; **2.** *(Angeberei)* showing-off; **prah·le·risch** *adj* boastful, bragging *attr;* **Prahl·hans** ‹-es, -hänse› *m fam* show-off.

Prak·tik ['praktɪk] *f* method; ► **undurchsichtige ~en** shady practices.

Prak·ti·kant(in) *m (f)* trainee.

Prak·ti·ker(in) *m (f)* practical man (woman).

Prak·ti·kum ['praktikʊm] ‹-s, -ka› *n* practical (training).

prak·tisch I *adj* practical; ► **~er Arzt** general practitioner (*Abk* GP); **II** *adv* **1.** *(in der Praxis)* in practice; **2.** *(geschickt, praxisbezogen)* practically; **3.** *(fast, so gut wie)* virtually.

prak·ti·zie·ren I *itr Br* practise, *Am* practice; **II** *tr (handhaben) Br* practise, *Am* practice.

Prä·lat [prɛ'la:t] ‹-en, -en› *m eccl* prelate.

Pra·li·ne [pra'li:nə] ‹-, -n› *f Br* chocolate, *Am* chocolate candy.

prall *adj* **1.** *(Backen)* chubby; *(Hüften etc)* well-rounded; **2.** *(straff, fest)* firm, tight; *(voll)* full; **3.** *(Sonne)* blazing.

pral·len ‹sein› *itr* **1.** *(von Ball)* bounce (*gegen* against); **2.** *(zusammen~)* collide (*gegen* with); **3.** *(von Sonne)* blaze down (*auf* on).

Prä·mie ['prɛ:miə] ‹-, -n› *f* **1.** *(Preis)* award, prize; **2.** *(Vergütung)* bonus; **3.** *(Versicherungs~ etc)* premium; **prä·mi·ie·ren** [prɛ'mi:rən/prɛmi'i:rən] *tr* **1.** *(mit e-m Preis)* give an award; **2.** *(mit e-m Bonus)* give a bonus (*etw* for s.th.).

pran·gen ['praŋən] *itr* be (*od* hang *etc*) resplendent.

Pran·ger ‹-s, -› *m hist* pillory; ► **jdn (etw) an den ~ stellen** *fig* pillory s.o. (s.th.).

Pran·ke ['praŋkə] ‹-, -n› *f (a. fam: Hand)* paw.

Prä·pa·rat [prɛpa'ra:t] ‹-(e)s, -e› *n med chem* **1.** *(vorbereitete Substanz)* preparation; **2.** *(für Mikroskop)* slide; **prä·pa·rie·ren I** *tr* **1.** *(konservieren)* preserve; **2.** *med (sezieren)* dissect; **3.** *(vorbereiten)* prepare; **II** *refl* prepare (*auf, für* for).

Prä·po·si·tion *f gram* preposition.

Prä·rie [prɛ'ri:] *f* prairie.

Prä·sens ['prɛ:zɛns] ‹-, -tia/-zien› *n gram* present (tense); **prä·sen·tie·ren I** *tr* present (*jdm etw* s.o. with s.th.); **II** *refl* present o.s.; **Prä·senz·bi·blio·thek** *f* reference library.

Prä·ser·va·tiv [prɛzɛrva'ti:f] ‹-s, -e› *n* condom.

Prä·si·dent(in) [prɛzi'dɛnt] *m (f)* president; **Herr Präsident (Frau Präsidentin)** Mister (Madam) President; **prä·si·die·ren** *itr* preside (*e-r Sache* over s.th.); **Prä·si·di·um** *n* **1.** *(Vorsitz)* presidency; **2.** *(Partei~ etc)* committee; **3.** *(Amtssitz, Hauptquartier etc)* headquarters *pl.*

pras·seln ['prasəln] *itr* **1.** ‹h› *(Feuer)* crackle; **2.** ‹sein› *(Regen)* drum; **3.** ‹sein› *fig (Vorwürfe etc)* rain down.

pras·sen ['prasən] *itr* **1.** *(schlemmen)* feast; **2.** *(schwelgen)* revel.

Prä·teri·tum [prɛ'tɛritʊm] *n gram* preterite.

Pra·xis ['praksɪs] ‹-, -xen› *f* **1.** *allg (a. Arzt~, Rechtsanwalts~)* practice; **2.** *(Sprechzimmer, Sprechstunde e-s Arztes) Br* surgery, *Am* doctor's office; **3.** *(e-s Rechtsanwalts)* office.

pra·xis·fern (pra·xis·fremd) *adj* impractical; **pra·xis·nah** *adj* practical.

Prä·ze·denz·fall [prɛtse'dɛnts-] *m* precedent; ► **e-n ~ schaffen** create a precedent.

prä·zis [prɛ'tsi:s] *adj* precise; **prä·zi·sie·ren** *tr* render more precisely; **Prä·zi·sion** *f* precision; **Prä·zi·sions·in·stru·ment** *n* precision instrument.

pre·di·gen ['pre:dɪgən] **I** *tr* **1.** *rel* preach; **2.** *fig fam* lecture (*jdm etw* s.o. on s.th.); **II** *itr a. fig* preach; **Pre·di·ger(in)** *m (f)* (woman) preacher; **Pre·digt** ['pre:dɪçt] ‹-, -en› *f a. fig* sermon; ► **jdm e-e ~ halten über etw** *fig* give s.o. a sermon on s.th.

Preis [praɪs] ‹-es, -e› *m* **1.** *a. fig* price (*für* of); **2.** *(bei Wettbewerb)* prize; **3.** *(Lob)* praise (*auf* of); **4.** *(Belohnung)* reward; ► **der ~ dieses Grundstücks** (*od* **für dieses Grundstück) beträgt 260 000 Mark** the price of this piece of land is 260,000 marks; **um jeden (keinen) ~** *fig* (not) at any price; **im ~ steigen (fallen)** go up (down) in price; **zum ~ von ...** at a price of ...; **alles hat s-n ~** *fig* everything has its price; **gepfefferter ~** *fig fam* hefty price; **Preis·ab·bau** *m* price reduction; **Preis·an·ga·be** *f* price quotation; **Preis·an-**

stieg *m* rise in prices; **Preis·auf·schlag** *m* supplementary charge; **Preis·aus·schrei·ben** *n* competition; **Preis·aus·zeich·nung** *f* price marking; **Preis·bil·dung** *f* price fixing; **Preis·bin·dung** *f* (~ *der zweiten Hand)* retail price maintenance; **Preis·druck** ‹-(e)s› *m* downward pressure of prices; **Preis·ein·bruch** *m* collapse of prices.

Prei·sel·bee·re ['praɪzlbe:rə] ‹-, -n› *f* cranberry.

Preis·emp·feh·lung *f:* ▶ **unverbindliche** ~ recommended price; **Preis·ent·wick·lung** *f* price trend; **Preis·er·hö·hung** *f* price increase; **Preis·er·mä·ßi·gung** *f* price cut; **Preis·fra·ge** *f* **1.** *(Frage des Preises)* question of price; **2.** *(Quizfrage)* prize question; **3.** *fam (großes Problem)* big question.

Preis·ga·be *f* **1.** *(Übergabe, Aufgabe)* surrender; **2.** *(von Geheimnis)* betrayal.

preis|ge·ben *irr tr* **1.** *(übergeben)* surrender; *(aufgeben)* abandon; **2.** *fig (aussetzen, ausliefern)* expose; **3.** *(verraten)* betray.

Preis·ge·fü·ge *n* price structure; **preis·ge·krönt** *adj* award-winning; ▶ **dieser Film wurde** ~ this film was given an award; **Preis·ge·richt** *n (Jury)* jury; **preis·gün·stig** *adj* inexpensive, low-priced; **Preis·in·dex** *m* price index; **Preis·la·ge** *f* price range; **Preis-Lei·stungs·ver·hält·nis** *n* cost effectiveness.

preis·lich I *adj attr* price; **II** *adv* in price.

Preis·li·ste *f* price list; **Preis·nach·laß** *m* price reduction; **Preis·ni·veau** *n* price level; **Preis·po·li·tik** *f* prices policy; **Preis·rück·gang** *m* price recession; **Preis·schild** *n* price-tag; **Preis·schwan·kun·gen** *f pl* price fluctuations; **Preis·sen·kung** *f* price cut; **Preis·sta·bi·li·tät** *f* stability of prices; **Preis·stei·ge·rung** *f* price increase; **Preis·stopp** *m* price freeze; **Preis·trä·ger(in)** *m (f)* prizewinner; **Preis·trei·be·rei** ['---'-] *f* forcing up of prices; **preis·wert** *adj* **1.** *(preisgünstig)* inexpensive, low-priced; **2.** *(s-n Preis wert)* good value *pred;* ▶ **ein ~es Hemd** a shirt which is good value; **kann man bei ... ~ einkaufen?** do you get good value at ...?

pre·kär [prɛ'kɛ:ɐ] *adj* **1.** *(heikel)* precarious; **2.** *(peinlich)* awkward.

Prell·bock *m* **1.** *rail* buffer-stop; **2.** *fig (Sündenbock)* scapegoat.

prel·len ['prɛlən] **I** *tr* **1.** *fig fam* cheat, swindle (*jdm um etw* s.o. out of s.th.); **2.** *(Körperteil)* bruise; **II** *refl* bruise o.s.

Prel·lung *f med* bruise, contusion.

Pre·mie·re [prə'mje:rə] *f* premiere.

Pre·mier·mi·ni·ster(in) *m (f) pol* prime minister.

pre·schen ['prɛʃən] ‹sein› *itr fam* dash.

Pres·se ['prɛsə] ‹-, -n› *f allg* press; **Pres·se·agen·tur** *f* press agency; **Pres·se·aus·weis** *m* press card; **Pres·se·chef(in)** *m (f)* press chief; **Pres·se·frei·heit** *f* freedom of the press; **Pres·se·kon·fe·renz** *f* press conference; **Pres·se·mel·dung** *f* press report.

pres·sen *tr* **1.** press, squeeze; **2.** *fig (zwingen, zwängen)* force (*in* into).

Pres·se·no·tiz *f* paragraph in the press; **Pres·se·pho·to·graph(in)** *m (f)* press photographer; **Pres·se·recht** *n* press laws *pl;* **Pres·se·stel·le** *f markt* public relations (*od* press) office; **Pres·se·stim·me** *f* press commentary; **Pres·se·zen·sur** *f* press curb.

pres·sie·ren *itr imp fam* be urgent; ▶ **es pressiert nicht** there's no hurry (*od* it's not urgent).

Pres·sion *f* pressure; ▶ **~en auf jdn ausüben** put pressure on s.o.

Preß·koh·le *f* briquette; **Preß·luft** *f* compressed air; **Preß·luft·boh·rer** *m* pneumatic drill; **Preß·luft·ham·mer** *m* air hammer.

Pre·sti·ge [prɛs'ti:ʒ(ə)] ‹-s› *n* prestige; **Pre·sti·ge·den·ken** *n* status thinking.

Preu·ße (Preu·ßin) ['prɔɪsə] ‹-n, -n› *m(f)* Prussian; **Preu·ßen** *n* ‹-s› Prussia; **preu·ßisch** *adj* Prussian.

prickeln (k·k) ['prɪkəln] *itr (kribbeln)* tingle; **prickelnd (k·k)** *adj* **1.** *(kribbelnd)* tingling; **2.** *fig (pikant)* piquant; *(erregend)* thrilling.

Priem [pri:m] ‹-(e)s, -e› *m* quid of tobacco; **prie·men** *itr* chew tobacco.

Prie·ster(in) ['pri:stɐ] *m (f) rel* priest (ess); **Prie·ster·amt (-tum)** *n rel* priesthood; **Prie·ster·wei·he** *f eccl* ordination (as a priest).

pri·ma *adj fam* **1.** *com (erstklassig)* first-class; **2.** *(klasse, dufte)* fantastic, great, *bes. Am* swell.

pri·mär *adj* primary.

Pri·mat[1] ‹-en, -en› *m zoo* primate.

Pri·mat[2] *m od n* ‹-(e)s, -e› *(Priorität, Vorherrschaft)* primacy (*über* over).

Pri·mel ['pri:məl] ‹-, -n› *f bot* primrose; ▶ **eingehen wie e-e** ~ *fam* be completely flattened.

pri·mi·tiv [primi'ti:f] *adj* primitive; **Pri·mi·ti·vi·tät** *f* primitiveness; **Pri·mi·tiv·ling** *m fam pej* peasant.

Prim·zahl ['pri:m-] *f math* prime number.

Prinz [prɪnts] ‹-en, -en› *m* prince; **Prin·zes·sin** [prɪn'tsɛsɪn] *f* princess; **Prinz·ge·mahl** *m* prince consort.

Prin·zip [prɪn'tsi:p] ‹-s, -ien/(-e)› *n* principle; ▶ **im** ~ in principle; **aus** ~ as a matter of principle, on principle; **so etw ginge gegen s-e ~ien** such a thing would be against his principles; **er ist**

ein Mann mit ~ien he's a man of principle(s); **prin·zi·pi·ell** *adv* **1.** *(aus Prinzip)* on principle; **2.** *(grundsätzlich, im Prinzip)* in principle; **Prin·zi·pien·rei·ter(in)** *m (f) pej* stickler for one's principles; **prin·zi·pien·treu** *adj* true to one's principles.

Prio·ri·tät [priori'tɛ:t] *f* priority (*vor, gegenüber* over); ▶ **~en setzen** establish one's priorities; **höchste ~ haben** be of prime importance.

Pri·se ['pri:zə] ‹-, -n› *f* **1.** *(kleines bißchen)* pinch; ▶ **e-e ~ Salz** a pinch of salt; **2.** *mar* prize.

Pris·ma ['prɪsma] ‹-s, -men› *n phys a. fig* prism.

Prit·sche ['prɪtʃə] ‹-, -n› *f* **1.** *(Liegestatt)* plank bed; **2.** *(LKW-Ladefläche)* platform.

pri·vat [pri'va:t] *adj* private; ▶ **~ versichert sein** *be privately insured;* **Pri·vat·adres·se** *f* home address; **Pri·vat·be·sitz** *m* private property; ▶ **in ~** privately owned; **in ~ übergehen** pass into private hands; **~! Betreten verboten!** Private property! No trespassing (*od* Keep out)! **Pri·vat·de·tek·tiv(in)** *m (f)* private detective: *fam* private eye; **Pri·vat·fern·se·hen** *n* commercial television; **Pri·vat·grund·stück** *n* private property; ▶ **~ kein Zutritt!** private property keep out!

Pri·va·ti·sie·rung *f pol* transfer into private ownership.

Pri·vat·kli·nik *f* private hospital; **Pri·vat·le·ben** *n* private life; **Pri·vat·pa·tient(in)** *m (f)* paying patient, private patient; **Pri·vat·per·son** *f* private person; **Pri·vat·recht** *n* civil law; **pri·vat·recht·lich** *adj attr* civil law; **Pri·vat·sa·che** *f* private matter; **Pri·vat·schu·le** *f* private school; **Pri·vat·se·kre·tär(in)** *m (f)* private secretary; **Pri·vat·sphä·re** *f* privacy; **Pri·vat·un·ter·richt** *m* private tuition; **Pri·vat·ver·gnü·gen** *n fam* private pleasure; **Pri·vat·ver·mö·gen** *n* private fortune; **Pri·vat·weg** *m* private way; **Pri·vat·wirt·schaft** *f* private industry.

Pri·vi·leg [privi'le:k] ‹-(e)s, -ien› *n* privilege; **pri·vi·le·gie·ren** *tr* privilege; ▶ **e-e privilegierte Kaste** a privileged caste.

Pro *n* ▶ **das ~ u. Kontra** the pros and cons *pl.*

pro[1] [pro:] *prp* per; ▶ **~ Kopf (Person)** per capita (person); **drei Mark ~ Stück** three marks each.

pro[2] *(in Zssgn)* pro-: ▶ **~amerikanisch** pro-American.

pro·bat [pro'ba:t] *adj* proved, tried.

Pro·be ['pro:bə] ‹-, -n› *f* **1.** *(Versuch, Prüfung)* test; **2.** *(Muster)* pattern; *(Waren~, Beispiel, Kost~)* sample; **3.** *theat* rehearsal; ▶ **die ~ aufs Exempel machen** put it to the test; **jdn (etw) auf die ~ stellen** put s.o. (s.th.) to the test; **auf** (*od* **zur**) **~** on test; **auf ~ angestellt** employed for a probationary period; **jds Geduld auf e-e harte ~ stellen** try someone's patience sorely; **die ~ machen** *math* (make a) check; **e-e ~ abhalten** *theat* rehearse; **Pro·be·ab·zug** *m typ* proof; **Pro·be·alarm** *m* practice alarm; **Pro·be·boh·rung** *f* exploratory boring, test drill; **Pro·be·ent·nah·me** *f* taking of samples; **Pro·be·fahrt** *f* test drive, trial run; **Pro·be·lauf** *m* trial run.

pro·ben *tr itr* rehearse.

Pro·be·num·mer *f* trial copy; **Pro·be·packung (k·k)** *f* trial package; **Pro·be·sei·te** *f* specimen page; **pro·be·wei·se** *adv* on trial; *com* on approval; **Pro·be·zeit** *f* probationary period.

pro·bie·ren *tr itr (versuchen, a. kosten)* try.

Pro·blem [pro'ble:m] ‹-s, -e› *n* problem; ▶ **ein ~ in Angriff nehmen** get down to a problem; **sich mit e-m ~ auseinandersetzen** work on a problem; **Pro·ble·ma·tik** [--'--] *f (Schwierigkeit)* set of difficulties (*od* problems) (*jds* with s.o., *e-r Sache* with s.th.); **pro·ble·ma·tisch** *adj* **1.** *(problembeladen)* problematic; **2.** *(fragwürdig)* questionable; **3.** *(schwierig)* difficult; ▶ **die Lage ist ~** the situation is grave; **pro·blem·los I** *adj* problem-free; **II** *adv* without any difficulties.

Pro·ce·de·re [pro'tse:dərə] ‹-, -› *n* (method of) procedure.

Pro·dukt [pro'dʊkt] ‹-(e)s, -e› *n a. fig* product; **Pro·duk·ten·han·del** *m com* produce trade.

Pro·dukt·haf·tung *f* product liability.

Pro·duk·tion *f* production; **Pro·duk·tions·aus·fall** *m* loss of production; **Pro·duk·tions·ko·sten** *pl* production costs; **Pro·duk·tions·mit·tel** *n pl* means *pl* of production; **Pro·duk·tions·rück·gang** *m* drop in production; **Pro·duk·tions·stei·ge·rung** *f* increase in production.

pro·duk·tiv [prodʊk'ti:f] *adj* productive; **Pro·duk·ti·vi·tät** *f* productivity.

Pro·dukt·ma·na·ger(in) *m (f)* product manager.

Pro·dukt·pa·let·te *f markt* product range.

Pro·du·zent(in) *m (f)* producer; **pro·du·zie·ren I** *tr* produce; **II** *refl (angeben)* show off.

pro·fan [pro'fa:n] *adj* **1.** *rel (weltlich)* profane; **2.** *(gewöhnlich, banal)* mundane.

Pro·fes·sio·na·li·tät *f* professionalism.

pro·fes·sio·nell [profɛsio'nɛl] *adj* professional.

Pro·fes·sor(in) *m (f)* professor; ▶ ~

für Biologie professor of Biology; **zerstreuter ~** absent-minded professor.

Pro·fes·sur *f* chair (*für* in).

Pro·fi ['pro:fi] ‹-s, -s› *m fam* pro; *sport (Rad~, Schwimm~)* professional (cyclist, swimmer).

Pro·fil [pro'fi:l] ‹-s, -e› *n* **1.** *(Seitenansicht von Gesicht)* profile; **2.** *geog* section; **3.** *(Quer~)* cross-section; *(Längs~)* vertical section; **4.** *aero* wing profile; **5.** *(Reifen~)* tread; **6.** *fig (Ansehen)* image; **pro·fi·lie·ren I** *tr* **1.** *(Reifen etc)* put a tread on; **2.** *fig (abgrenzen)* define; **II** *refl* **1.** *(sich auszeichnen)* distinguish o.s.; **2.** *(sich ein Image verleihen)* give o.s. a personal image; **pro·fi·liert** *adj fig* **1.** *(klar, scharf)* clear-cut; **2.** *(hervorragend)* outstanding; *(hervorstechend)* distinctive; **Pro·fil·neu·ro·se** *f psych* image complex.

Pro·fit [pro'fi:t] ‹-(e)s, -e› *m* profit; ► **~ aus etw schlagen** *a. fig* profit from s.th.; **Pro·fi·den·ken** *n* profit orientation; **Pro·fit·gier** *f* greed for profit; **pro·fi·tie·ren** *itr a. fig* profit (*von* from, by); **Pro·fit·jä·ger(in)** *m (f) fam* profiteer.

pro for·ma [pro'fɔrma] *adv* as a matter of form; **Pro·for·ma-Rech·nung** *f com* pro forma invoice.

Pro·gno·se [pro'gno:zə] ‹-, -n› *f* **1.** *(Wetter~)* forecast; **2.** *allg a. med* prognosis.

Pro·gramm [pro'gram] ‹-s, -e› *n* **1.** *allg Br* programme, *Am* program; **2.** *EDV (Computer~)* program; **3.** *(beim Rennen)* card; **4.** *theat* bill; **5.** *radio TV (Sendefolge)* program(me)s *pl;* **6.** *(Sendekanal)* channel; **7.** *(~heft)* program(me) guide; **8.** *com (Sortiment, Produktions~)* range; **9.** *(Tagesordnung)* agenda; ► **was steht für heute auf dem ~?** *(was haben wir vor?)* what's the program(me) for today? *(was steht auf der Tagesordnung?)* what's on today's agenda? **was läuft im andern ~?** *radio TV* what's on the other channel? **Pro·gramm·fol·ge** *f radio TV* order of program(me)s; **Pro·gramm·hin·weis** *m radio TV* program(me) note.

pro·gram·mier·bar *adj* programmable.

pro·gram·mie·ren I *tr* **1.** *EDV* program(me); **2.** *fig (konditionieren)* condition (*auf* to); ► **programmierter Unterricht** programmed course; **auf Erfolg programmiert sein** be conditioned to success, **II** *itr EDV* program(me); **Pro·gram·mie·rer(in)** *m (f) EDV* programmer; **Pro·gram·mier·spra·che** *f EDV* programming language.

Pro·gramm·ki·no *n* repertory cinema; **Pro·gramm·punkt** *m (Tagesordnungspunkt)* item on the agenda; **Programm·steue·rung** *f EDV* program control; **Pro·gramm·vor·schau** *f* **1.** *TV* program(me) round-up; **2.** *film* trailer(s *pl*); **Pro·gramm·wahl** *f* **1.** *el* cycle selection; **2.** *TV* channel selection; **Programm·zeit·schrift** *f* program(me) guide.

Pro·gres·si·on [progrɛ'sio:n] *f a. fin* progression.

pro·gres·siv [--'-] *adj a. fin* progressive.

Pro·hi·bi·tion [prohibi'tsjo:n] *f* Prohibition.

Pro·jekt [pro'jɛkt] ‹-(e)s, -e› *n* project; **Pro·jekt·grup·pe** *f* project team; **pro·jek·tie·ren** *tr* project.

Pro·jek·tion *f* projection; **Pro·jek·tions·ge·rät (Pro·jek·tor)** *n (m) film* projector.

pro·ji·zie·ren [proji'tsi:rən] *tr* project.

Pro·kla·ma·tion [proklama'tsjo:n] *f* proclamation; **pro·kla·mie·ren** *tr* proclaim.

Pro-Kopf-Ein·kom·men *n* per capita income.

Pro·ku·ra [pro'ku:ra] ‹-, -ren› *f com* procuration; ► **per ~** *(Abk ppa.)* by proxy, per procurationem (*Abk* per pro., p.p.); **jdm ~ erteilen** grant s.o. procuration; **Pro·ku·rist(in)** *m (f) com* attorney.

Pro·let [pro'le:t] ‹-en, -en› *m pej* prole.

Pro·le·ta·ri·at [proletari'a:t] ‹-s› *n* proletariat; **Pro·le·ta·rier(in)** [--'--] *m (f)* proletarian; **pro·le·ta·risch** *adj* proletarian.

Pro·log [pro'lo:k] ‹-s, -e› *m* prolog(ue).

Pro·me·na·de [promə'na:də] ‹-, -n› *f* promenade; **pro·me·nie·ren** *itr* promenade.

Pro·mil·le [pro'mɪlə] ‹-(s), › *n* **1.** *(Tausendstel)* thousandth; **2.** *fam (Blutalkohol)* alcohol level; ► **er hatte 2,6 ~** he had an alcohol level of 260 *Br* millilitres (*Am* milliliters); **Pro·mil·le·gren·ze** *f highest permitted level of alcohol in the bloodstream;* **Pro·mil·le·mes·ser** *m* breathalyzer.

pro·mi·nent [promi'nɛnt] *adj* prominent; **Pro·mi·nen·te(r)** ‹-n, -n› *f (m)* prominent figure, VIP; **Pro·mi·nenz** ‹-› *f* prominent figures, VIP's *pl.*

Pro·mo·tion¹ [prə'moʊʃən] *f markt com* promotion.

Pro·mo·tion² [promo'tsio:n] *f päd* doctorate.

pro·mo·vie·ren [promo'vi:rən] **I** *tr* confer a doctorate on ...; **II** *itr* do a doctorate (*über* in).

prompt [prɔmpt] **I** *adj* prompt; **II** *adv* **1.** *(sofort)* promptly; **2.** *(selbstverständlich)* of course.

Pro·no·men [pro'no:mən] ‹-s, -mina› *n gram* pronoun.

Pro·pa·gan·da [propa'ganda] ‹-› *f* **1.** *pol* propaganda; **2.** *markt* publicity; **Pro·pa·gan·da·feld·zug** *m* **1.** *pol* propaganda campaign; **2.** *markt* publicity campaign; **Pro·pa·gan·dist(in)** *m* *(f)* **1.** *pol* propagandist; **2.** *markt* demonstrator; **pro·pa·gan·di·stisch** *adj* propagandist(ic); ▶ **etw ~ ausnutzen** use s.th. as propaganda.

pro·pa·gie·ren *tr* propagate.

Pro·pan [pro'pa:n] ‹-s› *n chem* propane; **Pro·pan·gas** *n* propane gas.

Pro·pel·ler [pro'pɛlɐ] ‹-s, -› *m* propeller; ▶ **ein Flugzeug mit ~antrieb** a propeller-driven plane.

pro·per ['prɔpɐ] *adj fam* neat, trim.

Pro·phet(in) [pro'fe:t] ‹-en, -en› *m (f)* prophet; **pro·phe·tisch** *adj* prophetic; **pro·phe·zei·en** [profə'tsaɪən] ‹ohne ge-› *tr (vorhersagen)* foretell; *bes rel* prophesy; **Pro·phe·zei·ung** *f* prophecy.

Pro·por·tion [proporˈtsjo:n] *f* proportion; **pro·por·tio·nal** *adj* proportional; ▶ **~ mit** (*od* **zu**) . . . in proportion to . . .; **umgekehrt ~** *math* in inverse proportion; **pro·por·tio·niert** *adj* proportioned.

Pro·porz [pro'pɔrts] ‹-es› *m (bes. pol)* proportional representation.

prop·pe(n)·voll ['prɔpə(n)'fɔl] *adj fam* jam-packed.

Propst [pro:pst, *pl* 'prø:pstə] ‹-es, ¨-e› *m eccl* provost.

Pro·sa ['pro:za] ‹-› *f* prose; **pro·sa·isch** [pro'za:ɪʃ] *adj (a. fig: nüchtern)* prosaic.

pro·s(i)t ['pro:st ('pro:zɪt)] *interj* cheers! here's to you! your health! *(beim Niesen)* bless you! ▶ **~ Neujahr!** here's to the New Year! **~ allerseits!** cheers to everyone! *(als Aufforderung zum Trinken)* bottoms up! **na, denn prost!** *od* **prost Mahlzeit!** *(ironisch)* that's really great!

Pro·spekt [pro'spɛkt] ‹-(e)s, -e› *m* **1.** *(Aussicht)* prospect; **2.** *com (Werbe~)* brochure; *(einzelner Zettel)* leaflet.

Pro·sta·ta ['prostata] ‹-› *f anat* prostate gland.

pro·sti·tu·ie·ren [prostitu'i:rən] *refl a. fig* prostitute o.s.; **Pro·sti·tu·ier·te** ‹-n, -n› *f* prostitute; **Pro·sti·tu·tion** *f* prostitution.

Pro·te·gé [prote'ʒe:] ‹-s, -s› *m* protégé.

pro·te·gie·ren *tr* sponsor.

Pro·tek·tion [protɛk'tsjo:n] *f* **1.** *(Schutz)* protection; **2.** *(Förderung, Begünstigung)* patronage; ▶ **unter jds ~ stehen** *(von ihm beschützt werden)* be under someone's protection; *(von ihm begünstigt werden)* be someone's protégé (*od* under someone's patronage); **Pro·tek·tio·nis·mus** *m com pol* protectionism.

Pro·tek·to·rat ‹-(e)s, -e› *n* **1.** *pol (Schutzgebiet)* protectorate; **2.** *fig (Schutz-, Schirmherrschaft)* patronage.

Pro·test [pro'tɛst] ‹-(e)s, -e› *m* protest; ▶ **aus ~** in protest; **unter ~** *(gezwungenermaßen)* under protest; *(protestierend)* protesting; **gegen jdn (etw) ~ einlegen** make a protest against s.o. (s.th.); **Pro·test·ak·tion** *f* protest.

Pro·te·stant(in) *m (f)* Protestant; **pro·te·stan·tisch** *adj* Protestant; **Pro·te·stan·tis·mus** *m* Protestantism.

pro·te·stie·ren *itr* protest (*gegen* against).

Pro·test·kund·ge·bung *f* protest rally; **Pro·test·no·te** *f pol* note of protest.

Pro·the·se [pro'te:zə] ‹-, -n› *f med* prothesis, artificial limb; *(Zahn~)* dentures; *fam* false teeth.

Pro·to·koll [proto'kɔl] ‹-s, -e› **1.** *allg (Niederschrift)* record; **2.** *(Sitzungs~)* minutes *pl;* **3.** *(Polizei~ e-r Aussage)* statement; **4.** *(Strafzettel)* ticket; **5.** *(diplomatisches ~ bei Staatsbesuchen etc)* protocol; ▶ **~ führen** *(Sitzungs~)* keep the minutes; *(Gerichts~)* keep a record of the proceedings; *(Unterrichts~)* write a report; **etw zu ~ nehmen** take s.th. down; **etw zu ~ geben** have s.th. put on record; *(bei der Polizei)* say s.th. in one's statement; **pro·to·kol·la·risch** *adj* **1.** *allg (protokolliert)* on record; *(im Sitzungsprotokoll festgehalten)* in the minutes; **2.** *(gemäß dem diplomatischen Protokoll, das Zeremoniell betreffend)* ▶ **~e Mindestforderungen** minimum demands of protocol; **~ gesehen** as regards protocol; **Pro·to·koll·füh·rer(in)** *m (f)* keeper of the minutes; *(amtlich)* recording clerk; *jur* clerk of the court; **pro·to·kol·lie·ren I** *tr* **1.** *allg (schriftlich festhalten)* take down; **2.** *(Konferenz)* minute; **3.** *(Unterrichtsverlauf)* write a report of . . .; **II** *itr* **1.** *(bei Sitzung etc)* take the minutes down; **2.** *(bei Aussage vor der Polizei)* take a (*od* the) statement down; **3.** *(im Unterricht)* write the report.

Pro·ton [pro'to:n] ‹-s, -en› *n phys* proton.

Pro·to·typ ['pro:toty:p] ‹-(e)s, -en› *m* prototype.

Protz [prɔts] ‹-en/-es, -e(n)› *m fam* swank; **prot·zen** *itr fam* show off; ▶ **vor jdm mit etw ~** show s.th. off to s.o.; **prot·zig** *adj fam* showy, swanky.

Pro·vi·ant [provi'ant] ‹-(e)s, (-e)› *m* provisions *pl;* ▶ **sich mit ~ versehen** provide o.s. with food.

Pro·vinz [pro'vɪnts] ‹-, -en› *f* **1.** *(Teil e-s Landes)* province; **2.** *(kulturell zweitrangige Gebiete):* **die ~** the provinces *pl;* **pro·vin·zi·ell** *adj* provincial; **Pro·vinz·ler(in)** *m (f)* provincial; **Pro·vinz·stadt** *f* provincial town.

Pro·vi·sion [provi'zjo:n] *f com* commission; ▶ **auf ~** on commission.

pro·vi·so·risch *adj* provisional, temporary; **Pro·vi·so·rium** *n* provisional arrangement.

Pro·vo·ka·teur(in) [provoka'tø:ɐ] *m*

(f) troublemaker; **Pro·vo·ka·tion** *f* provocation; **pro·vo·zie·ren** *tr itr* provoke.

Pro·ze·dur [protse'du:ɐ] *f* **1.** *(Vorgehen(sweise))* procedure; **2.** *fam („Theater")* carry-on.

Pro·zent [pro'tsɛnt] ‹-(e)s, -e› *n* per cent; ▶ **wieviel ~?** what percentage? **zehn ~** *fam* ten per cent; **ich bekomme hier ~e** I get a discount here *sing;* **in ~en ausgedrückt** expressed as a percentage *sing;* **Pro·zent·satz** *m* percentage; **pro·zen·tu·al** *adj attr* percentage; ▶ **~ ausgedrückt** expressed as a percentage.

Pro·zeß [pro'tsɛs] ‹-sses, -sse› *m* **1.** *jur (Gerichtsverfahren)* trial; *(Rechtsfall)* case; **2.** *(Vorgang, a. tech: Verfahren)* process; ▶ **er hat s-n ~ gewonnen (verloren)** *jur* he won (lost) his case; **gegen jdn e-n ~ anstrengen** *jur* bring an action against s.o.; **in e-n ~ verwikkelt sein** be involved in a lawsuit; **jdm den ~ machen** *jur* bring s.o. to trial; **mit jdm (etw) kurzen ~ machen** *fig fam* make short work of s.o. (s.th.); **Pro·zeß·ak·ten** *f pl* case files; **Pro·zeß·geg·ner(in)** *m (f) jur* opposing party.

pro·zes·sie·ren *itr* take legal proceedings (*gegen* against).

Pro·zes·si·on *f* procession.

Pro·zeß·ko·sten *pl* legal costs; **Pro·zeß·la·wi·ne** *f* spate of trials.

Pro·zes·sor *m EDV* processor.

Pro·zeß·ord·nung *f* rules *pl* of procedure.

prü·de ['pry:də] *adj* prudish; **Prü·de·rie** [pry:də'ri:] *f* prudery.

Prüf·ab·zug *m typ* proof.

prü·fen ['pry:fən] *tr* **1.** *(Kenntnisse abfragen)* examine; **2.** *(proben, ausprobieren, auf die Probe stellen)* test; **3.** *(besichtigen, mustern)* inspect; **4.** *(nach~, über~)* check (*auf* for, *ob* to see if); *com (Bücher, Bilanz etc)* audit; **5.** *(erwägen, betrachten)* consider; **6.** *(heimsuchen)* afflict, try; **Prü·fer(in)** *m (f)* **1.** *(bei Examen)* examiner; **2.** *com (Wirtschafts~, Buch~)* auditor; **Prüf·ge·rät** *n* **1.** *(Einzelgerät)* testing apparatus; **2.** *(Gesamtheit der ~e)* testing equipment; **Prüf·ling** *m* examinee; **Prüf·stand** *m mot* test bed; **Prüf·stein** *m fig* touchstone (*für* of, for).

Prü·fung *f* **1.** *(Examen)* exam(ination); **2.** *(Erprobung, Ausprobieren, Auf-die-Probe-stellen)* testing; **3.** *(Besichtigung, Musterung)* inspection; **4.** *(Nach~, Über~)* check(ing); *com (Wirtschafts~)* audit; **5.** *(Erwägung, Betrachtung)* consideration; **6.** *(Heimsuchung)* trial; ▶ **sich e-r ~ unterziehen (e-e ~ machen)** take an exam(ination); **e-e ~ bestehen** pass an exam(ination); **Prü·fungs·angst** *f* exam nerves *pl;* **Prü·fungs·aus·schuß** *m* **1.** *päd* board of examiners; **2.** *(bei Sachen)* board of inspectors; **Prü·fungs·er·geb·nis** *n* result of an (*od* the) examination; **Prü·fungs·ge·büh·ren** *f pl* examination fee *sing;* **Prü·fungs·kom·mis·sion** *f* **1.** *päd* board of examiners; **2.** *(bei Sachen)* board of inspectors; **Prü·fungs·zeug·nis** *n* exam(ination) certificate.

Prüf·ver·fah·ren *n* **1.** *allg* test procedure; **2.** *markt (Signifikanztest)* test of significance.

Prü·gel[1] ['pry:gəl] ‹-s, -› *m fam (Knüppel)* cudgel.

Prü·gel[2] *pl (Tracht ~)* thrashing; **Prü·ge·lei** *f* brawl, fight; **Prü·gel·kna·be** *m fig* whipping boy; **prü·geln I** *tr itr* beat; **II** *refl* fight (*mit jdm* s.o., *um* for); **Prü·gel·stra·fe** *f* corporal punishment.

Prunk [prʊŋk] ‹-(e)s› *m* splendour; **prun·ken** *itr* be resplendent; ▶ **mit etw ~** make a show of s.th.

pru·sten ['pru:stən] *itr* snort; ▶ **vor Lachen ~** snort with laughter.

Psalm [psalm] ‹-s, -en› *m rel* psalm.

Pseudo-Krupp ['psɔydokrʊp] *m med* pseudo croup.

Pseud·onym [psɔydo'ny:m] ‹-s, -e› *n* pseudonym.

pst [pst] *interj* **~!** hush!

Psy·che ['psy:çə] ‹-, -n› *f* psyche.

Psych·ia·ter(in) [psy'çja:tɐ] ‹-s, -› *m (f)* psychiatrist, *fam* shrink; **Psych·ia·trie** [psyçia'tri:] *f* psychiatry; **psych·ia·trisch** *adj* psychiatric; ▶ **sich in ~er Behandlung befinden** be under psychiatric treatment.

psy·chisch *adj* **1.** *(die Psyche betreffend)* psychic; **2.** *(psychologisch)* psychological; ▶ **ein ~es Phänomen** a psychic phenomenon; **~e Erkrankung** mental illness; **~ bedingt** psychologically determined.

Psy·cho·ana·ly·se ['----'--] *f* psychoanalysis; **Psy·cho·ana·ly·ti·ker(in)** *m (f)* psychoanalyst; **Psy·cho-Dro·ge** ['psyço-] *f chem* psychoactive drug; **psy·cho·gen** [psyço'ge:n] *adj* psychogenic; **Psy·cho·gramm** *n* **1.** *med* psychograph; **2.** *fig* profile; **Psy·cho·lo·ge (Psy·cho·lo·gin)** *m (f)* psychologist; **psy·cho·lo·gisch** *adj* psychological; **Psy·cho·path(in)** [psyço'pa:t] ‹-en, -en› *m (f)* psychopath; **Psy·cho·phar·ma·ka** [-'farmaka] *pl chem med* psychopharmacological (*od* psychotropic) drugs; **Psy·cho·se** [psy'ço:zə] ‹-, -n› *f med* psychosis; **psy·cho·so·ma·tisch** *:* ▶ **~e Krankheit** psychosomatic illness; **Psy·cho·ter·ror** *m* psychological terror; **Psy·cho·the·ra·peut(in)** ‹-en, -en› *m (f)* psychotherapist; **Psy·cho·the·ra·pie** [----'-] *f med* psychotherapy.

Pu·ber·tät [pubɛrˈtɛ:t] *f* puberty.
Pu·bli·ka·tion [publikaˈtsjo:n] *f* publication.
Pu·bli·kum [ˈpu:blikʊm] ‹-s› *n* **1.** *(Öffentlichkeit)* public; **2.** *(Zuhörerschaft, Zuschauer)* audience; **Pu·bli·kums·er·folg** *m* success with the public; **Pu·bli·kums·lieb·ling** *m* darling of the public; **Pu·bli·kums·ma·gnet** *m* crowd-puller.
pu·bli·zie·ren [publiˈtsi:rən] *tr itr* publish.
Pub·li·zist(in) *m (f)* publicist; **Pu·bli·zi·stik** *f* journalism; **Pu·bli·zi·tät** *f* publicity.
Pud·ding [ˈpʊdɪŋ] ‹-s, -e/-s› *m* blancmange; *(Kaltrühr~)* instant whip.
Pu·del [ˈpu:dəl] ‹-s, -› *m zoo* poodle; ▶ **das also war des ~s Kern!** *fig* so that's it was all about! **was stehst du da wie ein begossener ~?** *fig fam* why are you looking so sheepish? **pu·del·naß** [ˈ--ˈ-] *adj* soaking wet; **pu·del·wohl** [ˈ--ˈ-] *adj fam:* ▶ **sich ~ fühlen** feel really good.
Pu·der [ˈpu:dɐ] ‹-s, -› *m* powder; **Pu·der·do·se** *f* powder tin; **pu·dern I** *tr* powder; **Pu·der·qua·ste** *f* powder puff; **Pu·der·zucker (k·k)** *m* icing sugar.
Puff[1] [pʊf, *pl* ˈpʏfə] ‹-(e)s, ¨e/-e› *m* **1.** *(Stoß)* thump; *(leichter, vertraulicher Stoß in die Seite)* nudge; **2.** *(Knall)* bang.
Puff[2] ‹-s, -s› *m sl (Bordell)* cathouse.
puf·fen I *tr* **1.** *(stoßen)* thump; *(leicht, vertraulich in die Seite)* nudge; **2.** *(Abgase, Rauch etc)* puff; **II** *itr* **1.** *(von Lokomotive)* puff; **2.** *fam (puff machen)* go phut.
Puf·fer[1] *m (Kartoffel~)* potato fritter.
Puf·fer[2] *m rail* buffer; **Puf·fer·staat** *m fig pol* buffer state.
Pul·le [ˈpʊlə] ‹-, -n› *f fam (Flasche)* bottle; ▶ **volle ~** *fig fam* at full pelt.
Pul·li [ˈpʊli] ‹-s, -s› *m fam* jersey, sweater; **Pull·over** [pʊˈlo:vɐ] ‹-s, -› *m* jersey, *Br a.* jumper, pullover, sweater; **Pull·un·der** [pʊˈlʊndɐ] ‹-s, -› *m* tank top.
Puls [pʊls] ‹-es, -e› *m a. fig* pulse; ▶ **jdm den ~ fühlen** feel someone's pulse; **Puls·ader** *f* artery.
pul·sie·ren *itr a. fig* pulsate, throb.
Puls·schlag *m* **1.** *anat* pulse-beat; **2.** *fig* pulse; **Puls·wär·mer** *m* wristlet.
Pult [pʊlt] ‹-(e)s, -e› *n* desk.
Pul·ver [ˈpʊlvɐ] ‹-s, -› *n* **1.** *allg* powder; **2.** *(Schieß~)* gunpowder; ▶ **er hat sein ~ verschossen** *fig* he's shot his bolt; **Pul·ver·faß** *n a. fig* powder keg; **pul·ve·ri·sie·ren** *tr* powder, pulverize; **Pul·ver·kaf·fee** *m* instant coffee; **Pul·ver·schnee** *m* powder snow.
Pu·ma [ˈpu:ma] ‹-s, -s› *m zoo* puma.
Pum·mel(·chen) [ˈpʊməl] ‹-s, -› *m (n) fam (Dickerchen)* roly-poly; **pum·me·lig** *adj fam* chubby.
Pump ‹-s› *m fam* tick; ▶ **etw auf ~ kaufen** buy s.th. on tick.
Pum·pe [ˈpʊmpə] ‹-, -n› *f* **1.** *(Wasser~ etc)* pump; **2.** *fam (Herz)* ticker; **pum·pen**[1] *tr itr (Wasser etc)* pump.
pum·pen[2] *tr itr fam* **1.** *(verleihen)* give on tick; **2.** *(entleihen)* take on tick.
Pump·sta·tion *f* pumping station.
Punkt [pʊŋkt] ‹-(e)s, -e› *m* **1.** *(zur Bewertung, a. sport)* point; *(beim Kartenspiel)* pip; **2.** *typ (Satzzeichen) Br* full stop, *Am* period; *(i-Punkt, a. TV)* dot; **3.** *(Ort)* point, spot; **4.** *(bei Bericht, Liste, Diskussion etc)* item, point; ▶ **ein kleiner ~ in der Ferne** a small dot (*od* spot) in the distance; **Sieger nach ~en** *sport* winner on points; **~ 10 Uhr** at ten sharp; **e-n wunden ~ berühren** *fig* touch a sore spot; **bis zu e-m gewissen ~** up to a certain point; **in allen ~en** in every respect; **~ für ~** point by point; **ein strittiger ~** a disputed point; **der springende ~** *fig* the salient (*od* crucial) point; **nun mach aber mal e-n ~!** *fam* come off it!
punk·tie·ren *tr* **1.** *(tüpfeln)* dot; **2.** *med* aspirate.
pünkt·lich [ˈpʏŋktlɪç] **I** *adj* **1.** *(zur verabredeten Zeit)* punctual; **2.** *(exakt)* precise; **II** *adv* **1.** *(zur verabredeten Zeit)* on time; **2.** *(exakt)* precisely.
Pünkt·lich·keit *f* **1.** *(zeitliche ~)* punctuality; **2.** *(Exaktheit)* precision.
Punkt·rich·ter(in) *m (f) sport* judge; **Punkt·sieg** *m sport* win on points; **Punkt·sie·ger(in)** *m (f) sport* winner on points.
punk·tu·ell I *adj* selective; **II** *adv* ▶ **sich mit etw nur ~ befassen** deal with selected points of s.th. only.
Punsch [pʊnʃ] ‹-(e)s, -e› *m* punch.
Pu·pil·le [puˈpɪlə] ‹-, -n› *f anat* pupil.
Pup·pe [ˈpʊpə] ‹-, -n› *f* **1.** *(Kinderspielzeug)* doll; *(Marionette)* puppet; *(Schaufenster~)* dummy; **2.** *zoo* pupa; **3.** *sl (Mädchen)* doll; **Pup·pen·haus** *n* doll's house; **Pup·pen·wa·gen** *m* doll's pram.
pur [pu:ɐ] *adj* **1.** pure; **2.** *fig (völlig)* sheer; ▶ **~er Unsinn** utter nonsense.
Pü·ree ‹-s, -s› *n* puree.
Pur·pur [ˈpʊrpʊr] ‹-s› *m* purple; **pur·purn (pur·pur·rot)** *adj* crimson.
Pur·zel·baum *m* somersault; ▶ **e-n ~ machen** do a somersault.
pur·zeln [ˈpʊrtsəln] ‹sein› *itr* tumble (*über* over).
Pu·ste [ˈpu:stə] ‹-› *f fam* puff; ▶ **außer ~ sein** be out of puff.
Pu·ste·ku·chen *m:* **~!** *interj* fiddlesticks! no chance! nothing doing! that's what you think!

Pu·stel ['pustəl] ‹-, -n› *f (Pickel)* pimple; *med* pustule.
pu·sten ['pu:stən] *itr tr fam* blow, puff.
Pu·te(r) ['pu:tə] ‹-, -n› *f (m) zoo* turkey.
pu·ter·rot ['--'-] *adj* scarlet (*od* as red as a beetroot).
Putsch [pʊtʃ] ‹-(e)s, -e› *m pol* coup d'état, revolt; **put·schen** *itr pol* rebel, revolt; **Put·schist(in)** *m (f)* rebel.
Putz [pʊts] ‹-es› *m* **1.** *(Staat, Kleid)* finery; *(Besatz)* trimming; **2.** *arch (Ver~)* plaster; *(Rauh~)* roughcast; ► **auf den ~ hauen** *fig fam (groß feiern)* have a rave-up; *(prahlen)* show off; *(Krach schlagen)* kick up a fuss; **unter ~** under the plaster.
put·zen ['pʊtsən] **I** *tr* **1.** *(reinigen)* clean; *(abwischen)* wipe; *(Nase)* blow, wipe; *(Zähne)* brush; *(Schuhe) Br* polish, *Am* shine; **2.** *(schmücken)* decorate; **II** *refl* **1.** *(sich reinigen)* clean o.s.; **2.** *(sich schmücken)* do o.s. up.
Putz·frau *f Br* cleaning lady, cleaner, *Am* scrubwoman.
put·zig *adj fam* **1.** *(komisch, merkwürdig)* funny; **2.** *(süß, niedlich)* cute.
Putz·ko·lon·ne *f* team of cleaners; **Putz·lap·pen** *m* (polishing) cloth; **Putz·ma·che·rin** *f obs* milliner; **Putz·mit·tel** *n* cleanser; **Putz·sucht** *f obs* obsession with dressing up; **Putz·teu·fel** *m fig fam* housework maniac; **Putz·tuch** *n* **1.** *(Putz- od Wischlappen)* cloth; **2.** *(Staubtuch)* duster; **Putz·wol·le** *f* steel wool; **Putz·zeug** *n* cleaning things *pl.*
puz·zeln [pʌzəln] *itr* do a jigsaw puzzle; **Puz·zle** [pʌzəl] ‹-s, -s› *n* jigsaw puzzle.
Pyg·mäe (Pyg·mäin) [py'gmɛ:ə] ‹-n, -n› *m (f)* Pygmy; **pyg·mä·en·haft** *adj* pygmy-like.
Py·ja·ma [py'(d)ʒa:ma] ‹-s, -s› *m Br* pyjamas, *Am* pajamas *pl;* **Py·ja·ma·ho·se** *f Br* pyjama (*Am* pajama) trousers *pl.*
Py·ra·mi·de [pyra'mi:də] ‹-, -n› *f* pyramid; **py·ra·mi·den·för·mig I** *adj* pyramid-shaped; **II** *adv* in the shape of a pyramid.
Py·re·nä·en [pyrə'nɛ:ən] *pl* ► **die ~** the Pyrenees; **Py·re·nä·en·halb·in·sel** *f* Iberian Peninsula.
Py·ro·ma·ne (Py·ro·ma·nin) [pyro'ma:nə] *m(f)* pyromaniac; **Py·ro·ma·nie** [---'-] *f* pyromania; **Py·ro·tech·nik** ['----] *f* pyrotechnics *pl.*
Pyr·rhus·sieg ['pʏrʊs-] *m* Pyrrhic victory.
py·tha·go·re·isch [pytago're:ɪʃ] *adj math* Pythagorean; ► **~er Lehrsatz** Pythagoras' theorem.
Python(schlange) ['py:tɔn(-)] *m (f) zoo* python.

Q

Q, q [ku:] ‹-, -› *n* Q, q.
Quack·sal·ber ['kvakzalbɐ] ‹-s, -› *m* quack; **Quack·sal·be·rei** *f* quackery.
Qua·der ['kva:dɐ] ‹-s, -› *m* **1.** *arch* ashlar; **2.** *math* cuboid; **Qua·der·stein** *m* square stone.
Qua·drant *m* quadrant.
Qua·drat [kva'dra:t] ‹-(e)s, -e› *n* square; ▶ **e-e Zahl ins ~ erheben** square a number; **sechzehn zum ~** sixteen squared; **25 m im ~** 25 m square; **qua·dra·tisch** *adj* **1.** *math (Gleichung)* quadratic; **2.** *(quadratförmig)* square; **Qua·drat·ki·lo·me·ter** *n* square *Br* kilometre (*Am* kilometer); **Qua·drat·me·ter** *n* square *Br* metre (*Am* meter); **Qua·drat·wur·zel** *f math* square root; ▶ **die ~ aus 25 ziehen** work out the square root of 25; **Qua·drat·zahl** *f math* square number; **Qua·drat·zen·ti·me·ter** *n* square *Br* centimetre (*Am* centimeter).
qua·drie·ren *tr math* square.
Qua·dro·pho·nie ['kvadrofo'ni:] *f* quadrophonic sound; **qua·dro·pho·nisch** *adj* quadrophonic.
qua·ken ['kva:kən] *itr* **1.** *(Ente)* quack; *(Frosch)* croak; **2.** *fam (Menschen)* squawk.
quä·ken ['kvɛ:kən] *tr itr fam* screech.
Quä·ker(in) ‹-s, -› *m (f) rel* Quaker.
Qual ['kva:l] ‹-, -en› *f* pain; *(Seelen~)* anguish.
quä·len ['kvɛ:lən] **I** *tr* **1.** *allg* torment; *(foltern)* torture; **2.** *(belästigen)* pester; **II** *refl* **1.** *(sich mühen, abarbeiten)* struggle; **2.** *(seelisch)* torture o.s.
Quä·le·rei *f* **1.** *(physisch)* torture; *(psychisch)* torment; **2.** *(Mühseligkeit)* struggle.
Quäl·geist *m fam* nuisance, pest.
Qua·li·fi·ka·tion [kvalifika'tsjo:n] *f* qualification.
qua·li·fi·zie·ren **I** *tr* qualify; **II** *refl a. sport* qualify (*für* for).
Qua·li·tät *f* quality; ▶ **hervorragende ~** excellent (*od* top) quality; **schlechte ~** poor quality; **von der ~ her** as far as quality is concerned.
qua·li·ta·tiv [kvalita'ti:f/'----] *adj* qualitative.
Qua·li·täts·ar·beit *f* quality work; **Qua·li·täts·er·zeug·nis** *n* quality product; **Qua·li·täts·stei·ge·rung** *f Br* quality improvement (*Am* enhancement); **Qua·li·täts·ver·bes·se·rung** *f* upgrading; **Qua·li·täts·wa·re** *f* quality goods *pl.*
Qual·le ['kvalə] ‹-, -n› *f zoo* jellyfish.
Qualm [kvalm] ‹-(e)s› *m* dense smoke; **qual·men** **I** *tr fam (Zigaretten etc rauchen)* puff away at ...; **II** *itr* **1.** *allg* smoke; **2.** *fam (Zigaretten etc rauchen)* puff away; **qual·mig** *adj* smoky.
qual·voll ['kva:lfɔl] *adj* agonizing, painful.
Quant [kvant] ‹-s, -en› *n phys* quantum; **Quan·ten·phy·sik** *f* quantum physics *sing;* **Quan·ten·theo·rie** *f phys* quantum theory.
Quan·ti·tät *f* quantity; **quan·ti·ta·tiv** [kvantita'ti:f/'----] *adj* quantitative.
Quan·tum ['kvantʊm] *n* **1.** *(Anzahl, Menge)* quantity, quantum; **2.** *(Anteil)* quota (*an* of).
Qua·ran·tä·ne [karan'tɛ:nə] ‹-, -n› *f* quarantine; ▶ **unter ~ stellen** put in quarantine; **Qua·ran·tä·ne·sta·tion** *f* quarantine ward.
Quark [kvark] ‹-s› *m* **1.** curd (s *pl*); **2.** *fam (Quatsch)* rubbish.
Quart [kvart] ‹-s› *n typ (~format)* quarto.
Quar·tal [kvar'ta:l] ‹-s, -e› *n* quarter; **Quar·tal·säu·fer(in)** *m (f)* periodic heavy drinker; **quar·tals·wei·se** *adj adv* quarterly.
Quar·te ['kvartə] ‹-, -n› *f mus* fourth.
Quar·tett [kvar'tɛt] ‹-(e)s, -e› *n mus* quartet(te).
Quar·tier [kvar'ti:ɐ] ‹-s, -e› *n* **1.** *(Stadtteil)* district, quarter; **2.** *(Unterkunft)* accomodation; *mil* billet, quarters *pl.*
Quarz [kva:ɐts] ‹-es, -e› *m* quartz; **Quarz·uhr** *f allg* quartz clock; *(Armbanduhr)* quartz watch.
qua·si ['kva:zi] *adv* virtually; ▶ **er arbeitet hier ~ als Manager** he works here in a quasi-managerial function.
quas·seln ['kvasəln] *tr itr fam* blether.
Quas·sel·strip·pe *f fam pej* chatterbox.
Qua·ste ['kvastə] ‹-, -n› *f* **1.** *(Troddel)* tassel; **2.** *(Pinsel~)* brush.
Quatsch [kvatʃ] ‹-es› *m fam* **1.** *(Unsinn, dummes Geschwätz)* rubbish, twaddle; **2.** *(Unüberlegtheiten, Dummheiten)* nonsense; ▶ **ach, ~!** rubbish! **so ein ~!** what a load of rubbish! **red doch nicht so e-n ~!** don't talk such a twaddle! **laß den ~!** stop that nonsense! **mach keinen ~!** don't be silly!
quat·schen *fam* **I** *tr (dummes Zeug reden):* ▶ **Blödsinn ~** talk twaddle; **II**

itr **1.** *(dumm daherreden)* gab; **2.** *(plaudern, quasseln)* blether; **3.** *(salopp: reden, sich unterhalten)* have a chat (*über* about); **4.** *sl (petzen)* squeal (*bei jdm* to s.o.); ▶ **mußt du denn immer stundenlang ~?** do you have to blether for hours on end?

Quat·sche·rei *f fam* blethering.

Quatsch·kopf *m fam* **1.** *(Schwätzer)* bletherer, windbag; **2.** *(Blödmann)* fool.

Quecke (k·k) ['kvɛkə] ‹-, -n› *f bot* couch grass.

Queck·sil·ber ['kvɛk-] *n chem* mercury, quicksilver; **Queck·sil·ber·säu·le** *f* column of mercury; **Queck·sil·ber·ver·gif·tung** *f* mercury poisoning.

Quell [kvɛl] ‹-(e)s, -e› *m poet* spring; **Quel·le** ‹-, -n› *f* **1.** *(e-s Flusses etc)* spring; **2.** *(Öl~ etc)* well; **3.** *fig (Ursprung)* source; ▶ **e-e ~ erschließen** develop a source; **aus zuverlässiger ~** *fig* from a reliable source; **an der ~ sitzen** *fig* be well-placed.

quel·len *irr itr* **1.** *(heraus~)* well; **2.** *(auf~, anschwellen)* swell.

Quel·len·an·ga·be *f* reference; **Quel·len·for·schung** *f* source research; **Quel·len·steu·er** *f* tax at source; **Quel·len·text** *m* source material.

Quell·ge·biet *n* head(water) of a river; **Quell·was·ser** *n* spring water.

Quen·ge·lei *f fam* whining; **quen·ge·lig** *adj fam* whining; ▶ **~ werden** start to whine; **~ sein** whine.

quen·geln ['kvɛŋəln] *itr fam* whine.

quer [kveːɐ] *adv* crossways, crosswise; ▶ **kreuz u. ~ (durchs Land)** all over (the country); **die Schienen verlaufen ~ zur Straße** the rails run at right angles to the road.

Quer·ach·se *f tech mot* transverse axis; **Quer·bal·ken** *m* crossbeam.

Quer·den·ker(in) *m (f)* maverick.

Que·re ['kveːrə] ‹-› *f:* ▶ **der ~ nach** breadthways; **jdm in die ~ kommen** get in someone's way.

quer·feld·ein [--'-] *adv* across country; **Quer·feld·ein·ren·nen** *n* cross-country (race).

Quer·flö·te *f* (transverse) flute.

Quer·for·mat *n* oblong format.

quer·ge·streift *adj* cross-striped; **Quer·kopf** *m fam* awkward customer; **quer·köp·fig** *adj* wrongheaded; **Quer·lei·ste** *f* crosspiece; **Quer·schiff** *n arch* transept; **Quer·schlä·ger** *m mil* ricochet; **Quer·schnitt** *m a. fig* cross-section.

quer·schnitt(s)·ge·lähmt *adj* paraplegic, paralysed below the waist.

quer|stel·len *refl fig fam* be awkward.

Quer·stra·ße *f (Seitenstraße)* side street; ▶ **Queensborough Terrace ist e-e ~ zur Bayswater Road** Queensborough Terrace runs at right angles to Bayswater Road; **zwei ~n entfernt wohnen** live two blocks from here (*od* there); **bei der zweiten ~** at the second turning; **Quer·strich** *m* line; *(Gedankenstrich)* dash; **Quer·sum·me** *f math* total of the digits of a number; ▶ **die ~ von 23 bilden** add the digits in 23; **Quer·trei·ber(in)** *m (f)* troublemaker; **Quer·trei·be·rei** *f* troublemaking.

Que·ru·lant(in) [kveru'lant] *m (f)* griper, grumbler.

Quer·ver·bin·dung *f* **1.** connection, link; **2.** *tech* cross (*od* transverse) section; ▶ **e-e ~ zu etw herstellen** make a connection with s.th.; **Quer·ver·weis** *m* cross-reference.

quet·schen ['kvɛtʃən] **I** *tr* **1.** *(drücken)* squeeze; **2.** *(zer~)* crush, squash; **3.** *med* crush; ▶ **sich den Finger ~** squash one's finger; **II** *refl* **1.** *(sich klemmen)* be crushed; **2.** *(sich zwängen)* squeeze (*in etw* into s.th.).

Quetsch·fal·te *f* inverted pleat.

Quet·schung *f med* bruise, contusion.

quie·ken ['kviːkən] *itr* squeak, squeal.

quiet·schen ['kviːtʃən] *itr* **1.** *(knarren)* creak, squeak; **2.** *(von Reifen, a. von Menschen)* squeal.

quietsch·fi·del ['kwiːtʃfi'deːl] **(quietsch·ver·gnügt)** *adj fam* as happy as a sandboy.

Quietsch·ge·räusch *n* squealing.

Quin·te ['kvɪnt(ə)] ‹-, -en› *f mus* fifth.

Quint·es·senz ['kvɪntɛsɛnts] ‹-, -en› *f* quintessence.

Quin·tett [kvɪn'tɛt] ‹-(e)s, -e› *n mus* quintet(te).

Quirl [kvɪrl] ‹-(e)s, -e› *m* **1.** *(Küchengerät)* beater, whisk; **2.** *bot* whorl.

quir·len *tr* beat, whisk.

quitt [kvɪt] *adj:* ▶ **jetzt sind wir ~** now we're even.

Quit·te ['kvɪtə] ‹-, -n› *f bot* quince.

quit·tie·ren *tr* **1.** *(bescheinigen)* give a receipt for ...; **2.** *(Dienst)* quit.

Quit·tung *f* receipt; ▶ **gegen ~** on production of a receipt; **e-e ~ ausstellen (über etw)** give a receipt (for s.th.); **s-e** (*od* **die**) **~ kriegen** *fig fam* get one's come-uppance; **Quit·tungs·block** *n* receipt book.

Quiz [kvɪs] ‹-, -› *n* quiz; **Quiz·ma·ster** ['kvɪsmaːstɐ] ‹-s, -› *m* quizmaster.

Quo·te ['kvoːtə] ‹-, -n› *f* **1.** *com (Quantum)* quota; **2.** *(statistischer Anteil)* proportion; **Quo·ten·re·ge·lung** *f pol* quota system.

Quo·ti·ent [kvo'tsjɛnt] *m math* quotient.

R

R, r [ɛr] ‹-, -› *n* [ɛr] R, r.
Ra·batt [raˈbat] ‹-(e)s, -e› *m com* discount; ► ~ **bei Barzahlung** discount for cash; **5 % ~ auf etw geben** give a 5 % discount on s.th.
Ra·be [ˈraːbə] ‹-n, -n› *m* raven; ► **stehlen wie ein ~** thieve like a magpie; **ra·ben·schwarz** [ˈ--ˈ-] *adj* pitch-black.
ra·bi·at [rabiˈaːt] *adj* **1.** *(wild)* wild; **2.** *(gewalttätig)* violent.
Ra·che [ˈraxə] ‹-› *f* revenge; *(Vergeltung)* vengeance; ► ~ **nehmen an jdm für etw** take revenge on s.th. for s.th.; **sie tötete ihn aus ~** she killed him in revenge; **als ~ für ...** in revenge for ...; **die ~ des kleinen Mannes** *hum* the underdog's revenge; **Ra·che·akt** *m* act of revenge.
Ra·chen [ˈraxən] ‹-s, -› *m* **1.** throat; **2.** *(Maul)* jaws *pl;* **3.** *fig (Schlund)* abyss.
rä·chen [ˈrɛçən] **I** *tr* avenge; **II** *refl* take revenge (*an jdm für etw* on s.o. for s.th.); ► **sich für etw ~** be revenged for s.th.
Ra·chen·höh·le *f* pharynx.
Rä·cher(in) *m (f)* avenger.
Ra·chi·tis [raˈxiːtɪs] ‹-› *f* rickets *pl.*
Rach·sucht *f* vindictiveness; **rach·süch·tig** *adj* vindictive.
Rad [raːt, *pl* ˈrɛːdɐ] ‹-(e)s, ¨-er› *n* **1.** wheel; **2.** *(Fahr~)* bicycle, *fam* bike; **3.** *sport (Übung)* cartwheel; ► **das fünfte ~ am Wagen sein** *fig* be out of place; **ein ~ schlagen** turn a cartwheel.
Ra·dar [raˈdaːɐ] ‹-s› *n* radar; **Ra·dar·fal·le** *f* radar trap; **Ra·dar·ge·rät** *n* radar unit; **Ra·dar·kon·trol·le** *f* radar speed check; **Ra·dar·schirm** *m* radar screen; **Ra·dar·sta·tion** *f mil* radar station.
Ra·dau [raˈdaʊ] ‹-s› *m fam* din, row; ► ~ **machen** kick up a row.
Rad·damp·fer *m* paddle-steamer.
ra·de·bre·chen [ˈraːdəbrɛçən] *itr:* ► **sie versuchte, zu ~, daß ...** she tried to say in broken (English *etc*) that ...; **ra·deln** [ˈraːdəln] ‹sein› *itr fam* bike, pedal.
Rä·dels·füh·rer(in) [ˈrɛːdəls-] *m (f)* ringleader.
rä·dern [ˈrɛːdɐn] *tr hist* break (up)on the wheel.
Rä·der·werk *n* **1.** *tech* mechanism; **2.** *fig* machinery.
rad|fah·ren *irr itr* **1.** *(Fahrrad fahren)* ride a bike; **2.** *pej fam (kriechen)* suck up; **Rad·fah·rer(in)** *m (f)* **1.** *(Fahrradfahrer)* cyclist; **2.** *pej fam* crawler; **Rad·fahr·weg** *m* cycle track.
Rad·ga·bel *f* fork.
ra·die·ren [raˈdiːrən] *itr* **1.** *(mit Gummi)* erase, rub out; **2.** *(Graphiktechnik)* etch; **Ra·dier·gum·mi** *m Br* rubber, *Am* eraser.
Ra·die·rung *f (Graphik)* etching.
Ra·dies·chen [raˈdiːsçən] ‹-s, -› *n bot* radish.
ra·di·kal [radiˈkaːl] *adj* radical; ► **etw ~ ablehnen** deny s.th. categorically; **Ra·di·ka·le(r)** *f (m)* radical; **ra·di·ka·li·sie·ren I** *tr* radicalize; **II** *refl* become radical; **Ra·di·ka·lis·mus** *m* radicalism; **Ra·di·kal·kur** [--ˈ--] *f* drastic remedy; ► **e-e ~ machen** effect a radical cure.
Ra·dio [ˈraːdio] ‹-s, -s› *n* radio; ► **das kam gestern im ~** that was on the radio yesterday; ~ **hören** listen to the radio; **etw im ~ hören** hear s.th. on the radio.
ra·dio·ak·tiv [ˈ---ˈ-] *adj* radioactive; ► **~er Niederschlag** fall-out; **Endlagerung von ~en Abfallprodukten** final (*od* ultimate) storage of radioactive wastes; **Ra·dio·ak·ti·vi·tät** *f* radioactivity.
Ra·dio·ge·rät *m* radio set; **Ra·dio·re·cor·der** [-reˈkɔrdɐ] ‹-s, -› *m* radio recorder; **Ra·dio·te·le·skop** *n astr* radio telescope.
Ra·di·um [ˈraːdiʊm] ‹-s› *n chem* radium.
Ra·di·us [ˈraːdiʊs] ‹-, -dien› *m* radius.
Rad·kap·pe *f mot* hub cap; **Rad·ka·sten** *m mot* wheel casing; **Rad·la·ger** *n mot* wheel bearing.
Rad·renn·bahn *f* cycling track; **Rad·ren·nen** *n* cycle race; **Rad·renn·fah·rer(in)** *m (f)* racing cyclist; **Rad·sport** *m* cycling.
Rad·stand *m mot* wheelbase.
Rad·tour *f* cycle tour.
Rad·wech·sel *m:* ► **e-n ~ machen** do a wheel change.
RAF *f Abk von* **Rote Armee Fraktion** Red Army Faction; RAF; **RAF-Mit·glied** *n* RAF member.
raf·fen [ˈrafən] *tr* **1.** *(etw auf~)* snatch up; **2.** *(anhäufen)* heap; **3.** *(verstehen) sl* cotton on (*etw* to s.th.).
Raff·gier *f* greed; **raff·gie·rig** *adj* grasping.
Raf·fi·ne·rie [rafinəˈriː] *f* refinery.
Raf·fi·nes·se [rafiˈnɛsə] ‹-, -n› *f* artfulness, cunning; ► **mit allen ~n** with all

refinements.

raf·fi·nie·ren *tr* refine; **raf·fi·niert** *adj* **1.** *(Zucker, Öl)* refined; **2.** *fig* cunning; **3.** *fig (ausgesucht)* stylish.

Raff·ke *m fam pej* money-grubber.

Ra·ge ['ra:ʒə] ‹-, -n› *f:* ▶ **in ~ kommen** get furious.

ra·gen ['ra:gən] *itr* loom, tower (*über* over).

Ra·gout [ra'gu:] ‹-s, -s› *n* ragout.

Ra·he ['ra:ə] ‹-, -n› *f mar* yard.

Rahm [ra:m] ‹-(e)s› *m* cream.

Rah·men ['ra:mən] ‹-s, -› *m* **1.** *allg* frame; *(für Dias)* mount; **2.** *fig (Bereich etc)* framework; ▶ **im ~ des Möglichen** within the bounds of possibility; **in großem ~** on a big scale; **aus dem ~ fallen** be out of keeping with the rest; **rah·men** *tr (Bilder)* frame; *(Dias)* mount; **Rah·men·hand·lung** *f* background story; **Rah·men·richt·li·nien** *pl* guidelines.

Rahm·so·ße *f* cream(y) sauce.

Ra·ke·te [ra'ke:tə] ‹-, -n› *f* rocket; *mil* missile; ▶ **e-e ~ abfeuern** launch (*od* shoot) a rocket (*od* missile); **mit ~n beschießen** rocket; **Ra·ke·ten·ab·schuß·ba·sis** *f mil* missile base; *(für Raumfahrt)* rocket launching site; **Ra·ke·ten·ab·wehr·ra·ke·te** *f mil* anti-missile missile; **Ra·ke·ten·ab·wehr·sy·stem** *n* missile defence system; **Ra·ke·ten·an·trieb** *m* rocket propulsion; ▶ **mit ~** rocket-propelled; **ra·ke·ten·be·stückt** *adj mil* missile-equipped.

Ral·lye ['rɛli] ‹-, -s› *f* rally.

RAM ‹-s, -s› *n EDV Abk von* **Random Access Memory** RAM.

Ram·ba·zam·ba ‹-s› *n fam:* ▶ **~ machen** kick up a fuss.

Ram·me ['ramə] ‹-, -n› *f tech* rammer; *(Pfahl~)* pile-driver; **ram·men** *tr* ram.

Ram·pe ['rampə] ‹-, -n› *f* **1.** *(Verlade~)* ramp; **2.** *theat* apron; **3.** *mil (Raketen~)* missile base; **Ram·pen·licht** *n:* ▶ **im ~ stehen** *fig* be in the limelight.

ram·po·nie·ren [rampo'ni:rən] *tr fam* bash, ruin; ▶ **ramponiert aussehen** *(Mensch)* look the worse for wear.

Ramsch [ramʃ] ‹-(e)s› *m* junk, rubbish; **Ramsch·la·den** *m* junk shop.

Rand [rant, *pl* 'rɛnde] ‹-(e)s, ¨-er› *m* **1.** *(~ des Abgrundes, a. fig)* brink; **2.** *(Saum)* border; **3.** *(um runde Gegenstände, Hut, Tasse usw.)* brim, rim; *(Teller~)* edge; **4.** *(von Buch)* margin; ▶ **etw an den ~ schreiben** write s.th. in the margin; **voll bis zum ~** full to the brim; **am ~e des Waldes** at the edge of the forest; **mit etw zu ~e kommen** cope with s.th.; **mit etw nicht zu ~e kommen** not to be able to manage s.th.

Ran·da·le *f fam* riot; ▶ **~ machen** riot, go on a riot; **Rand·be·mer·kung** *f* marginal note; **Rand·ge·biet** *n* **1.** *geog* fringe; **2.** *fig* subsidiary; **Rand·grup·pe** *f* fringe group; **rand·los** *adj (Brille)* rimless; **Rand·strei·fen** *m (an Straße)* shoulder, verge; **Rand·zo·ne** *f* marginal zone.

Rang [raŋ, *pl* 'rɛŋə] ‹-(e)s, ¨-e› *m* **1.** *(Rangstufe)* rank; *(Stellung)* position; **2.** *theat* circle; ▶ **von hohem ~** of high standing; **Rang·ab·zei·chen** *n* badge of rank, insignia.

Ran·ge·lei *f* **1.** *sport etc* scrapping; **2.** *fig* wrangling.

ran·geln *itr fig* wrangle (*um* for).

Ran·gier·bahn·hof *m Br* marshalling yard, *Am* switchyard; **ran·gie·ren** [raŋ'ʒirən] **I** *itr (Stellung einnehmen)* rank; ▶ **sie rangiert an siebter Stelle** she takes seventh place; **II** *tr rail Br* shunt, *Am* switch; **Ran·gier·gleis** *n Br* siding, *Am* sidetrack.

Rang·li·ste *f sport* table; **Rang·ord·nung** *f (Hierarchie)* hierarchy.

Ran·ke ['raŋkə] ‹-, -n› *f* **1.** *bot (Halte~)* tendril; *(Rebe)* (vine-)shoot; **2.** *(Trieb)* branch.

Rän·ke *f pl:* ▶ **~ schmieden** intrigue.

ran·ken *refl* **1.** *(Pflanze)* entwine itself (*um* around); **2.** *fig (sich um etw spinnen)* have grown up around s.th.

Ran·k(en)·ge·wächs *n* climber.

Rän·ke·schmied(in) *m (f)* intriguer.

ran|kom·men *irr itr fam:* ▶ **an jdn ~** get at s.o.; **an den kommst du nicht ran!** you won't get anywhere with him! **niemanden an sich ~ lassen** keep to o.s.

ran|ma·chen *tr fam:* ▶ **der macht sich an jede ran** he makes up to everyone.

Ran·zen ['rantsən] ‹-s, -› *m (Schulmappe)* satchel.

ran·zig ['rantsıç] *adj* rancid.

Rap·pe ['rapə] ‹-n, -n› *m* black horse.

Rap·pel ['rapəl] ‹-s, -› *m fam:* ▶ **den ~ kriegen** get one of one's crazes; **rap·peln** *itr* rattle; ▶ **bei dir rappelt's wohl?** *fig fam* are you crazy?

Raps [raps] ‹-es, (-e)› *m bot* rape.

rar [ra:ɐ] *adj* **1.** *(selten)* rare, scarce; **2.** *(vorzüglich)* exquisite; ▶ **sich ~ machen** make o.s. scarce.

Ra·ri·tät *f* **1.** *(Seltenheit)* rarity; **2.** *(Sammlerstück)* collector's item.

ra·sant [ra'zant] *adj* **1.** *(sehr schnell)* fast; **2.** *fig* meteoric; **3.** *fig (attraktiv)* vivacious; ▶ **die ~e Entwicklung des Computers** the rapid development of the computer.

rasch [raʃ] *adj* speedy, swift; ▶ **mach mal 'n bißchen ~!** get a move on!

ra·scheln ['raʃəln] *itr* rustle; ▶ **mit etw ~** rustle s.th.

Ra·sen ['ra:zən] ‹-s, -› *m* **1.** *(Grasfläche)* grass, lawn; **2.** *sport (Feld)* field.

ra·sen ['ra:zən] *itr* **1.** ‹sein› *(sich schnell dahinbewegen)* race, tear; **2.** ‹h› *(toben)* rave; ► ~ **gegen ...** crash into ...; **mußt du so ~?** do you have to go so fast?

Ra·sen·ban·kett *n (an Straße)* grass verge.

ra·send I *adj* **1.** *(sehr schnell)* tearing; **2.** *(sehr wütend)* furious, raging; ► **du machst mich noch ~!** you'll be driving me crazy! **ich habe ~e Kopfschmerzen** I've got a splitting headache; *sing;* **II** *adv* like mad.

Ra·sen·mä·her *m* lawn-mower; **Ra·sen·spren·ger** *m* (lawn)sprinkler.

Ra·ser(in) *m (f) fam mot* speeder; **Ra·se·rei** *f* **1.** *(das Schnellfahren)* speeding; **2.** *(irres Wüten)* frenzy, fury.

Ra·sier·ap·pa·rat *m* razor; **Ra·sier·creme** *f* shaving cream.

ra·sie·ren [ra'zi:rən] *tr* shave; ► **sich ~ (lassen)** have a shave; **ich rasiere mich naß** I have a wet shave.

Ra·sier·klin·ge *f* razorblade; **Ra·sier·mes·ser** *n* razor; **Ra·sier·pin·sel** *m* shaving brush; **Ra·sier·schaum** *m* shaving lather, shaving foam; **Ra·sier·sei·fe** *f* shaving soap; **Ra·sier·was·ser** *n* after-shave; **Ra·sier·zeug** *n* shaving-things *pl.*

Ras·pel ['raspəl] ⟨-, -n⟩ *f (Gemüse~)* grater; **ras·peln** *tr* rasp.

Ras·se ['rasə] ⟨-, -n⟩ *f* **1.** *(Menschen~)* race; **2.** *(von Tieren)* breed; ► **sie hat ~** she's a hot-blooded girl.

Ras·sel ['rasəl] ⟨-, -n⟩ *f* rattle; **ras·seln** *itr* rattle; ► **durch e-e Prüfung ~** *fig fam* flunk an exam.

Ras·sen·dis·kri·mi·nie·rung *f* racial discrimination; **Ras·sen·kra·wall** *m* racial riot; **Ras·sen·tren·nung** *f* racial segregation; **Ras·sen·un·ru·hen** *pl* racial disturbances.

ras·sig *adj* **1.** *(heißblütig)* hot-blooded; **2.** *(schnittig)* sleek.

ras·sisch *adj* racial.

Ras·sis·mus *m* racialism, racism; **Ras·sist(in)** *m (f)* racialist, racist; **ras·si·stisch** *adj* racist.

Rast [rast] ⟨-, -en⟩ *f* rest; *(gehoben)* repose; *mil* halt; ► **~ machen** stop; **mach mal ~!** take a rest! **ohne ~** without respite; **ra·sten** *itr* rest.

Ra·ster *n* **1.** *TV* raster; **2.** *typ* raster screen.

Ra·ster·fahn·dung *f* screen search, computer search.

Rast·hof *m (an Autobahn)* service area; **rast·los** *adj* **1.** *(unermüdlich)* untiring; **2.** *(innerlich unruhig)* restless; **Rast·lo·sig·keit** *f (Ruhelosigkeit)* restlessness.

Rast·platz *m* parking place, picnic area.

Rast·stüt·ze *f (beim Motorrad)* prop stand.

Ra·sur [ra'zu:ɐ] ⟨-, -en⟩ *f* shave.

Rat [ra:t, *pl* 'rɛ:tə] ⟨-(e)s, ⸚e⟩ *m* **1.** *nur sing (Ratschlag)* advice; **2.** *(Versammlung)* council; ► **jdm e-n ~ geben** give s.o. a piece of advice; **jdn um ~ fragen** ask someone's advice; **jdn** (*od* **etw**) **zu ~e ziehen** consult s.o. (*od* s.th.); **er ist ~** *(Regierungs~ etc)* he is a senior official; *(Stadt~)* he is a councillor.

Ra·te ⟨-, -n⟩ *f Br* instalment, *Am* installment; ► **auf ~n kaufen** buy on the instalment plan; **in ~n zahlen** pay in instalments.

ra·ten *irr itr* **1.** *(e-n Rat geben)* advise, give advice; **2.** *(erraten)* guess; ► **ich würde nicht dazu ~** I wouldn't advise it; **wozu würden Sie mir ~?** what would you advise me to do? **ich werde tun, was Sie mir ~** I shall do as you advise; **zur Vorsicht ~** advise caution; **ich habe nur geraten** it was just a guess; **dreimal darfst du ~** I'll give you three guesses; **ich kann auch nur ~!** your guess is as good as mine!

Ra·ten·zah·lung *f* **1.** *(Zahlung e-r Rate)* payment of an instalment; **2.** *(Zahlung in Raten)* payment by instalments.

Rat·ge·ber(in) *m (f)* **1.** *nur m (Nachschlagewerk)* reference work; **2.** *(Berater(in))* adviser; **Rat·haus** *n* town hall; *(von größerer Stadt)* city hall.

ra·ti·fi·zie·ren [ratifi'tsi:rən] *tr* ratify.

Ra·ti·on [ra'tsjo:n] *f* ration; ► **eiserne ~** iron rations *pl.*

ra·tio·nal *adj* rational.

ra·tio·na·li·sie·ren *itr* rationalize; **Ra·tio·na·li·sie·rung** *f* rationalization. **Ra·tio·na·li·sie·rungs·maß·nah·men** *pl* rationalization measures.

Ra·tio·na·lis·mus *m philos* rationalism.

ra·tio·nell *adj (wirksam)* efficient.

ra·tio·nie·ren *tr* ration; **Ra·tio·nie·rung** *f* rationing.

rat·los I *adj* helpless; **II** *adv* at a loss; ► **wir stehen diesem Problem ~ gegenüber** we are at a loss with this problem; **Rat·lo·sig·keit** *f* helplessness; ► **in ihrer ~ ...** not knowing what to do ...

Rä·to·ro·ma·nisch(e) *n* Rhaeto-Romanic.

rat·sam *adj* **1.** *(rätlich)* advisable; **2.** *(förderlich)* expedient; ► **etw für ~ halten** believe s.th. advisable.

Rat·schlag *m* piece of advice.

Rät·sel ['rɛ:tsəl] ⟨-s, -⟩ *n* **1.** *(~ zur Lösung)* riddle; **2.** *(Kreuzwort~)* puzzle; **3.** *fig (Geheimnis)* mystery, riddle; ► **das ist mir ein ~** it baffles me; **sie ist mir ein ~** she is a mystery to me; **des ~s Lösung** the solution (*od* answer) of the riddle; **rät·sel·haft** *adj* mysterious; *(undurchschaubar)* enigmatic.

Rats·herr *m Br* councillor, *Am* councilman; **Rats·sit·zung** *f* council meeting; **Rats·ver·samm·lung** *f* **1.** *(s.* Ratssitzung); **2.** *(der versammelte Rat)* council board.

Rat·tan ['ratan] ‹-s› *n* rattan.

Rat·te ['ratə] ‹-, -n› *f* rat; ► **du dreckige ~!** *vulg* you dirty rat! **Rat·ten·fal·le** *f* rat trap; **Rat·ten·gift** *n* rat poison.

rat·tern ['ratɐn] *itr* clatter, rattle.

rat·ze·kahl ['ratsə'ka:l] *adj fam* totally.

Raub [raʊp] ‹-(e)s› *m* **1.** *(Räuberei)* robbery; **2.** *(Geraubtes)* booty; ► **ein ~ der Flammen werden** fall victim to the flames; **Raub·bau** *m* overexploitation; ► **mit etw ~ treiben** overexploit s.th.; **mit s-r Gesundheit ~ treiben** ruin one's health; **Raub·druck** *m* pirate edition.

rau·ben I *tr* **1.** rob (*jdm etw* s.o. of s.th.); **2.** *(Person entführen)* abduct, kidnap; ► **jdm die Unschuld ~** *fig* take someone's virginity; **II** *itr* plunder, rob.

Räu·ber(in) ['rɔɪbɐ] ‹-s, -› *m (f)* robber; **Räu·ber·ban·de** *f* **1.** *(Bande von Räubern)* band of robbers; **2.** *(Diebsgesindel)* thieving riffraff.

räu·be·risch *adj* rapacious; ► **~e Erpressung** *jur* armed robbery.

Raub·kat·ze *f* big cat; **Raub·ko·pie** *f* bootleg; **Raub·mord** *m* robbery with murder; **Raub·mör·der(in)** *m (f)* robber and murderer; **Raub·pres·sung** *f* pirate(d) copy; **Raub·rit·ter** *m* robberbaron; **Raub·tier** *n* beast of prey; **Raub·über·fall** *m Br* robbery, *Am* holdup; ► **e-n ~ auf jdn begehen** hold s.o. up; **Raub·vo·gel** *m* bird of prey.

Rauch [raʊx] ‹-(e)s› *m* smoke; **Rauch·be·kämp·fung** *f* smoke control; **Rauch·be·lä·sti·gung** *f* smoke nuisance.

Rau·chen *n* smoking; ► **~ verboten!** no smoking!

rau·chen¹ *tr itr (Tabak~)* smoke; ► **hast du was zu ~?** have you got a smoke? **dieser Tabak raucht sich gut!** it's a nice smoke, this tobacco! **e-e ~** have a smoke; **ich muß unbedingt e-e ~!** I'm dying for a smoke!

rau·chen² *itr (dampfen)* give off smoke, smoke; ► **~der Schlot** smoky chimney.

Rauch·ent·wick·lung *f* formation of smoke.

Räu·cher·aal *m* smoked eel.

Rau·cher(in) *m (f)* smoker; **Rau·cher(·ab·teil)** *n rail* smoker, smoking compartment; **Rau·cher·bein** *n hardening of the arteries (caused by smoking);* **Rau·cher·hu·sten** *m* smoker's cough.

Räu·cher·lachs *m* smoked salmon; **räu·chern** ['rɔɪçɐn] **I** *tr (Fleisch)* smoke; **II** *itr (mit Räucherstäbchen etc)* burn incense; **Räu·cher·speck** *m* smoked bacon; **Räu·cher·stäb·chen** *n* joss stick.

Rauch·fah·ne *f* smoke trail; ► **das Flugzeug zieht e-e ~ hinter sich her** the plane is leaving a smoke trail behind it; **Rauch·fleisch** *n* smoked meat; **Rauch·ga·se** *pl* flue gases; **Rauch·gas·ent·schwe·fe·lung** *f* flue gas desulphurization; **Rauch·glocke (k·k)** *f* pall of smoke.

rau·chig *adj* smoky.

rauch·los *adj* smokeless; **Rauch·säu·le** *f* column of smoke; **Rauch·schwa·den** *pl* drifts of smoke; **Rauch·ver·bot** *n* smoking ban; ► **hier herrscht ~** there's no smoking here; **Rauch·ver·gif·tung** *f* fume poisoning; ► **e-e ~ erleiden** be overcome by fumes; **Rauch·wa·ren¹** *pl (Tabakwaren)* tobacco *sing.*

Rauch·wa·ren² *pl (Pelzwaren)* furs.

Rauch·wol·ke *f* smoke cloud.

Räu·de ['rɔɪdə] ‹-, -n› *f* mange; **räu·dig** *adj* mangy.

rau·fen ['raʊfən] *refl:* ► **sich mit jdm ~** have a scrap with s.o.; **sich die Haare ~** *a. fig* tear one's hair; **Rau·fe·rei** *f* scrap; ► **in e-e ~ mit jdm geraten** get into a scrap with s.o.

rauh [raʊ] *adj* **1.** *(uneben)* rough; **2.** *fig (Hals)* sore; *(Haut)* raw; **3.** *fig (Stimme)* hoarse; **4.** *fig (Sitten)* rude; **5.** *(Klima, Wetter)* harsh, raw; ► **in ~en Mengen** lots and lots of ...; **die ~e Wirklichkeit** the hard facts *pl;* **Rau·heit** *f* **1.** *(Unebenheit)* roughness; **2.** *fig (von Stimme)* hoarseness; **3.** *fig (Sitten)* coarseness, rudeness.

Rauh·fa·ser·ta·pe·te *f* woodchip paper.

Rauh·reif *m* hoarfrost, white frost.

Raum [raʊm, *pl* 'rɔɪmə] ‹-(e)s, ⁻e› *m* **1.** *astr* space; **2.** *(Zimmer)* room; **3.** *(Gebiet)* area; **4.** *fig (Spiel~)* scope; ► **~ schaffen** make some space; **der ~ Frankfurt** the Frankfurt area.

Raum·auf·tei·lung *f* floor plan.

räu·men ['rɔɪmən] **I** *itr (umräumen)* rearrange things; **II** *tr* **1.** *(beiseiteräumen)* clear away; **2.** *(evakuieren)* clear, evacuate; **3.** *(Zimmer, Wohnung)* vacate; ► **das Feld ~** *fig* quit the field; **jdn aus dem Weg ~** get rid of s.o.

Raum·fäh·re *f (Welt~)* space shuttle; **Raum·fah·rer(in)** *m (f)* spaceman (spacewoman); **Raum·fahrt** *f* space-travel; ► **bemannte ~** manned space travel; **Raum·fahrt·be·hör·de** *f* space authority; **Raum·fahrt·zen·trum** *n Br* space centre, *Am* space center; **Raum·fahr·zeug** *n* spacecraft.

Räum·fahr·zeug *n (für Schnee)* snow-clearer.

Raum·flug *m* space flight.

Raum·in·halt *m* volume.

Raum·kap·sel *f* space capsule; **Raum·la·bor** *n* space lab.

räum·lich ['rɔɪmlɪç] *adj:* ► **~ beengt wohnen** live in cramped conditions;

Räum·lich·keit *f* **1.** *(Zimmer)* room; **2.** *pl* ~**en** premises.

Raum·man·gel *m* lack of room (*od* space); **Raum·me·ter** *f (Holz)* cubic metre; **Raum·ord·nung** *f* environmental planning.

Raum·schiff *n* space ship; **Raum·station** *f* space station.

Raum·tei·ler *m (Möbel)* partition.

Räu·mung ['rɔɪmʊŋ] *f* **1.** *com* clearance; **2.** *(e-r Wohnung)* vacation; **3.** *(Evakuierung)* evacuation; **Räu·mungs·kla·ge** *f* action for eviction; **Räu·mungs·verkauf** *m* clearance sale.

rau·nen ['raʊnən] *itr tr* whisper; ▶ **man raunt, daß ...** it's being whispered that ...

Rau·pe ['raʊpə] ⟨-, -n⟩ *f zoo a. tech* caterpillar; **Rau·pen·fahr·zeug** *n* caterpillar vehicle.

raus|be·kom·men *irr* **I** *tr (zurückerhalten):* ▶ **e-n Moment, Sie bekommen noch was raus!** just a moment, you have some change coming! **II** *itr (herausfinden):* **haben Sie rausbekommen, wer es war?** have you found out who did it?

Rausch [raʊʃ, *pl* 'rɔɪʃə] ⟨-(e)s, ⸚e⟩ *m* **1.** *(Trunkenheit)* intoxication; **2.** *fig (Ekstase)* ecstasy; ▶ **er hat e-n ~** he is drunk; **s-n ~ ausschlafen** sleep it off; **die Fans steigerten sich in e-n (wahren) ~ hinein** the fans worked themselves into a frenzy.

rau·schen ['raʊʃən] *itr* **1.** *(Wasser, Gewässer)* roar; **2.** *(Wind)* murmur; **3.** *(Stoff)* rustle; ▶ **~der Beifall** resounding applause.

rausch·frei *adj radio* low-noise.

Rausch·gift *n* drugs *pl;* ▶ **~ nehmen** take drugs; **Rausch·gift·han·del** *m* drug trafficking; **Rausch·gift·händ·ler(in)** *m (f)* drug trafficker; **Rausch·gift·sucht** *f* drug addiction; **rausch·gift·süch·tig** *adj:* ▶ **~ sein** be a drug addict; **Rausch·gift·süch·ti·ge(r)** *f (m)* drug addict.

raus|ekeln *vt fam* freeze out.

raus|flie·gen *irr itr fam* **1.** *(entlassen werden)* get one's marching orders (*od* walking papers); **2.** *(herausgeworfen werden)* be chucked out.

raus|ge·ben *irr tr:* ▶ **Sie haben mir zu wenig rausgegeben!** you've given me too little change! **haben Sie es nicht kleiner? — auf zwanzig Mark kann ich nicht ~** haven't you anything smaller? — I haven't change for twenty marks.

räus·pern ['rɔɪspɐn] *refl* clear one's throat.

raus·schmei·ßen *tr* chuck (*od* kick *od* sling) out; ▶ **das ist rausgeschmissenes Geld!** that's money down the drain! **Raus·schmei·ßer(in)** *m (f) fam* bouncer.

Rau·te ['raʊtə] ⟨-, -n⟩ *f* **1.** *bot* rue; **2.** *math* rhomb; *(in Wappenkunde)* lozenge.

Raz·zia ['ratsia, *pl* 'ratsiən] ⟨-, -ien/(-s)⟩ *f* bust, raid; ▶ **e-e ~ machen in ...** make a raid on ...

Rea·genz·glas *n chem* test-tube; **Rea·genz·pa·pier** *n* test paper.

rea·gie·ren [rea'gi:rən] *itr* react (*auf* to).

Re·ak·tion [reak'tsjo:n] *f* reaction; **Re·ak·tions·fä·hig·keit** *f* reactions *pl.*

Re·ak·tor ⟨-s, -en⟩ *m* reactor; **Re·ak·tor·block** *m* reactor block; **Re·ak·tor·kern** *m* reactor core; **Re·ak·tor·si·cher·heit** *f* safety of the reactor; **Re·ak·tor·un·glück** *n* nuclear disaster.

re·al [re'a:l] *adj* real; **Re·al·ein·kom·men** *n* real income.

rea·li·sie·ren *tr* **1.** *(verwirklichen)* carry out.

rea·li·stisch *adj* realistic.

Rea·li·tät *f* reality; **rea·li·täts·fern** *adj* unrealistic; **Rea·li·täts·ferne** *f* lack of content with reality; **rea·li·täts·nah** *adj* realistic; **Rea·li·täts·nähe** *f* realism.

Re·al·schu·le *f Br* secondary modern school.

Re·be ['re:bə] ⟨-, -n⟩ *f* **1.** *(Rebstock)* vine; **2.** *(Weinranke)* shoot.

re·bel·lie·ren *itr* rebel, revolt; **Re·bell(in)** [re'bɛl] *m (f)* rebel; **Re·bel·lion** ⟨-,-en⟩ *f* rebellion; **re·bel·lisch** *adj* rebellious.

Reb·huhn ['re:p-] *n* partridge.

Reb·sor·te *f* type of vine; **Reb·stock** *m* vine.

Re·chaud [rɛ'ʃo:] ⟨-(s), -s⟩ *m (Spiritusbrenner)* spirit burner.

Re·chen ['rɛçən] ⟨-s, -⟩ *m* rake; **re·chen** *tr* rake.

Re·chen·art *f* type of calculation; **Re·chen·auf·ga·be** *f* (arithmetical) problem, sum; **Re·chen·buch** *n* arithmetic book; **Re·chen·feh·ler** *m* arithmetical error, miscalculation; **Re·chen·funk·tion** *f EDV* computational function; **Re·chen·ma·schi·ne** *f* adding machine.

Re·chen·schaft *f:* ▶ **jdn zur ~ ziehen** call s.o. to account; **über etw ~ ablegen müssen** be held to account for s.th.; **dafür bin ich dir keine ~ schuldig** I don't have to account to you for that; **Re·chen·schafts·be·richt** *m* report.

Re·chen·schie·ber *m* slide-rule; **Re·chen·zen·trum** *n EDV* computer centre.

Re·cher·che [re'ʃɛrʃə] ⟨-, -n⟩ *f* investigation; ▶ **~n anstellen über ...** make enquiries about ...; **re·cher·chie·ren** *tr itr* investigate.

Rech·nen *n* arithmetic, sums *pl.*

rech·nen ['rɛçnən] **I** *tr* **1.** *math* calculate, work out; **2.** *(einrechnen)* estimate, reckon; ▶ **die Kinder nicht gerechnet** not counting the children; **ich hatte mit e-r Woche gerechnet** I was reckoning on one week; **II** *itr* **1.** *math* do sums; **2.** *fig (gelten)* count (*als* as); **3.** *(haushalten)* economize; ▶ **ich hatte damit gerechnet, diese Woche fertigzuwerden** I had calculated on finishing by this week; **von heute an gerechnet** counting from today; **er rechnet zu den Reichen** he is reckoned a rich man; **damit hatte ich nicht gerechnet** I wasn't expecting that.

rech·ner·ge·steu·ert *adj EDV* computer-controlled; **rech·ner·ge·stützt** *adj EDV* computer-aided.

rech·ne·risch *adj* arithmetic; ▶ **~er Wert** book value; **rein ~** as far as the figures go.

Rech·ner·ver·bund *m EDV* computer network.

Rech·nung *f* **1.** *(Abrechnung) Br* bill, *Am* check; *com* invoice; **2.** *fig (Schätzung)* calculation; ▶ **das geht auf meine ~** *(zum Ober)* I'm paying; *(zum Bewirteten)* this one's on me; **auf ~ kaufen** by on account; **nach deiner ~ müßte er Sonntag ankommen** by your calculations he will arrive on Sunday.

Rech·nungs·jahr *n com* financial year; **Rech·nungs·prü·fer(in)** *m (f)* auditor.

Recht [rɛçt] ‹-(e)s, -e› *n* **1.** *(Anspruch)* right (*auf* to); **2.** *(Gesetz)* law; ▶ **im ~ sein** be in the right; **ein ~ auf etw haben** have a right to s.th.; **das ~ haben, etw zu tun** have the right to do s.th.; **mit welchem ~ sagen Sie das?** what right have you to say that? **mit welchem ~?** by what right? **das ist mein gutes ~** I'm within my rights *pl;* **von ~s wegen** by rights *pl;* **die ~e für etw haben** *com* have the rights for s.th.; **nach französischem ~** in (*od* under) French law; **~ und Ordnung** law and order.

recht I *adj* **1.** *(Richtung)* right; **2.** *(richtig)* right; ▶ **du bist auf dem ~en Weg** *fig* you're on the right track; **zur ~en Zeit** at the right time; **~er Hand sehen Sie die Brücke** on your right hand you see the bridge; **es ist nur ~ und billig ...** it's only right ...; **die ~e Hand des Direktors** the director's right-hand man; **II** *adv* **1.** *(richtig)* properly; **2.** *(ganz, ziemlich)* quite; **3.** *(sehr)* very; ▶ **es war ~ nett, aber ...** it was quite nice but ...; **Sie haben ganz ~** you're quite right; **wenn ich mich ~ erinnere ...** if I remember correctly ...; **jetzt erst ~** now more than ever; **wenn ich Sie ~ verstehe ...** if I get you right ...; **geschieht dir ~!** serves you right! **ich weiß nicht ~** I don't really know.

Rech·te ['rɛçtə] ‹-n, -n› *f* **1.** *(Hand)* right hand; *(beim Boxen)* right; **2.** *parl* the right.

Recht·eck *n* rectangle; **recht·eckig (k·k)** *adj* rectangular.

recht·fer·ti·gen ['----] **I** *tr* justify; ▶ **das ist durch nichts zu ~** that can in no way be justified; **II** *refl* justify o.s.; **Recht·fer·ti·gung** *f* justification; ▶ **zur ~ s-r Handlungsweise** as a justification for his action; **ihre einzige ~ war ...** her only defence was ...

recht·gläu·big *adj* orthodox; **recht·ha·be·risch** *adj* know-all; **recht·lich** *adj* legal; ▶ **jdn ~ belangen** take s.o. to court; **rein ~** from a legal point of view; **recht·los** *adj* without rights; **Recht·lo·sig·keit** *f* **1.** *(Gesetzlosigkeit)* lawlessness; **2.** *(von Personen)* lack of rights; **recht·mä·ßig** *adj* lawful, legitimate; ▶ **das steht mir ~ zu** I'm legally entitled to it; **der ~e Besitzer** the rightful owner; **Recht·mä·ßig·keit** *f* **1.** legality; **2.** *(Legitimität)* legitimacy.

rechts [rɛçts] *adv* on the right; ▶ **nach ~** to the right; **~ eingestellt sein** *pol* be a rightist; **~ überholen** overtake on the right; **zweite Straße ~** second turn to your right; **~ von ...** to the right of ...; **sich ~ halten** keep right.

Rechts·ab·bie·ger *m:* ▶ **~ sein** be on the right-hand turn-off lane; **Rechts·ab·bie·ger·spur** *f mot* right-hand turn-off lane.

Rechts·an·spruch *m* legal right; ▶ **e-n ~ auf etw haben** be legally entitled to s.th.; **Rechts·an·walt (-an·wäl·tin)** *m (f) Br* lawyer, *Am* attorney; ▶ **sich e-n ~ nehmen** get a lawyer (attorney); **Rechts·aus·kunft** *f* legal advice.

Rechts·au·ßen [rɛçts'aʊsən] ‹-(s), -› *m sport* outside-right.

Rechts·bruch *m* infringement of the law.

rechts·bün·dig *adj type* ranged right.

recht·schaf·fen *adj* honest, upright; **Recht·schaf·fen·heit** *f* honesty, uprightness.

Recht·schreib·feh·ler *m* spelling mistake; **Recht·schreib·re·form** *f* spelling reform; **Recht·schrei·bung** *f* spelling.

Rechts·emp·fin·den *n* sense of justice.

Rechts·ex·tre·mis·mus *m pol* right-wing extremism; **Rechts·ex·tre·mist(in)** *pol m (f)* right-wing extremist; **rechts·ge·rich·tet** *adj pol* orientated towards the right.

Rechts·ge·win·de *n tech* right-handed thread.

Rechts·grund·lage *f* legal basis.

rechts·gül·tig *adj* legal; **Rechts·gut·ach·ten** *n* legal report.

Rechts·hän·der ‹-s, -› *m (beim Boxen)* right-hander.

Rechts·kraft ‹-› *f* legal validity; ▶ ~ **erlangen** become law; **rechts·kräf·tig** *adj* **1.** *(Urteil)* final; **2.** *(Abmachung etc)* legally valid.

Rechts·kur·ve *f* right-hand bend.

Rechts·la·ge *f* legal situation; **Rechts·mit·tel** *n* means of legal redress; ▶ **ein ~ einlegen bei ...** lodge an appeal at ...; **Rechts·nach·fol·ger(in)** *m (f)* legal successor; **Rechts·norm** *f* legal standard.

Recht·spre·chung *f* **1.** *(Durchführung)* administration of justice; **2.** *(Gerichtsbarkeit)* jurisdiction; **3.** *(bisherige ~)* precedents *pl.*

rechts·ra·di·kal *adj* radical right-wing.

Rechts·schutz *m* legal protection; **Rechts·schutz·ver·si·che·rung** *f* legal costs insurance; **Rechts·staat** *m* constitutional state; **rechts·staat·lich** *adj* constitutional.

Rechts·steue·rung *f mot* right-hand drive.

Rechts·streit *m* lawsuit; **Rechts·ver·dre·her** *m pej* shyster.

Rechts·ver·kehr *m mot* driving on the right; **Rechts·weg** *m:* ▶ **den ~ beschreiten** take legal action; **rechts·wid·rig** *adj* illegal; **Rechts·wis·sen·schaft** *f* jurisprudence.

recht·wink·lig *adj* right-angled.

recht·zei·tig I *adj* **1.** *(günstig)* timely; **II** *adv* **1.** *(früh genug)* in due (*od* good) time; **2.** *(pünktlich)* punctually.

Reck [rɛk] ‹-(e)s, -e› *n sport* horizontal bar.

recken (k·k) I *tr* stretch; ▶ **die Glieder ~** stretch one's limbs; **den Hals ~** crane one's neck (*nach* at); **II** *refl* stretch o.s.; ▶ **sich ~ und strecken** have a good stretch.

re·cy·celn [ri'saikln] *tr* recycle; **Re·cy·cling** ‹-s› *n* recycling; **Re·cy·cling·pa·pier** *n* recycled paper.

Re·dak·teur(in) [redak'tø:ɐ] ‹-s, -e› *m (f)* editor; **Re·dak·tion** *f* **1.** *(die Redakteure)* editorial staff; **2.** *(Büro)* editorial office; **3.** *(Schriftleitung)* editing; **re·dak·tio·nell** *adj* editorial.

Re·de ['re:də] ‹-, -n› *f* **1.** *(Vortrag)* speech; *(Ansprache)* address; **2.** *(Gespräch)* talk; ▶ **e-e ~ halten** make a speech; **der führt bloß große ~n** he's all talk *sing;* **ihre ~ über ...** her talk on ...; **es ist die ~ davon, daß er zurücktreten will** there is some question of him resigning; **davon kann keine ~ sein** that's out of the question; **nicht der ~ wert!** don't mention it! **jdn zur ~ stellen** take s.o. to task; **wovon ist die ~?** what are you talking about? **vergiß deine ~ nicht!** don't forget what you were going to say! **Re·de·frei·heit** *f* freedom of speech; **re·de·ge·wandt** *adj* eloquent.

re·den *itr tr* speak, talk (*mit jdm* with *od* to s.o., *über* about); ▶ **mit dir rede ich nicht (mehr)** I'm not speaking to you; **ich werde ein Wörtchen mit ihm ~** I'll speak to him about it; **antworte, wenn man mit dir redet!** speak when you're spoken to! **lauter ~** speak up; **rede keinen Stuß!** *fam* don't talk silly! **du hast gut ~!** it's easy for you to talk! **wie redest du denn mit mir!** don't talk to me like that! **du kannst gerade ~!** you should talk! **wir wollen jetzt mal in Ruhe darüber ~** let's talk it over quietly; **komm, red' nicht!** *fam* come off it! **~ wir nicht mehr davon!** let's drop it! **darüber läßt sich ~** that's a possibility; **er läßt nicht mit sich ~** he's adamant.

Re·dens·art *f:* ▶ **bloße ~en** empty talk *sing;* **das ist nur so e-e ~** it's just a way of speaking.

Re·de·wen·dung *f* idiomatic expression.

re·di·gie·ren [redi'gi:rən] *tr* edit.

red·lich ['re:tlɪç] *adj* honest; ▶ **das hat er sich ~ verdient** he has really earned it.

Red·ner(in) ['re:dnɐ] ‹-s, -› *m (f)* speaker; **Red·ner·büh·ne** *f* platform.

red·se·lig *adj* talkative; **Red·se·lig·keit** *f* talkativeness.

re·du·zie·ren [redu'tsi:rən] *tr* reduce (*auf* to).

Ree·de ['re:də] ‹-, -n› *f mar* roadstead; ▶ **auf ~ liegen** be lying in the roads *pl;* **Ree·der(in)** *m (f)* shipowner; **Ree·de·rei** *f* shipping company.

re·ell [re'ɛl] *adj* **1.** *com (solide)* solid; **2.** *(anständig)* honest; ▶ **~e Preise** realistic prices.

Reet ['re:t] ‹-(e)s› reed; **Reet·dach** *n* thatched roof; **reet·ge·deckt** *adj* thatched.

Re·fe·rat [refə'ra:t] ‹-(e)s, -e› *n* **1.** *päd (schriftliches Seminar~)* seminar paper; *päd (Bericht in Schule)* project; **2.** *(Abteilung)* department; **3.** *(Ressort)* department, section; ▶ **ein ~ halten** present a paper (*od* project).

Re·fe·ren·dar(in) [referɛn'da:ɐ] ‹-s, -e› *m (f)* **1.** *jur* articled clerk; **2.** *päd* student teacher; **3.** *(Anwärter(in) für höheren Dienst)* trainee.

Re·fe·rent(in) *m (f)* **1.** *(Berichterstatter(in))* speaker; **2.** *(Fach~)* consultant.

Re·fe·renz *f* reference; ▶ **jdn als ~ angeben** give s.o. as a reference.

re·fe·rie·ren *tr itr* give a talk (*über* on).

re·flek·tie·ren [reflɛk'ti:rən] **I** *tr opt* reflect; **II** *itr* reflect (*über* upon s.th.); ▶ **auf etw ~** *fig* have one's eye on s.th.; **~des Kennzeichen** *mot* reflectorized sign.

Re·flex [re'flɛks] ‹-es, -e› *m* **1.** *(Nerven~)* reflex; **2.** *phys* reflection.

Re·fle·xion *f phys (a. Überlegung)* reflection; **Re·flex·be·we·gung** *f* reflex action.

re·fle·xiv [reflɛˈksiːf] *adj gram* reflexive; **Re·fle·xiv·pro·no·men** *n* reflexive pronoun.

Re·form [reˈfɔrm] ⟨-, -en⟩ *f* reform.

Re·for·ma·tion *f* reformation.

re·form·be·dürf·tig *adj* in need of reform; **re·form·freu·dig** *adj* avid for reform.

Re·form·haus *n* health foods shop.

re·for·mie·ren *tr* reform.

Re·form·kost *f* health food.

Re·gal [reˈgaːl] ⟨-s, -e⟩ *n (Bücher ~)* shelves *pl.*

Re·gat·ta [reˈgata] ⟨-, -tten⟩ *f sport* regatta; **Re·gat·ta·strecke (k·k)** *f* regatta course.

re·ge [ˈreːgə] *adj* **1.** *(betriebsam)* active; **2.** *(flink)* agile; ▶ **~ Beteiligung** lively participation; **~r Besuch** high attendance.

Re·gel [ˈreːgəl] ⟨-, -n⟩ *f* **1.** *(Vorschrift)* rule; **2.** *(Menstruation)* period; ▶ **in der ~** as a rule; **sich etw zur ~ machen** make a habit of s.th.; **Re·gel·ar·beits·zeit** *f* core working hours *pl;* **re·gel·bar** *adj* **1.** *tech (einstellbar)* adjustable; **2.** *fig (klärbar)* easily arranged; **re·gel·los** *adj* **1.** *(unregelmäßig)* irregular; **2.** *(unordentlich)* disorderly; **re·gel·mä·ßig** *adj* regular; ▶ **fährt der Bus ~?** is the bus regular? **~ spazierengehen** take regular walks; **Re·gel·mä·ßig·keit** *f* regularity; ▶ **in schöner ~** persistently.

re·geln *tr* **1.** *(einstellen)* regulate; **2.** *fig (in Ordnung bringen)* settle; ▶ **es ist noch nichts geregelt** nothing has been arranged yet.

re·gel·recht I *adj* real; **II** *adv* really; ▶ **sie wurde ~ frech** she was getting downright cheeky.

Re·ge·lung *f* **1.** *(Abmachung)* arrangement; **2.** *(Vorschrift)* regulation; **3.** *tech* controls *pl;* ▶ **e-e ~ finden** come to an arrangement; **Re·gel·ven·til** *n* control valve.

Re·gen [ˈreːgən] ⟨-s ⟩ *m* rain; ▶ **es sieht nach ~ aus** it looks like rain; **jdn im ~ stehen lassen** *fig* leave s.o. out in the cold; **im ~** in the rain; **dieser ~!** some rain!

re·gen [ˈreːgən] *tr refl (Person a. fig)* move, stir; ▶ **ich kann mich kaum noch ~** I'm hardly able to move.

Re·gen·bo·gen *m* rainbow.

re·ge·ne·ra·tiv *adj* regenerative.

Re·gen·fäl·le *pl* rains; **Re·gen·ge·biet** *n* rainfall area; **Re·gen·man·tel** *m* raincoat; **Re·gen·rin·ne** *f* **1.** *(an Hausdach)* gutter; **2.** *mot (an Autodach)* roofrail; **Re·gen·schau·er** *m* shower; **Re·gen·schirm** *m* umbrella.

Re·gent(in) [reˈgɛnt] ⟨-en, -en⟩ *m (f) (Herrscher(in))* ruler, sovereign.

Re·gen·trop·fen *m* raindrop.

Re·gent·schaft *f* **1.** *(Statthalterschaft)* regency; **2.** *(Herrschaft)* reign; ▶ **die ~ übernehmen** take over as regent.

Re·gen·was·ser *n* rainwater; **Re·gen·wet·ter** *n* rainy weather; **Re·gen·wol·ke** *f* raincloud; **Re·gen·wurm** *m* earthworm; **Re·gen·zeit** *f* rainy season.

Re·gie [reˈʒiː] ⟨-, -n⟩ *f* **1.** *fig (Verwaltung)* management; **2.** *theat film* direction, production; ▶ **ich mache das in eigener ~** I do it myself; **unter der ~ von ...** directed by ...

re·gie·ren [reˈgiːrən] **I** *itr (Herrscher)* reign; *(beherrschen)* rule; **II** *tr (beherrschen)* govern, rule (over).

Re·gie·rung *f* **1.** *(Kabinett)* government; **2.** *(Herrschaft)* rule; *(von Monarch)* reign; ▶ **an die ~ kommen** come to office; **Re·gie·rungs·an·tritt** *m* taking of office; ▶ **beim ~** when the government took office; **Re·gie·rungs·be·zirk** *m (in Deutschland)* administrative district; *Br* region, *Am* county; **Re·gie·rungs·bil·dung** *f* formation of a government; **Re·gie·rungs·chef(in)** *m (f)* head of the government; **Re·gie·rungs·fä·hig·keit** *f* ability to govern; **Re·gie·rungs·ge·schäfte** *pl* government business *sing;* **Re·gie·rungs·par·tei** *f* ruling party; **Re·gie·rungs·spre·cher(in)** *m (f)* government spokesperson; **Re·gie·rungs·wech·sel** *m* change of government.

Re·gime [reˈʒiːm] ⟨-s, -(s)⟩ *n* regime.

Re·gi·ment [regiˈmɛnt] ⟨-(e)s, -er⟩ *n mil* regiment.

Re·gi·on [reˈgjoːn] *f* region; **re·gio·nal** *adj* regional; ▶ **~ verschieden** varying from region to region; **Re·gio·nal·plan** *m* regional plan.

Re·gis·seur(in) [reʒɪˈsøːɐ] ⟨-s, -e⟩ *m (f)* director.

Re·gi·ster [reˈgɪstɐ] ⟨-s, -⟩ *n* **1.** *(Buchindex)* index; **2.** *allg (Verzeichnis)* register; **3.** *(Orgel~)* stop; ▶ **führen Sie ein ~?** do you keep a register? **alle ~ spielen lassen** *fig* pull out all the stops.

Re·gi·stra·tur [regɪstraˈtuːɐ] *f* **1.** *(Tätigkeit)* registry; **2.** *(~büro)* records; **3.** *(bei Orgel)* stops *pl.*

re·gi·strie·ren *tr* **1.** *(verzeichnen)* register; **2.** *fig (bemerken, sich merken)* note; **Re·gi·strier·kas·se** *f* cash register; **Re·gi·strie·rung** *f* registration.

Reg·ler [ˈreːglɐ] ⟨-s, -⟩ *m* **1.** *el* control; **2.** *mot el* governor.

reg·nen [ˈreːgnən] *itr* rain; ▶ **es regnet in Strömen** it's pouring; **es regnete Proteste** protests were pouring in; **reg·ne·risch** *adj* rainy.

Re·greß [reˈgrɛs] ⟨-sses, -sse⟩ *m* recourse; ▶ **jdn in ~ nehmen** have recourse against s.o.; **re·greß·pflich·tig**

adj liable for compensation.

re·gu·lär [regu'lɛ:ɐ] *adj (normal)* normal.

re·gu·lie·ren *tr* **1.** *tech (einstellen)* adjust; **2.** *(Rechnung, Schaden)* settle. **Re·gu·lie·rung** *f tech* regulation.

Re·gung ['re:gʊŋ] *f (sachte Bewegung)* movement; ▶ **ohne jede ~** without a flicker; **re·gungs·los** *adj* motionless.

Reh [re:] ‹-(e)s, -e› *n* deer.

Re·ha·bi·li·ta·tions·zen·trum *n Br* rehabilitation centre, *Am* rehabilitation center; **re·ha·bi·li·tie·ren** [rehabili'ti:rən] *tr* rehabilitate; **Re·ha·bi·li·tie·rung** *f* rehabilitation.

Reh·bock *m* roebuck; **Reh·bra·ten** *m* roast venison; **Reh·keu·le** *f* haunch of venison; **Reh·rücken (k·k)** *m* saddle of venison.

Rei·bach ['raɪbax] *m sl:* ▶ **e-n ~ machen** make a killing.

Rei·be ['raɪbə] ‹-, -n› *f* grater; **Reib·ei·sen** *n* (*s.* Reibe): ▶ **wie ein ~** *fig* like sandpaper.

rei·ben *irr* **I** *tr* rub; ▶ **an etw ~** rub s.th.; **jdm etw unter die Nase ~** *fig* rub someone's nose in s.th.; **sich die Hände ~** rub one's hands; **II** *refl* rub o.s. *(an* on, against); ▶ **sie ~ sich ständig aneinander** *fig* there's a lot of friction between them.

Rei·be·rei·en *f pl* friction *sing.*

Rei·bung *f phys* friction; **Rei·bungs·flä·che** *f fig:* **das bietet viele ~n** that's a potential cause of friction *sing;* **rei·bungs·los** *adj* **1.** *phys* frictionless; **2.** *fig* trouble-free; ▶ **das verläuft ja ~** that's going off smoothly.

Rei·bungs·ver·lust *m* friction loss; **Rei·bungs·wi·der·stand** *m* frictional resistance.

Reich [raɪç] ‹-(e)s, -e› *n* **1.** *(Kaiser~, a. allg.)* empire; *(König~)* kingdom; **2.** *fig (Bereich)* realm.

reich [raɪç] *adj* **1.** *(Reichtümer habend)* rich, wealthy (*an* in); **2.** *fig (umfassend)* large; ▶ **e-e ~e Auswahl an ...** a wide choice of ...

rei·chen I *tr (geben)* hand; *(herüber~)* pass; **II** *itr* **1.** *(genügen)* be enough, do, suffice; **2.** *(sich erstrecken)* stretch (*bis* to), reach (*bis zu etw* s.th.); ▶ **danke, das reicht!** thanks, that's sufficient! **jetzt reicht's mir aber!** that's the last straw! **diese Packung Kaffee reicht mir e-e Woche** this pack of coffee will last me one week; **soweit das Auge reicht** as far as the eye can see; **reicht die Milch?** is there milk enough? **mir reicht's, ich gehe jetzt nach Hause!** I've had enough, I'm going home!

reich·hal·tig *adj (Essen)* rich.

reich·lich I *adj (umfangreich)* ample; *(reichlich vorhanden)* plentiful; ▶ **~ Zeit haben** have plenty of time; **II** *adv* **1.** *(überreich)* amply; **2.** *fam (ziemlich)* pretty; ▶ **vorhanden sein** be in plentiful supply; **das ist ja ~ wenig!** that's rather little! **~ ausfallen** *(von Kleidung)* be on the big side.

Reich·tum *m* **1.** *(Wohlstand)* wealth, riches *pl;* **2.** *(Überfluß)* abundance (*an* of); ▶ **zu ~ gelangen** become rich.

Reich·wei·te *f* **1.** *radio a. mil* range; **2.** *(nächste Nähe)* reach; ▶ **außer ~ sein** be out of reach; **große ~** long range.

Reif[1] [raɪf] ‹-(e)s› *m (Rauhreif)* hoar (*od* white) frost.

Reif[2] ‹-(e)s, -e› *m* **1.** *(Arm~)* bangle; **2.** *(Faß~)* hoop.

reif *adj* **1.** *(Früchte, Alter)* ripe; **2.** *fig (gereift)* mature; ▶ **wenn die Zeit dafür ~ ist** when the time is ripe; **Rei·fe** ‹-› *f* **1.** *(das Reifsein)* ripeness; **2.** *fig* maturity; ▶ **ihm fehlt die nötige ~** he's somewhat lacking in maturity.

Rei·fen ‹-s, -› *m* **1.** *(Gummi~) Br* tyre, *Am* tire; **2.** *(Arm~)* bangle; **3.** *(Faß~, Spiel~)* hoop.

rei·fen *itr* **1.** ripen; **2.** *fig* mature; ▶ **die Jahre ließen ihn ~** his character matured during the years.

Rei·fen·druck *m mot Br* tyre pressure, *Am* tire pressure; **Rei·fen·pan·ne** *f* flat, puncture.

Rei·fe·prü·fung (*s.* Abitur); **Rei·fe·zeug·nis** *n* **1.** *(in Deutschland)* 'Abitur' certificate; **2.** *Br* A-level certificate, *Am* high-school graduation certificate.

reif·lich *adj* careful, thorough; ▶ **nach ~er Überlegung** after careful consideration; **etw ~ überlegen** consider s.th. carefully.

Rei·gen ['raɪgən] ‹-s, -› *m* round dance.

Rei·he ['raɪə] ‹-, -n› *f* **1.** *(Aufreihung)* line, row; **2.** *theat* tier; **3.** *(Anzahl)* number; *(Serie)* series; ▶ **aus der ~ tanzen** *fig* step out of line; **in e-r Reihe** in a line; **John ist als nächster mit der Beförderung an der ~** John is next in line for promotion; **das erste Taxi in der ~** the taxi at the head of the rank; **stell sie in ~n auf!** arrange them in rows! **in ~ geschaltet** *el* series-wound; **arithmetische ~** arithmetical progression; **du bist an der ~!** it's your turn! **sie kommt immer außer der ~** she always comes just when she pleases.

rei·hen I *tr:* ▶ **auf e-e Schnur ~** string on a thread; **II** *refl fig:* ▶ **sich ~ an etw** follow after s.th.

Rei·hen·fol·ge *f* order; ▶ **sind sie in der richtigen ~?** are they in the right order? **etw in der logisch richtigen ~ tun** do s.th. in logical sequence; **Rei·hen·haus** *n* terraced house; **Rei·hen·haus·sied·lung** *f* estate of terraced houses; **rei·hen·wei·se** *adv* **1.** *(in Reihen)* in rows; **2.** *(in Mengen)* by the dozen; ▶ **in der Innenstadt wurden**

Grundstücke ~ aufgekauft plots of land in the city centre were being bought up by the dozen.

Rei·her ['raɪɐ] ‹-s, -› *m* heron.

rei·hern *itr sl* puke.

reih·um [raɪ'ʊm] *adv:* ▶ **etw ~ gehen lassen** pass s.th. round.

Reim [raɪm] ‹-(e)s, -e› *m* rhyme; ▶ **darauf kann ich mir keinen ~ machen** I can't make head or tail of it; **rei·men I** *tr* rhyme (*auf, mit* with); **II** *refl* rhyme (*auf, mit* with); ▶ **das reimt sich irgendwie nicht (zusammen)** somehow that doesn't make sense; **Reim·sche·ma** *n* rhyme scheme.

rein[1] [raɪn] *adv fam* (*s.* herein, hinein).

rein[2] **I** *adj* **1.** *(sauber)* clean; **2.** *fig (völlig)* pure; ▶ **~es Gewissen** clear conscience; **~e Bosheit** malice pure and simple; **ein Kleid aus ~er Wolle** a pure wool dress; **der ~ste Blödsinn!** sheer nonsense! **II** *adv* **1.** *(lediglich)* purely; **2.** *(völlig)* absolutely; ▶ **~ zufällig** by sheer chance; **ist die Luft ~?** *fig* is it all clear now?

rein(e)|ma·chen *tr fam* do the cleaning.

Rein·er·lös *m* net proceeds.

Rein·fall *m* disaster, *fam* flop; **rein|fal·len** *irr itr* be taken in (*auf etw* by s.th.); ▶ **auf jdn ~** fall for someone's line.

Rein·ge·winn *m com* net profit.

Rein·hal·tung *f:* ▶ **~ der Luft** prevention of air pollution; **Rein·heit** *f* **1.** *(Sauberkeit)* cleanness; **2.** *fig (Lauterkeit)* purity.

rei·ni·gen ['raɪnɪgən] **I** *tr* clean; *(chem ~)* dry-clean; **II** *refl* **1.** *(Sache)* clean itself; **2.** *(Person)* cleanse o.s.; **Rei·ni·gung** *f* **1.** *(Vorgang)* cleaning; **2.** *(Anstalt)* dry cleaner's; ▶ **in der ~** *(von Kleidungsstück)* at the cleaner's; **zur ~ geben** send to the cleaner's; **Rei·ni·gungs·milch** *f* cleansing milk, cleanser; **Rei·ni·gungs·mit·tel** *n* detergent.

rein·lich *adj* **1.** *(Mensch: sauber)* cleanly; **2.** *(Kleidung)* neat; *(Zimmer)* tidy.

Rein·ma·che·frau *f* cleaning lady.

rein·ras·sig *adj* **1.** *(Pferd)* thoroughbred; **2.** *(Hund)* pedigree; **3.** *fig:* ▶ **dies ist ein ~er Sportwagen** this is a genuine sports car.

Rein·schrift *f* fair copy; ▶ **etw in ~ schreiben** write out a fair copy of s.th.

rein|wa·schen *irr* **I** *tr* clear (*von of); **II** *refl fig:* ▶ **sich, s-n Namen ~** clear one's name.

rein·zie·hen *tr fam:* ▶ **sich etw ~** *(Drogen)* take s.th.; *(Musik)* listen to s.th.; *(Film)* watch s.th.; *(Getränk)* Knock s.th. back; *(essen)* guzzle s.th. down.

Reis[1] ‹-es, -er› *n (kleiner Zweig)* sprig.

Reis[2] [raɪs] ‹-es, (-e)› *m* rice; **Reis·brei** *m* creamed rice.

Rei·se ['raɪzə] ‹-, -n› *f (mit festem Ziel)* journey; *(Schiffs~)* voyage; *(kurze)* trip; ▶ **e-e ~ machen** go on a journey; **e-e ~ antreten** set out on a journey; **gute ~!** have a pleasant journey! (*od* a nice trip!); **wir gehen jeden Sommer auf ~n** we go away every summer; **e-e ~ um die Welt machen** travel round the world; **Rei·se·an·den·ken** *n* souvenir; **Rei·se·apo·the·ke** *f* first aid kit; **Rei·se·bü·ro** *n* travel agency; **rei·se·fer·tig** *adj* ready to leave; **Rei·se·füh·rer**[1] **(in)** *m (f) (Führer auf Reise)* courier; **Rei·se·füh·rer**[2] *m (Buch)* guidebook; **Rei·se·ge·fähr·te (-ge·fähr·tin)** *m (f)* travelling companion; **Rei·se·ge·päck** *n Br* luggage, *Am* baggage; **Rei·se·ge·sell·schaft** *f* **1.** *(Personen)* party; **2.** *(Veranstalter)* tour operator; **Rei·se·ko·sten** *pl* travelling expenses; **Rei·se·ko·sten·ab·rech·nung** *f* claim for travel expenses; **Rei·se·krank·heit** *f* travel sickness; **Rei·se·land** *n* holiday destination.

rei·sen ‹sein› *itr* travel; **gerne ~** be fond of travelling.

Rei·sen·de(r) *f (m) Br* traveller, *Am* traveler; *com (Handels~)* (commercial) travel(l)er.

Rei·se·ne·ces·saire ['raɪzənɛsɛːɐ] ‹-s, -s› *n* travelling manicure set; **Rei·se·paß** *m* passport; **Rei·se·plä·ne** *m pl* plans for one's journey; **Rei·se·pro·spekt** *m* travelling brochure; **Rei·se·scheck** *m* traveller's cheque; **Rei·se·ta·sche** *f* grip, travel(l)ing bag; **Rei·se·ver·an·stal·ter** *m* tour operator; **Rei·se·ver·kehr** *m* holiday traffic; **Rei·se·ver·si·che·rung** *f* travel insurance; **Rei·se·wel·le** *f* wave of holiday makers; **Rei·se·wet·ter·be·richt** *m* holiday weather forecast; **Rei·se·ziel** *n* destination.

Reis·feld *n* paddy-field.

Rei·sig ['raɪzɪç] ‹-s› *n* brushwood.

Reiß·aus [raɪs'aʊs] *m:* ▶ **~ nehmen** clear off (*od* take to one's heels).

Reiß·brett *n* drawing-board.

rei·ßen ['raɪsən] *irr* **I** *tr* **1.** *(zerren)* drag; *(fort~)* pull, tear (*etw von etw* s.th. off s.th.); **2.** *(zer~)* tear; ▶ **an sich ~** seize hold of; **er riß es mir aus der Hand** he tore it out of my hand; **jdm die Maske vom Gesicht ~** *a. fig* tear away someone's mask; **II** *itr* break, tear; ▶ **ich habe mir ein Loch in die Hose gerissen** I tore a hole in my trousers; **sich um etw ~** *fig* scramble for s.th.; **er reißt sich um jede Gelegenheit, sie zu sehen** he jumps at every chance of seeing her; **ich reiße mich nicht darum, ihn kennenzulernen** I'm not exactly dying to make his acquaintance; **wenn alle Strikke ~** *fig* if all else fails; **rei·ßend** *adj* **1.** *(Fluß)* torrential; **2.** *(Schmerz)* searing, violent; ▶ **~en Absatz finden** sell like hot cakes.

Rei·ßer *m film fam* thriller.

Reiß·ver·schluß *m* zip(per); ▶ **mach mal den ~ auf (zu)** can you (unzip it) zip it up? **Reiß·ver·schluß·prin·zip** *n mot* principle of alternation; **Reiß·wolf** *m* shredder.

Reit·an·zug *m* riding habit.

rei·ten ['raɪtən] *irr itr tr* ride; ▶ **~ gehen** go for a ride; **auf e-m Pferd ~** ride a horse; **bei e-m Rennen ~** ride a race.

Rei·ter(in) *m (f)* horseman (horsewoman), rider; **Rei·te·rei** *f* cavalry; **Rei·ter·stand·bild** *n* equestrian statue; **Reit·ger·te** *f* riding crop; **Reit·ho·se** *f* riding-breeches *pl;* **Reit·peit·sche** *f* riding whip; **Reit·pferd** *n* saddle-horse; **Reit·stie·fel** *m* riding-boot; **Reit·weg** *m* bridle-path.

Reiz [raɪts] ‹-es, -e› *m* **1.** *(Anziehung)* attraction; **2.** *(Anreiz)* stimulus; ▶ **der ~ des Neuen** the charm of novelty; **e-n ~ auf etw ausüben** act as a stimulus on s.th.; **e-n ~ auf jdn ausüben** hold great attractions for s.o.; **reiz·bar** *adj* sensitive, touchy; ▶ **er ist leicht ~** he is very irritable.

rei·zen *tr* **1.** *(Haut)* irritate; **2.** *(verlokken)* appeal to ...; **3.** *(provozieren)* provoke; ▶ **das könnte mich noch ~** that would appeal to me; **rei·zend** *adj (charmant)* charming, delightful; ▶ **das ist ja ~!** *(ironisch)* that's just dandy!

Reiz·schwel·le *f* **1.** *med* stimulus threshold; **2.** *markt* sales resistances *pl;* **Reiz·the·ma** *n* controversial issue; **Reiz·über·flu·tung** *f:* ▶ **bei der heutigen ~** with today's over-stimulation; **Rei·zung** *f med* irritation; **reiz·voll** *adj* attractive, charming; **Reiz·wä·sche** *f* sexy underwear.

re·keln ['re:kəln] *refl* loll about.

Re·kla·ma·tion [reklama'tsjo:n] *f com* complaint.

Re·kla·me [re'kla:mə] ‹-, -n› *f* **1.** *(Reklamewesen)* advertising; **2.** *(Anzeige)* advertisement; ▶ **~ machen für ...** advertise ...; **die Zeitung besteht zu 70 % aus ~** 70 % of the magazine is advertisement.

re·kla·mie·ren I *tr (bemängeln)* query; **II** *itr* make a complaint.

re·kon·stru·ie·ren [rekɔnstru'i:rən] *tr* reconstruct.

Re·kord [re'kɔrt] ‹-(e)s, -e› *m* record; ▶ **e-n ~ aufstellen** establish a record; ~e-n ~ brechen break a record; **e-n ~ einstellen** equal a record; **Re·kord·in·ha·ber(in)** *m (f)* record holder; **Re·kord·zeit** *f* record time.

Re·krut [re'kru:t] ‹-en, -en› *m* recruit.

Rek·tor(in) ['rɛktɔr] ‹-s, -en› *m (f)* **1.** *(an Universität) Br* vice-chancellor, *Am* rector; **2.** *(an Schule)* headmaster (headmistress), *Am* principal; **Rek·to·rat** ‹-(e)s, -e› *n* **1.** *(Büro: Universität) Br* vice-chancellor's office, *Am* rector's office; *(Büro: Schule) Br* headmaster's study, *Am* principal's room; **2.** *(Amtszeit: Universitätsrektor) Br* vice-chancellorship, *Am* rectorship.

Re·lais [rə'lɛ:] ‹-, -› *n el* relay.

Re·la·ti·on [relɑ'tsio:n] *f* ▶ **das steht in keiner ~ zu ...** that bears no relation to ...

re·la·tiv [rela'ti:f/'---] **I** *adj* relative; **II** *adv* relatively.

Re·la·ti·vi·täts·theo·rie *f phys* theory of relativity.

Re·li·ef [re'ljɛf] ‹-s, -s/-e› *n* relief.

Re·li·gion [reli'gjo:n] *f* **1.** *rel* religion; **2.** *päd (Schulfach)* religious instruction; **Re·li·gions·ge·mein·schaft** *f* religious community; **Re·li·gions·ge·schich·te** *f* history of religion; **re·li·gions·los** *adj (atheistisch)* non-denominational; **Re·li·gions·un·ter·richt** *m* religious instruction.

re·li·giös [reli'gjø:s] *adj* religious.

Re·ling ['re:lɪŋ] ‹-, -s/(-e)› *f mar* rail.

Re·li·quie [re'li:kviə] ‹-, -n› *f* relic.

Re·nais·sance [rənɛ'sã:s] ‹-, -n› *f* renaissance.

Ren·dez·vous [rãde'vu:/'---] ‹-, -› *n* rendez-vous.

re·ni·tent [reni'tɛnt] *adj* obstinate, refractory.

Renn·bahn *f* track.

Ren·nen ‹-s, -› *n* ▶ **zum ~ gehen** *(Pferde~)* go to the races *pl; (Auto~)* go to the racing; **gut im ~ liegen** be well placed; **das ~ aufgeben** drop out; **das ~ machen** win the race.

ren·nen ['rɛnən] *irr* **I** *itr* **1.** *(laufen)* run; **2.** *mot* race; ▶ **um die Wette ~** have a race; **gegen jdn ~** bump into s.o.

Ren·ner *m com* winner.

Renn·fah·rer(in) *m (f)* **1.** *(Fahrrad~)* racing cyclist; **2.** *mot* racing driver; **Renn·pferd** *n* racehorse; **Renn·rad** *n* racing bike; **Renn·sport** *m* racing; **Renn·stall** *m* stable; **Renn·strec·ke** *f* **1.** *mot* track; **2.** *sport* course; *(für Läufer)* distance; **Renn·wa·gen** *m* racing car.

Re·nom·mee [renɔ'me:] ‹-s, -s› *n (Ruf)* reputation; **re·nom·mie·ren** *itr* show off; **re·nom·miert** *adj* renowned (*wegen* for).

re·no·vie·ren [reno'vi:rən] *tr* renovate; **Re·no·vie·rung** *f* renovation.

ren·ta·bel [rɛn'ta:bəl] *adj* profitable; ▶ **das ist e-e rentable Sache** it will pay; **Ren·ta·bi·li·tät** *f* profitability.

Ren·te ['rɛntə] ‹-, -n› *f* **1.** *(Alters~)* (old age) pension; **2.** *(Zinseinkünfte)* income; **Ren·ten·al·ter** *n* retirement age; **Ren·ten·emp·fän·ger(in)** *m (f)* pensioner; **Ren·ten·fi·nan·zie·rung** *f* financing of pensions; **Ren·ten·wer-**

te *pl fin* fixed interest securities.
Ren·tier ['rɛnti:ɐ] ‹-s, -e› *m zoo* reindeer.
ren·tie·ren *refl:* ▶ **es rentiert sich nicht, das zu tun** it's not worthwhile doing it; **das rentiert sich nicht** it's not worth it.
Rent·ner(in) ['rɛntnɐ] ‹-s, -› *m (f)* (old age) pensioner.
Re·pa·ra·tur [repəra'tu:ɐ] *f* repair; ▶ **in ~** being repaired; **etw in ~ geben** have s.th. repaired; **re·pa·ra·tur·be·dürf·tig** *adj* in need (*od* in want) of repair; **Re·pa·ra·tur·ko·sten** *pl* repair costs; **Re·pa·ra·tur·werk·statt** *f allg* workshop; *mot* garage.
re·pa·rie·ren [repa'ri:rən] *tr* repair; *(ausbessern)* mend.
Re·per·toire [repɛr'toa:ɐ] ‹-s, -s› *n* repertoire.
Re·por·t(a·ge) [repɔr'ta:ʒə] ‹-, -n› *m (f) (Bericht)* report; **Re·por·ter(in)** [re'pɔrtɐ] *m (f)* reporter.
Re·prä·sen·tant(in) [reprɛzɛn'tant] ‹-en, -en› *m (f)* representative; **Re·prä·sen·tan·ten·haus** *n parl Am* House of Representatives; **re·prä·sen·ta·tiv** [----'-] *adj* **1.** *(typisch)* representative (*für* of); **2.** *(prestigehaft)* prestigious; **re·prä·sen·tie·ren** *tr (darstellen)* represent.
Re·pres·sa·lien [reprɛ'sa:liən] *f pl* reprisals; ▶ **~ ergreifen** take reprisals.
re·pres·siv [--'-] *adj* repressive.
Re·pro·duk·tion *f* reproduction; **re·pro·du·zie·ren** *tr* reproduce.
Rep·til [rɛp'ti:l] ‹-s, -ien/-e› *n* reptile.
Re·pu·blik [repu'bli:k] ‹-, -en› *f* republic; **Re·pu·bli·ka·ner(in)** *m (f) pol* republican; **re·pu·bli·ka·nisch** *adj* republican.
re·qui·rie·ren [rekvi'ri:rən] *tr mil* requisition.
Re·qui·si·ten [rekvi'zi:tən] *n pl theat* properties.
Re·ser·vat *n* **1.** *(für Menschen)* reservation **2.** *(für Tiere)* reserve.
Re·ser·ve [re'zɛrvə] ‹-, -n› *f* reserve (*an* of); *(Geld~)* reserve fund; ▶ **in ~ haben** have in reserve; **jdn aus der ~ locken** *fig* bring s.o. out of his shell; **Re·ser·ve·ka·ni·ster** *m mot* spare tank; **Re·ser·ve·of·fi·zier** *m* reserve officer; **Re·ser·ve·rad** *n mot* spare wheel; **Re·ser·ve·spie·ler(in)** *m (f) sport* reserve.
re·ser·vie·ren *tr* reserve; **re·ser·viert** *adj* reserved.
Re·ser·vist *m mil* reservist.
Re·ser·voir [rezɛr'voa:ɐ] ‹-s, -e› *n* reservoir.
Re·si·denz [rezi'den(t)s] *f* **1.** *(Wohnung)* residence; **2.** *(~stadt)* royal capital.
re·si·die·ren *itr* reside.
Re·si·gna·tion [rezɪgna'tsjo:n] *f* resignation; ▶ **in ~ verfallen** become resigned.
re·si·gnie·ren *itr* resign.
re·so·lut [rezo'lu:t] *adj (entschlossen)* decisive.
Re·so·nanz [rezo'nants] ‹-, -en› *f:* ▶ **(keine) große ~ finden** meet with (little) good response.
Re·spekt [re'spɛkt] ‹-(e)s› *m* respect; ▶ **bei allem ~** with all due respect; **allen ~!** well done! **re·spek·tie·ren** *tr* respect; **re·spekt·los** *adj* disrespectful; **re·spekt·voll** *adj* respectful.
Res·sort [rɛ'so:ɐ] ‹-s, -s› *n (Abteilung)* department; ▶ **das gehört nicht zu meinem ~** *fig* that's out of my line; **das fällt in sein ~** *fig* that's his department.
Rest [rɛst] ‹-(e)s, -e› *m* rest; *math* remainder; *(Stoff~)* remnant; ▶ **der ~ ist für Sie!** *(Trinkgeld)* keep the change! **jdm den ~ geben** *fig fam* finish s.o. off; **der letzte ~** the last bit; **den ~ mache ich** I'll do the rest; **Rest·be·trag** *m* remaining sum.
Re·stau·rant [rɛsto'rã:] ‹-s, -s› *n* restaurant.
re·stau·rie·ren *tr* restore.
Rest·be·stand *m* remaining stock; **Rest·be·trag** *m* remaining sum.
rest·lich *adj* remaining.
rest·los I *adj* complete; **II** *adv* entirely, completely.
Re·sul·tat [rezʊl'ta:t] ‹-(e)s, -e› *n (Ergebnis)* result; ▶ **zu e-m ~ kommen** arrive at a conclusion; **~e erzielen** get results.
re·sul·tie·ren *itr* result (*aus* from).
Re·tor·te [re'tɔrtə] ‹-, -n› *f* retort; ▶ **aus der ~** *pej* synthetic; **Re·tor·ten·ba·by** *n* test-tube baby.
ret·ten ['rɛtən] *tr* **I** *(er~)* save (*vor etw* from s.th.); *(befreien)* rescue; ▶ **bist du noch zu ~?** are you out of your mind? **II** *refl* escape; **sich vor etw nicht ~ können** *fig* be swamped with s.th.
Ret·ter(in) *m (f)* rescuer, saviour; *lit* deliverer.
Ret·tich ['rɛtɪç] ‹-s, -e› *m bot* radish.
Ret·tung *f* rescue; ▶ **jds letzte ~ sein** be someone's last hope; **Ret·tungs·boot** *n* lifeboat; **Ret·tungs·flug·wacht** *f* air rescue service; **Ret·tungs·hub·schrau·ber** *m* rescue helicopter; **Ret·tungs·in·sel** *f mar* inflatable life raft; **ret·tungs·los I** *adj:* ▶ **die Lage ist ~** the situation is hopeless; **II** *adv:* ▶ **~ verloren sein** be hopelessly lost; **Ret·tungs·mann·schaft** *f* rescue team; **Ret·tungs·ring** *m* lifebelt.
re·tu·schie·ren [retu'ʃi:rən] *tr a. fig* retouch, touch up.
Reue ['rɔɪə] ‹- › *f* remorse, repentance (*über* of); **reu·en** *tr:* ▶ **jdn reut es, etw getan zu haben** s.o. regrets having done

s.th.

Reu·se ['rɔɪzə] ‹-, -n› *f* fish trap.

Re·van·che [re'vã:ʃ(ə)] ‹-, -n› *f* **1.** *allg* revenge; **2.** *(Spiel)* return match; ▶ **jdm ~ geben** let s.o. have his (her) return match; **Re·van·che·spiel** *n* return-match; **re·van·chie·ren** *refl* **1.** *(sich rächen)* take one's revenge (*bei jdm für etw* on s.o. for s.th.); **2.** *(sich erkenntlich zeigen):* ▶ **ich revanchiere mich gelegentlich!** I'll return the compliment some time!

re·vi·die·ren [revi'di:rən] *tr* revise.

Re·vier [re'vi:ɐ] ‹-s, -e› *n* **1.** *fig hum* district; **2.** *(Jagd~)* hunting ground; **3.** *(Polizei~) Br* beat, *Am* precinct; **4.** *(Polizeistation) Br* police station, *Am* station house; **5.** *mil (Kranken~)* sick-bay.

Re·vi·sion *f* **1.** *(Überprüfung)* revision; **2.** *jur* appeal; ▶ **~ einlegen** lodge an appeal (*bei* with).

Re·vol·te [re'vɔltə] ‹-, -n› *f* revolt; **re·vol·tie·ren** *itr* revolt.

Re·vo·lu·t·ion [revolu'tsjo:n] *f* revolution; **re·vo·lu·tio·när** *adj* revolutionary; **Re·vo·lu·tio·när(in)** *m (f)* revolutionary.

Re·vol·ver [re'vɔlvɐ] ‹-s, -› *m Br* revolver, *Am* gun; **Re·vol·ver·lauf** *m* barrel.

Re·vue [re'vy:] ‹-, -n› *f theat* revue; ▶ **etw ~ passieren lassen** *fig* pass s.th. in review.

Re·zen·sent(in) [retsɛn'zɛnt] *m (f)* reviewer; **re·zen·sie·ren** *tr* review; **Re·zen·sion** *f* review; **Re·zen·sions·ex·em·plar** *f* review copy.

Re·zept [re'tsɛpt] ‹-(e)s, -e› *n* **1.** *med* prescription; **2.** *(Koch~)* recipe; **3.** *fig* cure (*für, gegen* for).

Re·zep·tion *f (in Hotel)* reception.

re·zept·pflich·tig *adj* available on prescription.

Re·zes·sion [retsɛ'sjo:n] *f* recession.

re·zi·tie·ren [retsi'ti:rən] *tr itr* recite.

Rha·bar·ber [ra'barbɐ] ‹-s› *m* rhubarb.

Rhein [raɪn] ‹-(e)s› *m* Rhine; **Rhein·ar·mee** *f mil* British Army on the Rhine.

Rhe·sus·fak·tor *m med* rhesus factor.

Rhe·to·rik [re'to:rɪk] ‹-, -en› *f* rhetoric; **rhe·to·risch** *adj* rhetorical.

Rheu·ma ['rɔɪma] ‹-s› *n* rheumatism; **Rheu·ma·mit·tel** *n* cure for rheumatics; **rheu·ma·tisch** *adj* rheumatic; **Rheu·ma·tis·mus** *m* rheumatism.

Rhi·no·ze·ros [ri'no:tserɔs] ‹-/-ses, -se› *n zoo* rhinoceros.

Rhom·bus ['rɔmbʊs] ‹-, -ben› *m* rhomb(us).

rhyth·misch *adj* rhythmical.

Rhyth·mus ['rʏtmʊs] ‹-, -men› *m* rhythm.

Richt·an·ten·ne *f radio* directional aerial.

rich·ten[1] ['rɪçtən] **I** *tr* **1.** *(lenken)* direct (*auf* towards); *(Lichtstrahl)* turn (*auf* on); *(zielen)* point (*auf* at); **2.** *(in Ordnung bringen)* fix; **3.** *(zubereiten, vorbereiten)* prepare; **II** *refl* **1.** *(sich wenden)* be directed (*auf* towards); **2.** *fig (herantreten an)* consult; **3.** *fig (gemeint sein gegen)* be aimed at ...; ▶ **ich richte mich ganz nach dir** I'll fit in with you.

rich·ten[2] *itr (urteilen)* judge (*über jdn* s.o.).

Rich·ter(in) *m (f)* judge; ▶ **vor den ~ bringen** take to court; **Rich·ter·spruch** *m jur* judgment.

Richt·funk·ver·bin·dung *f radio* directional radio link.

Richt·ge·schwin·dig·keit *f mot* recommended speed.

rich·tig ['rɪçtɪç] **I** *adj* **1.** *(nicht falsch)* correct, right; **2.** *(wirklich)* proper, real; ▶ **es ist nicht ~ zu lügen** it is not right to lie; **du bist wohl nicht ganz ~!** *fam* you must be out of your mind! **bin ich hier ~ nach Coventry?** is this the right road to Coventry? **etw ~ machen** do s.th. the right way; **das ist die ~e Einstellung!** that's the right way of looking at it! **II** *adv* **1.** *(korrekt)* correctly, right; **2.** *fig (geradezu)* really; ▶ **geht deine Uhr ~?** is your watch right? **~!** *(stimmt!)* that's right! **wenn ich mich ~ erinnere ...** if I remember correctly ...; **wenn man es ~ nimmt ...** properly speaking ...; **rich·tig·ge·hend I** *adj (echt)* veritable; **II** *adv (wirklich)* really; **Rich·tig·keit** *f* accuracy, correctness; ▶ **das hat schon s-e ~** it's right enough; **rich·tig|stel·len** *tr (berichtigen)* correct; **jdn ~** put s.o. right.

Richt·li·nien *f pl* guidelines; **Richt·preis** *m:* ▶ **unverbindlicher ~** recommended price; **Richt·schnur** ‹-› *f* guiding principle.

Rich·tung *f* **1.** direction; **2.** *fig (Ansicht, Meinung, Tendenz)* trend; ▶ **ich fahre ~ Frankfurt** I'm heading for Frankfort; **in jeder ~** each way; **etw in dieser ~** *fig* something along these lines; **die herrschende ~** the prevailing trend.

rich·tung·wei·send *adj fig* guiding.

Richt·wert *m* guide value, guideline.

rie·chen ['ri:çən] *irr tr itr* smell; ▶ **nach etw ~** smell of s.th.; **an etw ~** smell at s.th.; **gut (schlecht) ~** smell good (bad); **er kann mich nicht ~** *fig fam* he hates my guts; **(das) kann ich doch nicht ~!** *fig fam* I'm not psychic!

Rie·cher *m:* ▶ **e-en guten ~ für etw haben** have a nose for s.th.

Rie·ge ‹-, -n› *f sport* team, squad.

Rie·gel ['ri:gəl] ‹-s, -› *m* **1.** *(Schloß~)* bolt; **2.** *(Stück)* bar; ▶ **den ~ vorlegen** bolt the door; **e-r Sache e-n ~ vorschieben** *fig* put a stop to s.th.

Rie·men[1] *m (Ruder~)* oar; ▶ **sich in die ~ legen** *a. fig* put one's back into it.

Rie·men² ['ri:mən] ‹-s, -› *m (Gürtel~)* strap; *(Schuh~)* leather shoelace; *(Peitschen~)* thong; *(Treib~)* belt; ► **den ~ enger schnallen** *a. fig* tighten one's belt; **sich am ~ reißen** *fig* get a grip on o.s.

Rie·se ['ri:zə] ‹-n, -n› *m* giant; ► **nach Adam ~ bleiben noch 20 Mark übrig** that will leave 20 marks as my arithmetic tells me.

Rie·sel·fel·der *pl* sewage farm *sing.*

rie·seln ['ri:zəln] ‹sein› *itr* **1.** *(Flüssigkeit)* trickle; **2.** *(Schnee)* float down.

rie·sen·groß *adj* gigantic; **rie·sen·haft** *adj* colossal, gigantic; **Rie·sen·rad** *n* Ferris wheel; **Rie·sen·schlan·ge** *f* boa; **Rie·sen·schrit·te** *pl* giant strides; ► **sich mit ~n nähern** *fig* be drawing on apace.

Riff [rɪf] ‹-(e)s, -e› *n* reef.

ri·go·ros [rigo'ro:s] *adj* rigorous.

Ril·le ['rɪlə] ‹-, -n› *f* groove.

Rind [rɪnt] ‹-(e)s, -er› *n* **1.** *(Tier)* cow; **2.** *(~fleisch)* beef; ► **~er** *pl* cattle.

Rin·de ['rɪndə] ‹-, -n› *f (von Käse)* rind; *(Baum~)* bark; *(Brot~)* crust.

Rin·der·bra·ten *m* **1.** *(Bratstück)* joint of beef; **2.** *(Speise)* roast beef; **Rin·der·fi·let** *n* fillet of beef; **Rind·fleisch** *n* beef; **Rinds·le·der** *n* leather; **Rind·vieh** *n* **1.** cattle; **2.** *fig (Schimpfwort)* ass.

Ring [rɪŋ] ‹-(e)s, -e› *m* ring; ► **in den ~ steigen** *sport* climb into the ring.

Ring·buch *n* ring binder.

Rin·gel·blu·me *f* marigold.

rin·geln ['rɪŋəln] **I** *tr refl* curl; *(Schlange)* wriggle; ► **sich um etw ~** curl itself around s.th.

Rin·gel·nat·ter *f* grass snake.

rin·gen ['rɪŋən] *irr itr* **1.** *sport (Ringkampf machen)* wrestle (*mit* with); **2.** *fig (kämpfen)* struggle (*um* for); ► **die Hände ~** wring one's hands; **nach Atem ~** gasp for breath; **Rin·ger(in)** *m (f)* wrestler.

Ring·fin·ger *m* ring finger.

ring·för·mig *adj* ring-like; ► **~ umschließen** encircle.

Ring·kampf *m sport* wrestling match.

Ring·lei·tung *f tech* circular main.

rings [rɪŋs] *adv* all around; ► **sich ~ im Kreis aufstellen** make a circle.

Ring·stra·ße *f* ring road.

rings·um·her ['--'-] *adv* around.

Rin·ne ['rɪnə] ‹-, -n› *f* **1.** *(Rille)* groove; **2.** *(Abfluß~)* channel; **rin·nen** ‹sein› *irr itr (fließen)* run.

Rinn·sal ['rɪnza:l] ‹-(e)s, -e› *n* rivulet.

Rinn·stein *m* gutter; ► **im ~ enden** *fig* come to a sorry end.

Ripp·chen ['rɪpçən] ‹-s, -› *pl (Speise)* spare ribs.

Rip·pe ['rɪpə] ‹-, -n› *f* **1.** *anat* rib; **2.** *tech (Metallsegment)* fin; ► **nichts auf den ~n haben** *fig* be just skin and bones.

Rip·pen·fell·ent·zün·dung *f* pleurisy.

Ri·si·ko ['ri:ziko] ‹-s, -s/-ken› *n* risk; ► **ein ~ eingehen** take a risk; **das ~ eingehen, etw zu tun** take the risk of doing s.th.; **etw auf eigenes ~ tun** do s.th. at one's own risk.

Ri·si·ko·fak·tor *m* risk factor; **Ri·si·ko·grup·pe** *f* (high) risk group.

ris·kant [rɪs'kant] *adj* risky.

ris·kie·ren *tr:* ► **das riskiere ich!** I'll risk it! **sie wird es heute nicht ~ zu kommen** she won't risk coming today; **du riskierst deine Stelle** you'll risk losing your job.

Riß [rɪs] ‹-sses, -sse› *m* **1.** *(in Stoff etc)* rip, tear; **2.** *(Sprung)* crack; **3.** *(Spalt)* crevice.

ris·sig *adj* cracked; *(Haut)* chapped; ► **~ werden** crack.

Rist [rɪst] ‹-es, -e› *m* **1.** *(des Fußes)* instep; **2.** *(der Hand)* back of the hand; **3.** *(Pferde~)* withers *pl.*

Ritt [rɪt] ‹-(e)s, -e› *m* ride; ► **e-n ~ machen** go for a ride.

Rit·ter ['rɪtɐ] ‹-s, -› *m hist* knight; ► **jdn zum ~ schlagen** knight s.o.; **Rit·ter·kreuz** *n mil* Knight's Cross; **rit·ter·lich** *adj* **1.** knightly; **2.** *fig* chivalrous; **Rit·ter·rü·stung** *f hist* knight's armour.

ritt·lings ['rɪtlɪŋs] *adv* astride (*auf etw* s.th.).

Ri·tu·al [ritu'a:l] ‹-s, -e/-ien› *n* ritual.

ri·tu·ell *adj* ritual.

Ri·tus ['ri:tʊs] ‹-, -ten› *m* rite.

Ritz [rɪts] ‹-es, -e› *m* **1.** *(Ritzer)* scratch; **2.** *(Spalte)* crack.

Rit·ze ‹-, -n› *f (Spalt)* crack; *(Fuge)* join, gap.

rit·zen **I** *tr* **1.** *(kratzen)* scratch; **2.** *(ein~)* carve; **II** *refl (sich verletzen)* scratch o.s.

Ri·va·le (Ri·va·lin) [ri'va:lə] ‹-n, -n› *m (f)* rival; **ri·va·li·sie·ren** *itr:* ► **mit jdm ~** compete with s.o.; **ri·va·li·sie·rend** *adj* rival; **Ri·va·li·tät** *f* rivalry.

Ri·zi·nus ['ri:tsinʊs] ‹-, -/-se› *n* **1.** *(~öl)* castor-oil; **2.** *(~pflanze)* castor-oil plant.

RNS *Abk von* **Ribonukleinsäure** RNA.

Rob·be ['rɔbə] ‹-, -n› *f* seal.

rob·ben ‹sein› *itr mil* crawl.

Ro·be ['ro:bə] ‹-, -n› *f* **1.** *(Amts~)* robe; **2.** *(Abendkleid)* gown.

Ro·bo·ter ['rɔbɔtɐ] ‹-s, -› *m* robot.

ro·bust [ro'bʊst] *adj* **1.** *(widerstandsfähig)* robust; **2.** *(kräftig gebaut)* rough.

Rö·cheln ['rœçəln] *n* groan.

rö·cheln *itr* groan.

Ro·chen ['rɔxən] ‹-s, -› *m zoo* ray.

Rock [rɔk, *pl* 'rœkə] ‹-(e)s, ¨e› *m* **1.** *(Kleidungsstück)* skirt; **2.** *(Musik)* rock.

Rocker (k·k) ['rɔkɐ] ‹-s, -› *m (f)* rocker; **Rocker·ban·de (k·k)** *f* gang of rockers.

Rock·fe·sti·val *n mus* rock festival.

rockig (k·k) *adj mus* rocky.

Ro·del ['ro:dəl] ‹-s, -› *m* sleigh, toboggan; **Ro·del·bahn** *f* toboggan-run; **rodeln** ‹sein› *itr* sledge, toboggan.

ro·den ['ro:dən] *tr* clear; **Ro·dung** *f* clearing.

Ro·gen ['ro:gən] ‹-s, -› *m* roe.

Rog·gen ['rɔgən] ‹-s, (-)› *m* rye.

roh [ro:] *adj* **1.** *(unfertig)* raw; **2.** *(unbearbeitet)* rough; ▶ **jdn wie ein ~es Ei behandeln** *fig* kid-glove s.o.; **~e Gewalt** brute force; **Roh·bau** *m* shell; ▶ **im ~ fertig sein** be structurally complete; **Ro·heit** ['ro:haɪt] *f* **1.** *(Grobheit)* rudeness; **2.** *(Brutalität)* brutality; **Roh·erz** *n* raw ore; **Roh·kost** *f* raw food and vegetables.

Roh·ling *m* **1.** *(brutaler Mensch) Br* brute, ruffian, *Am* thug; **2.** *tech (Rohblock)* blank.

Roh·öl *n* crude oil.

Rohr [ro:ɐ] ‹-(e)s, -e› *n* **1.** *(Röhre)* pipe; **2.** *bot (Schilf)* reed; **Rohr·bruch** *m* burst pipe.

Röh·re ['rø:rə] ‹-, -n› *f* **1.** *(Rohr)* tube; **2.** *(Tiergang)* gallery; ▶ **in die ~ gucken** *(leer ausgehen)* not get one's dues; *fam (TV schauen) Br* watch telly (*Am* the tube).

rö(h)·ren ['rø:rən] *itr (Hirsch)* bell.

Rohr·lei·tung *f* pipe.

Rohr·mat·te *f (als Sichtschutz)* reed mat.

Rohr·mö·bel *pl* cane furniture *sing.*

Rohr·netz *n* service system; **Rohr·post** *f* pneumatic dispatch system; **Rohr·schel·le** *f tech* pipe clip.

Rohr·stuhl *m* wickerwork chair.

Rohr·zucker (k·k) *m* cane sugar.

Roh·sei·de *f* wild silk; **Roh·stoff** *m* raw material; **Roh·stoff·man·gel** *m* shortage of raw materials; **Roh·stoff·preis** *m* commodity price; **Roh·stoff·ver·knap·pung** *f* scarcity of resources; **Roh·zu·stand** *m:* ▶ **im ~** in its rough state.

Ro·ko·ko ['rɔkoko] ‹-(s)› *n* rococo.

Rol·la·den *m* shutters *pl.*

Roll·bahn *f* **1.** *aero (Startbahn)* runway; **2.** *aero (Zubringer~)* taxiway.

Roll·bra·ten *m* roast.

Roll·brett *n* skateboard.

Rol·le ['rɔlə] ‹-, -n› *f* **1.** *(Gerolltes)* roll; **2.** *(Garn~)* reel; **3.** *tech (Möbelroller)* castor; **4.** *sport* forward roll; **5.** *film theat* part, role; ▶ **spielt keine ~!** never mind! **das spielt hier keine ~!** that doesn't concern us now! **e-e ~ machen** *sport* do a forward roll.

rol·len ‹h› **I** *tr* **1.** roll; **2.** *(auf~)* roll up; **II** *refl* curl up; **III** *itr* **1.** roll; **2.** *fig (Donner)* rumble; **3.** *mar (schlingern)* roll; ▶ **den Stein ins R~ bringen** *fig* start the ball rolling.

Rol·len·bild *n* role model; **Rol·len·spiel** *n* role play.

Rol·ler ‹-s, -› *m* **1.** *(Spielzeug)* scooter; **2.** *(Motor~)* motor scooter.

Roll·feld *n aero* runway; **Roll·film** *m* rollfilm; **Roll·geld** *n* carriage; **Roll·hand·tuch** *n* roll towel.

Roll·kra·gen·pul·li *m* polo-neck, roll-neck sweater; **Roll·schrank** *m* roll-fronted cupboard; **Roll·schuh** *m* roller skate; ▶ **~ laufen** rollerskate; **Roll·stuhl** *m* wheel-chair; ▶ **an den ~ gefesselt** confined to a wheelchair; **Roll·stuhl·fah·rer(in)** *m (f)* spastic; **roll·stuhl·ge·recht** *adj* suitable for wheel chairs; **Roll·trep·pe** *f* escalator.

ROM ‹-s, -s› *EDV Abk von* **Read Only Memory** ROM.

Roma ['ro:ma] *pl* Romany.

Ro·man [ro'ma:n] ‹-s, -e› *m* novel; **ro·man·haft** *adj* like a novel.

ro·ma·nisch *adj:* ▶ **~e Sprachen** Romance languages; **~er Stil** Romanesque style.

Ro·man·schrift·stel·ler(in) *m (f)* novelist.

Ro·man·tik [ro'mantɪk] *f* Romanticism; **ro·man·tisch** *adj* romantic.

Rö·mer(in) [rø:mɐ] ‹-s, -› *m (f)* Roman; **rö·misch** *adj* Roman; ▶ **12** twelve in Roman numerals.

rönt·gen ['rœntgən] *tr* X-ray; **Rönt·gen·auf·nah·me** *f n* X-ray; **Rönt·gen·ge·rät** *n* X-ray equipment.

Ro·sé [ro'ze:] ‹-(s), (-s)› *m (Wein)* rosé.

Ro·sa ['ro:za] *n* pink.

ro·sa *adj* pink; ▶ **etw durch die ~ Brille sehen** *fig* see s.th. through rose-coloured glasses.

Ro·se ['ro:zə] ‹-, -n› *f* rose.

Ro·sen·kohl *m* Brussels sprouts *pl.*

Ro·sen·mon·tag *m* Shrove Monday.

Ro·sen·stock *m* rose tree.

Ro·set·te [ro'zɛtə] ‹-, -n› *f* rosette.

ro·sig *adj* rosy; ▶ **~e Aussichten** *fig* rosy prospects; **die Lage sieht nicht sehr ~ aus** *fig* things don't look too rosy.

Ro·si·ne [ro'zi:nə] ‹-, -n› *f* raisin.

Ros·ma·rin ['ro:smari:n] ‹-s› *n* rosemary.

Roß [rɔs] ‹-sses, -sse› *n* horse; *poet* steed; ▶ **auf dem hohen ~ sitzen** *fig* be on one's high horse; **Roß·ka·sta·nie** *f* horse chestnut; **Roß·kur** *f* kill-or-cure remedy; ▶ **e-e ~ machen** follow a drastic cure.

Rost¹ [rɔst] ‹-(e)s, -e› *m (auf Metall)* rust; ▶ **~ ansetzen** start to rust.

Rost² ‹-es› *m (Brat~)* grill; **Rost·bra·ten** *m* roast.

ro·sten *itr* get rusty, rust.

rö·sten ['rœstən] *tr (Brot)* toast; *(Kaffee)* roast.

rost·frei *adj* stainless.

Rö·sti ‹-, -› fried grated potatoes.

ro·stig *adj* rusty.

Rost·schutz·far·be *f* anti-rust paint; **Rost·schutz·mit·tel** *n* rust-proofer; **Rost·um·wand·ler** *m mot* rust converter.

Rot ⟨-(s), -(s)⟩ *n* red; ► **bei ~ über die Ampel fahren** go through on red.

rot [ro:t] *adj* red; ► **~ sehen** *fig* see red; **~ werden** blush; **da habe ich vielleicht e-n ~en Kopf bekommen!** was my face red! **Fehler ~ unterstreichen** underline mistakes in red.

Ro·ta·tions·prin·zip *n pol* rota system.

rot·blond *adj* strawberry blonde; **~es Haar** sandy hair; **rot·braun** *adj* reddish brown; **Rot·dorn** ⟨-(e)s, -e⟩ *m bot* pink hawthorn.

Rö·te ['rø:tə] ⟨-⟩ *f* red, redness.

Ro·te-Ar·mee-Frak·tion *f* Red Army Faction.

Rö·tel ['rø:təl] ⟨-s, -⟩ *m* red chalk.

Rö·teln ['rø:təln] *pl med* German measles *sing.*

rö·ten I *tr* redden; **II** *refl* turn red.

rot·glü·hend *adj* red-hot; **rot·haa·rig** *adj* red-haired.

ro·tie·ren [ro'ti:rən] *itr* rotate; ► **am R~ sein** *fig fam* be rushing around like a mad thing.

Rot·käpp·chen ['ro:tkɛpçən] *n poet* Little Red Riding-hood.

Rot·kehl·chen *n orn* robin.

Rot·kohl *m* red cabbage.

röt·lich ['rø:tlıç] *adj* reddish.

Rot·licht·vier·tel *n* red-light district.

Rot·stift *m* red pencil; ► **dem ~ zum Opfer fallen** be scrapped.

Rot·te ['rɔtə] ⟨-, -n⟩ *f (Bande)* gang.

Rot·wein *m* red wine; **Rot·wild** *n* red deer.

Rotz [rɔts] ⟨-es⟩ *m fam* snot; **rot·zen** *itr fam* blow one's nose; **Rotz·fah·ne** *f sl* snot-rag; **rot·zig** *adj* snotty.

Rou·la·de [ru'la:də] ⟨-, -n⟩ *f* beef olive.

Rou·leau [ru'lo:] ⟨-s, -s⟩ *n* roller blind.

Rou·lette [ru'lɛt] ⟨-s, -s⟩ *f* roulette.

Rou·ti·ne [ru'ti:nə] ⟨-⟩ *f* routine; ► **zur ~ werden** become routine; **Rou·ti·ne·prü·fung** *f* routine check; **rou·ti·niert** *adj* experienced.

Row·dy ['raudi] ⟨-s, -s/(-dies)⟩ *m* hooligan.

Rub·bel·mas·sa·ge *f* body scrub.

Rü·be ['ry:bə] ⟨-, -n⟩ *f* **1.** *bot:* ► **gelbe ~** carrot; **weiße ~** turnip; **2.** *sl (Kopf)* nut; ► **jdm eins über die ~ geben** give s.o. a crack on the nut.

Ru·bel ['ru:bəl] ⟨-s, -⟩ *m* rouble.

Ru·bin [ru'bi:n] ⟨-s, -e⟩ *m* ruby.

Ru·brik [ru'bri:k] ⟨-, -en⟩ *f* **1.** *(Zeitungsspalte)* column; **2.** *(Kategorie)* category.

ruch·los [ru:xlo:s] *adj* dastardly.

Ruck [rʊk] ⟨-(e)s, -e⟩ *m* **1.** *(Stoß)* jerk, start; *(von Fahrzeugen)* jolt; **2.** *fig pol* swing; ► **mit e-m ~** at one go; **e-n ~ geben** give a start; **sich e-n ~ geben** make an effort; **die Arbeit war r~-zuck erledigt** the work was done before you could say Jack Robinson; **ruck·ar·tig** *adj* jerky.

Rück·ant·wort *f* reply; ► **um ~ wird gebeten** please reply.

Rück·blick *m:* ► **im ~ auf etw** looking back on s.th.; **rück·blickend (k·k)** *adj:* ► **~ läßt sich sagen, daß ...** looking back we can say that ...

Rücken (k·k) ['rʏkən] ⟨-s, -⟩ *m* back; ► **jdm den ~ zuwenden** turn one's back on s.o.; **mit dem ~ in Fahrtrichtung** with one's back to the engine; **hinter jds ~** *fig* behind someone's back; **jdm in den ~ fallen** *fig* stab s.o. in the back.

rücken (k·k) ['rʏkən] **I** *itr* ⟨sein⟩ move; ► **können Sie etw ~?** could you move over a bit? **in weite Ferne ~** *fig* recede into the distance; **an etw ~** move s.th.; **näher ~** come closer; **II** *tr* ⟨h⟩ move.

Rücken·deckung (k·k) *f fig* backing; ► **jdm ~ geben** back s.o.; **Rücken·leh·ne (k·k)** *f* back-rest; **Rücken·mark (k·k)** *n* spinal cord; **Rücken·schmer·zen (k·k)** *pl:* ► **~ haben** have got a backache; **Rücken·schwim·men (k·k)** *n* backstroke; **Rücken·wind (k·k)** *m* tail wind.

Rück·fahr·kar·te *f Br* return ticket, *Am* round-trip ticket; **Rück·fahr·schein·wer·fer** *m* reversing light; **Rück·fahrt** *f* return journey.

Rück·fall *m med a. fig* relapse; **rück·fäl·lig** *adj:* ► **~ werden** relapse; *jur* lapse back into crime.

Rück·fen·ster *n mot* rear window.

Rück·flug *m aero* return flight; **Rück·flug·ticket (k·k)** *n* return air ticket.

Rück·fra·ge *f:* ► **e-e ~ halten bei ...** check s.th. with ...

Rück·ga·be *f* return; **Rück·ga·be·recht** *n* right of return.

Rück·gang *m:* ► **e-n ~ zu verzeichnen haben an ...** have to report a drop in ...; **rück·gän·gig** *adj:* ► **~ machen** *com, a. Termin* cancel; *(absagen)* call off.

Rück·ge·bäu·de *n* rear building.

Rück·ge·win·nung *f* **1.** *allg* recovery; **2.** *(von Rohstoffen)* recycling.

Rück·grat ['rʏkra:t] ⟨-(e)s, (-e)⟩ *n* backbone, spine; ► **jdm das ~ brechen** *fig* ruin s.o.

Rück·halt ⟨-(e)s⟩ *m:* ► **an jdm ~ haben** find a support in s.o.; **rück·halt·los** *adj* **1.** *(uneingeschränkt)* complete; **2.** *(offen)* frank.

Rück·kaufs·recht *n* right of repurchase; **Rück·kaufs·wert** *m* repurchase value.

Rück·kehr ⟨-⟩ *f* return; ► **bei jds ~** on someone's return.

Rück·la·ge *f* **1.** *fin* reserves *pl;* **2.** *(Erspartes)* savings *pl.*

Rück·lauf *m tech* return pipe; **rück·läu·fig** *adj com* dropping; ▶ **~e Tendenz** downward tendency.

Rück·licht ‹-(e)s, -er› *n mot* rear light.

rück·lings ['rʏklɪŋs] *adv* **1.** *(rückwärts)* backwards; **2.** *(auf dem Rücken)* on one's back.

Rück·marsch *m* march back; *(Rückzug)* retreat.

Rück·mel·de·frist *f (für das Semester)* re-registration period; **Rück·mel·de·ge·büh·ren** *pl (für das Semester)* re-registration fee *sing.*

Rück·por·to *n* return postage; **Rück·rei·se** *f* return journey; **Rück·rei·se·ver·kehr** *m* homebound traffic; **Rück·ruf·ak·tion** *f com* call-back.

Ruck·sack *m* rucksack; **Ruck·sack·tou·rist(in)** *m (f)* backpacker.

Rück·schau *f:* ▶ **~ auf etw halten** look back on s.th; **Rück·schlag** *m* **1.** *(von Schußwaffe)* recoil; **2.** *fig* set-back; **3.** *med (Rückfall)* relapse; ▶ **e-n ~ erleiden** suffer a set-back; **Rück·schlag·ven·til** *n* backflow preventer, check (*od* reflux) valve; **Rück·schluß** *m:* ▶ **s-e Rückschlüsse ziehen aus ...** draw one's own conclusions from ...; **Rück·schritt** *m fig* step backwards; **Rück·sei·te** *f (von Blatt, Zeitung)* back page; *(von Banknote)* reverse; *(von Gebäude)* rear.

Rück·sicht ‹-, -en› *f* consideration; ▶ **mit ~ auf jdn** out of consideration for s.o.; **keine ~ auf jdn nehmen** show no consideration for s.o.; **rück·sichts·los** *adj* **1.** *(unüberlegt)* inconsiderate; **2.** *(skrupellos)* ruthless; ▶ **~es Verhalten** reckless behaviour; **Rück·sichts·lo·sig·keit** *f* inconsiderateness; **rück·sichts·voll** *adj* considerate, thoughtful (*gegen* towards).

Rück·sitz *m* **1.** *mot* backseat; **2.** *(von Zweirad)* pillion; ▶ **auf dem ~ mitfahren** ride pillion; **Rück·sitz·bank** *f mot:* ▶ **umlegbare ~** folding-down back seat; **Rück·spiel** *n sport* return match; **Rück·spra·che** *f* consultation; ▶ **~ nehmen mit jdm** confer with s.o.

Rück·spul·au·to·ma·tik *f (von Kamera, Video etc)* automatic rewind.

Rück·stand *m* **1.** *(Schuld)* arrears *pl;* **2.** *(Verzug)* delay; **3.** *chem* residue; ▶ **seine Miete ist 3 Monate im ~** his rent is 3 months in arrears; **mit drei Punkten im ~ sein** *sport* be three points down; **rück·stän·dig** *adj* **1.** *(überfällig)* overdue; **2.** *(zurückgeblieben)* backwards; **Rück·stän·dig·keit** *f* backwardness.

Rück·stau *m (von Wasser)* backwater; *mot* tailback; **Rück·stoß** *m* **1.** *(Schub)* thrust; **2.** *(e-r Schußwaffe)* recoil; **Rück·strah·ler** *m Br* reflector, *Am* bull's eye; **Rück·ta·ste** *f* **1.** *(an Schreibmaschine)* back spacer; **2.** *(an Tonbandgerät)* rewind key; **Rück·tritt** *m* **1.** *(vom Amt)* resignation; **2.** *(vom Vertrag)* withdrawal; ▶ **seinen ~ einreichen** hand in one's resignation; **Rück·tritt·brem·se** *f* coaster brake; **Rück·tritts·recht** *n com* right of withdrawal; ▶ **das ~ besagt, daß ...** the cancellation terms say that ...

rück·ver·gü·ten ['----] ‹ohne ge-› *tr* refund (*jdm etw* s.o. s.th.); **Rück·ver·gü·tung** *f* refund.

rück·wär·tig ['rʏkvɛrtɪç] *adj* rear.

rück·wärts *adv* backwards; ▶ **~ fahren** back up, reverse; **Rück·wärts·gang** *m mot* reverse gear.

Rück·weg *m* way back; ▶ **sich auf den ~ machen** head back.

ruck·wei·se *adj* jerkily.

rück·wir·kend *adj* **1.** *fin (Zahlung)* backdated; **2.** *jur (Gesetz)* retrospective; **Rück·wir·kung** *f (Auswirkung)* repercussion; ▶ **die Gehaltszahlung erfolgt mit ~ vom ...** salary payment will be backdated to ...; **rück·zahl·bar** *adj* repayable; **Rück·zah·lung** *f* **1.** *(von Schulden)* repayment; **2.** *(Rückvergütung)* refund.

Rück·zie·her *m:* ▶ **e-n ~ machen** *fig* climb down.

Rück·zug *m* retreat; ▶ **auf dem ~** in the retreat.

Rü·de ['ry:də] ‹-n, -n› *m zoo* male.

rü·de ['ry:də] *adj* impolite, rude.

Ru·del ['ru:dəl] ‹-s, -› *n (Hunde, Wölfe)* pack; *(Wild)* herd.

Ru·der ['ru:dɐ] ‹-s, -› *n* **1.** *(Boots~)* oar; **2.** *aero mar (Steuer~)* rudder; ▶ **die ~ einziehen** ship oars; **ans ~ kommen** *fig* take over the helm; **Ru·der·boot** *n Br* rowing-boat, *Am* row boat; **Ru·de·rer** *m* oarsman, rower; **ru·dern** *itr* row; ▶ **mit den Armen ~** wave one's arms about; **Ru·der·re·gat·ta** *f* rowing regatta.

Ruf [ru:f] ‹-(e)s, -e› *m* **1.** call; *(Schrei)* cry, shout; **2.** *fig (Ansehen)* reputation; ▶ **e-n guten ~ haben** have a good reputation; **jdn in schlechten ~ bringen** give s.o. a bad name.

ru·fen *irr* **I** *tr (herbei~)* call; ▶ **ins Gedächtnis ~** call to mind; **~ lassen** send for ...; **II** *itr (schreien)* cry, shout; ▶ **um Hilfe ~** cry for help; **wie gerufen kommen** be just what one needed.

Ruf·mord *m* character assassination; **Ruf·na·me** *m* forename; **Ruf·num·mer** *f tele* telephone number; **Ruf·wei·te** *f:* ▶ **in ~** within earshot; **Ruf·zei·chen** *n tele* ringing tone.

Rü·ge ['ry:gə] ‹-, -n› *f (leichter Tadel)* rebuke; ▶ **jdm e-e ~ erteilen** rebuke s.o. (*wegen* for); **rü·gen** *tr* reprimand (*wegen* for).

Ru·he ['ru:ə] ‹-› *f* **1.** *(Schweigen)* quiet; *(Stille)* silence; **2.** *(innere ~)* calm, calmness; **3.** *(Erholung)* rest; ▶ **in ~ lassen** let alone; **er ist immer die ~ selbst** he's as cool as a cucumber; **er hat die ~ weg** *fam* he takes his time; **immer mit der ~!** keep calm! **~, bitte!** quiet, please! **ich brauche meine ~** I need a bit of peace; **laß mich in ~!** stop bothering me! **zur ~ kommen** get some peace; **die ~ weghaben** *fam* be unflappable; **immer mit der ~!** don't panic!

Ru·he·ge·halt *n* pension; **ru·he·los** *adj* restless; **Ru·he·lo·sig·keit** *f* restlessness.

ru·hen *itr* **1.** rest; **2.** *jur* be suspended.

Ru·he·pau·se *f* break; ▶ **e-e ~ einlegen** have a break; **Ru·he·stand** *m* retirement; ▶ **jdn in den ~ versetzen** retire s.o.; **Ru·he·ständ·ler(in)** *m (f) fam* retired person; **Ru·he·stel·lung** *f* resting position; **Ru·he·stö·rung** *f jur* disturbance of the peace; **Ru·he·tag** *m (von Restaurant etc)* closing day.

ru·hig *adj* **1.** *(gelassen)* calm; **2.** *(geräuschlos)* quiet; ▶ **da kannst du ganz ~ sein, ...** I can assure you ...; **bleib ~!** keep calm! **er sprach mit ~er Stimme** he spoke calmly; **ihr könnt ~ dableiben** feel free to stay here.

Ruhm [ru:m] ‹-(e)s› glory; ▶ **~ erlangen** come to fame.

rüh·men ['ry:mən] **I** *tr (loben)* praise; **II** *refl:* ▶ **sich e-r Sache ~** boast of s.th.

rühm·lich *adj* praiseworthy; ▶ **e-e ~e Ausnahme sein** be a notable exception.

ruhm·los *adj* inglorious; **ruhm·reich** *adj* glorious.

Ruhr [ru:ɐ] ‹-, (-en)› *f med* dysentery.

Rühr·ei *n* scrambled eggs *pl.*

rüh·ren ['ry:rən] **I** *tr* **1.** *(um~)* stir; **2.** *fig (innerlich)* move, touch; ▶ **das rührt mich nicht im mindesten** that leaves me cold; **II** *itr (um~)* stir; **III** *refl* stir; ▶ **hier kann man sich ja nicht ~!** you can't move in here! **rüh·rend** *adj fig (bewegend)* touching; ▶ **das ist ~ von dir!** that's sweet of you!

rüh·rig *adj* active, agile.

Rühr·löf·fel *m* mixing spoon.

rühr·se·lig *adj* sentimental.

Rüh·rung *f* emotion; ▶ **vor ~ nicht sprechen können** be choked with emotion.

Ru·in [ru'i:n] ‹-s› *m* ruin; ▶ **vor dem ~ stehen** be on the brink of ruin; **Ru·ine** [ru'i:nə] ‹-, -n› *f* **1.** *(Gebäude)* ruin; **2.** *fig (Mensch)* wreck; **rui·nie·ren I** *tr* **1.** *(Menschen)* ruin; **2.** *(Kleider)* spoil; **II** *refl* ruin o.s.

rülp·sen ['rʏlpsən] *itr* belch; **Rülp·ser** *m* belch, burp.

Rum [rʊm] ‹-s, -s› *m* rum.

Ru·mä·ne (Ru·mä·nin) [ru'mɛ:nə] ‹-n, -n› *m (f)* Romanian; **Ru·mä·nien** ‹-s› *n* Rumania; **ru·mä·nisch** *adj* Romanian; **Ru·mä·nisch(e)** *n* Romanian.

rum|krie·gen *tr fam:* ▶ **jdn ~** talk s.o. round.

Rum·mel ['rʊməl] ‹-s› *m (Betriebsamkeit)* bustle; ▶ **großen ~ um etw machen** make a great fuss about s.th.; **Rum·mel·platz** *m* fairground.

ru·mo·ren [ru'mo:ren] ‹ohne ge-› *itr* **1.** *(lärmen)* rumble about; **2.** *fig (Vorstellungen)* float about; ▶ **es rumort in meinem Bauch** my stomach is rumbling.

Rum·pel·kam·mer *f* junk room.

rum·peln ['rʊmpəln] *itr* rumble.

Rumpf [rʊmpf, *pl* 'rʏmpfə] ‹-(e)s, ¨-e› *m* **1.** *(Körper, Leib)* trunk; *(Torso)* torso; **2.** *mar (e-s Schiffes)* hull; *aero* fuselage.

Rump·steak ['rʊmpste:k] ‹-s, -s› *n* rump steak.

rum·trei·ben *refl* bum around; **Rum·trei·ber(in)** *m (f)* lay-about.

rund [rʊnt] **I** *adj* round; ▶ **ein ~es Dutzend** a good round dozen; **II** *adv* **1.** *(~herum)* around; **2.** *(etwa)* about; ▶ **heute nacht geht's ~** *(ist viel los)* there'll be a lot on tonight; **Rund·bau** *m (mit Kuppeldach)* rotunda; **Rund·blick** *m* panorama; **Rund·brief** *m* circular.

Run·de ['rʊndə] ‹-, -n› *f* **1.** *(im Rennsport)* lap; **2.** *(Polizeirundgang)* round; **3.** *(beim Boxen)* round; **4.** *(~ Bier)* round; ▶ **über die ~n kommen** *fig* barely make it, scrape by; *sport* go the distance; **e-e ~ ausgeben** stand a round; **etw über die ~n bringen** get s.th. through; **e-e ~ um etw machen** ride round s.th.

run·den I *tr* round; **II** *refl* become round.

rund·er·neu·ern ['----] ‹ohne ge-› *tr (Reifen)* remould.

Rund·fahrt *f* tour; ▶ **e-e ~ machen** go on a tour; **Rund·flug** *m* sightseeing flight.

Rund·funk *m* broadcasting; ▶ **im ~** on the radio; **Rund·funk·an·stalt** *f Br* broadcasting company, *Am* radio station; **Rund·funk·ge·büh·ren** *pl* radio licence fee *sing;* **Rund·funk·pro·gramm** *n* **1.** *(ausgestrahltes ~)* radio programme; **2.** *(Programmzeitschrift)* radio programme guide; **Rund·funk·sen·der** *m* radio station; **Rund·funk·sen·dung** *f* radio programme.

Rund·gang *m* **1.** *(Besichtigung)* tour (*durch* of); **2.** *(Spaziergang)* walk; **3.** *(Inspektions~)* rounds *pl;* ▶ **s-n ~ machen** do one's rounds.

rund·her·aus ['--'-] *adv* bluntly, flatly.

rund·her·um ['--'-] *adv* all round.

rund·lich *adj* plump.

Rund·rei·se *f* tour (*durch* of); **Rund·schrei·ben** *n* circular.

Rund·um·schlag *m a. fig* sweeping blow.

Run·dung *f* curve.

Rund·wan·der·weg *m* circular route.

rund·weg *adv* bluntly, flatly; ► **jdm etw ~ abschlagen** give s.o. a flat refusal.

Ru·ne ['ru:nə] ⟨-, -n⟩ *f* rune; **Ru·nen·schrift** *f* runic writing; **Ru·nen·zei·chen** *n* runic character.

Run·zel ['rʊntsəl] ⟨-, -n⟩ *f* wrinkle; ► **~n bekommen** get wrinkles; **run·ze·lig** *adj* wrinkled; **run·zeln** *tr:* ► **die Stirn ~** frown.

Rü·pel ['ry:pəl] ⟨-s, ⟩ *m* lout; **Rü·pe·lei** *f (Verhalten)* loutishness; **rü·pel·haft** *adj* loutish.

rup·fen ['rʊpfən] *tr:* ► **Unkraut ~** pull up weeds *pl;* **Geflügel~** pluck (chickens, geese etc).

rup·pig ['rʊpɪç] *adj* gruff.

Rü·sche ['ry:ʃə] ⟨-, -n⟩ *f (an Kleidung)* frill, ruche.

Ruß [ru:s] ⟨-es⟩ *m* soot; **Ruß·bil·dung** *f* soot formation.

Rus·se (Rus·sin) ['rʊsə] ⟨-n, -n⟩ *m (f)* Russian.

Rüs·sel ['rʏsəl] ⟨-s, -⟩ *m* snout; *(von Elefant)* trunk; *(von Insekten)* proboscis.

ru·ßen ['ru:sən] *itr* smoke; **ru·ßig** *adj* sooty.

rus·sisch ['rʊsɪʃ] *adj* Russian; **Ruß·land** ['rʊslant] ⟨-s⟩ *n* Russia.

rü·sten ['rʏstən] *itr mil* arm.

Rü·ster ['ry:stɐ] ⟨-, -n⟩ *f (Ulme)* elm.

rü·stig ['rʏstɪç] *adj* sprightly.

Rü·stung[1] *f (Ritter~)* armour.

Rü·stung[2] *f mil (Auf~)* armament.

Rü·stungs·be·gren·zung *f* arms limitation; **Rü·stungs·ex·port** *m* export of armaments; **Rü·stungs·geg·ner(in)** *m (f)* supporter of disarmament; **Rü·stungs·in·du·strie** *f* armaments industry; **Rü·stungs·kon·trol·le** *f* arms control; **Rü·stungs·kon·troll·ver·hand·lungen** *pl* arms control talks.

Ru·te ['ru:tə] ⟨-, -n⟩ *f* **1.** *(Stock)* rod; *(Gerte)* switch; **2.** *(zoo: Penis)* penis; **3.** *(Tierschwanz)* tail; *(Fuchs~)* brush; **Ru·ten·gän·ger(in)** *m (f)* dowser; **Ru·ten·ge·hen** *n* dowsing.

Rutsch [rʊtʃ] ⟨-(e)s, -e⟩ *m* **1.** *(Ab~)* slide; **2.** *(Erd~)* landslide; **3.** *pol* shift; ► **guten ~!** Happy New Year! **Rutsch·bahn** *f (für Kinder)* slide; **Rut·sche** *f a. tech* slide; **rut·schen** ⟨sein⟩ *itr* **1.** *(gleiten)* slide; **2.** *(aus~)* slip; *mot* skid; ► **rutsch mal'n Stück!** *fam* shove up a bit! **rutsch·fest** *adj* non-slip; **rut·schig** *adj* slippery.

rüt·teln ['rʏtəln] *itr (wackeln, zittern)* shake; *(Fahrzeug)* jolt; ► **an etw ~** rattle at s.th.; **daran gibt's nichts zu ~!** *fig fam* there's no doubt about that!

Rüt·tel·sieb *n tech* vibrating screen.

S

S, s [ɛs] ‹-, -› *n* S, s.
S-Bahn *f* **1.** *(Zug)* suburban train; **2.** *(System)* suburban train system.
Saal [za:l, *pl* 'zɛ:lə] ‹-(e)s, Säle› *m* hall; *(Theater~)* auditorium.
Saat [za:t] ‹-, -en› *f* **1.** *(das Säen, die Aussaat)* sowing; **2.** *(das Ausgesäte)* seed; **3.** *(Getreide auf dem Halm)* young crops *pl;* ▶ **die ~ für etw legen** *fig* sow the seed of s.th.; **Saat·gut** *n* seeds *pl.*
Sab·bat ['zabat] ‹-s, -e› *m rel* Sabbath.
sab·bern *itr fam* slobber.
Sä·bel ['zɛ:bəl] ‹-s, -› *m Br* sabre, *Am* saber; ▶ **krummer ~** scimitar; **mit dem ~ rasseln** *fig* rattle the sabre.
Sa·bo·ta·ge [zabo'ta:ʒə] ‹-, -n› *f* sabotage; **Sa·bo·ta·ge·akt** *m* act of sabotage; **Sa·bo·teur(in)** *m (f)* saboteur; **sa·bo·tie·ren** *tr* sabotage.
Sach·be·ar·bei·ter *m (auf Ämtern)* official in charge *(für* of); **Sach·be·ar·bei·te·rin** *f (in Büro)* clerical assistant; **Sach·be·schä·di·gung** *f* damage to property; **Sach·buch** *n* non-fiction; **sach·dien·lich** *adj* useful; ▶ **es ist nicht ~, wenn ...** it won't help the matter, if ...; **~er Hinweis** useful clue.
Sa·che ['zaxə] ‹-, -n› *f* **1.** *(Ding)* thing; *(Gegenstand)* object; **2.** *(Angelegenheit)* matter; ▶ **~n** *pl (Besitz)* things; *(Kleider)* clothes; **kommen wir zur ~!** let's get to the point! **das ist Ihre ~** that's your problem; **das gehört nicht zur ~** that's beside the point; **das tut nichts zur ~** it's of no account; **das ist nicht jedermanns ~** that's not to everybody's taste; **mit 120 ~n** *fam* at 120 kilometres per hour; **mach keine ~n!** don't be silly! **da ist noch die ~ mit meinen Ausgaben ...** there's the matter of my expenses ...; **die ~ ist ernst** it's a serious matter; **s-e ~ verstehen** know one's business; **das ist meine ~!** that's my business! **sie mag süße ~n** she likes sweet things; **ich muß mir die ~ überlegen** I must think things over *pl;* **bei der ~ sein** be on the ball; **sich s-r ~ sicher sein** be sure of one's grounds *pl.*
Sach·ge·biet *n* area; **sach·ge·mäß** *adj* appropriate, proper; ▶ **bei ~er Anwendung** if used properly; **Sach·kennt·nis** *f* **1.** *allg (Fachwissen)* knowledge of the subject; **2.** *(Kenntnis der Sachlage)* knowledge of the facts; **sach·kun·dig** *adj* well-informed; **Sach·la·ge** *f* situation, state of affairs.
sach·lich *adj* **1.** *(sachbezogen)* relevant; **2.** *(objektiv)* objective; **3.** *arch* functional; **4.** *(unparteiisch)* impartial; ▶ **bleib mal ~!** don't get personal!
säch·lich ['zɛçlıç] *adj gram* neuter.
Sach·lich·keit *f (Objektivität)* objectivity.
Sach·män·gel *pl* material defects; **Sach·scha·den** *m* damage to property.
Sach·se ['zaksə] ‹-n, -n› *m* Saxon; **Sach·sen** *n* Saxony; **Säch·sin** ['zɜksın] ‹-, -nen› *f* Saxon; **säch·sisch** ['zɛksıʃ] *adj* Saxon.
sacht(e) *adj* **1.** *(sanft)* gentle; **2.** *(vorsichtig)* cautious; ▶ **nun mal ~!** take it easy! **~, ~!** come, come!
Sach·ver·halt *m* facts *pl;* **Sach·ver·stän·di·ge(r)** ‹-n, -n› *f m* expert, specialist; *jur* expert witness; **Sach·ver·stän·di·gen·gut·ach·ten** *n* specialist report; **Sach·wert** *m* **1.** real *od* intrinsic value; **2.** *pl* material assets; **Sach·zwang** *m* practical constraint, situational requirement.
Sack [zak, *pl* 'zɛkə] ‹-(e)s, ⸚e› *m* **1.** *(aus Jute)* sack; *(aus Papier etc)* bag; **2.** *vulg (Hoden)* balls *pl;* ▶ **fauler ~!** *fig fam* lazy bugger! **jdn in den ~ stecken** *fig fam* put s.o. in the shade; **die Katze im ~ kaufen** *fig fam* buy a pig in a poke; **Sack·bahn·hof** *m* terminus.
Säck·chen ['zɛkçən] *n* little bag.
Säckel (k·k) *m (Beutel)* bag; *(Geld~)* moneybag.
Sack·gas·se *f* **1.** blind alley, dead end; **2.** *fig* dead end; ▶ **in e-e ~ gelangen** *a. fig* finish up a blind alley; *pol* reach an impasse; **wir stecken in e-r ~** *fig* we've come to a dead end; **Sack·hüp·fen** *n* sack-race; **Sack·kar·re** *f* handcart.
Sa·dis·mus [za'dısmʊs] ‹-› *m* sadism; **Sa·dist(in)** *m (f)* sadist; **sa·di·stisch** *adj* sadistic.
sä·en ['zɛ:ən] *tr* sow; ▶ **dünn gesät** *fig* few and far between.
Sa·fa·ri [za'fa:ri] ‹-, -s› *f* safari.
Saf·fi·an ['zafia(:)n] ‹-s› *m (Leder)* morocco.
Saft [zaft, *pl* 'zɛftə] ‹-(e)s, ⸚e› *m* **1.** *(Obst~)* juice; *(Pflanzen~)* sap; *(Flüssigkeit)* liquid; **2.** *sl (Strom, Kraftstoff)* juice; **3.** *vulg (Sperma)* come; **saf·tig** *adj* **1.** *(voll von Saft)* juicy; **2.** *fig* lush; ▶ **e-e ~e Rechnung** a hefty bill.
Saft·la·den *m sl pej* dump.
Saft·sack *sl (Schimpfwort)* sod.

Sa·ge ['za:gə] ‹-, -n› *f* legend; ► **es geht die ~, daß ...** rumour has it that ...
Sä·ge ['zɛ:gə] ‹-, -n› *f* saw; **Sä·ge·blatt** *n* saw blade; **Sä·ge·bock** *m Br* saw-horse, *Am* sawbuck; **Sä·ge·mehl** *n* sawdust.
sa·gen ['za:gən] *tr* **1.** *(äußern)* say; *(mitteilen)* tell; **2.** *(bedeuten)* mean; ► **sagen wir ...** suppose, say ... **das Bild sagt mir zu** I like the picture; **Ich habe ihm ~ lassen ...** I had word sent to him ...; **ich habe mir ~ lassen ...** as far as I've heard ...; **er läßt sich nichts ~** he won't listen to reason; **sie hat nichts zu ~** she has no say in the matter; **das hat nichts zu ~** it's of no account; **sage und schreibe ...** really and truly ...; **sag mal ...** say, ...; **sag bloß!** you don't say! **wem ~ Sie das!** you don't need to tell me that! **das kann man wohl ~!** you're telling me! **sag bloß nicht, daß du nicht kommen kannst!** don't tell me you can't come! **das sagt mir alles** that tells me all I need to know; **Sie haben mir nicht zu ~, was ich tun soll!** don't you tell me what to do!
sä·gen *itr* **1.** *(Holz~)* saw; **2.** *fig fam (schnarchen) Br* snore, *Am* saw wood.
sa·gen·haft *adj* **1.** *(legendär)* legendary; **2.** *fig fam (enorm)* terrific.
Sä·ge·spä·ne *pl* wood shavings; **Sä·ge·werk** *n* sawmill.
Sah·ne ['za:nə] ‹-› *f* cream; ► **die ~ abschöpfen** skim the cream off.
Sai·son [zɛ'zõ(:)/zɛ'zɔŋ] ‹-, -s› *f* season; **Sai·son·ar·bei·ter(in)** *m (f)* seasonal worker; **sai·son·be·dingt** *adj* seasonal.
Sai·te ['zaɪtə] ‹-, -n› *f* string; ► **andere ~n aufziehen** *fig* get tough; **Sai·ten·in·stru·ment** *n* stringed instrument.
Sak·ko ['zako] ‹-s, -s› *m Br* sports jacket (*Am* coat).
Sa·kra·ment [zakra'mɛnt] ‹-(e)s, -e› *n rel* sacrament.
Sa·kri·stei [zakrɪs'taɪ] *f* sacristy.
Sa·la·man·der [zala'mandɐ] ‹-s, -› *m zoo* salamander.
Sa·la·mi [za'la:mi] ‹-, -(s)› *f* salami; **Sa·la·mi·tak·tik** *f pol* piecemeal tactics *pl.*
Sa·lat [za'la:t] ‹-(e)s, -e› *m* **1.** *(Speise)* salad; **2.** *(Pflanze)* lettuce; ► **da haben wir den ~!** *fig fam* what did I tell you! **Sa·lat·be·steck** *n* salad-servers *pl;* **Sa·lat·gur·ke** *f* cucumber; **Sa·lat·schleu·der** *f* salad drainer; **Sa·lat·schüs·sel** *f* salad bowl; **Sa·lat·so·ße** *f* salad dressing.
Sal·be ['zalbə] ‹-, -n› *f* ointment.
Sal·bei ['zalbaɪ] ‹-s› *m bot* sage.
sal·bungs·voll *adj* unctuous.
Sal·do ['zaldo] ‹-s, -den/-s/-di› *m fin* balance; ► **per ~** on balance.
Sa·li·ne [za'li:nə] ‹-, -n› *f* salt-works *pl.*
Salm [zalm] ‹-(e)s, -e› *m zoo* salmon.
Sal·miak ['zalmjak] ‹-s› *m* sal ammoniac; **Sal·miak·geist** ‹-(e)s› *m* ammonia.
Sal·mo·nel·len [zalmo'nɛlən] *pl* salmonellae *pl;* **Sal·mo·nel·len·ver·gif·tung** *f* salmonellae poisoning.
Sa·lon [za'lõ:/za'lɔŋ] ‹-s, -s› *m* **1.** *(Gesellschaftszimmer) obs Br* drawing-room, *Am* parlor; **2.** *mar* saloon; **3.** *com (Friseur~ etc)* salon; **sa·lon·fä·hig** *adj:* ► **der Witz ist nicht ~** it's a naughty joke.
sa·lopp [za'lɔp] *adj (nachlässig)* sloppy, slovenly; *(Ausdruck, Sprache)* slangy; ► **~e Kleidung** casual wear.
Sal·pe·ter [zal'pe:tɐ] ‹-s› *n chem* nitre.
Sal·pe·ter·säu·re *f* nitric acid.
Sal·to ['zalto] ‹-s, -s/-ti› *m* somersault; ► **e-n ~ machen** do a somersault.
Sa·lut [za'lu:t] ‹-(e)s, -e› *m* salute; ► **~ schießen** fire a salute; **sa·lu·tie·ren** *tr itr* salute.
Sal·ve ['zalvə] ‹-, -n› *f mil* volley; ► **e-e ~ auf jdn abschießen** fire a salvo at s.o.
Salz [zalts] ‹-es, -e› *n* salt; **salz·arm** *adj* low-salt; ► **~ leben** live on a low-salt diet.
sal·zen *tr* salt.
Salz·fäß·chen *n* salt-cellar; **Salz·ge·halt** *m* salt content; **salz·hal·tig** *adj (Gestein)* saline.
sal·zig *adj* salty.
Salz·kar·tof·feln *pl* boiled potatoes; **Salz·säu·re** *f* hydrochloric acid; **Salz·stan·ge** *f* pretzel stick; **Salz·streu·er** *m Br* salt-sprinkler, *Am* salt-shaker; **Salz·was·ser** *n* saltwater.
Sa·me(n) ['za:mən] ‹-s, › *m* **1.** *bot a. fig* seed; **2.** *zoo* sperm; **3.** *(Sperma)* semen; **Sa·men·bank** *f* sperm bank; **Sa·men·er·guß** *m* ejaculation; **Sa·men·korn** *n* seed; **Sa·men·spen·der** *m* sperm donor; **Sa·men·strang** *m anat* spermatic cord.
Sam·mel·an·schluß *m tele* private exchange; **Sam·mel·band** *m* **1.** *(Anthologie)* anthology; **2.** *(Hefter für Broschüren etc)* bound volume; **Sam·mel·becken (k·k)** *n* **1.** *(Behälter)* collecting tank; **2.** *fig* melting pot (*von* for); **Sam·mel·be·griff** *m* collective name; **Sam·mel·be·stel·lung** *f* collective order; **Sam·mel·büch·se** *f* collecting box.
sam·meln ['zaməln] **I** *tr* **1.** *(auf~, ernten)* gather; **2.** *(an~)* collect; ► **E. A. Poe's gesammelte Werke** the collected works of E.A. Poe; **Kräfte ~** gather one's strength; **II** *refl* **1.** *(sich ver~)* gather; **2.** *(sich an~)* collect; ► **sich ~** *(sich konzentrieren)* collect one's thoughts.
Sam·mel·num·mer *f tele* switchboard number; **Sam·mel·su·ri·um**

[-ˈzuːriʊm] *n fam* conglomeration; **Sam·mel·tank** *m* collection tank.

Samm·ler *m* collector; **Samm·ler·stück** *n* collector's item.

Samm·lung *f* **1.** *(~ von Sammelstükken)* collection; **2.** *(Anthologie)* anthology; **3.** *fig (innere Fassung)* composure; ▶ **e-e ~ für etw durchführen** hold a collection for s.th.

Sams·tag [ˈzamstaːk] *m* Saturday; ▶ **~s** on Saturdays *pl.*

Samt [zamt] ‹-(e)s, -e› *m* velvet; ▶ **in ~ u. Seide** in silks and satin.

samt [zamt] **I** *prp fam (zusammen mit)* complete with ...; **II** *adv:* ▶ **ich hab' die Nase von euch ~ und sonders voll!** I'm fed up with you lot!

Samt·hand·schuh *m* velvet glove; ▶ **jdn mit ~en anfassen** *fig* kid-glove s.o.

sämt·lich [ˈzɛmtlɪç] *adj (alle)* all; ▶ **~e Kinder** all the children; **~e Anwesenden** all those present.

Sa·na·to·r·ium [zanaˈtoːriʊm] *n* sanatorium.

Sand [zant] ‹-(e)s, -e› *m* sand; ▶ **etw in den ~ setzen** *fig fam* muck s.th. up; **im ~e verlaufen** *fig* come to nothing; **jdm ~ in die Augen streuen** *fig* throw sand into someone's eyes.

San·da·le *f* sandal.

San·da·let·te [zandaˈlɛtə] ‹-, -n› *f* high-heeled sandal.

Sand·bank *f* sandbank, sandbar; **Sand·dorn** *m* sea buckthorn; **Sand·hau·fen** *m* pile of sand.

san·dig *adj* sandy.

San·di·nist(in) *m (f)* sandinista.

Sand·ka·sten *m* **1.** *Br* sandpit, *Am* sand box; **2.** *mil* sand table; **Sand·korn** *n* grain of sand.

Sand·ku·chen *m* Madeira cake.

Sand·mann ‹-(e)s› *m* sandman.

Sand·pa·pier *n* sandpaper.

Sand·sack *m* sandbag; *sport (beim Boxen)* punchbag; **Sand·stein** *m* sandstone; **sand·strah·len** [ˈ---] *tr* sandblast; **Sand·strand** *m* sandy beach; **Sand·sturm** *m* sandstorm; **Sand·uhr** *f* hourglass; **Sandwü·ste** *f* (sandy) desert.

sanft [zanft] *adj* **1.** *(weich)* soft; **2.** *(leicht)* gentle; **3.** *fig (mild)* mild; ▶ **mit jdm ~ umgehen** be gentle with s.o.

Sänf·te [ˈzɛnftə] ‹-, -n› *f* sedan-chair; **Sänf·ten·trä·ger** *m* sedan-bearer.

sanft·mü·tig *adj* meek.

sang- und klang·los *adv fig* without any ado.

Sän·ger(in) *m (f) Br* singer, *Am* vocalist.

sa·nie·ren [zaˈniːrən] *tr* **1.** *(Stadtgebiet)* redevelop; **2.** *com* put on it's feet; **Sa·nie·rung** *f* **1.** *(von Stadtgebiet)* redevelopment; **2.** *com* rehabilitation; **3.** *med* sanitation; **Sa·nie·rungs·ge·biet** *n* renewal area; **Sa·nie·rungs·maß·nah·me** *f* sanitation measures *pl.*

sa·ni·tär [zaniˈtɛːɐ] *adj:* ▶ **~e Verhältnisse** sanitary conditions; **~e Anlagen** sanitation facilities.

Sa·ni·tä·ter *m (zivil)* first-aid attendant; *mil* medical orderly.

Sa·ni·täts·dienst *m mil:* ▶ **er ist im ~** he's in the medical corps; **Sa·ni·täts·we·sen** *n* medical services *pl.*

Sank·tion [zaŋkˈtsjoːn] *f* sanction; ▶ **~en gegen jdn verhängen** take sanctions against s.o.

sank·tio·nie·ren *tr* sanction; ▶ **etw ~** give one's sanction to s.th.

Sa·phir [zaˈfiːɐ] ‹-s, -e› *m* sapphire.

Sar·del·le [zarˈdɛlə] ‹-, -n› *f* anchovy; **Sar·del·len·pa·ste** *f* anchovy paste.

Sar·di·ne [zarˈdiːnə] ‹-, -n› *f* sardine; **Sar·di·nen·büch·se** *f* sardine-tin.

Sar·di·nien [zarˈdiːniən] *n* Sardinia; **sar·disch** *adj* Sardinian.

Sarg [zark, *pl* ˈzɛrgə] ‹-(e)s, ⸚e› *m Br* coffin, *Am* casket.

Sar·kas·mus [zarˈkasmʊs] ‹-ses, -men› *m* sarcasm; **sar·ka·stisch** *adj* sarcastic.

Sar·ko·phag [zarkoˈfaːk] ‹-s, -e› *m* sarcophagus.

Sa·tan [ˈzaːtan] ‹-s, -e› *m* Satan; **sa·ta·nisch** *adj* satanic.

Sa·tel·lit [zatɛˈliːt] ‹-en, -en› *m* satellite; **Sa·te·li·ten·bild** *n TV* satellite picture; **Sa·tel·li·ten·fern·se·hen** *n* satellite television; **Sa·tel·li·ten·staat** *m* satellite state; **Sa·tel·li·ten·stadt** *f* satellite town.

Sa·tin [saˈtɛ̃ː] ‹-s, -s› *m* satin.

Sa·ti·re [zaˈtiːrə] ‹-, -n› *f* satire (*auf* on); **Sa·ti·ri·ker(in)** ‹-s, -› *m (f)* satirist; **sa·ti·risch** *adj* satirical.

satt [zat] *adj* **1.** *(gesättigt)* full; **2.** *fig (kräftig)* rich; ▶ **ich bin ~** I've had enough; **etw ~ haben** be fed up with s.th.; **sich (an etw) ~ essen** eat one's fill (of s.th.); **ich kann mich nicht daran ~ sehen** I can't see enough of it.

Sat·tel [ˈzatəl, *pl* ˈzɛtəl] ‹-s, ⸚› *m* saddle; ▶ **jdn in den ~ heben** *a. fig* give s.o. a leg up; **fest im ~ sitzen** *fig* be firmly in the saddle; **Sat·tel·dach** *n* saddle roof; **sat·tel·fest** *adj:* ▶ **~ sein in ...** *fig* have a firm grasp of ...

sat·teln *tr* saddle.

Sat·tel·schlep·per *m Br* articulated lorry, *Am* semitrailer; **Sat·tel·ta·sche** *f* **1.** *(an Pferdesattel)* saddlebag; **2.** *(an Zweiradsattel)* pannier.

sät·ti·gen [ˈzɛtɪgən] **I** *tr* **1.** *(Person)* make replete; **2.** *fig (stillen)* satisfy; **3.** *chem* saturate; **II** *itr* be filling; **sät·ti·gend** *adj* filling; **Sät·ti·gung** *f* **1.** *(Sattsein)* repletion; **2.** *com chem (a. von Farbe)* saturation.

Satt·ler(in) *m (f)* **1.** *(Sattelmacher)* saddler; **2.** *(Polsterer)* upholsterer.

Satz [zats, *pl* 'zɛtsə] ‹-es, ¨-e› *m* **1.** *gram* sentence; **2.** *typ (das Gesetzte)* type; **3.** *sport (Tennis~)* set; **4.** *(Boden~)* dregs *pl; (Kaffee~)* grounds *pl;* **5.** *mus* movement; **6.** *(Sprung)* jump, leap; **7.** *fin (Gebühr)* charge; ▸ **e-n ~ machen** jump, leap; **Satz·bau** *m gram* sentence construction; **Satz·be·fehl** *m typ* typographical command; **Satz·her·stel·lung** *f typ* typsetting; **Satz·leh·re** *f gam* syntax; **Satz·spie·gel** *m typ* type area; **Satz·teil** *m gram* constituent (of a sentence).

Sat·zung *f* **1.** *(von Körperschaften)* statutes *pl;* **2.** *(von Vereinen, Gesellschaften etc)* rules *pl;* **sat·zungs·gemäß** *adj* according to the statutes (*od* rules).

Satz·ver·lust *m sport* loss of a set.

Satz·zei·chen *n gram* punctuation mark.

Sau [zaʊ, *pl* 'zɔɪə] ‹-, ¨-e› *f* **1.** *zoo* sow; **2.** *fig (Schimpfwort)* dirty swine; ▸ **zur ~ machen** *fam* smash up; **das war unter aller ~!** *fam* that was bloody awful! **Sau·ban·de** *f fam* gang of hoodlums.

sau·ber ['zaʊbɐ] *adj* **1.** *(rein)* clean; **2.** *fig fam (nicht übel)* great; **3.** *(gut gearbeitet)* accurate; ▸ **e-e ~e Bescherung** a fine (*od* pretty *od* nice) mess; **ist der Hund auch ~?** is the dog house-trained? **sauber|halten** *tr* keep clean; **Sau·ber·keit** *f* **1.** *(Reinheit)* cleanness; **2.** *fig (Sauberkeit im Hause)* cleanliness; **Sau·ber·keits·fim·mel** *m fam* mania for cleanliness; ▸ **einen ~ haben** have a thing about cleanliness.

säu·ber·lich ['zɔɪbɐlɪç] *adv* ▸ **fein ~** neatly and tidily.

Sau·ber·mann *m fig* Mr. Clean.

säu·bern ['zɔɪbɐn] *tr* **1.** *(reinigen)* clean (*etw von etw* s.th. off s.th.); **2.** *mil (ein Gebiet von Feindtruppen ~)* clear (*von* of); **Säu·be·rung** *f* **1.** *(Reinigung)* cleaning; **2.** *fig pol* purge.

Sau·boh·ne *f bot* broad bean.

Sau·ce ['zo:sə] ‹-, -n› *f* sauce.

Sau·di-Ara·bien ['zaʊdi-] *n* Saudi-Arabia; **sau·di-ara·bisch** *adj* Saudi-Arabian.

sau·dumm ['-'-] *adj fam* damn stupid.

sau·er ['zaʊɐ] *adj* **1.** *(nicht süß)* sour; **2.** *chem* acidic; **3.** *fig fam (ärgerlich)* cross (*auf* with); ▸ **~ auf etw reagieren** *fig* take s.th. amiss; **saure Gurken** pickled cucumber; ▸ **saurer Regen** acid rain; **Sau·er·amp·fer** *m bot* sorrel; **Sau·er·bra·ten** *m Br* braised beef, *Am* sauerbraten.

Saue·rei [zaʊə'raɪ] *f fam:* ▸ **so 'ne ~!** it's a bloody scandal! **e-e schöne ~ ist das hier drin!** it's a mess in here!

Sau·er·kir·sche *f* sour cherry; **Sau·er·kraut** *n* pickled cabbage, sauerkraut.

säu·er·lich ['zɔɪɐlɪç] *adj* sour.

Sau·er·milch *f* sour milk.

Sau·er·stoff *m* oxygen; **Sau·er·stoff·ge·rät** *n* **1.** *med* respirator; **2.** *(für Taucher)* oxygen cylinder; **Sau·er·stoff·man·gel** *m* **1.** *med* oxygen deficiency; **2.** *(~ der Luft)* lack of oxygen; **Sau·er·stoff·mas·ke** *f* oxygen mask.

Sau·er·teig *m* leaven.

sau·fen ['zaʊfən] *irr tr itr sl* booze.

Säu·fer ['zɔɪfɐ] ‹-s, -› *m* boozer.

Sau·fe·rei *f sl* booze-up.

Saug·bag·ger *m* suction dredge(r).

sau·gen ['zaʊgən] *irr itr tr* **1.** *(ein~)* suck; **2.** *(mit Staubsauger)* vacuum, *fam* hoover; ▸ **an etw ~** suck s.th.; **sich etw aus den Fingern ~** *fig* dream s.th. up.

säu·gen ['zɔɪgən] *tr* suckle.

Sau·ger *m* **1.** *(auf Flasche) Br* teat, *Am* nipple; **2.** *fam (Staub~)* vacuum, Hoover *Wz.*

Säu·ge·tier *n* mammal.

saug·fä·hig *adj* absorbent.

Säug·ling ['zɔɪklɪŋ] *m* baby; **Säug·lings·ba·de·wan·ne** *f* baby bath; **Säug·lings·pfle·ge** *f* babycare; **Säug·lings·schwe·ster** *f* infant nurse.

Sau·käl·te ['-'--] *f fam* ▸ **was für e-e ~!** it's bloody freezing!

Säu·le ['zɔɪlə] ‹-, -n› *f* column; **Säu·len·gang** *m* colonnade; *(Innenhof)* perystile; **Säu·len·hal·le** *f* **1.** *(Halle mit Säulen)* columned hall; **2.** *(am Eingang)* portico.

Saum [zaʊm, *pl* 'zɔɪmə] ‹-(e)s, ¨-e› *m* **1.** *(Näh~)* seam; **2.** *(Einfassung)* hem.

sau·mä·ßig *adj fam* lousy.

säu·men[1] ['zɔɪmən] *tr (einfassen)* hem.

säu·men[2] *itr (zaudern)* tarry; **säu·mig** *adj:* ▸ **~er Zahler** defaulter.

Sau·na ['zaʊna] ‹-, -s/Saunen› *f* sauna; **sau·nie·ren** *itr* have a sauna.

Säu·re ['zɔɪrə] ‹-, -n› *f* **1.** *(von Frucht, Speise)* sourness; **2.** *chem* acid; **säu·re·be·stän·dig** *adj* acid-proof; **säu·re·hal·tig** *adj* acidic.

Sau·re·gur·ken·zeit [--'---] *f fig fam* silly season.

Saus [zaʊs] *m:* ▸ **in ~ und Braus leben** live like a lord.

säu·seln ['zɔɪzəln] *itr* **1.** *(Blätter im Wind)* rustle; **2.** *(Wind in den Bäumen)* whisper; **3.** *(Stimme)* purr; ▸ **mit ~der Stimme** in a purring voice.

sau·sen ['zaʊzən] ‹sein› *itr* **1.** *(Mensch: eilen)* tear; *(Fahrzeug)* roar; **2.** *(durch die Luft ~)* whistle; ▸ **etw ~ lassen** *fam* drop s.th.

Sau·stall *m fam* pigsty; **Sau·wet·ter** *n fam* bloody weather; **sau·wohl** ['-'-] *adj fam:* ▸ **sich ~ fühlen** feel bloody good.

Sa·van·ne [za'vanə] ‹-, -n› *f* savanna(h).

Sa·xo·phon [zakso'fo:n] ‹-s, -e› *n* saxophone; **Sa·xo·pho·nist** *m* saxophone player.

SB *(in Zssgn)* self-service.

S-Bahn *f rail* suburban railway.

Scha·be ['ʃa:bə] ‹-, -n› *f zoo* cockroach.

scha·ben ['ʃa:bən] *tr* scrape.

Scha·ber·nack ['ʃa:bɐnak] ‹-(e)s, -e› *m:* ► **jdm e-n ~ spielen** play a prank on s.o.

schä·big ['ʃɛ:bɪç] *adj* **1.** *(fadenscheinig)* shabby; **2.** *fig (gemein) Br* mean, *Am* tacky.

Scha·blo·ne [ʃa'blo:nə] ‹-, -n› *f (Wachs~)* stencil; ► **ich laß' mich nicht gern in e-e ~ zwängen** *fig* I don't like being stereotyped; **scha·blo·nen·haft** *adj:* ► **er kann nur ~ denken** he can only think in stereotypes.

Schach [ʃax] ‹-s, -s› *n* **1.** *(Spiel)* chess; **2.** *(Spielstellung)* check; ► **jdn in ~ halten** *fig* stall s.o.; *(mit Waffe)* keep s.o. covered; **spielst du ~?** can you play chess? **Schach·brett** *n* chessboard; **Schach·brett·mu·ster** *n* checkered pattern; **Schach·fi·gur** *f* **1.** chessman; **2.** *fig* pawn; *fig pol* figurehead; **schach·matt** ['-'-] *adj* **1.** *(im Spiel)* mated; **2.** *fig (erledigt)* knackered; **Schach·par·tie** *f* game of chess; **Schach·spie·ler(in)** *m (f)* chess-player.

Schacht [ʃaxt, *pl* 'ʃɛçtə] ‹-(e)s, ⸚e› *m* **1.** *(Bergwerks~)* shaft; **2.** *(Kanal~)* drain; **3.** *(Einstiegs~)* manhole.

Schach·tel ['ʃaxtəl] ‹-, -n› *f* box; ► **alte ~!** *fig fam pej* old frump! **e-e ~ Zigaretten** a packet of cigarettes; **Schach·tel·halm** *m* horsetail.

Schach·zug *m a. fig* move.

scha·de ['ʃa:də] *adj:* ► **wie ~!** that's a shame! **es ist sehr ~** it's a great pity; **es ist ~ um ihn** it is a pity about him; **um den ist es nicht ~** he's no great loss; **es ist ~ um das schöne Geld** what a shame that such money should go to waste; **sich für etw zu ~ sein** consider oneself too good für s.th. **das Buch ist für ein so kleines Kind zu ~** the book is too valuable to be given to such a young child.

Schä·del ['ʃɛ:dəl] ‹-s, -› *m* **1.** *anat* skull; **2.** *(Toten~)* death's head; ► **jdm den ~ einschlagen** knock out someone's brains *pl;* **mir brummt der ~** my head is throbbing; **Schä·del·bruch** *m* fractured skull; **Schä·del·decke (k·k)** *f* top of the skull.

Scha·den ['ʃa:dən, *pl* 'ʃɛ:dən] ‹-s, ⸚› *m* damage (*durch* caused by, *an* to); ► **jdm ~ zufügen** do harm to s.o.; **großen ~ anrichten** do a lot of damage; **den ~ wiedergutmachen** make good the damage.

scha·den *itr* **1.** *(Schaden zufügen)* damage; **2.** *(schädlich sein)* harm; ► **das hat s-m Ruf sehr geschadet** that did a lot of damage to his reputation; **Rauchen schadet der Gesundheit** smoking can damage your health; **es wird mehr ~ als nützen** it will do more harm than good; **was kann denn das ~?** where's the harm in that? **das schadet dir gar nichts** it serves you right.

Scha·den·er·satz *m* compensation; ► **jdn auf ~ verklagen** claim compensation from s.o.; **~ leisten** pay compensation; **scha·den·er·satz·pflich·tig** *adj* liable for damages; **Scha·den·frei·heits·ra·batt** *m* no-claims bonus; **Scha·den·freu·de** *f* malicious joy; **scha·den·froh** *adj* gloating; ► **ein ~er Blick** a gloating look in her (*od* his) eyes; **Scha·dens·be·gren·zung** *f* damage containment.

schad·haft *adj (beschädigt)* damaged; *(Material)* defective, faulty.

schä·di·gen ['ʃɛ:dɪgən] *tr* **1.** *fig* damage; **2.** *(verletzen)* hurt, injure; ► **sich auf etw ~d auswirken** be damaging to s.th.; **Schä·di·gung** *f* **1.** *fig* damage; **2.** *(Verletzung)* harm; ► **die ~ s-s Rufes** the damage to his reputation.

schäd·lich *adj* damaging, harmful (*für* to); **Schäd·lich·keit** *f* harmfulness.

Schäd·ling *m zoo* pest; **Schäd·lings·be·kämp·fung** *f* pest control; **Schäd·lings·be·kämp·fungs·mit·tel** *n* pesticide.

schad·los *adv:* ► **sich an jdm ~ halten** take advantage of s.o.

Schad·stoff *m* pollutant; **schad·stoff·arm** *adj* low pollution; **Schad·stoff·be·la·stung** *f* pollution; **Schad·stoff·kon·zen·tra·tion** *f* concentration of pollutants *pl.*

Schaf [ʃa:f] ‹-(e)s, -e› *n* sheep; ► **du dummes ~!** *(Schimpfwort)* silly twit! **das schwarze ~ der Familie** the black sheep of the family; **Schaf·bock** *m* ram.

Schäf·chen ['ʃɛ:fçən] *n* lamb, little sheep; ► **sein(e) ~ ins trockene bringen** *fig* feather one's own nest; **sein ~ im trockenen haben** *fig* be out of the wood; **Schäf·chen·wol·ken** *pl* cirrus clouds *pl.*

Schä·fer(in) *m (f)* shepherd(ess); **Schä·fer·hund** *m Br* alsatian, *Am* German Shepherd.

Schaf·fell *n* sheepskin.

schaf·fen[1] ['ʃafən] *irr tr (erzeugen)* create; ► **wie geschaffen sein für ...** be made for ...

schaf·fen[2] *tr (erreichen)* manage; ► **~ wir es allein?** can we manage to do it alone? **ich schaffe es!** I'm gonna make it! **das wäre geschafft!** there, that's done!

schaf·fen[3] *itr (süddeutsch) (arbeiten)*

work; ► **er macht sich im Garten zu ~** he's pottering about in the garden; **jdm zu ~ machen** give s.o. trouble; **damit habe ich nichts zu ~** I have nothing to do with it; **sich an etw zu ~ machen** fiddle about with s.th.

schaf·fen⁴ *tr (bringen):* ► **kannst du das Paket zur Post ~?** can you get this parcel to the post office? **etw aus der Welt ~** settle s.th.

Schaf·fens·drang *m* creative urage; energy; **Schaf·fens·kraft** *f* creativity.

Schaff·ner(in) ['ʃafnɐ] *m (f)* **1.** *(Bus~)* conductor; **2.** *rail Br* guard, *Am* conductor.

Schaf·her·de *f* flock of sheep.

Scha·fott [ʃa'fɔt] ‹-(e)s, -e› *n hist* scaffold; ► **das ~ besteigen** mount the scaffold.

Schafs·kä·se *m* sheep's milk cheese; **Schafs·kopf** *m (Schimpfwort): ~!* blockhead! **Schafs·pelz** *m* sheepskin.

Schaft [ʃaft, *pl* 'ʃɛftə] ‹-(e)s, ¨-e› *m* **1.** *(Flinten~)* stock; **2.** *bot* stalk; **3.** *(Stiefel~)* leg; **Schaft·stie·fel** *m pl* high boots.

Schaf·zucht *f* sheepbreeding.

Schah [ʃa:] ‹-s, -s› *m* shah.

Scha·kal [ʃa'ka:l] ‹-s, -e› *m* jackal.

schä·kern ['ʃɛ:kɐn] *itr* dally, flirt.

Schal [ʃa:l] ‹-s, -e/-s› *m* scarf.

schal [ʃa:l] *adj (abgestanden) a. fig* stale.

Schäl·chen ['ʃɛ:lçən] ‹-s, -› *n* small bowl.

Scha·le¹ *f (Gefäß)* bowl.

Scha·le² [ʃa:lə] ‹-, -n› *f* **1.** *bot (äußere Hülle)* skin; **2.** *zoo* shell; **3.** *bot (geschälte Hülle)* peel; ► **sich in ~ werfen** *fig* get dressed up.

schä·len ['ʃɛ:lən] **I** *tr (Äpfel)* pare; *(Orangen)* peel; *(Kartoffeln)* skin; *(Eier)* shell; **II** *refl (Haut)* peel.

Scha·len·sitz *m mot* bucket seat.

Schall [ʃal, *pl* 'ʃɛlə] ‹-(e)s, (-e/¨-e)› *m* sound; **schall·däm·men** *tr* soundproof; **Schall·däm·mung** *f* sound insulation; **Schall·dämp·fer** *m* **1.** *mot Br* silencer, *Am* muffler; **2.** *(an Waffe)* silencer; **schall·dicht** *adj* soundproof; ► **~ machen** soundproof.

schal·len *itr (tönen)* sound; *(er~)* ring out; *(widerhallen)* resound; ► **~des Gelächter** ringing laughter.

Schall·ge·schwin·dig·keit *f* speed of sound; **Schall·iso·lie·rung** *f* soundproofing; **Schall·mau·er** *f* sound barrier; **Schall·pe·gel** *m* noise level; **Schall·plat·te** *f* record; **schall·schluckend (k·k)** *adj* noise absorbing; **Schall·schluck·hau·be** *f EDV* noise reducer; **Schall·schutz** *m* soundproofing; **Schall·schutz·fen·ster** *n* soundproof window; **Schall·wel·le** *f* sound wave.

Schalt·bild *n el* wiring diagram; **Schalt·brett** *n* **1.** *el* switchboard; **2.** *mot* instrument panel.

schal·ten ['ʃaltən] *itr* **1.** *mot* change gear; **2.** *el* switch *(auf* to); **3.** *fig (reagieren)* react; ► **in den dritten (Gang) ~** change *(Am* shift) into third (gear).

Schal·ter¹ *m el* switch.

Schal·ter² *m (Ausgabefenster)* counter; *(Fahrkarten~)* ticket window; **Schal·ter·be·am·te(r) (-be·am·tin)** *m (f) rail* ticket clerk; *(in Bank, Post)* counter clerk; **Schal·ter·hal·le** *f rail* booking hall; *(in Bank, Post)* hall.

Schalt·ge·trie·be *n Br* manual transmission, *Am* stick shift.

Schalt·jahr *n* leap year; **Schalt·knüp·pel** *m mot* gearstick; **Schalt·kreis** *m el* (switching) circuit; **Schalt·plan** *m el* wiring diagram *(od* scheme); **Schalt·pult** *el* control desk; **Schalt·stel·le** *f a. fig* switch point; **Schalt·ta·fel** *f el* switchboard; **Schalt·tag** *m* leap day.

Schal·tung *f* **1.** *mot* gear-change; **2.** *el* wiring.

Scha·lung *f tech* formwork, shuttering; **Scha·lungs·brett** *n* form board.

Scham [ʃa:m] ‹-› *f* **1.** *(~haftigkeit)* shame; **2.** *(Schande)* disgrace; ► **nur keine falsche ~!** no need for embarassment! **Scham·bein** *n anat* pubic bone.

schä·men ['ʃɛ:mən] *refl* be ashamed *(über* of); ► **er sollte sich was ~!** he ought to be ashamed of himself! **schäm dich!** shame on you! **sich vor jdm ~** feel ashamed in front of s.o.

Scham·ge·fühl *n* sense of shame; **Scham·haar** *n* pubic hair; **scham·haft** *adj* bashful; **Scham·lip·pen** *f (pl)* labium (labia); **scham·los** *adj a. fig* shameless.

Schan·de ['ʃandə] ‹-› *f* disgrace; ► **jdm ~ machen** put s.o. to shame; **zu meiner ~ ...** to my eternal shame ...; **mach uns keine ~!** don't disgrace us!

schän·den ['ʃɛndən] *tr* violate.

Schand·fleck *m fig:* ► **ein ~ für jdn sein** be a blot for s.o.

schänd·lich *adj* shameful; ► **es ist ~, daß sich niemand um diese Leute kümmert** it's a disgrace that nobody cares for these people.

Schand·tat *f* scandalous deed; ► **zu jeder ~ bereit sein** *fig* be always ready for a lark.

Schän·dung *f* violation.

Schan·ker ['ʃaŋkɐ] ‹-s, -› *m med* chancre.

Schan·ze ['ʃantsə] ‹-, -n› *f* **1.** *mil* entrenchment; **2.** *sport (Sprung~)* jump.

Schar [ʃa:ɐ] ‹-, -en› *f* **1.** *(Menge)* crowd; **2.** *(Gruppe)* band; **scha·ren** *refl:* ► **sich um jdn ~** gather around s.o.; **scha·ren·weise** *adv* in droves.

scharf [ʃarf] ‹scherfer, scherfst› *adj* **1.** *(schneidend)* sharp; **2.** *fig (~ gewürzt)* hot; **3.** *fig (beißend)* caustic; **4.** *fig (streng)* severe; **5.** *fig (klar)* sharp; **6.** *fig sl (sexuell)* horny, randy; ► **ich bin nicht gerade ~ darauf** I'm not exactly keen on it; **jdn ganz ~ auf etw machen** make s.o. quite keen on doing s.th.; **~er Verstand** keen intellect; **~ nachdenken** think hard; **~ nach links abbiegen** turn sharp left; **~ durchgreifen gegen jdn** get tough with s.o.; **~er Hund** fierce dog; **~ schießen** shoot with live ammunition; **jdn ~ machen** *fig* turn s.o. on; **Scharf·blick** *m* penetration.

Schär·fe ['ʃɛrfə] ‹-, -n› *f* **1.** *(von Schneide)* sharpness; **2.** *phot* focus; **3.** *fig (Strenge)* severity; **schär·fen** *tr a. fig* sharpen; **Schär·fen·ein·stel·lung** *f phot* focusing control.

scharf·kan·tig *adj* sharp-edged.

scharf|ma·chen *tr:* ► **jdn ~** stir s.o. up.

Scharf·rich·ter *m* executioner; **Scharf·schüt·ze** *m mil* marksman; **scharf·sich·tig** *adj* **1.** *(mit scharfen Augen)* sharp-sighted; **2.** *fig* clear-sighted; **Scharf·sinn** *m* acumen, keen perception; **scharf·sin·nig** *adj* astute, sharp-witted.

Schar·lach ['ʃarlax] ‹-s, -e› *m* **1.** *(Farbe)* scarlet; **2.** *med* scarlet fever.

Schar·la·tan ['ʃarlata:n] ‹-s, -e› *m* charlatan.

Schar·nier [ʃar'ni:ɐ] ‹-s, -e› *n* hinge.

Schär·pe ‹-, -en› *f* sash.

schar·ren ['ʃarən] *itr* scrape; *(Vogel)* scratch; *(Pferd)* paw.

Schar·te ['ʃartə] ‹-, -n› *f* nick; ► **e-e ~e auswetzen** *fig* make amends; **schar·tig** *adj* jagged, notched.

schar·wen·zeln [ʃar'vɛntsəln] ‹ohne ge-› ‹sein› *itr fam* dance attendance (*um* on).

Schasch·lik ‹-s, -s› *m* od *n* shashlik.

Schat·ten ['ʃatən] ‹-s, -› *m* **1.** *(sonnengeschützt)* shade; **2.** *(Schlag~, a. fig)* shadow; ► **im ~** in the shadow; **in jds ~ stehen** *fig* be in someone's shadow; **30° im ~** 30 degrees in the shade; **jdn in den ~ stellen** *fig* put s.o. in the shade; **Schat·ten·mo·rel·le** *f bot* morello cherry; **Schat·ten·sei·te** *f* **1.** shady side; **2.** *fig (Nachteil)* draw-back.

schat·tie·ren *tr* shade; **Schat·tie·rung** *f a. fig* shade.

schat·tig *adj* shady.

Scha·tul·le [ʃa'tʊlə] ‹-, -n› *f (Geld~)* coffer.

Schatz [ʃats, *pl* 'ʃɛtsə] ‹-es, ⸚e› *m* **1.** treasure; **2.** *fig (Liebste(r)) Br* sweetheart, *Am* cutie; ► **mein ~** love; **⸚e** *pl (Reichtümer)* riches.

Schätz·chen [ʃɛtsçən] ‹-s, -› *n fam* darling, love.

schät·zen ['ʃɛtsən] *tr* **1.** *(hochachten)* think highly of ...; *(ehren)* respect; **2.** *(ein~)* assess, estimate (*auf* at); **3.** *(meinen)* think; ► **schätz mal!** have a guess! **£ 100 ist nur geschätzt** £ 100 is just an estimate; **grob geschätzt** at a rough estimate; **es läßt sich schwer ~** it's hard to estimate; **ich schätze, daß ...** my guess is that ...; **ich schätze, ja** I guess so; **etw zu ~ wissen** appreciate s.th.; **wie alt schätzt du ihn?** how old would you say he is?

schät·zen|ler·nen *tr* learn to appreciate.

Schatz·grä·ber *m* treasure-hunter; **Schatz·kam·mer** *f* **1.** treasure vault; **2.** *fig* storehouse.

Schät·zung *f (Veranschlagung)* estimate; *(Wertein~)* valuation; ► **meiner ~ nach** in my estimation; **schät·zungs·wei·se** *adv* approximately, roughly.

Schätz·wert *m* estimated value.

Schau [ʃaʊ] ‹-, -en› *f (Vorführung)* show; ► **das ist nur ~** *fig fam* it's just for show; **es war alles nur ~** *fig fam* it was all show; **e-e ~ abziehen** *fig fam* put on a show; **etw zur ~ stellen** exhibit s.th. *fig* parade s.th.; **Schau·bild** *n* diagram; **Schau·bu·de** *f* (show-)booth.

Schau·der ['ʃaʊdɐ] ‹-s, -› *m* shiver, shudder; ► **ein ~ überlief sie** a shudder ran through her body; **schau·der·haft** *adj* **1.** *(gräßlich)* horrible; **2.** *fig fam (schlimm)* awful, terrible; **schau·dern** *itr* shudder, shiver (*vor* with, *bei* at); ► **mich schaudert bei dieser Vorstellung** it gives me the creeps to think of that.

schau·en ['ʃaʊən] *itr* look; ► **schau, schau!** what do you know! **aus dem Fenster ~** look out of the window.

Schau·er[1] *m (Regenguß)* shower.

Schau·er[2] ['ʃaʊɐ] ‹-s, -› *m* (*s.* Schauder); **Schau·er·ge·schich·te** *f* horror story; **schau·er·lich** *adj* **1.** *(gräßlich)* horrific; **2.** *fig fam (schlimm)* dreadful.

Schau·fel ['ʃaʊfəl] ‹-, -n› *f* **1.** *(Grabe~)* shovel; **2.** *tech (Turbinen~ etc)* vane; ► **e-e ~ Kohle** a shovel(ful) of coal; **schau·feln** *tr itr* shovel.

Schau·fen·ster *n* shop-window; ► **im ~ ausstellen** display in the window; **Schau·fen·ster·aus·la·ge** *f* window display; **Schau·fen·ster·bum·mel** *m:* ► **e-n ~ machen** go window-shopping; **Schau·fen·ster·de·ko·ra·teur(in)** *m (f)* window-dresser; **Schau·ka·sten** *m* showcase.

Schau·kel ['ʃaʊkəl] ‹-, -n› *f* swing.

schau·keln *tr itr* **1.** *(auf Schaukel)* swing; **2.** *(auf Stuhl)* rock; **3.** *(pendeln)* sway to and fro; ► **wir werden das (Kind) schon ~!** *fam* we'll manage it! **Schau·kel·pferd** *n* rocking horse; **Schau·kel·po·li·tik** *f* seesaw policy; ► **e-e ~ betreiben** pursue a fickle policy; **Schau·kel·stuhl** *m* rocking chair.

schau·lu·stig *adj* curious; **Schau·lu·sti·ge** *pl* onlookers.

Schaum [ʃaʊm, *pl* 'ʃɔɪmə] ‹-(e)s, ¨-e› *m allg* foam; *(Seifen~ etc)* lather; *(Bier~)* froth; **Schaum·bad** *n* bubble bath.

schäu·men ['ʃɔɪmən] *itr* foam, froth; *(Seife etc)* lather; *(Sekt, Sprudel)* bubble; ► **vor Wut** ~ *fig* foam with rage.

Schaum·fe·sti·ger *m* (styling) mousse; **Schaum·gum·mi** *m* foam rubber; **schau·mig** *adj* foamy, frothy; ► **etw ~ schlagen** whip s.th. until frothy; **Schaum·kel·le** *f* skimmer; **Schaum·löf·fel** *m* skimmer; **Schäum·mit·tel** *n* foaming agent; **Schaum·schlä·ger** *m fig* hot-air merchant; **Schaum·schlä·ge·rei** ['---'-] *f fig* hot-air; **Schaum·stoff** *m* foam material; **Schaum·wein** *m* sparkling wine.

Schau·platz *m* scene; ► **am ~ sein** be on the spot; **Schau·pro·zeß** *m* show trial.

schau·rig ['ʃaʊrɪç] *adj* **1.** *(entsetzlich)* gruesome; **2.** *fig fam (schlimm)* dreadful.

Schau·spiel *n* **1.** *theat* drama, play; **2.** *fig (Anblick)* sight, spectacle; **Schau·spie·ler** *m* **1.** actor, player; **2.** *fig* actor; **Schau·spie·le·rin** *f a. fig* actress; **schau·spie·lern** ['---] *itr a. fig* act; **Schau·spiel·haus** *n Br* playhouse, theatre, *Am* theater; **Schau·spiel·schu·le** *f* drama school; **Schau·stel·ler** *m* showman.

Scheck [ʃɛk] ‹-s, -s/(-e)› *m Br* cheque, *Am* check; ► **ein ~ über ...** a cheque for ...; **e-n ~ ausstellen** draw a cheque; **ein ungedeckter ~** a bounced cheque; **e-n ~ einlösen** cash a cheque; **mit ~ bezahlen** pay by cheque; **Scheck·be·trug** *m* cheque fraud.

Schecke ['ʃɛkə] ‹-, -n› *f (scheckiges Pferd)* dappled horse.

Scheck·heft *n Br* chequebook, *Am* checkbook.

scheckig (k·k) ['ʃɛkɪç] *adj (bunt~)* spotted; *(Pferd)* dappled.

Scheck·kar·te *f* cheque card.

scheel [ʃe:l] *adj:* ► **jdn ~ ansehen** give s.o. a dirty look.

Schef·fel ['ʃɛfl] ‹-s, -› *m* bushel; **schef·feln** ['ʃɛfəln] *tr fig:* ► **Geld ~** rake in money.

schef·fel·wei·se *adv* by the sackful.

Schei·be ['ʃaɪbə] ‹-, -n› *f* **1.** *allg* disc; **2.** *tech (Unterleg~)* washer; **3.** *(Schieß~)* target; **4.** *(Glas~)* pane; **5.** *(Brot~)* slice; ► **von der könntest du dir e-e ~ abschneiden!** *fig* you could take a leaf out of her book! **Schei·ben·brem·se** *f mot* disc brake; **Schei·ben·gar·di·ne** *f* net curtain; **Schei·ben·schie·ßen** *n* target shooting; **Schei·ben·wasch·an·la·ge** *f Br* windscreen (*Am* windshield) washer unit; **Schei·ben·wi·scher** *m Br* windscreen (*Am* windshield) wiper; **Schei·ben·wi·scher·gum·mi** *n Br* windscreen (*Am* windshield) wiper blade.

Scheich [ʃaɪç] ‹-s, -s/-e› *m* sheik(h); **Scheich·tum** *n* sheik(h)dom.

Schei·de ['ʃaɪdə] ‹-, -n› *f* **1.** *(Messer~)* sheath; **2.** *anat* vagina.

schei·den ['ʃaɪdən] *irr* **I** *tr (Eheleute)* divorce; ► **sich ~ lassen** get divorced; **sie läßt sich nicht von ihm ~** she won't give him a divorce; **sich von jdm ~ lassen** want to get a divorce from s.o.; **II** *refl:* ► **da ~ sich aber unsere Meinungen!** that's where we begin to differ!

Schei·de·wand *f* partition.

Schei·de·weg *m:* ► **am ~ stehen** *fig (gehoben)* be at a crossroads.

Schei·dung *f jur* divorce; ► **die ~ einreichen** file a petition for divorce; **Schei·dungs·grund** *m* **1.** *(Gründe)* grounds for divorce; **2.** *(Person)* reason for (one's) divorce; **Schei·dungs·kla·ge** *f* petition for divorce; **Schei·dungs·pro·zeß** *m* divorce proceedings *pl.*

Schein[1] ‹-(e)s, -e› *m* **1.** *(Bescheinigung)* certificate; **2.** *(Geld~) Br* note, *Am* bill.

Schein[2] [ʃaɪn] ‹-(e)s› m **1.** *fig (An~)* appearances *pl;* **2.** *(Licht~)* light; *(Schimmer)* gleam; ► **ihre Ehe besteht nur noch zum ~** their marriage has become a sham; **den ~ der Demokratie wahren** maintain a pretence of democracy; **um den ~ zu wahren** for the sake of appearances *pl;* **den äußeren ~ wahren** keep up appearances *pl;* **der ~ trügt oft** appearances are often deceptive *pl;* **zum ~** in pretence; **Schein·asyl·ant(in)** *m (f)* phoney asylum-seeker *fam;* **schein·bar** *adv* **1.** *(anscheinend)* apparent, seeming; **2.** *(vorgeblich)* feigned.

schei·nen *irr itr* **1.** *(leuchten)* shine; **2.** *(den Anschein haben)* appear, seem; ► **es scheint mir, daß ...** it appears to me that ...; **mir scheint ...** it seems to me ...; **wie es scheint** as it seems; **es scheint fast so, als ob ...** it would seem that ...; **so will es ~** so it would appear.

Schein·fir·ma *f* dummy firm; **schein·hei·lig** *adj* hypocritical; **Schein·tod** *m* apparent death; **schein·tot** *adj* in a state of suspended animation.

Schein·wer·fer *m* **1.** *mot* headlamp, light; **2.** *(zur Beleuchtung)* floodlight; **Schein·wer·fer·licht** *n* light of headlamps; ► **im ~ der Öffentlichkeit** *fig* in the glare of publicity.

Scheiß *m sl:* ► **red kein' ~!** don't talk crap! **mach kein' ~!** stop messing about! **Scheiß·dreck** *m: vulg* ► **(das) geht dich e-n ~ an!** that's none of your bloody business! **Schei·ße** ['ʃaɪsə] ‹-› *f vulg (a. interj)* shit; ▶ **in der ~ sitzen** *fig* be up shit creek; **scheiß·egal** ['--'-] *adv:* ▶ **das ist mir (doch) ~** I couldn't care less; **schei·ßen** *irr itr vulg* shit; ▶ **auf etw ~** *fig vulg* not give a shit about s.th; **Schei·ßer** *m vulg* bugger; **scheiß·freund·lich** ['-'--] *adj fam* as nice as pie; **Scheiß·haus** *n vulg* shithouse.

Scheit [ʃaɪt] ‹-(e)s, -e› *n (Holz~)* log.

Schei·tel ['ʃaɪtəl] ‹-s, -› *m Br* parting, *Am* part; ▶ **vom ~ bis zur Sohle** from top to toe; **schei·teln** *tr* part; **Schei·tel·punkt** *m* vertex.

Schei·ter·hau·fen *m* **1.** *hist (als Hinrichtung)* stake; **2.** *hist (zur Leichenverbrennung)* pyre; ▶ **auf dem ~ verbrannt werden** be burned at the stake.

Schei·tern ‹-s› *n* **1.** *(Fehlschlagen)* failure; **2.** *(von Verhandlung etc)* breakdown; ▶ **zum ~ verurteilt** doomed to failure; **etw zum ~ bringen** make s.th. break down.

schei·tern ['ʃaɪtɐn] ‹sein› *itr* **1.** *(fehlschlagen)* fail (*an* because of); **2.** *sport (Mißerfolg haben)* be defeated (*an* by); ▶ **sein Versuch scheiterte** he failed in his attempt; **die Verhandlungen sind gescheitert** the negotiations have broken down.

Schel·le[1] *f tech (Rohr~)* clamp.

Schel·le[2] ['ʃɛlə] ‹-, -n› *f (Türklingel)* bell; **schel·len** *itr:* ▶ **bei jdm ~** ring at someone's door; **es hat geschellt** there was a ring at the door.

Schell·fisch *m* haddock.

Schelm [ʃɛlm] ‹-(e)s, -e› *m (Spaßvogel)* rogue; **schel·misch** *adj* mischievous.

Schel·te ['ʃɛltə] ‹-› *f:* ▶ **~ bekommen** get a scolding; **schel·ten** *irr tr* chide (*wegen* for); ▶ **mit jdm ~** scold s.o.

Sche·ma ['ʃe:ma, *pl* 'ʃe:mata] ‹-s, -s/-mata› *n* **1.** *(Muster)* pattern; **2.** *(Plan)* scheme; **3.** *(Diagramm)* diagram; ▶ **nach ~ F gehen** *fig* go off pat; **sche·ma·tisch** *adj* **1.** *(nach Schema)* schematic; **2.** *fig (mechanisch)* mechanical.

Sche·mel ['ʃe:məl] ‹-s, -› *m* stool.

Schen·ke ['ʃɛŋkə] ‹-, -n› *f* ale-house, tavern.

Schen·kel ['ʃɛŋkəl] ‹-s, -› *m* **1.** *(Ober~)* thigh; **2.** *(Unter~)* shank; **3.** *math (von Winkel)* side; ▶ **sich auf den ~ klopfen** slap one's thigh.

schen·ken ['ʃɛŋkən] **I** *tr* give; ▶ **das habe ich geschenkt bekommen** I got it as a present; **sie schenkte ihm e-n Sohn** *fig* she presented him with a son; **das ist geschenkt!** *fig (sehr billig)* that's a give-away! **geschenkt!** *fig fam* forget it! **II** *refl fig (sein lassen):* ▶ **sich etw ~** skip s.th.

Schen·kung *f jur* gift; **Schen·kungs·steu·er** *f* gift tax.

Scher·be ['ʃɛrbə] ‹-, -n› *f* fragment, piece; ▶ **~n machen** break s.th.; **die ~n zusammenfegen** sweep up the pieces; **~n bringen Glück** *prov* broken crockery brings you luck.

Sche·re ['ʃe:rə] ‹-, -n› *f* **1.** scissors *pl; (große ~e)* shears *pl;* **2.** *(Krebs~)* claw.

sche·ren[1] *irr tr (beschneiden)* crop; *(Schafe, Teppich)* shear; ▶ **kurz geschoren** cropped; **kurz geschorenes Haar** hair cropped short.

sche·ren[2] *refl (sich kümmern):* ▶ **was schert's (mich)?** what do I care? **sie hat sich nicht im geringsten darum geschert** she couldn't have cared less.

sche·ren[3] *refl (sich von dannen machen):* ▶ **scher dich fort!** beat it! get lost!

Sche·ren·schlei·fer(in) *m (f)* knife-grinder; **Sche·ren·schnitt** *m* silhouette.

Sche·re·rei·en *pl* trouble *sing;* ▶ **jdm viel ~ machen** cause (*od* give) s.o. a lot of trouble.

Scherz [ʃɛrts] ‹-es, -e› *m* joke; ▶ **zum ~** for a joke; **im ~** jokily; **mach keinen ~!** *fam* you're joking! **ich bin nicht zu ~en aufgelegt** I'm not in a joking mood; **~ beiseite!** no kidding! **Scherz·ar·ti·kel** *m pl* joke articles; **scher·zen** *itr* jest, joke; ▶ **Sie ~!** you can't be serious! **mit ihr ist nicht zu ~** she is not to be trifled with; **er läßt nicht mit sich ~** he is not a man to be trifled with; **Scherz·fra·ge** *f* conundrum; **scherz·haft** *adv (aus Spaß)* jokingly; ▶ **etw ~ meinen** mean s.th. as a joke; **Scherz·keks** *m hum fam* joker.

Scheu [ʃɔɪ] ‹-› *f (Schüchternheit)* shyness; ▶ **ohne jede ~** without any inhibition; **s-e ~ verlieren** lose one's inhibitions *pl;* **scheu** *adj* shy; *(zaghaft)* timid.

scheu·chen *tr* scare (off).

scheu·en **I** *tr* **1.** *(fürchten)* shy away from ...; **2.** *(vermeiden)* shun; ▶ **keine Mühe ~** go to endless trouble; **keine Kosten ~** spare no expense; **er scheut die Verantwortung** he shies away from responsibilities *pl;* **II** *refl (zurückschrecken):* ▶ **sich nicht ~, etw zu tun** not be afraid of doing s.th.; **III** *itr (von Pferden)* shy (*vor* at).

Scheu·er·bür·ste *f* scrubbing brush; **Scheu·er·lap·pen** *m* floorcloth.

scheu·ern ['ʃɔɪɐn] *tr* **1.** *(putzen)* scour; *(schrubben)* scrub; **2.** *(reiben)* chafe (*an* at); ▶ **sich wund~** chafe o.s.; **jdm e-e ~** *fig fam* clout s.o. one.

Scheu·klap·pe *f:* ▶ **~n haben** be blinkered.

Scheu·ne ['ʃɔɪnə] ‹-, -n› *f* barn.

Scheu·sal ['ʃɔɪza:l] ‹-s, -e› *n* monster; ▶ **ein wahres ~** a perfect fright.

scheuß·lich ['ʃɔɪslɪç] *adj (schlimm)* dreadful; *(ekelhaft)* hideous; ▶ **~es**

Wetter awful weather.

Schicht[1] [ʃɪçt] ‹-, -en› *f* **1.** *(Lage, Sand~, Staub~ etc)* layer; **2.** *(auf Flüssigkeiten)* film; *(Farb~)* coat; **3.** *fig (Gesellschafts~)* (social) class; ► **Leute aus allen ~en** people from all walks of life; **e-e ~ Farbe auftragen** give s.th. a coat.

Schicht[2] *f* **1.** *(Arbeitsabschnitt)* shift; **2.** *(Arbeitsgruppe)* gang; ► **zur ~ gehen** go on shift; **Schicht·ar·beit** *f* shift-work; **Schicht·ar·bei·ter(in)** *m (f)* shift-worker.

schich·ten *tr* **1.** *(in Schichten legen)* layer; **2.** *(stapeln)* stack; **Schicht·un·ter·richt** *m päd* instruction in shifts; ► **~ haben** be taught in shifts; **Schicht·wech·sel** *m* change of shift.

schicht·wei·se *adv:* ► **~ Farbe auftragen** apply (*od* put on) paint in coats.

Schick [ʃɪk] ‹-(e)s› *m (Eleganz in der Kleidung)* style; **schick** *adj (elegant)* elegant; *(modisch reizvoll)* stylish; ► **ein ~es Kleid** a smart dress; **o, ~!** *fam* oh, super!

schicken (k·k) ['ʃɪkən] *tr* send; ► **jdn zu e-m Kurs ~** send s.o. on a course; **jdn einkaufen ~** send s.o. to do the shopping.

Schicke·ria (k·k) ‹-› *f fam* trendy set.

Schicki(·micki) (k·k) ‹-s, -s› *m fam* trendy.

schick·lich *adj* proper, fitting.

Schick·sal ['ʃɪkza:l] ‹-s, -e› *n* fate; ► **das ist ~!** *fam* such is life! **jdn s-m ~ überlassen** leave s.o. to his fate; **Schick·sals·schlag** *m* stroke of fate.

Schie·be·dach *n mot* sunroof; **Schie·be·fen·ster** *n* sliding window.

schie·ben ['ʃi:bən] *irr tr itr (stoßend ~)* push; *(mit größerer Kraftanstrengung)* shove; ► **er schob die Hand in die Tasche** he put his hand in his pocket; **sich an die Spitze ~** *sport* push one's way to the front.

Schie·ber[1] *m tech* slide.

Schie·ber[2] *m (Schwarzmarkthändler)* black marketeer.

Schie·be·tür *f* sliding door.

Schie·bung *f fig (Begünstigung)* string-pulling; *sport* rigging; **~!** fix!

Schieds·ge·richt *n* court of arbitration, arbitration tribunal.

Schieds·rich·ter(in) ['ʃi:ts-] *m (f)* **1.** *sport* referee; *(bei Ballspielen, Hockey)* umpire; **2.** *(Preisrichter)* judge.

schieds·rich·ter·lich *adj:* ► **~e Entscheidung** referee's (*od* umpire's) decision.

Schieds·spruch *m* arbitration award.

schief [ʃi:f] *adj* **1.** *(krumm)* crooked; **2.** *(geneigt)* tilted; ► **dein Hut sitzt ~!** your hat's crooked! **das Bild hängt ~** the picture isn't straight.

Schie·fer ['ʃi:fɐ] ‹-s, -› *m* slate; **Schie·fer·dach** *n* slate roof; **Schie·fer·ta·fel** *f* slate.

schief|ge·hen *irr itr irr:* ► **keine Sorge, wird schon ~!** don't worry, it'll go wrong nicely! **irgendwas muß schief gegangen sein!** s.th. must have gone wrong!

schief·ge·wickelt (k·k) *adj fam:* ► **wenn du glaubst, ich helfe dir, bist du (aber) ~!** if you think I'm going to help you you've got another think coming!

schief·la·chen *refl* double up with laughter.

schie·len ['ʃi:lən] *itr* squint; ► **nach etw ~en** *(verstohlen)* sneak a look at s.th.; *(offen)* eye s.th. up.

Schien·bein *n* shin; ► **jdn vor's ~ tre·ten** kick s.o. on the shin.

Schie·ne ['ʃi:nə] ‹-, -n› *f* **1.** *rail* rail; **2.** *med* splint; **schie·nen** *tr med* put in splints, splint.

Schie·nen·bus *m* rail bus; **Schie·nen·netz** *n* rail network; **Schie·nen·strang** *m* track.

schier I *adj* **1.** *(Fleisch)* lean and boneless; **2.** *fig* sheer; **II** *adv* nearly, almost.

Schieß·be·fehl *m* order to shoot.

Schieß·bu·de *f* shooting gallery; **Schieß·bu·den·fi·gur** *f fig fam* clown; ludicous figure.

schie·ßen ['ʃi:sən] *irr* **I** *tr* **1.** *allg* shoot; *(Kugel)* fire; **2.** *sport (Ball)* kick; *(Tor)* score; **II** *itr* **1.** *allg* shoot (*auf, nach* at); *(mit Schußwaffe)* fire (*auf* at); **2.** ‹sein› *fam (sich schnell bewegen)* shoot; **3.** ‹sein› *(Flüssigkeit)* shoot; *(spritzen)* spurt; ► **in die Höhe ~** *fig* ‹sein› shoot up.

Schie·ße·rei *f* shoot-out.

Schieß·hund *m:* ► **aufpassen wie ein ~** *fam* watch like a hawk; **Schieß·platz** *m* range; **Schieß·pul·ver** *n* gunpowder; **Schieß·schar·te** *f* embrasure; **Schieß·schei·be** *f* target; **Schieß·stand** *m* shooting range.

Schiff [ʃɪf] ‹-(e)s, -e› *n* ship; ► **an Bord des ~es** on board ship.

Schif(f·)fahrt *f* **1.** *(Navigation)* navigation; **2.** *(das Schiffahren)* shipping; **Schif(f·)fahrts·li·nie** *f* **1.** *(als Unternehmen)* shipping line; **2.** *(Schiffahrtsweg)* shipping route; **Schif(f·)fahrts·weg** *m* **1.** *(Kanal)* waterway; **2.** *(Schiffahrtslinie)* shipping route.

schiff·bar *adj* navigable.

Schiff·bau ‹-(e)s› *m* shipbuilding; **Schiff·bruch** ‹-(e)s› *m* shipwreck; ► **~ erleiden** be shipwrecked; *fig (scheitern)* fail; **schiff·brü·chig** *adj* shipwrecked; **Schiff·brü·chi·ge(r)** *f m* shipwrecked person.

Schiff·chen ['ʃɪfçən] *n* **1.** *(kleines Schiff)* little ship, small boat; **2.** *mil (Kopfbedeckung)* forage cap; **3.** *(Weber~)* shuttle.

Schif·fer *m* **1.** *(Seemann)* sailor; **2.** *(Käpt'n)* skipper; **Schif·fer·kla·vier** *n* accordion; **Schif·fer·müt·ze** *f* yachting cap.

Schiffs·arzt *m* ship's doctor; **Schiffs·jun·ge** *m* cabin-boy; **Schiffs·koch** *m* ship's cook; **Schiffs·kü·che** *f* caboose, galley; **Schiffs·la·dung** *f* shipload; **Schiffs·pa·pie·re** *pl* ship's papers; **Schiffs·rumpf** *m* hull; **Schiffs·schrau·be** *f* propeller; **Schiffs·zwie·back** *m* ship's biscuit.

Schi·it [ʃi'i:t] ‹-en, -en› *m* shiite; **shii·tisch** *adj* shiite.

Schi·ka·ne [ʃi'ka:nə] ‹-, -n› *f* **1.** harassment; **2.** *sport* chicane; ▶ **eine Wohnung mit allen ~n** a flat with all the contemporary gadgets; **das war reine ~** it was sheer bloody-mindedness; **schi·ka·nie·ren** *tr* harass; *(tyrannisieren)* bully.

Schild[1] [ʃɪlt] ‹-(e)s, -e› *m* **1.** *(Schutz~)* shield; **2.** *(Tierpanzer)* shell; ▶ **etw im ~e führen** *fig* be up to s.th.

Schild[2] ‹-(e)s, -er› n **1.** *allg (Zeichen)* sign; *(an Tür)* nameplate; **2.** *(Aufkleber)* label; *(Preis~)* ticket.

Schil·da ['ʃɪlda] *n* *(in Literatur)* Gotham.

Schild·bür·ger *m* **1.** *(in Literatur)* Gothamite; **2.** *fig (Schwachkopf)* dimwit; **Schild·bür·ger·streich** *m:* ▶ **das war (ja) wirklich ein ~!** that was a piece of first-class stupidity!

Schild·drü·se *f* thyroid gland.

schil·dern ['ʃɪldɐn] *tr* describe; *(umreißen)* sketch; **Schil·de·rung** *f* **1.** *(Beschreibung)* description; **2.** *(Bericht)* account; ▶ **nach ihrer (eigenen) ~** by your own account.

Schild·krö·te *f (See~)* turtle; *(Land~)* tortoise; **Schild·krö·ten·sup·pe** *f* turtle soup.

Schilf [ʃɪlf] ‹-(e)s, -e› *n* **1.** *(~pflanze)* reed; **2.** *(~fläche)* reeds *pl.*

schil·lern ['ʃɪlɐn] *itr* shimmer; **schil·lernd** *adj* shimmering; *(in allen Farben)* opalescent; ▶ **e-e ~e Persönlichkeit** *fig* an enigmatic character.

Schim·mel[1] ['ʃɪməl] ‹-s, -› *m (weißes Pferd)* white horse.

Schimmel[2] ‹-s, -› *m (~pilz)* mould; **schim·me·lig** *adj* **1.** *(verschimmelt)* mouldy; **2.** *(moderig)* mildewed; **schim·meln** *itr* go mouldy; **Schim·mel·pilz** *m* mould.

Schim·mer ['ʃɪmɐ] ‹-s, (-)› *m* gleam, glimmer, glitter; ▶ **keinen (blassen) ~ von etw haben** *fig fam* not have an inkling of s.th.; **schim·mern** *itr (Licht)* glimmer; *(Gegenstände)* shimmer.

Schim·pan·se [ʃɪm'panzə] ‹-n, -n› *m zoo* chimpanzee.

Schimpf [ʃɪmpf] ‹-(e)s, -e› *m:* ▶ **mit ~ und Schande** in disgrace; **schimp·fen** *itr* curse (*auf* at); ▶ **mit jdm ~** tell s.o. off; **wie schimpfst du dich?** *hum fam* what do you call yourself? **Schimpf·wort** ‹-(e)s, -e/¨-er› *n* swearword.

Schin·del ['ʃɪndəl] ‹-, -n› *f* shingle; **Schin·del·dach** *n* shingle roof.

schin·den ['ʃɪndən] *irr* **I** *tr* **1.** *(peinigen)* maltreat; **2.** *(Arbeitskräfte ausbeuten)* sweat; **3.** *fig fam (herausschlagen)* get, make; ▶ **Zeit ~** play for time; **Eindruck ~** try to impress; **II** *refl (sich abquälen):* ▶ **sich mit etw ~** slave away at s.th.; **Schin·der(in)** *m (f) (Antreiber)* slavedriver; **Schin·de·rei** *f* **1.** *fig (Plackerei)* drudgery; **2.** *(Antreiberei)* sweating; **Schind·lu·der** *n:* ▶ **mit jdm ~ treiben** *fig* make cruel sport of s.o.

Schin·ken ['ʃɪŋkən] ‹-s, -› *m* **1.** *(Speise)* ham; **2.** *fig hum (dickes Buch)* tome; **3.** *fig hum (großes Bild)* great daub; **Schin·ken·bröt·chen** *n* ham roll; **Schin·ken·speck** *m* gammon.

Schip·pe ['ʃɪpə] ‹-, -n› *f (Schaufel)* shovel, spade; ▶ **jdn auf die ~ nehmen** *fig* take someone for a ride; **schip·pen** *tr itr (schaufeln)* shovel; ▶ **Schnee ~** clear the snow.

schip·pern ['ʃɪpɐn] ‹sein› *itr fam* bob (along).

Schirm [ʃɪrm] ‹-(e)s, -e› *m* **1.** *(Regen~)* umbrella; *(Sonnen~)* parasol, sunshade; **2.** *(Pilzkappe)* cap; **Schirm·herr(in)** *m (f)* patron(ess), protector; **Schirm·herr·schaft** *f* ▶ **unter der ~ von ...** *(Leitung)* under the auspices of ... *pl;* **Schirm·müt·ze** *f* peaked cap; **Schirm·stän·der** *m* umbrellastand.

Schiß [ʃɪs] *m sl:* ▶ **~ haben** be in a blue funk; **~ vor etw haben** be shit scared of s.th.

schi·zo·phren *adj* schizophrenic.

Schlacht [ʃlaxt] ‹-, -en› *f* battle; ▶ **die ~ bei ...** the battle of .. ; **e-e regelrechte ~** *fig* a pitched battle.

schlach·ten ['ʃlaxtən] *tr* slaughter; *(hinschlachten)* butcher.

Schlach·ten·bumm·ler *m sport* away supporter.

Schlach·ter *m* butcher; **Schlach·te·rei** *f* butcher's (shop).

Schläch·te·rei [ʃlɛçtə'raɪ] *f fig* massacre.

Schlacht·feld *n* battle-field; ▶ **das ~ räumen** leave the battle-field; *fig* clear the field.

Schlacht·hof *m* slaughter-house.

Schlacht·plan *m* **1.** *mil* battle plan; **2.** *fig* plan of action; **Schlacht·ruf** *m* battle cry, war cry; **Schlacht·schiff** *n* battleship.

Schlacht·vieh *n* animals for slaughter.

Schlacke (k·k) ['ʃlakə] ‹-, -n› *f* **1.** *(Metall~)* slag; **2.** *(Aschen~)* cinders *pl;* ▶ **~n** *med* waste products.

Schlaf [ʃla:f] ‹-(e)s› *m* sleep; ► **im ~ sprechen** talk in one's sleep; **keinen ~ finden** be unable to sleep; **e-n festen (leichten) ~ haben** be a sound (light) sleeper; **Schlaf·an·zug** *m Br* pyjamas, *Am* pajamas *pl.*

Schläf·chen ['ʃlɛ:fçən] *n:* ► **ein ~ machen** have a nap.

Schlä·fe ['ʃlɛ:fə] ‹-, -n› *f* temple.

schla·fen *irr itr* sleep; ► **er saß da und schlief** he was sitting there, asleep; **versuche, etw zu ~!** try and get some sleep! **in dem Zelt können 10 Leute ~** the tent sleeps 10; **~ wir erst einmal darüber!** let's sleep on it! **bei jdm ~** stay overnight with s.o.; **mit jdm ~** sleep with s.o.; **sich ~d stellen** pretend to be asleep.

schlaff [ʃlaf] *adj* **1.** *(herabhängend)* slack; **2.** *(welk, matt)* flabby; **3.** *(kraftlos)* limp; **4.** *fig (Grundsätze)* lax; ► **~er machen, ~er werden** slacken.

Schlaff·heit *f* slackness, limpness; exhaustion.

Schlaf·ge·le·gen·heit *f* place to sleep; ► **ich habe fünf ~en** I can put up five people; **Schlaf·krank·heit** *f* sleeping sickness; **Schlaf·lied** *n* lullaby; **schlaf·los** *adj* sleepless; ► **eine ~e Nacht verbringen** have a sleepless night; **Schlaf·lo·sig·keit** *f* sleeplessness; *med* insomnia; **Schlaf·mit·tel** *n* **1.** sleeping drug; **2.** *fig* soporific; **Schlaf·müt·ze** *f fig fam* dope, sleepyhead.

schläf·rig ['ʃlɛ:frɪç] *adj* drowsy, sleepy.

Schlaf·saal *m* dorm(itory); **Schlaf·sack** *m* sleeping-bag; **Schlaf·stadt** *f* dormitory town; **Schlaf·stö·rung** *f* sleeplessness, insommia; **Schlaf·ta·blet·te** *f* sleeping pill; **schlaf·trun·ken** ['ʃla:ftrʊŋkən] *adj* drowsy; **Schlaf·wa·gen** *m* sleeping-car, sleeper; **Schlaf·wa·gen·platz** *m* berth; **Schlaf·wand·ler(in)** *m (f)* sleepwalker; **Schlaf·zim·mer** *n* bedroom; **Schlaf·zim·mer·blick** *m hum fam* come-to-bed eyes *pl.*

Schlag [ʃla:k, *pl* 'ʃlɛ:gə] ‹-(e)s, ⸚e› *m* **1.** *allg* blow; **2.** *(Herz~)* beat; **3.** *med* stroke; **4.** *el* shock; **5.** *(Tauben~)* pigeon-loft; ► **ein ~ ins Gesicht** a slap in the face; **mit e-m ~e** *fig* all at once; **~ auf ~** *fig* one after the other; **ein ~ ins Wasser** *fig fam* a let-down; **ich dachte, mich trifft der ~!** I was as if struck by lightning! **⸚e kriegen** get a hiding; **vom gleichen ~ sein** *fig* be cast in the same mould; **das ist ein harter ~** that's a hard blow; **Schlag·ab·tausch** *m (Boxen)* exchange of blows, *fig* clash; **Schlag·ader** *f* artery; **Schlag·an·fall** *m* stroke; ► **e-n ~ bekommen** have a stroke; **schlag·ar·tig I** *adj* **1.** *(unvermutet)* sudden; **2.** *(heftig)* violent; **II** *adv* suddenly; **Schlag·baum** *m* barrier; **Schlag·bohr·ma·schi·ne** *f* percussion drill.

schla·gen *irr* **I** *tr* **1.** *(einmal)* strike; **2.** *(prügeln)* beat; **3.** *(treffen)* hit; **4.** *(mit Werkzeug)* knock; **5.** *(besiegen)* beat, defeat; ► **jdn im Tennis ~** beat s.o. at tennis; **gegen die Tür ~** beat on the door; **er schlägt hart** he hits hard; **jdn auf den Kopf ~** knock s.o. on the head; **jdn bewußtlos ~** knock s.o. unconscious; **jdn ins Gesicht ~** slap someone's face; **II** *itr* **1.** *(von Herz)* beat; **2.** *(von Turmuhr)* strike; ► **ich gebe mich geschlagen** I'm beat; **nach jdm ~** take after s.o.; **mit dem Kopf gegen etw ~** hit one's head against s.th.; **III** *refl* have a fight (*mit jdm* with s.o.); ► **sich gut ~** *fig* do well; **schla·gend** *adj fig (treffend):* ► **~es Argument** cogent argument; **~er Beweis** convincing proof.

Schla·ger ['ʃla:gɐ] ‹-s, -› *m* **1.** *(~melodie)* pop-song; **2.** *(Hit)* hit; **3.** *fig com (Buch)* bestseller.

Schlä·ger[1] ['ʃlɛ:gɐ] *m (bei Ballspiel) Br* racquet, *Am* racket; *(für Hockey)* stick; *(für Tischtennis)* bat.

Schlä·ger[2] *m (Raufustiger)* thug.

Schlä·ge·rei *f* brawl, fight.

Schla·ger·fe·sti·val *n* pop-song festival.

schlag·fer·tig *adj* quick-witted; ► **~e Antwort** ready answer; **Schlag·fer·tig·keit** *f* ready wit.

Schlag·in·stru·ment *n mus* percussion instrument.

Schlag·kraft *f allg a. fig* power; *mil* striking power; **schlag·kräf·tig** *adj a. fig* powerful; **Schlag·loch** *n* pothole; **Schlag·sah·ne** *f* whipped cream; **Schlag·sei·te** *f:* ► **~ haben** *mar* be listing; *fig fam (betrunken sein)* be half-seas over; **Schlag·stock** *m (von Polizei)* truncheon; **Schlag·werk** *n (von Uhr)* striking mechanism; **Schlag·wet·ter** *n (im Bergwerk)* firedamp; **Schlag·wort** ‹-(e)s, -e/(⸚er)› *n (Slogan)* slogan; **Schlag·wort·ka·ta·log** *m (in Bibliothek)* subject catalogue; **Schlag·zei·le** *f* headline; ► **~n machen** hit the headlines; **Schlag·zeug** *n* drums *pl;* **Schlag·zeu·ger(in)** *m (f)* drummer.

Schla·mas·sel [ʃla'masəl] ‹-s› *m fam* mess; ► **wir sitzen ganz schön im ~** now we're in a pretty mess.

Schlamm [ʃlam, *pl* ('ʃlɛmə)] ‹-(e)s, (-e/⸚e)› *m* mud; **schlam·mig** *adj* muddy.

Schlam·pe ['ʃlampə] ‹-, -n› *f fam* slut; **schlam·pen** itr fam be sloppy; **Schlam·pe·rei** *f* **1.** *(Unordnung)* mess; **2.** *(Nachlässigkeit)* sloppiness; ► **schöne ~!** what a mess! **schlam·pig** *adj* **1.** *(unordentlich)* untidy; **2.** *(Arbeit, Tätigkeit)* slipshod.

Schlan·ge[1] ['ʃlaŋə] ‹-, -n› *f zoo* snake.

Schlan·ge[2] *f (Menschen~) Br* queue, *Am* line; ▶ ~ **stehen** *Br* queue up, *Am* stand in line.

schlän·geln ['ʃlɛŋəln] *refl* **1.** *(von Weg)* wind its way; **2.** *(von Schlange)* wriggle.

Schlan·gen·biß *m* snakebite; **Schlan·gen·le·der** *n* snakeskin; **Schlan·gen·li·nie** *f:* ▶ **in ~n fahren** swerve about.

schlank [ʃlaŋk] *adj* **1.** *(Wuchs)* slim; **2.** *(Körperteil, Gegenstand)* slender; **Schlank·heits·kur** *f:* ▶ **e-e ~ machen** be on a diet.

schlank·weg *adv:* ▶ ~ **ablehnen** refuse flatly.

schlapp [ʃlap] *adj* **1.** *(erschöpft)* shattered, worn out; **2.** *fig (feige, weich)* yellow; ▶ ~ **machen** *(nachlassen)* wilt, droop; *(ohnmächtig werden)* collapse, faint; **Schlap·pe** ‹-, -n› *f* **1.** *mil sport (Niederlage)* defeat; **2.** *fig (Rückschlag)* set-back; ▶ **e-e ~ erleiden** suffer a defeat (*od* setback); **Schlapp·hut** *m* slouch hat; **Schlapp·schwanz** *m fam pej* sissy, weakling.

Schla·raf·fen·land [ʃla'rafən-] *n* land of milk and honey.

schlau [ʃlaʊ] *adj (verschlagen)* cunning, wily; *(klug)* clever, smart; ▶ **können Sie daraus ~ werden?** can you make this out? what do you make of this?; **Schlau·ber·ger** *m fam* smart alec.

Schlauch [ʃlaʊx, *pl* 'ʃlɔɪçə] ‹-(e)s, ⸚e› *m* **1.** *(Wasser~)* hose; **2.** *(Reifen~)* tube; **3.** *fam (Strapaze)* slog, grind; **Schlauch·boot** *n* rubber dinghy.

schlau·chen I *tr* fag (s.o.) out; **II** *itr* wear one out.

Schläue ['ʃlɔɪə] ‹-› *f* cunning.

Schlau·fe ['ʃlaʊfə] ‹-, -n› *f* **1.** *(Schleife)* loop; **2.** *(Aufhänge~)* hanger; **Schlau·fen·ver·schluß** *m (an Jacke)* loop fastening.

Schlau·mei·er *m fam* clever-dick.

schlecht [ʃlɛçt] **I** *adj* **1.** *(nicht gut)* bad; *(übel)* poor; **2.** *(verdorben: Milch etc)* off; ▶ **die Milch ist ~** the milk is (*od* has gone) off; **mir ist ~** I feel sick; **II** *adv* badly; ▶ ~ **für jdn sein** be bad for s.o.; **er spielt ~ Tennis** he's bad at tennis; **ich kann ~ lügen** I'm very bad at telling lies; **ziemlich ~** baddish; **mehr ~ als recht** after a fashion; ~ **über jdn reden** speak ill of s.o.; **er kann es sich ~ leisten, abzulehnen** he can ill afford to refuse; **sie war immer ~ in Sprachen** she was always poor at languages; **das geht ~** *fam* that's not really possible; **das kann man ~ machen** one can't very well do that; **schlech·ter·dings** ['ʃlɛçtɐ'dɪŋs] *adv:* ▶ ~ **unmöglich** utterly impossible; **schlecht·ge·launt** *adj* bad-tempered; **Schlecht·heit** *f* badness; **schlecht·hin** *adv* ▶ **der Dramatiker ~** THE playwright; **Schlech·tig·keit** *f* **1.** *(Niederträchtigkeit)* baseness, vileness; **2.** *(üble Tat)* misdeed.

schlecht|ma·chen *tr* run down, disparage.

schlecken (k·k) ['ʃlɛkən] *tr* lick; ▶ **sie schleckt gerne** she likes eating sweets.

Schlecker·maul (k·k) *n* sweet tooth.

Schleh·dorn *m bot* blackthorn, sloe tree.

Schle·he ['ʃle:ə] ‹-, -n› *f bot* sloe.

schlei·chen ['ʃlaɪçən] *irr* **I** *itr* **1.** *(langsam gehen)* creep; *(im Dunkeln herum~)* prowl about; **2.** *(Zeit etc)* drag; **II** *refl* creep (*od* sneak); **schlei·chend** ▶ **~es Gift** slow poison; **Schleich·han·del** *m* illicit trading (*mit* in); **Schleich·weg** *m* secret (*od* hidden) path; ▶ **auf ~en** *fig* on the quiet; **Schleich·wer·bung** *f* background advertising.

Schleie ['ʃlaɪə] ‹-, -n› *f zoo* tench.

Schlei·er ['ʃlaɪɐ] ‹-s, -› *m* veil; ▶ **den ~ lüften** *fig* lift the veil of secrecy; **Schlei·er·eu·le** *f* barn owl; **schlei·er·haft** *adj (rätselhaft)* mysterious; ▶ **es ist mir völlig ~, wie ...** it's a complete mystery to me how ...

Schlei·er·kraut *n bot* gypsophila.

Schlei·fe ‹-, -n› *f* **1.** *(Schlaufe)* loop; *(Schuh~)* bow; **2.** *(Wegkurve)* bend; *(Fluß~)* bow.

schlei·fen[1] ['ʃlaɪfən] *irr* **I** *tr (~d ziehen)* drag; ▶ **etw hinter sich her~** drag s.th. behind one; **II** *itr* drag, trail; ▶ **alles ~ lassen** *fig* drag one's feet; **die Kupplung ~ lassen** slip the clutch.

schlei·fen[2] *tr* **1.** *(zu~)* cut; **2.** *(schärfen)* sharpen, whet.

schlei·fen[3] *tr mil (brutal drillen)* drill hard.

Schleif·ge·räusch *n* grinding noise.

Schleim [ʃlaɪm] ‹-(e)s, -e› *m* **1.** *allg* slime; *med* mucus; **2.** *(Hafer~)* gruel.

Schlei·mer(in) [ʃlaɪmɐ] ‹-s, -› *m (f) fam pej* crawler.

Schleim·haut *f* mucous membrane; **schlei·mig** *adj a. fig* slimy.

schlem·men ['ʃlɛmən] *itr* feast; **Schlem·mer(in)** *m (f)* gourmet; **Schlem·me·rei** *f* feasting.

schlen·dern ['ʃlɛndɐn] ‹sein› *itr* saunter, stroll; **Schlend·ri·an** ['ʃlɛndria:n] ‹-(e)s› *m fam* inefficiency.

schlen·kern ['ʃlɛŋkɐn] *tr itr* dangle, swing; ▶ **mit den Beinen ~** dangle one's legs.

Schlepp·damp·fer *m mar* tug.

Schlep·pe ‹-, -n› *f (Kleider~)* train.

schlep·pen ['ʃlɛpən] **I** *tr* **1.** *(schwer tragen)* lug; **2.** *(hinter sich her~)* drag along; *(ab~)* tow; **II** *refl* drag o.s.; **schlep·pend** *adj* **1.** *(schleifend)* dragging; **2.** *fig (zögernd)* sluggish; ▶ ~ **in Gang kommen** be very slow to start; **Schlep·per** *m* **1.** *mot* tractor; **2.** *mar* tug; **3.** *com (Kunden~)* tout; **Schlepp-**

kahn *m* barge, lighter; **Schlepp·lift** *m* ski tow; **Schlepp·netz·fahn·dung** *f* dragnet; **Schlepp·tau** *n* **1.** *mar* tow rope; **2.** *(bei Segelfliegerei)* trail rope; ► **ins ~ nehmen** take in tow.

Schle·sien ['ʃle:ziən] *n* Silesia; **Schle·sier(in)** *m (f)* Silesian; **schle·sisch** *adj* Silesian.

Schleu·der ['ʃlɔɪdɐ] ‹-, -n› *f* **1.** *(Stein~)* *Br* sling, *Am* slingshot; **2.** *tech (Zentrifuge)* centrifuge; *(Wäsche~)* spin-drier.

Schleu·der·ge·fahr *f mot* risk of skidding.

Schleu·der·ho·nig *m* extracted honey.

schleu·dern I *tr* **1.** *(werfen, stoßen)* hurl; *(mit Schleuder)* sling; **2.** *(zentrifugieren)* centrifuge, spin; **II** *itr mot* skid; ► **ins S~ kommen** go into a skid; *fig* run into trouble.

Schleu·der·preis *m* throwaway price; ► **zu ~en** dirt-cheap; **Schleu·der·sitz** *m* **1.** *aero* ejector seat; **2.** *fig* hot seat.

schleu·nig ['ʃlɔɪnɪç] *adj (schnell)* hasty, speedy; **schleu·nigst** *adv* right away; ► **verschwinde, aber ~!** scram, on the double!

Schleu·se ['ʃlɔɪzə] ‹-, -n› *f* **1.** *(Kanal~)* lock; **2.** *(Wehr~)* sluice; **schleu·sen** *tr fam (Menschen einschmuggeln)* smuggle.

Schlich [ʃlɪç] ‹-(e)s, -e› *m (Kunstgriff)* trick; ► **alle ~e kennen** know all the wheezes; **hinter jds ~e kommen** get on to s.o.

schlicht [ʃlɪçt] *adj* simple; ► **~ und einfach** plain and simple.

schlich·ten *tr:* ► **e-n Streit ~** settle a dispute.

Schlich·tungs·ver·hand·lun·gen *pl* arbitration negotiations; **Schlich·tungs·ver·such** *m* attempt at mediation.

Schlick [ʃlɪk] ‹-(e)s, -e› *m* ooze, silt.

Schlie·ße ‹-, -n› *f* fastening.

schlie·ßen ['ʃli:sən] *irr* **I** *tr* **1.** *(zumachen)* close, shut; **2.** *(beenden)* close, conclude; ► **Frieden ~** make peace; **e-e Lücke ~** close a gap; **II** *itr* **1.** *(zumachen)* close (*od* shut) down; **2.** *(schlußfolgern)* infer; ► **tut uns leid, wir haben geschlossen** sorry, we're closed; **aus etw auf etw ~** infer s.th. from s.th.

Schließ·fach *n (Post~)* post-office box (*Abk* P.O. Box); *(Bank~)* safe-deposit box; *(Gepäck~)* left-luggage locker.

schließ·lich *adv* **1.** *(endlich)* eventually, finally; **2.** *(immerhin)* after all; ► **~ u. endlich** at long last.

Schließ·mus·kel *m anat* sphincter.

Schlie·ßung *f* **1.** *(Betriebseinstellung)* shut-down; **2.** *(~ e-r Versammlung)* breaking-up.

Schliff [ʃlɪf] ‹-(e)s, -e› *m* **1.** *(Diamant, Glas)* cut; **2.** *(das Schleifen)* cutting; ► **e-r Sache den letzten ~ geben** *fig* put the finishing touches to s.th.

schlimm [ʃlɪm] *adj (böse) a. fig* bad; ► **e-e ~e Zeit durchmachen** go through a bad time; **es wird immer ~er** things are going from bad to worse; **es hätte ~er kommen können** it could have been worse; **um so ~er!** so much the worse! **es könnte ~er sein** *fam* worse things happen at sea; **ist doch halb so ~** it's not as bad as all that; **es kommt noch ~er** there is worse to come; **das S~ste ist vorbei** the worst is over; **das S~ste daran ist ...** the worst of it is ...; **schlimm·sten·falls** *adv* at worst.

Schlin·ge ‹-, -n› *f* **1.** *(Schleife, Öse)* loop; **2.** *(zum Fangen)* snare; **3.** *med (Binde)* sling; ► **sich aus der ~ ziehen** *fig* get out of a tight spot.

Schlin·gel ['ʃlɪŋəl] ‹-s, -› *m* rascal.

schlin·gen[1] ['ʃlɪŋən] *irr* **I** *tr* **1.** *(binden)* tie; **2.** *(um~)* wrap; **II** *refl:* ► **sich ~ um etw** coil itself around s.th.

schlin·gen[2] *tr (herunter~):* ► **schling nicht so!** don't bolt your food like that!

schlin·gern ['ʃlɪŋɐn] *itr (Schiff)* roll; *(Fahrzeug)* lurch.

Schling·pflan·ze *f* creeper.

Schlips [ʃlɪps] ‹-es, -e› *m Br* tie, *Am* necktie; ► **sich auf den ~ getreten fühlen** *fig fam* feel offended.

Schlit·ten ['ʃlɪtən] ‹-s, -› *m* **1.** *Br* sledge, *Am* sled; **2.** *sl (Wagen)* motor; ► **~ fahren** go tobogganing; **mit jdm ~ fahren** *fig fam* give s.o. a ticking-off; **Schlit·ten·fahrt** *f* sledge ride.

schlit·tern ['ʃlɪtɐn] ‹sein *od* h› *itr* **1.** *(auf Rutschbahn)* slide; **2.** *mot (bei Glatteis)* skid.

Schlitt·schuh *m* (ice-) skate; **Schlitt·schuh·bahn** *f* ice-rink; **Schlitt·schuh·läu·fer(in)** *m (f)* skater; **Schlitt·schuh·schritt** *m sport* skating step.

Schlitz [ʃlɪts] ‹-es, -e› *m* slit; *(Einwurf~)* slot; **Schlitz·au·ge** *n* **1.** *(schlitzförmiges Auge)* slit eye; **2.** *(Schimpfwort)* chink; **schlitz·äu·gig** *adj* slant-eyed; **schlit·zen** *tr* slit; **Schlitz·ohr** *n fig fam* sly fox.

schloh·weiß ['ʃlo:'vaɪs] *adj* snow-white.

Schloß[1] [ʃlɔs, *pl* 'ʃlœsɐ] ‹-sses, ¨-sser› *n (Burg)* castle; *(Palast)* palace.

Schloß[2] *n (Verschluß)* lock; *(Koffer~)* fastener; ► **hinter ~ u. Riegel sitzen** be locked up.

Schlos·ser ['ʃlɔsɐ] ‹-s, -› *m* locksmith; *(Bau~)* fitter; **Schlos·se·rei** *f* metal-working shop.

Schloß·herr *m* lord of the castle; **Schloß·hund** *m:* ► **heulen wie ein ~** howl one's head off; **Schloß·park** *m* castle grounds *pl.*

Schlot [ʃlo:t] ‹-es,-e› **1.** *(Schornstein)* chimney; *(Fabrik~)* smokestack; **2.**

(Vulkanöffnung) vent; ▶ **rauchen wie ein ~** smoke like a chimney.

schlot·t(e·)rig ['ʃlɔt(ə)rɪç] *adj (lose)* baggy.

schlot·tern ['ʃlɔtɐn] *itr* **1.** *(lose hängen)* hang loose; **2.** *(zittern)* shake, tremble; ▶ **mit ~den Knien** with trembling knees; **~ vor Angst** tremble with fear.

Schlucht [ʃlʊxt] ‹-, -en› *f* gorge, ravine.

Schluch·zen *n* sobs *pl.*

schluch·zen ['ʃlʊxtsən] *itr* sob.

Schluck [ʃlʊk] ‹-(e)s, -e› *m* gulp; *(Mundvoll)* sip; **Schluck·brun·nen** *m (für Grundwasserwärmepumpe)* drain(age) well; **Schluck·auf** ‹-s› *m* hiccups *pl;* **schlucken (k·k) I** *tr* **1.** *a. fig* swallow; *(herunterwürgen)* gulp down; **2.** *(aufsaugen) fam* suck up; **II** *itr* swallow; **Schlucker (k·k)** *m:* ▶ **armer ~** *fam* poor devil; **Schluck·imp·fung** *f* oral vaccine; **Schluck·specht** *m fam* boozer; **schluck·weise** *adv* by draughts.

schlu·dern ['ʃlu:dɐn] *itr fam* work sloppily; **schlu·drig** *adj fam (Arbeit)* slipshod, (Person) slapdash.

Schlum·mer ['ʃlʊmɐ] ‹-s› *m* slumber; **schlum·mern** *itr* **1.** slumber; **2.** *fig* be latent, lie dormant.

Schlund [ʃlʊnt, *pl* 'ʃlʏndə] ‹-(e)s, ⸚e› *m* **1.** *anat* gullet; **2.** *(Abgrund)* abyss, chasm.

schlüp·fen ['ʃlʏpfən] ‹sein› *itr* **1.** slip; **2.** *(Jungvögel)* hatch out; ▶ **in die** (*od* **aus den**) **Kleider(n) ~** slip on (*od* off) one's clothes.

Schlüp·fer *m* panties *pl.*

Schlupf·loch *n* **1.** *(Durchlaß für Tiere)* hole; **2.** *(Gaunerversteck)* hideout; **3.** *fig* loophole.

schlüpf·rig ['ʃlʏpfrɪç] *adj* **1.** *(glatt)* slippery; **2.** *fig (anstößig)* lewd.

Schlupf·win·kel *m* hiding place.

schlur·fen ['ʃlʊrfən] ‹sein› *itr* shuffle along.

schlür·fen ['ʃlʏrfən] *tr itr* slurp.

Schluß [ʃlʊs, *pl* 'ʃlʏsə] ‹-sses, ⸚sse› *m* **1.** *(Ende, Halt)* end; **2.** *(Abschluß)* ending; ▶ **~ jetzt!** that's the end now! **~ damit!** stop it! **~ für heute!** that's it for today! **~ machen** *(mit der Arbeit)* call it a day; *(Selbstmord begehen)* end it all; **mit jdm ~ machen** finish with s.o.; **zum ~** in the end; **welchen ~ ziehen Sie daraus?** what conclusion do you draw from all this? **ein voreiliger ~** a rash conclusion; **Schluß·ab·rech·nung** *f* final account; **Schluß·ak·te** *f pol* closing agreement; **Schluß·be·mer·kung** *f* concluding remark.

Schlüs·sel[1] ['ʃlʏsəl] ‹-s, -› *m* **1.** *(Tür~)* key; **2.** *tech (Schrauben~) Br* spanner, *Am* wrench.

Schlüs·sel[2] *m mus* clef.

Schlüs·sel[3] *m (Verteilungsquote)* ratio.

Schlüs·sel·an·hän·ger *m* keyring pendant; **Schlüs·sel·bein** *n* collarbone; **Schlüs·sel·blu·me** *f* cowslip; **Schlüs·sel·bund** *m* bunch of keys; **Schlüs·sel·dienst** *m* key cutting service; emergency locksmith; **Schlüs·sel·er·leb·nis** *n psych* crucial experience; **schlüs·sel·fer·tig** *adj* ready for occupancy; ▶ **ein ~es Haus** a new house ready for moving in; **Schlüs·sel·in·du·strie** *f* key industry; **Schlüs·sel·kind** *n* latchkey child; **Schlüs·sel·loch** *n* keyhole; ▶ **durchs ~ gucken** spy through the keyhole; **Schlüs·sel·stel·lung** *f* key position; ▶ **Beamter in ~** key official.

Schluß·fol·ge·rung *f:* ▶ **~en ziehen aus ...** draw conclusions from ...

schlüs·sig ['ʃlʏsɪç] *adj* conclusive; ▶ **sich über etw ~ sein** have made up one's mind about s.th.

Schluß·licht ‹-(e)s, -er› *n* **1.** *mot* taillight, tail lamp; **2.** *fig* back marker; ▶ **das ~ bilden** *fig* bring up the rear; **Schluß·run·de** *f sport (beim Boxen)* final round; *(beim Rennen)* final lap; **Schluß·strich** *m fig* final stroke; ▶ **e-n ~ unter etw ziehen** consider s.th. finished; **Schluß·ver·kauf** *m* sale; **Schluß·wort** ‹-(e)s, -e› *n* **1.** *(in Rede)* closing remarks *pl;* **2.** *(in Buch)* postscript.

Schmach [ʃma:x] ‹-› *f:* ▶ **etw als ~ empfinden** see s.th. as a disgrace.

schmach·ten ['ʃmaxtən] *itr obs (vor Entbehrung)* languish; ▶ **nach etw ~** pine for s.th; **schmach·tend** *adj:* ▶ **ein ~er Blick** a languishing glance.

schmäch·tig ['ʃmɛçtɪç] *adj* frail, slight.

schmach·voll *adj* humiliating.

schmack·haft ['ʃmakhaft] *adj* tasty; ▶ **jdm etw ~ machen** *fig* make s.th. palatable to s.o.

schmä·hen ['ʃmɛ:ən] *tr* abuse; **schmäh·lich** *adj (schändlich)* shameful; *(demütigend)* humiliating.

schmal [ʃma:l] *adj* **1.** *(eng)* narrow; **2.** *(schlank)* slender, slim; ▶ **~e Lippen** thin lips.

schmä·lern ['ʃmɛ:lɐn] *tr* **1.** *(beeinträchtigen)* diminish, lessen; **2.** *(herabsetzen)* belittle; **Schmä·le·rung** *f* detraction from.

Schmal·film *m* cine-film; **Schmal·film·ka·me·ra** *f* cine-camera.

Schmal·spur- *(in Zss.)* small-time ...

Schmalz [ʃmalts] ‹-es, -e› *n* lard.

schmal·zig *adj fig fam* slushy.

schma·rot·zen [ʃma'rɔtsən] ‹ohne ge-› *itr* **1.** *(Mensch)* sponge (*bei* on); **2.** *bot zoo* be parasitic (*bei* on); **Schma·rot·zer** *m* **1.** *fig (Mensch) Br* sponger, *Am* freeloader; **2.** *bot zoo* parasite.

Schmar·ren[1] ‹-s, -› *m pancake cut up into small pieces.*

Schmar·ren[2] *m fam (Unsinn):* ▶ **er versteht e-n ~ davon** he doesn't know a thing about it; **das geht Sie e-n ~ an!** that's none of your bloody business!

schmat·zen [ˈʃmatsən] *itr* eat noisily; munch.

Schmaus [ʃmaʊs, *pl* ˈʃmɔɪzə] ‹-es, ⸚se› *m* feast; **schmau·sen** *itr* feast.

schmecken [ˈʃmɛkən] **I** *itr (Geschmack haben)* taste (*nach* of); ▶ **das schmeckt mir nicht** I don't like the taste of it; **das Essen schmeckt nach nichts!** the cooking has no taste! **gut ~** taste good (*od* nice); **das schmeckt nicht schlecht** it tastes all right to me; **das hat geschmeckt!** that was good! **wie schmeckt's?** how do you like it? **II** *tr* taste; **ich kann nichts ~** *(feststellen)* I can't taste anything wrong.

Schmei·che·lei *f* flattery; ▶ **mit ~en kommst du nicht weit** flattery will get you nowhere.

schmei·chel·haft *adj a. fig* flattering.

schmei·cheln [ˈʃmaɪçəln] *itr* flatter (*jdm* s.o.); ▶ **er fühlte sich von ihrer Rede sehr geschmeichelt** he was very flattered by her speech; **Schmeich·ler(in)** *m (f)* flatterer; **schmeich·le·risch** *adj* flattering.

schmei·ßen [ˈʃmaɪsən] *irr tr fam* chuck, fling; ▶ **e-e Sache (***od* **den Laden) ~** *fig* run the show.

Schmeiß·flie·ge *f* bluebottle.

Schmelz [ʃmɛlts] ‹-es, -e› *m* **1.** *(Email, Zahn~)* enamel; **2.** *(Glanz, Glasur)* glaze; **3.** *fig (der Stimme)* mellowness; **Schmel·ze** ‹-, -n› *f* **1.** *(von Metall)* melt; **2.** *(Schmelzhütte)* smelting works *pl.*

schmel·zen [ˈʃmɛltsən] *irr tr* ‹h› *itr* ‹sein› *a. fig* melt; **Schmelz·hüt·te** *f* smelting works *pl;* **Schmelz·kä·se** *m Br* processed (*Am* process) cheese; **Schmelz·ofen** *m (für Metallerz)* melting furnace; **Schmelz·punkt** *m* melting point; **Schmelz·tie·gel** *m a. fig* melting pot; **Schmelz·was·ser** *n* snow water.

Schmer·bauch [ˈʃmeːɐ-] *m fam* paunch.

Schmerz [ʃmɛrts] ‹-es, -en› *m* pain; ▶ **hast du noch ~en?** is it still hurting? **das ist gut gegen die ~en** this will help the pain; **~en haben** be in pain; **er schrie vor ~en** he screamed in pain; **ich habe ~en im Bein** I have a pain in my leg; **schmer·zen** *itr (weh tun)* hurt; ▶ **mein Arm fing an zu ~** my arm was becoming painful; **sein Arm schmerzt noch immer** his arm is still paining him; **schmerz·em·pfind·lich** *adj* sensitive to pain; **Schmer·zens·geld** *n jur* damages *pl;* **Schmer·zens·schrei** *m* scream of pain; **Schmerz·gren·ze** *f* pain barrier; **schmerz·haft** *adj* **1.** painful; **2.** *fig (betrüblich)* sad; **schmerz·lich** *adj fig (traurig)* sad; ▶ **ein ~er Verlust** a severe loss; **ihm wurde ~ bewußt, daß ...** he became painfully aware that ...; **schmerz·los** *adj* painless; ▶ **kurz und ~** quite painless; **Schmerz·mit·tel** *n* pain-killer; **schmerz·stil·lend** *adj* pain-killing; ▶ **~es Mittel** pain-killer *fam; med* analgetic.

Schmet·ter·ling [ˈʃmɛtelɪŋ] *m* butterfly.

schmet·tern [ˈʃmɛten] **I** *tr (heftig werfen)* smash; **II** *itr* **1.** *sport (Tennisball)* smash; **2.** *mus (Trompete)* blare; **3.** *(Stimme)* bellow.

Schmied [ʃmiːt] ‹-(e)s, -e› *m* smith.

Schmie·de [ˈʃmiːdə] ‹-, -n› *f* forge, smithy. **schmie·de·ei·sern** *adj* wrought-iron; **schmie·den** *tr* forge (*zu* into); ▶ **Pläne ~** *fig* hatch plans.

schmie·gen [ˈʃmiːgən] *refl* nestle, snuggle (*an* to); ▶ **sich an jdn ~** nestle up to s.o.; **sich an jds Schulter ~** nestle against someone's shoulder; **schmieg·sam** *adj* supple.

Schmie·re [ˈʃmiːrə] ‹-, -n› *f* grease; ▶ **~ stehen** *fig fam* be the look-out.

schmie·ren I *tr* **1.** *(auf~)* smear; **2.** *(Maschinen)* lubricate; ▶ **jdn ~** *fig fam (bestechen)* grease someone's palms; **du kriegst gleich e-e geschmiert!** *fam* I'll clout you one in a minute! **II** *itr* **1.** *(sudeln, schlecht schreiben)* scrawl; **2.** *(schmierig sein)* smear; ▶ **es läuft wie geschmiert** it's going like clockwork; **Schmie·re·rei** *f* **1.** *(Sudelei)* scrawl; **2.** *(schlechte Malerei)* daubing; **3.** scribbling; **Schmier·fett** *n* grease; **Schmier·fink** *m* **1.** *(mieser Schreiberling)* muckraker *fam;* **2.** *(Schüler)* messy fellow; **Schmier·geld(er)** *n (pl)* bribe *sing;* **als ~** as a bribe; ▶ **~(er) nehmen** take a bribe; **schmie·rig** *adj* **1.** *(fettig)* greasy; **2.** *fig (widerlich)* dirty, filthy; **3.** *fig fam (kriecherisch)* smarmy; **Schmier·mit·tel** *n* lubricant; **Schmier·sei·fe** *f* soft soap; **Schmier·zet·tel** *m* piece of rough paper.

Schmin·ke [ˈʃmɪŋkə] ‹-, -n› *f* make-up; **schmin·ken I** *tr* make up; **II** *refl* put on make-up; **Schmink·täsch·chen** *n* make-up bag.

schmir·geln [ˈʃmɪrgəln] *tr* sand; **Schmir·gel·pa·pier** *n* sandpaper.

schmis·sig *adj fam* dashing.

schmö·kern [ˈʃmøːken] *itr:* ▶ **in e-m Buch ~** bury o.s. in a book.

Schmoll·ecke (k·k) *f* ▶ **sich in seine ~ zurückziehen** withdraw to one's corner to sulk.**schmol·len** [ˈʃmɔlən] *itr* sulk; ▶ **mit jdm ~** be annoyed with s.o; **Schmoll·mund** *m* pout; ▶ **e-n ~ ziehen** pout.

Schmor·bra·ten *m* pot-roast.

schmo·ren [ˈʃmoːrən] *tr itr* braise;

► **jdn ~ lassen** *fig* leave s.o. to stew.
Schmuck [ʃmʊk] ‹-(e)s, (-e)› *m* **1.** *(Juwelen) Br* jewellery, *Am* jewelry; **2.** *(Dekoration)* decoration.
schmücken (k·k) ['ʃmʏkən] **I** *tr* adorn, decorate; **II** *refl* adorn o.s.
Schmuck·käst·chen *n* jewellery box; **schmuck·los** *adj fig* plain, simple; **Schmuck·stück** *n* **1.** *(Juwel)* piece of jewellery; **2.** *fig* gem.
Schmud·del·kind *n fam* (street) urchin.
Schmug·gel ['ʃmʊgəl] ‹-s› *m* smuggling; **schmug·geln** *tr itr* smuggle; ► **mit etw ~** smuggle s.th.; **Schmugg·ler(in)** *m (f)* smuggler.
schmun·zeln ['ʃmʊntsəln] *itr* smile.
schmu·sen ['ʃmu:zən] *itr* have a cuddle; ► **mit jdm ~** cuddle s.o.; **Schmu·se·pup·pe** *f* cuddly toy.
Schmutz [ʃmʊts] ‹-es› *m* dirt; ► **jds Namen durch den ~ ziehen** drag someone's name through the mud; **schmutzen** *itr* get dirty; **Schmutz·fink** *m fam (Kind)* mucky pup; ► **Sie ~!** *fig* don't be filthy! **Schmutz·fleck** *m* dirty mark; **schmut·zig** *adj* dirty; ► **~ werden** get dirty; **etw ~ machen** get s.th. dirty; **e-e ~e Phantasie haben** have a dirty mind; **Schmutz·kam·pa·gne** *f* smear campaign; **Schmutz·schicht** *f* layer of dirt; **Schmutz·ti·tel** *m typ* half-title.
Schna·bel ['ʃna:bəl, *pl* 'ʃnɛ:bəl] ‹-s, ⸚› *m* **1.** *orn* beak, bill; **2.** *fam (Mund)* gob, trap; ► **darüber hältst du den ~!** keep your gob shut about this! **halt den ~!** shut your trap!
Schna·ke ['ʃna:kə] ‹-, -n› *f* gnat, midge.
Schnal·le ['ʃnalə] ‹-, -n› *f* **1.** *(Schuh~, Gürtel~)* buckle; **2.** *(Schließe)* clasp; **schnal·len** *tr* strap *(an* to); ► **etw auf etw ~** strap s.th. onto s.th.; **hast du das jetzt geschnallt?** *(begriffen) fig fam* have you got it now?
schnal·zen ['ʃnaltsən] *itr (mit der Zunge)* click one's tongue; *(mit den Fingern)* snap one's fingers.
Schnäpp·chen ['ʃnɛpçən] *n fam* bargain.
schnap·pen ['ʃnapən] **I** *tr* **1.** *(etw ergreifen, erwischen)* grab, snatch; **2.** *fam (fangen)* nab; ► **er schnappte mich am Ärmel** he grabbed my sleeve; **die Polizei hat ihn dabei geschnappt, wie er ...** the police nabbed him when he ...; **II** *itr:* ► **nach etw ~** make a snap at s.th.; **nach Luft ~** gasp for air; **Schnapp·schuß** *m phot* snapshot.
Schnaps [ʃnaps, *pl* 'ʃnɛpsə] ‹-es, ⸚e› *m Br* booze, *Am* liquor; **Schnaps·idee** *f fam* crackpot idea.
schnar·chen ['ʃnarçən] *itr* snore.
schnar·ren ['ʃnarən] *itr* **1.** *(knarren)* creak; **2.** *(summen, a. tele)* buzz; ► **~de Geräusche** a series of creaks.
schnat·tern ['ʃnatən] *itr* **1.** *(Gänse, Enten)* quack; **2.** *(durcheinanderschwatzen) pej* gabble, prattle.
schnau·ben ['ʃnaʊbən] *itr tr (bes. von Pferd)* snort; *(pusten)* blow, puff; ► **vor Wut ~** snort with rage.
schnau·fen ['ʃnaʊfən] *itr* puff, wheeze.
Schnauz·bart *m* moustache.
Schnau·ze ['ʃnaʊtsə] ‹-, -n› *f* **1.** *(Tier~)* muzzle; **2.** *vulg (Mund)* trap; **3.** *(Spitze, bes. Flugzeugspitze)* nose; *mot (Vorderteil)* front; ► **halt die ~!** *vulg* shut your trap! **e-e große ~ haben** *vulg* be a bigmouth; **schnau·zen** *itr fam* shout.
Schnecke (k·k) ['ʃnɛkə] ‹-, -n› *f* snail; ► **jdn zur ~ machen** *fig fam* give s.o. a ticking-off; **schnecken·för·mig (k·k)** *adj* spiral; **Schnecken·haus (k·k)** *n* snail-shell; **Schnecken·tem·po (k·k)** *n:* ► **im ~** at a snail's pace.
Schnee [ʃne:] ‹-s› *m (a. fig: Heroin, Kokain)* snow; ► **der ewige ~** the eternal snows *pl;* **Schnee·an·zug** *m* snow suit; **Schnee·ball** *m* **1.** snowball; **2.** *bot (~strauch)* guelder rose; **Schnee·ball·ef·fekt** *m* snowball effect; **Schnee·ball·schlacht** *f* snowball fight; ► **e-e ~ machen** have a snowball fight; **Schnee·be·sen** *m* whisk; **Schnee·bril·le** *f* snow goggles *pl;* **Schnee·fall** *m* snowfall; **Schnee·flocke (k·k)** *f* snowflake; **Schnee·ge·stö·ber** *n* snowstorm; **Schnee·glöck·chen** *n bot* snowdrop; **Schnee·gren·ze** *f* snow-line; **Schnee·ka·no·ne** *f* snow cannon; **Schnee·ket·te** *f mot* snow chain; **Schnee·mann** ‹-(e)s, ⸚er› *m* snowman; **Schnee·matsch** *m* slush; **Schnee·mo·bil** *n* snow mobile; **Schnee·pflug** *m Br* snowplough, *Am* snowplow; **Schnee·schau·er** *m* snow shower; **Schnee·schau·fel** *f Br* snow-shovel, *Am* snowpusher; **Schnee·schmel·ze** *f* thaw; **Schnee·sturm** *m Br* snowstorm, *Am* blizzard; **Schnee·trei·ben** *n* driving snow; **Schnee·ver·we·hung** *f* snowdrift; **schnee·weiß** ['-'-] *adj* snowy-white; **Schnee·witt·chen** *n* Snow White.
Schneid [ʃnaɪt] ‹-(e)s› *m* guts *pl;* **Schneid·bren·ner** *m tech* cutting torch.
Schnei·de [ʃnaɪdə] ‹-, -n› *f* **1.** *(Schärfe, Kante)* edge; **2.** *(Klinge)* blade; ► **auf (des) Messers ~ stehen** *fig* be on the razor's edge.
schnei·den *irr* **I** *tr a. fig* cut; ► **sich die Nägel ~** cut one's nails; **sich am Finger ~** cut one's finger; **deine Haare könnten mal wieder geschnitten werden!** your hair could do with a cut! **sich die Haare ~ lassen** have one's hair cut; **etw in zwei Teile ~** cut s.th. in half; **II** *refl* **1.** *(mit Messer)* cut o.s.; **2.** *math (Linien)* intersect; **schnei·dend** *adj fig* **1.** *(bei-*

ßend) biting; **2.** *(durchdringend)* piercing.

Schnei·der(in) *m (f)* tailor; *(Damen~)* dressmaker; **Schnei·de·rei** *f* tailor's (*od* dressmaker's); **schnei·dern** *tr (anfertigen)* make.

Schnei·de·zahn *m* incisor.

schnei·dig *adj* dashing.

schnei·en ['ʃnaɪən] *itr imp* snow.

Schnei·se ['ʃnaɪzə] ‹-, -n› *f* **1.** *(Wald~)* aisle; **2.** *aero (Flug~)* path.

schnell [ʃnɛl] *adj* *(~fahrend)* fast; *(rasch)* quick; ▶ **mach ~!** be quick! **~, ~!** quick, quick! **das ging ja ~** you were (he was *etc*) quick; **etw ganz ~ tun** be quick to do s.th.; **wie komme ich am ~sten zum Bahnhof?** what's the quickest way to the station? **laß mich mal ~ sehen** let me have a quick look; **wir haben ~ etw gegessen** we had a quick meal; **ich schreibe ihm ~ mal** I'll just drop him a line or two; **er arbeitet ~** he is a fast worker.

Schnel(l·)la·der *m mot (für Batterie)* fast charger; **Schnell·bahn** *f* high-speed railway; **Schnell·bau·wei·se** *f* high-speed building methods *pl;* **Schnell·boot** *n mil* motor-torpedo boat (*Abk* MTB); **Schnell·drucker (k·k)** *m* high-speed printer; **schnel(l·)le·big** *adj* fast-moving.

schnel·len ['ʃnɛlən] ‹sein› *itr:* ▶ **in die Höhe ~** shoot up, tip up.

Schnell·feu·er·waf·fe *f* automatic weapon; **Schnell·hef·ter** *m* spring folder.

Schnel·lig·keit *f* speed; ▶ **mit großer ~** at fast speed; **die ~ der Strömung** the rapidity of the current.

Schnell·im·biß *f* snack-bar; **Schnell·koch·plat·te** *f* high-speed ring; **Schnell·koch·topf** *m* pressure cooker; **Schnell·rei·ni·gung** *f* express cleaner's; **Schnell·rück·lauf** *m* fast rewind; **Schnell·stra·ße** *f* expressway; **Schnell·such·lauf** *m* rapid search; **schnell·trock·nend** *adj* quick-drying; **Schnell·ver·fah·ren** *n* **1.** *tech* high-speed processing; **2.** *jur* summary trial; ▶ **im ~ abgeurteilt werden** be sentenced by a summary trial; **Schnell·vor·lauf** *m* fast forward; **Schnell·zug** *m* fast train.

Schnep·fe ['ʃnɛpfə] ‹-, -n› *f orn* snipe.

schneu·zen ['ʃnɔɪtsən] *refl* blow one's nose.

schnie·fen ['ʃni:fən] *itr fam* sniffle.

Schnipp·chen ['ʃnɪpçən] *n fam:* ▶ **jdm ein ~ schlagen** outsmart s.o.

schnip·pisch *adj* pert, saucy.

Schnip·sel *m n* scrap; **schnip·seln** *tr* snip (*an* at).

Schnitt [ʃnɪt] ‹-(e)s, -e› *m* **1.** *allg* cut; **2.** *(Längs~, Quer~)* section; ▶ **e-n ~ mit etw machen** *fig fam* make a profit by s.th; **im ~** *fig* on average.

Schnitt·blu·men *pl* cut flowers.

Schnit·te ‹-, -n› *f* **1.** *(Scheibe)* slice; **2.** *(belegtes Brot)* sandwich; ▶ **e-e ~ Brot** a slice of bread; **schmier mir mal 'ne ~!** make me a sandwich!

Schnitt·flä·che *f* section.

schnit·tig *adj* smart.

Schnitt·lauch *m* chives *pl.*

Schnitt·men·ge *f math* intersection; **Schnitt·mu·ster** *n* paper pattern; **Schnitt·punkt** *m (von Linien)* point of intersection; **Schnitt·stel·le** *f EDV* interface.

Schnitt·wun·de *f* cut; *(tiefe ~)* gash.

Schnitzel[1] *n (Speise)* pork (*od* veal) cutlet.

Schnitzel[2] ['ʃnɪtsəl] ‹-s, › *n m (Papier~)* scrap of paper; **Schnit·zel·jagd** *f* paper-chase.

schnit·zen ['ʃnɪtsən] *tr* carve; **Schnitzer**[1] *m (Holz~)* wood carver.

Schnit·zer[2] *m fam (Fehler) Br* blunder, *Am* howler.

Schnitz·mes·ser *n* woodcarving knife.

schnö·de ['ʃnø:də] *adj:* ▶ **der ~e Mammon** filthy lucre.

Schnor·chel ['ʃnɔrçəl] ‹-s, -› *m* snorkel.

Schnör·kel ['ʃnœrkəl] ‹-s, -› *m (bogenförmige Verzierung)* flourish; **schnörkel·los** *adj* without frills.

schnor·ren *tr itr* scrounge, cadge (*etw bei jdm* s.th. off s.b.); **Schnor·rer(in)** *m (f)* scounger, sponger.

Schnüf·fe·lei *f* **1.** *(Schnuppern)* sniffling; **2.** *fig (Herumspionieren)* snooping.

schnüf·feln ['ʃnʏfəln] *itr* **1.** *(schnuppern)* sniff (*an* at); **2.** *fig* snoop around.

Schnul·ler ['ʃnʊlɐ] ‹-s, -› *m* **1.** *(für Säugling) Br* dummy, *Am* pacifier; **2.** *(Fläschchenaufsatz) Br* teat, *Am* nipple.

Schnul·ze ['ʃnʊltsə] ‹-, -n› *f fam pej* tearjerker; **Schnul·zen·sän·ger(in)** *m (f) fam pej* crooner.

Schnup·fen ['ʃnʊpfən] ‹-s, -› *m* cold (in the head); ▶ **~ haben** have a cold; **~ bekommen** catch cold.

schnup·pe ['ʃnʊpə] *adj fam:* ▶ **das ist mir ~** it's all the same to me.

schnup·pern ['ʃnʊpɐn] *itr* sniff; ▶ **an etw ~** sniff s.th.

Schnur [ʃnu:ɐ, *pl* 'ʃny:rə] ‹-, ⸚e› *f* string; *(Kordel)* cord; *el (Leitungs~)* flex.

Schnür·band *n* lace.

Schnür·chen ['ʃny:ɐçən] *n:* ▶ **das klappt ja wie am ~** it's really going like clockwork.

schnü·ren ['ʃny:rən] **I** *tr* tie up; **II** *itr (zu fest sein)* be too tight.

schnur·ge·ra·de ['--'--] *adv* dead straight.

schnur·los *adj (Telefon)* cordless.

Schnurr·bart *m Br* moustache, *Am* mustache; **schnurr·bär·tig** *adj* mustachioed.

schnur·ren ['ʃnʊrən] *itr* **1.** *(surren)* whir; **2.** *(Katze)* purr.

Schnurr·haa·re *pl* whiskers.

Schnür·sen·kel *m* shoelace; **Schnür·stie·fel** *m* laced boot.

schnur·stracks ['ʃnu:ɐ'ʃtraks] *adv* straight away.

Scho·ber ['ʃo:bɐ] ‹-s, -› *m (Scheune)* barn.

Schock [ʃɔk] ‹-s, -s› *m* shock; **Schock·far·be** *f Br* blaze colour, electric colour, *Am* blaze color, electric color; **schockie·ren (k·k)** *tr* shock.

Schöf·fe (Schöf·fin) ['ʃœfə] ‹-n, -n› *m (f) jur* juror.

Scho·ko·la·de [ʃoko'la:də] ‹-, -n› *f* chocolate; **Scho·ko·(la·den·)rie·gel** *m* chocolate bar.

Scho·ko·la·den·sei·te *f fig* attractive side of things.

Schol·le[1] ['ʃɔlə] ‹-, -n› *f* **1.** *(Fisch)* plaice; **2.** *(auf Speisekarten)* sole.

Schol·le[2] *f (Erd~)* clod; *(Eis~)* floe.

schon [ʃo:n] *adv* **1.** *(bereits)* already; **2.** *(jemals)* ever; **3.** *(bloß)* just; ► **ich lebe ~ seit 2 Jahren in Berlin** I have been living in B. for 2 years; **sind Sie ~ (mal) in Spanien gewesen?** have you ever been to Spain? **das habe ich ~ oft gehört** I've heard that often; **ich bin ~ lange fertig** I've been ready for ages; **wartest du ~ lange?** have you been waiting long? **~ immer** always; **wenn ich das ~ höre!** if I even hear that! **na, wenn ~!** so what! **was ist das ~!** that's nothing! **ja, ~ ...** yes, well ...; **das ist ~ möglich** that's quite possible; **mach ~!** get a move on! **morgen ~ gar nicht** tomorrow least of all.

schön [ʃø:n] **I** *adj* **1.** *(hübsch)* beautiful, lovely; **2.** *(angenehm)* nice; ► **heute nachmittag wird es ~** it's going to be fine this afternoon; **wir gehen, wenn das Wetter ~ ist** we'll go if it's fine; **e-s ~en Tages** one fine day; **das ist ja e-e ~e Ausrede** that's a fine excuse; **du bist mir ein ~er Freund!** a fine friend you are! **das ist ja alles ~ und gut, aber ...** that's all very well, but ...; **ich hab' mich ~ ausgeruht** I had a nice rest; **immer ~ sachte!** nice and easy does it! **das sind ja ~e Zustände!** here's a nice state of affairs! **II** *adv* **1.** *(gut)* well; **2.** *(ziemlich)* pretty; ► **schlaf ~!** sleep well! **ganz ~ lange** quite a while.

scho·nen ['ʃo:nən] **I** *tr* **1.** *(verschonen)* spare; **2.** *(sorgfältig behandeln)* look after, take care of ...; **II** *refl* take care of o.s; **scho·nend** *adj* **1.** *(vorsichtig)* gentle; **2.** *(mild)* mild; ► **etw ~ behandeln** treat s.th. with care; **jdm etw ~ beibringen** break s.th. to s.o. gently.

Schon·gang *f (Waschen)* gentle action wash.

Schön·heit *f* **1.** beauty; **2.** *(schöne Frau)* beautiful woman, beauty; **Schön·heits·farm** *f* health farm; **Schön·heits·feh·ler** *m (von Menschen)* blemish; *(von Sachen)* flaw; **Schön·heits·ope·ra·tion** *f* cosmetic surgery.

Schön·schreib·drucker (k·k) *m EDV* letter-quality printer.

schöntun *irr itr:* ► **jdm ~** soft-soap s.o.

Scho·nung[1] *f (vorsichtige Behandlung)* saving (of); **zur ~ der Möbel** for the protection of the furniture; **Scho·nung[2]** *f (Jungwald)* forest plantation area; **scho·nungs·los I** *adj (ohne Gnade)* merciless; **II** *adv* bluntly.

Schon·zeit *f Br* close (*Am* closed season).

Schopf [ʃɔpf, *pl* 'ʃœpfə] ‹-(e)s, ⸚e› *m (Haar~)* shock of hair; *(Vogel~, Feder~)* crest; ► **die Gelegenheit beim ~e fassen** *fig* seize (on) the opportunity.

schöp·fen ['ʃœpfən] *tr itr* scoop (*aus* out of, from); ► **neuen Mut ~** *fig* draw new courage (*aus* from).

Schöp·fer(in) *m (f)* creator; **schöp·fe·risch** *adj* creative.

Schöpf·kel·le *f* scoop; **Schöpf·löf·fel** *m* ladle.

Schöp·fung *f* **1.** *(Creation, Werk)* creation; **2.** *(Erfindung)* invention; **Schöp·fungs·ge·schich·te** *f rel* Genesis.

Schorf [ʃɔrf] ‹-(e)s, -e› *(Wundkruste)* scab.

Schorn·stein ['ʃɔrnʃtaɪn] ‹-(e)s, -e› *m* chimney; *mar rail* funnel; *(Fabrik~)* (smoke-) stack; **Schorn·stein·auf·satz** *m* chimney top; *(aus Blech)* chimney cowl; **Schorn·stein·fe·ger** *m* (chimney-) sweep.

Schoß[1] *m bot (Trieb)* shoot, sprout.

Schoß[2] ['ʃo:s, *pl* 'ʃø:sə] ‹-es, ⸚e› *m* lap; ► **auf dem ~** on one's lap; **Schoß·hund** *m* lap-dog.

Scho·te ['ʃo:tə] ‹-, -n› *f bot* pod.

Schott [ʃɔt] ‹-(e)s, -en/-s› *n mar* bulkhead.

Schot·te ['ʃɔtə] ‹-n, -n› *m* Scot, Scotsman; ► **die ~en** the Scottish.

Schot·ter ['ʃɔtɐ] ‹-s› *m (Straßen~)* road-metal; *rail* ballast; **schot·tern** *tr* metal.

Schot·tin *f* Scotswoman; ► **die ~nen** Scottish women; **schot·tisch** *adj* Scottish; ► **das ~e Hochland** the Scottish Highlands; **~er Whisky** Scotch Whisky; **Schott·land** *n* Scotland.

schraf·fie·ren [ʃra'fi:rən] *tr* hatch; **Schraf·fur** *f* hatching.

schräg [ʃrɛ:k] **I** *adj* **1.** *(ungerade)* oblique; **2.** *(geneigt)* sloping; **3.** *(quer laufend)* diagonal; **II** *adv* **1.** *(nicht parallel)* obliquely; **2.** *(diagonal)* diagonally; ► **~ gegenüber** diagonally opposite; **jdn ~ ansehen** look down on s.o.; **Schrä·ge** ['ʃrɛ:gə] ‹-, -n› *f* incline;

Schräg·heck *n (am Auto)* coupé back, *(Auto)* coupé; **Schräg·schrift** *f typ (Kursivdruck)* italics *pl;* **Schräg·strich** *m* oblique stroke.

Schram·me ['ʃramə] ‹-, -n› *f* scratch; **schram·men** *tr* scratch.

Schrank [ʃraŋk, *pl* 'ʃrɛŋkə] ‹-(e)s, ⸚e› *m Br* cupboard, *Am* closet; *(Kleider~)* wardrobe; **Schrank·bett** *n* fold-away bed.

Schran·ke ['ʃraŋkə] ‹-, -n› *f a. fig* barrier; ▶ **das hält sich noch in ~n** that keeps within reasonable limits; **sein Ehrgeiz kennt keine ~n** there are no bounds to his ambition; **schran·ken·los** *adj* unrestrained; **Schran·ken·wär·ter(in)** *m (f)* level crossing attendant.

Schrank·fach *n* shelf; **Schrank·wand** *f* wall unit.

Schrap·nell [ʃrap'nɛl] ‹-s, -e/-s› *n* shrapnel.

Schrau·be ['ʃraʊbə] ‹-, -n› *f* **1.** *(ohne Mutter, Holz~)* screw; *(~ mit Mutter)* bolt; **2.** *aero mar* propeller; ▶ **e-e ~ anziehen** tighten a screw; **bei ihm ist e-e ~ los** *fig fam* he has a screw loose; **schrau·ben** *tr itr* screw; ▶ **etw höher (niedriger, fester) ~** screw s.th. up (down, tighter); **Schrau·ben·dre·her** *m* screwdriver; **Schrau·ben·schlüs·sel** *m* spanner; **Schrau·ben·zie·her** *(s.* Schraubendreher).

Schraub·fas·sung *f* screw fixture; **Schraub·stock** *m Br* vice, *Am* vise; ▶ **etw wie ein ~ umklammern** clasp s.th. in a vice-like grip; **Schraub·ver·schluß** *m* screw top, screw cap.

Schre·ber·gar·ten ['ʃre:bɐ-] *m* allotment.

Schreck [ʃrɛk] ‹-(e)s, -e(n)› *m* fright, scare; ▶ **e-n ~ bekommen** have a fright; **jdm e-n ~ einjagen** give s.o. a fright; **mit dem ~en davonkommen** get off with no more than a fright.

schrecken (k·k) *tr* frighten, scare; **Schreckens·bot·schaft (k·k)** *f* alarming piece of news; **Schreckens·herr·schaft (k·k)** *f* reign of terror.

Schreck·ge·spenst *n fig* bugaboo; spectre.

schreck·haft *adj* easily frightened.

schreck·lich I *adj (furchtbar)* terrible; ▶ **du bist wirklich ~!** you're awful! **II** *adv fam (sehr)* awfully; ▶ **ist nicht so ~ wichtig** it's not awfully important; **~ gerne!** I'd absolutely love to!

Schreck·schuß *m:* ▶ **e-n ~ abgeben** fire a warning shot; **Schreck·schuß·pi·sto·le** *f* blank gun; **Schreck·se·kun·de** *f mot* reaction time.

Schrei [ʃraɪ] ‹-(e)s, -e› *m* cry; *(lauter)* shout; *(gellend)* yell; *(kreischend)* scream, screech, shriek; ▶ **der letzte ~** *(Mode etc)* the latest thing; **e-n ~ aus·stoßen** utter a cry.

Schreib·block *m* (writing-) pad.

Schrei·be *f fam* writing.

Schrei·ben ‹-s, -› *n* letter.

schrei·ben ['ʃraɪbən] *irr tr itr* write; ▶ **er schrieb 5 Seiten voll** he wrote five sheets of paper; **~ Sie Ihren Namen in Druckschrift!** print your name! **wie schreibt man das?** how do you spell that? **jdm ~** write to s.o.; **wir ~ uns** we write to each other; **ich habe ihm geschrieben, er solle kommen** I wrote to him to come.

Schrei·ber *m* **1.** *(Brief~, etc)* writer; **2.** *(Amts~)* clerk; **3.** *tech (Registrierapparat)* recorder.

schreib·faul *adj* ▶ **~ sein** be no great letter-writer; **Schreib·fe·der** *f (Stahl~)* nib; **Schreib·feh·ler** *m* (spelling) mistake; **Schreib·heft** *n* exercise-book; **Schreib·kraft** *f* typist; **Schreib·map·pe** *f* portfolio; **Schreib·ma·schi·ne** *f* typewriter; ▶ **~ schreiben** type; **mit ~ geschrieben** typewritten; **Schreib·ma·schi·nen·pa·pier** *n* typing paper; **Schreib·pa·pier** *n* writing paper; **Schreib·pult** *n* (writing) desk; **Schreib·schrift** *f* **1.** *(von Hand)* cursive writing; **2.** *typ* script; **Schreib·tisch** *m* desk; **Schreib·tisch·tä·ter** *m pej* brains behind the scenes.

Schrei·bung *f (Orthographie)* spelling; ▶ **falsche ~** misspelling.

Schreib·un·ter·la·ge *f* desk pad; **Schreib·wa·ren** *pl* writing materials; **Schreib·wa·ren·händ·ler** *m* stationer; **Schreib·wa·ren·hand·lung** *f* stationer's; **Schreib·wei·se** *f* spelling; way of writing; **Schreib·zeug** ‹-(e)s› *n* writing things *pl.*

schrei·en ['ʃraɪən] *irr itr* shout; *(laut ~)* scream; ▶ **sich die Lunge aus dem Halse ~** *fig* scream one's head off; **sich heiser ~** scream o.s. hoarse; **sie schrie nach jdm** she cried for s.o. to come; **schrei·end** *adj:* ▶ **e-e ~e Ungerechtigkeit** a crying scandal; **~e Farben** loud colours; **Schreie·rei** *f fam* bawling; **Schrei·hals** *m* bawler.

Schrein [ʃraɪn] ‹-(e)s, -e› *m rel* shrine.

Schrei·ner *m* carpenter; **Schrei·ne·rei** *f* carpenter's workshop; **schrei·nern I** *itr* do carpentry; **II** *tr (fertigen)* make.

schrei·ten ['ʃraɪtən] *irr itr* stride; ▶ **im Zimmer auf u. ab~** pace up and down the room; **zur Abstimmung ~** come to the vote.

Schrift [ʃrɪft] ‹-, -en› *f* **1.** *(Hand~)* handwriting; **2.** *typ* type; **3.** *(Broschüre)* leaflet; ▶ **die Heilige ~** the Holy scriptures *pl;* **s-e ~en** his writings; **sie hat e-e gute ~** she has a good handwriting; **Schrift·art** *f* **1.** *(von Hand~)* script; **2.** *typ* type; **Schrift·deutsch** *n* written (*od* standard) German; **Schrift·füh·rer(in)** *m (f)* secretary; **Schrift·grad** *m typ* typesize; **Schrift·lei·tung** *f* editorship.

schrift·lich I *adj* written; ▶ **~e Beweise** evidence in writing; **II** *adv* in writing; **etw ~ festhalten** commit s.th. to writing; **das kann ich dir ~ geben!** *fig fam* I can tell you that for free!

Schrift·satz *m* **1.** *typ* type; **2.** *jur* pleadings *pl;* **Schrift·set·zer(in)** *m (f)* compositor, typesetter; **Schrift·spra·che** *f* written language; **Schrift·stel·ler(in)** *m (f)* author(ess), writer; **schrift·stel·le·risch** *adj* literary; ▶ **~ begabt sein** have a literary talent; **Schrift·stück** *n* paper; *(amtlich)* document; **Schrift·wech·sel** *m* correspondence.

schrill [ʃrɪl] *adj* shrill.

Schritt [ʃrɪt] ‹-(e)s, -e› *m* **1.** *a. fig* step; *(langer ~)* stride; **2.** *(Gang)* gait, walk; **3.** *(e-r Hose)* crotch; ▶ **~ halten mit ...** keep up with ... **e-n ~ machen** take a step; **~ für ~** step by step; **~ fahren** go at crawl; **er beobachtete mich auf ~ und Tritt** he watched my every step; **es sind nur ein paar ~e** it's only a few steps; **den ersten ~ tun** make the first move; **ein entscheidender ~** a decisive step; **Schrit(t·)tem·po** *n:* ▶ **im ~ fahren** crawl along; **Schritt·ma·cher** *m (a. med)* pacemaker; **schritt·wei·se** *adv* gradually.

schroff [ʃrɔf] *adj* **1.** *(steil abfallend)* steep; *(jäh)* precipitous; **2.** *(zerklüftet)* rugged; **3.** *fig (barsch)* curt; ▶ **~e Gegensätze** sharp contrasts; **~er Widerspruch** downright contradiction.

schröp·fen [ˈʃrœpfən] *tr fig:* ▶ **jdn ~** fleece s.o.

Schrot [ʃro:t] ‹-(e)s, -e› *m, n* **1.** *(Blei~)* shot; **2.** *(grob gemahlenes Getreide) Br* wholemeal, *Am* wholewheat; ▶ **von altem ~ u. Korn** of the good old type; **Schrot·brot** *n Br* wholemeal (*Am* wholewheat) bread; **Schrot·flin·te** *f* shotgun.

Schrott [ʃrɔt] ‹-(e)s, -e› *m* scrap metal; **Schrott·hal·de** *f* scrap heap; **Schrott·händ·ler(in)** *m (f)* scrap dealer; **Schrott·hau·fen** *m* **1.** *(Haufen von Schrott)* scrap heap; **2.** *fig fam (rostiges Auto)* pile of scrap; **Schrott·platz** *m* scrap yard; **schrott·reif** *adj* ready for the scrap heap; **Schrott·wert** *m* scrap value.

schrub·ben [ˈʃrʊbən] **I** *tr* scrub; **II** *refl* scrub o.s.; **Schrub·ber** *m* scrubbing brush.

Schrul·le [ˈʃrʊlə] ‹-, -n› *f fam* quirk; **schrul·lig** *adj* odd.

schrump·fen [ˈʃrʊmpfən] ‹sein› *itr a. fig* shrink; *com* decline; **Schrumpf·kopf** *m* shrunken head; **Schrump·fung** *f a. fig* shrinking; *com* decline.

Schub [ʃu:p, *pl* ˈʃy:bə] ‹-(e)s, ⸚e› *m* **1.** *phys (Vorschub)* thrust; **2.** *(Stoß)* push; **Schu·ber** *m* slipcase; **Schub·fach** *n* drawer; **Schub·kar·re(n)** *m* wheelbarrow; **Schub·kraft** *f* thrust; **Schub·la·de** *f* drawer; **Schubs** [ʃʊps] ‹-es, -e› *m fam* push, shove; ▶ **jdm e-n ~ geben** give s.o. a shove; **schub·sen** *tr itr fam* push, shove.

schüch·tern [ˈʃʏçtən] *adj* shy; ▶ **~ sein** feel shy; **Schüch·tern·heit** *f* shyness.

Schuft [ʃʊft] ‹-(e)s, -e› *m* heel, scoundrel.

schuf·ten *itr* slave away; **Schuf·te·rei** *f fam* graft; **schuf·tig** *adj* mean, vile.

Schuh [ʃu:] ‹-(e)s, -e› *m* shoe; ▶ **jdm etw in die ~e schieben** *fig* put the blame for s.th. on s.o.; **wo drückt der Schuh?** what's the trouble? **die ~e putzen** clean (*Am* shine) the shoes; **Schuh·an·zie·her** *m* shoehorn; **Schuh·band** ‹-(e)s, ⸚er› *n* shoelace; **Schuh·bür·ste** *f* shoe-brush; **Schuh·creme** *f* shoe polish; **Schuh·ge·schäft** *n* shoe shop; **Schuh·grö·ße** *f* shoe size; **Schuh·löf·fel** *m* shoehorn; **Schuh·ma·cher(in)** *m (f)* cobbler; **Schuh·putz·mit·tel** *n* shoe polish; **Schuh·soh·le** *f* sole; **Schuh·span·ner** *m* shoetree.

Schu·ko·stecker (k·k) [ˈʃu:ko-] *m* safety plug.

Schul·ar·bei·ten (Schul·auf·ga·ben) *pl* homework *sing;* ▶ **~ aufhaben** have got homework to do; **Schul·arzt** *m* **(-ärz·tin)** *f* school doctor; **Schul·aus·flug** *m* school outing; **Schul·bank** *f* school desk; **Schul·bei·spiel** *n fig* classic example (*für* of); **Schul·bil·dung** *f* education; ▶ **e-e gute ~** a thorough schooling; **Schul·buch** *n* school book; **Schul·buch·ver·lag** *m* educational publishing company.

Schuld [ʃʊlt] ‹-, -en› *f* **1.** *(moralische ~)* guilt; **2.** *fin* debt; ▶ **jdm die ~ an etw geben** blame s.o. for s.th.; **e-r Sache die ~ an etw geben** blame s.th. on s.th.; **du bist ganz allein s~** you only have yourself to blame; **daran bin ich s~** I'm to blame for this; **wer ist s~ an dem Unfall?** who is to blame for this accident? **du bist s~, wenn wir den Zug versäumen** it's your fault if we miss the train; **die ~ auf sich nehmen** take the blame; **er ist s~** the blame lies with him; **wir sind beide s~** we share the blame; **ihn trifft keine ~** he can't be blamed, he's not to blame; **ich bin nicht s~, wenn ...** it won't be my fault if ...; **wer ist s~?** whose fault is it? **du bist selbst s~** it's all your own fault; **£ 100 ~en haben bei ...** be £ 100 in debt to ...; **er hat ~en bei mir** he is in my debt; **~en machen** get (*od* run) into debt; **aus den ~en herauskommen** get out of debt; **e-e ~ begleichen** *a. fig* repay a debt; **schuld·be-**

wußt *adj* feeling guilty; ► **~es Gesicht** guilty face; **schul·den** *tr itr a. fig* owe (*jdm etw* s.o. s.th.); **was schulde ich dir?** how much do I owe you? **ich glaube, du schuldest mir e-e Erklärung!** I think you owe me an explanation!; **schul·den·frei** *adj* free of debts; ► **~es Haus** unmortgaged house; **Schuld·fra·ge** *f* question of guilt; **Schuld·ge·fühl** *n* feeling of guilt; **schuld·haft** *adj* culpable.

Schul·dienst *m* teaching; ► **im ~ sein** be a teacher.

schul·dig ['ʃʊldɪç] *adj* **1.** *jur (a. moralisch ~)* guilty; **2.** *(verantwortlich)* to blame (*an* for); ► **jdm nichts ~ bleiben** *fig* give s.o. as good as one gets; **jdn für ~ befinden** find s.o. guilty; **was bin ich (Ihnen) ~?** what do I owe you? **kann ich dir den Rest ~ bleiben?** can I owe you the rest? **Ich bin dir noch ein Essen ~** I owe you a meal; **du bist mir noch mehr ~** you owe me more than that; **Schul·di·ge(r)** *f m jur* guilty person; **Schul·dig·keit** *f:* ► **s-e ~ tun** do one's duty.

Schuld·kom·plex *m psych* guilt complex; **schuld·los** *adj:* ► **an e-m Verbrechen ~ sein** be innocent of a crime; **an e-m Unfalle ~ sein** be not to blame for an accident; **Schuld·ner(in)** *m (f)* debtor; **Schuld·ner·staat** *m* debtor nation; **Schuld·schein** *m* promissory note, I.O.U. (= I owe you); **Schuld·spruch** *m* verdict of guilty; **Schuld·un·fä·hig·keit** *f jur* incapacity; **Schuld·ver·schrei·bung** *f fin* debenture bond; **Schuld·zu·wei·sung** *f* accusation, assignment of guilt.

Schu·le ['ʃu:lə] ‹-, -n› *f a. fig* school; ► **in der ~** at school; **in die ~ gehen** go to school; **morgen ist keine ~** there's no school tomorrow; **durch e-e harte ~ gehen** *fig* learn in a tough school; **~ machen** become the accepted thing; **schu·len** *tr* school, train; **Schul·eng·lisch** *f:* ► **mein ~** the English I learnt at school.

Schü·ler(in) ['ʃy:lɐ] *m (f)* schoolboy (schoolgirl); ► **alle ~ dieser Schule** all the pupils of this school; **Schü·ler·aus·tausch** *m* school exchange; **Schü·ler·aus·weis** *m* school pupils' pass; **Schü·ler·kar·te** *f* school season-ticket; **Schü·ler·mit·ver·wal·tung** [--'----] *f participation of pupils in school (administrative) affairs;* **Schü·ler·zei·tung** *f* school magazine.

Schul·fe·ri·en *pl Br* school holidays *Am* vacation *sing;* **Schul·fern·se·hen** *n* educational television; **Schul·fest** *n* school function; **schul·frei** *adj:* ► **morgen ist ~** there's no school tomorrow; **Schul·freund** *m* school friend; **Schul·funk** *m* school's radio; **Schul·geld** *n* school fees *pl;* **Schul·heft** *n* exercise book; **Schul·hof** *m* school playground, schoolyard.

schu·lisch *adj:* ► **jds ~e Leistungen** one's progress at school.

Schul·jahr *n* **1.** school year; **2.** *(Jahrgang)* year; **Schul·ka·me·rad** *m* schoolmate; **Schul·kennt·nis·se** *pl* knowledge acquired at school *sing;* **Schul·kind** *n* schoolchild; **Schul·klas·se** *f* class; **Schul·lei·ter(in)** *m (f) Br* headmaster (headmistress), *Am* principal; **Schul·map·pe** *f* schoolbag; **Schul·mei·nung** *f* received opinion.

schul·mei·stern ['---] *tr (kritisieren)* censure.

Schul·pflicht *f* compulsory school attendance; **schul·pflich·tig** *adj* required to attend school; **Schul·ran·zen** *m* satchel; **Schul·rat** ‹-(e)s, ⸚e› *m* schools inspector; **Schul·re·form** *f* educational reform; **Schul·schiff** *n* training ship; **Schul·schluß** ‹-sses› *m* end of school; ► **um 13 Uhr ist ~** school finishes at 13:00; **Schul·spei·sung** *f* free school meals *pl;* **Schul·spre·cher(in)** *m (f)* head boy (head girl); **Schul·streß** *m:* ► **unter ~ leiden** be under stress at school; **Schul·stun·de** *f* lesson, period; **Schul·ta·sche** *f* schoolbag.

Schul·ter ['ʃʊltɐ] ‹-, -n› *f* shoulder; ► **~ an ~** shoulder to shoulder; *(dichtgedrängt)* closely packed; **breite ~n haben** be broad-shouldered; *fig* have a broad back; **mit den ~n zucken** shrug one's shoulders; **auf die ~ nehmen** shoulder; **jdn auf den ~n tragen** carry s.o. shoulder-high; **jdm bis an die ~n reichen** stand shoulder-high to s.o.; **nimm das nicht auf die leichte ~!** don't take it lightly! **Schul·ter·blatt** *n* shoulder blade; **Schul·ter·brei·te** *f* breadth of the shoulders; **schul·ter·frei** *adj* strapless; **Schul·ter·ge·lenk** *n* shoulder joint; **Schul·ter·klap·pe** *f mil* **1.** *(von Mannschaft)* shoulder-strap; **2.** *(von Offizieren)* epaulette; **schul·ter·lang** *adj* shoulder-length.

schul·tern *tr* shoulder.

Schul·ter·rie·men *m mil* shoulder strap; **Schul·ter·schluß** ‹-sses› *m* shoulder-to-shoulder stance, solidarity; **Schul·ter·stück** *n* **1.** *mil (Offiziers~)* epaulette; **2.** *(Fleischstück)* piece of shoulder.

Schu·lung ['ʃu:lʊŋ] *f* training; ► **politische ~** political instruction; **Schu·lungs·dis·ket·te** *f EDV* training diskette, didactic disk; **Schu·lungs·kurs** *m* training course.

Schul·un·ter·richt *m* school lessons *pl;* ► **im ~** in school; **Schul·wan·de·rung** *f* school hike; **Schul·weg** *m* way to school; ► **ich habe 25 Minuten ~** it takes me 25 minutes to get to school; **Schul·weis·heit** *f* book learning; **Schul·we·sen** *n* educational system; **Schul·wör·ter·buch** *n* school dictionary; **Schul·zeit** *f* school days *pl;* **Schul·zei·tung** *f* school magazine; **Schul·zeug·nis** *n* school report; **Schul·zwecke (k·k)** *pl:* ► **für ~** for school.

schum·meln ['ʃʊməln] *itr fam* cheat.

schum·m(e)·rig ['ʃʊm(ə)rɪç] *adj* dim.

Schund [ʃʊnt] ‹-(e)s› *m* rubbish, trash; **Schund·ro·man** *m pej* trashy novel.

schun·keln ['ʃʊŋkəln] *itr (sich wiegen)* move to and fro.

Schup·pe ['ʃʊpə] ‹-, -n› *f* **1.** *zoo* scale; **2.** *(Kopf~en)* dandruff; **3.** *bot* squama; ► **es fiel mir wie ~n von den Augen** *fig* the scales fell from my eyes.

Schup·pen ['ʃʊpən] ‹-s, -› *m* **1.** *(Verschlag) Br* shed, *Am* shack; **2.** *sl (Lokal)* dive.

schup·pen *refl* scale off; **schup·pen·ar·tig** *adj* scale-like; **Schup·pen·tier** *n zoo* scaly ant-eater; **schup·pig** *adj* scaly; ► **deine Haut ist ~** your skin is flaking off.

Schur [ʃu:ɐ] ‹-, -en› *f* shearing.

schü·ren ['ʃy:rən] *tr* **1.** *(Feuer im Ofen)* poke, rake; **2.** *fig (Streit, Zwietracht)* stir up.

schür·fen ['ʃʏrfən] **I** *tr* **1.** *(schrammen)* scratch; **2.** *min* mine; **II** *itr* prospect (*nach* for); **III** *refl* graze o.s.; **Schürf·wun·de** *f* abrasion, graze.

Schür·ha·ken *m* poker.

Schur·ke ['ʃʊrkə] ‹-n, -n› *m* rascal, rogue; **Schur·ken·streich** *m* dirty trick.

Schurz [ʃʊrts] ‹-es, -e› *m* **1.** *(Arbeitsschürze)* apron; **2.** *(Lenden~)* loincloth.

Schür·ze ['ʃʏrtsə] ‹-, -n› *f* apron; ► **sich e-e ~ umbinden** put an apron on; **Schür·zen·jä·ger** *m fam* ladies' man.

Schuß [ʃʊs, *pl* 'ʃʏsə] ‹-sses, ⸚sse› *m* **1.** *(mit e-r Waffe)* shot; **2.** *(Schußwunde)* bullet wound; **3.** *(Fußball, Tor~)* shot; **4.** *(kleine Menge e-r Flüssigkeit zum Zugießen)* (a) dash; **5.** *sl (Heroininjektion)* fix, hit; ► **zum ~ kommen** *sport* get a chance to shoot; **ein ~ in den Ofen sein** *fig fam* go off at half-cock; **weit vom ~ sein** *fam* be miles from where the action is; **etw gut in ~ haben** have s.th. in perfect condition; **etw in ~ bringen** knock s.th. into shape; **sich e-n ~ setzen** *sl (fixen)* give o.s. a fix; **ein ~ Whisky** a shot of whisky.

Schüs·sel ['ʃʏsəl] ‹-, -n› *f* **1.** *(Küchengefäß)* bowl; **2.** *(Toiletten~)* pan.

Schuß·fahrt *f (beim Skifahren)* schuss.

Schuß·li·nie *f* line of fire; ► **in die ~ geraten** come under fire; **Schuß·rich·tung** *f* direction of fire; **Schuß·waf·fe** *f* firearm; **Schuß·wech·sel** *m* exchange of shots; **Schuß·wei·te** *f* range of fire; ► **außer (in) ~** within (out of) range; **Schuß·wun·de** *f* bullet wound.

Schu·ster ['ʃu:stɐ] ‹-s, -› *m* cobbler; **schu·stern** *tr* cobble shoes.

Schutt [ʃʊt] ‹-(e)s› *m* rubble; ► **~ abladen** deposit rubble; **~ abladen verboten!** No tipping! **in ~ und Asche liegen** lie in ruins; **in ~ und Asche legen** reduce to rubble; **Schutt·ab·la·de·platz** *m* refuse dump, tip.

Schüt·tel·frost *m med* shivering fit; **Schüt·tel·läh·mung** *f med* Parkinson's disease.

schüt·teln ['ʃʏtəln] **I** *tr* shake; ► **jdn kräftig ~** give s.o. a good shake; **jdm die Hand ~** shake hands with s.o.; **e-e Flasche ~** shake up a bottle; **II** *refl* shiver; ► **sich vor Lachen ~** shake with laughter.

schüt·ten ['ʃʏtən] *tr* **1.** tip; **2.** *(gießen)* pour; ► **es schüttet** *(regnet)* it is pouring with rain.

schüt·ter ['ʃʏtɐ] *adj (spärlich)* thin.

Schutt·hal·de *f* **1.** *(Schuttplatz)* rubble tip; **2.** *(Schutthaufen)* rubble heap.

Schutz [ʃʊts] ‹-es› *m* **1.** protection (*gegen* from); **2.** *(Obdach, Zuflucht)* shelter (*gegen, vor* from); ► **ich will ihn nicht in ~ nehmen, aber ...** I hold no brief for him but ...; **jdn in ~ nehmen** stand up for s.o.; **im ~ des Felsens** under the shelter of the rock; **jdn gegen Vorwürfe in ~ nehmen** shelter s.o. from blame; **im ~ der Dunkelheit** under cover of darkness; **Schutz·an·strich** *m* protective coating; **Schutz·an·zug** *m* protective clothing; **schutz·be·dürf·tig** *adj* in need of protection; **Schutz·be·haup·tung** *f jur* lie to cover o.s.; **Schutz·blech** *n mot* mudguard; **Schutz·brief** *m (für Autofahrer)* international travel cover; **Schutz·bril·le** *f* protective goggles *pl;* **Schutz·dach** *n* **1.** *(schützendes Dach)* protective roof; **2.** *(Unterstand)* shelter.

Schüt·ze ['ʃʏtsə] ‹-n, -n› *m* **1.** marksman; **2.** *mil (Dienstgrad)* private; **3.** *astr* Sagittarius; **schüt·zen** ['ʃʏtsən] **I** *tr* protect (*gegen* against); **II** *itr (Schutz bieten)* offer protection (*vor, gegen* from, against); **III** *refl* protect o.s.; ► **ich werde mich (schon) zu ~ wissen!** I know how to look after myself! **schüt·zend** *adj* protective; ► **s-e Hand ~ über jdn halten** take s.o. under one's wing.

Schutz·en·gel *m* guardian angel.

Schüt·zen·gra·ben *m mil* trench; **Schüt·zen·hil·fe** *f fam:* ► **jdm ~ geben** back up s.o.; **Schüt·zen·pan·zer** *m mil* armoured personnel carrier.

Schutz·frist *f* term of copyright; **Schutz·ge·bühr** *f* token fee; **Schutz-**

geld *n* protection money; **Schutz·git·ter** *n* **1.** *(Barriere)* protective barrier; **2.** *arch tech* protective grille; **Schutz·hand·schuh** *m* protective glove; **Schutz·helm** *m* safety helmet; **Schutz·hül·le** *f* protective cover; **Schutz·hüt·te** *f* refuge, shelter; **Schutz·impf·stoff** *m* protective vaccine; **Schutz·imp·fung** *f* vaccinataion, inoculation; **Schutz·kap·pe** *f* cap; **Schutz·lei·ste** *f* protective strip.

Schütz·ling ['ʃʏtslɪŋ] *m* **1.** *(Protégé)* protégé; **2.** *(Schutzbefohlener)* charge.

schutz·los *adj* **1.** *(ungeschützt)* unprotected; **2.** *(wehrlos)* defenceless; ► **e-r Sache ~ ausgeliefert sein** be defenceless against s.th.; **jdm ~ ausgeliefert sein** be at the mercy of s.o; **Schutz·mar·ke** *f* trademark; ► **eingetragene ~** registered trademark; **Schutz·mas·ke** *f* mask; **Schutz·maß·nah·me** *f* precaution; *(Vorsichtsmaßnahme)* preventive measure; **Schutz·mit·tel** *n* **1.** *(äußerlich)* means of protection; **2.** *(innerlich)* protective substance; **Schutz·po·li·zei** *f* police force; **Schutz·raum** *m* shelter; **Schutz·schicht** *f* protective layer; **Schutz·um·schlag** *m (von Buch)* dust cover, jacket; **Schutz·vor·rich·tung** *f* safety device.

Schwa·be ['ʃva:bə] ‹-n, -n› *m* Swabian; **Schwa·ben** *n* Swabia; **Schwä·bin** *f* Swabian; **schwä·bisch** [ʃvɛ:bɪʃ] *adj* Swabian.

schwach [ʃvax] *adj* **1.** *(körperlich)* weak; **2.** *(gering, schlecht)* poor; ► **mir ist ganz ~** I feel a bit faint; **mir ist ganz ~ vor Hunger** I feel faint with hunger; **mit ~er Stimme** in a feeble voice; **ein ~er Witz** a poor joke; **das ist (aber) ein ~es Bild!** *fam* that's a poor show! **ein ~er Trost** a poor consolation; **~ auf den Beinen sein** feel weak at the knees; **sie ist ~ in Mathematik** her maths is weak; **das ~e Geschlecht** the weaker sex; **mach mich nicht ~!** *fam* don't say that!

Schwä·che ['ʃvɛçə] ‹-, -n› *f* **1.** *a. fig.* weakness; **2.** *fig (Geringwertigkeit)* poorness; ► **das ist e-e ~ von ihr** that is her weak side; **e-e ~ haben für ...** have a weakness for ...; **Schwä·che·an·fall** *m* sudden feeling of weakness; **schwä·chen I** *tr a. fig* weaken; **II** *refl* weaken o.s.

Schwach·kopf *m fam* dimwit.

schwäch·lich *adj* weakly.

Schwäch·ling *m* weakling.

Schwach·punkt *m* weak point.

Schwach·sinn *m* **1.** *med* mental deficiency; **2.** *fam (Handlung)* rubbish; ► **das ist doch ~!** *fam* that's a mug's game! **schwach·sin·nig** *adj* **1.** *med* mentally deficient; **2.** *fam* daft; **Schwach·sin·ni·ge(r)** ‹-n, -n› *f m* **1.** *med* mental defective; **2.** *fam* idiot; **Schwach·stel·le** *f* weak point; **Schwach·strom** ‹-(e)s› *m el* low-voltage (*od* weak) current.

Schwä·chung *f* weakening.

Schwa·de ['ʃva:də] ‹-, -n› *f* swathe; ► **~n** *pl* cloud *sing.*

Schwa·dron [ʃva'dro:n] ‹-, -en› *f mil hist* squadron.

schwa·feln ['ʃva:fəln] *itr pej* blether on.

Schwa·ger ['ʃva:gɐ] ‹-s, ⁻› *m* brother-in-law; **Schwä·ge·rin** ['ʃvɛ:gərɪn] *f* sister-in-law.

Schwal·be ['ʃvalbə] ‹-, -n› *f* swallow; ► **e-e ~ macht noch keinen Sommer** *prov* one swallow doesn't make a summer; **Schwal·ben·nest** *n* **1.** swallow's nest; **2.** *mil aero (M.G.-Stand)* blister, gun turret.

Schwall [ʃval] ‹-(e)s, -e› *m* flood; ► **ein ~ von Worten** *fig* a torrent of words.

Schwamm [ʃvam, *pl* 'ʃvɛmə] ‹-(e)s, ⁻e› *m* **1.** sponge; **2.** *(Haus~)* dry rot; ► **~ drüber!** *fig fam* let's forget about it! **etw mit dem ~ abwischen** sponge s.th.; **schwam·mig** *adj* **1.** spongy; **2.** *(aufgedunsen)* bloated; ► **~e Formulierung** woolly phrase.

Schwan [ʃva:n, *pl* 'ʃvɛ:nə] ‹-(e)s, ⁻e› *m* swan.

schwa·nen ['ʃva:nən] *itr imp fam:* ► **mir schwant, daß ...** I sense that ...; **mir schwant nichts Gutes** I don't like it; **mir schwant etw!** now, I understand!

Schwang [ʃvaŋ] *m:* ► **im ~e sein** *fam* be in.

schwan·ger ['ʃvaŋɐ] *adj* pregnant; ► **~ sein** be pregnant; **Schwan·ge·re** ‹-n, -n› *f* pregnant woman.

schwän·gern ['ʃvɛŋɐn] *tr* make pregnant; ► **geschwängert sein mit ...** *fig* be impregnated with ...

Schwan·ger·schaft *f* pregnancy; **Schwan·ger·schafts·ab·bruch** *m* abortion; **Schwan·ger·schafts·gym·na·stik** *f* antenatal exercises *pl;* **Schwan·ger·schafts·test** *m* pregnancy test.

Schwank [ʃvaŋk, *pl* 'ʃvɛŋkə] ‹-(e)s, ⁻e› *m* **1.** *(lustige Geschichte)* merry tale; **2.** *theat* farce.

Schwanken *n* **1.** *(von Mensch)* staggering; **2.** *(Preise, Kurse)* fluctuation; **3.** *fig (Zaudern, Zögern)* hesitation; *(Unbeständigkeit)* inconstancy; ► **der Kran geriet ins ~ und stürzte um** the crane began to sway and fell over.

schwan·ken ['ʃvaŋkən] *itr* **1.** *(wanken)* stagger; **2.** *mar (rollen)* roll; **3.** *fig (zögern)* hesitate; **4.** *fig (fluktuieren)* fluctuate; ► **er schwankte lange, ob er annehmen sollte oder nicht** he vacillated so long about accepting; **der Preis schwankt von Geschäft zu Geschäft** the price varies from shop to shop; **schwan·kend** *adj* **1.** *(wankend)* staggering; **2.** *fig (zögernd)* hesitant; ► **sich auf ~em Boden bewegen** *fig* be on shaky ground; **Schwan·kung** *f fig (Fluktuation)* fluctuation.

Schwanz [ʃvants, *pl* 'ʃvɛntsə] ‹-es, ¨-e› *m* **1.** *(Tier~)* tail; **2.** *aero* tail; *(Ende)* end; **3.** *sl (Penis)* cock, dick, prick; ► **den ~ hängen lassen** let its tail droop; *fig* be down in the dumps.

schwän·zeln ['ʃvɛntsəln] *itr* **1.** wag one's tail; **2.** *fig* crawl.

schwän·zen ['ʃvɛntsən] **I** *tr fam* skip; **II** *itr fam Br* play truant, *Am* play hooky.

Schwarm [ʃvarm, *pl* 'ʃvɛrmə] ‹-(e)s, ¨-e› *m* **1.** *(Flug~)* swarm; **2.** *fig (Idol)* idol, *fam* crush.

schwär·men ['ʃvɛrmən] *itr* **1.** ‹sein› *(Bienen)* swarm; **2.** ‹h› ► **für jdn ~** be crazy about s.o.; **ins S~ geraten** go into raptures; **Schwär·mer(in)** *m (f)* **1.** *(Träumer, Phantast)* dreamer, visionary; **2.** *zoo (Abendschmetterling)* hawk-moth, sphinx-moth; **3.** *(Feuerwerk)* squib; **Schwär·me·rei** *f* enthusiasm.

Schwar·te ['ʃva:ɐtə] ‹-, -n› *f* **1.** *(Speck~)* rind; **2.** *fig fam (Buch)* tome.

schwarz [ʃvarts] *adj* **1.** *allg* black; **2.** *fig (illegal)* illegal, illicit; ► **sieht für unser Vorhaben ziemlich ~ aus!** things are looking black for our project! **es steht ~ auf weiß geschrieben** it's written down in black and white; **in den ~en Zahlen** *fin* in the black; **sich das Gesicht ~ machen** blacken one's face; **~ werden** blacken; **ihm wurde ~ vor Augen** he had a blackout; **~ erworben** *fam* illicitly acquired; **etw ~ verdienen** *fam* earn s.th. on the side; **da kannst du warten, bis du ~ wirst!** *fig fam* you can wait till the cows come home!

Schwarz·afri·ka Black Africa.

Schwarz·ar·beit *f* illicit work; **schwarz|ar·bei·ten** *itr fam* work on the side; **Schwarz·ar·bei·ter(in)** *m (f)* moonlighter *fam;* **Schwarz·brot** *n* black bread; **Schwar·ze(r)** *f m (Neger, Negerin)* black.

Schwär·ze ['ʃvɛrtsə] ‹-, (-n)› *f* **1.** *fig (Düsterkeit)* blackness; **2.** *(Farbe)* black dye; **schwär·zen** *tr* blacken.

Schwarze Loch *n astr* black hole.

schwarz|fah·ren *irr itr* **1.** *(mit PKW)* drive without licence; **2.** *(mit öffentlichen Verkehrsmitteln)* dodge paying the fare *fam;* **Schwarz·geld** *n* illegal earnings; **schwarz·haa·rig** *f* black-haired; **Schwarz·han·del** *m* black marketeering; **Schwarz·kunst** *f obs* black magic.

schwärz·lich *adj* blackish; *(Haut)* dusky.

Schwarz·markt *m* black market; **schwarz|se·hen** *irr itr:* ► **ich sehe schwarz für die Zukunft** I'm not very optimistic about the future; **dafür sehe ich ~** I'm pessimistic about it; **Schwarz·se·her(in)** *m (f) (Pessimist)* pessimist; **Schwarz·sen·der** *m* pirate station; **Schwarz·wald** *m* Black Forest; **Schwarz·wäl·der Kirsch·tor·te** *f* Black Forest gateau; **Schwarz·weiß·fern·se·her** ['-'----] *m TV* monochrome set; **Schwarz·weiß·film** ['-'--] *m* black-and-white film; **Schwarz·wild** *n* wild boars *pl;* **Schwarz·wur·zeln** *pl* black salsify *sing.*

Schwatz [ʃvats] ‹-es, -e› *m* chat; ► **e-n ~ machen** have a chinwag; **schwat·zen** *itr* **1.** *(sich unterhalten)* talk; **2.** *pej (plappern)* prattle; ► **dummes Zeug ~** blether on; **Schwät·zer(in)** ['ʃvɛtsɐ] *m (f)* **1.** *(von Kind)* chatterbox; **2.** *(von Erwachsenen)* bletherer; **schwatz·haft** *adj* **1.** *(redselig)* talkative; **2.** *pej (klatschsüchtig)* gossipy; **Schwatz·haf·tig·keit** *f* **1.** *(Redseligkeit)* talkativeness; **2.** *pej (Klatschsucht)* gossipy nature.

Schwe·be ['ʃve:bə] ‹-› *f:* ► **in der ~ sein** be undecided; *jur* be pending; **Schwe·be·bahn** *f* suspension railway; **Schwe·be·bal·ken** *m sport* balance beam; **schwe·ben** *itr* **1.** *(an etw ~)* be suspended; *(hängen)* hang; **2.** *(in der Luft)* float; *(auf der Stelle in der Luft)* hover; **3.** *fig (noch unentschieden)* be undecided; ► **die Sache schwebt noch** *jur* the matter is still pending; **in Gefahr ~** be in danger; **Schwe·be·stof·fe** *pl phys* suspended matter *sing (od* solids).

Schwe·de ['ʃve:də] ‹-n, -n› *m* Swede; **Schwe·den** *n* Sweden; **Schwe·din** *f* Swede, Swedish woman; **schwe·disch** *adj* Swedish.

Schwe·fel ['ʃve:fəl] ‹-s› *m Br* sulphur, *Am* sulfur; **Schwe·fel·di·oxid** *n* sulphur dioxide; **schwe·fel·hal·tig** *adj* containing sulphur, sulphur(e)ous; **Schwe·fel·säu·re** *f* sulphuric acid; **Schwe·fel·was·ser·stoff** *m* hydrogen sulphide.

Schweif [ʃvaɪf] ‹-(e)s, -e› *m poet* tail.

schwei·fen ‹sein› *itr* roam, rove, wander about; ► **den Blick ~ lassen** let one's eye travel; **durch die Straßen ~** roam about the streets.

Schwei·ge·geld *n* hush-money; **Schwei·ge·marsch** *m* silent march.

Schwei·gen *n* silence; ► **jdm zum ~ bringen** silence s.o.; **sein ~ brechen** break one's silence.

schwei·gen ['ʃvaɪgən] *irr itr (still sein)* be silent; ► **ganz zu ~ von ...** let alone ..., to say nothing of ...; **zu etw ~** remain silent; **~de Mehrheit** silent majority.

Schwei·ge·pflicht *f* pledge of secrecy; ► **unter ~ stehen** be bound to observe confidentiality; **ärztliche ~** medical secrecy.

schweig·sam *adj* **1.** *(still)* quiet silent; **2.** *(wortkarg)* taciturn; **3.** *(verschwiegen)* discreet; **Schweig·sam·keit** *f* **1.** *(Wortkargheit)* taciturnity; **2.** *(Verschwiegenheit)* discretion.

Schwein [ʃvaɪn] ‹-(e)s, -e› *n* **1.** *zoo Br* pig, *Am* hog (*pl* swine); **2.** *sl* bastard; ► **~ haben** *fig fam* be lucky; **armes ~!** *fig fam* poor sod! **Schwei·ne·ban·de** *f fig fam* pack; **Schwei·ne·bra·ten** *m* roast pork; **Schwei·ne·fett** *n* pig fat; **Schwei·ne·fleisch** *n* pork; **Schwei·ne·hund** *m sl pej* stinker, swine; **Schwei·ne·ko·te·lett** *n* pork chop.

Schwei·ne·rei *f* **1.** *(Unordnung)* dirty mess; **2.** *(Gemeinheit)* dirty trick; ► **e-e ~ machen** make a mess.

Schwei·ne·schmalz *n* lard; **Schwei·ne·stall** *m a. fig Br* pigsty, *Am* pig pen; **Schweins·äug·lein** [ˈʃvaɪnsˌɔɪglaɪn] *pl* piggy eyes; **Schweins·le·der** *n* pigskin.

Schweiß [ʃvaɪs] ‹-es, (-e)› *m* sweat; *(gehoben)* perspiration; ► **der ~ stand ihm auf der Stirn** drops of perspiration stood on his forehead; **in ~ gebadet** wet with perspiration; **im ~e seines Angesichts** *fig* in the sweat of his brow; **Schweiß·aus·bruch** *m* sweating; **schweiß·be·deckt** [ˈ--ˈ-] *adj* covered in sweat.

Schweiß·bren·ner *m tech* welding torch.

Schweiß·drü·se *f anat* sweat gland.

schwei·ßen [ˈʃvaɪsən] *tr tech* weld.

Schweiß·fü·ße *pl* sweaty feet; **schweiß·ge·ba·det** [ˈ--ˈ--] *adj* bathed in sweat.

Schweiß·naht *f tech* welded seam; **Schweiß·stel·le** *f* weld.

schweiß·trei·bend *adj med* sudorific; ► **~es Mittel** sudorific; **schweiß·trie·fend** [ˈ-ˈ--] *adj* dripping with sweat; **Schweiß·trop·fen** *m* bead of perspiration, drop of sweat.

Schweiz [ʃvaɪts] ‹-› *f:* ► **die ~** Switzerland; **Schwei·zer** *m* Swiss; ► **~ Käse** *m* Swiss cheese; **Schwei·zer·deutsch** *n* Swiss-German; **Schwei·ze·rin** *f* Swiss woman (*od* girl); **schwei·ze·risch** *adj* Swiss.

Schwel·brand *m* smouldering fire; **schwe·len** [ˈʃveːlən] *itr a. fig* smoulder.

schwel·gen [ˈʃvɛlgən] *itr* indulge o.s. (*in* in); ► **im Luxus ~** wallow in luxury; **schwel·ge·risch** *adj* **1.** *(prachtvoll)* sumptuous; **2.** *fig (maßlos)* self-indulgent.

Schwel·le [ˈʃvɛlə] ‹-, -n› *f* **1.** *(Tür~) a. fig* threshold; **2.** *rail Br* sleeper, *Am* tie; ► **an der ~** on the threshold; **an der ~ zu einer großen Entdeckung stehen** *fig* be on the threshold of a great discovery.

schwel·len [ˈʃvɛlən] *irr tr itr* **1.** *(an~)* swell; **2.** *(Wasser)* rise.

Schwel·len·angst *f fear of embarking on something new;* **Schwel·len·land** *n fast-developing nation; advanced developing country;* **Schwel·len·wert** *m* threshold value.

Schwell·kör·per *m anat* erectile tissue.

Schwel·lung *f* swelling.

Schwem·me [ˈʃvɛmə] ‹-, -n› *f (Überfluß)* glut (*an* of); **schwem·men** *tr (an~)* wash up; **Schwemm·land** *n geol* alluvial land.

Schwen·gel [ˈʃvɛŋəl] ‹-s, -› *m* **1.** *(Glokken~)* clapper; **2.** *(Pumpen~)* handle; **Schwen·gel·pum·pe** *f* handle pump.

Schwenk·arm *m tech* pivoting arm.

schwenk·bar *adj* swivelling; *mil* traversable.

schwen·ken [ˈʃvɛŋkən] **I** *tr* **1.** *(schwingen)* wave; **2.** *(herum~) a. tech* swing; ► **s-n Hut ~** wave one's hat; **sie schwenkte drohend ihren Schirm nach ihm** she waved her umbrella threateningly at him; **II** *itr mil* wheel; **die Kamera schwenkte auf das Haus** the camera panned in to the house; **Schwen·kung** *f* swing.

schwer [ʃveːɐ] **I** *adj* **1.** *(von Gewicht)* heavy; **2.** *fig (drückend, lästig)* oppressive; **3.** *fig (schwierig)* difficult, hard; **4.** *fig (schwerwiegend)* serious; ► **~en Herzens** with a heavy heart; **ich weiß, es ist ~ für sie, aber ...** I know it's hard on you, but ...; **es ist ~, mit ihm auszukommen** he is hard to get on with; **es fällt mir ~, das zu glauben** I find it difficult to believe that; **es war nicht allzu ~, ihn zu finden** there was not much difficulty in finding him; **das Buch liest sich ~** the book is heavy going; **~ bewaffnet** heavily armed; **~ zu sagen** difficult to say; **II** *adv fam (sehr)* really; ► **ich muß ~ aufpassen** I must be very careful; **der hat ~ Geld** he is stinking rich; **da hast du dich aber ~ getäuscht!** you are seriously mistaken there! **ich werd' mich ~ hüten!** there's no way!

Schwer·ar·beit *f* heavy labour; **Schwer·ar·bei·ter** *m* labourer; **Schwer·be·hin·der·te(r)** *f m* seriously handicapped person; **Schwer·be·schä·dig·te(r)** *f m* disabled person; **schwer·be·waff·net** [ˈ--ˈ--] *adj* heavily armed.

Schwe·re [ˈʃvɛːrə] ‹-› *f* **1.** *(Gewicht)* heaviness; **2.** *fig (Schwierigkeit)* difficulty; **3.** *phys (Gravität)* gravity; **Schwe·re·feld** *n phys* gravitational field; **schwe·re·los** *adj* weightless; **Schwe·re·lo·sig·keit** *f* weightlessness.

Schwe·re·nö·ter [-nøːtɐ] ‹-s, -› *m fam* ladies' man.

schwer·er·zieh·bar [ˈ--ˈ--] *adj* maladjusted; **schwer|fal·len** *irr itr:* ► **es**

fällt mir schwer, ... it's hard for me to ...; **das dürfte dir doch nicht ~** you shouldn't find that too difficult; **schwer·fäl·lig** *adj* **1.** *(körperlich)* heavy; **2.** *(geistig)* dull, slow; ▶ **~er Stil** awkward style; **sich ~ bewegen** move cumbersomely; **Schwer·fäl·lig·keit** *f* **1.** *(körperlich)* heaviness; **2.** *(geistig)* dullness; **3.** *(Ungeschicktheit)* clumsiness; **Schwer·ge·wicht** *n* **1.** *sport* heavyweight; **2.** *fig* emphasis; ▶ **das ~ auf etw legen** put the emphasis on s.th. (*od* lay great stress on s.th.); **Schwer·ge·wicht·ler** *m sport (Boxer)* heavyweight; **schwer·hö·rig** *adj* hard of hearing; **Schwer·hö·rig·keit** *f* hardness of hearing; **Schwer·in·du·strie** *f* heavy industry; **Schwer·kraft** ‹-› *f* gravity; **schwer·krank** ['-'-] *adj* seriously ill.

schwer·lich *adv* hardly; ▶ **nur ~** only with difficulty.

schwer·lös·lich ['-'--] *adj* not easily dissoluble; **schwer|ma·chen** *tr:* ▶ **jdm das Leben ~ machen** make life difficult for s.o; **Schwer·me·tall** *m* heavy metal; **Schwer·mut (Schwer·mü·tig·keit)** *m* melancholy; **schwer·mü·tig** *adj* melancholy; **schwer|neh·men** *irr tr* take s.th. hard; **Schwer·punkt** *m* **1.** *phys* centre of gravity; **2.** *fig* main emphasis, stress; ▶ **den ~ auf etw legen** put the main emphasis (*od* lay great stress) on s.th; **Schwer·punkt·pro·gramm** *n* programme of emphasis; **Schwer·punkt·streik** *m* pinpoint strike.

Schwert [ʃveːɐt] ‹-(e)s, -er› *n* **1.** *(Waffe)* sword; **2.** *mar (am Schiffskiel)* centreboard.

Schwert·li·lie *f bot* iris.

Schwer·ver·bre·cher(in) *m (f)* criminal, serious offender; *jur* felon; **schwer·ver·dau·lich** ['--'--] *adj* indigestible; **schwer·ver·letzt** *adj* seriously injured; **Schwer·ver·letz·te(r)** *f m* serious casualty; **schwer·ver·ständ·lich** *adj* difficult to understand; **Schwer·ver·wun·de·te(r)** *f m* major casualty; **Schwer·was·ser·re·ak·tor** *m tech* heavy water reactor; **schwer·wie·gend** *adj* serious.

Schwe·ster ['ʃvɛstɐ] ‹-, -n› *f* **1.** sister; **2.** *(Kloster~)* nun; **3.** *(Kranken~)* nurse; **Schwe·ster·fir·ma** *f* associate firm, associate company; **Schwe·stern·hel·fe·rin** *f Br* nursing auxiliary (*Am* assistant).

Schwie·ger·el·tern ['ʃviːgɐ-] *pl* parents-in-law; **Schwie·ger·mut·ter** *f* mother-in-law; **Schwie·ger·sohn** *m* son-in-law; **Schwie·ger·toch·ter** *f* daughter-in-law; **Schwie·ger·va·ter** *m* father-in-law.

Schwie·le ['ʃviːlə] ‹-, -n› *f* callus; **schwie·lig** *adj* callused.

schwie·rig ['ʃviːrɪç] *adj* difficult; ▶ **es ist ~, mit ihm auszukommen** he is difficult to get on with; **das ist nicht ~** there's nothing difficult about it; **Schwie·rig·keit** *f* difficulty; ▶ **die ~ liegt darin ...** the difficult thing is ...; **er will nur ~en machen** he's just trying to be difficult; **er hatte ~en dabei** he had difficulty in doing that *sing;* **in ~en geraten** get into difficulties; **~en überwinden** get out of difficulties.

Schwimm·bad *n* swimming pool; **Schwimm·bag·ger** *m* dredger; **Schwimm·bahn** *f sport* lane; **Schwimm·becken (k·k)** *n* pool; **Schwimm·dock** *n mar* floating dock.

schwim·men ['ʃvɪmən] *irr itr* **1.** swim; **2.** *(Sachen)* drift, float; **3.** *fam (unter Wasser stehen)* be swimming; **4.** *fig fam (ratlos sein)* be all at sea; ▶ **~ gehen** go for a swim (*od* swimming); **nachdem ich 2 km geschwommen war** after a 2 km swim; **ich geh' gern ~** I like a swim; **ins S~ geraten** *(unsicher werden)* begin to flounder; **mir schwimmt's vor den Augen** everything's going round.

Schwim·mer(in) *m (f)* swimmer.

Schwimm·flos·se *f (Fisch)* fin, *(Taucher, Wal, Robben)* flipper; **Schwimm·gür·tel** *m* swimming belt; **Schwimm·kran** *m* floating crane; **Schwimm·leh·rer(in)** *m (f)* swimming instructor; **Schwimm·sport** *m* swimming; **Schwimm·ver·ein** *m* swimming club; **Schwimm·we·ste** *f* life jacket.

Schwin·del ['ʃvɪndəl] ‹-s, -› *m* **1.** *med* dizziness; **2.** *fig (Täuschung)* swindle; *(Betrug, Schwindelei)* fraud; ▶ **den ~ kennen** *fig* know the racket; **glaub doch diesen ~ nicht!** *fam* don't be taken in! **das ganze war reiner ~** the whole thing was a fraud; **das ist ~!** it's a swindle! **auf den ~ falle ich nicht herein!** it's an old trick! **Schwin·del·an·fall** *m* dizzy turn.

Schwin·de·lei *f:* ▶ **das ist alles eine große ~!** it's all a big fib!

schwin·del·er·re·gend *adj* causing giddiness.

schwin·del·frei *adj:* ▶ **~ sein** have a good head for heights; **schwind(e)lig** *adj* dizzy, giddy; ▶ **mir ist ~** I feel dizzy; **davon wird mir ~** it makes me feel giddy; **mir wird leicht ~** I get dizzy easily.

schwin·deln[1] *itr (aus Schwindelgefühl):* ▶ **mir schwindelt** I feel dizzy; **in ~der Höhe** at a dizzy height.

schwin·deln[2] *itr fam (lügen)* fib.

schwin·den ['ʃvɪndən] *irr itr* **1.** *(weniger werden)* dwindle; **2.** *(vergehen)* fade.

Schwind·ler(in) ‹-s, -› *m (f)* **1.** *(Gauner(in))* swindler; **2.** *fam (Lügner(in))* fibber.

Schwind·sucht ‹-, › *f* consumption; **schwind·süch·tig** *adj* consumptive.

Schwin·ge ['ʃvɪŋə] ‹-, -n› *f (Flügel)* wing, *poet* pinion.

schwin·gen ['ʃvɪŋən] *irr* **I** *tr* swing; ► **er schwang sich in den Sattel** he swung himself into the saddle; **II** *itr* **1.** *(Pendel etc)* swing; **2.** *(vibrieren)* vibrate; **Schwin·gung** *f phys* **1.** *(Vibration)* vibration; **2.** *(Welle)* oscillation; ► **etw in ~ versetzen** start s.th. vibrating.

Schwips [ʃvɪps] ‹-es, -e› *m fam:* ► **e-n ~ haben** be tipsy.

schwir·ren ['ʃvɪrən] ‹sein› *itr* **1.** *(sausen)* whizz; **2.** *(surren)* buzz; ► **mir schwirrt der Kopf** my head is whirling.

Schwitz·bad *n* Turkish bath.

schwit·zen ['ʃvɪtsən] *itr* sweat, *(gehoben)* perspire; ► **wegen etw ins S~ geraten** *fig* get into a sweat about s.th.; **die Wände ~** *fig* the walls are damp with condensation; **beim Graben kommt man leicht ins S~** digging is sweaty work.

schwö·ren ['ʃvø:rən] *irr tr itr* swear; ► **jdn ~ lassen, daß er nichts verrät** swear s.o. to secrecy; **ich könnte ~, daß ...** I could swear to it that ...; **sich etw ~** swear s.th. to o.s.

schwul [ʃvu:l] *adj fam* gay, queer.

schwül [ʃvy:l] *adj* close, sultry.

Schwu·le ‹-n, -n› *m Br* queer, *Am* fag.

Schwü·le ['ʃvy:lə] ‹-› *f* sultriness; **e-e furchtbare ~ heute!** an awfully sultry weather today!

schwül·stig ['ʃvʏlstɪç] *adj (Stil, Rede)* bombastic.

Schwund [ʃvʊnt] ‹-(e)s› *m* **1.** *(Schwinden)* decline, decrease; **2.** *(Material~)* shrinkage.

Schwung [ʃvʊŋ, *pl* 'ʃvʏŋə] ‹-(e)s, ¨-e› *m* **1.** *fig (Elan)* zest; **2.** *(Bewegung)* swing; **3.** *fig fam (Haufen)* pile; ► **etw in ~ bringen** get s.th. going; **jdm ~ geben** give s.o. momentum; **Schwung·fe·der** *f orn* wing feather; **schwung·haft** *adj* **1.** *(Handel)* flourishing, roaring; **2.** *(Rede)* emphatic.

Schwung·rad *n tech mot* flywheel; **schwung·voll** *adj* sweeping; ► **~e Rede** stirring speech.

Schwur [ʃvu:ɐ, *pl* 'ʃvy:rə] ‹-(e)s, ¨-e› *m* oath; ► **e-n ~ leisten** take an oath; **Schwur·ge·richt** *n* court with a jury.

sechs [zɛks] *num* six; **Sechs·eck** *n* hexagon; **sechs·fach** *adj* sixfold; **sechs·jäh·rig** *adj* six-year-old; **sechs·mal** *adv* six times; **Sechs·ta·ge·ren·nen** [-'----] *n sport* six-day (cycling) race; **sech·ste** *adj* sixth; **Sech·stel** ‹-s, › *n* sixth part; **sech·stens** *adv* in the sixth place, sixthly.

sech·zehn ['zɛçtse:n] *num* sixteen; **sech·zehn·te** *adj* sixteenth; **Sech·zehn·tel** ‹-s, -› *n* sixteenth part.

sech·zig ['zɛçtsɪç] *num* sixty; **Sech·zi·ger(in)** *m (f)* sexagenarian; ► **in den sechziger Jahren** in the sixties; **sech·zig·jäh·rig** *adj* sixty-year old; **sech·zig·ste** *adj* sixtieth; **Sech·zig·stel** ‹-s, -› *n* sixtieth part.

Se·cond·hand·la·den *m* secondhand shop.

See[1] [ze:] ‹-s, -n› *m (Binnen~)* lake.

See[2] ‹-› *f (Weltmeer)* sea; ► **e-e Stadt an der ~** a town by the sea; **auf ~** at sea; **zur ~ gehen** go to sea; **in ~ stechen** put to sea; **See·ad·ler** *m* sea eagle; **See·bad** *n (Ort)* seaside resort; **See·bär** *m fam:* ► **(alter) ~** sea-dog; **See·be·ben** *n* seaquake; **See·fah·rer** *m* seafarer; **See·fahrt** *f* **1.** *(Seereise)* voyage; **2.** *(Kreuzfahrt)* cruise; **3.** *(als Gewerbe)* navigation; **See·fisch** *m* salt-water fish; **See·fracht·brief** ['-'--] *m com* bill of lading (*Abk* B./L.); **See·gang** ‹-(e)s› *m:* ► **hoher ~** rough seas *pl;* **See·ge·fecht** *n* naval battle; **See·gras** ‹-es› *n* **1.** *(Tang)* eelgrass; **2.** *(zum Polstern)* sea-grass; **See·ha·fen** *m* seaport; **See·han·del** *m* maritime trade; **See·herr·schaft** *f* naval supremacy; **See·hund** *m zoo* seal; **See·igel** *m zoo* sea urchin; **See·kar·te** *f* nautical chart; **See·kli·ma** *n* maritime climate; **see·krank** *adj* seasick; ► **leicht ~ werden** be a bad sailor; **nicht ~ werden** be a good sailor; **See·krank·heit** *f* seasickness; **See·krieg** *m* naval warfare; **See·lachs** *m* pollack.

See·le ['ze:lə] ‹-, -n› *f* **1.** *rel* soul; **2.** *tech (bei Feuerwaffen)* bore; ► **von ganzer ~** with all one's heart; **sich die ~ aus dem Leibe reden** *fig fam* talk until one is blue in the face; **nun hat die arme ~ Ruh!** *fam* that'll put her (*od* him *etc*) out of her (his *etc*) misery! **See·len·heil** *n* spiritual welfare; **See·len·le·ben** *n* inner life; **See·len·ru·he** ['----/'--'--] *f* calmness; ► **in aller ~** calmly; **see·len·ru·hig** *adj (innerlich ~)* calmly; *fam (eiskalt)* as cool as a cucumber.

See·leu·te *pl* sailors, seamen.

see·lisch *adj* mental; ► **~e Grausamkeit** mental cruelty; **~ bedingt sein** have psychological causes.

See·lö·we *m zoo* sea lion.

Seel·sor·ge ‹-› *f* spiritual welfare; **Seel·sor·ger(in)** *m (f)* pastor.

See·luft ‹-› *f* sea air; **See·macht** *f* naval (*od* sea) power; **See·mann** ‹-(e)s, -leute› *m* sailor, seaman; **See·mei·le** *f (= 1,852 km)* nautical (*od* sea) mile; **See·not** ‹-› *f* distress; ► **in ~ geraten** get into distress; **See·not·kreu·zer** *m* lifeboat; **See·not·ruf** *m* distress signal; **See·pferd·chen** *n* seahorse; **See·räu·ber** *m* pirate; **See·räu·be·rei** *f* piracy; **See·räu·ber-**

schiff *n* pirate (ship); **See·recht** *n jur* maritime law; *(Kriegsrecht)* law of naval warfare; **See·rei·se** *f* voyage; *(Kreuzfahrt)* cruise; **See·ro·se** *f bot* waterlily; **See·schif(f·)fahrt** *f* ocean shipping; **See·schlacht** *f* naval battle; **See·schlan·ge** *f* sea serpent; **See·stern** *m zoo* starfish; **See·tang** *m* seaweed; **See·teu·fel** *m zoo* monkfish; **see·tüch·tig** *adj com* seaworthy; **See·ufer** *n* lakeside; **See·vo·gel** *m* sea bird; **See·war·te** *f* naval observatory; **See·weg** *m Br* sea-route, *Am* sea-road; ▶ **auf dem ~** *com* by sea, per sea; **auf dem ~ reisen** travel by sea; **See·wind** *m* sea breeze; **Seezun·ge** *f zoo* sole.

Se·gel ['ze:gəl] ‹-s, -› *n mar* sail; ▶ **mit vollen ~n** under full sail; **~ setzen** make sail; **die ~ streichen** *mar* strike sail; *fig (einlenken)* give in; **Se·gel·boot** *n Br* sailingboat, *Am* sailboat; **Se·gel·flie·gen (Se·gel·flie·ge·rei)** *n* gliding; **Se·gel·flie·ger(in)** *m (f)* glider pilot; **Se·gel·flug** *m* glider flight; **Se·gel·flug·platz** *m* gliding field; **Se·gel·flug·zeug** *n* glider; **Se·gel·klub** *m* sailing club; **se·geln** ‹sein› *itr* sail; ▶ **von hier aus segelt man 3 Tage** it's 3 days' sail from here; **~ gehen** go for a sail; **mit jdm ~ gehen** take s.o. for a sail; **sie segelten nach Athen** they sailed the ship to Athens; **durch ein Examen ~** *fam* flop in an exam; **Se·gel·ohren** *pl fig fam* flappy ears; **Se·gel·re·gat·ta** *f* sailing regatta; **Se·gel·schiff** *n* sailing ship (*od* vessel); **Se·gel·törn** *m* cruise; **Se·gel·tuch** ‹-(e)s› *n* canvas.

Se·gen ['ze:gən] ‹-s, -› *m a. fig* blessing; ▶ **ein wahrer ~** a real boon; **kein reiner ~ sein** be a mixed blessing; **meinen ~ hast du!** you have my blessing! **se·gens·reich** *adj fig* beneficent.

Seg·ler *m* **1.** *(Sport~)* yachtsman; **2.** *(Schiff)* sailing vessel; **Seg·le·rin** *f* yachtswoman.

Seg·ment [zɛ'gmɛnt] *n* segment.

seg·nen ['ze:gnən] *tr* bless; ▶ **das Zeitliche ~** *fig* depart this life.

Sehen *n (Sehkraft)* eyesight; ▶ **ich kenne sie nur vom ~** I know her only by sight.

se·hen ['ze:ən] *irr tr itr* see; ▶ **~, wie jem etw macht** see s.o. do s.th.; **Ich habe ihn noch nie schwimmen ~** I've never seen him swim(ming); **man hat ihn gesehen, wie er das Gebäude betrat** he was seen entering the building; **ich habe gesehen, wie es passiert ist** I saw it happen; **das habe ich schon dreimal gesehen** I've seen it done three times; **Ich kann es nicht ~, wenn Menschen schlecht behandelt werden** I don't like to see people mistreated; **es war nichts zu ~** there was nothing to be seen; **wir ~ sie zur Zeit nur selten** we don't see much of them nowadays; **sie will mich nicht mehr ~** she doesn't want to see me anymore; **du siehst wohl Gespenster!** you must be seeing things! **seh' ich richtig, ist das nicht ...?** am I seeing things or is ...? **Ich sehe mich nicht in der Lage, das zu tun** I can't see my way to doing that; **Ich sah mich gezwungen, zu ...** I saw myself obliged to ...; **mal ~, ob wir helfen können** we'll see if we can help; **wir werden ja bald ~, wer recht hat** we'll soon see who is right; **wollen wir mal ~, was passiert** let's just see what happens; **ich sehe nicht, wie ich da helfen kann** I don't see any way I can help; **mal ~, ob ich nicht was Besseres finden kann** let me see, if I can't find a better way; **wie ich sehe, hast du das immer noch nicht gemacht** I see you still haven't done that; **er sah kurz auf die Uhr** he had a quick look at his watch; **darf ich mal ~?** can I have a look? **laß mal ~!** let's have a look! **sieh doch, wer da ist!** look who's there! **sieh mal!** just look! **so gesehen** seen (*od* looked at) in this way; **sich ~ lassen** appear; **laß dich mal wieder ~!** do come again! **nach jdm ~** come to see s.o; **se·hens·wert** *adj* **1.** *(interessant)* worth seeing; **2.** *(bemerkenswert)* remarkable; **Se·hens·wür·dig·keit** *f* sight; ▶ **die ~en e-r Stadt besichtigen** see the sights of a town.

Se·her(in) *m (f)* seer; **Se·her·blick** *m* prophetic look.

Seh·feh·ler *m* visual defect; **Seh·kraft** ‹-› *f* (eye)sight, vision.

Seh·ne ['ze:nə] ‹-, -n› *f* **1.** *anat* sinew, tendon; **2.** *(Bogen~)* string; **3.** *math* chord.

seh·nen ['ze:nən] *itr:* ▶ **sich nach etw (jdm) ~** long for s.th. (s.o.); **ich ~e mich danach, meine Mutter wiederzusehen** I am longing to see my mother again.

Seh·nerv *m* optic nerve.

seh·nig *adj* **1.** *(von Fleisch)* stringy; **2.** *(von Person)* sinewy.

sehn·lich *adj* eager; *(glühend)* ardent.

Sehn·sucht ‹-, ⸚e› *f* longing; *(stärker)* yearning (*nach* for); ▶ **~ haben** have a longing (*od* yearning); **sehn·suchts·voll (sehn·süch·tig)** *adj* longing; *(stärker)* yearning; *(glühend)* ardent; ▶ **sehnsüchtige Blicke auf etw. werfen** look longingly at s.th.

sehr [ze:ɐ] *adv* very; *(nur beim Verb)* very much; ▶ **es ist ~ gut geschrieben** it's very well written; **~ gut möglich** very possible; **~ wenig Milch!** very little milk! **~ viel größer** very much bigger; **Ich bin nicht ~ musikalisch** I'm not much of a musician; **~ verlegen** much embarassed; **so ~ (zu ~)** so much (too much); **Ich kann ihn nicht ~ leiden** I don't like him too much; **wie ~ er sich auch bemüht** however much he tries; ~ **zu meinem Erstaunen** much to my astonishment.

Seh·schär·fe *f* keenness of sight, visual acuity; **Seh·stö·rung** *f* visual disorder; **Seh·test** *m* eye-test; **Seh·ver·mö·gen** *n* powers of vision *pl.*

seicht [zaɪçt] *adj* **1.** *(flach, nicht tief)* shallow; **2.** *fig* trivial.

Sei·de ['zaɪdə] ‹-, -n› *f* silk; ▶ **reine ~** real silk; **in Samt u. ~** *fig* in silks and satins *pl;* **das Kleid ist aus ~** the dress is silk.

Sei·del ['zaɪdəl] ‹-s, -› *n (Bier~)* mug.

sei·den *adj* silk, *(gehoben)* silken; **Sei·den·band** *n* silk ribbon; **Sei·den·pa·pier** *n* tissue paper; **Sei·den·rau·pe** *f* silkworm; **Sei·den·strumpf** *m* silk stocking; **sei·den·weich** ['--'-] *adj* silky soft; **sei·dig** *adj* silky.

Sei·fe ['zaɪfə] ‹-, -n› *f* soap; ▶ **ein Stück ~** a cake of soap; **sei·fen** *tr* soap; **Sei·fen·bla·se** *f* **1.** soap-bubble; **2.** *fig* bubble; ▶ **~n machen** blow soap-bubbles; **die ~ zum Platzen bringen** *fig* dash someone's hopes *pl;* **Sei·fen·lau·ge** *f* soap suds *pl;* **Sei·fen·oper** *f fam* soap opera; **Sei·fen·pul·ver** *n* soap powder; **Sei·fen·scha·le** *f* soap dish; **Sei·fen·schaum** *m* lather; **Sei·fen·spen·der** *m* soap dispenser; **Sei·fen·was·ser** *n* suds *pl.*

sei·hen ['zaɪən] *tr* sieve.

Seil [zaɪl] ‹-(e)s, -e› *n* rope; *(Kabel)* cable; **Seil·bahn** *f* cable railway; **Sei·ler** *m* ropemaker; **seil|hüp·fen (seil|sprin·gen)** *itr* skip; **Seil·tän·zer(in)** *m (f)* tightrope walker; **Seil·win·de** *f* winch.

Seim [zaɪm] ‹-(e)s› *m obs* viscous substance.

Sein ‹-s› *n* being; *philos* existence.

sein [zaɪn] *irr itr* be; ▶ **ist was?** is s.th. wrong? **was ist?** what's the matter? **er ist Deutscher** he is a German; **wer ist das?** who is that? **ich bin's** it's me; **sei mir nicht böse, aber ...** don't be angry with me but ...; **sei so nett und ...** be so kind as to ...; **das kann schon ~** that may well be; **das wär's!** that's it! **es sind fast 3 Wochen, daß ...** it's almost 3 weeks since ...

sein [zaɪn] *prn (männlich)* his; *(weiblich)* her; *(Dinge, Tiere)* its; *(auf 'man' bezogen) Br* one's, *Am* his; ▶ **er raucht ~e 50 Zigaretten pro Tag** he smokes his 50 cigarettes per day; **er ist gut ~e 3 Zentner schwer** he weighs a good 200 pounds; **sei·ner·seits** *adv:* ▶ **er ~** he for his part; **sei·ner·zeit** *adv (früher)* in those days; **sei·nes·glei·chen** ['--'--] *prn* his equals; ▶ **jdn wie ~ behandeln** treat s.o. like one's equal; **er hat nicht ~** there is no one like him; **er und ~** he and the like of him; **sei·net·we·gen** *adv* **1.** *(wegen ihm)* on account of him, on his account; **2.** *(für ihn)* on his behalf; **sei·net·wil·len** *adv:* ▶ **um ~** for his sake; **sie hat es um ~ getan** she did it for him; **sei·ni·ge** *prn m* his; *n* its; ▶ **das ~ tun** do one's bit; **die S~n** his people.

Seis·mo·graph *m* ‹-en, -en› *tech* seismograph.

seit [zaɪt] *prp* **1.** *(Zeitpunkt)* since; **2.** *(Zeitraum)* for; ▶ **erst ~ kurzem** not long since; **er lebte da schon ~ 1900** he had been living there since 1900; **ich komme schon ~ 1970 hierher** I've been coming here since 1970; **Ich habe sie ~ 2 Jahren nicht gesehen** I haven't seen her for 2 years; **Ich kenne ihn schon ~ Jahren** I've known him for years; **~ langem** for a long while; **~ neuestem** lately; **~ wann?** *(von wann an?)* since when? *(wie lange?)* how long?

seit·dem [-'-/'--] **I** *conj* since; **II** *adv* since then.

Sei·te ['zaɪtə] ‹-, -n› *f* **1.** *allg* side; **2.** *(Flanke)* flank; **3.** *(Richtung)* direction; **4.** *(Druck~)* page; ▶ **rechte (linke) ~** *(von Kleidungsstück)* right (wrong) side; **auf der anderen ~ Londons** on the other side of London; **er trat zur ~** he moved (*od* stood) to one side; **etw auf die ~ legen** put s.th. on one side; **~ an ~** side by side; **jdm zur ~ stehen** *fig* be by someone's side; **von väterlicher ~** on the paternal side; **alles hat s-e zwei ~n** *fig* there are always two sides to every story; **etw von der positiven ~ betrachten** look on the bright side; **er ist auf unserer ~** he's on our side; **die ~n wechseln** *sport* change sides; **etw von dritter ~ erfahren** hear s.th. from a third party; **von meiner ~ aus** *fig* on my part; **beschreiben Sie beide ~n** write on both sides of the page; **auf ~ 17** on page 17.

Sei·ten·an·ga·be *f* page reference; **Sei·ten·an·sicht** *f* side-view; *arch tech* side-elevation; **Sei·ten·aus·gang** *m* side exit; **Sei·ten·blick** *m* sidelong glance; ▶ **jm einen ~ zuwerfen** give s.o. a knowing glance, exchange a knowing glance with s.o.; **Sei·ten·ein·gang** *m* side-entrance; **Sei·ten·flü·gel** *m* **1.** *arch* side wing; **2.** *(Altar)* wing; **Sei·ten·gang** *m mar* side strake; *rail* corridor; **Sei·ten·ge·bäu·de** *n* annex; **Sei·ten·ge·wehr** *n mil* bayonet; **Sei·ten·hieb** *m fig* side-swipe; **Sei·ten·la·ge** *f* side position; ▶ **in ~ schlafen** sleep on one's side; **sei·ten·lang** *adj* going on for pages; ▶ **sich ~ über etw auslassen** go on for pages about s.th; **Sei·ten·leh·ne** *f* arm rest; **Sei·ten·li·nie** *f* **1.** *(genealogisch)* collateral line; **2.**

sport (Fußball) touchline; *(Tennis)* sideline; **Sei·ten·ru·der** *f aero* rudder.

sei·tens ['zaɪtəns] *prep* on the part of ...

Sei·ten·schiff *n arch* aisle; **Sei·ten·sprung** *m* ▶ **e-n ~ machen** have a bit on the side *fam;* **Sei·ten·ste·chen** *n:* ▶ **~ haben** have a stitch (in one's side); **Sei·ten·stra·ße** *f* side-street (*od* -road); **Sei·ten·strei·fen** *m* **1.** *(von Straße)* verge; **2.** *(an Autobahn) Br* hard shoulder, *Am* shoulder; **Sei·ten·ta·sche** *f* side pocket; **sei·ten·ver·kehrt** *adj* the wrong way round; **Sei·ten·wand** *f* side wall; **Sei·ten·wech·sel** *m sport* changeover; **Sei·ten·wind** *m* crosswind; **Sei·ten·zahl** *f* **1.** *(Zahl auf der Seite)* page number; **2.** *(Gesamtzahl)* number of pages.

seit·lich I *adj* lateral; ▶ **bei ~em Wind** in a crosswind; **II** *adv:* ▶ **~ von ...** at the side of ...; **ein Schiff ~ rammen** ram the side of a ship; **der Weg führt ~ am Haus entlang** the path goes down the side of the house.

seit·wärts *adv* sideways.

Se·kret [ze'kre:t] ‹-(e)s, -e› *n med* secretion.

Se·kre·tär¹ (Se·kre·tä·rin) *m (f) (Beruf)* secretary.

Se·kre·tär² *m (Schreibschrank)* bureau.

Se·kre·ta·r·iat [zekretari'a:t] ‹-(e)s, -e› *n* **1.** *(Büro)* office; **2.** *pol* secretariate.

Sekt [zɛkt] ‹-(e)s, -e› *m* sparkling wine.

Sek·te ['zɛktə] ‹-, -n› *f rel* sect.

Sekt·kelch *m* champagne flute.

Se·kun·dant [zekʊn'dant] ‹-en, -en› *m hist* second.

se·kun·där *adj* secondary.

Se·kun·de [ze'kʊndə] ‹-, -n› *f* second; ▶ **e-e ~, bitte!** just one second, please! **auf die ~ genau** to the second; **im Bruchteil e-r ~** in a split second; **Se·kun·den·schnel·le** *f:* ▶ **in ~** in a matter of seconds; **Se·kun·den·zei·ger** *m* second hand.

se·kun·die·ren *itr* second.

selbst [zɛlpst] **I** *prn:* ▶ **ich ~** I myself; **~ kommen** come personally; **das versteht sich von ~** that goes without saying; **von ~** on one's own accord; **etw ~ tun** do s.th. o.s.; **das funktioniert von ~** it works automatically; **II** *adv (sogar)* even; ▶ **~ wenn ...** even if (*od* though) ...

Selbst·ach·tung *f* self-esteem, self-respect.

selb·stän·dig *adj* independent; ▶ **sich ~ machen** *com* set up for o.s.; *(verloren gehen)* grow legs *hum;* **~ handeln** act on one's own; **Selb·stän·dig·keit** *f* independence.

Selbst·aus·lö·ser *m phot* delay timer, delayed-action shutter release; **Selbst·be·die·nung** *f* self-service; **Selbst·be·die·nungs·la·den** *m* self-service shop; **Selbst·be·frie·di·gung** *f* masturbation; **Selbst·be·haup·tung** *f* self-assertion; **Selbst·be·herr·schung** *f:* ▶ **die ~ verlieren (wahren)** lose (keep) one's self-control; **Selbst·be·stä·ti·gung** *f:* ▶ **e-e ~ brauchen** need s.th. to boost one's ego; **Selbst·be·stim·mung** *f* self-determination; **Selbst·be·stim·mungs·recht** *n* right of self-determination; **Selbst·be·trug** *m* self-deception; **selbst·be·wußt** *adj* self-assured, self-confident; **Selbst·er·fah·rungs·grup·pe** *f* encounter group; **Selbst·er·hal·tung** *f* self-preservation, survival; **Selbst·er·hal·tungs·trieb** *m* survival instinct; **Selbst·er·kennt·nis** *f* self-knowledge; **selbst·ge·fäl·lig** *adj* complacent, self-satisfied; **Selbst·ge·fäl·lig·keit** *f* complacency, self-satisfaction; **Selbst·ge·spräch** *n* soliloquy; ▶ **~e führen** talk to oneself; **selbst·ge·strickt** *adj a. hum:* ▶ **~er Pullover** hand-knitted pullover; **selbst·herr·lich** *adj* autocratic; **Selbst·hil·fe** *f* self-help; ▶ **zur ~ greifen** take matters *pl* in one's own hands; **Selbst·hil·fe·grup·pe** *f* self-help group; **Selbst·ju·stiz** *f* arbitrary law; ▶ **~ üben** take the law into one's own hands *pl;* **selbst·kle·bend** *adj* self-adhesive; **Selbst·kle·be·eti·kett** *n* self-adhesive label; **Selbst·ko·sten** *pl com* prime costs; **Selbst·ko·sten·be·tei·li·gung** *f* first amount, deductible sum; **Selbst·ko·sten·preis** *m* cost price; **Selbst·kri·tik** *f* self-criticism; **Selbst·laut** *m* vowel; **selbst·los** *adj* unselfish; **Selbst·lo·sig·keit** *f* unselfishness.

Selbst·mord *m* suicide; ▶ **~ begehen** commit suicide; **Selbst·mör·der(in)** *m (f)* suicide; ▶ **ich bin doch kein ~!** I have no desire to commit suicide! **selbst·mör·der·isch** *adj* suicidal; **selbst·mord·ge·fähr·det** *adj* suicidal; **Selbst·mord·kom·man·do** *n* suicide squad; **Selbst·mord·ver·such** *m* suicide attempt.

selbst·re·dend ['-'--] *adj* naturally, of course; **Selbst·rei·ni·gungs·ver·mö·gen** *n (von Gewässern)* self-purification capacity; **Selbst·schuß** *m* spring-gun; **Selbst·schutz** *m* self-protection; **selbst·sicher** *adj* self-confident; **Selbst·sucht** *f* egoism; **selbst·süch·tig** *adj* selfish; **selbst·tä·tig** *adj tech* automatic; **Selbst·täu·schung** *f* self-deception; **Selbst·über·schät·zung** *f* over-estimation of one's abilities; **Selbst·über·win·dung** *f* will-power; **selbst·ver·dient** *adj:* ▶ **~es Geld** money one has earned o.s; **Selbst·ver·leug·nung** *f* self-denial; **Selbst·ver·sor·ger(in)** *m (f):* ▶ **~ sein**

be self-sufficient; *(im Urlaub)* be self-caterer.

selbst·ver·ständ·lich ['--'--] **I** *adj (offenbar)* natural, obvious; ▶ **es ist ~** it goes without saying; **etw für ~ halten** take s.th. for granted; **II** *adv* of course; **Selbst·ver·ständ·lich·keit** *f:* ▶ **das war e-e ~** it was only natural; **es für e-e ~ erachten** take it as a matter of course.

Selbst·ver·tei·di·gung *f* self-defence; **Selbst·ver·trau·en** *n* self-confidence; **Selbst·ver·wal·tung** *f* **1.** *pol* self-administration; **2.** *(von Körperschaft)* self-governing body; **Selbst·wähl·fern·dienst** *m tele* subscriber trunk dialling; **Selbst·wert·ge·fühl** *n* feeling of one's own worth; **Selbst·zer·stö·rung** *f* autodestruction; **Selbst·zweck** *m* end in itself; ▶ **als ~** as an end in itself.

Se·len [ze'le:n] ⟨-s⟩ *n chem* selenium.

se·lig ['ze:lıç] *adj* **1.** *rel* blessed; **2.** *(wonnig)* blissful; ▶ **meine ~e Mutter** my late mother; **Se·lig·keit** *f* **1.** *rel* salvation; **2.** *(großes Glücksgefühl)* bliss.

Sel·le·rie ['zɛləri] ⟨-s, (-s)⟩ *m od f* **1.** *(~knolle)* celeriac; **2.** *(Stangen~)* celery.

sel·ten ['zɛltən] **I** *adj* **1.** *(nicht häufig)* rare; **2.** *(knapp)* scarce; **3.** *(ungewöhnlich)* unusual; ▶ **~es Exemplar** *(e-s Buches)* scarce copy; **II** *adv (nicht oft)* rarely, seldom; ▶ **höchst ~** hardly ever; **~ so gelacht!** *fam* what a laugh!; **Sel·ten·heit** *f* **1.** *(seltenes Vorkommen)* rareness; **2.** *(Rarität)* rarity; **Sel·ten·heits·wert** *m* rarity value.

selt·sam ['zɛltza:m] *adj* strange; *(sonderbar)* odd, queer; **Selt·sam·keit** *f* **1.** *(~ einer Sache)* strangeness; **2.** *(seltsames Ding)* oddness.

Se·me·ster [ze'mɛstɐ] ⟨-s, -⟩ *n Br* term, *Am* semester; ▶ **im 10. ~ sein** be in one's fifth year.

Se·mi·ko·lon [zemi'ko:lɔn] ⟨-s, -s/-kola⟩ *n* semicolon.

Se·mi·nar [zemi'na:ɐ] ⟨-s, -e⟩ *n* **1.** *(Fakultätsabteilung)* department; **2.** *(Kurs)* seminar; **3.** *eccl (Priester~)* seminary; **4.** *päd (Studien~)* teacher training college; **Se·mi·nar·ar·beit** *f* seminar paper.

Se·mit(in) [ze'mi:t] ⟨-en, -en⟩ *m (f)* Semite; **se·mi·tisch** *adj* Semitic.

Sem·mel ['zɛməl] ⟨-, -n⟩ *f* roll; ▶ **wie warme ~n weggehen** sell like hot cakes.

Se·nat [ze'na:t] ⟨-(e)s, -e⟩ *m* senate; **Se·na·tor(in)** *m (f)* senator; **Se·nats·aus·schuß** *m* senate committee.

Send·bo·te *m* emissary.

Sen·de·an·la·ge *f* transmitting installation; **Sen·de·an·ten·ne** *f radio* transmitting aerial; **Sen·de·be·reich** *m* transmission range; **Sen·de·fol·ge** *f* **1.** *(Serie)* series; **2.** *(Teil e-r Serie)* episode; **3.** *(Programme)* programmes *pl;* **Sen·de·ge·biet** *n* area; **Sen·de·lei·ter** *m* producer.

sen·den[1] ['zɛndən] *irr tr (schicken)* send (*an* to); ▶ **jdm etw ~** send s.o. s.th.; **sen·den**[2] *itr tr radio TV* broadcast; *(Funksignal)* transmit; **Sen·de·pau·se** *f radio TV* intermission; **Sen·der** *m radio TV* **1.** *(Anlage)* transmitter; **2.** *(Kanal) Br* channel, *Am* station; **Sen·de·raum** *m* studio; **Sen·de·rei·he** *f radio TV* series; **Sen·de·schluß** *m* closedown, end of broadcasts; **Sen·de·zei·chen** *n* callsign; **Sen·de·zeit** *f radio TV* broadcasting time.

Sen·dung *f* **1.** *com* shipment; **2.** *fig (Mission)* mission; **3.** *radio TV* programme; **Sen·dungs·be·wußt·sein** *n* sense of mission.

Senf [zɛnf] ⟨-(e)s, -e⟩ *m* mustard; ▶ **seinen ~ dazu geben** *fig fam* have one's say; **Senf·gas** *n mil* mustard gas.

sen·gen ['zɛŋən] **I** *tr* singe; **II** *itr* scorch.

se·nil [ze'ni:l] *adj* senile; **Se·ni·li·tät** *f* senility.

Se·nior ['ze:njo:ɐ] ⟨-s, -en⟩ *m allg:* ▶ **der ~** the senior; *fam (Chef)* boss; **~en** *(ältere Mitbürger)* senior citizens; **Se·nio·ren·heim** *n* old people's home; **Se·nio·ren·paß** *f rail* senior citizens' travel pass; **Se·nio·rin** ⟨-, -nen⟩ *f* senior citizen.

Sen·ke ⟨-, -n⟩ *f geog* valley.

senken ['zɛŋkən] **I** *tr* **1.** *(niedriger lassen)* lower; **2.** *com fin* decrease; **3.** *tech* sink; **II** *refl (sinken)* sink; *(absacken)* sag; ▶ **die Nacht senkte sich über alles** night was descending on everything; **Senk·fuß** *m med* fallen arches *pl;* **Senk·gru·be** *f* cesspit.

senk·recht *adj* vertical; *math* perpendicular; **Senk·rech·te** *f math* perpendicular; **Senk·recht·star·ter** *m* **1.** *aero* vertical take-off aircraft; **2.** *fig fam* whizz kid.

Sen·kung *f* **1.** *geog (Vertiefung)* valley; **2.** *(von Lohn, Preisen)* cut; **3.** *(das Absacken)* sag; **4.** *med (Blut~)* sedimentation of the blood.

Sen·ne ['zɛnə] ⟨-n, -n⟩ *f* Alpine pasture; **Sen·ner(in)** *m (f)* dairyman (dairymaid); **Senn·hüt·te** *f* Alpine dairy hut.

Sen·sa·tion [zɛnza'tsjo:n] *f* sensation; **sen·sa·tio·nell** *adj* sensational; **Sen·sa·tions·gier** *f* sensation-seeking; **Sen·sa·tions·nach·richt** *f* sensational news *sing;* **Sen·sa·tions·pro·zeß** *m* sensational trial.

Sen·se ['zɛnzə] ⟨-, -n⟩ *f* scythe; ▶ **damit ist's ~!** *fam* that's off!

sen·si·bel [zɛn'zi:bəl] *adj* sensitive; **sen·si·bi·li·sie·ren** *tr* sensitize; **Sen·si·bi·li·tät** *f* sensitivity.

Sen·sor *m el* sensor; **Sen·sor·au·ge** *n el* sensor eye; **Sen·sor·ta·ste** *f* touch

panel.
sen·ti·men·tal [zɛntimɛnˈtaːl] *adj* sentimental; **Sen·ti·men·ta·li·tät** *f* sentimentality.
se·pa·rat [zepaˈraːt] *adj* separate; ▶ **~es Zimmer** self-contained room; **Se·pa·ra·tis·mus** *m pol* separatism; **Se·pa·ra·tist(in)** *m (f) pol* separatist.
Sé·pa·rée [zepaˈreː] ‹-s, -s› *n* **1.** *(Nische)* private booth; **2.** *(Raum)* private room.
Sep·tem·ber [zɛpˈtɛmbɐ] ‹-(s), › *m* September.
Ser·be [ˈzɛrbə] ‹-n, -n› *m* Serbian; **Ser·bien** [ˈzɛrbiən] *n* Serbia; **Ser·bin** ‹-, -en› *f* Serbian; **ser·bisch** *adj* Serbian; **Ser·bo·kroa·tisch** [ˈzɛrbokroˈɑːtɪʃ] *n (= adj)* Serbo-Croat.
Se·re·na·de [zereˈnaːdə] ‹-, -n› *f mus* serenade.
Se·rie [ˈzeːriə] ‹-, -n› *f* **1.** *(Folge, a. TV)* series; **2.** *com* line; ▶ **in ~ gehen** go into production; **se·rien·mä·ßig** *adj:* ▶ **~e Ausrüstung** standard equipment; **~ hergestellt werden** be mass-produced; **Se·rien·num·mer** *f* serial number; **Se·rien·pro·duk·tion** *f* series production; ▶ **in ~ gehen** go onto the production line; **Se·rien·schal·tung** *f el* series connection; **se·rien·wei·se** *adv* one after another.
se·ri·ös [zeriˈøːs] *adj* serious; ▶ **~e Firma** sound firm.
Ser·mon [zɛrˈmoːn] *m:* ▶ **jdm e-n langen ~ halten** give s.o. a long lecture.
Ser·pen·ti·ne [zɛrpɛnˈtiːnə] ‹-, -n› *f* **1.** *(Straßenkehre)* double bend; **2.** *(gewundene Straße)* winding road.
Se·rum [ˈzeːrʊm] ‹-s, -ren/-ra› *n* serum.
Ser·vice¹ [ˈsøːɐvɪs] *m com* service.
Ser·vice² [zɛrˈviːs] ‹-, -s› *n (Geschirr)* dinner (*etc* service); *(Gläser~)* set.
Ser·vier·brett *n* tray; **ser·vie·ren** [zɛrˈviːrən] *tr* serve (*jdm etw* s.o. s.th.); ▶ **jdm den Ball ~** *fam (Tennis)* hit the ball right to s.o; **Ser·vie·re·rin** *f* waitress; **Ser·vier·tisch** *m* serving table; **Ser·vier·wa·gen** *m* trolley.
Ser·viet·te [zɛrˈvjɛtə] ‹-, -n› *f* napkin, *(gehoben)* serviette; **Ser·viet·ten·ring** *m* napkin ring.
ser·vil [zɛrˈviːl] *adj* servile.
Ser·vo·brem·se [ˈzɛrvo-] *f mot* power (*od* servo-assisted) brake; **Ser·vo·len·kung** *f mot* power-assisted steering; **Ser·vo·mo·tor** *m* servomotor.
Ser·vus! [ˈzɛrvʊs] *interj fam* so long!
Ses·sel [ˈzɛsəl] ‹-s, -› *m* easy-chair; *(a. Lehnstuhl)* arm-chair; **Ses·sel·lift** *m* chairlift.
seß·haft [ˈzɛshaft] *adj* **1.** *(stationär)* settled; **2.** *(ansässig)* resident; ▶ **sich ~ machen** settle down.
set·zen [ˈzɛtsən] **I** *tr* **1.** *(hinstellen)* set; *(plazieren)* place; *(legen)* put; **2.** *(Frist etc festlegen)* fix; **3.** *(Baum: pflanzen)* plant; **4.** *typ* set; **5.** *(Geld beim Spiel)* stake; ▶ **ein Kind auf die Knie ~** sit a child on one's knees; **etw an s-n Platz ~** put s.th. in its place; **sich den Hut auf den Kopf ~** put one's hat on one's head; **jdn über e-n Fluß ~** put s.o. across a river; **s-e Unterschrift unter ein Schriftstück ~** put one's signature to a document; **etw auf die Tagesordnung ~** put s.th. on the agenda; **ein Verb in die Vergangenheit ~** put a verb into the past tense; **jdm ein Messer an die Kehle ~** place a knife at someone's throat; **II** *itr* **1.** *(springen)* jump (*über* over); **2.** *(bei Wette)* bet (*auf* on); **III 1.** *refl* sit down; *(von Vögeln)* perch; **2.** *chem (Schwebstoffe)* settle; ▶ **darf ich mich zu Ihnen ~?** may I join you? **setz dich zu mir (neben mich)!** sit by (with) me! **sich auf e-n Stuhl ~** sit down in a chair; **Set·zer** *m typ* compositor, typesetter; **Set·ze·rei** *f typ* **1.** *(in Verlag)* composing room; **2.** *(als Firma)* typesetters *pl;* **Setz·feh·ler** *m* printer's error; **Setz·ka·sten** *m typ* case; **Setz·ling** *m (Ableger)* seedling; **Setz·ma·schi·ne** *f typ* typesetting machine.
Seu·che [ˈzɔɪçə] ‹-, -n› *f* epidemic; ▶ **es ist wie e-e ~** it's like an epidemic; **seu·chen·ar·tig** *adj:* ▶ **sich ~ ausbreiten** spread like the plague; **Seu·chen·be·kämp·fung** *f* control of epidemics; **Seu·chen·er·re·ger** *m* agent of epidemics; **Seu·chen·herd** *m* centre of an epidemic.
seuf·zen [ˈzɔɪftsən] *itr* sigh (*vor* with); ▶ **~d** with a sigh; **Seuf·zer** *m* groan, sigh; ▶ **e-n ~ ausstoßen** heave a sigh, utter a groan.
Sex [zɛks] ‹-(es)› *m* sex; **Se·xis·mus** *m* sexism; **Se·xist(in)** ‹-en, -en› *m (f);* **se·xi·stisch** *adj* sexist; **Sex·or·gie** *f* sex orgy; **Sex·shop** *m* sex shop.
Sex·tant [zɛksˈtant] ‹-en, -en› *m mar* sextant.
Se·xu·al·er·zie·hung *f* sex education; **Se·xu·al·hor·mon** *n* sex hormone; **Se·xua·li·tät** *f* sexuality; **Se·xu·al·ku·nde** *f päd* sexual education; **Se·xu·al·le·ben** *n* sex life; **Se·xu·al·mo·ral** *f* sexual morals; **Se·xu·al·mord** *m* sex killing; **Se·xu·al·mör·der** *m* sex murderer; **Se·xu·al·part·ner** *m* sex partner; **se·xu·ell** [zɛksuˈɛl] *adj* sexual.
Se·zes·si·ons·krieg [zetsɛˈsjoːns-] *m hist* American Civil War.
se·zie·ren [zeˈtsiːrən] *tr anat* dissect, *fam* cut up.
Sham·poo [ˈʃampoː] ‹-(s), -s› *n* shampoo.
Shet·land·po·ny [ˈʃɛtlantpoːni] ‹-s, -s› *n zoo* shetland pony.
Show [ʃoː] ‹-, (-s)› *f* show; ▶ **e-e ~ abziehen** *fam* put on a show; **Show-**

ma·ster *m Br* compère, *Am* emcee.

Si·am ['zi:am] *n (Thailand)* Siam; **sia·me·sisch** [zia'me:zɪʃ] *adj* Siamese; ▶ **~e Zwillinge** Siamese twins; **Si·am·kat·ze** *f* Siamese.

Si·bi·rien [zi'bi:riən] *n* Siberia; **si·bi·risch** *adj* Siberian; ▶ **~ Kälte** *fam* arctic temperatures.

sich [zɪç] *refl prn* **1.** *(acc: 3. pers sing)* himself *(m)*, herself *(f)*, itself *(n)*; *(3. pers pl)* themselves; **2.** *(dat: 3. pers sing)* to himself *(m)*, to herself *(f)*, to itself *(n)*; *(3. pers pl)* to themselves; ▶ **an ~** in itself; **an u. für ~** considered by itself; **außer ~ sein** be beside o.s; **das spricht für ~ selbst** that speaks for itself; **das ist e-e Sache für ~** that is another story; **wieder zu ~ kommen** recover consciousness; **sie haben ~ sehr gern** they are very fond of each other; **sie hat ~ das Bein gebrochen** she has broken her leg; **nur an ~ denken** think only of o.s.; **dieses Auto fährt ~ gut** this car drives well.

Si·chel ['zɪçəl] ⟨-, -n⟩ *f* **1.** sickle; **2.** *(Mond~)* crescent; **si·chel·för·mig** *adj* sickle-shaped.

si·cher ['zɪçɐ] *adj* **1.** *(vor Gefahr)* safe; *(geborgen)* secure; **2.** *(gewiß)* certain, sure; **3.** *(selbstbewußt)* self-assured; ▶ **sind Sie sich (dessen) ~?** are you certain of that? **wissen Sie das ~?** are you certain? **ganz ~** for certain; **Ich bin mir nicht ganz ~, aber ...** I don't know for certain, but ...; **es ist absolut ~, daß ...** it's an absolute certainty that ...; **es ist ~, daß er kommt** it is sure that he will come; **der Erfolg ist dir ~** you're sure of success; **~ ist ~** it's best to make sure; **ich bin mir da ganz ~** I'm perfectly sure; **da bin ich nicht so ~** I'm not so sure about that; **sich s-r Sache ~ sein** be sure of o.s.; **das meinst du doch ~ nicht so?** surely you don't mean it? **das ist so ~ wie nur was** that is as sure as anything; **aber ~!** take it from me! **vor etw ~ sein** be safe from s.th.; **etw ~ aufbewahren** keep s.th. safe; **es ist so gut wie ~** it's a safe guess; **die Stelle ~ bekommen** be safe to get the job; **etw an e-m ~en Ort verwahren** put s.th. away safely; **~ auf den Beinen** steady on one's feet; **ich weiß aus ~er Quelle, daß ...** I'm reliably informed that ...

Si·cher·heit *f* **1.** *(vor Gefahr)* safety; **2.** *com (Geld)* security; **3.** *(Gewißheit)* certainty; **4.** *(Auftreten, Überzeugung)* self-assurance; ▶ **mit tödlicher ~** with absolute certainty; **mit ~ wissen, daß ...** know for a certainty that ...; **er wird mit ~ Erfolg haben** his success is a certainty; **wird das passieren? - ja, mit ~** will it happen? - yes, it's a certainty; **zur ~** for security; **Geld gegen ~ leihen** lend money on security; **auf ~ spielen** *sport* play for safety; **sich in ~ bringen** leap to safety; **das ist mit ~ richtig** that's definitely right; **Si·cher·heits·ab·stand** *m* safe distance; **Si·cher·heits·aus·schuß** *m* committee of public safety; **Si·cher·heits·be·ra·ter(in)** *m (f)* safety adviser; **Si·cher·heits·bin·dung** *f (von Ski)* safety binding; **Si·cher·heits·glas** *n* safety glass; **Si·cher·heits·gurt** *m mot (aero)* safety (seat) belt; **si·cher·heits·hal·ber** *adv* to be on the safe side; **Si·cher·heits·ket·te** *f (an Tür)* safety chain; **Si·cher·heits·na·del** *f* safety pin; **Si·cher·heits·rat** *m (der UNO)* Security Council; **Si·cher·heits·schloß** *n* safety lock; **Si·cher·heits·ver·schluß** *m* safety clasp; **Si·cher·heits·vor·keh·rung** *f* safety precaution.

si·cher·lich *adj Br* certainly, *Am* sure.

si·chern I *tr* **1.** *(sicher machen)* secure; **2.** *(schützen)* safeguard; **3.** *EDV* back up; **4.** *(Gewehr)* put the safety catch on; ▶ **sich etw ~** secure s.th. for o.s.; **II** *refl* **1.** *(sich schützen)* protect o.s.; **2.** *(beim Bergsteigen)* secure o.s.; ▶ **sich gegen etw ~** guard o.s. against s.th.

si·cher|stel·len *tr* **1.** *(garantieren)* guaranty; **2.** *jur* take possession of ...

Si·che·rung *f* **1.** *fig (Sicherstellung)* safeguarding; **2.** *tech* safety mechanism; **3.** *EDV* back up; **4.** *el* fuse; **5.** *(an Schußwaffe)* safety-catch; ▶ **die ~ ist durchgebrannt** I've fused the lights; **Si·che·rungs·ko·pie** *f EDV* back-up copy.

Sicht [zɪçt] ⟨-⟩ *f* **1.** *(Sehen)* view; **2.** *(Sichtverhältnisse)* visibility; ▶ **in ~ kommen** come into view; **(gute) schlechte ~** (good) poor visibility; **die ~ beträgt nur 100 Meter** visibility is down to only 100 metres; **zahlbar bei ~** *com* payable at sight; **in ~ sein** be within sight; **die Küste kam in ~** we came in sight of the coast; **auf lange ~** in the long run; **sicht·bar** *adj* visible; ▶ **~ werden** appear; *fig* become apparent; **Sicht·bar·keit** *f* visibility.

sich·ten *tr* **1.** *mar (sehen)* sight; *fam (erblicken)* catch sight of ...; **2.** *(prüfen)* examine; **3.** *(aussuchen)* sift, sort out.

Sicht·ge·rät *n* **1.** *allg* monitor; **2.** *EDV* visual display unit (*Abk* VDU); **Sicht·gren·ze** *f* visibility limit; **Sicht·kon·takt** *m* eye contact.

sicht·lich *adj (offenkundig)* obvious.

Sich·tung *f* **1.** *(das Sehen)* sighting; **2.** *(Prüfung)* inspection; **3.** *(Trennung, Aussortierung)* sifting, sorting.

Sicht·ver·hält·nis·se *pl* visibility *sing;* **Sicht·ver·merk** *m* endorsement; **Sicht·wei·te** *f:* ▶ **außer ~** out of sight; **in ~ kommen** come into sighting distance.

Sicker·gru·be (k·k) *f* soakaway.
sickern (k·k) ['zıkɐn] ‹sein› *itr* seep; ▶ **nach außen** ~ *fig* leak out.
Side·board ['saıdbɔ:d] ‹-s, -s› *n* sideboard.
Sie *prn* you; ▶ **gehen** ~! go! **wissen** ~ **was ...?** do you know what ...?
sie [zi:] *prn nom sing* she; *acc* her; *(sächlich)* it; *nom pl* they; *acc pl* them; ▶ **wenn ich** ~ **wäre** if I were her; ~ **war's nicht, ich war's** it wasn't her, it was me; ~ **sind es** it is they.
Sieb [zi:p] ‹-(e)s, -e› *n* sieve; *(Tee~)* strainer; *(Durchschlag)* colander; ▶ **ein Gedächtnis wie ein** ~ a memory like a sieve; **sie·ben** *tr* **1.** *(Speisen)* sieve, sift; **2.** *fig (aussortieren)* weed; ▶ **es wird sehr gesiebt** *fig fam* they are very selective.
sie·ben ['zi:bən] *num* seven.
Sie·ben·bür·gen [-'bʏrgən] *n geog* Transylvania; **sie·ben·fach** *adj* sevenfold; **Sie·ben·ge·stirn** *n astr* Pleiades *pl;* **sie·ben·hun·dert** *num* seven hundred; **sie·ben·jäh·rig** *adj* seven-year-old; ▶ **der S~e Krieg** *hist* the Seven Years' War; **sie·ben·mal** *adv* seven times; **Sie·ben·me·ter** [--'--] *m sport* penalty; **Sie·ben·sa·chen** ['--'--] *pl* belongings; **Sie·ben·schlä·fer** *m zoo* dormouse.
sie·b(en)·tens *adv* in the seventh place; **sieb·te** *adj* seventh; ▶ **im ~n Himmel sein** be in seventh heaven; **Sieb·tel** ‹-s, -› *n* seventh part.
sieb·zehn ['zi:ptse:n] *num* seventeen; **sieb·zehn·te** *adj* seventeenth; **Sieb·zehn·tel** ‹-s, -› *n* seventeenth.
sieb·zig ['zi:ptsıç] *num* seventy; **Sieb·zi·ger(in)** *m (f)* septuagenarian; **sieb·zig·jäh·rig** *adj* seventy-year-old; **sieb·zig·ste** *adj* seventieth.
sie·deln ['zi:dəln] *itr* settle.
sie·den ['zi:dən] *irr itr* boil; ▶ **~d heiß** boiling hot; **Sie·de·punkt** *m* boiling-point; **Sie·de·was·ser·re·ak·tor** *m* boiling water reactor.
Sied·ler(in) *m (f)* settler.
Sied·lung *f* **1.** *(An~)* settlement; **2.** *(Wohn~)* housing estates *pl.*
Sieg [zi:k] ‹-(e)s, -e› *m* victory (*über* over); ▶ **den** ~ **davontragen** win the day; **den** ~ **erringen** be victorious.
Siegel ['zi:gəl] ‹-s, -› *n* seal; ▶ **unter dem** ~ **der Verschwiegenheit** under the seal of secrecy; **Sie·gel·lack** *m* sealing wax; ▶ **e-e Stange** ~ a stick of sealing wax; **siegeln** *tr* **1.** *(Urkunde)* affix a seal to ...; **2.** *(ver~)* seal; **Sie·gel·ring** *m* signet ring.
siegen ['zi:gən] *itr* be victorious; *sport* win; **Sie·ger(in)** *m (f)* victor; *sport* winner; ▶ **zweiter** ~ runner-up; **Sie·ger·eh·rung** *f sport* presentation ceremony; **Sie·ger·po·se** *f* victory pose; **Sie·ger·stra·ße** *f fig* road to victory; **Sie·ger·ur·kun·de** *f sport* winner's certificate.
sie·ges·be·wußt *adj* confident of victory; **sie·ges·ge·wiß** *adj* sure of victory; **sie·ges·trun·ken** *adj* drunk with victory; **Sie·ges·zug** *m* **1.** *(Triumphzug)* triumphal march; **2.** *fig (e-r Laufbahn)* victorious career.
sieg·reich *adj* victorious.
Si·gnal [zı'gna:l] ‹-s, -e› *n* **1.** *(das ~ für etwas)* signal; **2.** *(Zeichen)* sign; ▶ **ein** ~ **geben** give a signal; **~e setzen** *fig* blaze a trail *sing;* **Si·gnal·an·la·ge** *f* set of signals *pl;* **Si·gnal·flag·ge** *f* signal flag; **si·gna·li·sie·ren** *tr* signal; **Si·gnal·lam·pe** *f* signal lamp; **Si·gnal·mast** *m* signal mast; **Si·gnal·pi·sto·le** *f* Very pistol; **Si·gnal·wir·kung** *f* signal effect.
Si·gna·tur [zıgna'tu:ɐ] **1.** *(Unterschrift)* signature; **2.** *(auf Karten)* symbol; **3.** *(Buch~)* shelf mark.
si·gnie·ren *tr* sign.
Sil·be ['zılbə] ‹-, -n› *f* syllable; ▶ **keine** ~ **sagen** not breathe a word; **ich verstehe keine** ~ *fam* I don't understand a word; **Sil·ben·tren·nung** *f* syllabication.
Sil·ber ['zılbɐ] ‹-s› *n* **1.** *(das Metall)* silver; **2.** *(~zeug)* silverware; **Sil·ber·be·steck** *n* silver cutlery; **sil·ber·far·ben** *adj* silver; **Sil·ber·fisch·chen** *n zoo* silverfish; **Sil·ber·fuchs** *m* silverfox; **Sil·ber·ge·halt** *m* silver content; **Sil·ber·ge·schirr** *n* silverware; **sil·ber·hal·tig** *adj* silver-bearing; **Sil·ber·lö·we** *m zoo* puma; **Sil·ber·me·dail·le** *f* silver medal; **Sil·ber·mün·ze** *f* silver coin; **Sil·ber·pa·pier** *n (Stanniol)* tinfoil; **Sil·ber·strei·fen** *m fig:* ▶ **es zeichnet sich ein** ~ **am Horizont ab** one can see the end of the tunnel; **Sil·ber·wa·ren** *pl* silver *sing.*
Sil·hou·et·te [zilu'ɛtə] ‹-, -n› *f* silhouette; ▶ **sich als** ~ **abzeichnen gegen ...** be silhouetted against ...
Si·li·zi·um [zi'li:tsiʊm] ‹-s› *n chem* silicon.
Si·lo ['zi:lo] ‹-s, -s› *m* silo.
Sil·ve·ster [zıl'vɛstɐ] ‹-s, -› *m od n* New Year's Eve.
Si·mi·li(·stein) ['zi:mili] *m* artificial stone.
Sim·pel *m* simpleton; **sim·pel** ['zımpəl] *adj* **1.** *(einfach)* plain, simple; **2.** *(dumm)* stupid.
Sims [zıms] ‹-es, -e› *m od n (Fenster~)* sill; *arch (vorspringender Rand)* ledge; *(Kamin~)* mantelpiece.
Si·mu·lant(in) [zimu'lant] ‹-en, -en› *m (f)* malingerer; **si·mu·lie·ren** *itr tr* **1.** *(vortäuschen)* feign, sham; **2.** *phys* simulate.
si·mul·tan [zimʊl'ta:n] *adj* simultaneous; **Si·mul·tan·dol·met-**

scher(in) *m (f)* simultaneous interpreter.

Si·nai·halb·in·sel *f* Sinai Peninsula.

Sin·fo·nie [zɪnfo'ni:] *f* symphony; **Sin·fo·nie·kon·zert** *n* symphony concert; **Sin·fo·nie·or·che·ster** *n* symphony orchestra.

Sin·ga·pur ['zɪŋgapu:ɐ] ⟨-s⟩ *n* Singapore.

Sin·gen *n* singing; *(im Chor)* chanting; **sin·gen** ['zɪŋən] *irr tr itr* **1.** sing; **2.** *sl (gestehen)* squeal; **Sing·sang** ⟨-(e)s⟩ *m* **1.** *(monotones Singen)* monotonous singing; **2.** *(Aussprache)* singsong; **Sing·spiel** *n* lyrical drama.

Sin·gu·lar ['zɪŋgula:ɐ] ⟨-s, -e⟩ *m* singular.

Sing·vo·gel *m* song-bird.

sin·ken ['zɪŋkən] *irr itr allg* **1.** sink; **2.** *fig (fallen, bes. der Preise)* drop, fall; ► **im Wert ~** decline in value; **in e-n Sessel ~** drop into an armchair; **in jds Achtung ~** sink in someone's eyes.

Sink·stof·fe *pl chem* settleable solids.

Sinn [zɪn] ⟨-(e)s, -e⟩ *m* **1.** *(~esorgan)* sense; **2.** *(Verstand)* mind; **3.** *(Bedeutung)* meaning; ► **von ~en sein** be out of one's senses; **das hat keinen ~** there is no sense in that; **was für e-n ~ soll das haben?** what's the sense of doing this? **es hat keinen ~ zu weinen** there is no sense in crying; **e-n ~ ergeben** make sense; **in gewissem ~e** in a sense; **das geht mir nicht aus dem ~** I can't get it out of my mind; **im ~ haben, etw zu tun** have in mind to do s.th.; **mein Leben hat keinen ~** my life is meaningless; **Sinn·bild** *n* symbol; **sinn·bild·lich** *adj* symbolic(al).

Sin·nen ['zɪnən] *n:* ► **in ~ versunken** lost in meditation; **sin·nen** *irr itr:* ► **über etw ~** brood over s.th.; **auf Unheil ~** plot mischief; **auf Rache ~** meditate revenge; **Sin·nen·lust** *f* sensuality.

sinn·ent·leert *adj* bereft of content; **sinn·ent·stel·lend** *adj* distorting the meaning.

Sin·nes·än·de·rung *f* change of mind; **Sin·nes·ein·drücke (k·k)** *m pl* sensory impressions; **Sin·nes·or·gan** *n* sense organ; **Sin·nes·stö·rung** *f* sensory disorder; **Sin·nes·täu·schung** *f* illusion; **Sin·nes·wahr·neh·mung** *f* sensory perception; **Sin·nes·wan·del** *m* change of mind.

sinn·fäl·lig *adj* obvious; **sinn·ge·mäß** *adj:* ► **etw ~ wiedergeben** give the gist of s.th; **etw ~ anwenden** *jur* apply s.th. by analogy; **sinn·ge·treu** *adj* faithful.

sin·nig *adj* **1.** *(vernünftig)* sensible; *(sinnreich)* apt; **2.** *(zweckmäßig)* practical.

sinn·lich *adj* **1.** *(auf die Sinne bezüglich)* sensuous; **2.** *(den Sinnengenuß betreffend)* sensual; ► **ein ~er Mensch** a sensualist; **die ~e Welt** the material world; **Sinn·lich·keit** *f* sensuality.

sinn·los *adj* **1.** *(zwecklos)* useless; **2.** *(absurd, verrückt)* absurd; **3.** *(ohne Bedeutung)* meaningless; ► **~ betrunken** dead drunk; **es ist einfach ~** it just doesn't make sense; **Sinn·lo·sig·keit** *f* **1.** *(Zwecklosigkeit)* uselessness; **2.** *(Absurdität)* absurdity; **sinn·reich** *adj* **1.** *(klug ersonnen)* ingenious; **2.** *(geistreich)* witty; **sinn·ver·wandt** *adj* synonymous; ► **~es Wort** synonym; **sinn·voll** *adj* **1.** *(zweckmäßig)* convenient; **2.** *(klug)* ingenious; **sinn·wid·rig** *adj* absurd, senseless.

Sint·flut ['zɪntflu:t] ⟨-⟩ *f* **1.** *rel (in Bibel, Gilgamesch-Epos etc)* the Flood; **2.** *fig* deluge.

Sip·pe ['zɪpə] ⟨-, -n⟩ *f* **1.** *(von Menschen)* family; **2.** *zoo* species; **Sipp·schaft** *f (ironisch)* clique, lot, set; ► **die ganze ~** every mother's son of them; **mit der ganzen ~** with kith and kin.

Si·re·ne [zi're:nə] ⟨-, -n⟩ *f a. fig* siren; **Si·re·nen·ge·heul** *n* wail of sirens.

Si·rup ['zi:rʊp] ⟨-s, -e⟩ *m (Zuckersaft)* treacle; *(Fruchtsaft mit Zucker)* syrup.

Sit·te ['zɪtə] ⟨-, -n⟩ *f* custom; ► **es ist ~ ...** custom demands ...; **wie es ~ ist** as custom has it; **Sit·ten·de·zer·nat** *n* vice squad; **Sit·ten·ge·schich·te** *f* history of life and customs; **Sit·ten·leh·re** *f* ethics *pl;* **sit·ten·los** *adj* immoral; **Sit·ten·lo·sig·keit** *f* immorality; **Sit·ten·pre·di·ger** *m fig* sermonizer; **sit·ten·streng** *adj* puritanical; **Sit·ten·strolch** *n fam* sex fiend; **Sit·ten·ver·fall** *m* decline in moral standards.

Sit·tich ['zɪtɪç] ⟨-s, -e⟩ *m orn* parakeet.

sitt·lich *adj* moral.

Sitt·lich·keit *f* morality; **Sitt·lich·keits·ver·bre·chen** sex crime.

sitt·sam *adj* decent; **Sitt·sam·keit** *f* decency.

Si·tua·tion [zitua'tsjo:n] *f* situation; ► **Herr der ~ sein** be master of the situation.

Sitz [zɪts] ⟨-es, -e⟩ *m* **1.** *allg* seat; **2.** *(Wohnsitz)* residence; **3.** *(von Kleidern)* fit; ► **verstellbarer ~** adjustable seat; **mit ~ in Berlin** *com* with the place of business and legal seat in Berlin; **Sitz·bad** *n* hipbath; **Sitz·blockade (k·k)** sit-in.

sit·zen *irr itr* **1.** *allg* sit; **2.** *(Hieb)* go home; **3.** *(wohnen)* dwell, live; **4.** *(von Kleidern)* fit; **5.** *fam (im Gefängnis)* be doing time; ► **auf dem trockenen ~** be left high and dry; *fig (kein Geld haben)* be in low water; **er hat e-n ~** *fam* he is a little high; **~ bleiben** remain seated; **bleiben Sie (bitte) ~!** please don't get up! **über e-r Arbeit ~** be occupied with a task; **diese Beleidigung lasse ich**

nicht auf mir ~! I am not going to take that insult lying down! **das Kleid sitzt nicht** the dress doesn't hang properly; **die Bemerkung saß** the remark was very apt; **sit·zen|blei·ben** *irr itr* **1.** *(in der Schule)* stay down; **2.** *com* be left (*auf* with); **sit·zen|las·sen** *irr tr* **1.** *(bei Verabredung)* leave in the lurch; **2.** *(im Stich lassen) Br* let s.o. down, *Am* walk out on s.o.

Sitz·fleisch ▶ **kein ~ haben** *fig* not have the staying power, not be able to sit still.

Sitz·ge·le·gen·heit *f* seat(s *pl*), seating accomodation; **Sitz·kis·sen** *n* cushion; **Sitz·leh·ne** *f* seat back; **Sitz·platz** *m* seat.

Sit·zung *f* **1.** *(Konferenz)* meeting; **2.** *jur* session; **Sit·zungs·be·richt** *m* minutes *pl;* **Sit·zungs·saal** *m* **1.** *(für Konferenz)* conference hall; **2.** *jur* court room.

Si·zi·lien [zi'tsi:liən] *n* Sicily.

Ska·la ['ska:la] ‹-, -len› *f* **1.** *el* scale; **2.** *fig* range; **Ska·len·be·leuch·tung** *f* instrument lighting; **Ska·len·ein·tei·lung** *f* graduation; **Ska·len·strich** *m* grading line.

Skalp [skalp] ‹-s, -e› *m* scalp.

Skal·pell [skal'pɛl] ‹-s, -e› *n med* scalpel.

skal·pie·ren *tr* scalp.

Skan·dal [skan'da:l] ‹-s, -e› *m* **1.** scandal; **2.** *(Lärm)* fuss, row; ▶ **es ist ein ~, daß sich niemand darum kümmert** it's a disgrace that nobody cares about that; **skan·da·lös** *adj* scandalous; **Skan·dal·pro·zeß** *m* sensational case; **skan·dal·träch·tig** *adj* potentially scandalous.

Skan·di·na·vien [skandi'na:viən] *n* Scandinavia; **skan·di·na·visch** *adj* Scandinavian.

Skat [ska:t] ‹-(e)s, -e/-s› *m* skat.

Skate·board ['skeɪtbɔ:d] ‹-s, -s› *n* skateboard; **Skate·board·fah·rer(in)** *m (f)* skateboarder.

Ske·lett [ske'lɛt] ‹-(e)s, -e› *n* skeleton.

Skep·sis ['skɛpsɪs] ‹-› *f* scepticism; **Skep·ti·ker(in)** *m (f)* sceptic; **skep·tisch** *adj* sceptical.

Ski [ʃi:] ‹-(s), -er› *m* ski; ▶ **die ~er anschnallen** put on the skis; **~ fahren, ~ laufen** ski; **Ski·an·zug** *m* ski suit; **Ski·aus·rü·stung** *f* skiing gear; **Ski·fah·rer(in)** *m (f)* skier; **Ski·gym·na·stik** *f* skiing exercises *pl;* **Ski·ho·se** *f* skipants *pl;* **Ski·lau·fen** *n* skiing; **Ski·läu·fer(in)** *m (f)* skier; **Ski·leh·rer(in)** *m (f)* instructor; **Ski·lift** *m* ski-lift.

Skin·head ‹-s, -s› *m* skinhead.

Ski·pi·ste *f* ski-run; **Ski·sprin·gen** *n* ski jumping; **Ski·sprin·ger(in)** *m (f)* ski-jumper; **Ski·stock** *m* ski-stick; **Ski·trä·ger** *m* ski rack.

Skiz·ze ['skɪtsə] ‹-, -n› *f* **1.** *(Abriß)* sketch; **2.** *(Entwurf)* draft; *(Plan)* outline; **Skiz·zen·buch** *n* sketchbook; **skiz·zen·haft** *adj fig* in broad outline; **skiz·zie·ren** [skɪ'tsi:rən] *tr* **1.** *(umreißen)* sketch; **2.** *fig (Plan)* outline.

Skla·ve (Skla·vin) ['skla:və] ‹-n, -n› *m (f)* slave; ▶ **jdn zum ~n machen** make a slave of s.o; **Skla·ven·han·del** *m* slave-trade; **Skla·ven·trei·ber(in)** *m (f) a. fig* slave-driver; **Skla·ve·rei** *f* slavery; **skla·visch** *adj* slavish.

Skon·to ['skɔnto] ‹-s, -s/-ti› *m n com* cash discount; ▶ **bei Barzahlung 5%178% geben** allow 5% discount for cash.

Skor·but [skɔr'bu:t] ‹-(e)s› *m med* scurvy.

Skor·pi·on [skɔrpi'o:n] ‹-s, -e› *m* **1.** *zoo* scorpion; **2.** *astr* Scorpio.

Skru·pel ['skru:pəl] ‹-s, -› *m* scruple; ▶ **keine ~ haben, etw zu tun** have no scruples to do s.th.; **ohne jeden ~** without the slightest scruple; **skru·pel·los** *adj* unscrupulous; **Skru·pel·lo·sig·keit** *f* unscrupulousness.

Skulp·tur [skʊlp'tu:ɐ] ‹-, -en› *f* sculpture.

Sla·we (Sla·win) ['sla:və] ‹-n, -n› *m (f)* Slav; **sla·wisch** *adj* Slavonic; **Sla·wi·stik** *f* Slavonic studies *pl;* **Sla·wist(in)** *m (f)* Slavist.

Slip ‹-s, -s› *m* briefs *pl;* **Slip·ein·la·ge** *f* panty-liner.

Slo·wa·ke (Slo·wa·kin) [slo'va:kə] ‹-n, -n› *m (f)* Slovak; **Slo·wa·kei** *f* Slovakia; **slo·wa·kisch** *adj* Slovak(ian).

Slo·we·nien [slo've:niən] *n* Slovenia.

Slum [slam] ‹-s, -s› *m* slum.

Sma·ragd [sma'rakt] ‹-(e)s, -e› *m* emerald; **sma·ragd·grün** [-'-'-] *adj* emerald-green.

Smog ['smɔk] ‹-s› *m* smog; **Smog·alarm** *m* smog alert.

Smo·king ['smo:kɪŋ] ‹-s, -s› *m Br* dinner-jacket, *Am* tuxedo.

so [zo:] **I** *adv* **1.** so; **2.** *(auf diese Art)* like this, thus; ▶ **~!** *(da!)* there you are! **~?** is that so? **ach ~!** oh, I see! **~ od ~** one way or another; **so ... wie** as ... as; **na, ~ was!** what do you know! well, did you ever! **~ hören Sie doch!** now, do listen! **ich will mal nicht ~ sein** all right, but just this once; **~ siehst du aus!** *fam* that's what you think! **~ viel Tee** so much tea; **er war ~ dumm und hat es ihnen gesagt** he was so stupid as to tell them; **ich bin ja ~ müde** I'm so very tired; **~ kam es, daß ...** so it was that ...; **wie lange dauert das? - ~ e-e Woche** how long will it take? - a week or so; **II** *conj:* ▶ **~ daß ...** so that ...; **~ reich er auch ist** however rich he may be.

so·bald [zo'balt] *conj* as soon as.

Socke (k·k) ['zɔkə] ‹-, -n› *f* sock; ▶ **sich auf die ~n machen** *fam* take to one's heels.

Sockel (k·k) ['zɔkəl] ‹-s, -› *m* base; *(von Statue etc)* pedestal; **Sockel·be·trag (k·k)** *m (tariflicher ~)* flat cash supplement; ▶ **ein ~ von £ 3.50** a basic rate of £ 3.50.

So·da ['zo:da] ‹-› *f* soda; **So·da·was·ser** *n* soda water.

Sod·bren·nen ['zo:t-] *n* heartburn.

so·eben [zo'e:bən] *adv* just, this minute.

So·fa ['zo:fa] ‹-s, -s› *n* sofa; *(kleines ~)* settee; **So·fa·kis·sen** *n* sofa cushion.

so·fort [zo'fɔrt] *adv* at once, immediately; **~!** *(komme ~!)* coming! **So·fort·bild·ka·me·ra** *f* Polaroid camera *Wz.*; **So·fort·hil·fe** *f* emergency aid (*od* relief); **so·for·tig** *adj* immediate, instant; **So·fort·maß·nah·me** *f* immediate measure.

Sof·ti [zɔftɪ] ‹-s, -s› *m fam* caring type.

Soft·ware·pa·ket *n EDV* Software package; **Soft·ware·pi·ra·te·rie** *f* software piracy.

Sog [zo:k] ‹-(e)s, -e› *m* **1.** *(Explosions~)* suction; **2.** *(Wasser~)* undertow.

so·gar [zo'ga:ɐ] *adv* even; ▶ **sie ist ~ gekommen** she even came.

so·ge·nannt ['zo(:)gənant] *adj* so-called.

so·gleich [zo'glaɪç] *adv* at once.

Soh·le ['zo:lə] ‹-, -n› *f* **1.** *(Fuß~)* sole; **2.** *min* bottom.

Sohn [zo:n, *pl* 'zø:nə] ‹-(e)s, ⸚e› *m* son; ▶ **der verlorene ~** the prodigal son.

so·lang(e) [zo'laŋə] *adv* as long as, so long as.

So·lar·ener·gie *f* solar energy.

So·la·ri·um [zo'lɑ:rɪʊm] ‹-s, -en] *n* solarium.

So·lar·tech·nik [zo'lɑ:ɐ-] *f* solar technology; **So·lar·zel·le** *f* solar cell.

solch [zɔlç] *adj* such; ▶ **Ich hätte gerne ~e** I'd like some of those; **~ ein Glück** such luck; **Ich hab' ~en Durst!** I'm so thirsty!

Sold [zɔlt] ‹-(e)s, -e› *m mil* pay; **Sol·dat** [zɔl'da:t] ‹-en, -en› *m* soldier; ▶ **der unbekannte ~** the Unknown Warrior; **Sol·da·tes·ka** [zɔlda'tɛska] ‹-, -ken› *f* band of soldiers; **sol·da·tisch** *adj* **1.** *(soldatengemäß)* soldierlike; **2.** *(militärisch)* military; **Söld·ner** ['zœldnɐ] ‹-s, -› *m* mercenary.

So·le ['zo:lə] ‹-, -n› *f* brine, saltwater.

so·li·da·risch [zoli'da:rɪʃ] *adj:* ▶ **~ sein mit ...** show solidarity with ...; **sich mit jdm ~ erklären** declare one's solidarity with s.o; **so·li·da·ri·sie·ren** *refl:* ▶ **sich mit jdm ~** show one's solidarity with s.o; **So·li·da·ri·tät** *f* solidarity.

so·lid(e) [zo'li:də] *adj* **1.** *(festgebaut) a. com* solid; **2.** *fig (ansehnlich)* sound; **3.** *fig (anständig)* respectable; **So·li·di·tät** *f* **1.** *(Stärke)* solidity; **2.** *fig (Ansehnlichkeit)* soundness.

So·list *m* soloist.

Soll [zɔl] ‹-(s), -(s)› *n com* **1.** debit; **2.** *(Sollseite)* debit side; **3.** *(Planvorsatz)* target; ▶ **~ u. Haben** debit and credit; **ins ~ eintragen (im ~ verbuchen)** debit (enter on the debit side).

sol·len ['zɔlən] *itr* shall; *(pret u. konjunktivisch)* should; *(subjunktivisch)* be to ...; *(angeblich)* be supposed to ...; *(Gerücht)* be said; ▶ **er soll sehr reich sein** he is said to be very rich; **was soll das (bedeuten)?** what's that supposed to mean? **was soll (denn) das?** what do you think you're doing? **(he), was soll das?** *(Vorwurf)* what's the point of that? **was soll das denn?** what's that for? **was soll ich hier?** what am I here for? **was soll's?** so what? *fam* what the heck! **was soll das heißen?** what does that mean? **was soll ich tun?** what am I to do? **wer soll das sein?** who is that supposed to be? **man sollte meinen ...** one would think ...; **sollte er es vergessen haben?** can he have forgotten it? **sollte das möglich sein?** can this be possible? **man sollte sie auch einladen** she ought to be invited too; **das hätten Sie nicht glauben ~** you shouldn't have believed it; **sie weiß nicht, was sie tun soll** she doesn't know what to do; **die Abreise soll heute stattfinden** the departure is to take place to-day; **wenn ich sterben sollte** if I come to die; **so etw soll es geben** these things happen.

So·lo ['zo:lo] ‹-s, -s/-li› *n* solo.

sol·vent [zɔl'vɛnt] *adj fin* solvent.

so·mit ['--/-'-] *adv* consequently, therefore.

Som·mer ['zɔmɐ] ‹-s, -› *m* summer; ▶ **im ~** in (the) summer; **im nächsten ~** next summer; **Som·mer·fri·sche** *f obs:* ▶ **in die ~ fahren** go away for a summer holiday; **Som·mer·halb·jahr** *n* summer semester (*Br* term); **Som·mer·klei·dung** *f* **1.** *(in eigener Garderobe)* summer clothing; **2.** *com (als Artikel)* summerwear; **som·mer·lich** *adj* **1.** *(~ warm)* summery; **2.** *(~er Tag etc)* summer .. ; **Som·mer·loch** *n fam* silly season; **Som·mer·man·tel** *m* summer coat; **Som·mer·pau·se** *f pl* summer recess; **Som·mer·rei·fen** *m mot* normal tyre; **Som·mer·spros·sen** [-ʃprɔsən] *f pl* freckles; **som·mer·spros·sig** *adj* freckled; **Som·mer·zeit** *f* summer time.

So·na·te [zo'na:tə] ‹-, -n› *f mus* sonata.

Son·de ['zɔndə] ‹-, -n› *f* **1.** *med (a. Raum~)* probe; *(Wetter~)* sonde; **2.** *mar* plummet.

Son·der·an·ge·bot *n* special offer; **Son·der·aus·füh·rung** *f* special model; **Son·der·aus·ga·be** *f* **1.** *(Ex-*

trablatt) special edition; *(Buch)* separate edition; **2.** *fin* extraordinary expenses *pl.*

son·der·bar *adj* odd, strange; ▶ **was ist daran ~?** what's strange about it?; **son·der·ba·rer·wei·se** ['----'--] *adv* strange to say.

Son·der·bei·la·ge *f com* special supplement; *(in Zeitung)* inset; **Son·der·be·richt** *m* special report; **Son·der·fall** *m* **1.** *(besonderer Fall)* special case; **2.** *(Ausnahme)* exception.

son·der·glei·chen ['--'--] *adv* unequalled, unparallelled; ▶ **das ist e-e Frechheit ~** that's the height of cheek!

Son·der·in·te·res·se(n) *n (pl)* private (*od* particular) interest *sing;* **Son·der·kom·man·do** *n* special unit; **Son·der·ling** *m* eccentric; **Son·der·müll** *m* special waste; **Son·der·müll·de·po·nie** *f* special waste depot.

son·dern *tr (abtrennen)* separate (*von* from).

son·dern ['zɔndɐn] *conj* but; ▶ **~ was?** what then? **~ wer?** what who? **~wo(hin)?** what where? **nicht nur ..., ~ auch ...** not only ..., but also ...

Son·der·num·mer *f* special edition; **Son·der·re·ge·lung** *f* special provision; **Son·der·schu·le** *f* school for educationally subnormal children; **Son·der·stel·lung** *f* special position; **Son·der·ur·laub** *m* special leave; **Son·der·zei·chen** *n* special character; **Son·der·zug** *m* special train.

son·die·ren [zɔn'di:rən] **I** *tr* sound out; ▶ **die Lage ~** *fam* find out how the land lies; **II** *itr* sound things out; ▶ **~, ob ...** try to sound out, whether ...

So·nett [zo'nɛt] ⟨-(e)s, -e⟩ *n* sonnet.

Sonn·abend ['zɔna:bənt] ⟨-s, -e⟩ *m* Saturday; ▶ **~s** on a Saturday; *(immer ~s)* on Saturdays.

Son·ne ['zɔnə] ⟨-, -n⟩ *f* sun; ▶ **an die ~ gehen** go out in the sun.

son·nen *refl* **1.** sun o.s; **2.** *fig* bask (*in etw* in s.th.).

Son·nen·auf·gang *m* sunrise; ▶ **bei ~** at sunrise; **Son·nen·bad** *n* sunbathing; **son·nen·be·schie·nen** *adj* sunlit; **Son·nen·be·strah·lung** *f* solar irradiation; **Son·nen·blu·me** *f* sunflower; **Son·nen·brand** *m* sunburn; **Son·nen·bril·le** *f* sunglasses *pl;* **Son·nen·dach** *n* **1.** *(vor Fenstern)* sun-blind; **2.** *mot* sunshine roof; **Son·nen·ein·strah·lung** *f* insolation; **Son·nen·ener·gie** *f* solar energy; **Son·nen·fin·ster·nis** *f* eclipse of the sun; **Son·nen·fleck** *m astr* sunspot; **Son·nen·kol·lek·tor** *m* solar panel; **Son·nen·kraft·werk** *n* solar power station; **Son·nen·licht** ⟨-(e)s,⟩ *n* sunlight; **Son·nen·milch** *f* sun tan lotion; **Son·nen·schein** *m* sunshine; **Son·nen·schirm** *m (für Garten etc)* sunshade; *(für Straße)* parasol; **Son·nen·sei·te** *f* sunny side; **Son·nen·stich** *m* sunstroke; ▶ **du hast wohl e-n ~!** *fam* you must have been out in the sun too long! **Son·nen·strahl** *m* sunbeam; **Son·nen·sy·stem** *n* solar system; **Son·nen·uhr** *f* sundial; **Son·nen·un·ter·gang** *m Br* sunset, *Am* sundown; **Son·nen·wen·de** *f* solstice.

son·nig *adj* sunny.

Sonn·tag *m* Sunday; **sonn·täg·lich** *adj attr* Sunday ...; ▶ **~ gekleidet** dressed in one's Sunday best.

sonn·tags *adv* on Sundays.

Sonn·tags·ar·beit *f* Sunday working; **Sonn·tags·aus·flug** *m* Sunday trip; **Sonn·tags·bei·la·ge** *f* Sunday supplement; **Sonn·tags·dienst** *m:* ▶ **~ haben** *(Arzt)* be on Sunday duty; *(Apotheke)* be open on Sundays; **Sonn·tags·fah·rer(in)** *m (f) mot hum* Sunday driver; **Sonn- und Feiertage** *pl* sundays and bank holidays.

sonst [zɔnst] *adv* **1.** *(im übrigen)* otherwise; **2.** *(außerdem)* else; **3.** *(gewöhnlich, üblicherweise)* usually; **4.** *(ehemals)* formerly; ▶ **~ etw** anything else; **~ nichts** nothing else; **~ nirgends** nowhere else; **~ jem** anybody else; **wenn es ~ nichts ist** if that is all; **wie ~** as usual.

son·stig *adj* other.

sonst·wem *prn:* ▶ **das kannst du ~ erzählen!** *fam* tell that to the marines!

So·pran [zo'pra:n] ⟨-s, -e⟩ *m mus* soprano.

Sor·ge ['zɔrgə] ⟨-, -n⟩ *f (Kummer)* care; *(quälende ~e)* worry; *(Ungelegenheit)* trouble; ▶ **keine ~!** don't worry! **~n haben** have problems; **~n haben, daß ...** be worried that ...; **jdm ~n machen** worry s.o; **sich ~n machen über (um) ...** worry about ..., fret about ...; **sich keine ~n machen über ...** not bother about ..., not trouble o.s. about ...; **in ~ sein, daß ...** be afraid lest ...; **das ist meine geringste ~** that is the least of my worries; **laß das meine ~ sein!** leave that to me! **du hast ~n!** *(ironisch)* you think you've got problems! **mach dir deshalb keine ~n!** don't worry about that! **sor·gen I** *tr (Sorge tragen, sich kümmern um)* take care (*für* of *od* for); ▶ **bitte ~ Sie dafür, daß ...** please, see that ..., make sure that ..; **dafür werde ich ~** leave that to me; **dafür ist gesorgt** that has been seen to; **II** *refl* worry; ▶ **sich ~ (um) wegen ...** be worried about ..; **Sor·gen·fal·te** *f* worry line; **sor·gen·frei** *adj* **1.** *(frei von Sorgen)* free of care; **2.** *(unbekümmert)* carefree; **Sor·gen·kind** *n* problem child; **sor·gen·voll** *adj* **1.** *(voll von Sorgen)* full of worries; **2.**

(besorgt) worried.

Sorge·recht *n jur* custody.

Sorg·falt ['zɔrkfalt] ⟨-⟩ *f* care; ► **viel ~ verwenden auf etw** put a lot of care into s.th.; **sorg·fäl·tig** *adj* careful; **sorg·los** *adj* **1.** *(unachtsam)* careless; **2.** *(unbekümmert)* carefree; **Sorg·lo·sig·keit** *f* **1.** *(Achtlosigkeit)* carelessness; **2.** *(Unbekümmertheit)* carefreeness; **sorg·sam** *adj* careful.

Sor·te ['zɔrtə] ⟨-, -n⟩ *f* **1.** *(Art)* kind, sort; *(Klasse)* grade; **2.** *(Marke)* brand; **3.** *fin meist pl* foreign currency; ► **von allen ~n** of all sorts; **erste ~** best quality, A 1; **schlechtere ~** inferior quality; **du bist vielleicht 'ne ~!** *fam* you're a fine one!

sor·tie·ren *tr* sort; ► **etw in ein Regal ~** sort s.th. and put it in shelves; **Sor·tier·lauf** *m EDV* sort run; **Sor·tier·ma·schi·ne** *f* sorting machine.

Sor·ti·ment ⟨-(e)s, -e⟩ *n* **1.** *(Auswahl)* assortment; **2.** *com* collection; ► **das ~** *(der Buchhandel)* the retail book trade.

So·ße ['zo:sə] ⟨-, -n⟩ *f* **1.** *(= Sauce)* sauce; *(Braten~)* gravy; **2.** *fam (schmierige Substanz)* gunge.

Souff·leur (Souff·leu·se) [zʊ'flø:ɐ (zʊ'flø:zə)] *m (f) theat* prompter.

souf·flie·ren *itr theat* prompt.

Sou·ter·rain [zutɛ'rɛ̃:/'---] ⟨-s, -s⟩ *n* basement.

Sou·ve·nir [zuvə'ni:ɐ] *n* souvenir; **Sou·ve·nir·la·den** *m* souvenir shop.

Sou·ve·rän [zuvə'rɛ:n] ⟨-s, -e⟩ *m* sovereign; **sou·ve·rän** *adj* **1.** *(selbständig)* sovereign; **2.** *fig* superior; ► **die Lage ~ meistern** deal with the situation supremely well; **~ über etw hinweggehen** ignore s.th. blithely; **Sou·ve·rä·ni·tät** *f* sovereignty.

so·viel [-'-/'--] **I** *adv* so much; ► **~ du willst** as much as you like; **halb ~** half as much; **~ wie gestern** as much as yesterday; **II** *conj* as far as; ► **~ er auch arbeitete** however much he worked.

so·weit [-'-/'--] **I** *adv:* ► **~ fertig sein** be more or less ready; **~ als möglich** as far as possible; **es ist gleich ~** it'll soon be time; **II** *conj:* ► **~ ich sehe** as far as I can tell.

so·we·nig [-'--/'---] **I** *adv (eben~)* no more; **II** *conj (wie wenig ... auch)* however little ...

so·wie [-'-] *conj* **1.** *(sobald als)* as soon as ...; **2.** *(und auch)* as well as ...

so·wie·so [--'-/'---] *adv* anyhow, in any case; ► **ich gehe ~ hin** I'm going there anyhow.

So·wjet [zɔ'vjɛt/'--] ⟨-s, -s⟩ *m* Soviet; ► **der Oberste ~** the Supreme Soviet; **unter dem Einfluß der ~s** Soviet-oriented; **so·wje·tisch** [zɔ'vjɛtɪʃ] *adj* Soviet; **So·wjet·sy·stem** *n* sovietism; **So·wjet·uni·on** *f* Soviet Union.

so·wohl [-'-] *conj:* ► **~ ... als auch** as well ... as, both ... and ...

so·zial [zo'tsja:l] *adj* social; ► **~e Fürsorge** (*od* **Wohlfahrt)** social welfare; **die ~en Verhältnisse** social conditions; **~ denken** be socially minded; **~es Jahr** *year spent by young person as voluntary assistant in hospitals, social services etc.;* **So·zial·ab·ga·ben** *pl* welfare contributions; **So·zial·amt** *n* social welfare office; **So·zial·ar·bei·ter(in)** *m (f)* social worker; **So·zial·de·mo·krat(in)** *m (f)* social democrat; **so·zial·de·mo·kra·tisch** *adj* social-democratic; **So·zial·ge·richt** *n* welfare tribunal; **So·zial·hil·fe** *f* welfare aid; **So·zial·hil·fe·emp·fänger(in)** *m (f) person receiving supplementary benefit, Am welfare (aid).*

So·zia·li·sa·tion *f päd* socialization; **so·zia·li·sie·ren** *tr* **1.** *päd* socialize; **2.** *pol* nationalize.

So·zia·lis·mus *m* socialism; **So·zia·list(in)** *m (f)* socialist; **so·zia·li·stisch** *adj* socialist; ► **~e Einheitspartei** Socialist Unity Party.

So·zial·po·li·tik *f* social policy; **so·zial·schwach** *adj:* ► **er stammt aus e-m ~en Milieu** he comes from an antisocial environment; **So·zial·staat** *m* welfare state; **So·zial·sta·tion** *f* health and advice centre; **So·zial·ver·siche·rung** *f* social insurance; **So·zial·wis·sen·schaf·ten** *pl* social sciences.

so·zio·kul·tu·rell *adj* socio-cultural.

So·zio·lekt *m ling* sociolect.

So·zio·lo·gie [zotsiolo'gi:] *f* sociology.

So·zio·öko·no·misch *adj* socio-economic.

So·zi·us ['zo:tsiʊs] ⟨-, -se⟩ *m* **1.** *com* partner; **2.** *mot* pillion rider; **So·zi·us·sitz** *m mot* pillion seat; ► **auf dem ~ mitfahren** ride pillion.

so·zu·sa·gen [--'--/'----] *adv* as it were, so to speak.

Spach·tel ['ʃpaxtəl] ⟨-s, -⟩ *m f* **1.** *(Werkzeug)* spatula; **2.** *(Kitt)* filler; **spach·teln** *tr* fill.

Spa·ghet·ti [ʃpa'gɛtɪ] *pl* spaghetti *sing.*

spä·hen ['ʃpɛ:ən] *itr* **1.** *(kundschaften)* reconnoitre, scout; **2.** *(verstohlen)* peer; ► **nach jdm ~** look out for s.o.; **Spä·her** *m (Kundschafter)* scout; **Späh·trupp** *m mil* patrol.

Spa·lier [ʃpa'li:ɐ] ⟨-s, -e⟩ *n* **1.** *(am Haus)* trellis; **2.** *(Reihe von Leuten)* line; ► **ein ~ bilden** *a. mil* form a lane.

Spalt [ʃpalt] ⟨-(e)s, -e⟩ *m* **1.** *(Fels~)* crevice, fissure; **2.** *(Riß)* crack; **3.** *(Öffnung)* opening; **4.** *fig* split; ► **die Tür e-n ~ öffnen** open the door slightly; **spalt·bar** *adj* **1.** *(Holz)* cleavable; **2.** *phys* fissionable; ► **~er Stoff** fissionable material; **Spalt·bar·keit** *f* **1.** *(von Holz)* cleavability; **2.** *phys (von Atomen)* fissionability.

Spal·te ‹-, -n› *f* **1.** *typ* column; **2.** *(Gletscher~)* crevasse; *(in Holz, Wand)* crack; **spal·ten** ‹gespaltet *od* gespalten› *tr* **1.** *allg* split; *(Holz ~)* chop, cleave; **2.** *chem* crack; ▶ **die Partei hat sich ge~** the party has split; **die Meinungen über diese Frage sind ge~** opinions are divided on this question; **Spalt·ma·te·ri·al** *n phys* fission material; **Spalt·pro·dukt** *n (nukleares ~)* product of fission; **Spal·tung** *f* **1.** *allg a. fig* splitting; **2.** *phys (Atom)* fission; **3.** *fig pol* split.

Span [ʃpa:n, *pl* 'ʃpɛ:nə] ‹-(e)s, ⸚e› *m (Holz~)* shaving; *(Metall~)* filing.

Span·fer·kel *n* sucking pig.

Span·ge ['ʃpaŋə] ‹-, -n› *f* **1.** *(an Buch, Schließe)* clasp; **2.** *(Arm~)* bracelet; **3.** *(Haar~) Br* hair slide, *Am* barrette; **4.** *(Schuh~)* bar.

Spa·ni·en ['ʃpa:niən] *n* Spain; **Spa·nier(in)** *m, (f)* Spaniard; **spa·nisch** *adj* Spanish; ▶ **~e Wand** folding screen; **das kommt mir ~ vor** *fig* that seems fishy to me.

Spann [ʃpan] ‹-(e)s, -e› *m (Fußrist)* instep.

Spann·be·ton *m* prestressed concrete.

Spann·bet(t·)tuch *n* fitted sheet.

Span·ne ['ʃpanə] ‹-, -n› *f* **1.** *(Zeit~)* while; **2.** *(kurze Entfernung)* short distance; **3.** *(Reichweite)* range; **4.** *com (Verdienst~, Preis~)* margin.

span·nen I *tr* **1.** *(strecken)* stretch; *(Saiten)* tighten; **2.** *(Feder)* tension; *(Bogen)* draw; **3.** *(Flinte)* cock; ▶ **den Verschluß ~** *phot* cock the shutter; **II** *itr* **1.** *(zu eng sein)* be too tight; *(Kleider)* fit tightly; **2.** *sl (mitbekommen)* get, grasp; **III** *refl (Haut)* go tout; ▶ **sich über etw ~** span s.th; **span·nend** *adj fig* exciting; *(aufregend)* thrilling; **Span·ner** *m* **1.** *(Schuh~)* shoetree; **2.** *zoo (~falter)* geometer moth; **3.** *fig pej (Voyeur)* peeping Tom; **Spann·kraft** *f* **1.** *(von Muskel)* tonus; **2.** *tech* tension; **3.** *fig* vigour; **Spann·schrau·be** *f* clamp bolt.

Span·nung *f* **1.** *tech* tension; **2.** *el* tension voltage; **3.** *fig (Erregung)* excitement; *(Ungewißheit)* suspense; ▶ **~en** *pol* tension *sing;* **jdn in ~ halten** keep s.o. in suspense; **voller ~ warten** wait in suspense; **unter ~ stehen** *el* be live; **Span·nungs·ge·biet** *n pol* flashpoint; **Span·nungs·mes·ser** *m el* voltmeter; **Span·nungs·prü·fer** *m el* voltage detector.

Spann·wei·te *f* **1.** *(Flügel~)* wingspread; **2.** *(Brücken~)* span width.

Span·plat·te *f* chip board.

Spar·brief *m fin* savings certificate; **Spar·buch** *n* savings book; **Spar·büch·se** *f* moneybox; **Spar·ein·la·ge** *f* savings deposit.

spa·ren ['ʃpa:rən] **I** *tr* save; ▶ **dadurch ~ Sie £ 12 die Woche** that will save you £ 12 a week; **spar dir deine Ratschläge!** keep your advice! *sing;* **II** *itr* **1.** *(Geld)* save; **2.** *(sparsam sein)* economize; ▶ **an etw ~** be sparing with s.th.; **auf etw ~** save up for s.th; **Spa·rer(in)** *m (f)* saver; **Spar·flam·me** *f fig:* ▶ **auf ~** just ticking over.

Spar·gel ['ʃpargəl] ‹-s, -› *m bot* asparagus.

Spar·gut·ha·ben *n* savings account; **Spar·kas·se** *f* savings bank; **Spar·kon·to** *n* savings account.

spär·lich ['ʃpɛ:lɪç] *adj* **1.** *(dürftig)* scanty; **2.** *(zerstreut)* sparse; ▶ **~ bekleidet** scantily dressed; **~ bevölkert** sparsely populated; **~er Gewinn** meagre profit; **~e Nachrichten** meagre news; **~ vorhanden** scarce.

Spar·maß·nah·me *f* economy measure; **Spar·packung (k·k)** *f com* economy size; **Spar·preis** *m* economy price.

Spar·ren ['ʃparən] ‹-s, -› *m* rafter.

Spar·rings·part·ner ['ʃparɪŋs-] *m sport* sparring partner.

spar·sam *adj* **1.** *fin* thrifty; **2.** *(haushaltend)* economical; ▶ **~ umgehen mit etw** use s.th. sparingly; **Spar·sam·keit** *f* **1.** *fin* thrift; **2.** *(sparsame Lebensführung)* economizing.

Spar·schwein *n* piggy bank.

Spar·te ['ʃpartə] ‹-, -n› *f com* line of business.

Spaß [ʃpa:s, *pl* 'ʃpɛ:sə] ‹-es, ⸚e› *m* **1.** *(Scherz)* joke; **2.** *(Vergnügen)* fun; ▶ **aus ~** for fun; **Schwimmen macht mir ~** I enjoy swimming; **es hat mir überhaupt keinen ~ gemacht** I didn't enjoy it at all; **viel ~!** enjoy yourself! **viel ~ an etw haben** have a great fun doing s.th.; **es macht ~** it's fun; **den ~ verderben** spoil the fun; **das nimmt e-m den ~ an der Arbeit** it takes all the fun out of work; **es macht nicht gerade ~, pleite zu sein** it's no fun being broke; **es macht keinen ~ mehr, mit ihm zusammen zu sein** he's no fun to be with any more; **ich hab' doch nur ~ gemacht** I was just having a bit of fun; **er versteht keinen ~** he can't take a joke; **das ist kein ~ mehr** it's beyond a joke; **ich bin nicht zu ⸚en aufgelegt** I'm not in a joking mood; **~ beiseite!** joking apart! **mach keine ⸚e!** some hope! **ich sag' das nicht nur zum ~** I'm not saying it for the fun of it.

spa·ßen *itr* jest, joke; ▶ **Sie ~ wohl!** you must be joking! **er läßt nicht mit sich ~** he is not to be joked with; **damit ist nicht zu ~** that is no joking matter.

spa·ßes·hal·ber *adv* for the fun of it.

spaß·haft (spa·ßig) *adj* droll, funny; **Spaß·ver·der·ber(in)** *m (f)* killjoy, spoilsport; **Spaß·vo·gel** *m* joker.

Spat [ʃpa:t, *pl* 'ʃpɛ:tə] ‹-(e)s, -e/⸚e› *m min* spar.

spät [ʃpɛ:t] *adj adv* late; ► **zu etw zu ~ kommen** be late for s.th.; **Ich bin heute morgen zu ~ aufgestanden** I was late in getting up this morning; **er bezahlt s-e Miete immer zu ~** he is always late with his rent; **dadurch bin ich zu ~ zur Schule gekommen** that made me late for school; **es ist schon ~** it's getting late; **er geht sehr ~ ins Bett** he keeps very late hours; **~ zu Abend essen** have a late dinner.

Spät·aus·sied·ler(in) *n (f) emigrant of German origin from East European state.*

Spa·tel ['ʃpa:təl] ‹-s, -› *m* (*s.* Spachtel).

spä·ter *adj comp* later; ► **bis ~!** see you later! **früher od ~** sooner or later; **komm um 6 und keine Minute ~** come at 6 and no later; **~ als ...** later than ...

spä·te·stens *adv* at the latest; ► **~ in e-r Stunde** in one hour at the latest.

Spät·fol·ge *f meist pl* delayed effect.

Spät·go·tik *f arch* late Gothic; **Spät·herbst** *m Br* late autumn (*od Am* fall); **Spät·obst** *n* late fruit; **Spät·scha·den** *m meist pl* long-term damage; **Spät·schicht** *f* late shift; **Spät·som·mer** *m* late summer; **Spät·vor·stel·lung** *f* late show.

Spatz [ʃpats] ‹-en/(-es), -en› *m* sparrow; ► **das pfeifen die ~en von den Dächern** *fig* that is the talk of the town (*od* the story is in everyone's mouth); **Spat·zen·hirn** *n fig pej* birdbrain.

Spät·zün·der *m:* ► **er ist ein ~** *fam* he's slow on the uptake; **Spät·zün·dung** *f mot* retarded ignition.

spa·zie·ren [ʃpa'tsi:rən] *itr* stroll; *(~gehen)* go for a walk; **spa·zie·ren|fah·ren** [ʃpa'tsi:rən] *irr itr (im Auto)* go for a drive; *(auf Zweirad)* go for a ride; **spa·zie·ren|füh·ren** *itr* take out for a walk; **spa·zie·ren|ge·hen** *irr itr* go for a walk.

Spa·zier·fahrt *f (im Auto)* drive; *(auf Zweirad)* ride; **Spa·zier·gang** *m* stroll, walk; ► **e-n ~ machen** go for a stroll (*od* walk); **Spa·zier·gän·ger(in)** *m (f)* stroller; **Spa·zier·stock** *m* walking stick; **Spa·zier·weg** *m* walk.

Specht [ʃpɛçt] ‹-(e)s, -e› *m orn* woodpecker.

Speck [ʃpɛk] ‹-(e)s, -e› *m (Schweine~)* bacon; ► **geräucherter ~** smoked bacon; **mit ~ fängt man Mäuse** *prov* good bait catches fine fish; **~ ansetzen** *fig fam* put it on; **speckig (k·k)** *adj* **1.** *(fettig)* lardy; **2.** *(schmutzig)* dirty, greasy; **Speck·schei·be** *f* rasher; **Speck·sei·te** *f* flitch of bacon.

Speck·stein *m min* soapstone, steatite.

Spe·di·teur [ʃpedi'tø:ɐ] *m com (Fuhrunternehmer)* forwarding agent; *(Schiffsfracht~)* shipping agent; *(Möbel~)* furniture remover.

Spe·di·tion(s·fir·ma) *f com (Fuhrunternehmen)* forwarding agency; *(Schiffsfracht~)* shipping agency; *(Möbel~)* removal firm; **Spe·di·tions·ko·sten** *pl* haulage costs.

Speer [ʃpe:ɐ] ‹-(e)s, -e› *m (Waffe)* spear; *sport* javelin; **Speer·wer·fen** *n sport* throwing the javelin.

Spei·che ['ʃpaɪçə] ‹-, -n› *f* **1.** spoke; **2.** *anat* radius.

Spei·chel ['ʃpaɪçəl] ‹-s› *m* spittle, *med* saliva; **Spei·chel·drü·se** *f* salivary gland; **Spei·chel·lecke·rei (k·k)** *f pej* bootlicking, toadying; **Spei·chel·lecker(in) (k·k)** *m (f) pej* bootlicker, toady.

Spei·chen·rad *n mot* wire wheel.

Spei·cher ['ʃpaɪçɐ] ‹-s, -› *m* **1.** *(Lager~)* storehouse; *(Boden~)* attic, loft; **2.** *(Wasser~)* reservoir; **3.** *EDV* memory; ► **auf dem ~** in the loft; **Spei·cher·funk·tion** *f EDV* memory function; **spei·chern I** *tr* **1.** *(Waren etc)* store; **2.** *fig* store up; **II** *refl* accumulate; **Spei·cher·platz** *m EDV* storage space; **Spei·cher·schreib·ma·schi·ne** *f* typewriter with memory; **Spei·cher·schutz** *EDV* memory protection; **Spei·che·rung** *f* **1.** *allg (Auf~)* storing; **2.** *EDV (von Daten)* storage.

spei·en ['ʃpaɪən] *irr itr tr* **1.** *(spucken)* spit; **2.** *(sich erbrechen)* vomit.

Spei·se ['ʃpaɪzə] ‹-, -n› *f* **1.** *(Nahrung* food; **2.** *(Gericht)* dish; **Spei·se·eis** *n* ice cream; **Spei·se·kam·mer** *f* pantry; **Spei·se·kar·te** *f* menu; ► **Herr Ober, bitte die ~!** waiter, may I have the menu, please! **spei·sen I** *itr (essen)* eat; ► **zu Mittag ~** have lunch; **zu Abend ~** have dinner; **II** *tr* **1.** *(beköstigen)* board, feed; **2.** *tech* feed; **Spei·sen·auf·zug** *m* service lift; **Spei·sen·fol·ge** *f* order of the menu; **Spei·se·quark** *m* curd cheese, quark; **Spei·se·röh·re** *f anat* gullet, oesophagus; **Spei·se·wa·gen** *m rail Br* dining car, *Am* diner.

Spei·sung *f* **1.** *(Beköstigung)* feeding; **2.** *tech* supply.

Spek·ta·kel [ʃpɛk'ta:kəl] ‹-s, -› *m (Radau)* row, shindy; ► **e-n großen ~ machen über ...** make a great fuss about ...

Spek·tral·ana·ly·se *f phys* spectrum analysis; **Spek·tral·far·ben** *f pl* colours of the spectrum.

Spek·trum ['ʃpɛktrʊm] ‹-s, -tren/-tra› *n* spectrum.

Spe·ku·lant [ʃpeku'lant] *m* speculator; **Spe·ku·la·tion** *f* **1.** *fin* speculation; **2.** *(Vermutung)* speculation; ► **~en anstellen** make speculations; **Spe·ku·la-**

tions·ob·jekt *n* object of speculation.
spe·ku·la·tiv *adj* speculative.
spe·ku·lie·ren *itr* **1.** *fin* speculate (*mit* in); **2.** *(vermuten)* speculate; ▶ ~ **auf** ... *fig* have hopes of ...
Spe·lun·ke [ʃpeˈlʊŋkə] ‹-, -n› *f fam* dive.
spen·da·bel [ʃpɛnˈda:bəl] *adj* openhanded.
Spen·de [ˈʃpɛndə] ‹-, -n› *f* **1.** *(Stiftung)* donation; **2.** *(Almosen)* alms *pl;* ▶ **e-e ~ machen** donate s.th; **spen·den** *tr* donate; ▶ **für e-n guten Zweck ~** give for charity; **Spen·den·samm·ler(in)** *m (f)* fund-raiser; **Spen·der(in)** *m (f)* **1.** donator; **2.** *med (Blut~, Organ~)* donor; **spen·die·ren** *tr:* ▶ **jdm etw ~** buy s.th. for s.o.; **seinen Freunden e-e Runde Bier ~** treat one's friends to a round of beer.
Sper·ber [ˈʃpɛrbɐ] ‹-s, -› *m orn* sparrowhawk.
Spe·ren·zien [ʃpeˈrɛntsiən] *pl fam:* ▶ **mach keine ~!** don't be difficult!
Sper·ling [ˈʃpɛrlɪŋ] *m orn* sparrow.
Sper·ma [ˈʃpɛrma] ‹-s, -en/-mata› *n* sperm.
sper·mi·zid *adj* spermicidal.
sperr·an·gel·weit [ˈ-ˈ-ˈ--ˈ-] *adv:* ▶ **~ offen** gaping wide open.
Sper·re [ˈʃpɛrə] ‹-, -n› *f* **1.** *tech* catch, stop; **2.** *(Straßen~)* roadblock; **3.** *(Bahnhofs~) Br* barrier, *Am* gate; **4.** *fig (Blokkierung)* blockade; *(Verbot)* ban.
sper·ren I *tr* **1.** *(Licht, Gas ~)* cut off; **2.** *(Straße)* close; **3.** *sport* disqualify; **4.** *typ* space out; ▶ **etw für jdn ~** close s.th. for s.o.; **e-n Scheck ~** stop a cheque; **II** *refl fig:* ▶ **sich ~ gegen ...** jib at ...
Sperr·feu·er *n mil* barrage; ▶ **ins ~ der Kritik geraten** *fig* run into a barrage of criticism; **Sperr·frist** *f sport* suspension; **Sperr·ge·biet** *n* prohibited area; **Sperr·gut** *n (~güter pl) Br* bulky goods *pl, Am* bulk freight; **Sperr·holz** *n* plywood.
sper·rig *adj* bulky.
Sperr·kon·to *n com* blocked account; **Sperr·müll** *m* bulky refuse; **Sperr·müll·ab·fuhr** *f* removal of bulky refuse; **Sperr·sitz** *m (in Kino)* back seats *pl;* **Sperr·stun·de** *f* **1.** *(in Lokal) Br* closing time; **2.** *mil* curfew; **Sper·rung** *f* **1.** *allg* closing; **2.** *el tele* cutting off; **3.** *com (Konto~)* blocking; *com (Scheck~)* stopping; **Sperr·ver·merk** *m* notice of non-negotiability.
Spe·sen [ˈʃpe:zən] *pl* expenses; ▶ **außer ~ nichts gewesen** that was a complete waste of time (money, effort).
Spe·zi·al·aus·bil·dung *f* specialized training; **Spe·zi·al·aus·füh·rung** *f* special version; **Spe·zi·al·ge·biet** [ʃpeˈtsja:l-] *n* special subject; **spe·zia·li·sie·ren** *refl:* ▶ **sich auf Geschichte ~** *Br* specialize in history, *Am* major in history; **Spe·zia·li·sie·rung** *f* specialization.
Spe·zia·li·tät *f Br* speciality, *Am* specialty; **Spe·zia·li·tä·ten·re·stau·rant** *n* speciality restaurant.
spe·zi·ell [ʃpeˈtsjɛl] *adj* special.
spezi·fisch [ʃpeˈtsi:fɪʃ] *adj* specific; ▶ **~es Gewicht** *phys* specific gravity; **spe·zi·fi·zie·ren** *tr* specify.
Sphä·re [ˈsfɛ:rə] ‹-, -n› *f* sphere; **sphä·risch 1.** *math* spherical; **2.** *fig (himmlisch)* celestial.
Sphinx [sfɪŋks] ‹-, -en› *f* sphinx.
spicken (k·k) [ˈspɪkən] **I** *tr* **1.** *(Braten)* lard; **2.** *fig fam (bestechen)* square; **II** *itr sl (abschreiben)* crib (*bei* from).
Spie·gel [ˈʃpi:gəl] ‹-s, -› *m* **1.** mirror; **2.** *(Wasser~)* surface; *(Meeres~)* level; **3.** *typ (Satz~)* type area; ▶ **in den ~ sehen** look in the mirror; **Spie·gel·bild** *n* **1.** reflected image; *(Luftspiegelung)* mirage; **2.** *fig* reflection; **spie·gel·blank** [ˈ--ˈ-] *adj* bright as a mirror, shining; **Spie·gel·ei** *n* fried egg; **spie·gel·glatt** [ˈ--ˈ-] *adj* as smooth as glass; *(Wasser)* glassy.
spie·geln I *tr* reflect; **II** *itr* glitter, shine; **III** *refl* be reflected.
Spie·gel·re·flex·ka·me·ra *f* reflex camera; **Spie·gel·schrank** *m (in Bad)* mirrored bathroom cabinet; **Spie·gel·schrift** *f* mirror writing.
Spie·ge·lung *f* reflection; *(Luft~)* mirage.
Spiel [ʃpi:l] ‹-(e)s, -e› *n* **1.** *(das Spielen)* play; **2.** *(Karten, Billard, Sport)* game; *sport (Wettkampf)* match; **3.** *(~ Karten) Br* pack (*Am* deck) of cards; *(Schach~, Kegel~)* set; **4.** *tech (Maßunterschied)* play; *(von Pedalen)* free travel; *(von Lagern)* clearance; ▶ **ein ~ spielen** play a game; **im ~ sein** *fig* be at work; **leichtes ~ mit jdm haben** have an easy job of it with s.o.; **das ~ ist aus!** *fig* the game's up! **jdn aus dem ~ lassen** *fig* keep s.o. out of it; **das ~ abbrechen** *sport* abandon play; **ins ~ kommen** *fig* come into play; **etw ins ~ bringen** *fig* bring s.th. up; **auf dem ~ stehen** be at stake; **aufs ~ setzen** risk s.th.; **jdm das ~ verderben** *fig* spoil someone's little game; **Spiel·art** *f zoo bot (Abart)* variety; **Spiel·au·to·mat** *m* slot machine; **Spiel·ball** *m fig* plaything; **Spiel·bank** *f* casino.
spie·len I *tr* **1.** *(ein Spiel~)* play; **2.** *(von Schauspieler)* act, play; **3.** *film* show; **4.** *(simulieren)* play; ▶ **spiel nicht die Unschuldige!** don't play the innocent! **was wird hier gespielt?** *fig fam* what's going on here? **II** *itr* **1.** *(ein Spiel~)* play; **2.** *(simulieren)* feign, simulate; ▶ **rausgehen und ~** go out to play; **mit dem Gedanken ~, etw zu tun** toy with

the idea of doing s.th.; **s-e Freude war gespielt** he was pretending to be happy; **um Geld ~** play for money; **auf dem Platz spielt es sich gut** *sport* the pitch plays well; **spie·lend I** *adj* playing; **II** *adv* easily.

Spie·ler(in) *m* **1.** player; **2.** *(Glücks~)* gambler; **Spie·le·rei** *f* **1.** *(Zeitvertreib)* pastime; **2.** *(Kinderei)* silly trick; **3.** *fig (Leichtigkeit)* child's play, trifle; **spie·le·risch I** *adj* **1.** *(verspielt)* playful; **2.** *(mit Leichtigkeit):* ▶ **er tat es mit ~er Leichtigkeit** he did it with the greatest of ease; **die ~e Leistung** *sport (theat)* the playing (acting); **II** *adv* with the greatest of ease; **Spie·ler·wech·sel** *sport* substitution.

Spiel·feld *n* field; *(für Schlag~ u. Wurfball)* court; **Spiel·film** *m* feature film; **Spiel·hal·le** *f* amusement arcade; **Spiel·ka·me·rad** *m* playfellow, playmate; **Spiel·kar·te** *f* playing card; **Spiel·lei·ter** *m* **1.** *theat (Regisseur)* director; *film radio* producer; **2.** *sport* organizer; **3.** *TV* emcee *fam;* **Spiel·ma·cher** *m sport* key player; **Spiel·mann** ‹-(e)s, -leute› *m* **1.** *hist* minstrel; **2.** *mil* bandsman; **Spiel·mar·ke** *f* chip, counter; **Spiel·plan** *m theat radio TV* program(me); ▶ **vom ~ absetzen** drop a play; **Spiel·platz** *m (von Schule)* playground; *sport* playfield.

Spiel·raum *m* **1.** *fig* scope; *(zeitlich)* time; **2.** *com* margin; **3.** *tech* play; *(Lager~)* clearance; ▶ **~ lassen** leave a margin.

Spiel·re·gel *f* rule (of a game); **sich an die ~n halten** *a. fig* stick to the rules; **Spiel·sa·chen** *f pl* playthings, toys; **Spiel·schuld** *f* gambling debt; **Spiel·sucht** *f* addiction to gambling; **Spiel·süch·ti·ge(r)** *f m* gambling addict; **Spiel·trieb** ‹-(e)s› *m* play instinct; **Spiel·uhr** *f Br* musical (*Am* music) box; **Spiel·ver·bot** *n sport* ban; ▶ **~ haben** be banned; **Spiel·ver·der·ber(in)** *m (f)* spoilsport; **Spiel·wa·ren** *f pl* toys; **Spiel·wei·se** *f* way of playing; **Spiel·zeit** *f theat sport* season; **Spiel·zeug** ‹-(e)s, -e› *n* toy.

Spieß[1] [ʃpi:s] ‹-es, -e› *m* **1.** *(Waffe)* spear; **2.** *(Brat~)* spit; ▶ **am ~ braten** *Br* roast on a spit, *Am* barbecue; **den ~ umkehren** *fig* turn the tables *pl.*

Spieß[2] *m mil sl Br* kissem, *Am* topkick.

Spieß·bür·ger(in) *m (f)* low-brow; **spieß·bür·ger·lich** *adj* low-brow, narrow-minded.

spie·ßen *tr:* ▶ **etw auf etw ~** *(Nadel)* pin s.th. on s.th.

Spie·ßer *m fam (s.* Spießbürger); **Spieß·ge·sel·le** *m* accomplice; **spie·ßig** *adj* narrow-minded; **Spieß·ru·te** *f fig:* ▶ **~n laufen** run the gauntlet.

Spi·nat [ʃpiˈna:t] ‹-(e)s, -e› *m* spinach.

Spind [ʃpɪnt] ‹-(e)s, -e› *m mil sport (Schrank)* locker.

Spin·del [ˈʃpɪndəl] ‹-, -n› *f* **1.** spindle; **2.** *(Hydrometer)* hydrometer; **spin·del·dürr** [ˈ--ˈ-] *adj* lean as a rake.

Spi·nett [ʃpiˈnɛt] ‹-(e)s, -e› *n mus* spinet.

Spin·ne [ˈʃpɪnə] ‹-, -n› *f* spider; **spin·ne·feind** [ˈ--ˈ-] *adj:* ▶ **jdm ~ sein** be bitterly hostile to s.o.

spin·nen [ˈʃpɪnən] *irr* **I** *tr (Garn)* spin; **II** *itr fig fam* be nutty; ▶ **spinnst du?** are you crazy? **du spinnst wohl!** you must be kidding!

Spin·nen·ge·we·be *n* cobweb.

Spin·ner(in) *m (f)* **1.** *(Garn~)* spinner; **2.** *fig fam Br* nutcase, *Am* screwball; **3.** *zoo* silkworm moth; **Spin·ne·rei** *f* **1.** *(Fabrik)* spinning mill; **2.** *fig fam (Blödsinn)* rubbish.

Spinn·rad *n* spinning-wheel; **Spinn·we·be** *f* spider's web.

Spi·on [ʃpiˈo:n] ‹-s, -e› *m* **1.** *mil* spy; **2.** *fig (Tür~)* spy-hole; **Spio·na·ge** [ʃpioˈna:ʒə] ‹-› *f* espionage; **Spio·na·ge·ab·wehr** *f Br* counter-espionage (*Am* -intelligence); **Spio·na·ge·netz** *n* spy network; **Spio·na·ge·ring** *m* spy-network; **spio·nie·ren** *itr* **1.** *mil* spy; **2.** *fig* snoop about.

Spi·ra·le [ʃpiˈra:lə] ‹-, -n› *f* **1.** *(abstrakt)* spiral; **2.** *(Draht~, a. med)* coil; **Spi·ral·fe·der** *f* coil spring; **Spi·ral·ne·bel** *m astr* spiral nebula.

Spi·ri·tis·mus [ʃpiriˈtɪsmʊs] *m* spiritism, spiritualism; **Spi·ri·tist(in)** *m (f)* spiritualist; **spi·ri·ti·stisch** spiritualist.

Spi·ri·tu·osen [ʃpirituˈo:zən] *f pl* spirits.

Spi·ri·tus [ˈʃpiritʊs] ‹-, -se› *m* spirit; **Spi·ri·tus·ko·cher** *m* spirit stove; **Spi·ri·tus·lam·pe** *f* spirit lamp.

Spitz ‹-es, -e› *m zoo (Hund)* Pomeranian, Spitz.

spitz [ʃpɪts] *adj* **1.** pointed; **2.** *fig (beißend)* pointed; **3.** *sl (lüstern)* horny; ▶ **~ auslaufen** end in a point, taper; **~er Winkel** acute angle; **etw ~ kriegen** *fam* get wise to s.th; **Spitz·bart** *m Br* goatee; **spitz|be·kom·men** *irr tr fam:* ▶ **etw ~** get the point of s.th. get wise on s.th.; **Spitz·bo·den** *m arch* pitched roof; **Spitz·bo·gen** *m* pointed arch; **Spitz·bu·be** *m* **1.** *(Schurke)* knave, rascal, rogue; **2.** *fam (frecher Bengel)* scamp; **spitz·bü·bisch** [-by:bɪʃ] *adj* mischievous.

Spit·ze[1] [ˈʃpɪtsə] ‹-, -n› *f* **1.** *(von Gegenständen)* point; *(von Fingern)* tip; *(von Gebäuden)* top; **2.** *fig (Führungsschicht)* head; **3.** *(Zigaretten~)* holder; ▶ **das ist ~!** *fig fam* that's groovy! **etw auf die ~ treiben** *fig* carry s.th. too far; **an der ~ von etw stehen** be at the head of s.th.

Spit·ze[2] *f (scharfe Bemerkung):* ▶ **das war e-e ~ gegen dich** that was aimed at you.

Spit·ze[3] *f (an Geweben)* lace.

Spit·zel ['ʃpɪtsəl] ‹-s, -› *m fam (Schnüffler)* snooper; *(Polizei~)* police-informer; **spit·zeln** *itr* act as an informer.

spit·zen *tr (schärfen)* sharpen; ► **die Ohren** ~ *fig* prick up; **die Lippen** ~ *fig* pucker one's lips.

Spit·zen·ge·halt *n* top salary; **Spit·zen·ge·schwin·dig·keit** *f* top speed; **Spit·zen·kan·di·dat** *m* favourite candidate; **Spit·zen·klas·se** *f fig* top rate; **Spit·zen·kleid** *n* lace dress; **Spit·zen·lei·stung** *f* **1.** *fig* top-rate performance; **2.** *mot* peak performance; **Spit·zen·lohn** *m* maximum pay; **Spit·zen·rei·ter** *m* **1.** *(Hit)* hit; **2.** *sport* leader; **3.** *com* top seller; **Spit·zen·tech·no·lo·gie** *f* state-of-the-art technology; **Spit·zen·ver·die·ner(in)** *m (f)* top earner.

spitz·fin·dig *adj* over-subtle; **Spitz·fin·dig·keit** *f* **1.** subtlety; **2.** *(Haarspalterei)* hairsplitting; **Spitz·hacke (k·k)** *f* pick-axe; **Spitz·maus** *f* shrew; **Spitz·na·me** *m* nickname; **spitz·wink·lig** *adj* acute-angled.

Spleen [ʃpli:n] ‹-s, -e/-s› *m fam* craze; ► **du hast wohl 'n** ~! you must be round the bend!

Splitt [ʃplɪt] ‹-(e)s, -e› *m* grit.

Split·ter ['ʃplɪtɐ] ‹-s, -› *m (Holz~)* splinter; *(Bruchstück)* fragment; *(Metall~)* scale; **split·ter(·fa·ser)·nackt** ['--('--)'-] *adj* stark naked; **Split·ter·grup·pe** *f pol* splinter group; **split·tern** ‹sein› *itr* splinter; **Split·ter·par·tei** *f* splinter party.

spon·sern ['spɔnzɒn] *tr* sponser; **Spon·sor(in)** ['spɔnzɒ] ‹-s, -en› *m (f)* sponsor.

spon·tan [ʃpɔn'ta:n] *adj* spontaneous.

spo·ra·disch [ʃpo'ra:dɪʃ] *adj* sporadic.

Spo·re ['ʃpo:rə] ‹-, -n› *f bot* spore.

Sporn ['ʃpɔrn, *pl* 'ʃpo:rən] ‹-(e)s, ʃporen› **1.** *(pl Sporen) m* spur; **2.** *bot* spur; **3.** *aero* tail skid; ► **e-m Pferd die Sporen geben** spur a horse; **sich die Sporen verdienen** win one's spurs; **spor·nen** *tr* spur.

Sport [ʃpɔrt] ‹-(e)s› *m* sport; ► ~ **treiben** go in for sports; ~ **treibend** sporting; **gut im** ~ **sein** be good at sports; **Sport·ab·zei·chen** *n* sports certificate; **Sport·an·zug** *m* sports clothes *pl;* **Sport·art** *f* kind of sport; **Sport·arzt** *m* sports physician; **Sport·bei·la·ge** *f (in Zeitung)* sport section; **Sport·be·richt** *m* sports report; **Sport·ge·schäft** *n Br* sports shop (*Am* store); **Sport·hal·le** *f* sports hall; **Sport·leh·rer** *m* sports instructor; *päd* physical education teacher (*Abk* PE).

Sport·ler *m* sportsman; **Sport·le·rin** *f* sportswoman.

sport·lich *adj* **1.** *(trainiert)* athletic; **2.** *fig (sportliebend)* sporting; **3.** *mot* sporty; ► ~**e Kleidung** casual wear.

Sport·ma·schi·ne *f aero* sporting plane; **Sport·nach·rich·ten** *pl (Zeitung)* sporting news; **Sport·platz** *m Br* sports field, *Am* sporting ground; *päd* playing field; **Sport·ver·an·stal·tung** *f* sport(ing) event; **Sport·ver·ein** *m* sports club; **Sport·wa·gen** *m* **1.** *mot* sports car; *(Zweisitzer) Br* open two-seater, *Am* roadster; **2.** *(Kinderwagen)* folding pram; **Sport·zei·tung** *f* sports paper.

Spott [ʃpɔt] ‹-(e)s› *m* mockery; *(Verachtung ausdrückend)* derision; ► **voller** ~ mockingly; **Spott·bild** *n* travesty; **spott·bil·lig** ['-'--] *adj* dirt-cheap.

Spöt·te·lei [ʃpœtə'laɪ] *f* **1.** *(Spott)* mockery; **2.** *(spöttische Bemerkung)* taunt; **spöt·teln** *itr* mock (*über etw* s.th.); **spot·ten** *itr* mock; ► **spotte nicht!** don't mock! **über jdn** ~ mock s.o., poke fun at s.o; **Spöt·ter(in)** ['ʃpœtɐ] *m (f) (Satiriker)* satirist; **spöt·tisch** *adj* **1.** *(spottend)* mocking; **2.** *(satirisch)* satirical; **Spott·preis** *m* ridiculously low price.

sprach·be·gabt *adj* good at languages; **Sprach·be·ga·bung** *f* talent for languages.

Spra·che ['ʃpra:xə] ‹-, -n› *f* **1.** *allg* language; **2.** *(Sprechweise)* speech; ► **heraus mit der** ~! out with it! **etw zur** ~ **bringen** mention s.th.; **die** ~ **bringen auf ...** bring the conversation round to ...; **mit der** ~ **herausrücken** speak freely; **zur** ~ **kommen** be mentioned; **es verschlägt einem die** ~ it takes your breath away; **Sprach·er·werb** *m* language acquisition; **Sprach·feh·ler** *m med* speech defect; **Sprach·for·scher(in)** *m (f)* linguist; **Sprach·füh·rer** *m* guide; **Sprach·ge·brauch** *m* usage; ► **der heutige** ~ the language of the present day; **Sprach·ge·fühl** *n* feeling for language; **Sprach·gren·ze** *f* linguistic boundary; **Sprach·kennt·nis·se** *f pl* linguistic proficiency *sing;* ► **Bewerber mit deutschen** ~**n** applicants with a knowledge *sing* of German; **Sprach·kom·pe·tenz** *f ling* linguistic competence; **sprach·kun·dig** *adj* proficient in languages; **Sprach·kurs** *m* language course; **Sprach·la·bor** *n* language laboratory; **Sprach·leh·re** *f* grammar; **Sprach·leh·rer(in)** *m (f)* language teacher.

sprach·lich I *adj (sprachbezüglich)* linguistic; *(grammatisch)* grammatical; **II** *attr* language.

sprach·los *adj:* ► **einfach** ~ **sein** be simply speechless; **jdn** ~ **machen** strike s.o. dumb; **Sprach·rohr** *n fig* mouthpiece; ► **sich zum** ~ **von ... machen**

become the mouthpiece of ..; **Sprach·stö·rung** *f* speech disorder; **Sprach·stu·dium** *n* linguistic studies *pl*, study of languages; **Sprach·ur·laub** *m* language-learning holiday; **Sprach·wis·sen·schaft** *f* linguistics *pl;* ▶ **deutsche ~** German philology; **vergleichende ~** comparative linguistics.

spre·chen ['ʃprɛçən] *irr tr itr* speak (*mit* to, *a.* with, *über* of, about); *(sich unterhalten)* talk (*mit* with, to, *von* about, of); ▶ **sprich doch endlich!** do say s.th.! **es spricht vieles dafür, daß ...** there's every reason to believe that ...; **was spricht dagegen?** what's there to be said against it? **kann ich dich e-n Moment ~?** can I see you for a moment? **wir ~ uns noch!** you haven't heard the last of this! **mit dir spreche ich nicht mehr!** I'm not speaking to you! **antworte, wenn man mit dir spricht!** speak when you're spoken to! **Ich spreche im Namen aller** I speak for all of us; **kann ich bitte Herrn X. ~?** could I talk to Mr. X. please? **er hat davon gesprochen, daß er ins Ausland fahren will** he's been talking of going abroad; **er ist nicht zu ~** he's not in; **spre·chend** *adj:* ▶ **~e Blicke** knowing glances.

Spre·cher(in) *m (f)* **1.** *(Redner)* speaker; **2.** *(offizieller ~)* spokesman; **3.** *radio (Ansager)* announcer; ▶ **sich zum ~ von etw machen** become the spokesman of s.th.

Sprech·funk·ge·rät *n* radiotelephone; **Sprech·funk·ver·kehr** *m* local radio traffic; **Sprech·stun·de** *f (Arzt~)* consulting hours *pl;* ▶ **~ samstags von ... bis ...** there will be a surgery from ... to ... on Saturdays; **Sprech·stun·den·hil·fe** *f* doctor's receptionist; **Sprech·übung** *f* speech exercise; **Sprech·wei·se** *f* manner of speaking; **Sprech·zim·mer** *n* **1.** *(Arzt) Br* consulting room, *Am* doctor's office; *(Zahnarzt) Br* dental surgery (*Am* parlor); **2.** *(in Kloster)* locutory.

sprei·zen ['ʃpraɪtsən] **I** *tr* spread; **II** *refl* **1.** *(sich zieren)* kick up; **2.** *(vornehm tun)* put on airs.

Spreng·bom·be *f aero mil* high explosive bomb.

spren·gen[1] ['ʃprɛŋən] *tr* **1.** *(mit Sprengstoff)* blow up; **2.** *(aufbrechen)* force; *(Fesseln)* break; ▶ **e-e Versammlung ~** *fig* break up a meeting.

spren·gen[2] *tr (be~)* sprinkle.

Spreng·kom·man·do *n* demolition squad; **Spreng·kopf** *m* warhead; **Spreng·kör·per** *m* explosive device; **Spreng·kraft** ‹-› *f* explosive force; **Spreng·la·dung** *f* explosive charge; **Spreng·satz** *m* blasting composition; **Spreng·stoff** *m* explosive; **Spreng·stoff·an·schlag** *m* bomb attack; ▶ **es wurde ein ~ auf ... verübt** ... was the subject of a bomb attack.

Spren·gung *f* blowing up; *(Fels~)* blasting.

Spreng·wa·gen *m (für Wasser)* street sprinkler.

Spreng·wir·kung *f* explosive effect.

Spreu [ʃprɔɪ] ‹-› *f* chaff; ▶ **die ~ vom Weizen trennen** separate the wheat from the chaff.

Sprich·wort ['ʃprɪç-] *n* proverb; ▶ **wie es im ~ heißt** as the saying goes; **sprich·wört·lich** *adj* proverbial.

sprie·ßen ['ʃpri:sən] *irr itr* **1.** *(Triebe etc)* sprout; **2.** *(aus dem Boden ~)* shoot, spring up.

Spring·brun·nen *m* fountain; **sprin·gen** ['ʃprɪŋən] *irr itr* **1.** *sport a. fig* jump; *(mit e-m Satz)* leap; *(von Ball)* bounce; *(ins Wasser)* dive; **2.** *(von Wasser)* gush, spout; **3.** *(platzen)* burst; *(Risse bekommen)* crack; ▶ **etw ~ lassen** *fig fam* fork s.th. out; **in die Bresche ~** throw oneself into the breach; **die Lokomotive sprang aus den Schienen** the engine jumped the track; **dünnes Glas springt leicht** thin glass cracks easily; **sprin·gend** *adj:* ▶ **der ~e Punkt** the crucial (*od* salient) point; **Sprin·ger(in)** *m (f)* **1.** jumper; *(bei Stabhochsprung)* vaulter; **2.** *m (beim Schach)* knight; **Spring·flut** *f* spring tide.

Sprink·ler·an·la·ge ['ʃprɪŋkle-] *f* sprinkler system.

Sprit [ʃprɪt] ‹-(e)s, -e› *m* **1.** *(Alkohol)* spirit; **2.** *fam (Benzin, Betriebstoff)* juice.

Sprit·ze ['ʃprɪtsə] ‹-, -n› *f* **1.** *med (Instrument)* syringe; **2.** *med (Einspritzung)* injection; **3.** *(Feuer~)* fire-engine; ▶ **e-e ~ geben** give an injection; **e-e ~ bekommen** have an injection.

sprit·zen I *tr* **1.** *med (Medikament)* inject; **2.** *(Injektion geben)* give an injection; **3.** *mot (lackieren)* spray; **4.** *(Wasser ver~)* splash; **5.** *sl (Heroin)* shoot; **II** *itr (sprühen)* spray; *(heraus~)* spurt (*out od* forth).

Sprit·zen·haus *f fam* firestation.

Sprit·zer *m* splash.

sprit·zig 1. *fig (lebendig)* lively; **2.** *(Wein)* tangy.

Spritz·ku·chen *m Br* fritter, *Am* cruller; **Spritz·lackie·rung (k·k)** *n* spraying; **Spritz·pi·sto·le** *f* spray gun; **Spritz·tour** *f fam* spin.

sprö·de ['ʃprø:də] *adj* **1.** *(brüchig)* brittle; **2.** *(Haut)* rough; **3.** *fig (verschlossen)* aloof; **Sprö·dig·keit** *f* **1.** *(Brüchigkeit)* brittleness; **2.** *(der Haut)* roughness; **3.** *fig (von Personen)* aloofness.

Sproß [ʃprɔs] ‹-sses, -sse› *m* **1.** *bot* shoot, sprout; **2.** *fig (Abkömmling)* offspring.

Spros·se ['ʃprɔsə] ⟨-, -n⟩ *f* **1.** *(Leiter~)* rung, step; **2.** *(Fenster~)* mullion; **3.** *(Geweih~)* branch, tine; **spros·sen** ⟨sein⟩ *itr* **1.** *(Triebe: sprießen)* sprout; **2.** *(aus dem Boden schießen)* shoot up; **Spros·sen·wand** *f sport* wall bars *pl.*

Spröß·ling ['ʃprœslɪŋ] *m fig hum (Abkömmling)* offspring.

Sprot·te ['ʃprɔtə] ⟨-, -n⟩ *f zoo* sprat.

Spruch [ʃprʊx, *pl* 'ʃprʏçə] ⟨-(e)s, ⸚e⟩ *m* **1.** *(Ausspruch)* saying; *(Lehrspruch, Sentenz)* aphorism; **2.** *jur (Strafsachenurteil)* sentence; *(Richter~)* judg(e)ment; *(Entscheidung)* decision; **3.** *(Geschworenen~)* verdict; *(Schieds~)* ruling; ▶ **e-n ~ fällen** *jur* pronounce a sentence; **mach keine ⸚e!** *fam* come off it! **⸚e klopfen** *fam* talk fancy; **Spruch·band** *n* banner.

spruch·reif *adj* **1.** *jur* ripe for decision; **2.** *fig fam* definite.

Spru·del ['ʃpru:dəl] ⟨-s, -⟩ *m* **1.** *(Mineralwasser)* mineral water; **2.** *(Mineralquelle)* spring; **spru·deln** ⟨sein *od* h⟩ *itr* **1.** *(auf~)* bubble **2.** *(vor Kohlensäure)* fizz; **3.** *fig* ⟨h⟩ *(überstürzt reden)* pour out.

Sprüh·do·se *f* aerosol.

sprü·hen ['ʃpry:ən] **I** *itr* **1.** ⟨sein⟩ *(Flüssigkeit)* spray; **2.** ⟨sein⟩ *(Funken)* fly; **II** *tr* ⟨h⟩ *(a. lackieren)* spray; **sprü·hend** *adj fig (überschäumend)* bubbling; **Sprüh·ne·bel** *m* mist; **Sprüh·re·gen** *m* drizzle.

Sprung [ʃprʊŋ, *pl* 'ʃprʏŋə] ⟨-(e)s, ⸚e⟩ *m* **1.** jump; *(~ ins Wasser)* dive; **2.** *(Riß)* crack; ▶ **bei jdm auf e-n ~ vorbeikommen** *fam* drop in to see s.o.; **ein großer ~ nach vorn** *fig* a great leap forward; **ein ~ ins Ungewisse** *fig* a leap in the dark; **(na,) dir werd' ich auf die ⸚e helfen!** *fig fam* I'll show you what's what! **er kann keine großen ⸚e machen** *fig fam* he can't make a big splash; **Sprung·brett** *n a. fig* diveboard; **Sprung·gru·be** *f sport* pit; **sprung·haft** *adj* **1.** *(unbeständig)* volatile; **2.** *(sehr rasch)* rapid; **Sprung·haf·tig·keit** *f* **1.** *(Unbeständigkeit)* volatile nature; **2.** *(rasches Ansteigen)* rapidity; **Sprung·schan·ze** *f* ski-jump; **Sprung·tuch** *n (von Feuerwehr) Br* jumping sheet, *Am* life net; **Sprung·turm** *m sport* diving platform.

Spucke (k·k) ['ʃpʊkə] ⟨-⟩ *f* spittle; ▶ **mir bleibt die ~ weg!** well, I never did! **spucken (k·k)** *itr* **1.** *(speien)* spit; **2.** *euph (sich erbrechen)* puke; **3.** *mot* sputter; ▶ **spuck's aus!** *fig fam* cough it up! spit it out! **große Töne ~** *fig fam* talk big; **Spuck·napf** *n* spittoon.

Spuk [ʃpu:k] ⟨-(e)s,(-e)⟩ *m* **1.** *(Erscheinung, Gespenst)* apparition; **2.** *fam (Ärger)* fuss; **spu·ken** *itr* haunt; ▶ **hier spukt's** this place is haunted; **bei dir spukt's!** *fig fam* you must be round the bend!

Spu·le ['ʃpu:lə] ⟨-, -n⟩ *f* **1.** *(Web~)* spool; *(Nähmaschinen~)* bobbin; *(Nähfaden~) Br* reel, *Am* spool; **2.** *el* coil.

Spü·le ['ʃpy:lə] ⟨-, -n⟩ *m* sink unit.

spu·len ['ʃpu:lən] *tr* reel, spool.

spü·len *tr itr* **1.** *(WC)* flush; **2.** *(Geschirr)* wash up; **3.** *(Waschmaschine)* rinse; **4.** *(Vagina)* douche; **Spül·ka·sten** *m (bei Toilette)* cistern; **Spül·lap·pen** *m* dishcloth; **Spül·ma·schi·ne** *f* dishwasher; **spül·ma·schi·nen·fest** *adj* dishwasher-proof; **Spül·mit·tel** *n* washing-up liquid; **Spül·stein** *m* sink; **Spü·lung** *f* **1.** *(Toilette)* flush; **2.** *(Scheiden~)* douche; **Spül·was·ser** *n* dishwater.

Spul·wurm *m med* roundworm.

Spur [ʃpu:ɐ] ⟨-, -en⟩ *f* **1.** *(Bodenabdruck)* trace; *(Fährte)* track; **2.** *(winzige Menge)* trace; *(von Gewürz)* touch; **3.** *(Fahrbahn~)* lane; **4.** *mot (Rad~)* tracking; ▶ **keine ~ davon!** there's no trace of it! **jdm auf der ~ sein** be on someone's track; **s-e ~en verwischen** cover up one's tracks; **nicht die ~!** *fam* not in the slightest! **wird die Operation ~en hinterlassen?** will the operation leave a mark *sing*? **auf der richtigen ~ sein** be on the right track; **auf der rechten ~ fahren** drive in the right-hand lane; **auf der falschen ~ sein** *fig* be barking up the wrong tree.

spu·ren *itr fam (gehorchen)* toe the line.

spü·ren ['ʃpy:rən] *tr (fühlen)* feel; ▶ **es zu ~ bekommen, daß ...** feel the effects of the fact that ...; **ich spürte, wie es sich bewegte** I felt it move; **ich spürte, daß er wütend wurde** I could feel him getting angry.

Spu·ren·ele·ment *n* trace element.

Spu·ren·si·che·rung *f* **1.** *(polizeiliche Tätigkeit)* securing of evidence; **2.** *(Polizeiabteilung)* the forensic people.

Spür·hund *m* bloodhound.

spur·los *adv* without (leaving) a trace; ▶ **~ an jdm vorübergehen** have no effect on s.o.

Spür·na·se *f fig* prying fellow; ▶ **eine ~ für etwas haben** have a nose for s.th; **Spür·sinn** *m:* ▶ **~ für etw haben** have a scent (*od* flair) for s.th.

spur·ten ['ʃpʊrtən] ⟨sein *od* h⟩ *itr sport* make a final spurt.

Spür·trupp *m mil (für Radioaktivität)* radiac detection team.

Spur·wei·te *f* **1.** *mot (von Fahrgestell)* track; **2.** *rail (des Geleises)* ga(u)ge.

spu·ten ['ʃpu:tən] *refl* make haste.

Squash ['skvɔʃ] ⟨-, -⟩ *n sport* squash; **Squash·hal·le** *f* squash courts *pl.*

Staat [ʃta:t] ⟨-(e)s, -en⟩ *m* **1.** *(Staatswesen)* state; *(Land)* country; **2.** *fig (Prunk)* pomp; ▶ **Vater ~** *hum* the state; **damit kann man nicht viel ~ machen** that is nothing to write home about; **zum Wohle des ~es** in the national interest; **Staa·ten·bund** *m* confederation; **staa·ten·los** *adj:* **~ sein** be a stateless person; **Staa·ten·lo·se(r)** *f m* stateless person.

staat·lich *adj attr* **1.** *(staatsbezüglich)* state . . ; *(national)* national; **2.** *(öffentlich)* public; ▶ **~ anerkannt** state-approved; **~es Hoheitsgebiet** state territory; **~e Unterstützung** state allowance; **staat·li·cher·seits** *adv* on a governmental level.

Staats·akt *m* state occasion; **Staats·ak·tion** *f fig* major operation; **Staats·an·ge·hö·ri·ge** *m f:* ▶ **ein deutscher ~r sein** be a German national; **Staats·an·lei·he** *f* government bond; **Staats·an·walt** *m Br* public prosecutor, *Am* district attorney; **Staats·an·walt·schaft** *f Br* public prosecutor's office, *Am* district attorney's office; **Staats·ap·pa·rat** *m* apparatus of state; **Staats·be·am·te (Staats·be·am·tin)** *m (f)* civil servant; **Staats·be·gräb·nis** *n* state funeral; **Staats·bür·ger(in)** *m (f)* citizen; **staats·bür·ger·lich** *adj* civic; ▶ **~e Rechte** civil rights; **Staats·dienst** *m Br* civil (*Am* public) service; ▶ **im ~** in the service of the state; **Staats·ei·gen·tum** *n* state property; **Staats·exa·men** *n* state exam(ination); **Staats·feind** *m* public enemy; **Staats·form** *f* type of state; **Staats·ge·biet** *n* national territory; **Staats·ge·heim·nis** *n* official secret; **Staats·ge·walt** *f* authority of the state; **Staats·haus·halt** *m* national budget; **Staats·kas·se** *f* treasury; **Staats·kir·che** *f* state church; **Staats·ko·sten** *pl:* ▶ **auf ~** at public expense *sing;* **Staats·mann** ‹-(e)s, -männer› *m* statesman; **staats·män·nisch** [ˈʃta:tsmɛnɪʃ] *adj* statesmanlike; **Staats·mi·ni·ster** *m* state minister; **Staats·ober·haupt** *n* head of a state; **Staats·prä·si·dent(in)** *m (f)* president; **Staats·rat** *m* **1.** *(Institution)* council of state; **2.** *(Person: hist)* councillor of state; **Staats·recht** *n* constitutional law; **Staats·schuld** *f* national debt; **Staats·se·kre·tär(in)** *m (f) Br* permanent secretary, *Am* undersecretary; **Staats·si·cher·heits·dienst** [ˈ-ˈ----] *m (in ehemaliger DDR)* state security service; **Staats·streich** *m* coup d'état; **Staats·the·ater** *n* state theatre; **Staats·ver·trag** *m* international treaty.

Stab¹ *m* **1.** *(leitende Gruppe)* panel; **2.** *mil (~sabteilung)* staff; **3.** *mil (Hauptquartier)* headquarters *pl.*

Stab² [ʃta:p, *pl* ˈʃtɛ:bə] ‹-(e)s, ⁻̈e› *m* *(Stange)* rod; *(Stock)* stick; **Stab·hoch·sprin·ger** *m* pole-vaulter; **Stab·hoch·sprung** *m* pole-vault.

sta·bil [ʃtaˈbi:l] *adj* **1.** *(nicht schwankend)* stable; **2.** *(fest)* firm; *(kräftig)* sturdy; **Sta·bi·li·sa·tor** *m mot* anti-roll bar; **sta·bi·li·sie·ren** *tr* **1.** *allg* stabilize; **2.** *pol (Macht)* consolidate; **Sta·bi·li·sie·rung** *f* **1.** *allg* stabilization; **2.** *pol (von Macht)* consolidation; **Sta·bi·li·tät** *f* **1.** *(Schwankungsfreiheit)* stability; **2.** *(Steifheit: von Bau etc)* rigidity.

Stab·reim *m ling* alliterative rhyme.

Stabs·arzt *m mil* captain (Medical Corps); *mar mil* staff-surgeon; **Stabs·chef** *m* chief of staff; **Stabs·feld·we·bel** *m Br* warrant officer class II, *Am* master sergeant.

Stab·wech·sel *m sport (bei Staffellauf)* baton change.

Sta·chel [ˈʃtaxəl] ‹-s, -n› *m* prickle; *(Dorn)* thorn; *(bei Insekten)* sting; *bot* spine; *(des Igels)* spine; **Sta·chel·bee·re** *f* gooseberry; **Sta·chel·beer·strauch** *m* gooseberry bush; **Sta·chel·draht** *m* barbed wire; **Sta·chel·draht·ver·hau** *m* barbed-wire entanglement; **Sta·chel·draht·zaun** *m* barbed-wire fence.

sta·che·lig [ˈʃtax(ə)lɪç] *adj allg* prickly; *bot* thorny; *zoo* spiny.

Sta·chel·schwein *n* porcupine.

Sta·di·on [ˈʃta:diɔn] ‹-s, -dien› *n sport* stadium.

Sta·di·um [ˈʃta:diʊm] ‹-s, -dien› *n* stage; ▶ **in vorgerücktem ~** *med* at an advanced stage.

Stadt [ʃtat, *pl* ˈʃtɛ(:)tə] ‹-, ⁻̈e› *f* town; *(Groß~)* city; ▶ **in die ~ gehen** go into town; **in der ~ wohnen** live in town; **raten Sie mal, wer zur Zeit in der ~ ist?** guess who's in town? **er ist nicht in der ~** he's out of town; **die ~ Manchester** the city of Manchester; **Stadt·au·to·bahn** *f* urban motorway; **stadt·be·kannt** [ˈ--ˈ-] *adj* well-known; ▶ **es ist ~, daß . . .** it is the talk of the town that . . ; **Stadt·be·zirk** *m* municipal district; **Stadt·bib·lio·thek** *f* city library; **Stadt·bild** *n (von Kleinstadt)* townscape; *(von Großstadt)* urban features *pl.*

Städt·chen [ˈʃtɛ(:)tçən] ‹-s, -› *n* small town.

Städ·te·bau ‹-(e)s› *m* urban development.

Städ·te·part·ner·schaft *f* town twinning.

Städ·ter(in) *m (f)* city dweller.

Stadt·flucht *f* exodus from the cities; **Stadt·ge·biet** *n (von Kleinstadt)* municipal area; *(von Großstadt)* city zone; **Stadt·ge·spräch** *n:* ▶ **das ~ sein** be the talk of the town; **Stadt·gue·ril·la** *m* urban guerilla.

städ·tisch [ˈʃtɛ(:)tɪʃ] *adj* **1.** *(aus der*

Stadt) town (city) *attr;* **2.** *(nach Art der Stadt) a. fig* urban; ▶ **~e Bevölkerung** the town (*od* city) population; **~e Lebensweise** the urban way of life.

Stadt·kom·man·dant *m mil* military governor of a town (*od* city); **Stadt·mau·er** *f* city wall; **Stadt·mit·te** ['-'--] *f* town (*od* city) centre; **Stadt·plan** *m* (town) map; **Stadt·pla·nung** *f* town (*od* city) planning; **Stadt·rand** *m* outskirts of a town (*od* city); **Stadt·rand·sied·lung** *f* suburban housing scheme; **Stadt·rat** ‹-(e)s, ¨-e› *m* **1.** *(Gremium)* town (*od* city) council; **2.** *(Person)* town (*od* city) councillor; **Stadt·rund·fahrt** *f* town (*od* city) sightseeing tour; **Stadt·strei·cher(in)** *m (f)* town (*od* city) vagrant; **Stadt·teil** *m* district, part of town; **Stadt·tor** *n* town (*od* city) gate; **Stadt·vä·ter** *pl hum* city fathers; **Stadt·ver·kehr** *m* city traffic; **Stadt·ver·wal·tung** *f* municipal authority, town council; **Stadt·wer·ke** *pl* town's (*od* city's) department of works.

Staf·fa·ge [ʃta'fa:ʒə] ‹-, -n› f decoration.

Staf·fel ['ʃtafəl] ‹-, -n› *f* **1.** *mil aero (Flug~)* squadron; **2.** *mil aero (Kompanie)* company; **3.** *sport* relay; ▶ **~ laufen** run in a relay.

Staf·fe·lei *f* easel.

Staf·fel·lauf *m sport* relay race.

staf·feln *tr Br* graduate, *Am* grade; **Staf·fe·lung** *f (der Gehälter, etc) Br* graduation, *Am* grading.

Stag·na·tion [ʃtagna'tsjo:n] *f* stagnancy, stagnation; **sta·gnie·ren** *itr* stagnate.

Stahl [ʃta:l, *pl* 'ʃtɛ:lə] ‹-(e)s, ¨-e/(-e)› *m* **1.** *(Metall)* steel; **2.** *poet (Schwert, Dolch)* blade; ▶ **Nerven aus ~** *fig* iron nerves; **so hart wie ~** as hard as steel; **Stahl·be·ton** *m* reinforced concrete; **Stahl·blech** *n* **1.** *(stählernes Blech)* sheet-steel; **2.** *(Stück ~)* steel sheet.

stäh·len ['ʃtɛ:lən] **I** *tr (abhärten)* toughen; **II** *refl* **1.** *(sich abhärten)* toughen o.s.; **2.** *(sich innerlich vorbereiten)* steel o.s.

Stahl·fe·der *f* **1.** *(Schreib~)* steel nib; **2.** *(Sprungfeder)* steel spring; **Stahl·ge·rüst** *n* tubular steel scaffolding; **stahl·hart** ['-'-] *adj* as hard as steel; **Stahl·helm** *m* steel helmet; **Stahl·in·du·strie** *f* steel industry; **Stahl·ko·cher** *m* steelworker; **Stahl·rohr·mö·bel** *pl* tubular steel furniture; **Stahl·trä·ger** *m* steel girder; **Stahl·wa·ren** *f pl* steelware *sing;* **Stahl·werk** *n* steelworks.

Sta·ke ['ʃta:kə] ‹-, -n› *f mar (Bootshaken)* grappling hook; **sta·ken** ['ʃta:kən] *itr* pole, punt.

stak·sen ['ʃta:ksən] ‹sein› *itr* stalk.

Stall [ʃtal, *pl* 'ʃtɛlə] ‹-(e)s, ¨-e› *m (Pferde~)* stable; *(Kuh~) Br* cowshed, *Am* cow barn; *(Schweine~) Br* pigsty, *Am* pen; ▶ **in den ~ bringen** put in stable; **wir sind aus dem gleichen ~** *fig* we're out of the same stable; **s-e Pferde stehen im ~ des Trainers** he stables his horses with the trainer; **Stal(l·)la·ter·ne** *f* stable lamp; **Stall·knecht** *m* stableman; **Stall·magd** *f* milkmaid; **Stal·lung** *f* stables *pl.*

Stamm [ʃtam, *pl* 'ʃtɛmə] ‹-(e)s, ¨-e› *m* **1.** *(Baum~)* trunk; **2.** *ling* stem; **3.** *com (Kundschaft)* regulars *pl;* **4.** *mil (Stammannschaft)* permament staff; **5.** *(Volks-, Eingeborenen~)* tribe; **6.** *bot zoo* phylum; **Stamm·ak·tie** *f Br* ordinary (*Am* common) share; **Stamm·baum** *m* **1.** *(Abstammung)* family (*od* genealogical) tree; *(von Tieren)* pedigree; *(von Pferden)* stud-book; **2.** *bot zoo* phylogenetic tree; **Stamm·buch** *n (Familien~)* family bible.

stam·meln ['ʃtaməln] *tr itr* stammer.

stam·men *itr* **1.** *(ab~) a. fig* come (*od* stem) (*aus, von* from); **2.** *(zeitlich)* date (*aus, von* from); ▶ **das Rezept stammt von meiner Tante** I've got this recipe from my aunt; **woher ~ Sie?** where do you come from? **der Kupferstich stammt noch von meinem Vater** the copper-engraving belonged to my father.

Stamm·form *f* base form; **Stamm·gast** *m* regular; **Stamm·hal·ter** *m* son and heir; **Stamm·haus** *n* **1.** *(Familien~)* ancestral mansion; **2.** *fig (in Fürstengeschlecht)* principal line; **3.** *com* parent branch.

stäm·mig ['ʃtɛmɪç] *adj (kräftig) Br* sturdy, *Am* husky.

Stamm·ka·pi·tal *n com Br* ordinary share capital, *Am* common stack capital; **Stamm·knei·pe** *f* local (pub); **Stamm·kun·de (-kun·din)** *m (f)* regular customer; **Stamm·lo·kal** *n* favourite restaurant; **Stamm·per·so·nal** *n* permanent staff; **Stamm·platz** *m* usual seat; **Stamm·rol·le** *f mil* muster roll; **Stamm·tisch** *m:* ▶ **er ist zum ~ gegangen** he's gone off for a drink with his mates (to the local); **Stamm·va·ter** *m* progenitor; **stamm·ver·wandt** *adj ling* cognate; **Stamm·vo·kal** *m ling* root vowel; **Stamm·wäh·ler(in)** *m (f) pol* staunch supporter, loyal voter.

stamp·fen ['ʃtampfən] **I** *itr* **1.** *(mit dem Fuß)* stamp; **2.** *(von Schiff)* pitch; **3.** *(Kolbengeräusch von Schiffsdiesel)* pound; **4.** *(stapfen)* trudge; **II** *tr (fest~)* stamp; ▶ **Kartoffeln ~** mash potatoes; **Stamp·fer** *m* **1.** *tech* pounder; **2.** *fam pl (dicke Beine)* tree-trunks.

Stand [ʃtant, *pl* 'ʃtɛndə] ‹-(e)s, ¨-e› *m* **1.** *(das Stehen)* standing position; **2.** *(~ für den Fuß, fester Halt)* foothold, footing;

3. *(Bude, Markt~)* booth, stand; **4.** *(Wasser~)* level; *astr (der Gestirne)* position; *(der Sonne)* height position; *(von Barometer)* height; *(von Thermometer etc)* reading; **5.** *sport (Spiel~)* score; *(Tabellen~)* standings *pl;* **6.** *(Zustand)* condition, state; **7.** *(Beruf, Gewerbe)* profession, trade; **8.** *(soziale Stellung)* status; ▶ **e-n schweren ~ haben** have a tough job; **nach ~ der Dinge** as things stand; **beim jetzigen ~ der Dinge** the way things stand at the moment; **etw auf den neuesten ~ bringen** bring s.th. up to date.

Stan·dard [ˈʃtandart] ‹-s, -s› *m* standard; **Stan·dard·aus·füh·rung** *f* standard design; **stan·dar·di·sie·ren** *tr* standardize; **Stan·dar·di·sie·rung** *f* standardization.

Stan·dar·te [ʃtanˈdartə] ‹-, -n› *f* standard.

Stand·bild *n* statue.

Ständ·chen [ˈʃtɛntçən] ‹-s, -› *n* serenade; ▶ **jdm ein ~ bringen** serenade s.o.

Stän·der [ˈʃtɛndɐ] *m (Gestell)* stand.

Stan·des·amt *n* registry office; **stan·des·amt·lich** *adj:* ▶ **~e Trauung** *Br* registry office wedding, *Am* civil wedding; **~ trauen** perform a *Br* registry office (*Am* civil wedding); **Stan·des·be·am·te** *m* registrar.

stan·des·ge·mäß *adv* befitting one's rank; ▶ **~ leben** live according to one's rank.

stand·fest *adj* **1.** *(stabil)* stable; **2.** *fig* steadfast; **Stand·fe·stig·keit** *f* **1.** *(Stabilität)* stability; **2.** *fig* steadfastness; **Stand·ge·richt** *n mil jur* court martial; **stand·haft** *adj* steadfast; ▶ **sich ~ weigern** refuse staunchly; **Stand·haf·tig·keit** *f* steadfastness; *(Entschlossenheit)* resolution; **stand|hal·ten** *irr itr* **1.** *(Bauwerk)* hold; **2.** *fig (widerstehen)* stand firm; ▶ **der Versuchung ~** resist temptation.

Stand·hei·zung *f mot* stationary heating.

stän·dig [ˈʃtɛndɪç] *adj* **1.** *(dauernd)* permanent; **2.** *(laufend)* constant, continual; ▶ **~es Einkommen** regular income; **~es Mitglied** full member; **~ krank sein** be always ill; **~ zu spät kommen** be constantly late; **~er Wohnsitz** permanent address.

Stand·licht *n mot* sidelights *pl;* ▶ **mit ~ fahren** drive on sidelights; **Stand·ort** *m* **1.** *(Ort des Aufenthaltes)* location, site; **2.** *aero mar* position; **3.** *mil (Garnison)* garrison; **4.** *fig* position; **5.** *bot* habitat; **Stand·ort·wahl** *f* choice of location; **Stand·pau·ke** *f fam:* ▶ **jdm eine ~ halten** give s.o. a telling-off; **Stand·punkt** *m* **1.** *(Beobachtungspunkt)* point of view; **2.** *fig (Ansicht)* standpoint; *(Gesichtspunkt)* point of view; ▶ **jdm s-n ~ klarmachen** give s.o. a piece of one's mind; **auf dem ~ stehen, daß ...** take the view that ...; **von meinem ~ aus ...** from my point of view ..; **Stand·recht** *n mil* martial law; ▶ **das ~ verhängen** establish martial law; **stand·recht·lich** *adj:* ▶ **~ erschießen** shoot by sentence of the courtmartial; **Stand·spur** *f* hard shoulder; **Stand·uhr** *f* grandfather clock.

Stan·ge [ˈʃtaŋə] ‹-, -n› *f* **1.** *(Stab)* pole; *(Gardinen~, Gitter~)* bar, rod; **2.** *(Geweih~)* branch; ▶ **bei der ~ bleiben** stick at it; **jdm die ~ halten** stand up for s.o.; **jdn bei der ~ halten** *fig* bring s.o. up to scratch; **e-e ~ Geld** *fig* a mint of money; **ein Anzug von der ~** a suit off the peg; **e-e ~ Zigaretten** a carton of cigarettes; **Stan·gen·brot** *n* French loaf (*od* stick).

stän·kern [ˈʃtɛŋkɐn] *itr fam* stir things up.

Stan·ni·ol [ʃtaˈnjoːl] ‹-s, -e› *n* silver foil; **Stan·ni·ol·pa·pier** *n* silver paper.

Stan·ze [ˈʃtantsə] ‹-, -n› *f tech* **1.** *(Loch~)* punch; **2.** *(Präge~)* die; **stan·zen** *tr* **1.** *(aus~)* punch; **2.** *(ein~)* stamp.

Sta·pel [ˈʃtaːpəl] ‹-s, -› *m* **1.** *(Haufen)* pile, stack; **2.** *(Woll~)* staple; ▶ **auf ~ legen** *mar* lay down; **vom ~ lassen** *mar* launch; *fig* come out with ...; **vom ~ laufen** *mar* be launched; **Sta·pel·ka·sten** *m* crate; **Sta·pel·lauf** *m mar* launching; **sta·peln I** *tr* stack up; **II** *refl* pile up.

stap·fen [ˈʃtapfən] ‹sein› *itr* plod, trudge.

Star[1] ‹-s, -e› *m orn* starling.

Star[2] ‹-(e)s› *m med* cataract; ▶ **grüner ~** glaucoma.

Star[3] [ʃtaːɐ] ‹-(e)s, -s/-e› *m (Film~)* star.

Star·al·lü·ren *pl:* ▶ **sich ~ geben** give o.s. airs.

Sta·ren·ka·sten *m (Nistkasten)* nesting box.

stark [ʃtark] ‹stärker, stärkst› **I** *adj* **1.** *allg* strong; *(mächtig)* powerful; **2.** *(beleibt)* large; **3.** *(heftig, schwer)* heavy; **4.** *sl (großartig)* groovy; ▶ **das ist ja ein ~es Stück!** that's really a bit thick! **sich für etw ~ machen** *fig* stand up for s.th.; **~er Motor** powerful engine; **der ~e Mann** *pol* strongman; **⁓̈er werden** increase in strength; **II** *adv* **1.** *(beträchtlich)* greatly; **2.** *(sehr: mit Verb)* a lot; *(mit adj)* very; **3.** *sl (hervorragend)* groovy; ▶ **~ befahrene Straße** busy road; **ich bin ~ erkältet** I have a bad cold; **~ gefragt** *com* in great demand; **~ gesalzen** very salty.

Stär·ke[1] *f (Speise~)* starch.

Stär·ke[2] [ˈʃtɛrkə] ‹-, -n› *f* **1.** *(Kraft)* strength; **2.** *(Intensität)* intensity; **3.** *(Macht)* power; **4.** *(Dicke von Werkstoffen)* thickness; **5.** *mil a. sport (An-*

zahl) size; **6.** *fig (starke Seite)* strong point; ► **nicht die volle ~ haben** *mil* be below strength; **stär·ken** ['ʃtɛrkən] **I** *tr* **1.** *(kräftigen)* strengthen; **2.** *(erfrischen)* fortify; **3.** *(Wäsche)* starch; ► **jds Selbstvertrauen ~** give a boost to someone's confidence; **II** *refl (sich erfrischen)* fortify o.s.

Stark·strom *m el* power (*od* heavy) current; **Stark·strom·lei·tung** *f* power line.

Stär·kung *f* **1.** *(das Starkmachen)* strengthening; *(Kräftigung)* invigoration; **2.** *(Erfrischung)* refreshment; ► **eine kleine ~ zu sich nehmen** have a light snack; **Stär·kungs·mit·tel** *n med* tonic.

starr [ʃtar] *adj* **1.** *(steif)* stiff; *(unbeweglich)* rigid; **2.** *(bewegungslos)* motionless; **3.** *(unbeugsam)* obstinate, stern; ► **~ vor Schrecken** paralysed with terror; **jdn ~ ansehen** stare at s.o.; **Star·re** ‹-› *f* stiffness.

star·ren *itr* **1.** *(starr blicken)* stare (*auf* at); **2.** *(strotzen):* ► **~ vor ...** be thick with ...; **vor Löchern ~** be riddled with holes.

Starr·heit *f* **1.** *tech* stiffness, rigidity; **2.** *fig* obstinacy, stubbornness; **Starr·kopf** *m* obstinate mule; **Starr·krampf** *m* lockjaw, *med* tetanus; **Starr·sinn** *m* obstinacy, stubbornness; **starr·sin·nig** *adj* stubborn.

Start [ʃtart] ‹-(e)s, -s/(-e)› *m* **1.** *allg a. sport* start; **2.** *aero* take-off; *(von Rakete)* launch; ► **gut vom ~ wegkommen** get off to a good start; **jdm zu e-m ~ im Geschäftsleben verhelfen** start s.o. in business; **fliegender ~** flying start; **stehender ~** dead (*od* standing) start; **zum ~ rollen** *aero* taxi to the take-off point; **Start·bahn** *f aero* runway; **start·be·reit** *adj* **1.** *sport* ready to start; **2.** *aero* ready for take off.

star·ten I *itr* ‹sein› **1.** *allg a. sport* start off; **2.** *aero* take off; **3.** *fam (abreisen)* set off; **II** *tr* ‹h› **1.** *(Rakete)* launch; **2.** *fig (in Gang setzen)* start.

Start·er·laub·nis *f* **1.** *sport* permission to take part; **2.** *aero* take-off clearance; **Start·hil·fe** *f fig:* ► **die richtige ~ bekommen** get off to a flying start; **jdm e-e gute ~ geben** give s.o. a good start in life; **Start·hil·fe·ka·bel** *n mot* jump leads *pl;* **Start·ka·pi·tal** *n* starting capital; **start·klar** *adj* (*s.* startbereit); **Start·schuß** *m sport* starting signal; **Start·zei·chen (Start·si·gnal)** *n a. fig* start signal (*zu* for).

Sta·tik ['ʃta:tɪk] *f* **1.** *phys* statics *pl;* **2.** *arch* structural engineering; **Sta·ti·ker** *m* structural engineer.

Sta·tion [ʃta'tsjo:n] *f* **1.** *fig (Abschnitt)* stage; **2.** *rail* station; **3.** *radio* station; **4.** *(im Krankenhaus)* ward; ► **wir haben in Berlin zwei Tage ~ gemacht** we stopped over in Berlin for two days; **sta·tio·när** *adj* **1.** *(fest eingerichtet)* stationary; **2.** *med* in-patient; ► **~ behandeln** treat in hospital; **sta·tio·nie·ren** *tr mil* station; **Sta·tio·nie·rung** *f mil* stationing; **Sta·tions·arzt** *m* ward doctor; **Sta·tions·schwe·ster** *f* ward sister; **Sta·tions·vor·ste·her** *m rail Br* station-master, *Am* station agent.

sta·tisch ['ʃta:tɪʃ] *adj* statical.

Sta·tist [ʃta'tɪst] *m theat* supernumerary; *film* extra; **Sta·ti·stik** *f* statistics *pl;* **sta·ti·stisch** *adj* statistical; ► **~e Angaben** statistical returns.

Sta·tiv [ʃta'ti:f] ‹-s, -e› *n phot* tripod.

Statt ‹-› *f:* ► **an jds ~** in someone's place.

statt [ʃtat] **I** *prp:* ► **~ dessen** instead; **~ meiner** in my place; **II** *conj* instead of; ► **~ zur Schule zu gehen ...** instead of going to school ...

Stät·te ['ʃtɛtə] ‹-, -n› *f (gehoben)* place.

statt|fin·den *irr itr* take place; *(sich ereignen)* occur; **statt|ge·ben** *irr itr* grant; **statt·haft** *adj* allowed, *(gehoben)* permitted.

Statt·hal·ter *m* governor.

statt·lich ['ʃtatlɪç] *adj* **1.** *(Gebäude)* stately; *(ansehnlich)* imposing; *(prächtig)* magnificent; **2.** *(beträchtlich)* considerable; **Statt·lich·keit** *f* **1.** *(von Gebäude)* stateliness; **2.** *(Ansehnlichkeit)* imposingness; *(Pracht)* magnificence.

Sta·tue ['ʃta:tuə] ‹-, -n› *f* statue.

Sta·tur [ʃta'tu:ɐ] ‹-, -en› *f* build, stature.

Sta·tus ['ʃta:tʊs] ‹-› *m* status; **Sta·tus·sym·bol** *n* status symbol.

Sta·tut [ʃta'tu:t] ‹-(e)s, -en› *n* statute; ► **~en** *pl (e-r Gesellschaft)* articles.

Stau [ʃtaʊ] ‹-(e)s, -e› *m* **1.** *(Verkehrs~)* traffic jam; **2.** *(Wasser~)* build-up.

Staub [ʃtaʊp] ‹-(e)s› *m* dust; ► **~ wischen** dust; **sich aus dem ~ machen** *fam* decamp, make off; **viel ~ aufwirbeln** *fig* cause a big stir; **diese Angelegenheit hat viel ~ aufgewirbelt** *fig* this affair has raised quite a dust; **Staub·beu·tel** *m* **1.** *bot* anther; **2.** *(von Staubsauger)* dust bag.

Stau·becken (k·k) *n* reservoir.

stau·ben *itr* **1.** *(staubig sein)* be dusty; **2.** *(Staub machen)* make dust.

Staub·fa·den *bot* filament; **Staub·fän·ger** ['ʃtaʊpfɛŋɐ] *m* dust collector; **Staub·flocke (k·k)** *f* fluff; **Staub·ge·fäß** *n bot* stamen.

stau·big *adj* dusty.

Staub·korn ‹-s, ¨-er› *n* dust particle; **Staub·nie·der·schlag** *m* deposition of airborne solid matter; **staub·sau·gen** ['---] *itr* vacuum; *fam* hoover; **Staub·sau·ger** *m* vacuum cleaner; *fam* Hoover *Wz;* **Staub·tuch** ‹-(e)s, ¨-er› *n* duster; **Staub·wol·ke** *f* cloud of dust.

stau·chen ['ʃtaʊxən] *tr tech* upset; **Stau·chung** *f* **1.** *tech* upsetting; **2.** *med* compression.

Stau·damm *m* dam.

Stau·de ['ʃtaʊdə] ‹-, -n› *f bot* perennial herb.

stau·en I *tr* **1.** *(Wasser)* dam up; **2.** *(Waren)* stow; **II** *refl* **1.** *(Verkehr)* get jammed; *(Menschen)* crowd; **2.** *(Wasser)* build up; ► **der Verkehr staut sich** there is a tailback.

Stau·er *m mar* stevedore.

Stau·ge·fahr *f* risk of congestion.

Stau·mau·er *f* dam wall.

Stau·nen *n* astonishment, amazement.

stau·nen ['ʃtaʊnən] *itr* be astonished (*od* amazed) (*über* at); ► **da staunst du, was?** you didn't expect that, did you? **nein, wirklich? — da staune ich aber!** no, really? — you amaze me! **sie sah mich ~d an** she looked at me in astonishment.

Stau·pe ['ʃtaʊpə] ‹-, -n› *f (Hundekrankheit)* distemper.

Stau·raum *m mot* storage capacity (*od* space); *mar* stowage room.

Stau·see *m* reservoir.

Stau·ung *f* **1.** *(Verkehrs~)* traffic-jam, tailback; **2.** *(Stockung)* pile-up.

Stea·rin [ʃtea'ri:n] ‹-s, -e› *n chem* stearin.

Stech·ap·fel *m bot* thorn-apple.

ste·chen ['ʃtɛçən] *irr* **I** *itr tr* **1.** *(Dorn)* prick; *(Biene)* sting; *(Mücke)* bite; **2.** *(mit Waffe)* stab (*nach* at); **3.** *fig (im Kartenspiel)* take; ► **Torf ~** cut peat; **in See ~** put to sea; **das sticht!** that's prickly! *(tut weh)* that hurts! **es sticht mich in der Seite** I have stitches in my side; **II** *refl* prick o.s. (*an* on); **ich hab mich in den Daumen gestochen!** I've pricked my thumb! **ste·chend** *adj* **1.** *fig (Blick)* piercing; **2.** *(Schmerz)* sharp; **3.** *(Geruch)* pungent; **Stech·gin·ster** *m bot* furze, gorse; **Stech·kar·te** *f* clocking-in card; **Stech·mücke (k·k)** *f* gnat, mosquito; **Stech·pal·me** *f bot* holly; **Stech·uhr** *f* time-clock; **Stech·zir·kel** *m* dividers *pl.*

Steck·brief *m* warrant of arrest; ► **s~lich gesucht werden** be on the wanted list.

Steck·do·se *f el* socket.

Stecken (k·k) ['ʃtɛkən] ‹-s, -› *m* stick.

stecken (k·k) I *tr* **1.** put; **2.** *(befestigen)* pin (*an* onto); **II** *itr* **1.** *(sein)* be; **2.** *(fest~)* be stuck; ► **steckt der Schlüssel?** is the key in the lock? **was steckt dahinter?** *fig* what's behind it? **Ich werd' ihm zeigen, was in mir steckt!** I'll show him what I'm made of! **jdm etw ~** *sl (verraten)* tell s.o. s.th.; **sich Watte in die Ohren ~** stuff cotton wool in one's ears; **stecken|blei·ben (k·k)** *irr itr* **1.** get stuck, stick fast; **2.** *(in e-r Rede)* falter; ► **die Kugel blieb stecken** the bullet was lodged; **stecken|las·sen (k·k)** *irr tr:* ► **den Schlüssel ~** leave the key in the lock.

Stecken·pferd (k·k) *n* hobby-horse.

Stecker (k·k) *m el* plug.

Steck·kon·takt *m el* plug; **Steck·na·del** *f* pin; ► **jdn wie e-e ~ suchen** look for s.o. high and low; **Steck·rü·be** *f* swede, turnip; **Steck·schlüs·sel** *m tech Br* box spanner, *Am* socket wrench.

Steg [ʃte:k] ‹-(e)s, -e› *m* **1.** *(Weg) Br* foothpath, *Am* walkway; **2.** *(Fußgängerbrücke)* footbridge; **3.** *aero (Holm)* web; **4.** *(Geigen~)* bridge.

Steg·reif ['ʃte:kˌraɪf] *m:* ► **aus dem ~ sprechen** make an off-the-cuff speech.

Steh·auf·männ·chen ['ʃte:aʊfˌmɛnçən] *n* tumbler.

Ste·hen ['ʃte:ən] *n* standing; ► **zum ~ bringen** stop.

ste·hen *irr* **I** *itr* **1.** stand; **2.** *(von Kleidern: gut passen)* suit; **II** *tr (Wache)* stand; **III** *refl:* **sich gut ~** be well-off; ► **auf etw (jdn) ~** *sl (gern mögen)* dig s.th. (s.o.); **darauf steht Gefängnis** that's punishable by imprisonment; **darauf steht eine Belohnung** there's a reward for it; **das steht dir** *(paßt)* that suits you; **wie stehst du dazu?** what's your opinion on that? **wie stehst du mit ihr?** how do you get on with her? **wie steht's?** how's things? **wo steht das?** where does it say that? **was steht im Brief?** what does the letter say? **mir steht's bis hier** *fam* I'm sick and tired of it; **wo stehst du?** *(mit dem Auto)* where have you parked? **es steht nicht gut für ihn** things don't look too bright for him; **mit diesem Mantel stehst du dich gut** this coat's a bargain.

ste·hen|blei·ben *irr itr* **1.** *(Fahrzeuge, Kolonne)* come to a standstill; *(Personen)* stop; **2.** *(nicht umfallen)* remain standing; **3.** *mot (Motor)* cut out; ► **ich bin auf Seite 16 stehengeblieben** I left off on page 16.

ste·hend *adj:* ► **~er Ausdruck** stock phrase; **~en Fußes** instanter; **~es Heer** regular army; **~er Satz** *typ* standing matter; **~es Wasser** stagnant water.

ste·hen|las·sen *irr tr* **1.** *(dalassen)* leave; **2.** *(vergessen)* leave behind; ► **er ließ die Suppe stehen** he left the soup untouched; **jdn draußen ~** leave s.o. standing outside.

Steh·kra·gen *m* stand-up collar; ► **ich hab's satt bis zum ~!** *fig fam* I'm fed up to the back-teeth with it! **Steh·lam·pe** *f Br* standard lamp, *Am* floor lamp; **Steh·lei·ter** *f* stepladder.

steh·len ['ʃte:lən] *irr tr itr* steal; ► **er kann mir gestohlen bleiben** *fig fam*! I

couldn't care less about him! **jdm die Zeit ~** *fig fam* make s.o. lose his time.
Steh·lo·kal *n* stand-up café **Steh·platz** *m (in Verkehrsmitteln)* standing room; ► **einen ~ haben** have to stand.
Stei·er·mark ['ʃtaɪɐmark] *f* Styria.
steif [ʃtaɪf] *adj* **1.** *(straff, starr, unbeweglich)* stiff; *(Penis)* erect; *(erstarrt)* numb; **2.** *(Flüssigkeit, Teig etc)* thick; **3.** *fig (geziert)* strained; *(förmlich)* formal; ► **~ u. fest behaupten, daß ...** swear up and down that ...; **die Ohren ~ halten** *fig* keep a stiff upper lip; **~ machen, ~ werden** stiffen; **~e Brise** stiff breeze; **Steif·heit** *f* **1.** stiffness; *(Starrheit)* numbness; **2.** *fig* formality.
Steig [ʃtaɪk] ‹-(e)s, -e› *m* steep track; **Stei·ge** ‹-, -n› *f* **1.** *dial (steile Stiege, Treppe)* staircase; **2.** *(steiler Weg)* steep track; **Steig·ei·sen** *n* **1.** *(zum Klettern)* crampon; **2.** *(Eisentritt in Mauer)* rung.
stei·gen ['ʃtaɪgən] *irr itr* **1.** *(hinaufklettern, aero)* climb; **2.** *(sich nach oben bewegen: Barometer, Temperatur, Preise, Wasser etc)* rise; *(anwachsen, zunehmen)* increase; *(Wasser)* rise, swell; **3.** *(Preise)* go up, rise; ► **ins Auto ~** get into one's car; **Drachen ~ lassen** fly kites; **aus dem Bett ~** get out of bed; **stei·gend** *adj:* ► **~e Tendenz** upward tendency; **Stei·ger** *m min* foreman.
stei·gern ['ʃtaɪgɐn] **I** *tr* **1.** *(a. Preise)* increase; **2.** *(intensivieren)* intensify; **II** *itr* **1.** *gram* compare; **2.** *(bei Auktionen)* bid (*um* for); **III** *refl* **1.** *(anwachsen)* increase; **2.** *(sich verbessern)* improve; **Stei·ge·rung** *f* **1.** *(a. Preise)* increase; **2.** *(Intensivierung)* intensification; **3.** *gram* comparison; **4.** *(Verbesserung)* improvement.
Steig·rie·men *m* stirrup-strap.
Stei·gung *f* **1.** *(Hang)* slope; **2.** *(e-r Straße, Bahn etc) Br* gradient, *Am* grade.
steil [ʃtaɪl] *adj* steep; ► **~ abfallen** plunge; **~es Dach** high roof; **~es Ufer** steep coast; **e-e ~e Karriere machen** have a rapid rise; **Steil·hang** *m* steep slope; **Steil·heck** *n mot* hatchback; **Steil·heit** *f* steepness; **Steil·kü·ste** *f* cliff; **Steil·paß** *m sport (Fußball)* through ball; **Steil·ufer** *n* steep bank.
Stein [ʃtaɪn] ‹-(e)s, -e› *m* **1.** stone; **2.** *(Spiel~)* piece; **3.** *bot* stone; ► **da fällt mir ein ~ vom Herzen!** *fig fam* that's a load off my mind! **~ und Bein schwören** *fam* swear blind; **jdm ~e in den Weg legen** *fig* put obstacles in someone's way; **den ~ ins Rollen bringen** *fig* start the ball rolling; **ich hab' bei ihr einen ~ im Brett** *fig fam* I'm well in with her; **ein Herz aus ~** *fig* a heart of stone; **Stein·ad·ler** *m orn* golden eagle; **stein·alt** ['-'-] *adj* as old as the hills; **Stein·bock** *m* **1.** *zoo* ibex; **2.** *astr* Capricorn; **Stein·bruch** *m* quarry; **Stein·butt** *m zoo* turbot.
stei·nern ['ʃtaɪnɐn] *adj* **1.** stone; **2.** *fig* stony.
Stein·gut *n* stoneware; **stein·hart** ['-'-] *adj* hard as stone.
stei·nig *adj* stony.
stei·ni·gen ['ʃtaɪnɪgən] *tr* stone; **Stei·ni·gung** *f* stoning; **Stein·koh·le** *f* hard coal; **Stein·koh·len·berg·werk** *n* coal mine, colliery; **Stein·mar·der** *m zoo* beech-marten; **Stein·metz** ['ʃtaɪnmɛts] ‹-(es), -e(n)› *m* stonemason; **Stein·pilz** *m bot* yellow boletus; **stein·reich**[1] ['-'-] *adj fam (sehr reich)* stinking rich; **steinreich**[2] ['--] *(steinig)* stony; **Stein·salz** ‹-es› *n* rock salt; **Stein·schlag** *m* rockfall; **Stein·schüt·tung** *f (an Flußufer)* riprap; **Stein·zeit** *f* Stone Age; **Stein·zeug** *n* stoneware.
Steiß [ʃtaɪs] ‹-es, -e› *m* buttocks *pl; (von Vögeln)* rump; **Steiß·bein** *n* coccyx.
Stell·dich·ein ['ʃtɛldɪçˌaɪn] ‹-(s), -(s)› *n obs Br* rendezvous, *Am* date; ► **ein ~ mit jdm nicht einhalten** *Br* stand s.o. up *fam, Am* break a date.
Stel·le ['ʃtɛlə] ‹-, -n› *f* **1.** *(Ort)* place; **2.** *(Fleck)* patch; **3.** *(Anstellung)* job; **4.** *(Buch~)* passage; *(Zitat)* quotation; **5.** *(Behörde) Br* authority, *Am* agency; **6.** *math* digit; ► **an erster ~** in the first place; **an meiner ~** in my place; **an dieser ~** in this place; **wenn ich an Ihrer ~ wäre ...** if I were you ...; **an ~ von ...** in place of ..., instead of ...; **auf der ~** *(sofort)* on the spot; **an Ort u. ~ sein** be on the spot; **an jds ~ treten** take the place of s.o.; **sich um e-e ~ bewerben** apply for a vacancy; **zur ~ sein** be at hand, be present; **offene ~, freie ~** vacancy.
stel·len ['ʃtɛlən] **I** *tr* **1.** *(setzen, hin~)* put; **2.** *(besorgen, zur Verfügung ~)* provide; **3.** *(regulieren, ein~)* set (*auf* at); **4.** *(Feind ~)* engage; *(in die Enge treiben)* corner; ► **die Heizung kleiner ~** turn the heating down; **e-e Frage ~** ask a question; **e-e Uhr ~** set a watch (*od* clock); **sich schlafend ~** pretend to be asleep; **das Radio leiser (lauter) ~** turn the radio down (up); **auf sich selbst gestellt sein** be dependent on o.s.; **jdm etw auf den Tisch ~** put s.th. on the table for s.o.; **II** *refl* **1.** *(sich hin~)* stand up; **2.** *(sich der Polizei ~)* give o.s. up to the police; ► **wie stellst du dich dazu?** what's your opinion on that? **Stel·len·an·ge·bot** *n* job offer; **Stel·len·aus·schrei·bung** *f* job advertisement; **Stel·len·be·schrei·bung** *f* job description; **Stel·len·ge·such** *n* application for a job; **Stel·len·ver·mitt·lung** *f* employment agency; **stel·len·wei·se** *adv* here and there, in places; **Stel·len·wert** *m fig* rank, rating; ► **einen**

hohen ~ haben play an important role.
Stell·ma·cher *m* **1.** *(für Wagen)* cartwright; **2.** *(Radmacher)* wheelwright.
Stell·platz *m (für Auto)* parking space.
Stel·lung *f* **1.** *(Körper~)* position; **2.** *mil* position; **3.** *mil (Geschütz~)* emplacement; **4.** *(Ansehen)* standing; *(Rang)* status; **5.** *(Beruf)* employment, job, situation; ► **seine ~ behaupten** stand one's ground; **~ beziehen** *mil* move into position; **die ~ halten** hold one's position; *fig hum* hold the fort; **in ~ bringen** (bring into) position; **~ nehmen zu ...** express one's opinion on ...; **für jdn ~ beziehen** *fig* come out in favour of s.o; **Stel·lung·nah·me** ‹-, -n› *f* **1.** *(Entgegnung)* statement (*zu* on); **2.** *(Haltung)* attitude; ► **s-e ~ zu etw abgeben** make a statement on s.th.
Stel·lungs·be·fehl *m mil Br* call-up, *Am* draft papers *pl;* **Stel·lungs·krieg** *m* positional warfare.
stel·lungs·los *adj* unemployed, without a job.
stell·ver·tre·tend *adj* **1.** *(vorübergehend)* acting; **2.** *(amtlich)* deputy; ► **~er Vorsitzender** vice-chairman; **~er Geschäftsführer** deputy managing director; **~ für etw stehen** stand in for s.th; **Stell·ver·tre·ter(in)** *m (f)* **1.** *(vorübergehender)* representative; *(von Arzt)* locum; **2.** *(amtlicher)* deputy; *mil* second in command; **Stell·ver·tre·tung** *f:* ► **in ~ von ...** for ...; **die ~ von jdm übernehmen** stand in for s.o.
Stell·werk *n rail Br* signal box, *Am* switchtower.
Stel·ze ['ʃtɛltsə] ‹-, -n› *f* stilt; **stel·zen** ‹sein› *itr* **1.** *(auf Stelzen gehen)* walk on stilts; **2.** *fam (lang ausschreiten)* stalk along; **Stelz·vö·gel** *m pl* waders.
Stemm·ei·sen *n* crowbar.
stem·men ['ʃtɛmən] *tr* **1.** *(hoch~)* lift; **2.** *(aufmeißeln)* chisel; ► **die Hände in die Seiten ~** set one's arms akimbo; **sich ~ gegen ...** *(dagegendrücken)* brace o.s. against ...; *(sich auflehnen)* oppose ...
Stem·pel ['ʃtɛmpəl] ‹-s, -› *m* **1.** *(Gummi~)* stamp; **2.** *(Präge~, Münz~)* die; **3.** *min (Stütz~)* prop; **4.** *(~abdruck* stamp; *(eingebrannter ~)* brand; *(Post~)* postmark; *(Echtheits~ auf Gold, Silber)* hallmark; **Stem·pel·far·be** *f* stamping ink; **Stem·pel·kis·sen** *n* ink pad; **stem·peln** *tr* stamp; *(postalisch)* postmark; ► **~ gehen** *fam* be on the dole.
Sten·gel ['ʃtɛŋəl] ‹-s, -› *m bot* stalk, stem.
Ste·no·block *m* shorthand pad; **Ste·no·gramm** [ʃteno'gram] ‹-s, -e› *n* shorthand dictation; ► **ein ~ aufnehmen** take down in shorthand; **Ste·no·gra·phie** *f* shorthand; **ste·no·gra·phie·ren I** *itr* do shorthand; **II** *tr* take down in shorthand; **Ste·no·graph(in)** [ʃteno'gra:f] ‹-en, -en› *m (f) (Bureau~)* shorthand writer; *(Amts~)* stenographer; **ste·no·gra·phisch I** *adj* shorthand; **II** *adv* in shorthand; **Ste·no·ty·pist(in)** [ʃtenoty'pɪst] *m (f)* shorthand typist.
Stepp·ano·rak *m* quilted anorak; **Stepp·an·zug** *m* quilted suit; **Stepp·decke (k·k)** *f Br* quilt, *Am* comforter.
Step·pe ['ʃtɛpə] ‹-, -n› *f* steppe.
step·pen[1] *itr (step-tanzen)* step-dance.
step·pen[2] ['ʃtɛpən] *tr (wattieren)* quilt; *(ab~)* stitch; **Stepp·we·ste** *f* quilted waistcoat.
Ster·be·bett *n* death-bed; **Ster·be·fall** *m* death; **Ster·be·geld** *n* death benefit; **Ster·be·hil·fe** active euthanasia; **Ster·be·kas·se** *f* death benefit fund.
Ster·ben *n* death; ► **die Angst vorm ~** fear of death; **im ~ liegen** be dying; **zum ~ langweilig** *fig* deadly boring.
ster·ben ['ʃtɛrbən] *irr itr* die (*an* of); ► **daran wirst du nicht ~!** *fig fam* it won't kill you! **e-s gewaltsamen Todes ~** die a violent death; **e-s natürlichen Todes ~** die a natural death; **vor Langeweile ~** *fig* be bored to death; **die ist für mich gestorben!** *fig fam* she might as well be dead!
Ster·bens·wört·chen ['--'vœrtçən] *n:* ► **kein ~ verraten** not breathe a syllable.
Ster·be·ort *m* deathplace; **Ster·be·ra·te** *f* death rate, mortality; **Ster·be·sa·kra·men·te** *pl* last sacraments; **Ster·be·ur·kun·de** *f* death certificate.
sterb·lich *adj* mortal; ► **jds ~e Überreste** someone's mortal remains; **Sterb·lich·keit** *f* mortality.
Ste·reo ['ʃte:reo] ‹-(s)› *n* stereo; ► **in ~** in stereo; **Ste·reo·an·la·ge** *f* hi-fi unit; **Ste·reo·auf·nah·me** *f* **1.** stereo recording; **2.** *phot* stereoscopic picture; **Ste·reo·me·trie** [ʃtereome'tri:] *f math* solid geometry, stereometry; **Ste·reo·skop** [ʃtereo'sko:p] ‹-s, -e› *n* stereoscope.
Ste·reo·turm *m* hi-fi stack.
ste·reo·typ [ʃtereo'ty:p] **I** *adj* **1.** *typ* stereotype; **2.** *fig* stereotyped; ► **~e Wendung** *ling* cliché; **II** *adv* impersonally, stiffly.
Ste·reo·ty·pie [---'-] *f typ* stereotype printing.
ste·ril [ʃte'ri:l] *adj* sterile; **Ste·ri·li·sa·tion** [ʃteriliza'tsjo:n] *f* sterilization; **ste·ri·li·sie·ren** *tr* sterilize; **Ste·ri·li·sie·rung** *f* sterilization; **Ste·ri·li·tät** *f* sterility.
Stern [ʃtɛrn] ‹-(e)s, -e› *m astr (a. ~förmiges Zeichen)* star; ► **mit ~en besät** starry; **es steht in den ~en** it's all in the stars; **~e sehen** *hum fam* see stars; **Stern·bild** *n* **1.** *astr* constellation; **2.** *(in der Astrologie)* sign; **Ster·nen·ban-**

ner *n* Star-Spangled Banner, Stars and Stripes *pl;* **ster·nen·klar** ['--'-] *adj* starlit; **Ster·nen·zelt** *n poet* starry firmament.

Stern·fahrt *f mot* rally.

stern·ha·gel·voll ['---'-] *adj fam* dead drunk.

Stern·hau·fen *m* star cluster; **stern·hell** ['-'-] *adj* starlit; **Stern·kar·te** *f* celestial chart; **Stern·kun·de** *f* astronomy; **Stern·schnup·pe** *f* shooting star; **Stern·sin·ger** *pl* Carol singers; **Stern·stun·de 1.** great moment; **2.** *astr (im Horoskop)* sidereal hour; **Stern·sy·stem** *n astr* galaxy; **Stern·war·te** *f* observatory; **Stern·zeit** *f (im Horoskop)* sidereal time.

Sterz [ʃtɛrts] ‹-es, -e› *f* **1.** *(Schwanz, Steiß)* rump; **2.** *(Pflug~)* handle.

stet [ʃte:t] *adj* constant; ▶ **~er Tropfen höhlt den Stein** *prov* constant dripping wears away the stone; **ste·tig** *adj* steady; ▶ **~e Funktion** *math* steady function; **Ste·tig·keit** *f* steadiness; *(Beständigkeit)* constancy; *(Kontinuität)* continuity; **stets** [ʃte:ts] *adv (immer)* always; ▶ **~ zu Diensten** ever at your service.

Steu·er[1] ['ʃtɔɪɐ] ‹-s, -› *n* **1.** *mar* helm; **2.** *mot* steering wheel; **3.** *aero* controls *pl;* ▶ **am ~ stehen (sitzen)** be at the helm (*od* wheel, *od* controls); **das ~ übernehmen** take over; **jdn ans ~ lassen** let someone drive.

Steu·er[2] ‹-, -n› *f* **1.** *fin* tax; **2.** *fam (Behörde)* the tax people; ▶ **nach (vor) Abzug der ~n** after (before) tax; **~n eintreiben** collect taxes; **~n erheben** levy taxes; **~n hinterziehen** evade taxes; **~n zahlen** pay tax *sing;* **Steu·er·auf·kom·men** *n Br* tax yield, *Am* internal revenue; **steu·er·be·gün·stigt** *adj* tax-deductible; **Steu·er·be·la·stung** *f* tax load; **Steu·er·be·ra·ter(in)** *m (f)* tax consultant; **Steu·er·be·scheid** *m* tax assessment.

steu·er·bord *adj mar* starboard.

Steu·er·er·hö·hung *f* tax increase; **Steu·er·er·klä·rung** *f* tax return; ▶ **die ~ abgeben** file a return; **Steu·er·er·laß** *m* tax exemption; **Steu·er·er·leich·te·rung** tax relief; **Steu·er·er·mä·ßi·gung** *f* tax allowance; **Steu·er·er·stat·tung** *f* tax rebate (*od* refund); **Steu·er·for·mu·lar** *n* tax form; **steu·er·frei** *adj* exempt from tax; **Steu·er·gel·der** *pl* taxes; **Steu·er·ge·rät** *n* **1.** *tech* controller; **2.** *radio* tuner; **Steu·er·hin·ter·zie·hung** *f* tax evasion.

Steu·er·klas·se *f* tax group.

Steu·er·knüp·pel *m aero Br* control column (*Am* stick).

steu·er·lich *adj:* ▶ **aus ~en Gründen** for tax purposes.

Steu·er·mann ‹-(e)s, -menner/-leute› *m* **1.** *(eingeteilter ~)* helmsman; **2.** *(Schiffsoffizier)* first mate; **Steu·er·manns·pa·tent** *n mar* mate's ticket.

Steu·er·mar·ke *f (für Hunde) Br* dog license disc, *Am* dog tag.

steu·ern *tr* **1.** *mar* navigate, steer; *aero* pilot; *mot* drive; **2.** *(regulieren a. fig)* control.

Steu·er·pa·ra·dies *n* tax haven; **steu·er·pflich·tig** *adj* liable to tax; **Steu·er·pflich·ti·ge(r)** *f m* tax-payer; **Steu·er·po·li·tik** *f* fiscal policy; **Steu·er·prü·fer(in)** *m (f)* tax inspector; **Steu·er·prü·fung** *f* tax inspector's investigation.

Steu·er·pult *n tech* control desk.

Steu·er·rad *n mot* (steering) wheel; ▶ **das ~ übernehmen** take over.

Steu·er·re·form *f* tax reform.

Steu·er·ru·der *n* rudder.

Steu·er·satz *m* rate of taxation; **Steu·er·schrau·be** *f fig:* ▶ **die Regierung zieht die ~ an** the government is putting the screws on the taxpayer; **Steu·er·schuld** *f* tax owing; **Steu·er·sen·kung** *f* tax cut.

Steu·er·sün·der(in) *m (f)* tax evader.

Steue·rung *f* **1.** *mar (das Steuern)* steering; *aero* piloting; **2.** *fig* control; **3.** *(Mechanismus e-r ~)* steering gear; *aero* controls *pl.*

Steu·er·ver·an·la·gung *f* tax assessment; **Steu·er·zah·ler** *m* taxpayer.

Steu·er·zei·chen *n EDV* control character.

Ste·ward(eß) ['stu:ət(-dɛs) --'-] ‹-, -ssen› *m (f)* steward (stewardess).

sti·bit·zen [ʃti'bɪtsən] ‹ohne ge-› *tr fam* pilfer, swipe.

Stich [ʃtɪç] ‹-(e)s, -e› *m* **1.** *(Nadel~)* prick; *(Messer~)* stab; **2.** *(Mücken~)* bite; *(Insekten~)* sting; **3.** *(Näh~)* stitch; **4.** *(Schmerz)* piercing pain; *(Seitenstechen)* stitch; **5.** *(Kupfer~, Stahl~)* engraving; ▶ **e-n ~ haben** *(Speisen)* be off; *fig fam (etw verrückt sein)* be round the bend; **jdn im ~ lassen** let s.o. down; **ein ~ ins Grüne** a tinge of green; **ich hab' ~e** I have a stitch *sing.*

Sti·che·lei *f fig* sneering remarks *pl.*

sti·cheln ['ʃtɪçəln] *itr* **1.** *(nähen)* sew; **2.** *fig* make sneering remarks (*gegen* at).

Stich·flam·me *f* tongue of flame.

stich·hal·tig *adj* sound, valid; ▶ **~e Gründe** sound arguments; **Stich·hal·tig·keit** *f* soundness, validity.

Stich·ling *m zoo* stickleback.

Stich·pro·be *f* spot check; **~n machen** make spot checks; **Stich·sä·ge** *f* fretsaw; **Stich·tag** *m* qualifying date; **Stich·waf·fe** *f* stabbing weapon; **Stich·wahl** *f Br* final ballot, *Am* run-off; **Stich·wort** ‹-(e)s, ⸚er› *n* **1.** *(im Wörterbuch)* head-word; **2.** *fig theat* cue; 3. *(schriftliches ~)* keyword; **stich·wort·ar·tig** *adj:* ▶ **geben Sie es nur ~ wieder!** recount the main points of it! **Stich·wort·ka·ta·log** *m (Bibliothek)* classified catalogue; **Stich·wun·de** *f* stab wound.

sticken (k·k) ['ʃtɪkən] *tr itr* embroider; **Sticke·rei (k·k)** *f* embroidery; **Stick·garn** *n* embroidery silk.

stickig (k·k) ['ʃtɪkɪç] *adj* 1. *(muffig)* close, stuffy; 2. *(erstickend)* suffocating; 3. *fig* stifling.

Stick·mu·ster *n* embroidery pattern; **Stick·na·del** *f* embroidery needle.

Stick·oxid *n* nitric oxide.

Stick·stoff *m* nitrogen; **Stick·stoff·dün·ger** *m* nitrogen fertilizer.

stie·ben ['ʃti:bən] *irr itr* 1. *(Funken)* fly; 2. *(rennen)* flee.

Stief·bru·der *m* stepbrother.

Stie·fel ['ʃti:fəl] ‹-s, -› *m* boot; **Stie·fel·knecht** *m* boot-jack.

Stief·kind *n* stepchild; **Stief·mut·ter** *f* stepmother.

Stief·müt·ter·chen *n bot* pansy.

Stief·schwe·ster *f* stepsister; **Stief·sohn** *m* stepson; **Stief·toch·ter** *f* stepdaughter; **Stief·va·ter** *m* stepfather.

Stie·ge ['ʃti:gə] ‹-, -n› *f* staircase.

Stieg·litz ['ʃti:glɪts] ‹-es, -e› *m orn* goldfinch.

Stiel [ʃti:l] ‹-(e)s, -e› *m* 1. *(Griff)* handle; *(Besen~)* stick; 2. *bot* stalk; *(Stengel)* stem; ▶ **mit Stumpf u. ~ ausrotten** extirpate, root out; **Stiel·au·gen** *pl:* ▶ **~ machen** *fam fig* be pop-eyed; **stiel·äu·gig** ['ʃti:l,ɔɪgɪç] *adj fam* stalk-eyed; **Stiel·kamm** *m* tail comb; **Stiel·topf** *m* saucepan.

Stier [ʃti:ɐ] ‹-(e)s, -e› *m* 1. *zoo* bull; 2. *astr* Taurus.

stier [ʃti:ɐ] *adj (Blick, Augen: glasig)* glassy; *(leer)* vacant; **stie·ren** *itr* stare (*auf* at).

Stier·kampf *n* bull-fight; **Stier·kämp·fer** *m* bull-fighter.

Stift[1] [ʃtɪft] ‹-(e)s, -e› *m* 1. *(Holz~)* peg; *(Nagel)* tack; 2. *(Blei~)* pencil; *(Kugelschreiber)* ball-point.

Stift[2] *n* 1. *eccl (Diözese)* diocese; 2. *(Anstalt)* home; 3. *eccl (Domkapitel)* chapter.

Stift[3] *m fam (Lehrling)* apprentice boy.

stif·ten ['ʃtɪftən] *tr* 1. *(schenken, geben)* donate; 2. *(gründen)* found; 3. *(verursachen)* bring about, cause; ▶ **Frieden ~** make peace; **Unfrieden ~** sow discord.

stif·ten|ge·hen *irr itr fam* beat a hasty retreat, make off.

Stif·ter(in) *m (f)* 1. *(Schenkende(r))* donator; 2. *(Gründer(in))* founder.

Stift·schlüs·sel *m tech* 1. *allg* pin spanner; 2. *(Sechskant~)* socket screw key.

Stifts·kir·che *f* collegiate church.

Stif·tung *f* 1. *(Schenkung)* donation; 2. *(Gründung)* foundation; 3. *jur* foundation; 4. *(Stipendium aus ~)* endowment.

Stift·zahn *m* post crown.

Stil [ʃti:l] ‹-(e)s, -e› *m* style; ▶ **ein Gedicht im ~ der Romantik** a poem in the Romantic style; **so ein Haus ist nicht mein ~** that house is not my style; **alles in großem ~ tun** do things in style; **Stil·blü·te** *f fam* howler.

Sti·lett [ʃti'lɛt] ‹-s, -e› *n* stiletto.

Stil·ge·fühl *n* sense of style; **stil·ge·treu** *adj* in original style; **sti·li·sie·ren** *tr* stylize; **Sti·li·stik** *f* stylistics *pl;* **sti·li·stisch** stylistic.

still [ʃtɪl] *adj* 1. *(ruhig, schweigend)* quiet, silent; 2. *(unbewegt)* still; ▶ **halt das Glas ~!** hold your glass steady! **~er Teilhaber** *com Br* sleeping (*Am* silent) partner; **sei ~!** be quiet! **im ~en** without saying anything; **sich im ~en denken** think to o.s.; **Stil·le** ['ʃtɪlə] ‹-› 1. *(Ruhe)* quietness; 2. *(Unbewegtheit)* stillness; ▶ **sie haben im ~n darüber gelacht** they had a quiet laugh over it; **sich in aller ~ davonmachen** make off secretly; **er wurde in aller ~ begraben** he was given a quiet burial; **Stil·le·ben** *n (Malerei)* still life; **stil(l·)·le·gen** *tr* 1. *(Betrieb)* close (*od* shut) down; 2. *(Verkehr einstellen)* suspend; 3. *(Fahrzeug)* lay up; *(Schiff)* put out of service; **Stil(l·)·le·gung** *f* 1. *(von Betrieb)* closure, shut-down; 2. *(Verkehrseinstellung)* stoppage; 3. *(von Fahrzeug)* laying up.

stil·len *tr* 1. *(befriedigen)* satisfy; *(Durst)* quench; 2. *(Schmerz)* allay, ease; 3. *(Zorn)* appease; 4. *(Blut)* staunch; 5. *(Kind)* breast-feed.

Still·hal·te·ab·kom·men *n* moratorium; **still|hal·ten** *irr itr* 1. keep still; 2. *fig* keep quiet; **still(l·)|lie·gen** *irr itr* 1. *(Verkehr etc)* have come to a standstill; 2. *tech (eingestellt sein)* be at a standstill; 3. *(Fabrik)* be closed (*od* shut) down.

stil·los ['ʃti:l,lo:s] *adj* 1. *(nicht zusammenpassend)* incongruous; 2. *fig* having no sense of style.

Still·schwei·gen *n* silence; ▶ **über etw ~ bewahren** maintain silence about s.th; **still|schwei·gen** *irr itr* remain silent; **zu etw ~** remain silent in the face of it; **still·schwei·gend** *adj fig:* ▶ **~es Einvernehmen (Übereinkommen)** tacit understanding (agreement); **still|sit·zen** *irr itr* sit still; **Still·stand** ‹-(e)s› *m* 1. *(Halt)* standstill; 2. *(Unterbrechung)* interruption; ▶ **zum ~ bringen** bring to a stop; **die Produktion zum ~ bringen** bring production to a standstill; **zum ~ kommen** come to a standstill; *(von Motor)* stop; **still|ste·hen** *irr itr* 1. be at a standstill; *mil* stand at attention; **2.** *(stehenbleiben)* stop.

Stil·mö·bel *n pl* period furniture; **stil·voll** *adj* stylish.

Stimm·ab·ga·be *f* voting; **Stimm·bän·der** *pl* vocal cords; **stimm·be·rech·tigt** *adj* entitled to vote; ► **nicht ~** non-voting; **Stimm·be·rech·tig·te(r)** *f m* person entitled to vote; **Stimm·bruch** ‹-(e)s› *m:* ► **er ist im ~** his voice is breaking.

Stim·me ['ʃtɪmə] ‹-, -n› *f* **1.** voice; **2.** *parl (Wahl~)* vote; **3.** *mus* part; **4.** *(Presse~)* comment; ► **ich habe keine ~ mehr** I have lost my voice; **sie hat keine besonders gute ~** she hasn't got much of a voice; **mit tiefer ~** in a deep voice; **jdm s-e ~ geben** *parl* give one's vote to a person; **Mehrheit von e-r Stimme** *parl* single-vote majority; **er gewann mit e-r Mehrheit von 150 ~n** he won by 150 votes.

stim·men I *itr* **1.** *(richtig sein)* be right; **2.** *parl (ab~)* vote *(für/gegen* for/against); ► **stimmt das?** is that true (*od* right *od* correct)? **stimmt's?** right? **stimmt so!** *(beim Geben von Trinkgeld)* keep the change! **das stimmt nicht** that's wrong; **II** *tr (ein Instrument ~)* tune *(höher/niedriger* up/down); ► **jdn gegen etw ~** *fig* turn s.o. against s.th.

Stim·men·aus·zäh·lung *f parl* count of votes; **Stim·men·ge·win·ne** *pl parl* votes gained; **Stim·men·ge·wirr** *n* confused din of voices; **Stim·men·gleich·heit** *f parl* tie; ► **bei ~ den Ausschlag geben** give the casting vote; **bei ~ entscheidet die Stimme des Vorsitzenden** the vote of the chairman shall be decisive in the event of a tie; **Stim·men·mehr·heit** ['----/--'--] *f Br* majority (*Am* plurality) of votes; ► **einfache ~** bare (*od* mere) majority; **Stimm·ent·hal·tung** ['----/--'--] *f* abstention; **Stim·men·ver·lu·ste** *pl parl* votes lost.

Stimm·ga·bel *f* tuning fork; **stimm·haft** *adj ling* voiced; **stim·mig** *adj (Argumente)* coherent; **Stim·mig·keit** *f* coherence; **Stimm·la·ge** *f mus* register; **stimm·los** *adj ling* voiceless; **Stimm·recht** *n* right to vote; ► **~ haben** have a vote; **Stimm·rit·ze** *f anat* glottis.

Stim·mung ['ʃtɪmʊŋ] *f* **1.** *(Gemüts~)* mood; **2.** *(öffentliche Meinung)* public opinion; ► **ich bin nicht in der ~ für diese Musik** I'm not in the mood for this type of music; **ich bin nicht in der richtigen ~** I'm not in the mood; **~ für (gegen) etw machen** stir up public opinion in favour of (against) s.th; **Stim·mungs·um·schwung** *m* **1.** *allg* change of atmosphere; *pol* swing; **2.** *com (Börse, Markt)* change of tendency; **stim·mungs·voll** *adj (idyllisch)* idyllic.

Stimm·zet·tel *m* ballot paper.

Sti·mu·la·tion [ʃtimʊla'tsjo:n] *f a. fig* stimulation; **sti·mu·lie·ren** *tr med a. fig* stimulate.

Stink·bom·be *f* stink bomb.

stin·ken ['ʃtɪŋkən] *irr itr* stink; ► **hier stinkt's!** it stinks in here! **die ganze Sache stinkt!** *fig fam* the whole business stinks! **die ganze Angelegenheit stinkt mir!** *fig fam* I'm fed up to the back teeth! **stin·kend** *adj* stinking; **stink·faul** ['-'-] *adj fam* bone-lazy; **stink·lang·wei·lig I** *adj* deadly boring; **II** *adv* in a deadly boring way; **Stink·tier** *n zoo* skunk; **Stink·wut** ['-'-] *f fam:* ► **e-e ~ haben** be furious.

Sti·pen·di·um [ʃti'pɛndiʊm] ‹-s, -dien› *n* **1.** *(als Auszeichnung)* scholarship; **2.** *(Studienbeihilfe)* grant.

Stipp·vi·si·te ['ʃtɪp-] *f fam* flying visit.

Stirn [ʃtɪrn] ‹-, -en› *f* forehead, *(gehoben)* brow; ► **hohe (niedrige) ~** high (low) forehead; **die ~ bieten** defy; **er hatte die ~, mir das zu sagen** he had the cheek to tell me that; **die ~ runzeln** frown; **Stirn·band** *n* **1.** *(Band um die Stirn)* headband; **2.** *(Schweißband in Hut)* sweatband; **Stirn·bein** *n anat* frontal bone; **Stirn·höh·le** *f* frontal sinus; **Stirn·höh·len·ver·ei·te·rung** *f med* sinusitis; **Stirn·rad** *n tech* spurwheel; **Stirn·run·zeln** ‹-s› *n* frown(ing); **Stirn·sei·te** *(von Gebäude)* gable-end.

stö·bern ['ʃtø:bɐn] *itr* rummage (*nach* for).

sto·chern ['ʃtɔxɐn] *itr* poke (*in* at); ► **in den Zähnen ~** pick one's teeth.

Stock [ʃtɔk, *pl* 'ʃtœkə] ‹-(e)s, ⸚e› *m* **1.** *allg* stick; *(Stab)* staff; *(Spazier~)* cane; *(Billard~)* cue; **2.** *(Baum~)* roots *pl;* **3.** *(~werk) Br* floor, storey, *Am* story; ► **am ~ gehen** walk with a stick; **im ersten ~** *Br* on the first (*Am* on the second) floor; **über ~ u. Stein** up hill and down dale.

stock·be·sof·fen ['--'--] *adj sl* pissed; **stock·dumm** ['-'-] *adj fam* thick; **stock·dun·kel** ['-'--] *adj* pitch-dark.

stöckeln (k·k) ['ʃtœkəln] ‹sein› *itr* mince, trip.

Stöckel·schuh (k·k) *m* stiletto.

stocken (k·k) ['ʃtɔkən] *itr* **1.** *(innehalten)* break off, stop short; **2.** *fig (nicht weitergehen)* make no progress; **3.** *(Verkehr)* be halted; ► **ins S~ geraten** *fig* begin to flag; **stockend (k·k)** *adj* hesitant.

stock·fin·ster ['-'--] *adj* pitch-dark.

Stock·fisch *m* **1.** *zoo* dried cod; **2.** *fig fam* stuffed shirt.

stock·kon·ser·va·tiv *adj* ► **er ist ~**

he is a dyed-in-the-wool conservative.
stock·steif ['-'-] *adj* stiff as a poker.
Stockung (k·k) *f* **1.** *(von Verhandlungen)* break-down; **2.** *(Unterbrechung)* interruption; **3.** *(Verkehrs~)* traffic-jam.
Stock·werk *n Br* floor, storey, *Am* story; ► **im oberen ~** upstairs.
Stoff [ʃtɔf] ‹-(e)s, -e› *m* **1.** *(Gewebe)* fabric, material; *com (Kleider~)* cloth; **2.** *(Materie)* matter; **3.** *sl (Rauschgift)* dope, stuff; **4.** *(Gesprächs~)* subject; ► **~ für ein Buch** material for a book; **e-e Medizin mit schädlichen ~en** a medicine with harmful substances; **~ zu etw geben** furnish matter for s.th.; **sich ~ beschaffen** *(Rauschgift)* score some stuff; **Stoff·bahn** *f* length of material; **Stoff·bal·len** *m* roll of cloth.
Stof·fel ['ʃtɔfəl] ‹-s, -› *m fam* boor, yokel.
Stoff·tier *n* soft toy.
Stoff·wech·sel *m med* metabolism; **Stoff·wech·sel·pro·dukt** *n* metabolic product.
Stöh·nen ['ʃtø:nən] *n* **1.** *(Seufzer)* groan; **2.** *(Gestöhne)* groaning; **stöhnen** *itr* groan.
Stol·len[1] ['ʃtɔlən] ‹-s, -› *m (Kuchen) Br* fruit loaf, *Am* stollen.
Stol·len[2] *m* **1.** *min* gallery; **2.** *mil (bombensicherer Unterstand)* underground shelter.
stol·pern ['ʃtɔlpɐn] ‹sein› *itr* stumble, trip (*über* over).
Stolz ‹-es› *m* pride; ► **jdn mit ~ erfüllen** be a source of pride to s.o.; **ihr ganzer ~** her pride and joy.
stolz [ʃtɔlts] *adj* **1.** proud (*auf* of); **2.** *(anmaßend)* arrogant; **3.** *(großartig)* majestic, stately; ► **~ sein auf ...** be proud of ...; **zu ~ sein, etw zu tun** have too much pride to do s.th.; **das ist nichts, worauf man ~ sein kann** that's nothing to be proud of.
stol·zie·ren *itr (hochmütig)* stalk; *(angeberisch)* strut.
Stopf·ei *n* darner; **Stop·fen** *m (s.* Stöpsel **1.** *).*
stop·fen ['ʃtɔpfən] **I** *tr* **1.** *(Pfeife ~, Loch füllen)* fill; *(hinein~)* stuff; **2.** *(Strümpfe etc ausbessern)* darn, mend; **3.** *(mit Stöpsel etc zu~, Leck ~)* plug, stop up; ► **jdm den Mund ~** *fig* silence s.o.; **er stopfte es in s-e Tasche** he stuffed it away in his pocket; **II** *itr med* be constipating; **Stopf·garn** *n* darning cotton, mending thread; **Stopf·na·del** *f* darning needle.
Stopp [ʃtɔp] ‹-s, -s› *m (Halt)* halt, stop.
Stop·pel ['ʃtɔpəl] ‹-, -n› *f* stubble; **Stoppel·bart** *m* stubbly beard; **Stop·pel·feld** *n* stubble-field.
stop·pe·lig ['ʃtɔp(ə)lɪç] *adj* stubbly.
stop·pen ['ʃtɔpən] **I** *tr* **1.** *(anhalten)* stop; **2.** *(mit der Uhr ab~)* time; **II** *itr* stop; ► **halt! stopp!** stop right there! **Stopp·schild** *n* stop sign; **Stopp·uhr** *f* stop-watch.
Stöp·sel ['ʃtœpsəl] ‹-s, -› *m* **1.** *(Pfropfen)* stopper; *(für Wasserbecken etc)* plug; **2.** *fam (kleiner Junge) Br* runt, *Am* shortie.
Stör [ʃtø:ɐ] ‹-(e)s, -e› *m zoo* sturgeon.
Storch [ʃtɔrç, *pl* 'ʃtœrçə] ‹-(e)s, ¨-e› *m* stork; ► **da brat' mir e-r e-n ~!** *fig* that beats everything! **Stor·chen·nest** *n* stork's nest.
stö·ren ['ʃtø:rən] **I** *tr* **1.** *(beeinträchtigen)* disturb; **2.** *(lästig sein)* bother; **3.** *(unterbrechen)* disrupt; ► **eins stört mich noch ...** one thing is still bothering me ...; **ich hoffe, ich störe (Sie) nicht** I hope I'm not disturbing you; **II** *itr (im Weg sein)* be in the way; ► **störe ich?** am I intruding? **etw als ~d empfinden** find s.th. bothersome; **du hast mich im Schlaf gestört** you disturbed my sleep; **‚bitte nicht ~'** 'please do not disturb'; **Stö·ren·fried** *m* trouble-maker; **Stör·fak·tor** *m* source of irritation; **Stör·fall** *m* disruptive incident, malfunction; **Stör·ge·räusch** *n radio* interference; **Stör·ma·nö·ver** *n* disruptive action.
stor·nie·ren [ʃtɔr'ni:rən] *tr:* ► **e-n Auftrag ~** cancel an order; **e-e Buchung ~** reverse an entry.
stör·risch ['ʃtœrɪʃ] *adj* obstinate, stubborn; ► **ein ~es Kind** a refractory child; **~e Haare** unmanageable hair; **ein ~es Pferd** a restive horse.
Stör·sen·der *m radio* jammer.
Stö·rung *f* **1.** *(Beeinträchtigung)* disturbance; **2.** *(Unterbrechung)* disruption; **3.** *radio* interference; **4.** *el tech* trouble; *(Fehler)* fault; ► **ohne ~** without accident; **entschuldigen Sie bitte die ~!** pardon the intrusion! **e-e ~ beseitigen** *el tech* clear a fault.
Stö·rungs·dienst *m tech* fault-complaint service; **stö·rungs·frei** *adj* **1.** *allg* trouble-free; **2.** *radio* free from interference.
Stoß [ʃto:s, *pl* 'ʃtø:sə] ‹-es, ¨-e› *m* **1.** push, shove; *(leichter Schlag)* nudge; **2.** *(Erschütterung)* shock; **3.** *(Stich)* stab; **4.** *(Fecht~)* thrust; **5.** *(Schwimm~)* stroke; **6.** *(Trompeten~)* blast, sound; **7.** *(Haufen)* pile; *(Akten~)* file (of deeds); *(Papier~)* bundle; ► **jdm e-n ~ versetzen** deal s.o. a blow; **geben Sie Ihrem Herzen e-n ~!** *fig* come on! get a move on! **jdm e-n ~ in die Rippen geben** poke s.o. in the ribs; **Stoß·dämp·fer** *m mot* shock absorber.
Stö·ßel ['ʃtø:səl] ‹-s, -› *m* **1.** *(in Mörser)* pestle; **2.** *mot (Ventil~)* tappet.
sto·ßen *irr* **I** *tr* **1.** *(e-n Stoß geben)* push; *(leicht)* poke; *(mit der Faust)* punch; **2.** *(mit e-r Waffe)* thrust; **3.** *(Stich)* stab;

► **sich den Kopf** ~ hit one's head; **jdn vor den Kopf** ~ *fig* offend s.o.; **II** *itr* **1.** : ► **an etw** ~ hit s.th.; **2.** *(angrenzen an)* border on ...; ► **gegen etw** ~ run into s.th.; **auf Widerstand** ~ meet with resistance; **zu jdm** ~ *fig* join s.o.; **III** *refl (sich wehtun)* bump (*od* knock) o.s.; ► **sich an etw** ~ *fig* bump against s.th.; take offence at s.th; **stoß·fest** *adj* shock-proof; **Stoß·ge·bet** *n* quick prayer; **Stoß·seuf·zer** *m* deep sigh; **Stoß·stan·ge** *f mot* bumper; ► **hintere (vordere)** ~ rear (front) bumper; **Stoß·trupp** *m mil* raiding party; **Stoß·ver·kehr** *m* rush-hour traffic; **stoß·wei·se** *adv* by fits and starts, spasmodically; *(Blut)* in gushes; **Stoß·zahn** *m* tusk; **Stoß·zeit** *f (im Verkehr)* rush hour.

stot·tern [ˈʃtɔtɐn] *itr* **1.** stutter; **2.** *mot* splutter.

stracks [ʃtraks] *adv* **1.** *(direkt)* direct; **2.** *(geradeaus)* straight; **3.** *(sofort)* immediately.

Straf·an·dro·hung *f jur:* ► **unter** ~ under threat of penalty; **Straf·an·stalt** *f* penal institution; **Straf·an·trag** *m:* ► **einen** ~ **stellen** institute legal proceedings *pl;* **Straf·an·zei·ge** *f:* ► ~ **gegen jdn erstatten** bring a charge against s.o; **Straf·ar·beit** *f päd Br* punishment exercise, *fam* lines *pl, Am* extra work; **Straf·auf·schub** *m* suspension of the sentence; *(von Hinrichtung)* reprieve; **Straf·bank** *f sport* penalty bench.

straf·bar *adj* punishable; ~ **nach ...** punishable under ...; ► ~ **sein** be an offence; ~**e Handlung** *Br* offence, *Am* offense; **sich** ~ **machen** commit an offence.

Straf·be·fehl *m jur* order of summary punishment.

Stra·fe [ˈʃtraːfə] ‹-, -n› *f* **1.** *(Bestrafung)* punishment; **2.** *(Geld~)* fine; *(Gefängnis~)* sentence; **3.** *sport* penalty; ► **zur** ~ as a punishment; **du weißt, welche** ~ **darauf steht** you know the penalty; **das ist die** ~ **dafür, daß ...** that's the penalty you pay for ...; **seine gerechte** ~ **bekommen** get one's just deserts; **sie mußte £ 50** ~ **dafür zahlen** she had to pay a £ 50 fine for it.

stra·fen *tr* punish; ► **er ist genug gestraft worden** he has been punished enough; **jdn für etw** ~ punish s.o. for s.th.; **jdn Lügen** ~ give the lie to s.o.; **jdn mit Verachtung** ~ treat s.o. with contempt.

Straf·er·laß *m* **1.** *(Amnestie)* amnesty; **2.** *(Strafnachlaß)* remission (of a sentence).

straff [ʃtraf] *adj* **1.** *(Seil: gespannt)* taut; **2.** *(eng sitzend)* close-fitting, tight; **3.** *(aufrecht, stramm)* erect; **4.** *fig (strikt, exakt)* strict; ► ~**e Haltung** straight military carriage; ~ **sitzen** *(Kleidung)* fit tightly; ~ **spannen** tighten; ~**e Haut** smooth skin.

straf·fäl·lig *adj:* ► ~ **werden** commit a criminal offence.

straf·fen [ˈʃtrafən] **I** *tr* **1.** *(enger machen)* tighten; **2.** *(Seil: spannen)* tauten; **II** *refl* **1.** *(enger werden)* tighten; **2.** *(sich spannen)* become taut; **3.** *(sich aufrichten)* become erect.

Straff·heit *f* **1.** *(von Kleidung etc)* tightness; *(Spannung: von Seil etc)* tautness; **2.** *(von Haltung)* erectness; **3.** *fig* strictness.

straf·frei *adj:* ► ~ **ausgehen** (*od* **bleiben**) go unpunished; **Straf·frei·heit** *f jur* exemption from punishment; *(Straflosigkeit)* impunity; **Straf·ge·fan·ge·ne(r)** *f m* prisoner; **Straf·ge·richt** *n:* ► **ein** ~ **über jdn abhalten** *fig* sit in judgment on s.o; **Straf·ge·setz** *n* criminal (*od* penal) law; **Straf·ge·setz·buch** *m* Criminal Code; **Straf·ju·stiz** *f* criminal justice.

sträf·lich [ˈʃtrɛːflɪç] *adj* **1.** *(zu bestrafend)* criminal; **2.** *(unverzeihlich)* unpardonable; ► **es ist ~, bei so schönem Wetter drinnen zu bleiben** it's criminal to stay indoors in such lovely weather.

Sträf·ling *m* prisoner; *(Zuchthäusler)* convict; **Sträf·lings·klei·dung** *f* prison clothing.

straf·los *adj:* ► ~ **ausgehen** come off clear; **Straf·maß** *n* sentence; **straf·mil·dernd** [ˈ-ˈ--] *adj* extenuating; **straf·mün·dig** *adj:* ► ~ **sein** be of the age of criminal responsibility; **noch nicht** ~ **sein** be under the age of criminal responsibility; **Straf·por·to** *n* excess postage; **Straf·pre·digt** *f:* ► **jdm eine** ~ **halten** give s.o. a dressing-down; **Straf·pro·zeß** *m* criminal case, criminal proceedings *pl;* **Straf·punkt** *m sport* penalty point; **Straf·raum** *m sport* penalty area; **Straf·recht** *n* criminal law; **straf·recht·lich** *adj* criminal; **Straf·re·gi·ster** *n* criminal records *pl;* ► **Auszug aus dem** ~ excerpt from the criminal records; **Straf·stoß** *m sport* penalty kick; **Straf·tat** *f Br* criminal offence (*Am* offense); **straf·ver·schär·fend** [ˈ--ˈ--] *adj* aggravating; ► **als** ~ **kam hinzu, daß ...** the crime was compounded by the fact that ..; **Straf·ver·set·zung** *f* disciplinary transfer; **Straf·voll·zug** *m* penal system; **Straf·wurf** *m sport* penalty throw; **Straf·zet·tel** *m* ticket.

Strahl [ʃtraːl] ‹-(e)s, -en› *m* **1.** *(Licht~)* ray; **2.** *(Elektronen~)* beam; **3.** *(Wasser~)* jet.

Strah·le·mann *m fam* golden boy.

strah·len *itr* **1.** *(Wärme)* radiate; *(scheinen)* shine; **2.** *(Radioaktivität)* be radioactive; 3. *fig (Gesicht)* beam; ▶ **sie strahlte übers ganze Gesicht** her face was beaming with joy.

Strah·len·be·la·stung *f (radioaktive)* radiation exposure; **Strah·len·bio·lo·gie** *f* radiobiology; **Strah·len·bre·chung** *f* refraction; **Strah·len·bün·del** *n* pencil of rays.

strah·lend *adj:* ▶ ~ **es Gesicht** beaming face; ~**er Tag** bright day; ~**er Abfall** radioactive waste.

Strah·len·do·sis *f* dose of radiation; **Strah·len·schutz** *m* radiation protection; **Strah·len·schutz·pla·ket·te** *f* film badge; **Strah·len·the·ra·pie** *f med* raditherappy; **strah·len·ver·seucht** *adj* contaminated (with radiation).

Strah·ler ‹-s, -› *m* **1.** *(Heiz~)* electric wall heater; **2.** *(Punkt~)* spotlight.

Strah·lung *f* radiation; **Strah·lungs·ener·gie** *f* radiation energy; **Strah·lungs·in·ten·si·tät** *f* dose of radiation; **Strah·lungs·wär·me** *f* radiant heat.

Sträh·ne ['ʃtrɛ:nə] ‹-, -n› *f* strand; **sträh·nig I** *adj* straggly; **II** *adv* in strands.

stramm [ʃtram] **I** *adj* **1.** *(engsitzend)* close-fitting, tight; *(Seil: gespannt)* taut; **2.** *fam (stark)* strapping; ▶ ~ **sitzen** *(Kleidung)* fit tightly; **jdm die Hosen ~ ziehen** give s.o. a good hiding; ~ **stehen** *mil* stand at attention.

stram·peln ['ʃtrampəln] *itr* **1.** thrash about; **2.** *fig (sich abmühen)* drudge.

Strand [ʃtrant, *pl* 'ʃtrɛndə] ‹-(e)s, ⸚e› *m* *(Ufer)* shore; *(sandiger ~, Bade~)* beach; ▶ **am ~** on the beach; **Strand·an·zug** *m* beach suit; **stran·den** ‹sein› *itr* **1.** be stranded, run aground; **2.** *fig (scheitern)* fail; **Strand·gut** *n (angespültes ~)* jetsam; *(treibendes ~)* flotsam; **Strand·ha·fer** *m* marram; **Strand·ho·tel** *n* seaside hotel; **Strand·korb** *m* canopied beach-chair; **Strand·läu·fer** *m orn* sandpiper.

Strang [ʃtraŋ, *pl* 'ʃtrɛŋə] ‹-(e)s, ⸚e› *m* **1.** *(Strick)* rope; **2.** *anat* cord; ▶ **am glei·chen ~ ziehen** *fig* be in the same boat; **stran·gu·lie·ren** [ʃtraŋgu'li:rən] *tr* strangle.

Stra·pa·ze [ʃtra'pa:tsə] ‹-, -n› *f* hardship, strain; **stra·pa·zie·ren** *tr* **1.** *(erschöpfen, fertigmachen)* knock up; **2.** *(abnützen)* wear hard; ▶ **seine Nerven ~** strain one's nerves; **stra·pa·zier·fä·hig** *adj* hard-wearing; ▶ ~**e Schuhe** sturdy shoes; **stra·pa·zi·ös** *adj* tiring, wearing.

Straps [ʃtraps] ‹-es, -e› *m Br* suspender (*Am* garter) belt *sing.*

Stra·ße ['ʃtra:sə] ‹-, -n› *f* **1.** street; *(Landstraße)* road; **2.** *(Meerenge)* Straits *pl;* ▶ **auf die ~ setzen** *fig* turn out; *(fristlos kündigen)* sack; **auf die ~ gehen** *(demonstrieren)* take to the streets; **in e-r ~ wohnen** live in a street; **die ~ nach London** the London road; **über die ~ gehen** cross the road; **der Mann auf der ~** the man in the street.

Stra·ßen·bahn *n:* ▶ **mit der ~ fahren** *Br* go by tram (*Am* streetcar); **Stra·ßen·bah·ner(in)** *m (f) Br* tramway official, *Am* streetcar employee; **Stra·ßen·bahn·hal·te·stel·le** *f* tram (*Am* streetcar) stop; **Stra·ßen·bahn·li·nie** *f Br* tram route, *Am* streetcar line; **Stra·ßen·bahn·netz** *n Br* tramway (*Am* streetcar) system.

Stra·ßen·bau *m* road construction; **Stra·ßen·be·lag** *m* road surfacing; **Stra·ßen·be·leuch·tung** *f* street lighting; **Stra·ßen·be·nut·zungs·ge·bühr** *f* toll; **Stra·ßen·decke (k·k)** *f* road surface; **Stra·ßen·fe·ger** *m Br* road sweeper, *Am* street cleaner; **Sta·ßen·fest** *n* street party; **Stra·ßen·gra·ben** *m* (road) ditch; **Stra·ßen·haf·tung** *f mot* **1.** *(von Kfz)* roadability; **2.** *(von Reifen)* road adhesion; **Stra·ßen·händ·ler** *m Br* street-vendor, *Am* corner facer; **Stra·ßen·jun·ge** *f Br* street urchin, *Am* dead-end kid; **Stra·ßen·kampf** *m mil* street fight; **Stra·ßen·kar·te** *f* road map; **Stra·ßen·kehr·ma·schi·ne** *f Br* street-sweeper, *Am* street cleanser; **Stra·ßen·kreu·zer** *m fam* big limousine; **Stra·ßen·kreu·zung** *f* crossroads *pl;* **Stra·ßen·la·ge** *f mot* road holding; **Stra·ßen·lärm** *m* road noise; **Stra·ßen·la·ter·ne** *f* street lamp; **Stra·ßen·mar·kie·rung** *f (Mittellinie etc)* road marking; *(größere ~en)* traffic zoning; **Stra·ßen·mei·ste·rei** *f* road maintenance department; **Stra·ßen·netz** *n* road network (*od* system); **Stra·ßen·rei·ni·gung** *f* street cleaning; **Stra·ßen·samm·lung** *f* street collection; **Stra·ßen·sän·ger(in)** *m (f)* street singer; **Stra·ßen·schild** *n* street sign; **Stra·ßen·schlacht** *f* street battle; **Stra·ßen·sper·re** *f* raodblock; **Stra·ßen·trans·port** *m* road transport; **Stra·ßen·tun·nel** *m* vehicular tunnel; **Stra·ßen·über·füh·rung** *f* **1.** *(für Fahrzeuge) Br* flyover, *Am* overpass; **2.** *(für Fußgänger)* pedestrian bridge, viaduct; **Stra·ßen·un·ter·füh·rung** underpass, subway; **Stra·ßen·ver·hält·nis·se** *pl* road conditions; **Stra·ßen·ver·kehr** *m* traffic; **Stra·ßen·ver·kehrs·amt** ['---'--] *n* Road Traffic Licensing Department; **Stra·ßen·ver·kehrs·ord·nung** ['---'---] *f* Highway Code; **Stra·ßen·zu·stand** *m* street condition; **Stra·ßen·zu·stands·be·richt** *m* road report.

Stra·te·ge (Stra·te·gin) [ʃtra'te:gə]

‹-n, -n› *m (f)* strategist; **Stra·te·gie** [--ˈ-] *f* strategy; **stra·te·gisch** *adj* strategical.

Stra·to·sphä·re [ʃtratoˈsfɛːrə] ‹-› *f* stratosphere.

sträu·ben [ˈʃtrɔɪbən] *refl* **1.** *(Haare)* stand on end; **2.** *(sich widersetzen)* struggle (*od* strive) against; *(sich innerlich ~)* be reluctant.

Strauch [ʃtraʊx, *pl* ˈʃtrɔɪçɐ] ‹-(e)s, ⸚er› *m* shrub; *(Busch)* bush.

strau·cheln [ˈʃtraʊxəln] ‹sein› *itr* **1.** *(stolpern)* stumble, trip (*über* over); **2.** *fig* go astray.

Strauch·werk *n* shrubs *pl; (Unterholz)* brushwood, underwood.

Strauß[1] [ʃtraʊs, *pl* ˈʃtrɔɪsə] ‹-es, ⸚e› *m* *(Blumen~)* bunch of flowers.

Strauß[2] ‹-es, -e› *m orn* ostrich; **Strau·ßen·ei** *n* ostrich egg; **Strau·ßen·fe·der** *f* ostrich feather.

Stre·be [ˈʃtreːbə] ‹-, -n› *f* **1.** *(Stütze, Pfeiler)* prop; **2.** *(Verstrebung)* strut; **Stre·be·bo·gen** *m arch* flying buttress.

Stre·ben *n* **1.** *(Trachten)* striving (*nach* for); **2.** *(Bestrebung)* movement; **stre·ben** *itr (sich mühen um)* strive (*nach* for *od* after); ▶ **in die Höhe ~** *(emporschweben)* rise aloft.

Stre·be·pfei·ler *m arch* buttress.

Stre·ber(in) *m (f) päd fam Br* swot, *Am* grind; **Stre·be·rei** *f päd fam Br* swotting, *Am* grinding; **stre·ber·haft** *adj* over-ambitious, pushing; **streb·sam** *adj (fleißig)* industrious; *(eifrig)* zealous; **Streb·sam·keit** *f (Tüchtigkeit, Energie)* strenuousness; *(Eifer)* zeal; *(Fleiß)* industry.

Strecke[1] **(k·k)** [ˈʃtrɛkə] ‹-, -n› *f* **1.** *(Distanz)* distance; *math* line; **2.** *(Streckenabschnitt)* stretch; **3.** *(Route)* route; **4.** *rail a. sport* track; ▶ **auf der ~ bleiben** *fig* fall by the wayside; **es hat auf der ganzen ~ geregnet** it rained all the way there.

Str·ecke[2] **(k·k)** *f (Jagdbeute)* bag; ▶ **zur ~ bringen** *(Jagd)* bag; *fig (Menschen)* hunt down.

strecken (k·k) I *tr* **1.** *(dehnen)* stretch; **2.** *fig (verlängern)* eke out; *(Speisen verdünnen)* thin down; ▶ **jdn zu Boden ~** knock s.o. to the ground; **die Waffen ~** lay down one's arms; **die Zunge aus dem Mund ~** stick out one's tongue; **II** *refl* have a stretch.

Strecken·ab·schnitt (k·k) *m rail* track section; **Strecken·ar·bei·ter (k·k)** *m Br* plate-layer, *Am* construction laborer; **Strecken·netz (k·k)** *n rail* rail network; **Strecken·netz·plan (k·k)** *m rail* railway (*Am* railroad) map; **Strecken·still·le·gung (k·k)** *f rail* railway closure; **Strecken·wär·ter (k·k)** *m rail Br* linesman, *Am* trackwalker; **strecken·wei·se (k·k)** *adv* here and there.

Streck·mus·kel *m anat* extensor (muscle); **Streck·ver·band** *m med* traction bandage.

Street·worker [striːtwɜːkɐ] ‹-s, -› *m* community worker.

Streich [ʃtraɪç] ‹-(e)s, -e› *m* **1.** *(Hieb, Schlag)* blow; **2.** *fig (Possen, Schabernack)* prank, trick; ▶ **jdm e-n ~ spielen** take s.o. for a ride.

Strei·chel·ein·hei·ten *pl* TLC *sing Abk von* tender loving care; caresses *pl.*

strei·cheln [ˈʃtraɪçəln] *tr* **1.** *(liebkosen)* caress; **2.** *(streichen)* stroke.

strei·chen *irr* **I** *tr* **1.** *(mit Hand, Gegenstand)* stroke; **2.** *(Farbe etc)* paint; **3.** *(löschen)* delete; **4.** *com (Auftrag)* cancel; *sport (von Liste, Meldung)* scratch; ▶ **sich ein Brot ~** butter o.s. a slice of bread; **II** *itr* **1.** *(fliegen)* sweep; **2.** *(umher~)* ramble; ▶ **über etw ~** *(mit der Hand)* stroke s.th.

Strei·cher *pl mus* strings.

streich·fä·hig *adj* easy to spread; **Streich·holz** *n* match; **Streich·holz·schach·tel** *f Br* matchbox, *Am* matchsafe; *(flache Packung mit Ziehzünder)* match folder; **Streich·in·stru·ment** *n mus* string(ed) instrument.

Streich·kä·se *m* cheese spread.

Streich·or·che·ster *n* string orchestra; **Streich·quar·tett** *n* string quartet; **Strei·chung** *f* **1.** *fin* cut; **2.** *(Aus~)* deletion.

Streich·wurst *f* meat paste, pâté.

Streif·band *n* wrapper; ▶ **unter ~** by book post; **Streif·band·zei·tung** *f* wrappered newspaper.

Strei·fe [ˈʃtraɪfə] *f* patrol; ▶ **~ gehen** do one's rounds *pl;* **Strei·fen** [ˈʃtraɪfən] ‹-s, -› *m* **1.** *(Strich)* stripe; *(breiter Strich)* streak; **2.** *(Stück)* strip; *(Klebe~)* tape.

strei·fen I *tr* **1.** *(leicht berühren)* brush, touch; **2.** *(hinweg~)* glide (*über* over); **3.** *fig (im Gespräch)* touch (*etwas* upon); ▶ **die Kugel streifte ihn nur** the bullet only grazed him; **den Ring vom Finger ~** slip the ring off one's finger; **II** *itr* **1.** *fig (angrenzen)* border (*an* upon); **2.** *(umher~)* ramble, roam; ▶ **jdn mit einem Blick ~** glance fleetingly at s.o.

Strei·fen·wa·gen *m Br* patrol car, *Am* squad car.

Streif·licht *n:* ▶ **ein ~ auf etw werfen** *fig* highlight s.th; **Streif·schuß** *m* graze; ▶ **e-n ~ bekommen** be grazed by a bullet; **Streif·zug** *m* **1.** *(Erkundungszeit)* expedition; *mil* raid; **2.** *fig* brief survey (*durch* of).

Streik [ʃtraɪk] ‹-(e)s, -s› *m* strike; ▶ **e-n ~ abbrechen** call off a strike; **e-n ~ ausrufen** call a strike; **in den ~ treten** go on strike; **jdn zum ~ veranlassen** bring s.o. out on strike; **wilder ~** wildcat strike; **Streik·bre·cher(in)** *m (f)* strikebreaker; **strei·ken** *itr* **1.** be on strike, strike; **2.** *tech hum* pack up; **Strei·ken·de(r)** *f m* striker; **Streik·po·sten** *m* picket; ▶ ~ **aufstellen** put up pickets; ~ **stehen** picket; **Streik·recht** *n* freedom to strike; **Streik·wel·le** *f* series of strikes.

Streit [ʃtraɪt] ‹-(e)s, -e› *m* **1.** *(Wort~)* dispute; *(Gezänk, bes. zwischen Kindern)* squabble; **2.** *(Kampf)* fight; ▶ **mit jdm einen ~ anfangen** pick a quarrel with s.o; **einen ~ vom Zaune brechen** kick up a row; ~ **anfangen** start an argument; **streit·bar 1.** *(streitlustig)* pugnacious; **2.** *(kriegerisch)* warlike.

strei·ten *irr* **I** *itr* **1.** *(zanken)* quarrel; *(mit Worten ~)* argue *(mit jdm über* with s.o. about); **2.** *(kämpfen)* fight; *sport* compete *(um* for); ▶ **er muß immer ~** he is always arguing; **darüber läßt sich ~** this is open to argument; **II** *refl (sich ~)* quarrel; *(mit Worten)* argue; ▶ **wir wollen uns nicht darüber ~** let's not have a quarrel about it; **Strei·ter** *m* **1.** *(Kämpfer)* fighter; **2.** *fig (Verfechter)* champion; **Strei·te·rei** *f (Zank)* quarrelling; *(Wortgefecht)* arguing; *(Auseinandersetzung)* argument; **Streit·fall** *m* dispute; *jur* case at issue; **Streit·fra·ge** *f Br* point at issue, *Am* issue.

strei·tig *adj:* ▶ ~ **sein** *jur* be under dispute; **jdm ein Recht ~ machen** contest someone's right to do s.th.

Streit·kräf·te *pl* forces; **streit·lu·stig** *adj* pugnacious; *(aggressiv)* aggressive; **Streit·schrift** *f* polemic; **streit·süch·tig** *adj* quarrelsome, *(gehoben)* litigious; **Streit·wert** *m jur* amount in dispute.

streng [ʃtrɛŋ] *adj* **1.** *(unnachsichtlich)* severe; *(unnachgiebig, ernst)* stern; **2.** *(Kälte)* intense; **3.** *(bestimmt)* strict; *(Regeln)* stringent; **4.** *(Charakter, Sitten)* austere; **5.** *(Geschmack)* sharp; ▶ **mit ~er Miene** with a stern face; **~er Arrest** close confinement; **es wird ~ auf Pünktlichkeit geachtet** they are very strict about time-keeping; **~e Maßnahmen ergreifen** take stringent measures; **jdn ~ bestrafen** punish s.o. severely; **~ verboten!** strictly forbidden! **~ geheim** top secret.

Stren·ge ‹-› *f* **1.** *(Unnachsichtigkeit)* severity; *(Ernst)* sternness; **2.** *(Sitten, Charakter)* austerity; **3.** *(Bestimmtheit)* strictness.

streng·ge·nom·men *adv* strictly speaking.

Streß [ʃtrɛs] ‹-(es)› *m med* stress; **stres·sen** *tr* stress, put under stress; **streß·frei** *adj* stress-free; **stres·sig** *adj fam* stressful; **Streß·si·tua·tion** *f* stress situation.

Streu [ʃtrɔɪ] ‹-, -en› *f* **1.** *(für das Vieh)* litter; **2.** *(Strohlager)* bed of straw; **streu·en I** *tr (ver~)* scatter *(etw mit etw* s.th. with s.th.); *(Materialien ~)* spread; *(in der Küche)* sprinkle; ▶ **jdm Sand in die Augen ~** *fig* pull the wool over someone's eyes; **II** *itr (z. B. Schußwaffe)* scatter.

streu·nen ['ʃtrɔɪnən] ‹sein› *itr (Menschen)* roam *(umher* about); *(Tiere)* stray.

Streu·salz *n* road salt; **Streu·sand** *m* grit.

Streu·sel ['ʃtrɔɪzəl] *n* crumble mixture; **Streu·sel·ku·chen** *m* crumble-topping cake.

Streu·ung *f* **1.** *el phys* scattering; **2.** *fig (Streubreite)* mean variation; **3.** *mil (von Geschütz)* dispersion.

Strich [ʃtrɪç] ‹-(e)s, -e› *m* **1.** *(Pinsel~, Feder~, Feilen~)* stroke; *(Linie)* line; *(kurzer ~, Gedanken~)* dash; **2.** *(von Teppich)* pile; ▶ **unter dem ~** *fig (insgesamt)* in total; *(tatsächlich)* in actual fact; **nach ~ u. Faden betrügen** to sell s.o. down the river; **es geht mir gegen den ~** *fig* it goes against the grain; **auf den ~ gehen** *sl (sich prostituieren)* go on the game; **e-n ~ unter etw machen** underline s.th.; *fig* put an end to s.th. **jdm e-n ~ durch die Rechnung machen** *fig* put a spoke in someone's wheel.

Strich·code *m* bar code.

stri·cheln ['ʃtrɪçəln] *tr* **1.** sketch in; **2.** *(schraffieren)* hatch; ▶ **eine gestrichelte Linie** a dotted line.

Stri·cher ['strɪçɐ] *sl* rent boy.

Stich·jun·ge *m,* **Strich·mäd·chen** *n fam* streetwalker; **Strich·punkt** *m* semicolon; **strich·wei·se** *adv* here and there.

Strick [ʃtrɪk] ‹-(e)s, -e› *m* cord; *(dicker)* rope; ▶ **jdm e-n ~ aus etw drehen** *fig fam* trip s.o. up with s.th.; **wenn alle ~e reißen** *fig fam* if all else fails; **Strick·bund** *m* knitted welt.

stricken (k·k) ['ʃtrɪkən] *tr itr* knit.

Strick·garn *n* knitting wool; **Strick·hemd** *n* knitted shirt; **Strick·jacke (k·k)** *f* cardigan; **Strick·kra·gen** *m* knitted collar; **Strick·lei·ter** *f* rope ladder; **Strick·ma·schi·ne** *f* knitting machine; **Strick·na·del** *f* knitting needle; **Strick·wa·ren** *pl* knitwear *sing;* **Strick·we·ste** *f* cardigan.

Strie·gel ['ʃtri:gəl] ‹-s, -› *m (Pferde~)* currycomb; **strie·geln** *tr (Pferd)* curry.

Strie·me ['ʃtri:mə] ‹-, -n› *f* weal.

strikt [ʃtrɪkt] *adj* strict.

strin·gent *adj* stringent, *(Handlung)* tight.

Strip·pe ['ʃtrɪpə] ‹-, -n› *f fam* **1.** *(Faden)* string; **2.** *fam (Telephon)* blower; ▶ **an der ~ hängen** be on the blower; **jdn an**

der ~ haben have s.o. on the blower.

strit·tig ['ʃtrɪtɪç] controversial, debatable.

Stroh [ʃtro:] ‹-(e)s› *n* straw; ▶ **~ im Kopfe haben** *fig fam Br* have sawdust between one's ears, *Am* be dead from the neck up; **stroh·blond** ['-'-] *adj* straw-coloured; ▶ **sie ist ~** she is flaxen-haired; **Stroh·blu·me** *f* strawflower; **Stroh·dach** *n* thatched roof; **Stroh·feu·er** *n fig:* ▶ **ein ~ sein** be a short-lived passion; **Stroh·halm** *m* straw; ▶ **sich an e-n ~ klammern** *fig* clutch at any straw; **Stroh·hut** *m* straw hat.

Stroh·kopf *m fam* blockhead; **Stroh·mann** ‹-(e)s, ⸚er› *m fig Br* front man, *Am* stooge; **Stroh·sack** *m* palliasse; ▶ **heiliger ~!** *interj* Great Scott! **Stroh·wit·we** *f Br* grass widow, *Am* sod widow; **Stroh·wit·wer** *m* grass widower.

Strolch [ʃtrɔlç] ‹-(e)s, -e› *m Br* scamp, rogue, *Am* bum.

Strom[1] [ʃtro:m, *pl* ʃtrø:mə] ‹-(e)s, ⸚e› **1.** *(Fluß)* large river; **2.** *(Strömung)* current; **3.** *(Menschen~)* stream; ▶ **mit (gegen) den ~** with (against) the current; **gegen den ~ schwimmen** *fig* go against the tide (of opinion, fashion); **in ⸚en fließen** stream down; **es gießt in ⸚en** it's pouring.

Strom[2] *el* current; ▶ **mit ~ versorgen** power; **den ~ einschalten (ausschalten)** turn on (turn off) the current; **unter ~ stehen** be live; *fig (high sein)* be high; **Strom·ab·neh·mer** *m* **1.** *el* pantograph; **2.** *(Stromkunde)* consumer of electricity.

strom·ab(·wärts) [-'-] *adv* downstream; **strom·auf(·wärts)** [-'-] *adv* upstream.

Strom·aus·fall *m el* power failure.

strö·men ['ʃtrø:mən] ‹sein› *itr* stream; ▶ **Menschen strömten heraus** people came streaming out; **Schweiß strömte ihm übers Gesicht** his face was covered in sweat; **Blut strömte aus der Wunde** the wound was streaming with blood; **~der Regen** pouring rain.

Strom·er·zeu·ger *m* electrical generator set; **Strom·er·zeu·gung** *f* generation of current; **strom·füh·rend** *adj:* ▶ **~es Kabel** live wire.

Strom·ge·biet *n (Flußeinzugsgebiet)* river-basin.

Strom·ka·bel *n* power cable; **Strom·kreis** *m el* circuit.

strom·li·ni·en·för·mig *adj* streamlined.

Strom·netz *n* power supply system; **Strom·quel·le** *f* source of power; **Strom·rech·nung** *f* electricity bill.

Strom·schnel·le *f* rapids *pl.*

Strom·sper·re *f* power cut; **Strom·stär·ke** *f* strength of the electric current; **Strom·stoß** *m* electric shock.

Strö·mung ['ʃtrø:mʊŋ] *f* **1.** current; **2.** *fig (Tendenz, Richtung)* trend.

Strom·ver·brauch *m* power consumption; **Strom·ver·sor·gung** *f* power supply; **Strom·zäh·ler** *m* electricity meter.

Stro·phe ['ʃtro:fə] ‹-, -n› *f (in Lied)* verse; *(in Gedicht)* stanza.

strot·zen ['ʃtrɔtsən] *itr* abound (*vor* with); ▶ **vor Gesundheit/Kraft ~** be bursting with health/strength; **vor Ungeziefer ~** be teeming with vermin.

Stru·del ['ʃtru:dəl] ‹-s, -› *m* **1.** whirlpool; **2.** *fig* whirl; **3.** *(Gebäck)* strudel.

Struk·tur [ʃtrʊk'tu:ɐ] ‹-, -en› *f* structure; *(von Gewebe)* texture; **struk·tu·rell** *adj* structural; **Struk·tu·rie·rung** *f* structuring; **struk·tur·schwach** *adj* lacking in infrastructure; **Struk·tur·wan·del** *m* structural change.

Strumpf [ʃtrʊmpf, *pl* 'ʃtrʏmpfə] ‹-(e)s, ⸚e› *m (Herren~)* sock; *(Damen~)* stocking; ▶ **die ⸚e anziehen (ausziehen)** put on (take off) one's socks (*od* stockings); **Strumpf·band** ‹-(e)s, ⸚er› *n* garter; **Strumpf·fa·bri·kant** *m* hosiery manufacturer; **Strumpf·hal·ter** *m Br* suspender, *Am* garter; **Strumpf·ho·se** *f Br* pair of tights, *Am* pantyhose; **Strumpf·wa·ren** *pl* hosiery.

strup·pig *adj* unkempt; *(Tier)* shaggy.

Stu·be ['ʃtu:bə] ‹-, -n› *f* room; ▶ **gute ~** parlour; **Stu·ben·äl·te·ste(r)** *m mil* senior soldier of a barrack room; **Stu·ben·ar·rest** *m Br* confinement to one's room (*mil* quarters), *Am* arrest in quarters; ▶ **~ haben** be confined to quarters; **Stu·ben·hocker(in) (k·k)** *m (f) fam* stay-at-home; **stu·ben·rein** *adj (Hund etc) Br* house-trained, *Am* housebroke.

Stuck [ʃtʊk] ‹-(e)s› *m arch* stucco.

Stück [ʃtʏk] ‹-(e)s, -e› *n* **1.** piece; **2.** *(Abschnitt)* part; *(Bruch~)* fragment; **3.** *(Theater~)* play; **4.** *mus* piece; ▶ **ein starkes ~** *fig fam* a bit thick; **ein ~ Seife** a bar (*od* cake) of soap; **er kam ein ~ mit** he came along part of the way; **jdn ein ~ im Wagen mitnehmen** give s.o. a lift; **2 DM das ~** 2 DM each; **~ für ~** piece by piece; **aus freien ~en** voluntarily; **in ~e gehen** break in pieces; **große ~e auf jdn halten** think highly of s.o.; **ein ~ spazierengehen** go for a walk; **ein schönes ~ Geld** a pretty penny; **ich möchte drei ~ von diesen** I'll take three of these; **du mieses ~!** you rotten bastard! **ein freches ~ sein** be a cheeky devil; **Stück·ar·beit** *f* piecework; **Stück·gut** *n* parcel service; **Stück·lohn** *m* piece rate; **Stück·preis** *m* price for one; **Stück·werk** *n fig pej* imperfect work; **Stück·zahl** *f* number of pieces.

Stu·dent(in) [ʃtuˈdɛnt] ‹-en, -en› *m (f)* student; **Stu·den·ten·aus·weis** *m* student card; **Stu·den·ten·heim** *n Br* student's hostel, *Am* dormitory; **Stu·den·ten·schaft** *f* students *pl;* **stu·den·tisch** *adj* student.

Stu·die [ˈʃtu:diə] ‹-, -n› *f* **1.** *(Malerei)* study; **2.** *(literarisch)* essay (*über* on).

Stu·dien·an·fän·ger(in) *m (f)* first year student; **Stu·dien·bei·hil·fe** *f* educational grant; **Stu·dien·di·rek·tor** *m* deputy principal; **Stu·dien·fach** *n* subject; **Stu·dien·fahrt** *f päd* educational trip; **Stu·dien·ge·bühr** *f* tuition fee; **stu·dien·hal·ber** *adv* for the purpose of studying; **Stu·dien·jahr** *n* academic year; **Stu·dien·rat (-rä·tin)** *m* teacher at a secondary school; **Stu·dien·rei·se** *f* study trip.

stu·die·ren I *itr* study; ► **sie studiert noch** she's still a student; **bei jdm ~** study under s.o.; **II** *tr* study; ► **Medizin ~** study for the medical profession; **etw genau ~** *(prüfend betrachten)* look closely at s.th; **Stu·die·ren·de(r)** *f m (s. Student);* **stu·diert** *adj* educated; ► **ein S~er** *fam* an intellectual.

Stu·dio [ˈʃtu:dio] ‹-s, -s› *n* studio.

Stu·di·um [ˈʃtu:diʊm] ‹-s, -dien› *n* study; ► **ein ~ aufnehmen** begin one's studies *pl.*

Stu·fe [ˈʃtu:fə] ‹-, -n› *f* **1.** *(Treppen~)* step; **2.** *fig (Stadium)* stage; *(Rang)* grade; **3.** *(Raketen~)* stage; ► **auf gleicher ~ stehen mit ...** be on a level with ...; **sich mit jdm auf eine ~ stellen** *fig* place o.s. on a level with s.o.; **Vorsicht ~!** Mind the step! **Stu·fen·bar·ren** *m sport* asymmetric bars *pl;* **stu·fen·för·mig** *adj* **1.** *allg* stepped; **2.** *geog* terraced; **3.** *fig* in stages; **Stu·fen·heck** *n mot* notchback; **Stu·fen·lei·ter** *f fig:* ► **e-e ~ zum Erfolg** a ladder to success; **stu·fen·los** *adj* direct; ► **~ einstellbar** steplessly adjustable; **Stu·fen·schnitt** *m (Haarschnitt)* layered cut; **stu·fen·wei·se** *adv* step by step.

Stuhl[1] ‹-(e)s› *m med (~gang)* stool: ► **ich habe heute noch keinen ~ gehabt** I haven't had a bowel movement today.

Stuhl[2] [ʃtu:l, *pl* ˈʃty:lə] ‹-(e)s, ⸚e› *m (Sitz~)* chair; ► **ist der ~ noch frei?** is this chair taken? **der Heilige ~** *eccl* the Holy See; **auf dem elektrischen ~ hinrichten** *Am* electrocute; **sich zwischen zwei Stühle setzen** *fig* fall between two stools; **das haut e-n ja vom ~!** *fam* it knocks you sideways! **Stuhl·bein** *n* chair leg; **Stuhl·leh·ne** *f* back of a chair.

Stul·le [ˈʃtʊlə] ‹-, -n› *f fam* sandwich.

Stul·pe [ˈʃtʊlpə] ‹-, -n› *f* **1.** *(am Stiefel)* (boot-) top; **2.** *(Ärmelaufschlag)* cuff; **3.** *(Handschuh~)* gauntlet.

stül·pen [ˈʃtʏlpən] *tr:* ► **etw über etw ~** put s.th. over s.th.

stumm [ʃtʊm] *adj* **1.** *(sprechunfähig)* dumb; **2.** *ling* mute; **3.** *fig (schweigend)* silent; ► **jdn ~ machen** *fam (töten)* silence s.o; **Stum·me(r)** *f m* dumb person.

Stum·mel [ˈʃtʊməl] ‹-s, -› *m* stub.

Stumm·film *m* silent movie.

Stüm·per(in) [ˈʃtʏmpɐ] *m (f)* botcher, bungler; **Stüm·pe·rei** *f* botching, bungling; **stüm·per·haft** *adj* bungled; ► **~e Arbeit** a botchy job; **stüm·pern** *itr fam:* ► **er kann nur ~** he's just a bungler.

Stumpf [ʃtʊmpf, *pl* ʃtʏmpfə] ‹-(e)s, ⸚e› *m (Arm~, Baum~)* stump; ► **mit ~ u. Stiel ausrotten** eradicate root and branch.

stumpf [ʃtʊmpf] *adj* **1.** *(ohne Ecke)* blunt; **2.** *math (Winkel)* obtuse; **3.** *fig (geistig abgestumpft)* dull; ► **~er Kegel** truncated cone; **~ werden** grow blunt; **Stumpf·heit** *f* **1.** bluntness; **2.** *fig (Dummheit)* dullness; **Stumpf·sinn** *m* **1.** *(Sinnlosigkeit)* mindlessness; **2.** *(Langweiligkeit)* tedious business; **stumpf·sin·nig 1.** *(geistig ~)* mindless; **2.** *(elend langweilig)* tedious; **stumpf·wink·lig** *adj math* obtuse.

Stun·de [ˈʃtʊndə] ‹-, -n› *f* **1.** hour; **2.** *(Unterrichts~)* lesson; ► **e-e halbe ~** half an hour; **e-e dreiviertel ~** three quarters of an hour; **von hier geht man 3 ~n** it's three hours' walk from here; **jede volle ~** every hour on the hour; **er kriegt 30 Mark die ~** he is paid 30 marks an hour; **meine ~ ist gekommen** my hour has come.

stun·den *tr:* ► **jdm etw ~** give s.o. time to pay s.th.; *com* **e-e Zahlung ~** grant delay for payment; **können Sie mir den Betrag bis zum nächsten Ersten ~?** can you give me until the first of next month to repay the amount?

Stun·den·ge·schwin·dig·keit *f* speed per hour; **Stun·den·ki·lo·me·ter** *pl* kilometers per hour; **stun·den·lang** [ˈ--ˈ-] *adv* lasting for hours; **Stun·den·lohn** *m* hourly wage; **Stun·den·plan** *m päd Br* time-table, *Am* schedule; **stun·den·wei·se** *adv* **1.** *(alle paar Stunden)* for an hour at a time; **2.** *(stündlich)* every hour; ► **~ Beschäftigung** part-time job; **Stun·den·zei·ger** *m* hour-hand.

Stünd·lein [ˈstʏntlaɪn] *n (dim von Stunde)* short hour; ► **sein letztes ~ hatte geschlagen** his last hour had come.

stünd·lich [ˈʃtʏntlɪç] **I** *adj* hourly; **II** *adv* every hour.

Stunk [ʃtʊŋk] ‹-s› *m:* ► **~ machen** *fam* kick up (*od* create) a stink.

stu·pide [ʃtuˈpi:də] *adj (geistlos)* mindless.

Stups [ʃtʊps] ‹-es, -e› *m* nudge; **stup·sen** *tr* nudge; **Stups·na·se** *f* snub nose.

stur [ʃtuːɐ] *adj fam (eigensinnig)* stubborn; *(unnachgiebig)* obdurate; **Sturheit** *f (Eigensinn)* stubbornness; *(Unnachgiebigkeit)* obdurateness.

Sturm [ʃtʊrm, *pl* 'ʃtʏrmə] ‹-(e)s, ⸚e› *m* **1.** *(Unwetter)* storm; **2.** *mil (Angriff)* assault; **3.** *sport (beim Fußball)* forward line; ▶ ~ **laufen gegen ...** *fig* be up in arms against ...; ~ **läuten** ring the alarm; **im ~ nehmen** take by storm; **die Ruhe vor dem ~** *a. fig* the calm before the storm; **Sturm·an·griff** *m mil* assault (*auf* on).

stür·men ['ʃtʏrmən] **I** *itr* **1.** ‹h› *(Wind: blasen)* blow; **2.** ‹h› *(im Sturme toben)* rage; **3.** ‹sein› *fig (eilen)* storm; ▶ **es stürmt!** it's blowing a gale! **II** *tr mil a. fig* storm.

Stür·mer(in) *m (f) sport* forward.

Sturm·flut *f* storm tide; **sturm·gepeitscht** *adj* storm-lashed.

stür·misch ['ʃtʏrmɪʃ] *adj* **1.** *(Wetter)* stormy; **2.** *fig (ungestüm)* impetuous; *(unruhig)* turbulent; *(wild)* wild; ▶ **~er Jubel** tumultuous applause; **~e See** rough sea; **~er Liebhaber** ardent lover; **nicht so ~!** take it easy!

Sturm·schä·den *m pl* storm damage *sing;* **Sturm·vo·gel** *m orn* petrel; **Sturm·war·nung** *f* gale warning.

Sturz [ʃtʊrts, *pl* 'ʃtʏrtsə] ‹-es, ⸚e› *m* **1.** *(Fall a. fig)* fall; **2.** *mot* camber; **3.** *arch* lintel; ▶ ~ **e-r Regierung** overthrow of a government.

stür·zen ['ʃtʏrtsən] **I** *tr* ‹h› **1.** *(kippen)* turn upside down; **2.** *parl (Regierung etc)* overthrow; ▶ **ins Wasser ~** plunge into the water; **II** *itr* ‹sein› **1.** *(fallen)* fall (down), tumble; **2.** *(rennen)* come bursting; **3.** *parl* fall; **III** *refl:* ▶ **sich auf jdn ~** rush upon s.o; **sich in Schulden ~** plunge into debt *sing;* **sich ins Unglück ~** plunge into misery; **sich in Unkosten ~** go to a lot of expense *sing;* **sich auf die Zeitung ~** grab the newspaper.

Sturz·flug *m aero* nose-dive; **Sturzhelm** *m* crash helmet; **Sturz·see** *f* breaker; **Sturz·wel·le** *f* breakers *pl.*

Stuß [ʃtʊs] *m fam:* ▶ **red keinen ~!** don't talk such rubbish!

Stu·te ['ʃtuːtə] ‹-, -n› *f* mare.

Stüt·ze ['ʃtʏtsə] ‹-, -n› *f* **1.** *allg* support; *(Pfeiler)* pillar; **2.** *fig (Hilfe)* aid, help; ▶ **er ist meine größte ~** he is my mainstay.

Stut·zen ['ʃtʊtsən] ‹-s, -› *m tech (Verbindungsstück)* connecting piece.

stüt·zen ['ʃtʏtsən] **I** *tr* **1.** *allg* support; *(ab~)* shore up; **2.** *fin* back; **3.** *fig* back up; ▶ **e-n Verdacht durch etw ~** base a suspicion on s.th.; **II** *refl* **1.** lean (*auf* on); **2.** *fig (basieren)* be base (*auf* on).

stut·zen[1] ['ʃtʊtsən] *tr (beschneiden)* trim; *(Flügel, Hecke)* clip.

stut·zen[2] *itr* **1.** *(zögern)* hesitate; **2.** *(plötzlich stehenbleiben)* stop short; ▶ **über etw ~** be startled at s.th.

stut·zig *adj:* ▶ **jdn ~ machen** make s.o. suspicious; ~ **werden** begin to wonder.

Stütz·mau·er *f* supporting wall; **Stützpunkt** *m* base.

sty·len ['staɪln] ‹h› *tr (Auto, Wohnung)* design.

Sty·ro·por [ʃtyro'poːɐ] ‹-s, -› *Wz. n* polystyrene.

Sub·jekt [zʊp'jɛkt] ‹-(e)s, -e› *n* **1.** *gram* subject; **2.** *(Kerl) pej* creature; **sub·jektiv** *adj* subjective; **Sub·jek·ti·vi·tät** *f* subjectivity.

Sub·kul·tur *f* subculture.

Sub·skri·bent [zʊpskri'bɛnt] ‹-en, -en› *m* subscriber; **sub·skri·bie·ren** *tr* subscribe (*etw* to s.th.); **Sub·skrip·tion** *f* subscription.

sub·stan·ti·ell [zʊpstan'tsjɛl] *adj* substantial.

Sub·stan·tiv ['zʊpstantiːf] ‹-s, -e› *n* noun.

Sub·stanz ‹-, -en› *f* **1.** *(Stoff)* substance; **2.** *(innerer Gehalt)* essence; **3.** *fin* capital assets *pl.*

sub·til [zʊp'tiːl] *adj* **1.** *(zart)* delicate; **2.** *(spitzfindig)* subtle.

sub·tra·hie·ren [zʊptra'hiːrən] *tr* subtract; **Sub·trak·tion** [zʊptrak'tsjoːn] *f* subtraction.

Sub·tro·pen *pl geog* subtropics; **subtro·pisch** ['-'--] *adj* subtropical.

Sub·un·ter·neh·mer *m* sub-contractor.

Sub·ven·tion [zʊpvɛn'tsjoːn] *f (von privater Seite)* subvention; *(vom Staat)* subsidy; **sub·ven·tio·nie·ren** *tr* subsidize; ▶ **staatlich subventioniert** statesubsidized.

Such·ak·tion *f* search operation; **Such·dienst** *m* missing persons tracing service.

Su·che ['zuːxə] ‹-, (-n)› *f* search (*nach* for); ▶ **vergebliche ~** wild goose chase; **auf der ~ nach etw sein** be looking for s.th; **auf die ~ gehen nach ...** go in search of ...; **bei meiner Suche habe ich ein interessantes Buch gefunden** I found an interesting book in my search.

su·chen ['zuːxən] **I** *tr* **1.** look for; *(intensiv ~)* search for; **2.** *(danach streben)* seek; ▶ **ich habe den Streit nicht gesucht** the quarrel is not of my seeking; **II** *itr* search (*nach etw* for s.th.); **Sucher** *m* **1.** *(Mensch)* searcher, seeker; **2.** *phot* view-finder; **Such·funk·tion** *f EDV* search function; **Such·ge·rät** *n* locating equipment; **Such·lauf** *m (Hi-fi-Geräte)* search.

Sucht [zʊxt, *pl* 'zʏçtə] ‹-, ⸚e› *f* **1.** *med* addiction (*nach* to); **2.** *fig* obsession (*nach* with); **sucht·er·zeu·gend** *adj* addictive; **Sucht·ge·fahr** *f* danger of addiction.

süch·tig ['zʏçtɪç] *adj* addicted (*nach* to); ▶ **davon wirst du ~!** that's addictive! **Süch·ti·ge(r)** *f m* addict; **Sucht·kran·ke(r)** *f m* addict.

Süd·afri·ka ['-'---] *n* South Africa.

Süd·ame·ri·ka ['--'---] *n* South America; **süd·ame·ri·ka·nisch** *adj* South American.

Su·dan [zu'da:n] *m* Sudan.

Süd·deutsch South German; **Süd·deut·sche(r)** *f m* South German; **Süd·deutsch·land** *n* South Germany.

Su·de·lei *f* **1.** *(Malerei)* daubing; *(beim Schreiben)* scribbling; **2.** *(schlampige Arbeit)* botch.

su·deln ['zu:dəln] *itr* **1.** *(Malerei)* daub; *(beim Schreiben)* scribble; **2.** *(schlampen)* botch, bungle.

Süden ['zy:dən] ‹-s› *m* south; ▶ **im ~ von ...** to the south of ...; **aus dem ~** from the south.

Süd·eng·land ['-'--] *n* the South of England; **Süd·früch·te** *pl* citrus and tropical fruit; **Süd·halb·ku·gel** *f* southern hemisphere.

süd·lich I *adj* southern; ▶ **Wind aus ~er Richtung** southerly wind; **II** *adv:* ▶ **~ von ...** to the south of ...; **weiter ~ sein** be further south.

Süd·ost(en) ['-'-] *m* southeast; **süd·öst·lich** *adj* southeast; ▶ **~ von ...** to the southeast of ..; **Süd·pol** *m* South Pole; **Süd·see** *f* South Pacific; **Süd·staa·ten** *pl* Southern States; **Süd·staat·ler(in)** *m (f) fam* Southerner; **süd·wärts** *adv* southward(s); **Süd·we·sten** ['-'--] *m* south-west; ▶ **aus ~** from the south-west; **süd·west·lich** *adj* **1.** *geog* south-western; **2.** *(Wind)* south-west; **Süd·wind** *m* south wind.

Suff [zʊf] ‹-(e)s› *m fam:* ▶ **dem ~e verfallen sein** be on the bottle.

süf·fig ['zʏfɪç] *adj* light and sweet; ▶ **der Wein ist ~** the wine is nice to drink.

sug·ge·rie·ren [zʊge'ri:rən] *tr* suggest; ▶ **jdm etw ~** influence s.o. by suggesting s.th.; **Sug·ge·stion** [zʊgɛs'tjo:n] ‹-, -en› *f* suggestion; **sug·ge·stiv** [--'-] *adj* suggestive; **Sug·ge·stiv·fra·ge** *f* suggestive question.

Suh·le ['zu:lə] ‹-, -n› *f* muddy pool; **suh·len** *refl* wallow.

Süh·ne [zy:nə] ‹-, -n› *f eccl* atonement; *(Buße)* expiation; ▶ **als ~ für ...** to atone for ..; **süh·nen** *tr:* ▶ **seine Schuld ~** atone for one's wrongs *pl;* **ein Verbrechen ~** atone for a crime.

suk·zes·siv [zʊktsɛ'si:f] *adj* gradual.

Sul·fat [zʊl'fa:t] ‹-(e)s, -e› *n chem* sulphate.

Sul·fid [zʊl'fi:t] ‹-(e)s, -e› *n chem* sulphide.

Sul·fit [zʊl'fɪt] ‹-s, -e› *n chem* sulphite.

Sul·tan ['zʊlta:n] ‹-s, -e› *m* sultan.

Sul·ta·ni·ne [zʊlta'ni:nə] *f Br* sultana, *Am* seedless raisin.

Sül·ze ['zʏltsə] ‹-, -n› *f* brawn.

sum·ma·risch [zʊ'ma:rɪʃ] *adj* summary; *(kurz)* brief; ▶ **etw ~ darstellen** summarize s.th.

Sum·me ['zʊmə] ‹-, -n› *f* sum; ▶ **die ~ meiner Wünsche** the total of my ambitions.

sum·men ['zʊmən] **I** *tr* hum; **II** *itr (Insekt, Motor)* buzz; **Sum·mer** *m el* buzzer.

sum·mie·ren *refl:* ▶ **sich ~ auf ...** amount to ..., run up to ...

Sumpf [zʊmpf, *pl* 'zʏmpfə] ‹-(e)s, ⸚e› *m* **1.** marsh; *(in den Tropen)* swamp; **2.** *mot (Ölsumpf)* sump; ▶ **ein ~ des Lasters** a den of vice; **Sumpf·fie·ber** *n* malaria; **Sumpf·gas** *n* marsh-gas; **Sumpf·ge·biet** *n* marshy (*od* swampy) district, wetlands *pl;* **sump·fig** *adj* marshy; *(in den Tropen)* swampy; **Sumpf·fplan·ze** *f* marsh plant.

Sün·de ['zʏndə] ‹-, -n› *f* sin; ▶ **e-e ~ begehen** sin; **sie haßte ihn wie die ~** she hated him like poison; **Sün·den·bock** *m* scapegoat; **Sün·den·fall** *m eccl* Fall; **Sün·der(in)** *m (f)* sinner; **sün·dig** *adj* sinful; **sün·di·gen** ['zʏndɪgən] *itr* **1.** *rel* sin; **2.** *fig (fehlen)* trespass.

su·per ['zu:pɐ] *adj fam* great, super; **Su·per·ben·zin** *n mot* 4-star petrol; **Su·per·chip** *m EDV* superchip; **Su·per·ding** *n fam* super job; **Su·per·la·tiv** ['zu:pɐlati:f] ‹-s, -e› *m* superlative; **Su·per·macht** *f* superpower; **Su·per·markt** *m* supermarket; **Su·per·tan·ker** *m* supertanker.

Sup·pe ['zʊpə] ‹-, -n› *f (dünne ~)* soup; *(dicke ~)* broth; ▶ **die ~ auslöffeln müssen** *fig* have to face the music; **jdm e-e schöne ~ einbrocken** *fig* get s.o. into a nice mess; **jdm die ~ versalzen** *fig* queer someone's pitch; **Sup·pen·fleisch** stewing meat; **Sup·pen·grün** ‹-s› *n* herbs and vegetables *pl;* **Sup·pen·huhn** *n* boiling fowl; **Sup·pen·kü·che** *f* soup kitchen; **Sup·pen·schüs·sel** *f* tureen; **Sup·pen·tel·ler** *m* soup plate; **Sup·pen·wür·fel** *m* meat cube.

su·pra·lei·tend *adj (Physik)* superconductive.

Surf·brett ['sœ:ɐf-] *n* surfboard; **sur·fen** ['sœ:fən] *itr* surf; **Sur·fer(in)** *m (f)* surfer.

sur·ren ['zʊrən] *itr* buzz.

Sur·ro·gat [zʊro'ga:t] ‹-(e)s, -e› *n* surrogate.

su·spekt [zʊ'spɛkt] *adj* suspicious; ▶ **das ist mir ~** that seems fishy to me *fam.*

sus·pen·die·ren [zʊspɛnˈdi:rən] *tr* suspend.

süß [zy:s] *adj* **1.** *(Geschmack)* sweet; **2.** *fig (lieblich)* lovely; **3.** *(lieb)* sweet; **Sü·ße** ‹-, (-n)› *f* sweetness; **sü·ßen** *tr* sweeten; **Süß·holz** *n* liquorice; ► **jdn ~ raspeln** *fig* soft-soap s.o.; **Sü·ßig·kei·ten** *f pl Br* sweets *pl, Am* candy; **Süß·kir·sche** *f* sweet cherry.

süß·lich *adj* **1.** *(von Geschmack)* sweetish; **2.** *fig (widerlich)* mawkish; *(rührselig) Br* maudlin, *Am* sugar-coated.

süß·sau·er *adj* **1.** *(von Geschmack)* sweet-and-sour; **2.** *fig (Lächeln etc)* forced; **Süß·spei·se** *f Br* sweetdish, *Am* dessert; **Süß·stoff** *m* sweetener; **Süß·wa·ren** *pl Br* sweets, *Am* candy; **Süß·wa·ren·ge·schäft** *m Br* sweetshop, *Am* candy store; **Süß·was·ser** ‹-s› *n* freshwater; **Süß·wein** *m* dessert wine.

Sym·bol [zʏmˈbo:l] ‹-s, -e› *n* symbol; **sym·bo·lisch** *adj* symbolic (*für* of); **sym·bo·li·sie·ren** *tr* symbolize.

Sym·me·trie [zʏmeˈtri:] *f* symmetry; **sym·me·trisch** *adj* symmetrical.

Sym·pa·thie [zʏmpaˈti:] *f* sympathy; **Sym·pa·thi·sant(in)** *m (f)* sympathizer; **sym·pa·thisch** *adj:* ► **ein ~es Lächeln** a pleasant smile; **das ~e Nervensystem** the sympathetic nervous system; **er war mir gleich ~** I liked him at once; **sie ist ein ~es Mädchen** she is a nice girl; **sym·pa·thi·sie·ren** *itr* sympathize (*mit* with).

Sym·pho·nie [zʏmfoˈni:] *f* symphony.

Sym·ptom [zʏmpˈto:m] ‹-s, -e› *n* symptom; **sym·pto·ma·tisch** *adj* symptomatic (*für* of).

Sy·na·go·ge [zynaˈgo:gə] ‹-, -n› *f* synagogue.

syn·chron [zʏŋˈkro:n] *adj allg* synchronous; *ling* synchronic; **syn·chro·ni·sie·ren** *tr* **1.** *tech a. fig* synchronize; **2.** *film* dub; **Syn·chro·ni·sie·rung** *f* **1.** *tech* synchronization; **2.** *film* dubbing.

Syn·di·kat [zyndiˈka:t] ‹-(e)s, -e› *n* syndicate.

Syn·di·kus [ˈzʏndikʊs] ‹-, -sse/-dizi› *m:* ► **der ~ der Firma** *Br* the company (*Am* the corporation) lawyer.

Sy·no·de [zyˈno:də] ‹-, -n› *f eccl* synod.

Sy·no·nym [zʏnoˈnʏ:m] ‹-s, -e› *n* synonym; **sy·no·nym** *adj* synonymous.

syn·tak·tisch [zʏnˈtaktɪʃ] *adj* syntactic(al); **Syn·tax** [ˈzʏntaks] ‹-, -en› *m* syntax.

Syn·the·se [zʏnˈte:zə] ‹-, -n› *f* synthesis; **syn·the·tisch** *adj* synthetic; **syn·the·ti·sie·ren** ‹h› *tr chem* syntheticize.

Sy·phi·lis [ˈzʏfilɪs] ‹-› *f* syphilis.

Sy·rien [ˈzy:riən] *n* Syria; **Sy·rier(in)** *m (f)* Syrian; **sy·risch** *adj* Syrian.

Sy·stem [zʏsˈte:m] ‹-s, -e› *n* **1.** *(Anlage)* system; **2.** *(Methode)* method; ► **dahinter steckt ~!** there's method behind it! **Sy·stem·ana·ly·se** *f EDV* systems analysis; **Sy·ste·ma·tik** [zʏsteˈma:tɪk] *f* **1.** *(systematische Anordnung)* system; **2.** *(Wissenschaft)* systematology; **sy·ste·ma·tisch** *adj* systematic; ► **~er Katalog** classed catalogue; **sy·ste·ma·ti·si·eren** *tr* systematize; **sy·stem·be·dingt** *adj* determined by the system; **Sy·stem·feh·ler** *m EDV* system error; **Sy·stem·kri·ti·ker(in)** *m (f) pol* critic of the system; **Sy·stem·zwang** *m* obligation to conform to the system.

Sze·ne [ˈstse:nə] ‹-, -n› *f* **1.** *(Bühne)* stage; **2.** *(Auftritt)* scene; **3.** *(Milieu) fam* scene; ► **in ~ setzen** stage a play; **jdm e-e ~ machen** make a scene in front of s.o.; **sich in der ~ auskennen** *sl* know the scene; **Sze·nen·wech·sel** *m* scene change.; **Sze·ne·rie** *f* **1.** *(Theater)* set; **2.** *(Schauplatz)* scene.

T

T, t [te:] ‹-, -› *n* T, t.

T-Trä·ger *m* T-girder, T-bar.

Ta·bak ['tabak] ‹-s, -e› *m* tobacco; **Ta·bak·händ·ler** *m* tobacconist; **Ta·baks·beu·tel** *m* tobacco pouch; **Ta·baks·do·se** *f* tobacco tin; **Ta·bak(s)·pfei·fe** *f* pipe; **Ta·bak·steu·er** *f* duty on tobacco; **Ta·bak·wa·ren** *pl* tobacco *sing.*

ta·bel·la·risch [tabɛ'la:rɪʃ] *adj* tabular.

Ta·bel·le [ta'bɛlə] ‹-, -n› *f allg* table; *(als Graphik)* chart; **Ta·bel·len·form** *f:* ▶ **in** ~ in tabular form; **Ta·bel·len·füh·rer** *m sport* league leaders *pl;* ▶ ~ **sein** be at the top of the league table; **Ta·bel·len·platz** *m sport* place (*od* position) in the league; **Ta·bel·len·stand** *m sport* league situation.

Ta·ber·na·kel [tabɛr'na:kl] ‹-s, -› *m* tabernacle.

Ta·blett [ta'blɛt] ‹-(e)s, -s/(-e)› *n* tray.

Ta·blet·te [ta'blɛtə] ‹-, -n› *f* pill, tablet; **Ta·blet·ten·miß·brauch** *m* pill abuse; **Ta·blet·ten·süch·ti·ge(r)** *f m* pill addict.

ta·bu [ta'bu:] *adj* taboo.

Ta·bu·la·tor ‹-s, -en› *m* tabulator, tab.

Ta·cho(·me·ter) ['taxo'me:tɐ] ‹-s, -› *m* speedo(meter); **Ta·cho·me·ter·an·trieb** *m* speedo drive.

Ta·del ['ta:dəl] ‹-s, -› *m* **1.** *(Vorwurf)* reproach; *(Verweis)* reprimand; *(Rüge)* censure; **2.** *(Schule: Klassenbuch)* black mark; **ta·del·los** *adj* **1.** *(Benehmen)* irreproachable; **2.** *(vollkommen)* perfect; **ta·deln** *tr (zurechtweisen)* rebuke, reprimand; *(kritisieren)* criticize; **ta·delnd** *adj:* ▶ **ein** ~**er Blick** a reproachful look; **ta·delns·wert** *adj* blameworthy, reprehensible.

Ta·fel ['ta:fəl] ‹-, -n› *f* **1.** *(Schul~)* blackboard; *(Platte)* slab; *(Schiefer~)* slate; *(Schokoladen~)* bar; *(Holz~)* panel; **2.** *(Illustration)* plate; *(Tabelle)* index, list; **3.** *(Tisch)* (dinner-) table; ▶ **die** ~ **aufheben** officially end the meal; **ta·feln** *itr* feast; ▶ **mit jdm** ~ dine with s.o.

tä·feln ['tɛ:fəln] *tr (Decke)* panel; *(Wand)* wainscot.

Ta·fel·obst *n* (dessert) fruit; **Ta·fel·run·de** *f* company at table; **Ta·fel·sil·ber** *n Br* silver, *Am* flatware, flat silver.

Tä·fe·lung *f* panelling, wainscoting.

Ta·fel·wein *m* table wine.

Ta·fel·zeich·nung *f päd* blackboard drawing.

Taft [taft] ‹-(e)s, -e› *m* taffeta.

Tag [ta:k] ‹-(e)s, -e› *m* **1.** day; **2.** *(Tageslicht)* daylight; ▶ **s-e** ~**e haben** *euph* have one's period; **bei** ~**e** in the daytime; **es ist** ~ it is light; **es wird** ~ it is getting light; ~ **für** ~ day after day; **in acht** ~**en** a week today, in a week's time; **er kommt in 3** ~**en** he's coming in 3 days; **er muß jeden** ~ **kommen** he will arrive any day now; **welcher** ~ **ist heute?** what day is it today? **zweimal am** ~ twice a day; **von dem** ~ **an** from that day on; **den ganzen** ~ all day; **irgendwann im Laufe des** ~**es** some time during the day; **den andern** ~**, am folgenden** ~ the next day; **eines** ~**es** one day; **e-s schönen** ~**es** one fine day; **guten** ~! *(morgens)* good morning! *(nachmittags)* good afternoon! *(allgemein)* how do you do? **schönen** ~ **noch!** have a nice day! ~**s darauf** the next day; ~**s zuvor** the day before; **an den** ~ **bringen (kommen)** *fig* bring (come) to light; **es ist noch nicht aller** ~**e Abend** *fig* it's early days yet.

tag·aus [-'-] *adv:* ▶ ~**, tagein** day in, day out.

Ta·ge·bau ‹-(e)s› *m min* open-cast mining; **Ta·ge·buch** *n* diary; **Ta·ge·dieb** *m* idler, loafer; **Ta·ge·geld** *n* daily allowance; **ta·ge·lang** *adj* lasting for days (on end); **Ta·ge·löh·ner** *m* day-labourer.

ta·gen ['ta:gən] *itr* **1.** *(Tag werden)* dawn; **2.** *(beraten)* sit.

Ta·ges·ab·lauf *m* course of the day; **Ta·ges·an·bruch** *m:* ▶ **bei** ~ at daybreak; **Ta·ges·be·fehl** *m mil* Order of the Day; **Ta·ges·creme** *f* day cream; **Ta·ges·geld** *n fin* overnight money; **Ta·ges·ge·sche·hen** *n* events *pl* of the day; **Ta·ges·ge·spräch** *n* talk of the town; **Ta·ges·kar·te** *f* **1.** *(für Bus, Straßenbahn)* day ticket; **2.** *(Speisekarte)* menu of the day; **Ta·ges·ki·lo·me·ter·zäh·ler** *m mot* mileage recorder, odometer; **Ta·ges·licht** ‹-(e)s› *n* daylight; ▶ **das** ~ **scheuen** shun the daylight; **ans** ~ **kommen** *fig* come to light; **Ta·ges·licht·pro·jek·tor** *m* overhead projector; **Ta·ges·mut·ter** *f* child minder; **Ta·ges·ord·nung** *f* agenda; ▶ **auf die** ~ **setzen** put on the agenda; **zur** ~ **übergehen** *fig (an die Arbeit gehen)* get down to business; **Ta·ges·preis** *m com* current price; **Ta·ges·pro·duk·tion** *f* daily production; **Ta·ges·ra·tion** *f* daily rations *pl;*

Ta·ges·satz *m* daily rate; **Ta·ges·stun·den** *f pl* hours of daylight; **Ta·ges·sup·pe** *f* soup of the day; **Ta·ges·zeit** *f* time of day; ► **zu jeder ~** at any hour; **Ta·ges·zei·tung** *f* daily paper.
Ta·ge·werk *n* day's work.
tag·hell ['-'-] *adj* as light as day.
täg·lich ['tɛ:klɪç] **I** *adj* daily; **II** *adv* every day.
tags·über *adv* during the day.
tag·täg·lich ['-'--] **I** *adj* daily; **II** *adv* every single day.
Ta·gung *f* conference; *parl jur* sitting.
Tai·fun [taɪ'fu:n] ‹-s, -e› *m mete* typhoon.
Tail·le ['taljə] ‹-, -n› *f* waist.
Takt [takt] ‹-(e)s, -e› *m* **1.** *mus (Rhythmus)* time; **2.** *mot* stroke; **3.** *fig (~gefühl)* tact; ► **im ~** in time; **den ~ halten** keep time, play in time; **aus dem ~ kommen** play out of time; **den ~ schlagen** beat time; **Takt·ge·fühl** *n* tact.
tak·tie·ren *itr* manoeuvre; **Tak·tik** ['taktɪk] *f* tactics *pl;* **Tak·ti·ker(in)** *m (f)* tactician; **tak·tisch** *adj* tactical.
takt·los *adj* tactless; **Takt·lo·sig·keit** *f* tactlessness.
Takt·stock *m* baton; **Takt·strich** *m mus* bar(-line).
takt·voll *adj* tactful.
Tal [ta:l, *pl* 'tɛ:lɐ] ‹-(e)s, ¨-er› *n* valley, *poet* vale; **tal(·ab)·wärts** *adv* **1.** down into the valley; **2.** *(flußabwärts)* downstream.
Ta·lar [ta'la:ɐ] ‹-s, -e› *m (von Professor an Universität)* gown; *jur* robe.
tal·auf·wärts [-'--] *adv* **1.** up the valley; **2.** *(flußaufwärts)* upstream.
Ta·lent [ta'lɛnt] ‹-(e)s, -e› *n* **1.** *(Begabung)* gift, talent (*zu* for); **2.** *(Person)* talented person; **ta·len·tiert** *adj* gifted, talented.
Tal·fahrt *f* descent; ► **~ der Preise** *fig* downward trend of prices.
Talg [talk] ‹-(e)s, (-e)› *m* **1.** *(roh)* suet; *(ausgelassen)* tallow; **2.** *anat* sebum; **Talg·drü·se** *f anat* sebaceous gland.
Ta·lis·man ['ta:lɪsman] ‹-s, -e› *m* (lucky) charm.
Tal·kes·sel (Tal·mul·de) *m (f)* basin, hollow.
Talk·show ['tɔ:kʃoʊ] ‹-, -s› *f* talkshow.
Tal·mi·gold ['talmi-] *n* pinchbeck gold.
Tal·soh·le *f* **1.** bed (*od* bottom) of a/the valley; **2.** *com (wirtschaftliches Tief)* trough; **Tal·sper·re** *f* **1.** *(Stau(mauer))* river dam; **2.** *(Speichersee)* storage reservoir; **Tal·sta·tion** *f (von Skilift)* station at the bottom end; **tal·wärts** *adv* down to the valley.
Tam·pon ['tampɔn] *m* tampon; *(für Wunde)* plug.
Tand [tant] ‹-(e)s› *m* knicknacks *pl,* trinkets *pl.*
Tän·de·lei *f* **1.** *(Herumtrödelei)* dallying, trifling; **2.** *(Liebelei)* dalliance.
tän·deln ['tɛndəln] *itr* **1.** *(trödeln)* dilly-dally; **2.** *(flirten)* dally.
Tang [taŋ] ‹-(e)s, (-e)› *m* seaweed.
Tan·gen·te [taŋ'gɛntə] ‹-, -n› *f math* tangent.
tan·gie·ren *tr* **1.** *(berühren)* touch; **2.** *fig (kümmern)* affect, bother.
Tan·go ['taŋgo] ‹-s, -s› *m* tango.
Tank [taŋk] ‹-s, -s/(-e)› *m (Behälter, a. Panzer)* tank; **Tank·deckel (k·k)** *m* filler cap.
tan·ken *tr itr* tank (*od* fill) up; ► **ich muß noch ~** I have to get some petrol (*Am* gas); **wo kann man hier ~?** where can I get petrol (*Am* gas) round here?
Tan·ker *m* tanker; **Tank·füll·stut·zen** *m* tank filler neck; **Tank·in·halt** *m* tank capacity (*od* volume); **Tank·la·ger** *n (in Hafen etc)* petrol depot; **Tank·last·zug** *m* tanker; **Tank·stel·le** *f Br* service (*od* filling *od* petrol) station, *Am* gas station; **Tank·wa·gen** *m* **1.** *mot* tanker; **2.** *rail* tank car; **Tank·wart(in)** *m (f) Br* petrol pump attendant, *Am* gas station attendant.
Tan·ne ['tanə] ‹-, -n› *f* fir, pine; **Tan·nen·baum** *m* fir (*od* pine-) tree; **Tan·nen·na·deln** *f pl* fir-needles; **Tan·nen·wald** *m* fir-wood, pine forest; **Tan·nen·zap·fen** *m* fir (*od* pine) cone.
Tan·te ['tantə] ‹-, -n› *f* aunt.
Tan·tie·me [tã'tjɛ:mə] ‹-, -n› *f (für Autoren, Erfinder)* royalty.
Tanz [tants, *pl* 'tɛntsə] ‹-es, ¨-e› *m* dance; ► **darf ich Sie um den nächsten ~ bitten?** may I have the next dance? **zum ~en gehen** go to a dance; **Tanz·bein** *n* ► **das ~ schwingen** *hum* shake a leg.
tän·zeln ['tɛntsəln] *itr (Mensch)* mince; *(Pferd)* step delicately.
tan·zen *itr tr* dance.
Tän·zer(in) ['tɛntsɐ] *m (f)* dancer; *(Ballet~)* ballet dancer.
Tanz·flä·che *f* dance floor; **Tanz·kurs** *m* dancing course; **Tanz·lo·kal** *n* café with dancing; **Tanz·mu·sik** *f* dance music; **Tanz·or·che·ster** *n* dance orchestra; **Tanz·schu·le** *f* dancing school; **Tanz·stun·de** *f* dancing lesson; **Tanz·tee** *m* tea-dance; **Tanz·tur·nier** *n* dancing contest.
Ta·pet [ta'pe:t] *n:* ► **etw aufs ~ bringen** *fam* bring s.th. up.
Ta·pe·te [ta'pe:tə] ‹-, -n› *f* wallpaper; **Ta·pe·ten·mu·ster** *n* design; **Ta·pe·ten·rol·le** *f* roll of wallpaper; **Ta·pe·ten·wech·sel** *m fig* change of scenery.
ta·pe·zie·ren [tape'tsi:rən] *tr* paper; **Ta·pe·zier·tisch** *m* trestle table.
tap·fer ['tapfɐ] *adj* brave; *(mutig)* bold, courageous; **Tap·fer·keit** *f* bravery; *(Mut)* boldness, courage.

tap·pen ['tapən] *itr* ‹sein› go (*od* come) falteringly; ▶ **im Dunkeln** ~ grope in the dark.

täp·pisch ['tɛpɪʃ] *adj* awkward, clumsy.

Ta·ra ['ta:ra] ‹-, -ren› *f com* tare.

Ta·ran·tel [ta'rantəl] ‹-, -n› *f* tarantula; ▶ **wie von der ~ gestochen** as if stung by a bee.

Ta·rif [ta'ri:f] ‹-s, -e› *m* **1.** *(Lohn~)* rate; **2.** *(Zoll~)* tariff; **Ta·rif·ab·schluß** *m* wage settlement; **Ta·rif·be·zirk** *m* collective-agreement area; **Ta·rif·ge·halt** *n* union rates *pl;* **Ta·rif·grup·pe** *f* grade; **Ta·rif·kom·mis·sion** *f* joint working party on pay; **ta·rif·lich** *adj* agreed; **Ta·rif·lohn** *m* standard wage; **Ta·rif·part·ner** *pl:* ▶ **die** ~ union and management; **beide** ~ ... both parties to the wage agreement ...; **Tarif·run·de** *f* round of wage talks, wage negotiations *pl;* **Ta·rif·strei·tig·keit** *f* wage dispute; **Ta·rif·ver·hand·lun·gen** *f pl* salary (*od* wage) negotiations; **Ta·rif·ver·trag** *m* wage agreement; **Ta·rif·zo·ne** *f (Verkehr)* fare zone.

tar·nen ['tarnən] *tr* **1.** camouflage; **2.** *fig (Absichten)* disguise.

Tarn·far·be *f* camouflage colour (*od* paint).

Tar·nung *f* **1.** *mil* camouflage; **2.** *fig (von Agenten)* disguise.

Ta·sche ['taʃə] ‹-, -n› *f* **1.** *(bei Kleidungsstücken)* pocket; **2.** *(Beutel)* pouch; *(Hand~) Br* bag, *Am* purse; *(Akten~)* briefcase; ▶ **in die ~ stecken** pocket; **jdn in die ~ stecken** *fig* put s.o. in the shade; **jdm auf der ~ liegen** be living off s.o.; **nimm die Hände aus der ~!** take your hands out of your pockets! **Ta·schen·buch** *n* paperback; **Ta·schen·dieb** *m* pickpocket; ▶ **vor ~en wird gewarnt!** beware of pickpockets! **Ta·schen·geld** *n* pocket-money; **Ta·schen·krebs** *m* common crab; **Ta·schen·lam·pe** *f Br* torch, *Am* flashlight; **Ta·schen·mes·ser** *n Br* pocketknife, *Am* jackknife; *(kleines)* penknife; **Ta·schen·rech·ner** *m* pocket calculator; **Ta·schen·schirm** *m* collapsible umbrella; **Ta·schen·spie·gel** *m* pocket mirror; **Ta·schen·spie·ler·trick** *m* sleight of hand; **Ta·schen·tuch** ‹-(e)s, ⁼er› *n* handkerchief, *fam* hanky; **Ta·schen·uhr** *f* pocket watch; **Ta·schen·wör·ter·buch** *n* pocket dictionary.

Tas·se ['tasə] ‹-, -n› *f* cup; ▶ **e-e ~ Tee** a cup of tea; **sie hat nicht alle ~n im Schrank!** *fig fam* she's off her rocker! **tas·sen·fer·tig** *adj* instant.

Ta·sta·tur [tasta'tu:ɐ] *f* keyboard.

Ta·ste ['tastə] ‹-, -n› *f (von Klavier, Schreibmaschine, Computer)* key; *(Telefon, Radio etc.)* button; ▶ **auf die ~n hauen** *fig fam* hammer away at the keyboard.

ta·sten I *itr* feel; ▶ **nach etw ~** grope for s.th.; **sich ~** feel one's way; **II** *tr tele* key; *(drücken)* press.

Ta·sten·te·le·fon *n* push-button telephone.

Tast·sinn ‹-(e)s› *m* sense of touch.

Tat [ta:t] ‹-, -en› *f* **1.** *(das Handeln)* action; **2.** *(Helden~, Un~)* act, deed; *(Leistung)* feat; ▶ **auf frischer ~ ertappen** catch in the act; **ein Mann der ~** a man of action; **in der ~** indeed; **in die ~ umsetzen** put into action; **gute ~** good deed; **meine erste ~ war, ihn anzurufen** the first thing I did was phone him; **Tat·be·stand** *m jur* facts *pl* of the case; *(Sachlage)* facts *pl;* **Ta·ten·drang** *m* thirst for action; **ta·ten·los** *adj* idle; ▶ **ich konnte nur ~ zusehen** I could only stand and watch.

Tä·ter(in) ['tɛ:tɐ] *m (f) jur* perpetrator; ▶ **unbekannte** ~ *pl* persons unknown; **Tä·ter·schaft** *f* guilt; ▶ **die ~ leugnen** deny one's guilt.

tä·tig ['tɛ:tɪç] *adj* active; ▶ **in e-r Sache ~ werden** take action in a matter; **tä·ti·gen** ['tɛ:tɪgən] *tr com (Geschäft)* effect; *(Abschluß)* conclude; **Tä·tig·keit** *f* **1.** *(Aktivität)* activity; **2.** *(Beruf)* job; *(Beschäftigung)* occupation; *(Arbeit)* work; ▶ **die ~ einstellen** *fam* close up shop; **Tä·tig·keits·be·reich** *m* field of activity; **Tä·tig·keits·merk·ma·le** *pl* job description *sing.*

Tat·kraft *f* drive, energy, vigour; **tat·kräf·tig** *adj* energetic; ▶ **~e Hilfe** active help.

tät·lich ['tɛ:tlɪç] *adj* violent; ▶ **~ werden** come to blows; **jdn ~ angreifen** assault s.o.; **Tät·lich·keit** *f* violence; ▶ **sich zu ~en hinreißen lassen** get violent.

Tat·ort *m* scene of the crime.

tä·to·wie·ren [tɛto'vi:rən] *tr* tattoo; ▶ **sich ~ lassen** have o.s. tattooed; **Tä·to·wie·rung** *f* tattooing.

Tat·sa·che *f* fact; ▶ **den ~n ins Auge blicken** face the facts; **Tat·sa·chen·be·richt** *m* documentary; **tat·säch·lich I** *adj* actual, real; **II** *adv (in Wirklichkeit)* actually, really; ▶ **ich weiß ~ nicht, was ich davon halten soll** I really don't know what to think.

tät·scheln ['tɛtʃəln] *tr* pat.

Tat·ze ['tatsə] ‹-, -n› *f* paw.

Tau[1] [taʊ] ‹-(e)s, -e› *n (Seil)* rope.

Tau[2] ‹-(e)s› *m (Niederschlag)* dew.

taub [taʊp] *adj* **1.** *(ohne Gehör)* deaf; **2.** *fig (leer)* empty, hollow; *(Gestein)* dead; **3.** *(betäubt)* numb; ▶ **für (*od* gegen) etw ~ sein** be deaf to s.th.; **sich ~ stellen** pretend not to hear; **sich jdm gegenüber ~ stellen** turn a deaf ear to s.o.; **meine Hände waren ~ vor Kälte** my hands were numb with cold.

Tau·be ['taʊbə] ‹-, -n› *f* dove, pigeon; **Tau·ben·schlag** *m* dovecot; *(für Brieftauben)* pigeon loft.

Täu·be·rich ['tɔɪbərɪç] ‹-s, -e› *m* cock-pigeon.

Taub·heit *f* **1.** *(Gehörlosigkeit)* deafness; **2.** *(Erstarrung von Körperteil)* numbness.

taub·stumm *adj* deaf and dumb; **Taub·stum·me(r)** *f m* deaf-mute.

tau·chen ['taʊxən] **I** *itr* **1.** ‹sein *od* h› dive (*nach* for); **2.** *(U-Boot)* submerge; **II** *tr* ‹h› **1.** *(kurz ~)* dip; **2.** *(Menschen ~)* duck.

Tau·cher(in) *m (f)* diver.

Tau·cher·an·zug *m* diving suit; **Tau·cher·aus·rü·stung** *f* diving equipment; **Tau·cher·bril·le** *f* diver's goggles *pl;* **Tau·cher·flos·sen** *f pl* fins; **Tau·cher·glocke (k·k)** *f* diving bell; **Tau·cher·krank·heit** *f* diver's paralysis; **Tau·cher·mas·ke** *f* diving mask.

Tauch·sie·der *m el* portable immersion heater.

Tauch·tie·fe *f mar* navigable depth.

tau·en ['taʊən] ‹sein *od* h› *itr* melt, thaw.

Tauf·becken (k·k) (Tauf·stein) *n (m)* font.

Tau·fe ['taʊfə] ‹-, -n› *f* **1.** *(das Sakrament)* baptism; **2.** *(Vorgang)* christening; ▶ **ein Kind aus der ~ heben** stand sponsor to a child; **etw aus der ~ heben** *fig* start s.th. up; **tau·fen** *tr* **1.** baptize; **2.** *(nennen)* christen; ▶ **sich ~ lassen** be baptized.

Tauf·ka·pel·le *f* baptistry; **Tauf·pa·te (Tauf·pa·tin)** ‹-n, -n› *m (f)* godfather (godmother); **Tauf·re·gi·ster** *n* parish register; **Tauf·schein** *m* certificate of baptism.

tau·gen [taʊgən] *itr* **1.** *(wert sein)* be good; **2.** *(geeignet sein)* be suitable (*zu, für* for); ▶ **zu etw ~** be fit for s.th; **er taugt nichts** he is no good; **ob das wohl was taugt?** I wonder whether it is any good? **Tau·ge·nichts** ['taʊgənɪçts] ‹-/-es, -e› *m* good-for-nothing.

taug·lich *adj (geeignet)* suitable (*zu, für* for); *mil* fit (for service); **Taug·lich·keit** *f allg* suitability; *mil* fitness.

Tau·mel ['taʊməl] ‹-s› *m* **1.** *(Schwindel)* giddiness; **2.** *fig* frenzy; **tau·me·lig** *adj (schwindlig)* giddy; **tau·meln** ‹h *od* sein› *itr* stagger; ▶ **er taumelte über die Straße** he staggered across the street; **~d** staggering.

Tausch [taʊʃ] ‹-(e)s, -e› *m* exchange; *(~handel)* barter; ▶ **im ~ gegen ...** in exchange for ...; **e-n ~ machen** effect an exchange; **e-n guten ~ machen** get a good deal; **tau·schen** ['taʊʃən] *tr* exchange (*gegen* for); *(Güter)* barter.

täu·schen ['tɔɪʃən] **I** *tr (jdn)* deceive; ▶ **so leicht können Sie mich nicht ~!** you won't fool me so easily! **II** *itr (irreführend sein)* be deceptive; **III** *refl* be wrong, be mistaken (*über* about); ▶ **sich ~ lassen** let o.s. be deceived (*od* fooled); **ich glaube ja, ich kann mich aber auch ~** I think so, but I may be wrong; **wir haben uns in ihr sehr getäuscht** she was a great disappointment to us; **täu·schend** *adj* **1.** *(Nachahmung)* remarkable; **2.** *(Ähnlichkeit)* striking.

Tausch·ge·schäft *n* barter deal; **Tausch·han·del** *m* barter; **Tausch·ob·jekt** *n* barter object.

Täu·schung *f* **1.** *(das Täuschen)* deception; **2.** *(Irrtum)* mistake; ▶ **gib dich nur keiner ~ hin!** you must not delude yourself! **Täu·schungs·ma·nö·ver** *n* **1.** *mil* deception tactics *pl;* **2.** *fam* ploy; **Täu·schungs·ver·such** *m päd* attempted cheating.

tau·send ['taʊzənt] *num* a (*od* one) thousand; ▶ **viele T~e** thousands of ...; **ich habe ~ Dinge zu tun** *fig* I have a thousand and one things to do; **~ Ängste ausstehen** *fig fam* die a thousand deaths; **Tau·sen·der** ‹-s, -› *m (a. Geldschein)* thousand; **tau·sen·der·lei** ['taʊzəndɐ'laɪ] *adj* a thousand kinds of ...; **tau·send·fach I** *adj* thousandfold; **II** *adv* in a thousand ways; **Tau·send·füß(·l)er** ['taʊzəntfy:slɐ] ‹-s, -› *m* millipede; **tau·send·jäh·rig** *adj* **1.** *(Alter)* thousand year old; **2.** *(Dauer)* thousand year long; **tau·send·mal** *adv* a thousand times; **tau·send·ste** *adj* thousandth; **Tau·send·stel** ‹-s, -› *n* thousandth.

Tau·trop·fen *m* dewdrop; **Tau·wet·ter** *n* thaw.

Tau·zie·hen *n sport a. fig* tug-of-war.

Ta·xa·me·ter [taksa'me:tɐ] ‹-s, -› *m* taximeter.

Ta·xi ['taksi] ‹-(s), -(s)› *n* cab, taxi(cab); ▶ **ein ~ nehmen** take a taxi.

ta·xie·ren [ta'ksi:rən] *tr* value; ▶ **~ auf ...** estimate at ...

Ta·xi·fah·rer(in) *m (f)* taxi (*od* cab-) driver; **Ta·xi·fahrt** *f* taxi ride; **Ta·xi·stand** *m* taxi rank.

Team [ti:m] ‹-s, -s› *n* team; **Team·ar·beit** *f* teamwork.

Tech·nik ['tɛçnɪk] *f* **1.** *(Technologie)* technology; **2.** *(Funktionsweise)* mechanics *pl;* **3.** *(Ingenieurwissenschaft)* engineering; **4.** *(Verfahren)* technique; **tech·nik·be·ses·sen** *adj* obsessed with new technologies; **Tech·ni·ker(in)** *m (f)* **1.** (technical) engineer; **2.** *sport* technician; **tech·nik·feind·lich** *adj* hostile to new technologies; **Tech·ni·kum** ['tɛçnikʊm] ‹-s, -ka/-ken› *n* college of technology.

tech·nisch *adj* **1.** *(technologisch)* technological; **2.** *(die Ausführung betref-*

fend) technical; ► **~e Daten** specifications; **~e Hochschule** institute of technology; **er ist ~ begabt** he is technically minded; **~e(r) Zeichner(in)** engineering draughtsperson; **Tech·ni·scher Über·wa·chungs·ver·ein** *m* Technical Control Board.

Tech·no·krat(in) [tɛçno'kra:t] *m (f)* technocrat; **tech·no·kra·tisch** *adj* technocratic.

Tech·no·lo·gie *f* technology; **Tech·no·lo·gie·park** *m* technology park; **Tech·no·lo·gie·trans·fer** *m* transfer of technology; **tech·no·lo·gisch** *adj* technological.

Tee [te:] ‹-s, -s› *m* tea; ► **Fünf-Uhr-~** five o'clock tea; **~ machen** make tea; **e-e Tasse ~** a cup of tea; **Tee·beu·tel** *m* tea bag; **Tee-Ei** *n Br* infuser, *Am* tea ball; **Tee·fil·ter** *m* tea filter; **Tee·ge·bäck** *n* biscuits *pl;* **Tee·kan·ne** *f* teapot; **Tee·löf·fel** *m* teaspoon.

Tee·ny ['ti:ni] ‹-s, -s› *m fam* teeny bopper.

Teer [te:ɐ] ‹-(e)s, -e› *m* tar; **tee·ren** *tr* tar; **Teer·pap·pe** *f* tarboard.

Tee·ser·vice *n* tea-set; **Tee·sieb** *n* tea-strainer; **Tee·stu·be** *f* tea-room; **Tee·wa·gen** *m* tea-trolley.

Teich [taɪç] ‹-(e)s, -e› *m* pond; **Teich·ro·se** *f* yellow water-lily.

Teig [taɪk] ‹-(e)s, -e› *m (Brot~)* dough; *(Blätter~)* pastry; **tei·gig** *adj* doughy; **Teig·wa·ren** *pl* pasta *sing.*

Teil [taɪl] ‹-(e)s, -e› *m* **1.** *(Bruchteil, Teil von etw)* part; **2.** *(Anteil)* share; ► **zum ~** partly; **der größte ~ davon ist fertig** the greater part of it is done; **zum größten ~** for the most part; **ich für meinen ~** I, for my part; **ich habe e-n ~ davon für mich behalten** I kept part of it for myself; **5 ~e Sand auf einen ~ Zement** 5 parts of sand to 1 of cement; **sich seinen ~ denken** draw one's own conclusions *pl;* **ein ~ der Leute** some of the people; **in zwei ~e zerschneiden** cut in two; **Teil·ab·schnitt** *m* section, segment; **Teil·auf·la·ge** *f markt* split run; **teil·bar** *adj* divisible (*durch* by); **Teil·bar·keit** *f* divisibility; **Teil·be·trag** *m* partial amount; *(auf Rechnung)* item; *(Abzahlung)* instal(l)ment.

Teil·chen ['taɪlçən] *n* **1.** *a. phys* particle.

tei·len I *tr* **1.** *(zerlegen)* divide (*in* into, *unter* among, *durch* by); **2.** *(auf ~)* share (*unter* amongst, *mit* with); **3.** *(teilhaben)* share; **II** *refl* **1.** *(Straße, Fluß etc)* fork; *(Vorhang)* part; **2.** *(in Gruppen)* split up; **3.** *(auseinandergehen)* diverge; ► **geteilter Meinung sein** be of different opinions.

Teil·er·folg *m* partial success; **Teil·er·geb·nis** *n* partial result; **Teil·ge·biet** *n (räumlich)* area; *(Bereich)* branch.

teil|ha·ben *irr itr* participate (*an* in).

Teil·ha·ber *m com (Gesellschafter)* partner; ► **stiller ~** *Br* sleeping (*Am* silent) partner.

Teil·kas·ko·ver·si·che·rung *f* partial coverage insurance.

teil·mö·bliert *adj* partially furnished.

Teil·nah·me ‹-› *f* **1.** *(Beteiligung)* participation (*an* in); **2.** *(Anwesenheit)* attendance (*an* at); **3.** *(Interesse)* interest (*an* in); *(Mitgefühl)* sympathy; *(Beileid)* condolence (s *pl*); **teil·nahms·los** *adj (gleichgültig)* apathetic, indifferent (*gegen* towards); **Teil·nahms·lo·sig·keit** *f* apathy, indifference; **teil·nahms·voll** *adj* sympathetic.

teil|neh·men *irr itr* **1.** *(sich beteiligen)* participate (*od* take part) (*an* in); **2.** *(anwesend sein)* attend s.th; **3.** *(sich interessieren)* take an interest (*für* in); ► **an e-m Lehrgang ~** do a course; **an e-m Wettbewerb ~** take part in (*od* enter for) a competition; **Teil·neh·mer(in)** *m (f)* **1.** *(Beteiligte(r))* participant; **2.** *tele* subscriber; **3.** *sport* competitor; ► **der ~ meldet sich nicht** *tele* there is no reply; **Teil·neh·mer·ver·zeich·nis** *n tele* telephone directory.

teils *adv* partly; ► **wie geht's dir? — ~, ~** how are you? — so-so.

Teil·strecke (k·k) *f* **1.** *rail* stretch; **2.** *(bei Reise)* stage.

Teil·strich *m auf (Skala)* secondary graduation line.

Tei·lung *f* division.

teil·wei·se I *adv* partly; *(manchmal)* sometimes; ► **der Roman ist ~ gut** the novel is good in parts; **II** *adj* partial.

Teil·zah·lung *f* **1.** *(~skauf)* hire-purchase; **2.** *(Rate)* instal(l)ment; ► **auf ~ kaufen** buy on hire-purchase.

Teil·zeit·ar·beit *f* part-time employment; **teil·zeit·be·schäf·tigt** *adj* part-time employed; **Teil·zeit·kraft** *f* part-time worker.

Teint [tɛ̃:] ‹-s› *m* complexion.

Te·le·brief *m* telemessage, *Am* mailgram.

Te·le·fax *n* fax; **te·le·fa·xen** *tr* fax, send by fax; **Te·le·fax·ge·rät** *n* fax machine (*od* terminal); **Te·le·fax·teil·neh·mer** *m* fax subscriber.

Te·le·fon [tele'fo:n] ‹-s, -e› *n* (tele)phone; ► **ans ~ gehen** answer the phone; **Te·le·fon·an·ruf** *m* phone call; **Te·le·fon·an·schluß** *m* telephone-connection; ► **~ haben** be on the (tele)phone; **Te·le·fon·aus·kunft** *f Br* directory enquiries *pl; Am* directory information; **Te·le·fon·buch** *n* (tele)phone book; **Te·le·fon·ge·bühr** *f* **1.** *(Gesprächsgebühr)* call charge; **2.** *(Grundgebühr)* telephone rental; **Te·le·fon·ge·spräch** *n* **1.** *(Anruf)* (telephone) call; **2.** *(Unterhaltung am Telefon)* telephone conversation.

te·le·fo·nie·ren *itr* make a telephone call; ▶ **sie telefoniert den ganzen Tag** she's on the phone all day long; **mit jdm ~** speak to s.o. on the phone; **kann ich mal (bei dir) ~?** can I use your phone?
te·le·fo·nisch *adj* telephonic; ▶ **~ anfragen** inquire by telephone; **e-e ~e Mitteilung** a telephone message; **er ist ~ erreichbar** he can be contacted by phone.
Te·le·fo·nist(in) *m (f)* (tele)phone operator.
Te·le·fon·kar·te *f* phonecard; **Te·le·fon·lei·tung** *f* telephone line; **Te·le·fon·netz** *n* telephone network; **Te·le·fon·num·mer** *f* telephone number; ▶ **e-e ~ wählen** dial a number; **Te·le·fon·rech·nung** *f* (tele)phone bill; **Te·le·fon·ver·bin·dung** *f* telephone connection; **Te·le·fon·ver·zeich·nis** *n* telephone directory; **Te·le·fon·zel·le** *f Br* telephone box (*Am* -booth); **Te·le·fon·zen·tra·le** *f* telephone exchange.
te·le·gen [tele'ge:n] *adj* telegenic.
Te·le·gramm [tele'gram] ‹-s, -e› *n Br* telegram, *Am* wire; *(Kabel~)* cable; ▶ **ein ~ aufgeben** hand in a telegram; **Te·le·gramm·adres·se** *f* telegraphic address; **Te·le·gramm·for·mu·lar** *n* telegram form; **Te·le·gramm·stil** *m* telegram style.
Te·le·graph [tele'gra:f] *m* telegraph; **Te·le·gra·phen·amt** *n* telegraph office; **Te·le·gra·phen·lei·tung** *f* telegraph circuit; **Te·le·gra·phen·mast** *m* telegraph pole; **Te·le·gra·phen·netz** *n* telegraph network.
Te·le·gra·phie *f* telegraphy; ▶ **drahtlose ~** radio (*od* wireless) telegraphy; **te·le·gra·phie·ren** *tr itr* telegraph, wire; *(kabeln)* cable; **te·le·gra·phisch** *adj* telegraphic; ▶ **jdm ~ Geld überweisen** wire s.o. money.
Te·le·ki·ne·se [teleki'ne:zə] *f* telekinesis.
Te·le·kol·leg ['te:ləkole:k] *n TV päd* course of television lectures, *Br* Open University.
Te·le·kom·mu·ni·ka·tion *f* telecommunications *pl;* **Te·le·ko·pie** *f* fax.
Te·le·ob·jek·tiv ['te:lə-] *n phot* telephoto lens.
Te·le·pa·thie [telepa'ti:] *f* telepathy.
Te·le·skop [tele'sko:p] ‹-s, -e› *n* telescope.
Te·le·spiel ['te:lə-] *n TV* **1.** *(Fernsehspiel)* television play; **2.** *(Computerspiel)* video game.
Te·lex ['te:lɛks] ‹-, -(e)› *n* telex; **Te·lex·an·schluß** *m tele* telex link; **te·le·xen** *tr* telex.
Tel·ler ['tɛlɐ] ‹-s, -› *m* plate; **Tel·ler·ge·richt** *n* one course meal; **Tel·ler·mi·ne** *f mil* flat anti-tank mine; **Tel·ler·wä·scher(in)** *m (f)* dishwasher.
Tem·pel ['tɛmpəl] ‹-s, -› *m* temple.
Tem·pe·ra(·far·be) ['tɛmpəra] *f* tempera.
Tem·pe·ra·ment [tɛmp(ə)ra'mɛnt] *n* **1.** *(Wesen)* temper, temperament; **2.** *(Lebhaftigkeit)* vivacity; **3.** *(Wesensart)* character, constitution, disposition, frame of mind; *(Gemütsart)* humour; **tem·pe·ra·ment·voll** *adj* lively, vivacious.
Tem·pe·ra·tur [tɛmpəra'tu:ɐ] *f* temperature; ▶ **jds ~ messen** take someone's temperature; **erhöhte ~ haben** have a temperature; **Tem·pe·ra·tur·füh·ler** *m tech el* temperature senser; **Tem·pe·ra·tur·rück·gang** *m* fall in temperature; **Tem·pe·ra·tur·schwan·kung** *f* variation in temperature.
Tem·po ['tɛmpo] ‹-s, -s/-pi› *n* **1.** *(Geschwindigkeit)* speed; **2.** *mus* time; ▶ **das ~ angeben** *fig* set the pace; **~!** *interj* hurry up! **~ zulegen** *mot* speed up; **Tem·po·li·mit** *n mot* speed limit.
tem·po·rär *adj* temporary.
Tem·po·sün·der *m* speeder.
Tem·po(ta·schen·tuch) *n Wz* paper handkerchief.
Ten·denz [tɛn'dɛnts] ‹-, -en› *f* trend; *(Neigung)* tendency; ▶ **die ~ haben zu ...** tend to ...; **ten·den·zi·ös** *adj* tendentious; *(voreingenommen)* bias(s)ed, prejudiced.
ten·die·ren *itr* tend (*zu* towards).
Ten·ne ['tɛnə] ‹-, -n› *f* threshing floor.
Ten·nis ['tɛnɪs] ‹-› *n* tennis; **Ten·nis·hal·le** *f* indoor tennis centre; **Ten·nis·platz** *m* tennis court; **Ten·nis·schlä·ger** *m* tennis racket; **Ten·nis·spiel** *n* game of tennis.
Te·nor[1] ['te:nɔr] ‹-s› *m (Essenz)* tenor.
Te·nor[2] [te'no:ɐ, *pl* te'nø:rə] ‹-s, ⸚e› *m mus* tenor; **Te·nor·stim·me** *f mus* tenor.
Tep·pich ['tɛpɪç] ‹-s, -e› *m* carpet; ▶ **etw unter den ~ kehren** *fig* sweep s.th. under the carpet; **Tep·pich·bo·den** *m* fitted carpet; **Tep·pich·kehr·ma·schi·ne** *f* carpet-sweeper; **Tep·pich·klop·fer** ‹-s, -› *m* carpet beater; **Tep·pich·schaum** *m* carpet foam.
Ter·min [tɛr'mi:n] ‹-s, -e› *m* **1.** *(für Fertigstellung)* date, deadline; *com (Liefertag)* delivery date; *(bei Verabredung)* appointment; **2.** *jur* hearing; ▶ **e-n ~ anberaumen für ...** set a day (*od* date) for ...; **e-n ~ einhalten** keep (to) a date; **schon e-n anderen ~ haben** have a prior engagement.
Ter·mi·nal ['tø:ɐmɪnəl] ‹-s, -s› *n EDV aero* terminal.
ter·min·ge·mäß *adj* on schedule; **Ter·min·ka·len·der** *m* (appointments) diary.
Ter·mi·no·lo·gie [tɛrminolo'gi:] *f* ter-

minology.
Ter·min·pla·nung *f* time scheduling.
Ter·mi·te [tɛrˈmiːtə] ⟨-, -n⟩ *f* termite, white ant.
Ter·pen·tin [tɛrpɛnˈtiːn] ⟨-s, -e⟩ *n* turpentine.
Ter·rain [tɛrɛ̃ː] *n* **1.** land, terrain; **2.** *fig* territory; ▶ **sich auf unsicheres ~ begeben** *fig* get onto shaky ground.
Ter·ras·se [tɛˈrasə] ⟨-, -n⟩ *f* terrace; **Ter·ras·sen·dach** *n* platform roof; **ter·ras·sen·för·mig** *adj* terraced.
Ter·ri·ne [tɛˈriːnə] ⟨-, -n⟩ *f* tureen.
Ter·ri·to·ri·um ⟨-s, -rien⟩ *n* territory.
Ter·ror [ˈtɛroːɐ] ⟨-s⟩ *m* terror; **Ter·ror·an·schlag** *m* terrorist attack; **ter·ro·ri·sie·ren** *tr* terrorize; **Ter·ro·ris·mus** *m* terrorism; **Ter·ro·ris·mus·be·kämp·fung** *f* counter terrorism; **Ter·ro·rist(in)** *m (f)* terrorist; **ter·ro·ri·stisch** *adj* terrorist; ▶ **~e Vereinigung** terrorist organization.
Terz [tɛrts] ⟨-, -en⟩ *m* **1.** *mus* third; **2.** *(beim Fechten)* tierce.
Ter·zett [tɛrˈtsɛt] ⟨-(e)s, -e⟩ *n mus* trio.
Te·sa·film [ˈteːza-] *m Wz Br* Sellotape *Wz, Am* Scotch tape *Wz.*
Test [tɛst] ⟨-(e)s, -s/(-e)⟩ *m* test; **te·sten** *tr* test (*auf* for); **Test·pro·gramm** *n EDV* test program.
Te·sta·ment [tɛstaˈmɛnt] ⟨-(e)s, -e⟩ *n* **1.** *jur* will; **2.** *fig (Vermächtnis)* legacy; ▶ **Altes (Neues) ~** *eccl* Old (New) Testament; **eigenhändiges ~** holograph (*od* handwritten) will; **gemeinschaftliches ~** joint will; **sein ~ machen** make one's will; **te·sta·men·ta·risch** *adj* testamentary; ▶ **~ festgelegt** written in the will; **~e Verfügung** instruction in the will; **Te·sta·ments·er·öff·nung** *f* reading of the will; **Te·sta·ments·voll·strecker (k·k)** *m* executor.
Test·bild *f TV* testcard.
te·stie·ren *tr (bescheinigen)* certify; ▶ **jdm etw ~** certify s.th. for s.o.
Test·per·son *f* subject; **Test·pi·lot** *m* test pilot.
Te·ta·nus·schutz·imp·fung *f med* tetanus vaccination.
Tête-à-tête [tɛtaˈtɛːt] ⟨-, -s⟩ *n* tête-à-tête.
teu·er [ˈtɔɪɐ] ⟨teurer, teuerst⟩ *adj* **1.** *kostspielig)* expensive; **2.** *fig (lieb)* dear; ▶ **das wird ihn ~ zu stehen kommen** that will cost him dear; **wie ~ ist es?** how much is it? **da ist guter Rat ~** it's hard to know what to do; **Öl ist schon wieder teurer!** oil has gone up again! **Teue·rung** *f* rise in prices; **Teue·rungs·ra·te** *f* rate of price increases.
Teu·fel [ˈtɔɪfəl] ⟨-s, -⟩ *m* devil; ▶ **pfui ~!** how disgusting! **des ~s sein** *fig* have taken leave of one's senses; **in ~s Küche kommen** *fig* get into trouble; **mal' den ~ nicht an die Wand!** *(schwarzmalen)* don't think the worst! *(Unheil heraufbeschwören)* don't tempt fate! **zum ~!** blast! damn! **mein Mantel ist zum ~** *fig* my coat is ruined; **wer zum ~ ...?** who the devil ...? **jdn zum ~ wünschen** wish s.o. in hell; **Teu·fels·aus·trei·bung** *f* exorcism; **Teu·fels·kerl** *m* devil of a fellow; **Teu·fels·kreis** *m fig* vicious circle.
teuf·lisch *adj* devilish, diabolical, fiendish.
Text [tɛkst] ⟨-(e)s, -e⟩ *m* **1.** *(Buch~)* text; *(Lied)* words *pl; (von Schlager)* lyrics *pl;* **2.** *(unter Bild)* caption; ▶ **weiter im ~!** go on! **Text·buch** *n* **1.** *film* script; **2.** *(für Lieder)* songbook; **Text·dich·ter(in)** *m (f) (Oper)* librettist; *film* scenario writer; **tex·ten** *tr* **1.** *mus* write the lyrics (*od* words *od* text); **2.** *markt* copywrite; **Tex·ter(in)** *m (f) markt* ad writer, copywriter.
Tex·til·fa·brik *f* textile factory (*od* mill); **Tex·til·fa·ser** *f* spun rayon; **Tex·til·ge·schäft** *n* clothes shop; **Tex·ti·lien (Tex·til·wa·ren)** [tɛksˈtiːliən] *pl* textiles; **Tex·til·in·du·strie** *f* textile industry.
Text·kri·tik *f* textual criticism; **Text·stel·le** *f* passage; **Text·ver·ar·bei·tung** *f EDV* word processing; **Text·ver·ar·bei·tungs·an·la·ge** *f EDV* word processing set-up; **Text·ver·ar·bei·tungs·pro·gramm** *n EDV* word processing program, word processor.
Thea·ter [teˈaːtɐ] ⟨-s, -⟩ *n* **1.** *theat Br* theatre, *Am* theater; **2.** *fig fam (Aufheben)* fuss; ▶ **mach kein ~!** don't make a fuss! **ins ~ gehen** go to the theatre; **~ spielen** *fig* put on an act; **das ist doch alles bloß ~!** *fig* it's all just play-acting! **Thea·ter·auf·füh·rung** *f* performance; **Thea·ter·be·such** *m* visit to the theatre; **Thea·ter·be·su·cher(in)** *m (f)* theatregoer; **Thea·ter·kar·te** *f* ticket; **Thea·ter·kas·se** *f Br* box-office, *Am* ticket-office (*od* window); **Thea·ter·pro·be** *f* rehearsal; **Thea·ter·stück** *n* (stage) play; **Thea·ter·vor·stel·lung** *f* performance.
thea·tra·lisch [teaˈtraːlɪʃ] *adj* theatrical.
The·ke [ˈteːkə] ⟨-, -n⟩ *f (im Lokal)* bar; *(im Laden)* counter.
The·ma [ˈteːma, *pl* ˈteːmən] ⟨-s, -men/-mata⟩ *n* **1.** *(Gegenstand)* subject, topic; **2.** *(Leitgedanken)* theme; ▶ **kommen wir zum ~!** let's get to the point! **das Wetter ist ein beliebtes ~** the wheather is a popular topic of conversation; **kein ~ sein** be no subject for discussion; **das ~ wechseln** change the subject; **The·ma·tik** [teˈmaːtɪk] *f* topic.
Them·se [ˈtɛmzə] *f* Thames.
Theo·lo·ge (Theo·lo·gin) [teoˈloːgə] ⟨-n, -n⟩ *m (f)* theologian; **Theo·lo·gie** *f* theology; **theo·lo·gisch** *adj* theologi-

cal.

Theo·re·ti·ker(in) [teo'reːtɪkɐ] *m (f)* theorist; **theo·re·tisch** *adj* theoretical; **theo·re·ti·sie·ren** *itr* theorize.

Theo·rie [teo'riː] *f* theory.

The·ra·peut(in) ‹-en, -en› *m (f)* therapist; **The·ra·peu·tik** [tera'pɔɪtɪk] *f* therapeutics *pl.*

The·ra·pie [--'-] *f* therapy; **the·ra·pie·ren** *tr* give therapy to, treat.

Ther·mal·bad [tɛr'maːl-] *n* thermal bath; **Ther·mal·quel·le** *f* thermal spring.

Ther·men ['tɛrmən] *pl (Mineralquellen)* thermal springs.

ther·misch *adj* thermal; ► **~e Belastung** heat level; **~es Kraftwerk** thermal power station.

Ther·mo·drucker (k·k) *m EDV* thermal printer.

ther·mo·dy·na·misch *adj* thermodynamic; **ther·mo·elek·trisch** *adj* thermoelectric; **Ther·mo·ho·se** *f* insulated trousers *pl.*

Ther·mo·me·ter [tɛrmo'meːtɐ] ‹-s, -› *n* thermometer; **Ther·mo·me·ter·stand** *m* thermometer reading.

ther·mo·nu·kle·ar *adj* thermonuclear.

Ther·mos·fla·sche ['tɛrmɔs-] *f Br* thermos (*od* vacuum) flask (*Am* bottle); **Ther·mos·kan·ne** *f* thermos jug.

Ther·mo·stat [tɛrmo'staːt] ‹-(e)s/-en, -e(n)› *m* thermostat.

The·se ['teːzə] ‹-, -n› *f* thesis.

Throm·bo·se [trɔm'boːzə] ‹-, -n› *f med* thrombosis.

Thron [troːn] ‹-(e)s, -e› *m* throne; ► **den ~ besteigen** ascend the throne; **Thron·be·stei·gung** *f* accession to the throne; **thro·nen** *itr* **1.** *(auf dem Thron sitzen)* sit enthroned; **2.** *fig* sit in state; **Thron·fol·ge** *f* line of succession; **Thron·fol·ger(in)** *m (f)* heir to the throne; **Thron·re·de** *f parl* King's (*od* Queen's) speech.

Thun·fisch ['tuːn-] *m* tuna(fish).

Thü·rin·gen ['tyːrɪŋən] *n* Thuringia; **Thü·rin·ger(in)** *m (f)* Thuringian; **thü·rin·gisch** *adj* Thuringian.

Thy·mi·an ['tyːmiaːn] ‹-s, -e› *m* thyme.

Tick [tɪk] ‹-(e)s, -s› *m* **1.** *med* tic; **2.** *fam (Schrulle)* quirk; ► **der Kerl hat doch e-n ~!** that fellow's just crazy!

ticken (k·k) *itr (Uhr etc)* tick; ► **du tickst (ja) nicht richtig!** *fig fam* you're off your rocker! you must be mad!

Tick·tack *n* tick-tock.

Tie·break ['taɪbreɪk] ‹-s, -s› *m (Tennis)* tiebreaker.

Tief ‹-s, -s› *n* **1.** *mete* depression; **2.** *fig* low.

tief [tiːf] *adj* **1.** *allg* deep; **2.** *(~gründig)* profound; **3.** *(niedrig)* low; **4.** *fig (dunkel)* deep; **5.** *fig (Schlaf)* deep, sound; ► **der Teich war 3 Meter ~** the pond was 3 metres deep; **10 Meter ~ unter Wasser** 10 metres deep in water; **~ in jds Schuld stehen** be deeply indebted to s.o.; **~ in die Nacht hinein** far into the night; **im ~sten Afrika** in darkest Africa; **im ~sten Winter** in the depths of winter; **~ atmen** draw a deep breath; **~ im Innern** in one's heart of hearts.

Tief·bau *m* civil engineering; **tief·be·trübt** ['--'-] *adj* deeply distressed; **tief·be·wegt** ['--'-] *adj* deeply moved; **Tief·druck** ‹-s, -e› *m mete* low pressure; **Tief·druck·ge·biet** *n mete* low-pressure area.

Tie·fe ['tiːfə] ‹-, -n› *f* **1.** depth; **2.** *fig (Tiefgründigkeit)* deepness, profundity; **3.** *fig (Stärke, Größe)* intensity; ► **in der ~ versinken** sink into the depths *pl.*

Tief·ebe·ne *f* lowland(s *pl*), plain.

Tie·fen·psy·cho·lo·gie *f* depth psychology; **Tie·fen·schär·fe** *f phot* depth of focus (*od* field); **Tie·fen·wir·kung** *f phot* depth effect.

Tief·flie·ger *m mil* low-flying aircraft; **Tief·flug** *m* low-level flight; **Tief·gang** ‹-(e)s› *m* **1.** *mar* draught; **2.** *fig* depth; **tief·ge·kühlt** *adj* quick-frozen; **tief·grei·fend** *adj* far-reaching; **tief·grün·dig** ['tiːfgrʏndɪç] *adj* deep, profound; **Tief·kühl·fach** *n* deep-freeze compartment; **Tief·kühl·kost** *f* frozen food; **Tief·kühl·tru·he** *f* freezer; **Tief·land** ‹-(e)s, -e/¨er› *n* lowland(s *pl*); **Tief·punkt** *m* low; **Tief·schlag** *m a. fig* hit below the belt; **tief·schür·fend** *adj* in-depth, profound; **Tief·see** *f* deep sea; **Tief·see·for·schung** *f* deep sea exploration; **Tief·see·ka·bel** *n* deep-sea cable; **tief·sin·nig** *adj* profound; **Tief·stand** ‹-(e)s› *m a. fig* low; **tief·sta·peln** *vi* be overmodest; **tief·ste·hend** *adj a. fig* inferior.

Tie·gel ['tiːgəl] ‹-s, -› *m* **1.** *(zum Kochen)* saucepan; **2.** *(Schmelz~)* crucible; **3.** *typ (Druck~)* platen.

Tier [tiːɐ] ‹-(e)s, -e› *n* **1.** animal; *(großes ~)* beast; **2.** *fig (brutale Person)* brute; ► **hohes ~** *fig fam* big shot; **Tier·art** *f* species of animal; **Tier·arzt (-ärz·tin)** *m (f) Br* vet, veterinary surgeon, *Am* veterinarian; **Tier·chen** ['tiːɐçən] *n* little animal; ► **jdm ~ sein Pläsierchen** *prov* each to his own.

tie·risch *adj* **1.** animal; **2.** *fig (roh)* bestial; **3.** *fig sl (unerträglich)* beastly; ► **er gibt sich ~ viel Mühe** *fam* he goes to a hell of a lot of trouble.

Tier·kreis *m* zodiac; **Tier·kreis·zei·chen** *n astr* sign of the zodiac; ► **welches ~ bist du?** what sign are you? *fam;* **Tier·kun·de** *f* zoology; **tier·lie·bend** *adj* fond of animals; **Tier·me·di·zin** *f* veterinary science; **Tier·nah·rung** *f* pet food; **Tier·park** *m* zoo; **Tier·quä·le·rei** ['---'-] *f* cruelty to animals; **Tier·schutz** *m* prevention of cruelty to animals; **Tier·schüt·zer(in)** *m (f)* animal conservationist; **Tier·schutz·ver·ein** *m Br* Royal Society for the prevention of cruelty to animals (*Abk* RSPCA); **Tier·ver·such** *m* animal experiment; **Tier·welt** ⟨-⟩ *f* animal kingdom; **Tier·zucht** *f* stock-breeding.

Ti·ger ['ti:gɐ] ⟨-s, -⟩ *m* tiger.

Til·de ['tɪldə] ⟨-, -n⟩ *f typ* tilde.

tilg·bar *adj (Schuld)* redeemable.

til·gen ['tɪlgən] *tr* **1.** *(beseitigen)* wipe out; **2.** *(Schuld)* pay off; **Til·gung** *f (von Schulden)* repayment.

ti·men ['taɪmən] *tr* time; **Ti·ming** ['taɪmɪŋ] ⟨-s⟩ *n* timing.

Tink·tur [tɪŋk'tu:ɐ] *f* tincture.

Tin·nef ['tɪnɛf] ⟨-s⟩ *m fam* junk, rubbish.

Tin·te ['tɪntə] ⟨-, -n⟩ *f* ink; **in der ~ sitzen** *fig fam* be in the soup; **Tin·ten·faß** *n* inkpot; **Tin·ten·fisch** *m* cuttlefish, octopus, squid; **Tin·ten·fleck** *m (auf Papier)* ink-blot; *(auf Kleidung)* ink-stain; **Tin·ten·strahl·drucker (k·k)** *m EDV* ink-jet printer.

Tip [tɪp] ⟨-s, -s⟩ *m (Rat)* tip; *(Andeutung)* hint; *(~ an Polizei)* tip-off; ► **ein todsicherer ~** a dead cert; **gib mir e-n ~, wie ich ...** give me a tip how to ...; **können Sie mir nicht e-n ~ geben, an welchen der Herren ich mich wenden muß?** couldn't you advise me which of the gentlemen I should approach?

Tip·pel·bru·der *m fam* gentleman of the road.

tip·peln ['tɪpəln] ⟨sein⟩ *itr (kurze Schritte machen)* trip; *(von Kindern)* patter.

tip·pen ['tɪpən] **I** *tr* **1.** *(auf Schreibmaschine)* type (*etw* s.th.); **2.** *(leicht berühren)* tap, touch lightly; **II** *itr* **1.** *(raten)* bet, guess; **2.** *(Tippzettel ausfüllen)* fill in the pools (*od* lottery) coupon; ► **jdm auf die Schulter ~** tap s.o. on the shoulder; **auf etw ~** *fig* reckon; **ich tippe im Lotto** I do the lottery.

Tipp-Ex ['tɪpɛks] ⟨-⟩ *n Wz Br* Tipp-Ex, *Am* whiteout.

Tipp·feh·ler *m* typing mistake; **Tipp·schein** *m* pool (*od* lottery) ticket.

tipp·topp ['tɪp'tɔp] *adj fam* **1.** *(blitzsauber)* immaculate; **2.** *(prima)* first-class; ► **~ sauber** spotless.

Ti·rol [ti'ro:l] *n* the Tyrol; **Ti·ro·ler(in)** *m (f)* Tyrolese, Tyrolean.

Tisch [tɪʃ] ⟨-(e)s, -e⟩ *m* **1.** *allg* table; **2.** *fig (Mahlzeit)* meal; ► **am ~** at the table; **sich zu ~ setzen** sit down at table; **wer saß bei Ihnen am ~?** who was at your table? **jdn unter den ~ trinken** drink s.o. under the table; **den ~ decken** set (*od* lay) the table, lay the cloth; **unter den ~ fallen** *fig fam* go by the board; **etw unter den ~ fallen lassen** *fig* drop s.th.; **reinen ~ machen** *fig* get things straight; **am grünen ~** from a bureaucratic ivory tower; **bitte zu ~!** dinner/lunch is served! **Tisch·bein** *n* table-leg; **Tisch·decke (k·k)** *f* tablecloth; **tisch·fer·tig** *adj* ready-to-serve; **Tisch·feu·er·zeug** *f* table-lighter; **Tisch·fuß·ball** *n* table football; **Tisch·ge·sell·schaft** *f* dinner party; **Tisch·kar·te** *f* place card; **Tisch·lam·pe** *f* table lamp.

Tisch·ler(in) *m (f)* joiner; *(Möbel~)* cabinet-maker; *(Bau~)* carpenter; **Tisch·le·rei** *f* joiner's workshop.

Tisch·nach·bar(in) *m (f)* neighbour at table; **Tisch·plat·te** *f* tabletop; **Tisch·rech·ner** *m EDV* desktop calculator; **Tisch·re·de** *f* after-dinner speech; **Tisch·ten·nis** *n* table tennis; **Tisch·ten·nis·plat·te** *f* table-tennis table; **Tisch·ten·nis·schlä·ger** *m* table-tennis bat; **Tisch·tuch** *n* tablecloth; **Tisch·wä·sche** *f* table linen; **Tisch·wein** *m* table wine.

Ti·tel ['ti:təl] ⟨-s, -⟩ *m* title; ► **e-n ~ führen** have a title; **Ti·tel·bild** *n* cover; **Ti·tel·blatt** *n* title page; **Ti·tel·rol·le** *f* title role; **Ti·tel·ver·tei·di·ger** *m sport* title holder; **Ti·tel·vor·spann** *m film* opening credits (*od* titles) *pl.*

Tit·ten ['tɪtən] *f pl vulg* tits.

ti·tu·lie·ren [titu'li:rən] *tr* call; *(anreden)* address (*mit* as).

Toast[1] [to:st] ⟨-(e)s, -s⟩ *m (Trinkspruch)* toast; ► **e-n ~ auf jdn ausbringen** propose a toast to s.o.

Toast[2] *m (Toastbrot)* toast; **Toa·ster** ⟨-s, -⟩ *m* toaster.

to·ben ['to:bən] *itr* **1.** *(wüten)* rage; **2.** *(Kinder)* rollick about.

Tob·sucht ⟨-⟩ *f* mad rage; **tob·süch·tig** raving mad, maniacal; **Tob·suchts·an·fall** *m* maniacal fit.

Toch·ter ['tɔxtɐ, *pl* 'tœçtɐ] ⟨-, ¨-⟩ *f* daughter; **Toch·ter·ge·sell·schaft** *f com* subsidiary company.

Tod [to:t] ⟨-(e)s, (-e)⟩ *m* death; ► **sich vor dem ~ fürchten** be afraid of death; **sich zu ~e schämen** be utterly ashamed of o.s.; **des ~es sein** *obs* be doomed; **jdn zu ~e erschrecken** *fig* scare the daylights out of s.o.; **zu ~e erschrocken sein** be frightened to death; **zu ~e betrübt** in the depths of despair; **zu ~e langweilen** *fig* bore to death; **zum ~e verurteilen** sentence to death; **jdn auf den ~ nicht leiden können** *fam* not to be able to stand s.o.; **sich den ~ holen** *(vor Kälte)* catch one's death of cold; **tod·brin·gend** *adj (Krankheit)* fatal; *(Gift)* deadly; **tod·ernst** ['-'-] **I** *adj* deadly serious; **II** *adv* in dead earnest.

To·des·angst *f* mortal agony; ► **~ ausstehen** be scared to death; **To·des·an·zei·ge** *f* obituary; **To·des·fall** *m* death; **To·des·fal·le** *f* death-trap; **To-**

des·kampf *m* death throes *pl;* **To·des·kan·di·dat** *m (Verurteilter)* condemned man; **To·des·kom·man·do** *n* death squad; **To·des·op·fer** *n* casualty, death; **To·des·stoß** *m* deathblow; ▶ **e-r Sache den ~ versetzen** *fig* deal the deathblow to s.th.; **jdm den ~ versetzen** deal s.o. a mortal blow; **To·des·stra·fe** *f* death penalty; **To·des·strei·fen** *m (an Grenzen)* death strip; **To·des·tag** *m* **1.** *(Sterbetag)* day of someone's death; **2.** *(Jahrestag)* anniversary of someone's death; **To·des·ur·sa·che** *f* cause of death; **To·des·ur·teil** *n* death sentence; **To·des·ver·ach·tung** *f:* ▶ **mit ~** *fig fam* with utter disgust.

Tod·feind(in) *m (f)* deadly enemy.

tod·krank ['-'-] *adj* dangerously ill.

töd·lich ['tø:tlıç] *adj* deadly, mortal; *(Waffe, Dosis)* lethal; *(Unfall)* fatal; ▶ **~ verunglücken** be killed in an accident.

tod·mü·de ['-'--] *adj* dead tired *fam;* **tod·schick** ['-'-] *adj fam* dead smart; **tod·si·cher** ['-'--] *adj* dead certain; *(Methode)* sure-fire; **Tod·sün·de** *f* mortal sin.

Toi·let·te [toa'lɛtə] ‹-, -n› *f* **1.** *(WC)* lavatory, toilet; **2.** *(Körperpflege)* toilet; ▶ **auf die ~ gehen** go to the toilet; **auf der ~ sein** be in the toilet; **Toi·let·ten·ar·ti·kel** *m pl* toiletries; **Toi·let·ten·gar·ni·tur** *f* bathroom set; **Toi·let·ten·pa·pier** *n* toilet paper; **Toi·let·ten·sei·fe** *f* toilet soap.

toi, toi, toi ['tɔy 'tɔy 'tɔy] *interj* touch wood.

To·kio ['to:kio] ‹-s› *n* Tokyo.

to·le·rant [tole'rant] *adj* tolerant (*gegen* of); **To·le·ranz** *f* tolerance (*gegen* of); **To·le·ranz·gren·ze** *f* limit of tolerance.

to·le·rie·ren *tr* tolerate.

toll [tɔl] *adj* **1.** *fam (herrlich)* groovy, terrific; **2.** *(verrückt)* crazy; mad; ▶ **es kommt noch ~er!** there's more to come! **er treibt es (etwas) zu ~** he's carrying on (a little) too much; **das war ein ~es Ding!** that was madness! **es ging ~ her** it was a riot; **das ist das T~ste, was ich je gehört habe!** that beats everything I've heard! **das T~ste dabei ist ...** the most incredible part about it is ...

Tol·le ['tɔlə] ‹-, -n› *f* quiff.

Toll·kir·sche *f* belladonna, deadly nightshade.

toll·kühn *adj* daring; **Toll·kühn·heit** *f* daring; **Toll·wut** *f med* rabies.

Tol·patsch ['tɔlpatʃ] ‹-(e)s, -e› *m fam* clumsy creature.

Töl·pel ['tœlpəl] ‹-s, › *-m* fool; **töl·pel·haft** *adj* foolish, silly.

To·ma·te [to'ma:tə] ‹-, -n› *f* tomato; **To·ma·ten·ketch·up** *m* tomato ketchup; **To·ma·ten·mark** *n* tomato puree.

Tom·bo·la ['tɔmbola] ‹-, -s/(-len)› *f* tombola.

To·mo·gra·phie *f med* tomography.

Ton[1] [to:n] ‹-(e)s, (-e)› *m (Erdart)* clay.

Ton[2] [to:n, *pl* 'tø:nə] ‹-(e)s, ¨-e› *m* **1.** *(Laut)* sound; **2.** *(Betonung)* stress; **3.** *fig (Atmosphäre)* atmosphere; **4.** *fig (Farb~)* tone; ▶ **laß keinen ~ darüber verlauten!** don't say a word about it! **keinen ~ von sich geben** not to utter a sound; **das gehört zum guten ~** *fig* that's how the best people do it; **der ~ macht die Musik** it's not what you say but the way you say it; **ich verbitte mir diesen ~!** I won't be spoken to like that! **den richtigen ~ finden** strike the right note; **den ~ angeben** give the note; *fig* set the tone; **große ¨~e spucken** *fig fam* talk big; **etw in den höchsten ¨~en loben** praise s.th. to high heaven; **hast du ¨~e ...!** *fam* did you ever ...! **sich im ~ vergreifen** *fig* hit the wrong note; **Ton·ab·neh·mer** *m* pick-up; **ton·an·ge·bend** *adj:* ▶ **~ sein** set the tone; **Ton·arm** *m (von Plattenspieler)* pick-up arm; **Ton·arm·lift** *m* tone arm lift; **Ton·art** *f* **1.** *mus* key; **2.** *fig (Tonfall)* tone; ▶ **e-e andere ~ anschlagen** *fig* change one's tune; **Ton·band** *n* **1.** *(Magnetband)* tape; **2.** *(~gerät)* tape recorder; ▶ **auf ~ aufnehmen** record on tape; **Ton·band·auf·nah·me** *f* tape recording.

tö·nen ['tø:nən] **I** *itr* **1.** *(erklingen)* sound; *(schallen)* resound; **2.** *fig sl (großspurig reden)* hold forth, sound off; **II** *tr (färben)* tint.

Ton·er·de *f* aluminium oxide; ▶ **essigsaure ~** aluminium acetate.

tö·nern ['tø:nɐn] *adj* clay.

Ton·fall *m* tone of voice; *(Intonation)* intonation; **Ton·film** *m* sound film.

Ton·ge·fäß *n* earthenware vessel; **Ton·ge·schirr** *n* earthenware.

Ton·hö·he *f* pitch; **Ton·kopf** *m* recording head; **Ton·la·ge** *f* pitch (level); **Ton·lei·ter** *f* scale; **ton·los** *adj* toneless; *(Stimme)* flat.

Ton·na·ge [tɔ'na:ʒə] ‹-, -n› *f mar* tonnage.

Ton·ne ['tɔnə] ‹-, -n› *f* **1.** *(Behälter)* cask, barrel; **2.** *(Gewicht: mar)* ton; **3.** *fig fam* fatty; **Ton·nen·ge·wöl·be** *n arch* barrel vaulting; **ton·nen·wei·se** *adj* by the ton.

Ton·spur *f tech* sound track; **Ton·stö·rung** *f* sound interference; **Ton·stu·dio** *n* recording studio.

Ton·sur [tɔn'zu:ɐ] *f* tonsure.

Ton·tau·be *f* clay pigeon; **Ton·tau·ben·schie·ßen** *n* clay pigeon shooting.

Ton·tech·ni·ker(in) *m (f)* sound technician; **Ton·trä·ger** *m* sound carrier.

Tö·nung *f* **1.** *(das Tönen)* tinting; **2.** *(Farbton)* shade, tone.

To·pas [to'pa:s] ‹-es, -e› *m* topaz.

Topf [tɔpf, *pl* 'tœpfə] ‹-(e)s, ¨-e› *m* **1.** *(Gefäß)* pot; **2.** *fam (Toilette) Br* loo, *Am* john; ▶ **alles in e-n ~ werfen** *fig* lump everything together.

Töp·fer(in) ['tœpfɐ] *m (f)* potter; **Töp·fe·rei** *f* pottery; **Töp·fer·schei·be** *f* potter's wheel; **Töp·fer·wa·ren** *pl* earthenware *sing.*

Topf·gucker (k·k) *n fig fam* nosy parker; **Topf·lap·pen** *m* ovencloth; **Topf·pflan·ze** *f* potted plant.

To·po·gra·phie [topogra'fi:] *f* topography; **to·po·gra·phisch** *adj* topographical.

Tor[1] ‹-en, -en› *m (Narr)* fool.

Tor[2] [to:ɐ] ‹-(e)s, -e› *n* **1.** *(Zugang a. fig)* gate; *(Durchfahrt)* gateway; **2.** *sport (bei Fußball)* goal; ▶ **das ~ öffnen (schließen)** open (shut) the gates *pl;* **ein ~ erzielen** score a goal; **im ~ stehen** be in goal.

Tor·bo·gen *m* archway; **Tor·ein·fahrt** *f* entrance gate.

Torf [tɔrf] ‹-(e)s› *m* peat; ▶ **~ stechen** cut peat; **Torf·bo·den** *m* peat; **Torf·moor** *n* peat bog.

Tor·heit *f* **1.** *(törichte Art)* foolishness; **2.** *(törichte Handlung)* foolish action.

tö·richt ['tø:rɪçt] *adj* **1.** *(dumm)* foolish, stupid; **2.** *(nutzlos, unerfüllbar)* idle.

tor·keln ['tɔrkəln] ‹sein› *itr* reel, stagger.

Tor·li·nie *f sport* goal-line.

Törn ['tœrn] ‹-s, -s› *m mar* cruise.

Tor·na·do [tɔr'na:do] ‹-s, -s› *m* tornado.

Tor·ni·ster [tɔr'nɪstɐ] ‹-s, -› *m mil* knapsack; *(Schulranzen)* satchel.

tor·pe·die·ren [tɔrpe'di:rən] *tr mil mar a. fig* torpedo; **Tor·pe·do** [tɔr'pe:do] ‹-s, -s› *m* torpedo; **Tor·pe·do·boot** *n* torpedo-boat.

Tor·pfo·sten *m* **1.** gatepost; **2.** *sport* goalpost; **Tor·raum** *m sport* goal area; **Tor·schluß** *m:* ▶ **kurz vor ~** at the eleventh hour; **Tor·schluß·pa·nik** *f psych* fear of being left on the shelf; **Tor·schüt·ze (-schüt·zin)** *m (f) sport* scorer.

Tor·so ['tɔrzo] ‹-s, -s/-si› *m* torso.

Tor·te ['tɔrtə] ‹-, -n› *f (Sahne~)* gâteau; *(Obst~)* flan; **Tor·ten·he·ber** *m* cake slice; **Tor·ten·plat·te** *f* cake plate.

Tor·tur [tɔr'tu:ɐ] *f* **1.** *(Folter)* torture; **2.** *fig* ordeal.

Tor·wart(in) ['to:ɐvart] ‹-(e)s, -e› *m (f)* goalkeeper.

to·sen ['to:zən] *itr (Meer)* roar; *(Sturm)* rage.

tot [to:t] *adj* dead; ▶ **er ist seit zwei Jahren ~** he has been dead for two years; **~es Kapital** dead capital; **~er Punkt** *fig (in Verhandlungen)* deadlock; *(Stillstand)* standstill; **~er Winkel** blind spot; **das T~e Meer** the Dead Sea; **~ umfallen** drop dead.

to·tal [to'ta:l] *adj* **1.** *(völlig)* total; **2.** *(Staat)* totalitarian; **To·tal·aus·ver·kauf** *m* clearance sale; **to·ta·li·tär** *adj* totalitarian; **To·ta·li·tät** *f* totality; **To·tal·scha·den** *m* write-off.

tot|ar·bei·ten *refl fig* work o.s. to death.

To·te(r) ['to:tə] *f m* deceased, dead person; *mil* casualty; ▶ **es gab 50 ~** fifty people were killed.

tö·ten ['tø:tən] *tr* **1.** *(umbringen)* kill; **2.** *fig (Nerv)* deaden.

To·ten·bett *n* deathbed; **to·ten·blaß** ['--'-] *adj* deathly pale; **To·ten·fei·er** *f* funeral ceremony; **To·ten·grä·ber** *m* grave-digger; **To·ten·hemd** *n* shroud; **To·ten·kopf** *m* **1.** *(Schädel)* death's head, skull; **2.** *(Symbol)* skull and crossbones; **To·ten·mas·ke** *f* death mask; **To·ten·mes·se** *f* mass for the dead; **To·ten·schein** *m* death certificate; **to·ten·still** ['--'-] *adj* deathly silent; **To·ten·stil·le** *f* deathly silence; **To·ten·tanz** *m* danse macabre; **To·ten·wa·che** *f* wake.

tot|fah·ren *irr tr* knock down and kill; **tot·ge·bo·ren** *adj* still-born; **Tot·ge·burt** *f* stillbirth; **tot|la·chen** *refl fig* die laughing. laugh one's head off; **tot|lau·fen** *irr refl fig* peter out.

To·to ['to:to] ‹-s, -s› *m (Fußball~)* football pools *pl;* ▶ **ich spiele ~** I do the pools; **To·to·schein** *m* pools coupon.

tot|schie·ßen *irr tr* shoot dead; **Tot·schlag** *m jur Br* manslaughter, *Am* homicide; **tot|schla·gen** *irr tr* kill; **Tot·schlä·ger** *m* **1.** *(Mörder)* killer, murderer; **2.** *(Knüppel) Br* cudgel, *Am* blackjack; **tot|schwei·gen** *irr tr* hush up; **tot|stel·len** *refl* play dead; **tot|tre·ten** *tr (Mensch, Tier)* trample to death; *(Insekt)* tread on and kill.

Tö·tung *f* killing; ▶ **fahrlässige ~** *jur* manslaughter through culpable negligence.

Tou·pet [tu'pe:] *n* toupee; **tou·pie·ren** *tr* back-comb.

Tour [tu:ɐ] ‹-, -en› *f* **1.** *(Ausflug)* tour; *(Fahrt)* trip; **2.** *mot (Umdrehung)* revolution; **3.** *fig fam (Art und Weise)* play; ▶ **in einer ~** *fam* incessantly; **er macht es auf die gemütliche ~** *fam* he does it the easy way; **jdm die ~ vermasseln** *fam* mess up someone's plans *pl;* **auf ~en kommen** *mot* reach top speed; *fig fam* get into top gear; **krumme ~en** sharp practices; **auf vollen ~en laufen** *fig* go at full speed; **Tou·ren·ski** *m sport* cross-country ski; **Tou·ren·zahl** *f mot* number of revolutions.

Tou·ris·mus *m* tourism; **Tou·rist(in)** *m (f)* tourist; **Tou·ri·sten·klas·se** *f aero* tourist class; **Tou·ri·sten·vi·sum** *n*

tourist visa; **Tou·ri·stik·un·ter·neh·men** *n* tour company.
Tour·nee [tʊrˈne:] ‹-, -s/-n› *f theat* tour; ▶ **auf ~ gehen** go on tour.
To·xi·ko·lo·ge (To·xi·ko·lo·gin) [tɔksikoˈlo:gə] ‹-n, -n› *m (f)* toxicologist; **to·xisch** [ˈtɔksɪʃ] *adj* toxic.
Trab [tra:p] ‹-(e)s› *m* trot; ▶ **im ~** at a trot; **jdn auf ~ bringen** *fig fam* make s.o. get a move on; **jdn in ~ halten** keep s.o. on the go.
Tra·bant [traˈbant] ‹-en, -en› *m astr* satellite; **Tra·ban·ten·stadt** *f* satellite town.
Trab·bi [ˈtrabɪ] ‹-s, -s› *m fam* East German Trabant car.
tra·ben [ˈtra:bən] ‹sein› *itr* trot.
Tracht [traxt] ‹-, -en› *f (Kleidung)* dress, garb; *(Schwestern~)* uniform; ▶ **e-e ~ Prügel** a good hiding.
Trach·ten *n (Streben)* endeavour; **trach·ten** [ˈtraxtən] *itr (streben)* strive (*nach* for, after); ▶ **jdm nach dem Leben ~** seek to kill s.o.
träch·tig [ˈtrɛçtɪç] *adj (von Tieren: schwanger)* pregnant.
Tra·di·tion [tradiˈtsjo:n] *f* tradition; **tra·di·tio·nell** *adj* traditional.
Trag·bah·re *f* stretcher; **trag·bar** *adj* **1.** *(Gerät)* portable; **2.** *fig (erträglich)* bearable; **3.** *fig (annehmbar)* acceptable (*für* to).
trä·ge [ˈtrɛ:gə] *adj* **1.** *(antriebsschwach)* sluggish; **2.** *phys (Masse)* inert.
Tra·gen *n:* ▶ **zum ~ kommen** have an effect.
tra·gen [ˈtra:gən] *irr* **I** *tr* **1.** carry; **2.** *(Namen, Kosten, Schulden, Früchte)* bear; **3.** *(hervorbringen)* bear, yield, produce; **4.** *(Kleider)* wear; *(anhaben)* have on; **5.** *fig (erdulden)* endure; **6.** *(stützen)* support; ▶ **etw bei sich ~** carry s.th. (with one); **viele Früchte ~** produce a good crop of fruit; **der Brief trägt das Datum von ...** the letter is dated ...; **II** *itr* **1.** *(Eis)* bear; **2.** *(Baum, Acker etc)* crop; **III** *refl (Kleid, Stoff)* wear; ▶ **sich mit dem Gedanken ~, etw zu tun** entertain the idea of doing s.th.
Trä·ger [ˈtrɛgɐ] ‹-s, -› *m* **1.** *(Gepäck~)* porter; **2.** *(von Namen)* bearer; **3.** *(von Kleidung)* wearer; **4.** *(Balken)* beam; *(Eisen~)* girder; **5.** *(an Kleidung)* strap; *(Hosen~)* braces *pl;* **6.** *fig (Kultur~, Staat etc)* representative; *(Veranstaltungs~)* sponsor; **trä·ger·los** *adj (Kleid)* strapless; **Trä·ger·ra·ke·te** *f* carrier rocket.
Tra·ge·ta·sche *f* carrier bag.
trag·fä·hig *adj* able to take a load; **Trag·fä·hig·keit** *f* **1.** *mot* load-capacity; **2.** *(Brücke)* maximum load; **Trag·flä·che** *f aero* wing; **Trag·flü·gel·boot** *n* hydrofoil.
Träg·heit [ˈtrɛ:khaɪt] *f* **1.** *(Antriebslosigkeit)* sluggishness; *(Faulheit)* idleness, laziness; **2.** *phys* inertia; **Träg·heits·mo·ment** *n phys* moment of inertia.
Tra·gik [ˈtra:gɪk] *f* tragedy.
tra·gi·ko·misch [ˈtra:giko:mɪʃ] *adj* tragicomic.
tra·gisch *adj* tragic; ▶ **das ist nicht so ~** that's not the end of the world.
Trag·last *f* load; *(Gepäck) Br* heavy luggage (*Am* baggage).
Tra·gö·die [traˈgø:diə] ‹-, -n› *f a. fig* tragedy.
Trag·wei·te *f* **1.** *mil (Reichweite)* range; **2.** *fig* scope; consequences *pl.*
Trag·werk *n* wing assembly.
Trai·ner(in) [ˈtrɛ:nɐ] ‹-s, -› *m (f) sport* coach, trainer.
trai·nie·ren I *tr* train; *(e-e Mannschaft)* coach (*zu* for); **II** *itr:* ▶ **da mußt du schon noch etw ~!** you'll have to practise that a bit more!
Trai·ning [ˈtrɛ:nɪŋ] ‹-s, -s› *n* **1.** training; **2.** *fig (Übung)* practice; **Trai·nings·an·zug** *m* tracksuit; **Trai·nings·ho·se** *f* tracksuit trousers *pl.*
Trakt [trakt] ‹-(e)s, -e› *m (Gebäude~)* part, wing.
trak·tie·ren *tr (schlecht behandeln)* maltreat.
Trak·tor [ˈtrakto:ɐ] ‹-s, -en› *m* tractor.
tram·peln [ˈtrampəln] *tr itr* trample; ▶ **die Zuschauer ~ mit den Füßen** the audience are stamping their feet.
Tram·pel·pfad *m* path, track.
tram·pen [ˈtrɛmpən] ‹sein› *itr* hitchhike.
Tram·po·lin [trampoˈli:n] ‹-s, -s/(-e)› *n sport* trampoline.
Tran [tra:n] ‹-(e)s, (-e)› *m* **1.** train-oil; **2.** *fig fam:* ▶ **er läuft wie im ~ herum** he's running around in a daze.
tran·chie·ren [trãˈʃi:rən] *tr* carve; **Tran·chier·mes·ser** *n* carving-knife.
Trä·ne [ˈtrɛ:nə] ‹-, -n› *f* tear; ▶ **in ~n ausbrechen** burst into tears; **unter ~n** in tears; **~n vergießen** shed tears; **ihr standen ~n in den Augen** there were tears in her eyes; **~ lachen** laugh till one cries; **trä·nen** *itr* water; **Trä·nen·drü·se** *f* lachrymal gland; **Trä·nen·gas** *n* tear gas; **Trä·nen·sack** *m* lachrymal sac.
Trank [traŋk, *pl* ˈtrɛŋkə] ‹-(e)s, ⸚e› *m* beverage, drink.
Trän·ke [ˈtrɛŋkə] ‹-, -n› *f* watering-place; **trän·ken** *tr* **1.** *(Tiere)* water; **2.** *fig (durchnässen)* soak.
Trans·ak·tion [transakˈtsjo:n] *f* transaction.
trans·at·lan·tisch *adj* transatlantic.
Trans·fer [transˈfe:ɐ] ‹-s, -s› *m* transfer; **trans·fe·rie·ren** *tr* transfer.
Trans·for·ma·tor [transfɔrˈma:to:ɐ] ‹-s, -en› *m* transformer.
trans·for·mie·ren *tr* transform.

Trans·fu·sion *f med* transfusion.

Tran·si·stor [tran'zɪsto:ɐ] ‹-s, -en› *m* transistor; **Tran·si·stor·zün·dung** *f mot* transistorized ignition system.

Tran·sit [tran'zɪt/ tran'zi:t] ‹-s, -e› *m* transit; **Tran·sit·gü·ter** *n pl* transit goods.

tran·si·tiv ['tranziti:f] *adj gram* transitive.

Tran·sit·ver·kehr *m* transit traffic; *(Handel)* transit trade; **Tran·sit·vi·sum** *n* transit visa.

Trans·mis·sion *f* transmission.

Trans·pa·rent [transpa'rɛnt] ‹-(e)s, -e› *n (Spruchband)* banner; **trans·pa·rent** *adj* **1.** *(durchscheinend)* transparent; **2.** *fig (Argument etc)* lucid.

tran·spi·rie·ren [transpi'ri:rən] *itr (gehoben)* perspire; *(Pflanzen)* transpire.

Trans·plan·ta·tion [transplanta'tsjo:n] *f* transplantation.

Trans·port [trans'pɔrt] ‹-(e)s, -e› *m* transport; **trans·por·ta·bel** [transpɔr'ta:bəl] *adj* transportable; **Trans·port·band** *n* conveyer belt; **Trans·por·ter** *m* **1.** *mar* cargo ship; **2.** *aero* transport plane; **3.** *mot* van; **trans·port·fä·hig** *adj* moveable; **Trans·port·flug·zeug** *n* transport aircraft; **trans·por·tie·ren** **I** *tr* **1.** *(Güter)* transport; **2.** *(Patienten)* move; **II** *itr (Förderband)* move; *(Kamera)* wind on; **Trans·port·ko·sten** *pl* carriage *sing;* **Trans·port·mit·tel** *n* means of transport; **Trans·port·schiff** *n* cargo ship; *mil* transport ship.

Trans·ve·stit [transvɛs'ti:t] ‹-en, -en› *m* transvestite.

tran·szen·den·tal [transtsɛndɛn'ta:l] *adj* transcendental; ▶ **~e Meditation** (*Abk* **TM**) transcendental meditation.

Tra·pez [tra'pe:ts] ‹-es, -e› *n* **1.** *math* trapezium; **2.** *(im Zirkus)* trapeze.

Tras·se ['trasə] ‹-, -n› *f* marked-out route.

Tratsch [tra:tʃ] ‹-(e)s› *m fam* gossip, tittle-tattle; **trat·schen** *itr* gossip.

Trat·te ['tratə] ‹-, -n› *f com* draft.

Trau·al·tar *m* altar.

Trau·be ['traʊbə] ‹-, -n› *f* **1.** *(ganzer Fruchtstand)* bunch of grapes; *(einzelne Beere)* grape; **2.** *fig (Haufen, Gruppe)* bunch, cluster; **Trau·ben·saft** *f* grape juice; **Trau·ben·zucker (k·k)** *m* dextrose, glucose.

trau·en ['traʊən] **I** *tr (verheiraten)* marry; ▶ **sich ~ lassen** get married; **II** *itr (vertrauen)* trust; ▶ **ich traute meinen Ohren nicht** I couldn't believe my ears; **jdm nicht über den Weg ~** not to trust s.o. an inch; **III** *refl (wagen)* dare.

Trau·er ['traʊɐ] ‹-› *f* **1.** *(Gram)* grief, sorrow; **2.** *(um e-n Toten)* mourning; ▶ **in tiefer ~ ...** *(Traueranzeige)* much loved and sadly missed by ...; **Trau·er·an·zei·ge** *f* death notice; **Trau·er·bin·de** *f* mourning armband; **Trau·er·fall** *m* death, *(gehoben)* bereavement; **Trau·er·flor** [-flo:ɐ] ‹-(e)s, (-e)› *m* black ribbon; **Trau·er·jahr** *n* year of mourning; **Trau·er·klei·dung** *f* mourning; **Trau·er·kloß** *m fam* wet blanket; **Trau·er·marsch** *m* funeral march.

trau·ern *itr* mourn (*um jdn* for s.o.).

Trau·er·spiel *n a. fig* tragedy.

Trau·er·wei·de *f bot* weeping willow.

Trau·fe ['traʊfə] ‹-, -n› *f* eaves *pl;* ▶ **vom Regen in die ~ kommen** *prov* jump out of the frying pan into the fire.

träu·feln ['trɔɪfəln] **I** *tr* ‹h› dribble; **II** *itr* ‹sein› trickle.

Traum [traʊm, *pl* 'trɔɪmə] ‹-(e)s, ⁻e› *m* dream; ▶ **der ~ ist ausgeträumt!** *fig* the honeymoon is over! **aus der ~!** *fig* well, that was that! **mein ~ ging in Erfüllung** my dream came true; **ich denke nicht im ~ daran!** I wouldn't dream of it! **das ging wie im ~** *fig fam* it worked like a dream.

Trau·ma ‹-s, -men *od* -ta› *a. fig* trauma; **trau·ma·tisch** *adj a. fig* traumatic.

Traum·be·ruf *m* dream job; **Traum·deu·ter(in)** *m (f)* interpreter of dreams.

träu·men ['trɔɪmən] **I** *itr* dream; ▶ **das hätte ich mir nicht ~ lassen** I'd never have thought it possible; **schlecht ~** have a bad dream; **davon ~, reich zu werden** dream of becoming rich; **von etw ~** dream about s.th.; **ich hätte mir nie ~ lassen, daß sie kommen würde** I never dreamt she would come; **II** *tr* dream; ▶ **etw Schönes ~** have a pleasant dream; **Träu·me·rei** *f* **1.** *(das Träumen)* (day)dreaming; **2.** *(die Vorstellung)* daydream, reverie; **Träu·mer(in)** *m (f)* (day)dreamer; **träu·me·risch** *adj* **1.** *(verträumt)* dreamy; **2.** *(schwärmerisch)* wistful.

traum·haft *adj* **1.** *(wie im Traume)* dreamlike; **2.** *fig (phantastisch)* fantastic; **Traum·land·schaft** *f* dreamscape; **Traum·paar** *n fam* perfect couple; **Traum·tän·ze·r(in)** *m (f) fam* dreamer, *sl* space cadet.

trau·rig ['traʊrɪç] *adj* **1.** sad; **2.** *(beklagenswert)* sorry; ▶ **ein ~er Anblick** a sorry sight; **Trau·rig·keit** *f* sadness.

Trau·ring *m* wedding ring; **Trau·schein** *m* marriage certificate.

traut [traʊt] *adj* **1.** *(gemütlich)* cosy; **2.** *(vertraut)* familiar; ▶ **~es Heim Glück allein** *prov* home sweet home.

Trau·ung *f* marriage ceremony, wedding; **Trau·zeu·ge (-zeu·gin)** *m (f)* witness.

Treck [trɛk] ‹-s, -s› *m* trek.

Trecker (k·k) *m* tractor.

Treff ‹-s, -s› *m fam* **1.** *(Treffen)* meeting;

2. *(Treffpunkt)* haunt; ▶ **konspirativer ~** conspiratorial meeting; **Tref·fen** ‹-s, -› *n* meeting; *sport* encounter.

tref·fen ['trɛfən] *irr* **I** *tr itr* **1.** *(schlagen)* hit, strike (*an,* in, on); **2.** *(begegnen)* meet; *(stoßen auf)* hit upon, run into; **3.** *fig (kränken)* hurt; **4.** *(Maßnahmen etc)* take; **II** *itr (Schlag etc)* hit; ▶ **nicht ~** miss; **auf etw (jdn) ~** meet s.th. (s.o.); **getroffen!** a hit! **III** *refl* **1.** *(geschehen)* happen; **2.** *(zusammen~)* meet; ▶ **es trifft sich gut, daß ...** it is convenient (*od* good) that ...; **sich getroffen fühlen** to feel hurt; **tref·fend** *adj (passend)* apt.

Tref·fer *m a. fig* hit; *(in Lotterie)* winner; *sport (Tor)* goal; ▶ **e-n ~ erzielen** score a hit; *(im Fußball)* shoot a goal.

treff·lich *adj* excellent, splendid.

Treff·punkt *m* meeting place; *(auf Flughafen, Bahnhof)* meeting point.

Treib·eis *n* drift-ice.

Trei·ben *n (Getriebe)* hustle and bustle; ▶ **ich beobachte ihr ~ schon lange** I've been watching what they've been getting up to for a long time.

trei·ben ['traɪbən] *irr* **I** *tr* ‹h› **1.** *(in Bewegung setzen, a. fig)* drive; **2.** *(Geschäfte, Handel etc)* do; **3.** *(Blüten, Knospen)* sprout; ▶ **du treibst mich noch zum Wahnsinn!** *fig fam* you're driving me mad! **etw auf die Spitze ~** carry s.th. too far; **zur Verzweiflung ~** drive to despair; **II** *itr* **1.** ‹sein› *(sich fortbewegen, a. fig)* drift; **2.** ‹h› *bot* sprout; **3.** ‹h› *med* have a diuretic effect; ▶ **na, was treibt er denn so?** well, what's he been up to lately? **es zu weit ~** go too far; **es mit jdm ~** *(sexuell)* have it off with s.o. *sl;* **trei·bend** *adj:* ▶ **die ~e Kraft** the driving force (*bei etw* behind s.th.).

Trei·ber *m (Vieh~)* drover; *(Jagd~)* beater.

Treib·gas *n* propellant; **Treib·haus** *n* hothouse; **Treib·haus·ef·fekt** *m* greenhouse effect; **Treib·holz** ‹-es› *n* driftwood; **Treib·jagd** *f* battue; **Treib·sand** *m* quicksand; **Treib·satz** *m (von Rakete)* rocket composition; **Treib·stoff** *m* fuel; *(Raketen~)* propellant.

Trend [trɛnt] ‹-s, -s› *m* trend; **Trend·set·ter** ‹-s, -› *m* trendsetter.

trenn·bar *adj* separable.

tren·nen ['trɛnən] **I** *tr* **1.** *(entfernen)* separate (*von* from); **2.** *(Naht etc)* undo; **3.** *el tele* disconnect, interrupt; **4.** *fig (unterscheiden)* distinguish (*zwischen* between); ▶ **uns kann nichts ~** nothing can come between us; **II** *refl* **1.** part (*von jdm* from, with; *von etw* with); **2.** *(auseinandergehen)* separate; ▶ **von der Uhr kann ich mich nicht ~** I can't bear to part with this watch (*od* clock).

Tren·nung *f* **1.** *(Getrenntsein, -werden)* separation; **2.** *gram (Silben~)* division; **3.** *(Auflösung)* dissolution; **4.** *(Abschied)* parting; **Tren·nungs·strich** *m* hyphen.

Trenn·wand *f* partition wall.

trepp·ab [-'-] *adv:* ▶ **treppauf, ~** up and down stairs.

Trep·pe ['trɛpə] ‹-, -n› *f Br* staircase, stairs *pl, Am* stairway; ▶ **die ~ heraufgehen** go upstairs; **die ~ hinuntergehen** go downstairs, go down the stairs; **oben an der ~** at the top of the stairs; **Trep·pen·ab·satz** *m* landing; **Trep·pen·ge·län·der** *n* banister; **Trep·pen·haus** *n* stairwell, staircase; **Trep·pen·stu·fe** *f* stair, step.

Tre·sen ['tre:zən] ‹-s, -› *m (Theke)* bar; *(Ladentisch)* counter.

Tre·sor [tre'zo:ɐ] ‹-s, -e› *m* **1.** *(Raum)* vault; **2.** *(Schrank)* safe.

Tret·boot *n* pedal boat.

tre·ten ['tre:tən] *irr* **I** *itr* ‹sein› **1.** *(in Pfütze, auf etw etc)* step, tread; **2.** *(Radfahrer)* pedal; **3.** *(mit Fuß anstoßen)* kick (*gegen etw* s.th., *nach* out at); ▶ **treten Sie näher!** move closer! **jdm auf die Füße ~** *fig* tread on someone's toes; **er ist mir auf den Fuß getreten!** he stepped on my foot! **in den Streik ~** go on strike; **II** *tr* ‹h› *(Fußtritt geben)* kick; ▶ **nach jdm (etw) ~** take a kick at s.o. (s.th.); **er trat mit Wucht gegen den Ball** he gave the ball a tremendous kick; **gegen das Bein getreten werden** get kicked in the leg.

Tret·müh·le *f a. fig* treadmill.

treu [trɔɪ] *adj (Ehegatte, Hund etc)* faithful; *(Freund, Sohn etc)* loyal; *(Diener)* devoted; ▶ **seinem Vorsatz ~ bleiben** keep to one's resolution; **zu ~en Händen** in trust.

Treu·bruch *m* breach of faith.

Treue ['trɔɪə] ‹-› *f* faith; *(eheliche ~)* fidelity; *(Ergebenheit)* loyalty; ▶ **jdm die ~ halten** keep faith with s.o., remain faithful to s.o.; **Treu(e)·eid** *m* oath of allegiance.

Treu·hän·der *m* fiduciary, trustee; **Treu·hand·ge·sell·schaft** *f* trust company; **treu·her·zig** *adj* innocent; *(vertrauensselig)* trusting; **Treu·her·zig·keit** *f* innocence; **treu·los** *adj* faithless, disloyal; **Treu·lo·sig·keit** *f* faithlessness.

Tri·bü·ne [tri'by:nə] ‹-, -n› *f (Redner~)* platform, rostrum; *(Zuschauer~)* gallery, stand.

Tri·but [tri'bu:t] ‹-(e)s, -e› *m* tribute; ▶ **jdm ~ zollen** *a. fig* pay tribute to s.o.; **tri·but·pflich·tig** *adj obs* tributary.

Tri·chi·ne [trɪ'çi:nə] ‹-, -n› *f* trichina.

Trich·ter ['trɪçtɐ] ‹-s, -› *m* funnel; *(Granat~)* crater; **trich·ter·för·mig** *adj* funnel-like.

Trick [trɪk] ‹-s, -s/(-e)› *m* trick; ▶ **ich kenne da noch e-n viel besseren ~** I know a much better trick; **er steckt voller ~s** he is full of tricks; **ein ganz gemeiner ~** a dirty trick; **da ist ein ~ dabei** there's a special trick to it; **wenn du erst einmal den ~ heraushast, wie man das einstellt** once you get the trick of adjusting it; **Trick·auf·nah·me** *f* fake photo; **Trick·be·trü·ger(in)** *m (f)* confidence trickster; **Trick·film** *m* trick film; *(Zeichen~)* cartoon; **Trick·ki·ste** *f fig fam* bag of tricks; **trick·reich** *adj fam* tricky.

trick·sen ['trɪksən] *itr fam* fiddle, trick.

Trieb [tri:p] ⟨-(e)s, -e⟩ *m* **1.** *(Natur~)* drive; *(Drang, Verlangen)* desire, urge; *(Selbsterhaltungs~)* instinct; **2.** *bot* shoot; **Trieb·fe·der** *f fig* motivating force; **trieb·haft** *adj (von Handlung)* compulsive; *(von Menschen)* ruled by one's physical urges; **Trieb·kraft** *f* **1.** *phys* motive power; **2.** *fig* driving force; **Trieb·tä·ter(in)** *m (f)* sex offender; **Trieb·wa·gen** *m rail* railcar; **Trieb·werk** *n aero* engine.

trie·fen ['tri:fən] *irr itr* **1.** *(~d sein)* be dripping wet; **2.** *(rinnen)* drip; ► **vor Nässe ~** be soaking wet.

trif·tig ['trɪftɪç] *adj (Argument)* convincing; *(Grund)* good.

Tri·go·no·me·trie [trigonome'tri:] *f* trigonometry.

Tri·kot *n* jersey; *(Turnanzug)* leotard, *(e-s Fußballspielers)* shirt; **Tri·kot·wer·bung** *f sport* shirt advertising.

Tril·ler ['trɪlɐ] *m mus* trill; *(Vogel~)* warble; **tril·lern** *itr tr* trill; *(Vögel)* warble; **Tril·ler·pfei·fe** *f* whistle.

trim·men ['trɪmən] **I** *tr mar aero (a. Hund)* trim; **II** *refl fam* do keep-fit exercises; **Trimm·pfad** *m fam* keep-fit trail.

trink·bar *adj* drinkable.

trin·ken ['trɪŋkən] *irr tr itr* drink; *(Tee, Kaffee)* have; ► **kann ich 'was zu ~ haben?** may I have something to drink? **jdm etw zu ~ geben** give s.o. a drink; **trink doch 'was!** have a drink! **~ wir 'was!** let's have a drink! **ich brauche 'was zu ~!** I need a drink! **zu ~ anfangen** *(Alkohol)* take to drink; **e-n ~ gehen** go out drinking; **möchtest du etwas zu ~?** would you like s.th. to drink? **darauf trinke ich** I'll drink to that.

Trin·ker(in) *m (f)* drinker.

trink·fest *adj* hard-drinking; **Trink·ge·la·ge** *n* drinking session; **Trink·geld** *n* tip; ► **jdm ein ~ geben** tip s.o.; **Trink·glas** *n* drinking glass; **Trink·hal·le** *f* **1.** *(in Kurort)* pump-room; **2.** *(an Straße)* refreshment kiosk; **Trink·halm** *m* (drinking) straw; **Trink·spruch** *m* toast; **Trink·was·ser** ⟨-s⟩ *n* drinking water; **Trink·was·ser·auf·be·rei·tung** *f* drinking water preparation; **Trink·was·ser·knapp·heit** *f* drinking water shortage; **Trink·was·ser·ver·sor·gung** *f* drinking water supply.

trip·peln ['trɪpəln] ⟨sein⟩ *itr* trip; *(geziert gehen)* mince.

Trip·per ['trɪpɐ] ⟨-s, -⟩ *m* gonorrh(o)ea, *sl* clap.

Tritt [trɪt] ⟨-(e)s, -e⟩ *n* **1.** *(Schritt)* step; **2.** *(Gang)* tread; **3.** *(Fußspur)* footprint; **4.** *(Stufe)* step; **5.** *(Fuß~)* kick; ► **jdm e-n ~ geben** give s.o. a kick; *fig (herauswerfen)* kick s.o. out; **~e hören** hear footsteps; **~ fassen** *fig* get off the mark; **Tritt·blech** *n mot* running board; **Tritt·hocker (k·k)** *m* step stool; **Tritt·lei·ter** *f* stepladder.

Tri·umph [tri'ʊmf] ⟨-(e)s, -e⟩ *m* triumph; **Tri·umph·bo·gen** *m* triumphal arch; **Tri·umph·ge·schrei** *n* howl of triumph; **tri·um·phie·ren** *itr (frohlocken)* exult; **tri·um·phie·rend** *adj* triumphant; **Tri·umph·zug** *m* triumphal procession.

tri·vi·al [trivi'ɑ:l] *adj* trivial.

Tri·vi·al·li·te·ra·tur *f* light fiction.

trocken (k·k) ['trɔkən] *adj* **1.** *(nicht feucht) a. fig* dry; *(dürr)* arid; **2.** *fig (Husten)* hacking; ► **~ werden** dry off (*od* out); **auf dem ~en sitzen** *fig* be in a tight spot.

Trocken·au·to·mat (k·k) *m (für Wäsche)* automatic dryer; **Trocken·dock (k·k)** *n* dry dock; **Trocken·eis (k·k)** *n* dry ice; **Trocken·ge·stell (k·k)** *n* drying rack; **Trocken·hau·be (k·k)** *f tech* hairdryer; **Trocken·heit (k·k)** *f* dryness; *(Dürre)* drought; **trocken|le·gen (k·k) 1.** *(Land)* drain; **2.** *(Kind)* change; **3.** *fig fam (Trinker)* dry out; **Trocken·milch (k·k)** *f* dried milk; **Trocken·sham·poo (k·k)** *n* dry shampoo; **Trocken·spi·ri·tus (k·k)** *m* solid fuel; **Trocken·zeit (k·k)** *f* **1.** *(von Wäsche etc)* drying time; **2.** *(Jahreszeit)* dry season.

trock·nen ['trɔknən] *tr itr* dry.

Trö·del ['trø:dəl] ⟨-s⟩ *m fam* junk.

Trö·de·lei *f* dawdling.

trö·deln *itr* dawdle.

Tröd·ler(in) *m (f)* **1.** *(Händler)* junk-dealer; **2.** *fam (Bummler)* dawdler.

Trog [tro:k, 'trø:gə] ⟨-(e)s, ¨e⟩ *m* trough; *(Wasch~)* tub.

trol·len ['trɔlən] *refl fam* push off, take o.s. off *fam.*

Trom·mel ['trɔməl] ⟨-, -n⟩ *f* **1.** *mus* drum; **2.** *tech* barrel; **3.** *(in Revolver)* revolving breech; ► **die ~ schlagen** play the drum; **die ~ für etw rühren** *fig* drum up support for s.th; **Trom·mel·fell** *n* eardrum; **Trom·mel·feu·er** *n* drumfire; **trom·meln** *itr tr* **1.** *(auf Trommel)* (beat the) drum; **2.** *fig (Regen)* beat down; **Trom·mel·re·vol·ver** *m* revolver; **Trom·mel·wir·bel** *m* drum-roll; **Tromm·ler** *m* drummer.

Trom·pe·te [trɔm'pe:tə] ‹-, -n› *f* trumpet; **trom·pe·ten** ‹ohne ge-› **I** *itr* trumpet; **II** *tr (ein Stück ~)* play on the trumpet; **Trom·pe·ter** *m* trumpeter.

Tro·pen ['tro:pən] *pl* tropics; **Tro·pen·an·zug** *m* tropical suit; **Tro·pen·helm** *m* sun-helmet; **Tro·pen·krank·heit** *f* tropical disease.

Tropf[1] [trɔpf] ‹-(e)s› *m med* drip; ► **am ~ hängen** *fam* be on a drip.

Tropf[2] [*pl* 'trœpfə] ‹-(e)s, ⸚e› *m fam:* ► **armer ~** poor devil.

Trop·fen ‹-s, -› *m* drop; *(Schweiß~)* bead; ► **ein ~ Blut** a drop of blood; **ein ~ auf den heißen Stein** *fig* a drop in the ocean; **ein guter ~** *(Wein)* a good wine; **steter ~ höhlt den Stein** *prov* constant dripping wears away the stone.

trop·fen ['trɔpfən] *itr* drip; ► **deine Nase tropft!** your nose is running! **paß auf mit dem Bier, es tropft!** careful with that beer, you're dripping! **paß auf, die Farbe tropft mir auf den Mantel!** careful, you're dripping paint over my coat! **von s-n Kleidern tropfte Wasser** his clothes were dripping water; **trop·fen·wei·se** *adv* drop by drop.

Tropf·in·fu·sion *f med* intravenous drip; **tropf·naß** ['-'-] *adj* dripping wet; **Tropf·stein** *m (hängend)* stalactite; *(aufsteigend)* stalagmite; **Tropf·stein·höh·le** *f* stalactite cave.

Tro·phäe [tro'fɛ:ə] ‹-, -n› *f* trophy.

tro·pisch ['tro:pɪʃ] *adj* tropical.

Troß [trɔs] ‹-sses, -sse› *m mil* baggage, train.

Trost [tro:st] ‹-(e)s› *m* comfort, consolation; ► **das ist ein schwacher ~** *(ironisch)* some comfort that is; **nicht recht bei ~ sein** be out of one's mind.

trö·sten ['trø:stən] **I** *tr* comfort, console; **II** *refl* cheer up, console o.s. (*mit* with); ► **~ Sie sich!** *fig* never mind! **tröst·lich** *adj* comforting; ► **das ist ja sehr ~!** *iro* that's some comfort!

trost·los **1.** *(hoffnungslos)* hopeless; **2.** *(freudlos)* cheerless; **3.** *(elend)* wretched; **4.** *(öde)* dreary; **Trost·lo·sig·keit** *f* dreariness, hopelessness; **Trost·preis** *m* consolation prize; **trost·reich** *adj* comforting.

Trö·stung *f* **1.** *(Trost)* comfort, consolation; **2.** *(das Trösten)* comforting.

Trott [trɔt] ‹-(e)s, -e› *m* **1.** *(Gangart)* trot; **2.** *fig* routine, rut.

Trot·tel ['trɔtəl] ‹-s, -› *m fam* fool, idiot, dope.

trot·ten ‹sein› *itr* trot along.

Trotz [trɔts] ‹-es› *m* **1.** defiance; **2.** *(trotziges Verhalten)* contrariness; ► **jdm zum ~** in defiance of s.o.; **aus ~** for spite.

trotz *prp:* despite ..., in spite of ...; ► **~ alledem** for all that.

Trotz·al·ter *n:* ► **er befindet sich gerade im ~** he's going through a defiant phase.

trotz·dem ['--/-'-] *adv* nevertheless.

trot·zen *itr* **1.** *(die Stirne bieten)* defy (*jdm* s.o.); *(Gefahren)* brave; **2.** *(trotzig sein)* be awkward (*od* contrary); **trot·zig** *adj* **1.** *(die Stirne bietend)* defiant; *(Kind)* awkward; **2.** *(trotzköpfig)* contrary; **Trotz·kopf** *m fam* contrary person; **Trotz·re·ak·tion** *f* act of defiance.

trü·be ['try:bə] *adj* **1.** *(glanzlos)* dim, dull; *(Flüssigkeit)* muddy; *(Himmel)* cloudy, overcast; **2.** *fig (Stimmung)* gloomy, pretty bleak; ► **~ Tasse** *fig fam* drip.

Tru·bel ['tru:bəl] ‹-s› *m* hurly-burly.

trü·ben ['try:bən] **I** *tr* **1.** *(verdunkeln)* dim; *(stumpf machen a. fig)* dull; *(Wasseroberfläche)* ruffle; **2.** *fig (Freude, Verhältnis)* mar, spoil; *(Beziehungen)* strain; **II** *refl* grow cloudy (*od* gloomy *od* dull).

Trüb·sal ['try:pza:l] ‹-, -e› *f* afflictions *pl; (Kummer)* sorrow; ► **~ blasen** *fam* mope; **trüb·se·lig** *adj* **1.** *(betrübt)* gloomy; **2.** *(trostlos)* bleak, depressing.

trüb·sin·nig *adj* gloomy, melancholy.

Trü·bung *f* **1.** *(das Trübwerden)* dulling, ruffling; **2.** *fig* spoiling, straining.

tru·deln ['tru:dəln] ‹sein› *itr aero* spin.

Trüf·fel ['trʏfəl] ‹-, -n› *f* truffle.

Trug ['tru:k] ‹-(e)s, › *m* deception; *(Phantasiegebilde)* delusion; **Trug·bild** *n* delusion.

trü·gen ['try:gən] *irr* **I** *tr* deceive; ► **wenn mich nicht alles trügt** unless I am very much mistaken; **II** *itr* be deceptive; ► **der Schein trügt** appearances are deceptive; **trü·ge·risch** ['try:gərɪʃ] *adj* **1.** *(betrügerisch)* deceitful; **2.** *(irreführend)* deceptive.

Trug·schluß *m* fallacy; ► **e-m ~ unterliegen** be labouring under a misapprehension.

Tru·he ['tru:ə] ‹-, -n› *f* chest, trunk.

Trüm·mer ['trʏmɐ] *pl* **1.** rubble *sing; (Ruinen, a. fig)* ruins *pl;* **2.** *(Überreste)* remnants *pl;* ► **in ~n liegen** be in ruins; **in ~ gehen** be ruined; **Trüm·mer·feld** *n* **1.** expanse of rubble; **2.** *fig* scene of devastation; **Trüm·mer·hau·fen** *m* heap of rubble.

Trumpf [trumpf, *pl* 'trʏmpfə] ‹-(e)s, ⸚e› *m a. fig* trump, trump-card; ► **Herz ist ~** hearts are trumps *pl;* **alle ⸚e in der Hand haben** *fig* hold all the trumps.

Trunk [truŋk, *pl* ('trʏŋkə)] ‹-(e)s, (⸚e)› *m (Getränk)* drink.

trun·ken *adj* **1.** *(gehoben: be~)* intoxicated; **2.** *fig (vor Freude etc)* drunk (*vor* with); **Trun·ken·bold** ‹-(e)s, -e› *m* drunkard; **Trun·ken·heit** *f* drunkenness, intoxication; ► **~ am Steuer** *jur* drunken driving.

Trunk·sucht ‹-› *f* alcoholism; **trunk·süch·tig** *adj* alcoholic.

Trupp [trʊp] ‹-s, -s› *m* bunch; *mil* squad; *(beritten)* troop.

Trup·pe ['trʊpə] ‹-, -n› *f* **1.** *(Schauspieler)* company, troupe; **2.** *mil* troops *pl; (Einheit)* unit; ▶ **kämpfende ~** combat element; **er ist nicht gerade von der schnellen ~** *fig fam* he's pretty slow on the uptake; **Trup·pen** *pl* troops; **Trup·pen·ab·zug** *m* withdrawal of troops; **Trup·pen·an·samm·lung** *f* concentration of troops; **Trup·pen·be·we·gun·gen** *f pl* troop movements; **Trup·pen·teil** *m* unit; **Trup·pen·übung** *f* field exercise; **Trup·pen·übungs·platz** *m* military training area; **Trup·pen·ver·schie·bung** *f* moving of troops.

Trust [trast/trʊst] ‹-(e)s, -e/-s› *m com* trust.

Trut·hahn ['tru:t-] *m* turkey(-cock); **Trut·hen·ne** *f* turkey(-hen).

Tschad [tʃat] ‹-› *m* Chad.

Tsche·che (Tsche·chin) ['tʃɛçə] *m (f)* Czech; **tsche·chisch** *adj* Czech.

Tsche·cho·slo·wa·kei [-slova'kaɪ] *f* Czechoslovakia; **tsche·cho·slo·wa·kisch** *adj* Czechoslovak(ian).

T-Shirt ['ti:ʃə:t] ‹-s, -s› *n* T-Shirt.

Tu·be ['tu:bə] ‹-, -n› *f* tube; ▶ **auf die ~ drücken** *fig fam* put one's foot down.

Tu·ber·ku·lo·se [tubɛrku'lo:zə] ‹-, -n› *f* tuberculosis.

Tuch [tu:x, *pl* 'ty:çɐ] ‹-(e)s, ⸚er› *n* cloth; ▶ **wie ein rotes ~ wirken** be like a red rag to a bull *(auf jdn* to s.o.); **Tuch·bal·len** *m* bale of cloth; **Tuch·füh·lung** *f* physical contact; ▶ **auf ~ gehen** move closer *(mit jdm* to s.o.; *miteinander* together); **~ haben mit jdm** be in close touch with s.o.

tüch·tig ['tʏçtɪç] **I** *adj* **1.** *(fähig)* capable; *(leistungsfähig)* efficient; **2.** *(fleißig)* good; **3.** *fam (groß)* big, huge; **4.** *fam (fest: Schlag)* hard; **II** *adv* **1.** *(fleißig)* hard; **2.** *fam (sehr)* good and proper; ▶ **~ arbeiten** work hard; **~ essen** eat heartily; **Tüch·tig·keit** *f* ability, efficiency.

Tücke (k·k) ['tʏkə] ‹-, -n› *f* **1.** *(Bosheit)* malice, spite; **2.** *(Gefahr)* peril; **3.** *(Unberechenbarkeit: med)* perniciousness; ▶ **das ist die ~ des Objekts!** *fam* things have a will of their own! **tük·kisch** *adj* **1.** *(boshaft)* malicious; **2.** *(gefährlich)* treacherous; **3.** *(unberechenbar: med)* pernicious.

Tüf·te·lei *f* fiddly job; **tüf·teln** ['tʏftəln] *itr:* ▶ **über etw ~** puzzle over s.th.

Tu·gend ['tu:gənt] ‹-, -en› *f* virtue; ▶ **aus der Not e-e ~ machen** *fig* make a virtue of necessity; **tu·gend·haft** *adj* virtuous; **Tu·gend·haf·tig·keit** *f* virtuousness.

Tüll [tʏl] ‹-(e)s, (-s/-e)› *m* tulle.

Tül·le ['tʏlə] ‹-, -n› *f (e-r Kanne)* spout.

Tul·pe ['tʊlpə] ‹-, -n› *f* tulip.

tum·meln ['tʊməln] *refl* **1.** *(sich beeilen)* hurry up, make haste; **2.** *(umhertollen)* romp about; **Tum·mel·platz** *m* **1.** *(Spielplatz)* playground; **2.** *fig* hotbed.

Tüm·pel ['tʏmpəl] ‹-s, -› *m* pool.

Tu·mult [tu'mʊlt] ‹-(e)s, -e› *m* **1.** *(Bewegung in Menschenmenge)* commotion; **2.** *fig (innerer Aufruhr)* tumult, turmoil.

Tun ‹-s› *n* conduct, doings *pl;* ▶ **mein ganzes ~** everything I do.

tun [tu:n] *irr tr itr* **1.** *allg* do; **2.** *(legen, stellen)* put; ▶ **wir müssen da etw ~** we'll have to do s.th. about it; **und was soll ich da ~?** and what do you want me to do about it? **alle Hände voll zu ~ haben mit etw** have one's hands full with s.th.; **sie tut nur so** she's only pretending; **nichts mit ... zu ~ haben wollen** want nothing to do with ...; **jdm Unrecht ~** do s.o. an injustice; **sein möglichstes ~** do one's best (*od* utmost); **20 Mark ~'s auch!** 20 marks should do! **es zu ~ bekommen mit ...** get into trouble with ...; **tu mir bloß den (e-n) Gefallen und halt den Mund!** do me a favour and shut up! **etw noch einmal ~** do s.th. again; **zu ~ haben** have things to do; **er tut es ungern** he hates to do it; **es tut mir sehr leid** I am very sorry; **er tut mir leid** I am sorry for him; **tut mir leid, (ist) ausgeschlossen** sorry, it's impossible; **es tut sich was** something is going on; **gesagt, getan** no sooner said than done; **was tut's?** what does it matter? **das Auto tut's nicht mehr** *fam* the car has had it.

Tün·che ['tʏnçə] ‹-, -n› *f* **1.** whitewash; **2.** *fig* veneer; **tün·chen** *tr* whitewash.

Tu·nen (Tu·ning) ‹-› *n* tuning; **tu·nen** *tr* tune.

Tu·ner ['tju:næ] ‹-s, -› *m el* tuner-amplifier.

Tu·ne·sien [tu'ne:ziən] *n* Tunisia; **Tu·ne·sier(in)** *m (f)* Tunisian; **tu·ne·sisch** *adj* Tunisian.

Tu·nicht·gut ['tu:nɪç(t)gu:t] ‹-s, -e› *m fam* good-for-nothing.

Tun·ke ['tʊŋkə] ‹-, -n› *f* sauce; *(Braten~)* gravy; **tun·ken** *tr* dip.

tun·lich ['tu:nlɪç] *adj (ratsam)* advisable; ▶ **etw für ~ halten** think s.th. advisable; **tun·lichst** *adv:* ▶ **ich werde es ~ vermeiden ...** I'll do my best to avoid ...

Tun·nel ['tʊnəl] ‹-s, -/-s› *m* tunnel.

Tun·te ['tʊntə] ‹-, -n› *f* **1.** *sl (Homosexueller)* fairy *fam;* **2.** *pej (alte Frau)* old hag.

Tüp·fel(·chen) ['tʏpfəl] ‹-s, -› *m (n)* dot; ▶ **das ~ auf dem i** the icing on the cake; the finishing touch.

tüp·feln *tr* dot, spot.

Tup·fen ['tʊpfən] ‹-s, › *m* spot; *(kleiner ~)* dot; **tup·fen** *tr* dab; **Tup·fer** *m med* swab.

Tür [ty:ɐ] ‹-, -en› *f* door; ▶ **da ist jem an der ~** there's s.o. at the door; **in der ~ stehen** stand in the doorway; **vor der ~** at the door; **zwischen ~ und Angel** in passing; **vor der ~ stehen** be on the doorstep; *fig (bevorstehen)* be just around the corner; **offene ~en einrennen** *fig* kick at an open door *sing;* **~ und Tor öffnen für ...** *fig* leave the way open for ...; **mit der ~ ins Haus fallen** *fig* blurt things out; **jdm die ~ vor der Nase zuschlagen** slam the door in someone's face; **~ an ~ mit jdm leben** live next door to s.o.; **Weihnachten steht vor der ~** Christmas is almost upon us; **Tür·an·gel** *f* door hinge.

Tur·bi·ne [tʊr'bi:nə] ‹-, -n› *f* turbine; **Tur·bi·nen·an·trieb** *m* turbine drive.

Tur·bo·la·der *m mot* turbocharger; **Tur·bo·mo·tor** *m mot* turbo engine.

tur·bu·lent [tʊrbu'lɛnt] *adj* turbulent.

Tür·griff *m* door handle; **Tür·griff·si·che·rung** *f mot* door handle lock.

Tür·ke (Tür·kin) ['tʏrkə] *m (f)* Turk; **Tür·kei** [-'-] ‹-› *f* Turkey.

Tür·kis [tʏr'ki:s] ‹-(es), -e› *m* turquoise.

tür·kisch *adj* Turkish; ▶ **T~er Honig** Turkish delight.

Tür·klin·ke *f* door handle; **Tür·klop·fer** *m* doorknocker.

Turm [tʊrm, *pl* 'tʏrmə] ‹-(e)s, ⸚e› *m* **1.** tower; *(Kirch~)* steeple; **2.** *(Schachfigur)* castle, rook.

Türm·chen ['tʏrmçən] *n* turret.

tür·men ['tyrmən] ‹h› **I** *tr* pile up; **II** *itr fig fam (flüchten)* take to one's heels; **III** *refl* tower.

turm·hoch ['-'-] *adj* lofty, towering.

Turm·sprin·gen *n sport* high diving.

Turm·uhr *f (Kirch~)* church clock.

Tur·nen ['tʊrnən] ‹-s› *n* gymnastics *pl; (Schulfach) fam* PE (*od* PT); **tur·nen** *itr* **1.** do gymnastics; **2.** *(herum~)* climb about; *(von Kindern)* romp; **Tur·ner(in)** *m (f)* gymnast; **Turn·ge·rät** *n* **1.** *(Reck etc)* gymnastic apparatus; **2.** *(Medizinbälle etc)* gymnastic equipment; **Turn·hal·le** *f* gym(nasium); **Turn·ho·se** *f* gym shorts *pl.*

Tur·nier [tʊr'ni:ɐ] ‹-s, -e› *n* **1.** *sport (a. hist)* tournament; **2.** *(Tanz~)* competition; **Tur·nier·pferd** *n* competition horse; **Tur·nier·rei·ter(in)** *m (f)* competition rider.

Turn·leh·rer(in) *m (f)* gym (*od* PE *od* PT) teacher; **Turn·schu·he** *m pl* gym-shoes; **Turn·stun·de** *f* gym (*od* PE *od* PT) lesson; **Turn·übung** *f* gymnastic exercise; **Turn·un·ter·richt** *m* gymnastic instruction; *(Turnstunde)* gym, PE, PT; **Turn·ver·ein** *m* gymnastics club.

Tür·öff·ner *m el* buzzer; **Tür·rah·men** *m* door frame; **Tür·schild** *n* doorplate.

Tusch [tʊʃ] ‹-es, -e› *m mus* flourish.

Tu·sche ['tʊʃə] ‹-, -n› *f* Indian ink.

tu·scheln ['tʊʃəln] *itr* whisper; ▶ **hinter jds Rücken ~** talk behind someone's back.

Tusch·ka·sten *m* paintbox; **Tusch·zeich·nung** *f* pen-and-ink drawing.

Tus·si ‹-, -s› *f sl pej* female; ▶ **so eine blöde ~!** *sl* what a silly cow!

Tü·te ['ty:tə] ‹-, -n› *f* bag; ▶ **in ~n verpacken** put in bags; **kommt nicht in die ~!** *fig fam* no way!

Tu·ten ‹-s› *n* tooting; *(von Autohupe)* hooting; ▶ **von ~ und Blasen keine Ahnung haben** *fig fam* not to have a clue; **tu·ten** ['tu:tən] *itr* toot.

TÜV ['tyf] ‹-s, -s] *m Abk von* **Technischer Überwachungsverein** MOT; **TÜV-Pla·ket·te** *f German MOT sticker.*

TV-Mo·de·ra·tor(in) *m (f)* TV presenter.

Twen [tvɛn] ‹-s, -s› *person in her/his twenties.*

Twist[1] [tvɪst] ‹-(e)s, -e› *m (Garn)* twist.

Twist[2] ‹-s, -s› *m (Tanz)* twist.

Typ [ty:p] ‹-s, -en› *m* **1.** *(Modell)* model; **2.** *(Menschenart)* type; **3.** *fam (Kerl)* bloke; ▶ **nicht mein ~** not my type; **vom ~ her völlig verschiedene Menschen sein** be totally different types of person; **dein ~ wird verlangt!** *hum fam* you're wanted! **sie ist mein ~** she's my type; **dufter ~** *fam* great guy; **kaputter ~** *sl* bum.

Ty·pe ['ty:pə] ‹-, -n› *f* **1.** *(Schreibmaschinen~)* type; **2.** *fam (Mensch)* character; ▶ **der ist eine komische ~** he's a strange character; **Ty·pen·be·zeich·nung** *f tech* type designation; **Ty·pen·rad** *n (bei Schreibmaschine)* daisy wheel; **Ty·pen·rad·drucker (k·k)** *m EDV* daisy-wheel printer; **Ty·pen·rad·schreib·ma·schine** *f* daisy-wheel typewriter.

Ty·phus ['ty:fʊs] ‹-› *m* typhoid fever.

ty·pisch *adj* typical (*für* of).

ty·pi·sie·ren *tr* **1.** *(Produkte)* standardize; **2.** *(Charakter)* stylize.

Ty·po·gra·phie [typogra'fi:] *f* typography; **ty·po·gra·phisch** *adj* typographic(al).

Ty·pus ['ty:pʊs] ‹-, -pen› *m* type.

Ty·rann [ty'ran] ‹-en, -en› *m* tyrant; **Ty·ran·nei** *f* tyranny; **ty·ran·nisch** *adj* tyrannical; **ty·ran·ni·sie·ren** *tr* tyrannize.

U

U, u [u:] ‹-, -› *n* U, u.
U-Bahn *f allg* underground, *Am* subway, *Br (in London)* tube; ▶ **mit der ~ fahren** go by underground (*od* subway, tube); **U-Bahn·hof** *m* underground station.
U-Boot *n* submarine, *fam* sub; **U-Boot-Krieg** *m* submarine warfare.
U-Ei·sen *n tech* E-channel; **U-Pro·fil** *n tech* channel section.
Übel ‹-s, -› *n (Mißstand, Plage)* evil; ▶ **das kleinere ~ sein** be the lesser evil; **zu allem ~ ...** to make matters worse ...
übel ['y:bəl] **I** *adj* **1.** *(körperlich ~)* bad, nasty; **2.** *(böse, schlecht)* wicked; ▶ **in e-e üble Lage geraten** fall on evil days *pl;* **jdm etw ~ auslegen** take s.th. amiss; **nicht ~** not bad; **ein übler Bursche** a bad lot *fam;* **~ dran sein** be in a bad way; **davon kann e-m ja ~ werden!** it's enough to make you feel sick! **II** *adv (schlecht, schlimm)* badly; ▶ **das wäre gar nicht so ~** that wouldn't be such a bad thing; **übler Trick** nasty trick; **mir ist ~** I feel sick; **wohl od ~** willy-nilly; **er wird es wohl od ~ tun müssen** he'll have to do it whether he likes it or not; **etw ~ aufnehmen** take s.th. badly; **das schmeckt gar nicht so ~** it doesn't taste so bad; **ich hätte nicht ~ Lust ...** I wouldn't mind ...
übel·ge·launt *adj* bad-tempered, ill-humoured; **Übel·keit** *f a. fig* nausea; **übel·keits·er·re·gend** *adj* nauseating; **übel|neh·men** *irr tr* take amiss (*od* in bad part); ▶ **nehmen Sie es mir nicht ~, aber ...** don't take it amiss but ...; **ich nehme es Ihnen nicht ~** I do not blame you for it; **übel·rie·chend** *adj* evil-smelling; **Übel·stand** *m* (social) evil (*od* ill); **Übel·tat** *f* misdeed, wicked deed; **Übel·tä·ter(in)** *m (f)* wrongdoer; **übel|wol·len** *irr itr:* ▶ **jdm ~** wish s.o. ill.
üben ['y:bən] **I** *tr* practise; *mil* drill; ▶ **Geduld ~** be patient; **Kritik an etw (jdm) ~** criticize s.th. (s.o.); **II** *refl:* ▶ **sich in etw ~** practise s.th.; **III** *itr* practise.
über ['y:bɐ] **I** *prp* **1.** *(räumlich)* over; *(oberhalb)* above, on top of; *(darüber hinaus)* across, beyond; *(auf)* on, upon; **2.** *(während, bei, länger als)* over; **3.** *(betreffend)* about, on; **4.** *(bei Zahlenangaben: in Höhe von)* for; *(mehr als)* over; **5.** *(auf dem Wege, vermittels)* via; ▶ **Fehler ~ Fehler** one mistake after another; **jdm ~ sein in ...** beat s.o. in ...; **~ fünfzig Jahre alt** past fifty; **bis ~ die Ohren** up to one's ears; **~ all der Aufregung** what with all the excitement; **~ Bord** overboard; **~ jdn lachen** laugh at s.o.; **es geht nichts ~ ...** there is nothing better than ...; **Literatur geht ihr ~ alles** she loves literature more than anything else; **~ Frankfurt** via Frankfort; **ein Scheck ~ 1000 Mark** a cheque for 1000 marks; **ein Buch ~ ...** a book on ...; **~ Nacht** during the night; **~ den Dingen stehen** be above it all; **~ Mittag bleiben** stay over lunch; **~ kurz od lang** sooner or later; **II** *adv:* ▶ **~ u. ~** all over.
über·all ['y:bɐ'al] *adv Br* everywhere, *Am* all over; ▶ **~ u. nirgends** here, there and everywhere; **~ u. nirgends zuhause sein** be at home everywhere and nowhere; **über·all·her** ['---'-] *adv* from all over; **über·all·hin** ['---'-] *adv* everywhere.
über·al·tert [--'--] *adj* superannuated.
Über·an·ge·bot *n* surplus (*an* of).
über·ängst·lich *adj* over-anxious.
über·an·stren·gen *tr refl* overexert, overstrain; ▶ **überanstrenge dich bloß nicht!** *(ironisch)* don't strain yourself! **Über·an·stren·gung** *f* overexertion; ▶ **nervliche ~** nervous strain.
über·ar·bei·ten **I** *tr* go over; *(Buch)* revise; **II** *refl* overwork; **Über·ar·bei·tung** *f* **1.** *(von Text)* revision, *(Neufassung)* revised version; **2.** *(körperliche ~)* overwork.
über·aus ['---/--'-] *adv* exceedingly, extremely.
über·backen (k·k) *tr* put in the oven; *(bräunen)* brown.
Über·bau *m philos* superstructure.
über·be·an·spru·chen ['------] *tr* **1.** *(Materialien)* overstrain; *(gewichtmäßig)* overload; **2.** *(den Körper)* overtax; **Über·be·an·spru·chung** *f* **1.** *(Materialien)* overstraining; **2.** *(von Körper)* overtaxing.
Über·bein *n med* ganglion.
über·be·la·sten ['-----] *tr* overload.
über·be·legt ['----] *adj* overcrowded.
über·be·lich·ten ['-----] *tr phot* overexpose.
Über·be·schäf·ti·gung *f* overemployment.
über·be·to·nen ['-----] *tr* **1.** *fig* overstress; **2.** *(bestimmte Körperteile)* over-

accentuate.

über·be·völ·kert *adj* overpopulated; **Über·be·völ·ke·rung** *f* overpopulation.

über·be·wer·ten ['-----] *tr* **1.** *fin* overvalue; **2.** *fig* overrate; ▶ **wollen wir das doch nicht ~!** let's not attach too much importance to this! **Über·be·wer·tung** *f* overvaluation, overrating.

Über·be·zah·lung *f* overpayment.

über·bie·ten *irr* **I** *tr* **1.** *(bei Auktion)* outbid (*um* by); **2.** *fig* outdo; ▶ **einander ~** vie with each other (*in etw* in s.th.); **das ist nicht mehr zu ~!** *fig fam* that beats everything! **e-n Rekord ~** break a record; **II** *refl (sich selbst)* surpass o.s.

Über·bleib·sel ['y:bɐblaɪpsl] ‹-s, -› *n* **1.** *(Rest)* remnant; *(Restbestände)* remainder; *(Speiserest)* leftover; **2.** *(Brauch)* survival.

Über·blick ['---] *m* **1.** *(freie Sicht)* view; **2.** *(Abriß)* survey; *(Übersicht, Zusammenstellung)* summary; ▶ **sich e-n ~ verschaffen über ...** get a general idea of ...; **den ~ verlieren** lose track; **überblicken (k·k)** *tr* **1.** *(Stadt etc)* overlook; **2.** *fig* have a view of ...; ▶ **etw läßt sich leicht ~** *fig* s.th. can be seen at a glance; **das läßt sich noch nicht ~** I cannot say as yet; **die Entwicklung läßt sich leicht ~** the development can be seen at a glance.

über·brin·gen *irr tr* deliver; **Über·brin·ger(in)** *m (f)* bearer.

über·brücken (k·k) *tr* bridge; ▶ **die Gegensätze zwischen ... u. ... ~** bridge the gap between ... and ...; **Über·brückungs·kre·dit (k·k)** *m* bridging loan.

über·da·chen *tr* roof over.

über·dau·ern *tr* survive.

über·den·ken *irr tr* consider, think over; ▶ **etw noch einmal ~** reconsider s.th.

über·dies [--'-] *adv* **1.** *(außerdem)* moreover; **2.** *(ohnehin)* anyway.

über·di·men·sio·nal *adj* oversize.

über·do·sie·ren ['-----] *tr* overdose; **Über·do·sis** *f med* overdose; ▶ **e-e ~ Schlaftabletten nehmen** take an overdose of sleeping pills.

über·dre·hen *tr* **1.** *(Uhr)* overwind; **2.** *(Gewinde)* strip; **3.** *(Motor)* overrev; **über·dreht** *adj fig fam* wound up.

Über·druck[1] ‹-(e)s, -e› *m typ* overprint.

Über·druck[2] ‹-(e)s› *m tech phys* excess pressure.

Über·druß ['y:bɐdrʊs] ‹-sses› *m (Widerwille)* aversion (*an* to); *(Übersättigung)* surfeit (*an* of); ▶ **bis zum ~** ad nauseam; **über·drüs·sig** ['y:bɐdrʏsɪç] *adj:* ▶ **~ werden, ~ sein** grow (*od* be) tired (*jds* of s.o., *e-r Sache* of s.th.).

über·dün·gen *tr* over-fertilize; **Über·dün·gung** *f* over-fertilization.

über·durch·schnitt·lich *adj* above-average.

über·eif·rig *adj* overzealous, overenthusiastic.

über·eig·nen *tr* transfer (*jdm etw* s.th. to s.o.).

über·ei·len *tr:* ▶ **nur nichts ~!** don't rush things! **über·eilt** *adj* **1.** *(zu eilig)* hasty, rash; **2.** *fig (unbedacht)* thoughtless; premature.

über·ein·an·der ['---'--] *adv* **1.** *(räumlich)* on top of each other; **2.** *(einander betreffend)* about each other; **über·ein·an·der|le·gen** *tr* put on top of each other; **über·ein·an·der|schla·gen** *irr tr (Beine)* cross; *(Arme)* fold.

über·ein|kom·men [y:bɐ'aɪn-] *irr itr* agree; **Über·ein·kom·men (Über·ein·kunft)** ‹-s, - (-, ¨-e)› *n (f)* agreement, arrangement; ▶ **stillschweigendes Übereinkommen** tacit agreement; **ein Übereinkommen erzielen** come to (*od* reach) an agreement.

über·ein|stim·men [y:bɐ'aɪn-] *itr* **1.** *(Personen)* agree (*mit jdm in etw* with s.o. on s.th.); **2.** *(Meßdaten, Rechnungen etc)* correspond; *(zusammenpassen)* match; **über·ein·stim·mend I** *adj* **1.** *(Meinungen)* concurring; **2.** *(einander entsprechend)* corresponding; **II** *adv* unanimously; **Über·ein·stim·mung** *f* **1.** *(von Meinungen)* agreement; **2.** *(Einklang)* correspondence; ▶ **in ~ mit jdm** in agreement with s.o.; *(mit etw)* in accordance with s.th.; **in ~ bringen** accommodate, conform.

über·emp·find·lich *adj* oversensitive (*gegen* to); *med* hypersensitive; **Über·emp·find·lich·keit** *f* oversensitivity; *med* hypersensitivity.

über·es·sen *irr refl:* ▶ **sich an etw** gorge o.s. on.

über·fah·ren[1] *irr tr* **1.** *(e-n Menschen, ein Tier)* run over; **2.** *(übersehen: Ampel)* go through; **3.** *fam (übertölpeln)* stampede (*jdn* s.o. into it).

über|fah·ren[2] **I** *tr (mit e-m Boot etc)* take across; **II** *itr* ‹sein› cross over.

Über·fahrt ['---] *f* crossing.

Über·fall ['---] *m* **1.** *(Angriff)* attack (*auf* on); *(Bank~)* holdup; **2.** *fam (unerwartetes Auftauchen)* invasion; ▶ **keine Bewegung, dies ist ein ~!** freeze, this is a holdup! **über·fal·len** *irr tr* **1.** *(angreifen)* attack; *(Bank)* hold up; **2.** *fig (Schlaf etc)* come over; **3.** *fig fam (unerwartet ~)* descend upon; ▶ **heftiges Fieber überfiel mich** I had a bad attack of fever; **jdn mit Fragen ~** bombard s.o. with questions; **über·fäl·lig** *adj:* ▶ **seit drei Tagen ~** three days overdue; **Über·fall·kom·man·do** *n Br* flying squad, *Am* riot-squad.

über·flie·gen *irr tr* **1.** fly over; **2.** *fig*

glance over.

Über·flie·ger(in) *m (f) fam* high-flyer.

über|flie·ßen ‹sein› *irr itr* overflow.

über·flü·geln *tr fig* outdo, outstrip, surpass.

Über·fluß ‹-sses› *m* abundance, plenty (*an* of); ▶ **zu allem ~** superfluously; *(obendrein)* into the bargain; **im ~ leben** live in luxury; **im ~ vorhanden** in plentiful supply; **Über·fluß·ge·sell·schaft** *f* affluent society; **über·flüs·sig** *adj* superfluous; *(unnötig)* unnecessary; ▶ **~ zu sagen, daß ...** it goes without saying that ...

über·flu·ten *tr a. fig* flood.

über·for·dern *tr* overtax; ▶ **damit ist sie überfordert** that's asking too much of her.

über·frach·ten *tr* **1.** overload; **2.** *fig* overcharge.

über·fra·gen *tr:* ▶ **tut mir leid, aber da bin ich überfragt** sorry, but I don't know *od* I'm afraid you've got me there.

Über·frem·dung *f (e-r Sprache, Kultur)* foreign infiltration.

über·frie·ren ‹sein› ‹ohne -ge-› *irr itr* freeze over; ▶ **~de Nässe** black ice.

über·füh·ren *tr* **1.** transfer; *(Kfz etc)* drive; *(Leiche)* transport; **2.** *jur (Täter)* convict (*e-r Sache* of s.th.); **Über·füh·rung** *f* **1.** *(Transport)* transport; **2.** *(Brücke)* bridge; *(Fußgänger~)* footbridge; **3.** *jur* conviction.

über·füt·tern *tr a. fig* overfeed.

Über·fül·le [ˈ----] *f* superabundance.

über·füllt [--ˈ-] *adj* overcrowded; *com (Lager)* overstocked; *päd (Kurs)* oversubscribed; **Über·fül·lung** *f* overcrowding; *(von Kurs)* oversubscription.

Über·ga·be [ˈ----] *f* handing over; *mil* surrender; *(von Neubau)* opening.

Über·gang [ˈ---] *m* **1.** *(das Überqueren)* crossing; **2.** *(Fußgänger~) Br* crossing, *Am* crosswalk; *(Brücke)* footbridge; **3.** *(Grenz~)* checkpoint; **4.** *(Bahn~) Br* level (*Am* grade) crossing; **5.** *fig (Wechsel)* transition; **Über·gangs·be·stim·mung** *f* interim regulation; **Über·gangs·er·schei·nung** *f* transitory phenomenon; **Über·gangs·lö·sung** *f* provisional solution, temporary arrangement; **Über·gangs·man·tel** *m* between-seasons coat; **Über·gangs·sta·dium** *n* stage of transition; **Über·gangs·zeit** *f* transitional period.

Über·gar·di·nen *pl Br* curtains, *Am* drapes.

über·ge·ben *irr* **I** *tr* **1.** *(abliefern)* hand over; **2.** *mil* surrender; **3.** *(Amt, Würde)* hand over; ▶ **e-e Sache e-m Anwalt ~** place a matter in the hands of a lawyer; **e-e Straße dem Verkehr ~** open a road to traffic; **II** *refl (erbrechen)* vomit.

über|ge·hen[1] ‹sein› *irr itr* **1.** *(zu e-r Partei)* go over; **2.** *(sich verändern)* change *(od)* turn (into); *(Farben)* merge (into); **3.** *(übernommen werden)* pass (*auf jdn* to s.o.); ▶ **die Augen gingen ihm über** his eyes were almost popping out of his head; **es geht nichts über ein gutes Glas Wein** there's nothing better than a glass of good wine; **ein gutes Glas Wein geht mir über alles** I like nothing better than a glass of good wine; **zum nächsten Punkt ~** go on to the next point; **in andere Hände ~** pass into other hands; **in jds Besitz ~** become someone's property; **zum Angriff ~** take the offensive.

über·ge·hen[2] ‹h› *tr* **1.** *(auslassen)* skip; **2.** *(übersehen)* overlook, pass over (*od* by); ▶ **jds Einwände ~** ignore someone's objections.

über·ge·nau *adj* overprecise.

über·ge·nug [ˈ--ˈ-] *adv* more than enough.

Über·ge·päck *n aero* excess baggage.

Über·ge·wicht *n* **1.** overweight; **2.** *fig* predominance; ▶ **das ~ bekommen** *fig* become predominant; **an ~ leiden** be overweight; **militärisches ~** military dominance; **über·ge·wich·tig** *adj* overweight.

über·glück·lich [ˈ--ˈ--] *adj* overjoyed.

über|grei·fen *irr itr* **1.** *(ineinander ~)* overlap; **2.** *(unberechtigt eindringen)* encroach (*od* infringe) (*auf* on); **3.** *(sich verbreiten)* spread (*auf* to); **über·grei·fend** *adj* predominant; **Über·griff** *m* encroachment, infringement (*auf* on).

Über·grö·ße *f (von Kleidung)* outsize; *(von Reifen)* oversize.

über·hand|neh·men [y:beˈhant-] *irr itr* get out of hand.

Über·hang *m* **1.** *fin (von Geld)* surplus money; **2.** *(von Fels)* overhang; ▶ **~ an Aufträgen** *com* backlog; **über|hän·gen** *irr* **I** *itr* overhang; **II** *refl:* ▶ **sich e-n Mantel ~** put a coat round one's shoulders; **sich ein Gewehr ~** sling a rifle over one's shoulders.

über·ha·sten *tr* rush; ▶ **nur nichts ~!** don't rush things! **über·ha·stet** *adj* overhasty.

über·häu·fen *tr* overwhelm (*mit* with); *(Schreibtisch etc)* pile high; ▶ **überhäuft werden von Arbeit** be snowed under with work; **jdn mit Vorwürfen ~** heap reproaches upon someone's head.

über·haupt [y:beˈhaʊpt/ˈ---] *adv* **1.** *(sowieso)* in general; **2.** *(außerdem)* anyway; **3.** *(eigentlich)* actually; ▶ **ich den·ke ~ nicht daran ...** I've no intention whatsoever of ...; **weißt du ~, ...?** do you realize ...? **wer sind Sie ~?** who do you think you are?

über·heb·lich [y:beˈhe:plɪç] *adj* arrogant; **Über·heb·lich·keit** *f* arrogance.

über·hei·zen *tr* overheat.

über·hit·zen *tr* overheat.
über·höht [--ˈ-] *adj* **1.** *(Kurve) Br* superelevated, *Am* banked; **2.** *(Preise etc)* excessive.
über|ho·len[1] *mar (Schiff)* keel over.
über·ho·len[2] **I** *tr* **1.** *mot* overtake; **2.** *(ausbessern)* overhaul; *(Motor)* recondition; **II** *itr* overtake; ▶ **~ verboten!** no passing! **Über·hol·ma·nö·ver** *n mot* overtaking (*Am* passing) manœuvre; **Über·hol·spur** *f* overtaking lane.
über·holt *adj* **1.** out-dated; **2.** *mot* reconditioned.
Über·hol·ver·bot *n* **1.** *(Schild)* "No Passing" sign; **2.** *(Verbot)* ban on passing (*od* overtaking).
über·hö·ren *tr* not to hear; *(absichtlich)* ignore; ▶ **sie überhörte meine Anspielungen geflissentlich** she studiously ignored my hints; **das möchte ich überhört haben!** I didn't hear that!
Über-Ich ‹-s› *n psych* super-ego.
über·ir·disch *adj fig* celestial, heavenly; *(übernatürlich)* supernatural.
über·kan·di·delt [ˈy:bekandidəlt] *adj fam* eccentric.
Über·ka·pa·zi·tät *f* overcapacity.
über·kle·ben *tr:* ▶ **etw mit ... ~** stick ... over s.th.
über|ko·chen ‹sein› *itr a. fig* boil over.
über·kom·men *irr* **I** *tr (befallen)* come over; **II** *itr* ‹sein› *(überliefert werden)* be handed down (*jdm* to s.o.); ▶ **mich überkam Furcht** I was overcome with fear.
über·la·den *irr tr* **1.** *(zu stark belasten)* overload; **2.** *(zu voll packen, a. fig)* clutter; **über·la·den** *adj* **1.** *(Fahrzeug)* overloaded; **2.** *fig (Stil)* ornate; **3.** *fig (Bild)* cluttered.
über·la·gern I *tr* **1.** *radio TV* blot out; **2.** *(Thema etc)* eclipse; **II** *refl* overlap.
Über·land·bus *m* coach; **Über·land·lei·tung** *f el* overhead power line.
über·lap·pen [y:beˈlapən] *refl* overlap.
über·las·sen[1] *irr tr* **1.** *(jdm etw ~)* let s.o. have s.th.; **2.** *(jdm anheimstellen)* leave it up to s.o.; **3.** *(preisgeben)* abandon; ▶ **das bleibt Ihnen ~** that's up to you; **jdn sich selbst ~** leave s.o. to his own devices; **über|las·sen**[2] *irr tr (übriglassen)* leave (*jdm etw* s.th. for s.o.).
über·la·sten *tr* **1.** *allg* put too great a strain on; *(Mensch)* overtax; **2.** *el tele* overload; **Über·la·stung** *f* **1.** *(von Mensch)* overtaxing; *(zu großer Streß)* overstress; *(Zustand)* strain; **2.** *el tele* overloading; *tech* overload; **Über·la·stungs·schutz** *m el* overload protection.
Über·lauf [ˈ---] *m tech* overflow; **über·lau·fen** [--ˈ--] *adj (sehr überfüllt)* overcrowded.
über·lau·fen[1] *irr itr (gegnerische Abwehr)* overrun.
über|lau·fen[2] ‹sein› *irr itr* **1.** *(Wasser)* overflow; **2.** *mil* desert; ▶ **zum ~ voll** full to overflowing; **Über·läu·fer** *m mil* deserter; *parl* turncoat.
über·le·ben *tr itr* **1.** *(länger leben als)* outlive, survive (*um* by); **2.** *(durchstehen)* live through; ▶ **das hat sich überlebt** that's had it's day; **das überlebe ich nicht!** *fig fam* that'll be the death of me! **du wirst es schon ~** *(ironisch)* it won't kill you; **Über·le·ben·de(r)** *f m* survivor; **über·le·bens·groß** [ˈ--ˈ--ˈ-] *adj* larger than life; **Über·le·bens·trai·ning** *n* survival training.
über·le·gen[1] **I** *itr (nachdenken)* think; ▶ **laß mich mal ~** now let me think; **II** *tr (durchdenken)* think over (*od* about); ▶ **das werde ich mir ~** I'll give it some thought; **hin und her ~** deliberate; **das wäre zu ~** it's worth thinking about; **es wäre (noch) zu ~** it should be considered; **sie hat es sich anders überlegt** she's changed her mind.
über·le·gen[2] [--ˈ--] *adj* superior (*jdm* to s.o.); ▶ **ein ~er Sieg** a convincing victory.
Über·le·gen·heit *f* superiority.
über|legt *adj* (well-)considered; **Über·le·gung** *f* consideration, reflection; ▶ **~en anstellen** make observations (*zu* about); **das wäre wohl e-e ~ wert** that is worth thinking about.
über|lei·ten *itr fig* lead up (*zu etw* to s.th.); **Über·lei·tung** *f* transition.
über·le·sen *irr tr* overlook, miss.
über·lie·fern *tr (der Nachwelt)* hand down; **Über·lie·fe·rung** *f* **1.** tradition; **2.** *(Brauch)* custom; ▶ **an der ~ festhalten** hold on to tradition; **nach alter ~** according to tradition.
über·li·sten *tr* outwit.
Über·macht ‹-› *f* **1.** superior strength; **2.** *fig (von Gefühlen etc)* predominance; **über·mäch·tig** *adj* **1.** *(durch Gewalt)* superior; *(Feind)* powerful; **2.** *fig pol* all-powerful.
über·ma·len *tr* paint over.
über·man·nen *tr* overcome.
Über·maß ‹-es› *n* excess; ▶ **im ~** excessively, to excess; **über·mä·ßig** *adj* excessive; ▶ **sich ~ anstrengen** overdo things.
Über·mensch *m* superman; **über·mensch·lich** *adj* superhuman.
über·mit·teln *tr* convey, transmit.
über·mor·gen [ˈ----] *adv* the day after tomorrow.
über·mü·det [--ˈ--] *adj* overtired; **Über·mü·dung** *f* overtiredness.
Über·mut *m* **1.** *(Ausgelassenheit)* high spirits *pl;* **2.** *(Mutwille)* mischief; **über·mü·tig** *adj* **1.** *(ausgelassen)* high-spirited; **2.** *(anmaßend)* arrogant.
über·nächst *adj* next ... but one; ▶ **~e**

Woche the next week but one, the week after next; **am ~en Tag** two days later.

über·nach·ten *itr* sleep; ▶ **bei jdm ~** stay at someone's place; **wie viele Leute können bei Ihnen ~?** how many people can you put up? **wo haben Sie übernachtet?** where did you sleep? **über·näch·tigt** [yːbɐˈnɛçtɪçt] *adj* tired, sleepy; **Über·nach·tung** *f* overnight stay; ▶ **~ mit Frühstück** bed and breakfast; **was berechnen Sie für die ~?** what do you charge for the night? **Über·nach·tungs·mög·lich·keit** *f* overnight accommodation.

Über·nah·me [ˈ----] ‹-, -n› *f* **1.** *(das Übernehmen)* taking over; *(als Ergebnis)* takeover; **2.** *(Ausdruck, Meinung)* adoption; **3.** *(Amt)* assumption; ▶ **er hat sich zur ~ der Kosten verpflichtet** he has undertaken to pay the costs; **durch ~ dieser Aufgabe ...** by undertaking this task ...

über·na·tür·lich [ˈ-----] *adj* supernatural.

über·neh·men *irr* **I** *tr* **1.** *(a. jdn ablösen)* take over; **2.** *(Arbeit)* take on, undertake; **3.** *(Amt, Verantwortung)* assume; ▶ **das ~ wir!** we'll take care of that! **II** *refl* overreach o.s.; take on too much; *(sich überanstrengen)* overdo it; *(im Essen)* overeat.

über|ord·nen *tr:* ▶ **jdm jdn ~** put (*od* place) s.o. over s.o.; **etw e-r Sache ~** give s.th. precedence over s.th.

Über·pro·duk·tion *f* overproduction.

über·prü·fen *tr* **1.** check (*auf* for); *pol (Person)* screen; *(untersuchen)* scrutinize; **2.** *(Maschine)* inspect; **Über·prü·fung** *f* **1.** checking; *(von Person)* screening; **2.** *tech* inspection; *(Kontrolle)* check.

über·que·ren *tr* cross.

über·ra·gen[1] *tr* **1.** *(größer sein)* tower above; **2.** *fig (übertreffen)* outshine (*an* in).

über|ra·gen[2] *itr (senkrecht)* protrude; *(waagerecht)* jut out.

über·ra·schen [yːbɐˈraʃən] *tr* surprise; ▶ **wir wurden von e-m Gewitter ~** we were caught in a storm; **lassen wir uns ~!** let's wait and see! **über·ra·schend** *adj* surprising; **Über·ra·schung** *f* surprise; **Über·ra·schungs·ef·fekt** *m* shock effect.

Über·re·ak·tion *f* overreaction.

über·re·den *tr* persuade (*jdn etw zu tun* s.o. to do s.th.); **Über·re·dung** *f* persuasion.

über·re·gio·nal *adj* nationwide.

über·reich *adj* abundant (*an* in).

über·rei·chen *tr* hand over; *(feierlich)* present.

über·reif *adj* overripe.

über·rei·zen I *tr (Phantasie)* overexcite; *(Nerven)* overstrain; **II** *refl (beim Kartenspiel)* overbid; **über·reizt** *adj* overwrought.

über·ren·nen *irr tr* **1.** *allg* run down; *mil* overrun; **2.** *fig* overwhelm.

Über·reste *m* remains *pl*, remmants *pl*.

Über·roll·bü·gel *m mot* roll bar.

über·rum·peln *tr* take by surprise; ▶ **jdn mit e-r Frage ~** throw s.o. with a question.

über·run·den *tr* **1.** *sport* lap; **2.** *fig* outstrip.

über·sät [--ˈ-] *adj:* ▶ **~ mit** strewn with.

über·sät·ti·gen *tr* satiate.

Über·schall·flug·zeug *n* supersonic jet; **Über·schall·ge·schwin·dig·keit** *f* supersonic speed.

über·schät·zen *tr* overrate; *(Entfernung etc)* overestimate.

über·schau·en *tr* **1.** *(Ortschaft, Platz)* overlook; **2.** *fig* see.

über|schäu·men ‹sein› *itr* **1.** foam over; **2.** *fig* brim over (*vor* with); ▶ **~de Begeisterung** effervescent enthusiasm.

über·schla·fen *irr tr* sleep on ...

Über·schlag [ˈ---] *m* **1.** *(Purzelbaum)* somersault; *aero* loop; **2.** *(ungefähre Berechnung)* estimate; ▶ **e-n ~ machen** do a somersault.

über·schla·gen[1] *irr* **I** *tr (berechnen)* estimate roughly; **II** *refl* **1.** *(Fahrzeug)* turn over; **2.** *fig (Ereignisse)* come thick and fast; **3.** *(Stimme)* crack.

über|schla·gen[2] *tr:* ▶ **s-e Beine ~** cross one's legs.

über|schnap·pen ‹sein› *itr* **1.** *(Stimme)* crack; **2.** *fam* crack up.

über·schnei·den *irr refl* **1.** *(Linien)* intersect; **2.** *fig* overlap; *(gleichzeitig geschehen)* coincide, overlap; **Über·schnei·dung** *f* **1.** *(Linien)* intersection; **2.** *fig* overlap; *(Gleichzeitigkeit)* coincidence.

über·schrei·ben *irr tr* **1.** *(mit Überschrift versehen)* head; **2.** *(übertragen)* sign (*etw* s.th.) over (*jdm* to s.o.).

über·schrei·ten *irr tr* **1.** *(überqueren)* cross; **2.** *fig (Maß)* exceed, *(Grenze)* transgress; ▶ **er hat die Sechzig schon überschritten** he's past sixty already.

Über·schrift [ˈ---] *f* heading; *(Kopfzeile)* headline.

Über·schuß *m* surplus (*an* of); **über·schüs·sig** [ˈyːbɐʃʏsɪç] *adj* surplus; **Über·schuß·pro·duk·tion** *f* surplus production.

über·schüt·ten *tr* **1.** *(bedecken)* cover (*mit* with); **2.** *fig (mit Geschenken)* shower (*mit* with).

Über·schwang [ˈyːbɐʃvaŋ] ‹-(e)s› *m* exuberance; ▶ **im ersten ~(e)** in the first flush of excitement.

über|schwap·pen ‹sein› *itr* slop (*od* splash) over.

über·schwem·men *tr a. fig* flood; **Über·schwem·mung** *f* **1.** *(Flut)*

flood; **2.** *(das Überschwemmte)* flooding, inundation; **Über·schwem·mungs·ge·biet** *n* flood area.
über·schweng·lich ['y:bɐʃvɛŋlɪç] *adj* effusive.
Über·see ['---] ‹-› *f* overseas *pl;* ▶ **nach/in ~** overseas; **Über·see·damp·fer** *m* ocean liner; **Über·see·han·del** *m* overseas trade; **über·see·isch** *adj:* ▶ **~e Besitzungen** overseas territories.
über·seh·bar [--'--] *adj* **1.** visible at a glance; **2.** *fig (erkennbar)* clear; *(absehbar)* assessable; ▶ **der Schaden ist noch nicht ~** the damage cannot be assessed yet; **über·se·hen**[1] *irr tr* **1.** *(Gegend)* look over; **2.** *fig (erkennen)* see clearly; *(Bescheid wissen über)* have an overall view of ...; **3.** *(ignorieren)* overlook; *(nicht bemerken)* fail to notice; ▶ **die Lage ~** be in full command of the situation.
über|se·hen[2] *irr tr:* ▶ **sich (an) etw ~** get tired of seeing s.th.
über·sen·den *irr tr* send; *(Geld)* remit; ▶ **anbei ~ wir Ihnen ...** *com* enclosed please find ...
über|set·zen[1] **I** *tr (mit Fähre)* ferry across; **II** ‹sein› *itr* cross (over).
über·set·zen[2] *tr itr* **1.** translate *(aus dem ... ins ...* from ... into ...); **2.** *tech (übertragen)* transmit; ▶ **etw falsch ~** *(Sprache)* mistranslate s.th.; **dieses Gedicht läßt sich nur schwer ~** this poem is hard to translate.
Über·set·zer(in) *m (f)* translator; **Über·set·zung** *f* **1.** *(sprachlich)* translation; **2.** *tech* transmission ratio.
Über·sicht ['---] ‹-, (-en)› *f* **1.** *(Überblick)* overall view; **2.** *(Zusammenfassung)* survey; *(in Tabellenform)* table; ▶ **die ~ verlieren** lose track of things; **über·sicht·lich** *adj* **1.** *(erfaßbar, klar)* clear; **2.** *(Gelände)* open; **Über·sicht·lich·keit** *f* clarity.
über|sie·deln ‹sein› *itr* move *(nach* to); **Über·sied·ler(in)** *m (f)* migrant.
über·sinn·lich 1. supersensory; **2.** *(übernatürlich)* supernatural; ▶ **~e Wahrnehmung** extrasensory perception.
über·span·nen *tr* **1.** *(Brücke etc)* span; **2.** *(zu stark spannen)* put too much strain on ...; **3.** *fig (Forderungen)* push too far; ▶ **den Bogen ~** *fig* overstep the mark; **über·spannt** *adj (exaltiert)* eccentric; *(Ideen)* extravagant.
über·spitzt [--'-] *adj fig* oversubtle; *(übertrieben)* exaggerated.
über|sprin·gen[1] ‹sein› *irr itr a. fig* jump *(auf* to); ▶ **zwischen ihnen sprang der Funke über** s.th. clicked between them; **über·sprin·gen**[2] *irr tr* **1.** *(Hindernis)* jump; **2.** *(auslassen)* skip.
über·staat·lich *adj* supra-national.
über|ste·hen[1] *itr* jut out, project.
über·ste·hen[2] *irr tr* **1.** *(durchstehen)* get through; **2.** *(überwinden)* overcome; **3.** *(überleben)* survive; ▶ **das wäre überstanden!** thank heavens that's over!
über·stei·gen *irr tr* **1.** *(überklettern)* climb over; **2.** *fig (hinausgehen über)* exceed; ▶ **jds Erwartungen ~** exceed someone's expectations.
über·stim·men *tr* outvote; *(e-n Antrag)* outvote, vote down.
über·strah·len *tr* **1.** illuminate; **2.** *fig* outshine.
Über·stun·den *f pl* overtime; ▶ **~ machen** work overtime; **fünf ~ machen** *fam* do five hours overtime.
über·stür·zen I *tr* rush into; ▶ **man soll nichts ~!** look before you leap! **II** *refl* *(Ereignisse)* happen in a rush; **überstürzt** *adj* overhasty, precipitate; **Über·stür·zung** *f* rush.
über·töl·peln [y:bɐ'tœlpəln] *tr* dupe, take in.
über·tö·nen *tr* drown (out).
Über·trag ['y:bɐtra:k *pl* 'y:bɐtrɛgə] ‹-(e)s, ⸚e› *m (Summe)* sum carried forward; **über·trag·bar** *adj* **1.** *allg* transferable; **2.** *med* communicable *(auf* to); **über·tra·gen** *irr* **I** *tr* **1.** *(übersetzen)* render *(in* into); **2.** *(an andere Stelle schreiben)* transfer; *(abschreiben)* copy out; **3.** *(auf anderen Anwendungsbereich ~)* apply *(auf* to); **4.** *(an jdn übergeben)* transfer; *med (Krankheit)* communicate *(auf* to); **5.** *tech (Kraft ~)* transmit; **6.** *(verleihen)* confer *(jdm* on s.o.); *(auftragen)* assign *(jdm* to s.o.); **7.** *radio TV* broadcast; **8.** *mus (in andere Tonart)* transpose; ▶ **etw im Fernsehen ~** broadcast s.th. on television; **II** *refl* **1.** *(Krankheit)* be communicated *(auf* to); **2.** *tech* be transmitted *(auf* to); ▶ **ihre Fröhlichkeit hat sich auf uns ~** we were infected by their happiness; **über·tra·gen** *adj* figurative; **Über·tra·gung** *f* **1.** *(Übersetzung)* rendering; **2.** *med (von Krankheit)* communication; **3.** *com (von Auftrag)* assignment; **4.** *radio TV* broadcast.
über·tref·fen *irr tr* surpass *(an* in, *bei weitem* by far); ▶ **alle Erwartungen ~** exceed all expectations; **das übertrifft alles** that beats everything; **nicht zu ~ sein** be unsurpassable.
über·trei·ben *irr tr* **1.** exaggerate; **2.** *(zu weit treiben)* overdo; ▶ **man kann's auch ~** you can overdo things; **Über·trei·bung** *f* exaggeration; ▶ **man kann ohne ~ feststellen ...** it's no exaggeration to state ...
über|tre·ten[1] *irr itr* **1.** *(Fluß)* break its banks; **2.** *(zu e-r anderen Partei)* go over (to); **3.** *sport* overstep; ▶ **zum Protestantismus ~** turn Protestant.
über·tre·ten[2] *irr tr* **1.** *(Grenze etc)*

cross; **2.** *fig (Gesetz, Verbot etc)* break, violate; **Über·tre·tung** *f (von Gesetz)* violation.

über·trie·ben [--ˈ--] *adj* **1.** exaggerated; **2.** *(unmäßig)* excessive.

Über·tritt [ˈ---] *m* **1.** *(Grenz~)* crossing (*über* of); **2.** *rel* conversion; **3.** *pol* defection.

über·trump·fen *tr* **1.** *(beim Kartenspiel)* overtrump; **2.** *fig* outdo.

über·tün·chen *tr* **1.** whitewash; **2.** *fig* cover up.

über·völ·kert [--ˈ--] *adj* overpopulated; **Über·völ·ke·rung** *f* overpopulation.

über·voll [ˈ--ˈ-] *adj* overfull; ► **~ von Menschen** crammed with people.

über·vor·tei·len *tr* cheat.

über·wa·chen *tr* **1.** *(kontrollieren)* supervise; **2.** *(beobachten)* keep a watch on ...; **3.** *(auf Monitor)* monitor; **Über·wa·chung** *f* **1.** *(Kontrolle)* supervision; **2.** *(Beobachtung)* observation; *(von Verdächtigen)* surveillance; **Über·wa·chungs·staat** *m* police state.

über·wäl·ti·gen [y:bɐˈvɛltɪgən] *tr* **1.** overpower; **2.** *fig (Angst etc)* overcome; *(Schönheit)* overwhelm; **über·wäl·ti·gend** *adj (überragend)* overwhelming; *(Schönheit)* stunning.

über|wech·seln ⟨sein⟩ *tr* change over (*zu* to).

über·wei·sen *irr tr* **1.** *fin (Geld)* transfer; **2.** *(Patienten)* refer (*an* to); **Über·wei·sung** *f com* **1.** *fin (Geld~)* transfer; **2.** *(von Patienten)* referral.

über|wer·fen[1] *irr tr (Kleidungsstück)* throw on.

über·wer·fen[2] *irr refl:* ► **sich mit jdm ~** fall out with s.o.

über·wie·gen *irr* **I** *tr* outweigh; **II** *itr* predominate; **über·wie·gend** *adj* predominant; ► **~e Mehrheit** vast majority.

über·win·den *irr* **I** *tr* **1.** overcome; *(Schwierigkeiten)* get over; **2.** *(hinter sich lassen)* outgrow; **II** *refl* overcome one's inclinations; ► **sich ~, etw zu tun** bring o.s. to do s.th.; **Über·win·dung** *f* **1.** overcoming; *(von Schwierigkeiten)* surmounting; **2.** *(Selbst~)* will power; ► **das hat mich viel ~ gekostet** that took me a lot of will-power; **auch unter größter ~ könnte ich so etw nicht tun** I simply couldn't bring myself to do a thing like that.

über·win·tern *itr* winter; *(Tiere)* hibernate.

über·wu·chern *tr* overgrow.

Über·zahl *f:* ► **in der ~ sein** be superior in numbers, outnumber s.o.; **in der ~ sein** be in the majority; **über·zäh·lig** [ˈy:bɐtsɛ:lɪç] *adj* **1.** *(überschüssig)* surplus; **2.** *(überflüssig)* superfluous; **3.** *(übrig)* spare.

über·zeu·gen I *tr* **1.** convince; **2.** *(überreden)* persuade; **II** *itr* be convincing; **III** *refl:* ► **~ Sie sich selbst davon!** go and see for yourself! **über·zeu·gend** *adj* convincing; **Über·zeu·gung** *f* **1.** *(das Überzeugen)* convincing; **2.** *(das Überzeugtsein)* conviction; ► **es ist meine feste ~** it's my firm conviction; **der ~ sein, daß ...** be convinced that ...; **Über·zeu·gungs·kraft** *f* persuasive power.

über·zie·hen[1] *irr* **I** *tr* **1.** *(bedecken)* cover; *(mit Belag)* coat; **2.** *fin (Konto)* overdraw (*um* by); **II** *itr fin* overdraw one's account; **III** *refl (sich bedecken)* become overcast.

über|zie·hen[2] **1.** *fig (jdm eins ~)* give s.o. a clout *fam;* **2.** *(sich etw ~)* put s.th. on; **Über·zie·her** [ˈ----] ⟨-s, -⟩ *m (Übermantel)* greatcoat, overcoat; *(leichter ~) Br* topcoat, *Am* duster; **Über·zie·hung** [--ˈ--] *f fin (Konto~)* overdraft; **Über·zie·hungs·kre·dit** *m* overdraft provision.

Über·zug [ˈ---] *m* **1.** *(Beschichtung)* coating; *(metallener ~)* plating; **2.** *(Bett~, Sofa~)* cover.

üb·lich [ˈy:plɪç] *adj* **1.** *allg* usual; **2.** *(herkömmlich)* customary; **3.** *(normal)* normal; ► **nicht ~** unusual; **das ist bei uns so ~** that's usual for us; **allgemein ~ sein** be common practice; **~e Größe** standard size.

üb·rig [ˈy:brɪç] *adj* left, remaining; ► **das ~e** the remainder; **ein ~es tun** do one more thing; **im Ü~en** by the way; **hast du e-e Zigarette ~?** could you spare me a cigarette? **für jdn etw ~ haben** *fig fam* have a soft spot for s.o.; **für jdn nichts ~ haben** *fig fam* have no time for s.o; **üb·rig|blei·ben** *irr itr* be left (over); ► **es bleibt ihm nichts anderes ~** he has no other choice; **was blieb mir anderes ~, als ...?** what choice did I have but ...?

üb·ri·gens [ˈy:brɪgəns] *adv* by the way, incidentally.

üb·rig|las·sen *irr tr* leave (*jdm* for s.o.); ► **zu wünschen ~** leave s.th. to be desired.

Übung [ˈy:bʊŋ] *f* **1.** *mil sport etc (a. ~saufgabe)* exercise; **2.** *(praktische Ausübung)* practice; ► **~ macht den Meister** *prov* practice makes perfect; **in der ~ bleiben** keep in practice; **aus der ~** out of practice; **das ist alles nur ~** it all comes with practice; **Übungs·buch** *n* exercise-book.

UdSSR *f Abk von* **Union der Sozialistischen Sowjetrepubliken** USSR.

Ufer [ˈu:fɐ] ⟨-s, -⟩ *n (Fluß~)* bank; *(See~)* shore; ► **direkt am ~** right on the waterfront; **etw ans ~ spülen** wash s.th. ashore; **das rettende ~ erreichen** reach terra firma; **Ufer·bö·schung** *f* embankment; **ufer·los** *adj fig (grenzenlos)* boundless; ▶ **... sonst geraten wir ins U~e** ... otherwise things will get out of hands; **die Debatte ging ins U~e** the debate went on and on; **die Kosten gehen ins U~e** the costs are going up and up.

Ufo ‹-(s), -s› *n Abk von* **unbekanntes Flugobjekt** Ufo.

Uhr [uːɐ] ‹-, -en› *f* **1.** *(Wand~, Stand~)* clock; *(Armband~, Taschen~)* watch; **2.** *(Anzeigeinstrument)* gauge; ▶ **wieviel ~ ist es?** what time is it? **um wieviel ~?** at what time? **meine ~ geht vor (nach)** my watch is fast (slow); **meine ~ geht genau** my watch keeps exact time; **nach meiner ~** by my watch; **Uhr·arm·band** *n* watch strap; **Uhren·in·du·strie** *f* watch-and-clock-making industry; **Uhr·ket·te** *f* watch chain; **Uhr·ma·cher** *m* watchmaker; **Uhr·werk** *n* clockwork; **Uhr·zei·ger** *m* hand; **Uhr·zei·ger·sinn** *m:* **im ~** clockwise; ▶ **im entgegengesetzten ~** anticlockwise; **Uhr·zeit** *f* time; ▶ **haben sie die genaue ~?** do you have the correct time?

Uhu [ˈuːhu] ‹-s, -s› *m* eagle-owl.

Ukrai·ne [uˈkraɪnə] *f* Ukraine; **Ukrai·ner(in)** *m (f)* Ukrainian; **ukrai·nisch** *adj* Ukrainian.

Ulk [ʊlk] ‹-(e)s, -e› *m* lark; ▶ **etw aus ~ tun** do s.th. as a joke; **ul·ken** *itr* clown around; **ul·kig** *adj fam* funny.

Ul·me [ˈʊlmə] ‹-, -n› *f* elm.

Ul·ti·ma·tum [ʊltiˈmaːtʊm] ‹-s, -en› *n* ultimatum.

Ul·tra·kurz·wel·le [--ˈ---] *f radio* ultra-high frequency, ultra-short wave; **Ul·tra·kurz·wel·len·sen·der** *m radio* UHF station; **Ul·tra·schall** *m phys* ultrasound; **Ul·tra·schall·bild** *n med* ultrasound picture; **Ul·tra·schall·ge·rät** *n med* ultrasonic receiver; **Ul·tra·schall·un·ter·su·chung** *f med Br* scan; **ul·tra·vio·lett** [ˈ----ˈ-] *adj phys* ultra-violet; ▶ **~e Strahlen** ultra-violet rays.

um [ʊm] **I** *prp* **1.** *(räumlich)* round; *(unbestimmter)* about, around; ▶ **~ die Ecke** round the corner; **~ die Welt** round the world; **die Erde dreht sich ~ die Sonne** the earth goes round the sun; **~ e-n Tisch sitzen** sit round a table; **besorgt sein ~ ...** feel anxious about ...; **sich ängstigen ~ ...** be worried about ...; **2.** *(Maße)* about, at, by, for, toward(s); **~ 6 Uhr** at six (o'clock); **~ jeden Preis** at any rate, at any price; **~ keinen Preis** not at any price; **~ alles in der Welt** for anything in the world; **~ diese Zeit** by this time; **~ e-n Kopf größer** taller by a head; **~ ein Haar** by a hair; **etwa ~ 6 Uhr** towards six; **~ so besser** all the better, so much the better; **~ so weniger** the more ... the less; **3.** *(~ ... willen)* because of ..., for ...; *(wegen)* for the sake of ...; **~ Himmels willen!** for heaven's sake! **darf ich Sie ~ ein Streichholz bitten?** may I trouble you for a match? **ich beneide sie ~ ihren Erfolg** I envy them their success; **es tut mir leid ~ ihn!** I'm sorry for him! **II** *conj* **1.** *(final)* (in order) to; **2.** *(je ... ~ so)* the ... the; **III** *adv (ungefähr)* about; ▶ **so ~ Ostern** about Easter; **deine Zeit ist ~** your time is up.

um·adres·sie·ren *tr* readdress.

um|än·dern *tr* alter; *(modifizieren)* modify.

um|ar·bei·ten *tr allg* alter; *(Buch)* revise; *(Schriftstück)* rewrite; ▶ **e-n Roman zu e-m Drehbuch ~** adapt a novel for the screen.

um·ar·men *tr* embrace; *(fester)* hug; **Um·ar·mung** *f* embrace; *(festere ~)* hug.

Um·bau [ˈ--] ‹-s, -e/-ten› *m* **1.** *arch* rebuilding; **2.** *fig (organisatorischer ~)* reorganization; **um|bau·en**[1] *tr* **1.** *(Gebäude)* rebuild; *(Kulissen)* change; **2.** *(Organisation)* reorganize.

um·bau·en[2] *tr* enclose; ▶ **umbauter Raum** enclosed area.

um|be·nen·nen *irr tr* ▶ **etw in etw ~** rename s.th. s.th.

um|be·set·zen *tr theat* recast; *(Posten)* reassign; *(Mannschaft)* reorganize; *pol (Kabinett)* reshuffle.

um|bie·gen *irr* **I** *tr* ‹h› bend; **II** *itr* ‹sein› **1.** *(Weg)* bend; **2.** *(umkehren)* turn round; **III** *refl* ‹h› curl.

um|bil·den *tr* **1.** *(Verwaltung)* reorganize; **2.** *pol (Regierung) Br* reshuffle, *Am* shake up.

um|bin·den *irr tr* put on; tie on.

um|blät·tern *tr itr* turn over.

um|blicken (k·k) *refl* look round; ▶ **sich nach jdm (etw) ~** turn round to look at s.o. (s.th.).

um|brin·gen *irr tr* kill; ▶ **dieses endlose Warten bringt mich noch um!** *fig fam* this endless waiting will be the death of me! **sich vor Höflichkeit fast ~** *fig* fall over o.s. to be polite.

Um·bruch *m* **1.** *(Erneuerung)* radical change; **2.** *typ* makeup.

um|bu·chen *tr itr* **1.** *fin com (Betrag)* transfer (*auf* to); **2.** *(Reise)* alter one's booking (*auf* for).

um|den·ken *itr* change one's views.

um|dis·po·nie·ren *itr* change one's arrangements *pl.*

um|dre·hen **I** *tr* **1.** *(auf andere Seite)* turn over; *(auf den Kopf stellen)* turn up; **2.** *(um die Achse)* turn round; *(Schlüssel)* turn; **3.** *(Hals)* wring; **den Spieß ~** *fig* turn the tables *pl;* **II** *refl* **1.** *(sich umsehen)* turn round (*nach* to look at); **2.** *(im Bett)* turn over; **Um-**

dre·hung [-ˈ--] *f* **1.** *allg* turn; **2.** *phys* rotation; **3.** *mot* revolution; **Um·dre·hungs·zahl** *f mot (pro Minute)* revolutions per minute.

um·ein·an·der [--ˈ--] *adv* about each other; *(räumlich)* round each other.

um|er·zie·hen *tr* re-educate.

um·fah·ren¹ *irr tr mot* drive round ...; *mar* sail round ...; *mot (um etw zu vermeiden)* make a detour round ...

um|fah·ren² *irr tr (niederfahren)* run down.

um|fal·len ⟨sein⟩ *irr itr* **1.** *allg Br* fall down (*Am* over); **2.** *fig fam (nachgeben)* give in (*od* way); **3.** *fam (ohnmächtig werden)* pass out; ► **vor Müdigkeit fast** ~ be almost dead on one's feet.

Um·fang *m* **1.** *(Kreis~)* perimeter; *(Leibes~)* girth; **2.** *(Fläche)* area; *(Größe)* size; **3.** *(Anzahl)* amount; **4.** *fig (Ausmaß)* extent; *(von Arbeit etc)* scope; ► **in großem** ~ on a large scale; **in vollem** ~ fully; **solchen** ~ **annehmen, daß ...** assume such proportions that ...; **dieses Buch hat e-n** ~ **von 500 Seiten** this book has 500 pages; **um·fang·reich** *adj* extensive.

um·fas·sen *tr* **1.** clasp, grasp; *(umarmen)* embrace; **2.** contain; *(Zeitperiode)* cover; **um·fas·send** *adj* **1.** *(vieles enthaltend)* comprehensive; **2.** *(weitreichend)* extensive; **3.** *(vollständig)* complete, full.

Um·feld *n* (associated) area (*od* field).

um|for·men *tr* **1.** remodel (*in* into); **2.** *el* convert; **Um·for·mer** *m el* converter; **Um·for·mung** *f* **1.** *allg* remodelling; **2.** *el* conversion.

Um·fra·ge *f* survey; *(zur Erforschung der öffentlichen Meinung)* poll; ► **e-e** ~ **machen** carry out at survey; **e-e** ~ **unter Schülern machen** ask (around) pupils.

um|fül·len *tr* decant.

um|funk·tio·nie·ren *tr:* ► **etw zu etw** ~ turn s.th. into s.th.

Um·gang [ˈ--] ⟨-(e)s⟩ *m* **1.** *(gesellschaftlicher ~)* contact; **2.** *(Bekanntenkreis)* acquaintances *pl;* ► **im** ~ **mit ... muß man ...** in dealing with ... one must ...; **ich habe so gut wie keinen** ~ **mit ihm** I have little to do with him; **um·gäng·lich** [ˈʊmgɛŋlɪç] *adj* **1.** *(gesellig)* sociable; **2.** *(verträglich)* affable; **3.** *(entgegenkommend)* obliging; **Um·gangs·for·men** *pl* manners; **Um·gangs·spra·che** *f* colloquial speech; **Um·gangs·ton** *m* tone, ray of speaking.

um·ge·ben *irr tr* surround; **Um·ge·bung** *f* **1.** *(Umwelt)* surroundings *pl;* **2.** *(von Stadt)* environs *pl;* **3.** *(Nachbarschaft)* neighbourhood; **4.** *(Milieu)* background; ► **London und** ~ London and the London area; **in s-r** ~ **fühle ich mich unwohl** I feel uneasy in his company.

um|ge·hen¹ ⟨sein⟩ *irr itr* **1.** *(Gerücht etc)* circulate; **2.** *(Gespenst)* walk; **3.** *(behandeln)* handle (*mit jdm, etw* s.o., s.th.); ► **hier geht ein Gespenst um** this place is haunted; **mit jdm grob** ~ treat s.o. roughly.

um·ge·hen² **1.** *irr tr (um etw herumgehen)* go round; **2.** *(Hindernis)* by-pass; **3.** *jur* evade; *(Verordnung)* circumvent; **um·ge·hend** [ˈ---] *adj* immediate.

Um·ge·hung [-ˈ--] *f* **1.** *(das Umgehen)* going round; *mil* outflanking; **2.** *(Straße)* detour; ► **unter** ~ **der Vorschriften** by circumventing the regulations; **Um·ge·hungs·stra·ße** *f* by-pass.

um·ge·kehrt I *adj* **1.** reversed; *(Reihenfolge)* reverse; **2.** *(gegenteilig)* contrary; **3.** *(anders herum)* the other way round; ► **mit ~em Vorzeichen** *fig* with the roles reversed; **II** *adv* **1.** *(am Satzanfang: dagegen)* conversely; **2.** *(anders herum)* the other way round; ► **gerade ~!** quite the contrary!

um|ge·stal·ten *tr (ändern)* alter; *(Verwaltung)* reorganize; *(umbilden)* remodel.

um|gra·ben *irr tr* dig over; *(Boden)* turn over.

um|grup·pie·ren *tr* rearrange; *(auf andere Gruppen verteilen)* regroup.

um|gucken (k·k) *refl fam* look about (*nach etw* for s.th.); ► **du wirst dich noch ~!** *fig fam* you've got another think coming!

Um·hang *m* cape; **um|hän·gen** *tr* **1.** put on; *(Gewehr)* sling on; **2.** *(Bild)* rehang; ► **sich etw** ~ put s.th. on; **jdm etw** ~ drape s.th. around s.o.; **Um·hän·ge·ta·sche** *f* shoulder-bag.

um|hau·en *irr tr* **1.** *allg* cut down, fell; **2.** *fig fam (erstaunen)* bowl over.

um·her [ʊmˈheːɐ] *adv* about, around; ► **rings** ~ all around; **um·her|blicken (k·k)** *itr* glance round, look about; **um·her|ge·hen** *irr itr* walk about; **um·her|ir·ren** ⟨sein⟩ *itr* **1.** *(von Person)* wander; **2.** *(Blicke)* roam about; **um·her|schlen·dern** *itr* stroll about (*in* s.th.).

um·hin [ʊmˈhɪn] *adv:* ► **ich kann nicht** ~ **zu lachen** *(etc)* I cannot but laugh, I can't help laughing.

um·hö·ren *refl* ask around.

um·hül·len *tr* wrap (*mit* in).

um·ju·beln *tr* cheer.

Um·kehr ⟨-⟩ *f* **1.** turning back; **2.** *fig (Änderung)* change; **um·kehr·bar** *adj* reversible; **um|keh·ren I** *itr* ⟨sein⟩ **1.** turn back; **2.** *fig* change one's ways; **II** *tr* ⟨h⟩ **1.** *(Kleidungsstück)* turn inside out; **2.** *(Verhältnisse)* overturn; **3.** *math mus* invert; **III** ⟨h⟩ *refl fig (Verhältnisse)* become inverted; **Um·kehr·schluß** *m* inversion of an argument; **Um·keh·rung** *f* **1.** *allg* reversal; **2.** *math mus* inversion; ▶ **die ~ der Gesellschaftsordnung** turning society upside down.

um|kip·pen I *tr* ⟨h⟩ *allg* tip over; *(Vase)* knock over; **II** ⟨sein⟩ *itr* **1.** tip over; *(Getränk)* be spilled; **2.** *fam (ohnmächtig werden)* pass out; **3.** *(Gewässer)* be (*od* become) polluted.

um·klam·mern *tr* clasp; *(Boxen)* clinch; **Um·klam·me·rung** *f* **1.** *allg* clutch; *(beim Boxen)* clinch; **2.** *mil* pincer movement.

um|klap·pen *tr* fold down.

um·klei·den¹ *tr (beziehen: mit Stoff etc)* cover.

um|klei·den² *refl (sich umziehen)* change one's clothes.

Um·klei·de·raum ['----] *m* changing room; *theat* dressing-room.

um|kom·men ⟨sein⟩ *irr itr* be killed, die; ▶ **ich komme um vor Hitze!** *fig fam* the heat is killing me! **vor Langeweile ~** *fig fam* be bored to death.

Um·kreis ['--] ⟨-es⟩ *m (Umgebung)* surroundings *pl;* ▶ **im ~ von ...** within a radius of ...; **in näherem ~** in the vicinity.

um·krei·sen *tr* circle; *astr* revolve round; *(Raumfahrt)* orbit.

um|krem·peln ['ʊmkrɛmpəln] *tr (Hose, Ärmel)* turn up; *(umwenden)* turn inside out; ▶ **jdn ~** *fig fam* change someone's ways.

um|la·den *irr tr* reload; *mar* transship.

um·la·gern¹ *tr (umgeben)* surround.

um|la·gern² *tr (anders lagern)* re-store.

Um·lauf *m* **1.** *astr (Erd~)* revolution; **2.** *fin (Geld~)* circulation; **3.** *(Rundschreiben)* circular; ▶ **in ~ bringen** circulate, put into circulation; *(Gerüchte)* spread; **im ~ sein** be circulating; **Um·lauf·bahn** *f astr* orbit; ▶ **~ um die Sonne** solar orbit; **um|lau·fen I** *tr (umrennen)* knock over; **II** ⟨sein⟩ *itr a. fin (zirkulieren)* circulate.

Um·laut *m ling* umlaut, vowel mutation.

um|le·gen *tr* **1.** *(umhängen)* put round; **2.** *(Leitungen, Schienen)* re-lay; *(Kranke)* move; **3.** *(Termin)* change (*auf* to); **4.** *sl (töten)* bump off.

um|lei·ten *tr (Verkehr)* divert; **Um·lei·tung** *f (Verkehrs~)* detour, diversion.

um|ler·nen *itr* **1.** retrain; **2.** *fig (Ansichten ändern)* change one's views.

um·lie·gend *adj* surrounding; ▶ **die ~e Gegend** the environs *pl.*

um·man·teln *tr tech* jacket.

um|mo·deln ['ʊm,mo:dəln] *tr fam* change.

Um·nach·tung *f* (mental) derangement.

um|packen (k·k) *tr* repack.

um|pflü·gen *tr* plough up.

um|po·len *tr el a. fig* change the polarity.

um·quar·tie·ren *tr* re-accomodate.

um·rah·men *tr* frame.

um·ran·den *tr* border, edge.

um|räu·men I *tr (anders anordnen)* rearrange; *(an anderen Platz bringen)* shift; **II** *itr (Möbel)* rearrange the furniture.

um|rech·nen *tr fin* convert (*in* into); **Um·rech·nungs·kurs** *m fin* rate of exchange.

um|rei·ßen¹ ⟨h⟩ *irr tr (niederreißen)* tear down; *(umstoßen)* knock over.

um·rei·ßen² ⟨h⟩ *irr tr (grob darstellen)* outline.

um|ren·nen *irr tr* run into and down.

um·rin·gen *tr* surround.

Um·riß ['--] *m* outline; *(Kontur)* contour; **um·ris·sen** [ʊm'rɪsən] *adj:* ▶ **scharf ~** well defined.

um|rüh·ren *tr* stir.

um|rü·sten *tr* **1.** *mil* re-equip (*auf* to); **2.** *tech* re-set; **3.** *el* convert.

um|sat·teln *itr fig* change jobs *pl; (an Universität)* change courses; ▶ **von etw auf etw ~** switch from s.th. to s.th.

Um·satz *m com* turnover; **Um·satz·plus** *n com* increase in turnover; **Um·satz·sta·ti·stik** *f* sales statistics *pl;* **Um·satz·steu·er** *f* sales tax.

um·säu·men *tr* **1.** *(beim Nähen)* edge; **2.** *(Platz: umgeben)* line.

um|schal·ten I *tr el* switch over; **II** *itr* **1.** *radio TV (auf anderen Sender)* change over (*auf* to); **2.** *fig (in Denken)* change (*auf* to); **3.** *mot* shift (*in* to); **Um·schalt·ta·ste** *f* **1.** *tele* reversing key; **2.** *(bei Schreibmaschine)* shift-key.

Um·schau ⟨-⟩ *f* review; **um|schau·en** *refl* look around (*nach* for); *(nach hinten)* look back.

Um·schich·tung *f* regrouping, shifting; ▶ **gesellschaftliche ~** social upheaval.

um·schif·fen *tr* sail round; *(Kap)* double.

Um·schlag *m* **1.** *(Brief~)* envelope; *(Hülle)* cover; **2.** *(Buch~)* jacket; **3.** *(Hose)* turn-up, *(Ärmel)* cuff; **4.** *(Veränderung)* (sudden) change (*von etw* in s.th., *in etw* into s.th.); **5.** *med* compress; **6.** *com (Waren~)* volume of traffic; **um|schla·gen** *irr* **I** *tr* **1.** *(Seite)* turn over; **2.** *(Saum)* turn up; **3.** *(Ärmel)* tuck up; *(Kragen)* turn down; **4.** *com (umladen)* transfer; **5.** *com (umsetzen)* turn over; **II** *itr* **1.** *(Wetter)* change; **2.** *(Wind)* veer round; **3.** *(Boot)* capsize; **Um·schlag·platz** *m com* trade centre (*Am* center).

um·schlie·ßen *irr tr* enclose, surround.

um·schlin·gen *irr tr* **1.** *(Pflanze)* twine round; **2.** *(umarmen)* embrace.

um|schmei·ßen *irr tr* **1.** *fam (umwerfen)* knock flying; **2.** *fig fam (erstaunen)* bowl over; ▶ **das schmeißt meine Pläne um** that mucks my plans up.

um|schnal·len *tr* buckle on.
um|schrei·ben[1] *irr tr* **1.** *(Text)* rewrite; **2.** *(bearbeiten)* adapt (*für* for); **3.** *(Besitz)* transfer; **4.** *com (Wechsel)* alter (*auf* for).
um·schrei·ben[2] *irr tr* **1.** *(mit anderen Worten ausdrücken)* paraphrase; **2.** *(darlegen)* outline; **3.** *(abgrenzen)* circumscribe; **4.** *(nicht beim Namen nennen)* refer to obliquely; **Um·schrei·bung** [-ˈ--] *f* **1.** *fig* paraphrase; **2.** *(euphemistisch)* oblique reference (*von* to).
Um·schrift [ˈ--] *f* **1.** *(auf Münze)* inscription; **2.** *ling (phonetische ~)* transcription.
Um·schul·dung *f* funding.
um|schu·len *tr* **1.** *(auf andere Schule)* transfer to another school; **2.** *(auf etw Neues)* retrain; **Um·schu·lungs·kurs** *m* course for retraining.
um|schüt·ten *tr* **1.** *(ausschütten)* spill; **2.** *(in ein anderes Gefäß)* decant.
um·schwär·men *tr fig* idolize; ▸ **von Verehrern umschwärmt** besieged by admirers.
Um·schwei·fe *pl:* ▸ **ohne** ~ without beating about the bush.
um·schwir·ren *tr a. fig* buzz round.
Um·schwung *m (Änderung)* drastic change; (*zum Besseren* for the better); *(ins Gegenteil)* reversal.
um|se·hen *irr refl* look around (*nach* for); *(zurück)* look back; ▸ **sich in der Welt** ~ see s.th. of the world; **sich in der Stadt** ~ have a look around the town.
um·sei·tig *adj* overleaf; ▸ **die ~e Abbildung** the illustration overleaf.
um|set·zen I *tr* **1.** *(Personen)* move to another seat; **2.** *com (Waren)* turn over; **3.** *(umwandeln)* convert (*etw in etw* s.th. into s.th.); *mus* transpose; **4.** *(Pflanze)* transplant; **5.** *typ* reset; ▸ **etw in die Tat** ~ translate s.th. into action; **sein Geld in Kleidung** ~ spend all one's money on clothes; **II** *refl* **1.** *(Personen)* change seats; **2.** *(sich umwandeln)* be converted (*in etw* into s.th.).
Um·sicht *f* circumspection, prudence; **um·sich·tig** *adj* circumspect, prudent.
um|sie·deln *tr*⟨h⟩ *itr*⟨sein⟩ resettle; **Um·sied·ler(in)** *m (f)* resettler; **Um·sied·lung** *f* resettlement.
um|sin·ken *irr itr* sink to the ground; ▸ **vor Müdigkeit** ~ drop with exhaustion.
um·sonst [ʊmˈzɔnst] *adv* **1.** *(vergeblich)* in vain; **2.** *(erfolglos)* without success; **3.** *(ohne Bezahlung)* for nothing, free of charge; ▸ **das hast du nicht** ~ **getan!** *fam* you'll pay for that! ~ **ist der Tod** *prov* you don't get anything for nothing in the world.
um·sor·gen *tr* care for.
um·span·nen[1] *tr a. fig* encompass; ▸ **etw mit beiden Armen** ~ get both arms all the way round s.th.
um|span·nen[2] *tr* **1.** *el (Strom)* transform; **2.** *(Pferde)* change; **Um·spann·werk** [ˈ---] *n el* transformer station.
um|sprin·gen *irr itr (Wind)* veer round (*nach* to); ▸ **mit jdm grob** ~ treat s.o. roughly; **so können Sie mit mir nicht** ~**!** you can't push me around like that!
Um·stand *m* circumstance; *(Tatsache)* fact; ▸ **ein unvorhergesehener** ~ s.th. unforeseen.
Um·stän·de [ˈʊmʃtɛndə] *m pl* **1.** circumstances *pl;* **2.** *(Förmlichkeiten)* fuss *sing;* **3.** *(Schwierigkeiten)* trouble *sing;* ▸ **es geht ihr den ~n entsprechend gut** she is as well as can be expected under the circumstances; **ohne große** ~ without much fuss; **unter ~n** circumstances permitting; **unter keinen ~n** under no circumstances; **unter allen ~n** at all costs; **mildernde** ~ *jur* extenuating circumstances; **in anderen ~n sein** *euph (schwanger)* be pregnant; **machen Sie sich meinetwegen keine** ~**!** don't trouble yourself on my account! **um·ständ·lich** *adj* **1.** *(Arbeitsweise)* awkward and involved; **2.** *(Vorbereitung)* elaborate; **3.** *(Erklärung)* long-winded; ▸ **sei doch nicht so** ~**!** don't make such heavy weather of everything!
Um·stands·kleid *n* maternity dress; **Um·stands·klei·dung** *f* maternity clothes; **Um·stands·wort** *n gram* adverb.
um·ste·hend *adj* **1.** *(umseitig)* overleaf; **2.** *(in der Nähe stehend)* standing round about; ▸ **die U~en** the bystanders.
um|stei·gen ⟨sein⟩ *irr itr* **1.** *(Bahn, Bus)* change (*nach* for); **2.** *fig fam* switch (*auf* to).
um·stel·len[1] *tr (umringen)* surround.
um|stel·len[2] **I** *tr itr* **1.** *(Möbel etc)* rearrange; **2.** *(Betrieb, Hebel)* switch over; ▸ **auf Computer** ~ computerize; **II** *refl (im Lebensstil)* get used to a different lifestyle; ▸ **sich auf etw** ~ adjust to s.th.; **Um·stel·lung** [ˈ---] *f* **1.** *allg* rearrangement; **2.** *(von Gerät, Hebel etc)* switch-over; **3.** *(Anpassung)* adjustment (*auf* to); ▸ ~ **auf Computer** computerization; ~ **auf Erdgas** conversion to natural gas; **das wird eine große** ~ **für ihn sein** it will be a big change for him.
um|stim·men *tr fig:* ▸ **jdn** ~ change someone's mind; **er läßt sich nicht** ~ he's not to be persuaded.
um|sto·ßen *irr tr* **1.** *allg* knock over; **2.** *fig (Pläne etc)* upset.
um·strit·ten [-ˈ--] *adj* **1.** *(noch nicht ausdiskutiert)* disputed; **2.** *(fraglich)* controversial.
um|struk·tu·rie·ren *tr* change the structure of ...; **Um·struk·tu·rie·rung** *f* restructure.

um|stül·pen ['ʊmʃtʏlpən] *tr* turn upside down (*od* inside out); *(Tasche)* turn out.
Um·sturz *m pol* coup d'état; **um|stür·zen I** *tr* ‹h› **1.** overturn; **2.** *pol* overthrow; **II** *itr* ‹sein› *(umfallen)* fall; *(Fahrzeug)* overturn; **Um·sturz·ver·such** *m* attempted coup (*od* putsch).
Um·tausch *m* exchange; **um|tau·schen** *tr* exchange; *(Geld)* change (*in* into); ▶ **kann ich das ~?** is it possible to exchange this?
um·tun *irr refl fam:* ▶ **sich nach etw ~** be looking for s.th.
um|wäl·zen *tr* **1.** *allg* roll round; **2.** *fig (revolutionieren)* revolutionize; **um·wäl·zend** *adj (revolutionär)* revolutionary; **Um·wälz·pum·pe** *f* circulating pump; **Um·wäl·zung** *f* **1.** *tech* circulation; **2.** *fig (Revolutionierung)* radical change.
um|wan·deln *tr* change (*in* into); *jur (Strafe)* commute; *com* convert; ▶ **sie ist wie umgewandelt** she's a different person.
um|wech·seln *tr (Geld)* change (*in* into).
Um·weg *m* **1.** detour; **2.** *fig* roundabout way; ▶ **auf ~en** indirectly; **e-n ~ machen** *(unabsichtlich)* go the long way round; *(absichtlich)* make a detour.
Um·welt *f* environment; **Um·welt·be·la·stung** *f* pressure on the environment; ecological damage; **Um·welt·be·wußt·sein** *n* environmental awareness; **Um·welt·bun·des·amt** *n* department of the environment; **Um·welt·ein·flüs·se** *m pl* environmental influences; **um·welt·feind·lich** *adj* ecologically harmful; **um·welt·freund·lich** *adj* non-polluting; ecologically beneficial; **um·welt·ge·fähr·dend** *adj* endangering the environment; **Um·welt·ge·fähr·dung** *f* endangering the environment; **Um·welt·ge·fah·ren** *pl* environmental hazards; **Um·welt·gift** *n* environmental pollutant; **Um·welt·ka·ta·stro·phe** *f* ecological disaster; **Um·welt·mi·ni·ste·rium** *n* Ministry of the environment; **Um·welt·po·li·tik** *f* environment(al) policy; **Um·welt·pro·gramm** *n* environmental policies *pl;* **Um·welt·qua·li·tät** *f* quality of the environment; **Um·welt·schä·den** *pl* environmental damage *sing;* **Um·welt·schutz** *m* environmental conservation; **Um·welt·schutz·pa·pier** *n* recycled paper; **Um·welt·schutz·tech·nik** *f* conservation technology; **Um·welt·schüt·zer(in)** *m (f)* environmentalist, conservationist; **Um·welt·steu·er** *f* ecology tax; **Um·welt·ver·gif·tung** *f* contamination of the environment; **Um·welt·ver·schmut·zer** *m* polluter; **Um·welt·ver·schmut·zung** *f* pollution of the environment; **um·welt·ver·träg·lich** *(Produkte, Stoffe) adj* ecologically compatible.
um|wen·den *irr* **I** *tr* turn over; **II** *refl* turn round (*nach* to).
um·wer·ben *irr tr* court.
um|wer·fen *irr tr* **1.** *allg* overturn; **2.** *fig (ändern)* upset; ▶ **ein Bier wird dich nicht gleich ~** one beer won't knock you out.
um·wickeln (k·k) *tr (mit Stoff etc)* wrap round; ▶ **etw mit Draht ~** wind wire round s.th.
um·zäu·nen *tr* fence round; **Um·zäu·nung** *f* fence.
um|zie·hen ‹sein› *irr* **I** *refl* change one's clothes; **II** *itr* move (to).
um·zin·geln *tr* encircle, surround.
Um·zug *m* **1.** *(Festzug)* procession; **2.** *(Wohnungswechsel)* move, removal; **Um·zugs·kar·ton** *m* packing case; **Um·zugs·ko·sten** *pl* removal costs.
un·ab·än·der·lich ['--'---] *adj* **1.** *(unwiderruflich)* unalterable; **2.** *(ewig)* immutable.
un·ab·ding·bar *adj (Voraussetzung)* indispensable.
un·ab·hän·gig *adj* indepedent (*von* of); **~ davon, was Sie meinen** irrespective of what you think; **Un·ab·hän·gig·keit** *f* independence.
un·ab·kömm·lich *adj* engaged.
un·ab·läs·sig *adj* incessant, unceasing.
un·ab·seh·bar ['--'--] *adj (Schaden)* immeasurable; *(Folgen)* unforeseeable; ▶ **der Schaden ist noch ~** the amount of damage is not yet known.
un·ab·sicht·lich *adj* unintentional.
un·ab·wend·bar ['--'--] *adj* inevitable.
un·acht·sam *adj* **1.** *(unaufmerksam)* inattentive; **2.** *(nicht sorgsam)* careless; **Un·acht·sam·keit** *f* **1.** *(Unaufmerksamkeit)* inattentiveness; **2.** *(Achtlosigkeit)* carelessness.
un·ähn·lich *adj* dissimilar, unlike; **Un·ähn·lich·keit** *f* dissimilarity.
un·an·fecht·bar ['--'--] *adj* incontestable.
un·an·ge·bracht *adj* **1.** *(unzweckmäßig)* inappropriate; **2.** *(unpassend)* unsuitable; ▶ **diese Bemerkung war ~** that remark was uncalled-for.
un·an·ge·foch·ten *adj* unchallenged.
un·an·ge·mel·det *adj* **1.** *(nicht vorangemeldet)* unannounced; *(Besucher)* unexpected; **2.** *(polizeilich)* unregistered.
un·an·ge·mes·sen 1. *(unvernünftig)* unreasonable; **2.** *(unzulänglich)* inadequate.
un·an·ge·nehm *adj allg* unpleasant; ▶ **er kann ~ werden** he can get quite nasty; **es ist mir ~, daß ich Sie gestört habe** I feel bad about having disturbed you; **~ berührt sein von etw** be embarrassed by s.th.

un·an·ge·paßt *adj* nonconformist.
un·an·ge·ta·stet *adj* untouched.
un·an·greif·bar ['--'--] *adj* unassailable.
un·an·nehm·bar ['--'--] *adj* unacceptable.
Un·an·nehm·lich·keit *f* trouble; ▶ **~en haben (bekommen)** be in (get into) trouble *sing.*
un·an·sehn·lich *adj* unsightly; *(Person)* plain.
un·an·stän·dig *adj* **1.** *(Kleidung)* indecent; **2.** *(obszön)* dirty; **Un·an·stän·dig·keit** *f* **1.** *(von Kleidung)* indecency; **2.** *(Obszönität)* dirtiness; *(Ungehörigkeit)* rudeness.
un·an·tast·bar ['--'--] *adj* **1.** *(über jeden Zweifel erhaben)* unimpeachable; **2.** *(nicht verletzbar)* unviolable.
un·ap·pe·tit·lich *adj a. fig* unappetizing.
Un·art *f* bad habit; **un·ar·tig** *adj* naughty.
un·äs·the·tisch *adj* unappetizing.
un·auf·fäl·lig *adj* inconspicuous; *(unscheinbar)* unobtrusive.
un·auf·find·bar ['--'--] *adj* nowhere to be found.
un·auf·ge·for·dert **I** *adj* unsolicited; **II** *adv* without being asked.
un·auf·halt·sam ['--'--] *adj* **1.** *(nicht aufzuhalten)* unstoppable; **2.** *(unerbittlich)* inexorable.
un·auf·hör·lich ['--'--] *adj* incessant.
un·auf·lös·lich ['--'--] *adj allg* indissoluble; *chem* insoluble.
un·auf·merk·sam *adj* inattentive; **Un·auf·merk·sam·keit** *f* inattentiveness.
un·auf·rich·tig *adj* insincere.
un·auf·schieb·bar ['--'--] *adj* urgent; ▶ **die Angelegenheit ist ~** the matter can't be put off.
un·aus·bleib·lich ['--'--] *adj* inevitable.
un·aus·ge·füllt *adj* **1.** *(Formular)* blank; **2.** *fig (Mensch)* unfulfilled.
un·aus·ge·gli·chen *adj* **1.** *allg* unbalanced; **2.** *fig (Mensch)* moody; **Un·aus·ge·gli·chen·heit** *f* **1.** unbalance; **2.** *fig* moodiness; ▶ **die ~ seines Wesens** the unevenness of his temper.
un·aus·ge·go·ren *adj fig* immature; *fam (Plan)* half-baked.
un·aus·lösch·lich ['--'--] *adj a. fig* indelible.
un·aus·sprech·lich ['--'--] *adj* **1.** *(Wort)* unpronounceable; **2.** *fig (unerhört)* unspeakable.
un·aus·steh·lich ['--'--] *adj* intolerable.
un·aus·weich·lich ['--'--] *adj* unavoidable.
un·bän·dig *adj* **1.** *(ausgelassen)* boisterous; **2.** *(ungezügelt)* unrestrained; ▶ **ich habe ~en Hunger** my hunger is enormous.
un·barm·her·zig *adj* merciless; **Un·barm·her·zig·keit** *f* mercilessness.
un·be·ab·sich·tigt *adj* unintentional.
un·be·ach·tet *adj* unnoticed; ▶ **das dürfen wir nicht ~ lassen** we mustn't leave that out of account; **etw ~ lassen** let s.th. pass.
un·be·an·stan·det *adj* not objected to.
un·be·baut *adj* **1.** *(Grundstück)* vacant; **2.** *(Feld)* uncultivated.
Un·be·stimmt·heit *f* **1.** *allg* uncertainty; **2.** *(Unklarheit)* vagueness.
un·be·dacht *adj (unüberlegt)* thoughtless; *(übereilt)* rash.
un·be·deckt *adj* bare.
un·be·denk·lich *adj* completely harmless.
un·be·deu·tend *adj* **1.** *(unwichtig)* insignificant, unimportant; **2.** *(geringfügig)* minor.
un·be·dingt ['---/--'-] **I** *adj* **1.** *(absolut)* absolute; **2.** *(bedingungslos)* unconditional; **II** *adv* **1.** *(auf jdn Fall)* really; **2.** *(erforderlich)* absolutely; ▶ **das ist nicht ~ nötig** that's not absolutely necessary; **er wollte sie ~ sehen** be was hell-bent on seeing her; **das Buch mußt du ~ lesen** you really must read that book; **Sie müssen ~ kommen!** you really must come!
un·be·fan·gen *adj* **1.** *(natürlich)* natural; *(ungehemmt)* uninhibited; **2.** *(unparteiisch)* impartial; **Un·be·fan·gen·heit** *f* **1.** *(Natürlichkeit)* naturalness; **2.** *(Unparteilichkeit)* impartiality.
un·be·frie·di·gend *adj* unsatisfactory.
un·be·fugt *adj* unauthorized.
un·be·gabt *adj* untalented.
un·be·greif·lich ['--'--] *adj* **1.** *(unverständlich)* incomprehensible; **2.** *(unergründlich)* inscrutable; ▶ **das ist mir ~** I can't understand that.
un·be·grenzt *adj* unlimited.
un·be·grün·det *adj* groundless, unfounded.
un·be·haart *adj* hairless.
Un·be·ha·gen *n* **1.** *(körperlich)* discomfort; **2.** *(gefühlsmäßig)* uneasiness; **un·be·hag·lich** *adj* **1.** *(körperlich)* uncomfortable; **2.** *(gefühlsmäßig)* uneasy.
un·be·hel·ligt *adj* unmolested.
un·be·hol·fen *adj* awkward, clumsy; **Un·be·hol·fen·heit** *f* awkwardness.
un·be·irr·bar ['--'--] *adj* unwavering.
un·be·kannt *adj* unknown; ▶ **das ist mir ~** I don't know that; **er ist hier ~** he is a stranger here; **~es Flugobjekt** unidentified flying object (*Abk* UFO).
Un·be·kann·te(r) *f m* **1.** unknown person; **2.** *f math* unknown (quantity).
un·be·klei·det *adj* bare.
un·be·küm·mert *adj* **1.** *(unbesorgt)* unconcerned; **2.** *(sorglos)* happy-go-lucky; ▶ **seien Sie ganz ~** don't worry.
un·be·la·stet *adj* **1.** *(Grundstück)* unencumbered; **2.** *pol hist* guiltless; **3.** *(oh-*

ne Last) unloaded; **4.** *fig (unbeschwert)* free from worries.

un·be·lehr·bar ['--'--] *adj* fixed in one's views; ▶ **er ist einfach ~** you just can't tell him anything.

un·be·leuch·tet *adj (z. B. Straße)* unlit.

un·be·liebt *adj* unpopular (*bei* with); **Un·be·liebt·heit** *f* unpopularity.

un·be·mannt *adj* **1.** *(Raumflug)* unmanned.

un·be·merkt *adj* unnoticed; ▶ **~ bleiben** go unnoticed.

un·be·nom·men ['--'--] *adj:* ▶ **es bleibt Ihnen ~, zu ...** you are quite at liberty to ...

un·be·ob·ach·tet *adj* unobserved; ▶ **in einem ~en Augenblick** when nobody was looking.

un·be·quem *adj* **1.** *(lästig)* inconvenient; **2.** *(ungemütlich)* uncomfortable.

Un·be·quem·lich·keit *f* **1.** *(Lästigkeit)* inconvenience; **2.** *(Ungemütlichkeit)* discomfort.

un·be·re·chen·bar ['--'---] *adj* unpredictable.

un·be·rührt ['--'-] *adj* **1.** untouched; **2.** *fig (sexuell unerfahren):* ▶ **~ sein** be a virgin; **3.** *(Natur)* unspoiled.

un·be·scha·det *prp* regardless of ...

un·be·schä·digt *adj* undamaged.

un·be·schol·ten *adj* **1.** *(Person)* respectable; **2.** *(Ruf)* spotless.

un·be·schränkt *adj* unrestricted; *(Macht)* absolute; ▶ **jdm ~e Vollmacht geben** give s.o. carte blanche.

un·be·schreib·lich ['--'--] *adj* indescribable.

un·be·schrie·ben *adj (Papier)* blank.

un·be·schwert *adj* **1.** unweighted; **2.** *fig (sorglos)* carefree; *(Lektüre etc)* light-hearted.

un·be·se·hen ['--'--] *adv* indiscriminately; ▶ **das glaube ich dir ~** I believe it if you say so; **das glaube ich nicht ~** I'll believe that when I see it.

un·be·sieg·bar ['--'--] *adj* invincible.

un·be·siegt *adj* undefeated.

un·be·son·nen *adj* rash; **Un·be·son·nen·heit** *f* rashness.

un·be·sorgt ['--'-] *adj* unconcerned; ▶ **seien Sie ~!** don't worry! **Sie können ganz ~ sein** you can set your mind at ease.

un·be·stän·dig *adj* **1.** *(Wetter)* changeable; **2.** *(Mensch)* unsteady; **Un·be·stän·dig·keit** *f* **1.** *(von Wetter)* changeability; **2.** *(von Mensch)* unsteadiness.

un·be·stä·tigt *adj* unconfirmed.

un·be·stech·lich *adj* **1.** *(Person)* incorruptible; **2.** *fig (Urteil)* unerring; **Un·be·stech·lich·keit** *f* **1.** *(von Person)* incorruptibility; **2.** *(von Urteil)* unerringness.

un·be·stimmt *adj* **1.** *(ungewiß)* uncertain; **2.** *(unklar)* vague; **3.** *gram* indefinite; ▶ **auf ~e Zeit** for an indefinite period; **etw ~ lassen** leave s.th. open.

un·be·streit·bar ['--'--] *adj (Tatsache)* indisputable; *(Verdienste)* unquestionable.

un·be·strit·ten ['--'--] *adj* undisputed; ▶ **es ist ~, daß ...** nobody denies that ...

un·be·tei·ligt *adj* **1.** *(gleichgültig)* indifferent, unconcerned; **2.** *(nicht teilnehmend)* uninvolved (*an od bei* in).

un·be·tont *adj ling* unstressed.

un·beug·sam ['---/-'--] *adj* uncompromising.

un·be·wacht *adj* unguarded; *(Parkplatz)* unattented.

un·be·waff·net *adj* unarmed.

un·be·weg·lich *adj* **1.** *(nicht bewegbar)* immovable; **2.** *fig (geistig ~)* inflexible; ▶ **~e Habe** *jur* immovable property; **Un·be·weg·lich·keit** *f* immovableness.

un·be·wohn·bar ['--'--] *adj* uninhabitable.

un·be·wohnt *adj (Gegend)* uninhabited; *(Haus)* unoccupied.

un·be·wußt *adj* unconscious.

un·be·zahl·bar ['--'--] *adj* **1.** *(zu teuer)* prohibitive; **2.** *(sehr nützlich)* invaluable.

un·be·zahlt *adj* **1.** *(Urlaub)* unpaid; **2.** *(Rechnung)* unsettled.

un·be·zwing·lich ['--'--] *adj* **1.** *allg* unconquerable; **2.** *(Drang)* invincible, uncontrollable.

un·blu·tig **I** *adj* bloodless; **II** *adv* without bloodshed.

un·bot·mä·ßig *adj* insubordinate.

un·brauch·bar ['---/-'--] *adj* of no use, useless; *(nicht zu verwenden)* unusable.

un·bü·ro·kra·tisch *adj* unbureaucratic.

un·christ·lich *adj:* ▶ **eine ~e Zeit** *hum fam* an ungodly hour.

und [ʊnt] *conj* and; *(konzessiv):* ▶ **~ wenn ...** even if ... **~ selbst ...** even ... **~?** so what? **~ so weiter** and so forth (*od* and so on); **~ dann?** *(danach)* and then? *(was dann)* then what? **~ wenn du noch so bettelst** no matter how much you beg; **~ das tat ich auch** which I did; **seien Sie so gut ~ ...** be so kind as to ... **ich ~ ihm Geld leihen?** *fam* me, lend him money? **ich konnte ~ konnte nicht aufhören** I simply couldn't stop.

Un·dank *m* ingratitude; ▶ **~ ernten** get little thanks *pl;* **un·dank·bar** *adj* **1.** *(Mensch)* ungrateful (*gegen* to); **2.** *(Aufgabe etc)* thankless; **Un·dank·bar·keit** *f* **1.** *(menschliche ~)* ingratitude; **2.** thanklessness.

un·da·tiert ['--'-] *adj* undated.

un·de·fi·nier·bar ['---'--] *adj* indefinable.

un·denk·bar ['---/-'--] *adj* unthinkable.
un·denk·lich ['---/-'--] *adj:* ▶ **seit ~en Zeiten** since time immemorial.
un·deut·lich *adj* indistinct.
un·dicht *adj (gegen Luft)* not air-tight; *(gegen Wasser)* not water-tight; ▶ **~ sein** leak; **~e Stelle** *a. fig* leak.
un·dif·fe·ren·ziert *adj* undifferentiated.
Un·ding ‹-(e)s, -e› *n* absurdity; ▶ **es ist ein ~, zu ...** it is preposterous to ...
un·dis·zi·pli·niert *adj* undisciplined.
un·duld·sam *adj* intolerant; **Un·duld·sam·keit** *f* intolerance.
un·durch·dring·lich ['--'--] *adj* **1.** impenetrable (*für* to); **2.** *(Miene)* inscrutable.
un·durch·führ·bar ['--'--] *adj* impracticable.
un·durch·läs·sig *adj* impermeable, impervious (*für* to).
un·durch·sich·tig *adj* **1.** opaque; **2.** *fig (obskur)* obscure.
un·eben *adj* uneven; *(rauh)* rough.
un·echt *adj* false; *(vorgetäuscht)* fake; *(künstlich)* artificial.
un·ehe·lich *adj* illegitimate.
un·ehren·haft *adj* dishonourable.
un·ehr·lich *adj* dishonest; **Un·ehr·lich·keit** *f* dishonesty.
un·ei·gen·nüt·zig *adj* unselfish.
un·ein·ge·schränkt *adj* unlimited, unrestricted.
un·ein·ge·weiht *adj* uninitiated.
un·ein·heit·lich *adj* non-uniform.
un·ei·nig (un·eins) *adj* divided; ▶ **mit jdm ~ sein** disagree with s.o.; **ich bin mit mir selbst noch uneins** I haven't made up my mind yet; **Un·ei·nig·keit** *f* disagreement.
un·ein·nehm·bar ['--'--] *adj* impregnable.
un·emp·fäng·lich *adj* unsusceptible (*für* to).
un·emp·find·lich *adj* insensitive (*gegen* to); **Un·emp·find·lich·keit** *f* insensitiveness.
un·end·lich [-'--] *adj* infinite; *(zeitlich)* endless; ▶ **~ klein** *math* infinitesimal; **~ viele** no end of (*Dinge* things, *Leute* people); **auf ~ eingestellt** *phot* focused at infinity; **Un·end·lich·keit** *f* infinity; *(zeitlich)* endlessness.
un·ent·behr·lich ['--'--] *adj (Person)* indispensable; *(Wissen)* essential.
un·ent·gelt·lich ['--'--] *adj* free (of charge).
un·ent·schie·den *adj* **1.** *(noch nicht entschieden)* undecided; **2.** *(unentschlossen)* indecisive; **3.** *(Spiel)* drawn; ▶ **~ enden** end in a draw; **~ spielen** draw.
un·ent·schlos·sen *adj* indecisive; ▶ **ich bin noch ~** I haven't decided yet; **Un·ent·schlos·sen·heit** *f* indecision.
un·ent·schuld·bar ['--'--] *adj* inexcusable; ▶ **das ist ~** it allows of no excuse.
un·ent·wegt ['--'-] *adj* incessant.
un·ent·wirr·bar ['--'--] *adj* inextricable.
un·er·bitt·lich ['--'--] *adj* inexorable.
un·er·fah·ren *adj* inexperienced.
un·er·find·lich ['--'--] *adj (unverständlich)* incomprehensible; ▶ **aus ~en Gründen** for some obscure reason *sing.*
un·er·freu·lich *adj* unpleasant.
un·er·gie·big *adj* unproductive.
un·er·gründ·lich ['--'--] *adj* unfathomable.
un·er·heb·lich *adj* insignificant.
un·er·hört ['--'-] **I** *adj* **1.** *(ungeheuer)* enormous; **2.** *(empörend)* outrageous; ▶ **er weiß ~ viel** he knows a tremendous amount; **~ talentiert** exceedingly gifted; **II** *adv* incredibly; ▶ **~!** honestly ...! **das ist ja ~!** that's the limit!
un·er·kannt *adj* unrecognized.
un·er·klär·lich ['--'--] *adj* inexplicable.
un·er·läß·lich ['--'--] *adj* imperative.
un·er·laubt *adj* forbidden; *(ungesetzlich)* illegal; ▶ **~e Entfernung von der Truppe** *mil* absence without leave; **~e Handlung** *jur* tort.
un·er·le·digt *adj* unsettled.
un·er·meß·lich ['--'--] *adj* immense, immeasurable.
un·er·müd·lich ['--'--] *adj* tireless, untiring.
un·er·quick·lich *adj* **1.** *(unerfreulich)* unedifying; **2.** *(nutzlos)* fruitless.
un·er·reich·bar ['--'--] *adj* **1.** *fig* unattainable; **2.** *(unzugänglich)* inaccessible.
un·er·reicht *adj* **1.** *fig* unequalled; **2.** *(Ziel)* unattained.
un·er·sätt·lich ['--'--] *adj* insatiable.
un·er·schöpf·lich ['--'--] *adj* inexhaustible.
un·er·schüt·ter·lich ['--'---] *adj* unshakeable.
un·er·schwing·lich ['--'--] *adj (Preis)* exorbitant, prohibitive; ▶ **für jdn ~ sein** be beyond someone's means.
un·er·setz·lich ['--'--] *adj* irreplaceable.
un·er·träg·lich ['--'--] *adj* unbearable; *(Frechheit)* insufferable.
un·er·wähnt ['---/--'-] *adj* unmentioned.
un·er·war·tet ['----/--'--] *adj* unexpected.
un·er·wi·dert ['----/--'--] *adj* **1.** *(Brief etc)* unanswered; **2.** *(Liebe)* unrequited.
un·er·wünscht *adj* unwelcome; *(Kind)* unwanted.
un·fä·hig *adj* **1.** *(untüchtig)* incompetent; **2.** *(nicht fähig)* incapable (of); ▶ **er ist einfach ~** he is simply incompetent; **Un·fä·hig·keit** *f* **1.** incapacity; **2.** *(mangelndes Können)* inability (for).
un·fair *adj* **1.** *(unschön)* unfair; **2.** *sport* foul.
Un·fall *m* accident; **Un·fall·an·zei·ge** *f*

notice of accident; **Un·fall·arzt** *m* specialist for accident injuries; **Un·fall·be·tei·lig·te(r)** *f m* person involved in an (*od* the) accident; **Un·fall·flucht** *f* hit-and-run (driving); **Un·fall·ren·te** *f* accident benefits *pl;* **Un·fall·ri·si·ko** *n* risk of accident; **Un·fall·scha·den** *m* accident damage; **Un·fall·schutz** *m* **1.** *(im Betrieb)* prevention of accidents; **2.** *(durch Versicherung)* accident insurance cover; **Un·fall·sta·tion** *f* first aid station; **Un·fall·stel·le** *f* scene of the accident; **un·fall·träch·tig** *adj* accident-prone; **Un·fall·ver·hü·tung** *f* accident prevention; **Un·fall·ver·si·che·rung** *f* accident insurance; **Un·fall·wa·gen** *m* **1.** *(verunglückter Wagen)* crash car; **2.** *(unfallbeteiligter Wagen)* car involved in the accident.

un·faß·bar (un·faß·lich) [-ˈ--] *adj* incomprehensible.

un·fehl·bar [-ˈ--] *adj* infallible; **Un·fehl·bar·keit** *f* infallibility.

un·fein *adj* indelicate; ▶ **das ist mehr als ~** that's most ungentlemanly (*od bei Damen* unladylike).

un·flä·tig [ˈʊnflɛːtɪç] *adj* offensive; *(Sprache)* obscene.

un·för·mig *adj* **1.** *(formlos)* shapeless; **2.** *(nicht elegant)* inelegant; **3.** *(groß)* cumbersome.

un·frei·wil·lig *adj* **1.** *(unbeabsichtigt)* unintentional; **2.** *(gezwungen)* compulsory.

un·freund·lich *adj* **1.** *(Person)* unfriendly; **2.** *(Wetter)* inclement.

Un·frie·de *m* strife; ▶ **in ~n mit jdm leben** live in conflict with s.o.

un·frucht·bar *adj* **1.** *allg* barren, sterile, infertile; **2.** *fig (fruchtlos)* fruitless; **Un·frucht·bar·keit** *f* **1.** *allg* barrenness, sterility, infertility; **2.** *fig (Fruchtlosigkeit)* fruitlessness.

Un·fug [ˈʊnfuːk] ⟨-(e)s⟩ *m* nonsense; ▶ **~ treiben** get up to mischief; **laß den ~!** stop that nonsense!

Un·gar(in) [ˈʊŋgar] ⟨-n, -n⟩ *m (f)* Hungarian; **un·ga·risch** [ˈʊŋgarɪʃ] *adj* Hungarian; **Un·garn** *n* Hungary.

un·gast·lich *adj* inhospitable.

un·ge·ach·tet [ˈ--ˈ--] *prp* despite, in spite of; ▶ **~ dessen, daß es regnet** in spite of it raining; **~ aller Ermahnungen** despite all warnings.

un·ge·ahnt [ˈ--ˈ-] *adj* undreamt-of.

un·ge·be·ten *adj* uninvited; ▶ **~er Gast** intruder.

un·ge·bil·det *adj* **1.** *(ohne Bildung)* uneducated; **2.** *(unkultiviert)* uncultured.

un·ge·bo·ren [ˈ--ˈ--] *adj* unborn.

un·ge·bräuch·lich *adj* uncommon.

un·ge·bühr·lich *adj* improper.

un·ge·bun·den *adj* **1.** *(Buch)* unbound; **2.** *(frei)* free; *(unabhängig)* fancy-free; ▶ **frei u. ~** footloose and fancy-free.

un·ge·deckt [ˈ--ˈ-] *adj* **1.** *(schutzlos)* unprotected; **2.** *sport (Spieler)* unmarked; **3.** *com (Scheck)* uncovered; **4.** *(Tisch)* unlaid.

Un·ge·duld *f* impatience; ▶ **vor ~** with impatience; **un·ge·dul·dig** *adj* impatient.

un·ge·eig·net *adj* unsuitable (*für* to *od* for).

un·ge·fähr [ˈʊngəfɛːɐ/ˈ--ˈ-] **I** *adv* approximately, roughly; ▶ **~ 10 Uhr** about 10 o'clock; **kannst du mir ~ sagen, wie ...?** can you give me a rough idea of how ...? **ich sage das nicht von ~** I have my reasons for saying this; **nach ~en Schätzungen** at a rough guess *sing;* **II** *adj* approximate; ▶ **es hat sich ~ so abgespielt ...** it happened s.th. like this ...

un·ge·fähr·lich *adj* **1.** *(sicher)* safe; **2.** *(harmlos)* harmless.

un·ge·färbt *adj* undyed.

un·ge·hal·ten *adj* indignant (*über* about).

Un·ge·heu·er [ˈʊngəhɔɪɐ] ⟨-s, -⟩ *n* monster.

un·ge·heu·er [ˈ----/--ˈ--] **I** *adj* **1.** *(riesig)* enormous, immense; **2.** *(genial, kühn)* tremendous; **3.** *(vermessen)* outrageous; **4.** *(monströs)* monstrous; ▶ **~e Ausmaße annehmen** take on enormous dimensions; **II** *adv* **1.** *(sehr)* enormously; **2.** *(negativ)* terribly.

un·ge·heu·er·lich *adj* **1.** *allg* monstrous; **2.** *(Verdacht)* dreadful; **3.** *(Leichtsinn, Verleumdung)* outrageous.

un·ge·hin·dert [ˈ--ˈ--] *adj* unhindered.

un·ge·ho·belt *adj fig* uncouth.

un·ge·hö·rig *adj* impertinent; **Un·ge·hö·rig·keit** *f* impertinence.

un·ge·hor·sam *adj* disobedient; **Un·ge·hor·sam** *m* disobedience; *mil* insubordination; ▶ **ziviler ~** civil disobedience.

un·ge·klärt [ˈ--ˈ-] *adj (Frage, Verbrechen)* unsolved.

un·ge·kün·digt *adj:* ▶ **in ~er Stellung** not under notice.

un·ge·kün·stelt *adj* unaffected.

un·ge·kürzt *adj (Buch)* unabridged; *(Film)* uncut.

un·ge·la·den [ˈ--ˈ--] *adj* **1.** *(Gäste)* uninvited; **2.** *(Gewehr)* unloaded.

un·ge·le·gen *adj* inconvenient; ▶ **das kommt mir ~** that's inconvenient for me; **komme ich ~?** is this an inconvenient time for you? **Un·ge·le·gen·heit** *f:* ▶ **jdm ~en machen** inconvenience s.o.

un·ge·leh·rig *adj* unteachable.

un·ge·lenk *adj* awkward.

un·ge·lernt *adj* unskilled.

un·ge·liebt *adj* unloved.

un·ge·lo·gen [ˈ--ˈ--] *adv* honestly; ▶ **dafür hab' ich ~ 2 Stunden ge-**

braucht! this took me 2 hours, and that's the honest truth!
un·ge·mein ['--'-] **I** *adj* immense; **II** *adv* exceedingly.
un·ge·müt·lich *adj* **1.** *(örtlich)* uncomfortable; **2.** *(Person)* uncomfortable to be with; **3.** *(Wetter etc)* unpleasant; ► **ich kann auch ~ werden!** I can be very unpleasant if I choose! **es kann hier gleich sehr ~ werden!** things could get very nasty here in a moment! **sei doch nicht so ~!** don't be so unsociable!
un·ge·nau *adj* **1.** *(nicht fehlerlos)* inaccurate; **2.** *(nicht wahrheitsgetreu)* inexact; **3.** *(ungefähr)* rough.
Un·ge·nau·ig·keit *f* **1.** *(durch Fehler)* inaccuracy; **2.** *(durch Abweichung von Tatsachen)* inexactitude.
un·ge·niert ['ʊnʒe'ni:ɐt] *adj* **1.** *(frei, ungehemmt)* free and easy; **2.** *(taktlos)* uninhibited; ► **greifen Sie bitte ~ zu!** please feel free to help yourself!
un·ge·nieß·bar ['--'--] *adj* **1.** *(nicht eßbar)* inedible; *(nicht trinkbar)* undrinkable; **2.** *fig fam (Angelegenheit)* unpalatable; **3.** *fig fam (Mensch)* unbearable.
un·ge·nü·gend *adj* **1.** *allg* insufficient; **2.** *päd (Schulnote)* unsatisfactory.
un·ge·nutzt ['--'-] *adj* unused; ► **e-e Gelegenheit ~ vorübergehen lassen** let an opportunity slip; **~e Energien** unexploited energies.
un·ge·ord·net *adj a. fig* disordered; ► **~e Verhältnisse** disorder *sing.*
un·ge·pflegt *adj (Hände, Rasen etc)* neglected; *(Mensch)* untidy.
un·ge·ra·de *adj (Zahl)* odd.
un·ge·recht *adj* unfair, unjust; **un·ge·recht·fer·tigt I** *adj* unjustified; **II** *adv* unjustly; **Un·ge·rech·tig·keit** *f* injustice; ► **so eine ~!** how unjust!
un·ge·re·gelt *adj* irregular; ► **ein ~es Leben führen** lead a disorderly life.
un·ge·reimt *adj* **1.** *(ohne Reim)* unrhymed; **2.** *fig (unzusammenhängend)* inconsistent.
un·gern *adv* unwillingly, reluctantly; ► **das tue ich nur höchst ~!** if I really have to do! **das tue ich gar nicht einmal ~** I don't mind doing that at all.
un·ge·sal·zen *adj* unsalted.
un·ge·sche·hen *adj* undone; ► **etw ~ machen** undo s.th.
un·ge·schickt *adj* **1.** *allg* clumsy; **2.** *(undiplomatisch)* undiplomatic; **Un·ge·schick(·lich·keit)** *n (f)* clumsiness.
un·ge·schlif·fen *adj* **1.** *(Edelstein)* uncut; *(Messer)* blunt; **2.** *fig (Benehmen)* uncouth.
un·ge·schminkt *adj* **1.** without make-up; **2.** *fig* unvarnished; ► **die ~e Wahrheit** the unvarnished truth.
un·ge·scho·ren ['--'--] *adj* **1.** unshorn; **2.** *fig* spared; ► **jdn ~ lassen** *fig* spare s.o.; **jdn ~ davonkommen lassen** *fig* let s.o. off scot-free.
un·ge·se·hen ['--'--] *adj* unseen.
un·ge·sel·lig *adj* unsociable.
un·ge·setz·lich *adj* illegal, unlawful.
un·ge·stillt ['--'-] *adj* **1.** *(Hunger)* unappeased; *(Durst)* unquenched; **2.** *(Neugier)* unsatisfied; *(Verlangen)* unfulfilled.
un·ge·stört ['--'-] *adj* undisturbed.
un·ge·straft ['--'-] *adv* with impunity.
Un·ge·stüm ['ʊngəʃty:m] ‹-(e)s› *n* impetuousness; **un·ge·stüm** *adj* impetuous.
un·ge·sund *adj* unhealthy.
un·ge·trübt ['--'-] *adj* **1.** *(Wasser etc)* clear; **2.** *fig (Verhältnis etc)* unspoilt.
Un·ge·tüm ['ʊngəty:m] ‹-(e)s, -e› *n* monster.
un·ge·übt *adj* unpracticed.
un·ge·wiß *adj* uncertain; ► **jdn (über etw) im Ungewissen lassen** leave s.o. in the dark (about s.th.); **eine Reise ins Ungewisse** a journey into the unknown; **Un·ge·wiß·heit** *f* uncertainty.
un·ge·wöhn·lich *adj* unusual.
un·ge·wohnt *adj* **1.** *(fremd)* unfamiliar; **2.** *(unüblich)* unusual; ► **das ist ~ für mich** I am not used to it.
un·ge·wollt *adj* unintentional.
un·ge·zählt ['--'-] *adj* **1.** *(zahllos)* countless; **2.** *(nicht gezählt)* uncounted.
Un·ge·zie·fer ['ʊngətsi:fɐ] ‹-s› *n* pests, vermin *pl.*
un·ge·zo·gen *adj (Kind)* naughty; **Un·ge·zo·gen·heit** *f* **1.** naughtiness; **2.** *(ungezogene Handlungen)* bad manners *pl.*
un·ge·zü·gelt ['--'--] *adj fig* unbridled.
un·ge·zwun·gen *adj fig* natural; ► **sich ~ bewegen** feel quite free; **Un·ge·zwun·gen·heit** *f fig* casualness.
Un·glau·be *m* **1.** *(Mißtrauen)* unbelief; **2.** *rel* infidelity; **un·gläu·big** *adj* **1.** *allg* unbelieving; **2.** *rel* infidel; ► **~er Thomas** doubting Thomas.
un·glaub·lich [-'--/'---] *adj* incredible.
un·glaub·wür·dig *adj* **1.** *(Sache)* implausible; **2.** *(Mensch)* unreliable; ► **sich ~ machen** lose credibility.
un·gleich *adj* **1.** *(nicht gleichwertig)* unequal; **2.** *(unähnlich)* dissimilar, unlike; **3.** *(verschieden)* different; **Un·gleich·ge·wicht** *n* imbalance; **un·gleich·mä·ßig** *adj* uneven.
Un·glück ‹-(e)s, -e› *n* **1.** *(Unheil)* misfortune; **2.** *(Unfall)* accident; *(Mißgeschick)* mishap; **3.** *(Schicksalsschlag)* disaster; **4.** *(Pech)* bad luck; **5.** *(seelisch)* unhappiness; ► **du hast Glück im ~ gehabt** it could have been a great deal worse for you; **du stürzt mich noch ins ~!** you'll be my undoing! **sich ins ~ stürzen** rush headlong into disaster; **so ein ~!** what a disaster! **un·glück·lich** *adj* **1.** *(bedauerlich)* unfortunate; **2.**

(glücklos) unlucky; **3.** *(traurig)* unhappy; *(Liebe)* unrequited; ▶ ~ **ausgehen** turn out badly; **e-e ~e Figur abgeben** cut a sorry figure; ~ **verliebt** crossed in love; **un·glück·li·cher·wei·se** ['----'--] *adv* unfortunately; **Un·glücks·fall** *m* accident.

Un·gna·de ‹-› *f:* ▶ **bei jdm in ~ fallen** fall out of favour with s.o.; **un·gnä·dig** *adj* ungracious; ▶ **etw ~ aufnehmen** take s.th. with bad grace.

un·gül·tig *adj* **1.** *(nichtig)* void; **2.** *(nicht gültig)* invalid; *sport (Tor)* disallowed; ▶ **etw für ~ erklären** declare s.th. null and void; ~ **werden** *(Paß)* expire.

un·gün·stig *adj (Situation etc)* unfavourable; *(Termin)* inconvenient.

un·gut *adj:* ▶ **ein ~es Gefühl haben** have an uneasy feeling; **nichts für ~!** no offence!

un·halt·bar [-'--/'---] *adj* **1.** *(Behauptung etc)* untenable; **2.** *(Zustand)* intolerable; **3.** *(Torschuß)* unstoppable.

un·hand·lich *adj* unwieldy.

un·har·mo·nisch *adj* unharmonious.

Un·heil *n* disaster.

un·heil·bar [-'--/'---] *adj* incurable; ▶ ~ **krank sein** have a terminal illness.

un·heil·voll *adj* disastrous.

un·heim·lich **I** *adj* **1.** *(beängstigend)* frightening; *(nicht geheuer)* uncanny; **2.** *fam (hervorragend)* tremendous; ▶ **mir ist ~** I'm afraid; **er ist mir ~** he gives me the creeps; **II** *adv fam (sehr)* incredibly; ▶ ~ **viele Menschen** *fam* an incredible number of people.

un·höf·lich *adj* impolite; **Un·höf·lich·keit** *f* impoliteness.

un·hy·gie·nisch *adj* unhygienic.

Uni·form [uni'fɔrm] ‹-, -en› *f* uniform.

Uni·kum ['u:nikʊm, *pl* 'u:nika] ‹-s, -ka/-s› *n* **1.** *(Einzigartiges)* unique object; **2.** *fam (Mensch)* real character.

un·in·ter·es·sant *adj* uninteresting; ▶ **das ist doch völlig ~!** that's of absolutely no interest!

un·in·ter·es·siert *adj* **1.** *(nicht interessiert)* uninterested; **2.** *(gleichgültig)* disinterested.

Uni·ver·si·tät [univɛrzi'tɛ:t] *f* university; **Uni·ver·si·täts·kli·nik** *f* university hospital; **Uni·ver·si·täts·stadt** *f* university town.

Uni·ver·sum [uni'vɛrzʊm] ‹-s, -sen› *n* universe.

Un·ke ['ʊŋkə] ‹-, -n› *f* **1.** *zoo* toad; **2.** *fig (Schwarzseher)* Jeremiah.

un·kennt·lich *adj* unrecognizable.

Un·kennt·nis ‹-› *f* ignorance; ▶ ~ **schützt vor Strafe nicht** ignorance is no excuse; **über etw in ~ sein** be ignorant about s.th.

un·klar *adj* **1.** *(unverständlich)* unclear; **2.** *(ungeklärt)* unclarified; **3.** *(undeutlich)* indistinct; ▶ **über etw im ~en sein** be in the dark about s.th.; **Un·klar·heit** *f* **1.** *allg* lack of clarity; **2.** *(Ungewißheit)* uncertainty; ▶ **darüber herrscht noch ~** it is still uncertain.

un·klug *adj* unwise.

un·kom·pli·ziert *adj* straightforward.

un·kon·trol·lier·bar ['---'--] *adj* uncontrollable.

un·kon·zen·triert lacking in concentration; ▶ ~ **arbeiten** lack concentration in one's work.

Un·ko·sten *pl (Ausgaben)* costs, expenses; ▶ **laufende ~** running costs; **sich in ~ stürzen** go to a lot of expense *sing;* **das ist mit großen ~ verbunden** that involves a great deal of expense *sing.*

Un·kraut *n* weeds *pl;* ▶ ~ **vergeht nicht** *prov* it would take more than that to finish me (him *etc*).

un·künd·bar *adj (Stellung)* permanent.

un·längst *adv* recently.

un·lau·ter *adj* dishonest; *(Wettbewerb)* unfair.

un·le·ser·lich *adj* unreadable.

un·leug·bar [-'--/'---] *adj* undeniable.

un·lieb·sam *adj* unpleasant; ▶ **das ist mir noch in ~er Erinnerung** that's still an unpleasant memory.

un·li·niert ['--'-] *adj* unruled.

un·lo·gisch *adj* illogical.

un·lös·bar [-'--/'---] *adj fig* **1.** *(nicht lösbar)* insoluble; **2.** *(untrennbar)* indissoluble.

un·lös·lich *adj chem* insoluble.

Un·lust ‹-› *f* **1.** *(Lustlosigkeit)* listlessness; **2.** *(Widerwille)* reluctance.

un·maß·geb·lich *adj* **1.** *(unwichtig)* inconsequential; **2.** *(nicht entscheidend)* unauthoritative.

un·mä·ßig *adj* immoderate; ▶ ~ **essen (trinken)** eat (drink) to excess.

Un·men·ge *f* **1.** vast amount; **2.** *(Unzahl)* vast number.

Un·mensch *m* brute; **un·mensch·lich** *adj allg* inhuman; **Un·mensch·lich·keit** *f* inhumanity.

un·merk·lich [-'--/'---] *adj* imperceptible.

un·miß·ver·ständ·lich ['---'--] *adj* unequivocal.

un·mit·tel·bar ['---'-] *adj* **1.** *(direkt)* direct; **2.** *(Nachbarschaft etc)* immediate; ▶ **in ~em Zusammenhang** in direct relationship *(mit* to).

un·mo·dern *adj* old-fashioned.

un·mög·lich [-'--/'---] *adj* **1.** *allg* impossible; **2.** *fam (lächerlich)* ridiculous; ▶ **das ist mir ~** that's impossible for me; **jdn (sich) ~ machen** make s.o. (o.s.) (look) ridiculous.

un·mo·ra·lisch *adj* immoral.

un·mo·ti·viert **I** *adj* unmotivated; **II** *adv* without motivation.

un·mün·dig *adj* **1.** underage; **2.** *fig (unreif)* sheeplike; **Un·mün·dig·keit** *f* **1.**

allg minority; **2.** *fig (geistige Unreife)* mental immaturity.

un·mu·si·ka·lisch *adj* unmusical.

Un·mut *m* ill-humour.

un·nach·ahm·lich ['--'--] *adj* inimitable.

un·nach·gie·big *adj* **1.** *(Material etc)* inflexible; **2.** *fig* intransigent, unyielding.

un·nach·sich·tig *adj (streng)* severe; *(gnadenlos)* unrelenting.

un·nah·bar *adj* unapprochable.

un·na·tür·lich *adj* unnatural.

un·nö·tig ['---/-'--] *adj* unnecessary; ▶ **sich ~ aufregen** get unnecessarily excited.

un·nütz *adj* useless.

un·or·dent·lich *adj* **1.** *(Lebenswandel)* disorderly; **2.** *(Zimmer)* untidy; **Un·ord·nung** *f* disorder; *(Durcheinander)* mess; ▶ **in ~** in a mess; **in ~ bringen** mess up; **in ~ sein** be in a muddle.

un·or·tho·dox *adj* unorthodox.

un·par·tei·isch *adj* impartial; **Un·par·tei·ische(r)** *f m* umpire, referee; ▶ **die Meinung e-s ~n** an impartial opinion.

un·pas·send *adj* inappropriate, unsuitable; *(Zeitpunkt a.)* inopportune.

un·per·sön·lich *adj* impersonal.

un·po·li·tisch *adj* unpolitical.

un·prak·tisch *adj* **1.** *(Mensch)* unpractical; **2.** *(Maschine)* impractical.

un·pro·duk·tiv *adj* unproductive.

un·pünkt·lich *adj (Mensch)* unpunctual; *(Zug)* not on time.

un·ra·siert *adj* unshaven.

Un·recht ‹-(e)s› *n* injustice, wrong; *jur* tort; ▶ **im ~ sein** be wrong; **nicht zu ~** not without good reason; **jdm ~ geben** contradict s.o.; **sich ins ~ setzen** put o.s. in the wrong; **zu ~** unjustly; **ihr ist viel ~ geschehen** she has often been wronged; **un·recht** *adj* wrong; ▶ **das ist mir gar nicht mal ~** I don't really mind; **jdm ~ tun** do wrong by s.o; **un·recht·mä·ßig** *adj* illegitimate.

un·red·lich *adj* dishonest.

un·re·ell *adj (unlauter)* unfair; *(unehrlich)* dishonest.

un·re·gel·mä·ßig *adj* irregular; **Un·re·gel·mä·ßig·keit** *f* irregularity.

un·reif *adj* **1.** unripe; **2.** *fig* immature.

un·rein 1. *(schmutzig)* dirty; **2.** *fig (Gedanken, Töne etc)* impure.

un·ren·ta·bel *adj* unprofitable.

un·rett·bar [-'--/'---] *adj:* ▶ **~ verloren** irretrievably lost; *(aus Krankheitsgründen)* beyond all hope.

un·rich·tig *adj* incorrect.

Un·ru·he *f* **1.** *(innere ~)* restlessness; **2.** *(Unfrieden)* unrest; **3.** *(Lärm)* disturbance; *(Geschäftigkeit)* bustle; ▶ **~ stiften** create unrest; *(zu Hause od in der Schule)* make trouble; **~n** *pl pol* unrest *sing;* **~n auslösen** *pol* create a disturbance *sing;* **un·ru·hig** *adj* **1.** *(ohne Ruhe)* restless; **2.** *(laut)* noisy; **3.** *(Meer, Schlaf, Zeit etc)* troubled; **4.** *(nervös)* fidgety.

uns [ʊns] **I** *prn acc* us; *dat* (to) us; **II** *refl* (to) ourselves.

un·sach·ge·mäß *adj* improper.

un·sach·lich *adj (nicht objektiv)* unobjective; ▶ **nun werden Sie mal nicht ~!** now, don't become personal!

un·sag·bar (un·säg·lich) [-'--/'---] *adj* unspeakable, unutterable.

un·sanft *adj* ungentle.

un·sau·ber *adj* **1.** *(schmutzig)* dirty; **2.** *(unordentlich)* untidy; **3.** *fig (unlauter)* unfair.

un·schäd·lich *adj* harmless, innocuous; ▶ **~ machen** render s.o. *od* s.th. harmless.

un·scharf *adj* **1.** *(Bild)* blurred; **2.** *(Munition)* blank; **3.** *fig (Begriff)* poorly defined.

un·schätz·bar [-'--/'---] *adj allg* inestimable; ▶ **von ~em Wert** invaluable; *(Schmuck etc)* priceless.

un·schein·bar *adj* inconspicuous; *(unattraktiv)* unprepossessing.

un·schlag·bar *adj* unbeatable.

un·schlüs·sig *adj* undecided; ▶ **sich über etw ~ sein** be undecided about s.th.; **Un·schlüs·sig·keit** *f* indecision.

Un·schuld ‹-› *f* **1.** *allg* innocence; **2.** *fig (Jungfräulichkeit)* virginity; ▶ **die ~ vom Lande** *fig fam* a real innocent; **ich wasche meine Hände in ~** *fig* I wash my hands of it; **un·schul·dig** *adj* **1.** *allg* innocent; **2.** *(jungfräulich)* virginal; ▶ **an etw ~ sein** not to be guilty of s.th.; **an dem Unfall bin ich völlig ~** I am completely without blame in the accident; **~ tun** act the innocent.

un·selb·stän·dig *adj* dependent; ▶ **sei doch nicht immer so ~!** show a bit of independence once in a while! **Einkommen aus ~er Arbeit** income from salaried employment; **Un·selb·stän·dig·keit** *f* dependence.

un·ser ['ʊnzɐ] *prn* **1.** *poss* our; *(substantiv. gebr.)* ours; **2.** *(1. pers pl)* of us; **un·ser·ei·ner (un·ser·eins)** *prn fam* the likes of us; **un·se·res·glei·chen** ['---'--] *prn* people like us; **un·s(e·)ri·ge** ['ʊnz(ə)rɪgə] *prn* ours; ▶ **die U~n** our people; **wir haben das U~ getan** we have done our part; **un·sert·we·gen** *adv* on our behalf.

un·si·cher *adj* **1.** *(gefährlich)* unsafe; **2.** *(Hand)* unsteady; **3.** *(Kenntnisse)* shaky; **4.** *(verunsichert)* shaky, unsure; **5.** *(zweifelhaft)* uncertain; ▶ **~ auf den Beinen** unsteady on one's feet; **er macht die Gegend ~** *fam* he is up to no good; **Un·si·cher·heit** *f* **1.** *(Gefahr)* danger; **2.** *(Ungeübtheit, Verunsicherung)* unsureness; **3.** *(Ungewißheit)* uncertainty; **Un·si·cher·heits·fak·tor**

m element of uncertainty.

un·sicht·bar *adj* invisible.

Un·sinn ⟨-(e)s⟩ *m* nonsense, rubbish; ~! nonsense! ▶ **laß den ~!** stop fooling about! ~ **reden** talk nonsense; **un·sin·nig** *adj* **1.** *(sinnlos)* nonsensical; **2.** *(ungerechtfertigt)* absurd.

Un·sit·te *f* **1.** *(üble Angewohnheit)* bad habit; **2.** *(lästiger Brauch)* silly custom; **un·sitt·lich** *adj* immoral.

un·so·li·de *adj* **1.** *(Lebenswandel)* free-living; **2.** *com* unreliable; ▶ **er lebt ziemlich ~** he has a rather unhealthy life-style.

un·so·zial *adj (Maßnahme)* unsocial; *(Einstellung)* antisocial.

un·sport·lich *adj* **1.** *(ungelenkig)* unathletic; **2.** *fig (unfair)* unsporting.

un·sterb·lich [-ˈ--] **I** *adj* immortal; ▶ **~e Liebe** *fig* undying love; **II** *adv* utterly; ▶ **sich ~ blamieren** make a complete fool of o.s.; **sich ~ verlieben** fall in love head over heels; **Un·sterb·lich·keit** *f* immortality.

un·stet *adj (Entwicklung)* unsteady; *(Gefühl, Glück)* fickle.

un·still·bar [-ˈ--/ˈ---] *adj* **1.** *(Durst, a. fig)* unquenchable; *(Hunger, a. fig)* insatiable; **2.** *(Blutung)* uncontrollable.

Un·stim·mig·keit *f* discrepancy; *(innerer Widerspruch)* inconsistency.

Un·sum·me [ˈ-ˈ--] *f* enormous sum.

un·sym·me·trisch *adj* assymetrical.

un·sym·pa·thisch *adj* disagreeable, unpleasant; ▶ **der ist mir ~** I don't like him.

Un·tat *f* atrocity.

un·tä·tig *adj* **1.** idle; **2.** *(nicht handelnd)* passive.

un·taug·lich *adj* **1.** *mil* unfit; *(Person)* incompetent; **2.** *(unpassend)* unsuitable.

un·teil·bar [-ˈ--/ˈ---] *adj* indivisible.

un·ten [ˈʊntən] *adv* below, underneath; *(im Hause)* downstairs; *(am unteren Ende, im unteren Teil)* at the bottom; ▶ **er ist bei mir ~ durch** *fam* I've finished with him; **von ~ nach oben** from the bottom toward the top; **von oben bis ~** from top to bottom; **von ~ her** from underneath; **ich weiß schon nicht mehr, was oben u. ~ ist** *fig* I don't know whether I'm coming or going; **hier ~** down here; **wie ~** as below.

un·ter [ˈʊntɐ] *prp* **1.** under; *(unterhalb)* below, underneath; **2.** *(zwischen)* among, amongst, between; **3.** *(weniger als)* below, under; ▶ **~ dem Durchschnitt** below average; **~ Freunden** among friends; **wir sind ~ uns** we are by ourselves; **~ anderem** among other things *pl;* **~ uns gesagt** between you and me; **~ etw leiden** suffer from s.th.

Un·ter·arm *m* forearm.

Un·ter·bau ⟨-(e)s, -ten⟩ *m* **1.** *(von Gebäude)* foundations *pl;* **2.** *fig* substructure.

un·ter·be·lich·tet *adj phot* underexposed.

un·ter·be·setzt *adj* understaffed.

un·ter·be·wer·ten [ˈ-----] *tr* undervalue.

Un·ter·be·wußt·sein *n* subconscious; ▶ **im ~** subconsciously.

un·ter·be·zahlt *adj* underpaid.

un·ter·bie·ten *irr tr* undercut.

un·ter·bin·den *irr tr* **1.** prevent, stop; **2.** *med (Blutung)* ligature.

un·ter·blei·ben ⟨sein⟩ *irr itr* **1.** *(nicht geschehen)* not happen; **2.** *(aufhören)* cease; **3.** *(versäumt werden)* be omitted; ▶ **die letzte Bemerkung wäre besser unterblieben** your final remark would have been better left unsaid; **das hat in Zukunft zu ~** that will have to stop in the future.

Un·ter·bo·den·schutz *m mot* underseal.

un·ter·bre·chen *irr* **I** *tr* interrupt; *(Stille etc)* break; *tele* disconnect; ▶ **wir sind unterbrochen worden** *tele* we've been cut off; **verzeihen Sie, daß ich Sie unterbreche** forgive me for interrupting; **II** *itr* break off; **Un·ter·bre·chung** *f allg* interruption; *(von Stille etc)* break; *tele* disconnection; ▶ **mit ~en** with a few breaks in between; **ohne ~** without a break.

un·ter·brei·ten *tr* present; ▶ **darf ich Ihnen einen Vorschlag ~?** may put a suggestion to you?

un·ter|brin·gen *irr tr* **1.** *(verstauen)* put; **2.** *(beherbergen)* accommodate; *(in Haus, Hotel, Krankenhaus)* put up; **3.** *(Arbeitslose)* fix up *(bei* with); ▶ **wie sind Sie untergebracht?** what's your accomodation like? **ich kann Sie im Augenblick nirgends ~** *fig fam (einordnen)* I can't place you at the moment; **etw ~** find room for s.th.; **jdn ~** put s.o. up.

un·ter·des·sen [ˈ--ˈ--] *adv* in the meantime, meanwhile.

Un·ter·druck ⟨-(e)s, ⸚e⟩ *m* **1.** *phys* below atmospheric pressure; *mot (in Reifen)* underinflation; **2.** *med* low blood pressure.

un·ter·drü·cken (k·k) *tr* **1.** *(beherrschen)* oppress; *(Aufstand, Freiheit)* suppress; **2.** *(Bemerkung, Gefühl, Tränen)* hold back; *(Lachen, Neugierde)* suppress; **Un·ter·drückung (k·k)** *f* oppression, suppression.

un·ter·durch·schnitt·lich *adj* below average.

un·te·re *adj* lower.

un·ter·ein·an·der *adv* **1.** *(räumlich)* one below the other; **2.** *(gegenseitig)* each other; *(miteinander)* among one another.

un·ter·ent·wickelt (k·k) *adj* underdeveloped.

un·ter·er·nährt *adj* undernourished; **Un·ter·er·näh·rung** *f* malnutrition.

Un·ter·füh·rung [--ˈ--] *f* underpass.

Un·ter·gang ‹-(e)s, (¨e)› *m* **1.** *astr* setting; **2.** *(von Schiff)* sinking; **3.** *(Zugrundegehen)* decline; ▶ **dem ~ geweiht** doomed; **du bist noch mal mein ~!** *hum fam* you'll be the death of me!

Un·ter·ge·be·ne(r) [--ˈ---] *f m* subordinate.

un·ter|ge·hen ‹sein› *irr itr* **1.** *astr* set; **2.** *(Schiff)* sink; **3.** *(zugrundegehen)* decline; *(von e-m Menschen)* perish; ▶ **davon geht die Welt nicht unter!** *fig* that isn't the end of the world! **hier mußt du deine Ellenbogen gebrauchen, oder du gehst unter!** *fig* you must use your elbows here or you'll go under!

un·ter·ge·ord·net *adj* **1.** *(Stellung)* subordinate; **2.** *(Bedeutung)* secondary.

Un·ter·ge·schoß *n* basement.

Un·ter·ge·wicht *n:* ▶ **~ haben** be underweight.

un·ter·gra·ben *irr tr* undermine.

Un·ter·grund *m* **1.** *(Farbschicht)* undercoat; **2.** *(Erdschicht)* subsoil; **3.** *fig pol* underground; ▶ **in den ~ gehen** *fig pol* go underground; **im ~ leben** *fig pol* live underground; **Un·ter·grund·bahn** *f* underground, *Br* tube, *Am* subway.

un·ter|ha·ken *tr fam:* ▶ **jdn ~** take someone's arm; **sich bei jdm ~** link arms with s.o.

un·ter·halb *adv prp* below; *(bei Fluß)* downstream.

Un·ter·halt ‹-(e)s› *m* *(Lebens~)* maintenance; ▶ **sie muß für seinen ~ aufkommen** she must pay for his keep; **s-n ~ verdienen** earn one's living.

un·ter·hal·ten *irr* **I** *tr* **1.** *(Gebäude, Kontakte)* maintain; **2.** *(Geschäft)* run; **3.** *(Gäste etc)* entertain; **4.** *(versorgen)* support; **II** *refl* **1.** *(sprechen)* talk (*mit* to, with); **2.** *(sich vergnügen)* amuse o.s., enjoy o.s.; ▶ **ich würde mich gern mal mit dir ~** I should like to have a little talk with you; **man kann sich (sehr) gut mit ihr ~** she's (really) easy to talk to; **sich mit jdm ~** have a talk with s.o.; **sich mit etw ~** amuse o.s. with s.th. **ich hoffe, daß Sie sich gut ~** I hope you'll have a good time; **un·ter·hal·tend (un·ter·halt·sam)** *adj* entertaining.

un·ter·halts·be·rech·tigt *adj* entitled to maintenance; **Un·ter·halts·geld** *n* maintenance; **Un·ter·halts·pflicht** *f* obligation to pay maintenance.

Un·ter·hal·tung [--ˈ--] *f* **1.** *(Amüsement)* entertainment; **2.** *(Gespräch)* conversation; **3.** *(Erhaltung)* maintenance, upkeep; ▶ **mit jdm e-e ~ führen** have a talk (*od* conversation) with s.o.; **Un·ter·hal·tungs·elek·tro·nik** *f* entertainment electronics *pl;* **Un·ter·hal·tungs·in·du·strie** *f* entertainment industry; **Un·ter·hal·tungs·li·te·ra·tur** *f* light fiction: **Un·ter·haltungs·wert** ‹-s› *m* entertainment value.

un·ter·han·deln *itr* negotiate (*über etw* on s.th.); *mil* parley; **Un·ter·händ·ler** [ˈ----] *m* negotiator; *mil* parliamentary.

Un·ter·haus *n Br* House of Commons, Lower House; ▶ **Mitglied des ~es** *Br* member of parliament (*Abk* MP); **Un·ter·haus·wahl** *f pol (in Großbritannien)* Commons vote.

Un·ter·hemd *n Br* vest, *Am* undershirt.

un·ter·höh·len *tr* **1.** hollow out; **2.** *fig (unterminieren)* undermine.

Un·ter·holz ‹-es› *n* undergrowth.

Un·ter·ho·se *f* (pair of) pants (*od* briefs).

un·ter·ir·disch *adj* subterranean.

un·ter·jo·chen *tr* subjugate.

un·ter·kel·lern *tr* provide with a cellar; ▶ **das Gebäude ist nicht unterkellert** the building doesn't have a cellar.

Un·ter·kie·fer *m* lower jaw.

Un·ter·klei·dung *f* underwear.

un·ter|kom·men ‹sein› *irr itr* **1.** *(Unterkunft finden)* find lodgings (*od* accommodation); **2.** *fam (Beschäftigung)* find a job (*als* at, *bei* at, with); ▶ **so etw ist mir (ja) noch nie untergekommen!** *fam* I've never come across anything like this!

un·ter|krie·gen *tr fam* get down; ▶ **laß dich nicht von denen ~!** don't let them get you down!

Un·ter·küh·lung [--ˈ--] *f* undercooling.

Un·ter·kunft [ˈʊntɐkʊnft, *pl* -kʏnftə] ‹-, ¨e› *f* **1.** *(Wohnung)* accommodation; **2.** *mil* quarters *pl; (bei Privatleuten)* billet; ▶ **~ u. Verpflegung** board and lodging.

Un·ter·la·ge *f* **1.** *(Schreib~)* pad; **2.** *(Schriftstück)* document.

Un·ter·laß [ˈʊntɐlas] *m:* ▶ **ohne ~** incessantly.

un·ter·las·sen *irr tr (versäumen)* omit; *(nicht durchführen)* not carry out; *(nicht tun)* refrain from ...; ▶ **~ Sie das!** stop that! **~e Hilfeleistung** *jur* failure to give assistance; **er hat es ~, mich zu benachrichtigen** he omitted to notify me; **~ Sie alles, was ...** you should refrain from doing anything which ...

Un·ter·lauf *m (von Fluß)* lower stretches *pl.*

un·ter·le·gen [--ˈ--] *adj* **1.** *(schwächer)* inferior; **2.** *(im Kampfe)* defeated; ▶ **jdm ~ sein** be inferior to s.o.

un·ter·le·gen[1] *tr (etw verstärken)* underlay; *(mit Stoff etc)* line; ▶ **e-r Melodie e-n Text ~** put words to a tune.

un·ter·le·gen[2] *tr typ* underlay.

un·ter|le·gen[3] *tr (darunterlegen)* put

underneath; **Un·ter·leg·schei·be** ['-----] *f tech* shim, washer.

Un·ter·leib *m* abdomen; **Un·ter·leibs-** *(in Zssgn)* abdominal.

un·ter·lie·gen ⟨sein⟩ *irr itr* **1.** be defeated; **2.** *fig* succumb to; **3.** *(unterworfen sein)* be subject to ...; ▶ **Luxusartikel ~ e-r hohen Steuer** luxury goods are liable to a high tax.

Un·ter·lip·pe *f* lower lip.

un·ter·mau·ern *tr* **1.** *(Gebäude)* underpin; **2.** *fig* back up, underpin.

Un·ter·me·nü *n EDV* submenu.

Un·ter·mie·te *f:* ▶ **zur ~ wohnen** be a subtenant (*od* lodger); **Un·ter·mie·ter(in)** *m (f) Br* lodger, *Am* roomer.

Un·ter·neh·men [--'--] *n (Firma, a. Vorhaben)* enterprise; *mil (Operation)* operation; **un·ter·neh·men** *irr tr (tun)* do, *(gehoben)* undertake; ▶ **Schritte gegen jdn ~** take steps against s.o.; **dagegen müssen wir etw ~** we must take some action against that; **Un·ter·neh·mens·be·ra·ter(in)** *m (f)* management consultant; **Un·ter·neh·mens·spit·ze** *f* top management; **Un·ter·neh·mer(in)** [--'--] *m (f)* enterpreneur; *(Arbeitgeber(in))* employer; **un·ter·neh·me·risch** *adj* enterprising; **Un·ter·neh·mungs·geist** *m* enterprise; **un·ter·neh·mungs·lu·stig** *adj* enterprising.

Un·ter·of·fi·zier *m* **1.** *(Funktion)* noncommissioned officer, N.C.O., *Am* noncom; **2.** *(Dienstgrad: Armee)* sergeant; *(Luftwaffe) Br* corporal, *Am* airman first class.

un·ter|ord·nen **I** *tr* subordinate to ...; **II** *refl* subordinate o.s. (to).

un·ter·pri·vi·le·giert *adj* underprivileged.

Un·ter·re·dung [--'--] *f* discussion; *pol* talks *pl.*

Un·ter·richt ['ʊntɐrɪçt] *m* **1.** *päd* classes *pl,* lessons *pl;* **2.** *päd (Lehren)* teaching; ▶ **am ~ teilnehmen** attend classes; **theoretischer ~** theoretical instruction; **~ geben** teach.

un·ter·rich·ten **I** *tr* **1.** *(Schüler)* teach (*jdn in etw* s.o. s.th.); **2.** *(informieren)* inform (*von, über* about); **II** *itr* teach; ▶ **gut unterrichtete Kreise** well-informed circles; **III** *refl:* ▶ **sich über etw ~** inform o.s. about s.th.; **sich von jdm über etw ~ lassen** be informed by s.o. about s.th.; **Un·ter·richts·stoff** *m* subject matter; **Un·ter·richts·stun·de** *f Br* lesson, *Am* period; **Un·ter·rich·tung** *f* **1.** *(Informierung)* information; **2.** *(Belehrung)* instruction; ▶ **nur zur ~** for information only.

Un·ter·rock *m* slip, petticoat.

un·ter·sa·gen *tr* forbid (*jdm etw* s.o. s.th.).

Un·ter·satz *m* mat; *(für Blumentopf)* saucer; ▶ **fahrbarer ~** *fam* wheels *pl.*

un·ter·schät·zen *tr* underestimate.

un·ter·schei·den *irr* **I** *tr* distinguish; *(auseinanderhalten)* tell apart; ▶ **können Sie die beiden ~?** can you tell which is which? **man kann John einfach nicht von Paul ~** you simply can't tell John from Paul; **II** *refl* differ (*von* from); ▶ **worin ~ sich die beiden?** what is the difference between the two of them? **Un·ter·schei·dung** *f* differentiation; ▶ **e-e ~ treffen** make a distinction.

Un·ter·schen·kel *m* lower leg.

un·ter|schie·ben¹ *irr tr* **1.** *(darunterschieben)* push (*etw* s.th.) underneath (*unter etw* s.th.); **2.** *fig* foist (*jdm etw* s.th. on s.o.).

un·ter·schie·ben² *irr tr fam (unterstellen):* ▶ **jdm etw ~** attribute s.th. to s.o.; **Sie ~ meiner Äußerung e-n völlig anderen Sinn!** you twist the meaning of my statement completely!

Un·ter·schied ['ʊntɐʃi:t] ⟨-(e)s, -e⟩ *m* difference; *(Unterscheidung)* distinction; ▶ **im ~ zu jdm (etw)** unlike s.o. (s.th.); **das ist kein großer ~** that makes no difference; **e-n ~ machen zwischen ... u. ...** make a distinction between ... and ...; **un·ter·schied·lich** *adj* **1.** *allg* different; **2.** *(veränderlich)* variable; ▶ **das ist sehr ~** it varies a lot; **Beiträge von ~er Qualität** features of varying quality; **un·ter·schieds·los** *adj* indiscriminate.

un·ter·schla·gen *irr tr fin (beiseiteschaffen)* embezzle; *(Brief, Beweise)* withhold; *(Testament)* suppress; ▶ **wollten Sie mir diese Nachricht ~?** did you want to keep quiet about this news? **Un·ter·schla·gung** *f fin* embezzlement; *(von Dokumenten)* interception.

Un·ter·schlupf ['ʊntɐʃlʊpf, *pl* -ʃlʏpfə] ⟨-(e)s, ⸚e⟩ *m* **1.** *(Obdach)* shelter; **2.** *(Versteck)* hiding-place.

un·ter·schrei·ben *irr tr* sign; ▶ **der Brief ist mit ... unterschrieben** the letter is signed ...; **das kann ich nur ~!** *fig* I'll subscribe to that!

un·ter·schrei·ten *irr tr* fall short (*od, bei Betrag, Temperatur,* below) of ...

Un·ter·schrift ['---] *f* signature; ▶ **s-e ~ unter etw setzen** put one's signature to s.th.

un·ter·schwel·lig *adj* subliminal.

Un·ter·see·boot *n* (*s. a.* U-Boot) submarine.

Un·ter·sei·te *f* underside; ▶ **an der ~** on the underside; **mit der ~ nach oben** upside down.

un·ter·set·zen *tr tech (Getriebe)* reduce speed; **un·ter·setzt** [--'-] *adj* **1.** *(Mensch)* stocky; **2.** *tech (Getriebe)* reduced; **Un·ter·set·zungs·ver·hält-**

nis *n tech* reduction ratio.
un·ter·spü·len *tr* undermine, wash away the base of ...
un·ter·ste *adj* lowest; ▶ **die ~ Schublade** the bottom drawer.
un·ter·ste·hen *irr itr* **I** *itr* be subordinate (*jdm* to s.o.), be under someone's control; ▶ **alle Bürger ~ dem Gesetz** all citizens are subject to the law; **ihm ~ acht Arbeiter** he is in charge of eight workers; **II** *refl (sich trauen)* dare; ▶ **untersteh dich bloß nicht!** don't you dare! **was ~ Sie sich!** how dare you!
un·ter|stel·len¹ **I** *tr (unterbringen)* keep; **II** *refl* take shelter.
un·ter·stel·len² **I** *tr* **1.** *(unterordnen)* subordinate (*jdn jdm* s.o. to s.o.); **2.** *(annehmen)* suppose; **3.** *(unterschieben)* insinuate (*jdm, daß* ... that s.o. ...); **II** *refl* subordinate o.s. (*jdm* to s.o.); ▶ **ich bin Herrn ... direkt unterstellt** I am directly under Mr. ...; **14 Mitarbeiter sind mir unterstellt** I'm in charge of 14 employees; **wollen Sie mir Fahrlässigkeit ~?** do you want to insinuate that I was negligent? **Un·ter·stel·lung** [--ˈ--] *f* **1.** *(Unterordnung)* subordination; **2.** *(Andeutung)* insinuation; **3.** *(falsche Behauptung)* misrepresentation; **4.** *(Annahme)* assumption.
un·ter·strei·chen *irr tr a. fig* underline.
Un·ter·stu·fe *f (in Schule)* lower grade.
un·ter·stüt·zen *tr a. fig* support; *(finanziell)* subsidize; *(fördern)* sponsor; ▶ **jdn moralisch ~** give s.o. moral support; **Un·ter·stüt·zung** *f* **1.** *(Tätigkeit)* support; **2.** *(Zuschuß)* aid, assistance; *(Beihilfe)* benefit payment.
un·ter·su·chen *tr* **1.** examine (*auf* for); *(genau prüfen)* scrutinize; (erforschen) investigate; **2.** *(wissenschaftlich)* survey; **3.** *jur* try; **4.** *chem tech* test (*auf* for); **5.** *(nachprüfen)* check, verify.
Un·ter·su·chung [--ˈ--] *f* **1.** *allg* examination; *(genau)* investigation (*über* into); **2.** *(wissenschaftliche ~)* survey; **3.** *jur Br* trial, *Am* probe; **4.** *chem tech* test; ▶ **ärztliche ~** medical examination; **bei näherer ~** on investigation; **Un·ter·su·chungs·aus·schuß** *m* committee of inquiry; **Un·ter·su·chungs·ge·fan·ge·ne(r)** *f m* prisoner awaiting trial; **Un·ter·su·chungs·haft** *f* detention while awaiting trial; ▶ **in ~ nehmen** commit for trial; **in ~ sein** (*od* **sitzen**) be in detention awaiting trial; **Un·ter·su·chungs·rich·ter** *m* examining magistrate.
Un·ter·tan ⟨-s/(-en), -en⟩ *m hist* subject.
un·ter·tan [ˈʊntɐta:n] *adj:* ▶ **jdm ~ sein** be subject to s.o.; **un·ter·tä·nig** [ˈʊntɐtɛ:nɪç] *adj* submissive, subservient; ▶ **Ihr ~ster Diener** your most humble servant.
Un·ter·tas·se *f* saucer; ▶ **fliegende ~** *fig fam* flying saucer.
un·ter|tau·chen **I** *tr* ⟨h⟩ *(etw ~)* immerse; *(jdn ~)* duck; **II** *itr* ⟨sein⟩ **1.** dive; *(U-Boot)* submerge; **2.** *fig (verschwinden)* disappear.
un·ter·tei·len *tr* subdivide (*in* into); **Un·ter·tei·lung** *f* subdivision (*in* into).
Un·ter·ti·tel *m* **1.** subtitle; **2.** *film (Bildunterschrift)* caption.
un·ter·trei·ben *itr* understate; **Un·ter·trei·bung** *f* understatement.
un·ter·tun·neln *tr* tunnel; **Un·ter·tun·ne·lung** *f* tunnelling.
un·ter·ver·mie·ten [ˈ-----] *tr* sublet.
un·ter·ver·si·chert *adj* underinsured.
un·ter·wan·dern *tr pol* infiltrate; **Un·ter·wan·de·rung** *f pol* infiltration.
Un·ter·wä·sche *f* underwear, *fam* undies.
un·ter·wegs [ʊntɐˈve:ks] *adv* on the (*od* one's *bzw* its) way; ▶ **ist bei euch ein Kind ~?** have you got a child on the way? **schreib mir mal von ~!** drop me a line while you're away!
un·ter·wei·sen *irr tr* instruct (*in* in).
Un·ter·welt *f a. fig* underworld.
un·ter·wer·fen *irr* **I** *tr* **1.** *(unterziehen)* subject to; **2.** *(Land, Volk)* subjugate; **II** *refl* submit (to); **un·ter·wor·fen** *adj:* ▶ **die ~en Völker** the subjugated nations; **dem Zeitgeschmack ~** subject to prevailing tastes *pl;* **un·ter·wür·fig** [ʊntɐˈvʏrfɪç] *adj* submissive; *(kriecherisch)* obsequious, servile; **Un·ter·wür·fig·keit** *f* submissiveness; *(Kriecherei)* obsequiousness.
un·ter·zeich·nen *tr* sign; **Un·ter·zeich·ner(in)** *m (f)* signatory; **Un·ter·zeich·ne·te(r)** *f m* undersigned.
un·ter·zie·hen *irr* **I** *refl* undergo (*e-r Sache* s.th.); ▶ **sich der Mühe ~, etw zu tun** take the trouble to do s.th.; **sich e-r Operation ~** undergo an operation; **sich e-r Prüfung ~** take an examination; **II** *tr* subject (to); ▶ **jdn (etw) e-r Prüfung ~** subject s.o. (s.th.) to an examination.
Un·tie·fe *f* shallow, shoal.
Un·tier *n* monster.
un·trag·bar [-ˈ--] *adj* intolerable, unbearable.
un·trenn·bar [-ˈ--/ˈ---] *adj* inseparable.
un·treu *adj* unfaithful; ▶ **bin ich dir jemals ~ gewesen?** have I ever been unfaithful to you? **sich selbst ~ werden** be untrue to o.s.; **Un·treue** *f* disloyalty, unfaithfulness.
un·tröst·lich [-ˈ--] *adj* inconsolable (*über* about).
un·trüg·lich [-ˈ--/ˈ---] *adj* **1.** *allg* infallible; **2.** *(unmißverständlich)* unmistakable.
un·ty·pisch *adj* atypical (*für* of).
un·über·hör·bar *adj* unmistakable.

un·über·legt *adj* ill-considered; *(übereilt)* rash.
un·über·seh·bar ['---'--] *adj* **1.** *(nicht übersehbar)* immense, vast; **2.** *(nicht abschätzbar)* incalculable; **3.** *(offensichtlich)* obvious.
un·über·setz·bar ['-----/'---'--] *adj* untranslatable.
un·über·sicht·lich *adj* **1.** *(Kurve etc)* blind; **2.** *(Organisation etc)* confused.
un·über·treff·lich ['---'--] **I** *adj* unsurpassable; **II** *adv* superbly.
un·über·trof·fen ['---'--] *adj* unsurpassed.
un·über·wind·lich ['---'--] *adj* **1.** *(Gegner)* invincible; **2.** *(Schwierigkeiten)* insurmountable.
un·um·gäng·lich ['--'--] *adj* **1.** *(wesentlich)* essential; **2.** *(unvermeidlich)* inevitable.
un·um·schränkt ['--'-] *adj* unlimited; *pol (Macht)* absolute.
un·um·stöß·lich ['--'--] *adj (Entschluß)* irrevocable; *(Tatsache)* irrefutable.
un·um·strit·ten ['--'--] *adj* undisputed.
un·un·ter·bro·chen ['---'--] *adj* **1.** *(nicht unterbrochen)* uninterrupted; **2.** *(unaufhörlich)* continuous, incessant.
un·ver·än·der·lich ['--'---] *adj* **1.** *(unwandelbar)* unchangeable; **2.** *(gleichbleibend)* invariable.
un·ver·än·dert ['--'--] *adj* unchanged.
un·ver·ant·wort·lich ['--'---] *adj* irresponsible.
un·ver·äu·ßer·lich *adj (Rechte)* inalienable.
un·ver·bes·ser·lich ['--'---] *adj* incorrigible.
un·ver·bind·lich *adj* **1.** *(nicht bindend)* not binding, without obligation; **2.** *(allgemein gehalten)* noncommittal; **3.** *(kein Entgegenkommen zeigend)* curt; ► **lassen Sie es sich ~ zuschicken!** have it sent to you without obligation!
un·ver·bleit *adj* lead-free, unleaded.
un·ver·blümt *adj* blunt, open.
un·ver·däch·tig *adj* **1.** *(nicht verdächtigt)* unsuspected; **2.** *(harmlos)* unsuspicious.
un·ver·dau·lich *adj* indigestible.
un·ver·dien·ter·wei·se ['----'--] *adv* undeservedly.
un·ver·dor·ben ['----/--'--] *adj a. fig* unspoilt.
un·ver·dros·sen ['--'--] *adj (unermüdlich)* indefatigable; *(unverzagt)* undaunted.
un·ver·ein·bar ['--'--] *adj* incompatible; ► **miteinander ~ sein** be incompatible.
un·ver·fälscht *adj* unadulterated.
un·ver·fäng·lich *adj* harmless.
un·ver·fro·ren *adj* insolent.
un·ver·gäng·lich ['--'--] *adj* imperishable.
un·ver·ges·sen *adj* unforgotten.
un·ver·geß·lich ['--'--] *adj* unforgettable; ► **das bleibt mir ~** I'll always remember that.
un·ver·gleich·lich ['--'--] *adj* incomparable.
un·ver·hält·nis·mä·ßig *adv* **1.** disproportionately; **2.** *(übermäßig)* excessively.
un·ver·hei·ra·tet *adj* single, unmarried.
un·ver·hofft ['--'-] *adj* unexpected; ► **völlig ~** out of the blue.
un·ver·hoh·len ['--'--] *adj* unconcealed.
un·ver·käuf·lich *adj* unmarketable; ► **~es Muster** free sample; **"~"** "not for sale".
un·ver·kenn·bar ['--'--] *adj* unmistakable.
un·ver·letz·lich ['--'--] *adj fig* inviolable.
un·ver·letzt *adj* unhurt, uninjured; *(Körperteil)* undamaged.
un·ver·meid·lich ['--'--] *adj* inevitable; *(nicht zu umgehen)* unavoidable.
un·ver·min·dert ['--'--] *adj* undiminished.
Un·ver·mö·gen *n* inability.
un·ver·mö·gend *adj* without means.
un·ver·mu·tet ['--'--] *adj* unexpected.
Un·ver·nunft *f* **1.** *(Uneinsichtigkeit)* unreasonableness; **2.** *(Torheit)* stupidity; **3.** *(Irrationalität)* irrationality; **un·ver·nünf·tig** *adj* **1.** unreasonable; **2.** *(töricht)* stupid.
un·ver·packt *adj* loose, unpackaged.
un·ver·rich·te·ter·din·ge ['-----'--] *adv* without having achieved anything.
un·ver·schämt ['ʊnfɛrʃɛ:mt] *adj* **1.** *(Benehmen)* impertinent, impudent; **2.** *(Lüge)* blatant; **3.** *(Preis)* exorbitant; ► **grinse nicht so ~!** take that cheeky grin off your face! **Un·ver·schämt·heit** *f (Benehmen)* impertinence, impudence; ► **die ~ haben, zu ...** have the face to ...; **so e-e ~!** it's outrageous!
un·ver·schul·det ['--'--] *adj* **1.** *(ohne Schulden)* free from debt; *(Grundstück)* unencumbered; **2.** *(ohne Schuld)* through no fault of one's own.
un·ver·se·hens *adv* **1.** *(plötzlich)* all of a sudden; **2.** *(überraschenderweise)* unexpectedly.
un·ver·sehrt ['--'-] *adj (Mensch)* unscathed; *(Sache)* undamaged.
un·ver·söhn·lich ['--'--] *adj* irreconcilable.
un·ver·ständ·lich ['--'--] *adj* **1.** *(unbegreifbar)* incomprehensible; **2.** *(kaum zu hören)* inaudible.
un·ver·steu·ert *adj* untaxed.
un·ver·sucht ['--'-] *adj:* ► **nichts ~ lassen** try everything.
un·ver·träg·lich *adj* **1.** *(streitsüchtig)* quarrelsome; **2.** *med (unbekömmlich)* intolerable.
un·ver·wandt **I** *adj:* ► **~en Blickes**

with a steadfast gaze; **II** *adv* fixedly, steadfastly.

un·ver·wech·sel·bar ['--'---] *adj* unmistakable.

un·ver·wund·bar ['--'--] *adj* invulnerable.

un·ver·wüst·lich ['--'--] *adj* **1.** *(strapazierfähig)* indestructible; *(Gesundheit)* robust; **2.** *fig (Humor)* irrepressible.

un·ver·zagt ['--'-] *adj* undaunted.

un·ver·zeih·lich ['--'--] *adj* unpardonable.

un·ver·zollt *adj* duty-free.

un·ver·züg·lich ['--'--] *adj* immediate.

un·voll·en·det ['----/--'--] *adj* unfinished; ▶ **die U~e von Schubert** *mus* Schubert's unfinished symphony.

un·voll·kom·men *adj* **1.** *(mangelhaft)* imperfect; **2.** *(unvollständig)* incomplete; **Un·voll·kom·men·heit** *f* **1.** *(Mangelhaftigkeit)* imperfection; **2.** *(Unvollständigkeit)* incompleteness.

un·voll·stän·dig *adj* incomplete; ▶ **tut mir leid, aber Sie haben das Formular ~ ausgefüllt!** sorry, but you didn't fill the form out properly!

un·vor·be·rei·tet *adj* unprepared (*auf* for).

un·vor·ein·ge·nom·men *adj* unbiased, unprejudiced.

un·vor·her·ge·se·hen ['--'----] *adj* unforeseen; *(Besuch)* unexpected.

un·vor·schrifts·mä·ßig *adj* contrary to regulations; ▶ **~ parken** park improperly.

un·vor·sich·tig *adj* **1.** *allg* careless; **2.** *(voreilig)* rash; **Un·vor·sich·tig·keit** *f* **1.** *allg* carelessness; **2.** *(Voreiligkeit)* rashness; ▶ **so eine ~ von dir!** how reckless of you!

un·vor·stell·bar *adj* inconceivable.

un·vor·teil·haft *adj* disadvantageous; ▶ **du siehst heute wirklich ~ aus!** you really don't look your best today!

un·wahr *adj* untrue.

un·wahr·schein·lich ['----/--'--] **I** *adj* **1.** *allg* improbable, unlikely; **2.** *fam (groß)* incredible; **II** *adv fam (sehr)* incredibly.

un·wan·del·bar [-'---/'----] *adj* **1.** *(unveränderlich)* immutable; **2.** *(Gefühlshaltung)* unwavering.

un·weg·sam *adj* rough.

un·wei·ger·lich [-'---/'----] **I** *adj* inevitable; **II** *adv* **1.** *(grundsätzlich)* invariably; **2.** *(unvermeidlich)* inevitably.

un·weit *prp* not far from ...

Un·we·sen *n:* ▶ **sein ~ treiben** do mischief.

un·we·sent·lich *adj* **1.** *(nichts zur Sache tuend)* irrelevant; **2.** *(unwichtig)* unimportant; *(unbedeutend)* insignificant; ▶ **das ist ~** that doesn't matter.

Un·wet·ter *n* thunderstorm.

un·wich·tig *adj* **1.** *allg* unimportant; *(unbedeutend)* insignificant; **2.** *(ohne Belang)* irrelevant.

un·wi·der·leg·bar ['---'--] *adj* irrefutable.

un·wi·der·ruf·lich ['---'--] *adj* irrevocable; ▶ **~ die letzte Warnung** positively the last warning.

un·wi·der·steh·lich ['---'--] *adj* irresistible.

un·wie·der·bring·lich ['---'--] *adj* irretrievable.

Un·wil·le *m* **1.** *allg* indignation (*über* at); **2.** *(Widerwille)* reluctance; **3.** *(Ungeduld)* irritation; ▶ **jds ~ erregen** incur someone's indignation; **s-m ~n Luft machen** give vent to one's indignation; **un·wil·lig** *adj* **1.** indignant (*über* about); **2.** *(widerstrebend)* reluctant, unwilling; **un·will·kom·men** *adj* unwelcome; **un·will·kür·lich** ['--'--] *adj* **1.** *(spontan)* spontaneous; **2.** *(instinktiv)* instinctive; ▶ **ich mußte ~ lachen** I couldn't help laughing.

un·wirk·lich *adj* unreal.

un·wirk·sam *adj* **1.** *(wirkungslos)* ineffective; **2.** *jur (nichtig)* null, void.

un·wirsch ['ʊnvɪrʃ] *adj* gruff; *(verdrießlich)* morose.

un·wirt·lich *adj* inhospitable.

un·wirt·schaft·lich *adj* uneconomic.

un·wis·send *adj* ignorant; **Un·wis·sen·heit** *f* ignorance; ▶ **~ schützt vor Strafe nicht** ignorance is no excuse.

un·wis·sen·schaft·lich *adj* **1.** *(Vorgehensweise)* unscientific; **2.** *fig (Ausdrucksweise)* unacademic.

un·wis·sent·lich *adv* unwittingly.

un·wohl *adj* **1.** *(unpäßlich)* indisposed, unwell; **2.** *(unbehaglich)* uneasy; ▶ **ich fühle mich ~** I don't feel well; **Un·wohl·sein** *n* indisposition.

un·wür·dig *adj* unworthy (of).

Un·zahl *f* huge number; **un·zäh·lig** *adj* countless, innumerable.

Un·ze ['ʊntsə] ⟨-, -n⟩ *f* ounce.

Un·zeit *f:* ▶ **zur ~** at an inopportune moment, inopportunely; **un·zeit·ge·mäß** *adj* **1.** *(nicht zur Zeit passend)* untimely; **2.** *(altmodisch)* old-fashioned.

un·zer·brech·lich ['--'--] *adj* unbreakable.

un·zer·kaut *adj* whole; ▶ **~ schlucken!** *(auf Medikamentenbeipackzettel)* to be swallowed whole!

un·zer·stör·bar ['--'--] *adj* indestructible.

un·zer·trenn·lich ['--'--] *adj* inseparable.

Un·zucht *f jur* sexual offence; ▶ **~ mit Kindern** illicit sexual relations with children; **un·züch·tig** *adj jur* indecent; *(obszön)* obscene.

un·zu·frie·den *adj* discontented, dissatisfied; *(unglücklich)* unhappy; **Un·zu·frie·den·heit** *f* discontent, dissatisfaction.

un·zu·gäng·lich *adj* **1.** *(örtlich)* inaccessible; **2.** *fig (verschlossen)* inapproachable.
un·zu·läng·lich *adj* **1.** *(nicht ausreichend)* insufficient; **2.** *(unangemessen)* inadequate.
un·zu·läs·sig *adj* **1.** *jur (verboten)* inadmissible; **2.** *(Anwendung, Verwendung)* improper; *tech (Belastung etc)* excessive.
un·zu·mut·bar *adj* unreasonable; **Un·zu·mut·bar·keit** *f* unreasonableness.
un·zu·rech·nungs·fä·hig *adj* not responsible for one's actions; ▶ **er wurde für ~ erklärt** he was certified insane; **Un·zu·rech·nungs·fä·hig·keit** *f* unsoundness of mind; ▶ **er machte ~ geltend** he put forward a plea of insanity.
un·zu·rei·chend *adj* insufficient.
un·zu·sam·men·hän·gend *adj* disjointed, incoherent.
un·zu·ver·läs·sig *adj* unreliable.
un·zweck·mä·ßig *adj* **1.** *(nicht ratsam)* inexpedient; **2.** *(ungeeignet)* unsuitable; **3.** *(unpraktisch)* impractical.
un·zwei·deu·tig *adj* unambiguous, unequivocal.
un·zwei·fel·haft [-ˈ---/ˈ----] **I** *adj* undoubted; **II** *adv* undoubtedly, without doubt.
üp·pig [ˈʏpɪç] *adj* **1.** *(Lebensstil)* luxurious; **2.** *(Phantasie)* rich; **3.** *(Ausstattung, Essen)* sumptuous; **4.** *(weibliche Formen)* voluptuous; **5.** *(Vegetation, Wachstum)* luxuriant; **Üp·pig·keit** *f* **1.** *(von Lebensstil)* luxury; **2.** *(von Ausstattung, Essen)* sumptuousness; **3.** *(weiblicher Formen)* voluptuousness; **4.** *(der Vegetation)* luxuriance.
Ur·ab·stim·mung [ˈu:ɐ-] *f* strike ballot.
ur·alt [ˈu:ɐˈalt] *adj* ancient, very old; ▶ **aus ~en Zeiten** from longlong ago; **das Problem ist ~** the problem is age-old.
Uran [uˈra:n] ⟨-s, -e⟩ *n* uranium; **Uran·vor·kom·men** *n* uranium deposit.
ur·auf·füh·ren [ˈu:ɐˌaʊffy:rən] ⟨uraufgeführt⟩ *tr theat* play for the first time; *film* première; **Ur·auf·füh·rung** *f theat* first night (*od* performance), première; *film* first showing.
ur·bar [ˈu:ɐba:ɐ] *adj:* ▶ **~ machen** *(Wald)* clear; *(Land)* cultivate.
Ur·bild *n* prototype; **Ur·ein·woh·ner(in)** *m (f)* native, original inhabitant; **Ur·en·kel(in)** *m (f)* great-grandchild; **Ur·en·ke·lin** *f* great-granddaughter.
ur·ge·müt·lich [ˈ--ˈ--] *adj* really comfortable.
Ur·ge·schich·te *f* prehistory; **Ur·groß·el·tern** *pl* great-grandparents; **Ur·groß·mut·ter** *f* great-grandmother; **Ur·groß·va·ter** *m* great-grandfather.
Ur·he·ber(in) *m (f) allg* originator; *jur (Verfasser)* author; **Ur·he·ber·ge·bühr** *f* copyright fee; **Ur·he·ber·recht** *n* copyright (*an* on).
urig [ˈu:rɪç] *adj fam* **1.** *(Mensch)* earthy; **2.** *(Atmosphäre, Pub etc)* ethnic.
Urin [uˈri:n] ⟨-s, -e⟩ *m* urine; **uri·nie·ren** *itr* urinate.
ur·ko·misch *adj fam* incredibly funny.
Ur·kun·de [ˈu:ɐkʊndə] ⟨-,-n⟩ *f* document; *(e-s Kaufes)* deed; *(Bescheinigung etc)* certificate; ▶ **e-e ~ ausfertigen** *jur* draw up a document (*über* about); **Ur·kun·den·fäl·schung** *f* falsification (*od* forgery) of a document (*pl* of documents).
Ur·laub [ˈu:ɐlaʊp] ⟨-(e)s, -e⟩ *m* **1.** *(Ferien) Br* holiday(s), *Am* vacation; **2.** *mil* leave of absence; ▶ **im ~** *Br* on holiday (*Am* vacation); *mil* on leave; **~ haben** *Br* have holiday (*Am* vacation); *mil* have leave; **~ nehmen** *Br* take a holiday (*Am* vacation); *mil* take a leave; **drei Wochen ~** *Br* three weeks' holiday (*Am* vacation); *mil* three weeks' leave; **in ~ fahren** go on holiday (*Am* vacation); **letztes Jahr haben wir in Spanien ~ gemacht** last year we were on holiday (*Am* vacation) in Spain; **nächste Woche nehme ich mir einen Tag ~** next week I'll take a day off; **Ur·lau·ber(in)** *m (f) Br* holidaymaker, *Am* vacationist; **Ur·laubs·an·spruch** *m* holiday entitlement; **Ur·laubs·geld** *n Br* holiday pay, *Am* leave pay.
Ur·ne [ˈʊrnə] ⟨-, -n⟩ *f* **1.** *(für Asche)* urn; **2.** *parl (für Wahlzettel)* ballot-box; ▶ **an die ~n gehen** *parl fam* go to the polls.
Ur·sa·che *f* **1.** *allg* cause; **2.** *(Grund)* reason; **3.** *(Beweggrund)* motive; ▶ **keine ~!** *(sich zu entschuldigen)* that's all right! *(sich zu bedanken) Br* don't mention it! *Am* you're welcome! **alle ~ haben, etw zu tun** have every reason to do s.th.; **ich habe dazu keine ~** I have no reason for that; **ohne jede ~** for no reason at all; **und was ist die ~ dafür?** and what's the cause of it? **~ und Wirkung** cause and effect.
Ur·sprung *m* **1.** origin; **2.** *fig* source; **3.** *(Herkunft)* extraction; ▶ **seinen ~ haben in** originate in; **ur·sprüng·lich** [ˈu:ɐʃprʏŋlɪç/-ˈ--] **I** *adj* **1.** *allg* original; *(anfänglich)* first; **2.** *(urwüchsig)* natural; **II** *adv* originally; *(anfänglich)* at first.
Ur·teil [ˈʊrtaɪl] ⟨-s, -e⟩ *n* **1.** judgement; **2.** *(Ansicht)* opinion; **3.** *jur (Spruch)* verdict; *(Strafmaß)* sentence; *(von Schiedsgericht)* award; ▶ **darüber können Sie sich überhaupt kein ~ erlauben!** you're in no position to judge that! **sich ein ~ bilden** form an opinion (*über* of *od* on *od* about); **das ~ sprechen** pronounce judgement (*über* on);

ein ~ fällen pass judgement (*über* on); **ein ~ vollstrecken** enforce (*od* execute) a judgement; **nach dem ~ von Sachverständigen** according to expert opinion; **ur·tei·len** *itr* judge (*über etw* s.th. *nach* by); ▶ **man sollte nie vorschnell ~** one should never make a hasty judgement; **~ Sie nicht zu hart über ihn** don't judge him too harshly; **wie ~ Sie über den Fall?** give us your opinion on the case; **Ur·teils·be·grün·dung** *f jur* opinion; **Ur·teils·kraft** *f* power of judgement; **Ur·teils·spruch** *m jur (von Strafgericht)* sentence; *(von Geschworenen)* verdict; *(von Schiedsgericht)* award; **Ur·teils·ver·mö·gen** *n* faculty of judgement; **Ur·teils·voll·streckung (k·k)** *f* execution of the sentence.

Ur·text *m* original text.

Ur·ur·groß·va·ter [ˈ-ˈ----] *m* great-great-grandfather.

Ur·viech [ˈuːfiːç] ‹-s, -er› *n hum fam* real character.

Ur·wald [ˈuːɐvalt, *pl* ˈuːɐvɛldɐ] ‹-(e)s, ¨-er› *m* jungle.

ur·welt·lich *adj* primeval.

ur·wüch·sig *adj* **1.** *(ursprünglich)* native, original; **2.** *(unverbildet)* natural, unspoilt; **3.** *(derb)* sturdy; **4.** *(urgewaltig)* elemental.

Ur·zeit *f* primeval times *pl;* ▶ **seit ~en** *fam* for donkey's years; **vor ~en** ages ago.

Ur·zu·stand *m* original state.

USA *pl* USA *sing.*

Usur·pa·tor [uzʊrˈpaːtoːɐ] *m* usurper; **usur·pie·ren** *tr* usurp.

Usus [ˈuːzʊs] ‹-› *m fam* custom.

Uten·si·lien [utɛnˈziːliən] *pl* utensils.

Uti·li·ta·ris·mus [utilitaˈrɪsmʊs] ‹-s› *m philos* utilitarianism; **uti·li·ta·ri·stisch** *adj philos* utilitarian.

Uto·pie [utoˈpiː] *f* utopia; **uto·pisch** [uˈtoːpɪʃ] *adj* utopian.

UV-Strah·len *pl phys* UV rays.

V

V, v [faʊ] ‹-, -› *n* V, v.
V-Aus·schnitt *m* V-neck; ► **ein Pullover mit ~** a V-neck sweater.
V-Mann *m* agent.
Va·banque·spiel [va'baŋk-] ‹-(e)s› *n fig* dangerous game.
Va·ga·bund [vaga'bʊnt] ‹-en, -en› *m* vagabond; **va·ga·bun·die·ren** *itr* **1.** *(als Vagabund leben)* live as a vagabond (*pl:* as vagabonds); **2.** *(umherstreifen)* rove.
va·ge [va:gə] *adj* vague.
Va·gi·na ['va:gina] ‹-› *f anat* vagina.
va·kant [va'kant] *adj* vacant.
Va·ku·um ['va:kuʊm] ‹-s, -en/-a› *n* vacuum; ► **im ~** in a vacuum; **va·ku·um·ver·packt** *adj* vacuum-packed.
Va·len·tins·tag ['valənti:ns-] *m* Valentine's Day.
Va·lenz [va'lɛnts] ‹-, -en› *f ling, chem* valency.
Va·lu·ta [va'lu:ta] ‹-, -ten› *f* **1.** *com (Datum)* value date; **2.** *fin (Währung)* foreign currency.
Vam·pir [vam'pi:ɐ] ‹-s, -e› *m* vampire.
Van·da·le [van'da:lə] ‹-n, -n› *m* **1.** vandal, hooligan; **2.** *hist* Vandal; ► **hausen** (*od* **sich benehmen) wie die ~n** act like vandals; **Van·da·lis·mus** [vanda'lɪsmʊs] *m* vandalism.
Va·nil·le [va'nɪl(j)ə] ‹-› *f* vanilla; **Va·nil·le·eis** *n* vanilla ice-cream; **Va·nil·le·sau·ce** *f* custard.
va·ri·a·bel [vari'a:bəl] *adj* variable.
Va·ri·an·te [vari'antə] ‹-, -n› *f* variant (*zu* on).
Va·ria·tion *f* variation (*zu* on).
Va·rie·tät [varɪe'tɛ:t] ‹-, -en› *f* variety.
Va·rie·té [variə'te:] ‹-(s), -s› *n Br* variety, *Am* vaudeville; **va·ri·ie·ren** [vari'i:rən] *tr itr* vary.
Va·sall [va'zal] ‹-en, -en› *m a. fig* vassal.
Va·se ['va:zə] ‹-, -en› *f* vase.
Va·ter ['fa:tɐ, *pl* 'fɛ:tɐ] ‹-s, ¨-› *m* father; ► **vom ~ auf den Sohn** from father to son; **~ Staat** *hum fam* the State; **Va·ter·land** *n* fatherland, native (*od* mother) country; ► **mein ~** my country; **Va·ter·lands·lie·be** *f* patriotism.
vä·ter·lich ['fɛ:tɐlɪç] *adj* **1.** *(wie ein Vater)* fatherly; **2.** *(dem Vater gehörig)* paternal; ► **~es Erbteil** patrimony; **vä·ter·li·cher·seits** *adv* on one's father's side; ► **meine Großmutter ~** my paternal grandmother.
va·ter·los *adj* fatherless; **Va·ter·mord** *m* patricide; **Va·ter·mör·der(in)** *m (f)* patricide; **Va·ter·schaft** *f* fatherhood, *jur* paternity; **Va·ter·schafts·kla·ge** *f* paternity suit; **Va·ter·stadt** *f* home town; **Va·ter·stel·le** *f:* ► **bei jdm ~ vertreten** be a father to s.o.; **Va·ter·un·ser** ['--'--] ‹-s, -› *n* Lord's Prayer.
Va·ti ['fa:ti] ‹-s, -s› *m fam* dad(dy), *Am a.* pa.
Va·ti·kan [vati'ka:n] *m* vatican; **Va·ti·kan·stadt** ‹-› *f* Vatican City.
Ve·ge·ta·rier(in) [vege'ta:riɐ] *m (f)* vegetarian; **ve·ge·ta·risch** *adj* vegetarian.
Ve·ge·ta·tion *f* vegetation.
ve·ge·ta·tiv *adj med* vegetative; ► **~es Nervensystem** autonomic nervous system; **ve·ge·tie·ren** *itr* **1.** vegetate; **2.** *(kümmerlich leben)* eke out a miserable existence.
Ve·he·menz [vehe'mɛnts] ‹-› *f* vehemence.
Veil·chen ['faɪlçən] *n* **1.** *bot* violet; **2.** *fig fam (blaues Auge)* shiner; **veil·chen·blau** ['--'-] *adj* violet.
Vek·tor ['vɛktɔr] ‹-s, -en› *m math* vector.
Ve·lours [ve'lu:ɐ] ‹-, -› *m (Textilgewebe)* velours; **Ve·lours(·le·der)** *n* suede.
Ve·ne ['ve:nə] ‹-, -n› *f* vein; **Ve·nen·ent·zün·dung** *f* phlebitis.
ve·ne·risch [ve'ne:rɪʃ] *adj med* venereal.
Ve·ne·zi·aner(in) [venetsi'a:nɐ] *m (f)* Venetian; **ve·ne·zi·anisch** *adj* Venetian.
Ve·ne·zo·la·ner(in) [venetso'la:nɐ] *m (f)* Venezuelan; **ve·ne·zo·la·nisch** *adj* Venezuelan.
Ven·til [vɛn'ti:l] ‹-s, -e› *n* **1.** *mot tech* valve; **2.** *fig* outlet.
Ven·ti·la·tion *f* **1.** *(das Lüften)* ventilation; **2.** *(die Anlage)* ventilation system.
Ven·ti·la·tor *m* ventilator.
ven·ti·lie·ren *tr* **1.** *(belüften)* ventilate; **2.** *(sorgfältig erwägen)* consider carefully.
ver·ab·re·den [fɛɐ'apre:dən] **I** *tr (arrangieren)* arrange; *(Zeitpunkt)* fix; ► **verabredet sein** have a date (*mit jdm* with s.o.); **II** *refl* arrange to meet; *(mit jdm)* arrange to meet s.o; **Ver·ab·re·dung** *f* **1.** *com* appointment; **2.** *(Vereinbarung)* arrangement; **3.** *(Treffen)* engagement; *(mit Freund(in))* date; ► **ich habe heute e-e ~** I'm meeting s.o. today.

ver·ab·rei·chen *tr:* ► **jdm Medizin ~** administer medicine to s.o.

ver·ab·scheu·en *tr* abhor, detest, loathe.

ver·ab·schie·den I *tr* **1.** say goodbye to ...; **2.** *(entlassen)* discharge; **3.** *pol (Gesetz)* pass; *fin (Etat)* adopt; **II** *refl* say good-by(e) (*von jdm* to s.o.); *(formell)* take one's leave (*von jdm* of s.o.).

ver·ach·ten *tr* **1.** despise; *(Tod, Gefahr etc)* scorn; **2.** *(verschmähen)* disdain; ► **das ist nicht zu ~** *fam* that's not to be sneezed at; **ver·ächt·lich** [fɛɐˈɛçtlɪç] *adj* **1.** contemptuous, scornful; **2.** *(verachtenswert)* contemptible, despicable; ► **etw ~ machen** belittle s.th.; **jdn ~ machen** run s.o. down; **Ver·ach·tung** *f* contempt, disdain, scorn; **sie strafen ihn mit ~** they treat him with contempt.

ver·all·ge·mei·nern [---ˈ--] *tr* generalize; **Ver·all·ge·mei·ne·rung** *f* generalization.

ver·al·ten *itr (ungebräuchlich werden)* become obsolete; *(Ansichten)* become antiquated; *(Mode)* go out of date; **ver·al·tet** *adj (ungebräuchlich)* obsolete; *(Ansichten)* antiquated; *(aus der Mode)* out-of-date.

Ve·ran·da [veˈranda] ⟨-, -den⟩ *f* porch, veranda.

ver·än·der·lich *adj (Mensch, Wetter etc)* changeable; *math* variable; **Ver·än·der·lich·keit** *f* changeability, variability; **ver·än·dern I** *tr* change; **II** *refl* change (*beruflich* one's job); **Ver·än·de·rung** *f* change (*beruflich* of job); ► **an etw ~en vornehmen** make changes to s.th.

ver·äng·stigt [fɛrˈɛŋstɪçt] *adj* **1.** *(eingeschüchtert)* intimidated; **2.** *(erschreckt)* scared.

ver·an·kern *tr* **1.** *mar* anchor; **2.** *fig* establish (*in* in).

ver·an·la·gen *tr fin (zu Steuern)* assess (*mit* at); **ver·an·lagt** *adj:* ► **künstlerisch ~ sein** have an artistic bent; **er ist eben so ~** that's just the way he is; **Ver·an·la·gung** *f* **1.** *fin (steuerlich)* assessment; **2.** *(charakterlich)* disposition; **3.** *(körperlich)* predisposition; **4.** *(Hang)* tendency; **5.** *(Talent)* bent.

ver·an·las·sen *tr* **1.** *(bewegen)* cause (*jdn, etw zu tun* s.o. to do s.th.); **2.** *(anordnen)* arrange (*etw* for s.th.); ► **das Nötige ~** take the necessary steps *pl;* **bitte ~ Sie, daß ...** please see to it that ...; **sich veranlaßt sehen, etw zu tun** feel prompted to do s.th.

Ver·an·las·sung *f* **1.** *(Beweggrund)* cause, reason; **2.** *(Betreiben)* instigation; ► **auf ~ von ...** at the instigation of ...; **~ geben** give cause (*zu etw* for s.th.); **ich habe keine ~ dazu** I have no reason for doing it.

ver·an·schau·li·chen *tr* illustrate (*jdm etw an etw* s.th. to s.o. with s.th.).

ver·an·schla·gen *irr tr* estimate (*auf* at); ► **zu hoch ~** overestimate; **zu niedrig ~** underestimate.

ver·an·stal·ten *tr* **1.** *(organisieren)* arrange, organize; **2.** *(Empfang etc: abhalten, geben)* give; *(Wahlen)* hold; ► **e-e Sammlung ~** take up a collection; **Ver·an·stal·ter(in)** *m (f) (Organisator)* organizer; *(von Konzerten, Shows etc)* promoter.

Ver·an·stal·tung *f* event (*von* organized by); **Ver·an·stal·tungs·ka·len·der** *m* calendar of events.

ver·ant·wor·ten I *tr* **1.** accept the responsibility for ...; **2.** *(die Folgen tragen)* answer for (*etw vor jdm* s.th. to s.o.); **II** *refl* justify (*für etw* s.th., *vor jdm* to s.o.); **ver·ant·wort·lich** *adj* **1.** responsible; **2.** *(haftbar)* liable; ► **jdm gegenüber für etw ~ sein** be responsible to s.o. for s.th.; **jdn für etw ~ machen** hold s.o. responsible for s.th. **Ver·ant·wort·lich·keit** *f* **1.** responsibility; **2.** *(Haftbarkeit)* liability; **Ver·ant·wor·tung** *f* responsibility (*für* for); ► **die volle ~ für etw übernehmen** take full responsibility for s.th.; **zur ~ ziehen** call to account; **auf Ihre ~!** you take the responsibility! **ich habe es auf eigene ~ getan** I did it on my own responsibility; **jdm die ~ für etw übertragen** put the responsibility for s.th. on s.o.; **ver·ant·wor·tungs·be·wußt** *adj* responsible; **Ver·ant·wor·tungs·be·wußt·sein** *n* sense of responsibility; **ver·ant·wor·tungs·los** *adj* irresponsible; **ver·ant·wor·tungs·voll** *adj* responsible.

ver·ar·bei·ten *tr* **1.** use (*zu etw* to make s.th.); **2.** *tech (Rohstoffe, Daten etc)* process (*zu* into); **3.** *(verbrauchen)* consume; **4.** *fig (geistig ~)* assimilate, digest.

ver·är·gern *tr* annoy, vex.

ver·ar·men ⟨sein⟩ *itr* become impoverished; **Ver·ar·mung** *f* impoverishment; *a. fig* pauperization.

ver·ar·schen *tr fam:* ► **jdn ~** take the piss out of s.o.

ver·arz·ten *tr fam (versorgen)* fix up.

ver·ästeln [fɛrˈɛstəln] *refl* **1.** *(Zweige)* branch out; **2.** *fig (Adern, Probleme etc)* ramify; **Ver·äste·lung** *f* **1.** *(von Gezweig)* branching; **2.** *fig* ramifications *pl.*

ver·aus·ga·ben *refl* **1.** *(finanziell)* overspend; **2.** *(Kräfte)* overtax o.s.

ver·äu·ßern *tr* dispose of ...; **Ver·äu·ße·rung** *f* disposal.

Verb [vɛrp] ⟨-s, -en⟩ *n* verb; **ver·bal** *adj* verbal; **Ver·bal·phra·se** *f ling* verbal phrase.

ver·ball·hor·nen [fɛrˈbalhɔrnən] *tr* **1.** *(e-n Text etc „verschlimmbessern")* corrupt; **2.** *(parodieren)* parody.

Ver·band ‹-(e)s, ⸚e› *m* **1.** *med* dressing; *(mit Binden)* bandage; **2.** *mil (Einheit)* unit; *aero mar (Formation)* formation; **3.** *(Vereinigung)* association, federation; **Ver·band(s)·ka·sten** *m* first-aid box; **Ver·band·stoff** *m* dressing; **Ver·band·zeug** *n* first-aid supplies *pl.*

ver·ban·nen *tr a. fig* banish, exile (*aus* from, *nach* to); **Ver·bann·te(r)** *f m* exile; **Ver·ban·nung** *f* **1.** *(das Verbannen)* banishment; **2.** *(Exil)* exile.

ver·bar·ri·ka·die·ren I *tr* barricade; **II** *refl* barricade o.s. in (*in etw* s.th.).

ver·bau·en *tr* **1.** *(versperren)* obstruct; **2.** *(falsch bauen)* construct badly; **3.** *(als Material verbrauchen)* use in building; ▶ **sich (jdm) den Weg ~** *fig* bar one's (someone's) way (*zu* to); **jdm den Aufstieg ~** *fig* wreck someone's chances in life.

ver·be·am·ten *tr* ▶ **jdn ~** give the status of civil servant to s.o.

ver·ber·gen *irr* **I** *tr* conceal, hide (*vor* from); **II** *refl* conceal o.s., hide (*vor* from).

ver·bes·sern I *tr* **1.** *(Lage etc)* improve; *(Leistung)* improve on ...; **2.** *(berichtigen)* correct; **II** *refl* **1.** *(Lage etc)* get better, improve; **2.** *(Mensch in s-r Leistung)* do better; **3.** *(durch berufl. Aufstieg)* better o.s.; **4.** *(sich berichtigen)* correct o.s.; **Ver·bes·se·rung** *f* **1.** improvement (*der Lage etc* in, *von Kenntnissen, Leistungen* on); **2.** *(durch berufl. Aufstieg)* betterment; **3.** *päd* correction; **ver·bes·se·rungs·fä·hig** *adj* open to improvement; **Ver·bes·se·rungs·vor·schlag** *m* suggestion for improvement.

ver·beu·gen *refl* bow (*vor* to); **Ver·beu·gung** *f* bow.

ver·beu·len *tr* dent; **ver·beult** *adj* battered.

ver·bie·gen *irr tr* **I** bend; **II** *refl* bend; *(Holz)* warp.

ver·bie·stert *adj fam* grumpy.

ver·bie·ten *irr tr* forbid; *(vor allem amtlicherseits)* prohibit (*jdm etw* s.o. from doing s.th.); ▶ **viele Ärzte ~ ihren Patienten das Rauchen** many doctors forbid their patients to smoke; **solche Dinge ~ sich von selbst** such things must be ruled out; **jdm den Mund ~** *fig* forbid s.o. to sneak.

ver·bil·li·gen I *tr* **1.** *(Preis)* reduce the price of ...; **2.** *(Kosten)* reduce the cost of ...; **II** *refl* get cheaper.

ver·bin·den *irr* **I** *tr* **1.** *(verknüpfen a. fig)* connect, link; **2.** *(gefühlsmäßig)* join together, unite; **3.** *tele* put through (*mit jdm Br* to, *Am* with s.o.); **4.** *med* dress; *(mit Binden)* bandage; **5.** *(kombinieren)* combine; ▶ **jdm die Augen ~** blindfold s.o.; **Sie haben mich falsch verbunden!** you gave me the wrong number! **II** *refl* **1.** *(gefühlsmäßig)* join together (*zu etw* in *od* to form s.th.; *in etw* in s.th.); **2.** *(vereinigen, a. chem)* combine (*mit* with, *zu* to form); **III** *itr (gefühlsmäßig)* form a bond (*od* bonds).

ver·bind·lich *adj* **1.** *(entgegenkommend)* obliging; **2.** *(verpflichtend)* obligatory; *(bindend)* binding; ▶ **~sten Dank!** my best thanks! thank you ever so much! **~ zusagen** accept definitely.

Ver·bind·lich·keit *f* **1.** *(Entgegenkommen)* obligingness; **2.** *(e-s Vertrags, e-r Rechnung)* obligatory (*od* binding) nature; **3.** *(Verläßlichkeit)* reliability; **4.** *com jur:* ▶ **~en** *(Verpflichtungen allg.)* obligations *pl; (fin)* liabilities *pl;* ▶ **seinen ~en nachkommen** *allg* fulfil one's obligations; *fin* meet one's liabilities; **e-e ~ eingehen** incur a liability.

Ver·bin·dung *f* **1.** *(Kombination, a. chem Prozeß)* combination; **2.** *(Vereinigung)* association; **3.** *(Beziehung, Kontakt)* contact (*zu, mit* with); **4.** *(Funk~, tele)* communication; **5.** *(tele rail Anschluß, tech verbindender Teil)* connection (*nach* to); **6.** *chem (Prozeßergebnis)* compound (*aus* of); ▶ **sich in ~ setzen mit ...** *Br* get in touch with ..., *Am* contact ...; **in ~ stehen mit jdm (etw)** be in touch with s.o. (s.th.); **mit jdm in ~ bleiben** keep in touch with s.o.; **e-e ~ eingehen** *chem* form a compound (*mit etw* with s.th.); **e-e ~ herstellen zwischen ...** establish a connection between ...; **Ihr Name wird mit dem Skandal in ~ gebracht** your name is mentioned in connection with the scandal; **ich werde meine ~en spielen lassen** I'll use my connections; **in ~ mit ...** *(im Zus.-hang mit)* in connection with ...; *(zus. mit)* in conjunction with ...; **studentische ~** fraternity.

Ver·bin·dungs·mann ‹-(e)s, -männer/-leute› *m com (Agent)* contact; *mil* liaison man; *(Mittelsmann)* intermediary; **Ver·bin·dungs·of·fi·zier** *m mil* liaison officer; **Ver·bin·dungs·stück** *n* connecting piece.

ver·bis·sen [fɛrˈbɪsən] *adj* dogged, grim; **Ver·bis·sen·heit** *f* doggedness, grimness.

ver·bit·ten *irr refl:* ▶ **ich verbitte mir diesen Ton!** I refuse to be talked to like that! **das verbitte ich mir!** I won't have it!

ver·bit·tern I *tr* embitter; **II** *itr* become embittered; **ver·bit·tert** *adj* embittered; **Ver·bit·te·rung** *f* bitterness.

ver·blas·sen *itr a. fig* fade, pale.

Ver·bleib [fɛrˈblaɪp] ‹-(e)s› *m* whereabouts *pl;* **ver·blei·ben** ‹sein› *irr itr* remain; ▶ **es dabei ~ lassen** let the matter rest; **wir sollten so ~, daß ...** we should agree to ...

ver·blei·en *tr (Benzin)* lead; **ver·bleit**

adj (Benzin) leaded.

ver·blen·den *tr* **1.** *arch (mit Verblendsteinen)* face; **2.** *(blind machen)* blind; **Ver·blend·stein** *m arch* facing brick; **Ver·blen·dung** *f* blindness.

ver·bli·chen [fɛrˈblɪçən] *adj* **1.** *(verbleicht)* faded; **2.** *(gehoben: gestorben)* deceased.

ver·blö·den ⟨sein⟩ *itr fam* become a zombie.

ver·blüf·fen [fɛrˈblʏfən] *tr* **1.** *(erstaunen)* amaze, stun; **2.** *(verwirren)* baffle, stupefy; **Ver·blüf·fung** *f* **1.** *(Erstaunen)* amazement, stupefaction; **2.** *(Verwirrung)* bafflement.

ver·blü·hen ⟨sein⟩ *itr a. fig* fade, wither.

ver·blu·ten ⟨sein⟩ *itr* bleed to death.

ver·bocken (k·k) *tr fam (verpfuschen)* botch.

ver·boh·ren *refl:* ▶ **sich in etw ~** become obsessed with s.th.; **ver·bohrt** *adj* **1.** *(eigensinnig)* obdurate, stubborn; **2.** *(unflexibel)* inflexible; **Ver·bohrt·heit** *f* inflexibility.

ver·bor·gen *tr* lend out (*an* to).

ver·bor·gen [fɛrˈbɔrgən] *adj* hidden; ▶ **im ~en** secretly; **im ~en leben** live hidden away; **im ~en blühen** *fig* flourish in obscurity; **sich ~ halten** hide.

Ver·bor·gen·heit *f* seclusion, secrecy.

Ver·bot [fɛrˈbo:t] ⟨-(e)s, -e⟩ *n* ban, prohibition; *jur eccl* interdiction; ▶ **trotz ärztlichen ~es** in spite of doctor's orders *pl;* **gegen ein ~ verstoßen** ignore a ban; **ein ~ aufheben** lift a ban.

ver·bo·ten *adj* forbidden; *(amtlich)* prohibited; *(ungesetzlich)* illegal; ▶ **Eintritt ~!** keep out! no admittance! **Zutritt ~** off limits; **du siehst wirklich ~ aus!** *fam* you look a real sight! **Ver·bots·schild** *n* prohibitive sign.

Ver·brauch ⟨-(e)s⟩ *m* consumption (*von, an* of); *(Geld~)* expenditure; ▶ **sparsam im ~** *mot* economical; **ver·brau·chen** *tr* **1.** consume; *(aufbrauchen)* use up; **2.** *(abnutzen)* wear out; **3.** *(erschöpfen)* exhaust; ▶ **wir verbrauchen ein Pfund Kaffee in der Woche** we use up 500 g of coffee a week; **verbrauchte Luft** stale air; **Ver·brau·cher(in)** ⟨-s, -⟩ *m (f)* consumer; **ver·brau·cher·feind·lich** *adj* anti-consumer; **ver·brau·cher·freund·lich** *adj* consumer-friendly; **Ver·brau·cher·markt** *m* superstore, hypermarket; **Ver·brau·cher·schutz** *m* protection of the consumer; **Ver·brau·cher·ver·band** *m* consumers' association; **Ver·brau·cher·zen·tra·le** *f* consumer advice centre; **Ver·brauchs·gü·ter** *n pl* consumer goods; **ver·braucht** used up, finished, *(Luft)* stale; *(Mensch)* worn-out.

Ver·bre·chen ⟨-s, -⟩ *n a. fig* crime (*gegen, an* against); **ver·bre·chen** *irr tr* **1.** *(Straftat)* commit, perpetrate; **2.** *fam (anstellen)* do (wrong) . . .; ▶ **was habe ich denn nun schon wieder verbrochen?** *fam* what on earth have I done now? **wer hat denn dieses Gedicht verbrochen?** *fam hum* who's the perpetrator of this poem? **Ver·bre·cher(in)** *m (f)* criminal; **Ver·bre·cher·ban·de** *f* gang of criminals; **ver·bre·che·risch** *adj* criminal.

ver·brei·ten I *tr* **1.** *allg* spread; **2.** *radio TV (ausstrahlen)* radiate; **3.** *(Zeitung)* distribute; **II** *refl* **1.** *(Nachricht, Krankheit)* spread; **2.** *(über ein Thema etc)* hold forth on . . .

ver·brei·tern I *tr* broaden, widen; **II** *refl* widen out; **Ver·brei·te·rung** *f* widening.

ver·brei·tet *adj* common; ▶ **e-e ~e Zeitung** a newspaper with a wide distribution; **Ver·brei·tung** *f* **1.** *allg* spreading; **2.** *radio TV* radiation; **3.** *(Verteilung)* distribution; **Ver·brei·tungs·ge·biet** *n markt* circulation area.

ver·bren·nen *irr* **I** *tr* **1.** burn; *(Leiche)* cremate; **2.** *(versengen)* scorch; ▶ **sich die Finger ~** *a. fig* burn one's fingers; **II** *itr* ⟨sein⟩ burn (*Mensch:* to death); **III** *refl* burn o.s.; **Ver·bren·nung** *f* **1.** *(das Verbrennen)* burning; *(von Treibstoff)* combustion; *(Leichen~)* cremation; **2.** *med* burn; ▶ **sie trug nur leichte ~en davon** she was not seriously burned; **~en zweiten Grades** second degree burns; **Ver·bren·nungs·mo·tor** *m* internal combustion engine; **Ver·bren·nungs·ofen** *m* combustion furnace; **Ver·bren·nungs·wär·me** *f* heat of combustion.

ver·brieft *adj:* ▶ **~es Recht** vested interest (*od* right).

ver·brin·gen *irr tr* pass, spend.

ver·brü·dern [fɛrˈbry:dɐn] *refl* **1.** *(sich zus.-tun)* ally o.s. (*mit* with); **2.** *(fraternisieren)* fraternize (*mit* with); **Ver·brü·de·rung** *f* **1.** *(Zus. Arbeit)* alliance; **2.** *(Fraternisierung)* fraternization.

ver·brü·hen I *tr* scald; **II** *refl* scald o.s.; **Ver·brü·hung** *f* scald.

ver·bu·chen *tr fin* enter in the books; ▶ **diesen Erfolg kann ich immerhin für mich ~** *fig* anyhow I can credit myself with this success.

ver·bum·meln *tr fam* **1.** *(vertrödeln)* idle away; **2.** *(verlieren)* lose; **3.** *(verpassen)* miss.

Ver·bund [fɛrˈbʊnt] ⟨-(e)s⟩ *m com* combine; **ver·bun·den** *adj* **1.** *(verknüpft)* connected; **2.** *(verpflichtet)* obliged (*jdm für etw* to s.o. for s.th.); ▶ **damit sind Gefahren (Kosten) ~** that involves dangers (costs); **falsch ~!** *tele* sorry, wrong number!

ver·bün·den [fɛrˈbʏndən] *refl* ally o.s. (*mit* with).

Ver·bun·den·heit *f* **1.** *(zwischen Personen)* closeness (*mit* to); **2.** *(mit Bräuchen, Heimat etc)* attachment (*mit* to).

Ver·bün·de·te(r) *f m* ally.

Ver·bund·fahr·aus·weis travel pass *(valid for all forms of public transport).*

Ver·bund·glas *n* laminated glass; **Ver·bund·netz** *n el* grid system; **Ver·bund·stein** *m* interlocking paving stone; **Ver·bund·stein·pfla·ster** *n* interlocking pavement; **Ver·bund·sy·stem** *n* **1.** *com* compound system; **2.** *el* grid (*od* interconnected) system; **Ver·bund·wer·bung** *f markt* joint advertising; **Ver·bund·werk·stoff** *m* composite material.

ver·bür·gen *tr refl* guarantee; ▶ **sich für etw (jdn)** ~ vouch for s.th. (s.o.); **ver·bürgt** *adj* authentic; ▶ **ein ~es Recht** an established right.

ver·bü·ßen *tr:* ▶ **s-e Strafe** ~ serve one's sentence.

ver·chromt *adj* chromium-plated; **Ver·chro·mung** *f* chrome plating.

Ver·dacht [fɛrˈdaxt] ‹-(e)s› *m* suspicion; ▶ ~ **erregen** arouse suspicion; **in ~ haben** suspect; **den ~ auf jdn lenken** cast suspicion on s.o.; **der ~, daß ..., wäre mir nie gekommen** I had no suspicion that ...; **ich habe den ~, daß ...** I have a suspicion that ...; **auf ~** *fam* on spec; **es besteht ~ auf ...** ... is suspected; **mein ~ hat sich bestätigt** I was right in my suspicion; **über jeden ~ erhaben sein** be above all suspicion; **unter ~ stehen** be under suspicion; **der ~ fiel auf ihn** suspicion fell on him; **ver·däch·tig** [fɛrˈdɛçtɪç] *adj* suspicious; ▶ **sich ~ machen** lay o.s. open to suspicion; **der V~e** the suspect; **er ist des Mordes ~** he is suspected of murder; **das sieht mir ~ nach Masern aus** *fam* it looks suspiciously like measles to me; **ver·däch·ti·gen** *tr* suspect (*e-r Sache* of s.th.); **Ver·däch·ti·gung** *f* suspicion; ▶ **falsche ~** false charge; **Ver·dachts·mo·ment** *n* suspicious circumstance.

ver·dam·men [fɛrˈdamən] *tr* **1.** *(verurteilen)* condemn; **2.** *rel (verfluchen)* damn; **ver·dam·mens·wert** *adj* damnable; **Ver·damm·nis** *f rel* damnation; **ver·dammt** *fam* **I** *interj:* ▶ ~ **(nochmal)!** damn (it all)! blast! **II** *adj* damned; *sl Br* bloody, fucking; ▶ **die sieht ~ gut aus!** *fam* she looks damned good! **das tut ~ weh!** *fam* that hurts like hell!

ver·damp·fen *tr* ‹h› *itr* ‹sein› vaporize.

ver·dan·ken *tr:* ▶ **jdm etw zu ~ haben** (*od* **jdm etw ~**) owe s.th. to s.o.; **das haben wir nur dir zu ~** *(als Vorwurf)* we've got you to thank for it.

ver·dat·tert [fɛrˈdatɐt] *adj adv fam* flabbergasted.

ver·dau·en [fɛrˈdaʊən] **I** *tr a. fig* digest; **II** *itr* digest one's food; **verdau·lich** *adj* digestible; ▶ **leicht ~** easy to digest, **schwer ~** hard to digest; **Ver·dau·ung** *f* digestion; ▶ **schlechte (gute) ~** poor (good) digestion; **Ver·dau·ungs·be·schwer·den** *pl* digestive trouble *sing;* **Ver·dau·ungs·stö·run·gen** *f pl* indigestion *sing.*

Ver·deck [fɛrˈdɛk] ‹-(e)s, -e› *n* **1.** *mot* hood; **2.** *mar (Sonnendeck)* sundeck; **ver·decken (k·k)** *tr* **1.** *(zudecken)* cover; **2.** *(verstecken)* hide; **3.** *fig (Absichten etc)* conceal; **ver·deckt** *adj* **1.** *(versteckt)* concealed; **2.** *fig (verborgen)* hidden.

ver·den·ken *irr tr:* ▶ **jdm etw ~** blame s.o. for s.th.

Ver·derb [fɛrˈdɛrp] ‹-(e)s› *m* ruin; ▶ **jdm auf Gedeih u. ~ ausgeliefert sein** be completely and utterly at someone's mercy; **Ver·der·ben** ‹-s› *n* **1.** *(Ruin, Untergang)* ruin; **2.** *(von Nahrung)* going off; **3.** *(von Material)* spoiling; ▶ **jdn ins ~ stürzen** bring disaster on s.o.; **er rennt in sein ~** he's rushing headlong towards ruin; **ver·der·ben** *irr* **I** *tr* ‹h› **1.** *(Geschäft, Spaß)* spoil; **2.** *(ruinieren)* ruin; **3.** *(sittlich)* corrupt, deprave; ▶ **an diesem Essen ist sowieso nichts mehr zu ~!** this meal is absolutely ruined anyway! **sich den Magen ~** upset one's stomach; **es sich mit jdm ~** fall out with s.o.; **sich die Augen ~** ruin one's eyesight; **jdm die Freude ~** spoil someone's enjoyment (*an etw* of s.th.); **II** *itr* ‹sein› **1.** *(Nahrungsmittel)* go off; **2.** *(Ernte)* be ruined; **3.** *(Material)* become spoiled; **ver·derb·lich** *adj* **1.** *(schädlich)* pernicious; *(charakterschädigend)* corrupting; **2.** *(Nahrungsmittel)* perishable.

ver·deut·li·chen *tr* show clearly; *(klarmachen)* clarify; *(erklären)* explain.

ver·deut·schen *tr* **1.** *(ins Deutsche übertragen)* translate into German; **2.** *fig fam (in einfachen Worten sagen)* translate into normal English.

ver·dich·ten **I** *tr* **1.** *phys* compress; **2.** *(komprimieren)* condense; **II** *refl* **1.** *(dichter werden)* thicken; *phys* become compressed; **2.** *fig (sich häufen)* increase; *(sich vertiefen)* deepen; **Ver·dich·tung** *f* **1.** *phys* compression; **2.** *(das Dichterwerden, a. fig: das Verwikkelterwerden)* thickening (*e-r Handlung* of a plot).

ver·die·nen **I** *tr* **1.** *(einnehmen)* earn; *(Gewinn machen)* make; **2.** *fig (wert sein)* deserve; ▶ **damit verdiente er sich viel Geld** this earned him a lot of money; **das hat er sich verdient** *fig* he's earned it; **er verdient es, bestraft zu werden** he deserves to be punished; **er bekam, was er verdiente** he got what he deserved; **II** *itr (einnehmen)* earn; *(Gewinn machen)* make a profit (*an* on), profit (*an* from); **Ver·dienst**[1] *n* **1.** *(Anspruch auf Anerkennung)* merit; *(Anspruch auf Dank)* credit; **2.** *(Beitrag)* contribution (*um etw* to s.th.); *(Dienst)* service (*um jdn od etw* to s.o. *od* s.th.); ▶ **Ihnen allein gebührt das ~** the credit is entirely yours; **Russells ~e um die Mathematik** Russell's contribution to mathematics; **Nelsons ~e um England** Nelson's services to England; **nach s-n ~en** according to one's deserts; **Ver·dienst**[2] ‹-(e)s, -e› *m* **1.** *(Gewinn)* profit; **2.** *(Einkommen)* earnings *pl;* **Ver·dienst·aus·fall** *m* loss of earnings *pl;* **Ver·dienst·aus·fall·ent·schä·di·gung** *f* compensation for loss of earnings; **Ver·dienst·mög·lich·kei·ten** *pl* earning capacity *sing;* **Ver·dienst·span·ne** *f* profit margin; **ver·dienst·voll** *adj* deserving.

ver·dient *adj* **1.** *(Lob, Strafe)* well-deserved; **2.** *(Staatsmann, Wissenschaftler etc)* of great merit; ▶ **sich um etw ~ machen** render a great contribution (*od* great services) to s.th.; **ver·dien·ter·ma·ßen** [-ˈ--ˈ--] *adv* deservedly.

ver·dop·peln I *refl* double; **II** *tr fig (Anstrengungen etc)* redouble; *allg* double.

Ver·dop·pe·lung *f* **1.** doubling; **2.** *fig* redoubling.

ver·dor·ben [fɛrˈdɔrbən] *adj* **1.** *(Laune, Freude, Party etc)* spoiled; **2.** *(Lebensmittel)* tainted; **3.** *(Magen)* upset; **4.** *(moralisch)* corrupt; **Ver·dor·ben·heit** *f* depravity.

ver·dor·ren [fɛrˈdɔrən] ‹sein› *itr* wither.

ver·drah·ten *tr el* wire.

ver·drän·gen *tr* **1.** *(ersetzen)* supersede; **2.** *(vertreiben)* drive out; *(ausbooten)* oust; **3.** *phys (Luft, Wasser etc)* displace; **4.** *fig (Sorgen)* drive away; *psych (ins Unterbewußtsein)* repress; **Ver·drän·gung** *f* **1.** *(das Ersetzen)* superseding; **2.** *(das Vertreiben)* driving out; **3.** *phys* displacement; **4.** *fig* driving away; *psych* repression.

ver·dre·hen *tr* **1.** *allg* twist; **2.** *(Augen)* roll; *(Glieder)* contort; **3.** *fig (Tatsache)* distort; ▶ **jdm den Kopf ~** *fig* turn someone's head.

ver·drei·fa·chen *tr refl* triple.

ver·drie·ßen [fɛrˈdri:sən] *irr tr* annoy, irritate; ▶ **es verdrießt mich** I'm sick and tired of it; **ver·drieß·lich** *adj* **1.** *(Person)* morose; **2.** *(Arbeit)* irksome, unpleasant.

ver·dros·sen [fɛrˈdrɔsən] *adj* **1.** *(lustlos)* unwilling; **2.** *(verdrießlich)* morose; **Ver·dros·sen·heit** *f* **1.** *(Lustlosigkeit)* unwillingness; **2.** *(Verdrießlichkeit)* moroseness.

ver·drüc·ken I *tr fam (Essen)* polish off; **II** *fam refl* slink away; ▶ **~ wir uns!** let's beat it!

Ver·druß [fɛrˈdrʊs] ‹-sses› *m* annoyance; ▶ **zu meinem ~** to my annoyance; **er tut es nur mir zum ~** he just does it to spite me.

ver·duf·ten ‹sein› *itr fig fam* beat it, slip away.

ver·dum·men *tr (dumm machen)* dull someone's mind.

ver·dun·keln I *tr* **1.** *allg* darken; *theat mil* black out; **2.** *fig (Beweggründe)* obscure; **II** *refl* **1.** *allg* darken; **2.** *fig (Verstand)* become dulled; **Ver·dun·ke·lung** *f* **1.** *allg* darkening; *theat mil* blacking out; **2.** *fig* dulling, obscuring; **3.** *jur* suppression of evidence.

ver·dün·nen *tr* thin down; *chem (Lösung)* dilute; *(Getränk mit Wasser ~)* water down; **Ver·dün·ner** *m (Farb~)* thinner.

ver·dün·ni·sie·ren *refl hum fam* clear off.

ver·dun·sten ‹sein› *itr* evaporate; **Ver·dun·ster** *m tech* humidifier; **Ver·dun·stung** *f* evaporation.

ver·dur·sten ‹sein› *itr* die of thirst.

ver·dü·stern [fɛrˈdy:stɐn] *tr refl* darken.

ver·dutzt [fɛrˈdʊtst] *adj fam* **1.** *(erstaunt)* taken aback; **2.** *(verwirrt)* baffled.

ver·edeln *tr* **1.** *(Industrieprodukte)* finish; **2.** *(weiterverarbeiten: Rohstoffe)* refine.

ver·eh·ren *tr* **1.** *eccl (anbeten)* honour; **2.** *(bewundern)* admire; **3.** *fam (schenken)* present (*jdm etw* s.o. with s.th.); ▶ **Verehrtester** *hum* dear Sir! **verehrte Anwesende!** Ladies and Gentlemen! **Ver·eh·rer(in)** *m (f)* admirer; **Ver·eh·rung** *f* **1.** *(anbetende Liebe)* adoration; **2.** *eccl (e-s Heiligen etc)* worship; **3.** *(Hochachtung)* admiration; **ver·eh·rungs·wür·dig** *adj (ehrwürdig)* venerable.

ver·ei·di·gen [fɛrˈaɪdɪgən] *tr* swear in; ▶ **jdn auf die Bibel ~** make s.o. swear on the Bible; **ver·ei·digt** *adj* sworn; **Ver·ei·di·gung** *f* swearing in.

Ver·ein [fɛrˈaɪn] ‹-(e)s, -e› *m* **1.** *(Gesellschaft)* association; *(Sport~)* club; **2.** *fam hum* bunch; ▶ **eingetragener ~** registered society.

ver·ein·bar *adj* compatible; *(logisch)* consistent; **ver·ein·ba·ren** *tr* **1.** *(absprechen)* agree; *(Termin, Treffen etc)* arrange; **2.** *fig (in Einklang bringen)* reconcile (*etw mit etw* s.th. with s.th.); **Ver·ein·ba·rung** *f* agreement, arrangement; ▶ **e-e ~ treffen** make an agreement; **laut** (*od* **nach**) **~** by arrangement.

ver·ei·nen I *tr* unite; **II** *refl* join together; ▶ **in diesem Plan ~ sich ... u. ...** this plan combines ... with ...

ver·ein·fa·chen *tr* simplify; *math* reduce; **Ver·ein·fa·chung** *f* simplification; *math* reduction.

ver·ein·heit·li·chen *tr* standardize.

ver·ei·ni·gen *tr refl* **1.** unite; **2.** *(verbinden)* combine; **3.** *com (fusionieren)* merge (*zu* into, *mit* with); ▶ **die beiden Flüsse ~ sich bei ...** the two rivers meet at ...; **wir müssen unsere Kräfte ~** we must combine our forces; **Ihr Plan vereinigt die Vorzüge der beiden anderen** your plan combines the merits of the other two; **ver·ein(ig)t** *adj* united; ▶ **die Vereinigten Staaten** *(von Amerika)* the United States; **das Vereinigte Königreich Großbritannien und Nordirland** United Kingdom (of Great Britain and Northern Ireland); **die Vereinten Nationen** the United Nations; **Ver·ei·ni·gung** *f* **1.** *(das Vereinigen) allg* uniting; *(Verbinden)* combining; *com (Fusionieren)* merging; **2.** *(Bund, körperl. od ehel. ~)* union; **3.** *(Organisation)* organization.

ver·ein·sa·men ⟨sein⟩ *itr* become isolated (*od* lonely); **ver·ein·samt** *adj* isolated, lonely; **Ver·ein·sa·mung** *f* isolation, loneliness.

Ver·eins·mit·glied *n* club member.

ver·eint *adj* united.

ver·ein·zelt *adj* occasional, sporadic.

ver·ei·sen [fɛrˈaɪzən] ⟨sein⟩ *itr (Gegenstand)* freeze; *(Straße)* freeze over; *(Scheibe)* ice over; *aero (Tragfläche)* ice up.

ver·ei·teln [fɛrˈaɪtəln] *tr* foil, frustrate, thwart.

ver·ei·tern *itr* go septic; ▶ **vereitert sein** be septic; **Ver·ei·te·rung** *f* sepsis.

ver·en·den ⟨sein⟩ *itr (von Tieren)* die, perish.

ver·en·gen **I** *tr* **1.** make narrower; **2.** *(zus.-ziehen)* contract; **3.** *fig (Horizont)* narrow; **II** *refl* **1.** become narrow; **2.** *(sich zus.-ziehen)* contract; **3.** *fig (Horizont)* narrow.

ver·er·ben **I** *tr* **1.** *(Eigentum)* leave, bequeath (*jdm* to s.o.); **2.** *(Krankheit)* transmit; *(Eigenschaften)* pass on (*jdm od auf jdn* to s.o.); **II** *refl* be transmitted *od* passed on (*auf jdn* to s.o.); **ver·erb·lich** *adj med* hereditary; **Ver·er·bung** *f* **1.** *(das Vererben)* bequeathing; **2.** *(von Krankheit)* transmission; *(von Eigenschaften)* passing on; **3.** *med (das Phänomen)* heredity; ▶ **das ist ~** it's a matter of heredity (*od* it's hereditary); **Ver·er·bungs·le·hre** *f* genetics *pl.*

ver·ewi·gen **I** *tr* **1.** *(unsterblich machen)* immortalize; **2.** *(System, Verhältnisse)* perpetuate; **II** *refl (sich unsterblich machen)* immortalize o.s.

Ver·fah·ren ⟨-s, -⟩ *n* **1.** *(Methode)* method; **2.** *jur* proceedings; *(als Einrichtung)* procedure; **3.** *tech* process, technique; ▶ **ein ~ einleiten** *jur* initiate legal proceedings *pl* (*gegen jdn* against s.o.); **das ~ einstellen** *jur* quash (*od* drop) the proceedings.

ver·fah·ren[1] *adj fam* bungled, muddled; ▶ **e-e ~e Angelegenheit** a bungle, a muddle.

ver·fah·ren[2] ⟨sein⟩ *irr itr (vorgehen)* proceed; ▶ **schlecht mit jdm ~** deal badly with s.o.

ver·fah·ren[3] ⟨h⟩ *irr* **I** *tr* **1.** *(Benzin)* use up; **2.** *(Zeit, Geld)* spend in driving about; **II** *refl* lose one's way.

Ver·fah·rens·fra·gen *pl* procedural questions; **Ver·fah·rens·tech·nik** *f* process engineering.

Ver·fall ⟨-(e)s⟩ *m* **1.** *(Zerfall)* decay; *(von Häusern)* dilapidation; **2.** *(Niedergang)* decline; **3.** *com fin (Ungültigwerden von Wechsel etc)* expiry, maturity; ▶ **in ~ geraten** decay, go to ruin; **dem ~ preisgeben** let go to ruin; **bei ~** *com fin* at maturity (*od* when due); **ver·fal·len** ⟨sein⟩ *irr itr* **1.** *(zerfallen)* decay, go to ruin; *(körperlich, geistig, kulturell)* decline; **2.** *com fin (Wechsel)* fall due, mature; *(Scheck, a. Fahrkarte etc)* expire; *(Banknoten, Briefmarken etc)* become invalid; **3.** *(abhängig werden)* become a slave (*jdm od e-r Sache* to s.o. *od* to s.th.); **4.** *(an etw denken)* think (*auf etw* of s.th.); ▶ **wir wollen nicht in denselben Fehler ~!** let's not make the same mistake! **dem Alkohol ~** become addicted to alcohol; **wie bist du nur darauf ~?** whatever gave you that idea?

ver·fal·len *adj* **1.** *(Häuser etc)* dilapidated; *(abgezehrt)* emaciated; *(senil)* senile; **2.** *com fin (Banknoten etc)* invalid; *(Scheck)* expired; **3.** *(e-m Laster)* addicted to ...; ▶ **er ist ihr völlig ~** he's completely under her spell.

Ver·falls·da·tum *n* best-before date; **Ver·falls·er·schei·nung** *f* symptom of decline (*bei* in); **Ver·falls·tag** *m* **1.** *com fin* expiry date; **2.** *(bei Lebensmitteln a.)* eat-by date.

ver·fäl·schen *tr* **1.** *allg* falsify; **2.** *(Wein, Geschmack etc)* adulterate; **Ver·fäl·schung** *f* falsification.

ver·fan·gen *irr* **I** *itr refl* become entangled, get caught.

ver·fäng·lich [fɛrˈfɛŋlɪç] *adj* **1.** *(heimtückisch)* insidious; **2.** *(gefährlich)* dangerous; **3.** *jur (belastend)* incriminating.

ver·fär·ben *refl* **1.** *(Kleidung etc)* change colour; **2.** *(erblassen)* grow pale; *(erröten)* flush.

ver·fas·sen *tr* write; **Ver·fas·ser(in)** *m (f)* author, writer.

Ver·fas·sung *f* **1.** *pol (Staats~)* constitution; **2.** *(Zustand)* state (*gesundheitl.* of health, *gemütsmäßig* of mind); ▶ **ich bin nicht in der ~, zu ...** I'm in no fit state to ...; **ver·fas·sung·ge·bend** *adj* constituent; **Ver·fas·sungs·be·schwer·de** *f* complaint of unconstitutionality; **Ver·fas·sungs·ge·richt** *n jur* constitutional court; **Ver·fas·sungs·kla·ge** *f jur* complaint of unconstitutionality; **ver·fas·sungs·mä·ßig** *adj* constitutional; **Ver·fas·sungs·re·form** *f* constitutional reform; **Ver·fas·sungs·rich·ter(in)** *m (f)* judge of the constitutional court; **Ver·fas·sungs·schutz** *m (Amt für ~)* Office for the Protection of the Constitution; **ver·fas·sungs·wid·rig** *adj* unconstitutional.

ver·fau·len ‹sein› **1.** decay, rot; **2.** *fig* degenerate.

ver·fech·ten *irr tr* defend, maintain, stand up for; **Ver·fech·ter(in)** *m (f)* advocate, champion.

ver·feh·len *tr (nicht treffen)* miss; **ver·fehlt** *adj (nicht angebracht)* inappropriate; **Ver·feh·lung** *f* **1.** *(Sünde)* transgression; *(Vergehen)* misdemeanour; **2.** *(Ziel~)* missing.

ver·fein·den *refl:* ► **sich mit jdm ~** make an enemy of s.o.

ver·fei·nern I *tr* refine; *(verbessern)* improve; **II** *refl* become refined; *(sich verbessern)* improve; **ver·fei·nert** *adj (Geschmack, Verfahren etc)* sophisticated.

Ver·fet·tung *f med (des Körpers)* obesity; *(einzelner Organe)* adiposity.

ver·feu·ern *tr* **1.** *(Munition)* fire; **2.** *(Brennmaterial)* burn.

ver·fil·men *tr* make a film of; **Ver·fil·mung** *f* **1.** *(Vorgang)* filming; **2.** *(Ergebnis)* film version.

ver·filzt *adj* **1.** *fig pol* entangled; **2.** *(Wolle etc)* felted, matted.

ver·fin·stern I *tr allg* darken; *astr (Gestirne)* eclipse; **II** *refl a. fig* darken.

ver·fla·chen ‹sein› *itr fig (Diskussion etc)* become shallow.

Ver·flech·tung *f fig* interconnection.

ver·flie·gen *irr* **I** *itr* ‹sein› **1.** *fig (vergehen)* pass, vanish; **2.** *chem (sich verflüchtigen)* vanish; *(Geruch)* fade away; **II** *refl* ‹h› *aero* lose one's bearings.

ver·flie·ßen ‹sein› *irr itr* **1.** *(Zeit)* go by, pass; **2.** *(Farben)* run.

ver·flixt [fɛrˈflɪkst] **I** *adj* **1.** *fam* darned; **2.** *(schwierig)* tricky; **II** *adv* darned; **III** *interj:* ► **~ (noch mal)!** blast (it)! darn! **~ u. zugenäht!** damn and blast!

ver·flos·sen [fɛrˈflɔsən] *adj (vergangen)* past, former; ► **s-e V~e** *hum* his ex-girlfriend *od* exfiancée *od* ex-wife.

ver·flu·chen *tr* curse; **ver·flucht I** *adj adv fam* damn, *Br* bloody, fucking; **II** *interj:* ► **~!** damn (it)! **~ noch mal!** fucking hell! **~ viel** a hell of a lot; **wir haben ~ geschuftet** we toiled like hell.

ver·flüch·ti·gen *refl* **1.** *(verdampfen)* evaporate; **2.** *fig fam (Person)* vanish; **3.** *fig (Bedenken)* be dispelled.

ver·flüs·si·gen *tr refl* liquefy; **Ver·flüs·si·gung** *f* liquefaction.

ver·fol·gen *tr* **1.** *allg (a. Ziel, Idee etc)* pursue; **2.** *(Entwicklung, Spur, Unterricht, Person)* follow; **3.** *pol* persecute; *jur (gerichtlich)* prosecute; **4.** *(heimsuchen)* haunt; **Ver·fol·ger(in)** *m (f)* **1.** pursuer; **2.** *rel pol* persecutor; **Ver·folg·te(r)** *f m rel pol* victim of persecution; **Ver·fol·gung** *f* **1.** *(das Nachjagen)* pursuit; **2.** *rel pol* persecution; *jur* prosecution; ► **die ~ aufnehmen** take up the chase; **Ver·fol·gungs·jagd** *f* chase, pursuit; **Ver·fol·gungs·kam·pa·gne** *f* persecution campaign; **Ver·fol·gungs·wahn** *m med* persecution mania.

ver·for·men I *tr* distort, make go out of shape (*zu* into); **II** *refl* go out of shape.

ver·frach·ten *tr* **1.** *(transportieren)* transport; *mar* ship; **2.** *fam (Person)* bundle off.

ver·fran·sen [fɛrˈfranzən] *refl* **1.** *aero fam* lose one's bearings; **2.** *fig fam* get in a muddle.

ver·frem·den *tr* defamiliarize; **Ver·frem·dung** *f* defamiliarization.

ver·fres·sen *adj fam pej* greedy.

ver·früht *adj* premature.

ver·füg·bar *adj* available, disposable.

ver·fü·gen I *tr (anordnen)* order; *(per Gesetz)* decree; **II** *itr (zur Verfügung haben):* ► **über etw ~** have s.th. at one's disposal; *(bestimmen)* be in charge of s.th.; **er kann über s-e Zeit nicht frei ~** he is not master of his time; **~ Sie über mich!** I am at your disposal! **Ver·fü·gung** *f (Erlaß)* decree; *(Anordnung)* order; *(~srecht)* disposal; ► **sich jdm zur ~ halten** be available to s.o.; **zu Ihrer ~** at your disposal; **einstweilige ~** *jur* temporary injunction; **jdm zur ~ stehen** be at someone's disposal; **jdm etw zur ~ stellen** put s.th. at someone's disposal; **Ver·fü·gungs·ge·walt** *jur* right of disposal.

ver·füh·ren *tr* **1.** *(in Versuchung führen)* tempt; **2.** *(sexuell verleiten)* seduce; ► **jdn zu etw ~** encourage s.o. to do s.th.; **Ver·füh·rer(in)** *m (f)* seducer (seductress); **ver·füh·re·risch** *adj (verlockend)* enticing; **Ver·füh·rung** *f* **1.** *(sexuell)* seduction; **2.** *(Verlockung)* enticement.

Ver·ga·be *f:* ► **~ von Aufträgen** placing of orders; **~ von Verträgen** award of contracts.

ver·gäl·len [fɛrˈgɛlən] *tr fig* embitter; *(Freude)* spoil; *(Leben etc schwermachen)* sour.

ver·ga·lop·pie·ren *refl fig fam* **1.** *(irren)* blunder; **2.** *(zu weit vorpreschen)* go too far.

ver·gam·meln *fam* **I** *itr* ‹sein› **1.** *(verfaulen)* go bad, rot; **2.** *fig (Person)* go to seed; **II** *tr* ‹h:› ▶ **seine Zeit** ~ idle away one's time; **e-n Tag** ~ have a day doing nothing; **ver·gam·melt** *adj fam pej* scruffy.

ver·gan·gen [fɛrˈgaŋən] *adj* **1.** *(früher)* bygone, past; **2.** *(letzte)* last; ▶ **~es Jahr** last year; **~e Größe** former greatness; **Ver·gan·gen·heit** *f* **1.** past; **2.** *gram* past tense; **3.** *(Geschichte)* history; **Ver·gan·gen·heits·be·wäl·ti·gung** *f process of coming to terms with the past;* **ver·gäng·lich** [fɛrˈgɛŋlɪç] *adj* transient, transitory; **Ver·gäng·lich·keit** *f* transitoriness.

ver·ga·sen *tr* **1.** *(durch Gas töten)* gas; **2.** *(Kohle)* gasify; **Ver·ga·ser** *m mot* carburettor.

ver·ge·ben *irr tr* **1.** *(Auftrag, Preis etc)* award (*an* to); **2.** *(verzeihen)* forgive (*jdm etw* s.o. for s.th.), pardon (*jdm etw* s.o. s.th.); **3.** *(Chancen etc)* throw away; ▶ **ist die Stelle schon ~?** has the vacancy been filled already? **sind diese Plätze ~?** have these seats been taken? **ich bin schon ~** *fam* I'm already spoken for; **er würde sich nichts vergeben, wenn er sich einmal bedanken würde** it wouldn't hurt him to say thank you once in a while.

ver·ge·bens *adv* in vain, vainly.

ver·geb·lich I *adj* futile; **II** *adv* in vain; **Ver·geb·lich·keit** *f* futility.

Ver·ge·bung *f* forgiveness, pardon.

ver·ge·gen·wär·ti·gen [---ˈ---] *refl* **1.** *(vorstellen)* imagine; **2.** *(vor Augen rufen)* visualize; **3.** *(erinnern)* recall.

Ver·ge·hen ‹-s, -› *n* **1.** *(das Schwinden)* fading; **2.** *jur* offence; **ver·ge·hen** *irr* **I** *itr* **1.** *(vorbeigehen)* pass; *(Liebe etc)* die; **2.** *(dahinschwinden)* fade, waste away; *(nachlassen)* wear off; ▶ **das vergeht!** *fam* it'll pass! **vor Neugier ~** be dying of curiosity; **mir verging Hören und Sehen** *fam* I didn't know whether I was coming or going; **wie die Zeit vergeht!** how time flies! **II** *refl (eine Untat begehen)* commit an offence; ▶ **sich an jdm ~** do s.o. wrong; **sich gegen etw ~** commit an offence against s.th.

ver·gei·stigt *adj* spiritual.

ver·gel·ten *irr tr* repay (*jdm etw* s.o. for s.th.); ▶ **Gleiches mit Gleichem ~** give tit for tat; **Gutes mit Bösem ~** return good for evil; **Ver·gel·tung** *f* retribution; *(Rache)* retaliation; **Ver·gel·tungs·maß·nah·me** *f* retaliatory measure; **Ver·gel·tungs·schlag** *m* act of reprisal.

ver·ges·sen [fɛrˈgɛsən] *irr* **I** *tr itr* **1.** forget; **2.** *(liegenlassen)* leave; ▶ **das werde ich Ihnen nie ~** *(Gutes)* I will always remember you for that; *(Schlechtes)* I will never forget that; **II** *refl* forget o.s.; **Ver·ges·sen·heit** *f:* ▶ **in ~ geraten** fall into oblivion; **ver·geß·lich** *adj* forgetful; **Ver·geß·lich·keit** *f* forgetfulness.

ver·geu·den [fɛrˈgɔɪdən] *tr* waste; **Ver·geu·dung** *f* waste.

ver·ge·wal·ti·gen [fɛrgəˈvaltɪgən] **I** *tr* **1.** *(sexuell)* rape; **2.** *fig (Sprache, Kunst etc)* mutilate; **Ver·ge·wal·ti·ger** *m* rapist; **Ver·ge·wal·ti·gung** *f* **1.** *(sexuell)* rape; **2.** *fig* mutilation.

ver·ge·wis·sern [fɛrgəˈvɪsɐn] *refl* make sure (*e-r Sache* of s.th.).

ver·gie·ßen *irr tr (Blut, Tränen)* shed; *(Flüssigkeit)* spill.

ver·gif·ten *tr a. fig* poison; **Ver·gif·tung** *f* poisoning.

ver·gilbt [fɛrˈgɪlpt] *adj* yellowed.

Ver·giß·mein·nicht [fɛrˈgɪsmaɪnɪçt] ‹-(e)s, -(e)/(s)› *n* forget-me-not.

ver·git·tern *tr* put a grate over ...; **Ver·git·te·rung** *f* grating.

ver·gla·sen [fɛrˈglaːzən] *tr* glaze; **Ver·gla·sung** *f* glazing.

Ver·gleich ‹-(e)s, -e› *m* **1.** comparison; **2.** *jur* settlement; ▶ **im ~ zu ...** compared to ..., in comparison with ...; **e-n ~ anstellen** make a comparison (*zwischen* between); **e-m ~ standhalten** bear comparison; **sein Wagen ist überhaupt kein ~ zu meinem Jaguar** his car can't be compared to my Jag; **es schneidet im ~ überhaupt nicht gut ab** it doesn't compare very well at all; **e-n gütlichen ~ schließen** *jur* reach an amicable settlement; **ver·gleich·bar** *adj* comparable; **ver·glei·chen** *irr* **I** *tr* compare (*mit* to, with); ▶ **ein Sonett mit e-m anderen ~** compare one sonnet with another; **II** *refl* **1.** *allg* compare o.s. (*mit jdm* with *od* to s.o.); **2.** *jur (sich verständigen)* settle (*mit jdm* with s.o.); ▶ **wollen Sie sich etwa mit ihm ~?** don't tell me you mean to compare yourself to him! **in Punkto Geschwindigkeit läßt sich der alte Wagen nicht mit dem neuen ~** the old car can't be compared for speed with the new one; **ver·gleichs·wei·se** *adv* comparatively; ▶ **es schneidet ~ schlecht (gut) ab** it compares badly (well).

Ver·gnü·gen ‹-s, -› *n (Genuß)* pleasure; *(Freude)* joy; *(Amüsement)* amusement; *(Spaß)* fun; ▶ **(nur) zum ~** (just) for fun; **mit ~** with pleasure; **das macht mir ~** I enjoy it; **das wird ein teures ~** thats going to be an expensive bit of fun; **na dann viel ~!** *(ironisch)* I wish you joy! **viel ~!** enjoy yourself! have a good time! **an etw ~ finden** take pleasure in s.th.; **etw zu s-m ~ tun** do s.th. for one's own amusement; **ich mache das nicht zu meinem ~** I'm not doing it for the fun of it; **er fand großes ~ daran, Vögel zu beobachten** he got a lot of enjoyment from bird-watching.

ver·gnü·gen [fɛrˈgny:gən] ⟨ohne ge⟩ *refl* amuse o.s., enjoy o.s.; ▶ **sich mit jdm** *od* **etw** *od* **e-r Tätigkeit ~** amuse o.s. with s.o. *od* with s.th. *od* by doing s.th.; **ver·gnüg·lich** *adj* enjoyable, pleasureable; **ver·gnügt** enjoyable; *(freudig, heiter)* cheerful; **Ver·gnü·gung** *f* **1.** *(Amüsement, Freude)* pleasure; **2.** *(~sveranstaltung)* entertainment; **Ver·gnü·gungs·park** *m* amusement park; **Ver·gnü·gungs·rei·se** *f* pleasure trip; **Ver·gnü·gungs·steu·er** *f Br* entertainment (*Am* admission) tax; **ver·gnü·gungs·süch·tig** *adj* pleasure-craving.

ver·gol·den *tr* **1.** *(mit Farbe)* paint gold; **2.** *(mit Blattgold)* gild; **3.** *(feuervergolden)* gold-plate.

ver·gön·nen *tr* not begrudge (*jdm etw* s.o. s.th.); ▶ **es war ihm vergönnt, den König zu sehen** he was granted the privilege of seeing the King.

ver·göt·tern [fɛrˈgœtən] *tr fig* idolize.

ver·gra·ben *irr* **I** *tr* bury; **II** *refl fig (sich zurückziehen)* hide o.s. away; **sie vergräbt sich in ihren Büchern** *fig* she buries herself in her books.

ver·grämt [fɛrˈgrɛ:mt] *adj obs* grief-stricken.

ver·grei·fen *irr refl (daneben greifen)* take the wrong; ▶ **sich an jdm ~** *(angreifen)* lay hands on s.o.; *(sexuell)* assault s.o.; **sich an etw ~** *(unterschlagen)* embezzle s.th.; **Sie ~ sich im Ton!** that's the wrong tone to speak to me in!

ver·grei·sen *itr* become senile.

ver·grif·fen [fɛrˈgrɪfən] *adj (Ware allg)* sold out, out of stock; *(Buch)* out of print.

ver·grö·ßern [fɛrˈgrø:sərn] **I** *tr* **1.** *(an Fläche, Umfang)* enlarge; **2.** *(an Zahl, Umfang)* increase; **3.** *(ausdehnen)* extend; *com (Absatzmärkte)* expand; **4.** *opt* magnify; *phot* blow up; **II** *refl* **1.** be enlarged; **2.** *(anwachsen)* increase; **3.** *(sich ausdehnen)* be extented, expand; **4.** *(Pupille, Blutgefäße)* dilate; *(Leber, Niere etc)* become enlarged; **III** *itr opt* magnify; **Ver·grö·ße·rung** *f* **1.** *(flächenmäßig)* enlargement; *(nach Ausdehnung)* extension; *com markt* expansion; **2.** *(zahlenmäßig)* increase; **3.** *opt* magnification; *phot* enlargement; **4.** *(von Pupille, Blutgefäßen)* dilation; *(von Organ)* enlargement; **Ver·grö·ße·rungs·glas** *n* magnifying glass.

ver·gucken (k·k) *refl fam* see wrong; ▶ **sich in etw (jdn) ~** fall for s.th. (s.o.).

ver·gün·stigt *adj:* ▶ **etw ~ kaufen** buy s.th. at a reduced price; **Ver·gün·sti·gung** *f* **1.** *(preislich)* reduction; **2.** *(Vorrecht)* favour, privilege.

ver·gü·ten [fɛrˈgy:tən] *tr* **1.** *(Verlust ersetzen)* compensate (*jdm etw* s.o. for s.th.); **2.** *(Auslagen)* reimburse (*jdm etw* s.o. for s.th.); **3.** *(Arbeitsleistung)* recompense, remunerate (*jdm etw* s.o. for s.th.); **4.** *tech (Stahl)* temper; **5.** *phot (Linse)* coat; **Ver·gü·tung** *f* **1.** *(Kompensation)* compensation; **2.** *(Auslagenersatz)* reimbursement; **3.** *(Lohn)* recompense, remuneration; **4.** *tech (von Stahl)* tempering; **5.** *phot (Linsenbeschichtung)* coating.

ver·haf·ten [fɛrˈhaftən] *tr* arrest; ▶ **Sie sind verhaftet!** you are under arrest! **Ver·haf·tung** *f* arrest; **Ver·haf·tungs·wel·le** *f* wave of arrests.

ver·hal·len ⟨sein⟩ *itr* die (*od* fade) away; ▶ **ungehört ~** *fig* go unheeded.

Ver·hal·ten ⟨-s⟩ *n* **1.** *(Benehmen)* behaviour; **2.** *(Haltung)* attitude; **3.** *(Vorgehen)* conduct.

ver·hal·ten *irr* **I** *tr* **1.** *(unterdrücken)* keep back; *(Zorn)* retain; *(Atem)* hold; **II** *refl* **1.** *(sich benehmen)* behave; *(handeln)* act; **2.** *(sein)* be, be the case; **3.** *math* be; ▶ **a verhält sich zu b wie c zu d** a ist to b as c to d; **4.** *chem (reagieren)* react; ▶ **sich ruhig ~** keep quiet; **wenn sich das so verhält ...** if that is the case ...; **die Sache verhält sich anders** the matter is different; **wie ~ Sie sich dazu?** what is your attitude to that?

Ver·hal·tens·for·schung *f* behavioural research; **ver·hal·tens·ge·stört** *adj* disturbed, maladjusted; **Ver·hal·tens·maß·re·gel** *f* rule of conduct; **Ver·hal·tens·stö·rung** *f* behavioural disorder; **Ver·hal·tens·wei·se** *f* behaviour.

Ver·hält·nis [fɛrˈhɛltnɪs] ⟨-ses, -se⟩ *n* **1.** *(Relation)* proportion, relation; **2.** *(Liebes~)* (love-)affair; **3.** *pl (Lage)* conditions *pl*, situation; *(Umstände)* circumstances *pl;* **4.** *(menschl. Beziehung)* relationship (*mit jdm od etw* with s.o. *od* to s.th.); *(zwischen Staaten)* relations *pl* (*zu* with); ▶ **mit jdm ein ~ haben** have an affair with s.o.; **in keinem ~ zu etw stehen** be out of all proportion to s.th.; **bei den derzeitigen ~sen** under present conditions; **er hat kein ~ zur Dichtung** he cannot relate to poetry; **wir müssen klare ~se schaffen** we must get things straight; **ich bin für klare ~se** I want to know how we stand; **umgekehrtes ~** *math* inverse ratio; **in gesicherten ~sen** in easy circumstances; **er lebt über seine ~se** he lives beyond his means; **ver·hält·nis·mä·ßig** *adj* **1.** *(proportional)* proportional; *jur (angemessen)* proportionate; **2.** *fam (ziemlich)* reasonable; **Ver·hält·nis·mä·ßig·keit** *f* ▶ **die ~ der Mittel** the appropriateness of the means; **Ver·hält·nis·wahl·recht** *n* proportional representation; **Ver·hält·nis·wort** *n gram* preposition.

ver·han·deln I *tr* **1.** negotiate; **2.** *jur* hear; **II** *itr* **1.** negotiate (*über* about); **2.** *jur* hear a (*od* the) case; **Ver·hand·lung** *f* **1.** negotiations *pl;* **2.** *jur* hearing; *(in Strafsache)* trial; ► **~en aufnehmen** enter into negotiations (*mit jdm* with s.o.); **da lasse ich mich auf keine ~en ein** *fam* I don't propose to enter into any long debates! **Ver·hand·lungs·ba·sis** *f* basis for negotiations; **ver·hand·lungs·be·reit** *adj* ready to negotiate; **Ver·hand·lungs·be·reit·schaft** *f* readiness to negotiate.

ver·hän·gen *tr* **1.** *(mit Stoff etc)* cover (*mit* with); **2.** *(Strafe)* impose (*über jdn* on s.o.).

Ver·häng·nis ⟨-ses, -se⟩ *n (Unglück)* disaster; ► **jdm zum ~ werden** be s.o.'s undoing; **ver·häng·nis·voll** *adj (fatal)* fatal, fateful; *(katastrophal)* disastrous.

ver·harm·lo·sen *tr* belittle, play down; **Ver·harm·lo·sung** *f* belittlement.

ver·härmt [fɛrˈhɛrmt] *adj* careworn.

ver·har·ren *itr* pause, remain; ► **auf s-m Standpunkt ~** persist in one's viewpoint.

ver·har·schen [fɛrˈharʃən] ⟨sein⟩ *itr (Schnee)* crust.

ver·has·peln [fɛrˈhaspəln] *refl* get into a tangle.

ver·haßt *adj* hated; ► **sich (bei jdm) ~ machen** make o.s. hated (by s.o.); **wie mir so was ~ ist!** how much I hate such things!

ver·hät·scheln *tr* pamper; *(verderben)* spoil.

Ver·hau [fɛrˈhaʊ] ⟨-(e)s, -e⟩ *m* barrier.

ver·hau·en *irr* **I** *tr* **1.** *fam (prügeln)* beat up; *(Kind)* lick, thrash; **2.** *fig fam (schlecht od völlig falsch machen)* muff; **II** *refl fig fam (sich irren)* slip up; *(e-n Fehler machen)* make a mistake.

ver·he·ben *irr refl* hurt o.s. lifting s.th.

ver·hed·dern [fɛrˈhɛdɐn] *refl* get into a tangle.

ver·hee·ren [fɛrˈhe:rən] *tr* devastate; **ver·hee·rend** *adj* **1.** devastating; **2.** *fam (schrecklich)* frightful, ghastly.

ver·heh·len [fɛrˈhe:lən] *tr* conceal, hide (*jdm etw* s.th. from s.o.).

ver·hei·len ⟨sein⟩ *itr a. fig* heal.

ver·heim·li·chen *tr* conceal, keep secret (*jdm etw od etw vor jdm* s.th. from s.o.); **Ver·heim·li·chung** *f* concealment.

ver·hei·ra·ten I *tr* marry (*mit* to); ► **er ist mit s-m Job verheiratet** *hum fam* he's married to his job; **II** *refl* get married (*mit jdm* to s.o.), marry (*mit jdm* s.o.).

ver·hei·ßen *irr tr* promise; **Ver·hei·ßung** *f* promise; ► **das Land der ~** *eccl* the Promised Land; **ver·hei·ßungs·voll** *adj* promising.

ver·hel·fen *irr tr:* ► **jdm zu etw ~** help s.o. to (get) s.th.

ver·herr·li·chen *tr* glorify; **Ver·herr·li·chung** *f* glorification.

ver·het·zen *tr* incite.

ver·he·xen *tr* bewitch; ► **das ist doch wie verhext!** *fig fam* there must be a jinx on it!

ver·hin·dern *tr* prevent; *(Unheil)* avert; ► **das ließ sich leider nicht ~** it couldn't be helped; **ein verhinderter Schriftsteller** a would-be author; **Ver·hin·de·rung** *f* avertion, prevention; ► **im Falle Ihrer ~ ...** should you be unable to come ...

ver·höh·nen *tr* deride, scoff at ...; **Ver·höh·nung** *f* deriding, scoffing.

Ver·hör [fɛrˈhø:ɐ] ⟨-(e)s, -e⟩ *n (Befragung)* interrogation, questioning; *(vor Gericht)* examination; **ver·hö·ren I** *tr (befragen)* interrogate, question; *(vor Gericht)* examine; **II** *refl* mishear.

ver·hül·len *tr* cover, veil.

ver·hun·gern ⟨sein⟩ *itr* **1.** die of starvation, starve; **2.** *fig fam (großen Hunger haben)* be starving; ► **jdn ~ lassen** let s.o. starve to death.

ver·hun·zen [fɛɐˈhʊntsən] *tr fam* ruin, spoil.

ver·hü·ten *tr* prevent; ► **das möge Gott ~!** God forbid! **~de Maßnahmen** preventive measures; **Ver·hü·tung** *f* **1.** *(Verhinderung)* prevention; **2.** *med* prophylaxis; **3.** *(Empfängnis~)* contraception; **Ver·hü·tungs·mit·tel** *n* contraceptive.

ve·ri·fi·zie·ren *tr* verify; **Ve·ri·fi·zie·rung** *f* verification.

ver·in·ner·li·chen *tr* internalize (*etw* s.th.).

ver·ir·ren *refl* **1.** lose one's way; **2.** *fig* go astray.

ver·ja·gen *tr a. fig* chase away.

ver·jäh·ren [fɛrˈjɛ:rən] ⟨sein⟩ *itr jur* fall under the statute of limitation; *(Anspruch)* be in lapse; **ver·jährt** *adj* **1.** *jur* statute-barred; **2.** *fam:* ► **das ist schon längst ~** that's all over and done with; **Ver·jäh·rung** *f jur* **1.** *(von Straftat)* limitation; **2.** *(von Anspruch)* lapse.

ver·ju·beln *tr fam* blue (*für etw* on s.th.).

ver·jün·gen [fɛrˈjʏŋən] **I** *tr* rejuvenate; **II** *refl (nach oben od unten dünner werden)* narrow, taper.

ver·ka·beln *tr el tele* **1.** *(Drähte etc)* cable; **2.** *(Apparate)* connect up; **3.** *radio TV* link up to the cable network; **Ver·ka·be·lung** *f el tele* cabling.

ver·kal·ken ⟨sein⟩ *itr* **1.** *(Kalk ansetzen)* calcify; *(Arterien)* get hardened; *(Wasserleitung)* fur up; **2.** *fam (Person)* become senile.

ver·kal·ku·lie·ren *refl* miscalculate.

Ver·kal·kung *f* **1.** *(das Kalkansetzen)* calcification; *(von Wasserleitung)* furring; **2.** *fam (Vergreisung)* senility.

ver·kannt *adj* unappreciated.

ver·kappt *adj* disguised.

ver·ka·tert *adj fam* hung-over.

Ver·kauf ‹-(e)s, ⸚e› *m* **1.** sale; *(das ~en)* selling; **2.** *(~sabtlg.)* sales *pl mit sing;* ▶ **etw zum ~ anbieten** put s.th. up for sale; **steht es zum ~?** is it up for sale?

ver·kau·fen I *tr* **1.** *a. fig* sell (*für* for); ▶ **verraten u. verkauft** *fam* well and truly sunk; **zu ~** for sale; **gegen bar ~** sell for cash; **von dem Buch wurden 300 Exemplare verkauft** this book sold 300 copies; **sein Leben teuer ~** *fig* sell one's life dearly; **ihr Produkt läßt sich nicht ~** nothing will sell this product; **II** *refl* **1.** *(Ware)* sell; **2.** *fig (Person)* sell o.s.

Ver·käu·fer(in) *m (f)* **1.** seller; **2.** *(im Ladengeschäft) Br* shop assistant, *Am* clerk; **3.** *(im Außendienst) Br* salesman *od* saleswoman, salesperson; **4.** *jur* vendor; **ver·käuf·lich** *adj* **1.** *com markt (verkaufbar)* marketable, sal(e)able; **2.** *(kaufbar)* for sale; ▶ **leicht (schwer) ~** easy (hard) to sell.

Ver·kaufs·aus·stel·lung *f* sales exhibition; **Ver·kaufs·lei·ter** *m com* sales manager; **Ver·kaufs·preis** *m* retail price; **Ver·kaufs·schla·ger** *m* big seller.

Ver·kehr [fɛrˈkeːɐ] ‹-(e)s› *m* **1.** *(Straßen~)* traffic; **2.** *(Verbindung)* communication; **3.** *com* circulation; **4.** *(sexuell)* intercourse; ▶ **im brieflichen ~ stehen mit ...** be corresponding with ...; **dem ~ übergeben** open to traffic; **den ~ umleiten** divert the traffic; **etw aus dem ~ ziehen** *com fin* withdraw s.th. from circulation; *(aus dem Straßen~)* withdraw s.th. from service.

ver·keh·ren I *tr:* ▶ **etw ins Gegenteil ~** reverse s.th.; **II** *itr* **1.** *(fahren)* run; *(fliegen)* fly; **2.** *(gesellschaftl.)* associate (*mit jdm* with s.o.), frequent (*bei jdm* someone's house, *in e-m Lokal* a pub *od* restaurant); **3.** *(sexuell)* have (sexual) intercourse (*mit jdm* with s.o.); **III** *refl:* ▶ **sich ins Gegenteil ~** become reversed.

Ver·kehrs·ader *f* arterial road; **Ver·kehrs·am·pel** *f* traffic lights *pl;* **Ver·kehrs·amt** *n* **1.** traffic office; **2.** *(Verkehrsbüro)* tourist information office; **Ver·kehrs·auf·kom·men** *n* traffic volume; **ver·kehrs·be·ru·higt** *adj mot* traffic-calmed; **Ver·kehrs·be·ru·hi·gung** *f* traffic calming; traffic reduction; **Ver·kehrs·cha·os** *n* traffic chaos; **Ver·kehrs·de·likt** *n* traffic offence; **Ver·kehrs·dich·te** *f* traffic density; **Ver·kehrs·durch·sa·ge** *f* traffic announcement; **Ver·kehrs·er·zie·hung** *f* traffic education; **Ver·kehrs·fluß** *m* traffic flow; **Ver·kehrs·funk** *m* radio traffic service; **ver·kehrs·gün·stig** *adj* convenient; **Ver·kehrs·hin·weis** *m* traffic announcement; **Ver·kehrs·in·sel** *f Br* traffic island, *Am* safety isle; **Ver·kehrs·kno·ten·punkt** *m* railroad (*od* traffic) junction; **Ver·kehrs·kon·trol·le** *f* traffic control; **bei jdm e-e ~ machen** stop s.o.; **Ver·kehrs·mi·ni·ster** *m* Minister of Transport; **Ver·kehrs·mit·tel** *n Br* means *sing* of transport, *Am* transportation; **Ver·kehrs·pla·nung** *f* transport planning; **Ver·kehrs·po·li·zei** *f* traffic police; **Ver·kehrs·po·li·zist** *m Br* traffic policeman, *Am fam* speed-cop; **Ver·kehrs·re·gel** *f* traffic regulation; **Ver·kehrs·re·ge·lung** *f* traffic control; **ver·kehrs·reich** *adj (Gegend)* busy; ▶ **~e Zeit** peak time; **Ver·kehrs·schild** *n* traffic sign; **ver·kehrs·schwach** *adj* **1.** *(Gegend)* with little traffic; **2.** *(Zeit)* off-peak; ▶ **in ~en Zeiten** *Br* during slack periods, *Am* during light hours; **Ver·kehrs·si·cher·heit** *f* **1.** *(von Straßen)* road safety; **2.** *(von Fahrzeugen)* roadworthiness; **Ver·kehrs·stau·ung** *f* traffic jam; **Ver·kehrs·stö·rung** *f Br* traffic hold-up, *Am* tie-up; **Ver·kehrs·sün·der(in)** *m (f)* traffic offender; **ver·kehrs·tech·nisch I** *adj:* ▶ **~e Schwierigkeiten** technical difficulties involved in traffic engineering; **II** *adv:* ▶ **~ gesehen** from the technical viewpoint of traffic engineering; **Ver·kehrs·teil·neh·mer(in)** *m (f)* road user; **Ver·kehrs·to·te** *pl* road casualties; ▶ **die Zahl der ~n** the toll of the road; **Ver·kehrs·tüch·tig·keit** *f* **1.** *(von Kfz)* roadworthiness; **2.** *(von Person)* driving fitness; ▶ **Beeinträchtigung der ~** handicap to driving fitness; **Ver·kehrs·un·fall** *m* road accident; **Ver·kehrs·un·ter·richt** *m* traffic instruction; **Ver·kehrs·ver·bund** *m* combined transport authority; **Ver·kehrs·ver·ein** *m* tourist information office; **Ver·kehrs·vor·schrift** *f* traffic regulation; **Ver·kehrs·wacht** *f* road patrol; **Ver·kehrs·wert** *m com fin* market value; **Ver·kehrs·we·sen** *n* transport and communications *pl;* **ver·kehrs·wid·rig** *adj* contrary to road traffic regulations; ▶ **sich ~ verhalten** break the road traffic regulations; **Ver·kehrs·zäh·lung** *f* traffic census; **Ver·kehrs·zei·chen** *n* road sign, traffic sign.

ver·kehrt I *adj (falsch)* wrong; ▶ **e-e ~e Welt** a topsy-turvy world; **II** *adv* wrongly; ▶ **etw ~ machen** do s.th. the wrong way; **du kannst gar nichts ~ machen** you can't go wrong; **etw ~ rum**

anhaben *fam* have s.th. on back to front; *(innen nach außen)* inside out; **gar nicht (so) ~!** *fam* that can't be bad! **du hältst das Bild ~ rum** you're holding the picture the wrong way round; **das V~este, was du tun konntest** the worst thing you could do.

ver·ken·nen *irr tr* misjudge; *(unterschätzen)* underestimate; ▶ **deine Absichten sind nicht zu ~** your intentions are unmistakable; **wir ~ ja nicht, daß ...** we do not deny that ...; **Ver·ken·nung** *f* misjudg(e)ment; *(Unterschätzung)* underestimation.

ver·ket·ten *tr fig* link together; ▶ **verkettet sein** be interlinked.

ver·kit·ten *tr* cement; *(Fenster)* putty.

ver·kla·gen *tr jur* sue (*wegen* for), take to court (*jdn auf etw* s.o. for s.th.).

ver·klap·pen *tr (Abfallstoffe)* dump (in the sea); **Ver·klap·pung** *f (Abfallstoffe)* dumping (into the sea); **ver·klärt** *adj* transfigured.

ver·klau·su·lie·ren [fɛrklaʊzuˈliːrən] *fam (Text) tr* hedge in with clauses.

ver·kle·ben *tr* **1.** *(zus.kleben)* stick together; **2.** *(zukleben)* cover (*mit* with).

ver·klei·den I *tr* **1.** *a. fig* disguise; *(kostümieren)* dress up; **2.** *(Wand: mit Stoff)* line; *(täfeln)* wainscot; **II** *refl* disguise o.s., dress up; **Ver·klei·dung** *f* **1.** *(das Verkleiden)* disguising; *(das Kostümieren)* dressing up; **2.** *(als Ergebnis)* disguise; **3.** *(Stoff~)* lining; *(Täfelung)* wainscoting.

ver·klei·nern I *tr* make smaller; *(Maßstab)* scale down; *phot* reduce; **II** *itr opt* make everything (seem) smaller; **III** *refl* **1.** become smaller; **2.** *(sich verringern)* decrease; **3.** *fig* become less; **ver·klei·nert** *adj* reduced; *(Maßstab)* scaled down; **Ver·klei·ne·rung** *f* **1.** *(das Verkleinern)* making smaller; *(Maßstab)* scaling down; **2.** *(von Bild)* reduced size reproduction; *phot* reduction; **Ver·klei·ne·rungs·form** *f ling* diminutive form.

ver·klem·men *refl* become (*od* get) stuck; **ver·klemmt** *adj fig (Person)* inhibited.

ver·klickern (k·k) [fɛrˈklɪkɐn] *tr fam:* ▶ **jdm etw ~** make s.th. clear to s.o.

ver·klin·gen ⟨sein⟩ *irr itr* **1.** *(Ton etc)* die away; **2.** *fig* fade.

ver·klop·pen [fɛrˈklɔpən] *tr fam* **1.** *(verprügeln):* ▶ **jdn ~** give s.o. what-for; **2.** *(verkaufen):* **etw ~** flog s.th.

ver·knal·len *refl fam:* ▶ **sich in jdn ~** fall for s.o.

ver·knaut·schen [fɛrˈknaʊtʃən] *fam* **I** *tr* crumple, crush; **II** *refl* crease.

ver·knei·fen *irr refl fam:* ▶ **sich etw ~** stop o.s. from doing (*od* saying) s.th.

ver·knif·fen [fɛrˈknɪfən] *adj* **1.** *(angestrengt: Gesicht)* strained; **2.** *(verbissen: Gesicht)* pinched.

ver·knit·tern *tr* crumple.

ver·knö·chert [fɛrknœçɐt] *adj fig* ossified.

ver·kno·ten *tr* **1.** *(Schnur etc)* knot; **2.** *(Paket)* tie up.

ver·knüp·fen *tr* **1.** *(Schnur etc)* knot, tie together; **2.** *fig* combine; *(assoziieren)* associate.

ver·koh·len I *tr fig fam* have s.o. on; **II** *itr* char; *(Braten)* burn to a cinder.

ver·kom·men ⟨sein⟩ *irr itr* **1.** *(zugrunde gehen)* go to the dogs; *(sittlich)* become dissolute; *(Kind)* run wild; **2.** *(Gebäude etc)* become dilapidated; **3.** *(Lebensmittel)* go off; **ver·kom·men** *adj* **1.** *(Person)* depraved; **2.** *(Gebäude etc)* dilapidated; **Ver·kom·men·heit** *f* **1.** *(von Person)* depravity; **2.** *(von Gebäude etc)* dilapidation.

ver·kom·pli·zie·ren *tr* complicate.

ver·kon·su·mie·ren *tr fam* get through.

ver·kor·ken *tr* cork (up).

ver·kork·sen [fɛrˈkɔrksən] *tr fam* mess up; ▶ **jdm etw ~** mess s.th. up for s.o.; **sich den Magen ~** upset one's stomach; **ver·korkst** *adj fam:* ▶ **die Sache ist völlig ~** it's a real mess.

ver·kör·pern *tr* **1.** *(personifizieren)* embody; **2.** *theat* portray; **Ver·kör·pe·rung** *f* **1.** *(Personifizierung)* embodiment, personification; **2.** *theat* portrayal.

ver·kra·chen *refl fam:* ▶ **sich mit jdm ~** fall out with s.o; **ver·kracht** *adj fam (ruiniert)* ruined; ▶ **~er Typ** dead-beat type; **~e Existenz** failure.

ver·kraf·ten *tr* come to terms with, cope with.

ver·kral·len *refl:* ▶ **sich in etw ~** *(Katze)* dig its claws into s.th.; *(Mensch)* sink one's fingers into s.th.; *fig* get stuck into s.th.

ver·krampft *adj* **1.** *(Sitzhaltung etc)* cramped; **2.** *fig* tense.

ver·krie·chen ⟨h⟩ *irr refl fig* hide o.s. away.

ver·krü·meln [fɛrˈkryːməln] *tr refl fig fam* make off.

ver·krüm·men *tr refl* bend; **Ver·krüm·mung** *f med* curvature.

ver·krüp·pelt *adj* crippled.

ver·kru·sten *itr* ⟨sein⟩ *refl* ⟨h⟩ become encrusted; **ver·kru·stet** *adj* **1.** *(Wunde)* scabby; **2.** *fig (Strukturen)* decrepit.

ver·küh·len *refl* catch a chill.

ver·küm·mern ⟨sein⟩ *itr* **1.** *(Instinkt)* become stunted; *(Person)* waste away; *(Talent)* go to waste; **2.** *med* atrophy.

ver·kün·d(i·g)en *tr* **1.** *(bekanntmachen)* proclaim; *(ankündigen)* announce; **2.** *eccl (predigen)* preach; **3.** *jur (Urteil)* pronounce; **4.** *fig (Unheil)* forebode; **Ver·kün·d(i·g)ung** *f* **1.** *(Bekanntmachung)* proclamation; *(Ankündigung)* announcement; **2.** *eccl (Predi-*

gen) preaching; **3.** *jur (Urteils~)* pronouncement.

ver·kup·fern *tr* copper-plate.

ver·kup·peln *tr pej* procure (*jdn an jdn* s.o. for s.o.).

ver·kür·zen I *tr* **1.** shorten; **2.** *(beschränken, herabsetzen)* cut down, reduce; **II** *refl* **1.** *(kürzer werden)* be shortened; **2.** *fig (abkürzen: Aufenthalt etc)* be reduced; **Ver·kür·zung** shortening.

ver·la·chen *tr* deride, laugh at.

Ver·la·de·bahn·hof *m* loading station; **Ver·la·de·brücke (k·k)** *f* loading bridge; **ver·la·den** *irr tr* load (on to); *mar* embark; *aero* emplane; **Ver·la·de·ram·pe** *f* loading platform; **Ver·la·dung** *f* loading; *mar* embarkation; *aero* emplaning.

Ver·lag [fɛrˈlaːk] ‹-(e)s, -e› *m* publishing house, publishers *pl;* ▶ **bei welchem ~ ist das erschienen?** who published it? **im ~ von ...** published by ...

ver·la·gern I *tr* shift; *(Interessen)* transfer; **II** *refl* **1.** shift; **2.** *mete* move; **Ver·la·ge·rung** *f* **1.** shift; *(Interessen~)* transfer; **2.** *mete* movement, moving.

Ver·lags·buch·hand·lung *f* publishing firm; **Ver·lags·haus** *n Br* publishing house, *Am* book concern; **Ver·lags·ka·ta·log** *m* publisher's catalogue; **Ver·lags·lei·ter(in)** *m (f)* publishing manager; **Ver·lags·recht** *n* copyright; **Ver·lags·re·dak·teur(in)** *m (f)* (publishing) editor; **Ver·lags·ver·tre·ter(in)** *m (f)* advertisement representative.

Ver·lan·gen ‹-s› *n* **1.** *(Forderung)* demand; *(Wunsch)* desire, wish; **2.** *(Erfordernis)* request; **3.** *(Sehnsucht)* longing, yearning; *(Begierde)* craving (*nach* for); ▶ **auf ~** by request, on demand; **auf ~ der Lehrer** at the request of the teachers; **ich habe kein ~, ihn zu sehen** I have no desire to see him; **ver·lan·gen** [fɛrˈlaŋən] **I** *tr* **1.** *(fordern)* demand; **2.** *(wünschen)* desire; **3.** *(haben wollen)* ask for, want; **4.** *(erfordern)* require; **5.** *(beanspruchen)* claim; ▶ **verlangt werden** be wanted; **II** *itr* **1.** ask (*nach* for); **2.** *(sich sehnen)* long (*nach* for); ▶ **er verlangte zu wissen, was passiert war** he demanded to know what had happened; **das ist zu viel verlangt** that's asking too much; **es verlangt mich nach ihr** I'm yearning for her; **ver·lan·gend** *adj (sehnsüchtig)* longing.

ver·län·gern [fɛrˈlɛŋən] **I** *tr* **1.** *(länger machen)* lengthen; **2.** *(Frist)* extend, prolong; **3.** *com (Wechsel)* renew; **4.** *sport (Ball)* play (*od* touch) on (*zu jdm* to s.o.); **II** *refl* **1.** *räumlich)* be lengthened; **2.** *(zeitlich)* be prolonged; **Ver·län·ge·rung** *f* **1.** *(das Längermachen)* lengthening; **2.** *(von Frist)* prolongation; **3.** *sport (e-s Passes)* play-on (*zu* to); **4.** *(von Spielzeit) Br* extra time, *Am* overtime; **Ver·län·ge·rungs·schnur** *f el* extension lead.

ver·lang·sa·men I *tr* slow down; *(Geschwindigkeit a.)* reduce; **II** *refl* slow down.

Ver·laß [fɛrˈlas] ‹-sses› *m:* ▶ **es ist kein ~ auf ihn** there is no relying on him.

ver·las·sen *irr* **I** *tr* **1.** leave; **2.** *fig (im Stich lassen)* abandon, desert, forsake; ▶ **und da verließen sie ihn** *fig fam hum* that's as far as I got; **II** *refl:* ▶ **sich ~ auf ...** count (*od* rely) on ...; **Sie können sich darauf ~** you can count on it; **ver·las·sen** *adj* **1.** *(im Stich gelassen)* deserted, forsaken; **2.** *(einsam)* lonely; **3.** *(öde)* desolate; ▶ **wer sich auf ihn verläßt, ist ~** if you rely on him, you've had it; **Ver·las·sen·heit** *adj (Einsamkeit)* loneliness.

ver·läß·lich [fɛrˈlɛslɪç] *adj* reliable.

Ver·laub [fɛrˈlaʊp] *m:* ▶ **mit ~** *hum* by your leave, if you will pardon my saying so.

Ver·lauf *m* **1.** *(von Zeit)* course; **2.** *(Ausgang)* end; ▶ **im ~ des Gesprächs** in the course of the conversation; **e-n guten (schlechten) ~ nehmen** go well (badly); **im weiteren ~ der Angelegenheit ...** as things developed ...; **ver·lau·fen** *irr* **I** *itr* ‹sein› **1.** *(Zeit)* pass; **2.** *(vor sich gehen)* proceed, run; **3.** *(sich entwickeln)* develop; **4.** *(sich erstrekken)* run; ▶ **im Sande ~** *fig* peter out; **die Spuren ~ im Sande** the tracks disappear in the sand; **II** *refl* **1.** *(verschwinden)* disperse; *(sich verlieren)* disappear; **2.** *(den Weg verlieren)* get lost, lose one's way.

Ver·laufs·form *f ling* progressive form, continuous form; **ver·laust** *adj* lice-ridden.

ver·laut·ba·ren [fɛrˈlaʊtbaːrən] *tr:* ▶ **etw ~ lassen** let s.th. be announced.

ver·lau·ten ‹sein› *itr:* ▶ **etw (nichts) ~ lassen** give an (no) indication; **der Minister hat ~ lassen, daß ...** the minister indicated that ...

ver·le·ben *tr (verbringen)* spend; **verlebt** *adj (Person)* dissipated.

ver·le·gen I *tr* **1.** *(an falschen Platz legen)* mislay, misplace; **2.** *(Platz verändern)* move, shift; *mil Br* transfer, *Am* redeploy; **3.** *(zeitlich)* postpone (*auf* until); **4.** *(Buch)* publish; **5.** *(Kabel, Fliesen etc)* lay; **6.** *(Straße)* relocate; **II** *refl* **1.** ▶ **sich ~ auf ...** *(beginnen mit)* take up; **2.** *(als Ausweg)* resort to ...

ver·le·gen *adj* embarrassed; ▶ **um etw ~ sein** be at a loss for s.th.; **um Geld ~ sein** be short of money; **Ver·le·gen·heit** *f* **1.** *(Befangensein)* embarrassment; **2.** *(Klemme)* embarrassing situation, *fam* fix; ► **in ~ sein** be at a loss (*um* for); **jdn in ~ bringen** embarrass s.o.; **in ~ kommen** get embarrassed; **Ver·le·gen·heits·lö·sung** *f* stop-gap.

Ver·le·ger(in) *m (f)* publisher.

Ver·le·gung *f* **1.** *(Platzveränderung)* moving, shifting; *mil (Truppen~)* transfer; **2.** *(von Kabel)* laying; **3.** *(zeitl. Verschiebung)* postponement.

ver·lei·den *tr:* ► **jdm etw ~** put s.o. off s.th.

Ver·leih ‹-(e)s, -e› *m* **1.** *allg* hire service, **2.** *film (~firma)* distributor(s *pl*); **3.** *(Auto~)* car rental; **ver·lei·hen** *irr tr* **1.** *(verborgen) Br* lend (out), *Am* loan; *(gegen Entgelt)* rent (out) (*an jdn* to s.o.); **2.** *(Amt, Titel)* bestow, confer (*jdm* on s.o.); **3.** *(Auszeichnung)* award (*jdm* to s.o.); **4.** *(geben, verschaffen)* give; **Ver·lei·hung** *f* **1.** *(von Geld) Br* lending, *Am* loaning; *(von Gegenstand gegen Entgelt)* renting; **2.** *(von Amt, Titel)* bestowal, conferring; **3.** *(von Auszeichnung)* award(ing).

ver·lei·ten *tr* **1.** *(verlocken)* tempt; *(verführen)* lead astray; **2.** *(veranlassen)* lead (*jdn zu etw* s.o. to s.th.).

ver·ler·nen *tr* forget, unlearn.

ver·le·sen *irr* **I** *tr* **1.** read out; *(Namen)* call out; **2.** *(auslesen)* sort; **II** *refl* read wrong.

ver·letz·bar *adj a. fig* vulnerable; **ver·let·zen** [fɛrˈlɛtsən] **I** *tr* **1.** hurt, injure; **2.** *fig* hurt (someone's) feelings, wound; **3.** *(Gesetz)* break; *(Rechte, Intimsphäre)* violate; ► **sich am** (*od* **das**) **Bein ~** injure one's leg; **er wurde bei dem Unfall nicht verletzt** he was not injured in the crash; **es verletzte ihn sehr** *fig* it was very hurtful to him; **seine Pflicht ~** fail in one's duty; **den guten Geschmack ~** offend against good taste; **II** *refl* get hurt; ► **wenn ihr so weitermacht, verletzt sich bestimmt noch jem!** if you go on like that someone is bound to get hurt! **mit der Axt können Sie sich ~!** you could do yourself harm with that axe! **ver·let·zend** *adj (Bemerkung etc)* hurtful, offending; ► **... sagte sie in ~em Ton** ... she said hurtfully.

Ver·letz·te(r) ‹-n, -n› *f m* injured person; *(bei Unfall)* casualty; *(bei Kampf)* wounded man; **Ver·let·zung** *f* **1.** *(Wunde)* injury; *(das Verletzen)* injuring, wounding; **2.** *fig* hurting, wounding.

ver·leug·nen *tr* deny; ► **sich ~ lassen** pretend not to be there.

ver·leum·den [fɛrˈlɔɪmdən] *tr* calumniate, slander; **Ver·leum·der(in)** *m (f)* slanderer; **ver·leum·de·risch** *adj* slanderous; **Ver·leum·dung** *f* **1.** *(das Verleumden)* slandering; **2.** *(Wort, Bemerkung)* calumny, slander.

ver·lie·ben *refl* fall in love (*in* with); **ver·liebt** *adj* amorous; ► **in jdn** *od* **etw ~** in love with s.o. *od* s.th.; **bis über beide Ohren ~** head over heels in love; **Ver·liebt·heit** *f* being in love.

ver·lie·ren [fɛrˈliːrən] *irr* **I** *tr* **1.** lose; **2.** *(Blätter, Haare)* shed; ► **den Verstand ~** get out of one's mind; **II** *itr* lose; ► **wir wollen kein Wort mehr darüber ~** let's not waste another word on it; **du kannst nichts ~** *fig* you can't lose; **III** *refl* **1.** *(sich verirren)* lose one's way; **2.** *(verschwinden)* disappear; **3.** *fig (abschweifen)* lose one's train of thought; ► **er verliert sich gern in Erinnerungen** he likes to lose himself in his memories; **er hatte sich bald in der Menge verloren** he was soon lost in the crowd; **Ver·lie·rer(in)** *m (f)* loser; ► **ein schlechter ~ sein** be a bad loser.

Ver·lies [fɛrˈliːs] ‹-es, -e› *n* dungeon.

ver·lo·ben *refl* become engaged (*mit jdm* to s.o.); **Ver·lob·te(r)** *f m* fiancé (fiancée); **Ver·lo·bung** *f* engagement.

ver·locken (k·k) *tr* entice; *(versuchen)* tempt; **ver·lockend (k·k)** *adj* enticing; *(verführerisch)* tempting; **Verlockung (k·k)** *f* enticement; *(Versuchung)* temptation.

ver·lo·gen [fɛrˈloːgən] *adj* **1.** *(Person)* mendacious; **2.** *(Moral etc)* hypocritical; **Ver·lo·gen·heit** *f* **1.** *(von Person)* mendacity; **2.** *(Heuchelei von Moral etc)* hypocrisy.

ver·lo·ren [fɛrˈloːrən] *adj* **1.** lost; **2.** *(hilflos)* forlorn; ► **~e Partie** losing game; **auf ~em Posten stehen** *fig* be fighting a lost cause; **ver·lo·ren|ge·hen** *itr* be lost; ► **an dir ist ein Schauspieler verlorengegangen** you would have made a good actor; **Ver·lo·ren·heit** *f* forlornness.

ver·lo·sen *tr* draw lots for ..., raffle off; **Ver·lo·sung** *f* draw, raffle.

ver·lö·ten *tr* solder.

ver·lot·tern [fɛrˈlɔtɐn] ‹sein› *itr fam* **1.** *(Mensch)* go to the dogs; **2.** *(Lokal, Stadtteil etc)* get run down; **ver·lot·tert** *adj fam (moralisch)* dissolute; *(Erscheinung)* scruffy; *(heruntergewirtschaftet)* run-down.

Ver·lust [fɛrˈlʊst] ‹-es, -e› *m* loss; **~e** *pl mil* casualties; ► **mit ~ verkaufen** sell at a loss; **beträchtliche ~e erleiden** suffer heavy losses; **ver·lust·brin·gend** *adj* loss-making; **ver·lu·stig** *adj:* ► **e-r Sache ~ gehen** lose (*od* forfeit) s.th.; **Ver·lust·mel·dung** *f* report of the loss; ► **e-e ~ machen** report the loss; **ver·lust·reich** *adj* **1.** *com (Firma)* heavily loss-making; *(Jahr, Geschäft etc)* of heavy losses; **2.** *mil* involving heavy casualties.

ver·ma·chen *tr* bequeath (*jdm etw* s.th. to s.o.); **Ver·mächt·nis** [fɛrˈmɛçtnɪs] ‹-ses, -se› *n* bequest; *a. fig* legacy.

ver·mäh·len [fer'mɛ:lən] *tr refl* marry, wed (*jdn od sich mit jdm* s.o.); **Ver·mäh·lung** *f* marriage.

ver·mark·ten *tr* **1.** *markt* market; **2.** *fig* commercialize.

ver·mas·seln [fɛr'masəln] *tr fam* mess up (*jdm etw* s.th. for s.o.).

ver·meh·ren *tr refl* **1.** *allg* increase; **2.** *(fortpflanzen)* breed; **Ver·meh·rung** *f* **1.** increase; **2.** *(durch Fortpflanzung)* breeding, reproduction.

ver·mei·den *irr tr* avoid; ▶ **es läßt sich nicht ~** it cannot be helped.

ver·meint·lich [fɛr'maɪntlɪç] *adj* putative, supposed.

Ver·merk ‹-(e)s, -e› *m* note, remark; **ver·mer·ken** *tr* note down; *(in Personalausweis, Kartei etc)* record.

ver·mes·sen *irr* **I** *tr* **1.** measure; **2.** *(Land)* survey; **II** *refl (falsch messen)* measure wrongly.

ver·mes·sen *adj (sehr kühn)* presumptuous; **Ver·mes·sen·heit** *f (Anmaßung)* presumption.

Ver·mes·sung *f* measurement; *(von Land)* survey; **Ver·mes·sungs·amt** *n* land survey office; **Ver·mes·sungs·in·ge·nieur(in)** *m (f)* land surveyor.

ver·mie·sen [fɛr'mi:zən] *tr fam:* ▶ **jdm etw ~** spoil things for s.o.; **ich werde mir die Reise von keinem ~ lassen!** I won't have anyone spoil the journey for me!

ver·mie·ten *tr itr Br* let, *Am* rent; ▶ **Zimmer zu ~** *Br* rooms to let, *Am* rooms for rent; **Ver·mie·ter(in)** *m (f)* landlord (landlady); *jur* lessor; **Ver·mie·tung** *f Br* letting out, *Am* renting out.

ver·min·dern **I** *tr* lessen, reduce; ▶ **verminderte Zurechnungsfähigkeit** *jur* diminished responsibility; **II** *refl* decrease.

ver·mi·nen *tr* mine.

ver·mi·schen **I** *tr* mix; *(Whisky, Tee, Tabak)* blend; **II** *refl* **1.** *allg* mix; **2.** *fig* mingle; **Ver·misch·te(s)** *n* miscellany.

ver·mis·sen [fɛr'mɪsən] *tr* miss; ▶ **jdn als vermißt melden** report s.o. missing; **vermißt werden** be missing; **er wurde sehr vermißt** his absence was a real lack; **Ver·miß·te(r)** ‹-n, -n› *f m* missing person.

ver·mit·tel·bar *adj* **1.** *(Idee, Gefühl)* communicable; **2.** *(Arbeitsloser)* easy to place, employable.

ver·mit·teln **I** *tr* **1.** *(Vertrag, Anleihe)* arrange, negotiate (*jdm* for s.o.); **2.** *(Wissen)* impart (*jdm* to s.o.); **3.** *tele* connect, put through; ▶ **jdm etw ~** *(besorgen)* get s.th. for s.o.; **II** *itr* mediate (*bei* in); **Ver·mitt·ler(in)** *m (f)* **1.** mediator; **2.** *com* agent; **3.** *fin (a. Heirats~)* broker; **Ver·mitt·lung** *f* **1.** *(Schlichtung)* mediation; **2.** *(Stellen~)* employment agency; *(Wohnungs~) Br* estate agency, *Am* realtor; **3.** *tele (Amt)* exchange; **4.** *tele (Telephonistin)* operator; ▶ **etw durch ~ von Freunden bekommen** get s.th. via friends; **Ver·mitt·lungs·aus·schuß** *m a. parl* mediation committee.

ver·mö·beln [fɛr'mø:bəln] *tr fam (verprügeln)* give (s.o.) a good hiding; *(bei Schlägerei)* beat (s.o.) up.

ver·mo·dern [fɛr'mo:dɐn] ‹sein› *itr* decay, moulder.

Ver·mö·gen ‹-s, -› *n* **1.** *fin (Mittel)* means *pl; fin (Reichtum)* fortune; **2.** *(Fähigkeit)* capability; ▶ **nach bestem ~** to the best of one's ability; **ein ~ kosten** cost a fortune; **ver·mö·gen** *irr tr:* ▶ **~, etw zu tun** be capable of doing s.th.; **es nicht ~, etw zu tun** be unable to do s.th.; **ver·mö·gend** *adj (reich)* wealthy, well-off.

ver·mö·gens·bil·dend *adj fin* wealth-creating; **Ver·mö·gens·steu·er** *f* wealth tax; **Ver·mö·gens·ver·hält·nis·se** *pl* pecuniary circumstances; **ver·mö·gens·wirk·sam** *adj:* ▶ **~ anlegen** save under the employees' savings scheme; **~e Leistung** *employer's capital-forming payment under the employees' savings scheme.*

ver·mum·men **I** *tr (warm anziehen)* wrap up warm; **II** *refl* **1.** *(sich warm anziehen)* wrap up warm; **2.** *(sich verkleiden)* cloak, disguise; **ver·mummt** *adj* **1.** *(verkleidet)* cloaked, disguised; **2.** *(eingemummt)* muffled-up; **Ver·mum·mungs·ver·bot** *(bei Demonstrationen) n* ban on face coverings.

ver·murk·sen *tr fam:* ▶ **etw ~** muck s.th. up.

ver·mu·ten [fɛr'mu:tən] *tr (annehmen) Br* presume, suppose, *Am* reckon; *(mutmaßen) Br* suspect, *Am* guess; **ver·mut·lich** **I** *adj* presumable; *(Täter)* suspected; **II** *adv* presumably; **Ver·mu·tung** *f* **1.** *(Annahme)* assumption, supposition; *(Mutmaßung)* conjecture; **2.** *(Verdacht)* suspicion; ▶ **die ~ liegt nahe, daß ...** there are grounds for the assumption that ...; **das ist e-e reine ~ von dir** you're only guessing.

ver·nach·läs·si·gen [fɛr'na:xlɛsɪgən] **I** *tr* **1.** neglect; **2.** *(nicht berücksichtigen)* ignore; **II** *refl (sein Äußeres)* neglect one's appearance; **Ver·nach·läs·si·gung** *f* **1.** neglect; **2.** *(Nichtberücksichtigung)* ignoring.

ver·na·geln *tr* nail up.

ver·nä·hen *tr (Stoffe)* neaten; *(Wunde)* stitch up.

ver·nar·ben ‹sein› *itr* heal up.

ver·narrt *adj Br* infatuated (*in* with), *Am sl* stuck (*in* on).

ver·na·schen *tr fam (ein Mädchen, e-n Mann)* make it with ...

Ver·neh·men ⟨-s⟩ *n:* ▶ **dem ~ nach** according to rumour, from what I (*od* we *etc*) hear.

ver·neh·men *irr tr* **1.** *(hören)* hear; **2.** *(erfahren)* learn, understand; **3.** *jur (vor Gericht)* examine; *(verhören)* question; ▶ **dem V~ nach** from what I/we hear; **ver·nehm·lich** *adj* audible, clear; **Ver·neh·mung** *f jur (vor Gericht)* examination; *(Verhör)* questioning.

ver·nei·gen *refl* **1.** bow (*vor* to); **2.** *fig (~ vor)* bow down before ...; **Ver·nei·gung** *f* bow.

ver·nei·nen *tr* **1.** *(leugnen)* deny; **2.** *(Frage)* answer in the negative; **ver·nei·nend** *adj* negative; **Ver·nei·nung 1.** *(Leugnung)* denial; **2.** *(verneinte Form)* negative; **3.** *gram* negation.

ver·net·zen *tr* **1.** connect (*mit* up to); **2.** *EDV* network, integrate into a network; **Ver·net·zung** *f EDV* networking.

ver·nich·ten [fɛrˈnɪçtən] *tr* **1.** *(ausrotten, a. fig)* exterminate; **2.** *(zerstören)* destroy; **ver·nich·tend** *adj* **1.** *(zerstörerisch)* devastating; **2.** *(Niederlage)* crushing; ▶ **~e Kritik** scathing criticism; **jdn ~ schlagen** *sport* beat s.o. hollow; *mil* destroy s.o. utterly; **jdm e-n ~en Blick zuwerfen** *fig* look devastatingly at s.o.; **Ver·nich·tung** *f* **1.** *(Ausrottung, a. fig)* extermination; **2.** *(Zerstörung)* destruction; **Ver·nich·tungs·waf·fe** *f mil* destructive weapon.

ver·nickeln (k·k) *tr* nickel-plate.

ver·nied·li·chen *tr* trivialize.

ver·nie·ten *tr* rivet.

Ver·nunft [fɛrˈnʊnft] ⟨-⟩ *f* good sense, reason; ▶ **~ annehmen** see reason; **zur ~ bringen** bring s.o. to his senses *pl;* **ver·nünf·tig** [fɛrˈnʏnftɪç] **I** *adj* **1.** *(einsichtig)* sensible; **2.** *(rational)* rational; **3.** *(akzeptabel)* reasonable; ▶ **sei doch ~!** be reasonable! **II** *adv fam (akzeptabel)* reasonably well; **ver·nunft·orien·tiert** *adj* rational.

ver·öden I *itr* ⟨sein⟩ *(wüst werden)* become desolate; **II** *tr* ⟨h⟩ *med (Krampfadern)* atrophy, obliterate.

ver·öf·fent·li·chen *tr itr* publish; **Ver·öf·fent·li·chung** *f* publication.

ver·ord·nen *tr* **1.** *(anordnen, befehlen)* order; **2.** *med* prescribe (*jdm etw* s.th. for s.o.); **3.** *(gesetzlich)* decree; **Ver·ord·nung** *f* **1.** *med* prescription; **2.** *(gesetzliche ~)* decree.

ver·pach·ten *tr* lease (*an* to); ▶ **verpachtet sein** be under lease.

ver·packen (k·k) *tr* **1.** pack; *(einwickeln)* wrap; **2.** *fig (Gedanken etc)* package; **Ver·packung (k·k)** *f* **1.** packing; *(Papier~)* wrapping; **2.** *fig* packaging; **Ver·packungs·in·du·strie (k·k)** *f* packaging industry; **Ver·packungs·ma·te·rial (k·k)** *n* packaging; **Ver·packungs·müll (k·k)** *m* waste packaging.

ver·pas·sen *tr* **1.** *(versäumen)* miss; **2.** *fam (geben)* give; ▶ **jdm e-e ~** *fam* clout s.o. one; **jdm e-n Denkzettel ~** *fam* give s.o. s.th. to think about.

ver·pat·zen *tr fam* make a mess of; mess up.

ver·pen·nen I *itr fam* oversleep; **II** *tr fam* miss by oversleeping.

ver·pe·sten *tr* contaminate, pollute; **Ver·pe·stung** *f* contamination, pollution.

ver·pet·zen *tr fam* sneak on (*bei* to).

ver·pfän·den *tr* **1.** pawn; **2.** *jur (Hypothek)* mortgage.

ver·pfei·fen *irr tr sl* grass on (*bei* to).

ver·pflan·zen *tr med bot a. fig* transplant; **Ver·pflan·zung** *f med bot a. fig* transplantation.

ver·pfle·gen *tr* **1.** feed; **2.** *mil* ration; **Ver·pfle·gung** *f* **1.** *(das Verpflegen)* catering; *mil* rationing; **2.** *(Essen)* food; *mil* rations *pl;* **Ver·pfle·gungs·ko·sten** *pl* cost of food.

ver·pflich·ten I *tr* **1.** *(moralisch)* oblige; **2.** *(binden)* commit; **3.** *(einstellen)* engage; ▶ **sich verpflichtet fühlen, etw zu tun** feel obliged to do s.th.; **sich jdm verpflichtet fühlen** feel under an obligation to s.o.; **jdm zu Dank verpflichtet sein** be obliged to s.o.; **II** *itr (moralisch)* carry an obligation (*zu etw* to do s.th.); **III** *refl (durch Vertrag)* commit o.s.; **Ver·pflich·tung 1.** *(moralische ~)* obligation (*zu etw* to do s.th.); *(Aufgabe)* duty; **2.** *(Einstellung)* engagement; ▶ **dienstliche ~en haben** have official duties; **s-n ~en nachkommen** fulfil one's obligations.

ver·pfu·schen *tr* make a mess of, bungle.

ver·plap·pern *refl fam* open one's mouth too wide.

ver·plem·pern [fɛrˈplɛmpən] *tr fam* fritter away, waste.

ver·pönt [fɛɐˈpøːnt] frowned on (*bei* by).

ver·pras·sen *tr* dissipate, squander (*für* on).

ver·prel·len *tr* put off.

ver·prü·geln *tr* thrash.

ver·puf·fen ⟨sein⟩ *itr* **1.** go pop; **2.** *fig (Wirkung etc)* fall flat.

Ver·putz ⟨-es⟩ *m* plasterwork; **ver·put·zen** *tr* **1.** *(mit Verputz)* plaster; *(Rauhputz)* roughcast; **2.** *fig fam (aufessen)* polish off.

ver·qual·men *tr (verräuchern)* fill with smoke; **ver·qualmt** *adj* filled with (*od* full of) smoke.

ver·quat·schen *tr fam:* ▶ **s-e Zeit ~** chat away one's time.

ver·quicken (k·k) [fɛrˈkvɪkən] *tr fig* bring together; *(vermischen)* mix.

ver·quol·len [fɛrˈkvɔlən] *adj* **1.** *(Holz)* warped; **2.** *(Gesicht)* bloated; *(Augen)*

puffy.
ver·ram·meln [fɛrˈraməln] *tr* barricade.
ver·ram·schen *tr com* sell off cheap; *fam Br* flog.
Ver·rat ‹-(e)s› *m* betrayal (*an* of); *jur* treason (*an* against); **ver·ra·ten** *irr* **I** *tr* **1.** *(Geheimnis, Freunde, Land etc)* betray; **2.** *(ausplaudern)* tell; **3.** *fig (zeigen)* reveal; ▶ **verrate nichts!** don't say a word! **hast du das etwa ~?** did you let it out? **~ und verkauft sein** *fig fam* be done for, have had it; **II** *refl* give o.s. away; **Ver·rä·ter(in)** [fɛrˈrɛ:tɐ] *m (f)* traitor (traitress); **ver·rä·te·risch** *adj* **1.** treacherous; **2.** *(heimtückisch)* perfidious; **3.** *(aufschlußreich)* revealing; *(verdächtig)* telltale.
ver·rau·chen I *itr* ‹sein› *fig* cool down; **II** *tr* ‹h› spend on smoking.
ver·räu·chert *adj fam* smoky.
ver·rech·nen I *tr* **1.** *com (gegeneinander aufrechnen)* set off against ...; **2.** *com (Scheck einziehen)* clear; **II** *refl* **1.** miscalculate; **2.** *fig fam (sich täuschen)* be mistaken; ▶ **da hast du dich aber schwer verrechnet!** *fig fam* you're very much mistaken there! **wenn du denkst, ich helfe dir, hast du dich verrechnet!** if you think I'm going to help you, you've got another think coming! **Ver·rech·nung** *f com* **1.** *(Ausgleich)* settling of account; **2.** *(Einzug von Scheck)* clearing; **Ver·rech·nungs·scheck** *m Br* crossed cheque, *Am* voucher check.
ver·recken (k·k) [fɛrˈrɛkən] ‹sein› *itr sl* croak.
ver·reg·net *adj* **1.** *(regnerisch)* rainy; **2.** *(Urlaub etc)* spoiled by rain.
ver·rei·sen *itr* go out of town (*od* away, *od* on a journey); ▶ **verreist sein** be away.
ver·rei·ßen *irr tr fam (kritisieren)* tear to pieces.
ver·ren·ken [fɛrˈrɛŋkən] **I** *tr* dislocate; **II** *refl* contort o.s.; **Ver·ren·kung** *f* **1.** *(e-s Akrobaten etc)* contortion; **2.** *med* dislocation; ▶ **geistige ~en** *fig* mental contortions.
ver·ren·nen ‹h› *refl:* ▶ **sich in etw ~** get stuck on s.th.
ver·rich·ten *tr* perform; **Ver·rich·tung** *f:* ▶ **ihre täglichen ~en** her daily (*od* routine) tasks.
ver·rie·geln *tr* bolt.
ver·rin·gern [fɛrˈrɪŋɐn] **I** *tr* reduce; **II** *refl* **1.** *(abnehmen)* decrease; **2.** *(sich verschlechtern)* deteriorate; **Ver·rin·ge·rung** *f* **1.** reduction; **2.** *(Abnahme)* decrease; **3.** *(Verschlechterung)* deterioration.
ver·rin·nen ‹sein› *irr itr* **1.** *(Wasser)* trickle away; **2.** *fig (Zeit)* elapse.
ver·ro·hen I *tr* brutalize; **II** *itr* ‹sein› become brutalized.
ver·ro·sten ‹sein› *itr* rust; **ver·ro·stet** *adj* rusty.
ver·rot·ten [fɛrˈrɔtən] ‹sein› *itr* **1.** *(verfaulen)* rot; **2.** *(zu Kompost werden)* decompose; **ver·rot·tet** *adj* rotten.
ver·rucht [fɛrˈru:xt] *adj* despicable, loathsome.
ver·rücken (k·k) *tr (verschieben)* shift.
ver·rückt *adj* **1.** *(geisteskrank)* insane, mad; **2.** *fam* crazy (*nach* about); ▶ **jdn ~ machen** drive s.o. mad; **so was V~es!** what a crazy idea! **du bist wohl ~!** you must be crazy! **ich werd' ~!** *fig fam* I'll be blowed! **bist du total ~ geworden?** are you raving mad? **es ist ~, darauf zu hoffen** it's a mad hope; **Ver·rückt·heit** *f fam* **1.** *(Zustand)* craziness, madness; **2.** *(Handlung)* crazy thing; **Ver·rückt·wer·den** *n:* ▶ **es ist zum ~!** *fam* it's enough to drive you round the bend!
Ver·ruf *m:* ▶ **in ~ geraten/bringen** fall/ bring into disrepute; **ver·ru·fen** *adj* disreputable.
ver·rüh·ren *tr* mix.
ver·ru·ßen ‹sein› *itr* get sooty; **ver·rußt** *adj* sooty.
ver·rut·schen ‹sein› *itr* slip.
Vers [fɛrs] ‹-es, -e› *m* **1.** *(Lied, Strophe)* verse; **2.** *(Zeile)* line; ▶ **in ~e bringen** put into verse *sing.*
ver·sach·li·chen *tr* de-emotionalize.
Ver·sa·gen ‹-s› *m* **1.** *(Fehlschlag)* failure; **2.** *(von Maschine) Br* breakdown, *Am* slip-up; ▶ **menschliches ~** human error; **ver·sa·gen I** *tr* **1.** *(verweigern)* refuse; ▶ **jdm etw ~** deny s.o. s.th.; **II** *itr* **1.** *(Person)* fail; **2.** *(Maschine)* break down; *(Bremse)* fail; *(Gewehr)* fail to go off; **Ver·sa·ger(in)** *m (f)* failure.
ver·sal·zen *irr tr* **1.** *(Speisen)* oversalt; **2.** *fig fam (verderben)* spoil.
ver·sam·meln I *tr* assemble; ▶ **vor versammelter Mannschaft** before the assembled company; **II** *refl* assemble; *(Parlament)* sit; *(Mitglieder e-s Vereins etc)* meet; **Ver·samm·lung** *f* **1.** *(Veranstaltung)* meeting; **2.** *(versammelte Menschen)* assembly; ▶ **e-e ~ abhalten** hold a meeting; **e-e ~ einberufen (vertagen)** convene (adjourn) a meeting; **Ver·samm·lungs·frei·heit** *f* freedom of assembly.
Ver·sand [fɛrˈzant] ‹-(e)s› *m* **1.** *(das Versenden)* dispatch; **2.** *(~abtlg.)* dispatch department; **Ver·sand·an·schrift** *f* dispatch note, parcel address.
ver·san·den ‹sein› *itr* **1.** silt up.
Ver·sand·han·del *m* mail order; **Ver·sand·ta·sche** *f* (padded) envelope.
ver·sau·en *tr fam* mess up.
Ver·sau·e·rung (Ver·säu·e·rung) *(von Gewässer, Boden)* acidification.
ver·sau·fen *irr tr fam (Geld)* spend on booze.
ver·säu·men [fɛɐˈzɔymən] *tr* **1.** *(vernachlässigen)* neglect; **2.** *(Unterricht)*

miss; **3.** *(Zeit)* lose; ▶ **~, etw zu tun** fail to do s.th.; **Ver·säum·nis** ‹-ses, -se› *n* **1.** *(Unterlassung)* omission; **2.** *(Nachlässigkeit, Fehler)* failing.

ver·scha·chern [-ˈʃaxɐn] *tr fam* barter away.

ver·schaf·fen I *tr* procure (*jdm etw* s.o. with s.th. *od* s.th. for s.o.); **II** *refl* get, obtain; ▶ **sich Klarheit ~** clarify the (*od* a) matter.

ver·scha·len *tr (Heizung etc)* encase; *(Wand)* panel; **Ver·scha·lung** *f tech* casing, panelling; *(aus Brettern)* framework.

ver·schämt *adj* embarrassed.

ver·schan·deln [fɛrˈʃandəln] *tr fam* disfigure, spoil.

ver·schan·zen *refl (Deckung suchen)* entrench o.s. (*hinter* behind).

ver·schär·fen I *tr* **1.** *(erhöhen)* increase; *(intensivieren)* intensify; **2.** *(verschlimmern)* aggravate; **3.** *(Vorschriften)* tighten up; ▶ **Spannungen ~** heighten tensions; **II** *refl* **1.** *(sich steigern)* increase; **2.** *(sich verschlimmern)* become aggravated, heighten.

ver·schar·ren *tr* bury.

ver·schau·keln *tr fam:* ▶ **jdn ~** have s.o. for a sucker.

ver·schei·den ‹sein› *irr itr euph* expire, pass away.

ver·schei·ßern *tr fam:* ▶ **jdn ~** take the piss out of s.o.

ver·schen·ken *tr a. fig* give away; ▶ **sein Herz an jdn ~** *fig poet* give s.o. one's heart.

ver·scher·beln [fɛrˈʃɛrbəln] *tr fam:* ▶ **etw ~** get rid of s.th.

ver·scher·zen *refl* forfeit, lose; ▶ **sich Sympathien ~** lose popularity.

ver·scheu·chen [fɛrˈʃɔɪçən] *tr* **1.** frighten (*od* scare) away; **2.** *fig (Sorgen etc)* drive away.

ver·scheu·ern [fɛrˈʃɔɪɐn] *tr fam* sell off.

ver·schicken (k·k) *tr* **1.** *(versenden)* dispatch; **2.** *(zur Erholung etc)* send away.

ver·schieb·bar *adj (Hebel etc)* sliding; *(Möbel)* movable.

Ver·schie·be·bahn·hof *m Br* marshalling (*od* shunting) yard, *Am* switchyard.

ver·schie·ben *irr* **I** *tr* **1.** *(verrücken)* move, shift; **2.** *(aufschieben)* defer, postpone, put off (*um* for); **3.** *fam (Devisen, Waren etc)* traffic in; **II** *refl* **1.** move out of place; **2.** *(Blickwinkel)* shift; **3.** *(aufgeschoben werden)* be postponed; **Ver·schie·bung** *f (Aufschiebung)* postponement.

ver·schie·den [fɛrˈʃiːdən] **I** *adj* **1.** *(unterschiedlich)* different (*von* from); *(auseinandergehend)* differing; **2.** *(mehrere, einige)* several, various; **3.** *jur* sundry; ▶ **~ sein** differ, vary; **~es** several things *pl;* **V~s** miscellaneous; **II** *adv* differently; ▶ **das ist ~** *(hängt davon ab)* that depends; **ver·schie·den·ar·tig** *adj* **1.** *(unterschiedlich)* different; **2.** *(mannigfaltig)* various; **Ver·schie·den·ar·tig·keit** *f* **1.** *(Unterschiedlichkeit)* different nature; **2.** *(Vielfalt)* variety; **Ver·schie·den·heit** *f* **1.** *(Unterschiedlichkeit)* difference (in, of); *(Unähnlichkeit)* dissimilarity; *(in der Meinung)* discrepancy; **2.** *(Mannigfaltigkeit)* diversity, variety; **ver·schie·dent·lich** *adv* **1.** *(gelegentlich)* occasionally; **2.** *(mehrmals)* several times.

ver·schie·ßen *irr* **I** *tr* **1.** *mil (Munition)* use up; **2.** *sport (Ball etc)* miss; **II** *itr (Stoff)* fade.

ver·schif·fen *tr* ship.

ver·schim·meln ‹sein› *itr* get mouldy.

ver·schla·fen *irr* **I** *tr* **1.** *(Termin)* miss by oversleeping; **2.** *(Tag)* sleep through; **3.** *fig (Leben)* sleep away; **II** *itr* oversleep.

ver·schla·fen *adj* **1.** *(beim Aufwachen)* drowsy, sleepy; **2.** *(trottelig)* dozy.

Ver·schlag ‹-(e)s, ⸚e› *m (Schuppen)* shack, shed.

ver·schla·gen *irr tr (Ball)* mishit; ▶ **auf e-e einsame Insel ~ werden** be cast up on a desert island; **irgendwohin ~ werden** end up somewhere; **jdm den Atem ~** take someone's breath away.

ver·schla·gen *adj* sly, wily; **Ver·schla·gen·heit** *f* slyness.

ver·schlam·pen I *tr fam (verlieren)* go and lose.

ver·schlech·tern [fɛrˈʃlɛçtɐn] **I** *tr* **1.** *allg* make worse; **2.** *(Qualität)* impair; **3.** *(verschlimmern)* aggravate; **II** *refl* deteriorate, get worse; ▶ **ich will mich nicht ~** *(finanziell)* I won't be worse off financially; **Ver·schlech·te·rung** *f* deterioration.

ver·schlei·ern I *tr* **1.** veil; **2.** *fig (Absichten etc)* cover up; **II** *refl* **1.** *(Frau)* veil o.s.; **2.** *fig (Blick)* become blurred; **3.** *(Himmel)* become hazy; **ver·schlei·ert** *adj* **1.** *(Frau)* veiled; **2.** *fig (Blick)* blurred; **3.** *(Himmel)* hazy; **Ver·schleie·rungs·tak·tik** *f fam* cover-up.

Ver·schleiß [fɛrˈʃlaɪs] ‹-es, (-e)› *m* **1.** *(Abnutzung)* wear and tear; **2.** *(Verbrauch)* consumption; **ver·schlei·ßen** *irr tr itr refl* wear out; **Ver·schleiß·fe·stig·keit** *f tech* wear resistance; **Ver·schleiß·teil** *n tech* wearing part.

ver·schlep·pen *tr* **1.** *(Menschen)* abduct; **2.** *(ausbreiten)* spread; **3.** *(verzögern)* draw out; *(Gesetzesvorlagen etc)* delay; *(Krankheit)* protract; **Ver·schlep·pung** *f* **1.** *(von Personen)* abduction; **2.** *(Ausbreiten)* spreading; **3.** *(Verzögern)* delay; *(von Krankheit)* delay.

ver·schleu·dern *tr* **1.** *(vergeuden)*

squander; **2.** *com* sell dirt cheap.

ver·schließ·bar *adj (Flaschen etc)* closeable; *(Tür, Zimmer etc)* lockable; **ver·schlie·ßen** *irr* **I** *tr* **1.** *(abschließen)* lock; **2.** *wegschließen)* lock away; **3.** *(zumachen)* close; **II** *refl fig (Person)* shut o.s. off (*vor* from); ▶ **sich e-r Sache ~** shut one's mind to s.th.

ver·schlim·mern I *tr* aggravate, make worse; **II** *refl* get worse, worsen; **Ver·schlim·me·rung** *f* worsening.

ver·schlin·gen *irr tr* **1.** *(verknoten)* entwine; **2.** *(verschlucken)* devour, swallow; *(gierig)* gobble up; ▶ **jds Worte ~** *fig* lap up someone's words.

ver·schlis·sen [fɛrˈʃlɪsən] *adj* worn-out; *(fadenscheinig)* threadbare.

ver·schlos·sen [fɛrˈʃlɔsən] *adj* **1.** *(zu)* closed, shut; *(mit Schlüssel)* locked up; **2.** *fig (reserviert)* reserved; ▶ **vor ~er Tür stehen** be left standing on the doorstep; **Ver·schlos·sen·heit** *f fig* reserve.

ver·schlucken (k·k) I *tr* swallow; **II** *refl* swallow the wrong way.

ver·schlu·dern *tr fam* **1.** *(verlieren)* go and lose; **2.** *(verlegen)* mislay.

ver·schlun·gen [fɛrˈʃlʊŋən] *adj a. fig* sinuous, twisted.

Ver·schluß [fɛrˈʃlʊs] ⟨-sses, ¨-sse⟩ **1.** *(Schloß)* lock; *(Deckel)* top; *(von Flasche)* stopper; **2.** *phot* shutter; **3.** *(an Waffe)* breechblock; ▶ **unter ~** under lock and key; **Ver·schluß·deckel (k·k)** *m mot (Tank~)* filler cap.

ver·schlüs·seln *tr* (en)code.

ver·schmach·ten ⟨sein⟩ *itr* **1.** *(hinsterben)* be dying (*vor Durst* of thirst, *vor Hitze* of heat); **2.** *fig* languish (*vor* for).

ver·schmä·hen *tr* **1.** *(nicht wollen)* spurn; **2.** *fam (nein sagen zu ...)* say no to.

ver·schmel·zen *irr tr itr (Metalle)* fuse.

ver·schmer·zen *tr* get over.

ver·schmie·ren *tr* **1.** *(Löcher, Risse etc)* fill in; **2.** *(verstreichen)* spread (*in* over); **3.** *(schmierig machen)* smear.

ver·schmitzt [fɛrˈʃmɪtst] *adj* mischievous; **Ver·schmitzt·heit** *f* mischievousness.

ver·schmo·ren ⟨sein⟩ *itr el (Kontakte)* glaze, pit.

ver·schmut·zen I *tr* soil; **II** *itr* **1.** *(Gegenstand, Person)* get dirty; **2.** *(Umwelt)* become polluted; **ver·schmutzt** *adj* **1.** *(Gegenstand, Person)* dirty, soiled; **2.** *(Umwelt)* polluted.

ver·schnau·fen *itr refl fam* take a breather.

ver·schneit *adj* snow-covered.

Ver·schnitt *m* **1.** *(Schnapsmischung)* blend; **2.** *(Abfall)* clippings *pl.*

ver·schnör·kelt *adj* ornate.

ver·schnupft *adj:* ▶ **~ sein** *(erkältet)* have a cold; *fig* be piqued (*über* at).

ver·schnü·ren [fɛrˈʃny:rən] *tr* tie up; **Ver·schnü·rung** *f* string.

ver·schol·len [fɛrˈʃɔlən] *adj* missing; *(Kunstwerk)* forgotten; *jur* presumed dead.

ver·scho·nen *tr* spare (*jdn von etw* s.o. s.th.); ▶ **verschont bleiben** escape (s.th.).

ver·schö·nern [fɛrˈʃø:nɐn] *tr* beautify, embellish.

ver·schrän·ken [fɛrˈʃrɛŋkən] *tr (Arme)* fold; *(Beine)* cross.

ver·schrei·ben *irr* **I** *tr* **1.** *(verordnen)* prescribe; **2.** *(Papier)* use up; ▶ **s-e Seele dem Teufel ~** sign away one's soul to the devil; **II** *refl* **1.** *(falsch schreiben)* make a slip of the pen; **2.** *(sich widmen)* dedicate o.s. (*e-r Sache* to s.th.); **ver·schrei·bungs·pflich·tig** *adj med* only available on prescription.

ver·schrien [fɛrˈʃri:(ə)n] *adj* notorious.

ver·schro·ben [fɛrˈʃro:bən] *adj* eccentric, odd.

ver·schrot·ten *tr* scrap; **Ver·schrot·tung** *f* scrapping.

ver·schüch·tert [fɛrˈʃʏçtɐt] *adj* intimidated, timid.

Ver·schul·den ⟨-s⟩ *n* fault; ▶ **ohne mein ~** through no fault of my own; **ver·schul·den I** *tr* be to blame for ...; **II** *itr refl (Schulden machen)* get into debt; **ver·schul·det** *adj* indebted (*bei jdm* to s.o.); **Ver·schul·dung** *f* **1.** *(Schuld)* blame (*e-r Sache* for s.th.); **2.** *(Schulden)* indebtedness.

ver·schüt·ten *tr* **1.** *(Flüssigkeit)* spill; **2.** *(Menschen)* bury alive.

ver·schwä·gert [fɛrˈʃvɛ:gɐt] *adj* related by marriage (*mit* to).

ver·schwei·gen *irr tr* conceal, hide (*jdm etw* s.th. from s.o.).

ver·schwei·ßen *tr* weld together.

ver·schwen·den [fɛrˈʃvɛndən] *tr* waste; *(Geld sinnlos verbrauchen)* squander (*an, für* on); **Ver·schwen·der(in)** *m (f)* spendthrift, squanderer; **ver·schwen·de·risch** *adj* **1.** spendthrift, wasteful; **2.** *(extravagant)* extravagant; **Ver·schwen·dung** *f* dissipation, wastefulness; **Ver·schwen·dungs·sucht** *f* extravagance, lavishness.

ver·schwie·gen [fɛrˈʃvi:gən] *adj* **1.** *(Person)* discreet; **2.** *(Ort: heimlich)* secluded; **Ver·schwie·gen·heit** *f* **1.** *(von Person)* discretion, secrecy; **2.** *(von Ort)* seclusion.

ver·schwim·men ⟨sein⟩ *irr itr (undeutlich werden)* become blurred.

Ver·schwin·den ⟨-s⟩ *n* disappearance; **ver·schwin·den** ⟨sein⟩ *irr itr* disappear, vanish; ▶ **verschwinde!** *fam* clear off! **~d klein** minute.

ver·schwit·zen *tr* **1.** *(durchschwitzen)* make sweaty; **2.** *fig fam (vergessen)* forget; **ver·schwitzt** *adj* **1.** *(Kleidung)* sweat-stained; **2.** *(Mensch)* sweaty.

ver·schwom·men [fɛrˈʃvɔmən] **1.** *(vage)* vague; **2.** *(ohne scharfe Konturen)* blurred; ▶ **ich sehe nur ~** everything looks hazy to me.

ver·schwö·ren *irr refl* conspire, plot (*mit* with, *gegen* against); **Ver·schwo·re·ne(r)** *f m* **1.** *(Verschwörer)* conspirator; **2.** *fig (Komplize)* accomplice; **Ver·schwö·rer(in)** *m (f)* conspirator, plotter; **Ver·schwö·rung** *f* conspiracy, plot; ▶ **e-e ~ anzetteln** hatch a plot.

Ver·se·hen ‹-s, -› *n* mistake, slip; *(Irrtum)* error; ▶ **aus ~** by mistake.

ver·se·hen *irr* **I** *tr* **1.** *(ausstatten)* provide, supply; **2.** *(Amt)* occupy; *(Dienst)* perform; **3.** *(geben)* give; ▶ **mit etw ~ sein** have s.th.; **etw mit s-r Unterschrift ~** affix one's signature to s.th.; **II** *refl* **1.** *(sich irren)* be mistaken; **2.** *(sich versorgen)* provide o.s. (*mit* with); ▶ **ehe man sich's versieht** before you could say Jack Robinson *fam.*

ver·se·hent·lich **I** *adj* inadvertent; *(irrtümlich)* erroneous; **II** *adv* by mistake, inadvertently.

Ver·sehr·te(r) [fɛrˈzeːɐtə] ‹-n, -n› *f m* disabled person.

ver·sen·den *irr tr* send, *com* forward; *(verfrachten)* ship.

ver·sen·gen *tr* scorch; *(anbrennen)* singe.

ver·sen·ken **I** *tr* **1.** *(Schiff etc)* send to the bottom, sink; **2.** *tech* lower; *(Armlehne)* fold; **II** *refl fig* become absorbed (*in* in); **Ver·sen·kung** *f* **1.** *(das Versenken)* sinking; **2.** *theat* trap-door; **3.** *fig (das Sichversenken)* immersion; ▶ **in der ~ verschwinden** *(vergessen werden)* sink into oblivion; **aus der ~ auftauchen** *fig* re-emerge on the scene.

ver·ses·sen [fɛrˈzɛsən] *adj fig:* ▶ **auf etw ~** keen on s.th., mad about s.th; **Ver·ses·sen·heit** *f* keenness (*auf* on).

ver·set·zen **I** *tr* **1.** *(von e-r Stelle zu e-r andern)* move, shift; *(Pflanze)* transplant; **2.** *(Person)* transfer; *päd (in höhere Schulklasse)* move up; **3.** *(verpfänden)* pawn; **4.** *(vermischen)* mix; **5.** *(Schlag: geben)* give; **6.** *(erwidern)* retort; **7.** *fam (nicht kommen)* stand up; ▶ **ihr Freund hat sie versetzt** her friend stood her up; **in den vorzeitigen Ruhestand ~** pension off; **in Wut ~** send s.o. into a rage; **jdn in die Lage ~, etw zu tun** put s.o. in a position to do s.th.; **in Angst ~** terrify; **II** *refl* ▶ **~ Sie sich in meine Lage!** put yourself in my place! **Ver·set·zung** *f* **1.** *(beruflich)* transfer; *(Höher~)* promotion; **2.** *päd (schulisch)* moving up; **Ver·set·zungs·zeug·nis** *n* end-of-year report.

ver·seu·chen [fɛrˈzɔɪçən] *tr* **1.** *(infizieren)* infect; **2.** *(vergiften, a. fig)* contaminate; **Ver·seu·chung** *f* **1.** *(Infektion)* infection; **2.** *(mit Giftstoff)* contamination.

Vers·fuß *m* foot.

Ver·si·che·rer *m* insurer; **ver·si·chern** **I** *tr* **1.** *(beteuern)* affirm; *(bestätigen)* assure (*etw* s.th., *jdn e-r Sache* s.o. of s.th.); **2.** *(sein Leben)* assure; *(Sache)* insure; **II** *refl* **1.** *(sich vergewissern)* make sure (of); **2.** *(Versicherung abschließen)* insure o.s.; *(Lebensversicherung)* take out a life assurance policy; **Ver·si·cher·te(r)** ‹-n, -n› *f m* insured (*od* assured) party; **Ver·si·che·rung** *f* **1.** *(des Eigentums)* insurance; *(des Lebens)* assurance; **2.** *(Bekräftigung)* affirmation; *(Bestätigung)* assurance; **Ver·si·che·rungs·be·trug** *m* insurance fraud; **Ver·si·che·rungs·ge·sell·schaft** *f* insurance (*od* assurance) company; **Ver·si·che·rungs·kauf·mann (-kauf·frau)** *m (f)* insurance broker; **Ver·si·che·rungs·po·li·ce** *f* insurance policy; **Ver·si·che·rungs·prä·mie** *f* insurance premium; **Ver·si·che·rungs·sum·me** *f* sum insured (*od* assured); **Ver·si·che·rungs·ver·tre·ter(in)** *m (f)* insurance agent.

ver·sickern (k·k) ‹sein› *itr* **1.** seep away; **2.** *fig (Unterhaltung etc)* dry up.

ver·sie·geln *tr* seal.

ver·sie·gen ‹sein› *itr a. fig* dry up.

ver·siert [vɛrˈziːɐt] *adj (fachmännisch erfahren)* experienced; ▶ **sie ist sehr ~ in Latein** she is well-versed in Latin.

ver·sil·bern *tr* **1.** silver-plate; **2.** *fig fam (verkaufen) Br* flog; **Ver·sil·be·rung** *f* **1.** *(Silberschicht)* silver-plate; **2.** *(das Versilbern)* plating.

ver·sin·ken ‹sein› *irr itr* **1.** *(untergehen)* sink; *(Schiff)* founder; **2.** *fig* lose o.s. (*in etw* in s.th.); ▶ **in Gedanken versunken sein** be lost in thought; **die Sonne versank am Horizont** the sun sank beneath the horizon.

ver·sinn·bild·li·chen [fɛrˈzɪnbɪltlɪçən] *tr* symbolize.

Ver·sion [vɛrˈzjoːn] *f* version.

ver·skla·ven *tr a. fig* enslave.

Vers·maß *n* metre.

ver·snobt [fɛrˈsnɔpt] *adj* snobbish.

ver·sof·fen [fɛrˈzɔfən] *adj sl* boozy.

ver·soh·len *tr fam* belt.

ver·söh·nen [fɛrˈzøːnən] **I** *tr a. fig* reconcile (*mit* to); *(besänftigen)* appease; **II** *refl* get reconciled (*mit* to); **ver·söhn·lich** *adj* conciliatory; *(vergebend)* forgiving; ▶ **~ stimmen** placate; **Ver·söh·nung** *f* reconciliation; *(Besänftigung)* appeasement.

ver·son·nen [fɛrˈzɔnən] *adj (gedankenverloren)* lost in thought; *(träumerisch)* dreamy.

ver·sor·gen **I** *tr* **1.** *(sich kümmern um)* look after, take care of; **2.** *(beliefern)* provide (*od* supply) (*mit* with); **3.** *(unter-*

halten) provide for; **II** *refl* provide o.s. (*mit etw* with s.th.); ► **sich selbst ~** take care of o.s.; **Ver·sor·gung** *f* **1.** *(das Sichkümmern)* care; **2.** *com (Belieferung, Bestückung)* supply; **3.** *(Unterhalt: von Familie etc)* providing (*jds* for s.o.); ► **~ mit Energie** power supply; **öffentliche ~** provision of public utilities; **ver·sor·gungs·be·rech·tigt** *adj* entitled to maintenance; **Ver·sor·gungs·lei·tung** *f* supply line; **Ver·sor·gungs·netz** *n* **1.** *(öffentliches ~)* supply grid; **2.** *com (Waren~)* supply network; **Ver·sor·gungs·schwie·rig·kei·ten** *pl* supply problems.

ver·spach·teln *tr (mit Spachtel verschmieren)* fill in.

ver·span·nen *refl (Muskel)* tense up.

ver·spä·ten *refl* **1.** *(zu spät kommen)* be late; **2.** *(aufgehalten werden)* be delayed; **ver·spä·tet** *adj* belated, late; **Ver·spä·tung** *f rail aero* delay; *(von Person)* late arrival; ► **alle Züge haben ~** there are delays to all trains; **(15 Minuten) ~ haben** be (15 minutes) late.

ver·spei·sen *tr* consume.

ver·spe·ku·lie·ren **I** *tr (Geld)* lose through speculation; **II** *refl* **1.** *fin* ruin o.s. by speculation; **2.** *fig* be out in one's calculations.

ver·sper·ren *tr* **1.** *(blockieren)* bar, block; *(verschließen)* lock up; **2.** *fig (Zukunftsaussichten etc)* obstruct; ► **Sie ~ mir die Sicht!** you're obstructing my view!

ver·spie·len **I** *tr a. fig* gamble away; **II** *itr fig:* ► **(bei jdm) verspielt haben** have had it (as far as s.o. is concerned).

ver·spon·nen *adj* eccentric, *(Idee)* odd.

ver·spot·ten *tr* mock.

ver·spre·chen *irr* **I** *tr* **1.** promise (*jdm etw* s.o. s.th.); **II** *refl* **1.** *(erwarten)* expect to gain (*etw von etw* by s.th.); **2.** *(Nichtgemeintes sagen)* make a slip of the tongue; **Ver·spre·chen (Ver·spre·chung)** *n (f)* promise.

ver·sprit·zen *tr* **1.** *(versprühen)* spray; **2.** *(durch Planschen)* spatter, splash.

ver·spü·ren *tr* feel.

ver·staat·li·chen *tr* nationalize; **Ver·staat·li·chung** *f* nationalization.

Ver·städ·te·rung *f* urbanization.

Ver·stand [fɛrˈʃtant] ‹-(e)s› *m (Intellekt)* intellect, mind; *(Denkfähigkeit)* reason; *(Vernunft)* (common) sense; *(Urteilsfähigkeit)* judgement; ► **ein scharfer ~** a keen mind; **er hat nicht für fünf Pfennig ~** *fig* he hasn't the sense he was born with; **nicht bei ~ sein** be out of one's mind; **den ~ verlieren** go out of one's mind; **mehr Glück als ~ haben** have more luck than brains; **ver·stan·des·mä·ßig** *adj* rational, intellectual; **Ver·stan·des·mensch** *m* rational person.

ver·stän·dig [fɛrˈʃtɛndɪç] *adj* **1.** *(einsichtig)* understanding; **2.** *(vernünftig)* reasonable, sensible; **ver·stän·di·gen** **I** *tr* inform, notify (*von* of); **II** *refl* **1.** *(kommunizieren)* communicate (*mit jdm* with s.o.); **2.** *(sich einigen)* come to an understanding (*mit jdm* with s.o.); **Ver·stän·di·gung** *f* **1.** *(Informierung)* information, notification; **2.** *(Kommunikation)* communication; **3.** *(Übereinkunft)* agreement, understanding; **4.** *tele* audibility.

ver·ständ·lich *adj* **1.** *(einsichtig)* intelligible; **2.** *(begreiflich)* understandable; *(begreifbar)* comprehensible; **3.** *(hörbar)* audible; ► **jdm etw ~ machen** make s.o. understand s.th.; **sich ~ machen** make o.s. understood; **Ver·ständ·lich·keit** *f* **1.** comprehensibility; **2.** *(Hörbarkeit)* audibility.

Ver·ständ·nis [fɛrˈʃtɛntnɪs] ‹-ses, (-se)› *n* **1.** *(Begreifen)* comprehension, understanding (*für* of); **2.** *(Mitgefühl)* sympathy (*für* for); **3.** *(Sinn für etw)* appreciation (*für* of); ► **dafür habe ich kein ~** I have no time for that kind of thing; **ver·ständ·nis·los** *adj* **1.** *(nicht verstehend)* uncomprehending; **2.** *(ohne Einfühlungsvermögen)* unsympathetic (*für* towards); **3.** *(ohne Sinn für etw)* unappreciative (*für* of); **ver·ständ·nis·voll** *adj* **1.** *(verstehend)* understanding; **2.** *(mitfühlend)* sympathetic (*für* towards).

ver·stär·ken **I** *tr* **1.** *(stärker machen) a. fig* reinforce, strengthen; **2.** *el* amplify; **3.** *(steigern)* intensify; **4.** *(vermehren)* increase; ► **s-e Anstrengungen ~** increase one's efforts; **II** *refl* **1.** *(sich vermehren)* increase; **2.** *fig (intensiver werden)* intensify, strengthen; **Ver·stär·ker** *m radio* amplifier; **Ver·stär·kung** *f* **1.** reinforcement, support; **2.** *radio* amplification; **3.** *(Intensivierung) a. phot* intensification; **4.** *(Vermehrung)* increase; *mil a. fig* reinforcements *pl.*

ver·stau·ben ‹sein› *itr* get dusty; **ver·staubt** *adj* dusty.

ver·stau·chen [fɛrˈʃtaʊxən] *tr* sprain; ► **ich habe mir die Hand verstaucht** I've sprained my hand.

ver·stau·en *tr* **1.** *(Gepäck)* pack (*in* into); **2.** *mar* stow.

Ver·steck [fɛrˈʃtɛk] ‹-(e)s, -e› *n* hiding-place; ► **~ spielen** play hide-and-seek; **aus dem ~ auftauchen** come out of concealment; **ver·stecken (k·k)** **I** *tr* conceal, hide (*vor* from); **II** *refl Br* conceal o.s., hide, *Am* hide up; ► **Sie brauchen sich vor ihm nicht zu ~** *fig* you do not need to fear comparison with him; **er hat etw in s-r Tasche versteckt** he's hiding s.th. in his pocket; **Ver·steck·spiel** *n Br* hide-and-seek, *Am* hide-and-coop; **ver·steckt** *adj* **1.** *(verborgen)* concealed, hidden; **2.** *fig (verstohlen)* furtive; ► **sich ~ halten** stay in concealment.

ver·ste·hen *irr* **I** *tr itr* **1.** understand; **2.** *(deuten)* interpret; **3.** *(einsehen)* see; **4.** *(können)* know (*etw zu tun* how to do s.th., *etw* s.th., *von etw* about s.th.); ► **das kann ich eben nicht ~** that's what I can't understand; **was ~ Sie unter „exzentrisch"?** what do you understand by "eccentric"? **wie ~ Sie s-e Bemerkungen?** what do you understand from his remarks? **ich verstehe die Situation so, daß ...** my understanding of the situation is that ...; **falsch ~** misunderstand; **jdm zu ~ geben, daß ...** give s.o. to understand that ...; **verstanden?** do you understand me? *fam* got the idea? *Am sl* O.K.? **ich verstehe!** I see! **II** *refl* **1.** understand each other; **2.** *(miteinander auskommen)* get along with each other; ► **er versteht sich als Künstler** he sees himself as an artist; **das versteht sich von selbst** that goes without saying; **sich auf etw ~** be an expert at s.th.

ver·stei·fen I *tr* **1.** *(verstärken)* reinforce, strengthen; **2.** *tech* strut; **II** *refl* **1.** stiffen up; **2.** *(sich verhärten)* harden; ► **sich auf etw ~** *fig* become set on s.th.

ver·stei·gen ⟨h⟩ *irr refl fig* have the presumption (*zu* to).

Ver·stei·ge·rer *m* auctioneer; **ver·stei·gern** *tr* auction (off); ► **etw ~ lassen** put s.th. up for auction; **Ver·stei·ge·rung** *f* auction.

ver·stei·nern *itr* petrify, turn (in)to stone; **Ver·stei·ne·rung** *f* **1.** *(Vorgang)* petrifaction; **2.** *(Fossil)* fossil.

ver·stell·bar *adj* adjustable; **ver·stel·len I** *tr* **1.** *(in Unordnung bringen)* misplace, put in the wrong place; **2.** *(Möbel etc)* shift; **3.** *(versperren)* block; **4.** *(Stimme, Handschrift)* disguise; **II** *refl fig* dissemble, hide one's true feelings; **Ver·stell·schrau·be** *f mot* adjusting screw; **Ver·stel·lung** *f (Vortäuschung)* pretending; **Ver·stel·lungs·künst·ler(in)** *m (f) fam* phoney.

ver·step·pen *itr* turn into desert; **Ver·step·pung** desertification.

ver·steu·ern *tr* pay on ...; **Ver·steue·rung** *f* taxation.

ver·stim·men *tr fig* disgruntle, put out; **ver·stimmt** *adj* **1.** *mus* out of tune; **2.** *fig (verärgert)* put out; **3.** *(Magen)* upset; **Ver·stim·mung** *f* ill-feeling.

ver·stockt [fɛr'ʃtɔkt] *adj* **1.** *(widerspenstig)* obstinate, stubborn; **2.** *(unbußfertig)* unrepentant; **Ver·stockt·heit** *f* **1.** *(Widerspenstigkeit)* obstinacy, stubbornness; **2.** *(Unbußfertigkeit)* unrepentance.

ver·stoh·len [fɛr'ʃto:lən] *adj* furtive, surreptitious.

ver·stop·fen *tr* **1.** *(Loch etc)* stop up; **2.** *(Straße)* block, jam; **ver·stopft** *adj* **1.** *(blockiert)* blocked; **2.** *med* constipated; **3.** *(Nase)* stuffed up; **Ver·stop·fung** *f* **1.** *(Blockierung)* blockage; **2.** *med* constipation.

ver·stor·ben [fɛr'ʃtɔrbən] *adj* deceased, *(attr)* late.

ver·stört [fɛr'ʃtø:ɐt] *adj (verwirrt)* disconcerted.

Ver·stoß *m* offence (*gegen* against), violation (*gegen* of); **ver·sto·ßen** *irr* **I** *tr (vertreiben)* expel (*aus* from); **II** *itr* offend (*gegen etw* against s.th.).

ver·strahlt *adj* contaminated by radiation.

Ver·stre·bung *f tech* support.

ver·strei·chen *irr* **I** *itr* ⟨sein⟩ *(Zeit)* elapse, pass (by); *(Frist)* expire; **II** *tr* ⟨h⟩ **1.** *(Farbe, Salbe)* put on (*auf* to); **2.** *(Mauerrisse: verspachteln)* fill in.

ver·streu·en *tr* scatter.

ver·stricken (k·k) *refl fig* become entangled.

ver·stüm·meln [fɛr'ʃtʏməln] *tr* **1.** mutilate; **2.** *fig (Nachricht etc)* distort; **Ver·stüm·me·lung** *f* **1.** mutilation; **2.** *fig (Verzerrung)* distortion.

ver·stum·men ⟨sein⟩ *itr* **1.** *(Ton etc, a. fig)* become silent; **2.** *(Person)* fall silent.

Ver·such [fɛr'zu:x] ⟨-(e)s, -e⟩ *m* **1.** attempt (*etw zu tun* at doing *od* to do s.th.); **2.** *(Experiment)* experiment; *(Test)* test; **3.** *(Essay)* essay; ► **es ist e-n ~ wert** it's worth a try; **beim ersten ~** at the first try; **er unternahm keinen ~, uns zu helfen** he made no attempt to help us; **das kommt auf e-n ~ an** we'll have to have a try; **e-n ~ anstellen** carry out an experiment; **alle ~e scheiterten** all attempts were defeated.

ver·su·chen I *tr* **1.** attempt, try; **2.** *(sich bemühen)* strive; **3.** *(kosten)* taste; **4.** *(in Versuchung führen)* tempt; ► **~, etw zu tun** attempt (*od* try) to do s.th.; **es ~** have a try; **laß mich mal ~!** let me have a try! **versuch's noch mal!** have another try! **ich werd' es mal ~** I'll give it a try; **bitte versuche doch zu verstehen!** do try to understand! **II** *refl:* ► **sich an etw ~** try one's hand at s.th.; **Ver·su·cher(in)** *m (f)* tempter (temptress); **Ver·suchs·an·la·ge** *f* experimental (*od* pilot) plant; **Ver·suchs·bal·lon** *m* sounding balloon; ► **e-n ~ steigen lassen** *fig* fly a kite; **Ver·suchs·boh·rung** *f* test boring; *(Erdöl~)* test drilling; **Ver·suchs·er·geb·nis** *n* result of experiments; **Ver·suchs·ka·nin·chen** *n fam* guinea-pig; **Ver·suchs·per·son** *f* test subject; **Ver·suchs·rei·he** *f* series of experiments; **Ver·suchs·tier** *n* experimental animal; **ver·suchs·wei·se** *adv (als Versuch)* on a trial basis; **Ver·such·ung** *f a. rel* temptation; ► **in ~ führen** lead into temptation; **in ~ kommen** be tempted.

ver·sump·fen ⟨sein⟩ *itr* **1.** become boggy (*od* marshy); **2.** *fig fam (verwahrlosen)* go to pot; **3.** *(sich in Lokal betrinken)* get involved in a booze-up.

ver·sün·di·gen *refl* sin (*an* against).

ver·sun·ken [fɛrˈzʊŋkən] *adj* **1.** *(gesunken)* sunken; **2.** *fig (Kultur)* submerged; **3.** *fig (vertieft)* absorbed, immersed.

ver·sü·ßen *tr fig* make more pleasant (*jdm etw* s.th. for s.o.).

Ver·tä·fe·lung *f* paneling.

ver·ta·gen I *tr* adjourn; *(verschieben)* postpone (*auf* until, till); *parl Br* prorogue, *Am* table; **II** *refl* be adjourned; *jur* adjourn; **Ver·ta·gung** *f* adjournment; *parl* prorogation.

ver·tau·schen *tr* **1.** *(tauschen)* exchange (*gegen, mit* for); *(auswechseln)* interchange; **2.** *(verwechseln)* mix up.

ver·tei·di·gen [fɛrˈtaɪdɪgən] **I** *tr itr* defend; **II** *refl* defend o.s.; **sich selbst ~** *(vor Gericht)* conduct one's own defence; **Ver·tei·di·ger(in)** *m (f)* **1.** *allg* defender; **2.** *(Befürworter)* advocate; **3.** *jur Br* counsel for the defence, *Am* attorney for the defense; **4.** *sport (beim Fußball)* back; **Ver·tei·di·gung** *f Br* defence, *Am* defense; **Ver·tei·di·gungs·fä·hig·keit** *f mil* defensive capability; **Ver·tei·di·gungs·krieg** *m* defensive war; **Ver·tei·di·gungs·mi·ni·ster** *m* Minister of Defence; **Ver·tei·di·gungs·mi·ni·ste·rium** *n* Ministry of Defence; **Ver·tei·di·gungs·re·de** *f* **1.** *jur* speech for the defence; **2.** *fig* apologia; **Ver·tei·di·gungs·zweck** *m:* ► **für ~e** for defence purposes.

ver·tei·len I *tr* **1.** distribute (*an* to, *unter* among); **2.** *(ausstreuen)* spread (*über* over); ► **verteilen Sie die Farbe gleichmäßig!** spread the paint evenly! **II** *refl (Personen)* spread out; *med (Viren etc)* spread; *(zeitlich)* be spread (*über* over); **Ver·tei·ler** *m* **1.** *mot* distributor; **2.** *(~schlüssel auf Rundschreiben)* list of people to receive a copy; **Ver·tei·ler·ka·sten** *m el tele* distributor box; **Ver·tei·lung** *f* **1.** *(Austeilung)* distribution; **2.** *(Zuteilung)* allocation.

ver·teu·ern I *tr* make dearer; **II** *refl* become dearer; **Ver·teu·erung** *f* increase (*od* rise) in price.

ver·teu·feln *tr* condemn; **ver·teu·felt I** *adj fam* devilish; **II** *adv* damned; ► **das war vielleicht ~, ich konnte überhaupt nichts sehen!** I couldn't see a darn thing! **Ver·teu·fe·lung** *f* condemnation.

ver·tie·fen *tr refl a. fig* deepen; ► **sich in etw ~** become absorbed in s.th.; **Ver·tie·fung** *f* **1.** deepening; **2.** *fig (Vertieftsein)* absorption.

ver·ti·kal [vɛrtiˈkaːl/ˈ---] *adj* vertical.

ver·til·gen *tr* **1.** *(ausrotten)* exterminate; **2.** *(Unkraut etc: vernichten)* destroy; **3.** *fam (verzehren)* devour; **Ver·til·gung** *f* **1.** *(Ausrottung)* extermination; **2.** *(Unkraut etc: Vernichtung)* destruction; **Ver·til·gungs·mit·tel** *n (Insekten~)* pesticide; *(Unkraut~)* weed-killer.

ver·tip·pen *refl (mit Schreibmaschine)* make a typing error.

ver·to·nen *tr* set to music; **Ver·to·nung** *f* setting.

ver·trackt [fɛrˈtrakt] *adj fam* confounded.

Ver·trag [fɛrˈtraːk, *pl* fɛrˈtrɛːgə] ⟨-(e)s, ¨e⟩ *m (Arbeits~ etc)* contract; *(Abkommen)* agreement; *pol* treaty.

ver·tra·gen *irr* **I** *tr* **1.** *(ertragen)* endure, stand, tolerate; ► **er kann keinen Fisch ~** fish does not agree with him; **er kann viel ~** *fam (Alkohol)* he's able to hold his drink; **Spaß ~** take a joke; **ich kann alles ~, nur keine Schlamperei** I can tolerate anything except sloppiness; **die Wand könnte noch e-n Anstrich ~** *fam* the wall could stand another coat of paint; **ich glaub, ich kann noch ein Stück Kuchen ~** I think I can manage another cake; **II** *refl* **1.** get along (*mit jdm* with s.o.); **2.** *(vereinbar sein)* be consistent (*mit etw* with s.th.); **ver·trag·lich I** *adj* contractual; **II** *adv* by contract.

ver·träg·lich [fɛrˈtrɛːklɪç] *adj* **1.** *(umgänglich)* amicable, peaceable; **2.** *(bekömmlich)* wholesome; *(Speisen)* digestible; **3.** *(vereinbar)* compatible (with).

Ver·trags·ab·schluß *m* completion of a contract. **Ver·trags·bruch** *m* breach of contract; **ver·trags·brü·chig** *adj:* ► **~ werden** break a contract; **ver·trag·schlie·ßend** *adj:* ► **~e Partei** contracting party; **Ver·trags·ent·wurf** *m* draft contract (*od* agreement *od* treaty); **Ver·trags·händ·ler** *m* appointed dealer; **Ver·trags·part·ner** *m* partner to a contract (*od* treaty); **Ver·trags·stra·fe** *f* penalty of breach of contract; **Ver·trags·ver·let·zung** *f* violation of contract; **ver·trags·wid·rig I** *adj* contrary to the agreement; **II** *adv* in breach of contract.

Ver·trau·en ⟨-s⟩ *n* confidence, trust (*zu, in, auf* in); ► **im ~ (gesagt)** strictly in confidence; **im ~ auf ...** relying on ..., trusting to ...; **zu jdm ~ haben** be confident in s.o.; **jds ~ besitzen** enjoy someone's confidence; **jdn ins ~ ziehen** admit (*od* take) s.o. into one's confidence; **ich habe volles ~ zu ihm** I have every trust in him; **ver·trau·en** *itr* trust (*jdm od e-r Sache* s.o. *od* s.th., *auf jdn od etw* in s.o. *od* s.th.), have confidence (*jdm* in s.o.); **ver·trau·en·er-**

weckend (k•k) *adj* inspiring confidence; ► **er ist ein ~er Mensch** he is a person inspiring confidence; **ver•trau•ens•bil•dend** *adj* confidence building, **Ver•trau•ens•bruch** *m* breach of trust; **Ver•trau•ens•fra•ge** *f parl* question of confidence; **Ver•trau•ens•kri•se** *f pol* confidence crisis; **Ver•trau•ens•leh•rer(in)** *m (f) päd* liaison teacher; **Ver•trau•ens•mann** ‹-(e)s, -männer/-leute› *m* intermediary agent; *(gewerkschaftlich)* union representative; **Ver•trau•ens•sa•che** *f* **1.** *(vertrauliche Sache)* confidential matter; **2.** *(Sache des Vertrauens)* matter of trust; **Ver•trau•ens•schwund** *m* loss of confidence; **Ver•trau•ens•stel•lung** *f* position of trust; **ver•trau•ens•voll** *adj* trusting; **Ver•trau•ens•vo•tum** *n parl* vote of confidence; **ver•trau•ens•wür•dig** *adj* trustworthy; **Ver•trau•ens•wür•dig•keit** *f* trustworthiness.

ver•trau•lich *adj* **1.** *(geheim)* confidential; **2.** *(plump~)* familiar; **Ver•trau•lich•keit** *f* **1.** *(vertrauliche Haltung)* confidentiality; **2.** *(vertrauliche Mitteilung)* confidence; **3.** *(plumpe ~)* familiarity.

ver•träu•men *tr* dream away; **ver•träumt** *adj* **1.** *(träumerisch)* dreamy; **2.** *(idyllisch)* sleepy.

ver•traut *adj* **1.** intimate; **2.** *(bekannt)* familiar; ► **sich mit dem Gedanken ~ machen, daß ...** get used to the idea that ...; **sich mit etw ~ machen** acquaint o.s. with s.th.; **Ver•trau•te(r)** *f m* intimate friend; **Ver•traut•heit** *f* **1.** *(Intimität)* intimacy; **2.** *(Bekanntheit)* familiarity.

ver•trei•ben *irr tr* **1.** drive away; *(aus Land)* expel (from); **2.** *com (verkaufen)* sell; ► **sich die Zeit ~** while (*od* pass) away one's time; **jdm die Zeit ~** help s.o. pass the time; **Ver•trei•bung** *f* expulsion.

ver•tret•bar *adj* justifiable; ► **nicht ~** *(unhaltbar)* untenable.

ver•tre•ten *tr* **1.** *(als Bevollmächtigter)* represent; **2.** *(zeitweilig ersetzen)* replace; **3.** *(einstehen)* answer for ...; **4.** *jur* plead (*jdn* someone's case); **5.** *(Interessen)* attend to; **6.** *(Ansicht)* take; ► **sich die Beine ~** *fam* stretch one's legs; **er vertritt die Firma in London** he represents the firm in London; **Ver•tre•ter(in)** **1.** *m (f) (Repräsentant)* representative; **2.** *(Stell~)* deputy; *(bei Ärzten, Geistlichen)* locum tenens; 3. *(Fürsprecher)* advocate; **4.** *com (Handels~) Br* agent, *Am* solicitor; **Ver•tre•tung** *f* **1.** *(Repräsentanz)* representation; **2.** *(Ersatz)* replacement; **3.** *(im Amt)* substitution; **4.** *com (Agentur)* agency; ► **in ~** *(bei Briefen)* on behalf of ...; **die ~ übernehmen für ...** take the place of ...

Ver•trieb [fɛrˈtri:p] *m* **1.** sales, *pl* marketing; **2.** *(Abteilung)* sales department.

Ver•trie•be•ne(r) *f m* exile.

Ver•triebs•ab•tei•lung *f com* sales department; **Ver•triebs•er•lös** *m com* circulation revenue; **Ver•triebs•ge•sell•schaft** *f markt* marketing organization; **Ver•triebs•lei•ter(in)** *m (f) markt* circulation manager; **Ver•triebs•po•li•tik** *f markt* distribution policy.

ver•trin•ken *tr* spend on drink.

ver•trock•nen ‹sein› *itr* **1.** *(Quelle)* dry up; **2.** *(Pflanze)* wither; *(Lebensmittel)* go dry.

ver•trö•deln *tr* fritter away.

ver•trö•sten *tr:* ► **jdn von e-m Tag zum anderen ~** put s.o. off from day to day.

ver•tu•schen [fɛrˈtʊʃən] *tr* hush up.

ver•übeln *tr:* ► **jdm etw ~** blame s.o. for s.th.

ver•üben *tr* commit, perpetrate.

ver•ul•ken *tr fam* make fun of, tease.

ver•un•glimp•fen [fɛrˈʊnglɪmpfən] *tr* disparage.

ver•un•glücken (k•k) ‹sein› *itr* **1.** *(Person)* have an accident; *(Flugzeug)* crash; **2.** *fig fam (mißlingen)* go wrong; ► **mit dem Auto ~** have a car accident; **mit dem Flugzeug ~** be in a plane crash; **tödlich ~** be killed in an accident; **ver•un•glückt** *adj fam (nicht gelungen)* unsuccessful.

ver•un•rei•ni•gen [fɛrˈʊnraɪnɪgən] *tr* **1.** *(Kleidung etc)* soil; **2.** *(Umwelt)* pollute; **Ver•un•rei•ni•gung** *f* **1.** *(von Kleidung etc)* soiling; **2.** *(von Umwelt)* pollution.

ver•un•si•chern *tr* make uncertain (*in* of); **ver•un•si•chert** *adj* uncertain; **Ver•un•si•che•rung** *f* uncertainty.

ver•un•stal•ten [fɛrˈʊnʃtaltən] *tr* disfigure.

ver•un•treu•en [fɛrˈʊntrɔɪən] *tr* embezzle; **Ver•un•treu•ung** *f* embezzlement.

ver•ur•sa•chen *tr* cause; ► **Beschwerden ~** *med* give rise to trouble; **Ver•ur•sa•cher(in)** *m (f)* cause.

ver•ur•tei•len *tr a. fig* condemn; *jur (zu Strafe)* sentence; *(zu e-r Geldstrafe)* fine (*von 100 £* 100 £); ► **der zum Tode Verurteilte** the condemned man; **Ver•ur•tei•lung** *f a. fig* condemnation; *jur (Schuldspruch)* conviction.

ver•viel•fa•chen *tr* multiply.

ver•viel•fäl•ti•gen [fɛrˈfi:lfɛltɪgən] *tr* **1.** *(kopieren)* copy; **2.** *(hektographieren)* mimeograph; **Ver•viel•fäl•ti•gung** *f* **1.** *(das Kopieren)* copying; *(das Hektographieren)* mimeographing; **2.** *(die Hektographie)* mimeograph; **3.** *(Kopie)* copy.

ver·vier·fa·chen *tr refl* quadruple.

ver·voll·komm·nen [fɛrˈfɔlkɔmnən] **I** *tr* perfect; **II** *refl* perfect o.s.; **Ver·voll·komm·nung** *f* perfection.

ver·voll·stän·di·gen *tr* complete; **Ver·voll·stän·di·gung** *f* completion.

ver·wackeln (k·k) *tr (Foto)* blur.

ver·wäh·len *refl tele* dial the wrong number; ► **Verzeihung, habe mich verwählt!** sorry, wrong number!

ver·wah·ren I *tr* have in safekeeping, keep (safe); ► **etw an e-m sicheren Ort ~** put s.th. away safely; **II** *refl:* ► **sich ~ gegen ...** protest against ...

ver·wahr·lost [fɛrˈva:ɐlo:st] *adj* **1.** *(vernachlässigt)* neglected; *(Äußeres e-r Person)* unkempt; **2.** *(moralisch)* decadent; **Ver·wahr·lo·sung** *f* **1.** *(von Person: Vernachlässigung)* neglect of o.s.; *(von Gebäude etc)* dilapidation; **2.** *(moralisch)* depravity.

Ver·wah·rung *f (von Geld etc)* keeping; *(von Straftäter)* custody; ► **jdm etw in ~ geben** give s.th. to s.o. for safekeeping; **jdn in ~ nehmen** take into custody; **etw in ~ nehmen** take s.th. into safekeeping.

ver·waist [fɛrˈvaɪst] *adj* **1.** *(ohne Eltern)* orphaned; **2.** *fig (verlassen)* deserted.

ver·wal·ten *tr* **1.** *(Erbe, Vermögen)* administer; **2.** *(Fabrik)* manage, run; *pol (leiten)* govern; **3.** *(Amt)* hold; **Ver·wal·ter(in)** *m (f)* administrator; *(Treuhänder)* trustee; **Ver·wal·tung** *f* **1.** *(Administration)* administration; **2.** *com (Firmenleitung)* management; **Ver·wal·tungs·ap·pa·rat** *m* administrative machinery; **Ver·wal·tungs·be·am·te (-be·am·tin)** *m (f)* civil servant; **Ver·wal·tungs·be·zirk** *m* administrative district; **Ver·wal·tungs·ge·richt** *n* Administrative Court; **Ver·wal·tungs·ge·richts·hof** *m* Higher Administrative Court; **ver·wal·tungs·tech·nisch** *adj:* ► **aus ~en Gründen** for administrative reasons.

ver·wan·del·bar *adj* **1.** *allg* transformable; **2.** *tech* convertible.

ver·wan·deln *tr refl* change, turn (*in* into); **Ver·wand·lung** *f* change, transformation; **Ver·wand·lungs·sze·ne** *f theat* transformation scene.

ver·wandt [fɛrˈvant] *adj* **1.** related (*mit* to); **2.** *fig* kindred (*mit* to); ► **einander sehr ~ sein** *fig* be very much akin to each other; **Ver·wand·te(r)** *f m* relation, relative; **Ver·wandt·schaft** *f* **1.** *(Verwandtsein)* relationship; **2.** *(die Verwandten)* relations *pl;* **3.** *fig* affinity, kinship; **ver·wandt·schaft·lich** *adj* family.

ver·war·nen *tr* caution, warn; ► **er ist oft genug verwarnt worden** he had plenty of warning; **Ver·war·nung** *f* caution, warning; ► **jdm e-e ~ geben** give s.o. a warning; *(gebührenpflichtig)* fine s.o.

ver·wa·schen *adj* **1.** *(verblichen)* faded; **2.** *fig fam* wishy-washy.

ver·wäs·sern *tr* **1.** water down; **2.** *fig* dilute.

ver·wech·seln *tr* mix up; ► **jdn mit jdm ~** take s.o. for s.o. else; **zwei Probleme miteinander ~** confuse two problems; **zum V~ ähnlich** as like as two peas; **Ver·wechs·lung** *f* **1.** confusion; **2.** *(Irrtum)* mistake.

ver·we·gen [fɛrˈve:gən] *adj* daring, bold; **Ver·we·gen·heit** *f* daring, boldness.

ver·we·hen I *tr* **1.** blow away; *(Schnee)* drift; **2.** *(zudecken)* cover over; **II** *itr (Rauch: zerstreut werden)* drift away.

ver·weh·ren *tr* **1.** *(verhindern)* bar (*jdm, etw zu tun* s.o. from doing s.th.); **2.** *(verweigern)* refuse (*jdm etw* s.o. s.th.).

Ver·we·hung *f (Schnee~, Sand~ etc)* drift.

ver·weich·li·chen I *tr* ⟨h⟩ make soft; **II** *refl* ⟨sein⟩ grow soft; **Ver·weich·li·chung** *f* softness.

Ver·wei·ge·rer *m* refusenik; **ver·wei·gern** *tr* deny, refuse (*jdm etw* s.o. s.th.); **Ver·wei·ge·rung** *f* denial, refusal.

ver·wei·len *itr* **1.** linger, stay; **2.** *fig:* ► **bei etw ~** dwell on s.th.

ver·weint *adj* **1.** *(Gesicht)* tear-stained; **2.** *(Augen)* tear-swollen.

Ver·weis ⟨-es, -e⟩ *m* **1.** *(Rüge)* rebuke, reprimand; **2.** *(Hinweis)* reference (*auf* to); ► **jdm e-n ~ erteilen** reprimand (*od* rebuke) s.o.

ver·wei·sen *irr tr* **1.** *(hinweisen)* refer (*jdn auf etw od an jdn* s.o. to s.th. *od s.o.);* **2.** *(des Landes, von der Schule)* expel; ► **auf etw ~** refer to s.th.

ver·wel·ken ⟨sein⟩ *itr* **1.** *(Blumen)* wilt; **2.** *fig (Schönheit etc)* fade.

ver·wend·bar *adj* usable (*zu* for).

ver·wen·den *irr* **I** *tr* use; *(benutzen)* employ; *(verwerten)* utilize; ► **Fleiß auf etw ~** put hard work into s.th.; **viel Zeit ~ auf ...** spend (*od fam* put in) a lot of time on ...; **II** *refl (fürsprechen)* intercede (*bei jdm für jdn* with s.o. on someone's behalf); **Ver·wen·dung** *f* employment, use; *(von Geld, Zeit etc)* expenditure (*auf* on); **Ver·wen·dungs·zweck** *m* purpose, use.

ver·wer·fen *irr* **I** *tr* **1.** *(ablehnen)* reject; *(Antrag etc)* dismiss; **2.** *(verdammen)* condemn; **II** *refl* **1.** *(Holz)* warp; **2.** *geol* fault; **ver·werf·lich** *adj* reprehensible.

ver·wer·ten *tr* make use of ..., utilize; *com* exploit; **Ver·wer·tung** *f* using, utilization.

ver·we·sen [fɛrˈve:zən] ⟨sein⟩ *itr (in Fäulnis übergehen)* decay; *(Fleisch)* rot; **Ver·we·sung** *f* decomposition; ► **in ~ übergehen** start to decay.

ver·wickeln (k·k) I *tr* **1.** *(Fäden etc)* tangle up; **2.** *fig* involve (*jdn in etw* s.o. in s.th.); **II** *refl* **1.** become tangled; **2.** *fig (in Widersprüche etc)* get o.s. tangled up (*in etw* in s.th.); **ver·wickelt (k·k)** *adj fig* complicated, intricate; **Ver·wick·lung** *f* involvement (*in* in); *(Komplikation)* complication.

ver·wil·dern ⟨sein⟩ *itr* **1.** *(Gärten)* overgrow; **2.** *(Tier)* become wild; **3.** *fig fam (Person)* run wild; **ver·wil·dert** *adj* **1.** *(Tier)* wild; **2.** *(Garten)* overgrown; **3.** *fig fam (Aussehen)* unkempt.

ver·win·den *irr tr* get over.

ver·win·kelt *adj* full of corners.

ver·wir·ken *tr* forfeit.

ver·wirk·li·chen I *tr* realize; **II** *refl* **1.** *(in Erfüllung gehen)* be realized, come true; **2.** *(von Person)* fulfil o.s.; **Ver·wirk·li·chung** *f* **1.** *(Realisierung)* realization; **2.** *(Selbst~)* fulfilment.

ver·wir·ren [fɛrˈvɪrən] **I** *tr* **1.** *(Haare)* ruffle; *(Fäden)* tangle up; **2.** *(durcheinanderbringen)* confuse; ▶ **verwirrt dich das?** am I confusing you? **II** *refl fig* become confused; **Ver·wirr·spiel** *n* confusion; **ver·wirrt** *adj* **1.** *(durcheinander)* confused; **2.** *(verlegen)* embarrassed; **Ver·wir·rung** *f (Durcheinander)* confusion; ▶ **jdn in ~ bringen** confuse s.o.

ver·wi·schen I *tr a. fig* blur; **II** *refl a. fig* become blurred.

ver·wit·tern [fɛrˈvɪtɐn] ⟨sein⟩ *itr (Stein)* weather; **ver·wit·tert** *adj* weathered; **Ver·wit·te·rung** *f* weathering.

ver·wit·wet *adj* widowed; ▶ **Frau X, ~e Y** Mrs X, the widow of Mr Y.

ver·wöh·nen [fɛrˈvøːnən] *tr* spoil; *(verzärteln)* pamper; **ver·wöhnt** *adj* **1.** *(Kind)* spoiled; **2.** *(Geschmack)* discriminating; ▶ **vom Schicksal ~** smiled upon by fate.

ver·wor·fen [fɛrˈvɔrfən] *adj* depraved; **Ver·wor·fen·heit** *f* depravity.

ver·wor·ren [fɛrˈvɔrən] *adj* **1.** *(Lage: kompliziert)* complicated, intricate; **2.** *(Gedanken)* confused.

ver·wund·bar *adj a. fig* vulnerable; **ver·wun·den** *tr* injure, wound.

ver·wun·der·lich *adj* **1.** *(erstaunlich)* amazing, surprising; **2.** *(sonderbar)* strange; ▶ **es ist nicht ~, daß ...** it is small wonder that ...; **das ist kaum ~** it's hardly to be wondered at; **ver·wun·dern** I *tr* astonish; **II** *refl* be surprised, wonder (*über* at); **Ver·wun·de·rung** *f* astonishment; ▶ **zu meiner ~** to my astonishment.

ver·wun·det *adj a. fig* wounded; **Ver·wun·de·te(r)** *f m* wounded (*od* injured) person; ▶ **die ~n** the wounded; *mil a.* the casualties; **Ver·wun·dung** *f* wound, injury.

ver·wun·schen [fɛrˈvʊnʃən] *adj* enchanted.

ver·wün·schen *tr* **1.** *(verzaubern)* cast a spell on ...; **2.** *(verfluchen)* curse; **ver·wünscht** *adj* **1.** *(verflucht)* cursed; **2.** *(verhext)* bewitched.

ver·wur·zelt *adj fig* deeply rooted (*in od mit etw* in s.th.).

ver·wü·sten *tr* devastate, ravage; **Ver·wü·stung** *f* devastation.

ver·za·gen ⟨sein⟩ *itr* lose courage (*od* heart); ▶ **an etw ~** despair of s.th.; **ver·zagt** *adj* despondent, disheartened.

ver·zäh·len *refl* count wrong(ly), miscount.

ver·zahnt *fig* linked together; **Ver·zah·nung** *f (a. fig)* dovetailing; *tech (von Zahnrädern)* gearing.

ver·zap·fen *tr fam:* ▶ **Blödsinn ~** come out with rubbish.

ver·zau·bern *tr* **1.** put a spell on ...; **2.** *fig (bezaubern)* enchant; ▶ **jdn in etw ~** turn s.o. into s.th.

ver·zehn·fa·chen *tr refl* increase tenfold.

Ver·zehr ⟨-(e)s⟩ *m* consumption; **Ver·zehr·bon** *m* meal voucher; **ver·zeh·ren** I *tr a. fig* consume; **II** *refl* eat one's heart out; *(vor Kummer etc)* be consumed (*vor* with); *(vor Sehnsucht)* pine (*nach jdm* for s.o.).

ver·zeich·nen *tr* **1.** *(aufzeichnen)* record; **2.** *(falsch zeichnen)* draw wrongly; **Ver·zeich·nis** ⟨-ses, -se⟩ *n (Liste)* list; *(Register)* register; *tele* directory.

ver·zei·hen [fɛrˈtsaɪən] *irr tr* **1.** *(vergeben)* forgive; **2.** *(entschuldigen)* excuse, pardon; ▶ **~ Sie!** excuse me! (I) beg your pardon! **ver·zeih·lich** *adj* **1.** forgivable; **2.** *(entschuldbar)* excusable, pardonable; **Ver·zei·hung** *f* **1.** *(Vergebung)* forgiveness; **2.** *(Entschuldigung)* pardon; ▶ **~!** excuse me! sorry! **jdn um ~ bitten** apologize to s.o., beg someone's pardon.

ver·zer·ren I *tr* **1.** *(~d zeigen a. fig)* distort; *(Gesicht)* contort; **2.** *(Muskel etc)* strain; **II** *refl* become contorted (*od* distorted) (*zu* in); **ver·zerrt** *adj:* ▶ **ein ~es Bild von der Wirklichkeit** a distorted view of life; **er sieht die Ereignisse völlig ~** he has a distorted impression of what is happening; **Ver·zer·rung** *f a. fig* distortion.

ver·zet·teln I *tr (s-e Kräfte)* dissipate; **II** *refl* waste a lot of time; *(in Details)* get bogged down.

Ver·zicht [fɛrˈtsɪçt] ⟨-(e)s, -e⟩ *m* renunciation (*auf* of); **ver·zich·ten** *itr (auskommen ohne)* do without; ▶ **~ auf ...** *(Erbschaft, Eigentum)* renounce; *(Anspruch)* waive.

ver·zie·hen *irr* I *tr* ⟨h⟩ **1.** *(Kind)* spoil; **2.** *(Mund)* twist (*zu* into); **II** *refl* ⟨h⟩ **1.** *(Holz)* warp; **2.** *fam (verschwinden)* disappear; *(Gewitter)* pass; *(Wolken)* disperse; *fam (schlafengehen)* be off to bed; **III** *itr* ‹sein› *(umziehen)* move (*nach* to); ► **das Gesicht** ~ pull a face.

ver·zie·ren *tr* decorate; **Ver·zie·rung** *f* decoration; *arch (Ornamentik)* ornamentation.

ver·zin·sen I *tr* pay interest on ...; **mit 8 % verzinst sein** bear interest at 8 %; **verzinstes Darlehen** loan with interest; **II** *refl* bear (*od* yield) interest; **ver·zins·lich** *adj:* ► **~es Darlehen** loan on interest.

ver·zo·gen [fɛrˈtso:gən] *adj* **1.** *tech (Holz)* warped; **2.** *(Kind)* spoiled; **3.** *(aus Wohnung)* moved away; ► **‚Empfänger ~'** 'no longer at this address'.

ver·zö·gern I *tr* delay; *(verlangsamen)* slow down; **II** *refl* be delayed; ► **der Beginn des Spiels verzögerte sich wegen Regens** *sport* rain delayed play; **Ver·zö·ge·rung** *f* **1.** delay; **2.** *(das Verzögern)* delaying; **3.** *(Verlangsamung)* slowing down; ► **e-e ~ um den Bruchteil e-r Sekunde** a split-second's delay; **Ver·zö·ge·rungs·tak·tik** *f* delaying tactics *pl.*

ver·zol·len *tr:* ► **etw ~** pay duty on s.th.; **haben Sie etw zu ~?** have you anything to declare? **ver·zollt** *adj* duty-paid.

ver·zückt [fɛrˈtsʏkt] *adj (ekstatisch)* ecstatic, enraptured; **Ver·zückung (k·k)** *f:* ► **in ~ über etw geraten** go into raptures over s.th.

Ver·zug [fɛrˈtsu:k] ‹-(e)s› *m* delay; **ohne ~** without delay; ► **in ~ geraten** fall behind (*mit etw* with s.th.); **es ist Gefahr im ~** there is danger ahead; **Ver·zugs·zin·sen** *m pl com* interest *sing* on arrears.

ver·zwei·feln ‹h *od* sein› *itr* despair (*an* of); ► **es ist zum V~!** it's enough to drive one to despair! **ver·zwei·felt** *adj* **1.** *(von Situation)* despairing; **2.** *(aussichtslos)* desperate; ► **~ sein** *(von Person)* be in despair; **~ kämpfen** fight with desperation; **die Lage wird allmählich ~** things are getting desperate; **Ver·zweif·lung** *f* **1.** *(als Gemütszustand)* despair; **2.** *(Ratlosigkeit)* desperation; ► **aus reiner ~** in sheer desperation; **~ überkam ihn** he was filled with despair; **sie tötete ihn aus ~** in despair, she killed him; **s-e ~ darüber, vielleicht nie mehr nach Hause zurückkehren zu können** his despair of ever being able to return home; **in ~ geraten** despair; **jdn zur ~ bringen** be the despair of s.o.; **Ver·zweif·lungs·tat** *f* act of desperation; ► **sich zu e-r ~ hinreißen lassen** do s.th. desperate.

ver·zwei·gen *refl* **1.** *(Bäume)* branch out; *(Straße)* branch off; **2.** *fig* ramify; **ver·zweigt** *adj a. fig* ramified; **Ver·zwei·gung** *f* **1.** *(von Bäumen)* branching; **2.** *fig* ramification.

ver·zwickt [fɛrˈtsvɪkt] *adj fam* knotty, tricky, complicated.

Ve·te·ran [vetəˈra:n] ‹-en, -en› *m mil a. fig* veteran.

Ve·te·ri·när [vetəriˈnɛ:ɐ] *m Br* veterinary surgeon, *Am* veterinarian.

Ve·to [ˈve:to] ‹-s, -s› *n* veto; ► **sein ~ einlegen gegen etw** veto s.th.; **wenn sie ihr ~ einlegen ...** if they veto it ...; **Ve·to·recht** *n* power of veto; ► **das ~ haben** have a veto; **von s-m ~ Gebrauch machen** use one's veto.

Vet·ter [ˈfɛtɐ] ‹-s, -n› *m* cousin; **Vet·tern·wirt·schaft** *f* nepotism.

VHS *f Abk von* **Volkshochschule** adult education centre.

via [vi:a] *prp* via.

Via·dukt [viaˈdʊkt] ‹-(e)s, -e› *m* viaduct.

Vi·bra·tion [vibraˈtsjo:n] ‹-, -en› *f* vibration; **vi·bra·tions·frei** *adj* free from vibration.

Vi·bra·tor [viˈbra:to:ɐ] ‹-s, -en› *m* vibrator; **vi·brie·ren** [viˈbri:rən] *itr* vibrate; *(Stimme)* tremble.

Vi·deo·auf·zeich·nung [ˈvi:deo-] *f* video recording; **Vi·deo·band** *n* video tape; **Vi·deo·clip** *m* video clip; **Vi·deo·ge·rät** *m* video set; **Vi·deo·ka·me·ra** *f* video camera; **Vi·deo·kas·set·te** *f* video cassette; **Vi·deo·kas·set·ten·re·cor·der** *m* video cassette recorder; **Vi·deo·re·cor·der** *m* video recorder; **Vi·deo·thek** [videoˈtɛ:k] ‹-, -en› *f* video-tape library.

Vieh [fi:] ‹-(e)s› *n* **1.** *zoo* livestock; **2.** *fig fam (tierischer Mensch)* bastard, swine; ► **500 Stück ~** 500 head of cattle; **Vieh·be·stand** *m* livestock; **Vieh·fut·ter** *n* fodder; **Vieh·han·del** *m* cattle trade; **Vieh·händ·ler** *m* cattle (*od* livestock) dealer; **vie·hisch** [ˈfi:ɪʃ] *adj pej* brutish; **Vieh·seu·che** *f* livestock disease; **Vieh·trän·ke** *f* cattle watering place; **Vieh·zucht** *f* cattle (*od* stock) breeding.

viel [fi:l] *prn adj* a great deal, a lot of, much; *fam* lots of; ► **~e** a lot of, many; **so viel(e)** so much (so many); **sehr ~(e)** very much (a great many); **ein bißchen ~** a little too much; **davon gibt es nicht mehr ~e** there aren't a lot left; **die Straße ist ~ befahren** this street is very busy; **noch einmal so ~** as much again; **~ besser** much better; **ziemlich ~** a good deal (of); **ziemlich ~e** a good many; **sich nicht ~ aus etw machen** not to make much of s.th.; **~ Vergnügen!** have a good time! **~ Glück!** good luck! **~en Dank!** thanks a lot! **viel·be·schäf·tigt** *adj* very busy; **viel·deu·tig** *adj* ambiguous; **Viel·eck** *n* polygon.

vie·ler·lei [ˈfi:lɐˈlaɪ] *adj* **1.** *(substantivisch)* all kinds of things; **2.** *(attributiv)* all sorts of, various.

viel·fach ['fi:lfax] **I** *adj* manifold; *(attributiv)* multiple; **II** *adv* *(mehrfach)* many times; *(in vielen Fällen)* in many cases; ► **ich habe diese alte Geschichte ~ gehört** many's the time I've heard this old story.

Viel·falt ['fi:lfalt] ‹-, -en› *f* great variety; ► **e-e ~ an Vogelarten** a large variety of birds; **viel·fäl·tig** ['fi:lfɛltɪç] *adj* diverse, varied; **Viel·fraß** ['fi:lfra:s] ‹-es, -e› *m zoo a. fig* glutton; **viel·ge·kauft** *adj* frequently bought, much purchased; **viel·ge·liebt** *adj* much-beloved.

viel·leicht [fi'laɪçt] *adv* **1.** maybe, perhaps; **2.** *fam (verstärkend: wirklich)* really; ► **könnten Sie mir ~ behilflich sein?** could you by any chance be able to help? **der ist ~ ein Idiot!** he really is an idiot!

viel·mal(s) *adv* **1.** *(viele Male)* many times; **2.** *(sehr)* a lot, very much; ► **ich bitte ~ um Entschuldigung** I'm awfully sorry; **ich danke Ihnen ~** many thanks.

viel·mehr ['--/-'-] *conj* **1.** rather; **2.** *(sondern, nur)* just; ► **dies soll Ihnen ~ zeigen, wie es funktioniert** this is just to show you how it works; **er ist, vielmehr war, Soldat** he is, or rather was, a soldier.

viel·po·lig *adj el* multipolar; **viel·sagend** *adj* meaningful, significant; ► **jdn ~ ansehen** give s.o. a meaningful look; **viel·sei·tig** *adj* **1.** *(mit vielen Seiten)* many-sided; **2.** *fig (Mensch)* versatile; *(Interessen)* varied; *(Bildung, Können)* all-round; ► **auf ~en Wunsch** by popular request; **viel·ver·spre·chend** *adj* (very) promising; **Viel·zahl** *f* **1.** *(Menge)* multitude; **2.** *fig (Fülle)* abundance.

vier [fi:ɐ] *num* four; ► **unter ~ Augen** face to face; **jdn unter ~ Augen sprechen** speak to s.o. privately; **wir sind zu ~t** there are four of us; **zu je ~en** in fours; **auf allen ~** on all fours; **alle ~e von sich strecken** *fam* stretch out full length; **die V~** the four; **Vier-Au·gen-Ge·spräch** *n* face-to-face discussion; **vier·bän·dig** ['fi:rbɛndɪç] *adj* four-volume; **vier·di·men·sio·nal** *adj* four-dimensional; **Vier·eck** *n* quadrangle, square; **vier·eckig (k·k)** *adj* quadrangular, square.

vier·ein·halb ['--'-] *num* four and a half.

Vie·rer ['fi:rɐ] ‹-s, -› *m (Ruderboot)* four; **Vie·rer·bob** *m* four-man bob; **vie·rer·lei** ['fi:rəlaɪ] *adj* **1.** *(substantivisch)* four different sorts; **2.** *(attributiv)* four kinds of ...

vier·fach I *adj* fourfold, quadruple; ► **in ~er Ausfertigung** in quadruplicate; **II** *adv* fourfold, four times.

Vier·far·ben·druck [-'---] ‹-(e)s, -e› *m* **1.** *(Verfahren)* four-colour printing; **2.** *(Ergebnis)* four-colour print.

Vier·gang·ge·trie·be *n mot* four-speed gearbox.

vier·ge·schos·sig *adj* four-storey.

vier·hän·dig ['fi:ɐhɛndɪç] *adj mus* four-handed; ► **~ spielen** play s.th. for four hands.

vier·hun·dert *num* four hundred.

Vier·jah·res·plan ['-'---] *m* four-year plan.

vier·jäh·rig *adj* **1.** *(vier Jahre alt)* four-year-old; **2.** *(vier Jahre lang)* four-year.

Vier·kant·ei·sen *n* square steel bar; **vier·kan·tig** *adj* square (-headed).

Vier·lin·ge ['fi:ɐlɪŋə] *m pl* quadruplets, *fam* quads.

Vier·mäch·te·ab·kom·men ['-'-----] *n pol* Quadripartite agreement.

vier·mal *adv* four times; ► **~ so viele** four times as many; **vier·ma·lig** *adj* done four times.

vier·mo·to·rig *adj aero* four-engined.

Vier·rad·an·trieb *m* four-wheel drive; **vier·rä·d(e·)rig** ['fi:ɐrɛ:d(ə)rɪç] *adj* four-wheeled; **vier·spu·rig** *adj* **1.** *(Straße)* four-lane; **2.** *(Tonband)* four-track; **vier·stel·lig** *adj* four-figure; ► **~e Zahl** four-figure number; **Vier·ster·ne·ho·tel** *n* 4-star hotel; **Vier·takt·mo·tor** *m* four-stroke engine.

vier·te *adj* fourth; ► **im ~n Gang fahren** drive in fourth; **wir brauchen noch e-n V~n zum Bridge** we need a fourth for our game of bridge.

vier·tei·lig *adj:* ► **~er Roman** a four-part novel; **~es Service** a four piece set.

vier·tel *adj* quarter; ► **ein ~ Pfund** a quarter of a pound.

Vier·tel[1] ['fɪrtəl] ‹-s, -› *n (Maß)* fourth (part); ► **~ nach elf** (a) quarter past eleven; **~ vor zwölf** (a) quarter to twelve; **ein ~** *fam ($^1/_4$ ltr Wein)* a quarter.

Vier·tel[2] *n (Stadtteil)* district, quarter.

Vier·tel·jahr ['--'-] *n* quarter (of a year), three months; **Vier·tel·jah·res·schrift** ['--'---] *f* quarterly; **vier·tel·jähr·lich I** *adj* quarterly; **II** *adv* every three months, quarterly; **Vier·tel·no·te** *f mus Br* crotchet, *Am* quarter note; **Vier·tel·pau·se** *f mus Br* crotchet-rest, *Am* quarter-note rest; **Vier·tel·stun·de** ['--'--] *f Br* quarter of an hour, *Am* quarter hour; **vier·tel·stünd·lich I** *adj* quarter-hour; **II** *adv* every quarter of an hour.

Vier·tü·rer *m mot* four-door model.

vier·zehn ['fɪrtse:n] *num* fourteen; ► **~ Tage** *Br* a fortnight, *Am* two weeks; **vier·zehn·tä·gig** *adj* fortnightly; **vier·zehn·te** *adj* fourteenth; **Vier·zehn·tel** *n* fourteenth.

vier·zig ['fɪrtsɪç] *num* forty; **vier·zig·ste** *adj* fortieth.

Vier·zim·mer·woh·nung ['-'----] *f* four-room flat (*Am* apartment).

Vi·et·nam [viət'na(:)m] *n* Vietnam; **Vi-**

et·na·me·se (Vi·et·na·me·sin) [viətna'me:zə] *m (f)* Vietnamese; **vi·et·na·me·sisch** *adj* Vietnamese; **Vi·et·na·mi·sie·rung** *f pol* Vietnamization.

Vi·kar [vi'ka:ɐ] ‹-s, -e› *m eccl* curate.

Vil·la ['vɪla] ‹-, -len› *f* villa; **Vil·len·vier·tel** *n* exclusive residential district (*od* area).

vio·lett [vio'lɛt] *adj* violet.

Vio·li·ne [vio'li:nə] ‹-, -n› *f* violin; **Vio·li·nist(in)** *m (f)* violinist; **Vio·lin·schlüs·sel** *m mus* treble clef; **Vio·lon·cel·lo** [violɔn'tʃɛlo] ‹-s, -s› *n* (violon)cello.

V.I.P. ‹-, -s› *m Abk von* **Very Important Person** VIP.

Vi·per ['vi:pɐ] ‹-, -n› *f zoo* adder, viper; **Vi·pern·nat·ter** *f zoo* **1.** *(in Europa)* viperine snake; **2.** *(in Nordamerika)* garter snake.

Vir·tu·ose (Vir·tu·osin) *m (f)* virtuoso.

Vi·rus ['vi:rʊs] ‹-, -ren› *n* virus; ► **schleichender ~** slow virus; **Vi·rus·krank·heit** *f* viral disease.

Vi·sa·ge [vɪ'zɑ:ʒə] ‹-, -n› *f fam pej* face, mug.

Vi·sa·gist(in) *m (f)* make-up artist.

Vi·sier [vi'zi:ɐ] ‹-s, -e› *n* **1.** *(von Helm)* visor; **2.** *(von Gewehr)* sight; ► **ins ~ bekommen** get in one's sights; **ins ~ nehmen** train one's sights on ...

Vi·sion [vi'zjo:n] ‹-, -en› *f* vision; **Vi·sio·när(in)** *m (f)* visionary.

Vi·si·ta·tion [vizita'tsjo:n] ‹-, -en› *f* **1.** *(Durchsuchung)* search; **2.** *(Besichtigung)* inspection; **Vi·si·te** [vi'zi:tə] ‹-, -n› *f med (Patientenbesuch)* **1.** *(im Krankenhaus)* round; **2.** *(zu Hause)* house call, visit; ► **~ machen** do one's rounds *pl;* **zur ~ kommen** come on a visit; **Vi·si·ten·kar·te** *f a. fig Br* visiting (*Am* calling) card; **vi·si·tie·ren** *tr (durchsuchen)* search.

Vis·ko·se [vɪs'ko:zə] ‹-› *f chem* viscose.

Vis·ko·si·tät *f tech* viscosity.

vi·su·ell [vizu'ɛl] *adj* visual.

Vi·sum ['vi:zʊm] ‹-s, -sa/-sen› *n* visa.

vi·tal [vi'ta:l] *adj* vigorous; **Vi·ta·li·tät** *f* vitality.

Vit·amin [vita'mi:n] ‹-s/(-), -e› *n* vitamin; **Vi·ta·min·man·gel** ‹-s› *m* vitamin deficiency; **vit·amin·reich** *adj* rich in vitamins; **Vi·ta·min·ta·blet·ten** *f pl* vitamin tablets.

Vi·tri·ne [vi'tri:nə] ‹-, -n› *f* **1.** *com (Schaukasten)* show-case; **2.** *(Glasschrank)* glass cabinet.

Vi·ze·kö·nig *m* viceroy.

Vi·ze·prä·si·dent(in) *m (f)* **1.** *pol* vice-president; **2.** *com* deputy chairman (chairwoman).

Vo·gel ['fo:gəl, *pl* 'føgəl] ‹-s, ¨-› *m a. fig* bird; ► **der ~ ist ausgeflogen** *fig* the bird has flown; **e-n ~ haben** *fam* be off one's rocker; **den ~ abschießen** *fig fam (ironisch)* surpass everyone; **jdm den ~ zeigen** tap one's forehead; **~ friß od stirb!** do or die! **Vo·gel·bau·er** *n* birdcage; **Vo·gel·beer·baum** *m* mountain ash, rowan; **Vo·gel·bee·re** *f* rowan-berry.

Vö·gel·chen ['fø:gəlçən] *n* birdie.

Vo·gel·ei *n* bird's egg; **vo·gel·frei** *adj* outlawed; ► **für ~ erklären** outlaw; **Vo·gel·fut·ter** *n* bird-seed; **Vo·gel·haus** *n (im Garten)* bird-house; **Vo·gel·kir·sche** *f* wild cherry; **Vo·gel·mil·be** *f zoo* chicken mite.

vö·geln ['fø:gəln] *itr tr vulg* screw.

Vo·gel·nest *n* bird's nest; **Vo·gel·per·spek·ti·ve** *f* bird's-eye view; ► **Hamburg aus der ~** a bird's-eye view of H; **Vo·gel·scheu·che** ‹-, -n› *f a. fig fam* scarecrow; **Vo·gel·war·te** *f* ornithological station; **Vo·gel·zug** *m* (bird) migration.

Vo·ge·sen [vo'ge:zn] *pl* Vosges.

Vo·ka·bel [vo'ka:bəl] ‹-, -n› *f* word; **Vo·ka·bu·lar** [vokabu'la:ɐ] ‹-s, -e› *n* vocabulary.

Vo·kal [vo'ka:l] ‹-s, -e› *m* vowel.

Volk [fɔlk, *pl* 'fœlkɐ] ‹-(e)s, ¨-er› *n* **1.** people; *(Nation)* nation; **2.** *(~smenge)* crowd; **3.** *(die unteren Schichten)* the lower classes *pl;* ► **das litauische ~** the Lithuanian people; **das einfache ~** the common people; **das gemeine ~** *pej* the mob, the rabble; **ein Mann aus dem ~** a man of the people; **die Stimme des ~es** the voice of the nation; **zum ~ sprechen** address the nation; **viel ~** lots of people; **das ist ein ~ für sich** they're a race apart.

Völ·ker·bund *m hist pol* League of Nations; **Völ·ker·ge·mein·schaft** *f* community of nations; **Völ·ker·kun·de** *f* ethnology; **Völ·ker·kun·de·mu·se·um** *n* museum of ethnology; **Völ·ker·mord** *m* genocide; **Völ·ker·recht** *n* international law; **völ·ker·recht·lich** *adj* **1.** *(das Völkerrecht betreffend)* according to international law; **2.** *(dem Völkerrecht unterliegend)* under international law; **Völ·ker·ver·stän·di·gung** *f* international understanding; **Völ·ker·wan·de·rung** *f* **1.** *hist* migration of the people; **2.** *hum* mass migration.

Volks·ab·stim·mung *f* plebiscite; **Volks·be·fra·gung** *f* public opinion poll; **Volks·be·geh·ren** *n* petition for a referendum; **Volks·cha·rak·ter** *m* national character; **Volks·de·mo·kra·tie** *f* people's democracy; **volks·ei·gen** *adj* nationally-owned; **Volks·emp·fin·den** *n* public feeling; **Volks·ent·scheid** *m* referendum; **Volks·fest** *n* public festival; *(Kirmes)* funfair; **Volks·front** *f pol* popular front; **Volks·ge·sund·heit** *f* health of the nation, public health; **Volks·held** *m* popular hero; **Volks·hoch·schu·le** *f* **1.** *allg* university extension; **2.** *(in Deutschland)* adult education centre; **Volks·krank·heit** *f* widespread disease; **Volks·kun·de** *f* folklore; **volks·kund·lich** *adj* folkloristic; **Volks·lied** *n* folk song; **Volks·mär·chen** *n* folk tale; **Volks·re·pu·blik** *f* People's Republic; **Volks·schu·le** *f obs Br* elementary (*od* primary) school, *Am* grade school; **Volks·stamm** *m* tribe; **Volks·tanz** *m* folk dance; **Volks·tracht** *f (Nationaltracht)* national costume; **Volks·tum** ‹-(e)s› *n* national traditions *pl;* **volks·tüm·lich** ['fɔlksty:mlɪç] *adj* **1.** *(traditionell)* traditional; **2.** *(beim Volk beliebt)* popular; **Volks·ver·het·zung** *f* incitement of the people; **Volks·ver·tre·ter(in)** *m (f)* representative of the people; **Volks·ver·tre·tung** *f* representative body (of the people); **Volks·wirt(in)** *m (f)* economist; **Volks·wirt·schaft** *f* **1.** *(die Nationalökonomie)* national economy; **2.** *(~slehre)* economics *pl;* **Volks·zäh·lung** *f (national)* census.

voll [fɔl] **I** *adj* **1.** full (*von* of); *(gedrängt)* crowded; **2.** *(ganz)* complete, entire, whole; **3.** *(~zählig)* complete; **4.** *(gefüllt)* filled; **5.** *fig fam (betrunken)* plastered; ► **die ~e Summe** the entire sum; **die ~e Wahrheit** the whole truth; **mit ~em Mund** with one's mouth full; **in ~er Fahrt** at full speed; **so, das Maß ist ~!** *fig* so that's enough of that! **mit ~em Recht etw tun** be perfectly right to do s.th.; **aus dem ~en schöpfen** draw on unlimited resources *pl;* **jdn für ~ nehmen** take s.o. seriously; **II** *adv* **1.** fully; **2.** *(vollkommen)* completely; ► **den Mund ~ nehmen** *fig* overdo it; **~ dahinterstehen** be fully behind s.th.; **~ dabeisein** *fam* be totally involved.

Vol(l·)last *f mot* full load; **voll·auf** ['-'-] *adv* completely, fully; **voll·au·to·ma·tisch** ['---'--] *adj* fully automatic; **voll·au·to·ma·ti·siert** ['-----'-] *adj* fully automated; **Voll·bad** *n* (proper) bath; **Voll·bart** *m* (full) beard; **Voll·be·schäf·ti·gung** ‹-› *f* full employment; **Voll·blut** ‹-(e)s, -e› *n (Pferde~) Br* thorough-bred (horse), *Am* blooded horse; **Voll·brem·sung** *f* emergency stop; ► **e-e ~ machen** do an emergency stop; **voll·brin·gen** *irr tr* accomplish, achieve; ► **ein Wunder ~** perform a miracle; **voll·bu·sig** *adj* full-bosomed; **Voll·dampf** *m:* ► **mit ~** *fig fam* flat out; **mit ~ voraus** *fig fam* full tilt.

voll·elek·tro·nisch ['---'--] *adj* fully-electronic.

voll·en·den **I** *tr* **1.** *(abschließen)* complete; **2.** *(vervollkommnen)* make complete; ► **mein Roman ist noch nicht vollendet** my novel is not yet complete; **II** *refl* **1.** *(zum Abschluß kommen)* come to an end; **2.** *(vollkommen werden)* be completed; **voll·en·det** *adj* **1.** *(vollkommen)* completed; **2.** *(Schönheit etc)* perfect; **3.** *(Person)* accomplished; ► **das Design erscheint ~** the design has a sense of completeness about it; **es war ~e Zeitverschwendung** it was altogether a waste of time.

voll·ends ['fɔlɛnts] *adv (völlig)* completely; *(gänzlich)* altogether.

Voll·en·dung *f* **1.** completion; **2.** *(Vervollkommnung, Vollkommenheit)* perfection; ► **vor ~ des 30. Lebensjahres** before completion of the 30th year of one's life.

Völ·le·rei [fœlə'raɪ] *f* gluttony.

Vol·ley·ball ['vɔlibal] ‹-› *m sport* volleyball.

voll·füh·ren *tr* execute, perform.

voll|fül·len *tr* fill up.

Voll·gas *n:* ► **mit ~** *mot* at full throttle, *fig fam* full tilt; **~ geben** open it right up, *fam* step on the gas.

voll·ge·pfropft *adj* crammed, *fam* packed.

völ·lig ['fœlɪç] *adj* complete; ► **~er Blödsinn!** utter nonsense!

voll·jäh·rig *adj* of age; **Voll·jäh·rig·keit** *f* majority.

Voll·ju·rist(in) *m (f)* fully qualified lawyer.

voll·kas·ko·ver·si·chert *adj:* ► **ich bin ~** I have fully comprehensive insurance; **Voll·kas·ko·ver·si·ch·erung** *f* fully comprehensive insurance.

voll·kli·ma·ti·siert ['----'-] *adj* fully air-conditioned.

voll·kom·men [-'--/'---] *adj* **1.** *(perfekt)* perfect; **2.** *(völlig)* complete; **Voll·kom·men·heit** *f* perfection.

Voll·korn·brot *n* wholemeal bread.

voll|ma·chen **I** *tr* **1.** *(Gefäß)* fill up; **2.** *(vervollständigen)* complete; **3.** *fam (Windeln)* fill.

Voll·macht ‹-, -en› *f* power (*od* authority); *jur* power of attorney; ► **jdm e-e ~ ausstellen** (*od* **erteilen**) give s.o. power of attorney.

Voll·milch *f* full-cream milk.

Voll·mond *m* full moon.

Voll·pen·sion *f full board.*

voll|pum·pen *tr* fill up.

voll·schlank *adj euph* full-figured.

voll|schmie·ren **I** *tr* mess up; **II** *refl* mess o.s. up.

voll|schrei·ben *tr* fill.

voll·stän·dig *adj* complete, entire; ► **~ machen** complete; **Voll·stän·dig·keit** *f* completeness; ► **der ~ halber** to complete the picture.

voll|stop·fen *tr* cram full.

voll·strecken (k·k) *tr* carry out, execute; **Voll·streckung (k·k)** *f* execution; **Voll·streckungs·be·fehl (k·k)** *m jur* writ of execution.

voll·syn·chro·ni·siert *adj mot* fully synchronized.

voll|tan·ken *tr itr* fill up; ▶ **bitte ~!** fill her up, please!

Voll·tref·fer *m a. fig* bull's eye.

Voll·ver·samm·lung *f* plenary meeting.

Voll·wasch·mit·tel *n* detergent,

voll·wer·tig *adj* **1.** *(Kost)* full; **2.** *(Ersatz)* fully adequate; **Voll·wert·kost** *f* whole-foods *pl.*

voll·zäh·lig ['fɔltsɛ:lɪç] *adj* complete; ▶ **wir sind ~ erschienen** everyone of us came.

voll·zie·hen *irr* **I** *tr* carry out, execute; **II** *refl (stattfinden)* take place; **Voll·zug** ‹-(e)s› *m* **1.** *(Ausführung)* carrying out, execution; **2.** *(Straf~)* penal system; **Voll·zugs·an·stalt** *f* penal institution.

Vo·lon·tär(in) [volɔn'tɛ:ɐ] *m (f)* trainee; **vo·lon·tie·ren** *itr* work as a trainee.

Volt [vɔlt] ‹-/-(e)s, › *n el* volt.

Vo·lu·men [vo'lu:mən] ‹-s, -/-mina› *n a. fig* volume.

von [fɔn] *prp* **1.** *allg* of; **2.** *(durch)* by; **3.** *(~ ... (weg))* from; ▶ **~ ... an** from ... on; **~ nun an** henceforth; **~ morgen an** from tomorrow; **~ hinten** from behind; **~selbst** automatically; **~ wegen!** *fam* no way! **~ mir aus!** I don't mind! **~ vornherein** from the (very) beginning; **~ Zeit zu Zeit** from time to time; **~ klein auf** from childhood; **dieses Gedicht ist von Milton** this poem is by Milton; **das hängt vom Wetter ab** that depends on the weather; **sich ~ ... ernähren** feed on ...; **wimmeln ~ ...** crawl with ...; **sie haben ~ dir gesprochen** they were talking about you; **grüßen Sie ihn ~ mir** my best regards to him; **von·ein·an·der** ['----/--'--] *adv* from (*od* of) each other; **von·nö·ten** [fɔn'nø:tən] *adj:* ▶ **~ sein** be necessary; **von·stat·ten** [fɔn'ʃtatən] *adv:* ▶ **~ gehen** *(stattfinden)* take place; **wie geht so etw ~?** what is the procedure for that?

vor [fo:ɐ] **I** *prp* **1.** *(örtlich, zeitlich)* before; **2.** *(Zeit)* before, prior to; *(nachgestellt)* ago; *(bei Uhrzeit)* to; **3.** *(Ort)* in front of; **4.** *(ursächlich)* with; ▶ **~ allem** above all, first of all; **nicht ~ ...** not till ...; **~ der Zeit** *Br* before time, *Am* ahead of time; **fünf Minuten ~ zehn** five minutes to (*Am* of) ten; **~ 3 Wochen** three weeks ago; **warnen ~ ...** warn against ...; **~ Aufregung** for excitement; **sich fürchten ~ ...** be afraid of ...; **~ Schmerz schreien** cry out with pain; **~ Freude hüpfen** jump for joy; **~ Zeugen** in presence of witnesses; **~ unserem Hause** in front of our house; **~ sich hin** to o.s.; **~ sich gehen** take place; **II** *adv:* ▶ **~ u. zurück** backwards and forwards; **nach wie ~** still; **vor·ab** [fo:ɐ'ap] *adv* first of all, to begin with.

Vor·abend *m* **1.** *(der vorhergehende Abend)* evening before; **2.** *fig* eve.

Vor·ah·nung *f* premonition, presentiment.

vor·an [fo'ran] *adv* **1.** *(vorn)* first, in front of; **2.** *(vorwärts)* forwards; **vor·an|ge·hen** ‹sein› *irr itr* **1.** go in front; **2.** *fig* precede; ▶ **mit gutem Beispiel ~** set a good example; **jdm ~** go ahead of s.o.; **vor·an|kom·men** ‹sein› *irr itr* **1.** get on; **2.** *fig (Fortschritte erzielen)* make progress.

Vor·an·mel·dung *f* **1.** *(terminlich)* appointment; **2.** *tele* booking.

Vor·an·schlag *m* estimate.

Vor·an·zei·ge *f* **1.** *theat* advance notice; **2.** *film Br* trailer, *Am* preview.

Vor·ar·beit *f* groundwork, preparatory work; ▶ **die ~ leisten für ...** prepare the ground for ...; **vor|ar·bei·ten I** *itr* work in advance; **II** *refl* work one's way forward; **Vor·ar·bei·ter(in)** *m (f)* foreman (forewoman).

vor·aus [fo'raus] *adv* **1.** *(voran)* in front (*jdm* of s.o.); *mar a. fig* ahead; **2.** *(vorher):* ▶ **im ~** in advance; **Joyce war s-r Zeit ~** Joyce was ahead of his time.

vor·aus|ah·nen *tr* anticipate.

vor·aus|ei·len ‹sein› *itr a. fig* hurry on ahead (of).

vor·aus|ge·hen ‹sein› *irr itr* **1.** go in front; **2.** *fig* precede.

vor·aus·ge·setzt *(s. voraus|setzen).*

vor·aus|ha·ben *irr tr:* ▶ **jdm etw (viel) ~** have the advantage of (a great advantage over) s.o.

Vor·aus·sa·ge *f* prediction; *(Wetter~)* forecast; **vor·aus|sa·gen** *tr* predict (*jdm etw* s.th. for s.o.); **vor·aus·schau·end** [--'--] **I** *adj* foresighted; **II** *adv* with regard to the future.

vor·aus|schicken (k·k) *tr* **1.** *(Sachen)* send on ahead; **2.** *fig (einleitend sagen)* say in advance.

vor·aus·seh·bar *adj* foreseeable; **vor·aus|se·hen** *irr tr* foresee.

vor·aus|set·zen *tr* presuppose; ▶ **als selbstverständlich ~** take for granted; **vorausgesetzt, daß ...** provided that ..., **Vor·aus·set·zung** *f* **1.** *(Vorbedingung)* prerequisite; **2.** *(Annahme)* premise; **3.** *(Qualifikation)* qualification; ▶ **unter der ~, daß ...** on condition that ...

Vor·aus·sicht [-'--] ‹-› *f* foresight; ▶ **aller ~ nach** in all probability; **in weiser ~** with great foresight; **vor·aus·sicht·lich I** *adj (vorauszusehend)* expected; **II** *adv (wahrscheinlich)* probably.

vor·aus|zah·len *tr* pay in advance; **Vor·aus·zah·lung** [-ˈ---] *f* advance payment; ▶ **(nur) gegen ~!** cash in advance!

Vor·bau *m* porch; *(Balkon)* balcony.

Vor·be·dacht *m:* ▶ **mit ~** deliberately, on purpose.

Vor·be·deu·tung *f* portent.

Vor·be·halt ⟨-(e)s, -e⟩ *m* reservation; ▶ **geheimer** (*od* **innerer**) ~ mental reservation; **unter dem ~, daß ...** with the reservation that ...; **vor|be·hal·ten** *irr tr* **1.** reserve (*sich etw* s.th. for o.s.); **2.** leave (*jdm etw* s.th. up to s.o.); ▶ **alle Rechte ~** all rights reserved; **Irrtümer ~** errors excepted; **vor·be·halt·lich** subject to ...; ▶ **~ anderer Regelungen** unless otherwise provided; **vor·be·halt·los** *adj* unconditional.

Vor·be·hand·lung *f* pretreatment.

vor·bei [fɔrˈbaɪ/foːɐˈbaɪ] *adv* **1.** *(räumlich)* past; **2.** *(zeitlich)* gone, over, past; ▶ **das ist jetzt alles ~** all that is now past; **was ~ ist, ist ~** what's past, is past; **~!** *(nicht getroffen)* missed!

vor·bei|fah·ren ⟨sein⟩ *irr itr* go *od* drive *od* sail past (*an jdm od etw* s.o. *od* s.th.).

vor·bei|ge·hen ⟨sein⟩ *irr itr* **1.** *a. fig* go past, pass by (*an jdm* s.o.); **2.** *(aufhören)* pass; ▶ **e-e Gelegenheit ~ lassen** let an opportunity slip by; **im V~** *a. fig* in passing; **ich gehe nachher mal bei ihm vorbei** I'll look in on him later on the day.

vor·bei|kom·men ⟨sein⟩ *irr itr fam (besuchen)* drop in (*bei jdm* on s.o.); ▶ **ich komme nicht daran vorbei ...** I have no alternative but ...

vor·bei|las·sen *irr tr* let pass.

Vor·bei·marsch *m Br* march-past, *Am* street parade; **vor·bei|mar·schie·ren** *itr* march past (*an jdm* s.o.).

vor·bei|re·den *itr:* ▶ **aneinander ~** talk at cross purposes; **an etw ~** talk round s.th.

vor·bei|schie·ßen *irr* **I** *itr* ⟨sein⟩ *(schnell ~)* shoot past (*an jdm od etw* s.o. *od* s.th.); **II** *tr* ⟨h⟩ *(am Ziel)* miss (*an etw* s.th.).

vor·be·la·stet *adj* handicapped; ▶ **da ist er erblich ~** it runs in the family.

Vor·be·mer·kung *f* preliminary note (*od* remark).

vor·be·rei·ten I *tr* prepare; **II** *refl* prepare o.s. (*auf* for); **vor·be·rei·tend** *adj* preparatory; **Vor·be·rei·tung** *f* preparation; **Vor·be·rei·tungs·dienst** *m päd (Referendarszeit)* teaching practice.

Vor·be·sit·zer(in) *m (f)* previous possessor.

vor|be·stel·len *tr* order in advance; *(Zimmer, Tisch etc)* book; **Vor·be·stel·lung** *f* advance order; *(Zimmer~) Br* booking, *Am* reservation.

vor·be·straft *adj* previously convicted; ▶ **nicht V~er** *jur (bei erster Verurteilung)* first offender.

Vor·beu·ge·haft *f* preventive detention; **vor|beu·gen I** *itr (vermeiden)* prevent; *(ausschließen)* preclude (*e-r S.* s.th.); **II** *refl* bend forward; **vor·beu·gend** *adj* preventive, prophylactic; **Vor·beu·gung** *f* prevention (*von, gegen* of); *med* prophylaxis; ▶ **zur ~ gegen ...** for the prevention of ...

Vor·bild *n* model; *(Beispiel)* example; ▶ **jdn als ~ hinstellen** hold s.o. up as a model; **dieses Gedicht nimmt Shakespeare's Sonette zum ~** this poem is modelled on Shakespeare's sonnets; **sich jdn zum ~ nehmen** model o.s. on s.o.; **vor·bild·lich** *adj* exemplary.

Vor·bil·dung *f (schulisch)* educational background.

Vor·bo·te *m* harbinger.

vor|brin·gen *irr tr* **1.** *(sagen)* say; *(Meinung, Forderung)* express; **2.** *(Beweise)* bring forward.

vor·christ·lich *adj* pre-Christian.

Vor·dach *n* canopy; *(von Zelt)* awning.

vor|da·tie·ren *tr* antedate.

Vor·den·ker(in) *m (f)* mentor.

Vor·der·ach·se [ˈfɔrdɐ-] *f* front axle.

Vor·der·an·sicht *f* front view.

Vor·der·asi·en [ˈ--ˈ--] *n* Near East.

Vor·der·bein *n* foreleg.

Vor·der·deck *n* fore deck.

vor·de·re [ˈfɔrdərə] *adj* front.

Vor·der·front *f* frontage; **Vor·der·grund** *m* foreground; **im ~** in the foreground; **sich in den ~ schieben** *fig* push o.s. to the fore; ▶ **im ~ stehen** *fig* be to the fore; **vor·der·grün·dig** [ˈfɔrdɐgrʏndɪç] *adj fig (oberflächlich)* superficial.

Vor·der·mann ⟨-(e)s, ⸚er⟩ *m* person in front; ▶ **jdn auf ~ bringen** *fam* make s.o. toe the line.

Vor·der·rad *n* front wheel; **Vor·der·rad·an·trieb** *m* front-wheel drive.

Vor·der·schin·ken *m* shoulder ham.

Vor·der·sei·te *f* front; *(von Münze)* obverse; *(von Buch)* odd page.

Vor·der·sitz *m* front seat.

vor·der·ste *adj* frontmost.

Vor·der·teil *n od m* front, front part; *tech* head, nosepiece; *(von Schiff)* prow.

Vor·di·plom *n* intermediate exam.

vor|drän·gen *refl* push to the front; ▶ **sich in e-r Schlange ~** *Br* jump a queue, *Am* push to the front of a line; **vor|drin·gen** ⟨sein⟩ *irr itr* advance; *(in den Weltraum etc)* penetrate (*in* into); **vor·dring·lich** *adj* urgent.

Vor·druck ⟨-(e)s, -e⟩ *m (Formular) Br* form, *Am* blank.

vor·ehe·lich *adj* premarital.

vor·ei·lig *adj* rash; ▶ **~e Schlüsse zie-**

hen jump to conclusions; **es war ~ von ihm, das zu versprechen** it was rash of him to promise that.

vor·ein·ge·nom·men *adj* biased, prejudiced (*für* in favour of, *gegen* against).

vor|ent·hal·ten *irr tr* withhold (*jdm* from s.o.).

Vor·ent·schei·dung *f* preliminary decision; ▶ **e-e ~ fällen** make (*od* come to) a preliminary decision; **Vor·ent·schei·dungs·run·de** *f sport* preliminary round.

Vor·ent·wurf *m* project investigations *pl.*

vor·erst [fo:ɐ'e:ɐst/'--] *adv* for the time being.

vor·ex·er·zie·ren *tr fam* demonstrate.

Vor·fahr ['fo:ɐfa:ɐ] ‹-en, -en› *m* ancestor, forefather.

vor|fah·ren ‹sein› *irr itr* **1.** *(ankommen)* drive up (*bei* to); **2.** *(an die Spitze fahren)* drive in front; **Vor·fahrt** ‹-› *f* right of way; ▶ **die ~ (nicht) beachten** observe (ignore) the right of way; **vor·fahrts·be·rech·tigt** *adj:* ▶ **ich war ~** I had the right of way; **Vor·fahrts·stra·ße** *f* major road; **Vor·fahrt(s)·zei·chen** *n Br* give way sign, *Am* yield sign.

Vor·fall *m* **1.** *(Geschehnis)* incident, occurrence; **2.** *med* prolapse; **vor|fal·len** *irr itr* **1.** *(geschehen)* happen, occur; **2.** *(fallen)* fall forward; ▶ **in dem Haus sind seltsame Dinge vorgefallen** there have been some peculiar happenings in that house.

vor|fin·den *irr tr* discover, find.

Vor·form *f* early form.

Vor·freu·de *f* anticipation.

Vor·früh·ling *m* early spring.

vor|füh·len *itr fig* put out a few feelers; ▶ **bei jdm ~** sound s.o. out.

vor|füh·ren *tr* **1.** *film* show; **2.** *(präsentieren)* present; *(Mode)* model; **3.** *(Angeklagten: hereinbringen)* bring forward; **Vor·führ·ge·rät** *n* projector; **Vor·führ·raum** *m* projection; **Vor·füh·rung** *f* **1.** *film* show; **2.** *theat (a. Varieté)* performance; **3.** *(Mode~)* presentation; **Vor·führ·wa·gen** *m* demonstration car.

Vor·ga·be *f sport* handicap.

Vor·gang *m* **1.** *(Ereignis)* event; **2.** *(Hergang)* course of events; **3.** *biol chem tech (Prozeß)* process; **4.** *jur (Akten)* file; ▶ **erzählen Sie uns den ~** tell us how it happened; **Vor·gän·ger(in)** *m (f)* predecessor.

Vor·gar·ten *m Br* front garden, *Am* dooryard.

vor|ge·ben *irr tr* **1.** *sport* give; **2.** *fig (vortäuschen)* pretend; **3.** *(nach vorne reichen)* pass forward.

Vor·ge·bir·ge *n* foothills *pl; (am Meer)* cape.

vor·geb·lich I *adj (sogenannt)* so-called; **II** *adv (angeblich)* supposedly.

vor·ge·faßt *adj* preconceived; ▶ **~e Meinung** prejudice.

vor·ge·fer·tigt *adj* prefabricated.

Vor·ge·fühl ‹-(e)s› *n* anticipation; *(Vorahnung)* presentiment.

vor·ge·heizt *adj* preheated.

Vor·ge·hen *n (Verfahren)* procedure; ▶ **gemeinsames ~** concerted action; **vor|ge·hen** ‹sein› *irr itr* **1.** *(nach vorn gehen)* go forward; **2.** *(früher gehen)* go on ahead; *(als erster gehen)* go first; **3.** *(handeln)* act, proceed; **4.** *jur* take legal proceedings (*gegen* against); **5.** *(wichtiger sein)* have priority; **6.** *(sich ereignen)* go on, happen; **7.** *(Uhr)* be fast (*um 3 Minuten* 3 minutes); ▶ **wir gehen schon vor und treffen euch dann am Bahnhof** we'll leave now and we'll see you at the station; **was geht hier vor?** what's going on here? **die Arbeit geht vor** work comes first.

Vor·ge·schich·te *f* **1.** *(Urgeschichte)* prehistory; **2.** *(e-r Person od e-s Falles)* antecedents *pl.*

Vor·ge·schmack ‹-(e)s› *m fig* foretaste.

Vor·ge·setz·te(r) ‹-n, -n› *f m* superior.

vor·ge·stern *adv* the day before yesterday; ▶ **das ist doch von ~!** *fig fam* that's antiquated! **vor·gest·rig** *adj* of the day before yesterday.

vor|grei·fen *irr itr (e-r Sache)* anticipate (s.th.); ▶ **jdm ~** forestall s.o.; **Vor·griff** *m* anticipation (*auf* of); *(beim Erzählen)* leap ahead.

Vor·ha·ben ‹-s, -› *n* **1.** *(Plan)* plan; **2.** *(Absicht)* intention; **vor|ha·ben** *irr tr* **1.** *(beabsichtigen)* have in mind, intend; *(geplant haben)* have planned; **2.** *(im Begriff sein)* be about to; ▶ **haben Sie morgen (schon) etw vor?** do you have any plans for tomorrow? **wenn Sie nichts anderes ~** unless you are otherwise engaged; **mit jdm Großes ~** have great plans for s.o.; **wir hatten es nicht vor** we weren't planning to.

Vor·hal·le *f* entrance hall, vestibule; *(im Parlament)* lobby.

vor|hal·ten *irr* **I** *tr* **1.** : ▶ **jdm jdn ~** *(als Beispiel)* hold s.o. up to s.o.; **2.** *fig (vorwerfen)* reproach (*jdm etw* s.o. with s.th.); ▶ **jdm e-n Fehler ~** reproach s.o. for his mistake; **II** *itr (ausreichen)* last; **Vor·hal·tun·gen** *f pl* reproaches; ▶ **jdm ~ dafür machen, daß er etw getan hat** reproach s.o. for having done s.th.

Vor·hand ‹-› *f (Tennis)* forehand.

vor·han·den [fo:ɐ'handən] *adj* **1.** *(verfügbar)* available; **2.** *(existierend)* existing; ▶ **ein Bad war nicht ~** there was no bathroom; **Vor·han·den·sein** *n* existence.

Vor·hang *m Br* curtain, *Am* shade.
Vor·hän·ge·schloß *n* padlock.
Vor·haut *f anat* foreskin, prepuce.
vor·her [fo:ɐˈhe:ɐ/ˈ--] *adv (früher)* before now; ▶ **am Tag** ~ the day before (*od* the previous day); **kurz** ~ a short time before; **weitermachen wie** ~ continue as before; **konntest du das nicht** ~ **sagen?** couldn't you have said that earlier?
vor·her·be·stimmt *adj* predestined; **Vor·her·be·stim·mung** *f* predestination.
vor·her|ge·hen [-ˈ---] ‹sein› *irr itr* **1.** *(vorangehen)* go first; **2.** *fig* precede.
vor·he·rig [fo:ɐˈhe:rɪç] *adj* **1.** *(früher)* previous; **2.** *(ehemalig)* former.
Vor·herr·schaft *f* predominance; *pol (Hegemonie)* hegemony; **vor|herr·schen** *itr (überwiegen)* prevail; *(Ton angeben)* predominate; **vor·herr·schend** *adj* **1.** *(tonangebend)* predominant; **2.** *(weitverbreitet)* prevailing.
Vor·her·sa·ge ‹-, -n› *f* prediction; *(von Wetter)* forecast; **vor·her|sa·gen** [-ˈ---] *tr* foretell, predict; *(Wetter)* forecast; ▶ **das hab' ich dir doch vorhergesagt!** I told you so!
vor·her·seh·bar *adj* foreseeable; **vor·her|se·hen** [-ˈ---] *irr tr* foresee.
vor|heu·cheln *tr:* ▶ **jdm etw** ~ feign (*od* pretend) s.th. to s.o.
vor·hin [fo:ɐˈhɪn] *adv* just now.
Vor·hof *m* **1.** *arch* forecourt; **2.** *anat (Herz~)* vestibule.
Vor·hut [ˈfo:ɐhu:t] ‹-, (-en)› *f mil* vanguard.
vo·rig *adj* **1.** *(früher)* previous; **2.** *(vergangen)* last; ▶ **~en Monat habe ich das letzte Mal von ihm gehört** I last heard from him a month ago.
Vor·jahr *n* previous year; **vor·jäh·rig** *adj* last year's.
Vor·kämp·fer(in) *m (f)* champion (*für* of), pioneer.
Vor·kaufs·recht *n* option of purchase.
Vor·keh·rung [ˈfo:ɐke:rʊŋ] ‹-, -en› *f* precaution; ▶ **die nötigen ~en treffen** take the necessary precautions.
Vor·kennt·nis·se *pl* **1.** *(Wissen)* previous knowledge; **2.** *(Erfahrung)* previous experience; ▶ ~ **nicht erforderlich** no previous experience necessary.
vor|knöp·fen *tr fam:* ▶ **sich jdn** ~ button s.o.
Vor·kom·men ‹-s› *n* **1.** *(das Auftreten)* occurrence; **2.** *min* deposit; **vor|kom·men** *irr itr* **1.** *(geschehen)* happen; **2.** *(den Anschein haben)* seem; ▶ **es kommt mir so vor** it seems to me like that; **so etw ist mir noch nicht vorgekommen** I've never heard of such a thing; **so was soll ~!** that's life! **das kann schon mal** ~ that can happen to anybody; **das Wort kommt sechsmal auf e-r Seite vor** the word appears six times on one page; **ich komme mir dumm vor** I feel stupid; **das kommt dir nur so vor** it only seems to you like that; **Vor·komm·nis** ‹-sses, -sse› *n* incident, occurrence.
Vor·kriegs·zeit *f* prewar days *pl.*
vor|la·den *irr tr jur* summon; ▶ **jdn** ~ **lassen** take out a summons against s.o.; **Vor·la·dung** *f jur* summons.
Vor·la·ge *f* **1.** *(das Vorlegen)* presentation; **2.** *(Muster)* model, pattern; **3.** *(Entwurf)* draft; *parl* bill; **4.** *sport (von Fußball)* through-ball; ▶ **jdm e-e** ~ **unterbreiten** make a submission to s.o.
vor|las·sen *irr tr* **1.** *(vorgehen lassen)* let go in front; **2.** *(zulassen)* admit, allow in.
Vor·lauf *m* **1.** *mot (Rad~)* caster; **2.** *tech (Pumpen~)* flow pipe.
Vor·läu·fer *m* precursor.
vor·läu·fig I *adj* temporary; *(provisorisch)* provisional; **II** *adv (einstweilig)* temporarily; *(fürs erste)* for the time being; ▶ **weil es nur** ~ **ihr Zuhause war** because of the temporariness of her home.
vor·laut *adj Br* cheeky, pert, *Am sl* fresh; ▶ **~es Wesen** pertness.
Vor·le·ben *n* former life, past.
Vor·le·ge·be·steck *n* carvers *pl;* **vor|le·gen** *tr* **1.** *(bei Tisch)* serve (*jdm etw* s.o. with s.th.); **2.** *(zeigen)* produce, show; *(Schriftstück)* submit; **3.** *(unterbreiten)* present.
vor|le·sen *irr tr Br* read aloud, *Am* read out loud; ▶ **jdm etw** ~ read s.th. to s.o.; **Vor·le·sung** *f* **1.** *(einzelne akademische ~)* lecture; **2.** *(Reihe von ~en)* lectures *pl;* ▶ **~en halten** give lectures (*über etw* on s.th.); **e-e** ~ **hören** go to lectures *pl;* **Vor·le·sungs·ver·zeich·nis** *n* lecture timetable.
vor·letzt *adj* last but one, penultimate; ▶ **~es Jahr** the year before last.
Vor·lie·be ‹-, -n› *f* preference; ▶ **etw mit** ~ **tun** particularly like doing s.th.; **ich habe e-e** ~ **für Gorgonzola** I like G. a lot; **er redet mit** ~ **über Politik** he loves talking politics; **vor·lieb|neh·men** [fo:ɐˈli:p-] *irr itr* put up (*mit* with), make do (*mit* with).
vor|lie·gen *irr itr* **1.** *(zur Verfügung stehen)* be available; **2.** *(eingereicht sein)* be in; *pol (Gesetzesvorlage)* be before the house; **3.** *(vorhanden sein)* be, exist; ▶ **da muß ein Irrtum** ~ there must be some mistake; **was liegt hier vor?** *(was ist los?)* what's up here then? **vor·lie·gend** *adj* **1.** *(Akten)* on hand; **2.** *(Gründe)* existing; ▶ **im ~en Fall(e)** in the present case.
vor|lü·gen *irr tr:* ▶ **jdm etw** ~ tell s.o. lies *pl.*
vor|ma·chen *tr:* ▶ **jdm etw** ~ *(zeigen)*

show s.o. how to do s.th.; *fig (täuschen)* humbug s.o.; **machen Sie sich nichts vor!** don't fool (*od Am fam* kid) yourself! **wir wollen uns doch nichts ~!** let's stop pretending (*od* let's be honest about this)!

Vor·macht(·stel·lung) *f* supremacy (*gegenüber* over).

vor·ma·lig *adj* former; **vor·mals** *adv* formerly.

Vor·mann *m* foreman.

Vor·marsch ‹-(e)s› *m mil* advance; ► **auf dem ~ sein** be on the advance; **im ~ sein** *fig* be gaining ground.

vor|mer·ken *tr* make a note of ..., note down; ► **e-n Platz ~** book (*od Am* reserve) a seat.

Vor·mit·tag *m* morning; **vor·mit·tags** *adv* in the morning; *(bei Uhrzeit)* a.m.

Vor·mund ‹-(e)s, -e/¨-er› *m* guardian; **Vor·mund·schaft** *f* guardianship, tutelage.

vorn [fɔrn] *adv* **1.** in front; **2.** *(am Anfang)* at the beginning; **3.** *(am Vorderende)* at the front; ► **nach ~** forward; **ganz ~** right in the front; **~ in ...** at the front of ...; **blicken Sie nach ~!** look in front of you! **von ~** from the beginning; **noch einmal von ~** all over again; **von ~ anfangen** *(neues Leben)* start afresh; **sich von ~ und hinten bedienen lassen** be waited on hand and foot; **nach ~ rücken** move up front; **weit ~** a long way ahead.

Vor·na·me *m Br* Christian name, *Am* first name.

vor·nehm [ˈfoːɐneːm] *adj* **1.** *(kultiviert)* distinguished; **2.** *(edel)* noble; **3.** *(sozial hochgestellt)* high-ranking; *(adlig)* aristocratic; **4.** *(elegant)* fashionable, *fam* posh; ► **~e Gesinnung** high mind; **die ~e Gesellschaft** high society; **~ tun** *fam* act posh; **die ~ste Pflicht** the first (*od* foremost) duty.

vor|neh·men *irr tr* **1.** *(durchführen)* carry out; *(Änderungen)* make; **2.** *(in Angriff nehmen)* get to work (*sich etw* on s.th.); **3.** *(planen)* intend (*sich etw* to do s.th.); ► **sich jdn ~** *fam* have a word with s.o.; **vor·nehm·lich** *adv* **1.** *(hauptsächlich)* especially, principally; **2.** *(vorzugsweise)* first and foremost.

vor|nei·gen *refl* lean forward.

vorn·her·ein [ˈ--ˈ-] *adv:* ► **von ~** from the start.

vorn·über [ˈ-ˈ--] *adv* forwards.

Vor-Ort- [---ˈ-] *(in Zssgn)* on-site.

Vor·ort ‹-(e)s, -e› *m* suburb; **Vor·ort(s)·zug** *m Br* suburban (*Am* shuttle) train.

Vor·platz *m* forecourt.

Vor·po·sten *m mil* outpost.

vor|pre·schen ‹sein› *itr* hurry ahead, shoot forward.

vor·pro·gram·miert *adj* **1.** *(automatisch)* automatic; **2.** *(vorbestimmt)* predetermined.

Vor·rang ‹-(e)s› *m* **1.** *(Vordringlichkeit)* priority; **2.** *(Reihenfolge)* precedence (*gegenüber* over); ► **den ~ vor jdm haben** have precedence over s.o.; **vor·ran·gig** *adj* primary, (having) priority; **Vor·rang·stel·lung** *f:* ► **e-e ~ einnehmen** (*od* **haben**) **in ...** have a position of importance in ...

Vor·rat [ˈfoːɐraːt, *pl* ˈfoːɐrɛːtə] ‹-(e)s, ¨-e› *m* stock, supply; ► **e-n ~ anlegen** lay in stocks; **auf ~ haben** *com* keep in stock; **mein Wein ist fast alle, ich muß meinen ~ auffüllen** I must stock up on wine, I've almost run out; **vor·rä·tig** [ˈfoːɐrɛːtɪç] *adj (auf Lager)* in stock; *(verfügbar)* available; ► **nicht ~** out of stock; **Vor·rats·be·häl·ter** *m* storage tank; **Vor·rats·raum** *m* store room; *(in Ladenlokal)* stock room.

Vor·raum *m* anteroom; *theat film (Foyer)* foyer.

vor|rech·nen *tr* **1.** reckon up (*jdm etw* s.th. for s.o.); **2.** *fig (aufzählen)* enumerate.

Vor·recht *n* prerogative; *(Privileg)* privilege.

Vor·re·de *f* **1.** *(Vorwort)* preface; **2.** *theat* prologue; **3.** *(einleitende Rede)* introductory speech; **Vor·red·ner(in)** *m (f)* previous speaker; ► **mein ~** the previous speaker.

Vor·rei·ter(in) *m (f)* forerunner.

Vor·rich·tung *f* device, gadget.

vor|rücken (k·k) **I** *tr* ‹h› move forward; *(Schachfiguren)* move on; **II** *itr* ‹sein› move forward; *mil* advance; *(im Beruf etc)* move up.

Vor·ru·he·stand *m* early retirement; **Vor·ru·he·stands·re·ge·lung** *f* early retirement scheme.

Vor·run·de *f sport* preliminary round.

vor|sa·gen *tr* tell (*jdm etw* s.o. s.th., *jdm* s.o. the answer).

Vor·sai·son *f* early season.

Vor·satz[1] *n (von Buch)* endpaper.

Vor·satz[2] *m* intention; ► **mit ~** *jur* with intent; **mit guten ¨-en** with good intentions; **er hat immer gute ¨-e, aber er führt sie selten aus** his intentions are good, but he seldom carries them out; **mit dem ~ zu ...** with the intention of ...; **den ~ fassen, etw zu tun** resolve to do s.th.; **vor·sätz·lich** [ˈfoːɐzɛtslɪç] *adj* deliberate, intentional; *(willentlich)* wilful; *bes. jur* premeditated; ► **etw ~ tun** do s.th. with intent.

Vor·satz·lin·se *f phot* ancillary lens.

Vor·schau *f* **1.** *allg Br* preview, *Am* prevue; **2.** *film* trailer.

Vor·schein *m:* ► **zum ~ kommen** *(wörtlich: sichtbar werden)* appear; *fig (ans Licht kommen)* come to light.

vor|schicken (k·k) *tr* send forward.

vor|schie·ben *irr* **I** *tr* **1.** *(davorschieben)* push in front; **2.** *(nach vorn schieben)* push forward; **3.** *mil (Truppen)* move forward; **4.** *fig (vorschützen)* put forward as a pretext; **II** *refl (Personen)* press forward; *(Wolken etc)* move forward.

vor|schie·ßen *irr* **I** *tr* ⟨h⟩ *(Geld)* advance; **II** *itr* ⟨sein⟩ shoot forward.

Vor·schlag *m Br* proposal, *Am* proposition; *(Anregung)* suggestion; ▶ **auf meinen ~** at my suggestion; **das soll ein ~ sein!** *fam* that's an idea! **mein ~ lautet ...** my suggestion is ...; **~e sind willkommen** I'm open to suggestions; **vor|schla·gen** *irr tr* propose, suggest; *(nominieren)* nominate (*jdn für etw* s.o. for s.th.); ▶ **ich schlage vor, wir gehen** I suggest going; **was schlagen Sie vor?** what do you suggest we do?

Vor·schlag·ham·mer *m* sledge-hammer.

Vor·schlag·we·sen *n:* ▶ **innerbetriebliches ~** suggestionbook system.

vor·schnell *adj* rash.

vor|schrei·ben *irr tr* **1.** *(Text etc)* write out (*jdm* for s.o.); **2.** *(anordnen)* stipulate; *(diktieren)* dictate; *med (Dosis)* prescribe.

Vor·schrift *f* **1.** *(Bestimmung)* regulation; **2.** *(Anweisung)* instruction, order; ▶ **laut ~** according to regulation; **das verstößt gegen die ~en** that is contrary to the regulations; **welche ~en hatten Sie?** what were your instructions? **ich lasse mir von niemandem ~en machen** I don't take orders from anyone; **Dienst nach ~** work-to-rule; **vor·schrifts·mä·ßig I** *adj* regulation; *(korrekt)* correct; *med (Dosis)* prescribed; **II** *adv* according to (the) regulations, as instructed.

Vor·schub *m:* ▶ **~ leisten** encourage (*jdm od e-r Sache* s.o. *od* s.th.).

Vor·schul·al·ter *n* pre-school age; **Vor·schu·le** *f* nursery school; **Vor·schul·er·zie·hung** *f* pre-school education.

Vor·schuß *m fin* advance; ▶ **jdm e-n ~ geben** give s.o. an advance.

vor|schüt·zen *tr* plead as an excuse; ▶ **nur keine Müdigkeit ~!** *fam* don't you tell us you're tired!

vor|schwe·ben *itr:* ▶ **jdm ~** be in someone's mind.

vor|schwin·deln *tr:* ▶ **jdm etw ~** lie to s.o.

vor|se·hen *irr* **I** *tr* **1.** *(planen) Br* plan, *Am* schedule; **2.** *(einplanen)* provide for ...; **3.** *(zuweisen)* intend (*etw für etw* s.th. for s.th.); **4.** *(bestimmen)* designate (*jdn für etw* s.o. for s.th.); ▶ **der Vertrag sieht vor, daß ...** the contract (*od pol* treaty) stipulates that ...; **wie vorgesehen** according to plan; **so war das nicht vorgesehen** it wasn't planned to happen that way; **II** *refl* beware (*vor* of), take care; ▶ **sieh dich vor, daß du nicht fällst!** beware of falling! **sieh dich vor, was du sagst!** beware of how you speak! **sieh dich vor, daß er dich nicht betrügt!** take care he doesn't cheat you!

Vor·se·hung *f* Providence.

vor|set·zen *tr* **1.** *(nach vorn)* put forward; *(davorsetzen)* put in front; **2.** *(anbieten)* offer (*jdm etw* s.o. s.th.); **3.** *fig fam (Lügen etc ~)* dish (*jdm etw* s.th. up to s.o.).

Vor·sicht ⟨-⟩ *f* care; *(bei Gefahr)* caution; *(Umsicht)* prudence; *(Behutsamkeit)* wariness; **~!** beware! take care! *(auf Kisten)* with care! ▶ **~ Stufe!** mind the step! **es ist trotz aller ~ kaputtgegangen** it got broken despite all the care we took; **vor·sich·tig** *adj* careful; *(besonnen)* cautious; ▶ **sei ~ mit den Gläsern!** be careful with the glasses! **sei ~, daß sie dich nicht hören!** be careful they don't hear you! **vor·sichts·hal·ber** *adv* as a precaution; ▶ **etw ~ tun** take the precaution of doing s.th.; **Vor·sichts·maß·nah·me** *f* precaution; ▶ **es ist e-e reine ~** it's purely precautionary; **~n treffen** take precautions.

Vor·sil·be *f gram* prefix.

vor|sin·gen *irr* **I** *tr* sing (*jdm etw* s.th. to s.o.); **II** *itr theat (als Probe vor Engagement)* audition.

vor·sint·flut·lich *adj hum fam* antediluvian.

Vor·sitz ⟨-es⟩ *m* chairmanship; *(Präsidentenamt)* presidency; ▶ **den ~ führen** be the chairman (*bei etw* of s.th.); **den ~ übernehmen** take the chair; **unter dem ~ von ...** under the chairmanship of ...; **Vor·sit·zen·de** *m (f)* chairman (chairwoman); *(Präsident, Vereins~)* president; ▶ **der ~ Deng** Chairman Deng.

Vor·sor·ge ⟨-⟩ *f* **1.** *(Fürsorge)* provision; **2.** *(Vorsichtsmaßnahme)* precaution; ▶ **~e treffen** take precautions; *(fürs Alter)* make provisions; **vor|sor·gen** *itr* provide (for), make provisions (*für* for, *daß* so that); **Vor·sor·ge·un·ter·su·chung** *f med* preventive medical check-up; **vor·sorg·lich I** *adj* precautionary; **II** *adv* as a precaution.

Vor·spann [ˈfoːɐʃpan] ⟨-(e)s, -e⟩ *m* **1.** *(Vorlauf von Tonband, Film etc)* leader; **2.** *film* opening credits *pl.*

Vor·spei·se *f* appetizer, hors d'oevre, starter; ▶ **was nehmen wir als ~?** what do we have for a starter?

Vor·spie·ge·lung *f:* ▶ **unter ~ von etw** under the pretence of s.th.; **unter ~ falscher Tatsachen** under false pretences.

Vor·spiel *n* **1.** *mus* prelude; **2.** *theat* prologue; **3.** *(bei Geschlechtsverkehr)* foreplay; **vor|spie·len I** *tr* **1.** *mus* play (*jdm etw* s.th. for s.o.); **2.** *theat* act (*jdm etw* s.th. for s.o.); **3.** *fig* act out a sham (*jdm etw* of s.th. in front of s.o.); ▶ **spiel mir doch nichts vor!** *fig* don't try and pretend to me! **II** *itr* **1.** *allg* play; **2.** *theat mus (als Probe vor Engagement)* audition (*jdn ~ lassen* s.o.); ▶ **jdm e-e Komödie ~** *fig* play out a farce in front of s.o.

vor|spre·chen *irr* **I** *tr* pronounce (*jdm etw* s.th. for s.o.); **II** *itr* **1.** *(besuchen)* call (*bei jdm* on s.o.); **2.** *theat (zur Probe)* audition.

vor|sprin·gen ⟨sein⟩ *irr itr* **1.** leap forward; **2.** *(hervorragen)* jut out, project, protrude; **vor·sprin·gend** *adj* projecting; *(Nase, Kinn etc)* prominent.

Vor·sprung *m* **1.** *arch* projection; **2.** *(Vorteil)* advantage (*über* of); **3.** *sport* lead (*vor* over); ▶ **er hat 10 m ~** he is in the lead by ten meters; **jdm 15 Minuten ~ geben** give s.o. a 15-minute start.

Vor·stadt *f* suburb; **Vor·städ·ter(in)** *m (f)* suburban(ite); **vor·städ·tisch** *adj* suburban.

Vor·stand *m* **1.** *(Gremium)* board; *(von Verein)* committee; **2.** *(Person)* chairman (of the board), managing director; **Vor·stands·eta·ge** *f* boardroom; **Vor·stands·mit·glied** *n* member of the executive (*od* board); *(von Verein)* committee member; **Vor·stands·vor·sit·zen·de(r)** *f m* chairperson, chairman (chairwoman) of the board of directors.

vor|ste·hen *irr itr* **1.** *(hervorragen)* project, protrude; **2.** *(leiten):* ▶ **e-r Sache ~ (***od* **Schule)** be the *Br* head, *Am* principal of s.th. *(e-m Haushalt)* preside over ...; *(e-m Geschäft)* manage s.th.; *(e-r Abtlg)* be in charge of s.th.; **vor·ste·hend** *adj* **1.** *(Zähne, Nase, Ecken etc)* prominent, protruding; **2.** *(in Brief: obenstehend)* above; **Vor·ste·her(in)** *m (f) (Büro~) Br* chief clerk, *Am* manager; *(Bahnhofs~)* station-master; **Vor·ste·her·drü·se** *f anat* prostate gland.

vor|stel·len I *tr* **1.** *(Uhr)* put on (*um* by); **2.** *(einführen)* introduce (*jdn jdm* s.o. to s.o.); **3.** *(darstellen)* respresent; *(bedeuten)* mean, signify; **5.** *(vorführen, bekanntmachen)* present, show (*jdm etw* s.o. s.th.); ▶ **darf ich Ihnen Herrn X. ~?** *Br* allow me to introduce Mr. X., *Am* I'd like you to meet Mr. X.; **II** *refl* **1.** *(in der Phantasie)* imagine (*etw* s.th.); *(sich ausmalen)* picture (*etw* s.th.); **2.** *(sich bekannt machen)* introduce o.s. (*jdm* to s.o.); **3.** *(bei Bewerbung)* go for an interview; ▶ **stell dir vor!** fancy that! **stell dir mal vor, du seiest reich** imagine yourself rich; **du kannst dir nicht ~ wie** ... you can't imagine how ...; **vor·stel·lig** *adj:* **bei jdm ~ werden** go to s.o; *(sich beschweren)* lodge a complaint with s.o.; **Vor·stel·lung** *f* **1.** *theat* performance; *(Film~)* showing; **2.** *(Gedanke)* idea, notion; *(~skraft)* imagination; **3.** *(Einführung: von Person)* introduction; *(von Martkneuheiten etc)* presentation; ▶ **wenn das deine ~ von Spaß ist ...** if that's your idea of fun ...; **du hast manchmal merkwürdige ~en** you have some strange ideas; **sich e-e ~ von etw machen** form an idea of s.th.; **Vor·stel·lungs·ge·spräch** *n* interview; **Vor·stel·lungs·kraft** *f* imagination; **Vor·stel·lungs·ver·mö·gen** *n* powers of imagination.

Vor·stoß *m* **1.** *(Vordringen)* venture; **2.** *mil* advance, push; **3.** *fig (Versuch)* attempt; **vor|sto·ßen** *irr* **I** *tr* ⟨h⟩ push forward; **II** *itr* ⟨sein⟩ venture; *mil* advance.

Vor·stra·fe *f* previous conviction; **Vor·stra·fen·re·gi·ster** *n* criminal record.

vor|strecken (k·k) *tr* **1.** *(Gegenstand)* stretch forward; *(Arme, Hände)* stretch out; *(Krallen)* put out; **2.** *(Geld)* advance (*jdm* s.o.).

Vor·stu·fe *f* preliminary stage.

Vor·tag *m* day before.

vor|täu·schen *tr* feign; **Vor·täu·schung** *f* pretence; ▶ **unter ~ falscher Tatsachen** under false pretences.

Vor·teil ['fɔrtaɪl] *m* advantage; ▶ **~e bringen** be advantageous; **die Vor- u. Nachteile** the pros and cons; **sich zu s-m ~ ändern** change for the better; **damit sind Sie mir gegenüber im ~** that gives you an advantage over me; **sich durch etw jdm gegenüber e-n ~ verschaffen** get the advantage of s.o. by doing s.th.; **für jdn von ~ sein** be advantageous to s.o.; **jdm gegenüber im ~ sein** have the advantage over s.o.; **~e aus etw ziehen** benefit from s.th.; **vor·teil·haft** *adj* advantageous; ▶ **es ist ~ für mich ...** it is to my advantage to ...; **es wirkte sich ~ für uns aus** it worked out advantageously for us.

Vor·trag ['fo:ɐtra:k, *pl* 'fo:ɐtrɛ:gə] ⟨-(e)s, ¨-e⟩ *m* **1.** *(Bericht, Lesung)* lecture; **2.** *fin* balance carried forward; ▶ **e-n ~ halten** give a lecture; **ich wollte nur e-e kurze Erklärung und bekam e-n Vortrag zu hören** I asked for a short explanation and got a lecture; **vor|tra·gen** *irr tr* **1.** *(berichten)* report; *(darlegen)* present; **2.** *fin* carry forward; ▶ **ein Gedicht ~** recite a poem; **Vor·trags·abend** *m* lecture evening; **Vor·trags·rei·he** *f* series of lectures.

vor·treff·lich [fo:ɐ'trɛflɪç] *adj* excellent, splendid; **Vor·treff·lich·keit** *f* excellence.

vor|trei·ben *irr tr (Bergbau):* ▶ **e-n**

Stollen ~ drive a gallery on.
vor|tre·ten ⟨sein⟩ *irr itr* **1.** step forward; **2.** *(hervorragen)* jut out, project.
Vor·tritt ⟨-(e)s⟩ *m* precedence; ► **jdm den ~ lassen** let s.o. go first; **den ~ haben** have precedence (*in etw* in s.th., *vor* over).
vor·über [vo'ry:bɐ] *adv* over, past; **vor·über|ge·hen** ⟨sein⟩ *irr itr* **1.** *(räumlich)* go past, pass by (*an jdm od etw* s.o. *od* s.th.); **2.** *(zeitlich)* pass; **3.** *(zu Ende gehen)* be over; **4.** *fig (ignorieren)* ignore (*an jdm od etw* s.o. *od* s.th.); ► **das ging nicht spurlos an ihr vorüber** it left its mark on her; **vor·über·ge·hend** *adj* **1.** *(momentan)* momentary; **2.** *(zeitweilig)* temporary; ► **sich ~ aufhalten** stay for a short time; **Vor·über·ge·hen·de(r)** *f m* passer by.
Vor·übung *f* preliminary exercise.
Vor- und Zu·na·me *m* first and second name.
Vor·un·ter·su·chung *f jur* preliminary investigation.
Vor·ur·teil *n* bias, prejudice; ► **das ist ein ~** it's prejudice; **ein ~ haben gegen ...** be prejudiced against, have a prejudice against ...; **es gibt e-e Menge ~e hinsichtlich ...** there's a lot of prejudice about ...; **vor·ur·teils·frei (vor·ur·teils·los) I** *adj* unprejudiced; *(Entscheidung)* unbiased; **II** *adv* without prejudice (*od* bias).
Vor·vä·ter ['fo:ɐˌfɛ:tɐ] *pl* ancestors, forefathers.
Vor·ver·kauf *m theat sport* advance booking; **Vor·ver·kaufs·stel·le** *f* advance booking office.
vor|ver·le·gen *tr* **1.** *(Termin)* bring forward; **2.** *mil (Front)* push forward.
Vor·ver·stär·ker *m el radio* pre-amplifier.
vor·vor·ge·stern *adv* three days ago.
vor|wa·gen *refl* venture forward.
Vor·wahl *f* **1.** *Br* preliminary election, *Am* primary; **2.** *tele Br* dialling (*Am* area) code.
Vor·wand ⟨-(e)s, ⸚e⟩ *m* pretext; ► **unter dem ~, daß ...** under the pretext that ...; **unter dem ~, etw zu tun** under the pretext of doing s.th.; **er sucht nur nach e-m ~** he's only making excuses *pl.*
vor·wärts ['fɔrvɛrts] *adv* forward, onward; **~!** let's go! *mil* forward march! **vor·wärts|brin·gen** *irr tr fig* advance; ► **jdn ~** help s.o. to get on; **Vor·wärts·gang** *m mot* forward gear; **vor·wärts|ge·hen** ⟨sein⟩ *irr itr fig fam* come on, progress; **vor·wärts|kom·men** ⟨sein⟩ *irr itr* make progress (*in* in, *mit* with); *fig* get on; ► **wir kamen im Schlamm nur langsam ~** we made slow progress through the mud; **sie kamen im offenen Gelände gut ~** they made good progress across the open country.
Vor·wä·sche *f* prewash; **vor|wa·schen** *irr tr* pre-wash.
vor·weg [fo:ɐ'vɛk] *adv* **1.** *(vorher)* before; **2.** *(an der Spitze)* at the front; **3.** *(von vornherein)* at the outset; **vor·weg|neh·men** *irr tr* anticipate.
vor|wei·sen *irr tr* produce, show; ► **etw ~ können** *fig* have s.th.
vor|wer·fen *irr tr* **1.** *(hinwerfen)* throw (*jdm etw* s.th. down for s.o.); **2.** *fig (tadeln)* reproach (*jdm etw* s.o. for s.th.); *(beschuldigen)* accuse (*jdm etw* s.o. of s.th.); ► **sich nichts vorzuwerfen haben** have nothing to reproach o.s. with.
vor·wie·gend I *adj* predominant; **II** *adv* chiefly, mainly, predominantly.
Vor·wis·sen *n:* ► **ohne mein ~** without my previous knowledge.
Vor·witz ⟨-es⟩ *m obs* **1.** *(Vorlautheit)* forwardness, pertness; **2.** *(Keckheit)* cheek; **vor·wit·zig** *adj* **1.** *(vorlaut)* forward, pert; **2.** *(keck)* cheek.
Vor·wort ⟨-(e)s, -e⟩ *n* foreword, preface.
Vor·wurf *m* reproach; *(Beschuldigung)* accusation; ► **jdm etw zum ~ machen** reproach s.o. with s.th.; **jdm den ~ der ... machen** accuse s.o. of ...; **vor·wurfs·voll** *adj* reproachful.
Vor·zei·chen *n* **1.** *(Omen)* omen; **2.** *med* preliminary symptom; **3.** *mus (vor Einzelnote)* accidental; *(Kreuz)* sharp sign; *(b)* flat sign; **4.** *math* plus (*od* minus) sign; ► **mit umgekehrtem ~** *fig* the other way round; **unter gleichem ~** *fig* under the same circumstances *pl.*
vor·zeig·bar *adj* presentable; **Vor·zei·ge·frau** *f* token woman; **vor|zei·gen** *tr* produce, show; **Vor·zei·ge·ob·jekt** *n* showpiece.
Vor·zeit *f* **1.** *(Urzeit)* prehistoric times *pl;* **2.** *(weit zurückliegende Zeit)* dim and distant past; **vor·zei·tig** *adj (zu früh)* early; *(Altern, Tod)* premature.
vor|zie·hen ⟨h⟩ *irr tr* **1.** *(hervorziehen)* pull out; *(Vorhänge)* draw; **2.** *(lieber mögen)* prefer (*etw e-r anderen Sache* s.th. to s.th. else); *(bevorzugen)* favour; **3.** *(bevorzugt abfertigen)* give priority to ...; ► **was ziehen Sie vor?** which do you prefer? **ich ziehe das Leben auf dem Land vor** my preference is for country life; **er zog es vor, in der Heimat zu bleiben, statt ins Ausland zu gehen** he chose to stay at home in preference to going abroad.
Vor·zim·mer *n* anteroom; *(von Büro)* outer office; **Vor·zim·mer·da·me** *f* receptionist.
Vor·zug *m* **1.** *(gute Eigenschaft)* merit; **2.** *(Vorliebe)* preference; **3.** *(Vorteil)* advantage; ► **e-r Sache den ~ geben** prefer s.th.; *(Vorrang geben)* give s.th. precedence (*über* over); **den ~ haben,**

daß ... have the advantage that ...; **vor·züg·lich** [fo:ɐ'tsy:klɪç] *adj* excellent, superb; *(Qualität)* exquisite; **Vor·zugs·preis** *m* special discount price; **vor·zugs·wei·se** *adv* **1.** by preference, preferably; **2.** *(hauptsächlich, vorwiegend)* chiefly, mainly.

Vo·tum ['vo:tʊm] ‹-s, -ten/-ta› *n* vote.

vul·gär [vʊl'gɛ:ɐ] *adj* vulgar.

Vul·kan [vʊl'ka:n] ‹-s, -e› *m* volcano; **Vul·kan·aus·bruch** *m* volcanic eruption; **vul·ka·nisch** *adj* volcanic.

Vul·ka·ni·sier·an·stalt *f* recapping shop; **vul·ka·ni·sie·ren** *tr* vulcanize; *(Reifen runderneuern)* recap.

W

W, w [ve:] ‹-, -› *n* W, w.
WAA ‹-› *f Abk von* **Wiederaufbereitungsanlage** reprocessing plant.
Waa·ge ['va:gə] ‹-, -n› *f* **1.** *(Gerät)* balance, (pair of) scales *pl; (Brücken~ für Lastwagen etc)* weighbridge; **2.** *astr (Sternbild)* Libra; ▶ **sich die ~ halten** *fig* counterbalance each other; **waa·ge·recht** *adj* horizontal, level.
Waag·scha·le *f* pan, scale; ▶ **er legt jedes Wort auf die ~** *fig* he weighs every word; **s-n Einfluß in die ~ werfen** *fig* bring one's influence to bear.
wab·be·lig ['vab(ə)lıç] *adj* **1.** *(Pudding)* wobbly; **2.** *(Person)* flabby.
Wa·be ['va:bə] ‹-, -n› *f* honeycomb; **wa·ben·för·mig** *adj* honeycombed; **Wa·ben·ho·nig** *m* comb honey.
wach [vax] *adj* **1.** *pred* awake; **2.** *fig (aufgeweckt)* alert, wide-awake; ▶ **~ liegen** lie awake; **~ werden** wake up.
Wa·che ['vaxə] ‹-, -n› *f* **1.** *(Wachdienst)* guard; **2.** *(Wachlokal)* guard-house, guardroom; **3.** *(Polizei~)* police station; **4.** *mil (Posten)* sentinel, sentry; **5.** *mar* watch; ▶ **~ haben** be on watch (*od* on guard duty); **auf ~** on guard; **bei jdm ~ halten** keep watch over s.o.; **die ~ ablösen** relieve the guard; **wa·chen** *itr* **1.** *(wach sein)* be awake; *(nicht schlafen können)* lie awake; **2.** *(aufpassen)* watch (*über* over); **3.** *(Wache halten)* keep watch (*bei jdm* by someone's bedside).
Wa·chol·der [va'xɔldɐ] ‹-s, -› *m* juniper; **Wa·chol·der·schnaps** *m* gin.
Wach·po·sten *m (s.* Wachtposten*).*
wach|ru·fen *irr tr fig (Erinnerungen etc)* call to mind, evoke.
Wachs [vaks] ‹-es, -e› *n* wax; ▶ **wie ~ in jds Händen sein** *fig* be like wax in someone's hands.
wach·sam *adj* **1.** vigilant, watchful; **2.** *(vorsichtig)* on one's guard; ▶ **ein ~es Auge auf etw (jdn) haben** keep a watchful eye upon s.th. (s.o.); **die Zollbeamten haben stets ein ~es Auge auf Drogenhändler** the customs officers are ever vigilant for drug traffickers; **Wach·sam·keit** *f* **1.** vigilance; **2.** *(Vorsichtigkeit)* guardedness.
wachs·ar·tig *adj* cereous.
wach·sen[1] ['vaksən] ‹sein› *irr itr* **1.** *(größer werden)* grow; **2.** *fig (zunehmen)* increase, mount; ▶ **er ist mir ans Herz gewachsen** I've got fond of him; **in die Höhe ~** grow taller; **jdm gewachsen sein** be a match for s.o.; **e-r Sache gewachsen sein** be equal to s.th.; **er ist mir über den Kopf gewachsen** he's become too much for me; **gut gewachsen** *(Mensch)* with a good figure; *(Baum)* well-grown; **sich e-n Bart ~ lassen** grow a beard; **sich die Haare ~ lassen** let one's hair grow.
wach·sen[2] ‹h› *tr (mit Wachs versehen)* wax.
wäch·sern ['vɛksɐn] *adj a. fig* waxen.
Wachs·fi·gur *f* wax work; **Wachs·fi·gu·ren·ka·bi·nett** *n* waxworks *pl;* **Wachs·tuch** *n* oilcloth.
Wachs·tum ['vakstu:m] *n* **1.** growth; **2.** *fig* increase; **Wachs·tums·ak·tie** *f fin* growth stock; **Wachs·tums·bran·che** ‹-, -n› *f* growth industry; **wachs·tums·för·dernd** *adj* growth-promoting; **wachs·tums·hem·mend** *adj* growth-inhibiting; **Wachs·tums·in·du·strie** *f* growth industry; **wachs·tums·ori·en·tiert** *adj* growth-oriented; **Wachs·tums·ra·te** *f* growth rate.
Wäch·ter ['vɛçtɐ] ‹-s, -› *m* **1.** guardian; **2.** *(Aufseher)* attendant.
Wacht·mei·ster *m Br* constable, *Am* patrolman; **Wacht·po·sten** *m* **1.** *mil* guard, sentry; **2.** *(bei Diebstahl etc)* look-out.
Wach·traum *m* daydream.
Wach·turm *m* watch-tower.
Wach·wech·sel *m mil a. fig* changing of the guard.
wack(e)·lig ['vak(ə)lıç] *adj* **1.** wobbly; *(Zahn)* loose; *(Möbel)* rickety; **2.** *fig (Wirtschaft, Unternehmen etc)* shaky; ▶ **~ auf den Beinen sein** be shaky on one's legs.
Wackel·kon·takt (k·k) *m el* loose connection.
wackeln (k·k) ['vakəln] *itr* **1.** wobble; *(zittern)* shake; *(Zahn, Schraube etc)* be loose; **2.** *fig (Herrschaft)* totter; **3.** ‹sein› *(unsicher gehen)* totter; ▶ **der Stuhl wackelt** the chair has a wobble; **mit dem Kopf ~** wag one's head.
wacker (k·k) ['vakɐ] *adj* **1.** *(tapfer)* brave; **2.** *(tüchtig)* upright; ▶ **sich ~ halten** hold one's ground.
Wa·de ['va:də] ‹-, -n› *f* calf; **Wa·den·bein** *n* fibula; **Wa·den·krampf** *m* cramp in the *od* one's calf.
Waf·fe ['vafə] ‹-, -n› *f a. fig* weapon; *(Schuß~)* gun; ▶ **zu den ~n!** to arms! **~n tragen** carry arms; **gegen jdn zu**

den ~n greifen take up arms against s.o.

Waf·fel ['vafəl] ‹-, -n› *f* **1.** *(in Fett gebakken)* waffle; **2.** *(Eis~)* wafer; **Waf·fel·ei·sen** *n* waffle iron.

Waf·fen·be·sitz *m* possession of arms; **Waf·fen·em·bar·go** *n* arms embargo; **Waf·fen·gat·tung** *f* arm of the service; **Waf·fen·ge·walt** *f:* ► **mit ~** by force of arms; **Waffenhandel** *m* arms traffic; **Waf·fen·kam·mer** *f mil Br* armoury, *Am* armory; **Waf·fen·la·ger** *n* **1.** *mil (von regulärer Armee)* ordnance depot; **2.** *(von Terroristen)* cache; **Waf·fen·lie·fe·rung** *f* supply of arms; **Waf·fen·ru·he** *f* ceasefire; **Waf·fen·schein** *m Br* fire-arms licence, *Am* gun-license; **Waf·fen·schmug·gel** *m* gun-running; **Waf·fen·still·stand** *m* armistice; **Waf·fen·sy·stem** *n* weapons system.

Wa·ge·mut *m* daring; **wa·ge·mu·tig** *adj* daring.

Wa·gen ['va:gən] ‹-s, -› *m* **1.** *(PKW)* car; *(Liefer~)* van; **2.** *(LKW) Br* lorry, *Am* truck; **3.** *(Taxi)* cab, taxi; **4.** *(Karren)* cart; **5.** *(Kutsche)* coach; **6.** *(Fracht~, Plan~)* wag(g)on; **7.** *rail Br* carriage, *Am* car; **8.** *tech (Schreibmaschinen~)* carriage; **9.** *astr:* **der Große (Kleine) ~** the Big (Little) Dipper; ► **jdm an den ~ fahren** *fig fam* pick holes in s.o.; **sich nicht an den ~ fahren lassen** *fig fam* not to stick s.th.; **mit dem ~ fahren** go by car.

wa·gen ['va:gən] **I** *tr* **1.** venture; **2.** *(aufs Spiel setzen)* risk; **3.** *(sich getrauen)* dare; **II** *refl* dare; ► **es ~** *(es darauf ankommen lassen)* take a chance; **ich wage sogar zu behaupten ...** I venture to say that ...; **sich vor die Tür ~** venture out of doors; **wer wagt, gewinnt** *prov* nothing ventured, nothing gained; **~ Sie nicht, zu ...!** don't you dare (to) ...! **das wagt er nicht!** he daren't do it! **wie kannst du es ~, solche Dinge zu sagen!** how dare you say such things!

Wa·gen·dach *n mot* body ceiling; **Wa·gen·he·ber** *m* jack; **Wa·gen·ko·lon·ne** *f* vehicular convoy; **Wa·gen·la·dung** *f* **1.** *rail* wag(g)onload; **2.** *mot (Last~)* truckload; **Wa·gen·park** *m* fleet of cars (*od* vans *od* trucks etc); **Wa·gen·rad** *n* cart wheel; **Wa·gen·schmie·re** *f* cart-grease; **Wa·gen·wä·sche** car washing.

Wag·gon [va'gõ:] ‹-s, -s› *m* **1.** *rail (Fahrzeug) Br* wag(g)on, *Am* freight car; **2.** *(Ladung) Br* wag(g)onload, *Am* carload; **wag·gon·wei·se** *adv Br* by the wag(g)onload, *Am* by the carload.

wag·hal·sig *adj* daredevil.

Wag·nis ‹-ses, -se› *n* **1.** *(Risiko)* risk; **2.** *(waghalsiges Unternehmen)* hazardous business; ► **ein ~ auf sich nehmen** run risks *pl.*

Wahl [va:l] ‹-, -en› *f* **1.** *parl* election; **2.** *(Auswahl)* choice; ► **keine andere ~ haben, als ...** have no alternative but ...; **jdm die ~ lassen** leave s.o. to choose; **erste ~** top quality; **zweite ~** second quality; **welchen Verlauf nimmt die ~?** which way is the voting going? **bei der ~ führen** head the poll; **zur ~ gehen** go to the polls; **er erhielt bei der ~ wenige Stimmen** he polled badly in the election.

Wähl·au·to·ma·tik *tele* automatic dialling.

wähl·bar ['vɛ:lba:ɐ] *adj* eligible; **Wähl·bar·keit** *f* eligibility.

wahl·be·rech·tigt *adj* entitled to vote; **Wahl·be·rech·tig·te(r)** *f m* person entitled to vote; **Wahl·be·tei·li·gung** *f* poll; ► **e-e hohe ~** a heavy poll; **Wahl·be·zirk** *m* ward.

wäh·len ['vɛ:lən] **I** *itr* **1.** *parl (abstimmen)* vote; **2.** *parl (Wahl abhalten)* hold elections; **3.** *(aus~)* choose; **4.** *tele* dial; ► **~ gehen** go to the polls; **II** *tr* **1.** *parl* elect, vote for ...; **2.** *(aus~)* choose; **3.** *tele* dial; ► **er wurde zum Vorsitzenden gewählt** he was elected chairman; **jdn in den Bundestag ~** elect s.o. to the B.; **vom Volk gewählt** elected by the vote of the people.

Wahl·er·geb·nis *n* election result.

Wäh·ler(in) *m (f)* **1.** *pol* elector, voter; *m* **2.** *tech* selector.

wäh·le·risch *adj* discriminating, particular.

Wäh·ler·schaft *f (die Wähler)* electorate; *(~ e-s Abgeordneten)* constituents *pl;* **Wäh·ler·schicht** *f* section of the electorate.

Wahl·fach *n päd* optional subject; **Wahl·ge·heim·nis** *n parl* election secrecy; **Wahl·ge·schenk** *n parl* preelection promise.

Wahl·hei·mat *f* country of one's choice; **Wahl·ka·bi·ne** *f* polling booth; **Wahl·kampf** *m* election campaign; **Wahl·kreis** *m Br* constituency, *Am* district; **Wahl·lo·kal** *n* polling station.

wahl·los I *adj* indiscriminate; **II** *adv* **1.** *(nicht wählerisch)* indiscriminately; **2.** *(zufällig)* at random, haphazardly.

Wahl·nie·der·la·ge *f* election defeat; **Wahl·pflicht·fach** ['-'--] *n päd* compulsory optional subject; **Wahl·pla·kat** *n* election poster; **Wahl·pro·gramm** *n parl Br* platform, *Am* ticket; **Wahl·pro·pa·gan·da** *f* election propaganda; **Wahl·recht** ‹-(e)s› *n* **1.** *(aktives)* right to vote; *(passives)* eligibility; **2.** *(Gesetzeswerk)* electoral law; ► **allgemeines ~** universal suffrage.

Wahl·re·de *f Br* election (*Am* campaign) speech; **Wahl·red·ner(in)** *m (f)* stump speaker.

Wähl·schei·be *f tele* dial.

Wahl·schein *m* polling card; **Wahl·sieg** *m* electoral victory; **Wahl·spruch** *m* motto; **Wahl·tag** *m* election day.

Wähl·ton *m tele* dialling tone.

Wahl·ur·ne *f* ballot box; **Wahl·ver·samm·lung** *f Br* election meeting, *Am* caucus; **Wahl·ver·spre·chen** *n* pre-election promise; **wahl·wei·se** *adv* alternatively; **Wahl·zet·tel** *m* ballot-paper.

Wahn [va:n] ‹-(e)s› *m* **1.** delusion, illusion; **2.** *med (Manie)* mania; ▶ **in e-m ~ leben** labour under a delusion; **in dem ~ leben, daß ...** labour under the delusion that ...; **Wahn·sinn** ‹-(e)s› ['va:nzɪn] *m* **1.** *med* insanity; **2.** *fam (Verrücktheit)* madness; ▶ **das ist reiner ~!** it's sheer madness! **das ist doch ~!** what madness! **wahn·sin·nig I** *adj* **1.** *med* insane; **2.** *fam (verrückt)* crazy, mad (*vor* with); **3.** *fam (herrlich)* terrific; **4.** *fam (sehr viel)* awful, dreadful; ▶ **jdn ~ machen** drive s.o. crazy (*od* mad); **~ werden** go crazy (*od* mad); **du bist ja ~!** you must be mad! **sich ~ freuen** be mad with joy; **wie ~** like mad; **es ist mir ~ peinlich** I feel dreadful about it; **II** *adv fam* incredibly; **Wahn·sin·ni·ge(r)** *f m* lunatic.

wahr [va:ɐ] *adj* **1.** *(nicht falsch)* true; **2.** *(echt, wirklich)* genuine, real; **3.** *(eigentlich)* real, veritable; ▶ **nicht ~?** is it not so? **das ist nicht das W~e** *fam* it's not the real thing; **das ist ein ~es Wunder** it's a real miracle; **wie ~!** too true! **die ~e Liebe** true love; **das ist das W~e!** *fam* that's the genuine article!

wah·ren ['va:rən] *tr* **1.** *(bewahren)* keep, preserve; **2.** *(wahrnehmen: Interessen, Rechte etc)* look after, protect; ▶ **den Schein ~** keep up appearances *pl.*

wäh·ren ['vɛ:rən] *itr* last; ▶ **was lange währt, wird endlich gut** *prov* a happy outcome is worth waiting for.

wäh·rend ['vɛ:rənt] **I** *prp* during; **II** *conj* while; *(bei Gegensätzen)* whereas; ▶ **sie schlief ~ des Lesens ein** she fell asleep while reading.

wahr·ha·ben ['---] *irr tr:* ▶ **etw nicht ~ wollen** not want to admit s.th.

wahr·haft ['va:ɐhaft/-'-] **I** *adj* **1.** *(ehrlich)* truthful; **2.** *(echt)* real, true; **3.** *(wirklich)* veritable; **II** *adv* really, truly; **wahr·haf·tig** [-'--] **I** *adj* **1.** *(ehrlich)* truthful; **2.** *(aufrichtig)* honest; **3.** *(wahr)* true; **II** *adv* **1.** really; **2.** *(tatsächlich)* actually.

Wahr·heit *f* truth; ▶ **die ~ sagen** tell the truth; **die ~ sieht etw anders aus** reality is somewhat different; **um die ~ zu sagen, ...** to tell the truth ...; **die ~ ist, daß ...** the truth of it is that ...; **in ~** in reality; **wahr·heits·ge·treu** *adj* truthful.

wahr·nehm·bar *adj* noticeable, perceptible; ▶ **nicht ~** imperceptible; **wahr|neh·men** *irr tr* **1.** *(sinnlich)* perceive; *(bemerken)* be aware of ...; **2.** *(Gelegenheit)* take; *(Termin, Frist etc)* observe; **3.** *(Interessen)* look after; **Wahr·neh·mung** *f* **1.** *(sinnlich)* perception; **2.** *(von Gelegenheit)* taking; *(von Termin etc)* observing; **3.** *(von Interessen)* looking after; ▶ **außersinnliche ~** extrasensory perception.

wahr·|sa·gen ['---] *tr itr* predict the future (*jdm* to s.o.); *(aus Karten)* read cards; ▶ **sich ~ lassen** have one's fortune told; **Wahr·sa·ger(in)** *m (f)* fortune-teller; **Wahr·sa·ge·rei** *f* fortune-telling.

Wahr·sa·gung *f* prediction.

wahr·schein·lich [va:ɐ'ʃaɪnlɪç] **I** *adj* likely, probable; *(plausibel)* plausible; ▶ **das ist nicht ~** there is no likelihood of that; **II** *adv* probably; ▶ **es ist nicht sehr ~, daß er kommt** he is not likely to come; **es ist ~, daß er sich hier aufhält** this is a likely place for him to stay; **~ wird er weggehen** the probability is that he will leave; **Wahr·schein·lich·keit** *f* likelihood, probability; *(Plausibilität)* plausibility; ▶ **aller ~ nach** in all probability; **wie groß ist die ~, daß die beiden heiraten?** what's the likelihood of their getting married? **Wahr·schein·lich·keits·grad** *m* degree of probability; **Wahr·schein·lich·keits·rech·nung** *f* probability calculus.

Wah·rung *f (Erhaltung)* preservation.

Wäh·rung ['vɛ:rʊŋ] *f* currency; **Wäh·rungs·ein·heit** *f* monetary unit; **Wäh·rungs·re·form** *f* currency (*od* monetary) reform; **Wäh·rungs·sy·stem** *n* currency (*od* monetary) system.

Wahr·zei·chen *n* emblem.

Wai·se ['vaɪzə] ‹-, -n› *f* orphan; **Wai·sen·haus** *n* orphanage; **Wai·sen·kna·be** *m:* ▶ **ich bin ein ~ gegen ihn** *fig fam* I'm a beginner compared with him; **Wai·sen·ren·te** *f* orphan's allowance.

Wal [va:l] ‹-(e)s, -e› *m* whale.

Wald [valt, *pl* 'vɛldɐ] ‹-(e)s, ¨er› *m allg* wood; *(Forst)* forest; ▶ **den ~ vor lauter Bäumen nicht sehen** *fig fam* miss the wood for the trees; **ich glaub' ich steh' im ~!** *fig fam* I must be seeing (*od* hearing) things! **Wald·be·stand** *m* forest cover; **Wald·brand** *m* forest fire; **Wald·erd·bee·re** *f* wild strawberry; **Wald·horn** *n mus* French horn.

wal·dig *adj* wooded, woody.

Wald·lauf *m* cross-country run; **Wald·lehr·pfad** ['-'--] *m* nature trail; **Wald·mei·ster** *m bot* woodruff; **Wald·rand** *m* edge of the forest; **wald·reich** *adj*

densely wooded; **Wald·scha·den** *m* damage to woods (*od* forests); **Wald·ster·ben** *n* dying of the forests.
Wal·dung *f* woodland.
Wald·weg *m* forest path; **Wald·wie·se** *f* glade; **Wald·wirt·schaft** *f* forestry.
Wal·fang *m* whaling.
Wa·li·ser(in) *m (f)* Welshman (Welsh woman); ▶ **die** ~ the Welsh *pl;* **wa·li·sisch** *adj* Welsh.
Walk·man ['wɔ:kmən] ‹-s, -s› *m radio* walkman.
Wall [val, *pl* 'vɛlə] ‹-(e)s, ⸚e› *m* **1.** *(Erd~)* embankment; **2.** *fig (Schutzwall)* rampart.
Wal·lach ['valax] ‹-(e)s, -e› *m* gelding.
wal·len ['valən] *itr* **1.** *(Dämpfe etc: aufsteigen)* surge; **2.** *(brodeln)* seethe; ▶ **~des Haar (Kleid)** flowing hair (dress).
Wall·fah·rer(in) *m (f)* pilgrim; **Wall·fahrt** *f* pilgrimage; **Wall·fahrts·ort** *m* place of pilgrimage.
Wal·nuß *f* walnut.
Wal·roß *n* walrus.
wal·ten ['valtən] *itr:* ▶ **über etw** ~ rule over s.th.; **Gnade ~ lassen** show mercy; **jdn frei schalten u. ~ lassen** give s.o. a free hand; **Vernunft ~ lassen** let reason prevail.
Walz·blech *n* sheet metal.
Wal·ze ['valtsə] ‹-, -n› *f* **1.** *(Rolle)* roller; **2.** *(Schreibmaschinen~)* platen; **3.** *(in Musikinstrumenten)* barrel; *(in Spieluhr)* cylinder, drum.
wal·zen ['valtsən] **I** *tr* roll; **II** *itr (tanzen)* waltz.
wäl·zen ['vɛltsən] **I** *tr* **1.** *(rollen)* roll; *(in Butter)* toss; **2.** *fam (Akten, Bücher etc)* pore over ...; ▶ **Probleme** ~ *fig* turn over problems in one's mind; **II** *refl* **1.** *(sich rollen)* roll; **2.** *(vor Schmerzen)* writhe (*vor* with); **3.** *fig (Menschenmenge etc)* surge; ▶ **die Schuld auf jdn** ~ shift the blame onto s.o.
wal·zen·för·mig *adj* cylindrical.
Wal·zer ['valtsɐ] ‹-s, -› *m mus* waltz.
Wäl·zer ['vɛltsɐ] ‹-s, -› *m fam (dickes Buch)* heavy tome.
Walz·stra·ße *f* rolling train; **Walz·werk** *n* rolling mill.
Wam·pe ['vampə] ‹-,-n› *f fam* paunch.
Wams [vams, *pl* 'vɛmzɐ] ‹-es, ⸚er› *n hist* jerkin.
Wand [vant, *pl* 'vɛndə] ‹-, ⸚e› *f* **1.** *allg a. anat* wall; **2.** *(Scheide~)* partition; **3.** *(von Gefäß)* side; ▶ **spanische** ~ folding screen; **mit dem Kopf gegen die ~ rennen** *fig* be banging one's head against a brick wall; **weiß wie die ~ sein** be as white as a sheet; **die Wände haben Ohren** walls have ears; **die Wände hochgehen** *fig fam* go up the walls; **Wand·be·hang** *m* wall hanging.
Wan·del ['vandəl] ‹-s› *m* **1.** *allg (Änderung)* change; **2.** *(Lebens~)* mode of life; ▶ **im ~ der Zeiten** throughout the ages; **Wan·del·an·lei·he** *f fin* convertible loan; **wan·del·bar** *adj* changeable.
Wan·del·gang *m* covered walk; **Wan·del·hal·le** *f theat* foyer; *(im Kurhaus)* pump room.
wan·deln[1] ‹sein› *itr (sich ergehen)* stroll, walk; ▶ **ein ~des Wörterbuch** *fig* a walking dictionary.
wan·deln[2] *refl (ändern)* change.
Wan·der·aus·stel·lung *f* touring (*od* travelling) exhibition; **Wan·der·büh·ne** *f* touring company; **Wan·der·dü·ne** *f* drifting dune.
Wan·de·rer (Wan·de·rin) *m (f)* hiker.
Wan·der·kar·te *f* trail map.
wan·dern ['vanden] ‹sein› *itr* **1.** *(gehen)* roam, wander; *(reisen)* travel; **2.** *(als Freizeitgestaltung)* hike, ramble; **3.** *(umherschweifen)* roam; **4.** *(sich bewegen)* move, travel; *(treiben)* drift; ▶ **das wandert in den Papierkorb!** *fam* that's for the waste-paper basket!
Wan·der·po·kal *m* challenge cup; **Wan·der·rat·te** *f* brown rat; **Wan·der·schaft** *f* travels *pl;* ▶ **auf ~ gehen** go off on one's travels; **auf ~ sein** be on one's travels.
Wan·der·tag *m päd day in German schools on which pupils go on an outing.*
Wan·de·rung *f* **1.** *(Ausflug)* walk; **2.** *(von Vögeln, Völkern etc)* migration; ▶ **e-e ~ machen** go on a walk, hike; **Wan·de·rungs·be·we·gung** *f* migration.
Wan·der·vo·gel *m* **1.** *(passionierter Wanderer)* hiker; **2.** *fig fam (unsteter Mensch)* rolling stone.
Wand·ka·len·der *m* wall calendar; **Wand·kar·te** *f* wall map; **Wand·lam·pe** *f* wall lamp (*od* light).
Wand·lung ['vandlʊŋ] *f* **1.** change; *(Um~)* transformation; **2.** *eccl* transubstantiation; **3.** *jur* cancellation; ▶ **e-e ~ zum Besseren** a change for the better.
Wand·schrank *m* wall cupboard; **Wand·ta·fel** *f* blackboard; **Wand·tep·pich** *m* tapestry; **Wand·uhr** *f* wall clock; **Wand·ver·klei·dung** *f (aus Holz)* panelling.
Wan·ge ['vaŋə] ‹-, -n› *f* **1.** *anat* cheek; **2.** *(von Treppe)* stringboard; ▶ **~ an ~ tanzen** dance cheek to cheek; **(auch noch) die andere ~ hinhalten** turn the other cheek.
Wan·kel·mo·tor ['vaŋkəl-] *m* rotary piston (*od* Wankel) engine.
Wan·kel·mut ['vaŋkəlmu:t] *m* fickleness, inconstancy; **wan·kel·mü·tig** *adj* fickle, inconstant.
wan·ken ['vaŋkən] *itr* **1.** ‹h› *(schwan-*

ken) sway; *(Knie)* shake; *(Boden)* rock; **2.** *fig* ⟨h⟩ *(unsicher sein od werden)* waver; *(Regierung, Herrschaft)* totter; *(unentschieden sein)* vacillate; **3.** ⟨sein⟩ *(~d gehen)* stagger; ▶ **ins W~ bringen** cause to rock (*od* sway); **ins W~ geraten** begin to rock (*od* sway); **das brachte ihren Entschluß ins W~** that made her waver in her decision.

wann [van] *adv* when; ▶ **~ kommen Sie?** when are you coming? **Ich weiß nicht, ~ sie kommt** I don't know when she is coming; **bis ~ ist das Visum gültig?** until when is the visa valid? **von ~ bis ~?** during what times? **seit ~?** *(zeitlich)* how long? *(entrüstet od bezweifelnd etc)* since when?

Wan·ne ['vanə] ⟨-, -n⟩ *f* **1.** *(Bade~)* tub; **2.** *mot (Öl~) Br* sump, *Am* oil pan; **Wan·nen·bad** *n* bath.

Wanst [vanst, *pl* 'vɛnstə] ⟨-es, ¨-e⟩ *m fam (dicker Bauch)* belly, paunch; ▶ **sich den ~ vollschlagen** *pej* stuff o.s.

Wan·ze ['vantsə] ⟨-, -n⟩ *f zoo (a. fig fam: Minispion)* bug.

Wap·pen ['vapən] ⟨-s, -⟩ *n* **1.** *(Familien~)* (coat of) arms; **2.** *(auf Münze)* heads *pl;* **Wap·pen·kun·de** *f* heraldry; **Wap·pen·schild** *m* shield; **Wap·pen·tier** *n* heraldic animal.

wapp·nen ['vapnən] *refl* prepare (o.s.) (*gegen etw* for s.th.).

Wa·re ['va:rə] ⟨-, -n⟩ *f* **1.** *(als Produkt)* product; **2.** *(Artikel)* article; **3.** *(als Verkaufs~)* merchandise; ▶ **~n** *pl* goods; **s-e ~n anpreisen** cry one's wares; **Wa·ren·an·ge·bot** *n* range of goods for sale; **Wa·ren·auf·zug** *m* goods hoist; **Wa·ren·be·stand** *m* stocks *pl* of goods; **Wa·ren·haus** *n* (department) store; **Wa·ren·haus·ket·te** *f* chain of department stores; **Wa·ren·korb** *m com* basket of goods; **Wa·ren·la·ger** *n* **1.** *(Vorrat)* stocks *pl;* **2.** *(Raum)* warehouse; **Wa·ren·pro·be** *f* trade sample; **Wa·ren·zei·chen** *n* trade-mark.

warm [varm] ⟨wermer, wermst⟩ *adj* **1.** *a. fig* warm; *(Wetter, Essen, Trinken)* hot; **2.** *fig fam (homosexuell)* queer; ▶ **das hält ~** it keeps you warm; **mir ist (zu) ~** I'm warm; **bist du ~ angezogen?** are you dressed up warmly? **das Essen ~ stellen** keep the food warm; **mir wird ganz ~ ums Herz, wenn ...** it warms my heart to ...; **~ werden** warm up.

Wär·me ['vɛrmə] ⟨-, (-n)⟩ *f* **1.** *allg a. fig* warmth; **2.** *phys* heat; ▶ **ist das e-e ~!** isn't it warm! **die Wintersonne hat nicht viel ~** there isn't much warmth in the winter sun; **die ~ regulieren** regulate the heat; **Wär·me·ab·lei·tung** *f (in Gewässer)* thermal water discharge; **Wär·me·be·la·stung** *f (der Umwelt)* calefaction, thermal pollution; **Wär·me·däm·mung** *f* (heat) insulation; **wär·me·emp·find·lich** *adj* sensitive to heat; **Wär·me·haus·halt** *m (der Umwelt)* heat (*od* thermal) level; **Wär·me·iso·lie·rung** *f* heat insulation; **Wär·me·kraft·werk** *n* thermal power station, thermo-electric station; **Wär·me·leh·re** *f* theory of heat; **Wär·me·lei·ter** *m* heat conductor; **Wär·me·lei·tung** *f mot (Weiterleitung)* heat conduction.

wär·men ['vɛrmən] **I** *tr* warm; *(Speisen, Getränke etc)* heat up; **II** *refl* warm o.s.; **III** *itr (Kleidung)* be warm.

Wär·me·pum·pe *f* heat pump; **Wär·me·reg·ler** *m* thermostat; **Wär·me·rück·ge·win·nung** *f* heat recovery; **Wär·me·spei·cher** *m* heat accumulator; **Wär·me·strah·lung** *f* thermal radiation; **Wär·me·tau·scher** *m* heat exchanger.

Wärm·fla·sche *f* hot-water bottle.

warm|hal·ten *irr refl fig fam:* ▶ **sich jdn ~** keep in with s.o.; **warm·her·zig** *adj* warm-hearted; **warm|lau·fen** *irr itr mot* warm up; **Warm·luft** ⟨-⟩ *f* warm air; **Warm·start** *m EDV* warm start; **Warm·was·ser·be·rei·ter** [-'-----] *m* water heater; **Warm·was·ser·spei·cher** [-'----] *m* hot-water tank.

Warn·blink·an·la·ge *f mot* warning flasher device; **Warn·drei·eck** *n mot* warning triangle.

war·nen ['varnən] *tr itr* warn; ▶ **jdn davor ~, etw zu tun** warn s.o. not to do s.th.; **ich warne dich!** I'm warning you! **sag nicht, ich hätte dich nicht gewarnt!** you have been warned! **er hat mich davor gewarnt** he warned me off.

Warn·kreuz *n rail* warning cross; **Warn·licht** *n* warning light; **Warn·licht·schal·ter** *m mot* hazard flasher switch; **Warn·mel·dung** *f* warning (announcement); **Warn·ruf** *m* warning cry; **Warn·schild** *n* warning sign; **Warn·schuß** *m* warning shot; **Warn·si·gnal** *n* **1.** *allg* warning signal; **2.** *rail* level-crossing signal; **Warn·streik** *m* token strike.

War·nung *f* warning (*vor etw* about s.th., *vor Gefahr* of danger); ▶ **laß dir das e-e ~ sein!** let this be a warning to you! **sich etw e-e ~ sein lassen** take warning from s.th.

Warn·zei·chen *n* warning sign.

War·schau ['varʃaʊ] *n* Warsaw; **War·schau·er Pakt** *m pol mil* Warsaw pact.

War·te·frist *f* waiting period; **War·te·hal·le** *f aero* departure lounge; **War·te·li·ste** *f* waiting list.

war·ten[1] ['vartən] *itr (harren)* wait (*auf* for); ▶ **darauf ~, daß jem etw tut** wait for s.o. to do s.th.; **es hat sich wirklich gelohnt, darauf zu ~** it was definitely worth waiting for; **da kannst du lange**

~! *fam* I wouldn't dream of it! **worauf wartest du denn noch?** well, what are you waiting for? **wart's ab, gleich wird er wütend!** wait for it, now he's going to get mad! **warte mal ...** wait a minute ...; **~, bis man an der Reihe ist** wait one's turn; **warte mit dem Abendessen nicht auf mich!** don't wait supper for me!

war·ten² *tr (pflegen)* service, maintain.

Wär·ter(in) ['vɛrtɐ] *m (f)* **1.** *allg* attendant; **2.** *(in psychiatrischer Anstalt)* orderly; **3.** *(Gefängnis~) Br* warder (wardress), *Am* guard.

War·te·saal *m rail* waiting-room; **War·te·schlei·fe** *f aero:* ► **~n ziehen** circle; **War·te·zeit** *f* waiting period; ► **lange ~** long wait; **War·te·zim·mer** *n* waiting-room.

War·tung *f* **1.** *tech* maintenance; **2.** *mot* servicing; **war·tungs·arm** *adj* low-maintenance; **war·tungs·frei** *adj* maintenance- (*od* service-)free.

war·um [va'rʊm] *adv* why; ► **das W~ u. Weshalb** the whys and wherefores *pl;* **~ nicht gleich so?!** that's better!

War·ze ['vartsə] ‹-, -n› *f* **1.** *(Haut~)* wart; **2.** *(Brust~)* nipple.

was¹ [vas] *prn* **1.** *(Frage)* what; **2.** *fam (wieso)* what ... for, why; ► **was brauchen Sie?** what can I get you? **~ ist denn?** what is it now? **~ du nicht sagst!** you don't say! **~ hast du da grade gesagt?** what's that you said? **~ geht dich das an?** what's that to you? **~ macht das schon!** what does it matter! **weißt du ~, ...** tell you what, ...; **und ~ weiß ich ...** and what have you ...

was² *prn (Abk von* etwas*)* **is ~?** something the matter? ► **na, so ~!** *fam* well, I never! **ich muß dir ~ sagen ...** let me tell you something ...

Wasch·an·la·ge *f mot* **1.** *(Auto~)* car wash; **2.** *(Scheiben~) Br* windscreen (*Am* windshield) washer; **Wasch·au·to·mat** *m* automatic washing machine; **wasch·bar** *adj* washable; **Wasch·bär** *m* raccoon; **Wasch·becken (k·k)** *n* washbasin; **Wasch·be·ton** *m* exposed aggregate concrete; **Wasch·be·ton·plat·te** *f* exposed aggregate panel.

Wä·sche ['vɛʃə] ‹-, -n› *f* **1.** *(Bett~)* linen; **2.** *(das Waschen)* washing; ► **schmutzige ~ waschen** *fig* wash one's dirty linen in public; **in der ~ sein** be in the wash; **dumm aus der ~ gucken** *fam* look stupid; **~ waschen** do the washing.

wasch·echt *adj* **1.** *(Farbe)* fast; **2.** *fig (echt)* genuine, pukka.

Wä·sche·ge·schäft *n* draper's; **Wä·sche·klam·mer** *f* clothes-peg; **Wä·sche·korb** *m* dirty clothes basket; **Wä·sche·lei·ne** *f* (clothes-)line.

wa·schen ['vaʃən] *irr* **I** *tr* **1.** wash; **2.** *(Wäsche)* do the washing; ► **sich die Haare ~** wash one's hair; **das nennst du dich ~!** call that a wash!; **II** *refl* have a wash; ► **du kriegst e-e Ohrfeige, die sich gewaschen hat!** you'll get a hand box on the ears!

Wä·sche·rei [vɛʃə'raɪ] *f* laundry.

Wä·sche·schleu·der *f* spin-drier; **Wä·sche·schrank** *m* linen cupboard; **Wä·sche·stän·der** *m* clothes-horse; **Wä·sche·trock·ner** *m el* tumble-drier.

Wasch·kü·che *f* **1.** laundry; **2.** *sl (Nebel)* pea-souper; **Wasch·lap·pen** *m* **1.** *Br* flannel, *Am* washrag; **2.** *fam pej (Feigling)* sissy, softy; **Wasch·ma·schi·ne** *f* washing machine; **Wasch·mit·tel** *n* detergent; **Wasch·pul·ver** *n* washing powder; **Wasch·raum** *m* washroom; **Wasch·sa·lon** *m Br* launderette, *Am* laundromat; **Wasch·schüs·sel** *f* wash-basin; **Wasch·stra·ße** *f mot* car-wash plant; **Wasch·tisch** *m* washstand; **Wasch·was·ser** *n* washing water; **Wasch·weib** *n fam pej* gossip; **Wasch·zet·tel** *m typ* blurb; **Wasch·zeug** ‹-(e)s› *n* toilet things *pl.*

Was·ser ['vasɐ] ‹-s, -› *n* water; ► **unter ~ stehen** be under water; **der Ausflug ist ins ~ gefallen** *fig* the excursion is off; **zu Lande und zu ~** on land and water; **~ lassen** *(urinieren)* pass water; **sich über ~ halten** stay above water; **mir lief das ~ im Munde zusammen** *fig* my mouth watered; **ein Boot zu ~ lassen** launch a boat; **der kocht auch nur mit ~!** *fig* he's only human after all! **jdm das ~ abgraben** *fig* steal someone's thunder; **Was·ser·an·schluß** *m* water connection; **Was·ser·auf·be·rei·tung** *f* treatment of water; **Was·ser·ball** *m* **1.** *(Ball)* beach ball; water-polo ball; **2.** *(Spiel)* water polo; **Was·ser·bett** *n* water bed.

Wäs·ser·chen ['vɛsɐçən] *n:* ► **er sieht aus, als ob er kein ~ trüben könnte** he looks as if butter wouldn't melt in his mouth.

Was·ser·dampf *m* steam; **was·ser·dicht** *adj* **1.** *a. fig* waterproof; **2.** *(wasserundurchlässig)* watertight; **Was·ser·ei·mer** *m* bucket, pail; **Was·ser·fall** *m* waterfall; ► **reden wie ein ~** *fig fam* talk nineteen to the dozen; **Was·ser·far·be** *f* water-colour; **Was·ser·floh** *m* water-flea; **Was·ser·flug·zeug** *n* seaplane; **was·ser·ge·kühlt** *adj mot* water-cooled; **Was·ser·glas** *n* tumbler, water glass; **Was·ser·gra·ben** *m* **1.** *(um Burg)* moat; **2.** *sport* water-jump; **Was·ser·hahn** *m Br* water tap, *Am* faucet; **Was·ser·haus·halt** *m* water balance.

wäs·se·rig ['vɛsərɪç] *adj* watery; ► **~e Lösung** *chem* aqueous solution; **jdm den Mund ~ machen** make someone's mouth water.

Was·ser·kes·sel *m* 1. *tech* boiler; 2. *(im Haushalt)* kettle; **Was·ser·kopf** *m med* hydrocephalus; **Was·ser·kraft** *f* water-power; **Was·ser·kraft·werk** *n* hydro-electric power station; **Was·ser·kreis·lauf** *m* water cycle; **Was·ser·küh·lung** *f mot* water-cooling; **Was·ser·lauf** *m* watercourse; **Was·ser·lei·che** *f* corpse found in water; **Was·ser·lei·tung** *f* 1. *(Rohr)* water pipe; 2. *(Anlagen)* plumbing; **Was·ser·li·lie** *f* water-lily; **Was·ser·man·gel** ⟨-s⟩ *m* water shortage; **Was·ser·mann** ⟨-(e)s⟩ *m* 1. *poet* water sprite; 2. *astr* Aquarius; **Was·ser·me·lo·ne** *f* water-melon.

was·sern ['vasɐn] ⟨h *od* sein⟩ *itr aero* land on water (*od* the sea).

wäs·sern ['vɛsɐn] *tr* 1. *(Erbsen etc)* soak; 2. *(bewässern)* water.

Was·ser·nut·zungs·recht *n* water right; **Was·ser·pflan·ze** *f* aquatic plant; **Was·ser·pi·sto·le** *f* water-pistol; **Was·ser·rad** *n* water-wheel; **Was·ser·rat·te** *f* 1. *zoo* water-rat; 2. *fig fam (Kind)* water-baby; **was·ser·reich** *adj* 1. *(Fluß)* containing a lot of water; 2. *(Gegend)* abounding in water; **Was·ser·rohr** *n* water-pipe; **Was·ser·scha·den** *m* water damage; **was·ser·scheu** *adj* scared of water; **Was·ser·schutz·ge·biet** *n* protected water gathering grounds *pl;* **Was·ser·ski** *m* water-ski; ▶ ~ **fahren** go (*od* do) water-skiing; **Was·ser·spei·cher** *m* reservoir; **Was·ser·spei·er** *m* gargoyle; **Was·ser·spie·gel** *m* 1. *(Wasserstand)* water-level; 2. *(Wasseroberfläche)* surface of the water; **Was·ser·sport** *m* water sports *pl;* **Was·ser·spü·lung** *f* flush; **Was·ser·stand** *m* water-level; ▶ **hoher (niedriger)** ~ high (low) water.

Was·ser·stoff ⟨-(e)s⟩ *m* hydrogen; **Was·ser·stoff·bom·be** *f* hydrogen bomb, H-bomb; **Was·ser·stoff·su·per·oxyd** ['---'----] *n* hydrogen peroxide.

Was·ser·strahl *m* jet of water; **Was·ser·stra·ße** *f* waterway; **Was·ser·trop·fen** *m* water-drop; **Was·ser·turm** *m* water-tower; **Was·ser·uhr** *f* water meter.

Was·se·rung *f aero* alighting on water.

Was·ser·ver·brauch *m* water consumption; **Was·ser·ver·drän·gung** *f mar* displacement of water; **Was·ser·ver·sor·gung** *f* water supply; **Was·ser·ver·un·rei·ni·gung** *f* water pollution; **Was·ser·vo·gel** *m* waterfowl; **Was·ser·waa·ge** *f* spirit-level; **Was·ser·weg** *m* waterway; ▶ **auf dem** ~ by water (*od* sea); **Was·ser·wel·le** *f* shampoo and set; **Was·ser·wer·fer** *m* water cannon; **Was·ser·werk** *n* waterworks *pl;* **Was·ser·wirt·schaft** *f* water engineering; **Was·ser·zei·chen** *n* watermark.

wa·ten ['va:tən] ⟨sein⟩ *itr* wade.

wat·scheln ['vatʃəln] ⟨sein⟩ *itr* waddle.

Watt[1] [vat] ⟨-(e)s, -en⟩ *n (~landschaft)* mud-flats *pl.*

Watt[2] ⟨-s, -⟩ *n el* watt.

Wat·te ['vatə] ⟨-, -n⟩ *f Br* cotton wool, *Am* cotton; ▶ **jdn in ~ packen** *fig* wrap s.o. in cotton wool; **Wat·te·bausch** *m* cotton-wool ball; **Wat·te·stäb·chen** *n* cotton-wool tip.

wat·tie·ren *tr* 1. *(füttern)* line with padding; 2. *(absteppen)* quilt.

we·ben ['ve:bən] *irr tr itr* weave; **We·be·rei** *f* 1. *(Betrieb)* weaving-mill; 2. *(das Weben)* weaving; **We·ber(in)** *m (f)* weaver; **Web·feh·ler** *m* weaving flaw; **Web·stuhl** *m* loom.

Wech·sel ['vɛksəl] ⟨-s, -⟩ *m* 1. *(Änderung)* change; 2. *(abwechselnder ~)* alternation; 3. *fin (Geld~)* exchange; 4. *com fin* bill (of exchange); 5. *sport (beim Staffellauf)* baton change; ▶ **ein ~ der Regierung** a change in government; **im** ~ alternately; **e-n ~ ausstellen** *com* draw a draft; **Wech·sel·be·zie·hung** *f* correlation, interrelation; ▶ **in ~ zueinander stehen** be correlated; **Wech·sel·fäl·le** *m pl* vicissitudes; **Wech·sel·geld** ⟨-(e)s⟩ *n* change; **wech·sel·haft** *adj* changeable; *(Mensch: launisch)* fickle; **Wech·sel·jah·re** *pl* menopause; ▶ **in den ~n sein** be suffering from the menopause; **in die ~ kommen** start the menopause; **Wech·sel·kurs** *m* rate of exchange.

wech·seln ['vɛksəln] **I** *tr* 1. change (*in* into); 2. *(austauschen)* exchange; ▶ **können Sie mir ein £ ~?** can you give me change for a pound? **ich kann auf £ 5 nicht ~** I haven't got change for £ 5; **ein Rad ~** change a wheel; **den Besitzer ~** change hands *pl;* **ich habe von Philosophie zu Mathematik gewechselt** I changed to maths from philosophy; **DM in £ ~** exchange DM for pounds; **wech·selnd** *adj* 1. changing; *(ab~)* alternating; 2. *(unterschiedlich)* variable; 3. *fig (wechselhaft)* changeable; ▶ **~e Winde** variable winds.

wech·sel·sei·tig *adj* reciprocal; *(gegenseitig)* mutual; ▶ **die ~e Beziehung zwischen ...** the reciprocal relationship between ...

Wech·sel·spiel *n* interplay; **Wech·sel·strom** *m* alternating current (*Abk* A.C.); **Wech·sel·stu·be** *f* exchange office; **wech·sel·voll** *adj* varied; **wech·sel·wei·se** *adv* alternately, in turn; **Wech·sel·wir·kung** *f* interaction; ▶ **in ~ stehen** interact.

Wecken (k·k) *n:* ▶ **Ausgang bis zum ~ haben** *mil* have overnight leave.

wecken (k·k) ['vɛkən] *tr* **1.** wake (up), waken; **2.** *fig* arouse; ▶ **sich ~ lassen** have s.o. wake one up; **Wecker (k·k)** *m* alarm-clock; ▶ **jdm auf den ~ gehen** *fam* get on someone's nerves, give s.o. the needle; **Weck·mit·tel** *n med* cerebral stimulant.

We·del ['ve:dəl] ‹-s, -› *m* **1.** *(Fächer)* fan; **2.** *(Staub~)* duster; **3.** *bot (Blatt~)* frond; **we·deln** *itr* **1.** *:* ▶ **mit etw ~** *(winken)* wave s.th.; **mit e-m Fächer ~** wave a fan; **mit dem Schwanz ~** wag one's tail; **2.** *(beim Skifahren)* wedel.

weder ['ve:dɐ] *conj:* ▶ **~ ... noch ...** neither ... nor, not ... either ... or; **sie weiß es weder, noch will sie es wissen** she neither knows nor cares; **weder in dem e-n, noch in dem anderen Fall(e)** in neither case.

Weg [ve:k] ‹-(e)s, -e› *m* **1.** *(Pfad, a. fig)* path; **2.** *(Route)* way; **3.** *fig (Art u. Weise)* way; **4.** *fam (Besorgung)* errand; ▶ **der ~ zum Bahnhof** the way to the station; **auf dem ~ hierher** on the way here; **es gibt da ein kleines Cafè auf dem ~ nach Hause** there's a little cafe on the way home; **jdn aus dem ~ räumen** get s.o. out of the way; **jdm aus dem ~ gehen** keep out of someone's way; **jetzt steht uns nichts mehr im ~e** *fig* now nothing stands in our way; **ich will dir nicht im ~e stehen** *fig* don't let me stand in your way; **es gibt viele ~e, das Problem zu lösen** there are many ways of solving this problem; **wir nahmen den ~ über das Feld** we took a path across the fields; **wir müssen uns auf den ~ machen** we must be making tracks; **du bist auf dem richtigen ~** *fig* you're on the right track.

weg [vɛk] *adv:* ▶ **ich muß ~** I must be off; **er ist schon ~** he has already gone; **meine Uhr ist ~** my watch is gone; **er war ~, bevor ich den Mund auftun konnte** he was away before I could say a word; **~ mit euch!** scram! **los, ~ von hier!** let's scram! **~ da!** out of the way! **~ vom Fenster sein** *fig fam* be out of the game; **ich kann jetzt nicht ~** I can't leave now.

Weg·be·rei·ter(in) ['ve:k-] *m (f)* forerunner, precursor; ▶ **~ für etw sein** pave the way for s.th.; **~ für jdn sein** prepare the way for s.o.

weg|bla·sen *irr tr* blow away; ▶ **wie weggeblasen sein** *fig* have vanished.

weg|blei·ben *irr itr* **1.** stay away; **2.** *(nicht mehr kommen)* stop coming; **3.** *(ausgelassen werden)* be omitted; ▶ **mir bleibt die Spucke weg!** *fig fam* I'm absolutely flabbergasted!

weg|brin·gen *irr tr* **1.** take away; **2.** *(zur Reparatur)* take in; **3.** *fam (Flecken)* get off (*von* from).

We·ge·la·ge·rer ['ve:gəla:gərɐ] *m* highwayman.

we·gen ['ve:gən] *prp* because of, on account of; *(infolge)* due to; ▶ **jdn ~ etw bestrafen** punish s.o. for s.th.; **~ s-r Mutter** on account of his mother; **hat er dir geholfen? - von ~! Rausgeworfen hat er mich!** did he help you? - nothing of the sort! He threw me out! **von ~!** *fam* no way!

We·ge·rich ['ve:gərɪç] ‹-s, -e› *m bot* plantain.

weg|fah·ren *irr* **I** *itr* ‹sein› *(abfahren)* leave; *(mit Auto)* drive away; *(verreisen)* go away; **II** *tr* ‹h› *(wegschaffen)* take away; *(Auto)* drive away.

weg|fal·len ‹sein› *irr itr* **1.** *(ausgelassen werden)* be omitted; **2.** *(abgeschafft werden)* cease to apply; **3.** *(überflüssig werden)* become no longer necessary; ▶ **etw ~ lassen** discontinue s.th.; **wir lassen das Mittagessen morgen ~** we'll do without lunch tomorrow.

weg|fe·gen *tr a. fig* sweep away.

weg|flie·gen ‹sein› *irr itr* fly away; *(Hut)* fly off; *aero* fly out (*von* of).

weg|führen *tr* **1.** lead away; **2.** *fig (vom Thema etc)* lead off.

Weg·gang ['vɛkgaŋ] *m* leaving, departure.

weg|ge·ben *irr tr* **1.** *(verschenken)* give away; **2.** *(in Pflege geben)* have looked after; **3.** *(zum Reparieren bringen)* take in.

weg|ge·hen ‹sein› *irr itr* **1.** go, leave; *(ausgehen)* go out; **2.** *fam (Fleck)* come off; **3.** *fam (Waren)* sell; ▶ **geh mir bloß damit weg!** *fig fam* don't talk to me about that!

weg|gie·ßen *irr tr* pour away.

weg|ha·ben *irr tr fam (erledigt haben)* have got done; ▶ **e-n ~** *(betrunken sein)* be tight; *(verrückt sein)* be off one's head.

weg|ho·len *tr* take away; ▶ **sich was ~** *fig fam (Krankheit etc)* catch s.th.

weg|ja·gen *tr* chase (*od* drive) away.

weg|kom·men ‹sein› *irr itr fam* **1.** *(weggehen können)* get away; **2.** *(abhanden kommen)* disappear, get lost; ▶ **gut bei etw ~** come off well with s.th.; **mach, daß du wegkommst!** make yourself scarce!

weg|las·sen *irr tr* **1.** *fam (gehen lassen)* let go; **2.** *(auslassen)* leave out.

weg|lau·fen ‹sein› *irr itr* run away (*vor* from).

weg|le·gen *tr* put away; *(zur Seite)* put aside.

weg|müs·sen *irr itr* **1.** *(fortgehen müssen)* have to be off; **2.** *(entfernt werden müssen)* have to be removed; ▶ **der Schrank muß hier weg!** *fam* we'll have to move the cupboard!

weg|neh·men *irr tr* take away; ▶ **Gas ~** *mot* ease off the *Br* accelerator (*Am* gas).
weg|ra·tio·na·li·sie·ren *tr (Arbeitsplätze)* rationalize away.
weg|räu·men *tr* clear away.
weg|schaf·fen *tr* **1.** *(beseitigen)* get rid of ...; **2.** *(wegräumen)* clear away.
weg|sche·ren *refl fam* shove off.
weg|schicken (k·k) *tr* **1.** *(um etw zu holen)* send off; **2.** *(abschicken, hinausschicken)* send away.
weg|schie·ben *irr tr* shove away.
weg|schlep·pen I *tr* drag away; **II** *refl* haul o.s. away.
weg|schmei·ßen *irr tr fam* chuck away.
weg|schüt·ten *tr* pour away.
weg|se·hen *irr itr* look away.
weg|set·zen *refl (woandershin)* move away.
weg|stecken (k·k) *tr* put away.
weg|stel·len *tr* **1.** *(fortstellen)* put away.
weg|sto·ßen *irr tr* push away; *(mit Fuß)* kick away.
Weg·strecke (k·k) ['ve:k-] *f* stretch of road; ▶ **schlechte ~** poor road surface.
weg|tra·gen *irr tr* carry away.
weg|tre·ten ⟨sein⟩ *irr itr mil* fall out; ▶ **du bist wohl geistig weggetreten!** *fam* you must be not all there!
weg|tun *irr tr fam* **1.** *(fortlegen)* put away; **2.** *(wegwerfen)* throw away.
Weg·wei·ser ['ve:k-] *m* sign(post).
weg|wer·fen *irr tr* throw away; ▶ **du wirfst wirklich dein Geld weg!** *fig* you're pouring money down the drain! **Weg·werf·packung (k·k)** *f* throwaway (*od* one-way) pack; **Weg·werf·win·del** *f Br* disposable nappy, *Am* diaper.
weg|wi·schen *tr* **1.** wipe off; **2.** *fig* dismiss.
weg|zie·hen *irr* **I** *tr* ⟨h⟩ **1.** *(Mensch: fortziehen)* pull away (*jdm* from s.o.); **2.** *(beiseite ziehen)* draw back; **II** *itr* ⟨sein⟩ *(die Wohnung wechseln)* move away; *(von Vögeln)* migrate.
Weh [ve:] ⟨-(e)s, -e⟩ *n* woe; ▶ **ich habe die Behandlung überstanden, aber nur mit Ach und ~** I had the treatment but I screamed blue murder *fam;* **weh I** *interj:* **o ~!** oh dear! **II** *adj (wund)* sore; ▶ **mir tut der Magen ~** my stomach aches; **davon tun mir die Augen ~** it makes my eyes ache; **mir tut alles ~** I'm aching all over; **es tut mir ~, zu ...** *fig* it grieves me to ...; **we·he** ['ve:ə] *interj:* ▶ **~ dir, wenn ...** you'll be sorry if ...; **~!** *(bloß nicht!)* you dare! **~, du gehst dahin!** watch out if you go there!
We·he[1] *f* **1.** *(Geburts~):* **~n** *pl* labour pains; **2.** *fig* birth pangs.
We·he[2] ⟨-, -n⟩ *f (Schnee~)* drift; **we·hen** ['ve:ən] **I** *itr* **1.** *(Wind)* blow; **2.** *(Fahne)* wave; **3.** *(Haare)* blow about; **4.** *fig (Geruch, Klang etc)* drift; ▶ **es wehte ein starker Wind** the wind was blowing hard; **II** *tr* blow; *(sanft)* waft.
Weh·kla·ge *f* lament(ation); **weh·kla·gen** ['---] *itr* lament (*über* over); **weh·lei·dig** *adj* **1.** *(überempfindlich)* oversensitive to pain; **2.** *(voller Selbstmitleid)* self-pitying; **3.** *(jammernd)* snivelling; **Weh·mut** ⟨-⟩ *f* **1.** *(Melancholie)* melancholy; **2.** *(Sehnsucht)* wistfulness; **weh·mü·tig** *adj* **1.** *(melancholisch)* melancholy; **2.** *(sehnsüchtig)* wistful.
Wehr[1] [ve:ɐ] ⟨-(e)s, -e⟩ *n (Wasser~)* weir.
Wehr[2] ⟨-, -en⟩ *f (Feuer~) Br* fire brigade (*Am* department); ▶ **sich zur ~ setzen** defend o.s.
Wehr·be·auf·trag·te(r) *m* ombudsman for the Armed Forces; **Wehr·dienst** ⟨-(e)s⟩ *m* military service; ▶ **jdn zum ~ einberufen** *Br* call s.o. up, *Am* draft s.o.; **Wehr·dienst·ver·wei·ge·rer** *m* conscientious objector; **Wehr·dienst·ver·wei·ge·rung** *f* conscientious objection.
weh·ren ['ve:rən] **I** *refl* **1.** *(sich widersetzen)* (put up a) fight; **2.** *(sich verteidigen)* defend o.s.; ▶ **sich s-r Haut ~** defend o.s. vigorously; **dagegen werde ich mich ~!** I know how to deal with that! **II** *itr (Einhalt gebieten)* check; ▶ **wehret den Anfängen!** these things must be nipped in the bud! **Wehr·ex·per·te (-ex·per·tin)** *m (f)* defense expert; **wehr·haft** *adj* **1.** *(kampfesbereit)* able to put up a fight; **2.** *(befestigt)* well-fortified; **wehr·los** *adj* **1.** defenceless; **2.** *fig (hilflos)* helpless; ▶ **jdm ~ ausgeliefert sein** be at someone's mercy; **Wehr·lo·sig·keit** *f* **1.** defencelessness; **2.** *fig (Hilflosigkeit)* helplessness; **Wehr·macht** ⟨-⟩ *f:* ▶ **die ~** *hist* The German Armed Forces *pl;* **Wehr·paß** *m* service-record book; **Wehr·pflicht** ⟨-⟩ *f* conscription; ▶ **allgemeine ~** conscription; **wehr·pflich·tig** *adj* liable for military service; **Wehr·pflich·ti·ge(r)** *m* **1.** *(vor der Erfassung)* person liable for military service; **2.** *(Eingezogener) Br* conscript, *Am* draftee; **Wehr·sold** *m* (military) pay; **Wehr·sport·grup·pe** *f* para-military group; **wehr·taug·lich** *adj* fit for military service; **Wehr·tech·nik** *f* defence engineering; **Wehr·übung** *f* reserve duty training exercise.
Weib [vaɪp] ⟨-(e)s, -er⟩ *n obs (Frau)* woman; female; **Weib·chen** ['vaɪpçən] *n (Tier~)* female, mate; **Wei·ber·feind** *m sl* misogynist, woman-hater; **Wei·ber·held** *m pej* lady-killer, womanizer; **Wei·ber·volk** ⟨-s⟩ *n pej* females *pl,* womenfolk; **wei·bisch** *adj* effeminate; **weib·lich** *adj* **1.** *(das Geschlecht bezeichnend)* female; **2.** *(feminin)* femi-

nine; **Weib·lich·keit** *(Eigenschaft)* femininity; ▶ **die holde ~** *hum* the fair sex; **Weibs·bild** *n pej* female.

weich [vaɪç] *adj* **1.** *(nicht hart) a. fig* soft; **2.** *(Fleisch: zart)* tender; ▶ **~ werden** soften; *(nachgeben)* give in; *fig (gerührt werden)* be moved; **ich bekam ~e Knie** my knees turned to jelly; **ein ~es Ei** a soft-boiled egg.

Wei·che[1] ['vaɪçə] ‹-, -n› *f rail Br* points *pl, Am* switch; ▶ **die ~n stellen** switch the points; *fig* set the course.

Wei·che[2] *f* **1.** *(Weichheit)* softness; **2.** *anat (Flanke)* side.

wei·chen ['vaɪçən] *irr itr* **1.** *(Platz machen, a. fig: nachgeben)* give way; **2.** *(zurück~)* retreat (*vor jdm* from s.o.); **3.** *(nachlassen)* ease; **4.** *(verschwinden)* go; ▶ **jdm nicht von der Seite ~** not leave someone's side.

weich·ge·kocht *adj (Ei)* soft-boiled.

Weich·heit *f* **1.** *allg* softness; **2.** *(Zartheit)* tenderness; **3.** *(Schwachheit)* weakness; **4.** *(Weichherzigkeit)* soft-heartedness; **weich·her·zig** *adj* soft-hearted; **Weich·her·zig·keit** *f* soft-heartedness; **Weich·kä·se** *m* soft cheese.

weich·lich *adj* **1.** *(weich)* soft; **2.** *fig (schwächlich)* weak; *(verweichlicht)* effeminate; **Weich·lich·keit** *f fig* weakness; **Weich·ling** *m pej* softy, weakling.

Weich·sel ['vaɪksəl] ‹-› *f* Vistula.

Weich·spü·ler *m (Wäsche~)* softener.

Wei·de[1] *f bot* willow.

Wei·de[2] ['vaɪdə] ‹-, -n› *f (Vieh~)* pasture; **wei·den I** *itr* graze; **II** *tr* graze, put out to pasture; **III** *refl fig:* ▶ **sich an etw ~** revel in s.th.; *(sadistisch)* gloat over s.th.

Wei·den·ge·büsch *n* willow bush; **Wei·den·ge·flecht** *n* wicker-work; **Wei·den·ru·te** *f* willow rod *od* switch.

Weid·mann ['vaɪtman] ‹-(e)s, ⸚er› *m* huntsman; **weid·män·nisch** ['vaɪtmɛnɪʃ] **I** *adj* huntsman's; **II** *adv* in a huntsman's manner; **weid·manns·heil** ['--'-] *interj* ~! good hunting!

wei·gern ['vaɪgen] *refl* refuse; **Wei·ge·rung** *f* refusal.

Weih·bi·schof *m eccl* suffragan bishop.

Wei·he[1] *f orn* harrier.

Wei·he[2] ['vaɪə] ‹-, -n› *f* **1.** *eccl* consecration; **2.** *(Feierlichkeit)* solemnity; **wei·hen** *tr eccl* consecrate; ▶ **dem Untergang geweiht sein** be doomed to disaster.

Wei·her ['vaɪɐ] ‹-s, -› *m* pond.

Weih·nach·ten ['vaɪnaxtən] *n* Christmas, *Abk* Xmas; ▶ **fröhliche ~!** merry Christmas! **das ist ein Gefühl wie ~** *fam* it's an odd feeling; **weih·nacht·lich** *adj* **1.** Christmassy; **2.** *(festlich)* festive; **Weih·nachts·abend** ['--'--/'----] *m* Christmas Eve; **Weih·nachts·baum** *m* Christmas tree; **Weih·nachts·ein·käu·fe** *pl:* ▶ **s-e ~ erledigen** do one's Christmas shopping *sing;* **Weih·nachts·fei·er·tag** *m:* ▶ **zweiter ~** Boxing Day; **Weih·nachts·fest** *n* Christmas; **Weih·nachts·geld** *n* Christmas bonus; **Weih·nachts·ge·schenk** *n* Christmas present (*Am* gift); **Weih·nachts·gra·ti·fi·ka·tion** *f* Christmas gratuity; **Weih·nachts·lied** *n* carol; **Weih·nachts·mann** ‹-(e)s, ⸚er› *m* **1.** Father Christmas, Santa Claus; **2.** *fam pej* clown; **Weih·nachts·markt** *m* Christmas fair.

Weih·rauch *m* incense; **Weih·was·ser** *n* holy water.

weil [vaɪl] *conj* because.

Weil·chen ['vaɪlçən] *n* little while.

Wei·le ‹-› *f* while; ▶ **e-e ganze ~** a good while; **vor e-r ganzen ~** a long while ago.

wei·len *itr* **1.** *(bleiben)* stay; **2.** *(sein)* be.

Wei·ler ['vaɪlɐ] ‹-s, -› *m* hamlet.

Wein [vaɪn] ‹-(e)s, -e› *m* **1.** wine; **2.** *(Pflanze)* vine; ▶ **wilder ~** Virginia creeper; **jdm reinen ~ einschenken** *fig* tell s.o. the plain truth; **Wein·bau** ‹-(e)s› *m* wine-growing; **Wein·bee·re** *f* grape; **Wein·berg** *m* vineyard; **Wein·berg·schnecke (k·k)** *f* **1.** *zoo* snail; **2.** *(als Speise)* escargot; **Wein·brand** *m* brandy.

wei·nen ['vaɪnən] *tr itr* cry; *(aus Kummer)* weep (*um* for, *über* over, *aus od vor* with); ▶ **ich weinte, als ich die Nachricht hörte** I wept to hear the news; **nachdem er geweint hatte, fühlte er sich besser** after a weep he felt better; **wei·ner·lich** *adj* whining.

Wein·es·sig *m* vinegar; **Wein·faß** *n* wine cask; **Wein·fla·sche** *f* wine bottle; **Wein·glas** *n* wineglass; **Wein·gut** *n* wine-growing estate; **Wein·händ·ler(in)** *m (f)* wine dealer; **Wein·hand·lung** *f* wine shop; **Wein·kar·te** *f* wine list; **Wein·kel·ler** *m* **1.** *(Kellerei)* wine-cellar; **2.** *(Lokal)* wine tavern; **Wein·ken·ner(in)** *m (f)* connoisseur of wine; **Wein·le·se** *f* grape harvest, vintage; **Wein·pro·be** *f* wine-tasting; **Wein·re·be** *f* vine; **wein·rot** *adj* wine-red; **Wein·sor·te** *f* sort of wine; **Wein·stock** ‹-(e)s, ⸚e› *m* vine; **Wein·stu·be** *f* wine tavern; **Wein·trau·be** *f* grape.

Wei·se ['vaɪzə] ‹-, -n› *f* **1.** *(Verfahren)* fashion, manner, way; **2.** *(Melodie)* melody, tune; ▶ **mach es auf diese ~!** do it this way! **jdm zeigen, auf welche Art u. ~ etw gemacht wird** show s.o. the way to do s.th.; **man kann mit ihm nur auf e-e Art u. ~ reden** there's only one way to speak to him; **auf irgendeine Art u. ~** in one way or another; **in gewisser ~**

in a way.
wei·se ['vaɪzə] *adj* wise.
wei·sen ['vaɪzən] *irr* **I** *tr:* ▶ **jdm den Weg ~** show s.o. the way; **II** *itr (zeigen)* point (*auf* at, *nach* to).
Weis·heit *f* **1.** wisdom; **2.** *(weiser Spruch, Lebens~)* wise saying; ▶ **das ist auch nicht der ~ letzter Schluß!** that's not exactly the ideal solution! **Weis·heits·zahn** *m* wisdom tooth.
weis|ma·chen *tr:* ▶ **jdm etw ~** make s.o. believe s.th.; **lassen Sie sich nichts ~!** don't be taken in! **das kannst du wem anders ~!** pull the other one! *fam.*
weiß [vaɪs] *adj* **1.** white; **2.** *(unbeschrieben)* blank; ▶ **die Tennisspieler spielten in W~** the tennis players were wearing white; **das W~e Haus** the White House; **~ werden** turn white.
weis·sa·gen ['---] *tr* foretell, prophesy; **Weis·sa·gung** *f* prophecy.
Weiß·blech *n* tinplate; **Weiß·brot** *n* **1.** *(Brotart)* white bread; **2.** *(Laib)* white loaf; **Weiß·buch** *n pol* white paper; **Weiß·dorn** ‹-(e)s, -e› *m bot* hawthorn.
wei·ßen ['vaɪsən] *tr (tünchen)* whitewash.
weiß·glü·hend *adj* incandescent, white-hot; **Weiß·glut** ‹-› *f* incandescence, white heat; ▶ **jdn zur ~ bringen** *fig* make s.o. livid; **Weiß·gold** *n* white gold; **weiß·haa·rig** *adj* white-haired; **Weiß·kohl** *m* white cabbage.
weiß·lich *adj* whitish.
Weiß·wand·rei·fen *m mot* whitewall tyre (*Am* tire); **Weiß·wein** *m* white wine.
Wei·sung *f* direction; ▶ **auf ~** on instructions *pl;* **wei·sungs·ge·mäß** *adj* as instructed.
weit [vaɪt] **I** *adj* **1.** *allg* wide; **2.** *(breit)* broad; **3.** *fig (lang)* long; ▶ **im ~eren Sinne** in the broader sense; **das liegt noch in ~er Ferne** it's still in the distant future; **II** *adv (Entfernung: weit, a. fig: erheblich)* far; ▶ **ziemlich ~ am (Anfang) Ende** fairly near the (beginning) end; **von ~em** from a long way off; **~ gefehlt!** far from it! **wie ~ bist du?** how far have you got? **wie ~ ist das Essen?** how far have you got with the meal? **wie ~ fahren Sie?** how far are you going? **ist es noch ~?** is it far? **kommen Sie von ~ her?** have you come far? **so ~ ich mich erinnern kann** as far (back) as I can remember; **so ~ ist es noch nicht** it has not come to that yet; **das geht zu ~** that's going too far; **das würde zu ~ führen** that would be taking things too far.
weit·ab *adv* far away (*von* from); **weit·aus** ['--/-'-] *adv* far; ▶ **~ der beste ...** by far the best ...; **Weit·blick** ‹-(e)s, -e› *m fig* far-sightedness; **weit·blickend (k·k)** *adj fig* far-sighted.
Wei·te[1] *f (Entfernung)* distance; ▶ **das ~ suchen** *fam* take to one's heels.
Wei·te[2] ['vaɪtə] ‹-, -n› *f* **1.** *(als Maß)* width; **2.** *(Größe)* expanse; ▶ **s-e Hose in der ~ ändern** alter the width of one's trousers; **das Hemd paßt in der ~ nicht** the shirt doesn't fit as regards width; **wei·ten I** *tr* widen; *(Schuhe)* stretch; **II** *refl* widen; *a. fig* broaden.
wei·ter ['vaɪtɐ] **I** *comp (von* **weit**) farther; **II** *adj fig (zusätzlich)* further; ▶ **es besteht keine ~e Gefahr** there is no further danger; **~e Informationen** further information *sing;* **III** *adv* **1.** *(zudem)* furthermore; **2.** *(noch hinzu)* further; **3.** *(sonst)* otherwise; ▶ **das ist ~ kein Unglück** that presents no great problem; **sie hat nicht ~ geweint** she didn't really cry much; **es besteht ~ keine Gefahr** there is no real danger; **~ nichts?** is that all? **ich brauche ~ nichts als ...** all I need is ...; **immer ~** on and on; **und ~?** and then? **und so ~** and so on.
wei·ter|be·han·deln *tr med* **1.** *allg* give further treatment; **2.** *(mit Arznei)* carry on medication.
wei·ter|bil·den *refl* continue one's education; **Wei·ter·bil·dung** *f* continuation of one's education, further education.
wei·ter|brin·gen *irr tr* advance, take further.
Wei·te·re *n* **1.** *(das Weitere)* the rest; **2.** *(Genaueres):* **~s** further details *pl;* ▶ **ohne ~s** just like that; **bis auf ~s** for the time being; **alles ~** everything else.
wei·ter|emp·feh·len *irr tr* recommend.
wei·ter|ent·wickeln (k·k) *irr tr refl* develop (*zu* into).
Wei·ter·fahrt *f* continuation of one's journey; ▶ **vor meiner ~ ...** before continuing my journey ...
wei·ter|füh·ren I *tr (fortsetzen)* carry on, continue; **II** *itr* lead on; ▶ **~de Schularten** secondary schools; **das führt uns nicht weiter** that doesn't get us anywhere.
Wei·ter·ga·be *f* **1.** *(das Weiterreichen)* passing on; **2.** *fig (Übermittlung)* transmission; **wei·ter|ge·ben** *irr tr* **1.** *(weiterreichen)* pass on; **2.** *fig (übermitteln)* transmit.
wei·ter|ge·hen ‹sein› *irr itr* go on; ▶ **~!** move on! **so kann es nicht ~** *fig* things can't go on like this; **wie soll es nun ~?** what's going to happen now?
wei·ter|hel·fen *irr itr:* ▶ **jdm ~** help s.o. along.
wei·ter·hin *adv* furthermore.
wei·ter|kom·men ‹sein› *irr itr* **1.** *(auf dem Wege)* get further; **2.** *(Fortschritte machen)* make headway; ▶ **hier kommen wir nicht weiter** we're just not getting anywhere.

wei·ter|lei·ten *tr* pass on (*an* to); *(weiterbefördern)* forward.

wei·ter|ma·chen *itr* carry on (*etw* with s.th.).

Wei·ter·rei·se *f* continuation of one's journey; ▶ **gute ~!** hope the rest of your journey goes well!

wei·ter|sa·gen *tr* pass on.

weit·ge·hend I *adj* far-reaching; ▶ **~e Übereinstimmung erzielen** reach a large degree of consensus; **II** *adv* largely, to a large extent.

weit·ge·reist *adj* widely travelled.

weit·her ['--/'-'-] *adv* from far away; **weit·her·ge·holt** *adj* far-fetched.

weit·her·zig ['vaɪthɛrtsɪç] *adj* charitable, understanding.

weit·hin ['--/'-'-] *adv* **1.** *(weit im Umkreis)* for a long way; **2.** *(bekannt, beliebt)* widely; **3.** *(weitgehend)* to a large extent; ▶ **~ unbekannt** largely unknown.

weit·läu·fig *adj* **1.** *(Gebäude)* spacious; **2.** *(verzweigt)* rambling; **3.** *(Verwandte)* distant.

weit·ma·schig *adj (Strickware)* loose knit; *(Netz)* wide-meshed.

weit·rei·chend *adj* **1.** *mil (Waffen)* long-range; **2.** *fig* far-reaching.

weit·schwei·fig *adj* circuitous, lengthy; ▶ **~ werden** grow lengthy.

weit·sich·tig *adj* **1.** *med Br* long-sighted, *Am* far-sighted; **2.** *fig* far-sighted; **Weit·sich·tig·keit** *f* **1.** *med Br* long-sightedness, *Am* far-sightedness; **2.** *fig* far-sightedness.

Weit·sprung *m Br* long (*Am* broad) jump.

weit·ver·brei·tet *adj* widespread; *(Zeitung)* with a wide circulation.

weit·ver·zweigt *adj* with many branches; *el tele (Netz etc)* branching out in all directions.

Weit·win·kel·ob·jek·tiv *n phot* wide-angle lens.

Wei·zen ['vaɪtsən] ‹-s, -› *m* wheat; **Wei·zen·mehl** *n* wheaten flour.

welch [vɛlç] *prn:* ▶ **~ ein ...** what ...; **wel·che(r, s)** *prn* **1.** *(interrogativ)* which; **2.** *(relativ)* that, which, who; ▶ **~s Kleid soll ich heute anziehen?** which dress shall I wear today? **~r von den beiden?** which of the two? **diejenigen, ~ ...** those who ...; **derjenige, ~r ...** he who ...

welk [vɛlk] *adj* **1.** *(Blume)* faded, wilted; *(Blatt)* dead; **2.** *fig (Schönheit)* wilting; ▶ **~e Haut** *fig* flaccid skin; **wel·ken** ‹sein› *itr a. fig* fade, wilt.

Well·blech *n* corrugated iron; **Well·blech·hüt·te** *f* corrugated-iron shelter.

Wel·le ['vɛlə] ‹-, -n› *f* **1.** *allg a. phys* wave; **2.** *radio* wavelength; **3.** *tech* shaft; **4.** *fig (Mode)* craze; ▶ **~n schlagen** *fig* create a stir *sing;* **die Neue ~** the nouvelle vogue; **die ~n schlagen gegen die Felsen** the waves are beating against the rocks; **grüne ~** *mot Br* traffic pacer, *Am* linked (*od* synchronized) traffic lights *pl.*

wel·len I *refl* become wavy.

Wel·len·be·reich *m phys* frequency range; *radio* waveband; **Wel·len·berg** *m* giant wave; **Wel·len·bre·cher** *m* breakwater; **wel·len·för·mig I** *adj* wave-like, wavy; **II** *adv* in the form of waves; **Wel·len·gang** ‹-(e)s› *m* waves *pl;* **Wel·len·län·ge** *f phys* wavelength; ▶ **auf gleicher ~ liegen** (*od* **sein**) *fig* be on the same wavelength; **Wel·len·li·nie** *f* wavy line; **Wel·len·rei·ten** *n sport* surfing; **Wel·len·schlag** ‹-(e)s› *m* breaking of the waves; **Wel·len·sit·tich** *m* budgerigar, *fam* budgie; **Wel·len·tal** *n* wave trough.

wel·lig *adj (Oberfläche)* undulating; *(Haar)* wavy.

Well·pap·pe *f* corrugated cardboard.

Wel·pe ['vɛlpə] ‹-n, -n› *m* whelp.

Wels [vɛls] ‹-es, -e› *m zoo* catfish.

Welt [vɛlt] ‹-, -en› *f* world; ▶ **alle ~** all the world, everybody; **auf der ~** on earth; **in aller ~** all over the world; **auf die ~ kommen** come into the world; **nicht um alles in der ~** not for anything on earth; **aus der ~ schaffen** do away with, eliminate, settle; **in die ~ setzen, zur ~ bringen** bring into the world, give birth to; **in der ~ herumgekommen sein** have been all over the world; **das kostet doch nicht die ~!** it won't cost the earth! **die ~ ist klein!** *fam* it's a small world! **in etw in der ~ führend sein** lead the world in s.th.; **davon geht die ~ nicht unter!** *fam* it's not the end of the world! **Welt·all** *n* universe; **Welt·an·schau·ung** *f* philosophy of life; **Welt·aus·stel·lung** *f* world exhibition; **welt·be·rühmt** ['--'-'-] *adj* world-famous; **Welt·be·ste(r)** *f m sport Br* world (*Am* world's) record holder; **Welt·be·völ·ke·rung** *f* world population; **Welt·bild** *n* view of life; **Wel·ten·bumm·ler(in)** *m (f)* globetrotter.

welt·fremd *adj* unworldly; **Welt·ge·schich·te** *f* universal history; **Welt·han·del** *m* world trade; **Welt·herr·schaft** *f* world domination; **Welt·kar·te** *f* map of the world; **Welt·krieg** *m* World War; ▶ **der erste (zweite) ~** World War one (two) *Abk I (II).*

welt·läu·fig *adj* cosmopolitan.

welt·lich *adj* mundane, worldly; *(diesseitig)* secular.

Welt·li·te·ra·tur *f* world literature; **Welt·macht** *f* world power; **welt·män·nisch** ['vɛltmɛnɪʃ] *adj* sophisticated, urbane; **Welt·markt** ‹-(e)s› *m* world market; **Welt·meer** *n* ocean;

Welt·mei·ster(in) *m (f) Br* world (*Am* world's) champion; **Welt·mei·ster·schaft** *f Br* world (*Am* world's) championship; **Welt·öf·fent·lich·keit** *f* world public; **Welt·po·li·tik** *f* world politics *pl;* **Welt·rang** *m:* ▶ **von** ~ world-famous; **Welt·rang·li·ste** *f sport* world ranking.

Welt·raum ⟨-(e)s⟩ *m* space; **Welt·raum·be·hör·de** *f* space agency; **Welt·raum·fäh·re** *f* space shuttle; **Welt·raum·fahrt** *f* space travel; **Welt·raum·for·schung** *f* space research; **Welt·raum·la·bor** *n* space laboratory; **Welt·raum·rü·stung** *f* space armament; **Welt·raum·waf·fe** *f* space weapon.

Welt·rei·se *f* journey round the world; ▶ **e-e** ~ **machen** go round the world; **Welt·rei·sen·de(r)** *f m* globetrotter; **Welt·re·kord** *m Br* world (*Am* world's) record; **Welt·re·kord·ler(in)** *m (f) Br* world (*Am* world's) record holder; **Welt·schmerz** ⟨-es⟩ *m* world-weariness; **Welt·si·cher·heits·rat** [-ˈ----] *m* U.N. Security Council; **Welt·spra·che** *f* world language; **Welt·stadt** *f* metropolis; **Welt·unter·gang** *m a. fig* end of the world; **Welt·un·ter·gangs·stim·mung** *f* apocalyptic mood; **welt·weit** [ˈ-ˈ-] *adj* global, world-wide; **Welt·wirt·schaft** *f* world economy; **Welt·wirt·schafts·kri·se** *f* world economic crisis; **Welt·wun·der** *n:* ▶ **die sieben** ~ the Seven Wonders of the World; **Welt·zeit** *f* universal time; **Welt·zeit·uhr** *f* world clock.

wem [ve:m] *prn dat* to whom; ▶ ~ **von euch soll ich das Geld geben?** to which of you should I give the money? ~ **... auch (immer)** no matter who ... to.

wen [ve:n] *prn acc* whom; ▶ ~ **von diesen hast du gestern gesehen?** which of these did you see yesterday? ~ **auch immer ...** whoever ...

Wen·de [ˈvɛndə] ⟨-, -n⟩ *f* **1.** *(Wendung)* turn; **2.** *(Änderung)* change; **3.** *sport* face vault; **Wen·de·flä·che** *f mot* turning area; **Wen·de·jacke (k·k)** *f* reversible jacket; **Wen·de·kreis** *m* **1.** *geog* tropic; **2.** *mot* turning circle.

Wen·del·trep·pe [ˈvɛndəl-] *f* spiral staircase.

wen·den *a. irr* **I** *tr* turn (*in entgegengesetzte Richtung* round, *auf die andere Seite* over); ▶ **du kannst es drehen oder ~, wie du willst, ...** *fig* whichever way you look at it ...; **II** *itr* **1.** *mar (gieren)* yaw; **2.** *(umkehren)* turn round; **III** *refl* turn round; ▶ **sich ~ an ...** *(um Hilfe)* turn to ...; *(um Auskunft)* consult ...; **sich ~ gegen ...** come out against ...; **sich zum Guten ~** take a turn for the better; **bitte ~!** (*Abk* b. w.) (please) turn over! (*Abk* P.T.O.).

Wen·de·punkt *m* turning point.

wen·dig *adj* **1.** *(behende)* agile, nimble; **2.** *mot (leicht zu handhaben)* manoeuvrable; **3.** *(Person)* agile; **Wen·dig·keit** *f* **1.** *(Behendigkeit)* nimbleness; **2.** *mot* manoeuvrability; **3.** *(von Person)* agility.

Wen·dung *f* **1.** turn; **2.** *(Änderung)* change; **3.** *(Rede~)* expression, phrase; ▶ **die Dinge nahmen e-e neue ~** things took a new turn; **die Dinge nahmen e-e tragische ~** events took a tragic turn.

we·nig [ˈve:nɪç] *adj adv* little; ▶ **~e** few, some; **das ~e, was ich von s-m Buch gelesen habe** the little of his book that I have read; **er tat das W~e, das er tun konnte** he did what little he could; **ein ~ besser** a little better; **das ist ~** that isn't much; **ich habe zu ~ Geld** I don't have enough money; **mit ~en Ausnahmen** with few exceptions; **wie ~e das sind!** how few they are! **gar nicht so ~e** some few; **genauso ~ wie du** as few as you; **ich habe sowieso schon zu ~** I've got too few (*od* too little) as it is; **ihr seid zu ~e** there are too few of you.

we·ni·ger I *adj prn (comp von* **wenig)** less; *pl* fewer; ▶ **es wird immer ~** it's getting less and less; **~ bedeutend** of less importance; **nichts ~ als ...** no fewer than ...; **II** *adv* less; ▶ **noch ~** even less; **ich finde den Film nicht ~ interessant** I don't find the film any the less interesting; **je mehr ... desto ~ ...** the more ... the less ...; **das finde ich ~ schön** that's not so nice.

we·nig·ste *adj sing* least; *pl* fewest; ▶ **am ~n** fewest; **er hat am ~n Geld** he has the least money; **darüber mache ich mir die ~n Sorgen** that's the least of my worries; **und das ist noch das ~!** and that's the least of it!

we·nig·stens *adv* at least; ▶ **wir können es ~ versuchen** we can at least try; **du könntest dich ~ entschuldigen** at the very least you could apologize.

wenn [vɛn] *conj* **1.** *(bedingend)* if, in case; **2.** *(zeitlich)* when; ▶ **~ er auch noch so dumm sein mag ...** however stupid he may be ...; **na, ~ das so ist!** well, in that case! **na, ~ schon!** *fam* so what of it! **immer ~ ...** whenever ...; **~ man bedenkt, daß ...** considering ...; **außer ~** unless ...; **~ es nicht anders geht** if there's no other way; **wenn·gleich** [-ˈ-] *conj* although, even though.

wer [ve:ɐ] *prn* **1.** *(relativ)* he who, the person who; **2.** *(interrogativ)* who; *(auswählend)* which; **3.** *fam (jemand)* somebody, s.o.; *(in Fragen, Konditionalsätzen)* anybody, anyone; ▶ **~ auch immer ...** whoever ...; **da ist ~ für dich** there's s.o. to see you; **ist ~ gekommen?** did anyone come? **~ da?** *mil* who goes there? ~ **von ...** which (one) of ...; **ist da** ~? *fam* is anybody there? ~ **sein** *fam* be somebody.

Wer·be·ab·tei·lung *f* advertising *(od* publicity) department; **Wer·be·agen·tur** *f* advertising agency; **Wer·be·auf·wen·dun·gen** *pl* gross advertising expenditure *sing;* **Wer·be·fach·mann** *m* advertising man; **Wer·be·fern·se·hen** *n* television commercials *pl;* **Wer·be·film** *m* advertising film; *(Werbespot)* commercial; **Wer·be·flä·che** *f* advertising space; **Wer·be·funk** *m* commercials *pl;* **Wer·be·ge·schenk** *n* promotional gift; **Wer·be·kam·pa·gne** *f* advertising campaign; **Wer·be·ko·sten** *pl* advertising expenses; **Wer·be·lei·ter(in)** *m (f)* advertising *(od* publicity) manager; **Wer·be·ma·te·ri·al** *n* advertising material; **Wer·be·mit·tel** *n* means of advertising.

wer·ben ['vɛrbən] *irr* **I** *itr* **1.** *com* advertise *(für etw* s.th.); ► **um junge Wähler** ~ try to attract young voters; **um ein Mädchen** ~ court *(od* woo) a girl; **II** *tr:* ► **Kunden** ~ win customers; **neue Leser** ~ attract new readers.

Wer·be·schrift *f pol* publicity leaflet; *com* advertising leaflet; **Wer·be·spot** ['vɛrbespɔt/-ʃpɔt] ‹-s, -s› *m* advertising spot, commercial; **Wer·be·text** *m* advertising copy; **Wer·be·trä·ger** *m markt* (advertising) medium; **Wer·be·trom·mel** *f:* ► **die** ~ **rühren** *fig fam* beat the big drum *(für etw* for s.th.); **wer·be·wirk·sam** *adj* effective (for advertising purposes); **Wer·be·wir·kung** *f* advertising effect.

Wer·bung *f* **1.** *com (Propaganda)* advertising; **2.** *(Werbeabteilung)* publicity department; **3.** *(das Hinzuwerben)* attracting, winning; **4.** *(Liebes~)* courting *(um* of); ► ~ **machen für etw** advertise s.th.; **ich habe die** ~ **für X im Fernsehen gesehen** I've seen X advertised on television; **die** ~ **im Fernsehen** the TV advertisements *pl;* **die Zeitschrift besteht zu 90 % aus** ~ 90 % of the magazine is advertisements *pl;* **sie ist in der** ~ she's in advertising.

Wer·de·gang ‹-(e)s› *m* **1.** *(Entwicklung)* development; **2.** *(beruflich)* career.

Wer·den *n* **1.** *(Entwicklung)* development; **2.** *(philosophisch)* Becoming; ► **im** ~ **sein** be in the making.

wer·den ['ve:ɐdən] *irr itr* **1.** *(futurisch, konjunktivisch)* will *(od* shall); **2.** *(zu etw ~)* become, get; **3.** *(sein ~)* be going to be; **4.** *(sich verwandeln in)* turn into ...; ► **anders** ~ change; **wer wird denn gleich!** *fam* come on, now! **es wird gleich regnen** it's going to rain; **verrückt** ~ go crazy; **kalt** ~ turn cold; **wird schon** ~! it'll turn out all right! **was soll das** ~? what's that going to be? **wird Zeit, daß du kommst** it's time you came; **das Stück wurde verfilmt** the play was turned into a film; **nichts wird ihn von s-m Vorhaben abbringen** nothing will turn him from his purpose; **alt** ~ become old; **Arzt** ~ become a doctor; **er wird zum Problem** he's becoming a problem; **ich weiß nicht, was aus ihm noch werden soll** I don't know what will become of him.

wer·fen ['vɛrfən] *irr* **I** *tr itr* **1.** throw *(nach* at); **2.** *(Junge kriegen)* have; ► **e-n Blick auf etw** ~ cast one's eyes over s.th.; **e-n Schatten werfen auf ...** throw a shadow on ...; **e-n Brief in den Kasten** ~ drop a letter in the postbox; **sich in e-n Sessel** ~ drop into an armchair; **e-n Ball 50 m weit** ~ throw a ball 50 metres; **sich auf jdn** ~ throw o.s. at s.o.; **sie warf ihm e-n eisigen Blick zu** she threw him an icy look; **II** *itr:* ► **mit etw** ~ throw s.th.; **mit Fremdwörtern um sich** ~ bandy foreign words about; **hat die Katze geworfen?** has the cat had its youngs? **III** *refl tech (Holz etc: sich ver~)* warp; *(Metall)* buckle.

Werft [vɛrft] ‹-, -en› *f mar* shipyard; *aero* hangar; **Werft·ar·bei·ter(in)** *m (f)* shipyard worker; **Werft·kran** *m* quayside crane.

Werg [vɛrk] ‹-(e)s› *n* tow; ► **mit** ~ **verstopfen** tow.

Werk [vɛrk] ‹-(e)s, -e› *n* **1.** *(hergestelltes ~)* work; **2.** *(Gesamt~)* works *pl;* **3.** *(Fabrik)* works *pl;* **4.** *tech (Mechanismus)* mechanism; ► **das ist mein** ~ this is my doing; **ab** ~ *com* ex works *pl;* **am** ~ **sein** be at work; **es sind Kräfte am** ~, **die ...** there are forces at work which ...; **ein literarisches** ~ a work of literature.

Werk·bank ‹-, ⸚e› *f* workbench.

wer·keln ['vɛrkəln] *itr:* ► **ich muß daran noch ein wenig** ~ it still needs a bit of fixing.

Werk·kunst·schu·le *f* arts and crafts school; **Werk·mei·ster** *m* foreman; **Werks·an·ge·hö·ri·ge(r)** *f m* works *(od* factory) employee; **Werk·schutz** *m* works *(od* factory) security service.

werks·ei·gen *adj* company; **Werks·ge·län·de** *n* factory premises *pl;* **werk·ge·treu** *adj* true to the original; **Werks·lei·ter(in)** *m (f)* works *(od* factory) manager.

Werk·statt *f* workshop; *mot (Auto~)* garage; *(e-s Künstlers)* studio; **Werk·statt·wa·gen** *m* repair *(od* workshop) truck; **Werk·stoff** *m* material; **Werk·stück** *n tech* workpiece.

Werks·ver·trag *m* contract of manufacture; **Werks·woh·nung** *f Br* company flat *(Am* apartment).

Werk·tag *m* work(ing) day; **werk·tags** *adv* on workdays.

werk·tä·tig *adj* working; ▶ **~e Bevölkerung** working classes *pl;* **die W~en** the working people.

Werk·zeug ‹-(e)s, -e› *n a. fig* tool; **Werk·zeug·ka·sten** *m* toolbox; **Werk·zeug·ma·cher(in)** *m (f)* toolmaker; **Werk·zeug·ma·schi·ne** *f* machine tool; **Werk·zeug·schrank** *f* tool cabinet; **Werk·zeug·ta·sche** *f* tool bag.

Wer·mut ['ve:ɐmu:t] ‹-(e)s› *m* **1.** *bot* wormwood; **2.** *(Wein)* vermouth; ▶ **ein ~stropfen** *fig* a drop of bitterness.

Wert [ve:ɐt] ‹-(e)s, -e› *m* **1.** *(Geld~, Bedeutung)* value; **2.** *(~gegenstand)* article of value; ▶ **~e** *pl (Ergebnis~, Test~)* results; **e-n ~ von £ 10 haben** be worth £ 10; **von ~ sein** be of value; **ich lege keinen großen ~ darauf** I don't attach great importance to it; **sie kennen ihren wahren ~ nicht** they don't appreciate her real value; **sittliche ~e** *pl* moral standards; **wenn Sie ~ auf meine Meinung legen ...** if you value my opinion ...; **Bücher im ~ von £ 500** £ 500 worth of books; **s-n wahren ~ zeigen** show one's true worth; **im ~ steigen** increase in worth.

wert [ve:ɐt] *adj:* ▶ **was ist der Wagen ~?** what's the value of the car? **was ist er gebraucht ~?** what's it's second-hand value? **es ist sein Geld ~!** it's good value! **der ist sein Geld nicht ~!** it doesn't give you value for money! **was ist das ~?** what's this worth? **soviel kann es unmöglich ~ sein!** it can't be worth that! **ob es der Mühe ~ ist?** is it worth the trouble? **wieviel ist das momentan ~?** what's the current worth of this?

Wert·an·ga·be *f* declaration of value; **Wert·ar·beit** *f* workmanship; **wert·be·stän·dig** *adj* stable in value; **Wert·be·stän·dig·keit** *f* stability of value; **Wert·brief** *m* registered letter.

wer·ten *tr* **1.** *(beurteilen)* judge (*als* to be); **2.** *(einstufen)* rate (*als* as); **3.** *sport (Punkte geben)* give a score; *(als gültig ~)* allow; ▶ **ein Tor nicht ~** *sport* disallow a goal.

Wer·te·sy·stem *n* system of values; **Wer·te·wan·del** *m* change in values.

wert·frei *adj fig* unbiased, without prejudice; **Wert·ge·gen·stand** *m* object of value; ▶ **¨~e** *pl* valuables.

Wer·tig·keit *f chem ling* valency.

wert·los *adj* valueless, worthless; **Wert·maß·stab** *m* standard; **Wert·min·de·rung** *f* reduction in value; **Wert·pa·pier** *n* bond, security; **Wert·schät·zung** *f* esteem, high regard.

Wer·tung *f* assessment, evaluation; *(Beurteilung)* judging; *sport (nach Punkten)* scoring.

Wert·ur·teil *n* value judgement; **wert·voll** *adj* **1.** precious, valuable; **2.** *(ethisch)* worthy; **Wert·vor·stel·lung** *f* moral concept; **Wert·zu·wachs** *m* increase in value.

We·sen ['ve:zən] ‹-s, -› *n* **1.** *fig (Natur)* nature; **2.** *(Kreatur)* creature; ▶ **ein menschliches ~** a human being; **sie ist ein armes ~** she's a poor creature; **ein fröhliches ~ haben** have a happy nature; **es entspricht nicht meinem ~, so etw zu sagen** it is not my nature to say things like that; **we·sen·haft** *adj* essential, intrinsic; **we·sen·los** *adj* insubstantial; **We·sens·zug** *m* characteristic feature, trait.

we·sent·lich I *adj* **1.** *(essentiell)* essential; **2.** *(grundlegend)* fundamental; **3.** *(eigentlich)* intrinsic; **4.** *(beträchtlich)* substantial; **5.** *(wichtig)* important; ▶ **das W~e** the essential part; *(Kern)* the gist; **II** *adv* **1.** *(beträchtlich)* considerably; **2.** *(grundlegend)* fundamentally; ▶ **es ist mir ~ lieber, wenn ...** I'd much rather we ...; **im ~en** essentially.

wes·halb (wes·we·gen) [-'-] *adv* **1.** *(Frage)* why; **2.** *(relativ)* for which reason; ▶ **der Grund, ~ ...** the reason why ...

Wes·pe ['vɛspə] ‹-, -n› *f* wasp; **Wes·pen·nest** *n* wasps' nest; ▶ **in ein ~ stechen** *fig* stir up a hornets' nest.

wes·sen ['vɛsən] *prn* **1.** *(von wem)* whose; **2.** *(wovon)* of what; ▶ **in ~ Auto bist du gefahren?** whose car did you go in? **~ ... das auch immer ist ...** no matter whose ... it may be ...

West·deutsch·land *n* Western Germany.

We·ste ['vɛstə] ‹-, -n› *f Br* waistcoat, *Am* vest; ▶ **e-e reine ~ haben** *fig* have a clean slate.

We·sten ['vɛstən] ‹-s› *m* West; ▶ **im ~ von ...** to the west of ...; **der Wind kommt von ~** the wind is blowing from the west; **nach ~ unterwegs** westbound.

We·sten·ta·sche *f Br* waistcoat (*Am* vest) pocket; ▶ **etw wie s-e ~ kennen** *fig fam* know s.th. like the palm of one's hand.

We·stern ['vɛstɐn] ‹-s, -› *m film* western.

West·fa·len [vɛst'fa:lən] ‹-s› *n* Westphalia.

West·geld *n fam* Western currency.

west·in·disch ['-'--] *adj* West Indian; ▶ **die ~en Inseln** the West Indies.

West·kü·ste *f* west coast.

west·lich I *adj* **1.** *geog* western; **2.** *pol* Western; **3.** *mete* westerly; ▶ **~ ausgerichtet** *fig* westernized; **am weitesten ~** westernmost; **II** *adv* to the west (*von* of); **III** *prp* west of ...

West·mäch·te ['vɛstmɛçtə] *f pl pol* Western Powers.

west·wärts *adv* westward(s), (to the) west.

West·wind *m* west wind.

Wett·an·nah·me *f* betting office.

Wett·be·werb ['vɛtbəvɛrp] ‹-(e)s, -e› *m* competition; ▶ **in ~ treten** enter into competition (*mit jdm* with s.o.); **Wett·be·wer·ber(in)** *m (f)* competitor; **Wett·be·werbs·fä·hig·keit** *f* competitiveness; **Wett·be·werbs·ver·zer·rung** *f* competitive distortions *pl.*

Wet·te ['vɛtə] ‹-, -n› *f* bet; ▶ **ich gehe jede ~ ein, daß ...** I'll bet you anything that ...; **mit jdm um die ~ laufen** race s.o.; **laß uns um die ~ laufen!** let's run race! **darauf gehe ich jede ~ ein!** I'll bet you anything you like! **mit jdm e-e ~ eingehen** have a bet with s.o.; **was gilt die ~?** what will you bet me?

Wett·ei·fer *m* competitive zeal; **wett·ei·fern** ['---] *itr* vie (*mit jdm um etw* with s.o. for s.th.).

wet·ten *tr itr* bet (*auf etw* on s.th., *mit jdm* with s.o., *mit jdm um etw* s.o. s.th.); ▶ **ich habe mit ihm gewettet, daß ...** I have a bet with him that ...; **ich habe mit ihm um £ 5 gewettet** I bet him £ 5; **zehn gegen eins ~** bet ten to one; **~, daß er kommt!** I bet he'll come! **~, daß du das nicht tust!** bet you won't do it! **~, daß ich das tue!** bet you I do!

Wet·ter ['vɛtɐ] ‹-s, -› *n mete* **1.** weather; **2.** *(Un~)* storm, tempest; ▶ **bei (diesem) kalten ~** in (this) cold weather; **was für ein ~!** what weather! **wie ist das ~?** what's the weather like? **bei jedem ~** in all weathers *pl;* **bei jdm gut ~ machen** *fig* make up to s.o.; **schlagende ~** *pl min* fire-damp *sing.*

Wet·ter·amt *n* weather office; **Wet·ter·aus·sich·ten** *pl* weather outlook *sing* (*od* prospects *pl*); **Wet·ter·be·richt** *m* weather report; **wet·ter·be·stän·dig** *adj* weatherproof; **Wet·ter·dienst** *m* meteorological *(od* weather) service; **Wet·ter·fah·ne** *f* weather vane; **wet·ter·fest** *adj* weatherproof; **wet·ter·füh·lig** *adj* sensitive to changes in the weather; **Wet·ter·füh·lig·keit** *f* sensitivity to the weather; **Wet·ter·hahn** *m* weathercock; **Wet·ter·kar·te** *f* weather chart (*od* map); **Wet·ter·la·ge** *f* weather situation; **Wet·ter·leuch·ten** *n* **1.** sheet lightning; **2.** *fig* storm clouds *pl.*

wet·tern ['vɛtɐn] *itr* **1.** *(unwetterhaft sein):* ▶ **es wettert** there's a thunderstorm; **2.** *fig (schimpfen)* curse and swear; ▶ **gegen** *od* **auf etw ~** rail against s.th.

Wet·ter·sa·tel·lit *m* weather satellite; **Wet·ter·um·schwung** *m* sudden change in the weather; **Wet·ter·vor·her·sa·ge** *f* weather forecast; **Wet·ter·war·te** *f* meteorological (*od* weather) station; **Wet·ter·wol·ke** *f* storm cloud.

Wett·kampf *m* competition; **Wett·kämp·fer(in)** *m (f)* competitor; **Wett·lauf** *m* race; ▶ **e-n ~ machen** run a race; **wett·lau·fen** ['---] *itr* run a race; **Wett·läu·fer(in)** *m (f)* runner.

wett|ma·chen *tr* make up for ...; *(Verluste)* make good; *(Rückstand)* make up.

Wett·ren·nen *n* race; **Wett·rü·sten** ‹-s› *n* arms race; **Wett·streit** *m* competition, contest; ▶ **mit jdm in ~ liegen** compete with s.o.; **mit jdm in ~ treten** enter into competition with s.o.

wet·zen ['vɛtsən] **I** *tr* ‹h› *(schärfen)* sharpen, whet; **II** *itr* ‹sein› *fam (rennen)* scoot; **Wetz·stein** *m* whetstone.

WG ‹-, -s› *f fam Abk von* **Wohngemeinschaft** shared flat.

Whirl·pool ['wɜːlpuːl] ‹-s, -s› *m* whirlpool bath.

Wich·se ['vɪksə] ‹-, -n› *f* **1.** *(Schuh~)* shoe polish; **2.** *fam (Prügel)* hiding; ▶ **du kriegst gleich ~!** you'll get a good hiding! **wich·sen I** *itr vulg (onanieren)* jerk off; **II** *tr:* ▶ **s-e Schuhe ~** *Br* polish (*Am* shine) one's shoes.

Wicht [vɪçt] ‹-(e)s, -e› *m* **1.** *(kleines Geschöpf)* creature; **2.** *poet (Gnom)* goblin; ▶ **armer ~** poor wretch; **Wich·tel·männ·chen** ['vɪçtəlmɛnçən] *n* brownie.

wich·tig ['vɪçtɪç] *adj* important; ▶ **ich verstehe nicht, warum das ~ sein soll** I don't see the importance of that; **nicht (besonders) ~ sein** be of no (great) importance; **sie will sich nur ~ machen** she just wants to get attention; **sich ~ vorkommen** be full of o.s.; **Wich·tig·keit** *f* importance; **Wich·tig·tu·er(in)** *m (f)* pompous ass, stuffed shirt; **Wich·tig·tue·rei** *f* pomposity, pompousness.

Wicke (k·k) ['vɪkə] ‹-, -n› *f bot* garden pea.

Wickel (k·k) ['vɪkəl] ‹-s, -› *m* **1.** *med* compress; **2.** *(Locken~)* curler; ▶ **beim ~ kriegen** *fam* grab by the scruff of the neck; *fig* have someone's guts for garters; **Wickel·kind (k·k)** *n* **1.** *(Säugling)* babe-in-arms; **2.** *fig* baby; **Wik·kel·kom·mo·de** *f* baby's changing unit.

wickeln (k·k) I *tr* **1.** *(ein~)* wrap (*in* in); **2.** *(schlingen)* wind (*um* round); **3.** *el (Spule etc)* coil; ▶ **jdn um den Finger ~** *fig* twist s.o. round one's finger; **da bist du aber schief gewickelt!** *fig fam* you've got another think coming! **e-n Säugling ~** put on a baby's nappy (*Am* diaper); **II** *refl* wrap o.s. (*od* itself) (*in* in, *um* around).

Wickel·raum (k·k) *m* nursing room.

Wid·der ['vɪdɐ] ‹-s, -› *m* **1.** *zoo* ram; **2.** *astr* Aries.

wi·der ['vi:dɐ] *prp:* ► ~ **Erwarten** contrary to expectations *pl;* ~ **meinen Willen** against my will; **das Für u.** ~ the pros and cons *pl;* **wi·der·fah·ren** ‹sein› *irr itr* happen (*jdm* to s.o.); *(Unglück etc)* befall (*jdm* s.o.); ► **jdm Gerechtigkeit ~ lassen** do s.o. justice.

Wi·der·ha·ken *m (an Angel, Pfeil)* barb.

Wi·der·hall *m* **1.** echo, reverberation; **2.** *fig* response; ► **bei jdm keinen ~ finden** *fig* meet with no response from s.o.; **wi·der|hal·len** *itr* echo, reverberate (*von* with).

wi·der·le·gen *tr* **1.** *(Argumente)* disprove, refute; **2.** *(Person)* prove wrong.

wi·der·lich ['vi:dɐlɪç] *adj* **1.** *(eklig)* disgusting; **2.** *(Person)* repulsive; **3.** *fam (schlimm)* nasty.

wi·der·na·tür·lich *adj* **1.** *(unnatürlich)* unnatural; **2.** *(pervers)* perverted.

wi·der·recht·lich *adj* illegal, unlawful; ► **sich etw ~ aneignen** misappropriate s.th.

Wi·der·re·de *f* contradiction; ► **keine ~!** don't argue! **ich dulde keine ~** I will not have any arguments about it; **ohne ~** without protest.

Wi·der·ruf *m* revocation; *com (von Bestellung)* cancellation; ► **bis auf ~** until revoked; ~ **leisten** recant; **wi·der·rufen** *irr tr (Erlaubnis)* revoke; *(Befehl)* countermand; *(Aussage, Geständnis)* retract.

Wi·der·sa·cher(in) *m (f)* adversary, antagonist, opponent.

Wi·der·schein *m* reflection.

wi·der·set·zen *refl* oppose (*jdm, e-r Sache* s.o., s.th.).

Wi·der·sinn ‹-(e)s› *m* absurdity; **wi·der·sin·nig** *adj* absurd, nonsensical.

wi·der·spen·stig ['vi:dɐʃpɛnstɪç] *adj* **1.** *(aufsässig)* unruly, wilful; *(eigensinnig)* stubborn; **2.** *fig* unmanageable; ► **„Der W~en Zähmung"** *(Drama v. Shakespeare)* "The Taming of the Shrew"; **~e Haare** unruly hair; **Wi·der·spen·stig·keit** *f* **1.** *(Aufsässigkeit)* unruliness; *(Eigensinn)* stubbornness; **2.** *fig* unmanageableness.

wi·der|spie·geln I *tr a. fig* reflect; **II** *refl* be reflected.

wi·der·spre·chen *irr* **I** *itr* contradict (*jdm, e-r Sache* s.o., s.th.); ► **da muß ich aber ~!** I've got to contradict you there! **er widersprach mir bei jedem Wort** he contradicted every word I said; **rundheraus ~** give a flat contradiction; **II** *refl* **1.** *(von Person)* contradict (*sich selbst* o.s., *einander* each other); **2.** *(Aussagen)* be inconsistent; **wi·der·spre·chend** *adj (Aussagen)* inconsistent, contradictory.

Wi·der·spruch *m* contradiction; ► **im ~ stehen zu etw** be contradictory to s.th.; **er duldet keinen ~** he dislikes any contradiction of his view; **auf ~ stoßen** meet with opposition (*bei* from); **zu etw im ~ stehen** be contradictory to s.th.; **es ist kein ~, zu behaupten ...** it is not contradictory to say ...; **wi·der·sprüch·lich** *adj* contradictory; ► **~es Verhalten** inconsistent behaviour; **Wi·der·spruchs·geist** *m* spirit of opposition; ► **er war voller ~** he was in a contradictory mood; **wi·der·spruchs·los** *adv* without arguing.

Wi·der·stand *m* **1.** *(Widersetzung)* resistance; **2.** *el* resistor; ► **zum ~ aufrufen** call upon people to resist; **auf ~ stoßen** meet with resistance; **jdm (gegen etw) keinen ~ leisten** offer no resistance to s.o. (s.th.); **es erhebt sich ~** there is resistance; **Wi·der·stands·be·we·gung** *f* resistance movement; **wi·der·stands·fä·hig** *adj med tech* resistant (*gegen* to); *(robust)* robust; **Wi·der·stands·fä·hig·keit** *f med tech* resistance (*gegen* to); *(Robustheit)* robustness; **Wi·der·stands·kämp·fer(in)** *m (f)* resistance fighter; **Wi·der·stands·kraft** *f* power of resistance; **wi·der·stands·los** *adj adv* without resistance.

wi·der·ste·hen *irr itr* resist; *(standhalten)* withstand.

Wi·der·stre·ben [--'--] *n* reluctance; **wi·der·stre·ben** *itr* **1.** oppose (*jdm, e-r Sache* s.o., s.th.); **2.** *(zuwider sein):* ► **es widerstrebt mir, so etw zu tun** I am reluctant to do anything like that; **wi·der·stre·bend** *adj* **1.** *(widerwillig)* reluctant; **2.** *(gegensätzlich)* conflicting; ► **etw ~ tun** do s.th. with reluctance.

Wi·der·streit *m* conflict (*zu* with).

wi·der·wär·tig ['vi:dɐvɛrtɪç] *adj* **1.** *(ekelhaft)* disgusting; **2.** *(unangenehm)* objectionable; **Wi·der·wär·tig·keit** *f* **1.** offensiveness; *(Ekelhaftigkeit)* disgusting nature; **2.** *(Unannehmlichkeit)* objectionable nature.

Wi·der·wil·le *m* **1.** *(Abscheu)* disgust (*gegen* for); **2.** *(Abneigung)* distaste (*gegen* for); **3.** *(Widerstreben)* reluctance; ► **mit ~n** reluctantly; **etw mit ~n tun** do s.th. with reluctance; **wi·der·wil·lig** *adj* reluctant, unwilling; ► **er ist nur ~ Soldat** he is a reluctant soldier; **etw ~ tun** do s.th. with reluctance.

wid·men ['vɪtmən] **I** *tr (zueignen)* dedicate (*jdm etw* s.th. to s.o.); *(schenken, verwenden auf)* devote (*jdm etw* s.th. to s.o.); **II** *refl (hingeben)* devote o.s. to ...; *(e-m Problem, Gästen etc)* attend to ...; **Wid·mung** ‹-, -en› *f* dedication (*an* to).

wid·rig ['vi:drɪç] *adj* adverse; *(ungünstig)* unfavourable.

wie [vi:] *adv conj* **1.** *(fragend)* how; *(welcher Art, was)* what; **2.** *(vergleichend bei adj od adv)* as; *(vergleichend* *bei Substantiv)* like; ► **so groß, ~ er ist ...** as big as he is ...; **~ dem auch sei ...** be that as it may ...; **ich habe es ~ er gemacht** I did it as he did; **~ Sie selbst gesagt haben** as you yourself said; **~ kommt denn das?** how come? **~ kommt es, daß ...?** how is it that ...? **~ ist das möglich?** how can that be? **~ viele?** how many? **~ geht's?** how are you? **~ wäre es damit?** how about it? **~ wär's mit e-m Spaziergang?** how about going for a walk? **~ geht's im Betrieb?** how are things at the office? **na, und ~!** and how! **~ sie nun mal ist ...** the way she is ...; **~ noch nie** as never before; **~ ist er?** what's he like? **~ ein Mann** like a man; **~ verrückt** *fam* like anything; **mach es so ~ ich** do it like I do; **~ findest du das?** how do you like that? **~ bitte?** pardon? **~ man's nimmt** that depends.

Wie·de·hopf ['vi:dəhɔpf] ‹-(e)s, -e› *m zoo* hoopoe.

wie·der ['vi:dɐ] *adv* again; ► **da sieht man mal ~ ...** it just shows ...; **immer ~** time and again; **schon ~!** not again! **schon ~ Eier!** not eggs again! **da bin ich ~** it's me again; **du schon ~?** you again! **da wären wir ~!** here we are again! **wie·der-** *(in Zssgn)* re-.

Wie·der·auf·bau ‹-(e)s› *m a. fig* rebuilding, reconstruction; **wie·der·auf|bau·en** [--'---] *tr itr* rebuild, reconstruct.

wie·der·auf|be·rei·ten [--'----] *tr* recycle; *(Kernbrennstoff)* reprocess; **Wie·der·auf·be·rei·tung** *f* **1.** recycling; **2.** *(von Atommüll)* reprocessing; **Wie·der·auf·be·rei·tungs·an·la·ge** *f (für Kernbrennstoff)* reprocessing plant.

wie·der·auf|la·den *tr el* recharge.

Wie·der·auf·nah·me *f* **1.** *(von Gespräch etc)* resumption; *(von Ideen)* readoption; **2.** *jur* reopening; **Wie·der·auf·nah·me·ver·fah·ren** *n jur (im Strafrecht)* retrial; *(im Zivilrecht)* rehearing; **wie·der·auf|neh·men** [--'---] *irr* **1.** *(Gespräch etc)* resume; *(Ideen, Hobbies etc)* take up again; **2.** *jur* reopen; **3.** *(in Gemeinschaft etc)* readmit.

wie·der|be·kom·men *irr tr* get back.

wie·der|be·le·ben *tr a. fig* revive; **Wie·der·be·le·bung** *f a. fig* revival; *med* resuscitation; **Wie·der·be·le·bungs·ver·such** *m* **1.** *med* attempt at resuscitation; **2.** *fig* attempt at revival; ► **~e bei jdm anstellen** attempt to revive s.o.

Wie·der·be·schaf·fung *f* replacement.

wie·der|brin·gen *irr tr* bring back.

wie·der·ein|füh·ren *tr* **1.** *allg* reintroduce; **2.** *com (re-importieren)* reimport; **Wie·der·ein·füh·rung** *f* reintroduction.

wie·der·ein|glie·dern [--'---] *tr* **1.** *allg* reintegrate (*in* into); **2.** *(Straftäter)* resocialize; **Wie·der·ein·glie·de·rung** *f* **1.** *allg* reintegration; **2.** *(von Straftätern)* rehabilitation.

wie·der·ein|set·zen [--'---] **I** *tr* reinstate (*in* in); ► **jdn in s-n Besitz ~** restore someone's possessions to him; **II** *itr (Regen)* start up again; *med (Wehen etc)* recur.

wie·der·ein|stel·len [--'---] *tr* re-employ; **Wie·der·ein·stel·lung** *f* re-employment.

Wie·der·ein·tritt *m* re-entry (*in* into).

wie·der|er·hal·ten *irr tr* recover.

wie·der|er·ken·nen *irr tr* recognize.

wie·der|er·lan·gen *tr* regain; *(Eigentum)* recover.

wie·der|er·öff·nen *tr itr* reopen; **Wie·der·er·öff·nung** *f* reopening.

wie·der|er·stat·ten *tr* refund, reimburse (*jdm etw* s.o. for s.th.).

wie·der|er·zäh·len *tr* retell.

wie·der|fin·den *irr* **I** *tr* **1.** find again; **2.** *(zurückfinden zu)* regain; ► **einander ~** find each other again.

Wie·der·ga·be *f* **1.** *(von Bild)* reproduction; **2.** *fig a. theat* rendering; **3.** *(Übersetzung)* translation; ► **bei der ~** in reproduction; **getreue ~** *(von Bild, Ton)* high fidelity.

wie·der|ge·ben *irr tr* **1.** *(zurückgeben)* give back; **2.** *(beschreiben)* describe; **3.** *(reproduzieren)* reproduce; ► **was ich empfinde, läßt sich nicht ~** words cannot convey what I feel.

Wie·der·ge·burt *f* rebirth, reincarnation.

wie·der|ge·win·nen *irr tr a. fig* regain; *(Person)* win back.

wie·der·gut|ma·chen [--'---] *tr* make good, *pol* make reparations for ...; *(Schaden)* compensate for ...; **Wie·der·gut·ma·chung** *f* compensation, *pol* reparations *pl; jur* redress; ► **als ~ für ...** *fam* to make up for ...

wie·der|ha·ben *irr tr fam* have got back; ► **etw ~ wollen** want s.th. back.

wie·der·her|stel·len [--'---] *tr* restore; *(reparieren)* repair; *(Beziehungen)* re-establish; ► **wiederhergestellt sein** *(gesundheitlich)* have recovered; **Wie·der·her·stel·lung** *f* **1.** *allg* re-establishment, repair, restoration; **2.** *(gesundheitlich)* restoration of one's health.

wie·der|ho·len[1] *tr (zurückholen)* get back.

wie·der·ho·len[2] **I** *tr itr (noch einmal tun)* repeat; *(mehrmals)* reiterate; **II** *refl* **1.** *(Person)* repeat o.s.; **2.** *(noch einmal geschehen)* recur; **wie·der·holt** *adj* repeated; ► **zum ~en Male** once again; **~e Male** repeatedly; **Wie·der·ho·lung** *f* repetition; *(mehrmalige ~)* reiteration; *radio TV* repeat; *päd (von Lernstoff)* revision; *sport (von Spiel)* replay; *(von Strafstoß)* retake.

Wie·der·hö·ren *n:* ▶ **auf ~!** *tele* goodbye! *radio* goodbye for now!

Wie·der·in·stand·set·zung [---ˈ---] *f* repair(s *pl*) (*e-r Sache* to s.th.).

wie·der|käu·en [ˈviːdekɔɪən] **I** *tr* **1.** *(von Tier)* ruminate; **2.** *fig fam* go over and over again; **II** *itr* **1.** ruminate; **2.** *fig fam* harp on; **Wie·der·käu·er** *m* ruminant.

Wie·der·kehr [ˈviːdekeːɐ] ‹-› *f* **1.** *(Rückkehr)* return; **2.** *(ständiges Vorkommen)* recurrence; ▶ **bei meiner ~** on my return; **wie·der|keh·ren** ‹sein› *itr* **1.** *(sich wiederholen)* be repeated; **2.** *(immer wieder vorkommen)* recur; **3.** *(zurückkehren)* return.

wie·der|kom·men ‹sein› *irr itr* come back; ▶ **komm doch mal wieder!** you must come again!

Wie·der·se·hen *n* meeting; reunion; ▶ **auf ~!** *Br* goodby! so long!, *Am* see you again! **wie·der|se·hen** *irr tr* **1.** *(erneut sehen)* see again; **2.** *(wieder treffen)* meet again; **Wie·der·se·hens·freu·de** *f* pleasure of seeing each other again.

wie·der·um [ˈviːdərʊm] *adv* **1.** *(nochmals)* again, anew; **2.** *(hingegen)* on the other hand; ▶ **sie ~ sagte, ...** she, for her part, said ...

wie·der|ver·ei·ni·gen *tr refl* reunite.

Wie·der·ver·ei·ni·gung *f* reunification.

Wie·der·ver·hei·ra·tung *f* remarriage.

Wie·der·ver·käu·fer *m* reseller; *(Einzelhändler)* retailer; **Wie·der·ver·kaufs·wert** *m* resale value.

Wie·der·ver·wen·dung *f* reuse; **Wie·der·ver·wer·tung** *f* reutilization.

Wie·der·vor·la·ge [ˈ--ˈ---] *f* renewed submission.

Wie·der·wahl *f* re-election; **wie·der|wäh·len** *tr* re-elect.

Wie·der·zu·las·sung [ˈ--ˈ---] *f* re-admission; *mot* relicensing.

Wie·ge [ˈviːgə] ‹-, -n› *f* cradle.

Wie·ge·mes·ser *n* chopping knife.

wie·gen¹ [ˈviːgən] *irr tr itr (Gewicht feststellen)* weigh; ▶ **~ lassen** *(Gepäck)* weigh in.

wie·gen² **I** *tr* **1.** *(schaukeln)* rock; *(Hüften)* sway; *(Kopf)* shake slowly; **2.** *(zerkleinern)* chop up; **II** *refl (Boot etc)* rock gently; *(Bäume, Personen)* sway; ▶ **sich in trügerischen Hoffnungen ~** nurture false hopes; **Wie·gen·lied** *n* cradle song, lullaby.

wie·hern [ˈviːen] *itr* **1.** *(von Pferd)* neigh; **2.** *fam (lachen)* bray.

Wien [viːn] *n* Vienna; **Wie·ner(in)** *m (f)* Viennese; ▶ **~ Schnitzel** veal cutlet, Wiener schnitzel; **~ Würstchen** *Br* frankfurter, *Am* wiener.

Wie·se [ˈviːzə] ‹-, -n› *f* meadow.

Wie·sel [ˈviːzəl] ‹-s, -› *n* weasel.

wie·so [viˈzoː] *adv* why; ▶ **~ weißt du das?** how do you know that?

wie·viel [viːˈfiːl/ˈ--] *adv* how much; *pl (wie viele)* how many; ▶ **den ~ten haben wir heute?** what day of the month is it? **um ~ größer** how much bigger; **der ~te Kunde ist das?** how many customers have come before this one?

Wild [vɪlt] ‹-(e)s› *n* **1.** *(~tiere)* game; *(Rot~)* deer; **2.** *(Fleisch vom Rot~)* venison.

wild *adj* **1.** wild; **2.** *(unzivilisiert)* savage; **3.** *(heftig)* fierce, furious; ▶ **den ~en Mann markieren** *fam* come the heavy; **~ durcheinanderliegen** be strewn all over the place; **sei nicht so ~!** *fam* calm down a bit! **das ~e Durcheinander im Zimmer** the wild disorder of the room; **das ist doch halb so ~!** *fam* it's not all that bad!

Wild·bach *m* torrent; **Wild·bret** [ˈvɪltbrɛt] ‹-s› *n (Fleisch vom Rotwild)* venison; **Wild·dieb** *m* poacher.

Wil·de(r) ‹-n, -n› *f m* **1.** savage; **2.** *fig (Übergeschnappte(r))* madman (madwoman).

Wild·en·te *f* wild duck.

Wil·de·rer (Wil·de·rin) *m (f)* poacher; **wil·dern** [ˈvɪlden] *itr* **1.** *(vom Menschen)* poach; **2.** *(von Hund etc)* kill game.

wild·fremd *adj fam* completely strange.

Wild·heit *f allg* wildness; *(Kampf, Blicke)* fierceness; *(von Eingeborenen)* savagery; **Wild·hü·ter(in)** *m (f)* gamekeeper; **Wild·le·der** *n* suede.

Wild·nis ‹-› *f* wilderness.

Wild·park *m* game (*od, für Rotwild* deer) park.

wild·reich *adj* abounding in game.

Wild·sau *f* **1.** *zoo* wild sow; **2.** *fig sl* pig; **Wild·scha·den** *m* damage caused by game; **Wild·schwein** *n* wild boar (*od* pig); **wild·wach·send** *adj* wild(-growing); **Wild·was·ser·fahrt** *f* rapid-river canoeing; **Wild·wech·sel** *m* deer pass.

Wild·west·film [-ˈ--] *m* western.

Wil·le [ˈvɪlə] ‹-ns, (-n)› *m* **1.** will; **2.** *(Absicht)* intention; ▶ **s-n ~n durchsetzen** have one's own way; **e-n eigenen ~n haben** have a will of one's own; **gegen s-n ~n handeln** go against one's will; **aus freiem ~n** of one's own free will; **beim besten ~n nicht** not with all the will; **das geschah gegen meinen ~n** that was done against my will; **ich kann mich beim besten ~n nicht erinnern** I can't for the life of me remember; **wil·len·los** *adj* spineless, weak-willed; ▶ **er ist völlig ~** he has no will of his own; **jds ~es Werkzeug sein** *fig* be someone's mere tool.

wil·lens [ˈvɪləns] *adj* ▶ **~ sein** be willing.

Wil·lens·frei·heit *f* freedom of will; **Wil·lens·kraft** *f* strength of mind, will-power; **wil·lens·schwach** *adj* weak-willed; **wil·lens·stark** *adj* strong-willed; **wil·lent·lich** ['vɪləntlɪç] *adj* deliberate, wilful.

will·fäh·rig ['vɪlfɛ:rɪç/-'--] *adj:* ▶ **jdm ~ sein** submit to s.o.

wil·lig *adj* willing.

Will·kom·men [-'--/'---] *n* welcome; ▶ **jdm ein ~ bieten** bid s.o. welcome; **will·kom·men** [-'--] *adj* welcome; ▶ **Sie sind uns jederzeit ~!** you'll always be welcome here! **herzlich ~!** welcome home! **jdn bei sich ~ heißen** welcome s.o. to one's house.

Will·kür ['vɪlky:ɐ] ‹- › *f* arbitrariness; ▶ **jds ~ ausgeliefert sein** be completely at someone's mercy; **will·kür·lich** *adj* **1.** *(despotisch)* arbitrary; **2.** *(vorsätzlich)* at will.

wim·meln ['vɪməln] *itr* swarm, teem (*von* with); ▶ **die Bahnhofshalle wimmelte von Leuten** the station was swarming with people.

wim·mern ['vɪmɐn] *itr* whimper.

Wim·pel ['vɪmpəl] ‹-s, -› *m* pennant.

Wim·per ['vɪmpɐ] ‹-, -n› *f* eyelash; ▶ **ohne mit der ~ zu zucken** *fig* without batting an eyelid; **Wim·pern·tu·sche** *f* mascara.

Wind [vɪnt] ‹-(e)s, -e› *m allg* wind; ▶ **der ~ kommt von Westen** the wind is from the west; **hart am ~ segeln** sail close to the wind; **jetzt weht hier ein frischerer ~** *fig* now there's a wind of change here; **sehen, woher der ~ weht** *fig* see which way the wind blows; **jdm den ~ aus den Segeln nehmen** *fig* take the wind out of someone's sails; **von etw ~ bekommen** *fig* get wind of s.th.; **jds Bedenken in den ~ schlagen** *fig* cast someone's caution to the winds; **mach nicht soviel ~!** *fig fam* don't make such fuss!

Wind·beu·tel *m* **1.** *(Gebäck)* cream puff; **2.** *fig fam (Person)* rake; **Wind·bö(e)** *f* gust of wind.

Win·de[1] ['vɪndə] ‹-, -n› *f tech* winch, windlass.

Win·de[2] *f bot* bindweed.

Wind·ei *n fig fam* non-starter.

Win·del ['vɪndəl] ‹-, -n› *f Br* nappy, *Am* diaper; **Win·del·hös·chen** *n* disposable nappy (*Am* diaper).

win·del·weich ['--'-] *adj fig fam:* ▶ **jdn ~ schlagen** beat the shit out of s.o.

win·den *irr* **I** *tr* **1.** *(wickeln)* wind; **2.** *(hoch~)* hoist, winch; **3.** *(Kranz)* bind; **4.** *(ent~)* wrest (*jdm etw aus der Hand* s.th. out of someone's hand); **II** *refl* **1.** *(Pflanze, Schlange)* wind (itself); **2.** *(vor Verlegenheit)* squirm (*vor* with, in); *(vor Schmerz)* writhe (*vor* with, in); **3.** *(Fluß)* meander; *(Weg)* wind.

Wind·ener·gie *f* wind energy.

Win·des·ei·le *f:* ▶ **sich mit ~ verbreiten** spread like wildfire; **etw in ~ tun** do s.th. in no time at all.

Wind·fang *m arch* **1.** *(als Vorflur) Br* draught- (*Am* draft-)excluder; **2.** *(als Vorbau)* porch; **wind·ge·schützt I** *adj* sheltered (from the wind); **II** *adv:* ▶ **das Haus liegt ~** the house lies in a sheltered place; **Wind·hauch** *m* breath of wind; **Wind·ho·se** *f* vortex; **Wind·hund** *m* **1.** *zoo* greyhound; **2.** *fig (Person)* rake.

win·dig *adj* **1.** windy; **2.** *fig (unsicher)* dubious.

Wind·jacke (k·k) *f* windcheater; **Wind·kraft·werk** *n* wind power station; **Wind·licht** *n* storm lantern; **Wind·müh·le** *f* windmill; **Wind·müh·len·flü·gel** *m* windmill vane; **Wind·pocken (k·k)** *pl* chicken-pox *sing;* **Wind·rad** *n tech* wind turbine; **Wind·rich·tung** *f* wind direction; **Wind·ro·se** *f* **1.** *mar* compass card; **2.** *mete* wind rose; **Wind·schat·ten** ‹-s› *m* lee; *(von Fahrzeugen)* slipstream; **wind·schief** *adj* crooked; **Wind·schutz·schei·be** *f Br* windscreen, *Am* windshield; **Wind·schutz·strei·fen** *m* shelter belt, windbreak; **Wind·stär·ke** *f* wind-force; **wind·still** *adj* windless; ▶ **es ist völlig ~** there's no wind at all; **Wind·stil·le** *f* calm; **Wind·stoß** *m* gust of wind.

Wind·sur·fen *n sport* windsurfing; **wind·sur·fen** *itr sport* go windsurfing; **Wind·sur·fer(in)** *m (f)* windsurfer.

Win·dung *f* **1.** *el (Spulen~)* coil; **2.** *(Fluß~)* meander; **3.** *tech (Schrauben~)* thread; ▶ **die Straße hat viele ~en** the road is full of twists and turns.

Wink [vɪŋk] ‹-(e)s, -e› *m* **1.** *(Hinweis)* hint, tip; **2.** *(Zeichen)* sign; ▶ **jdm e-n ~ geben** *(Tip)* drop s.o. a hint; **jdm e-n leisen ~ geben ...** give s.o. a gentle hint ...; **e-n ~ verstehen** know how to take a hint; **er gab mir durch e-n ~ zu verstehen, ich solle bleiben** he made me a sign to stay.

Win·kel ['vɪŋkəl] ‹-s, -› *m* **1.** *math* angle; **2.** *tech (Werkzeug)* square; **3.** *fig (Stelle, Ecke)* corner; ▶ **spitzer, stumpfer, rechter ~** acute, obtuse, right angle; **toter ~** dead angle (*od* space); **Win·kel·ad·vo·kat** *m* shyster; **Win·kel·ei·sen** *n* angle iron.

win·k(e·)lig *adj* **1.** *(Gäßchen)* twisty; **2.** *(Städtchen)* full of nooks and crannies.

Win·kel·li·ne·al *n* triangle; **Win·kel·mes·ser** *m* protractor; **Win·kel·zug** *m* dodge, trick.

win·ken ['vɪŋkən] *irr* **I** *tr itr:* ▶ **jdm ~** wave one's hands to s.o.; **jdm zum Abschied ~** wave s.o. goodbye; **jdn zu sich ~** beckon (*od* wave) s.o. over to one; **er winkte mich zu sich** he waved me over; **mit dem Taschentuch ~** wave one's handkerchief; **e-m Taxi ~** hail a taxi; **II**

itr (in Aussicht stehen) be in store; ► **dem Gewinner winkt e-e Reise nach London** the winner will receive a trip to London.

win·seln ['vɪnzəln] *itr (Hund)* whine; (Mensch) *pej* whimper; *(um Gnade)* grovel.

Win·ter ['vɪntɐ] ‹-s, -› *m* winter; ► **durch den ~ bringen** winter; **es wird ~** winter is coming; **im ~** in winter; **mitten im ~** in the depth of winter; **Win·ter·dienst** *m mot* winter road clearance; **Win·ter·fell** *n* winter coat; **Win·ter·gar·ten** *m* winter garden; **Win·ter·ge·trei·de** *n* winter crop; **Win·ter·klei·dung** *f* winter clothing.

win·ter·lich *adj* wintry; ► **~ gekleidet** dressed for winter.

Win·ter·man·tel *m* winter overcoat; **Win·ter·rei·fen** *m mot* winter tyre (*Am* tire); **Win·ter·ru·he** *f* winter rest period; **Win·ter·schlaf** *m (von Tieren)* hibernation; ► **~ halten** hibernate; **Win·ter·schluß·ver·kauf** *m* winter (clearance) sale; **Win·ter·se·me·ster** *m* winter semester; **Win·ter·son·nen·wen·de** *f* winter solstice; **Win·ter·sport** *m* winter sports *pl;* **Win·ters·zeit** *f (literarisch, gehoben)* wintertime.

Win·zer(in) ['vɪntsɐ] *m (f)* wine-grower.

win·zig ['vɪntsɪç] *adj* **1.** *(sehr klein)* tiny; **2.** *fig (unbedeutend)* petty; ► **ein ~es Bißchen** a tiny little bit; **~ klein** minute.

Winz·ling ['vɪntslɪŋ] ‹-, -e› *m fam* mite.

Wip·fel ['vɪpfəl] ‹-s, -› *m* treetop.

Wip·pe ['vɪpə] ‹-, -n› *f* seesaw; **wip·pen** *itr* **1.** *(auf Wippe)* seesaw; **2.** *(auf u. ab ~)* bob up and down; *(hin u. her ~)* teeter; ► **mit dem Fuß ~** jiggle one's foot; **in den Knien ~** give at the knees.

wir [vi:ɐ] *prn* we; ► **~ beide (drei)** the two (three) of us; **wer war das? — ~ nicht!** who was that? — it wasn't us! **wer ist da? — ~ sind's!** who's there? — it's us!

Wir·bel ['vɪrbəl] ‹-s, -› *m* **1.** *a. fig* whirl; **2.** *(Wasser~)* eddy, whirlpool; **3.** *anat (Rücken~)* vertebra; **4.** *(am Scheitel)* crown; ► **mach nicht so 'n ~!** *fig fam* don't make such a to-do! **das hat e-n ganz schönen ~ gemacht!** *fam* that caused a lot of commotion! **wir·bel·los** *adj (Lebewesen)* invertebrate.

wir·beln ‹sein› *tr itr* **1.** *allg* whirl; *(Staub, Laub)* swirl; **2.** *(Trommel)* roll.

Wir·bel·säu·le *anat* spinal column; **Wir·bel·sturm** *m* whirlwind; **Wir·bel·tier** *n* vertebrate.

Wir·ken ‹-s› *n* work; ► **am ~ sein** be at work.

wir·ken[1] ['vɪrkən] **I** *itr* **1.** *(wirksam sein)* have an effect (*auf* on); **2.** *(so erscheinen)* appear, seem; **3.** *(zur Geltung kommen)* be effective; **4.** *(am Werk sein)* be at work; ► **wirkt die Pille schon?** is the pill taking effect? **sie wirkt jünger, als sie ist** she seems younger than she is; **das wirkt nur so** it only seems like it; **II** *tr:* ► **Wunder ~** work wonders.

wir·ken[2] *tr (weben)* weave.

wirk·lich **I** *adv* really; ► **ach ~?** not really! **ich weiß ~ nicht, was ich davon halten soll** I really don't know what to think; **sie ist ~ blöd** *fam* she is really an idiot; **hat er das ~ gesagt?** did he actually say that? **wenn du ~ e-n Jaguar hast ...** if you actually own a Jaguar ...; **II** *adj (tatsächlich)* real; ► **ein ~er Freund** a true friend; **Wirk·lich·keit** *f* reality; ► **~ werden** come true.

wirk·sam *adj* effective; ► **~ werden** take effect; **~ bleiben** remain in effect; **Wirk·sam·keit** *f* effectiveness.

Wirk·stoff *m* active agent (*od* substance).

Wir·kung *f* effect *(bei, auf* on); ► **unsere Warnung hatte keine ~** our warning was to no effect; **s-e ~ verfehlen** not have the desired effect; **zur ~ kommen** *fig* come into effect; **Wir·kungs·be·reich** *m* **1.** *mil* effected area; **2.** *(Tätigkeitsbereich)* domain; **Wir·kungs·grad** *m tech* (degree of) effectiveness; **Wir·kungs·kreis** *m* sphere of activity; **wir·kungs·los** *adj* ineffective; **Wir·kungs·lo·sig·keit** *f* ineffectiveness; **wir·kungs·voll** *adj* effective, efficacious; **Wir·kungs·wei·se** *f* (mode of) action; ► **die ~ e-s ...** the way a ... works.

wirr [vɪr] *adj* **1.** *(durcheinander)* confused; **2.** *(unordentlich)* tangled; **3.** *(verworren)* weird; *(verstiegen)* wild; ► **~e Gedanken** weird thoughts; **er ist ein ~er Kopf** he has crazy ideas; **Wir·ren** *pl pol* confusion *sing;* **Wirr·kopf** *m* muddle-head; **Wirr·warr** ['vɪrvar] ‹-s› *m* **1.** *(Durcheinander)* confusion; **2.** *(Stimmen~)* hubbub.

Wir·sing(·kohl) ['vɪrzɪŋ] ‹-s› *m* savoy.

Wirt [vɪrt] ‹-(e)s, -e› *m (Gast~)* landlord; ► **ich hatte die Rechnung ohne den ~ gemacht** *fig fam* there was one thing I hadn't reckoned with; **Wir·tin** *f (Gast~, Vermieterin)* landlady.

Wirt·schaft ['vɪrtʃaft] *f* **1.** *(Volks~)* economy; **2.** *(Industrie)* business world; **3.** *(Gast~) Br* pub, *Am* saloon; ► **das ist ja e-e saubere ~ hier!** *fig fam* that's a fine state of affairs! **die ~ ankurbeln** improve economies *pl;* **in der freien ~ tätig sein** work in industry; **wirt·schaf·ten** *itr* **1.** *(sparsam sein)* economize; **2.** *(sich beschäftigen)* potter about; **Wirt·schaf·te·rin** *f* housekeeper.

wirt·schaft·lich *adj* **1.** *(volks~)* economic; **2.** *(sparsam) a. mot* economical; ► **mit etw ~ umgehen** use s.th. economically; **man muß ~ denken** one has to be economically minded; **in ~er Hinsicht schon, aber ...** economically yes, but ...; **~ vertretbar** economically defendable; **Wirt·schaft·lich·keit** *f* economy.

Wirt·schafts·ab·kom·men *n* trade agreement; **Wirt·schafts·be·reich** *m* economic sector; **Wirt·schafts·be·zie·hun·gen** *f pl* business relations; **Wirt·schafts·ent·wick·lung** *f* commercial development; **Wirt·schafts·flücht·ling** *m* economic refugee; **Wirt·schafts·ge·bäu·de** *n* working quarters *pl;* **Wirt·schafts·geld** *n* housekeeping money; **Wirt·schafts·gym·na·sium** *n* commercial high school; **Wirt·schafts·hil·fe** *f* economic aid; **Wirt·schafts·jahr** *n* financial year; **Wirt·schafts·kraft** *f* economic power; **Wirt·schafts·kri·mi·na·li·tät** *f* business delinquency; **Wirt·schafts·kri·se** *f* economic crisis; **Wirt·schafts·la·ge** *f* economic situation; **Wirt·schafts·le·ben** *n* business; **Wirt·schafts·macht** *f* economic power; **Wirt·schafts·mi·ni·ster(in)** *m (f)* minister of trade and commerce; **Wirt·schafts·mi·ni·ste·rium** *n Br* Ministry of Trade and Commerce, *Am* Department of Commerce; **Wirt·schafts·ord·nung** *f* economic system; **Wirt·schafts·pla·nung** *f* economic planning; **Wirt·schafts·po·li·tik** *f* economic policy; **Wirt·schafts·prü·fer(in)** *m (f)* accountant; **Wirt·schafts·raum** *m* economic region; **Wirt·schafts·sy·stem** *n* economic system; **Wirt·schafts·teil** *m (in Zeitung)* financial (*od* business) section; **Wirt·schafts·wachs·tum** *n* economic growth; **Wirt·schafts·wis·sen·schaft** *f* economics *pl;* **Wirt·schafts·wun·der** *n* economic miracle; **Wirt·schafts·zweig** *m* branch of industry.

Wirts·haus *n (Lokal) Br* pub, *Am* saloon; *(Gasthof)* inn; **Wirts·leu·te** *pl* landlord and landlady.

Wisch [vɪʃ] ⟨-(e)s, -e⟩ *m fam pej* **1.** *(Zettel)* piece of paper; **2.** *(mit Gedrucktem)* scrap of bumph.

wi·schen [ˈvɪʃən] *tr itr* **1.** wipe; *(reinigen)* wipe clean; **2.** *fig fam (sich schnell bewegen)* whisk; ► **jdm e-e ~** *fam* clout s.o. one; **e-n gewischt bekommen** *el fam* get a shock.

Wi·scher·blatt *n mot* wiper blade.

Wisch·lap·pen *m* cloth.

Wi·sent [ˈviːzɛnt] ⟨-s, -e⟩ *m* bison.

Wis·mut [ˈvɪsmuːt] ⟨-(e)s⟩ *n* bismuth.

wis·pern [ˈvɪspɐn] *tr itr* whisper.

Wiß·be·gier(·de) *f* thirst for knowledge; **wiß·be·gie·rig** *adj* eager to learn.

wis·sen [ˈvɪsən] *irr tr* **1.** *(informiert sein, kennen)* know (*von* about); **2.** *(sich erinnern)* remember; **3.** *(sich vor Augen führen)* realize; ► **von jdm (etw) nichts ~ wollen** not be interested in s.o. (s.th.); **nicht daß ich wüßte** not that I know; **als ob ich das wüßte!** how should I know! **Bescheid ~** *fig fam* know a thing or two; **das hättest du doch ~ müssen!** you ought to have known that! **das möchte ich auch ~** that's what I'd like to know; **was weiß ich?** who knows? **weiß ich doch nicht!** I wouldn't know! **man kann nie ~ ...** you never know ...; **er weiß, was gut ist** he knows a good thing when he sees it; **weiß der Teufel!** *fam* God knows! **wenn ich das wüßte!** goodness knows! **jdn etw ~ lassen** tell s.o. s.th.; **er hält sich für wer weiß wie schlau** he thinks he's ever so smart; **Wis·sen** ⟨-s⟩ *n* knowledge; ► **meines ~s** to the best of my knowledge; **ohne ihr ~** without her knowledge; **ohne ~ s-r Mutter** without the knowledge of his mother.

Wis·sen·schaft *f* science; **Wis·sen·schaft·ler(in)** *m (f)* scientist; *(Geistes~)* academic; **wis·sen·schaft·lich** *adj* scientific; *(geistes~)* arts; ► **~arbeiten** work scientifically; **Wis·sen·schafts·mi·ni·ster(in)** *m (f)* minister of science; **Wis·sens·drang (Wis·sens·durst)** *m* thirst for knowledge; **Wis·sens·ge·biet** *n* field (of knowledge); **wis·sens·wert** *adj* worth knowing.

wis·sent·lich [ˈvɪsəntlɪç] **I** *adj* deliberate, intentional; **II** *adv* deliberately, intentionally, knowingly.

wit·tern [ˈvɪtɐn] **I** *tr a. fig* scent; **II** *itr (von Wild)* sniff the air.

Wit·te·rung *f* **1.** *(Wetter)* weather; **2.** *(Geruchswahrnehmung)* scent (*von* of); ► **bei günstiger ~** if the weather is good; **Wit·te·rungs·ver·hält·nis·se** *pl* weather conditions.

Wit·we [ˈvɪtvə] ⟨-, -n⟩ *f* widow; ► **~ werden** be widowed; **Wit·wen·ren·te** *f* widow's pension; **Wit·wer** ⟨-s, -⟩ *m* widower.

Witz [vɪts] ⟨-es, -e⟩ *m* **1.** *(Scherz, Spaß)* joke; **2.** *fig (geistvolle Schärfe)* wit; ► **das ist kein ~!** it's no joke! **das ist kein ~ mehr!** it's beyond a joke! **e-n ~ über etw machen** make a joke about s.th.; **das soll wohl ein ~ sein!** you must be joking! **mach keine ~e!** you're joking! **und das ist der ganze ~ dabei!** and that's all there is to it! **Witz·blatt** *n* joke book; **Witz·blatt·fi·gur** *f a. fig* joke figure; **Witz·bold** [ˈvɪtsbɔlt] ⟨-(e)s, -e⟩ *m* joker; ► **du ~!** *fam* you're a great one!

Wit·ze·lei *f* teasing.

wit·zeln [ˈvɪtsəln] *itr* joke (*über* about).

wit·zig *adj* **1.** *(spaßig)* funny; **2.** *(geist-*

reich) witty; ► **sehr ~!** *fig fam* you're a great one!

WM ‹-, -s› *f Abk von* **Weltmeisterschaft** world championship.

wo [vo:] **I** *adv* where; ► **ach ~!** *fam* nonsense! **~ gehst du hin?** where are you going to? **II** *conj:* ► **~ ... doch** *(Gegensatz)* when ...; **warum machst du es denn auf diese Art, ~ es doch so viel einfacher wäre?** why do you do it that way when it would be much easier like this? **wo·an·ders** [-ˈ--] *adv* elsewhere, somewhere else.

wo·bei [-ˈ-] *prn* **1.** *(Frage)* how? *(bei was)* at what? **2.** *(relativ)* in which; ► **~ ist das passiert?** how did that happen? **~ habt ihr ihn beobachtet?** at what did you watch him? **... ~ mir einfällt, ...** ... which reminds me ...

Wo·che [ˈvɔxə] ‹-, -n› *f* week; ► **das ist e-e ~ Arbeit** *fam* that's a week's work; **in e-r ~** in a week; **~ für ~** week in, week out; **dreimal die ~** three times a week; **heute in e-r ~** this day week; **morgen in e-r ~** a week tomorrow; **zwei ~n Ferien** two weeks' holiday; **Wo·chen·ar·beits·zeit** *f* working week; **Wo·chen·be·richt** *m* weekly report; **Wo·chen·bett** *n obs* lying-in; ► **im ~ liegen** be lying in; **Wo·chen·blatt** *n* weekly; **Wo·chen·end·bei·la·ge** *f (in Zeitung)* weekly supplement; **Wo·chen·en·de** ‹-(e)s, -en› *n* weekend; ► **zum ~** for the weekend; **schönes ~!** have a nice weekend! **übers ~ verreisen** go away for the weekend; **ein langes ~ machen** take a long weekend; **er verbringt die ~n auf dem Lande** he spends his weekends in the country; **Wo·chen·end·haus** *m* weekend house.

wo·chen·lang *adj adv* for weeks.

Wo·chen·lohn *m* weekly wage; **Wo·chen·schau** *f film* newsreel; **Wo·chen·tag** *m* **1.** *(im Gegensatz zum Sonntag)* weekday; **2.** *(bestimmter)* day of the week; **wo·chen·tags** *adv* on weekdays.

wö·chent·lich [ˈvœçəntlɪç] **I** *adj* weekly; ► **der ~e Großeinkauf** the weekly shopping expedition; **II** *adv* weekly; ► **einmal ~** once a week; **~ bezahlen** pay by the week; **sich ~ abwechseln** take turns every week.

Wöch·ne·rin [ˈvœçnərɪn] *f* woman in childbed.

wo·durch [-ˈ-] *prn* **1.** *(Frage)* how; **2.** *(relativ)* which.

wo·für [-ˈ-] *prn* **1.** *(Frage)* for what? what ... for? *(warum auch)* why; **2.** *(relativ)* for which, which ... for; ► **~ ist das gut?** what is that good for? **~ halten Sie mich?** what do you take me for? **..., ~ er jetzt zahlen muß** ... which he has to pay for now.

Wo·ge [ˈvo:gə] ‹-, -n› *f* wave; ► **wenn sich die ~n geglättet haben** *fig* when things have calmed down.

wo·ge·gen [-ˈ--] *adv* **1.** *(gegen was?)* against what? **2.** *(relativ)* against which, which ... against.

wo·gen [ˈvo:gən] *itr a. fig* surge; *(Getreide)* wave; *(Busen)* heave.

wo·her [-ˈ-] *prn* **1.** *(Frage)* from where? where ... from? **2.** *(wie)* how; **3.** *(relativ)* from which, where ... from; ► **~ wissen Sie das?** how do you know that? *fam* how come you know that? **ach, ~!** *fam* nonsense!

wo·hin [-ˈ-] *prn* **1.** *(Frage)* where (to)? **2.** *(relativ)* where; ► **~ du auch siehst** wherever you look; **ich muß mal ~** *euph (zur Toilette)* I've got to go somewhere.

Wohl [vo:l] ‹-(e)s› *n* well-being; ► **auf Ihr ~!** here's to you! your health! **zum ~!** cheers!

wohl I *adv* **1.** *(gut, gesund)* well; **2.** *(zwar, freilich)* all right, it is true, to be sure; **3.** *(vielleicht)* perhaps; **4.** *(wahrscheinlich)* probably; ► **ich fühle mich nicht ~** I don't feel well; **~ bekomm's!** I hope you like it! **~ oder übel** like it or not; **das ist ~ das Beste** I suppose it's the best thing; **was er ~ hat?** I wonder what's wrong with him? **du bist ~ verrückt!** you must be mad! **das mag ~ sein** that may well be; **das ist doch ~ nicht dein Ernst!** you can't be serious! **II** *conj:* ► **ich habe es ~ gewußt, aber was konnte ich machen?** it's true that I knew but what could I do? **sie hat es ~ gesagt, aber ...** she may have promised, but ...

wohl·an [-ˈ-] *interj* well now!

wohl·auf [-ˈ-] **I** *interj* well then! **II** *adj* in good health, well; ► **~ sein** be in good health.

wohl·aus·ge·wo·gen *adj* balanced.

wohl·be·dacht *adj* well considered.

Wohl·be·fin·den *n* well-being.

wohl·be·grün·det [ˈ--ˈ--] *adj* well-founded.

Wohl·be·ha·gen *n* comfort, ease.

wohl·be·hal·ten *adj* **1.** *(Person)* safe and sound; **2.** *(Gegenstand)* intact.

wohl·be·kannt *adj* well-known.

wohl·durch·dacht *adj* carefully thought out.

Wohl·er·ge·hen ‹-s› *n* welfare.

wohl·er·wo·gen *adj* carefully considered.

wohl·er·zo·gen *adj (Erwachsene)* well-bred; *(Kind)* well-mannered.

Wohl·fahrt ‹-› *f* welfare; **Wohl·fahrts·ein·rich·tun·gen** *pl* social services; **Wohl·fahrts·staat** *m* welfare state.

Wohl·ge·fal·len ‹-s› *n* pleasure, satisfaction; ► **sein ~ an etw haben** take pleasure in s.th.; **sich in ~ auflösen** *fig* *hum* vanish into thin air; **wohl·ge·fäl·lig** *adj* **1.** *(gefallend)* pleasing; **2.** *(erfreut, zufrieden)* well-pleased.

wohl·ge·meint *adj* well-meant.

wohl·ge·merkt *adv* mark you, mind (you).

wohl·ge·nährt *adj* well-fed.

wohl·ge·ord·net *adj* well-ordered.

wohl·ge·ra·ten *adj* **1.** *(Werk)* successful; **2.** *(Kind)* fine.

Wohl·ge·ruch *m* fragrance.

Wohl·ge·schmack *m* pleasant taste.

wohl·ge·sinnt *adj* well-disposed (*jdm* towards s.o.).

wohl·ha·bend *adj* prosperous, well-to-do.

woh·lig *adj* pleasant; *(heimelig)* cosy.

Wohl·klang *m* melodious sound.

wohl·mei·nend *adj* well-meaning.

wohl·rie·chend *adj* fragrant.

wohl·schmeckend (k·k) *adj* palatable.

Wohl·sein *n:* ▶ **zum ~!** your health!

Wohl·stand ⟨-(e)s⟩ *m* affluence, prosperity; **Wohl·stands·ge·sell·schaft** *f* affluent society.

Wohl·tat *f:* ▶ **das ist e-e wahre ~!** that's a real comfort! **jdm e-e ~ erweisen** do s.o. a good turn; **Wohl·tä·ter(in)** *m (f)* benefactor (benefactress); **wohl·tä·tig** *adj* charitable; **Wohl·tä·tig·keit** *f* charity; **Wohl·tä·tig·keits·ver·an·stal·tung** *f* charity performance.

wohl·tu·end *adj* most agreeable; **wohl|tun** *irr tr* **1.** *(angenehm sein)* do good (*jdm* s.o.); **2.** *(Gutes tun)* benefit (*jdm* s.o.).

wohl·über·legt ['---'-] *adj* well-considered; ▶ **etw ~ tun** do s.th. after careful consideration.

wohl·ver·dient ['--'-] *adj* well-deserved.

Wohl·ver·hal·ten *n* good conduct.

wohl·ver·stan·den I *adj* well-understood; **II** *adv* mark you, mind (you).

wohl·weis·lich *adv* very wisely.

Wohl·wol·len ⟨-s⟩ *n* benevolence, goodwill; ▶ **selbst mit dem größten ~ ...** with the best will in the world ...; **wohl|wol·len** *irr itr:* ▶ **jdm ~** wish s.o. well; **wohl·wol·lend** *adj* benevolent; ▶ **jdm gegenüber ~ sein** be kindly disposed towards s.o.

Wohn·an·hän·ger *m Br* caravan, *Am* (house-)trailer; **Wohn·an·la·ge** *f* housing development (*Br* estate); **Wohn·be·völ·ke·rung** *f* residential population; **Wohn·block** ⟨-s, -s⟩ *m* block of flats; **Wohn·con·tai·ner** *m* portacabin; **Wohn·dich·te** *f* housing (*od* residential) density.

woh·nen ['vo:nən] *itr* live, stay (*bei* with); ▶ **er wohnt bei s-n Eltern** he lives with his parents; **ein Haus, in dem man nicht ~ kann** a house not fit to live in; **im Hotel ~** stay at a hotel.

Wohn·flä·che *f* living space; **Wohn·ge·biet** *n* residential district (*od* area); **Wohn·geld** *n* public housing allowance; **Wohn·ge·mein·schaft** *f* flat-sharing community; **Wohn·haus** *n Br* residential building, *Am* apartment house; **Wohn·heim** *n* **1.** *allg Br* residential home, *Am* rooming house; **2.** *(Studenten~)* hostel; **Wohn·kom·fort** *m* home comfort; **Wohn·kü·che** *f* kitchen-cum-living room; **Wohn·la·ge** *f* residential area; ▶ **ein Haus in schöner ~** a nicely situated house.

wohn·lich *adj* cosy; ▶ **es sich ~ machen** make o.s. comfortable.

Wohn·mo·bil ⟨-s, -e⟩ *n mot* dormobile *Wz,* mobile home (*Am* RV).

Wohn·ort *m* (place of) residence; **Wohn·qua·li·tät** *f* quality of housing; **Wohn·recht** *n jur* right of residence; **Wohn-Schlafzimmer** *n* bed-sitting room; **Wohn·sied·lung** *f* housing estate; **Wohn·si·lo** *m* concrete block; **Wohn·sitz** *m* domicile; ▶ **ständiger ~** permanent residence; **ohne festen ~** of no fixed abode.

Woh·nung *f Br* flat, *Am* apartment; ▶ **neue ~en bauen** build new homes; **freie ~ haben** have free lodging; **Woh·nungs·amt** *n* housing office; **Woh·nungs·an·ge·bot** *n* housing stock; **Woh·nungs·bau** ⟨-(e)s⟩ *m* house building; **Woh·nungs·bau·pro·gramm** *n* housing programme; **Woh·nungs·be·darf** *m* housing need; **Woh·nungs·be·set·zer(in)** *m (f)* squatter; **Woh·nungs·in·ha·ber(in)** *m (f)* householder, occupant; **Woh·nungs·man·gel** ⟨-s⟩ *m* housing shortage; **Woh·nungs·markt** ⟨-(e)s⟩ *m* housing market; **Woh·nungs·markt·an·zei·ge** *f* residential property advertisement; **Woh·nungs·nach·fra·ge** *f* housing demand; **Woh·nungs·nach·weis** *m* accomodation registry; **Woh·nungs·not** *f* (serious) housing shortage; **Woh·nungs·su·che** *f:* ▶ **auf ~ sein** be flat-hunting; **Woh·nungs·su·chen·de(r)** *f m* home-seeker; **Woh·nungs·wech·sel** *m* change of address.

Wohn·vier·tel *n* residential quarter (*Am* section *od* district); **Wohn·wa·gen** *m Br* caravan, *Am* trailer; **Wohn·wert** ⟨-(e)s⟩ *m* residential amenity; **Wohn·zim·mer** *n* living-room.

wöl·ben ['vœlbən] *refl allg* curve; *(Straße: durch Winterschaden)* buckle.

Wöl·bung *f allg* curvature; *arch (bogenförmig)* arch; *arch (kuppelförmig)* dome.

Wolf [vɔlf, *pl* 'vœlfə] ⟨-(e)s, ⃛e⟩ *m* **1.** *zoo* wolf; **2.** *med* intertrigo; **3.** *tech (Fleisch~) Br* mincer, *Am* grinder; *(für Schrott etc)* shredder; ▶ **~ im Schafspelz** *fig* wolf in a sheep's clothing; **jdn**

durch den ~ drehen *fig* put s.o. through his paces; **Wöl·fin** ['vœlfɪn] *f* she-wolf.

Wolf·ram ['vɔlfram] ⟨-s⟩ *n chem* tungsten, wolfram.

Wolfs·hun·ger ['-'--] *m fig fam* ravenous hunger; ▶ **e-n ~ haben** be ravenous.

Wol·ke ['vɔlkə] ⟨-, -n⟩ *f a. fig* cloud; ▶ **aus allen ~n fallen** *fig* be flabbergasted; **Wol·ken·bruch** *m* cloudburst; **Wol·ken·decke (k·k)** ⟨-⟩ *f* cloud cover (*od* pall); **Wol·ken·krat·zer** *m* skyscraper; **wol·ken·los** *adj* cloudless.

wol·kig *adj* cloudy.

Woll·decke (k·k) *f* (woollen) blanket.

Wol·le ['vɔlə] ⟨-, -n⟩ *f* wool; ▶ **reine ~** pure wool; **sich mit jdm in der ~ haben** *fam* be at loggerheads with s.o.; **sich mit jdm in die ~ kriegen** *fig fam* start squabbling with s.o.; **wol·len** *adj (aus Wolle)* woollen.

wol·len ['vɔlən] *irr* **I** *itr (Willen haben):* ▶ **da ist nichts zu ~** there's nothing I (*od* we *etc*) can do about it; **er will es nicht gewesen sein** he maintains that it wasn't him; **na, dann ~ wir mal!** all right, let's get started! **wenn du willst, kannst du gehen** you can go if you want; **ich will nicht** I don't want to; **will sie es wirklich?** does she really want to? **tu, was du willst** do as you want; **willst du jetzt wohl ruhig sein!** will you be quiet! **das will nichts heißen!** that doesn't mean anything! **die Schnittwunde will nicht heilen** the cut won't heal; **du kannst sagen, was du willst ...** *fam* say what you will ...; **das ist, wenn du so willst, ...** it is, if you will, ...; **ich will unbedingt ins Kino!** I'm set on going to the cinema! **II** *tr (bezwecken, wünschen)* want; ▶ **etw tun ~** want to do s.th.; **ich will zu Herrn Y.** I want to see Mr. Y.; **ich will, daß du herkommst** I want you to come here; **ich will das sofort erledigt haben** I want it done now; **was will er von dir?** what does he want with you? **sonst willst du nichts?** *(ironisch)* you don't want much; **er will nicht unterschreiben** he won't sign; **ich wollte nur helfen** I only meant to help; **willst du damit sagen, daß du nicht kommst?** do you mean to say you're not coming? **er wollte niemand beleidigen** he meant no offence.

wol·lig *adj* wooly; **Woll·jacke (k·k)** *f* cardigan; **Woll·stoff** *m* woollen material.

Wol·lust ['vɔlʊst] ⟨-⟩ *f* **1.** *(Sinnlichkeit)* voluptuousness; **2.** *(Lüsternheit)* lust; **wol·lü·stig** ['vɔlʏstɪç] *adj* **1.** *(sinnlich)* sensual; voluptuous; **2.** *(lüstern)* lusty; ▶ **jdn ~ ansehen** give s.o. a lascivious look.

Woll·wa·ren *pl* woollen goods; **Woll·wä·sche** *f* washing woollens.

wo·mit [-'-] *prn* **1.** *(Frage)* with what? what ... with? **2.** *(relativ)* with which; *(bei Bezug auf ganzen Satz)* by which; ▶ **~ kann ich dienen?** what can I do for you? **~ ich nicht sagen will, daß ...** which doesn't mean to say that ...

wo·mög·lich [-'--] *adv* possibly.

wo·nach [-'-] *prn* **1.** *(Frage)* after what? what ... after? **2.** *(relativ: zufolge)* according to which; ▶ **~ ich mich sehne, ist ...** what I am longing for is ...; **das Land, ~ ich mich sehne** the country which I am longing for; **~ riecht das?** what does it smell of?

Won·ne ['vɔnə] ⟨-, -n⟩ *f* bliss; ▶ **aber mit ~!** with great pleasure! **das ist e-e wahre ~** it's a sheer delight.

wor·an [vo'ran] *prn* **1.** *(Frage)* by what? **2.** *(relativ, mit Bezug auf vorausgehenden Satz)* by which; ▶ **~ denken Sie?** what are you thinking of (*od* about)? **~ arbeiten Sie?** what are you working at? **~ erinnert Sie das?** what does that remind you of? **man weiß bei ihm nie, ~ man ist** with him you never know where you are at; **..., ~ man sieht ...** ... by which is shown ...

wor·auf [vo'raʊf] *prn* **1.** *(Frage)* (up)on what? **2.** *(relativ: zeitlich)* whereupon; ▶ **~ du dich verlassen kannst!** ... of which you can be sure! **~ wartest du?** what are you waiting for?

wor·aus [vo'raʊs] **1.** *prn (Frage)* (out) of what? what ... of? **2.** *(relativ)* out of which, from which; ▶ **~ schließen Sie das?** from what do you deduce that? **..., ~ ich schließe, daß ...** ... from which I conclude that ...

wor·in [vo'rɪn] *prn* **1.** *(Frage)* in what? what ... in? **2.** *(relativ)* in which, which ... in, wherein; ▶ **~ besteht der Unterschied?** what is the difference?

Wort [vɔrt, *pl* 'vœrtɐ] ⟨*1.* -(e)s, ¨er, *2.* -es, -e⟩ *n* **1.** *allg* word; **2.** *(Ausspruch)* saying; ▶ **~ für ~** word for word; **sowas kann man mit ~en nicht beschreiben** words cannot describe it; **mir fehlen die ~e** words fail me; **mit e-m ~** in a word; **mit anderen ~en** in other words; **ein paar ~e sprechen** say a few words; **jdn beim ~ nehmen** take s.o. at his word; **du hast mir das ~ aus dem Munde genommen** you took the words out of my mouth; **für jdn ein gutes ~ einlegen** put in a word for s.o.; **sein ~ halten** keep one's word; **ich gebe dir mein ~** I give you my word; **sein ~ brechen** break one's word; **ich habe sein ~** I have his word for it; **das ist ein ~!** wonderful! **davon hat man mir kein ~ gesagt** they didn't tell me anything about it; **dein ~ in Gottes Ohr!** let us hope so! **jdm ins ~ fallen** interrupt s.o.; **jdm das ~ abschneiden** cut s.o. short;

zu ~ kommen get a chance to speak; **jdm das ~ erteilen** allow s.o. to speak; **in ~e fassen** put into words; **Wort·art** *f gram* part of speech; **wort·brü·chig** *adj* false; ► **~ werden** break one's word.

Wör·ter·buch *n* dictionary; **Wör·ter·ver·zeich·nis** *n* glossary.

Wort·füh·rer(in) *m (f)* spokesman (spokeswoman), spokesperson; **Wort·ge·fecht** *n* battle of words; **wort·ge·treu** *adj adv* verbatim; **wort·karg** *adj* taciturn; **Wort·klau·be·rei** ['vɔrtklaʊbə'raɪ] *f* cavilling, quibbling; **Wort·laut** ‹-(e)s› *m* wording; ► **im ~** verbatim; **nach dem ~ des Vertrages** by the terms of the contract.

wört·lich ['vœrtlɪç] *adj (Bedeutung)* literal; *(Wiedergabe)* word-for-word; ► **~e Rede** direct speech; **etw ~ übersetzen** translate s.th. literally.

wort·los I *adj* silent; **II** *adv* without saying a word; **Wort·mel·dung** *f* request to speak; ► **~en liegen nicht vor** there is nobody who asked leave to speak; **wort·reich** *adj (Rede)* verbose, wordy; *(Protest)* voluble; **Wort·schatz** ‹-es, ⸚e)› *m* vocabulary; **Wort·schwall** ‹-(e)s› *m* torrent of words; **Wort·spiel** *n* play upon words, pun; **Wort·stel·lung** *f gram* word order; **Wort·wech·sel** *m* verbal exchange; ► **e-n ~ haben** have a quarrel; **wort·wört·lich** ['-'--] **I** *adj* word-for-word, verbatim; **II** *adv* word for word, verbatim.

wor·über [vo'ry:bɐ] *adv* **1.** *(Frage)* about what? what ... about? **2.** *(örtlich)* over what? what ... over? **3.** *(relativ)* about which, which ... about; *(örtlich)* over which, which ... over; *(bei Bezug auf vorausgehenden Satz)* which.

wor·um [vo'rʊm] *adv* **1.** *(Frage)* about what? what ... about? **2.** *(relativ)* about which, which ... about; ► **~ handelt es sich?** what's it all about?

wor·un·ter [vo'rʊntɐ] *adv* **1.** *(Frage)* under what? what ... under? **2.** *(relativ)* under which, which ... under; ► **~ leidest du denn?** what are you suffering from?

wo·von [-'-] *adv* **1.** *(Frage)* from what? what ... from? **2.** *(relativ)* from which, which ... from; *(bei Bezug auf vorausgehenden Satz)* about which, which ... about; ► **~ sprechen Sie?** what are you talking about? **~ hat er das abgeleitet?** what did he derive that from? **~ auch immer Sie sprechen** whatever you're talking about.

wo·vor [-'-] *adv* **1.** *(Frage)* before what? what ... before? **2.** *(relativ)* before which, which ... before; ► **~ fürchtest du dich?** what are you afraid of? **etw, ~ ich euch schon immer gewarnt habe** s.th. I have always warned you about.

wo·zu [-'-] *adv* **1.** *(Frage)* to what? what ... to? *(warum)* why? **2.** *(relativ)* to which, which ... to; ► **~ soll das gut sein?** what is that supposed to be good for? **~ denn?** why should I (*od* he *etc)?*

Wrack [vrak] ‹-(e)s, -s/(-e)› *n a. fig* wreck.

wrin·gen ['vrɪŋən] *irr tr* wring.

Wu·cher ['vu:xɐ] ‹-s› *m* profiteering; *(bei Geldverleih)* usury; ► **das ist doch der reinste ~!** that's daylight robbery! **Wu·che·rer (Wu·che·rin)** *m (f)* profiteer; *(Geldverleiher(in))* usurer; **wu·che·risch** *adj* profiteering; *(Zinsen)* usurious; **Wu·cher·mie·te** *f* extortionate rent.

wu·chern ['vu:xɐn] ‹sein› *itr* **1.** *(aus~, empor~, a. bot med)* proliferate; **2.** *(von Haaren)* grow profusely; **wu·chernd** *adj* proliferous; **Wu·che·rung** *f* **1.** *med* growth, tumour; **2.** *bot* proliferation.

Wu·cher·zins *m* usurious interest.

Wuchs [vu:ks] ‹-es› *m* **1.** *(Wachstum)* growth; **2.** *(Körper~)* stature.

Wucht [vʊxt] ‹-› *f* **1.** force; *(Stoßkraft)* momentum; **2.** *fam (e-e ganze Menge)* load; **3.** *fam (Prügel)* good hiding; ► **Cornelia ist e-e ~!** *fig fam* C. is smashing! **wuch·ten** *tr itr (hochheben)* heave; **wuch·tig** *adj* **1.** *(schwer, a. fig)* heavy; **2.** *(kräftig)* powerful.

wüh·len ['vy:lən] **I** *itr tr* **1.** dig (*nach* for); *(von Nager)* burrow; **2.** *(stöbern)* root, rummage (*nach etw* for s.th.); **3.** *fig (Schmerzen etc)* gnaw (*in* at); **4.** *fig (zersetzend tätig sein)* stir things up; ► **in den Haaren ~** run one's fingers through one's hair; **II** *refl (durch Akten etc)* burrow one's way (through).

Wühl·maus *f* **1.** *zoo* vole.

Wulst [vʊlst, *pl* 'vʏlstə] ‹-(e)s, ⸚e› *m* bulge; *(Flaschen~, Glas~)* lip; *mot (Reifen~)* bead; *(Falte)* fold; **wul·stig** *adj* bulged; *(Lippen)* thick.

wund [vʊnt] *adj* sore; ► **~er Punkt** *fig* sore point; **sich ~ reiben** make o.s. sore (by chafing); **sich die Füße ~ laufen** walk one's legs off.

Wun·de ['vʊndə] ‹-, -n› *f a. fig* wound; ► **alte ~n wieder aufreißen** *fig* open up old sores.

Wun·der ['vʊndɐ] ‹-s, -› *n* **1.** *(überraschendes Ereignis)* wonder; **2.** *rel (Übernatürliches)* miracle; **3.** *fig (Person)* marvel; ► **das ist kein ~** no wonder; **~ tun** work wonders; **er wird sein blaues ~ erleben** *fam* he won't know what's hit him; **es geschehen noch Zeichen u. ~** *hum* wonders will never cease; **sich w~ was einbilden** think one is too wonderful for words; **wun·der·bar** *adj* **1.** *(schön)* marvellous, wonderful, *fam* smashing; **2.** *(über-*

natürlich) miraculous; **wun·der·ba·rer·wei·se** ['----'--] *adv* miraculously; **Wun·der·kind** *n* child prodigy; **Wun·der·land** ‹-(e)s› *n* wonderland.

wun·der·lich *adj* **1.** *(merkwürdig)* odd, strange; **2.** *(wundersam)* wondrous.

wun·dern I *tr* surprise; ▶ **das wundert mich aber!** you amaze me! **es würde mich nicht ~, wenn ...** I wouldn't be surprised if ...; **es wundert mich, daß du nicht daran gedacht hast** I'm surprised you didn't think of that; **II** *refl* be surprised (*od* astonished) (*über* at).

wun·der·schön ['--'-] *adj* lovely, wonderful; **wun·der·voll** *adj* marvellous, wonderful.

wund|lie·gen *irr refl* get bedsore; **Wund·sal·be** *f* ointment; **Wund·starr·krampf** *m* tetanus.

Wunsch [vʊnʃ, *pl* 'vʏnʃə] ‹-(e)s, ¨-e› *m* **1.** wish; *(sehnliches Verlangen)* desire; **2.** *(Bitte)* request; ▶ **es ging alles nach ~** everything was going smoothly; **ich lese ihr jeden ~ von den Augen ab** I anticipate her every wish; **dein ~ sei mir Befehl** your wish is my command; **dein ~ soll in Erfüllung gehen** you shall have your wish; **haben Sie noch e-n ~?** is there anything else you'd like? **da war der ~ der Vater des Gedankens** the wish was father to the thought; **Wunsch·den·ken** *n* wishful thinking.

Wün·schel·ru·te ['vʏnʃəlru:tə] *f* dowsing rod; **Wün·schel·ru·ten·gän·ger(in)** *m (f)* dowser.

wün·schen [vʏnʃən] *tr itr* wish (*sich etw* s.th.; *jdm etw* s.o. s.th.); *(im stillen)* wish (*sich etw* for s.th.); *(bitten)* ask (*sich etw* for s.th.); *(begehren, verlangen)* want; ▶ **ich wünschte, du wärest still** I wish you'd be quiet; **jdm alles Gute ~** wish s.o. well; **jdm frohe Weihnachten ~** wish s.o. a happy Christmas; **es war genauso wie ich es mir gewünscht hatte** it was everything I had wished; **sie hat alles, was man sich nur ~ kann** she has everything she could wish; **das läßt zu ~ übrig** that leaves s.th. to be desired; **wün·schens·wert** *adj* desirable.

wunsch·ge·mäß *adv* as planned (*od* requested); **Wunsch·kind** *n* wanted (*od* planned) child; **Wunsch·kon·zert** *n* request progamme; **Wunsch·traum** *m* dream; *(Illusion)* illusion; **Wunsch·zet·tel** *m* list of things desired.

Wür·de ['vʏrdə] ‹-, -n› *f* **1.** dignity; **2.** *(Ehre)* honour; **3.** *(Titel)* title; ▶ **in Amt u. ~n** in an exalted position; **unter jds ~** beneath someone's dignity; **unter aller ~** *fam* beneath contempt; **wür·de·los** *adj* undignified; **Wür·den·trä·ger(in)** *m (f)* dignitary; **wür·de·voll** *adj* dignified.

wür·dig *adj* **1.** *(wert)* worthy; **2.** *(würdevoll)* dignified; ▶ **du bist ihrer nicht ~** you are unworthy of her.

wür·di·gen ['vʏrdɪgən] *tr* **1.** *(einschätzen)* appreciate; **2.** *(respektieren)* respect; **3.** *(für würdig befinden)* deem (*jdn e-r Sache* s.o. worthy of s.th.); ▶ **etw zu ~ wissen** appreciate s.th.; **sie ~te ihn keines Blickes** she did not deign to look at him.

Wür·di·gung *f* **1.** *(Anerkennung)* appreciation; **2.** *(Ehrung)* honour.

Wurf [vʊrf, *pl* 'vʏrfə] ‹-(e)s, ¨-e› *m* **1.** throw; *sport (beim Handball)* shot; **2.** *(das Werfen)* throwing; **3.** *zoo (Jungtiere)* litter; *(das Werfen)* birth; ▶ **mit dieser Platte ist ihm ein großer ~ gelungen!** *fig* this record is a great hit for him! **e-n guten ~ tun** *fig (Glück haben)* hit the jackpot; **zum ~ ausholen** get ready to throw.

Wür·fel ['vʏrfəl] ‹-s, -› *m* **1.** *(Spiel~)* die (*pl* dice); **2.** *math* cube; ▶ **die ~ sind gefallen** the die is cast *pl;* **~ spielen** play at dice; **Wür·fel·be·cher** *m* shaker; **wür·fel·för·mig** *adj* cube-shaped, cubic; **Wür·fel·spiel** *n* **1.** *(als Spielart)* dice; **2.** *(e-e Partie ~)* game of dice; **Wür·fel·zucker (k·k)** *m* cube sugar.

Wurf·ge·schoß *m* missile, projectile; **Wurf·pfeil** *m* dart; **Wurf·sen·dung** *f* circular; mailing piece; **Wurf·spieß** *m* javelin.

wür·gen ['vʏrgən] **I** *tr* **1.** *(Luft ab~)* strangle, throttle; **2.** *fig (schlucken)* choke; **II** *itr* **1.** *(mühsam schlucken)* choke; **2.** *(hoch~)* retch; ▶ **mit Hängen und W~** *fig* by the skin of one's teeth.

Wurm [vʊrm, 'vʏrme] ‹-(e)s, ¨-er› *m* **1.** worm; *(Made, Larve)* maggot; **2.** *fam (kleines od armes Kind)* (little) mite; ▶ **da ist der ~ drin!** *fig fam* there's s.th. wrong somewhere! **jdm die ¨-er aus der Nase ziehen** *fig fam* drag it all out of s.o.

Würm·chen ['vʏrmçən] *n* **1.** *(kleiner Wurm)* small worm; **2.** *fig fam (Kind)* (poor) little mite.

wur·men ['vʊrmən] *tr fam:* ▶ **es wurmt mich** I'm rankling with it.

wurm·för·mig *adj* vermiform, worm-shaped; **Wurm·fort·satz** *m anat* vermiform appendix; **wurm·sti·chig** *adj (Obst)* maggoty; *(Holz)* full of wormholes.

Wurst [vʊrst, 'vʏrstə] ‹-, ¨-e› *f* sausage; ▶ **das ist mir ~** *fam Br* it is all the same to me, *Am* I don't give a hang; **jetzt geht's um die ~!** *fig fam* here we go! now for it!

Würst·chen ['vʏrstçən] *n* **1.** (small) sausage; **2.** *fig fam (ein Niemand)* squirt; ▶ **heiße ~** hot sausages; **armes ~** poor devil; **Würst·chen·stand** *m Br* sausage (*Am* hot-dog)stand.

wur·steln ['vʊrstəln] *itr fam* muddle along.
Wurst·fa·brik *f* sausage factory.
wur·stig *adj fam* couldn't-care-less; **Wur·stig·keit** *f fam* couldn't-care-less attitude.
Wurst·kon·ser·ve *f* tinned sausages *sing;* **Wurst·ver·gif·tung** *f* sausage poisoning; **Wurst·wa·ren** *pl* sausages.
Wür·ze ['vʏrtsə] ⟨-, -n⟩ *f* **1.** *(Gewürz)* seasoning, spice; **2.** *fig (Reiz)* spice; ▶ **in der Kürze liegt die ~** *prov* brevity is the soul of wit.
Wur·zel ['vʊrtsəl] ⟨-, -n⟩ *f a. fig u. math* root; *ling* radical, stem; ▶ **~n schlagen** root; *fig (sich einleben)* put down roots; *fig (irgendwo hängenbleiben)* grow roots; **etw mit der ~ ausrotten** *fig* eradicate s.th.; **die ~ aus e-r Zahl ziehen** *math* find the root of a number; **Wur·zel·be·hand·lung** *f med* root treatment.
wur·zeln *itr a. fig* be rooted; *(verursacht worden sein)* have its (*od* their *etc*) roots (*in etw* in s.th.).
Wur·zel·zei·chen *n math* radical sign.
wür·zen ['vʏrtsən] *tr* **1.** season; **2.** *fig* add spice to ...
wür·zig *adj* **1.** *(Speisen)* tasty; *(scharf)* spicy; **2.** *(aromatisch)* aromatic; **3.** *(Luft)* fragrant.
Würz·mit·tel *n* condiment; **Würz·stoff** *m* flavouring.
Wust [vu:st] ⟨-(e)s⟩ *m* **1.** *(unordentlicher Haufen)* heap; **2.** *(Menge)* pile; **3.** *(Durcheinander)* jumble.
wüst [vy:st] *adj* **1.** *(öde)* desert, waste; *(verlassen)* deserted, desolate; **2.** *(unordentlich)* chaotic; *(wild)* wild; **3.** *(liederlich, ausschweifend)* dissolute, wild; **4.** *(rüde)* vile; **5.** *(schlimm, schrecklich)* awful; ▶ **~ aussehen** look a real mess.
Wü·ste ['vy:stə] ⟨-, -n⟩ *f* **1.** desert; **2.** *(Öde, a. fig)* wilderness; ▶ **jdn in die ~ schicken** *fig fam* send s.o. packing; **Wü·sten·sand** *m* desert sand.
Wüst·ling ['vy:stlɪŋ] *m* lecher.
Wut [vu:t] ⟨-⟩ *f* **1.** *(Zorn)* fury, rage; **2.** *(Verbissenheit)* frenzy; ▶ **jdn in ~ bringen** infuriate s.o.; **er kochte vor ~** *fig fam* he was boiling with rage; **wenn ihn die ~ packt ...** when he gets in(to) a rage ...; **s-e ~ in sich hineinfressen** *fig fam* lump it; **er schäumte vor ~** he foamed with rage; **er ließ seine ~ an mir aus** he vented his rage on me; **in ~ geraten** fly into a rage; **der hat vielleicht 'ne ~ im Bauch!** *fam* he's hopping mad! **Wut·an·fall** *m* fit of rage; **Wut·aus·bruch** *m* outburst of rage.
wü·ten ['vy:tən] *itr* **1.** *(toben)* rage; **2.** *(Zerstörungen anrichten)* cause havoc; **3.** *(mit Worten)* storm (*gegen* at); **wü·tend** *adj* **1.** *(erzürnt)* enraged, furious; *(Menschenmenge)* angry, rioting; **2.** *(Sturm)* raging; **3.** *(heftig)* fierce; ▶ **auf jdn ~ sein** be mad at s.o.; **über etw ~ sein** be furious about s.th.; **~ sein** be in a rage; **jdn ~ machen** put s.o. into a rage.
wut·ent·brannt ['--'-] *adj* enraged, furious; **wut·schnau·bend** *adj* snorting with rage; **Wut·schrei** *m* yell of rage; **wut·ver·zerrt** ['--'-] *adj* distorted with rage.

X

X, x [ɪks] ‹-, -› *n* X, x.
X *n:* ▶ **jdm ein ~ für ein U vormachen** *fam* put one over on s.o.
x *adj fam:* ▶ **sie lebt hier schon seit ~ Jahren** she has lived here since the year dot *sing.*
x-Ach·se *f math* x-axis.
X-Bei·ne *pl* knock-knees; ▶ **~ haben** be knock-kneed; **x-bei·nig** *adj* knock-kneed.
x-be·lie·big ['--'--] *adj fam* any old ...; ▶ **das würde ich nicht für jeden ~en tun** I wouldn't do that for just anyone.
x-fach *adj fam:* ▶ **trotz ~er Ermahnungen** in spite of umpteen warnings.
x-mal *adv fam:* ▶ **ich hab' dir ~ gesagt ...** I've told you umpteen times ...
x-te *adj fam:* ▶ **zum ~n Mal** for the umpteenth time.
Xan·thip·pe [ksan'tɪpə] ‹-, -n› *f fig* shrew.
Xe·non ['kse:nɔn] ‹-s› *n chem* xenon.
xe·no·phob [kseno'fo:p] *adj* xenophobic; **Xe·no·pho·bie** ‹-› *f* xenophobia.
Xe·ro·gramm [kse:ro'gram] *n typ* xerographic copy; **Xe·ro·gra·phie** *f typ* xerography; **Xe·ro·ko·pie** *f* xerographic print, *fam* Xerox.
Xy·lo·phon [ksylo'fo:n] ‹-s, -e› *n* xylophone.

Y

Y, y ['ypsilɔn] ‹-, -› *n* Y, y.
y-Ach·se ‹-, -n› *f math* y-axis.
Yacht *f* (*s.* Jacht) yacht.
Yak [jak] ‹-s, -s› *m zoo* yak.
Yo·ga ['jo:ga] ‹-s› *m od n* yoga; **Yo·ga-sitz** *m* lotus position.
Yo·ghurt ['jo:gʊrt] ‹-s, -s› *m* od *n* yoghurt, yogurt.
Yo·gi ['jo:gi] ‹-(s), -s› *m* yogi.
Yp·si·lon *n* **1.** *(Buchstabe)* y; **2.** *(griechischer Buchstabe)* upsilon.
Ytong ['y:tɔŋ] ‹-s, -s› *m Wz* breezeblock.
Yuc·ca ['jʊka] ‹-, -s› *f* yucca.
Yup·pie ['jʊpɪ] ‹-s, -s› *m fam Kurzform für* **young urban professional** yuppie.

Z

Z, z [tsɛt] ‹-, -› *n* Z, z.

z. A. *Abk von* **zur Anstellung** on probation.

Zack [tsak] *m fam:* ▶ **auf ~ sein** be on the ball; **jdn auf ~ bringen** knock s.o. into shape; **jdn auf ~ halten** keep s.o. on his toes; **zack** *interj:* **~, ~!** chop, chop! **Zacke(n) (k·k)** ‹-s, -› *f (m)* point; *(Auszackung)* indentation; *(von Gabel)* prong; *(von Kamm)* tooth; ▶ **ihm würde kein ~ aus der Krone fallen, wenn er sich einmal bedanken würde** it wouldn't hurt him to say thankyou for once; **zackig (k·k)** *adj* **1.** *(gezackt)* jagged; *(Blätter)* serrated; **2.** *fam (Mensch)* smart; **3.** *fam (Rhythmus)* brisk.

za·gen ['tsa:gən] *itr* be apprehensive, hesitate; **zag·haft** *adj* timid; **Zag·haf·tig·keit** *f* timidity.

zäh [tsɛ:] *adj* **1.** *(~flüssig)* glutinous; **2.** *(hart, widerstandsfähig)* tough; ▶ **~ wie Leder** *fam* as tough as leather; **~ werden** toughen up; **sie hielt ~ an ihren Prinzipien fest** she held tenaciously to her principles; **sein ~er Lebenswille** his tenacity of life; **~er Verkehr** slow-moving traffic; **zäh·flüs·sig** *adj* **1.** thick, viscous; **2.** *fig (Verhandlung etc)* slow-moving; **Zäh·flüs·sig·keit** *f* thickness, viscosity; **Zä·hig·keit** *f (Strapazierfähigkeit)* toughness; *(Hartnäckigkeit)* tenacity.

Zahl [tsa:l] ‹-, -en› *f math gram* number; *(Ziffer)* figure, numeral; *(Zahlzeichen)* cipher; ▶ **e-e große ~ von Leuten** large numbers of people; **dreistellige ~** three-figure number; **der ~ nach** in number; **an ~ übertreffen** outnumber; **haben Sie die ~en vom Vorjahr gesehen?** *com* have you seen last year's figures?

zahl·bar *adj* payable (*an* to); ▶ **~ bei Erhalt** payable on receipt; **~ bei Lieferung** cash on delivery.

zah·len ['tsa:lən] *tr itr* pay; ▶ **auf Rechnung ~** pay on account; **ich zahle!** I'm paying; **dieses Mal zahle ich!** I'll pay for you this time! **Herr Ober, bitte ~!** *Br* waiter, the bill, (*Am* check) please! **Kinder ~ die Hälfte** children half-price; **sie zahlten ihm die Reise nach England** they paid for him to go to England; **e-e Rate für etw ~** make a payment on s.th.

zäh·len ['tsɛ:lən] *tr itr (a. fig: gehören zu)* count; ▶ **bis zehn ~** count to ten; **jdn zu s-n Freunden ~** count s.o. among one's friends; **die Kinder ~ nicht** the children don't count; **du kannst auf s-e Hilfe ~** you can count on him to help; **Picasso zählt zu den bekanntesten Malern unserer Zeit** Picasso ranks as one of the best-known painters of our time; **man kann ihn nicht zu den Punks ~** one cannot number (*od* count) him among the punks.

Zah·len·fol·ge *f* order of numbers; **Zah·len·ma·te·rial** *n* figures *pl;* **Zah·len·schloß** *n* combination lock; **Zah·len·ver·hält·nis** *n* ratio.

Zah·ler *m* payer; ▶ **pünktlicher ~** prompt payer; **säumiger ~** slow payer.

Zäh·ler *m* **1.** *math* numerator; **2.** *(Ablesegerät)* meter; **Zäh·ler·stand** *m* meter reading.

Zahl·kar·te *f* giro transfer form.

zahl·los *adj* countless, innumerable.

Zahl·mei·ster *m mil* paymaster; *mar* purser.

zahl·reich *adj* numerous.

Zahl·tag *m* pay day.

Zah·lung *f* payment; ▶ **in ~ geben** trade in; **in ~ nehmen** take as a trade-in; **e-e ~ leisten** make a payment; **etw zur ~ vorlegen** present s.th. for payment; **die ~en einstellen** stop payments.

Zäh·lung *f* count; *tech* metering; *(Volks~)* census.

Zah·lungs·ab·kom·men *n* payments agreement; **Zah·lungs·an·wei·sung** *f (durch Bank)* giro transfer order; *(durch Post)* post-office order (*Abk* P.O.O.); **Zah·lungs·auf·schub** *m* extension of credit; *jur* moratorium; **Zah·lungs·be·din·gun·gen** *pl* terms *pl* of payment; **Zah·lungs·be·fehl** *m* order to pay; **zah·lungs·fä·hig** *adj* solvent; **Zah·lungs·fä·hig·keit** *f* ability to pay; **Zah·lungs·frist** *f* time allowed for payment; **zah·lungs·kräf·tig** *adj* wealthy; **Zah·lungs·mit·tel** *n (gesetzliches ~) Br* (legal) tender, *Am* lawful money; *(Währung)* currency; **Zah·lungs·schwie·rig·kei·ten** *pl* financial difficulties; **Zah·lungs·un·fä·hig·keit** *f* inability to pay; **zah·lungs·un·wil·lig** *adj* unwilling to pay; **Zah·lungs·ver·kehr** *m* payments system, transfers *pl;* ▶ **bargeldloser ~** cashless transfer system; **Zah·lungs·ver·pflich·tun·gen** *pl* liabilities to pay; **Zah·lungs·ver·zug** *m* arrears *pl,* default; **Zah·lungs·ziel** *n* period allowed for payment.

Zähl·werk *n* counter.

Zahl·wort ‹-(e)s, ⸚er› *n* numeral; **Zahl·zei·chen** *n* numerical symbol.

zahm [tsa:m] *adj a. fig* tame.

zäh·men ['tsɛ:mən] *tr* **1.** tame; **2.** *fig (Leidenschaft etc)* control; **Zahm·heit** *f* tameness; **Zäh·mung** *f* taming.

Zahn [tsa:n, *pl* 'tsɛ:nə] ‹-(e)s, ⸚e› *m* **1.** *anat* tooth, *pl* teeth; **2.** *tech (von Zahnrad)* cog; **3.** *(von Briefmarke)* perforation; ► **ein steiler** ~ *sl* a smasher; **falsche** ⸚**e** false teeth; **jdm auf den** ~ **fühlen** *(aushorchen)* sound s.o. out; *(scharf befragen)* grill s.o.; **Haare auf den** ⸚**en haben** *fig* be a Tartar; **sich e-n** ~ **ziehen lassen** have a tooth out; **bis an die** ⸚**e bewaffnet sein** be armed to the teeth; **die** ⸚**e zeigen** *a. fig* show one's teeth; **sich die** ⸚**e putzen** brush one's teeth; **der** ~ **der Zeit** the ravages *pl* of time; **e-n** ~ **zulegen** *sl* get a move on.

Zahn·arzt (-ärz·tin) *m (f)* dentist; **Zahn·arzt·hel·fer(in)** *m (f)* dentist's assistant; **Zahn·be·hand·lung** *f* dental treatment; **Zahn·bein** *n* dentine; **Zahn·be·lag** ‹-(e)s› *m* film (*od* crusts) on the teeth; **Zahn·bür·ste** *f* tooth brush.

Zäh·ne·flet·schen *n* snarling; **Zäh·ne·klap·pern** *n* chattering of teeth.

zah·nen ['tsa:nən] *itr* cut one's teeth, teethe.

Zahn·er·satz *m* dentures *pl;* **Zahn·fäu·le** ‹-› *f* caries; **Zahn·fleisch** *n* gum; ► **auf dem** ~ **gehen** *fam* be all-in; **Zahn·fleisch·blu·ten** *n* bleeding of the gums; **Zahn·fül·lung** *f* filling; **Zahn·kli·nik** *f* dental clinic; **zahn·los** *adj* toothless; **Zahn·lücke (k·k)** *f* gap between one's teeth; **Zahn·me·di·zin** *f* dental medicine; **Zahn·nerv** *m* dental nerve; **Zahn·pa·sta** ['tsa:npasta] ‹-, (-s)› *f* tooth paste; **Zahn·pfle·ge** *f* dental hygiene; **Zahn·pro·the·se** *f* dental prothesis, denture; **Zahn·putz·glas** *n* toothbrush glass; **Zahn·rad** *n tech* cogwheel, gear; **Zahn·rad·bahn** *f Br* rack-railway, *Am* rack-railroad; **Zahn·schmelz** *m* (tooth) enamel; **Zahn·schmer·zen** *pl:* ► **ich hab'** ~ I have a toothache *sing;* **Zahn·sei·de** *f* dental floss; **Zahn·span·ge** *f* brace; **Zahn·stan·ge** *f tech* gear rack; **Zahn·stein** ‹-(e)s› *m* tartar; **Zahn·sto·cher** *m* tooth pick; **Zahn·tech·ni·ker(in)** *m (f)* dental technician; **Zahn·wur·zel** *f* root of a (*od* the) tooth.

Zam·pa·no [tsam'pa:no] ‹-s, -s› *m hum fam:* ► **der große** ~ the big cheese.

Zan·ge ['tsaŋə] ‹-, -n› *f* **1.** *tech (Kneif~, Flach~)* pliers *pl; (Beiß~, a. von Tier)* pincers *pl; (Feuer~)* tongs *pl; (medizinische ~)* forceps *pl;* **2.** *sport (~ beim Ringkampf)* double lock; ► **e-e** ~ a pair of pincers; **jdn in die** ~ **nehmen** *fig fam (fertigmachen)* give s.o. a pasting; *(in die Enge treiben)* put the screws on s.o.; *sport (beim Ringkampf)* put a double lock on s.o.; **jetzt habe ich dich in der** ~! *fig* I've got you now! **zan·gen·för·mig** *adj* pincer-shaped; **Zan·gen·ge·burt** *f* forceps delivery.

Zank [tsaŋk] ‹-(e)s› *m* quarrel, row; **Zank·ap·fel** *m fig* bone of contention.

zan·ken I *itr (schimpfen)* scold (*mit jdm* s.o.); **II** *refl* quarrel, row, squabble; ► **sich** ~ **mit ...** have a row with ...; **sie haben sich gezankt** they've had a quarrel.

Zän·ke·rei [tsɛŋkə'raɪ] *f* quarrelling, squabbling.

zän·kisch ['tsɛŋkɪʃ] *adj (streitlustig)* quarrelsome; ► **e-e** ~**e Frau** a shrewish woman.

Zank·sucht ‹-› *f* quarrelsomeness.

Zäpf·chen ['tsɛpfçən] *n* **1.** *med (Einführ~)* suppository; **2.** *anat (Gaumen~)* uvula; **3.** *tech* small plug.

Zap·fen ['tsapfən] ‹-s, -› *m* **1.** *(Nadelbaum~)* cone; **2.** *tech (Lager~)* journal; **3.** *tech (Möbelholz~)* tenon; **4.** *tech (in Dreh~lager)* pin; **5.** *(Eis~)* icicle.

zap·fen *tr* tap.

Zap·fen·streich *m mil Br* tattoo, *Am* taps *sing.*

Zapf·ge·schwin·dig·keit *f* delivery rate; **Zapf·hahn** *m* tap; **Zapf·pi·sto·le** *f* nozzle; **Zapf·säu·le** *f Br* petrol (*Am* gas)pump; **Zapf·ven·til** *n* delivery nozzle.

zap·pe·lig *adj* fidgety, wriggly; ► **jdn** ~ **machen** give s.o. the fidgets *pl;* ~ **werden** get the fidgets *pl.*

zap·peln ['tsapəln] *itr (herum~)* fidget; *(sich winden)* wriggle; ► **zappel nicht so rum!** don't fidget! **jdn** ~ **lassen** *fig* keep s.o. in suspense.

Zap·pel·phi·lipp *m fam* fidget; ► **was bist du für ein** ~! have you got the fidgets?

zap·pen·du·ster ['tsapən'du:stɐ] *adj fam:* ► **nun ist es aber** ~! now we're really in the soup!

Zar [tsa:ɐ] ‹-s/-en, -en› *m hist* czar; **Za·rin** *f hist* czarina.

zart [tsa:ɐt] *adj* **1.** *(schwächlich, a. lieblich)* tender; *(Gesundheit)* delicate; *(zerbrechlich)* fragile, frail; **2.** *(feinfühlig)* sensitive; **3.** *(Farbe)* pale; ► ~ **besaitet sein** *fig* be highly sensitive; ~**e Haut (**~**es Fleisch)** soft skin (soft meat); **zart·be·sai·tet** ['--'--] *adj* highly sensitive; **zart·füh·lend** *adj* sensitive; **Zart·ge·fühl** *n* delicacy of feeling, sensitivity; **zart·grün** ['-'-] *adj* pale green.

zärt·lich ['tsɛ:ɐtlɪç] *adj* loving, tender; *(streichelnd)* caressing; **Zärt·lich·keit** *f* **1.** *(Zärtlichsein)* tenderness; **2.** *(Lieb-*

kosung) caress.

Zau·ber ['tsaʊbɐ] ⟨-s, -⟩ *m* **1.** *(Magie)* magic; **2.** *fig (Reiz)* charm; **3.** *(~spruch)* (magic) spell; ▶ **fauler ~** *fam Br* humbug, *Am* punk; **was soll der ganze ~?** *fam* why all the fuss? **Zau·be·rei** *f* **1.** *(Magie)* magic, sorcery, witchcraft; **2.** *(Zauberkunststück)* conjuring trick; ▶ **ein Buch über ~** a book on witchcraft; **wie durch ~** as if by magic.

Zau·be·rer (Zau·be·rin) *m (f)* **1.** *(Magier(in))* magician; *(Hexer(in))* sorcerer, wizard; **2.** *(Taschenspieler(in))* conjurer; ▶ **ein ~ mit dem Ball** *sport* a wizard with the ball.

Zau·ber·for·mel *f* magic formula; **zau·ber·haft** *adj* enchanting; **Zau·ber·kunst** *f* **1.** *(Magie)* magic; **2.** *(Taschenspielerei)* conjuring; **Zau·ber·künst·ler(in)** *m (f)* conjurer; **Zau·ber·kunst·stück** *n* conjuring trick; ▶ **er unterhielt sie mit ein paar ~en** he entertained them with a display of magic; **Zau·ber·land·schaft** *f* fairytale scene.

zau·bern ['tsaʊbɐn] **I** *itr* **1.** *(Magie ausüben)* do magic; **2.** *(Zauberkunststücke zeigen)* do conjuring tricks; ▶ **ich kann doch nicht ~!** *fam* I'm not a magician! **II** *tr* produce as if by magic; ▶ **er zauberte die Taube in s-n Hut** he made the dove disappear in his hat by magic.

Zau·ber·spruch *m* (magic) spell; **Zau·ber·stab** *m* (magic) wand; **Zau·ber·trank** *m* magic potion; **Zau·ber·wort** *n* magic word.

Zau·de·rer *m* vacillator.

zau·dern ['tsaʊdɐn] *itr (schwanken)* vacillate; *(zögern)* hesitate; ▶ **ohne auch nur e-n Augenblick zu ~** without the slightest hesitation.

Zaum [tsaʊm, *pl* 'tsɔɪmə] ⟨-(e)s, ⸚e⟩ *m* bridle; ▶ **im ~(e) halten** *fig* bridle, keep a tight rein on ...

zäu·men ['tsɔɪmən] *tr* bridle.

Zaun [tsaʊn, *pl* 'tsɔɪnə] ⟨-(e)s, ⸚e⟩ *m* fence; ▶ **e-n Streit vom ~e brechen** pick a quarrel; **Zaun·gast** *m fam Br* deadhead, *Am* fence-rider; **Zaun·kö·nig** *m zoo* wren; **Zaun·lat·te** *f* pale, stake; **Zaun·pfahl** *m* (fencing) post; **ein Wink mit dem ~** a broad hint.

zau·sen ['tsaʊzən] *tr* ruffle.

z. B. *Abk von* **zum Beispiel** e. g.

Ze·bra ['tse:bra] ⟨-s, -s⟩ *n zoo* zebra; **Ze·bra·strei·fen** *m Br* zebra crossing, *Am* crosswalk.

Ze·che ['tsɛçə] ⟨-, -n⟩ *f* **1.** *(Wirtshausrechnung) Br* bill, *Am* check; **2.** *(Bergwerk)* (coal-)mine; **3.** *(Bergwerksgesellschaft)* mining company; ▶ **die ~ bezahlen** *a. fig* foot the bill; **ze·chen** *itr (ein Zechgelage machen)* carouse; *fam (sich betrinken)* booze; **Ze·cher(in)** *m (f) (bei Trinkgelage)* carouser, reveller; *fam (Säufer)* boozer; **Zech·ge·la·ge** *n* carouse; **Zech·kum·pan** *m fam* drinking-mate.

Zecke (k·k) ['tsɛkə] ⟨-, -n⟩ *f zoo* tick.

Ze·der ['tse:dɐ] ⟨-, -n⟩ *f bot* cedar; **Ze·dern·holz** *n* cedar wood.

Ze·he ['tse:ə] ⟨-, -n⟩ *f* *1. anat* toe; **2.** *(Knoblauch~)* clove; ▶ **große ~** big toe; **jdm auf die ~n treten** *a. fig fam* tread on someone's toes; **Ze·hen·na·gel** *m* toe nail; **Ze·hen·spit·ze** *f* tip of the toe; ▶ **auf (den) ~n gehen** (walk on) tiptoe.

zehn [tse:n] *adj* ten; ▶ **etwa ~** about ten; **ich wette ~ zu eins, daß sie nicht kommt** ten to one she won't come; **neun von ~ Leuten würden mir zustimmen** nine out of ten people would agree with me.

Zeh·ner ⟨-s, -⟩ *m* **1.** *math* ten; **2.** *fam (Geldschein)* tenner; **Zeh·ner·kar·te** *f (für Schwimmbad etc)* 10-visit-ticket; **zeh·ner·lei** *adj* of ten different sorts; **Zeh·ner·packung (k·k)** *f* packet of ten.

Zehn·fin·ger·sy·stem [-'----] *n* touch-typing method; **zehn·jäh·rig** *adj* ten-year-old; **Zehn·kampf** *m sport* decathlon; **zehn·mal** *adv* ten times; **Zehn·mark·schein** ['-'--] *m* ten-mark note.

zehn·tau·send *adj* ten thousand; ▶ **die oberen Z~** *Br* the upper ten, *Am* the four hundred; **Z~e von Menschen** tens of thousands of people.

zehn·te *adj* tenth; **Zehn·tel** ⟨-s, -⟩ *n* tenth; **zehn·tens** *adv* in the tenth place, tenthly.

zeh·ren ['tse:rən] *itr* **1.** *(leben)* live (*von etw* on s.th.); **2.** *fig* feed (*von etw* on s.th.); **3.** *(entkräften)* wear (*an jdm* s.o.) out; **4.** *(nagen: Kummer, etc)* gnaw (*an jdm* at s.o.); *(an Gesundheit)* undermine (*an etw* s.th.).

Zei·chen ['tsaɪçən] ⟨-s, -⟩ *n* **1.** sign; *(Hinweis, Signal)* signal; **2.** *(Merkmal)* token; *(An~)* indication; *(Erkennungs~)* identification; **3.** *(Schrift~)* character; *(Karten~, Symbol)* symbol; *(Satz~)* punctuation mark; ▶ **ein ~ geben** give a sign (*od* signal); **er nickte zum ~, daß er mich erkannt hatte** he nodded as a sign of recognition; **jdm ein ~ machen** make a sign to s.o.; **er gab mir durch ein ~ zu verstehen, ich solle bleiben** he made me a sign to stay; **jdm ein ~ geben, etw zu tun** sign to s.o. to do s.th.; **als ~ der Verehrung** as a token of respect; **zum ~, daß ...** to show that ...; **seines ~s Tischler** *obs* a joiner by trade.

Zei·chen·block ⟨-(e)s, -s/⸚e⟩ *m* drawing-pad; **Zei·chen·brett** *n* drawing-board; **Zei·chen·drei·eck** *n* set-square; **Zei·chen·er·klä·rung** *f (auf Landkarte)* legend; *(auf Fahrplänen* *etc)* key to the symbols; **Zei·chen·kunst** *f* (art of) drawing; **Zei·chen·leh·rer(in)** *m (f)* art teacher; **Zei·chen·pa·pier** *n* drawing paper; **Zei·chen·saal** *m* art-room; **Zei·chen·set·zung** *f* punctuation; **Zei·chen·spra·che** *f* sign language; **Zei·chen·stift** *m* drawing pencil; **Zei·chen·stun·de** *f* art lesson; **Zei·chen·tisch** *m* drawing table; **Zei·chen·trick·film** *m* animated cartoon; **Zei·chen·un·ter·richt** *m* **1.** *(Unterrichtsstunde)* drawing lesson; **2.** *(Schulfach)* art.

zeich·nen ['tsaıçnən] **I** *itr* draw; ► **gezeichnet: xy** signed, xy; **II** *tr* **1.** *(ab~)* draw; **2.** *fin (Anleihe etc)* subscribe to ...; ► **e-e Kurve ~** map a graph, plot a curve.

Zeich·ner(in) *m (f)* **1.** *Br* draughtsman, *Am* draftsman (-woman); *(technische(r) ~)* engineering draughtsman (-woman); **2.** *(Künstler)* artist.

Zeich·nung *f* **1.** *(Darstellung, Entwurf)* drawing; *(Skizze)* sketch; **2.** *fig (Schilderung)* depiction; **3.** *fin (e-r Anleihe)* subscription; **4.** *(Struktur von Fell etc)* markings *pl;* ► **zur ~ auflegen** *fin* invite subscriptions for ...; **das Gefieder hat e-e hübsche ~** the plumage has attractive markings; **zeich·nungs·be·rech·tigt** *adj* authorized to sign.

Zei·ge·fin·ger *m* forefinger, index finger.

zei·gen ['tsaıgən] **I** *tr* show; ► **ohne irgendwelche Gefühle zu ~** without any show of emotion *sing;* **jdm etw ~** show s.th. to s.o.; **zeig mir, wie man das macht!** show me how to do it! **dir werd' ich's ~!** *fam* I'll show you! **dem hab' ich's aber gezeigt!** *fam* that showed him! **ihnen wurde die Fabrik gezeigt** they were shown over the factory; **II** *itr (anzeigen, deuten)* point (*auf* at); ► **der Zeiger zeigt auf Rot, wenn ...** the dial will show red if ...; **zeig nicht mit dem Finger!** don't point! **er zeigte mit dem Stock auf das Haus** he pointed his stick in the direction of the house; **in welche Richtung zeigt es?** in which direction is it pointing? **kannst du mir ~, wer er ist?** could you point him out to me? **III** *refl* **1.** *(offensichtlich werden, a. sichtbar sein, a. fig)* appear; **2.** *fig (sich herausstellen)* prove, turn out; ► **wie sich gleich ~ wird** as will presently appear; **da zeigt sich mal wieder, daß ...** it all goes to prove that ...; **es zeigte sich, daß er selbst der Mörder war** he turned out to be the murderer himself; **sich dankbar ~** show one's gratitude.

Zei·ger *m (Instrumenten~)* indicator, pointer; *(Uhren~)* hand.

Zei·ge·stock *m* pointer.

Zei·le ['tsaılə] ‹-, -n› *f* **1.** *(Text~)* line; **2.** *TV* scanning line; **3.** *(Reihe, Häuser~)* row; **Zei·len·ab·stand** *m* line spacing; **Zei·len·län·ge** *f* length.

Zei·sig ['tsaızıç] ‹-s, -e› *m orn* siskin.

Zeit ['tsaıt] ‹-, -en› *f* **1.** time; **2.** *(Ära, Epoche)* age; **3.** *gram* tense; ► **es ist ~, daß wir gehen** it's time we went; **seit einiger ~** for some time past; **das wird aber auch ~!** about time too! **von ~ zu ~** from time to time; **morgen um diese ~** this time tomorrow; **von der ~ an** from that time on; **wie die ~ vergeht!** how time flies! **es ist an der ~** the time has come; **das braucht s-e ~** it takes time to do that; **sich bei etw ~ lassen** take one's time over s.th.; **keine ~ für jdn haben** have no time for s.o.; **sich ~ für etw nehmen** make time for s.th.; **Ich fahre längere ~ weg** I'm going away for a long time; **die ganze ~** all the time; **zur ~** at present; **welche ~ hatte er?** *sport* what was his time? **es wird langsam ~, daß sie kommt** it's about time she was here; **alles zu s-r Zeit!** there's a time and a place for everything! **dies ist wohl kaum die rechte ~, um ...** this is hardly the time to ...; **jetzt ist die richtige ~, es zu tun** now's the time to do it; **es ist an der ~, etw zu tun** the time has come to do s.th.; **jds ~ auf 100 m stoppen** *sport* time s.o. over 100 metres; **das war genau zur rechten ~** that was very timely; **das waren noch ~en!** those were the days! **die ~ drängt** time is pressing; **das hat ~** there's no hurry about it; **damit hat es ~ bis morgen** that can wait until tomorrow; **wir sind die längste ~ Freunde gewesen** this is the end of our friendship.

zeit *prp:* ► **~ meines (s-s** *etc)* **Lebens** in my (his *etc*) lifetime.

Zeit·ab·schnitt *m* period (of time); **Zeit·ab·stand** *m* time interval; **Zeit·al·ter** ‹-s, -› *n* age; **Zeit·an·ga·be** *f* **1.** *(Datum)* date; **2.** *(Uhrzeit)* time (of day); **Zeit·an·sa·ge** *f* **1.** *radio* time check; **2.** *tele* speaking clock; **Zeit·bom·be** *f* time bomb; **Zeit·dau·er** *f* duration; **Zeit·druck** ‹-(e)s› *m* pressure of time; ► **unter ~** under pressure; **Zeit·ein·heit** *f* unit of time; **Zeit·ein·tei·lung** *f* timing; **Zeit·er·spar·nis** *f* saving of time; **Zeit·fah·ren** *n sport* time trial.

zeit·ge·bun·den *adj* **1.** *(abhängig von der Zeit)* dependent on a particular time; **2.** *(vorübergehend)* temporary.

Zeit·geist ‹-es› *m* spirit of the times; **zeit·ge·mäß** *adj* up-to date; ► **~ sein** be keeping with the times; **Zeit·ge·nos·se (-ge·nos·sin)** *m (f)* contemporary; ► **seltsamer ~** *(ironisch)* oddball; **zeit·ge·nös·sisch** *adj* contemporary; **Zeit·ge·schich·te** *f* contemporary history; **Zeit·ge·schmack** *m* prevailing taste; **Zeit·ge·winn** *m* gain in time; **Zeit·hi·sto·ri·ker(in)** *m (f)* contemporary historian.

zei·tig *adj adv* early.

zei·ti·gen ['tsaɪtɪgən] *tr (hervorbringen)* bring about.

Zeit·kar·te *f Br* season (*Am* commutation) ticket; **Zeit·lang** *f:* ▶ **e-e ~** (for) a while.

zeit·le·bens [tsaɪt'le:bəns] *adv* all one's life.

zeit·lich I *adj* **1.** *(auf die Zeit bezogen)* temporal; **2.** *(chronologisch)* chronological; **II** *adv* **1.** timewise; **2.** *(chronologisch)* chronologically; ▶ **paßt dir das ~?** is the time convenient for you? **~ zusammenfallen** coincide; **das Z~e segnen** *fam (Mensch)* depart this life; *fig fam (Ding)* bite the dust; **Dinge ~ aufeinander abstimmen** synchronize things.

zeit·los *adj* timeless.

Zeit·lu·pe *f:* ▶ **etw in ~ zeigen** show s.th. in slow motion; **Zeit·lu·pen·tem·po** *n* slow motion; ▶ **im ~** *fig* at a snail's pace; **Zeit·man·gel** ⟨-s⟩ *m* lack of time; **Zeit·ma·schi·ne** *f* time machine; **Zeit·neh·mer(in)** *m (f) sport* timekeeper; **Zeit·punkt** *m* **1.** *(Termin)* time; **2.** *(Augenblick)* moment; **Zeit·raf·fer** *m phot film* time-lapse photography; **zeit·rau·bend** *adj* time-consuming; **Zeit·raum** *m* period of time; **Zeit·rech·nung** *f* calendar; ▶ **die christliche ~** the Christian calendar; **nach (vor) unserer ~** A.D. (B.C.); **Zeit·rei·se** *f* time travel; **Zeit·rei·sen·de(r)** *f m* time traveller; **Zeit·schalt·uhr** *f* time switch; **Zeit·schrift** *f* magazine; *(wissenschaftlich)* journal, periodical; **Zeit·sol·dat** *m mil* regular soldier; **Zeit·span·ne** *f* period of time; **zeit·spa·rend** *adj* time-saving; **Zeit·ta·fel** *f* chronological table; **Zeit·takt** *m tele* unit length.

Zei·tung ['tsaɪtʊŋ] *f* (news)paper; ▶ **e-e ~ abonnieren** *(beziehen)* subscribe to (*od* take in) a newspaper; **Zei·tungs·an·zei·ge (Zei·tungs·in·se·rat)** *f (n)* newspaper advertisement; announcement in the (news)paper; **Zei·tungs·ar·ti·kel** *m* newspaper article; *(kurzer ~)* item; **Zei·tungs·aus·schnitt** *m* newspaper cutting; **Zei·tungs·aus·trä·ger(in)** *m (f)* newspaper carrier; **Zei·tungs·bei·la·ge** *f* newspaper supplement; **Zei·tungs·en·te** *f fam* canard; **Zei·tungs·jar·gon** *m pej* journalese; **Zei·tungs·ki·osk** *m* newsstand; **Zei·tung·le·sen** *n:* ▶ **beim ~ sein** be reading the newspaper; **Zei·tung·le·ser(in)** *m (f)* newspaper reader; **Zei·tungs·mel·dung** *f* (piece of) news; **Zei·tungs·pa·pier** *n* newsprint; *(als Altpapier, zum Einwickeln etc)* newspaper; **Zei·tungs·re·kla·me** *f* newspaper advertising; **Zei·tungs·ver·käu·fer(in)** *m (f)* newsvendor; **Zei·tungs·ver·le·ger** *m* newspaper publisher; **Zei·tungs·we·sen** ⟨-s⟩ *n* newspaper world, press; **Zei·tungs·zar** *m fam* press baron.

Zeit·ver·lust *m* loss of time; **Zeit·ver·schie·bung** *f* time lag; **Zeit·ver·schwen·dung** *f* waste of time; **Zeit·ver·treib** *m (Hobby)* pastime; ▶ **zum ~** to pass the time; **Zeit·ver·zö·ge·rung** *f* time delay.

zeit·wei·lig *adj* temporary.

zeit·wei·se *adv* at times.

Zeit·wort *n* verb; **Zeit·zei·chen** *n* time signal; **Zeit·zeu·ge (-zeu·gin)** *m (f)* contemporary witness; **Zeit·zün·der** *m* time fuse.

ze·le·brie·ren [tsele'bri:rən] *tr* celebrate.

Zel·le ['tsɛlə] ⟨-, -n⟩ *f* **1.** *(kleiner Raum)* cell; **2.** *el* cell; **3.** *tele* booth.

Zell·ge·we·be *n* cell tissue; **Zell·kern** *m* (cell) nucleus.

Zel·lo·phan [tsɛlo'fa:n] ⟨-s, (-e)⟩ *n Wz* cellophane.

Zell·stoff *m* cellulose; **Zell·tei·lung** *f* cell division.

Zel·lu·li·tis [tsɛlu'li:tɪs] ⟨-⟩ *f med* cellulitis.

Zel·lu·loid [tsɛlu'lɔɪt] ⟨-(e)s⟩ *n* celluloid.

Zel·lu·lo·se [tsɛlu'lo:zə] ⟨-, (-n)⟩ *f* cellulose.

Zell·wand *f* cell wall; **Zell·wol·le** *f* spun rayon.

Zelt [tsɛlt] ⟨-(e)s, -e⟩ *n* tent; *(Indianer~)* tepee, wigwam; *(Zirkus~)* big top; ▶ **s-e ~e abbrechen** *fig* pack one's bags; **s-e ~e aufschlagen** *fig* settle down; **Zelt·bahn** *f* strip of canvas; **Zelt·dach** *n* **1.** *(Dach e-s Zeltes)* tent-roof; **2.** *arch (Hausdachform)* pyramid roof.

zel·ten *itr* camp.

Zelt·la·ger *n* camp; **Zelt·lei·ne** *f* guy (line); **Zelt·lein·wand** *f* canvas; **Zelt·stan·ge** *f* tent pole.

Ze·ment [tse'mɛnt] ⟨-(e)s, -e⟩ *m a. med* cement; **ze·men·tie·ren** *tr a. fig* cement.

Ze·nit [tse'ni:t] ⟨-(e)s⟩ *m a. fig* zenith; ▶ **die Sonne steht im ~** the sun is at its zenith.

zen·sie·ren *tr* **1.** *(der Zensur unterziehen)* censor; **2.** *päd (beurteilen, benoten)* give marks for ...

Zen·sor(in) *m (f)* censor.

Zen·sur [tsɛn'zu:ɐ] *f* **1.** *(Kontrolle)* censorship; **2.** *(~stelle)* board of censors; **3.** *päd (Note)* mark; ▶ **der ~ unterliegen** be censored; **gute ~en** *päd* a good report *sing.*

Zen·ti·me·ter ['tsɛnti-] *n Br* centimetre, *Am* centimeter.

Zent·ner ['tsɛntnɐ] ⟨-s, -⟩ *m* hundredweight; **Zent·ner·last** *f fig* heavy burden; ► **mir fiel e-e ~ vom Herzen** *fig* it was a great weight off my mind; **zent·ner·wei·se** *adv* by the hundredweight.

zen·tral [tsɛnˈtra:l] *adj a. fig* central.

Zen·tra·le ⟨-, -n⟩ *f* **1.** *(Zentralbüro)* head office; **2.** *(Taxi~)* headquarters *pl;* **3.** *tech (Schalt~)* central office; *tele (Amt)* exchange; *tele (in Firma)* switchboard.

Zen·tral·ein·heit *f EDV* central processing unit (*Abk* CPU); **Zen·tral·hei·zung** *f* central heating.

zen·tra·li·sie·ren *tr* centralize; **Zen·tra·lis·mus** ⟨-⟩ *m* centralism; **zen·tra·li·stisch** *f* centralistic.

Zen·tral·kom·mit·tee *n* central committee; **Zen·tral·rech·ner** *m EDV* mainframe; **Zen·tral·stel·le** *f:* ► **~ für die Vergabe von Studienplätzen** (*Abk* ZVS) *Br* UCCA, *Am* SAT center; **Zen·tral·ver·rie·ge·lung** *f mot* central door locking.

zen·trie·ren *tr Br* centre, *Am* center.

Zen·tri·fu·gal·kraft *f* centrifugal force.

Zen·tri·fu·ge [tsɛntriˈfu:gə] ⟨-, -n⟩ *f* centrifuge.

zen·tri·pe·tal [tsɛntripeˈta:l] *adj* centripetal.

Zen·trum [ˈtsɛntrʊm] ⟨-s, -tren⟩ *n a. fig Br* centre, *Am* center; ► **im ~ New Yorks** *Br* in the centre of New York, *Am* in downtown New York.

Zep·ter [ˈtsɛptɐ] ⟨-s, -⟩ *n* sceptre; ► **das ~ führen** *fig fam* wield the sceptre.

zer·bei·ßen *irr tr* chew; *(auseinanderbeißen)* chew through.

zer·bom·ben *tr* bomb out; **zer·bombt** *adj* bombed out.

zer·bre·chen *irr tr* ⟨h⟩ *itr* ⟨sein⟩ break into pieces; ► **sich den Kopf ~** rack one's brains *pl;* **am Leben ~** be destroyed by life; **zer·brech·lich** *adj* fragile; ► **„Vorsicht, ~!"** "fragile, handle with care".

zer·bröckeln (k·k) *tr* ⟨h⟩ *itr* ⟨sein⟩ crumble.

zer·drücken (k·k) *tr* **1.** crush; *(zerquetschen)* mash; **2.** *(Stoff: zerknittern)* crease.

Ze·re·mo·nie [tseremoˈni:/tsereˈmo:nɪə] ⟨-, -n⟩ *f* ceremony; **Ze·re·mo·ni·ell** ⟨-s, -e⟩ *n* ceremonial; **ze·re·mo·ni·ell** *adj* ceremonial.

zer·fah·ren *adj* **1.** *(Weg)* rutted; **2.** *fig (unkonzentriert)* distracted; **Zer·fah·ren·heit** *f* **1.** *(Unkonzentriertheit)* distraction; **2.** *(Schusseligkeit)* scattiness.

Zer·fall ⟨-(e)s⟩ *m* **1.** *(Auflösung)* disintegration; *(Gebäude~)* decay; **2.** *fig* decline; **3.** *(Fäulnis)* decomposition; **zer·fal·len** ⟨sein⟩ *irr itr* **1.** *(Häuser)* decay, fall into ruin; **2.** *(verwesen)* decompose; **3.** *fig* decline; **4.** *(sich gliedern)* fall (*in* into); ► **zu Staub ~** crumble into dust; **zer·fal·len** *adj (Gebäude)* tumbledown; **Zer·falls·pro·dukt** *n phys* daughter product; **Zer·falls·pro·zeß** *m* decomposition.

zer·fet·zen *tr a. fig* tear to pieces; **zer·fetzt** *adj (Kleidung)* ragged, tattered; *(Körper)* lacerated.

zer·flei·schen *tr* tear to pieces; ► **sich gegenseitig ~** *fig* tear each other apart; **sich mit Selbstvorwürfen ~** *fig* torment o.s. with self-reproaches.

zer·flie·ßen ⟨sein⟩ *irr (Tinte, Make-up etc)* run; *(schmelzen, a. fig)* melt away; ► **vor Mitleid ~** be overcome with pity.

zer·fres·sen *irr tr* **1.** *chem* corrode; **2.** *fig* consume; ► **von Motten ~** motheaten.

zer·furcht *adj* furrowed.

zer·ge·hen ⟨sein⟩ *irr itr (sich auflösen)* dissolve; ► **auf der Zunge ~** *(Eis)* melt in the mouth; *(Fleisch)* fall apart.

zer·glie·dern *tr* **1.** *biol* dissect; **2.** *fig (analysieren)* analyse.

zer·hacken (k·k) *tr* chop up.

zer·hau·en *irr tr* chop in two; *(Knoten)* cut.

zer·klei·nern *tr* reduce to small pieces; *(Holz)* chop; *(zermahlen)* crush.

zer·klüf·tet [tsɛrˈklʏftət] *adj* fissured.

zer·knautscht *adj* creased.

zer·knirscht *adj* remorseful; **Zer·knir·schung** *f* remorse.

zer·knit·tern *tr* crease, crumple.

zer·knül·len *tr* crumple (*od* scrunch) up.

zer·ko·chen *tr itr* ⟨sein⟩ cook to a pulp; *(zu lange kochen)* overcook.

zer·krat·zen *tr* scratch to pieces.

zer·krü·meln *tr* crumble.

zer·las·sen *irr tr* melt.

zer·leg·bar *adj:* ► **etw ist ~** s.th. can be taken apart.

zer·le·gen *tr* **1.** *(auseinandernehmen)* take apart; *mot (Getriebe etc)* strip down; **2.** *(Braten)* carve up; *biol* dissect; **3.** *gram* analyse; **4.** *math* reduce (*in* to); ► **e-e Zahl in ihre Faktoren ~** *math* factorize a number; **e-n Satz ~** *gram* parse a sentence; **etw in s-e Einzelteile ~** take s.th. to pieces; **Zer·le·gung** *f* **1.** *(das Auseinandernehmen)* taking apart; *mot* stripping down; **2.** *(von Braten)* carving up; **3.** *biol* dissection; **4.** *gram* analysis; **5.** *math* reduction.

zer·lumpt *adj* ragged, tattered.

zer·mal·men [tsɛrˈmalmən] *tr a. fig* crush; *(mit den Zähnen)* crunch.

zer·mar·tern *tr:* ► **sich den Kopf ~** rack one's brains (*über* over).

zer·mür·ben *tr fig:* ► **jdn ~** wear s.o. down; **zer·mür·bend** *adj* trying.

zer·na·gen *tr* gnaw to pieces.

zer·pflücken (k·k) *tr a. fig* pick to pieces.

zer·quet·schen *tr* crush, squash.

Zerr·bild *n* **1.** *fig* caricature; **2.** *(in Spiegelkabinett)* distorted image.

zer·re·den *tr fam (Problem)* flog to death.

zer·rei·ben *irr tr a. fig* crumble, crush; *(im Mörser etc)* grind.

zer·rei·ßen *irr* **I** *tr* ⟨h⟩ *(versehentlich)* tear; *(absichtlich)* tear up; *(zerstükkeln)* dismember; *(zerfleischen)* tear apart; ▸ **es zerreißt mir das Herz** it breaks my heart; **II** *itr* ⟨sein⟩ *(Papier, Stoff)* tear; *(Faden, Seil etc)* break; **III** *refl* ⟨h⟩ *fig:* ▸ **man kann sich doch nicht ~!** one can't be in two places at once! **ich könnte mich vor Wut ~!** I'm hopping mad!

Zer·reiß·pro·be *f* **1.** pull test; **2.** *fig* crucial test (*für* of).

zer·ren ['tsɛrən] **I** *tr* **1.** *(fort~)* drag; **2.** *(Muskel)* pull, strain; *(reißen)* tear (*an* at); ▸ **hinter sich her ~** drag along (*od* pull behind one); **sich den Muskel ~** tear a muscle; **er zerrte sie an den Haaren** he pulled her hair; **an etw ~** tug at s.th.

zer·rin·nen ⟨sein⟩ *irr itr a. fig* melt away; ▸ **wie gewonnen so zerronnen** *prov* easy come easy go.

Zer·rung *f med* pulling.

zer·rüt·ten [tsɛr'rʏtən] *tr* destroy, ruin; *(Nerven, Gesundheit)* shatter; ▸ **in zerrüttetem Zustand** in a very bad way.

zer·sä·gen *tr* saw up.

zer·schel·len [tsɛr'ʃɛlən] ⟨sein⟩ *itr* be dashed (*od* smashed) to pieces; *(Schiff)* be wrecked.

zer·schla·gen *irr* **I** *tr* **1.** *(in Stücke ~)* smash; *(zerschmettern)* shatter; **2.** *(auseinanderschlagen)* break up; **3.** *fig* crush; **II** *refl fig (fehlschlagen)* fall through.

zer·schla·gen *adj (erschöpft)* washed out; ▸ **sich wie ~ fühlen** feel washed-out.

zer·schmet·tern *tr itr a. fig* shatter; *(Gegner)* crush.

zer·schnei·den *irr tr* cut; *(entzweischneiden)* cut in two; *(in Stücke)* cut up.

zer·set·zen **I** *tr* **1.** *(verfaulen lassen)* decompose; **2.** *(zerätzen)* corrode; **3.** *fig (unterminieren)* undermine; **II** *refl* **1.** *(verfaulen)* decompose; **2.** *(zerätzt werden)* corrode; **zer·set·zend** *adj fig* subversive; **Zer·set·zung** *f* **1.** *(Fäulnis)* decomposition; **2.** *(Zerätzung)* corrosion; **3.** *fig (Unterminierung)* undermining; **Zer·set·zungs·pro·dukt** *n* educt; **Zer·set·zungs·pro·zeß** *m* breakdown (*od* decomposition) process.

zer·sie·deln *tr* spoil (by development); **Zer·sie·de·lung** *f:* ▸ **~ der Landschaft** despoliation of the landscape, uncontrolled urban spread.

zer·split·tern *tr itr refl (in Stücke ~)* shatter; *(Holz)* splinter; ▸ **sich ~** *pol* fragment.

zer·sprin·gen ⟨sein⟩ *irr itr* **1.** *(in Stücke gehen)* shatter; **2.** *(Sprünge bekommen)* crack; **3.** *(Saite: reißen)* break; ▸ **vor Ungeduld ~** burst with impatience.

zer·stamp·fen *tr* **1.** *(zerstoßen)* grind, pound; **2.** *(zerquetschen)* mash.

zer·stäu·ben [tsɛr'ʃtɔɪbən] *tr* spray; **Zer·stäu·ber** *m (Spray)* spray; *(Parfüm~)* atomizer.

zer·ste·chen *tr* **1.** *(Material: durchstechen)* puncture; **2.** *(Insekten: beißen)* bite; ▸ **von Mücken zerstochen** bitten all over by midges.

zer·stö·ren *tr a. fig* destroy; *(ruinieren)* ruin; ▸ **jds Hoffnungen ~** wreck someone's hopes; **Zer·stö·rer** *m mar mil* destroyer; **zer·stö·re·risch** *adj* destructive; **Zer·stö·rung** *f* destruction; *(Ruin)* ruin; **Zer·stö·rungs·wahn** *m med* detrimental delusion; **Zer·stö·rungs·wut** *f med* destructive mania.

zer·sto·ßen *irr tr* **1.** *(Gewürz etc)* grind, pound; **2.** *(abwetzen)* scuff.

zer·streu·en **I** *tr* **1.** *fig (auflösen, vertreiben)* disperse; **2.** *(verstreuen)* scatter (*über* over); **3.** *fig (unterhalten)* divert; ▸ **jds Zweifel** *fig* **~** dispel someone's doubts; **II** *refl* **1.** *(auseinandergehen)* disperse; **2.** *(sich ablenken)* amuse o.s.; **zer·streut** *adj fig* absent-minded; **Zer·streut·heit** *f* absent-mindedness; **Zer·streu·ung** *f* **1.** *(Ablenkung)* diversion; **2.** *(Zerstreutheit)* absent-mindedness; **3.** *(Auflösung: von Zweifel etc)* dissipation.

zer·stückeln (k·k) *tr* **1.** *(Leiche ~)* dismember; **2.** *(Bauland ~)* carve up; **Zer·stücke·lung (k·k)** *f (Leichen~)* dismemberment.

zer·tei·len *tr* **1.** *(aufteilen)* split up; **2.** *(zerschneiden)* cut up; ▸ **~ Sie das Blatt in 4 Teile** divide the piece of paper into 4 parts.

zer·tram·peln *tr* trample on ...

zer·tre·ten *irr tr* crush.

zer·trüm·mern *tr* smash, destroy, wreck.

Zer·ve·lat·wurst [tsɛrvə'la:t-] *f* cervelat.

zer·wüh·len *tr* **1.** *(zerknautschen)* ruffle up; **2.** *(Erde: aufwühlen)* churn up.

Zer·würf·nis [tsɛr'vʏrfnɪs] ⟨-ses, -se⟩ *n* disagreement, row.

zer·zau·sen *tr* dishevel, tousle; **zer·zaust** *adj* windswept.

Ze·ter ['tse:tɐ] *n:* ▸ **~ und Mordio schreien** scream blue murder; raise a hue and cry; **ze·tern** *itr* **1.** *(schreien)* clamour; *(keifen)* nag; **2.** *(jammern)* moan.

Zet·tel ['tsɛtəl] ⟨-s, -⟩ *m (Stück Papier)* piece of paper; *(beschriebener)* note; *(Kassen~, Beleg)* receipt; *(Formular)* Form; **Zet·tel·ka·sten** *m* **1.** *(Kasten für Zettel)* file-card box; **2.** *(Kartei)* card index.

Zeug [tsɔɪk] ⟨-(e)s, -e⟩ *n* **1.** *fam allg* stuff; **2.** *fam (Kleider)* things *pl;* **3.** *fam (Dinge, Getier)* things *pl;* **4.** *fam (Quatsch)* rubbish; ▶ **red kein dummes ~!** don't talk drivel! **das ~ zu etw haben** have got what it takes to be s.th.; **mach kein dummes ~!** don't be stupid! **jdm etw am ~e flicken** *fig* tell s.o. what to do; **sich ins ~ legen** put one's shoulder to the wheel.

Zeu·ge ['tsɔɪgə] ⟨-n, -n⟩ *m jur a. fig* witness (*e-r Sache* to s.th.); ▶ **als ~ aussagen** (bear) witness; **unter ~n** in front of witnesses.

zeu·gen¹ *itr:* ▶ **von etw ~** show s.th.; **für (gegen) jdn ~** testify for (against s.o.).

zeu·gen² *tr:* ▶ **ein Kind ~** father a child.

Zeu·gen·aus·sa·ge *f* testimony; **Zeugen·stand** *m Br* witness-box (*Am* stand); **Zeu·gen·ver·neh·mung** *f* examination of the witness(es).

Zeug·nis ⟨-ses, -se⟩ *n* **1.** *päd* report; **2.** *(Arbeits~)* reference; ▶ **gute ~se haben** *fig* have good qualifications; **jdm ein ~ ausstellen** give s.o. a. reference; **gegen jdn ~ ablegen** give evidence against s.o.

Zeu·gung *f* fathering; **Zeu·gungs·akt** *m* act of procreation; **zeu·gungs·fä·hig** *adj* fertile; **zeu·gungs·un·fä·hig** *adj* sterile.

z. H. *Abk von* **zu Händen (von)** att.; ▶ **~ Frau Müller** att.: Mrs. Müller.

Zick·zack ['tsɪktsak] ⟨-(e)s, -e⟩ *m* zigzag; ▶ **im ~ fahren** (*od* **gehen** *od* **laufen**) zigzag; **zick·zack·för·mig** *adj* zigzag; ▶ **~ verlaufen** zigzag.

Zie·ge ['tsi:gə] ⟨-, -n⟩ *f* goat; ▶ **blöde ~!** *fig fam* silly bitch!

Zie·gel ['tsi:gəl] ⟨-s, -⟩ *m* **1.** *(~stein)* brick; **2.** *(Dach~)* tile; **Zie·gel·dach** *n* tiled roof; **Zie·ge·lei** *f* brickworks *pl; (für Dachziegel)* tile-making works *pl;* **zie·gel·rot** *adj* brick-red; **Zie·gel·stein** *m* brick.

Zie·gen·bock *m* billy goat; **Zie·gen·kä·se** *m* goat's milk cheese; **Zie·gen·le·der** *n* kid(-leather), kidskin; **Zie·gen·pe·ter** *m fam (Krankheit)* mumps *sing.*

Zie·hen *n (Schmerz)* dragging pain.

zie·hen ['tsi:ən] *irr* **I** *tr* **1.** pull; *(zerren)* tug; *(schleppen)* drag; **2.** *fig (züchten: bot)* grow; **3.** *fig (züchten: zoo)* breed; ▶ **er zog sie an sich** he pulled her towards him; **e-n Revolver ~** pull a gun on s.o.; **sie zog es ihm aus den Händen** she pulled it away from him; **e-n Zahn ~** pull out a tooth; **nach oben ~** pull up; **e-n Graben ~** dig a ditch; **er zog sich den Hut übers Gesicht** he drew his hat over his eyes; **die Blicke auf sich ~** attract attention; **den Kürzeren ~** *fig fam* come off worst, get the worst of it; **II** *itr* **1.** *(zerren)* pull; **2.** *(Luftzug):* ▶ **es zieht** there's a draught; **3.** *fig* ⟨sein⟩ *(Tee etc)* draw; **4.** *fig* ⟨sein⟩ *(ein~)* penetrate (*in etw* s.th.); **5.** ⟨sein⟩ *(wandern)* go, move; ▶ **laß mich mal ~!** *(an Zigarette)* give me a drag! **sich in die Länge ~** *fig* drag; **etw nach sich ~** lead to (*od* entail) s.th.; **er zog sie an den Haaren** he gave her hair a pull; **der Wagen zieht nicht richtig** the car isn't pulling very well; **nach rechts ~** *mot* pull to the right; **an s-r Zigarette ~** pull at one's cigarette; **er zog auf die linke Spur** *mot* he pulled across to the left-hand lane; **das zieht bei mir nicht!** *fig fam* I don't like that sort of thing! **so was zieht immer!** *fig fam* that sort of thing always goes down well! **zieht's dir?** *(durch Luftzug)* are you in a draught? **zu jdm ~** move in with s.o.; **mir zieht's in der Schulter** my shoulder hurts; **was zieht dich denn nach Chicago?** what is drawing you to Chicago?

Zieh·har·mo·ni·ka *f* concertina.

Zie·hung *f (von Lotterie)* draw.

Ziel [tsi:l] ⟨-(e)s, -e⟩ *n* **1.** *(Reise~)* destination; *(Zweck, Absicht)* aim, goal, objective; **2.** *(~ der Wünsche, ~ der Kritik)* object; **3.** *(im Rennsport)* finish; **4.** *(~scheibe, etc)* target; **5.** *com (Zahlungs~)* credit period; ▶ **durchs ~ gehen** *sport* cross the finishing line; *(Pferdesport)* pass the winning-post; **sein ~ verfehlen** miss one's aim; **mit dem ~, etw zu tun** with the aim of doing s.th.; **sich hohe ~e setzen** *fig* aim high; **zum ~ gelangen** *fig* reach one's goal; **ins ~ treffen** hit the target; **Ziel·band** ⟨-(e)s, ¨er⟩ *n sport* finishing-tape; **ziel·bewußt** *adj* purposeful.

zielen *itr* **1.** aim (*auf* at); **2.** *fig (Bemerkung etc)* be aimed (*auf* at); ▶ **mit dem Revolver auf jdn ~** aim a pistol at s.o.

Ziel·fern·rohr *n* telescopic sight; **Ziel·ge·ra·de** *f sport* home straight; **ziel·ge·rich·tet** *adj* purposeful, purposive; **Ziel·grup·pe** *f markt* target audience (*od* group); **Ziel·grup·pen·for·schung** *f markt* target group research; **Ziel·li·nie** *f sport* finishing-line; **ziel·los** *adj* aimless, purposeless; **Ziel·schei·be** *f* **1.** target; **2.** *fig (von Angriffen etc)* object; **Ziel·set·zung** *f* objective, target; **ziel·si·cher 1.** *(Mensch)* unerring; **2.** *(Planen, Handeln)* purposeful; **Ziel·spra·che** *f* target language; **ziel·stre·big I** *adj* determined; **II** *adv* full of determination; **Ziel·vor·stel·lung** *f* objective.

zie·men ['tsi:mən] *refl:* ▶ **das ziemt sich nicht** it isn't proper.

ziem·lich I *adv* **1.** *(beträchtlich)* quite, *fam* pretty; **2.** *fam (fast)* almost, nearly;

▶ **das ist so ~ dasselbe** it's pretty much the same; ~ **viele Leute** quite a few people; **so ~ fertig** pretty well finished; **II** *adj (beträchtlich)* considerable; **mit ~er Sicherheit** fairly certainly; **e-e ~e Enttäuschung** quite a disappointment.

Zier·de ['tsi:ɐdə] ‹-, -n› *f* **1.** *(Schmuck)* decoration; **2.** *fig (Ehre)* honour; ▶ **zur ~** for decoration.

zie·ren ['tsi:rən] **I** *tr* **1.** *(schmücken)* adorn; **2.** *fig (auszeichnen)* grace; **II** *refl* **1.** *(Umstände machen)* make a fuss; *(beim Essen)* need a lot of pressing; **2.** *(Frau)* act coyly; **3.** *(sich gekünstelt benehmen)* be affected; ▶ **ohne sich zu ~** without having to be pressed.

Zier·gar·ten *m* ornamental garden; **Zier·lei·ste** *f* **1.** *allg* edging; **2.** *typ* vignette; **3.** *mot Br* moulding, *Am* molding.

zier·lich *adj (niedlich)* dainty; *(fein, zerbrechlich)* delicate; **Zier·lich·keit** *f (Niedlichkeit)* daintiness; *(Feinheit, Zerbrechlichkeit)* delicateness.

Zier·naht *f* decorative stitching; **Zier·pflan·ze** *f* ornamental plant; **Zier·schrift** *f* ornamental lettering; **Zier·strauch** *m* ornamental shrub.

Zif·fer ['tsɪfɐ] ‹-, -n› *f* **1.** *(Zahl)* figure, number; *(Zahlzeichen)* digit; *(Schriftzeichen)* cipher; **2.** *(e-s Paragraphen)* clause; ▶ **in ~n schreiben** write in figures; **Zif·fer·blatt** *n (an Uhr)* dial, face.

zig *adj fam* umpteen; ▶ **ich habe dir ~mal gesagt ...** I've told you umpteen times ...

Zi·ga·ret·te [tsigaˈrɛtə] ‹-, -n› *f* cigarette; ▶ **e-e ~ drehen** make a cigarette; **Zi·ga·ret·ten·an·zün·der** *m* cigarette lighter; **Zi·ga·ret·ten·au·to·mat** *m* cigarette machine; **Zi·ga·ret·ten·etui** *n* cigarette case; **Zi·ga·ret·ten·packung (k·k)** *f* cigarette package; **Zi·ga·ret·ten·spit·ze** *f* cigarette-holder; **Zi·ga·ret·ten·stum·mel** *m Br* cigarette-end, *Am* cigarette-butt; *Br fam* fag-end.

Zi·ga·ril·lo [tsigaˈrɪlo] ‹-s, -s› *m* cigarillo.

Zi·gar·re [tsiˈgarə] ‹-, -n› *f* cigar; **Zi·gar·ren·ki·ste** *f* cigar-box; **Zi·gar·ren·spit·ze** *f* cigar-holder; **Zi·gar·ren·stum·mel** *m* cigar-butt.

Zi·geu·ner(in) [tsiˈgɔɪnɐ] *m (f)* gipsy.

Zi·ka·de [tsiˈka:də] ‹-, -n› *f zoo* cicada.

Zim·bab·we [zɪmˈbapve] ‹-s› *n* Zimbabwe; **zim·bab·wisch** *adj* Zimbabwean.

Zim·mer ['tsɪmɐ] ‹-s, -› *n* room; ▶ **„~ frei"** "vacancies"; **alle im ~ lachten** the whole room laughed; **Zim·mer·an·ten·ne** *f radio* indoor aerial; **Zim·mer·decke (k·k)** *f* ceiling; **Zim·mer·ein·rich·tung** *f* furniture; **Zim·mer·flucht** *f* suite (of rooms); **Zim·mer·kell·ner** *m* room-waiter; **Zim·mer·laut·stär·ke** *f*: ▶ **können Sie ihren Apparat auf ~ stellen?** could you turn it down a bit? **Zim·mer·mäd·chen** *n* chambermaid; **Zim·mer·mann** ‹-(e)s, -leute› *m* carpenter.

zim·mern ['tsɪmɐn] **I** *tr* **1.** make (*od* construct) from wood; **2.** *fig (konstruieren)* construct; **II** *itr* do carpentry; ▶ **an etw ~** make s.th. from wood; *fig* work on s.th.

Zim·mer·nach·weis *m* accomodation service; **Zim·mer·pflan·ze** *f* indoor plant; **Zim·mer·tem·pe·ra·tur** *f* room temperature; **Zim·mer·ver·mitt·lung** *f* **1.** *(als Einrichtung)* accomodation agency; **2.** *(als Tätigkeit)* accomodation service.

zim·per·lich ['tsɪmpɐlɪç] *adj* **1.** *(überempfindlich)* nervous (*gegen* about); *(zartbesaitet)* squeamish; **2.** *(geziert)* affected; **3.** *(prüde)* prissy; ▶ **sei doch nicht so ~!** don't be so silly! **Zim·per·lich·keit** *f* **1.** *(Überempfindlichkeit)* nervousness; **2.** *(Wehleidigkeit)* softness.

Zimt [tsɪmt] ‹-(e)s, -e› *m (Gewürz)* cinnamon.

Zink [tsɪŋk] ‹-(e)s› *n* zinc.

Zin·ke ['tsɪŋkə] ‹-, -n› *f (an Gabel)* prong; *(am Kamm)* tooth.

zin·ken *adj (aus Zink)* zinc.

zin·ken *tr sl (Karten markieren)* mark.

Zinn [tsɪn] ‹-(e)s› *n* tin; **Zinn·be·cher** *m* pewter tankard.

Zin·ne ['tsɪnə] ‹-, -n› *f* **1.** *(von Burgmauer)*: ▶ **~n** *pl* battlements; **2.** *(Berg~)* pinnacle.

zin·ne(r)n *adj* pewter.

Zinn·ge·schirr *m* pewter ware.

Zin·no·ber [tsɪˈno:bɐ] ‹-s, -› *m* **1.** *(Farbe)* cinnabar, vermilion; **2.** *fam (Unsinn)* rubbish; *(Getue)* fuss; **zin·no·ber·rot** *adj* vermilion.

Zinn·sol·dat *m* tin soldier.

Zin·sen ['tsɪnzən] *pl* interest *sing;* ▶ **~ tragen** bear interest; **das werd' ich dir mit ~ heimzahlen!** *fig* I'll pay you back with interest! **ein Darlehen zu 15 %** a loan at 15 % interest; **Zins·er·trag** *m* interest proceeds *pl;* **Zin·ses·zins** *m* compound interest; **zins·gün·stig** *adj* at a favourable rate of interest; **zins·los** *adj* interest-free; **Zins·satz** *m* interest rate, rate of interest; **Zins·ver·lust** *m* loss of interest.

Zio·nis·mus [tsioˈnɪsmʊs] ‹-› *m* Zionism; **Zio·nist(in)** *m (f)* Zionist; **zio·ni·stisch** Zionist.

Zip·fel ['tsɪpfəl] ‹-s, -› *m* **1.** *(Stoff~)* corner; **2.** *(Wurstendchen)* end; **3.** *(Mützen~)* point; **Zip·fel·müt·ze** *f* pointed cap.

Zir·bel·drü·se ['tsɪrbəl-] *f anat* pineal

gland.
zir·ka ['tsɪrka] *adv* about, circa.
Zir·kel ['tsɪrkəl] ‹-s, -› *m* **1.** *(Gerät)* compasses *pl;* **2.** *(Personenkreis)* circle.
Zir·ku·la·tion [tsɪrkula'tsjo:n] *f* circulation.
zir·ku·lie·ren ‹h *u.* sein› *itr* circulate.
Zir·kus ['tsɪrkʊs] ‹-, -se› *m* **1.** circus; **2.** *fam (Theater, Getue)* to-do; **Zir·kus·zelt** *n* big top.
zir·pen ['tsɪrpən] *itr* cheep, chirp.
zisch *interj* hiss; **zi·scheln** ['tsɪʃəln] *itr* whisper.
zi·schen ['tsɪʃən] **I** *itr* **1.** hiss; *(brutzeln: Fett)* sizzle; **2.** *fam* ‹sein› *(verschwinden)* whizz; **II** *tr (sprechen)* hiss; **Zisch·laut** *f ling* sibilant.
zi·se·lie·ren [tsizə'li:rən] *tr (Schwert, Messer etc)* chase.
Zi·ster·ne [tsɪs'tɛrnə] ‹-, -n› *f* cistern, well.
Zi·ta·del·le [tsita'dɛlə] ‹-, -n› *f* citadel.
Zi·tat [tsi'ta:t] ‹-(e)s, -e› *n* quotation; ▶ **falsches** ~ misquotation.
Zi·ther ['tsɪtɐ] ‹-, -n› *f mus* zither.
zi·tie·ren *tr* **1.** *(Zitat angeben)* quote; **2.** *(vorladen)* summon (*vor* before).
Zi·tro·nat ‹-(e)s, -e› *n* candied lemon peel.
Zi·tro·ne [tsi'tro:nə] ‹-, -n› *f* lemon; ▶ **jdn wie e-e ~ auspressen** squeeze s.o. until the pips squeak; **Zi·tro·nen·fal·ter** *m zoo* brimstone butterfly; **Zi·tro·nen·saft** *m* **1.** *(purer Saft)* lemon juice; **2.** *(Mischgetränk)* lemon squash; **Zi·tro·nen·sch·ale** *f* lemon peel.
Zi·trus·frucht ['tsi:trʊs-] *f* citrus fruit.
zit·t(e)·rig *adj* shaky.
zit·tern ['tsɪtɐn] *itr* **1.** *(Wut, Furcht)* tremble (*vor* with); *(Schwäche)* shake (*vor* with); *(Kälte)* shiver (*vor* with); **2.** *(vibrieren)* quiver; ▶ **am ganzen Körper** ~ be all of a shake; **mit ~der Stimme** with a shaky voice; **ich zittere, wenn ich daran denke, was hätte geschehen können** I tremble to think what might have happened; **Zit·tern** *n* trembling; ▶ **das große ~ haben** *fig fam* be all of a tremble; **das große ~ kriegen** *fig fam* tremble in one's shoes.
Zit·ter·pap·pel *f bot* aspen.
Zit·ze ['tsɪtsə] ‹-, -n› *f zoo* teat.
Zi·vil [tsi'vi:l] ‹-s› *n:* ▶ **in ~** in civilian clothes, *fam* in civvies; **zi·vil** *adj* **1.** *(nicht mil)* civilian; **2.** *fam (anständig, angemessen)* civil; *(Preise)* reasonable; ▶ **~er Bevölkerungsschutz** *Br* civil defence (*Am* defense); **Zi·vil·be·völ·ke·rung** *f* civilian population; **Zi·vil·cou·ra·ge** *f* courage (to stand up for one's beliefs); **Zi·vil·dienst** *m* civilian (*od* community) service; **Zi·vil·dienst·lei·sten·de(r)** *m person doing social work instead of military service.*
Zi·vi·li·sa·tion [tsiviliza'tsjo:n] *f* civilization; **Zi·vi·li·sa·tions·er·schei·nung** *f* phenomenon of civilization; **Zi·vi·li·sa·ti·ons·krank·heit** *f* illness caused by civilization.
zi·vi·li·sa·to·risch I *adj* of civilization; **II** *adv* in terms of civilization.
zi·vi·li·sie·ren *tr* civilize.
Zi·vi·list(in) *m (f)* civilian.
Zi·vil·le·ben *n* civilian life, *fam* civvy street; **Zi·vil·pro·zeß** *m* civil action; **Zi·vil·pro·zeß·ord·nung** *f jur Br* Civil Practice Act, *Am* Rules of Civil Procedure; **Zi·vil·recht** *n* civil law; **zi·vil·recht·lich** *adj* (of) civil law; **Zi·vil·schutz** *m* civil defence (*Am* defense).
Zo·bel ['tso:bəl] ‹-s, -› *m zoo* sable.
Zocken (k·k) ['tsɔkn] *itr sl* gamble.
Zoff ['tsɔf] ‹-s› *m fam (Ärger)* trouble.
Zö·gern *n* hesitation; ▶ **ein Augenblick des ~s** a moment's hesitation.
zö·gern ['tsø:gen] *itr* hesitate; ▶ **wir sollten nicht länger ~** we should not hesitate any longer; **ohne auch nur einen einzigen Augenblick zu ~** without the slightest hesitation.
Zög·ling ['tsø:klɪŋ] *m obs* pupil.
Zö·li·bat [tsøli'ba:t] ‹-(e)s› *m od n eccl* celibacy; ▶ **im ~ leben** be celibate.
Zoll[1] ‹-, -› *m (altes Längenmaß)* inch.
Zoll[2] [tsɔl, *pl* 'tsœlə] ‹-(e)s, ⸚e› *m* **1.** *(Waren~)* customs duty; **2.** *(Amt, Behörde)* customs *pl;* ▶ **~ auf etw zahlen** pay duty on s.th.; **Zoll·ab·fer·ti·gung** *f* **1.** *(Vorgang)* customs clearance; **2.** *(Dienststelle)* checkpoint; **Zoll·amt** *n* customs house; **Zoll·be·am·te(r) (-be·am·tin)** *m (f)* customs officer (*od* official); **Zoll·be·gleit·pa·pie·re** *n pl* customs documents.
zol·len ['tsɔlən] *tr:* ▶ **jdm Beifall ~** applaud s.o.; **jdm Tribut ~** pay tribute to s.o.; **jdm Achtung ~** respect s.o.
Zoll·er·klä·rung *f* customs declaration; **Zoll·fahn·der(in)** *m (f)* customs investigator; **Zoll·fahn·dung** *f* customs investigation department; **zoll·frei** *adj* duty-free; **Zoll·ge·biet** *n* customs district; **Zoll·ge·bühr** *f* (customs) duty; **Zoll·gren·ze** *f* customs frontier; **Zoll·in·halts·er·klä·rung** [-'-----] *f* customs declaration; **Zoll·kon·trol·le** *f* customs check; **zoll·pflich·tig** *adj Br* dutiable, *Am* customable; **Zoll·schran·ke** *f* customs barrier.
Zoll·stock *m* inch, rule, ruler.
Zoll·ta·rif *m* customs tariff; **Zoll·uni·on** *f* customs union.
Zom·bie ['tsɔmbɪ] ‹-(s), -s› *m a. fig* zombie.
Zo·ne ['tso:nə] ‹-, -n› *f* **1.** *(Gebiet)* zone; **2.** *(Geltungsbereich von Verkehrsmittel)* fare stage; **Zo·nen·gren·ze** *f hist* zonal border.
Zoo *m* zoo; ▶ **in den ~ gehen** go to the zoo; **Zoo·lo·ge (Zoo·lo·gin)**

[tso:o'lo:gə] *m (f)* zoologist; **Zoo·lo·gie** *f* zoology; **zoo·lo·gisch** *adj* zoological.

Zoom ['zu:m] ‹-s› *n phot* zoom lens; **zoo·men I** *tr phot* zoom in on ...; **II** *itr phot* zoom.

Zopf [tsɔpf, *pl* 'tsœpfə] ‹-(e)s, ⸚e› *m* **1.** *(Haar~)* pigtail; **2.** *(Gebäck)* plaited loaf; ► **sein Haar in ⸚e flechten** plait one's hair; **ein alter ~ sein** *fig* be a hoary relic.

Zorn [tsɔrn] ‹-(e)s› *m* anger; *(Wut)* rage; ► **was man im ~ sagt** words spoken in anger; **in großem ~** in great anger; **s-n ~ auslassen an ...** vent one's anger on ...; **Zor·nes·aus·bruch** *m* fit of anger; **Zor·nes·rö·te** *f* flush of anger.

zor·nig *adj* angry; ► **auf jdn ~ sein** be angry (*od* furious) with s.o.

Zo·te ['tso:tə] ‹-, -n› smutty joke.

Zot·tel ['tsɔtəl] ‹-s, -n› *m* rat's tail; **zot·te·lig** *adj (Haar)* shaggy.

zu [tsu:] **I** *prp* **1.** *(örtlich: ~ ... hin)* to; **2.** *(örtlich: Lage)* at; **3.** *(zeitlich)* at; **4.** *(für)* for; ► **~ Spottpreisen** dirt cheap; **~ Weihnachten** at Christmas; **~m Fenster hinaus** out of the window; **~m Arzt gehen** go to the doctor's; **jdn ~m Freund haben** have s.o. as a friend; **was sollen wir ~m Essen trinken?** what shall we drink with our meal? **etw ~ etw legen** put s.th. with s.th.; **sich ~ jdm setzen** sit with s.o.; **~ nichts ~ gebrauchen sein** be no use at all; **jdm ~ etw gratulieren** congratulate s.o. on s.th.; **~r Belohnung** as a reward; **~r Probe** on approval; **jdn ~ etw machen** make s.o. s.th.; **~ etw werden** turn into s.th.; **es steht 3 : 1** *sport* the score is three-one; **II** *adv* **1.** *(allzu)* too; **2.** *(geschlossen)* closed, shut; **3.** *(örtlich: hin)* towards; ► **keineswegs ~ früh** none too soon; **das ist wirklich ~ nett von dir!** *(ironisch)* too kind of you! **wir haben ~!** *(Laden)* we're closed! **ihre Augen fielen ~** her eyes closed; **~ Ende gehen** come to a close; **III** *conj* **1.** *(mit Infinitiv)* to; ► **ich habe noch ~ arbeiten** I have some work to do; **2.** *(mit Partizip)*: **das ist noch ~ prüfen** that's still to be checked; **es ist ~m Verrücktwerden!** it's enough to lose your sanity!

zu·al·ler·erst [-'--'-] *adv* first of all.

zu·al·ler·letzt [-'--'-] *adv* last of all.

Zu·be·hör ['tsu:bəhø:ɐ] ‹-(e)s, (-e)› *n* accessories *pl;* ► **ohne ~** bare, plain; **mit ~** with all conveniences; **Zu·be·hör·teil** *n* accessory, attachment.

zu|bei·ßen *irr itr* bite; *(Hund)* snap.

Zu·ber ['tsu:bɐ] ‹-s, -› *m* tub.

zu|be·rei·ten *tr* prepare; *(Getränk)* mix; **Zu·be·rei·tung** *f* preparation.

zu|bil·li·gen *tr* grant (*jdm etw* s.o. s.th.).

zu|bin·den *irr tr* tie up; *(Schuhe)* lace up.

zu|blei·ben ‹sein› *irr itr fam* stay shut.

zu|blin·zeln *itr* wink (*jdm* at s.o.).

zu|brin·gen *irr tr* **1.** *(verbringen: Zeit etc)* pass, spend; **2.** *fam (zumachen können)* get shut.

Zu·brin·ger *m* **1.** *(~straße)* feeder road; **2.** *aero (~bus)* airport bus; **Zu·brin·ger·dienst** *m* shuttle service.

Zuc·chi·ni [tsu'ki:nɪ] *f pl Br* courgettes, *Am* zucchini.

Zucht [tsʊxt] ‹-› *f* **1.** *(Auf~, Züchten)* breeding; *(von Pflanzen)* cultivation; **2.** *(~ generation)* breed; *(von Pflanzen)* stock; **3.** *(Disziplin)* discipline; ► **~ u. Ordnung** discipline; **in ~ halten** keep in hand; **Tiere zur ~ halten** keep animals for breeding; **Zucht·bul·le** *m* breeding bull.

züch·ten ['tsʏçtən] *tr* **1.** *(Tiere)* breed; *(Bienen)* keep; **2.** *(Pflanzen)* cultivate; **Züch·ter(in)** *m (f)* **1.** *(von Tieren)* breeder; **2.** *(von Pflanzen)* cultivator.

Zucht·haus *n Br* prison, *Am* penitentiary; **Zucht·häus·ler** *m* convict, *sl* con; **Zucht·haus·stra·fe** *f* prison sentence.

Zucht·hengst *m* stud horse.

züch·ti·gen ['tsʏçtɪgən] *tr (prügeln)* beat, flog; **Züch·ti·gung** *f (Prügel)* beating, flogging; ► **körperliche ~** corporal punishment.

zucht·los *adj* undisciplined; **Zucht·lo·sig·keit** *f* lack of discipline.

Zucht·vieh *n* breeding cattle.

zucken (k·k) ['tsʊkən] **I** *itr* **1.** *(nervös, krampfhaft)* twitch; *(zusammenfahren)* jerk; **2.** ‹sein› *(Blitz: aufleuchten)* flash; ► **es zuckt mir in der Schulter** I have a twinge in my shoulder; **ohne mit der Wimper zu ~** without batting an eyelid; **II** *tr:* ► **die Achseln ~** shrug one's shoulders.

zücken (k·k) ['tsʏkən] *tr* **1.** *(Messer etc)* draw; **2.** *fam (Brieftasche etc)* pull out.

Zucker (k·k) ['tsʊkɐ] ‹-s, (-)› *m* sugar; **Zuckerbrot (k·k)** *n:* ► **mit ~ u. Peitsche** *fig* with a stick and a carrot; **Zucker·do·se (k·k)** *f* sugar bowl; **Zucker·guß (k·k)** *m Br* icing, *Am* frosting; **Zucker·hut (k·k)** *m* sugar loaf.

zucke·rig (k·k) *adj* sugary.

zucker·krank (k·k) *adj* diabetic; **Zuk·ker·kran·ke(r)** *f m* diabetic; **Zucker·krank·heit (k·k)** *f* diabetes.

zuckern (k·k) *tr* sugar; ► **der Kaffee ist zu stark gezuckert** the coffee has too much sugar in it.

Zucker·rohr (k·k) *n* sugar-cane; **Zuk·ker·rü·be** *f* sugar beet; **Zucker·streu·er (k·k)** *m* sugar sprinkler; **zucker·süß (k·k)** *adj a. fig* sugar-sweet, (as) sweet as sugar.

Zuckung (k·k) *f:* ► **nervöse ~en** nervous twitches.

zu|decken (k·k) *tr* cover (up) (*mit etw*

with s.th.).

zu·dem [tsu'de:m] *adv* in addition, moreover.

zu|den·ken *irr tr:* ► **jdm etw zugedacht haben** have s.th. in store for s.o.

zu|dre·hen I *tr* **1.** *(Wasserhahn)* turn off; **2.** *(zuwenden)* turn; ► **jdm den Rücken ~** turn one's back upon s.o.; **II** *refl (sich zuwenden)* turn (to).

zu·dring·lich *adj* intrusive; ► **~ werden** *(sexuell)* make advances *pl* (*zu jdm* to s.o.); **Zu·dring·lich·keit** *f* intrusiveness; *(sexuell)* advances *pl.*

zu|drücken (k·k) *tr* press shut; ► **ein Auge ~** *fam* turn a blind eye; **jdm die Kehle ~** throttle s.o.

zu|ei·len ⟨sein⟩ *itr* rush (*auf jdn od etw* towards s.o. *od* s.th.).

zu·ein·an·der *adv* **1.** *(gegenseitig)* to each other; **2.** *(zusammen)* together; ► **~ passen** *(Farben, etc)* go together; *(Personen)* suit each other.

zu|er·ken·nen *irr tr (belohnen)* award (*jdm etw* s.th. to s.o.); ► **jdm e-e Auszeichnung ~** bestow a decoration on s.o.

zu·erst [-'-] *adv* **1.** *(als erster)* first; **2.** *(zunächst)* at first; **3.** *(zum ersten Male)* first, for the first time; ► **wer ~ kommt, mahlt ~** first come, first served; **~ hast du etw anderes gesagt** that's not what you said first; **~ gehe ich schwimmen** first of all I'm going swimming.

zu|er·tei·len *tr* award (*jdm etw* s.th. to s.o.).

zu|fä·cheln *tr:* ► **sich (jdm) Kühlung ~** fan o.s. (s.o.).

zu|fah·ren ⟨sein⟩ *irr itr* **1.** *:* ► **auf jdn ~** drive towards s.o.; **2.** *(los-, weiterfahren) fam* get a move on; **Zu·fahrt** *f* **1.** *(Hinfahrt)* approach; **2.** *(Einfahrt)* entrance; **3.** *(~ zu e-m Haus)* drive(way); **Zu·fahrts·stra·ße** *f* access road; *(zur Autobahn)* approach road.

Zu·fall *m* accident, chance; ► **durch ~** by chance; **das ist ~!** it's pure chance! **es war reiner ~, daß ...** it was pure accident that ...; **es ist kein ~, daß ...** it's no accident that ...; **die Dinge dem ~ überlassen** leave things to chance; **welch (ein) ~!** what a coincidence!

zu|fal·len ⟨sein⟩ *irr itr* **1.** *(Tür)* close, shut; **2.** *(zuteil werden: Aufgabe, Rolle)* fall (*jdm* to *od* upon s.o.); *(Preis)* go (*jdm* to s.o.); ► **die Augen fallen ihr ja schon zu!** she can scarcely keep her eyes open!

zu·fäl·lig I *adj* chance; *(Ergebnis, Zus.-treffen)* accidental; ► **e-e ~e Begegnung** a chance meeting; **II** *adv* by chance; ► **das war rein ~** it was pure chance; **ich war ~ da** I happened to be there; **könnten Sie mir ~ helfen?** would you by any chance be able to help?

Zu·falls·be·kannt·schaft *f* chance acquaintance; **Zu·falls·tref·fer** *m* **1.** fluke; **2.** *sport* lucky goal.

zu|fas·sen *itr* **1.** *(zugreifen)* take hold of it (*od* them *etc*); **2.** *fig (Gelegenheit ergreifen)* seize an (*od* the) opportunity; **3.** *(helfen)* lend a hand.

zu|flie·gen ⟨sein⟩ *irr itr* **1.** *fam (Tür)* slam shut; **2.** *:* ► **ihm fliegen die Sympathien zu** he wins everyone's affection; **3.** *(Vogel: Menschen ~)* fly to ...

zu|flie·ßen ⟨sein⟩ *irr itr* flow towards; ► **jdm Geld ~ lassen** *fig* pour money into someone's coffers.

Zu·flucht ⟨-⟩ *f a. fig* refuge, shelter (*vor* from); ► **seine ~ zu etw nehmen** *fig* resort to s.th.; **du bist meine letzte ~** you are my last hope.

Zu·fluß *m* **1.** *a. fig* influx; **2.** *(Nebenfluß)* tributary; *(zu e-m See)* inlet.

zu|flü·stern *tr itr* whisper (*jdm etw* s.th. to s.o.).

zu·fol·ge [tsu'fɔlgə] *prp* **1.** *(gemäß)* according to ...; **2.** *(aufgrund)* as a consequence of ...

zu·frie·den [tsu'fri:dən] *adj* content(ed); ► **mit etw ~ sein** be satisfied with s.th.; **zu·frie·den|ge·ben** *irr refl* be content (*mit etw* with s.th.); **Zu·frie·den·heit** *f* **1.** contentedness; **2.** *(Befriedigtsein)* satisfaction; **zu·frie·den|las·sen** *irr tr* let alone, leave in peace; **zu·frie·den|stel·len** *tr* satisfy; ► **schwer zufriedenzustellen** difficult to please; **zu·frie·den·stel·lend** *adj* satisfactory.

zu|frie·ren ⟨sein⟩ *irr itr* freeze up (*od* over).

zu|fü·gen *tr* **1.** *fam (dazutun)* add; **2.** *(antun)* cause, do; *(Böses)* inflict (upon).

Zu·fuhr ['tsu:fu:ɐ] ⟨-, -en⟩ *f* **1.** *(Versorgung)* supply (*nach* to); *mil (Nachschub)* supplies *pl;* **2.** *mete (~ von Luftstrom)* influx; ► **jdm die ~ abschneiden** cut off supplies to s.o.; **die ~ von Lebensmitteln** the supply of provisions; **zu|füh·ren** *tr* **1.** *(versorgen)* supply (*jdm etw* s.o. with s.th.); **2.** *(bringen, zur Verfügung stellen)* bring; ► **etw s-r Bestimmung ~** put s.th. to its intended use; **jdn der gerechten Strafe ~** give s.o. the punishment he (*od* she) deserves.

Zug[1] [tsu:k, *pl* 'tsy:gə] ⟨-(e)s, ⸚e⟩ *m rail* train; ► **mit dem ~ fahren** go by train; **im ~** on the train; **der ~ hat Verspätung** the train is late.

Zug[2] *m* **1.** *(Charakter~)* characteristic, trait; **2.** *(Gesichts~)* feature; ► **das war kein schöner ~ von dir!** that wasn't nice of you! **er hat e-n ~ zur Extravaganz** he tends to be extravagant; **es war ein netter ~, sie einzuladen** it was a nice touch inviting them.

Zug[3] *m* **1.** *(~luft) Br* draught, *Am* draft; **2.** *(an Zigarette etc)* drag, pull; **3.** *(lang-*

gezogene Gruppe) procession; **4.** *mil (Kompaniegruppe)* platoon; **5.** *(Spielstein setzen)* move; **6.** *(Schluck)* gulp, mouthful; **7.** *tech (~kraft)* tension; ► **du bist am ~!** it's your move! **~ um ~** step by step; **e-n ~ machen** *(an Zigarette etc)* take a pull; **(nicht) zum ~(e) kommen** *fig* (not) get a look-in; **in den letzten ~̈en liegen** be at one's last gasps; **etw in vollen ~̈en genießen** enjoy, s.th. to the full.

Zu·ga·be *f (Zuschlag)* extra; *(Bonus)* bonus; *com (Werbegeschenk)* free gift; *mus theat* encore; ► **als ~** *com* into the bargain.

Zug·ab·teil *n* railway compartment.

Zu·gang *m* **1.** *(Zutritt, a. fig)* access; **2.** *(Eingang, Einfahrt)* entrance; **3.** *com (Neueingang von Waren)* receipt; *(von Schülern)* intake; *(von Patienten)* admission; ► **~ haben zu etw** have access to s.th.; **zu·gäng·lich** ['tsu:gɛŋlɪç] *adj* **1.** *(erreichbar)* accessible; *(benutzbar)* available; *(öffentl. Bibliotheken etc)* open; **2.** *fig (Personen)* approachable; ► **der Allgemeinheit ~** open to the public; **sie ist Komplimenten leicht ~** she is quite amenable to compliments.

Zug·brücke (k·k) *f* drawbridge.

zu|ge·ben *irr tr* **1.** *(eingestehen)* admit; **2.** *(hinzufügen)* add; ► **gib's zu!** admit it! **~, daß etw wahr ist** admit the truth of s.th.; **ich gebe zu ...** I have to admit ...; **gibst du zu, das Geld gestohlen zu haben?** do you admit having stolen the money?

zu·ge·gen [-'--] *adv* present (*bei* at).

zu|ge·hen ⟨sein⟩ *irr itr* **1.** *(schließen) fam* shut; **2.** *(erreichen: Nachricht)* reach (*jdm* s.o.); ► **auf jdn ~** approach (*od* go towards) s.o.; **ist Ihnen mein Brief schon zugegangen?** have you already received my letter? **es geht auf den Winter zu** winter is drawing near; **hier geht es nicht mit rechten Dingen zu** there's something fishy around here; **dort ging's sehr lustig zu** we had a great time there.

zu|ge·hö·ren *itr* belong (*jdm* to s.o.); **zu·ge·hö·rig** *adj (dazugehörend)* accompanying; **Zu·ge·hö·rig·keit** *f* **1.** *(Mitgliedschaft)* membership (*zu* of); *(zu Konfession, Nation etc)* affiliation; **2.** *(~sgefühl)* sense of belonging.

zu·ge·knöpft *adj fig fam* reserved, uncommunicative.

Zü·gel ['tsy:gəl] ⟨-s, -⟩ *m a. fig* rein; ► **die ~ anziehen** draw in the reins; *fig* keep a tighter rein (*bei* on); **die ~ schießen lassen** *fig* give free rein to one's rage (*od* feelings *etc*).

zu·ge·las·sen *adj* **1.** *mot* licensed; **2.** *(autorisiert)* authorized.

zü·gel·los *adj a. fig* unbridled; *(ausschweifend)* licentious; **Zü·gel·lo·sig·keit** *f* lack of restraint, licentiousness.

zü·geln I *tr* **1.** *(Pferd)* rein in; **2.** *fig* check, curb; **II** *refl (sich zurückhalten)* restrain o.s.

zu·ge·stan·de·ner·ma·ßen ['-----'--] *adv Br* admittedly, *Am* concededly.

Zu·ge·ständ·nis *n* concession (*an* to); **zu|ge·ste·hen** *irr tr* **1.** *(einräumen)* concede, grant; **2.** *(zugeben)* admit.

zu·ge·tan ['tsu:gəta:n] *adj* fond (of).

Zug·füh·rer(in) *m (f)* **1.** *rail Br* chief guard, *Am* conductor; **2.** *mil* platoon (*od* section) commander.

zu|gie·ßen *irr tr* **1.** *(mit Zement etc)* fill; **2.** *(hin~)* add; ► **darf ich Ihnen noch (etwas Kaffee) ~?** may I pour you a little more (coffee)?

zu·gig *adj Br* draughty, *Am* drafty.

Zug·kraft *f* **1.** *tech* tractive power; **2.** *fig* appeal, attraction; **zug·kräf·tig** *adj fig* catchy, eye-catching.

zu·gleich [-'-] *adv* **1.** *(ebenso)* both; **2.** *(zur gleichen Zeit)* at the same time; ► **sie lachte und weinte ~** she was both laughing and crying.

Zug·luft *f Br* draught, *Am* draft.

Zug·ma·schi·ne *f (von Sattelschlepper)* traction engine, tractor.

Zug·per·so·nal *n rail* train personnel.

Zug·pferd *n* **1.** *Br* draught (*Am* draft) horse; **2.** *fig (Zugnummer)* crowd puller.

zu|grei·fen *irr itr* **1.** *(schnell nehmen)* grab it (*od* them); *(bei Tisch)* help o.s.; **2.** *fig (schnell handeln)* act fast; ► **greifen Sie zu!** help yourself!

Zug·re·stau·rant *n rail* dining car.

Zu·griff *m* **1.** *(das Zugreifen):* ► **durch raschen ~** by acting quickly; **2.** *EDV* access; **Zu·griffs·zeit** *f EDV* access time.

zu·grun·de *adv:* ► **etw ~ legen** base s.th. on s.th.; **etw ~ liegen** be based on s.th.; **~ richten** ruin, destroy.

Zug·schaff·ner(in) *m (f) rail* train conductor; **Zug·se·kre·ta·ri·at** *n rail* secretarial compartment.

zu·gun·sten [-'--] *prp (von od mit Genitiv)* in favour of ...

zu·gu·te [-'--] *adv:* ► **jdm etw ~ halten** make allowances for s.th.; **jdm ~ kommen** be of benefit to s.o.; **jdm etw ~ kommen lassen** let s.o. have s.th.

Zug·ver·bin·dung *f* train connection; **Zug·ver·kehr** *m Br* railway (*Am* railroad) traffic.

Zug·vo·gel *m* **1.** *zoo* migratory bird; **2.** *fig* bird of passage.

zu|ha·ben *irr* **I** *itr (Laden)* be closed; **II** *tr:* ► **sie hatte die Augen zu** her eyes were closed.

zu|hal·ten *irr* **I** *tr* keep closed (*od* shut); ► **jdm den Mund ~** cover someone's mouth with one's hands; **sich die Ohren ~** put one's hands over one's ears; **II** *itr:*

▶ **auf etw** ~ make straight for ...
Zu·häl·ter ['tsu:hɛltɐ] *m* pimp, ponce.
zu|hau·en *irr* **I** *tr* **1.** *(Stein)* pare; *(Baumstamm)* hew; **2.** *fam (Tür)* slam; **II** *itr (zuschlagen)* strike out.
zu·hauf [-'-] *adv poet* in throngs.
Zu·hau·se [tsu'haʊzə] ⟨-s, -⟩ *n* home; ▶ **hast du kein ~?** haven't you got a home to go to? **zu·hau·se** *adv* at home.
zu|hei·len ⟨sein⟩ *itr* heal up (*od* over).
Zu·hil·fe·nah·me [-'----] *f:* ▶ **unter (ohne) ~ von ...** with (without) the help of ...
zu|hö·ren *itr* listen (*jdm* to s.o.); ▶ **nun hören Sie mal zu!** now listen! **ich höre sehr genau zu!** I'm all ears! **Zu·hö·rer(in)** *m (f)* listener; *pl a.* audience *sing;* **Zu·hö·rer·schaft** *f* audience.
zu|ju·beln *itr* cheer (*jdm* s.o.).
zu|keh·ren *tr:* ▶ **jdm das Gesicht** ~ turn to face s.o.; **jdm den Rücken** ~ *a. fig* turn one's back (up)on s.o.
zu|klap·pen *tr* ⟨h⟩ *itr* ⟨sein⟩ snap shut; *(Fenster, Tür)* click shut.
zu|kle·ben *tr (Briefumschlag)* stick down; *(Loch)* stick up.
zu|knöp·fen *tr* button up.
zu|kom·men ⟨sein⟩ *irr itr* **1.** *(gebühren)* become, befit; **2.** *(hingehen)* come towards *(auf jdn* s.o.); ▶ **jdm etw ~ lassen** *(schenken)* give s.o. s.th.; *(senden)* send s.o. s.th.; **dieser Titel kommt ihm nicht zu** he has no right to this title; **diesem Treffen kommt große Bedeutung zu** this meeting is of great importance; **etw auf sich ~ lassen** wait and see.
zu|kor·ken *tr* cork (up).
Zu·kunft ['tsu:kʊnft] ⟨-⟩ *f* **1.** future; **2.** *gram* future tense; ▶ **in** ~ in future; **in naher** ~ in the near future; **das liegt noch in weiter** ~ that is still very much in the future; **e-e große ~ haben** have a great future.
zu·künf·tig I *adj* future; ▶ **mein Z~er, meine Z~e** *hum* my intended; **II** *adv* in future.
Zu·kunfts·aus·sich·ten *f pl* future prospects; **Zu·kunfts·be·ruf** *m* job for the future; **Zu·kunfts·bran·che** *f* new industry; **Zu·kunfts·for·scher(in)** *m (f)* futurist, futurologist; **Zu·kunfts·for·schung** *f* futurology; **Zu·kunfts·mu·sik** *f fig fam* a pie in the sky; **Zu·kunfts·per·spek·ti·ve** *f* future prospects *pl;* **Zu·kunfts·plä·ne** *m pl* plans for the future; **Zu·kunfts·tech·no·lo·gie** *f* new technology.
Zu·kurz·ge·kom·me·ne(r) *f m one who came off badly, one who missed out.*
zu|lä·cheln *itr* smile (*jdm* at s.o.).
Zu·la·ge *f* **1.** *(Geld~)* extra pay; *(Gefahren~)* danger-money; **2.** *(Gehaltserhöhung) Br* rise, *Am* raise.
zu|lan·gen *itr (bei Tisch)* help o.s.
zu|las·sen *irr tr* **1.** *(Tür)* leave shut; **2.** *(Zugang gewähren)* admit; **3.** *(dulden)* allow, permit; **4.** *(amtlich)* authorize; *(Arzt, Heilpraktiker)* register; *(Kfz)* license; ▶ **~, daß etw geschieht** allow s.th. to happen; **zu·läs·sig** ['tsu:lɛsɪç] *adj* allowed, permissible, permitted; *(amtlicherseits)* authorized; ▶ **~es Gesamtgewicht** *mot* maximum laden weight; **Zu·las·sung** *f* **1.** *mot* papers *pl;* **2.** *(amtliche Autorisierung)* authorization; *(von Kfz)* licensing; ▶ **Antrag auf ~ zur Prüfung** application to enter the examination; **Zu·las·sungs·be·schrän·kung** *f* restriction of admissions.
Zu·lauf ⟨-(e)s⟩ *m:* ▶ **großen ~ haben** *(gut besucht sein)* be very popular; *film theat* draw large crowds; **zu|lau·fen** *irr itr* **1.** *:* ▶ **auf jdn zugelaufen kommen** come running towards s.o.; **2.** *:* ▶ **spitz** ~ run to a point; **3.** *(Wasser: nachlaufen)* run in; ▶ **die Katze ist zugelaufen** it's a stray cat.
zu|le·gen I *tr* **1.** *(da~)* put on; **2.** *(hinzufügen)* add; *(bei Verlustgeschäft)* lose; ▶ **e-n Zahn** ~ *fig fam* get a move on; **II** *itr fam (an Gewicht)* put on weight; **III** *refl fam:* ▶ **sich etw** ~ get o.s. s.th., treat o.s. to s.th.
zu·lei·de [-'--] *adv:* ▶ **jdm etw ~ tun** do s.o. harm, harm s.o.; **er tut keiner Fliege was** ~ he wouldn't hurt a fly.
zu|lei·ten *tr* **1.** *(durch Leitung zuführen)* let in, supply; **2.** *(zusenden)* forward, send on; **Zu·lei·tung** *f tech* supply; *el* conductor; **Zu·lei·tungs·rohr** *n* feed pipe.
zu·letzt [-'-] *adv* **1.** *(als letzter)* last; **2.** *(endlich)* in the end; ▶ **damit hatte ich ~ gerechnet** that was the last thing I expected.
zu·lie·be [-'--] *adv:* ▶ **jdm** ~ for someone's sake.
Zu·lie·fe·rer (Zu·lie·fer·be·trieb) *m com* supplier.
Zu·lu ['tsu:lu] *m* Zulu.
zum [tsʊm] (= **zu dem**): ▶ ~ **Beispiel** for instance; ~ **Glück** fortunately; ~ **Teil** partially; ~ **Essen gehen** go to lunch.
zu|ma·chen I *tr allg (schließen)* close, shut; *(Loch)* stop up; *(Brief)* seal; *(Weinflasche)* cork up; **II** *itr* **1.** *fam (sich beeilen)* get a move on; **2.** *fam (den Laden ~)* close down.
zu·mal [-'-] **I** *conj* especially (*od* particularly) as; **II** *adv* especially, particularly.
zu|mau·ern *tr* brick (*od* wall) up.
zu·meist [-'-] *adv* for the most part, mostly.
zu|mes·sen *irr tr:* ▶ **e-r Sache Bedeutung** ~ attach importance to s.th.

zu·min·dest [-ˈ--] *adv* at least.
zu·mu·te [-ˈ--] *adv:* ▶ **mir ist nicht zum Lachen** ~ I am not in the mood for laughing; **wie ist dir ~?** how do you feel?
zu|mu·ten [ˈtsu:mu:tən] *tr:* ▶ **jdm etw** ~ expect s.th. of s.o.; **jdm zuviel** ~ expect too much of s.o.; **sich zuviel** ~ take on too much; **s-m Körper zuviel** ~ overtax o.s.; **Zu·mu·tung** *f* unreasonable demand; *(Frechheit)* cheek; ▶ **das ist e-e ~!** that's a bit much!
zu·nächst [-ˈ-] *adv* **1.** *(vor allem)* first, first of all; **2.** *(vorläufig)* for the time being.
zu|nä·hen *tr* sew up.
Zu·nah·me *f* increase; *(Ansteigen)* rise.
Zu·na·me *m Br* surname, *Am* last name.
Zünd·ein·stel·lung *f mot* ignition (*od* timing) adjustment.
zün·den [tsʏndən] **I** *itr* **1.** *(Feuer fangen)* catch fire; **2.** *mot* fire; **II** *tr* **1.** *(Rakete)* fire; **2.** *(Bombe)* detonate; **zün·dend** *adj fig (Rede)* stirring; *(Vorschlag)* exciting.
Zün·der [ˈtsʏndɐ] ‹-s, -› *m mil* fuse.
Zünd·flam·me *n (in Gasbrenner)* pilot flame (*od* light); **Zünd·holz** *n* match; ▶ **ein** ~ **anreißen** strike a match; **Zünd·holz·schach·tel** *f* match-box; **Zünd·hüt·chen** [ˈtsʏnthy:tçən] *n* percussion cap; **Zünd·ka·bel** *n mot* plug lead; **Zünd·ker·ze** *f mot Br* sparking-plug, *Am* spark-plug; **Zünd·schlüs·sel** *m mot* ignition key; **Zünd·schnur** *f* fuse; **Zünd·spu·le** *f mot* ignition (*od* spark) coil; **Zünd·stoff** *m fig* dynamite; **Zün·dung** *f mot* ignition; ▶ **die** ~ **einstellen** adjust the timing; **Zünd·ver·tei·ler** *m mot* distributor.
zu|neh·men *irr* **I** *tr* **1.** *(Person: an Gewicht)* gain weight; **2.** *(anwachsen)* increase (*an* in); ▶ **5 Kilo** ~ gain 5 kilos; **~der Mond** waxing moon.
zu|nei·gen I *itr* be inclined towards; ▶ **ich neige zu der Ansicht, daß ...** I'm inclined to think that ...; **II** *refl* lean towards; ▶ **sich dem Ende** ~ be drawing to a close; *(knapp werden)* be running out; **Zu·nei·gung** *f* affection; ▶ ~ **zu jdm fassen** take a liking to s.o.; ~ **für jdn empfinden** feel affection for s.o.
Zunft [tsʊnft, *pl* ˈtsʏnftə] ‹-, ¨e› *f* guild.
zünf·tig [ˈtsʏnftɪç] *adj* **1.** *fam (geziemend)* proper; **2.** *(professionell)* professional; ▶ **eine ~e Anglerkluft** a proper angler's outfit.
Zun·ge [ˈtsʊŋə] ‹-, -n› *f* **1.** *anat* tongue; **2.** *zoo (See~)* sole; ▶ **jdm die** ~ **herausstrecken** stick one's tongue out at s.o.; **e-e scharfe** ~ **haben** *fig* have a sharp tongue; **dabei bricht man sich ja die** ~ **ab!** *fig fam* I can't get my tongue round it! **auf der** ~ **brennen** burn the tongue; **ich hab's auf der ~!** *fig fam* I have it on the tip of my tongue!
zün·geln [ˈtsʏŋəln] *itr* **1.** *(Schlange)* dart its tongue in and out; **2.** *fig* ‹sein› *(Flamme)* lick; ▶ **die Flamme züngelte an dem Gebäude empor** a tongue of fire licked the building.
Zun·gen·bre·cher *m (Wort)* tongue-twister; **Zun·gen·fer·tig·keit** *f* eloquence, volubility; **Zun·gen·kuß** *m* French kiss; **Zun·gen·spit·ze** *f* tip of the tongue.
Züng·lein [ˈtsʏŋlaɪn] *n:* ▶ **das** ~ **an der Waage sein** *fig* tip the scales; *fig pol* hold the balance of power.
zu·nich·te [-ˈ--] *adv:* ▶ ~ **machen** *(zerstören)* destroy, ruin; *(vereiteln)* frustrate.
zu|nicken (k·k) *itr* nod (*jdm* to *od* at s.o.).
zu·nut·ze [-ˈ--] *adv:* ▶ **sich etw** ~ **machen** *(verwenden)* utilize s.th.; *(ausnutzen)* take advantage of s.th.
zu·oberst [-ˈ--] *adv* right on (*od* at) the top.
zu|ord·nen *tr* assign to ...
zu|packen (k·k) *itr fam* **1.** *(bei e-r Gelegenheit)* grasp; **2.** *(bei der Arbeit)* get down to it; **3.** *(helfen)* lend a hand.
zup·fen [ˈtsʊpfən] *tr (Unkraut, Fäden, Maschen)* pull; *(Wolle)* pick; ▶ **jdn am Ärmel** ~ tug at someone's sleeve.
zur [tsu:ɐ] (= **zu der**): ▶ ~ **Ansicht** *com* on approval; ~ **Zeit** at the moment; ~ **See fahren** go to sea.
zu|ra·ten *irr itr* advise (strongly) (*jdm, etw zu tun* s.o. to do s.th.); *(empfehlen)* recommend; ▶ **auf ihr Z~ (hin)** on her advice.
zu·rech·nungs·fä·hig *adj* of sound mind; **Zu·rech·nungs·fä·hig·keit** *f* soundness of mind; ▶ **verminderte** ~ diminished responsibility; **an jds** ~ **zweifeln** *fig fam* wonder if s.o. is compos mentis.
zu·recht|fin·den *irr refl* find one's way (*in* around); ▶ **findest du dich damit zurecht?** can you get the hang of it?
zu·recht|kom·men ‹sein› *irr itr* **1.** *(rechtzeitig)* come in time; **2.** *(auskommen)* manage (*mit £ 10.—* on £ 10.—); **3.** *fig (bewältigen)* cope (*mit* with); ▶ **mit jdm** ~ get on (well) with s.o.; **mit etw** ~ cope with s.th.
zu·recht|le·gen *tr* get out ready; ▶ **sich etw** ~ get s.th. out ready; *fig* work s.th. out.
zu·recht|ma·chen *tr* **1.** *(Zimmer, Essen etc) Br* prepare, *Am* fix; **2.** *(anziehen)* dress; **3.** *(schminken)* make up; ▶ **sich** ~ get dressed; *(sich schminken)* put on one's make-up.
zu·recht|wei·sen *irr tr (tadeln)* reprimand; **Zu·recht·wei·sung** *f* reprimand.
Zu·re·den *n:* ▶ **auf mein** ~ **(hin)** with

my encouragement; *(Überreden)* with my persuasion; **freundliches ~** friendly persuasion; **zu|re·den** *itr* **1.** *(überreden)* keep on (*jdm* at s.o.); **2.** *(ermutigen)* encourage (*jdm* s.o.).

zu|rei·ten *irr* **I** *tr* ⟨h⟩ *(Pferd)* break in; **II** *itr* ⟨sein⟩ *(hinreiten)* ride (*auf jdn od etw* towards s.o. *od* s.th.).

zu|rich·ten *tr* **1.** *tech (zubereiten)* dress, finish; **2.** *(beschädigen)* make a mess of ...; **3.** *(verletzen)* injure; ▶ **jdn übel ~** beat s.o. up.

zu|rie·geln *tr* bolt.

zür·nen ['tsʏrnən] *itr* be angry (*jdm* with s.o.).

Zur·schau·stel·lung [-'---] *f* display, parading.

zu·rück [tsu'rʏk] *adv* **1.** back; **2.** *com (im Rückstand)* behind; ▶ **hin u. ~** there and back; **bis ins 16. Jahrhundert ~** as far back as the 16th century; **hinter s-r Zeit ~ sein** *fig* be behind the times *pl.*

zu·rück|be·hal·ten *irr tr* keep back.

zu·rück|be·kom·men *irr tr* get back.

zu·rück|be·zah·len *tr* pay back, repay.

zu·rück|blei·ben ⟨sein⟩ *irr itr* **1.** stay (*od* remain) behind; **2.** *(nicht Schritt halten, a. fig)* fall behind; *(entwicklungsmäßig)* be backward; **3.** *(übrigbleiben)* be left (behind); *(als Krankheitsfolge, Schaden etc)* remain; ▶ **das bleibt hinter meinen Erwartungen zurück** that doesn't come up to my expectations.

zu·rück|blicken (k·k) *itr* look back.

zu·rück|brin·gen *irr tr* **1.** *(wieder herbringen)* bring back; **2.** *(wieder wegbringen)* take back.

zu·rück|da·tie·ren *tr* backdate.

zu·rück|den·ken *irr itr* think back (*an* to).

zu·rück|drän·gen *tr* **1.** drive (*od* force *od* push) back; **2.** *fig* repress.

zu·rück|er·obern *tr mil* reconquer.

zu·rück|er·stat·ten *tr* refund; *(Ausgabe)* reimburse.

zu·rück|fah·ren *irr* **I** *itr* ⟨sein⟩ **1.** drive (*od* go) back; **2.** *fig (plötzlich zurückweichen)* start back; **II** *tr* ⟨h⟩ drive back.

zu·rück|fal·len ⟨sein⟩ *irr itr* **1.** *(in e-n Fehler, in ein Laster etc)* relapse (*in* into); **2.** *sport* drop back; **3.** *com (Umsätze)* drop; **4.** *fig (an Besitzer)* revert (*an* to); **5.** *(leistungsmäßig)* fall behind; **6.** *(Schande, Untat etc)* reflect (*auf jdn* on s.o.).

zu·rück|fin·den *irr itr* find one's way back.

zu·rück|flie·ßen ⟨sein⟩ *irr itr* flow back.

zu·rück|for·dern *tr* demand back.

zu·rück|füh·ren **I** *tr* **1.** lead back; **2.** *math* reduce; *(ableiten, erklären)* put down to ...; **3.** *(zurückverfolgen)* trace back; **II** *itr* lead back.

zu·rück|ge·ben *irr tr* **1.** give back; **2.** *fig (erwidern)* return; ▶ **jdm die Freiheit ~** restore s.o. to freedom.

zu·rück·ge·blie·ben *adj* retarded.

zu·rück|ge·hen ⟨sein⟩ *irr itr* **1.** go back (*nach, in* to); **2.** *(zurückweichen)* retreat; **3.** *fig (Geschäft)* fall off; *(Preise, Vorräte etc)* go down; *(Schmerz, Sturm)* die down; ▶ **~ auf ...** go back to ...; **~ lassen** *(Warensendung)* return, send back.

zu·rück·ge·zo·gen **I** *adj* **1.** *(Leben)* secluded; **2.** *(Person)* withdrawn; **II** *adv* in seclusion; **Zu·rück·ge·zo·gen·heit** *f* seclusion.

zu·rück|grei·fen *irr itr* fall back (*auf* upon).

zu·rück|hal·ten *irr* **I** *tr* **1.** *(nicht fortlassen)* hold *od* keep back; **2.** *(aufhalten)* hold up; **3.** *(Zensur: nicht freigeben)* withhold; **4.** *fig (unterdrücken)* repress; **5.** *(hindern)* keep (*jdn von etw* s.o. from s.th.); **II** *itr (verheimlichen)* hold back (*mit etw* s.th.); **III** *refl* **1.** *(reserviert sein)* be reserved; **2.** *(sich beherrschen)* contain o.s.; **3.** *(bescheiden sein)* keep in the background; **zu·rück·hal·tend** *adj* **1.** *(beherrscht)* restrained; **2.** *(vorsichtig)* cautious; **3.** *(reserviert)* reserved; **Zu·rück·hal·tung** *f* **1.** *(Beherrschtheit)* restraint; **2.** *(Vorsicht)* caution.

zu·rück|ho·len *tr* fetch back; ▶ **jdn ~** *fig* ask s.o. to come back.

zu·rück|keh·ren ⟨sein⟩ *itr* **1.** come back, return (*von, aus* from); **2.** *(fortgehen)* go back, return (*nach, zu* to).

zu·rück|kom·men ⟨sein⟩ *irr itr* **1.** *a. fig* come back, return; **2.** *fig (Bezug nehmen)* refer (*auf* to).

zu·rück|las·sen *irr tr* **1.** *(hinterlassen)* leave; **2.** *(liegenlassen)* leave behind; allow back; ▶ **e-e Nachricht ~** leave word.

zu·rück|le·gen **I** *tr* **1.** *(an s-n Platz)* put back; *(Kopf)* lay back; **2.** *(aufbewahren, reservieren)* put aside; *(Geld)* lay aside; **3.** *(Strecke)* cover; ▶ **können Sie es mir ~?** could you put it aside for me? **ein gutes Stück Weg ~** cover quite a distance; **II** *refl* lie back.

zu·rück|lie·gen *irr itr* **1.** *(örtlich)* be behind; **2.** *(zeitlich)* be ... ago; ▶ **das liegt zehn Jahre zurück** that was ten years ago.

Zu·rück·nah·me ⟨-, -n⟩ *f* **1.** *(das Zurücknehmen)* taking back; **2.** *(e-r Bestellung, e-r Beleidigung, jur: e-er Klage)* withdrawal; *(e-r Anordnung od* Zustimmung) revocation; *(e-r Beschuldigung)* retraction.

zu·rück|neh·men *irr tr* **1.** take back; **2.** *(Behauptung)* withdraw; *(Gesetz, Anordnung)* revoke; *com (Auftrag)* cancel; *(Vorwurf)* retract; ▶ **sein Wort ~** go back on one's promise.

zu·rück|pfei·fen *tr fig* bring s.o. back

into line.

zu·rück|pral·len ⟨sein⟩ *itr* bounce back; *(Geschoß)* ricochet; *(Strahlen, Hitze)* be reflected; ► **von etw** ~ be bounced back (*etc*) off s.th.

zu·rück|rei·sen ⟨sein⟩ *itr* return, travel back.

zu·rück|ru·fen *irr tr* **1.** *a. tele* call back; **2.** *(zurückbeordern)* recall; ► **sich etw ins Gedächtnis** ~ call s.th. to mind.

zu·rück|schal·ten *tr mot* change back.

zu·rück·schau·dern ⟨sein⟩ *itr* shrink back (*vor* from).

zu·rück|schau·en *itr a. fig* look back (*auf* at *od fig:* on).

zu·rück|schicken (k·k) *tr* send back.

zu·rück|schie·ben *irr tr* push back.

zu·rück|schla·gen *irr* **I** *tr* **1.** *(Angriff, Feind)* beat back, repulse; **2.** *(Ball)* return; **3.** *(umschlagen)* fold back; *(Buchseiten)* leaf back; *(Schleier)* lift; **II** *itr* **1.** *a. fig* hit back; *mil a. fig* strike back; **2.** *(Pendel)* swing back.

zu·rück|schrecken (k·k) ⟨sein⟩ *irr itr* shrink (*od* start) back (*vor* from); ► **vor nichts** ~ stop at nothing.

zu·rück|seh·nen I *refl* long to return (*nach* to); **II** *tr* long for the return (*jdn od etw* of s.o. *od* s.th.).

zu·rück|sen·den *irr tr* send back.

zu·rück|set·zen I *tr* **1.** *(an frühere Stelle)* put back; **2.** *(nach hinten)* move back; *mot (Wagen)* reverse; **3.** *fig (benachteiligen)* neglect; ► **sich zurückgesetzt fühlen** feel neglected; **II** *itr mot (mit Wagen)* reverse.

zu·rück|sprin·gen ⟨sein⟩ *irr tr* jump (*od* leap) back.

zu·rück|stecken (k·k) I *tr* **1.** *(Gegenstand)* put back; **II** *itr fig* **1.** *(anspruchsmäßig)* lower one's expectations; *(weniger ausgeben)* cut back; **2.** *(nachgeben)* backtrack.

zu·rück|ste·hen *irr itr* **1.** *fig (hintanstehen)* take second place; **2.** *fig (unberücksichtigt bleiben)* be left out.

zu·rück|stel·len *tr* **1.** *(allg a. Uhr)* put back; **2.** *(beiseite stellen)* put aside; **3.** *fig (hintanstellen)* defer; **4.** *fig (beiseiteschieben)* put aside; ► **s-e Pläne** ~ shelve one's plans.

zu·rück|sto·ßen *irr tr* **1.** push back; **2.** *fig* reject.

zu·rück|strö·men ⟨sein⟩ *itr* **1.** *(Fluß)* flow back; **2.** *(Menschen)* stream back.

zu·rück|stu·fen *tr* downgrade.

zu·rück|trei·ben *irr tr* drive back.

zu·rück|tre·ten *irr itr* **1.** ⟨sein⟩ *(sich zurückstellen)* step back; **2.** ⟨h⟩ *sport (beim Fußball)* kick back; **3.** ⟨sein⟩ *fig (Regierung etc)* resign; **4.** ⟨sein⟩ *fig (von e-m Vertrag)* withdraw (*von* from); **5.** ⟨sein⟩ *fig (an Bedeutung verlieren)* fade; ► **bitte** ~! stand back, please! **hinter jdm (etw)** ~ *fig* come second to s.o. (s.th.).

zu·rück|ver·lan·gen *tr* demand back.

zu·rück|ver·set·zen I *tr* **1.** *(zurückverwandeln)* restore (*in* into); **2.** *päd (Schüler in alte Klasse)* move down (*in* into); **II** *refl (sich zurückdenken)* think o.s. back (*in* to).

zu·rück|wei·chen ⟨sein⟩ *irr itr* **1.** *mil* fall back; *(erschrocken)* shrink back (*vor* from); **2.** *fig* retreat.

zu·rück|wei·sen *irr tr* **1.** *(Gegenstand) a. fig* reject; **2.** *(abweisen)* turn away; *(zurückschicken)* turn back; ► **e-n Angriff** ~ repel an attack; **e-n Antrag** ~ reject (*od* turn down) an application; **Zu·rück·wei·sung** *f* **1.** *(von Gegenstand) a. fig* rejection; **2.** *(Abweisung)* turning away; **3.** *(Abschlagen von Angriff)* repulsion.

zu·rück|wer·fen *irr tr* **1.** *(Ball etc)* throw back; **2.** *mil (Feind)* repulse; **3.** *fig (reflektieren)* reflect; **4.** *fig (wirtschaftlich)* set back (*um* by).

zu·rück|wir·ken *itr* react (*auf* upon).

zu·rück|wol·len *itr* want to go back.

zu·rück|zah·len *tr* pay back, repay; ► **wann soll ich das Geld** ~**?** when do you want me to pay back the money?

zu·rück|zie·hen *irr* **I** ⟨h⟩ *tr* **1.** pull (*od* draw) back; **2.** *fig (zurücknehmen)* withdraw; **II** *refl* ⟨h⟩ **1.** retire, withdraw (*von, aus* from); **2.** *mil* retreat; **III** *itr* ⟨sein⟩ **1.** move back; **2.** *(Vögel)* fly back.

Zu·ruf *m* call, shout; **zu|ru·fen** *irr tr itr* shout (*jdm etw* s.th. at s.o.).

Zu·sa·ge ⟨-, -n⟩ *f* **1.** *(Versprechen)* promise; **2.** *(Zustimmung)* assent, consent; **3.** *(Annahme)* acceptance; **4.** *(Bestätigung)* confirmation; **zu|sa·gen I** *tr* **1.** *(versprechen)* promise; **2.** *(bestätigen)* confirm; ► **jdm etw auf den Kopf** ~ tell s.o. s.th. outright; **II** *itr* **1.** *(auf Einladung)* accept, promise to come; **2.** *(behagen, gefallen)* appeal (*jdm* s.o.).

zu·sam·men [tsu'zamən] *adv* together; ► **etw** ~ **tun** do s.th. together; **nur wir beide** ~ just you and me together.

Zu·sam·men·ar·beit *f* co-operation; *(mit dem Feind)* collaboration; *(e-r Gemeinschaft)* team work; ► **im Geiste freundschaftlicher** ~ in a spirit of friendship and collaboration; **in** ~ **mit ...** in co-operation with ...; **zu·sam·men|ar·bei·ten** *itr* co-operate, work together; *(mit dem Feind)* collaborate.

zu·sam·men|bal·len I *tr (zus.kneten)* make into a ball; *(zus.knüllen)* screw up into a ball; **II** *refl (sich ansammeln)* accumulate; *(Menschenmenge)* mass (together).

zu·sam·men|bau·en *tr* put together; *tech mot* assemble; ► **etw wieder** ~ reassemble s.th.

zu·sam·men|bei·ßen *irr tr:* ► **die Zähne** ~ grit one's teeth.

zu·sam·men|bin·den *irr tr* bind (*od* tie) together.
zu·sam·men|blei·ben ⟨sein⟩ *itr* stay together.
zu·sam·men|bre·chen ⟨sein⟩ *irr itr (zus.fallen)* cave in; *(Wirtschaft)* collapse; *(Mensch)* break down; ▶ **der Verkehr ist völlig zusammengebrochen** traffic has come to a complete standstill.
zu·sam·men|brin·gen *irr tr* **1.** *(sammeln)* bring together, collect; *(Geld)* raise; **2.** *(Leute)* bring together (*od* into contact with each other); **3.** *fam (zustande bringen)* manage; *(Gedanken, Worte, Sätze)* put together.
Zu·sam·men·bruch *m* breakdown, collapse.
zu·sam·men|drän·gen *tr refl* **1.** *(Menschen)* crowd (*od* huddle) together; **2.** *fig (Ereignisse, Schilderung)* condense.
zu·sam·men|drücken (k·k) *tr* press together; *(verdichten)* compress.
zu·sam·men|fah·ren *irr* **I** *itr* ⟨sein⟩ **1.** *(erschrecken)* start; **2.** *mot (zus.stoßen)* collide; **II** *tr* ⟨h⟩ **1.** *mot fam (überfahren)* run over; **2.** *mot fam (Kfz kaputtfahren)* wreck.
zu·sam·men|fal·len ⟨sein⟩ *irr itr* **1.** *(einstürzen, in sich ~)* collapse; **2.** *fig (sich decken)* coincide; **3.** *(sich senken)* go down.
zu·sam·men|fal·ten *tr* fold (up).
zu·sam·men|fas·sen I *tr* **1.** *(kombinieren)* combine (*zu* to); **2.** *(vereinigen)* unite; **3.** *math* sum; **4.** *(in Bericht)* summarize; **II** *itr (als Fazit)* sum up; ▶ **lassen Sie mich (kurz) ~ ...** just to sum up ...; **Zu·sam·men·fas·sung** *f* **1.** *(Kombinierung)* combination; **2.** *(Vereinigung)* union; **3.** *(Abriß, Auszug)* abstract; *(e-s Textes)* résumé, summary.
zu·sam·men|flie·ßen ⟨sein⟩ *irr itr (Wasserläufe)* flow together; *(Farben)* run together; **Zu·sam·men·fluß** *m* confluence.
zu·sam·men|fü·gen *tr refl* fit together.
zu·sam·men|füh·ren *tr* bring together; *(Familien)* reunite.
zu·sam·men|ge·hö·ren *itr* **1.** belong together; **2.** *(Gegenstände: zus.-passen)* go together; **zu·sam·men·ge·hö·rig** *adj* **1.** *(Kleidungsstück)* matching; **2.** *(Menschen)* related; **Zu·sam·men·ge·hö·rig·keit** *f* identity, unity; **Zu·sam·men·ge·hö·rig·keits·ge·fühl** *n* **1.** *(e-r Gruppe)* communal spirit; *(e-r Mannschaft)* team spirit; **2.** *pol* feeling of solidarity.
zu·sam·men·ge·setzt *adj* composed (*aus etw* of s.th.); ▶ **~ sein aus ...** be composed of ..., consist of ...
zu·sam·men·ge·wür·felt *adj (bunt ~)* motley, oddly assorted.
Zu·sam·men·halt ⟨-(e)s⟩ *m* **1.** *fig (das Zus.halten)* cohesion; **2.** *tech (Kohäsion)* cohesive strength; **zu·sam·men|hal·ten** *irr* **I** *tr* hold together; *(Geld)* hold on to ...; **II** *itr* **1.** hold together; **2.** *(als Freunde)* stick together.
Zu·sam·men·hang ⟨-(e)s, ⸚e⟩ *m* connection (*von, zwischen* between); *(Text~)* context; *(Wechselbeziehung)* correlation (*von, zwischen* between); *(Verflechtung)* interrelation) (*von, zwischen* between); *(innerhalb e-r Erzählung)* coherence; ▶ **etw aus dem ~ reißen** detach s.th. from its context; **im ~ mit ...** in connexion with ...; **im ~ stehen mit ...** be connected with ...; **in diesem ~** in this context; **zu·sam·men|hän·gen** *irr itr* **1.** *(Gegenstände)* be joined; **2.** *fig* be connected; ▶ **wie hängt das ~?** how is that? **zu·sam·men·hän·gend** *adj* coherent; *(ununterbrochen)* continous; **zu·sam·men·hang(s)·los** *adj (nicht zus.hängend)* incoherent; *(weitschweifig)* rambling; **Zu·sam·men·hang(s)·lo·sig·keit** *f* incoherence.
zu·sam·men·klapp·bar *adj* folding; *(Stuhl, Tisch)* collapsible; **zu·sam·men|klap·pen I** *tr* ⟨h⟩ *(Messer, Stuhl)* fold up; *(Schirm)* shut; **II** *itr* ⟨sein⟩ **1.** *(Stuhl etc)* collapse; **2.** *fig fam (Person)* flake out.
zu·sam·men|kle·ben *tr* ⟨h⟩ *itr* ⟨sein⟩ stick together.
zu·sam·men|knül·len *tr* crumple up.
zu·sam·men|kom·men ⟨sein⟩ *irr itr* **1.** come together; *(sich treffen)* meet (*mit jdm* s.o.); *(Umstände)* combine; **2.** *fam (sich ansammeln)* accumulate.
zu·sam·men|kra·chen ⟨sein⟩ *itr fam* **1.** *(Gebäude)* break down with a crash; **2.** *fam (Fahrzeuge)* crash into each other.
zu·sam·men|krat·zen *tr a. fig* rake *(od* scrape) together.
Zu·sam·men·kunft [tsuˈzamənkʊnft, *pl* -kʏnftə] ⟨-, ⸚e⟩ *f* gathering, meeting.
zu·sam·men|lau·fen ⟨sein⟩ *irr itr* **1.** *(Flüssigkeit: sich sammeln)* collect; **2.** *(Farben: ineinanderlaufen)* run together; **3.** *(Menschen: sich sammeln)* gather.
Zu·sam·men·le·ben *n* living together; ▶ **im ~ mit ...** living together with ...
zu·sam·men·leg·bar *adj* collapsible, foldable; **zu·sam·men|le·gen I** *tr* **1.** *(zus.falten)* fold; **2.** *fig (kombinieren)* combine; **3.** *(stapeln)* pile together; **II** *itr (Geld)* club together.
zu·sam·men|neh·men *irr* **I** *refl* **1.** *(sich anstrengen)* make an effort; **2.** *(im Benehmen)* control o.s., pull o.s. together; ▶ **nimm dich ~!** pull yourself together! **II** *tr (Gegenstände)* gather up; ▶ **alles zusammengenommen** all in all.
zu·sam·men|packen (k·k) *tr* **I** pack

up; **II** *itr fig fam (aufgeben)* pack it all in.

zu·sam·men|pas·sen *itr* **1.** *(Personen)* suit each other; **2.** *(Dinge)* go together.

zu·sam·men|pfer·chen *tr* **1.** *(Tiere)* herd together; **2.** *fig (Personen)* pack together.

Zu·sam·men·prall *m* **1.** *(Kollision)* collision; **2.** *fig* clash; **zu·sam·men|pral·len** ‹sein› *itr* **1.** *(kollidieren)* collide; **2.** *fig* clash.

zu·sam·men|pres·sen *tr* squeeze together; *(verdichten)* compress.

zu·sam·men|raf·fen I *tr* **1.** *(Dinge: aufraffen)* bundle together; **2.** *fig (aufhäufen)* amass, pile up; **3.** *(Rock)* gather up.

zu·sam·men|rech·nen *tr* add (*od* total) up; ► **alles zusammengerechnet** all together; *fig* all in all.

zu·sam·men|rei·men I *tr fam:* ► **sich den Rest ~** put two and two together; **das kann ich mir nicht ~** I can't make head or tail of it; **II** *refl* make sense; ► **wie reimt sich das zusammen?** that doesn't make any sense!

zu·sam·men|rei·ßen *irr refl* pull o.s. together.

zu·sam·men|rol·len ‹h› **I** *tr* roll up; **II** *refl* curl up; *(Schlange)* coil up; *(Igel)* roll up into a ball.

zu·sam·men|rot·ten *refl* band together (*gegen* against).

zu·sam·men|rücken (k·k) I *tr* ‹h› **1.** *(Möbel etc)* move closer together; **2.** *(Wörter)* close up; **II** *itr* ‹sein› move up closer.

zu·sam·men|ru·fen *irr tr* call together.

zu·sam·men|schei·ßen *irr tr sl:* ► **jdn ~** give s.o. a bollocking.

zu·sam·men|schie·ßen *irr tr (niederschießen)* shoot down; *(mit Kanonen)* batter down, pound to pieces.

zu·sam·men|schla·gen *irr* **I** *tr* **1.** *(zerschlagen)* smash up; **2.** *(aneinanderschlagen)* knock together; *(die Hände)* clap; *(Hacken)* click; **3.** *(verprügeln)* beat up; **II** *itr* **1.** *(von Wasser)* close (*od* dash) (*über jdm od etw* over s.o. *od* s.th.).

zu·sam·men|schlie·ßen *irr refl* combine, join together; *com (fusionieren)* amalgamate; **Zu·sam·men·schluß** *m* **1.** combining, joining together; **2.** *com* amalgamation.

zu·sam·men|schnü·ren *tr* tie up; ► **jdm das Herz ~** *fig* make someone's heart bleed.

zu·sam·men|schrau·ben *tr* bolt (*od* screw) together.

zu·sam·men|schrei·ben *irr tr* **1.** *(Wörter)* write together; **2.** *(schlechte Romane etc)* scribble down; ► **er hat sich ein Vermögen zusammengeschrieben** he made a fortune with his writing.

zu·sam·men|schrump·fen ‹sein› *itr* **1.** shrivel up; **2.** *fig* dwindle (*auf* to).

zu·sam·men|schwei·ßen *tr a. fig* weld together.

Zu·sam·men·sein ‹-s› *n* get-together.

zu·sam·men|set·zen I *tr* **1.** put together; *(aus Teilen)* assemble (*zu* to make); **2.** *(Personen nebeneinander setzen)* seat together; **II** *refl* **1.** sit together; **2.** *(zwecks Konferenz etc)* get together; **3.** *(bestehen aus)* consist of ..., be composed of ...; **Zu·sam·men·set·zung** *f* *(Aufbau)* composition; *(Kombination)* combination.

Zu·sam·men·spiel ‹-(e)s› *n* **1.** *mus* ensemble playing; **2.** *theat* ensemble acting; **3.** *sport* teamwork; **4.** *fig* co-operation; *(von Kräften etc)* interaction.

zu·sam·men|stecken (k·k) I *tr* fit together; ► **die Köpfe ~** *(flüstern)* whisper to each other; **II** *itr fam* be together.

zu·sam·men|stel·len *tr* **1.** put together; **2.** *(arrangieren)* arrange; **3.** *(kompilieren)* compile; *(Liste etc: aufstellen)* draw up; **4.** *(Gruppe: aufstellen)* assemble; ► **e-e Mannschaft ~** *sport* pick a team; **Zu·sam·men·stel·lung** *f* **1.** *(Arrangement)* arrangement; **2.** *(Kompilierung)* compilation; **3.** *(Übersicht: Liste)* survey; **4.** *(Zusammensetzung)* composition.

Zu·sam·men·stoß *m* **1.** *(Auto, Zug, Schiff etc, a. fig)* collision, crash; **2.** *mil (a. fig: ~ der Meinungen)* clash; **zu·sam·men|sto·ßen** *irr* **I** *tr* ‹h› knock together; **II** *itr* ‹sein› **1.** *(kollidieren)* collide; **2.** *mil (a. fig: streiten)* clash; **3.** *(sich treffen)* meet.

zu·sam·men|strei·chen *irr tr (Budget)* cut down.

zu·sam·men|stür·zen ‹sein› *itr* *(zus.fallen)* collapse, tumble down.

zu·sam·men|tra·gen *irr tr a. fig* collect.

Zu·sam·men·tref·fen *n* **1.** *(Treffen)* meeting; **2.** *mil (Kampf)* encounter; **3.** *(zeitlich)* coincidence; **zu·sam·men|tref·fen** ‹sein› *irr itr* **1.** meet (*mit jdm* s.o.); **2.** *(feindlich)* encounter; **3.** *(gleichzeitig geschehen)* coincide.

zu·sam·men|tre·ten *irr* **I** *tr* ‹h› *(zertreten)* crush underfoot; **II** *itr* ‹sein› *(sich treffen: Konferenz)* meet; *parl* assemble; *jur (Gericht)* sit.

zu·sam·men|tun *irr* **I** *tr fam* **1.** put together; **2.** *(mischen)* mix; **II** *refl* combine forces, get together.

Zu·sam·men·wir·ken *n* combination, interaction; **zu·sam·men|wir·ken** *itr* act in combination, combine.

zu·sam·men|zäh·len *tr* add (*od* sum) up.

zu·sam·men|zie·hen *irr* **I** *tr* ‹h› **1.** draw together; *(enger machen)* narrow; **2.** *(kürzen)* shorten; **3.** *math (addieren)* add together; **4.** *math (reduzieren)* reduce; **5.** *fig (Truppen etc)* assemble, concentrate; ▶ **s-e Augenbrauen** ~ knit one's eyebrows; **II** *itr* ⟨sein⟩ *(in e-e Wohnung)* move in together (*mit jdm* with s.o.); **III** *refl* ⟨h⟩ **1.** *(sich kontrahieren)* contract; *(enger werden)* narrow; **2.** *(Gewitter, a. fig)* be brewing.

Zu·satz *m* **1.** *allg* addition; **2.** *(zusätzl. Bemerkung)* additional remark, postscript; **3.** *(Gewürz~ etc, mot: Additiv)* additive; ▶ **unter ~ von ...** with the addition of ...; **Zu·satz·aus·rü·stung** *f* extra equipment; **Zu·satz·ge·rät** *n* **1.** *allg* attachment; **2.** *tech* additional implement; **Zu·satz·ko·sten** *pl* additional costs.

zu·sätz·lich ['tsu:zɛtslɪç] **I** *adj* additional; *(ergänzend)* supplementary; **II** *adv* in addition.

zu|schan·zen ['tsu:ʃantsən] *tr:* ▶ **jdm etw ~** make sure s.o. gets s.th.

zu|schau·en *itr* watch (*jdm* s.o., *bei etw* s.th., *jdm bei etw* s.o. doing s.th.); ▶ **ich schaue nur zu** I'm only looking on.

Zu·schau·er(in) *m (f) sport* spectator; *theat* one (*od* member) of the audience; *(Fernseh~)* viewer; *(neugieriger ~)* bystander, onlooker; **Zu·schau·er·be·fra·gung** *f TV* audience survey; **Zu·schau·er·raum** *m theat* auditorium; **Zu·schau·er·tri·bü·ne** *f* stand; **Zu·schau·er·zahl** *f* attendance figure.

zu|schicken (k·k) *tr* send (*jdm etw* s.th. to s.o.); ▶ **sich etw ~ lassen** send for s.th.

zu|schie·ben *irr tr* **1.** *(schließen)* slide shut; *(Schublade)* push shut; **2.** *(heimlich)* slip s.o. s.th.; ▶ **jdm die Schuld ~** put (*od* lay) the blame on s.o.; **jdm die Verantwortung ~** saddle the responsibility upon s.o.

zu|schie·ßen *irr* **I** *itr* ⟨sein⟩ rush (*auf jdn, etw* up to s.o., s.th.); **II** *tr* ⟨h⟩ *(beitragen)* contribute; ▶ **jdm den Ball ~** kick the ball to s.o.

Zu·schlag *m* **1.** *rail* supplement; **2.** *com (Preis~)* surcharge; **3.** *(bei Auktion):* ▶ **jdm den ~ erteilen** knock down the lot to s.o.; *(bei Ausschreibung)* award the contract to s.o.; **zu|schla·gen** *irr* **I** *tr (Tür)* slam; *(Buch)* shut; ▶ **Elsaß-Lothringen wurde Frankreich zugeschlagen** Alsace-Lorraine was annexed to France; **II** *itr* **1.** *(Fenster, Tür)* bang shut; **2.** *(schlagen)* strike; **3.** *fig fam (zugreifen)* get in quickly.

zu|schlie·ßen *irr tr* lock; ▶ **den Laden ~** lock up the shop.

zu|schnap·pen *itr* ⟨sein⟩ *(Schloß)* snap shut.

zu|schnei·den *irr tr* cut to size; ▶ **auf jdn (etw) genau zugeschnitten sein** *a. fig* be tailor-made for s.o. (s.th.).

Zu·schnitt *m* **1.** *(Vorgang)* cutting; **2.** *fig (Kaliber) Br* calibre, *Am* caliber.

zu|schnü·ren *tr* **1.** *(Paket etc)* tie up; **2.** *(Schuhe)* lace up; ▶ **die Angst schnürte ihm die Kehle zu** he was choked with fear.

zu|schrau·ben *tr* **1.** *(Ventil etc)* screw shut; **2.** *(Schraubdeckel)* screw on.

zu|schrei·ben *irr tr fig* ascribe (*jdm etw* s.th. to s.o.); ▶ **das hat er nur sich selbst zuzuschreiben** he's got himself to blame.

Zu·schrift *f (Brief)* letter; *(auf Anzeige etc)* reply.

zu·schul·den [-'--] *adv:* ▶ **sich etw ~ kommen lassen** do s.th. wrong.

Zu·schuß *m* **1.** *(Unterstützungszahlung)* grant, subsidy; *(Extrageld)* something to it; **2.** *typ* overplus; **Zu·schuß·be·trieb** *m* subsidized establishment.

zu|schüt·ten *tr* **1.** *(zufüllen)* fill up; **2.** *(dazugießen)* add, pour (on);

zu|se·hen *irr itr* **1.** *(beobachtend)* watch (*jdm* s.o., *bei etw* s.th., *jdm bei etw* s.o. doing s.th.); *(unbeteiligt)* look on; **2.** *(Sorge tragen):* ▶ **~, daß ...** see to it that ...; ▶ **mir blieb nichts übrig, als zuzusehen** I could only stand by and watch; **ich kann doch nicht (einfach) ~, wie sie ...** I can't sit back and watch her ...; **zu·se·hends** *adv (offensichtlich)* visibly; *(merklich)* noticeably; *(rasch)* rapidly.

zu|sen·den *irr tr* forward, send.

zu|set·zen **I** *tr* **1.** *(hinzufügen)* add; **2.** *fam (Geld)* shell out; **II** *itr* **1.** *:* ▶ **jdm ~** lean on s.o.; **2.** *(Kälte, Krankheit etc)* take a lot out of s.o.

zu|si·chern *tr* assure (*jdm etw* s.o. of s.th.).

Zu·spät·kom·men·de(r) [-'----] *f m* latecomer.

zu|sper·ren *tr (zuschließen)* lock; *(verriegeln)* bolt.

zu|spie·len *tr* **1.** *sport* pass (to); **2.** *fig:* ▶ **jdm etw ~** play s.th. on to s.o.

zu|spit·zen **I** *refl fig (Lage etc)* come to a crisis, get critical, worsen; **II** *tr (spitz machen)* sharpen.

zu|spre·chen *irr* **I** *itr* **1.** *(e-m Getränk)* drink copiously; *(dem Essen)* eat heartily; **2.** *(e-m Menschen)* talk (*jdm* to s.o.); **II** *tr* **1.** *jur (gerichtlich)* adjudge; **2.** *(Preis, Gewinn)* award; ▶ **jdm Mut ~** encourage s.o.; **jdm Trost ~** comfort s.o.; **das Kind wurde der Mutter zugesprochen** the mother was granted custody of the child.

Zu·spruch ⟨-(e)s⟩ *m* **1.** *(Aufmunterung)* words *pl* of encouragement; *(Trost)* words *pl* of comfort; **2.** *(Anklang):* ▶ **~ finden** be popular; *theat film* meet with general acclaim.

Zu·stand *m* **1.** *(Beschaffenheit)* condition, state; **2.** *(Lage)* situation; *(rechtliche, politische Lage, Stand)* status; **3.**

(Entwicklungsstufe) phase; **4.** *pl:* **⁓e (Umstände)** state of affairs; ▶ **der gegenwärtige ⁓** the status quo; **in gutem (schlechtem) ⁓** in good (bad) shape; *(Gebäude)* in good (bad) repair; **in angetrunkenem ⁓** under the influence of alcohol; **das sind ja schöne ⁓e!** *(ironisch)* that's a fine state of affairs! **⁓e kriegen** *fam* hit the roof.

zu·stan·de [-ˈ--] *adv:* ▶ **⁓ bringen** achieve, manage; **⁓ kommen** *(geschehen)* come about; *(erreicht werden)* be achieved; **Zu·stan·de·kom·men** *(Geschehen)* taking place; *(Erreichen)* achievement, achieving.

zu·stän·dig *adj (kompetent)* competent; *(verantwortlich)* responsible; *jur (Gericht)* having jurisdiction; ▶ **nicht ⁓** incompetent; **dafür bin ich nicht ⁓** that's not in my department; **⁓ sein** *jur* have jurisdiction; **Zu·stän·dig·keit** *f* **1.** *(Kompetenz)* competence; *(des Gerichts)* jurisdiction; **2.** *(⁓sbereich)* area of responsibility.

zu·stat·ten [-ˈ--] *adv:* ▶ **jdm ⁓ kommen** come in useful for s.o.

zu|stecken (k·k) *tr:* ▶ **jdm etw (heimlich) ⁓** slip s.o. s.th.; **sie steckte ihm etw Geld zu** she slipped him some money.

zu|ste·hen *irr itr:* ▶ **etw steht jdm zu** s.o. is entitled to s.th.; **es steht ihm nicht zu, darüber zu urteilen** he has no right to judge that.

zu|stel·len *tr* **1.** *(Brief)* deliver *(jdm etw* s.th. to s.o.); *jur* serve *(jdm etw* s.o. with s.th.); **2.** *(verbarrikadieren)* block (up); **Zu·stel·ler** *m* **1.** *(Briefträger)* postman; **2.** *(Speditionsfirma)* delivery agent; **Zu·stell·ge·bühr** *f* delivery charge; **Zu·stel·lung** *f (Post⁓)* delivery; *jur* service (of a writ).

zu|stim·men *itr* agree *(e-r Sache* to s.th.); *(einwilligen)* consent (to s.th.); *(billigen)* approve (of s.th.); **Zu·stim·mung** *f (Einverständnis)* agreement, assent; *(Einwilligung)* consent; *(Billigung)* approval; ▶ **allgemeine ⁓ finden** meet with general approval.

zu|sto·ßen *irr* **I** *tr (heftig schließen)* push shut; **II** *itr* **1.** *(zustechen):* ▶ **mit dem Messer ⁓** plunge one's knife in ...; **2.** *(geschehen)* happen *(jdm* to s.o.).

zu|stre·ben ‹sein› *itr* **1.** head (*od* make) *(auf* for); **2.** *fig* strive *(auf* for).

Zu·strom ‹-(e)s› *m fig (hineinströmende Menschenmenge)* influx; *(Andrang)* crowd, throng; ▶ **großen ⁓ (zu verzeichnen) haben** be very popular.

zu|stür·zen ‹sein› *itr* rush *(auf* up to).

zu·ta·ge [-ˈ--] *adv:* ▶ **⁓ fördern** unearth; *fig* bring to light; **⁓ kommen, ⁓ treten** *a. fig* come to light.

Zu·tat *f* **1.** *(meist pl: ⁓en)* ingredient *(s pl)*; **2.** *fig* accessories *pl*, extras *pl.*

zu·teil [-ˈ-] *adv:* ▶ **jdm wird etw ⁓** s.th. falls to someone's share; **jdm etw ⁓ werden lassen** bestow s.th. (up)on s.o.; **ihm wurde die Ehre ⁓, zu ...** he was given the honour of ...

zu|tei·len *tr (zuweisen)* allocate; allot; ▶ **mir wurde die fünfte Klasse zugeteilt** I was assigned the fifth class *(od* form); **Zu·tei·lung** *f* **1.** *(Zuweisung)* allocation; **2.** *(das Zugewiesene)* allotment.

zu·tiefst [-ˈ-] *adv* deeply.

zu|tra·gen *irr* **I** *tr fig (Neuigkeiten)* report *(jdm* to s.o.); **II** *refl (geschehen)* happen, take place.

zu·träg·lich [ˈtsu:trɛ:klɪç] *adj* good (for); *(förderlich)* conducive (to).

Zu·trau·en *n* confidence *(zu* in); ▶ **⁓ zu jdm haben, ⁓ in jdn setzen** trust s.o.; **⁓ zu jdm fassen** begin to trust s.o.; **zu|trau·en** *tr:* ▶ **jdm etw ⁓** credit s.o. with s.th.; *(für fähig halten)* believe s.o. capable of s.th.; **jdm nicht viel ⁓** have no high opinion of s.o.; **sich zuviel ⁓** *(sich übernehmen)* take on too much; **das hätte ich dir nie zugetraut!** I never thought you had it in you! **dem ist alles zu⁓!** I can well believe it of him! **das trau' ich mir zu** I think I can do it; **zu·trau·lich** *adj (Mensch)* trusting; *(Tier)* friendly.

zu|tref·fen *irr itr* **1.** *(richtig sein)* be correct; *(wahr sein)* be true; **2.** *(gelten)* apply *(für* to); ▶ **das trifft besonders auf Sie zu!** that applies especially to you! **zu·tref·fend 1.** *(richtig)* correct, right; **2.** *(auf etw ⁓)* applicable; ▶ **Z⁓es bitte ...** ... where applicable.

zu|trin·ken *irr itr* drink *(jdm* to s.o.); *(mit Trinkspruch)* toast *(jdm* s.o.).

Zu·tritt ‹-(e)s› *m (Einlaß)* admission (to), admittance; *(Zugang)* (free) access; ▶ **kein ⁓! ⁓ verboten!** no admittance! no entry! **sich ⁓ verschaffen zu ...** gain admission to ...; **⁓ für Unbefugte verboten** no admittance except on business.

Zu·tun *n* assistance.

zu|tun *irr tr:* ▶ **kein Auge ⁓** *(nicht schlafen können)* not sleep a wink.

zu·un·gun·sten [-ˈ---] *prp:* ▶ **⁓ von ...** to the disadvantage of ...

zu·ver·läs·sig [ˈtsu:fɛrlɛsɪç] *adj* reliable; *(vertrauenswürdig)* trustworthy; ▶ **ich weiß aus ⁓er Quelle, daß ...** I am reliably informed that ...; **Zu·ver·läs·sig·keit** *f* reliability, trustworthiness.

Zu·ver·sicht [ˈtsu:fɛrzɪçt] ‹-› *f* confidence; ▶ **ich teile Ihre ⁓ nicht, daß ...** I don't share your confidence that ...; **zu·ver·sicht·lich** *adj* confident; ▶ **ich bin ⁓, daß ich gewinne** I'm confident of succeeding; **wir schauen ⁓ ...** we look with confidence ...; **ich bin ganz ⁓, daß ...** I have every confidence that ...

zu·viel [-ˈ-] *adv* too much; ▶ **er hat ~ getrunken** he's had too much to drink; **mach dir nicht ~ Sorgen!** don't worry too much!

zu·vor [-ˈ-] *adv* before; *(zuerst)* beforehand; ▶ **kurz ~** shortly before; **im Jahr ~** in the previous year; **am Tag ~** the day before; **zu·vor|kom·men** ⟨sein⟩ *irr itr* anticipate; *(verhindern)* forestall; ▶ **man ist ihm bei s-r Erfindung zuvorgekommen** he was anticipated in his invention; **zu·vor·kom·mend** *adj (hilfsbereit)* helpful; *(höflich)* courteous; **Zu·vor·kom·men·heit** *f (Hilfsbereitschaft)* helpfulness; *(Höflichkeit)* courtesy.

Zu·wachs [ˈtsu:vaks] ⟨-es⟩ *m* increase (*an* of); ▶ **~ bekommen** *fam (ein Kind)* have an addition to the family; **zu|wach·sen** ⟨sein⟩ *irr itr* **1.** *(Loch)* grow over; *hum (mit Haaren)* become overgrown; **2.** *(Wunde)* heal (over); **3.** *fin (zufallen)* accrue (*jdm* to s.o.); **Zuwachs·ra·te** *f* rate of increase.

zu|wan·dern ⟨sein⟩ *itr* immigrate; **Zuwan·de·rung** *f* immigration.

zu·we·ge [-ˈ--] *adv:* ▶ **~ bringen** manage; *(erreichen)* accomplish.

zu·wei·len [-ˈ--] *adv* from time to time, now and then.

zu|wei·sen *irr tr* allot, assign (*jdm etw* s.th. to s.o.); ▶ **Geld für ein Projekt ~** allocate money for a project.

zu|wen·den *irr* **I** *tr* **1.** *a. fig* turn towards; **2.** *fig (zuteilen)* give (*jdm etw* s.o. s.th.); **II** *refl* **1.** turn to face (*jdm, e-r Sache* s.o., s.th.); **2.** *fig (sich widmen)* devote o.s. (*jdm, e-r Sache* to s.o., s.th.); **Zu·wendung** *f* **1.** *(Geldbetrag)* sum; *(Schenkung)* donation; **2.** *(liebevolle Aufmerksamkeit)* care.

zu|wer·fen *irr tr* **1.** *(Tür etc)* slam; **2.** *(hinwerfen zu jdm)* throw (*jdm etw* s.th. to s.o.); ▶ **jdm e-n Blick ~** cast a glance at s.o.; **jdm e-n bösen Blick ~** look daggers *pl* at s.o.

zu·wi·der [-ˈ--] *adv* **1.** *(entgegen)* contrary (*e-r Sache* to s.th.); **2.** *(ungünstig)* unfavourable to ...; ▶ **das ist mir ~** I detest that; **Zu·wi·der·han·deln·de(r)** *f m Br* offender, *Am* violator; **Zu·wi·der·hand·lung** *f* contravention, violation; **zu·wi·der·lau·fen** *irr itr* go directly against.

zu|win·ken *itr* wave (*jdm* to s.o.).

zu|zah·len I *itr* pay extra; **II** *tr:* ▶ **£ 50 ~** pay another £ 50.

zu|zie·hen *irr* **I** *tr* ⟨h⟩ **1.** *(Vorhang etc)* draw; **2.** *(schließen)* close; **3.** *(Schlinge etc)* tighten; ▶ **sich jds Haß ~** incur someone's hatred; **II** *itr* ⟨sein⟩ *(in Ortschaft)* move in; **III** *refl* ⟨h⟩ *(Schlinge etc)* pull tight.

Zu·zug ⟨-(e)s⟩ *m* **1.** *(Umzug)* move (*nach* to); **2.** *(Zustrom)* influx.

zu·züg·lich [ˈtsu:tsy:klɪç] *prp* plus.

Zwang [tsvaŋ, *pl* ˈtsvɛŋə] ⟨-(e)s, ⸚e⟩ *m* **1.** *(Notwendigkeit)* compulsion; **2.** *(moralischer)* constraint; *(Verpflichtung)* obligation; **3.** *(Gewalt)* force; ▶ **tu dir keinen ~ an!** feel free! **etw unter ~ tun** be forced to do s.th.; **sich keinen ~ antun** feel free and easy.

zwän·gen [ˈtsvɛŋən] *tr* force; ▶ **sich durch etw ~** squeeze through s.th.

zwang·los *adj (locker)* casual; *(ungezwungen)* free and easy; *(ohne Förmlichkeit)* informal; **Zwang·lo·sig·keit** *f (Unbekümmertheit)* casualness.

Zwangs·ar·beit *f* forced labour, penal servitude; **Zwangs·ein·wei·sung** *f* compulsory hospitalization; **zwangs·er·näh·ren** *tr* force-feed; **Zwangs·er·näh·rung** *f* forced feeding; **Zwangs·hand·lung** *f psych* compulsive act; **Zwangs·jacke (k·k)** *f a. fig* straitjacket; ▶ **jdm e-e ~ anlegen** put s.o. in a straitjacket; **Zwangs·la·ge** *f* dilemma, predicament.

zwangs·läu·fig *adj* inevitable; ▶ **das war wohl ~** it was inevitable that that would happen.

Zwangs·maß·nah·me *f* compulsory measure; *pol (Sanktion)* sanction; **Zwangs·räu·mung** *f* compulsory evacuation; **zwangs·um·sie·deln** [ˈ----] ⟨zwangsumgesiedelt⟩ *tr* displace by force; **Zwangs·ver·kauf** *m* forced sale; **Zwangs·ver·stei·ge·rung** *f* compulsory auction; **Zwangs·voll·streckung (k·k)** *f* execution; **Zwangs·vor·stel·lung** *f* obsession; **zwangs·wei·se I** *adj* compulsory; **II** *adv* compulsorily.

zwan·zig [ˈtsvantsɪç] *num* twenty; **Zwan·zi·ger** *m* **1.** *(Zwanzigjähriger)* twenty-year-old; **2.** *fam (Geldschein)* twenty (mark, pound *etc*) note, *Am* bill; **Zwan·zi·ger·packung (k·k)** *f Br* packet (*Am* pack) of twenty; **zwan·zig·fach** *adj* twentyfold; **zwan·zig·jäh·rig** *adj* twenty-year-old; **Zwan·zig·mark·schein** [ˈ--ˈ--] *m* twenty mark note; **zwan·zig·ste** *adj* twentieth; **Zwan·zig·stel** ⟨-s, -⟩ *n* twentieth part.

zwar [tsva:ɐ] *adv* **1.** *(erklärend)* it is true, to be sure; **2.** *(wohl ..., aber):* ▶ **... ~ ..., aber...** ..., but ... **u. ~** namely (*od* that is); **ich wollte ~ etw arbeiten, aber ...** I meant to do some work, but ...; **es wird ~ nicht einfach sein** it won't be easy, in fact; **tut's weh? — ja, und ~ ganz schön!** does it hurt? — as a matter of fact it's very painful!

Zweck [tsvɛk] ⟨-(e)s, -e⟩ *m* **1.** *(Verwendung)* purpose; **2.** *(Ziel)* aim; **3.** *(Sinn, Nutzen)* point; ▶ **sich für e-n guten ~ einsetzen** work in a good cause; **zu**

welchem ~? to what end? **der ~ heiligt die Mittel** the end justifies the means; **es hat keinen ~ zu bleiben** there's no point in staying; **Sinn und ~ ist ...** the point is that ...; **jds ~en dienen** serve someone's purposes; **für unsere ~e** for our purposes; **es hat keinen ~!** it's no use! **es hat keinen ~, wenn man protestiert** it's no use protesting; **zweck·be·dingt** *adj* determined by its function; **zweck·dien·lich** *adj (förderlich)* expedient; *(nützlich)* useful; ► **~e Hinweise** relevant information *sing.*

Zwecke (k·k) ['tsvɛkə] ‹-, -n› *f (Heft~) Br* drawing-pin, *Am* thumbtack.

zweck·ent·frem·den ['----] ‹ohne ge-› *tr* misuse; **zweck·ent·spre·chend** *adj* appropriate; **Zweck·ge·mein·schaft** *f* partnership of convenience; **zweck·los** *adj (unnütz)* useless; *(sinnlos)* pointless; **zweck·mä·ßig** *adj (passend)* suitable; *(ratsam, förderlich)* expedient; *(nützlich)* useful; *(wirksam)* effective; **Zweck·op·ti·mis·mus** *m* calculated optimism.

zwecks [tsvɛks] *prp* for the purpose of.

Zweck·spa·ren *n* target saving; **Zweck·ver·band** *m* ad hoc authority, joint body; **zweck·wi·drig** *adj* inappropriate.

zwei [tsvaɪ] *num* two; ► **zu ~en** in twos, in pairs, two by two; **(nur) wir ~** (just) the two of us; **dazu gehören ~** *fam* it takes two; **zwei·ar·mig** *adj tech* with two branches; **Zweibettka·bi·ne** *f mar* double berth; **Zwei·bett·zim·mer** *n* twin room; **zwei·deu·tig** ['tsvaɪdɔɪtɪç] *adj* **1.** ambiguous, equivocal; **2.** *(obszön)* suggestive; **Zwei·deu·tig·keit** *f* **1.** ambiguity, equivocalness; **2.** *(Obszönität)* suggestiveness; **zwei·di·men·sio·nal** *adj* two-dimensional; **Zwei·drit·tel·mehr·heit** [-'----] *f parl* two-thirds majority.

Zwei·er ['tsvaɪɐ] ‹-s, -› *m fam (Schulnote)* good; **Zwei·er·bob** *m sport* two-man bob; **Zwei·er·ka·jak** *m sport* double kayak.

zwei·er·lei *adj (Brot, Käse etc)* two kinds, two kinds of ...; *(Möglichkeiten, Meinungen, Fälle etc)* two different; ► **aus ~ Leder** of two kinds of leather; **das ist ~** *fam* that's two different things; **~ Sorten** two different kinds.

zwei·fach **1.** *(doppelt)* double; **2.** *(zweimal)* twice; ► **in ~er Ausfertigung** in duplicate.

Zwei·fa·mi·lien·haus [--'---] *n Br* two-family house, *Am* duplex house.

zwei·far·big *adj* two-colour, two-tone.

Zwei·fel ['tsvaɪfəl] ‹-s, -› *m* doubt (*an* about); ► **ich habe so meine ~, ob ...** I am in doubt as to whether ...; **etw in ~ ziehen** cast doubt on s.th.; **daran gibt's keinen ~** there's no doubt about it; **es steht außer ~, daß ...** it's beyond doubt that ...; **ohne jeden ~** without question; **er ist ohne ~ ...** without question he is ...; **jdm gegenüber ~ hegen** be doubtful about s.o.; **zwei·fel·haft** *adj* doubtful; *(verdächtig)* dubious; ► **es ist ~, ob er starten wird** *sport* he's a doubtful starter; **zwei·fel·los** **I** *adj (unbezweifelbar)* undisputed; **II** *adv* without doubt; *(als Antwort)* undoubtedly.

zwei·feln *itr* doubt (*an etw od jdm* s.th. *od* s.o.); ► **ich zweifle nicht daran** I don't doubt it; **ich zweifle noch, wie ich ...** I am still in two minds about how ...

Zwei·fels·fall *m* doubtful case; ► **im ~** in case of doubt; *fam (gegebenenfalls)* if necessary.

zwei·fels·frei **I** *adj* unequivocal; **II** *adv* beyond all doubt.

Zweif·ler(in) *m (f)* sceptic.

Zweig [tsvaɪk] ‹-(e)s, -e› *m a. fig* branch; *(kleiner)* twig; ► **auf keinen grünen ~ kommen** *fig fam* get nowhere; **Zweig·ge·schäft** *n* branch; **Zweig·ge·sell·schaft** *f* subsidiary.

zwei·glei·sig *adj rail* double-track; ► **~ fahren** *fig fam* have two strings to one's bow.

Zweig·nie·der·las·sung *f* subsidiary; **Zweig·stel·le** *f* branch.

zwei·hän·dig ['tsvaɪhɛndɪç] *adj* two-handed; *mus* for two hands.

zwei·hun·dert *num* two hundred.

zwei·jäh·rig *adj* **1.** *(zwei Jahre alt)* two-year-old; **2.** *bot* biennial.

Zwei·kampf *m* single combat; *(Duell)* duel.

zwei·mal *adv* twice; ► **sich etw nicht ~ sagen lassen** not have to be told s.th. twice; **zwei·ma·lig** *adj* done twice; *(wiederholt)* repeated.

Zwei·ma·ster *m mar* two-master.

zwei·mo·to·rig *adj* twin-engined; ► **~es Düsenflugzeug** twin-jet.

Zwei·par·tei·en·sy·stem [--'----] *n pol* two-party system.

zwei·po·lig *adj el* bipolar.

Zwei·rad *n (Fahrrad)* bicycle, *fam* bike; **zwei·räd·rig** ['tsvaɪrɛ:drɪç] *adj* two-wheeled.

zwei·rei·hig **I** *adj* **1.** *(in zwei Reihen)* double-row, in two rows; **2.** *(Jacke)* double-breasted; **II** *adv* in two rows.

zwei·schnei·dig *adj a. fig* double-edged; ► **das ist ein ~es Schwert** *fig* it cuts both ways.

zwei·sei·tig **I** *adj* **1.** *pol (Vertrag, Beziehungen)* bilateral; **2.** *(Stoff)* reversible; **II** *adv* on two sides.

zwei·sit·zig *adj* two-seat(er).

zwei·spal·tig *adj typ* double-columned, in double columns.

Zwei·spän·ner ['tsvaɪʃpɛnɐ] *m* carriage and pair.

zwei·spra·chig *(Wörterbuch, Land)* bi-

lingual; *(Dokument, Vertrag)* in two languages.
zwei·stim·mig *adj mus* for two voices.
zwei·stöckig (k·k) *adj* two-storeyed.
zwei·stu·fig *adj* two-stage; ► **~er Scheibenwischer** two-stage windscreen (*Am* windshield) wiper.
zwei·stün·dig *adj* of two hours, two hour.
zweit [tsvaɪt] *adv:* ► **zu ~** *(in Paaren)* in twos; **das Leben zu ~** living with s.o.; **wir sind zu ~** we are two of us.
Zwei·tak·ter (Zwei·takt·mo·tor) *m* two-stroke (engine).
zweit·äl·te·ste *adj* second eldest.
Zweit·aus·fer·ti·gung *f* duplicate.
zweit·be·ste *adj* second best.
zwei·te *adj* second; *(nächster)* next; ► **Z~r** *m sport* runner-up; **an ~r Stelle** in second place; **~r Klasse fahren** *rail* go second; **ich sage dir das kein ~s Mal!** I won't tell you a second time! **als ~s machte sie ...** the second thing she did was ...; **e-n guten ~n Platz belegen** *sport* come a good second; **ein ~r John Donne** another John Donne.
Zwei·tei·ler *m (Badeanzug)* bikini; **zwei·tei·lig** *adj (Kleidungsstück)* two-piece; *(Plan)* two-stage; *(Fernsehserie etc)* two-part.
zwei·tens ['tsvaɪtəns] *adv* secondly.
zweit·klas·sig *adj fig* second-rate; **zweit·letz·te** *adj* last but one; **zweit·ran·gig** *adj* second-rate; **Zweit·schrift** *f* copy; **Zweit·stim·me** *f pol* second vote.
Zwei·tü·rer *m mot* two-door.
Zweit·wa·gen *m* second car; **Zweit·woh·nung** *f* second home.
zwei·zei·lig *adj* **1.** *(mit zwei Zeilen)* two-lined; **2.** *typ (mit ~em Abstand)* double-spaced.
Zwerch·fell ['tsvɛrçfɛl] *n anat* diaphragm.
Zwerg·be·trieb *m* dwarf enterprise.
zwer·gen·haft *adj* **1.** dwarfish; **2.** *fig* diminutive.
Zwerg·huhn *n* bantam.
Zwerg(in) *m (f)* **1.** dwarf; *(Garten~)* gnome; **2.** *(Knirps)* midget; **3.** *fig (verächtlich)* squirt; **Zwerg·schu·le** *f* village school; **Zwerg·staat** *m* ministate; **Zwerg·volk** *n* pygmy tribe; **Zwerg·wuchs** *m* stunted growth, dwarfism.
Zwetsch·ge ['tsvɛtʃgə] ‹-, -n› *f* plum; **Zwetsch·gen·was·ser** *n* plum brandy.
Zwickel (k·k) ['tsvɪkəl] ‹-s, -› *m* **1.** *(Stoffkeileinsatz)* gusset; *mar (am Segel)* gore; **2.** *arch* spandrel.
zwicken (k·k) ['tsvɪkən] *itr tr* **1.** *(kneifen)* pinch; **2.** *(schmerzen)* hurt; **Zwikker** ‹-s, -› *m opt* pince-nez; **Zwick·müh·le** *f (beim Mühlespiel)* double-mill; ► **in der ~ sitzen** *fig* be in a dilemma.
Zwie·back ['tsvi:bak] ‹-(e)s, -e› *m Br* rusk, *Am* cracker.
Zwie·bel ['tsvi:bəl] ‹-, -n› *f* onion; *(Blumen~)* bulb; **zwie·bel·för·mig** *adj* bulbous.
zwie·beln *tr fam (antreiben)* drive hard; *(schikanieren)* harass.
Zwie·bel·scha·le *f* onion-skin; **Zwie·bel·sup·pe** *f* onion soup; **Zwie·bel·turm** *m* onion dome.
Zwie·ge·spräch *n* dialogue; **Zwie·licht** ‹-(e)s› *n* twilight; *(abends)* dusk; *(morgens)* half-light; ► **ins ~ geraten** *fig* get into an unfavourable light; **Zwie·spalt** ‹-(e)s, (-e/¨-e)› *m* conflict; ► **in e-n ~ geraten** get into a conflict; **ich bin im ~ ...** I'm in conflict with myself ...; **zwie·späl·tig** ['tsvi:ʃpɛltɪç] *adj (gemischt)* mixed; *(wiederstreitend)* conflicting; **Zwie·tracht** ‹-› *f* discord; ► **~ säen** sow the seeds of discord.
Zwil(·l)ich ['tsvɪlɪç] ‹-s, -e› *m* ticking.
Zwil·ling ['tsvɪlɪŋ] ‹-s, -e› *m* **1.** twin; **2.** *astron:* **~e** *pl* Gemini; **3.** *(doppelläufige Flinte)* double-barrelled gun; ► **eineiige ~** identical twins; **Zwil·lings·bru·der** *m* twin brother; **Zwil·lings·schwe·ster** *f* twin sister; **Zwil·lings·stecker (k·k)** *m el* biplug.
Zwing·burg *f a. fig* stronghold.
Zwin·ge ‹-, -n› *f tech (Werkzeug)* clamp.
zwin·gen ['tsvɪŋən] *irr* **I** *tr* compel, force; **II** *refl* force o.s.; ► **sich ~, etw zu tun** force o.s. to do s.th.; **III** *itr:* ► **ich sehe mich gezwungen ...** I feel compelled to ...; **ich sehe mich zu der Folgerung gezwungen, daß ...** I feel forced to conclude that ...; **zwin·gend** *adj* **1.** *(Notwendigkeit)* urgent; **2.** *(logisch ~)* necessary; **3.** *(schlüssig)* conclusive; ► **er legte s-n Fall mit ~er Logik dar** he presented his case compellingly; **ein ~es Argument** a forcible argument.
Zwin·ger *m (Hunde~)* kennels *pl.*
zwin·kern ['tsvɪŋkern] *itr (lustig)* blink; *(um auf etw hinzuweisen)* wink; ► **mit den Augen ~** twinkle.
Zwirn [tsvɪrn] ‹-(e)s, -e› *m* **1.** thread, yarn; **2.** *fig fam (Geld)* dough; **Zwirns·fa·den** *m* thread.
zwi·schen ['tsvɪʃən] *prp* **1.** *(in der Mitte von zwei Dingen)* between; **2.** *(unter e-r Anzahl)* among, amongst; ► **~ ihnen ist nichts** there's nothing between them; **sich ~ den Büschen verstecken** hide among the bushes; **Zwi·schen·akt** *m theat* interval; **Zwi·schen·auf·ent·halt** *m* intermediate stop; **Zwi·schen·be·mer·kung** *f* incidental remark; *(Unterbrechung)* interruption; **Zwi·schen·be·richt** *m* interim report; **Zwi·schen·be·scheid** *m* provisional

notification; *jur* interlocutory decree; **Zwi·schen·bi·lanz** *f* **1.** *com* interim balance; **2.** *fig* provisional appraisal; ▶ **e-e ~ ziehen** *fig* take stock provisionally; **Zwi·schen·deck** *n mar* 'tween decks; **Zwi·schen·decke (k·k)** *f* false ceiling; **Zwi·schen·ding** ⟨-s⟩ *n* cross; ▶ **ein ~ sein zwischen ...** be halfway between ...

zwi·schen·durch ['--'-] *adv (zeitlich)* in between times; ▶ **etw ~ machen** *(nebenher)* fit s.th. in.

Zwi·schen·er·geb·nis *n* provisional (*od* interim) result; *sport* latest score; **Zwi·schen·fall** *m* incident; ▶ **ohne ∼e** without incidents; **Zwi·schen·fra·ge** *f* question; **Zwi·schen·gas** *n mot:* ▶ **~ geben** double-declutch; **Zwi·schen·ge·richt** *n (Speise)* entrée; **Zwi·schen·glied** *n a. fig* (connection) link; **Zwi·schen·grö·ße** *f* in-between size; **Zwi·schen·han·del** *m* intermediate trade; **Zwi·schen·händ·ler** *m* middleman; **zwi·schen|kup·peln** *n mot* double-clutch; **zwi·schen|la·gern** *tr* store (temporarily); **Zwi·schen·la·ge·rung** *f* temporary storage, **Zwi·schen·lan·dung** *f aero* stopover; **Zwi·schen·mahl·zeit** *f* snack.

zwi·schen·mensch·lich *adj* interhuman; ▶ **~e Beziehungen** human relations.

Zwi·schen·prü·fung *f* intermediate examination; **Zwi·schen·raum** *m* **1.** *(zeitlich)* interval; **2.** *typ* space; *(Lücke)* gap; **Zwi·schen·ruf** *m* interruption; **~e** *pl* heckling; **Zwi·schen·ru·fer(in)** *m (f)* heckler; **Zwi·schen·run·de** *f sport* intermediate round; **Zwi·schen·spiel** *n theat mus a. fig* interlude; **zwi·schen·staat·lich** *adj (international)* international; *Am (auf Bundesstaatenebene)* interstate; **Zwi·schen·sta·tion** *f* intermediate stop; ▶ **~ machen** stop off; **Zwi·schen·stecker (k·k)** *m el* adaptor; **Zwi·schen·stück** *n* connecting piece, connection; **Zwi·schen·ti·tel** *m film* title link; **Zwi·schen·wand** *f* dividing wall; *(Stellwand)* partition; **Zwi·schen·zeit** *f* **1.** *(Zeitraum)* interval; **2.** *sport* intermediate time; ▶ **in der ~** in the meantime; **zwi·schen·zeit·lich** *adv* meantime; **Zwi·schen·zeug·nis** *n* interim report.

Zwist [tsvɪst] ⟨-es, -e⟩ *m* discordance; ▶ **mit jdm über etw in ~ geraten** become involved in a dispute with s.o. over s.th.; **Zwi·stig·keit** *f* dispute.

zwit·schern ['tsvɪtʃɐn] *itr* chirp, twitter.

Zwit·ter ['tsvɪtɐ] ⟨-s, -⟩ *m* hermaphrodite; **zwit·ter·haft** *adj* hermaphroditic.

zwo [tsvo:] *num tele fam* two.

zwölf [tsvœlf] *num* twelve; ▶ **~ Uhr (mittags)** twelve noon; **fünf Minuten vor ~** *fig* at the eleventh hour; **Zwölf·en·der** *m (Hirsch)* royal; **zwölf·fach** *adj* twelvefold; **Zwölf·fin·ger·darm** [-'---] *m anat* duodenum; **zwölf·jäh·rig** *adj* twelve-year-old; **Zwölf·kampf** *m sport* twelve-exercise event; **zwölf·ma·lig** *ad* repeated twelve times; **zwölf·tä·gig** *adj* of twelve days, twelve-day; **zwölf·te** *adj* twelfth; **Zwölf·tel** ⟨-s, -⟩ *n* twelfth; **zwölf·tens** *adv* in (the) twelfth place, twelfth(ly); **Zwölf·ton·leh·re** *f mus* dodecaphony; **Zwölf·ton·mu·sik** [-'---] *f mus* twelve-tone music.

Zya·nid [tsya'ni:t] ⟨-s, -e⟩ *n chem* cyanide.

Zy·an·ka·li [tsyaŋ'ka:li] ⟨-(s)⟩ *n chem* potassium cyanide.

zy·klisch ['tsy:klɪʃ] *adj* cyclic(al).

Zy·klon [tsy'klo:n] ⟨-s, -e⟩ *m mete* cyclone.

Zy·klo·tron [tsyklo'tro:n] *n phys* cyclotron.

Zy·klus ['tsy:klʊs] ⟨-, -klen⟩ *m* cycle.

Zy·lin·der [tsi'lɪndɐ/tsy'lɪndɐ] ⟨-s, -⟩ *m* **1.** *math tech mot* cylinder; **2.** *(Hut)* tophat, *fam* topper; **Zy·lin·der·block** *m mot* cylinder block; **Zy·lin·der·kopf** *m mot* cylinder head; **Zy·lin·der·kopf·dich·tung** *f mot* cylinder head gasket; **zy·lin·drisch** *adj* cylindrical.

Zy·ni·ker(in) ['tsy:nɪkɐ] *m (f)* cynic; **zy·nisch** *adj* cynical; **Zy·nis·mus** ⟨-, -men⟩ *m* cynicism.

Zy·pern ['tsy:pɐn] *n* Cyprus.

Zy·pres·se [tsy'prɛsə] ⟨-, -n⟩ *f bot* cypress.

Zy·pri·ot(in) ['tsypri'o:t] ⟨-en, -en⟩ *m (f)* Cypriot; **zy·prisch** *adj* Cyprian.

Zy·ste ['tsʏstə] ⟨-, -n⟩ *f med* cyst.

Anhang

Englische und amerikanische Abkürzungen

A *answer* Antw.
AA **1.** *Alcoholics Anonymous;* **2.** *(Br) Automobile Association;* **3.** *anti-aircraft.*
AAA *Amateur Athletic Association.*
AB **1.** *(mar) able-bodied seaman;* **2.** *(Am) Artium Baccalaureus (Bachelor of Arts).*
ABC **1.** *American Broadcasting Company.*
ABC **2.** *Australian Broadcasting Company;* **3.** *atomic, biological and chemical (weapons).*
ABM *anti-ballistic missile.*
abv. *above* ob.
AC **1.** *alternating current;* **2.** *aircraftman.*
A/C *account.*
ACAS *(BR) Advisory Conciliation and Arbitration Service.*
acc.to *according to* gem.
ACORN ['eɪkɔ:n] *(EDV) automatic check-out and recording network.*
AD *Anno Domini* A.D., a. D.
ad.inf. *ad infinitum.*
adj. *adjective.*
ad.lib. *ad libitum.*
Adm. *admiral* Adm.
adm(in). *administration* Verw.
ADP *automatic data processing.*
AEA *(Br) Atomic Energy Authority.*
AEC *(Am) Atomic Energy Commission.*
AFN **1.** *American Forces Network;* **2.** *Armed Forces Network.*
AGM **1.** *air-to-ground missile;* **2.** *Annual General Meeting.*
AGR *advanced gas-cooled reactor.*
AI **1.** *Amnesty International AI;* **2.** *artificial insemination* künstl. Befr.; **3.** *aratificial intelligence* KI.
AID *artifical insemination by donor.*
AIDS *acquired immune deficiency syndrome* AIDS *n.*
a.k.a. *also known as.*
Algol ['ælgɒl] *(EDV) algorithmic language* ALGOL.
alt. **1.** *alteration* Änd.; **2.** *altitude.*
a.m. *ante meridiem* vorm.
amp. **1.** *ampere;* **2.** *amplitude.*
anon. *anonymous.*
ans. *answer* Antw.
a/o *account of.*
a.o.b. *any other business.*
APA *American Press Association.*
approx. *approximately.*
APR *annual percentage rate.*
Apr. *April* Apr.
APT *advanced passenger train.*
arr. *arrival* Ank.
a.s.a.p. *as soon as possible* mögl. bald.
ASPCA *American Society for the Prevention of Cruelty to Animals.*
Assoc. *Association.*
ATC **1.** *air traffic control;* **2.** (Br) *Air Training Corps.*
Att., Atty. *(Am) Attorney.*
Aug. *August* Aug.
AUT *(Br) Association of University Teachers.*
AV **1.** *audio-visual;* **2.** *Authorized Version (der Bibel).*
av. *average* Durchschn.
Av., Ave. *avenue.*
avdp. *avoirdupois (Gewicht).*
AWACS ['eɪwæks] *Airborne Early Warning and Control System* AWACS.
AWOL *(mil) absent without leave.*
AYH *American Youth Hostels.*

b *born* geb.
B A **1.** *Bachelor of Arts;* **2.** *British Airways.*

BAL *(EDV) basic assembly language.*
B & B [bi:ənd'bi:] *bed and breakfast.*
BAOR *British Army of the Rhine.*
BASIC ['beɪzɪk] *(EDV) Beginner's Allpurpose Symbolic Instruction Code* BASIC.
BB *Boys' Brigade.*
BBC *British Broadcasting Corporation* BBC *f.*
BC 1. *before Christ* v. Chr.; **2.** *British Columbia.*
BCG *Bacille Calmette Guérin* BCG.
B D *Bachelor of Divinity.*
B Ed *Bachelor of Education.*
bef. *before.*
beg. *begin(ning)* Anf.
BEM *British Empire Medal.*
B/F, b/f *brought forward* Übertrag.
BFPO *British Forces Post Office.*
bhp *brake horse-power.*
biol. *biological.*
bIT *(EDV) binary digit* Bit *n.*
B L *Bachelor of Law.*
B Lit *Bachelor of Letters.*
B M 1. *British Museum;* **2.** *Bachelor of Medicine.*
BMA *British Medical Association.*
B Mus *Bachelor of Music.*
BO *body odour.*
BOSS *(Südafrika) Bureau of State Security.*
BOT *Board of Trade.*
bot. *botanical.*
BOTB *British Overseas Trade Board.*
b.p.d. *barrels per day.*
Bq *becquerel.*
BR *British Rail.*
Brit. *British* brit.
Bros. *Brothers* Gebr.
B Sc *Bachelor of Science.*
B Sc Econ *Bachelor of Economic Science.*
BST *British Summer Time.*
Btu *British thermal unit.*
bus. *business* Gesch.
C *centigrade* C.
c 1. *cent;* **2.** *circa* ca.
CA *chartered accountant.*
CAB 1. *Citizen's Advice Bureau;* **2.** *(Am) Civil Aeronautics Board.*
CAC *(Am) Consumer's Advisory Council.*
CAD/CAM *computer-aided design and manufacture* CAD/CAM.
cal. 1. *calendar;* **2.** *calorie* cal.
CAP *(EG) Common Agricultural Policy.*
caps. *capitals.*
Capt. *Captain.*
CARE [keə(r)] *Cooperative for American Relief Everywhere.*
carr. *carriage* Transp.
CAT *(Br) College of Advanced Technology.*
CB *citizens' band (radio)* CB.
CBI 1. *(Am) Central Bureau of Investigation;* **2.** *Confederation of British Industry.*
CBW *chemical and biological warfare.*
cc *cubic centimetres* cc, cm³.
CCTV *closed circuit television.*
c.c.w. *counterclockwise.*
CD *Corps Diplomatique* CD.
C/D 1. *Customs Declaration* Zollerklärung; **2. CD** *compact disc* CD *f.*
c.d. *cash discount.*
Cert Ed *(Br) Certificate of Education.*
CET *Central European Time* MEZ.
cf. *confer* vgl.
c/f *carried forward* Übertr.
CFC *chlorofluorocarbon* FCKW *m.*
cft *cubic foot, feet.*
c.h. *central heating.*
ch., chap. *chapter* Kap.
Ci. *curie.*
CIA *(Am) Central Intelligence Agency* CIA *f.*
CIC *(Am) Counter Intelligence Corps.*

CID *(Br) Criminal Investigation Department* Kripo *f.*
CinC Commander in Chief.
CIO *(Am) Congress of Industrial Organizations.*
cit. *citation* Zit.
ckw. *clockwise.*
cm *centimetre* cm.
CMEA *Council for Mutual Economic Aid.*
CND *Campaign for Nuclear Disarmament.*
Co 1. *company* KG.; **2.** *County.*
CO 1. *Commanding Officer;* **2.** *consciencious objector;* **3.** *Cash Order.*
c/o 1. *care of* bei; **2.** *carried over* Übertr.
COBOL ['kəʊbɒl] *(EDV) Common Business Oriented Language* COBOL.
COD 1. *(Br) cash on delivery;* **2.** *(Am) collect on delivery.*
COI *(Br) Central Office of Information.*
COL *computer-oriented language.*
col. *column* Sp.
Col. *Colonel.*
COMECON ['kɒmɪˌkɒn] *Council for Mutual Economic Aid* COMECON.
compl. 1. *complete;* **2.** *complement(ary).*
COMSAT ['kɒmsæt] *(Am) Communications Satellite.*
Cont. *continental.*
contd. *continued* Forts.
CORE [kɔ:(r)] *(Am) Congress of Racial Equality.*
corr. 1. *correction;* **2.** *correspondence;* **3.** *corresponding.*
cos [kBs] *(math) cosine* cos.
cosec ['kəʊsek] *(math) cosecant* cosec.
COSPAR ['kəʊspɑ:(r)] *Committee on Space Research.*
cot, cotan *(math) cotangent* cot.
CP *Communist Party* KP.
cp *compare* vgl.
CPU *(EDV) central processing unit.*
Cres. *Crescent.*
CRT *cathode ray tube.*
CSCE *Conference on Security and Cooperation in Europe* KSZE *f.*
CSE *(Br) Certificate of Secondary Education.*
ct. 1. *cent;* **2.** *certificate.*
CTC (Br) *City Technology College.*
CV *Curriculum Vitae.*
cwt. *hundred weight.*

d 1. *(Br obs) pence;* **2.** *date;* **3.** *day;* **4.** *degree.*
DA 1. *(Am) District Attorney;* **2.** *delayed action.*
D/A *deposit account.*
DAT *digital audio tape.*
dat. *dative* dat.
d & c *(med) dilation and curettage* Ausschabung *f.*
dB *decibel.*
DC 1. *Death Certificate;* **2.** *Diplomatic Corps;* **3.** *direct current;* **4.** *District Commissioner;* **5.** *District of Columbia.*
DD *doctor of Divinity* Dr. theol.
DDT *Dichlorodiphenyltrichloroethane* DDT *n.*
Dec. *December* Dez.
deg. *degree.*
denom. *denomination* Bek.
dep. 1. *departure* Abf.; **2.** *department* Abt.
dept. *department* Abt.
DES (Br) *Department of Education and Science.*
Det. *Detective.*
DEW [dju:] *distant early warning.*
Dip. *Diploma* Dipl.
diss. *dissertation* Diss.
DIY *do it yourself.*
DJ 1. *dinner jacket;* **2.** *disc jockey.*
D Lit *Doctor of Letters* Dr. phil.
DM 1. *Deutschmark(s)* DM; **2.** *Doctor of medicine* Dr. med.

D Mus *Doctor of Music* Dr. phil.
DNA *de(s)-oxyribonucleic acid* DNS *f.*
d.o.a. *dead on arrival.*
DOD *(Am) Department of Defense.*
DoE (Br) *Department of the Environment.*
DOS (EDV) *Disk Operating System* DOS.
doz. *dozen* Dtzd.
DP 1. *data processing;* **2.** *displaced person* Vertriebene(r) *f (m).*
D Phil *Doctor of Philosophy* Dr. phil.
Dr. *Doctor* Dr.
DS *Detective Sergeant.*
D Sc *Doctor of Science* Dr. rer. nat.
DT 1. *data transmission;* **2.** *delirium tremens.*
DTP *desk-top publishing* DTP.
dup. *duplicate.*
DVLC *(Br) Driver and Vehicle Licensing Centre.*

E *East* O.
e.a.o.n. *except as otherwise noted.*
EC *European Community* EG *f.*
ECG *electrocardiogram* EKG *n.*
econ. *economic* wirtsch.
ECT *electro-convulsive therapy* Elektroschock *m.*
ECU *European Currency Unit* ECU *f.*
ed. 1. *editor* Hrsg.; **2.** *edition* Ausg.; **3.** *edited* hrsg.
EDP *electronic data processing* EDV *f.*
EEC *(obs) European Economic Community* EWG *f.*
EEG *electroencephalogram* EEG *n.*
EFTA ['eftə] *European Free Trade Association* EFTA *f.*
e.g. *(exempli gratia) for example* z. B.
EIS *Educational Institute of Scotland.*
ELT *English language teaching.*
enc(l). *enclosure(s)* Anl.
END *European Nuclear Disarmament.*
ENE *east-north-east* ONO.
Engl. *English* engl.
ENT *ear, nose and throat* HNO.
env. *envelope* Umschl.
EOC *(Br) Equal Opportunities Commission.*
e.o.m. 1. *(EDV) end of message;* **2.** *end of the month;* **3.** *every other month.*
EP 1. *electroplate;* **2.** *extended play (record)* Schallplatte mit verlängerter Spieldauer.
EPNS *electroplated nickel silver.*
equiv. *equivalent* entspr.
ER *Elisabeth Regina.*
ESE *east-south-east* OSO.
ESN *educationally subnormal.*
ESL *English as a second language.*
ESP *extrasensory perception* ASW *f.*
esp. *especially* bes.
Esq. *Esquire* Hr.
ESRO *European Space Research Organization.*
est. 1. *estimated* gesch.; **2.** *estuary* Münd.
ETA *estimated time of arrival.*
et al. *et alii* et al.
etc. *et cetera* usw.
ETD *estimated time of departure.*
Euratom [jʊəˈrætəm] *European Atomic Energy Community* Euratom *f.*
ex *example* Beisp.
exc 1. *excellent;* **2.** *except.*
excl. *excluding, exclusive.*
expl. *explanation* Erl.

F *Fahrenheit* F.
f 1. *foot, feet;* **2.** *feminine* f.
FA *(Br) Football Association.*
FBI *(Am) Federal Bureau of Investigation* FBI *n.*

FCO *(Br) Foreign and Commonwealth Office.*
Feb. *February* Febr.
fed. *federal.*
ff. *and the following (pages etc.)* ff.
FIFA *Federation of International Football Associations* FIFA *f.*
fig. 1. *figure(s)* Abb; **2. fig.** *figurative fig.*
fl. oz. *fluid ounce(s).*
flt. *flight.*
FM 1. *Frequency Modulation* FM; **2.** *Field Marshal.*
FO (Br) *Foreign Office.*
f.o.b. *free on board* bob.
FoE *Friends of the Earth.*
foll. *following* folg.
FORTRAN [ˈfɔːtræn] *Formula Translation* Fortran *n.*
Fr. *French* frz.
FRG *Federal Republic of Germany* BRD f.
Fri. *Friday* Fr.
ft. *foot, feet.*

G *(Am) general.*
g *gram(s), gramme(s)* g.
gal(l). *gallon(s).*
GATT [gæt] *General Agreement on Tariffs and Trade* GATT *n.*
GB *Great Britain.*
GBH *(Br jur) grievous bodily harm.*
GCE *General Certificate of Education.*
GCHQ *(Br) Government Communications Headquarters.*
GCSE *(Br) General Certificate of Secondary Education.*
Gdns *Gardens.*
GDP *gross domestic product* BIP *n.*
GDR *(hist) German Democratic Republic* DDR *f.*
gent *gentleman.*
geol. *geologic(al)* geol.
geom. *geometric(al)* geom.
Ger. *German* dt.
GFR *German Federal Republic* BRD *f.*
G.I. 1. *American Government Issue;* **2.** *(Am mil)* GI.
GMT *Greenwich Mean Time* WEZ.
GNP *gross national product* BSP *n.*
Gov. *Governor.*
govt. *government* Reg.
GP 1. *general practitioner;* **2.** *Gallup Poll;* **3.** *Graduated Pension;* **4.** *Grand Prix.*
GPO *General Post Office.*
gr. *gross.*
grt *gross register tons* BRT.
GT *gran turismo* GT.
gtd., guar. *guaranteed* gar.

h & c *hot and cold (water).*
HGV *heavy goods vehicle.*
HIV *human immunodeficiency virus* HIV *n.*
hl *hectolitre* hl.
HMC *His, Her Majesty's Customs.*
HMG *Her Majesty's Government.*
HMI *Her Majesty's Inspector (of Schools).*
HMSO *Her Majesty's Stationery Office.*
HNC *Higher National Certificate.*
HND *Higher National Diploma.*
HMS 1. *His, Her Majesty's Service;* **2.** *His, Her Majesty's Ship.*
HO 1. *Head Office;* **2.** *Home Office.*
Hon. *Sec. Honorary Secretary.*
Hons. *Honours.*
HP 1. *high pressure;* **2.** *hire purchase;* **3.** *horse power* PS; **4.** *Houses of Parliament.*
HQ *headquarters.*
HRH *His, Her Royal Highness.*
HST *high-speed train.*
ht. *height.*
Hz *hertz* Hz.

IAEA *International Atomic Energy Agency.*
IATA [aɪˈɑːtə] *International Air Transport Association* IATA *f.*

ib(id) *ibidem* ib., ibd.
IC 1. *integrated circuit;* **2.** *rail* IC *m.*
i/c, I/C *in charge* v. D.
ICBM *intercontinental ballistic missile.*
ICU *intensive care unit.*
ID *identification.*
IDDD *(Am) international direct distance dialing.*
IDP 1. *integrated data processing;* **2.** *international driving permit.*
i.e. *id est* d. h.
illus. *illustration* Abb.
ILO *International Labour Organisation* IAO *f.*
ILS *instrument landing system.*
IMF *International Monetary Fund* IWF *m.*
in. *inch.*
Inc. *(Am) incorporated.*
incl. *including, inclusive* incl., inkl.
INS *International News Service.*
ins. 1. *inches;* **2.** *insurance* Vers.
inst. *instant* d. M.
Interpol ['ıntəpɒl] *International Criminal Police Commission* Interpol *f.*
Int. Rev. *(Am) Internal Revenue.*
inv. 1. *invention;* **2.** *invoice.*
I/O *(EDV) input/output.*
IOC *International Olympic Committee* IOK *n.*
IOM *Isle of Man.*
IOU *I owe you.*
IOW *Isle of Wight.*
IPA 1. *International Phonetic Association* IPA *n;* **2.** *International Phonetic Alphabet* IPA *n.*
IQ *intelligence quotient* IQ *m.*
IRA *Irish Republican Army* IRA *f.*
IRBM intermediate range ballistic missile.
ISBN *International Standard Book Number* ISBN *f.*
ISD *international subscriber dialling.*
ITA 1. *Independent Television Authority;* **2.** *initial teaching alphabet.*
ITN *(Br) Independent Television News.*
ITV *(Br) Independent Television.*
IUD *interuterine device.*
i.v. 1. *intravenous;* **2.** *initial velocity.*

J *(phys) joule* J.
JAEC *(Am) Joint Atomic Energy Committee.*
Jan. *January* Jan.
JP *(Br) Justice of the Peace.*
Jr. *Junior* jun.
jt. *joint.*
Jul. *July* Jul.
Jun. 1. *June* Jun.; **2.** *Junior* jun.

ka. *(Am) kathode.*
kb *kilobar.*
KC *King's Counsel.*
Kc *kilocycle.*
kg *kilogram(s), kilogramme(s)* kg.
kHz *kilohertz.*
KIA *killed in action* gef.
kJ *kilojoule* kJ.
km *kilometre* km.
km/h, kmph *kilometres per hour* km/h.
kn. *(mar) knot.*
KO *knock-out* K. o. *m.*
kph *kilometres per hour* km/h.
kw *kilowatt(s)* kW.
kWh, kwh *kilowatt hour(s)* kWh.
KWIC [kwık] *(EDV) keyword in context.*
KWOC [kwɒk] *(EDV) keyword out of context.*

L 1. *(Br mot) Learner;* **2.** *Lake;* **3.** *large.*
l 1. *litre(s)* l; **2.** *left* l.
lab. *laboratory* Lab.
LAN *(EDV) local area network* LAN *n.*
lang. *language* Spr.
lat 1. *latitude* Br; **2. lat.** *latin* lat.

lb. *pound.*
LCD 1. *lowest common denominator;* **2.** *liquid crystal display* LCD-Anzeige *f.*
LCM *lowest common multiple.*
lect. *lecture(r)* Vorl., Vortr.
LED *light-emitting diode.*
LEM *lunar excursion module.*
LEV *lunar excursion vehicle.*
LF *low frequency* LF.
lg. *large.*
lgth. *length.*
Lieut. *Lieutenant* Lt.
lit. *literature* Lit.
LLB *Bachelor of Laws.*
LLD *Doctor of Laws* Dr. jur.
loc. cit. *loco citato* l. c., a. a. O.
log *logarithm.*
long. *longitude* L.
LP 1. *Labour Party;* **2.** *long-playing (record)* LP *f.*
LPG *liquid petroleum gas.*
LSD *lysergic acid diethylamide* LSD *n.*
Lt. *Lieutenant* Lt.
Ltd. *Limited.*
LV *luncheon voucher.*
LW *long wave* LW.

M 1. *mach (number)* M; **2.** *Majesty;* **3.** *Medium;* **4.** *motorway* A; **5.** *mountain.*
m 1. *(phys) mass;* **2.** *metre* m; **3.** *mile(s);* **4.** *million(s)* Mill., Mio.; **5.** *minutes* min; **6.** *married* verh.; **7.** *masculine* m.
MA *Master of Arts.*
mA *milliampere* mA.
MAFF *(Br) Ministry of Agricultural, Fisheries and Food.*
Maj. *Major.*
manuf. *manufacture* Herst.
Mar. *March.*
MASH [mæʃ] *(Am) Mobile Army Surgical Hospital.*
MAT *machine-aided translation.*
max. *maximum* max.
MB *Bachelor of Medicine.*
mb *millibar.*
MC 1. *Master of Ceremonies;* **2.** *Medical Corps;* **3.** *Member of Congress;* **4.** *Military Cross.*
mc 1. *megacycle;* **2.** *millicurie.*
MCP *male chauvinist pig* Chauvi *m.*
MCS 1. *Master of Computer Science;* **2.** *missile control system.*
MD 1. *managing director;* **2.** *Doctor of Medicine* Dr. med.; **3.** *mentally deficient.*
med. 1. *medical;* **2.** *medicine;* **3.** *medium.*
MEP *Member of the European Parliament.*
Messrs. *pl von Mr., Abk. von Messieurs.*
met. *meteorological.*
MG *machine gun* MG *f.*
mg *milligramme* mg.
MHF *medium high frequency* MHF.
MHG *Middle High German* mhd.
MHR *(Am) Member of the House of Representatives.*
mHz *megahertz* mHz.
MICR *(EDV) magnetic ink character recognition.*
MIDAS [ˈmaɪdəs] *Missile Defence Alarm System.*
MI 5 [ˈemaɪ ˈfaɪv] *(Br) Military Intelligence (5).*
MIN 1. *Minister;* **2.** *Ministry.*
min. 1. *minute(s)* min; **2.** *minimum* min.
MIRV *multiple independently targetted reentry vehicle.*
misc. *miscellaneous* versch.
MIT *Massachusetts Institute of Technology.*
MLR *minimum lending rate.*
mm *millimetre(s)* mm.
MO 1. *Mail Order;* **2.** *medical officer;* **3.** *money order.*
MOD *(Br) Ministry of Defence.*
mod. *modern* mod.
mod. cons. *modern conveniences.*

MOL *manned orbiting laboratory.*
Mon. *Monday* Mo.
MOT 1. *Ministry of Transport;* **2.** ≈ TÜV *m.*
MP 1. *Member of Parliament;* **2.** *Metropolitan Police;* **3.** *Military Police* MP.
mpg *miles per gallon.*
mph *miles per hour.*
Mr. *Mister* Herr.
MRBM *medium range ballistic missile.*
Mrs. ['mɪsɪs] *Mistress* Fr.
Ms 1. [mɪz] Frau (auch für Unverheiratete); **2. MS** *multiple sclerosis* MS.
ms *manuscript* MS, Mskr.
M Sc *Master of Science.*
MSG *monosodium glutamate.*
MT *machine translation.*
Mt. *Mount(ain).*
mth. *month.*
MW *medium wave* MW.

N *north* N.
n 1. *(math)* n; **2.** *noun* Subst.; **3.** *neuter.*
NAACP *(Am) National Association for the Advancement of Colored People.*
Naafi ['næfɪ] *Navy, Army, and Air Force Institutes.*
NALGO *(Br) National and Local Government Officers Association.*
NASA ['næsə] *(Am) National Aeronautics and Space Administration* NASA *f.*
nat. *national.*
NATO ['neɪtəʊ] *North Atlantic Treaty Organization* NATO *f.*
NB *nota bene* NB.
NCC *(Br) Nature Conservancy Council.*
NCO *noncommissioned officer.*
NE *north-east* NO.
nec. *necessary* notw.
neg. *negative(ly).*
NF *(Br) National Front.*
NHS *(Br) National Health Service.*
NIH *(Am) National Institutes of Health.*
NNE *north-north-east* NNO.
NNW *north-north-west* NNW.
No, no 1. *north* N; **2.** *number* Nr.
Nov. *November* Nov.
nr. *near.*
NSPCC *National Society for the Prevention of Cruelty to Children.*
NT 1. *New Testament* NT; **2. NT** *National Trust.*
NW *north-west* NW.
NY *New York.*
NZ *New Zealand.*

OAP *old-age pensioner.*
OAS *Organization of American Staates* OAS *f.*
OAU *Organization of African Unity* OAU *f.*
OCR *(EDV) optical character recognition* OCR.
Oct. *October* Okt.
OD *overdose.*
OECD *Organisation for Economic Cooperation and Development* OECD *f.*
OHMS *On His, Her Majesty's Service.*
ONC *Ordinary National Certificate.*
OND *Ordinary National Diploma.*
o.n.o. *or near(est) offer.*
op.cit. *opere citato* op. cit.
OPEC ['əʊpek] *Organization of Petroleum Exporting Countries* OPEC *f.*
orig. *original(ly)* urspr.
OS 1. *ordinary seaman;* **2.** *Ordnance Survey;* **3.** *outsize.*
OT *Old Testament* AT.
OU *(Br) Open University.*
OXFAM ['ɒksfæm] *Oxford Committee for Famine Relief.*
oz. *ounce(s).*

p. **1.** *page* S.; **2.** *penny, pence;* **3.** *per.*
PA **1.** *Press Association;* **2.** *Power of Attorney;* **3.** *personal assistant;* **4.** *public address (system).*
p.a. *per annum.*
PABX *tele private automatic branch exchange.*
PACE [peıs] *(EDV) Precision Analog Computing Equipment.*
p & p *postage and packing.*
para. *paragraph* Abs.
Parl. *Parliament(ary).*
pat. *patent* Pat.
pat. pending *B.P.a.*
PAU *Pan American Union.*
PAYE *Pay As You Earn.*
PBS *(Am) Public Broadcasting System.*
PC **1.** *Police Constable;* **2.** *Privy Council;* **3.** *Privy Councillor;* **4.** **PC** *personal computer* PC *m.*
pc **1.** *per cent;* **2.** *post card.*
pd. *paid* bez.
PE *physical education.*
p/e *price/earnings.*
PEN [pen] *International Association of Poets, Playwrights, Editors, Essayists and Novelists* PEN.
perf. *performance* Vorst.
per pro. *per procuratorem* i. A.
PERT [pɜ:t] *(EDV) Program Evaluation and Review Technique.*
PGCE *(Br) Postgraduate Certificate in Education.*
PhD *Philosophiae Doctor* Dr.
PHS *(Am) Public Health Service.*
PIN *personal identification number.*
pkg. **1.** *package;* **2.** *packing.*
Pl. *Place.*
plc *public limited company.*
PLO *Palestine Liberation Organization* PLO *f.*
PLP *(Br) Parliamentary Labour Party.*
PM **1.** *Prime Minister;* **2.** *post mortem.*
p.m. *post meridiem* nachm.
PO **1.** *Patent Office;* **2.** *Post Office;* **3.** *Postal Order.*
POB *Post-Office Box* Postf.
POD *pay on delivery.*
pop. *population.*
poss *possible* mögl.
POW **1.** *Prince of Wales;* **2.** *prisoner of war.*
pp **1.** *pages* ff.; **2.** *per procuraturem* i. A.; **3.** *postage paid.*
PR **1.** *proportional representation;* **2.** *public relations* PR.
prelim. *preliminary.*
Pres. **1.** *Presbyterian;* **2.** *President.*
priv. *private.*
pro **1.** *professional;* **2.** *prostitute.*
Prof. *Professor* Prof.
prog. *programme* Progr.
PROM *(EDV) programmable read-only memory.*
prov. *provisional* vorl.
prox. *proximo* nächsten Monats.
PS *postscript* PS.
PSV *public service vehicle.*
PT **1.** *physical training;* **2.** *purchase tax.*
pt **1.** *part;* **2.** *pint;* **3.** *payment;* **4.** *point* Pkt.
p.t.o. *please turn over* b. w.
PVC *polyvinyl chloride* PVC *n.*
PWR *pressurised water reactor.*
PX *(Am) Post Exchange.*

Q *Queen.*
QC *(Br) Queen's Council.*
QED *quod erat demonstrandum* q. e. d.
qt. *quart.*
qtr. *quarter.*
qv *quod vide.*

R **1.** *Rex, Regina* König(in); **2.** *river* Fl.; **3.** *Roentgen;* **4.** *Réaumur* R.
r. *right* r.
RAC *Royal Automobile Club.*
RAF *Royal Air Force.*

RAM *(EDV) random access memory* RAM *m.*

R & B *Rhythm and Blues.*

RC 1. *Red Cross* (D)RK *n;* **2.** *Roman Catholic* rk.

RCMP Royal Canadian Mounted Police.

Rd. *Road* Str.

RE 1. *Religious Education;* **2.** *rare-earth elements;* **3.** *(Am) Real Estate.*

recd. *received* erh.

ref. 1. *referee* Schiri *m.;* **2.** *reference* Verw.; **3.** *refund.*

regd. *registered.*

reg. no. *registration number* (pol.) Kennz.

REM 1. *rapid eye movement;* **2.** *Roentgen equivalent in man* REM.

Rep. 1. *Republic* Rep.; **2.** *Republican* Rep.

resp. *respective* bzw.

retd. *retired* i. R., a. D.

Revd. *Reverend* Ehrw.

rev. 1. *reverse;* **2.** *review;* **3.** *revision;* **4.** *revolution* Umdr.

RFC (Br) *Rugby Football Club.*

Rh *rhesus* Rh.

RI *religious instruction.*

RIP *rest in peace* R. I. P.

rm. *room* Zim.

RN *Royal Navy.*

RNA *ribonucleic acid* RNS *f.*

RNLI *Royal National Lifeboat Institution.*

ROM *(EDV) read-only memory* ROM *m.*

RoSPA *Royal Society for the Prevention of Accidents.*

RP *received pronunciation.*

rpm *revolutions per minute* Umd. p. min.

RR *(Am) Railroad.*

RSPCA *Royal Society for the Prevention of Cruelty to Animals.*

RSPCC *Royal Society for the Prevention of Cruelty to Children.*

RSVP *répondez s'il vous plaît* u. A. w. g.

Rt. Hon. *Right Honourable.*

RUC *Royal Ulster Constabulary.*

S 1. *south* S; **2.** *Saint;* **3.** *small.*

s *single* led.

SA 1. *South Africa;* **2.** *South America;* **3.** *South Australia;* **4.** *Salvation Army.*

s.a.e. *stamped addressed envelope.*

SALT [sɔːlt] *Strategic Arms Limitation Talks* SALT.

SAM *surface-to-air missile.*

SAS *(Br) Special Air Service.*

Sat. *Saturday* Sa.

SAYE *Save as You Earn.*

sci. fi. *science fiction.*

Scot. 1. *Scotland;* **2.** *Scottish.*

SDI (Am) *Strategic Defense Initiative* SDI.

SE *south-east* SO.

SEATO [ˈsiːtəʊ] *South-East Asia Treaty Organization* SEATO *f.*

sec. *second(s)* Sek.

Sen. *(Am) Senator.*

Sep(t). *September* Sept.

sep. *separate* getr.

Serg(t). *Sergeant.*

s.g. *specific gravity.*

Sgt. *Sergeant.*

SHAPE [ʃeɪp] *Supreme Headquarters Allied Powers Europe.*

SJ *Society of Jesus.*

SNP *Scottish National Party.*

SONAR [ˈsəʊnɑː(r)] *Sound Navigation and Ranging.*

Sq. *square* Pl.

SS 1. *steamship;* **2.** *saints.*

SSE *south-south-east* SSO.

SSM *surface-to-surface missile.*

SSR *Soviet Socialist Republic.*

SSW *south-south-west* SSW.

St. 1. *Saint* hl., St.; **2.** *street* Str.; **3.** *Strait.*

st. *stone(s).*

STD *(Br) subscriber trunk dialling.*

START [stɑːt] *Strategic Arms Reduction Talks.*
STOL [stɒl] *short take-off and landing.*
STUC *Scottish Trades Union Congress.*
SU **1.** *strontium unit;* **2.** *Soviet Union.*
SUM *surface-to-underwater missile.*
Sun. *Sunday* So.
sup(pl.) *supplement(ary).*
SW *south-west* SW.
SWAPO ['swæpəʊ] *South West African People's Organization* SWAPO *f.*

t *tonne*
TA (Br) *Territorial Army.*
tan *(math) tangent* tan.
TB *tuberculosis* Tb(c) *f.*
tbs *tablespoon(ful)* EßI., EL.
TCBM *transcontinental ballistic missile.*
TD **1.** *touchdown;* **2.** *(Am) Treasury Department.*
tel. *telephone* tel, Tel.
temp. **1.** *temperature* Temp.; **2.** *temporary* zeitw.
Terr. **1.** *Terrace;* **2.** *territory.*
Thurs. *Thursday* Do.
TIR *International Road Transport.*
TIROS ['taɪrəʊs] *(Am) Television and Infrared Observation Satellite.*
tog. *together* zus.
TNT *trinitrotoluene.*
trans. *transitive* tr.
transl. *translated, translator.*
trig. *trigonometry.*
tripl. *triplicate.*
tsp *teaspoon(ful)* Teel., TL.
TT **1.** *teetotal;* **2.** *(mot) Tourist Trophy;* **3.** *(agr) tuberculin-tested.*
TUC *Trades Union Congress.*
Tues. *Tuesday* Di.
TV *television* TV.
TVP *textured vegetable protein.*
typw. **1.** *typewriter;* **2.** *typewritten.*

UAE *United Arab Emirates.*
UCCA *(Br) Universities Central Council for Admissions* ≈ ZVS *f.*
UDA *Ulster Defence Association.*
UDR *Ulster Defence Regiment.*
UDI *unilateral declaration of independence.*
UEFA *Union of European Football Associations* UEFA.
UFO *unidentified flying object* Ufo *n.*
UHF *ultrahigh frequency.*
UHT *ultra heat treated.*
UK *United Kingdom.*
ult. **1.** *ultimate;* **2.** *ultimo* des letzten Monats.
UN *United Nations* UNO *f.*
UNA *(Br) United Nations Association.*
UNCTAD *United Nations Commissions for Trade and Development* UNCTAD *f.*
UNESCO [juːˈneskəʊ] *United Nations Educational, Scientific and Cultural Organization* UNESCO *f.*
UNICEF ['juːnɪsef] *United Nations International Children's Emergency Fund* UNICEF *f.*
Univ. *university* Univ.
UNO ['juːnəʊ] *United Nations Organization* UNO *f.*
UPI *(Am) United Press International.*
US *United States* US *pl.*
USA **1.** *United States of America* USA *f;* **2.** *United States Army.*
USAF *United States Aur Force.*
USM **1.** *underwater-to-surface missile;* **2.** *United States Mail;* **3.** *United States Marines;* **4.** *United States Mint.*
USS **1.** *United States Ship;* **2.** *United States Senate.*
USSR *Union of Soviet Socialist Republics* UdSSR *f.*

usu. *usually* gew.
USW 1. *ultrashort waves* UKW; **2.** *ultrasonic waves.*
UV *ultraviolett* UV.
UVF *Ulster Volunteer Force.*

V, v 1. *verse(s)* V; **2.** *volt(s)* V; **3.** *vide* s.; **4.** *versus* vs.
vac. 1. *vacancy;* **2.** *vacuum;* **3.** *vacation.*
VAT *value added tax* MwSt. *f.*
VC 1. *Victoria Cross;* **2.** *Vietcong.*
VCR *video cassette recorder* VCR.
VD *venereal disease.*
VDU *visual display unit* VDU.
V-E *Victory in Europe.*
VERA ['vi:rə] **1.** *versatile experimental reactor assembly;* **2.** *vision electronic recording apparatus.*
v.g. *very good.*
VHF *very high frequency.*
VIP *very important person* VIP *f.*
viz. *videlicet siehe.*
vol. *volume* Bd. *m.*
Vols. *volumes* Bde.
VSO 1. *very superior old;* **2.** *Voluntary Service Overseas.*
VSOP *very superior old pale.*
VTOL *vertical take-off and landing.*
VTR *video tape recorder.*

W *west* W.
w *watt(s)* W.
WAAF *Women's Auxiliary Air Force.*
WAC *Women's Army Corps.*
WASP [wɒsp] *(Am) White Anglo-Saxon Protestant.*
WC *water closet* WC *n.*
Wed. *Wednesday* Mi.
w.e.f. *with effect from.*
WHO *World Health Organization* WGO *f.*
WI *(Br) Women's Institute.*
wk. *week* Wo.
WNW *west-north-west* WNW.
WNP *Welsh Nationalist Party.*
w/o *without* o.
w.p. 1. *weather permitting;* **2.** *word processor.*
WPC *(Br) Woman Police Constable.*
wpm *words per minute* WpM.
WRAC [ræk] *(Br) Women's Royal Army Corps.*
WRAF [ræf] *(Br) Women's Royal Air Force.*
WRNS [renz] *(Br) Women's Royal Naval Service.*
WSW *west-south-west* WSW.
wt *weight* Gew.
WW I *World War I.*
WW II *World War II.*
WWF *World Wildlife Fund* WWF *m.*
WX *women's extra large size.*
WYSIWYG *(EDV) what you see is what you get* WYSIWYG.

X *(math)* ×.
XL *extra large* XL.
Xm., Xmas *Christmas.*

y. 1. *yard;* **2.** *year.*
yd. *yard(s).*
YHA *Youth Hostel Association.*
YMCA *Young Men's Christian Association* CVJM *m.*
yr. 1. *year;* **2.** *your.*
yrs 1. *years;* **2.** *yours.*
YWCA *Young Women's Christian Assosiation* CVJM *m.*

ZIP [zɪp] *(Am) Zone Improvement Plan.*

Deutsche Abkürzungen

A *Ampere* amp.
a *Ar* are
AA *Auswärtiges Amt* Foreign Office
a. a. O. *am angegebenen od angeführten Ort* loc. cit.
Abb. *Abbildung* illus.
Abf. *Abfahrt* dep.
Abk. *Abkürzung* abbreviation
ABM *Arbeitsbeschaffungsmaßnahme* job creation scheme
Abs. *Absatz* para.
ABS *Antiblockier-System* anti-lock braking system
Abschn. *Abschnitt* section
Abt. *Abteilung* dep., dept.
abzgl. *abzüglich* less, minus
a. Chr. (n.) *ante Christum (natum)* B C
a.D. *außer Dienst* retd.
A.D. *anno Domini* A D
ADAC *Allgemeiner Deutscher Automobil-Club* General German Automobile Association
Add. *Addenda, Ergänzungen* addenda, additions, supplements
Adr. *Adresse* address.
AG *Aktiengesellschaft Br* plc
ahd. *althochdeutsch* OHG
Aids, AIDS *Acquired Immune Deficiency Syndrome, erworbene Immunschwäche* aids, AIDS
Akad. *Akademie, (Hochschule)* academy, *a.* college
Akku *Akkumulator* accumulator
Akt.-Nr. *Aktennummer* file no.
AKW *Atomkraftwerk* nuclear power station
allg. *allgemein* general
allj. *alljährlich* annual(ly *adv.*), yearly
Alu *Aluminium* alumin (*Br* i)um
a. M. *am Main* on the Main
am., amer(ik) *amerikanisch* American
amtl. *amtlich* official
angeh. *angehörend, angehörig* belonging to
Angest. *Angestellte(r)* employee
Anh. *Anhang* appendix
Ank. *Ankunft* arr.
Anl. *Anlage im Brief* encl.
anl. *anläßlich* on the occasion of
Anm. *Anmerkung* note
anschl. *anschließend* following, subsequent(ly *adv.*)
a.o. *außerordentlich* extraordinary, special
a.o. Prof. *außerordentlicher Professor Br* senior lecturer, *Am* associate professor
Apart. *Apartment* apartment, *Br a.* flat(let)
APO *Außerparlamentarische Opposition* extra-parliamentary opposition
App. *Apparat, Telefon* appliance, instrument, telephone
arab. *Arabisch* Arab(ian), Arabic figures, *etc.*
a. Rh. *am Rhein* on the Rhine
Art. *Artikel* article
ärztl. *ärztlich* doctor's certificate, medical, *etc*
ASCII *American Standard Code for Information Interchange* ASCII
Assist. *Assistent, Assistenz* assistance, assistant
ASTA *Allgemeiner Studentenausschuß* general students' committee
ASU *Abgassonderuntersuchung* anti-pollution test of exhaust fumes
A. T. *Altes Testament* OT
atü *Atmosphärenüberdruck* atmosphere excess pressure
Aufl. *Auflage* ed.
Auftr.-Nr. *Auftragsnummer* order no.

Ausbild(g). *Ausbildung* training
Ausg. *Ausgabe, Exemplar, Ausgang* copy, edition, exit
ausgen. *ausgenommen* excl.
ausl. *ausländisch* foreign
ausschl. *ausschließlich* excl.
ausw. *auswärtig* non(-)local, non(-)resident, out-of-town
auton. *autonom* autonomous
Az. *Aktenzeichen* file number

B *Bundesstraße* federal highway
b. *bei, Adresse* c/o
BAföG *Bundesausbildungsförderungsgesetz* ≈ grant
B(au)j. *Baujahr* year of construction od manufacture
b. a. W. *bis auf Widerruf* until recalled, unless countermanded od cancel(l)ed
b. a. w. *bis auf weiteres* until further notice
BB *Bundesbahn* Federal Railway
Bd *Band* (Buch) vol.
Bund (Vereinigung) union, association;
Bündnis alliance, *(Staat)* confederacy, confederation
Bde. *Bände* vols.
bds. *beiderseits* on both sides.
Bea(mt). *Beamte(r) (staatlich)* civil servant, official
bef. *befugt* authorized, entitled
Begl. *Beglaubigung* certification
begl. *beglaubigt* certified; *beglichen* paid
beil. *beiliegend* encl.
Beisp. *Beispiel* example, instance
bek. *bekannt* (well-)known
belg. *belgisch* Belgian
Benelux *Belgien, Niederlande, Luxemburg* Belgium, the Netherlands, and Luxemburg
bes. *besonders* esp.
Besch. *Bescheinigung* certificate
Best. *Bestellung* order
Best.-Nr. *Bestellnummer* order no.
Betr. *Betreff, betrifft* re
betr. *betreffend, betreffs* re
Bev. *Bevölkerung* pop.
bevollm. *bevollmächtigt* authorized
Bez. *Bezeichnung, Bezirk* mark, *(Name)* name, designation, district
bez. *bezahlt* paid;
bezeichnet marked, *(genannt)* designated, called
bfr *belgischer Franc* Belgian franc
BGB *Bürgerliches Gesetzbuch* Civil Code
BGH *Bundesgerichtshof* Federal Supreme Court
Bhf. *Bahnhof* station
bildl. *bildlich (Ausdruck etc)* fig.
biol. *biologisch* biol.
BND *Bundesnachrichtendienst* Federal Intelligence Service
bot. *botanisch* bot.
BP *Bundespost* Federal Post
B.P. a. *Bundespatent angemeldet* pat. pend.
BRD *Bundesrepublik Deutschland* FRG, GFR
brit. *britisch* Brit.
BRT *Bruttoregistertonne* g. r. t.
bsd. *besonders* esp.
BSP *Bruttosozialprodukt* GNP
Btx *Bildschirmtext* viewdata, videotex
bürg. *bürgerlich* civic, civil
Bw. *Bundeswehr* Bundeswehr, Federal Armed Forces
b. w. *bitte wenden* p. t. o.
bzgl. *bezüglich* with reference to
bzw. *beziehungsweise* respectively

C *Celsius* C
c *Cent* cent
Centime centime
ca. *circa, ungefähr* approximately
CAD *Computer Aided/Assisted Design, computergestützte Entwurf und Konstruktion* CAD
CAM *Computer Aided/Assisted Manufacture, computergestützte Fertigung* CAM

cand. *Kandiat* candidate
cbm *Kubikmeter* m^3
ccm *Kubikzentimeter* cm^3
CD *Compact Disc* CD
CDU *Christlich-Demokratische Union* Christian Democratic Union
cf. *confer, vergleiche* cf.
chem. *chemisch* chemical
chir. *chirurgisch* surgical
christl. *christlich* Christian
chron. *chronisch* chronic, *chronologisch* chronological
CIM *Computer Integrated Manufacture, computerintegrierte Fertigung* CIM
cl *Zentiliter* cl
cm *Zentimeter* cm
Co. *Gesellschaft* Co.
cos. *Kosinus* cosine
CPU *Central Processing Unit, Zentraleinheit* CPU
CSU *Christlich-Soziale Union* Christian Social Union
ct. *Cent* ct; *Centime* centime
c. t. *cum tempore, mit akademischem Viertel* 15 minutes later
CVJM *Christlicher Verein Junger Menschen* Young Men's/Women's Christian Association YMCA/YWCA

D. *Doktor der (protestantischen Theologie)* D. D.
d. Ä. *der Ältere* senior
DAAD *Deutscher Akademischer Austauschdienst* Academic Exchange Service
DAG *Deutsche Angestelltengewerkschaft* Trade Union for German Employees
dän. *dänisch* Danish
dass. *dasselbe* the same (thing)
Dat. *Dativ* dat.; *Datum* date
DB *Deutsche Bundesbahn* German Federal Railway
DBP(a) *Deutsches Bundespatent (angemeldet)* German Federal Patent (pending)
DDR *Deutsche Demokratische Republik* GDR
ders. *derselbe* the same
desgl. *desgleichen* the like
dez. *dezimal* decimal
DGB *Deutscher Gewerkschaftsbund* Federation of German Trade Unions
dgl. *der-, desgleichen* the like
d. Gr. *der Große* the Great
d. h. *das heißt* i. e.
d. i. *das ist* i. e.
DIN *Deutsche Industrie-Norm,* DIN
Dipl. *Diplom* Dip.
dipl. *diplomatisch* diplomatic; *diplomiert* holding a diploma
Dipl.-Ing. *Diplomingenieur* graduate engineer
Dir. *Direktion* direction, *(Vorstand)* the directors *pl.* *Direktor* director, manager
Diss. *Dissertation* dissertation, (doctoral) thesis
d. J. *dieses Jahres* of this year
d. J. *der Jüngere* junior
DJH *Deutsche Jugendherberge* German Youth Hostel
DKP *Deutsche Kommunistische Partei* German Communist Party
DLRG *Deutsche Lebensrettungsgesellschaft* RNLA
dkr *dänische Krone* Danish crown
DM *Deutsche Mark* DM
d. M. *dieses Monats* inst.
DNS *Desoxiribonukleinsäure* DNA
d.O. *der od die od das Obige* the above-mentioned
Doppelz. *Doppelzimmer* double room, *Am* room for two people
Doz. *Dozent* lecturer
dpa *Deutsche Presse-Agentur* German Press Agency
Dr. *Doktor* Dr.
dr. *Drachme* drachma
d.Red. *die Redaktion* the ed.
Dr. jur. *Doktor der Rechte* LLD

DRK *Deutsches Rotes Kreuz* German Red Cross
Dr. med. *Doktor der Medizin* MD
Dr. phil. *Doktor der Philosophie* PhD
Dr. rer. nat. *Doktor der Naturwissenschaften* DSc
Dr. theol. *Doktor der Theologie* DD
dt(sch). *deutsch* Ger.
D(t)z(d). *Dutzend* doz.
d. U. *der Unterzeichnete* the undersigned
Dupl. *Duplikat* duplicate; *(Abschrift)* copy
durchschn. *durchschnittlich* (on) av.
Durchw.(-Nr.) *Durchwahl(nummer)* STD (code)
DV *Datenverarbeitung* DP
d. V(er)f. *der Verfasser* the author
d.v.J. *des vorigen Jahres* last year's, of the previous year
dyn. *dynamisch* dynamic
dz *Doppelzentner* metric (*od* double) centner
D-Zug *Schnellzug* express *od* through train

E *Eilzug* express (*od* fast) train, *Elektrizität(s...)* electricity (...) power station; *Europastraße* through route in Europa
EAN *Europäische Artikelnummer* EAN
ebd. *ebenda* ibid.
EC *Eurocity(-Zug)* EC
Ecu, ECU *European Currency Unit, europäische Währungseinheit* ECU
Ed. *Edition, Ausgabe* ed.
ed. *edidit, hat herausgegeben* ed.
EDV *Elektronische Datenverarbeitung* EDP
EG *Europäische Gemeinschaft* EC
e. G. *eingetragene Gesellschaft* registered company
eh(e)m. *ehemalig* former, *ehemals* formerly
Ehrw. *Ehrwürden* Rev.
Einbd. *Einband* binding, cover
einf. *einfach* simple; *(gewöhnlich)* ordinary; *(einzeln)* single
Eing.-Nr. *Eingangsnummer* number of entry, receipt number
Einh. *Einheit* unit
einschl. *einschließlich* incl.
Einschr. *Einschreiben* regd.
EKD *Evangelische Kirche in Deutschland* Protestant Church in Germany
EKG *Elektrokardiogramm* ECG
el(ektr). *elektrisch* electric(al)
Empf. *Empfänger* adressee of letter, receiver, *etc*
empf. *empfohlen* recommended
engl. *englisch* Engl.
Entf. *Entfernung* distance
enth. *enthalten(d)* contain(ing)
entspr. *entsprechen(d)* corr.
entw. *entweder* either
erb. *erbaut* built, erected
Erdg. *Erdgeschoß* ground *(Am a.* first) floor
erf. *erfolgt* effected; *erforderlich* nec.
erg. *ergänze* add, supply
erh. *erhalten* recd.
Erl. *Erläuterung* expl.
erl. *erlaubt* allowed, permitted
erstkl. *erstklassig* first-class
Erw. *Erwachsene* adults
Erz. *Erzeugnis* produce, product
et al. *et alii* et. al.
EURATOM *Europäische Atomgemeinschaft* European Atomic Community EURATOM
e.V *eingetragener Verein* registered association *od* society
ev. *evangelisch* Protestant
ev.-luth. *evangelisch-lutherisch* Lutheran (Protestant)
ev.-ref. *evangelisch-reformiert* Reformed
evtl. *eventuell* poss.

EWG *Europäische Wirtschaftsgemeinschaft* EEC
EWS *Europäisches Währungssystem* EMS
EWU *Europäische Währungsunion* EMU
e.Wz. *eingetragenes Warenzeichen* regd. trademark
exkl. *exklusive* excl.
Expl. *Exemplar* copy, sample
Exz. *Exzellenz* Excellency

F *Fahrenheit* F
Fa. *Firma* firm (in Briefen: Messrs)
Fabr. *Fabrik* factory, works; *Fabrikat* manuf.
Fahrg(est).-Nr. *Fahrgestellnummer* chassis (*od* serial) no.
F(ahr)z. *Fahrzeug* vehicle
Fam. *Familie* family
FC *Fußballclub* FC
FCKW *Fluorchlorkohlenwasserstoff* CFC
f.d. *für das, für den, für die* for (the), on behalf of
FDP *Freie Demokratische Partei* Liberal Democratic Party
Fernr. *Fernruf* tel.
FF *französischer Franc* French franc
ff. *folgende Seiten* PP
FH *Fachhochschule* technical college
Fig. *Figur* fig.
fig *figürlich* fig.
Fin. *Finanz(en)* finance(s)
fin. *finanziell* financial
finn. *finnisch* Finnic, Finnish
FKK-Strand *Freikörperkulturstrand* nudist beach
fl .W. *fließendes Wasser* running water
fm *Festmeter* cubic metre, (*Am* -er)
fmdl. *fernmündlich* by telephone, telephone ...
folg. *folgend(e)* foll.
fortl. *fortlaufend* running, successive
Forts. *Fortsetzung* contd.
Forts. f. *Fortsetzung folgt* contd.
Fr. *Frau* Mrs., Ms
Frl. *Fräulein* Miss
frdl. *freundlich* kind
freiw. *freiwillig* voluntary
Frh. *Freiherr* Baron
frz. *französisch* Fr.
Fspr. *Fernsprecher* tel.; *Fernspruch* telegram, wire
FuSpr., Fu-Spr. *Funkspruch* radio message
Fut. *Futur* future (tense)

g. *Gramm* gramme
Gar. *Garantie* guarantee
gar. *garantiert* guaranteed
gastr. *gastronomisch* gastronomic(al); Personal: catering.
GATT *General Agreement on Tariffs and Trade, Allgemeines Zoll- und Handelsabkommen* GATT
GAU *größter anzunehmender Unfall* MCA
geb. *geboren (geborene)* b.; (née)
Gebr. *Gebrüder* Brothers Bros.
gebr. *gebräuchlich* common, usual; *gebraucht,* second(-)hand, used
gegr. *gegründet* founded
geh. *geheftet* Buch: stitched; *geheim* secret
gek. *gekürzt* abbreviated
GEMA *Gesellschaft für musikalische Aufführungs- u. mechanische Vervielfältigungsrechte Br* ≈ Performing Rights Society PRS; Mechanical Copyright Protection Society MCPS; *Am* American Society of Composers, Authors and Publishers ASAP
gem. *gemacht* made; *gemäß* acc. to; *gemischt* mixed
gen. *genannt* called, named *(erwähnt)* mentioned; *genehmigt* approved, authorized
Gen.-Dir. *Generaldirektor* MD
geogr. *geographisch* geographic(al)

geol. *geologisch* geol.
geom. *geometrisch* geom.
gepr. *geprüft* certified document, checked, tested, etc.
ger. *gerichtlich* judicial, legal
Ges. *Gesellschaft* assa.; *Gesetz* law
gesch. *geschäftlich* business, commercial ...; *geschieden* divorced
geschl. *geschlossen* closed, private performance, etc.
ges. gesch. *gesetzlich geschützt* regd.
Gew. *Gewicht* weight
gez. *gezeichnet* signed
ggf. *gegebenenfalls* if need be
ggs. *gegensätzlich* opposite; *gegenseitig* mutual
GmbH *Gesellschaft mit beschränkter Haftung Br* Ltd.; *Am* Inc.
Gr. *Grad* degree
gram(m). *grammatisch* grammatical
graph. *graphisch* graphic
Grdfl. *Grundfläche* (surface) area
griech. *griechisch* Greek
gr.-orth. *griechisch-orthodox* Greek (Orthodox)
gyn(äk). *gynäkologisch* gyn(a)ecologic(al)

H *Haltestelle* bus, *etc.* stop
h *Hekto* ... hecto ... *hora, Stunde* hour
ha *Hektar* hectare
habil. *habilitatus, habilitiert* habilitated
haftb. *haftbar* liable, responsible
Haftpfl. *Haftpflicht* liability, responsibility
Halbj. *Halbjahr* six months *pl.*
halbj(hl). *halbjährlich* semiannual
H.-Bez. *Handelsbezeichnung* brand, trade name
Hbf. *Hauptbahnhof* central station
h. c. *honoris causa, ehrenhalber* honorary
helv. *helvetisch* Helvetian, Helvetic
Herst. *Hersteller; Herstellung* manuf.
HF *Hochfrequenz high frequency*
hfl *holländischer Gulden* Dutch guilder (*od* florin)
HGB *Handelsgesetzbuch* Commercial Code
HiFi, Hi-Fi *höchste Klangtreue* high fidelity, hi-fi
hist. *historisch* historical
HIV *Human Immunodeficiency Virus, menschliches Immunschwächevirus* HIV
Hj. *Halbjahr* six months *pl*
hl *Hektoliter* hl.
hl. *heilig* holy, St.
hochd. *hochdeutsch* (standard) High German
Hochw. *R. C. Hochwürden* Rev.
höfl. *höflich(st)* kindly (kindliest)
holl(änd). *holländisch* Dutch
HP *Halbpension* demi-pension
Hpt. *Haupt-* chief, head ..., main, principal
hpts. *hauptsächlich* chief(ly), main(ly *adv.*), principal(ly)
HR(eg). *Handelsregister* Commercial Register
Hr(n). *Herr(n)* Mr(.)
Hrsg. *Herausgeber* ed.
hrsg. *herausgegeben* ed.
Hs.-Nr. *Hausnummer* house no.
Hz *Hertz* cycle Hz
hzb. *heizbar* heatable
Hzg. *Heizung* heating

i. A. *im Auftrag* pp
i. allg. *im allgemeinen* in general
i. b. *im besonderen* in particular
ibd. *ibidem, ebenda, -dort* ibid.
IC *Intercity(-Zug)* IC
ICE *Intercity Expreß* ICE
i. D. *im Dienst* on duty; *im Durchschnitt* on av.
i. d. M(in). *in der Minute* per minute

i. d. Sek. *in der Sekunde* per second

i. d. St(d). *in der Stunde* per hour

i. e. *im einzelnen* id est; *das heißt, das ist* i. e.

i. e. S. *im eigentlichen od engeren Sinne* in the proper *od* in a narrower sense

IFO *Institut für Wirtschaftsforschung* Institute for Economic Research

IG *Industriegewerkschaft* industrial trade union

i. H. *im Hause* on the premises

IHK *Industrie- und Handelskammer* Chamber of Industry and Commerce

i. J. *im Jahr* p. a.

i. K. *in Kürze* briefly, in short, shortly, soon

ill. *illustriert* illustrated

i. M. *im Monat* in (the month of) July, *etc.; monatlich,* monthly, per month

i. m. *intramuskulär* intramuscular

Imm. *Immobilien* (landed) property *sing, Am* real estate *sing*

Imp. *Imperativ* imperative (mood); *Import* import(ation), import(s *pl)*

Imperf. *Imperfekt* imperfect (tense)

inbegr. *inbegriffen* incl.

Ind. *Index* index, register; *Indikativ* indicative (mood); *Industrie* industry

i. N. d. *im Namen des od der* pp.

indir. *indirekt* indirect

inf. *infolge* as a result of, owing to

Ing. *Ingenieur Br* engineer, *Am* civil engineer

Inh. *Inhaber* proprietor; *Inhalt* contents *pl*

inkl. *inklusive* incl.

insb(es). *insbesondere* esp.

insges. *insgesamt* all told, altogether

int. *intern* internal

intern. *international* international

Interpol *Internationale Kriminalpolizei-Kommission* Interpol

inv. *invariabel* invariable

i. R. *im Ruhestand* retd.

IQ *Intelligenzquotient* IQ

IRK *Internationales Rotes Kreuz* International Red Cross

ISBN *Internationale Standardbuchnummer* ISBN

i. S. d. *im Sinne des* as defined by the law, in the sense of, *etc.*

ISDN *Integrated Services Digital Network, diensteintegrierendes digitales Fernmeldenetz* ISDN

ital. *italienisch* Italian

i. Tr. *in der Trockenmasse* in dry matter, *etc.* percentage of fat

i. V. *in Vertretung* by proxy, on behalf of; *in Vorbereitung* in preparation

i. v. *intravenös* intravenous

IWF *Internationaler Währungsfonds* IMF

J *Joule* joule

jap. *japanisch* Japanese

Jgd. *Jugend* youth

Jg. *Jahrgang* year

Jh. *Jahrhundert* century

JH *Jugendherberge* YH

jhrl. *jährlich* annual

jr., jun. *junior* jun.

jur. *juristisch* legal

Kal. *Kalender* calendar; *Kaliber* calibre (*Am* -er)

Kan. *Kanada* Canada; *Kanadier* Canadian; *Kanal* canal

Kap. *Kapitel* ch., chap(t).; *Kapazität* capacity

Kapt. *Kapitän* Capt.

kart. *kartoniert* cased

Kat. *Katalog* catalog(ue); *Kategorie* category

kath. *katholisch* catholic

kcal *Kilokalorie* kilocalorie

Kennz. *Kennzeichen* reg. no.; *Kennziffer* index number, (Inserat): box number

Kfm. *Kaufmann* agent, businessman, dealer, merchant, trader
kfm. *kaufmännisch* commercial
Kfz. *Kraftfahrzeug* motor vehicle
KG *Kommanditgesellschaft* limited partnership
kg *Kilogramm* kg.
kgl. *königlich* royal
kHz *Kiloherz* kHz
KKW *Kernkraftwerk* nuclear power station
Kl. *Klasse* class
km *Kilometer* kilometre
km/h *Kilometer pro Stunde* kilometres per hour
komf. *komfortabel* comfortable, *(Wohnung):* well-appointed, luxury ...
Komp. *Kompanie* Co.; *Komponist* composer
Koop. *Kooperation* cooperation
KP *Kommunistische Partei* CP
KPdSU *Kommunistische Partei der Sowjetunion* CPSU
kpl. *komplett* compl.
Krh(s). *Krankenhaus* hospital
Kripo *Kriminalpolizei* Criminal Investigation Department
Krs. *Kreis* (administrative) district
KSZE *Konferenz über Sicherheit und Zusammenarbeit in Europa* CSCE
Kto. *Konto* a/c
Kto.-Nr. *Kontonummer* a/c no.
Ktr.-Nr. *Kontrollnummer* check *od* code number
künstl. *künstlerisch* artistic; *künstlich* artificial, synthetic
KW *Kurzwellle* SW
kW *Kilowatt* kw
kWh *Kilowattstunde* kWh, kwh
KZ *Konzentrationslager* concentration camp

l *Liter* l
l. *links* l.
Lab. *Laboratorium* lab.
LAN *Local Area Network Lokalnetz* LAN, lan
landw. *landwirtschaftlich* agricultural
lat. *lateinisch* Lat.
LCD *Liquid Crystal Display, Leuchtdiodenanzeige* LCD
Ldg. Ladung cargo, consignment, load, shipment
led. *ledig* s.
leg. *legal* legal(ly *adv.*)
lfd. *laufend* current, running
lfdm, lfd. m. *laufende Meter* linear metres (*Am* -ers)
lfd. Nr. *laufende Nummer* current number
LG *Landgericht* district court
Lit. *Literatur* lit.
lit(er) *literarisch* literary
liz. *lizensiert* licenced (*Am* -sed)
LKW, Lkw *Lastkraftwagen* HGV
lösl. *löslich* soluble
LP *Langspielplatte* LP
LSD *Lysergsäurediäthylamid* LSD
lt. *laut* according to, as per
luth. *lutherisch* Lutheran
lux. *luxemburgisch* Luxemb(o)urg ...
LW *Langwelle* LW

M. *Magister* Master
m *Meter* m.
m. *männlich* m.
MA. *Mittelalter* Middle Ages *pl.*
mA *Milliampere* mA
männl. *männlich* m.
math. *mathematisch* mathematic(al)
max. *maximal* max.
mbH, m.b.H. *mit beschränkter Haftung* with limited liability
MdB *Mitglied des Bundestags* Member of the (German) Bundestag
MdL *Mitglied des Landtags* member of the 'Landtag'
mdl. *mündlich* verbal
m. E. *meines Erachtens* in my opinion
mex. *mexikanisch* Mexican

MEZ *mitteleuropäische Zeit* Central European Time
MG *Maschinengewehr* machinegun
mg *Milligramm* mg
mhd. *mittelhochdeutsch* MHG
MHz *Megahertz* MHz
Mia. *Milliarde(n)* thousand million(s), *Br* milliard(s) *Am* billion(s)
mil(it). *militärisch* military
Mill. *Million(en)* m.
Min., min *Minute* min.
min. *minimal* min.
Mio. *Million* m.
Mitgl. *Mitglied* member
mm *Millimeter* mm
m(ö)bl. *möbliert* furnished
mögl. *möglich* poss.
Mot. *Motor* engine, (electric) motor
MP *Maschinenpistole* submachine gun; *Militärpolizei* MP
Mrd. *Milliarde(n) Br* thousand million(s), *Am* billion(s)
Ms *Manuskript* ms
m/sec *Meter pro Sekunde* m/sec
mst. *meist(ens)* mostly, usually
Mt. *Monat* month
mtl. *monatlich* monthly
m. ü. M. *Meter über Meer* metres above sea-level
mus. *musikalisch* musical; *musisch* fine-arts ...
MW *Mittelwelle* MW
m. W. *meines Wissens* as far as I know
MwSt. *Mehrwertsteuer* VAT

N *Norden* N; *Leistung* power
n. *nach* after
N(a)chf. *Nachfolger* successor
Nachm. *Nachmittag* afternoon
nachm. *nachmittags* p. m.
Nachtr. *Nachtrag* addendum, supplement
NATO *Nordatlantikpakt-Organisation* North Atlantic Treaty Organization NATO
N. B. *notabene* NB
Nbk. *Nebenkosten* additional expenses, extras
n. Br. *nördlicher Breite* northern latitude
n. Chr. *nach Christus* AD
ND *Nachrichtendienst* news service
neg. *negativ* neg.
n. Gr. *nach Größe* according to size
nhd. *neuhochdeutsch* NHG
n. J. *nächsten Jahres* of next year
nkr *norwegische Krone* Norwegian crown
n. M. *nächsten Monats* of next month
nmtl. *namentlich* by name, *(besonders)* especially, particularly
NO *Nordosten* NE
norm. *normal* normal(ly *adv.*)
norw. *norwegisch* Norwegian
notf. *notfalls* in case of emergency, if necessary, in case of need
notw. *notwendig* nec.
NPD *Nationaldemokratische Partei Deutschlands* National-Democratic Party of Germany
Nr(n). *Nummer(n)* no(s).
N. T. *Neues Testament* NT
nto. *netto* net
NW *Nordwesten* NW

O *Osten* E
o. *oben* above; *oder* or; *ohne* without
o. ä. *oder ähnlich* or the like
O.B. *Oberbürgermeister* Lord Mayor
o. B. *ohne Befund* no appreciable disease
Oberfl. *Oberfläche* surface
OECD *Organization for Economic Cooperation and Development, Organisation für wirtschaftliche Zusammenarbeit und Entwicklung* OECD
OEZ *osteuropäische Zeit* time of the East European zone

öffentl. *öffentlich* public
OHG *Offene Handelsgesellschaft* general partnership
ökon. *ökonomisch* econ.
OLG *Oberlandesgericht* Higher Regional Court
Op. *Operation* operation; *mus Opus, Werk* composition, opus
op. cit. *opere citato, im angegebenen Werk* op. cit.
o. Prof. *ordentlicher Professor* Prof.
OP *Operationssaal* (operating) theatre
OPEC *Organization of Petroleum Exporting Countries, Organisation der Erdöl exportierenden Länder* OPEC
orient. *orientalisch* Oriental
Orig. *Original* original
orig. *original* original
orth. *orthodox* orthodox
örtl. *örtlich* local
österr. *österreichisch* Austrian
o. U. *ohne Unterschied* indiscriminately, irrespective of nationality, *etc.*

P. Pater father
p. *Peso* peso
päd. *pädagogisch* educational, p(a)edagogic(al)
p. Adr. *per Adresse, bei* c/o
Parl. *Parlament* parliament
Pat. *Patent* pat.
PC *Personalcomputer* PC
p. Chr. (n) *post Christum (natum), nach Christus (nach Christi Geburt)* A. D.
pers. *persönlich* personal, *adv.* a. in person
Pf *Pfennig* pfennig
pharm. *pharmazeutisch* pharmaceutic(al)
phil. *philologisch* philologic(al); *philosophisch* philosophic(al)
phys. *physikalisch* physical; *physisch* physical, somatic
Pkt. *Paket* package, parcel; *Punkt* point
PKW, Pkw *Personenkraftwagen* motor car
Pl. *Platz* Sq.
PLO *Palastine Liberation Organization, Palästinensische Befreiungsorganisation* PLO
pol. *politisch* political; *polizeilich* police . . .
poln. *polnisch* Polish
port(ug). *portugiesisch* Portuguese
pos. *positiv* positive
Postf. *Postfach* PO box
pp *per procura* pp
Pp(bd) *Pappband* pasteboard binding
prakt. *praktisch* practic
Präs. *Präsidium (Vorsitz)* chairmanship, *(Vorstand)* executive committee, *(Dienststelle)* headquarters *(sg. u. pl.)*
priv. *privat* private, *adv. a.* in private
Prof. *Professor* Prof.
prot. *protestantisch* Protestant
PS *Pferdestärke(n)* HP
psych(ol). *psychologisch* psychologic(al)
PVC *Polyvinylchlorid* PVC

qcm *Quadratzentimeter* cm²
q. e. d. *quod erat demonstrandum, was zu beweisen war* Q. E. D.
qkm *Quadratkilometer* km²
qm *Quadratmeter* m²
Qual. *Qualität* quality
Quant. *Quantität* quantity

R *Réaumur* R
r. *rechts* r.
RA *Rechtsanwalt* barrister, lawyer, solicitor, *Am a.* attorney
RAF *Rote-Armee-Fraktion* RAF
RAM *Random Access Memory, Direktzugriffsspeicher* RAM
rd. *rund* c.
rechtl. *rechtlich* lawful, legal

Ref. *Referat (Abteilung)* section, subject department
Reg. *Regierung* govt.
Reg.-Bez. *Regierungsbezirk* administrative district
regelm. *regelmäßig* regular(ly *adv.*)
Rel. *Religion* religion
rel. *relativ* relative; *religiös* religious
Rep. *Republik* Rep.
res. *reserviert* booked, reserved
resp. *respektive* resp.
rh *Rhesusfactor* Rh
R. I. P. *requiescat in pace* rest in peace
rk. *römisch-katholisch* RC
RNS *Ribonukleinsäure* RNA
ROM *Read Only Memory, Festwertspeicher* ROM
röm. *römisch* Roman
RT *Registertonne* registered ton
Rückf. *Rückfahrt* return journey *od* trip, journey *od* way back
Rücks. *Rückseite* back
rückw. *rückwärtig* back ..., rear ... *rückwärts* backwards; *rückwirkend* retroactive, retrospective
russ. *russisch* Russian

S *Süden* S; *Schilling* schilling
S. *Seite* p.
s. *sieh(e)* v.
Sa. *Summa, Summe* sum, total
s. a. *siehe auch* see also
Samml. *Sammlung* collection
Sanat. *Sanatorium* sanatorium, *Am* sanitarium
SB *Selbstbedienung* self-service
S-Bahn *Stadtbahn* suburban (*od* commuter) train
s. Br. *südlicher Breite* southern latitude
schott. *schottisch* Scotch, Scottish
schriftl. *schriftlich* by letter, in writing, written
Schw. *Schwester* sister
schwed. *schwedisch* Swedish
scil. *scilicet, nämlich* namely, that is (to say)
SD *Sicherheitsdienst* secret service, security service
SDI *Strategic Defense Initiative, Strategische Verteidigungsinitiative* SDI
s. d. *siehe dies* see this
seitw. *seitwärts* sideways, sidewards
Sek., *Sekunde* sec.
selbst. *selbständig* independent, responsible work, *etc.*
Sem. *Semester* term, *Am* semester
sen. *senior* senior
sFr., sfr *Schweizer Franken* Swiss Franc
sin *Sinus* sine
SJ *Societatis Jesu, von der Gesellschaft Jesu* SJ
skand. *skandinavisch* Scandinavian
S. Kgl. H. *Seine Königliche Hoheit* HRH
skr *schwedische Krone* Swedish crown
sm *Seemeile* nautical mile
S. M. S. *Seiner Majestät Schiff* HMS
SO *Südost(en)* SE
s. o. *siehe oben* see above
sog. *sogenannt(e)* so-called
SOS *save our ship (od* our souls), *Internationales Notsignal* SOS
sowj(et). *sowjetisch* soviet
span. *spanisch* Spanish
SPD *Sozialdemokratische Partei Deutschlands* Social Democratic Party of Germany
spez. *speziell* particular, special, *adv. a.* especially
Sr. *Senior, der Ältere* senior
SS. *Sanctae od Sancti, die Heiligen* SS
SSV *Sommerschlußverkauf* summer sale
St. *Stück* piece; *Sankt* St.

s. t. *sine tempore, ohne (akademisches) Viertel, pünktlich* sharp, on time
staatl. *staatlich* state ..., government ... statal
Std. *Stunde* hour
stdl. *stündlich* every hour
stellv. *stellvertretend* assistant
StGB *Strafgesetzbuch* Penal Code
StPO *Strafprozeßordnung* Code of Criminal Procedure
Str. *Straße* St.
stud. *studiosus, Student* student
StVO *Straßenverkehrsordnung* road traffic regulations *pl*
s. u. *siehe unten* see below
Subj. *Subjekt* subject
subj. *subjektiv* subjective
SW *Südwest(en)* SW
sym. *symmetrisch* symmetric(al)
synth. *synthetisch* synthetic(al)

t *Tonne* t
Tabl. *Tablette(n)* tablet(s)
t(ä)gl. *täglich* daily, per day
Tb(c) *Tuberkulose* TB
TEE *Trans-Europ-Expreß* TEE
Tel. *Telefon* tel.
Temp. *Temperatur* temp.
TH *Technische Hochschule* technical college *od* university
theor. *theoretisch* theoretic(al)
-tlg. *-teilig* in (*od* consisting of) ... parts
Tsd. *Tausend* thousand
TU *Technische Universität* technical university
TÜV *Technischer Überwachungsverein* ≈ MoT
TV *Television* TV

UB *Universitätsbibliothek* University library
U-Bahn *Untergrundbahn Br* tube, *Am* subway, *allg* underground
u. *und* and
u. a. *und andere(s)* and others *unter anderem od anderen* among others *od* among other things *od* inter alia
u. ä. *und ähnliche(s)* and the like
u. d. M. *unter dem Meeresspiegel* below sea level
ü. d. M. *über dem Meeresspiegel* above sea level
UdSSR *Union der Sozialistischen Sowjetrepubliken* USSR
u. E. *unseres Erachtens* in our opinion
UFO, Ufo *unbekanntes Flugobjekt* UFO, Ufo
U-Haft *Untersuchungshaft* imprisonment (*od* period) on remand, detention (pending trial)
UKW *Ultrakurzwelle* UHF
U/min *Umdrehungen in der Minute* rpm
UN *United Nations, Vereinte Nationen* UN
unbek. *unbekannt* unknown
unbez. *unbezahlt* unpaid
ungebr. *ungebräuchlich* uncustomary, unusual
ungek. *ungekündigt* not under notice to leave
Uni *Universität* university
UNO *United Nations Organization, Organisation der Vereinten Nationen* UNO
Unterz. *Unterzeichnete(r)* undersigned
Url. *Urlaub* leave, (*Ferien) holiday(s pl*), *Am* vacation
urspr. *ursprünglich* orig.
US(A) *Vereinigte Staaten von Amerika* US(A)
usw. *und so weiter* etc.
u. U. *unter Umständen* circumstances permitting
UV *Ultraviolett* UV

V. *Volt* V; *Volumen* vol.
V. *Vers* line, verse
VB *Verhandlungsbasis* o. n. o.
vbdl. *verbindlich* binding, obliging
v. Chr. *vor Christus* B. C.

v. D. *vom Dienst* in charge, on duty
verb. *verbessert* improved; *verboten* forbidden, not allowed, prohibited
Verf. *Verfasser* author
vergl. *vergleiche* cf.
verh. *verheiratet* m
Verk. *Verkauf* sale
Verl. *Verlag* publishing firm; *Verleger* publisher
vertr. *vertraglich* contractual, *adv. a.* by contract; *vertraulich* confidential
verw. *verwitwet* widowed
Verw. *Verwaltung* administration
verz. *verzeichnet* regd.
Vet. *Veteran* veteran, ex-serviceman; *Veterinär* veterinarian, veterinary surgeon
vgl. *vergleiche* cf.
v., g., u. *vorgelesen, genehmigt, unterschrieben* read, confirmed, signed
v. H. *vom Hundert* pc
VHS *Volkshochschule* adult education centre
V. I. P. *Very Important Person* VIP
v. J. *vorigen Jahres* of last year
v. l. n. r. *von links nach rechts* from left to right
v. M. *vorigen Monats* of last month
v. o. *von oben* from above
vorl. *vorläufig* prov.
Vorm. *Vormittag* morning
vorm. *vormals* formerly; *vormittags* a. m.
Vors. *Vorsitzende(r)* chairwoman (chairman), chair(person)
VP *Vollpension* full pension, room and board
VR *Volksrepublik* People's Republic
v. T. *vom Tausend* per thousand
v. u. *von unten* from below

W *Watt* w; *Westen* W
WAA *Wiederaufbereitungsanlage* reprocessing plant
wahrsch. *wahrscheinlich* probable, *adv* probably
WC *Toilette* WC
Wdhlg. *Wiederholung* repetition
WE *Wärmeeinheit* thermal unit
westdt. *westdeutsch* West German
WEU *Westeuropäische Union* WEU
WEZ *westeuropäische Zeit* GMT
WG *Wohngemeinschaft* shared flat
Whg. *Wohnung* apartment, *Br a.* flat
wirtsch. *wirtschaftlich* econ.
wiss. *wissenschaftlich* scientific
WM *Weltmeisterschaft* world championship
wö. *wöchentlich* weekly
WSV *Winterschlußverkauf* winter sale
Wwe. *Witwe* widow
Wz. *Warenzeichen* regd. trademark

Z. *Zahl* number
z. *zu, zum, zur* at, to
zahlr. *zahlreich* numerous, *adv.* in great number
z. B. *zum Beispiel* e. g.
z. b. V. *zur besonderen Verwendung* for special duty
zeitgen. *zeitgenössisch* contemporary
zeitl. *zeitlich* temporal, time ...
zeitw. *zeitweilig, -weise* at times, temporariliy
Zentr. *Zentrale* central office, headquarters *sing u. pl*
zentr. *zentral* central, *adv* in the centre (*Am* -er)
z. H. *zu Händen* att.
ziv. *zivil* civilian
Zlg. *Zahlung* payment

zool. *zoologisch* zoologic(al)
ZPO *Zivilprozeßordnung* Code of Civil Procedure
Zstzg. *Zusammensetzung* composition
z. T. *zum Teil* partly
Ztg. *Zeitung* newspaper
Ztr. *Zentner* centner
zugel. *zugelassen* allowed, licenced
zul. *zulässig* permissible
zus. *zusammen* together
Zuschr. *Zuschrift* letter, reply
zust. *zuständig* competent, responsible
z(u)zgl. *zuzüglich* plus
zw. *Zwecks* for the purpose of, with a view to; *zwischen* among, between
ZwSt. *Zweigstelle* branch (office)
z. Z. *zur Zeit* at present, for the time being

Großbritannien:

England

Counties (Grafschaften) mit Abkürzung und Hauptstadt

County	Abkürzung	Hauptstadt
Avon		Bristol
Bedfordshire	(Beds)	Bedford
Berkshire	(Berks)	Reading
Buckinghamshire	(Bucks)	Aylesbury
Cambridgeshire	(Cambs)	Cambridge
Cheshire	(Ches)	Chester
Cleveland		Middlesbrough
Cornwall	(Corn)	Truro
Cumbria		Carlisle
Derbyshire	(Derbys)	Matlock
Devon		Exeter
Dorset	(Dors)	Dorchester
Durham	(Dur)	Durham
East Sussex	(E. Sussex)	Lewes
Essex	(Ess)	Chelmsford
Gloucestershire	(Glos)	Gloucester
Greater London		
Greater Manchester		Manchester
Hampshire	(Hants)	Winchester
Hereford & Worcester	(Hereford & Worcs)	Worcester
Hertfordshire	(Herts)	Hertford
Humberside		Hull
Isle of Wight	(I. of Wight)	Newport
Kent		Maidstone
Lancashire	(Lancs)	Preston
Leicestershire	(Leics)	Leicester
Lincolnshire	(Lincs)	Lincoln
Merseyside		Liverpool
Norfolk		Norwich
Northamtonshire	(Northants)	Northampton
Northumberland	(Northd)	Newcastle
North Yorkshire	(N. Yorkshire)	Northallerton
Nottinghamshire	(Notts)	Nottingham
Oxfordshire	(Oxon)	Oxford
Shropshire	(Salop)	Shrewsbury
Somerset	(Som)	Taunton
South Yorkshire	(S. Yorkshire)	Barnsley
Staffordshire	(Staffs)	Stafford
Suffolk	(Suff)	Ipswich
Surrey	(Sy)	Kingston-upon-Thames
Tyne & Wear		Newcastle-upon-Tyne
Warwickshire	(Warks)	Warwick

West Midlands	(W. Midlands)	Birmingham
West Sussex	(W. Sussex)	Chichester
West Yorkshire	(W. Yorks)	Wakefield
Wiltshire	(Wilts)	Trowbridge

Wales

Counties (Grafschaften) mit Abkürzung und Hauptstadt

Clywyd		Mold
Dyfed		Carmarthen
Gwent		Cwmbran
Gwynedd		Caernarfon
Powys		Llandridnod Wells
Mid Glamorgan	(Mid Glam)	Cardiff
South Glamorgan	(S. Glam)	Cardiff
West Glamorgan	(W. Glam)	Swansea

Schottland

Regions (Regierungsbezirke) mit Hauptstadt

Borders	Newton St. Boswells
Central	Stirling
Dumfries & Galloway	Dumfries
Fife	Glenrothes
Grampian	Aberdeen
Highland	Inverness
Lothian	Edinburgh
Strathclyde	Glasgow
Tayside	Dundee
Western Isles	Stornoway
Orkney	Kirkwall
Shetland	Lerwick

Die Vereinigten Staaten von Amerika:

Die Bundesstaaten mit Abkürzung, Zipcode (Postleitkennzeichen) und Hauptstadt

Alabama	(Ala.)	AL	Montgomery
Alaska	(Alas.)	AK	Juneau
Arizona	(Ariz.)	AZ	Phoenix
Arkansas	(Ark.)	AR	Little Rock
California	(Cal., Calif.)	CA	Sacramento
Colorado	(Colo.)	CO	Denver
Connecticut	(Conn.)	CT	Hartford
Delaware	(Del.)	DE	Dover
Florida	(Fla.)	FL	Tallahassee
Georgia	(Ga.)	GA	Atlanta
Hawaii		HI	Honolulu
Idaho	(Id., Ida.)	ID	Boise
Illinois	(Ill.)	IL	Springfield
Indiana	(Ind.)	IN	Indianapolis
Iowa	(Ia.)	IA	Des Moines
Kansas	(Kan., Kans.)	KS	Topeka
Kentucky	(Ken., Ky.)	KY	Frankfort
Louisiana	(La.)	LA	Baton Rouge
Maine	(ME)	ME	Augusta
Maryland	(Md.)	MD	Annapolis
Massachusetts	(Mass.)	MA	Boston
Michigan	(Mich.)	MI	Lansing
Minnesota	(Minn.)	MN	St Paul
Mississippi	(Miss.)	MS	Jackson
Missouri	(Mo.)	MO	Jefferson City
Montana	(Mont.)	MT	Helena
Nebraska	(Nebr.)	NB	Lincoln
Nevada	(Nev.)	NV	Carson City
New Hampshire	(N.H.)	NH	Concord
New Jersey	(N.J.)	NJ	Trenton
New Mexico	(N. Mex., N.M.)	NM	Santa Fe
New York	(N.Y.)	NY	Albany
North Carolina	(N.C.)	NC	Raleigh
North Dakota	(N.Dak., N.D.)	ND	Bismarck
Ohio	(OH)	OH	Columbus
Oklahoma	(Okla.)	OK	Oklahoma City
Oregon	(Oreg.)	OR	Salem
Pennsylvania	(Pa., Penn., Penna.)	PA	Harrisburg
Rhode Island	(R.I.)	RI	Providence
South Carolina	(S.C.)	SC	Columbia
South Dakota	(S.D., S.Dak.)	SD	Pierre
Tennessee	(Tenn.)	TN	Nashville
Texas	(Tex.)	TX	Austin
Utah	(Ut.)	UT	Salt Lake City
Vermont	(Vt.)	VT	Montpelier
Virginia	(Va.)	VA	Richmond
Washington	(Wash.)	WA	Olympia
West Virginia	(W.Va.)	WV	Charleston
Wisconsin	(Wis.)	WI	Madison
Wyoming	(Wyo., Wy.)	WY	Cheyenne

Englische und amerikanische Maße und Gewichte

Längenmaße — Linear measures

1 inch (in) 1″		= 2,54 cm
1 foot (ft) 1′	= 12 inches	= 30,48 cm
1 yard (yd)	= 3 feet	= 91,44 cm
1 furlong (fur)	= 220 yards	= 201,17 m
1 mile (m)	= 1760 yards	= 1,609 km
1 league	= 3 miles	= 4,828 km

Nautische Maße — Nautical measures

1 fathom	= 6 feet	= 1,829 m
1 cable	= 608 feet	= 185,31 m
1 nautical, sea mile	= 10 cables	= 1,852 km
1 sea league	= 3 nautical miles	= 5,550 km

Feldmaße — Surveyors' measures

1 link	= 7,92 inches	= 20,12 cm
1 rod, perch, pole	= 25 links	= 5,029 m
1 chain	= 4 rods	= 20,12 m

Flächenmaße — Square measures

1 square inch		= 6,452 cm^2
1 square foot	= 144 sq inches	= 929,029 cm^2
1 square yard	= 9 sq feet	= 0,836 m^2
1 square rod	= 30,25 sq yards	= 25,29 m^2
1 acre	= 4840 sq yards	= 40,47 Ar
1 square mile	= 640 acres	= 2,59 km^2

Raummaße — Cubic measures

1 cubic inch		= 16,387 cm^3
1 cubic foot	= 1728 cu inches	= 0,028 m^3
1 cubic yard	= 27 cu feet	= 0,765 m^3
1 register ton	= 100 cu feet	= 2,832 m^3

Britische Hohlmaße — Measures of capacity

Flüssigkeitsmaße — Liquid measures of capacity

1 gill		= 0,142 l
1 pint (pt)	= 4 gills	= 0,568 l
1 quart (qt)	= 2 pints	= 1,136 l
1 gallon (gal)	= 4 quarts	= 4,546 l
1 barrel	= *(für Öl)* 35 gallons	= 159,106 l
	(Bierbrauerei) 36 gallons	= 163,656 l

Trockenmaße — Dry measures of capacity

1 peck	= 2 gallons	= 9,092 l
1 bushel	= 4 pecks	= 36,368 l
1 quarter	= 8 bushels	= 290,935 l

Amerikanische Hohlmaße — Measures of capacity

Flüssigkeitsmaße — Liquid measures of capacity

1 gill		= 0,118 l
1 pint	= 4 gills	= 0,473 l
1 quart	= 2 pints	= 0,946 l
1 gallon	= 4 quarts	= 3,785 l
1 barrel	= *(für Öl)* 42 gallons	= 159,106 l

Handelsgewichte — Avoirdupois weights

1 grain (gr)		= 0,0648 g
1 dram (dr)	= 27,3438 grains	= 1,772 g
1 ounce (oz)	= 16 drams	= 28,35 g
1 pound (lb)	= 16 ounces	= 453,59 g
1 stone	= 14 pounds	= 6,348 kg
1 quarter	= 28 pounds	= 12,701 kg
1 hundredweight (cwt)	= *(Br long cwt)* 112 pounds	= 50,8 kg
	(Am short cwt) 100 pounds	= 45,36 kg
1 ton	= *(Br long ton)* 20 cwt	= 1016 kg
	(Am short ton) 2000 pounds	= 907,185 kg

Temperaturumrechnung

Fahrenheit — Celsius

°F	°C
0	−17,8
32	0
50	10
70	21,1
90	32,2
98,4	37
212	100

zur Umrechnung 32 abziehen und mit 5/9 multiplizieren

Celsius — Fahrenheit

°C	°F
−10	14
0	32
10	50
20	68
30	86
37	98,4
100	212

zur Umrechnung mit 9/5 multiplizieren und 32 addieren

Amtliche deutsche Maße und Gewichte

Längenmaße		Zeichen	Vielfaches der Einheit
Seemeile	*nauticale mile*	sm	1852 m
Kilometer	*kilometre*	km	1000 m
Meter	*metre*	m	Grundeinheit
Dezimeter	*decimetre*	dm	0,1 m
Zentimeter	*centimetre*	cm	0,01 m
Millimeter	*millimeter*	mm	0,001 m
Flächenmaße			
Quadratkilometer	*square kilometre*	km^2	100 000 m^2
Hektar	*hectare*	ha	10 000 m^2
Ar	*are*	a	100 m^2
Quadratmeter	*square metre*	m^2	1 m^2
Quadratdezimeter	*square decimetre*	dm^2	0,01 m^2
Quadratzentimeter	*square centimetre*	cm^2	0,000 1 m^2
Quadratmillimeter	*square millimetre*	mm^2	0,000 001 m^2
Kubik- und Hohlmaße			
Kubikmeter	*cubic metre*	m^3	1 m^3
Hektoliter	*hectolitre*	hl	0,1 m^3
Kubikdezimeter	*cubic decimetre*	dm^3	0,001 m^3
Liter	*litre*	l	
Kubikzentimeter	*cubic centimetre*	cm^3	0,000 001 m^3
Gewichte			
Tonne	*ton*	t	1000 kg
Doppelzentner	—	dz	100 kg
Kilogramm	*kilogramme*	kg	1000 g
Gramm	*gramme*	g	1 g
Milligramm	*milligramme*	mg	0,001 g

Zahlwörter — numerals

1. Grundzahlen — Cardinal numbers

0 null *nought, cipher, zero*
1 eins *one*
2 zwei *two*
3 drei *three*
4 vier *four*
5 fünf *fünf*
6 sechs *six*
7 sieben *seven*
8 acht eight
9 neun *nine*
10 zehn *ten*
11 elf *eleven*
12 zwölf *twelve*
13 dreizehn *thirteen*
14 vierzehn *fourteen*
15 fünfzehn *fifteen*
16 sechzehn *sixteen*
17 siebzehn *seventeen*
18 achtzehn *eighteen*
19 neunzehn *nineteen*
20 zwanzig *twenty*
21 einundzwanzig *twenty-one*
22 zweiundzwanzig *twenty-two*
23 dreiundzwanzig *twenty-three*
30 dreißig thirty
31 einunddreißig *thirty-one*
32 zweiunddreißig *thirty-two*
33 dreiunddreißig thirty-three
40 vierzig *forty*
41 einundvierzig *forty-one*
50 fünfzig *fifty*
51 einundfünfzig *fifty-one*
60 sechzig *sixty*
61 einundsechzig *sixty-one*
70 siebzig seventy
71 einundsiebzig *seventy-one*
80 achtzig *eighty*
81 einundachtzig *eighty-one*
90 neunzig *ninety*
91 einundneunzig *ninety-one*
100 hundert *one hundred*
101 hundert(und)eins *hundred and one*
102 hundert(und)zwei *hundred and two*
110 hundert(und)zehn *hundred and ten*
200 zweihundert *two hundred*
300 dreihundert *three hundred*
451 vierhundert(und)einundfünfzig *four hundred and fifty-one*
1000 tausend *a (od one) thousand*
2000 zweitausend *two thousand*
10 000 zehntausend *ten thousand*
1 000 000 eine Million *a (od one) million*
2 000 000 zwei Millionen *two million*
1 000 000 000 eine Milliarde *Br a (od one) milliard, Am billion*
1 000 000 000 000 eine Billion *Br a (od one) billion, Am trillion*

2. Ordnungszahlen — Ordinal numbers

1. erste *first*
2. zweite *second*
3. dritte *third*
4. vierte *fourth*
5. fünfte *fifth*
6. sechste *sixth*
7. siebente *seventh*
8. achte *eighth*
9. neunte *ninth*
10. zehnte *tenth*
11. elfte *eleventh*
12. zwölfte *twelfth*
13. dreizehnte *thirteenth*
14. vierzehnte *fourteenth*
15. fünfzehnte *fifteenth*
16. sechzehnte *sixteenth*
17. siebzehnte *seventeenth*
18. achtzehnte *eighteenth*
19. neunzehnte *nineteenth*

20 zwanzigste *twentieth*

21. einundzwanzigste *twenty-first*
22. zweiundzwanzigste *twenty-second*
23. dreiundzwanzigste *twenty-third*
30. dreißigste *thirtieth*
31. einunddreißigste *thirty-first*
40. vierzigste *fortieth*
41. einundvierzigste *forty-first*
50. fünfzigste *fiftieth*
51. einundfünfzigste *fifty-first*
60. sechzigste *sixtieth*
61. einundsechzigste *sixty-first*
70. siebzigste *seventieth*
71. einundsiebzigste *seventy-first*
80. achtzigste *eightieth*
81. einundachtzigste *eighty-first*
90. neunzigste *ninetieth*
100. hundertste *(one) hundredth*
101. hundertunderste *hundred and first*
200. zweihundertste *two hundredth*
300. dreihundertste *three hundredth*
451. vierhundert(und)-einundfünfzigste *four hundred and fifty first*
1000. tausendste *(one) thousandth*
1100. tausend(und) einhundertste *(one) thousand and (one) hundredth*
2000. zweitausendste *two thousandth*
100 000. einhunderttausendste *(one) hundred thousandth*
1 000 000. millionste *millionth*
10 000 000. zehnmillionste *ten millionth*

3. Bruchzahlen — Fractional numbers

1/2 ein halb *one (od a) half*
1/3 ein Drittel *one (od a) third*
1/4 ein Viertel *one (od a) fourth (od a quarter)*
1/5 ein Fünftel *one (od a) fifth*
1/10 ein Zehntel *one (od a) tenth*
1/100 ein Hundertstel *one hundredth*
1/1000 ein Tausendstel *one thousandth*
1/1 000 000 ein Millionstel *one millionth*
2/3 zwei Drittel *two thirds*
3/4 drei Viertel *three fourths, three quarters*
2/5 zwei Fünftel *two fifths*
3/10 drei Zehntel *three tenths*
1 1/2 anderthalb *one and a half*
2 1/2 zwei(und)einhalb *two and a half*
5 3/8 fünf drei achtel *five and three eighths*
1,1 eins Komma eins *one point one (1.1)*

4. Vervielfältigungszahlen

einfach *single*
zweifach *double*
dreifach *threefold, treble, triple*
vierfach *fourfold, quadruple*
fünffach *fivefold*
hundertfach *(one) hundredfold*

Englische Kurzgrammatik

Substantiv

Das **Geschlecht** der Substantive stimmt im Englischen mit dem natürlichen Geschlecht überein. Da der Artikel immer gleich ist, erkennt man es nur an dem Pronomen (persönliches Fürwort).

the boy	**he**	er
the lady	**she**	sie
the book	**it**	es

Schiffsnamen sind meist weiblich. Auch Länder, Autos und Flugzeuge werden oft durch den Gebrauch der weiblichen Pronomen personifiziert.

Im **Plural** wird an den Singular eines Substantivs ein *-s* angehängt. Dieses *s* wird stimmhaft [z] gesprochen nach Vokalen und stimmhaften Konsonanten:

days	[deɪz]	Tage
dogs	[dɒgz]	Hunde
boys	[bɔɪz]	Jungen

und stimmlos nach allen stimmlosen Konsonanten:

books	[bʊks]	Bücher
hats	[hæts]	Hüte

Bei Wörtern, die auf *-ce, -ge, -se, -ze* enden, wird das im Singular stumme *-e* wie [ɪ] ausgesprochen:

pieces	['pi:sɪz]	Stücke
sizes	['saɪzɪz]	Größen

Auf einen Zischlaut *(s, ss, sh, ch, x, z)* endende Wörter bekommen *-es* [ɪz] angehängt:

boxes	['bɒksɪz]	Schachteln
bosses	['bɒsɪz]	Chefs

Auslautendes *y*, dem ein Konsonant vorausgeht, wird im Plural zu *-ies* [ɪz]:

lady	Dame	ladies	['leɪdɪz]
body	Körper	bodies	['bɒdɪz]

auch Wörter, die auf *-o* enden, und einen Konsonanten vorangestellt haben, bekommen oft *-es:*

tomatoes	[tə'mɑ:təʊz]	Tomaten
negroes	['ni:grəʊz]	Neger

Einige auf *-f* oder *-fe* endende Wörter erhalten im Plural die Endung *-ves:*

Singular			Plural		
half	[hɑ:f]	Hälfte	halves	[hɑ:vz]	Hälften
knife	[naɪf]	Messer	knives	[naɪvz]	Messer
leaf	[li:f]	Blatt	leaves	[li:vz]	Blätter
wife	[waɪf]	Ehefrau	wives	[waɪvz]	Frauen

Andere ändern ihren Vokal bzw. ihre Vokale:

Singular			Plural		
foot	[fʊt]	Fuß	feet	[fi:t]	Füße
man	[mæn]	Mann	men	[men]	Männer
woman	['wʊmən]	Frau	women	['wɪmɪn]	Frauen

Unregelmäßige Pluralbildungen und solche auf *-ves, -oes* bzw. *-os* sind im englisch-deutschen Teil des Wörterbuchs angegeben.

Nominativ/Akkusativ/Dativ/Genitiv

Nominativ und Akkusativ haben dieselbe Form. Der Genitiv wird meist mit Hilfe von *of*, der Dativ mit *to* ausgedrückt.

- Der **Dativ** kann auch ohne *to* gebildet werden, wenn das Dativobjekt unbetont ist. Das Dativobjekt steht dann direkt hinter dem Verb:

	He gives the porter the ticket.
anstelle von:	He gives the ticket to the porter.

- Im Unterschied zum Deutschen wird auch bei folgenden Ausdrücken die Form des **Genitivs** mit *of* gebraucht:

a cup of coffee	eine Tasse Kaffee
the city of London	die Stadt London
the Isle of Wight	die Insel Wight

- Der **sächsische Genitiv,** der häufig bei Personen und personifizierten Begriffen zur Bezeichnung des Besitzes verwendet wird und vor dem Substantiv steht, das er näher bestimmt, ist ähnlich wie im Deutschen: „Vaters Hut“. Er wird im Singular durch Apostroph und *s* gekennzeichnet:

my sister's room	das Zimmer meiner Schwester

und im Plural durch den Apostroph allein:

my sisters' room	das Zimmer meiner Schwestern

Wörter wie z. B. *shop, church, cathedral* werden nach dem sächsischen Genitiv oft weggelassen:

at the butcher's	*statt:* at the butcher's shop	beim Metzger
St. Paul's	*statt:* St. Paul's Cathedral	die St.-Pauls-Kathedrale

Adjektiv

Das Adjektiv bleibt nach Geschlecht und Zahl immer unverändert.

Steigerung

Bei der **regelmäßigen Steigerung** erhalten einsilbige Adjektive im Komparativ die Endung *-er* [ə(r)] und im Superlativ *-est* [ɪst].

great	greater (than)	greatest
groß	größer (als)	am größten

- Bei Adjektiven, die auf *-e* enden, entfällt bei der Steigerung mit *-er, -est* ein *e:* fine, finer, finest.
- Die Endbuchstaben *d, g, n* und *t* werden bei der Steigerung mit *-er, -est* verdoppelt, wenn ihnen ein kurzes, betontes *a, e, i* oder *o* vorausgeht: big, bigger, biggest.

Zwei- und mehrsilbige Adjektive werden im Komparativ mit *more* [mɔː](mehr) und im Superlativ mit *most* [məʊst] (meist) gesteigert.

difficult	more difficult (than)	most difficult
schwierig	schwieriger (als)	am schwierigsten

Unregelmäßige Steigerung

good	better	best
gut	besser	am besten

bad schlecht	worse schlechter	worst am schlechtesten
much/many viel/viele	more mehr	most am meisten
little wenig	less weniger	least am wenigsten

Unregelmäßige Steigerungsformen sind im englisch-deutschen Teil des Wörterbuchs angegeben.

Adverb

Adverbien werden gebildet, indem man an ein Adjektiv *-ly* anhängt.

slow	slowly	He speaks slowly.	Er spricht langsam.
quick	quickly	He runs quickly.	Er läuft schnell.

- Ein Sonderfall ist *well*, das Adverb zu *good* (gut).

He speaks English well.	Er spricht gut Englisch.

- Adverbien mit der Endung *-ly* werden mit *more* und *most* gesteigert.

slowly langsam	more slowly langsamer	most slowly am langsamsten

Verb

Präsens

Infinitiv: (Grundform)		to knock klopfen	to call rufen	to go gehen	to wash waschen	to study studieren
I	(ich)	knock	call	go	wash	study
you	(du, Sie)	knock	call	go	wash	study
he she it	(er) (sie) (es)	knocks [nɒks]	calls [kɔːlz]	goes [gəʊz]	washes ['wɒʃɪz]	studies ['stʌdɪz]
we	(wir)	knock	call	go	wash	study
you	(ihr, Sie)	knock	call	go	wash	study
they	(sie)	knock	call	go	wash	study

Nur die 3. Person Singular wird verändert.
Das *-s* ist stimmlos nach stimmlosen Konsonanten (*he knocks*) und stimmhaft nach Vokalen (*he goes*) sowie stimmhaften Konsonanten (*he calls*).

Präteritum und Partizip Perfekt

Die Vergangenheitsform wird gebildet, indem man *-ed* an die Grundform des Verbs anhängt.

Infinitiv: (Grundform)	to open öffnen	to arrive ankommen	to stop anhalten	to carry tragen
I	open**ed** ['əʊpənd]	arrive**d** [ə'raɪvd]	stop**ped** [stɒpt]	carr**ied** ['kærɪd]
you, he, she, it, we, you, they	open**ed**	arrive**d**	stop**ped**	carr**ied**

- Bei Verben, die auf *-e* enden, entfällt ein *e:* agreed, arrived.
- Ein auslautendes *-y* verwandelt sich in *-ied.*
- Auslautendes *b, d, g, m, n, p, s, t* wird verdoppelt, wenn es nach kurzem, betonten Vokal steht.
- Bei mehrsilbigen Verben, die auf *-l* enden, wird im britischen Englisch dieses meist verdoppelt: travel, travelled.
- Das Partizip Perfekt ist gleich dem Präteritum:

opened geöffnet	arrived angekommen	stopped angehalten	carried getragen

Die Formen der **unregelmäßigen Verben** sind in einer gesonderten Liste aufgeführt.

Die Hilfsverben

Präsens und Partizip Präsens

Infinitiv: (Grundform)	to be sein	to have haben	to do tun, machen
I	am ich bin	have ich habe	do ich tue
you	are du bist; Sie sind	have du hast; Sie haben	do du tust; Sie tun
he, she, it	is er, sie, es ist	has er, sie, es hat	does er, sie, es tut
we	are wir sind	have wir haben	do wir tun
you	are ihr seid; Sie sind	have ihr habt; Sie haben	do ihr tut; Sie tun
they	are sie sind	have sie haben	do sie tun
Partizip:	being seiend	having habend	doing tuend

Im gesprochenen Englisch werden häufig Kurzformen gebraucht:

am are is	→ 'm → 're → 's	I'm you're he's
have has	→ 've → 's	I've he's

Verneinung	Kurzform
are not is not have not has not do not does not	aren't isn't haven't hasn't don't doesn't

Präteritum und Partizip Perfekt

Infinitiv: (Grundform)	to be sein	to have haben	to do tun, machen
I	was ich war	had ich hatte	did ich tat
you	were du warst; Sie waren	had du hattest; Sie hatten	did du tatest; Sie taten
he, she, it	was er, sie, es war	had er, sie, es hatte	did er, sie, es tat
we	were wir waren	had wir hatten	did wir taten
you	were ihr wart; Sie waren	had ihr hattet; Sie hatten	did ihr tatet; Sie taten
they	were sie waren	had sie hatten	did sie taten
Partizip:	been gewesen	had gehabt	done getan
Kurzform:		'd: I'd	
Verneinung:	wasn't weren't	hadn't	didn't

Perfekt

Das Perfekt bildet man im Unterschied zum Deutschen immer mit *have* (haben) + Partizip Perfekt.

I have had	ich habe gehabt
I have been	ich bin gewesen
I have done	ich habe getan
I have called	ich habe gerufen
I have arrived	ich bin angekommen
I have gone	ich bin gegangen

Plusquamperfekt

Das Plusquamperfekt wird mit *have* (haben) + Partizip Perfekt gebildet.

I had had	ich hatte gehabt
I had been	ich war gewesen
I had done	ich hatte getan
I had called	ich hatte gerufen
I had arrived	ich war angekommen
I had gone	ich war gegangen

Unselbständige Hilfsverben

Sie können nicht selbständig auftreten, sondern müssen immer von einem anderen Verb (im Infinitiv ohne *to*) begleitet werden.

I you he, she, it we you they	can können	may dürfen	shall sollen	will wollen, werden	must müssen
Verneinung:	cannot can't	must not mustn't	shall not shan't	will not won't	need not needn't

Diese Verben sind bei allen Personen gleich; die dritte Person Singular hat kein *-s*.

Außer im Präsens gibt es diese Verben noch im Präteritum. In allen anderen Zeiten und Formen werden sie ersetzt:

Präteritum		Ersatz	
could	konnte	to be able (to)	können, imstande sein (zu)
might	möchte	to be allowed (to)	mögen, dürfen, können
would	würde	to want, to wish (to)	wollen, wünschen
should	sollte	to be obliged (to)	verpflichtet sein (zu)

Verneinung:	could not couldn't	might not mightn't	would not wouldn't	should not shouldn't

- Die Formen des Präteritums, die denen des Konditionals gleich sind, findet man oft in Höflichkeitswendungen:

Could you give me ... ?	Könnten Sie mir ... geben?
Would you ..., please.	Würden Sie bitte ....
Would you like ... ?	Wollen/Möchten Sie ... ?
I should like	Ich möchte ....

Futur und Konditional

Das Futur wird mit Hilfe von *shall/will* (1. Person Singular und Plural) und *will* in den übrigen Personen und das Konditional mit *should/would* (1. Person Singular und Plural) und *would* in den übrigen Personen gebildet. In der gesprochenen Sprache wird fast nur die Kurzform verwendet.

Futur		Konditional	
I shall/will go	ich werde gehen	I should/ would go	ich würde gehen
you will go	du wirst gehen; Sie werden gehen	you would go	du würdest gehen; Sie würden gehen
he, she, it will go	er, sie, es wird gehen	he, she, it would go	er, sie, es würde gehen
we shall/ will go	wir werden gehen	we should/ would go	wir würden gehen
you will go	ihr werdet gehen; Sie werden gehen	you would go	ihr würdet gehen; Sie würden gehen
they will go	sie werden gehen	they would go	sie würden gehen
Kurzform:	I'll go, you'll go, he'll go, we'll go, you'll go, they'll go	I'd go, you'd go, he'd go, we'd go, you'd go, they'd go	

Frage und Verneinung mit *do*

Das Hilfsverb *do* wird zur Bildung der fragenden und der mit *not* verneinten Form der selbständigen Verben verwendet.

Do you speak German?	Sprechen Sie Deutsch?
Does he know?	Weiß er?
Did you call?	Haben Sie gerufen?

I do not (don't) speak German.	Ich spreche nicht Deutsch.
He does not (doesn't) know.	Er weiß nicht.
I did not (didn't) call.	Ich habe nicht gerufen.

Didn't he come?	Ist er nicht gekommen?
Didn't she call?	Hat sie nicht gerufen?

- *do* wird nicht verwendet in Fragesätzen, in denen ein Fragewort selbst das Subjekt ist:

Who wrote the letter? Wer schrieb den Brief?
Which of these trains goes to London?
Welcher dieser Züge fährt nach London?

und auch nicht in Sätzen mit den Hilfsverben:

am, are, is, was, were, can, could, may, might, must, shall, should, will, would

Verlaufsform

Die Verlaufsform wird mit dem Hilfsverb *be* und dem Partizip Präsens *(-ing)* gebildet. Mit der Verlaufsform wird eine Handlung ausgedrückt, die gerade abläuft, noch andauert, noch nicht abgeschlossen ist, war oder sein wird.

I am working.	Ich arbeite gerade. / Ich bin am Arbeiten.
I was working.	Ich arbeitete (gerade).
I shall be working.	Ich werde arbeiten.
It is raining.	Es regnet.

- Bei Verben, die auf *-e* enden, entfällt das *e:* arrive, arriving.
- Bei Verben, die auf *-ie* enden, verwandelt sich dies in *y:* lie, lying.
- Für die Verdoppelung der Endkonsonanten gelten dieselben Regeln wie zur Bildung des Präteritums: stop, stopping; travel, travelling.
- Die Form *be going to* bezeichnet die gegenwärtige Gewißheit über eine beabsichtigte Handlung, die in naher Zukunft stattfinden wird.

I am going to go London next week.	Ich werde nächste Woche nach London fahren.
She is going to buy a new dress.	Sie wird ein neues Kleid kaufen.

Gerundium

Das Gerundium (*Verb* + *-ing*) ist die substantivierte Form des Infinitivs und steht nach Präpositionen. Im Deutschen dagegen steht anstelle des Gerundiums der Infinitiv.

Instead of writing I'd rather go for a walk. Anstatt zu schreiben, würde ich lieber spazierengehen.
He left without giving me his address. Er ging, ohne mir seine Adresse zu geben.

Passiv

Zur Bildung des Passivs verwendet man das Hilfsverb *be* und das Partizip Perfekt.

The doctor examines Peter. Der Arzt untersucht Peter.	Peter is examined (by the doctor). Peter wird (vom Arzt) untersucht.
Somebody stole my bike. Jemand hat mein Fahrrad gestohlen.	My bike was stolen. Mein Fahrrad wurde gestohlen.

Personalpronomen

Subjektsfall		Objektsfall	
I	ich	me	mir/mich
you	du; Sie	you	dir/dich; Ihnen/Sie
he	er	him	ihm/ihn
she	sie	her	ihr/sie
it	es	it	ihm/es
we	wir	us	uns/uns
you	ihr; Sie	you	euch/euch; Ihnen/Sie
they	sie	them	ihnen/sie

- Im Objektsfall steht *to* (Dativ), wenn das Pronomen besonders hervorgehoben werden soll:

I gave the book to him. *anstatt:* I gave him the book.	Ich gab ihm *(betont)* das Buch. Ich gab ihm *(unbetont)* das Buch.

Possessivpronomen

Das Possessivpronomen ist für Singular und Plural gleich. Es hat adjektivische und substantivische Formen.

Adjektivisch (verbunden)

my	book	mein Buch	my	books	meine Bücher
your	book	dein/Ihr Buch	your	books	deine/Ihre Bücher
his	book	sein Buch	his	books	seine Bücher
her	book	ihr Buch	her	books	ihre Bücher
its	book	sein Buch	its	books	seine Bücher
our	car	unser Auto	our	cars	unsere Autos
your	car	euer/Ihr Auto	your	cars	eure/Ihre Autos
their	car	ihr Auto	their	cars	ihre Autos

Substantivisch (alleinstehend)

mine	meines/der, die, das meinige/die meinigen
yours	deines/Ihres; der, die, das deinige/Ihrige; die deinigen/Ihrigen
his	seines/der, die, das seinige/die seinigen
hers	ihres/der, die, das ihrige/die ihrigen
ours	unseres/der, die, das unsrige/die unsrigen
yours	eures/Ihres; der, die, das eurige/Ihrige; die eurigen/Ihrigen
theirs	ihres / der, die, das ihrige / die ihrigen
It's not my book. It's yours. Es ist nicht mein Buch. Es ist deines.	

Demonstrativpronomen

Singular: **this** dieser, diese, dieses **that** jener, jene, jenes	Plural: **these** diese **those** jene
This is an English book and that is a German book. Dies ist ein Englischbuch, und jenes ist ein Deutschbuch.	
These pictures are nicer than those. Diese Bilder sind schöner als jene.	

Reflexivpronomen

myself	mich	ourselves	uns
yourself	dich; sich	yourselves	euch; sich
himself	sich	themselves	sich
herself	sich		
itself	sich		

I enjoy myself.	Ich amüsiere mich.
You enjoy yourself.	Du amüsierst dich./Sie amüsieren sich.
He enjoys himself.	Er amüsiert sich.
She enjoys herself.	Sie amüsiert sich.
We enjoy ourselves.	Wir amüsieren uns.
You enjoy yourselves.	Ihr amüsiert euch./Sie amüsieren sich.
They enjoy themselves.	Sie amüsieren sich.

Relativpronomen

	Personen	Sachen	Personen und Sachen
Nominativ (Wer? Was?)	who	which	that
Genitiv (Wessen)	whose	of which	
Dativ (Wem?)	to whom	to which	
Akkusativ (Wen? Was?)	whom/who	which	that

Das Relativpronomen hat im Singular und im Plural die gleiche Form.

● Im Akkusativ kann *that* auch wegfallen:

This is the strangest book (that) I have ever read.
Das ist das merkwürdigste Buch, das ich je gelesen habe.

Interrogativpronomen

Substantivisch (alleinstehend)

who?	wer?	Who are you?	Wer sind Sie?
whose?	wessen?	Whose car is this?	Wessen Auto ist das?
whom?/who?	wem/wen?	Who(m) did you help? Who(m) did you see?	Wem hast du geholfen? Wen hast du gesehen?
What?	was?	What is that?	Was ist das?
which?	welche/ welcher/ welches?	Which is the quickest way?	Welches ist der kürzeste Weg?

who/whose/whom fragen nach Personen, *what* nach Sachen und *which* nach Personen oder Sachen aus einer bestimmten Anzahl.

● Präpositionen im Fragesatz werden nachgestellt:

Where do you come from?	woher?
What are you looking for?	wonach?
What do you want this for?	wofür?
What are you laughing at?	worüber?
Who are you speaking to?	mit wem?

Adjektivisch (verbunden)

What book?	*Was für ein* Buch?
What English songs?	*Was für* englische Lieder?
Which book?	*Welches* Buch? (von mehreren Büchern)

Die indefiniten Pronomen: *some* und *any*
some/somebody/someone/something

some und seine Zusammensetzungen stehen
1. in bejahenden Sätzen,
2. in Fragesätzen, wenn darauf eine bejahende Antwort erwartet wird.

1. I'd like some jam. Ich möchte etwas Marmelade. Give me some stamps, please. Bitte geben Sie mir einige/ein paar Briefmarken. Somebody/Someone has stolen my purse. Jemand hat meinen Geldbeutel gestohlen. I'd like something to drink. Ich möchte etwas zu trinken.
2. May I have some more tea, please? — Yes, of course. Kann ich noch etwas Tee haben? — Aber selbstverständlich.

any/anybody/anyone/anything

any und seine Zusammensetzungen werden verwendet in
1. verneinten Sätzen,
2. in Fragesätzen, auf welche die Antwort ungewiß ist,
3. in Bedingungssätzen.

1. I haven't got any friends in London. Ich habe keine Freunde in London.
2. Is there anybody/anyone who speaks German? Spricht hier jemand Deutsch? Have you got any stamps? Haben Sie vielleicht ein paar Briefmarken? Can I do anything for you? Kann ich irgend etwas für Sie tun?
3. If I had any stamps I would post the letter. Wenn ich (ein paar) Briefmarken hätte, würde ich den Brief einwerfen.

Übersicht über die wichtigsten unregelmäßigen englischen Verben

Infinitiv	Präteritum	Partizip Perfekt
abide	abode, abided	abode, abided
arise	arose	arisen
awake	awoke	awaked, awoken
be	was *sing*, were *pl*	been
bear	bore	borne
beat	beat	beaten
become	became	become
beget	begot, *obs* begat	begotten
begin	began	begun
behold	beheld	beheld
bend	bent	bent
beseech	besought	besought
beset	beset	beset
bet	bet, betted	bet, betted
bid	bade, bid	bid, bidden
bind	bound	bound
bite	bit	bitten
bleed	bled	bled
blow	blew	blown
break	broke	broken
breed	bred	bred
bring	brought	brought
build	built	built
burn	burned, burnt	burned, burnt
burst	burst	burst
buy	bought	bought
can	could	–
cast	cast	cast
catch	caught	caught
chide	chided, chid	chided, chidden, chid
choose	chose	chosen
cleave[1] *(cut)*	clove, cleaved	cloven, cleaved, cleft
cleave[2] *(adhere)*	cleaved, clave	cleaved
cling	clung	clung
come	came	come
cost	cost, *com* costed	cost, *com* costed
creep	crept	crept
cut	cut	cut
deal	dealt	dealt
dig	dug	dug
do	did	done
draw	drew	drawn
dream	dreamed, dreamt	dreamed, dreamt
drink	drank	drunk
drive	drove	driven
dwell	dwelt	dwelt
eat	ate	eaten
fall	fell	fallen
feed	fed	fed
feel	felt	felt
fight	fought	fought
find	found	found
flee	fled	fled
fling	flung	flung
fly	flew	flown
forbid	forbad(e)	forbidden
forget	forgot	forgotten
forsake	forsook	forsaken
freeze	froze	frozen
get	got	got, *Am* gotten
gild	gilded, gilt	gilded, gilt
gird	girded, girt	girded, girt
give	gave	given
go	went	gone
grind	ground	ground
grow	grew	grown
hang	hung, *jur* hanged	hung, *jur* hanged

Infinitiv	Präteritum	Partizip Perfekt	Infinitiv	Präteritum	Partizip Perfekt
have	had	had	saw	sawed	sawed, sawn
hear	heard	heard	say	said	said
heave	heaved,	heaved,	see	saw	seen
	mar hove	*mar* hove	seek	sought	sought
hew	hewed	hewed,	sell	sold	sold
		hewn	send	sent	sent
hide	hid	hidden	set	set	set
hit	hit	hit	sew	sewed	sewed,
hold	held	held			sewn
hurt	hurt	hurt	shake	shook	shaken
keep	kept	kept	shave	shaved	shaved,
kneel	knelt	knelt			shaven
know	knew	known	stave	stove,	stove,
lade	laded	laden, laded		staved	staved
lay	laid	laid	steal	stole	stolen
lead	led	led	shear	sheared	sheared,
lean	leaned,	leaned,			shorn
	leant	leant	shed	shed	shed
leap	leaped,	leaped,	shine	shone	shone
	leapt	leapt	shit	shit,	shit,
learn	learned, le-	learned,		*hum* shat	*hum* shat
	arnt	learnt	shoe	shod	shod
leave	left	left	shoot	shot	shot
lend	lent	lent	show	showed	shown,
let	let	let			showed
lie	lay	lain	shrink	shrank	shrunk
light	lit, lighted	lit, lighted	shut	shut	shut
lose	lost	lost	sing	sang	sung
make	made	made	sink	sank	sunk
may	might	—	sit	sat	sat
mean	meant	meant	slay	slew	slain
meet	met	met	sleep	slept	slept
mistake	mistook	mistaken	slide	slid	slid
mow	mowed	mown,	sling	slung	slung
		mowed	slink	slunk	slunk
pay	paid	paid	slit	slit	slit
put	put	put	smell	smelled,	smelled,
quit	quit,	quit, quitted		smelt	smelt
	quitted		smite	smote	smitten
read[ri:d]	read [red]	read [red]	sow	sowed	sowed,
rend	rent	rent			sown
rid	rid	rid	speak	spoke	spoken
ride	rode	ridden	speed	speeded,	speeded,
ring	rang	rung		sped	sped
rise	rose	risen	spell	spelled,	spelled,
run	ran	run		spelt	spelt

Infinitiv	Präteritum	Partizip Perfekt
spend	spent	spent
spill	spilled, spilt	spilled, spilt
spin	spun, *obs* span	spun
spit	spat	spat
split	split	split
spoil	spoiled, spoilt	spoiled, spoilt
spread	spread	spread
spring	sprang	sprung
stand	stood	stood
stick	stuck	stuck
sting	stung	stung
stink	stank	stunk
strew	strewed	strewed, strewn
stride	strode	stridden
strike	struck	struck
string	strung	strung
strive	strove	striven
swear	swore	sworn
sweep	swept	swept
swell	swelled	swollen
swim	swam	swum
swing	swung	swung
take	took	taken
teach	taught	taught
tear	tore	torn
tell	told	told
think	thought	thought
thrive	throve, thrived	thriven, thrived
throw	threw	thrown
thrust	thrust	thrust
tread	trod	trodden
wake	woke, waked	woken, waked
wear	wore	worn
weave	wove	woven
weep	wept	wept
win	won	won
wind	wound	wound
wring	wrung	wrung
write	wrote	written

Übersicht über die wichtigsten unregelmäßigen deutschen Verben

Ableitungen und Zusammensetzungen sind unter dem Grundverb nachzuschlagen; z. B. **'ab|brechen'** unter **'brechen'**

Infinitiv **Infinitive**	**Präteritum** **Past**	**Partizip Perfekt** **Past Participle**
backen	backte (buk)	gebacken
befehlen	befahl	befohlen
beginnen	begann	begonnen
beißen	biß	gebissen
bergen	barg	geborgen
bersten	barst	geborsten ⟨sein⟩
bewegen	bewog	bewogen
biegen	bog	gebogen
bieten	bot	geboten
binden	band	gebunden
bitten	bat	gebeten
blasen	blies	geblasen
bleiben	blieb	geblieben ⟨sein⟩
bleichen	bleichte (blich)	gebleicht (geblichen) ⟨sein⟩
braten	briet	gebraten
brechen	brach	gebrochen ⟨sein⟩
brennen	brannte	gebrannt
bringen	brachte	gebracht
denken	dachte	gedacht
dingen	dingte (dang)	gedungen (gedingt)
dreschen	drosch (drasch)	gedroschen
dringen	drang	gedrungen ⟨sein⟩
dünken	dünkte (deuchte)	gedünkt (gedeucht)
dürfen	durfte	dürfen, gedurft
empfehlen	empfahl	empfohlen
essen	aß	gegessen

Infinitiv **Infinitive**	**Präteritum** **Past**	**Partizip Perfekt** **Past Participle**
fahren	fuhr	gefahren ⟨sein⟩
fallen	fiel	gefallen ⟨sein⟩
fangen	fing	gefangen
fechten	focht	gefochten
finden	fand	gefunden
flechten	flocht	geflochten
fliegen	flog	geflogen ⟨sein⟩
fliehen	floh	geflohen ⟨sein⟩
fließen	floß	geflossen ⟨sein⟩
fragen	fragte (frug)	gefragt
fressen	fraß	gefressen
frieren	fror	gefroren ⟨sein⟩
gären	gor (gärte)	gegoren (gegärt) ⟨sein⟩
gebären	gebar	geboren
geben	gab	gegeben
gedeihen	gedieh	gediehen ⟨sein⟩
gehen	ging	gegangen ⟨sein⟩
gelingen	gelang	gelungen ⟨sein⟩
gelten	galt	gegolten
genesen	genas	genesen ⟨sein⟩
genießen	genoß	genossen
geschehen	geschah	geschehen ⟨sein⟩
gewinnen	gewann	gewonnen

Infinitiv Infinitive	Präteritum Past	Partizip Perfekt Past Participle
gießen	goß	gegossen
gleichen	glich	geglichen
gleiten	glitt (gleitete)	geglitten (gegleitet) ⟨sein⟩
glimmen	glomm, glimmte	geglommen, geglimmt
graben	grub	gegraben
greifen	griff	gegriffen
haben	hatte	gehabt
hangen	hing	gehangen
hängen	hing (hängte)	gehangen (gehängt) ⟨sein⟩
hängen	hängte (hing)	gehängt (gehangen)
hauen	haute (hieb)	gehauen
hauen	hieb (haute)	gehauen
heben	hob (hub)	gehoben
heißen	hieß	geheißen (gehießen)
helfen	half	geholfen
kennen	kannte	gekannt
klimmen	klomm, klimmte	geklommen, geklimmt ⟨sein⟩
klingen	klang	geklungen
kneifen	kniff	gekniffen
kommen	kam	gekommen ⟨sein⟩
können	konnte	können, gekonnt
kreischen	kreischte (krisch)	gekreischt (gekrischen)
küren	kürte (kor)	gekürt (gekoren)
laden	lud	geladen
lassen	ließ	lassen, gelassen
laufen	lief	gelaufen ⟨sein⟩
leiden	litt	gelitten
leihen	lieh	geliehen
lesen	las	gelesen
liegen	lag	gelegen ⟨sein⟩
löschen	losch	geloschen ⟨sein⟩
lügen	log	gelogen
mahlen	mahlte	gemahlen
meiden	mied	gemieden
melken	melkte, molk	gemolken, gemelkt
messen	maß	gemessen
mißlingen	mißlang	mißlungen ⟨sein⟩
mögen	mochte	mögen, gemocht
müssen	mußte	müssen, gemußt
nehmen	nahm	genommen
nennen	nannte	genannt
pfeifen	pfiff	gepfiffen
pflegen	pflog	gepflogen
preisen	pries	gepriesen
quellen	quoll	gequollen ⟨sein⟩
raten	riet	geraten
reiben	rieb	gerieben
reißen	riß	gerissen ⟨sein⟩
reiten	ritt	geritten ⟨sein⟩
rennen	rannte (rennte)	gerannt ⟨sein⟩
riechen	roch	gerochen
ringen	rang	gerungen
rinnen	rann	geronnen ⟨sein⟩
rufen	rief	gerufen
salzen	salzte	gesalzen (gesalzt)
saufen	soff	gesoffen

Infinitiv Infinitive	Präteritum Past	Partizip Perfekt Past Participle
saugen	sog, saugte	gesogen, gesaugt
schaffen	schuf, schaffte	geschaffen, geschafft
schallen	schallte, scholl	geschallt
scheiden	schied	geschieden ⟨sein⟩
scheinen	schien	geschienen
scheißen	schiß	geschissen
schelten	schalt	gescholten
scheren	schor (scherte)	geschoren (geschert)
schieben	schob	geschoben
schießen	schoß	geschossen ⟨sein⟩
schinden	schindete	geschunden
schlafen	schlief	geschlafen
schlagen	schlug	geschlagen ⟨sein⟩
schleichen	schlich	geschlichen ⟨sein⟩
schleifen	schliff	geschliffen
schließen	schloß	geschlossen
schlingen	schlang	geschlungen
schmeißen	schmiß	geschmissen
schmelzen	schmolz (schmelzte)	geschmolzen (geschmelzt) ⟨sein⟩
schnauben	schnaubte (schnob)	geschnaubt (geschnoben)
schneiden	schnitt	geschnitten
schrecken	schreckte, schrak	geschreckt (geschrokken) ⟨sein⟩
schreiben	schrieb	geschrieben
schreien	schrie	geschrie(e)n
schreiten	schritt	geschritten ⟨sein⟩
schwären	schwärte (schwor)	geschwärt (geschworen)
schweigen	schwieg	geschwiegen
schwellen	schwoll	geschwollen ⟨sein⟩
schwimmen	schwamm	geschwommen ⟨sein⟩
schwinden	schwand	geschwunden ⟨sein⟩
schwingen	schwang	geschwungen
schwören	schwor (schwur)	geschworen
sehen	sah	gesehen
sein	war	gewesen ⟨sein⟩
senden	sandte (sendete)	gesandt (gesendet)
sieden	sott, siedete	gesotten, gesiedet
singen	sang	gesungen
sinken	sank	gesunken ⟨sein⟩
sinnen	sann	gesonnen
sitzen	saß	gesessen ⟨sein⟩
sollen	sollte	sollen, gesollt
spalten	spaltete	gespaltet, gespalten
speien	spie	gespie(e)n
spinnen	spann	gesponnen
spleißen	spliß	gesplissen
sprechen	sprach	gesprochen
sprießen	sproß	gesprossen ⟨sein⟩
springen	sprang	gesprungen ⟨sein⟩
stechen	stach	gestochen ⟨sein⟩
stecken	steckte (stak)	gesteckt

Infinitiv Infinitive	Präteritum Past	Partizip Perfekt Past Participle
stehen	stand	gestanden ⟨sein⟩
stehlen	stahl	gestohlen
steigen	stieg	gestiegen ⟨sein⟩
sterben	starb	gestorben ⟨sein⟩
stieben	stob (stiebte)	gestoben (gestiebt) ⟨sein⟩
stinken	stank	gestunken
stoßen	stieß	gestoßen ⟨sein⟩
streichen	strich	gestrichen ⟨sein⟩
streiten	stritt	gestritten
tragen	trug	getragen
treffen	traf	getroffen
treiben	trieb	getrieben ⟨sein⟩
treten	trat	getreten ⟨sein⟩
triefen	triefte	getrieft (getroffen) ⟨sein⟩
trinken	trank	getrunken
trügen	trog	getrogen
tun	tat	getan
verderben	verdarb	verdorben ⟨sein⟩
verdrießen	verdroß	verdrossen
vergessen	vergaß	vergessen
verlieren	verlor	verloren
wachsen	wuchs	gewachsen ⟨sein⟩
wägen	wog (wägte)	gewogen (gewägt)
waschen	wusch	gewaschen
weben	webte (wob)	gewebt (gewoben)
weichen	wich	gewichen ⟨sein⟩
weisen	wies	gewiesen
wenden	wendete, wandte	gewendet, gewandt
werben	warb	geworben
werden	wurde (ward)	worden, geworden ⟨sein⟩
werfen	warf	geworfen
wiegen	wog	gewogen
winden	wand	gewunden
winken	winkte	gewinkt (gewunken)
wissen	wußte	gewußt
wollen	wollte	wollen, gewollt
wringen	wrang	gewrungen
zeihen	zieh	geziehen
ziehen	zog	gezogen ⟨sein⟩
zwingen	zwang	gezwungen

Inhalt und Aufbau Deutsch-Englisch

Di·rek·tion [dirɛk'tsjo:n] *f (Verwaltung)* management; **Di·rek·tor(in)** *m (f) allg* director; *(Schul~) Br* headmaster (headmistress), *Am* principal; *(Gefängnis~) Br* governor, *Am* warden; ...	Alle **Stichwörter** sind durch Fettdruck hervorgehoben.
paar *adj:* ▶ **ein ~** a few; *(zwei, drei)* a couple of ...; **vor ein ~ Tagen** a few days ago; **die ~ Leute, die da waren** the few people who were there; **kannst du mir ein ~Zeilen schreiben?** can you drop me a line?	**Anwendungsbeispiele** und **Redewendungen** sind **halbfett** hervorgehoben und durch ein Sonderzeichen ▶ markiert.
A, a [a:] ‹-, -› *an A, a;* ▶ **das ~ und O** the be-all and end-all; **wer ~sagt, muß auch B sagen** in for a penny, in for a pound; **von ~ bis Z** from beginning to end.	Die **Tilde** ~ ersetzt in den Anwendungsbeispielen und Redewendungen das Stichwort.
ab|bren·nen *irr* **I** *tr* ‹h› *(Bewuchs)* burn off; *(Gebäude)* burn down; *(Feuerwerk)* let off; **II** *itr* ‹sein› burn down.	**Römische Ziffern** dienen zur Unterscheidung der verschiedenen Wortarten, denen ein Stichwort angehört, und zur Gliederung der Verben *(tr, itr, refl).*
Ebe·ne ['e:bənə] ‹-, -n› *f* **1.** *(Tiefland)* plain; *(Hochland)* plateau; **2.** *math* plane; **3.** *fig* level; ▶ **auf höchster (gleicher) ~** *fig* at the highest (same) level.	Grundlegend verschiedene Bedeutungen eines Stichworts sind durch **arabische Ziffern** differenziert.
Fül·ler[1] *m (nur als Seiten~ eingeschobener Zeitungsartikel)* filler. **Fül·ler**[2] **(Füll·fe·der·hal·ter)** *m* fountain pen.	**Hochgestellte arabische Ziffern** unterscheiden Homographe.
Sab·bat ['zabat] ‹-s, -e› *m rel* Sabbath.	Die **Lautschrift,** einschließlich der Wortakzente, steht in eckigen Klammern [ ] hinter dem Stichwort.
di·let·tan·tisch *adj* amateurish.	**Silbentrennpunkte** im Stichwort zeigen an, wo ein Wort getrennt werden kann.